Byrfodd[illegible]

A[illegible]	[illegible]
a[illegible]	[illegible]
A[illegible]	amaethydd[illegible]
ANIF	anifail
ans	ansoddair
ARCHAEOL	archaeoleg
ardd	arddodiad
ASTROL	astroleg
ASTRON	astronomeg
ATHRON	athroniaeth
AWYR	awyrennaeth
ayb	ac yn y blaen
b	(enw) benywaidd
ba	berf anghyflawn
BARDD	barddoniaeth
be	berf
be ddiffyg	berf ddiffygiol
be gyn	berf gynorthwyol
bg	berf gyflawn
b,g	(enw) benywaidd neu wrywaidd
b/g	(enw) benywaidd neu wrywaidd, yn ôl rhyw
BIOL	bioleg
byrf	byrfodd
CEM	cemeg
CERDD	cerddoriaeth
COG	coginio
CORFF	corfforol
CREF	crefydd
cyff	cyffredinol
CYFR	cyfraith
CYFRIF	cyfrifiadureg
CYMDEITH	cymdeithaseg
cys	cysylltair
CHWAR	chwaraeon
DAEAR	daearyddiaeth
dif	difrïol
DIWYD	diwydiant
ebych	ebychiad
ECON	economeg
enw rhag	enw rhagenwol
FFERYLL	fferylliaeth
ffig	ffigurol
FFIS	ffiseg
FFISIOL	ffisioleg
FFOT	ffotograffiaeth
g	(enw) gwrywaidd
g,b	(enw) gwrywaidd neu fenywaidd
g/b	(enw) gwrywaidd neu fenywaidd, yn ôl rhyw
GARDD	garddio
gw	gweler
GWEIN	gweinyddiaeth
gw h	gweler hefyd
GWLEID	gwleidyddiaeth
GWYDD	gwyddoniaeth
GYM	gymnasteg
HAN	hanes
IEITH	ieithyddiaeth
ll	lluosog
LLEN	llenyddiaeth
llyth	llythrennol
MASN	masnachol
MATH	mathemateg
MEC	mecaneg
MEDD	meddygaeth
METEL	meteleg
METEO	meteoroleg
MIL	militaraidd, milwrol
MILF	milfeddygaeth
MOR	morwriaeth
MYTH	mytholeg
OPT	optegol
PENS	pensaernïaeth
PLANH	planhigyn
prb	enw priod benywaidd
prg	enw priod gwrywaidd
PRYF	pryfeteg
PYSG	pysgod, pysgota
rn	rywun
rth	rywbeth
rhag	rhagenw, rhagenwol
rhag dang	rhagenw dangosol
rhagdd	rhagddodiad
rhag gof	rhagenw gofynnol
rhag perth	rhagenw perthynol
RHEIL	rheilffyrdd
rhifol	rhifolyn
rhn	rhywun
rhth	rhywbeth
SEIC	seicoleg
talf	talfyriad
TECS	tecstilau
TECH	technoleg
TEIP	teipograffeg
TRAFN	trafnidiaeth
TRYD	trydanol
*	llafar, tafodieithol
**	iaith anweddus

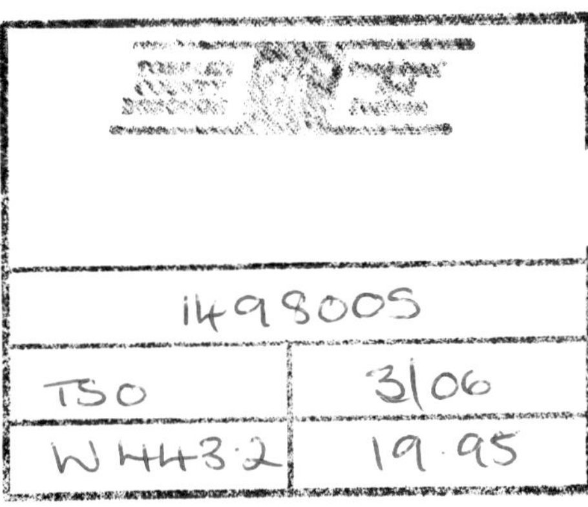

GEIRIADUR

Ffrangeg – Cymraeg
Cymraeg – Ffrangeg

DICTIONNAIRE

Français – Gallois
Gallois – Français

Cyfarwyddwr: Meirion Davies

Prif Olygyddion: Menna Wyn
Linda Russon

Golygyddion: Stephanie Phillips Morgan
Meinir Lowry

Golygydd Ymgynghorol: Bruce Griffiths

Cyhoeddwyd gan: Y Ganolfan Astudiaethau Addysg, Prifysgol Cymru, Yr Hen Goleg, Aberystwyth, Ceredigion SY23 2AX.

ISBN 1 85644 418 X

Cyfarwyddwr:	Meirion Davies
Prif Olygyddion:	Menna Wyn a Linda Russon
Golygyddion:	Stephanie Phillips Morgan a Meinir Lowry
Golygydd Ymgynghorol:	Bruce Griffiths
System Prosesu Data a Chysodi:	Matthew Webster
Clawr:	Enfys Beynon Jenkins
Argraffu:	Argraffwyr Cambria, Aberystwyth, Ceredigion.

Cydnabyddiaethau

Fe hoffem ddiolch i Awdurdod Cymwysterau, Cwricwlwm ac Asesu Cymru am ei gefnogaeth a'i nawdd i'r fenter hon. Diolch i swyddogion proffesiynol Ieithoedd Modern Tramor ACCAC sef Jeff Greenidge a Marian Giles Jones am eu cyngor a'u cefnogaeth i'r tîm golygyddol yn ystod cyfnod paratoi'r geiriadur. Diolch hefyd i John Lloyd, Swyddog Comisiynu ACCAC am ei gefnogaeth. Fe atgyfnerthwyd y gefnogaeth hon gan Banel Monitro ACCAC a oedd yn cynnwys Mark Fowler (Awdurdod Addysg Ceredigion), Gwyn Jones (Ysgol Gyfun Bro Myrddin, Caerfyrddin), Siân Davies Sparrow (Ysgol Gyfun Morgan Llwyd, Wrecsam), Heather Watts (Ysgol Gyfun Gymraeg Glantâf, Caerdydd) a Steffan James AEM. Fe hoffem ddiolch i Wolfgang Greller, Iohannes Gramich, Marcus Wells, Bethan Powell, Mererid Hopwood a Heini Gruffudd a oedd yn cydweithio â thîm y Geiriadur Ffrangeg yn ystod paratoi'r Geiriadur Almaeneg. Yr ydym hefyd yn hynod ddyledus i Eiry Jones a Lila Piette a fu'n gweithio ar y geiriadur yn ystod dyddiau cynharaf y project ynghyd â Bryn Geraint Jones a fu'n gweithio ar y project am flwyddyn. Diolch hefyd i Catherine Chambers a'r diweddar Françoise Davies am eu cyfraniad gwerthfawr yn darllen y testun fel siaradwyr Ffrangeg iaith gyntaf, ac i Rhian Morgan, Liam Knox, Mari Dalis Davies a Robin Chapman a gynorthwyodd am gyfnod. Diolch i gwmni cyhoeddi Harper-Collins am ei barodrwydd i gydweithio gyda'r Ganolfan Astudiaethau Addysg i baratoi'r geiriadur ar gronfa ddata gyfrifiadurol. Ein diolch hefyd i Harry Campbell am ei gynghorion pwrpasol gyda pharatoi'r gronfa ddata ar ddechrau'r project, ac i Bob Gautier am ei gynghorion yntau. Diolch hefyd i Richard Pritchard am ei gymorth. Diolch yn arbennig i Glyn Saunders Jones am ei gefnogaeth, felly hefyd i holl staff CAA am eu cymorth parod. Ein diolch cywiraf iddynt oll.

Cysodwyd a phroseswyd data'r cyhoeddiad hwn gan ddefnyddio LaTeX yn gweithio ar system Linux dan ofal Ateb Cyf. (info@ateb.co.uk)

Rhagair

Mae'r geiriadur hwn yn ddyledus i nifer o weithiau perthnasol, megis Geiriadur Gomer i'r Ifanc gan D. Geraint Lewis, Geiriadur yr Academi (gol. Bruce Griffiths a Dafydd Glyn Jones), Geiriadur Prifysgol Cymru (G.P.C.), y Termiadur Ysgol (ACCAC), Geiriadur y Gyfraith (Robyn Lewis), Oxford Hachette French Dictionary, geiriaduron HarperCollins a geiriaduron Le Robert.

Prif amcan y gwaith hwn, wrth gwrs, yw hwyluso dysgu a deall Ffrangeg: gobeithio y gall y defnyddiwr ddod o hyd i eiriau ac ymadroddion mwyaf cyffredin y ddwy iaith.

Mae'r prifair mewn print trwm.
Gwahenir geiriau cyfunffurf.

mwyn[1] (**-au**) *g* minéral *m*; **diodydd** ~ boissons *fpl* gazeuses; **dŵr** ~ eau(-x) *f* minérale

Croesgyfeirir i arbed lle.

mwyn[2] *g*: **er** ~ *gw.* **er**

Rhoddir geiriau cyd-destunol mewn cromfachau i hwyluso dod o hyd i'r cyfieithiad mwyaf addas. Rhoddir meysydd cyd-destun mewn priflythrennau.
Rhoddir ffurf fenywaidd pob ansoddair ond nid ydym yn ailadrodd hynny pan ydynt yn digwydd eto o fewn yr un dehongliad.
Cyflwyno'r adferfau Ffrangeg mae ♦ **yn** ~ *adf.* Dylid cofio mai disgrifio berfau ac ansoddeiriau y maent.

mwyn[3], **mwynaidd** *ans* (*rhn*) doux(douce), aimable, gentil(le), affable; (*llais*) doux; (*tywydd*) doux, tempéré(e), clément(e); (*awel*) doux, faible; **mae hi'n fwyn heddiw** il fait doux aujourd'hui; **cyfnod** ~ une période clémente;
♦ **yn fwyn** *adf* doucement, aimablement, gentiment

Rhoddir ffurf fenywaidd ansoddeiriau: weithiau ychwanegiad yw, ac weithiau ffurf gwbl wahanol.

général[1] (**-e**) (**généraux, générales**) [ʒeneʀal, ʒeneʀo] *adj* cyffredinol
gwyn (**gwen**) (**gwynion**) *ans*
1 (*cyff*) blanc(he)

Gwahenir ffurfiau benywaidd enwau Ffrangeg a Chymraeg.
Rhoddir cenedl pob enw yn y ddwy iaith ond nid ydym yn ailadrodd hynny pan yw'r enw'n digwydd eto o fewn yr un dehongliad.

acteur [aktœʀ] *m* actor *g*.
actrice [aktʀis] *f* actores *b*.
actor (**-ion**) *g* acteur *m*, comédien *m*, artiste *m*; ~ **gwadd** artiste invité.
actores (**-au**) *b* actrice *f*, comédienne *f*, artiste *f*; ~ **wadd** artiste invitée

Rhoddir ffurf luosog pob enw Cymraeg wrth y prifair: ond dim ond pan nad yw'n diweddu yn **-s** y rhoddir y ffurf luosog Ffrangeg.

cheval (**chevaux**) [ʃ(ə)val, ʃ(ə)vo] *m* ceffyl *g*.
ceffyl (**-au**) *g* cheval(chevaux) *m*

Rhoddir gwahanol ystyron prifeiriau mewn categorïau wedi'u rhifo. Defnyddir tild (~) yn hytrach nag ailadrodd y prifair.	**unig** *ans* **1** (*dim ond un*) seul(e), unique; ~ **blentyn** enfant *m/f* unique; ~ **fab/ferch** fils *m*/fille *f* unique; **yr** ~ **reswm** la seule et unique raison. **2** (*heb gwmni: rhn*) solitaire, seul(e); **bachgen** ~ garçon *m* solitaire; **teimlo'n** ~ se sentir seul. **3** (*heb bobl, anghysbell: lle*) solitaire, isolé(e); **pentref** ~ village *m* isolé; ♦ **yn** ~ *adf* seulement; **deng munud yn** ~ **a gymer hi imi fynd yno** je ne mettrai que dix minutes pour y aller
Rhoddir prifeiriau annibynnol i ffurfiau lluosog afreolaidd a chroesgyfeirir i'r ffurf unigol.	**yeux** ['jø] *mpl de* **œil**. **elyrch** *ll gw.* **alarch**
Dylid cofio am y treigladau wrth fynd ati i chwilio am brifeiriau Cymraeg. Defnyddir rhai geiriau, wrth gwrs, yn amlach yn eu ffurfiau treigledig nag yn eu ffurfiau cysefin. Dylid cofio chwilio dan *doe* am *ddoe*, a dan *dannodd* am *ddannodd* ayb.	**wastad**: **(yn)** ~ *adf gw.* **gwastad**
Wrth chwilio am ferf, dylid cofio edrych dan y berfenw. Cynhwysir rhai ffurfiau berfol afreolaidd ac fe'ch atgoffir y gellir defnyddio ffurfiau megis *cei*, *gwnaf*, a *na fydd* i ateb, dan y prifeiriau *cael*, *gwneud* a *bydd*.	**suis**[1] [sɥi] *vb voir* **être**. **suis**[2] [sɥi] *vb voir* **suivre**. **cei**[2] *be gw.* **cael**
Enwau Lleoedd: dilynir sillafiadau Geiriadur yr Academi a hynny er mwyn gallu rhestru enw'r lle gyda'r ansoddair ac enwau'r trigolion. Pan fo ffurfiau'r Atlas Cymraeg yn wahanol iawn fe'u rhestrir a chroesgyfeirir.	**Cenia** *prb* le Kenya *m*; **yng Nghenia** au Kenya. **Ceniad** (**Ceniaid**) *g/b* Kenyen *m*, Kenyenne *f*. **Ceniaidd** *adf* kenyen(ne)
Cynhwysir rhai o eiriau ac ymadroddion llafar a thafodieithol y ddwy iaith oherwydd amlder eu defnydd, a rhoddir seren wrthynt. Rhoddir dwy seren wrth eiriau anweddus.	**danto*** *bg* en avoir assez, en avoir marre*, être las(se), être fatigué(e); **bod wedi ~'n llwyr** en avoir ras le bol*; **'roedd wedi ~'n aros amdani** il en a eu assez de l'attendre; ♦*ba* décourager, lasser. **fric*** [fʀik] *m* arian *g*; **être bourré de** ~ bod yn graig o arian
Cyfeirir at bethau o ddiddordeb diwylliannol, ac yn aml rhoddir y diffiniad mewn llythrennau italig lle nad oes dim yn cyfateb yn union. Ceir y symbol ≈ i gyfleu'r hyn sydd debycaf.	**T.G.A.U.** *byrf* (= *Tystysgrif Gyffredinol Addysg Uwchradd*) *certificat m d'études secondaires, passé à 16 ans*

Rhoddir rhif mewn cromfachau wrth y berfenwau Ffrangeg i ddynodi pa batrwm mae'r ferf yn ei ddilyn (gw tud.1-18 o'r atodiad). Dylid cofio bod y berfau rhagenwol yn dilyn patrwm berf y prifair ond yn defnyddio *être* fel berf gynorthwyol.

entrer [ɑ̃tʀe] (**1**) *vi (avec aux. être)* mynd i mewn; (*venir*) dod i mewn; (*à pied*) cerdded i mewn; (*en voiture*) gyrru i mewn; (*partager: vues, craintes de qn*) rhannu; (*faire partie de*) bod yn rhan o; ~ **à l'hôpital** mynd i'r ysbyty; ~ **à pied** cerdded i mewn; ~ **au couvent** mynd yn lleian; ~ **dans le système** (*INFORM*) cofnodi'ch enw; ~ **en ébullition** dechrau berwi; ~ **en fureur** gwylltio; ~ **en scène** mynd *ou* ymddangos ar y llwyfan; **(faire)** ~ **qch dans** mynd â rhth i mewn i, gwneud i rth fynd i mewn i; **laisser** ~ **qn/qch** gadael i rn/rth ddod i mewn; **faire** ~ **un visiteur** dangos ymwelydd i mewn, gadael ymwelydd i mewn, hebrwng *ou* danfon ymwelydd i mewn;
♦*vt (avec aux. avoir)* mynd/dod (â rhth) i mewn, gosod/dodi (rhth) i mewn; (*INFORM*) bwydo.

entrelacer [ɑ̃tʀəlase] (**9**) *vt* plethu;
♦ **s'**~ *vr* ymblethu

Rhoddir prifeiriau annibynnol i fyrfoddau.

NSP[1] [ɛnɛspe] *sigle m*(= *Notre Saint Père*) Ein Tad Cysegredig.

NSP[2] [ɛnɛspe] *sigle m*(= *"ne sais pas"*) (*dans les sondages*) "ddim yn gwybod"

NU [ɛny] *sigle fpl*(= *Nations unies*) y Cenhedloedd *ll* Unedig

Weithiau, mewn cromfachau, ceir gwybodaeth ychwanegol am ramadeg.

rhwng *ardd* (rhyngof fi, rhyngot ti, rhyngddo ef, rhyngddi hi, rhyngom ni, rhyngoch chi, rhyngddynt hwy/rhyngddyn nhw) entre.

lequel (**laquelle**) (**lesquels, lesquelles**) [ləkɛl, lakɛl] (*à* + *lequel* = auquel, *de* + *lequel* = duquel, *à* + *lesquels* = auxquels, *de* + *lesquels* = desquels, *à* + *lesquelles* = auxquelles, *de* + *lesquelles* = desquelles) *pron interrog* pa un, p'run, pa rai

Dilynir y wyddor ffoneteg ryngwladol ac fe gewch yr ynganiad mewn bachau sgwâr ar ôl y prifair gan gynnwys ynganiad y ffurfiau benywaidd a lluosog lle bo hynny'n berthnasol. Mae collnod o flaen *h* yn golygu mai cytsain yw ac nad oes *liaison.*

Hollande ['ɔlɑ̃d] *prf*: **la** ~ (*les Pays-Bas*) yr Iseldiroedd *ll*; (*région des Pays-Bas*) Holand *b*.

homme [ɔm] *m* dyn *g*

Dynodir rhan ymadrodd pob prifair. Weithiau mae i air fwy nag un rhan ymadrodd posibl a gwahenir y gwahanol ddefnydd o air gyda diemwnt ar linell newydd.

monstre [mɔ̃stʀ] *m* anghenfil *g*; **un** ~ **sacré du cinéma** un *g* o gewri'r sgrin;
♦*adj* (*fam*) anferth, enfawr, aruthrol; **un travail** ~ llond *g* gwlad o waith, peth wmbredd *g* o waith

Dylid cofio y defnyddir berfenwau yn Gymraeg yn aml pan ddefnyddir enwau yn Ffrangeg. Dylid osgoi cyfieithu'n rhy slafaidd a chadw mewn cof, drwy'r amser, bod i'r ddwy iaith gystrawennau gwahanol.

cyfarwyddo *ba* (*dysgu*) guider, instruire (qn à faire qch); (*THEATR*) mettre (qch) en scène; (*ffilm*) réaliser; (*traffig*) régler; ♦*bg* (*cynefino*): ∼ **â** s'habituer à, s'accoutumer à, se familiariser avec; ♦*g* (*THEATR*) mise *f* en scène; (*ffilm*) réalisation *f*.

accentuation [aksɑ̃tɥasjɔ̃] *f* (*d'un mot*) aceniad *g*, acennu; (*d'une note, aussi fig*) pwysleisio, acennu; **l'∼ de l'inflation** chwyddiant *g* ar dwf.

A

A[1], **a** [a] *m inv* (*lettre*) A, a *b*; **de A à Z** o'r dechrau i'r diwedd; **prouver qch par A + B** profi rhth yn ddiamheuol.

A[2] [ɑ] *abr*(= *ampère*) amp *g*; (*autoroute*) M, traffordd *b*; (*anticyclone*) antiseiclon *g*.

a[1] [a] *vb voir* **avoir**.

a[2] *abr*(= *are*) âr *g,b*, can metr sgwâr.

à [a] (*à* + *le* = au, *à* + *les* = aux) *prép*
1 (*endroit, situation*) yn; **être à Londres/à Paris/au Canada** bod yn Llundain/ym Mharis/yng Nghanada; **être à la maison/à l'école/au bureau** bod gartref/yn yr ysgol/yn y swyddfa; **à la campagne** yn y wlad; **à cinq minutes de la gare** bum munud o'r orsaf; **c'est à 10 km/à 20 minutes d'ici** mae 10 km/20 munud oddi yma.
2 (*direction*) i; **aller à Paris/au Portugal** mynd i Baris/i Bortiwgal; **aller à la maison/l'école** mynd adref/i'r ysgol.
3 (*temps*) am; **à 3 heures** am 3 o'r gloch; **à minuit** am hanner nos; **à demain/lundi!** tan fory/ddydd Llun!; **à la semaine prochaine!** tan yr wythnos nesaf!; **au printemps** yn y gwanwyn; **au mois de juin** ym mis Mehefin; **à Noël, à Pâques** adeg Nadolig, adeg y Pasg.
4 (*attribution, appartenance*): **le livre est à Paul/à elle/à nous** Paul/hi/ni biau'r llyfr; **un ami à moi** cyfaill i mi, un o'm ffrindiau; **donner qch à qn** rhoi rhth i rn.
5 (*moyen*): **à bicyclette** ar feic, ar gefn beic; **à pied** ar gerdded, ar droed; **à la main/machine** â llaw/â pheiriant; **à la radio/télévision** ar y radio/teledu; **se chauffer au gaz** defnyddio nwy i gynhesu.
6 (*provenance*): **boire à la bouteille** yfed yn syth o'r botel; **prendre de l'eau à la fontaine** cael *ou* codi dŵr o'r ffynnon.
7 (*caractérisation, manière*): **l'homme aux yeux bleus/à la veste rouge** y dyn â'r llygaid gleision/siaced goch; **à leur grande surprise** er mawr syndod iddynt; **à ce qu'il prétend** yn ôl yr hyn a ddywed, meddai ef; **à la russe** yn null y Rwsiaid, fel y Rwsiaid; **à nous trois nous n'avons pas su le faire** ni allem ni'n tri hyd yn oed ei wneud.
8 (*but, destination*): **tasse à café** cwpan *g,b* goffi; **maison à vendre** tŷ *g* ar werth; **je n'ai rien à lire** does gen i ddim i'w ddarllen; **à bien réfléchir** wrth feddwl dros y peth, erbyn meddwl; **problème à régler** problem i'w datrys.
9 (*rapport, évaluation, distribution*): **100 km/unités à l'heure** 100 km/uned yr awr; **être payé au mois/à l'heure** cael eich talu yn fisol/yn ôl yr awr; **cinq à six** pump i chwech; **ils sont arrivés à quatre** cyrhaeddodd pedwar ohonynt gyda'i gilydd.

AB [abe] *abr*(= *assez bien*) eithaf da.

abaissement [abɛsmɑ̃] *m* gostyngiad *g*, gostwng, darostyngiad *g*, darostwng.

abaisser [abese] (**1**) *vt* gostwng, lleihau, tynnu i lawr; (*fig*) darostwng, iselhau;
♦ **s'**∼ *vr* (*aussi fig*) mynd i lawr, gostwng; **s'**∼ **à faire qch** ymostwng i wneud rhth; **s'**∼ **à qch** mynd mor isel â rhth.

abandon [abɑ̃dɔ̃] *m* (*délaissement*) gadael, gadawiad *g*, ildiad *g*, ildio; (*nonchalance*) ysgafalwch *g*; (*manque de soin*) aflerwch *g*, blerwch *g*, annibendod *g*; **être à l'**∼ (*sans entretien*) bod yn aflêr, bod yn anniben, bod yn flêr; **laisser un jardin à l'**∼ gadael i ardd fynd yn wyllt; **dans un moment d'**∼ gydag afiaith, yn ysgafngalon, yn ddidaro.

abandonné (**-e**) [abɑ̃dɔne] *adj* gadawedig, wedi'ch gadael; (*maison etc*) unig, gwag, anghyfannedd; (*jardin*) gwyllt, heb ei thrin, aflêr, blêr, anniben.

abandonner [abɑ̃dɔne] (**1**) *vt* gadael, esgeuluso, cefnu ar, troi cefn ar; (*projet, activité*) rhoi'r gorau i; (*SPORT*) ymddeol o; ∼ **qch à qn** (*céder*) ildio rhth i rn;
♦*vi* (*SPORT*) ildio, rhoi'r gorau iddi; (*INFORM*) terfynu;
♦ **s'**∼ *vr* ildio; **s'**∼ **à qch** ildio i rth.

abaque [abak] *m* abacws *g*, ffrâm *b* gyfrif.

abasourdi (**-e**) [abazuʀdi] *adj* syfrdan, hurt.

abasourdir [abazuʀdiʀ] (**2**) *vt* (*de surprise*) syfrdanu, synnu.

abat [aba] *vb voir* **abattre**.

abat-jour [abaʒuʀ] *m inv* lamplen *b*, cysgodlen *b*.

abats *etc* [aba] *vb voir* **abattre**;
♦*mpl* syrth *g*, offal *g*.

abattage [abataʒ] *m* (*du bois*) torri coed; (*d'un animal*) lladd, cigyddio; (*entrain, dynamisme*) bywiogrwydd *g*, mynd *g*.

abattant [abatɑ̃] *vb voir* **abattre**;
♦*m* dalen *b* (bwrdd *ou* bord), adain *b* (bwrdd *ou* bord).

abattement [abatmɑ̃] *m* (*physique*) gwanychiad *g*, gwanhad *g*; (*moral*) digalondid *g*, tristwch *g*; (*déduction*) gostyngiad *g*, lleihad *g*; ∼ **fiscal** lwfans *g* trethi.

abattis *etc* [abati] *vb voir* **abattre**;
♦*mpl* syrth *g*, offal *g*.

abattoir [abatwaʀ] *m* lladd-dy *g*.

abattre [abatʀ] (**56**) *vt* torri, lladd; (*personne*) saethu; (*fig: physiquement*) blino; (*moralement*) digalonni, torri calon; ∼ **un mur/une maison** dymchwel wal/tŷ, tynnu wal/tŷ i lawr; ∼ **ses cartes** (*aussi fig*) rhoi *ou*

dodi'ch cardiau ar y bwrdd; ~ **du travail,** ~ **de la besogne** dod i ben â gwaith, gwneud llawer o waith;
♦ **s'**~ *vr* syrthio'n glep; **s'**~ **sur** (*suj: pluie*) curo ar; (*coups, injures*) disgyn *ou* syrthio'n gawod.
abattu (-**e**) [abaty] *pp de* **abattre**;
♦*adj* (*déprimé*) digalon, penisel; (*fatigué*) wedi blino, blinedig; **aller à bride** ~**e** mynd ar garlam.
abbatiale [abasjal] *f* eglwys *b* abadol.
abbaye [abei] *f* abaty *g*.
abbé [abe] *m* (*d'une abbaye*) abad *g*; (*de paroisse*) offeiriad *g*; **M. l'**~ yr offeiriad *g*; **l'**~ **Dubois** y Tad Dubois.
abbesse [abɛs] *f* abades *b*.
abc, **ABC** [ɑbese] *m* (*petit livre*) llyfr *g* ABC (*llyfr cyntaf i ddysgu'r wyddor*); (*fig: rudiments*) elfennau *ll*, hanfodion *ll*, ABC.
abcès [apsɛ] *m* (*MÉD*) casgliad *g*, crawniad *g*, cornwydd *g*.
abdication [abdikasjɔ̃] *f* ymddeoliad *g*, ymwrthodiad *g*; **l'**~ **de la couronne** ymddiorseddiad *g*, ildio'r goron.
abdiquer [abdike] (**1**) *vi* (*POL*) ymddiorseddu, ildio'r goron, ymddeol;
♦*vt* (*résponsabilité*) ymwrthod â, rhoi'r gorau i.
abdomen [abdɔmɛn] *m* abdomen *g*, tor *b*, bol *g*.
abdominal (-**e**) (**abdominaux, abdominales**) [abdɔminal, abdɔmino] *adj* abdomenol, torrol.
abdominaux [abdɔmino] *mpl* ymarferion *ll* torrol; **faire des** ~ *gwneud ymarferion torrol i gryfhau cyhyrau'r stumog.*
abécédaire [ɑbesedɛʀ] *m* llyfr *g* ABC (*llyfr cyntaf i ddysgu'r wyddor*).
abeille [abɛj] *f* gwenynen *b*.
aberrant (-**e**) [abeʀɑ̃, ɑ̃t] *adj* afresymol, hurt, gwirion; (*BIOL*) eithriadol, annormal; (*LING*) afreolaidd.
aberration [abeʀasjɔ̃] *f* cyfeiliornad *g*; (*BIOL*) eithriad *g*, datblygiad annormal *g*; (*MATH*) egwyriant *g*.
abêtir [abetiʀ] (**2**) *vt* hurtio, gwneud (rhn) yn hurt;
♦ **s'**~ *vr* hurtio.
abêtissant (-**e**) [abetisɑ̃, ɑ̃t] *adj* (*travail, spectacle*) hurt, disynnwyr, difeddwl.
abhorrer [abɔʀe] (**1**) *vt* casáu, ffieiddio (at).
abîme [abim] *m* (*GÉO*) affwys *g*, dyfnder *g*; (*fig*) dibyn *g*; **être au bord de l'**~ bod ar ymyl dibyn, bod ar fin distryw.
abîmer [abime] (**1**) *vt* difetha, niweidio, difrodi;
♦ **s'**~ *vr* cael niwed; (*fruits*) difetha; (*navire*) suddo; (*fig: dans des pensées*) ymgolli; **s'**~ **les yeux** difetha'ch llygaid, peri niwed i'ch llygaid.
abject (-**e**) [abʒɛkt] *adj* ffiaidd, gwarthus.
abjurer [abʒyʀe] (**1**) *vt* gwadu, ymwadu, ymwrthod â.
ablatif [ablatif] *m* (y cyflwr *g*) abladol *g*.
ablation [ablasjɔ̃] *f* (*MÉD*) abladiad *g*, tyniad *g*, tynnu.
ablutions [ablysjɔ̃] *fpl*: **faire ses** ~ ymolchi.
abnégation [abnegasjɔ̃] *f* hunanaberth *g*.
aboie *etc* [abwa] *vb voir* **aboyer**.
aboiement [abwamɑ̃] *m* cyfarth *g*, cyfarthiad *g*.
abois [abwa] *mpl*: **être aux** ~ (*fig*) bod mewn lle cyfyng, bod wedi'ch cornelu.
abolir [abɔliʀ] (**2**) *vt* (*JUR*) dileu, diddymu.
abolition [abɔlisjɔ̃] *f* dilead *g*, diddymiad *g*.
abolitionniste [abɔlisjɔnist] *adj* diddymol;
♦*m/f* diddymydd *g*.
abominable [abɔminabl] *adj* erchyll, atgas, dychrynllyd, ofnadwy; **chose** ~ ffieiddbeth *g*.
abomination [abɔminasjɔ̃] *f* atgasedd *g*, ffieidd-dod *g*.
abondamment [abɔ̃damɑ̃] *adv* yn helaeth, yn doreithiog.
abondance [abɔ̃dɑ̃s] *f* digonedd *g*, toreth *b*; **en** ~ yn helaeth; **société d'**~ cymdeithas *b* y byd bras.
abondant (-**e**) [abɔ̃dɑ̃, ɑ̃t] *adj* helaeth, niferus, toreithiog.
abonder [abɔ̃de] (**1**) *vi* bod yn niferus *ou* gyffredin; ~ **en** bod yn llawn o; ~ **dans le sens de qn** cytuno'n llwyr â rhn.
abonné[1] (-**e**) [abɔne] *adj*: **être** ~ **à un journal** tanysgrifio i gyfnodolyn *ou* gylchgrawn; **être** ~ **au téléphone** bod â ffôn.
abonné[2] [abɔne] *m* tanysgrifiwr *g*; (*MUS, THÉÂTRE*) un *g* sydd â thocyn tymor.
abonnée [abɔne] *f* tanysgrifwraig *b*; (*MUS, THÉÂTRE*) un *b* sydd â thocyn tymor;
♦*adj f voir* **abonné**[1].
abonnement [abɔnmɑ̃] *m* tanysgrifiad *g*; (*pour transports en commun, concerts*) tocyn *g* tymor *ou* cyfnod.
abonner [abɔne] (**1**) *vt*: ~ **qn à** talu tanysgrifiad dros rn i;
♦ **s'**~ *vr*: **s'**~ **à** tanysgrifio i.
abord [abɔʀ] *m* (*à un lieu*) mynediad *g*, ffordd *b*; ~**s** (*d'un lieu*) cyffiniau *ll*, cyrion *ll*; **elle est d'un** ~ **facile/difficile** mae'n hawdd/anodd siarad â hi; **le village est d'un** ~ **facile/difficile** mae'r pentref yn hawdd/anodd ei gyrraedd; **d'**~ (*en premier*) yn y lle cyntaf, yn gyntaf oll; **tout d'**~ yn gyntaf peth, uwchlaw popeth; **de prime** ~**, au premier** ~ ar yr olwg gyntaf.
abordable [abɔʀdabl] *adj* (*personne*) agos-atoch, hawdd siarad â chi; (*prix, marchandise*) rhesymol, fforddiadwy; (*lieu*) hawdd ei gyrraedd, hygyrch.
abordage [abɔʀdaʒ] *m* (*NAUT: collision*) gwrthdrawiad *g*; (:*assaut*) ymosod, ymosodiad *g*, byrddio llong.
aborder [abɔʀde] (**1**) *vi* (*NAUT*) glanio;
♦*vt* (*NAUT*) mynd ar, byrddio; (*heurter*) gwrthdaro â, taro yn erbyn; (*lieu*) cyrraedd;

(*problème*) mynd i'r afael â, taclo; (*personne, rivage*) mynd at; (*discussion*) dechrau, cychwyn.
aborigène [abɔʀiʒɛn] *m/f* brodor *g*, cynfrodor *g*, brodores *b*, cynfrodores *b*.
aboulique [abulik] *adj* diewyllys, amhenderfynol, heb rym ewyllys.
aboutir [abutiʀ] (**2**) *vi* (*négociations etc*) llwyddo, terfynu'n llwyddiannus; (*abcès*) dod i ben; (*arriver*) cyrraedd; **j'ai abouti à Aberystwyth** yn y diwedd cyrhaeddais Aberystwyth; **le sentier aboutit à la mer** mae'r llwybr yn arwain at y môr; **cela a abouti à un accord** arweiniodd hynny i gytundeb.
aboutissants [abutisɑ̃] *mpl voir* **tenant**.
aboutissement [abutismɑ̃] *m* (*d'un projet*) llwyddiant *g*, gwireddiad *g*; (*d'années de travail*) diweddglo *g*, cwblhad *g*, pen *g* draw.
aboyer [abwaje] (**17**) *vi* cyfarth.
abracadabrant (**-e**) [abʀakadabʀɑ̃, ɑ̃t] *adj* anhygoel, hurt, afresymol, chwerthinllyd.
abrasif (**abrasive**) [abʀɑzif, abʀɑziv] *adj* sgraffiniol, treuliol, ysgriffiol.
abrégé [abʀeʒe] *m* crynodeb *g*; **en** ~ yn gryno, yn fyr.
abréger [abʀeʒe] (**15**) *vt* crynhoi, cwtogi ar; (*mot*) talfyrru; (*réunion, voyage*) terfynu cyn pryd.
abreuver [abʀœve] (**1**) *vt* dyfrio, rhoi dŵr i; ~ **qn d'injures** bwrw llif o enllibion ar ben rhn; ♦ **s'**~ *vr* yfed.
abreuvoir [abʀœvwaʀ] *m* cafn *g* (dŵr); (*lieu*) lle *g* yfed, dyfrfan *g,b*.
abréviation [abʀevjasjɔ̃] *f* (*TYPO*) byrfodd *g*.
abri [abʀi] *m* cysgod *g*; (*cabane*) lloches *b*; (*en montagne*) lloches *b*, lluest *g*, bwth *g*; (*MIL*) lloches *b* rhag bomio; **être à l'**~**, se mettre à l'**~ cysgodi, ymochel; **à l'**~ **de** (*aussi fig*) dan gysgod; (*protégé par*) wedi'i ddiogelu rhag, diogel rhag.
Abribus® [abʀibys] *m* lloches *b* fysiau, caban *g* aros bysiau.
abricot [abʀiko] *m* bricyllen *b*, apricot *g,b*.
abricotier [abʀikɔtje] *m* coeden *b* fricyll, bricyllwydden *b*.
abrité (**-e**) [abʀite] *adj* cysgodol, clyd.
abriter [abʀite] (**1**) *vt* cysgodi; (*recevoir, loger*) llochesu, rhoi lloches i;
♦ **s'**~ *vr* cysgodi, ymochel; (*fig: derrière la loi*) cuddio, ymguddio.
abrogation [abʀɔgasjɔ̃] *f* diddymiad *g*, dilead *g*; **voter l'**~ **d'une loi** pleidleisio dros ddiddymu *ou* ddileu deddf.
abroger [abʀɔʒe] (**10**) *vt* dileu, diddymu.
abrupt (**-e**) [abʀypt] *adj* (*en pente raide*) serth, syth; (*personne, ton*) swta.
abruti* [abʀyti] *m* ffŵl *g*, hurtyn *g*, twpsyn *g*.
abrutie* [abʀyti] *f* ffŵl *g*, hurten *b*, twpsen *b*.
abrutir [abʀytiʀ] (**2**) *vt* (*fatiguer*) blino, lluddedu; (*abêtir*) hurtio.
abrutissant (**-e**) [abʀytisɑ̃, ɑ̃t] *adj* hurtiol, blinderus, blin.
abscisse [apsis] *f* echelin *b* X, absgisa *g*.
absence [apsɑ̃s] *f* absenoldeb *g*; (*manque*) diffyg *g*; ~ **de mémoire** pall *g* ar y cof; **en l'**~ **de qch** yn niffyg rhth, yn absenoldeb rhth, heb rth.
absent[1] (**-e**) [apsɑ̃, ɑ̃t] *adj* (*chose*) ar goll, coll, yn eisiau; (*distrait: air*) pell eich meddwl.
absent[2] [apsɑ̃] *m* absenolwr *g*; **des** ~**s** y rhai *ll* absennol, yr absenolwyr.
absente [apsɑ̃t] *f* absenolwraig *b*;
♦ *adj f voir* **absent**[1].
absentéisme [apsɑ̃teism] *m* absenoliaeth *b*; (*scolaire*) colli'r ysgol; (*école buissonnière*) triwantiaeth *b*, chwarae triwant; (*du travail*) colli gwaith.
absenter [apsɑ̃te] (**1**): **s'**~ *vr* mynd allan; (*du travail*) cymryd amser rhydd; **je m'absente pour quelques instants** 'rwy'n mynd allan am funud neu ddau *ou* ddwy.
abside [apsid] *f* (*ARCHIT*) cromfan *b*, talcen *g* crwm, crongafell *b*, aps *g*.
absinthe [apsɛ̃t] *f* (*boisson*) absinth *g*; (*BOT*) y wermod *b* lwyd.
absolu[1] (**-e**) [apsɔly] *adj* llwyr, diamod; (*personne, caractère*) cyndyn, anhyblyg.
absolu[2] [apsɔly] *m*: **l'**~ y Diamod *g*, yr Absoliwt *g*; **dans l'**~ mewn gwactod, heb ystyried yr amgylchiadau, allan o gyd-destun
absolument [apsɔlymɑ̃] *adv* (*oui*) yn sicr, yn siwr, ar bob cyfrif; (*tout à fait, complètement*) yn hollol, yn llwyr; ~ **pas** dim o gwbl; **tenir** ~ **à faire qch** mynnu gwneud rhth; **elle veut** ~ **venir** mae hi'n benderfynol o ddod; **avoir** ~ **tort** bod yn hollol anghywir; **il faut** ~ **que tu visites Venise** mae'n rhaid iti fynd i Fenis.
absolution [apsɔlysjɔ̃] *f* maddeuant *g* pechodau.
absolutisme [apsɔlytism] *m* absoliwtiaeth *b*, unbennaeth *b*.
absolvais *etc* [apsɔlvɛ] *vb voir* **absoudre**.
absolve *etc* [apsɔlv] *vb voir* **absoudre**.
absorbant (**-e**) [apsɔʀbɑ̃, ɑ̃t] *adj* sy'n sychu, sy'n sugno, amsugnol; (*tâche, travail*) diddorol, cyfareddol.
absorbé (**-e**) [apsɔʀbe] *adj* wedi ymgolli (yn), â diddordeb llwyr (yn, mewn).
absorber [apsɔʀbe] (**1**) *vt* amsugno; (*manger, boire*) bwyta, yfed; (*ÉCON: firme*) llyncu, meddiannu, traflyncu.
absorption [apsɔʀpsjɔ̃] *f* amsugnad *g*; (*d'un médicament*) yfed; (*ÉCON*) meddianiad *g*.
absoudre [apsudʀ] (**66**) *vt*: ~ **qn** (*REL*) gollwng *ou* rhyddhau rhn o bechod.
absous (**absoute**) [apsu, apsut] *pp de* **absoudre**.
abstenir [apstəniʀ] (**32**): **s'**~ *vr* (*POL*) ymatal, atal eich pleidlais; **s'**~ **de qch** ymatal rhag rhth, rhoi'r gorau i rth; **s'**~ **de la boisson** peidio ag yfed; **s'**~ **de faire qch** peidio â

gwneud rhth.
abstention [apstɑ̃sjɔ̃] *f* ymataliad *g*, ymataliaeth *b*.
abstentionnisme [apstɑ̃sjɔnism] *m* ymatal *g*, ymataliaeth *b*.
abstentionniste [apstɑ̃sjɔnist] *m/f* un *g/b* sy'n atal ei bleidlais, ymataliwr *g*.
abstenu (**-e**) [apstəny] *pp de* **abstenir**.
abstiendrai *etc* [apstjɛ̃dʀe] *vb voir* **abstenir**.
abstiens *etc* [apstjɛ̃] *vb voir* **abstenir**.
abstinence [apstinɑ̃s] *f* (*REL*) ymataliad *g*, llwyrymwrthodiad *g*; **faire** ~ (*de viande*) ymwrthod â bwyta cig.
abstins *etc* [apstɛ̃] *vb voir* **abstenir**.
abstraction [apstʀaksjɔ̃] *f* (*idée abstraite*) haniaeth *g*; **faire** ~ **de** anwybyddu; ~ **faite de qch** gan anwybyddu ...
abstraire [apstʀɛʀ] (**65**) *vt* (*conceptualiser*) haniaethu; (*isoler*) ynysu; (*tirer à part*) tynnu allan, arwahanu;
♦ **s'**~ *vr*: **s'**~ **(de)** (*s'isoler*) torri cysylltiad (â), ymwahanu (â).
abstrait[1] (**-e**) [apstʀɛ, ɛt] *pp de* **abstraire**;
♦*adj* haniaethol; **art** ~ celfyddyd *b* haniaethol.
abstrait[2] [apstʀɛ] *m*: **dans l'**~ yn haniaethol, fel haniaeth.
abstrayais *etc* [apstʀɛjɛ] *vb voir* **abstraire**.
absurde [apsyʀd] *adj* afresymol, hurt, ynfyd;
♦*m*: **l'**~ yr afreswm *g*, yr afresymol *g*, yr abswrd *g*; **raisonnement par l'**~ (*MATH*) profi drwy wrthbrofi.
absurdité [apsyʀdite] *f* hurtrwydd *g*, afresymoldeb *g*, ynfydrwydd *g*.
abus [aby] *m* camddefnydd *g*; (*détournement de fonds*) embeslad *g*; **il y a de l'**~* mae pethau yn mynd dros ben llestri; ~ **de confiance** tor-ymddiriedaeth *g*; ~ **de pouvoir** camddefnyddio grym.
abuser [abyze] (**1**) *vi* mynd dros ben llestri, mynd yn rhy bell; ~ **de** (*force, droit, alcool*) camddefnyddio;
♦*vt* twyllo, camarwain; (*enfant*) camdrin; (*violer: femme*) treisio;
♦ **s'**~ *vr* camgymryd, camsynied, eich twyllo'ch hunan; **si je ne m'abuse** os nad wyf yn camgymryd.
abusif (**abusive**) [abyzif, abyziv] *adj* anghywir; (*prix*) gormodol; (*punition*) eithafol; **usage** ~ **de qch** camddefnydd o rth.
abusivement [abyzivmɑ̃] *adv* yn ormodol, yn anghywir.
Abyssinie [abisini] *prf*: **l'**~ Abysinia *b*, Ethiopia *b*.
AC [ase] *sigle f*(= *appellation contrôlée*) *gwarant b o safon gwin*.
acabit [akabi] *m*: **de cet** ~ (o'r) math hwn; **être du même** ~ bod yr un fath â'i gilydd, bod yn debyg.
acacia [akasja] *m* (*BOT*) acasia *b*, draenen *b* yr Aifft.
académicien [akademisjɛ̃] *m* academydd *g*.
académicienne [akademisjɛn] *f* academydd *g*.
académie [akademi] *f* (*société*) academi *b*; (*école d'art, de danse*) academi, athrofa *b*; (*ART: nu*) noethlun *g*; (*SCOL*) awdurdod *g* addysg rhanbarthol; **l'A**~ **(française)** yr Academi Ffrengig.
académique [akademik] *adj* academaidd.
Acadie [akadi] *prf*: **l'**~ Taleithiau *ll* Ffrengig Arfordir Canada.
acadien (**-ne**) [akadjɛ̃, ɛn] *adj* Acadaidd.
Acadien [akadjɛ̃] *m* Acadiad *g*.
Acadienne [akadjɛn] *f* Acadiad *b*.
acajou [akaʒu] *m* mahogani *g*.
acariâtre [akaʀjɑtʀ] *adj* sarrug, annifyr, cecrus, sur.
accablant (**-e**) [akɑblɑ̃, ɑ̃t] *adj* (*témoignage, preuve*) llethol; (*chaleur, poids*) llethol, trymaidd.
accablement [akɑbləmɑ̃] *m* (*abattement*) digalondid *g*; (*fatigue*) blinder *g*, lludded *g*.
accabler [akɑble] (**1**) *vt* llethu, llorio; (*suj: preuves, témoignage*) beio, condemnio, collfarnu; ~ **qn d'injures** pentyrru enllibion am ben rhn, sarhau rhn; ~ **qn de travail** gorlwytho gwaith ar rn, llethu rhn â gwaith; **être accablé de dettes/de soucis** bod wedi'ch llethu gan ddyledion/ofidiau.
accalmie [akalmi] *f* cyfnod *g* tawel, gosteg *g,b*, seibiant *g*; (*fièvre*) rhyddhad *g*.
accaparant (**-e**) [akapaʀɑ̃, ɑ̃t] *adj* sy'n mynd â'ch holl amser *ou* sylw, llwyrfeddiannol.
accaparer [akapaʀe] (**1**) *vt* (*produits, marché*) llwyrfeddiannu, cael monopoli ar; (*hôte, pouvoir, conversation*) meddiannu, llwyrfeddiannu; (*suj: travail etc*) mynd â amser *ou* sylw; **les enfants l'accaparent** mae'r plant yn mynd â'i holl amser a'i nerth, mae'r plant yn ei feddiannu'n llwyr.
accéder [aksede] (**14**) *vi*: ~ **à** cyrraedd, mynd at; (*indépendance*) ennill; (*requête, désirs*) cytuno i ddymuniadau (rhn).
accélérateur [akseleʀatœʀ] *m* sbardun *g*, cyflymydd *g*.
accélération [akseleʀasjɔ̃] *f* cyflymiad *g*, cyflymu *g*.
accéléré [akseleʀe] *m* (*CINÉ*): **en** ~ wedi'i gyflymu *ou* chyflymu.
accélérer [akseleʀe] (**14**) *vt* cyflymu;
♦*vi* cyflymu, mynd yn gynt.
accent [aksɑ̃] *m* acen *b*; **aux** ~**s de** (*musique*) i nodau; **mettre l'**~ **sur qch** acennu rhth; (*fig*) rhoi pwyslais ar rth, pwysleisio rhth; ~ **aigu** acen ddyrchafedig; ~ **circonflexe** acen grom, hirnod *g*, to *g* bach; ~ **grave** acen ddisgynedig.
accentuation [aksɑ̃tɥasjɔ̃] *f* (*d'un mot*) aceniad *g*, acennu; (*d'une note, aussi fig*) pwysleisio, acennu; **l'**~ **de l'inflation** chwyddiant *g* ar dwf.
accentué (**-e**) [aksɑ̃tɥe] *adj* acennog; (*fig*)

amlwg, eglur, wedi'i bwysleisio.

accentuer [aksɑ̃tɥe] (1) *vt* acennu, rhoi pwyslais ar; (*fig*) pwysleisio, amlygu;
♦ **s'~** *vr* cryfhau, dod *ou* mynd yn fwyfwy amlwg.

acceptable [akseptabl] *adj* derbyniol, boddhaol.

acceptation [akseptasjɔ̃] *f* derbyn, derbyniad *g*.

accepter [aksepte] (1) *vt* derbyn; (*reconnaître*) derbyn, cydnabod, cyfaddef; **~ de faire qch** cytuno i wneud rhth; **~ que qn fasse qch** cytuno y caiff *ou* dylai rhn wneud rhth; **j'accepte!** derbyniaf!; **je n'accepte pas cela** ni dderbyniaf hynny.

acception [aksepsjɔ̃] *f* ystyr *g,b*; **dans toute l'~ du terme** yn llawn ystyr y gair.

accès [aksɛ] *m*
1 (*admission*) mynediad *g*; (*porte, entrée*) mynedfa *b*; (*INFORM*) mynediad; **endroit d'~ facile/malaisé** lle hawdd/anodd ei gyrraedd; **elle est d'~ facile/malaisé** mae'n hawdd/anodd siarad â hi; **"~ aux quais"** mynediad at y trenau; **l'~ aux quais est interdit** dim mynediad i'r platfform; **donner ~ à** arwain at rth; **avoir ~ auprès de qn** gallu mynd at rn.
2 (*MÉD*) pwl *g*; **~ de colère** pwl o dymer ddrwg; **~ de joie** gorfoledd *g*; **~ de toux** pwl o besychu;
♦*mpl* (*routes, entrées etc*) mynediad *g*.

accessible [aksesibl] *adj*: **~ (à)** (*livre, sujet*) o fewn cyrraedd pawb; (*lieu*) hawdd ei gyrraedd, hygyrch; (*personne*) agos-atoch.

accession [aksesjɔ̃] *f* (*au pouvoir*) dyfodiad *g* (i); (*au trône*) esgyniad *g* (i'r orsedd); **~ à** ymuniad *g* â; (*à un poste*) dod yn; **~ à la propriété** perchenogaeth *b* cartref.

accessit [aksesit] *m* (*SCOL*) tystysgrif *b* teilyngdod.

accessoire [akseswaʀ] *adj* atodol, ategol;
♦*m* ychwanegiad *g*; (*THÉÂTRE*) celficyn *g*, dodrefnyn *g*; **~ de toilette** pethau *ll* ymolchi.

accessoirement [akseswaʀmɑ̃] *adv* yn atodol.

accessoiriste [akseswaʀist] *m/f* (*TV, CINÉ*) arolygwr *g* celfi *ou* dodrefn.

accident [aksidɑ̃] *m*
1 (*gén*) damwain *b*; (*évènement fortuit*) hap *b* a damwain; **~ de la route** damwain ffordd *ou* car; **~ de parcours** anffawd *g*; **~ du travail** damwain *ou* anaf *g* yn y gwaith; **par ~** yn ddamweiniol, trwy ddamwain, trwy hap a damwain.
2: **~s de terrain** anwastadrwydd *g*.

accidenté[1] **(-e)** [aksidɑ̃te] *adj* (*relief, terrain*) bryniog, anwastad, pantiog; (*route*) anwastad, ysgytiog; (*voiture, personne*) sydd wedi cael *ou* bod mewn damwain; (*personne*) anafedig; (*voiture*) difrodedig; (*vie, carrière*) cyffrous, llawn digwyddiadau, cythryblus.

accidenté[2] [aksidɑ̃te] *m* (*personne blessée*) un *g* wedi'i anafu, un clwyfedig *ou* anafedig; **un ~ de la route** un wedi'i anafu mewn damwain ffordd.

accidentée [aksidɑ̃te] *f* (*personne blessée*) un *b* wedi'i hanafu, un glwyfedig *ou* anafedig;
♦*adj f voir* **accidenté**[1].

accidentel (-le) [aksidɑ̃tel] *adj* (*mort, chute*) damweiniol, ar ddamwain; (*rencontre*) damweiniol, hap a damwain.

accidentellement [aksidɑ̃telmɑ̃] *adv* (*par hasard*) yn ddamweiniol, ar ddamwain; (*mourir*) mewn damwain.

accidenter [aksidɑ̃te] (1) *vt* (*personne*) anafu, brifo, clwyfo; (*véhicule*) difrodi, bwrw, malu.

accise [aksiz] *f*: **droit d' ~(s)** treth *b* doll.

acclamation [aklamasjɔ̃] *f* banllef *b*; **par ~** (*vote*) trwy fanllef; **~s** (*hourras*) banllefau, bloeddiau *ll*.

acclamer [aklame] (1) *vt* cymeradwyo, rhoi hwrê i.

acclimatation [aklimatasjɔ̃] *f* ymgynefiniad *g*, cynefiniad *g*, cynefino.

acclimater [aklimate] (1) *vt* (*BOT, ZOOL*) cynefino, addasu;
♦ **s'~** *vr* ymgynefino, ymaddasu.

accointances [akwɛ̃tɑ̃s] *fpl*: **avoir des ~ avec qn** bod â chysylltiadau *ll* â rhn.

accolade [akɔlad] *f* cofleidiad *g*; (*TYPO*) bachau *ll* cyrliog; **donner l'~ à qn** cofleidio rhn.

accoler [akɔle] (1) *vt* gosod ochr yn ochr, cyfochri; (*TYPO*) cysylltu, bracedu, cyfochri.

accommodant (-e) [akɔmɔdɑ̃, ɑ̃t] *adj* caredig, cymwynasgar, parod eich cymwynas.

accommodement [akɔmɔdmɑ̃] *m* cyfaddawd *g*.

accommoder [akɔmɔde] (1) *vi* (*optique*) ffocysu;
♦*vt* (*plat*) paratoi; (*points de vue*) cymodi; **~ qch à** addasu rhth i;
♦ **s'~** *vr*: **s'~ de** (*se contenter de*) derbyn, bodloni ar; **s'~ à** dygymod â, ymaddasu i, ymgynefino â; **s'~ avec qn** dod i gytundeb â rhn.

accompagnateur [akɔ̃paɲatœʀ] *m* (*MUS*) cyfeilydd *g*; (*de voyage*) arweinydd *g*, tywysydd *g*; (*d'enfants*) *oedolyn g sy'n danfon neu hebrwng plant.*

accompagnatrice [akɔ̃paɲatʀis] *f* (*MUS*) cyfeilyddes *b*; (*de voyage*) arweinyddes *b*; (*d'enfants*) *oedolyn g sy'n danfon neu hebrwng plant.*

accompagnement [akɔ̃paɲmɑ̃] *m* (*MUS*) cyfeiliant *g*; (*CULIN*) cyfwydydd *ll* (*bwyd atodol, megis llysiau*); (*MIL*) cefnogaeth *b*, cymorth *g*; **sans ~** yn ddigyfeiliant.

accompagner [akɔ̃paɲe] (1) *vt* mynd *ou* dod gyda, hebrwng, mynd yn gwmni i; **~ qn au piano** cyfeilio i rn ar y piano; **vous permettez que je vous accompagne?** alla' i ddod gyda chi?;
♦ **s'~** *vr* (*MUS*) cyfeilio i chi'ch hunan; **s'~ de** bod yn gysylltiedig â.

accompli (-e) [akɔ̃pli] *adj* (*musicien, talent*) dawnus, perffaith, medrus; **le fait** ~ rhth a gyflawnwyd; **mission** ~**e** cyflawnwyd y dasg.

accomplir [akɔ̃pliʀ] (2) *vt* (*tâche*) gwneud, cyflawni, gweithredu; (*souhait, projet*) gwireddu, cyflawni;
♦ **s'**~ *vr* cael ei gyflawni.

accomplissement [akɔ̃plismɑ̃] *m* (*d'une obligation*) cwblhad *g*, cyflawniad *g*; (*d'un rêve*) gwireddiad *g*.

accord [akɔʀ] *m*
1 (*consentement, autorisation*) cytundeb *g*; (*entre des styles*) cytgord *g*; **mettre deux personnes d'**~ gwneud i ddau ddod i gytundeb; **se mettre d'**~ dod i gytundeb gyda'ch gilydd; **être d'**~ cytuno, bod yn gytûn (â); **d'**~**!** iawn!, o'r gorau!; **d'un commun** ~ yn unfrydol; **être en** ~ **avec qn** cyd-dynnu yn dda â rhn; **être d'**~ **(avec qn)** cytuno (â rhn); **donner son** ~ awdurdodi, rhoi awdurdod i, rhoi hawl, caniatáu.
2 (*LING*) cytundeb *g*; ~ **en genre et en nombre** cytundeb o ran cenedl ac o ran rhif.
3 (*MUS*) cord *g*; ~ **parfait** cord y tonydd, triad *g*.

accord-cadre (~**s**-~**s**) [akɔʀkɑdʀ] *m* cytundeb *g* amlinellol.

accordéon [akɔʀdeɔ̃] *m* (*MUS*) acordion *g*; **en** ~ (*papier plié*) wedi crychu.

accordéoniste [akɔʀdeɔnist] *m/f* chwaraewr *g* acordion, chwaraewraig *b* acordion.

accorder [akɔʀde] (1) *vt* (*faveur, délai*) caniatáu, rhoi; ~ **de l'importance/de la valeur à qch** rhoi pwys/gwerth ar rth; **je vous accorde que je me suis trompé(e)** 'rwyf yn cydnabod *ou* cyfaddef imi wneud camgymeriad;
♦ **s'**~ *vr* (*s'entendre, être en harmonie*) cyd-fynd; (*être d'accord*) cytuno; (*reconnaître*) cydnabod, derbyn, cyfaddef; (*harmonie*) cydgordio; (*MUS*) cyweirio, tiwnio; (*LING*) cytuno; **l'adjectif s'accorde avec le nom** mae'r ansoddair yn cytuno â'r enw.

accordeur [akɔʀdœʀ] *m* cyweiriwr *g*, tiwniwr *g*; ~ **de piano** tiwniwr piano.

accoster [akɔste] (1) *vi* (*NAUT*) clymu, angori;
♦*vt* (*personne*) mynd at, cyfarch; ~ **le quai** (*NAUT*) dod i'r cei, cyrraedd y cei.

accotement [akɔtmɑ̃] *m* ymyl *g,b* lôn, llain *b*; ~ **non stabilisé** ysgwydd *b* feddal, llain *b* feddal, ymyl (g)welltog; ~ **stabilisé** ysgwydd galed, llain galed.

accoter [akɔte] (1) *vt*: ~ **qch à qch** pwyso rhth ar rth; ~ **qch contre qch** pwyso rhth yn erbyn rhth;
♦ **s'**~ *vr*: **s'**~ **à** *neu* **contre qch** pwyso ar rth.

accouchement [akuʃmɑ̃] *m* genedigaeth *b*, esgor *g*; ~ **prématuré** genedigaeth cyn pryd; ~ **à terme** genedigaeth cyfnod llawn; ~ **sans douleur** *genedigaeth ar ôl paratoad meddyliol i leihau poen.*

accoucher [akuʃe] (1) *vi, vt* rhoi genedigaeth i, esgor ar, geni; ~ **d'une fille** rhoi genedigaeth i ferch, cael merch, esgor ar ferch.

accoucheur [akuʃœʀ] *m*: **(médecin)** ~ obstetregydd *g*.

accoucheuse [akuʃøz] *f* bydwraig *b*.

accouder [akude] (1): **s'**~ *vr*: **s'**~ **à** *neu* **sur** penelinio ar; **être accoudé(e) à la fenêtre** pwyso'ch penelin ar sil y ffenestr.

accoudoir [akudwaʀ] *m* braich *g,b* (*cadair, drws car ayb*)

accouplement [akupləmɑ̃] *m* cyplad *g*, pariad *g*, paru, cyplu, uno.

accoupler [akuple] (1) *vt* cysylltu, gosod gyda'i gilydd; (*animaux: faire copuler*) paru, cyplu;
♦ **s'**~ *vr* (*copuler*) paru, ymgyplu.

accourir [akuʀiʀ] (21) *vi* rhuthro.

accoutrement [akutʀəmɑ̃] (*péj*) *m* dillad *ll* digrif; **regarde-le, quel** ~ **ridicule!** edrych arno wedi ei wisgo mor ddigrif!

accoutrer [akutʀe] (1) (*péj*) *vt* gwisgo (rhn) yn ddigrif, rhoi dillad digrif am;
♦ **s'**~ *vr* gwisgo dillad digrif.

accoutumance [akutymɑ̃s] *f* cynefiniad *g*; (*MÉD: à un médicament*) caethiwed *g* (i), dibyniaeth *b* (ar).

accoutumé (-e) [akutyme] *adj* arferol, cynefin, cyfarwydd; **comme à l'**~**e** fel sydd yn arferol, yn ôl yr arfer; **être** ~ **à qch/à faire qch** bod yn gynefin *ou* gyfarwydd â rhth/â gwneud rhth.

accoutumer [akutyme] (1) *vt*: ~ **qn à qch/à faire** cynefino rhn â rhth/â gwneud rhth;
♦ **s'**~ *vr*: **s'**~ **à qch/à faire** ymgynefino *ou* cynefino *ou* dod i arfer â rhth/â gwneud.

accréditer [akʀedite] (1) *vt* (*rumeur*) cadarnhau; ~ **qn auprès de qn** achredu rhn gyda rhn; **être accredité auprès d'une banque** bod â chredyd yn y banc.

accro* [akʀo] *adj* (*du jazz etc*) sy'n hoff o; **être** ~ **de la drogue** bod yn gaeth i gyffuriau;
♦*m/f* dilynwr *g*, dilynwraig *b*, un *g/b* sy'n hoff o rth; (*d'une drogue*) un sy'n gaeth i gyffuriau.

accroc [akʀo] *m* rhwyg *b,g*; **sans** ~**s** (*fig: anicroche*) yn rhwydd, yn ddirwystr; **faire un** ~ **à** (*vêtement*) rhwygo; (*fig: règle*) torri.

accrochage [akʀɔʃaʒ] *m* (*AUTO*) gwrthdrawiad *g*; (*dispute*) ffrae *b*, ysgarmes *b*; (*tableau*) hongian; (*wagons*) cyplad *g*, cyplysiad *g*.

accroche-cœur (~-~**s**) [akʀɔʃkœʀ] *m* cudyn *g* tro.

accrocher [akʀɔʃe] (1) *vi* (*fermeture éclair*) mynd yn sownd; (*fig: pourparlers etc*) dod at anawsterau; (*disque, slogan*) dal sylw *ou* llygad;
♦*vt* (*vêtement, tableau*) hongian; (*wagon, remorque*) clymu, bachu; (*heurter*) taro yn erbyn, gwrthdaro; (*déchirer: robe*) rhwygo, bachu; (*MIL*) brwydro yn erbyn; (*fig,*

attention: client) denu, dal sylw;
♦ **s'~** *vr* hongian; (*ne pas céder*) dal gafael; **s'~ à qch** glynu wrth rth, cydio yn rhth; (*agripper: aussi espoir, idée*) cydio'n dynn yn rhth, dal gafael ar rth; (*fig: personne*) glynu wrth rth; **s'~ avec qn** (*se diputer*) cael anghydfod *g* â rhn.

accrocheur (**accrocheuse**) [akʀɔʃœʀ, akʀɔʃøz] *adj* (*vendeur*) taer; (*publicité, titre*) bachog, sy'n dal eich llygad; (*chanson, air*) bachog, cofiadwy.

accroire [akʀwaʀ] (**59**) *vt*: **faire/laisser ~ qch à qn** gwneud/gadael i rn gredu rhth.

accrois *etc* [akʀwa] *vb voir* **accroître**.

accroissais *etc* [akʀwasɛ] *vb voir* **accroître**.

accroissement [akʀwasmɑ̃] *m* twf *g*, cynnydd *g*.

accroître [akʀwatʀ] (**71**) *vt* cynyddu;
♦ **s'~** *vr* cynyddu, tyfu, ymledu.

accroupi (**-e**) [akʀupi] *adj* ar *ou* yn eich cwrcwd.

accroupir [akʀupiʀ] (**2**): **s'~** *vr* cyrcydu, mynd i'ch cwrcwd, cwtsio.

accru (**-e**) [akʀy] *pp de* **accroître**.

accu* [aky] *m* cronadur *g*, batri *g* storio.

accueil [akœj] *m* croeso *g*; (*endroit*) derbynfa *b*; **centre d'~** canolfan *g,b* groeso *ou* croeso.

accueillant (**-e**) [akœjɑ̃, ɑ̃t] *adj* croesawgar, cyfeillgar, serchog.

accueillir [akœjiʀ] (**22**) *vt* (*aussi fig*) croesawu; (*loger*) derbyn, rhoi llety i.

acculer [akyle] (**1**) *vt*: **~ qn à** gyrru rhn yn ei ôl; **~ qn contre** gyrru rhn yn erbyn; **~ qn dans** cornelu rhn; **~ qn à la faillite/suicide** gyrru rhn i fethdaliad/i'w ladd ei hun.

accumulateur [akymylatœʀ] *m* cronadur *g*, batri *g* storio.

accumulation [akymylasjɔ̃] *f* casgliad *g*, crynhoad *g*, casglu, crynhoi, pentyrru, hel; **une ~ de ...** (*tas, quantité*) pentwr *g* o ...; **chauffage à** *neu* **radiateur à ~** stôr-wresogydd *g*, stôr-dwymwr *g*.

accumuler [akymyle] (**1**) *vt* casglu, pentyrru, hel;
♦ **s'~** *vr* pentyrru, mynd yn bentwr, ymgasglu.

accusateur[1] (**accusatrice**) [akyzatœʀ, akyzatʀis] *adj* cyhuddol, cyhuddgar, damniol.

accusateur[2] [akyzatœʀ] *m* cyhuddwr *g*.

accusatif [akyzatif] *m* (*LING*) cyflwr *g* gwrthrychol.

accusation [akyzasjɔ̃] *f* cyhuddiad *g*; **l'~** (*partie*) yr Erlyniaeth *g*; **mettre qn en ~** cyhuddo rhn, dwyn cyhuddiad yn erbyn rhn; **acte d'~** cyhuddiad.

accusatrice [akyzatʀis] *f* cyhuddwraig *b*;
♦*adj f voir* **accusateur**[1].

accusé [akyze] *m* (*JUR*) diffynnydd *g*, cyhuddedig *g*; **~ de réception** (*POSTES*) derbynneb *b*; **lettre recommandée avec ~ de réception** llythyr *g* y mae'n rhaid llofnodi ichi ei dderbyn.

accusée [akyze] *f* (*JUR*) diffynyddes *b*, cyhuddedig *b*.

accuser [akyze] (**1**) *vt* cyhuddo; (*fig, souligner*) rhoi pwyslais ar; (*rendre manifeste*) amlygu, dangos, datgelu; **~ qn/qch de qch** beio rhn/rhth am rth; **~ réception de qch** cydnabod derbyn rhth; **~ le coup** (*aussi fig*) gwegian ar ôl cael eich taro;
♦ **s'~** *vr* eich cyhuddo'ch hun, eich beio'ch hun; **s'~ de qch/d'avoir fait qch** cyfaddef rhth/gwneud rhth, eich beio'ch hun am rth/wneud rhth.

acerbe [asɛʀb] *adj* brathog, miniog, egr.

acéré (**-e**) [aseʀe] *adj* miniog; (*fig, plume*) brathog.

acétate [asetat] *m* asetad *g*.

acétique [asetik] *adj*: **acide ~** (*CHIM*) asid *g* asetig.

acétone [asetɔn] *f* aseton *g*.

acétylène [asetilɛn] *m* asetylen *g*.

ACF [aseɛf] *sigle m*(= *Automobile Club de France*) clwb *g* moduro Ffrainc (*A.A. ym Mhrydain*).

ach. *abr*= **achète**.

achalandé (**-e**) [aʃalɑ̃de] *adj*: **bien/mal ~** â digon/heb ddigon o stoc.

acharné (**-e**) [aʃaʀne] *adj* didrugaredd; (*partisan, défenseur*) angerddol; (*travail*) di-baid, di-dor; (*efforts*) dyfal, dygn; **c'est un travailleur ~** mae'n weithiwr dygn *ou* penderfynol.

acharnement [aʃaʀnəmɑ̃] *m* natur *b* ddidrugaredd, anfaddeugarwch *g*; (*travail*) dycnwch *g*, penderfynoldeb *g*.

acharner [aʃaʀne] (**1**): **s'~** *vr*: **s'~ sur** erlid, ymlid; **s'~ contre** bod â'ch cyllell yn rhn, gwrthwynebu rhn yn ffyrnig; **s'~ à faire qch** (*persister à*) parhau i wneud rhth, dal ati i wneud rhth, cyndynnu i wneud rhth.

achat [aʃa] *m* rhth a brynwyd, pwrcas *g*; **faire l'~ de** prynu; **faire des ~s** siopa, gwneud negesi.

acheminement [aʃ(ə)minmɑ̃] *m* cludiad *g* cludiant *g*; (*fait de se diriger*) ymdaith *b*, llwybr *g*; **l'~ du pays vers l'indépendence** ymdaith y wlad at annibyniaeth.

acheminer [aʃ(ə)mine] (**1**) *vt* (*courrier*) anfon ymlaen; (*troupes, train*) cludo; (*train*) pennu llwybr; **s'~ vers** (*aller vers, aussi fig*) mynd i gyfeiriad, anelu am, ymlwybro at.

acheter [aʃ(ə)te] (**13**) *vt* prynu; (*soudoyer*) llwgrwobrwyo; **~ à crédit** prynu ar goel *ou* ar gredyd; **~ qch à qn** (*marchand*) prynu rhth gan rn; (*ami: offrir*) prynu rhth i rn.

acheteur [aʃ(ə)tœʀ] *m* prynwr *g*.

acheteuse [aʃ(ə)tøz] *f* prynwraig *b*.

achevé (**-e**) [aʃ(ə)ve] *adj* (*gén*) hollol, llwyr; (*exemple*) perffaith; **d'un ridicule ~** cwbl hurt; **il est d'une intelligence ~e** mae'n hynod ddeallus.

achèvement [aʃɛvmɑ̃] *m* cwblhad *g*, terfyniad *g*, gorffeniad *g*, dibeniad *g*, diweddiad *g*, cwblhau, gorffen, dibennu, terfynu.
achever [aʃ(ə)ve] (**13**) *vt* cwblhau, gorffen, dibennu, diweddu; (*tuer*) rhoi'r ergyd farwol i; ~ **de faire qch** gorffen gwneud rhth; **ses remarques achevèrent de l'irriter** yn y diwedd 'roedd ei sylwadau yn ei wylltio;
♦ **s'**~ *vr* diweddu, tynnu tua'r terfyn, dod i ben, terfynu.
achoppement [aʃɔpmɑ̃] *m*: **pierre d'**~ maen *g* tramgwydd.
acide [asid] *adj* sur, egr; (*ton*) brathog, sur; (*CHIM*) asid, asidig;
♦*m* (*CHIM*) asid *g*.
acidifier [asidifje] (**16**) *vt* asidio.
acidité [asidite] *f* asidedd *g*; (*saveur*) surni *g*; (*ton*) egrwch *g*, surni *g*.
acidulé (**-e**) [asidyle] *adj* braidd yn sur; (*qu'on a acidulé*) sur; **bonbons** ~**s** melysion *ll* surion.
acier [asje] *m* dur *g*; ~ **inoxydable** dur gloyw *ou* di-staen.
aciérie [asjeʀi] *f* gwaith *g* dur.
acné [akne] *f* (*MÉD*) acne *g*; ~ **juvénile** acne glaslencyndod.
acolyte [akɔlit] (*péj*) *m* gwas *g* bach, cynffonnwr *g*.
acompte [akɔ̃t] *m* (*arrhes*) blaendal *g*, ernes *b*; (*régulier*) rhandal *g*, rhandaliad *g*; (*sursomme due*) taliad *g* yn *ou* fel ernes; (*sur salaire*) blaendal; **un** ~ **de 100F** 100 ffranc o ernes.
acoquiner [akɔkine] (**1**): **s'**~ *vr*: **s'**~ **avec** (*péj*) ffurfio criw.
Açores [asɔʀ] *prfpl* ynysoedd yr Asores *ll*.
à-côté (~**-**~**s**) [akote] *m* (*question*) eilbeth *g*; (*argent*) arian *g* ychwanegol.
à-coup (~**-**~**s**) [aku] *m* ysgytwad *g*; (*de l'économie*) igian *g*; **sans** ~**-**~ yn rhwydd, yn esmwyth; **par** ~**-**~**s** yn ysbeidiol, bob yn ail â pheidio; (*travailler*) bob hyn a hyn.
acoustique [akustik] *adj* (*ANAT, PHYS*) acwstig;
♦*f* acwsteg *b*.
acquéreur [akeʀœʀ] *m* prynwr *g*, prynwraig *b*; **se porter** *neu* **se rendre** ~ **de qch** prynu rhth.
acquérir [akeʀiʀ] (**31**) *vt* (*biens*) prynu, cael, cael meddiant ar; (*habitude*) magu; (*droit*) cael; (*expérience*) ennill; (*valeur*) ennill, cael; **ce que ses efforts lui ont acquis** yr hyn a gafodd o'i ymdrechion.
acquiers *etc* [akjɛʀ] *vb voir* **acquérir**.
acquiescement [akjesmɑ̃] *m* sêl *b* bendith cydsyniad *g*; **en signe d'**~ yn gydsyniol.
acquiescer [akjese] (**9**) *vi* cyd-fynd, cytuno, cydsynio; (*consentir*) derbyn; ~ **à qch** cydsynio â rhth, derbyn rhth.
acquis[1] (**-e**) [aki, iz] *pp de* **acquérir**;
♦*adj* caffaeledig, caffael; (*fait*) profedig, cadarn, sefydledig; **tenir qch pour** ~ (*comme allant de soi*) cymryd rhth yn ganiataol; **être** ~ **à un projet** bod o blaid cynllun; **son aide nous est** ~**e** gallwn ddibynnu ar ei gymorth.
acquis[2] [aki] *m* gwybodaeth *b*; (*expérience*) profiad *g*; (*avantage*) caffaeliad *g*, budd *g*, mantais *b*, ennill *g*.
acquisition [akizisjɔ̃] *f* caffael, caffaeliad *g*; (*achat*) rhth a brynwyd, pwrcas *g*; **faire l'**~ **de** cael, prynu.
acquit [aki] *vb voir* **acquérir**;
♦*m* derbynneb *b*, taleb *b*; **pour** ~ (*COMM*) a dderbyniwyd; **par** ~ **de conscience** er mwyn cael tawelwch *g* meddwl, er mwyn bod yn hollol sicr.
acquittement [akitmɑ̃] *m* rhyddfarn *b*, dieuogiad *g*; (*droits de douane, dette*) taliad *g*; (*tâche*) cyflawniad *g*.
acquitter [akite] (**1**) *vt* (*JUR*) rhyddfarnu, dieuogi, cael yn ddieuog; (*droits de douane*) talu; (*facture*) talu, setlo;
♦ **s'**~ *vr*: **s'**~ **de** (*tâche, promesse*) cyflawni; (*dette*) talu, clirio.
âcre [ɑkʀ] *adj* (*goût*) egr, siarp, brathog; (*odeur*) egr; (*fig*) brathog, deifiol, miniog.
âcreté [ɑkʀəte] *f* (*odeur*) siarprwydd *g*, egrwch *g*; (*fig*) brath *g*, miniogrwydd *g*, egrwch.
acrimonie [akʀimɔni] *f* drwgdeimlad *g*, chwerwedd *g*.
acrobate [akʀɔbat] *m/f* acrobat *g/b*.
acrobatie [akʀɔbasi] *f* (*aussi fig*) acrobateg *b*, campau *ll*; ~ **aérienne** campau hedfan, aerobateg *b*.
acrobatique [akʀɔbatik] *adj* acrobatig.
acronyme [akʀɔnim] *m* llythrenw *g*, acronym *g*.
Acropole [akʀɔpɔl] *prf* yr Acropolis *b*.
acrylique [akʀilik] *m* acrylig *g*.
acte [akt] *m* gweithred *b*; ~**s** (*compte-rendu, procès-verbal*) cofnodion *ll*, trafodion *ll*; **prendre (bon)** ~ **de** nodi, gwneud cofnod o; **faire** ~ **de présence** ymbresenoli, dangos eich wyneb; **faire** ~ **de candidature** gwneud cais; ~ **d'accusation** cyhuddiad *g*; ~ **de baptême/mariage/naissance** tystysgrif *b* bedydd/priodas/geni; ~ **de vente** bil *g* gwerthiant.
acteur [aktœʀ] *m* actor *g*.
actif[1] (**active**) [aktif, aktiv] *adj* sionc, bywiog, gweithgar; (*au travail*) sy'n gweithio, gweithgar; (*remède*) effeithiol; **prendre une part active à qch** chwarae rhan weithredol yn rhth; **la population active** y boblogaeth mewn oed gwaith; **la vie active** byd *g* gwaith; **elle n'est plus dans la vie active** nid yw'n gweithio mwyach.
actif[2] [aktif] *m* (*LING*) y stad *b* weithredol; **l'**~ **et le passif** (*COMM*) asedau *ll* a dyledion *ll*; **mettre à son** ~ ychwanegu at eich rhestr o lwyddiannau; **les** ~**s** y gweithwyr *g*, pobl *b* sy'n gweithio.
action [aksjɔ̃] *f*
1 (*gén*) gweithrediad *g*, gweithred *b*; **une**

bonne ~ cymwynas *b*, gweithred dda; **une mauvaise** ~ anfadwaith *g*, drygioni *g*; **mettre qch en** ~ (*réaliser*) gweithredu rhth, rhoi rhth ar waith; **passer à l'**~ gweithredu, gwneud rhth; **un homme d'**~ gweithredwr *g*, dyn *g* egnïol; **sous l'**~ **de qch** dan effaith rhth; **un film d'**~ ffilm *b* gynhyrfus *ou* antur; ~ **de grâce(s)** (*REL*) diolchgarwch *g*; ~ **en diffamation** (*JUR*) achos *g* enllib; **l'**~ **syndicale** gweithrediad undebol.
2 (*FIN*) cyfran *b*, cyfranddaliad *g*.

actionnaire [aksjɔnɛʀ] *m/f* cyfranddaliwr *g*, cyfranddalwraig *b*.

actionner [aksjɔne] (1) *vt* (*mécanisme*) cychwyn, ysgogi; (*machine*) gweithio; ~ **qch par la vapeur** gyrru rhth â stêm *ou* ager.

active [aktiv] *adj f voir* **actif**[1].

activement [aktivmɑ̃] *adv* yn weithredol, yn brysur; **participer** ~ **à qch** chwarae rhan weithredol mewn rhth.

activer [aktive] (1) *vt* cyflymu, brysio, ysgogi; (*CHIM*) actifadu;
♦ **s'**~ *vr* (*personne*) ymbrysuro, ystwyrian, brysio.

activisme [aktivism] *m* gweithredaeth *b*.

activiste [aktivist] *m/f* aelod *g* gweithredol.

activité [aktivite] *f* gweithgarwch *g*, prysurdeb *g*; (*passe-temps*) gweithgaredd *g*; **cesser toute** ~ rhoi'r gorau i bob gweithgarwch; **en** ~ (*fonctionnaire*) yn gweithio, heb ymddeol; (*militaire*) ar wasanaeth gweithredol, yn y gad, mewn rhyfel; (*volcan*) byw; ~**s subversives** (*POL*) gweithgarwch tanseiliol.

actrice [aktʀis] *f* actores *b*.

actualiser [aktɥalize] (1) *vt* gwireddu; (*mettre à jour*) diweddaru

actualité [aktɥalite] *f* amseroldeb *g*; **l'**~ materion cyfoes, pynciau'r *ll* dydd; **l'**~ **politique/sportive** newyddion *ll* gwleidyddol/chwaraeon; **les** ~**s** (*TV*) y newyddion; **d'**~ amserol.

actuariel (-**le**) [aktɥaʀjɛl] *adj*: **taux** ~ **(brut/net)** (*ÉCON*) llog i'w dalu (cyn/ar ôl y dreth).

actuel (-**le**) [aktɥɛl] *adj* presennol; **à l'heure** ~**le** ar hyn o bryd; **le monde** ~ y byd sydd ohoni.

actuellement [aktɥɛlmɑ̃] *adv* ar hyn o bryd, ar y funud.

acuité [akɥite] *f* (*des sens*) meinder *g*, llymder *g*; (*d'une crise, douleur*) enbydrwydd *g*, difrifoldeb *g*.

acuponcteur [akypɔ̃ktœʀ] *m* nodwyddwr *g*.

acuponctrice [akypɔ̃ktʀis] *f* nodwyddwraig *b*.

acuponcture [akypɔ̃ktyʀ] *f* nodwyddo, aciwbigo.

adage [adaʒ] *m* dihareb *b*, hen air *g*, dywediad *g*.

adagio [ada(d)ʒjo] *m* (*MUS*) adagio *g* (*darn araf*).

Adam [adɑ̃] *prm* Adda.

adaptable [adaptabl] *adj* cymwysadwy, addasadwy.

adaptateur [adaptatœʀ] *m* (*THÉÂTRE*) addasydd *g* (*dramâu ayb*); (*ÉLEC*) addasydd, cymhwysydd *g* (trydanol).

adaptation [adaptasjɔ̃] *f* addasiad *g*, addasu, cymhwysiad *g*, cymhwyso; **faire un effort d'**~ gwneud ymdrech i ymaddasu.

adaptatrice [adaptatʀis] *f* (*THÉÂTRE*) addasydd *g* (*dramâu ayb*).

adapter [adapte] (1) *vt* addasu, cymhwyso; (*MUS*) gwneud trefniant o; ~ **qch à** (*équipement*) addasu rhth i, addasu rhth ar gyfer; ~ **un roman à la télévision** addasu nofel ar gyfer y teledu;
♦ **s'**~ *vr*: **s'**~ **à** ymaddasu i; **s'**~ **dans qch** (*s'insérer: outil, pièce*) mynd yn rhth, mynd i rth, ffitio yn rhth.

addenda [adɛ̃da] *m* atodiad *g*, ychwanegiad *g*.

additif [aditif] *m* (*note, clause*) atodiad *g*; (*substance*) ychwanegyn *g*; ~ **alimentaire** ychwanegyn bwyd.

addition [adisjɔ̃] *f* ychwanegiad *g*; (*au café, restaurant*) bil *g*; (*d'une clause*) atodiad *g*; (*MATH: opération*) adio.

additionnel (-**le**) [adisjɔnɛl] *adj* ychwanegol, atodol.

additionner [adisjɔne] (1) *vt* (*MATH*) adio; ~ **un vin d'eau** ychwanegu dŵr at win;
♦ **s'**~ *vr* cynyddu, crynhoi.

adduction [adyksjɔ̃] *f* cludo, cludiad *g*.

ADEP [adeepe] *sigle f* (= *Agence nationale pour le développement de l'éducation permanente*) *corff cenedlaethol sy'n hyrwyddo addysg i oedolion.*

adepte [adɛpt] *m/f* dilynwr *g*, dilynwraig *b*.

adéquat (-**e**) [adekwa(t), at] *adj* priodol, addas.

adéquation [adekwasjɔ̃] *f* priodoldeb *g*, addasrwydd *g*.

adhérence [adeʀɑ̃s] *f* ymlyniad *g*; ~ **à qch** ymlyniad wrth rth; **assurer une bonne** ~ (*colle*) sicrhau fod rhth yn sownd.

adhérent[1] (-**e**) [adeʀɑ̃, ɑ̃t] *adj* sy'n glynu *ou* gludo.

adhérent[2] [adeʀɑ̃] *m* (*de club*) aelod *g*.

adhérente [adeʀɑ̃t] *f* (*de club*) aelod *g*;
♦*adj f voir* **adhérent**[1].

adhérer [adeʀe] (14) *vi* bod yn sownd, glynu; ~ **à** glynu wrth; (*être membre de*) bod *ou* dod yn aelod o; (*opinion, mouvement*) cefnogi.

adhésif[1] (**adhésive**) [adezif, adeziv] *adj* gludiog.

adhésif[2] [adezif] *m* glud *g*.

adhésion [adezjɔ̃] *f* (*accord*) cefnogaeth *b*; (*à un club*) aelodaeth *b*.

ad hoc [adɔk] *adj inv* i'r diben, unswydd.

adieu (-**x**) [adjø] *excl, m* ffarwél *g,b*; **dire** ~ **à qn** canu'n iach i rn, ffarwelio â rhn; **dire** ~ **à qch** dweud ffarwél wrth rth; **faire ses** ~**x à qn** ffarwelio â rhn.

adipeux (**adipeuse**) [adipø, adipøz] *adj* tew, blonegog; (*ANAT*) blonegog.

adjacent (-e) [adʒasɑ̃, ɑ̃t] *adj* cyfagos; ~ **(à)** gerllaw, agos (at); **angles ~s** onglau *ll* cyfagos.
adjectif[1] (**adjective**) [adʒɛktif, adʒɛktiv] *adj* ansoddeiriol.
adjectif[2] [adʒɛktif] *m* ansoddair *g*.
adjectival (-e) (**adjectivaux, adjectivales**) [adʒɛktival, adʒɛktivo] *adj* ansoddeiriol.
adjoignais *etc* [adʒwaɲɛ] *vb voir* **adjoindre**.
adjoindre [adʒwɛ̃dʀ] (**64**) *vt*: ~ **qch à qch** ychwanegu *ou* atodi rhth at rth; ~ **qn à qn** (*personne*) penodi rhn i gynorthwyo rhn; ♦ **s'~** *vr* (*collaborateur, équipe*) penodi.
adjoint [adʒwɛ̃] *m* dirprwy *g*, cynorthwy-ydd *g*; **directeur** ~ isreolwr *g*; ~ **au maire** dirprwy faer.
adjointe [adʒwɛ̃t] *f* dirprwy *g*, cynorthwy-ydd *g voir aussi* **adjoint**.
adjonction [adʒɔ̃ksjɔ̃] *f* ychwanegiad *g*, atodiad *g*, penodiad *g*; **sans ~ de sucre/conservateur** heb ychwanegu siwgr/cadwolyn.
adjudant [adʒydɑ̃] *m* swyddog *g* gwarantedig.
adjudant-chef (~**s**-~**s**) [adʒydɑ̃ʃɛf] *m* (*MIL*) prif swyddog *g* gwarantedig.
adjudicataire [adʒydikatɛʀ] *m/f* cynigiwr *g ou* cynigydd *g ou* prynwr *g* llwyddiannus, cynigwraig *b ou* prynwraig *b* lwyddiannus.
adjudicateur [adʒydikatœʀ] *m* (*aux enchères*) gwerthwr *g* mewn arwerthiant.
adjudication [adʒydikasjɔ̃] *f* (*vente aux enchères*) arwerthiant *g*; (*pour travaux*) gwahoddiad *g* i dendro *ou* i gynnig.
adjudicatrice [adʒydikatʀis] *f* (*aux enchères*) gwerthwraig *b* mewn arwerthiant.
adjuger [adʒyʒe] (**10**) *vt* (*prix, récompense*) dyfarnu; (*lors d'une vente*) arwerthu; **adjugé!** (*lors d'une vente*) wedi'i werthu!; **ceci fut adjugé pour 30F** fe'i gwerthwyd am 30F; ♦ **s'~** *vr* cymryd, hawlio.
adjurer [adʒyʀe] (**1**) *vt*: ~ **qn de faire qch** erfyn ar rn i wneud rhth.
adjuvant [adʒyvɑ̃] *m* (*médicament*) tonig *g*; (*additif*) ychwanegyn *g*.
ad libitum [adlib(itɔm)] *adv* (*jouer, discuter*) byrfyfyr; (*à volonté*) faint a fynnir.
admettre [admɛtʀ] (**72**) *vt* cyfaddef; (*SCOL: candidat*) derbyn, caniatáu mynediad i; (*gaz, eau, air*) gadael i mewn; **je n'admets pas ce genre de conduite** dydw i ddim yn caniatáu y math yma o ymddygiad; **je n'admets pas que tu fasses cela** (ni) chei di ddim gwneud hynna gennyf; **admettons** (*approbation faible*) a thybio, a chymryd; **admettons qu'ils ont tort** a chymryd eu bod yn anghywir.
administrateur [administʀatœʀ] *m* gweinyddwr *g*; ~ **délégué** rheolwr-gyfarwyddwr *g*.
administratif (**administrative**) [administʀatif, administʀativ] *adj* gweinyddol; (*style, paperasserie etc*) biwrocrataidd.
administration [administʀasjɔ̃] *f* gweinyddiaeth *b*, gwaith *g* gweinyddu; **l'A~** ≈ y Gwasanaeth *g* Sifil.
administratrice [administʀatʀis] *f* gweinyddwraig *b*; ~ **déléguée** rheolwraig-gyfarwyddwraig *b*.
administré [administʀe] *m* ≈ etholwr *g*; **le maire s'adresse à ses ~s** mae'r maer yn siarad â'i etholwyr.
administrée [administʀe] *f* ≈ etholwraig *b*.
administrer [administʀe] (**1**) *vt* (*firme*) gweinyddu, rheoli, rhedeg; (*remède, sacrement*) gweini.
admirable [admiʀabl] *adj* (*moralement*) cymeradwy, clodwiw; (*esthétiquement*) rhagorol, godidog.
admirablement [admiʀabləmɑ̃] *adv* yn rhyfeddol, yn dda dros ben, yn glodwiw.
admirateur [admiʀatœʀ] *m* edmygwr *g*, edmygydd *g*.
admiratif (**admirative**) [admiʀatif, admiʀativ] *adj* edmygus, mewn edmygedd (o); **tous les spectateurs étaient ~s** 'roedd y gwylwyr i gyd yn llawn edmygedd.
admiration [admiʀasjɔ̃] *f* edmygedd *g*; **être en ~ devant qch** rhyfeddu at rth.
admiratrice [admiʀatʀis] *f* edmygwraig *b*, edmygydd *g*.
admirer [admiʀe] (**1**) *vt* edmygu.
admis (-**e**) [admi, iz] *pp de* **admettre**.
admissibilité [admisibilite] *f* derbynioldeb *g*, cymhwyster *g*; **liste d'~** *rhestr o'r myfyrwyr sy'n sefyll yr arholiad llafar ar ôl yr un ysgrifenedig.*
admissible [admisibl] *adj* (*candidat*) derbyniol, cymwys (*i sefyll yr arholiad llafar*); (*comportement, attitude*) derbyniadwy, derbyniol; (*JUR: preuve, témoignage*) derbyniadwy, derbyniol.
admission [admisjɔ̃] *f* mynediad *g*; **tuyau d'~** pibell gadael dŵr i mewn; **demande d'~** ffurflen *b* gais; **le service des ~s** y dderbynfa *b*.
admonester [admɔnɛste] (**1**) *vt* rhybuddio, ceryddu, cystwyo.
ADN [adeɛn] *sigle m*(= *acide désoxyribonucléique*) DNA *g*.
ado* [ado] *m/f*= **adolescent, adolescente**.
adolescence [adɔlesɑ̃s] *f* glaslencyndod *g*, yr arddegau *ll*.
adolescent [adɔlesɑ̃] *m* glaslanc *g*, llencyn *g*, bachgen *g* yn ei arddegau.
adolescente [adɔlesɑ̃t] *f* glaslances *b*, llances *b*, merch *b* yn ei harddegau.
adonner [adɔne] (**1**): **s'~** *vr*: **s'~ à** (*SPORT*) ymroi i, ymgysegru i, cymryd at; (*boisson*) troi at.
adopter [adɔpte] (**1**) *vt* mabwysiadu; (*loi*) derbyn.
adoptif (**adoptive**) [adɔptif, adɔptiv] *adj* mabwysiedig.

adoption [adɔpsjɔ̃] *f* mabwysiad *g*, mabwysiadu; **mon pays/ma ville d'~** fy ngwlad/nhref fabwysiedig.
adorable [adɔʀabl] *adj* (*personne*) annwyl, serchus, hoffus; (*chose*) hyfryd, dymunol.
adoration [adɔʀasjɔ̃] *f* addoliad *g*; **être en ~ devant qch** addoli rhth.
adorer [adɔʀe] (**1**) *vt*
1 (*aimer beaucoup*) hoffi'n fawr, ymserchu yn; **j'adore le football** 'rwyf wrth fy modd gyda phêl-droed; **elle adore les voyages** mae hi wrth ei bodd yn teithio; **je t'adore** 'rwy'n dy garu'n fawr; **tout le monde l'adore** mae'n ffefryn gan bawb.
2 (*REL*) addoli.
adosser [adose] (**1**) *vt*: **~ qch à** pwyso rhth ar; **~ qch contre qch** pwyso rhth yn erbyn rhth; **être adossé à qch** bod â'ch cefn yn erbyn rhth;
♦ **s'~** *vr*: **s'~ à** (*suj: personne*) pwyso ar rth; **s'~ contre qch** pwyso'ch cefn yn erbyn rhth.
adoucir [adusiʀ] (**2**) *vt* gwneud rhth yn fwynach; (*peau*) meddalu, gwneud yn feddalach; (*fig: avec du sucre*) melysu; (*peine, douleur*) lliniaru, esmwytho;
♦ **s'~** *vr* (*température*) mynd yn fwynach; (*voix*) meddalu; (*devenir moins pénible*) cael ei esmwytho *ou* liniaru; (*caractère, personne*) tyneru.
adoucissant (**-e**) [adusisɑ̃] *adj* esmwythaol, lleddfol, lliniarol; **crème ~e** hufen *g* esmwytho'r croen.
adoucissement [adusismɑ̃] *m* (*de la température*) cynhesu, gwelliant *g*; (*de conditions*) lleddfu, lliniaru; (*de voix*) meddalu, tyneru.
adoucisseur [adusisœʀ] *m*: **~ (d'eau)** meddalydd *g* (dŵr).
adr. *abr*(= *adresse*) cyfeiriad *g*.
adrénaline [adʀenalin] *f* adrenalin *g*.
adresse [adʀɛs] *f* medrusrwydd *g*, deheurwydd *g*; (*INFORM: domicile*) cyfeiriad *g*; **à l'~ de** (*fig*) er mwyn, ar gyfer; **partir sans laisser d'~** mynd heb adael cyfeiriad.
adresser [adʀese] (**1**) *vt* (*lettre: expédier*) anfon; (*écrire l'adresse sur*) cyfeirio, rhoi'r cyfeiriad ar; (*injure, compliments*) anelu, cyfeirio; **~ qn à un docteur/bureau** anfon *ou* cyfeirio rhn at feddyg/swyddfa; **~ la parole à qn** cyfarch rhn, siarad â rhn;
♦ **s'~** *vr*: **s'~ à** mynd i siarad â, annerch; (*bureau*) ymholi yn; **pour tous renseignements, s'~ à ...** am unrhyw wybodaeth, cysylltwch â ...; **un livre qui s'adresse aux femmes** llyfr *g* ar gyfer merched.
Adriatique [adʀijatik] *prf*: **l'~** yr Adriatig *g*.
adroit (**-e**) [adʀwa, wat] *adj* medrus, deheuig; (*politicien*) craff, medrus.
adroitement [adʀwatmɑ̃] *adv* yn fedrus, yn ddeheuig; (*politiquement*) yn graff, yn fedrus.
AdS [ɑdəɛs] *sigle f*(= *Académie des Sciences*) Academi'r Gwyddorau.
aduler [adyle] (**1**) *vt* seboni, gwenieithio i.
adulte [adylt] *adj* (*personne, attitude*) aeddfed, mewn oed; (*chien, arbre*) yn ei l(l)awn dwf; **l'âge ~** oed *g* gŵr, oed gwraig;
♦*m/f* oedolyn *g*; **film pour ~s** ffilm *b* i oedolion; **formation des** *neu* **pour ~s** hyfforddiant *g* i oedolion.
adultère [adyltɛʀ] *adj* godinebus; **homme ~** godinebwr *g*; **femme ~** godinebwraig *b*;
♦*m* (*acte*) godineb *g*; **commettre un ~** godinebu.
adultérin (**-e**) [adylteʀɛ̃, in] *adj* gordderch, y tu allan i briodas.
advenir [advəniʀ] (**32**) *vi* digwydd; **qu'en adviendra-t-il?** beth a ddaw ohono?; **qu'est-il advenu de ...?** beth ddaeth o ...?; **quoi qu'il advienne** beth bynnag a ddaw *ou* ddelo *ou* ddigwyddo.
adventice [advɑ̃tis] *adj* damweiniol, ar siawns; **racine ~** (*BOT*) adwreiddyn *g*.
adventiste [advɑ̃tist] *m/f* (*REL*) Adfentydd *g*.
adverbe [advɛʀb] *m* adferf *b*; **~ de manière** adferf dull.
adverbial (**-e**) (**adverbiaux, adverbiales**) [advɛʀbjal, advɛʀbjo] *adj* adferfol.
adversaire [advɛʀsɛʀ] *m/f* gwrthwynebydd *g*; (*MIL*) gwrthwynebydd *g*, gelyn *g*.
adverse [advɛʀs] *adj* gwrthwynebol, croes.
adversité [advɛʀsite] *f* adfyd *g*, helbul *g*, gofid *g*.
AE [ɑə] *sigle m*(= *adjoint d'enseignement*) ≈ athro *g*/athrawes *b* heb dystysgrif.
AELE [aəɛlə] *sigle f*(= *Association européenne de libre échange*) Cymdeithas Fasnach Rydd Ewrop
AEN [aəɛn] *sigle f*(= *Agence pour l'énergie nucléaire*) yr Awdurdod *g* Ynni Atomig.
aérateur [aeʀatœʀ] *m* awyrydd *b*.
aération [aeʀasjɔ̃] *f* awyriad *g*, awyru; **conduit d'~** ffordd *b* aer; **bouche d'~** twll *g* aer.
aéré (**-e**) [aeʀe] *adj* (*pièce, local*) awyredig, sy'n cael digon o aer; (*tissu*) ysgafn; **centre ~** canolfan *g,b* awyr agored.
aérer [aeʀe] (**14**) *vt* awyru, gadael i ddigon o aer fynd i mewn; (*literie*) crasu, awyru, caledu; (*fig: style*) ysgafnu;
♦ **s'~** *vr* mynd allan i gael awyr iach.
aérien (**-ne**) [aeʀjɛ̃, jɛn] *adj* yn yr awyr, o'r awyr, awyr; (*câble*) uwchddaearol, uwchben; (*fig*) ysgafn; **métro ~** *rhan o'r rheilffordd danddaearol nad yw dan ddaear*; **compagnie ~ne** cwmni *g* awyrennau.
aéro- [aeʀo] *préf* aero-.
aérobic [aeʀɔbik] *m* aerobeg *b*.
aérobie [aeʀɔbi] *adj* aerobig.
aéro-club (**~-~s**) [aeʀoklœb] *m* clwb *g* hedfan.
aérodrome [aeʀodʀom] *m* maes *g* glanio, maes awyr.
aérodynamique [aeʀodinamik] *adj*

aerodynamig;
♦*f* aerodynameg *b*.
aérofrein [aeʀofʀɛ̃] *m* brêc *g* awyr.
aérogare [aeʀogaʀ] *f* (*bâtiment*) gorsaf *b* awyr (*i gludo teithwyr i'r maes awyr*).
aéroglisseur [aeʀoglisœʀ] *m* hofrenfad *b*, llong *b* hofran.
aérogramme [aeʀɔgʀam] *m* llythyr *g* post awyr, aerogram *g*.
aéromodélisme [aeʀomɔdelism] *m* modelu awyrennau.
aéronaute [aeʀonot] *m* awyrennwr *g*.
aéronautique [aeʀonotik] *adj* awyrennol;
♦*f* awyrennaeth *b*, aeronoteg *b*.
aéronaval (-e) (**aéronavaux, aéronavales**) [aeʀonaval, aeʀonavo] *adj* awyr a môr.
aéronavale [aeʀonaval] *f*: **l'Aéronavale** Adran *b* Awyr y Llynges.
aéronef [aeʀɔnɛf] *m* awyren *b*, awyrlong *b*.
aérophagie [aeʀɔfaʒi] *f* llyncu awyr.
aéroport [aeʀɔpɔʀ] *m* maes *g* awyr; ~ **d'embarquement** maes awyr ymadawiadau.
aéroporté (-e) [aeʀopɔʀte] *adj* mewn awyren; (*missile, arme, matériel*) a gludir mewn awyren.
aéroportuaire [aeʀopɔʀtɥɛʀ] *adj* (sy'n ymwneud â) maes awyr.
aéropostal (-e) (**aéropostaux, aéropostales**) [aeʀopɔstal, aeʀopɔsto] *adj* (sy'n ymwneud â'r) post awyr.
aérosol [aeʀɔsɔl] *m* (*gén*) aerosol *g*; (*bombe, système*) chwistrell *b*, aerosol.
aérospatial (-e) (**aérospatiaux, aérospatiales**) [aeʀospasjal, aeʀospasjo] *adj* awyrofodol.
aérospatiale [aeʀɔspasjal] *f* y diwydiant *g* awyrofod.
aérostat [aeʀɔsta] *m* awyrlong *b*.
aérotrain [aeʀotʀɛ̃] *m* hofrendren *g,b*, trên *g,b* hofran.
AF[1] [ɑɛf] *sigle fpl*(= *allocations familiales*) *voir* **allocation**.
AF[2] [ɑɛf] *sigle f (Suisse)*(= *Assemblée fédérale*) Senedd *b* ffederal y Swistir.
AFAT [afat] *sigle f*(= *Auxiliaire féminin de l'armée de terre*) *aelod g o fyddin y merched*.
affabilité [afabilite] *f* agosatrwydd *g*, hoffusrwydd *g*, clenrwydd *g*.
affable [afabl] *adj* agos-atoch, hoffus, clên.
affabulateur [afabylatœʀ] *m* chwedleuwr *g*, celwyddgi *g*.
affabulation [afabylasjɔ̃] *f* (*invention*) stori *b* ffug, celwydd *g*; (*de roman, récit*) adeiladwaith *g*.
affabulatrice [afabylatʀis] *f* chwedleuwraig *b*, celwyddast *b*.
affabuler [afabyle] (1) *vi* chwedleua, rhaffu celwyddau.
affacturage [afaktyʀaʒ] *m* ffactorio, ffactoreiddio.
affadir [afadiʀ] (2) *vt* (*aussi fig*) gwneud (rhth) yn ddiflas.
affaiblir [afebliʀ] (2) *vt* gwanhau, gwanychu, lleihau;
♦ **s'**~ *vr* gwanhau, gwanychu, lleihau.
affaiblissement [afeblismɑ̃] *m* gwanychiad *g*, gwanhad *g*, lleihad *g*.
affaire [afɛʀ] *f*
1 (*problème, question*) mater *g*, problem *b*, peth *g*, busnes *g*; **c'est mon** ~ mater i mi yw hynny; **occupe-toi de tes** ~**s** paid â busnesu; **j'en fais mon** ~ fe ddelia' i â hyn; **c'est une** ~ **de goût/d'argent** mater o chwaeth/arian yw hyn; **c'est l'**~ **d'une minute/d'une heure** munud/awr fydd hyn yn ei gymryd; **ceci fera l'**~ fe wnaiff hwn y tro yn iawn.
2 (*scandale*) helynt *g*; **tirer qn d'**~ rhoi help llaw i rn (o drafferth); **se tirer d'**~ cael eich hun allan o drafferth(ion); **en faire une** ~ creu trafferth(ion).
3 (*criminelle, judiciaire*) achos *g*.
4 (*entreprise, magasin*) busnes *g*.
5 (*occasion intéressante*) bargen *b*, cynnig *g*.
6 (*relation*): **avoir** ~ **à qn/qch** delio â rhn/rhth; **tu auras** ~ **à moi!** fe gei di weld!.
▶ **affaires** (*COMM: intérêts privés ou publics*) byd *g* busnes; (*objets, effets personnels*) pethau, eiddo *g*, meddiannau *ll*; **toutes** ~**s cessantes** ar unwaith, yn ddi-oed, yn syth; **les Affaires étrangères** (*POL*) materion *ll* tramor.
affairé (-e) [afeʀe] *adj* prysur.
affairer [afeʀe] (1): **s'**~ *vr* ymbrysuro, prysuro, rhuthro o gwmpas.
affairisme [afeʀism] *m* sgemio a sgilio.
affaissement [afɛsmɑ̃] *m* (*de sol, route*) ymsuddiant *g*, pantio; (*de toit, pont*) sigo, ysigiad *g*; (*de valeurs morales*) gostyngiad *g*.
affaisser [afese] (1): **s'**~ *vr* (*terrain*) pantio; (*toit, pont*) sigo; (*personne*) llewygu, diffygio.
affaler [afale] (1): **s'**~ *vr*: **s'**~ **dans/sur** syrthio'n swp yn/ar.
affamé (-e) [afame] *adj* newynog, llwglyd; ~ **de gloire** awchus am gael enwogrwydd.
affamer [afame] (1) *vt* newynu, llwgu.
affectation [afɛktasjɔ̃] *f* (*d'une somme, d'un immeuble*) neilltuad *g*; (*à un emploi*) penodiad *g*, apwyntiad *g*; (*comportement prétentieux*) mursendod *g*, ymhongarwch *g*, rhodres *g*; (*simulation*) rhagrith *g*.
affecté (-e) [afɛkte] *adj* (*prétentieux*) ymhongar, mursennaidd, annaturiol; (*feint*) ffug, ffuantus; **un sourire** ~ gwên *b* ci marw, gwên ffals.
affecter [afɛkte] (1) *vt* (*émouvoir*) cyffwrdd; (*feindre*) cymryd arnoch, ffugio, smalio; ~ **la surprise** cymryd arnoch gael eich synnu; ~ **qch à** (*allouer: crédits*) neilltuo rhth ar gyfer; ~ **qn à** (*employé*) penodi rhn i.
affectif (**affective**) [afɛktif, afɛktiv] *adj* emosiynol, teimladol.
affection [afɛksjɔ̃] *f* (*tendresse, amitié*) hoffter *g*; (*MÉD*) salwch *g*, anhwylder *g*; **avoir de l'**~ **pour** bod yn hoff o; **prendre qn en** ~

magu hoffter at rn.

affectionner [afɛksjɔne] (**1**) *vt* bod yn hoff o; **votre fils affectionné** eich annwyl fab.

affectueusement [afɛktɥøzmɑ̃] *adv* yn annwyl, yn gariadus; (*formule épistolaire*) cofion gorau.

affectueux (**affectueuse**) [afɛktɥø, afɛktɥøz] *adj* annwyl, cariadus.

afférent (-**e**) [afeʀɑ̃, ɑ̃t] *adj*: ~ **à** (*ADMIN*) parthed, yn ymwneud â; **questions** ~**es** cwestiynau *ll* perthnasol *ou* perthynol.

affermir [afɛʀmiʀ] (**2**) *vt* (*muscles, chair*) cryfhau; (*fig: position, pouvoir*) cadarnhau.

aff. étr. *abr*(= *Affaires étrangères*) materion *ll* tramor.

affichage [afiʃaʒ] *m* glynu (posteri ayb); (*électronique*) arddangosiad *g*; "~ **interdit**" "dim posteri"; **tableau d'**~ hysbysfwrdd *g*; ~ **à cristaux liquides** arddangosiad grisial hylifol; ~ **digital** *neu* **numérique** arddangosiad digidol.

affiche [afiʃ] *f* (*de publicité*) poster *g*; (*officielle*) hysbysiad *g* cyhoeddus; **être à l'**~ (*CINÉ, THÉÂTRE*) cael ei (d)dangos; **tenir l'**~ (*pièce*) cael ei pherfformio, bod ar y llwyfan.

afficher [afiʃe] (**1**) *vt* arddangos; "**défense d'**~" "dim posteri";
♦ **s'**~ *vr* (*péj*) tynnu sylw atoch eich hun, rhodresa, ymorchestu.

affichette [afiʃɛt] *f* poster *g* bychan.

affilé (-**e**) [afile] *adj* miniog.

affilée [afile]: **d'**~ *adv* yn barhaol, yn ddi-baid, yn olynol; **8h d'**~ am wyth awr ar ôl ei gilydd; **boire plusieurs verres d'**~ yfed sawl gwydraid un ar ôl y llall;
♦*adj f voir* **affilé**[1].

affiler [afile] (**1**) *vt* hogi, rhoi min ar, dodi awch ar.

affiliation [afiljasjɔ̃] *f* cysylltiad *g*.

affilié[1] (-**e**) [afilje] *adj*: **être** ~ **à** bod yn gysylltiedig â.

affilié[2] [afilje] *m* aelod *g* cyswllt.

affiliée [afilje] *f* aelod *g* cyswllt.

affilier [afilje] (**16**): **s'**~ *vr*: **s'**~ **à** ymgysylltu â, dod yn aelod o.

affiner [afine] (**1**) *vt* puro, coethi; ~ **un fromage** gadael caws nes iddo aeddfedu;
♦ **s'**~ *vr* (*manières*) magu coethder *ou* chwaeth; (*fromage*) aeddfedu.

affinité [afinite] *f* cyswllt *g*, cysylltiad *g*; (*BIOL, LING*) affinedd *g*, tebygrwydd *g*.

affirmatif (**affirmative**) [afiʀmatif, afiʀmativ] *adj* (*réponse*) cadarnhaol; (*personne*) pendant.

affirmation [afiʀmasjɔ̃] *f* honiad *g*, haeriad *g*.

affirmative [afiʀmativ] *f*: **répondre par l'**~ ateb yn gadarnhaol (*ie, oes, ydi ayb*); **dans l'**~ yn y cadarnhaol.

affirmativement [afiʀmativmɑ̃] *adv* yn gadarnhaol, yn bendant.

affirmer [afiʀme] (**1**) *vt* (*prétendre*) honni, haeru; (*autorité*) mynnu, maentumio; **pouvez-vous l'**~? allwch chi ddweud hynny'n bendant?, allwch chi dystio i hynny?; ~ **qch sur l'honneur** mynd ar eich llw ynghylch rhth;
♦ **s'**~ *vr* mynnu eich cydnabod; (*progrès, tendance*) eich amlygu'ch hun, dod i'r amlwg; (*personnalité, style*) bod yn bendant; **s'**~ **comme** ymsefydlu fel, ennill eich lle fel.

affleurer [aflœʀe] (**1**) *vi* ymddangos, dod i'r wyneb.

affliction [afliksjɔ̃] *f* cystudd *g*, gofid *g*.

affligé (-**e**) [afliʒe] *adj* gofidus, dioddefus, cystuddiedig; ~ **d'une maladie** yn dioddef o afiechyd.

affligeant (-**e**) [afliʒɑ̃, ɑ̃t] *adj* gofidus, torcalonnus, cystuddiol.

affliger [afliʒe] (**10**) *vt* tristáu, gofidio, peri galar i, cystuddio.

affluence [aflyɑ̃s] *f* tyrfa *b*; **heures d'**~ oriau *ll* brys; **jours d'**~ y dyddiau *ll* mwyaf prysur.

affluent [aflyɑ̃] *m* isafon *b*.

affluer [aflye] (**1**) *vi* llifo, ffrydio; (*foule*) heidio.

afflux [afly] *m* mewnlifiad *g*.

affolant (-**e**) [afɔlɑ̃, ɑ̃t] *adj* brawychus, ofnadwy.

affolé (-**e**) [afɔle] *adj* cynhyrfus, cynhyrfiol, ofnus, mewn braw *ou* panig.

affolement [afɔlmɑ̃] *m* panig *g*, cynnwrf *g*; **pas d'**~ paid *ou* peidiwch â chynhyrfu.

affoler [afɔle] (**1**) *vt* dychryn, cynhyrfu, gwneud i (rn) banicio;
♦ **s'**~ *vr* dychryn, cynhyrfu, panicio.

affranchir [afʀɑ̃ʃiʀ] (**2**) *vt* stampio; (*fig: esclave*) rhyddhau; **une lettre non affranchie** llythyr *g* heb stamp arno;
♦ **s'**~ *vr*: **s'**~ **de qch** ymryddhau o rth.

affranchissement [afʀɑ̃ʃismɑ̃] *m* stampio; (*libération*) rhyddhad *g*, gwaredigaeth *b*, rhyddhau, gwaredu; **tarifs d'**~ prisiau *ll* postio; ~ **insuffisant** stamp *g* annigonol.

affres [ɑfʀ] *fpl*: **(dans) les** ~ (mewn) poen *g* *ou* gwewyr *g*.

affréter [afʀete] (**14**) *vt* hurio, llogi, siartro.

affreusement [afʀøzmɑ̃] *adv* yn ofnadwy, yn ddychrynllyd.

affreux (**affreuse**) [afʀø, afʀøz] *adj* ofnadwy, dychrynllyd.

affriolant (-**e**) [afʀijɔlɑ̃, ɑ̃t] *adj* (*idée*) hudolus, atyniadol; (*femme*) deniadol, swynol, pryfoclyd.

affront [afʀɔ̃] *m* sarhad *g*, amarch *g*.

affrontement [afʀɔ̃tmɑ̃] *m* gwrthdaro, gwrthdrawiad *g*.

affronter [afʀɔ̃te] (**1**) *vt* wynebu, herio;
♦ **s'**~ *vr* herio'i gilydd; (*théorie*) gwrthdaro.

affubler [afyble] (**1**) (*péj*) *vt*: ~ **qn de qch** (*accoutrement*) rhoi rhth am rn; **elle était affublée d'un chapeau de cow-boy** 'roedd hi'n gwisgo het gowboi ddigrif; **il est affublé d'un prénom ridicule** mae gan y creadur enw gwirion.

affût [afy] *m* (*de canon*) car *g* gwn; (*chasse*)

cuddfan *g,b*; **être à l'~ (de)** bod yn eich cuddfan; (*fig*) cadw golwg am, bod ar wyliadwriaeth am

affûter [afyte] (**1**) *vt* hogi, rhoi min ar, dodi awch ar.

afghan (-**e**) [afgɑ̃, an] *adj* Affgan, Affganaidd.

Afghanistan [afganistɑ̃] *prm*: **l'~** Affganistan *b*.

afin [afɛ̃]: ~ **que** *conj* (+ subj) er mwyn i, fel y; **elle s'est écartée ~ que je puisse passer** safodd o'r neilltu er mwyn imi gael mynd heibio.

▶ **afin de** er mwyn; ~ **de faire** er mwyn gwneud; **j'ai couru ~ d'arriver à l'heure** rhedais er mwyn cyrraedd mewn pryd.

AFNOR [afnɔʀ] *sigle f*(= *Association française de normalisation*) awdurdod *g* safonau diwydiannol.

a fortiori [afɔʀsjɔʀi] *adv* gyda chryfach rheswm.

AFP [aɛfpe] *sigle f*(= *Agence France-Presse*) asiantaeth *b* newyddion.

AFPA [afpa] *sigle f*(= *Association pour la formation professionnelle des adultes*) awdurdod *g* hyfforddiant proffesiynol i oedolion.

africain (-**e**) [afʀikɛ̃, ɛn] *adj* Affricanaidd.

Africain [afʀikɛ̃] *m* Affricanwr *g*.

Africaine [afʀikɛn] *f* Affricanes *b*.

afrikaans [afʀikɑ̃s] *adj inv* Affricaneg, Afrikaans;

♦*m* Affricaneg *b,g*, Afrikaans *b,g*.

Afrikaner [afʀikanɛʀ] *m/f* Affricaner *g/b*.

Afrique [afʀik] *prf*: **l'~** Affrica *b*; **l'~ australe** Affrica ddeheuol; **l'~ du Nord** Gogledd Affrica; **l'~ du Sud** De Affrica.

afro [afʀo] *adj inv*: **coiffure ~** steil *g* gwallt affro.

afro-américain (~-~**e**) (~-~**s**, ~-~**es**) [afʀoameʀikɛ̃, ɛn] *adj* Affro-Americanaidd.

afro-asiatique (~-~**s**) [afʀɔazjatik] *adj* Affro-Asiaidd.

AG [aʒe] *sigle f*(= *assemblée générale*) Cyfarfod *g* Cyffredinol.

ag. *abr*= **agence**.

agaçant (-**e**) [agasɑ̃, ɑ̃t] *adj* sy'n dân ar eich croen, sy'n ddigon i'ch gwylltio, pryfoclyd.

agacement [agasmɑ̃] *m* (*ennui*) anniddigrwydd *g*, anfodlonrwydd *g*; (*nuisance*) melltith *b*, pla *g*, bwrn *g*.

agacer [agase] (**9**) *vt* gwylltio, digio; (*involontairement*) bod yn dân ar eich croen; (*aguicher*) pryfocio.

agapes [agap] *fpl* (*hum, festin*) gwledd *b*.

agate [agat] *f* agat *g*.

AGE [aʒeə] *sigle f*(= *assemblée générale extraordinaire*) Cyfarfod *g* Cyffredinol Arbennig.

âge [ɑʒ] *m*

1 (*gén*) oed *g*, oedran *g*; **quel ~ as-tu?** faint yw d'oed di?; **une femme d'un certain ~** gwraig *b* ganol oed; **bien porter son ~** edrych yn dda o'ch oed; **prendre de l'~** heneiddio; **mourir avant l'~** marw cyn eich amser; **d'un ~ avancé** oedrannus; **limite d'~** cyfyngiad *g* oed; **le troisième ~** yr henoed *ll*; ~ **de raison** oed rheswm; **l'~ ingrat** yr oed chwithig; ~ **légal** oed cyfreithiol; ~ **mental** oed meddyliol; **l'~ mûr** aeddfedrwydd *g*; **être en ~ de** bod yn ddigon hen i.

2 (*époque*) oes *b*; **l'~ du bronze** yr Oes Efydd; **l'~ de la pierre** Oes y Cerrig; **l'~ du fer** yr Oes Haearn.

âgé (-**e**) [ɑʒe] *adj* hen, oedrannus; ~ **de 10 ans** 10 mlwydd oed.

agence [aʒɑ̃s] *f* cangen *b*, swyddfeydd *ll*, asiantaeth *b*; ~ **de placement** swyddfa *b* gyflogi; ~ **de publicité** asiantaeth hysbysebu; ~ **de voyages** swyddfa deithio; ~ **immobilière** swyddfa gwerthu tai; ~ **matrimoniale** trefnwyr *ll* priodasau.

agencé (-**e**) [aʒɑ̃se] *adj*: **bien/mal ~** wedi'i osod yn dda/yn wael, wedi'i gynllunio yn drefnus/yn anhrefnus; (*texte*) trefnus/digynllun.

agencement [aʒɑ̃smɑ̃] *m* gosodiad *g*, cynllun *g*, trefn *b*, trefniad *g*; (*de texte*) adeiladwaith *g*, cynllun.

agencer [aʒɑ̃se] (**9**) *vt* gosod, trefnu; (*texte*) cynllunio.

agenda [aʒɛ̃da] *m* dyddiadur *g*.

agenouiller [aʒ(ə)nuje] (**1**): **s'~** *vr* penlinio.

agent [aʒɑ̃] *m*

1 (*ADMIN*) swyddog *g*; (*dans un lycée*) staff *g* atodol; ~ **commercial** gwerthwr *g*, gwerthwraig *b*, trafaeliwr *g*, trafaelwraig *b*; ~ **d'assurances** casglwr *g* yswiriant; ~ **de change** brocer *g* stoc; ~ **(de police)** heddwas *g*, plismon *g*; ~ **immobilier** gwerthwr tai; ~ **(secret)** ysbïwr *g*, ysbïwraig *b*.

2 (*fig: élément, facteur*) elfen *b*, ffactor *g,b*; (*GRAM, SCIENCE*) cyfrwng *g*.

agglo [aglo] *m*= **aggloméré**.

agglomérat [aglɔmeʀa] *m* (*GÉO*) llosg-garnedd *b*, athyriad *g*.

agglomération [aglɔmeʀasjɔ̃] *f* (*village, ville*) tref *b*, maestref *b*; (*AUTO*) ardal *b* adeiledig; **l'~ parisienne** Paris a'i maestrefi.

aggloméré [aglɔmeʀe] *m* (*bois*) bwrdd *g* sglodion; (*pierre*) clymfaen *g*, clwm *g* o gerrig mân.

agglomérer [aglɔmeʀe] (**14**) *vt* pentyrru, mynd yn bentwr; (*TECH: bois, pierre*) cywasgu; (*GÉO*) athyrru;

♦ **s'~** *vr* pentyrru.

agglutiner [aglytine] (**1**) *vt* glynu, gludo;

♦ **s'~** *vr* glynu wrth ei gilydd; (*fig*) ymgasglu, dod ynghyd.

aggravant (-**e**) [agʀavɑ̃, ɑ̃t] *adj* gwaethygol; **circonstances ~es** amgylchiadau *ll* gwaethygol.

aggravation [agʀavasjɔ̃] *f* gwaethygiad *g*; **on peut prévoir une ~ de chômage** gellir rhagweld twf mewn diweithdra.
aggraver [agʀave] (1) *vt* gwaethygu; **~ son cas** gwaethygu'i sefyllfa;
♦ **s'~** *vr* gwaethygu, cynyddu, mynd yn waeth.
agile [aʒil] *adj* heini, sionc, ystwyth; **un esprit ~** meddwl chwim.
agilement [aʒilmɑ̃] *adv* yn heini, yn sionc, yn chwim, yn ystwyth.
agilité [aʒilite] *f* sioncrwydd *g*, ystwythder *g*, chwimder *g*, chwimdra *g*.
agio [aʒjo] *m* (COMM) costau *ll*, taliadau *ll*.
agir [aʒiʀ] (2) *vi* gweithredu; (*se comporter*) ymddwyn; **il faut ~ tout de suite** rhaid gwneud rhth ar unwaith; **bien/mal ~ envers qn** trin rhn yn dda/wael; **~ au nom de qn** gweithredu yn enw rhn, cynrychioli rhn; **~ auprès de qn** dylanwadu ar rn;
♦ **s'~** *vr* ymwneud â; **il s'agit de** mae'n ymwneud â, mae'n fater o; **les livres dont il s'agit** y llyfrau dan sylw; **de quoi s'agit-il?** beth sydd dan sylw?; **il ne s'agit pas de ça** does gan hynny ddim i'w wneud â'r peth, nid hynny sydd dan sylw.
agissements [aʒismɑ̃] *mpl* (*gén, péj*) cynllwynion *ll*.
agitateur [aʒitatœʀ] *m* (POL) corddwr *g*, aflonyddwr *g*, codwr *g* helynt.
agitation [aʒitasjɔ̃] *f* cynnwrf *g*, cyffro *g*, terfysg *g*, miri *g*, prysurdeb *g*, aflonyddwch *g*.
agitatrice [aʒitatʀis] *f* (POL) corddwraig *b*, aflonyddwraig *b*, codwraig *b* helynt.
agité (-e) [aʒite] *adj* aflonydd, cynhyrfus; (*troublé*) anesmwyth, aflonydd, terfysglyd; (*mer*) garw, terfysglyd; **avoir le sommeil ~** troi a throsi yn eich cwsg.
agiter [aʒite] (1) *vt* (*bouteille*) ysgwyd; (*bras, chiffon*) chwifio; (*inquiéter*) cynhyrfu, anesmwytho; (*fig: question, problème*) trafod; **"~ avant l'emploi"** "ysgydwer cyn agor";
♦ **s'~** *vr* rhuthro o gwmpas; (*dormeur*) troi a throsi; (*POL: aussi fig*) aflonyddu.
agneau (-x) [aɲo] *m* oen *g*; (*fourrure*) gwlân *g* oen.
agnelet [aɲ(ə)lɛ] *m* oen *g* bach, oenig *g*.
agnostique [agnɔstik] *adj* agnostig;
♦*m/f* agnostig *g*.
agonie [agɔni] *f* (*aussi fig*) poen *g* marw, gwewyr *g* marw; **longue ~** marwolaeth *b* araf.
agonir [agɔniʀ] (2) *vt*: **~ qn d'injures** sarhau rhn.
agoniser [agɔnize] (1) *vi* (*malade, fig*) marw, tynnu tua'r terfyn.
agrafe [agʀaf] *f* bach *g*, bachyn *g*; (*de bureau*) stapl *g*; (MÉD) clasb *g*.
agrafer [agʀafe] (1) *vt* (*vêtement*) cau, botymu; (*des feuilles de papier*) staplo, styffylu.
agrafeuse [agʀaføz] *f* (*de bureau*) styffylwr *g*, staplwr *g*.
agraire [agʀɛʀ] *adj* amaethyddol; (*mesure, surface*) tir.
agrandir [agʀɑ̃diʀ] (2) *vt* (*passage*) ehangu, lledu; (*maison, magasin*) ehangu, gwneud yn fwy, estyn, rhoi estyniad ar, helaethu; (PHOT) chwyddo, mwyhau; **(faire) ~ sa maison** gwneud estyniad i'ch tŷ;
♦ **s'~** *vr* mynd yn fwy, tyfu, chwyddo, ehangu, lledu, helaethu.
agrandissement [agʀɑ̃dismɑ̃] *m* ymlediad *g*, ehangiad *g*; (*maison, magasin*) ehangiad *g*, estyniad *g*; (PHOT) chwyddiad *g*, mwyhad *g*.
agrandisseur [agʀɑ̃disœʀ] *m* (PHOT) peiriant *g* mwyhau, chwyddwr *g*.
agréable [agʀeabl] *adj* dymunol, braf, hyfryd.
agréablement [agʀeabləmɑ̃] *adv* yn ddymunol, yn braf, yn hyfryd.
agréé (-e) [agʀee] *adj* cofrestredig; **magasin ~** siop *b* awdurdodedig.
agréer [agʀee] (1) *vt* (*demande, requête*) derbyn; (*accepter*) cytuno ar; **~ à qn** (*plaire à*) plesio; **veuillez ~, Monsieur, mes salutations distinguées** yr eiddoch yn gywir.
agrég [agʀɛg] *abr*= **agrégation**.
agrégat [agʀega] *m* cyfanswm *g*.
agrégation [agʀegasjɔ̃] *f* (UNIV) *arholiad g cystadleuol ar gyfer cwrs hyfforddi athrawon uwchradd ac athrawon prifysgolion yn Ffrainc.*
agrégé [agʀeʒe] *m* (UNIV) *deiliad g yr agrégation.*
agrégée [agʀeʒe] *f* (UNIV) *deiliad g yr agrégation.*
agréger [agʀeʒe] (15): **s'~** *vr* ymgasglu, ymgrynhoi.
agrément [agʀemɑ̃] *m* (*accord*) cytundeb *g*, caniatâd *g*, sêl *b* bendith; (*attraits*) swyn *g*, apêl *g,b*; (*plaisir*) pleser *g*, mwynhâd *g*; **voyage d'~** taith *b* bleser; **jardin d'~** gardd *b* bleser.
agrémenter [agʀemɑ̃te] (1) *vt* harddu, prydferthu; **~ de** addurno â.
agrès [agʀɛ] *mpl* (SPORT) cyfarpar *g*.
agresser [agʀese] (1) *vt* ymosod ar; (*pour voler*) mygio; **se faire ~ dans la rue** cael eich mygio ar y stryd; **se sentir agressé** teimlo bygythiad.
agresseur [agʀesœʀ] *m* ymosodwr *g*.
agressif (agressive) [agʀesif, agʀesiv] *adj* ymosodol, ymladdgar; (*couleurs*) cryf, llachar.
agression [agʀesjɔ̃] *f* ymosodiad *g*; (*dans la rue*) mygio; (POL) rhyfelgarwch *g*, ymladdgarwch *g*; **instinct d'~** (PSYCH) ymladdgarwch.
agressivement [agʀesivmɑ̃] *adv* yn ymosodol, yn ymladdgar.
agressivité [agʀesivite] *f* natur *b* ymosodol; (POL) rhyfelgarwch *g*, ymladdgarwch *g*.
agreste [agʀɛst] *adj* gwledig.

agricole [agʀikɔl] *adj* amaethyddol.
agriculteur [agʀikyltœʀ] *m* ffermwr *g*.
agricultrice [agʀikyltʀis] *f* ffermwraig *b*.
agriculture [agʀikyltyʀ] *f* amaethyddiaeth *b*, ffermio.
agripper [agʀipe] (1) *vt* gafael yn, cydio yn, cythru yn;
♦ **s'**~ *vr*: **s'**~ **à** dal yn dynn yn.
agro-alimentaire (~-~**s**) [agʀoalimɑ̃tɛʀ] *adj* sy'n ymwneud â thrin bwydydd;
♦*m* diwydiant *g* trin bwydydd.
agronome [agʀɔnɔm] *m/f* agronomegydd *g*.
agronomie [agʀɔnɔmi] *f* agronomeg *b*.
agronomique [agʀɔnɔmik] *adj* agronomegol, agronomig.
agrumes [agʀym] *mpl* ffrwythau *ll* sitrws.
aguerrir [ageʀiʀ] (2) *vt* caledu; **troupes aguerries** milwyr *ll* wedi arfer â rhyfela;
♦ **s'**~ *vr*: **s'**~ **(contre)** ymgaledu, caledu, ymgynefino.
aguets [agɛ]: **aux** ~ *adv*: **être aux** ~ bod ar wyliadwriaeth.
aguichant (-**e**) [agiʃɑ̃, ɑ̃t] *adj* hudolus.
aguicher [agiʃe] (1) *vt* hudo, denu.
aguicheur (**aguicheuse**) [agiʃœʀ, agiʃøz] *adj* hudolus, dengar.
ah ['ɑ] *excl* a!, o!; ~ **bon!** o, wel!, dyna ni 'te!; ~ **bon?** ie wir?; ~ **mais ...** ie, ond ...; ~ **non!** o na!
ahuri (-**e**) [ayʀi] *adj* (*stupéfait*) syfrdan, syn; (*hébété, stupide*) hurt.
ahurir [ayʀiʀ] (2) *vt* syfrdanu, synnu, hurtio.
ahurissant (-**e**) [ayʀisɑ̃, ɑ̃t] *adj* syfrdanol, aruthrol, hurtiol.
ai [ɛ] *vb voir* **avoir**.
aide [ɛd] *f* cymorth *g*, help *g*; ~ **familiale** cynorthwy-ydd *g* teulu; ~ **judiciaire** cymorth cyfraith; ~ **ménagère** cymorth cartref; ~ **sociale** nawdd *g* cymdeithasol; ~ **technique** cymorth technegol; **à l'**~ **de** â chymorth; **à l'**~**!** help!; **appeler qn à l'**~ gweiddi am help rhn; **appeler à l'**~ gweiddi help; **venir/aller à l'**~ **de qn** dod/mynd i helpu rhn; **venir en** ~ **à qn** rhoi cymorth i rn;
♦*m*: ~ **de camp** cynorthwy-ydd *g* swyddog, cadweinydd *g*;
♦*m/f* cynorthwy-ydd *g*; ~ **de laboratoire** cynorthwy-ydd labordy.
aide-comptable (~**s**-~) [ɛdkɔ̃tabl(ə)] *m* cyfrifydd *g* cynorthwyol
aide-électricien (~**s**-~**s**) [ɛdeleltʀisjɛ̃] *m* cynorthwy-ydd *g* trydanwr.
aide-mémoire [ɛdmemwaʀ] *m inv* cymorth *g* cof, memorandwm *g*.
aider [ede] (1) *vt* cynorthwyo, helpu; ~ **qn à faire qch** helpu rhn i wneud rhth; ~ **à** hwyluso, helpu, hyrwyddo;
♦ **s'**~ *vr*: **s'**~ **de** defnyddio.
aide-soignant (~**s**-~**s**) [ɛdswaɲɑ̃] *m* nyrsiwr *g* cynorthwyol.
aide-soignante (~**s**-~**s**) [ɛdswaɲɑ̃t] *f* nyrs *b* gynorthwyol.
aie *etc* [ɛ] *vb voir* **avoir**.
aïe [aj] *excl* aw!
AIEA [aiəa] *sigle f* (= *Agence internationale de l'énergie atomique*) Asiantaeth *b* ryngwladol ynni atomig.
aïeul [ajœl] *m* taid *g*, tad-cu *g*; **les** ~**s** y teidiau *ll* a'r neiniau *ll*, y tadau *ll* cu a'r mamau *ll* cu.
aïeule [ajœl] *f* nain *b*, mam-gu *b*.
aïeux [aj] *mpl* cyndadau *ll*, cyndeidiau *ll*.
aigle [ɛgl] *m* eryr *g*.
aiglefin [ɛgləfɛ̃] *m*= **églefin**.
aigre [ɛgʀ] *adj* sur, egr; (*son, vent*) main, egr; (*critique*) egr, llym(llem)(llymion); **tourner à l'**~ (*discussion*) suro, egru.
aigre-doux (~**-douce**) (~**s**-~, ~**s-douces**) [ɛgʀədu, dus] *adj* chwerwfelys; (*sauce*) sur a melys.
aigrefin [ɛgʀəfɛ̃] *m* dihiryn *g*, twyllwr *g*.
aigrelet (-**te**) [ɛgʀəlɛ, ɛt] *adj* surllyd, braidd yn sur; (*voix, son*) main, treiddgar.
aigrette [ɛgʀɛt] *f* (*oiseau*) crëyr *g* (bach) copog; (*de chapeau*) pluen *b*; (*de paon*) crib *g,b*.
aigreur [ɛgʀœʀ] *f* surni *g*, ecrwch *g*; (*d'un propos*) llymder *g*; ~**s d'estomac** (*MÉD*) dŵr *g* poeth, llosg *g* cylla.
aigri (-**e**) [egʀi] *adj* chwerw, wedi chwerwi.
aigrir [egʀiʀ] (2) *vt* chwerwi, suro;
♦ **s'**~ *vr* chwerwi, suro.
aigu (**aiguë**) [egy] *adj* (*à l'oreille*) main, treiddgar; (*objet, arête*) miniog; (*MÉD*) difrifol; (*perception, sens*) llym(llem)(llymion), craff, treiddgar.
aigue-marine (~**s**-~**s**) [ɛgmaʀin] *adj* glaswyrdd, gwyrddlas;
♦*f* morlasfaen *g*.
aiguillage [egɥijaʒ] *m* (*RAIL: appareil*) y pwyntiau *ll*; (*RAIL: manœuvre*) dargyfeirio, newid llwybr (trên), siyntio.
aiguille [egɥij] *f* nodwydd *b*; (*de réveil, montre, compteur*) bys *g*; (*montagne*) copa *g,b*, brig *g*; ~ **à tricoter** gweyllyn *b*, gwäell *b*.
aiguiller [egɥije] (1) *vt* cyfeirio, llywio; (*RAIL*) siyntio.
aiguillette [egɥijɛt] *f* (*de bœuf*) blaen stecen *b* grwper; (*de volaille*) ffiled *b* frest.
aiguilleur [egɥijœʀ] *m* (*RAIL*) pwyntiwr *g*; ~ **du ciel** rheolwr *g* trafnidiaeth awyr.
aiguillon [egɥijɔ̃] *m* (*d'abeille*) colyn *g*; (*fig*) symbyliad *g*, ysgogiad *g*, sbardun *g,b*.
aiguillonner [egɥijɔne] (1) *vt* (*fig*) symbylu, rhoi hwb i, sbarduno.
aiguiser [egize] (1) *vt* hogi, rhoi min ar, dodi awch ar; ~ **l'appétit de qn** codi archwaeth ar rn; (*fig*) ysgogi.
aiguisoir [egizwaʀ] *m* (*pour couteaux*) hogwr *g* (cyllyll); (*taille-crayon*) hogwr pensiliau, miniwr *g*.
aïkido [aikido] *m* aicido *g*.

ail [aj] *m* garlleg *g*.
aile [ɛl] *f* adain *b*; (*hélice*) llafn *g*; **battre de l'~** (*fig*) bod mewn trafferthion; **voler de ses propres ~s** sefyll ar eich traed eich hun; **~ libre** (*activité*) barcuta.
ailé (**-e**) [ele] *adj* adeiniog, asgellog.
aileron [ɛlʀɔ̃] *m* (*de requin*) asgell *b*; (*d'avion*) isadain *b*.
ailette [ɛlɛt] *f* (*TECH*) adain *b*; (*turbine*) llafn *g*, pâl *b*.
ailier [elje] *m* (*SPORT*): **~ droit/gauche** asgellwr *g* de/chwith.
aille *etc* [aj] *vb voir* **aller**.
ailleurs [ajœʀ] *adv* yn rhywle arall, rywle arall; **partout ~** ym mhobman arall; **nulle part ~** yn unlle *ou* unman arall; **d'~** (*de plus*) yn ogystal, hefyd; (*entre parenthèses*) gyda llaw; **par ~** (*autrement*) ar y llaw arall; (*en outre*) hefyd.
ailloli [ajɔli] *m* mayonnaise *g* garlleg.
aimable [ɛmabl] *adj* caredig, dymunol, cwrtais; **c'est très ~ à vous** 'rydych yn garedig iawn.
aimablement [ɛmabləmɑ̃] *adv* yn garedig.
aimant[1] (**-e**) [ɛmɑ̃, ɑ̃t] *adj* cariadus, annwyl, hoffus.
aimant[2] [ɛmɑ̃] *m* magnet *g*.
aimanté (**-e**) [ɛmɑ̃te] *adj* magnetig.
aimanter [ɛmɑ̃te] (**1**) *vt* magneteiddio.
aimer [eme] (**1**) *vt* caru; (*d'amitié, affection*) hoffi; **j'aimerais ...** fe hoffwn i ...; **j'aime faire du ski** 'rwy'n hoff o sgio; **bien ~ qn/qch** bod yn hoff iawn o rn/rth, hoffi rhn/rhth yn fawr; **aimeriez-vous que je vous accompagne?** hoffech chi imi ddod gyda chi?; **elle aimerait bien venir** fe fyddai hi wrth ei bodd yn dod; **j'aimerais (bien) m'en aller** byddai'n dda gen i fynd; **j'aimerais te demander de ...** a ga' i ofyn iti ...; **j'aimerais que la porte soit fermée** byddai'n well gen i petai'r drws ar gau; **tu aimerais que je fasse quelque chose pour toi?** wyt ti am imi wneud unrhyw beth iti?; **j'aime mieux** *neu* **autant vous dire que ...** ni waeth imi ddweud wrthych ...; **j'aimerais mieux** *neu* **autant y aller maintenant** byddai'n well gen i fynd nawr; **nous aimons assez aller au cinema** 'rydyn yn eithaf hoff o fynd i'r sinema; **il aimerait avoir ton avis** fe hoffai gael dy farn di; **j'aime mieux Paul que Pierre** mae'n well gen i Paul na Pierre; **j'aime bien Pierre** 'rwy'n hoff iawn o Pierre; **elle n'aime pas beaucoup Paul** 'dydy hi ddim yn rhyw hoff iawn o Paul;
♦ **s'~** *vr* caru'ch gilydd; **s'~ bien** bod yn hoff o'ch gilydd.
aine [ɛn] *f* (*ANAT*) gafl *b*.
aîné[1] (**-e**) [ene] *adj* hŷn; (*le plus âgé*) hynaf.
aîné[2] [ene] *m* y mab hynaf *g*; **~s** (*fig: anciens*) pobl *b* hŷn; **il est mon ~ (de 2 ans)** mae (ddwy flynedd) yn hŷn na fi.
aînée [ene] *f* y ferch hynaf *b*;
♦*adj f voir* **aîné**[1].
aînesse [ɛnɛs] *f*: **droit d'~** genedigaeth-fraint *b*.
ainsi [ɛ̃si] *adv* fel hyn; **pour ~ dire** fel petai; **~ donc** felly; **~ soit-il** (*REL*) amen; **et ~ de suite** ac felly ymlaen;
♦*conj* (*en conséquence*) felly; **~ que** (*comme*) fel; (*et aussi*) yn ogystal â.
aïoli [ajɔli] *m*= **ailloli**.
air [ɛʀ] *m*
1 (*gén*) awyr *b*; (*que l'on respire*) awyr, aer *g*; **dans l'~** (*atmosphère, ambiance*) yn yr aer *ou* awyr; **la grippe est dans l'~** mae 'na ffliw yn mynd o gwmpas; **mettre une pièce en l'~** gwneud llanast mewn ystafell; **regarder/tirer en l'~** edrych/saethu i'r awyr; **paroles/menaces en l'~** (*fig*) geiriau/bygythion gwag; **en plein ~** yn yr awyr agored; **prendre l'~** cael awyr iach; (*avion*) dechrau; **le grand ~** yr awyr agored; **mal de l'~** salwch *g* awyr; **avoir la tête en l'~** bod â'ch pen yn y gwynt; **~ comprimé** aer cywasgedig; **~ conditionné** system *b* dymheru; **~ liquide** aer hylifol.
2 (*vent*) awel *b*; **courant d'~** gwynt *g*, awel, drafft *g*.
3 (*mélodie*) tôn *b*.
4 (*expression*) golwg *b*.
5 (*locutions*): **prendre de grands ~s** cymryd arnoch fod yn rhywun; **ils ont un ~ de famille** mae tebygrwydd teuluol rhyngddynt.
▶ **avoir l'air** edrych yn; **avoir l'~ triste** bod â golwg drist arnoch; **avoir l'~ de qch** edrych fel rhth; **la maison a l'~ d'un taudis** mae golwg fel slym ar y tŷ; **avoir l'~ de faire** ymddangos fel pe baech yn gwneud rhth; **il a l'~ de dormir** mae golwg cysgu arno; **il a l'~ malade** mae golwg wael arno; **ça m'a l'~ d'un mensonge** mae'n swnio fel celwydd i mi; **sans avoir l'~ de rien** fel pe na bai dim o'i le.
airbag [ɛʀbag] *m* bag *g* awyr.
aire [ɛʀ] *f* arwynebedd *g*; (*domaine*) maes *g*, cylch *g*; (*zone*) parth *g*, ardal *b*; (*nid*) nyth *g,b* eryr; **~ d'atterrissage** (*AVIAT*) llain *b* lanio; **~ de jeu** cae *g* chwarae; **~ de lancement** safle *g* lansio; **~ de stationnement** maes parcio; **~ de repos** cilfan *g* gorffwys.
airelle [ɛʀɛl] *f* llusen *b*; **~s** llus (duon bach).
aisance [ɛzɑ̃s] *f* (*facilité*) rhwyddineb *g*; (*grâce, adresse*) hyder *g*, naturioldeb *g*; (*richesse*) hawddfyd *g*, cyfoeth *g*; (*COUTURE*) lle *g* i symud; **être dans l'~** byw'n gysurus, bod â digon o arian, byw mewn hawddfyd.
aise [ɛz] *f* esmwythder *g*, esmwythdra *g*, cyfforddusrwydd *g*; (*financière*) hawddfyd *g*; **prendre ses ~s** eich gwneud eich hun yn gyfforddus; **aimer ses ~s** hoffi bod yn gyfforddus; **être à l'~, être à son ~** bod yn gysurus *ou* gyfforddus; (*financièrement*) bod yn dda eich byd; **être mal à l'~** *neu* **à son ~** teimlo'n anghyfforddus/annifyr; **mettre qn à l'~/mal à l'~** gwneud i rn deimlo'n

gysurus/anghysurus; **se mettre à l'~** eich gwneud eich hun yn gartrefol *ou* gyfforddus; **à votre ~** fel y mynnoch; **en faire à son ~** gwneud pethau'n hamddenol *ou* wrth eich pwysau; **en prendre à son ~ avec qch** gwneud rhth fel y mynnoch;
♦*adj*: **être bien ~** bod yn fodlon, bod yn falch.

aisé (-e) [eze] *adj* (*facile*) hawdd, rhwydd; (*assez riche*) eithaf cyfoethog, cysurus, cyfforddus.

aisément [ezemɑ̃] *adv* (*sans peine*) yn ddidrafferth, yn hawdd, yn rhwydd; (*dans la richesse*) heb brinder arian, mewn hawddfyd, yn gysurus.

aisselle [ɛsɛl] *f* cesail *b*.

ait [ɛ] *vb voir* **avoir**.

Aix-la-Chappelle [ɛkslaʃapɛl] *prf* Aachen *b*.

ajonc [aʒɔ̃] *m* eithinen *b*.

ajouré (-e) [aʒuʀe] *adj* (*dentelle*) â gwaith gwnïo agored arno *ou* ynddo; (*ARCHIT*) â gwaith rhwyllog arno *ou* ynddo.

ajournement [aʒuʀnəmɑ̃] *m* gohiriad *g*.

ajourner [aʒuʀne] (**1**) *vt* gohirio; (*candidat, conscrit*) gwrthod (tan rywbryd arall).

ajout [aʒu] *m* ychwanegiad *g*.

ajouter [aʒute] (**1**) *vt* ychwanegu; **~ foi à** rhoi coel ar, credu; **~ à** (*augmenter, accroître*) ychwanegu at, cynyddu;
♦ **s'~** *vr*: **s'~ à** ychwanegu at.

ajustage [aʒystaʒ] *m* (*TECH*) addasiad *g*, gosodiad *g*, ffitiad *g*.

ajusté (-e) [aʒyste] *adj* (*veste*) teilwredig; (*robe*) tynn.

ajustement [aʒystəmɑ̃] *m* cymhwysiad *g*, ffitiad *g*; (*adaptation*) addasiad *g*; **~ des prix** newidiadau *ll* mewn prisiau.

ajuster [aʒyste] (**1**) *vt* gwneud newidiadau i; (*TECH: régler*) cymhwyso, cywiro; (*cible*) anelu; (*fig: adapter*) addasu; (*coiffure*) tacluso; **~ qch à** ffitio rhth ar gyfer; **~ sa cravate** sythu'ch tei.

ajusteur [aʒystœʀ] *m* gweithiwr *g* metel.

alaise [alɛz] *f voir* **alèse**.

alambic [alɑ̃bik] *m* (*CHIM*) distyllbair *g*.

alambiqué (-e) [alɑ̃bike] *adj* cymhleth, astrus.

alangui (-e) [alɑ̃gi] *adj* diynni, llesg, digychwyn.

alanguir [alɑ̃giʀ] (**2**) *vt* gwanhau, llesgáu;
♦ **s'~** *vr* gwanhau, llesgáu, mynd yn wannach *ou* llesgach.

alarmant (-e) [alaʀmɑ̃, ɑ̃t] *adj* brawychus, arswydus.

alarme [alaʀm] *f* (*appareil*) larwm *g*; (*alerte*) rhybudd *g*; (*peur*) dychryn *g*, braw *g*; **donner l'~** seinio rhybudd, canu larwm; **jeter l'~** codi ofn, dychryn; **à la première ~** ar yr arwydd cyntaf o berygl.

alarmer [alaʀme] (**1**) *vt* rhybuddio, rhoi rhybudd i; (*faire peur à*) dychryn, codi ofn ar, codi arswyd ar;
♦ **s'~** *vr* dychryn; **s'~ de qch** cael eich dychryn gan rth, dychryn at rth.

alarmiste [alaʀmist] *adj* sy'n codi bwganod, brawychol, sy'n creu dychryn.

Alaska [alaska] *prm*: **l'~** Alasga *b*.

albanais[1] (-e) [albanɛ, ɛz] *adj* Albaniaidd, o Albania; (*LING*) Albaneg.

albanais[2] [albanɛ] *m* (*LING*) Albaneg *b,g*.

Albanais [albanɛ] *m* Albaniad *g*.

Albanaise [albanɛz] *f* Albaniad *b*.

Albanie [albani] *prf*: **l'~** Albania *b*.

albâtre [albɑtʀ] *m* alabastr *g*.

albatros [albatʀos] *m* albatros *g*.

albigeois (-e) [albiʒwa, waz] *adj* o Albi.

Albigeois [albiʒwa] *m* (*aussi REL*) Albigensiad *g*.

Albigeoise [albiʒwaz] *f* (*aussi REL*) Albigensiad *b*.

albinos [albinos] *m/f* albino *g/b*.

album [albɔm] *m* albwm *g*; **~ à colorier** llyfr *g* lliwio; **~ de timbres** albwm *ou* llyfr stampiau.

albumen [albymɛn] *m* gwynnwy *g*; (*BOT*) albwmen *g*.

albumine [albymin] *f* albwmin *g*.

alcalin (-e) [alkalɛ̃, in] *adj* alcalinaidd.

alchimie [alʃimi] *f* alcemeg *b*.

alchimiste [alʃimist] *m* alcemegydd *g*.

alcool [alkɔl] *m* alcohol *g*; **un ~** gwirod *g,b*; **~ à 90°** (*MÉD*) ethyl-alcohol *g*, gwirod meddygol; **~ à brûler** gwirod methyl; **~ camphré** alcohol camfforaidd; **~ de poire/de prune** gwirod gellyg/eirin sychion.

alcoolémie [alkɔlemi] *f* alcohol *g* yn y gwaed; **taux d'~** lefel yr alcohol yn y gwaed.

alcoolique [alkɔlik] *adj* alcoholaidd, meddwol; (*personne*) alcoholig;
♦*m/f* alcoholig *g/b*, meddwyn *g*.

alcoolisé (-e) [alkɔlize] *adj* alcoholaidd, meddwol; **fortement/peu ~** cryf/gwan o ran alcohol.

alcoolisme [alkɔlism] *m* alcoholiaeth *b*.

alco(o)test® [alkɔtɛst] *m* anadliedydd *g*; (*épreuve*) prawf *g* ar anadl; **faire subir l'~ à qn** rhoi prawf anadl i rn.

alcôve [alkov] *f* cilfach *b*, alcof *g,b*.

aléas [alea] *mpl* peryglon *ll*.

aléatoire [aleatwaʀ] *adj* na ellir ei r(h)agweld; (*profession*) ansicr; (*INFORM, STATISTIQUES*) ar hap, damweiniol

alémanique [alemanik] *adj* Almaenaidd; **la Suisse ~** y rhan o'r Swistir lle siaredir Almaeneg, y Swistir Almaeneg.

ALENA [alena] (= *Accord de libre-échange nord-américain*) NAFTA (= Cytundeb Masnach Rydd Gogledd America).

alentour [alɑ̃tuʀ] *adv* o amgylch, o gwmpas; **~s** (*environs*) cyffiniau *ll*; **aux ~s de** (*espace*) yng nghyffiniau, o gwmpas; (*temps*) tua, o gwmpas.

Aléoutiennes [aleusjɛn] *prfpl*: **les îles ~** yr ynysoedd Alewtaidd.

alerte [alɛʀt] *adj* (*personne*) sionc, bywiog;

(*esprit*) chwim eich meddwl, effro;
♦*f* rhybudd *g*; (*signal*) larwm *g*; **donner l'~** rhybuddio, tynnu sylw; **à la première ~** ar yr arwydd cyntaf o berygl; **~ à la bombe** bygythiad *g* bom.

alerter [alɛʀte] (**1**) *vt* (*pompiers etc*) galw am; (*informer: l'opinion*) hysbysu, rhoi gwybod i; (*prévenir*) rhybuddio.

alèse [alɛz] *f* (*drap*) is-gynfas *b*.

aléser [aleze] (**14**) *vt* lledu, ehangu.

alevin [alvɛ̃] *m* pysgodyn *g* ifanc, silodyn *g*.

alevinage [alvinaʒ] *m* stocio dŵr â physgod; (*élevage*) magu pysgod.

Alexandre [alɛksɑ̃dʀ] *prm* Alecsandr.

Alexandrie [alɛksɑ̃dʀi] *pr* Alecsandria *b*.

alexandrin [alɛksɑ̃dʀɛ̃] *m* (*vers*) llinell *b* Alecsandraidd (*â 12 sill*).

alezan (**-e**) [alzɑ̃, an] *adj* gwinau; **~ clair** gwinau golau.

algarade [algaʀad] *f* ffrae *b*; **avoir une ~ avec qn** cael ffrae gyda rhn, dweud y drefn wrth rn.

algèbre [alʒɛbʀ] *f* algebra *g,b*; **c'est de l'~*** nid wyf yn deall yr un gair ohono.

algébrique [alʒebʀik] *adj* algebraidd.

Algérie [alʒeʀi] *prf*: **l'~** Algeria *b*.

algérien (**-ne**) [alʒeʀjɛ̃, jɛn] *adj* Algeraidd, o Algeria.

Algérien [alʒeʀjɛ̃] *m* Algeriad *g*.

Algérienne [alʒeʀjɛn] *f* Algeriad *b*.

algérois [alʒeʀwa] *m* un *g* o Alger.

Algérois [alʒeʀwa] *m*: **l'~** ardal *b* Alger.

algéroise [alʒeʀwaz] *f* un *b* o Alger.

algorithme [algɔʀitm] *m* algorithm *g*.

algue [alg] *f* gwymon *g*.

alias [aljas] *adv* a elwir hefyd, alias.

alibi [alibi] *m* alibi *g*.

Alice [alis] *prf* Alis, Alys; **~ au pays des merveilles** Alys yng Ngwlad Hud.

aliénation [aljenasjɔ̃] *f* ymddieithriad *g*, ymbellhad *g*; (*JUR*) aralliad *g*, estroniaethu; **~ mentale** dryswch *g* meddwl.

aliéné [aljene] *m* gwallgofddyn *g*, dyn *g* lloerig.

aliénée [aljene] *f* merch *b* wallgof, merch *b* loerig.

aliéner [aljene] (**14**) *vt* dieithrio, estroni; (*liberté, indépendance*) ildio; (*JUR*) arallu, estroniaethu;
♦ **s'~** *vr*: **s'~ un ami** colli cyfaill.

alignement [aliɲ(ə)mɑ̃] *m* (*rang*) rhes *b*, rhesaid *b*, llinell *b*; (*pour la conformité*) aliniad *g*, unioni; **à l'~** yn syth; **mettre qch à l'~ de qch** gosod rhth yn yr un rhes â rhth; **l'~ de qch sur qch** cysoni rhth â rhth arall; **l'~ de ses idées sur celles du parti** cysoni'ch syniadau â rhai'r blaid.

aligner [aliɲe] (**1**) *vt* (*mettre côte à côte*) gosod (rhth) mewn rhes *ou* mewn llinell; (*idées, chiffres*) rhestru; **~ qch sur qch** (*rendre conforme à*) gwneud rhth yn gyson â rhth;
♦ **s'~** *vr* (*être côte à côte*) bod mewn rhes *ou* llinell; (*se mettre en file*) sefyll mewn rhes; (*MIL*) mynd i'ch rheng; **s'~ (sur)** (*POL: pays*) ochri (â); **s'~ sur le règlement** cadw at y rheolau.

aliment [alimɑ̃] *m* bwyd *g*; **~ complet** bwyd cyflawn.

alimentaire [alimɑ̃tɛʀ] *adj* ymborthol, bwyd; (*péj: besogne*) sylfaenol; **produits** *neu* **denrées ~s** bwyd *g*, bwydydd *ll*; **régime ~** diet *g*.

alimentation [alimɑ̃tasjɔ̃] *f* (*manière de se nourrir*) ymborth *g*, diet *g*; (*action de se nourrir*) ymborthi, bwydo; (*produits alimentaires*) bwyd *g*, porthiant *g*; (*industrie*) y diwydiant *g* bwyd; (*approvisionnement*) darparu, darpariaeth *b*, cyflenwi, cyflenwad *g*; **~ de base** prif fwyd, prif ymborth; **~ artificielle** cymorth *g* bwydo; **l'~ en électricité** cyflenwad trydan; **~ générale** siop *b* groser, siop fwyd; **~ en feuilles/papier** (*INFORM*) dalen-borthiad *g*; **~ en continu** (*INFORM*) llif-borthiad *g*.

alimenter [alimɑ̃te] (**1**) *vt* bwydo; **~ (en)** (*TECH*) cyflenwi; (*INFORM*) porthi;
♦ **s'~** *vr* bwyta, ymborthi.

alinéa [alinea] *m* paragraff *g*; **"nouvel ~"** "llinell *b* newydd"

aliter [alite] (**1**): **s'~** *vr* bod yn orweiddiog, bod yn gaeth i'r gwely; **infirme alité** claf *g* caeth i'w wely.

alizé [alize] *adj, m*: **(vent) ~** cysonwynt *g* (*gwynt yn chwythu'n gyson i gyfeiriad y cyhydedd*).

allaitement [alɛtmɑ̃] *m* rhoi llaeth (i fabi), bwydo; **~ au biberon** rhoi potel (i fabi); **~ maternel** bwydo o'r fron.

allaiter [alete] (**1**) *vt* rhoi llaeth i (fabi); (*suj: animal*) magu; **~ au biberon** rhoi'r botel i.

allant [alɑ̃] *m* mynd *g*, egni *g*; **avec ~** yn egnïol.

alléchant (**-e**) [aleʃɑ̃, ɑ̃t] *adj* sy'n tynnu dŵr o'ch dannedd, sy'n temtio.

allécher [aleʃe] (**14**) *vt* tynnu dŵr o'ch dannedd, temtio; (*proposition*) denu, hudo.

allée [ale] *f* llwybr *g*; (*en ville*) rhodfa *b*; (*cinéma, bus*) eil *b*; **~s et venues** mynd a dod.

allégation [a(l)legasjɔ̃] *f* honiad *g*, haeriad *g*, cyhuddiad *g*.

allégé (**-e**) [aleʒe] *adj* (*beurre, yaourt, menu, cuisine*) ysgafn (o ran braster), braster isel.

allégeance [aleʒɑ̃s] *f* teyrngarwch *g*, ffyddlondeb *g*.

alléger [aleʒe] (**15**) *vt* (*rendre moins lourd*) ysgafnhau; (*châtiment*) lliniaru; (*souffrance*) lliniaru, lleddfu; (*procédure*) symleiddio; **~ les horaires scolaires** lleihau oriau ysgol.

allégorie [a(l)legɔʀi] *f* alegori *b*, trosiad *g*, dameg *b*.

allégorique [a(l)legɔʀik] *adj* alegorïaidd, trosiadol, damhegol.

allègre [a(l)lɛgʀ] *adj* (*vif*) sionc, hwyliog, bywiog, siriol, llawen.

allégresse [a(l)legʀɛs] *f* sirioldeb *g*, hwyliau *ll* da, llawenydd *g*.
allegretto [al(l)egʀ(ɛt)to] *m* allegretto *g*.
allegro [a(l)legʀo] *m* allegro *g*, darn *g* bywiog; ♦*adv* yn fywiog, yn sionc.
alléguer [a(l)lege] **(14)** *vt* (*fait, texte*) dyfynnu; (*prétexte*) honni.
Allemagne [almaɲ] *prf*: **l'~** yr Almaen *b*; **l'~ de l'Est** Dwyrain *g* yr Almaen; **l'~ de l'Ouest** Gorllewin *g* yr Almaen; **l'~ fédérale** Gweriniaeth *b* Ffederal yr Almaen.
allemand[1] **(-e)** [almɑ̃, ɑ̃d] *adj* Almaenaidd, Almaenig; (*mot*) Almaeneg; **~ de l'Est** o Ddwyrain yr Almaen; **~ de l'Ouest** o Orllewin yr Almaen.
allemand[2] [almɑ̃] *m* Almaeneg *b,g*.
Allemand [almɑ̃] *m* Almaenwr *g*.
Allemande [almɑ̃d] Almaenes *b*.
aller [ale] **(5)** *vi (avec aux. être)*
1 (*gén*) mynd; **~ à Paris/au lit/à la pêche** mynd i Baris/i'r gwely/i bysgota; **~ en empirant** (*progresser*) mynd o ddrwg i waeth; **~ à qn/qch** (*convenir*) ffitio rhn/rhth; (*genre*) gweddu i rn/rth; **~ avec** (*couleurs, style etc*) mynd gyda; **comment allez-vous? - ça va** sut ydych chi? -iawn; **ça va bien** mae pethau'n dda; **ça va mal** 'dyw pethau ddim yn dda; **ça va mieux?** wyt ti'n well?, ydych chi'n well?; **ça va (comme ça)** mae hynny'n iawn (fel yna); **ta pendule va bien?** ydi dy gloc di'n iawn *ou* gywir?; **aller chercher qch** mynd i nôl *ou* moyn rhth; **tout va bien** mae popeth yn iawn; **ça ne va pas!** (*mauvaise humeur etc*) beth sy'n bod arnoch chi!; **ça ne va pas sans difficultés** nid yw pethau mor hawdd â hynny; **~ mieux** bod yn well; **il y va de leur vie** mae eu bywyd yn y fantol; **se laisser ~** peidio â chymryd gofal ohonoch eich hunan, gadael i chi'ch hun fynd; **s'en ~** (*partir*) mynd ymaith *ou* i ffwrdd, ymadael; (*mourir*) marw; **~ jusqu'à** mynd cyn belled â; **ça va de soi, ça va sans dire** 'does dim angen dweud hynny, mae hynny'n amlwg; **tu y vas un peu fort** 'rwyt ti'n mynd yn rhy bell; **allez!** dewch o'na; **allons-y!** dewch i ni fynd; **allez, au revoir** iawn, felly da bo (i) chi!.
2 (*fonction d'auxiliaire*) mynd i; **nous allons chanter** 'rydym ni'n mynd i ganu; **je vais lui dire** 'rwy'n mynd i ddweud wrthi/wrtho; ♦*m* (*trajet*) taith *b* unffordd; **aller-simple** (*billet*) tocyn *g* unffordd; **j'irai vous voir à l'~** dof i'ch gweld ar y ffordd yno; **aller-retour** tocyn dwyffordd.
allergène [alɛʀʒɛn] *m* alergen *g*.
allergie [alɛʀʒi] *f* alergedd *g*; **j'ai une ~ aux chats** 'rwy'n alergaidd i gathod.
allergique [alɛʀʒik] *adj* alergol, alergaidd; **il est ~ au jazz** nid yw'n gallu dioddef jas.
allez [ale] *vb voir aussi* **aller**.
alliage [aljaʒ] *m* aloi *g*.
alliance [aljɑ̃s] *f* (*MIL, POL*) cynghrair *g,b*; (*BIBLE*) cyfamod *g*; (*mariage*) priodas *b*; (*bague*) modrwy *b* briodas; **neveu par ~** nai *g* trwy briodas.
allié[1] **(-e)** [alje] *adj* yn perthyn trwy briodas; (*peuple*) cynghreiriol.
allié[2] [alje] *m* perthynas *b* trwy briodas; (*POL*) cynghreiriad *g*; **les Alliés** y Cynghreiriaid; **parents et ~s** perthnasau *ll* a pherthnasau trwy briodas.
alliée [alje] *f* perthynas *b* trwy briodas; (*POL*) cynghreiriad *b*;
♦*adj f voir* **allié**[1].
allier [alje] **(16)** *vt* (*aussi fig*) uno, cyfuno; (*métaux*) cymysgu aloi o;
♦ **s'~** *vr* (*éléments, caractéristiques*) ymgyfuno; (*POL*) ymgynghreirio; **s'~ à** dod i berthyn (trwy briodas), ymbriodi â.
alligator [aligatɔʀ] *m* aligator *g*.
allitération [a(l)liteʀasjɔ̃] *f* cyflythreniad *g*.
allô [alo] *excl* helô.
allocataire [alɔkatɛʀ] *m/f* derbynnydd *g* (budd-dal).
allocation [alɔkasjɔ̃] *f* (*d'un prêt*) dosraniad *g*; (*somme allouée*) lwfans *g*, budd-dal *g*; **~ (de) chômage** budd-dal diweithdra; **~ (de) logement** budd-dal tai; **~ de maternité** budd-dal mamolaeth; **~s familiales** (*argent*) lwfans teulu; (*bureau*) swyddfa *b* nawdd cymdeithasol.
allocution [a(l)lɔkysjɔ̃] *f* anerchiad *g*, araith *b* fer; **~ télévisée** anerchiad ar y teledu (*gan yr Arlywydd ayb*).
allongé **(-e)** [alɔ̃ʒe] *adj* (*étendu*) ar eich gorwedd, ar eich hyd; (*long*) hir; (*étiré*) hirfain, hirgul, estynedig; (*oblong*) hirsgwar; **être/rester ~ sur son lit/sur le dos** gorwedd ar eich gwely/ar eich hyd; **avoir une mine ~e** bod ag wyneb hir.
allonger [alɔ̃ʒe] **(10)** *vt* (*rendre plus long*) gwneud yn hwy, hwyhau; (*étendre*) ymestyn; **~ le pas** cerdded yn gynt;
♦ **s'~** *vr* ymestyn, mynd yn hwy; (*personne*) gorwedd.
allouer [alwe] **(1)** *vt*: **~ qch à** neilltuo *ou* clustnodi rhth ar gyfer; (*temps*) pennu rhth ar gyfer.
allumage [alymaʒ] *m* (*AUTO*) tanio.
allume-cigare [alymsigaʀ] *m inv* taniwr *g* sigârs.
allume-gaz [alymgɑz] *m inv* taniwr *g* nwy.
allumer [alyme] **(1)** *vt* cynnau; (*électricité, lumière*) rhoi (rhth) ymlaen, troi (rhth) ymlaen; (*passion*) deffro, ennyn; (*guerre*) cychwyn, peri; **~ la chambre** rhoi *ou* troi golau'r ystafell wely ymlaen; **le couloir est allumé** mae golau'r coridor ymlaen;
♦ **s'~** *vr* dod ymlaen; **le chauffage s'allume automatiquement** mae'r gwres yn dod ymlaen ar ei ben ei hun; **le couloir s'allume où?** ble mae'r switsh i oleuo'r coridor?
allumette [alymɛt] *f* matsien *b*; (*morceau de*

bois) coes *b* matsien; ~ **au fromage** (*CULIN*) darn *g* o grwst caws; ~ **de sûreté** matsien ddiogel.
allumeur [alymœʀ] *m* (*AUTO*) dosbarthydd *g*.
allumeuse [alymøz] (*péj*) *f* hudoles *b*.
allure [alyʀ] *f*
1 (*vitesse*) cyflymder *g*, cyflymdra *g*; (*à pied*) cyflymder cerdded; **à toute** ~ ar ras wyllt, yn gyflym iawn; **rouler à vive** ~ gyrru'n gyflym.
2 (*démarche*) cerddediad *g*; (*maintien*) osgo *g*, ymddygiad *g*, ymarweddiad *g*.
3 (*aspect, air*) ymddangosiad *g*; **ses vêtements lui donnent l'~ d'un bandit** mae golwg gangster arno yn y dillad yna.
4 (*distinction*) steil *g,b*; **elle a beaucoup d'~** mae ganddi steil.
allusion [a(l)lyzjɔ̃] *f* cyfeiriad *g*; **faire ~ à qch** cyfeirio at rth; (*insinuer*) lledawgrymu rhth, lledgyfeirio at rth.
alluvions [a(l)lyvjɔ̃] *fpl* (*GÉO*) llifwaddodion *ll*, dyddodion *ll* llifwaddod.
almanach [almana] *m* almanac *g*.
aloès [alɔɛs] *m* (*BOT*) aloewydden *b*.
aloi [alwa] *m*: **de bon/mauvais** ~ o ansawdd *g,b* *ou* safon *g* teilwng/anheilwng.
alors [alɔʀ] *adv*
1 (*par conséquent*) felly; **ça** ~ wel, choelia' i byth; **et ~?** felly?.
2 (*à ce moment-là*) ar y pryd, bryd hynny; **il habitait ~ à Paris** 'roedd yn byw ym Mharis ar y pryd; **jusqu'~** tan hynny.
▶ **alors que** pan; (*tandis que*) tra; **il est arrivé ~ que je partais** cyrhaeddodd fel yr oeddwn yn ymadael; ~ **qu'il était à Paris ...** tra oedd ym Mharis ...; ~ **que sa sœur travaillait dur, elle se reposait** tra 'roedd ei chwaer yn gweithio'n galed, 'roedd hi'n gorffwys.
alouette [alwɛt] *f* (*ZOOL*) ehedydd *g*.
alourdir [aluʀdiʀ] (2) *vt* (*rendre plus lourd*) trymhau, gwneud (rhth) yn drwm *ou* drymach; (*rendre plus important*) cynyddu;
♦ **s'~** *vr* trymhau, cynyddu.
aloyau [alwajo] *m* syrlwyn *g*.
alpaga [alpaga] *m* (*ZOOL, TEXTILE*) alpaca *g*.
alpage [alpaʒ] *m* ffridd *b*, tir *g* pori yn y mynyddoedd.
Alpes [alp] *prfpl*: **les** ~ yr Alpau *ll*.
alpestre [alpɛstʀ] *adj* alpaidd.
alphabet [alfabɛ] *m* gwyddor *b*; **l'~** yr wyddor *b*; (*livre*) llyfr *g* ABC.
alphabétique [alfabetik] *adj*: **par ordre** ~ yn nhrefn yr wyddor.
alphabétisation [alfabetizasjɔ̃] *f* dysgu darllen (ac ysgrifennu).
alphabétiser [alfabetize] (1) *vt* dysgu (rhn) i ddarllen ac ysgrifennu; (*pays*) cael gwared ag anllythrennedd.
alphanumérique [alfanymeʀik] *adj* alffaniwmerig, alffarifol.
alpin (-e) [alpɛ̃, in] *adj* alpaidd, o'r Alpau.
alpinisme [alpinism] *m* mynydda, dringo.
alpiniste [alpinist] *m/f* dringwr *g*, dringwraig *b*, mynyddwr *g*, mynyddwraig *b*.
Alsace [alzas] *prf*: **l'~** Alsás *b*.
alsacien (-ne) [alzasjɛ̃, jɛn] *adj* o Alsás, Alsasaidd.
Alsacien [alzasjɛ̃] *m* Alsasiad *g*.
Alsacienne [alzasjɛn] *f* Alsasiad *b*
altercation [altɛʀkasjɔ̃] *f* ffrae *b*.
alter ego [altɛʀego] *m* hunan *g* arall.
altérer [alteʀe] (14) *vt* newid; (*faits, vérité*) gwyrdroi, camlunio, llurgunio; (*changer en mal*) amharu ar, andwyo, difetha, gwneud (rhth) yn waeth; (*donner soif à*) codi syched ar; (*voix*) torri;
♦ **s'~** *vr* dirywio, difetha, gwaethygu, mynd yn waeth.
alternance [altɛʀnɑ̃s] *f* newid bob yn ail; **en** ~ bob yn ail; **formation en** ~ rhyng-gwrs *g*, cwrs *g* brechdan (*cwrs coleg wedi'i gyfuno â phrofiad gwaith*).
alternateur [altɛʀnatœʀ] *m* eiliadur *g*.
alternatif (**alternative**) [altɛʀnatif, altɛʀnativ] *adj* arall, amgen.
alternative [altɛʀnativ] *f* dewis *g* arall; **être dans une** ~ gorfod dewis rhwng dau beth.
alternativement [altɛʀnativmɑ̃] *adv* bob yn ail.
alterner [altɛʀne] (1) *vi*: ~ **(avec qch)** digwydd bob yn ail (â rhth); **ils alternèrent à la présidence** buont yn gadeiryddion bob yn ail;
♦*vt* gwneud rhth bob yn ail.
Altesse [altɛs] *f* Uchelder *g*.
altier (**altière**) [altje, altjɛʀ] *adj* penuchel, ffroenuchel, rhodresgar.
altimètre [altimɛtʀ] *m* mesurydd *g* uchder.
altiport [altipɔʀ] *m* tir *g* glanio awyren yn y mynyddoedd.
altiste [altist] *m/f* (*MUS*) fiolydd *g*, fiolyddes *b*.
altitude [altityd] *f* uchder *g* (uwchben lefel y môr); **à 500 m d'~** 500 m uwchben y môr; **en** ~ yn uchel; **perdre/prendre de l'~** (*avion*) colli/ennill uchder; **voler à haute/à basse** ~ (*avion*) hedfan yn uchel/yn isel.
alto [alto] *m* (*instrument*) fiola *b*;
♦*f* (*chanteuse*) alto *b*, contralto *b*.
altruisme [altʀɥism] *m* anhunanoldeb *g*.
altruiste [altʀɥist] *adj* anhunanol.
aluminium [alyminjɔm] *m* alwminiwm *g*.
alun [alœ̃] *m* alwm *g*.
alunir [alyniʀ] (2) *vi* glanio ar y lleuad.
alunissage [alynisaʒ] *m* glanio ar y lleuad, glaniad *g* ar y lleuad.
alvéole [alveɔl] *f* alfeolws *g*, gorfant *g*; (*ruche, poumon*) cell *b*; ~ **dentaire** soced *g,b* dant.
alvéolé (-e) [alveɔle] *adj* rhwyllog, cellog.
AM [aɛm] *sigle f* (= *assurance maladie*) yswiriant *g* iechyd.
amabilité [amabilite] *f* caredigrwydd *g*; **ayez l'~ de ...** a fyddech garediced â ...
amadou [amadu] *m* golosged *g*, pren *g* pwdr, amadw *g*.
amadouer [amadwe] (1) *vt* dwyn perswâd ar,

cocsio; (*adoucir*) tawelu, tyneru.
amaigrir [amegʀiʀ] (**2**) *vt* teneuo.
amaigrissant (**-e**) [amegʀisɑ̃, ɑ̃t] *adj* (*produit*) sy'n gwneud ichi golli pwysau, teneuol; (*vêtement*) sy'n gwneud ichi edrych yn deneuach; **régime** ~ diet colli pwysau *ou* teneuo.
amalgame [amalgam] *m* cyfuniad *g*, cymysgedd *g*; (*CHIM*) amalgam *g*; (*péj*) cymysgfa *b*; **faire l'**~ **entre des problèmes/situations** taflu problemau/sefyllfaoedd gwahanol i'r un fasged.
amalgamer [amalgame] (**1**) *vt* uno, cyfuno.
amande [amɑ̃d] *f* almon *b*; (*de noyau de fruit*) y tu mewn i ffrwyth, cnewyllyn *g*; **en** ~ (*yeux*) ar ffurf almon, almonaidd.
amandier [amɑ̃dje] *m* almonwydden *b*, coeden *b* *ou* pren *g* almon.
amanite [amanit] *f* amanita *g*, caws *g* llyffant; ~ **tue-mouche** amanita'r gwybed *ou* pryfed.
amant [amɑ̃] *m* cariad *g*.
amante [amɑ̃t] *f* cariad *b*.
amarre [amaʀ] *f* (*NAUT*) rhaff *b* angori.
amarrer [amaʀe] (**1**) *vt* (*NAUT*) clymu, mwrio, rhoi yn sownd; (*fixer*) clymu'n sownd.
amaryllis [amaʀilis] *f* amarylis *g*.
amas [amɑ] *m* pentwr *g*.
amasser [amɑse] (**1**) *vt* casglu, pentyrru; ♦ **s'**~ *vr* ymgasglu; (*preuves*) pentyrru, mynd yn bentwr.
amateur [amatœʀ] *m* amatur *g*/*b*; **en** ~ (*péj*) yn amaturaidd; **musicien** ~ cerddor *g* amatur; ~ **de musique/sport** un sy'n hoff o gerddoriaeth/chwaraeon.
amateurisme [amatœʀism] *m* amaturiaeth *b*.
amazone [amazon] *f* marchoges *b*; **(monter) en** ~ (marchogaeth) wysg eich ochr.
Amazone [amazon] *prf*: **l'**~ yr Amason *b*.
Amazonie [amazɔni] *prf*: **l'**~ Amasonia *b*.
ambages [ɑ̃baʒ]: **sans** ~ *adv* yn blwmp ac yn blaen, heb flewyn ar dafod.
ambassade [ɑ̃basad] *f* llysgenhadaeth *b*; **en** ~ (*mission*) ar neges, ar berwyl; **secrétaire/attaché d'**~ diplomat *g*.
ambassadeur [ɑ̃basadœʀ] *m* llysgennad *g*.
ambassadrice [ɑ̃basadʀis] *f* llysgenhades *b*.
ambiance [ɑ̃bjɑ̃s] *f* awyrgylch *g*; **il y a de l'**~ mae hi'n hwyliog yma.
ambiant (**-e**) [ɑ̃bjɑ̃, jɑ̃t] *adj* (*air, température*) amgylchynol.
ambidextre [ɑ̃bidɛkstʀ] *adj* deuddeheuig (*sy'n gallu gwneud pethau yr un mor hawdd â'r ddwy law*).
ambigu (**ambiguë**) [ɑ̃bigy] *adj* amwys, aneglur.
ambiguïté [ɑ̃bigɥite] *f* amwysedd *g*; **sans** ~ yn ddiamwys, yn eglur.
ambitieux (**ambitieuse**) [ɑ̃bisjø, ɑ̃bisjøz] *adj* uchelgeisiol; ~ **de plaire** awyddus iawn i blesio.
ambition [ɑ̃bisjɔ̃] *f* uchelgais *g*.
ambitionner [ɑ̃bisjɔne] (**1**) *vt* (*médaille, titre sportif*) anelu (am); (*poste*) dyheu (am); ~ **de** bod yn awyddus i; **il ambitionne d'être médecin** ei uchelgais yw bod yn feddyg.
ambivalent (**-e**) [ɑ̃bivalɑ̃, ɑ̃t] *adj* amwys.
amble [ɑ̃bl] *m*: **aller l'**~ (*cheval*) tuthio; (*personne*) mynd yn hamddenol.
ambre [ɑ̃bʀ] *m* ambr *g*; ~ **jaune** ambr *g*; ~ **gris** ambergris *g*.
ambré (**-e**) [ɑ̃bʀe] *adj* (*couleur*) melyngoch; (*parfum*) ag arogl ambergris.
ambulance [ɑ̃bylɑ̃s] *f* ambiwlans *g*.
ambulancier [ɑ̃bylɑ̃sje] *m* dyn *g* ambiwlans.
ambulancière [ɑ̃bylɑ̃sjɛʀ] *f* dynes *b* ambiwlans.
ambulant (**-e**) [ɑ̃bylɑ̃, ɑ̃t] *adj* teithiol, crwydrol; **c'est un dictionnaire** ~ mae wedi llyncu geiriadur.
AME [aɛmə] *sigle m*(= *Accord monétaire européen*) *y cytundeb g ariannol Ewropeaidd.*
âme [ɑm] *f* enaid *g*; **un village de 200** ~**s** pentref â 200 o drigolion; **rendre l'**~ marw; **joueur/tricheur dans l'**~ gamblwr *g*/twyllwr *g* i'r carn; **bonne** ~ (*aussi iron*) rhn caredig; ~ **sœur** enaid hoff cytûn; **on ne voyait** ~ **qui vive** ni welid yr un enaid byw.
amélioration [ameljɔʀasjɔ̃] *f* gwelliant *g*, gwella.
améliorer [ameljɔʀe] (**1**) *vt* gwella; ♦ **s'**~ *vr* gwella.
aménagé (**-e**) [amenaʒe] *pp de* **aménager**; ♦ *adj* (*transformé*) wedi'i addasu; (*équipé: cuisine*) wedi'i offeru; **ferme** ~**e** ffermdy wedi'i addasu; **une maison bien** ~**e** tŷ *g* â phob cyfleuster.
aménagement [amenaʒmɑ̃] *m* datblygiad *g*, newidiadau *ll*; (*de port de plaisance, de routes*) datblygu, adeiladu; (*d'espaces verts*) creu; (*de grenier*) addasu; **l'**~ **du territoire** cynllunio gwlad a thref; **l'**~ **du temps de travail** oriau *ll* gwaith hyblyg; ~**s fiscaux** newidiadau yn y dreth.
aménager [amenaʒe] (**10**) *vt* (*en transformant*) newid, trawsnewid; (*en améliorant*) gweddnewid, gwneud gwelliannau ar; (*en adaptant*) addasu; ~ **une cuisine** gosod offer mewn cegin.
amende [amɑ̃d] *f* dirwy *b*; **mettre à l'**~ dirwyo, cosbi; **donner une** ~ **à** dirwyo; **faire** ~ **honorable** gwneud iawn.
amendement [amɑ̃dmɑ̃] *m* gwelliant *g*; (*JUR*) newidiad *g*.
amender [amɑ̃de] (**1**) *vt* (*JUR*) newid; (*AGR*) gwella;
♦ **s'**~ *vr* (*coupable*) callio, newid eich ffordd o fyw (er gwell), dod at eich coed.
amène [amɛn] *adj* caredig, dymunol, cyfeillgar, hoffus; **peu** ~ cas, anghyfeillgar, angharedig.
amener [am(ə)ne] (**13**) *vt*
1 (*faire venir, apporter, conduire*) dod â; (*mener*) mynd â; **qu'est-ce qui vous amène**

ici? beth sy'n dod â chi yma?.
2 (*occasionner*) achosi, peri; ~ **qn à faire qch** cael gan rn wneud rhth, cael rhn i wneud rhth; ~ **qn à qch/à faire qch** arwain rhn at rth/i wneud rhth; **je suis amené à croire que ...** 'rwy'n cael fy arwain i gredu ....
3 (*baisser: drapeau, voiles*) gostwng;
♦ **s'~*** *vr* dod, ymddangos, cyrraedd.

amenuiser [amənɥize] (**1**): **s'~** *vr* (*chances, ressources*) lleihau, gwanhau.

amer (**amère**) [amɛʀ] *adj* chwerw; **je regrettais** ~ 'roedd yn edifar iawn gennyf.

amèrement [amɛʀmɑ̃] *adj* yn chwerw.

américain[1] (**-e**) [ameʀikɛ̃, ɛn] *adj* Americanaidd.

américain[2] [ameʀikɛ̃] *m* (*LING*) Saesneg *b,g* America.

Américain [ameʀikɛ̃] *m* Americanwr *g*.

Américaine [ameʀikɛn] *f* Americanes *b*.

américaniser [ameʀikanize] (**1**) *vt* Americaneiddio.

américanisme [ameʀikanism] *m* Americaniaeth *b*; (*expression*) ymadrodd *g* Americanaidd.

amérindien (**-ne**) [ameʀɛ̃djɛ̃, jɛn] *adj* Amerindiaidd.

Amérindien [ameʀɛ̃djɛ̃] *m* Amerindiad *g*.

Amérindienne [ameʀɛ̃djɛn] *f* Amerindiad *b*.

Amérique [ameʀik] *prf*: **l'~** America *b*; ~ **centrale** Canolbarth *g* America; ~ **latine** America Ladin; ~ **du Nord** Gogledd *g* America; ~ **du Sud** De *g* America.

Amerloque* [amɛʀlɔk] (*péj*) *m/f* Americanwr *g*, Americanes *b*, Ianc *g*, Ianci *g*, Iances *b*.

amerrir [ameʀiʀ] (**2**) *vi* glanio yn y môr.

amerrissage [ameʀisaʒ] *m* glaniad *g* *ou* glanio yn y môr, sblashlaniad *g*.

amertume [amɛʀtym] *f* chwerwedd *g*, chwerwder *g*.

améthyste [ametist] *f* amethyst *g*.

ameublement [amœbləmɑ̃] *m* dodrefn *ll*, celfi *ll*; **articles d'~** dodrefn; **tissu d'~** carpedi *ll* a llenni *ll*.

ameublir [amœbliʀ] (**2**) *vt* (*sol*) paratoi, troi.

ameuter [amøte] (**1**) *vt* (*badauds*) denu (tyrfa); (*peuple*) cynhyrfu, gwylltio.

ami[1] (**-e**) [ami] *adj* cyfeillgar; **être (très)** ~ **avec qn** bod yn ffrind (da) â rhn.

ami[2] [ami] *m* cyfaill *g*, ffrind *g*; **petit** ~ cariad *g*; **un ~ à moi** ffrind imi; **se faire des ~s** gwneud ffrindiau; **je te parle en** ~ 'rwy'n dweud hyn fel ffrind iti; **un ~ des arts** noddwr *g* celfyddydau; **un ~ des chiens** cyfaill cŵn; **Amis de la Terre** Cyfeillion *ll* y Ddaear.

amiable [amjabl] *adj* cyfeillgar;
♦*adv*: **à l'~** (*JUR*) y tu allan i'r Llys; (*gén*) yn gyfeillgar.

amiante [amjɑ̃t] *m* asbestos *g*.

amibe [amib] *f* amoeba *g*.

amical (**-e**) (**amicaux, amicales**) [amikal, amiko] *adj* cyfeillgar.

amicale [amikal] *f* cymdeithas *b*, clwb *g*;
♦*adj f voir* **amical**[1].

amicalement [amikalmɑ̃] *adv* yn gyfeillgar; (*formule épistolaire*) cofion gorau.

amidon [amidɔ̃] *m* startsh *g*.

amidonner [amidɔne] (**1**) *vt* startsio.

amie [ami] *f* cyfeilles *b*, ffrind *b*; **petite ~e** cariad *b* *voir aussi* **ami**[2];
♦*adj f voir* **ami**[1].

amincir [amɛ̃siʀ] (**2**) *vt* (*objet*) teneuo; (*personne*) gwneud i (rn) edrych yn deneuach;
♦ **s'~** *vr* (*objet*) teneuo, mynd yn deneuach; (*personne*) teneuo.

amincissant (**-e**) [amɛ̃sisɑ̃, ɑ̃t] *adj* (*régime, crème*) sy'n eich gwneud yn deneuach.

aminé (**-e**) [amine] *adj*: **acide** ~ amino-asid *g*

amiral (**amiraux**) [amiʀal, amiʀo] *m* llyngesydd *g*.

amirauté [amiʀote] *f* morlys *g*.

amitié [amitje] *f* cyfeillgarwch *g*; **prendre qn en** ~ dod yn ffrind i rn, dod yn hoff o rn; **avoir de l'~ pour qn** bod yn hoff o rn; **~s** (*formule épistolaire*) cofion gorau; **faire** *neu* **présenter ses ~s à qn** cofio at rn.

ammoniac[1] (**ammoniaque**) [amɔnjak] *adj* amonaidd.

ammoniac[2] [amɔnjak] *m* (*gaz*) amonia *g*.

ammoniacal (**-e**) (**ammoniacaux, ammoniacales**) [amɔnjakal, amɔnjako] *adj* amonaidd.

ammoniaque [amɔnjak] *f* (*liquide*) amoniac *g*;
♦*adj f voir* **ammoniac**[1].

amnésie [amnezi] *f* amnesia *g*, anghofrwydd *g*, coll *g* cof.

amnésique [amnezik] *adj* anghofus.

amniocentèse [amnjosɛ̃tɛz] *f* amniosentisis *g*.

amnistie [amnisti] *f* amnest *g*, maddeuant *g* cyffredinol.

amnistier [amnistje] (**16**) *vt* maddau, amnestu.

amocher* [amɔʃe] (**1**) *vt* (*paysage, objet*) gwneud llanast o; (*qn en le frappant*) baeddu, curo, dyrnu.

amoindrir [amwɛ̃dʀiʀ] (**2**) *vt* lleihau; (*forces*) gwanhau; (*humilier*) iselhau, difrïo.

amollir [amɔliʀ] (**2**) *vt* meddalu.

amonceler [amɔ̃s(ə)le] (**11**) *vt* pentyrru, crynhoi;
♦ **s'~** *vr* pentyrru; (*nuages, fig*) ymgasglu.

amoncellement [amɔ̃sɛlmɑ̃] *m* (*tas*) pentwr *g*; (*gén*) pentyrru; (*nuages*) ymgasglu.

amont [amɔ̃] *adv* (*pente*) i fyny, lan; **dès l'~** (*fig*) yn y dechrau;
♦*prép* i fyny, lan; **en ~ de** (*rivière*) i fyny'r afon, lan yr afon.

amoral (**-e**) (**amoraux, amorales**) [amɔʀal, amɔʀo] *adj* difoeseg, amoral.

amorce [amɔʀs] *f* (*sur un hameçon*) abwyd *g*; (*d'une cartouche, d'un obus*) capsen *b*; (*fig:*

début) cychwyniad *g*.
amorcer [amɔʀse] (**9**) *vt* (*hameçon*) rhoi abwyd ar; (*fig*) bachu, hudo; (*négociations*) dechrau, cychwyn.
amorphe [amɔʀf] *adj* difywyd, marwaidd; (*apathique*) difater, didaro, difraw, apathetig.
amortir [amɔʀtiʀ] (**2**) *vt* (*choc, douleur*) lleddfu; (*bruit*) distewi; (*COMM: dette*) setlo, clirio; ~ **un abonnement** gwneud i docyn tymor fod yn werth yr arian.
amortissable [amɔʀtisabl] *adj* (*COMM*) cliriadwy, y gellir ei setlo *ou* glirio.
amortissement [amɔʀtismɑ̃] *m* pylu, lleddfu; (*FIN: de dette*) talu.
amortisseur [amɔʀtisœʀ] *m* sioc laddwr *g*.
amour [amuʀ] *m* cariad *g*; (*liaison*) carwriaeth *b*; **faire l'**~ **avec qn** caru â rhn; **un** ~ **d'enfant** plentyn *g* annwyl; **l'**~ **libre** cariad rhydd; ~ **platonique** cariad Platonaidd.
amouracher [amuʀaʃe] (**1**): **s'**~ **de qn** (*péj*) *vr* ffoli *ou* gwirioni ar rn (dros dro).
amourette [amuʀɛt] *f* (*affaire de cœur*) cariad *g* byrhoedlog *ou* dros dro, carwriaeth *b* fechan.
amoureuse [amuʀø, øz] *f* merch *b* mewn cariad, cariad *b* *voir aussi* **amoureux**[2]; ♦*adj f* *voir* **amoureux**[1].
amoureusement [amuʀøzmɑ̃] *adv* yn gariadus, â chariad.
amoureux[1] (**amoureuse**) [amuʀø, amuʀøz] *adj* (*de qn*) mewn cariad; (*regard, tempérament*) cariadus, cariadlon, serchus; (*qui dénote de l'amour*) nwydus, cnawdol; (*vie, problèmes*) carwriaethol; **être** ~ **de** bod mewn cariad â; (*passioné*) caru; **être** ~ **de sport** caru chwaraeon; **tomber** ~ **(de qn)** syrthio *ou* cwympo mewn cariad (â rhn).
amoureux[2] [amuʀø] *m* cariad *g*; (*ami de*) carwr *g*, hoffwr *g*; **un** ~ **des bêtes/de la nature** cyfaill anifeiliaid/byd natur.
amour-propre (~**s**-~**s**) [amuʀpʀɔpʀ] *m* hunan-barch *g*, balchder *g*; **elle est blessée dans son** ~-~ mae ei balchder wedi'i frifo.
amovible [amɔvibl] *adj* (*capuchon, col, doublure*) datodadwy, y gellir ei ddatod *ou* dynnu; (*étagère, siège*) symudadwy.
ampère [ɑ̃pɛʀ] *m* amp(er) *g*.
ampèremètre [ɑ̃pɛʀmɛtʀ] *m* amedr *g*.
amphétamine [ɑ̃fetamin] *f* amffetamin *g*.
amphi* [ɑ̃fi] *abr m*(= *amphithéâtre*) (*SCOL, UNIV*) ≈ darlithfa *b*; **suivre un** ~ dilyn cwrs o ddarlithoedd.
amphibie [ɑ̃fibi] *adj* amffibiaidd.
amphibien [ɑ̃fibjɛ̃] *m* amffibiad *g,b*.
amphithéâtre [ɑ̃fiteɑtʀ] *m* (*UNIV*) ≈ darlithfa *b*; (*romain, grec, fig*) amffitheatr *b*.
amphore [ɑ̃fɔʀ] *f* amffora *b*, llestr *g* gwin.
ample [ɑ̃pl] *adj* (*vêtement*) mawr, helaeth, â digon o le; (*gestes, mouvement*) eang, llydan; **jusqu'à plus** ~ **informé** hyd oni fydd gwybodaeth bellach ar gael.
amplement [ɑ̃pləmɑ̃] *adv* yn helaeth; ~ **suffisant** mwy na digon.
ampleur [ɑ̃plœʀ] *f* helaethder *g*; (*d'un désastre*) maint *g*, anferthedd *g*.
ampli* [ɑ̃pli] *abr m*(= *amplificateur*) mwyhadur *g* (sain).
amplificateur [ɑ̃plifikatœʀ] *m* mwyhadur *g* (sain).
amplification [ɑ̃plifikasjɔ̃] *f* helaethiad *g*, mwyhad *g*; (*de relations*) datblygiad *g*, cynydd *g*.
amplifier [ɑ̃plifje] (**16**) *vt* mwyhau, ehangu, cynyddu.
amplitude [ɑ̃plityd] *f* llawnder *g*; ~ **des températures** ystod *b* y gwahaniaeth rhwng y tymheredd oeraf a'r poethaf.
ampoule [ɑ̃pul] *f* (*ÉLEC*) bwlb *g*; (*de médicament*) ffiol *b*; (*aux mains, pieds*) pothell *b*, chwysigen *b*, swigen *b*.
ampoulé (-**e**) [ɑ̃pule] (*péj*) *adj* rhwysgfawr, mawreddog.
amputation [ɑ̃pytasjɔ̃] *f* trychiad *g*, torri (coes ayb) i ffwrdd; (*fig: crédits*) toriad *g*.
amputer [ɑ̃pyte] (**1**) *vt* torri (rhth) ymaith *ou* i ffwrdd, trychu; (*budget, texte*) tocio ar; ~ **qn (d'un bras/pied)** torri (braich/coes) rhn i ffwrdd.
amulette [amylɛt] *f* swynogl *b*, amwled *g*.
amusant (-**e**) [amyzɑ̃, ɑ̃t] *adj* difyr, doniol, digrif.
amusé (-**e**) [amyze] *adj* gyda difyrrwch, wedi cael pleser *ou* mwynhad, wedi'ch goglais.
amuse-gueule [amyzgœl] *m inv* bwyd *g* i godi blys bwyta, bwyd archwaeth.
amusement [amyzmɑ̃] *m* difyrrwch *g*.
amuser [amyze] (**1**) *vt* diddanu, difyrru; (*détourner l'attention de*) tynnu sylw oddi ar; ♦ **s'**~ *vr* (*jouer*) chwarae; (*s'égayer, se divertir*) mwynhau, cael hwyl; **s'**~ **de qch** cael rhth yn ddifyr; **s'**~ **à faire qch** mwynhau gwneud rhth; **s'**~ **de qn** gwneud hwyl am ben rhn.
amusette [amyzɛt] *f* pleser *g* bychan.
amuseur [amyzœʀ] *m* diddanwr *g*; (*péj*) clown *g*.
amuseuse [amyzøz] *f* diddanwraig *b*.
amygdale [amidal] *f* tonsil *g*; **opérer qn des** ~**s** tynnu tonsiliau rhn.
amygdalite [amidalit] *f* tonsilitis *g*.
AN [aɛn] *sigle f*(= *Assemblée nationale*) *voir* **assemblée**.
an [ɑ̃] *m* blwyddyn *b*; **être âgé de 3** ~**s, avoir 3** ~**s** bod yn dair blwydd oed; **en l'**~ **1980** yn (y flwyddyn) 1980; **le jour de l'**~**, le premier de l'**~ dydd *g* Calan; **le nouvel** ~ y flwyddyn newydd; **bon** ~**, mal** ~ at ei gilydd, ar y cyfan, ar gyfartaledd.
anabolisant [anabɔlizɑ̃] *m* steroid *g* anabolig.
anachronique [anakʀɔnik] (*péj*) *adj* anacronig, camamserol.
anachronisme [anakʀɔnism] *m* anacroniaeth *g*,

camamseriad *g*.
anaconda [anakɔ̃da] *m* anaconda *b*.
anaérobie [anaeʀɔbi] *adj* anaerobig.
anagramme [anagʀam] *f* anagram *g*.
ANAH [aɛnaaʃ] *sigle f* (= *Agence nationale pour l'amélioration de l'habitat*) *asiantaeth genedlaethol er gwella cartrefi.*
anal (-e) (**anaux, anales**) [anal, ano] *adj* rhefrol.
analgésique [analʒezik] *m* cyffur *g* lladd poen.
anallergique [analɛʀʒik] *adj* nad yw'n achosi alergedd, analergaidd.
analogie [analɔʒi] *f* cyfatebiaeth *b*, tebygrwydd *b*.
analogique [analɔʒik] *adj* (*logique: raisonnement*) cydweddol, cydweddiadol; (*calculateur, informateur, montre*) analog.
analogiquement [analɔʒikmɑ̃] *adv* yn gydweddol, trwy gydweddiad.
analogue [analɔg] *adj*: ~ **(à)** cyfatebol (i), tebyg (i).
analphabète [analfabɛt] *m/f* rhn anllythrennog;
♦*adj* anllythrennog.
analphabétisme [analfabetism] *m* anllythrennedd *g*.
analyse [analiz] *f* dadansoddiad *g*; (*MÉD*) prawf *g*; **faire l'~ de** dadansoddi; **une ~ approfondie** dadansoddiad manwl; **en dernière ~** yn y bôn; **avoir l'esprit d'~** bod yn ddadansoddol; ~ **grammaticale/logique** dadansoddiad gramadegol/rhesymegol.
analyser [analize] **(1)** *vt* dadansoddi, dadelfennu; (*PSYCH*) seicdreiddio, dadansoddi.
analyste [analist] *m/f* dadansoddwr *g*, dadansoddwraig *b*; (*psychanaliste*) seicdreiddiwr *g*, seicdreiddwraig *b*.
analyste-programmeur [analistpʀɔgʀamœʀ] *m* dadansoddwr *g* systemau.
analyste-programmeuse [analistpʀɔgʀamøz] *f* dadansoddwraig *b* systemau.
analytique [analitik] *adj* dadansoddol, dadelfennol.
analytiquement [analitikmɑ̃] *adv* yn ddadansoddol, trwy ddadansoddiad.
ananas [anana(s)] *m* pinafal *g*, afal *g* pîn.
anarchie [anaʀʃi] *f* anarchiaeth *b*, anhrefn *b*.
anarchique [anaʀʃik] *adj* anarchaidd.
anarchisme [anaʀʃism] *m* anarchiaeth *b*.
anarchiste [anaʀʃist] *adj* anarchaidd;
♦*m/f* anarchydd *g*.
anathème [anatɛm] *m*: **jeter l'~ sur, lancer l'~ contre** melltithio.
anatomie [anatɔmi] *f* (*étude*) anatomeg *b*; (*dissection*) dyraniad *g*; (*corps*) corff *g*, corffolaeth *b*; (*fig*) dadansoddiad *g*.
anatomique [anatɔmik] *adj* anatomegol, anatomaidd.
ancestral (-e) (**ancestraux, ancestrales**) [ɑ̃sɛstʀal, ɑ̃sɛstʀo] *adj* cyndadol, cyndeidiol.
ancêtre [ɑ̃sɛtʀ] *m/f* hynafiad *g/b*; **~s** (*aïeux*) cyndadau *ll*; **l'~ (de qch)** (*fig*) rhagflaenydd (rhth).
anche [ɑ̃ʃ] *f* (*MUS*) corsen *b*.
anchois [ɑ̃ʃwa] *m* brwyniad *g*, ansiofi *g*.
ancien[1] (**-ne**) [ɑ̃sjɛ̃, jɛn] *adj* hen; (*de jadis, de l'antiquité*) hynafol; (*dans une fonction*) mwy profiadol; (*précédent, ex-*) cyn-, hen; **un ~ ministre** cyn-weinidog; **mon ~ne voiture** fy hen gar; **être plus ~ que qn** (*par l'expérience*) bod wedi bod yn gweithio i gwmni ers mwy na rhn; (*par l'hiérarchie*) bod yn uwch na rhn; ~ **combattant** cyn-filwr *g*; ~ **(élève)** (*SCOL*) cyn-ddisgybl *g*.
ancien[2] [ɑ̃sjɛ̃] *m* (*dans une tribu etc*) hynafgwr *g*; **l'~** (*mobilier*) hen gelfi *ll ou* ddodrefn *ll*, celfi *ou* dodrefn hynafol.
ancienne [ɑ̃sjɛn] *f* (*dans une tribu etc*) hynafwraig *b voir aussi* **ancien**[2];
♦*adj f voir* **ancien**[1].
anciennement [ɑ̃sjɛnmɑ̃] *adv* ers talwm, o'r blaen, cynt, ers llawer dydd.
ancienneté [ɑ̃sjɛnte] *f* hynafedd *g*; (*ADMIN*) cyfnod *g* gweithio.
ancrage [ɑ̃kʀaʒ] *m* angorfa *b*.
ancre [ɑ̃kʀ] *f* angor *g*; **jeter/lever l'~** gollwng/codi angor; **à l'~** wrth angor.
ancrer [ɑ̃kʀe] **(1)** *vt* (*câble etc*) angori; (*fig: idée etc*) hoelio;
♦ **s'~** *vr* (*NAUT*) angori; (*fig: idée etc*) gwreiddio, ymwreiddio, ymsefydlu
andalou (**-se**) [ɑ̃dalu, uz] *adj* Andalwsaidd, o Andalwsia.
Andalousie [ɑ̃daluzi] *prf*: **l'~** Andalwsia *b*.
andante [ɑ̃dɑ̃t] *adv* andante;
♦*m* andante *g*.
Andes [ɑ̃d] *prfpl*: **les ~** yr Andes *ll*.
Andorre [ɑ̃dɔʀ] *prf* Andorra *b*.
andouille [ɑ̃duj] *f* (*CULIN*) *sosej b wen o berfedd mochyn*; (*fam*) ffŵl *g*, hurtyn *g*, pen *g* dafad.
andouiller [ɑ̃duje] *m* cangen *b* (*corn carw*).
andouillette [ɑ̃dujɛt] *f sosej b fechan o berfedd mochyn (i'w fwyta'n boeth).*
André [ɑ̃dʀe] *prm* Andreas *g*.
âne [ɑn] *m* mul *g*, asyn *g*; (*péj*) ffŵl.
anéantir [aneɑ̃tiʀ] **(2)** *vt* dileu, difa, dinistrio, distrywio; (*déprimer*) llethu, digalonni.
anéantissement [aneɑ̃tismɑ̃] *m* dinistr *g*, dinistriad *g*, distryw *g*, distrywiad *g*; (*fatigue*) lludded *g*, blinder *g*; (*abbatement*) digalondid *g*.
anecdote [anɛkdɔt] *f* hanesyn *g*, stori *b*.
anecdotique [anɛkdɔtik] *adj* anecdotaidd.
anémie [anemi] *f* anaemia *g*, gwaed *g* tenau.
anémié (**-e**) [anemje] *adj* anaemig, â gwaed tenau; (*fig*) gwan.
anémique [anemik] *adj* anaemig, â gwaed tenau.
anémone [anemɔn] *f* blodyn *g* y gwynt, anemoni *g*; ~ **de mer** (*ZOOL*) anemoni môr.
ânerie [ɑnʀi] *f* ffolineb *g*, twpdra *g*; **dire/faire des ~s** dweud/gwneud pethau twp *ou*

gwirion.

anéroïde [aneRɔid] *adj*: **baromètre ~** baromedr *g* aneroid.

ânesse [ɑnɛs] *f* asen *b*.

anesthésie [anɛstezi] *f* anaesthesia *g*; **sous ~** dan anaesthetig; **~ générale/locale** anaesthetig cyffredinol/lleol.

anesthésier [anɛstezje] (**16**) *vt* anaestheteiddio.

anesthésique [anɛstezik] *m* anaesthetig *g*.

anesthésiste [anɛstezist] *m/f* anaesthetegydd *g*.

anévrisme [anevRism] *m* (*MÉD*) ymlediad *g*.

anfractuosité [ɑ̃fRaktɥozite] *f* (*falaise, mur, sol*) agen *b*, hollt *b*.

ange [ɑ̃ʒ] *m* (*aussi fig*) angel *g*; **être aux ~s** bod wrth eich bodd; **~ gardien** (*aussi fig*) angel gwarcheidiol.

angélique [ɑ̃ʒelik] *adj* angylaidd;
♦*f* (*BOT*) llysiau'r angel; (*CULIN*) angelica *g*.

angelot [ɑ̃ʒ(ə)lo] *m* ceriwb *g*, angel *g* bychan.

angélus [ɑ̃ʒelys] *m* angelws *g*; (*cloches*) clychau *ll* eglwys.

angevin (-**e**) [ɑ̃ʒ(ə)vɛ̃, in] *adj* (*d'Anjou*) (o) Anjou; (*d'Angers*) o Angers.

Angevin [ɑ̃ʒ(ə)vɛ̃] *m* (*d'Anjou*) un *g* o Anjou; (*d'Angers*) un o Angers.

Angevine [ɑ̃ʒ(ə)vin] *f* (*d'Anjou*) un *g* o Anjou; (*d'Angers*) un o Angers.

angine [ɑ̃ʒin] *f* dolur *g* gwddf, gwddf *g* tost; **~ de poitrine** gwayw'r *g* galon *ou* frest, angina *g*.

angiome [ɑ̃jom] *m* (*MÉD*) angioma *g*.

anglais[1] (-**e**) [ɑ̃glɛ, ɛz] *adj* Seisnig, o Loegr; (*LING*) Saesneg; **filer à l'~e** mynd (o'r fyddin ayb) heb ganiatâd; **à l'~e** (*CULIN*) wedi berwi; **boucles ~es** cudynnau *ll* modrwyog.

anglais[2] [ɑ̃glɛ] *m* Saesneg *b,g*.

Anglais [ɑ̃glɛ] *m* Sais *g*.

Anglaise [ɑ̃glɛz] *f* Saesnes *b*.

angle [ɑ̃gl] *m* ongl *b*; (*coin*) congl *b*, cornel *g,b*; (*prise de vue*) safbwynt *g*; **~ aigu/obtus** ongl lem/aflem; **~ droit** ongl sgwâr; **~ mort** ongl farw.

Angleterre [ɑ̃glətɛR] *prf*: **l'~** Lloegr *b*.

anglican (-**e**) [ɑ̃glikɑ̃, an] *adj* Anglicanaidd.

Anglican [ɑ̃glikɑ̃] *m* Anglicanwr *g*, Anglicaniad *g*.

Anglicane [ɑ̃glikan] *f* Anglicanes *b*, Anglicaniad *b*.

anglicanisme [ɑ̃glikanism] *m* Anglicaniaeth *b*.

angliciser [ɑ̃glisize] (**1**) *vt* Seisnigo, Seisnigeiddio;
♦ **s'~** *vr* (*région*) ymseisnigo.

anglicisme [ɑ̃glisism] *m* ymadrodd *g* Seisnig.

angliciste [ɑ̃glisist] *m/f* arbenigwr *g* ar Saesneg.

anglo- [ɑ̃glɔ] *préf* Eingl-.

anglo-américain[1] (**~-~e**) (**~-~s, ~-~es**) [ɑ̃gloameRikɛ̃, ɛn] *adj* Eingl-Americanaidd.

anglo-américain[2] [ɑ̃gloameRikɛ̃] *m* (*LING*) Saesneg *b,g* America.

anglo-canadien[1] (**~-~ne**) (**~-~s, ~-~nes**) [ɑ̃glokanadjɛ̃, jɛn] *adj* Eingl-Ganadaidd.

anglo-canadien[2] [ɑ̃glokanadjɛ̃] *m* (*LING*) Saesneg *b,g* Canada.

anglo-gallois (**~-~e**) (**~-~, ~-~es**) [ɑ̃glogalwa, waz] *adj* Eingl-Gymreig, di-Gymraeg.

Anglo-gallois [ɑ̃glogalwa] *m inv* Eingl-Gymro *g*, Cymro *g* di-Gymraeg.

Anglo-galloise (**~-~s**) [ɑ̃glogalwaz] *f* Eingl-Gymraes *b*, Cymraes *b* ddi-Gymraeg.

anglo-normand (**~-~e**) (**~-~s, ~-~es**) [ɑ̃glonɔRmɑ̃, ɑ̃d] *adj* Eingl-Normanaidd; **les îles ~-~es** Ynysoedd *ll* y Sianel.

anglophile [ɑ̃glɔfil] *adj* Seisgarol.

anglophobe [ɑ̃glɔfɔb] *adj* gwrth-Seisnig.

anglophone [ɑ̃glɔfɔn] *adj* (yn siarad) Saesneg; **les pays ~s** y gwledydd *ll* lle siaredir Saesneg, gwledydd Saesneg eu hiaith.

anglo-saxon (**~-~ne**) (**~-~s, ~-~nes**) [ɑ̃glosaksɔ̃, ɔn] *adj* Eingl-Sacsonaidd.

angoissant (-**e**) [ɑ̃gwasɑ̃, ɑ̃t] *adj* (*situation*) ingol, gofidus, trallodus.

angoisse [ɑ̃gwas] *f* gofid *g*, ing *g*, gwewyr *g* meddwl.

angoissé (-**e**) [ɑ̃gwase] *adj* gofidus, ingol, mewn gofid, â phoen meddwl, mewn gwewyr.

angoisser [ɑ̃gwase] (**1**) *vi* gofidio, poeni, pryderu;
♦*vt* trallodi, poenydio.

Angola [ɑ̃gɔla] *prm*: **l'~** Angola *b*.

angolais (-**e**) [ɑ̃gɔlɛ, ɛz] *adj* Angolaidd, o Angola.

angora [ɑ̃gɔRa] *adj* (*chat, lapin*) angora, hirflew;
♦*m* angora *g*.

anguille [ɑ̃gij] *f* llysywen *b*; **il y a ~ sous roche** (*fig*) mae yna ryw ddrwg yn y caws; **~ de mer** congren *b*, llysywen *b* fôr.

angulaire [ɑ̃gylɛR] *adj* onglog; (*pierre*) conglog, cornelog; **elle est la pierre ~ de notre groupe** hi yw conglfaen ein grŵp.

anguleux (**anguleuse**) [ɑ̃gylø, ɑ̃gyløz] *adj* (*visage*) onglog, esgyrnog.

anhydride [anidRid] *m* (*CHIM*) anhydrid *g*.

anicroche [anikRɔʃ] *f* rhwystr *g*, anhawster *g*, problem *b*.

animal[1] (-**e**) (**animaux, animales**) [animal, animo] *adj* anifeilaidd.

animal[2] (**animaux**) [animal, animo] *m* anifail *g*; **~ domestique/sauvage** anifail dof/gwyllt; **~ de compagnie** anifail anwes.

animalerie [animalRi] *f* siop *b* anifeiliaid.

animalier [animalje] *adj*: **peintre ~** arlunydd *g* anifeiliaid.

animateur [animatœR] *m* (*de télévision*) cyflwynydd *g*; (*de music-hall*) arweinydd *g*; (*de groupe*) trefnydd *g*, tywysydd *g*; (*CINÉ, TECH*) animeiddydd *g*, animeiddwr *g*; (*SCOL*) trefnydd gweithgareddau allgyrsiol; **l'~ de cette entreprise** prif ysgogwr *g* y cwmni, y grym *g* pennaf yn y cwmni; **c'est un ~ né**

mae'n drefnydd o'i eni.

animation [animasjɔ̃] *f* bywiogrwydd *g*, prysurdeb *g*; (*CINÉ*) animeiddiad *g*, bywddarlun *g*; ~**s** (*activités*) gweithgareddau *ll*; **centre d'~** canolfan *b* gymdeithasol; **parler avec ~** siarad yn fywiog; **mettre de l'~ dans une réunion** bywiogi cyfarfod; **être chargé de l'~ culturelle** bod yn gyfrifol am weithgareddau diwylliannol.

animatrice [animatʀis] *f* (*de télévision*) cyflwynydd *g*; (*de music-hall*) arweinyddes *b*; (*de groupe*) trefnydd *g voir aussi* **animateur**.

animé (**-e**) [anime] *adj* (*rue, lieu*) bywiog, llawn bywyd, prysur, llawn mynd; (*conversation, réunion*) bywiog, brwd; (*opposé à inanimé*) byw; (*LING*) byw; ~ **d'un mouvement régulier** yn symud â rhythm cyson.

animer [anime] (**1**) *vt* (*ville, soirée*) bywiogi, sirioli; (*stimuler*) annog, gyrru, symbylu; ~ **une course** pennu'r cyflymder mewn ras; **la joie qui anime son visage** yr hapusrwydd sy'n bywiogi *ou* sirioli ei (h)wyneb;
♦ **s'~** *vr* bywiogi, mynd yn fywiog, sioncio.

animisme [animism] *m* animistiaeth *b*.

animosité [animozite] *f* drwgdeimlad *g*, casineb *g*, gelyniaeth *b*.

anis [ani(s)] *m* (*BOT*) had *g* anis; (*CULIN*) anis *g*.

anisette [anizɛt] *f* anisét *g*.

ankyloser [ɑ̃kiloze] (**1**): **s'~** *vr* (*MÉD*) cyffio, stiffhau.

annales [anal] *fpl* (*histoire d'un pays*) cronicl *g*.

anneau (**-x**) [ano] *m* modrwy *b*; (*de chaîne*) dolen *b*; ~**x** (*SPORT*) cylchynnau *ll*; **exercices aux ~x** ymarferion *ll* cylchynnau.

année [ane] *f* blwyddyn *b*; **souhaiter la bonne ~ à qn** dymuno blwyddyn newydd dda i rn; **tout au long de l'~** trwy gydol y flwyddyn, trwy'r flwyddyn; **d'une ~ à l'autre** o'r naill flwyddyn i'r llall; **d'~ en ~** y naill flwyddyn ar ôl y llall; **l'~ scolaire/fiscale** y flwyddyn ysgol/ariannol; **(dans) les ~s soixante** (yn) y chwedegau.

année-lumière (**~s-~**) [anelymjɛʀ] *f* blwyddyn *b* oleuni.

annexe [anɛks] *adj* (*problème*) cysylltiedig, perthynol; (*document*) atodol; (*salle*) cyfagos;
♦*f* (*bâtiment*) rhandy *g*; (*de document, ouvrage*) atodiad *g*, ychwanegiad *g*; (*jointe à une lettre, un dossier*) amgaead *g*, peth *g* amgaeedig.

annexer [anɛkse] (**1**) *vt* ychwanegu, atodi; ~ **qch à** (*texte, document*) ychwanegu rhth at;
♦ **s'~** *vr* (*s'approprier: pays, biens*) cyfeddiannu, cymryd meddiant o, cysylltu (rhth â rhth).

annexion [anɛksjɔ̃] *f* cyfeddiannaeth *b*, cyfeddiant *g*.

Annibal [anibal] *prm* Hannibal.

annihiler [aniile] (**1**) *vt* difodi, dinistrio, distrywio, difa.

anniversaire [anivɛʀsɛʀ] *adj*: **fête/jour ~** penblwydd;
♦*m* penblwydd *g*; **joyeux ~!** penblwydd hapus!

annonce [anɔ̃s] *f* cyhoeddiad *g*, hysbysiad *g*; (*signe, indice*) arwydd *g*; (*CARTES*) datganiad *g*, cyhoeddiad *g*; ~ **(publicitaire)** hysbyseb *b*; ~ **personnelle** neges *b* bersonol; **les petites ~s** mân hysbysebion *ll*.

annoncer [anɔ̃se] (**9**) *vt* cyhoeddi, datgan, dweud (rhth) ar goedd; (*CARTES*) cyhoeddi, galw; ~ **la couleur** (*fig*) rhoi'ch cardiau ar y bwrdd, datgelu'r cyfan; **je vous annonce que ...** carwn eich hysbysu ...; **on annonce un grave incendie** cyhoeddir bod tân difrifol wedi cychwyn; **ça n'annonce rien de bon** mae hi'n argoeli'n wael; **ce radoucissement annonce la pluie** mae'r tywydd braf yma yn argoel *ou* arwydd o law;
♦ **s'~** *vr* (*se manifester*) bod ar droed, bod ar fin dechrau; **s'~ bien** argoeli'n dda, edrych yn addawol; **s'~ difficile** argoeli'n dda, edrych yn anodd.

annonceur [anɔ̃sœʀ] *m* (*RADIO, TV*) cyflwynydd *g*; (*publicitaire*) hysbysebwr *g*.

annonceuse [anɔ̃søz] *f* (*RADIO, TV*) cyflwynydd *g*; (*publicitaire*) hysbysebwraig *b*.

annonciateur (**annonciatrice**) [anɔ̃sjatœʀ, anɔ̃sjatʀis] *adj*: **ce calme est ~ de tempête** mae'r gosteg hwn yn darogan storm.

Annonciation [anɔ̃sjasjɔ̃] *f* (*REL*): **l'~** cyfarchiad *g* (Gabriel); (*jour*) Gŵyl *b* Fair.

annotation [anɔtasjɔ̃] *f* nodiad *g*, anodiad *g*.

annoter [anɔte] (**1**) *vt* anodi; ~ **un texte** gwneud nodiadau ar lyfr.

annuaire [anɥɛʀ] *m* blwyddlyfr *g*; ~ **téléphonique** llyfr *g* ffôn; ~ **électronique** llyfr ffôn electronig.

annuel (**-le**) [anɥɛl] *adj* blynyddol, bob blwyddyn.

annuellement [anɥɛlmɑ̃] *adv* yn flynyddol, bob blwyddyn.

annuité [anɥite] *f* blwydd-dal *g*.

annulaire [anylɛʀ] *m* bys *g* modrwy, cwtfys *g*.

annulation [anylasjɔ̃] *f* diddymiad *g*, dilead *g*, dirymiad *g*; (*JUR: de procédure*) dileu; (*d'élection*) dirymu.

annuler [anyle] (**1**) *vt* (*rendez-vous, voyage*) dileu, canslo, diddymu; (*mariage*) diddymu; (*jugement*) dirymu, dileu; (*résultats*) dirymu; (*MATH, PHYS*) canslo, diddymu;
♦ **s'~** *vr* diddymu ei gilydd.

anoblir [anɔbliʀ] (**2**) *vt* anrhydeddu, rhoi teitl i, urddo.

anode [anɔd] *f* (*ÉLEC*) anod *g*.

anodin (**-e**) [anɔdɛ̃, in] *adj* diniwed; (*sans importance*) dibwys, pitw, di-nod, diarwyddocâd; (*personne*) digymeriad, di-nod.

anomalie [anɔmali] *f* anomaledd *g*, gwyriad *g*, anghysondeb *g*.

ânon [ɑnɔ̃] *m* ebol *g* asyn.

ânonner [anɔne] (**1**) *vi, vt* adrodd *ou* darllen mewn llais undonog; (*hésiter*) baglu dros eich geiriau.

anonymat [anɔnima] *m* anhysbysrwydd *g*; **garder l'~** aros yn anhysbys

anonyme [anɔnim] *adj* dienw, anhysbys; (*fig*) digymeriad.

anonymement [anɔnimmɑ̃] *adv* yn ddienw, heb roi'ch enw.

anorak [anɔʀak] *m* anorac *g*.

anorexie [anɔʀɛksi] *f* anorecsia *g*.

anorexique [anɔʀɛksik] *adj* anorecsig;
♦*m/f* (un *g/b* sy'n) anorecsig.

anormal[1] (-e) (**anormaux, anormales**) [anɔʀmal, anɔʀmo] *adj* annormal; (*insolite*) anarferol, anghyffredin.

anormal*[2] (**anormaux**) [anɔʀmal, anɔʀmo] *m*: **un ~** (*handicapé*) un *g* sydd â nam arno.

anormale* (**anormales**) [anɔʀmal] *f*: **une ~** (*handicapée*) un *b* sydd â nam arni;
♦*adj f voir* **anormal**[1].

anormalement [anɔʀmalmɑ̃] *adv* yn annormal, yn anarferol.

ANPE [aɛnpe] *sigle f* (= *Agence nationale pour l'emploi*) *asiantaeth b gyflogi wladol.*

anse [ɑ̃s] *f* (*de panier*) dolen *b*; (*tasse*) dolen, clust *b*; (*GÉO*) cildraeth *g*, traeth *g* bychan.

ANSEA [ɑ̃sea] *sigle f* (= *Association des Nations du Sud-Est asiatique*) Cymdeithas *b* gwledydd de-ddwyrain Asia.

antagonisme [ɑ̃tagɔnism] *m* gelyniaeth *b*, gwrthwynebiaeth *b*.

antagoniste [ɑ̃tagɔnist] *adj* gelyniaethus, gwrthwynebol;
♦*m/f* gwrthwynebydd *g*.

antan [ɑ̃tɑ̃] *adj* ers talwm, ers llawer dydd; **d'~** blaenorol, gynt; **les neiges d'~** eira llynedd; **où sont les neiges d'~?** lle heno eira llynedd?; **les métiers d'~** hen grefftau *ll*, crefftau'r oes o'r blaen; **la ville d'~** yr hen dref *b*, y dref ers talwm.

antarctique [ɑ̃taʀktik] *adj* Antarctig; **le cercle ~** y Cylch *g* Antarctig; **l'océan A~** Cefnfor *g* y De;
♦*m*: **l'A~** yr Antarctig *b*.

antécédent [ɑ̃tesedɑ̃] *m* (*LING*) rhagflaenydd *g*; **~s** (*MÉD*) manylion *ll* meddygol rhn; (*d'une personne*) hanes *g*, gorffennol *g*; (*d'une affaire*) manylion blaenorol; **~s professionnels** manylion gyrfa (hyd yn hyn).

antéchrist [ɑ̃tekʀist] *m* yr Anghrist *g*.

antédiluvien (**-ne**) [ɑ̃tedilyvjɛ̃, jɛn] *adj* cynddilywaidd; (*fig*) henffasiwn.

antenne [ɑ̃tɛn] *f*
1 (*de radio, télévision*) erial *g,b*; **sur l'~** ar yr awyr, wrthi'n darlledu; **avoir l'~, passer à l'~** bod ar yr awyr, darlledu; **prendre l'~** mynd ar yr awyr; **2 heures d'~** dwy awr o ddarlledu; **hors ~** heb fod ar yr awyr; **~ parabolique** dysgl *b* loeren.
2 (*d'insecte*) teimlydd *g*, antena *g*.
3 (*poste avancé*) allbost *g*, rhagfintai *b*; (*petite succursale ou agence*) isgangen *b*; **~ chirurgicale** (*MIL*) ysbyty *g* maes.

antépénultième [ɑ̃tepenyltjɛm] *adj* olaf ond dau/dwy; (*syllabe*) rhagobennol.

antérieur (**-e**) [ɑ̃teʀjœʀ] *adj* (*d'avant*) cynt, blaenorol, cynharach, o'r blaen; (*de devant*) blaen; **~ à qch** o flaen rhth, cyn rhth.

antérieurement [ɑ̃teʀjœʀmɑ̃] *adv* yn gynharach, yn gynt, ynghynt; (*précédemment*) o'r blaen, gynt, yn flaenorol; **~ à qch** o flaen rhth, cyn rhth.

antériorité [ɑ̃teʀjɔʀite] *f* blaenoriaeth *b*, blaenafiaeth *b*.

anthologie [ɑ̃tɔlɔʒi] *f* blodeugerdd *b*, detholiad *g*.

anthracite [ɑ̃tʀasit] *m* glo *g* caled;
♦*adj*: **(gris) ~** dulwyd, llwytu.

anthropocentrisme [ɑ̃tʀɔpɔsɑ̃tʀism] *m* dyn-ganologrwydd *g*.

anthropologie [ɑ̃tʀɔpɔlɔʒi] *f* anthropoleg *b*.

anthropologue [ɑ̃tʀɔpɔlɔg] *m/f* anthropolegydd *g*.

anthropométrie [ɑ̃tʀɔpɔmetʀi] *f* anthropometreg *b*.

anthropométrique [ɑ̃tʀɔpɔmetʀik] *adj* anthropometrig.

anthropomorphisme [ɑ̃tʀɔpɔmɔʀfism] *m* dynweddiant *g*, anthropomorff(i)aeth *b*.

anthropophage [ɑ̃tʀɔpɔfaʒ] *adj* canibalaidd;
♦*m/f* canibal *g/b*.

anthropophagie [ɑ̃tʀɔpɔfaʒi] *f* canibaliaeth *b*.

anti- [ɑ̃ti] *préf* gwrth-.

antiaérien (**-ne**) [ɑ̃tiaeʀjɛ̃, jɛn] *adj* gwrthawyrennol; **abri ~** lloches *b* rhag bomiau.

antialcoolique [ɑ̃tialkɔlik] *adj* gwrthalcoholaidd; **ligue ~** cymdeithas *b* ddirwest.

antiatomique [ɑ̃tiatɔmik] *adj*: **abri ~** lloches *b* wrthatomig.

antibiotique [ɑ̃tibjɔtik] *m* antibiotig *g*, gwrthfiotig *g*;
♦*adj* antibiotig, gwrthfiotig.

antibrouillard [ɑ̃tibʀujaʀ] *adj*: **phare ~** lamp *b* niwl.

antibruit [ɑ̃tibʀɥi] *adj inv*: **mur ~** (*sur autoroute*) wal *b* sy'n lleddfu sŵn.

antibuée [ɑ̃tibɥe] *adj inv*: **dispositif ~** diniwliwr *g*; **bombe ~** chwistrell *b* aerosol diniwlio.

anticancéreux (**anticancéreuse**) [ɑ̃tikɑ̃seʀø, ɑ̃tikɑ̃seʀøz] *adj* gwrthganserol; **centre ~** canolfan *g,b* feddygol *ou* meddygol yn erbyn canser.

anticasseur [ɑ̃tikasœʀ] *adj*: **loi/mesure ~(s)** deddf *b* yn erbyn difrod (*a achosir gan wrthdystwyr*).

antichambre [ɑ̃tiʃɑ̃bʀ] *f* rhagystafell *b*; (*d'un appartement*) cyntedd *g*; **faire ~** disgwyl am wrandawiad *ou* am gyfweliad.

antichar [ɑ̃tiʃaʀ] *adj* atal tanciau.
antichoc [ɑ̃tiʃɔk] *adj* diysgog; (*incassable*) annhoradwy.
anticipation [ɑ̃tisipasjɔ̃] *f* rhagflaenu; (*COMM*) tâl *g* ymlaen llaw; **par ~** (*COMM: rembourser etc*) ymlaen llaw, o flaen llaw; **livre/film d'~** llyfr/ffilm ffuglen wyddonol, llyfr/ffilm am y dyfodol.
anticipé (**-e**) [ɑ̃tisipe] *adj* (*règlement, paiement*) ymlaen llaw, o flaen llaw; (*joie etc*) disgwyliedig; **avec mes remerciements ~s** gan ddiolch ichi ymlaen llaw.
anticiper [ɑ̃tisipe] (**1**) *vi* edrych *ou* meddwl ymlaen llaw; **n'anticipons pas** peidiwn ag edrych ormod i'r dyfodol; **~ sur qch** gwneud rhth cyn pryd;
♦*vt* rhagflaenu; (*prévoir*) rhagweld; (*paiement*) talu o flaen llaw.
anticlérical (**-e**) (**anticléricaux, anticléricales**) [ɑ̃tiklеʀikal, ɑ̃tikleʀiko] *adj* gwrthglerigol, gwrtheglwysig.
anticléricalisme [ɑ̃tikleʀikalism] *m* gwrthglerigiaeth *b*.
anticoagulant[1] (**-e**) [ɑ̃tikɔagylɑ̃, ɑ̃t] *adj* gwrthgeulol.
anticoagulant[2] [ɑ̃tikɔagylɑ̃] *m* gwrthgeulydd *g*.
anticolonialisme [ɑ̃tikɔlɔnjalism] *m* gwrthimperialaeth *g*.
anticonceptionnel (**-le**) [ɑ̃tikɔ̃sɛpsjɔnɛl] *adj* gwrthgenhedlol, atal cenhedlu.
anticonformisme [ɑ̃tikɔ̃fɔʀmism] *m* anghydffurfiaeth *b*, ymneilltuaeth *b*.
anticonstitutionnel (**-le**) [ɑ̃tikɔ̃stitysjɔnɛl] *adj* anghyfansoddiadol.
anticorps [ɑ̃tikɔʀ] *m* gwrthgorffyn *g*.
anticyclone [ɑ̃tisiklon] *m* antiseiclon *g*, gwrthdrowynt *b*.
antidater [ɑ̃tidate] (**1**) *vt* ôl-ddyddio.
antidémocratique [ɑ̃tidemɔkʀatik] *adj* gwrthddemocrataidd; (*peu démocratique*) annemocrataidd.
antidérapant (**-e**) [ɑ̃tideʀapɑ̃, ɑ̃t] *adj* gwrth-lithr.
antidopage [ɑ̃tidɔpaʒ] *adj* (*lutte*) gwrthgyffuriau; (*contrôle*) yn erbyn cyffuriau.
antidote [ɑ̃tidɔt] *m* gwrthwenwyn *g*, gwrthgyffur *g*; (*fig*) ateb *g*.
antienne [ɑ̃tjɛn] *f* (*MUS*) cytgan *b*; (*fig*) cân *b*, tôn *b*.
antigang [ɑ̃tigɑ̃g] *adj inv*: **brigade ~** carfan *b* gomandos.
antigel [ɑ̃tiʒɛl] *m* gwrthrewydd *g*.
antigène [ɑ̃tiʒɛn] *m* antigen *b*.
antigouvernemental (**-e**) (**antigouvernementaux, antigouvernementales**) [ɑ̃tiguvɛʀnəmɑ̃tal, ɑ̃tiguvɛʀnəmɑ̃to] *adj* gwrthlywodraethol, yn erbyn y llywodraeth.
Antigua et Barbuda [ɑ̃tigwaebaʀbyda] *prf* Antigua *b* a Barbuda.
antihistaminique [ɑ̃tiistaminik] *m* gwrth-histamin *g*.
anti-inflammatoire (**~-~s**) [ɑ̃tiɛ̃flamatwaʀ] *adj* gwrthlidiol.
anti-inflationniste (**~-~s**) [ɑ̃tiɛ̃flasjɔnist] *adj* gwrthchwyddiannol, atal chwyddiant.
antillais (**-e**) [ɑ̃tijɛ, ɛz] *adj* Caribïaidd.
Antillais [ɑ̃tijɛ] *m* Caribïad *g*, un *g* o'r Caribî.
Antillaise [ɑ̃tijɛz] *f* Caribïad *b*, un *b* o'r Caribî.
Antilles [ɑ̃tij] *prfpl*: **les ~** Ynysoedd *ll* y Caribî, India'r *b* Gorllewin; **les grandes/petites ~** ynysoedd *ll* mwyaf/lleiaf y Caribî.
antilope [ɑ̃tilɔp] *f* gafrewig *b*, antelop *g*.
antimilitarisme [ɑ̃timilitaʀism] *m* gwrthfilitariaeth *b*.
antimilitariste [ɑ̃timilitaʀist] *adj* gwrthfilitaraidd, gwrthfilwrol.
antimissile [ɑ̃timisil] *adj* gwrthdaflegrau, gwrthdaflegrol, rhag taflegrau.
antimite(s) [ɑ̃timit] *adj* gwrthwyfynol;
♦*m*: **(produit) ~** atalydd *g* gwyfynod.
antinomique [ɑ̃tinɔmik] *adj* sy'n gwrth-ddweud; (*lois, éléments*) antinomaidd, croes i'w gilydd; (*idées, concepts*) paradocsaidd.
Antioche [ɑ̃tjɔʃ] *prf* Antioch *b*.
antioxydant [ɑ̃tiɔksidɑ̃] *m* gwrthocsidydd *g*.
antiparasite [ɑ̃tipaʀazit] *adj* (*RADIO, TV*) gwrthymyrraeth, gwrthglecian; **dispositif ~** atalydd *g* ymyrraeth.
antipathie [ɑ̃tipati] *f* gelyniaeth *b*, gwrthnawsedd *g*.
antipathique [ɑ̃tipatik] *adj* annifyr, annymunol; (*incompatible*) anghymharus.
antipelliculaire [ɑ̃tipelikylɛʀ] *adj* gwrthgen, gwrthfarwdon.
antiphrase [ɑ̃tifʀɑz] *f*: **par ~** yn eironig.
antipodes [ɑ̃tipɔd] *mpl* (*GÉO*) cyferbwyntiau *ll*, antipodau *ll*; **être aux ~ de** (*fig*) bod yn gwbl groes i; **votre théorie est aux ~ de la mienne** mae byd o wahaniaeth rhwng ein damcaniaethau.
antipoison [ɑ̃tipwazɔ̃] *adj inv*: **centre ~** canolfan *b* wrthwenwyn.
antipoliomyélitique [ɑ̃tipɔljɔmjelitik] *adj* yn erbyn poliomyelitis, gwrthbolio.
antiprotectionniste [ɑ̃tipʀɔtɛksjɔnist] *adj* masnach rydd.
antiquaire [ɑ̃tikɛʀ] *m/f* gwerthwr *g* hen bethau, gwerthwraig *b* hen bethau.
antique [ɑ̃tik] *adj* hynafol, henaidd, hen iawn; (*démodé*) henffasiwn.
antiquité [ɑ̃tikite] *f* hynafiaeth *b*, hen beth *g*; **l'A~** (*HIST*) yr henfyd *g*, y cynfyd *g*, yr oesoedd *ll* cynnar; **magasin/marchand d'~s** siop *b* hen bethau, siop hynafiaethau.
antirabique [ɑ̃tiʀabik] *adj* yn erbyn y gynddaredd, gwrthgynddaredd.
antiraciste [ɑ̃tiʀasist] *adj* gwrth-hiliol, yn erbyn hiliaeth.
antireflet [ɑ̃tiʀəflɛ] *adj* (*verre*)

gwrthadlewyrchol, nad yw'n adlewyrchu.
antirépublicain (-e) [ɑ̃tiʀepyblikɛ̃, ɛn] *adj* gwrthweriniaethol.
antirides [ɑ̃tiʀid] *adj* (*crème*) yn erbyn rhychau.
antirouille [ɑ̃tiʀuj] *adj inv*: **peinture** ~ paent *g* gwrth-rwd; **traitement** ~ triniaeth *b* atal rhwd.
antisémite [ɑ̃tisemit] *adj* gwrth-Iddewig, gwrth-Semitaidd;
♦*m/f* gwrth-Semitydd *g*, gwrth-Semitiad *g/b*.
antisémitisme [ɑ̃tisemitism] *m* gwrth-Iddewiaeth *b*, gwrth-Semitiaeth *b*.
antiseptique [ɑ̃tisɛptik] *adj* gwrth-heintiol, antiseptig;
♦*m* gwrth-haint *g*, antiseptig *g*.
antisocial (-e) (**antisociaux, antisociales**) [ɑ̃tisɔsjal, ɑ̃tisɔsjo] *adj* anghymdeithasol.
antispasmodique [ɑ̃tispasmɔdik] *adj* gwrthsbasmodig.
antisportif (**antisportive**) [ɑ̃tispɔʀtif, ɑ̃tispɔʀtiv] *adj* (*hostile au sport*) yn erbyn chwaraeon; (*contraire à l'esprit du sport*) annheg, gwael, di-chwarae-teg.
antitétanique [ɑ̃titetanik] *adj* (*MÉD*) gwrthdetanig, rhag tetanws
antithèse [ɑ̃titɛz] *f* gwrthosodiad *g*; (*contraste entre deux aspects*) croesosodiad *g*, gwrthgyferbyniad *g*, cyferbyniaeth *b*; (*chose opposée à une autre*) y gwrthwyneb *g*.
antitrust [ɑ̃titʀœst] *adj inv* (*loi, mesures*) gwrthfonopoli, atal monopoli.
antituberculeux (**antituberculeuse**) [ɑ̃titybɛʀkylø, ɑ̃titybɛʀkyløz] *adj* gwrthdwbercwlaidd.
antitussif (**antitussive**) [ɑ̃titysif, ɑ̃titysiv] *adj* gwrthbesychol, atal peswch, rhag peswch.
antivariolique [ɑ̃tivaʀjɔlik] *adj* rhag y frech wen.
antivol [ɑ̃tivɔl] *adj inv* (*dispositif*) gwrthladrata, atal lladrad, rhag lladron;
♦*m* dyfais *b* wrthladrata; (*pour vélo*) clo *g* beic, cadwyn *b* feic.
antonyme [ɑ̃tɔnim] *m* gwrthwynebair *g*, gair *g* gwrthwyneb *ou* croes.
antre [ɑ̃tʀ] *m* (*animal*) gwâl *b*, ffau *b*; (*caverne*) ogof *b*; (*fig*) lloches *b*.
anus [anys] *m* rhefr *g*, anws *g*.
Anvers [ɑ̃vɛʀ] *pr* Antwerp *b*.
anxiété [ɑ̃ksjete] *f* pryder *g*, poen *g* meddwl, gofid *g*, ing *g*.
anxieuse [ɑ̃ksjøz] *f* gofidwraig *b*;
♦*adj f voir* **anxieux**[1].
anxieusement [ɑ̃ksjøzmɑ̃] *adv* yn bryderus, ar bigau drain; (*impatient de*) yn awyddus, yn awchus.
anxieux[1] (**anxieuse**) [ɑ̃ksjø, ɑ̃ksjøz] *adj* (*personne*) pryderus, poenus, ar bigau drain; (*qui s'accompagne d'anxiété*) poenus, trallodus, ingol; (*impatient de*) awyddus, awchus, chwannog; **être** ~ **de faire** bod yn awyddus i wneud.
anxieux[2] [ɑ̃ksjø] *m* gofidiwr *g*, poenwr *g*.
AOC [aose] *sigle f* (= *Appellation d'origine contrôlée*) *voir* **appellation**.
aorte [aɔʀt] *f* aorta *b*.
août [u(t)] *m* (mis *g*) Awst *g voir aussi* **juillet, Assomption**.
aoûtien [ausjɛ̃] *m* un *g* (sy'n mynd) ar wyliau ym mis Awst.
aoûtienne [ausjɛn] *f* un *b* (sy'n mynd) ar wyliau ym mis Awst.
AP [ape] *sigle f* (= *Assistance publique*) *voir* **assistance**.
apaisant (-e) [apɛzɑ̃, ɑ̃t] *adj* lleddfol, llonyddol, tawelol, lliniarol.
apaisement [apɛzmɑ̃] *m* (*calme*) tawelwch *g*, llonyddwch *g*, distawrwydd *g*; (*soulagement*) gollyngdod *g*, rhyddhad *g*, esmwythâd *g*; (*pour rassurer*) cysur *g*; (*POL*) dyhuddiad *g*, dyhuddiaeth *b*; **donner des** ~**s à qn** tawelu meddwl rhn, cysuro rhn.
apaiser [apeze] (**1**) *vt* (*colère*) gostegu, tawelu; (*douleur*) lliniaru, lleddfu, esmwytho; (*personne*) tawelu, cysuro, heddychu, llonyddu; ~ **la soif** torri syched;
♦ **s'**~ *vr* (*tempête*) gostegu, tawelu; (*bruit*) gwanio, distewi, tewi.
apanage [apanaʒ] *m* (*privilège*) braint *b*, rhagorfraint *b*; **avoir l'**~ **de qch** bod â hawl i rth, bod â monopoli ar rth; **être l'**~ **de qn** bod yn hawl *ou* fraint i rn (yn unig).
aparté [apaʀte] *m* (*THÉÂTRE*) neilleb *b*; (*entretien*) sgwrs *b* breifat *ou* gyfrinachol; **en** ~ mewn islais *ou* sibrwd clywadwy; (*entretien*) yn breifat, yn y dirgel.
apartheid [apaʀtɛd] *m* apartheid *g*.
apathie [apati] *f* difaterwch *g*, difrawder *g*, dihidrwydd *g*.
apathique [apatik] *adj* difater, di-hid, difraw, apathetig.
apatride [apatʀid] *m/f* rhn heb ddinasyddiaeth.
apercevoir [apɛʀsəvwaʀ] (**39**) *vt* (*voir*) gweld, canfod; (*brièvement*) cael cip *ou* cipolwg ar; (*remarquer*) sylwi (ar); (*danger*) canfod; (*difficultés*) rhagweld, canfod;
♦ **s'**~ *vr*: **s'**~ **de** (*erreur*) sylwi ar; (*présence*) dod yn ymwybodol o; **s'**~ **que** sylweddoli ..., deall ...; **sans s'en** ~ heb sylweddoli, yn ddiarwybod.
aperçu [apɛʀsy] *pp de* **apercevoir**;
♦*m* (*vue d'ensemble*) arolwg *g*, cyfolwg *g*; (*intuition*) sythwelediad *g*, dirnadaeth *b*, mewnwelediad *g*.
apéritif[1] (**apéritive**) [apeʀitif, apeʀitiv] *adj* sy'n codi awydd bwyd, i godi blys *ou* archwaeth.
apéritif[2] [apeʀitif] *m* (*boisson*) aperitiff *g*, diod *b* archwaeth; (*réunion*) diod *b* (cyn cinio); **venez prendre l'**~ dewch draw am ddiod.

apesanteur [apəzɑ̃tœʀ] *f* ysgafnder *g*; (*dans l'espace*) diffyg *g* pwysau.
à-peu-près [apøpʀɛ] (*péj*) *m inv* amcangyfrif *g*, bras amcan *g*, lledamcan *g*.
apeuré (**-e**) [apœʀe] *adj* ofnus, dychrynedig, mewn braw, wedi dychryn, llawn ofn.
aphasie [afazi] *f* mudandod *g*, diffyg *g* lleferydd, affasia *g*.
aphone [afɔn] *adj* di-lais, heb lais, dilais.
aphorisme [afɔʀism] *m* gwireb *b*, doethair *g*.
aphrodisiaque [afʀɔdizjak] *adj* affrodisaidd; ♦*m* affrodisiad *g*.
aphte [aft] *m* dolur *g* y geg.
aphteuse [aftøz] *adj*: **fièvre** ~ clwyf *g* y traed a'r genau.
à-pic [apik] *m inv* clogwyn *g*.
apicole [apikɔl] *adj* yn ymwneud â gwenynyddiaeth *ou* gwenyna, cadw gwenyn.
apiculteur [apikyltœʀ] *m* gwenynwr *g*.
apicultrice [apikyltʀis] *f* gwenynwraig *b*.
apiculture [apikyltyʀ] *f* gwenynyddiaeth *b*, gwenyna, cadw gwenyn.
apitoiement [apitwamɑ̃] *m* (*pitié*) tosturi *g*, trugaredd *g,b*.
apitoyer [apitwaje] (**17**) *vt* ennyn tosturi; ~ **qn sur qch** ennyn trugaredd rhn tuag at rth; ~ **qn sur qn** ennyn trugaredd rhn tuag at rn; ♦ **s'**~ *vr* teimlo tosturi; **s'**~ **sur qch** teimlo tosturi dros rth; **s'**~ **sur qn** teimlo trueni tuag at rn, tosturio wrth rn.
ap. J.-C. *abr*(= *après Jésus-Christ*) O.C. (= Oed Crist).
aplanir [aplaniʀ] (**2**) *vt* (*terrain*) llyfnu, lefelu, gwneud rhth yn wastad, gwastatáu; (*fig: difficultés*) llyfnhau, llyfnu.
aplati (**-e**) [aplati] *adj* gwastad, gwastatedig.
aplatir [aplatiʀ] (**2**) *vt* gwastadu, gwastatáu, lefelu; (*fig: vaincre, écraser*) llethu, llorio; ♦ **s'**~ *vr* (*devenir plus plat*) mynd yn fwy gwastad; (*être écrasé*) bod yn sathredig; (*fig*) gorwedd ar wastad eich cefn; (*fam*) syrthio ar eich hyd *ou* ar eich wyneb; (*péj*) ymgreinio; **s'**~ **contre qch*** (*entrer en collision*) taro yn erbyn rhth.
aplomb [aplɔ̃] *m* (*équilibre*) cydbwysedd *g*; (*fig*) hunanhyder *g*, hunanfeddiant *g*; (*péj*) digywilydd-dra *g*, ehofndra *g*, wyneb *g*; **d'**~ yn gytbwys; (*CONSTR*) yn syth, yn unionsyth, yn blwm; (*en bonne santé*) yn iach.
apocalypse [apɔkalips] *f* datguddiad *g*, apocalyps *g*.
apocalyptique [apɔkaliptik] *adj* datguddiadol, apocalyptaidd.
apocryphe [apɔkʀif] *adj* apocryffaidd, annilys, ffug, amheus;
♦*m*: **les** ~**s** (*BIBLE*) yr Apocryffa *g*.
apogée [apɔʒe] *m* (*fig*) uchafbwynt *g*, brig *g*.
apolitique [apɔlitik] *adj* anwleidyddol, amholiticaidd.
Apollon [apɔlɔ̃] *prm* Apolo *g*.
apologie [apɔlɔʒi] *f* cyfiawnhad *g*, amddiffyniad *g*; (*pour louer*) molawd *g*.
apoplexie [apɔplɛksi] *f* y parlys *g* mud, apoplecsi *g*, trawiad *g* parlysol.
a posteriori [apɔsteʀjɔʀi] *adv* gyda synnwyr trannoeth, gydag ôl-ddoethineb, yn ddoeth drannoeth.
apostolat [apɔstɔla] *m* (*gén*) efengyliaeth *b*, proselytiaeth *b*; (*REL*) apostoliaeth *b*, apostolawd *g*.
apostolique [apɔstɔlik] *adj* apostolaidd, apostolig.
apostrophe [apɔstʀɔf] *f* (*signe*) collnod *g*, sillgoll *b*; (*interpellation*) cyfarchiad *g*.
apostropher [apɔstʀɔfe] (**1**) *vt* (*insulter*) gweiddi ar; (*interrompre grossièrement*) gweiddi ar draws, heclo.
apothéose [apɔteoz] *f* dwyfoliad *g*, gogoneddiad *g*, apotheosis *g*; (*THÉÂTRE*) diweddglo *g*; (*fig*) blodeuad *g*.
apothicaire [apɔtikɛʀ] *m* apothecari *g*.
apôtre [apotʀ] *m* apostol *g*, disgybl *g*; **faire le bon** ~ bod fel sant; **se faire l'**~ **de qch** (*fig*) dadlau dros rth, siarad o blaid rhth.
Appalaches [apalaʃ] *prfpl*: **les** ~ y mynyddoedd *ll* Appalaches.
appalachien (**-ne**) [apalaʃjɛ̃, jɛn] *adj* Appalachaidd.
apparaître [apaʀɛtʀ] (**73**) *vi* ymddangos, dod i'r golwg; (*avec attribut*) bod fel petai; **il apparaît que** ymddengys ...; **il m'apparaît que** 'rwy'n meddwl ..., yn fy marn i ...
apparat [apaʀa] *m* rhodres *g*; **tenue d'**~ gwisg *b* ddefodol; **dîner d'**~ cinio *g* defodol *ou* seremonïol.
appareil [apaʀɛj] *m* (*outil, machine*) offer *ll*, cyfarpar *g*, erfyn *g*; (*électrique*) peiriant *g*; (*politique, syndical*) peirianwaith *g*; (*avion*) awyren *b*; (*dentier*) weiren *b* ddannedd, sythwr *g* dannedd; (*téléphonique*) teleffon *g*, ffôn *g*; **qui est à l'**~**?** (*au téléphone*) pwy sy'n siarad?; **(c'est) Sion à l'**~ Sion sydd yma; **dans le plus simple** ~ yn noethlymun, yn borcyn; ~ **digestif/reproducteur** system *b* dreuliol/atgenhedlol; ~ **24x36,** ~ **petit format** camera *g* 35 mm; ~ **photographique** *neu* **de photo** *neu* **de photographie** camera; ~ **productif** dull *g* cynhyrchu; ~ **à sous** (*distributeur*) peiriant ceiniogau; (*jeu*) peiriant hapchwarae.
appareillage [apaʀɛjaʒ] *m* (*appareils*) cyfarpar *g*, celfi *ll*, arfau *ll*, offer *ll*; (*d'usine etc*) offer *ll*, peiriannau *ll*; (*NAUT*) paratoadau *ll* i hwylio.
appareiller [apaʀeje] (**1**) *vi* (*NAUT*) paratoi i hwylio;
♦*vt* (*assortir*) paru.
appareil(-photo) [apaʀɛj(fɔtɔ)] *m*(= *appareil de photographie*) camera *g*.
apparemment [apaʀamɑ̃] *adv* yn ôl pob golwg, yn ôl pob ymddangosiad, yn ymddangosiadol.

apparence [apaʀɑ̃s] *f* (*en publique*) ymddangosiad *g*; (*air, aspect*) golwg *b*; **malgré les ~s** er gwaethaf pob ymddangosiad; **en ~** yn ôl pob golwg, i bob ymddangosiad.
apparent (-e) [apaʀɑ̃, ɑ̃t] *adj* (*visible*) gweladwy; (*évident*) amlwg; (*superficiel*) arwynebol; **coutures ~es** gwniadwaith *g* ar yr wyneb; **poutres ~es** trawstiau *ll* yn y golwg.
apparenté (-e) [apaʀɑ̃te] *adj*: **~ à** yn perthyn i; (*fig*) tebyg i, cyffelyb i, atgoffaol o; **elle est ~e à mon mari** mae hi'n perthyn i'r gŵr.
apparenter [apaʀɑ̃te] (**1**): **s'~** *vr*: **s'~ à** (*ressembler à*) bod yn debyg i.
apparier [apaʀje] (**16**) *vt* (*gants*) paru, rhoi (rhth) mewn pâr; (*oiseaux*) cyplu.
appariteur [apaʀitœʀ] *m* (*UNIV*) porthor *g*.
apparition [apaʀisjɔ̃] *f* ymddangosiad *g*, amlygiad *g*; (*surnaturelle*) drychiolaeth *b*, ymrithiad *g*; **faire son ~** ymddangos, dod i'r golwg.
appartement [apaʀtəmɑ̃] *m* fflat *b*.
appartenance [apaʀtənɑ̃s] *f*: **~ à** aelodaeth *b* o.
appartenir [apaʀtəniʀ] (**32**) *vi*: **~ à** perthyn i, bod yn eiddo i; (*faire partie de*) bod yn aelod o, bod yn rhan o; **il lui appartient de ...** ei le ef yw ..., ef a ddylai ...; **il ne m'appartient pas de (faire)** nid fy lle i yw (gwneud).
appartiendrai *etc* [apaʀtjɛ̃dʀe] *vb voir* **appartenir**.
appartiens *etc* [apaʀtjɛ̃] *vb voir* **appartenir**.
apparu (-e) [apaʀy] *pp de* **apparaître**.
appas [apɑ] *mpl* (*d'une femme*) swyn *g*, cyfaredd *b*, swyngyfaredd *b*.
appât [apɑ] *m* (*pêche*) abwyd *g*; (*fig*) atyniad *g*, swyn *g*, cyfaredd *b*; **mordre à l'~** codi at yr abwyd, llyncu'r abwyd.
appâter [apɑte] (**1**) *vt* (*hameçon*) rhoi abwyd (ar fachyn); (*poisson*) denu ag abwyd; (*fig*) llithio, denu.
appauvrir [apovʀiʀ] (**2**) *vt* tlodi;
♦ **s'~** *vr* mynd yn dlawd.
appauvrissement [apovʀismɑ̃] *m* tlodi *g*, teneuad *g*, dirywiad *g*.
appeau [apo] *m* (*instrument*) chwiban *b* dal adar; (*oiseau*) aderyn *g* denu; **se laisser prendre à l'~** cael eich twyllo.
appel [apɛl] *m* galwad *b*; (*nominal*) galwad enwau; (*SCOL*) cofrestru; (*JUR*) apêl *b*, apeliad *g*; (*cri*) cri *g,b*, galwad; (*MIL: recrutement*) recriwtio, listio, galwad i'r fyddin; **faire ~ à** (*invoquer*) galw ar, apelio at; (*avoir recours à*) troi *ou* mynd at, mynd ar ofyn; (*nécessiter*) galw am; **faire** *neu* **interjeter ~** (*JUR*) apelio, cyflwyno apêl; **faire l'~** (*MIL, SCOL*) galw'r enwau, galw'r rhestr enwau; **sans ~** (*fig*) terfynol, diwrthdro; **faire un ~ de phares** (*AUTO*) fflachio'ch lampau blaen; **indicatif d'~** arwydd *g* galw, arwyddair *g*; **numéro d'~** (*TÉL*) rhif *g* ffôn; **produit d'~** (*COMM*) nwydd *g* ar golled; **~ d'air** mewnlif *g*, tynfa *b* i mewn; **~ d'offres** (*COMM*) gwahoddiad *g* i gyflwyno tendr; **~ (téléphonique)** galwad (ffôn).
appelé [ap(ə)le] *m* (*MIL*) milwr *g* gorfod, consgript *g*.
appeler [ap(ə)le] (**11**) *vt* galw; (*TÉL*) ffonio, rhoi caniad i; (*faire venir: médecin etc*) galw; (*fig: nécessiter*) galw am; **~ au secours** galw *ou* gweiddi am help *ou* am gymorth; **~ qn à l'aide** *neu* **au secours** galw ar rn am help, gofyn cymorth gan rn; **~ qn à un poste** penodi rhn i swydd; **~ qn à des fonctions** gosod rhth yn waith i rn; **~ police secours** ≈ galw 999; **~ un chat un chat** siarad heb flewyn ar dafod, siarad yn blwmp ac yn blaen; **~ qn d'un geste de la main** galw rhn ag arwydd, amneidio â'ch llaw ar rn, gwneud amnaid ar rn; **être appelé à** (*fig*) bod wedi'ch arfaethu i; **~ qn à comparaître** (*JUR*) gwysio rhn i ymddangos; **en ~ à qn/qch** apelio at rn/rth, erfyn ar rn/rth; **en ~ de** (*jugement, décision*) herio, amau, apelio yn erbyn;
♦ **s'~** *vr*: **comment ça s'appelle?** beth yw hwnna?, beth yw enw hwnna?; **elle s'appelle ...** ... yw ei henw hi; **je m'appelle ...** ... yw f'enw i; **ça s'appelle un(e) ...** ... yw hwnna, ... yw enw hwnna ...
appellation [apelasjɔ̃] *f* enw *g*, teitl *g*, dynodiad *g*; **vin d'~ contrôlée** gwin *g* â'i safon wedi ei warantu; **~ (d'origine) contrôlée** *y dosbarthiad uchaf ymhlith gwinoedd Ffrainc (mae'n dangos bod y gwin yn bodloni amodau llym o safbwynt y winllan, y math o winwydden, y dull o gynhyrchu a'r cynnwys alcohol).*
appelle *etc* [apɛl] *vb voir* **appeler**.
appendice [apɛ̃dis] *m* (*ANAT*) coluddyn *g* crog, pendics *g*; (*d'un livre*) atodiad *g*.
appendicite [apɛ̃disit] *f* llid *g* y coluddyn crog, llid ar y pendics.
appentis [apɑ̃ti] *m* penty *g*, pentis *g*, darn *g* croes
appert [apɛʀ] *vb*: **il ~ que ...** fe ymddengys ...
appesantir [apəzɑ̃tiʀ] (**2**): **s'~** *vr* mynd yn drymach; **s'~ sur** (*fig*) ymhelaethu ar, ymdroi â.
appétissant (-e) [apetisɑ̃, ɑ̃t] *adj* blasus, sy'n codi chwant bwyd.
appétit [apeti] *m* chwant *g* bwyd, awydd *g* bwyd, awch *g* bwyd; **avoir un gros/petit ~** bwyta gydag/heb awch; **couper l'~ de qn** difetha archwaeth rhn; **avoir un ~ d'oiseau** bwyta fel aderyn *ou* dryw; **bon ~!** mwynhewch eich bwyd!, mwynha dy fwyd!
applaudimètre [aplodimɛtʀ] *m* mesurydd *g* cymeradwyaeth.
applaudir [aplodiʀ] (**2**) *vi* cymeradwyo, canmol; (*THÉÂTRE*) curo dwylo; **~ à tout rompre** tynnu'r lle i lawr, rhoi cymeradwyaeth fyddarol; **~ à** (*décision, mesure, projet*) cymeradwyo;

♦*vt* cymeradwyo;
♦ **s'~** *vr* eich llongyfarch eich hun.
applaudissements [aplodismɑ̃] *mpl* curo dwylo, cymeradwyaeth *b*.
applicable [aplikabl] *adj* cymwys, perthnasol; **peinture ~ sur bois** paent y gellir ei roi ar bren.
applicateur [aplikatœʀ] *m* taenwr *g*, dodwr *g*.
application [aplikasjɔ̃] *f* (*soin*) gofal *g*; (*peinture*) côt *b*, haen *b*; (*d'une théorie, loi*) gweithrediad *g*; **la loi entrera en ~ le 2 janvier** daw'r gyfraith i rym ar yr ail o Ionawr; **mettre qch en ~** gweithredu rhth, cyflawni rhth, rhoi rhth mewn gweithrediad *ou* mewn grym; **avec ~** gydag ymroddiad, yn ddiwyd; **écrire avec ~** ysgrifennu'n ofalus; **travailler avec ~** gweithio gyda gofal.
applique [aplik] *f* (*ÉLEC*) lamp *b* bared *ou* wal.
appliqué (**-e**) [aplike] *adj* (*élève, ouvrier*) diwyd, gweithgar, ymroddedig; (*science*) cymhwysol.
appliquer [aplike] (**1**) *vt* rhoi, dodi, gosod; (*gifle, châtiment*) rhoi; (*loi*) gorfodi, gweithredu;
♦ **s'~** *vr* (*élève, ouvrier*) ymroi; **s'~ à** (*loi, remarque*) ymwneud â, bod yn berthnasol i; **s'~ à faire qch** ymroi i wneud rhth, mynd i drafferth fawr i wneud rhth; **s'~ sur** (*coïncider avec*) ffitio dros, mynd ar; **il s'est beaucoup appliqué** gweithiodd yn ddiwyd *ou* yn ddygn iawn.
appoggiature [apɔ(d)ʒjatyʀ] *m* (*MUS*) appoggiatura *g*, gogwyddnod *g*.
appoint [apwɛ̃] *m* (*fig*) cyfraniad *g*, cymorth *g*; **avoir** *neu* **faire l'~** (*en payant*) rhoi'r arian cywir, bod â'r union arian; **chauffage d'~** gwres *g* ychwanegol.
appointements [apwɛ̃tmɑ̃] *mpl* cyflog *g*.
appointer [apwɛ̃te] (**1**) *vt*: **être appointé à l'année/au mois** cael eich talu yn flynyddol/yn fisol.
appontage [apɔ̃taʒ] *m* glaniad *g*, glanio (*ar gludydd awyrennau*).
appontement [apɔ̃tmɑ̃] *m* pont *b* lanio, glanfa *b* ar wyneb y dŵr, cei *g*.
apponter [apɔ̃te] (**1**) *vi* (*avion, hélicoptère*) glanio (ar gludydd awyrennau).
apport [apɔʀ] *m* cyflenwad *g*; (*contribution: argent, biens etc*) cyfraniad *g*.
apporter [apɔʀte] (**1**) *vt* dod â; (*preuve*) darparu; (*modification*) gwneud, achosi; (*produire: soulagement*) dod â, achosi; (*suj: remarque*) ychwanegu.
apposer [apoze] (**1**) *vt* atodi, ychwanegu; (*sceau, timbre*) gosod, dodi.
apposition [apozisjɔ̃] *f* cyfosodiad *g*, atodi, gosod; **en ~** (*LING*) yn gyfosod.
appréciable [apʀesjabl] *adj* (*important*) sylweddol, pwysig, o bwys.
appréciation [apʀesjasjɔ̃] *f* gwerthfawrogiad *g*; (*de distance, résultat*) amcangyfrif *g*; (*financière*) prisiad *g*; **~s** (*commentaire, avis*) barn *b*, sylwadau *ll*.
apprécier [apʀesje] (**16**) *vt* gwerthfawrogi; (*évaluer*) barnu gwerth, prisio, amcangyfrif; **j'apprécierais que tu ...** buaswn yn falch pe buaset ...
appréhender [apʀeɑ̃de] (**1**) *vt* (*craindre*) (mawr) ofni, arswydo rhag; (*JUR*) arestio; **~ que...** ofni...; **~ de faire qch** ofni gwneud rhth.
appréhensif (**appréhensive**) [apʀeɑ̃sif, apʀeɑ̃siv] *adj* ofnus, pryderus.
appréhension [apʀeɑ̃sjɔ̃] *f* (*compréhension*) dealltwriaeth *b*; (*angoisse, anxiété*) pryder *g*, ofn *g*.
apprendre [apʀɑ̃dʀ] (**74**) *vt* dysgu; (*nouvelle, résultat*) cael gwybod, clywed; **~ qch à qn** (*informer*) dweud rhth wrth rn, hysbysu rhn o rth; (*enseigner*) dysgu rhth i rn; **~ à faire qch** dysgu sut i wneud rhth; **~ à qn à faire qch** dysgu rhn sut i wneud rhth; **tu me l'apprends!** mae hynny'n newydd i mi!
apprenti [apʀɑ̃ti] *m* prentis *g*; (*fig*) dechreuwr *g*, dysgwr *g*.
apprentie [apʀɑ̃ti] *f* prentis *g*, merch *b* brentis; (*fig*) dechreuwraig *b*, dysgwraig *b*.
apprentissage [apʀɑ̃tisaʒ] *m* prentisiaeth *b*; **faire l'~ de qch** (*fig*) dechrau dysgu rhth newydd; **école/centre d'~** coleg *g*/canolfan *g/b* hyfforddi.
apprêt [apʀɛ] *m* paratoad *g*; (*sur un mur*) seis *g*; (*sur une étoffe*) triniaeth *b*; (*sur un cuir*) cyffaith *g*; (*sur un papier*) gorffeniad *g*; **sans ~** (*fig*) yn ddiymhongar, heb fursendod.
apprêté (**-e**) [apʀete] *adj* (*fig*) mursennaidd, ymhongar.
apprêter [apʀete] (**1**) *vt* paratoi; (*mur*) seisio; (*étoffe, laine*) trin; (*cuir*) cyffeithio;
♦ **s'~** *vr*: **s'~ à qch** paratoi *ou* ymbaratoi ar gyfer rhth; **s'~ à faire qch** paratoi *ou* hwylio *ou* ymbaratoi i wneud rhth.
appris (**-e**) [apʀi, iz] *pp de* **apprendre**.
apprivoisé (**-e**) [apʀivwaze] *adj* dof, hywedd.
apprivoiser [apʀivwaze] (**1**) *vt* dofi, hyweddu.
approbateur (**approbatrice**) [apʀɔbatœʀ, apʀɔbatʀis] *adj* (*regard, parole*) cymeradwyol.
approbatif (**approbative**) [apʀɔbatif, apʀɔbativ] *adj* cymeradwyol, llawn cymeradwyaeth.
approbation [apʀɔbasjɔ̃] *f* (*applaudissement*) cymeradwyaeth *b*, bodlonrwydd *g*; (*acceptation*) cytundeb *g*, cydsyniad *g*; **digne d'~** (*conduite, travail*) canmoladwy, cymeradwy, clodforus, clodwiw.
approchant (**-e**) [apʀɔʃɑ̃, ɑ̃t] *adj* tebyg, cyffelyb; **quelque chose d'~** rhywbeth tebyg.
approche [apʀɔʃ] *f* (*arrivée*) dyfodiad *g*, dynesiad *g*; (*attitude*) agwedd *b*; **~s** (*abords*) cyffiniau *ll*; **à l'~ de son anniversaire** wrth i'w benblwydd agosáu; **à l'~ du bateau/de l'ennemi** wrth i'r cwch/gelyn nesáu; **travaux d'~** (*MIL, fig*) cynllwynion *ll*; **ralentis à l'~ du**

virage! arafa wrth iti ddod at y troad!

approché (-e) [apʀɔʃe] *adj* agos, bras, lled agos, brasgywir, lledgywir.

approcher [apʀɔʃe] (1) *vi* dod yn nes, dynesu, agosáu, nesáu; ~ **de** (*moment, nombre etc*) bod bron yn, tynnu am;
♦*vt* (*objet: rapprocher*) dod â (rhth) yn nes;
♦ **s'~** *vr*: **s'~ de** dod *ou* mynd yn nes at, dynesu at; **approchez-vous** dewch *ou* ewch yn nes.

approfondi (-e) [apʀɔfɔ̃di] *adj* manwl, trylwyr, llwyr.

approfondir [apʀɔfɔ̃diʀ] (2) *vt* (*aussi fig*) dyfnhau; (*sentiment*) cryfhau; (*question*) mynd ymhellach *ou* yn ddyfnach i, manylu ar; **sans ~** heb fanylu (gormod).

appropriation [apʀɔpʀijasjɔ̃] *f* cyfeddiant *g*, adfeddiant *g*.

approprié (-e) [apʀɔpʀije] *adj*: ~ **(à)** addas (i), priodol (i), cymwys (i).

approprier [apʀɔpʀije] (16) *vt* (*adapter*) addasu, cymhwyso;
♦ **s'~** *vr* meddiannu, cymryd meddiant o *ou* ar.

approuver [apʀuve] (1) *vt* cytuno â; (*trouver louable*) cymeradwyo; **je vous approuve entièrement** 'rwy'n cytuno'n llwyr â chi; **lu et approuvé** darllenwyd a chymeradwywyd.

approvisionnement [apʀɔvizjɔnmɑ̃] *m* cyflenwi, darparu; (*provisions*) cyflenwad *g*, stoc *b*, darpariaeth *b*.

approvisionner [apʀɔvizjɔne] (1) *vt* (*magasin etc*) cyflenwi; (*compte bancaire*) talu arian i; ~ **qn en** cyflenwi rhn â;
♦ **s'~** *vr* (*faire des provisions*) cael cyflenwad (o rth); **s'~ dans un certain magasin/au marché** siopa mewn siop benodol/yn y farchnad; **s'~ en** cael stoc *ou* cyflenwad o.

approximatif (**approximative**) [apʀɔksimatif, apʀɔksimativ] *adj* agos, bras, lledgywir, brasgywir; (*imprécis*) amwys, niwlog.

approximation [apʀɔksimasjɔ̃] *f* bras amcan *g*, amcangyfrif *g*.

approximativement [apʀɔksimativmɑ̃] *adv* yn fras, (yn) fwy neu lai, oddeutu, tua; (*de manière imprécise*) yn amwys, yn niwlog, yn amhendant.

appt *abr*= **appartement**.

appui [apɥi] *m* cefnogaeth *b*, cynhaliaeth *b*; (*de fenêtre*) sil *b*; **prendre ~ sur** pwyso yn erbyn *ou* ar; (*objet*) gorffwys *ou* pwyso ar; **point d'~** ffwlcrwm *g*, pwysbwynt *g*; **à l'~ de** i *ou* yn ategu, yn gefn i.

appuie *etc* [apɥi] *vb voir* **appuyer**.

appui(e)-tête (~s-~) [apɥitɛt] *m* ateg *b* pen.

appuyé (-e) [apɥije] *adj* (*insistant*) taer, penderfynol; (*excessif: politesse, compliment*) gormodol.

appuyer [apɥije] (17) *vt* (*soutenir: personne, demande*) cefnogi, ategu; ~ **qch contre** (*poser*) pwyso rhth yn erbyn rhth *ou* ar rth, rhoi rhth i bwyso yn erbyn rhth;
♦*vi*: ~ **sur** (*presser sur: bouton, frein*) gwasgu, pwyso ar, gwthio; (*fig: mot, détail, argument*) pwysleisio, rhoi pwyslais ar; (*suj: chose: peser sur*) gorffwys ar, pwyso ar; ~ **à droite** *neu* **sur la droite** troi i'r dde; ~ **sur le champignon** rhoi'ch troed i lawr, mynd yn gyflym, cyflymu;
♦ **s'~** *vr*: **s'~ sur** pwyso ar; (*fig: se baser sur*) eich seilio'ch hun ar; (*compter sur*) dibynnu ar; **s'~ contre** (*toucher: mur, porte*) pwyso yn erbyn *ou* ar.

apr. *abr*= **après**.

âpre [ɑpʀ] *adj* (*temps: hiver, vent*) egr, garw, gerwin; (*goût, vin*) egr; (*vie*) caled, garw; (*lutte*) egr, ffyrnig, enbyd; (*discussion*) chwerw, egr; (*son, voix, ton*) garw, egr, cras; ~ **au gain** bachog am arian *ou* elw, crafangus am arian *ou* elw, barus am arian *ou* elw.

après [apʀɛ] *prép* ar ôl; ~ **avoir fait** ar ôl gwneud; **courir ~ qn** rhedeg ar ôl rhn; **crier ~ qn** gweiddi ar rn; **être toujours ~ qn** (*critiquer etc*) lladd ar rn, bod ym mhen rhn, gweld bai ar rn; ~ **quoi** ac ar ôl hynny, a wedyn; ~ **coup** wedi hynny, ar ôl hynny, wedyn; ~ **tout** wedi'r cyfan *ou* cwbl;
♦*adv* wedyn; **2 heures ~** dwy awr yn ddiweddarach; **et (puis) ~?** beth yw'r ots?, ac felly?.
▶ **d'après** (*selon*) yn ôl; (*œuvre d'art*) yn null; **d'~ elle** yn ei hôl hi, yn ei barn hi; **d'~ moi** yn fy marn i.
▶ **après que** wedi, ar ôl; ~ **qu'il est parti** wedi *ou* ar ôl iddo fynd.

après-demain [apʀɛdmɛ̃] *adv* drennydd.

après-guerre (~-~s) [apʀɛgɛʀ] *m* blynyddoedd *ll* wedi'r rhyfel, cyfnod *g* ar ôl rhyfel; **d'~-~** wedi *ou* ar ôl (y) rhyfel.

après-midi [apʀɛmidi] *m ou f inv* prynhawn *g*.

après-rasage (~-~s) [apʀɛʀazaʒ] *m* sent *g* eillio; **lotion ~-~** hylif *g* eillio.

après-ski (~-~s) [apʀɛski] *m* (*chaussure*) esgid *b* eira; (*loisirs*) hamddena ar ôl sgio.

après-vente [apʀɛvɑ̃t] *adj inv* ar ôl gwerthu.

âpreté [ɑpʀəte] *f* (*temps*) egrwch *g*, gerwinder *g*; (*son*) craster *g*, aflafaredd *g*; (*goût*) chwerwedd *g*, chwerwder *g*, egrwch *g*.

a priori [apʀijɔʀi] *adv* (*à première vue*) yn ôl pob golwg, ar yr olwg gyntaf; (*sans réflechir*) ar unwaith, yn syth.

à-propos [apʀɔpo] *m inv* (*d'une remarque*) priodoldeb *g*, addasrwydd *g*; **faire preuve d'~-~** dangos hunanfeddiant, ymddwyn yn addas *ou* yn briodol; **avec ~-~** (*répondre etc*) yn addas, yn briodol.

apte [apt] *adj*: ~ **(à faire qch)** galluog (i wneud rhth); ~ **(au service)** (*MIL*) atebol i wasanaeth milwrol.

aptitude [aptityd] *f* (*capacité*) cymhwyster *g*, gallu *g*, medr *g*; (*don*) dawn *b*; **avoir des ~s pour qch** bod yn alluog mewn rhth, bod â

dawn i wneud rhth.
apurer [apyʀe] (1) *vt* (*COMM*) archwilio; (*dettes*) talu, clirio.
aquaculture [akwakyltyʀ] *f* amaethu dŵr, dyframaeth *b* (*tyfu planhigion mewn dŵr*).
aquaplanage [akwaplanaʒ] *m* (*AUTO*) sglefrio ar ddŵr.
aquaplane [akwaplan] *m* (*planche*) estyllen *b* ddŵr; (*SPORT*) sglefrio ar ddŵr.
aquaplaning [akwaplaniŋ] *m*= **aquaplanage**.
aquarelle [akwaʀɛl] *f* (*tableau*) llun *g* dyfrlliw; (*genre*) dyfrlliw *g*.
aquarelliste [akwaʀelist] *m/f* dyfrlliwiwr *g*, dyfrlliw-wraig *b*.
aquarium [akwaʀjɔm] *m* (*réservoir*) acwariwm *g*, pysgoty *g*, tanc *g* pysgod; (*lieu*) sŵ *g* môr.
aquatique [akwatik] *adj* (*plantes*) dyfrol, (y) dŵr; **sports ~s** chwareon *ll* dŵr.
aqueduc [ak(ə)dyk] *m* dyfrbont *b*, traphont *b* ddŵr; (*ANAT*) dwythell *b*.
aqueux (**aqueuse**) [akø, akøz] *adj* dyfrol, dyfrllyd.
aquilin [akilɛ̃] *adj* eryraidd; **nez ~** trwyn *g* eryraidd.
Aquin [akɛ] *prm* Acwino *g*; **Saint Thomas d'~** Sant Tomos d'Acwino.
Aquitaine [akitɛn] *prf*: **l'~** Acwitania *b*.
AR[1] [aɛʀ] *sigle m*(= *aller (et) retour*) (*AVIAT, RAIL etc*) tocyn *g* dwyffordd.
AR[2] [aɛʀ] *sigle m*(= *accusé de réception*): **lettre/paquet avec ~** llythyr *g*/parsel *g* â danfoniad cofnodedig.
arabe [aʀab] *adj* Arabaidd;
♦*m* (*LING*) Arabeg *b,g*.
Arabe [aʀab] *m/f* Arab *g*, Arabes *b*.
arabesque [aʀabɛsk] *f* arabesg *g,b*.
Arabie [aʀabi] *prf*: **l'~** Arabia *b*; **l'~ Saoudite** *neu* **Séoudite** Sawdi-Arabia *b*.
arable [aʀabl] *adj* âr.
arachide [aʀaʃid] *f* pysgneuen *b*, cneuen *b* ddaear, cneuen fwnci.
araignée [aʀeɲe] *f* pryf *g* cop, corryn *g*; **~ de mer** cranc *g* hirgoes *ou* heglog, copyn-granc *g*, corryn-granc *g*.
araser [aʀɑze] (1) *vt* lefelu, gwastatáu, gwneud yn lefel; (*en rabotant*) plaenio, llyfnu.
aratoire [aʀatwaʀ] *adj*: **instruments ~s** offer *g* aredig.
arbalète [aʀbalɛt] *f* croesfwa *g*, bwa *g* croes.
arbitrage [aʀbitʀaʒ] *m* (*de différend*) cyflafareddiad *g*, cyflafareddu, cymrodeddu, canoli; (*SPORT*) dyfarnu.
arbitraire [aʀbitʀɛʀ] *adj* (*capricieux*) mympwyol; (*tyrannique*) gormesol.
arbitrairement [aʀbitʀɛʀmɑ̃] *adv* (*capricieusement*) yn fympwyol, wrth fympwy; (*tyranniquement*) yn ormesol.
arbitre [aʀbitʀ] *m* (*SPORT*) dyfarnwr *g*, dyfarnwraig *b*, reffarî* *g*; (*critique*) beirniad *g*, safonwr *g*; (*JUR*) canolwr *g*, cyflafareddwr *g*
arbitrer [aʀbitʀe] (1) *vt* dyddio, cyflafareddu, cymrodeddu, canoli; (*décider*) barnu, dyfarnu, penderfynu; (*SPORT*) dyfarnu, bod yn ddyfarnwr *ou* reffarî*.
arborer [aʀbɔʀe] (1) *vt* (*gén*) arddangos, gwneud sioe o; (*drapeau, enseigne*) chwifio, cyhwfan; (*vêtement*) gwisgo; **~ un sourire** (*fig*) bod â gwên ar eich wyneb.
arborescence [aʀbɔʀesɑ̃s] *f* coediogrwydd *g*, cangenogrwydd *g*.
arboricole [aʀbɔʀikɔl] *adj* (*animal*) sy'n byw mewn coed, prendrig, coedwigol; (*technique*) sy'n ymwneud â choedyddiaeth, coedyddol.
arboriculture [aʀbɔʀikyltyʀ] *f* tyfu coed, coedyddiaeth *b*; **~ fruitière** tyfu (coed) ffrwythau.
arbre [aʀbʀ] *m* (*BOT*) coeden *b*; (*TECH*) siafft *b*, echel *b*, gwerthyd *b*; **~ à cames** (*AUTO*) camsiafft *b*, camwerthyd *b*; **~ de Noël** coeden Nadolig; **~ de transmission** (*AUTO*) siafft yrru; **~ fruitier** coeden ffrwythau; **~ généalogique** achres *b*, siart *b ou* tabl *g* achau; **grimper à l'~*** cael eich twyllo, cael eich camarwain.
arbrisseau [aʀbʀiso] *m* prysgwydden *b*, llwyn *g*.
arbuste [aʀbyst] *m* prysgwydden *b* fach, llwyn *g* bach.
arc [aʀk] *m* (*arme*) bwa *g*; (*ARCHIT*) bwa, bwa maen; (*MATH*) arc *g*; **~ de cercle** cylchran *b*; **en ~ de cercle** hanner-cylchog, hanner-crwn.
arcade [aʀkad] *f* bwa *g*, porth *g* bwaog; **~s** (*d'un pont etc*) bwâu *ll*; (*d'une rue*) arcêd *b*; **~ sourcilière** (*ANAT*) ysgafell *b*.
Arcadie [aʀkadi] *prf*: **l'~** Arcadia *b*.
arcanes [aʀkan] *mpl* dirgelion *ll*, dirgeledigaethau *ll*, cyfrin bethau *ll*.
arc-boutant (**~s-~s**) [aʀkbutɑ̃] *m* (*ARCHIT*) pentan *g ou* bwtres *g,b* hedegog.
arc-bouter [aʀkbute] (1) *vt* (*ARCHIT*) ategu, bwtresu, cynnal;
♦ **s'~-~** *vr*: **s'~-~ (de** *neu* **avec/contre)** pwyso *ou* gwthio (â/yn erbyn).
arceau [aʀso] *m* (*ARCHIT*) bwa *g*; (*métallique etc*) cylchyn *g*, cylch *g*.
arc-en-ciel (**~s-~-~**) [aʀkɑ̃sjɛl] *m* enfys *b*.
archaïque [aʀkaik] *adj* hynafol, hynafaidd.
archaïsme [aʀkaism] *m* (*mot, expression*) ymadrodd *g* hynafol, hynafiaith *b*; (*caractère d'ancienneté*) hynafiaeth *b*, hynafolrwydd *g*.
archange [aʀkɑ̃ʒ] *m* archangel *g*.
arche [aʀʃ] *f* (*ARCHIT*) bwa *g*; **~ de Noé** arch *b* Noa.
archéologie [aʀkeɔlɔʒi] *f* archaeoleg *b*.
archéologique [aʀkeɔlɔʒik] *adj* archaeolegol.
archéologue [aʀkeɔlɔg] *m/f* archaeolegydd *g*, archaeolegwr *g*, archaeolegwraig *b*.
archer [aʀʃe] *m* saethwr *g*, saethwraig *b*, bwasaethwr *g*, bwasaethwraig *b*.
archet [aʀʃɛ] *m* (*MUS*) bwa *g*.
archétype [aʀketip] *m* cynddelw *b*, cynffurf *b*,

archdcip *g*.
archevêché [aʀʃəveʃe] *m* archesgobaeth *b*; (*palais*) palas *g* archesgob.
archevêque [aʀʃəvɛk] *m* archesgob *g*.
archi- [aʀʃi] *préf* (*très*) iawn, dros ben, ofnadwy.
archibondé* (-e) [aʀʃibɔ̃de] *adj* gorlawn; (*autobus*) gorlawn, llawn dop; (*salle*) gorlawn, llawn dop, dan ei sang.
archicomble* [aʀʃikɔ̃bl(ə)] *adj* gorlawn *voir aussi* **archibondé**.
archichaud* (-e) [aʀʃiʃo, od] *adj* poeth *ou* twym ofnadwy, ofnadwy o boeth *ou* dwym.
archiconnu* (-e) [aʀʃikɔny] *adj* hynod adnabyddus, cyfarwydd iawn, hysbys iawn.
archidifficile [aʀʃidifisil] *adj* hynod *ou* andros *ou* ofnadwy o anodd.
archiduc [aʀʃidyk] *m* archddug *g*.
archiduchesse [aʀʃidyʃɛs] *f* archdduges *b*.
Archimède [aʀʃimɛd] *prm* Archimedes.
archipel [aʀʃipɛl] *m* ynysfor *g*, archipelago *g*.
archiplein (-e) [aʀʃiplɛ̃, ɛn] *adj* gorlawn, llawn dop, llawn hyd at y fyl; (*salle*) gorlawn, dan ei sang.
archisimple [aʀʃisɛ̃pl] *adj* hawdd iawn *ou* fel dŵr, cwbl hawdd, hollol hawdd.
architecte [aʀʃitɛkt] *m* pensaer *g*; (*fig: créateur*) dyfeisydd *g*.
architectural (-e) (**architecturaux, architecturales**) [aʀʃitɛktyʀal, aʀʃitɛktyʀo] *adj* pensaernïol.
architecture [aʀʃitɛktyʀ] *f* pensaernïaeth *b*.
archiver [aʀʃive] (1) *vt* archifo, rhoi *ou* dodi mewn archif.
archives [aʀʃiv] *fpl* archifau *ll*; (*lieu*) archifdy *g*.
archiviste [aʀʃivist] *m/f* archifydd *g*.
arçon [aʀsɔ̃] *m*: **cheval d'∼s** (GYM) ceffyl *g*.
arctique [aʀktik] *adj* (yr) Arctig; **le cercle** ∼ Cylch *g* y Gogledd, y Gogleddgylch *g*, y Cylch Arctig; **l'océan A∼** Cefnfor *g* yr Arctig;
♦*m*: **l'A∼** yr Arctig *g*.
ardemment [aʀdamɑ̃] *adv* yn frwd; (*aimer*) yn angerddol; **être** ∼ **républicain** bod yn weriniaethwr brwd *ou* selog.
ardent (-e) [aʀdɑ̃, ɑ̃t] *adj* (*soleil*) tanbaid; (*fièvre*) gwyllt; (*amour*) nwydus, angerddol, nwydwyllt; (*prière*) taer.
ardeur [aʀdœʀ] *f* gwres *g*, twymdra *g*; (*fig*) brwdfrydedd *g*, eiddgarwch *g*, taerineb *g*, tanbeidrwydd *g*; **son** ∼ **au travail** ei frwdfrydedd am waith.
ardoise [aʀdwaz] *f* llechen *b*; (*d'écolier*) llechen, ysgrifflech *b*; (GÉO) llechfaen *g*; **avoir une** ∼ (*fig*) bod mewn dyled.
ardoisier [aʀdwazje] *m* (*ouvrier*) chwarelwr *g*; (*patron*) perchennog *g* chwarel.
ardoisière [aʀdwazjɛʀ] *f* chwarel *b* lechi.
ardu (-e) [aʀdy] *adj* llafurus, blinderus; (*pente*) serth, syth.
are [aʀ] *m* (*mesure*) âr *g,b*, can metr *g* sgwâr.
arène [aʀɛn] *f* ymrysonfa *b*, arena *b*; **l'∼ politique/littéraire** (*fig*) y byd *g* gwleidyddol/llenyddol; **∼s** (*de corrida*) maes *g* ymladd teirw, talwrn *g* teirw.
arête [aʀɛt] *f* (*de poisson*) blewyn *g*, asgwrn *g*; (*d'une montagne*) crib *b,g*, trum *b*, esgair *b*; (*d'un solide etc*) ymyl *g,b*; (CONSTR) ymyl main *ou* fain, rhimyn *g*.
arg. *abr*= **argus**.
argent [aʀʒɑ̃] *m*
1 (*métal, couleur*) arian *g*; **en** ∼ (*bracelet*) arian.
2 (*monnaie*) arian *g*, pres *g*; **en avoir pour son** ∼ cael gwerth eich arian *ou* pres; **gagner beaucoup d'∼** ennill arian *ou* pres mawr; ∼ **comptant** arian sychion; ∼ **de poche** arian *ou* pres poced; ∼ **liquide** arian parod.
argenté (-e) [aʀʒɑ̃te] *adj* ariannaidd; (*couleur*) arianlliw; (*cheveux*) arianwyn; (*métal*) arianblatiog.
argenter [aʀʒɑ̃te] (1) *vt* ariannu, arianblatio.
argenterie [aʀʒɑ̃tʀi] *f* llestri *ll* arian; (*en métal argenté*) plât *g ou* haen *b* arian.
argentin (-e) [aʀʒɑ̃tɛ̃, in] *adj* (*son*) persain, soniarus, arianllais; (*d'Argentine*) Archentaidd, o('r) Ariannin.
Argentin [aʀʒɑ̃tɛ̃] *m* Archentwr *g*.
Argentine [aʀʒɑ̃tin] Archentwraig *b*.
Argentine [aʀʒɑ̃tin] *prf*: **l'∼** (yr) Ariannin *b*.
argile [aʀʒil] *f* clai *g*, priddglai *g*.
argileux (**argileuse**) [aʀʒilø, aʀʒiløz] *adj* cleiog, priddgleiog.
argot [aʀgo] *m* slang *g,b*, bratiaith *b*, iaith *b* sathredig.
argotique [aʀgɔtik] *adj* sathredig, slang.
arguer [aʀgɥe] (1) *vt* (*conclure, déduire*) casglu, dod i gasgliad, tynnu casgliad (o rth); ∼ **qch de qch** amcangyfrif rhth o rth; ∼ **qch (pour faire)** (*prétexter*) cynnig rhth fel rheswm (dros wneud);
♦*vi* honni, maentumio; ∼ **de qch** cynnig rhth fel rheswm, dadlau ar sail rhth.
argument [aʀgymɑ̃] *m* dadl *b*, rheswm *g* (dros/yn erbyn rhth); (*sommaire*) crynhoad *g*, crynodeb *g*.
argumentaire [aʀgymɑ̃tɛʀ] *m* rhestr *b* (*o nodweddion a ddefnyddir i werthu cynnyrch*); (*brochure*) pamffledyn *g* (*a ddefnyddir i werthu cynnyrch*).
argumentation [aʀgymɑ̃tasjɔ̃] *f* (*ensemble des arguments*) dadleuon *ll*, rhesymau *ll*; (*fait d'argumenter*) rhesymiad *g*, rhesymu.
argumenter [aʀgymɑ̃te] (1) *vi* dadlau, rhesymu.
argus [aʀgys] *m* (AUTO) rhestr *b* o brisiau ceir ail-law.
arguties [aʀgysi] (*péj*) *fpl* hollti blew, pigo beiau.
aride [aʀid] *adj* (*sec*) sych, cras, crin; (*stérile, dépourvu d'intérêt*) anniddorol, diflas, sych, syrffedus.

aridité [aʀidite] *f* (*séchresse*) sychder *g*, crinder *g*; (*insensibilité*) annheimladrwydd *g*, anhydeimledd *g*.
arien (-**ne**) [aʀjɛ̃, ɛn] *adj* Ariaidd.
aristocrate [aʀistɔkʀat] *m/f* pendefig *g*, pendefiges *b*, uchelwr *g*, uchelwraig *b*, aristocrat *g/b*.
aristocratie [aʀistɔkʀasi] *f* pendefigaeth *b*, bonedd *g*, uchelwyr *ll*, aristocratiaid *ll*.
aristocratique [aʀistɔkʀatik] *adj* pendefigaidd, uchelwrol, aristocrataidd, bonheddig.
Aristote [aʀistɔt] *prm* Aristotlys.
arithmétique [aʀitmetik] *adj* rhifyddol; ♦*f* rhifyddeg *b*.
armada [aʀmada] *f* armada *b*, arflynges *b*.
armagnac [aʀmaɲak] *m* armagnac *g*, brandi *g*.
armateur [aʀmatœʀ] *m* perchennog *g* llong.
armature [aʀmatyʀ] *f* (*CONSTR: fig*) fframwaith *g*, adeiladwaith *g*; (*de tente etc*) ffrâm *b*; (*de soutien-gorge*) gwifriad *g*; (*MUS*) hapnod *g*.
arme [aʀm] *f* (*aussi fig*) erfyn *g*, arf *g,b*; **∼s** arfau *ll*; (*blason*) arfbais *b*, pais *b* arfau; **à ∼s égales** yn gyfartal â rhn; **∼ à feu** gwn *g*, arf tanio; **∼ de poing** dryll *g* llaw, llawddryll *g*; **ville/peuple en ∼s** tref/pobl arfog; **passer qn par les ∼s** rhoi rhn i farwolaeth gan garfan saethu; **prendre/présenter les ∼s** ymarfogi, arfogi, codi arfau; **se battre à l'∼ blanche** ymladd â chleddyfau.
armé (-**e**) [aʀme] *adj* arfog; **∼ de** (*garni, équipé*) cyfarparedig, darparedig.
armée [aʀme] *f* (*MIL, fig*) byddin *b*; **∼ de l'air** llu *g* awyr; **∼ de terre** y fyddin; **∼ du Salut** Byddin yr Iachawdwriaeth.
armement [aʀməmɑ̃] *m* arfogaeth *b*, arfau *ll*; **course aux ∼s** y ras *b* arfau, y ras arfogi; **∼s nucléaires** arfogaeth *b* niwclear.
Arménie [aʀmeni] *prf*: **l'∼** Armenia *b*.
arménien[1] (-**ne**) [aʀmenjɛ̃, jɛn] *adj* Armenaidd, o Armenia.
arménien[2] [aʀmenjɛ̃] *m* (*LING*) Armeneg *b,g*.
Arménien [aʀmenjɛ̃] *m* Armeniad *g*.
Arménienne [aʀmenjɛn] *f* Armeniad *b*.
armer [aʀme] (**1**) *vt* arfogi; (*arme à feu*) codi clicied (gwn), cocio; (*appareil de photo*) paratoi ar gyfer y llun nesaf; (*renforcer*) gwneud (rhth) yn gryfach, cyfnerthu; ♦ **s'∼** *vr* (*aussi fig*) ymarfogi; **s'∼ de courage** ymwroli, magu plwc.
armistice [aʀmistis] *m* cadoediad *g*; **l'A∼** Dydd *g* y Coffa.
armoire [aʀmwaʀ] *f* cwpwrdd *g*; (*penderie*) wardrob *b*, cwpwrdd dillad; **∼ à pharmacie** cwpwrdd ffisig *ou* moddion; **∼ de coin** cwpwrdd cornel.
armoiries [aʀmwaʀi] *fpl* arfbais *b*, pais *b* arfau.
Armorique [aʀmɔʀik] *prf*: **l'∼** Llydaw *b*.
armure [aʀmyʀ] *f* arfwisg *b*, dillad *ll* haearn.
armurerie [aʀmyʀʀi] *f* ffatri *b* arfau; (*magasin*) siop *b* arfogwr *ou* gof gynnau.
armurier [aʀmyʀje] *m* gof *g* gynnau; (*MIL: d'armes blanches*) arfogwr *g*.
ARN [aɛʀɛn] *sigle m*(= *acide ribonuclique*) RNA, asid *g* riboniwclëig.
arnaque [aʀnak] *f*: **c'est de l'∼** mae'n lladrad *g* noeth, codi crocbris.
arnaquer [aʀnake] (**1**) *vt* twyllo, blingo; **se faire ∼** cael eich twyllo.
arnaqueur [aʀnakœʀ] *m* twyllwr *g*, hocedwr *g*, cafflwr *g*.
arnaqueuse [aʀnakœz] *f* twyllwraig *b*.
arnica [aʀnika] *m*: **(teinture d')∼** arnica *g*.
aromates [aʀɔmat] *mpl* sesnin *g*, sesnad *g*, sbeisys *ll* a pherlysiau *ll*.
aromatique [aʀɔmatik] *adj* persawrus, sawrus.
aromatisé (-**e**) [aʀɔmatize] *adj* wedi'i flasuso *ou* sesno, sawrus.
aromatiser [aʀɔmatize] (**1**) *vt* blasuso, sesno.
arôme [aʀom] *m* sawr *g*, persawr *g*, peraroglau *g*.
arpège [aʀpɛʒ] *m* arpegio *g*.
arpentage [aʀpɑ̃taʒ] *m* mesur tir, tirfesureg *b*.
arpenter [aʀpɑ̃te] (**1**) *vt* (*salle, couloir*) cerdded yn ôl ac ymlaen; (*TECH: terrain*) mesur *ou* mapio tir.
arpenteur [aʀpɑ̃tœʀ] *m* tirfesurydd *g*.
arqué (-**e**) [aʀke] *adj* bwaog; **avoir les jambes ∼es** bod yn goesgam, bod â choesau cam; **avoir le dos ∼** bod yn gefngrwm *ou* yn gefngam.
arr. *abr*(= *arrondissement*) (*ADMIN*) ≈ ardal *b*.
arrachage [aʀaʃaʒ] *m*: **∼ des mauvaises herbes** chwynnu, chwyniad *g*.
arraché [aʀaʃe] *m* (*SPORT: haltérophilie*) cipiad *g*; **obtenir qch à l'∼** (*fig*) cipio rhth.
arrachement [aʀaʃmɑ̃] *m* (*affectif: séparation*) rhwyg *g,b*, (g)loes *b* calon, torcalon *g*.
arrache-pied [aʀaʃpje]: **d'∼-∼** *adv* yn ddygn, yn ddyfal.
arracher [aʀaʃe] (**1**) *vt* tynnu allan *ou* mas; (*page etc*) rhwygo allan, tynnu allan, tynnu ymaith; (*bras etc: par explosion/accident*) rhwygo ymaith; (*dent*) tynnu; (*déplanter: légume, herbe, souche*) tynnu, codi; **∼ qch à qn** cipio *ou* cythru rhth oddi ar rn; **∼ qn à** (*solitude, rêverie*) tynnu *ou* halio rhn o; (*famille etc*) tynnu rhn oddi wrth; **se faire ∼ une dent** cael tynnu dant; ♦ **s'∼** *vr* (*article très recherché*) ymladd *ou* cwffio dros; **s'∼ de** (*lieu*) tynnu eich hun oddi wrth; (*habitude*) rhoi'r gorau i.
arraisonner [aʀɛzɔne] (**1**) *vt* (*bateau*) byrddio (*llong i'w harchwilio*).
arrangeant (-**e**) [aʀɑ̃ʒɑ̃, ɑ̃t] *adj* cymwynasgar, caredig, gwasanaethgar.
arrangement [aʀɑ̃ʒmɑ̃] *m* (*préparation*) trefniad *g*, paratoad *g*; (*organisation, disposition*) trefn *b*; (*compromis*) cytundeb *g*, cymodiad *g*, dyhuddiad *g*, dealltwriaeth *b*; (*MUS*) trefniant *g*, addasiad *g*, gosodiad *g*.
arranger [aʀɑ̃ʒe] (**10**) *vt* trefnu, gosod mewn

trefn; (*voyage, rendez-vous*) trefnu; (*MUS*) trefnu, addasu, gosod; (*réparer*) trwsio, atgyweirio; (*régler*) trefnu, rhoi trefn ar, dodi mewn trefn; **cela m'arrange** (*convenir à*) mae hynny'n gyfleus i mi, mae hynny'n iawn gen i, mae hynny'n fy nharo i'r dim; **si cela peut vous** ~ os yw hynny'n gyfleus i chi;
♦ **s'**~ *vr* (*se mettre d'accord*) dod i gytundeb *ou* i ddealltwriaeth; (*querelle*) cael ei setlo; (*situation*) dod i'w (l)le; **s'**~ **pour que** trefnu pethau er mwyn ...; **je vais m'**~ mi ddof i ben rywsut; **ça va s'**~ fe fydd popeth yn iawn, fe ddaw popeth i'w le; **s'**~ **pour faire** sicrhau *ou* gwneud yn siwr eich bod yn gwneud.

arrangeur [arɑ̃ʒœr] *m* (*MUS*) trefnydd *g*, trefnwr *g*, gosodwr *g*.

arrangeuse [arɑ̃ʒœz] *f* (*MUS*) trefnydd *g*, trefnwraig *b*, gosodwraig *b*.

arrestation [arɛstasjɔ̃] *f* arestiad *g*, arest *g*.

arrêt [arɛ] *m* stopio; (*JUR: décision*) penderfyniad *g*, dyfarniad *g*, barn *b*; (*FOOTBALL*) arbediad *g*; ~**s** (*MIL*) arestiad *g*, arest *g*; **faire un** ~ (*train*) stopio; **être à l'**~ (*véhicule*) sefyll, bod yn ddisymud; **être en** ~ sefyll yn stond; **rester** *neu* **tomber en** ~ **devant ...** stopio'n stond o flaen ...; **sans** ~ yn ddi-baid, yn ddi-stop, heb stopio; (*fréquemment*) yn barhaol; ~ **d'autobus** arhosfan *g,b* bysiau, safle *g* bysiau; ~ **facultatif** safle bysiau ar gais; ~ **de mort** dedfryd *b* marwolaeth; ~ **de travail** ataliad *g* gwaith.

arrêté[1] (-e) [arete] *adj* (*idées*) cryf, diysgog, pendant.

arrêté[2] [arete] *m* (*JUR*) gorchymyn *g*, dyfarniad *g*; ~ **municipal** deddf *b* leol, rheoliad *g*.

arrêter [arete] (1) *vi* (*faire arrêt*) stopio, sefyll; (*cesser: bruit, cri*) distewi, peidio; ~ **de faire qch** stopio gwneud rhth, peidio â gwneud rhth, rhoi'r gorau i wneud rhth; **arrête de te plaindre** paid â chwyno; **ne pas** ~ **de faire qch** dal i wneud rhth, gwneud rhth o hyd; **le téléphone n'arrête pas de sonner** mae'r ffôn wedi bod yn canu'n ddi-baid;
♦*vt* stopio, atal; (*chauffage etc*) diffodd; (*compte*) clirio, talu; (*COUTURE: point*) clymu edau; (*fixer: date etc*) pennu; (*suspect, criminel*) arestio;
♦ **s'**~ *vr* stopio; (*pluie, bruit*) stopio, peidio; **s'**~ **de faire** stopio gwneud, peidio â gwneud, rhoi'r gorau i wneud; **s'**~ **sur** (*suj: regard*) syrthio ar; **s'**~ **court** *neu* **net** stopio'n stond.

arrhes [ar] *fpl* blaendal *g*, ernes *b*.

arrière [arjɛr] *adj inv* ôl, cefn;
♦*m* (*d'une voiture, maison*) tu *g* ôl, cefn *g*; (*SPORT*) cefnwr *g*; **siège/roue** ~ sedd *b* gefn *ou* ôl/olwyn *b* ôl; **protéger ses** ~**s** (*fig*) paratoi llwybr ymwared *ou* lle i gilio iddo; **à l'**~ (*derrière*) yn y tu ôl; **en** ~ (*regarder*) yn ôl; (*tomber, aller*) yn ôl, tuag at yn ôl; (*être, rester*) ar ôl; **en** ~ **de** (*derrière*) y tu ôl *ou* y tu cefn i.

arriéré[1] (-e) [arjere] *adj* (*péj: personne*) araf (eich meddwl); (*pays*) annatblygedig, ar ei hôl hi.

arriéré[2] [arjere] *m* (*d'argent*) ôl-ddyled *b*.

arrière-boutique (~-~**s**) [arjɛrbutik] *f* ystafell *b* y tu ôl i siop, ystafell *b* gefn siop.

arrière-cour (~-~**s**) [arjɛrkur] *f* iard *b* gefn.

arrière-cuisine (~-~**s**) [arjɛrkɥizin] *f* cegin *b* gefn *ou* fach.

arrière-garde (~-~**s**) [arjɛrgard] *f* (*MIL*) ôl-fyddin *b*, rhengoedd *ll* ôl.

arrière-goût (~-~**s**) [arjɛrgu] *m* adflas *g*.

arrière-grand-mère (~-~**s**-~**s**) [arjɛrgrɑ̃mɛr] *f* hen nain *b*, hen fam-gu *b*.

arrière-grand-père (~-~**s**-~**s**) [arjɛrgrɑ̃pɛr] *m* hen daid *g*, hen dad-cu *g*.

arrière-grands-parents [arjɛrgrɑ̃parɑ̃] *mpl* hen daid a hen nain, hen dadau cu a hen famau cu.

arrière-pays [arjɛrpei] *m inv* cefnwlad *b*, perfeddwlad *b*.

arrière-pensée (~-~**s**) [arjɛrpɑ̃se] *f* cymhelliad *g* cudd; **sans** ~ yn ddiymatal, heb os nac oni bai; **non sans** ~ nid heb resymau cudd.

arrière-petite-fille (~-~**s**-~**s**) [arjɛrpətitfij] *f* gorwyres *b*.

arrière-petit-fils (~-~**s**-~) [arjɛrpətifis] *m* gorwyr *g*.

arrière-petits-enfants [arjɛrpətizɑ̃fɑ̃] *mpl* gorwyrion *ll*, gorwyresau *ll*.

arrière-plan (~-~**s**) [arjɛrplɑ̃] *m* cefndir *g*; **à l'**~-~ (*fig*) yn y cefndir.

arrière-saison (~-~**s**) [arjɛrsɛzɔ̃] *f* diwedd *g* yr hydref.

arrière-salle (~-~**s**) [arjɛrsal] *f* ystafell *b* gefn.

arrière-train (~-~**s**) [arjɛrtrɛ̃] *m* (*d'un animal*) pedrain *b*, part *g* ôl, pen *g* ôl, crwper *g*.

arrimer [arime] (1) *vt* (*NAUT*) stowio; (*fixer*) clymu'n sownd.

arrivage [arivaʒ] *m* cyrraedd, cyrhaeddiad *g*, dyfod, dyfodiad *g*.

arrivant [arivɑ̃] *m* newydd-ddyfodiad *g*, rhywun newydd gyrraedd; **les premiers** ~**s** y rhai *ll* cyntaf i gyrraedd.

arrivante [arivɑ̃t] *f* newydd-ddyfodiad *b*, rhywun newydd gyrraedd.

arrivée [arive] *f* cyrraedd, cyrhaeddiad *g*; (*ligne d'arrivée*) llinell *b* derfyn; **à mon** ~ wrth imi gyrraedd, pan gyrhaeddais; **courrier à l'**~ llythyrau *ll* sy'n dod i mewn; ~ **d'air** (*TECH*) mewndwll *g* *ou* mewnlif *g* aer; ~ **de gaz** mewndwll *ou* mewnlif nwy.

arriver [arive] (1) *vi (avec aux. être)* cyrraedd, dod; (*évènement, fait*) digwydd; ~ **à** (*atteindre*) cyrraedd, dod i *ou* at; ~ **à faire qch** (*réussir*) llwyddo i wneud rhth, dod i ben â gwneud rhth, medru gwneud rhth; **j'arrive!** dyma fi!, 'rwy'n dod nawr!; **elle arrive à Paris**

à 8 h mae hi'n cyrraedd Paris am 8 o'r gloch; ~ **à destination** cyrraedd pen eich taith; **il arrive que j'oublie, il m'arrive d'oublier** weithiau 'rwy'n anghofio; **je n'y arrive pas** (*incapacité*) alla' i ddim, fedra' i ddim; ~ **à échéance** (*facture*) dod yn ddyledus; **en ~ à faire** gorffen trwy wneud; **on en arrive à des absurdités** mae'r cyfan yn nonsens erbyn y diwedd; **il faudra bien en ~ là** i hynny y daw hi yn y diwedd.

arrivisme [aʀivism] *m* uchelgais *g* didrugaredd

arriviste [aʀivist] *m/f* uchelgeisiwr *g*, dringwr *g* cymdeithasol, dringwraig *b* gymdeithasol.

arrogance [aʀɔgɑ̃s] *f* trahauster *g*, rhodres *g*.

arrogant (-e) [aʀɔgɑ̃, ɑ̃t] *adj* trahaus, mawreddog, ffroenuchel, rhodresgar.

arroger [aʀɔʒe] (**10**): **s'~** *vr* cymryd (rhth) arnoch, ymgymryd â, meddiannu (rhth) heb hawl; **s'~ le droit de faire qch** honni'r hawl i wneud rhth.

arrondi[1] (-e) [aʀɔ̃di] *adj* (*rond*) crwn(cron)(crynion); **le visage ~** wyneb *g* crwn; **un pain ~** torth *b* gron.

arrondi[2] [aʀɔ̃di] *m* (*d'une robe*) godre *g*; (*d'une voûte*) crynder *g*.

arrondir [aʀɔ̃diʀ] (**2**) *vt* (*rendre rond*) gwneud (rhth) yn grwn *ou* grynnach; (*somme*) rowndio, talgrynnu; ~ **ses fins de mois** ychwanegu at eich incwm;
♦ **s'~** *vr* mynd yn grwn *ou* grynnach; (*personne: visage*) llenwi.

arrondissement [aʀɔ̃dismɑ̃] *m* (*ADMIN*) ≈ ardal *b*.

arrosage [aʀozaʒ] *m* dyfrhad, dyfrio; **tuyau d'~** pibell *b ou* peipen *b* ddŵr (*i ddyfrio gardd*).

arroser [aʀoze] (**1**) *vt* dyfrio; (*victoire etc*) yfed i ddathlu llwyddiant, dathlu; (*CULIN*) seimio, brasteru, rhoi saim ar.

arroseur [aʀozœʀ] *m* (*homme*) dyfrwr *g*; (*tourniquet*) ysgeintell *b*, chwistrellwr *g*.

arroseuse [aʀozøz] *f* cert *b* ddŵr, cerbyd *g* dyfrio.

arrosoir [aʀozwaʀ] *m* can *g* dŵr, can dyfrio.

arrt *abr*(= *arrondissement*) (*ADMIN*) ≈ ardal *b*.

arsenal (**arsenaux**) [aʀsənal, aʀsəno] *m* (*NAUT*) dociau'r *ll* llynges; (*MIL*) stordy *g* arfau, arfdy *g*; (*fig*) geriach *g*.

arsenic [aʀsənik] *m* arsenig *g*.

art [aʀ] *m* celfyddyd *b*, celf *g*; **avoir l'~ de faire qch** (*fig*) bod â'r ddawn i wneud rhth; **livre d'~** llyfr *g* am gelfyddyd; **critique d'~** beirniad *g* celfyddyd; **les ~s et métiers** crefftau *ll* cymhwysol; **objet d'~** peth *g* cain, ceinbeth *g*; ~ **dramatique** celfyddyd y theatr; **~s martiaux** crefftau ymladd; **~s ménagers** economeg *b* y cartef; **~s plastiques** celfyddydau cain (*pensaernïaeth, cerfluniau, paentiadau, arlunio*).

art. *abr*= **article**.

artère [aʀtɛʀ] *f* (*ANAT*) rhydweli *b*; (*route*) priffordd *b*, prif wythïen *b*.

artériel (-**le**) [aʀteʀjɛl] *adj* rhydwelïol, prifwythiennol.

artériosclérose [aʀteʀjoskleʀoz] *f* arteriosglerosis *g*.

arthrite [aʀtʀit] *f* llid *g* y cymalau, gwynegon *g*.

arthrose [aʀtʀoz] *f* cryd *g* cymalau esgyrnol, osteoathritis *g*.

artichaut [aʀtiʃo] *m* (*CULIN*) artisiog *g*; (*BOT*) marchysgallen *b*.

article [aʀtikl] *m*
1 (*écrit*) erthygl *b*, ysgrif *b*; ~ **de fond** erthygl *ou* ysgrif nodwedd.
2 (*COMM*) eitem *b*; (*INFORM*) cofnod *g*; **~s de bureau** cyfarpar *g* swyddfa; **~s de voyage** eitemau *ll* teithio *ou* gwyliau; **faire l'~** (*COMM*) canmol eich nwyddau.
3 (*GRAM*): ~ **défini/indéfin** y fannod *b* bendant/amhendant.
4 (*locutions*): **à l'~ de la mort** ar farw; **faire l'~ de qch** (*fig*) canmol rhth.

articulaire [aʀtikylɛʀ] *adj* cymalol.

articulation [aʀtikylasjɔ̃] *f* (*LING*) ynganiad *g*; (*ANAT*) cymal *g*.

articulé (-e) [aʀtikyle] *adj* (*membre*) cymalog; (*poupée*) y gellir ei blygu, hyblyg.

articuler [aʀtikyle] (**1**) *vt* (*mot, phrase*) llefaru, ynganu; (*pièce, élement*) yn cysylltu (rhth) â; (*structurer*) llunio; **articule quand tu parles!** siarad yn gliriach!;
♦ **s'~** *vr*: **s'~ à** *neu* **sur** (*TECH*) cysylltu â; **s'~ autour de** (*fig*) bod yn seiliedig ar rth, troi o amgylch rhth.

artifice [aʀtifis] *m* (*ruse*) tric *g*, dichell *b*; (*habileté*) medrusrwydd *g*, gallu *g*.

artificiel (-**le**) [aʀtifisjɛl] *adj* gwneuthuredig, gwneud, artiffisial, ffug.

artificiellement [aʀtifisjɛlmɑ̃] *adv* yn artiffisial.

artificier [aʀtifisje] *m* pyrotechnydd *g*.

artificieux (**artificieuse**) [aʀtifisjø, aʀtifisjøz] *adj* dichellgar, cyfrwys.

artillerie [aʀtijʀi] *f* gynnau *ll* mawr, canonau *ll*, magnelau *ll*.

artilleur [aʀtijœʀ] *m* gynnwr *g*, magnelwr *g*.

artimon [aʀtimɔ̃] *m* (*mât*) hwylbren *g* y llyw, hwylbren ôl.

artisan [aʀtizɑ̃] *m* crefftwr *g* (hunan-gyflogedig); **l'~ de la victoire/du malheur** pensaer y fuddugoliaeth/y trychineb.

artisanal (-e) (**artisanaux, artisanales**) [aʀtizanal, aʀtizano] *adj* o waith crefftwr; (*péj*) cartref, ar raddfa fechan.

artisanalement [aʀtizanalmɑ̃] *adv* o waith crefftwr.

artisanat [aʀtizana] *m* crefftwriaeth *b*.

artiste [aʀtist] *m/f* artist *g*, arlunydd *g*; (*THÉÂTRE, MUS*) artist *g*, perfformiwr *g*, perfformwraig *b*; (*de varieté*) diddanwr *g*, diddanwraig *b*.

artistique [aʀtistik] *adj* celfyddydol; (*avec art*)

celfydd.

artistiquement [aʀtistikmɑ̃] *adv* yn gelfydd.

aryen (**-ne**) [aʀjɛ̃, jɛn] *adj* Ariaidd.

AS[1] [aɛs] *sigle fpl* (*ADMIN*)(= *assurances sociales*) nawdd *g* cymdeithasol.

AS[2] [aɛs] *sigle f*(= *Association sportive*) cymdeithas *b* chwaraeon.

as[1] [ɑs] *vb voir* **avoir**.

as[2] [ɑs] *m* (*carte*) as; (*personne*) pencampwr *g*, pencampwraig *b*.

a/s *abr*(= *aux soins de*) d/l, drwy law; (*sur une lettre*) d/o, dan ofal.

ASBL [aɛsbeɛl] *sigle f*(= *association sans but lucratif*) cymdeithas *b* ddielw.

asc. *abr*= **ascenseur**.

ascendance [asɑ̃dɑ̃s] *f* (*origine*) tras *b*; (*ASTRON*) esgynydd *g*.

ascendant[1] (**-e**) [asɑ̃dɑ̃, ɑ̃t] *adj* esgynnol, sy'n codi *ou* esgyn *ou* mynd yn uwch; ~**s** (*parents*) cyndadau *ll*.

ascendant[2] [asɑ̃dɑ̃] *m* dylanwad *g*.

ascenseur [asɑ̃sœʀ] *m* lifft *b*.

ascension [asɑ̃sjɔ̃] *f* esgyniad *g*; **l'A**~ (*REL*) Dyrchafael *g*; (*jour ferié*) Dydd *g* Iau Dyrchafael; **(île de) l'A**~ Ynys *b* y Dyrchafael.

ascète [asɛt] *m/f* asgetig *g/b*, hunanymwadwr *g*.

ascétique [asetik] *adj* asgetaidd, asgetig.

ascétisme [asetism] *m* asgetigiaeth *b*, ymgosbaeth *b*.

ascorbique [askɔʀbik] *adj*: **acide** ~ asid *g* asgorbig.

ASE [aɛsə] *sigle f*(= *Agence spatiale européenne*) yr asiantaeth *b* ofod Ewropeaidd.

asepsie [asɛpsi] *f* asepsis *g*.

aseptique [asɛptik] *adj* (*pansement etc*) aseptig.

aseptiser [asɛptize] (**1**) *vt* sterileiddio; (*plaie*) diheintio.

asexué (**-e**) [asɛksɥe] *adj* di-ryw.

Asiate [azjat] *m/f* Asiad *g/b*.

asiatique [azjatik] *adj* Asiaidd, o Asia.

Asiatique [azjatik] *m/f* Asiad *g/b*.

Asie [azi] *prf*: **l'**~ Asia *b*.

asile [azil] *m* (*refuge, abri*) lloches *b*, noddfa *b*; (*pour malades mentaux*) gwallgofdy *g*, seilam* *g,b*; (*pour vieillards*) cartref *g*; **droit d'**~ (*POL*) hawl *b* lloches wleidyddol; **accorder l'**~ **politique à qn** rhoi lloches wleidyddol i rn; **chercher** ~ **quelque part** chwilio am noddfa yn rhywle; **trouver** ~ **quelque part** cael noddfa yn rhywle.

asocial (**-e**) (**asociaux, asociales**) [asɔsjal, asɔsjo] *adj* anghymdeithasol.

aspect [aspɛ] *m* ymddangosiad *g*, golwg *b*, gwedd *b*; (*LING, aussi fig*) agwedd *g*; **à l'**~ **de qch** o weld rhth, yn ôl yr olwg ar rth.

asperge *f* merllys *g*, asbaragws *g*.

asperger [aspɛʀʒe] (**10**) *vt* chwistrellu, ysgeintio.

aspérité [aspeʀite] *f* man *g* anwastad *ou* garw, garwedd *g*; (*de la voix*) craster *g*, garwedd.

aspersion [aspɛʀsjɔ̃] *f* chwistrelliad *g*, ysgeintiad *g*, chwistrellu, ysgeintio.

asphalte [asfalt] *m* asffalt *g*, col-tar *g*.

asphalter [asfalte] (**1**) *vt* asffaltio, coltario.

asphyxiant (**-e**) [asfiksjɑ̃, jɑ̃t] *adj* myglyd; **gaz** ~ nwy *g* gwenwynig.

asphyxie [asfiksi] *f* asffycsia *g*, myctod *g*, mygfa *b*.

asphyxier [asfiksje] (**16**) *vt* (*fig: pays, économie*) mygu; **mourir asphyxié** mygu i farwolaeth.

aspic[1] [aspik] *m* (*ZOOL*) gwiber *b*.

aspic[2] [aspik] *m* (*CULIN*) asbig *g*.

aspirant[1] (**-e**) [aspiʀɑ̃, ɑ̃t] *adj*: **pompe** ~**e** pwmp *g* sugno.

aspirant[2] [aspiʀɑ̃] *m* (*NAUT*) canol-longwr *g*.

aspirateur [aspiʀatœʀ] *m* (*électroménager*) sugnydd *g* llwch, hwfer *g*.

aspiration [aspiʀasjɔ̃] *f* (*de poussière*) sugnad *g*, sugno; (*d'air*) anadliad *g*; (*désir*) dyhead *g*, uchelgais *g*; ~**s** (*ambitions*) dyheadau *ll*.

aspirer [aspiʀe] (**1**) *vt* (*air*) anadlu; (*liquide*) sugno; (*LING*) anadlu; **h aspiré** yr anadliad *g* caled; ~ **(à)** dyheu (am); ~ **à faire qch** dyheu am wneud rhth.

aspirine [aspiʀin] *f* asbrin *g*.

assagir [asaʒiʀ] (**2**) *vt* tawelu;
♦ **s'**~ *vr* callio, ymdawelu.

assaillant [asajɑ̃] *m* ymosodwr *g*.

assaillante [asajɑ̃t] *f* ymosodwraig *b*.

assaillir [asajiʀ] (**23**) *vt* ymosod ar; ~ **qn de questions** (*fig*) holi a stilio rhn, peledu rhn â chwestiynau.

assainir [aseniʀ] (**2**) *vt* (*quartier, logement*) glanhau, clirio; (*air, eau*) puro; (*FIN*) sefydlogi.

assainissement [asenismɑ̃] *m* (*de quartier, logement*) glanhau, glanhâd *g*, clirio, cliriad *g*; (*d'économie*) sefydlogi; (*d'air, eau*) puro, puredigaeth *b*.

assaisonnement [asɛzɔnmɑ̃] *m* blasuso, rhoi pupur a halen *ayb* ar fwyd; (*aromates*) sesnin *g*, sesnad *g*, sbeisys *ll* a pherlysiau *ll*.

assaisonner [asɛzɔne] (**1**) *vt* blasuso, rhoi pupur a halen ayb ar fwyd, sesno; **bien assaisonné** sawrus, sbeislyd.

assassin [asasɛ̃] *m* llofrudd *g*.

assassinat [asasina] *m* llofruddiaeth *b*.

assassiner [asasine] (**1**) *vt* llofruddio.

assaut [aso] *m* (*MIL, fig*) ymosodiad *g*; **prendre d'**~ cipio, goresgyn; **donner l'**~ **(à)** ymosod (ar); **faire** ~ **de** (*rivaliser*) bod am y gorau am, cystadlu am.

assèchement [asɛʃmɑ̃] *m* sychu, draenio.

assécher [aseʃe] (**14**) *vt* draenio, sychu.

ASSEDIC [asedik] *sigle f*(= *Association pour l'emploi dans l'industrie et le commerce*) *cynllun g yswiriant i'r di-waith.*

assemblage [asɑ̃blaʒ] *m* cydosodiad *g*; (*action de mettre ensemble*) cydosod, adeiladu; (*fig*) casgliad *g*; **l'~ du moteur nous a pris deux heures** cymerodd ddwy awr inni roi'r injan at ei gilydd; **langage d'~** (*INFORM*) iaith *b* gydosod.

assemblée [asɑ̃ble] *f* (*public, assistance*) cynulliad *g*; (*réunion*) cyfarfod *g*; **~ des fidèles** (*REL*) y gynulleidfa *b*; **~ générale** Cyfarfod *g* Cyffredinol; **l'A~ nationale** Cynulliad Cenedlaethol Ffrainc (*Tŷ isaf senedd Ffrainc. Mae'n ymgynnull yn y Palais Bourbon ym Mharis ac yn cynnwys tua 580 député a etholir bob 5 mlynedd*); **l'A~ nationale du pays de Galles** Cynulliad Cenedlaethol Cymru.

assembler [asɑ̃ble] (**1**) *vt* rhoi (rhth) at ei gilydd, cydosod; (*amasser*) dod â (rhth) ynghyd *ou* at ei gilydd, casglu, crynhoi; ♦ **s'~** *vr* (*personnes*) ymgasglu, ymgynnull, ymgrynhoi.

assembleur [asɑ̃blœʀ] *m* (*INFORM*) cydosodydd *g*.

assener, **asséner** [asene] (**14**) *vt*: **~ un coup à qn** taro rhn; **~ la verité à qn** taflu'r gwir at rn.

assentiment [asɑ̃timɑ̃] *m* cydsyniad *g*, cytundeb *g* (â rhth).

asseoir [aswaʀ] (**37**) *vt* rhoi *ou* gosod *ou* dodi (rhth/rhn) i eistedd; (*autorité, réputation*) sefydlu, seilio; **faire ~ qn** gofyn i rn eistedd; **~ qch sur** (*aussi fig*) seilio rhth ar; ♦ **s'~** *vr* eistedd

assermenté (**-e**) [asɛʀmɑ̃te] *adj* (*JUR*) ar lw.

assertion [asɛʀsjɔ̃] *f* honiad *g*, haeriad *g*.

asservir [asɛʀviʀ] (**2**) *vt* darostwng, trechu, caethiwo.

asservissement [asɛʀvismɑ̃] *m* (*action*) caethiwo; (*état*) caethiwed *g*.

assesseur [asesœʀ] *m* (*JUR*) aseswr *g*.

asseyais *etc* [asɛjɛ] *vb voir* **asseoir**.

assez [ase] *adv*

1 (*suffisamment*) digon; **~!** dyna ddigon!; **~ cuit** wedi'i goginio ddigon; **pas ~ cuit** heb ei goginio ddigon; **est-il ~ fort/rapide?** a yw'n ddigon cryf/cyflym?; **~ de pain/livres** digon o fara/lyfrau; **vous en avez ~?** oes gennych chi ddigon?; **elle en avait eu ~ de qch** (*en être fatigué*) 'roedd hi wedi cael hen ddigon o *ou* ar rth, 'roedd hi wedi hen alaru ar rth, 'roedd hi wedi cael llond bol o *ou* ar rth.

2 (*passablement*) eithaf, tra; **il est passé ~ vite** aeth heibio yn eithaf cyflym.

assidu (**-e**) [asidy] *adj* dyfal, ymroddgar; (*régulier*) rheolaidd, cyson; **~ auprès de qn** dyfal eich sylw i rn, gofalus o rn.

assiduité [asidɥite] *f* ymroddiad *g*, diwydrwydd *g*, dyfalwch *g*; (*visites, présence*) cysondeb *g*, rheoleidd-dra *g*; **~s** (*attentions inlassables*) llwyr-ymroddiad *g*, dyfalwch *g*.

assidûment [asidymɑ̃] *adv* (*travailler*) yn ddyfal, yn ymroddgar, yn ddygn; (*fréquenter*) yn gyson, yn rheolaidd.

assied *etc* [asje] *vb voir* **asseoir**.

assiégé (**-e**) [asjeʒe] *adj* dan warchae.

assiéger [asjeʒe] (**15**) *vt* gwarchae ar; (*foule, touristes*) heidio (i), tyrru (i).

assiérai *etc* [asjeʀe] *vb voir* **asseoir**.

assiette [asjɛt] *f*

1 (*vaisselle*) plât *g*; (*contenu*) platiaid *g*, llond *g* plât; **~ à dessert** plât pwdin; **~ anglaise** (*CULIN*) platiaid o gigoedd oer; **~ creuse** dysgl *b* gawl; **~ plate** plât cinio.

2 (*d'une colonne*) sylfaen *b*; **~ de l'impôt** sail *b* asesiad trethu.

3 (*d'un cavalier*) eisteddiad *g*.

assiettée [asjete] *f* platiaid *g*; (*bolée*) dysglaid *b*.

assignation [asiɲasjɔ̃] *f* (*attribution de crédit*) neilltuad *g*, dosraniad *g*, dyraniad *g*; (*JUR*) gwŷs *b*; **~ à résidence** gorchymyn *g* preswylio.

assigner [asiɲe] (**1**) *vt* (*attribuer*) neilltuo; (*date, limite valeur, importance*) pennu; (*cause*) enwi, rhoi; **~ à comparaître** gwysio rhn o flaen llys; **~ qn à résidence** (*JUR*) cyfyngu rhn i le penodol.

assimilable [asimilabl] *adj* cymathadwy.

assimilation [asimilasjɔ̃] *f* (*comparaison*) cymhariaeth *b*; (*equivalence*) hafaliad *g*; (*intégration*) cymhathiad *g*.

assimiler [asimile] (**1**) *vt* cymhathu; (*comparer*) cymharu; **~ qch/qn à** cymharu rhth/rhn â; **ils sont assimilés aux infirmiers** (*ADMIN: classés comme*) maent yn yr un dosbarth â nyrsys, dosberthir hwy gyda nyrsys; ♦ **s'~** *vr* (*s'intégrer*) ymdoddi.

assis (**-e**) [asi, iz] *pp de* **asseoir**; ♦*adj* ar eich *ou* yn eistedd; **~ en tailleur** yn eistedd â'ch coesau wedi'u croesi.

Assise [asiz] *prf* Assisi *b*.

assise [asiz] *f* haen *b*; (*fig: d'un régime etc*) sail *b*, sylfaen *b*; **~s** (*JUR*) brawdlys *g*; (*congrès*) cynhadledd *b* (flynyddol).

assistanat [asistana] *m* is-ddarlithyddiaeth *b*.

assistance [asistɑ̃s] *f* (*public*) cynulleidfa *b*; (*aide*) cymorth *g*; **porter** *neu* **prêter ~ à qn** rhoi cymorth *ou* help i rn; **~ technique** cymorth technegol; **A~ (publique)** ≈ nawdd *g* cymdeithasol; **enfant de l'A~ (publique)** plentyn dan ofal, plentyn amddifad.

assistant [asistɑ̃] *m* cynorthwy-ydd *g*; (*d'université*) is-ddarlithydd *g*; **~s** (*auditeurs etc*) cynulleidfa *b*.

assistante [asistɑ̃t] *f* cynorthwy-ydd *g*; (*d'université*) is-ddarlithwraig *b*; **~e sociale** gweithwraig *b* gymdeithasol.

assisté[1] (**-e**) [asiste] *adj*: **direction ~e** (*AUTO*) llywio cynorthwyedig; **freins ~s** brecio cynorthwyedig.

assisté[2] [asiste] *m* un *g* sy'n derbyn nawdd

cymdeithasol.
assistée [asiste] *f* un *b* sy'n derbyn nawdd cymdeithasol;
♦*adj f voir* **assisté**[1].
assister [asiste] (**1**) *vt* (*personne*) cynorthwyo, helpu;
♦*vi*: ~ **à** (*scène*) tystio i; (*conférence*) mynychu, bod (yn bresennol) yn; (*spectacle, match*) bod yn bresennol yn, gweld; **j'y assistais** 'roeddwn i yno.
associatif (**associative**) [asɔsjatif, asɔsjativ] *adj* cysylltiadol.
association [asɔsjasjɔ̃] *f* cymdeithas *b*; (*COMM*) partneriaeth *b*; ~ **d'idées** cysylltiad *g* syniadau.
associé[1] (**-e**) [asɔsje] *adj* cysylltiol, cysylltiedig.
associé[2] [asɔsje] *m* partner *g*, cyswllt *g*.
associée [asɔsje] *f* partneres *b*;
♦*adj f voir* **associé**[1].
associer [asɔsje] (**16**) *vt* (*réunir*) uno; ~ **qn à** (*projets, profits, joie*) cynnwys rhn yn, gwneud rhn yn rhan o; (*affaire*) cymryd rhn yn bartner yn; ~ **qch à** (*joindre, allier*) uno rhth â;
♦ **s'~** *vr* ymuno; **s'~ à** (*s'allier avec*) ymuno â; (*opinions, joie de qn*) ymuno yn, rhannu; **s'~ à** *neu* **avec qn pour faire** ymuno *ou* ymgysylltu â rhn i wneud.
assoie *etc* [aswa] *vb voir* **asseoir**.
assoiffé (**-e**) [aswafe] *adj* sychedig; ~ **de** (*fig*) yn ysu am, yn awchus am; ~ **de sang** gwaetgar, sychedig *ou* awchus am waed, llofruddiog.
assoirai *etc* [asware] *vb voir* **asseoir**.
assois *etc* [aswa] *vb voir* **asseoir**.
assolement [asɔlmɑ̃] *m* (*AGR*) cylchdroi cnydau.
assombrir [asɔ̃bʀiʀ] (**2**) *vt* (*ciel, pièce*) tywyllu; (*couleur*) gwneud (rhth) yn dywyll(ach); (*fig*) tristáu;
♦ **s'~** *vr* (*ciel*) tywyllu; (*fig*) tristáu; (*devenir nuageux*) cymylu.
assommer [asɔme] (**1**) *vt* syfrdanu; (*fam: importuner*) diflasu; ~ **qn à coups de massue** pastynu rhn (*nes ei fod yn anymwybodol*).
Assomption [asɔ̃psjɔ̃] *f*: **l'~** Gŵyl *b* Dyrchafael Mair (*y pymthegfed o Awst*).
assorti (**-e**) [asɔʀti] *adj* (*couleurs*) cydnaws, sy'n cyd-fynd; (*partenaires*) cydnaws, sy'n cydweddu; **fromages ~s** caws *g* cymysg, dewis *g* o gaws; **être ~ à** (*en harmonie avec*) bod yn gydnaws â, cyd-fynd â; ~ **de** (*conditions, conseils*) yn gymysg â; **bien/mal** ~ sy'n mynd yn dda/wael gyda'i gilydd, cydnaws/anghydnaws.
assortiment [asɔʀtimɑ̃] *m* amrywiaeth *g,b*, detholiad *g*; (*harmonie de couleurs, formes*) cyfuniad *g*, cymysgedd *g,b*; (*COMM: lot, stock*) dewis *g*.
assortir [asɔʀtiʀ] (**2**) *vt* (*aussi fig*) cael (rhth) i fynd â;
♦ **s'~** *vr* (*aller ensemble*) mynd gyda'i gilydd, bod yn gydnaws.
assoupi (**-e**) [asupi] *adj* sy'n pendwmpian, cysglyd; (*fig*) marwaidd; (*sens*) merwin, wedi marweiddio, wedi merwino; (*intérêt, douleur*) wedi pylu, wedi lleddfu, wedi lliniaru.
assoupir [asupiʀ] (**2**) *vt* (*endormir*) gwneud (rhn) yn gysglyd; (*atténuer*) lleihau;
♦ **s'~** *vr* pendwmpian, hepian; (*fig*) tawelu, ymdawelu; (*sens*) mynd yn ddideimlad, marweiddio, merwino.
assoupissement [asupismɑ̃] *m* pendwmpian, hepian, cysgadrwydd *g*.
assouplir [asupliʀ] (**2**) *vt* (*cuir*) meddalu; ~ **le caractère de qn** gwneud rhn yn fwy ufudd; (*membres, corps*) ystwytho; (*fig: règlement, discipline*) llacio;
♦ **s'~** *vr* (*devenir moins rigide*) meddalu; (*corps, membres*) ystwytho; (*devenir moins strict*) mynd yn llacach, ymlacio; (*se détendre*) ymlacio.
assouplissant (**-e**) [asuplisɑ̃, ɑ̃t] *adj* sy'n meddalu; **liquide** *neu* **produit** ~ meddalydd *g* ffabrig.
assouplissement [asuplismɑ̃] *m* meddalu, meddaliad *g*, ystwytho, ystwythiad *g*; (*règlement, attitude*) ymlacio; **exercices d'~** ymarferion *ll* ystwytho.
assourdir [asuʀdiʀ] (**2**) *vt* (*atténuer: bruit*) tawelu; (*suj: bruit: rendre sourd*) byddaru.
assourdissant (**-e**) [asuʀdisɑ̃, ɑ̃t] *adj* byddarol.
assouvir [asuviʀ] (**2**) *vt* (*faim*) bodloni, tawelu.
assoyais *etc* [aswajɛ] *vb voir* **asseoir**.
ASSU [asy] *sigle f* (= *Association du sport scolaire et universitaire*) cymdeithas *b* chwaraeon ysgolion a phrifysgolion.
assujetti (**-e**) [asyʒeti] *adj*: ~ (**à**) atebol *ou* caeth *ou* agored (i); ~ **à l'impôt** (*ADMIN*) trethadwy.
assujettir [asyʒetiʀ] (**2**) *vt* (*opprimer*) darostwng, gwastrodi, gwastrodaeth; (*assurer, fixer*) rhoi *ou* clymu yn sownd; ~ **qn à qch** (*règle, impôt*) gwneud rhn yn atebol i rth, gorfodi rhth ar rn.
assujettissement [asyʒetismɑ̃] *m* darostyngiad *g*, gwastrodaeth *b*.
assumer [asyme] (**1**) *vi* dod i ben (â rhth);
♦*vt* (*fonction, emploi*) ymgymryd â, ysgwyddo; (*accepter*) derbyn; (*conséquence, situation*) derbyn (cyfrifoldeb dros);
♦ **s'~** *vr* eich derbyn eich hun, dod i delerau â'ch hunan.
assurance [asyʀɑ̃s] *f*
1 (*certitude*) sicrwydd *g*; (*fig: confiance en soi*) hyder *g*, hunanhyder *g*.
2 (*contrat, secteur commercial*) (polisi) yswiriant *g*; **prendre une ~ contre** yswirio rhag; ~ **contre l'incendie/le vol** yswiriant rhag tân/lladrad; **société** *neu* **compagnie d'~** cwmni *g* yswiriant; ~ **au tiers** yswiriant

trydydd person; ~ **maladie** yswiriant iechyd; ~ **tous risques** (*AUTO*) yswiriant cyfun *ou* cynhwysfawr; ~**s sociales** ≈ Yswiriant Gwladol.

assurance-vie (~**s**-~) [asyʀɑ̃svi] *f* yswiriant *g* bywyd.

assurance-vol (~**s**-~) [asyʀɑ̃svɔl] *f* yswiriant *g* rhag lladrad.

assuré[1] (**-e**) [asyʀe] *adj* (*sûr: victoire etc*) sicr; (*démarche, voix*) hyderus.

assuré[2] [asyʀe] *m* (*couvert par une assurance*) yswiriedig *g*; ~ **social** un *g* sy'n derbyn Yswiriant Gwladol.

assurée [asyʀe] *f* (*couverte par une assurance*) yswiriedig *b*; ~ **sociale** un *b* sy'n derbyn Yswiriant Gwladol;
♦ *adj f voir* **assuré**[1].

assurément [asyʀemɑ̃] *adv* yn sicr, yn bendant, heb amheuaeth, yn ddi-os.

assurer [asyʀe] (**1**) *vt* (*COMM*) yswirio; (*démarche, construction*) sicrhau, sefydlogi; (*frontières, pouvoir*) sicrhau, diogelu; (*victoire*) sicrhau; (*certifier: fait etc*) tystio i; ~ **qch à qn** (*garantir*) gwarantu *ou* sicrhau rhth i rn; ~ **qn de qch** (*confirmer, garantir*) sicrhau rhn o rth; **je vous assure que si/non** credwch fi ei fod yn wir/nad yw'n wir; ~ **ses arrières** (*fig*) gofalu bod gennych rth wrth gefn;
♦ **s'**~ *vr*: **s'**~ **(contre)** (*COMM: par une assurance*) eich yswirio'ch hun (rhag); **je vais m'en** ~ mi ofala' i am y peth; **s'**~ **que** gofalu ..., bod yn siwr ...; **assurez-vous que vous n'oubliez pas votre sac** gofalwch nad ydych chi'n anghofio'ch bag; **s'**~ **de** sicrhau; **il vaut mieux s'**~ **de leur présence** (*vérifier*) byddai'n well inni ofalu eu bod yno; **s'**~ **sur la vie** cael yswiriant bywyd; **s'**~ **le concours/la collaboration de qn** sicrhau cymorth/cydweithrediad rhn.

assureur [asyʀœʀ] *m* (*COMM*) asiant *g* yswiriant, yswiriwr *g*.

Assyrie [asiʀi] *prf*: **l'**~ Asyria *b*.

assyrien (**-ne**) [asiʀjɛ̃, jɛn] *adj* Asyriaidd, o Asyria.

Assyrien [asiʀjɛ̃] *m* Asyriad *g*.

Assyrienne [asiʀjɛn] *f* Asyriad *b*.

astérisque [asteʀisk] *m* seren *b*, serennig *b*.

astéroïde [asteʀɔid] *m* planeden *b*, asteroid *g*.

asthénique [astenik] *adj* (*faible*) gwan, eiddil, tila; (*mince*) main.

asthmatique [asmatik] *adj* asthmatig.

asthme [asm] *m* asthma *g*; **il souffre de l'**~ mae asthma arno, mae'n dioddef o asthma.

asticot [astiko] *m* cynrhonyn *g*.

asticoter [astikɔte] (**1**) *vt* pryfocio, pigo ar.

astigmate [astigmat] *adj* astigmatig.

astiquer [astike] (**1**) *vt* rhoi sglein ar, polisio, caboli.

astrakan [astʀakɑ̃] *m* astracán *g*.

astral (**-e**) (**astraux, astrales**) [astʀal, astʀo] *adj* serol.

astre [astʀ] *m* seren *b*.

astreignant (**-e**) [astʀɛɲɑ̃, ɑ̃t] *adj* (*tâche*) trwm(trom)(trymion), sy'n gofyn llawer; (*règlement*) llym(llem)(llymion).

astreindre [astʀɛ̃dʀ] (**68**) *vt*: ~ **qch à** gorfodi rhth ar; ~ **qn à faire qch** gorfodi rhn i wneud rhth;
♦ **s'**~ *vr*: **s'**~ **à** eich gorfodi'ch hun i.

astringent (**-e**) [astʀɛ̃ʒɑ̃, ɑ̃t] *adj* (*MÉD*) tynhaol; (*goût*) sur.

astrologie [astʀɔlɔʒi] *f* astroleg *b*, sêr-ddewiniaeth *b*.

astrologique [astʀɔlɔʒik] *adj* astrolegol, sêr-ddewiniol.

astrologue [astʀɔlɔg] *m/f* astrolegydd *g*, sêr-ddewin *g*, sêr-ddewines *b*.

astronaute [astʀonot] *m/f* gofodwr *g*, gofodwraig *b*, astronot *g/b*.

astronautique [astʀonotik] *f* astronoteg *b*, gofod-deithio *g*.

astronome [astʀɔnɔm] *m/f* seryddwr *g*, seryddwraig *b*, astronomegydd *g*.

astronomie [astʀɔnɔmi] *f* seryddiaeth *b*, astronomeg *b*.

astronomique [astʀɔnɔmik] *adj* seryddol; (*fig*) aruthrol.

astrophysicien [astʀofizisjɛ̃] *m* astroffisegydd *g*.

astrophysicienne [astʀofizisjɛn] *f* astroffisegydd *g*.

astrophysique [astʀofizik] *f* astroffiseg *b*.

astuce [astys] *f* craffter *g*, sylwgarwch *g*; (*truc*) dyfais *b* glyfar, sgil *g*, sgêm *b*, tric *g*; (*plaisanterie*) jôc *b*, gair *g* ffraeth.

astucieusement [astysjøzmɑ̃] *adv* yn graff, yn glyfar.

astucieux (**astucieuse**) [astysjø, astysjøz] *adj* craff, clyfar.

Asturies [astyʀi] *prfpl*: **les** ~ yr Astwrias *ll*.

asymétrique [asimetʀik] *adj* anghymesur.

AT *sigle m*(= *Ancien Testament*) HD (= Hen Destament).

atavisme [atavism] *m* atafiaeth *b*, etifeddeg *b*.

atelier [atəlje] *m* (*d'artisan*) gweithdy *g*; (*de peintre*) stiwdio *b*.

atermoiements [atɛʀmwamɑ̃] *mpl* oediad *g*, gohiriad *g*, oedi, gohirio.

atermoyer [atɛʀmwaje] (**17**) *vi* oedi.

athée [ate] *adj* anffyddiol, anghrediniol;
♦ *m/f* anffyddiwr *g*, anffyddwraig *b*, anghredadun *g*.

athéisme [ateism] *m* anffyddiaeth *b*

Athènes [atɛn] *pr* Athen *b*.

athénien (**-ne**) [atenjɛ̃, jɛn] *adj* Athenaidd, o Athen.

Athénien [atenjɛ̃] *m* Atheniad *g*.

Athénienne [atenjɛn] *f* Atheniad *b*.

athlète [atlɛt] *m/f* mabolgampwr *g*, mabolgampwraig *b*, athletwr *g*, athletwraig *b*.

athlétique [atletik] *adj* mabolgampaidd,

athletaidd; (*corps, forme*) heini, ystwyth.
athlétisme [atletism] *m* mabolgampaeth *b*, athletiaeth *b*; **tournoi d'∼** mabolgampau *ll*; **faire de l'∼** gwneud mabolgampau *ou* athletau.
Atlantide [atlɑ̃tid] *prf*: **l'∼** Atlantis *b*.
atlantique [atlɑ̃tik] *adj* Atlantaidd, Atlantig.
Atlantique [atlɑ̃tik] *m*: **l'(océan)** ∼ yr Atlantig *g*, yr Iwerydd *g*, Môr *g* Iwerydd.
atlantiste [atlɑ̃tist] *m/f* Atlantigydd *g*.
atlas [atlɑs] *m* atlas *g*.
Atlas [atlɑs] *prm*: **l'∼** mynyddoedd *ll* yr Atlas.
atmosphère [atmɔsfɛʀ] *f* atmosffer *g*; (*fig*) awyrgylch *g*.
atmosphérique [atmɔsfeʀik] *adj* atmosfferaidd, atmosfferig.
atoll [atɔl] *m* (*GÉO*) cylchynys *b*, atol *b*.
atome [atom] *m* atom *g,b*; **avoir des ∼s crochus avec qn** cyd-dynnu â rhn, ei gwneud hi'n iawn gyda rhn.
atomique [atɔmik] *adj* atomaidd, atomig, niwclear.
atomiseur [atɔmizœʀ] *m* atomeiddiwr *g*, chwistrell *b*, atomadur *g*; ∼ **à parfum** chwistrell bersawr *ou* sent.
atomiste [atɔmist] *m/f* gwyddonydd *g* atomig.
atone [atɔn] *adj* (*regard*) pŵl, difywyd, heb fywyd, di-sbonc, difynegiant; (*LING*) diacen, dibwyslais.
atours [atuʀ] *mpl* dillad *ll*, ffrils *ll*; **mettre ses plus beaux ∼** gwisgo'ch dillad crandiaf.
atout [atu] *m* trwmp *g*, cerdyn *g* trwmp, cerdyn cryfaf; (*fig*) mantais *b*, budd *g*; ∼ **pique/trèfle** rhawiau/clybiau yw'r cardiau cryfaf.
ATP[1] [atepe] *sigle f*(= *Association des tennismen professionnels*) *Cymdeithas b chwaraewyr tennis proffesiynol.*
ATP[2] [atepe] *sigle mpl*(= *arts et traditions populaires*); **musée des ∼** amgueddfa *b* werin.
âtre [ɑtʀ] *m* aelwyd *b*.
atroce [atʀɔs] *adj* erchyll, ofnadwy, difrifol, dychrynllyd.
atrocement [atʀɔsmɑ̃] *adv* yn erchyll, yn ofnadwy, yn ddifrifol, yn ddychrynllyd.
atrocité [atʀɔsite] *f* echryslonder *g*, creulondeb *g*, erchyllter *g*, anfadwaith *g*; **dire des ∼s sur qn** dweud pethau erchyll am rn.
atrophie [atʀɔfi] *f* gwywiad *g*, edwiniad *g*, crebachiad *g*; (*fig*) annhyfiant *g*, gwendid *g*.
atrophier [atʀɔfje] (**16**): **s'∼** *vr* gwywo, edwino, crebachu.
atropine [atʀɔpin] *f* (*CHIM*) atropin *g*.
attabler [atable] (**1**): **s'∼** *vr* eistedd wrth y bwrdd *ou* ford; **s'∼ à la terrasse** eistedd (wrth fwrdd) ar y teras.
attachant (**-e**) [ataʃɑ̃, ɑ̃t] *adj* (*ami, animal*) hoffus, annwyl.
attache [ataʃ] *f* cyswllt *g*, peth *g* cau; (*fig*) cwlwm *g*; **∼s** (*relations*) cysylltiadau *ll*; **à l'∼** (*chien*) wedi'i glymu'n sownd, wrth dennyn, ar dennyn.
attaché[1] (**-e**) [ataʃe] *adj* wedi'i glymu, clymedig (i rth), yn sownd (yn rhth); **être ∼ à** (*aimer*) bod yn hoff iawn o.
attaché[2] [ataʃe] *m* (*ADMIN*) swyddog *g*; ∼ **commercial** swyddog masnach; ∼ **d'ambassade** swyddog llysgenhadaeth; ∼ **de presse** swyddog y wasg.
attaché-case (**∼s-∼s**) [ataʃekɛz] *m* bag *g* dogfennau.
attachement [ataʃmɑ̃] *m* (*sentimental*) hoffter *g*; (*de principe*) ymroddiad *g*, ymrwymiad *g*.
attacher [ataʃe] (**1**) *vi* (*poêle, riz*) glynu, cydio; ♦*vt* (*lier*) clymu, rhoi (rhth) yn sownd; (*bateau*) clymu; (*étiquette etc*) clymu; (*ceinture, souliers*) cau; ∼ **qch à qch** clymu rhth wrth rth, rhoi rhth yn sownd wrth rth *ou* yn rhth; ∼ **qn à qch** (*fig lier*) cysylltu rhn â rhth; ∼ **du prix/de l'importance à qch** rhoi *ou* dodi *ou* gosod gwerth/pwys ar rth; ∼ **son regard sur,** ∼ **ses yeux sur** edrych yn graff ar, syllu ar, craffu ar, rhythu ar;
♦ **s'∼** *vr* (*robe etc*) cau; **s'∼ à** (*par affection*) dod yn hoff o; **s'∼ à faire qch** ymdrechu i wneud rhth.
attaquant [atakɑ̃] *m* (*MIL*) ymosodwr *g*; (*SPORT*) blaenwr *g*.
attaquante [atakɑ̃t] *f* ymosodwraig *b*.
attaque [atak] *f* ymosod, ymosodiad *g*; (*MÉD: cardiaque*) trawiad *g* ar y galon; (*cérébrale*) trawiad, strôc *b*; (*d'épilepsie*) ffit *b*; **être d'∼, se sentir d'∼** bod yn barod amdani, bod *ou* teimlo mewn hwyliau da; ∼ **à main armée** ymosodiad arfog.
attaquer [atake] (**1**) *vi* (*SPORT*) ymosod; ♦*vt* ymosod ar; (*suj: rouille*) erydu, treulio; (*acide*) ysu, difa; (*travail*) mynd i'r afael â; ∼ **qn en justice** rhoi'r gyfraith ar rn, dod ag achos yn erbyn rhn, erlyn rhn;
♦ **s'∼** *vr*: **s'∼ à** ymosod ar; (*épidémie, misère*) mynd i'r afael â, ymosod ar.
attardé (**-e**) [ataʀde] *adj* (*passants*) hwyr; (*enfant*) ar ei hôl hi, araf; (*conceptions etc*) henffasiwn, yr oes o'r blaen.
attarder [ataʀde] (**1**): **s'∼** *vr* loetran, oedi, tin-droi.
atteignais *etc* [ateɲɛ] *vb voir* **atteindre**.
atteindre [atɛ̃dʀ] (**68**) *vt* cyrraedd; (*fig, blesser*) taro; (*contacter*) cyrraedd, cysylltu â; (*émouvoir*) effeithio ar.
atteint (**-e**) [atɛ̃, ɛ̃t] *pp de* **atteindre**;
♦*adj* (*MÉD*): **être ∼ de** dioddef o/gan.
atteinte [atɛ̃t] *f* ymosodiad *g*; **hors d'∼** (*aussi fig*) tu hwnt i gyrraedd; **porter ∼ à** ymosod ar, andwyo;
♦*adj f voir* **atteint**[1].
attelage [at(ə)laʒ] *m* (*animaux*) harnais *g*; (*de remorque*) cyplyn *g* halio.
atteler [at(ə)le] (**11**) *vt* (*cheval, bœuf*) harneisio; (*wagons*) bachu, cysylltu;

(*remorque*) cyplu, cysylltu;
♦ **s'~** *vr*: **s'~ à** (*fig*) bwrw at, mynd i'r afael â.
attelle [atɛl] *f* sblint *g*.
attenant (-e) [at(ə)nɑ̃, ɑ̃t] *adj*: ~ **(à)** perthynol (i), cyfagos (i), sy'n sownd (i).
attendant [atɑ̃dɑ̃] *adv*: **en** ~ yn y cyfamser.
attendre [atɑ̃dʀ] (3) *vi* aros, disgwyl; **attendez que je réfléchisse** disgwyliwch *ou* arhoswch imi gael meddwl; ~ **de pied ferme** disgwyl yn benderfynol; ~ **de faire/d'être** disgwyl tan ichi wneud/fod; **faire** ~ **qn** gwneud i rn ddisgwyl; **se faire** ~ gwneud i bobl ddisgwyl amdanoch;
♦*vt* aros, disgwyl (am); (*être destiné ou réservé à*) bod o'ch blaen *ou* yn eich aros; ~ **qch de qn/qch** (*espérer*) disgwyl rhth gan rn/rth; **je n'attends plus rien de la vie** nid wyf yn disgwyl mwy gan fywyd; ~ **un enfant** disgwyl plentyn; **j'attends vos excuses** yr wyf yn disgwyl i chi ymddiheuro;
♦ **s'~** *vr*: **s'~ à (ce que)** (*escompter, prévoir*) disgwyl; **je ne m'y attendais pas** nid oeddwn yn disgwyl hynny; **ce n'est pas ce à quoi je m'attendais** nid hynny oeddwn i'n ei ddisgwyl.
attendri (-e) [atɑ̃dʀi] *adj* tyner; (*viande*) brau, wedi'i dyneru *ou* freuo.
attendrir [atɑ̃dʀiʀ] (2) *vt* peri i rn dosturio, ennyn tosturi yn rhn; (*viande*) tyneru, breuo, gwneud yn dynerach *ou* freuach;
♦ **s'~** *vr*: **s'~ (sur)** bod yn dosturus *ou* llawn tosturi o achos rhth, pitïo dros rth.
attendrissant (-e) [atɑ̃dʀisɑ̃, ɑ̃t] *adj* teimladwy, gwefreiddiol.
attendrissement [atɑ̃dʀismɑ̃] *m* (*tendre*) teimlad *g*; (*apitoyé*) tosturi *g*.
attendrisseur [atɑ̃dʀisœʀ] *m* tynerwr *g*, breuwr *g*.
attendu (-e) [atɑ̃dy] *pp de* **attendre**;
♦*adj* hir-ddisgwyliedig; (*prévu*) disgwyliedig; ~ **que** o ystyried; ~**s** (*JUR*) rhesymau *ll* dros ddyfarniad.
attentat [atɑ̃ta] *m* (*contre une personne*) ymgais *g,b* i ladd; (*contre un bâtiment*) ymosodiad *g*; ~ **à la bombe** ymgais i fomio; ~ **à la pudeur** (*exhibitionnisme*) dinoethiad *g* anweddus; (*agression*) ymosodiad anweddus; ~ **à la vie de qn** ymgais i lofruddio rhn.
attente [atɑ̃t] *f* arhosiad *g*, gwaith *g* aros; (*espérance*) disgwyliad *g*; **contre toute** ~ yn groes i'r disgwyl.
attenter [atɑ̃te] (1) *vi*: ~ **à** (*liberté*) ymyrryd â; ~ **à la vie de qn** ceisio lladd rhn; ~ **à ses jours** ceisio'ch lladd eich hun.
attentif (**attentive**) [atɑ̃tif, atɑ̃tiv] *adj* (*auditeur, élève*) astud; (*soins*) gofalus; (*travail*) gofalus; **être** ~ **à faire qch** bod yn ofalus wrth wneud rhth.
attention [atɑ̃sjɔ̃] *f* sylw *g*; (*prévenance*) gofal *g*, sylw, meddylgarwch *g*; **à l'~ de** (*ADMIN*) ar gyfer sylw, i gael sylw; **porter qch à l'~ de qn** dwyn rhth i sylw rhn; **attirer l'~ de qn sur qch** tynnu sylw rhn at rth; **faire ~ à** bod yn ofalus (o); **faire ~ que/à ce que** gofalu ...; ~, **respectez les consignes de sécurité** gofalwch *ou* cofiwch gadw at y cyfarwyddiadau diogelwch; ~**!** tendia!, tendiwch!, gofala!, gofalwch!; ~ **à la voiture!** gwyliwch y car!
attentionné (-e) [atɑ̃sjɔne] *adj* gofalus, ystyriol, meddylgar.
attentisme [atɑ̃tism] *m* hwyrfrydigrwydd *g*, gochelgarwch *g*.
attentiste [atɑ̃tist] *adj* ymarhous, hwyrfrydig, gochelgar;
♦*m/f* gochelwr *g*, oedwr *g*, gohiriwr *g*.
attentivement [atɑ̃tivmɑ̃] *adv* yn astud, yn ofalus.
atténuant (-e) [atenɥɑ̃, ɑ̃t] *adj*: **circonstances ~es** amgylchiadau *ll* lliniarol.
atténuer [atenɥe] (1) *vt* lleddfu, lliniaru, ysgafnhau, esmwythau; (*force*) gostwng, lleihau;
♦ **s'~** *vr* lleddfu; (*violence*) gostwng.
atterrer [ateʀe] (1) *vt* syfrdanu, synnu.
atterrir [ateʀiʀ] (2) *vi* glanio.
atterrissage [ateʀisaʒ] *m* glaniad *g*, glanio; ~ **forcé** glanio o raid; ~ **sans visibilité** glanio heb allu gweld.
attestation [atɛstasjɔ̃] *f* tystysgrif *b*; ~ **d'un médecin** tystysgrif feddygol.
attester [atɛste] (1) *vt* tystio i, gwarantu; (*être preuve de*) profi.
attiédir [atjediʀ] (2): **s'~** *vr* (*aussi fig*) oeri, mynd yn glaear *ou* llugoer, claearu.
attifé* (-e) [atife] *adj* wedi'ch gwisgo'n ddigrif, mewn gwisg ddigrif.
attifer* [atife] (1) *vt* gwisgo'n ddigrif;
♦ **s'~** *vr* gwisgo'n ddigrif.
attique [atik] *m*: **appartement en** ~ fflat *b* ar y llawr uchaf, penty *g*.
attirail [atiʀaj] *m* gêr *g*; (*péj*) geriach *g*, trugareddau *ll*.
attirance [atiʀɑ̃s] *f* atyniad *g*.
attirant (-e) [atiʀɑ̃, ɑ̃t] *adj* atyniadol, apelgar.
attirer [atiʀe] (1) *vt* denu, tynnu sylw; (*magnétiquement etc*) atynnu; ~ **qn dans un coin/vers soi** denu rhn i gornel/atoch; ~ **l'attention de qn sur qch** tynnu sylw rhn at rth; ~ **des louanges** denu canmoliaeth; ~ **des ennuis à qn** creu trafferthion i rn;
♦ **s'~** *vr*: **s'~ des ennuis** creu trafferthion i chi'ch hun.
attiser [atize] (1) *vt* (*feu*) procio; (*feu: aviver*) megino, chwythu ar; (*fig*) cyffroi, ysgogi.
attitré (-e) [atitʀe] *adj* cymwys; (*agréé*) trwyddedig, penodedig.
attitude [atityd] *f* (*disposition*) agwedd *g,b*; (*comportement*) ymddygiad *g*; (*position du corps*) osgo *g*, ymarweddiad *g*.
attouchements [atuʃmɑ̃] *mpl* cyffyrddiadau *ll*;

(*sexuels: avec consentement*) mwytho, anwesu, anwylo; (*sans consentement*) ymyrraeth *b*, ymyriadau *ll*.

attractif (**attractive**) [atʀaktif, atʀaktiv] *adj* atyniadol.

attraction [atʀaksjɔ̃] *f* atyniad *g*; (*de cabaret, cirque*) eitem *b*.

attrait [atʀɛ] *m* atyniad *g*, apêl *b*; **~s** (*d'une femme*) swyn *g*, cyfaredd *b*; **éprouver de l'~ pour** cael eich denu gan, teimlo atyniad at.

attrape [atʀap] *f voir* **farce**.

attrape-nigaud (~-~**s**) [atʀapnigo] *m* twyll *g*, hoced *b*.

attraper [atʀape] (**1**) *vt* dal, cael; (*voleur, animal*) dal; (*fig, habitude*) magu; (*amende*) cael; (*un rhume*) cael, dal; (*fam: réprimander*) dwrdio (rhn), dweud y drefn (wrth rn); (*duper*) twyllo.

attrayant (**-e**) [atʀɛjɑ̃, ɑ̃t] *adj* atyniadol, apelgar.

attribuer [atʀibɥe] (**1**) *vt* (*prix*) dyfarnu; (*rôle*) neilltuo; (*importance*) rhoi pwys ar; (*imputer*) priodoli (rhth i rth); ~ **la résponsabilité de qch à qn/qch** dal rhn/rhth yn gyfrifol am rth;

♦ **s'~** *vr* (*s'approprier*) hawlio meddiant (o/ar rth).

attribut [atʀiby] *m* nodwedd *b*; (*LING*) ansoddair *g*.

attribution [atʀibysjɔ̃] *f* (*d'un prix*) dyfarniad *g*, dyfarnu; (*d'un rôle*) neilltuad *g*, neilltuo; **~s** (*ADMIN*) swyddogaeth *b*; **complément d'~** (*LING*) gwrthrych *g* anuniongyrchol.

attristant (**-e**) [atʀistɑ̃, ɑ̃t] *adj* trist, digalon, prudd.

attrister [atʀiste] (**1**) *vt* tristáu, digalonni; **j'ai été attristé d'apprendre** 'roedd hi'n ddrwg *ou* flin iawn gennyf glywed;

♦ **s'~** *vr*: **s'~ de qch** teimlo yn drist dros rth.

attroupement [atʀupmɑ̃] *m* torf *b*, haid *b*.

attrouper [atʀupe] (**1**): **s'~** *vr* ymgynnull.

au [o] *prép* + *art déf voir* **à**.

aubade [obad] *f* gwawrgan *b*.

aubaine [obɛn] *f* caffaeliad *g*, bendith *b*, lwc *b* annisgwyl; (*COMM*) ffyniant *g*, llewyrch *g*.

aube [ob] *f* gwawr *b*; **à l'~** ar doriad y dydd; **à l'~ de** ar ddechrau rhth, ar gychwyn rhth.

aubépine [obepin] *f* draenen *b* wen.

auberge [obɛʀʒ] *f* tafarn *g,b*; ~ **de jeunesse** hostel *g,b* ieuenctid; **on n'est pas sorti de l'~** nid ydym eto allan o drafferthion!

aubergine [obɛʀʒin] *f* wylys *g*, planhigyn *g* wy; (*auxiliaire de police: femme*) warden *b* draffig.

aubergiste [obɛʀʒist] *m/f* tafarnwr *g*, tafarnwraig *b*; (*d'auberge de jeunesse*) warden *g/b*.

auburn [obœʀn] *adj inv* gwinau, browngoch.

aucun (**-e**) [okœ̃, yn] *adj*

1 (*tournure négative*) dim, yr un; **ne ...** ~ ni(d) ... unrhyw, ni(d) ... dim un, ni(d) ... yr un; **il n'y a ~ livre** nid oes dim un llyfr, nid oes yr un llyfr; ~ **homme** neb, dim un *ou* yr un dyn; **sans ~ doute** heb unrhyw amheuaeth; **sans ~e hésitation** heb betruso, yn ddiymdroi; **en ~e façon** nid mewn unrhyw ffodd, nid o gwbl.

2 (*tournure positive*) unrhyw; **je doute qu'~ employé accepte tes conditions** 'rwy'n amau y byddai unrhyw weithiwr yn derbyn dy amodau;

♦*pron* neb, dim; **je n'en vois ~ qui** wela' i ddim un sy'n; **plus qu'~ autre** yn fwy na neb arall, yn fwy na'r un arall, yn fwy nag unrhyw un arall; **plus qu'~ de ceux qui** mwy nag unrhyw un o'r rhai sydd ... fydd ... oedd ... ayb; ~ **des deux** yr un o'r ddau, na'r naill na'r llall; ~ **d'entre eux** yr un ohonynt, neb ohonynt; **d'~s** rhai; **d'~s ont suggéré que** awgrymwyd gan rai ...

aucunement [okynmɑ̃] *adv* dim o gwbl, nid mewn unrhyw ffordd.

audace [odas] *f* beiddgarwch *g*, hyder *g*; (*péj*) digywilydd-dra *g*; **il a eu l'~ de** bu ganddo'r wyneb i; **tu ne manques pas d'~!** 'does arnat ti ddim ofn mentro!, mae gen ti ddigon o wyneb!

audacieux (**audacieuse**) [odasjø, odasjøz] *adj* beiddgar, rhyfygus, eofn.

au-dedans [odədɑ̃] *adv* y tu mewn;

♦*prép*: ~-~ **de** y tu mewn i.

au-dehors [odəɔʀ] *adv* y tu allan;

♦*prép*: ~-~ **de** y tu allan i.

au-delà [od(ə)la] *adv* y tu hwnt;

♦*prép*: ~-~ **de** y tu hwnt i;

♦*m inv*: **l'~-~** y byd *g* a ddaw.

au-dessous [odsu] *adv* oddi tanodd, islaw;

♦*prép*: ~-~ **de** (*personne, zéro, genou*) o dan, yn is na; **être ~-~ de tout** bod yn anobeithiol, bod yn analluog i wneud unrhyw beth.

au-dessus [odsy] *adv* uwchben;

♦*prép*: ~-~ **de** dros, uwch na; ~ **des lois** y tu hwnt i'r gyfraith.

au-devant [od(ə)vɑ̃] *prép*: ~-~ **de** o flaen; **aller ~-~ de qn** mynd i gyfarfod *ou* i gwrdd â rhn; **aller ~-~ des ennuis** gofyn am drafferth; **aller ~-~ du danger** wynebu perygl; **aller ~-~ des désirs/du danger de qn** rhagweld dymuniadau/perygl rhn.

audible [odibl] *adj* clywadwy.

audience [odjɑ̃s] *f* cynulleidfa *b*; (*auditeurs, lecteurs*) cynulleidfa, gwrandawyr *ll*; (*JUR*) gwrandawiad *g*; (*intérêt, succès*) diddordeb *g*, sylw *g*; **trouver ~ auprès de qn** cael gwrandawiad gan rn.

audiométrie [odjometʀi] *f* awdiometreg *b*.

audimat [odimat] *m* mesur *g* poblogrwydd; **12 points d'~** 12% o wylwyr teledu.

audiocassette [odjokasɛt] *f* casét *g* sain.

audiogramme [odjogʀam] *m* awdiogram *g*.

audiovisuel[1] (**-le**) [odjovizɥɛl] *adj* clyweledol.

audiovisuel[2] [odjovizɥɛl] *m* (*équipement*) cyfarpar *g ou* cymhorthion *ll* clyweled; **l'∼** radio a theledu.
auditeur [oditœʀ] *m* (*à la radio*) gwrandäwr *g*; **∼ libre** (*UNIV*) myfyriwr *g* sy'n mynychu darlithoedd heb fod yn gofrestredig.
auditif (**auditive**) [oditif, oditiv] *adj* clywedol, clybodol; (*mémoire*) y clyw; **appareil ∼** teclyn *g* clywed.
audition [odisjɔ̃] *f* (*ouïe, écoute*) clyw *g*; (*d'un disque, d'une pièce*) gwrandawiad *g*; (*JUR*) croesholi, croesholiad *g*; (*MUS, THÉÂTRE*) clyweliad *g*, praw-wrandawiad *g*.
auditionner [odisjɔne] (**1**) *vi* cael clyweliad; ♦*vt* rhoi clyweliad i.
auditoire [oditwaʀ] *m* cynulleidfa *b*.
auditorium [oditɔʀjɔm] *m* neuadd *b*.
auditrice [oditʀis] *f* (*à la radio*) gwrandaw-wraig *b*; **∼ libre** (*UNIV*) myfyrwraig *b* sy'n mynychu darlithoedd heb fod yn gofrestredig.
auge [oʒ] *f* cafn *g*.
augmentation [ɔgmɑ̃tasjɔ̃] *f* ychwanegiad *g*, cynnydd *g*; **∼ (de salaire)** codiad *g* (cyflog).
augmenter [ɔgmɑ̃te] (**1**) *vi* codi, cynyddu; **∼ de poids/volume** cynyddu mewn pwysau/maint; ♦*vt* cynyddu; (*salaire, prix*) codi; (*employé*) codi cyflog, rhoi codiad cyflog i.
augure[1] [ogyʀ] *m* (*prophète*) proffwyd *g*, oracl *g*, daroganwr *g*, daroganwraig *b*.
augure[2] [ogyʀ] *m* argoel *b*; **de bon/mauvais ∼** sy'n argoeli'n dda/ddrwg.
augurer [ogyʀe] (**1**) *vt* rhagweld; **∼ bien de** argoeli'n dda i; **je n'augure rien de bon pour l'avenir** nid wyf yn rhagweld dim byd da yn y dyfodol.
auguste [ogyst] *adj* urddasol, mawreddog.
Auguste [ogyst] *prm* Awgwstws.
Augustin [ogystɛ̃] *prm* Awstin.
aujourd'hui [oʒuʀdɥi] *adv* heddiw; **∼ en huit/en quinze** wythnos/bythefnos i heddiw; **à dater d'∼** *neu* **à partir d'∼** *neu* **dès ∼** o heddiw ymlaen.
aumône [omon] *f* elusen *b*, cardod *b*; **faire l'∼ (à qn)** rhoi cardod (i rn); **faire l'∼ de qch à qn** (*fig*) gwneud cymwynas o rth â rhn *ou* i rn.
aumônerie [omonʀi] *f* (*office*) caplaniaeth *b*; (*lieu*) caplandy *g*.
aumônier [omonje] *m* caplan *g*.
aune [on] *f*: **mesurer les autres à son ∼** mesur eraill wrth eich llathen eich hun.
auparavant [opaʀavɑ̃] *adv* cyn hynny, o flaen llaw, ymlaen llaw, yn gynt, ynghynt.
auprès [opʀɛ]: **∼ de** *prép* yn agos i, ger, ar bwys, wrth ymyl; (*ADMIN: recourir, s'adresser*) at, â; (*en comparaison de*) o'i gymharu/chymharu â; (*dans l'opinion de*) ym marn; (*s'adressant à*); **faire une démarche ∼ du ministre** gwneud cais i'r gweinidog; **déposer une plainte ∼ des tribunaux** gwneud achwyniad i'r llysoedd, rhoi'r gyfraith ar rn; **ambassadeur ∼ du Vatican** llysgennad i'r Fatican.
auquel [okɛl] *prép + pron voir* **lequel**.
aurai *etc* [ɔʀe] *vb voir* **avoir**.
auréole [ɔʀeɔl] *f* (*aussi fig*) eurgylch *g*; (*de la lune*) lleugylch *g*; (*tache*) cylch *g*.
auréolé (**-e**) [ɔ(o)ʀeɔle] *adj*: **∼ de gloire** teilwng o barch a bri.
auriculaire [ɔʀikylɛʀ] *m* bys *g* bach.
aurons [orɔ̃] *vb voir* **avoir**.
aurore [ɔʀɔʀ] *f* gwawr *b*; **∼ boréale** goleuni'r *g* Gogledd.
ausculter [ɔskylte] (**1**) *vt* (*MÉD*): **∼ qn** archwilio rhn gyda stethosgop, cornio rhn; **se faire ∼** cael eich archwilio gyda stethosgop, cael eich cornio.
auspices [ɔspis] *mpl*: **sous les ∼ de** dan nawdd; **sous de bons/mauvais ∼** dan amodau ffafriol/anffafriol.
aussi [osi] *adv*
1 (*pareillement*) hefyd; **lui ∼** ac yntau, ef hefyd; **je le pense ∼** dyna fy marn i hefyd, felly yr wyf innau'n meddwl; **moi ∼** a minnau (hefyd); **lui ∼, il prend le train** mae yntau'n mynd ar y trên (hefyd).
2 (*de comparaison: avec adj, adv*) cyn, mor; (*si, tellement*) mor; **elle est toujours ∼ belle** mae hi'n dal i fod mor brydferth ag erioed; **tu ferais ∼ bien de tout dire** (ni) waeth iti ddweud y cwbl; **∼ .... que** cyn ... â/ag, mor ... â/ag; **∼ fort que** cyn gryfed â/ag; **∼ mauvais que** cynddrwg â/ag; **∼ grand que** cymaint â/ag; **je ne suis pas ∼ grand que toi** 'dydw' i ddim cyn daled â thi; **est-ce ∼ difficile que ça?** ydy hi mor anodd â hynny?; **∼ bien que** cystal â/ag; (*de même que*) yn ogystal â/ag; **∼ sec** ar unwaith, yn syth, yn ddi-oed;
♦*conj* felly, o ganlyniad; **elle a manqué le train, ∼ elle est arrivée en retard** methodd y trên, felly cyrhaeddod hi'n hwyr.
aussitôt [osito] *adv* (*immédiatement*) ar unwaith; **∼ dit, ∼ fait** cyn gynted gair â gweithred; **∼ envoyé** cyn gynted ag y'i hanfonir *ou* hanfonwyd; **∼ que** cyn gynted â/ag.
austère [ostɛʀ] *adj* (*sevère*) llym(llem)(llymion), sychlyd, sobr; (*sans ornement*) moel, diaddurn, syml, plaen.
austérité [osteʀite] *f* (*sobriété*) llymder *g*, sobrwydd *g*; (*rigidité*) plaendra *g*, moelni *g*, symledd *g*; **plan/budget d'∼** cynllun *g* darbodus/cyllideb *b* ddarbodus.
austral (**-e**) [ɔstʀal] *adj* deheuol; **l'océan A∼** Cefnfor *g* yr Antarctig; **les Terres Australes** Antarctica *b*; **le pôle ∼** Pegwn y De.
Australasie [ostʀalazi] *prf*: **l'∼** Awstralasia *b*.
Australie [ostʀali] *prf*: **l'∼** Awstralia *b*.
australien (**-ne**) [ostʀaljɛ̃, jɛn] *adj* Awstralaidd, o Awstralia.

Australien [ostʀaljɛ̃] *m* Awstraliad *g*.
Australienne [ostʀaljɛn] *f* Awstraliad *b*.
autant [otɑ̃] *adv* (*travailler, manger etc*) cymaint; ~ **que** (*comparatif*) cymaint â; ~ **de** cymaint o; **n'importe qui aurait pu en faire** ~ gallai unrhyw un fod wedi gwneud cymaint â hynny; ~ **partir** (ni) waeth i rn fynd; ~ **ne rien dire** gwell dweud dim; ~ **dire que** (ni) waeth i rn ddweud; **fort** ~ **que courageux** cryf yn ogystal â bod yn ddewr; **il n'est pas découragé pour** ~ 'dyw hynny ddim wedi'i ddigalonni; **d'**~ **plus/mieux (que)** yn gymaint yn fwy/well ...; **j'aime** ~ **qu'elle ne soit pas venue** mae'n llawn cystal gen i na ddaeth hi (ddim); **tous** ~ **que vous êtes** chithau oll; **elle mange deux fois** ~ **que lui** mae hi'n bwyta dwywaith cymaint ag ef; **ils ont** ~ **de talents l'un que l'autre** mae'r un mor dalentog â'r llall; ~ **il est généreux,** ~ **elle est avare** mae hi mor grintachlyd ag y mae yntau yn hael; **c'est** ~ **de gagné** mae hynny'n rhywbeth o leiaf; **ce sont** ~ **d'erreurs** gwallau yw'r rhain i gyd; **y en a-t-il** ~ **(qu'avant)?** oes 'na gymaint (â chynt)?; **il y a** ~ **de garçons que de filles** mae 'na gynifer o fechgyn ag sydd o ferched; **pourquoi en prendre** ~**?** pam cymryd cymaint ohonynt?; **pour** ~ **que** cyn belled â, cyhyd â; **pour** ~ **que je sache** hyd y gwn i, am a wn i; **d'**~ (*à proportion*) yn gymesur, yr un faint.
autarcie [otaʀsi] *f* hunangynhaliaeth *b*.
autarcique [otaʀsik] *adj* hunanddigonol, hunangynhaliol, ymreolus.
autel [otɛl] *m* allor *b*.
auteur [otœʀ] *m* awdur *g*, awdures *b*; **l'**~ **de cette remarque** yr un a ddywedodd hyn; **droit d'**~ hawlfraint *b*.
auteur-compositeur [otœʀkɔ̃pozitœʀ] *m* awdur-gyfansoddwr *g*.
authenticité [otɑ̃tisite] *f* dilysrwydd *g*.
authentifier [otɑ̃tifje] **(16)** *vt* dilysu, gwirio.
authentique [otɑ̃tik] *adj* dilys, gwir, go iawn.
authentiquement [otɑ̃tikmɑ̃] *adv* yn ddilys, yn wir.
autiste [otist] *adj* awtistig.
auto [oto] *f* car *g*; ~**s tamponneuses** ceir taro (*mewn ffair*).
auto... [oto] *préf* hunan-.
autobiographie [otobjɔgʀafi] *f* hunangofiant *g*.
autobiographique [otobjɔgʀafik] *adj* hunangofiannol.
autobus [ɔtɔbys] *m* bws *g*; **ligne d'**~ lôn *b* bysiau.
autocar [ɔtɔkaʀ] *m* bws *g* (*ar gyfer teithio yn bell ac yn gyfforddus*).
autocensure [otosɑ̃syʀ] *f* hunansensoriaeth *b*.
autochtone [ɔtɔktɔn] *adj* brodorol; ♦*m/f* brodor *g*, brodores *b*.
autoclave [otoklav] *m* awtoclaf *g*, ffwrn *b* aerglos.
autocollant[1] **(-e)** [otokɔlɑ̃, ɑ̃t] *adj* sy'n glynu ohono'i hun.
autocollant[2] [otokɔlɑ̃] *m* sticer *g*, glynyn *g*.
auto-couchettes [ɔtɔkuʃɛt] *adj inv*: **train** ~-~ trên *g* car a gwely.
autocratique [otokʀatik] *adj* unbenaethol.
autocritique [otokʀitik] *f* hunanfeirniadaeth *b*.
autocuiseur [otokɥizœʀ] *m* (*CULIN*) sosban *b* bwysedd.
autodafé [otodafe] *m* llosgi rhn i farwolaeth, llosgi rhth yn lludw, auto-da-fé *g*.
autodéfense [otodefɑ̃s] *f* hunanamddiffyniad *g*, hunanamddiffyn *g*; **groupe d'**~ grŵp *g* o warchodwyr.
autodétermination [otodetɛʀminasjɔ̃] *f* (*POL*) hunanbenderfyniad *g*, hunanddewis *g*.
autodidacte [otodidakt] *m/f* dyn *g* hunanddysgedig, merch *b* hunanddysgedig.
autodiscipline [ɔtɔdisiplin] *f* hunanddisgyblaeth *b*, ymddisgyblaeth *b*.
autodrome [otodʀom] *m* stadiwm *g* rasio ceir.
auto-école (~-~s) [otoekɔl] *f* ysgol *b* yrru.
autofinancement [otofinɑ̃smɑ̃] *m* hunan-ariannu.
autogéré (-e) [ɔtɔʒeʀe] *adj* sydd yn rheoli'i hun, hunanreolus.
autogestion [otoʒɛstjɔ̃] *f* cydreolaeth *b* (*rheolaeth ar y cyd rhwng gweithwyr a pherchenogion*).
autographe [ɔtɔgʀaf] *m* llofnod *g*.
autoguidé (-e) [otogide] *adj* hunandywysedig.
auto-immun (-e) [otoimœ̃, yn] *adj* hunanimiwn.
automate [ɔtɔmat] *m* (*robot*) awtomaton *g*; (*machine*) peiriant *g* gwerthu.
automatique [ɔtɔmatik] *adj* awtomatig; ♦*m* (*pistolet*) dryll *g* awtomatig, gwn *g* awtomatig; **l'**~ (*téléphone*) deialu uniongyrchol.
automatiquement [ɔtɔmatikmɑ̃] *adv* yn awtomatig.
automatisation [ɔtɔmatizasjɔ̃] *f* awtomatiaeth *b*, awtomateiddio.
automatiser [ɔtɔmatize] **(1)** *vt* awtomateiddio.
automatisme [ɔtɔmatism] *m* awtomatedd *b*.
automédication [otomedikasjɔ̃] *f* eich trin eich hunan.
automitrailleuse [otomitʀɑjøz] *f* cerbyd *g* arfog.
automnal (-e) (**automnaux, automnales**) [ɔtɔnal, ɔtɔno] *adj* hydrefol.
automne [ɔtɔn] *m* (tymor yr) hydref *g*.
automobile [ɔtɔmɔbil] *f* car *g*, modur *g*; **l'**~ (*industrie*) y diwydiant *g* ceir; ♦*adj* modurol.
automobiliste [ɔtɔmɔbilist] *m/f* gyrrwr *g*, gyrwraig *b*, modurwr *g*, modurwraig *b*.
autonettoyant (-e) [otonetwajɑ̃, ɑ̃t] *adj* hunanlanhaol, sy'n glanhau'i hunan; **four** ~ ffwrn *b* *ou* popty *g* glanhau'i hun, ffwrn *ou* popty hunanlanhaol
autonome [ɔtɔnɔm] *adj* hunanlywodraethol; **en**

mode ~ (*INFORM*) yn annibynnol.
autonomie [ɔtɔnɔmi] *f* hunanlywodraeth *b*; ~ **de vol** pellter *g* hedfan (*heb gael rhagor o danwydd*).
autonomiste [ɔtɔnɔmist] *m/f* ymwahanwr *g*, ymwahanwraig *b*.
autoportrait [otopɔRtRɛ] *m* hunanbortread *g*.
autopsie [ɔtɔpsi] *f* awtopsia *g*, (archwiliad) *g* post-mortem *g*.
autopsier [ɔtɔpsje] (**16**) *vt* cynnal awtopsia *ou* archwiliad post-mortem (ar).
autoradio [otoRadjo] *m* radio *g* car.
autorail [otoRaj] *m* rheilgar *g*, cerbyd *g* sy'n mynd ar reilffordd.
autorisation [ɔtɔRizasjɔ̃] *f* caniatâd *g*, awdurdod *g*; (*papier*) trwydded *b*; **donner à qn l'~ de faire qch** rhoi caniatâd i rn wneud rhth; **avoir l'~ de faire qch** bod â hawl gwneud rhth.
autorisé (-e) [ɔtɔRize] *adj* (*digne de foi*) awdurdodol; (*permis*) awdurdodedig; **être ~ (à faire)** bod â'r hawl (i wneud); **dans les milieux ~s** mewn cylchoedd swyddogol.
autoriser [ɔtɔRize] (**1**) *vt* awdurdodi, caniatáu; ~ **qn à faire qch** rhoi caniatâd i rn wneud rhth, awdurdodi rhn i wneud rhth, caniatáu i rn wneud rhth.
autoritaire [ɔtɔRitɛR] *adj* awdurdodol, awdurdodus, awdurdodaidd.
autoritairement [ɔtɔRitɛRmɑ̃] *adv* yn awdurdodol, gydag awdurdod.
autoritarisme [ɔtɔRitaRism] *m* awdurdodyddiaeth *b*.
autorité [ɔtɔRite] *f* awdurdod *g*; **les ~s** (*MIL, POL etc*) yr awdurdodau *ll*; **faire ~** (*personne, livre*) bod yn awdurdod; **d'~** yn awdurdodol; (*sans réflexion*) heb betruso.
autoroute [otoRut] *f* traffordd *b*.
autoroutier (**autoroutière**) [otoRutje, otoRutjɛR] *adj* traffordd.
autosatisfaction [otosatisfaksjɔ̃] *f* hunanfoddhad *g*.
auto-stop [otostɔp] *m inv* bodio; **faire de l'~-~** bodio; **prendre qn en ~-~** rhoi pàs *ou* lifft i rn.
auto-stoppeur (~-~**s**) [otostɔpœR] *m* bodiwr *g*, un *g* sy'n gofyn pàs *ou* lifft.
auto-stoppeuse (~-~**s**) [otostɔpøz] *f* bodwraig *b*, un *b* sy'n gofyn pàs *ou* lifft.
autosuffisant (-e) [otosyfizɑ̃, ɑ̃t] *adj* hunangynhaliol, ymgynhaliol.
autosuggestion [otosygʒɛstjɔ̃] *f* hunanawgrym *g*.
autour [otuR] *adv* o gwmpas, o amgylch; ~ **de** o gwmpas, o amgylch, oddeutu; (*environ, à peu près*) tua, oddeutu; **tout ~** (*de tous côtés*) o bob ochr, ar bob tu.
autre [otR] *adj* (*différent*) arall, gwahanol; **je préférerais un ~ verre** byddai'n well gen i wydr arall *ou* gwahanol; **je voudrais un ~ verre d'eau** mi hoffwn wydraid arall o ddŵr; ~ **chose** rhywbeth arall; ~ **part** (yn) rhywle arall; **d'~ part** rywle arall, yn rhywle arall; **se sentir ~** teimlo'n wahanol i bawb arall; **nous ~s Gallois** ni'r Cymry, ni Gymry; **vous ~s Français** chi Ffrancwyr;
♦*pron*: **un ~** un arall; **l'~** y llall; **nous/vous ~s** ni/chi; **d'~s** rhai eraill; **les ~s** y lleill; **se détester l'un l'~/les uns les ~s** casáu'ch gilydd; **d'une semaine à l'~** o'r naill wythnos i'r llall; (*constamment*) unrhyw wythnos nawr; **entre ~s** (*gens*) yn eu mysg; (*choses*) ymysg pethau eraill; **j'en ai vu d'~s** (*indifférence*) 'rwyf wedi gweld gwaeth; **à d'~s!** choelia' i fawr!; **de temps à ~** o bryd i'w gilydd *voir aussi* **part, temps, un**.
autrefois [otRəfwa] *adv* o'r blaen, ers talwm, ers llawer dydd, gynt.
autrement [otRəmɑ̃] *adv* yn wahanol; (*d'une manière différente*) yn wahanol, mewn ffordd wahanol; (*sinon*) onid e, fel arall; **je n'ai pas pu faire ~** allwn i ddim gwneud dim arall *ou* yn wahanol; ~ **dit** (*en d'autres mots*) mewn geiriau eraill; (*c'est-à-dire*) hynny yw.
Autriche [otRiʃ] *prf*: **l'~** Awstria *b*.
autrichien (-**ne**) [otRiʃjɛ̃, jɛn] *adj* Awstriaidd, o Awstria.
Autrichien [otRiʃjɛ̃] *m* Awstriad *g*.
Autrichienne [otRiʃjɛn] *f* Awstriad *b*.
autruche [otRyʃ] *f* estrys *g*; **faire l'~** (*fig*) cuddio'ch pen yn y tywod.
autrui [otRɥi] *pron* (pobl) eraill.
auvent [ovɑ̃] *m* (*de maison*) canopi *g*; (*de tente, caravane*) adlen *b*.
auvergnat (-e) [ovɛRɲa, at] *adj* o'r Auvergne.
Auvergne [ovɛRɲ] *prf*: **l'~** yr Auvergne *b*.
aux [o] *prép + art déf voir* **à**.
auxiliaire [ɔksiljɛR] *adj* cynorthwyol, atodol; ♦*m* (*LING*) berf *b* gynorthwyol; (*aide, adjoint*) cynorthwy-ydd *g*.
auxquelles [okɛl] *prép + pron voir* **lequel**.
auxquels [okɛl] *prép + pron voir* **lequel**.
AV [ave] *sigle m* (*FIN*)(= *avis de virement*) *nodyn hysbysu trosglwyddiad banc.*
av.[1] *abr*(= *avenue*) ffordd *b*, heol *b*, rhodfa *b*.
av.[2] *abr* (*AUTO*)(= *avant*) tu blaen *g*.
avachi (-e) [avaʃi] *adj* llipa; (*chaussures*) llac, di-siâp; **être ~ sur qch** (*personne*) bod *ou* gorwedd yn swp ar rth.
avais *etc* [avɛ] *vb voir* **avoir**.
aval [aval] *m* cefnogaeth *b*; **en ~ (de)** (*aussi fig*) i lawr (*afon, rhiw*), yn is na.
avalanche [avalɑ̃ʃ] *f* eirlithriad *g*; (*fig*) llif *g*; ~ **poudreuse** eirlithriad eira mân.
avaler [avale] (**1**) *vt* llyncu.
avaliser [avalize] (**1**) *vt* cefnogi; (*COMM, JUR*) gwarantu (rhth rhag rhn/rhth).
avance [avɑ̃s] *f* (*de troupes etc*) symudiad *g* ymlaen; (*progrès*) datblygiad *g*, cynnydd *g*; (*opposé à retard*) blaen *g*; (*d'argent*) blaendaliad *g*, rhagdaliad *g*; ~**s** (*ouvertures*) blaendal *g*, blaendaliad, blaenswm *g*; **faire**

des ~s à qn (*amoureuses*) fflyrtiau â rhn; **une ~ de 300 m/4 h** (*SPORT*) mantais o 300m/4 awr; **(être) en ~** (bod) yn gynnar, (bod) yn fuan; (*sur un programme*) bod o flaen yr amser; **elle est en ~ d'une heure** mae hi awr yn gynnar; **être en ~ sur qn** bod ar y blaen i rn; **à l'~, d'~, par ~** o flaen llaw; **payer d'~** talu ymlaen llaw.

avancé (**-e**) [avɑ̃se] *adj* ymhell ar y blaen; (*civilisation*) datblygedig; (*fruit, fromage*) aeddfed; (*évolué: technique, niveau de vie*) uwch; **il est ~ pour son âge** mae ymhell ar y blaen o'i oed.

avancée [avɑ̃se] *f* (*de maison*) bargod *g*; (*progression*) cam *g* ymlaen; **~ de l'âge de la retraite** gostwng oedran ymddeol.

avancement [avɑ̃smɑ̃] *m* dyrchafiad *g*; (*de travaux*) datblygiad *g*.

avancer [avɑ̃se] (**9**) *vi* symud ymlaen; (*projet, travail*) mynd yn ei flaen/blaen/yn eu blaenau, mynd rhagddo/rhagddi/rhagddynt; (*être en saillie, surplomb*) hongian; (*montre, réveil*) bod yn fuan; **j'avance (d'une heure)** 'rwyf (awr) yn fuan;
♦*vt* symud (rhth) ymlaen; (*hypothèse, idée*) cynnig, cyflwyno;
♦ **s'~** *vr* symud ymlaen, mynd yn eich blaen; (*fig: se hasarder*) mentro; (*être en saillie, surplomb*) hongian.

avanies [avani] *fpl* sarhad *g*, geiriau *ll* cas; **faire des ~ à qn** sarhau rhn; **subir des ~** cael eich bychanu *ou* sarhau.

avant [avɑ̃] *prép* cyn, o flaen; **pas ~ une demi-heure** ddim am hanner awr arall; **il est arrivé ~ vous** cyrhaeddodd o'ch blaen; **~ tout** yn bennaf, uwchlaw popeth; **~ de faire** cyn gwneud;
♦*adv* gynt, yn gynharach, cyn (hynny); **trop ~** rhy bell ymlaen; **plus ~** pellach ymlaen;
♦*adj inv*: **siège/roue ~** sedd *b*/olwyn *b* flaen;
♦*m* (*d'un véhicule*) tu blaen *g*; (*de bâtiment*) (tu) blaen *g*; **à l'~** yn y tu blaen; **à l'~ du bateau** ym mhen blaen y cwch; **aller de l'~** mynd yn eich blaenau yn dda; (*SPORT*) blaenwr *g*.
► **en avant** ymlaen; **marcher en ~** cerdded yn y tu blaen; **faire deux pas en ~** cymryd dau gam ymlaen.
► **avant que** (+ subj) cyn; **~ qu'il parte** cyn iddo adael; **~ qu'il (ne) pleuve** cyn iddi fwrw glaw; **~ qu'il ne fasse nuit** cyn iddi nosi.

avantage [avɑ̃taʒ] *m* mantais *b*; **à l'~ de qn** o fantais i rn; **être à son ~** bod ar eich gorau; **tirer ~ de** manteisio ar; **vous auriez ~ à faire** byddai o fudd ichi wneud; **~s en nature** cilfanteision *ll*, budd-daliadau *ll* mewn nwyddau/cynnyrch; **~s sociaux** budd-daliadau.

avantager [avɑ̃taʒe] (**10**) *vt* (*favoriser*) ffafrio, rhoi mantais i; (*embellir*) tecáu, rhoi golwg well ar.

avantageux (**avantageuse**) [avɑ̃taʒø, avɑ̃taʒøz] *adj* atyniadol, deniadol; (*intéressant*) da, manteisiol, buddiol, o les; (*portrait, coiffure*) manteisiol, ffafriol; **conditions avantageuses** amodau *ll* ffafriol, termau *ll* manteisiol.

avant-bras [avɑ̃bʀa] *m inv* blaen *g* y fraich, elin *b*.

avant-centre (**~-~s**) [avɑ̃sɑ̃tʀ] *m* (*FOOTBALL*) canolwr *g* blaen.

avant-coureur [avɑ̃kuʀœʀ] *adj inv* (*bruit etc*) rhagflaenol; **signe ~** blaenarwydd *g*, rhagargoel *b*.

avant-dernier[1] (**~-dernière**) (**~-~s, ~-dernières**) [avɑ̃dɛʀnje, avɑ̃dɛʀnjɛʀ] *adj* olaf ond un; **l'avant-dernière syllabe d'un mot** y goben *g*.

avant-dernier[2] (**~-~s**) [avɑ̃dɛʀnje] *m* yr olaf ond un, o flaen ei gyfnod.

avant-garde (**~-~s**) [avɑ̃gaʀd] *f* (*aussi fig*) blaen *g* y gad; **d'~-~** arloesol, modern.

avant-goût (**~-~s**) [avɑ̃gu] *m* rhagflas *g*, tamaid *g* i aros pryd.

avant-hier [avɑ̃tjɛʀ] *adv* echdoe.

avant-poste (**~-~s**) [avɑ̃pɔst] *m* rhagfintai *b*.

avant-première (**~-~s**) [avɑ̃pʀəmjɛʀ] *f* cip *g* ymlaen llaw; **en ~-~** ymlaen llaw.

avant-projet (**~-~s**) [avɑ̃pʀɔʒɛ] *m* brasgynllun *g*.

avant-propos [avɑ̃pʀɔpo] *m inv* rhagair *g*, rhagymadrodd *g*.

avant-veille (**~-~s**) [avɑ̃vɛj] *f*: **l'~-~** dau ddiwrnod ynghynt.

avare [avaʀ] *adj* cybyddlyd, ariangar; **être ~ de compliments** bod yn gynnil gyda'ch geiriau caredig;
♦*m/f* cybydd *g*, cybyddes *b*.

avarice [avaʀis] *f* cybydd-dod *g*.

avaricieux (**avaricieuse**) [avaʀisjø, avaʀisjøz] *adj* cybyddlyd, ariangar, crintachlyd.

avarié (**-e**) [avaʀje] *adj* (*viande, fruit*) pydredig, wedi difetha; (*NAUT*) drylliedig, wedi torri.

avaries [avaʀi] *fpl* difrod *g*, niwed *g*.

avatar [avataʀ] *m* anffawd *b*; (*transformation*) gweddnewidiad *g*, trawsffurfiad *g*, metamorffosis *g*.

avec [avɛk] *prép* gyda(g), efo, â; **il est allé ~ son frère** aeth gyda'i frawd; **c'est fait ~ du plomb** mae wedi'i wneud o blwm; **être gentil ~ qn** bod yn garedig wrth rn; **se marier ~ qn** priodi rhn; **~ le temps** gydag amser, mewn amser; **d'~** oddi wrth; **séparer qch d'~ qch d'autre** gwahanu rhth oddi wrth rth arall; **~ habileté/lenteur** yn fedrus/araf; **et ~ ça?** (*dans un magasin*) unrhyw beth arall?; **il conduit mal et ~ ça il conduit trop vite** mae'n yrrwr gwael ac ar ben hynny mae'n mynd yn rhy gyflym;
♦*adv*: **tiens mes gants, je ne peux pas conduire ~** cymer fy menig i, fedra' i ddim gyrru efo nhw.

avenant[1] (**-e**) [av(ə)nɑ̃, ɑ̃t] *adj* dymunol.

avenant[2] [av(ə)nɑ̃] *m* (*assurance*) cymal *g* atodol; **et le reste à l'~** a phopeth arall felly hefyd.
avènement [avɛnmɑ̃] *m* (*de souverain*) esgyniad *g* i'r orsedd; (*d'homme politique, d'ère*) dyfodiad *g*, dechreuad *g*.
avenir [avniʀ] *m* dyfodol *g*; **l'~ du monde** dyfodol y byd; **à l'~** yn y dyfodol; **sans ~** diddyfodol; **c'est une idée sans ~** 'does dim dyfodol i'r syniad yna; **carrière d'~** gyrfa *b* ac iddi ddyfodol; **politicien d'~** gwleidydd *g* ac iddo ddyfodol.
Avent [avɑ̃] *m*: **l'~** yr Adfent *g*, y Dyfodiad *g*.
aventure [avɑ̃tyʀ] *f* antur *b*, anturiaeth *b*; (*amoureuse*) carwriaeth *b*; **partir à l'~** (*au hasard*) cychwyn ar hap, ei mentro hi, anturio, dilyn eich trwyn; **roman/film d'~** nofel *b* /ffilm *b* antur.
aventurer [avɑ̃tyʀe] (**1**) *vt* mentro;
♦ **s'~** *vr* mentro, anturio; **s'~ à faire qch** mentro gwneud rhth.
aventureux (**aventureuse**) [avɑ̃tyʀø, avɑ̃tyʀøz] *adj* anturus, mentrus.
aventurier [avɑ̃tyʀje] *m* anturiwr *g*.
aventurière [avɑ̃tyʀjɛʀ] *f* antures *b*.
avenu (**-e**) [av(ə)ny] *adj*: **nul et non ~** di-rym.
avenue [avny] *f* lôn *b* goed; (*en ville*) rhodfa *b*, ffordd *b*.
avéré (**-e**) [aveʀe] *adj* (*fait*) cydnabyddedig; **il est ~ que** derbynnir ..., cadarnheir ...
avérer [aveʀe] (**14**): **s'~** *vr* (*avec attribut*) ymddangos, bod; **s'~ faux** ymddangos yn anghywir; **s'~ coûteux** profi'n ddrud.
averse [avɛʀs] *f* cawod *b*; (*fig: d'insultes*) llif *g*.
aversion [avɛʀsjɔ̃] *f* atgasedd *g*.
averti (**-e**) [avɛʀti] *adj* hyddysg, cyfarwydd.
avertir [avɛʀtiʀ] (**2**) *vt*: **~ qn (de qch)** rhybuddio rhn (o rth); (*renseigner*) rhoi gwybod i rn (am rth), hysbysu rhn (o rth); **~ qn de ne pas faire qch** rhybuddio rhn i beidio â gwneud rhth.
avertissement [avɛʀtismɑ̃] *m* rhybudd *g*; (*d'un livre*) rhagair *g*.
avertisseur [avɛʀtisœʀ] *m* larwm *g*, corn *g*, rhybudd *g*; **~ d'incendie** cloch *b* dân.
aveu (**-x**) [avø] *m* addefiad *g*, cyfaddefiad *g*, cyffes *b*; **passer aux ~x** cyfaddef; **de l'~ de qn** yn ôl rhn, yn ôl addefiad rhn.
aveuglant (**-e**) [avœglɑ̃, ɑ̃t] *adj* llachar, trawiadol, yn dallu, dallol.
aveugle [avœgl] *adj* (*aussi fig*) dall; **mur ~** wal *b* heb ffenestri; **test en double ~** prawf *g* dwbl-ddall;
♦*m/f* un dall *g*, un ddall *b*; **les ~s** y deillion *ll*.
aveuglement [avœgləmɑ̃] *m* dallineb *g*.
aveuglément [avœglemɑ̃] *adv* yn ddall, yn ddifeddwl.
aveugler [avœgle] (**1**) *vt* dallu.
aveuglette [avœglɛt]: **à l'~** *adv* gan ymbalfalu; (*fig*) yn y niwl, heb unrhyw syniad.
avez [ave] *vb voir* **avoir**.
aviateur [avjatœʀ] *m* peilot *g*, awyrennwr *g*, hedfanwr *g*.
aviation [avjasjɔ̃] *f* hedfan *g*, awyrennaeth *b*; **compagnie/ligne d'~** cwmni *g* awyrennau; **terrain d'~** maes *g* awyrennau; **~ de chasse** llu *g* awyrennau (ymladd).
aviatrice [avjatʀis] *f* peilot *g*, awyrenwraig *b*, hedfanwraig *b*.
avicole [avikɔl] *adj* (*d'oiseaux*) adar; (*de volaille*) ieir.
aviculteur [avikyltœʀ] *m* (*d'oiseaux*) bridiwr *g* (adar); (*de volaille*) magwr *g* ieir.
avicultrice [avikyltʀis] *f* (*d'oiseaux*) bridwraig *b*; (*de volaille*) magwraig *b* ieir.
aviculture [avikyltyʀ] *f* (*oiseaux*) bridio adar, magu adar; (*volailles*) magu ieir.
avide [avid] *adj* eiddgar; (*péj*) barus; **~ d'honneurs/d'argent** awchus am glod/arian; **~ de sang** yn ysu am ladd; **~ de connaître/d'apprendre** brwd i adnabod/ddysgu
avidité [avidite] *f* awydd *g*, awch *g*, trachwant *g*.
avilir [aviliʀ] (**2**) *vt* iselhau, dibrisio, diraddio.
avilissant (**-e**) [avilisɑ̃, ɑ̃t] *adj* diraddiol.
aviné (**-e**) [avine] *adj* meddw; **il avait une haleine ~e** 'roedd aroglau diod ar ei wynt.
avion [avjɔ̃] *m* awyren *b*; **par ~** trwy bost awyr; **aller (quelque part) en ~** mynd (i rywle) mewn awyren, hedfan (i rywle); **~ à réaction** awyren jet; **~ de chasse** awyren ymladd; **~ de ligne** awyren deithwyr; **~ spatial** llong *b* ofod; **~ supersonique** awyren uwchsonig.
avion-cargo (**~s-~s**) [avjɔ̃kaʀgo] *m* awyren *b* gludo.
avion-citerne (**~s-~s**) [avjɔ̃sitɛʀn] *m* awyren *b* danwydd.
aviron [aviʀɔ̃] *m* rhwyf *b*; **l'~** (*SPORT*) rhwyfo.
avis [avi] *m*
1 (*opinion*) barn *b*, tyb *g,b*; **à mon ~** yn fy nhyb *ou* marn i; **j'aimerais avoir l'~ de Paul** hoffwn glywed barn Paul; **je suis de votre ~** 'rwyf o'r un farn â chi; **être d'~ que** bod o'r farn ..., credu ...; **changer d'~** newid eich meddwl; **vous ne me ferez pas changer d'~** 'wnewch chi ddim newid fy meddwl.
2 (*conseil*) cyngor *g*; **sauf ~ contraire** oni chlywch yn wahanol.
3 (*notification*) rhybudd *g*; **sans ~ préalable** heb rybudd; **jusqu'à nouvel ~** hyd nes ceir rhybudd pellach; **~ de décès** hysbysiad *g* o farwolaeth; **~ de crédit/débit** (*COMM*) mantolen *b* gredyd/ddyled.
avisé (**-e**) [avize] *adj* (*sensé*) call, doeth; **être bien/mal ~ de faire qch** bod yn ddoeth/annoeth yn gwneud rhth.
aviser [avize] (**1**) *vi* (*réfléchir*) meddwl, ystyried pethau;
♦*vt* (*voir*) sylwi ar, gweld; **~ qn de qch**

(*informer*) hysbysu rhn ynghylch rhth, rhoi gwybod i rn am rth, cynghori rhn ynghylch rhth;

♦ **s'~** *vr* sylweddoli; **s'~ de qch** (*remarquer*) sylweddoli rhth; **s'~ de faire qch** (*s'aventurer à*) meiddio *ou* mentro gwneud rhth, bod mor hyf *ou* eofn â gwneud rhth.

aviver [avive] (**1**) *vt* (*douleur, chagrin*) gwaethygu; (*querelle*) gwneud yn waeth; (*intérêt, désir*) deffro, ennyn; (*couleur*) cryfhau, hoywi;

♦ **s'~** *vr* (*douleur, chagrin*) cynyddu; (*querelle*) mynd yn waeth, gwaethygu; (*intérêt, désir*) deffro; (*couleur*) ymgryfhau, cryfhau, hoywi.

av. J.-C. *abr*(= *avant Jésus-Christ*) C.C. (= Cyn Crist).

avocat[1] [avɔka] *m* (*BOT, CULIN*) afocado *g*.

avocat[2] [avɔka] *m* cyfreithiwr *g*; (*fig: d'une idée*) hyrwyddwr *g*, dadleuwr *g* (dros rth); **l'~ du diable** dadleuydd *g* y diafol; **se faire l'~ du diable** rhoi'r dadleuon yn erbyn; **l'~ de la défense/de la partie civile** bargyfreithiwr *g* yr amddiffyniaeth/yr achwynwr; **~ d'affaires** cyfreithiwr busnes.

avocat-conseil (**~s-~s**) [avɔkakɔ̃sɛj] *m* bargyfreithiwr *g*, bargyfreithwraig *b*, ymgynghorydd *g* cyfreithiol.

avocate [avɔkat] *f* cyfreithwraig *b*; (*fig: d'une idée*) hyrwyddwraig *b*, dadleuwraig *b* (dros rth) *voir aussi* **avocat**[2].

avocat-stagiaire (**~s-~s**) [avɔkastaʒjɛʀ] *m* cyfreithiwr *g* dan hyfforddiant, cyfreithwraig *b* dan hyfforddiant.

avoine [avwan] *f* ceirchen *b*.

avoir [avwaʀ] (**6**) *m* eiddo *g*, arian *g*; (*COMM*) credyd *g*; **~ fiscal** (*FIN*) credyd trethi;

♦*vt*

1 (*posséder*) bod gennych, bod â, bod gyda, meddu ar; **elle a une belle maison/2 enfants** mae ganddi dŷ braf/ddau blentyn; **il a les yeux verts** mae ganddo lygaid gwyrdd; **vous avez du sel?** oes gennych chi halen?; **~ du courage/de la patience** bod yn ddewr/amyneddgar.

2 (*éprouver*): **qu'est-ce que tu as?** beth sy'n bod arnat ti?, beth sydd o'i le? *voir aussi* **faim, peur etc**.

3 (*âge, dimensions*) bod yn; **il a 3 ans** mae'n dair blwydd oed; **le mur a 3 mètres de haut** mae'r wal yn dri metr o uchder.

4 (*fam: duper*) gwneud (rhn), dal rhn allan, cael*; **on vous a eu(s)!** fe ddalion ni chi!; **on les aura!** fe gawn ni nhw!.

5: **en ~ après** *ou* **contre qn** bod â rhth yn erbyn rhn; **en ~ assez** cael digon *ou* llond bol; **j'en ai pour une demi-heure** mae'n mynd i gymryd hanner awr imi, fe fydd yn waith hanner awr eto imi.

6 (*obtenir, attraper*) cael, dal; **j'ai réussi à ~ mon train** llwyddais i ddal fy nhrên; **j'ai réussi à ~ le renseignement qu'il me fallait** llwyddais i gael y wybodaeth yr oedd arnaf ei heisiau.

▶ **y avoir**

1: **il y a** (*il existe*) mae yna, ceir; **il n'y ~ pas** nid oes, 'does, ni cheir; **il y avait beaucoup d'eau/de gens** 'roedd llawer o ddŵr/bobl yno; **qu'y a-t-il?, qu'est-ce qu'il y a?** beth sy'n bod?; **il doit y ~ une explication** mae'n rhaid bod esboniad am hyn; **il n'y a qu'à ...** 'does dim i'w wneud ond ...; **il ne peut y en ~ qu'un** dim ond un all fod ohonynt; **il y a un magasin dans presque tous les villages** ceir siop ym mhob pentref bron.

2 (*temporel*): **il y a 10 ans** ddeng mlynedd yn ôl; **il y a 10 ans/longtemps que je le sais** 'rwy'n gwybod ers deng mlynedd/ers amser; **il y a 10 ans qu'il est arrivé** mae deng mlynedd ers iddo gyrraedd.

▶ **avoir à faire** gorfod gwneud; **vous n'avez qu'à lui demander** dim ond gofyn iddo sydd raid ichi; **tu n'as pas à me poser des questions** nid dy le di yw gofyn cwestiynau i mi;

♦*vb aux* (il existe en gallois des formes concises du verbe pour exprimer les verbes composés en français) bod wedi; **elle a mangé** mae hi wedi bwyta, bwytaodd, fe fwytaodd hi; **elle avait chanté** 'roedd hi wedi canu, canasai; **elle aura fait le travail** fe fydd hi wedi gwneud y gwaith.

avoisinant (**-e**) [avwazinɑ̃, ɑ̃t] *adj* cyfagos, cyffiniol, agos.

avoisiner [avwazine] (**1**) *vt* cyffinio â, bod yn agos at; (*l'indifférence, l'insolence*) ymylu ar.

avons [avɔ̃] *vb voir* **avoir**.

avortement [avɔʀtəmɑ̃] *m* erthyliad *g*.

avorter [avɔʀte] (**1**) *vi* erthylu; (*aussi fig*) methu; **se faire ~** cael erthyliad.

avorton [avɔʀtɔ̃] (*péj*) *m* rhywun bach *ou* tila *ou* corachaidd.

avouable [avwabl] *adj* parchus, y gellir ei arddel; **des pensées non ~s** meddyliau *ll* anweddus.

avoué (**-e**) [avwe] *adj* addefedig, cydnabyddedig; (*terroriste, socialiste*) hunanaddefedig;

♦*m* (*JUR*) cyfreithiwr *g*, cyfreithwraig *b*.

avouer [avwe] (**1**) *vi* cyffesu, cyfaddef, addef;

♦*vt* cyffesu, cyfaddef, addef; **~ avoir fait qch** cyfaddef i chi wneud rhth; **~ être** cyfaddef eich bod yn; **~ que oui** cyfaddef bod hynny'n wir, cyfaddef mai fel yna y mae hi; **~ que non** cyfaddef nad yw hynny'n wir, cyfaddef nad felly y mae hi;

♦ **s'~** *vr* cyfaddef, cydnabod; **s'~ vaincu/incompétent** derbyn eich bod wedi'ch trechu/eich bod yn anghymwys *ou* ddi-glem.

avril [avʀil] *m* (mis *g*) Ebrill *g*; **poisson d'~** ffŵl *g* Ebrill *voir aussi* **juillet**.

axe [aks] *m* echel *b*; (*MATH*) echelin *b*; **~ routier**

priffordd *b*; **dans l'~ de** yn yr un llinell â.
axer [akse] (1) *vt*: ~ **qch sur** (*fig*) seilio rhth ar, canolbwyntio rhth ar; **un film axé sur les problèmes sociaux** ffilm *b* yn manylu ar broblemau cymdeithasol.
axial (-e) (**axiaux, axiales**) [aksjal, aksjo] *adj* echelinol.
axiome [aksjom] *m* gwireb *b*.
ayant [ɛjɑ̃] *vb voir* **avoir**.
ayant droit (~**s** ~) [ɛjɑ̃dʀwa] *m*: ~ ~ **(à)** (*JUR*) hawliwr *g* cyfreithlon (i).
ayons [ɛjɔ̃] *vb voir* **avoir**.
azalée [azale] *f* asalea *g*.
Azerbaïdjan [azɛʀbaidʒɑ̃] *prm*: **l'~** Aserbaijan *b*.
azerbaïdjanais[1] (-e) [azɛʀbaidʒɑnɛ, ɛʒ] *adj* Aserbaijanaidd, o Aserbaijan.
azerbaïdjanais[2] [azɛʀbaidʒɑnɛ] *m* (*LING*) Aserbaijaneg *b,g*.
Azerbaïdjanais [azɛʀbaidʒɑnɛ] *m* Aserbaijaniad *g*.
Azerbaïdjanaise [azɛʀbaidʒɑnɛʒ] *f* Aserbaijaniad *b*.
azimut [azimyt] *m* asimwth *g*; **tous ~s** (*fig*) i bob cyfeiriad.
azote [azɔt] *m* nitrogen *g*.
azoté (-e) [azɔte] *adj* nitrogenaidd.
AZT [ɑzɛdte] *sigle m*(= *azidothymidine*) AZT.
aztèque [astɛk] *adj* Astecaidd.
azur [azyʀ] *m* asur, glas; (*ciel*) awyr *b*.
azyme [azim] *adj*: **pain** ~ bara *g* croyw

B

B[1], **b** [be] *m inv* (*lettre*) B, b *b*.
B[2] [be] *abr*(= *bien*) ≈ da.
BA [bea] *sigle f*(= *bonne action*) cymwynas *b*, gweithred *b* dda.
baba[1] [baba] *adj inv*: **en être ~*** bod mewn syndod, bod wedi'ch syfrdanu'n lân.
baba[2] [baba] *m*: ~ **au rhum** baba *g* rỳm.
babil [babil] *m* cleber *g,b*, clebran, parablu.
babillage [babijaʒ] *m* cleber *g,b*, clebran, parablu.
babiller [babije] (**1**) *vi* clebran, parablu; (*bébé*) preblian.
babines [babin] *fpl* gweflau *ll*; **s'en lécher les ~** (*fig*) llyfu'ch gweflau.
babiole [babjɔl] *f* (*bibelot*) peth *g* bychan ei werth *ou* heb fawr o werth; (*vétille*) peth *g* dibwys, ffrit *g* o beth; **~s** mân bethau *ll*, petheuach *ll*, trugareddau *ll*.
bâbord [bɑbɔʀ] *m*: **à** *neu* **par** ~ (*NAUT*) i'r chwith, ar y llaw chwith.
babouin [babwɛ̃] *m* babŵn *g*.
baby-foot [babifut] *m inv* (*jeu*) pêl-droed *g* pen bwrdd.
Babylone [babilɔn] *prf* Babilon *b*.
babylonien (**-ne**) [babilɔnjɛ̃, jɛn] *adj* Babilonaidd.
baby-sitter (~-~**s**) [babisitœʀ] *m/f* gwarchodwr *g* (plant), gwarchodwraig *b* (plant).
baby-sitting (~-~**s**) [babisitiŋ] *m* gwarchod, carco (plant).
bac[1] [bak] *m* (*bateau*) fferi *b*; (*récipient*) twb *g*, twba *g*; (*PHOT etc*) dysgl *b*; (*IND*) tanc *g*; ~ **à glace** cafn *g* rhew; ~ **à légumes** rhesel *b* lysiau.
bac*[2] [bak] *abr*= **baccalauréat**.
baccalauréat [bakalɔʀea] *m* ≈ Lefel A (*tystysgrif addysg ar gyfer disgyblion mewn lycée, ar ddiwedd eu gyrfa ysgol. Gall y disgyblion llwyddiannus fynd ymlaen i'r brifysgol*).
bâche [bɑʃ] *f* llen *b* gynfas, tarpolin *g*, llywionen *b*.
bachelier [baʃəlje] *m bachgen g sydd wedi llwyddo yn y baccalauréat.*
bachelière [baʃəljɛʀ] *f merch b sydd wedi llwyddo yn y baccalauréat.*
bâcher [bɑʃe] (**1**) *vt* gorchuddio (rhth) â tharpolin.
bachot* [baʃo] *m*= **baccalauréat**.
bachotage* [baʃɔtaʒ] *m* (*SCOL*) adolygu.
bachoter* [baʃɔte] (**1**) *vi* adolygu.
bacille [basil] *m* basilws *g*.
bâcler [bɑkle] (**1**) *vt* cawlio, gwneud cawl o.
bacon [bekɔn] *m* cig *g* moch, bacwn *g*; **œuf(s) au** ~ bacwn ac ŵy.
bactéricide [bakteʀisid] *m* bacterleiddiad *g*.
bactérie [bakteʀi] *f* bacteriwm *g*.
bactérien (**-ne**) [bakteʀjɛ̃, jɛn] *adj* bacterol.
bactériologie [bakteʀjɔlɔʒi] *f* bacterioleg *b*.
bactériologique [bakteʀjɔlɔʒik] *adj* bacteriolegol.
bactériologiste [bakteʀjɔlɔʒist] *m/f* bacteriolegydd *g*.
badaud [bado] *m* (*qui regarde curieusement*) un *g* sy'n gwylio'n chwilfrydig, rhythwr *g*; (*qui se promène*) rhodiannwr *g*.
badaude [badod] *f* (*qui regarde curieusement*) un *b* sy'n gwylio'n chwilfrydig, rhythwraig *b*; (*qui se promène*) rhodianwraig *b*.
baderne* [badɛʀn] *f*: **vieille** ~ (*péj*) hen daid *g*, hen gono *g*, hen begor *g*.
badge [badʒ] *m* bathodyn *g*.
badigeon [badiʒɔ̃] *m* (*peinture*) distemper *g*, lliw *g*.
badigeonner [badiʒɔne] (**1**) *vt* (*peindre*) distempro, lliwio; (*MÉD: de désinfectant etc*) taenu.
badin (**-e**) [badɛ̃, in] *adj* (*ton*) chwareus, ysgafala, ysgafnfryd; (*esprit, humeur*) pryfoclyd, herllyd, cellweirus.
badinage [badinaʒ] *m* cellwair *g*, pryfocio, herian *g*, tynnu coes.
badine [badin] *f* ffon *b*, gwialen *b*.
badiner [badine] (**1**) *vi* cellwair, cael hwyl, pryfocio, herian, tynnu coes; ~ **avec qch** cymryd rhth yn ysgafn; **ne pas ~ avec qch** cymryd rhth o ddifrif, peidio â chellwair gyda rhth; **avec elle, on ne badine pas!** nid yw hi'n dioddef unrhyw lol *ou* dwli!
badminton [badmintɔn] *m* badminton *g*.
BAFA [bafa] *sigle f*(= *Brevet d'aptitude aux fonctions d'animation*) *diploma g,b ar gyfer arweinwyr a gweithwyr ieuenctid.*
baffe* [bɑf] *f* slap *b*, clusten *b*, celpen *b*, bonclust *g*; **il a reçu une paire de ~s** cafodd fonclust; **il m'a donné une ~, il m'a flanqué une** ~ rhoddodd glusten imi.
Baffin [bafɛ̃] *prf*: **terre de** ~ Ynys *b* Baffin.
baffle [bafl] *m* (*haut-parleur*) baffl *g*, bwrdd *g* distewi.
bafouer [bafwe] (**1**) *vt* gwneud (rhn) yn destun sbort *ou* yn gyff gwawd, gwneud hwyl am ben; (*conventions*) diystyru.
bafouillage [bafujaʒ] *m* mwmial, mwmian; (*propos incohérents, stupides*) paldaruo, dwli *g*, rwtsh *g*.
bafouiller [bafuje] (**1**) *vi* (*bredouiller*) mwmial, mwmian; (*tenir des propos stupides*) paldaruo, malu awyr, siarad dwli; ♦*vt* mwmial, mwmian.
bâfrer* [bɑfʀe] (**1**) *vi, vt* llowcio, claddu, sglaffio.
bagage [bagaʒ] *m* (*sac, valise*) bag *g*, cês *g*; ~ **littéraire** stôr *b* o wybodaeth lenyddol; **plier** ~ hel eich pac; **~s** bagiau *ll*, paciau *ll*; **~s à**

main bagiau llaw.

bagarre [bagaʀ] *f* sgarmes *b*, ffrwgwd *b*; **ils aiment la** ~ maen nhw wrth eu boddau'n ymladd.

bagarrer* [bagaʀe] (**1**): **se** ~ *vr* ymladd, sgarmesu, paffio, cwffio; (*discuter*) ffraeo.

bagarreur*[1] (**bagarreuse**) [bagaʀœʀ, bagaʀøz] *adj* ymosodol, ymladdgar; **ils sont** ~**s** maen nhw wrth eu boddau'n ymladd.

bagarreur*[2] [bagaʀœʀ] *m* ymladdwr *g*, cwffiwr *g*.

bagarreuse* [bagaʀøz] *f* ymladdwraig *b*, cwffwraig *b*;
♦*adj f voir* **bagarreur**[1].

bagatelle [bagatɛl] *f* peth *g* bychan ei werth *ou* heb fawr o werth, ffrit *g* o beth; (*vétille*) peth *g* dibwys; (*petite somme*) swm *g* pitw; **des** ~**s** geriach *ll*, mân drugareddau *ll*; **je l'ai eu pour une** ~ fe'i cefais am y nesaf peth i ddim.

Bagdad, **Baghdâd** [bagdad] *pr* Baghdad *b*.

bagnard [baɲaʀ] *m* carcharor *g*.

bagne [baɲ] *m* (*prison*) carchar *g*; (*peine*) llafur *g* caled *ou* gorfod; **c'est le** ~ (*fig*) mae'n lladdfa *ou* slafdod.

bagnole* [baɲɔl] *f* car *g*; (*péj*) hen siandri *b*, hen racsyn *g* o gar.

bagout* [bagu] *m* llithrigrwydd *g*, slicrwydd *g*; **avoir du** ~ bod â dawn siarad *ou* ymadrodd *ou* dweud, siarad yn slic.

bague [bag] *f* modrwy *b*; ~ **de fiançailles** modrwy *b* ddyweddïo; ~ **de serrage** (*TECH*) clip *g* jiwbilî.

baguenauder* [bagnode] (**1**): **se** ~ *vr* (*faire un tour*) mynd am dro; (*traîner*) segura, sefyllian, loetran.

baguer [bage] (**1**) *vt* modrwyo, rhoi modrwy ar.

baguette [bagɛt] *f*
1 (*pain*) torth *b* hir, torth Ffrengig.
2 (*petit bâton*) ffon *b*; (*de chef d'orchestre*) baton *g*; **mener qn à la** ~ rheoli rhn â llaw haearn, rheoli rhn yn llym; ~ **de sourcier** ffon ddewino; ~ **de tambour** ffon dabwrdd, ffon guro drwm; ~ **magique** hudlath *b*, ffon hud.
3 (*cuisine chinoise*) gweillen *b* fwyta.
4 (*CONSTR: moulure*) mowldin *g*.

Bahamas [baamas] *prfpl*: **les (îles)** ~ Ynysoedd *ll* Bahama, y Bahamas *ll*.

Bahreïn [baʀɛn] *prm* Bahrein *b*.

bahut [bay] *m* (*coffre*) cist *b*; (*buffet*) seld *b*; (*fam*) ysgol *b*.

bai (-e) [bɛ] *adj* (*cheval*) gwinau.

baie[1] [bɛ] *f* (*GÉO*) bae *g*.

baie[2] [bɛ] *f* (*fruit*) aeronen *b*.

baie[3] [bɛ] *f* (*ARCHIT*) cilfach *b*, bae *g*, cowlas *g*; ~ **(vitrée)** ffenestr *b* olygfa *ou* bictiwr.

baignade [bɛɲad] *f* (*action*) ymdrochi; (*bain*) ymdrochfa *b*, trochiad *g*; (*endroit*) lle *g* ymdrochi; ~ **interdite** dim ymdrochi, gwaherddir ymdrochi.

baigné (-e) [beɲe] *adj*: ~ **de** yn wlyb gan; (*trempé*) yn foddfa o; (*inondé*) yn fôr o.

baigner [beɲe] (**1**) *vi* (*linge*) socian; (*fruits*) mwydo; ~ **dans son sang** gorwedd mewn pwll o waed; ~ **dans la brume** bod dan orchudd o niwl; **"ça baigne!"*** "grêt!", "gwych!", "campus!";
♦*vt* (*bébé*) bathio, rhoi bath i; (*pieds etc*) golchi;
♦ **se** ~ *vr* mynd i nofio *ou* ymdrochi; (*dans une baignoire*) cael bath.

baigneur [bɛɲœʀ] *m* ymdrochwr *g*; (*poupée*) babi-dol *b*.

baigneuse [bɛɲøz] *f* ymdrochwraig *b*.

baignoire [bɛɲwaʀ] *f* bath *g*, twb *g*, twba *g*; (*THÉÂTRE*) bocs *g* ar y llawr isaf.

bail (**baux**) [baj, bo] *m* prydles *b*, les *b*; **donner qch à** ~ prydlesu rhth, gosod rhth ar brydles; **prendre qch à** ~ cymryd rhth ar brydles; ~ **commercial** prydles fasnach *ou* fasnachol.

bâillement [bɑjmɑ̃] *m* agoriad *g* ceg, dylyfiad *g* gên.

bâiller [bɑje] (**1**) *vi* agor ceg, dylyfu gên; (*être ouvert*) bod yn gilagored *ou* yn lledagored *ou* yn hanner agored.

bailleur [bajœʀ] *m* prydlesydd *g*; ~ **de fonds** (*COMM*) noddwr *g*, cefnogwr *g*.

bâillon [bɑjɔ̃] *m* safnrhwym *g*, safnglo *g*, gag *g*.

bâillonner [bɑjɔne] (**1**) *vt* gagio, cau ceg.

bain [bɛ̃] *m*
1 (*récipient et action*) bath *g*, baddon *g*; (*dans la mer*) ymdrochfa *b*, trochiad *g*; (*dans une piscine*) nofiad *g*; **prendre un** ~ (*dans une baignoire*) cael bath; (*dans la mer*) ymdrochi; (*dans une piscine*) nofio; **mettre qn dans le** ~ (*informer*) esbonio'r sefyllfa i rn, rhoi rhn ar ben y ffordd; (*compromettre*) ymhlygu rhn; **tu seras vite dans le** ~ (*fig*) ni fyddi di fawr o dro yn dod iddi; ~ **de soleil** torheulad *g*, bolaheulad *g*; **prendre un** ~ **de soleil** torheulo, bolaheulo; **prendre un** ~ **de foule** mynd i gwrdd â phobl, cerdded ymhlith y bobl; **costume de** ~ gwisg *b ou* siwt *b* nofio; ~ **de bouche** cegolch *g* (*hylif golchi ceg*); ~ **de pieds** baddon *g* traed; (*au bord de la mer*) padlo; ~ **de siège** (*MÉD*) baddon *g* eistedd; ~ **moussant** hylif *g* ymolchi, ewyn *g* ymolchi; ~**s de mer** ymdrochi yn y môr; ~**s(-douches) municipaux** baddondy *g* cyhoeddus.
2 (*PHOT, TECH*) baddon, llestr *g*.

bain-marie (~**s**-~) [bɛ̃maʀi] *m* sosban *b* ddwbwl; **faire chauffer qch au** ~-~ (*sauce*) twymo rhth mewn sosban ddwbwl; (*boîte etc*) rhoi *ou* dodi rhth mewn dŵr berwedig.

baïonnette [bajɔnɛt] *f* bidog *g,b*; **douille à** ~ (*ÉLEC*) soced *g,b* bidog; **ampoule à** ~ bwlb *g* â chap bidog.

baisemain [bɛzmɛ̃] *m*: **il lui fit le** ~ cusanodd ei llaw *ou* law.

baiser [beze] (**1**) *m* cusan *g,b*;

♦*vt* (*main, front*) cusanu; (*fam: duper*) twyllo; (*vulgaire: sexuellement*) cnuchio**, dobio**, dyrnu**.

baisse [bɛs] *f* cwymp *g*, disgyniad *g*, gostyngiad *g*; ~ **sur la viande** (*COMM*) gostyngiad ym mhrisiau cig; **être en** ~ cwympo, disgyn, gostwng; **à la** ~ (ar) i lawr, yn gostwng.

baisser [bese] (**1**) *vi* (*niveau, température*) gostwng, disgyn, syrthio, cwympo; (*vue, lumière*) pylu, gwanhau; (*santé*) gwanhau; (*mémoire, forces*) pallu, diffygio; (*cours, prix*) gostwng, disgyn; **le jour baisse** mae hi'n tywyllu; **ma vue baisse** 'rwy'n dechrau colli fy ngolwg;
♦*vt* gostwng; (*de niveau*) gollwng (i lawr); (*radio, chauffage*) troi i lawr, troi yn is; (*store*) tynnu i lawr;
♦ **se** ~ *vr* plygu.

bajoues* [baʒu] *fpl* cernau *ll*, bochau *ll*.

bakchich* [bakʃiʃ] *m* llwgrwobrwy *b*, llwgrwobr *b*; (*pot-de-vin*) cildwrn *g*.

bal [bal] *m* dawns *b*; ~ **costumé** dawns wisg ffansi; ~ **masqué** dawns fwgwd; ~ **musette** dawns (*i gyfeiliant acordion*).

balade [balad] *f* tro *g*, wâc *b*; (*en voiture*) tro, reid *b*; **une** ~ **à bicyclette** reid *ou* tro ar gefn beic; **faire une** ~ mynd am dro *ou* reid; **être en** ~ **dans une région** teithio o gwmpas *ou* o amgylch ardal.

balader* [balade] (**1**) *vt* (*traîner*) llusgo (rhth) ar eich ôl; (*promener*) mynd â (rhn/rhth) am dro;
♦ **se** ~ *vr* mynd am dro *ou* reid.

baladeur [baladœʀ] *m* stereo *b* bersonol, Walkman© *g*.

baladeuse [baladøz] *f* lamp *b* archwilio.

baladin [baladɛ̃] *m* diddanwr *g ou* actor *g* crwydrol.

balafre [balɑfʀ] *f* (*blessure*) archoll *b*, toriad *g*; (*intentionnelle*) slaes *b*; (*cicatrice*) craith *b*.

balafrer [balɑfʀe] (**1**) *vt* torri, archolli; (*intentionnelle*) slaesio; **un visage balafré** wyneb *g* creithiog.

balai [balɛ] *m* ysgub *b*, brwsh *g* llawr, ysgubell *b*; (*AUTO: d'essuie-glace*) llafn *g*; (*MUS: de batterie etc*) brwsh gwifrau; **donner un coup de** ~ ysgubo'r llawr, rhoi ysgubad i'r llawr; ~ **mécanique** ysgubwr *g* carpedi.

balai-brosse (~**s**-~**s**) [balɛbʀɔs] *m* brwsh *g* sgwrio (*â choes hir*).

balance [balɑ̃s] *f* (*à plateaux*) clorian *b*; (*de précision*) clorian fanwl; **B**~ (*ASTRON: constellation*) (cytser) y Fantol *b*; **être (de la) B**~ (*ASTROL*) bod yn Librad; ~ **commerciale** mantolen *b* fasnach; ~ **des comptes** *neu* **paiements** mantolen daliadau; ~ **des forces** cydbwysedd *g* grym; ~ **romaine** stiliwns *g*, stiliard *g* (*math o glorian*).

balancelle [balɑ̃sɛl] *f* hamog *g* gardd.

balancer [balɑ̃se] (**9**) *vi* (*fig*) siglo; (*hésiter*) petruso;
♦*vt* siglo; (*fam: lancer*) taflu, lluchio; (*fam: se débarrasser de*) cael gwared â *ou* ar; (*renvoyer, jeter*) taflu allan *ou* mas;
♦ **se** ~ *vr* siglo; (*bateau, branche*) siglo, ysgwyd; **se** ~ **de qch*** malio *ou* becso dim am rth.

balancier [balɑ̃sje] *m* (*de pendule*) pendil *g*; (*de montre*) olwyn *b* reoli; (*perche*) polyn *g* balansio *ou* sadio *ou* gwrthbwyso

balançoire [balɑ̃swaʀ] *f* siglen *b*; (*sur pivot*) si-so *g*, sigl *g* adenydd.

balayage [balɛjaʒ] *m* ysgub(i)ad *g*, ysgubo; (*phares*) gwibiad *g*; (*électronique, radar*) sganio; (*coiffure*) arolau *g*, aroleuad *g*; **se faire faire un** ~ (*coiffure*) cael aroleuo'ch gwallt.

balayer [baleje] (**18**) *vt* ysgubo, brwsio; (*suj: vent, torrent etc*) ysgubo trwy *ou* dros; (*radar*) sganio; (*phares*) gwibio ar draws *ou* dros, ysgubo ar draws *ou* dros; (*soucis etc*) ysgubo ymaith.

balayette [balɛjɛt] *f* brwsh *g* llaw bach.

balayeur [balɛjœʀ] *m* ysgubwr *g* strydoedd, dyn *g* ysgubo strydoedd.

balayeuse [balɛjøz] *f* ysgubwraig *b* strydoedd, gwraig *b* ysgubo strydoedd; (*engin*) peiriant *g* ysgubo'r ffordd, peiriant *g* glanhau'r ffordd.

balayures [balejyʀ] *fpl* ysgubion *ll*.

balbutiement [balbysimɑ̃] *m* (*paroles*) mwmial, mwmian; (*bébé*) preblian; ~**s** (*fig: débuts*) camau *ll* cyntaf, dechrau *g*.

balbutier [balbysje] (**16**) *vi* mwmial, mwmian;
♦*vt* dweud (rhth) yn betrus *ou* yn aneglur, mwmian, mwmial.

balcon [balkɔ̃] *m* balconi *g*; (*THÉÂTRE*) seddau'r *ll* cylch.

baldaquin [baldakɛ̃] *m* canopi *g*.

Bâle [bɑl] *pr* Basel *b*.

Baléares [baleɑʀ] *prfpl*: **les (îles)** ~ Ynysoedd *ll* Baleares, yr Ynysoedd Balearaidd.

baleine [balɛn] *f* morfil *g*; (*de parapluie*) asen *b*; (*de corset*) walbon *g*.

baleinier [balenje] *m* pysgotwr *g ou* heliwr *g* morfilod.

baleinière [balɛnjɛʀ] *f* (*NAUT*) llong *b* forfila.

balèze [balɛz] *adj* (*grand et fort*) cydnerth, cadarn, cryf(cref)(cryfion); (*fig: intellectuel*) gwych;
♦*m/f* clamp *g* o ddyn, clamp o wraig, clobyn *g*, cloben *b*.

balisage [balizaʒ] *m* (*signaux*) goleuadau *ll*; (*NAUT*) bwiau *ll*; (*AVIAT*) goleuadau *ll* glanio; (*AUTO*) arwyddion *ll*.

balise [baliz] *f* (*NAUT*) golau *g* llywio, bwi *g*; (*AVIAT*) golau *g* glanio *ou* llywio; (*AUTO*) arwydd *g* ffordd; (*SKI*) postyn *g* marcio.

baliser [balize] (**1**) *vt* nodi (rhth) drwy osod arwyddion *ou* goleuadau *ou* bwiau.

balistique [balistik] *adj* balistig;

♦*f* balisteg *b*.
balivernes [balivɛʀn] *fpl* lol *b*, dwli *g*; **raconter des ~** siarad lol *ou* dwli, malu awyr.
balkanique [balkanik] *adj* Balcanaidd.
Balkans [balkɑ̃] *prmpl*: **les ~** y Balcanau *ll*.
ballade [balad] *f* baled *b*.
ballant (-e) [balɑ̃, ɑ̃t] *adj* yn hongian, yn siglo.
ballast [balast] *m* balast *g*.
balle [bal] *f* (*de fusil*) bwled *b*; (*de tennis, golf, ping-pong*) pêl *b*; (*du blé*) cibyn *g*, mân us *ll*; (*paquet*) bwndel *g*, bwrn *g*, belen *b*; **cent ~s*** can ffranc *g*; **~ perdue** bwled grwydr.
ballerine [bal(ə)ʀin] *f* dawnswraig *b* fale, balerina *b*; (*chaussure*) esgid *b* fflat (*tebyg i esgid fale*).
ballet [balɛ] *m* bale *g*; **~ diplomatique** (*fig*) mynd a dod ymhlith diplomyddion.
ballon [balɔ̃] *m* (*SPORT: grosse balle*) pêl *b*; (*AVIAT: jouet*) balŵn *g,b*; (*de vin*) gwydryn *g*, gwydraid *g*; **~ d'essai** (*MÉTÉO*) balŵn profi *ou* brofi; (*AUTO*) anadliedydd *g*, bag *g* chwythu; **souffler dans le ~** cael prawf anadl; **lancer un ~ d'essai** (*fig*) cynnig awgrym, gweld sut mae'r gwynt yn chwythu; **~ de football** pêl-droed *b*; **~ d'oxygène** potel *b* ocsigen; **un ~ de rouge** gwydraid o win coch.
ballonner [balɔne] (1) *vt* chwyddo; **j'ai le ventre ballonné** mae fy mol yn llawn.
ballon-sonde (~s-~s) [balɔ̃sɔ̃d] *m* balŵn *g,b* archwilio.
ballot [balo] *m* bwndel *g*, pecyn *g*; (*péj*) twpsyn *g*, hurtyn *g*, pen *g* dafad.
ballottage [balɔtaʒ] *m* (*POL*) ail bleidlais *b*.
ballotter [balɔte] (1) *vi* rholio o gwmpas; (*bateau*) ymdaflu;
♦*vt* ysgwyd *ou* taflu (rhth) yma a thraw; **être ballotté entre ...** (*fig*) cael eich taflu yn ôl ac ymlaen rhwng ...; (*indécis*) cael eich rhwygo rhwng ..., petruso rhwng ...
ballottine [balɔtin] *f*: **~ de volaille** (*CULIN*) torth *b* gig iâr.
ball-trap (~-~s) [baltʀap] *m* (*appareil*) trap *g*; (*tir*) saethu colomennod clai.
balluchon [balyʃɔ̃] *m* bwndel *g* (o ddillad); **faire son ~** codi'ch pac.
balnéaire [balneɛʀ] *adj* glan môr *b*; **station ~** tref *b* lan môr.
balnéothérapie [balneoteʀapi] *f* baddon-driniaeth *b*.
BALO [balo] *sigle m*(= *Bulletin des annonces légales obligatoires*) *hysbysiadau ll cyfreithiol cyhoeddus mewn papurau newydd ayb.*
balourd[1] (-e) [baluʀ, uʀd] *adj* trwsgl, afrosgo, lletchwith.
balourd[2] [baluʀ] *m* hulpyn *g*, twpsyn *g*, llabwst *g*, llo *g*.
balourde [baluʀd] *f* hulpen *b*, twpsen *b*;
♦*adj f voir* **balourd**[1].
balourdise [baluʀdiz] *f* (*maladresse manuelle*) lletchwithdod *g*, trwsgleiddiwch *g*; (*manque de finesse*) twpdra *g*, dylni *g*; (*gaffe*) camgymeriad *g*, caff *g* gwag.
balte [balt] *adj* Baltig.
Balte [balt] *m/f* un *g/b* o wledydd y Baltig, Baltiad *g/b*.
baltique [baltik] *adj* Baltig;
♦*f*: **la B~** (Môr *g*) y Baltig *g*.
baluchon [balyʃɔ̃] *m*= **balluchon**.
balustrade [balystʀad] *f* balwstrâd *g*; (*garde-fou*) rheiliau *ll*, canllaw *g,b*.
bambin [bɑ̃bɛ̃] *m* plentyn *g* bach, crwtyn *g*.
bambine [bɑ̃bin] *m* plentyn *g* bach, croten *b*.
bambou [bɑ̃bu] *m* bambŵ *g*.
ban [bɑ̃] *m* (*applaudissements*) cymeradwyaeth *b*; (*tambour*) tabyrddiad *g*; (*clairon*) utganiad *g*, ffanffer *b*; (*HIST*) datganiad *g*, proclamasiwn *g*; **~s** (*de mariage*) gostegion *ll*; **être au ~ de** cael eich diarddel *ou* alltudio o; **mettre qn au ~ de** diarddel *ou* alltudio rhn o; **le ~ et l'arrière-~ de sa famille** pob copa walltog o'i deulu, pob (un) wan jac o'i deulu*.
banal (-e) [banal] *adj* cyffredin; (*péj*) ystrydebol; **four ~** (*HIST*) popty'r *g* pentref.
banalement [banalmɑ̃] *adv* yn gyffredin, yn ystrydebol.
banalisé (-e) [banalize] *adj* (*voiture de police*) heb ei farcio, heb "heddlu" arno.
banaliser [banalize] (1) *vt* gwneud (rhth) yn gyffredin *ou* yn ystrydebol; (*POLICE: véhicule*) tynnu'r nodweddion amlwg oddi ar; **voiture banalisée** car heddlu (*heb "heddlu" arno*).
banalité [banalite] *f* cyffredinedd *g*; (*remarque*) ystrydeb *b*.
banane [banan] *f* banana *g,b*.
bananeraie [bananʀɛ] *f* planhigfa *b* fananas.
bananier [bananje] *m* coeden *b* fananas; (*bateau*) cwch *g* bananas.
banc [bɑ̃] *m* mainc *b*, sedd *b*; (*de poissons*) haig *b*; **~ d'essai** mainc arbrofi; (*fig*) man *g* prawf; **~ de sable** banc *g* tywod, cefnen *b* dywod; **~ des accusés** (*JUR*) doc *g*; **~ des témoins** (*JUR*) llwyfan *g* tystio.
bancaire [bɑ̃kɛʀ] *adj* bancio; **carte ~** cerdyn *g* banc.
bancal (-e) [bɑ̃kal] *adj* sigledig, simsan; (*personne: boiteux*) cloff; (*aux jambes arquées*) coesgam, â choesau cam; (*meuble*) ansad, sigledig; (*fig: idée, raisonnement*) simsan, gwan.
bandage [bɑ̃daʒ] *m* (*action*) rhwymynnu, rhwymo; (*pansement*) rhwymyn *g*, bandais *g*.
bande [bɑ̃d] *f* (*de tissu etc*) stribed *g,b*; (*MÉD*) rhwymyn *g*, bandais *g*; (*magnétique*) tâp *g*; (*INFORM*) tâp; (*CINÉ*) ffilm *b*; (*motif, dessin*) rhesen *b*, streipen *b*; (*groupe*) criw *g*, mintai *b*; (*péj*) haid *b*, ciwed *b*; **donner de la ~** (*NAUT*) gogwyddo; **par la ~** (*fig*) yn anuniongyrchol, yn gwmpasog; **faire ~ à part** aros *ou* sefyll *ou* cadw draw; **ils font ~ à part** maen nhw'n griw ar wahân; **~ dessinée** comic *g*, stribed comig, cartŵn *g*; **~ perforée**

tâp papur tyllog, tâp tyllnod; ~ **de roulement** (*de pneu*) gwadn *g,b*; ~ **sonore** trac *g* sain; ~ **de terre** llain *b* o dir; ~ **Velpeau**® (*MÉD*) rhwymyn *g* crêp.

bandé (-**e**) [bɑ̃de] *adj* wedi ei r(h)wymo *ou* ei r(h)wymynnu, â rhwymyn; **les yeux ~s** a mwgwd dros ei (l)lygaid.

bande-annonce (~**s**-~**s**) [bɑ̃danɔ̃s] *f* (*CINÉ*) rhaglun *g*, hysbyslun *g*.

bandeau (-**x**) [bɑ̃do] *m* penrwymyn *g*; (*sur les yeux*) mwgwd *g*; (*MÉD*) rhwymyn *g* am y pen.

bandelette [bɑ̃dlɛt] *f* stribed *g,b ou* stribyn *g* o ddefnydd, rhwymyn *g* cul.

bander [bɑ̃de] (**1**) *vt* rhwymo, rhwymynnu; (*muscle*) tynhau; (*arc*) plygu; ~ **les yeux à qn** rhoi mwgwd dros lygaid rhn, mygydu rhn; ♦*vi* (*vulgaire*) cael codiad *ou* cwnnad*.

banderille [bɑ̃dʀij] *f* banderila *g*.

banderole [bɑ̃dʀɔl] *f* banerig *b*; (*dans un défilé etc*) baner *b*.

bande-son (~**s**-~) [bɑ̃dsɔ̃] *f* (*CINÉ*) trac *g* sain.

bande-vidéo (~**s**-~) [bɑ̃dvideo] *f* tâp *g* fideo.

bandit [bɑ̃di] *m* bandit *g*, ysbeiliwr *g*, gwylliad *g*.

banditisme [bɑ̃ditism] *m* (*comportement du bandit*) banditiaeth *b*; (*ensemble d'actes criminels*) ysbeilio trwy drais, lladradau *ll* arfog, troseddau *ll* treisgar.

bandoulière [bɑ̃duljɛʀ] *f* (*gén*) strap *g,b* ysgwydd; (*MIL*) gwregys *g* ysgwydd, bandolîr *g*; **en** ~ yn hongian ar draws y corff.

Bangladesh [bɑ̃gladɛʃ] *prm* Bangladesh *b*.

banjo [bɑ̃(d)ʒo] *m* banjo *g*.

banlieue [bɑ̃ljø] *f* maestrefi *ll*; **en** ~ ar gyrion y ddinas *ou* dref; **quartier de** ~ maestref *b*, ardal *b* ar gyrion y dref; **lignes de** ~ gwasanaeth *g* teithio i'r maestrefi; **trains de** ~ trenau *ll* ar gyfer cymudwyr; **une ville de** ~ tref *b* faesdrefol.

banlieusard [bɑ̃ljøzaʀ] *m* maestrefwr *g*; (*navetteur*) cymudwr *g*.

banlieusarde [bɑ̃ljøzaʀd] *f* maestrefwraig *b*; (*navetteuse*) cymudwraig *b*.

bannière [banjɛʀ] *f* baner *b*.

bannir [baniʀ] (**2**) *vt* alltudio, diarddel; (*usage*) gwahardd.

banque [bɑ̃k] *f* banc *g*; (*activités*) bancio; (*au jeu*) banc; ~ **d'affaires** banc masnachol; ~ **de dépôt** banc arian *g* cadw; ~ **de données** (*INFORM*) cronfa *b* ddata; ~ **d'émission** banc dyroddi; ~ **du sang** banc gwaed; **la B~ Mondiale** Banc y Byd.

banqueroute [bɑ̃kʀut] *f* methdaliad *g* (troseddol); (*fig*) methiant *g*; **faire** ~ methdalu, mynd yn fethdalwr.

banquet [bɑ̃kɛ] *m* (*de club*) cinio *g*; (*de noces*) gwledd *b* briodas.

banquette [bɑ̃kɛt] *f* mainc *b*, sedd *b*; (*d'auto*) sedd lydan, sedd ar draws.

banquier [bɑ̃kje] *m* bancer *g*.

banquise [bɑ̃kiz] *f* maes *g* rhew *ou* iâ.

bantou (-**e**) [bɑ̃tu] *adj* Bantŵaidd, Bantw.

baptême [batɛm] *m* (*cérémonie*) bedydd *g*; (*sacrement*) bedyddio; (*d'un navire*) enwi; (*d'une cloche*) cysegriad *g*, cysegru; ~ **de l'air** hedfaniad *g* cyntaf.

baptiser [batize] (**1**) *vt* (*REL*) bedyddio; (*navire*) enwi; (*cloche*) cysegru.

baptismal (-**e**) (**baptismaux, baptismales**) [batismal, batismo] *adj*: **eau ~e** dŵr *g* bedydd; **les fonts baptismaux** bedyddfaen *g*, maen *g* bedydd.

baptiste [batist] *m/f* Bedyddiwr *g*, Bedyddwraig *b*.

baquet [bakɛ] *m* twb *g*, twba *g*, bwced *g,b*; (*AUTO: siège*) sêt *b* fwced.

bar[1] [baʀ] *m* (*établissement, meuble, comptoir*) bar *g*.

bar[2] [baʀ] *m* (*poisson*) draenogiad *g* y môr.

baragouin* [baʀagwɛ̃] *m* lol *b*, dwli *g*, rwtsh-ratsh *g*, rwdl-mi-ri *g,b*.

baragouiner* [baʀagwine] (**1**) *vi* paldaruo, rwdlan, clebran; ♦*vt* (*phrase*) rhuthro, brygowthan; (*langue*) siarad yn fratiog; ~ **le français** siarad Ffrangeg bratiog *ou* clapiog.

baraque [baʀak] *f* cwt *g*, sied *b*; (*fam*) tŷ *g*; ~ **foraine** stondin *b* mewn ffair.

baraqué* (-**e**) [baʀake] *adj* cydnerth, cyhyrog, cryf(cref)(cryfion), glew; **c'est un** ~ mae'n globyn *ou* glamp o ddyn.

baraquements [baʀakmɑ̃] *mpl* barics *ll*, cytiau *ll* (*ar gyfer ffoaduriaid, gweithwyr ayb*).

baratin* [baʀatɛ̃] *m* truth *g*, sebon *g*, parablu.

baratiner* [baʀatine] (**1**) *vt* truthio, seboni, parablu.

baratte [baʀat] *f* buddai *b*, corddwr *g*.

Barbade [baʀbad] *prf*: **la** ~ Barbados *b*

barbant* (-**e**) [baʀbɑ̃, ɑ̃t] *adj* diflas, syrffedus, llethol.

barbare [baʀbaʀ] *adj* barbaraidd; ♦*m/f* barbariad *g/b*.

barbarie [baʀbaʀi] *f* barbariaeth *b*; (*cruauté*) creulondeb *g*.

Barbarie [baʀbaʀi] *prf*: **la** ~ Glannau *ll* Barbaria, Barbari *b*.

barbarisme [baʀbaʀism] *m* (*LING*) estronair *g*.

barbe [baʀb] *f* barf *b*, locsyn *g*; **au nez et à la ~ de qn** (*fig*) dan drwyn rhn; **quelle ~!*** dyna ddiflas!, dyna annifyr!; ~ **à papa** cwmwl *g ou* blew *ll* siwgr, candi-fflos *g*.

barbecue [baʀbəkju] *m* barbeciw *g*; **faire cuire qch au** ~ barbeciwio rhth.

barbelé [baʀbəle] *m* weiren *b* bigog.

barber* [baʀbe] (**1**) *vt*: ~ **qn** diflasu rhn yn lân *ou* yn llwyr, blino rhn yn lân *ou* yn llwyr.

barbiche [baʀbiʃ] *f* locsyn *g* bwch gafr.

barbichette [baʀbiʃɛt] *f* locsyn *g* bychan bwch gafr.

barbiturique [baʀbityʀik] *m* barbitwrad *g*.

barboter [baʀbɔte] (**1**) *vi* (*dans l'eau*) sblasio,

padlo;
♦*vt* (*fam: voler*) dwyn, bachu.
barboteuse [baʀbɔtøz] *f* rompyr *g*, siwt *b* chwarae.
barbouiller [baʀbuje] (**1**) *vt* (*couvrir, salir*) baeddu, difwyno, dwyno; (*péj: mur, toile*) paentio'n fras *ou* flêr, paentio rywsut-rywsut; (*écrire, dessiner*) sgriblan, sgriffian; **avoir l'estomac barbouillé** teimlo'n swp sâl, bod â stumog wan; **je me sentais barbouillé** 'roeddwn ar fin cyfogi, 'roedd pwys arnaf.
barbu (**-e**) [baʀby] *adj* barfog, â barf *ou* locsyn.
barbue [baʀby] *f* (*poisson*) lleden *b* fannog.
Barcelone [baʀselɔn] *pr* Barcelona *b*.
barda* [baʀda] *m* gêr *g*, geriach *g*, taclau *ll*.
barde[1] [baʀd] *f* (*CULIN*) braster *g* cig moch (*a ddefnyddir i orchuddio cig i'w rostio*).
barde[2] [baʀd] *m* (*poète*) bardd *g*.
bardé (**-e**) [baʀde] *adj*: ~ **de médailles** yn fedalau i gyd.
bardeaux [baʀdo] *mpl* (*TECH*) estyll *ll*, teils *ll* pren.
barder [baʀde] (**1**) *vi*: **ça va** ~* fe fydd 'na helynt;
♦*vt* (*CULIN*) gorchuddio (rhth) â chig moch, rhoi cig moch ar.
barème [baʀɛm] *m* graddfa *b*; (*liste*) rhestr *b*, tabl *g*; ~ **des salaires** graddfa gyflogau.
barge [baʀʒ] *f* cwch *g*, bad *g*.
barguigner [baʀgiɲe] (**1**) *vi*: **sans** ~ heb betruso, heb hemian a hymian.
baril [baʀi(l)] *m* (*tonneau*) casgen *b*, baril *g,b*; (*de poudre*) barilan *b*, casgen fach.
barillet [baʀijɛ] *m* (*de revolver*) drwm *g*.
bariolé (**-e**) [baʀjɔle] *adj* amryliw.
barman [baʀman] *m* barman *g*, dyn *g* y tu ôl i'r bar.
baromètre [baʀɔmɛtʀ] *m* baromedr *g*; ~ **anéroïde** baromedr aneroid.
baron [baʀɔ̃] *m* barwn *g*.
baronne [baʀɔn] *f* barwnes *b*.
baroque [baʀɔk] *adj* (*ART*) baróc; (*fig*) rhyfedd, od.
baroud* [baʀud] *m*: ~ **d'honneur** gwrthsafiad *g* dewr (*hyd yr eithaf*).
baroudeur* [baʀudœʀ] *m* ymladdwr *g*, brwydrwr *g*.
barque [baʀk] *f* cwch *g*, bad *g*; **mener la** ~ bod yn gyfrifol *ou* mewn awdurdod, bod wrth y llyw.
barquette [baʀkɛt] *f* (*tartelette*) tarten *b* fach (*ar ffurf cwch*); (*petit récipient: pour plat cuisiné*) dysgl *b*; (:*pour fruits*) basged *b*; (:*de margarine*) twb *g*.
barracuda [baʀakyda] *m* baracwda *g*.
barrage [baʀaʒ] *m* argae *b*; (*sur route, rue*) rhwystr *g* ffordd, baricêd *g*; ~ **de police** rhwystr *g* ffordd (*a osodir gan yr heddlu*), cadwyn *b* o blismyn.
barre [baʀ] *f*
1 (*de fer etc*) bar *g*, rhoden *b*; **c'est le coup de** ~!* lladrad noeth yw hyn!; **j'ai le coup de** ~!* 'rwyf wedi ymlâdd!.
2 (*petite tablette*) bar *g*; ~ **chocolatée,** ~ **de chocolat** bar siocled.
3 (*NAUT*) llyw *g*; **être à la** ~**, tenir la** ~ bod wrth y llyw.
4 (*de la houle*) ymchwydd *g*, eger *g*, ton *g* lanw.
5 (*écrite*) llinell *b*, strôc *b*.
6 (*JUR: d'avocats*): **comparaître à la** ~ ymddangos yn dyst.
7 (*DANSE, GYM*) bar *g*; ~ **fixe** bar llorwedd; ~**s parallèles/asymétriques** barrau cyflin/anghymesur.
8 (*MUS*): ~ **de mesure** llinell bar.
barreau (**-x**) [baʀo] *m* (*de cage, fenêtre, prison*) bar *g*; (*d'échelle, de chaise*) ffon *b*; **le** ~ (*JUR*) y Bar *g*, bargyfreithwyr *ll*.
barrer [baʀe] (**1**) *vt* (*route etc*) cau, blocio; (*chèque*) croesi; (*mot*) croesi allan, dileu; (*NAUT*) llywio; ~ **le passage** *neu* **la route à qn** sefyll yn ffordd rhn, rhwystro rhn;
♦ **se** ~* *vr* ei bachu* hi, ei gwadnu* hi, ei gloywi* hi.
barrette [baʀɛt] *f* (*pour les cheveux*) sleid *g,b* gwallt *ou* wallt; (*REL: bonnet*) bireta *g*, capan *g*; (*broche*) broetsh *g,b*.
barreur [baʀœʀ] *m* llywiwr *g*; (*aviron*) cocs *g*.
barreuse [baʀøz] *f* llyw-wraig *b*; (*aviron*) cocs *b*.
barricade [baʀikad] *f* baricêd *g*.
barricader [baʀikade] (**1**) *vt* baricedio;
♦ **se** ~ *vr*: **se** ~ **chez soi** (*fig*) eich cau eich hun i mewn.
barrière [baʀjɛʀ] *f* ffens *b*; (*obstacle*) rhwystr *g*; (*porte*) clwyd *b*, giât *b*, gât *b*, llidiart *g,b*; **la Grande B**~ y Barriff *g* Mawr; "~ **de dégel**" (*AUTO: signal routier*) "dim cerbydau trymion" (*oherwydd cyflwr y ffordd ar ôl i'r rhew ddadlaith neu ddadmer*); ~**s douanières** rhwystrau *ll* masnachol.
barrique [baʀik] *f* casgen *b*, baril *g,b*.
barrir [baʀiʀ] (**2**) *vi* (*éléphant*) rhuo, utganu.
bar-tabac (~**s**-~) [baʀtaba] *m* caffi *g* (*lle gwerthir stampiau a sigaréts*).
Barthélémy [baʀtelemi] *prm* Bartholomeus.
baryton [baʀitɔ̃] *m* bariton *g*.
BAS [beaɛs] *sigle m*(= *bureau d'aide sociale*) ≈ swyddfa *b* nawdd cymdeithasol.
bas[1] (**-se**) [bɑ, bɑs] *adj* isel; (*eau*) bas; (*marée*) isel; (*vue*) byr(ber)(byrion); (*action*) gwael, sâl; **la tête** ~**se** â'ch pen i lawr, â'ch pen yn isel; **avoir la vue** ~**se** bod â golwg byr, bod yn fyr eich golwg; **au** ~ **mot** ar y lleiaf, o leiaf; **enfant en** ~ **âge** plentyn *g* ifanc *ou* bach; ~ **morceaux** (*viande*) darnau *ll* rhad; **La Basse Bretagne** Llydaw *b* Isel, pendraw Llydaw; **vendre qch à** ~ **prix** gwerthu rhth yn rhad; ~ **de gamme** (*IND, COMM*) o'r ansawdd *g,b* gwaelaf *ou* waelaf; ~**se fréquence** (*PHYS*) amledd *g* isel; ~**se saison**

(*TOURISME*) y tymor *g* tawel; **parler à voix ~se** siarad yn isel *ou* yn dawel;
♦*adv* yn isel; (*parler*) yn dawel; **plus ~** yn is i lawr; (*dans un texte*) isod; **en ~** islaw, isod; (*dans une maison*) i lawr y grisiau; **en ~ de** ar waelod; **de ~ en haut** (tuag) at i fyny, (ar) i fyny; **parler de haut en ~** siarad yn ffroenuchel; **mettre ~** (*accoucher: animal*) dod â (rhth); (*vache*) dod â llo; (*brébis*) dod ag oen; **"à ~ la tyrannie!"** "i lawr â gormes!"
bas[2] [bɑ] *m* (*vêtement*) hosan *b*; (*partie inférieure*) troed *b*, godre *g*, gwaelod *g*, rhan *b* isaf; **après bien des hauts et des ~** wedi llawer tro ar fyd; **un ~ de laine*** (*économies*) cynilion *ll*, arian *g* wrth gefn.
basalte [bazalt] *m* basalt *g*.
basané (-e) [bazane] *adj* â lliw haul; (*à la peau sombre*) pryd tywyll.
bas-côté (~-~s) [bakote] *m* (*de route*) ymyl *g,b*, ochr *b*, gwar *g,b*; (*d'église*) ystlys *b*, eil *b*.
bascule *f* (*aussi:* **jeu de ~**) si-so *g*, sigl *g* adenydd; (*aussi:* **balance à ~**) clorian *b*; **fauteuil à ~** cadair *b* siglo.
basculer [baskyle] (1) *vi* troi *ou* cwympo *ou* syrthio drosodd, dymchwel; (*benne etc*) codi;
♦*vt* (*faire basculer*) dymchwel, troi drosodd; (*benne*) codi; (*contenu*) taflu allan.
base [bɑz] *f* gwaelod *g*; (*CHIM*) bas *g*; (*MATH*) bôn *g*; (*d'une forme*) sail *g*; (*LING*) gwreiddyn *g*, bôn; (*MIL*) gorsaf *b*, canolfan *g,b*; (*fondement, principe*) sail *b*, sylfaen *b*; **la ~** (*POL*) trwch *g* y boblogaeth, y bobl *b* gyffredin, y werin *b*; **de ~** sylfaenol; **jeter les ~s de** gosod seiliau; **à la ~ de** (*fig*) wrth wraidd; **sur la ~ de** (*fig*) ar sail; **à ~ de café** a choffi ynddo, sy'n cynnwys coffi; **~ de données** (*INFORM*) bas data; **~ de lancement** safle *g* lansio.
base-ball (~-~s) [bɛzbol] *m* pêl-fas *b*.
baser [bɑze] (1) *vt* (*opinion, théorie*) seilio; **être basé à** *neu* **dans** (*MIL*) bod wedi eich lleoli yn, bod â'ch canolfan yn;
♦ **se ~** *vr*: **se ~ sur** seilio'ch dadl ar.
bas-fond (~-~s) [bɑfɔ̃] *m* (*NAUT*) basfor *g*, basddwr *g*; ~-~**s** (*fig: gens*) gwehilion *ll* cymdeithas; (*quartier*) slymiau *ll*.
BASIC [bazik] *sigle m*(= *Beginner's All-Purpose Symbolic Instruction Code*) BASIC *b*.
basilic [bazilik] *m* (*CULIN*) basil *g*, brenhinllys *g*.
basilique [bazilik] *f* basilica *g*.
basket [baskɛt] *m*= **basket-ball**.
basket-ball [baskɛtbol] *m* pêl-fasged *b*.
baskets [baskɛt] *fpl* (*chaussures*) esgidiau *ll* ymarfer.
basketteur [basketœʀ] *m* chwaraewr *g* pêl-fasged.
basketteuse [basketøz] *f* chwaraewraig *b* pêl-fasged.
basquaise [baskɛz] *adj f* Basg, Basgaidd; **poulet ~** cyw *g* wedi ei goginio gyda thomatos a phuprynnau melys, cyw yn null y Basg.
Basquaise [baskɛz] *f* Basges *b*.
basque[1] [bask] *adj* Basg, Basgaidd; **le Pays ~** Gwlad *b* y Basg(iaid).
basque[2] [bask] *m* (*LING*) Basg *g,b*, Basgeg *g,b*.
Basque [bask] *m/f* Basg *g/b*, Basgiad *g/b*.
basques [bask] *fpl* (*habit*) godreon *ll* sgert *b*; **être pendu aux ~ de qn** bod o dan draed rhn fyth a hefyd; **le garçon est toujours pendu aux ~ de sa mère** mae'r bachgen ynghlwm wrth bais ei fam.
bas-relief (~-~s) [bɑʀəljɛf] *m* basgerfiad *g*, basgerflun *g*.
basse [bɑs] *adj f voir* **bas**[1];
♦*f* (*MUS*) bas *g*.
basse-cour (~s-~s) [baskuʀ] *f* buarth *g*, clos *g*; (*animaux*) anifeiliaid *ll* fferm.
bassement [bɑsmɑ̃] *adv* yn gywilyddus, yn wael.
bassesse [bɑsɛs] *f* (*mesquinerie*) gwaelder *g*; (*servilité*) gwaseidd-dra *g*; (*vulgarité*) fwlgariaeth *b*; (*acte*) tro *g* gwael *ou* sâl, gweithred *b* ffiaidd *ou* gywilyddus *ou* warthus.
basset [bɑsɛ] *m* (*ZOOL*) ci *g* baset.
bassin [basɛ̃] *m* (*pièce d'eau*) pwll *g*; (*cuvette*) dysgl *b*; (*portuaire*) doc *g*; (*GÉO: de fontaine*) basn *g*; (*ANAT*) pelfis *g*; **~ houiller** maes *g* glo; **~ minier** maes mwynau.
bassine [basin] *f* basn *g*, dysgl *b*; (*contenu*) basnaid *g*, dysglaid *b*.
bassiner [basine] (1) *vt* (*plaie*) golchi; (*lit*) twymo â phadell boeth; (*fam: ennuyer*) diflasu, blino; (*fam: importuner*) poeni, plagio.
bassiste [bɑsist] *m/f* chwaraewr *g* dwbl bas, chwaraewraig *b* dwbl bas.
basson [bɑsɔ̃] *m* (*MUS*) baswn *g*.
bastide [bastid] *f* (*maison*) plas *g* (*yn Provence*); (*ville*) tref *b* gaerog (*yn ne-orllewin Ffrainc*).
bastingage [bastɛ̃gaʒ] *m* (*NAUT*) canllaw *g,b*.
bastion [bastjɔ̃] *m* bastiwn *g*; (*fig: POL*) cadarnle *g*.
bas-ventre (~-~s) [bɑvɑ̃tʀ] *m* gwaelod *g* y bol.
bat [ba] *vb voir* **battre**.
bât [bɑ] *m* ystrodur *b*, cyfrwy *g* (*i anifeiliaid pwn*).
bataille [bataj] *f* (*aussi fig*) brwydr *b*; **~ rangée** brwydr *b* benben, cad *b* ar faes; **en ~** (*cheveux*) yn flêr *ou* anniben; (*chapeau*) yn gam, ar osgo.
bataillon [batajɔ̃] *m* bataliwn *g,b*.
bâtard[1] (-e) [bɑtaʀ, aʀd] *adj* (*enfant*) anghyfreithlon, gordderch; (*solution*) cymysgryw, cymysg; **chien ~** mwngrel *g*.
bâtard[2] [bɑtaʀ] *m* mab *g* anghyfreithlon *ou* siawns, mab gordderch.
bâtard[3] [bɑtaʀ] *m* (*boulangerie*) torth *b*

Fienna.
bâtarde [bɑtaʀd] *f* merch *b* anghyfreithlon *ou* siawns, merch odderch;
♦*adj f voir* **bâtard**[1].
batavia [batavja] *f* ≈ letysen *b* Webb.
bateau (**-x**) [bato] *m* cwch *g*, bad *g*; (*grand*) llong *b*; (*abaissement du trottoir*) pant *g* yn y palmant (*o flaen tramwyfa neu ddrws garej*); ~ **à moteur** cwch *ou* bad modur; ~ **de commerce** masnachlong *b*, llong fasnach, cwch llwythi *ou* nwyddau; ~ **de pêche** cwch *ou* bad pysgota; ~ **de plaisance** cwch *ou* bad pleser, pleserlong *b*; ~ **de sauvetage** bad achub, cwch achub; ~ **pneumatique** dingi *g* rwber; **mener qn en** ~ twyllo rhn;
♦*adj* (*banal, rebattu*) ystrydebol.
bateau-citerne (~**x**-~**s**) [batositɛʀn] *m* tancer *g*.
bateau-mouche (~**x**-~**s**) [batomuʃ] *m* cwch *g ou* bad *g* pleser (*ar y Seine ym Mharis*), pleserfad *g*.
bateau-pilote (~**x**-~**s**) [batopilɔt] *m* cwch *g ou* bad *g* tywys.
bateleur [batlœʀ] *m* diddanwr *g* stryd.
bateleuse [batløz] *f* diddanwraig *b* stryd.
batelier [batəlje] *m* cychwr *g*, badwr *g*; (*de bac*) fferïwr *g*.
batelière [batəljɛʀ] *f* cychwraig *b*, badwraig *b*; (*de bac*) fferiwraig *b*.
bat-flanc [baflɑ̃] *m inv* (*dans une écurie, un dortoir*) palis *g* pren.
bâti[1] (**-e**) [bɑti] *adj*: **terrain** ~ safle *g* datblygedig; **bien** ~ (*personne*) cydnerth, cyhyrog.
bâti[2] [bɑti] *m* (*armature*) ffrâm *b*; (*COUTURE*) tacio, brasbwytho.
batifoler [batifɔle] (**1**) *vi* cael sbort *ou* hwyl, lolian, chwarae'n wirion.
batik [batik] *m* batic *g*.
bâtiment [bɑtimɑ̃] *m*
1 (*construction*) adeilad *g*; **le** ~ (*industrie*) y diwydiant *g* adeiladu.
2 (*NAUT*) llong *b*; ~ **de guerre** llong ryfel
bâtir [bɑtiʀ] (**2**) *vt*
1 (*construire*) adeiladu; ~ **sa fortune** (*fig*) gwneud eich arian; **terrain à** ~ tir *g* adeiladu.
2 (*COUTURE*) tacio, brasbwytho; **fil à** ~ edau *b* dacio.
bâtisse [bɑtis] *f* (*grand bâtiment laid*) adeilad *g*, ehangle *g*; (*maçonnerie*) gwaith *g* saer maen.
bâtisseur [bɑtisœʀ] *m* adeiladydd *g*.
bâtisseuse [bɑtisøz] *f* adeiladydd *g*.
batiste [batist] *f* (*COUTURE*) lliain *g* main, cambrig *g*.
bâton [bɑtɔ̃] *m* ffon *b*; (*d'agent de police*) pastwn *g*; **mettre des** ~**s dans les roues à qn** rhoi *ou* dodi ffon yn olwyn rhn, creu rhwystrau i rn; **parler à** ~**s rompus** sôn am hyn a'r llall, siarad yn ddigyswllt, siarad ar draws ac ar led; ~ **de craie** darn *g* o sialc; ~ **de colle** glud *g*; ~ **de rouge (à lèvres)** lipstic *g*, minlliw *g*; ~ **de ski** ffon sgio; **mener une vie de** ~ **de chaise** byw bywyd afreolus *ou* di-drefn.
bâtonnet [bɑtɔnɛ] *m* ffon *b* fer *ou* fechan.
bâtonnier [bɑtɔnje] *m* (*JUR*) ≈ Llywydd *g* y Bar.
batraciens [batʀasjɛ̃] *mpl* amffibiaid *ll*, batrachiaid *ll*.
bats etc [ba] *vb voir* **battre**.
battage [bataʒ] *m* curo, dyrnu; (*publicité*) cyhoeddusrwydd *g*, broliant *g*; **le** ~ **du blé** dyrnu ŷd.
battant[1] (**-e**) [batɑ̃, ɑ̃t] *vb voir* **battre**;
♦*adj*: **pluie** ~**e** curlaw *g*; **tambour** ~ yn fywiog, yn gyflym.
battant[2] [batɑ̃] *m* (*de cloche*) tafod *g*; (*de volet*) (un ochr) clawr *g* ffenestr; (*de porte*) (un ochr) drws *g* dwbl; **porte à double** ~ drws dwbl.
battant[3] [batɑ̃] *m* (*fig: personne*) brwydrwr *g*.
battante [batɑ̃t] *f* (*fig: personne*) brwydrwraig *b*;
♦*adj f voir* **battant**[1].
batte [bat] *f* (*SPORT*) bat *g*.
battement [batmɑ̃] *m* (*de cœur*) curiad *g*; (*intervalle*) ysbaid *g,b*; **10 minutes de** ~ (*pause*) deng munud o saib; (*temps libre*) deng munud i'w sbario; (*attente*) deng munud o waith aros; ~ **de mains** cymeradwyaeth *b*, curo dwylo; ~ **de paupières** smiciad *g* llygad, amrantiad *g*; **j'ai des** ~**s de cœur** mae fy nghalon yn dychlamu.
batterie [batʀi] *f* (*ÉLEC*) batri *g*; (*MUS*) offerynnau *ll* taro; (*MIL*) magnelfa *b*; ~ **de tests** cyfres *b* o brofion; ~ **de cuisine** offer *ll* cegin.
batteur [batœʀ] *m* (*MUS*) drymiwr *g*, drymwraig *b*; (*percussionniste*) offerynnwr *g* taro, offerynwraig *b* daro; (*SPORT*) batiwr *g*; (*AGR*) dyrnwr *g*; (*appareil de cuisine*) chwisg *g,b*, chwipiwr *g*.
batteuse [batøz] *f* peiriant *g* dyrnu, injan *b* ddyrnu.
battoir [batwaʀ] *m* (*à linge*) golchbren *g*; (*à tapis*) curwr *g* carpedi.
battre [batʀ] (**56**) *vi* (*cœur*) curo; (*volets etc*) clecian; ~ **des mains** curo dwylo, clapio; ~ **de l'aile** (*fig*) diffygio; ~ **des ailes** curo adenydd; ~ **en retraite** ffoi, cilio;
♦*vt* taro; (*frapper*) curo; (*œufs etc*) chwipio, curo; (*blé*) dyrnu; (*cartes*) cymysgu; (*parcourir pour rechercher*) cribinio; ~ **froid à qn** anwybyddu rhn; ~ **la mesure** curo *ou* cadw amser; ~ **son plein** bod ar ei anterth *ou* ei eithaf; ~ **pavillon britannique** hwylio dan faner Prydain, chwifio baner Prydain; ~ **les records** torri pob record; ~ **la semelle** curo traed; ~ **le pavé** crwydro'r strydoedd; ~ **la campagne** ffwndro, mwydro, siarad yn ddryslyd; ~ **en brèche** (*MIL*) bwrw i lawr,

dymchwel; (*fig: théorie*) tanseilio, gwrthbrofi; (*institution*) beirniadu, lladd ar;
♦ **se** ~ *vr* (*aussi fig*) ymladd, brwydro.
battu (**-e**) [baty] *pp de* **battre**.
battue [baty] *f* (*chasse*) curo; (*policière etc*) ymchwiliad *g*, chwiliad *g*.
baud [bo] *m* (*unité de mesure*) baud *g*.
baudruche [bodʀyʃ] *f*: **ballon en** ~ balŵn *g,b*; (*fig: homme faible*) llipryn *g*.
baume [bom] *m* balm *g*.
baux [bo] *mpl voir* **bail**.
bauxite [boksit] *f* bocsit *g*.
bavard (**-e**) [bavaʀ, aʀd] *adj* siaradus, tafotrydd; (*indiscret*) straegar, sy'n hel clecs.
bavardage [bavaʀdaʒ] *m* siarad *g*, cleber *g*; (*indiscret*) clonc *b*, clep *b*, clecs *ll*.
bavarder [bavaʀde] (**1**) *vi* siarad, clebran, sgwrsio, ymgomio; (*indiscrètement*) clepian, hel clecs, cael clonc; (*révéler un secret*) gollwng y gath o'r cwd.
bavarois[1] (**-e**) [bavaʀwa, waz] *adj* Bafaraidd, o Bafaria.
bavarois[2] [bavaʀwa] *m* (CULIN) hufen *g* Bafaria (*pwdin oer â blas siocled, ffrwyth ayb*).
Bavarois [bavaʀwa] *m* Bafariad *g*.
Bavaroise [bavaʀwaz] *f* Bafariad *b*.
bave [bav] *f* glafoer *g*, drefl *g*; (*d'escargot*) llysnafedd *g*.
baver [bave] (**1**) *vi* glafoerio, dreflu, slefrian; (*encre, couleur*) rhedeg; **en** ~* ei chael hi'n anodd; **elle leur en a fait** ~* fe wnaeth hi iddynt chwysu.
bavette [bavɛt] *f* (*de bébé*) bib *g,b*; (AUTO) fflap *g* mwd.
baveux (**baveuse**) [bavø, bavøz] *adj* dreflog, glafoerllyd; (*omelette*) meddal, diferol, slwtshlyd*.
Bavière [bavjɛʀ] *prf*: **la** ~ Bafaria *b*.
bavoir [bavwaʀ] *m* (*de bébé*) bib *g,b*.
bavure [bavyʀ] *f* baw *g*, staen *g*; (*fig*) camgymeriad *g*; **c'est un travail net et sans** ~ mae'n waith fel pin mewn papur, mae'n waith destlus a dilychwin.
bayadère [bajadɛʀ] *adj* (*tissu*) (â streipiau) amryliw.
bayer [baje] (**18**) *vi*: ~ **aux corneilles** sefyll yn gegrwth *ou* yn gegagored, rhythu.
bazar [bazaʀ] *m* siop *b* bob peth; (*fam*) llanast *g*, cawdel *g*, cybolfa *b*.
bazarder* [bazaʀde] (**1**) *vt* taflu, cael gwared â *ou* ar, rhoi blaen troed i.
BCBG [besebeʒe] *adj*(= *bon chic bon genre*) ffasiynol-geidwadol.
BCG [beseʒe] *sigle m*(= *bacille Calmette-Guérin*) pigiad *g* BCG.
bcp *abr*= **beaucoup**.
BD[1] [bede] *sigle f*(= *bande dessinée*)= **bande**.
BD[2] [bede] (= *base de données*)= **base**.
bd *abr*= **boulevard**.
b.d.c. *abr* (TYPO)(= *bas de casse*) llythrennau *ll* bychain.
béant (**-e**) [beɑ̃, ɑ̃t] *adj* llydan agored, rhwth; (*personne: qui ouvre grand la bouche*) cegrwth, cegagored; (*personne: qui ouvre grand les yeux*) llygadrwth.
béarnais (**-e**) [beaʀnɛ, ɛz] *adj* o'r Béarn.
Béarnais [beaʀnɛ] *m* un *g* o'r Béarn.
Béarnaise [beaʀnɛz] *f* un *b* o'r Béarn.
béat (**-e**) [bea, at] *adj* (*personne*) dedwydd iawn, bendigedig o hapus; (REL) gwynfydedig; (*exagérément satisfait*) hunanfoddhaus, hunanfodlon; **rester** ~ **devant qch** perlesmeirio uwchben rhth *ou* dros rth, rhyfeddu at rth.
béatitude [beatityd] *f* dedwyddwch *g*, gwynfyd *g*.
beau[1] [**bel**] (**belle**) (**beaux, belles**) [bo, bɛl] *adj* hardd, prydferth; (*homme, femme*) golygus; (*dents*) hardd, da; **un** ~ **geste** gweithred *b* fawrfrydig *ou* garedig; **un** ~ **salaire** cyflog *g,b* d(d)a; **un** ~ **gâchis** (*iron*) llanast *g* ofnadwy; **un** ~ **rhume** annwyd *g* difrifol; **le** ~ **monde** byd *g* y boneddigion, y byd *g* ffasiynol; ~ **parleur** dyn *g* llyfn ei dafod, siaradwr *g* rhwydd; **un** ~ **jour** rhyw ddiwrnod braf; ♦*adv*: **il fait** ~ mae hi'n (dywydd) braf; **avoir** ~ **faire qch** gwneud rhth yn ofer; **on a** ~ **essayer** (ni) waeth pa ymdrech a wnewch *ou* wnawn, ofer yw pob ymdrech; **il a** ~ **jeu de protester** digon hawdd iddo brotestio; **en faire/dire de belles** gwneud/dweud pethau gwirion; **de plus belle** yn fwy fyth, (yn) fwyfwy (fyth), yn fwy nag erioed; **bel et bien** heb os nac oni bai, yn bendant, heb unrhyw amheuaeth; (*vraiment*) heb air o gelwydd; **ils one échappé belle** fe ddiangasant o drwch blewyn, bu ond y dim iddynt ei chael hi; **tout** ~**!** (*pour calmer*) araf deg!, gan bwyll!
beau[2] [bo] *m*: **le** ~ yr hardd *g*, y cain *g*; **le temps est au** ~ mae hi am dywydd braf, mae'r tywydd braf am barhau; **le plus** ~ **c'est que ...** y peth gorau yw ...; **"c'est du** ~**!"** (*iron*) "dyna beth neis i'w wneud!"; **faire le** ~ (*chien*) codi ar ei goesau ôl, begian; **"fais le** ~**"** "begia"
beauceron (**-ne**) [bosʀɔ̃, ɔn] *adj* o'r Beauce.
beaucoup [boku] *adv* llawer, cryn dipyn, yn fawr (iawn); **elle boit** ~ mae hi'n yfed llawer; ~ **plus grand** llawer mwy *ou* talach, mwy *ou* talach o lawer; **il en a** ~ **plus** mae ganddo fwy o lawer; ~ **trop de ...** llawer gormod o ...; ♦*m* llawer *g*; ~ **de** (*nombre*) llawer o, nifer o; (*quantité*) llawer o, cryn dipyn o; ~ **d'étudiants/de touristes** llawer *ou* llaweroedd o fyfyrwyr/o dwristiaid; ~ **de monde** llawer o bobl; ~ **d'argent** llawer o arian; **elle a** ~ **de courage** mae hi'n ddewr iawn; **il n'a pas** ~ **d'argent** nid oes ganddo lawer o arian, 'does ganddo ddim llawer o arian; **de** ~ o bell ffordd, o ddigon, o lawer;
♦*pron* (*employé seul: personnes*) nifer, llawer; ~ **le savent** mae nifer *ou* llawer (o bobl) yn

gwybod hynny.

beau-fils (~x-~) [bofis] *m* mab yng nghyfraith *g*; (*remariage*) llysfab *g*.

beau-frère (~x-~s) [bofʀɛʀ] *m* brawd yng nghyfraith *g*.

beau-père (~x-~s) [bopɛʀ] *m* tad yng nghyfraith *g*; (*remariage*) llystad *g*, tad *g* gwyn.

beauté [bote] *f* harddwch *g*, prydferthwch *g*; **de toute** ~ hardd *ou* prydferth iawn; **finir en** ~ gorffen yn wych *ou* yn gampus.

beaux-arts [bozaʀ] *mpl* celfyddydau *ll* cain.

beaux-parents [bopaʀɑ̃] *mpl* rhieni *ll* yng nghyfraith.

bébé [bebe] *m* baban *g*, babi *g*.

bébé-éprouvette (~s-~) [bebeepʀuvɛt] *m* baban *g* tiwb profi.

bec [bɛk] *m* (*d'oiseau, de cafetière*) pig *b,g*; (*de plume*) nib *g*; (*d'une clarinette etc*) genau *g*, ceg *b*; **clouer le ~ à qn*** rhoi taw ar rn, cau ceg rhn; **ouvrir le ~*** agor eich ceg; ~ **à gaz** llosgwr *g* nwy; ~ **de gaz** lamp *b* nwy; ~ **Bunsen** llosgwr Bunsen; ~ **verseur** pig tywallt *ou* arllwys.

bécane* [bekan] *f* (*vélo*) beic *g*.

bécarre [bekaʀ] *m* (*MUS*) arwydd *g,b* nodyn naturiol; **ré** ~ D naturiol.

bécasse [bekas] *f* (*oiseau*) cyffylog *g*; (*fam: personne*) hulpen *b*, twpsen *b*, gwirionen *b*, hurten *b*.

bécassine [bekasin] *f* (*oiseau de rivage*) pibydd *g* y traeth; (*fam: sotte*) hulpen *b*, twpsen *b*, gwirionen *b*, hurten *b*.

bec-de-cane (~s-~-~) [bɛkdəkan] *m* (*poignée*) dwrn *g* drws.

bec-de-lièvre (~s-~-~) [bɛkdəljɛvʀ] *m* bwlch *g* yn y wefus, gwefus *b* fylchog.

béchamel [beʃamɛl] *f*: **(sauce)** ~ saws *g* béchamel.

bêche [bɛʃ] *f* rhaw *b*, pâl *b*.

bêcher [beʃe] (**1**) *vi* bod yn ffroenuchel *ou* yn hen drwyn *ou* yn nawddoglyd;
♦*vt* (*terre*) palu; (*personne: critiquer*) beirniadu; (*snober*) edrych i lawr ar, dirmygu.

bêcheur*[1] (**bêcheuse**) [bɛʃœʀ, bɛʃøz] *adj* ffroenuchel, trwynsur, snobyddlyd.

bêcheur*[2] [bɛʃœʀ] *m* un *g* sy'n hoff o bigo beiau *ou* o ladd ar bobl; (*snob*) hen drwyn *g*, snob *g*.

bêcheuse* [bɛʃøz] *f* un *b* sy'n hoff o bigo beiau *ou* o ladd ar bobl; (*snob*) hen drwyn *g*, snob *b*;
♦*adj f voir* **bêcheur**[1].

bécoter* [bekɔte] (**1**): **se** ~ *vr* cusanu.

becquée [beke] *f* llond *g* pig; **donner la ~ à** bwydo.

becqueter [bɛkte] (**12**) *vt* (*oisillon*) pigo (bwyd); (*fam*) bwyta.

bedaine [bədɛn] *f* bola *g* mawr, bol *g* cwrw, cest *b*.

Bède [bɛd] *prm* Beda *g*.

bédé* [bede] *f* (= *bande dessinée*)= **bande**.

bedeau (-x) [bədo] *m* ystlyswr *g*, bedel *g*.

bedonnant (-e) [bədɔnɑ̃, ɑ̃t] *adj* boliog, cestog.

bée [be] *adj*: **bouche** ~ cegrwth, cegagored.

beffroi [befʀwa] *m* clochdy *g*, clochdwr *g*.

bégaiement [begɛmɑ̃] *m* atal dweud, cecian.

bégayer [begeje] (**18**) *vi* bod ag atal dweud arnoch, siarad ag atal dweud, cecian;
♦*vt* dweud (rhth) gan gecian, dweud (rhth) ag atal dweud.

bégonia [begɔnja] *m* begonia *g*.

bègue [bɛg] *m/f*: **être** ~ bod ag atal dweud arnoch.

bégueule [begœl] *adj* mursennaidd, gorlednais.

béguin* [begɛ̃] *m* (*toquade*): **avoir le ~ de** *ou* **pour** gwirioni ar, mopio'n lân ar, dwlu ar.

beige [bɛʒ] *adj* llwydfelyn.

beignet [bɛɲɛ] *m* (*pâte frite*) toesen *b*; (*fruits*) mioden *b*, ffriter *g,b*.

bel [bɛl] *adj m adv voir* **beau**[1].

bêlement [bɛlmɑ̃] *m* brefiad *g*, brefu.

bêler [bele] (**1**) *vi* brefu.

belette [bəlɛt] *f* gwenci *b*, bronwen *b*.

belge [bɛlʒ] *adj* Belgaidd, o Wlad Belg.

Belge [bɛlʒ] *m/f* Belgiad *g/b*.

Belgique [bɛlʒik] *prf*: **la** ~ Belg *b*, Gwlad *b* Belg.

Belgrade [bɛlgʀad] *pr* Belgrad *b*.

bélier [belje] *m* hwrdd *g*, maharen *g*; (*engin*) hwrdd rhyfel; **le B~** (*ASTRON*) (cytser) yr Hwrdd; **être (du) B~** (*ASTROL*) dod dan arwydd yr Hwrdd.

Belize [beliz] *prm* Belize *b*.

bellâtre [bɛlɑtʀ] *m* dandi *g*.

belle [bɛl] *adj f voir* **beau**[1];
♦*f* merch *b* brydferth *ou* hardd, rhiain *b*; **la** ~ (*SPORT*) y gêm *b ou* rownd *b* a fydd yn penderfynu.

belle-famille (~s-~s) [bɛlfamij] *f* teulu *g* yng nghyfraith.

belle-fille (~s-~s) [bɛlfij] *f* merch yng nghyfraith *b*; (*remariage*) llysferch *b*.

belle-mère (~s-~s) [bɛlmɛʀ] *f* mam yng nghyfraith *b*; (*remariage*) llysfam *b*, mam *b* wen.

belle-sœur (~s-~s) [bɛlsœʀ] *f* chwaer yng nghyfraith *b*.

belliciste [belisist] *adj* rhyfelgar

belligérance [beliʒeʀɑ̃s] *f* rhyfelgarwch *g*.

belligérant[1] (-e) [beliʒeʀɑ̃, ɑ̃t] *adj* ymladdol, mewn rhyfel, rhyfelgar, cwerylgar.

belligérant[2] [beliʒeʀɑ̃] *m* (*soldat*) ymladdwr *g*, brwydrwr *g*, rhyfelwr *g*; (*pays*) gwlad *b* sy'n rhyfela.

belligérante [beliʒeʀɑ̃t] *f* ymladdwraig *b*, brwydrwraig *b*, rhyfelwraig *b*;
♦*adj f voir* **belligérant**[1].

belliqueux (**belliqueuse**) [belikø, belikøz] *adj* (*humeur, personne*) ymosodol, cwerylgar, ymrafaelgar; (*politique, peuple*) rhyfelgar,

ymladdgar.
belote [bəlɔt] *f* belote *g* (*gêm gardiau*).
belvédère [bɛlvedɛʀ] *m* (*édifice*) belfedir *g*; (*terrasse*) golygfan *g,b* panoramig *ou* banoramig.
bémol [bemɔl] *m* (*MUS*) arwydd *g,b* meddalnod *ou* fflat.
ben* [bɛ̃] *excl* wel.
bénédicité [benedisite] *m* bendith *b*; **réciter** *neu* **dire le** ~ gofyn bendith.
bénédiction [benediksjɔ̃] *f* bendith *b*; (*action du prêtre*) bendithiad *g*, bendithio.
bénéfice [benefis] *m* (*COMM*) elw *g*; (*avantage*) budd *g*, mantais *b*, lles *g*; **au** ~ **de** er budd.
bénéficiaire [benefisjɛʀ] *m/f* buddiolwr *g*, buddiolwraig *b*, cymyndderbynnydd *g*.
bénéficier [benefisje] (**16**) *vi*: ~ **de** (*tirer profit de*) manteisio *ou* elwa oherwydd, bod ar eich elw *ou* ennill oherwydd; (*obtenir*) cael, derbyn.
bénéfique [benefik] *adj* buddiol, llesol, manteisiol.
Bénélux [benelyks] *prm*: **le** ~ Benelwcs *b*.
benêt [bənɛ] *adj m* gwirion, diniwed, simpil; ♦*m* gwirionyn *g*, hurtyn *g*, twpsyn *g*.
bénévolat [benevɔla] *m* gwasanaeth *g ou* gwaith *g ou* cymorth *g* gwirfoddol.
bénévole [benevɔl] *adj* gwirfoddol, di-dâl.
bénévolement [benevɔlmɑ̃] *adv* yn wirfoddol, o'ch gwirfodd; (*gratuitement*) am ddim, heb dâl, yn ddi-dâl.
Bengale [bɛ̃gal] *prm*: **le** ~ Bengâl *b*; **le golfe du** ~ Bae *g* Bengâl.
bengali [bɛ̃gali] *adj* Bengalaidd; ♦*m* (*LING*) Bengaleg *b,g*.
Bengali [bɛ̃gali] *m/f* Bengaliad *g/b*.
Bénin [benɛ̃] *prm*: **le** ~ Benin *b*.
bénin (**bénigne**) [benɛ̃, beniɲ] *adj* (*accident*) bychan(bechan)(bychain), bach; (*punition*) ysgafn; (*remède*) mwyn, esmwyth; (*tumeur, mal*) diniwed.
bénir [beniʀ] (**2**) *vt* (participe passé = béni, -e *neu* bénit, -e) bendithio.
bénit (**-e**) [beni, it] *adj* cysegredig; **eau** ~**e** dŵr *g* sanctaidd *ou* swyn *ou* bendigaid.
bénitier [benitje] *m* cawg *g* (*ar gyfer dŵr sanctaidd*).
benjamin[1] (**-e**) [bɛ̃ʒamɛ̃, min] *adj* (*SPORT*) o dan 13 oed.
benjamin[2] [bɛ̃ʒamɛ̃] *m* (*dans une famille*) y mab *g* ieuengaf, y cyw melyn olaf.
benjamine [bɛ̃ʒamin] *f* (*dans une famille*) y ferch *b* ieuengaf; ♦*adj f voir* **benjamin**[1].
benne [bɛn] *f* sgip *g,b*; (*de téléphérique*) car *g* codi *ou* cebl *ou* rhaff; ~ **basculante** lorri *b ou* wagen *b* ddadlwytho.
benzine [bɛ̃zin] *f* bensin *g*.
béotien [beɔsjɛ̃] *m* philistiad *g*.
béotienne [beɔsjɛn] *f* philistiad *b*.
BEP [beøpe] *sigle m*(= *Brevet d'études professionnelles*) *tystysgrif b ar gyfer disgyblion deunaw oed.*
BEPA [bepa] *sigle m*(= *Brevet d'études professionnelles agricoles*) *tystysgrif b mewn amaethyddiaeth ar gyfer disgyblion deunaw oed.*
BEPC [beəpese] *sigle m*(= *Brevet d'études du premier cycle*) *tystysgrif b a oedd yn arfer bod ar gyfer disgyblion un ar bymtheg oed.*
béquille [bekij] *f* bagl *b*, ffon *b* fagl; (*de bicyclette*) stand *g,b*.
berbère[1] [bɛʀbɛʀ] *adj* Berberaidd; ♦*m* (*LING*) Berbereg *b,g*.
Berbère [bɛʀbɛʀ] *m/f* Berber *g/b*.
bercail [bɛʀkaj] *m* corlan *b*; **rentrer au** ~ (*fig*) dod adref, dod yn ôl.
berceau (**-x**) [bɛʀso] *m* crud *g*; (*fig*) crud, cychwynfan *g,b*, tarddle *g*, man *g,b* cychwyn.
bercer [bɛʀse] (**9**) *vt* siglo; (*apaiser: douleur*) lleddfu, gostegu, tawelu; ~ **qn de** (*tromper: promesses etc*) twyllo *ou* camarwain rhn â; ♦ **se** ~ *vr*: **se** ~ **de** (*idées fausses, vains espoirs*) eich twyllo'ch hunan gyda.
berceur (**berceuse**) [bɛʀsœʀ, bɛʀsøz] *adj* esmwythaol, lleddfol, lliniarol.
berceuse [bɛʀsøz] *f* (*chanson*) hwiangerdd *b*, suo-gân *b*; ♦*adj f voir* **berceur**.
BERD [bɛʀd] *sigle f*(= *Banque européenne pour la reconstruction et le développement*) *Banc g Ewropeaidd ar gyfer datblygu ac adlunio.*
béret (basque) [beʀɛ(bask(ə))] *m* beret *g*.
bergamote [bɛʀgamɔt] *f* (*BOT*) bergamot *g*.
berge [bɛʀʒ] *f* (*rivière*) glan *b*; **elle a 50** ~**s*** (*années*) mae hi'n hanner canmlwydd oed.
berger [bɛʀʒe] *m* bugail *g*; ~ **allemand** (*chien*) bleiddgi *g*, ci *g* blaidd.
bergère [bɛʀʒɛʀ] *f* bugeiles *b*.
bergerie [bɛʀʒəʀi] *f* corlan *b*.
bergeronnette [bɛʀʒəʀɔnɛt] *f* (*ZOOL: oiseau*) sigl-i-gwt *g*, siglen *b*.
béribéri [beʀibeʀi] *m* beriberi *g*.
berk* [bɛʀk] *excl* ych-a-fi!
Berlin [bɛʀlɛ̃] *pr* Berlin *b*; ~ **Est/Ouest** Dwyrain/Gorllewin Berlin.
berline [bɛʀlin] *f* (*AUTO*) car *g* salŵn.
berlingot [bɛʀlɛ̃go] *m* (*emballage*) carton *g* (*pyramidaidd*); (*bonbon*) fferen *b ou* losinen *b* ferwi, da-da *g* berwi.
berlinois (**-e**) [bɛʀlinwa, waz] *adj* o Berlin.
Berlinois [bɛʀlinwa] *m* un *g* o Berlin, Berliniad *g*.
Berlinoise [bɛʀlinwaz] *f* un *b* o Berlin, Berliniad *b*.
berlue* [bɛʀly] *f*: **j'ai la** ~ mae'n rhaid fy mod yn gweld pethau.
bermuda [bɛʀmyda] *m* (*short*) trowsus *g ou* siorts *ll* Bermwda.
Bermudes [bɛʀmyd] *prfpl*: **les (îles)** ~ Ynysoedd *ll* Bermwda.

Berne [bɛRn] *pr* Bern *b*.
berne [bɛRn] *f*: **en** ~ (*drapeau*) ar ei hanner, wedi hanner ei gostwng; **mettre les drapeaux en** ~ hanner gostwng y baneri.
berner [bɛRne] (**1**) *vt* twyllo.
bernois (**-e**) [bɛRnwa, waz] *adj* o Bern.
berrichon (**-ne**) [bɛRiʃɔ̃, ɔn] *adj* o'r Berry.
Berrichon [bɛRiʃɔ̃] *m* un *g* o'r Berry.
Berrichonne [bɛRiʃɔn] *f* un *b* o'r Berry.
besace [bəzas] *f* bag *g* cardotyn.
besogne [bəzɔɲ] *f* gwaith *g*, llafur *g*.
besogner [bəzɔɲe] (**1**) *vi* llafurio.
besogneux (**besogneuse**) [bəzɔɲø, bəzɔɲøz] *adj* diwyd, gweithgar; (*pauvre*) tlawd.
besoin [bəzwɛ̃] *m* angen *g*; **le** ~ (*pauvreté*) angen *g*, eisiau *g*, tlodi *g*, cyni *g*; **au** ~**, si** ~ **est** os bydd angen *ou* raid; **le** ~ **d'argent/de gloire** angen arian/clod; **être dans le** ~ bod mewn angen; **avoir** ~ **de (faire) qch** bod ag angen (gwneud) rhth; **il n'y a pas** ~ **de (faire)** nid oes angen (gwneud); **pour les** ~**s de la cause** er mwyn yr achos; **les** ~**s (naturels)** galwadau *ll* natur; **faire ses** ~**s** (*personne*) ateb galwad natur, mynd i'r tŷ bach; (*animal domestique*) gwneud ei fusnes.
bestial (-e) (**bestiaux, bestiales**) [bɛstjal, bɛstjo] *adj* bwystfilaidd, anifeilaidd.
bestiaux [bɛstjo] *mpl* (*gén*) da *ll* byw, anifeiliaid *ll*; (*bovins*) gwartheg *ll*, da.
bestiole* [bɛstjɔl] *f* creadur *g* bychan bach; (*insecte*) pryfyn *g*, pryf *g* bach.
bêta[1] (**-sse**) [beta, as] *adj* twp, dwl.
bêta[2] [beta] *m* twpsyn *g*.
bêtasse [betas] *f* twpsen *b*;
♦*adj f voir* **bêta**[1].
bétail [betaj] *m* (*gén*) anifeiliaid *ll*, da *ll* byw; (*bovins*) gwartheg *ll*, da *ll*.
bétaillère [betajɛR] *f* wagen *b ou* lorri *b* wartheg *ou* anifeiliaid.
bête [bɛt] *f* anifail *g*; (*insecte*) pryf *g*, pryfyn *g*; (*bestiole*) creadur *g*; **chercher la petite** ~ pigo beiau; **les** ~**s** (yr) anifeiliaid; ~ **noire** casbeth *g*; ~ **de somme** anifail pwn; ~**s sauvages** anifeiliaid gwyllt;
♦*adj* (*stupide*) gwirion, hurt, ffôl, dwl, twp; **j'ai une question toute** ~ mae cwestiwn hollol syml gen i.
bêtement [bɛtmɑ̃] *adv* yn wirion, yn hurt, yn ffôl, yn ddwl; **tout** ~ yn syml iawn.
Bethléem [bɛtleɛm] *pr* Bethlehem *b*.
bêtifier [betifje] (**16**) *vi* malu awyr, bregliach, rwdlan, siarad dwli, siarad lol.
bêtise [betiz] *f* (*défaut d'intelligence*) twpdra *g*; (*action, remarque*) gwiriondeb *g*, peth *g* gwirion *ou* dwl (*i'w wneud neu i'w ddweud*); **faire/dire une** ~ gwneud/dweud rhywbeth gwirion *ou* dwl *ou* twp; ~ **de Cambrai** (*bonbon*) fferen *b ou* losinen *b* fint, da-da *g* mint.
béton [betɔ̃] *m* concrid *g*, concrit *g*; **en** ~ (*fig: alibi, argument*) cadarn fel y graig; ~ **armé** concrid cyfnerthedig *ou* dur; ~ **précontraint** concrid wedi ei ragdynhau.
bétonner [betɔne] (**1**) *vt* concridio, concritio.
bétonnière [betɔnjɛR] *f* cymysgwr *g* concrid, corddwr *g* concrid.
bette [bɛt] *f* (*BOT*) betysen *b* arian, gorfetysen *b*.
betterave [bɛtRav] *f* (*rouge*) betysen *b* (goch); ~ **fourragère** betysen y maes, betysen y gwartheg, manglen *b*; ~ **sucrière** betysen felys *ou* siwgr.
beuglement [bøgləmɑ̃] *m* bref *b*, bugunad *g*, rhuad *g*; (*personne, radio*) sŵn *g*, twrw *g*; (*chanson etc*) bloeddio.
beugler [bøgle] (**1**) *vi* brefu, rhuo, bugunad; (*péj: personne, radio*) cadw sŵn, gwneud twrw;
♦*vt* (*péj: chanson etc*) bloeddio.
Beur [bœR] *m/f* Arab *g* o'r ail genhedlaeth.
beurk [bœRk] *excl*= **berk**.
beurre [bœR] *m* menyn *g*; **ça met du** ~ **dans les épinards** (*fig*) mae hynny'n fenyn ar y bara, mae hynny'n hwyluso pethau, mae hynny'n gwneud bywyd yn rhwyddach; ~ **de cacao** menyn coco; ~ **noir** (saws) menyn coch; **œil au** ~ **noir*** (*contusion*) llygad *b,g* ddu *ou* du.
beurrer [bœRe] (**1**) *vt* rhoi *ou* taenu menyn ar; **une tartine beurrée** brechdan *b*, tafell o fara a menyn arni; **elle était beurrée*** roedd hi'n feddw gaib *ou* chwil gaib.
beurrier [bœRje] *m* dysgl *b* fenyn.
beuverie [bøvRi] *f* sesiwn *b* yfed, sesh* *b*; **cela a dégénéré en** ~ 'roedd pawb yn feddw gaib erbyn y diwedd.
bévue [bevy] *f* camgymeriad *g*, caff *g* gwag.
Beyrouth [beRut] *pr*: **le** ~ Beirwt *b*.
Bhoutan [butɑ̃] *prm*: **le** ~ Bhwtan *b*.
bi- [bi] *préf* dau-, deu-, dwy-.
Biafra [bjafRa] *prm*: **le** ~ Biaffra *b*.
biafrais (-e) [bjafRɛ, ɛz] *adj* Biaffraidd, o Biaffra.
biais [bjɛ] *m* (*de tissu*) lletraws *g*, bias *g*; (*fig: moyen, artifice*) modd *g*, dull *g*, dyfais *b*, ystryw *g,b*; **tailler dans le** ~ torri ar letraws *ou* ar letgroes; **en** ~**, de** ~ (*obliquement*) ar letraws, ar letgroes; (*fig*) yn anuniongyrchol; **regarder qn de** ~ ciledrych ar rn; **c'est par ce** ~ **qu'il faut aborder le problème** o'r agwedd hon y dylid wynebu'r broblem.
biaiser [bjeze] (**1**) *vi* (*fig*) tin-droi, osgoi'r pwnc dan sylw.
biathlon [biatlɔ̃] *m* biathlon *g*.
bibelot [biblo] *m* cywreinbeth *g*.
biberon [bibRɔ̃] *m* potel *b* fwydo; **nourrir au** ~ bwydo o'r botel *ou* ar laeth potel.
bible [bibl] *f* Beibl *g*.
biblio... [biblijɔ] *préf* llyfr...
bibliobus [biblijobys] *m* llyfrgell *b* deithiol.
bibliographie [biblijɔgRafi] *f* llyfryddiaeth *b*.
bibliophile [biblijɔfil] *m/f* llyfrgarwr *g*, llyfrgarwraig *b*, llyfrbryf *g*.

bibliothécaire [biblijɔtekɛʀ] *m/f* llyfrgellydd *g*.
bibliothèque [biblijɔtɛk] *f* (*meuble*) cwpwrdd *g* llyfrau; (*institution, collection*) llyfrgell *b*; ~ **municipale** llyfrgell y dref, llyfrgell gyhoeddus.
biblique [biblik] *adj* Beiblaidd.
bic® [bik] *m* beiro *b*, biro *g*.
bicarbonate [bikaʀbɔnat] *m*: ~ **(de soude)** bicarbonad *g* soda, soda *g* pobi.
bicentenaire [bisɑ̃t(ə)nɛʀ] *m* deucanmlwyddiant *g*.
biceps [bisɛps] *m* cyhyryn *g* deuben, bôn *g* braich.
biche [biʃ] *f* ewig *b*.
bicher* [biʃe] (1) *vi* (*être content*) bod yn falch iawn ohonoch eich hunan; **ça biche?** (*aller bien*) sut mae hi'n mynd?, pa hwyl?
bichonner [biʃɔne] (1) *vt* twtio, tacluso; (*prendre soin de: personne*) rhoi tendans i, gweini draed a dwylo ar.
bicolore [bikɔlɔʀ] *adj* deuliw.
bicoque [bikɔk] *f* (*péj: maison*) twll *g* (o le).
bicorne [bikɔʀn] *m* het *b* walciog (*â dau bwynt*);
♦*adj* (*rhinocéros*) deugorniog, deugorn.
bicross [bikʀɔs] *m* seiclo-cros *g*, rasio beiciau (*ar draws gwlad*)
bicyclette [bisiklɛt] *f* beic *g*; **tu sais monter à ~?** wyt ti'n gallu reidio beic?; **faire de la ~** mynd ar gefn beic, seiclo, beicio.
bidasse* [bidas] *m* (*soldat*) milwr *g* cyffredin.
bide* [bid] *m* (*ventre*) bol *g*, bola *g*; **faire un ~** (*THÉÂTRE*) bod yn fethiant *ou* yn aflwyddiannus.
bidet [bidɛ] *m* bide *g*.
bidirectionnel (-le) [bidiʀɛksjɔnɛl] *adj* deugyfeiriol.
bidoche* [bidɔʃ] *f* cig *g*.
bidon* [bidɔ̃] *adj inv* (*combat, élections*) ffug, annheg;
♦*m* can *g*, tun *g*.
bidonnant (-e) [bidɔnɑ̃, ɑ̃t] *adj* doniol *ou* digrif iawn, ofnadwy o ddoniol *ou* o ddigrif.
bidonville [bidɔ̃vil] *m* tref *b* hoflau *ou* gytiau, tref sianti.
bidule* [bidyl] *m* pethma *g*, pethne *g*, bechingalw *g*, betingalw *g*.
bielle [bjɛl] *f* rhoden *b* gyswllt; (*AUTO*) tracrod *g,b*.
biélorusse [bjelɔʀys] *adj* Belorwsiaidd, o Belorwsia.
Biélorusse [bjelɔʀys] *m/f* Belorwsiad *g/b*.
Biélorussie [bjelɔʀysi] *prf*: **la** ~ Belorwsia *b*.
bien [bjɛ̃] *m*
1 (*avantage, profit, moral*) lles *g*, daioni *g*; **faire du ~ à qn** gwneud lles *ou* daioni i rn; **ça fait du ~ de ...** mae'n gwneud lles *ou* daioni i ...; **faire le ~** gwneud daioni; **distinguer le ~ du mal** gwahaniaethu rhwng y da a'r drwg *ou* rhwng drygioni a daioni; **dire du ~ de** canmol, rhoi gair da i; **pour ton ~** er dy les di; **changer en ~** newid er gwell, gwella; **mener à ~** dwyn i ben yn llwyddiannus; **je te veux du ~** 'rwy'n dymuno'n dda i ti; **le ~ public** lles pawb *ou* y cyhoedd.
2 (*possession, patrimoine*) eiddo *g*; **son ~ le plus précieux** y peth mwyaf gwerthfawr o'i eiddo; **avoir du ~** (*maisons, terres*) bod yn berchen tir, bod yn berchen tai; **~s (de consommation)** nwyddau *ll* traul *ou* prŷn; **~s durables** nwyddau parhaol;
♦*adv*
1 (*de façon satisfaisante*) yn dda; **elle travaille/mange ~** mae hi'n gweithio/bwyta'n dda; **aller** *neu* **se porter ~** bod yn iach, bod yn iawn; **vite fait, ~ fait** reit sydyn; **croyant ~ faire, je ...** gan feddwl fy mod yn gwneud y peth iawn, ...; **vous feriez ~ de ...** byddai'n beth da *ou* doeth i chi ..., cystal i chi ...; **tiens-toi ~!** bihafia dy hun!; (*prépare-toi!*) dal d'afael!.
2 (*valeur intensive*) iawn; ~ **jeune** ifanc iawn; ~ **mieux** llawer gwell; ~ **souvent** yn weddol aml; **j'en ai ~ assez** mae gen i hen ddigon; **c'est ~ fait (pour lui)!** (*mérité*) eitha' gwaith iddo!, 'roedd yn gofyn amdani!; **j'espère ~ y aller** 'rwy'n gobeithio'n wir fynd yno; **je veux ~ le faire** (*concession*) 'rwy'n ddigon bodlon ei wneud; **il faut ~ le faire** mae'n rhaid ei wneud; **il y a ~ 2 ans** o leiaf ddwy flynedd yn ôl; **Anne est ~ venue, n'est-ce pas?** mae Anne *wedi* dod on'd yw hi?; **j'ai ~ téléphoné** mi wnes i ffonio; **il faut ~ l'admettre** rhaid cydnabod hynny; **il semble ~ que ...** mae'n edrych yn debyg iawn ...; **peut-être ~** efallai'n wir; **se donner ~ du mal** mynd i drafferth fawr; **où peut-elle ~ être?** ble yn y byd y gall hi fod?; **on verra ~** cawn weld, amser a ddengys; **si ~ que** fel y ..., nes y ..., gyda'r canlyniad ...; **il fit tant et si ~ qu'elle l'a quitté** fe wnaeth ef gymaint nes iddi ei adael.
3 (*beaucoup*): ~ **du temps** cryn amser; ~ **des gens** nifer *ou* llawer o bobl;
♦*adj inv*
1 (*en bonne forme, à l'aise*): **être/se sentir ~** teimlo'n dda; **je ne me sens pas ~** nid wyf yn teimlo'n dda; **on est ~ dans ce fauteuil** mae'r gadair yma'n gyfforddus iawn.
2 (*joli, beau*) hardd, golygus, tlws(tlos)(tlysion); **tu es ~ dans cette robe** mae'r ffrog yna'n gweddu iti; **elle est ~, cette femme** mae hon yn ferch dlos.
3 (*satisfaisant*): **c'est ~?** ydy hwnna *ou* popeth yn iawn?; **ce n'est pas si ~ que ça** nid yw cystal â hynny; **mais non, c'est très ~** na, mae'n (dda) iawn; **c'est très ~ (comme ça)** mae'n iawn (fel yna); **elle est ~, cette secrétaire** mae hon yn ysgrifenyddes dda; **~!** iawn!, i'r dim!, o'r gorau!, dyna ni!; **eh ~!** wel!.
4 (*moralement*) iawn; (*personne*) da, neis;

(*respectable*) parchus; **des gens ~s** (*parfois péj*) pobl *b* barchus *ou* neis; **c'est une femme ~** mae hi'n wraig iawn *ou* weddus *ou* neis; **ce n'est pas ~ de ...** nid yw'n iawn ....
5 (*en bons termes*): **être ~ avec qn** cyd-dynnu'n dda â rhn, bod ar delerau da â rhn; **tant ~ que mal** (*aller, marcher*) yn weddol, yn o lew; (*réussir, s'efforcer*) i ryw raddau.
6 (*locutions*): **~ sûr, ~ entendu** wrth gwrs.
▶ **bien que** (+ subj) er; **~ qu'elle soit belle, elle n'est pas contente** er ei bod yn hardd, nid yw hi'n hapus; **~ qu'elle ait réussi** er iddi lwyddo; **~ qu'elle ne soit pas arrivée** er na ddaeth hi.

bien-aimé[1] (**-e**) [bjɛ̃neme] *adj* annwyl, hoff.

bien-aimé[2] [bjɛ̃neme] *m* cariad *g*, anwylyd *g*.

bien-aimée [bjɛ̃neme] *f* cariad *b*, anwylyd *b*; ♦*adj f voir* **bien-aimé**[1].

bien-être [bjɛ̃nɛtʀ] *m* (*physique*) lles *g*, daioni *g*; (*matériel*) cysur *g*.

bienfaisance [bjɛ̃fəzɑ̃s] *f* elusengarwch *g*, cymwynasgarwch *g*, elusen *b*.

bienfaisant (**-e**) [bjɛ̃fəzɑ̃, ɑ̃t] *adj* (*chose*) daionus, buddiol, llesol; (*personne*) daionus, cymwynasgar, hael.

bienfait [bjɛ̃fɛ] *m* cymwynas *b*, daioni *g*; (*de la science etc*) canlyniad *g ou* effaith *g* llesol, bendith *b*, mantais *b*, daioni.

bienfaiteur [bjɛ̃fɛtœʀ] *m* cymwynaswr *g*.

bienfaitrice [bjɛ̃fɛtʀis] *f* cymwynaswraig *b*.

bien-fondé [bjɛ̃fɔ̃de] *m* dilysrwydd *g*.

bien-fonds [bjɛ̃fɔ̃] *m* eiddo *g* (*tir ac adeiladau ayb*).

bienheureux (**bienheureuse**) [bjɛ̃nœʀø, bjɛ̃nœʀøz] *adj* hapus; (*REL*) gwynfydedig, bendigaid.

biennal (**-e**) (**biennaux, biennales**) [bjenal, bjeno] *adj* dwyflynyddol, eilflwydd, pob dwy flynedd.

bien-pensant[1] (**-e**) (**~-~s, -es**) [bjɛ̃pɑ̃sɑ̃, ɑ̃t] (*péj*) *adj* cydymffurfiol, confensiynol.

bien-pensant[2] (**~-~s**) [bjɛ̃pɑ̃sɑ̃] *m*: **les ~-~s** pobl *b* gonfensiynol, pobl barchus.

bienséance [bjɛ̃seɑ̃s] *f* gwedduster *g*, gweddustra *g*, lledneisrwydd *g*; **~s** (*convenances*) gweddusterau *ll*.

bienséant (**-e**) [bjɛ̃seɑ̃, ɑ̃t] *adj* gweddus, gweddaidd.

bientôt [bjɛ̃to] *adv* cyn (bo) hir, gyda hyn, toc, maes o law; **à ~** hwyl fawr am y tro.

bienveillance [bjɛ̃vɛjɑ̃s] *f* caredigrwydd *g*, cymwynasgarwch *g*.

bienveillant (**-e**) [bjɛ̃vɛjɑ̃, ɑ̃t] *adj* caredig, cymwynasgar.

bienvenu[1] (**-e**) [bjɛ̃vny] *adj* derbyniol, i'w groesawu.

bienvenu[2] [bjɛ̃vny] *m*: **vous êtes** *neu* **soyez le ~** croeso i chi.

bienvenue[1] [bjɛ̃vny] *f*: **vous êtes** *neu* **soyez la ~** croeso i chi; ♦*adj f voir* **bienvenu**[1].

bienvenue[2] [bjɛ̃vny] *f*: **souhaiter la ~ à** croesawu; **~ à vous!** croeso (mawr) i chi!

bière[1] [bjɛʀ] *f* (*boisson*) cwrw *g*; **~ blonde** lager *g*, cwrw golau; **~ brune** cwrw coch, ≈ stowt *g*; **~ (à la) pression** cwrw casgen.

bière[2] [bjɛʀ] *f* (*cercueil*) arch *b*.

biffer [bife] (**1**) *vt* dileu, croesi (rhth) allan.

bifteck [biftɛk] *m* stêc *b*, stecen *b*.

bifurcation [bifyʀkasjɔ̃] *f* (*route*) fforch *b*, fforchiad *g*; (*fig*) newid cyfeiriad.

bifurquer [bifyʀke] (**1**) *vi* (*route*) fforchio; (*véhicule*) troi; (*fig*) newid cyfeiriad.

bigame [bigam] *adj* (*homme*) dwywreigiog, (sydd) â dwy wraig; (*femme*) dwyweddog, (sydd) â dau ŵr.

bigamie [bigami] *f* (*homme*) dwywreiciaeth *b*; (*femme*) deuwriaeth *b*.

bigarré (**-e**) [bigaʀe] *adj* amryliw, o bob lliw; (*disparate*) cymysg, brith.

bigarreau (**-x**) [bigaʀo] *m math o geiriosen.*

bigleux* (**bigleuse**) [biglø, bigløz] *adj* (*qui louche*) â llygaid croes, â thro yn eich llygad *ou* llygaid; (*qui voit mal*) byr eich golwg, cibddall; **il est complètement ~** mae e'n gwbl ddall.

bigorneau (**-x**) [bigɔʀno] *m* gwichiad *g*.

bigot[1] (**-e**) [bigo, ɔt] (*péj*) *adj* dallbleidiol, cul, culfarn.

bigot[2] [bigo] (*péj*) *m* dallbleidiwr *g*, un cul.

bigote [bigɔt] (*péj*) *f* dallbleidwraig *b*, un gul; ♦*adj f voir* **bigot**[1].

bigoterie [bigɔtʀi] *f* culfarn *b*, culni *g*, dallbleidiaeth *b*.

bigoudi [bigudi] *m* cyrler *g*, cwrler *g*.

bigrement* [bigʀəmɑ̃] *adv* yn ofnadwy (o), ar y naw, tu hwnt.

bijou (**-x**) [biʒu] *m* gem *b,g*, tlws *g*; (*fig*) trysor *g*.

bijouterie [biʒutʀi] *f* gemau *ll*, gemwaith *g*; (*magasin*) siop *b* emau.

bijoutier [biʒutje] *m* gemydd *g*.

bijoutière [biʒutjɛʀ] *f* gemyddes *b*.

bikini [bikini] *m* bicini *g*.

bilan [bilɑ̃] *m* (*COMM*) mantolen *b*; (*compte des victimes*) cyfanswm *g* marwolaethau; (*fig: résultat, conséquence*) canlyniad *g*; **faire le ~ de** pwyso a mesur, barnu *ou* mesur gwerth; **déposer son ~** (*COMM*) cofnodi methdaliad; **~ de santé** (*MÉD*) archwiliad *g* meddygol; **~ social** *datganiad o bolisïau cwmni tuag at y gweithwyr.*

bilatéral (**-e**) (**bilatéraux, bilatérales**) [bilateʀal, bilateʀo] *adj* (*stationnement*) ar y ddwy ochr i'r ffordd; (*contrat*) dwyochrog, dwyblaid.

bilboquet [bilbɔkɛ] *m* (*jouet*) *gêm b gwpan a phêl.*

bile [bil] *f* bustl *g*; **se faire de la ~*** poeni'n enbyd.

biliaire [biljɛʀ] *adj* bustlaidd, bustlog.

bilieux (**bilieuse**) [biljø, biljøz] *adj* bustlaidd; (*fig: colérique*) croes, piwis.

bilingue [bilɛ̃g] *adj* dwyieithog.
bilinguisme [bilɛ̃gɥism] *m* dwyieithrwydd *g*, dwyieithedd *g*.
billard [bijaʀ] *m* biliards *g*; (*table*) bwrdd *g* biliards, bord *b* filiards; **c'est du ~*** mae'n hawdd fel dŵr *ou* fel baw; **passer sur le ~** cael llawdriniaeth; **~ électrique** pinbel *b*.
bille [bij] *f* pêl *b*; (*du jeu de billes*) marblen *b*; (*de bois*) plocyn *g*; **jouer aux ~s** chwarae marblis.
billet [bijɛ] *m* (*de cinéma, de bus etc*) tocyn *g*, ticed *g*; (*argent*) arian *g* papur, papur *g* (*pumpunt ayb*); (*courte lettre*) nodyn *g*; **~ de banque** papur (*pumpunt ayb*); **~ à ordre** *neu* **de commerce** (COMM) addaweb *b*, nodyn addewid; **~ circulaire** tocyn (ar gyfer) taith gron; **~ d'avion/de train** tocyn awyren/trên; **~ aller/aller et retour** tocyn un ffordd/mynd a dod; **~ de faveur** tocyn cyfarch; **~ de loterie** tocyn loteri; **~ de quai** tocyn platfform; **~ doux** llythyr *g* caru.
billetterie [bijɛtʀi] *f* swyddfa *b* docynnau; (*distributeur*) peiriant *g* tocynnau; (BANQUE) peiriant arian.
billion [biljɔ̃] *m* biliwn *b*.
billot [bijo] *m* blocyn *g*, bloc *g*, plocyn *g*.
BIMA [bima] *sigle m*(= *Bulletin d'Information du Ministère de l'Agriculture*) *bwletin g gwybodaeth o'r weinyddiaeth amaeth.*
bimbeloterie [bɛ̃blɔtʀi] *f* (*objets*) nwyddau *ll* ffansi, cywreinbethau *ll*.
bimensuel (**-le**) [bimɑ̃sɥɛl] *adj* pythefnosol, pob pythefnos.
bimestriel (**-le**) [bimɛstʀijɛl] *adj* deufisol, pob deufis.
bimoteur [bimɔtœʀ] *adj* deufotor.
binaire [binɛʀ] *adj* deuaidd, deuol.
biner [bine] (**1**) *vt* hofio.
binette [binɛt] *f* (*outil*) hof *b*, chwynnogl *b*.
binoclard* (**-e**) [binɔklaʀ, aʀd] *adj* yn gwisgo sbectol, â sbectol.
binocle [binɔkl] *m* pince-nez *g* (*sbectol sy'n bachu ar y trwyn yn unig*).
binoculaire [binɔkylɛʀ] *adj* deulygadog; ♦*f* ysbienddrych *g* (dwbl).
binôme [binom] *m* binomial *g*.
bio... [bjɔ] *préf* bio..., byw...
biochimie [bjoʃimi] *f* biocemeg *b*.
biochimique [bjoʃimik] *adj* biocemegol.
biochimiste [bjoʃimist] *m/f* biocemegydd *g*.
biodégradable [bjodegʀadabl] *adj* pydradwy.
biodiversité [bjodivɛʀsite] *f* bioamrywiaeth *b*.
bioéthique [bjoetik] *adj* biofoesegol; ♦*f* biofoeseg *b*.
biographe [bjɔgʀaf] *m/f* cofiannydd *g*, bywgraffydd *g*.
biographie [bjɔgʀafi] *f* cofiant *g*, bywgraffiad *g*.
biographique [bjɔgʀafik] *adj* bywgraffiadol, cofiannol.
biologie [bjɔlɔʒi] *f* bioleg *b*, bywydeg *b*.
biologique [bjɔlɔʒik] *adj* biolegol, bywydegol.
biologiste [bjɔlɔʒist] *m/f* biolegydd *g*.
biomasse [bjomas] *f* bio-màs *g*.
biopsie [bjɔpsi] *f* biopsi *g*.
biosphère [bjɔsfɛʀ] *f* biosffer *g*.
biotope [bjɔtɔp] *m* biotop *g*.
bipartisme [bipaʀtism] *f* dwybleidiaeth *b*.
bipartite [bipaʀtit] *adj* dwyran; **accord ~** (*entre pays*) cytundeb *g* rhwng dwy wlad; **gouvernement ~** llywodraeth *b* ddwyblaid.
bipède [bipɛd] *m* creadur *g* deudroed.
biphasé [bifɑze] *adj* (ÉLEC) deuwedd, deudro.
biplace [biplas] *adj* (â) dwy sedd; (*avion*) (â lle) i ddau.
biplan [biplɑ̃] *m* awyren *b* ddwbl.
bique [bik] *f* gafr *b*; (*péj*) hen wrach *b*.
biquet [bikɛ] *m* (ZOOL) gafryn *g*, myn *g* gafr; **mon ~** cariad *g*.
biquette [bikɛt] *f* (ZOOL) gafren *b*; **ma ~** cariad *b*.
BIRD [biʀd] *sigle f*(= *Banque internationale pour la reconstruction et le développement*) *banc g rhyngwladol ar gyfer datblygu ac adlunio.*
biréacteur [biʀeaktœʀ] *m* awyren *b* jet.
birman[1] (**-e**) [biʀmɑ̃, an] *adj* Bwrmanaidd, o Bwrma.
birman[2] [biʀmɑ̃] *m* (LING) Bwrmaneg *b,g*.
Birman [biʀmɑ̃] *m* Bwrmaniad *g*.
Birmane [biʀman] *f* Bwrmaniad *b*.
Birmanie [biʀmani] *prf*: **la ~** Bwrma *b*.
bis[1] (**-e**) [bi, biz] *adj* (*couleur*) brownllwyd, llwydfrown; **pain ~** torth *b* frown, bara *g* brown.
bis[2] [bis] *adv* dwywaith; **12~** 12a; ♦*excl* eto!, unwaith eto!, mwy!; ♦*m* encôr *g,b*.
bisaïeul [bizajœl] *m* hen daid *g*, hen dad-cu *g*.
bisaïeule [bizajœl] *f* hen nain *b*, hen fam-gu *b*
bisannuel (**-le**) [bizanɥɛl] *adj* dwyflynyddol, pob dwy flynedd, eilflwydd.
bisbille [bisbij] *f*: **être en ~ avec qn** bod yn benben â rhn, cweryla â rhn.
Biscaye [biske] *prf*: **le golfe de ~** Bae *g ou* Môr *g* Gwasgwyn, Bae *g* Vizcaya.
biscornu (**-e**) [biskɔʀny] *adj* cam; (*chapeau*) di-siâp; (*bizarre*) rhyfedd (yr olwg), od; (*raisonnement*) trofaus.
biscotte [biskɔt] *f* bisgeden *b* galed *ou* sych.
biscuit [biskɥi] *m* bisgeden *b*, bisgïen *b*; (*gâteau*) cacen *b ou* teisen *b* sbwng, cacen *ou* teisen felen; (*porcelaine*) crochenwaith *g* anwydrog *ou* un crasiad; **~ à la cuiller** bys *g* sbwng.
biscuiterie [biskɥitʀi] *f* (*usine*) ffatri *b* fisgedi; (*commerce*) busnes *g ou* diwydiant *g* gwneud bisgedi.
bise[1] [biz] *f* (*baiser*) cusan *g,b*, sws* *b*; ♦*adj f voir* **bis**[1].
bise[2] [biz] (*vent*) gwynt *g* (*o'r gogledd neu o'r gogledd-ddwyrain*), gogleddwynt *g*.
biseau (**-x**) [bizo] *m* befel *g*, pefel *g*; **en ~**

beflog.
biseauter [bizote] (**1**) *vt* torri (rhth) ar osgo, pefelu.
bisexué (-e) [bisɛksɥe] *adj* (*BIOL*) deuryw.
bisexuel[1] (**-le**) [bisɛksɥɛl] *adj* deurywiol, deurywiog.
bisexuel[2] [bisɛksɥɛl] *m* deurywiad *g*.
bisexuelle [bisɛksɥɛl] *f* deurywiad *b*;
♦*adj f voir* **bisexuel**[1].
bismuth [bismyt] *m* bismwth *g*.
bison [bizɔ̃] *m* bual *g*, beison *g*, ych *g* gwyllt.
bisou* [bizu] *m* (*baiser*) cusan *g,b*, sws* *b*.
bisque [bisk] *f* (*CULIN*) cawl *g*; ∼ **d'écrevisses** cawl berdys.
bissectrice [bisɛktʀis] *f* dwyrannydd *g*.
bisser [bise] (**1**) *vt* (*faire rejouer: artiste*) galw am encôr gan; (*faire rejouer: chanson*) galw am encôr o; (*rejouer: morceau*) rhoi encôr o.
bissextile [bisɛkstil] *adj*: **année** ∼ blwyddyn *b* naid.
bistouri [bistuʀi] *m* fflaim *b*, cyllell *b* meddyg.
bistre [bistʀ] *adj* (*couleur*) brown tywyll; (*peau, teint*) pryd tywyll.
bistro(t) [bistʀo] *m* bistro *g*, ≈ tafarn *g,b*.
BIT [beite] *sigle m*(= *Bureau international du travail*) *swyddfa b lafur ryngwladol*.
bit [bit] *m* (*INFORM*) bit *g*, did *g*.
biterrois (-e) [bitɛʀwa, waz] *adj* o Béziers.
bitte* [bit] *f* pidlen* *b*, twlsyn** *g*, coc** *g,b*; ∼ **d'amarrage** (*NAUT*) clymbost *g*.
bitume [bitym] *m* asffalt *g*, tarmac *g*.
bitumer [bityme] (**1**) *vt* asffaltio, coltario, tarmacio.
bivalent (-e) [bivalɑ̃, ɑ̃t] *adj* deufalent.
bivouac [bivwak] *m* gwersyll *g*, gwersyllfa *b*.
bivouaquer [bivwake] (**1**) *vi* gwersyllu.
bizarre [bizaʀ] *adj* rhyfedd, od.
bizarrement [bizaʀmɑ̃] *adv* yn rhyfedd, yn od.
bizarrerie [bizaʀʀi] *f* hynodrwydd *g*, odrwydd *g*.
blackbouler [blakbule] (**1**) *vt* (*à une élection*) gwrthod; (*à un examen*) methu.
blafard (-e) [blafaʀ, aʀd] *adj* gwelw, llwydaidd.
blague [blag] *f* (*propos*) jôc *b*, stori *b* ddigrif *ou* ddoniol; (*farce*) tric *g*, cast *g*; **"sans** ∼**!"*** "heb air o gelwydd!", "o ddifrif nawr!"; ∼ **à tabac** pwrs *g* baco.
blaguer [blage] (**1**) *vi* cellwair, cael hwyl, jocio, jocan, herian;
♦*vt* herian, pryfocio, cael hwyl am ben, tynnu coes.
blagueur[1] (**blagueuse**) [blagœʀ, blagøz] *adj* (*ton, manière*) ysmala; (*sourire, air*) pryfoclyd.
blagueur[2] [blagœʀ] *m* gwamalwr *g*, cellweiriwr *g*, dyn *g* digrif.
blagueuse [blagøz] *f* gwamalwraig *b*, cellweirwraig *b*, merch *b ou* gwraig *b* ddigrif;
♦*adj f voir* **blagueur**[1].
blair* [blɛʀ] *m* trwyn *g*.
blaireau (**-x**) [blɛʀo] *m* (*ZOOL*) mochyn *g* daear, broch *g*; (*brosse*) brwsh *g* eillio *ou* siafio.
blairer [bleʀe] (**1**) *vt*: **je ne peux pas le** ∼ ni allaf mo'i ddioddef, 'dda gen i mohono, 'does 'da fi gynnig iddo fe.
blâmable [blɑmabl] *adj* ar fai, beius.
blâme [blɑm] *m* bai *g*; (*sanction*) cerydd *g*.
blâmer [blɑme] (**1**) *vt* (*réprouver*) beio, rhoi bai ar; (*réprimander*) ceryddu.
blanc[1] (**-he**) [blɑ̃, blɑ̃ʃ] *adj* gwyn(gwen)(gwynion); (*non imprimé*) gwag; (*innocent*) pur; **vin** ∼ gwin *g* gwyn; **d'une voix** ∼**he** mewn llais undonog *ou* difynegiant; **aux cheveux** ∼**s** (â) gwallt gwyn, penwyn.
blanc[2] [blɑ̃] *m* (*couleur*) gwyn *g*; (*espace non écrit*) lle *g* gwag, bwlch *g*; (*homme blanc*) dyn *g* gwyn *ou* croenwyn; (*d'œuf*) gwynwy *g ou* gwyn ŵy; (*de poulet*) cig *g* gwyn, brest *b* (cyw); **le** ∼ (*linge*) llieiniau *ll ou* dillad *ll* gwynion; **le** ∼ **de l'œil** gwyn y llygad; **laisser qch en** ∼ (*ne pas écrire*) gadael rhth yn wag; **chèque en** ∼ siec *b* wag; **à** ∼ (*chauffer: métal*) yn wynias, yn eirias; **cartouche à** ∼ cetrisen *b* wag; **tirer à** ∼ tanio cetris gwag; **saigner à** ∼ gwaedu'n wyn, blingo; ∼ **cassé** llwydwyn, lledwyn.
blanc-bec (∼**s**-∼**s**) [blɑ̃bɛk] *m* newyddian *g*, llanc *g* dibrofiad *ou* diniwed.
blanchâtre [blɑ̃ʃatʀ] *adj* gwynnaidd, lledwyn.
blanche [blɑ̃ʃ] *f* (*MUS*) minim *g*; (*fam: drogue*) heroin *g*, smac* *g*; **(femme)** ∼ merch *b* wen *ou* groenwen;
♦*adj f voir* **blanc**[1].
blancheur [blɑ̃ʃœʀ] *f* gwynder *g*.
blanchi (-e) [blɑ̃ʃi] *adj* wedi gwynnu; ∼ **à la chaux** gwyngalchog.
blanchir [blɑ̃ʃiʀ] (**2**) *vi* troi *ou* mynd yn wyn; (*cheveux*) gwynnu, britho;
♦*vt* (*gén*) gwynnu, goleuo, troi'n wyn; (*linge*) golchi; (*toile*) cannu; (*CULIN*) sgaldio; (*fig*) difeio, dieuogi; (*fig: argent*) cyfreithloni.
blanchissage [blɑ̃ʃisaʒ] *m* (*du linge*) golchi.
blanchisserie [blɑ̃ʃisʀi] *f* golchdy *g*.
blanchisseur [blɑ̃ʃisœʀ] *m* golchwr *g* dillad.
blanchisseuse [blɑ̃ʃisøz] *f* golchwraig *b* dillad.
blanc-seing (∼**s**-∼**s**) [blɑ̃sɛ̃] *m* llofnod *g* ar ddogfen wag.
blanquette [blɑ̃kɛt] *f* (*CULIN*): ∼ **de veau** cig *g* llo mewn saws gwyn.
blasé (-e) [blɑze] *adj* wedi syrffedu *ou* diflasu; (*indifférent*) di-hid, didaro.
blaser [blɑze] (**1**) *vt* diflasu, achosi syrffed *ou* diflastod i; (*sensation, émotion*) pylu.
blason [blɑzɔ̃] *m* arfbais *b*.
blasphémateur [blasfematœʀ] *m* cableddwr *g*, cablwr *g*, cablydd *g*.
blasphématrice [blasfematʀis] *f* cableddwraig *b*.
blasphématoire [blasfematwaʀ] *adj* cableddus.
blasphème [blasfɛm] *m* cabledd *g*.
blasphémer [blasfeme] (**14**) *vi* cablu;
♦*vt* cablu yn erbyn.
blatte [blat] *f* chwilen *b* ddu fawr,

cocrotsien* *b*.

blazer [blazɛʀ] *m* blaser *g,b*.

blé [ble] *m* ŷd *g*, gwenith *g*; ~ **en herbe** gwenith yn y dywysen; ~ **noir** gwenith yr hydd *ou* y bwch.

bled* [blɛd] *m* (*péj: lieu isolé*) twll *g* o le, pentref *g* anghysbell; **le** ~ (*en Afrique du nord*) y mewndir *g*, y berfeddwlad *b*.

blême [blɛm] *adj* (*visage*) gwelw, llwydaidd; (*lueur*) gwelw, gwan, pŵl.

blêmir [blemiʀ] (**2**) *vi* (*personne*) gwelwi; (*lueur*) gwelwi, pylu.

blennorragie [blenɔʀaʒi] *f* (*MÉD*) gwynred *g*, y gwynion *ll*.

blessant (**-e**) [blesɑ̃, ɑ̃t] *adj* cas, tramgwyddus, clwyfol.

blessé[1] (**-e**) [blese] *adj* clwyfedig, anafus.

blessé[2] [blese] *m* dyn *g* anafus, dyn clwyfedig; **un** ~ **grave, un grand** ~ rhn sydd wedi ei anafu'n ddifrifol; **il y a eu trois** ~**s dans l'accident** cafodd tri o bobl eu hanafu yn y ddamwain.

blessée [blese] *f* merch *b* anafus, merch glwyfedig;

♦*adj f voir* **blessé**[1].

blesser [blese] (**1**) *vt* brifo, anafu; (*MIL: délibérément*) clwyfo, anafu; (*offenser*) sarhau, brifo teimladau, clwyfo; (*suj: souliers etc*) anafu, brifo, dolurio;

♦ **se** ~ *vr* eich anafu'ch hun; **se** ~ **au pied** brifo *ou* anafu eich troed.

blessure [blesyʀ] *f* anaf *g*, anafiad *g*, clwyf *g*, briw *g*; (*fig*) ergyd *g,b*.

blet (**-te**) [blɛ, blɛt] *adj* goraeddfed.

blette [blɛt] *f* (*BOT*)= **bette**.

bleu[1] (**-e**) [blø] *adj* glas; (*bifteck*) gwaedlyd iawn; **j'ai eu une peur** ~**e** mi ddychrynais i drwof, mi gefais i ofn *ou* fraw ofnadwy; **zone** ~**e** ≈ lle *g* parcio cyfyngedig; **fromage** ~ caws *g* llwyd *ou* glas.

bleu[2] [blø] *m* (*couleur*) glas *g*; (*novice*) newyddian *g*, un dibrofiad; (*contusion*) clais *g*; (*de lessive*) ≈ lliw *g ou* bag *g* glas; ~**s** (*vêtement*) troswisg *b*, oferôl* *g,b*; **au** ~ (*cuire*) *dull o goginio pysgodyn drwy ei roi'n fyw mewn gwlych berwedig*; ~ **de méthylène** (*MÉD*) glas methylen; ~ **marine** glas y llynges, glas tywyll; ~ **nuit** dulas *g*; ~ **roi** glas brenhinol.

bleuâtre [bløɑtʀ] *adj* gwelwlas, glasaidd, lledlas.

bleuet [bløɛ] *m* (*BOT*) penlas *b* yr ŷd.

bleuir [bløiʀ] (**2**) *vi* troi *ou* mynd yn las, glasu;

♦*vt* lliwio *ou* gwneud yn las, glasu.

bleuté (**-e**) [bløte] *adj* â gwawr las.

blindage [blɛ̃daʒ] *m* durblat *g*, plât *g* dur; (*ÉLEC, PHYS*) sgrîn *b*, sgriniau *ll*.

blindé[1] (**-e**) [blɛ̃de] *adj* arfog, arfogedig, (mewn) durblat, durblatiog; (*fig*) wedi caledu.

blindé[2] [blɛ̃de] *m* cerbyd *g* arfog *ou* arfogedig, cerbyd durblat; (*char*) tanc *g*; **les** ~**s** (*MIL*) y cerbydau *ll* arfog, y tanciau *ll*.

blinder [blɛ̃de] (**1**) *vt* (*MIL*) durblatio, gorchuddio â durblat *ou* â phlatiau dur; (*porte*) atgyfnerthu; (*ÉLEC, PHYS*) sgrinio; (*fig*) caledu.

blizzard [blizaʀ] *m* storm *b* eira.

bloc [blɔk] *m* (*INFORM: de pierre etc*) bloc *g*, blocyn *g*, plocyn *g*; (*de papier à lettres*) pad *g* ysgrifennu; (*ensemble*) carfan *b*, grŵp *g*; **serré à** ~ wedi ei sgriwio'n dynn dynn; **en** ~ yn ei grynswth, i gyd gyda'i gilydd; **faire** ~ uno, dangos undod; ~ **opératoire** (*MÉD*) bloc llaw-drin *ou* llawdriniaeth; ~ **sanitaire** cyfleusterau *ll* ymolchi; ~ **sténo** pad ysgrifennu llaw-fer.

blocage [blɔkaʒ] *m* (*obstruction*) rhwystro, rhwystr *g*; (*fermeture*) blocio, cloi; (*de salaire etc*) rhewi; (*MÉD*) ataliad *g*, atalfa *b*; (*PSYCH*) atalnwyd *g*, bloc *g* meddyliol.

bloc-cuisine (~**s**-~**s**) [blɔkkɥizin] *m* uned *b* gegin.

bloc-cylindres (~**s**-~) [blɔksilɛ̃dʀ] *m* (*AUTO*) bloc *g* silindrau.

bloc-évier (~**s**-~**s**) [blɔkevje] *m* uned *b* sinc.

bloc-moteur (~**s**-~**s**) [blɔkmɔtœʀ] *m* (*AUTO*) bloc *g* peiriant *ou* motor.

bloc-notes (~**s**-~) [blɔknɔt] *m* pad *g* ysgrifennu.

blocus [blɔkys] *m* gwarchae *g*, blocâd *g*.

blond[1] (**-e**) [blɔ̃, blɔ̃d] *adj* golau, pryd golau, gwallt golau, penfelyn; (*sable, blés*) melyn(melen)(melynion), euraidd; ~ **cendré** melynwyn.

blond[2] [blɔ̃] *m* blondyn* *g*, un gwallt golau, un pryd golau; (*couleur*) lliw *g* golau, melyn *g*.

blonde [blɔ̃d] *f* blonden* *b*, un wallt golau, un bryd golau; (*cigarette*) sigarét *b* baco Virginia; (*bière*) lager *g*, cwrw *g* golau;

♦*adj f voir* **blond**[1].

blondeur [blɔ̃dœʀ] *f* melynwch *g*, melynder *g*; (*personne*) pryd *g* golau.

blondinet [blɔ̃dinɛ] *m* bachgen *g* penfelyn, blondyn* *g* bychan.

blondinette [blɔ̃dinɛt] *f* merch *b* benfelen, blonden* *b* fechan.

blondir [blɔ̃diʀ] (**2**) *vi* (*cheveux*) goleuo; (*blés*) melynu;

♦*vt* lliwio'n felyn, goleuo.

bloquer [blɔke] (**1**) *vt* (*obstruer*) rhwystro, atal; (*fermer*) cau, blocio; (*immobiliser: machine*) cloi, jamio; (*salaires, compte*) rhewi; (*grouper*) grwpio, casglu at ei gilydd; ~ **les freins** sefyll ar y brêc.

blottir [blɔtiʀ] (**2**): **se** ~ *vr* swatio at, closio at, cwtsio lan at.

blousant (**-e**) [bluzɑ̃, ɑ̃t] *adj* (*robe, chemisier*) llac (*ond â'r wasg wedi'i hel i mewn*).

blouse [bluz] *f* troswisg *b*, oferôl* *g,b*; (*de femme*) blows *g,b*.

blouser [bluze] (**1**) *vi* bod yn llac (*ond â'r*

wasg wedi'i hel i mewn).

blouson [bluzɔ̃] *m* blwson *b*, siaced *b* ysgafn; ~ **noir** (*fig*) ≈ rocyr *g*.

blue-jean(s) [bludʒin(s)] *m* jîns *ll*

blues [bluz] *m* (*MUS*) blues *g*, melangan *b*; (*fam*) y felan *b*.

bluet [blyɛ] *m*= **bleuet**.

bluff [blœf] *m* blŷff *g*, twyll *g*, ymgais *g,b* i dwyllo.

bluffer [blœfe] (**1**) *vi* blyffio;
♦*vt* twyllo, blyffio.

BN [beɛn] *sigle f*(= *Bibliothèque nationale*) *llyfrgell b genedlaethol.*

BNP [beɛnpe] *sigle f*(= *Banque nationale de Paris*) *banc g cenedlaethol Paris.*

boa [bɔa] *m* (*serpent*) boa *b*; (*habillement*) bwa *g* (pluog); ~ **constricteur** (*ZOOL*) neidr *b* wasgu.

Boadicée [bɔadise] *prf* Buddug.

bobard* [bɔbaʀ] *m* (*mensonge*) celwydd *g* golau, anwiredd *g*; (*histoire*) stori *b* gelwydd golau.

bobèche [bɔbɛʃ] *f* cylch *g* canhwyllbren (*i ddal y gwêr*).

bobine [bɔbin] *f* (*de fil*) rîl *b*; (*de machine à coudre*) bobin *g*; (*de machine à écrire*) rhuban *g*; (*ÉLEC*) coil *g*; ~ **(d'allumage)** (*AUTO*) coil *g*; ~ **de pellicule** (*PHOT*) rholyn *g* *ou* rhôl *b* ffilm.

bobo [bobo] *m* (*langage enfantin: douleur*) poen *g*; (*plaie*) briw *g*, popo* *g*.

bob(sleigh) [bɔb(slɛg)] *m* (*engin*) bobsled *b*, sled *b* rasio; (*SPORT*) bobsledio, rasio slediau.

bocage [bɔkaʒ] *m* (*GÉO*) coetir *g* (*tirwedd lle mae'r caeau wedi eu hamgylchynu â gwrychoedd ac â choed*); (*bois*) coedlan *b*, celli *b*.

bocal (**bocaux**) [bɔkal, bɔko] *m* jar *g*.

Boccace [bɔkas] *prm* Boccaccio *g*.

bock [bɔk] *m* gwydryn *g* cwrw; (*contenu*) gwydraid *g* *ou* glasiaid *g* o gwrw.

body [bɔdi] *m* leotard *g,b*, tynwisg *b*.

bœuf [bœf] *m* (*bête*) ych *g*; (*de boucherie*) bustach *g*; (*CULIN*) cig *g* eidion; (*MUS: fam*) sesiwn *g,b* jamio.

bof [bɔf] *excl* ddim felly *ou* llawer, go brin; (*indifférence*) pa ots!; (*mépris*) twt!

bogue[1] [bɔg] *f* (*BOT*) plisgyn *g* *ou* masgl *b* cneuen gastan.

bogue[2] [bɔg] *m,f* (*INFORM*) firws *g*, chwilen *b*.

bohème [bɔɛm] *adj* bohemaidd; **une vie de** ~ bywyd *g* anghonfensiynol a diofal.

Bohème [bɔɛm] *prf*: **la** ~ Bohemia *b*.

bohémien[1] (**-ne**) [bɔemjɛ̃, jɛn] *adj* Bohemaidd, o Bohemia.

bohémien[2] [bɔemjɛ̃] *m* (*gitan*) sipsi *g*.

Bohémien [bɔemjɛ̃] *m* (*de Bohème*) Bohemiad *g*.

bohémienne [bɔemjɛn] *f* (*gitan*) sipsi *b*;
♦*adj f voir* **bohémien**[1].

Bohémienne [bɔemjɛn] *f* (*de Bohème*) Bohemiad *b*.

boire [bwaʀ] (**69**) *vi* (*alcoolique*) yfed, diota;
♦*vt* yfed; (*s'imprégner de*) socian, sugno; ~ **un coup** cael *ou* cymryd diod.

bois[1], *etc* [bwa] *vb voir* **boire**.

bois[2] [bwɑ] *m* pren *g*, coed *ll*; (*forêt*) coed, coedwig *b*; (*ZOOL*) corn *g* carw; **les** ~ (*MUS*) y chwythbrennau *ll*; **de/en** ~ pren, o bren; ~ **de lit** ffrâm *b* wely, coed gwely; ~ **mort** pren crin *ou* marw; ~ **vert** pren gwyrdd *ou* byw.

boisé (**-e**) [bwɑze] *adj* coediog, llawn coed.

boiser [bwɑze] (**1**) *vt* (*chambre*) panelu (â phren); (*galerie de mine*) coedio; (*terrain*) plannu â choed.

boiseries [bwazʀi] *fpl* paneli *ll* (pren), gwaith *g* coed *ou* pren.

boisson [bwasɔ̃] *f* diod *b*, llymaid *g*; **pris de** ~ meddw, wedi meddwi; ~**s alcoolisées** diodydd *ll* meddwol *ou* cadarn; ~**s gazeuses** diodydd byrlymog *ou* pigog *ou* ffisiog *ou* nwyol, pop *g*; ~**s non-alcoolisées** diodydd meddal *ou* ysgafn.

boit [bwa] *vb voir* **boire**.

boîte [bwat] *f*

1 (*gén*) blwch *g*, bocs *g*, tun *g*; **aliments en** ~ bwydydd *ll* tun; **mettre qn en** ~* tynnu coes rhn, cael hwyl *ou* chwerthin am ben rhn; ~ **à gants** (*AUTO*) silff *b* fenig; ~ **à musique** blwch cerdd, bocs canu*; ~ **à ordures** tun lludw *ou* sbwriel, bin *g* lludw *ou* sbwriel; ~ **aux lettres** (*d'immeuble*) blwch llythyrau; ~ **crânienne** creuan *b*, craniwm *g*; ~ **d'allumettes** blwch *ou* bocs matsys; ~ **de conserves** tun (bwyd); ~ **de petits pois/sardines** tun *ou* tunaid *g* o bys/sardîns; ~ **de vitesses** (*AUTO*) gerflwch *g*, gerbocs *g*; ~ **noire** (*AVIAT*) blwch du; ~ **postale** blwch *ou* bocs postio.

2 (*cabaret*): ~ **(de nuit)** clwb *g* nos.

3 (*fam: entreprise*) cwmni *g*.

boiter [bwate] (**1**) *vi* (*personne*) hercio, cerdded yn gloff; (*meuble*) siglo; (*fig: raisonnement*) bod yn ansad *ou* yn anniogel.

boiteux (**boiteuse**) [bwatø, bwatøz] *adj* (*personne*) cloff; (*meuble*) sigledig, siglog, ansad; (*fig: raisonnement*) ansad, anniogel.

boîtier [bwatje] *m* cas *g*, ces *g*; (*d'appareil-photo*) corff *g*; ~ **de montre** clawr *g* *ou* cas watsh.

boitiller [bwatije] (**1**) *vi* bod yn gloff braidd, bod braidd yn gloff.

boive *etc* [bwav] *vb voir* **boire**.

bol [bɔl] *m* dysgl *b*, powlen *b*; **un** ~ **de ...** dysglaid *b* o ..., powlaid *b* o ...; **un** ~ **d'air** cegaid *b* o wynt; **en avoir ras le** ~* bod wedi cael llond bol.

bolée [bɔle] *f* dysglaid *b*, powlaid *b*.

boléro [bɔleʀo] *m* (*vêtement*) bolero *g*.

bolet [bɔlɛ] *m* boled *g* (*math o fadarch*).

bolide [bɔlid] *m* seren *b* wib, meteor *g*; (*voiture*) car *g* rasio; **comme un** ~ (*arriver*) ar gyflymder; (*s'éloigner*) ar wib, fel cath i gythraul.

Bolivie [bɔlivi] *prf*: **la** ~ Bolifia *b*.

bolivien (-**ne**) [bɔlivjɛ̃, jɛn] *adj* Bolifiaidd, o Bolifia.

Bolivien [bɔlivjɛ̃] *m* Bolifiad *g*.

Bolivienne [bɔlivjɛn] *f* Bolifiad *b*.

bolognais (-**e**) [bɔlɔɲɛ, ɛz] *adj* o Bologna.

Bologne [bɔlɔɲ] *pr* Bologna *b*.

bolonais (-**e**) [bɔlɔnɛ, ɛz] *adj*= **bolognais**.

bombance [bɔ̃bɑ̃s] *f*: **faire** ~ gloddesta.

bombardement [bɔ̃baʀdəmɑ̃] *m* bomio, bombardio, peledu.

bombarder [bɔ̃baʀde] (**1**) *vt* bomio, bombardio, peledu; ~ **qn de** (*cailloux, lettres*) peledu rhn â; ~ **qn directeur** rhoi dyrchafiad sydyn i rn i fod yn rheolwr.

bombardier [bɔ̃baʀdje] *m* (*avion*) awyren *b* fomio; (*aviateur*) anelwr *g* bomiau.

bombe [bɔ̃b] *f*

1 (*MIL*) bom *g,b*; ~ **à retardement** bom amser, bom araf; ~ **atomique** bom atomig; ~ **à hydrogène** bom hydrogen; ~ **lacrymogène** grenâd *g,b* nwy dagrau.

2 (*atomiseur*) chwistrell *b* aerosol.

3 (*ÉQUITATION*) cap *g* marchogaeth.

4 (*fam: s'amuser*): **faire la** ~ mynd am *ou* ar sbri.

bombé (-**e**) [bɔ̃be] *adj* crwn(cron)(crynion); (*mur*) boliog; (*route*) â chambr serth.

bomber [bɔ̃be] (**1**) *vi* bolio, chwyddo; (*route*) cambro;

♦*vt* (*couvrir de graffiti*) chwistrellu; ~ **le torse** torsythu, taflu'r frest allan.

bon[1] (-**ne**) [bɔ̃, bɔn] *adj*

1 (*agréable, satisfaisant*) da; **un** ~ **repas/restaurant** pryd *g*/bwyty *g* da; **avoir** ~ **goût** bod yn flasus; **prendre du** ~ **temps** cael amser da *ou* braf; **le B**~ **Dieu** Duw *g*; **être** ~ **en maths** bod yn dda mewn mathemateg.

2 (*bienveillant, charitable*) rhadlon, hynaws, clên, piwr; **être** ~ **(envers)** bod yn garedig (wrth); **vous êtes trop** ~ 'rydych chi'n garedig dros ben; ~**ne femme** (*péj: femme*) dynes *b*, gwreigdda *b*, gwraig *b*, menyw *b*; (*péj: épouse*) gwraig.

3 (*correct*) iawn, cywir; **le** ~ **numéro** y rhif *g* cywir; **le** ~ **moment** yr adeg *b* iawn *ou* gywir.

4 (*souhaits*): ~ **anniversaire!** penblwydd hapus!; ~ **voyage!** siwrnai dda iti *ou* ichi!; ~**ne chance!** pob hwyl *ou* lwc!; ~**ne année!** Blwyddyn Newydd Dda!; ~**ne nuit!** nos da!, nos dawch!.

5 (*approprié, apte*): ~ **à/pour** addas *ou* cymwys *ou* da i/ar gyfer; **un remède** ~ **pour la gorge** meddyginiaeth *b* dda at y gwddf; ~ **pour le service** (*militaire*) atebol i wasanaeth milwrol; **c'est** ~ **à jeter** ni waeth ei daflu ddim; **c'est** ~ **à savoir** mae'n dda cael gwybod.

6 (*intensif*): **une** ~**ne heure/semaine** awr *b*/wythnos *b* dda; **ça m'a pris 2** ~**nes heures** cymrodd ddwy awr dda i mi; **un** ~ **nombre de** nifer *g,b* helaeth o.

7 (*locutions*): **de** ~**ne heure** yn gynnar; ~ **marché** rhad; ~ **mot** ffraetheb *b*; ~ **sens** synnwyr *g* cyffredin; ~ **vivant** dyn *g* hwyliog *ou* calonnog (*sy'n mwynhau pleserau bywyd megis bwyd a diod ayb*); ~**nes œuvres** gweithredoedd *ll* elusennol *ou* da; ~**ne sœur** lleian *b*; ~ **à tirer** parod i'r wasg; **faire** ~ **poids** rhoi pwysau hael; **pour faire** ~ **poids ...** i wneud iawn am y peth ...;

♦*adv*: **il fait** ~ **ici** mae'n braf yma; **ça sent** ~ mae aroglau *ou* oglau *ou* gwynt da ar hwnna; **tenir** ~ sefyll eich tir, sefyll yn gadarn *ou* yn ddi-ildio; **juger** ~ **de** gweld yn dda i; **comme vous le jugerez** ~ fel y gwelwch orau; **à quoi** ~**?** i beth?; **à quoi** ~ **tous nos efforts?** pa werth *ou* ddiben sydd i'n holl ymdrechion?;

♦*excl*: ~**!** iawn!, o'r gorau!; **ah** ~**?** felly'n wir?, o ddifrif?; ~**, je reste** iawn, mi arhosa' i.

bon[2] [bɔ̃] *m*: **un** ~ **à rien** un diffaith, un da i ddim.

bon[3] [bɔ̃] *m* (*billet*) tocyn *g*, taleb *b*; ~ **cadeau** tocyn *g* rhodd; ~ **d'essence** cwpon *g* petrol; ~ **de caisse** taleb arian; ~ **du Trésor** bond *g* Trysorlys; **avoir du** ~ bod â manteision *ou* rhinweddau; **pour de** ~ (*véritablement*) o ddifrif; **il y a du** ~ **et du mauvais dans cet ouvrage** mae rhinweddau a gwendidau yn y gwaith hwn.

bonasse [bɔnas] *adj* gostyngedig, hydrin.

bonbon [bɔ̃bɔ̃] *m* peth *g* melys *ou* da, fferen *b*, da-da *g*, losinen *b*, cisen *b*; ~**s** melysion, pethau da, losin, fferins, da-da.

bonbonne [bɔ̃bɔn] *f* costrel *b*, potel *b* fawr, carboi *g*.

bonbonnière [bɔ̃bɔnjɛʀ] *f* bocs *g* melysion.

bond [bɔ̃] *m* naid *b*, llam *g*; (*d'une balle*) sbonc *b*, adlam *g*; **faire un** ~ neidio; **d'un seul** ~ ag un naid; ~ **en avant** (*fig: progrès*) cam *g* mawr ymlaen.

bonde [bɔ̃d] *f* (*d'évier*) plwg *g*; (*d'évier: trou*) twll *g* plwg; (*de tonneau*) corcyn *g*, twll corcyn.

bondé (-**e**) [bɔ̃de] *adj* llawn dop.

bondieuserie [bɔ̃djøzʀi] (*péj*) *f* trugareddau *ll* *ou* petheuach *ll* crefyddol.

bondir [bɔ̃diʀ] (**2**) *vi* neidio, llamu; (*balle*) bowndio; ~ **de joie** (*fig*) neidio *ou* llamu o lawenydd; ~ **de colère** (*fig*) bod yn gynddeiriog.

bonheur [bɔnœʀ] *m* hapusrwydd *g*, llawenydd *g*, dedwyddwch *g*; (*chance*) lwc *b* dda; **avoir le** ~ **de** cael y llawenydd o, bod yn ddigon lwcus i; **porter** ~ **(à qn)** dod â lwc dda (i rn); **au petit** ~ (*faire*) rywsut-rywsut; (*répondre*) yn ddidaro, yn ddifeddwl; **par** ~ wrth *ou* drwy lwc.

bonhomie [bɔnɔmi] *f* hynawsedd *g*, rhadlonrwydd *g*, natur *b* dda; **avec** ~ yn

rhadlon.
bonhomme (**bonshommes**) [bɔnɔm, bɔ̃zɔm] *m* boi* *g*, bachgen *g*, bachan* *g*; **un vieux ~** hen foi*, hen fachan*; **aller son petit ~ de chemin** gwneud pethau yn eich ffordd fach eich hun, dilyn eich hynt eich hun; **~ de neige** dyn *g* eira;
♦*adj* rhadlon, hynaws.
boni [bɔni] *m* elw *g*.
bonification [bɔnifikasjɔ̃] *f* bonws *g*; (*amélioration*) gwella; (*avantage*) mantais *b*.
bonifier [bɔnifje] (**16**): **se ~** *vr* gwella.
boniment [bɔnimɑ̃] *m* perswâd *g* i brynu, truth *g*.
bonjour [bɔ̃ʒuʀ] *excl, m* helô; (*le matin*) bore da; (*l'après-midi*) prynhawn da; **donner** *neu* **souhaiter le ~ à qn** dweud helô *ou* bore da *ou* prynhawn da wrth rn, cyfarch rhn; **donnez-lui le ~ de ma part** cofiwch fi ato *ou* ati.
bonne[1] [bɔn] *f* morwyn *b*.
bonne[2] [bɔn] *f*: **une ~ne à rien** un ddiffaith, un dda i ddim; **en voilà une ~** dyna un dda!; **tu en as de ~s toi!** 'dwyt ti ddim o ddifrif!;
♦*adj f voir* **bon**[1].
bonne-maman (**~s-~s**) [bɔnmamɑ̃] *f* nain *b*, mam-gu *b*.
bonnement [bɔnmɑ̃] *adv*: **tout ~** yn syml iawn; (*franchement*) mewn gwirionedd.
bonnet [bɔnɛ] *m* bonet *b,g*, het *b*; (*de soutien-gorge*) cwpan *g,b*; **~ d'âne** cap *g* twpsyn *ou* dŷns*; **~ de bain** cap nofio; **~ de nuit** cap nos.
bonneterie [bɔnɛtʀi] *f* 'sanau *ll*; (*fabrication*) gwneud hosanau; (*commerce*) gwerthu hosanau ayb.
bon-papa (**~s-~s**) [bɔ̃papa] *m* taid *g*, tad-cu *g*.
bonshommes [bɔ̃zɔm] *mpl voir* **bonhomme**.
bonsoir [bɔ̃swaʀ] *excl, m* noswaith *b* dda *voir aussi* **bonjour**.
bonté [bɔ̃te] *f* caredigrwydd *g*; **ayez la ~ de ...** a fyddech chi garediced *ou* gystal â ...?
bonus [bɔnys] *m* (*assurances*) bonws *g* am beidio â hawlio.
bonze [bɔ̃z] *m* (*REL*) offeiriad *g* Bwdaidd.
boomerang [bumʀɑ̃g] *m* bwmerang *g*.
boots [buts] *mpl* esgidiau *ll* migwrn, bwtsias *ll*.
borborygme [bɔʀbɔʀigm] *m* (sŵn *g*) rymblan (*yn y bol*).
bord [bɔʀ] *m*
1 (*de table, verre, falaise*) ymyl *g,b*.
2 (*de rivière, lac etc*) glan *b*, min *g*; **au ~ de la mer** ar lan y môr.
3 (*de route*) ochr *b*, ymyl *g,b*, min *g*; **au ~ de la route** ar ochr y ffordd; **~ du trottoir** ymyl y palmant.
4 (*de vêtement*) ymyl *g,b*.
5 (*de chapeau*) cantel *g*.
6 (*NAUT*): **à ~** ar long, ar fwrdd llong; **monter à ~** mynd ar long; **jeter par-dessus ~** taflu i'r môr; **le commandant/les hommes du ~** capten *g*/criw *g* y llong; **virer de ~** tacio.
7 (*fig: tendance*): **du même ~** o'r un farn; **de tous ~s** ar bob tu *ou* ochr; **sur les ~s** braidd; **elle est un peu fantaisiste sur les ~s** mae hi braidd yn ecsentrig, mae hi'n dipyn o ecsentrig.
▶ **au bord de** ar fin; **être au ~ des larmes** bod ar fin wylo *ou* llefain, bod bron â chrio.
bordages [bɔʀdaʒ] *mpl* (*en bois*) estyll *ll*, estyllod *ll*, planciau *ll*; (*en fer*) platiau *ll*.
bordeaux [bɔʀdo] *m* (*vin*) gwin *g* Bordeaux;
♦*adj inv* (*couleur*) marŵn, lliw gwin.
bordée [bɔʀde] *f* (*salve*) taniad *g*, hwrdd *g* o danio; **tirer une ~** (*fig*) mynd am *ou* ar sbri; **une ~ d'injures** (*fig*) llond *g* ceg o enllibion.
bordel [bɔʀdɛl] (*fam*) *m* puteindy *g*; (*chaos*) llanast *g*, anhrefn *g* llwyr; **mettre le ~** gwneud llanast ofnadwy;
♦*excl* uffern dân*.
bordelais (**-e**) [bɔʀdəlɛ, ɛz] *adj* o Bordeaux.
Bordelais [bɔʀdəlɛ] *m* un *g* o Bordeaux.
Bordelaise [bɔʀdəlɛz] *f* un *b* o Bordeaux.
bordélique* [bɔʀdelik] *adj* anhrefnus, blêr, anniben, didoreth, yn llanast, blith draphlith.
border [bɔʀde] (**1**) *vt* ymylu; **~ qch de** trimio *ou* addurno rhth â, ymylu rhth â; **~ un lit** lapio dillad gwely i mewn; **~ qn dans son lit** lapio dillad am rn yn ei wely, swatio rhn yn ei wely; **une rue bordée d'arbres** stryd *b* a choed ar ei hyd.
bordereau (**-x**) [bɔʀdəʀo] *m* slip *g*, nodyn *g*; (*facture*) anfoneb *b*.
bordure [bɔʀdyʀ] *f* ymyl *g,b*; (*de fleurs*) bordor *g*, border *g*; (*sur un vêtement*) ymyl, ymylwaith *g*; **en ~ de** (*le long de*) ar hyd; (*à côté de*) wrth ochr; (*près de*) yn ymyl, wrth; (*de route*) ar ochr, ar fin; **~ de trottoir** ymyl palmant.
boréal (**-e**) (**boréaux, boréales**) [bɔʀeal, bɔʀeo] *adj* boreal, gogleddol.
borgne [bɔʀɲ] *adj* unllygeidiog, (ag) un llygad; (*fenêtre*) na ellir gweld trwyddi; **hôtel ~** gwesty *g* amheus.
bornage [bɔʀnaʒ] *m* (*d'un terrain*) llinell *b* derfyn.
borne [bɔʀn] *f* (*pour délimiter*) carreg *b* derfyn; **~s** (*fig: limites*) terfynau *ll*; **dépasser les ~s** mynd yn rhy bell, mynd dros ben llestri; **sans ~(s)** diderfyn, di-ben-draw; **~ (kilométrique)** ≈ carreg filltir.
borné (**-e**) [bɔʀne] *adj* (*limité*) cyfyng, cyfyngedig; (*personne: esprit*) cul.
Bornéo [bɔʀneo] *prm*: **le ~** Borneo *b*.
borner [bɔʀne] (**1**) *vt* (*terrain*) nodi ffiniau *ou* terfynau; (*fig: désirs, ambition*) cyfyngu;
♦ **se ~** *vr*: **se ~ à** (*se contenter*) ymfodloni ar; (*se limiter*) gwneud dim ond
bosniaque [bɔznjak] *adj* Bosniaidd, o Bosnia.
Bosniaque [bɔznjak] *m/f* Bosniad *g/b*.
Bosnie [bɔsni] *prf*: **la ~** Bosnia *b*.

Bosnie-Herzégovine [bɔsniɛʀzegɔvin] *prf*: **la ~-~** Bosnia-Hertsegofina *b*.
bosnien (**-ne**) [bɔznjɛ̃, jɛn] *adj* Bosniaidd, o Bosnia.
Bosnien [bɔznjɛ̃] *m* Bosniad *g*.
Bosnienne [bɔznjɛn] *f* Bosniad *b*.
Bosphore [bɔsfɔʀ] *prm*: **le ~** y Bosfforws *g*.
bosquet [bɔskɛ] *m* coedlan *b*.
bosse [bɔs] *f* (*de terrain etc*) cnwc *g*, bryncyn *g*; (*enflure*) chwydd *g*, lwmp *g*; (*du bossu, du chameau etc*) crwbi *g*; **avoir la ~ des maths** deall mathemateg i'r dim, bod yn dda iawn mewn mathemateg; **rouler sa ~** gweld tipyn ar y byd, crwydro tipyn.
bosseler [bɔsle] (**11**) *vt* (*décorer*) boglynnu; (*abîmer*) tolcio.
bosser* [bɔse] (**1**) *vt* gweithio, slafio.
bosseur* [bɔsœʀ] *m* gweithiwr *g* dygn, slafiwr* *g*.
bosseuse* [bɔsøz] *f* gweithwraig *b* ddygn, slafwraig* *b*.
bossu[1] (**-e**) [bɔsy] *adj* crwbi, cefngrwm, crwca.
bossu[2] [bɔsy] *m* dyn *g* crwbi.
bossue [bɔsy] *f* merch *b* grwbi;
♦*adj f voir* **bossu**[1].
bot [bo] *adj m*: **pied ~** troed *g,b* clwb *ou* glwb.
botanique [bɔtanik] *adj* llysieuegol, botanegol; ♦*f* llysieueg *b*, botaneg *b*.
botaniste [bɔtanist] *m/f* llysieuydd *g*, botanegydd *g*.
Botswana [bɔtswana] *prm*: **le ~** Botswana *b*.
botte[1] [bɔt] *f* (*soulier*) esgid *b* uchel, botasen *b*; **~s de caoutchouc** esgidiau *ll* glaw, welingtons *ll*.
botte[2] [bɔt] *f* (*ESCRIME*) gwaniad *g*, gwân *g,b*.
botte[3] [bɔt] *f*: **~ de paille** (*gerbe*) bwndel *g* o wellt; **~ de radis** bwnsiaid *g* o ruddygl *ou* radish.
botter [bɔte] (**1**) *vt* rhoi esgid(iau) (am eich traed); **~ le derrière à qn** cicio pen ôl rhn, rhoi cic yn ei din i rn*; **ça me botte*** 'rwy'n hoffi hwnna; **il te botte?*** wyt ti'n ei hoffi?
bottier [bɔtje] *m* crydd *g*.
bottillon [bɔtijɔ̃] *m* botasen *b* fach.
bottin [bɔtɛ̃] *m* llyfr *g* ffôn.
bottine [bɔtin] *f* esgid *b* figwrn *ou* ffêr, botasen *b*.
botulisme [bɔtylism] *m* botwliaeth *b*.
bouc [buk] *m* bwch *g* gafr; (*barbe*) locsyn *g* bwch gafr; **~ émissaire** bwch *g* dihangol.
boucan [bukɑ̃] *m* twrw *g*, stŵr *g*, mwstwr *g*.
bouche [buʃ] *f* ceg *b*, genau *g*; **les ~s inutiles** (*fig*) y rhai *ll* anghynhyrchiol mewn cymdeithas; **il a 5 ~s à nourrir** (*fig*) mae ganddo bump i'w bwydo; **de ~ à oreille** ar leferydd, yn gyfrinachol; **pour la bonne ~** (*pour la fin*) hyd *ou* tan y diwedd; **faire du ~-à-~ à qn** rhoi cusan bywyd i rn; **faire venir l'eau à la ~** tynnu dŵr o ddannedd; **"~ cousue!"** "taw piau hi!", "dim gair wrth neb!"; **~ d'aération** twll *g* awyru *ou* aer; **~ de chaleur** twll aer poeth; **~ d'égout** twll caead *ou* clawr, manol *g*; **~ d'incendie** hydrant *g*; **~ de métro** mynedfa *b* métro.
bouché (**-e**) [buʃe] *adj* (*flacon etc*) gyda thopyn, gyda chaead, gyda chorcyn; (*vin, cidre*) mewn potel; (*temps, ciel*) cymylog; (*chemin*) caeedig, wedi cau; (*péj: personne*) twp, dwl; (*JAZZ: trompette*) gyda mudydd; **avoir le nez ~** bod â'ch trwyn yn llawn.
bouchée [buʃe] *f* llond *g* ceg, cegaid *b*; **vous n'en ferez qu'une ~** (*fig: adversaire*) ni fyddwch fawr o dro yn ei guro; **pour une ~ de pain** (*fig*) am y nesaf peth i ddim; **~s à la reine** (*CULIN*) vol-au-vents *ll* cyw iâr.
boucher[1] [buʃe] *m* cigydd *g*, bwtsier* *g*.
boucher[2] [buʃe] (**1**) *vt* (*bouteille*) corcio, rhoi corcyn yn; (*trou, fente*) cau, llenwi; (*fuite*) plygio; (*lavabo*) cau, tagu, blocio;
♦ **se ~** *vr* (*tuyau etc*) cau, blocio; **se ~ le nez** dal eich trwyn.
bouchère [buʃɛʀ] *f* cigyddes *b*; (*épouse*) gwraig *b* cigydd.
boucherie [buʃʀi] *f* siop *b* gig *ou* cigydd; (*métier*) cigyddiaeth *b*, bwtsiera*; (*fig*) lladdfa *b*, lladd.
bouche-trou (**~-~s**) [buʃtʀu] *m* (*fig*) rhywun *ou* rhywbeth i lenwi bwlch.
bouchon [buʃɔ̃] *m* (*en liège*) corcyn *g*; (*autre matière*) topyn *g*; (*fig: embouteillage*) tagfa *b* draffig; (*PÊCHE*) corcyn, fflôt *b*; **~ doseur** cap *g* mesur.
bouchonner [buʃɔne] (**1**) *vt* (*cheval*) rhoi rhwbiad *ou* rhwtad i;
♦*vi*: **ça bouchonne sur l'autoroute** mae tagfeydd ar y draffordd.
bouchot [buʃo] *m* gwely *g* misglod *ou* cregyn gleision.
bouclage [buklaʒ] *m* cload *g*, rhoi dan glo; (*d'un quartier*) selio, ynysu; **le ~ d'un journal** rhoi papur yn ei wely.
boucle [bukl] *f* (*d'un lacet*) dolen *b*; (*d'un fleuve*) dolen, ystum *b*, tro *g*; (*INFORM*) dolen; (*de ceinture*) bwcwl *g*; **~ (de cheveux)** cyrlen *b*, cwrlen *b*, modrwy *b*, cudyn *g*; **~s d'oreilles** clustdlysau *ll*.
bouclé (**-e**) [bukle] *adj* cyrliog, modrwyog.
boucler [bukle] (**1**) *vt* (*ceinture etc*) bwclo, byclu, cau; (*magasin*) cau; (*circuit*) cwblhau; (*budget*) mantoli; (*enfermer*) cau i mewn; (*enfermer: condamné*) rhoi dan glo; (*:quartier*) selio, ynysu; **~ la boucle** (*AVIAT etc*) gwneud dolen, troi mewn cylch, gwneud cylch cyfan;
♦*vi*: **faire ~** (*cheveux*) modrwyo, cyrlio, cwrlo; **arriver à ~ ses fins de mois** llwyddo i fod yn glir o ddyled ar ddiwedd y mis.
bouclette [buklɛt] *f* modrwy *b ou* cyrlen *b ou* cwrlen *b* fach.
bouclier [buklije] *m* (*MIL*) tarian *b*; (*TECH*) gorchudd *g*, sgrîn *b*.
Bouddha [buda] *prm*: **le ~** Bwda *g*.

bouddhisme [budism] *m* Bwdhaeth *b*, Bwdistiaeth *b*.
bouddhiste [budist] *m/f* Bwdydd *g*, Bwdist *g/b*.
bouder [bude] (**1**) *vi* pwdu, sorri, monni; ♦*vt* (*personne*) anwybyddu, osgoi, gwrthod siarad â; (*lieu*) osgoi.
bouderie [budʀi] *f* pwd *g*, soriant *g*; (*action*) pwdu, sorri, monni.
boudeur (**boudeuse**) [budœʀ, budøz] *adj* sorllyd, pwdlyd, wedi pwdu *ou* sorri *ou* monni.
boudin [budɛ̃] *m* (CULIN) pwdin *g* gwaed; (*bourrelet*) rholyn *g*; ~ **blanc** pwdin gwyn.
boudiné (**-e**) [budine] *adj* (*doigt*) tew; **être ~ dans une robe** bod wedi eich gwthio *ou* eich gwasgu i mewn i ffrog.
boudoir [budwaʀ] *m* ystafell *b* wisgo; (*biscuit*) bys *g* sbwng.
boue [bu] *f* llaid *g*, mwd *g*; ~**s industrielles** gwastraff *g* diwydiannol.
bouée [bwe] *f* (*balise*) bwi *g*; (*de baigneur*) cylch *g* nofio; ~ **(de sauvetage)** gwregys *g* achub; (*fig*) rhaff *b* achub.
boueuse [bwøz] *f* casglwraig *b* sbwriel; ♦*adj f voir* **boueux**[1].
boueux[1] (**boueuse**) [bwø, bwøz] *adj* lleidiog, mwdlyd, yn llaid *ou* yn fwd i gyd.
boueux[2] [bwø] *m* casglwr *g* sbwriel.
bouffant (**-e**) [bufɑ̃, ɑ̃t] *adj* llawn, llydan, llac; (*cheveux*) yn ffluwch.
bouffarde [bufaʀd] *f* cetyn *g*, pib *b*, pibell *b*.
bouffe* [buf] *f* bwyd *g*, sgram* *g,b*.
bouffée [bufe] *f* (*d'air*) chwa *b*, pwff *g*; (*de pipe*) pwff; ~ **de chaleur** (MÉD) pwl *g* o wres; (*gén*) chwythiad *g* o aer poeth; ~ **de honte** pwl o gywilydd; ~ **d'orgueil** hwrdd *g* o falchder.
bouffer* [bufe] (**1**) *vi* bwyta; (COUTURE) bolio, ymchwyddo;
♦*vt* bwyta, llowcio, sgramio*.
bouffi (**-e**) [bufi] *adj* chwyddedig.
bouffon[1] (**-ne**) [bufɔ̃, ɔn] *adj* ffarsaidd, digrif, ysmala.
bouffon[2] [bufɔ̃] *m* ffŵl *g*, clown *g*; (HIST) digrifwas *g*, croesan *g*.
bouge [buʒ] *m* (*taudis*) hofel *b*; (*bar louche*) twll *g*, ffau *b*.
bougeoir [buʒwaʀ] *m* canhwyllbren *g*.
bougeotte [buʒɔt] *f*: **avoir la** ~ bod yn aflonydd, cynrhoni.
bouger [buʒe] (**10**) *vi* symud; (*dent etc*) bod yn rhydd; (*agir*) cynhyrfu, cyffroi; (*changer*) newid;
♦*vt* symud;
♦ **se** ~* *vr* ei symud hi.
bougie [buʒi] *f* (*pour éclairer*) cannwyll *b*; (AUTO) plwg *g* tanio.
bougon (**-ne**) [bugɔ̃, ɔn] *adj* blin, croes, piwis, sarrug.
bougonner [bugɔne] (**1**) *vi* grwgnach, cwyno, achwyn.
bougre [bugʀ] *m* boi* *g*, bachgen *g*, bachan* *g*; **ce ~ d'idiot*** y diawl gwirion 'na*; **un bon** ~ boi iawn, bachgen clên, bachan piwr *ou* ffein.
boui-boui* (~**s**-~**s**) [bwibwi] *m* bwyty *g* gwael.
bouillabaisse [bujabɛs] *f math o gawl pysgod.*
bouillant (**-e**) [bujɑ̃, ɑ̃t] *adj* (*qui bout*) berwedig; (*très chaud*) berwedig, chwilboeth; (*fig*) penboeth, tanbaid, brwd; ~ **de colère** yn ferw *ou* yn berwi *ou* yn corddi gan ddicter.
bouille* [buj] *f* wyneb *g*, gwep *b*.
bouilleur [bujœʀ] *m*: ~ **de cru** distyllwr *g* cartref.
bouillie [buji] *f* sucan *g*, grual *g*, llymru *g*; (*de bébé*) bwyd *g* llwy; **réduit en** ~ (*fig*) wedi ei falu'n chwilfriw *ou* yn fwydion; ~ **d'avoine** uwd *g*.
bouillir [bujiʀ] (**25**) *vt* berwi;
♦*vi* (*aussi fig*) berwi; ~ **de colère** berwi *ou* corddi gan ddicter.
bouilloire [bujwaʀ] *f* tegell *g*.
bouillon [bujɔ̃] *m* (CULIN) stoc *g*, gwlych *g*, isgell *g*; (*bulles, écume*) crychiad *g*, bwrlwm *g*; ~ **de culture** cyfrwng *g* meithrin *ou* tyfu.
bouillonnement [bujɔnmɑ̃] *m* (*d'un liquide*) byrlymiad *g*; (*des idées*) cyffro *g*, berw *g*, bwrlwm *g*.
bouillonner [bujɔne] (**1**) *vi* (*aussi fig*) byrlymu; (*torrent*) ewynnu, berwi.
bouillotte [bujɔt] *f* potel *b* ddŵr poeth.
boulanger [bulɑ̃ʒe] *m* pobydd *g*.
boulangère [bulɑ̃ʒɛʀ] *f* pobwraig *b*, pobyddes *b*.
boulangerie [bulɑ̃ʒʀi] *f* siop *b* fara, siop y pobydd; (*commerce*) gwneud a gwerthu bara, diwydiant *g* pobi *ou* bara.
boulangerie-pâtisserie (~**s**-~**s**) [bulɑ̃ʒʀipatisʀi] *f* siop *b* fara a chacennau *ou* theisennau.
boule [bul] *f* (*gén*) pelen *b*; (*pour jouer*) pêl *b*; **roulé en** ~ (*animal*) (wedi rhoi ei hun) yn belen *ou* yn dorch; **se mettre en** ~ (*fig*) gwylltio'n gaclwm, colli'ch tymer; **perdre la** ~* (*fig*) drysu, gwallgofi, mynd o'ch cof, colli'ch pwyll; **faire ~ de neige** (*fig*) tyfu *ou* cynyddu fel caseg eira; **jouer aux** ~**s** chwarae bowls; ~ **de gomme** (*bonbon*) gỳm *g*, pastil *g*; ~ **de neige** pelen *b* eira; (*plus grosse*) caseg *b* eira.
bouleau (**-x**) [bulo] *m* bedwen *b*.
bouledogue [buldɔg] *m* ci *g* tarw.
bouler [bule] (**1**) *vt*: **envoyer ~ qn** anfon rhn ymaith â'i gynffon yn ei afl, dangos y drws i rn.
boulet [bulɛ] *m*: ~ **de canon** pelen *b* ganon; (*de bagnard*) llyffethair *b* (*a phêl drom ynghlwm wrthi*); (*charbon*) clap *g*, cnepyn *g*, clepyn *g*.
boulette [bulɛt] *f* pelen *b*; (*fig*) camgymeriad *g*, caff *g* gwag.
boulevard [bulvaʀ] *m* rhodfa *b*, bwlfard *g*.

bouleversant (-e) [bulvɛʀsɑ̃, ɑ̃t] *adj* yn cynhyrfu i'r byw, yn peri gofid mawr, ysgytwol.
bouleversé (-e) [bulvɛʀse] *adj* wedi cynhyrfu i'r byw, mewn gofid mawr.
bouleversement [bulvɛʀsəmɑ̃] *m* (*politique, social*) tryblith *g*, terfysg *g*, cynnwrf *g*.
bouleverser [bulvɛʀse] (**1**) *vt* (*émouvoir*) cynhyrfu i'r byw, rhoi ysgytwad i, ysgwyd, siglo; (*causer du chagrin à*) gofidio, peri gofid mawr i; (*pays, vie*) chwildroi; (*papiers, objets*) troi'n blith draphlith, gwneud llanast llwyr o.
boulier [bulje] *m* abacws *g*; (*de jeu*) bwrdd *g* sgorio.
boulimie [bulimi] *f* (*MÉD*) bwlimia *g*.
boulimique [bulimik] *adj* bwlimaidd, yn dioddef o fwlimia.
boulingrin [bulɛ̃gʀɛ̃] *m* lawnt *b* fowlio.
bouliste [bulist] *m/f* bowliwr *g*, bowlwraig *b*.
boulocher [bulɔʃe] (**1**) *vi* (*tricot, tissu*) pelennu, mynd yn belenni bach.
boulodrome [bulodʀom] *m* lle *g* chwarae bowls.
boulon [bulɔ̃] *m* bollt *b*, bollten *b*.
boulonner [bulɔne] (**1**) *vt* bolltio.
boulot*[1] [bulo] *m* gwaith *g*.
boulot[2] (**-te**) [bulo, ɔt] *adj* byrdew
boum[1] [bum] *m* clec *b*, clep *b*.
boum[2] [bum] *f* parti *g*.
bouquet [bukɛ] *m* (*de fleurs*) tusw *g*, pwysi *g*; (*de persil etc*) bwnsiaid *g*; (*parfum*) persawr *g*; (*d'un feu d'artifice*) uchafbwynt *g*; **"c'est le ~!"** (*fig*) "dyna'i diwedd hi!", "dyna goron arni!"; ~ **garni** (*CULIN*) bwnsiaid o berlysiau cymysg.
bouquetin [buk(ə)tɛ̃] *m* gafr *b* y graig, ibecs *g*.
bouquin* [bukɛ̃] *m* llyfr *g*.
bouquiner* [bukine] (**1**) *vi* darllen.
bouquiniste [bukinist] *m/f* gwerthwr *g* llyfrau ail-law.
bourbeux (**bourbeuse**) [buʀbø, buʀbøz] *adj* lleidiog, mwdlyd, yn llaid *ou* yn fwd *ou* yn llaca i gyd.
bourbier [buʀbje] *m* cors *b*, siglen *b*.
bourde [buʀd] *f* (*erreur*) camgymeriad *g*, camsyniad *g*, howler *g*; (*gaffe*) caff *g* gwag.
bourdon [buʀdɔ̃] *m* cacynen *b ou* gwenynen *b* bwm; **avoir le** ~ bod dan y felan, bod yn isel eich ysbryd.
bourdonnement [buʀdɔnmɑ̃] *m* su *g,b*, grŵn *g*, suo, grwnan; **j'ai des ~s d'oreilles** mae gen i sŵn yn fy nghlustiau, mae fy nghlustiau'n canu.
bourdonner [buʀdɔne] (**1**) *vi* suo, grwnan; (*moteur*) grwnan.
bourg [buʀ] *m* tref *b* farchnad; (*petit*) pentref *g*.
bourgade [buʀgad] *f* tref *b* fach.
bourgeois[1] (-e) [buʀʒwa, waz] *adj* (*gén*) dosbarth canol; (*maison etc*) cyfforddus iawn; (*péj*) confensiynol, bourgeois.
bourgeois[2] [buʀʒwa] *m* dyn *g ou* gŵr *g* dosbarth canol; (*autrefois*) bwrdais *g*, dinesydd *g*.
bourgeoise [buʀʒwaz] *f* gwraig *b* ddosbarth canol;
♦*adj f voir* **bourgeois**[1].
bourgeoisie [buʀʒwazi] *f* dosbarth *g* canol; **petite** ~ dosbarth canol is.
bourgeon [buʀʒɔ̃] *m* blaguryn *g*.
bourgeonner [buʀʒɔne] (**1**) *vi* blaguro.
bourgmestre [buʀgmɛstʀ] *m* prif ynad *g*, bwrgfeistr *g*.
bourgogne [buʀgɔɲ] *m* (*vin*) gwin *g* Bwrgwyn.
Bourgogne [buʀgɔɲ] *prf*: **la** ~ Bwrgwyn *b*.
bourguignon (**-ne**) [buʀgiɲɔ̃, ɔn] *adj* Bwrgwynaidd, o Fwrgwyn; **bœuf** ~ cig *g* eidion mewn gwin coch.
bourlinguer [buʀlɛ̃ge] (**1**) *vi* gweld y byd, crwydro llawer.
bourrade [buʀad] *f* pwniad *g*, hergwd *g*, dyrnod *g,b*.
bourrage [buʀaʒ] *m* (*coussin*) llenwi, stwffio; (*SCOL*) stwffio pen; ~ **de crâne** pwylldrais *g*, pwylldreisio, cyflyru.
bourrasque [buʀask] *f* hyrddwynt *g*, hwrdd *g* (o wynt).
bourratif (**bourrative**) [buʀatif, buʀativ] *adj* (*gén*) sy'n llenwi, sy'n digoni, diwallol, llenwol; (*péj*) sgrwtshlyd, stwnshlyd.
bourre [buʀ] *f* (*de coussin, matelas etc*) stwffin *g*, padin *g*; **être à la ~*** bod yn hwyr, bod yn brin o amser.
bourré (-e) [buʀe] *adj* (*salle*) llawn dop, dan ei sang; (*fam: ivre*) wedi meddwi, chwil*, twll*.
bourreau [buʀo] *m* dienyddiwr *g*; (*fig*) poenydiwr *g*; ~ **de travail** gweithiwr *g* diarbed.
bourreler [buʀle] (**11**) *vt*: **bourrelé de remords** a'ch cydwybod yn eich poenydio.
bourrelet [buʀlɛ] *m* (*gén*) rholyn *g*; (*porte, fenêtre*) rhimyn *g* drafft; (*de graisse*) rholyn bloneg.
bourrer [buʀe] (**1**) *vt* (*coussin*) llenwi, stwffio; (*pipe, poêle*) llenwi, llanw; (*valise*) stwffio, gorlenwi, llenwi hyd yr ymylon; ~ **de** (*personne: de nourriture*) stwffio â; ~ **qn de coups** dyrnu *ou* dyrnodio rhn; ~ **un sac de papiers** stwffio papurau i fag; ~ **le crâne à qn** stwffio syniad(au) i ben rhn, llenwi pen rhn â syniadau; (*endoctriner*) pwylldreisio rhn, cyflyru rhn.
bourrichon [buʀiʃɔ̃] *m*: **monter le ~ à qn*** rhoi syniadau ym mhen rhn, symbylu rhn.
bourricot [buʀiko] *m* asyn *g ou* mul *g* bach.
bourrique [buʀik] *f* (*âne*) asyn *g*, asen *b*.
bourru (-e) [buʀy] *adj* sarrug.
bourse [buʀs] *f* (*subvention*) ysgoloriaeth *b*, grant *g*; (*porte-monnaie*) pwrs *g*; **la B~** y Gyfnewidfa *b* Stoc; **sans ~ délier** heb wario dimai goch, heb wario'r un geiniog; **B~ du travail** ≈ cyfarfod *g ou* man *g,b* cyfarfod

undebau llafur.

boursicoter [buʀsikɔte] (**1**) *vi* (*COMM*) ymhel â'r Gyfnewidfa Stoc.

boursier[1] (**boursière**) [buʀsje, buʀsjɛʀ] *adj* y Gyfnewidfa Stoc.

boursier[2] [buʀsje] *m* (*SCOL*) bachgen *g* sy'n derbyn ysgoloriaeth *ou* grant, ysgolor *g*.

boursière [buʀsjɛʀ] *f* (*SCOL*) merch *b* sy'n derbyn ysgoloriaeth *ou* grant, ysgolor *g*; ♦*adj f voir* **boursier**[1].

boursouflé (**-e**) [buʀsufle] *adj* chwyddedig, pyfflyd, ffoglyd; (*peinture*) pothellog, llawn pothelli *ou* swigod, chwysigennog; (*fig*) chwyddedig, rhwysgfawr, rhodresgar.

boursoufler [buʀsufle] (**1**) *vt* chwyddo; ♦ **se** ~ *vr* (*visage*) chwyddo; (*peinture*) codi'n bothelli *ou* swigod.

boursouflure [buʀsuflyʀ] *f* chwydd *g*; (*de la peinture*) swigen *b*, pothell *b*; (*fig: du style*) rhwysg *g*, rhodres *g*.

bous *etc* [bu] *vb voir* **bouillir**.

bousculade [buskylad] *f* (*hâte*) rhuthr *g*, rhuthro; (*poussée*) gwthio.

bousculer [buskyle] (**1**) *vt* (*heurter*) taro *ou* bwrw yn erbyn; (*faire tomber*) dymchwel, troi; (*pousser*) gwthio; (*presser*) brysio; (*fig: idées*) rhoi ysgytwad i.

bouse [buz] *f*: ~ **(de vache)** tail *g* (gwartheg), tom *g ou* dom (da).

bousiller* [buzije] (**1**) *vt* difetha, sbwylio, andwyo; (*travail*) cawlio, gwneud cawl o; (*appareil, voiture*) malu'n rhacs.

boussole [busɔl] *f* cwmpawd *g*.

bout[1] [bu] *vb voir* **bouillir**.

bout[2] [bu] *m*

1 (*morceau*) darn *g*; **un** ~ **de chou*** plentyn *g* bach.

2 (*extrémité: de pied, bâton*) blaen *g*.

3 (*extrémité: de ficelle, table, rue*) pen *g*; ~ **à** ~ benben, un pen wrth y llall, yn ei hyd; **d'un** ~ **à l'autre, de** ~ **en** ~ o'r naill ben i'r llall.

4 (*extrémité: d'une période*) diwedd *g*, terfyn *g*; **au** ~ **de** ar ddiwedd, ar derfyn, pen draw; (*après*) ar ôl; **au** ~ **du compte** yn y pen draw, yn y diwedd.

5 (*locutions*): ~ **d'essai** (*CINÉ etc*) prawf *g* ffilmio *ou* sgrin; ~ **filtre** (*de cigarette*) blaen hidlo; **à tout** ~ **de champ** ar bob gafael *ou* cynnig *ou* tro; **tirer à** ~ **portant (sur)** saethu'n syth (at), saethu o agos (at).

▶ **à bout**: **être à** ~ bod wedi ymlâdd, bod ar ben eich tennyn, bod wedi cael digon; **pousser qn à** ~ trethu amynedd rhn; **je suis à** ~ **de patience** 'does gen i ddim amynedd mwyach, 'rwy'n dechrau colli amynedd; **venir à** ~ **de** (*travail*) dod i ben â; (*adversaire*) cael y gorau ar, trechu.

boutade [butad] *f* sylw *g* ffraeth, cellwair *g*, ffraetheb *b*.

boute-en-train [butɑ̃tʀɛ̃] *m inv* un bywiog *ou* yn llawn mynd *ou* hwyl.

bouteille [butɛj] *f* potel *b*; (*de gaz butane*) silindr *g*; ~ **Thermos** fflasg *b* Thermos; **prendre de la** ~ tynnu ymlaen, mynd i oed, heneiddio.

boutique [butik] *f* siop *b*; (*de grand couturier, de mode*) bwtîc *g*.

boutiquier [butikje] *m* dyn *g* siop, siopwr *g*.

boutiquière [butikjɛʀ] *f* dynes *b* siop, siopwraig *b*.

boutoir [butwaʀ] *m*: **coup de** ~ (*choc*) hergwd *g*, hwrdd *g*; (*fig: propos*) sylw *g* brathog *ou* crafog.

bouton [butɔ̃] *m* (*BOT*) blaguryn *g*; (*sur la peau*) tosyn *g*, ploryn *g*; (*de vêtements; électrique*) botwm *g*; (*de porte*) dwrn *g*, bwlyn *g*; ~ **de manchette** dolen *b* lawes, cyfflinc *g,b*; ~ **d'or** (*BOT*) blodyn *g* menyn; ~ **de fièvre** (*MÉD*) dolur *g* annwyd.

boutonnage [butɔnaʒ] *m* (*action*) botymu; **avec** ~ **à droite/à gauche** sy'n cau ar y dde/ar y chwith.

boutonner [butɔne] (**1**) *vt* botymu, cau botymau; ♦ **se** ~ *vr* (*personne*) cau eich botymau.

boutonneux (**boutonneuse**) [butɔnø, butɔnøz] *adj* tosog, yn blorod *ou* dosau i gyd, plorog.

boutonnière [butɔnjɛʀ] *f* twll *g* botwm.

bouton-poussoir (~**s**-~**s**) [butɔ̃puswaʀ] *m* botwm *g* (pwyso).

bouton-pression (~**s**-~**s**) [butɔ̃pʀesjɔ̃] *m* styden *b* wasgu, botwm *g* clec.

bouture [butyʀ] *f* toriad *g*; **faire des** ~**s** cymryd toriadau (oddi ar blanhigyn).

bouvreuil [buvʀœj] *m* (*ZOOL: oiseau*) coch *g* y berllan.

bovidés [bɔvide] *mpl* bufilod *ll*.

bovin (**-e**) [bɔvɛ̃, in] *adj* buchol; (*fig*) lloaidd, twp, hurt; **des** ~**s** (*vaches*) gwartheg *ll*, da *ll*; **les** ~**s** (*ZOOL: gén*) teulu'r *g* fuwch (*yn cynnwys y bual ac ati*).

bowling [buliŋ] *m* (*jeu*) bowlio deg; (*salle*) ale *b* fowlio.

box [bɔks] *m* garej *g* cloi; (*de salle, dortoir*) ciwbicl *g*; (*d'écurie*) stâl *b* rydd; **le** ~ **des accusés** (*JUR*) y doc *g*, brawdle *g*.

box(-calf) [bɔks(kalf)] *m inv* lledr *g* bocs (*croen llo*).

boxe [bɔks] *f* bocsio, paffio.

boxer[1] [bɔkse] (**1**) *vi* bocsio, paffio.

boxer[2] [bɔksɛʀ] *m* (*chien*) ci *g* bocser.

boxeur [bɔksœʀ] *m* bocsiwr *g*, paffiwr *g*.

boyau (**-x**) [bwajo] *m* coluddyn *g*, perfeddyn *g*; (*galerie*) coridor *g*, tramwyfa *b* gul; (*pneu de bicyclette*) teiar *g* heb diwb; **corde de** ~ (*de raquette etc*) llinyn *g* coludd; (*de violon etc*) tant *g* coludd; ~**x** (*viscères*) perfedd *ll*, ymysgaroedd *ll*, coluddion *ll*.

boycottage [bɔikɔtaʒ] *m* boicot *g*, boicotio.

boycotter [bɔjkɔte] (**1**) *vt* boicotio.

BP [bepe] *sigle f*(= *boîte postale*) *blwch neu*

focs post.

BPAL [bepeaəl] *sigle f* (= *base de plein air et de loisir*) *canolfan g,b awyr agored a hamdden.*

bracelet [braslɛ] *m* breichled *b*.

bracelet-montre (~s-~s) [braslɛmɔ̃tr] *m* watsh *b* arddwrn.

braconnage [brakɔnaʒ] *m* potsio.

braconner [brakɔne] (1) *vt* potsio.

braconnier [brakɔnje] *m* potsiwr *g*.

brader [brade] (1) *vt* gwerthu'n rhad.

braderie [bradri] *f* arwerthiant *g* clirio; (*par des particuliers*) ≈ arwerthiant *ou* sêl *b* cist car; (*magasin*) siop *b* ddisgownt *ou* rad; (*sur marché*) stondin *b* rad.

braguette [bragɛt] *f* balog *b*, copis *g*.

braillard (-e) [brɑjar, ard] *adj* ceg fawr, sy'n gweiddi, sy'n bloeddio; (*bébé*) sy'n nadu.

braille [brɑj] *m* braille *g*.

braillement [brɑjmɑ̃] *m* (*cri*) gweiddi, bloeddio; (*bébé*) nadu.

brailler [brɑje] (1) *vi* gweiddi, bloeddio; (*bébé*) nadu;
♦*vt* gweiddi, bloeddio.

braire [brɛr] (65) *vi* brefu; **ça me fait** ~* mae hynna'n mynd dan fy nghroen.

braise [brɛz] *f* marworyn *g*, colsyn *g*.

braiser [breze] (1) *vt* mudstiwio, brwysio; **bœuf braisé** stecen *b* wedi ei brwysio.

bramer [brɑme] (1) *vi* (*cerf*) brefu, rhuo; (*fig*) nadu, bloeddio.

brancard [brɑ̃kar] *m* (*civière*) gwely *g* cludo, stretsier *g*; (*d'une charrette*) siafft *b*, llorp *b*.

brancardier [brɑ̃kardje] *m* cludwr *g* stretsier.

branchages [brɑ̃ʃaʒ] *mpl* tocion *ll* coed.

branche [brɑ̃ʃ] *f* cangen *b*; (*de lunettes*) ochr *b*, coes *b*; (*enseignement, science*) cangen.

branché (-e) [brɑ̃ʃe] *adj*: **être** ~* bod yn y ffasiwn *ou* efo'r oes, bod ynddi hi, bod yn trendi.

branchement [brɑ̃ʃmɑ̃] *m* (*de l'électricité, du téléphone etc*) cysylltu; (*en mettant la prise*) plygio i mewn.

brancher [brɑ̃ʃe] (1) *vt* (*appareil électrique, téléphone etc*) cysylltu; (*en mettant la prise*) plygio i mewn; ~ **qn sur** (*fig*) cychwyn rhn ar.

branchie [brɑ̃ʃi] *f* tagell *b*.

brandade [brɑ̃dad] *f saig o benfras wedi ei falu'n fân a'i goginio ag olew, hufen a garlleg.*

brandebourgeois (-e) [brɑ̃dburʒwa, waz] *adj* o Brandenbwrg

brandir [brɑ̃dir] (2) *vt* chwifio, cyhwfan, ysgwyd.

brandon [brɑ̃dɔ̃] *m* ffagl *b*, pentewyn *g*.

branlant (-e) [brɑ̃lɑ̃, ɑ̃t] *adj* (*mur*) sigledig, ansad; (*meuble*) simsan, sigledig, siglog, ansad; (*dent*) rhydd.

branle [brɑ̃l] *m*: **mettre qch en** ~ siglo rhth, rhoi rhth i siglo; **donner le** ~ **à qch** cychwyn rhth, rhoi rhth ar gychwyn, rhoi cychwyn i rth.

branle-bas [brɑ̃lbɑ] *m inv* cyffro *g*, cynnwrf *g*, stŵr *g*, helynt *g,b*.

branler [brɑ̃le] (1) *vi* siglo, bod yn sigledig *ou* yn simsan *ou* yn ansad; (*dent*) bod yn rhydd;
♦*vt*: ~ **la tête** ysgwyd eich pen, siglo'ch pen.

braquage* [brakaʒ] *m* ysbeiliad *g ou* lladrad *g* (â gwn); **rayon de** ~ (*AUTO*) cylch *g* troi.

braque [brak] *m* (*ZOOL*) cyfeirgi *g*.

braquer [brake] (1) *vi* (*AUTO*) troi'r olwyn lywio;
♦*vt*: ~ **qch sur** (*revolver etc*) anelu *ou* cyfeirio *ou* pwyntio rhth at; ~ **qn** (*mettre en colère*) codi gwrychyn rhn; ~ **son regard sur** hoelio'ch sylw ar, edrych yn graff ar, syllu;
♦ **se** ~ *vr*: **se** ~ **(contre)** gwrthwynebu, gwneud safiad (yn erbyn).

bras [brɑ] *m*
1 (*ANAT*) braich *b*; ~ **dessus** ~ **dessous** braich ym mraich; **avoir le** ~ **long** (*fig*) bod â llawer o ddylanwad; **tomber sur qn à** ~ **raccourcis** ymosod yn ffyrnig ar rn; **à tour de** ~ gyda holl nerth bôn braich; **baisser les** ~ rhoi'r gorau iddi; **une partie de** ~ **de fer** (*fig*) prawf *g* ar gryfder *ou* ar nerth; ~ **droit** llaw *b* dde; (*fig*) prif gynorthwy-ydd *g*; **à** ~ **ouverts, les** ~ **ouverts** â breichiau (llydan) agored; **saisir qn à** ~**-le-corps** cydio yn rhn am ei ganol; **les** ~ **m'en tombent** 'rwy'n synnu'n fawr; **avoir qch sur les** ~ bod â rhth ar eich dwylo; **avec un panier au** ~ gyda basged ar eich braich; **avec une serviette sous le** ~ a bag dogfennau dan eich cesail; ~ **de fer** ymaflyd breichiau; ~ **de levier** braich lifer; **avoir les** ~ **en croix** plygu'ch breichiau; **être en** ~ **de chemise** bod yn llewys eich crys.
2 (*de fleuve*) cainc *b*, isafon *b* culfor *g*, swnt *g*;
♦*mpl* (*fig: travailleurs*) gweithwyr *ll*.

brasero [brɑzero] *m* padell *b ou* basged *b* dân.

brasier [brɑzje] *m* coelcerth *b* wyllt, tân *g* dilywodraeth; **son cœur était un** ~ (*fig*) 'roedd ei galon ar dân.

bras-le-corps [bralkɔr] *adv*: **saisir qn à** ~-~-~ gafael *ou* cydio yn rhn am ei ganol.

brassage [brasaʒ] *m* (*de la bière*) bragu; (*fig*) cymysgu.

brassard [brasar] *m* rhwymyn *g* braich, breichrwym *g*.

brasse [bras] *f* (*nage*) nofio ar y frest, nofio *ou* strôc *b* broga; (*mesure*) gwryd *g*, ≈ tua chwe throedfedd; ~ **papillon** nofio *ou* strôc pilipala.

brassée [brase] *f* coflaid *b*.

brasser [brase] (1) *vt* (*bière*) bragu; (*remuer: salade*) troi a throsi; (*remuer: cartes*) cymysgu; ~ **des affaires** bod ym myd masnach; ~ **l'argent** trin llawer o arian.

brasserie [brasri] *f* bar *g* (*sy'n gwerthu bwyd*); (*usine*) bragdy *g*.

brasseur [brasœr] *m* (*de bière*) bragwr *g*; ~ **d'affaires** masnachwr *g* pwysig.

brassière [bʀasjɛʀ] *f* (*de bébé*) fest *b* (babi); (*de sauvetage*) siaced *b* achub.
bravache [bʀavaʃ] *m* bostiwr *g*, brolgi *g*.
bravade [bʀavad] *f*: **par ~** o ran rhyfyg *g ou* gorchest *b*.
brave [bʀav] *adj* (*après le nom: courageux*) dewr, gwrol; (*avant le nom: bon, gentil*) iawn, neis, clên, ffein, gwiw, piwr; **ce sont de ~s gens** pobl ffein ydyn nhw; **faire le ~** brolio, ymffrostio.
bravement [bʀavmɑ̃] *adv* yn ddewr; (*résolument*) yn eofn, yn ddibetrus, yn ddiwyro.
braver [bʀave] (**1**) *vt* herio, herian.
bravo [bʀavo] *excl* da iawn!, campus!, gwych!, clywch clywch!;
♦*m* cymeradwyaeth *b*.
bravoure [bʀavuʀ] *f* dewrder *g*.
break [bʀɛk] *m* (*AUTO*) car *g* stad.
brebis [bʀəbi] *f* dafad *b*, mamog *b*; **~ galeuse** dafad ddu.
brèche [bʀɛʃ] *f* bwlch *g*, adwy *b*; **être sur la ~** (*fig*) bod yn llawn mynd, bod wrthi'n ddygn.
bredouille [bʀəduj] *adj* gwaglaw.
bredouiller [bʀəduje] (**1**) *vi* mwmial, cecian, siarad yn aneglur;
♦*vt* mwmial, cecian, dweud (rhth) yn aneglur.
bref (**brève**) [bʀɛf, ɛv] *adj* byr(ber)(byrion), cwta; (*ton*) swta, cwta; **d'un ton ~** yn swta, yn gwta; **en ~** yn fyr, mewn byr eiriau; **à ~ délai** yn fuan, yn y man, gyda hyn *ou* hynny;
♦*adv* (a bod) yn fyr, mewn gair.
brelan [bʀəlɑ̃] *m* (*cartes*) *tri cherdyn yr un fath â'i gilydd*; **un ~ d'as** tair as.
breloque [bʀəlɔk] *f* swyndlws *g*.
brème [bʀɛm] *f* merfog *g*.
Brême [bʀɛm] *pr* Bremen *b*.
Brésil [bʀezil] *prm*: **le ~** Brasil *b*.
brésilien (**-ne**) [bʀeziljɛ̃, jɛn] *adj* Brasilaidd, o Brasil.
Brésilien [bʀeziljɛ̃] *m* Brasiliad *g*.
Brésilienne [bʀeziljɛn] *f* Brasiliad *b*.
bressan (**-e**) [bʀɛsɑ̃, an] *adj* o Bresse.
Bressan [bʀɛsɑ̃] *m* un *g* o Bresse.
Bressane [bʀɛsan] *f* un *b* o Bresse.
Bretagne [bʀətaɲ] *prf*: **la ~** Llydaw *b*; **la Grande-~** Prydain *b* (Fawr).
bretelle [bʀətɛl] *f*
1 (*de fusil, de vêtement etc*) strap *g,b*, strapen *b*; **~s** (*pour pantalons*) bresys *ll*, galosis *ll*.
2 (*AUTO: d'autoroute*) slipffordd *b*; **~ de contournement** ffordd *b* osgoi; **~ de raccordement** ffordd fynediad.
breton[1] (**-ne**) [bʀətɔ̃, ɔn] *adj* Llydewig, o Lydaw; (*LING*) Llydaweg.
breton[2] [bʀətɔ̃] *m* (*LING*) Llydaweg *b,g*.
Breton [bʀətɔ̃] *m* Llydawiad *g*, Llydawr *g*.
Bretonne [bʀətɔn] *f* Llydawiad *b*, Llydawes *b*.
breuvage [bʀœvaʒ] *m* diod *b*.
brève [bʀɛv] *f* (*voyelle*) llafariad *b* fer; (*nouvelle*) eitem *b* fer o newyddion;
♦*adj f voir* **bref**.
brevet [bʀəvɛ] *m* diploma *g,b*, tystysgrif *b*; **~ (d'invention)** breintlythyr *g*, patent *g*; **~ d'apprentissage** tystysgrif prentisiaeth; **~ (des collèges)** ≈ Tystysgrif Gyffredinol Addysg Uwchradd (T.G.A.U.); **~ d'études du premier cycle** *tystysgrif a oedd yn arfer bod ar gyfer disgyblion un ar bymtheg oed.*
breveté (**-e**) [bʀəv(ə)te] *adj* (*invention*) patentedig; (*diplômé*) cymwys, cymwysedig.
breveter [bʀəv(ə)te] (**12**) *vt* patentu, rhoi patent ar.
bréviaire [bʀevjɛʀ] *m* llyfr *g* gwasanaeth, brefiari *g*.
BRGM [beɛʀʒeəm] *sigle m*(= *Bureau de recherches géologiques et minières*) *swyddfa b ymchwil ddaearegol a mwynol.*
briard[1] (**-e**) [bʀijaʀ, aʀd] *adj* o Brie.
briard[2] [bʀijaʀ] *m* (*chien*) ci *g* defaid blewyn hir, briard *g*.
bribe [bʀib] *f* darn *g*, mymryn *g*, pwt *g*; **~s** (*de conversation*) pytiau *ll*; **par ~s** fesul tipyn, o dipyn i beth, bob yn dipyn.
bric [bʀik] *adv*: **de ~ et de broc** rywsut-rywsut, bob sut; (*meublé*) â manion bethau o bob man, â rhywbeth-rywbeth.
bric-à-brac [bʀikabʀak] *m inv* trugareddau *ll*, mân *ou* manion bethau *ll*, bric a brac *g*.
bricolage [bʀikɔlaʒ] *m* (*travaux*) gwneud pethau'ch hunan (*o gwmpas y cartref ayb*); (*péj*) gwaith *g* carbwl.
bricole [bʀikɔl] *f* (*babiole, chose insignifiante*) peth *g* dibwys; (*petit travail*) gorchwyl *g,b* bach *ou* fach.
bricoler [bʀikɔle] (**1**) *vi* gwneud mân dasgau eich hunan (*o gwmpas y cartref ayb*); (*en amateur*) gwneud mân waith yn y cartref;
♦*vt* trwsio, cyweirio; (*mal réparer*) trwsio (rhth) rywsut-rywsut *ou* ryw lun; (*voiture etc*) tincro gyda, gweithio ar, stwna.
bricoleur [bʀikɔlœʀ] *m* un *g* sy'n gwneud tasgau ei hunan (*o gwmpas y cartref ayb*) crefftwr *g* cartref.
bricoleuse [bʀikɔløz] *f* un *b* sy'n gwneud tasgau ei hunan (*o gwmpas y cartref ayb*), crefftwraig *b* gartref.
bride [bʀid] *f* ffrwyn *b*; (*d'un bonnet*) llinyn *g*; **à ~ abattue** fel cath i gythraul, fel yr andros; **tenir en ~** cadw ar ffrwyn dynn *ou* dan reolaeth *ou* o fewn terfynau; **lâcher la ~ à, laisser la ~ sur le cou à** rhoi penrhyddid i, rhoi'r ffrwyn i.
bridé (**-e**) [bʀide] *adj*: **yeux ~s** llygaid *ll* meinion.
brider [bʀide] (**1**) *vt* (*cheval*) ffrwyno; (*réprimer*) ffrwyno, cadw dan reolaeth; (*CULIN: volaille*) clymu.
bridge [bʀidʒ] *m* (*cartes*) bridge *g*; (*dentaire*) pont *b*.

bridger [bʀidʒe] (**10**) *vi* chwarae bridge.
brie [bʀi] *m* caws *g* Brie.
brièvement [bʀijɛvmɑ̃] *adv* yn gryno, yn fyr.
brièveté [bʀijɛvte] *f* byrder *g*, byrdra *g*; (*concision*) crynoder *g*.
brigade [bʀigad] *f* carfan *b*, criw *g*; (*MIL*) brigâd *b*.
brigadier [bʀigadje] *m* (*POLICE*) ≈ sarsiant *g*, ≈ sarjant *g*; (*MIL: artillerie*) magnelwr *g*; (*MIL: cavalerie*) corporal *g*.
brigadier-chef (~**s**-~**s**) [bʀigadjeʃɛf] *m* (*MIL*) ≈ is-sarsiant *g*.
brigand [bʀigɑ̃] *m* brigand *g*, bandit *g*, herwr *g*, gwylliad *g*.
brigandage [bʀigɑ̃daʒ] *m* lladrata, ysbeilio, herwa, banditiaeth *b*.
Brigitte [bʀiʒit] *prf* Ffraid.
briguer [bʀige] (**1**) *vt* chwennych, dyheu am, deisyfu; (*suffrages*) canfasio am.
brillamment [bʀijamɑ̃] *adv* yn ddisglair, yn wych.
brillant[1] (**-e**) [bʀijɑ̃, ɑ̃t] *adj* gloyw, disglair, llachar; (*remarquable: idée*) gwych, penigamp; (*remarquable: personne*) disglair, dawnus.
brillant[2] [bʀijɑ̃] *m* (*diamant*) diemwnt *g* disglair.
briller [bʀije] (**1**) *vi* (*aussi fig*) disgleirio; (*soleil*) tywynnu.
brimade [bʀimad] *f* herian, poenydio, plagio, bwlio.
brimbaler [bʀɛ̃bale] *vb*= **bringuebaler**.
brimer [bʀime] (**1**) *vt* herian, poenydio, plagio, bwlio.
brin [bʀɛ̃] *m* (*de fil*) edefyn *g*; (*de laine, ficelle etc*) cainc *b*; **un** ~ **de** (*fig*) mymryn *g* o, ychydig *g* o, peth *g*, tipyn *g* bach o; **un** ~ **plus grand/haut*** fymryn *ou* dipyn bach *ou* ychydig yn fwy/yn uwch; ~ **d'herbe** glaswelltyn *g*, gweiryn *g*; ~ **de muguet** sbrigyn *g* o lili'r dyffrynnoedd; ~ **de paille** gwelltyn *g*.
brindille [bʀɛ̃dij] *f* brigyn *g*.
bringue* [bʀɛ̃g] *f*: **faire la** ~ mynd am *ou* ar sbri, mynd ar y cwrw, cael sesh*.
bringuebaler [bʀɛ̃g(ə)bale] (**1**) *vi, vt* ysgwyd, ysgytio, jerian.
brio [bʀijo] *m* hyfedredd *g*, athrylith *b*; (*MUS*) brio *g*, afiaith *g*; **avec** ~ gydag afiaith, yn afieithus, yn hwyliog, gyda steil, yn wych.
brioche [bʀijɔʃ] *f* brioche *b* (*math o fynsen*); (*fam: ventre*) bol *g*, bola *g*.
brioché (**-e**) [bʀijɔʃe] *adj* fel brioche.
brique [bʀik] *f* bricsen *b*; (*fam*) 10,000 ffranc; ♦*adj inv* rhuddgoch.
briquer* [bʀike] (**1**) *vt* polisio*.
briquet [bʀikɛ] *m* taniwr *g* sigaréts.
briqueterie [bʀik(ə)tʀi] *f* iard *b* frics.
bris [bʀi] *m*: ~ **de clôture** (*JUR*) torri i mewn; ~ **de glaces** (*AUTO*) torri ffenestri; **la police ne couvre pas le** ~ **de glaces** (*assurance*) dydy'r polisi ddim yn cynnwys ffenestri wedi'u torri.
brisant [bʀizɑ̃] *m* creigres *b*, rîff *g*; (*vague*) moryn *g*.
brise [bʀiz] *f* awel *b*.
brisé (**-e**) [bʀize] *adj* (*ligne*) toredig, bylchog; **d'une voix** ~**e** mewn llais cryg *ou* toredig; ~ **(de fatigue)** wedi blino'n lân, wedi ymlâdd; **pâte** ~**e** crwst *g* brau.
brisées [bʀize] *fpl*: **aller** *neu* **marcher sur les** ~ **de qn** cystadlu â rhn yn ei faes arbennig ei hun; **suivre les** ~ **de qn** dilyn camre rhn, cerdded yn ôl troed rhn.
brise-glace(s) [bʀizglas] *m inv* (*navire*) llong *b* dorri rhew.
brise-jet [bʀizʒɛ] *m inv trwyn a roddir ar dap dŵr i arbed y dŵr rhag sblasio.*
brise-lames [bʀizlam] *m* torddwfr *g*, morglawdd *g*.
briser [bʀize] (**1**) *vt* torri, dryllio; (*fig: carrière, vie, amitié*) andwyo, dryllio, difetha; (*fig: espérance*) dryllio, chwalu; (*fig: fatiguer*) blino (rhn) yn lân;
♦ **se** ~ *vr* torri; (*fig: espoir*) bod wedi ei ddryllio *ou* ei chwalu.
brise-tout [bʀiztu] *m inv* un lletchwith, un ysgaprwth; **c'est un** ~-~ mae'n malu pob dim.
briseur [bʀizœʀ] *m*: ~ **de grève** torrwr *g* streic, bradwr *g*, blacleg* *g*.
briseuse [bʀizøz] *f*: ~ **de grève** torwraig *b* streic, blacleg* *g*.
brise-vent [bʀizvɑ̃] *m* cysgod *g* rhag gwynt, atalfa *b* wynt
bristol [bʀistɔl] *m* (*carte de visite*) cerdyn *g ou* carden *b* ymweld.
Bristol [bʀistɔl] *pr* Bryste *b*; **le canal de** ~ môr *g* Hafren.
britannique [bʀitanik] *adj* Prydeinig, o Brydain; **les îles** ~**s** yr ynysoedd Prydeinig.
Britannique [bʀitanik] *m/f* Prydeiniwr *g*, Prydeinwraig *b*; **les Britanniques** y Prydeinwyr *ll*, pobl *b* Prydain.
broc [bʀo] *m* piser *g*.
brocante [bʀɔkɑ̃t] *f* (*objets*) nwyddau *ll* ail-law; (*magasin*) siop *b* ail-law; (*commerce*) busnes *g* pethau ail-law.
brocanteur [bʀɔkɑ̃tœʀ] *m* perchennog *g* siop ail-law, gwerthwr *g* pethau ail-law.
brocanteuse [bʀɔkɑ̃tøz] *f* perchennog *g* siop ail-law, gwerthwraig *b* pethau ail-law.
brocart [bʀɔkaʀ] *m* brocêd *g*.
broche [bʀɔʃ] *f* (*bijou*) broetsh *g,b*; (*CULIN*) cigwain *b*; (*TECH, MÉD*) pin *g*; **faire cuire qch à la** ~ (*CULIN*) rhostio rhth ar gigwain.
broché[1] (**-e**) [bʀɔʃe] *adj* (*livre*) clawr meddal.
broché[2] [bʀɔʃe] *m* (*tissu*) brocêd *g*.
brochet [bʀɔʃɛ] *m* penhwyad *g*.
brochette [bʀɔʃɛt] *f* sgiwer *g,b*, gwäell *b*; ~ **de décorations** rhes *b* o fedalau.
brochure [bʀɔʃyʀ] *f* pamffled *g*, pamffledyn *g*.
brocoli [bʀɔkɔli] *m* brocoli *g*, blodfresych *ll*

caled *ou* y gaeaf.
brodequins [bRɔdkɛ̃] *mpl* (*de marche*) botasau *ll* *ou* esgidiau *ll* â chareiau.
broder [bRɔde] (**1**) *vt* brodio;
♦*vi*: ~ **sur des faits/une histoire** addurno *ou* gorliwio ffeithiau/hanes.
broderie [bRɔdRi] *f* brodwaith *g*, gwaith *g* brodio.
bromure [bRɔmyR] *m* bromid *g*.
broncher [bRɔ̃ʃe] (**1**) *vi*: **sans** ~ heb gyffroi *ou* gynhyrfu dim, heb droi blewyn.
bronches [bRɔ̃ʃ] *fpl* broncia *ll*, pibellau'r *ll* frest.
bronchite [bRɔ̃ʃit] *f* broncitis *g*, llid *g* (ar) y frest.
broncho-pneumonie (~-~**s**) [bRɔ̃kopnømɔni] *f* bronco-niwmonia *g*, llid *g* (ar) yr ysgyfaint.
bronzage [bRɔ̃zaʒ] *m* (*hâle*) lliw *g* haul.
bronze [bRɔ̃z] *m* efydd *g*.
bronzé (**-e**) [bRɔ̃ze] *adj* (*hâlé*) â lliw haul.
bronzer [bRɔ̃ze] (**1**) *vt* (*peau*) rhoi lliw haul ar; (*métal*) efyddu, gorchuddio ag efydd;
♦*vi* cael lliw haul;
♦ **se** ~ *vr* torheulo.
brosse [bRɔs] *f* brwsh *g*; **donner un coup de** ~ **à** rhoi brwsiad i; **coiffé en** ~ â thoriad cwta iawn, â'r gwallt wedi ei dorri'n gwta iawn; ~ **à cheveux/à habits/à dents** brwsh gwallt/dillad/dannedd.
brosser [bRɔse] (**1**) *vt* brwsio; (*fig: tableau etc*) paentio, peintio;
♦ **se** ~ *vr* brwsio'ch dillad; **se** ~ **les dents** glanhau'ch dannedd; **tu peux te** ~**!*** dos *ou* cer i grafu!*.
brou de noix [bRud(ə)nwa] *m* (*pour bois*) staen *g* o liw pren collen Ffrengig; (*liqueur*) gwirod *g* wedi ei wneud o gnau Ffrengig.
brouette [bRuɛt] *f* berfa *b*, whilber *b*.
brouhaha [bRuaa] *m* stŵr *g*, dwndwr *g*, mwstwr *g*.
brouillage [bRujaʒ] *m* ymyrryd, ymyrraeth *b*; (*RADIO*) clecian*; (*TV*) bwrw eira*.
brouillard [bRujaR] *m* niwl *g*, caddug *g*; **être dans le** ~ (*fig*) bod ar goll.
brouille [bRuj] *f* ffrae *b*, anghydfod *g*.
brouillé (**-e**) [bRuje] *adj* (*œufs*) wedi'u sgramblo; (*teint*) pyglyd; **elle est** ~**e avec ses parents** mae hi wedi ffraeo â'i rhieni, mae'n ddrwg rhyngddi hi a'i rhieni.
brouiller [bRuje] (**1**) *vt* cymysgu, drysu; (*RADIO*) achosi clecian ar; (*RADIO: délibérément*) ymyrryd â, drysu; (*rendre trouble*) tywyllu, pylu; (*désunir: amis*) achosi ffrae rhwng; ~ **les pistes** drysu'r trywydd, cuddio'ch ôl; (*fig*) tywyllu cyngor, codi sgwarnogod;
♦ **se** ~ *vr* (*ciel, temps*) cymylu; (*vue*) pylu; (*détails*) drysu, cymysgu; **se** ~ **(avec)** ffraeo (â).
brouillon[1] (**-ne**) [bRujɔ̃, ɔn] *adj* di-drefn, anhrefnus, dryslyd.
brouillon[2] [bRujɔ̃] *m* braslun *g*, bras gopi *g*, drafft *g* cyntaf; **cahier de** ~ llyfr *g* bras.
broussailles [bRusaj] *fpl* prysgwydd *ll*, prysglwyni *ll*, isdyfiant *g*.
broussailleux (**broussailleuse**) [bRusajø, bRusajøz] *adj* prysgog, llawn prysglwyni.
brousse [bRus] *f* tir *g* prysglwyn; **la** ~ (*Afrique, Australie*) y gwylltir *g*.
brouter [bRute] (**1**) *vi* (*mouton*) pori; (*AUTO, TECH*) jerian, ysgwyd;
♦*vt* pori.
broutille [bRutij] *f* peth *g* dibwys *ou* diwerth.
broyer [bRwaje] (**17**) *vt* mathru, malu, briwio; ~ **du noir** bod dan y felan, bod yn isel eich ysbryd.
bru [bRy] *f* merch yng nghyfraith *b*.
brugnon [bRyɲɔ̃] *m* neithdaren *b*, nectarîn *b*.
bruine [bRɥin] *f* glaw *g* mân.
bruiner [bRɥine] (**1**) *vb impers*: **il bruine** mae hi'n bwrw glaw mân, mae hi'n pigo bwrw.
bruire [bRɥiR] (**2**) *vi défectif* (inf., 3 pers., p.prés.) (*eau*) murmur; (*feuilles, étoffe*) siffrwd.
bruissement [bRɥismɑ̃] *m* murmur *g*, siffrwd *g*.
bruit [bRɥi] *m* sŵn *g*; (*fig: rumeur*) sôn *g*, si *g*; **pas de** ~ dim sŵn; **trop de** ~ gormod o sŵn; **sans** ~ yn ddistaw bach, heb yr un smic; **faire du** ~ gwneud sŵn; **faire grand** ~ **autour de** (*fig*) gwneud môr a mynydd o; ~ **de fond** sŵn (yn y) cefndir; ~ **strident** sgrech *b*.
bruitage [bRɥitaʒ] *m* effeithiau *ll* sain.
bruiter [bRɥite] (**1**) *vt* (*film*) ychwanegu effeithiau sain at.
bruiteur [bRɥitœR] *m* peiriannydd *g* effeithiau sain.
bruiteuse [bRɥitøz] *f* peiriannydd *g* effeithiau sain.
brûlant (**-e**) [bRylɑ̃, ɑ̃t] *adj* chwilboeth; (*liquide*) berwedig, chwilboeth; (*regard*) angerddol, ysol; (*soleil*) tanbaid, deifiol, chwilboeth; (*sujet*) llosg.
brûlé[1] (**-e**) [bRyle] *adj* wedi ei losgi; (*fig: démasqué*) wedi ei ddatgelu *ou* ei ddinoethi; (*fig: homme politique etc*) anhygred.
brûlé[2] [bRyle] *m*: **odeur de** ~ aroglau *g* *ou* gwynt *g* llosgi; **les grands** ~**s** y rhai *ll* â llosgiadau difrifol.
brûle-pourpoint [bRylpuRpwɛ̃]: **à** ~-~ *adv* yn blwmp ac yn blaen, ar ei ben, yn sydyn.
brûler [bRyle] (**1**) *vi* llosgi; **tu brûles!** (*jeu*) 'rwyt ti'n nes ati!; ~ **(d'impatience) de faire qch** ysu am wneud rhth, bod ar dân *ou* bron marw o eisiau gwneud rhth;
♦*vt* llosgi; (*suj: eau bouillante*) sgaldio, sgaldanu; (*consommer: électricité, essence*) defnyddio; ~ **les étapes** rhuthro ymlaen; (*aller plus vite*) torri corneli; ~ **un feu rouge** mynd *ou* saethu trwy'r golau coch;
♦ **se** ~ *vr* eich llosgi *ou* eich sgaldio eich hun; **se** ~ **la cervelle** saethu'ch pen yn dipiau.
brûleur [bRylœR] *m* llosgydd *g*.
brûlot [bRylo] *m* (*CULIN*) *brandi a siwgr wedi*

eu cymysgu a'u fflamboethi.
brûlure [bRylyR] *f* (*lésion*) llosg *g*; (*sensation*) llosgfa *b*, llosgi; ~**s d'estomac** dŵr *g* poeth, llosg *g* cylla.
brume [bRym] *f* niwl *g*, tarth *g*.
brumeuse [bRymøz] *adj* niwlog, tarthog; (*fig*) niwlog, aneglur, annelwig.
brumisateur [bRymizatœR] *m* chwistrell *b*, atomadur *g*.
brun[1] (-**e**) [bRœ̃, bRyn] *adj* brown; (*cheveux*) brown, tywyll; (*personne*) pryd tywyll.
brun[2] [bRœ̃] *m* (*couleur*) brown *g*.
brunâtre [bRynɑtR] *adj* brownaidd.
brunch [bRœnʃ] *m* brecinio *g*.
brune [bRyn] *f* (*cigarette*) *sigarét wedi'i gwneud o faco tywyll*; (*bière*) ≈ cwrw *g* coch, ≈ stowt *g*; **à la** ~ yn y gwyll, gyda'r cyfnos, gyda'r nos, rhwng dau olau;
♦*adj f voir* **brun**[1].
Brunei [bRynei] *prm*: **le** ~ Brwnei *b*.
brunette [bRynɛt] *f* merch *b* wallt *ou* bryd tywyll, brwnét *b*.
brunir [bRyniR] (**2**) *vi* (*personne*) cael lliw haul, troi'n frown; (*cheveux*) tywyllu;
♦*vt* (*peau*) rhoi lliw haul ar; (*cheveux*) tywyllu.
brushing [bRœʃiŋ] *m* brwsio (*ffordd o drin gwallt drwy ei sychu a'i steilio ar yr un pryd*).
brusque [bRysk] *adj* (*soudain*) sydyn, annisgwyl, dirybudd; (*rude, sec*) swta, cwta, di-lol.
brusquement [bRyskəmɑ̃] *adv* (*soudainement*) yn sydyn, yn annisgwyl; (*rudement*) yn swta, yn gwta, yn ddi-lol.
brusquer [bRyske] (**1**) *vt* rhuthro.
brusquerie [bRyskəRi] *f* sydynrwydd *g*; (*rudesse*) tôn *b ou* ffordd *b* swta.
brut[1] (-**e**) [bRyt] *adj* amrwd, crai; (*diamant*) bras, heb ei dorri; (*soie, minéral*) crai; (*INFORM: données*) crai; (*COMM: bénéfice, salaire, poids*) crynswth, gros.
brut[2] [bRyt] *m* (*champagne*) siampên *g* sych; (*pétrole*) olew *g* crai.
brutal (-**e**) (**brutaux, brutales**) [bRytal, bRyto] *adj* ciaidd, creulon, brwnt(bront)(bryntion); (*qui tient de la brute*) bwystfilaidd.
brutalement [bRytalmɑ̃] *adv* yn giaidd, yn greulon, yn frwnt.
brutaliser [bRytalize] (**1**) *vt* cam-drin.
brutalité [bRytalite] *f* creulondeb *g*, cieidd-dra *g*, bryntni *g*.
brute [bRyt] *f* bwystfil *g*, rhywun creulon;
♦*adj f voir* **brut**[1].
Bruxelles [bRysɛl] *pr* Brwsel *b*.
bruxellois (-**e**) [bRysɛlwa, waz] *adj* o Brwsel.
Bruxellois [bRysɛlwa] *m* un *g* o Brwsel.
Bruxelloise [bRysɛlwaz] *f* un *b* o Brwsel.
bruyamment [bRɥijamɑ̃] *adv* yn swnllyd; **rire** ~ chwerthin yn uchel.
bruyant (-**e**) [bRɥijɑ̃, ɑ̃t] *adj* swnllyd.
bruyère [bRyjɛR] *f* grug *g*.
BT [bete] *sigle m*(= *Brevet de technicien*) *tystysgrif b hyfforddiant galwedigaethol.*
BTA [betea] *sigle m*(= *Brevet de technicien agricole*) *tystysgrif b hyfforddiant mewn amaethyddiaeth.*
BTP [betepe] *sigle mpl*(= *Bâtiments et travaux publics*) *adran b adeiladau a gwaith cyhoeddus.*
BTS [beteɛs] *sigle m*(= *Brevet de technicien supérieur*) *tystysgrif b hyfforddiant galwedigaethol ar ddiwedd cwrs addysg uwch sy'n para dwy flynedd.*
BU [bey] *sigle f*(= *Bibliothèque universitaire*) *llyfrgell b prifysgol.*
bu (-**e**) [by] *pp de* **boire**.
buanderie [bɥɑ̃dRi] *f* golchdy *g*, tŷ *g* golchi.
Bucarest [bykaRɛst] *pr* Bwcarest *b*.
buccal (-**e**) (**buccaux, buccales**) [bykal, byko] *adj* geneuol; **par voie** ~**e** trwy'r genau, trwy'r geg.
bûche [byʃ] *f* boncyff *g*; **prendre une** ~ (*fig*) cael codwm, cwympo *ou* syrthio ar eich hyd; ~ **de Noël** (*CULIN*) boncyff Nadolig.
bûcher[1] [byʃe] *m* (*remise*) cwt *g* coed, sied *b* goed; (*funéraire*) coelcerth *b* angladdol.
bûcher*[2] [byʃe] (**1**) *vi, vt* (*étudier*) adolygu, ffagio, swotio*.
bûcheron [byʃRɔ̃] *m* torrwr *g* coed, coedwigwr *g*.
bûchette [byʃɛt] *f* (*de bois*) ffon *b*, brigyn *g*, coedyn *g*, darn *g* o bren; (*pour compter*) ffon.
bûcheur*[1] (**bûcheuse**) [byʃœR, byʃøz] *adj* gweithgar.
bûcheur*[2] [byʃœR] *m* (*étudiant*) ffagiwr *g*, swot* *g*.
bûcheuse* [byʃøz] *f* (*étudiante*) swot* *b*;
♦*adj f voir* **bûcheur**[1].
bucolique [bykɔlik] *adj* gwledig, gwladaidd, cefn gwlad.
Budapest [bydapɛst] *pr* Bwdapest *b*.
budget [bydʒɛ] *m* cyllideb *b*.
budgétaire [bydʒetɛR] *adj* cyllidebol.
budgétiser [bydʒetize] (**1**) *vt* cyllidebu ar gyfer, neilltuo *ou* clustnodi (arian) ar gyfer
buée [bɥe] *f* stêm *g*, anwedd *g*, ager *g*.
buffet [byfɛ] *m* (*meuble*) seld *b*, dreser *b*, dresel *b*; (*de réception*) bwyd *g* bwffe, bwyd bys a bawd; ~ **(de gare)** bwffe *g* (*mewn gorsaf*).
buffle [byfl] *m* byfflo *g*, ych *g* gwyllt.
bug [bœg] *m* (*INFORM*) firws *g*, chwilen *b*.
buis [bɥi] *m* bocsen *b*, coeden *b* bocs; (*bois*) pren *g* bocs.
buisson [bɥisɔ̃] *m* llwyn *g*.
buissonnière [bɥisɔnjɛR] *adj f*: **faire l'école** ~ chwarae triwant, colli'r ysgol.
bulbe [bylb] *m* (*BOT, ANAT*) bwlb *g*; (*coupole*) cromen *b* (siâp) nionyn *ou* winwnsyn.
bulgare[1] [bylgaR] *adj* Bwlgaraidd, o Bwlgaria.

bulgare[2] [bylgaʀ] *m* (*LING*) Bwlgareg *b,g*.
Bulgare [bylgaʀ] *m/f* Bwlgariad *g/b*.
Bulgarie [bylgaʀi] *prf*: **la** ~ Bwlgaria *b*.
bulldozer [buldozɛʀ] *m* tarw *g* dur.
bulle[1] [byl] *f* (*verre, savon*) swigen *b*; (*dans un liquide*) bwrlwm *g*, crychiad *g*; (*bande dessinée*) swigen siarad, balŵn *g,b*; (*MÉD: cloque*) swigen, pothell *b*.
bulle[2] [byl] *f* (*REL: papale*) llythyr *g* Pab, bwl *g*.
bulle[3] [byl] *m, adj* (*aussi:* **papier** ~) papur *g* llwyd *ou* manila.
bulletin [byltɛ̃] *m* (*communiqué, journal*) hysbysiad *g*, adroddiad *g*, bwletin *g*; (*formulaire*) ffurflen *b*; (*certificat*) tystysgrif *b*; (*billet*) tocyn *g*; ~ **de bagages** tocyn *g* bagiau *ou* paciau; ~ **d'informations** bwletin newyddion; ~ **météorologique** rhagolygon *ll* y tywydd; ~ **scolaire** adroddiad ysgol; ~ **de naissance** tystysgrif geni; ~ **de salaire** papur *g ou* slip *g* cyflog; ~ **de santé** bwletin meddygol; ~ **(de vote)** papur pleidleisio; ~**-réponse** (*à un concours*) ffurflen gynnig *ou* gais.
buraliste [byʀalist] *m/f* (*de bureau de tabac*) gwerthwr *g* baco; (*de poste*) clerc *g*.
bure [byʀ] *f* brethyn *g* cartref; (*de moine*) gŵn *g*.
bureau (-**x**) [byʀo] *m* (*meuble*) desg *b*; (*pièce*) swyddfa *b*; (*les responsables d'une assemblée: comité*) pwyllgor *g*; (*exécutif*) bwrdd *g*; ~ **de change** cyfnewidfa *b* arian tramor; ~ **d'embauche** canolfan *g,b* waith *ou* gwaith; ~ **d'études** adran *b ou* uned *b* ymchwil; ~ **de location** swyddfa docynnau; ~ **des objets trouvés** swyddfa eiddo coll; ~ **de placement** swyddfa gyflogi; ~ **de poste** swyddfa bost; ~ **de tabac** siop *b* faco *ou* dybaco; ~ **de vote** gorsaf *b* bleidleisio.
bureaucrate [byʀokʀat] *m/f* biwrocrat *g*.
bureaucratie [byʀokʀasi] *f* biwrocratiaeth *b*.
bureaucratique [byʀokʀatik] *adj* biwrocrataidd, biwrocratig.
bureautique [byʀotik] *f* cyfarpar *g* awtomeiddio (*mewn swyddfa*).
burette [byʀɛt] *f* (*de mécanicien*) can *g* olew; (*de chimiste*) biwrét *g*.
burin [byʀɛ̃] *m* cŷn *g* caled, gaing *b* galed; (*ART*) pwyntil *g*, biwrin *g*.
buriné (-**e**) [byʀine] *adj* (*fig: visage*) garw, gerwin, rhychog.
Burkina(-Faso) [byʀkina(faso)] *prm*: **le** ~ Bwrcina Ffaso *b*.
burlesque [byʀlɛsk] *adj* (*THÉÂTRE, LITT*) bwrlésg; (*ridicule*) chwerthinllyd; (*comique*) doniol, digrif, ysmala.
burnous [byʀnu(s)] *m* hugan *b*, mantell *b*, clogyn *g*.
Burundi [buʀundi] *prm*: **le** ~ Bwrwndi *b*.
bus *etc*[1] [bys] *vb voir* **boire**.
bus[2] [bys] *m* bws *g*.
busard [byzaʀ] *m* boda *g*.
buse [byz] *f* bwncath *g*, boncath *g*, boda *g* llwyd.
busqué (-**e**) [byske] *adj*: **nez** ~ trwyn *g* crwbi *ou* bwa.
buste [byst] *m* (*ANAT*) brest *b*; (*de femme*) mynwes *b*, dwyfron *b*, brest; (*sculpture*) penddelw *b*.
bustier [bystje] *m* bodis *g*, bystier *g*.
but[1] [by(t)] *vb voir* **boire**.
but[2] [by(t)] *m*
1 (*cible*) targed *g*.
2 (*fig*) nod *g,b*, amcan *g*, bwriad *g*, pwrpas *g*; **avoir pour** ~ **de faire** bwriadu *ou* amcanu gwneud; **dans le** ~ **de** gyda'r bwriad o, er mwyn.
3 (*FOOTBALL etc*) gôl *b*; **gagner par 3** ~**s à 2** ennill o dair gôl i ddwy.
▶ **de but en blanc** yn blwmp ac yn blaen, ar ei ben, yn syth, yn ddirybudd.
butane [bytan] *m* biwtan *g*.
buté (-**e**) [byte] *adj* ystyfnig, cyndyn.
butée [byte] *f* (*TECH*) stop *g*; (*ARCHIT*) ategwaith *g*, bwtres *g,b*.
buter [byte] (**1**) *vi*: ~ **contre** *neu* **sur qch** taro yn erbyn rhth; (*trébucher*) taro'ch troed ar rth, baglu yn rhth; (*fig*) dod yn erbyn rhth; ♦*vt* (*mur etc*) cynnal, ategu; (*fig: personne*) cythruddo, codi gwrychyn;
♦ **se** ~ *vr* ystyfnigo, cyndynnu.
buteur [bytœʀ] *m* saethwr *g*.
butin [bytɛ̃] *m* ysbail *b*.
butiner [bytine] (**1**) *vi* casglu *ou* hel neithdar, neithdara.
butor [bytɔʀ] *m* aderyn *g* y bwn; (*fig*) llabwst *g*, hwlcyn *g*, hulpyn *g*.
butte [byt] *f* bryncyn *g*, twmpath *g*, tomen *b*; **être en** ~ **à** bod yn agored i.
buvable [byvabl] *adj* (*eau, vin*) yfadwy; (*PHARM: ampoule etc*) i'w lyncu; (*fig: roman etc*) eithaf da, digon derbyniol.
buvais *etc* [byvɛ] *vb voir* **boire**.
buvard [byvaʀ] *m* papur *g* blotio *ou* sugno, blotiwr *g*.
buvette [byvɛt] *f* ystafell *b* luniaeth; (*comptoir*) bar *g*.
buveur [byvœʀ] *m* yfwr *g*; (*péj*) potiwr *g*, llymeitiwr *g*.
buveuse [byvøz] *f* yfwraig *b*; (*péj*) potwraig *b*, llymeitwraig *b*.
buvons [byvɔ̃] *vb voir* **boire**.
BVP [bevepe] *sigle m*(= *Bureau de vérification de la publicité*) *awdurdod g safonau hysbysebu*.
Byzance [bizɑ̃s] *prf* Bysantiwm *b*, Caergystennin *b*.
byzantin (-**e**) [bizɑ̃tɛ̃, in] *adj* Bysantaidd.
BZH *abr*(= *Breizh*) Llydaw *b*

C

C[1], **c** [se] *m inv* (*lettre*) C, c *b*.
C[2] [se] *abr*(= *Celsius*) C.
c *abr*(= *centime*) c.
c' [s] *dét voir* **ce**.
CA[1] [sea] *sigle m*(= *chiffre d'affaires*) (*COMM*) trosiant *g* gwerthu.
CA[2] [sea] *sigle m*(= *conseil d'administration*) bwrdd *g* cyfarwyddwyr.
ça [sa] *pron* hwn *g*, hon *b*; (*plus loin*) hwnna, honna; (*abstrait*) hyn, hynny; ~ **m'étonne que** mae'n fy synnu i ...; ~ **va?** sut mae?; (*d'accord?*) (popeth yn) iawn?; ~ **alors!** o ddifrif!, wir!; (*étonnement*) nefoedd!; **c'est** ~ digon gwir!, 'rydych chi'n gywir; ~ **fait une heure que j'attends** 'rwy'n aros ers awr.
çà [sa] *adv*: ~ **et là** yma a thraw, yma ac acw.
cabale [kabal] *f* cabal *g*; (*complot*) cynllwyn *g*; (*coterie*) clic *g*.
cabalistique [kabalistik] *adj* cabalaidd, dirgel, esoterig.
caban [kabɑ̃] *m* cot *b* waith (morwr).
cabane [kaban] *f* cwt *g*; (*de skieurs, de montagne*) caban *g*.
cabanon [kabanɔ̃] *m* hafoty *g*, bwthyn *g* yn y wlad; (*de jardin*) cwt *g*, sied *b*; **il est bon pour le** ~ mae'n wallgof.
cabaret [kabaʀɛ] *m* clwb *g* nos; (*spectacle*) cabare *g*.
cabas [kabɑ] *m* (*sac à provision*) bag *g* siopa.
cabestan [kabɛstɑ̃] *m* capstan *g*.
cabillaud [kabijo] *m* (*poisson*) penfras *g*, codyn *g*.
cabine [kabin] *f* caban *g*; (*de plage*) caban glan môr; (*de piscine*) ciwbicl *g*; ~ **d'ascenseur** lifft *b*; ~ **d'essayage** ystafell *b* newid; ~ **de projection** ystafell daflunio; ~ **spatiale** capsiwl *g* gofod; ~ **(téléphonique)** ciosg *g* (ffôn).
cabinet [kabinɛ] *m*
1 (*petite pièce*) ystafell fechan; (*de médecin*) meddygfa *b*; (*de notaire*) swyddfa *b*; ~ **d'affaires** swyddfa ymgynghorwyr busnes; ~ **de toilette** ystafell ymolchi, toiled *g*.
2 (*clientèle: de médecin, notaire*) practis *g*.
3 (*POL*) cabinet *g*; (*d'un ministre*) ymgynghorwyr *ll*.
4 (*W.-C.*): ~**s** toiled *g*, tŷ bach *g*.
câble [kɑbl] *m* rhaff *b*, cadwyn *b*, cebl *g*; **TV par** ~ teledu *g* cebl.
câblé (**-e**) [kɑble] *adj* (*fam*) sy'n gwybod beth yw beth; (*TECH*) sy'n derbyn teledu cebl.
câbler [kɑble] (**1**) *vt* gwifro, weirio; (*envoyer*) anfon cebl; ~ **un quartier** (*TV*) gosod teledu cebl mewn ardal.
cablogramme [kɑblɔgʀam] *m* ceblgram *g*, cebl *g*.
cabosser [kabɔse] (**1**) *vt* tolcio.
cabot [kabo] *m* (*péj: chien*) ci *g*, mwngrel *g*.
cabotage [kabɔtaʒ] *m* hwylio ar hyd y glannau.
caboteur [kabɔtœʀ] *m* (*bateau*) llong *b* lannau, llong y glannau.
cabotin[1] (**-e**) [kabɔtɛ̃, in] *adj* gormodol, theatraidd.
cabotin[2] [kabɔtɛ̃] (*péj*) *m* (*homme manieré*) ymhonnwr *g*, dyn *g* mursennaidd; (*acteur*) goractiwr *g*.
cabotinage [kabɔtinaʒ] *m* goractio, actio gwael, gormodedd *g*.
cabotine [kabɔtin] (*péj*) *f* (*femme maniérée*) ymhonwraig *b*, gwraig *b* fursennaidd; (*actrice*) goractwraig *b*;
♦*adj f voir* **cabotin**[1].
Caboul [kabul] *pr* Cabwl *b*.
cabrer [kɑbʀe] (**1**) *vt* (*cheval*) gwneud i (geffyl) sefyll ar ei goesau ôl; (*avion*) gwneud i (awyren) godi ei blaen;
♦ **se** ~ *vr* (*cheval*) codi ar ei goesau ôl; (*avion*) codi ei blaen; (*fig*) gwrthryfela, codi (yn erbyn).
cabri [kabʀi] *m* myn *g* gafr.
cabriole [kabʀijɔl] *f* pranc *g*; (*culbute: d'un clown, gymnaste*) tin-dros-ben *g*.
cabriolet [kabʀijɔlɛ] *m* (*voiture*) car *g* codi to.
CAC [kak] *sigle f*(= *Compagnie des agents de change*) ≈ Mynegai'r FT.
caca [kaka] *m* caca *g*; **faire** ~ gwneud caca; ~ **d'oie** (*couleur*) melyn budr, melynwyrdd.
cacahuète [kakaɥɛt] *f* cneuen *b* ddaear *ou* fwnci.
cacao [kakao] *m* coco *g*.
cachalot [kaʃalo] *m* morfil *g* gwyn.
cache [kaʃ] *m* (*pour texte, photo*) *darn (o bapur) i guddio rhth*; **servir d'un** ~ **pour apprendre une liste de vocabulaire** defnyddio darn o bapur i guddio'r atebion wrth ddysgu rhestr o eirfa;
♦*f* cuddfan *b*.
caché (**-e**) [kaʃe] *adj* cudd, cuddiedig; (*complot, amour*) cyfrinachol, cudd.
cache-cache [kaʃkaʃ] *m inv*: **jouer à** ~-~ chwarae mig *ou* cuddio *ou* cwato.
cache-col [kaʃkɔl] *m inv* sgarff *b*.
cachemire [kaʃmiʀ] *m* cashmir *g*;
♦*adj* Paisley *inv*.
Cachemire [kaʃmiʀ] *prm*: **le** ~ Cashmir *b*.
cache-nez [kaʃne] *m inv* sgarff *b*, mwffler *g*.
cache-pot [kaʃpo] *m inv* llestr *g* i ddal pot blodau.
cache-prise [kaʃpʀiz] *m inv* gorchudd *g* soced.
cacher [kaʃe] (**1**) *vt* cuddio, celu; ~ **qch à qn** cuddio rhth rhag rhn; **je ne vous cache pas que ...** 'wnaf i ddim celu'r ffaith ..., 'rwy'n cyfaddef ...;
♦ **se** ~ *vr* cuddio, ymguddio, llechu; **il ne s'en cache pas** nid yw'n ceisio cuddio'r peth.
cache-sexe [kaʃsɛks] *m inv* nicer *g* llinyn.

cachet [kaʃɛ] *m* (*comprimé*) tabled *b*; (*à l'encre*) stamp *g*; (*de cire*) sêl *b*; (*de la poste*) marc *g* post; (*rétribution*) ffi *b*; (*d'artiste*) steil *g*; **un village qui a gardé tout son ~** pentref sydd wedi cadw'i gymeriad.

cacheter [kaʃte] (**12**) *vt* cau, selio; **vin cacheté** gwin penigamp.

cachette [kaʃɛt] *f* cuddfan *b*; **en ~** ar y slei, yn gyfrinachol, yn ddistaw bach.

cachot [kaʃo] *m* daeargell *b*, dwnsiwn *g*.

cachotterie [kaʃɔtʀi] *f* cyfrinach *b* fach: **faire des ~s** cadw cyfrinachau, celu pethau.

cachottier (**cachottière**) [kaʃɔtje, kaʃɔtjɛʀ] *adj* cyfrinachgar, sy'n celu pethau.

cachou [kaʃu] *m*: **pastilles de ~** cashw *g*.

cacophonie [kakɔfɔni] *f* sŵn *g* aflafar.

cacophonique [kakɔfɔnik] *adj* aflafar, amhersain.

cactus [kaktys] *m inv* cactws *g*.

c.-à.-d. *abr*(= *c'est-à-dire*) h.y.(= hynny yw).

cadastral (**-e**) (**cadastraux, cadastrales**) [kadastʀal, kadastʀo] *adj* stentaidd; **registre ~** cofrestr *b* tir.

cadastre [kadastʀ] *m* cofrestr *b* tir.

cadavéreux (**cadavéreuse**) [kadɑveʀø, kadɑveʀøz] *voir* **cadavérique**.

cadavérique [kadɑveʀik] *adj* gwelw, llwyd, gwyn fel y galchen.

cadavre [kadɑvʀ] *m* corff *g* marw, celain *g*.

caddie, **caddy** [kadi] *m* (*au golf*) cadi *g*; (*de supermarché*) troli *g*.

cadeau (**-x**) [kado] *m* anrheg *b*, rhodd *b*, presant *g*; **faire un ~ à qn** anrhegu rhn, rhoi anrheg i rn; **ne pas faire de ~ à qn** (*fig*) gwneud bywyd rhn yn anodd; **faire ~ de qch à qn** rhoi rhth yn anrheg i rn.

cadenas [kadnɑ] *m* clo *g* clap.

cadenasser [kadnɑse] (**1**) *vt* rhoi clo *ou* clap ar rth, rhoi rhth dan glo.

cadence [kadɑ̃s] *f* (*MUS*) diweddeb *b*; (*rythme*) rhythm *g*, curiad *g*; (*de travail*) cyflymder *g*; **~s** (*en usine*) cyflymder cynhyrchu; **en ~** yn rhythmig; **à la ~ de 10 par jour** ar gyfradd o 10 y diwrnod.

cadencé (**-e**) [kadɑ̃se] *adj* rhythmig; **au pas ~** (*MIL*) yn gyflym.

cadet[1] (**-te**) [kadɛ, ɛt] *adj* iau, ieuengach; **mon frère ~** fy mrawd bach; **ma sœur ~te** fy chwaer fach.

cadet[2] [kadɛ] *m* (*de la famille*): **le ~** y plentyn ieuengaf; **il est mon ~ de deux ans** mae ddwy flynedd yn iau na mi; **les ~s** (*SPORT*) *tim ieuenctid (15-17 oed)*; **le ~ de mes soucis** y lleiaf o'm pryderon.

cadette [kadɛt] *f* (*de la famille*): **la ~** y plentyn ieuengaf;
♦*adj f voir* **cadet**[1].

cadrage [kɑdʀaʒ] *m* (*PHOT*) fframiad *g*.

Cadix [kadiks] *pr* Cadiz *b*.

cadran [kɑdʀɑ̃] *m* wyneb *g*; (*du téléphone*) deial *g*; **~ solaire** deial haul.

cadre [kɑdʀ] *m* (*de tableau*) ffrâm *b*; (*sur formulaire*) blwch *g*; (*milieu*) awyrgylch *g*; (*structure*) fframwaith *g*; **dans le ~ de qch** (*fig*) o fewn cyd-destun *g* rhth; **dans un ~ agréable/champêtre** mewn awyrgylch dymunol/gwledig;
♦*m/f* (*ADMIN*) swyddog *g* gweithredol; **rayer qn des ~s** (*MIL, ADMIN*) diswyddo rhn; **~ moyen** (*ADMIN*) gweithredwr *g* canolradd; **~ supérieur** (*ADMIN*) rheolwr *g*, rheolwraig *b*, cyfarwyddwr *g*, cyfarwyddwraig *b*;
♦*adj*: **loi ~** amlinelliad *g* o ddeddf.

cadrer [kɑdʀe] (**1**) *vi*: **~ (avec)** mynd (gyda), cyd-fynd (â), gweddu (i), cyfateb (i), bod yn gyson (â);
♦*vt* (*CINÉ, PHOT*) fframio.

cadreur [kɑdʀœʀ] *m* (*CINÉ*) dyn *g* camera.

cadreuse [kɑdʀøz] *f* merch *b* gamera.

caduc (**caduque**) [kadyk] *adj* wedi mynd o arfer, wedi darfod â bod, darfodedig; (*théorie*) hynafol; (*loi*) heb fod mewn grym, darfodedig; (*BOT*) collddail.

CAF[1] [seaɛf] *sigle f*(= *Caisse d'allocations familiales*) *swyddfa b lwfans teulu.*

CAF[2] [seaɛf] *abr*(= *coût, assurance, fret*) *pris, yswiriant a chludiant.*

cafard [kafaʀ] *m* (*insecte*) chwilen *b* ddu, cocrotsien *b*; (*mélancolie*) y felan *b*; **avoir le ~** bod yn isel eich ysbryd, teimlo'n drist, bod â'r felan arnoch, bod wedi danto.

cafardeux (**cafardeuse**) [kafaʀdø, kafaʀdøz] *adj* digalon, isel eich ysbryd; (*ambiance*) diflas, digalon.

café [kafe] *m*
1 (*boisson, graines*) coffi *g*; **~ au lait** coffi â llaeth; **~ crème** coffi (trwy) laeth; **~ en grains** ffa coffi; **~ en poudre** coffi powdr, coffi sydyn; **~ liégeois** *hufen iâ coffi â hufen chwip*; **~ noir** coffi du.
2 (*bistro*) caffi *g*, bar *g*; **~ tabac** *siop bapur newydd a thybaco sydd hefyd yn gwerthu coffi a gwirodydd*;
♦*adj inv* (*couleur*) lliw coffi.

café-concert (**~s-~s**) [kafekɔ̃sɛʀ] *m* (*aussi:* **caf' conc'**) caffi *g* â chabare.

caféine [kafein] *f* caffein *g*.

cafétéria [kafeteʀja] *f* caffeteria *g*, ffreutur *g*.

café-théâtre (**~s-~s**) [kafeteɑtʀ] *m* (*lieu*) *caffi lle perfformir dramâu*; (*genre*) *y math o ddramâu a berfformir mewn caffi o'r fath.*

cafetier [kaftje] *m* perchennog *g* caffi.

cafetière [kaftjɛʀ] *f* (*récipient*) pot *g* coffi; (*personne*) perchennog *g* caffi.

cafouillage [kafujaʒ] *m* anhrefn *g*,*b*, llanast *g*, traed *ll* moch.

cafouiller [kafuje] (**1**) *vi* (*personne*) ffwndro; (*appareil*) torri i lawr, mynd o'i le, gweithio bob yn ail â pheidio; (*organisation*) mynd yn draed moch; **il a fait ~ nos projets** drysodd ein cynlluniau yn llwyr.

cage [kaʒ] *f* cawell *g*, caetsh *g*; **en ~** mewn

caetsh, mewn carchar; ~ **d'ascenseur** siafft *b* lifft; ~ **d'escalier** siafft risiau; ~ **(des buts)** (*FOOTBALL*) gôl *b*; ~ **thoracique** cawell asennau.
cageot [kaʒo] *m* bocs *g* rhwyllog, crêt *g*.
cagibi [kaʒibi] *m* ystafell *b* drugareddau.
cagneux (**cagneuse**) [kaɲø, kaɲøz] *adj* glin-gam, coesgam.
cagnotte [kaɲɔt] *f* cronfa *b* arian; (*argent*) jacpot *g*; (*économies*) cronfa, celc *g*.
cagoule [kagul] *f* cwfl *g*, balaclafa *g*; (*de moine*) cwcwll *g*.
cahier [kaje] *m* llyfr *g* nodiadau; ~ **d'exercices** llyfr ysgol; ~ **de brouillon** llyfr bras; ~**s** cyfnodolyn *g*, cylchgrawn *g*; ~ **de doléances** rhestr *b* gwynion, rhestr hawliadau; ~ **de revendications** rhestr o ofynion undeb.
cahin-caha [kaɛ̃kaa] *adv*: **aller** ~-~ mynd ling-di-long, mynd linc-di-lonc; (*fig*) bod yn weddol.
cahot [kao] *m* ysgytwad *g*.
cahoter [kaɔte] (**1**) *vi* ysgwyd, ysgytio; (*véhicule*) ysgytian mynd;
♦*vt* ysgwyd, ysgytio.
cahoteux (**cahoteuse**) [kaɔtø, kaɔtz] *adj* anwastad, pantiog, cnyciog.
cahute [kayt] *f* cwt *g*, caban *g*.
caïd [kaid] *m* (*meneur*) meistr *g*, dyn *g* pwysig, pennaeth *g*.
caillasse [kajas] *f* (*pierraille*) cerrig *ll* mân, gro *ll*.
caille [kaj] *f* sofliar *b*
caillé (**-e**) [kaje] *adj*: **lait** ~ llaeth *g* wedi suro, ceuled *g*.
caillebotis [kajbɔti] *m* estyllen *b*.
cailler [kaje] (**1**) *vi* (*lait*) suro, ceulo; (*sang*) ceulo; (*fam: avoir froid*) bod yn oer, rhynnu, fferru; **il caille** mae hi'n oer, mae hi'n fferllyd.
caillot [kajo] *m* (*de sang*) ceulad *g*, tolchen *b*.
caillou (**-x**) [kaju] *m* carreg *b* (fechan), caregan *b*.
caillouter [kajute] (**1**) *vt* graeanu, taenu cerrig mân ar.
caillouteux (**caillouteuse**) [kajutø, kajutøz] *adj* caregog.
cailloutis [kajuti] *m* cerrig *ll* mân.
caïman [kaimɑ̃] *m* (*reptile*) caiman *g*.
Caïmans [kaimɑ̃] *prfpl*: **les (îles)** ~ ynysoedd *ll* y Caiman.
Caire [kɛʀ] *pr*: **le** ~ Cairo *b*.
caisse [kɛs] *f* bocs *g*, blwch *g*, cist *b*; (*où l'on met la recette*) blwch arian; (*machine*) til *g*; (*où l'on paye*) desg *b* dalu; (*de banque*) desg y derbynnydd; **faire sa** ~ (*COMM*) cyfri'r arian; ~ **éclair** desg talu cyflym; ~ **d'épargne** banc *g* cynilo; ~ **de retraite** cronfa *b* bensiwn; ~ **de sortie** man *g* talu; ~ **enregistreuse** til; ~ **noire** cronfa gudd (*arian nad yw ar gyfrifon swyddogol cwmni*); ~ **claire** (*MUS*) drwm *g* ochr *ou* drwm tannau; **grosse** ~ drwm mawr.
caissier [kesje] *m* derbynnydd *g* arian, ariannydd *g*.
caissière [kesjɛʀ] *f* derbynnydd *g* arian, ariannydd *g*.
caisson [kɛsɔ̃] *m* blwch *g*, cist *b*; (*ARCHIT*) ceson *g*; ~ **de décompression** siambr *b* datgywasgu.
cajoler [kaʒɔle] (**1**) *vt* seboni, anwylo, rhoi mwythau i, maldodi, cocsio.
cajoleries [kaʒɔlʀi] *fpl* mwythau *ll*, maldod *g*; (*fig*) gweniaith *b*, cocsio.
cajou [kaʒu] *m* cneuen *b* gashiw.
cake [kɛk] *m* cacen *b ou* teisen *b* ffrwythau.
CAL [seaɛl] *sigle m*(= *Comité d'action lycéen*) *mudiad g myfyrwyr er newid y system addysg.*
cal[1] [kal] *m* caleden *g*, darn *g* caled o groen.
cal[2] [kal] *abr*= **calorie**.
Calais [kalɛ] *pr* Calais *b*; **le Pas-de-**~ Culfor *g* Dofr.
calamar [kalamaʀ] *m*= **calmar**.
calaminé (**-e**) [kalamine] *adj* (*AUTO: bougies*) â haenen *ou* chrawen o garbon drosto/drosti, wedi'i garboneiddio, yn garbon i gyd, yn garbon drosto/drosti.
calamité [kalamite] *f* trychineb *b*.
calandre [kalɑ̃dʀ] *f* rhwyll *b* blaen car, rhwyll rheiddiadur; (*machine*) llathrwasg *b*, calendr *g*, mangl *g*.
calanque [kalɑ̃k] *f* cilfach *b* ddofn greigiog (*ym Môr y Canoldir*).
calcaire [kalkɛʀ] *m* calchfaen *g*, carreg *b* galch; ♦*adj* (*eau*) caled; (*GÉO*) calch.
calciné (**-e**) [kalsine] *adj* ulw, wedi llosgi'n golsyn *ou* ulw.
calcium [kalsjɔm] *m* calsiwm *g*.
calcul[1] [kalkyl] *m* (*arithmétique*) cyfrif *g*; (*SCOL*) rhifyddeg *b*; **d'après mes** ~**s** yn fy nhyb i; ~ **différentiel** calcwlws *g* differol; ~ **intégral** calcwlws integrol; ~ **mental** rhifyddeg pen.
calcul[2] [kalkyl] *m* (*MÉD*): ~ **biliaire** carreg *b* fustl; ~ **rénal** carreg ar yr aren.
calculateur [kalkylatœʀ] *m* cyfrifwr *g*, cyfrifwraig *b*.
calculatrice [kalkylatʀis] *f* cyfrifiannell *b*.
calculé (**-e**) [kalkyle] *adj* gofalus; **prendre un risque** ~ mentro'n ofalus.
calculer [kalkyle] (**1**) *vt, vi* cyfrif, amcangyfrif; ~ **qch de tête** cyfrif rhth yn eich pen, gweithio'r ateb i rth yn eich pen.
calculette [kalkylɛt] *f* cyfrifiannell *b* boced.
cale [kal] *f*
1 (*de bateau*) howld *b*; ~ **de construction,** ~ **de lancement** llithrfa *b*, slipffordd *b*; ~ **sèche** *neu* **de radoub** doc *g* sych.
2 (*pour meuble*) lletem *b*, plocyn *g*, darn o bren (*dan ddrws neu un pen i ddodrefnyn*).
calé (**-e**) [kale] *adj* (*fixé*) yn cael ei ddal yn wastad gan ddarn o bren; (*fam: personne*) peniog, clyfar; (*problème*) anodd, caled.
calebasse [kalbɑs] *f* (*BOT*) gowrd *g*.

calèche [kalɛʃ] *f* cerbyd *g* ysgafn, trap *g*.
caleçon [kalsɔ̃] *m* trons *g*; (*de femme*) legins *ll*, socasau *ll*; ~**s longs** trons llaes; ~ **de bain** trowsus *g* nofio.
calembour [kalɑ̃buʀ] *m* gair *g* mwys; **faire des ~s** chwarae ar eiriau.
calendes [kalɑ̃d] *fpl* calan *g*; **les ~ de mai** Calan Mai: **renvoyer qch aux ~ grecques** gohirio rhth tan Sul y Pys.
calendrier [kalɑ̃dʀije] *m* calendr *g*; (*fig*) amserlen *b*.
cale-pied [kalpje] *m inv* (*vélo*) clip *g* troed (*ar bedal beic*).
calepin [kalpɛ̃] *m* llyfr *g* nodiadau.
caler [kale] (**1**) *vt* sadio (rhth), rhoi lletem *ou* plocyn dan (rth) (*i'w wneud yn wastad*); ~ **sa tête sur un oreiller** gorffwys eich pen ar obennydd; ~ **son moteur/véhicule** gwneud i'ch injan/cerbyd stopio;
♦*vi* (*moteur*) stopio, nogio, jibo;
♦ **se** ~ *vr*: **se ~ dans un fauteuil** gwneud eich hun yn gyfforddus mewn cadair esmwyth, eich sodro'ch hun mewn cadair esmwyth.
calfater [kalfate] (**1**) *vt* calcio.
calfeutrer [kalføtʀe] (**1**) *vt* atal drafft, selio (rhth) i atal gwynt;
♦ **se** ~ *vr*: **se ~ chez soi** eich cau'ch hun yn y tŷ.
calibre [kalibʀ] *m* (*d'une arme*) calibr *g*; (*d'un fruit*) maint *g*; (*fig*) safon *b*, ansawdd *g,b*.
calibrer [kalibʀe] (**1**) *vt* graddio, graddoli.
calice [kalis] *m* (*REL*) cwpan *g,b* cymun; (*BOT*) calycs *g*.
calicot [kaliko] *m* calico *g*.
calife [kalif] *m* califf *g* (*brenin Moslemaidd*).
Californie [kalifɔʀni] *prf* Califfornia *b*.
californien (**-ne**) [kalifɔʀnjɛ̃, jɛn] *adj* Califforniaidd, o Galiffornia.
califourchon [kalifuʀʃɔ̃]: **à ~ (sur)** *adv* ag un goes bob ochr (i).
câlin[1] (**-e**) [kɑlɛ̃, in] *adj* cariadus, anwesgar, anwesol, sy'n hoffi mwythau *ou* maldod, tyner.
câlin[2] [kɑlɛ̃] *m* anwesiad *g*; **faire un ~ à qn** anwesu rhn.
câliner [kɑline] (**1**) *vt* anwylo, anwesu, maldodi, rhoi mwythau i.
câlineries [kɑlinʀi] *fpl* mwythau *ll*, maldod *g*.
calisson [kalisɔ̃] *m melysyn almon siâp diemwnt*.
calleux (**calleuse**) [kalø, kaløz] *adj* â chroen caled, croen-galed.
calligraphie [ka(l)ligʀafi] *f* ceinysgrifen *b*, caligraffeg *b*.
calligraphier [ka(l)ligʀafje] (**16**) *vt* ysgrifennu (rhth) mewn caligraffeg, ysgrifennu (rhth) yn gain.
callosité [kalozite] *f* caleden *b*, darn *g* caled o groen.
calmant[1] (**-e**) [kalmɑ̃, ɑ̃t] *adj* (*pour les nerfs*) tawelol, llonyddol; (*pour la douleur*) lliniarol; (*paroles*) cysurol.
calmant[2] [kalmɑ̃] *m* tawelydd *g*.
calmar [kalmaʀ] *m* ystifflog *g*, sgwid *g*.
calme [kalm] *adj* distaw, llonydd, tawel, digyffro;
♦*m* distawrwydd *g*, llonyddwch *g*, tawelwch *g*; (*maîtrise de soi*) pwyll *g*, pwyllogrwydd *g*; **sans perdre son ~** heb gynhyrfu, heb golli pwyll; ~ **plat** (*NAUT, fig*) llonyddwch llwyr.
calmement [kalməmɑ̃] *adv* yn dawel, yn bwyllog.
calmer [kalme] (**1**) *vt* (*esprit, personne*) tawelu, llonyddu; (*douleur*) lleddfu, lliniaru; (*tempête*) gostegu, tawelu;
♦ **se** ~ *vr* ymdawelu, ymlonyddu, tawelu, llonyddu, gostegu; (*personne*) pwyllo; **calme-toi!** paid â chynhyrfu!, gan bwyll!
calomniateur [kalɔmnjatœʀ] *m* athrodydd *g*; (*par écrit*) enllibiwr *g*.
calomnatrice [kalɔmnjatʀis] *f* athrodydd *g*; (*par écrit*) enllibwraig *b*.
calomnie [kalɔmni] *f* sarhad *g*; (*JUR*) athrod *g*; (*par écrit*) enllib *g*.
calomnier [kalɔmnje] (**16**) *vt* sarhau; (*JUR*) athrodi; (*par écrit*) enllibio.
calomnieux (**calomnieuse**) [kalɔmnjø, kalɔmnjøz] *adj* sarhaus; (*JUR*) athrodus; (*par écrit*) enllibus.
calorie [kalɔʀi] *f* calori *g*.
calorifère [kalɔʀifɛʀ] *m* stof *b* (*sy'n dargludo gwres*).
calorifique [kalɔʀifik] *adj* twymol, cynhesol.
calorifuge [kalɔʀifyʒ] *adj* ynysol, insiwleiddiol;
♦*m* deunydd *g* ynysol.
calot [kalo] *m* (*MIL*) cap *g* fforio *ou* chwilota.
calotte [kalɔt] *f*
1 (*couvre-chef*) cap *g* corun; (*d'un chapeau*) corun *g*; **la ~*** (*clergé*) offeiriaid *ll*; ~ **glaciaire** capan *g* rhew *ou* iâ.
2 (*gifle*) clusten *b*, pelten *b*.
calque [kalk] *m*: **papier ~** papur dargopïo; (*dessin*) dargopi *g*; (*fig*) dynwarediad *g*, efelychiad *g*.
calquer [kalke] (**1**) *vt* (*dessin etc*) dargopïo; (*personne*) dynwared, efelychu, copïo; ~ **qch sur qch** (*fig*) patrymu rhth ar rth, copïo rhth.
calvados [kalvados] *m* calfados *g*.
calvaire [kalvɛʀ] *m* (*épreuves*) dioddefaint *g*; (*monument*) croes *b* (*ar ymyl ffordd*).
Calvaire [kalvɛʀ] *prm*: **le ~** (*REL: lieu*) Calfaria *b*.
calvitie [kalvisi] *f* moelni *g*.
camaïeu [kamajø] *m*: **(motif en) ~** patrwm o amrywiadau ar yr un lliw.
camarade [kamaʀad] *m/f* cyfaill *g*, cyfeilles *b*, ffrind *g/b*; (*POL, SYNDICATS*) cymrawd *g*; ~ **d'école** ffrind ysgol.
camaraderie [kamaʀadʀi] *f* cyfeillgarwch *g*, cwmnïaeth *b*.
camarguais (**-e**) [kamaʀgɛ, ɛz] *adj* o'r

Camargue.
Camargue [kamaʀg] *prf*: **la** ~ y Camargue *g*.
cambiste [kɑ̃bist] *m* cyfnewidiwr *g* arian.
Cambodge [kɑ̃bɔdʒ] *prm*: **le** ~ Cambodia *b*, Kampuchea *b*.
cambodgien (**-ne**) [kɑ̃bɔdʒjɛ̃, jɛn] *adj* Cambodiaidd.
Cambodgien [kɑ̃bɔdʒjɛ̃] *m* Cambodiad *g*.
Cambodgienne [kɑ̃bɔdʒjɛn] *f* Cambodiad *b*.
cambouis [kɑ̃bwi] *m* hen olew *g*, hen seimiach *g*.
cambré (-e) [kɑ̃bʀe] *adj*: **avoir les reins** ~**s** crymu'ch cefn; **elle a le pied très** ~ mae camedd *ou* pont troed yn uchel iawn ganddi.
cambrer [kɑ̃bʀe] (**1**) *vt* (*dos*) crymu; (*bois, métal*) plygu;
♦ **se** ~ *vr* crymu'ch cefn, crymu, cefngrymu.
cambriolage [kɑ̃bʀijɔlaʒ] *m* lladrad *g*.
cambrioler [kɑ̃bʀijɔle] (**1**) *vt* (*maison, magasin*) torri i mewn i, lladrata o, dwyn o; (*personne*) dwyn oddi ar.
cambrioleur [kɑ̃bʀijɔlœʀ] *m* lleidr *g*.
cambrioleuse [kɑ̃bʀijɔlœøz] *f* lladrones *b*.
cambrure [kɑ̃bʀyʀ] *f* (*du pied*) camedd *g ou* pont *b* troed; (*de la route*) cambr *g*; ~ **des reins** meingefn *g*.
cambuse [kɑ̃byz] *f* llety *g* (gwael); (*NAUT*) storfa *b*.
came[1] [kam] *f* (*TECH*) cam *g*; **arbre à** ~**s** camwerthyd *b*, camsiafft *b*.
came[2] [kam] *f* (*fam: drogue*) cyffur *g*; (*fam: marchandise*) geriach *ll*, trugareddau *ll*, sothach *g*.
camée [kame] *m* cameo *g*
caméléon [kameleɔ̃] *m* cameleon *g*.
camélia [kamelja] *m* camelia *g*.
camelot* [kamlo] *m* gwerthwr *g* crwydrol.
camelote* [kamlɔt] *f* sothach *g*.
camembert [kamɑ̃bɛʀ] *m* (*fromage*) (caws) *g* camembert; (*MATH*) siart *b* gylch.
caméra [kameʀa] *f* (*CINÉ, TV*) camera *g*.
caméraman [kameʀaman] *m* dyn *g* camera, merch *b* gamera.
Cameroun [kamʀun] *prm*: **le** ~ y Camerŵn *b*.
camerounais (**-e**) [kamʀunɛ, ɛz] *adj* o'r Camerŵn.
Camerounais [kamʀunɛ] *m* Camerwniad *g*.
Camerounaise [kamʀunɛz] *f* Camerwniad *b*.
caméscope [kameskɔp] *m* camera *g* fideo.
camion [kamjɔ̃] *m* (*ouvert*) lorri *b*; (*fermé*) fan *b*; ~ **de déménagement** fan ddodrefn *ou* gelfi.
camion-citerne (~**s**-~**s**) [kamjɔ̃sitɛʀn] *m* tancer *g*.
camionnage [kamjɔnaʒ] *m* cludiant *g* (mewn loriau), halio (nwyddau).
camionnette [kamjɔnɛt] *f* fan *b*.
camionneur [kamjɔnœʀ] *m* (*entrepreneur*) perchennog *g ou* rheolwr *g* cwmni cludiant; (*chauffeur*) gyrrwr *g* lorri.
camisole [kamizɔl] *f* bodis *g* isaf, camisol *g*; ~ **de force** siaced *b* gaeth.
camomille [kamɔmij] *f* (*BOT*) camri *g*, camomil *g*.
camouflage [kamuflaʒ] *m* (*action*) cuddliwio; (*résultat*) cuddliw *g*.
camoufler [kamufle] (**1**) *vt* cuddliwio; (*fig*) cuddio, celu.
camouflet [kamuflɛ] *m* sarhad *g*, sen *b*.
camp [kɑ̃] *m* (*gén, MIL*) gwersyll *g*; (*fig, POL, SPORT*) carfan *b*; ~ **de concentration** gwersyll crynhoi; ~ **de nudistes** gwersyll noethlymunwyr; ~ **de vacances** gwersyll gwyliau.
campagnard[1] (-e) [kɑ̃paɲaʀ, aʀd] *adj* gwledig; (*péj*) gwladaidd, gwladwraidd.
campagnard[2] [kɑ̃paɲaʀ] *m* gwerinwr *g*, dyn *g* o'r wlad, gwladwr *g*.
campagnarde [kɑ̃paɲaʀd] *f* gwerinwraig *b*, gwraig *b* o'r wlad, gwladwraig *b*;
♦*adj f voir* **campagnard**[1].
campagne [kɑ̃paɲ] *f*
1 (*GÉO*) y wlad *b*, cefn *g* gwlad; **à la** ~ yn y wlad; **en pleine** ~ yng nghefn gwlad.
2 (*MIL, POL*) ymgyrch *b*; **faire** ~ ymgyrchu; ~ **de publicité** ymgyrch hysbysebu; ~ **électorale** ymgyrch etholiadol.
campanile [kɑ̃panil] *m* clochdy *g*.
campé (-e) [kɑ̃pe] *adj*: **bien** ~ cadarn, solet; (*personnage*) wedi ei bortreadu'n dda.
campement [kɑ̃pmɑ̃] *m* (*action*) gwersylla; (*lieu*) gwersyll *g*.
camper [kɑ̃pe] (**1**) *vi* gwersylla;
♦*vt* (*chapeau etc*) gosod, dodi, sodro; (*dessin, personnage*) portreadu; ~ **un rôle** chwarae rhan;
♦ **se** ~ *vr*: **se** ~ **devant** eich gosod eich hun o flaen.
campeur [kɑ̃pœʀ] *m* gwersyllwr *g*.
campeuse [kɑ̃pœz] *f* gwersyllwraig *b*.
camphre [kɑ̃fʀ] *m* camffor *g*.
camphré (-e) [kɑ̃fʀe] *adj* camfforedig.
camping [kɑ̃piŋ] *m* (*action*) gwersylla; **(terrain de)** ~ maes *g* pebyll; **faire du** ~ gwersylla.
camping-car (~-~**s**) [kɑ̃piŋkaʀ] *m* fan *b* i wersylla ynddi.
campus [kɑ̃pys] *m* campws *g*.
camus (-e) [kamy, yz] *adj*: **nez** ~ trwyn smwt.
Canada [kanada] *prm*: **le** ~ Canada *b*.
canadair® [kanadɛʀ] *m* awyren *b* diffodd tân.
canadien (-**ne**) [kanadjɛ̃, jɛn] *adj* Canadaidd, o Ganada.
Canadien [kanadjɛ̃] *m* Canadiad *g*.
canadienne [kanadjɛn] *f* siaced *b* â leinin ffwr;
♦*adj f voir* **canadien**.
Canadienne [kanadjɛn] *f* Canadiad *b*.
canaille [kanɑj] *f* dihiryn *g*, cnaf *g*; (*populace*) poblach *b*;
♦*adj* (*vulgaire*) cwrs, coman; (*coquin*) roglyd, talog.
canal (**canaux**) [kanal, kano] *m* (*artificiel*) camlas *b*; (*détroit*) sianel *b*, culfor *g*; (*tuyau*)

pibell *b* ddŵr; (*ANAT*) dwythell *b*, pibell; **par le ~ de** (*ADMIN*) trwy gyfrwng; **~ de distribution** (*COMM*) dulliau *ll* dosbarthu; **~ de Panama/de Suez** camlas Panama/Swes; **~ de télévision** (*au Canada*) sianel deledu.
canalisation [kanalizasjɔ̃] *f* camlesu, sianelu; (*tuyau*) pibellau *ll*; (*ÉLEC*) ceblau *ll*.
canaliser [kanalize] (**1**) *vt* camlesu; (*fig: efforts, foule*) sianelu, cyfeirio.
canapé [kanape] *m* soffa *b*; (*CULIN*) canape *g*.
canapé-lit (~s-~s) [kanapeli] *m* gwely *g* soffa.
canaque [kanak] *adj* o Galedonia Newydd, Canacaidd.
Canaque [kanak] *m/f* brodor *g* o Galedonia Newydd, Canac *g/b*.
canard [kanaʀ] *m* hwyaden *b*, ceiliog *g* hwyaden; (*fam: journal*) rhecsyn *g*; (*fausse nouvelle*) si *g* anghywir, stori *b* anghywir.
canari [kanaʀi] *m* caneri *g*.
Canaries [kanaʀi] *prfpl*: **les (îles) ~** yr Ynysoedd Dedwydd, Ynysoedd (y) Canarïas.
cancaner [kɑ̃kane] (**1**) *vi* chwedleua, clebran; (*canard*) cwacian.
cancanier (**cancanière**) [kɑ̃kanje, kɑ̃kanjɛʀ] *adj* chwedleugar, llawn clecs, straegar.
cancans [kɑ̃kɑ̃] *mpl* (*ragots*) straeon *ll*, clecs *ll*.
cancer [kɑ̃sɛʀ] *m* canser *g*; **il a un ~** mae canser arno: **C~** (*ASTROL*) y Cranc *g*; **elle est (du) C~** arwydd y Cranc yw hi.
cancéreux[1] (**cancéreuse**) [kɑ̃seʀø, kɑ̃seʀøz] *adj* (*tumeur*) canseraidd, canserus; (*qui a un cancer*) sydd â chanser.
cancéreux[2] [kɑ̃seʀø] *m* dioddefwr *g* canser, dyn *g* a chanser arno.
cancéreuse [kɑ̃seʀøz] *f* merch *b* a chanser arni; ♦*adj f voir* **cancéreux**[1].
cancérigène [kɑ̃seʀiʒɛn] *adj* carsinogenig, canserachosol, sy'n achosi canser.
cancérologue [kɑ̃seʀɔlɔg] *m/f* arbenigwr *g* ar ganser, arbenigwraig *b* ar ganser.
cancre [kɑ̃kʀ] *m* (*élève*) twpsyn *g*, twpsen *b*.
cancrelat [kɑ̃kʀəla] *m* chwilen *b* ddu, cocrotsien *b*.
candélabre [kɑ̃delabʀ] *m* candelabrwm *g*, seren *b* ganhwyllau.
candeur [kɑ̃dœʀ] *f* diniweidrwydd *g*, naïfrwydd *g*, didwylledd *g*.
candi [kɑ̃di] *adj inv*: **sucre ~** siwgr *g* candi.
candidat [kɑ̃dida] *m* ymgeisydd *g*; **être ~ à** ymgeisio am.
candidate [kɑ̃didat] *f* ymgeisydd *g*.
candidature [kɑ̃didatyʀ] *f* ymgeisyddiaeth *b*; (*poste*) cais *g*; **poser sa ~** gwneud cais.
candide [kɑ̃did] *adj* diniwed, naïf, didwyll, gonest.
candidement [kɑ̃didmɑ̃] *adv* yn ddiniwed, yn naïf, yn ddidwyll, yn onest.
cane [kan] *f* hwyaden *b*.
caneton [kantɔ̃] *m* hwyaden *b* fach, cyw *g* hwyaden.
canette [kanɛt] *f* potel *b* (gwrw); (*de machine à coudre*) bobin *g*.
canevas [kanva] *m* (*toile*) cynfas *g*; (*couture*) cynfas (*ar gyfer gwaith tapestri*); (*fig: livre*) fframwaith *g*, cynllun *g*, amlinelliad *g*.
caniche [kaniʃ] *m* pwdl *g*.
caniculaire [kanikylɛʀ] *adj* tanbaid, crasboeth, chwilboeth.
canicule [kanikyl] *f* (*chaleur*) gwres *g* tanbaid; (*période*) tywydd *g* poeth; **la ~** dyddiau'r cŵn.
canif [kanif] *m* cyllell *b* boced.
canin (**-e**) [kanɛ̃, in] *adj* cynol, yn ymwneud â chŵn, fel cŵn; **exposition ~e** sioe *b* gŵn.
canine [kanin] *f* dant *g* llygad; ♦*adj f voir* **canin**[1].
caniveau [kanivo] *m* cwter *b*.
cannabis [kanabis] *m* canabis *g*.
canne [kan] *f* ffon *b*; **~ à pêche** gwialen *b* bysgota; **~ à sucre** cansen *b* siwgr.
canné (**-e**) [kane] *adj* (*fauteuil, chaise*) gwiail; **chaise ~e** cadair *b* wiail.
cannelé (**-e**) [kanle] *adj* rhychog.
cannelle [kanɛl] *f* sinamon *g*.
cannelure [kan(ə)lyʀ] *f* rhigol *b*.
canner [kane] (**1**) *vt* (*chaise*) gwieilio, plethu.
cannibale [kanibal] *adj* canibalaidd; ♦*m/f* canibal *g/b*.
cannibalisme [kanibalism] *m* canibaliaeth *b*.
canoë [kanɔe] *m* canŵ *g*; **~ (kayak)** caiac *g*; **faire du ~** canŵio.
canon[1] [kanɔ̃] *m* canon *g*, gwn *g*; (*d'une arme*) baril *g*; **~ rayé** reiffl *b*; (*fam*) gwydraid *g* (o win); ♦*adj*: **droit ~** cyfraith ganonaidd.
canon[2] [kanɔ̃] *m* (*MUS, fig*) canon *g*.
canon[3] [kaɲɔ̃] *m* ceunant *g*, hafn *b*.
canonique [kanɔnik] *adj* (*REL*) canonaidd; (*fig*); **d'âge ~** hen a pharchus.
canoniser [kanɔnize] (**1**) *vt* canoneiddio.
canonnade [kanɔnad] *f* magnelu, tanio parhaus.
canonnier [kanɔnje] *m* gynnwr *g*, magnelwr *g*.
canonnière [kanɔnjɛʀ] *f* gynfad *g*.
canot [kano] *m* cwch *g*, bad *g*; **~ de sauvetage** bad achub; **~ pneumatique** dingi *g* pwmpiadwy; **~ de pêche** cwch pysgota.
canotage [kanɔtaʒ] *m* rhwyfo.
canoter [kanɔte] (**1**) *vi* rhwyfo, mynd mewn cwch.
canotier [kanɔtje] *m* (*chapeau*) het *b* wellt.
Cantal [kɑ̃tal] *m* caws *g* Cantal.
cantate [kɑ̃tat] *f* cantata *b*, alawgan *b*.
cantatrice [kɑ̃tatʀis] *f* cantores *b* (opera).
cantilène [kɑ̃tilɛn] *f* cantilena *b*, alaw *b*.
cantine [kɑ̃tin] *f*
1 (*réfectoire*) ffreutur *g*, lle *g* bwyta; **manger à la ~** cael eich cinio yn y ffreutur.
2 (*malle*) cist *b* dun.
cantique [kɑ̃tik] *m* emyn *g*.
canton [kɑ̃tɔ̃] *m* canton *g*
cantonade [kɑ̃tɔnad] *f*: **à la ~** o bennau'r tai

(wrth neb yn benodol neu wrth bawb yn gyffredinol).

cantonais[1] (-e) [kɑ̃tɔnɛ, ɛz] *adj* Cantonaidd.

cantonais[2] [kɑ̃tɔnɛ] *m* (*LING*) Cantoneg *b,g*.

cantonal (-e) (**cantonaux, cantonales**) [kɑ̃tɔnal, kɑ̃tɔno] *adj* (*en France*) rhanbarthol; (*en Suisse*) cantonol.

cantonnement [kɑ̃tɔnmɑ̃] *f* (*MIL: lieu*) lluesty *g*, llety *g*; (*:action*) lletya, lluestu.

cantonner [kɑ̃tɔne] (**1**) *vt* (*MIL*) lletya, lluestu; (*personne*) cyfyngu;
♦ **se** ~ *vr*: **se** ~ **dans un style** eich cyfyngu'ch hun i un arddull.

cantonnier [kɑ̃tɔnje] *m* gweithiwr *g* ffordd.

Cantorbéry [kɑ̃tɔʀbeʀi] *pr* Caergaint *b*.

canular [kanylaʀ] *m* twyll *g*, tric *g*, cast *g*.

canule [kanyl] *f* pibell *b*.

CAO [seao] *sigle f*(= *conception assistée par ordinateur*) *cynllunio trwy gymorth cyfrifiadur*.

caoutchouc [kautʃu] *m* rwber *g*; (*bande élastique*) band *g* elastig; **en** ~ rwber; ~ **mousse** rwber mandyllog.

caoutchouté (-e) [kautʃute] *adj* wedi'i rybereiddio.

caoutchouteux (**caoutchouteuse**) [kautʃutø, kautʃutøz] *adj* fel rwber, rwberaidd.

CAP [seape] *sigle m*(= *Certificat d'aptitude professionnelle*) *tystysgrif mewn hyfforddiant galwedigaethol*.

cap [kap] *m* (*promontoire*) penrhyn *g*; **changer de** ~ (*NAUT*) newid cyfeiriad; **dépasser** *neu* **franchir le** ~ **des 40 ans** mynd dros eich deugain oed; **il a passé le** ~ **de l'examen** fe ddaeth drwy'r arholiad; **dépasser** *neu* **franchir le** ~ **des 50 millions** codi'n uwch na 50 miliwn; **mettre le** ~ **sur** anelu am, mynd i gyfeiriad; **le C**~ Tref *b* y Penrhyn; **le C**~ **de Bonne Espérance** Penrhyn Gobaith Da; **le C**~ **Horn** Yr Horn.

capable [kapabl] *adj* medrus, galluog, abl; **être** ~ **de faire** gallu gwneud rhth; **il est** ~ **d'oublier** mae perygl iddo anghofio; **spectacle/livre** ~ **d'intéresser** sioe/llyfr sy'n debygol o fod o ddiddordeb.

capacité [kapasite] *f* (*contenance*) cynnwys *g*, cynhwysedd *g*, maint *g*; (*aptitude*) gallu *g*; ~ **(en droit)** *cymhwyster a roddir i fyfyrwyr ar ôl dwy flynedd o astudio'r gyfraith.*

caparaçonner [kapaʀasɔne] (**1**) *vt* (*fig*) gwisgo, addurno.

cape [kap] *f* mantell *b*, clogyn *g*; **rire sous** ~ (*fig*) chwerthin yn eich llawes.

capeline [kaplin] *f* het *b* â chantel llydan.

CAPES [kapes] *sigle m*(= *Certificat d'aptitude au professorat de l'enseignement de second degré*) ≈ tystysgrif addysg uwchradd i raddedigion (= TAR).

capésien [kapesjɛ̃] *m athro g â thystysgrif.*

capésienne [kapesjɛn] *f athrawes b â thystysgrif.*

CAPET [kapɛt] *sigle m*(= *Certificat d'aptitude au professorat de l'enseignement technique*) *tystysgrif addysg dechnegol i raddedigion.*

capharnaüm [kafaʀnaɔm] *m* llanast *g*, annibendod *g*.

capillaire [kapilɛʀ] *adj*
1 (*vaisseau etc*) capilaraidd.
2 (*soins, lotion*) ar gyfer gwallt; **artiste** ~ cynllunydd *g* gwallt;
♦*m* (*BOT*) briger *g,b* Gwener.

capillarité [kapilaʀite] *f* capilaredd *g*.

capilliculteur [kapilikyltœʀ] *m* arbenigwr *g* gofal gwallt.

capilotade [kapilɔtad]: **en** ~ *adv* yn deilchion, yn chwilfriw, yn siwtrws, yn seitan.

capitaine [kapitɛn] *m* capten *g*; (*de pompiers*) pennaeth *g* y gwasanaeth tân.

capitainerie [kapitɛnʀi] *f* swyddfa *b* harbwrfeistr.

capital[1] (-e) (**capitaux, capitales**) [kapital, kapito] *adj* prif; (*découverte*) tra phwysig, allweddol; (*JUR*) dihenydd; **les sept péchés capitaux** y Saith Pechod Marwol; **exécution** ~**e** dienyddio; **peine** ~**e** y gosb *b* eithaf.

capital[2] (**capitaux**) [kapital, kapito] *m* cyfalaf *g*; **capitaux** (*fonds*) arian *g*, cyfalaf *g*; ~ **d'exploitation** cyfalaf gweithredol; ~ **(social)** cyfalaf awdurdodedig.

capitale [kapital] *f* (*ville*) prifddinas *b*; (*lettre*) priflythyren *b*;
♦*adj f voir* **capital**[1].

capitaliser [kapitalize] (**1**) *vt* cronni, casglu; (*COMM*) troi (rhth) yn gyfalaf, cyfalafu (rhth);
♦*vi* cynilo.

capitalisme [kapitalism] *m* cyfalafiaeth *b*.

capitaliste [kapitalist] *adj* cyfalafol;
♦*m/f* cyfalafwr *g*, cyfalafwraig *b*.

capiteux (**capiteuse**) [kapitø, kapitøz] *adj* (*parfum, vin*) cryf, meddwol; (*sensuel*) nwydus.

capitonnage [kapitɔnaʒ] *m* (*action*) llenwi, clustogi, padio; (*oreillers*) clustogau *ll*.

capitonné (-e) [kapitɔne] *adj* cwiltiog, wedi'i badio, clustogog.

capitonner [kapitɔne] (**1**) *vt* llenwi, clustogi, padio.

capitulation [kapitylasjɔ̃] *f* ildiad *g*, ymostyngiad *g*.

capituler [kapityle] (**1**) *vi* ymostwng, ildio.

caporal (**caporaux**) [kapɔʀal, kapɔʀo] *m* (*MIL*) corporal *g*; (*tabac*) baco *g* bras.

caporal-chef (**caporaux-**~**s**) [kapɔʀalʃɛf, kapɔʀoʃɛf] *m* (*MIL*) prif gorporal *g*.

capot [kapo] *m* (*de voiture*) bonet *b,g*;
♦*adj inv* (*CARTES*): **être** ~ colli pob tric; **mettre qn** ~ ennill pob tric.

capote [kapɔt] *f* (*de voiture, de landau*) to *g*; (*de soldat*) cot *b* fawr; ~ **anglaise*** condom *g*.

capoter [kapɔte] (**1**) *vi* troi drosodd; (*négociations*) methu, mynd i'r gwellt.

câpre [kɑpʀ] *f* (*CULIN*) caprysen *b*.
Caprée [kapʀe] *prf* Capri *b*.
caprice [kapʀis] *m* mympwy *g*, chwiw *b*, stranc *b*; **faire un** ~ strancio, cael pwl o dymer ddrwg, bwrw *ou* taflu *ou* lluchio eich cylchau, gwylltio; **faire des** ~**s** bod yn oriog.
capricieux (**capricieuse**) [kapʀisjø, kapʀisjøz] *adj* mwympwyol, oriog, anwadal.
Capricorne [kapʀikɔʀn] *m* (*ASTROL*) yr Afr; **elle est (du)** ~ arwydd yr Afr yw hi.
capsule [kapsyl] *f* (*de bouteille*) caead *g*; (*amorce*) capsen *b*; (*BOT*) hadlestr *g*, coden *b*; (*ASTRON*) capsiwl *g*, coden.
captage [kaptaʒ] *m* (*d'une émission de radio*) derbyniad *g*; (*d'eau*) rheolaeth *b*, rheoli; **zone de** ~ dalgylch *g*.
capter [kapte] (**1**) *vt* (*ondes radio*) derbyn, codi; (*eau*) rheoli, dal; (*fig*) denu, hudo.
capteur [kaptœʀ] *m*: ~ **solaire** panel *g* heulol.
captieux (**captieuse**) [kapsjø, kapsjøz] *adj* (*argument, philosophie etc*) deniadol ond twyllodrus.
captif[1] (**captive**) [kaptif, kaptiv] *adj* caeth.
captif[2] [kaptif] *m* carcharor *g*.
captivant (**-e**) [kaptivɑ̃, ɑ̃t] *adj* hudolus, cyfareddol, gafaelgar, dengar.
captive [kaptiv] *f* carcharores *b*;
♦*adj f voir* **captif**[1].
captiver [kaptive] (**1**) *vt* hudo, cyfareddu, denu.
captivité [kaptivite] *f* caethiwed *g*; **en** ~ (*animaux*) mewn caethiwed; **durant sa** ~ (*soldat*) tra oedd yn garcharor.
capture [kaptyʀ] *f* (*action de capturer*) dal, dala; (*ce qui est capturé*) ysbail *b*; (*ce qui est attrapé*) dalfa *b*.
capturer [kaptyʀe] (**1**) *vt* dal, cipio.
capuche [kapyʃ] *f* cwfl *g*, cwcwll *g*.
capuchon [kapyʃɔ̃] *m* cwfl *g*, cwcwll *g*; (*de stylo*) cap *g*.
capucin [kapysɛ̃] *m* Brawd *g* Cycyllog; (*singe*) mwnci *g* cycyllog.
capucine [kapysin] *f* (*BOT*) capan *g* cornicyll.
Cap-Vert [kabvɛʀ] *prm*: **le** ~-~ Cabo *g* Verde; **les îles du** ~ ~ ynysoedd Cabo Verde.
caquelon [kaklɔ̃] *m* padell *b* (*ar gyfer fondue*).
caquet [kakɛ] *m*: **rabattre le** ~ **à qn** rhoi rhn yn ei le, torri crib rhn.
caqueter [kakte] (**12**) *vi* clwcian; (*fig*) clebran.
car[1] [kaʀ] *m* bws *g* cyfforddus; ~ **de police** fan *b* yr heddlu; ~ **de reportage** fan ddarlledu; ~ **scolaire** bws *g* ysgol.
car[2] [kaʀ] *conj* oherwydd, gan (fod), achos.
carabine [kaʀabin] *f* reiffl *b*; ~ **à air comprimé** gwn *g* awyr.
carabiné* (**-e**) [kaʀabine] *adj* ffyrnig, garw.
Caracas [kaʀakas] *pr* Caracas; **amende** ~**e** dirwy *b* drom.
caraco [kaʀako] *m* bodis *g* isaf, camisol *g*.
caracoler [kaʀakɔle] (**1**) *vi* (*ÉQUITATION*) hanner-troi, prancio.
Caractus [kaʀaktakys] *prm* Caradog.
caractère [kaʀaktɛʀ] *m*
1 (*gén*) cymeriad *g*; **avoir bon/mauvais** ~ bod yn rhadlon/annymunol, bod â natur dda/ddrwg; **avoir du** ~ bod yn benderfynol.
2 (*TYPO*) llythyren *b*; ~**s/seconde** llythyren yr eiliad; **en** ~**s gras** mewn print du; **en petits** ~**s** mewn print mân; **en** ~**s d'imprimerie** mewn priflythrennau.
caractériel[1] (**-le**) [kaʀakteʀjɛl] *adj* trwblus, mewn cynnwrf emosiynol; **troubles** ~**s** problemau *ll* emosiynol.
caractériel[2] [kaʀakteʀjɛl] *m* plentyn *g* anystywallt *ou* anodd.
caractérielle [kaʀakteʀjɛl] *f* plentyn *g* anystywallt *ou* anodd;
♦*adj f voir* **caractériel**[1].
caractérisé (**-e**) [kaʀakteʀize] *adj* amlwg, nodedig, pendant, diamau; **c'est de l'insubordination** ~**e** bod yn hollol anufudd yw hyn.
caractériser [kaʀakteʀize] (**1**) *vt* nodweddu;
♦ **se** ~ *vr*: **se** ~ **par** cael ei nodweddu gan.
caractéristique [kaʀakteʀistik] *adj* nodweddiadol;
♦*f* nodwedd *b*, hynodrwydd *g*.
caractérologie [kaʀakteʀɔlɔʒi] *f* cymeriadeg *b*.
carafe [kaʀaf] *f* caráff *g*.
carafon [kaʀafɔ̃] *m* caráff *g* bychan.
caraïbe [kaʀaib] *adj* Caribïaidd; **les Caraïbes** (Ynysoedd) y Caribî; **la mer des Caraïbes** y Caribî *g*.
carambolage [kaʀɑ̃bɔlaʒ] *m* gwrthdrawiad *g* rhwng nifer o gerbydau.
caramel [kaʀamɛl] *m* (*bonbon*) taffi *g*, cyflaith *g*; (*substance*) siwgr *g* llosg, caramel *g*; ~ **mou** cyffug *g*;
♦*adj inv* (*couleur*) melynfrown.
caraméliser [kaʀamelize] (**1**) *vt* (*sucre*) carameleiddio; (*moule*) gorchuddio (rhth) â charamel.
carapace [kaʀapas] *f* cragen *b*.
carapater* [kaʀapate] (**1**): **se** ~ *vr* ei gwadnu hi, ffoi.
carat [kaʀa] *m* carat *g*; **or à 18** ~**s** aur 18 carat; **pierre de 12** ~**s** carreg 12 carat.
caravane [kaʀavan] *f* mintai *b*; (*camping*) carafán *b*.
caravanier[1] (**caravanière**) [kaʀavanje, kaʀavanjeʀ] *adj* yn ymwneud â charafanau; **tourisme** ~ carafanio.
caravanier[2] [kaʀavanje] *m* carafaniwr *g*.
caravanière [kaʀavanjeʀ] *f* carafanwraig *b*;
♦*adj f voir* **caravanier**[1].
caravaning [kaʀavaniŋ] *m* carafanio; (*terrain*) maes *g* carafanau.
caravelle [kaʀavɛl] *f* (*NAUT*) carafel *b*.
carbonate [kaʀbɔnat] *m*: ~ **de soude** carbonad *g* sodiwm.
carbone [kaʀbɔn] *m* carbon *g*; (*aussi:* **papier** ~) papur *g* carbon; (*document*) copi *g* carbon.

carbonique [kaʀbɔnik] *adj* carbonig; **gaz** ~ carbon *g* nwy; **neige** ~ rhew *g* sych.
carbonisé (-e) [kaʀbɔnizef] *adj* (*rôti*) yn ulw *ou* golsyn; **mourir** ~ llosgi i farwolaeth.
carboniser [kaʀbɔnize] (1) *vt* carboneiddio; (*brûler complètement*) llosgi (rhth) yn ulw *ou* yn golsyn.
carburant [kaʀbyʀɑ̃] *m* tanwydd *g*.
carburateur [kaʀbyʀatœʀ] *m* carbwradur *g*.
carburation [kaʀbyʀasjɔ̃] *f* carbwradu.
carburer [kaʀbyʀe] (1) *vi*: **moteur bien/mal carburé** injan wedi ei thiwnio/allan o diwn
carcan [kaʀkɑ̃] *m* (*fig*) iau *g*, hualau *ll*, llyffetheiriau *ll*.
carcasse [kaʀkas] *f* carcas *g*, sgerbwd *g*.
carcéral (-e) (**carcéraux, carcérales**) [kaʀseʀal, kaʀseʀo] *adj* carcharol.
carcinogène [kaʀsinɔʒɛn] *adj* carsinogenig, canserachosol, sy'n achosi canser.
cardan [kaʀdɑ̃] *m* (*TECH*) cymal *g* cyffredinol.
carder [kaʀde] (1) *vt* cardio, cribo, trin.
cardiaque [kaʀdjak] *adj* cardiaidd, y galon; ♦*m/f* claf *g/b* â'r galon; **être** ~ bod â chlefyd ar y galon.
cardigan [kaʀdigɑ̃] *m* cardigan *b*.
cardinal[1] (-e) (**cardinaux, cardinales**) [kaʀdinal, kaʀdino] *adj* (*principal*) prif; **nombre** ~ rhif *g* prifol.
cardinal[2] (**cardinaux**) [kaʀdinal, kaʀdino] *m* (*REL*) cardinal *g*.
cardiologie [kaʀdjɔlɔʒi] *f* cardioleg *b*.
cardiologue [kaʀdjɔlɔg] *m/f* cardiolegydd *g*.
cardio-vasculaire [kaʀdjovaskylɛʀ] *adj* cardiofasgwlaidd.
cardon [kaʀdɔ̃] *m* (*BOT*) marchysgallen *b* Sbaen; (*CULIN*) cardŵn *g*.
carême [kaʀɛm] *m* (*jeûne*) ympryd *g*; **le C~** y Grawys *g*.
carénage [kaʀenaʒ] *m* (*NAUT*) glanhau; (*AUTO*) llyfnhau.
carence [kaʀɑ̃s] *f* methiant *g*, diffyg *g*; ~ **vitaminique** diffyg fitaminau.
carène [kaʀɛn] *f* corff *g* llong.
caréner [kaʀene] (14) *vt* (*NAUT*) glanhau; (*véhicule*) llyfnhau.
caressant (-e) [kaʀesɑ̃, ɑ̃t] *adj* (*enfant, animal*) mwythus, serchus, annwyl; (*voix, regard*) cariadus, caruaidd.
caresse [kaʀɛs] *f* anwesiad *g*.
caresser [kaʀese] (1) *vt* anwesu, maldodi, mwytho; (*projet*) chwarae â; ~ **qn du regard** edrych yn gariadus ar rn.
cargaison [kaʀgɛzɔ̃] *f* cargo *g*, llwyth *g*.
cargo [kaʀgo] *m* llong *b* nwyddau; ~ **mixte** llong nwyddau a theithwyr.
cari [kaʀi] *m*= **curry**.
caricatural (-e) (**caricaturaux, caricaturales**) [kaʀikatyʀal, kaʀikatyʀo] *adj* cartwnaidd, caricaturaidd.
caricature [kaʀikatyʀ] *f* dychan *g*, gwawd *g*; (*dessin*) cartŵn *g*, caricatur *g*.
caricaturer [kaʀikatyʀe] (1) *vt* dychanu, gwawdio; (*politique etc*) gwneud cartŵn o.
caricaturiste [kaʀikatyʀist] *m/f* cartwnydd *g*.
carie [kaʀi] *f*: ~ **(dentaire)** pydredd *g* (dannedd).
carié (-e) [kaʀje] *adj* drwg, pwdr; **dent** ~**e** dant *g* drwg.
carillon [kaʀijɔ̃] *m* (*d'église*) clychau *ll*; (*pendule*) cloc *g* (sy'n canu); ~ **(électrique)** cloch *b* (drws).
carillonner [kaʀijɔne] (1) *vi* (*cloches*) canu; (*à la porte*) canu'r gloch yn uchel; ♦*vt* (*heure*) canu, dynodi, seinio; (*fig: nouvelle*) datgan, darlledu, lledu.
caritatif (**caritative**) [kaʀitatif, kaʀitativ] *adj* elusennol.
carlingue [kaʀlɛ̃g] *f* cabin *g*.
carmélite [kaʀmelit] *f* lleian *b* Garmelaidd, Carmeliad *b*.
carmin [kaʀmɛ̃] *adj inv* fflamgoch.
carnage [kaʀnaʒ] *m* lladdfa *b*.
carnassier[1] (**carnassière**) [kaʀnasje, kaʀnasjɛʀ] *adj* cigysol, sy'n bwyta cig.
carnassier[2] [kaʀnasje] *m* anifail *g* cigysol, cigyswr *g*.
carnation [kaʀnasjɔ̃] *f* gwedd *b*, wynepryd *g*; ~**s** arlliwiau *ll* cnawd.
carnaval [kaʀnaval] *m* carnifal *g*.
carné (-e) [kaʀne] *adj* (*mets*) (yn cynnwys) cig.
carnet [kaʀnɛ] *m* (*calepin*) llyfr *g* nodiadau; (*de tickets, timbres etc*) llyfryn *g*; (*d'école*) llyfr ysgol; (*journal intime*) dyddiadur *g*; ~ **à souches** llyfr bonion; ~ **d'adresses** llyfr cyfeiriadau; ~ **de chèques** llyfr siec; ~ **de commandes** (*COMM*) llyfr archeb; ~ **de notes** (*SCOL*) adroddiad *g* ysgol.
carnier [kaʀnje] *m* bag *g* helwriaeth.
carnivore [kaʀnivɔʀ] *adj* cigysol, sy'n bwyta cig;
♦*m* anifail *g* cigysol.
Caroline [kaʀɔlin] *prf*: **la** ~ Carolina *b*.
Carolines [kaʀɔlin] *prfpl*: **les** ~ Ynysoedd Caroline.
carotide [kaʀɔtid] *f* carotid *g*.
carotte [kaʀɔt] *f* moronen *b*, llysiau *ll* cochion.
Carpathes [kaʀpat] *prfpl*: **les** ~ Mynyddoedd Carpathia.
carpe [kaʀp] *f* (*poisson*) carp *g*.
carpette [kaʀpɛt] *f* mat *g*; **s'aplatir comme une** ~ **devant qn*** gadael i rn sathru arnoch.
carquois [kaʀkwa] *m* cawell *g* (saethau).
carre [kaʀ] *f* (*de ski, de patin*) ymyl *g,b*, ochr *b*.
carré[1] (-e) [kaʀe] *adj* sgwâr; (*fig*) heb flewyn ar dafod, di-lol; **mètre/kilomètre** ~ metr/cilometr sgwâr.
carré[2] [kaʀe] *m* sgwâr *g,b*; ~ **de soie** sgarff *b* sidan; ~ **d'agneau** lwyn *b* oen; **le** ~ **(d'un nombre)** sgwâr (rhif); **élever un nombre au** ~ sgwario rhif; ~ **d'as/de rois** (*CARTES*) pedwar âs/brenin.
carreau (-x) [kaʀo] *m* teilsen *b*; (*sol*) llawr *g*

teils; (*de fenêtre*) cwarel *g*, paen *g*; (*dessin*) patrwm *g* sgwarog; (*CARTES: couleur*) diemyntau *ll*; **papier/tissu à ~x** papur/brethyn sgwarog.
carrefour [karfur] *m* croesffordd *b*; (*fig*) man *g* cyfarfod.
carrelage [karlaʒ] *m* (*action*) teilsio; (*sol*) llawr teils.
carreler [karle] (**11**) *vt* teilsio; (*toit*) toi â theils; (*sol*) llorio â theils.
carrelet [karlɛ] *m* rhwyd *b* bysgota sgwâr; (*poisson*) lleden *b*.
carreleur [karlœr] *m* teilsiwr *g*.
carrément [karemɑ̃] *adv* (*franchement*) yn blwmp ac yn blaen; **il l'a ~ mis à la porte** taflodd ef drwy'r drws ar ei ben.
carrer [kare] (**1**): **se ~** *vr*: **se ~ dans un fauteuil** swatio mewn cadair freichiau.
carrier [karje] *m*: **(ouvrier) ~** chwarelwr *g*.
carrière[1] [karjɛr] *f* (*ardoisière etc*) chwarel *g*.
carrière[2] [karjɛr] *f* (*métier*) gyrfa *g*; **militaire de ~** milwr *g* proffesiynol; **faire ~** dilyn gyrfa.
carriériste [karjerist] *m/f* rhn uchelgeisiol, gyrfäwr *g*, gyrfäwraig *b*.
carriole [karjɔl] (*péj*) *f* hen gert *ou* drol, hen siandri *b*.
carrossable [karɔsabl] *adj* addas i gerbydau.
carrosse [karɔs] *m* cerbyd *g* ceffyl, coetsh *b*.
carrosserie [karɔsri] *f* corff *g* (car); **atelier de ~** gweithdy *g* ceir.
carrossier [karɔsje] *m* saer *g* cerbydau; (*dessinateur*) cynllunydd *g* ceir.
carrousel [karuzɛl] *m* carwsél *g*; (*fig*) chwyrlïad *g*; (*manège*) chwyrligwgan *g*.
carrure [karyr] *f* corffolaeth *b*, maint *g* (o un ysgwydd i'r llall); (*fig*) bri *g*, statws *g*; **de ~ athlétique** â chorff athletaidd.
cartable [kartabl] *m* bag *g* ysgol.
carte [kart] *f*
1 (*gén*) cerdyn *g*, carden *b*; **~ bancaire** cerdyn banc; **~ grise** llyfr *g* cofrestru car; **~ postale** cerdyn post; **~ verte** (*AUTO*) cerdyn yswiriant; **~ à puce** cerdyn electronig; **~ de crédit** cerdyn credyd; **~ d'électeur** cerdyn pleidleisio; **~ de séjour** trwydded *b* breswyl; **~ de visite** cerdyn ymweld; **~ d'identité** cerdyn adnabod; **avoir/donner ~ blanche** bod â/rhoi rhwydd hynt; **jouer aux ~s** chwarae cardiau; **jouer ~s sur table** (*fig*) rhoi'ch cardiau ar y bwrdd, bod yn onest; **tirer les ~s à qn** darllen cardiau rhn.
2 (*d'abonnement*) tocyn *g*; **~ orange** *tocyn tymor ar gyfer teithio ym Mharis*; **~ perforée** cerdyn tyllog; **~ vermeille** *cerdyn gostyngiadau i'r henoed.*
3 (*au restaurant*) bwydlen *b*; **à la ~** yn ôl eich dewis, ar y fwydlen; **~ des vins** rhestr *b* winoedd.
4 (*de géographie*) map *g*; **~ d'état-major** map Ordnans; **~ routière** map ffyrdd.
cartel [kartɛl] *m* (*ÉCON, POL*) cartél *g*.
carte-lettre (**~s-~s**) [kartəlɛtr] *f* llythyr-gerdyn *g*.
carte-mère (**~s-~s**) [kartəmɛr] *f* (*INFORM*) bwrdd *g* cylched.
carter [kartɛr] *m* (*AUTO: d'huile*) sỳmp *g*.
carte-réponse (**~s-~**) [kart(ə)repɔ̃s] *f* cerdyn *g* ymateb (*i holiadur*).
cartésien (**-ne**) [kartezjɛ̃, jɛn] *adj* Cartesaidd.
Carthage [kartɑʒ] *pr* Carthag *b*.
Carthagène [kartaʒɛn] *prf* Cartagena *b*.
carthaginois (**-e**) [kartaʒinwa, waz] *adj* Carthaginaidd.
cartilage [kartilaʒ] *m* cartilag *g*.
cartilagineux (**cartilagineuse**) [kartilaʒinø, kartilaʒinøz] *adj* gwydn.
cartographe [kartɔgraf] *m* mapiwr *g*.
cartographie [kartɔgrafi] *f* cartograffeg *b*, mapio, gwneud mapiau.
cartomancie [kartɔmɑ̃si] *f* dweud ffortiwn (â chardiau).
cartomancien [kartɔmɑ̃sjɛ̃] *m* dyn *g* dweud ffortiwn.
cartomancienne [kartɔmɑ̃sjɛ̃n] *f* gwraig *b* ddweud ffortiwn.
carton [kartɔ̃] *m* cardbord *g*; (*boîte*) bocs *g* cardbord, carton *g*; (*d'invitation*) cerdyn *g* gwahoddiad; **faire un ~** (*au tir*) saethu at y targed; **~ (à dessin)** portffolio *g*; **~ jaune** (*FOOTBALL*) carden *b* felen; **~ rouge** carden goch.
cartonnage [kartɔnaʒ] *m* paciad *g* cardbord.
cartonné (**-e**) [kartɔne] *adj* â chlawr caled; **un livre ~** llyfr clawr caled.
carton-pâte (**~s-~s**) [kartɔ̃pɑt] *m* cardbord *g*, pastbord *g*; (*fig*) artiffisial, gwneud.
cartouche [kartuʃ] *f* cetrisen *b*; (*de cigarettes*) paced *g*.
cartouchière [kartuʃjɛr] *f* (*ceinture*) gwregys *g* cetris; (*sac*) cwdyn *g* cetris.
cas[1] [kɑ] *m* achos *g*; (*évènement*) digwyddiad *g*; **faire grand ~ de** rhoi pwys mawr ar; **le ~ échéant** os bydd raid; **en aucun ~** ddim ar unrhyw gyfrif, byth; **au ~ où** rhag ofn i; **dans ce ~** yn yr achos hwn; **en ~ d'urgence** mewn argyfwng, os bydd argyfwng; **en ~ de besoin** os bydd angen; **en ce ~** felly; **en tout ~** pa un bynnag, beth bynnag; **~ de conscience** mater *g* o gydwybod; **~ de force majeure** trychineb *b* naturiol; **~ limite** achos ymylol, rhth anodd ei ddiffinio; **~ social** problem *b* gymdeithasol; **être un ~*** bod yn gês *ou* gymeriad.
cas[2] [kɑ] *m* (*GRAM*) cyflwr *g*.
casanier (**casanière**) [kazanje, jɛr] *adj* un hoff o aros gartref, cartrefol.
casaque [kazak] *f* (*de jockey*) siaced *b*.
cascade [kaskad] *f* rhaeadr *b*; (*fig*) ton *b*, llif *g*.
cascadeur [kaskadœr] *m* styntiwr *g*.
cascadeuse [kaskadøz] *f* styntwraig *b*.
case [kɑz] *f* (*hutte*) caban *g*; (*compartiment*)

adran *b*; (*sur un formulaire, de mots croisés*) blwch *g*; (*d'échiquier*) sgwâr; (*pour le courrier*) twll *g* colomen, cloer *g*; **cochez la ~ réservée à cet effet** ticiwch y blwch priodol.
caséine [kazein] *f* casein *g*.
casemate [kazmat] *f* lloches *b*; (*d'artillerie*) storfa *b* arfau
caser [kɑze] (**1**) *vt* gosod; (*loger*) rhoi *ou* cael llety i, lluestu;
♦ **se** ~ *vr* priodi, ymbriodi.
caserne [kazɛʀn] *f* barics *ll*, lluest *g*.
casernement [kazɛʀnəmɑ̃] *m* adeiladau *ll* barics; (*action*) gosod (milwyr) mewn barics, lluestu.
cash [kaʃ] *adv*: **payer** ~ talu (rhth) ar ei ben, talu arian parod.
casier [kɑzje] *m* rhesel *b*, adran *b*; (*tiroir*) drôr *g*; (*case*) twll *g* colomen, cloer *g*; (*PÊCHE*) cawell *g* cimwch; ~ **à bouteilles** rhesel ddal poteli gwin; ~ **judiciaire** cofnod *g* troseddau; (*lieu*) adran cofnodion troseddau.
casino [kazino] *m* casino *g*.
casque [kask] *m* helmed *b*; (*chez le coiffeur*) sychwr *g* gwallt; (*pour audition*) clustffon *g,b*; **les Casques bleus** corfflu *g* heddwch y Cenhedloedd Unedig.
casquer* [kaske] (**1**) *vt* talu (swm o arian), mynd i'ch poced i dalu am rth.
casquette [kaskɛt] *f* cap *g*.
cassable [kɑsabl] *adj* bregus, brau, hawdd ei falu.
cassant (**-e**) [kɑsɑ̃, ɑ̃t] *adj* bregus, brau; (*fig*) swta, sychlyd, deifiol.
cassate [kasat] *f* (*aussi:* **glace** ~) casata *g*.
cassation [kɑsasjɔ̃] *f* (*JUR*) diddymiad *g*; **se pourvoir en** ~ cyflwyno apêl; **recours en** ~ apêl i'r Uchel-Lys; **Cour de** ~ Uchel-Lys *g*, Llys *g* Apêl.
casse [kɑs] *f*
1 (*objets cassés*) toriadau *ll*; **il y a eu de la** ~ (*dégâts*) 'roedd llawer o ddifrod.
2 (*lieu: pour voitures*) iard *b* sborion *ou* hen geir; **mettre qch à la** ~ taflu rhth ar y domen hen heyrn, sgrapio rhth.
3 (*TYPO*): **en haut de** ~ mewn priflythrennau; **en bas de** ~ mewn llythrennau bychain.
cassé (**-e**) [kɑse] *adj* (*voix*) cryg; (*vieillard*) cefngrwm; **blanc** ~ gwyn (*gyda naws o liw*).
casse-cou [kɑsku] *adj inv* (*dangereux*) peryglus; (*imprudent*) mentrus, herfeiddiol, byrbwyll;
♦*m inv* (*personne*) un herfeiddiol; **crier** ~-~ **à qn** rhybuddio rhn o berygl.
casse-croûte [kɑskʀut] *m inv* byrbryd *g*, tamaid *g* i aros pryd.
casse-noisette(s) [kɑsnwazɛt] *m inv* gefel *b* gnau.
casse-noix [kɑsnwa] *m inv* gefel *b* gnau.
casse-pieds* [kɑspje] *adj, m/f inv*: **il est** ~-~, **c'est un** ~-~ mae'n bla, mae'n ddigon o boen, mae'n ddiflas.
casser [kɑse] (**1**) *vt* torri; (*ADMIN, MIL*) diraddio, gostwng; (*JUR*) dileu, dirymu, diddymu; (*COMM: prix*) gostwng; **à tout** ~ (*film, repas*) gwych; (*tout au plus*) ar y mwyaf;
♦*vi* torri; (*se séparer*) ymwahanu, gorffen;
♦ **se** ~ *vr* torri; (*fam: partir*) mynd, gadael; **se** ~ **une jambe** torri'ch coes; **elle s'est cassé la jambe** mae hi wedi torri'i choes; **se** ~ **net** torri'n glec.
casserole [kasʀɔl] *f* sosban *b*; **à la** ~ wedi'i stiwio.
casse-tête (~-~**(s)**) [kɑstɛt] *m* (*fig*) problem *b* ddyrys.
cassette [kasɛt] *f* casét *g*; (*coffret*) casged *b*, blwch *g*; ~ **vidéo** casét fideo.
casseur [kɑsœʀ] *m* hwligan *g*, difrodwr *g*.
cassis[1] [kasis] *m* (*fruit*) cwrensen *b* ddu; (*liqueur*) gwirod *g,b* cwrens duon.
cassis[2] [kasis] *m* (*de la route*) pant *g*, rhigol *b*.
cassonade [kasɔnad] *f* siwgr *g* brown.
cassoulet [kasulɛ] *m* *stiw g selsig a ffa gwyn.*
cassure [kɑsyʀ] *f* toriad *g*, crac *g*.
castagnettes [kastaɲɛt] *fpl* castanetau *ll*.
caste [kast] *f* cast *g*, dosbarth *g*.
castillan[1] (**-e**) [kastijɑ̃, an] *adj* Castilaidd.
castillan[2] [kastijɑ̃] *m* Castileg *b,g*, Sbaeneg *b,g*.
Castille [kastij] *prf* Castîl *b*.
castor [kastɔʀ] *m* (*ZOOL*) afanc *g*, llostlydan *g*.
castrer [kastʀe] (**1**) *vt* disbaddu, ysbaddu, torri ar.
cataclysme [kataklism] *m* cataclysm *g*; (*désastre*) trychineb *g,b*.
catacombes [katakɔ̃b] *fpl* claddgelloedd *ll*, mynwentydd *ll* tanddaearol.
catadioptre [katadjɔptʀ] *m*= **cataphote**.
catafalque [katafalk] *m* elor *b*, cataffalc *g*.
catalan[1] (**-e**) [katalɑ̃, an] *adj* Catalanaidd.
catalan[2] [katalɑ̃] *m* (*LING*) Catalaneg *b,g*.
catalepsie [katalɛpsi] *f* marwgwsg *g*; **tomber en** ~ cael ffit gataleptig.
Catalogne [katalɔɲ] *prf* Catalwnia *b*.
catalogue [katalɔg] *m* catalog *g*.
cataloguer [katalɔge] (**1**) *vt* catalogio, rhestru; (*péj: personne*) labelu.
catalyse [kataliz] *f* catalyddu.
catalyser [katalize] (**1**) *vt* catalyddu; (*fig*) achosi.
catalyseur [katalizœʀ] *m* catalydd *g*.
catalytique [katalitik] *adj* catalytig; **pot** ~ trawsnewidydd *g* catalytig.
catamaran [katamaʀɑ̃] *m* catamarán *g,b*.
cataphote [katafɔt] *m* (*sur une bicyclette*) gwydr *g* coch (*ar feic ayb*); (*sur la route*) llygad *g* cath.
cataplasme [kataplasm] *m* (*MÉD*) cataplasm *g*, powltris *g*.
catapulte [katapylt] *f* catapwlt *g*.
catapulter [katapylte] (**1**) *vt* taflu, hyrddio.
cataracte [kataʀakt] *f* pilen *b*, rhuchen *b*, cataract *g*; **opérer qn de la** ~ tynnu pilen oddi ar lygad rhn.

catarrhe [kataʀ] *m* catâr *g*.
catarrheux (**catarrheuse**) [kataʀø, kataʀøz] *adj* llawn catâr, catarog.
catastrophe [katastʀɔf] *f* trychineb *g,b*; **atterrir en** ~ glanio mewn argyfwng; **partir en** ~ gadael ar frys.
catastrophé* (-**e**) [katastʀɔfe] *adj* drylliedig; **nous sommes** ~**s par la nouvelle** bu'r newydd yn ysgytwad inni.
catastrophique [katastʀɔfik] *adj* trychinebus.
catch [katʃ] *m* (*SPORT*) ymaflyd codwm, codymu, reslo.
catcheur [katʃœʀ] *m* reslwr *g*.
catcheuse [katʃœøz] *f* reslwraig *b*.
catéchiser [kateʃize] (**1**) *vt*: ~ **qn** cateceisio rhn, holwyddori rhn, dysgu'r catecism i rn; (*fig, péj*) pregethu i rn.
catéchisme [kateʃism] *m* holwyddoreg *b*, catecism *g*; **aller au** ~ ≈ mynd i'r Ysgol Sul, ≈ mynd i ddosbarthiadau derbyn.
catéchumène [katekymɛn] *m/f* ≈ aelod *g* o'r Ysgol Sul (*un sy'n mynd i ddosbarthiadau derbyn cyn cael ei fedyddio*).
catégorie [kategɔʀi] *f* dosbarth *g*, categori *g*; **morceau de première/deuxième** ~ (*BOUCHERIE*) darn *g* gorau/rhad o gig.
catégorique [kategɔʀik] *adj* (*PHILO*) diamod; (*absolu*) pendant.
catégoriquement [kategɔʀikmɑ̃] *adv* yn bendant, yn llwyr.
catégoriser [kategɔʀize] (**1**) *vt* categoreiddio, dosbarthu.
caténaire [katenɛʀ] *f* (*RAIL*) catena *b*.
cathédrale [katedʀal] *f* eglwys *b* gadeiriol, cadeirlan *b*.
cathéter [katetɛʀ] *m* (*MÉD*) cathetr *g*.
cathode [katɔd] *f* (*ÉLEC*) catod *g*.
cathodique [katɔdik] *adj* catodig; **rayons** ~**s** (*ÉLEC*) pelydrau *ll* catod; **tube/écran** ~ tiwb *g*/sgrin *b* pelydrau catod.
catholicisme [katɔlisism] *m* Catholigiaeth *b*, Pabyddiaeth *b*.
catholique [katɔlik] *adj* Catholig, Pabyddol; **pas très** ~ (*fig*) amheus; ♦*m/f* Pabydd *g*, Pabyddes *b*, Catholig *g/b*.
catimini [katimini]: **en** ~ *adv* yn slei bach *ou* ddistaw bach.
catogan [katɔgɑ̃] *m rhuban g i glymu gwallt ar y gwegil*; (*coiffure*) *gwallt g mewn cwlwm ar y gwegil*.
Caucase [kɔkɑz] *prm*: **le** ~ (Mynyddoedd) y Cawcasws *g*.
caucasien (-**ne**) [kɔkɑzjɛ̃, jɛn] *adj* Cawcasaidd.
cauchemar [koʃmaʀ] *m* hunllef *b*.
cauchemardesque [koʃmaʀdɛsk] *adj* hunllefus.
causal (-**e**) (**causaux, causales**) [kozal, kozo] *adj* achosol.
causalité [kozalite] *f* achosiaeth *b*.
causant* (-**e**) [kozɑ̃, ɑ̃t] *adj* siaradus.
cause [koz] *f* achos *g*, rheswm *g*; (*JUR*) achos (llys); **faire** ~ **commune avec qn** ochri â rhn; **être** ~ **de qch** achosi rhth; **à** ~ **de** oherwydd, o achos; **pour** ~ **de décès/réparations** oherwydd marwolaeth/atgyweirio; **(et) pour** ~ ac nid heb reswm; **être en** ~ (*personne*) bod yn rhan; (*intérêts*) bod yn y fantol; **mettre qch en** ~ amau rhth; **mettre qn en** ~ cysylltu rhn (â rhth); **remettre en** ~ amau, herio; **être hors de** ~ bod yn amhosibl; **en tout état de** ~ bob amser.
causer[1] [koze] (**1**) *vi* sgwrsio, siarad.
causer[2] [koze] (**1**) *vt* achosi, peri.
causerie [kozʀi] *f* sgwrs *b*.
causette [kozɛt] *f*: **faire la** ~**, faire un brin de** ~ cael sgwrs fach.
caustique [kostik] *adj* (*CHIM*) brwd, cawstig; (*fig*) cignoeth, brathog, gwawdus, deifiol.
cauteleux (**cauteleuse**) [kotlø, kotløz] *adj* cyfrwys.
cautère [kɔtɛʀ] *m* haearn *g* serio; **c'est un** ~ **sur une jambe de bois** meddyginiaeth dda i ddim ydyw.
cautériser [kɔteʀize] (**1**) *vt* serio.
caution [kosjɔ̃] *f* ernes *b*, blaendal *g*; (*JUR*) mechnïaeth *b*; (*personne*) machrwym *g*; (*fig*) cefnogaeth *b*; **payer la** ~ **de qn** talu mechnïaeth dros rn; **se porter** ~ **pour qn** mynd yn feichiau dros rn; **libéré sous** ~ (*JUR*) rhydd ar fechnïaeth; **sujet à** ~ amheus, ansicr, heb ei gadarnhau.
cautionnement [kosjɔnmɑ̃] *m* mechnïaeth *b*; (*somme*) ernes *b*.
cautionner [kosjɔne] (**1**) *vt* (*honnêteté etc*) gwarantu; ~ **qn** sicrhau mechnïaeth dros rn; (*soutenir*) bod yn gefn i.
cavalcade [kavalkad] *f* rhuthr *b*.
cavale [kaval] *f*: **en** ~ ar ffo.
cavalerie [kavalʀi] *f* gwŷr *ll* meirch, marchoglu *g*.
cavalier[1] (**cavalière**) [kavalje, kavaljɛʀ] *adj* 1 (*désinvolte*) diseremoni, ffwrdd-â-hi, dihidio, di-hid.
2: **allée** *neu* **piste cavalière** llwybr *g* ceffylau.
cavalier[2] [kavalje] *m* (*à cheval*) marchog *g*; (*au bal*) cymar *g*, partner *g*; (*ÉCHECS*) marchog; **faire** ~ **seul** mynd ar eich liwt eich hun.
cavalière [kavaljɛʀ] *f* (*à cheval*) marchoges *b*; (*au bal*) cymhares *b*, partneres *b*; ♦*adj f voir* **cavalier**[1].
cavalièrement [kavaljɛʀmɑ̃] *adv* yn ddiseremoni, mewn ffordd ffwrdd-â-hi, yn ddi-hid.
cave[1] [kav] *f* (*pièce, réserve de vins*) seler *b*; (*cabaret*) clwb *g* nos.
cave[2] [kav] *adj*: **yeux/joues** ~**s** llygaid *ll*/bochau *ll* pantiog.
caveau (-**x**) [kavo] *m* cromgell *b*, daeargell *b*; ~ **de famille** cell *b* gladdu deuluol
caverne [kavɛʀn] *f* ogof *b*, ceudwll *g*.
caverneux (**caverneuse**) [kavɛʀnø, kavɛʀnøz] *adj* fel ogof.
caviar [kavjaʀ] *m* cafiâr *g*.

cavité [kavite] *f* ceudod *g*; (*dans une dent*) twll *g*.

CB [sibi] *sigle f*(= *citizens' band, canaux banalisés*) CB.

CC[1] [sese] *sigle m*(= *corps consulaire*) *gwasanaeth g consylaidd.*

CC[2] [sese] *sigle m*(= *compte courant*) *cyfrif g cyfredol.*

CCI [sesei] *sigle f*(= *Chambre de commerce et d'industrie*) siambr *b* fasnach a diwydiant.

CCP [sesepe] *sigle m*(= *compte chèque postal*) cyfrif *g* post.

CD[1] [sede] *sigle m*(= *compact disc*) cryno-ddisg *g*.

CD[2] [sede] *sigle m* (POL)(= *corps diplomatique*) corfflu *g* llysgenhadol.

CDI [sedei] *sigle m*(= *Centre de documentation et d'information*) *canolfan ddogfennau a gwybodaeth.*

CD-ROM [sedeʀɔm] *abr m*(= *Compact Disc Read Only Memory*) CD-ROM *g*.

CDS [sedeɛs] *sigle m*(= *Centre des démocrates sociaux*) ≈ canolfan y Democratiaid Cymdeithasol.

CE[1] [seə] *sigle f*(= *Communauté européenne*) y Gymuned *b* Ewropeaidd.

CE[2] [seə] *sigle m*(= *Conseil de l'Europe*) Cyngor *g* Ewrop.

CE[3] [seə] (*IND*)(= *comité d'entreprise*) pwyllgor *g* gwaith.

CE[4] [seə] (*SCOL*)(= *cours élémentaire*) *2il a 3edd flwyddyn ysgol gynradd.*

ce (**c'**)[**cet**] (**cette**) (**ces**) [sə, s, sɛt, sɛt, se] *dét* (*proximité*) y(r) ... hwn, y(r) ... hon, y(r) ... hyn; **ce livre (-ci)** y llyfr hwn; **cet arbre(-ci)** y goeden hon; **cette maison(-ci)** y tŷ hwn; **ces fleurs(-ci)** y blodau hyn

2 (*non-proximité*) y(r) ... yna, y(r) ... acw; **ce livre-là** y llyfr yna *ou* acw; **cette maison-là** y tŷ acw; **cette nuit** (*qui vient*) heno; (*passée*) neithiwr;

♦*pron*: **sur ce** ar hynny; **ce disant** gan ddweud hyn *ou* hynny; **ce faisant** wrth wneud hyn; **ce ne peut être cela** ni all hynny fod.

▶ **c'est** (etc) mae'n; **c'est petit/grand** mae'n fach/fawr; **c'est un peintre** arlunydd yw ef; **qui est-ce? - c'est le medecin** pwy yw e/hi - y meddyg yw e/hi; **qu'est-ce?** beth ydyw?; **qui est-ce qui a crié? - c'est elle** pwy (a) waeddodd? - hi; **c'est toi qui lui as parlé** ti (a) siaradodd gyda hi; **c'est moi qui suis arrivé le premier** fi gyrhaeddodd gyntaf; **c'est là le château où je suis né** dyna'r castell lle'm ganed; **c'était le facteur à la porte** y postmon oedd wrth y drws; **ce sera très facile** bydd hynny'n hawdd iawn; **fût-ce en plein hiver** hyd yn oed petai'n gefn gaeaf; **un des meilleurs, si ce n'est pas le meilleur** un o'r goreuon, onid y gorau; **c'est à elle de jouer** ei thro hi yw hi i chwarae; **ce n'est pas que je veuille** nid fy mod yn dymuno; **c'est à vous de décider** eich lle chi yw penderfynu; **si elle est malade, c'est qu'elle a trop travaillé** os yw hi'n wael, y rheswm yw iddi weithio gormod; **c'est ça!** (*correct*) dyna ni!, yn hollol!; **ce que c'est grand!** am fawr!.

▶ **ce dont** yr hyn; **ce dont j'ai parlé** yr hyn yr oeddwn yn sôn amdano.

▶ **ce que** yr hyn; **ce que tu dis est faux** mae'r hyn yr wyt ti'n ei ddweud yn anghywir; **ce que c'est que de nous!** druan ohonom!.

▶ **ce qui**

1 a, sydd; **tout ce qui bouge** popeth sy'n symud.

2 (*chose qui*) yr hyn; **il est parti, ce qui me chagrine** mae wedi gadael, ac mae hynny'n fy ngwneud yn drist.

▶ **ce sont** nhw; **ce sont eux qui mentaient** nhw oedd yn dweud celwydd; **ce sont des peintres** arlunwyr ydyn nhw *voir aussi* **-ci, est-ce que, n'est-ce pas, c'est-à-dire**.

CEA [seəa] *sigle m*(= *Commissariat à l'énergie atomique*) Awdurdod Ynni Atomig.

CECA [seka] *sigle f*(= *Communauté européenne du charbon et de l'acier*) Cymuned dur a glo Ewrop.

ceci [səsi] *pron* hwn *g*, hon *b*; (*abstrait*) hyn *g*.

cécité [sesite] *f* dallineb *g*.

céder [sede] (**14**) *vt* ildio; **"cédez le passage"** "ildiwch";

♦*vi* ildio; (*pont*) sigo, gwegian; ~ **à** (*tentation, personne*) ildio i.

cédérom [sedeʀɔm] *m* CD-Rom *g*.

CEDEX [sedɛks] *sigle m*(= *courrier d'entreprise à distribution exceptionnelle*) ≈ blwch Swyddfa'r Post.

cédille [sedij] *f* sedila *b*.

cédrat [sedʀa] *m* (*fruit*) sitron *g*.

cèdre [sɛdʀ] *m* (*arbre*) cedrwydden *b*.

CEE [seəə] *sigle f*(= *Communauté économique européenne*) Cymuned economaidd Ewrop.

CEI [seəi] *sigle f*(= *Communauté des États indépendants*) Cymuned y gwladwriaethau annibynnol.

ceindre [sɛ̃dʀ] (**68**) *vt* gwregysu, gwisgo; ~ **qch de qch** (*entourer*) gwregysu rhth â rhth, rhoi rhth o amgylch rhth.

ceinture [sɛ̃tyʀ] *f* gwregys *g*, belt *g*; (*taille*) canol *g*, gwasg *g,b*; (*fig: de remparts*) cylch *g*; ~ **de sauvetage** gwregys achub; ~ **de sécurité** gwregys diogelwch; ~ **(de sécurité) à enrouleur** gwregys diogelwch â rîl ddirwyn; ~ **noire** (*JUDO*) gwregys du; ~ **verte** llain *b* las, tir *g* glas.

ceinturer [sɛ̃tyʀe] (**1**) *vt* gwregysu, rhoi gwregys am; (*saisir*) gafael am ganol (rhn); (*entourer*) amgylchynu, gwregysu.

ceinturon [sɛ̃tyʀɔ̃] *m* gwregys *g*, belt *g*.

cela [s(ə)la] *pron* hwnna, honna; (*abstrait*) hynny, hynna; **qu'est-ce que ~ veut dire?** beth mae hynna'n ei feddwl?; ~ **m'étonne que ...** 'rwy'n synnu ...; **j'ai vu X - quand/où**

~? gwelais X - pryd/lle felly?; **si** ~ **est** os felly y mae hi; ~ **ne fait rien** nid yw hynny o bwys, 'does dim gwahaniaeth, 'does dim ots; ~ **va sans dire** does dim angen dweud; **comment** ~? sut hynny?, sut felly?; **comme** ~ fel 'na; ~ **dit/fait** ar ôl dweud/gwneud hynny; **il y a dix ans de** ~ mae deng mlynedd ers hynny; **voyez-vous** ~! glywsoch chi'r fath beth!; **elle a** ~ **de bon** mae hynny'n beth da ynddi; ~ **fait une heure que j'attends** 'rwy'n aros yma ers awr; **à** ~ **près que** ac eithrio ..., ar wahân ...; **ah! pour** ~**, oui!** ie'n wir!; **avec (tout)** ~ yn ogystal, ar ben hynny.
célébrant [selebʀɑ̃] *m* (*REL*) offeiriad *g*.
célébration [selebʀasjɔ̃] *f* (*messe*) gweinyddiad *g*; (*commémoration*) dathliad *g*.
célèbre [selɛbʀ] *adj* enwog.
célébrer [selebʀe] **(14)** *vt* (*messe*) canu; (*fêter*) dathlu; (*louer*) clodfori.
célébrité [selebʀite] *f* enwogrwydd *g*; (*personne*) gŵr *g* enwog, gwraig *b* enwog; **les** ~**s** enwogion.
céleri [sɛlʀi] *m*: ~**(-rave)** seleriac *g*; ~ **en branche** seleri *g*.
célérité [seleʀite] *f* cyflymdra *g*, cyflymder *g*.
céleste [selɛst] *adj* wybrennol; (*fig*) nefolaidd.
célibat [seliba] *m* ystad *b* ddibriod.
célibataire [selibatɛʀ] *adj* dibriod, sengl;
♦*m* (*homme*) dyn *g* dibriod, hen lanc *g*;
♦*f* merch *b* ddibriod, hen ferch.
celle (**celles**) [sɛl] *pron voir* **celui**.
cellier [selje] *m* storfa *b* (*win a bwyd*).
cellophane® [selɔfan] *f* seloffen *g*.
cellulaire [selylɛʀ] *adj* cellog; **voiture** *neu* **fourgon** ~ fan *b* heddlu; **régime** ~ carchariad *g*.
cellule [selyl] *f* (*gén*) cell *g*; (*familiale*) uned *b*; ~ **(photo-électrique)** cell ffoto-electrig; (*PHOT*) mesurydd *g* goleuni.
cellulite [selylit] *f* bloneg *g* yr isgroen *g*.
celluloïd [selylɔid] *m* seliwloid *g*.
cellulose [selyloz] *f* seliwlos *g*.
celte [sɛlt] *adj* Celtaidd;
♦*m/f* Celt *g/b*.
celtique [sɛltik] *adj* Celtaidd.
celui (**celle**) (**ceux, celles**) [səlɥi, sɛl, sø, sɛl] *pron* un, rhai; **je n'aime pas cette pièce, celle de X est meilleur** nid wyf yn hoff o'r ddrama hon, mae un X yn well; **pour ceux d'entre vous qui ...** i'r rhai ohonoch sy'n ...; ~ **dont je parle** yr un 'rwy'n sôn amdano; **de toutes ses amies, c'est celle qu'elle préfère** o'i holl ffrindiau, hi sydd orau ganddi: ~**-ci, celle-ci, ceux-ci, celles-ci** hwn, hon, y rhain: ~**-là, celle-là, ceux-là, celles-là** hwnna, honna, y rhai yna; (*qui n'est ou ne sont pas visible*) hwnnw, honno, y rhai hynny, y rheini, y rheiny.
cénacle [senakl] *m* cylch *g* (llenyddol); (*REL*) goruwchystafell *b*.
cendre [sɑ̃dʀ] *f* lludw *g*; (*d'une cigarette*) llwch *g*; ~**s** (*d'un défunt*) llwch, lludw.
cendré (-e) [sɑ̃dʀe] *adj* (*couleur*) llwydaidd.
cendrier [sɑ̃dʀije] *m* blwch *g* llwch, llestr *g* llwch *ou* lludw.
Cendrillon [sɑ̃dʀijɔ̃] *prf* Ulw-Ela, Sinderela.
Cène [sɛn] *f*: **la** ~ y Swper *g* Olaf.
censé (-e) [sɑ̃se] *adj*: **je suis** ~ **faire cela** 'rwyf fi i fod i wneud hynny; **elle est** ~**e être riche** credir *ou* ystyrir ei bod hi'n gyfoethog.
censément [sɑ̃semɑ̃] *adv* yn ôl pob sôn.
censeur [sɑ̃sœʀ] *m* sensor *g*; (*fig*) beirniad *g*; (*du lycée*) ≈ dirprwy brifathro *g*, ≈ dirprwy brifathrawes *b*.
censure [sɑ̃syʀ] *f* (*CINÉ, PRESSE*) sensoriaeth *b*; (*censeurs*) sensoriaid *ll*; **motion de** ~ (*POL*) cynnig *g* o gerydd.
censurer [sɑ̃syʀe] **(1)** *vt* (*en totalité*) gwahardd; (*en partie*) sensro; (*gouvernement*) ceryddu.
cent [sɑ̃] *adj inv, m inv* cant, can; **pour** ~ y cant; ~ **francs** can ffranc; **faire les** ~ **pas** cerdded yn ôl ac ymlaen.
centaine [sɑ̃tɛn] *f*: **une** ~ **(de)** rhyw gant (o), tua chant (o); **plusieurs** ~**s (de)** rhai cannoedd (o); **des** ~**s (de)** cannoedd (o); **dépasser la** ~ bod dros gant oed.
centenaire [sɑ̃t(ə)nɛʀ] *adj* canmlwydd oed;
♦*m/f* gwr *g* canmlwydd oed, gwraig *b* ganmlwydd oed;
♦*m* (*anniversaire*) canmlwyddiant *g*.
centième [sɑ̃tjɛm] *adj* canfed;
♦*m/f* canfed *g/b*;
♦*m* (*fraction*) canfed g,b, canfed ran *b*, un rhan o gant.
centigrade [sɑ̃tigʀad] *adj* canradd.
centigramme [sɑ̃tigʀam] *m* centigram *g*.
centilitre [sɑ̃tilitʀ] *m* centilitr *g*.
centime [sɑ̃tim] *m* sentim *b*, senten *b*, sentan *b*.
centimètre [sɑ̃timɛtʀ] *m* centimetr *g*; (*ruban*) tâp *g* mesur.
centrafricain (-e) [sɑ̃tʀafʀikɛ̃, ɛn] *adj* o Weriniaeth Canol Affrica; **la République Centrafricaine** Gweriniaeth *b* Canol Affrica.
central[1] (-e) (**centraux, centrales**) [sɑ̃tʀal, sɑ̃tʀo] *adj* canolog; (*partie*) canol; (*principal*) prif.
central[2] (**centraux**) [sɑ̃tʀal, sɑ̃tʀo] *m*: ~ **(téléphonique)** cyfnewidfa *b* ffôn.
centrale [sɑ̃tʀal] *f* (*prison*) carchar *g*; ~ **d'achat** (*COMM*) gwasanaeth *g* prynu canolog; ~ **électrique** gorsaf *b* drydan; ~ **nucléaire** gorsaf niwclear; **les** ~**s syndicales** yr undebau *ll* llafur;
♦*adj f voir* **central**[1].
centralisation [sɑ̃tʀalizasjɔ̃] *f* canoliad *g*, canoli.
centraliser [sɑ̃tʀalize] **(1)** *vt* canoli.
centralisme [sɑ̃tʀalism] *m* canoliaeth *b*.
centraméricain (-e) [sɑ̃tʀameʀikɛ̃, ɛn] *adj* o Ganolbarth America.
centre [sɑ̃tʀ] *m*
1 (*gén, POL*) canol *g*.

2 (*d'activité etc*) canolfan *g,b*; ~ **aéré** *canolfan awyr agored i blant*; ~ **commercial/culturel/sportif** canolfan siopa/(d)diwylliant/y celfyddydau; ~ **d'apprentissage** coleg *g* hyfforddi; ~ **d'attractions** prif atyniad *g*; ~ **d'éducation surveillée** *canolfan addysg i droseddwyr ifainc*; ~ **de détention** canolfan gadw; ~ **de loisirs** canolfan hamdden; ~ **de semi-liberté** *canolfan gadw*; ~ **de tri** (*POSTES*) swyddfa *b* ddidoli; ~ **hospitalier** cyfadeiladau ysbyty.
3 (*PHYS*) craidd *g*; ~ **de gravité** craidd disgyrchiant.
4 (*FOOTBALL*) canolwr *g*.
5 (*ANAT*): ~ **nerveux** canolfan *g,b* nerfol.
6 (*passe du ballon*): **faire un** ~ canoli'r bêl.

centrer [sɑ̃tʀe] (**1**) *vt* canoli, rhoi (rhth) yn y canol; (*TYPO*) canoli; ~ **sur** (*fig*) canolbwyntio ar;
♦*vi* (*FOOTBALL*) canoli('r bêl).

centre-ville (~**s**-~**s**) [sɑ̃tʀəvil] *m* canol *g* tref.

centrifuge [sɑ̃tʀifyʒ] *adj*: **force** ~ grym *g* allgyrchol.

centrifuger [sɑ̃tʀifyʒe] (**10**) *vt* allgyrchu.

centrifugeuse [sɑ̃tʀifyʒøz] *f* allgyrchydd *g*; (*pour fruits*) tynnwr *g* sudd.

centripète [sɑ̃tʀipɛt] *adj*: **force** ~ grym *g* canolgyrchol.

centrisme [sɑ̃tʀism] *m* canolbleidiaeth *b*.

centriste [sɑ̃tʀist] *adj* canolbleidiol;
♦*m/f* (*POL*) canolbleidiwr *g*, canolbleidwraig *b*.

centuple [sɑ̃typl] *m* can gwaith *b*, canplyg *g*; **au** ~ canplyg, ar ei ganfed.

centupler [sɑ̃typle] (**1**) *vt* amlhau (rhth) ar ei ganfed;
♦*vi* amlhau ar ei ganfed.

CEP [seəpe] *sigle m*(= *Certificat d'études primaires*) ≈ tystysgrif *b* addysg gynradd.

cep [sɛp] *m*: ~ **(de vigne)** bôn *g* gwinwydden.

cépage [sepaʒ] *m* (math o) winwydden.

cèpe [sɛp] *m* boled *g* (*math o fadarch*).

cependant [s(ə)pɑ̃dɑ̃] *conj* (*pourtant*) fodd bynnag, er hynny;
♦*adv* yn y cyfamser.

céramique [seʀamik] *f* crochenwaith *g*; (*art*) cerameg *b*.

céramiste [seʀamist] *m/f* crochenydd *g*.

cerbère [sɛʀbɛʀ] (*péj*) *m* (*fig*) porthor *g* cas.

cerceau (**-x**) [sɛʀso] *m* cylchyn *g*, cylch *g*.

cercle [sɛʀkl] *m* cylch *g*; ~ **d'amis** cylch o ffrindiau; ~ **de famille** yr aelwyd *b*; ~ **vicieux** cylch cythreulig; **décrire un** ~ (*avion*) troi mewn cylch.

cercler [sɛʀkle] (**1**) *vt* cylchu; **lunettes cerclées d'or** sbectol *g* â ffrâm aur.

cercueil [sɛʀkœj] *m* arch *b*, coffin *g*.

céréale [seʀeal] *f* grawnfwyd *g*, ŷd *g*

céréalier (**céréalière**) [seʀealje, seʀealjɛʀ] *adj* (yn ymwneud â) grawnfwyd; **cultives céréalières** cnydau *ll* ŷd.

cérébral (-**e**) (**cérébraux, cérébrales**) [seʀebʀal, seʀebʀo] *adj* ymenyddol.

cérémonial [seʀemɔnjal] *m* seremoni *b*, defod *b*.

cérémonie [seʀemɔni] *f* seremoni *b*, defod *b*; ~**s** (*péj: façons, chichis*) ffwdan *b*, lol *b*.

cérémonieux (**cérémonieuse**) [seʀemɔnjø, jøz] (*péj*) *adj* defodol, ffurfiol.

cerf [sɛʀ] *m* carw *g*, hydd *g*.

cerfeuil [sɛʀfœj] *m* (*BOT*) gorthyfail *g*.

cerf-volant (~**s**-~**s**) [sɛʀvɔlɑ̃] *m* barcud *g*; **jouer au** ~-~ hedfan barcud.

cerisaie [s(ə)ʀizɛ] *f* perllan *b* geirios.

cerise [s(ə)ʀiz] *f* ceiriosen *b*;
♦*adj inv* coch golau.

cerisier [s(ə)ʀizje] *m* coeden *b* geirios.

CERN [sɛʀn] *sigle m*(= *Centre européen de recherche nucléaire*) canolfan ymchwil niwclear Ewropeaidd.

cerné (-**e**) [sɛʀne] *adj* (*ville, armée*) wedi'i (h)amgylchynu; **avoir les yeux** ~**s** bod â chysgodion tywyll dan eich llygaid.

cerner [sɛʀne] (**1**) *vt* amgylchynu; (*problème*) diffinio.

cernes [sɛʀn] *mpl* cysgodion *ll* duon (dan lygaid).

certain (-**e**) [sɛʀtɛ̃, ɛn] *adj*
1 (*gén: assuré*) sicr, siŵr; **sûr et** ~ hollol siŵr; ~**s cas** achosion *ll* penodol; **d'un** ~ **âge** canol oed; **un** ~ **temps** tipyn o amser.
2 (*quelque*) rhyw; **un** ~ **Georges** rhyw Georges neu'i gilydd; **un** ~ **courage** rhywfaint o ddewrder;
♦*pron*: ~**s** rhai pobl; ~**s croient que ce n'est pas vrai** mae rhai (pobl) yn credu nad yw'n wir.

certainement [sɛʀtɛnmɑ̃] *adv* yn sicr, yn bendant; (*bien sûr*) wrth gwrs.

certes [sɛʀt] *adv* diau, wrth gwrs.

certificat [sɛʀtifika] *m* tystysgrif *b*; (*diplôme*) diploma *g,b*; (*recommandation*) tystlythyr *g*, llythyr *g* cymeradwyaeth; ~ **de fin d'études secondaires** *tystysgrif ymadael â'r ysgol*; ~ **médical** tystysgrif feddygol, papur *g* doctor.

certifié (-**e**) [sɛʀtifje] *adj*: **professeur** ~ athro *g* sydd â'r CAPES (tystysgrif addysg); **copie** ~**e conforme (à l'original)** (*ADMIN*) copi *g* ardystiedig o'r gwreiddiol.

certifier [sɛʀtifje] (**16**) *vt* (*confirmer*) cadarnhau; (*JUR*) dilysu, tystysgrifo, ardystio; ~ **à qn que** sicrhau rhn ...; ~ **qch à qn** gwarantu rhth i rn.

certitude [sɛʀtityd] *f* (*vérité*) sicrwydd *g*; (*conviction*) argyhoeddiad *g*; **j'ai la** ~ **d'être le plus fort** 'rwy'n argyhoeddedig mai fi yw'r cryfaf.

cérumen [seʀymɛn] *m* cwyr *g* clustiau.

cerveau (**-x**) [sɛʀvo] *m* ymennydd *g*.

cervelas [sɛʀvəla] *m* (*CULIN*) selsigen *b* sych.

cervelle [sɛʀvɛl] *f* ymennydd *g*.

cervical (-**e**) (**cervicaux, cervicales**) [sɛʀvikal, sɛʀviko] *adj* (*de la matrice*) serfigol, gwddf y

groth; (*de la nuque*) mynyglol, gwegilol.
cervidés [sɛʀvide] *mpl* (teulu'r) carw, ceirw *ll*.
Cervin [sɛʀvɛ̃] *prm*: **le Mont** ~ y Matterhorn *g*.
CES [seəɛs] *sigle m*(= *Collège d'enseignement secondaire*) ysgol *b* uwchradd (*i blant o 11 i 15 oed*).
ces [se] *dét voir* **ce**.
césar [sezaʀ] *m un o wobrau'r byd ffilm yn Ffrainc.*
César [sezaʀ] *prm* Cesar; **Jules** ~ Iwl Cesar.
césarienne [sezaʀjɛn] *f* esgoriad *g* Cesaraidd.
cessantes [sesɑ̃t] *adj fpl*: **toutes affaires** ~ ar unwaith, yn ddiymdroi.
cessation [sesasjɔ̃] *f* diwedd *g*, terfyn *g*; ~ **de commerce** peidio â masnachu; ~ **de paiements** atal taliadau; ~ **des hostilités** cadoediad *g*, diwedd ar ymladd.
cesse [sɛs] *f*: **sans** ~ yn ddiddiwedd, trwy'r amser, yn ddi-baid; **n'avoir de** ~ **que** peidio â rhoi'r gorau *ou* stopio nes ...
cesser [sese] (**1**) *vt* rhoi terfyn ar, rhoi pen ar, darfod, stopio;
♦*vi* diweddu, peidio, darfod, dod i ben, stopio; ~ **de faire qch** rhoi'r gorau i wneud rhth, peidio â gwneud rhth.
cessez-le-feu [sesel(ə)fø] *m inv* cadoediad *g*.
cession [sesjɔ̃] *f* trosglwyddiad *g*; **faire** ~ **de qch** trosglwyddo rhth.
c'est [sɛ] *pron + vb voir* **ce**.
c'est-à-dire [sɛtadiʀ] *adv* sef, hynny yw.
CET [seəte] *sigle m*(= *Collège d'enseignement technique*) *coleg technegol.*
cet [sɛt] *dét voir* **ce**.
cétacé [setase] *m* morfil *g*.
cette [sɛt] *dét voir* **ce**.
ceux [sø] *pron voir* **celui**.
cévenol (**-e**) [sevnɔl] *adj* o'r Cevennes.
Ceylon [selɔ̃] *prm*: **le** ~ Sri Lanca *b*, Seylon *b*.
cf. [seɛf] *abr*(= *confer*) cymharer.
CFAO [seɛfao] *sigle f*(= *conception et fabrication assistées par ordinateur*) *cynllunio a chynhyrchu trwy gymorth cyfrifiadur.*
CFDT [seɛfdete] *sigle f*(= *Confédération française et démocratique du travail*) *Cydffederasiwn llafur democrataidd Ffrainc.*
CFF [seɛfɛf] *sigle m*(= *Chemins de fer fédéraux*) *rheilffyrdd y Swistir.*
CFP [seɛfpe] *sigle m*(= *Centre de formation professionnelle*) *Canolfan hyfforddiant proffesiynol.*
CFTC [seɛftese] *sigle f*(= *Confédération française des travailleurs chrétiens*) *undeb llafur Cristnogol Ffrainc.*
CGA [seʒea] *sigle f*(= *Confédération générale de l'agriculture*) *undeb yr amaethwyr.*
CGC [segese] *sigle f*(= *Confédération générale des cadres*) *undeb y rheolwyr.*
CGPME [seʒepeɛmə] *sigle f*(= *Confédération générale des petites et moyennes entreprises*) *undeb y cwmnïau bach.*
CGT [seʒete] *sigle f*(= *Confédération générale du travail*) *undeb llafur.*
CH [seaʃ] *sigle f*(= *Confédération helvétique*) y Swistir *g*.
ch.[1] *abr*(= *charges*) costau *ll* cynnal a chadw.
ch.[2] *abr*(= *chauffage*) gwres *g*.
chacal (**-s**) [ʃakal] *m* jacal *g*.
chacun (**-e**) [ʃakœ̃, yn] *pron* (*isolement*) pob un; (*tous*) pawb; ~ **de nous** pob un ohonom ni; ~ **à notre/leur tour** pob un ohonom/ohonynt yn ei dro; ~ **à son goût** pawb at y peth y bo.
chagrin[1] (**-e**) [ʃagʀɛ̃, in] *adj* trist.
chagrin[2] [ʃagʀɛ̃] *m* tristwch *g*, torcalon *g*; **avoir du** ~ bod yn *ou* teimlo'n drist.
chagriner [ʃagʀine] (**1**) *vt* (*attrister*) tristáu, gwneud (rhn) yn drist; (*contrarier*) poeni.
chahut [ʃay] *m* stŵr *g*, twrw *g*.
chahuter [ʃayte] (**1**) *vt* tynnu ar, herian, pryfocio;
♦*vi* codi stŵr, cadw twrw, cadw reiat.
chahuteur (**chahuteuse**) [ʃaytœʀ, ʃaytøz] *m/f* rhywun swnllyd *ou* stwrllyd.
chai [ʃɛ] *m* storfa *b* win a gwirodydd.
chaîne [ʃɛn] *f*
1 (*gén*) cadwyn *b*; ~ **(de montagnes)** cadwyn o fynyddoedd; **faire la** ~ sefyll mewn rhes; **réactions en** ~ adwaith *g* cadwynol.
2 (*IND*): **travail à la** ~ gweithio mewn rhes gynhyrchu; ~ **de fabrication** *neu* **de montage** rhes gynhyrchu *ou* gydosod.
3 (*TV*) sianel *b*.
4 (*system audio*): ~ **audio** *neu* **stéréo** system *b* stereo; ~ **compacte** offer chwarae disgiau; ~ **(hi-fi)** system stereo.
5 (*lien*) cyswllt *g*; ~ **de solidarité** rhwydwaith *g* undod.
chaînette [ʃɛnɛt] *f* cadwyn *b* fechan.
chaînon [ʃɛnɔ̃] *m* (*fig*) dolen *b* gyswllt.
chair [ʃɛʀ] *f* cnawd *g*; **avoir la** ~ **de poule** bod yn groen gwyddau i gyd; **être bien en** ~ bod yn llond eich croen; **en** ~ **et en os** yn y cnawd; ~ **à saucisses** cig mân, cig selsig;
♦*adj*: **(couleur)** ~ o liw cnawd.
chaire [ʃɛʀ] *f* (*d'église*) pulpud *g*; (*UNIV*) cadair *b*.
chaise [ʃɛz] *f* cadair *b*; ~ **de bébé,** ~ **haute** cadair uchel *ou* plentyn; ~ **berçante** cadair siglo; ~ **électrique** cadair drydan; ~ **longue** cadair gynfas *ou* blygu; ~ **percée** comôd *g*; ~ **pliante** cadair blygu; ~ **roulante** cadair olwyn.
chaland [ʃalɑ̃] *m* cwch *g* camlas.
châle [ʃɑl] *m* siôl *b*.
chalet [ʃalɛ] *m* caban *g*.
chaleur [ʃalœʀ] *f* gwres *g*, cynhesrwydd *g*; (*fig*) brwdfrydedd *g*, gwresogrwydd *g*; **un animal en** ~ (*ZOOL*) anifail yn gofyn cymar.
chaleureusement [ʃalœʀøzmɑ̃] *adv* yn gynnes, yn wresog.
chaleureux (**chaleureuse**) [ʃalœʀø, ʃalœʀøz] *adj*

cynnes, gwresog.

challenge [ʃalɑ̃ʒ] *m* (*SPORT*) gornest *b*, cystadleuaeth *b*, twrnamaint *g*; (*trophée*) tlws *g*.

challenger [ʃalɑ̃ʒœʀ] *m* (*SPORT*) heriwr *g*.

chaloupe [ʃalup] *f* cwch *g*; ~ **de sauvetage** bad *g* achub.

chalumeau (**-x**) [ʃalymo] *m* lamp *b* losgi, chwythlamp *b*.

chalut [ʃaly] *m* llusgrwyd *b*; **pêcher au** ~ pysgota, treillio.

chalutier [ʃalytje] *m* llong *b* bysgota; (*pêcheur*) pysgotwr *g*.

chamade [ʃamad] *f*: **mon cœur bat la** ~ mae fy nghalon yn curo'n gyflym.

chamailler* [ʃamɑje] (**1**): **se** ~ *vr* ffraeo.

chamarré (**-e**) [ʃamaʀe] *adj* addurnedig; ~ **d'or** gydag eurwe, eurfrodiog.

chambard [ʃɑ̃baʀ] *m* helynt *g,b*, stŵr *g*.

chambardement [ʃɑ̃baʀdəmɑ̃] *m*: **c'est le grand** ~ mae popeth yn gawdel gwyllt, mae popeth yn blith draphlith, mae popeth â'i ben i waered.

chambarder [ʃɑ̃baʀde] (**1**) *vt* troi (rhth) â'i ben i waered.

chamboulement [ʃɑ̃bulmɑ̃] *m* (*désordre*) anhrefn *g,b*; (*bouleversement*) ysgytwad *g,b*.

chambouler [ʃɑ̃bule] (**1**) *vt* troi (rhth) wyneb i waered.

chambranle [ʃɑ̃bʀɑ̃l] *m* ffrâm *b* drws.

chambre [ʃɑ̃bʀ] *f* ystafell *b* wely, llofft *b*; (*POL*) siambr *b*, tŷ *g*; (*JUR*) llys *g*; **faire** ~ **à part** cysgu mewn ystafelloedd ar wahân; **stratège en** ~ strategydd *g* pen pentan, un sy'n trafod heb gyflawni; ~ **à air** (*de pneu*) tiwb *g* aer; ~ **à coucher** ystafell wely; ~ **à gaz** siambr *b* nwy; ~ **à un lit/à deux lits** (*à l'hôtel*) ystafell sengl/â dau wely; ~ **d'accusation** Llys Apêl; ~ **d'agriculture** siambr amaeth; ~ **d'amis** ystafell wely sbâr; ~ **d'hôte** gwely a brecwast (*mewn cartref preifat*); ~ **de combustion** siambr danio; ~ **de commerce et d'industrie** siambr fasnach a diwydiant; **C**~ **des députés** ≈ Tŷ'r Cyffredin; ~ **des machines** ystafell yr injan; ~ **des métiers** siambr fasnach; ~ **forte** ystafell ddiogel; ~ **froide** *neu* **frigorifique** ystafell oeri; ~ **meublée** fflat *b* un ystafell; ~ **noire** ystafell dywyll; ~ **pour une/deux personne(s)** ystafell sengl/ddwbl.

chambrée [ʃɑ̃bʀe] *f* ystafell *b*; (*MIL*) ystafell farics.

chambrer [ʃɑ̃bʀe] (**1**) *vt* (*vin*) dod â gwin at dymheredd ystafell; ~ **qn*** gwneud hwyl am ben rhn; **se faire** ~ cael tynnu'ch coes.

chameau (**-x**) [ʃamo] *m* camel *g*.

chamois [ʃamwa] *m* (*ZOOL*) gafrewig *b*; ♦*adj inv*: (**couleur**) ~ melynllwyd.

champ [ʃɑ̃] *m* cae *g*, maes *g*; **être dans le** ~ (*PHOT*) bod yn y llun; **prendre du** ~ tynnu'n ôl; **laisser le** ~ **libre à qn** rhoi rhwydd hynt i rn; **mourir au** ~ **d'honneur** marw ar faes y gad; ~ **d'action** cylch *g* gweithredu; ~ **de bataille** maes y gad; ~ **de courses** cae rasio; ~ **de manœuvre** maes ymarfer; ~ **de tir** maes saethu; ~ **de mines** maes ffrwydron; ~ **visuel** maes gweledigad.

Champagne [ʃɑ̃paɲ] *prf* (*région*) Siampaen *b*.

champagne [ʃɑ̃paɲ] *m* (*vin*) siampên *g*; **fine** ~ *brandi o ardal y Charente.*

champenois (**-e**) [ʃɑ̃pənwa, waz] *adj* o Siampaen; **méthode** ~**e** (*vin*) yn ôl dull Siampaen.

Champenois [ʃɑ̃pənwa] *m* un *g* o Siampaen.

Champenoise [ʃɑ̃pənwaz] *f* un *b* o Siampaen

champêtre [ʃɑ̃pɛtʀ] *adj* gwledig.

champignon [ʃɑ̃piɲɔ̃] *m* madarchen *b*; (*terme générique*) ffwng *g*; (*accélérateur: fam*) sbardun *g*; ~ **de Paris** *neu* **de couche** madarchen fotwm; ~ **vénéneux** caws *g* llyffant, caws ceffyl.

champion[1] (**-ne**) [ʃɑ̃pjɔ̃, jɔn] *adj* campus.

champion[2] [ʃɑ̃pjɔ̃] *m* pencampwr *g*; ~ **du monde** pencampwr *g* y byd.

championne [ʃɑ̃pjɔn] *f* pencampwraig *b*; ~ **du monde** pencampwraig *b* y byd; ♦*adj f voir* **champion**[1].

championnat [ʃɑ̃pjɔna] *m* pencampwriaeth *b*.

Chanaan [kaɑ̃] *prm*: **le** ~ Canaan *b*.

chance [ʃɑ̃s] *f* lwc *b*; ~**s** (*probabilités*) gobaith *g*, tebygrwydd *g*; **il y a de fortes** ~**s pour que Paul soit malade** mae'n fwy na thebyg bod Paul yn sâl; **une** ~ tipyn o lwc; **bonne** ~**!** pob lwc!; **avoir de la** ~ bod yn lwcus *ou* ffodus; **il a des** ~**s de gagner** mae ganddo obaith (o) ennill; **je n'ai pas de** ~ nid wyf yn cael hwyl arni; (*toujours*) 'rwy'n anlwcus; **encore une** ~ **que tu viennes!** dyna lwc dy fod yn dod!; **donner sa** ~ **à qn** rhoi cyfle i rn.

chancelant (**-e**) [ʃɑ̃s(ə)lɑ̃, ɑ̃t] *adj* simsan, sigledig, ansad.

chanceler [ʃɑ̃s(ə)le] (**11**) *vi* gwegian, simsanu.

chancelier [ʃɑ̃səlje] *m* canghellor *g*; (*d'ambassade*) ysgrifennydd *g*.

chancellerie [ʃɑ̃sɛlʀi] *f* llys *g* canghellor; (*JUR*) siawnsri *g*.

chanceux (**chanceuse**) [ʃɑ̃sø, ʃɑ̃søz] *adj* lwcus, ffodus.

chancre [ʃɑ̃kʀ] *m* cancr *g*.

chandail [ʃɑ̃daj] *m* siwmper *b* (drwchus).

Chandeleur [ʃɑ̃dlœʀ] *f*: **la** ~ Gŵyl *b* Fair y Canhwyllau.

chandelier [ʃɑ̃dəlje] *m* canhwyllbren *g,b*; (*à plusieurs branches*) seren *b* ganhwyllau.

chandelle [ʃɑ̃dɛl] *f* cannwyll *b*; **faire une** ~ (*SPORT*) taflu'n uchel; (*tennis*) lobio; **monter en** ~ (*AVIAT*) esgyn yn unionsyth; **dîner aux** ~**s** cael swper yng ngolau cannwyll; **tenir la** ~ dal y gannwyll i rn arall, bod yn gwsberen*.

change [ʃɑ̃ʒ] *m* (*COMM*) cyfnewid (arian); (*taux*) cyfradd *b* gyfnewid; **le contrôle des** ~**s**

rheoli'r gyfnewidfa; **gagner/perdre au ~** ennill/colli (arian) wrth gyfnewid; **donner le ~ à qn** (*fig*) camarwain rhn.
changeant (-**e**) [ʃɑ̃ʒɑ̃, ɑ̃t] *adj* cyfnewidiol; (*humeur*) oriog.
changement [ʃɑ̃ʒmɑ̃] *m* newid *g*; **~ de vitesses** gerau *ll*; (*action*) newid gêr.
changer [ʃɑ̃ʒe] (**10**) *vt* newid; **j'ai changé d'adresse** 'rwyf wedi symud tŷ, 'rwyf wedi mudo; **~ de métier** newid swydd; **~ d'air** newid aer; **~ d'idée** *neu* **d'avis** newid eich meddwl; **~ de couleur/direction** newid lliw/cyfeiriad; **~ de vêtements** newid (eich dillad); **~ de place avec qn** newid lle â rhn; **~ de vitesse** (*AUTO*) newid gêr; **~ qn/qch de place** symud rhn/rhth i rywle arall; **~ qch en** troi rhth yn;
♦*vi* newid; **rien n'avait changé** 'doedd dim wedi newid; **~ (de train)** newid trên; **il faut ~ à Lyon** mae'n rhaid newid (trên ayb) yn Lyon;
♦ **se ~** *vr* newid.
changeur [ʃɑ̃ʒœʀ] *m* cyfnewidiwr *g* arian; **~ automatique** peiriant *g* arian.
chanoine [ʃanwan] *m* canon *g*.
chanson [ʃɑ̃sɔ̃] *f* cân *b*; **faire carrière dans la ~** dilyn gyrfa ym myd canu; **c'est une autre ~** stori arall yw honno; **~ d'amour** cân serch; **~s** lol *b* botes, dwli *g* llwyr.
chansonnette [ʃɑ̃sɔnɛt] *f* pwt *g* o gân, canig *b*.
chansonnier [ʃɑ̃sɔnje] *m* canwr *g*; (*de cabaret*) cyfansoddwr *g* caneuon (*dychan gan mwyaf*); (*livre*) llyfr *g* o ganeuon.
chant[1] [ʃɑ̃] *m* cân *b*; (*art vocal*) canu; **~ de Noël** carol *b,g* Nadolig.
chant[2] [ʃɑ̃] *m* (*TECH*): **posé de** *neu* **sur ~** wedi ei roi ar ei ochr.
chantage [ʃɑ̃taʒ] *m* blacmel *g*; **faire du ~** blacmelio.
chantant (-**e**) [ʃɑ̃tɑ̃, ɑ̃t] *adj* (*accent*) melodaidd; (*voix*) swynol.
chanter [ʃɑ̃te] (**1**) *vt* canu;
♦*vi* canu; **~ juste/faux** canu mewn tiwn/allan o diwn; **si cela lui chante*** os yw hynny'n mynd â'i fryd, os mynn, os dymuna.
chanterelle [ʃɑ̃tʀɛl] *f* (*champignon*) siantrel *g,b*.
chanteur [ʃɑ̃œʀ] *m* canwr *g*; **~ de charme** crwniwr *g*.
chanteuse [ʃɑ̃œøz] *f* cantores *b*.
chantier [ʃɑ̃œ] *m* safle *g* adeiladu; (*entrepôt*) iard *b*; (*sur une route*) gwaith *g* ffordd; **le ~ a été ouvert l'année dernière** cychwynwyd ar y gwaith adeiladu y llynedd; **on a décidé la mise en ~ de logements neufs** penderfynwyd codi tai newydd; **~ naval** iard longau.
chantilly [ʃɑ̃tiji] *f*: **crème ~** hufen *g* chwip.
chantonner [ʃɑ̃tɔne] (**1**) *vi, vt* mwmian, canu (rhth) wrthych eich hun.
chantre [ʃɑ̃tʀ] *m* (*fig*) molwr *g*, clodforwr *g*.
chanvre [ʃɑ̃vʀ] *m* cywarch *g*.
chaos [kao] *m* anhrefn *g,b*; (*BIBLE*) afluneidd-dra *g*.
chaotique [kaɔtik] *adj* anhrefnus, di-drefn; (*BIBLE*) afluniaidd.
chapardage [ʃapaʀdaʒ] *m* mân-ladrata *g*.
chaparder [ʃapaʀde] (**1**) *vt* dwyn, lladrata.
chapeau (-**x**) [ʃapo] *m* het *b*, hat *b*; **~!** da iawn!; **partir sur les ~x de roues** gadael ar wib; **~ melon** het galed, het fowler; **~ mou** het feddal, het drilbi.
chapeauter [ʃapote] (**1**) *vt* rheoli, goruchwylio.
chapelain [ʃaplɛ̃] *m* caplan *g*.
chapelet [ʃaplɛ] *m* llaswyr *g*, rosari *b*; **un ~ de** (*fig: ail*) llinyn *g* o; (:*d'îles*) cadwyn *g* o; **dire son ~** adrodd y paderau.
chapelier [ʃapəlje] *m* hetiwr *g*.
chapelière [ʃapəljɛʀ] *f* hetwraig *b*.
chapelle [ʃapɛl] *f* capel *g*; **~ ardente** capel gorffwys.
chapellerie [ʃapɛlʀi] *f* (*magasin*) siop *b* hetiau; (*commerce*) y fasnach *b* hetiau.
chapelure [ʃaplyʀ] *f* briwsion *ll* bara (sych).
chaperon [ʃapʀɔ̃] *m* gwarchodwr *g*; (*femme*) gwarchodwraig *b*; **le petit ~ rouge** Hugan Fach Goch.
chaperonner [ʃapʀɔne] (**1**) *vt* gwarchod.
chapiteau (-**x**) [ʃapito] *m* (*ARCHIT*) pen *g* colofn; (*de cirque*) pabell *b* fawr.
chapitre [ʃapitʀ] *m* pennod *b*; (*fig*) pwnc *g*, mater *g*; **avoir voix au ~** bod â llais yn y mater, cael dweud eich dweud.
chapitrer [ʃapitʀe] (**1**) *vt* tafodi (rhn), rhoi pregeth (i rn).
chapon [ʃapɔ̃] *m* (*CULIN: jeune coq*) capwllt *g*.
chaque [ʃak] *dét* pob; **10F ~** 10F yr un.
char [ʃaʀ] *m* trol *b*, cert *b*; **~ d'assaut** tanc *g*.
charabia* [ʃaʀabja] (*péj*) *m* rwdl-mi-ri *g,b*, dwli *g*, iaith *b* annealladwy, rwtsh-ratsh *g,b*.
charade [ʃaʀad] *f* (*parlée*) pos *g*; (*mimée*) siarâd *g,b*, mud-chwarae *g*.
charbon [ʃaʀbɔ̃] *m* glo *g*; **~ de bois** siarcol *g*, golosg *g*; **être sur des ~s ardents** bod fel gafr ar daranau.
charbonnage [ʃaʀbɔnaʒ] *m*: **les ~s de France** *Bwrdd Glo Ffrainc*.
charbonnier (**charbonnière**) [ʃaʀbɔnje, ʃaʀbɔnjɛʀ] *adj* (sy'n ymwneud â) glo; **industrie charbonnière** y diwydiant glo.
charbonnier [ʃaʀbɔnje] *m* glöwr *g*; (*qui vend*) dyn *g* glo.
charcuterie [ʃaʀkytʀi] *f* (*magasin*) siop *b* gig oer, delicatessen *g*; (*produits*) cig *g* oer.
charcutier [ʃaʀkytje] *m* cigydd *g* (porc).
charcutière [ʃaʀkytjɛʀ] *f* cigyddes *b* (porc).
chardon [ʃaʀdɔ̃] *m* ysgallen *b*.
chardonneret [ʃaʀdɔnʀɛ] *m* (*oiseau*) peneuryn *g*, eurbinc *g*, nico *g*.
charentais (-**e**) [ʃaʀɑ̃tɛ, ɛz] *adj* o'r Charente.
Charentais [ʃaʀɑ̃tɛ] *m* un *g* o'r Charente.
charentaise [ʃaʀɑ̃tɛz] *f* sliper *b*;
♦*adj f voir* **charentais**.

Charentaise [ʃaʀɑ̃tɛz] *f* un *b* o'r Charente.
charge [ʃaʀʒ] *f*
1 (*fardeau*) baich *g*; (*véhicule*) llwyth *g*.
2 (*ÉLEC*) trydaniad *g*; (*explosif*) powdr *g*, llenwad *g*.
3 (*MIL*) ymosodiad *g*.
4 (*rôle, mission*) dyletswydd *b*, cyfrifoldeb *g*.
5 (*JUR*) arwystl *g*.
6 (*dépenses*): **~s** costau *ll*; (*locataire*) costau cynnal a chadw; **~s sociales** taliadau *ll* nawdd cymdeithasol.
7 (*locutions*): **j'accepte, à ~ de revanche** 'rwy'n derbyn, ar yr amod y caf dalu'r gymwynas yn ôl; **revenir à la ~** rhoi ail gynnig; **être à la ~ de qn** dibynnu ar rn, cael eich cynnal gan rn; (*aux frais de qn*) bod yn daladwy gan rn; **prendre qch en ~** cymryd rhth dan eich gofal.
chargé[1] (**-e**) [ʃaʀʒe] *adj* llwythog; (*caméra*) â ffilm ynddo; (*fusil*) wedi'i lenwi; (*journée*) llawn, prysur; (*estomac*) gorlawn; (*langue*) croenog, cennog; (*décoration, style*) addurnol, gormodol; **~ de** (*responsable de*) cyfrifol am *ou* dros.
chargé[2] [ʃaʀʒe] *m*: **~ d'affaires** dirprwy lysgennad *g*; **~ de cours** ≈ darlithydd *g*.
chargement [ʃaʀʒəmɑ̃] *m* (*action*) llwytho; (*objets, marchandise*) llwyth *g*.
charger [ʃaʀʒe] (**10**) *vt* llwytho; (*JUR*) tystio'n erbyn; (*un portrait, une description*) gorliwio; **~ qn de qch/faire qch** (*fig*) rhoi'r cyfrifoldeb i rn am rth/am wneud rhth, siarsio rhn i wneud rhth;
♦*vi* (*MIL*) ymosod;
♦ **se ~** *vr*: **se ~ de** cymryd y cyfrifoldeb am; **se ~ de faire qch** ymgymryd â'r cyfrifoldeb o wneud rhth, mynd yn gyfrifol dros wneud rhth.
chargeur [ʃaʀʒœʀ] *m* llwythwr *g*; (*PHOT: d'arme à feu*) storfa *b* getris; **~ de batterie** (*ÉLEC*) llenwr *g* batri.
chariot [ʃaʀjo] *m* troli *g*; (*charrette*) cert *g*, trol *b*; **~ élévateur** wagen *b* fforch godi.
charisme [kaʀism] *m* carisma *g*, swyn *g*.
charitable [ʃaʀitabl] *adj* elusengar, hael, haelionus; (*gentil*) caredig.
charité [ʃaʀite] *f* elusengarwch *g*; (*BIBLE*) cariad *g*; (*gentillesse*) caredigrwydd *g*; (*aumône*) elusen *g*; **faire la ~** gwneud gwaith elusennol; **faire la ~ (à)** cyfrannu at; **fête de ~** ffair *b* elusennol; **demander la ~** cardota.
charivari [ʃaʀivaʀi] *m* stŵr *g*.
charlatan [ʃaʀlatɑ̃] *m* siarlatan *g*, twyllwr *g*; (*médécin*) cwac *g*, crachfeddyg *g*.
Charlemagne [ʃaʀlamaɲ] *prm* Siarlymaen, Siarl Fawr.
Charlot [ʃaʀlo] *prm* Charlie Chaplin.
charlotte [ʃaʀlɔt] *f* pwdin *g* afalau.
charmant (**-e**) [ʃaʀmɑ̃, ɑ̃t] *adj* swynol, cyfareddol, hudolus; (*délicieux*) dymunol.
charme [ʃaʀm] *m*
1 (*d'une personne*) swyn *g*, cyfaredd *b*; (*d'une activité*) apêl *g,b*; (*envoûtement*) hud *g*; **~s** (*appâts*) swynion *ll*, atyniadau *ll*; **c'est ce qui en fait le ~** dyna'i apêl; **faire du ~ à qn** ceisio swyno rhn; **aller** *neu* **se porter comme un ~** bod yn iach fel cneuen.
2 (*BOT*) oestrwydden *b*, cerddinen *b* wyllt.
charmer [ʃaʀme] (**1**) *vt* swyno, cyfareddu; (*envoûter*) swyno; **je suis charmé de** mae'n bleser gennyf i.
charmeur[1] (**charmeuse**) [ʃaʀmœʀ, ʃaʀmøz] *adj* hudolus.
charmeur[2] [ʃaʀmœʀ] *m* swynwr *g*, hudwr *g*; **~ de serpents** swynwr nadroedd.
charmeuse [ʃaʀmøz] *f* swynwraig *b*, hudoles *b*;
♦*adj f voir* **charmeur**[1].
charnel (**-le**) [ʃaʀnɛl] *adj* cnawdol.
charnier [ʃaʀnje] *m* bedd *g* llawer o gyrff.
charnière [ʃaʀnjɛʀ] *f* (*de porte*) bach *g*, colfach *g*; (*fig*) trobwynt *g*, troad *g*; **à la ~ de deux siècles** ar droad y ganrif.
charnu (**-e**) [ʃaʀny] *adj* cnotiog; (*fruit*) noddlawn.
charogne [ʃaʀɔɲ] *f* corff *g* marw; (*fam!*) cythraul *g*, diawl *g*, bastard *g*.
charolais[1] (**-e**) [ʃaʀɔlɛ, ɛz] *adj* o'r Charolais.
charolais[2] [ʃaʀɔlɛ] *m* tarw *g* Charolais.
Charolais [ʃaʀɔlɛ]: **le ~** y Charolais.
charolaise [ʃaʀɔlɛz] *f* buwch *b* Charolais;
♦*adj f voir* **charolais**[1].
charpente [ʃaʀpɑ̃t] *f* strwythur *g*, adeiledd *g*, fframwaith *g*, saernïaeth *b*; (*carrure*) corffolaeth *b*.
charpenté (**-e**) [ʃaʀpɑ̃te] *adj*: **bien ~, solidement ~** (*personne*) cydnerth; (*fig: texte*) wedi'i saernïo'n dda.
charpenterie [ʃaʀpɑ̃tʀi] *f* gwaith *g* coed *ou* saer, saernïaeth *b*.
charpentier [ʃaʀpɑ̃tje] *m* saer *g* coed.
charpie [ʃaʀpi] *f*: **en ~** yn gareiau, yn garpiau.
charretier [ʃaʀtje] *m* certiwr *g*, gyrrwr *g* trol, certmon *g*; **de ~** (*péj: langage, manières*) aflednais, bras.
charrette [ʃaʀɛt] *f* cert *b*, cart *g*, trol *b*.
charrier [ʃaʀje] (**16**) *vt* certio, cludo;
♦*vi* (*fam: exagérer*) gor-ddweud, mynd yn rhy bell; **tu charries!** 'dwyt ti ddim o ddifrif!
charroyer [ʃaʀwaje] (**17**) *vt* cludo, cario, certio, cartio.
charrue [ʃaʀy] *f* aradr *g,b*.
charte [ʃaʀt] *f* siartr *b*.
charter [ʃaʀtɛʀ] *m* (*avion*) awyren *b* siartr; (*vol*) ehediad *g* ar awyren siartr.
chas [ʃɑ] *m* crau *g* nodwydd.
chasse [ʃas] *f*
1 (*gén*) helfa *b*, hela; **aller à la ~** mynd i hela; **la ~ est ouverte/fermée** mae'r tymor hela wedi cychwyn/gorffen; **prendre qch en ~, donner la ~ à qch** mynd ar ôl rhth; **~ à courre** hela (â chŵn a cheffylau); **~ aérienne**

ymlid yn yr awyr; ~ **à l'homme** helfa ar ôl dyn; ~ **gardée** tir *g* hela preifat; ~ **sous-marine** pysgota tanddwr.
2 (*de W.-C.*): ~ **d'eau** dŵr *g* (mewn tŷ bach); **tirer la ~ (d'eau)** tynnu'r dŵr (mewn tŷ bach)

châsse [ʃas] *f* creirfa *b*, cysegrfan *g,b*.

chassé-croisé (~s-~s) [ʃasekʀwaze] *m* (*DANSE*) *dawns i ddau*; (*fig*) dryswch *g*.

chasse-neige [ʃasnɛʒ] *m inv* aradr *g,b* eira, swch *b* eira.

chasser [ʃase] (**1**) *vt* hela; (*expulser*) ymlid; (*dissiper*) hel (rhth) ymaith, cael gwared â *ou* ar;
♦*vi* hela; (*AUTO*) sglefrio, sgidio.

chasseur [ʃasœʀ] *m* heliwr *g*; (*avion*) awyren *b* ymladd; (*domestique*) negesydd *g*; ~ **d'images** heliwr lluniau, ffotograffydd *g* (*sydd yn wastad yn chwilio am gyfle*); ~ **de son** heliwr caneuon (*un sy'n cael pleser o recordio*); ~ **de têtes** (*fig*) heliwr pennau (*un sy'n recriwtio'r gweithwyr gorau ar gyfer cwmni*); ~**s alpins** (*MIL*) milwyr *ll* ar gyfer y mynyddoedd.

chasseuse [ʃasœøz] *f* helwraig *b*.

chassieux (**chassieuse**) [ʃasjø, ʃasjøz] *adj* (*œil*) gludiog.

châssis [ʃɑsi] *m* ffrâm *b*.

chaste [ʃast] *adj* diwair.

chasteté [ʃastəte] *f* diweirdeb *g*.

chasuble [ʃazybl] *f* casul *g*; **robe** ~ ffrog *b* binaffor.

chat [ʃa] *m* cath *b*; **avoir un ~ dans la gorge** bod yn gryg; **avoir d'autres ~s à fouetter** bod â phethau amgenach i'w gwneud; ~ **sauvage** cath wyllt.

châtaigne [ʃatɛɲ] *f* cneuen *b* gastan; (*coup de poing*) clusten *b*, bonclust *g*.

châtaignier [ʃateɲe] *m* castanwydden *b*.

châtain [ʃatɛ̃] *adj m* lliw castan; (*cheval*) gwinau; **cheveux ~s** gwallt *g* lliw castan; **une femme** ~ merch *b* â gwallt lliw castan.

château (-**x**) [ʃato] *m* (*forteresse*) castell *g*; (*palais*) plas *g*, plasty *g*; ~ **d'eau** tŵr *g* dŵr, gwaith *g* dŵr; ~ **de sable** castell tywod; ~ **fort** castell (caerog); ~**-la-pompe** dŵr *g* tap.

châtelain [ʃat(ə)lɛ̃] *m* arglwydd *g* y faenor.

châtelaine [ʃat(ə)lɛ̃n] *f* arglwyddes *b* y faenor; (*ceinture*) cadwyn *b*.

chat-huant (~s-~s) [ʃayɑ̃] *m* tylluan *b*, gwdihŵ *g*.

châtier [ʃatje] (**16**) *vt* cosbi; (*style*) caboli, rhoi graen ar, graenuso.

chatière [ʃatjɛʀ] *f* drws *g* cathod, twll *g* cathod.

châtiment [ʃatimɑ̃] *m* cosb *b*; ~ **corporel** cosb gorfforol.

chatoiement [ʃatwamɑ̃] *m* pefriad *g*.

chaton [ʃatɔ̃] *m* (*ZOOL*) cath *b* fach; (*BOT*) cynffon *b* oen bach; (*de bague*) carreg *b*.

chatouillement [ʃatujmɑ̃] *m* goglais *g*, cosi *g*.

chatouiller [ʃatuje] (**1**) *vt* (*suj: personne*) goglais, cosi; (*fig: l'odorat, le palais*) goglais, codi chwant.

chatouilleux (**chatouilleuse**) [ʃatujø, ʃatujøz] *adj* gogleisiog; (*fig*) teimladwy, croendenau.

chatoyant (-**e**) [ʃatwajɑ̃, ɑ̃t] *adj* symudliw; (*couleurs*) llachar.

chatoyer [ʃatwaje] (**17**) *vi* pelydru, pefrio.

châtrer [ʃɑtʀe] (**1**) *vt* ysbaddu, disbaddu; (*fig*) llurgunio.

chatte [ʃat] *f* cath *b* (fanw).

chatterton [ʃatɛʀtɔn] *m* (*ÉLEC*) tâp *g* ynysu (gludiog).

chaud[1] (-**e**) [ʃo, ʃod] *adj* cynnes, twym; (*très chaud*) poeth; (*fig*) calonnog, cynnes, brwd, gwresog; (*discussion*) tanbaid, brwd.

chaud[2] [ʃo] *m* poethder *g*; **il fait** ~ mae hi'n boeth *ou* dwym; **manger/boire** ~ cael rhth poeth *ou* twym i'w fwyta/yfed; **avoir** ~ bod yn gynnes *ou* dwym; (*trop*) bod yn boeth *ou* rhy dwym; **tenir** ~ cadw'n gynnes *ou* dwym; **tenir au** ~ cadw (rhth) yn gynnes *ou* mewn lle cynnes; **ça me tient** ~ mae'n fy nghadw'n gynnes *ou* dwym; **rester au** ~ aros mewn lle cynnes *ou* twym; ~ **et froid** (*MÉD*) oerfel *g*.

chaudement [ʃodmɑ̃] *adv* yn gynnes, yn dwym; (*avec passion, acharnement*) yn daer, yn frwd, yn boeth.

chaudière [ʃodjɛʀ] *f* boeler *g*.

chaudron [ʃodʀɔ̃] *m* crochan *g*, pair *g*.

chaudronnerie [ʃodʀɔnʀi] *f* (*usine*) gwaith *g* boeleri; (*activité*) gwneud boeleri.

chauffage [ʃofaʒ] *m* gwres *g*, gwresogi; **arrêter le** ~ diffodd y gwres; ~ **à l'électricité** gwres trydan; ~ **au charbon** gwres glo; ~ **au gaz** gwres nwy; ~ **central** gwres canolog; ~ **par le sol** gwresogi is y llawr.

chauffagiste [ʃofaʒist] *m* peiriannydd *g* gwresogi.

chauffant (-**e**) [ʃofɑ̃, ɑ̃t] *adj*: **couverture ~e** blanced *g,b* drydan; **plaque ~e** plât *g* poethi *ou* twymo.

chauffard [ʃofaʀ] (*péj*) *m* gyrrwr *g* diofal; (*après un accident*) gyrrwr taro a ffoi.

chauffe-bain (~-~s) [ʃofbɛ̃] *m*= **chauffe-eau**.

chauffe-biberon [ʃofbibʀɔ̃] *m inv* twymwr *g* poteli.

chauffe-eau [ʃofo] *m inv* gwresogydd *g* dŵr, twymwr *g* dŵr.

chauffe-plats [ʃofpla] *m inv* twymwr *g* llestri.

chauffer [ʃofe] (**1**) *vt* cynhesu, twymo; (*TECH*) gwresogi;
♦*vi* cynhesu, twymo; (*trop chaud*) poethi;
♦ **se** ~ *vr* (*se mettre en train*) cynhesu.

chaufferie [ʃofʀi] *f* boelerdy *g*.

chauffeur [ʃofœʀ] *m* gyrrwr *g*; **voiture avec/sans** ~ car *g* â gyrrwr cyflog/heb yrrwr cyflog.

chauffeuse[1] [ʃoføz] *f* gyrwraig *b*.

chauffeuse[2] [ʃoføz] *f* cadair *b* (*i eistedd wrth y tân*).

chauler [ʃole] (**1**) *vt* (*mur*) gwyngalchu; (*terre*) calchu.
chaume [ʃom] *m* (*du toit*) gwellt *g*; (*tiges*) sofl *ll*, bonion *ll* gwellt.
chaumière [ʃomjɛʀ] *f* bwthyn *g* to gwellt.
chaussée [ʃose] *f* ffordd *b*; (*digue*) sarn *b*.
chausse-pied (~-~**s**) [ʃospje] *m* siesbin *g*, siasbi *g*.
chausser [ʃose] (**1**) *vt* (*bottes, skis*) gwisgo; (*enfant*) rhoi *ou* dodi esgidiau am draed; (*suj: soulier*) ffitio; ~ **du 38** gwisgo maint 38; ~ **grand** bod yn rhy fawr; ~ **bien** ffitio'n dda; ♦ **se** ~ *vr* gwisgo'ch esgidiau, rhoi *ou* dodi eich esgidiau am eich traed.
chausse-trappe (~-~**s**) [ʃostʀap] *f* trap *g*, magl *b*.
chaussette [ʃosɛt] *f* hosan *b*.
chausseur [ʃosœʀ] *m* (*commerçant*) gwerthwr *g* esgidiau; (*fabricant*) gwneuthurwr *g* esgidiau.
chausson [ʃosɔ̃] *m* sliper *b*; (*de bébé*) hosan *b* fach; ~ **(aux pommes)** ≈ teisen *b* afalau.
chaussure [ʃosyʀ] *f* esgid; **la** ~ (*COMM*) y fasnach *b* esgidiau; ~**s basses** esgidiau isel, esgidiau fflat; ~**s de ski** esgidiau sgio; ~**s montantes** esgidiau at y migwrn, botasau *ll*, bwtsias *ll*.
chaut [ʃo] *vb impers*: **peu me** ~ nid yw o bwys imi.
chauve [ʃov] *adj* moel.
chauve-souris (~**s**~) [ʃovsuʀi] *f* ystlum *g*.
chauvin[1] (**-e**) [ʃovɛ̃, in] *adj* siofinaidd.
chauvin[2] [ʃovɛ̃] *m* gwladgarwr *g* eithafol, siofinydd *g*.
chauvine [ʃovin] siofinaidd *f* gwladgarwraig *b* eithafol, siofinydd *g*;
♦*adj f voir* **chauvin**[1].
chauvinisme [ʃovinism] *m* gwladgarwch *g* eithafol, siofiniaeth *b*, siofinyddiaeth *b*.
chaux [ʃo] *f* calch *g*; **blanchir à la** ~ gwyngalchu.
chavirer [ʃaviʀe] (**1**) *vi* (*bateau*) troi drosodd, ymchwelyd, moelyd.
chef [ʃɛf] *m* pennaeth *g*; (*de cuisine*) pen-cogydd *g*; (*de mouvement*) arweinydd *g*; **au premier** ~ i'r eithaf, yn aruthrol; **de son propre** ~ ar eich liwt eich hun; **commandant en** ~ pencadfridog *g*; ~ **d'accusation** (*JUR*) cyhuddiad *g*; ~ **d'atelier** fforman *g*; ~ **d'entreprise** rheolwr *g* cwmni; ~ **d'équipe** (*SPORT*) capten *g* tîm; ~ **d'État** pennaeth gwladwriaeth; ~ **d'orchestre** arweinydd *g* cerddorfa; ~ **de bureau** prif glerc *g*; ~ **de clinique** meddyg *g* (*sy'n darlithio mewn ysbyty*); ~ **de famille** penteulu *g*; ~ **de file** arweinydd plaid; ~ **de gare** gorsaf-feistr *g*; ~ **de rayon** rheolwr adran (*mewn siop*); ~ **de service** pennaeth adran.
chef-d'œuvre (~**s**-~) [ʃɛdœvʀ] *m* campwaith *g*.
chef-lieu (~**s**-~**x**) [ʃɛfljø] *m* prif dref *b*.
cheftaine [ʃɛftɛn] *f* arweinydd *g* geidiau.
cheikh [ʃɛk] *m* shîc *g*.
chemin [ʃ(ə)mɛ̃] *m* (*sentier*) llwybr *g*; (*itinéraire, direction*) hynt *b*, ffordd *b*, cyfeiriad *g*, taith *b*; **en** ~, ~ **faisant** ar y ffordd, ar y daith, ar eich hynt; **par** ~ **de fer** ar drên; **les** ~**s de fer** (*organisation*) y rheilffyrdd *ll*; ~ **de fer** rheilffordd *b*; ~ **de terre** ffordd drol *ou* gart.
cheminée [ʃ(ə)mine] *f* simnai *b*, simdde *b*, corn *g* simnai; (*à l'intérieur*) lle *g* tân, pentan *g*, carreg *b* simnai *ou* simdde.
cheminement [ʃ(ə)minmɑ̃] *m* hynt *b*, taith *b*, cwrs *g*; (*d'une idée*) datblygiad *g*, cynnydd *g*.
cheminer [ʃ(ə)mine] (**1**) *vi* ymlwybro, cerdded; (*fig: idée, projet*) ymffurfio, datblygu.
cheminot [ʃ(ə)mino] *m* gweithiwr *g* rheilffordd.
chemise [ʃ(ə)miz] *f* (*vêtement*) crys *g*; (*dossier*) ffolder *g*; ~ **de nuit** coban *b*, gŵn *g* nos.
chemiserie [ʃ(ə)mizʀi] *f* siop *b* ddillad (dynion).
chemisette [ʃ(ə)mizɛt] *f* crys *g* (*â llewys byr*).
chemisier [ʃ(ə)mizje] *m* blows *b,g*.
chenal (**chenaux**) [ʃənal, ʃəno] *m* camlas *b*.
chenapan [ʃ(ə)napɑ̃] *m* dihiryn *g*, gwalch *g*, cythraul *g* bach, ellyll *g* bach.
chêne [ʃɛn] *m* (*arbre*) derwen *b*; (*bois*) derw *g*.
chenet [ʃ(ə)nɛ] *m* haearn *g* pentan.
chenil [ʃ(ə)nil] *m* cwt *g* ci, cenel *g*.
chenille [ʃ(ə)nij] *f* (*ZOOL*) lindysyn *g*, lindys *g*, Siani *b* flewog; **véhicule à** ~**s** cerbyd *g* â thraciau, cerbyd traciog.
chenillette [ʃ(ə)nijɛt] *f* cerbyd *g* â thraciau, cerbyd traciog.
cheptel [ʃɛptɛl] *m* da *ll* byw, anifeiliaid *ll*.
chèque [ʃɛk] *m* siec *b*; **faire/toucher un** ~ gwneud/newid siec; **par** ~ â siec; ~ **au porteur** siec i'r dygiedydd; ~ **barré** siec wedi'i chroesi; ~ **de voyage** siec deithio; ~ **en blanc** siec wag; ~ **postal** siec bost; ~ **sans provision** siec ddiwerth; **carnet de** ~**s** llyfr *g* siec.
chèque-cadeau (~**s**-~**x**) [ʃɛkkado] *m* tocyn *g* rhodd.
chèque-repas (~**s**-~) [ʃɛkʀəpɑ] *m* tocyn *g* pryd bwyd.
chèque-restaurant (~**s**-~) [ʃɛkʀɛstɔʀɑ̃] *m* tocyn *g* pryd bwyd.
chéquier [ʃekje] *m* llyfr *g* siec.
cher[1] (**chère**) [ʃɛʀ] *adj* (*aimé*) annwyl; (*couteux*) drud, drudfawr; **pas** ~ rhad; ~ **tous** (*sur lettre*) annwyl bawb;
♦*adv*: **coûter/payer** ~ costio/talu yn ddrud; **cela coûte** ~ mae'n ddrud.
cher[2] [ʃɛʀ] *m*: **mon** ~ f'anwylyd.
chercher [ʃɛʀʃe] (**1**) *vt* chwilio am, edrych am; (*dans sa mémoire*) ceisio meddwl am; ~ **qn des yeux** edrych o gwmpas i chwilio am rn; ~ **la bagarre** chwilio am drwbl; **aller** ~ **qch** mynd i nôl *ou* (y)mofyn *ou* moyn rhth; ~ **à (faire qch)** ceisio (gwneud rhth).
chercheur[1] (**chercheuse**) [ʃɛʀʃœʀ, ʃɛʀʃøz] *adj* ymchwilgar, chwilfrydig.

chercheur[2] [ʃɛʀʃœʀ] *m* ymchwilydd *g*, chwiliwr *g*, chwilotwr *g*; ~ **d'or** aurgloddiwr *g*.

chercheuse [ʃɛʀʃøz] *f* ymchwilydd *g*, chwilwraig *b*, chwilotwraig *b*; ♦*adj f voir* **chercheur**[1].

chère[1] [ʃɛʀ] *f*: **ma** ~ f'anwylyd; ♦*adj f voir* **cher**[1].

chère[2] [ʃɛʀ] *f*: **la bonne** ~ bwyd da.

chèrement [ʃɛʀmɑ̃] *adv* yn ddrud; **aimer ~ qn** caru rhn yn fawr.

chéri (-e) [ʃeʀi] *adj* (*aimé*) annwyl; **(mon) ~, (ma) ~e** 'nghariad i, f'anwylyd.

chérir [ʃeʀiʀ] (2) *vt* caru, hoffi, anwylo; (*idée, principe*) coleddu.

cherté [ʃɛʀte] *f*: **la ~ de la vie** costau *ll* byw uchel.

chérubin [ʃeʀybɛ̃] *m* ceriwb *g*.

chétif (**chétive**) [ʃetif, ʃetiv] *adj* eiddil, tila.

cheval (**chevaux**) [ʃ(ə)val, ʃ(ə)vo] *m* ceffyl *g*; **faire du** ~ marchogaeth; **à** ~ ar gefn ceffyl; **à ~ sur** (*mur etc*) â'ch coesau o bobtu i; (*fig: périodes*) yn gorgyffwrdd â; **monter sur ses grands chevaux** bod ar gefn eich ceffyl; ~ **fiscal** uned *b* pŵer car (*wrth asesu treth*); ~ **à bascule** ceffyl siglo; ~ **d'arçons** (*SPORT*) ceffyl; ~ **de bataille** march *g* rhyfel; (*fig*) hoff bwnc; **chevaux de bois** ceffylau pren; (*manège*) ceffylau bach ffair; ~ **de course** ceffyl rasio; **chevaux de frise** (*MIL*) pigau *ll*; ~**-vapeur** marchnerth *g*

chevaleresque [ʃ(ə)valʀɛsk] *adj* sifalraidd, cwrtais, boneddigaidd.

chevalerie [ʃ(ə)valʀi] *f* (*HIST*) sifalri *g*, marchogwriaeth *b*; (*fig*) cwrteisi *g*, boneddigeiddrwydd *g*.

chevalet [ʃ(ə)valɛ] *m* (*peintre*) stand *g,b*, îsl *g*; (*menuiserie*) trestl *g*; (*violon*) crib *g,b*, brân *b*, pont *b*.

chevalier [ʃ(ə)valje] *m* (*HIST*) marchog *g*; ~ **servant** dyn *g* sy'n rhoi sylw i ferch, edmygydd *g*; **faire armer qn** ~ urddo rhn yn farchog; ~ **cul-blanc** (*oiseau*) pibydd *g* gwyrdd.

chevalière [ʃ(ə)valjɛʀ] *f* sêl-fodrwy *b*, modrwy *b* sêl.

chevalin (-e) [ʃ(ə)valɛ̃, in] *adj* ceffylaidd; **boucherie ~e** *siop sydd yn gwerthu cig ceffyl.*

cheval-vapeur (**chevaux-~**) [ʃəvalvapœʀ] *m* marchnerth *g*.

chevauchée [ʃ(ə)voʃe] *f* (*troupe de personnes à cheval*) mintai *b* o farchogion.

chevauchement [ʃ(ə)voʃmɑ̃] *m* (*fig*) gorgyffwrdd *g*, gorgyffyrddiad *g*, gorymyl *g,b*.

chevaucher [ʃ(ə)voʃe] (1) *vi* (*aussi:* **se** ~) gorgyffwrdd, ymestyn tros ymyl, gorymylu; ♦*vt* (*cheval, âne*) mynd ar gefn, marchogaeth ag un goes bob ochr.

chevaux [ʃəvo] *mpl voir* **cheval**.

chevelu (-e) [ʃəv(ə)ly] *adj* â gwallt hir; (*péj*) gwalltog.

chevelure [ʃəv(ə)lyʀ] *f* (*cheveux*) gwallt *g*; (*comète*) cynffon *b*.

chevet [ʃ(ə)vɛ] *m* (*d'église*) talcen *g* crwn, crongafell *b*, aps *g*; (*de lit*) erchwyn *g,b*; **au ~ de qn** wrth erchwyn gwely rhn; **lampe de** ~ lamp *b* erchwyn (gwely); **livre de** ~ (*fig*) hoff lyfr; **table de** ~ bwrdd (wrth) erchwyn gwely.

cheveu (-x) [ʃ(ə)vø] *m* blewyn *g*; **~x** (*chevelure*) gwallt *g*; **se faire couper les ~x** cael torri'ch gwallt; **avoir les ~x courts** bod â gwallt byr; **elle a les ~x en brosse** mae toriad crop *ou* cwta ganddi; **tiré par les ~x** (*histoire*) anhygoel, annhebygol; **~x d'ange** (*vermicelle*) vermicelli (*pasta tenau iawn*); (*décoration*) "gwallt arian" (*addurniad ar gyfer coeden Nadolig*).

cheville [ʃ(ə)vij] *f* (*ANAT*) ffêr *b*, migwrn *g*; (*pour joindre*) peg *g*, hoelen *b* bren; (*pour clou*) plwg *g* Rawl; **être en ~ avec qn** cyd-gynllwynio gyda rhn; ~ **ouvrière** bollten *b* fras; (*fig*) prif gynheiliad *g/b*.

cheviller [ʃ(ə)vije] (1) *vt* pegio; **avoir l'âme chevillée au corps** bod â gafael dynn ar fywyd.

chèvre [ʃɛvʀ] *f* gafr *b*; **ménager la ~ et le chou** ceisio plesio pawb; ♦*m* caws *g* gafr.

chevreau (-x) [ʃəvʀo] *m* myn *g* gafr.

chèvrefeuille [ʃɛvʀəfœj] *m* (*BOT*) gwyddfid *g*, llaeth *g* y gaseg.

chevreuil [ʃəvʀœj] *m* (*mâle*) iwrch *g*; (*femelle*) iyrches *b*; (*CULIN*) cig *g* carw.

chevron [ʃəvʀɔ̃] *m* (*poutre*) trawst *g*; (*MIL*) streipen *b*, sieffrwn *g*; (*motif*) patrwm *g* cefn pennog *ou* saethben *ou* asgwrn pysgodyn.

chevronné (-e) [ʃəvʀɔne] *adj* profiadol, cynefin, cyfarwydd.

chevrotant (-e) [ʃəvʀɔtɑ̃, ɑ̃t] *adj* crynedig.

chevroter [ʃəvʀɔte] (1) *vi* (*parler*) siarad mewn llais crynedig; (*chanter*) cwafrio; (*voix*) cwafrio, crynu.

chevrotine [ʃəvʀɔtin] *f* haels *ll* breision.

chewing-gum (**~-~s**) [ʃwiŋgɔm] *m* gwm *g* cnoi.

chez [ʃe] *prép*
1 (*à la demeure de*) yn nhŷ; ~ **Nathalie** yn nhŷ Nathalie; ~ **moi** adref, fy nhŷ fi; **je travaille ~ moi** 'rydw i'n gweithio gartref; **viens ~ moi** tyrd draw i'n tŷ ni; ~ **toi** adref, dy dŷ di; **rentre ~ toi** dos adref; ~ **lui** adref, ei dŷ ef; ~ **elle** adref, ei thŷ thi; ~ **nous** adref, ein tŷ ni; ~ **vous** adref, eich tŷ chi; ~ **eux/elles** adref, eu tŷ nhw.
2 (*magasin, usine, cabinet*): **aller ~ le boulanger** mynd i'r siop fara; **aller ~ le dentiste** mynd at y deintydd; **il travaille ~ Renault** mae'n gweithio yn ffatri Renault.
3 (*dans l'œuvre de*): ~ **ce poète** yng ngwaith y bardd hwn.
4 (*dans le pays, la région de*): **c'est une expression de ~ nous** mae'n ddywediad lleol.

5 (*parmi*): ~ **les enseignants** ymhlith athrawon; **c'est une coutume ~ les Français** mae hyn yn arferiad gan y Ffrancwyr *ou* yn Ffrainc; **maladie fréquente ~ les bovins** salwch cyffredin mewn gwartheg.

chez-soi [ʃeswa] *m* cartref *g*: **elle voudrait avoir un** ~-~ mae arni eisiau ei chartref ei hun.

chf. cent. *abr*(= *chauffage central*) gwres *g* canolog.

chiadé* [ʃjade] *adj* (*difficile*) anodd; (*bien fait*) trylwyr, crefftus, tan gamp, campus.

chiader* [ʃjade] (**1**) *vt* adolygu, astudio yn galed, ffagio*.

chialer* [ʃjale] (**1**) *vt* beichio wylo, wylo'n hidl, beichio crïo.

chiant** (**-e**) [ʃjɑ̃, ʃjɑ̃t] *adj* uffernol o ddiflas; **qu'est-ce qu'elle est ~e** mae hi'n boendod llwyr.

chic [ʃik] *adj inv* ffasiynol, cain, ceinwych, trwsiadus; (*gens*) chwaethus, diwylliedig; (*généreux*) caredig, dymunol, ffeind, clên; **c'est un ~ type*** mae e'n fachan ffein; **c'était ~ de ta part** 'roedd hynna'n garedig iawn ohonot; **faire qch de ~** gwneud rhth yn ddifyfyr *ou* o'r frest; ~**!** gwych!, campus!, ardderchog!;

♦*m* steil *g*, steilusrwydd *g*, ceinwychder *g*; **avoir le ~ de** *neu* **pour faire qch** bod â'r ddawn i wneud rhth.

chicane [ʃikan] *f* (*obstacle*) rhwystr *g* gosod; (*querelle*) croesddadl *b*, hollti blew *g*, cweryl *g*, ffrae *b*.

chicaner [ʃikane] (**1**) *vi*: ~ **sur qch** hollti blew ynghylch rhth, ffraeo ynghylch rhth, cweryla ynghylch rhth.

chiche [ʃiʃ] *adj* crintach, crintachlyd, cybyddlyd; ~**!*** (*en réponse à un défi*) o'r gorau! 'rwy'n derbyn!; **tu n'es pas ~ de lui parler!*** 'feiddiet ti ddim siarad â hi!, gamp iti sgwrsio â hi!

chichement [ʃiʃmɑ̃] *adv* (*pauvrement*) yn brin, yn annigonol, yn denau; (*mesquinement*) yn grintachlyd, yn gybyddlyd.

chichis* [ʃiʃi] *mpl*: **faire des ~** ffysian, gwneud ffws a ffwdan, mynd i drafferth.

chicorée [ʃikɔʀe] *f* (*café*) sicori *g*; (*salade*) endif *g,b*, ysgellog *g*; ~ **frisée** ysgellog crych.

chicot [ʃiko] *m* (*dent, arbre*) bôn *g*, bonyn *g*.

chien [ʃjɛ̃] *m*

1 (*ZOOL*) ci *g*; **temps de ~** tywydd *g* ofnadwy; **vie de ~** bywyd *g* caled; **entre ~ et loup** rhwng dau olau, yn y cyfnos; ~ **d'aveugle** ci tywys (dyn dall); ~**de chasse** ci hela adar; ~ **de garde** ci gwarchod; ~ **de race** ci pedigri; ~ **de traîneau** ci llusgo, hysgi *g*; ~ **policier** ci heddlu.

2 (*de pistolet*) cnicyn *g*; **être couché en ~ de fusil** gorwedd yn dorch, swatio.

chiendent [ʃjɛ̃dɑ̃] *m* (*BOT*) marchwellt *g*, glaswellt *g* y cŵn.

chien-loup (~**s**-~**s**) [ʃjɛ̃lu] *m* bleiddgi *g*.

chienne [ʃjɛn] *f* gast *b*.

chier* [ʃje] (**16**) *vi* cachu*; **faire ~ qn** bod yn dân ar groen rhn; **se faire ~** hen ddiflasu, hen alaru.

chiffe [ʃif] *f*: **il est mou comme une ~, c'est une ~ molle** (*fig*) mae'n ddi-asgwrn-cefn, mae'n llipryn di-ddim, mae fel brechdan, mae fel doli glwt.

chiffon [ʃifɔ̃] *m* clwt *g*, cadach *g*; ~**s** (*vêtements fripés*) dillad *ll* wedi crychu, rhacs *ll*; (*vêtements de femme: fam*) dillad merched, dillad gorau; **parler ~s** siarad am ddillad; **se battre comme des ~s** ffraeo fel ci a chath.

chiffonné (**-e**) [ʃifɔne] *adj* (*fatigué: visage*) rhychog, blinedig, curiedig, lluddedig.

chiffonner [ʃifɔne] (**1**) *vt* crychu, rhychu; (*tracasser*) poeni, gofidio.

chiffonnier [ʃifɔnje] *m* dyn *g* rhacs, dyn hel rhacs; (*meuble*) sieffinîr *g,b*, cist *b* ddroriau fach.

chiffrable [ʃifʀabl] *adj* rhifadwy, cyfrifadwy.

chiffre [ʃifʀ] *m* (*représentant un nombre*) rhifolyn *g*, rhif *g*, ffigwr *g,b*; (*montant, total*) swm *g*, cyfanswm *g*; **en ~s ronds** i'r ffigwr agosaf; **écrire un nombre en ~s** ysgrifennu rhif mewn ffigyrau; ~**s arabes** rhifolion Arabaidd; ~ **d'affaires** (*COMM*) trosiant *g* gwerthu; ~ **de ventes** ffigyrau gwerthiant; ~**s romains** rhifolion Rhufeinig; **le ~ des naissances** nifer *g,b* y genedigaethau.

chiffrer [ʃifʀe] (**1**) *vt* (*évaluer*) asesu maint, rhoi ffigur ar; (*coder*) ysgrifennu (rhth) mewn côd; (*numeroter*) rhifo; **la dette est chiffrée à cent mille francs** swm y ddyled yw can mil ffranc;

♦*vi* costio llawer; **ça finit par ~** mae hynny yn mynd yn ddrud;

♦ **se ~** *vr* costio; **les travaux se chiffrent à plusieurs millions** mae'r gwaith yn costio sawl miliwn.

chignole [ʃiɲɔl] *f* dril *g*.

chignon [ʃiɲɔ̃] *m* chignon *g,b*, cocyn *g*, torch *b* (o wallt).

chiite [ʃiit] *adj* Shïaidd;

♦*m/f* Shïad *g/b*.

Chili [ʃili] *prm*: **le ~** Tsile *b*.

chilien (**-ne**) [ʃiljɛ̃, jɛn] *adj* Tsileaidd.

Chilien [ʃiljɛ̃] *m* Tsilead *g*.

Chilienne [ʃiljɛn] *f* Tsilead *b*.

chimère [ʃimɛʀ] *f* (*irréalisable*) breuddwyd *g,b* gwrach, awydd *g* ofer, paradwys *b* ffŵl.

chimérique [ʃimeʀik] *adj* (*esprit, projet*) breuddwydiol; (*imaginaire*) dychmygol, rhithiol, ffansïol.

chimie [ʃimi] *f* cemeg *b*.

chimio [ʃimjɔ] *f voir* **chimiothérapie**.

chimiothérapie [ʃimjoteʀapi] *f* cemotherapi *g*.

chimique [ʃimik] *adj* cemegol; **produits ~s** cemegion *ll*, cemegolion *ll*.

chimiste [ʃimist] *m/f* cemegydd *g*.

chimpanzé [ʃɛ̃pɑ̃ze] *m* tsimpansî *g*.
chinchilla [ʃɛ̃ʃila] *m* tsintsila *g*.
Chine [ʃin] *prf*: **la ~** Tsieina *b*; **la ~ libre, la République de ~** Taiwan *b*, Gweriniaeth *b* Tsieina.
chine[1] [ʃin] *m* papur *g* reis; (*porcelaine*) tseini *g*, porslen *g* Tsieineaidd.
chine[2] [ʃin] *f* gwerthu *ou* casglu hen bethau.
chiné (-**e**) [ʃine] *adj* (*laine*) chiné *g* (*â'r ystof a'r anwe o liwiau gwahanol*), brith.
chiner [ʃine] (**1**) *vt* herian, pryfocio, tynnu ar, tynnu coes.
chinois[1] (-**e**) [ʃinwa, waz] *adj* Tsieineaidd.
chinois[2] [ʃinwa] *m* (LING) Tsieineeg *b,g*.
Chinois [ʃinwa] *m* Tsieinead *g*.
Chinoise [ʃinwaz] *f* Tsieinead *b*.
chinoiserie(s) [ʃinwazʀi] (*péj*) *f* ffwdan *b*, cymhlethdod *g*; **~ de l'administration** biwrocratiaeth *b*, mân reolau *ll*.
chiot [ʃjo] *m* ci bach *g*, colwyn *g*.
chiper* [ʃipe] (**1**) *vt* dwyn, bachu.
chipie [ʃipi] *f* cnawes *b*, cecren *b*, gwraig *b* gynhennus, 'sguthan *b*.
chipolata [ʃipɔlata] *f* tsipolata *g* (*sosej denau*).
chipoter [ʃipɔte] (**1**) *vi* (*manger*) deintio, cnoi; (*ergoter*) pigo beiau, hollti blew; (*marchander*) bargeinio, taeru.
chips [ʃips] *fpl* (*aussi:* **pommes ~**) creision *ll* tatws.
chique [ʃik] *f* darn *g* o faco cnoi, joe *b*, joien *b*; **couper la ~ à qn** torri ar draws rhn; **avaler sa ~** marw.
chiquenaude [ʃiknod] *f* (*du doigt*) clec *b*, cnic *g*.
chiquer [ʃike] (**1**) *vi* cnoi baco.
chiromancie [kiʀɔmɑ̃si] *f* llawddewiniaeth *b*, darllen dwylo.
chiromancien [kiʀɔmɑ̃sjɛ̃] *m* llawddewin *g*, dyn *g* darllen dwylo.
chiromancienne [kiʀɔmɑ̃sjɛn] *f* llawddewines *b*, gwraig *b* darllen dwylo.
chiropracteur [kiʀɔpʀaktœʀ] *m voir* **chiropraticien**.
chiropraticien [kiʀɔpʀatisjɛ̃] *m* ceiropractydd *g*, meddyg *g* esgyrn.
chiropraticienne [kiʀɔpʀatisjɛn] *f* ceiropractydd *g*, meddyg *g* esgyrn.
chirurgical (-**e**) (**chirurgicaux, chirurgicales**) [ʃiʀyʀʒikal, ʃiʀyʀʒiko] *adj* llawfeddygol.
chirurgie [ʃiʀyʀʒi] *f* llawdriniaeth *b*, llawfeddygaeth *b*, triniaeth *b* lawfeddygol; **~ esthétique** llawfeddygaeth gosmetig.
chirurgien [ʃiʀyʀʒjɛ̃] *m* llawfeddyg *g*; **~ dentiste** deintydd *g* llawfeddygol.
chirurgienne [ʃiʀyʀʒjɛn] *f* llawfeddyg *g*.
chiure [ʃjyʀ] *f*: **~s de mouche** baw *g* pryfed.
ch.-l. *abr*(= *chef-lieu*) prif dref *b*.
chlore [klɔʀ] *m* clorin *g*, glasnwy *g*.
chloroforme [kl̩fɔʀm] *m* clorofform *g*.
chlorophylle [kl̩fil] *f* cloroffyl *g*.
chlorure [klɔʀyʀ] *m* clorid *g*.
choc [ʃɔk] *m* sioc *b*; (*véhicule*) gwrthdrawiad *g*, trawiad *g*, sioc; (*émotion brutale*) ergyd *g,b*, sioc, braw *g*; (*bruit violent*) trwst *g*, twrw *g*; (*affrontement*) gwrthdaro; (*surprise*) sioc, ysgytiad *g*, syfrdandod *g*; **journaliste de ~** gohebydd *g* di-ail; **troupe de ~** milwyr *ll* ymosod; **traitement de ~** siocdriniaeth *b*, triniaeth *b* sioc; **~ en retour** (*fig*) adlach *b*; (GÉO) ôl-gryniad *g*; **~ nerveux** cyflwr *g* o sioc, llewygfa *b*, sioc; **~ opératoire** sioc (ar ôl llawdriniaeth);
♦*adj*: **prix ~** prisiau syfrdanol *ou* anhygoel o isel.
chocolat [ʃɔkɔla] *m* siocled *g*; (*aussi:* **~ chaud**) siocled poeth; **~ à croquer** siocled tywyll; **~ à cuire** siocled coginio; **~ au lait** siocled llaeth; **~ en poudre** siocled yfed, powdr *g* coco; **une tablette de ~** bar o siocled.
chocolaté (-**e**) [ʃɔkɔlate] *adj* siocled.
chocolaterie [ʃɔkɔlatʀi] *f* ffatri *b* siocled.
chocolatier [ʃɔkɔlatje] *m* (*commerçant*) gwerthwr *g* siocled; (*fabricant*) gwneuthurwr *g* siocled.
chocolatière [ʃɔkɔlatjɛʀ] *f* (*commerçante*) gwerthwraig *b* siocled; (*fabricant*) gwneuthurwraig *b* siocled.
chœur[1] [kœʀ] *m* (*chorale*) côr *g*; (OPÉRA, THÉÂTRE) corws *g*; **en ~** yn un côr, yn cyd ganu, ag un llais; (*fig*) ar y cyd.
chœur[2] [kœʀ] *m* (ARCHIT) côr *g*, cangell *b*.
choir [ʃwaʀ] (**34**) *vi: défectif* cwympo, syrthio; **laisser ~** gadael, rhoi'r gorau i, troi cefn ar; (*laisser tomber*) colli, gollwng
choisi (-**e**) [ʃwazi] *adj* dethol, detholedig, dewisol, dewisedig; **textes ~s** ysgrifau *ll* dethol.
choisir [ʃwaziʀ] (**2**) *vt* dewis; (*entre plusieurs*) dewis, dethol; **~ de faire qch** dewis *ou* penderfynu gwneud rhth.
choix [ʃwa] *m* dewis *g*, dewisiad *g*, detholiad *g*; **avoir le ~** cael y dewis; **de premier ~** (COMM) o'r dosbarth cyntaf, o'r radd flaenaf, y gorau; **de ~** dewisol, dethol, detholedig, dewisedig; **je n'avais pas le ~** 'doedd gennyf ddim dewis; **au ~** yn ôl eich dewis; **de mon ~** o'm dewis fy hun.
choléra [kɔleʀa] *m* colera *g*, y geri *g*.
cholestérol [kɔlɛsteʀɔl] *m* colesterol *g*.
chômage [ʃomaʒ] *m* diweithdra *g*, diffyg *g* gwaith, anghyflogaeth *b*; **mettre qn au ~** diswyddo rhn, troi rhn o swydd, gwneud rhn yn segur; **être au ~** bod yn ddi-waith *ou* heb waith; **s'inscrire au ~** ymrestru'n ddi-waith; **mettre en ~ technique** anfon gweithwyr adref (dros dro); **~ partiel** gwaith *g* rhan amser *ou* amser byr; **~ structurel** diweithdra (*oherwydd newid cymdeithasol neu ddiwydiannol*).
chômé (-**e**) [ʃome] *adj*: **jour ~** gŵyl *b* gyhoeddus.
chômer [ʃome] (**1**) *vi* bod yn ddi-waith *ou* heb

waith, segura; (*équipements*) bod yn segur; **laisser ~ les terres** gadael tir yn fraenar.
chômeur [ʃomœʀ] *m* dyn *g* di-waith; **les ~s** y di-waith *ll*.
chômeuse [ʃomœøz] *f* merch *b* ddi-waith.
chope [ʃɔp] *f* tancard *g*, mŵg *g* cwrw.
choquant (-e) [ʃɔkɑ̃, ɑ̃t] *adj* cywilyddus, gwarthus, ofnadwy, dychrynllyd.
choquer [ʃɔke] (1) *vt* tramgwyddo, codi cywilydd ar; (*chute, accident*) rhoi ysgytwad i, ysgwyd.
choral[1] (-e) [kɔʀal] *adj* corawl.
choral[2] [kɔʀal] *m* corâl *g,b*, corawd *g,b*.
chorale [kɔʀal] *f* (*chœur*) côr *g*;
♦*adj f voir* **choral**[1].
chorégraphe [kɔʀegʀaf] *m/f* coreograffydd *g*.
chorégraphie [kɔʀegʀafi] *f* coreograffi *g*.
choriste [kɔʀist] *m/f* corwr *g*, corwraig *b*, aelod *g* o gôr; (*opéra*) aelod *g* o'r corws.
chorus [kɔʀys] *m* (*MUS*) corws *g*; **faire ~ (avec)** (*fig*) lleisio cytundeb (â).
chose [ʃoz] *f* peth *g*; **~s** (*situation*) sefyllfa *b*; **dire bien des ~s à qn** anfon eich cofion at rn; **faire bien les ~s** gwneud pethau mewn steil; **parler de ~s et d'autres** sôn am yr hyn a'r llall, siarad ar hyd ac ar led; **c'est peu de ~** nid yw'n fawr o beth, nid yw'n llawer o bwys;
♦*m* (*fam: machin*) pethma *g*, bechingalw *g*;
♦*adj inv*: **être/se sentir tout ~** teimlo'n od *ou* yn rhyfedd; (*malade*) teimlo'n ddi-hwyl, peidio â theimlo'n dda, teimlo'n bethma.
chou[1] (-x) [ʃu] *m* (*BOT*) bresychen *b*, cabatsien *b*; **mon petit ~** fy nghariad, cariad bach; **faire ~ blanc** methu, cael siwrnai ofer *ou* seithug; **bout de ~** cariad bach; **feuille de ~** (*fig: journal*) rhecsyn *g*; **~ (à la crème)** bynsen *ou* bynen *b* hufen; **~ de Bruxelles** ysgewyllen *b*, adfresychen *b*, sbrowtyn *g*.
chou[2] [ʃu] *adj inv* swynol, hyfryd, pert.
choucas [ʃuka] *m* jac-y-do *g*, cogfran *b*.
chouchou [ʃuʃu] *m* (*SCOL: protégé*) ffefryn *g* athro *ou* athrawes.
chouchoute [ʃuʃuut] *f* (*SCOL: protégé*) ffefryn *g* athro *ou* athrawes.
chouchouter [ʃuʃute] (1) *vt* mwytho, maldodi, anwesu.
choucroute [ʃukʀut] *f* sauerkraut *g*, bresych *g* picl; **~ garnie** *pryd o fwyd sydd yn cynnwys bresych picl, cig a thatws.*
chouette [ʃwɛt] *f* tylluan *b*, gwdihŵ *b*;
♦*adj* (*fam*) hardd, pert, del; **~!** gwych!, campus!
chou-fleur (**~x-~s**) [ʃuflœʀ] *m* blodfresychen *b*.
chou-rave (**~x-~s**) [ʃuʀav] *m* colrabi *g* (*math o fresych*).
choyer [ʃwaje] (**17**) *vt* maldodi, anwesu, mwytho.
chrétien[1] (-ne) [kʀetjɛ̃, jɛn] *adj* Cristnogol, Cristnogaidd.
chrétien[2] [kʀetjɛ̃] *m* Cristion *g*.
chrétienne [kʀetjɛn] *f* Cristnoges *b*;
♦*adj f voir* **chrétien**[1].
chrétiennement [kʀetjɛnmɑ̃] *adv* yn Gristnogol, yn Gristnogaidd.
chrétienté [kʀetjɛ̃te] *f* Cred *b*, Gwledydd *ll* Cred, y Byd *g* Cristnogol, Cristnogaeth *b*.
Christ [kʀist] *prn* Crist *g*; **c~** (*crucifix*) croes *b* (*a chorff Crist arni*); (*peinture*) darlun *g* o Grist; **Jésus ~** Iesu Grist.
christianiser [kʀistjanize] (**1**) *vt* Cristioneiddio, Cristionogi, troi (rhn) yn Gristion.
christianisme [kʀistjanism] *m* Cristnogaeth *b*.
Christmas [kʀistmas] *f*: **(l'île) ~** Ynys *b* y Nadolig.
chromatique [kʀɔmatik] *adj* cromatig.
chrome [kʀom] *m* cromiwm *g*; (*revêtement*) crôm *g*, cromiwm.
chromé (-e) [kʀome] *adj* cromiwm-plât.
chromosome [kʀomozom] *m* cromosom *g*.
chronique [kʀɔnik] *adj* cronig, parhaus; (*MÉD*) hirfaith;
♦*f* (*de journal*) colofn *b*, tudalen *g,b*; (*historique*) cronicl *g*; **~ sportive/théâtrale** adolygiad *g* chwaraeon/dramâu; **~ locale** newyddion *ll* lleol, colofn *b* glecs lleol.
chroniqueur [kʀɔnikœʀ] *m* colofnydd *g*, gohebydd *g*; (*historique*) croniclydd *g*.
chronologie [kʀɔnɔlɔʒi] *f* cronoleg *b*, amseryddiaeth *b*, trefn *b* amser.
chronologique [kʀɔnɔlɔʒik] *adj* cronolegol, amseryddol; **tableau ~** tabl cronolegol.
chronologiquement [kʀɔnɔlɔʒikmɑ̃] *adv* yn nhrefn amser, o ran trefn amser, yn gronolegol.
chrono(mètre) [kʀɔnɔmɛtʀ] *m* (*montre de précision*) watsh *b* amseru; (*TECH: instrument servant à mesurer le temps*) amseriadur *g*, cronomedr *g*.
chronométrer [kʀɔnɔmetʀe] (**14**) *vt* amseru, mesur yn fanwl.
chronométreur [kʀɔnɔmetʀœʀ] *m* amserwr *g*, cofnodwr *g* amser.
chrysalide [kʀizalid] *f* crysalis *g*, chwiler *g,b*.
chrysanthème [kʀizɑ̃tɛm] *m* blodyn *g* Mihangel, ffarwél *g,b* haf.
chu (-e) [ʃy] *pp de* **choir**.
CHU [seaʃy] *sigle m*(= *Centre hospitalier universitaire*) ≈ ysbyty hyfforddi.
chuchotement [ʃyʃɔtmɑ̃] *m* sibrwd *g*, sibrydiad *g*, sisial *g*.
chuchoter [ʃʃyʃɔte] (**1**) *vt, vi* sibrwd, sisial.
chuintement [ʃɥɛ̃tmɑ̃] *m* hisian *g*, chwythiad *g*.
chuinter [ʃɥɛ̃te] (**1**) *vi* hisian, sisian, sïo.
chut [ʃyt] *excl* hisht!, isht!, ust!
chute [ʃyt] *f* cwymp *g*, syrthiad *g*; (*fig: des prix, salaires*) cwymp, gostyngiad *g*; (*de température, pression*) cwymp, disgyniad *g*; (*de bois, papier: déchet*) toriad *g*, darn *g* a dorrwyd; **la ~ des cheveux** moelni *g*, colli gwallt; **~ (d'eau)** rhaeadr *b*; **la C~** (*REL*) y

Cwymp; ~ **des reins** meingefn *g*, main *g* y cefn; ~ **libre** cwymp rhydd; ~**s de neige** cawodydd *ll* eira; ~**s de pluie** glaw *g*, glawogydd *ll*.

Chypre [ʃipʀ] *pr* Cyprus *b*.

chypriote [ʃipʀiɔt] *adj, m/f=* **cypriote**.

ci-, -ci, ci [si] *adv voir* **ci-contre, ci-joint** *etc*; ♦*dét*: **ce garçon/cet homme-ci** y bachgen/dyn hwn *ou* hwnnw; **cette femme-ci** y ferch *ou* wraig hon; **ces hommes/femmes-ci** y dynion/merched *ou* gwragedd hyn; **de ~ de là** yma a thraw, yma ac acw; **comme ~, comme ça** gweddol, go lew; **par-~, par là** yma a thraw.

CIA [seia] *sigle f(= Central Intelligence Agency)* y Gwasanaeth *g* Cyfrin Canolog.

ciao* [tʃao] *excl* hwyl!, ta-ta!, da bo!

ci-après [siapʀɛ] *adv* o hyn ymlaen, yn nes ymlaen, ar ôl hyn, wedi hyn, isod.

cibiste [sibist] *m* defnyddiwr *g* Radio CB.

cible [sibl] *f* (*aussi fig*) targed *g*, nod *b,g*, saethnod *g,b*; (*d'une campagne publicitaire*) nod, targed; **langue ~** iaith *b* darged, nodiaith *b*.

cibler [sible] (**1**) *vt* targedu, anelu (at *ou* am rth).

ciboire [sibwaʀ] *m* (*REL*) blwch *g* yr aberth, blwch *g* y cymun.

ciboule [sibul] *f* cenhinen *b* syfi, sifysen *b*.

ciboulette [sibulɛt] *f* sifysen *b* fach.

ciboulot* [sibulo] *m* pen *g*, penglog *b*; **il n'a rien dans le ~** 'does dim llawer yn ei ben.

cicatrice [sikatʀis] *f* craith *b*.

cicatriser [sikatʀize] (**1**) *vt* iacháu, gwella; ♦ **se ~** *vr* gwella, ffurfio creithiau.

Ciceron [sisɛʀo] *prm* Cicero.

ci-contre [sikɔ̃tʀ] *adv* gyferbyn.

CICR [seiseer] *sigle m(= Comité international de la Croix-Rouge)* pwyllgor *g* rhyngwladol y Groes Goch.

ci-dessous [sidəsu] *adv* isod.

ci-dessus [sidəsy] *adv* uchod.

ci-devant [sidəvɑ̃] *adj* blaenorol; ♦*m/f inv* cyn-uchelwr *g*, cyn-uchelwraig *b*.

CIDEX [sidɛks] *sigle m(= Courrier individuel à distribution exceptionnelle) grŵp o flychau post mewn ardaloedd gwledig.*

CIDJ [seidəʒi] *sigle m(= Centre d'information et de documentation de la jeunesse) Gwasanaeth g Gyrfaoedd Ymgynghorol ar gyfer Ieuenctid.*

cidre [sidʀ] *m* seidr *g*.

cidrerie [sidʀəʀi] *f* ffatri *b* seidr, gwaith *g* seidr.

Cie *abr(= compagnie)* Cwmni *g*.

ciel (-**s** *ou (LITT)* **cieux**) [sjɛl] *m* awyr *b*, nen *b*, nef *b*; **cieux** awyr *b*; (*REL, LITT*) nef *b*, nefoedd *b*; **à ~ ouvert** yn yr awyr agored, awyr agored; (*mine*) agored, brig; **tomber du ~** (*être stupéfait*) bod yn syfrdan, synnu, methu â choelio'ch llygaid; (*arriver à l'improviste*) dod yn ddirybudd; ~**!** y nefoedd annwyl!, nefi wen!; ~ **de lit** canopi *g*, nenlen *b*.

cierge [sjɛʀʒ] *m* cannwyll *b*; ~ **pascal** cannwyll Pasg.

cieux [sjø] *mpl voir* **ciel**.

cigale [sigal] *f* sicada *g*, sioncyn *g* Ffrengig, cricsyn *g* mawr.

cigare [sigaʀ] *m* sigâr *b*.

cigarette [sigaʀɛt] *f* sigarét *b*; ~ **(à) bout filtre** sigarét â blaen hidlo.

ci-gît [siʒi] *vb* yma y gorwedd, yma yr huna.

cigogne [sigɔɲ] *f* storc *g*, ciconia *g*, chwibon *g*.

ciguë [sigy] *f* (*BOT*) cegiden *b*, cecsen *b*, gwyn *g* y dillad.

ci-inclus (~-~**e**) [siɛ̃kly, yz] *adj* amgaeedig.

ci-joint (~-~**e**) [siʒwɛ̃, ɛ̃t] *adj* amgaeedig; **veuillez trouver ~-~** fe gewch yn amgaeedig, amgaeaf, 'rwy'n amgáu, amgaewn.

cil [sil] *m* blewyn *g* amrant, amranflewyn *g*.

ciller [sije] (**1**) *vi* amrantu, ysmicio llygad.

cimaise [simɛz] *f* rheilen *b* bictiwr.

cime [sim] *f* pen *g* uchaf, top *g*; (*montagne*) pen, copa *g,b*; (*d'honneurs*) pinacl *g*, uchafbwynt *g*, brig *g*.

ciment [simɑ̃] *m* sment *g*; ~ **armé** concrid *g* dur, concrid cyfnerthedig.

cimenter [simɑ̃te] (**1**) *vt* smentio; (*fig, amitié*) cadarnhau, cryfhau.

cimenterie [simɑ̃tʀi] *f* gwaith *g* sment.

cimetière [simtjɛʀ] *m* mynwent *b*, claddfa *b*, corfflan *b*; ~ **de voitures** iard *b* sborion, iard hen heyrn *ou* hen geir.

cinéaste [sineast] *m/f* gwneuthurwr *g* ffilmiau, gwneuthurwraig *b* ffilmiau.

ciné-club (~-~**s**) [sineklœb] *m* cymdeithas *b* ffilmiau, clwb *g* ffilmiau

cinéma [sinema] *m* sinema *b*; **aller au ~** mynd i'r sinema *ou* i'r pictiwrs; ~ **d'animation** ffilm *b* gartŵn.

cinémascope® [sinemaskɔp] *m* sinemasgop *g*.

cinémathèque [sinematɛk] *f* archif *b* ffilmiau.

cinématographie [sinematɔgʀafi] *f* sinematograffi *g*, sinematograffeg *b*.

cinématographique [sinematɔgʀafik] *adj* sinematograffig.

cinéphile [sinefil] *m/f* un sydd yn hoff iawn o'r sinema, edmygydd *g* ffilmiau.

cinétique [sinetik] *adj* cinetig, symudol.

cinglant (-**e**) [sɛ̃glɑ̃, ɑ̃t] *adj* (*propos*) brathog, miniog, deifiol; (*froid*) deifiol, garw; (*vent*) egr, deifiol, main, llym(llem)(llymion); (*pluie*) bras; (*échec*) llethol.

cinglé* (-**e**) [sɛ̃gle] *adj* gwallgof, hurt, gwirion.

cingler [sɛ̃gle] (**1**) *vt* chwipio; (*TECH: fer*) gyrru, gweithio; (*critiquer*) beirniadu, gweld bai ar; ♦*vi* (*NAUT*): ~ **vers** anelu *ou* mynd am, cyrchu at.

cinq [sɛ̃k] *adj* (*avant un nom*) pum; (*autrement*) pump; **avoir ~ ans** (*âge*) bod yn bum mlwydd oed; **à ~ heures** am bump o'r gloch; **pendant ~ heures** am bum awr;

♦*m inv* pump *g*; **le ~ décembre 1989** y pumed o Ragfyr 1989; **nous sommes ~** mae 'na bump ohonom ni.
cinquantaine [sɛ̃kɑ̃tɛn] *f*: **une ~ (de)** tua hanner cant; **avoir la ~** bod tua hanner can mlwydd oed.
cinquante [sɛ̃kɑ̃t] *adj inv, m inv* pum deg, hanner cant.
cinquantenaire [sɛ̃kɑ̃tnɛʀ] *adj, m/f* un sydd yn hanner can mlwydd oed;
♦*m* (*anniversaire*) penblwydd *g* yn hanner cant (oed).
cinquantième [sɛ̃kɑ̃tjɛm] *adj, m/f* hanner canfed, pum degfed.
cinquième [sɛ̃kjɛm] *adj* pumed;
♦*m/f* pumed *g/b*;
♦*m* (*fraction*) pumed *g,b*, pumed ran *b*, un rhan *b* o bump; **un ~ de la population** un rhan o bump o'r boblogaeth; **trois ~s** tair rhan o bump;
♦*f* (*SCOL*) ≈ blwyddyn wyth, yr ail ddosbarth.
cinquièmement [sɛ̃kjɛmmɑ̃] *adv* yn bumed.
cintre [sɛ̃tʀ] *m* pren *g* ysgwydd, cambren *g* côt, pren *g* hongian côt; (*ARCHIT*) bwa *g*; **voûte en plein ~** fowt *b* hanner crwm.
cintré (-e) [sɛ̃tʀe] *adj* (*chemise*) â chanol *ou* gwasg, sy'n ffitio'n dynn; (*bois*) crwm(crom)(crymion).
CIO [seio] *sigle m*(= *Comité international olympique*) Pwyllgor Rhyngwladol y Chwaraeon Olympaidd.
cirage [siʀaʒ] *m* cwyr *g* (esgidiau); (*action*) gloywi, sgleinio; **être dans le ~*** (*malaise*) bod mewn llesmair; (*ignorance*) bod yn y niwl.
circoncire [siʀkɔ̃siʀ] (**51**) *vt* enwaedu.
circoncis (-e) [siʀkɔ̃si] *adj* enwaededig.
circoncision [siʀkɔ̃sizjɔ̃] *f* enwaediad *g*.
circonférence [siʀkɔ̃feʀɑ̃s] *f* cylchedd *g*; (*d'un parc*) terfyn *g* allanol.
circonflexe [siʀkɔ̃flɛks] *adj*: **accent ~** acen grom *b*, hirnod *g*, to bach *g*.
circonlocution [siʀkɔ̃lɔkysjɔ̃] *f* cylchymadrodd *g*, ymadrodd *g* cwmpasog.
circonscription [siʀkɔ̃skʀipsjɔ̃] *f*: **~ électorale** etholaeth *b*.
circonscrire [siʀkɔ̃skʀiʀ] (**53**) *vt* (*feu, epidémie*) cyfyngu, cadw o fewn terfynau; (*propriété*) nodi ffiniau; (*sujet*) diffinio, gosod terfynau i.
circonspect (-e) [siʀkɔ̃spɛ(kt), ɛkt] *adj* gofalus, pwyllog, gochelgar, gwyliadwrus.
circonspection [siʀkɔ̃spɛksjɔ̃] *f* pwyll *g*, gofal *g*, gofalusrwydd *g*, gochelgarwch *g*.
circonstance [siʀkɔ̃stɑ̃s] *f* amgylchiad *g*, achlysur *g*; **poème de ~** barddoniaeth *b* achlysurol; **air de ~** gwedd *b* briodol; **tête de ~** ymddygiad *g* addas *ou* priodol; **~s atténuantes** (*JUR*) amgylchiadau *ll* lliniarol.
circonstancié (-e) [siʀkɔ̃stɑ̃sje] *adj* manwl.
circonstanciel (-le) [siʀkɔ̃stɑ̃sjel] *adj* (*LING*) adferfol; **complement ~** ymadrodd adferfol.
circonvenir [siʀkɔ̃v(ə)niʀ] (**32**) *vt* (*abuser*) twyllo (rhn), ennill y blaen (ar rn), cael y gorau (ar rn); **~ les règles** mynd heibio'r rheolau, osgoi'r rheolau.
circonvolutions [siʀkɔ̃vɔlysjɔ̃] *fpl* troelliad *g*, cordeddiad *g*.
circuit [siʀkɥi] *m* (*touristique*) taith *b* bleser, cylchdaith *b*, tro *g*; (*compliqué*) ffordd *b* hir; (*SPORT*) cylchffordd *b*; (*ÉCON: des capitaux*) cylchrediad *g*; (*ÉLEC*) cylched *b*; **~ automobile** trac *g* rasio, cylchffordd *b*; **~ de distribution** rhwydwaith *g* dosbarthu; **~ fermé** cylched gaeedig, cylch caeedig; **~ intégré** cylched gyfannol.
circulaire [siʀkylɛʀ] *adj* crwn(cron)(crynion), cylchol, cylchog; **jeter un regard ~** edrych o'ch cwmpas, edrych oddi amgylch;
♦*f* cylchlythyr *g*.
circulation [siʀkylasjɔ̃] *f* cylchrediad *g*; (*marchandises*) symudiad *g*, dosbarthiad *g*, cylchrediad; (*AUTO*) traffig *g*, trafnidiaeth *b*; **bonne/mauvaise ~** (*du sang*) cylchrediad da/gwael; **il y a beaucoup de ~** mae llawer o draffig; **mettre un livre en ~** cyhoeddi llyfr, rhoi llyfr ar werth.
circulatoire [siʀkylatwaʀ] *adj* cylchrediadol: **avoir des troubles ~s** dioddef o gylchrediad gwael.
circuler [siʀkyle] (**1**) *vi* mynd, gyrru, cerdded (o gwmpas); (*train*) rhedeg; (*sang*) cylchredeg; **faire ~** (*nouvelles*) taenu, rhoi ar led; **circulez!** symudwch yn eich blaenau!
cire [siʀ] *f* (*de chandelle*) cwyr *g*, gwêr *g*; (*cérumen*) cwyr clustiau; **~ à cacheter** cwyr selio, cwyr coch.
ciré[1] (-e) [siʀe] *adj* (*parquet*) wedi'i gwyro, wedi'i bolisio; **toile ~e** oelcloth *g*.
ciré[2] [siʀe] *m* côt *b* oel.
cirer [siʀe] (**1**) *vt* (*parquet*) cwyro, polisio; (*souliers*) glanhau, rhoi sglein ar.
cireur [siʀœʀ] *m* glanhäwr *g* esgidiau.
cireuse [siʀøz] *f* glanhäwraig *b* esgidiau; (*appareil*) peiriant *g* cwyro'r llawr;
♦*adj f voir* **cireux**.
cireux (**cireuse**) [siʀø, siʀøz] *adj* (*fig: teint*) cwyraidd, fel cwyr *ou* gwêr.
cirque [siʀk] *m*
1 (*spectacle*) syrcas *b*.
2 (*amphithéâtre, arène*) amffitheatr *b*, arena *b*, ymrysonfa *b*.
3 (*fig, désordre*) anhrefn *g,b*, llanast *g*, annibendod *g*.
4 (*chichis*) ffwdan *b*, byd *g*, helynt *b*.
5 (*GÉO*) peiran *g*, cwm *g*.
cirrhose [siʀoz] *f*: **~ du foie** sirosis *g*, ymgreithiad *g* yr afu *ou* iau.
cisailler [sizɑje] (**1**) *vt* torri, tocio, clipio.
cisaille(s) [sizɑj] *f(pl)* (*de jardin*) siswrn *g*.
ciseau (-x) [sizo] *m*: **~ (à bois)** siswrn *g*, gwellau *g*; (*TECH, sculpture*) cŷn *g* (cerfio);

~**x** (*gén, de tailleur*) siswrn *g*; (*GYM*) naid *b* siswrn; **sauter en ~x** gwneud naid siswrn.
ciseler [siz(ə)le] **(13)** *vt* (*métal*) llingerfio, engrafu; (*pierre, bijou*) torri â chŷn, naddu.
ciselure [siz(ə)lyʀ] *f* (*argenterie*) engrafu; (*bois*) cerfio, naddu; (*ornement ciselé*) cerfiad *g*, engrafiad *g*.
citadelle [sitadɛl] *f* (*aussi fig*) caer *b* (ddinesig); (*fig*) cadarnle *g*.
citadin[1] (-e) [sitadɛ̃, in] *adj* dinesig, trefol.
citadin[2] [sitadɛ̃] *m* dinaswr *g*.
citadine [sitadin] *f* dinaswraig *b*; ♦*adj f voir* **citadin**[1].
citation [sitasjɔ̃] *f* dyfyniad *g*; ~ **à comparaître** (*à accusé*) gwŷs *b* i ymddangos; (*à témoin*) gwŷs dystiolaeth; ~ **à l'ordre de l'armée** cael eich enwi mewn adroddiadau milwrol.
cité [site] *f* dinas *b*; (*petite*) tref *b*; ~ **ouvrière** stad *b* dai (i weithwyr); ~ **universitaire** neuaddau *ll* preswyl (i fyfyrwyr).
cité-dortoir (~**s**-~**s**) [sitedɔʀtwaʀ] *f* tref *b* noswylio, maestref *b* noswylio.
cité-jardin (~**s**-~**s**) [siteʒaʀdɛ̃] *f* gardd-ddinas *b*.
citer [site] **(1)** *vt* dyfynnu; (*nommer*) enwi; ~ **qn à comparaître** galw rhn i lys, gwysio rhn i ymddangos; ~ **qn en exemple** enwi rhn fel esiampl; **je ne veux** ~ **personne** does arna' i ddim eisiau enwi neb.
citerne [sitɛʀn] *f* tanc *g* dŵr.
cithare [sitaʀ] *f* sither *g*.
citoyen [sitwajɛ̃] *m* dinesydd *g*.
citoyenne [sitwajɛn] *f* dinesydd *g*.
citoyenneté [sitwajɛnte] *f* dinasyddiaeth *b*.
citrique [sitʀik] *adj* citrig.
citron [sitʀɔ̃] *m* lemon *g*; ~ **pressé** *sudd lemon ffres gyda dŵr a siwgr*; ~ **vert** leim *g,b*.
citronnade [sitʀɔnad] *f* lemonêd *g*, diod *b* lemon.
citronné (-e) [sitʀɔne] *adj* lemonaidd, â blas lemon.
citronnelle [sitʀɔnɛl] *f* sitronela *g*, perlaswellt *g*; (*liqueur*) *gwirod a baratöir gyda chroen lemon.*
citronnier [sitʀɔnje] *m* coeden *b* lemon.
citrouille [sitʀuj] *f* pwmpen *b*; (*fam*) pen *g*, clopa* *g,b*.
cive(s) [siv] *f(pl)* (*BOT*) cenhinen *b* syfi, sifysen *b*.
civet [sivɛ] *m* (*CULIN*) stiw *g*, lobsgows *g*; ~ **de lièvre** stiw ysgyfarnog.
civette[1] [sivɛt] *f* (*BOT, CULIN*)= **cive(s)**.
civette[2] [sivɛt] *f* (*ZOOL*) cath *b* fwsg, cath yr India.
civière [sivjɛʀ] *f* gwely *g* cludo, stretsier *g*.
civil[1] (-e) [sivil] *adj* dinasyddol, dinesig, sifil.
civil[2] [sivil] *m* (*MIL*) dinesydd *g* preifat, sifiliad *g,b*; **habillé en** ~ yn gwisgo dillad bob dydd; **dans le** ~ ym mywyd bob dydd, mewn bywyd sifil; **mariage/enterrement** ~ priodas/angladd wladol *ou* sifil.
civilement [sivilmɑ̃] *adv* yn gwrtais; **se marier** ~ ≈ priodi mewn swyddfa gofrestru.
civilisation [sivilizasjɔ̃] *f* gwareiddiad *g*.
civilisé (-e) [sivilize] *adj* gwaraidd, gwareiddiedig, gwâr; (*bien élevé*) cwrtais.
civiliser [sivilize] **(1)** *vt* gwareiddio, diwyllio.
civilité [sivilite] *f* cwrteisi *g*, gwarineb *g*; **présenter ses ~s à qn** anfon cyfarchion at rn.
civique [sivik] *adj* dinesig; **instruction** ~ (*SCOL*) dinasyddiaeth *b*, astudiaethau *ll* dinesig.
civisme [sivism] *m* cymwynasgarwch *g*, cymunedgarwch *g*.
cl *abr*(= *centilitre*) centilitr *g*.
clafoutis [klafuti] *m pwdin cytew sydd yn cynnwys ffrwythau.*
claie [klɛ] *f* (*pour les fruits*) rhesel *b*; (*crible*) rhidyll *g*; (*barrière*) clwyd *b*.
clair[1] (-e) [klɛʀ] *adj* clir, eglur; (*pièce*) golau; (*peu consistant: sauce, soupe*) tenau, clir; **pour être** ~ er mwyn gwneud yn glir, egluro; **il a le regard** ~ mae llygaid clir ganddo; **bleu/rouge** ~ glas/coch golau; **par temps** ~ ar ddiwrnod clir;
♦*adv*: **voir** ~ gweld yn glir; **y voir** ~ deall, gweld; **il ne voit plus très** ~ (*fig*) nid yw e'n deall yn dda iawn; **en** ~ (*non codé*) yn glir, mewn trefn; (*c'est-à-dire*) yn glir, yn blwmp ac yn blaen.
clair[2] [klɛʀ] *m*: ~ **de lune** golau *g* lleuad, lloergan *g*; **au** ~ **de la lune** yng ngoleuni'r lleuad, yn y lloergan; **tirer qch au** ~ egluro rhth, gwneud rhth yn glir; **mettre au** ~ tacluso; **le plus** ~ **de son temps/de son argent** y rhan *b* fwyaf o'ch amser/arian.
claire [klɛʀ] *f* gwely *g* wystrys; **(huître de)** ~ wystrysen *b* o fagwrfa;
♦*adj f voir* **clair**[1].
clairement [klɛʀmɑ̃] *adv* yn glir, yn eglur.
claire-voie [klɛʀvwa] *adv*: **à** ~-~ â rhwyllwaith, rhwyllog.
clairière [klɛʀjɛʀ] *f* llannerch *b*, llecyn *g* agored.
clair-obscur (~**s**-~**s**) [klɛʀɔpskyʀ] *m* gwyll *g*, hanner golau *g*; (*ART*) chiaroscuro *g*; (*fig*) amwysedd *g*.
clairon [klɛʀɔ̃] *m* biwgl *g*.
claironner [klɛʀɔne] **(1)** *vt* (*fig*) rhoi ar led, cyhoeddi o bennau'r tai.
clairsemé (-e) [klɛʀsəme] *adj* (*cheveux, herbe*) tenau; (*maisons*) prin, gwasgarog, gwasgaredig; (*population*) tenau, gwasgaredig.
clairvoyance [klɛʀvwajɑ̃s] *f* craffter *g*.
clairvoyant (-e) [klɛʀvwajɑ̃, ɑ̃t] *adj* (*perspicace*) craff, treiddgar.
clam [klam] *m* (*ZOOL*) cragen *b* fylchog, cragen Berffro.
clamer [klɑme] **(1)** *vt* cyhoeddi, dweud ar goedd.
clameur [klɑmœʀ] *f* (*bruit*) twrw *g*, dwndwr *g*;

pousser des ~s gweiddi.

clan [klɑ̃] *m* clan *g*, llwyth *g*; (*coterie*) clic *g*

clandestin (-e) [klɑ̃dɛstɛ̃, in] *adj* dirgel, cudd; (*commerce*) anghyfreithlon; **passager ~** teithiwr *g* cudd *ou* cuddiedig, teithwraig *b* gudd *ou* guddiedig; **immigration ~e** mewnfudiad *g* anghyfreithlon.

clandestinement [klɑ̃dɛstinmɑ̃] *adv* yn ddirgel, yn y dirgel, yn gudd, yn anghyfreithlon.

clandestinité [klɑ̃dɛstinite] *f* dirgelrwydd *g*; **dans la ~** yn y dirgel, yn ddirgel, dan gêl; **entrer dans la ~** mynd o'r golwg, ymguddio.

clapet [klapɛ] *m* (TECH) falf *b*; **ferme ton ~*** cau dy geg!, taw!

clapier [klapje] *m* cwt *g* (cwningen).

clapotement [klapɔtmɑ̃] *m* llepian *g*, sŵn *g* llepian.

clapoter [klapɔte] (1) *vi* llepian.

clapotis [klapɔti] *m* llepian *g*, sŵn *g* llepian.

claquage [klakaʒ] *m*: **souffrir d'un ~** (*blessure*) tynnu gewyn *ou* cyhyr.

claque [klak] *f* (*gifle*) pelten *b*, clusten *b*, bonclust *g*; **la ~** (THÉÂTRE) *pobl ll a delir i glapio*; **en avoir sa ~*** cael llond bol;
♦*m* (*chapeau*) het *b* opera.

claquement [klakmɑ̃] *m* (*de porte: bruit répété*) clepian *g*; (:*bruit isolé*) clec *b*, clecian *g*, clep *b*.

claquemurer [klakmyʀe] (1): **se ~** *vr* eich cau'ch hun i mewn, ymneilltuo, encilio.

claquer [klake] (1) *vi* (*porte*) clepian; (*cou de feu*) clecian; **~ des mains** curo dwylo; **elle claquait des dents** 'roedd ei dannedd yn clecian; **~ du bec** bod ag eisiau (ou) chwant bwyd arnoch;
♦*vt* (*porte*) cau yn glep, rhoi clep i; (*doigts*) clecian; (*gifler*) rhoi clusten *ou* pelten i;
♦ **se ~** *vr*: **se ~ un muscle** tynnu cyhyr.

claquettes [klakɛt] *fpl*: **faire des ~s** (*danse*) tapddawnsio.

clarification [klaʀifikasjɔ̃] *f* (*fig*) eglurhad *g*.

clarifier [klaʀifje] (16) *vt* clirio, gloywi, gwneud yn glir; (*fig*) egluro, rhoi eglurhad o.

clarinette [klaʀinɛt] *f* clarinét *g*.

clarinettiste [klaʀinetist] *m/f* clarinetydd *g*.

clarté [klaʀte] *f* (*explication*) eglurder *g*; (*d'une pièce*) golau *g*, disgleirdeb *g*; (*de l'eau*) gloywder *g*, clirdeb *g*, clirder *g*.

classe [klɑs] *f*
1 (SCOL: *gén*) dosbarth *g*; (*leçon*) gwers *b*; **faire la ~** dysgu gwers (*mewn dosbarth*); **aller en ~** mynd i'r ysgol; **aller en ~ verte/de neige/de mer** mynd i gefn gwlad/i sgio/i lan y mor (*ar drip ysgol*).
2 (RAIL, *fig*) dosbarth *g*; **1ère~, 2ème ~** dosbarth cyntaf, ail ddosbarth; **~ touriste** y dosbarth rhataf; **de ~** moethus, o'r radd flaenaf, o ansawdd uchel, penigamp.
3 (MIL): **un (soldat de) deuxième ~** milwr *g* cyffredin, preifat *g*; **faire ses ~s** cael hyfforddiant fel recriwt.
4 (POL *etc*): **~ dirigeante/ouvrière** y dosbarth rheoli/gweithiol; **~ sociale** dosbarth cymdeithasol; **~ d'âge** grŵp *g* oedran.

classement [klɑsmɑ̃] *m* (*processus*) dosbarthu, trefnu, ffeilio, graddio, categoreiddio; (*liste, rang*: SCOL, SPORT) safle *g*; **premier au ~ général** (SPORT) y cyntaf o bawb; **faire un ~ de livres** rhoi trefn *b* ar lyfrau; **faire une erreur de ~** camffeilio rhth; **~ des élèves** rhestr *b* y disgyblion; **avoir un bon/mauvais classement** gwneud yn dda/wael mewn arholiad; **le ~ d'un examen** canlyniad *g* arholiad.

classer [klɑse] (1) *vt* dosbarthu, ffeilio, trefnu, rhoi trefn ar, gosod mewn trefn, graddoli, categoreiddio; (*candidat*) gosod mewn trefn; (JUR: *affaire*) cloi, terfynu; **se ~ premier/dernier** dod yn gyntaf/olaf.

classeur [klɑsœʀ] *m* (*cahier*) ffeil *b*, ffolder *g,b*; (*meuble*) cwpwrdd *g* ffeilio/ffeiliau; **~ à feuillets mobiles** ffeil â meingefn cylchog, cylchffeil *b*.

classification [klasifikasjɔ̃] *f* dosbarthu, dosbarthiad *g*.

classifier [klasifje] (16) *vt* dosbarthu, gosod mewn trefn.

classique [klasik] *adj* clasurol; **études ~s** y clasuron;
♦*m* (*œuvre, auteur*) clasur *g*.

claudication [klodikasjɔ̃] *f* cloffni *g*, herc *b*, hercian.

clause [kloz] *f* cymal *g*.

claustrer [klostʀe] (1) *vt* cyfyngu, carcharu;
♦ **se ~** *vr* encilio, mynd yn feudwy.

claustrophobie [klostʀɔfɔbi] *f* clawstroffobia *g*.

clavecin [klav(ə)sɛ̃] *m* harpsicord *g*.

claveciniste [klav(ə)sinist] *m/f* harpsicordydd *g*.

clavicule [klavikyl] *f* pont *b* ysgwydd, trybedd *g* yr ysgwydd, clafícl *g*.

clavier [klavje] *m* (*piano*) allweddell *b*; (*orgue*) chwaraefwrdd *g*; (*voix*) cwmpas *g*; **~ d'ordinateur** bysellfwrdd *g* cyfrifiadur.

clé, clef [kle] *f*
1 (*gén*) allwedd *b*, (a)goriad *g*; **mettre qch sous ~** rhoi rhth dan glo; **prendre la ~ des champs** rhedeg i ffwrdd; **prix ~s en main** (*voiture*) pris am gar sydd yn barod i'w yrru; (*appartement*) *pris am fflat y gellir symud i mewn iddi ar unwaith*; **~ de contact** allwedd danio, goriad tanio.
2 (*condition, solution*): **livre/film à ~** *llyfr/ffilm sydd yn sôn am hanes gwir ond am gymeriadau dychmygol*; **à la ~** yn y diwedd, wedi'r cwbl, ym mhen yr hir a'r hwyr.
3 (*de mécanicien*) sbaner *g,b*; **~ anglaise** *neu* **à molette** sbaner cymwysadwy.
4 (MUS) cywair *g*, cleff *g*; **~ de fa/de sol** cleff y bas/trebl; **~ d'ut** cleff yr alto.
5 (ARCHIT, *fig*): **~ de voûte** maen *g* clo;

♦*adj* allweddol; **problème/position** ~ prif broblem/safle, problem/safle allweddol.
clématite [klematit] *f* (*BOT*) barf *b* yr hen ŵr, cudd *g* y coed, dringhedydd *g*.
clémence [klemɑ̃s] *f* (*du temps*) tynerwch *g*, mwynder *g*; (*juge*) trugaredd *g,b*, tosturi *g*.
clément (-e) [klemɑ̃, ɑ̃t] *adj* (*temps*) tyner, braf, mwyn; (*juge*) trugarog, tosturiol.
clémentine [klemɑ̃tin] *f* clementin *g*.
cleptomane [klɛptɔman] *m/f*= **kleptomane**.
clerc [klɛʀ] *m*: ~ **de notaire** *neu* **d'avoué** clerc *g* cyfreithiwr.
clergé [klɛʀʒe] *m* clerigwyr *ll*.
clérical (-e) (**clericaux, clericales**) [kleʀikal, kleʀiko] *adj* clerigol.
cliché [kliʃe] *m* (*PHOT*) negatif *g*; (*TYPO*) plât *g* argraffu; (*LING*) ystrydeb *b*.
client [klijɑ̃] *m* (*d'un avocat*) cleient *g*; (*d'un médecin*) claf *g*; (*d'un magasin*) cwsmer *g*; (*d'un hôtel*) gwestai *g*.
cliente [klijɑ̃t] *f* (*d'un avocat*) cleient *g*; (*d'un médecin*) claf *g*; (*d'un magasin*) cwsmer *g*; (*d'un hôtel*) gwestai *g*.
clientèle [klijɑ̃tɛl] *f* (*d'un magasin, restaurant*) cwsmeriaid *ll*; (*d'un médecin*) cleifion *ll*; (*d'un avocat*) cleientiaid *ll*; (*d'un hôtel*) gwesteion *ll*; **accorder sa** ~ **à qn** rhoi cwstwm i rn, cefnogi busnes rhn, mynychu siop *ayb* rhn; **retirer sa** ~ **à une maison** peidio â mynychu siop *ou* busnes, gwrthod cwstwm i siop *ou* fusnes.
cligner [kliɲe] (**1**) *vi*: ~ **des yeux** amrantu, ysmicio llygad; ~ **de l'œil** wincio, wincian.
clignotant[1] (-e) [kliɲɔtɑ̃, ɑ̃t] *adj* ysmiciog, ysbeidiol, winciog.
clignotant[2] [kliɲɔtɑ̃] *m* (*AUTO*) cyfeirydd *g*, cyfeiriwr *g*, ysmiciwr *g*; (*ÉCON, fig: indice de danger*) arwydd *g* o berygl, rhybudd *g*.
clignoter [kliɲɔte] (**1**) *vi* pefrio, fflachio; ~ **des yeux** amrantu, ysmicio llygad.
climat [klima] *m* hinsawdd *b*; (*fig*) amgylchiadau *ll*, awyrgylch *g*.
climatique [klimatik] *adj* hinsoddol.
climatisation [klimatizasjɔ̃] *f* system *b* dymheru, tymherydd *g* aer.
climatisé (-e) [klimatize] *adj* tymeredig, tymherus, â system dymheru, â thymherwr.
climatiser [klimatize] (**1**) *vt* tymheru.
climatiseur [klimatizœʀ] *m* tymherwr *g*, peiriant *g* tymheru, system *b* dymheru.
clin [klɛ̃] *m*: ~ **d'œil** amrantiad *g*; **en un** ~ **d'œil** ar amrantiad, mewn chwinc, mewn chwinciad, mewn eiliad.
clinique [klinik] *adj* clinigol;
♦*f* clinig *g*, cartref *g* nyrsio.
cliniquement [klinikmɑ̃] *adv* yn glinigol.
clinquant (-e) [klɛ̃kɑ̃, ɑ̃t] *adj* (*voyant*) gorliwgar, llachar, coegwych.
clip[1] [klip] *m* (*petit bijou*) tlws *g*, broetsh *b*; (*pince*) clip *g*, pin *g*.
clip[2] [klip] *m* (*vidéo*) fideo *g,b* pop/hysbysebu, fideorecordiad *g* (*pop neu hysbysebol*)pop neu hysbysebol.
clique [klik] *f* (*péj: bande*) clic *g*, criw *g*; **prendre ses ~s et ses claques** pacio, hel eich pac.
cliquet [klikɛ] *m* (*TECH*) atalfar *g*.
cliqueter [klik(ə)te] (**12**) *vi* (*ferraille, monnaie*) tincian, tincial, cloncian; (*moteur*) tician.
cliquetis [klik(ə)ti] *m* (*de ferraille, de clefs, de la monnaie*) tinc *g*, tincian *g*, tincial *g*; (*de moteur*) tician *g*.
clitoris [klitɔʀis] *m* clitoris *g*.
clivage [klivaʒ] *m* (*GÉO*) hollt *b*; (*fig: social, politique*) hollt, rhwyg *b*, ymraniad *g*.
cloaque [klɔak] *m* carthbwll *g*.
clochard [klɔʃaʀ] *m* trempyn *g*, crwydryn *g*.
clocharde [klɔʃaʀd] *f* crwydren *b*.
cloche[1] [klɔʃ] *f*
1 (*gén*) cloch *b*; **se faire sonner les ~s*** cael eich ceryddu, cael pryd o dafod.
2 (*plat*) caead *g*, clawr *g*; (*pour plantes*) closh *b* wydr; ~ **à fromage** caead *g* plât caws, clawr *g* caws;
♦*m* (*chapeau*) het *b* glosh.
cloche*[2] [klɔʃ] *f* (*niais*) gwirionyn *g*, twpsyn *g*, hurtyn *g*; (*:les clochards*) trampiaid *ll*, crwydriaid *ll*.
cloche-pied [klɔʃpje]: **à** ~-~ *adv* gan neidio ar un droed, yn hopian.
clocher[1] [klɔʃe] *m* tŵr *g* eglwys, clochdy *g*; **de** ~ (*péj: rivalités etc*) plwyfol.
clocher*[2] [klɔʃe] (**1**) *vi* mynd *ou* bod o'i le, mynd o chwith; **il y a qch qui cloche** mae rhth o'i le, mae rhyw ddrwg yn y caws.
clocheton [klɔʃtɔ̃] *m* (*ARCHIT*) pinacl *g*.
clochette [klɔʃɛt] *f* cloch *b* fach; (*fleur*) cloch, cwpan *g,b*.
clodo* [klodo] *m*= **clochard**.
cloison [klwazɔ̃] *f* (*CONSTR*) pared *g*, gwahanfur *g*, canolfur *g*, palis *g*; (*NAUT*) pared *g*; (*fig*) gwahanfur; ~ **étanche** pared diddos; (*fig*) mur *g* diadlam, gwahanfur.
cloisonner [klwazɔne] (**1**) *vt* (*TECH*) gwahanfurio, rhannu *ou* gwahanu â phared; (*fig*) gwahanu, gwahanfurio, adrannu, rhannu'n adrannau, adranoli.
cloître [klwatʀ] *m* (*monastère*) mynachlog *b*; (*galerie à colonnes*) cloestr *g*.
cloîtrer [klwatʀe] (**1**): **se** ~ *vr* encilio; (*REL*) clawstro.
clone [klon] *m* clôn *g*.
clope* [klɔp] *m* (*mégot*) stwmp *g* (sigarét);
♦*f* (*cigarette*) smôc *g,b*, ffag *b*, sigarét *b*.
clopin-clopant [klɔpɛ̃klɔpɑ̃] *adv* yn gloff, yn herciog; **ça va** ~-~ mae pethau weithiau ar i fyny, weithiau ar i lawr.
clopiner [klɔpine] (**1**) *vi* hercian, cerdded yn gloff.
cloporte [klɔpɔʀt] *m* (*ZOOL*) gwrach *b* y lludw, pryf *g* lludw, gwrachen *b* y coed.
cloque [klɔk] *f* pothell *b*, swigen *b*,

chwysigen *b*.

cloqué (-e) [klɔke] *adj* pothellog, llawn pothelli *ou* chwysigod.

cloquer [klɔke] (1) *vi* codi'n bothelli *ou* swigod *ou* chwysigod.

clore [klɔʀ] (60) *vt* cau; (*débât, discussion*) terfynu, cloi, tynnu (rhth) i'w derfyn; (*entourer*) amgáu; (*lettre*) cau, selio; ~ **une session** (*INFORM*) allgofnodi sesiwn; ~ **le bec à qn*** cau ceg rhn, rhoi taw ar rn.

clos[1] (-e) [klo, kloz] *adj* caeedig, ar gau; **la séance est** ~**e** mae'r cyfarfod ar ben.

clos[2] [klo] *m* cae *g*.

clôt [klo] *vb voir* **clore**.

clôture [klotyʀ] *f* (*en planches*) ffens *b*, palis *g*; (*fil de fer*) ffens (weiar); (*haie*) gwrych *g*, perth *b*; (*en ciment*) clawdd *g*, wal *b*, mur *g*; (*débât*) cload *g*, terfyniad *g*; (*magasin*) cau.

clôturer [klotyʀe] (1) *vt* (*terrain*) amgáu, cau i mewn; (*festival, débats*) cloi, terfynu, tynnu (rhth) i'w derfyn.

clou (-s) [klu] *m* hoelen *b*, hoel *b*; (*décoratif*) styd(s)en *b*, stŷd *b*; (*tapissier*) tac *g,b*; (*MÉD*) casgliad *g*, cornwyd *g*, penddüyn *g*, clewyn *g*; **pneus à** ~**s** teiars *ll* hoeliog *ou* eira, teiars gwrthsglefrio *ou* gwrthlithro; **le** ~ **du spectacle** (*fig*) uchafbwynt *g* y perfformiad; ~ **de girofle** (*BOT*) clof *g*, clofsen *b*, clowsen *b*; **(vieux)** ~* (*voiture*) hen racsyn o gar, siandri *b*; **mettre sa montre au** ~ rhoi watsh ar wystl, gwystlo watsh; ~**s**(= *passage clouté*) croesfan *g,b* cerddwyr.

clouer [klue] (1) *vt* hoelio, pinio; ~ **qn sur place** hoelio rhn yn ei unfan; **être cloué au lit par une maladie** bod yn gaeth i'r gwely gan afiechyd; ~ **le bec à qn** cau ceg rhn, rhoi taw ar rn.

clouté (-e) [klute] *adj* (â) hoelion.

clown [klun] *m* clown *g*; **faire le** ~ (*fig*) clownio, actio'n wirion, lolian.

clownerie [klunʀi] *f* clownio; **faire des** ~**s** clownio, lolian.

club [klœb] *m* clwb *g*, cymdeithas *b*.

CM [seɛm] *sigle m* (*SCOL*)(= *cours moyen*) *4edd a 5ed flwyddyn ysgol gynradd.*

cm *abr*(= *centimètre*) centimetr *g*.

CNC [seɛnse] *sigle m*(= *Conseil national de la consommation*) ≈ Cyngor Cenedlaethol Defnyddwyr.

CNCL [seɛnseɛl] *sigle f*(= *Commission nationale de la communication et des libertés*) Awdurdod Darlledu Annibynnol

CNDP [seɛndepe] *sigle m*(= *Centre national de documentation pédagogique*) Canolfan Adnoddau Addysg.

CNEC [knɛk] *sigle m*(= *Centre national de l'enseignement par correspondance*) ≈ y Brifysgol Agored.

CNIT [knit] *sigle m*(= *Centre national des industries et des techniques*) *canolfan arddangosfeydd a chynadleddau ym Mharis.*

CNPF [seɛnpeɛf] *sigle m*(= *Conseil national du patronat français*) *cyngor cenedlaethol y cyflogwyr.*

CNRS [seɛnɛʀɛs] *sigle m*(= *Centre national de la recherche scientifique*) *canolfan genedlaethol ymchwil wyddonol.*

c/o *abr*(= *care of*) d/o, dan ofal, drwy law.

coagulant [kɔagylɑ̃] *m* ceulydd *g*.

coaguler [kɔagyle] (1) *vi* (*aussi:* **se** ~) ceulo; (*sang*) tolchennu, tolchi, ceulo; (*lait*) tewychu, troi'n galed, cawsu, ceulo.

coalition [kɔalisjɔ̃] *f* clymblaid *b*, coalisiwn *g*.

coasser [kɔase] (1) *vi* (*grenouille, crapaud*) crawcian.

coauteur [kootœʀ] *m* cydawdur *g*, cydawdures *b*.

coaxial (-e) (**coaxiaux, coaxiales**) [koaksjal, koaksjo] *adj* cyfechelin, cyfechelog.

cobalt [kɔbalt] *m* cobalt *g*.

cobaye [kɔbaj] *m* (*ZOOL, fig*) mochyn *g* cwta.

COBOL [kɔbɔl] *m* (*INFORM*) COBOL *g*.

cobra [kɔbʀa] *m* cobra *g,b*, neidr *b* gycyllog.

coca [kɔka] *m* côc *g*, Coca-Cola© *g*.

cocagne [kɔkaɲ] *f*: **pays de** ~ Gwlad *b* Llaeth a Mêl, Bryniau Bro Afallon; **mât de** ~ polyn *g* llithrig *ou* gwerog.

cocaïne [kɔkain] *f* cocên *g*.

cocarde [kɔkaʀd] *f* rhosglwm *g*, rhoséd *g,b*.

cocardier (**cocardière**) [kɔkaʀdje, kɔkaʀdjɛʀ] *adj* siofinaidd, jingoaidd.

cocasse [kɔkas] *adj* digrif, comig, doniol.

coccinelle [kɔksinɛl] *f* (*ZOOL*) buwch *b* goch gota.

coccyx [kɔksis] *m* bôn *g* asgwrn y cefn, cwtyn *g* y cefn, asgwrn *g* cynffon.

coche [kɔʃ] *m*: **manquer** *neu* **louper le** ~ (*fig*) colli cyfle da.

cocher[1] [kɔʃe] *m* coetshmon *g*, cerbydwr *g*.

cocher[2] [kɔʃe] (1) *vt* marcio, ticio; (*entaille*) rhicio.

cochère [kɔʃɛʀ] *adj f*: **porte** ~ drws *g* y ffrynt (*mewn plasty*).

cochon[1] (-**ne**) [kɔʃɔ̃, ɔn] *adj* (*livre, histoire*) mochynnaidd, anweddus, anflednais, aflan, brwnt(bront)(bryntion), budr(budron).

cochon[2] [kɔʃɔ̃] *m*
1 (*ZOOL*) mochyn *g*; **avoir une tête de** ~ bod yn bengaled fel mul, bod yn ystyfnig; ~ **d'Inde** mochyn *g* cwta; ~ **de lait** (*CULIN*) porchell *g* sugno, porchell pêr.
2 (*péj*) mochyn *g*, rhn budr *ou* mochynnaidd.

cochonne [kɔʃɔn] *f* (*péj*) hwch *b*, gwraig *b* fudr *ou* fochynnaidd;
♦*adj f voir* **cochon**[1].

cochonnaille [kɔʃɔnaj] *f* (*péj: charcuterie*) porc *g*, cig *g* mochyn (oer).

cochonnerie* [kɔʃɔnʀi] *f* (*histoire*) stori *b* frwnt, jôc *b* fudr; (*tour*) tro *g* sâl *ou* gwael; **de la** ~ (*nourriture*) sothach *g*, sgrwtsh *g*; (*marchandise*) sbwriel *g*, rwtsh *g*; (*saleté*) budreddi *g*, baw *g*, mochyndra *g*; **faire des**

~**s** bod yn fochynnaidd.
cochonnet [kɔʃɔnɛ] *m* (*petit cochon*) mochyn *g* bach, porchell *g*; (*petite boule*) jac *g*, cnap *g* nod.
cocker [kɔkɛʀ] *m* sbaengi *g* adara, sbaniel *g* cocer.
cocktail [kɔktɛl] *m* coctel *g*; (*réception*) parti *g* coctel.
coco[1] [koko] *m*
1 (*œuf dans le langage enfantin*) wy *g*.
2 (*réglisse*) diod *b* licris.
3: **noix de** ~ cneuen *b* goco.
coco*[2] [koko] *m* (*individu*): **un sale** ~ mochyn *g* o ddyn; **un drole de** ~ (*péj*) creadur *g* rhyfedd *ou* od; **oui mon** ~ iawn, cariad.
cocon [kɔkɔ̃] *m* cocŵn *g*; (*fig*) cragen *b*.
cocorico [kɔkɔʀiko] *excl, m* coc-a-dwdl-dŵ!, go-go-go!
cocotier [kɔkɔtje] *m* palmwydden *b* goco, coeden *b* goconyt.
cocotte [kɔkɔt] *f* (*en fonte*) caserol *g*; (*poule en langage enfantin*) iâr *b*; (*péj: femme*) putain *b*; **ma** ~* fy nghariad bach; ~ **en papier** siâp aderyn *g* papur; **C~ (Minute)**® sosban *b* bwysedd, sosban frys; **hue** ~**!** ji!
cocu*[1] (-e) [kɔky] *adj*: **elle est** ~**e** mae ei gŵr yn anffyddlon; **il est** ~ mae ei wraig yn anffyddlon.
cocu*[2] [kɔky] *m* cwcwallt *g*; **faire qn** ~ bod yn anffyddlon i rn, gwneud cwcwallt o rn.
codage [kɔdaʒ] *m* codio *g*.
code [kɔd] *m* côd *g*; **se mettre en** ~**(s)** (*AUTO*) gostwng y goleuadau; **éclairage** ~ goleuadau wedi'u gostwng; **phares** ~**(s)** prif oleuadau wedi'u gostwng; ~ **à barres** côd bar; ~ **civil** y Côd Sifil; ~ **de caractère** (*INFORM*) côd nodau; ~ **de la route** Rheolau'r *ll* Ffordd Fawr; ~ **machine** côd peiriant; ~ **pénal** côd penydiol *ou* cosbi; ~ **postal** côd post; ~ **secret** côd cudd, seiffr *g*.
codéine [kɔdein] *f* codin *g*.
coder [kɔde] (**1**) *vt* ysgrifennu (rhth) mewn côd, codio, seiffro (rhth).
codétenu [kodet(ə)ny] *m* cydgarcharor *g*.
codétenue [kodet(ə)ny] *f* cydgarcharores *b*.
codicille [kɔdisil] *m* atodiad *g*, ôl-nodyn *g*, ychwanegiad *g*, codisil *g*.
codifier [kɔdifje] (**16**) *vt* cyfundrefnu.
codirecteur [kodiʀɛktœʀ] *m* cydgyfarwyddwr *g*.
codirectrice [kodiʀɛktʀis] *f* cydgyfarwyddwraig *b*.
coéditeur [koeditœʀ] *m* cydolygydd *g*.
coéditrice [koeditʀis] *f* cydolygydd *g*.
coefficient [kɔefisjɑ̃] *m* cyfernod *g*; ~ **d'erreur** lwfans *g* gwallau, lwfans cyfeiliornad.
coéquipier [koekipje] *m* (*SPORT*) cydchwaraewr *g*; (*travail*) cydweithiwr *g*.
coéquipière [koekipjɛʀ] *f* (*SPORT*) cydchwaraewraig *b*; (*travail*) cydweithwraig *b*.
coercition [kɔɛʀsisjɔ̃] *f* gorfodaeth *b*, gorfod *g*.
cœur [kœʀ] *m* calon *b*; (*CARTES*) calonnau *ll*; **affaire de** ~ carwriaeth *b*; **avoir bon** ~**, avoir du** ~ bod yn garedig, bod yn dwymgalon; **avoir mal au** ~ (*estomac*) teimlo yn sâl; **serrer qn contre son** ~ (*poitrine*) gwasgu rhn atoch, cofleidio rhn, mynwesu rhn; **opérer qn à** ~ **ouvert** rhoi llawdriniaeth calon agored i rn; **recevoir qn à** ~ **ouvert** croesawu rhn â breichiau agored; **parler à** ~ **ouvert** agor eich calon, dweud eich meddwl; **de tout son** ~ yn llawen, o ddifrif calon, yn ddiffuant; **avoir le** ~ **gros** *neu* **serré** bod â chalon drom; **en avoir le** ~ **net** bod yn glir yn eich meddwl; **avoir le** ~ **sur la main** bod yn hael, bod yn llawagored; **par** ~ ar eich cof; **de bon** ~ yn fodlon; **sans** ~ didrugaredd; **avoir à** ~ **de faire qch** bod yn awyddus i wneud rhth; **cela lui tient à** ~ mae'n fater agos at ei galon/chalon; **prendre les choses à** ~ teimlo pethau i'r byw; **s'en donner à** ~ **joie** (*s'amuser*) llwyr fwynhau; **je suis de tout** ~ **avec toi** 'rwy'n cytuno â thi yn llwyr; ~ **d'artichaut** calon glôb-artisiog; ~ **de l'été** ar ganol haf; ~ **de la forêt** yng nghanol y goedwig; ~ **de laitue** calon letysen; ~ **du débat** (*fig*) craidd *g ou* prif bwynt *g* y ddadl.
coexistence [kɔɛgzistɑ̃s] *f* cydfodolaeth *b*, cyd-fyw, cydfodoli; ~ **pacifique** cydfodoli *ou* cyd-fyw heddychlon.
coexister [kɔɛgziste] (**1**) *vi* cydfodoli, cyd-fyw.
coffrage [kɔfʀaʒ] *m* (*CONSTR*) coffro â choed, leinin *g* coed, casin *g* coed.
coffre [kɔfʀ] *m* (*meuble*) cist *b*, coff(o)r *g*; (*coffre-fort*) coff(o)r (arian); (*d'auto*) cist; **avoir du** ~* bod â digon o anadl *ou* wynt.
coffre-fort (~**s**-~**s**) [kɔfʀəfɔʀ] *m* coff(o)r *g* (arian).
coffrer* [kɔfʀe] (**1**) *vt* rhoi (rhn) yn y carchar, anfon (rhn) i garchar.
coffret [kɔfʀɛ] *m* blwch *g* bychan, casged *b*, cistan *b*; ~ **à bijoux** blwch gemau, cistan dlysau.
cogérant [koʒeʀɑ̃] *m* cydreolwr *g*.
cogérante [koʒeʀ[ɑ]t] *f* cydreolwraig *b*.
cogestion [koʒɛstjɔ̃] *f* cydreolaeth *b*.
cogiter [kɔʒite] (**1**) *vi, vt* meddwl, myfyrio, cynllunio, bwriadu.
cognac [kɔɲak] *m* coniac *g*, brandi *g*.
cognement [kɔɲmɑ̃] *m* sŵn *g* curo *ou* dyrnu.
cogner [kɔɲe] (**1**) *vt* dyrnu, curo, taro, cnocio, bwrw; **se faire** ~ cael curfa;
♦*vi*: ~ **contre** taro yn erbyn, curo yn erbyn; (*volet, battant*) clepian; (*moteur*) gwneud sŵn; ~ **à la porte/fenêtre** cnocio'r drws/ffenest, curo wrth y drws/ffenest, dyrnu'r drws/ffenest;
♦ **se** ~ *vr*: **se** ~ **à** taro yn erbyn; **se** ~ **le genou/la tête contre** bwrw *ou* taro eich pen-glin/pen yn erbyn; **se** ~ **à la tête/au genou** cael cnoc ar eich pen/pen-glin.

cohabitation [kɔabitasjɔ̃] *f* cyd-fyw *g*, cydbreswyliad *g*; (*POL*) cydfodoli (*sefyllfa pan fo Arlywydd Ffrainc mewn plaid wrthwynebol i'r mwyafrif yn y Cynulliad Cenedlaethol*).
cohabiter [kɔabite] (**1**) *vi* cyd-fyw, cydbreswylio; (*sans être marié*) byw tali.
cohérence [kɔeʀɑ̃s] *f* cydlyniad *g*, cysondeb *g*.
cohérent (**-e**) [kɔeʀɑ̃, ɑ̃t] *adj* cydlynol, cyson, rhesymegol, trefnus.
cohésion [kɔezjɔ̃] *f* glyniad *g*, cydlyniad *g*.
cohorte [kɔɔʀt] *f* mintai *b*, cohort *g*; (*fig: SCOL*) carfan *b*, grŵp *g*.
cohue [kɔy] *f* (*foule*) torf *b*, llu *g*, tyrfa *b*; (*bousculade*) gwasgfa *b*.
coi (**-te**) [kwa, kwat] *adj*: **rester** ~ bod yn ddistaw, aros yn fud; **j'en suis resté** ~ ni fedrwn i ddweud dim!
coiffe [kwaf] *f* penwisg *b*.
coiffé (**-e**) [kwafe] *adj*: **bien/mal** ~ â gwallt taclus/aflêr; ~ **d'un chapeau** yn gwisgo het; ~ **en arrière** â gwallt wedi'i gribo'n ôl; ~ **en brosse** â gwallt cwta *ou* crop.
coiffer [kwafe] (**1**) *vt* (*personne*) gwneud gwallt; (*ADMIN: sections, organismes*) rheoli, bod yn bennaeth ar, bod yn gyfrifol am; (*fig: dépasser*) mynd heibio, curo, trechu, ennill y blaen ar; ~ **qn d'un béret** rhoi beret ar ben rhn;
♦ **se** ~ *vr* (*se peigner*) cribo'ch gwallt; (*se brosser les cheveux*) brwsio'ch gwallt; (*se couvrir*) rhoi'ch het am eich pen, gwisgo'ch het.
coiffeur [kwafœʀ] *m* triniwr *g* gwallt; **aller chez le** ~ mynd i'r lle trin gwallt.
coiffeuse [kwaføz] *f* merch *b* drin gwallt; (*table*) bwrdd *g* gwisgo.
coiffure [kwafyʀ] *f* (*cheveux*) steil *g* gwallt; (*chapeau*) het *b*, penwisg *b*; **la** ~ trin gwallt; **apprendre la** ~ dysgu trin gwallt, hyfforddiant *g* mewn trin gwallt.
coin [kwɛ̃] *m*
1 (*gén*) cornel *g,b*, congl *b*; ~ **du feu** lle *g* tân, pentan *g*; **au** ~ **du feu** wrth y tân, ar yr aelwyd; **un placard qui fait le** ~ cwpwrdd *g* cornel; **regarder dans tous les** ~**s** edrych ymhob twll a chornel; **du** ~ **de l'œil** o gil y llygad, o gornel y llygad; **sourire en** ~ cilwen *b*; **regard en** ~ cilolwg *g,b*, ciledrychiad *g*.
2 (*région*) ardal *b*, cylch *g*; **l'épicerie du** ~ y groser lleol, y siop fwyd leol; **dans le** ~ yn yr ardal, yn lleol; **les gens du** ~ pobl yr ardal; **je ne suis pas du** ~ 'dydw i ddim o'r ardal yma.
3: **un** ~ **de terre** darn *g* o dir, cilcyn *g* o dir.
4 (*pour caler, fendre le bois*) lletem *b*.
5 (*poinçon*) dei *g*, dilysnod *g*, nod *b,g* gwarant.
coincé (**-e**) [kwɛ̃se] *adj* sownd, wedi ei ddal *ou* ei wasgu; (*fig: inhibé*) swil, ymatalgar.
coincer [kwɛ̃se] (**9**) *vt* (*intentionnellement*) rhoi lletem (dan rth); (*accidentellement*) cloi, jamio; (*fam: voleur*) dal rhn wrthi; **être coincé*** (*par une question*) cael eich dal *ou* cornelu;
♦ **se** ~ *vr* mynd yn sownd, cloi, jamio; **se** ~ **le doigt dans la porte** dal eich bys yn y drws.
coïncidence [kɔɛ̃sidɑ̃s] *f* cyd-ddigwyddiad *g*, cyd-drawiad *g*.
coïncider [kɔɛ̃side] (**1**) *vi* (*se produire en même temps*) cyd-daro, cyd-ddigwydd; (*correspondre*) cyfateb i, cytuno, cyd-daro, cyd-fynd â, bod yn gyson â.
coin-coin [kwɛ̃kwɛ̃] *m inv* cwac-cwac *g*.
coing [kwɛ̃] *m* afal *g* cwins, cwinsen *b*, cwinsyn *g*.
coït [kɔit] *m* cyplad *g*, cyfathrach *b* rywiol.
coite [kwat] *adj f voir* **coi**.
coke[1] [kɔk] *m* côc *g*, glo *g* golosg.
coke*[2] [kok] *f* cocên *g*, côc *g*.
col [kɔl] *m* (*de chemise*) coler *g,b*; (*cou*) gwddf *g*, gwar *g,b*; (*de bouteille*) ceg *b*; (*de montagne*) bwlch *g*; (*de verre*) gwddf; ~ **de l'utérus** gwddf *ou* mwnwgl *g* y groth, serfics *g*; ~ **du fémur** gwddf y forddwyd; **elle s'est cassé le** ~ **du fémur** mae hi wedi torri asgwrn y glun; ~ **roulé** gwddf polo, coler crwn/gron.
coléoptère [kɔleɔptɛʀ] *m* chwilen *b*.
colère [kɔlɛʀ] *f* dicter *g*, gwylltineb *g*, ffyrnigrwydd *g*, dig *g*; **une** ~ pwl *g* o dymer ddrwg; **être en** ~ **(contre qn)** bod yn ddig (wrth rn); **mettre qn en** ~ digio rhn, gwylltio rhn; **se mettre en** ~ colli'ch tymer, gwylltio, digio, mynd o'ch cof.
coléreux (**coléreuse**) [kɔleʀø, kɔleʀøz] *adj* gwyllt eich tymer, diamynedd, pigog.
colérique [kɔleʀik] *adj voir* **coléreux**.
colibacille [kɔlibasil] *m* basilws *g* y coluddyn.
colibacillose [kɔlibasiloz] *f* colibasilosis *g*.
colifichet [kɔlifiʃɛ] *m* tlws *g*, addurn *g*; ~**s** mân drugareddau.
colimaçon [kɔlimasɔ̃] *m* malwen *b*, malwoden *b*; **escalier en** ~ grisiau tro *ou* troellog.
colin [kɔlɛ̃] *m* (*merlu*) cegddu *g,b*; (*lieu noir*) celog *b*, chwitlyn *g* glas.
colin-maillard [kɔlɛ̃majaʀ] *m* mwgwd yr ieir *ou* y dall; **jouer à** ~-~ chwarae mwgwd y dall
colique [kɔlik] *f* (*MÉD*) dolur rhydd *g*, rhyddni *g*, y clefyd *g* rhydd, y bib *b*; (*douleurs*) colig *g*, gwayw *g* yn y bol; (*personne*) pla *g*; (*chose*) poendod *g*; ~ **néphrétique** llid *g* yr arennau.
colis [kɔli] *m* pecyn *g*, parsel *g*; **par** ~ **postal** gyda phost parseli.
colistier [kolistje] *m* (*POL*) *cyd-ymgeisydd g mewn etholiad.*
colistière [kolistjeʀ] *f* (*POL*) *cyd-ymgeisydd g mewn etholiad.*
colite [kɔlit] *f* colitis *g*, llid *g* y colon, coluddwst *g*.
collaborateur [kɔ(l)labɔʀatœʀ] *m*

cydweithredwr *g*; (*POL*) cydweithredwr â'r gelyn; (*d'une revue*) cyfrannwr *g*.
collaboratrice [kɔ(l)labɔRatRis] *f* cydweithredwraig *b*; (*POL*) cydweithredwraig â'r gelyn; (*d'une revue*) cyfranwraig *b*.
collaboration [kɔ(l)labɔRasjɔ̃] *f* cydweithrediad *g*, cydweithredu; (*POL*) cydweithrediad â'r gelyn; **en** ~ **avec** mewn cydweithrediad â.
collaborer [kɔ(l)labɔRe] **(1)** *vi*: ~ **à** cydweithredu â, cydweithio â; (*revue*) cyfrannu i.
collage [kɔlaʒ] *m* gludio, glynu; (*ART*) collage *g*, gludwaith *g*.
collagène [kɔlaʒɛn] *m* colagen *g*.
collant[1] (-e) [kɔlɑ̃, ɑ̃t] *adj* gludiog; (*robe etc*) croendynn, glynol; (*péj: personne*) sy'n glynu.
collant[2] [kɔlɑ̃] *m*: ~**s** teits *ll*, sanau *ll*.
collatéral (-e) (**collatéraux, collatérales**) [kɔ(l)lateRal, kɔ(l)lateRo] *adj* cyfochrog, cyfystlys.
collatéraux [kɔ(l)lateRo] *mpl*: **les** ~ (*JUR: famille*) cytrasau *ll*, perthnasau *ll* cytras.
collation [kɔlasjɔ̃] *f* (*repas*) pryd *g* ysgafn, byrbryd *g*.
colle [kɔl] *f* glud *g*; (*à papier*) past *g*; (*devinette*) pos *g*, cwestiwn *g* dyrys, her *b*; (*SCOL*) cael eich cadw i mewn (*ar ôl ysgol*); (*examen blanc*) arholiad *g* llafar darparol; ~ **de bureau** glud; ~ **forte** glud cryf.
collecte [kɔlɛkt] *f* casgliad *g*; **faire une** ~ gwneud casgliad, casglu.
collecter [kɔlɛkte] **(1)** *vt* casglu (arian), gwneud casgliad (arian).
collecteur [kɔlɛktœR] *m*
1 (*égout*) carthffos *b*, ceuffos *b*, ffos *b* garthion.
2 (*personne*) casglwr *g* (trethi), casglydd *g*.
collectif[1] (**collective**) [kɔlɛktif, kɔlɛktiv] *adj* cyfunol, ar y cyd,; **ferme collective** fferm *b* gyfunol; **immeuble** ~ bloc *g* o fflatiau.
collectif[2] [kɔlɛktif] *m*: ~ **budgétaire** cyllideb *b* ganol tymor.
collection [kɔlɛksjɔ̃] *f* casgliad *g*; (*ÉDITION*) casgliad, cyfres *b*, crynhoad *g*; (*COMM: échantillons*) cyfres o nwyddau *ou* gynhyrchion; **pièce de** ~ eitem *b* brin, peth *g* gwerth ei gasglu; **faire (la)** ~ **de** casglu; **(toute) une** ~ **de** (*fig*) set *b* lawn o; ~ **(de mode)** casgliad ffasiynau.
collectionner [kɔlɛksjɔne] **(1)** *vt* gwneud casgliad, casglu (stampiau ayb).
collectionneur [kɔlɛksjɔnœR] *m* casglwr *g*, casglydd *g*.
collectionneuse [kɔlɛksjɔnøz] *f* casglwraig *b*.
collectivement [kɔlɛktivmɑ̃] *adv* ar y cyd, gyda'ch gilydd, yn dorfol, yn gyfunol.
collectiviser [kɔlɛktivize] **(1)** *vt* cyfunoli.
collectivisme [kɔlɛktivism] *m* cyfunoliaeth *b*, cymundodaeth *b*, cydberchnogaeth *b*.
collectivité [kɔlɛktivite] *f* (*groupement*) grŵp *g*, cyfungorff *g*; **la** ~ (*le public, l'ensemble des citoyens*) y cyhoedd *g*, y gymuned *b*, y gymdogaeth *b*; **vivre en** ~ cyd-fyw, byw ar y cyd ag eraill; ~**s locales** (*ADMIN*) awdurdodau *ll* lleol.
collège [kɔlɛʒ] *m* (*école*) ≈ ysgol *b* uwchradd, ysgol gyfun; (*assemblée*) coleg *g*; ~ **d'enseignement secondaire** ysgol uwchradd (*i blant rhwng 11 a 15 oed*); ~ **électoral** corff *g* etholwyr, coleg etholwyr.
collégial (-e) (**collégiaux, collégiales**) [kɔleʒjal, kɔleʒjo] *adj* colegol, colegaidd.
collégien [kɔleʒjɛ̃] *m* disgybl *g* (*mewn ysgol uwchradd*).
collégienne [kɔleʒjɛn] *f* merch *g* ysgol uwchradd.
collègue [kɔ(l)lɛg] *m/f* cydweithiwr *g*, cydweithwraig *b*.
coller [kɔle] **(1)** *vt*
1 (*faire adhérer*) gludio; ~ **qch sur qch** glynu rhth wrth rth.
2 (*appuyer*): ~ **son front à la vitre** gwasgu'ch talcen yn erbyn y ffenest.
3 (*fam: mettre, fourrer*) rhoi, gosod; **je leur ai collé la facture sous le nez** rhoddais y bil dan eu trwynau; **si tu continues, je vais t'en** ~ **une** dos di ymlaen fel hyn, ac fe gei di glusten.
4 (*SCOL: fam*) cadw (rhn) i mewn ar ôl ysgol.
5 (*à un examen*) methu (rhn); ~ **qn** (*par une question*) dal rhn allan, cornelu;
♦*vi* (*être collant*) glynu, bod yn ludiog, ymlynu, sticio*; ~ **à** (*aussi fig*) glynu wrth; **dans une dissertation, collez toujours au sujet** mewn traethawd, cadwch at y pwnc bob amser.
collerette [kɔlRɛt] *f* (*col*) coler *g,b* bach *ou* fach; (*TECH*) cantel *g*, asgell *b*, fflans *g,b*.
collet [kɔlɛ] *m* (*col*) coler *g,b*; (*piège*) magl *b*; **prendre qn au** ~ (*cou*) cydio yn rhn gerfydd ei goler; ~ **monté** piwritanaidd, cysetlyd, sychlyd.
colleter [kɔlte] **(12)** *vt* cydio (yn rhn); **se** ~ **avec des difficultés** ymgodymu *ou* ymladd ag anawsterau, mynd i'r afael ag anawsterau.
colleur [kɔlœR] *m*: ~ **d'affiches** glynwr *g* posteri; ~ **de papiers peints** rhn sy'n papuro waliau, papurwr *g*.
colleuse [kɔløz] *f*: ~ **d'affiches** glynwr *g* posteri; ~ **de papiers peints** rhn sy'n papuro waliau, papurwraig *b*.
collier [kɔlje] *m* (*bijou*) cadwyn *b* (am y gwddf); (*de maire*) cadwyn *b*; (*de chien*) coler *g,b*; (*TECH*) coler; ~ **de fleurs** torch *b* o flodau; **reprendre le** ~ mynd yn ôl i'r tresi; ~ **de barbe, barbe en** ~ barf *b* (*ar hyd llinell yr ên*).
collimateur [kɔlimatœR] *m* (*MIL*): ~ **de tir** aneliad *g*, llinell *b* weld; **tu seras dans le** ~ (*fig*) ti fydd yn ei chael hi; **avoir qn/qch dans**

le ~ (*fig*) bod â'ch llygad ar rn/rth, cadw rhn/rhth mewn golwg *ou* o fewn golwg.
colline [kɔlin] *f* bryn *g*.
collision [kɔlizjɔ̃] *f* gwrthdrawiad *g*; **entrer en** ~ **avec qch** mynd *ou* dod *ou* taro yn erbyn rhth.
colloque [kɔ(l)lɔk] *m* trafodaeth *b*, symposiwm *g*, seiat *b*.
collusion [kɔlyzjɔ̃] *f* cydgynllwyn *g*, cyd-dwyllo.
collutoire [kɔlytwaʀ] *m* meddyginiaeth *b* i'r genau; (*en bombe*) chwistrell *b* i'r gwddf.
collyre [kɔliʀ] *m* golchdrwyth *g* llygaid.
colmater [kɔlmate] (**1**) *vt* (*fuite*) selio; ~ **les brèches** llenwi'r bylchau.
Cologne [kɔlɔɲ] *pr* Cwlen *b*, Köln *b*.
colombage [kɔlɔ̃baʒ] *m* fframwaith *g* pren, ffrâm *b* bren *ou* goed; **une maison à** ~**s** tŷ â ffrâm bren.
colombe [kɔlɔ̃b] *f* colomen *b*.
Colombie [kɔlɔ̃bi] *prf*: **la** ~ Colombia *b*.
colombien (**-ne**) [kɔlɔ̃bjɛ̃, kɔlɔ̃bjɛn] *adj* Colombiaidd, o Golombia.
Colombien [kɔlɔ̃bjɛ̃] *m* Colombiad *g*.
Colombienne [kɔlɔ̃bjɛn] *f* Colombiad *b*.
colon [kɔlɔ̃] *m* ymsefydlwr *g*, gwladychwr *g*; (*enfant: en colonie de vacances*) *plentyn yn aros mewn gwersyll haf.*
côlon [kolɔ̃] *m* colon *g*, coluddyn *g* mawr, perfeddyn *g* mawr.
colonel [kɔlɔnɛl] *m* cyrnol *g*.
colonial (**-e**) (**coloniaux, coloniales**) [kɔlɔnjal, kɔlɔnjo] *adj* trefedigaethol, gwladfaol, gwladychol.
colonialisme [kɔlɔnjalism] *m* gwladychiaeth *b*.
colonialiste [kɔlɔnjalist] *adj* gwladychol, trefedigaethol;
♦*m/f* gwladychwr *g*, gwladychwraig *b*.
colonie [kɔlɔni] *f* trefedigaeth *b*, gwladfa *b*, gwladychfa *b*; (*d'insectes, d'oiseaux*) nythfa *b*; (*de castors, de singes*) llwyth *g*, tylwyth *g*; (*BOT*) cytref *b*; ~ **(de vacances)** gwersyll *g* haf *ou* gwyliau (i blant).
colonisation [kɔlɔnizasjɔ̃] *f* gwladychiad *g*, gwladychu *g*.
coloniser [kɔlɔnize] (**1**) *vt* gwladychu; (*ZOOL*) cytrefu.
colonnade [kɔlɔnad] *f* rhes *b* o golofnau, colonâd *g*; (*GÉO*) pilergreigiau *ll*.
colonne [kɔlɔn] *f* colofn *b*, piler *g*; **en** ~ **par deux** mewn colofn fesul dau *ou* dwy; **se mettre en** ~ **par deux/quatre** ffurfio rhes bob yn ddau/ddwy *ou* bedwar/bedair; **défiler en** ~ **par cinq** ymdeithio fesul pump; ~ **de secours** tîm *g* achub; ~ **(vertébrale)** asgwrn *g* cefn; **les Colonnes d'Hercule** Pyrth Ercwlff.
colophane [kɔlɔfan] *f* resin *g,b*, rosin *g,b*.
colorant[1] (**-e**) [kɔlɔʀɑ̃, ɑ̃t] *adj* sy'n lliwio.
colorant[2] [kɔlɔʀɑ̃] *m* lliw *g*, lliwiad *g*.
coloration [kɔlɔʀasjɔ̃] *f* (*action*) lliwio *g*, staenio *g*; (*couleur*) lliw *g*, lliwiad *g*; **se faire une** ~ (*chez le coiffeur*) cael lliwio'ch gwallt.
coloré (**-e**) [kɔlɔʀe] *adj* (*teint*) gwritgoch, gwridog; (*objet*) lliwiedig; (*fig: style, description etc*) llawn manylion, bywiog, lliwgar.
colorer [kɔlɔʀe] (**1**) *vt* lliwio; (*bois*) staenio; (*tissu*) lliwio;
♦ **se** ~ *vr* (*visage*) cochi, gwrido.
coloriage [kɔlɔʀjaʒ] *m* lliwio; (*dessin*) llun *g* lliw.
colorier [kɔlɔʀje] (**16**) *vt* lliwio; **album à** ~ llyfr *g* lliwio.
coloris [kɔlɔʀi] *m* arlliw *g*.
coloriste [kɔlɔʀist] *m/f* (*ART*) lliwiwr *g*, lliwydd *g*.
colossal (**-e**) (**colossaux, colossales**) [kɔlɔsal, kɔlɔso] *adj* enfawr, anferth, aruthrol, cawraidd.
colosse [kɔlɔs] *m* (*géant*) cawr *g*; (*statue*) cerflun *g* anferth, cawrddelw *b*, colosws *g*.
colostrum [kɔlɔstʀɔm] *m* cynlaeth *g*, llaeth *g* torro, colostrwm *g*.
colporter [kɔlpɔʀte] (**1**) *vt* (*marchandises*) pedlera, gwerthu; ~ **une histoire** (*fig*) rhoi si ar led.
colporteur [kɔlpɔʀtœʀ] *m* pedler *g*, pacmon *g*, gwerthwr *g* mân bethau.
colporteuse [kɔlpɔʀtøz] *f* pedleres *b*, pacmones *b*, gwerthwraig *b* mân bethau.
colt [kɔlt] *m* (pistol *g*) Colt.
coltiner* [kɔltine] (**1**) *vt* llusgo, tynnu, halio;
♦ **se** ~* *vr*: **se** ~ **qch** cael y dasg o wneud rhth.
colza [kɔlza] *m* (*BOT*) rêp *b*, bresych *g* yr ŷd.
coma [kɔma] *m* coma *g*, marwgwsg *g*; **être dans le** ~ bod mewn coma.
comateux (**comateuse**) [kɔmatø, kɔmatøz] *adj* mewn coma, marwgysglyd.
combat [kɔ̃ba] *vb voir* **combattre**;
♦*m* (*MIL*) brwydr *b*, ymladdfa *b*, ymladd; (*fig*) brwydr, ymgyrch *g,b*, ymdrech *b*; ~ **de boxe** gornest *b* baffio *ou* focsio; ~ **de rues** ymladd yn y stryd; ~ **singulier** gornest (rhwng dau); **tué au** ~ lladdwyd ef mewn brwydr *ou* ar faes y gad; **hors de** ~ allan o'r ornest, wedi'ch clwyfo.
combatif (**combative**) [kɔ̃batif, kɔ̃bativ] *adj* (*personne*) ymosodol, ymladdgar; (*troupes*) ymladdgar.
combativité [kɔ̃bativite] *f* ymladdgarwch *g*.
combattant[1] (**-e**) [kɔ̃batɑ̃, ɑ̃t] *adj* ymladdol, ymladd; **troupes** ~**es** (*MIL*) milwyr *ll* parod.
combattant[2] [kɔ̃batɑ̃] *m* (*d'une guerre*) milwr *g*; (*d'une rixe*) ymladdwr *g*, cwffiwr *g*; **ancien** ~ cyn-filwr *g*.
combattre [kɔ̃batʀ] (**56**) *vt, vi* ymladd; (*à coups de poing*) cwffio; (*se battre contre*) brwydro yn erbyn; ~ **une maladie** ymladd (ag) afiechyd.
combien [kɔ̃bjɛ̃] *adv* (*interrogatif (question*

directe)) (pa) faint, sawl; (*interrogatif (question indirecte)*) cymaint, gymaint; ~ **de?** faint o?; **pendant ~ de temps?** am faint o amser?; ~ **coûte/pèse ceci?** faint mae hwn yn ei gostio/ei bwyso; **vous mesurez ~?** beth yw eich taldra?, beth yw eich maint?; **ça fait ~?** (*prix*) faint yw hynna?; **c'est à ~ de kilomètres?** pa mor bell yw hynny?; **ça fait ~ en largeur?** beth yw ei led?; ~ **vous avez raison!** mor gywir ydych chi!;
♦*m*: **le ~ sommes-nous?** beth yw'r dyddiad heddiw?; **tu le vois tous les ~?** pa mor aml fyddi di'n ei weld?

combinaison [kɔ̃binɛzɔ̃] *f* cyfuniad *g*; (*vêtement: d'aviateur*) cyfanwisg *b*, siwt *b* hedfan; (*de ski*) siwt sgio; (*de mécanicien*) troswisg *b*, oferôl *g,b*; (*de femme: sous-vêtement*) pais *b*; (*astuce*) ystryw *g,b*, sgêm *b*.

combine [kɔ̃bin] *f* ystryw *g,b*, sgêm *b*, cynllwyn *g*; **elle est dans la ~** mae hi'n rhan o'r cynllwyn; **ça sent la ~** mae rhyw ddrwg yn y caws.

combiné [kɔ̃bine] *m* (*aussi:* ~ **téléphonique**) derbynnydd *g* ffôn; (*SKI*) *cystadleuaeth sydd yn cynnwys slalom ar lethr*; (*vêtement de femme*) corsled *b*.

combiner [kɔ̃bine] (**1**) *vt* cyfuno; (*plan, projet*) llunio.

comble [kɔ̃bl] *adj* (*salle, maison*) llawn dop;
♦*m* (*du bonheur, plaisir*) uchafbwynt *g*; ~**s** (*CONSTR*) croglofft *b*; **sous les ~s** yn y groglofft; **de fond en ~** o'r brig i'r bôn, o'r top i'r gwaelod; **pour ~ de malchance** i goroni'r holl anlwc; **c'est le ~!** dyna'r orau eto!

combler [kɔ̃ble] (**1**) *vt* (*trou*) llenwi; (*désirs*) bodloni; (*personne*) plesio; ~ **qn de cadeaux** llwytho rhn ag anrhegion; **être comblé de joie** bod yn llawn hapusrwydd.

combustible [kɔ̃bystibl] *adj* llosgadwy, hawdd ei losgi;
♦*m* tanwydd *g*.

combustion [kɔ̃bystjɔ̃] *f* ymlosgiad *g*.

COMECON [komekɔn] *sigle m*(= *Conseil d'assistance économique mutuelle*) COMECON (*Corff Cydgymorth Economaidd*).

comédie [kɔmedi] *f* comedi *g*; **jouer la ~** (*fig*) cymryd arnoch; **faire la ~** creu helynt; **arrête tes ~s** dyna ddigon o ddwli *ou* lol; ~ **musicale** comedi gerdd, sioe *b* gerdd.

comédien [kɔmedjɛ̃] *m* (*THÉÂTRE*) actor *g*; (*comique*) digrifwr *g*, actor doniol; (*fig: simulateur*) rhagrithiwr *g*.

comédienne [kɔmedjɛn] *f* (*THÉÂTRE*) actores *b*; (*comique*) digrifwraig *b*, actores ddoniol; (*fig: simulateur*) rhagrithwraig *b*; **c'est une ~** twyllo y mae hi.

comédon [kɔmedɔ̃] *m* penddüyn *g*.

comestible [kɔmɛstibl] *adj* bwytadwy; ~**s** (*aliments*) bwydydd *ll*.

comète [kɔmɛt] *f* seren *b* gynffon, comed *b*.

comice [kɔmis] *m*: ~**s agricoles** sioe *b* amaethyddol.

comique [kɔmik] *adj* digrif, comig, doniol;
♦*m/f* (*artiste*) digrifwr *g*, digrifwraig *b*; **le ~ de l'histoire, c'est ...** yr hyn sy'n ddoniol yw ...

comité [kɔmite] *m* pwyllgor *g*; **se réunir en petit ~** cael pwyllgor dethol; ~ **d'entreprise** pwyllgor gwaith; ~ **des fêtes** pwyllgor yr ŵyl; ~ **directeur** pwyllgor rheoli.

commandant [kɔmɑ̃dɑ̃] *m* (*gén, armée de l'air, NAUT*) cadlywydd *g*; (*MIL: grade*) uwchgapten *g*; ~ **(de bord)** (*AVIAT*) arweinydd *g* sgwadron; (*NAUT*) capten *g*

commande [kɔmɑ̃d] *f* (*COMM*) archeb *b*; (*INFORM*) gorchymyn *g*; **passer une ~** archebu; **sur ~** wedi'i archebu; **véhicule à double ~** cerbyd â rheolaeth *b* ddyblyg; ~ **à distance** rheolaeth *b* o bell; ~**s** (*de voiture, d'avion*) offer *ll* llywio.

commandement [kɔmɑ̃dmɑ̃] *m* rheolaeth *b*; (*REL*) gorchymyn *g*; **les dix ~s** Y Deg Gorchymyn.

commander [kɔmɑ̃de] (**1**) *vt* gorchymyn; (*COMM: marchandises etc*) archebu; (*fig: nécessiter*) gwneud (rhth) yn angenrheidiol; ~ **à** (*MIL*) rheoli, bod ag awdurdod dros; (*contrôler*) rheoli; (*dominer*) edrych dros; **cette maison commande la vallée** mae'r tŷ hwn yn edrych dros y dyffryn; ~ **à qn de faire qch** gorchymyn i rn wneud rhth;
♦ **se ~** (*personne*) eich rheoli'ch hun; (*pièces*) arwain at ei gilydd.

commanditaire [kɔmɑ̃ditɛʀ] *m* partner *g* segur.

commandite [kɔmɑ̃dit] *f*: **(société en) ~** partneriaeth *b* gyfyngedig.

commanditer [kɔmɑ̃dite] (**1**) *vt* ariannu; (*artiste, exposition, projet*) noddi, comisiynu.

commando [kɔmɑ̃do] *m* criw *g* o gomandos.

comme [kɔm] *conj*
1 (*de même que*) fel; **ici ~ en Italie** yma fel yn yr Eidal; **fais ~ moi** gwna fel fi; **nous avons fêté Noël chez nous, ~ tous les ans** treuliasom y Nadolig adref, fel y gwnawn bob blwyddyn; **elle est jolie ~ tout** mae hi'n eithriadol o brydferth; **comment ça va? - ~ ça** sut mae hi? - iawn; ~ **on dit** chwedl hwythau, ys dywedir; ~ **cela** fel yna; ~ **ci, ~ ça** gweddol, go lew.
2 (*dans une comparaison*) fel; **il est grand ~ sa sœur** mae cyn daled â'i chwaer; **fort ~ un cheval** cyn gryfed â cheffyl; **elle me traite ~ un enfant** mae'n fy nhrin fel plentyn; **elle écrit ~ elle parle** mae hi'n ysgrifennu fel mae hi'n siarad.
3 (*dans une équivalence*) fel; **je voudrais un manteau ~ le tien** hoffwn gael cot fel d'un di; **un chapeau ~ celui-là** het fel honna; **et ~ pour bien marquer leur refus, ils sont sortis**

de la salle ac er mwyn pwysleisio eu bod yn gwrthod, aethant allan o'r ystafell; ~ **il faut** gweddus, cywir, parchus.
4 (*dans une illustration, une explication*) fel, megis; **des pays industrialisés** ~ **les États Unis et l'Allemagne** gwledydd diwydiannol megis yr Unol Daleithiau a'r Almaen; ~ **ça** fel yna; **puisque c'est** ~ **ça** gan mai felly y mae hi; **qu'est-ce que vous avez** ~ **couleurs?** pa liwiau sydd gennych?; ~ **si** fel pe; ~ **s'il dormait** fel pe bai'n cysgu; **alors** ~ **ça tu vas travailler à l'étranger** 'rwyt ti'n mynd i weithio dramor felly; **se comporter** ~ **si de rien n'était** ymddwyn fel pe na bai dim o'i le.
5 (*dans une approximation*) fel, tebyg; **elle a eu** ~ **un évanouissement** fe lewygodd hi, fwy neu lai, fe aeth hi i ryw fath o lewyg; **elle semblait** ~ **gênée** 'roedd hi fel petai'n teimlo'n annifyr.
6 (*indiquant l'intensité*) mor; **pauvre** ~ **elle est** er tloted yw hi; **maigre** ~ **elle est** a hithau mor denau; **avare** ~ **il est, il ne donnera rien** mae'n gymaint o gybydd, 'wnaiff e' ddim rhoi dimai.
7 (*indiquant une fonction*) fel, yn; **travailler** ~ **jardinier** gweithio fel garddwr; **la phrase est donnée** ~ **exemple** fe roddir yr ymadrodd fel enghraifft; **que veux-tu** ~ **cadeau?** beth hoffet ti ei gael yn anrheg?.
8 (*puisque*) gan, oherwydd; ~ **il était en retard** gan ei fod yn hwyr; ~ **elle était seule** oherwydd ei bod ar ei phen ei hun, a hithau ar ei phen ei hun.
9 (*au moment où*) wrth; ~ **il traversait la rue** wrth iddo groesi'r ffordd; **elle est partie** ~ **j'arrivais** gadawodd wrth imi gyrraedd;
♦*adv* (*exclamation*): ~ **tu es malin!** dyna un cyfrwys wyt ti!; ~ **tu as grandi, je ne t'ai pas reconnu!** on'd wyt ti wedi tyfu, 'wnes i ddim o'th adnabod!

commémoratif (**commémorative**) [kɔmemɔʀatif, kɔmemɔʀativ] *adj* coffaol; **salle** ~**ive** neuadd *b* goffa.

commémoration [kɔmemɔʀasjɔ̃] *f* coffâd *g*, coffa *g*; **en** ~ **de qn** er cof am rn.

commémorer [kɔmemɔʀe] (**1**) *vt* coffáu.

commencement [kɔmɑ̃smɑ̃] *m* dechrau, dechrauad *g*, cychwyn, cychwyniad *g*; **le** ~ **du siècle** dechrau'r ganrif; **dès le** ~ o'r cychwyn un; ~**s** (*débuts*) cychwyn.

commencer [kɔmɑ̃se] (**9**) *vt* dechrau, cychwyn; **une citation commence l'article** mae'r erthygl yn dechrau gyda dyfyniad;
♦*vi* dechrau, cychwyn; ~ **à** *neu* **de faire qch** dechrau gwneud rhth; ~ **par qch** dechrau â rhth; ~ **par faire qch** cychwyn drwy wneud rhth.

commensal (**commensaux**) [kɔmɑ̃sal, kɔmɑ̃so] *m* cydfwytäwr *g*.

commensale [kɔmɑ̃sal] *f* cydfwytäwraig *b*.

comment [kɔmɑ̃] *adv* sut; ~**?** (*que dites-vous?*) beth ddywedoch chi?; ~**!** (*exclamation*) sut!, beth!; **et** ~**!** do'n wir!, ie'n wir!; ~ **donc!** wrth gwrs!, o'r gorau!; ~ **aurais-tu fait?** beth fuaset ti wedi'i wneud?; ~ **tu t'y serais pris?** sut fuaset ti wedi mynd ati?; ~ **faire?** sut mae gwneud?; ~ **se fait-il qu'elle est partie?** sut ei bod hi wedi mynd?; ~ **est-ce qu'on fait ça?** sut mae gwneud hynna?; ~ **ça s'écrit?** sur mae sillafu hwnna?; ~ **vous appelez-vous?** beth yw eich enw chi?; ~ **t'appelles-tu?** *neu* ~ **tu t'appelles?** beth ydi d'enw di?; ~ **est-ce que ça s'appelle?** beth ydych chi'n galw hwnna?; **le** ~ **et le pourquoi** y rhesymau dros.

commentaire [kɔmɑ̃tɛʀ] *m* (*remarque*) sylw *g*; (*RADIO, TV*) sylwebaeth *b*, sylwadaeth *b*; ~ **(de texte)** (*SCOL*) esboniad *g*; ~ **sur image** llais *g* sylwebydd; **et pas de** ~**!** dyna'r gair olaf!; **ça se passe de** ~**s** does dim angen esboniad; **sans** ~**!** dim i'w ddweud!

commentateur [kɔmɑ̃tatœʀ] *m* (*RADIO, TV*) sylwebydd *g*.

commentatrice [kɔmɑ̃tatʀis] *f* (*RADIO, TV*) sylwebydd *g*.

commenter [kɔmɑ̃te] (**1**) *vt* rhoi sylwebaeth; (*poème, texte*) esbonio; (*conduite*) sylwi.

commérages [kɔmeʀaʒ] *mpl* clecs *ll*, straeon *ll*, straes *ll*.

commerçant (**-e**) [kɔmɛʀsɑ̃, ɑ̃t] *adj* masnachol; (*rue*) masnachol, siopa.

commerçant [kɔmɛʀsɑ̃] *m* siopwr *g*, masnachwr *g*; **il est très** ~ (*personne*) mae'n ddyn busnes da.

commerçante [kɔmɛʀsɑ̃t] *f* siopwraig *b*, masnachwraig *b*.

commerce [kɔmɛʀs] *m* masnach *b*; (*affaires*) busnes *g*; **le petit** ~ siopwyr *ou* masnachwyr bychain; **faire** ~ **de** marchnata mewn; (*fig: péj*) manteisio ar; **chambre de** ~ siambr *b* fasnach; **livres de** ~ llyfrau *ll* cyfrifon; **vendu dans le** ~ ar werth mewn siopau; **vendu hors-**~ *ar werth i'r cyhoedd yn syth*; ~ **en** *neu* **de gros/détail** masnach gyfanwerthol/adwerthol; ~ **extérieur** y fasnach dramor; ~ **intérieur** y fasnach gartref.

commercer [kɔmɛʀse] (**9**) *vi*: ~ **avec** masnachu gyda.

commercial (**-e**) (**commerciaux, commerciales**) [kɔmɛʀsjal, kɔmɛʀsjo] *adj* masnachol.

commerciale [kɔmɛʀsjal] *f* (*véhicule*) fan *b* ysgafn;
♦*adj f voir* **commercial**.

commercialisable [kɔmɛʀsjalizabl] *adj* gwerthadwy.

commercialisation [kɔmɛʀsjalizasjɔ̃] *f* marchnata.

commercialiser [kɔmɛʀsjalize] (**1**) *vt* marchnata.

commerciaux [kɔmɛʀsjo] *mpl* pobl *b* fusnes, masnachwyr *ll*.

commère [kɔmɛʀ] *f* clebren *b*.
commettre [kɔmɛtʀ] (**72**) *vt* (*erreur*) gwneud; (*crime*) cyflawni; (*nommer*) penodi, enwi; (*compromettre*) peryglu (enw da);
♦ **se** ~ *vr* peryglu'ch enw da; **se** ~ **avec des indésirables** cymdeithasu â phobl annymunol.
commis [kɔmi] *vb voir* **commettre**;
♦*m* (*de magasin*) cynorthwy-ydd *g ou* gweinydd *g* mewn siop; (*de banque*) clerc *g*; ~ **voyageur** trafaeliwr *g*.
commisération [kɔmizeʀasjɔ̃] *f* cydymdeimlad *g*.
commissaire [kɔmisɛʀ] *m* (*de police*) uwcharolygydd *g* yr heddlu; (*de rencontre sportive*) stiward *g*; ~ **aux comptes** archwiliwr *g*; ~ **du bord** pyrser *g*.
commissaire-priseur (~**s**-~**s**) [kɔmisɛʀpʀizœʀ] *m* arwerthwr *g* (swyddogol).
commissariat [kɔmisaʀja] *m*: ~ **de police** swyddfa'r *b* heddlu; (*ADMIN*) comisiynyddiaeth *b*.
commission [kɔmisjɔ̃] *f*
1 (*comité*) comisiwn *g*, pwyllgor *g*; ~ **d'examen** bwrdd arholi.
2 (*pourcentage*) comisiwn *g*.
3 (*message, course*) neges *b*; **faire la** ~ **à qn** rhoi neges i rn; **faire les** ~**s** (*acheter*) gwneud negesau, siopa.
commissionnaire [kɔmisjɔnɛʀ] *m* (*livreur*) cludwr *g*; (*messager*) negesydd *g*; (*COMM*) brocer *g*; (*TRANSPORT*) trosglwyddwr *g*.
commissure [kɔmisyʀ] *f*: **la** ~ **des lèvres** cil *g* y foch, cornel *g,b* y geg.
commode [kɔmɔd] *adj* cyfleus; (*outil*) hwylus; (*facile*) hawdd, rhwydd; (*personne*): **pas** ~ anodd ei drin; **elle est** ~ **à vivre** (*personne*) mae'n hawdd gwneud â hi;
♦*f* cist *b* ddroriau.
commodément [kɔmɔdemɑ̃] *adv* (*porter*) yn hwylus; (*s'asseoir*) yn gysurus; (*transporter*) yn hawdd.
commodité [kɔmɔdite] *f* cyfleuster *g*; **les** ~ **modernes** (*aise, confort*) pob cysur modern, yr holl gyfleusterau cyfoes.
commotion [komosjɔ̃] *f* (*secousse*) ysgytiad *g*, ysgytwad *g*, sioc *b*; (*révolution*) terfysg *g*; ~ **(cérébrale)** (*MÉD*) cyfergyd *g,b*.
commotionné (**-e**) [kɔmosjɔne] *adj* wedi cael ysgytiad, mewn sioc.
commuer [kɔmɥe] (**1**) *vt* cyfnewid.
commun[1] (**-e**) [kɔmœ̃, yn] *adj* (*gén*) cyffredin; (*pièce*) a rennir, a ddefnyddir ar y cyd; (*effort, démarche*) ar y cyd; (*identique*) o'r un fath; (*péj*) aflednais; **sans** ~**e mesure** amhosibl eu cymharu, heb ddim yn gyffredin; **la vie** ~**e** bywyd priodasol; **être** ~ **à** a rennir; **peu** ~ anghyffredin; **d'un** ~ **accord** yn unfrydol; **notre ami** ~ ein cyfaill ni'n dau/dwy; **il n'y a pas de** ~**e mesure entre eux** nid oes modd eu cymharu.
commun[2] [kɔmœ̃] *m*: **cela sort du** ~ mae hwn allan o'r cyffredin; **le** ~ **des mortels** trwch *g* y ddynoliaeth, y bobl gyffredin; **mettre qch en** ~ rhannu rhth; ~**s** (*bâtiments*) tai *ll* allan.
communal (**-e**) (**communaux, communales**) [kɔmynal, kɔmyno] *adj* lleol, yr ardal; **dépenses** ~**es** gwariant *g* y cyngor lleol.
communale [kɔmynal] *f* (*ADMIN*) ardal *b*; (*urbaine*) bwrdeistref *b*; **la C**~ ysgol gynradd yr ardal;
♦*adj f voir* **communal**.
communard [kɔmynaʀ] *m* (*HIST*) Comiwnwr *g*.
communarde [kɔmynaʀd] *f* (*HIST*) Comiwnwraig *b*.
communautaire [kɔmynotɛʀ] *adj* cymunedol.
communauté [kɔmynote] *f* cymdogaeth *b*; (*idées*) tebygrwydd *g*; (*POL, REL*) cymuned *b*; (*entre époux*) eiddo wedi ei rannu; **régime de la** ~ (*JUR*) cytundeb *g* rhannu cyfartal o eiddo pâr priod; **vivre en** ~ byw yn y gymuned; **mettre qch en** ~ rhannu rhth.
commune [kɔmyn] *adj f voir* **commun**;
♦*f* (*ville*) tref *b*; (*village*) pentref *g*, ardal *b*, cymdogaeth *b*; (*autorité*) *cyngor g lleol*.
communément [kɔmynemɑ̃] *adv* yn gyffredin, fel arfer.
Communes [kɔmyn] *fpl* (*Grande Bretagne*) Tŷ'r *g* Cyffredin.
communiant [kɔmynjɑ̃] *m* cymunwr *g*; **premier** ~ *plentyn sy'n derbyn y cymun am y tro cyntaf*.
communiante [kɔmynjɑ̃t] *f* cymunwraig *b*.
communicant (**-e**) [kɔmynikɑ̃, ɑ̃t] *adj* cysylltiol; **salles** ~**es** ystafelloedd sy'n cydgysylltu.
communicatif (**communicative**) [kɔmynikatif, kɔmynikativ] *adj* bodlon siarad, siaradus; (*rire*) heintus.
communication [kɔmynikasjɔ̃] *f*
1 (*télécom*) galwad *b*, cysylltiad *g*, cyfathrebiad *g*; ~ **téléphonique** galwad ffôn; **vous avez la** ~ dyna chi drwodd; **donnez-moi la** ~ **avec** cysylltwch fi â, rhowch fi drwodd i; **avoir la** ~ **(avec)** cael eich cysylltu (â); **mettre qn en** ~ **avec qn** cysylltu rhn â rhn; ~ **avec préavis** galwad bersonol; ~ **interurbaine** galwad bell; ~ **en PCV** galwad wrthdal.
2 (*d'idées, de nouvelle*) trosglwyddo, trosglwyddiad *g*; **etre en** ~ **avec qn** bod mewn cysylltiad â rhn; **avoir** ~ **d'un fait** bod yn gydnabyddus â ffaith; **demander** ~ **d'un dossier** gofyn am ffeil.
3 (*université*) papur *g*, darlith *b*.
4 (*message*) neges *b*.
communier [kɔmynje] (**16**) *vi* derbyn y cymun; ~ **dans** (*sentiment*) bod yn gytûn.
communion [kɔmynjɔ̃] *f* (*REL*) cymun *g*; **première** ~**,** ~ **solennelle** y Cymun cyntaf; **être en** ~ **avec** (*personne*) cymuno â rhn; (*sentiment*) cydymdeimlo â rhn; **être en** ~ **d'idées/de sentiments** rhannu syniadau/teimladau.
communiqué [kɔmynike] *m* hysbysiad *g*; ~ **de**

presse datganiad *g* i'r wasg.

communiquer [kɔmynike] (**1**) *vt* (*maladie, chaleur*) trosglwyddo; (*nouvelle*) trosglwyddo, mynegi (newydd); ♦*vi* cyfathrebu, ymgysylltu; ♦ **se** ~ *vr*: **se** ~ **à** (*feu etc*) ymledu i; ~ **avec** (*suj: salle*) ymgysylltu â.

communisme [kɔmynism] *m* comiwnyddiaeth *b*.

communiste [kɔmynist] *adj* comiwnyddol; ♦*m/f* comiwnydd *g*, comiwnyddes *b*.

commutateur [kɔmytatœʀ] *m* (*ÉLEC*) switsh *g*.

commutation [kɔmytasjɔ̃] *f* (*INFORM*) cymudiad *g*; ~ **de messages** switsio neges; ~ **de paquets** switsio pecynnau.

Comores [kɔmɔʀ] *prfpl*: **les (îles)** ~ Ynysoedd *ll* Comoros.

Comorien (**-ne**) [kɔmɔʀjɛ̃, kɔmɔʀjɛn] *adj* o'r Comoros.

compact (**-e**) [kɔ̃pakt] *adj* cywasgedig, cryno.

compagne [kɔ̃paɲ] *f* cymdeithes *b*, partneres *b*, cyfeilles *b*; (*animal*) cymhares *b*; ~ **de classe** aelod *g* o'r un dosbarth.

compagnie [kɔ̃paɲi] *f* cwmni *g*; (*groupe*) cwmni, casgliad *g* (o bobl); **tenir** ~ **à qn** cadw cwmni i rn; **fausser** ~ **à qn** dianc rhag rhn; **en** ~ **de** yng nghwmni; **Dupont et** ~ (*COMM*) Dupont a'i Gwmni; ~ **aérienne** cwmni awyrennau.

compagnon [kɔ̃paɲɔ̃] *m* cymar *g*; (*autrefois: ouvrier*) labrwr *g*, crefftwr *g*; ~ **de travail** cydweithiwr *g*; ~ **d'armes** cydfilwr *g*; ~ **de bord** cydforwr *g*; ~ **de voyage** cyd-deithiwr *g*.

comparable [kɔ̃paʀabl] *adj*: ~ (**à**) cymaradwy (â), tebyg (i); **il est** ~ **aux plus grands peintres** gellir ei gymharu â'r arlunwyr mwyaf; **ce n'est pas** ~ 'does dim cymhariaeth.

comparaison [kɔ̃paʀɛzɔ̃] *f* cymhariaeth *b*; (*LITT: métaphore*) cymhariaeth, cyffelybiaeth *b*; **en** ~ **de, par** ~ **à** mewn cymhariaeth â; **sans** ~ (*indubitablement*) yn ddiamau, heb os nac oni bai; **mettre qch en** ~ **avec qch** cymharu rhth â rhth; **cet ouvrage est sans** ~ **avec les autres** mae'r llyfr hwn y tu hwnt i gymhariaeth.

comparaître [kɔ̃paʀɛtʀ] (**73**) *vi* (*JUR*): ~ **(devant)** ymddangos (o flaen, gerbron).

comparatif[1] (**comparative**) [kɔ̃paʀatif, kɔ̃paʀativ] *adj* cymharol, eithaf.

comparatif[2] [kɔ̃paʀatif] *m* y cymharol *g*, gradd *b* gymharol.

comparativement [kɔ̃paʀativmɑ̃] *adv* yn gymharol; ~ **à** o'i gymharu *ou* o'i chymaru â.

comparé (**-e**) [kɔ̃paʀe] *adj*: **littérature/grammaire** ~**e** llenyddiaeth/ieitheg gymharol.

comparer [kɔ̃paʀe] (**1**) *vt* cymharu; ~ **qch/qn à qch/qn** cymharu rhn/rhth â rhn/rhth; ~ **qch et qch** tynnu cymhariaeth rhwng dau beth, cymharu dau beth.

comparse [kɔ̃paʀs] (*péj*) *m/f* (*THÉÂTRE*) part *g* bychan; (*péj*) gwas *g* bach; (*péj, fig*) rhan *b* fechan.

compartiment [kɔ̃paʀtimɑ̃] *m* (*de train*) adran *b*, rhaniad *g*; (*de meuble*) rhan *b*.

compartimenté (**-e**) [kɔ̃paʀtimɑ̃te] *adj* (*pièce*) gwahanfurog, palisog; (*fig*) adrannol, adranedig.

comparu [kɔ̃paʀy] *pp de* **comparaître**.

comparution [kɔ̃paʀysjɔ̃] *f* ymddangosiad *g*.

compas [kɔ̃pɑ] *m* (*MATH*) cwmpas *g*; (*NAUT*) cwmpawd *g*.

compassé (**-e**) [kɔ̃pɑse] *adj* ffurfiol.

compassion [kɔ̃pasjɔ̃] *f* tosturi *g*, trugaredd *g,b*.

compatibilité [kɔ̃patibilite] *f* cyfaddasrwydd *g*, cysondeb *g*, cydnawsedd *g*.

compatible [kɔ̃patibl] *adj*: ~ **avec** cyfaddas i, cyson â, cydnaws â.

compatir [kɔ̃patiʀ] (**2**) *vi*: ~ (**à**) cydymdeimlo (â).

compatissant (**-e**) [kɔ̃patisɑ̃, ɑ̃t] *adj* tosturiol, cydymdeimladol.

compatriote [kɔ̃patʀijɔt] *m/f* cydwladwr *g*, cydwladwraig *b*.

compensateur (**compensatrice**) [kɔ̃pɑ̃satœʀ, kɔ̃pɑ̃satʀis] *adj* cyfadferol, ad-daliadol, sy'n gwneud iawn am rth.

compensation [kɔ̃pɑ̃sasjɔ̃] *f* (*dédommagement*) iawndal *g*; (*BANQUE: d'une dette*) clirio, cliriad *g*; **en** ~ fel iawndal.

compensé (**-e**) [kɔ̃pɑ̃se] *adj*: **semelle** ~**e** gwadn *b* blatfform.

compenser [kɔ̃pɑ̃se] (**1**) *vt* talu iawndal (i rn), gwneud iawn (i rn), digolledu (rhn).

compère [kɔ̃pɛʀ] *m* (*complice*) cynorthwywr *g*, cyd-droseddwr *g*; (*camarade*) cyfaill *g*, cydymaith *g*.

compétence [kɔ̃petɑ̃s] *f* cymhwyster *g*, gallu *g*, medr *g*.

compétent (**-e**) [kɔ̃petɑ̃, ɑ̃t] *adj* cymwys, galluog, medrus.

compétitif (**compétitive**) [kɔ̃petitif, kɔ̃petitiv] *adj* cystadleuol.

compétition [kɔ̃petisjɔ̃] *f* cystadleuaeth *b*; (*SPORT: épreuve*) gornest *b*; **la** ~ (*SPORT: activité*) chwaraeon cystadleuol; **être en** ~ **avec qn** cystadlu â rhn; ~ **automobile** rasio ceir.

compétitivité [kɔ̃petitivite] *f* natur *b* gystadleuol, cystadleuoldeb *g*.

compilateur [kɔ̃pilatœʀ] *m* (*INFORM*) crynhoydd *g*.

compiler [kɔ̃pile] (**1**) *vt* crynhoi, casglu.

complainte [kɔ̃plɛ̃t] *f* (*LITT, MUS*) galarnad *b*.

complaire [kɔ̃plɛʀ] (**70**): **se** ~ *vr*: **se** ~ **dans qch** ymhyfrydu yn rhth; **se** ~ **à faire qch** bod wrth eich bodd yn gwneud rhth

complaisais [kɔ̃plɛzɛ] *vb voir* **complaire**.

complaisamment [kɔ̃plɛzamɑ̃] *adv* yn gymwynasgar, yn hynaws.

complaisance [kɔ̃plɛzɑ̃s] *f* (*amabilité*) caredigrwydd *g*; (*péj: indulgent*) gorfaldod *g*; (*attitude*) agwedd *b* anfeirniadol; (*fatuité*) hunanfoddhad *g*; **attestation de** ~ *tystysgrif feddygol a ddarperir gan feddyg fel cymwynas*; **pavillon de** ~ baner *b* gyfleus (*baner dramor yr hwylia llong oddi tani er mwyn osgoi trethi*).

complaisant[1] [kɔ̃plɛzɑ̃] *vb voir* **complaire**.

complaisant[2] (-e) [kɔ̃plɛzɑ̃, ɑ̃t] *adj* (*aimable*) caredig; (*péj: indulgent*) maldodus; (*fat*) hunanfoddhaus.

complaît [kɔ̃plɛ] *vb voir* **complaire**.

complément [kɔ̃plemɑ̃] *m* (*aussi* LING) cyflenwad *g*; (*surplus*) peth *g* dros ben; (*reste*) gweddill *g*; ~ **(circonstanciel) de lieu/temps** ymadrodd *g* adferfol o leoliad/amser; ~ **d'information** (*ADMIN*) gwybodaeth *b* ychwanegol; ~ **(d'objet) direct** gwrthrych *g* uniongyrchol; ~ **(d'objet) indirect** gwrthrych anuniongyrchol; ~ **de nom** ymadrodd *g* meddiannol.

complémentaire [kɔ̃plemɑ̃tɛʀ] *adj* cyflenwol; (*additionnel*) atodol.

complet[1] **(complète)** [kɔ̃plɛ, kɔ̃plɛt] *adj* cyflawn; (*cinéma, hôtel*) llawn, heb le; (*rapport*) cynhwysfawr; (*examen*) manwl; **pain** ~ bara (gwenith) cyflawn, bara gwenith trwyddo.

complet[2] [kɔ̃plɛ] *m* (*costume*) siwt *b*; ~**-veston** siwt; **la famille au (grand)** ~ y teulu i gyd.

complètement [kɔ̃plɛtmɑ̃] *adv* yn llwyr; (*étudier etc*) yn fanwl.

compléter [kɔ̃plete] **(14)** *vt* (*collection*) cwblhau; (*augmenter*) ychwanegu at;
♦ **se** ~ *vr* (*caractères*) cydweddu, gweddu i'w gilydd; (*collection*) dod yn gyflawn.

complétive [kɔ̃pletiv] *f* cymal *g* gwrthrychol, cymal enwol.

complexe [kɔ̃plɛks] *m*
1 (*PSYCH*) cymhleth *g*, obsesiwn *g*; ~ **d'infériorité** cymhleth y taeog; **avoir des** ~**s** bod yn swil.
2: ~ **industriel** stad *b* ddiwydiannol; ~ **portuaire/hospitalier** cyfadeiladau *ll* porthladd/ysbyty;
♦*adj* cymhleth, dyrys, astrus.

complexé (-e) [kɔ̃plɛkse] *adj* dryslyd, llawn poen meddwl, swil iawn; **être** ~ (*personne*) bod yn llawn poen meddwl.

complexité [kɔ̃plɛksite] *f* cymhlethdod *g*.

complication [kɔ̃plikasjɔ̃] *f* cymhlethdod *g*; **faire des** ~**s** gwneud bywyd yn anodd.

complice [kɔ̃plis] *m/f* (*criminel*) cyd-droseddwr *g*, cydgynllwynydd *g*.

complicité [kɔ̃plisite] *f* cyfranogaeth *b*, cydgynllwynio.

compliment [kɔ̃plimɑ̃] *m* canmoliaeth *b*, compliment *g*, cyfarchiad *g*; ~**s** (*félicitations*) llongyfarchiadau *ll*, cyfarchion *ll*.

complimenter [kɔ̃plimɑ̃te] **(1)** *vt*: ~ **qn (sur** *neu* **de qch)** llongyfarch rhn (ar rth), canmol rhn (am rth).

compliqué (-e) [kɔ̃plike] *adj* cymhleth; (*difficile à comprendre*) dyrys, astrus; (*MÉD: fracture*) cyfansawdd.

compliquer [kɔ̃plike] **(1)** *vt* cymhlethu;
♦ **se** ~ *vr* mynd yn gymhleth; **se** ~ **la vie** gwneud eich bywyd yn gymhleth.

complot [kɔ̃plo] *m* cynllwyn *g*.

comploter [kɔ̃plɔte] **(1)** *vi* gweithio law yn llaw, cynllwynio, cydgynllwynio;
♦*vt* cynllwynio.

complu [kɔ̃ply] *pp de* **complaire**.

comportement [kɔ̃pɔʀtəmɑ̃] *m* ymddygiad *g*; (*TECH: voiture*) perfformiad *g*.

comporter [kɔ̃pɔʀte] **(1)** *vt* cynnwys; (*être muni de*) bod yn gyflawn o; (*impliquer: risques*) cynnwys, golygu;
♦ **se** ~ *vr* ymddwyn; (*voiture*) perfformio.

composant [kɔ̃pozɑ̃] *m* (*CHIM*) ansoddyn *g*; (*TECH*) cydran *b*.

composante [kɔ̃pozɑ̃t] *f* elfen *b*; (*MATH, PHYS*) cydran *b*.

composé[1] (-e) [kɔ̃poze] *adj* cyfansawdd; ~ **de** wedi ei gyfansoddi/chyfansoddi o.

composé[2] [kɔ̃poze] *m* (*CHIM, LING*) cyfansawdd *g*.

composer [kɔ̃poze] **(1)** *vt* (*confectionner: plat*) gwneud; (*équipe*) dethol; (*lettre*) llunio, ysgrifennu; (*symphonie*) cyfansoddi; (*tableau*) arlunio, cyfansoddi; (*numéro de téléphone*) deialu; (*programme*) cynllunio, cyfansoddi; (*bouquet*) paratoi; (*étalage*) gosod; (*TYPO*) cysodi;
♦*vi* (*SCOL*) sefyll prawf; (*transiger*) cyfaddawdu;
♦ **se** ~ *vr*: **se** ~ **de** cynnwys, bod yn gyfansawdd o.

composite [kɔ̃pozit] *adj* cymysg, cymysgryw.

compositeur [kɔ̃pozitœʀ] *m* (*MUS*) cyfansoddwr *g*; (*TYPO*) cysodwr *g*.

composition [kɔ̃pozisjɔ̃] *f* cyfansoddiad *g*; (*SCOL*) prawf *g*; (*TYPO*) cysodiad *g*; **de bonne** ~ tirion, hynaws; ~ **française** (*SCOL*) traethawd *g* Ffrangeg.

compositrice [kɔ̃pozitʀis] *f* (*MUS*) cyfansoddwraig *b*; (*TYPO*) cysodwraig *b*.

compost [kɔ̃pɔst] *m* gwrtaith *g*.

Compostelle [kɔ̃pɔstel] *prf* Compostella *b*.

composter [kɔ̃pɔste] **(1)** *vt* (*dater*) stampio'r dyddiad; (*poinçonner: billet*) tyllu tocyn, dileu tocyn.

composteur [kɔ̃pɔstœʀ] *m* (*timbre dateur*) stamp *g* dyddiad; (*poinçon*) tyllwr *g* tocynnau, dilëwr *g* tocynnau, peiriant *g* tyllu *ou* dileu tocynnau.

compote [kɔ̃pɔt] *f* stiw *g* ffrwythau, ffrwythau wedi'u stiwio; ~ **de pommes** stiw afalau.

compotier [kɔ̃pɔtje] *m* dysgl *b* ffrwythau.

compréhensible [kɔ̃pʀeɑ̃sibl] *adj* dealladwy.

compréhensif **(compréhensive)** [kɔ̃pʀeɑ̃sif,

kɔ̃pʀeɑ̃siv] *adj* (*tolérant*) goddefgar; (*étendu*) cynhwysfawr, helaeth.

compréhension [kɔ̃pʀeɑ̃sjɔ̃] *f* dealltwriaeth *b.*

comprendre [kɔ̃pʀɑ̃dʀ] (**74**) *vt* deall; (*se composer de, inclure*) cynnwys; **se faire** ~ cael eich deall; **mal** ~ camddeall.

compresse [kɔ̃pʀɛs] *f* clwt *g* gwasgu, clwtyn *g* gwasgu.

compresseur [kɔ̃pʀesœʀ] *adj m voir* **rouleau**; ♦*m* cywasgwr *g.*

compressible [kɔ̃pʀesibl] *adj* cywasgadwy; (*dépenses*) gostyngadwy.

compression [kɔ̃pʀesjɔ̃] *f* cywasgiad *g*, gwasgiad *g*; (*d'un crédit etc*) gostyngiad *g*; ~**s budgétaires** cwtogiad *g* cyllidebol.

comprimé[1] (**-e**) [kɔ̃pʀime] *adj*: **air** ~ aer *g* cywasgedig.

comprimé[2] [kɔ̃pʀime] *m* (*MÉD*) tabled *b.*

comprimer [kɔ̃pʀime] (**1**) *vt* cywasgu; (*fig: crédit, effectifs*) gostwng, lleihau; (*fig: larmes*) atal, dal yn ôl; (*sentiments*) cuddio, atal; (*pour emballer*) pacio yn dynn, gwasgu.

compris (**-e**) [kɔ̃pʀi, iz] *pp de* **comprendre**; ♦*adj* (*inclus*) yn cynnwys, gan gynnwys; ~**?** ydych chi'n deall?, dyna ni'n deall ein gilydd; **c'est** ~ (*d'accord*) o'r gorau; **y/non** ~ **la maison** gan gynnwys/heb gynnwys y tŷ; **la maison** ~**e/non** ~**e** gan gynnwys/heb gynnwys y tŷ; **service** ~ gan gynnwys tâl gwasanaeth; **100 F tout** ~ 100 ffranc gan gynnwys popeth; **les chapitres** ~ **entre les pages 20 et 140** (*situé*) yn cynnwys y penodau rhwng tudalen 20 a 140.

compromettant (**-e**) [kɔ̃pʀɔmetɑ̃, ɑ̃t] *adj* amheus, enbydus, peryglus i enw da rhn.

compromettre [kɔ̃pʀɔmɛtʀ] (**72**) *vt* peryglu enw da (rhn).

compromis [kɔ̃pʀɔmi] *vb voir* **compromettre**; ♦*m* cyfaddawd *g.*

compromission [kɔ̃pʀɔmisjɔ̃] *f* cytundeb *g* llechwraidd, cyfaddawd *g.*

comptabiliser [kɔ̃tabilize] (**1**) *vt* (*compter*) cyfrif; (*COMM*) cofnodi (rhth) mewn llyfr cyfrifon.

comptabilité [kɔ̃tabilite] *f* (*science*) cyfrifyddiaeth *b*, cyfrifeg *b*, cadw cyfrifon; (*comptes*) cyfrifon *ll*; (*service*) adran *b* gyfrifon; (*profession*) cyfrifyddiaeth; ~ **en partie double** cadw llyfrau gofnod dwbwl.

comptable [kɔ̃tabl] *m/f* (*agent*) cyfrifydd *g*; ♦*adj* cyfrifyddol, cyfrifyddu; ~ **de** cyfrifol *ou* atebol am.

comptant [kɔ̃tɑ̃] *adv*: **payer/acheter** ~ talu/prynu ag arian parod.

compte [kɔ̃t] *m* cyfrif *g*; (*nombre*) cyfrif, rhif *g*; (*calcul*) cyfrif *g*, cyfrifiad *g*; ~**s** (*comptabilité*) cyfrifon *ll*; (*fig*) esboniad *g*; **ouvrir un** ~ agor cyfrif; **rendre des** ~**s à qn** (*fig*) bod yn atebol i rn; **faire le** ~ **de** gwneud cyfrif o rth; **tout** ~ **fait** ar y cyfan; **à ce** ~**-là** (*dans ce cas*) gan hynny, os felly; (*à ce train-là*) fel yna; **en fin de** ~**, au bout du** ~ yn y pen draw; (*fig*) gan ystyried popeth; **à bon** ~ am bris ffafriol; **avoir son** ~ (*à bout de force*) bod ar ddiffygio; **je n'ai pas mon** ~ **de sommeil** nid wyf yn cael digon o gwsg; **il a eu son** ~ mae wedi cael hen ddigon; **pour le** ~ **de qn** dros rn, ar ran rhn; **pour son propre** ~ er eich lles eich hunan; **sur le** ~ **de qn** ynglŷn â rhn; **travailler à son** ~ gweithio i chi'ch hunan; **mettre qch sur le** ~ **de qn** (*le rendre responsable*) gwneud rhn yn gyfrifol am rth; **prendre qch à son** ~ cymryd cyfrifoldeb am rth; **trouver son** ~ **à** elwa oherwydd, cael budd o; **régler un** ~ clirio dyled, setlo cyfrif; (*se venger*) talu'r pwyth yn ôl; **rendre** ~ **(à qn) de qch** ateb (i rn) dros rth, rhoi cyfrif (i rn) o rth; **tenir** ~ **de qch** cymryd rhth i ystyriaeth, gwneud cyfrif o rth; ~ **tenu de** gan ystyried; **elle a fait cela sans avoir tenu** ~ **de ...** mae hi wedi gwneud hynny heb ystyried ...; **cela fait mon** ~ dyna sydd fwyaf cyfleus i mi; **aller au tapis pour le** ~ (*SPORT*) cael eich llorio; ~ **à rebours** ôl-gyfrif *g*; ~ **chèque postal** cyfrif post; ~ **chèque(s)** cyfrif cyfredol; ~ **client** cyfrif dyledus i'r banc; ~ **courant** cyfrif cyfredol; ~ **d'exploitation** cyfrif masnachu; ~ **de dépôt** cyfrif cadw; ~ **fournisseur** cyfrif taladwy; ~ **rendu** adroddiad *g*; (*de film, livre*) adolygiad *g.*

compte-gouttes [kɔ̃tgut] *m inv* diferydd *g.*

compter [kɔ̃te] (**1**) *vt* cyfrif; (*facturer*) codi tâl, gofyn pris; (*comporter*) bod â, cynnwys; (*inclure*) cynnwys; (*tenir compte de*) cyfrif, ystyried; (*penser, se proposer, espérer*) bwriadu, meddwl, gobeithio; ~ **réussir/revenir** disgwyl llwyddo/dychwelyd; ♦*vi* rhifo; (*être économe*) cynilo; ~ **parmi** (*figurer*) bod ymhlith; ~ **sur** dibynnu ar; ~ **avec qch/qn** cymryd rhth/rhn i ystyriaeth, ystyried rhth/rhn; ~ **sans qch/qn** diystyru rhth/rhn; **sans** ~ **que** heb ystyried ...; **à** ~ **du 10 janvier** o Ionawr 10 ymlaen; **ça compte beaucoup pour moi** mae hynny'n cyfrif llawer i mi, mae hynny yn bwysig iawn i mi; **cela ne compte pour rien** nid yw hynny yn bwysig; **je compte bien que** gobeithio ...

compte-tours [kɔ̃ttuʀ] *m inv* mesurydd *g* cylchdroeon.

compteur [kɔ̃tœʀ] *m* mesurydd *g*; ~ **de vitesse** mesurydd cyflymder.

comptine [kɔ̃tin] *f* rhigwm *g* plant (*sydd yn dosbarthu rhannau mewn gêm*).

comptoir [kɔ̃twaʀ] *m* (*de magasin*) bwrdd *g*, cownter *g*; (*de café, bar*) bar *g*, cownter; (*ville coloniale*) gorsaf *b* fasnachu.

compulser [kɔ̃pylse] (**1**) *vt* edrych yn, mynd trwy, archwilio.

comte [kɔ̃t] *m* iarll *g.*

comtesse [kɔ̃tɛs] *f* iarlles *b.*

con**[1] (**ne**) [kɔ̃, kɔn] *adj* gwirion uffernol, hollol hurt.

con**[2] [kɔ̃] *m* diawl *g* gwirion, twpsyn *g* gwirion; **faire le ~**** chwarae'r ffŵl.
concasser [kɔ̃kɑse] (**1**) *vt* (*pierre*) mathru, malu; (*poivre, sucre*) melino, malu.
concave [kɔ̃kav] *adj* ceugrwm.
concéder [kɔ̃sede] (**14**) *vt* ildio; ~ **que** cyfaddef ...
concélébrer [kɔ̃selebʀe] (**14**) *vt* (*REL*) cydweinyddu.
concentration [kɔ̃sɑ̃tʀasjɔ̃] *f* (*d'esprit*) astudrwydd *g*; (*liquides*) tewychiad *g*; (*CHIM*) crynodiad *g*; (*rayons*) canolbwyntiad *g*; (*accumulation*) crynhoad *g*; **camp de ~** gwersyll *g* crynhoi.
concentrationnaire [kɔ̃sɑ̃tʀasjɔnɛʀ] *adj* yn ymwneud â gwersylloedd crynhoi.
concentré[1] (**-e**) [kɔ̃sɑ̃tʀe] *adj* (*CULIN*) tewychedig; (*CHIM*) crynodedig; (*d'esprit*) yn canolbwyntio, astud; (*troupes, foule*) wedi ymgasglu, wedi eu crynhoi; (*lumière*) wedi ei ganolbwyntio.
concentré[2] [kɔ̃sɑ̃tʀe] *m* (*nourriture*) dwysfwyd *g*; (*jus*) tewsudd *g*; ~ **de tomates** past *g* tomatos.
concentrer [kɔ̃sɑ̃tʀe] (**1**) *vt* canolbwyntio; (*CHIM*) crynodi; (*liquides*) tewychu; (*troupes*) crynhoi;
♦ **se ~** *vr* canolbwyntio; (*troupes, foule*) ymgrynhoi, ymgasglu.
concentrique [kɔ̃sɑ̃tʀik] *adj* consentrig.
concept [kɔ̃sɛpt] *m* cysyniad *g*.
concepteur [kɔ̃sɛptœʀ] *m* cynllunydd *g*.
conception [kɔ̃sɛpsjɔ̃] *f* (*d'un enfant*) cenhedliad *g*; (*d'une idée*) llunio *g*; (*idée*) syniad *g*; (*d'une machine*) cynllun *g*.
concernant [kɔ̃sɛʀnɑ̃] *prép* ynglŷn â, ynghylch; (*en ce qui concerne*) o ran, parthed; **je vous écris ~ ...** 'rwy'n ysgrifennu atoch parthed ...
concerner [kɔ̃sɛʀne] (**1**) *vt* ymwneud â (rhth); **en ce qui me concerne** o'm rhan i; **en ce qui concerne ceci** o ran hynny; **cela ne vous concerne pas** nid yw hynny'n ddim o'ch busnes, nid oes a wnelo hynny ddim â chi.
concert [kɔ̃sɛʀ] *m* (*MUS*) cyngerdd *g,b*; (*accord*) cyd-ddealltwriaeth *b*, cytundeb *g*; (*fig: de protestations etc*) corws *g*; **de ~** (*ensemble*) yn un côr; (*d'un commun accord*) ar y cyd; **de ~ avec** ar y cyd â.
concertation [kɔ̃sɛʀtasjɔ̃] *f* (*échange de vues*) cyfnewid *g* syniadau, deialog *g,b*; (*rencontre*) cyfarfod *g*, cydgyfarfod *g*.
concerter [kɔ̃sɛʀte] (**1**) *vt* llunio, trefnu, dyfeisio;
♦ **se ~** *vr* ymghynghori, rhoi'ch pennau at ei gilydd.
concertiste [kɔ̃sɛʀtist] *m/f* chwaraewr *g* mewn cyngerdd, chwaraewraig *b* mewn cyngerdd.
concerto [kɔ̃sɛʀto] *m* consierto *g*.
concession [kɔ̃sesjɔ̃] *f* goddefiad *g*, consesiwn *g*.
concessionnaire [kɔ̃sesjɔnɛʀ] *m/f* deliwr *g*, delwraig *b*.
concevable [kɔ̃s(ə)vabl] *adj* dychmygadwy.
concevoir [kɔ̃s(ə)vwaʀ] (**39**) *vt* (*projet*) dychmygu, llunio; (*enfant*) cenhedlu (plentyn); (*maisons etc*) cynllunio.
concierge [kɔ̃sjɛʀʒ] *m/f* gofalwr *g*, gofalwraig *b*; (*d'hôtel*) porthor *g*, porthores *b*.
conciergerie [kɔ̃sjɛʀʒəʀi] *f* porthdy *g*.
concile [kɔ̃sil] *m* synod *g,b*, cyngor *g* (eglwysig).
conciliable [kɔ̃siljabl] *adj* (*gens*) cymodadwy; (*faits*) cysonadwy.
conciliabules [kɔ̃siljabyl] *mpl* cyd-drafodaethau *ll*.
conciliant (**-e**) [kɔ̃siljɑ̃, jɑ̃t] *adj* cymodol, cymodlon.
conciliateur [kɔ̃siljatœʀ] *m* cymodwr *g*, canolwr *g*.
conciliation [kɔ̃siljasjɔ̃] *f* cymod *g*, cymodiad *g*.
conciliatrice [kɔ̃siljatʀis] *f* cymodwraig *b*, canolwraig *b*.
concilier [kɔ̃silje] (**16**) *vt* cymodi;
♦ **se ~** *vr*: **se ~ qn/l'appui de qn** ennill cefnogaeth rhn, cael rhn i fod o'ch plaid.
concis (**-e**) [kɔ̃si, iz] *adj* cryno.
concision [kɔ̃sizjɔ̃] *f* crynoder *g*.
concitoyen [kɔ̃sitwajɛ̃] *m* cyd-ddinesydd *g*.
concitoyenne [kɔ̃sitwajɛn] *f* cyd-ddinesydd *g*.
conclave [kɔ̃klav] *m* conclaf *g*
concluant[1] [kɔ̃klyɑ̃] *vb voir* **conclure**.
concluant[2] (**-e**) [kɔ̃klyɑ̃, ɑ̃t] *adj* terfynol, pendant.
conclure [kɔ̃klyʀ] (**48**) *vt* (*accord*) cwblhau; (*texte*) cloi, terfynu, diweddu; (*mettre fin à: discours, séance*) terfynu, rhoi pen ar, gorffen, diweddu; ~ **qch de qch** (*déduire*) casglu rhth o rth; ~ **au suicide** dod i gasgliad o hunanladdiad; ~ **à l'acquittement** (*JUR*) rhyddfarnu, dedfrydu yn ddieuog; ~ **un marché** selio bargen; **j'en conclus que** 'rwy'n casglu felly ...;
♦ **se ~** *vr* (*soirée, discours*) diweddu, darfod, dod i ben, terfynu.
conclusion [kɔ̃klyzjɔ̃] *f* (*traité*) cwblhad *g*; (*discours, séance*) terfyn *g*, terfyniad *g*; **~s** (*JUR: d'expert*) casgliad *g*, barn *b*; (*de jury*) rheithfarn *b*; (*de plaignant*) argymelliadau *ll*; (*résultats d'analyse*) canlyniadau *ll*; **en ~** i gloi, i derfynu; **et pour ~** yn olaf; **~, on s'était trompé** mewn gair, 'roeddem wedi camgymryd.
concocter [kɔ̃kɔkte] (**1**) *vt* (*breuvage*) paratoi, cymysgu; (*discours*) dyfeisio, llunio.
conçois *etc* [kɔ̃swa] *vb voir* **concevoir**.
conçoive *etc* [kɔ̃swav] *vb voir* **concevoir**.
concombre [kɔ̃kɔ̃bʀ] *m* cucumer *g*, ciwcymber *g*.
concomitant (**-e**) [kɔ̃kɔmitɑ̃, ɑ̃t] *adj* cydredol, sy'n cydfynd.

concordance [kɔ̃kɔʀdɑ̃s] *f* (*accord*) cytundeb *g*; (*résultats*) cydgysondeb *g*, tebygrwydd *g*; (*index*) mynegai *g*; ~ **des temps** (*LING*) dilyniad *g* amserau.
concordant (-e) [kɔ̃kɔʀdɑ̃, ɑ̃t] *adj* cadarnhaol, ategol; (*résultats*) cytgordol, tebyg, cyson, cydgyson.
concorde [kɔ̃kɔʀd] *f* cytgord *g*.
concorder [kɔ̃kɔʀde] (**1**) *vi* cytuno, cytgordio.
concourir [kɔ̃kuʀiʀ] (**21**) *vi* (*SPORT*) cystadlu; (*converger*) cydgyfarfod; ~ **à qch** cydweithio i gyrraedd rhth.
concours [kɔ̃kuʀ] *vb voir* **concourir**;
♦*m* cystadleuaeth *b*; (*SPORT*) gornest *b*; (*SCOL*) arholiad *g* cystadleuol; (*aide, participation: de personne*) cymorth *g*, cefnogaeth *b*; **recrutement par voie de** ~ penodi trwy arholiad cystadleuol; **apporter son** ~ **à** cefnogi; ~ **de circonstances** cyfuniad *g* o amgylchiadau; ~ **hippique** sioe *b* neidio ceffylau; ~ **de beauté** cystadleuaeth harddwch.
concret (**concrète**) [kɔ̃kʀɛ, kɔ̃kʀɛt] *adj* pendant; (*LING*) diriaethol.
concrètement [kɔ̃kʀɛtmɑ̃] *adv* yn ddiriaethol.
concrétisation [kɔ̃kʀetizasjɔ̃] *f* gwireddiad *g*.
concrétiser [kɔ̃kʀetize] (**1**) *vt* cyflawni, gwireddu;
♦ **se** ~ *vr* (*projet*) dod yn ffaith, cael ei wireddu.
conçu (-e) [kɔ̃sy] *pp de* **concevoir**;
♦*adj*: **bien/mal** ~ wedi ei gynllunio'n dda/wael.
concubin [kɔ̃kybɛ̃] *m* cymar *g* cydnabyddedig, cywely *g*.
concubinage [kɔ̃kybinaʒ] *m* cywelyogaeth *g*, byw fel gŵr a gwraig heb fod yn briod.
concubine [kɔ̃kybin] *f* cymhares *b* gydnabyddedig, gordderch *b*, cywely *b*.
concupiscence [kɔ̃kypisɑ̃s] *f* chwant *g* rhywiol, blys *g*, trachwant *g*.
concurremment [kɔ̃kyʀamɑ̃] *adv* gyda'i gilydd, yn cydredeg; (*en même temps*) ar yr un pryd.
concurrence [kɔ̃kyʀɑ̃s] *f* cystadleuaeth *b*; **en** ~ **avec** yn cystadlu â, mewn cystadleuaeth â; **elle doit rembourser jusqu'à** ~ **de 1000 F** mae'n rhaid iddi ad-dalu hyd at 1000 F; ~ **déloyale** cystadleuaeth annheg.
concurrencer [kɔ̃kyʀɑ̃se] (**9**) *vt* cystadlu à.
concurrent[1] (-e) [kɔ̃kyʀɑ̃, ɑ̃t] *adj* (*COMM*) sydd mewn cystadleuaeth, cystadleuol.
concurrent[2] [kɔ̃kyʀɑ̃] *m* cystadleuwr *g*; (*SCOL*) ymgeisydd *g*.
concurrente [kɔ̃kyʀɑ̃t] *f* cystadleuwraig *b*; (*SCOL*) ymgeisydd *g*;
♦*adj f voir* **concurrent**[1].
concurrentiel (-le) [kɔ̃kyʀɑ̃sjɛl] *adj* cystadleuol.
conçus [kɔ̃sy] *vb voir* **concevoir**.
condamnable [kɔ̃dɑnabl] *adj* gresynus, beius.
condamnation [kɔ̃dɑnasjɔ̃] *f* condemniad *g*; (*JUR*) barnu yn euog, dedfrydu; (*censure*) cerydd *g*; (*peine*) dedfryd *b*, euogfarn *b*; ~ **électronique** *neu* **centralisée des portières** (*AUTO*) system ganolog gloi drysau car; ~ **à mort** dedfryd marwolaeth; ~ **à une amende** gosod dirwy ar (rn); **elle a deux** ~**s à son actif** dyfarnwyd hi'n euog ddwy waith o'r blaen.
condamné [kɔ̃dɑne] *m* (*JUR*) condemniedig *g*, carcharor *g*, rhn a ddedfrydwyd, rhn a dderbyniodd garchariad.
condamnée [kɔ̃dɑne] *f* (*JUR*) condemniedig *b*, carcharores *b*, rhn a ddedfrydwyd, rhn a dderbyniodd garchariad.
condamner [kɔ̃dɑne] (**1**) *vt* dedfrydu, condemnio; (*livre*) condemnio; (*porte, ouverture*) llenwi, blocio; (*portière de voiture: fig*) cloi; **elle a été condamnée par son médecin** 'roedd hi y tu hwnt i obaith yn ôl ei meddyg; ~ **qn à qch/faire** dedfrydu rhn i rth/i wneud; ~ **qn à 2 ans de prison** dedfrydu rhn i 2 flynedd o garchar; ~ **qn à une amende** gosod dirwy ar rn.
condensateur [kɔ̃dɑ̃satœʀ] *m* (*TECH*) cyddwysydd *g*; (*ÉLEC*) cynhwysydd *g*.
condensation [kɔ̃dɑ̃sasjɔ̃] *f* (*de liquides*) tewychiad *g*; (*PHYS*) cyddwysiad *g*.
condensé[1] (-e) [kɔ̃dɑ̃se] *adj* tewychedig, cyddwysedig.
condensé[2] [kɔ̃dɑ̃se] *m* crynhoad *g*.
condenser [kɔ̃dɑ̃se] (**1**) *vt* tewychu; (*TECH*) cyddwyso;
♦ **se** ~ *vr* tewychu, cyddwyso; (*vapeur d'eau*) troi'n ddŵr; (*fig*) crynhoi, ymgrynhoi.
condescendance [kɔ̃desɑ̃dɑ̃s] *f* ymddygiad *g* nawddogol.
condescendant (-e) [kɔ̃desɑ̃dɑ̃, ɑ̃t] *adj* nawddogol, nawddoglyd.
condescendre [kɔ̃desɑ̃dʀ] (**3**) *vi*: ~ **à qch** ymostwng i rth; ~ **à faire qch** ymostwng i wneud rhth.
condiment [kɔ̃dimɑ̃] *m*: ~**s** pupur *g* a halen *g*.
condisciple [kɔ̃disipl] *m/f* cyd-ddisgybl *g*.
condition [kɔ̃disjɔ̃] *f*
1 (*état*) cyflwr *g*; **en bonne** ~ mewn cyflwr da; **mettre qn en** ~ (*SPORT*) gwneud rhn yn heini; (*PSYCH*) cyflyru rhn.
2 (*situation*) sefyllfa *b*; ~**s** (*circonstances*) amgylchiadau *ll*; ~**s atmosphériques** cyflwr atmosfferig; ~**s de vie** amgylchiadau byw.
3 (*stipulation*) amod *g,b*; **sans** ~ diamod, yn ddiamod; **sous** ~ **que** ar yr amod bod; **je prends cette jupe à** ~ **de pouvoir l'échanger** cymeraf y sgert yma ar yr amod fy mod yn gallu ei newid; **à** *neu* **sous** ~ **de** os, a bod.
4 (*COMM*) telerau *ll*.
5 (*classe (sociale)*) dosbarth *g* (cymdeithasol).
conditionné (-e) [kɔ̃disjɔne] *adj* (*PSYCH*) cyflyredig; (*COMM*) mewn pecyn; ~ **sous vide** a baciwyd dan wactod.

conditionnel[1] (**-le**) [kɔ̃disjɔnɛl] *adj* amodol, dibynnol.

conditionnel[2] [kɔ̃disjɔnɛl] *m* (*LING*) yr amser *g* amodol.

conditionnement [kɔ̃disjɔnmɑ̃] *m* (*de personne*) cyflyriad *g*, cyflyru; (*emballage*) pacedu, pacediad *g*; (*de l'air*) tymheru, tymheriad *g*.

conditionner [kɔ̃disjɔne] (**1**) *vt* (*déterminer*) rheoli; (*influencer*) dylanwadu (ar); (*emballer*) pacio; (*PSYCH*) cyflyru; **air conditionné** system *b* dymheru; **réflexe conditionné** adwaith *g* cyflyredig.

condoléances [kɔ̃dɔleɑ̃s] *fpl* cydymdeimlad *g*.

conducteur[1] (**conductrice**) [kɔ̃dyktœʀ, kɔ̃dyktʀis] *adj* (*PHYS*) dargludol; (*qui guide*) arweiniol.

conducteur[2] [kɔ̃dyktœʀ] *m* (*ÉLEC*) dargludydd *g*; (*AUTO, etc*) gyrrwr *g*; (*machine*) gweithredwr *g*, gyrrwr *g*; ~ **d'hommes** arweinydd *g*.

conductrice [kɔ̃dyktʀis] *f* gyrwraig *b*; ♦*adj f voir* **conducteur**[1].

conduire [kɔ̃dɥiʀ] (**52**) *vt* (*véhicule, troupeau*) gyrru; (*chaleur, électricité*) dargludo; (*passager*) danfon, mynd â, hebrwng; (*enquête*) cynnal; (*orchestre, délégation, société*) arwain; ~ **qn quelque part (en voiture)** mynd â rhn i rywle, gyrru *ou* arwain rhn i rywle;
♦ **se** ~ *vr* ymddwyn; ~ **vers/à** arwain (tuag) at; **se** ~ **bien/mal** ymddwyn yn dda/wael.

conduit [kɔ̃dɥi] *pp de* **conduire**;
♦*m* (*TECH*) dyrffos *g*, sianel *b*; (*ANAT*) pibell *b*, dwythell *g*; ~ **auditif** (*ANAT*) dwythell y glust.

conduite [kɔ̃dɥit] *f* (*en auto*) gyrru; (*en avion*) llywio; (*comportement*) ymddygiad *g*; (*d'eau, de gaz*) prif bibell *b*; **sous la** ~ **de ...** o dan arweiniad ...; ~ **à gauche** (*AUTO*) gyriant *g* llaw chwith; ~ **forcée** pibell dan bwysedd; **voiture avec** ~ **intérieure** car *g* salŵn; **zéro de** ~ (*SCOL*) dim marciau am ymddygiad.

cône [kon] *m* côn *g*; **en forme de** ~ ar ffurf côn; ~ **d'avalanche** côn eirlithriad; ~ **de déjection** (*GÉO*) bwa *g* llifwaddod; ~ **de pin** (*BOT*) mochyn *g* coed, côn pinwydden.

confection [kɔ̃fɛksjɔ̃] *f* gwneud, gwneuthuriad *g*, paratoi, paratoad *g*; (*COUTURE*) gwneud, gwnïo, gwnïad *g*; **vêtement de** ~ dilledyn parod (i'w wisgo); **etre dans la** ~ gweithio yn y fasnach ddillad.

confectionner [kɔ̃fɛksjɔne] (**1**) *vt* (*gén*) paratoi; (*vêtement*) gwneud, gwnïo.

confédération [kɔ̃fedeʀasjɔ̃] *f* cydffederasiwn *g*.

conférence [kɔ̃feʀɑ̃s] *f* (*réunion*) cynhadledd *b*, cyfarfod *g*; (*exposé*) darlith *b*; ~ **au sommet** uwchgynhadledd *b*; ~ **de presse** cynhadledd i'r wasg; **faire une** ~ **sur qch** traddodi darlith ar rth, darlithio ar rth, rhoi darlith ar rth; **être en** ~ bod mewn cyfarfod.

conférencier [kɔ̃feʀɑ̃sje] *m* darlithydd *g*.

conférencière [kɔ̃feʀɑ̃sjɛʀ] *f* darlithydd *g*.

conférer [kɔ̃feʀe] (**14**) *vi* ymgynghori, cwnsela; ♦*vt*: ~ **qch à qn** (*titre, grade*) cyflwyno rhth i rn, rhoi rhth i rn.

confesser [kɔ̃fese] (**1**) *vt* cyffesu;
♦ **se** ~ *vr* (*REL*) gwneud eich cyffes, cyffesu.

confesseur [kɔ̃fesœʀ] *m* (*prêtre*) cyffesor *g*.

confession [kɔ̃fesjɔ̃] *f* (*aveu*) cyffes *b*; (*religion*) enwad *g*.

confessionnal (**confessionnaux**) [kɔ̃fesjɔnal, kɔ̃fesjɔno] *m* cyffesgell *b*.

confessionnel (**-le**) [kɔ̃fesjɔnɛl] *adj* enwadol.

confetti [kɔ̃feti] *m* conffeti *ll*.

confiance [kɔ̃fjɑ̃s] *f* ffydd *b*, hyder *g*, ymddiriedarth *b*, ymddiried *g*; **avoir** ~ **dans** *neu* **en qn, faire** ~ **à qn** bod â ffydd yn rhn, ymddiried yn rhn; **avec** ~ yn ffyddiog, gyda hyder, yn ymddiriedus; **mettre qn en** ~ ennill ymddiriedaeth rhn; **homme de** ~ dyn dibynadwy, dyn credadwy; **question/vote de** ~ mater/pleidlais o ffydd; **inspirer** ~ **à** ennyn ymddiriedaeth yn; **digne de** ~ teilwng o ffydd; ~ **en soi** hunanhyder *g*; **acheter qch en toute** ~ prynu rhth gyda phob ymddiriedaeth.

confiant (**-e**) [kɔ̃fjɑ̃, jɑ̃t] *adj* hyderus; (*en soi-même*) hunanhyderus.

confidence [kɔ̃fidɑ̃s] *f* cyfrinach *b*; **en** ~ yn gyfrinachol; **dire qch en** ~ dweud rhth yn gyfrinachol; **faire une** ~ **à qn** dweud cyfrinach wrth rn; **mettre qn dans la** ~ rhannu'r gyfrinach â rhn, dweud y gyfrinach wrth rn.

confident [kɔ̃fidɑ̃] *m* cyfrinachwr *g*, cyfaill *g* mynwesol.

confidente [kɔ̃fidɑ̃t] *f* cyfrinachwraig *b*, cyfeilles *b* fynwesol.

confidentiel (**-le**) [kɔ̃fidɑ̃sjɛl] *adj* cyfrinachol.

confidentiellement [kɔ̃fidɑ̃sjɛlmɑ̃] *adv* yn gyfrinachol.

confier [kɔ̃fje] (**16**) *vt*: ~ **qch à qn** (*travail, responsabilité*) ymddiried rhth i ofal rhn; (*secret, pensée*) cyfaddef rhth wrth rn;
♦ **se** ~ *vr*: **se** ~ **à qn** ymddiried yn rhn, dweud eich cyfrinach wrth rn.

configuration [kɔ̃figyʀasjɔ̃] *f* (*INFORM*) ffurfwedd *b*, cyfluniad *g*.

configurer [kɔ̃figyʀe] (**1**) *vt* (*INFORM*) ffurfweddu, cyflunio.

confiné (**-e**) [kɔ̃fine] *adj* (*atmosphère, air*) mwll, clòs; (*enfermé*) cyfyngedig, wedi'ch cyfyngu; **vivre** ~ **chez soi** byw'n gaeth i'ch cartref.

confiner [kɔ̃fine] (**1**) *vt*: ~ **à** bod â ffin (â);
♦ **se** ~ *vr*: **se** ~ **dans** *neu* **à** (*s'enfermer*) encilio gartref, eich cau'ch hun i mewn; (*se limiter*) eich cyfyngu'ch hunan i.

confins [kɔ̃fɛ̃] *mpl*: **aux** ~ **de ...** yng nghyffiniau ..., ar ymylon ..., ar ffiniau ...; **aux** ~ **de l'Europe et de l'Asie** ar ffiniau Ewrop ag Asia.

confire [kɔ̃fiʀ] (**51**) *vt* (*au sucre*) preserfio, jamio; (*au vinaigre*) preserfio, piclo.

confirmation [kɔ̃fiʀmasjɔ̃] *f* cadarnhad *g*; (*REL*) bedydd *g* esgob, conffyrmasiwn *g*, gwasanaeth *g* derbyn.
confirmer [kɔ̃fiʀme] (**1**) *vt* cadarnhau; ~ **qn dans ses fonctions** cadarnhau rhn yn ei swydd; ~ **qn dans une croyance** cryfhau cred rhn; ~ **qch à qn** cadarnhau rhth i rn.
confiscation [kɔ̃fiskasjɔ̃] *f* (*objet: provisoirement: à un enfant*) mynd â rhth oddi ar rn; (*JUR*) atafael *g*, atafaeliad *g*.
confiserie [kɔ̃fizʀi] *f* siop *b* felysion; ~**s** (*bonbons*) melysion *ll*, losin *ll*, fferins *ll*, da-da *ll*, pethau *ll* da.
confiseur [kɔ̃fizœʀ] *m* gwerthwr *g* melysion.
confiseuse [kɔ̃fizøz] *f* gwerthwraig *b* melysion.
confisquer [kɔ̃fiske] (**1**) *vt* (*JUR*) atafael; (*prendre: à un enfant*) mynd â rhth oddi ar rn; **le prof a confisqué les bonbons à l'élève** cymerodd yr athro y melysion oddi ar y disgybl.
confit[1] (**-e**) [kɔ̃fi, kɔ̃fit] *adj*: **fruits** ~**s** ffrwythau *ll* candi.
confit[2] [kɔ̃fit] *m*: ~ **d'oie** *cig gŵydd mewn pot.*
confiture [kɔ̃fityʀ] *f* jam *g*; ~ **d'oranges** marmalêd *g*; **donner de la** ~ **aux cochons** (*fig*) taflu gemau o flaen moch.
conflagration [kɔ̃flagʀasjɔ̃] *f* cataclysm *g*, trychineb *g,b*.
conflictuel (**-le**) [kɔ̃fliktɥɛl] *adj* cythryblus, cynhennus.
conflit [kɔ̃fli] *m* cythrwbl *g*, cythrwfl *g*, gwrthdrawiad *g*; **entrer en** ~ **avec qn** gwrthdaro â rhn; ~ **armé** brwydro arfog, ymladd arfog.
confluent [kɔ̃flyɑ̃] *m* (*GÉO*) cydlifiad *g*.
confondre [kɔ̃fɔ̃dʀ] (**55**) *vt* drysu, cymysgu; (*étonner*) syfrdanu, drysu, synnu; (*témoin, menteur, fraudeur*) rhoi taw ar; ~ **qch/qn avec** cymysgu rhth/rhn â, drysu rhwng rhth/rhn;
♦ **se** ~ *vr* ymgyfuno, ymdoddi, ymgymysgu; **se** ~ **en excuses/remerciements** ymddiheuro/diolch yn llaes.
confondu (**-e**) [kɔ̃fɔ̃dy] *pp de* **confondre**;
♦*adj* mud, syfrdan, syn, wedi eich llethu; **toutes catégories** ~**es** yn cynnwys pob categori.
conformation [kɔ̃fɔʀmasjɔ̃] *f* saernïaeth *b*, ffurfiad *g*, adeiladwaith *g*.
conforme [kɔ̃fɔʀm] *adj* cytûn, cyson, cydymffurfiol; ~ **à** yn gytûn â, yn gyson â; ~ **à la commande** yn ôl y gorchymyn.
conformé (**-e**) [kɔ̃fɔʀme] *adj*: **bien** ~ cymesur.
conformément [kɔ̃fɔʀmemɑ̃] *adv*: ~ **à** yn unol â, yn gydnaws â, yn gyson â.
conformer [kɔ̃fɔʀme] (**1**) *vt*: ~ **qch à** patrymu rhth ar, modelu rhth ar;
♦ **se** ~ *vr*: **se** ~ **(à)** cydymffurfio (â).
conformisme [kɔ̃fɔʀmism] *m* cydymffurfiaeth *b*.
conformiste [kɔ̃fɔʀmist] *adj* cydymffurfiol, traddodiadol;
♦*m/f* cydymffurfiwr *g*, cydymffurfwraig *b*.
conformité [kɔ̃fɔʀmite] *f* cydymffurfiad *g*; (*accord*) cytundeb *g*; **en** ~ **avec** yn gytûn â, yn unol â.
confort [kɔ̃fɔʀ] *m* cysur *g*; **tout** ~ pob cysur modern.
confortable [kɔ̃fɔʀtabl] *adj* cyfforddus, cysurus; (*fig: salaire*) digonol.
confortablement [kɔ̃fɔʀtabləmɑ̃] *adv* yn gysurus, yn gyfforddus; **vivre** ~ byw'n gysurus
conforter [kɔ̃fɔʀte] (**1**) *vt* cryfhau, cadarnhau.
confrère [kɔ̃fʀɛʀ] *m* cydweithiwr *g*.
confrérie [kɔ̃fʀeʀi] *f* brawdoliaeth *b*.
confrontation [kɔ̃fʀɔ̃tasjɔ̃] *f* (*d'idées*) gwrthdaro, gwrthdrawiad *g*, cyfwynebiad *g*; (*de textes*) cyfosodiad *g*, cymharu, cymhariaeth *b*.
confronté (**-e**) [kɔ̃fʀɔ̃te] *adj*: ~ **à** yn wynebu, yn wyneb, o flaen.
confronter [kɔ̃fʀɔ̃te] (**1**) *vt* wynebu, bod wyneb yn wyneb â; (*textes*) cymharu, cyfosod.
confus (**-e**) [kɔ̃fy, yz] *adj* cymysglyd; (*esprit*) dryslyd, wedi drysu; (*embarassé*) chwithig; (*indistinct*) aneglur; **merci de votre don, je suis** ~ diolch am eich anrheg, 'wn i ddim beth i'w ddweud.
confusément [kɔ̃fyzemɑ̃] *adv* yn amhendant, yn ddryslyd; (*parler*) yn aneglur.
confusion [kɔ̃fyzjɔ̃] *f* (*honte*) cywilydd *g*, annifyrrwch *g*, chwithdod *g*; (*désordre*) dryswch *g*, anhrefn *g,b*; (*erreur*) dryswch, cymysgwch *g*; **il y a eu une** ~ **de noms** cafodd yr enwau eu cymysgu.
congé [kɔ̃ʒe] *m* (*vacances*) gwyliau *ll*; (*MIL: arrêt de travail*) amser *g* rhydd, rhyddhad *g*; (*avis de départ*) rhybudd *g*; **en** ~ (*en vacances*) ar wyliau; (*soldat*) ar ryddhad; **semaine/jour de** ~ wythnos/diwrnod o wyliau; **prendre** ~ **de qn** ffarwelio â rhn; **donner son** ~ **à qn** (*employé*) rhoi rhybudd eich bod am adael, ymddiswyddo; (*employeur*) diswyddo rhn; ~ **de maladie** cyfnod *g* salwch; ~ **de maternité** cyfnod mamolaeth; ~**s payés** gwyliau ar gyflog.
congédier [kɔ̃ʒedje] (**16**) *vt* (*employé*) diswyddo.
congélateur [kɔ̃ʒelatœʀ] *m* rhewgell *b*, rhewgist *b*.
congélation [kɔ̃ʒelasjɔ̃] *f* rhewi.
congeler [kɔ̃ʒ(ə)le] (**13**) *vt* rhewi.
congénère [kɔ̃ʒenɛʀ] *adj* cydrywiol, tebyg;
♦*m/f* cyd-ddyn *g*, un o'r un rhywogaeth, rhn cydrywiol, tebyg; **toi et tes** ~**s** ti a'th debyg.
congénital (**-e**) (**congénitaux, congénitales**) [kɔ̃ʒenital, kɔ̃ʒenito] *adj* cynhenid, o'ch geni.
congère [kɔ̃ʒɛʀ] *f* lluwch *g* (eira).
congestion [kɔ̃ʒɛstjɔ̃] *f* gorlawnder *g*; (*encombrement*) tagfa *b*; ~ **cérébrale** strôc *b*; ~ **pulmonaire** caethdra'r *g* ysgyfaint.

congestionner [kɔ̃ʒɛstjɔne] (**1**) *vt* gorlenwi; (*poumon*) gwneud yn gaeth; **avoir le visage congestionné** gwrido, cochi.
conglomérat [kɔ̃glɔmeʀa] *m* clymfaen *g*, clwm *g* o gerrig mân.
Congo [kɔ̃go] *prm*: **le** ~ y Congo.
congolais (-e) [kɔ̃gɔlɛ, ɛz] *adj* Congolaidd, o'r Congo.
Congolais [kɔ̃gɔlɛ] *m* Congoliad *g*.
Congolaise [kɔ̃gɔlɛz] *f* Congoliad *b*.
congratuler [kɔ̃gʀatyle] (**1**) *vt* llongyfarch.
congre [kɔ̃gʀ] *m* (*poisson*) llysywen *b* fôr.
congrégation [kɔ̃gʀegasjɔ̃] *f* (*REL*) aelodau *ll*, cynulleidfa *b*; (*fig*) cynulliad *g*.
congrès [kɔ̃gʀɛ] *m* cynulliad *g*, cynhadledd *b*; (*POL: États-Unis*) cyngres *b*.
congressiste [kɔ̃gʀesist] *m/f* cynadleddwr *g*, cynadleddwraig *b*.
congru (-e) [kɔ̃gʀy] *adj* (*MATH*) cyfath; **la portion** ~**e** y gyfran leiaf.
conifère [kɔnifɛʀ] *m* coniffer *g,b*, conwydden *b*.
conique [kɔnik] *adj* conigol.
conjecture [kɔ̃ʒɛktyʀ] *f* dyfaliad *g*, amcan *g*, damcaniaeth *b*.
conjecturer [kɔ̃ʒɛktyʀe] (**1**) *vt, vi* tybio, dyfalu, damcaniaethu.
conjoint[1] (-e) [kɔ̃ʒwɛ̃, wɛ̃t] *adj* ar y cyd, cyd-.
conjoint[2] [kɔ̃ʒwɛ̃] *m* priod *g*, gŵr *g*.
conjointe [kɔ̃ʒwɛ̃t] *f* priod *b*, gwraig *b*;
♦*adj f voir* **conjoint**[1].
conjointement [kɔ̃ʒwɛ̃tmɑ̃] *adv* ar y cyd.
conjonctif (**conjonctive**) [kɔ̃ʒɔ̃ktif, kɔ̃ʒɔ̃ktiv] *adj* cyswllt, cysylltiol.
conjonction [kɔ̃ʒɔ̃ksjɔ̃] *f* cysylltair *g*.
conjonctivite [kɔ̃ʒɔ̃ktivit] *f* llid *g* yr amrannau.
conjoncture [kɔ̃ʒɔ̃ktyʀ] *f* sefyllfa *b*, amgylchiadau *ll*, achlysur *g*; **la** ~ **économique** yr hinsawdd *b* economaidd.
conjoncturel (-le) [kɔ̃ʒɔ̃ktyʀɛl] *adj* achlysurol, cylchol; **prévisions** ~**les** rhagolygon economaidd; **test** ~ prawf *g* economaidd.
conjugaison [kɔ̃ʒygɛzɔ̃] *f* (*LING*) rhediad *g*.
conjugal (-e) (**conjugaux, conjugales**) [kɔ̃ʒygal, kɔ̃ʒygo] *adj* priodasol.
conjugué (-e) [kɔ̃ʒyge] *adj* cyfunol, cyfunedig, ar y cyd.
conjuguer [kɔ̃ʒyge] (**1**) *vt* (*LING*) rhedeg; (*fig: efforts*) uno, cyfuno.
conjuration [kɔ̃ʒyʀasjɔ̃] *f* cynllwyn *g*.
conjuré [kɔ̃ʒyʀe] *m* cynllwynwr *g*.
conjurée [kɔ̃ʒyʀe] *f* cynllwynwraig *b*.
conjurer [kɔ̃ʒyʀe] (**1**) *vt* (*accident*) osgoi; (*danger*) troi heibio; (*démons*) bwrw allan; (*angoisse*) bwrw heibio; ~ **qn de faire qch** erfyn ar rn i wneud rhth.
connais [kɔnɛ] *vb voir* **connaître**.
connaissais [kɔnɛsɛ] *vb voir* **connaître**.
connaissance [kɔnɛsɑ̃s] *f* adnabyddiaeth *b*; (*action de connaître*) adnabod; (*découverte*) dod i adnabod; (*personne connue*) cydnabod *g*; ~**s** (*savoir*) gwybodaeth *b*, gwybyddiaeth *b*; **avoir des** ~**s** bod yn wybodus *ou* yn hyddysg; **être sans** ~ (*MÉD*) bod yn anymwybodol; **perdre/reprendre** ~ colli/adennill ymwybyddiaeth; **à ma** ~ hyd y gwn i; **faire** ~ **avec qn, faire la** ~ **de qn** cyfarfod *ou* dod i adnabod rhn; **avoir** ~ **de qch** gwybod rhth; **prendre** ~ **de** darllen, archwilio; **en** ~ **de cause** gan wybod y ffeithiau yn llawn; **de** ~ cyfarwydd.
connaissant [kɔnɛsɑ̃] *vb voir* **connaître**.
connaissement [kɔnɛsmɑ̃] *m* (*COMM*) bil *g* llwytho.
connaisseur[1] (**connaisseuse**) [kɔnɛsœʀ, kɔnɛsøz] *adj* arbenigol.
connaisseur[2] [kɔnɛsœʀ] *m* arbenigwr *g*.
connaisseuse [kɔnɛsøz] *f* arbenigwraig *b*;
♦*adj f voir* **connaisseur**[1].
connaître [kɔnɛtʀ] (**73**) *vt* adnabod; (*éprouver*) profi; ~ **qn de nom/vue** adnabod rhn o ran ei enw/weld;
♦ **se** ~ *vr* eich adnabod eich hun; **ils se sont connus à Rome** daethant i adnabod ei gilydd yn Rhufain; **s'y** ~ **en qch** bod â gwybodaeth drylwyr o rth, bod yn hyddysg yn rhth.
connasse** [kɔnas] *f* merch *b* wirion *ou* dwp, twpsen *b*, hulpen *b*.
conne* [kɔn] *adj f voir* **con**[1].
connecté (-e) [kɔnɛkte] *adj* (*INFORM*) ar-lein.
connecter [kɔnɛkte] (**1**) *vt* cysylltu.
connerie** [kɔnʀi] *f* rwtsh *g*, dwli *g*, lol *b*.
connexe [kɔnɛks] *adj* cysylltiedig.
connexion [kɔnɛksjɔ̃] *f* cysylltiad *g*.
connivence [kɔnivɑ̃s] *f* goddefiad *g*, cefnogaeth *b* ddirgel, cydsyniad *g* mud *ou* tawel.
connotation [kɔ(n)nɔtasjɔ̃] *f* (*LING*) ystyr *g*, arwyddocâd *g*; (*PHILO*) cynodiad *g,b*.
connu (-e) [kɔny] *pp de* **connaître**;
♦*adj* hysbys; (*célèbre*) enwog.
conque [kɔ̃k] *f* (*ZOOL*) cragen *b* dro.
conquérant[1] (-e) [kɔ̃keʀɑ̃, ɑ̃t] *adj* gorchfygol, concweriol.
conquérant[2] [kɔ̃keʀɑ̃] *m* gorchfygwr *g*, concwerwr *g*.
conquérir [kɔ̃keʀiʀ] (**31**) *vt* gorchfygu, concro; (*fig: capter*) ennill, cipio.
conquerrai [kɔ̃kɛʀʀe] *vb voir* **conquérir**.
conquête [kɔ̃kɛt] *f* gorchfygiad *g*, concwest *b*; (*action de lutter*) ennill; **la** ~ **des cœurs** ennill calonnau, concwest calonnau.
conquière *etc* [kɔ̃kjɛʀ] *vb voir* **conquérir**.
conquiers *etc* [kɔ̃kjɛʀ] *vb voir* **conquérir**.
conquis (-e) [kɔ̃ki, iz] *pp de* **conquérir**.
consacré (-e) [kɔ̃sakʀe] *adj* cysegredig.
consacrer [kɔ̃sakʀe] (**1**) *vt* cysegru; (*destiner*) neilltuo; ~ **son temps/argent à faire qch** neilltuo'ch amser/arian ar gyfer gwneud rhth;
♦ **se** ~ *vr*: **se** ~ **à qch** ymgysegru i rth.
consanguin (-e) [kɔ̃sɑ̃gɛ̃, in] *adj*: **frère** ~ hanner brawd *g* (*o ochr y tad*); **mariage** ~

rhyngbriodas *b*.
consciemment [kɔ̃sjamɑ̃] *adv* yn ymwybodol.
conscience [kɔ̃sjɑ̃s] *f* (*PSYCH*) ymwybyddiaeth *b*; (*morale*) cydwybod *b*; **avoir ~ de qch** bod yn ymwybodol o rth; **prendre ~ de qch** dod yn ymwybodol o rth, sylweddoli rhth; **perdre/reprendre ~** (*MÉD*) colli/adennill ymwybyddiaeth; **avoir qch sur la ~** bod â rhth ar eich cydwybod; **avoir bonne/mauvaise ~** bod/peidio â bod yn dawel eich meddwl; **en (toute) ~** yn hollol onest; **~ professionnelle** gofal *g*, manylder *g*, cydwybodoldeb *g*.
consciencieux (**consciencieuse**) [kɔ̃sjɑ̃sjø, kɔ̃sjɑ̃sjøz] *adj* cydwybodol.
conscient (-e) [kɔ̃sjɑ̃, jɑ̃t] *adj* (*non évanoui*) ymwybodol; **être ~ de qch** bod yn ymwybodol o rth, gwybod rhth.
conscription [kɔ̃skʀipsjɔ̃] *f* gorfodaeth *b* filwrol.
conscrit [kɔ̃skʀi] *m* milwr *g* gorfod.
consécration [kɔ̃sekʀasjɔ̃] *f* cysegriad *g*; (*action de sanctionner*) cysegru.
consécutif (**consécutive**) [kɔ̃sekytif, kɔ̃sekytiv] *adj* olynol, dilynol; **il a plu pendant six jours ~** glawiodd am chwe diwrnod yn olynol; **être ~ à** bod yn ganlyniad i, yn dilyn.
consécutivement [kɔ̃sekytivmɑ̃] *adv* yn olynol; **~ à** o ganlyniad i.
conseil [kɔ̃sej] *m* cyngor *g*; **~ en recrutement** (*expert*) ymgynghorydd *g* denu staff; **tenir ~** cyd-drafod, cynnal trafodaeth; **je n'ai pas de ~ à recevoir de vous** nid eich lle chi yw dweud wrthyf beth i'w wneud; **donner un ~/des ~s à qn** rhoi cyngor/cynghorion i rn; **demander ~ à qn** gofyn am gyngor rhn; **prendre ~ (auprès de qn)** ymgynghori (â rhn); **~ d'administration** bwrdd *g* cyfarwyddwyr; **~ de classe** *cyfarfod rhwng athrawon, rhieni a chynrychiolwyr dosbarthiadau i drafod cynnydd disgyblion*; **~ de discipline** bwrdd disgyblu; **~ de guerre** cwrt-marsial *g*; **~ de révision** bwrdd recriwtio; **~ des ministres** ≈ y Cabinet *g*; **~ général** ≈ cyngor Sir; **~ municipal** cyngor tref *ou* dinesig; **~ régional** ≈ cyngor rhanbarth/rhanbarthol; **~ d'Université** Senedd *b* Prifysgol;
♦*adj*: **ingénieur-~** ymgynghorydd peirianyddol.
conseiller[1] [kɔ̃seje] (1) *vt* cynghori; **~ qch à qn** cymeradwyo rhth i rn; **~ à qn de faire qch** cynghori rhn i wneud rhth.
conseiller[2] [kɔ̃seje] *m*
1 (*qui donne des conseils*) cynghorwr *g*; **~ matrimonial** cynghorwr priodasol.
2 (*ADMIN, POL*) cynghorydd *g*; **~ municipal** cynghorydd tref.
conseillère [kɔ̃sejɛʀ] *f* (*qui donne des conseils*) cynghorwraig *b*; (*ADMIN, POL*) cynghorydd *g*.
consensuel (-le) [kɔ̃sɑ̃sɥɛlf] *adj* cydsyniol, cytûn.
consensus [kɔ̃sɛ̃sys] *m* cydsyniad *g*, consensws *g*.
consentement [kɔ̃sɑ̃tmɑ̃] *m* cytundeb *g*, cydsyniad *g*.
consentir [kɔ̃sɑ̃tiʀ] (26) *vt*: **~ (à qch/à faire qch)** cytuno (ar rth/i wneud rhth); **~ (qch à qn)** cytuno i roi (rhth i rn); **~ un prêt** cytuno i roi benthyciad.
conséquence [kɔ̃sekɑ̃s] *f* canlyniad *g*; **~s** (*effet, répercussion*) sgil-effeithiau *ll*; **en ~** o ganlyniad, o'r herwydd, felly; **ne pas tirer à ~** heb fod o bwys; **cela ne tire pas à ~** nid yw hynny'n debyg o gael unrhyw effaith; **sans ~** dibwys, peidio â bod yn bwysig; **lourd(e) de ~** hollbwysig, pwysig iawn.
conséquent (-e) [kɔ̃sekɑ̃, ɑ̃t] *adj* sy'n dilyn (yn rhesymegol); (*fam: important*) sylweddol; **par ~** felly, o ganlyniad, o'r herwydd.
conservateur[1] (**conservatrice**) [kɔ̃sɛʀvatœʀ, kɔ̃sɛʀvatʀis] *adj* ceidwadol; (*de produit*) cadwrol.
conservateur[2] [kɔ̃sɛʀvatœʀ] *m* (*POL*) Ceidwadwr *g*; (*de musée*) curadur *g*; (*de produit*) cadwolyn *g*.
conservatrice [kɔ̃sɛʀvatʀis] *f* (*POL*) Ceidwadwraig *b*;
♦*adj f voir* **conservateur**[1].
conservation [kɔ̃sɛʀvasjɔ̃] *f* (*action de conserver*) cadw, cadwraeth *b*; (*état de ce qui est conservé*) cadwraeth.
conservatisme [kɔ̃sɛʀvatism] *m* (*POL*) ceidwadaeth *b*.
conservatoire [kɔ̃sɛʀvatwaʀ] *m* (*de musique*) ysgol *b*, academi *b*; (*ÉCOLOGIE*) gwarchodfa *b*, ardal *b* gadwraeth.
conserve [kɔ̃sɛʀv] *f*: **~s** (*aliments*) bwyd *g* tun; **~s de poisson** pysgod *ll* mewn tun; **en ~** mewn tun; **de ~** (*ensemble*) ar y cyd; (*naviguer*) mewn mintai.
conservé (-e) [kɔ̃sɛʀve] *adj*: **bien ~** mewn cyflwr da, wedi cadw'n dda; (*personne*) ifanc, sy'n cadw'i (h)oed yn dda.
conserver [kɔ̃sɛʀve] (1) *vt* cadw; (*protéger*) gofalu am; (*CULIN*) cadw (*bwyd mewn tun ayb*); **"~ au frais"** "cadwer yn oer";
♦ **se ~** *vr* cadw; (*personne*) aros yn ifanc, cadw'n ifanc.
conserverie [kɔ̃sɛʀvəʀi] *f* ffatri *b* bwydydd tun.
considérable [kɔ̃sideʀabl] *adj* sylweddol, helaeth, cryn, o bwys.
considérablement [kɔ̃sideʀabləmɑ̃] *adv* yn sylweddol, yn helaeth; **~ plus riche** cryn dipyn yn gyfoethocach.
considération [kɔ̃sideʀasjɔ̃] *f* ystyriaeth *b*; **prendre qch en ~** ystyried rhth; **ceci mérite ~** mae hyn yn werth ei ystyried; **en ~ de** o ystyried
considéré (-e) [kɔ̃sideʀe] *adj* uchel eich parch; **tout bien ~** o ystyried popeth, at ei gilydd.
considérer [kɔ̃sideʀe] (14) *vt* ystyried; **~ que** (*estimer*) ystyried ..., meddwl ...; **~ qch**

comme (*juger*) ystyried rhth yn.
consigne [kɔ̃siɲ] *f* (*de bouteilles, emballages*) blaendal *g* ad-daladwy; (*de gare*) storfa *b* baciau, swyddfa *b* gadael bagiau; (*SCOL*) cosb *b* (*gorfod aros ar ôl ysgol*); (*MIL*) cyfyngiad *g* i'r barics; (*ordre, instruction*) gorchymyn *g*, cyfarwyddyd *g*, cyfarwyddiadau; ~ **automatique** cloer *g* cadw bagiau; ~**s de sécurité** rheolau *ll* diogelwch.
consigné (-e) [kɔ̃siɲe] *adj* (*bouteille, emballage*) dychweladwy; **non** ~ annychweladwy.
consigner [kɔ̃siɲe] (1) *vt* (*note, pensée*) cofnodi, nodi; (*MIL*) cyfyngu i'r barics; (*élève*) cadw (rhn) i mewn ar ôl ysgol; (*COMM: emballage*) codi blaendal (ar rth).
consistance [kɔ̃sistɑ̃s] *f* trwch *g*; (*solidité*) sylwedd *g*; **donner de la** ~ **à qch** rhoi sylwedd i rth; **prendre** ~ tewhau, tewychu; **sans** ~ disylwedd.
consistant (-e) [kɔ̃sistɑ̃, ɑ̃t] *adj* (*repas*) sylweddol; (*nourriture*) solet, sylweddol; (*argument*) solet, cadarn, sylweddol; (*sirop, peinture*) tew, trwchus.
consister [kɔ̃siste] (1) *vi*: ~ **en** (*être formé de*) cynnwys; ~ **à faire** yn cynnwys gwneud, yn golygu gwneud.
consœur [kɔ̃sœʀ] *f* (*dans une profession*) cydweithwraig *b*.
consolation [kɔ̃sɔlasjɔ̃] *f* cysur *g*; **lot** *neu* **prix de** ~ gwobr *b* gysur.
console [kɔ̃sɔl] *f* (*INFORM, TECH: table*) consol *g*; (*CONSTR*) ysgwydd *g*, cynhalbost *g*, corbel *g*; ~ **de visualisation** *neu* **graphique** uned *b* arddangos gweledol.
consoler [kɔ̃sɔle] (1) *vt* cysuro;
♦ **se** ~ *vr* ymgysuro.
consolider [kɔ̃sɔlide] (1) *vt* cyfnerthu, atgyfnerthu, cryfhau, gwneud (rhth) yn fwy cadarn *ou* solet.
consommateur [kɔ̃sɔmatœʀ] *m* (*gén*) defnyddiwr *g*; (*acheteur*) prynwr *g*; (*dans un café etc*) cwsmer *g*.
consommation [kɔ̃sɔmasjɔ̃] *f* (*gén*) defnydd *g*, traul *b*, treuliant *g*; (*JUR*) cyflawni; (*boisson*) diod *b*; **il fait une grande** ~ **de papier** mae'n defnyddio llawer o bapur; **biens de** ~ nwyddau traul, nwyddau i'w defnyddio; **société de** ~ cymdeithas dreuliol; **la** ~ **est obligatoire** (*dans un café etc*) rhaid archebu rhth; ~ **aux 100 km** (*AUTO*) treuliant tanwydd dros 100km (*milltir y galwyn*).
consommatrice [kɔ̃sɔmatʀis] *f* (*gén*) defnyddwraig *b*; (*acheteur*) prynwraig *b*; (*dans un café*) cwsmer *g*.
consommé[1] (-e) [kɔ̃sɔme] *adj* (*art, talent*) perffaith, dawnus, deheuig.
consommé[2] [kɔ̃sɔme] *m* consommé *g*, cawl *g* (clir).
consommer [kɔ̃sɔme] (1) *vi* cael diod/bwyd, yfed, bwyta;
♦*vt* (*achever*) cyflawni; (*user*) defnyddio, treulio; **à** ~ **avant mai 2001** defnyddier cyn Mai 2001; ~ **un mariage** cyflawni priodas.
consonance [kɔ̃sɔnɑ̃s] *f* (*MUS*) cytgord *g*, cyseinedd *g*; (*de mots*) cytseinedd *g*, cyseinedd *g*; **nom à** ~ **étrangère** enw sy'n swnio'n ddieithr.
consonne [kɔ̃sɔn] *f* cytsain *b*.
consortium [kɔ̃sɔʀsjɔm] *m* consortiwm *g*, cydgwmni *g*, cyfungorff *g*.
consorts [kɔ̃sɔʀ] *mpl* (*péj*): **et** ~ a'i griw, a'i debyg.
conspirateur [kɔ̃spiʀatœʀ] *m* cynllwyniwr *g*.
conspiration [kɔ̃spiʀasjɔ̃] *f* cynllwyn *g*.
conspiratrice [kɔ̃spiʀatʀis] *f* cynllwynwraig *b*.
conspirer [kɔ̃spiʀe] (1) *vi* cynllwynio.
conspuer [kɔ̃spɥe] (1) *vt* hwtio, gweiddi'n wawdlyd ar, bwian ar.
constamment [kɔ̃stamɑ̃] *adv* yn ddi-baid, bob amser.
constance [kɔ̃stɑ̃s] *f* (*tenacité*) dyfalbarhad *g*; (*fidelité*) ffyddlondeb *g*; (*patience*) amynedd *g*; (*courage*) dewrder *g*; (*permanence*) cysondeb *g*, sefydlogrwydd *g*.
constant (-e) [kɔ̃stɑ̃, ɑ̃t] *adj* (*persévérant*) dyfal, dygn; (*permanent*) cyson, sefydlog, di-baid.
constante [kɔ̃stɑ̃t] *f* (*MATH*) cysonyn *g*; (*fig*) nodwedd *b* sefydlog *ou* ddigyfnewid;
♦*adj f voir* **constant**.
Constantin [kɔ̃stɑ̃tɛ̃] *prm* Cystennin.
Constantinople [kɔ̃stɑ̃tinɔpl] *pr* Caergystennin *b*.
constat [kɔ̃sta] *m* adroddiad *g* ardystiedig; (*de police: après un accident*) adroddiad; (*affirmation*) datganiad *g*; ~ **(à l'amiable)** datganiad ar y cyd (*at bwrpas yswiriant ayb*); ~ **d'échec** cyfaddefiad *g* o fethiant.
constatation [kɔ̃statasjɔ̃] *f* sylw *g*; (*action*) sylwi; **la** ~ **d'un fait** sylwi ar ffaith, nodi ffaith; ~ **de décès** cofnod *g* o farwolaeth.
constater [kɔ̃state] (1) *vt* (*remarquer*) sylwi ar, nodi; (*certifier*) tystio i; (*consigner*) cofnodi; (*dire*) dweud, mynegi; **je ne fais que** ~ dim ond nodi ffaith yr wyf fi; ~ **pour vous-même** gweld drosoch eich hun.
constellation [kɔ̃stelasjɔ̃] *f* cytser *g*, clwstwr *g* o sêr.
constellé (-e) [kɔ̃stele] *adj* (*étoilé*) serog; ~ **de** yn llawn *ou* yn frith o.
consternant (-e) [kɔ̃stɛʀnɑ̃, ɑ̃t] *adj* digalon, torcalonnus.
consternation [kɔ̃stɛʀnasjɔ̃] *f* syndod *g*, dryswch *g*, dychryn *g*, braw *g*.
consterner [kɔ̃stɛʀne] (1) *vt* digalonni, siomi.
constipation [kɔ̃stipasjɔ̃] *f* (*MÉD*) rhwymedd *g*.
constipé (-e) [kɔ̃stipe] *adj* (*MÉD*) wedi'ch rhwymo, rhwym; (*fig*) anniddig, anghysurus; **il avait l'air** ~* 'roedd golwg anghysurus arno.
constiper [kɔ̃stipe] (1) *vt* (*MÉD*) rhwymo, gwneud (rhn) yn rhwym; **le chocolat**

constipe mae siocled yn eich rhwymo.
constituant (-e) [kɔ̃stitɥɑ̃, ɑ̃t] *adj* cyfansoddol; **assemblée** ~**e** (*POL*) cynulliad *g* cyfansoddol.
constitué (-e) [kɔ̃stitɥe] *adj* sy'n cynnwys; ~ **de** cyfansoddedig; **personne bien/mal** ~**e** rhywun iach/gwan, rhywun o gyfansoddiad cryf/gwan.
constituer [kɔ̃stitɥe] (1) *vt* (*comité, équipe*) sefydlu, ffurfio, creu; (*dossier, collection*) casglu, ffurfio, cyfansoddi; (*éléments, parties*) cyfansoddi, ffurfio; (*représenter, être*) golygu, bod;
♦ **se** ~ *vr*: **se** ~ **partie civile** dod ag achos annibynnol i gael iawndal; **se** ~ **prisonnier** ildio, rhoi'ch hun yn nwylo'r gyfraith/gelyn.
constitution [kɔ̃stitysjɔ̃] *f* (*MÉD, POL*) cyfansoddiad *g*; (*action de constituer*) sefydlu, ffurfio, creu.
constitutionnel (-le) [kɔ̃stitysjɔnɛl] *adj* cyfansoddiadol.
constructeur [kɔ̃stʀyktœʀ] *m* (*fabricant*) gwneuthurwr *g*; (*bâtisseur*) adeiladwr *g*; ~ **automobile** gwneuthurwr ceir.
constructible [kɔ̃stʀyktibl] *adj* lle gellir adeiladu; **terrain** ~ tir *g* adeiladu.
constructif (**constructive**) [kɔ̃stʀyktif, kɔ̃stʀyktiv] *adj* adeiladol.
construction [kɔ̃stʀyksjɔ̃] *f* (*action*) adeiladu, codi; (*édifice*) adeilad *g*; (*industrie*) diwydiant *g* adeiladu; (*de phrase, roman*) adeiladwaith *g*.
construire [kɔ̃stʀɥiʀ] (**52**) *vt* adeiladu, codi; (*roman, poème*) creu;
♦ **se** ~ *vr*: **la maison s'est construite très vite** codwyd y tŷ yn gyflym iawn.
consul [kɔ̃syl] *m* conswl *g*, is-gennad *g*.
consulaire [kɔ̃sylɛʀ] *adj* consylaidd.
consulat [kɔ̃syla] *m* (*services*) conswliaeth *g*; (*bureaux*) swyddfa *b* conswl *ou* is-gennad, conswliaeth.
consultant (-e) [kɔ̃syltɑ̃, ɑ̃t] *adj* ymgynghorol.
consultatif (**consultative**) [kɔ̃syltatif, kɔ̃syltativ] *adj* ymgynghorol.
consultation [kɔ̃syltasjɔ̃] *f* (*action*) ymgynghori, ymgynghoriad *g*; (*d'un expert*) cyngor *g*; (*séance: médicale*) ymgynghoriad; ~**s** (*POL: pourparlers*) trafodaethau *ll*; **être en** ~ bod mewn trafodaeth; **le médecin est en** ~ mae'r meddyg yn gweld claf; **aller à la** ~ (*MÉD*) mynd at y meddyg; **heures de** ~ (*MÉD*) oriau *ll* gweld y meddyg, oriau meddygfa; ~ **d'un dictionnaire** edrych mewn geiriadur.
consulter [kɔ̃sylte] (1) *vi* (*médecin*) gweld (cleifion), cynnal meddygfa;
♦*vt* gofyn cyngor; (*montre*) edrych ar;
♦ **se** ~ *vr* ymgynghori.
consumer [kɔ̃syme] (1) *vt* (*brûler*) llosgi, difa; (*fortune*) afradu, gwastraffu;
♦ **se** ~ *vr* llosgi, ysu; **se** ~ **de chagrin** (*fig*) cael eich ysu gan ddigalondid.
consumérisme [kɔ̃symeʀism] *m* prynwriaeth *b*.
contact [kɔ̃takt] *m* cyffyrddiad *g*; **au** ~ **de** mewn cysylltiad â; **mettre/couper le** ~ (*AUTO*) tanio/diffodd yr injan; **entrer en** ~ **avec** mynd i gysylltiad â; **prendre** ~ **avec** (*relation d'affaires*) cysylltu â; **garder le** ~ aros mewn cysylltiad.
contacter [kɔ̃takte] (1) *vt* cysylltu â.
contagieux (**contagieuse**) [kɔ̃taʒjø, kɔ̃taʒjøz] *adj* heintus.
contagion [kɔ̃taʒjɔ̃] *f* (*transmission*) heintio; (*maladie*) haint *g,b*; (*fig*) ymlediad *g*.
contamination [kɔ̃taminasjɔ̃] *f* (*par la pollution*) llygru, difwyno, llygriad *g*; (*par la maladie*) heintio, heintiad *g*.
contaminer [kɔ̃tamine] (1) *vt* heintio; (*polluer*) llygru, difwyno.
conte [kɔ̃t] *m* chwedl *b*, stori *b*; ~ **de fées** chwedl *ou* stori dylwyth teg; ~**s populaires** *ou* **folkloriques** llên *g* gwerin.
contemplatif (**contemplative**) [kɔ̃tɑ̃platif, kɔ̃tɑ̃plativ] *adj* myfyriol, synfyfyriol, meddylgar; (*REL*) cynhemlol.
contemplation [kɔ̃tɑ̃plasjɔ̃] *f* myfyrdod *g*, synfyfyrdod *g*; (*REL*) cynhemlad *g*; **être en** ~ **devant** bod mewn myfyrdod gerbron.
contempler [kɔ̃tɑ̃ple] (1) *vt* syllu ar, craffu ar, ystyried.
contemporain[1] (-e) [kɔ̃tɑ̃pɔʀɛ̃, ɛn] *adj* cyfoes; **être** ~ **de** cyfoesi â.
contemporain[2] [kɔ̃tɑ̃pɔʀɛ̃] *m* cyfoeswr *g*; **mes** ~**s** fy nghyfoedion.
contemporaine [kɔ̃tɑ̃pɔʀɛn] *f* cyfoeswraig *b*;
♦*adj f voir* **contemporain**[1].
contenance [kɔ̃t(ə)nɑ̃s] *f* (*d'un récipient*) cynnwys *g*; (*attitude*) agwedd *g,b*, ymddygiad *g*, gwedd *b*, ymarweddiad *g*; **perdre** ~ colli'ch pwyll, cynhyrfu, colli'ch hunanfeddiant; **se donner une** ~ ymddangos yn ddigyffro, cadw'ch hunanfeddiant; **faire bonne** ~ **devant** cadw'ch pwyll *ou* hunanfeddiant, wynebu rhth yn dalog.
conteneur [kɔ̃t(ə)nœʀ] *m* cynhwysydd *g*, bocs *g*, blwch *g*; ~ **de bouteilles** banc *g* poteli.
conteneurisation [kɔ̃tnœʀizasjɔ̃] *f* amlwythiant *g*, rhoi mewn cynhwysydd.
contenir [kɔ̃t(ə)niʀ] (**32**) *vt* cynnwys; (*avoir une capacité de*) dal, cynnwys;
♦ **se** ~ *vr* ymatal, eich rheoli'ch hun.
content (-e) [kɔ̃tɑ̃, ɑ̃t] *adj* bodlon, hapus; ~ **de qn/qch** balch o rn/rth; ~ **de soi** balch ohonoch eich hun; **je serais** ~ **que tu ...** byddwn yn falch pe baet yn ...
contentement [kɔ̃tɑ̃tmɑ̃] *m* bodlonrwydd *g*, boddhad *g*, hapusrwydd *g*, balchder *g*.
contenter [kɔ̃tɑ̃te] (1) *vt* bodloni, gwneud (rhn) yn hapus, plesio; **cette explication l'a contenté** bu'n fodlon *ou* bodlonodd ar yr eglurhad hwn;
♦ **se** ~ *vr*: **se** ~ **de** bodloni ar.
contentieux[1] (**contentieuse**) [kɔ̃tɑ̃sjø, kɔ̃tɑ̃sjøz]

adj (*JUR*) cynhennus.
contentieux[2] [kɔ̃tɑ̃sjø] *m* cyfreitha, mynd i gyfraith, ymgyfreithio, cyfreithiad *g*, cynnen *b*; (*service*) adran *b* gyfreitha; (*POL*) pynciau *ll* dadleuol.
contenu[1] (-e) [kɔ̃t(ə)ny] *pp de* **contenir**; ♦*adj* cuddiedig, dan reolaeth.
contenu[2] *m* cynnwys *g*; (*d'un camion, bateau*) llwyth *g*.
conter [kɔ̃te] (1) *vt* adrodd, dweud; **en ~ de(s) belles à qn** rhaffu celwyddau wrth rn; **elle ne s'en laisse pas ~** nid yw'n hawdd ei thwyllo; **~ fleurette à qn** sisial cariad yng nghlust rhn.
contestable [kɔ̃tɛstabl] *adj* amheus, dadleuol.
contestataire [kɔ̃tɛstatɛʀ] *adj* gwrthsefydliadol, sy'n protestio, gwrthawdurdodol; ♦*m/f* protestiwr *g*, protestwraig *b*.
contestation [kɔ̃tɛstasjɔ̃] *f* amheuaeth *g*, her *b*; (*action*) dadlau, herio, amau; (*POL*) protestio, protestiad *g*.
conteste [kɔ̃tɛst]: **sans ~** *adv* yn ddiamau, yn sicr, heb ddim amheuaeth.
contesté (-e) [kɔ̃tɛste] *adj* (*roman, écrivain*) dadleuol.
contester [kɔ̃tɛste] (1) *vi* protestio; ♦*vt* amau, herio.
conteur [kɔ̃tœʀ] *m* storïwr *g*, chwedleuwr *g*, adroddwr *g* straeon.
conteuse [kɔ̃tøz] *f* storïwraig *b*, chwedleuwraig *b*, adroddwraig *b* straeon.
contexte [kɔ̃tɛkst] *m* cyd-destun *g*, amgylchiadau *ll*.
contiendrai *etc* [kɔ̃tjɛ̃dʀe] *vb voir* **contenir**.
contiens *etc* [kɔ̃tjɛ̃] *vb voir* **contenir**.
contigu (-ë) [kɔ̃tigy] *adj* cyfagos; (*fig: domaines, sujets*) cysylltiol, tebyg.
continent [kɔ̃tinɑ̃] *m* cyfandir *g*.
continental (-e) (**continentaux, continentales**) [kɔ̃tinɑ̃tal, kɔ̃tinɑ̃to] *adj* cyfandirol.
contingences [kɔ̃tɛ̃ʒɑ̃s] *fpl* hapddigwyddiadau *ll*, posibiliadau *ll*, pethau *ll* annisgwyl sy'n gallu digwydd; **les ~ de la vie quotidienne** pethau na ellir eu rhagweld sy'n codi o ddydd i ddydd.
contingent[1] (-e) [kɔ̃tɛ̃ʒɑ̃, ɑ̃t] *adj* (*fortuit*) damweiniol, hapddigwyddol; (*sans importance*) dibwys.
contingent[2] [kɔ̃tɛ̃ʒɑ̃] *m* (*MIL*) mintai *b*; (*en France*) milwyr sy'n gwneud eu gwasanaeth cenedlaethol; (*COMM*) cwota *g*; (*part*) cyfran *b*.
contingenter [kɔ̃tɛ̃ʒɑ̃te] (1) *vt* rhoi cwota ar.
contins *etc* [kɔ̃tɛ̃] *vb voir* **contenir**.
continu (-e) [kɔ̃tiny] *adj* parhaol, di-dor; **(courant) ~** cerrynt *g* uniongyrchol.
continuation [kɔ̃tinɥasjɔ̃] *f* parhad *g*.
continuel (-le) [kɔ̃tinɥɛl] *adj* parhaus, di-baid
continuellement [kɔ̃tinɥɛlmɑ̃] *adv* yn barhaus, yn wastad, byth a beunydd.
continuer [kɔ̃tinɥe] (1) *vi* parhau; **~ à faire qch** parhau i wneud rhth; **vous continuez tout droit** ewch yn syth yn eich blaen(au); ♦*vt* (*gén*) parhau, mynd ymlaen â; **~ son chemin** mynd yn eich blaen; ♦ **se ~** *vr* parhau.
continuité [kɔ̃tinɥite] *f* parhad *g*, didoredd *g*, dilyniant *g*.
contondant (-e) [kɔ̃tɔ̃dɑ̃, ɑ̃t] *adj*: **arme ~e** erfyn *g ou* arf *g* di-awch *ou* heb fin.
contorsion [kɔ̃tɔʀsjɔ̃] *f* (*d'un acrobat*) ystumiad *g*.
contorsionner [kɔ̃tɔʀsjɔne] (1): **se ~** *vr* eich plygu'ch hun, eich ystumio'ch hun.
contorsionniste [kɔ̃tɔʀsjɔnist] *m/f* ystumiwr *g*, acrobat *g* sy'n gallu ei blygu ei hun.
contour [kɔ̃tuʀ] *m* amlinell *b*; **~s** (*d'une rivière etc*) ystum *g*, doleniad *g*.
contourner [kɔ̃tuʀne] (1) *vt* mynd o amgylch, osgoi.
contraceptif (**contraceptive**) [kɔ̃tʀasɛptif, kɔ̃tʀasɛptiv] *adj* atal cenhedlu.
contraceptive [kɔ̃tʀasɛptif] *m* dull *g* atal cenhedlu, atalydd *g*; ♦*adj f voir* **contraceptif**.
contraception [kɔ̃tʀasɛpsjɔ̃] *f* atal cenhedlu.
contracté (-e) [kɔ̃tʀakte] *adj* cywasgedig, tynhaëdig, tynn; (*personne*) ar bigau'r drain, dan straen; **article ~** (*LING*) bannod *b* gywasgedig.
contracter [kɔ̃tʀakte] (1) *vt* (*muscle, visage*) tynhau; (*maladie*) dal, cael; (*fig: personne*) gwneud (rhn) yn nerfus; **~ une assurance** codi yswiriant, yswirio; **~ des dettes** mynd i ddyled; ♦ **se ~** *vr* (*muscle*) tynhau; (*métal*) crebachu; (*fig*) bod ar bigau'r drain.
contraction [kɔ̃tʀaksjɔ̃] *f* tynhad *g*, tynhau, cyfangiad *g*, cyfangu; **~s** (*de l'accouchement*) cyfangiadau *ll*; **~ de texte** crynodeb *g*.
contractuel[1] (-le) [kɔ̃tʀaktɥɛl] *adj* amodol, cytundebol.
contractuel[2] [kɔ̃tʀaktɥɛl] *m* (*contrôlant le stationnement*) warden *g* traffig; (*employé*) gweithiwr *g* dan gytundeb.
contractuelle [kɔ̃tʀaktɥɛl] *f* (*contrôlant le stationnement*) warden *g* traffig; (*employée*) gweithwraig *b* dan gytundeb; ♦*adj f voir* **contractuel**[1].
contradicteur [kɔ̃tʀadiktœʀ] *m* gwrthddywedwr *g*, un sy'n gwrth-ddweud.
contradiction [kɔ̃tʀadiksjɔ̃] *f* gwrthddywediad *g*, gwrth-ddweud, dadlau'n groes; **en ~ avec qch** yn gwrth-ddweud rhth, yn groes i rth.
contradictoire [kɔ̃tʀadiktwaʀ] *adj* gwrthddywedol, sy'n gwrth-ddweud, croes; **débat ~** dadl *b* agored.
contradictrice [kɔ̃tʀadiktʀis] *f* un sy'n gwrth-ddweud, gwrthddywedwraig *b*.
contraignant[1] [kɔ̃tʀɛɲɑ̃] *vb voir* **contraindre**.
contraignant[2] (-e) [kɔ̃tʀɛɲɑ̃, ɑ̃t] *adj* caeth, sy'n eich rhwystro, cyfyngol, caethiwol.

contraindre [kɔ̃tʀɛ̃dʀ] (**67**) *vt*: ~ **qn à faire qch** gorfodi rhn i wneud rhth.
contraint (**-e**) [kɔ̃tʀɛ̃, ɛ̃t] *pp de* **contraindre**;
♦*adj* gorfod, cymell, dan orfod, annaturiol, dan orfodaeth; **un sourire** ~ gwên *b* fenthyg; **être** ~ **et forcé de faire qch** cael eich gorfodi i wneud rhth.
contrainte [kɔ̃tʀɛ̃t] *f* gorfodaeth *b*, gorfodiad *g*; (*gêne*) annifyrrwch *g*, chwithigrwydd *g*; **sans** ~ heb rwystr, yn ddirwystr;
♦*adj f voir* **contraint**.
contraire [kɔ̃tʀɛʀ] *adj* croes, gwrthgyferbyniol; ~ **à** (*loi, raison*) sy'n groes i; ~ **à sa santé** drwg i'ch iechyd;
♦*m* gwrthwyneb *g*; **au** ~ i'r gwrthwyneb, fel arall; **je ne peux pas dire le** ~ 'alla' i ddim dadlau â hynny, mae'n rhaid imi gytuno; **le** ~ **de** y gwrthwyneb i.
contrairement [kɔ̃tʀɛʀmɑ̃] *adv*: ~ **à** yn groes i; ~ **aux autres** yn wahanol i'r lleill.
contralto [kɔ̃tʀalto] *m* (*chanteur*) contralto *g/b*; (*voix*) contralto *g*.
contrariant (**-e**) [kɔ̃tʀaʀjɑ̃, jɑ̃t] *adj* (*personne*) gwrthwynebus, sy'n hoff o fynd yn groes; (*incident*) digon i'ch gwylltio, cythruddol, cynddeiriogol.
contrarier [kɔ̃tʀaʀje] (**16**) *vt* mynd yn groes i; (*agacer*) gwylltio, cythruddo, cynddeiriogi; (*rendre inquiet*) poeni; (*mouvement, action*) rhwystro, atal.
contrariété [kɔ̃tʀaʀjete] *f* (*sentiment*) cythrudd *g*, anfodlonrwydd *g*, annifyrrwch *g*; (*chose contrariante*) poendod *g*.
contraste [kɔ̃tʀast] *m* cyferbyniad *g*, gwrthgyferbyniad *g*; **par** ~ o'i gyferbynnu; **en** ~ **avec qch** o'i gyferbynnu â rhth.
contraster [kɔ̃tʀaste] (**1**) *vi*: ~ (**avec**) cyferbynnu (â).
contrat [kɔ̃tʀa] *m* cytundeb *g*; ~ **de travail** cytundeb gwaith.
contravention [kɔ̃tʀavɑ̃sjɔ̃] *f* tor-cyfraith *g*; (*amende*) dirwy *b*; (*pour stationnement illicite*) tocyn *g* am barcio; **dresser** ~ **à qn** ysgrifennu *ou* rhoi tocyn am barcio i rn.
contre [kɔ̃tʀ] *prép* yn erbyn; **par** ~ ar y llaw arall.
contre-amiral (~**-amiraux**) [kɔ̃tʀamiʀal, kɔ̃tʀamiʀo] *m* (*MIL, NAUT*) ôl-lyngesydd *g*.
contre-attaque (~**-**~**s**) [kɔ̃tʀatak] *f* gwrthymosodiad *g*.
contre-attaquer [kɔ̃tʀatake] (**1**) *vi* ymosod yn ôl, gwrthymosod.
contre-balancer [kɔ̃tʀəbalɑ̃se] (**9**) *vt* gwrthbwyso.
contrebande [kɔ̃tʀəbɑ̃d] *f* smyglo; (*marchandise*) nwyddau *ll* anghyfreithlon *ou* wedi'u smyglo; **faire la** ~ **de qch** smyglo rhth.
contrebandier [kɔ̃tʀəbɑ̃dje] *m* smyglwr *g*.
contrebandière [kɔ̃tʀəbɑ̃djɛʀ] *f* smyglwraig *b*.
contrebas [kɔ̃tʀəbɑ]: **en** ~ *adv* islaw, oddi tanodd; **en** ~ **de la montagne** wrth droed y mynydd.
contrebasse [kɔ̃tʀəbɑs] *f* bas *g* dwbl; (*musicien*) canwr *g* bas dwbl.
contrebassiste [kɔ̃tʀəbɑsist] *m/f* canwr *g* bas dwbl.
contre-braquer [kɔ̃tʀəbʀake] (**1**) *vi* (*AUTO*) llywio i'r sglefriad.
contrecarrer [kɔ̃tʀəkaʀe] (**1**) *vt* atal, rhwystro, mynd yn groes i.
contrechamp [kɔ̃tʀəʃɑ̃] *m* (*CINÉ*) saethiad *g* gwrthwyneb.
contrecœur [kɔ̃tʀəkœʀ]: **à** ~ *adv* yn anfodlon, yn groes i'r graen.
contrecoup [kɔ̃tʀəku] *m* sgil-effaith *b*, ôl-effaith *b*, canlyniad *g*.
contre-courant (~**-**~**s**) [kɔ̃tʀəkuʀɑ̃] *m* gwrthgerrynt *g*; **à** ~**-**~ (*NAUT*) yn erbyn y llif.
contredire [kɔ̃tʀədiʀ] (**50**) *vt* gwrth-ddweud, dweud yn groes; (*nier*) gwadu;
♦ **se** ~ *vr* eich gwrth-ddweud eich hun.
contredit[1] (**-e**) [kɔ̃tʀədi] *pp de* **contredire**.
contredit[2] [kɔ̃tʀədi] *m*: **sans** ~ heb amheuaeth, yn ddigwestiwn, yn ddiamau.
contrée [kɔ̃tʀe] *f* ardal *b*, tir *g*, gwlad *b*.
contre-écrou (~**-**~**s**) [kɔ̃tʀekʀu] *m* nyten *b* gloi.
contre-enquête (~**-**~**s**) [kɔ̃tʀɑ̃kɛt] *f* gwrthymchwiliad *g* (*ymchwiliad i weld a yw canlyniad ymchwiliad arall yn gywir*).
contre-espionnage (~**-**~**s**) [kɔ̃tʀɛspjɔnaʒ] *m* gwrthysbïo, ysbïo ar ysbïwyr.
contre-exemple (~**-**~**s**) [kɔ̃tʀɛgzɑ̃pl(ə)] *m* gwrthenghraifft *b*, enghraifft sy'n dangos y gwrthwyneb i rth.
contre-expertise (~**-**~**s**) [kɔ̃tʀɛkspɛʀtiz] *f* ail farn *b*.
contrefaçon [kɔ̃tʀəfasɔ̃] *f* (*action*) ffugio; (*faux: produit*) ffugiad *g*, peth *g* ffug, copi *g*; ~ **de brevet** toriad *g* patent, tor *g* hawlfraint.
contrefaire [kɔ̃tʀəfɛʀ] (**8**) *vt* (*document, signature etc*) ffugio; (*personne, démarche*) dynwared; (*sa propre écriture,voix etc*) newid.
contrefait (**-e**) [kɔ̃tʀəfɛ, ɛt] *pp de* **contrefaire**;
♦*adj* di-siâp, di-lun, afluniaidd.
contrefasse *etc* [kɔ̃tʀəfas] *vb voir* **contrefaire**.
contreferai *etc* [kɔ̃tʀəfʀe] *vb voir* **contrefaire**.
contre-filet (~**-**~**s**) [kɔ̃tʀəfilɛ] *m* (*CULIN*) syrlwyn *g*.
contreforts [kɔ̃tʀəfɔʀ] *mpl* godre *g* (mynydd), bryniau *ll* godre.
contre-haut [kɔ̃tʀəo]: **en** ~**-**~ *adv* fry, uwchben.
contre-indication (~**-**~**s**) [kɔ̃tʀɛ̃dikasjɔ̃] *f* anghymeradwyaeth *b*.
contre-indiqué (~**-**~**e**) (~**-**~**s**, ~**-**~**es**) [kɔ̃tʀɛ̃dike] *adj* (*MÉD*) anghymeradwy.
contre-indiquer [kɔ̃tʀɛ̃dike] (**1**) *vt* (*MÉD*) anghymeradwyo, cynghori yn erbyn defnyddio.
contre-interrogatoire (~**-**~**s**) [kɔ̃tʀɛ̃teʀɔgatwaʀ] *m* croesholiad *g*; **faire subir**

un ~-~ à qn croesholi rhn.
contre-jour [kɔ̃tʀəʒuʀ]: **à ~-~** *adv* (*PHOT*) yn erbyn y golau.
contremaître [kɔ̃tʀəmɛtʀ] *m* (*CONSTR*) pen-gweithiwr *g*, fforman *g*.
contre-manifestant (~-~**s**) [kɔ̃tʀəmanifɛstɑ̃] *m* gwrth-brotestiwr *g* (*un sy'n protestio yn erbyn protestwyr eraill*).
contre-manifestante (~-~**es**) [kɔ̃tʀəmanifɛstɑ̃t] *f* gwrth-brotestwraig *b* (*un sy'n protestio yn erbyn protestwyr eraill*).
contre-manifestation (~-~**s**) [kɔ̃tʀəmanifɛstasjɔ̃] *f* gwrth-brotest *b* (*protest yn erbyn protest arall*).
contremarque [kɔ̃tʀəmaʀk] *f* tocyn *g* ar gyfer dod yn ôl i mewn.
contre-offensive (~-~**s**) [kɔ̃tʀɔfɑ̃siv] *f* gwrthymosodiadau *ll*.
contre-ordre (~-~**s**) [kɔ̃tʀɔʀdʀ] *m*= **contrordre**.
contrepartie [kɔ̃tʀəpaʀti] *f* iawndal *g*; **en ~** fel iawndal; (*en revanche*) i dalu'r pwyth yn ôl.
contre-performance (~-~**s**) [kɔ̃tʀəpɛʀfɔʀmɑ̃s] *f* perfformiad *g* gwael.
contrepèterie [kɔ̃tʀəpetʀi] *f* spoonereb *b* (*cyfnewid llythrennau blaen geiriau, gan greu effaith ddigrif*).
contre-pied (~-~**s**) [kɔ̃tʀəpje] *m*: **le ~-~ de ...** y gwrthwyneb *g* hollol i ...; **prendre le ~-~ de ce que dit qn** dweud yn gwbl groes i rn; **prendre qn à ~-~** camdroedio rhn.
contre-plaqué (~-~**s**) [kɔ̃tʀəplake] *m* pren *g* haenog.
contre-plongée (~-~**s**) [kɔ̃tʀəplɔ̃ʒe] *f* (*CINÉ*) saethiad *g* oddi isod.
contrepoids [kɔ̃tʀəpwɑ] *m* gwrthbwys *g*; **faire ~** gwrthbwyso.
contre-poil [kɔ̃tʀəpwal]: **à ~-~** *adv* o chwith.
contrepoint [kɔ̃tʀəpwɛ̃] *m* (*MUS*) gwrthbwynt *g*.
contrepoison [kɔ̃tʀəpwazɔ̃] *m* gwrthwenwyn *g*.
contrer [kɔ̃tʀe] (**1**) *vt* (*adversaire*) gwrthwynebu, gwrthsefyll.
contre-révolution (~-~**s**) [kɔ̃tʀəʀevɔlysjɔ̃] *f* gwrthchwyldro *g*.
contre-révolutionnaire (~-~**s**) [kɔ̃tʀəʀevɔlysjɔnɛʀ] *m/f* gwrthchwyldroadwr *g*, gwrthchwyldroadwraig *b*.
contresens [kɔ̃tʀəsɑ̃s] *m* camddehongliad *g*; (*de traduction*) camgyfieithiad *g*; (*absurdité*) lol *b*, dwli *g*; **à ~** i'r cyfeiriad anghywir, o chwith.
contresigner [kɔ̃tʀəsiɲe] (**1**) *vt* cadarnhau (rhth) trwy lofnod, cydlofnodi, cydarwyddo.
contretemps [kɔ̃tʀətɑ̃] *m* rhwystr *g*, anhawster *g*, trafferth *b,g*; **à ~** (*MUS*) heb fod ar y curiad; (*fig*) ar adeg anghyfleus.
contre-terrorisme (~-~**s**) [kɔ̃tʀətɛʀɔʀism] *m* gwrthderfysgaeth *b*, brwydr yn erbyn brawychiaeth.
contre-terroriste (~-~**s**) [kɔ̃tʀətɛʀɔʀist(ə)] *m/f* gwrthderfysgwr *g*.
contre-torpilleur (~-~**s**) [kɔ̃tʀətɔʀpijœʀ] *m* llong *b* ddistryw, llong ryfel.
contrevenant[1] [kɔ̃tʀəv(ə)nɑ̃] *vb voir* **contrevenir**.
contrevenant[2] [kɔ̃tʀəv(ə)nɑ̃] *m* troseddwr *g*.
contrevenante [kɔ̃tʀəv(ə)nɑ̃t] *f* troseddwraig *b*.
contrevenir [kɔ̃tʀəv(ə)niʀ] (**32**) *vi*: **~ à** tramgwyddo, troseddu yn erbyn; **~ à la loi** torri'r gyfraith.
contre-voie [kɔ̃tʀəvwa]: **à ~-~** *adv* (*RAIL: en sens inverse*) ar y trac anghywir; **descendre à ~-~** mynd allan ar ochr anghywir y trac.
contribuable [kɔ̃tʀibɥabl] *m/f* trethdalwr *g*.
contribuer [kɔ̃tʀibɥe] (**1**) *vi*: **~ à** cyfrannu i *ou* at.
contribution [kɔ̃tʀibysjɔ̃] *f* cyfraniad *g*; **les ~s** (*ADMIN: bureaux*) swyddfa'r *b* dreth; **mettre qn à ~** galw ar wasanaeth rhn; **~s directes/indirectes** trethi *ll* uniongyrchol/anuniongyrchol.
contrit (**-e**) [kɔ̃tʀi, it] *adj* edifeiriol.
contrôlable [kɔ̃tʀolabl] *adj* (*maîtrisable*) rheoladwy, y gellir ei reoli; (*vérifiable*) gwiriadwy, y gellir ei gadarnhau *ou* wirio
contrôle [kɔ̃tʀol] *m*
1 (*inspection*) archwiliad *g*, archwilio, gwiriad *g*, gwirio; **faire un ~ d'identité** gwneud archwiliad i gadarnhau pwy yw rhn.
2 (*test*) prawf *g*, arholiad *g*; **~ continu** asesu parhaus.
3 (*maîtrise*) rheolaeth *b*; **perdre/garder le ~ de son véhicule** colli/cadw rheolaeth ar eich cerbyd; **~ des changes** (*COMM*) rheolaeth ar gyfnewid arian; **~ des naissances** atal cenhedlu; **~ des prix** rheoli prisiau, rheolaeth ar brisiau.
contrôler [kɔ̃tʀole] (**1**) *vt* (*inspecter*) archwilio, gwirio, edrych; (*surveiller*) goruchwylio; (*maîtriser*) rheoli;
♦ **se ~** *vr* eich rheoli'ch hun.
contrôleur [kɔ̃tʀolœʀ] *m* archwiliwr *g*, arolygwr *g*; **~ de la navigation aérienne** rheolwr *g* trafnidiaeth awyr; **~ des postes** archwiliwr llythyrau.
contrôleuse [kɔ̃tʀoløz] *f* archwilwraig *b*, arolygwraig *b*.
contrordre [kɔ̃tʀɔʀdʀ] *m* gwrthorchymyn *g*; **partez demain, sauf ~** ewch yfory, os na chlywch yn wahanol.
controverse [kɔ̃tʀɔvɛʀs] *f* dadl *b*.
controversé (**-e**) [kɔ̃tʀɔvɛʀse] *adj* dadleuol.
contumace [kɔ̃tymas]: **par ~** *adv* yn eich absenoldeb; **condamner qn par ~** dedfrydu rhn yn ei absonoldeb.
contusion [kɔ̃tyzjɔ̃] *f* clais *g*.
contusionné (**-e**) [kɔ̃tyzjɔne] *adj* cleisiog, wedi cleisio; **elle n'avait rien de cassé, mais elle était toute ~e** 'doedd hi ddim wedi torri dim byd, ond 'roedd hi'n gleisiau i gyd.
conurbation [kɔnyʀbasjɔ̃] *f* cytref *b*.

convaincant[1] [kɔ̃vɛ̃kɑ̃] *vb voir* **convaincre**.
convaincant[2] (**-e**) [kɔ̃vɛ̃kɑ̃, ɑ̃t] *adj* argyhoeddiadol.
convaincre [kɔ̃vɛ̃kʀ] (**57**) *vt* argyhoeddi, perswadio; ~ **qn (de faire qch)** perswadio rhn (i wneud rhth); ~ **qn de trahison** (*JUR*) barnu rhn yn euog o frad.
convaincu (**-e**) [kɔ̃vɛ̃ky] *pp de* **convaincre**; ♦*adj* argyhoeddedig; **il est innocent, j'en suis** ~ 'rwyf yn sicr ei fod yn ddieuog; **d'un ton** ~ yn argyhoeddedig, yn huawdl.
convainquais [kɔ̃vɛ̃kɛ] *vb voir* **convaincre**.
convalescence [kɔ̃valesɑ̃s] *f* adeg *b* gwellhad, cyfnod *g* cryfhau, ymadferiad *g*; **être en** ~ gwella, ymadfer; **maison de** ~ cartref *g* gwella *ou* ymadfer.
convalescent[1] (**-e**) [kɔ̃valesɑ̃, ɑ̃t] *adj* sydd yn gwella.
convalescent[2] [kɔ̃valesɑ̃] *m* claf *g* sy'n gwella.
convalescente [kɔ̃valesɑ̃t] *f* claf *g* sy'n gwella; ♦*adj f voir* **convalescent**[1].
convecteur [kɔ̃vɛktœʀ] *m* gwresogydd *g* darfudol.
convenable [kɔ̃vnabl] *adj* parchus, gweddus; (*moment, endroit*) addas, priodol; (*assez bon*) eithaf da, gweddol dda, go lew, derbyniol, digonol.
convenablement [kɔ̃vnabləmɑ̃] *adv* (*placé, choisi*) yn briodol; (*s'habiller, s'exprimer*) yn weddus; (*payé, logé*) yn ddigonol, yn eithaf da.
convenance [kɔ̃vnɑ̃s] *f*: **à ma/votre** ~ wrth fy modd/eich bodd; **trouvez une heure à votre** ~ dewiswch amser cyfleus i chi; **observer les** ~**s** (*bienséance*) ymddwyn yn weddus; **pour** ~**s personnelles** am resymau personol.
convenir [kɔ̃vniʀ] (**32**) *vi* gweddu, bod yn addas; ~ **à qn** (*être approprié à*) bod yn addas ar gyfer rhn, gweddu i rn, cyd-fynd â rhn; (*plaire*) plesio rhn; **il convient de (faire qch)** mae'n ddoeth *ou* weddus *ou* briodol (gwneud rhth); **il convient de faire remarquer que ...** dylid nodi ...; ~ **de** (*admettre: vérité, bien-fondé de qch*) cydnabod, cyfaddef; (*fixer: date, somme etc*) trefnu, pennu, cytuno ar; ~ **d'avoir fait qch** cyfaddef gwneud rhth; ~ **que** (*admettre*) cyfaddef ...; **je conviens que ce sera difficile** 'rwy'n cyfaddef y bydd yn anodd; **il a été convenu de faire qch** cytunwyd i wneud rhth; **il a été convenu depuis longtemps que** cytunwyd ers amser ...; **comme convenu** fel y cytunwyd *ou* y trefnwyd.
convention [kɔ̃vɑ̃sjɔ̃] *f* (*POL: accord*) cytundeb *g*; (*assemblée*) cynhadledd *b*; (*règles, convenances*) confensiwn *g*; **de** ~ confensiynol; (*peu sincère*) ystrydebol; ~ **collective** cytundeb cyffredinol.
conventionnalisme [kɔ̃vɑ̃sjɔnalism(ə)] *m* confensiynoldeb *g*; **le** ~ **de ses idées** diffyg gwreiddioldeb ei syniadau.
conventionné (**-e**) [kɔ̃vɑ̃sjɔne] *adj*: **médecin** ~ meddyg gyda'r Gwasanaeth Iechyd.
conventionnel (**-le**) [kɔ̃vɑ̃sjɔnɛl] *adj* confensiynol.
conventionnellement [kɔ̃vɑ̃sjɔnɛlmɑ̃] *adv* yn gonfensiynol.
conventuel (**-le**) [kɔ̃vɑ̃tɥɛl] *adj* mynachaidd, cwfeiniol, sy'n ymwneud â mynachlog *ou* lleiandy; **maison** ~**le** cwfaint *g*.
convenu (**-e**) [kɔ̃vny] *pp de* **convenir**; ♦*adj* cytunedig, a gytunwyd, a drefnwyd; (*banal*) confensiynol, ystrydebol.
convergent (**-e**) [kɔ̃vɛʀʒɑ̃, ɑ̃t] *adj* cydgyfeiriol, sy'n mynd i'r un cyfeiriad.
converger [kɔ̃vɛʀʒe] (**10**) *vi* cydgyfeirio, mynd i'r un cyfeiriad; ~ **vers** *neu* **sur** (*regards*) canolbwyntio ar.
conversation [kɔ̃vɛʀsasjɔ̃] *f* sgwrs *b*, ymgom *b*; (*politique, diplomatique*) trafodaeth *b*; **faire la** ~ **à qn** sgwrsio â rhn; **avoir de la** ~ gallu sgwrsio'n rhwydd; **dans la** ~ **courante** yn yr iaith lafar.
converser [kɔ̃vɛʀse] (**1**) *vi* sgwrsio, siarad.
conversion [kɔ̃vɛʀsjɔ̃] *f* (*REL: action*) tröedigaeth *b*; (*métamorphose*) trawsnewidiad *g*; ~ **de francs en livres sterling** newid ffranciau yn bunnoedd, cyfnewid ffranciau am bunnoedd.
convertible [kɔ̃vɛʀtibl] *adj* newidiadwy, addasadwy, y gellir ei drawsnewid *ou* addasu; (*argent*) cyfnewidiadwy; **canapé** ~ soffa *b* sy'n troi'n wely.
convertir [kɔ̃vɛʀtiʀ] (**2**) *vt* (*REL*) troi, argyhoeddi; (*transformer*) trawsnewid; ~ **les païens au christianisme** troi paganiaid at Gristnogaeth; ~ **qch en qch** newid rhth yn rhth;
♦ **se** ~ *vr*: **se** ~ **(à)** troi (at).
convertisseur [kɔ̃vɛʀtisœʀ] *m* trawsnewidydd *g*.
convexe [kɔ̃vɛks] *adj* amgrwm.
conviction [kɔ̃viksjɔ̃] *f* argyhoeddiad *g*; **sans** ~ llugoer, diargyhoedd, heb frwdfrydedd.
conviendrai *etc* [kɔ̃vjɛ̃dʀe] *vb voir* **convenir**.
convienne *etc* [kɔ̃vjɛn] *vb voir* **convenir**.
conviens *etc* [kɔ̃vjɛ̃] *vb voir* **convenir**.
convier [kɔ̃vje] (**16**) *vt*: ~ **qn à** gwahodd rhn i; ~ **qn à faire qch** (*fig*) annog rhn i wneud rhth.
convint [kɔ̃vɛ̃] *vb voir* **convenir**.
convive [kɔ̃viv] *m/f* gwestai *g/b*.
convivial (**-e**) [kɔ̃vivjal] *adj* hwyliog, afieithus; (*INFORM*) cyfeillgar, hawdd ei ddefnyddio.
convocation [kɔ̃vɔkasjɔ̃] *f* (*action*) gwysio, gwysiad *g*, galw ynghyd, gwahodd, gwahoddiad *g*; (*JUR: avis*) gwŷs *b*.
convoi [kɔ̃vwa] *m* mintai *b*, confoi *g*; ~ **de chemin de fer** trên *g*; ~ **(funèbre)** gorymdaith *b* angladdol, cynhebrwng *g*; ~ **exceptionnel** llwyth eithriadol (ar lorri).
convoiter [kɔ̃vwate] (**1**) *vt* chwennych, blysio,

awchio *ou* awchu am.
convoitise [kɔ̃vwatiz] *f* trachwant *g*, blys *g*, awch *g*; (*sexuelle*) chwant *g*, blys.
convoler [kɔ̃vɔle] (**1**) *vi*: ~ **en justes noces** priodi, ymbriodi.
convoquer [kɔ̃vɔke] (**1**) *vt* gwahodd; (*assemblée*) cynnull; (*témoin*) gwysio; **le chef m'a convoqué dans son bureau** galwodd y pennaeth fi i'w swyddfa.
convoyer [kɔ̃vwaje] (**17**) *vt* hebrwng, danfon.
convoyeur [kɔ̃vwajœʀ] *m* (*NAUT*) llong *b* hebrwng; (*bande de transport*) cludfelt *g*; ~ **de fonds** swyddog *g* hebrwng arian.
convulsé (**-e**) [kɔ̃vylse] *adj* wedi eich dirdynnu, dirdynedig.
convulsif (**convulsive**) [kɔ̃vylsif, kɔ̃vylsiv] *adj* dirdynnol, ysgytlyd, gwinglyd, rhwyfus; (*rire*) nerfus; (*MÉD*) dirdynnol.
convulsions [kɔ̃vylsjɔ̃] *fpl* dirdyniant *g*; (*MÉD*) confylsiwn *g*.
coopérant (**-e**) [kɔɔpeʀɑ̃, ɑ̃t] *m/f un sy'n gwirfoddoli i weithio mewn gwledydd sy'n datblygu.*
coopératif (**coopérative**) [kɔɔpeʀatif, kɔɔpeʀativ] *adj* cydweithredol; (*personne*) parod i gydweithredu.
coopération [kɔɔpeʀasjɔ̃] *f* cydweithrediad *g*, cydweithredu; (*POL*) *cymorth i wledydd sy'n datblygu*; **la C~** ≈ V.S.O. (*gwasanaeth gwirfoddol tramor*).
coopérative [kɔɔpeʀativ] *f* cwmni *g* cydweithredol;
♦*adj f voir* **coopératif**.
coopérer [kɔɔpeʀe] (**14**) *vi*: ~ **(à qch, à faire qch)** cydweithio, cydweithredu (ar rth, i wneud rhth).
coordination [kɔɔʀdinasjɔ̃] *f* cyd-drefniad *g*, cyd-drefnu; (*de mouvements*) cydsymud; **entreprise qui échoue faute de** ~ cwmni sy'n methu oherwydd diffyg cydweithio.
coordonnateur [kɔɔʀdɔnatœʀ] *m* trefnydd *g*, cyd-drefnydd *g*, cydgysylltydd *g*.
coordonnatrice [kɔɔʀdɔnatʀis] *f* trefnydd *g*, cyd-drefnydd *g*, cydgysylltydd *g*.
coordonné (**-e**) [kɔɔʀdɔne] *adj* cyd-drefnedig; (*LING*) cydradd; **papiers peints** ~**s** papur *g* wal sy'n cydfynd; ~**s** (*vêtements*) dillad *ll* sy'n cydfynd.
coordonnée [kɔɔʀdɔne] *f* (*LING*) cymal *g* cydradd; ~**s** (*MATH*) cyfesurynnau *ll*; (*détails personnels*) cyfeiriad *g* a rhif *g* ffôn;
♦*adj f voir* **coordonné**.
coordonner [kɔɔʀdɔne] (**1**) *vt* cydlynu, trefnu, cyd-drefnu, cydgysylltu; ~ **sa jupe à son chemisier** gwisgo'ch sgert i gydweddu â'ch blows.
copain [kɔpɛ̃] *m* (*ami*) ffrind *g*; (*petit ami*) cariad *g*, cariadlanc *g*;
♦*adj*: **être** ~ **avec qn** bod yn ffrind i rn.
copeau (**-x**) [kɔpo] *m* (*de bois etc*) naddyn *g*; ~**x** naddion *ll*.
Copenhague [kɔpənag] *pr* Copenhagen *b*.
Copernic [kɔpɛʀnik] *prm* Copernicws.
copie [kɔpi] *f* (*TYPO*) copi *g*; (*SCOL: feuille de papier*) dalen *b* o bapur; (*devoir*) ymarfer *g*, tasg *b*, gwaith *g* cartref; **c'est la** ~ **de sa mère** mae'r un ffunud â'i mam; ~ **certifiée conforme** copi ardystiedig (*ffotogopi swyddogol o ddogfen, e.e. tytysgrif geni*); ~ **d'examen** (*SCOL*) sgript *g* arholiad; ~ **au net** copi glân; ~ **papier** (*INFORM*) copi caled, gwaith ar bapur.
copier [kɔpje] (**16**) *vt* copïo, atgynhyrchu; (*imiter*) dynwared, gwneud yr un fath â; ~ **sur qn** (*SCOL*) copïo rhn.
copieur [kɔpjœʀ] *m* (*SCOL*) copïwr *g*; (*pour photocopier*) ffotogopïwr *g*.
copieusement [kɔpjøzmɑ̃] *adv* yn helaeth.
copieux (**copieuse**) [kɔpjø, kɔpjøz] *adj* (*repas, portion*) mawr; (*notes, exemples*) helaeth.
copilote [kopilɔt] *m* (*AVIAT*) cydbeilot *g*; (*AUTO*) cydyrrwr *g*, cydyrwraig *b*.
copinage [kɔpinaʒ] (*péj*) *m*: **obtenir un poste par** ~ cael swydd drwy adnabod rhn.
copine [kɔpin] *f* (*amie*) ffrind *b*; (*petite amie*) cariad *g*, cariadferch *b*.
copiste [kɔpist] *m/f* copïwr *g*.
coproduction [kopʀɔdyksjɔ̃] *f* cydgynhyrchu, cydgynhyrchiad *g*.
copropriétaire [kopʀɔpʀijetɛʀ] *m/f* cydberchennog *g*.
copropriété [kopʀɔpʀijete] *f* cydberchnogaeth *g*; **acheter un appartement en** ~ prynu fflat ar y cyd.
copulation [kɔpylasjɔ̃] *f* cyplad *g*, ymread *g*.
copuler [kɔpyle] (**1**) *vi* cyplu.
copyright [kɔpiʀajt] *m* hawlfraint *b*.
coq [kɔk] *m* ceiliog *g*; ~ **au vin** (*CULIN*) cyw *g* iâr mewn gwin; ~ **de bruyère** (*ZOOL*) ceiliog *g* y mynydd, grugiar *b*; ~ **de village** (*fig, péj*) merchetwr *g*;
♦*adj inv*: **poids** ~ (*BOXE*) pwysau *ll* bantam.
coq-à-l'âne [kɔkalɑn] *m inv*: **faire un** ~-~-~ newid y pwnc *ou* y sgwrs yn sydyn.
coque [kɔk] *f* (*de noix*) plisgyn *g*, masgl *b*; (*bateau, voiture, avion*) corff *g*, cragen *b*; (*mollusque*) cragen; **œuf à la** ~ (*CULIN*) wy wedi'i ferwi'n feddal.
coquelet [kɔklɛ] *m* ceiliog *g* ifanc; (*CULIN*) cyw *g* iâr.
coquelicot [kɔkliko] *m* (*BOT*) pabi *g*.
coqueluche [kɔklyʃ] *f* (*MÉD*) y pas *g*; **être la** ~ **de qn** (*fig*) bod yn ffefryn rhn.
coquet (**-te**) [kɔkɛ, ɛt] *adj* steilus, ffasiynol; (*bien habillé*) trwsiadus; (*joli*) prydferth, del, pert; (*somme, salaire etc*) go dda, sylweddol.
coquette [kɔkɛt] *f* (*emploi vieilli*) fflyrt *b*, hoeden *b*;
♦*adj f voir* **coquet**.
coquetier [kɔk(ə)tje] *m* cwpan *g,b* wy.
coquettement [kɔkɛtmɑ̃] *adv* yn brydferth, yn bert, yn ddel; (*sourire, regarder*) yn fflyrtlyd;

(*s'habiller*) yn daclus *ou* drwsiadus; (*meubler*) â steil, yn steilus.

coquetterie [kɔkɛtʀi] *f* (*flirt*) fflyrtio, fflyrtian; **s'habiller avec** ~ gwisgo â steil *ou* yn steilus; **par** ~ o falchder.

coquillage [kɔkijaʒ] *m* (*mollusque*) pysgodyn *g* cragen; (*coquille*) cragen *b*.

coquille [kɔkij] *f* (*de mollusque*) cragen *b*; (*de noix, d'œuf*) plisgyn *g*, masgl *b*; (*de beurre*) menyn *g* â siâp cragen arno; (*TYPO*) gwall *g*; ~ **de noix*** cwch *g* bychan, bad *g* bychan; ~ **St Jacques** sgolop *g*, cragen fylchog, cragen Berffro;
♦*adj inv*: ~ **d'œuf** (*couleur*) llwydfelyn.

coquillettes [kɔkijɛt] *fpl* (*pâtes*) pasta *g* siâp cregyn.

coquin[1] (**-e**) [kɔkɛ̃, in] *adj* direidus; (*regard*) cas.

coquin[2] [kɔkɛ̃] *m* (*péj*) cenau *g* drwg; **petit** ~ y cenau bach, y mawrddrwg, yr ellyll *g* bach.

coquine [kɔkin] *f* (*péj*) cenawes *b* fach;
♦*adj f voir* **coquin**[1].

cor [kɔʀ] *m* corn *g*; **réclamer qch à** ~ **et à cri** (*fig*) gweiddi'n groch am rth; ~ **anglais** (*MUS*) corn Seisnig; ~ **de chasse** corn hela.

corail (**coraux**) [kɔʀaj, kɔʀo] *m* cwrel *g*.

Coran [kɔʀɑ̃] *m*: **le** ~ y Corân *g*.

coraux [kɔʀo] *mpl de* **corail**

corbeau (**-x**) [kɔʀbo] *m* brân *b*; **(grand)** ~ cigfran *b*; ~ **corneille** brân dyddyn; ~ **freux** ydfran *b*.

corbeille [kɔʀbɛj] *f* (*panier*) basged *b*, cawell *g*; (*THÉÂTRE*) seddau'r *ll* cylch; **la** ~ (*à la Bourse*) llawr *g* (y Gyfnewidfa Stoc); ~ **à ouvrage** basged wnïo; ~ **à pain** basged fara (*ar fwrdd bwyd*); ~ **à papiers** basged sbwriel, bin *g* sbwriel; ~ **de mariage** (*fig*) anrhegion *ll* priodas.

corbillard [kɔʀbijaʀ] *m* hers *b*.

cordage [kɔʀdaʒ] *m* rhaff *b*; ~**s** rigin *g*.

corde [kɔʀd] *f* rhaff *b*; (*de tissu*) edau *b*; (*de raquette, d'arc*) llinyn *g*; **tapis/semelles de** ~ carped *g*/gwadnau *ll* rhaff; **tenir la** ~ (*ATHLÉTISME, AUTO*) bod yn y lôn fewnol; **tomber des** ~**s** arllwys y glaw, bwrw hen wragedd â ffyn; **tirer sur la** ~ mynd yn rhy bell, mynd dros ben llestri; **usé jusqu'à la** ~ (*habit etc*) wedi treulio at yr edau, treuliedig, hen; **la** ~ **raide** y rhaff dynn; **être sur la** ~ **raide** (*fig*) bod mewn sefyllfa anodd, bod ar ymyl y dibyn; ~ **à linge** lein *b* ddillad; ~ **à nœuds** (*à la gym*) rhaff ddringo â chlymau ynddi; ~ **à sauter** rhaff sgipio; ~ **lisse** rhaff ddringo; **toucher la** ~ **sensible** taro'r tant cywir; **les (instruments à)** ~**s** (*MUS*) y llinynnau *ll*; ~**s vocales** tannau'r *ll* llais, llinynnau'r *ll* llais.

cordeau (**-x**) [kɔʀdo] *m* llinyn *g*, ffiws *g,b*; **tracé au** ~ hollol syth.

cordée [kɔʀde] *f* rhaffaid *g* o ddringwyr.

cordelette [kɔʀdəlɛt] *f* rhaff *b* denau, cortyn *g*, cordyn *g*.

cordelière [kɔʀdəljɛʀ] *f* cortyn *g* (*fel belt ar gôt nos neu wisg mynach*).

cordial[1] (**-e**) (**cordiaux, cordiales**) [kɔʀdjal, kɔʀdjo] *adj* cynnes, twymgalon, calonnog.

cordial[2] (**cordiaux**) [kɔʀdjal, kɔʀdjo] *m* cordial *g*, diod *b*.

cordialement [kɔʀdjalmɑ̃] *adv* yn galonnog, yn gynnes, yn dwymgalon; **détester qn** ~ casáu rhn â chas perffaith; ~ **(vôtre** *neu* **à vous)** (*formule épistolaire*) cofion *ll* cynnes.

cordialité [kɔʀdjalite] *f* cynhesrwydd *g*, calonogrwydd *g*.

cordillère [kɔʀdijɛʀ] *f*: **la** ~ **des Andes** mynyddoedd yr Andes.

cordon [kɔʀdɔ̃] *m* cortyn *g*, cordyn *g*, llinyn *g*; ~ **de police** cadwyn *b* o blismyn; ~ **littoral** traethell *b*, bar *g ou* banc *g* tywod; ~ **ombilical** llinyn bogail; ~ **sanitaire** cadwyn iechydol (*i atal haint rhag lledu*).

cordon-bleu (**~s-~s**) [kɔʀdɔ̃blø] *m* rhuban *g* glas; (*cuisinier*) cogydd *g* o'r radd uchaf, cogyddes *b* o'r radd uchaf;
♦*adj* penigamp, gwych.

cordonnerie [kɔʀdɔnʀi] *f* (*métier, industrie*) gwaith crydd, gwneud esgidiau; (*atelier*) gweithdy *g* crydd; (*boutique*) siop *b* crydd.

cordonnet [kɔʀdɔnɛ] *m* edau *b* gyfrodedd (*ar gyfer tyllau botymau*).

cordonnier [kɔʀdɔnje] *m* crydd *g*.

Cordoue [kɔʀdu] *pr* Córdoba *b*.

Corée [kɔʀe] *prf*: **la** ~ Corea *b*; **la** ~ **du Sud/du Nord** De/Gogledd Corea.

coréen[1] (**-ne**) [kɔʀeɛ̃, ɛn] *adj* Coreaidd, o Gorea.

coréen[2] [kɔʀeɛ̃] *m* (*LING*) Coreeg *b,g*.

Coréen [kɔʀeɛ̃] *m* Coread *g*, un o Gorea.

Coréenne [kɔʀeɛn] *f* Coread *b*, un o Gorea.

coreligionnaire [kɔʀ(ə)lijɔnɛʀ] *m/f* cydgrefyddwr *g*, cydgrefyddwraig *b*.

coriace [kɔʀjas] *adj* gwydn; (*fig*) caled, garw.

coriandre [kɔʀjɑ̃dʀ] *f* (*BOT*) llysiau'r *ll* bara, brwysgedlys *g*; (*CULIN*) coriandr *g*.

Corinthe [kɔʀɛ̃t] *pr* Corinth *b*; **raisins de** ~ cyrens *ll*.

cormoran [kɔʀmɔʀɑ̃] *m* mulfran *b*, bilidowcar *g*, morfran *b*.

cornac [kɔʀnak] *m* gyrrwr *g* eliffant.

corne [kɔʀn] *f* corn *g*; (*de la peau*) caleden *b*; ~ **d'abondance** corn llawnder; (*dans l'eisteddfod*) ≈ (y) corn hirlas; ~ **de brume** (*NAUT*) corn niwl.

cornée [kɔʀne] *f* cornbilen *b*.

corneille [kɔʀnɛj] *f* brân *b*.

cornélien (**-ne**) [kɔʀneljɛ̃, jɛn] *adj* yn null Corneille.

cornemuse [kɔʀnəmyz] *f* pibgod *g*, bacbib *b*; **joueur de** ~ pibgodydd *g*, bacbibydd *g*.

corner[1] [kɔʀnɛʀ] *m* (*FOOTBALL*) cic *b* gornel.

corner[2] [kɔʀne] **(1)** *vi* (*klaxonner*) canu corn;
♦*vt* (*pages*) plygu.

cornet [kɔʀnɛ] *m* (*de glace*) corned *g*; ~ **à piston** (*MUS*) corned.
cornette [kɔʀnɛt] *f* (*de religieuse*) corned *g*.
corniaud [kɔʀnjo] *m* (*chien*) mwngrel *g*; (*péj*) ffŵl *g*.
corniche [kɔʀniʃ] *f* cornis *g*; (*route*) ffordd *b* lan môr, ffordd arfordir.
cornichon [kɔʀniʃɔ̃] *m* cucumer *ou* ciwcymber *g* picl, gercin *g*.
Cornouailles [kɔʀnwaj] *prf(pl)* Cernyw *b*; **la pointe de** ~ Pentir Cernyw.
cornue [kɔʀny] *f* (*CHIM*) retort *g*.
corollaire [kḷlɛʀ] *m* canlyneb *b*.
corolle [kḷl] *f* (*BOT*) corola *g*, coronig *b*.
coron [kɔʀɔ̃] *m* cartref *g* glöwr; (*village*) pentref *g* glofaol.
coronaire [kṇɛʀ] *adj* (*ANAT*) coronaidd, coronol.
corporation [kɔʀpɔʀasjɔ̃] *f* corfforaeth *b*; (*d'artisans etc*) corff *g* proffesiynol; (*au Moyen Âge*) urdd *b* grefftwyr.
corporel (**-le**) [kɔʀpɔʀɛl] *adj* corfforol.
corps [kɔʀ] *m*
1 (*gén*) corff *g*; **à son ~ défendant** er eich gwaethaf, o'ch anfodd, yn groes i'ch ewyllys; **à ~ perdu** ar eich pen, yn frysiog, yn fyrbwyll; **perdu ~ et biens** (*NAUT*) (llong) a gollwyd gyda'r holl griw; **prendre** ~ ymffurfio, siapio; **faire ~ avec** bod yn rhan o; ~ **et âme** gorff ac enaid; **lutter ~ à** ~ ymladd â'r dyrnau.
2 (*ensemble, organe etc*): ~ **diplomatique** corfflu *g* llysgenhadol; ~ **constitués** (*POL*) cyrff cyfansoddiadol; ~ **consulaire** corff consylaidd; ~ **d'armée** corfflu byddin; ~ **de ballet** cwmni *g* bale; ~ **de garde** gwarchodfa *b*; ~ **du délit** (*JUR*) y corff, y corpws *g*; ~ **électoral** etholaeth *b*, etholwyr *ll*; ~ **enseignant** athrawon *ll*; ~ **étranger** (*MÉD*) peth *g* dieithr, corffyn *g* estron; ~ **expéditionnaire** (*MIL*) llu *g* ymosod, cyrchlu *g*; ~ **législatif** corff deddfwriaethol; ~ **médical** meddygon *ll*.
corpulence [kɔʀpylɑ̃s] *f* tewdra *g*; **de forte** ~ cydnerth, corffog.
corpulent (**-e**) [kɔʀpylɑ̃, ɑ̃t] *adj* corffog, cydnerth, mawr.
corpus [kɔʀpys] *m* casgliad *g*, corff *g*.
corpusculaire [kɔʀpyskylɛʀ] *adj* (*PHYS*) corffilaidd.
correct (**-e**) [kɔʀɛkt] *adj* (*exact*) cywir; (*convenable*) gweddus, priodol, iawn; (*acceptable*) digon da, go lew, eithaf da.
correctement [kɔʀɛktəmɑ̃] *adv* yn gywir, yn iawn, yn weddus, yn o lew.
correcteur [kɔʀɛktœʀ] *m* (*SCOL*) arholwr *g*, cywirwr *g*; (*TYPO*) darllenydd *g* proflenni.
correctif[1] (**corrective**) [kɔʀɛktif, kɔʀɛktiv] *adj* cywirol.
correctif[2] [kɔʀɛktif] *m* atodiad *g*, cywiriad *g*.
correction [kɔʀɛksjɔ̃] *f* (*action*) cywiriad *g*, cywiro; (*TYPO*) darllen proflenni; (*examen*) marcio, cywiro; (*résultat*) cywiriad *g*; (*qualité*) cywirdeb *g*; (*coups*) curfa *b*, cosb *b*; ~ **sur écran** (*INFORM*) golygu ar sgrin.
correctionnel (**-le**) [kɔʀɛksjɔnɛl] *adj*: **tribunal** ~ ≈ llys *g* troseddau.
correctrice [kɔʀɛkttʀis] *f* (*SCOL*) arholwraig *b*, cywirwraig *b*; (*TYPO*) darllenydd *g* proflenni.
corrélation [kɔʀelasjɔ̃] *f* cydberthynas *b*.
correspondance [kɔʀɛspɔ̃dɑ̃s] *f* (*conformité*) cyfatebiaeth *b*; (*de train, d'avion*) cyswllt *g*, cysylltiad *g*; (*échange de lettres*) gohebiaeth *b*; (*courrier*) llythyrau *ll*; **cours/vente par** ~ cwrs/gwerthu trwy'r post.
correspondancier [kɔʀɛspɔ̃dɑ̃sje] *m* clerc *g* llythyrau.
correspondancière [kɔʀɛspɔ̃dɑ̃sjɛʀ] *f* clerc *g* llythyrau.
correspondant[1] (**-e**) [kɔʀɛspɔ̃dɑ̃, ɑ̃t] *adj* cyfatebol.
correspondant[2] [kɔʀɛspɔ̃dɑ̃] *m* (*SCOL, etc*) ffrind *g* llythyru; (*PRESSE*) gohebydd *g*; (*au téléphone*) galwr *g*.
correspondante [kɔʀɛspɔ̃dɑ̃t] *f* (*SCOL, etc*) ffrind *b* llythyru; (*PRESSE*) gohebydd *g*; (*au téléphone*) galwraig *b*;
♦*adj f voir* **correspondant**[1].
correspondre [kɔʀɛspɔ̃dʀ] (**3**) *vi* cyfateb; (*chambres*) cysylltu; ~ **à** cyfateb i; ~ **avec qn** ysgrifennu at rn, gohebu â rhn.
Corrèze [kɔʀɛz] *prf* Corrèze.
corrézien (**-ne**) [kɔʀezjɛ̃, jɛn] *adj* o'r Corrèze.
corrida [kɔʀida] *f* ymladd teirw, ymladdfa *b* deirw.
corridor [kɔʀidɔʀ] *m* coridor *g*.
corrigé [kɔʀiʒe] *m* fersiwn *b* gywir.
corriger [kɔʀiʒe] (**10**) *vt* cywiro; (*examen*) marcio; (*punir*) curo, rhoi curfa (i rn);
♦ **se** ~ *vr*: **se ~ de** gwella, diwygio, rhoi'r gorau i gast drwg.
corroborer [kḅɔʀe] (**1**) *vt* cadarnhau, ategu.
corroder [kḍe] (**1**) *vt* rhydu, cyrydu; (*fig*) difa.
corrompre [kɔʀɔ̃pʀ] (**55**) *vt* llygru, difetha; (*acheter: témoin etc*) llwgrwobrwyo, prynu.
corrompu (**-e**) [kɔʀɔ̃py] *adj* llwgr, llygredig.
corrosif (**corrosive**) [kɔʀozif, kɔʀoziv] *adj* rhydol, cyrydol, difaol; (*fig*) deifiol, brathog.
corrosion [kɔʀozjɔ̃] *f* (*action*) cyrydu, rhydu; (*résultat*) cyrydiad *g*, rhwd *g*.
corruption [kɔʀypsjɔ̃] *f* llygredd *g*, anonestrwydd *g*; (*emploi de moyens condamnables*) llwgrwobrwyo.
corsage [kɔʀsaʒ] *m* (*d'une robe*) bodis *g*; (*chemisier*) blows *g,b*.
corsaire [kɔʀsɛʀ] *m* môr-leidr *g*.
corse [kɔʀs] *adj* Corsicaidd, o Gorsica.
Corse [kɔʀs] *m/f* Corsiad *g/b*, un o Gorsica;
♦*f*: **la** ~ Corsica *b*.
corsé (**-e**) [kɔʀse] *adj* (*vin*) bywiog; (*café etc*) cryf, blasus, llawn blas; (*sauce*) sbeislyd; (*ennuis*) enbyd, cas, annifyr; (*scabreux:*

histoire) amheus, anweddus; (*intrigue*) bywiog.
corselet [kɔʀsəlɛ] *m* (*vêtement*) corsled *b*.
corser [kɔʀse] (1) *vt* (*difficulté*) gwaethygu, cymhlethu; (*histoire, intrigue*) bywiogi, gwneud (rhth) yn fwy diddorol; (*sauce*) rhoi mwy o flas ar.
corset [kɔʀsɛ] *m* corsed *g*, staes *g*; (*d'une robe*) bodis *g*; ~ **orthopédique** staes *ou* corsed orthopaedig.
corso [kɔʀso] *m*: ~ **fleuri** *gorymdaith b o fflotiau blodau.*
cortège [kɔʀtɛʒ] *m* (*défilé*) gorymdaith *b*; (*d'un prince etc*) gosgordd *b*.
corticostéroïde [kɔʀtikosteʀɔid] *m* corticosteroid *g*.
cortisone [kɔʀtizɔn] *f* cortison *g*.
corvée [kɔʀve] *f* gorchwyl *g*, tasg *b*, gwaith *g* diflas; (*MIL*) dyletswydd *b*.
cosaque [kɔzak] *m* Cosac *g*.
cosignataire [kosiɲatɛʀ] *adj* cydarwyddol; ♦*m/f* cydarwyddwr *g*, cydarwyddwraig *b*.
cosinus [kɔsinys] *m* (*MATH*) cosin *g* (*cos*).
cosmétique [kɔsmetik] *m* cosmetig *g*; (*pour cheveux*) olew *g* ar gyfer gwallt.
cosmétologie [kɔsmetɔlɔʒi] *f* gofal *g* harddwch.
cosmique [kɔsmik] *adj* cosmig.
cosmonaute [kɔsmɔnot] *m/f* gofodwr *g*, gofodwraig *b*.
cosmopolite [kɔsmɔpɔlit] *adj* cosmopolitaidd.
cosmos [kɔsmos] *m* bydysawd *g*.
cosse [kɔs] *f* (*BOT*) coden *b*; (*ÉLEC, INFORM*) terfynell *b*.
cossu (-e) [kɔsy] *adj* (*maison*) crand, moethus; (*personne*) da eich byd, cefnog.
Costa Rica [kɔstaʀika] *prm*: **le** ~ ~ Costa Rica *b*.
costaricien (**-ne**) [kɔstaʀisjɛ̃, jɛn] *adj* o Gosta Rica.
Costaricien [kɔstaʀisjɛ̃] *m* un o Gosta Rica.
Costaricienne [kɔstaʀisjɛn] *f* un o Gosta Rica.
costaud (-e) [kɔsto, od] *adj* (*personne*) cydnerth, cryf; (*objet*) cadarn, cryf
costume [kɔstym] *m* (*régional, de théâtre*) gwisg *b*; (*d'homme*) siwt *b*.
costumé (-e) [kɔstyme] *adj* mewn gwisg ffansi; **bal** ~ dawns *b* wisg ffansi; **il était** ~ **en pirate** 'roedd wedi ei wisgo fel môr-leidr.
costumer [kɔstyme] (1) *vt* gwisgo; ~ **un singe** rhoi dillad am fwnci;
♦ **se** ~ *vr* eich gwisgo'ch hun, ymwisgo; **se** ~ **en qn/qch** gwisgo fel rhn/rhth, ymwisgo fel rhn/rhth.
costumier [kɔstymje] *m* (*THÉÂTRE*) meistr *g* y gwisgoedd; (*fabricant*) gwneuthurwr *g* gwisgoedd; (*vendeur*) gwerthwr *g* gwisgoedd; (*loueur*) huriwr *g* gwisgoedd.
costumière [kɔstymjɛʀ] *f* (*THÉÂTRE*) meistres *b* y gwisgoedd; (*fabricante*) gwneuthurwraig *b* gwisgoedd; (*vendeuse*) gwerthwraig *b* gwisgoedd; (*loueuse*) hurwraig *b* gwisgoedd.
cotangente [kotɑ̃ʒɑ̃t] *f* (*MATH*) cotangiad *g* (*cot*).
cotation [kɔtasjɔ̃] *f* pris *g* cyfredol, dyfynbris *g*.
cote [kɔt] *f* (*d'une valeur boursière*) pris *g* cyfredol, dyfynbris *b*; (*d'un cheval*) yr ods *ll* (ar geffyl); (*de classement, d'un livre d'un document*) cyfeirnod *g*; (*mesure: sur une carte*) pwynt *g* uchder; (*d'un devoir scolaire*) marc *g*; **avoir la** ~ bod yn boblogaidd iawn; **inscrit à la** ~ ar restr y Gyfnewidfa Stoc; ~ **d'alerte** lefel *b* perygl llifogydd; ~ **de popularité** (*d'un candidat*) mesur *g* poblogrwydd; ~ **mal taillée** (*fig*) cyfaddawd *g* anfoddhaol.
côte [kot] *f* (*rivage*) arfordir *g*; (*d'un tricot*) rib *b*; (*pente*) llethr *b*; (*pente: sur une route*) rhiw *b*, gallt *b*; (*ANAT*) asen *b*; ~ **à** ~ ochr yn ochr; **la C~ (d'Azur)** y Rifiera *b* Ffrengig; **la C~ d'Ivoire** Y Traeth *g* Ifori; **la C~ d'Or** y Traeth Aur.
côté [kote] *m* ochr *b*; **de tous les ~s** o bob cyfeiriad; **de quel** ~ **est-elle partie?** i ba gyfeiriad aeth hi?; **de ce/de l'autre** ~ yn y cyfeiriad hwn/i'r cyfeiriad arall, ar yr ochr yma/arall; **d'un** ~ **... de l'autre** ~ (*alternative*) ar y naill law ... ar y llaw arall; **du** ~ **de** o (gyfeiriad); **du** ~ **de Lyon** o gwmpas Lyon *ou* i gyfeiriad Lyon; **de** ~ (*marcher*) wysg eich ochr; (*regarder*) o'r ochr; (*être, se tenir*) wysg eich ochr; **laisser/mettre qch de** ~ gadael/rhoi rhth o'r neilltu; **sur le** ~ **de** ar ochr; **de chaque** ~ o bob cyfeiriad; **de chaque** ~ **(de)** ar y naill law i; **du** ~ **gauche** ar y chwith; **du bon** ~ i'r cyfeiriad cywir; **du** ~ **opposé** i'r cyfeiriad arall; **chercher qn de tous ~s** chwilio an rn ym mhobman; **de mon** ~ (*quant à moi*) o'm rhan i; **regarder qch de** ~ edrych wysg eich ochr ar rth, ciledrych ar rth; **à** ~ yn ymyl, gerllaw, ar bwys; **à** ~ **de** ger, yn ymyl, nesaf at; (*fig*) o'i gymharu â; **à** ~ **(de la cible)** heibio'r nod; **être aux ~s de** (*aussi fig*) bod wrth ochr.
coté (-e) [kɔte] *adj*: **être** ~ cael ei restru *ou* ddyfynnu; **être** ~ **en Bourse** bod ar restr y Gyfnewidfa Stoc; **être bien/mal** ~ bod yn uchel/isel eich bri.
coteau (-x) [kɔto] *m* llechwedd *b*, llethr *b*, gallt *b*, rhiw *b*; **à flanc de** ~ ar y llechwedd.
côtelé (-e) [kot(ə)le] *adj* rhesog; **pantalons en velours** ~ trowsus *g* melfaréd, trowsus rib.
côtelette [kotlɛt] *f* (*CULIN*) golwyth *g*, cytled *g*.
coter [kɔte] (1) *vt* rhestru.
coterie [kɔtʀi] *f* clic *g*.
côtier (**côtière**) [kotje, kotjɛʀ] *adj* arfordirol.
cotillon [kɔtijɔ̃] *m*: **accessoires de** ~ *pethau papur ar gyfer parti, megis hetiau ayb.*
cotisation [kɔtizasjɔ̃] *f* (*à un club, syndicat*) tanysgrifiad *g*; (*pour une pension etc*) cyfraniad *g*.
cotiser [kɔtize] (1) *vi*: ~ **(à)** tanysgrifio (i), cyfrannu (i, at);

♦ **se** ~ *vr* rhannu'r draul, clybio; **nous nous sommes tous cotisés pour leur faire un cadeau** fe wnaethom ni i gyd gyfrannu i brynu anrheg iddyn nhw.

coton [kɔtɔ̃] *m* cotwm *g*; **robe de** ~ ffrog *b* gotwm; ~ **hydrophile** gwlân *g* cotwm, wadin *g*; **il file un mauvais** ~ mae'n gwaelu, mae'n wael ei iechyd.

cotonnade [kɔtɔnad] *f* cotwm *g*.

Coton-Tige® (~**s**-~**s**) [kɔtɔ̃tiʒ] *m* coesyn *g* cotwm (*ar gyfer glanhau clustiau ayb*).

côtoyer [kotwaje] (**17**) *vt* bod yn agos at; (*rencontrer*) cymdeithasu â; (*longer: route*) mynd ar hyd; (*piéton*) cerdded wrth ochr; (*fig: friser*) ymylu ar.

cotte [kɔt] *f*: ~ **de mailles** crys *g* mael, pais *b* ddur.

cou [ku] *m* gwddf *g*; **être endetté jusqu'au** ~ bod at eich clustiau mewn dyled.

couac* [kwak] *m* nodyn *g* anghywir.

couard (-**e**) [kwaʀ, kwaʀd] *adj* llwfr.

couchage [kuʃaʒ] *m* (*matériel pour coucher*) dillad *g* gwely; ~ **pour 6 personnes** lle i chwech gysgu.

couchant [kuʃɑ̃] *adj*: **soleil** ~ machlud *g*.

couche [kuʃ] *f* haen *b*; (*de peinture*) côt *b*, haen; (*de bébé*) clwt *g*, cewyn *g*; ~ **d'ozone** haen oson; ~**s** (*MÉD*) esgoriad *g*, esgor , genedigaeth *b*; ~ **sociale** haen gymdeithasol.

couché (-**e**) [kuʃe] *adj* yn gorwedd; (*au lit*) yn y gwely.

couche-culotte (~**s**-~**s**) [kuʃkylɔt] *f* clwt *g* *ou* cewyn *g* (*i'w daflu*).

coucher[1] [kuʃe] *m* noswylio, mynd i'r gwely; **à prendre avant le** ~ i'w gymryd cyn mynd i gysgu; ~ **de soleil** machlud *g*.

coucher[2] [kuʃe] (**1**) *vi* cysgu;
♦*vt* (*personne: mettre au lit*) rhoi (rhn) yn ei wely; (*personne: étendre*) rhoi *ou* dodi (rhn) i orwedd; (*personne: loger*) rhoi *ou* dodi gwely *ou* llety i; (*objet*) rhoi *ou* dodi (rhth) ar ei hyd *ou* ar ei orwedd; (*écrire: idées*) ysgrifennu, mynegi;
♦ **se** ~ *vr* (*pour dormir*) noswylio, mynd i'r gwely; (*pour se reposer*) gorwedd; (*se pencher: sur les avirons, le guidon*) plygu yn eich blaen; (*soleil*) machlud.

couchette [kuʃɛt] *f* gwely *g*, bync *g* (*ar long neu drên*).

coucheur [kuʃœʀ] *m*: **mauvais** ~ un anodd ei drin.

couci-couça* [kusikusa] *adv* go lew, diddrwg-didda.

coucou [kuku] *m* cwcw *b*, cog *b*;
♦*excl*: ~! pi-po!

coude [kud] *m* (*ANAT*) penelin *g*,*b*; (*de tuyau*) plygiad *g*, plyg *g*; (*de la route*) tro *g*, trofa *b*; ~ **à** ~ ochr yn ochr.

coudée [kude] *f*: **avoir les** ~**s franches** (*fig*) cael rhwydd hynt, cael eich traed yn rhydd.

cou-de-pied (~**s**-~-~) [kudpje] *m* (*ANAT*) pont *b* troed, mwnwgl *g* troed, camedd *g* troed.

coudoyer [kudwaje] (**17**) *vt* bod yn agos at, ymylu ar, bod ochr yn ochr â, brwsio heibio; (*fig*) cymdeithasu â, cymysgu â.

coudre [kudʀ] (**63**) *vt, vi* gwnïo.

couenne [kwan] *f* (*de lard*) croen *g*, crofen *b*, crawen *b*.

couette [kwɛt] *f* (*édredon*) cwilt *g*; **elle s'est fait des** ~**s** (*cheveux*) clymodd ei gwallt yn ddwy gynffon.

couffin [kufɛ̃] *m* (*de bébé*) cawell *g*, basged *b* wellt (*i gario babi*).

couilles** [kuj] *fpl* ceilliau *ll*.

couiner [kwine] (**1**) *vi* gwichian.

coulage [kulaʒ] *m* (*COMM*) colli stoc (*oherwydd dwyn a diofalwch*).

coulant (-**e**) [kulɑ̃, ɑ̃t] *adj* (*trop indulgent*) rhy oddefgar; (*vin*) llyfn(llefn)(llyfnion); (*fromage etc*) meddal, rhedegog; (*fig: style*) rhugl, llyfn.

coulée [kule] *f* (*métal en fusion*) castio, bwrw; ~ **de neige** eirlithriad *g*; ~ **de lave** llif *g* lafa.

couler [kule] (**1**) *vi* (*fleuve, liquide, sang*) llifo; (*stylo, récipient*) gollwng, diferu; (*nez*) diferu, rhedeg; (*bateau*) suddo; **faire** ~ **un bain** rhedeg bath; ~ **de source** canlyn yn naturiol; ~ **à pic** suddo i'r gwaelod;
♦*vt* (*cloche, sculpture*) castio, bwrw; (*bateau*) suddo; (*fig: magasin, entreprise*) difetha, dinistrio; ~ **une vie heureuse** (*fig: passer*) byw bywyd hapus;
♦ **se** ~ *vr*: **se** ~ **dans** (*draps etc*) llithro i mewn.

couleur [kulœʀ] *f* lliw *g*; (*CARTES*) siwt *b*; (*MIL*) baner *b*; **télévision en** ~ teledu *g* lliw; **de** ~ croendywyll; **sous** ~ **de faire qch** dan esgus gwneud rhth.

couleuvre [kulœvʀ] *f* neidr *b* y glaswellt.

coulissant (-**e**) [kulisɑ̃, ɑ̃t] *adj* (*porte*) sy'n llithro.

coulisse [kulis] *f* (*TECH*) cledren *b*; **porte à** ~ drws *g* llithro; **les** ~**s** (*THÉÂTRE*) yr esgyll *ll*; **dans les** ~**s** (*fig*) oddi ar y llwyfan, yn y cefndir.

coulisser [kulise] (**1**) *vi* llithro, rhedeg.

couloir [kulwaʀ] *m* (*d'école*) coridor *g*; (*de bus*) eil *b*; (*sur la route*) lôn *b* fysiau; (*SPORT*) lôn; (*GÉO*) ceunant *g*; ~ **aérien** coridor hedfan; ~ **d'avalanche** llwybr *b* eirlithriad; ~ **de navigation** llwybr môr.

coulpe [kulp] *f*: **battre sa** ~ syrthio *ou* cwympo ar eich bai.

coup [ku] *m*
1 (*choc*) ergyd *b*, trawiad *g*; **donner un** ~ **sur la table** dyrnu'r bwrdd *ou* ford; **faire un** ~ **bas à qn** taro rhn yn ei wendid; (*fig*) gwneud tro gwael â rhn; ~ **sec** tap *g* sydyn, cnoc *b*.
2 (*fam: fois*) gwaith *b*, tro *g*; **à tous les** ~**s** bob tro; **pour le** ~ am unwaith; **d'un seul** ~ yn y fan a'r lle; (*à la fois*) ar unwaith; **du**

premier ~ ar unwaith, ar y tro cyntaf; **et du même** ~ **je ...** ac ar yr un pryd ...; **après** ~ wedyn, wedi i rth ddigwydd; ~ **sur** ~ yn syth ar ôl ei gilydd, y naill ar ôl y llall; **sur le** ~ ar unwaith, yn y fan a'r lle; (*à ce moment-là*) ar y pryd.
3 (*ÉCHECS*) symudiad *g*.
4 (*habileté: fig*): **avoir le** ~ bod â'r ddawn.
5 (*avec instrument*): **à ~s de hache/de marteau** (gan daro) â bwyell/morthwyl; **donner un** ~ **de chiffon à qch** tynnu llwch oddi ar rth; ~ **de couteau** trywaniad *g*; ~ **de feu** ergyd *b*, saethiad *g*; ~ **de frein** brecio'n sydyn; ~ **de fusil** clec *b*, ergyd gwn; ~ **de pinceau** brwsiad *g*; ~ **de sonnette** caniad *g* cloch (fach); ~ **de téléphone** galwad *b* ffôn.
6 (*avec le corps*): **donner un** ~ **de tête à qn** penio rhn, rhoi peniad i rn; **donner un** ~ **de corne à qn** cornio *ou* twlcio rhn; **donner un** ~ **de genou à qn** taro rhn â'r pen-glin, pen-glinio rhn; ~ **de coude** pwniad *g* (*â'r penelin*); **donner un** ~ **de main à qn** (*aider*) rhoi help llaw i rn; ~ **d'œil** cipolwg *g*; ~ **de pied** cic; ~ **de poing** dyrnod *g*.
7 (*produit par les éléments*): ~ **de tonnerre** taran, taraniad; ~ **de soleil** trawiad haul; ~ **de vent** hwrdd *g* o wynt, cwthwm *g* o wynt.
8 (*complot*): **être dans le** ~ bod ynddi hi, bod yn rhan (o gynllwyn ayb); **être hors du** ~ (*fig*) peidio â bod ynddi hi, peidio â bod yn rhan (o gynllwyn ayb).
9 (*ruse*): ~ **bas** trawiad annheg; **il a raté son** ~ methodd ei strôc.
10 (*évènement fortuit*): ~ **de chance** tipyn *g* o lwc; ~ **dur** ergyd galed.
11 (*SPORT*): ~ **d'envoi** cic *b* gyntaf (*ar ddechrau gêm*); ~ **franc** cic rydd.
12 (*verre*): **boire un** ~ yfed rhth.
13 (*locutions*): **à** ~ **sûr** yn bendant, yn sicr; **du** ~ o'r herwydd, gan hynny, felly; **sous le** ~ **de** dan ddylanwad; **tomber sous le** ~ **de la loi** bod yn drosedd; **être sur un** ~ bod ar drywydd rhth; **en** ~ **de vent** ar ras wyllt; ~ **de chapeau** llongyfarchiadau *ll*; **elle a un bon** ~ **de crayon** mae'n tynnu llun yn dda; ~ **d'éclat** gorchest *b*, camp *b*; ~ **d'essai** ymgais *g,b* cyntaf *ou* gyntaf; ~ **d'État** gwrthryfel *g* (*cipio grym trwy drais neu'n anghyfreithlon*); ~ **de filet** tafliad *g* rhwyd, helfa *b*, haldiad *g*; ~ **de foudre** cariad ar yr olwg gyntaf; ~ **de grâce** ergyd farwol; ~ **de maître** trawiad athrylithgar, camp; ~ **de tête** mympwy *g*, awydd *g* sydyn; ~ **de théâtre** newid *g* sydyn dramatig, tro sydyn dramatig; ~ **du lapin** (*en voiture*) atchwipiad *g*, anaf *g* atchwipio; ~ **fourré** cyllell yn y cefn; **traduire qch à ~s de dictionnaire** cyfieithu rhth air am air.
coupable [kupabl] *adj* euog; ♦*m/f* troseddwr *g*, troseddwraig *b*, rhn euog.
coupant (-e) [kupɑ̃, ɑ̃t] *adj* miniog; (*fig*) miniog, brathog.
coupe[1] [kup] *f* gobled *g,b*; (*à fruits*) dysgl *b*; (*SPORT*) cwpan *g,b*.
coupe[2] [kup] *f* toriad *g*; (*de cheveux, de vêtement, pièce de tissu*) toriad; (*graphique, plan*) trawslun *g*; **vue en** ~ toriad; **être sous la** ~ **de qn** bod dan reolaeth rhn; **faire des ~s sombres** gwneud toriadau llym.
coupé[1] (-e) [kupe] *adj* (*communications, route*) caeedig, ar gau; **bien/mal** ~ (*vêtement*) da/gwael ei doriad *g*, wedi ei dorri'n dda/wael.
coupé[2] [kupe] *m* (*AUTO*) coupé *g*.
coupe-circuit [kupsiʀkɥi] *m inv* torrwr *g* cylched.
coupe-feu [kupfø] *m inv* rhwystr *g* tân.
coupe-gorge [kupgɔʀʒ] *m inv* ogof *b* lladron.
coupelle [kupɛl] *f* dysgl *b* fach.
coupe-ongles [kupɔ̃gl] *m inv* siswrn *g* torri ewinedd.
coupe-papier [kuppapje] *m inv* cyllell *b* bapur.
couper [kupe] (1) *vt* torri; (*livre broché*) torri tudalennau; (*appétit*) difetha; (*électricité*) diffodd; (*fièvre*) lleihau, gostwng; (*ajouter de l'eau: vin*) rhoi dŵr ar ben (gwin); (*COUTURE: d'après un patron*) torri allan; (*CINÉ: pour censurer*) torri; (*pour faire un obstacle*) cau, blocio; ~ **une route** dilyn llwybr byrrach; **se faire** ~ **les cheveux** cael torri'ch gwallt; ~ **les cheveux/ongles à qn** torri gwallt/ewinedd rhn; ~ **l'appétit à qn** difetha awydd bwyd rhn; ~ **la parole à qn** torri ar draws rhn; ~ **les vivres à qn** (*litt*) torri cyflenwad bwyd rhn; (*fig*) atal arian rhn; ~ **le contact** *neu* **l'allumage** (*AUTO*) diffodd yr injan; ~ **les ponts (avec qn)** torri cysylltiad (â rhn); ♦*vi* torri; (*CARTES: pour mélanger*) torri'r pac; (*:avec l'atout*) trympio; (*prendre un raccourci*) dilyn y llwybr byrraf, dilyn llwybr tarw; ♦ **se** ~ *vr* eich torri'ch hun; (*se contredire en témoignant etc*) eich gwrthddweud eich hun.
couperet [kupʀɛ] *m* cyllell *b* gig; (*guillotine*) llafn *g*.
couperosé (-e) [kupʀoze] *adj* cochlyd, blotiog.
couple [kupl] *m* cwpwl *g*, pâr *g*, dau *g*, dwy *b*; (*pour attacher des animaux*) cwplws *g*; ~ **de torsion** trorym *g*.
coupler [kuple] (1) *vt* (*TECH*) cyplu.
couplet [kuplɛ] *m* pennill *g*; **ressortir son** ~ **sur ...** (*péj*) canu'r un hen gân am ...
coupleur [kuplœʀ] *m*: ~ **acoustique** cyplydd *g* acwstig.
coupole [kupɔl] *f* (*ARCHIT*) cromen *b*, crymdo *g*.
coupon [kupɔ̃] *m* (*ticket*) cwpon *g*; (*de tissu*) darn *g*, rholyn *g*.
coupon-réponse (~s-~s) [kupɔ̃ʀepɔ̃s] *m* cwpon *g* ateb.
coupure [kupyʀ] *f* toriad *g*; (*billet de banque*) papur *g*; ~ **de courant** toriad trydan.
cour [kuʀ] *f*

1 (*de ferme*) buarth *g*, ffald *b*; (*d'école*) buarth, iard *b*; (*d'immeuble*) iard gefn.
2 (*JUR*, *royale*) llys *g*; **faire la ~ à qn** canlyn rhn; **~ d'appel** llys apêl; **~ d'assises** ≈ Llys y Goron; **~ de cassation** llys apêl (terfynol); **~ de récréation** (*SCOL*) iard *ou* buarth ysgol; **~ des comptes** (*ADMIN*) Swyddfa *b* Archwiliadau; **~ martiale** cwrt-marsial *g*.

courage [kuʀaʒ] *m* dewrder *g*, gwroldeb *g*; (*ardeur*) calon *b*; **je n'ai pas le ~** (*énergie*) 'does gen i mo'r galon; **bon ~!** pob lwc!, pob hwyl!, paid â digalonni, cod dy galon; **perdre ~** digalonni, gwangalonni.

courageusement [kuʀaʒøzmɑ̃] *adv* yn ddewr, yn wrol.

courageux (**courageuse**) [kuʀaʒø, kuʀaʒøz] *adj* dewr, gwrol.

couramment [kuʀamɑ̃] *adv* yn gyffredin; (*facilement*) heb anhawster; (*habituellement*) yn aml; **parler ~ une langue étrangère** siarad iaith dramor yn rhugl.

courant[1] (-e) [kuʀɑ̃, ɑ̃t] *adj* (*fréquent*) aml; (*dépenses*, *usage*) cyffredin, pob dydd; (*actuel*) cyfredol; **l'année ~e** eleni; **le 10 ~** y 10fed o'r mis hwn; **eau ~e** dŵr *g* tap.

courant[2] [kuʀɑ̃] *m* (*d'eau*) llif *g*, cerrynt *g*; **~ électrique** cerrynt trydan; **être au ~ (de qch)** gwybod (am rth); **mettre qn au ~ (de qch)** rhoi gwybod i rn (am rth); **tiens-moi au ~** gad imi wybod beth sy'n digwydd; **se tenir au ~ de qch** gwybod y diweddaraf am rth; **dans le ~ de qch** yn ystod rhth; **~ d'air** awel *b*.

courbature [kuʀbatyʀ] *f* poen *g,b*.

courbaturé (-e) [kuʀbatyʀe] *adj* mewn poen, dolurus, yn brifo.

courbe [kuʀb] *adj* crwm(crom)(crymion); (*qui n'est pas droit*) cam(ceimion);
♦*f* tro *g*; (*MATH*) cromlin *b*; **la route fait une ~** mae tro yn y ffordd; **~ de niveau** (*GÉO*) cyfuchlin *b*.

courber [kuʀbe] (1) *vt* plygu; **~ la tête** plygu'ch pen, crymu'ch pen;
♦ **se ~** *vr* plygu, ymgrymu.

courbette [kuʀbɛt] *f* moesymgrymiad *g*.

coure [kuʀ] *vb voir* **courir**.

coureur[1] (**coureuse**) [kuʀœʀ, kuʀøz] *adj* (*homme*) sy'n mercheta, merchetgar; (*femme*) hoedennaidd, fflyrtlyd.

coureur[2] [kuʀœʀ] *m* (*SPORT*) rhedwr *g*; (*péj*) merchetwr *g*; **~ automobile** gyrrwr *g* car rasio, rasiwr ceir; **~ cycliste** beiciwr *g* rasio, rasiwr beiciau.

coureuse [kuʀøz] *f* (*SPORT*) rhedwraig *b*; (*péj*) hoeden *b*, fflyrt *b*;
♦*adj f voir* **coureur**[1].

courge [kuʀʒ] *f* pwmpen *b*, maro *g*.

courgette [kuʀʒɛt] *f* (*CULIN*) corbwmpen *b*, courgette *g,b*.

courir [kuʀiʀ] (21) *vi* rhedeg; (*eau*) rhedeg, llifo; (*COMM: intérêt*) cynyddu; **le bruit court que ...** mae si ar led ...; **par les temps qui courent** ar hyn o bryd; **~ après qn** rhedeg ar ôl rhn; **laisser ~ qn/qch** gadael i rn/rth fod; **faire ~ qn** gwneud i rn redeg o gwmpas; **tu peux (toujours) ~!** dos *ou* cer i ganu;
♦*vt* (*épreuve*) cystadlu yn; (*danger*) wynebu; **~ le Grand Prix** rasio yn y Grand Prix; **~ un risque** ei mentro hi; **~ les cafés/bals** mynychu caffis/dawnsfeydd, mynd i gaffis/ddawnsfeydd; **~ les magasins** crwydro'r siopau.

couronne [kuʀɔn] *f* coron *b*; (*de fleurs*) coron, coronbleth *b*, torch *b*; (*dent*) corun *g*, dant *g* gosod *ou* dodi; **~ funéraire** *neu* **mortuaire** torch o flodau angladd; **la grande ~** y maestrefi *ll* (*o amgylch Paris*).

couronnement [kuʀɔnmɑ̃] *m* coroni; (*d'un édifice*) brig *g*; (*fig*) uchafbwynt *g*.

couronner [kuʀɔne] (1) *vt* coroni; (*lauréat*, *livre*, *ouvrage*) gwobrwyo, rhoi gwobr i.

courons *etc* [kuʀɔ̃] *vb voir* **courir**.

courrai *etc* [kuʀe] *vb voir* **courir**.

courre [kuʀ] *vb*: **chasse à ~** hela â chŵn a cheffylau

courrier [kuʀje] *m* post *g*, llythyrau *ll*; (*rubrique*) colofn *b*; **qualité ~** mewn print o safon llythyr; **avion long ~** awyren *b* teithiau pell; **~ du cœur** tudalen *g,b* broblemau (*mewn cylchgrawn*); **~ électronique** e-bost *g*.

courroie [kuʀwa] *f* strap *g,b*; **~ de transmission** ffanbelt *g*.

courrons *etc* [kuʀɔ̃] *vb voir* **courir**.

courroucé (-e) [kuʀuse] *adj* dig, dicllon.

cours[1] [kuʀ] *vb voir* **courir**.

cours[2] [kuʀ] *m*
1 (*série de leçons*) cwrs *g*; **~ du soir** dosbarth *g* nos.
2 (*leçon: heure*) gwers *b*; **avoir ~** (*SCOL*) bod â gwers.
3 (*UNIV*) darlith *b*; (*manuel*) gwerslyfr *g*.
4 (*année scolaire*): **~ élémentaire** *2il a 3edd flwyddyn ysgol gynradd*; **~ moyen** *4edd a 5ed flwyddyn ysgol gynradd*; **~ préparatoire** ≈ dosbarth babanod; **~ supérieur** (*SCOL*) y dosbarth uchaf.
5 (*COMM*) cyfradd *b*, pris *g*; **avoir ~** (*monnaie*) bod yn arian cyfreithlon; (*fig*) bod yn gyfredol; **ces pièces n'ont plus ~** 'dydy'r arian yma ddim yn gyfreithlon bellach; **le ~ du change** cyfradd cyfnewid.
6 (*fig: d'une maladie etc*) cwrs *g*, hynt *b*, datblygiad *g*; **donner libre ~ à** rhoi rhwydd hynt i.
7 (*des saisons*) cwrs *g*, hynt *b*, dilyniant *g*.
8 (*écoulement*) llif *g*; **~ d'eau** dyfrffordd *b*, afon *b*, camlas *b*; (*d'un fleuve*) rhan *b* uchaf, y blaen *g*.
9 (*avenue*) rhodfa *b*.
10 (*locutions*): **en ~** (*année*) presennol; **les travaux en ~** y gwaith sy'n mynd rhagddo; **en ~ de route** ar y ffordd, ar (eich) hynt; **au**

~ **de qch** yn ystod rhth.
course [kuRs] *f*
1 (*action*) rhediad *g*, rhedeg; **s'arreter en pleine** ~ stopio ar ganol rhedeg.
2 (*SPORT: épreuve*) ras *b*; ~ **à pied** ras gerdded; ~ **automobile** ras geir; ~ **de côte** (*AUTO*) cwrs rhiwiau, dringfa *b* riwiau; ~ **d'étapes** *neu* **par étapes** ras fesul rhannau; ~ **d'obstacles** ras rwystrau; ~ **de vitesse** sbrint *g*; **à bout de** ~ (*fig*) wedi blino'n lân.
3 (*ÉQUITATION*) rasio ceffylau; **jouer aux** ~**s** betio ar geffylau; ~**s de chevaux** rasys ceffylau.
4 (*en voiture*) taith *b*.
5 (*petite mission*) neges *b*; **faire les** *neu* **ses** ~**s** siopa, gwneud negesi.
coursier [kuRsje] *m* negesydd *g*; (*cheval*) march *g*.
coursière [kuRsjɛR] *f* negesydd *g*.
coursive [kuRsiv] *f* (*NAUT*) coridor *g* y tu mewn i long.
court[1] (-**e**) [kuR, kuRt] *adj* byr(ber)(byrion); (*cheveux*) cwta; **une jupe** ~**e** sgert *b* fer; **de** ~**e durée** byrhoedlog; **avoir le souffle** ~ bod yn fyr o wynt; **cent francs, ça fait** ~ nid yw can ffranc yn ddigon; **tirer à la** ~**e paille** tynnu'r blewyn cwta, tynnu byrra'i docyn; **faire la** ~**e échelle à qn** rhoi hwb i rn i fynd (*dros wal ayb*); (*fig*) rhoi hwb ymlaen i rn; ~ **métrage** ffilm *b* fer;
♦*adv* yn fyr, yn gwta; **tourner** ~ (*action, projet*) gorffen yn sydyn; **couper** ~ **à qn/qch** torri ar draws rhn/rhth; **à** ~ **de qch** yn brin o rth; **prendre qn de** ~ dal rhn yn ddiarwybod; **pour faire** ~ mewn ychydig eiriau, yn fyr.
court[2] [kuR] *m* (*de tennis*) cwrt *g*.
courtage [kuRtaʒ] *m* (*COMM*) broceriaeth *b*, busnes *g* brocer.
court-bouillon (~**s**-~**s**) [kuRbujɔ̃] *m* cawl *g* pysgod.
court-circuit (~**s**-~**s**) [kuRsiRkɥi] *m* cylched *b* fer.
court-circuiter [kuRsiRkɥite] (**1**) *vt* (*fig*) osgoi, mynd (â rhth) heibio (i rth).
courtier [kuRtje] *m* (*COMM*) asiant *g*, brocer *g*.
courtière [kuRtjɛR] *f* (*COMM*) asiant *g*, brocer *g*.
courtisan [kuRtizɑ̃] *m* gŵr *g* llys.
courtisane [kuRtizan] *f* putain *b* llys.
courtiser [kuRtize] (**1**) *vt* ceisio ffafr; (*une femme*) canlyn.
courtois (-**e**) [kuRtwa, waz] *adj* cwrtais, boneddigaidd.
courtoisement [kuRtwazmɑ̃] *adv* yn gwrtais, yn foneddigaidd.
courtoisie [kuRtwazi] *f* cwrteisi *g*, boneddigeiddrwydd *g*.
couru [kuRy] *pp de* **courir**;
♦*adj* (*spectacle etc*) poblogaidd; **c'est** ~ **(d'avance)!*** mae'n siwr o ddigwydd.
cousais *etc* [kuze] *vb voir* **coudre**.
couscous [kuskus] *m* (*CULIN*) cwscws *g*.
cousin [kuzɛ̃] *m* cefnder *g*; (*ZOOL*) mosgito *g*; ~ **germain** cefnder *g* cyfan; ~ **issu de germain** cyfyrder *g*.
cousine [kuzin] *f* cyfnither *b*; ~ **germaine** cyfnither gyfan; ~ **issue de germain** cyfyrderes *b*.
cousons [kuzɔ̃] *vb voir* **coudre**.
coussin [kusɛ̃] *m* clustog *b*; ~ **d'air** bag *g* awyr, clustog awyr.
cousu (-**e**) [kuzy] *pp de* **coudre**;
♦*adj*: ~ **d'or** cyfoethog iawn, yn graig o arian; **motus et bouche** ~**e!** taw piau hi!, dim gair wrth neb!
coût [ku] *m* cost *b*, pris *g*; **le** ~ **de la vie** costau *ll* byw.
coûtant [kutɑ̃] *adj m*: **au prix** ~ am bris *g* cost.
couteau (-**x**) [kuto] *m* cyllell *b*; ~ **à cran d'arrêt** cyllell glec (*â'r llafn yn dod allan wrth bwyso botwm*); ~ **à pain/de cuisine** cyllell fara/gegin; ~ **de poche** cyllell boced.
couteau-scie (~**x**-~**s**) [kutosi] *m* cyllell *b* ddanheddog.
coutelier (**coutelière**) [kutəlje, kutəljɛR] *adj*: **l'industrie coutelière** diwydiant *g* (gwneud) cyllyll a ffyrc.
coutellerie [kutɛlRi] *f* (*industrie*) diwydiant *g* (gwneud) cyllyll a ffyrc; (*usine*) ffatri *b* gyllyll a ffyrc; (*magasin*) siop *b* gyllyll a ffyrc.
coûter [kute] (**1**) *vt* costio;
♦*vi*: ~ **à qn** costio i rn; ~ **cher à qn** (*fig*) costio'n ddrud i rn; **ça va lui** ~ **cher** bydd yn rhaid iddo dalu'n ddrud am hynna; **combien ça coûte?** faint mae'n ei gostio?; **les vacances, ça coûte!** mae gwyliau yn ddrud!; **coûte que coûte** costied a gostio, ni waeth beth fo'r gost; ~ **les yeux de la tête** bod yn ddrud iawn.
coûteusement [kutøzmɑ̃] *adv* yn gostus, yn ddrud.
coûteux (**coûteuse**) [kutø, kutøz] *adj* costus, drud.
coutume [kutym] *f* arferiad *g*; (*JUR*) arfer *g* gwlad; **comme de** ~ fel arfer; **plus que de** ~ mwy nag arfer.
coutumier (**coutumière**) [kutymje, kutymjɛR] *adj* arferol; **elle est coutumière du fait** (*péj*) nid dyna'r tro cyntaf iddi wneud hynna.
couture [kutyR] *f* (*action*) gwnïo; (*art*) gwniadwaith *g*; (*métier*) cynllunio dillad; (*points*) gwnïad *g*, sêm *b*.
couturier [kutyRje] *m* cynllunydd *g* dillad, dilledydd *g*.
couturière [kutyRjɛR] *f* gwniadwraig *b*.
couvée [kuve] *f* nythaid *b*.
couvent [kuvɑ̃] *m* (*sœurs*) lleiandy *g*, cwfaint *g*; (*moines*) mynachlog *b*; (*internat*) ysgol *b* gwfaint.
couver [kuve] (**1**) *vi* (*incendie, révolte*) mudlosgi;
♦*vt* (*oiseau*) eistedd ar; **la poule couve ses œufs** mae'r iar yn gori; ~ **qn/qch des yeux**

edrych yn gariadus ar rn/rth, dyheu am rn/rth.

couvercle [kuvɛʀkl] *m* caead *g*.

couvert[1] (**-e**) [kuvɛʀ, kuvɛʀt] *pp de* **couvrir**; ♦*adj* gorchuddiedig; (*ciel*) cymylog; (*coiffé d'un chapeau*) â het am eich pen; ~ **de sang** yn waed i gyd; **être bien** ~ bod wedi'ch gwisgo'n gynnes.

couvert[2] [kuvɛʀ] *m*
1 (*ustensiles*) lle (wedi'i osod) *g* (*wrth y bwrdd*); **mettre le** ~ hulio'r bwrdd, gosod y bwrdd; ~**s** (*cuiller, couteau, fourchette*) cyllyll *ll* a ffyrc *ll*; **service de 12** ~**s en argent** set o 12 o gyllyll a ffyrc arian.
2 (*au restaurant*) tâl *g* am sedd.
3 (*abri*) gorchudd *g*; **à** ~ dan gysgod, ynghudd; **sous le** ~ **d'un arbre** yng nghysgod coeden, dan gysgod coeden; **sous le** ~ **de la nuit** dan lenni'r nos; **sous le** ~ **de qch** (*sous l'apparence de qch*) dan esgus rhth, dan gochl rhth; **écrire à qn sous le** ~ **de qn d'autre** ysgrifennu at rn drwy law rhn arall.

couverture [kuvɛʀtyʀ] *f* (*de lit*) blanced *g,b*; (*de bâtiment*) to *g*; (*ASSURANCES*) yswiriant *g*; (*PRESSE*) sylw *g*; (*de livre, cahier*) clawr *g*; (*fig: d'un espion*) ffugenw *g*, ffug hunaniaeth *b*; **lettre de** ~ llythyr *g* eglurhaol; ~ **chauffante** blanced drydan *ou* trydan.

couveuse [kuvøz] *f* (*poule*) iâr *b* ori; (*artificielle*) deorydd *g*.

couvre [kuvʀ] *vb voir* **couvrir**.

couvre-chef (~-~**s**) [kuvʀəʃɛf] *m* het *b*.

couvre-feu (~-~**x**) [kuvʀəfø] *m* cyrffyw *g*, hwyrgloch *b*.

couvre-lit (~-~**s**) [kuvʀəli] *m* cwrlid *g*.

couvre-pieds [kuvʀəpje] *m inv* cwilt *g*.

couvreur [kuvʀœʀ] *m* töwr *g*.

couvrir [kuvʀiʀ] (**28**) *vt* gorchuddio; (*une erreur*) cuddio, celu; (*habiller*) lapio, gwisgo'n gynnes; (*ZOOL*) cyplu â; (*PRESSE*) rhoi sylw i; (*protéger*) amddiffyn; ~ **un toit d'ardoises** toi tŷ â llechi; ~ **qn d'injures** sarhau rhn; ~ **qn de ridicule** gwneud rhn yn destun sbort; ♦ **se** ~ *vr* (*s'habiller*) lapio'n gynnes, gwisgo'n gynnes; (*se coiffer*) rhoi *ou* dodi het am eich pen; (*temps*) cymylu, mynd yn gymylog; (*par une assurance*) eich yswirio'ch hun; **un visage qui se couvre de boutons** wyneb sy'n smotiau i gyd.

cover-girl (~-~**s**) [kɔvœʀgœʀl] *f* merch *b* ddalen flaen, model *b*.

cow-boy (~-~**s**) [kobɔj] *m* cowboi *g*.

coyote [kɔjɔt] *m* blaidd *g* y paith.

CP [sepe] *sigle m*(= *cours préparatoire*) ≈ dosbarth *g* babanod.

CPAM [sepeaɛm] *sigle f*(= *Caisse primaire d'assurances maladie*) *swyddfa b yswiriant iechyd.*

CQFD [sekyɛfde] *abr*(= *ce qu'il fallait démontrer*) yr hyn oedd i'w brofi.

crabe [kʀɑb] *m* cranc *g*; **marcher en** ~ cerdded wysg eich ochr.

crachat [kʀaʃa] *m* poer *g*, poerad *g*.

craché (**-e**) [kʀaʃe] *adj*: **c'est son père tout** ~ mae'r un ffunud â'i dad, mae'r un boerad â'i dad.

cracher [kʀaʃe] (**1**) *vi* poeri; ♦*vt* poeri; (*fig: lave, injures*) chwydu; ~ **du sang** poeri gwaed.

crachin [kʀaʃɛ̃] *m* glaw *g* mân.

crachiner [kʀaʃine] (**1**) *vi* bwrw glaw mân.

crachoir [kʀaʃwaʀ] *m* (*de dentiste*) basn *g* poeri.

crachotement [kʀaʃɔtmɑ̃] *m* sŵn *g* clecian *ou* ymyrraeth.

crachoter [kʀaʃɔte] (**1**) *vi* (*haut-parleur, radio*) clecian, gwneud sŵn cleciadau *ou* ymyrraeth.

crack [kʀak] *m* un penigamp, athrylith *b*; (*cheval*) ffefryn *g*; (*drogue*) crac *g*.

Cracovie [kʀakɔvi] *pr* Krakow *b*.

cradingue* [kʀadɛ̃g] *adj* mochynnaidd, budr iawn.

crado* [kʀado] *adj voir* **cradingue**.

craie [kʀɛ] *f* sialc *g*.

craignais [kʀɛɲɛ] *vb voir* **craindre**.

craindre [kʀɛ̃dʀ] (**67**) *vt* (craindre que + (ne) subj) ofni; (*être sensible*) cael niwed yn hawdd; **'craint l'humidité'** 'cadwer mewn lle sych'; **elle craignait qu'il (ne) vînt** 'roedd arni ofn iddo ddod; ~ **pour sa vie** ofni am eich bywyd.

crainte [kʀɛ̃t] *f* ofn *g*; **soyez sans** ~ peidiwch ag ofni; **j'ai des** ~**s à son sujet** 'rwy'n poeni amdano; **de** ~ **que** (+ subj) rhag ofn i.

craintif (**craintive**) [kʀɛ̃tif, kʀɛ̃tiv] *adj* ofnus.

craintivement [kʀɛ̃tivmɑ̃] *adv* yn ofnus.

cramer* [kʀame] (**1**) *vi* (*brûler*) llosgi.

cramoisi (**-e**) [kʀamwazi] *adj* coch, rhuddgoch.

crampe [kʀɑ̃p] *f* (*MÉD*) cwlwm *g* gwythi, cramp *g*; ~ **d'estomac** poen *g* yn y bol, bola *g* tost.

crampon [kʀɑ̃pɔ̃] *m* (*TECH*) creffyn *g*, clamp *g*; (*de chaussure*) stŷd *g*, styden *b*; (*ALPINISME*) haearn *g* dringo, crampon *g*.

cramponner [kʀɑ̃pɔne] (**1**): **se** ~ (**à**) *vr* glynu (wrth), hongian (ar), dal *ou* cydio *ou* gafael yn dynn (yn).

cran [kʀɑ̃] *m* (*entaille*) rhicyn *g*, hicyn *g*; (*de courroie*) twll *g*; (*courage*) dewrder *g*; **être à** ~ bod ar bigau'r drain; **ne le mets pas à** ~ paid â'i wylltio; ~ **de mire** (*d'un fusil*) twll *g* anelu; ~ **de sûreté**, ~ **d'arrêt** clicied *b* ddiogelwch.

crâne [kʀɑn] *m* penglog *b*.

crâner* [kʀɑne] (**1**) *vi* eich dangos eich hun.

crânien (**-ne**) [kʀɑnjɛ̃, jɛn] *adj* creuanol, (yn ymwneud â'r) benglog.

crapaud [kʀapo] *m* llyffant *g*.

crapule [kʀapyl] *f* dihiryn *g*, cnaf *g*.

crapuleux (**crapuleuse**) [kʀapylø, kʀapyløz] *adj*: **crime** ~ trosedd *g* ffiaidd.

craquelure [kʀaklyʀ] *f* crac *g*, mân graciau.

craquement [kʀakmɑ̃] *m* sŵn *g* cracio; (*du plancher*) gwichian.
craquer [kʀake] (**1**) *vi* (*bois, plancher, chaussures*) gwichian; (*neige*) crensian; (*se briser*) torri; (*de tension nerveuse*) torri i lawr; ~ **pour qch*** (*s'enthousiasmer*) mopio'ch pen am rth, ysu am rth; ~ **pour qn*** dotio ar rn; **faire** ~ **ses doigts** clecian eich bysedd;
♦*vt* (*pantalon, jupe*) rhwygo, hollti; **faire** ~ **une allumette** tanio matsien.
crasse [kʀas] *f* baw *g* seimllyd; (*sale tour*) tro *g* gwael;
♦*adj* (*fig: ignorance*) dybryd, llwyr.
crasseux (**crasseuse**) [kʀasø, kʀasøz] *adj* budr(budron), brwnt(bront)(bryntion), seimllyd.
crassier [kʀasje] *m* tomen *b* slag.
cratère [kʀatɛʀ] *m* (*GÉO*) ceudwll *g*, crater *g*; (*HIST*) cawg *g*.
cravache [kʀavaʃ] *f* chwip *b* marchog.
cravacher [kʀavaʃe] (**1**) *vt* chwipio.
cravate [kʀavat] *f* tei *g*; (*décoration*) rhuban *g*; (*lutte*) clo *g* pen.
cravater [kʀavate] (**1**) *vt* dodi *ou* gwisgo tei (ar rn); (*fig*) gafael yn (rhn) gerfydd ei goler
crawl [kʀol] *m* nofio yn eich blaen.
crawlé (**-e**) [kʀole] *adj*: **dos** ~ nofio ar eich cefn.
crayeux (**crayeuse**) [kʀɛjø, kʀɛjøz] *adj* sialcog; (*fig*) gwelw, gwyn fel y galchen.
crayon [kʀɛjɔ̃] *m* pensil *g,b*; **écrire qch au** ~ ysgrifennu rhth mewn pensil; ~ **à bille** beiro *g,b*; ~ **de couleur** creon *g*, pensil lliw; ~ **optique** pensil oleuo.
crayon-feutre (**~s-~s**) [kʀɛjɔ̃føtʀ] *m* pen *g* ffelt.
crayonnage [kʀɛjɔnaʒ] *m* (*dessin*) braslun *g*.
crayonner [kʀɛjɔne] (**1**) *vt* (*notes*) sgriblo; (*croquis*) gwneud braslun.
CRDP [seɛʀdepe] *sigle m*(= *Centre régional de documentation pédagogique*) *canolfan g,b adnoddau athrawon.*
créance [kʀeɑ̃s] *f* hawliad *g* ariannol, dyled *b* adferadwy; **donner** ~ **à qch** rhoi coel ar rth, credu rhth, gwneud rhth yn gredadwy.
créancier [kʀeɑ̃sje] *m* credydwr *g*, echwynnwr *g*.
créancière [kʀeɑ̃sjɛʀ] *f* credydwraig *b*, echwynwraig *b*.
créateur[1] (**créatrice**) [kʀeatœʀ, kʀeatʀis] *adj* creadigol.
créateur[2] [kʀeatœʀ] *m* crëwr *g*, lluniwr *g*; ~ **de mode** cynllunydd *g* ffasiwn; **le C**~ y Creawdwr *g*.
créatrice [kʀeatʀis] *f* crëwraig *b*; ~ **de mode** cynllunydd *g* ffasiwn;
♦*adj f voir* **créateur**[1].
créatif (**créative**) [kʀeatif, kʀeativ] *adj* creadigol.
création [kʀeasjɔ̃] *f* creadigaeth *b*; (*action*) cread *g*, creu; (*THÉÂTRE*) perfformiad *g* cyntaf; (*univers*) cread *g*.
créativité [kʀeativite] *f* gallu *g* creadigol.
créature [kʀeatyʀ] *f* creadur *g*, creadures *b*.
crécelle [kʀesɛl] *f* (*MUS*) ratl *b*.
crèche [kʀɛʃ] *f* preseb *g*; (*représentation*) golygfa'r *b* geni; (*garderie*) meithrinfa *b*.
crédence [kʀedɑ̃s] *f* seld *b*, seidbord *g,b*.
crédibilité [kʀedibilite] *f* hygrededd *g*, credadwyedd *g*.
crédible [kʀedibl] *adj* credadwy, y gellir ei gredu.
CREDIF [kʀedif] *sigle m*(= *Centre de recherche et d'étude pour la diffusion du français*) *canolfan g,b ymchwil ac astudiaeth er lledaenu Ffrangeg.*
crédit [kʀedi] *m* (*ÉCON*) credyd *g*; **~s** (*fonds*) arian *g*; **acheter qch à** ~ prynu rhth ar gredyd; **faire** ~ **à qn** bod â ffydd yn rhn, credu yn rhn.
crédit-bail (**~s-~s**) [kʀedibɑj] *m* (*ÉCON*) prydles *b*; **acheter qch en ~-~** prydlesu rhth.
créditer [kʀedite] (**1**) *vt*: ~ **un compte d'une somme** credydu cyfrif â swm o arian, credydu swm i gyfrif rhn.
créditeur[1] (**créditrice**) [kʀeditœʀ, kʀeditʀis] *adj* mewn credyd.
créditeur[2] [kʀeditœʀ] *m* cwsmer *g* sydd mewn credyd, credydwr *g*.
créditrice [kʀeditʀis] *f* cwsmer *g* sydd mewn credyd;
♦*adj f voir* **créditeur**[1].
credo [kʀedo] *m* credo *g,b*.
crédule [kʀedyl] *adj* hygoelus, sy'n credu pethau'n hawdd.
crédulité [kʀedylite] *f* hygoelusrwydd *g*.
créer [kʀee] (**1**) *vt* creu.
crémaillère [kʀemajɛʀ] *f* (*de cheminée*) bachyn *g* crochan; (*RAIL*) cledren *b* ddanheddog; **direction à** ~ (*AUTO*) llywio rhac a phiniwn; **pendre la** ~ cael parti cynhesu'r aelwyd.
crémation [kʀemasjɔ̃] *f* amlosgiad *g*; (*action*) llosgi, amlosgi.
crématoire [kʀematwaʀ] *adj*: **four** ~ amlosgfa *b*.
crématorium [kʀematɔʀjɔm] *m* amlosgfa *b*.
crème [kʀɛm] *f* hufen *g*; ~ **à raser** sebon *g* eillio *ou* siafio; ~ **Chantilly,** ~ **fouettée** hufen chwip; ~ **glacée** hufen iâ; **la** ~ **des maris** y gŵr gorau;
♦*adj inv* (lliw) hufen; **un (café)** ~ ≈ coffi *g* gwyn, ≈ coffi trwy laeth.
crémerie [kʀɛmʀi] *f* llaethdy *g*; (*salon de thé*) ystafell *b* de, caffi *g*.
crémeux (**crémeuse**) [kʀemø, kʀemøz] *adj* hufennog, hufennaidd.
crémier [kʀemje] *m* llaethwr *g*.
crémière [kʀemjɛʀ] *f* llaethwraig *b*.
créneau (**-x**) [kʀeno] *m* bwlch *g*; **faire un** ~ (*AUTO*) parcio (*trwy facio i mewn rhwng dau gar*).
créole [kʀeɔl] *adj* creolaidd;

♦*m* creoliaith *b*, cymysgiaith *b*; ♦*m/f* creoliad *g/b*.
crêpe[1] [kʀɛp] *f* (*galette*) crempog *b*, ffroesen *b*, pancosen *b*.
crêpe[2] [kʀɛp] *m* (*tissu*) crêp *g*, sidan *g* crych; (*de deuil*) rhuban *g* galar du; **semelle (de)** ~ gwadnau *ll* crych *ou* crêp; ~ **de Chine** sidan tenau.
crêpé (**-e**) [kʀepe] *adj* (*cheveux*) wedi'i ôl-gribo (*wedi'i gribo o chwith fel ei fod yn ymddangos yn fwy trwchus*).
crêperie [kʀɛpʀi] *f* (*magasin*) siop *b* grempogau *ou* ffroes; (*restaurant*) bwyty *g* crempogau *ou* ffroes.
crépi [kʀepi] *m* plastr *g* garw.
crépir [kʀepiʀ] (**2**) *vt* rhoi plastr garw ar.
crépitement [kʀepitmɑ̃] *m* clecian, clindarddach *g*.
crépiter [kʀepite] (**1**) *vi* clecian, clindarddach.
crépon [kʀepɔ̃] *m* deunydd *g* crych; **papier** ~ papur *g* crych.
crépu (**-e**) [kʀepy] *adj* (*cheveux*) crych (*â chyrls tynn iawn*).
crépuscule [kʀepyskyl] *m* cyfnos *g*, gwyll *g*, llwydwyll *g*; **le** ~ **de la vie** hwyrddydd *g* bywyd.
crescendo [kʀeʃɛndo] *m* (*MUS: fig*) cresendo *g*; ♦*adv* yn cryfhau'n raddol; **aller** ~ (*fig*) cryfhau'n raddol.
cresson [kʀesɔ̃] *m* (*BOT*) berwr *g* y dŵr.
Crète [kʀɛt] *prf* Creta *b*.
crête [kʀɛt] *f* crib *b,g*; (*de montagne*) copa *g,b*.
crétin [kʀetɛ̃] *m* (*MÉD*) cretin *g*; (*fam*) twpsyn *g*.
crétine [kʀetin] *f* (*MÉD*) cretin *g*; (*fam*) twpsen *b*.
crétois (**-e**) [kʀetwa, waz] *adj* Cretaidd, o Creta.
Crétois [kʀetwa] *m* Cretiad *g*.
Crétoise [kʀetwaz] *f* Cretiad *b*.
cretonne [kʀətɔn] *f* cretón *g*, cotwm *g* cryf.
creuser [kʀøze] (**1**) *vt* tyrchu, cloddio, turio; (*fig: problème, idée*) ymchwilio i, mynd i wraidd; **cela creuse** (*l'estomac*) mae hynna'n codi awydd bwyd; ♦ **se** ~ *vr*: **se** ~ **(la cervelle** *neu* **la tête)** crafu'ch pen, meddwl yn galed.
creuset [kʀøzɛ] *m* tawddlestr *g*, crwsibl *g*; (*fig*) pair *g*.
creusois (**-e**) [kʀøzwa, waz] *adj* o Creuse.
creux[1] (**creuse**) [kʀø, kʀøz] *adj* gwag, cau; (*idées*) ofer; (*raisonnement*) tila; **heures creuses** oriau *ll* tawel *ou* llai prysur.
creux[2] [kʀø, kʀøz] *m* twll *g*, ceudod *g*; (*fig: sur graphique, dans statistique*) pant *g*; ~ **de la main** cledr *b* y llaw; **j'ai un** ~ **dans l'estomac** mae arna' i eisiau bwyd; **le** ~ **de l'estomac** pwll y cylla.
crevaison [kʀəvɛzɔ̃] *f* twll *g*.
crevant* (**-e**) [kʀəvɑ̃, ɑ̃t] *adj* (*fatigant*) blinderus, blinedig; (*amusant*) doniol, anfarwol.
crevasse [kʀəvas] *f* (*dans un mur*) crac *g*, agen *b*; (*dans le sol*) hollt *b*, agen, hafn *b*; (*de la peau*) crac.
crevé (**-e**) [kʀəve] *adj* (*pneu*) â thwll ynddo; **je suis** ~* (*fatigué*) 'rwyf wedi blino'n lân *ou* wedi ymlâdd.
crève-cœur [kʀɛvkœʀ] *m inv* torcalon *g*.
crever [kʀəve] (**13**) *vi* (*automobiliste*) cael twll mewn teiar; (*abcès*) torri; (*fam: mourir*) marw; **le pneu de sa bicyclette a crevé** cafodd dwll yn nheiar ei feic; ~ **de peur/de faim** bod bron â marw o ofn/o eisiau bwyd; ♦*vt* rhwygo, torri; (*ballon*) byrstio; ~ **un œil à qn** dallu rhn mewn un llygad; ~ **l'écran** (*acteur*) bod yn urddasol ar y sgrin.
crevette [kʀəvɛt] *f* corgimwch *g*.
cri [kʀi] *m* cri *b,g*, gwaedd *b*; **à grands** ~**s** nerth esgyrn eich pen; **le dernier** ~ y ffasiwn *g,b* ddiweddaraf.
criant (**-e**) [kʀijɑ̃, ɑ̃t] *adj* (*injustice*) amlwg.
criard (**-e**) [kʀijaʀ, aʀd] *adj* (*couleur*) llachar; (*voix*) croch, uchel; **dette** ~**e** dyled *b* enbyd.
crible [kʀibl] *m* rhidyll *g*, gogor *g*; **passer qch au** ~ rhidyllu rhth, gogrwn rhth; (*fig*) mynd trwy rth â chrib fân.
criblé (**-e**) [kʀible] *adj*: ~ **de trous** rhidyllog; ~ **de dettes** dyledog, yn swp o ddyled *ou* ddyledion.
cric [kʀik] *m* jac *g* (*i godi car*).
cri-cri [kʀikʀi] *m* cricsyn *g*.
cricket [kʀikɛt] *m* criced *g*.
criée [kʀije] *f*: **(vente à la)** ~ arwerthiant *g*.
crier [kʀije] (**16**) *vi* galw, gweiddi; (*aigu*) sgrechian; (*fig: grincer*) gwichian; ~ **au secours** gweiddi am help; ♦*vt* (*ordre, injure*) gweiddi; **sans** ~ **gare** yn ddirybudd; ~ **famine/misère** cwyno/achwyn; ~ **grâce** erfyn am drugaredd; ~ **vengeance** galw am ddial.
crieur de journaux [kʀijœʀdəʒuʀno] *m* gwerthwr *g* papurau newydd.
crieuse de journaux [kʀijøzdəʒuʀno] *f* gwerthwraig *b* papurau newydd.
crime [kʀim] *m* (*JUR*) trosedd *g*; (*meurtre*) llofruddiaeth *b*; (*fig*) pechod *g*.
Crimée [kʀime] *prf* y Crimea *g*.
criminalité [kʀiminalite] *f* troseddu, troseddau *ll*; **la science de la** ~ troseddeg *b*.
criminel[1] (**-le**) [kʀiminɛl] *adj* (*JUR*) troseddol; (*fig: blâmable*) cywilyddus.
criminel[2] [kʀiminɛl] *m* troseddwr *g*; (*meurtrier*) llofrudd *g*; ~ **de guerre** troseddwr rhyfel.
criminelle [kʀiminɛl] *f* troseddwraig *b*; (*meurtrière*) llofruddes *b*; ♦*adj f voir* **criminel**[1].
criminologie [kʀiminɔlɔʒi] *f* troseddeg *b*.
criminologue [kʀiminɔlɔg] *m/f* troseddegydd *g*.
crin [kʀɛ̃] *m* rhawn *g*, blew *ll* ceffyl; **à tous** ~**s** *neu* **à tout** ~ rhonc, llwyr.

crinière [kRinjɛR] *f* mwng *g*.
crique [kRik] *f* cilfach *b*, bae *g* bychan.
criquet [kRikɛ] *m* (*sauterelle*) ceiliog *g* y rhedyn, sioncyn *g* y gwair; (*locuste*) locust *g*.
crise [kRiz] *f* (*MÉD*) trawiad *g*, pwl *g*; (*épilepsie*) ffit *b*; (*POL, REL, ÉCON*) argyfwng *g*; ~ **cardiaque** trawiad ar y galon; ~ **de foi** argyfwng ffydd; ~ **de foie** helynt gyda'r iau *ou* afu, cylla *g* bustlaidd; ~ **de nerfs** pwl o nerfusrwydd.
crispant (-e) [kRispɑ̃, ɑ̃t] *adj* sy'n ddigon i'ch gwylltio, sy'n dân ar eich croen.
crispation [kRispasjɔ̃] *f* tynhau, tynhad *g*; (*MÉD*) plyciad *g*, tynhad; (*fig*) tyndra *g*, tensiwn *g*.
crispé (-e) [kRispe] *adj* nerfus, tynn.
crisper [kRispe] (**1**) *vt* tynhau; (*poings*) cau, gwasgu; (*agacer*) gwylltio;
♦ **se** ~ *vr* tynhau; (*poings*) cau, gwasgu; (*personne*) bod ar bigau'r drain, mynd yn nerfus.
crissement [kRismɑ̃] *m* (*des pneus*) crensian, gwichian, gwich *b*; (*des dents*) rhincian; (*de tissu*) siffrwd.
crisser [kRise] (**1**) *vi* (*neige*) crensian; (*pneu*) gwichian, crensian; (*tissu*) siffrwd.
cristal (**cristaux**) [kRistal, HRisto] *m* grisial *g*, crisial *g*; **cristaux** (*objets de verre*) gwydrau *ll* grisial; ~ **de plomb** grisial plwm; ~ **de roche** creigrisial *g*; **cristaux de soude** soda *g* golchi.
cristallin[1] (-e) [kRistalɛ̃, in] *adj* grisialog, crisialog; (*son*) clir.
cristallin[2] [kRistalɛ̃] *m* (*ANAT*) lens *g* grisialog.
cristalliser [kRistalize] (**1**) *vi*, *vt* grisialu, crisialu;
♦ **se** ~ *vr* grisialu.
critère [kRitɛR] *m* maen *g* prawf, llinyn *g* mesur.
critérium [kRiteRjɔm] *m* (*SPORT: de cyclistes*) rali *b*; (*de natation*) gala *g*.
critiquable [kRitikabl] *adj* agored i feirniadaeth.
critique [kRitik] *adj* beirniadol; (*MÉD*) difrifol, peryglus;
♦*f* beirniadaeth *b*; (*article*) adolygiad *g*; **la** ~ (*activité*) beirniadaeth; (*personnes*) beirniaid (llenyddol ayb);
♦*m/f* beirniad *g*.
critiquer [kRitike] (**1**) *vt* beirniadu; (*évaluer, analyser*) dadansoddi
croasser [kRɔase] (**1**) *vi* crawcian.
croate [kRɔat] *adj* Croataidd;
♦*m* (*LING*) Croateg *b,g*.
Croate [kRɔat] *m/f* Croat *g/b*, Croatiad *g/b*.
Croatie [kRɔasi] *prf*: **la** ~ Croatia *b*.
croc [kRo] *m* (*dent*) dant *g*, ysgithr *g*, ysgithr-ddant *g*; (*de boucher*) bach *g*, bachyn *g*.
croc-en-jambe (~s-~-~) [kRɔkɑ̃ʒɑ̃b] *m*: **faire un** ~-~-~ **à qn** baglu rhn; (*fig*) twyllo rhn, gwneud ffŵl o rn.
croche [kRɔʃ] *f* (*MUS*) cwafer *g*; **double** ~ hanner-cwafer *g*; **triple** ~ chwarter-cwafer *g*.
croche-pied (~-~s) [kRɔʃpje] *m*= **croc-en-jambe**.
crochet [kRɔʃɛ] *m* (*pour suspendre, accrocher*) bach *g*, bachyn *g*; (*clef*) bach clo; (*détour*) dargyfeiriad *g*; (*TRICOT*) bachyn crosio; ~**s** (*TYPO*) bachau sgwâr; **vivre aux** ~**s de qn** dibynnu ar rn, byw ar gefn rhn, cael eich cynnal gan rn; ~ **du gauche** (*BOXE*) trawiad *g* â'r llaw chwith; **la route fait un** ~ mae tro yn y ffordd.
crocheter [kRɔʃte] (**13**) *vt* (*serrure*) procio clo er mwyn agor, pigo clo.
crochu (-e) [kRɔʃy] *adj* crwm(crom)(crymion); (*doigts*) fel crafanc, crafangaidd.
crocodile [kRɔkɔdil] *m* crocodeil *g*.
crocus [kRɔkys] *m* (*BOT*) saffrwm *g*.
croire [kRwaR] (**59**) *vt* credu; ~ **qn honnête** meddwl bod rhn yn onest; ~ **être** credu eich bod ...; **tu me croirais si tu veux** cred fi neu beidio; **on croirait de la soie** mae golwg fel sidan arno; **je n'aurais pas cru cela (de lui)** ni fyddwn wedi disgwyl hynny ar ei ran; **vous croyez?** ydych chi'n meddwl hynny?;
♦*vi*: ~ **(en Dieu)** credu (yn Nuw); **elle croit aux fantômes** mae hi'n credu mewn ysbrydion;
♦ **se** ~ *vr* (*se considérer*) meddwl eich bod; **il se croit beau** mae'n meddwl ei fod yn hardd.
croîs [kRwa] *vb voir* **croître**.
croisade [kRwazad] *f* ymgyrch *g,b*, crwsâd *g*; (*HIST*) croesgad *b*, crwsâd.
croisé[1] (-e) [kRwaze] *adj* (*bras, mains*) wedi eu croesi, ynghroes; (*pull, veste*) dwbl-brest, croeslabedog; **rimes** ~**es** *geiriau yn gorffen ag e ac e ddisain bob yn ail*; **mots-**~**s** croesair *g*.
croisé[2] [kRwaze] *m* (*guerrier*) croesgadwr *g*.
croisée [kRwaze] *f* (*fenêtre*) ffenestr *b*; **à la** ~ **des chemins** ar groesffordd;
♦*adj f voir* **croisé**[1].
croisement [kRwazmɑ̃] *m* (*carrefour*) croesffordd *b*; (*BIOL*) croesiad *g*; (*action*) croesi.
croiser [kRwaze] (**1**) *vi* (*NAUT*) mordeithio, mordwyo, criwsio;
♦*vt* croesi; (*regards*) cyfarfod; (*passer à côté de*) mynd heibio; **on a croisé un car** aethom heibio i fws; ~ **les jambes** croesi'ch coesau;
♦ **se** ~ *vr* croesi; **se** ~ **les bras** plethu'ch breichiau; (*fig*) bod yn segur.
croiseur [kRwazœR] *m* (*NAUT*) criwser *g,b*, llong *b* ryfel, llong hela.
croisière [kRwazjɛR] *f* criws *g*, mordaith *b*; **faire une** ~ mynd ar fordaith; **vitesse de** ~ (*AUTO*) cyflymdra *g* criwsio.
croisillon [kRwazijɔ̃] *m*: **fenêtre à** ~**s** ffenestr *b* ddellt (*h.y. â chwareli bychain wedi eu gwahanu â phlwm*).
croissais [kRwasɛ] *vb voir* **croître**.

croissance [kʀwasɑ̃s] *f* tyfiant *g*, twf *g*; (*action*) tyfu; **troubles de la** ~ poenau *ll* tyfu; **enfant en pleine** ~ plentyn *g* ar ei brifiant; ~ **économique** twf economaidd.

croissant[1] [kʀwasɑ̃] *vb voir* **croître**.

croissant[2] (-e) [kʀwasɑ̃, ɑ̃t] *adj* sy'n tyfu *ou* cynyddu, cynyddol.

croissant[3] [kʀwasɑ̃] *m* (*gâteau*) croissant *g*; (*motif*) cilgant *g*, siâp *g* chwarter lleuad, lleuad *b* ar gynnydd; ~ **de lune** lleuad gilgant, cilgant *g* lleuad, chwarter *g* lleuad.

croître [kʀwatʀ] (**71**) *vi* tyfu; (*jours*) ymestyn; (*augmenter*) cynyddu.

croix [kʀwa] *f* croes *b*; **en** ~ ar ffurf croes; **la C~ Rouge** y Groes Goch.

croquant[1] (-e) [kʀɔkɑ̃, ɑ̃t] *adj* crensiog.

croquant[2] [kʀɔkɑ̃] *m* (*péj*) gwladwr *g*, un sy'n wladaidd.

croque-madame [kʀɔkmadam] *m inv tost g â chaws yn y canol ac wy wedi ei ffrio ar ei ben.*

croque-mitaine (~-~**s**) [kʀɔkmitɛn] *m* bwgan *g*.

croque-monsieur [kʀɔkmɔsjø] *m inv tost g â chaws a ham yn y canol.*

croque-mort (~-~**s**) [kʀɔkmɔʀ] (*péj*) *m* elorgludwr *g*, un sy'n cludo'r arch i'r fynwent, angladdwr *g*.

croquer [kʀɔke] (**1**) *vi* crensian; ♦*vt* crensian, cnoi; (*dessiner*) braslunio; **chocolat à** ~ siocled *g* bwyta.

croquet [kʀɔkɛ] *m* (*jeu*) croce *g*, croquet *g*.

croquette [kʀɔkɛt] *f* (*CULIN*) crimpen *b*, croquette *b* (*tatws neu gig wedi'u gorchuddio mewn briwsion bara ac wedi'i ffrio*).

croquis [kʀɔki] *m* braslun *g*.

cross(-country) (~**(-countries)**) [kʀɔs(kuntʀi)] *m* (*SPORT*) rhedeg traws gwlad; (*course*) ras *b* draws gwlad.

crosse [kʀɔs] *f* (*de fusil, revolver*) carn *g*; (*d'évêque*) bagl *b* esgob; ~ **de hockey** ffon *b* hoci.

crotale [kʀɔtal] *m* neidr *b* ruglo.

crotte [kʀɔt] *f* tail *g*, tom *b*, baw *g*; ~**!*** go damia!, damo shwd beth!

crotté (-e) [kʀɔte] *adj* caglog, diblog, budr, brwnt, yn dom *ou* dail i gyd.

crottin [kʀɔtɛ̃] *m* (*aussi:* ~ **de cheval**) tom *b*, tail *g* (ceffyl); (*fromage*) caws *g* gafr.

croulant[1] (-e) [kʀulɑ̃, ɑ̃t] *adj* (*bâtiment*) sy'n dadfeilio, sy'n mynd â'i ben iddo, adfeiliedig.

croulant*[2] [kʀulɑ̃] *m* un *g* henffasiwn, un od, hen gono *g*, hen begor *g*.

croulante* [kʀulɑ̃t] *f* un *b* henffasiwn, un od, hen begores *b*.

crouler [kʀule] (**1**) *vi* (*pont*) sigo, cwympo, dymchwel; (*maison*) mynd â'i ben iddo, dadfeilio, adfeilio; ~ **sous qch** cael eich llethu gan rth, sigo dan bwysau rhth.

croupe [kʀup] *f* (*de cheval*) pedrain *b*, crwper *g*; (*personne*) pen *g* ôl; **en** ~ ar y piliwn, yn eistedd is-gil, gan eistedd y tu ôl i'r reidiwr.

croupi (-**e**) [kʀupi] *adj*: **eau** ~**e** merddwr *g*, dŵr llonydd *g*.

croupier [kʀupje] *m* crwpier *g* (*un sy'n gweithio mewn casino*).

croupion [kʀupjɔ̃] *m* (*d'une volaille*) cynffon *b*, cwt *b*; (*CULIN*) trwyn *g* person.

croupir [kʀupiʀ] (**2**) *vi* (*eau*) troi'n ferddwr, sefyll, peidio â llifo; (*personne*) aros yn eich unfan; **il croupit dans la paresse** mae diogi ym mêr ei esgyrn.

CROUS [kʀus] *sigle m*(= *Centre régional des œuvres universitaires et scolaires*) *corff sy'n cynrychioli myfyrwyr.*

croustade [kʀustad] *f* crwst *g* pwff.

croustillant (-e) [kʀustijɑ̃, ɑ̃t] *adj* (*pain*) crystiog; (*biscuit, gratin*) crensiog; (*fig*) blasus.

croustiller [kʀustije] (**1**) *vi* (*pain*) bod yn grystiog; (*biscuit, gratin*) bod yn grensiog.

croûte [kʀut] *f* (*de pain*) crwst *g*, crystyn *g*; (*de vol-au-vent*) crwst *g*; (*de fromage*) crofen *b*, crawen *b*; (*MÉD*) crachen *b*; **en** ~ (*CULIN*) mewn crwst; ~ **au fromage/aux champignons** caws/madarch ar dost; ~ **de pain** crystyn o fara; ~ **terrestre** cramen *b* y ddaear.

croûton [kʀutɔ̃] *m* (*CULIN*) briwsionyn *g* saim; (*extrémité: du pain*) crystyn *g*.

croyable [kʀwajabl] *adj* credadwy.

croyais [kʀwajɛ] *vb voir* **croire**.

croyance [kʀwajɑ̃s] *f* cred *b*, credo *b*.

croyant[1] [kʀwajɑ̃] *vb voir* **croire**.

croyant[2] (-e) [kʀwajɑ̃, ɑ̃t] *adj* crediniol; **être** ~ credu, bod yn grediniol.

croyant[3] [kʀwajɑ̃] *m* (*REL*) credadun *g*, credwr *g*.

croyante [kʀwajɑ̃t] *f* (*REL*) credadun *g*, credwraig *b*;
♦*adj f voir* **croyant**[2].

CRS [seɛʀɛs] *sigle fpl*(= *Compagnies républicaines de sécurité*) *heddlu ll cenedlaethol gwrthderfysg*;
♦*sigle m heddwas g gwrthderfysg.*

cru[1] (-e) [kʀy] *pp de* **croire**.

cru[2] (-e) [kʀy] *adj* (*viande*) amrwd; (*grossier*) cwrs, aflednais, cras; (*lumière*) llachar; (*franc*) di-flewyn-ar-dafod; **monter à** ~ (*cheval*) marchogaeth heb gyfrwy.

cru[3] *m* (*vignoble*) gwinllan *b*; (*vin*) gwin *g*; **de son (propre)** ~ (*fig*) o'i ben a'i bastwn ei hun; **du** ~ o'r ardal.

crû [kʀy] *pp de* **croître**.

cruauté [kʀyote] *f* creulondeb *g*.

cruche [kʀyʃ] *f* piser *g*, stên *b*, jwg *b*; (*fam*) twpsyn *g*, twpsen *b*.

crucial (-e) (**cruciaux, cruciales**) [kʀysjal, kʀysjo] *adj* (*fondamental*) tyngedfennol, hanfodol; (*fait en croix*) ar ffurf croes, croesffurf.

crucifier [kʀysifje] (**16**) *vt* croeshoelio.

crucifix [krysifi] *m* croes *b*.
crucifixion [krysifiksjɔ̃] *f* croeshoeliad *g*, croeshoelio.
cruciforme [krysifɔrm] *adj* ar ffurf croes, croesffurf.
cruciverbiste [krysivɛrbist] *m/f* un sy'n hoff o wneud croeseiriau, croeseiriwr *g*.
crudité [krydite] *f* cyflwr *g* amrwd, craster *g*; (*d'une couleur*) llacharder *g*; ~**s** (*CULIN*) llysiau amrwd *ll*.
crue[1] [kry] *adj f voir* **cru**[2].
crue[2] [kry] *f* codiad *g* (yn lefel dŵr); (*inondation*) llif *g*; **rivière en** ~ afon a llif ynddi.
cruel (-**le**) [kryɛl] *adj* creulon; (*animal*) ffyrnig.
cruellement [kryɛlmɑ̃] *adv* yn greulon.
crûment [krymɑ̃] *adv* yn blwmp ac yn blaen.
crus *etc* [kry] *vb voir* **croire**.
crûs *etc* [kry] *vb voir* **croître**.
crustacés [krystase] *mpl* cramenogion *ll*, pysgod *ll* cregyn.
crypte [kript] *f* claddgell *b* (*dan eglwys*).
crypté (-**e**) [kripte] *adj* mewn côd, cryptig, cêl.
CSA [seɛsa] *sigle m*(= *Conseil supérieur de l'audiovisuel*) ≈ Bwrdd Darlledu.
CSCE [seɛssea] *sigle f*(= *Conférence sur la sécurité et la coopération en Europe*) *cynhadledd diogelwch a chydweithredu yn Ewrop*.
CSG [seɛsʒe] *sigle f*(= *Contribution sociale généralisée*) budd-dal *g* atodol.
CSM [seɛsɛm] *sigle m*(= *Conseil supérieur de la magistrature*) uwch gyngor barnwriaeth.
Cuba [kyba] *prm* Ciwba *b*.
cubage [kybaʒ] *m* cynnwys *g* ciwbig.
cubain (-**e**) [kybɛ̃, ɛn] *adj* Ciwbaidd, o Ciwba.
Cubain [kybɛ̃] *m* Ciwbaniad *g*.
Cubaine [kybɛn] *f* Ciwbaniad *b*.
cube [kyb] *m* ciwb *g*; (*jeu*) bloc *g* chwarae; **gros** ~ beic *g* modur pwerus; **mètre** ~ metr *g* ciwbig; **2 au** ~ **= 8** 2 wedi'i giwbio = 8; **élever qch au** ~ (*MATH*) ciwbio rhth.
cubique [kybik] *adj* ciwbig.
cubisme [kybism] *m* ciwbiaeth *b*.
cubiste [kybist] *m/f* ciwbydd *g*.
cubitus [kybitys] *m* (*ANAT*) asgwrn *g* cyfelin, asgwrn elin, wlna *g*.
cueillette [kœjɛt] *f* (*action de cueillir*) pigo, casglu, hel, crynhoi; **la** ~ **des cerises** casglu ceirios; (*récolte*) cynhaeaf *g*, cnwd *g* (o ffrwythau ayb).
cueillir [kœjir] (**22**) *vt* casglu, pigo, hel, crynhoi; (*ballon, voleur*) dal; (*fig*) cipio.
cuiller [kɥijɛr] *f* llwy *b*; ~ **à café** llwy goffi; (*CULIN*) ≈ llwy de; ~ **à soupe** llwy gawl; (*CULIN*) ≈ llwy fwrdd.
cuillère [kɥijɛr] *f*= **cuiller**.
cuillerée [kɥijre] *f* llwyaid *b*; ~ **à soupe/café (de qch)** (*CULIN*) ≈ llond llwy fwrdd/de (o rth).
cuir [kɥir] *m* lledr *g*; (*avant tannage*) croen *g*; ~ **chevelu** croen y pen.
cuirasse [kɥiras] *f* llurig *b* (*rhan o arfwisg marchog sy'n amddiffyn rhan uchaf ei gorff*); (*fig*) cragen *b*.
cuirassé [kɥirase] *m* (*NAUT*) llong *b* ryfel.
cuire [kɥir] (**52**) *vi* coginio;
♦*vt* coginio; (*pain*) pobi; (*poterie*) crasu; (*fig*) rhostio; **trop cuit** wedi'i or-wneud; **pas assez cuit** heb ei goginio ddigon; **cuit à point** wedi'i goginio i'r dim
cuisant[1] [kɥizɑ̃] *vb voir* **cuire**.
cuisant[2] (-**e**) [kɥizɑ̃, ɑ̃t] *adj* (*douleur*) sy'n llosgi, llidus; (*fig: souvenir, échec*) poenus.
cuisine [kɥizin] *f* (*pièce*) cegin *b*; (*art*) coginio; (*nourriture*) bwyd *g*; **faire la** ~ coginio.
cuisiné (-**e**) [kɥizine] *adj*: **plat** ~ pryd *g* parod.
cuisiner [kɥizine] (**1**) *vi* coginio;
♦*vt* coginio; (*fam*) croesholi.
cuisinette [kɥizinɛt] *f* cegin *b* fach.
cuisinier [kɥizinje] *m* cogydd *g*.
cuisinière[1] [kɥizinjɛr] *f* popty *g*, ffwrn *b*.
cuisinière[2] [kɥizinjɛr] *f* cogyddes *b*.
cuissardes [kɥisard] *fpl* esgidiau *ll* pysgota; (*de femme*) esgidiau at y pengliniau.
cuisse [kɥis] *f* clun *b*; (*mouton*) coes *b*; **des** ~**s de grenouille** coesau brogaod *ou* llyffantod.
cuisson [kɥisɔ̃] *f* coginio; (*pain*) pobi, pobiad *g*; (*gigot*) rhostio, rhostiad *g*; (*poterie*) crasu, crasiad *g*.
cuissot [kɥiso] *m* (*CULIN*) chwarthor *g*, coes *b* ôl.
cuistre [kɥistr] *m* un *g* hunangyfiawn.
cuit (-**e**) [kɥi, kɥit] *pp de* **cuire**;
♦*adj* wedi'i goginio, coginiedig.
cuite [kɥit] *f*: **prendre une** ~***** meddwi;
♦*adj f voir* **cuit**[1].
cuivre [kɥivr] *m* copr *g*; ~ **jaune** pres *g*; ~ **(rouge)** copr; **les** ~**s** (*MUS*) yr adran *b* bres.
cuivré (-**e**) [kɥivre] *adj* copraidd, fel copr; (*peau*) â lliw haul.
cul* [ky] *m* tin* *b*; ~ **de bouteille** (*non fam*) gwaelod *g* potel.
culasse [kylas] *f* (*AUTO*) pen *g* bloc; (*de fusil*) bôn *g*.
culbute [kylbyt] *f* tin-dros-ben *g*; (*accidentelle*) codwm *g*, cwymp *g*.
culbuter [kylbyte] (**1**) *vi* cwympo, syrthio, cael codwm; (*chose*) troi drosodd;
♦*vt* troi (rhth) drosodd, bwrw (rhn) i lawr; (*ennemi*) trechu.
culbuteur [kylbytœr] *m* (*AUTO*) braich *b* siglo.
cul-de-jatte (~**s**-~-~) [kydʒat] *m rhn heb goesau*.
cul-de-sac (~**s**-~-~) [kydsak] *m* ffordd *b* bengaead.
culinaire [kylinɛr] *adj* coginiol, (yn ymwneud â) choginio.
culminant [kylminɑ̃] *adj*: **point** ~ pwynt *g* uchaf, copa *g,b*, crib *g,b*; (*fig*) uchafbwynt *g*, anterth *g*, brig *g*.
culminer [kylmine] (**1**) *vi* (*sommet, massif*)

cyrraedd ei bwynt uchaf; ~ **à** (*fig*) cyrraedd y brig; **l'inflation a culminé à 5% en mai** cyrhaeddodd chwyddiant frig o 5% ym mis Mai.

culot [kylo] *m* (*d'ampoule*) cap *g*; (*effronterie*) haerllugrwydd *g*, digywilydd-dra *g*; **il a du** ~ mae ganddo wyneb, mae'n ddigywilydd.

culotte [kylɔt] *f* (*pantalon*) trowsus *g*; **(petite)** ~ (*de femme*) nicer *g*; (*d'homme*) trons *g*; ~ **de cheval** clos *g* pen-glin.

culotté (**-e**) [kylɔte] *adj* (*pipe*) wedi duo, wedi sesno; (*effronté*) haerllug, digywilydd.

culpabiliser [kylpabilize] (**1**) *vt*: ~ **qn** codi cywilydd ar rn.

culpabilité [kylpabilite] *f* euogrwydd *g*.

culte [kylt] *m* (*religion*) crefydd *b*; (*vénération*) addoliad *g*; (*protestant*) gwasanaeth *g*.

cultivable [kyltivabl] *adj* âr, amaethadwy; **terre** ~ tir *g* y gellir ei drin, tir âr.

cultivateur [kyltivatœʀ] *m* ffermwr *g*, amaethwr *g*.

cultivatrice [kyltivatœʀis] *f* ffermwraig *b*.

cultivé (**-e**) [kyltive] *adj* (*terre*) âr, wedi'i drin; (*personne*) diwylliedig.

cultiver [kyltive] (**1**) *vt* (*terre*) trin, ffermio, amaethu; (*légumes*) tyfu; (*fig*) diwyllio; (*protéger*) gwarchod, amddiffyn; (*conserver*) cadw, gwella, meithrin; **cultive ton français** paid ag anghofio dy Ffrangeg; **elle cultive son riche oncle** mae hi'n meithrin ffafr ei hewythr cyfoethog.

culture [kyltyʀ] *f* amaethyddiaeth *g*; (*du blé etc*) amaethu, tyfu; (*connaissances etc*) diwylliant *g*; (*BIOL*) magu; **(champs de)** ~**s** tir *g* amaethyddol; ~ **physique** ymarfer *g* corff.

culturel (**-le**) [kyltyʀɛl] *adj* diwylliannol.

culturisme [kyltyʀism] *m* cryfhau'r corff, magu cyhyrau, meithrin y corff.

culturiste [kyltyʀist] *m/f* meithrinydd *g* corff, un sy'n gwneud ymarferion i gryfhau'r corff.

cumin [kymɛ̃] *m* (*CULIN*) cwmin *g*; ~ **(des prés)** (*CULIN: graines de carvi*) (hadau *ll*) carwe.

cumul [kymyl] *m* casgliad *g*, crynhoad *g*; ~ **de fonctions** dal nifer o swyddi ar yr un pryd; ~ **de peines** dedfrydau *ll* cydolynol; ~ **juridique des peines** dedfrydau cyfredol.

cumulable [kymylabl] *adj* y gellir eu dal ar yr un pryd, cyfredol.

cumuler [kymyle] (**1**) *vt* (*tenir en même temps: fonctions, titres*) dal (rhth) ar yr un pryd; ~ **deux pensions** codi dau bensiwn.

cupide [kypid] *adj* ariangar, barus.

cupidité [kypidite] *f* ariangarwch *g*, blys *g* am arian.

Cupidon [kypidɔ̃] *prm* Ciwpid *g*.

curable [kyʀabl] *adj* gwelladwy, iachadwy.

curaçao [kyʀaso] *m* cwrasao *g* (*gwirod a wneir o groen orennau*).

curare [kyʀaʀ] *m* (*MÉD*) ciwrare *g*.

curatif (**curative**) [kyʀatif, kyʀativ] *adj* gwellhaol, iachaol.

cure [kyʀ] *f*
1 (*MÉD*) iachâd *g*, gwellhad *g*; (*traitement*) triniaeth *b*; **faire une** ~ **de fruits** mynd ar ddiet *g* ffrwythau; ~ **d'amaigrissement** diet colli pwysau; ~ **de repos** triniaeth dadflino.
2 (*REL: fonction*) gofal *g*; (*:paroisse*) gofalaeth *b*; (*:maison*) tŷ *g* offeiriad, ≈ ficerdy *g*.
3 (*locution*): **n'avoir** ~ **de** peidio â thalu sylw i.

curé [kyʀe] *m* offeiriad *g*, ≈ ficer *g*; **M. le** ~ y Ficer.

cure-dent (~-~**s**) [kyʀdɑ̃] *m* deintbig *g* (*i gael gwared â bwyd rhwng y dannedd*).

curée [kyʀe] *f* (*CHASSE*) prae *g*, ysbail *g*, ysglyfaeth *g*; **la** ~ **des places** (*fig, ruée*) yr ymgiprys am sedd.

cure-ongles [kyʀɔ̃gl] *m inv* glanhäwr *g* ewinedd.

cure-pipe (~-~**s**) [kyʀpip] *m* glanhäwr *g* pibell *ou* cetyn.

curer [kyʀe] (**1**) *vt* glanhau;
♦ **se** ~ *vr*: **se** ~ **les dents** pigo'ch dannedd.

curetage [kyʀtaʒ] *m* (*MÉD*) ciwretiad *g*.

curieusement [kyʀjøzmɑ̃] *adv* yn rhyfedd.

curieux (**curieuse**) [kyʀjø, kyʀjøz] *adj* (*étrange*) rhyfedd; (*interessé*) chwilfrydig; (*indiscret*) holgar, busneslyd; **être** ~ **de qch** bod â diddordeb yn *ou* mewn rhth;
♦*mpl* (*badauds*) gwylwyr *ll*; (*indiscrets*) pobl *b* fusneslyd.

curiosité [kyʀjozite] *f* (*intérêt*) chwilfrydedd *g*, awydd *g* gwybod, holgarwch *g*; (*objet*) hynodbeth *g*.

curiste [kyʀist] *m/f* un *g/b* sy'n yfed o'r ffynhonnau mewn sba.

curriculum vitæ [kyʀikylɔm vite] *m inv* curriculum vitae *g*, CV, manylion *ll* personol, crynodeb *g* o yrfa.

curry [kyʀi] *m* cyrri *g*; **poulet au** ~ cyrri cyw iâr.

curseur [kyʀsœʀ] *m* (*INFORM*) cyrchwr *g*.

cursif (**curive**) [kyʀsif, kyʀsiv] *adj*: **écriture cursive** ysgrifen *b* redeg, ysgrifen sownd.

cursus [kyʀsys] *m* cwrs *g* gradd.

curviligne [kyʀviliɲ] *adj* cromlinol.

cutané (**-e**) [kytane] *adj* croenol, (yn ymwneud â'r) croen.

cuti-réaction (~-~**s**) [kytiʀeaksjɔ̃] *f* prawf *g* ar y croen.

cuve [kyv] *f* twb *g*; (*à mazout etc*) tanc *g*.

cuvée [kyve] *f* *cyfanswm gwin un cynhaeaf*; **une bonne** ~ gwin *g* o safon uchel.

cuvette [kyvɛt] *f* dysgl *b*, powlen *b*; (*du lavabo*) basn *g* ymolchi; (*des W.-C.*) pan *g*; (*GÉO*) basn, pant *g*, pantle *g*.

CV[1] [seve] *sigle m* (*AUTO*)(= *cheval-vapeur*) marchnerth *g*.

CV[2] [seve] *sigle m* (*ADMIN*)(= *curriculum vitæ*) CV, curriculum vitae *g*.

cyanure [sjanyʀ] *m* syanid *g* (*math o wenwyn*).
cybernétique [sibɛʀnetik] *f* seiberneteg *b*.
cyclable [siklabl] *adj*: **piste** ~ llwybr *g* beicio.
cyclamen [siklamɛn] *m* (*BOT*) llysiau'r *ll* ddidol, syclamen *g*.
cycle [sikl] *m* (*vélo*) beic *g*; (*naturel, biologique*) cylch *g*; **premier** ~ (*SCOL*) ≈ ysgol ganol (*o flwyddyn 7 hyd at flwyddyn 10*); **second** ~ (*SCOL*) ≈ ysgol uwch (*o flwyddyn 11 hyd at flwyddyn 13*); **1er** ~ (*UNIV*) *blwyddyn gyntaf mewn addysg uwch*; **2ème** ~ (*UNIV*) *tair blynedd olaf mewn addysg uwch*.
cyclique [siklik] *adj* cylchol.
cyclisme [siklism] *m* beicio.
cycliste [siklist] *m/f* beiciwr *g*, beicwraig *b*.
cyclo-cross [siklokʀɔs] *m inv* seiclo-cros *g*; (*épreuve*) ras *b* feiciau ar draws gwlad.
cyclomoteur [siklomɔtœʀ] *m* moped *g*.
cyclomotoriste [siklomɔtɔʀist] *m/f* mopedwr *g*, mopedwraig *b*.
cyclone [siklon] *m* corwynt *g*.
cyclotourisme [siklotuʀism(ə)] *m* teithio ar feic; **pour les vacances nous allons faire du** ~ 'rydym ni'n mynd ar wyliau beicio.
cygne [siɲ] *m* alarch *g*.
cylindre [silɛ̃dʀ] *m* silindr *g,b*.
cylindrée [silɛ̃dʀe] *f* cyfaint *g*; **une (voiture de) grosse** ~ car *g* a chanddo injan fawr.
cylindrique [silɛ̃dʀik] *adj* silindrig.
cymbale [sɛ̃bal] *f* symbal *g*.
cynique [sinik] *adj* sinicaidd.
cyniquement [sinikmɑ̃] *adv* yn sinicaidd.
cynisme [sinism] *m* siniciaeth *b*.
cyprès [sipʀɛ] *m* (*BOT*) cypreswydden *b*.
cypriote [sipʀijɔt] *adj* Cypraidd, o Gyprus.
Cypriote [sipʀijɔt] *m/f* Cypriad *g/b*.
cyrillique [siʀilik] *adj* Syrilig.
cystite [sistit] *f* llid *g* y bledren.
cytise [sitiz] *m* (*BOT*) tresi *ll* aur, banadl *ll* Ffrainc, leloc *g* melyn.
cytologie [sitɔlɔʒi] *f* sytoleg *b* (*astudiaeth o gelloedd*)

D

D[1], **d** [de] *m inv* (*lettre*) D, d *b*.
D[2] [de] *abr* (*MÉTÉO*)(= *dépression*) pwysedd *g* isel.
D[3] [de]; **le système D** dyfeisgarwch *g*.
d' [d] *prép voir* **de**.
dactylo [daktilo] *m/f* (*aussi:* **dactylographe**) teipydd *g*, teipyddes *b*;
♦*f* (*aussi:* **dactylographie**) teipio.
dactylographier [daktilɔgʀafje] (**16**) *vt* teipio.
dada* [dada] *m* (*langage enfantin*) ceffyl *g* bach, ji-ji* *g*; (*fig: passe-temps*) hobi *g*, difyrrwch *g*; **la voilà repartie sur son ~** (*marotte*) dyna hi'n canu ei hoff gainc eto, dyna hi'n rhygnu ar ei hoff dant.
dadais [dadɛ] *m* llabwst *g*, llo *g* gwirion.
dague [dag] *f* dagr *g*.
dahlia [dalja] *m* dahlia *g*.
dahoméen (**-ne**) [daɔmeɛ̃, ɛn] *adj* Dahomeaidd.
Dahoméen [daɔmeɛ̃] *m* un *g* o Dahomey.
Dahoméenne [daɔmeɛn] *f* un *b* o Dahomey.
Dahomey [daɔme] *prm*: **le ~** Dahomey *b*.
daigner [deɲe] (**1**) *vt* ymostwng i, gweld yn dda i.
daim [dɛ̃] *m* (*ZOOL*) hydd *g* brith; (*peau*) croen *g* hydd *ou* ewig; (*imitation*) swêd *g*.
dais [dɛ] *m* canopi *g*.
dal. *abr*(= *décalitre*) decalitr *g*.
dallage [dalaʒ] *m* (*action*) palmantu; (*surface*) palmant *g*, cerrig *ll* llawr.
dalle [dal] *f* slab *g*; (*au sol*) fflagen *b*, carreg *b* lorio *ou* balmant; **que ~*** affliw o ddim, diawl *ou* cythraul *ou* uffern o ddim*.
daller [dale] (**1**) *vt* palmantu, llorio, fflagio.
dalmate [dalmat] *adj* Dalmataidd.
Dalmatie [dalmasi] *prf* Dalmatia *b*.
dalmatien [dalmasjɛ̃] *m* (*chien*) ci *g* Dalmataidd, Dalmatiad *g*.
daltonien[1] (**-ne**) [daltɔnjɛ̃, jɛn] *adj* daltonaidd, lliwddall.
daltonien[2] [daltɔnjɛ̃] *m* un *g* sy'n ddall i liwiau.
daltonienne [daltɔnjɛn] *f* un *b* sy'n ddall i liwiau;
♦*adj f voir* **daltonien**[1].
daltonisme [daltɔnism] *m* daltoniaeth *b*, dallineb *g* i liwiau, lliwddallineb *g*.
dam [dɑ̃] *m*: **au grand ~ de qn** (*à son préjudice*) er anfantais i rn; (*à son mécontentement*) er mawr ddicter i rn.
Damas [dama] *pr* Damascus *b*.
damas [dama(s)] *m* (*étoffe*) damasg *g*; (*BOT*) eirinen *b* ddu.
damassé (**-e**) [damase] *adj* damasg.
dame [dam] *f* (*de haute naissance*) boneddiges *b*; (*femme*) boneddiges, gwraig *b*; (*CARTES, ÉCHECS*) brenhines *b*; **~s** (*jeu*) drafftiau *ll*, draffts *ll*; **les (toilettes des) ~s** (cyfleusterau *ll*) merched *ll*; **~ de charité** boneddiges hael, cymwynaswraig *b*; **~ de compagnie** cymdeithes *b*.
dame-jeanne (**~s-~s**) [damʒɑn] *f* costrel *b*.
damer [dame] (**1**) *vt* pwyo, hyrddio; (*piste*) sathru, caledu; **~ le pion à qn** (*fig*) curo *ou* trechu rhn, cael y gorau *ou* trechaf ar rn.
damier [damje] *m* bwrdd *g* drafftiau; (*dessin*) patrwm *g* sgwarog; **en ~** sgwarog.
damner [dɑne] (**1**) *vt* damnio.
dancing [dɑ̃siŋ] *m* neuadd *b* ddawns *ou* ddawnsio.
dandinement [dɑ̃dinmɑ̃] *m* (*action*) honcian, siglo; (*mouvement qui en résulte*) honc *b*, siglad *g*.
dandiner [dɑ̃dine] (**1**): **se ~** *vr* honcian, siglo; (*en marchant*) honcian *ou* siglo cerdded, cerdded o glun i glun.
dandy [dɑ̃di] *m* dandi *g*, coegyn *g*.
Danemark [danmaʀk] *prm*: **le ~** Denmarc *b*.
danger [dɑ̃ʒe] *m* perygl *g*; **être en ~** bod mewn perygl; **mettre qn en ~** peryglu rhn, rhoi rhn mewn perygl; **être en ~ de mort** ofni am eich bywyd; **être hors de ~** bod allan o berygl; **un ~ public** perygl i'r cyhoedd.
dangereusement [dɑ̃ʒʀøzmɑ̃] *adv* yn beryglus; **~ blessé** wedi eich clwyfo'n ddifrifol *ou* enbyd; **~ malade** difrifol wael.
dangereux (**dangereuse**) [dɑ̃ʒʀø, dɑ̃ʒʀøz] *adj* peryglus; (*maladie*) difrifol, enbyd, enbydus.
danois[1] (**-e**) [danwa, waz] *adj* Danaidd, o Ddenmarc.
danois[2] [danwa] *m* (*LING*) Daneg *b,g*; (*chien*) Daniad *g* mawr.
Danois [danwa] *m* Daniad *g*.
Danoise [danwaz] *f* Daniad *b*.
dans [dɑ̃] *prép*
1 (*position*) yn, mewn; **le livre est ~ le tiroir/salon** mae'r llyfr yn y drôr/lolfa; **~ la boîte** yn y bocs; **~ une boîte** mewn bocs; **~ la rue** yn y stryd; **marcher ~ la ville** cerdded o gwmpas y dref; **je l'ai lu ~ le journal** fe'i darllenais yn y papur.
2 (*direction*) i (mewn i); **monter ~ une voiture/le bus** mynd (i mewn) i gar/i'r bws; **elle a couru ~ le salon** rhedodd i mewn i'r lolfa.
3 (*provenance*) o; **je l'ai pris ~ le tiroir/salon** fe'i cymerais o'r drôr/lolfa; **boire ~ un verre** yfed o wydr; **lire qch ~ la bible** darllen rhth o'r Beibl.
4 (*temps*) ymhen; **~ 2 mois** ymhen deufis; **~ quelques jours** ymhen ychydig ddyddiau; **elle arrive ~ une minute** fe fydd hi yma mewn munud.
5 (*approximation*) tua, oddeutu, rhyw; **~ les 20 F** tua'r ugain ffranc 'ma; **~ les 4 mois** rhyw bedwar mis, oddeutu pedwar mis.
6 (*état*) mewn; **~ la misère/le silence** mewn tlodi/tawelwch.

7 (*domaine*): **être ~ les affaires/l'édition** bod yn y byd busnes/cyhoeddi.
8 (*parmi*): **être ~ les meilleurs** bod ymhlith y goreuon, bod gyda'r gorau *ou* goreuon.

dansant (**-e**) [dɑ̃sɑ̃, ɑ̃t] *adj* (*entraînant*) dawnsiol, dawnsio; **soirée ~e** noson *b* ddawnsio.

danse [dɑ̃s] *f* dawns *b*, dawnsio; **~ du ventre** bolddawns *b*, bolddawnsio; **~ moderne** dawns fodern, dawnsio modern.

danser [dɑ̃se] (**1**) *vt, vi* dawnsio.

danseur [dɑ̃sœʀ] *m* dawnsiwr *g*; (*partenaire*) partner *g* dawnsio; **~ classique** dawnsiwr bale; **~ de claquettes** tapddawnsiwr *g*.

danseuse [dɑ̃søz] *f* dawnswraig *b*; (*partenaire*) partneres *b* ddawnsio; **~ classique** dawnswraig fale; **~ de claquettes** tapddawnswraig *b*; **~ du ventre** bolddawnsferch *b*, bolddawnswraig *b*; **en ~** (*cyclisme*) yn sefyll ar y pedalau.

Danube [danyb] *prm*: **le ~** Donwy *b*.

DAO [deao] *sigle m*(= *dessin assisté par ordinateur*) *cynllunio trwy gymorth cyfrifiadur*.

dard [daʀ] *m* colyn *g*.

darder [daʀde] (**1**) *vt* saethu.

dare-dare [daʀdaʀ] *adv* mewn chwinciad, yn sydyn, ar unwaith.

darne [daʀn] *f* (*poisson*) stêc *b*, darn *g*.

darse [daʀs] *f* (*en Méditerranée*) doc *g* cysgodol.

dartre [daʀtʀ] *f* (*MÉD*) dolur *g* ar y croen.

DASS [das] *sigle f*(= *Direction de l'action sanitaire et sociale*) *adran b iechyd a gwasanaethau cymdeithasol*.

datation [datasjɔ̃] *f* dyddio, dyddiad *g*.

date [dat] *f* dyddiad *g*; **de longue ~, de vieille ~** (*amitié*) hen, hirsefydlog; (*ami*) hen, ers amser maith; **de fraîche ~** diweddar; **ils se connaissent de longue ~** maen nhw'n adnabod ei gilydd ers tro byd *ou* ers talwm; **le premier/dernier en ~** y cyntaf/yr olaf *ou* diweddaraf *ou* diwethaf; **prendre ~** pennu dyddiad, penderfynu ar ddyddiad; **cet événement fait ~ dans l'histoire** mae hwn yn ddigwyddiad hanesyddol; **~ de naissance** dyddiad geni; **~ limite** dyddiad *ou* adeg *b* cau; (*d'un aliment*) dyddiad olaf gwerthu.

dater [date] (**1**) *vi* dyddio; **à ~ de demain** o yfory ymlaen; **~ de** dyddio o;
♦*vt* (*lettre etc*) dyddio; (*pièce archéologique etc*) amseru, dyddio.

dateur [datœʀ] *m* (*de montre*) nodwr *g* dyddiad; **timbre ~** dyddiwr *g*, stamp *g* dyddiad.

datif [datif] *m* (cyflwr *g*) derbyniol *g*.

datte [dat] *f* deten *b*, datysen *b*.

dattier [datje] *m* coeden *b* ddatys.

daube [dob] *f*: **bœuf en ~** stiw *g* cig eidion.

dauphin [dofɛ̃] *m* (*ZOOL*) dolffin *g*; (*du roi*) Dauphin *g*; (*fig*) olynydd *g* (*i'r goron*).

dauphinois (**-e**) [dofinwa, waz] *adj* o'r Dauphiné.

daurade [dɔʀad] *f* (*poisson*) merfog *g* môr, gwrachen *b* y môr.

davantage [davɑ̃taʒ] *adv* mwy, rhagor, ychwaneg; (*plus longtemps*) yn hwy; **je n'attendrai pas ~** nid wyf am aros ddim hwy *ou* ddim rhagor; **~ de** mwy o, ychwaneg o, rhagor o; **~ que** mwy na.

David [david] *prm* (*roi*) Dafydd; (*saint*) Dewi; **la saint-~** (Dydd) Gŵyl *b* D(d)ewi.

dB *abr*(= *décibel*) db.

DB [debe] *sigle f* (*MIL*)(= *division blindée*) adran *b* arfog.

DDASS [das] *sigle f*(= *Direction départmentale d'action sanitaire et sociale*) ≈ Adran *b* Iechyd a Nawdd Cymdeithasol (= AINC).

DCA [desea] *sigle f*(= *défense contre avions*) amddiffyniad *g* gwrthawyrennol.

DDT [dedete] *sigle m*(= *dichloro-diphényl-trichloréthane*) DDT *g*.

de, **(d')** [d] (*de* + *le* = du, *de* + *les* = des) *prép*
1 (*appartenance*): **le toit ~ la maison** to'r *g* tŷ; **la voiture d'Élisabeth/~ mes parents** car *g* Elisabeth/fy rhieni.
2 (*moyen*) â; **suivre qch des yeux** canlyn rhth â'ch llygaid; **je l'ai fait ~ mes propres mains** fe'i gwneuthum *ou* gwnes â'm dwylo fy hun.
3 (*provenance*) o; **elle vient ~ Londres** mae hi'n dod o Lundain; **~ Londres à Paris** o Lundain i Baris; **elle est sortie du cinéma** daeth hi allan o'r sinema.
4 (*caractérisation, mesure*): **un mur ~ brique** wal *b* frics; **un placard ~ chêne** cwpwrdd *g* derw; **un billet ~ 50 F** papur *g* hanner can ffranc; **cette pièce a deux mètres ~ large** *neu* **est large ~ deux mètres** mae'r ystafell hon yn ddau fetr o led; **un bébé ~ 10 mois** babi *g* deng mis oed; **12 mois ~ crédit/travail** deuddeng mis o gredyd/o waith; **4 jours ~ libres** pedwar diwrnod rhydd; **~ nos jours** y dyddiau hyn, yn y byd sydd ohoni; **être payé 20 F ~ l'heure** cael tâl o ugain ffranc yr awr; **augmenter ~ 10 F** codi o ddeg ffranc; **une tasse ~ thé** cwpanaid *b* o de; **elle mange ~ tout** mae hi'n bwyta unrhyw beth (a phopeth).
5 (*cause*): **mourir ~ faim** marw o newyn; **son visage était rouge ~ colère** 'roedd ei wyneb yn goch gan ddicter.
6 (*rapport*) o; **~ 4 à 6** o bedwar i chwech; **~ 14 à 18** rhwng pedwar ar ddeg a deunaw.
7 (*de la part de*) gan; **estimé ~ ses collègues** uchel ei barch gan ei gydweithwyr, a berchir gan ei gydweithwyr.
8 (*devant infinitif*): **il est impossible ~ faire cela** mae'n amhosibl gwneud hynna; **il m'a dit ~ rester** dywedodd wrthyf am aros.
9 (*en apposition*): **cet imbécile ~ Paul** y Paul hurt 'na;

♦*dét* (*partitif*): **on a du vin** mae gennym ni win; **ils mangent des pommes de terre** maen nhw'n bwyta tatws; **des enfants sont venus au théâtre** daeth plant i'r theatr; **pendant des mois** am fisoedd; **a-t-il du vin?** a oes ganddo win?; **il n'a pas ~ pommes/d'enfants** 'does ganddo ddim afalau/plant.

dé [de] *m* (*à jouer*) deis *g*, dîs *g*: ~ **à coudre** gwniadur *g*; **jouer aux ~s** deisio, chwarae deis; **un coup de ~s** tafliad *g* (y) deis; **couper qch en ~s** (*CULIN*) deisio rhth, torri rhth yn ddeisiau; **les ~s sont jetés** (*fig*) 'does dim troi'n ôl.

DEA [deəɑ] *sigle m*(= *Diplôme d'études approfondies*) *diploma g,b ar gyfer myfyrwyr gradd.*

dealer* [dilœʀ] *m* gwerthwr *g* cyffuriau.

déambulateur [deɑ̃bylatœʀ] *m* ffrâm *b* gerdded.

déambuler [deɑ̃byle] (1) *vi* cerdded yn hamddenol, cerdded wrth eich pwysau.

déb.[1] *abr voir* **débutante.**

déb.[2] *abr* (*COMM*)(= *à débattre*) i'w drafod.

débâcle [debɑkl] *f* (*dans un cours d'eau gelée*) rhuthr *g* dŵr (*ar ôl meirioli*); (*armée*) rhuthr gwyllt, ffoedigaeth *b*; (*financière*) cwymp *g*, chwalfa *b*, toriad *g*.

déballage [debalaʒ] *m* dadbacio; (*de marchandises*) arddangos, gosod; (*étalage de marchandises*) arddangosfa *b*; (*fam: vérité*) datgeliad *g*; (*fam: sentiment*) tywalltiad *g*, arllwysiad *g*.

déballer [debale] (1) *vt* dadbacio; (*marchandise*) arddangos, gosod allan; (*fam: vérité*) datgelu; (*fam: sentiment*) arllwys, tywallt, dadlennu, dangos.

débandade [debɑ̃dad] *f* gwasgariad *g*; (*déroute*) ffoedigaeth *b*, rhuthr *g* gwyllt; **à la ~** ar ruthr gwyllt, yn blith-draphlith.

débander [debɑ̃de] (1) *vt* (*yeux, plaie*) dadrwymo.

débaptiser [debatize] (1) *vt* ailenwi.

débarbouillage [debaʀbujaʒ] *m* golchi wyneb yn sydyn, llyfiad *g* cath.

débarbouiller [debaʀbuje] (1) *vt* golchi wyneb (rhn) yn sydyn;

♦ **se ~** *vr* golchi'ch wyneb yn sydyn.

débarcadère [debaʀkadɛʀ] *m* pont *b* lanio.

débardeur [debaʀdœʀ] *m* dociwr *g*, llwythwr *g* *ou* dadlwythwr *g* llongau; (*maillot*) siwmper *b* heb lewys; (*d'été*) crys *g* T heb lewys.

débarquement [debaʀkəmɑ̃] *m* (*marchandises*) dadlwytho; (*passagers*) glaniad *g*, glanio; **le D~** y Glanio yn Normandi.

débarquer [debaʀke] (1) *vi* (*passagers*) glanio; ~ **chez qn*** ymddangos yn nhŷ rhn, cyrraedd tŷ rhn yn annisgwyl;

♦*vt* (*marchandises*) dadlwytho; (*passagers*) glanio.

débarras [debaʀɑ] *m* (*placard*) cwtsh *g* dan staer, twll *g* dan y grisiau; (*pièce*) ystafell *b* geriach *ou* drugareddau; **bon ~!** gwynt teg ar ei (h)ôl!; **elle est partie, quel ~** mae hi wedi mynd, diolch byth!

débarrasser [debaʀɑse] (1) *vt* (*local*) clirio; ~ **qn de** (*habitude*) gwaredu rhn o; ~ **qn de qch** (*vêtements, paquets*) mynd â rhth oddi ar rn; **je vais te ~ de ton manteau** mi gymeraf i dy gôt di; ~ **qn d'un ennemi** gwared rhn rhag gelyn, cael gwared â gelyn i rn; ~ **(la table)** clirio('r bwrdd); ~ **la cave de vieilles bouteilles** clirio hen boteli allan o'r seler;

♦ **se ~** *vr*: **se ~ de qch** cael gwared â rhth *ou* ar rth.

débat [deba] *m* dadl *b*, trafodaeth *b*; **~s** (*POL*) trafodion *ll.*

débattre [debatʀ] **(56)** *vt* trafod; **à ~** (*COMM*) i'w drafod;

♦ **se ~** *vr* brwydro, ymlafnio, ymdrechu (i ymryddhau).

débauchage [deboʃaʒ] *m* (*licenciement*) diswyddiad *g*; (*par un concurrent*) dwyn (gweithwyr).

débauche [deboʃ] *f* (*libertinage*) anfoesoldeb *g*, anlladrwydd *g*, trythyllwch *g*; **une ~ de** (*fig*) toreth *b* *ou* helaethrwydd *g* o; (*de couleurs*) cyfoeth *g* o, tryblith *g* o.

débauché[1] (-e) [deboʃe] *adj* anllad, trythyll, anfoesol.

débauché[2] [deboʃe] *m* dyn *g* anllad.

débauchée [deboʃe] *f* merch *b* anllad;

♦*adj f voir* **débauché**[1].

débaucher [deboʃe] (1) *vt* (*licencier*) diswyddo; (*salarié d'une autre entreprise*) dwyn, potsio; (*entraîner*) denu, hudo; (*dépraver*) llygru; ~ **un ouvrier** (*inciter à la grève*) annog gweithiwr i streicio.

débile [debil] *adj* gwan, llesg, musgrell; (*fam*) penwan, hurt, twp;

♦*m/f*: ~ **mental** rhn â nam meddyliol.

débilitant (-e) [debilitɑ̃, ɑ̃t] *adj* gwanychol, gwanhaol, llesgaol; (*fig: atmosphère*) digalon.

débilité [debilite] *f* gwendid *g*, llesgedd *g*; (*fam*) penwendid *g*, twpdra *g*; ~ **mentale** diffyg *g* *ou* nam *g* meddyliol.

débiner* [debine] (1): **se ~** *vr* diflannu, dianc, ei bachu hi*, ei gwadnu hi*.

débit [debi] *m* (*d'un liquide, fleuve*) llif *g*, ffrwd *b*, ffrydiad *g*; (*élocution*) traethiad *g*, mynegiant *g*; (*d'un magasin*) trosiant *g*; (*de ligne d'assemblage*) cynnyrch *g*, allgynnyrch *g*, allbwn *g*; (*bancaire*) dyled *b*, colled *b*, debyd *g*; **avoir un ~ de 10 F** bod â dyled o ddeg ffranc; **le ~ et le crédit** debyd a chredyd *g*; ~ **de boissons** bar *g*; ~ **de données** (*INFORM*) llif data; ~ **de tabac** siop *b* faco.

débiter [debite] (1) *vt* (*compte*) debydu; (*liquide, gaz*) cynhyrchu; (*bois, viande*) torri; (*vendre*) gwerthu; (*péj: discours*) parablu, paldaruo.

débiteur[1] (**débitrice**) [debitœʀ, debitʀis] *adj* debyd, mewn dyled; (*pays*) dyledus.

débiteur[2] [debitœʀ] *m* dyledwr *g*.
débitrice [debitʀis] *f* dyledwraig *b*; ♦*adj f voir* **débiteur**[1].
déblai [deblɛ] *m* (*nettoyage*) clirio; (*terrassement*) cloddio, turio; (*terre*) pridd *g*; (*décombres*) rwbel *g*
déblaiement [deblɛmɑ̃] *m* (*lieu, passage*) clirio; **travaux de** ~ gwaith *g* clirio *ou* turio.
déblatérer [deblateʀe] (**14**) *vi*: ~ **contre** rhefru yn erbyn, ei dweud hi am.
déblayage [deblɛjaʒ] *m* clirio.
déblayer [debleje] (**18**) *vt* clirio; (*fig: travail*) gwneud y gwaith palu *ou* y gwaith caib a rhaw; ~ **le terrain** (*fig*) braenaru'r tir, arloesi.
déblocage [deblɔkaʒ] *m* (*de machine*) rhyddhau, datgloi; (*de freins*) gollwng; (*de salaires, prix*) dadrewi; (*route*) clirio, ailagor.
débloquer [deblɔke] (**1**) *vi* (*fam*) siarad lol *ou* dwli, malu awyr; ♦*vt* (*fonds*) rhyddhau; (*frein*) gollwng; (*prix*) dadrewi; (*machine*) datgloi, rhyddhau; (*route*) clirio, ailagor.
débobiner [debɔbine] (**1**) *vt* dad-ddirwyn, dadweindio.
déboires [debwaʀ] *mpl* (*déceptions*) siomedigaethau *ll*; (*ennuis*) anawsterau *ll*, trybini *g*.
déboisement [debwazmɑ̃] *m* datgoedwigo, datfforestu.
déboiser [debwaze] (**1**) *vt* datgoedwigo, datfforestu.
déboîter [debwate] (**1**) *vi* (*AUTO*) tynnu allan; ♦ **se** ~ *vr* (*genou etc*) tynnu *ou* taflu (rhth) o'i le, sigo.
débonnaire [debɔnɛʀ] *adj* rhadlon, clên, hynaws.
débordant (**-e**) [debɔʀdɑ̃, ɑ̃t] *adj* (*joie*) gorlifol, diderfyn, di-ben-draw; (*activité*) afieithus, hwyliog.
débordé (**-e**) [debɔʀde] *adj*: **être** ~ **de travail** (*fig*) bod at eich ceseiliau *ou* clustiau mewn gwaith, bod dan faich trwm o waith.
débordement [debɔʀdəmɑ̃] *m* (*rivière*) gorlif *g*, gorlifiad *g*; (*émotion*) gorlif, gorlifiad, hwrdd *g*, ffrwydrad *g*; (*activité*) ffrwydrad, bwrlwm *g*, byrlymiad *g*; (*MIL*) gorasgellu; (*débauches*) camweddau *ll*, camymddygiad *g*.
déborder [debɔʀde] (**1**) *vi* (*rivière*) gorlifo; (*eau, lait*) berwi drosodd; ~ **de** (*fig: joie, zèle*) byrlymu â; ♦*vt* (*MIL*) gorasgellu; (*SPORT: concurrent*) achub *ou* ennill y blaen ar; ~ **(de) qch** (*dépasser*) ymestyn heibio i rth.
débouché [debuʃe] *m* (*pour vendre*) siop *b*, marchnad *b*; (*perspective d'emploi*) cyfle *g*; **au** ~ **de la vallée** lle ymleda'r dyffryn tua'r gwastatir.
déboucher [debuʃe] (**1**) *vt* (*évier, tuyau etc*) dadflocio; (*bouteille*) tynnu corcyn o, agor; ♦*vi*: ~ **de** dod allan o; ~ **sur** agor *ou* ymagor ar; (*fig*) arwain at.
débouler [debule] (**1**) *vi* syrthio'n bendramwnwgl; (*sans tomber*) rhuthro i lawr; ♦*vt*: ~ **l'escalier** rhuthro i lawr y grisiau.
déboulonner [debulɔne] (**1**) *vt* datgymalu, dadfolltio, tynnu (rhth) oddi wrth ei gilydd (*trwy dynnu'r bolltiau*); (*fig: renvoyer*) diswyddo; (*fig: homme politique etc*) difrïo, dwyn anfri *ou* anghlod ar.
débours [debuʀ] *mpl* gwariant *g*, treuliau *ll*.
débourser [debuʀse] (**1**) *vt* gwario, talu allan.
déboussoler [debusɔle] (**1**) *vt* drysu, peri penbleth.
debout [d(ə)bu] *adv*: **être** ~ (*personne*) sefyll; (*personne: hors du lit*) bod ar eich traed; (*chose*) bod ar ei sefyll *ou* draed; **être encore** ~ (*ne pas être couché*) bod heb fynd i'r gwely, bod ar eich traed o hyd; (*fig: institution*) bod yn dal i fynd; (*fig: record*) sefyll o hyd; **mettre qn** ~ codi rhn ar ei draed; **mettre qch** ~ gosod *ou* dodi *ou* rhoi rhth ar ei draed, gosod *ou* dodi *ou* rhoi rhth i sefyll; **se mettre** ~ sefyll, codi ar eich traed; **se tenir** ~ sefyll, bod ar eich traed; **"~!"** "cod!" *ou* "codwch!", "saf!" *ou* "sefwch!", "ar dy draed!" *ou* "ar eich traed!"; **cette histoire ne tient pas** ~ nid yw'r stori hon yn dal dŵr.
débouter [debute] (**1**) *vt* (*JUR*) gwrthod; ~ **qn de sa demande** gwrthod cais rhn.
déboutonner [debutɔne] (**1**) *vt* dadfotymu, datod botymau (rhth); (*habit*) datod, agor; ♦ **se** ~ *vr* (*personne*) agor *ou* dadfotymu eich côt (ayb); (*fig*) ymlacio, siarad yn ddiymatal, agor eich calon.
débraillé (**-e**) [debʀaje] *adj* blêr, aflêr, anniben.
débrancher [debʀɑ̃ʃe] (**1**) *vt* (*appareil électrique*) tynnu *ou* datgysylltu plwg, datblygio; (*courant électrique*) torri, datgysylltu; (*téléphone*) datgysylltu.
débrayage [debʀɛjaʒ] *m* (*AUTO*) cydiwr *g*, clytsh* *g*; (*action*) datgydio, gollwng y clytsh; (*grève*) streic *b*; **faire un double** ~ dwbl-ddatgydio, datgydio ddwywaith.
débrayer [debʀeje] (**18**) *vi* (*AUTO*) datgydio, gollwng y clytsh, pwyso ar y cydiwr; (*cesser le travail*) streicio.
débridé (**-e**) [debʀide] *adj* penrhydd, diymatal, dilywodraeth.
débrider [debʀide] (**1**) *vt* (*cheval*) datffrwyno, diffrwyno; (*CULIN: volaille*) datglymu; **sans** ~ yn ddi-dor.
débris [debʀi] *m* (*fragment*) darn *g*, tamaid *g*; ♦*mpl* (*morceaux*) darnau *ll*, ysgyrion *ll*, tipiau *ll* mân; (*restes*) gweddillion *ll*; (*détritus*) sbwriel *g*.
débrouillard (**-e**) [debʀujaʀ, aʀd] *adj* dyfeisgar, amcanus, clyfar.
débrouillardise [debʀujaʀdiz] *f* dyfeisgarwch *g*, amcanusrwydd *g*.
débrouiller [debʀuje] (**1**) *vt* (*démêler*) datrys, datod, rhyddhau; (*papiers*) gosod trefn ar;

(*fig: problème*) datrys;
♦ **se** ~ *vr* ymdopi, dod i ben; **je me débrouille en français** 'rwy'n llwyddo i ddod i ben yn Ffrangeg.
débroussailler [debʀusɑje] (1) *vt* clirio prysgwydd (o dir).
débusquer [debyske] (1) *vt* hel allan, hala mas; (*lièvre, cerf etc*) codi.
début [deby] *m* cychwyniad *g*, dechreuad *g*, cychwyn *g*, dechrau *g*; **un bon/mauvais** ~ dechrau da/gwael; **au** ~ ar y cychwyn *ou* dechrau, i ddechrau; **au** ~ **de l'année** (ar) ddechrau'r flwyddyn; **dès le** ~ o'r cychwyn cyntaf; ~**s** (*CINÉ, SPORT, etc*) ymddangosiad *g* cyntaf, cynnig *g* cyntaf, tro *g* cyntaf; (*de carrière*) dechrau, dyddiau *ll* cynnar; **faire ses** ~**s** dechrau, cychwyn; (*CINÉ, SPORT, etc*) ymddangos am y tro cyntaf.
débutant[1] (-e) [debytɑ̃, ɑ̃t] *adj* sydd ar fin dechrau *ou* newydd ddechrau.
débutant[2] [debytɑ̃] *m* dechreuwr *g*, newyddian *g*; (*THÉÂTRE*) prentis *g* actor, actor *g* cychwynnol *ou* dechreuol.
débutante [debytɑ̃t] *f* dechreuwraig *b*, newyddian *b*; (*THÉÂTRE*) prentis *g* actores, actores *b* gychwynnol *ou* ddechreuol;
♦*adj f voir* **débutant**[1].
débuter [debyte] (1) *vi* cychwyn, dechrau; (*CINÉ, SPORT: faire ses débuts*) ymddangos am y tro cyntaf.
deçà [dəsa] *adv*: **en** ~ yr ochr hon *ou* yma, y tu yma;
♦*prép*: **en** ~ **de** yr ochr hon i, yr ochr yma i, y tu yma i; (*en dessous de*) islaw, o dan; **en** ~ **de 2%** islaw 2%.
décacheter [dekaʃ(ə)te] (12) *vt* agor, datselio.
décade [dekad] *f* (*10 jours*) cyfnod *g* o ddeng niwrnod; (*10 ans*) degawd *g,b*.
décadence [dekadɑ̃s] *f* dirywiad *g*.
décadent (-e) [dekadɑ̃, ɑ̃t] *adj* dirywiedig.
décaféiné (-e) [dekafeine] *adj* heb gaffein, digaffein.
décalage [dekalaʒ] *m* symudiad *g* yn ôl *ou* ymlaen, symud yn ôl *ou* ymlaen; (*écart*) bwlch *g*; (*manque de correspondance*) anghytgord *g*, anghysondeb *g*, gwahaniaeth *g*; (*temporel*) oediad *g*; ~ **horaire** gwahaniaeth amser.
décalaminer [dekalamine] (1) *vt* datgarboneiddio.
décalcifiant (-e) [dekalsifjɑ̃, ɑ̃t] *adj* sy'n digalchu.
décalcification [dekalsifikasjɔ̃] *f* digalchiad *g*, digalchu.
décalcifier [dekalsifje] (16) *vt* digalchu;
♦ **se** ~ *vr* cael ei ddigalchu.
décalcomanie [dekalkɔmani] *f* troslun *g*, trosglwyddyn *g*.
décaler [dekale] (1) *vt* (*dans le temps: avancer*) dod â (rhth) ymlaen; (*dans le temps: retarder*) gohirio; (*changer de position*) symud (rhth) ymlaen *ou* yn ei flaen, symud (rhth) yn ôl *ou* yn ei ôl; ~ **de 10 cm** symud (rhth) ddeg centimetr yn ei flaen *ou* yn ei ôl; ~ **qch de 2 h** (*avancer*) dod â rhth ymlaen ddwyawr; (*retarder*) gohirio rhth am ddwyawr.
décalitre [dekalitʀ] *m* decilitr *g*.
décalogue [dekalɔg] *m* y Deg Gorchymyn *g*.
décalque [dekalk] *m* dargopi *g*, tresiad *g*; (*décalcomanie*) troslun *g*, trosglwyddyn *g*.
décalquer [dekalke] (1) *vt* tresio, dargopïo; (*par pression*) troslunio, trosglwyddo.
décamètre [dekamɛtʀ] *m* decametr *g*.
décamper [dekɑ̃pe] (1) *vi* ei gwadnu *ou* goleuo *ou* bachu hi.
décanter [dekɑ̃te] (1) *vt* (*liquide*) gadael i (rth) waddodi;
♦ **se** ~ *vr* gwaddodi, clirio; (*fig: idées, situation*) dod yn gliriach *ou* eglurach.
décapage [dekapaʒ] *m* (*de meuble, de plancher*) glanhau, glanhad *g*; (*avec un abrasif*) ysgrafellu, ysgrafelliad *g*; (*à l'acide*) trochi mewn asid, trochiad *g* mewn asid; (*à la brosse*) sgwrfa *b*, sgwrio; (*à la ponceuse, au papier de verre*) sandio; (*en enlevant la peinture*) tynnu paent.
décapant [dekapɑ̃] *m* (*acide*) hydoddiant *g* asid; (*abrasif*) ysgrafellydd *g*, sgraffinydd *g*; (*pour peinture*) tynnwr *g ou* codwr *g* paent; **c'est un vrai** ~! (*fig: alcool*) dyma laeth mwnci go iawn!
décaper [dekape] (1) *vt* (*gén: nettoyer*) glanhau; (*à l'abrasif*) ysgrafellu, sgraffinio; (*à l'acide*) trochi (rhth) mewn asid; (*à la brosse*) sgwrio; (*à la ponceuse, au papier de verre*) sandio; (*enlever la peinture*) codi *ou* tynnu paent oddi ar.
décapiter [dekapite] (1) *vt* torri pen; (*arbre*) blaendorri, brigdorri; (*fig: organisation*) cael gwared ag arweinyddiaeth (rhth).
décapotable [dekapɔtabl] *adj*: **voiture** ~ car *g* codi to.
décapoter [dekapɔte] (1) *vt* (*voiture*) codi *ou* agor to.
décapsuler [dekapsyle] (1) *vt* agor caead (rhth), tynnu caead (rhth).
décapsuleur [dekapsylœʀ] *m* agorwr *g* poteli.
décarcasser* [dekaʀkase] (1): **se** ~ *vr* eich lladd eich hun; **se** ~ **pour qn** eich lladd eich hun yn gweithio i rn.
décathlon [dekatlɔ̃] *m* decathlon *g*.
décati (-e) [dekati] *adj* (*fig: beauté*) wedi edwino *ou* gwywo; (*fig: personne*) wedi heneiddio, musgrell.
décatir [dejatiʀ] (2) *vt*: **se** ~ (*fig: beauté*) edwino, gwywo; (*fig: personne*) heneiddio, mynd yn fusgrell.
décédé (-e) [desede] *adj* wedi marw, ymadawedig.
décéder [desede] (14) *vi* marw.
décelable [des(ə)labl] *adj* amlwg, dirnadwy,

canfyddadwy.
déceler [des(ə)le] (**13**) *vt* (*trouver*) dod o hyd i, canfod; (*révéler*) dangos, datgelu.
décélération [deseleʀasjɔ̃] *f* arafiad *g*, arafu.
décélérer [deseleʀe] (**14**) *vi* arafu.
décembre [desɑ̃bʀ] *m* (mis *g*) Rhagfyr *g voir aussi* **juillet**.
décemment [desamɑ̃] *adj* (*convenablement*) yn weddus; (*correctement, suffisamment*) yn iawn.
décence [desɑ̃s] *f* (*bienséance*) gwedduster *g*; (*politesse*) cwrteisi *g*.
décennal (**-e,**) (**décennaux, décennales**) [desenal, deseno] *adj* (*qui dure dix ans*) (sy'n para) am ddeng mlynedd; (*qui revient tous les dix ans*) bob deng mlynedd, dengmlwyddol.
décennie [deseni] *f* degawd *g,b*.
décent (**-e**) [desɑ̃, ɑ̃t] *adj* (*convenable*) gweddus, parchus; (*acceptable*) iawn, pur dda, derbyniol.
décentralisation [desɑ̃tʀalizasjɔ̃] *f* datganoliad *g*, datganoli.
décentraliser [desɑ̃tʀalize] (**1**) *vt* datganoli.
décentrer [desɑ̃tʀe] (**1**) *vt* allganoli;
♦ **se** ~ *vr* symud o'r canol.
déception [desɛpsjɔ̃] *f* siom *g*, siomedigaeth *b*.
décerner [desɛʀne] (**1**) *vt* (*récompense*) dyfarnu; (*JUR: mandat*) cyhoeddi.
décès [desɛ] *m* marwolaeth *b*; **acte de** ~ tystysgrif *b* marwolaeth.
décevant (**-e**) [des(ə)vɑ̃, ɑ̃t] *adj* siomedig.
décevoir [des(ə)vwaʀ] (**39**) *vt* siomi.
déchaîné (**-e**) [deʃene] *adj* gwyllt; (*vent, flots, mer*) ffyrnig, gwyllt, stormus, tymhestlog; (*passions*) ffyrnig, gwyllt, penrhydd, diymatal.
déchaînement [deʃɛnmɑ̃] *m* (*de la mer, des flots etc*) ffyrnigrwydd *g*; (*de haine, violence*) ffrwydriad *g*, hwrdd *g*, storm *b*; (*colère*) cynddaredd *b*.
déchaîner [deʃene] (**1**) *vt* (*passions, colère*) gollwng y ffrwyn ar, rhoi ffrwyn i; (*rires etc*) codi, peri, ennyn, achosi;
♦ **se** ~ *vr* ffrwydro; (*se mettre en colère*) gwylltio, cynddeiriogi, mynd yn wyllt gaclwm; **se** ~ **contre qn** rhefru a rhuo yn erbyn rhn, mynd yn gynddeiriog â rhn.
déchanter* [deʃɑ̃te] (**1**) *vi* cael eich dadrithio *ou* siomi.
décharge [deʃaʀʒ] *f* (*dépôt d'ordures*) tomen *b* sbwriel; (*électrique*) dadwefriad *g*; (*salve*) taniad *g*, hwrdd *g* (o danio); (*JUR*) rhyddhad *g*; **à la** ~ **de qn** o blaid rhn, i amddiffyn rhn.
déchargement [deʃaʀʒəmɑ̃] *m* dadlwytho; (*d'une arme: neutralisation*) gwagio.
décharger [deʃaʀʒe] (**10**) *vt* (*marchandise, véhicule*) dadlwytho; (*arme: neutraliser*) gwagio; (*arme: faire feu*) saethu, tanio; (*ÉLEC*) dadwefru; (*JUR*) rhyddhau; ~ **qn de** (*responsabilité, tâche*) rhyddhau rhn o; ~ **sa colère (sur)** (*fig*) arllwys *ou* tywallt eich dicter (ar); ~ **sa conscience** (*fig*) ysgafnu'ch cydwybod, cyfaddef;
♦ **se** ~ *vr*: **se** ~ **dans** (*se déverser*) ymarllwys i, ymdywallt i, llifo i; **se** ~ **d'une affaire sur qn** trosglwyddo mater i ofal rhn.
décharné (**-e**) [deʃaʀne] *adj* esgyrnog, nad yw ond croen ac asgwrn, di-gnawd; (*fig: paysage etc*) moel, llwm, anial
déchaussé (**-e**) [deʃose] *adj* (*personne*) troednoeth; (*pied*) noeth; (*dent*) rhydd.
déchausser [deʃose] (**1**) *vt* (*personne*) tynnu esgidiau (rhn); (*skis*) tynnu;
♦ **se** ~ *vr* tynnu eich esgidiau; (*dent*) dod yn rhydd.
dèche* [dɛʃ] *f*: **être dans la** ~ bod heb yr un geiniog.
déchéance [deʃeɑ̃s] *f* (*déclin*) dirywiad *g*; (*REL: chute*) cwymp *g*.
déchet [deʃɛ] *m* (*de bois, tissu etc*) darn *g*, tamaid *g*; (*perte: gén, COMM*) gwastraff *g*; ~**s** (*ordures*) sbwriel *g*, gwastraff; ~**s radiocatifs** gwastraff ymbelydrol.
déchiffrage [deʃifʀaʒ] *m* darllen ar yr olwg gyntaf *voir aussi* **déchiffrement**.
déchiffrement [deʃifʀəmɑ̃] *m* darllen, darllen ar yr olwg gyntaf; (*de texte, d'écriture*) dehongliad *g*, dehongli; (*de message, code*) datrys, datrysiad *g*.
déchiffrer [deʃifʀe] (**1**) *vt* (*message, hiéroglyphe*) dehongli; (*code*) datrys, datgodio; (*écriture*) darllen; (*musique*) darllen ar yr olwg gyntaf.
déchiqueté (**-e**) [deʃik(ə)te] *adj* (*bois, papier, tissu, métal*) danheddog; (*corps*) llarpiedig, rhwygedig, wedi ei falu *ou* rwygo'n ddarnau, wedi ei larpio.
déchiqueter [deʃik(ə)te] (**12**) *vt* rhwygo'n ddarnau mân, llarpio; (*fig*) tynnu (rhth) yn dipiau mân, tynnu (rhth) yn gareiau.
déchirant (**-e**) [deʃiʀɑ̃, ɑ̃t] *adj* rhwygol, torcalonnus; (*douleur*) ingol, dirdynnol.
déchiré (**-e**) [deʃiʀe] *adj* wedi ei rwygo, rhwygedig; (*fig*) wedi torri'ch calon, briwedig o galon, calondoredig.
déchirement [deʃiʀmɑ̃] *m* rhwyg *b*; (*chagrin*) tor *g* calon, rhwyg, gloes *b* calon; ~**s** (*POL, REL*) rhygiadau *ll*, hollt *b*.
déchirer [deʃiʀe] (**1**) *vt* rhwygo; (*mettre en morceaux*) rhwygo'n ddarnau; (*fig: cœur*) torri;
♦ **se** ~ *vr* rhwygo; **se** ~ **un muscle/un tendon** rhwygo cyhyr/gewyn.
déchirure [deʃiʀyʀ] *f* rhwyg *b*, rhwygiad *g*; ~ **musculaire** cyhyr *g* rhwygedig *ou* wedi ei rwygo.
déchoir [deʃwaʀ] (**34**) *vi* ymostwng.
déchu[1] [deʃy] *pp de* **déchoir**.
déchu[2] (**-e**) [deʃy] *adj* syrthiedig, cwympedig, wedi cwympo *ou* syrthio; (*roi*) wedi ei ddiorseddu.

décibel [desibɛl] *m* desibel *g*.
décidé (**-e**) [deside] *adj* (*personne, air*) penderfynol; (*goût, net*) pendant; **c'est ~** dyna'i setlo hi, dyna ben ar y mater; **être ~ à faire** bod yn benderfynol o wneud.
décidément [desidemɑ̃] *adv* yn ddiamau, heb os, yn bendant.
décider [deside] (**1**) *vt*: **~ qch** penderfynu ar rth; **~ de faire** penderfynu gwneud; **~ que ...** penderfynu ...; **~ qn (à faire qch)** perswadio *ou* darbwyllo rhn (i wneud rhth); **~ de qch** penderfynu ar rth; (*suj: chose*) penderfynu rhth;
♦ **se ~** *vr* (*personne*) penderfynu, dod i benderfyniad; (*suj: problème, affaire*) cael ei benderfynu; **se ~ pour qch** dewis rhth, penderfynu o blaid rhth; **se ~ à qch** penderfynu ar rth; **se ~ à faire** penderfynu gwneud.
décideur [desidœʀ] *m* penderfynwr *g*, un *g* sy'n gwneud penderfyniadau.
décideuse [desidøz] *f* penderfynwraig *b*, un *b* sy'n gwneud penderfyniadau.
décilitre [desilitʀ] *m* decilitr *g*.
décimal (**-e**) (**décimaux, décimales**) [desimal, desimo] *adj* degol.
décimale [desimal] *f* (rhif *g*) degol *g*, degolyn *g*;
♦*adj f* *voir* **décimal**.
décimalisation [desimalizasjɔ̃] *f* degoli.
décimaliser [desimalize] (**1**) *vt* degoli.
décimer [desime] (**1**) *vt* (*littéralement*) degymu, lladd un o bob deg; (*plus couramment: population etc*) lladd llawer *ou* nifer fawr o.
décimètre [desimɛtʀ] *m* decimetr *g*; **double ~** pren *g* mesur ugain centimetr.
décisif (**décisive**) [desizif, desiziv] *adj* sy'n penderfynu, penderfynol; (*preuve*) terfynol, pendant.
décision [desizjɔ̃] *f* penderfyniad *g*; (*fermeté*) penderfyniad, penderfynoldeb *g*; (*verdict*) dyfarniad *g*, penderfyniad; **prendre une ~** penderfynu, dod i benderfyniad; **prendre la ~ de faire** penderfynu gwneud; **emporter** *neu* **faire la ~** ennill y dydd, cario'r dydd, mynd â hi.
déclamation [deklamasjɔ̃] *f* adroddiad *g*, adrodd, llefaru, areithio; (*péj*) brygowthan, rhefru.
déclamatoire [deklamatwaʀ] *adj* areithiol, rhwysgfawr, chwyddedig.
déclamer [deklame] (**1**) *vt* adrodd, llefaru; (*péj*) brygowthan;
♦*vi*: **~ contre** rhefru *ou* taranu yn erbyn, areithio *ou* pregethu yn erbyn.
déclarable [deklaʀabl] *adj* (*marchandise*) trethadwy, tolladwy; (*revenus*) datgeladwy.
déclaration [deklaʀasjɔ̃] *f* datganiad *g*, cyhoeddiad *g*; **faire une ~** (*assurance*) cyflwyno hawliad; **faire une ~ de perte de passeport à la police** hysbysu'r heddlu eich bod wedi colli'ch pasbort; **~ (d'amour)** cyfaddefiad *g* (cariad); **~ (de changement de domicile)** hysbysiad *g* (newid cartref); **~ de décès** cofrestriad *g* marwolaeth; **D~ des droits de l'homme** Datganiad Iawnderau Dynol; **~ de guerre** cyhoeddiad *ou* cyhoeddi rhyfel; **~ d'impôts/de revenus** datganiad treth incwm; (*formulaire*) ffurflen *b* dreth; **~ de naissance** cofrestriad geni.
déclaré (**-e**) [deklaʀe] *adj* (*juré*) addefedig, cyffesedig.
déclarer [deklaʀe] (**1**) *vt* cyhoeddi, datgan; (*ADMIN: revenus, marchandises*) datgelu; (*ADMIN: décès, naissance*) cofrestru; **~ la guerre** cyhoeddi rhyfel; **~ un vol à la police** hysbysu'r heddlu o ladrad;
♦ **se ~** *vr* (*feu, maladie*) cychwyn, torri allan *ou* mas; (*amoureux*) cyfaddef eich cariad; **se ~ favorable à qch** datgan eich bod o blaid rhth; **se ~ prêt à** datgan eich bod yn barod i.
déclassé (**-e**) [deklɑse] *adj* wedi'ch diraddio *ou* eich israddio *ou* eich darostwng, wedi colli statws, wedi dod i lawr yn y byd.
déclassement [deklɑsmɑ̃] *m* diraddiad *g*, gostyngiad *g*.
déclasser [deklɑse] (**1**) *vt* diraddio, israddio; (*sportif*) anfon i lawr, gostwng; (*déranger: fiches, livres*) gwneud (rhth) yn ddi-drefn *ou* anhrefnus, rhoi (rhth) allan o drefn.
déclenchement [deklɑ̃ʃmɑ̃] *m* (*de mécanisme*) rhyddhad *g*, rhyddhau, gollwng; (*de sonnerie*) cychwyn, cychwyniad *g*.
déclencher [deklɑ̃ʃe] (**1**) *vt* (*mécanisme etc*) rhyddhau, gollwng; (*sonnerie*) cychwyn; (*fig: révolution etc*) tanio, cychwyn, dechrau; (*provoquer*) achosi, peri, ennyn;
♦ **se ~** *vr* cychwyn.
déclencheur [deklɑ̃ʃœʀ] *m* rhyddhäwr *g*, teclyn *g* rhyddhau; (*PHOT*) rhyddhäwr caead.
déclic [deklik] *m* (*mécanisme*) clicied *b*; (*bruit*) clec *b*, clic *g*, clep *b*.
déclin [deklɛ̃] *m* dirywiad *g*.
déclinaison [deklinɛzɔ̃] *f* rhediad *g*, ffurfdroad *g*.
décliner [dekline] (**1**) *vi* dirywio, gwaethygu, gwanhau, edwino; (*soleil*) machlud; (*lune*) mynd i lawr;
♦*vt* (*invitation, responsabilité*) gwrthod; (*nom, adresse*) dweud, datgan; (*LING*) rhedeg, ffurfdroi;
♦ **se ~** *vr* (*LING*) ffurfdroi, rhedeg.
déclivité [deklivite] *f* gogwydd *g*, goleddf *g*; **en ~** ar ogwydd *ou* oleddf *ou* osgo.
décloisonner [deklwazɔne] (**1**) *vt* (*fig*) dymchwel gwahanfuriau, dadadrannu.
déclouer [deklue] (**1**) *vt* tynnu'r hoelion o, dadhoelio.
décocher [dekɔʃe] (**1**) *vt* taflu, bwrw; (*flèche*) saethu; (*regard*) taflu.
décoction [dekɔksjɔ̃] *f* (*action*) trwytho; (*liquide*) trwyth *g*.

décodage [dekɔdaʒ] *m* datgodio, datrys côd.
décoder [dekɔde] (**1**) *vt* datgodio, datrys côd; (*comportement, poème*) dehongli.
décodeur [dekɔdœʀ] *m* (*TV*) datgodiwr *g*.
décoiffé (**-e**) [dekwafe] *adj*: **elle est toute ~e** mae ei gwallt hi'n flêr *ou* anniben.
décoiffer [dekwafe] (**1**) *vt*: ~ **qn** (*enlever le chapeau*) tynnu het rhn; (*déranger la coiffure*) gwneud gwallt rhn yn flêr *ou* anniben, drysu gwallt rhn;
♦ **se** ~ *vr* (*se découvrir*) tynnu'ch het.
décoincer [dekwɛ̃se] (**9**) *vt* rhyddhau, llacio.
déçois *etc* [deswa] *vb voir* **décevoir**.
déçoive *etc* [deswav] *vb voir* **décevoir**.
décolérer [dekɔleʀe] (**14**) *vi*: **elle ne décolère pas** mae hi'n dal i fod yn flin *ou* yn grac.
décollage [dekɔlaʒ] *m* (*AVIAT*) codiad *g*, esgyniad *g*; (*ÉCON*) codiad, cynnydd *g*, gwellhad *g*, gwelliant *g*.
décollé (**-e**) [dekɔle] *adj*: **oreilles ~es** clustiau *ll* sy'n sticio allan *ou* mas.
décollement [dekɔlmɑ̃] *m*: ~ **de la rétine** (*MÉD*) dadlyniad *g* y rhwyden, rhyddhad *g* y retina.
décoller [dekɔle] (**1**) *vi* (*AVIAT*) esgyn, codi; (*ÉCON*) codi, bod ar i fyny, gwella, bod ar wella;
♦*vt* dadlynu;
♦ **se** ~ *vr* dod yn rhydd, dadlynu.
décolletage [dekɔltaʒ] *m* gwddf *g* isel.
décolleté[1] (**-e**) [dekɔlte] *adj* (*robe*) (â) gwddf isel; (*femme*) mewn gwisg gwddf isel.
décolleté[2] [dekɔlte] *m* gwddf *g* isel; (*épaules*) gwddf ac ysgwyddau *ll* noeth; (*partie du corps*) rhigol *b* y bronnau *ou* y fynwes.
décolleter [dekɔlte] (**12**) *vt* (*TECH*) torri; ~ **une robe devant/dans le dos** (*COUTURE*) gwneud gwisg â gwddf isel/â chefn isel.
décolonisation [dekɔlɔnizasjɔ̃] *f* dad-drefedigaethu, dadwladychu.
décoloniser [dekɔlɔnize] (**1**) *vt* dad-drefedigaethu, dadwladychu.
décolorant[1] (**-e**) [dekɔlɔʀɑ̃, ɑ̃t] *adj* dadliwiol, cannu.
décolorant[2] [dekɔlɔʀɑ̃] *m* dadliwiwr *g*, cannydd *g*, cannwr *g*.
décoloration [dekɔlɔʀasjɔ̃] *f* cannu, dadliwio; (*tissu: perte de la couleur*) pylu; (*cosmétique*) goleuo; **se faire faire une** ~ (*chez le coiffeur*) cael goleuo'ch gwallt, cael lliwio'ch gwallt yn wyn.
décoloré (**-e**) [dekɔlɔʀe] *adj* (*vêtement*) wedi colli ei liw; (*cheveux*) (gwallt) wedi ei oleuo, (gwallt) wedi ei liwio'n wyn *ou* olau.
décolorer [dekɔlɔʀe] (**1**) *vt* (*avec un décolorant*) cannu, diliwio; (*suj: soleil*) pylu, tynnu lliw o; (*cheveux*) goleuo, lliwio'n wyn;
♦ **se** ~ *vr* colli ei liw.
décombres [dekɔ̃bʀ] *mpl* rwbel *g*.
décommander [dekɔmɑ̃de] (**1**) *vt* (*commande, réception*) diddymu, dileu, canslo*; (*différer*) gohirio;
♦ **se** ~ *vr* tynnu'n ôl.
décomposable [dekɔ̃pozabl] *adj* (*analysable*) dadansoddadwy; (*qui pourrit*) pydradwy; (*CHIM*) dadelfenadwy; (*MATH*) ffactoradwy.
décomposé (**-e**) [dekɔ̃poze] *adj* (*pourri*) wedi pydru, pydredig, wedi madru; (*visage*) wedi ei ddirdynnu, dirdynedig.
décomposer [dekɔ̃poze] (**1**) *vt* (*analyser*) dadansoddi; (*pourrir*) pydru; (*fig: visage, traits*) dirdynnu; (*CHIM*) dadelfennu; (*MATH*) ffactorio;
♦ **se** ~ *vr* (*pourrir*) pydru, madru; (*fig: société*) ymchwalu, ymddatod; **son visage se décomposa de terreur** (*fig*) dirdynnwyd ei wyneb gan fraw.
décomposition [dekɔ̃pozisjɔ̃] *f* (*analyse*) dadansoddiad *g*; (*pourri*) pydrad *g*; (*CHIM*) dadelfeniad *g*; (*MATH*) ffactoriad *g*; **en** ~ (*organisme*) pydredig, yn pydru *ou* madru.
décompresser [dekɔ̃pʀese] (**1**) *vi* (*se détendre*) ymlacio.
décompresseur [dekɔ̃pʀesœʀ] *m* datgywasgwr *g*.
décompression [dekɔ̃pʀesjɔ̃] *f* datgywasgiad *g*, datgywasgu.
décomprimer [dekɔ̃pʀime] (**1**) *vt* datgywasgu.
décompte [dekɔ̃t] *m* gostyngiad *g*, didyniad *g*, tynnu (allan *ou* mas); (*facture détaillée*) cyfrif *g* manwl.
décompter [dekɔ̃te] (**1**) *vt* tynnu (allan *ou* mas), didynnu.
déconcentration [dekɔ̃sɑ̃tʀasjɔ̃] *f* (*des industries etc*) gwasgariad *g*; ~ **des pouvoirs** datganoliad *g*, datganoli.
déconcentré (**-e**) [dekɔ̃sɑ̃tʀe] *adj* (*sportif etc*) sydd wedi colli'r gallu i ganolbwyntio, sy'n methu â chanolbwyntio.
déconcentrer [dekɔ̃sɑ̃tʀe] (**1**) *vt* (*ADMIN*) datganoli; (*industrie*) gwasgaru;
♦ **se** ~ *vr* (*sportif etc*) colli'r gallu i ganolbwyntio, methu â chanolbwyntio.
déconcertant (**-e**) [dekɔ̃sɛʀtɑ̃, ɑ̃t] *adj* syfrdanol, anesmwythol.
déconcerté (**-e**) [dekɔ̃sɛʀte] dryslyd, syfrdan.
déconcerter [dekɔ̃sɛʀte] (**1**) *vt* anesmwytho, cynhyrfu, drysu, ffwndro, bwrw (rhn) oddi ar ei echel.
déconditionner [dekɔ̃disjɔne] (**1**) *vt* datgyflyru.
déconfit (**-e**) [dekɔ̃fi, it] *adj* digalon, penisel.
déconfiture [dekɔ̃fityʀ] *f* methiant *g*, cwymp *g*; (*FIN*) methdaliad *g*, cwymp ariannol.
décongélation [dekɔ̃ʒelasjɔ̃] *f* dadrewi.
décongeler [dekɔ̃ʒ(ə)le] (**13**) *vt* dadrewi.
décongestionner [dekɔ̃ʒestjɔne] (**1**) *vt* (*MÉD*) clirio, llacio, rhyddhau; (*rues*) clirio, rhyddhau.
déconnecter [dekɔnɛkte] (**1**) *vt* datgysylltu.
déconner* [dekɔne] (**1**) *vi* (*en parlant*) malu awyr, siarad lol *ou* dwli; (*faire des bêtises*) chwarae bili-ffŵl; **sans** ~ o ddifrif 'rŵan *ou* 'nawr.

déconseiller [dekɔ̃seje] (**1**) *vt*: ~ **qch (à qn)** cynghori rhn yn erbyn rhth; ~ **à qn de faire** cynghori rhn i beidio â gwneud; **c'est tout à fait déconseillé** byddai'n annoeth iawn.

déconsidérer [dekɔ̃sideʀe] (**14**) *vt* dwyn anfri *ou* gwarth ar.

déconsigner [dekɔ̃siɲe] (**1**) *vt* (*valise*) casglu (o'r storfa baciau); ~ **une bouteille** rhoi arian yn ôl ar botel

décontamination [dekɔ̃taminasjɔ̃] *f* dadlygriad *g*, dadlygru.

décontaminer [dekɔ̃tamine] (**1**) *vt* dadlygru.

décontenancer [dekɔ̃t(ə)nɑ̃se] (**9**) *vt* anesmwytho, cynhyrfu, drysu, ffwndro.

décontracté (**-e**) [dekɔ̃tʀakte] *adj* (*personne*) wedi ymlacio, ymlaciedig; (*muscle*) wedi llacio *ou* llaesu, llaes.

décontracter [dekɔ̃tʀakte] (**1**) *vt* (*muscle*) llaesu, llacio;
♦ **se** ~ *vr* ymlacio.

décontraction [dekɔ̃tʀaksjɔ̃] *f* ymlaciad *g*, ymlacio; (*muscle*) llaesu.

déconvenue [dekɔ̃v(ə)ny] *f* siom *g,b*, siomedigaeth *b*.

décor [dekɔʀ] *m* (*d'un palais etc*) decor *g*, addurnwaith *g*; (*paysage*) golygfa *b*; ~**s** (*THÉÂTRE*) set *b*, golygfeydd *ll*; (*CINÉ*) set; **changement de** ~ newid *g* golygfa; (*fig*) newid cynefin; **entrer dans le** ~ (*fig: voiture, automobiliste*) mynd oddi ar y ffordd; **en** ~ **naturel** (*CINÉ*) ar leoliad.

décorateur [dekɔʀatœʀ] *m* addurnwr *g*; (*CINÉ*) cynllunydd *g* set.

décoratif (**décorative**) [dekɔʀatif, dekɔʀativ] *adj* addurnol, addurniadol.

décoration [dekɔʀasjɔ̃] *f* addurniad *g*, addurno; (*d'un appartement etc*) addurnwaith *g*; (*médaille*) medal *g,b*; ~**s** addurn *g*, addurniad.

décoratrice [dekɔʀatʀis] *f* addurnwraig *b*; (*CINÉ*) cynllunydd *g* set.

décorer [dekɔʀe] (**1**) *vt* addurno, harddu; (*d'une médaille*) arwisgo.

décortiqué (**-e**) [dekɔʀtike] *adj* heb blisgyn *ou* fasgl; (*crabe*) wedi ei baratoi (*wedi'i dynnu o'r gragen a'i blisgyn*).

décortiquer [dekɔʀtike] (**1**) *vt* plisgo, masglu; (*crabe*) paratoi, tynnu'r gragen a'r plisgyn; (*fig*) dadansoddi'n fanwl.

décorum [dekɔʀɔm] *m* (*bienséance*) gwedduster *g*; (*cérémonial*) defodaeth *b*.

décote [dekɔt] *f* gostyngiad *g* treth.

découcher [dekuʃe] (**1**) *vi* treulio noson oddi cartref.

découdre [dekudʀ] (**63**) *vt* (*vêtement, couture*) datod pwythau (rhth), datbwytho; (*bouton*) tynnu; **en** ~ (*fig*) ymladd;
♦ **se** ~ *vr* datod; (*bouton*) dod i ffwrdd.

découler [dekule] (**1**) *vi*: ~ **de** dilyn o.

découpage [dekupaʒ] *m* (*papier, gâteau*) torri; (*viande*) torri, cerfio, sleisio; (*d'une image*) torri allan *ou* mas; ~**s** (*image*) torlun *g*, llun *g* torri; ~ **électoral** dosbarthiad *g* etholaethau.

découper [dekupe] (**1**) *vt* (*papier, tissu etc*) torri; (*volaille, viande*) torri, cerfio, sleisio; (*détacher: article de journal*) torri allan *ou* mas;
♦ **se** ~ *vr*: **se** ~ **sur** (*ciel, fond*) bod yn amlwg *ou* yn weladwy yn erbyn, sefyll allan yn erbyn *ou* ar.

découplé (**-e**) [dekuple] *adj*: **bien** ~ cydnerth.

découpure [dekupyʀ] *f*: ~**s** (*morceaux*) toriadau *ll*, torion *ll*; (*bord d'une dentelle, guirlande*) ymyl *g,b* sgolpiog; (*d'une arête*) amlinell *b* gribog *ou* ysgythrog; (*d'une côte*) cilfachau *ll*.

décourageant (**-e**) [dekuʀaʒɑ̃, ɑ̃t] *adj* digalon, torcalonnus, siomedig; (*personne, attitude*) negyddol.

découragement [dekuʀaʒmɑ̃] *m* digalondid *g*, gwangalondid *g*, siom *g,b*.

décourager [dekuʀaʒe] (**10**) *vt* digalonni, gwangalonni, siomi; (*dissuader*) annog *ou* perswadio (rhn) i beidio, ceisio troi (rhn) oddi wrth ei fwriad; ~ **qn de faire qch** annog *ou* perswadio rhn i beidio â gwneud rhth; ~ **qn de qch** ceisio troi rhn oddi wrth rth;
♦ **se** ~ *vr* digalonni, gwangalonni.

décousu (**-e**) [dekuzy] *pp de* **découdre**;
♦*adj* wedi datod; (*fig*) digyswllt, ar wasgar.

découvert[1] (**-e**) [dekuvɛʀ, ɛʀt] *pp de* **découvrir**;
♦*adj* (*mis à nu: corps*) noeth; (*tête*) pennoeth; (*lieu*) agored, digysgod; **à** ~ (*MIL*) heb gysgod *ou* amddiffyniad; (*fig: parler, agir etc*) yn agored; **avoir la tête** ~**e** bod yn bennoeth; **à visage** ~ (*franchement*) yn agored, yn ddi-gêl.

découvert[2] [dekuvɛʀ] *m* (*bancaire*) gorddrafft *g*, dyled *b* cyfrif; **à** ~ (*COMM: bancaire*) dyledus, mewn dyled, â gorddrafft.

découverte [dekuvɛʀt(ə)] *f* (*action*) darganfyddiad *g*, darganfod; (*objet*) darganfyddiad *g*; **aller à la** ~ **(de)** mynd i chwilio (am);
♦*adj f voir* **découvert**[1].

découvrir [dekuvʀiʀ] (**28**) *vt* darganfod; (*casserole etc*) tynnu *ou* codi caead (rhth); (*apercevoir*) gweld; (*voiture*) agor to; (*dévoiler: fig*) dadlennu, datgelu;
♦ **se** ~ *vr* (*ôter le chapeau*) tynnu'ch het; (*se déshabiller*) tynnu (oddi) amdanoch, tynnu'ch dillad; (*au lit*) taflu'r dillad gwely oddi amdanoch; (*ciel*) goleuo, clirio; **se** ~ **des talents** darganfod bod gennych ddoniau cudd.

décrasser [dekʀase] (**1**) *vt* glanhau.

décrêper [dekʀepe] (**1**) *vt* (*cheveux*) sythu, datgrychu.

décrépi (**-e**) [dekʀepi] *adj* â'r plastr garw wedi ei dynnu, sy'n pilio.

décrépit (**-e**) [dekʀepi, it] *adj* (*personne*)

musgrell; (*maison etc*) adfeiliedig, yn mynd â'i ben iddo, wedi mynd rhwng y cŵn a'r brain.

décrépitude [dekʀepityd] *f* musgrellni *g*; (*institution, quartier*) dirywiad *g*.

decrescendo [dekʀeʃɛndo] *m* (*MUS*) lleihad *g*, distewi; **aller** ~ (*fig*) mynd ar drai, gwanhau, lleihau.

décret [dekʀɛ] *m* dyfarniad *g*, ordinhad *b*.

décréter [dekʀete] (**14**) *vt* deddfu, dyfarnu; (*ordonner*) gorchymyn.

décret-loi (~**s**-~**s**) [dekʀɛlwa] *m* gorchymyn *g* statudol *ou* cyfreithiol.

décrier [dekʀije] (**16**) *vt* dilorni, difrïo, dibrisio, lladd (ar rth), rhedeg (ar rth).

décrire [dekʀiʀ] (**53**) *vt* disgrifio; (*courbe, cercle*) tynnu, gwneud.

décrisper [dekʀispe] (**1**) *vt* (*muscle*) llaesu, llacio; (*tension, atmosphère*) llacio; (*situation*) lleddfu, esmwytho, lliniaru;
♦ **se** ~ *vr* ymlacio.

décrit (**-e**) [dekʀi, it] *pp de* **décrire**.

décrivais *etc* [decʀivɛ] *vb voir* **décrire**.

décrochement [dekʀɔʃmɑ̃] *m* (*d'un mur etc*) cilfach *b*, cilan *b*.

décrocher [dekʀɔʃe] (**1**) *vi* (*téléphone*) codi'r derbynnydd; (*abandonner*) rhoi'r gorau iddi; (*cesser d'écouter*) cau'ch clustiau, rhoi'r gorau i wrando;
♦*vt* (*détacher*) dod â (rhth) i lawr, tynnu (rhth) i lawr; (*poisson, rideau*) dadfachu; (*fig: récompense, contrat etc*) ennill, bachu; (*téléphone: pour répondre*) codi; (*téléphone: pour l'empêcher de sonner*) dadfachu; ~ **son téléphone** codi'r derbynnydd, ateb y ffôn;
♦ **se** ~ *vr* (*tableau, rideau*) dod i lawr, syrthio *ou* cwympo, dod yn rhydd; **se** ~ **la mâchoire** dadleoli'ch gên.

décroîs *etc* [dekʀwa] *vb voir* **décroître**.

décroiser [dekʀwɑze] (**1**) *vt* (*bras, jambes*) agor, lledu.

décroissant (**-e**) [dekʀwasɑ̃, ɑ̃t] *vb voir* **décroître**;
♦*adj* gostyngol, lleihaol, sy'n gostwng *ou* lleihau; **par ordre** ~ mewn trefn ddisgynnol, yn y drefn ddigynnol.

décroître [dekʀwɑtʀ] (**71**) *vi* gostwng, lleihau.

décrotter [dekʀɔte] (**1**) *vt* (*chaussures*) crafu baw oddi ar;
♦ **se** ~ *vr*: **se** ~ **le nez** pigo'ch trwyn.

décru [dekʀy] *pp de* **décroître**.

décrue [dekʀy] *f* (*eau*) gostyngiad *g* yn lefel (y dŵr).

décrypter [dekʀipte] (**1**) *vt* datgodio, datrys côd.

déçu (**-e**) [desy] *pp de* **décevoir**;
♦*adj* siomedig.

déculotter [dekylɔte] (**1**) *vt*: ~ **qn** tynnu trowsus *ou* trwser *ou* trôns rhn (i lawr);
♦ **se** ~ *vr* tynnu'ch trowsus *ou* trwser *ou* trôns (i lawr).

déculpabiliser [dekylpabilize] (**1**) *vt* (*personne*) dieuogi rhn; (*chose*) cyfreithloni.

décuple [dekypl] *m*: **le** ~ **de** dengwaith *b*; **au** ~ yn ddecplyg, ar ei ddegfed.

décupler [dekyple] (**1**) *vi* cynyddu ddengwaith;
♦*vt* cynyddu (rhth) ddengwaith.

déçut *etc* [desy] *vb voir* **décevoir**.

dédaignable [dedeɲabl] *adj* dirmygadwy; **pas** ~ na ddylid troi trwyn arno.

dédaigner [dedeɲe] (**1**) *vt* dirmygu; (*négliger*) diystyru; ~ **de faire** peidio â gweld yn dda i wneud.

dédaigneusement [dedɛɲøzmɑ̃] *adv* gyda dirmyg, yn ddirmygus.

dédaigneux (**dédaigneuse**) [dedɛɲø, dedɛɲøz] *adj* dirmygus, diystyrllyd.

dédain [dedɛ̃] *m* dirmyg *g*, dibristod *g*, diystyrwch *g*; ~ **de** llawn dirmyg, dirmygus.

dédale [dedal] *m* (*de couloirs, bâtiments, pensées, lois*) drysfa *b*, dryswch *g*.

dedans [dədɑ̃] *adv* y tu mewn, i mewn, ynddo, ynddi, ynddynt;
♦*m* y tu *g* mewn; **là**-~ y tu mewn iddo/iddi/iddynt, i mewn ynddo/ynddi/ynddynt; **au** ~ y tu mewn; **en** ~ oddi mewn, y tu mewn; **en** ~ **de** oddi mewn i, y tu mewn i; **en** ~ **d'elle même** yn fewnol, y tu mewn iddi hi ei hun, rhyngddi a hi ei hun.

dédicace [dedikas] *f* (*imprimée*) cyflwyniad *g*; (*manuscrite, sur une photo etc*) arysgrif *b*.

dédicacer [dedikase] (**9**) *vt* (*livre*) cyflwyno; (*signer*) llofnodi; ~ **un livre à qn** cyflwyno llyfr i rn; **envoyer sa photo dédicacée** anfon llun llofnodedig ohonoch eich hun.

dédié (**-e**) [dedje] *adj*: **ordinateur** ~ cyfrifiadur *g* un pwrpas.

dédier [dedje] (**16**) *vt*: ~ **qch à** cyflwyno rhth i; (*REL: consacrer: vie, efforts*) cysegru i.

dédire [dediʀ] (**50**): **se** ~ *vr* torri'ch gair; (*se rétracter*) tynnu'ch geiriau'n ôl.

dédit [dedi] *pp de* **dédire**;
♦*m* (*COMM*) fforffed *g,b*, dirwy *b*, cosb *b*.

dédommagement [dedɔmaʒmɑ̃] *m* iawndal *g*, iawn *g*.

dédommager [dedɔmaʒe] (**10**) *vt*: ~ **qn (de)** digolledu rhn (am), rhoi *ou* talu iawndal i rn (am); (*fig*) gwneud iawn i rn (am).

dédouaner [dedwane] (**1**) *vt* rhyddhau *ou* clirio (rhth) o'r tollty.

dédoublement [dedubləmɑ̃] *m* ymraniad *g*, ymhollti, ymrannu'n ddwy ran; ~ **de la personnalité** (*PSYCH*) personoliaeth *b* ddeublyg *ou* hollt.

dédoubler [deduble] (**1**) *vt* rhannu (rhth) yn ddwy *ou* yn ddau; (*couverture etc*) agor; (*manteau*) tynnu leinin; ~ **un train** rhedeg trên ychwanegol;
♦ **se** ~ *vr* (*PSYCH*) bod â phersonoliaeth ddeublyg *ou* hollt.

dédramatiser [dedʀamatize] (**1**) *vt* gwneud yn

llai dramatig; (*situation*) llacio tyndra (rhth); (*évènement*) gwneud yn fach o, peidio â gwneud môr a mynydd o.
déductible [dedyktibl] *adj* tynadwy, didynadwy.
déduction [dedyksjɔ̃] *f* (*d'argent*) didyniad *g*, tynnu (allan *ou* mas); (*raisonnement*) casgliad *g*.
déduire [dedɥiʀ] (**52**) *vt*: ~ **qch (de)** (*ôter*) tynnu *ou* didynnu rhth (o); (*conclure*) casglu rhth (o).
déesse [deɛs] *f* duwies *b*.
défaillance [defajɑ̃s] *f* (*syncope*) llewyg *g*, blacowt* *g*; (*faiblesse*) gwendid *g*, diffygiad *g*; (*technique*) aflwydd *g*, diffyg *g*, diffygiad; ~ **cardiaque** methiant *g* y galon, pall *g* ar y galon, diffyg ar y galon.
défaillant (**-e**) [defajɑ̃, ɑ̃t] *adj* (*mémoire*) diffygiol; (*personne*) ar lewygu; (*JUR: témoin*) absennol.
défaillir [defajiʀ] (**23**) *vi* (*s'évanouir*) llewygu, diffygio, teimlo'n wanllyd; (*mémoire etc*) diffygio, pallu, mynd, methu.
défaire [defɛʀ] (**8**) *vt* (*ce qui est fait*) dad-wneud; (*installation, échafaudage*) datgymalu, datgysylltu, tynnu (rhth) oddi wrth ei gilydd; (*paquet, robe, nœud*) datod, agor; (*tricot*) datod; (*couture*) datbwytho, datod pwythau (rhth); (*bagages*) dadbacio; (*mur*) chwalu, dymchwel; (*cheveux*) gollwng i lawr, datglymu; ~ **le lit** (*pour changer les draps*) tynnu dillad gwely; (*pour se coucher*) troi dillad gwely i lawr;
♦ **se** ~ *vr* datod, ymddatod, agor; (*fig: mariage etc*) chwalu; **se** ~ **de** (*se débarrasser de*) cael gwared â *ou* ar; (*se séparer de*) cael ymadael â.
défait (**-e**) [defɛ, ɛt] *pp de* **défaire**;
♦*adj* (*visage*) curiedig, blinderus.
défaite [defɛt] *f* gorchfygiad *g*, trechiad *g*, curfa *b*;
♦*adj f voir* **défait**.
défaites [defɛt] *vb voir* **défaire**.
défaitisme [defetism] *m* gwangalondid *g*.
défaitiste [defetist] *adj* gwangalon;
♦*m/f* un *g* gwangalon, un *b* wangalon.
défalcation [defalkasjɔ̃] *f* didyniad *g*, tynnu (allan *ou* mas).
défalquer [defalke] (**1**) *vt* tynnu (allan *ou* mas), didynnu.
défasse [defas] *vb voir* **défaire**.
défausser [defose] (**1**) *vt* cael gwared (â rhth *ou* ar rth);
♦ **se** ~ *vr*: **se** ~ **de** (*CARTES*) taflu.
défaut [defo] *m* (*moral*) diffyg *g*, ffaeledd *g*, gwendid *g*, bai *g*; (*de métal, d'étoffe*) nam *g*, diffyg, gwendid; (*manque, carence*) diffyg, prinder *g*; ~ **de la cuirasse** (*fig*) gwendid, man *g* gwan; **en** ~ ar fai; **faire** ~ (*manquer*) bod yn brin *ou* yn ddiffygiol; **à** ~ yn niffyg hynny; **à** ~ **de qch** o ddiffyg rhth, oherwydd diffyg rhth; **par** ~ (*JUR*) yn ei absenoldeb; (*INFORM*) yn ddiofyn.
défaveur [defavœʀ] *f* anfri *g*, amarch *g*, anghymeradwyaeth *b*; **être en** ~ bod allan o fri, bod yn amhoblogaidd.
défavorable [defavɔʀabl] *adj* anffafriol.
défavorablement [defavɔʀabləmɑ̃] *adv* yn anffafriol.
défavoriser [defavɔʀize] (**1**) *vt* rhoi dan anfantais, anfanteisio.
défécation [defekasjɔ̃] *f* ymgarthiad *g*, ymgarthu.
défectif (**défective**) [defɛktif, defɛktiv] *adj* diffygiol; **verbe** ~ berf *b* ddiffygiol.
défection [defɛksjɔ̃] *f* methiant *g* i ymddangos, methiant i gefnogi *ou* i roi cymorth; (*désertion*) gwrthgiliad *g*, enciliad *g*; **faire** ~ (*d'un parti etc*) tynnu cefnogaeth yn ôl.
défectueux (**défectueuse**) [defɛktɥø, defɛktɥøz] *adj* (*machine*) diffygiol; (*raisonnement*) gwallus
défectuosité [defɛktɥozite] *f* diffygioldeb *g*, cyflwr *g* diffygiol *ou* amherffaith; (*défaut*) diffyg *g*, nam *g*, bai *g*, gwendid *g*.
défendable [defɑ̃dabl] *adj* amddiffynadwy.
défenderesse [defɑ̃dʀɛs] *f* (*JUR*) diffynyddes *b*.
défendeur [defɑ̃dœʀ] *m* (*JUR*) diffynydd *g*.
défendre [defɑ̃dʀ] (**3**) *vt* amddiffyn; (*interdire*) gwahardd, nacáu, nadu; (*JUR: aussi fig*) amddiffyn; ~ **qch à qn** gwahardd rhth i rn; ~ **à qn de faire** gwahardd rhn rhag gwneud, gwahardd i rn wneud; **il est défendu de cracher** gwaherddir poeri, ni chewch boeri, dim poeri; **c'est défendu** mae'n waharddedig;
♦ **se** ~ *vr* eich amddiffyn eich hun; **se** ~ **de** (*nier*) gwadu; (*s'empêcher de*) ymatal rhag; **il se défend** (*fig*) mae'n dal ei dir (yn iawn), mae'n dod i ben *ou* dod ymlaen (yn iawn); **ça se défend** (*fig*) mae'n dal dŵr, mae'n gwneud synnwyr, mae'n taro deuddeg; **se** ~ **de/contre** (*se protéger*) eich amddiffyn eich hun rhag/yn erbyn.
défendu (**-e**) [def ady] *adj* gwaharddedig *voir aussi* **défendre**.
défenestrer [defənɛstʀe] (**1**) *vt* taflu (rhn) allan drwy'r ffenestr.
défense [defɑ̃s] *f* (*contre un agresseur*) amddiffyniad *g*, amddiffynfa *b*, amddiffyn; (*interdiction*) gwaharddiad *g*; (*d'éléphant etc*) ysgithr *g*; **ministre de la** ~ Gweinidog *g* Amddiffyn; **la** ~ **nationale** Amddiffyniad (y wlad); **la** ~ **contre avions** amddiffyniad gwrthawyrennol; **"~ de fumer/cracher"** "dim ysmygu/poeri"; **"~ d'afficher/de stationner"** "dim posteri/parcio"; **prendre la** ~ **de qn** amddiffyn rhn, achub cam rhn; ~ **des consommateurs** amddiffyn prynwyr, gwarchod defnyddwyr.
défenseur [defɑ̃sœʀ] *m* amddiffynnydd *g*; (*JUR*) cwnsler *g* dros yr amddiffyniaeth.
défensif (**défensive**) [defɑ̃sif, defɑ̃siv] *adj*

amddiffynnol.

défensive [defɑ̃siv] *f*: **être sur la** ~ bod *ou* ymddwyn yn amddiffynnol;
♦*adj f voir* **défensif**.

déféquer [defeke] (**14**) *vi* ymgarthu.

déferai [defʀe] *vb voir* **défaire**.

déférence [defeʀɑ̃s] *f* parch *g*, ymostyngiad *g*; **par** ~ **pour** o barch tuag at.

déférent (-**e**) [defeʀɑ̃, ɑ̃t] *adj* yn dangos parch, llawn parch.

déférer [defeʀe] (**14**) *vt* (*JUR*) cyfeirio; ~ **à** (*requête*) ildio i; ~ **qn à la justice** rhoi rhn yn nwylo'r gyfraith; ~ **un accusé** dod â chyhuddedig o flaen llys.

déferlant (-**e**) [defɛʀlɑ̃, ɑ̃t] *adj*: **vague** ~**e** moryn *g*, caseg *b* fôr.

déferlement [defɛʀləmɑ̃] *m* (*de vagues*) torri; (*de foule*) rhuthr *g*, llif *g*.

déferler [defɛʀle] (**1**) *vi* (*vagues*) torri; (*fig: foule*) rhuthro, llifo, tyrru.

défi [defi] *m* (*provocation*) her *b*, sialens *b*; **au** ~ heriol, sy'n her *ou* herio; **mettre qn au** ~ **de faire qch** herio rhn i wneud rhth; **relever un** ~ derbyn her.

défiance [defjɑ̃s] *f* amheuaeth *b*, drwgdybiaeth *b*, amheuon *ll*.

déficeler [defis(ə)le] (**11**) *vt* datod, datglymu.

déficience [defisjɑ̃s] *f* diffyg *g*.

déficient (-**e**) [defisjɑ̃, jɑ̃t] *adj* diffygiol.

déficit [defisit] *m* (*COMM*) diffyg *g* ariannol; (*PSYCH*) diffyg; **être en** ~ bod mewn diffyg ariannol; ~ **budgétaire** diffyg cyllidebol.

déficitaire [defisitɛʀ] *adj* (*année, récolte*) gwael, ar golled, colledus; **entreprise** ~ busnes *g* mewn diffyg ariannol *ou* ar golled; **budget** ~ cyllideb *b* golledus.

défier [defje] (**16**) *vt* herio; ~ **qn de faire qch** herio rhn i wneud rhth; ~ **qn à** (*jeu etc*) herio rhn i; **un livre qui défie toute comparaison** llyfr *g* dihafal *ou* heb ei ail; **des prix qui défient toute concurrence** prisiau *ll* diguro;
♦ **se** ~ *vr*: **se** ~ **de** (*se méfier*) amau, drwgdybio.

défigurer [defigyʀe] (**1**) *vt* anffurfio, aflunio, andwyo, difetha; (*fig: œuvre*) anharddu, anffurfio, aflunio, difwyno; (*fig: vérité*) gwyrdroi, llurgunio.

défilé [defile] *m* (*GÉO*) ceunant *g ou* bwlch *g* cul, culffordd *b*; (*de soldats, manifestants*) gorymdaith *b*; (*de voitures, visiteurs etc*) llif *g*, ffrwd *b*; ~ **de mode/de mannequins** sioe *b* ffasiwn/fodelau.

défiler [defile] (**1**) *vi* gorymdeithio, ymdeithio; (*visiteurs*) llifo; **faire** ~ (*bande magnétique etc*) chwarae; (*INFORM*) rholio;
♦ **se** ~ *vr* mynd *ou* llithro *ou* sleifio ymaith.

défini (-**e**) [defini] *adj* pendant, penodol; **l'article** ~ y fannod *b* bendant.

définir [definiʀ] (**2**) *vt* diffinio.

définissable [definisabl] *adj* diffiniadwy.

définitif (**définitive**) [definitif, definitiv] *adj* diffiniol; (*final*) terfynol; (*pour longtemps*) parhaol; (*sans appel*) pendant, diamod.

définition [definisjɔ̃] *f* diffiniad *g*; (*de mots croisés*) cliw *g*; (*TV*) eglurder *g ou* eglurdeb *g* (llun); **par** ~ trwy ddiffiniad.

définitive [definitiv] *f*: **en** ~ (*à la fin*) yn y diwedd, yn y pen draw; (*somme toute*) wedi'r cwbl *ou* cyfan, rhwng popeth, at ei gilydd;
♦*adj f voir* **définitif**.

définitivement [definitivmɑ̃] *adv* (*résoudre*) yn derfynol; (*refuser, décider*) yn bendant, ar ei ben; (*exclure, partir etc*) am byth.

défit *etc* [defi] *vb voir* **défaire**.

déflagration [deflagʀasjɔ̃] *f* (*explosion*) ffrwydriad *g*.

déflation [deflasjɔ̃] *f* datchwyddiant *g*, datchwyddo.

déflationniste [deflasjɔnist] *adj* datchwyddol.

déflecteur [deflɛktœʀ] *m* (*AUTO*) ffenestr *b* fach (*i awyru'r car*).

déflorer [deflɔʀe] (**1**) *vt* (*jeune fille*) diforwyno, diflodeuo; (*fig*) anharddu, difwyno.

défoncé[1] (-**e**) [defɔ̃se] *adj* toredig, drylliedig; (*route*) tyllog, llawn tyllau, rhychog; (*sous l'effet d'une drogue*) penfeddw, dan ddylanwad cyffuriau.

défoncé[2] [defɔ̃se] *m* un *g* sy'n gaeth i gyffuriau.

défoncée [defɔ̃se] *f* un *b* sy'n gaeth i gyffuriau;
♦*adj f voir* **défoncé**[1].

défoncer [defɔ̃se] (**9**) *vt* (*caisse*) dryllio, tyllu, malu (*gwaelod rhth*); (*porte*) malu (i lawr); (*lit, fauteuil*) torri sbrings (rhth); (*terrain, route*) torri, rhwygo; (*AGR*) aredig yn ddwfn;
♦ **se** ~ *vr* (*se donner à fond*) eich lladd eich hun, ymlafnio, gwneud eich eithaf *ou* eich gorau glas; (*se droguer*) bod yn benysgafn *ou* benfeddw (*ar gyffuriau*); **elle se défonce à l'héroïne** mae hi'n cymryd heroin, mae hi ar heroin; **se** ~ **à la colle** synhwyro *ou* sniffian glud.

défont [defɔ̃] *vb voir* **défaire**.

déformant (-**e**) [defɔʀmɑ̃, ɑ̃t] *adj*: **glace** ~**e** *neu* **miroir** ~ drych *g* afluniol.

déformation [defɔʀmasjɔ̃] *f* anffurfiad *g*, afluniad *g*, llurguniad *g*; (*de corps*) ystumiad *g*; (*de pensée, vérité, fait*) gwyrdroad *g*, llurguniad; (*d'objets, bois, métaux*) afluniad, plygiant *g*; ~ **professionnelle** cyflyriad *g* gwaith.

déformer [defɔʀme] (**1**) *vt* anffurfio, aflunio, llurgunio; (*corps*) ystumio, anffurfio, llurgunio, camystumio; (*pensée, fait*) ystumio, gwyrdroi; (*objet, bois, métal*) plygu, ystumio, camystumio;
♦ **se** ~ *vr* colli siâp, mynd yn ddi-siâp, plygu, ystumio, camystumio.

défoulement [defulmɑ̃] *m* rhyddhad *g*, ymlacio, ymlaciad *g*.

défouler [defule] (**1**): **se** ~ *vr* ymlacio, dadflino, bwrw'ch blinder, gollwng stêm.

défraîchi (-e) [defʀeʃi] *adj* (*couleur, tissu*) wedi pylu, wedi colli ei liw; **articles ~s** nwyddau *ll* wedi eu difwyno *ou* baeddu *ou* byseddu.
défraîchir [defʀeʃiʀ] (2): **se ~** *vr* (*couleur, tissu*) pylu, colli lliw; (*s'user: pantalon etc*) gwisgo, treulio; (*article dans un magasin*) baeddu, treulio.
défrayer [defʀeje] (18) *vt*: **~ qn** talu costau rhn; **~ la chronique** gwneud sôn amdanoch; **~ la conversation** bod yn brif destun sgwrs.
défrichement [defʀiʃmɑ̃] *m* clirio, braenaru.
défricher [defʀiʃe] (1) *vt* clirio, braenaru; **~ le terrain avant de négocier** (*fig*) braenaru'r tir ar gyfer trafodaethau.
défriser [defʀize] (1) *vt* (*cheveux*) sythu, datgrychu, datgyrlio; (*fig*) gwylltio rhn, bod yn dân ar groen (rhn).
défroisser [defʀwase] (1) *vt* llyfnu.
défroque [defʀɔk] *f* hen ddillad *ll*.
défroqué [defʀɔke] *m* mynach *g ou* offeiriad *g* diurddedig.
défroquer [defʀɔke] (1) *vt* diurddo;
♦ **se ~** *vr* (*religieux*) ymwadu â'ch addunedau.
défunt[1] (-e) [defœ̃, œ̃t] *adj* ymadawedig; **son ~ père** ei ddiweddar dad.
défunt[2] [defœ̃] *m* ymadawedig *g*.
défunte [defœ̃t] *f* ymadawedig *b*;
♦*adj f voir* **défunt**[1].
dégagé (-e) [degaʒe] *adj* (*ciel*) digwmwl, clir; (*vue*) agored; (*ton, air*) didaro, ysgafala; (*démarche*) sionc.
dégagement [degaʒmɑ̃] *m* (*de fumée, gaz, chaleur*) rhyddhad *g*, lledaeniad *g*, gollyngiad *g*; (*parfum*) nawsiad *g*; (*de responsabilité*) gwadiad *g*; (*de troupes*) gwarediad *g*; (*d'un couloir, d'une rue*) cliriad *g*; (*espace libre*) llecyn *g* agored, llannerch *b*; (*FOOTBALL*) cliriad; **voie de ~** (*AUTO*) slipffordd *b*; (*chemins de fer*) cilffordd *b*; **itinéraire de ~** ffordd *b* liniaru *ou* heibio (*er mwyn lleihau tagfeydd*).
dégager [degaʒe] (10) *vt* (*exhaler*) rhyddhau, lledaenu, gollwng, nawsio; (*délivrer*) rhyddhau; (*responsabilité*) gwadu; (*troupes*) rhyddhau, gwaredu; (*désencombrer*) clirio, gwagio; (*faire ressortir, mettre en valeur*) amlygu; (*crédits*) rhyddhau; **~ qn de sa parole** rhyddhau rhn o'i addewid; **dégagé des obligations militaires** wedi gorffen eich gwasanaeth milwrol;
♦ **se ~** *vr* (*odeur*) codi, nawsio; (*passage bloqué, ciel*) clirio; **se ~ de** (*fig: se libérer de promesse etc*) ymryddhau o.
dégaine [degɛn] *f* cerddediad *g* rhyfedd *ou* od, osgo *g* rhyfedd *ou* od.
dégainer [degene] (1) *vt* (*épée*) dadweinio, tynnu; (*pistolet*) tynnu.
dégarni (-e) [degaʀni] *adj* moel, sy'n moeli *ou* mynd yn foel.
dégarnir [degaʀniʀ] (2) *vt* (*vider*) gwagio, gwagu, gwacáu, clirio;
♦ **se ~** *vr* (*salle*) gwagio, gwagu, gwacáu; (*tempes, crâne*) moeli, mynd yn foel.
dégâts [degɑ] *mpl* difrod *g*; **faire des ~** gwneud *ou* achosi difrod.
dégauchir [degoʃiʀ] (2) *vt* (*TECH*) llyfnu, llyfnhau; (*pierre*) naddu.
dégazage [degɑzaʒ] *m* dinwyo; (*pétrolier*) clirio'r tanciau.
dégazer [degɑze] (1) *vi* (*pétrolier*) clirio'r tanciau;
♦*vt* dinwyo, clirio *ou* gwagio nwy o.
dégel [deʒɛl] *m* meirioli, dadmer, dadlaith; (*fig: des prix etc*) dadrewi.
dégeler [deʒ(ə)le] (13) *vi* meirioli, dadmer, dadlaith;
♦*vt* (*lac, glace*) meirioli, dadmer, dadlaith; (*fig: prix etc*) dadrewi; (*fig: personne*) tynnu (rhn) allan o'i gragen;
♦ **se ~** *vr* (*fig*) dod allan o'ch cragen.
dégénéré[1] (-e) [deʒeneʀe] *adj* dirywiedig.
dégénéré[2] [deʒeneʀe] *m* un *g* dirywiedig.
dégénérée [deʒeneʀe] *f* un *b* ddirywiedig;
♦*adj f voir* **dégénéré**[1].
dégénérer [deʒeneʀe] (14) *vi* dirywio; (*empirer*) gwaethygu, mynd o ddrwg i waeth.
dégénérescence [deʒeneʀesɑ̃s] *f* dirywiad *g*, gwaethygiad *g*.
dégingandé (-e) [deʒɛ̃gɑ̃de] *adj* heglog, meindal.
dégivrage [deʒivʀaʒ] *m* dadrewi.
dégivrer [deʒivʀe] (1) *vt* (*frigo*) dadrewi; (*vitres*) dadrewi, clirio rhew oddi ar.
dégivreur [deʒivʀœʀ] *m* dadrewydd *g*.
déglinguer [deglɛ̃ge] (1) *vt* torri, malu.
déglutir [deglytiʀ] (2) *vi, vt* llyncu.
déglutition [deglytisjɔ̃] *f* llynciad *g*, llyncu.
dégonflé[1] (-e) [degɔ̃fle] *adj* (*pneu*) fflat; (*fam*) llwfr, ofnus, cachgïaidd*.
dégonflé*[2] [degɔ̃fle] *m* llwfrgi *g*, cachgi* *g*.
dégonflée* [degɔ̃fle] *f* merch *b* lwfr, cachgi* *g*;
♦*adj f voir* **dégonflé**[1].
dégonfler [degɔ̃fle] (1) *vi* (*désenfler*) mynd i lawr, datchwyddo;
♦*vt* (*pneu, ballon*) gollwng gwynt *ou* aer o, datchwyddo;
♦ **se ~*** *vr* troi'n llwfr, llyfrhau.
dégorger [degɔʀʒe] (10) *vi*: **faire ~** (*CULIN: concombres*) gadael i chwysu *ou* i ddiferu (*ar ôl rhoi halen arnynt*); (*CULIN: viande*) mwydo (*mewn dŵr*);
♦*vt* dadlyncu;
♦ **se ~** *vr*: **se ~ dans** (*rivière*) llifo i, ymdywallt i, ymarllwys i.
dégoter [degɔte] (1) *vt* dod o hyd i, cael hyd i.
dégouliner [deguline] (1) *vi* diferu, diferynnu, dafnu.
dégoupiller [degupije] (1) *vt* (*grenade*) tynnu'r pin allan o.
dégourdi (-e) [deguʀdi] *adj* effro, craff, dyfeisgar.

dégourdir [deguʀdiʀ] (**2**) *vt* (*faire sortir de l'engourdissement: jambes etc*) dadebru, adfer cylchrediad (yn rhth); (*faire tiédir*) cynhesu, twymo; (*fig: personne*) dysgu beth yw beth i;
♦ **se** ~ *vr*: **se** ~ **les jambes** estyn *ou* ymestyn eich coesau.
dégoût [degu] *m* ffieidd-dod *g*.
dégoûtant (**-e**) [degutɑ̃, ɑ̃t] *adj* ffiaidd, atgas, cyfoglyd.
dégoûté (**-e**) [degute] *adj* yn ffieiddio; (*air etc*) o ffieidd-dod; **elle n'est pas ~e** mae hi'n hawdd iawn ei phlesio; ~ **de** wedi hen alaru ar, wedi cael llond bol *ou* bola ar, wedi hen ddiflasu ar.
dégoûter [degute] (**1**) *vt* diflasu, codi cyfog *ou* pwys ar, troi stumog (rhn); ~ **qn de qch** troi rhn oddi ar rth;
♦ **se** ~ *vr*: **se** ~ **de qch** (*se lasser de*) diflasu ar rth, cael llond bol *ou* bola o rth.
dégoutter [degute] (**1**) *vi* diferu; ~ **de** diferu o.
dégradant (**-e**) [degʀadɑ̃, ɑ̃t] *adj* diraddiol, darostyngol.
dégradation [degʀadasjɔ̃] *f* dirywiad *g*, darostyngiad *g*, iselhad *g*; (*d'officier*) diraddiad *g*; (*qui abîme*) anharddiad *g*; (*qui avilit*) darostyngiad; (*gén pl: dégâts*) difrod *g*.
dégradé[1] (**-e**) [degʀade] *adj* (*couleurs*) yn rhedeg i'w gilydd; (*teintes*) wedi pylu; (*cheveux*) haenog, wedi ei dorri'n haenau.
dégradé[2] [degʀade] *m* (*en peinture*) ymdoddiad *g*.
dégrader [degʀade] (**1**) *vt* (*MIL: officier*) diraddio; (*abîmer*) anharddu, difwyno, difrodi, gwneud difrod i; (*avilir*) darostwng, iselhau;
♦ **se** ~ *vr* (*relations, situation*) dirywio.
dégrafer [degʀafe] (**1**) *vt* dadfachu, datod, agor, dadfwclo.
dégraissage [degʀesaʒ] *m* (*soupe*) codi'r saim *ou* braster oddi ar gawl; (*d'un vêtement*) tynnu ôl saim oddi ar ddilledyn; (*ÉCON*) toriadau *ll*, tocio; ~ **et nettoyage à sec** sych-lanhau
dégraissant [degʀesɑ̃] *m* codwr *g* staeniau.
dégraisser [degʀese] (**1**) *vt* (*soupe*) codi'r saim *ou* braster oddi ar; (*vêtement*) tynnu ôl saim oddi ar; (*ÉCON: personnel*) cwtogi *ou* tocio *ou* lleihau.
degré [dəgʀe] *m* gradd *b*; (*escalier*) gris *g*; **brûlure au 1er** ~ llosg *g* gradd gyntaf; **brûlure au 2ème** ~ llosg canolig; **équation du 1er/2ème** ~ hafaliad *g* unradd/cwadratig; **enseignement du premier/second** ~ (*SCOL*) addysg *b* gynradd/uwchradd; **alcool à 90 ~s** ethyl-alcohol *g*, gwirod *g,b* meddygol *ou* feddygol; **vin de 10 ~s** gwin *g* â chryfder alcohol o ddeg y cant (*ar raddfa Gay-Lussac*); **par ~(s)** yn raddol, fesul tipyn, o dipyn i beth, o gam i gam.
dégressif (**dégressive**) [degʀesif, degʀesiv] *adj* disgynnol, gostyngol; **tarif** ~ graddfa *b* daliadau ddisgynnol.
dégrèvement [degʀɛvmɑ̃] *m* gostyngiad *g* treth.
dégrever [degʀəve] (**13**) *vt* (*produit*) gostwng y dreth ar; (*contribuable*) gostwng trethi (rhn).
dégriffé (**-e**) [degʀife] *adj* (*vêtement*) *(dilledyn cynllunydd) a werthir heb y label gwreiddiol (ac sy'n rhatach o'r herwydd).*
dégringolade [degʀɛ̃gɔlad] *f* codwm *g*; (*fig: prix, Bourse etc*) cwymp *g*.
dégringoler [degʀɛ̃gɔle] (**1**) *vi* (*culbuter*) cael codwm, syrthio, cwympo, disgyn; (*fig: prix, Bourse etc*) cwympo, syrthio, plymio, disgyn;
♦*vt* (*escalier, pente*) rhuthro i lawr (rhth).
dégriser [degʀize] (**1**) *vt* sobri, sobreiddio; (*fig*) difrifoli, dadrithio.
dégrossir [degʀosiʀ] (**2**) *vt* brasnaddu; (*fig: ébaucher*) braslunio, amlinellu; (*éduquer une personne*) gwneud (rhn) yn fwy cwrtais.
déguenillé (**-e**) [deg(ə)nije] *adj* carpiog, rhacsiog.
déguerpir [degɛʀpiʀ] (**2**) *vi* ei bachu *ou* gwadnu *ou* goleuo hi, ffoi.
dégueulasse* [degœlas] *adj* ffiaidd, cyfoglyd, chwydlyd.
dégueuler* [degœle] (**1**) *vi* chwydu, cyfogi.
déguisé (**-e**) [degize] *adj* mewn cuddwisg; (*voix*) wedi newid; (*ambition*) cudd; ~ **en** wedi eich gwisgo fel, yn rhith, yng ngwisg; **non** ~ agored, amlwg, di-gêl.
déguisement [degizmɑ̃] *m* cuddwisgo; (*habits: pour s'amuser*) cuddwisg *b*, gwisg *b* ffansi; (*fig*) rhith *g*, cochl *b*.
déguiser [degize] (**1**) *vt* cuddwisgo; (*poupée, enfant*) gwisgo (rhn) fel; (*modifier: voix*) newid; (*fig: réalité, fait*) cuddio, celu;
♦ **se** ~ *vr*: **se** ~ **(en)** gwisgo amdanoch (fel).
dégustation [degystasjɔ̃] *f* blasu, profi; (*fig*) mwynhau; ~ **de vins** *sesiwn blasu gwinoedd.*
déguster [degyste] (**1**) *vt* (*vins, fromages etc*) blasu, profi; (*fig*) mwynhau, cael blas ar; **qu'est-ce qu'il a dégusté!*** (*endurer*) fe'i cafodd hi'n arw.
déhancher [deɑ̃ʃe] (**1**): **se** ~ *vr* (*en marchant*) siglo'ch cluniau *ou* ochrau; (*immobile*) rhoi'ch pwysau ar un goes.
dehors [dəɔʀ] *adv* y tu allan *ou* fas, allan *ou* mas; **allez,** ~! allan â chi!, mas â chi; **mettre** *neu* **jeter** ~ taflu allan *ou* mas; **de** ~ o'r tu allan *ou* fas; **en** ~ y tu allan *ou* fas; (*vers l'extérieur*) tuag allan;
♦*m* y tu *g* allan *ou* fas; **au** ~ y tu allan *ou* fas; (*en apparence*) oddi allan *ou* mas; **au** ~ **de** y tu allan *ou* fas i; **en** ~ **de** (*hormis*) ac eithrio, ar wahân i, heblaw am;
♦*mpl* ymddangosiad *g*, gwedd *b* allanol; **sous les** ~ **de ...** dan gochl ...
déifier [deifje] (**16**) *vt* dwyfoli.
déiste [deist] *adj* deistaidd.
déjà [deʒa] *adv* yn barod, eisoes, o'r blaen; **quel nom,** ~? beth yw'r enw eto?; **c'est** ~

pas mal nid yw'n ddrwg o gwbl; **as-tu ~ été en France?** wyt ti wedi bod yn Ffrainc o'r blaen?; **c'est ~ quelque chose** mae'n well na dim, dyna gychwyn o leiaf; **il est ~ parti** mae ef wedi mynd erbyn hyn *ou* bellach.
déjanter [deʒɑ̃te] (**1**) *vr*: **se ~** (*pneu*) dod oddi ar yr ymyl.
déjà-vu [deʒavy] *m inv* (*PSYCH*) déjà-vu *g*: **c'est du ~-~** 'dyw hynny'n ddim byd newydd.
déjeté (-**e**) [deʒte] *adj* cam, umochrog.
déjeuner [deʒœne] (**1**) *vi* (*matin*) cael brecwast, brecwasta; (*à midi*) cael cinio, ciniawa; ♦*m* (*petit déjeuner*) brecwast *g*; (*à midi*) cinio *g*; **~ d'affaires** cinio busnes.
déjouer [deʒwe] (**1**) *vt* (*complot*) rhwystro, atal, llesteirio; (*attention*) osgoi.
déjuger [deʒyʒe] (**10**): **se ~** *vr* newid eich barn.
delà [dəla] *prép, adv*: **par-~, en ~ (de), au-~ (de)** y tu hwnt (i), y tu draw (i); **l'au-~** y tu *g* hwnt i'r bedd.
délabré (-**e**) [delabʀe] *adj* (*maison*) yn *ou* wedi mynd â'i ben iddo, adfeiliedig, yn adfail, yn adfeilion; (*mobilier, matériel*) maluriedig, wedi torri; (*santé*) gwael, wedi torri.
délabrement [delabʀəmɑ̃] *m* adfeiliad *g*, dirywiad *g*; (*santé*) cyflwr *g* gwael.
délabrer [delabʀe] (**1**): **se ~** *vr* (*maison*) mynd â'i ben iddo, dadfeilio, mynd rhwng y cŵn a'r brain; (*affaires*) mynd i'r gwellt; (*santé*) dirywio, torri.
délacer [delase] (**9**) *vt* datod careiau (rhth), datod;
♦ **se ~** *vr* datod, dod yn rhydd.
délai [delɛ] *m* (*attente*) arhosiad *g*, cyfnod *g* aros, oediad *g*, oedi; (*sursis*) estyniad *g*; **sans ~** yn ddi-oed, ar unwaith, yn syth, heb oedi; **à bref ~** (*prévenir*) ar fyr rybudd; (*très bientôt*) yn fuan, mewn byr amser; **un ~ de 30 jours à payer** cyfnod o ddeg diwrnod ar hugain i dalu; **comptez un ~ de livraison de 10 jours** fe'i danfonir o fewn deng niwrnod; **~ de livraison** cyfnod danfon; **~s** (*temps accordé*) cyfnod penodedig, hyd *g*; **dans les ~s** o fewn y cyfnod penodol *ou* penodedig.
délaissé (-**e**) [delese] *adj* (*personne*) gadawedig, wedi'ch gadael; (*négligé*) esgeulusedig, diymgeledd, heb gael gofal; **mourir ~** marw'n ddiymgeledd *ou* mewn esgeulustod llwyr.
délaisser [delese] (**1**) *vt* (*abandonner*) gadael, troi cefn ar; (*négliger*) esgeuluso, diystyru, anghofio.
délassant (-**e**) [delɑsɑ̃, ɑ̃t] *adj* (*bain*) ymlaciol, esmwythaol, iachusol; (*lecture*) ymlaciol, difyr, diddan.
délassement [delɑsmɑ̃] *m* (*état*) ymlaciad *g*, ymlacio, gorffwys *g*; (*distraction*) difyrrwch *g*.
délasser [delɑse] (**1**) *vt* (*reposer*) dadflino; (*divertir*) difyrru, diddanu;
♦ **se ~** *vr* ymlacio, dadflino, hamddena.
délateur [delatœʀ] *m* hysbyswr *g*, cyhuddwr *g*, clepiwr *g*.
délation [delasjɔ̃] *f* cyhuddiad *g*, cyhuddo.
délatrice [delatʀis] *f* hysbyswraig *b*, cyhuddwraig *b*, clepwraig *b*.
délavé (-**e**) [delave] *adj* di-liw, wedi colli ei liw, wedi pylu; (*terrain*) dan ddŵr.
délayage [delɛjaʒ] *m* (*CULIN*) cymysgu; (*de peinture*) teneuo.
délayer [deleje] (**18**) *vt* (*CULIN*) cymysgu (*â dŵr, llaeth ayb*); (*peinture*) teneuo; (*fig: discours, texte*) gwneud i (rth) bara, ymestyn, hwyhau.
delco® [dɛlko] *m* (*AUTO*) dosbarthydd *g*; **tête de ~** cap *g* dosbarthydd.
délectation [delɛktasjɔ̃] *f* pleser *g*, mwynhad *g*, mwyniant *g*; **avec ~** (*savourer*) gyda blas, gydag awch.
délecter [delɛkte] (**1**): **se ~** *vr*: **se ~ de qch** ymhyfrydu yn rhth, ymddigrifo yn rhth, ymbleseru yn rhth, cael pleser yn rhth.
délégation [delegasjɔ̃] *f* dirprwyad *g*, dirprwyo; (*groupe*) dirprwyaeth *b*; **~ de pouvoir** dirprwyad *ou* dirprwyo awdurdod.
délégué[1] (-**e**) [delege] *adj* dirprwyol, dirprwyedig.
délégué[2] [delege] *m* dirprwy *g*, cynrychiolydd *g*, cynadleddwr *g*; **ministre ~ à** gweinidog *g* â chyfrifoldeb arbennig am; **~ médical** cynrychiolydd cwmni fferyllol.
déléguée [delege] *f* dirprwy *g*, cynrychiolydd *g*, cynadleddwraig *b*;
♦*adj f voir* **délégué**[1].
déléguer [delege] (**14**) *vt* dirprwyo.
délestage [delɛstaʒ] *m* (*ÉLEC*) toriad *g* yn y cyflenwad; (*AUTO*) dargyfeiriad *g*; **itinéraire de ~** ffordd *b* liniaru *ou* heibio (*er mwyn lleihau tagfeydd*).
délester [delɛste] (**1**) *vt* (*navire*) dadlwytho balast o; **~ une route** lliniaru ffordd (*trwy ailgyfeirio traffig*).
délibérant (-**e**) [delibeʀɑ̃, ɑ̃t] *adj*: **assemblée ~e** cynulliad *g* cydgynghorol.
délibératif (**délibérative**) [deliberatif, deliberativ] *adj*: **avoir voix délibérative** bod â'r hawl i bleidleisio.
délibération [delibeʀasjɔ̃] *f* (*débat*) trafodaeth *b*, trafod; (*réflexion*) ystyriaeth *b*, ystyried; **~s** (*décisions*) penderfyniadau *ll*.
délibéré (-**e**) [delibeʀe] *adj* (*intentionnel*) bwriadol; (*déterminé, résolu*) penderfynol; **de propos ~** yn fwriadol, o fwriad *ou* bwrpas, yn unswydd.
délibérément [delibeʀemɑ̃] *adv* yn fwriadol, o fwriad *ou* bwrpas, yn unswydd; (*résolument*) yn benderfynol.
délibérer [delibeʀe] (**14**) *vi* cydymgynghori, cyd-drafod; (*réfléchir*) ystyried, pendroni.
délicat (-**e**) [delika, at] *adj* (*fin*) cain, cywrain; (*tissu etc*) main; (*peau etc*) tyner, sensitif; (*santé*) bregus; (*attentionné*) ystyriol, gofalus; (*exigeant*) anodd eich plesio; (*léger*) ysgafn; (*difficile*) tringar, anodd; **procédés**

peu ~s dulliau *ll* anegwyddorol.
délicatement [delikatmɑ̃] *adv* (*finement*) yn gain, yn gywrain; (*avec légèreté*) yn ysgafn, yn dringar.
délicatesse [delikatɛs] *f* (*finesse*) ceinder *g*, cywreinrwydd *g*; (*de tissu*) meinder *g*; (*de conduite*) dicräwch *g*; (*de peau etc*) tynerwch *g*, sensitifrwydd *g*; (*de santé*) bregusrwydd *g*; (*légèreté*) ysgafnder *g*; (*gén pl: attentions*) gofal *g*, sylw *g*.
délice [delis] *m* hyfrydwch *g*, pleser *g*, mwyniant *g*; **faire ses ~s de qch** ymhyfrydu yn *ou* mewn rhth.
délicieusement [delisjøzmɑ̃] *adv* yn ddymunol, yn braf, yn hyfryd; (*au goût*) yn flasus.
délicieux (**délicieuse**) [delisjø, delisjøz] *adj* (*au goût*) blasus; (*sensation, impression*) dymunol, braf, hyfryd.
délictueux (**délictueuse**) [deliktɥø, deliktɥøz] *adj* troseddol.
délié[1] (-e) [delje] *adj* (*mince*) main; (*agile: doigts etc*) chwim, ystwyth; **avoir la langue ~e** bod yn barod *ou* llithrig *ou* rhwydd eich tafod.
délié[2] [delje] *m*: **les ~s** (*écriture*) llinellau *ll* tenau.
délier [delje] (**16**) *vt* (*nœud etc*) datod; **~ qn de** (*serment etc*) rhyddhau rhn o;
♦ **se ~** *vr* datod, ymddatod, dod yn rhydd.
délimitation [delimitasjɔ̃] *f* gosod terfynau *ou* ffiniau.
délimiter [delimite] (**1**) *vt* gosod terfynau *ou* ffiniau; (*rôle*) diffinio.
délinquance [delɛ̃kɑ̃s] *f* troseddoldeb *g*, tramgwyddaeth *b*; **~ juvénile** tramgwyddaeth ieuenctid, troseddau *ll* pobl ifainc.
délinquant[1] (-e) [delɛ̃kɑ̃, ɑ̃t] *adj* troseddol, drwgweithredol.
délinquant[2] [delɛ̃kɑ̃] *m* drygwr *g*, drwgweithredwr *g*, troseddwr *g*.
délinquante [delɛ̃kɑ̃t] *f* drygwraig *b*, drwgweithredwraig *b*, troseddwraig *b*;
♦*adj f voir* **délinquant**[1].
déliquescence [delikesɑ̃s] *f* dirywiad *g*; **tomber en ~** dirywio.
déliquescent (-e) [delikesɑ̃, ɑ̃t] *adj* dirywiedig.
délirant (-e) [delirɑ̃, ɑ̃t] *adj* (*exuberant: accueil, enthousiasme*) brwdfrydig, gorawenus; (*imagination*) direol, gwyllt, gorffwyll; (*MÉD: fièvre*) sy'n achosi deliriwm; (*fam: déraisonnable*) hurt, ynfyd; **un prix ~** crocbris *g*.
délire [delir] *m* (*fièvre*) deliriwm *g*; (*folie*) gwallgofrwydd *g*, ffolineb *g*; (*fig*) gorffwylltra *g*, gwylltineb *g*.
délirer [delire] (**1**) *vi* drysu, ffwndro, gwynfydu; **tu délires!** (*fig*) 'rwyt ti'n drysu!
délirium tremens [delirjɔmtremɛ̃s] *m* deliriwm *g* tremens.
délit [deli] *m* trosedd *g,b*; **~ de droit commun** trosedd cyffredin; **~ de fuite** ffoi ar ôl damwain, peidio â hysbysu'r heddlu ynghylch damwain; **~ d'initiés** masnachu mewnol; **~ de l'ordre public** torri'r heddwch; **~ politique** trosedd gwleidyddol; **~ de presse** torri deddfau'r wasg.
délivrance [delivrɑ̃s] *f* rhyddhad *g*, rhyddhau, gwaredu, gwaredigaeth *b*; (*fig: soulagement*) rhyddhad, gwaredigaeth, gollyngdod *g*.
délivrer [delivre] (**1**) *vt* (*prisonnier*) rhyddhau, gwaredu; (*passeport, certificat*) rhoi; **~ qn de** (*ennemis*) rhyddhau rhn o; (*fig*) gwaredu rhn rhag.
déloger [delɔʒe] (**10**) *vt* (*locataire*) troi (rhn) allan *ou* mas; (*objet coincé*) rhyddhau; (*ennemi*) hel, hela; (*lièvre*) codi.
déloyal (-e) (**déloyaux, déloyales**) [delwajal, delwajo] *adj* (*personne, conduite*) anffyddlon; **concurrence ~e** (*COMM*) cystadleuaeth *b* annheg.
Delphes [dɛlf] *pr* Delffi *g*.
delta [dɛlta] *m* delta *g*.
deltaplane® [dɛltaplan] *m* (*engin*) barcud *g*; **faire du ~** barcuta.
déluge [delyʒ] *m* (*grosse pluie*) curlaw *g*, cenllif *g*; (*larmes, injures*) llif *g*; (*lettres*) tomen *b*, pentwr *g*; **le D~** (*BIBLE*) y Dilyw *g*.
déluré (-e) [delyre] *adj* effro, craff, dyfeisgar; (*péj*) digywilydd, hy, ewn, eofn.
démagnétiser [demaɲetize] (**1**) *vt* dadfagneteiddio.
démagogie [demagɔʒi] *f* demagogiaeth *b*.
démagogique [demagɔʒik] *adj* demagogaidd.
démagogue [demagɔg] *adj* demagogaidd;
♦*m* demagog *g*.
démaillé (-e) [demɑje] *adj* (*bas*) wedi rhedeg.
démailloter [demajɔte] (**1**) *vt* (*enfant*) tynnu clwt *ou* cewyn (rhn).
demain [d(ə)mɛ̃] *adv* yfory; **~ matin/soir** bore/nos yfory; **~ midi** canol *ou* hanner dydd yfory; **à ~** 'wela' i di fory, 'wela' i chi fory.
demande [d(ə)mɑ̃d] *f* galwad *b*, galw *g*; (*ADMIN*) cais *g*; (*ÉCON*) galw; (*JUR*) hawliad *g*; **à la ~ générale** ar ôl galw mawr; **~ en mariage** cynnig *g* priodi *ou* priodas; **faire sa ~ (en mariage)** gofyn i rn eich priodi; **l'offre et la ~** cyflenwad *g* a galw; **sur ~** yn ôl y galw; **~ d'asile** cais am noddfa; **~ d'emploi/de poste** cais *ou* cynnig am swydd; **~ de naturalisation** cais am ddinasyddiad; **"~s d'emploi"** "swyddi yn eisiau"
demandé (-e) [d(ə)mɑ̃de] *adj* poblogaidd; **c'est un modèle très ~** (*article etc*) mae galw mawr am y model yma, mae mynd mawr ar y model yma.
demander [d(ə)mɑ̃de] (**1**) *vt* gofyn; (*médecin, plombier*) galw am; (*vouloir engager: personnel*) chwilio am; (*exiger, requérir, nécessiter*) mynnu, gofyn (am), galw am; **~ qch à qn** gofyn rhth i rn, gofyn i rn am rth; **~ à qn de faire** gofyn i rn wneud; **~ de la ponctualité de qn** mynnu prydlondeb gan rn;

~ **la main de qn** (*fig*) gofyn am law rhn; ~ **des nouvelles de qn** gofyn *ou* holi am rn, holi hanes rhn; ~ **l'heure** gofyn faint o'r gloch yw hi; ~ **son chemin** gofyn pa ffordd i fynd; ~ **pardon à qn** gofyn maddeuant rhn, ymddiheuro i rn; ~ **à** *neu* **de voir/faire** gofyn am gael gweld/gwneud; **ils demandent 2 secrétaires et un ingénieur** maen nhw'n chwilio am ddwy ysgrifenyddes a pheiriannydd; ~ **la parole** gofyn a gewch chi siarad; ~ **la permission de faire qch** gofyn caniatâd i wneud rhth; **on vous demande au téléphone** mae rhywun ar y ffôn ichi; **elle ne demande que ça** dyna'r cwbl sydd arni hi ei eisiau; **elle ne demande qu'à apprendre** y cwbl sydd arni hi eisiau ei wneud yw dysgu, mae hi'n barod iawn i ddysgu; **je ne demande pas mieux que de l'aider** 'rwyf *ou* byddaf yn fodlon iawn i'w helpu, byddaf yn falch iawn o'i helpu;
♦ **se** ~ *vr*: **se** ~ **si/pourquoi** meddwl *ou* gofyn tybed a/pam; **je me demande comment tu as pu** (ni) wn i ddim sut y gellaist; **je me le demande** tybed; **je me demande pourquoi!** ys gwn i pam!, pam ys gwn i!, pam tybed!

demandeur [dəmɑ̃dœʀ] *m*: ~ **d'emploi** un *g* sy'n chwilio am waith.

demandeuse [dəmɑ̃døz] *f*: ~ **d'emploi** un *b* sy'n chwilio am waith.

démangeaison [demɑ̃ʒɛzɔ̃] *f* cosfa *b*, cosi, ysfa *b*

démanger [demɑ̃ʒe] (**10**) *vi* cosi, ysu; **la main me démange** mae fy llaw yn cosi; (*fig*) 'rwy'n ysu am gael ei daro, 'rwyf bron â marw (o) eisiau ei daro; **l'envie** *neu* **ça la démange de faire ...** mae hi'n ysu am gael gwneud ..., mae hi bron â marw (o) eisiau gwneud ...

démantèlement [demɑ̃tɛlmɑ̃] *m* dymchweliad *g*, chwalfa *b*, dymchwel, chwalu.

démanteler [demɑ̃t(ə)le] (**13**) *vt* dymchwel, chwalu.

démaquillant[1] (**-e**) [demakijɑ̃, ɑ̃t] *adj* i dynnu *ou* sy'n tynnu colur.

démaquillant[2] [demakijɑ̃] *m* tynnwr *g* colur.

démaquiller [demakije] (**1**) *vt* (*yeux, visage*) tynnu'r colur oddi ar; (*personne*) tynnu colur (rhn);
♦ **se** ~ *vr* tynnu'ch colur.

démarcage [demaʀkaʒ] *m*= **démarquage**.

démarcation [demaʀkasjɔ̃] *f* darnodiad *g*, diffiniad *g*; **ligne de** ~ llinell *b* derfyn.

démarchage [demaʀʃaʒ] *m* (*COMM*) gwerthu o ddrws i ddrws.

démarche [demaʀʃ] *f* (*allure*) cerddediad *g*, osgo *g*; (*intervention*) cam *g*; (*fig: intellectuelle etc*) dull *g* o drin rhth, ffordd *b* o fynd ati; **faire** *neu* **entreprendre des** ~**s** gweithredu, cymryd camau; **faire des** ~**s auprès de qn** mynd at rn (er mwyn cael rhth).

démarcheur [demaʀʃœʀ] *m* (*COMM*) trafaeliwr *g*, un *g* sy'n gwerthu o ddrws i ddrws; (*POL*) canfasiwr *g*.

démarcheuse [demaʀʃøz] *f* (*COMM*) un *b* sy'n gwerthu o ddrws i ddrws; (*POL*) canfaswraig *b*.

démarquage [demaʀkaʒ] *m* (*COMM*) gostwng pris, tynnu labeli (oddi ar ddillad); (*SPORT*) tynnu marciwr oddi ar sodlau chwaraewr arall; (*fait de se distinguer*) gwahaniaeth *g* mawr; (*plagiat*) copi *g* anghyfreithlon, llên-ladrad *g*; **on observe un** ~ **de plus en plus net entre les deux joueurs** gellir gweld gwahaniaeth mawr yn datblygu rhwng y ddau chwaraewr.

démarque [demaʀk] *f* (*COMM*) gostyngiad *g* pris.

démarqué (**-e**) [demaʀke] *adj* (*FOOTBALL*) heb eich marcio; (*article*) â'i bris wedi ei ostwng (*gan ei fod heb label*); **prix** ~**s** (*COMM*) prisiau *ll* gostyngol.

démarquer [demaʀke] (**1**) *vt* (*prix*) gostwng; (*SPORT*) peidio marcio rhn;
♦ **se** ~ *vr* (*SPORT*) cael gwared â'ch marciwr.

démarrage [demaʀaʒ] *m* cychwyniad *g*, cychwyn; (*SPORT*) gwib *b*, hwrdd *g* o gyflymder; ~ **en côte** cychwyniad ar allt (ou) ar riw.

démarrer [demaʀe] (**1**) *vi* (*moteur*) cychwyn, tanio; (*véhicule*) cychwyn; (*coureur: accélérer*) cyflymu ei gam, cymryd gwib; (*travaux, affaire*) dechrau symud;
♦*vt* (*voiture, travail*) cychwyn, cyflymu.

démarreur [demaʀœʀ] *m* (*AUTO*) taniwr *g*.

démasquer [demaske] (**1**) *vt* tynnu masg (rhn); (*fig*) dinoethi, datgelu;
♦ **se** ~ *vr* tynnu'ch masg; (*fig*) datgelu'r gwir amdanoch eich hun, dangos eich hun yn eich priod liwiau.

démâter [demɑte] (**1**) *vi* colli hwylbrenni;
♦*vt* dihwylbrennu, torri *ou* tynnu hwylbrenni (oddi ar long).

démêlant (**-e**) [demɛlɑ̃, ɑ̃t] *adj*: **crème** ~**e, baume** ~ (*pour les cheveux*) hufen *g* llyfnhau *ou* llyfnu.

démêler [demele] (**1**) *vt* datrys, datod, rhyddhau; (*fig*) datrys.

démêlés [demele] *mpl* helynt *g,b*, trafferth *b,g*.

démembrement [demɑ̃bʀəmɑ̃] *m* (*corps*) datgymaliad *g*, datgymalu; (*pays etc*) darniad *g*, darnio, chwalu, rhannu.

démembrer [demɑ̃bʀe] (**1**) *vt* datgymalu, darnio; (*fig*) darnio, rhannu.

déménagement [demenaʒmɑ̃] *m* symud dodrefn; (*changement de domicile*) newid cartref, symud i dŷ newydd, ymfudiad *g*, mudo; **camion de** ~ fan *b* ddodrefn *ou* gelfi, fan fudo.

déménager [demenaʒe] (**10**) *vi* symud, ymfudo, mudo;
♦*vt* (*meubles*) symud.

déménageur [demenaʒœʀ] *m* dyn *g* symud

dodrefn *ou* celfi.
démence [demɑ̃s] *f* (*MÉD*) gwallgofrwydd *g*, gorffwylltra *g*, gorffwylledd *g*.
démener [dem(ə)ne] (**13**): **se** ~ *vr* ymrwyfo, corddi â'ch breichiau a'ch coesau; (*fig*) ymlafnio, gwneud eich gorau glas.
dément (-e) [demɑ̃, ɑ̃t] *vb voir* **démentir**; ♦*adj* (*fou*) gwallgof, hurt; **c'est** ~**!*** mae'n anhygoel!
démenti [demɑ̃ti] *m* gwrthbrawf *g*, gwrthbrofiad *g*.
démentiel (-le) [demɑ̃sjɛl] *adj* ynfyd, hurt, gwallgof.
démentir [demɑ̃tiʀ] (**26**) *vt* gwrthbrofi, gwrth-ddweud, gwadu; **ne pas se** ~ (*ne pas cesser*) parhau, bod yn ddi-ball, peidio â phallu.
démerder** [demɛʀde] (**1**): **se** ~ *vr* dod i ben heb help yr un diawl**; (*se dépêcher*) brysio, ei siapo hi, ei styrio hi; **démerde-toi un peu!** symud dy din!**; **se** ~ **pour faire** llwyddo gwneud.
démériter [demeʀite] (**1**) *vi*: ~ **auprès de qn** colli parch rhn; ~ **de qch** dod yn annheilwng o rth.
démesure [dem(ə)zyʀ] *f* anghymedroldeb *g*, anghymesuredd *g*.
démesuré (-e) [dem(ə)zyʀe] *adj* anghymedrol, anghymesur, gormodol.
démesurément [dem(ə)zyʀemɑ̃] *adv* yn anghymedrol *ou* anghymesur, i ormodedd, yn ormodol.
démettre [demɛtʀ] (**72**) *vt* diswyddo; ♦ **se** ~ *vr*: **se** ~ **le genou/le poignet** tynnu *ou* gyrru'ch pen-glin/arddwrn o'i le, sigo'ch pen-glin/arddwrn, dadleoli'ch pen-glin/arddwrn; **se** ~ **(de ses fonctions)** ymddiswyddo.
demeurant [d(ə)mœʀɑ̃]: **au** ~ *adv* er gwaethaf hynny oll, serch hynny; (*tout bien considéré*) ac *ou* o ystyried popeth.
demeure [d(ə)mœʀ] *f* tŷ *g*, cartref *g*, trigfa *b*; **dernière** ~ (*fig*) gorffwysfan *g,b* olaf; **mettre qn en** ~ **de faire ...** gorchymyn *ou* siarsio rhn i wneud..., dweud wrth rn am wneud ...; **à** ~ (*installations*) parhaol; (*domestique*) yn byw i mewn; (*s'installer*) yn barhaol.
demeuré[1] (-e) [d(ə)mœʀe] *adj* araf eich meddwl.
demeuré[2] [d(ə)mœʀe] *m* un *g* araf ei feddwl.
demeurée [d(ə)mœʀe] *f* un *b* araf ei meddwl; ♦*adj f voir* **demeuré**[1].
demeurer [d(ə)mœʀe] (**1**) *vi* (*habiter*) byw, trigo; (*séjourner*) aros; (*rester*) aros; **la conversation en est demeurée là** gadawyd y sgwrs yn y fan honno.
demi[1] (-e) [dəmi] *adj* hanner; **trois heures et** ~**e** tair awr a hanner; **il est 2 heures et** ~**e** mae hi'n hanner awr wedi dau; **il est midi et** ~ mae hi'n hanner awr wedi deuddeg *ou* wedi hanner (dydd); **à la** ~**e (***heure***)** am hanner awr wedi'r awr; **à** ~ hanner, lled; **à** ~ **mort** hanner marw, lledfyw; **faire les choses à** ~ hanner gwneud pethau; **ouvrir à** ~ cilagor, lled agor, hanner agor.
demi[2] [dəmi] *m* (*FOOTBALL*) hanerwr *g*; ~ **de mêlée** (*RUGBY*) sgrŷm-hanerwr *g*; ~ **d'ouverture** (*RUGBY*) gwib-hanerwr *g*; **un** ~ (*bière*) gwydraid *g* o gwrw, ≈ hanner peint.
demi... [dəmi] *préf* lled-, hanner-.
demi-bas [dəmibɑ] *m inv* hosan *b* ben-glin.
demi-bouteille (~-~**s**) [dəmibutɛj] *f* hanner *g* potelaid.
demi-cercle (~-~**s**) [dəmisɛʀkl] *m* hanner *g* cylch, hanergylch *g*; **en** ~-~ hanner-crwn, hanergrwn, hanner-cylchog, mewn hanner cylch.
demi-douzaine (~-~**s**) [dəmiduzɛn] *f* hanner *g* dwsin.
demi-écrémé (~-~**s**) [dəmiekʀeme] *adj* hanner sgim.
demi-finale (~-~**s**) [dəmifinal] *f* gêm *b ou* rownd *b ou* gornest *b* gynderfynol.
demi-finaliste (~-~**s**) [dəmifinalist] *m/f* chwaraewr *g* cynderfynol, chwaraewraig *b* gynderfynol, cynderfynwr *g*, cynderfynwraig *b*.
demi-fond [dəmifɔ̃] *m inv* (*SPORT*) rhedeg pellter canolig.
demi-frère (~-~**s**) [dəmifʀɛʀ] *m* hanner brawd *g*.
demi-gros [dəmigʀo] *m inv* masnach *b* gyfanwerthol.
demi-heure (~-~**s**) [dəmijœʀ] *f* hanner *g* awr.
demi-jour (~-~**(s)**) [dəmiʒuʀ] *m* gwyll *g*, hanner *g* gwyll, hanner *g* golau, cyfnos *g*, cyfddydd *g*, llwydnos *b*.
demi-journée (~-~**s**) [dəmiʒuʀne] *f* hanner *g* diwrnod.
démilitariser [demilitaʀize] (**1**) *vt* dadfilwroli.
demi-litre (~-~**s**) [dəmilitʀ] *m* hanner *g* litr.
demi-livre (~-~**s**) [dəmilivʀ] *f* hanner *g* pwys.
demi-longueur (~-~**s**) [dəmilɔ̃gœʀ] *f* (*SPORT*) hanner *g* hyd.
demi-lune [dəmilyn]: **en** ~-~ *adj inv* mewn hanergylch *ou* hanner cylch.
demi-mal (~**-maux**) [dəmimal] *m*: **il n'y a que** ~-~ gallasai fod yn waeth.
demi-mesure (~-~**s**) [dəmimzyʀ] *f* hanner *g* mesur, hanereg *b*.
demi-mot [dəmimo]: **à** ~-~ *adv* heb orfod egluro popeth yn fanwl, heb orfod dweud y cyfan.
déminer [demine] (**1**) *vt* (*terrain, zone*) clirio ffrwydron o.
démineur [deminœʀ] *m* arbenigwr *g* difa bomiau, difäwr *g* ffrwydron.
demi-pension (~-~**s**) [dəmipɑ̃sjɔ̃] *f* gwely a brecwast a chinio nos; **être en** ~-~ (*lycée*) cael cinio ysgol.
demi-pensionnaire (~-~**s**) [dəmipɑ̃sjɔnɛʀ] *m/f* (*lycée*) disgybl *g* dyddiol.

demi-place (~-~**s**) [dəmiplas] *f* tocyn *g* hanner pris.
demi-portion (~-~**s**) [dəmipɔʀsjɔ̃] (*péj*) *f* sinach *g* bach.
démis (-**e**) [demi, iz] *pp de* **démettre**; ♦*adj* (*épaule etc*) dadleoledig, datgymaledig, wedi ei yrru o'i le.
demi-saison (~-~**s**) [dəmisɛzɔ̃] *f*: **vêtements de** ~-~ dillad *ll* ar gyfer y gwanwyn *ou* yr hydref (*heb fod yn rhy ysgafn nac yn rhy drwm*).
demi-sel [dəmisɛl] *adj inv* ag ychydig o halen ynddo, lled-hallt.
demi-siècle (~-~**s**) [dəmisjɛkl] *m* hanner *g* canrif.
demi-sœur (~-~**s**) [dəmisœʀ] *f* hanner *g* chwaer *b*.
demi-sommeil (~-~**s**) [dəmisɔmɛj] *m*: **être dans un** ~-~ bod yn hanner cysgu, bod rhwng cwsg ac effro, pendrymu, hepian (cysgu).
demi-soupir (~-~**s**) [dəmisupiʀ] *m* (*MUS*) cwafer *g*.
démission [demisjɔ̃] *f* ymddiswyddiad *g*; **donner sa** ~ ymddiswyddo.
démissionnaire [demisjɔnɛʀ] *adj* ymadawol, sy'n ymadael, sydd wedi ymddiswyddo; ♦*m/f* un *g/b* sydd wedi ymddiswyddo *ou* sy'n ymadael.
démissionner [demisjɔne] (**1**) *vi* ymddiswyddo.
demi-tarif (~-~**s**) [dəmitaʀif] *m*: **voyager à** ~-~ teithio am hanner pris.
demi-ton (~-~**s**) [dəmitɔ̃] *m* (*MUS*) hanner *g* tôn.
demi-tour (~-~**s**) [dəmituʀ] *m* tro *g* ar y sawdl; (*AUTO*) tro pedol, tro yn ôl; **faire un** ~-~ (*MIL*) troi ar eich sawdl; (*AUTO*) gwneud tro pedol; **faire** ~-~ troi yn ôl; (*fig*) troi yn eich carn.
démobilisation [demɔbilizasjɔ̃] *f* dadfyddiniad *g*, dadfyddino.
démobiliser [demɔbilize] (**1**) *vt* dadfyddino.
démocrate [demɔkʀat] *adj* democrataidd, democratig; ♦*m/f* democrat *g/b*.
démocrate-chrétien[1] (~-~**ne**) (~**s**-~**s**, ~**s-nes**) [demɔkʀatkʀetjɛ̃, jɛn] *adj* Democrataidd-Gristnogol.
démocrate-chrétien[2] (~**s**-~**s**) [demɔkʀatkʀetjɛ̃] *m* Democrat *g* Cristnogol.
démocrate-chrétienne (~**s**-~**s**) [demɔkʀatkʀetjɛn] *f* Democrat *g* Cristnogol; ♦*adj f voir* **démocrate-chrétien**[1].
démocratie [demɔkʀasi] *f* democratiaeth *b*; ~ **libérale/populaire** democratiaeth ryddfrydol/werinol.
démocratique [demɔkʀatik] *adj* democrataidd, democratig; (*du peuple*) gwerinol, gwerinaidd.
démocratiquement [demɔkʀatikmɑ̃] *adv* yn ddemocrataidd.
démocratisation [demɔkʀatizasjɔ̃] *f* democrateiddio.
démocratiser [demɔkʀatize] (**1**) *vt* democrateiddio.
démodé (-**e**) [demɔde] *adj* henffasiwn, allan o'r ffasiwn.
démoder [demɔde] (**1**): **se** ~ *vr* mynd allan o'r ffasiwn.
démographe [demɔgʀaf] *m/f* demograffydd *g*.
démographie [demɔgʀafi] *f* demograffeg *b*.
démographique [demɔgʀafik] *adj* demograffaidd, demograffig; **poussée** ~ twf *g ou* cynnydd *g* (yn) y boblogaeth.
demoiselle [d(ə)mwazɛl] *f* (*jeune fille*) merch *b* ifanc, llances *b*; (*célibataire*) merch ddibriod; ~ **d'honneur** morwyn *b* briodas.
démolir [demɔliʀ] (**2**) *vt* dymchwel, chwalu; (*fig*) distrywio, difetha, dinistrio.
démolisseur [demɔlisœʀ] *m* chwalwr *g*, dymchwelwr *g*.
démolition [demɔlisjɔ̃] *f* dymchweliad *g*, dymchwel; **entreprise de** ~ chwalwyr *ll*, dymchwelwyr *ll*.
démon [demɔ̃] *m* demon *g*, cythraul *g*, diafol *g*; **le D**~ y Diafol *g*; **le** ~ **du jeu** cythraul *ou* melltith *b* gamblo
démonétiser [demɔnetize] (**1**) *vt* dirymu.
démoniaque [demɔnjak] *adj* dieflig, cythreulig.
démonstrateur [demɔ̃stʀatœʀ] *m* arddangosydd *g*, arddangoswr *g*.
démonstratif[1] (**démonstrative**) [demɔ̃stʀatif, demɔ̃stʀativ] *adj* (*qui démontre*) eglurhaol, arddangosol; (*affectueux*) arddangosol, llawn teimlad *ou* mynegiant, teimladwy, emosiynol; (*LING*) dangosol.
démonstratif[2] [demɔ̃stʀatif] *m* rhagenw *g* dangosol.
démonstration [demɔ̃stʀasjɔ̃] *f* arddangosiad *g*; (*preuve*) prawf *g*; (*COMM: d'un appareil*) arddangosiad; (*d'émotion*) mynegiant *g*, amlygiad *g*, arddangosiad.
démonstratrice [demɔ̃stʀatʀis] *f* arddangosydd *g*.
démontable [demɔ̃tabl] *adj* datgymaladwy, datodadwy.
démontage [demɔ̃taʒ] *m* tynnu'n ddarnau *ou* oddi wrth ei gilydd, datgymalu, datod.
démonté (-**e**) [demɔ̃te] *adj* (*cavalier*) wedi ei daflu; (*machine*) wedi ei dynnu'n ddarnau *ou* oddi wrth ei gilydd; (*mer*) brochus, tymhestlog, gwyllt.
démonte-pneu (~-~**s**) [demɔ̃t(ə)pnø] *m* lifer *g* tynnu teiars.
démonter [demɔ̃te] (**1**) *vt* (*machine etc*) tynnu'n ddarnau *ou* oddi wrth ei gilydd, datgymalu; (*pneu, porte*) tynnu; (*cavalier*) taflu; (*fig: personne*) syfrdanu; ♦ **se** ~ *vr* (*machine etc*) dod yn ddarnau *ou* oddi wrth ei gilydd; (*personne*) cynhyrfu, anesmwytho.
démontrable [demɔ̃tʀabl] *adj* profadwy,

dangosadwy.
démontrer [demɔ̃tʀe] (**1**) *vt* dangos; (*prouver*) profi.
démoralisant (-e) [demɔʀalizɑ̃, ɑ̃t] *adj* digalon, torcalonnus, digon i dorri'ch calon.
démoralisateur (**démoralisatrice**) [demɔʀalizatœʀ, demɔʀalizatʀis] *adj* digalon, torcalonnus, digon i dorri'ch calon.
démoraliser [demɔʀalize] (**1**) *vt* digalonni, torri calon (rhn).
démordre [demɔʀdʀ] (**3**) *vi*: **ne pas** ~ **de** cadw *ou* dal at, glynu wrth; **ne pas** ~ **de son avis** gwrthod syflyd, glynu wrth eich safbwynt, ystyfnigo.
démoulage [demulaʒ] *m* (*statue*) tynnu o'r mowld; (*gâteau*) troi allan *ou* mas (o fowld).
démouler [demule] (**1**) *vt* (*statue*) tynnu o'r mowld; (*gâteau*) troi allan *ou* mas (o fowld).
démoustiquer [demustike] (**1**) *vt* clirio'r mosgitos o, cael gwared â'r mosgitos o.
démultiplicateur (**démultiplicatrice**) [demyltiplikatœʀ, demyltiplikatʀis] *adj* (*effet*) lleihaol.
démultiplication [demyltiplikasjɔ̃] *f* (*effet*) arafu, gostwng, lleihau; (*rapport*) cymhareb *b* leihaol.
démuni (-e) [demyni] *adj* (*sans argent*) anghenus, heb ddimai; ~ **de** prin o, heb, amddifad o.
démunir [demyniʀ] (**2**) *vt* amddifadu *ou* difeddiannu (rhn) o;
♦ **se** ~ *vr*: **se** ~ **de** rhoi, ymadael â, ildio, aberthu.
démuseler [demyzle] (**11**) *vt* (*cheval*) tynnu penffrwyn; (*chien*) tynnu mwsel.
démystifier [demistifje] (**16**) *vt* (*détromper*) dadrithio; (*priver de son mystère*) chwalu hud (rhth).
démythifier [demitifje] (**16**) *vt* dadfythu.
dénatalité [denatalite] *f* cwymp *g* yng ngraddfa'r genedigaethau.
dénationalisation [denasjɔnalizasjɔ̃] *f* dadwladoli.
dénationaliser [denasjɔnalize] (**1**) *vt* dadwladoli.
dénaturé (-e) [denatyʀe] *adj* (*alcool*) amhur, difwynedig; (*goûts*) annaturiol, gwyrdroëdig, croes i natur; (*parents*) gwael.
dénaturer [denatyʀe] (**1**) *vt* (*alcool etc*) newid natur; (*goût*) newid (rhth) yn gyfan gwbl; (*pensée, fait*) gwyrdroi, ystumio, llurgunio.
dénégation [denegasjɔ̃] *f* gwadiad *g*.
déneigement [denɛʒmɑ̃] *m* clirio eira.
déneiger [deneʒe] (**10**) *vt* clirio eira o *ou* oddi ar.
déni [deni] *m*: ~ **(de justice)** gwrthodiad *g ou* nacâd *g* cyfiawnder.
déniaiser [denjeze] (**1**) *vt* dangos *ou* dysgu (i rn) beth yw beth, agor llygaid (rhn).
dénicher [deniʃe] (**1**) *vt* dod o hyd i, cael hyd i.
dénicotinisé (-e) [denikɔtinize] *adj*: **cigarette** ~**e** sigarét *b* heb nicotin.
denier [dənje] *m*
1 (*argent*) *hen ddarn arian Rhufeinig a Ffrengig*, ≈ ceiniog *b*; ~ **du culte** *cyfraniad blynyddol a wneir gan Gatholigion er mwyn cynnal eglwys ac offeiriad y plwyf*; **de ses (propres)** ~**s** o'ch poced eich hun; ~**s publics** arian *g ou* pwrs *g* y wlad.
2 (*de bas*) denier *g*.
dénier [denje] (**16**) *vt* gwadu; ~ **qch à qn** gwrthod *ou* gwarafun rhth i rn.
dénigrement [denigʀəmɑ̃] *m* difenwad *g*, difenwi; **campagne de** ~ ymgyrch *g,b* difenwi *ou* ddifenwi, taflu baw, pardduo.
dénigrer [denigʀe] (**1**) *vt* pardduo, difenwi, lladd ar.
dénivelé[1] (-e) [denivle] *adj* anwastad; (*chaussée*) ar lefel is.
dénivelé[2] [denivle] *m* gwahaniaeth *g* uchder *ou* lefel.
déniveler [deniv(ə)le] (**11**) *vt* (*rendre inégal*) gwneud (rhth) yn anwastad; (*abaisser*) gostwng, gwneud (rhth) yn is.
dénivellation [denivelasjɔ̃] *f* gostyngiad *g*, gostwng, twmpath *g*, poncen *b*; (*cassis, creux*) pant *g*; (*différence de niveau*) gwahaniaeth *g* uchder *ou* lefel.
dénivellement [denivɛlmɑ̃] *m*= **dénivellation**.
dénombrer [denɔ̃bʀe] (**1**) *vt* (*compter*) cyfrif, rhifo; (*énumérer*) rhestru, rhifo.
dénominateur [denɔminatœʀ] *m* enwadur *g*; ~ **commun** cyfenwadur *g*; (*fig*) nodwedd *b* gyffredin.
dénomination [denɔminasjɔ̃] *f* (*nom*) enw *g*, teitl *g*.
dénommé (-e) [denɔme] *adj*: **le** ~ **Dupont** y dyn *g* o'r enw Dupont.
dénommer [denɔme] (**1**) *vt* enwi, galw.
dénoncer [denɔ̃se] (**9**) *vt* (*révéler: crime*) dinoethi; (*accuser*) cyhuddo, achwyn ar; (*trahir*) bradychu; (*condamner*) condemnio;
♦ **se** ~ *vr* eich ildio'ch hun, ildio.
dénonciateur [denɔ̃sjatœʀ] *m* achwynydd *g*, cyhuddwr *g*, condemniwr *g*.
dénonciation [denɔ̃sjasjɔ̃] *f* cyhuddiad *g*, condemniad *g*.
dénonciatrice [denɔ̃sjatʀis] *f* achwynydd *g*, cyhuddwraig *b*, condemnwraig *b*.
dénoter [denɔte] (**1**) *vt* dynodi.
dénouement [denumɑ̃] *m* diwedd *g*; (THÉÂTRE) diweddglo *g*, dadleniad *g*, datrysiad *g*.
dénouer [denwe] (**1**) *vt* (*nœud etc*) datod, datglymu; (*cheveux*) gollwng i lawr, datod, datglymu; (*fig*) datrys.
dénoyauter [denwajote] (**1**) *vt* tynnu'r garreg o, digaregu; **appareil à** ~ tynnwr *g* cerrig, digaregwr *g*.
dénoyauteur [denwajotœʀ] *m* tynnwr *g* cerrig, digaregwr *g*.
denrée [dɑ̃ʀe] *f* nwydd *g*; ~**s alimentaires** bwydydd *ll*.
dense [dɑ̃s] *adj* tew, trwchus; (*population,*

foule) niferus; (*circulation*) trwm(trom)(trymion); (*PHYS*) dwys; (*fig: style*) cryno, cywasgedig.
densité [dɑ̃site] *f* (*brouillard etc*) trwch *g*; (*PHYS*) dwysedd *g*.
dent [dɑ̃] *f* (*ANAT: d'une machine*) dant *g*; ~ **de lait** dant cyntaf *ou* sugno *ou* babi; ~ **de sagesse** dant helbul *ou* gofid *ou* ôl; **garder** *neu* **avoir une** ~ **contre qn** dal dig yn erbyn rhn; **se mettre qch sous la** ~ bwyta rhth, cael rhth i'w fwyta; **avoir les** ~**s longues** bod yn uchelgeisiol iawn, anelu'n uchel iawn; **être sur les** ~**s** (*anxieux*) bod ar bigau drain; (*très occupé*) bod dan bwysau mawr, gorweithio; (*épuisé*) bod wedi ymlâdd, bod wedi blino'n llwyr; **faire ses** ~**s** cael eich dannedd, torri'ch dannedd; **à belles** ~**s** gydag awch; **en** ~**s de scie** danheddog; (*montagne*) cribog, ysgythrog; **ne pas desserrer les** ~**s** peidio ag agor eich ceg.
dentaire [dɑ̃tɛʀ] *adj* deintiol, deintyddol; **cabinet** ~ deintyddfa *b*, lle *g* deintydd; **école** ~ ysgol *b* ddeintyddol; **prothèse** ~ dannedd *ll* gosod *ou* dodi.
denté (-e) [dɑ̃te] *adj*: **roue** ~**e** olwyn *b* gocos *ou* ddanheddog.
dentelé (-e) [dɑ̃t(ə)le] *adj* (*côte*) cilfachog; (*feuille*) danheddog.
dentelle [dɑ̃tɛl] *f* les *g,b*.
dentelure [dɑ̃t(ə)lyʀ] *f* ymyl *b* ddanheddog, amlinell *b* gribog *ou* ysgythrog.
dentier [dɑ̃tje] *m* dannedd *ll* gosod *ou* dodi.
dentifrice [dɑ̃tifʀis] *m* past *g* dannedd; ♦*adj*: **pâte** ~ past dannedd; **eau** ~ cegolch *g*, peth *g* golchi ceg*.
dentiste [dɑ̃tist] *m/f* deintydd *g*; **aller chez le/la** ~ mynd at y deintydd.
dentition [dɑ̃tisjɔ̃] *f* (*dents*) dannedd *ll*; (*formation*) danheddiad *g*.
dénucléariser [denykleaʀize] (**1**) *vt* dadniwcleareiddio.
dénudé (-e) [denyde] *adj* (*corps, fil électrique*) noeth; (*terrain*) moel, llwm; (*arbre*) heb ddail, di-ddail, moel, llwm; (*crâne*) moel.
dénuder [denyde] (**1**) *vt* dinoethi, noethi; (*fil électrique*) plicio, tynnu croen;
♦ **se** ~ *vr* (*personne*) tynnu oddi amdanoch, tynnu *ou* diosg eich dillad.
dénué (-e) [denɥe] *adj*: ~ **de** prin o, amddifad o, heb (unrhyw).
dénuement [denymɑ̃] *m* tlodi *g*, cyni *g*, amddifadrwydd *g*.
dénutrition [denytʀisjɔ̃] *f* diffyg *g* maeth.
déodorant [deɔdɔʀɑ̃] *m* diaroglydd *g*.
déodoriser [deɔdɔʀize] (**1**) *vt* diarogli.
déontologie [deɔ̃tɔlɔʒi] *f* moeseg *b*, dyletswyddeg *b*, côd *g* ymarfer.
dep.[1] *abr*= **département**.
dep.[2] *abr*= **départ**.
dépannage [depanaʒ] *m* trwsio, atgyweirio; **service de** ~ gwasanaeth *g* atgyweirio; (*AUTO*) gwasanaeth ar gyfer ceir sydd wedi torri i lawr; **camion de** ~ (*AUTO*) lorri *b* ddamweiniau.
dépanner [depane] (**1**) *vt* trwsio, atgyweirio; (*fig: tirer d'embarras*) helpu (rhn) dros anhawster.
dépanneur [depanœʀ] *m* atgyweiriwr *g*; (*AUTO*) mecanydd *g* damweiniau; (*TV*) peiriannydd *g* teledu.
dépanneuse [depanøz] *f* lorri *b* ddamweiniau.
dépareillé (-e) [depaʀeje] *adj* (*collection, service*) anghyflawn; (*gant etc*) heb gymar, heb y llall; (*volume*) unigol.
déparer [depaʀe] (**1**) *vt* difetha, andwyo.
départ [depaʀ] *m* ymadawiad *g*, cychwyniad *g*, ymadael, cychwyn; (*d'un employé: démission*) ymadawiad, ymddiswyddiad *g*; (*d'un employé: licenciement*) diswyddiad *g*; (*endroit*) man *g* cychwyn; (*SPORT*) cychwyniad, cychwyn; (*SPORT: ligne*) llinell *b* gychwyn; **peu après mon** ~ **de l'hôtel** yn fuan wedi imi adael y gwesty; **au** ~ (*au début*) ar y cychwyn *ou* dechrau; **courrier au** ~ llythyrau *ll* i'w hanfon; **être sur le** ~ bod ar fin cychwyn *ou* ymadael.
départager [depaʀtaʒe] (**10**) *vt* penderfynu rhwng; **le vote du président va** ~ **les voix** y cadeirydd sydd â'r bleidlais fwrw *ou* fantol.
département [depaʀtəmɑ̃] *m* (*du gouvernement*) gweinyddiaeth *b*; (*division du territoire*) *un o'r 96 o unedau gweinyddol sydd yn Ffrainc*, ≈ sir *b*; (*d'université*) adran *b*; ~ **ministériel** adran, gweinyddiaeth; ~ **d'outre-mer** rhanbarth *g* Ffrengig tramor.
départemental (-e) (**départementaux, départementales**) [depaʀtəmɑ̃tal, depaʀtəmɑ̃to] *adj* adrannol; **(route)** ~**e** ffordd *b* eilradd.
départmentale [depaʀtəmɑ̃tal] *f* ffordd *b* eilradd, ≈ ffordd 'B';
♦*adj f voir* **départmental**.
départementaliser [depaʀtəmɑ̃talize] (**1**) *vt* datganoli awdurdod i, trosglwyddo awdurdod i.
départir [depaʀtiʀ] (**26**): **se** ~ **de** *vr* gwyro oddi wrth, rhoi'r gorau i; **elle ne se départait pas de sa bonhomie** 'roedd hi'n wastad yn hynaws *ou* rhadlon.
dépassé (-e) [depɑse] *adj* wedi dyddio, henffasiwn, ar ôl yr oes; (*fig*) mewn dyfroedd dyfnion, ar goll.
dépassement [depɑsmɑ̃] *m* (*AUTO*) mynd heibio, pasio, goddiweddyd; ~ **de crédit** (*FIN*) gorwariant *g*, gorwario.
dépasser [depɑse] (**1**) *vi* (*AUTO*) mynd heibio, pasio, goddiweddyd; (*jupon*) dangos, bod yn weladwy;
♦*vt* bod yn fwy na, mynd heibio *ou* y tu hwnt i, mynd ymhellach na, mynd dros ben; (*véhicule, concurrent*) mynd heibio i, pasio; (*fig: en beauté etc*) rhagori (ar rn) o ran (rhth); (*être en saillie sur*) taflu *ou* bargodi

dros, estyn uwchben *ou* dros; **cela me dépasse** (*dérouter*) mae hynny y tu hwnt i mi, ni allaf i ddeall hynny o gwbl, mae hynny'n drech na mi; ~ **les bornes** (*fig*) mynd dros ben llestri, mynd yn rhy bell;
♦ **se** ~ *vr* (*se surpasser*) rhagori arnoch eich hun.

dépassionner [depasjɔne] (**1**) *vt* (*débât etc*) tawelu, lleddfu.

dépaver [depave] (**1**) *vt*: ~ **la rue** codi cerrig y stryd.

dépaysé (**-e**) [depeize] *adj* dryslyd, ffwndrus; **elle est complètement** ~**e** mae hi allan o'i chynefin yn llwyr, nid yw hi'n gartrefol o gwbl yma.

dépaysement [depeizmɑ̃] *m* dryswch *g*; (*changement agréable*) newid *g* cynefin *ou* golygfa; (*changement désagréable*) dryswch, penbleth *b*.

dépayser [depeize] (**1**) *vt* (*désorienter*) drysu, ffwndro; ~ **qn** (*changer agréablement*) rhoi newid cynefin i rn, newid cynefin rhn, mynd â rhn i le newydd.

dépecer [depəse] (**13**) *vt* (*suj: boucher*) torri (rhth) yn ddarnau; (*suj: lion etc*) darnio, rhwygo, llarpio.

dépêche [depɛʃ] *f* neges *b*, cenadwri *b*; ~ **(télégraphique)** telegram *g*

dépêcher [depeʃe] (**1**) *vt* anfon *ou* gyrru *ou* hala (rhn) ar frys;
♦ **se** ~ *vr* brysio; **se** ~ **de faire qch** brysio i wneud rhth.

dépeindre [depɛ̃dʀ] (**68**) *vt* darlunio, disgrifio, portreadu.

dépénalisation [depenalizasjɔ̃] *f* cyfreithloni.

dépendance [depɑ̃dɑ̃s] *f* dibyniaeth *b*, dibyniad *g*; (*bâtiment*) tŷ *g* allan *ou* mas, eil *g*.

dépendant (**-e**) [depɑ̃dɑ̃, ɑ̃t] *vb voir* **dépendre**;
♦*adj* dibynnol.

dépendre [depɑ̃dʀ] (**3**) *vt* (*tableau etc*) tynnu (rhth) i lawr, dod â (rhth) i lawr;
♦*vi*: ~ **de** dibynnu ar; (*faire partie de*) perthyn i; **ça dépend** mae'n dibynnu.

dépens [depɑ̃] *mpl*: **aux** ~ **de** ar draul; (*fig*) ar gorn, ar draul.

dépense [depɑ̃s] *f* gwariant *g*, gwario, traul *b*, cost *b*; (*de gaz, eau*) defnydd *g*; **une** ~ **de 100F** gwariant o gan ffranc; **pousser qn à la** ~ gwneud i rn fynd i gost, annog rhn i wario (arian); ~ **de temps** treulio amser; ~ **physique** ymarfer *g* corff *ou* corfforol; ~**s de fonctionnement** gwariant cyllid; ~**s d'investissement** gwariant cyfalaf; ~**s publiques** gwariant cyhoeddus.

dépenser [depɑ̃se] (**1**) *vt* (*argent*) gwario; (*gaz, eau*) defnyddio; (*temps*) treulio, bwrw;
♦ **se** ~ *vr* ymdrafferthu, ymegnïo, ymlafnio, eich lladd eich hun, mynd i drafferth; (*faire de l'exercice*) cael digon o ymarfer.

dépensier (**dépensière**) [depɑ̃sje, depɑ̃sjɛʀ] *adj*: **elle est dépensière** mae hi'n afrad *ou* afradlon *ou* wastrafflyd (*o ran arian*).

déperdition [depɛʀdisjɔ̃] *f* colled *b*, colli.

dépérir [depeʀiʀ] (**2**) *vi* (*personne*) dihoeni, nychu; (*plante*) gwywo.

dépersonnaliser [depɛʀsɔnalize] (**1**) *vt* amhersonoli.

dépêtrer [depetʀe] (**1**) *vt* rhyddhau, cael *ou* tynnu (rhth) yn rhydd;
♦ **se** ~ *vr*: **se** ~ **de** ymryddhau o, dod yn rhydd o; (*gêneur*) cael gwared â *ou* ar.

dépeuplé (**-e**) [depœple] *adj* diboblogedig, wedi ei ddiboblogi.

dépeuplement [depœpləmɑ̃] *m* diboblogaeth *b*, diboblogi.

dépeupler [depœple] (**1**) *vt* diboblogi;
♦ **se** ~ *vr* diboblogi, colli ei boblogaeth.

déphasage [defɑzaʒ] *m* (*fig*) colli cysylltiad.

déphasé (**-e**) [defɑze] *adj* (*ÉLEC, PHYS*) anghydwedd; (*fig: personne*) dryslyd, wedi colli cysylltiad, allan ohoni.

déphaser [defɑze] (**1**) *vt*: ~ **qn** (*fig*) peri i rn golli gafael, drysu rhn.

dépilation [depilasjɔ̃] *f* tynnu blew; (*animal*) colli *ou* bwrw blew.

dépilatoire [depilatwaʀ] *adj*: **crème** ~ hufen *g* tynnu blew.

dépistage [depistaʒ] *m* (*MÉD*) sgrinio.

dépister [depiste] (**1**) *vt* dod o hyd i; (*MÉD*) sgrinio; (*poursuivants*) taflu *ou* arwain (rhn) oddi ar y trywydd.

dépit [depi] *m* dicter *g*, gofid *g*; **en** ~ **de** (*malgré*) er gwaethaf; **en** ~ **du bon sens** rywsut-rywsut, ni waeth sut; **par** ~ yn sbeitlyd.

dépité (**-e**) [depite] *adj* dig, piwis, dicllon, sbeitlyd.

dépiter [depite] (**1**) *vt* digio.

déplacé (**-e**) [deplase] *adj* (*propos*) di-alw-amdano, di-alw-amdani, di-alw-amdanynt, diangen; **personne** ~**e** (*POL*) rhywun wedi ei ddadleoli, rhywun digartref.

déplacement [deplasmɑ̃] *m* symudiad *g*, dadleoliad *g*, symud, dadleoli; (*voyage*) taith *b*, teithio; (*de fonctionnaire*) adleoliad *g*; (*NAUT*) dadleoliad; **en** ~ oddi cartref; **ça vaut le** ~ mae'n werth mynd yno; ~ **d'air** symudiad *ou* dadleoliad aer; ~ **de vertèbre** disg *g* o'i le, disg wedi llithro.

déplacer [deplase] (**9**) *vt* (*table, voiture*) symud; (*employé*) symud, adleoli; (*MÉD, NAUT, PHYS*) dadleoli; (*fig: conversation, sujet*) newid pwyslais (rhth);
♦ **se** ~ *vr* (*objet*) symud; (*organe*) dod allan o'i le; (*personne: bouger*) symud, mynd *ou* symud o gwmpas, cerdded; **se** ~ **en voiture/avion** teithio mewn car/awyren.

déplaire [deplɛʀ] (**70**) *vi* digio, bod yn gas gan; **ceci me déplaît** nid wy'n hoffi hwn, ni dda gen i mo hwn; **elle cherche à nous** ~ mae

hi'n gwneud ei gorau i fod yn gas wrthym, mae hi'n gwneud ei gorau i'n digio;
♦ **se** ~ *vr*: **se** ~ **quelque part** peidio â hoffi bod yn rhywle, peidio â bod yn hapus yn rhywle.

déplaisant (-**e**) [deplɛzɑ̃, ɑ̃t] *vb voir* **déplaire**;
♦*adj* annifyr, annymunol, anghynnes, cas.

déplaisir [deplezir] *m* anfodlonrwydd *g*, dicter *g*, dicllonrwydd *g*.

déplaît [deplɛ] *vb voir* **déplaire**.

dépliant [deplijɑ̃] *m* taflen *b*.

déplier [deplije] (**16**) *vt* agor;
♦ **se** ~ *vr* agor, ymagor.

déplisser [deplise] (**1**) *vt* tynnu'r crychau o;
♦ **se** ~ *vr*: **cette jupe se déplisse facilement** mae'r crychau'n dod allan o'r sgert hon yn hawdd, mae'n hawdd tynnu'r crychau o'r sgert hon.

déploiement [deplwamɑ̃] *m* (*courage etc*) arddangosiad *g*, amlygiad *g*; (*voile etc*) lledu; (*péj*) sioe *b*.

déplomber [deplɔ̃be] (**1**) *vt* (*colis*) torri sêl; (*dent*) tynnu llenwad; (*INFORM*) hacio (i mewn) i.

déplorable [deplɔrabl] *adj* truenus, gresynus, anffodus.

déplorer [deplɔre] (**1**) *vt* gresynu at *ou* wrth; (*pleurer sur*) gofidio *ou* galaru dros.

déployer [deplwaje] (**17**) *vt* (*aile, voile*) lledu; (*troupes*) gwasgaru, gosod, lleoli; (*fig: force, courage*) dangos, arddangos.

déplu [deply] *pp de* **déplaire**.

déplumer [deplyme] (**1**): **se** ~ *vr* (*oiseau*) colli *ou* bwrw ei blu; (*fam: personne*) colli'ch gwallt, mynd yn foel.

dépointer [depwɛ̃te] (**1**) *vt* (*artillerie*) troi (rhth) oddi ar y targed;
♦*vi* clocio allan *ou* mas.

dépoli (-**e**) [depɔli] *adj*: **verre** ~ gwydr *g* barugog.

dépolitiser [depɔlitize] (**1**) *vt* dadwleidyddoli.

dépopulation [depɔpylasjɔ̃] *f* diboblogaeth *b*, diboblogiad *g*, diboblogi.

déportation [depɔrtasjɔ̃] *f* alltudiaeth *b*, alltudio.

déporté [depɔrte] *m* alltud *g*.

déportée [depɔrte] *f* alltud *g*.

déporter [depɔrte] (**1**) *vt* (*POL*) alltudio; (*voiture etc*) gwneud i (rth) wyro o'i gyfeiriad, gwneud i (rth) fynd ar ŵyr;
♦ **se** ~ *vr* (*voiture*) gwyro.

déposant [depozɑ̃] *m* (*épargnant*) adneuydd *g* (*arian*).

déposante [depozɑ̃t] *f* (*épargnante*) adneuydd *g* (*arian*).

dépose [depoz] *f* tynnu, datod, datodiad *g*.

déposé (-**e**) [depoze] *adj* cofrestredig.

déposer[1] [depoze] (**1**) *vi* (*vin etc*) gwaddodi; ~ **(contre)** (*JUR*) tystio *ou* rhoi tystiolaeth (yn erbyn);
♦*vt* (*mettre, poser*) rhoi *ou* dodi *ou* gosod (rhth) i lawr; (*à la banque, à la consigne*) rhoi (rhth) ar gadw, adneuo (*arian*); (*roi*) diorseddu; (*JUR: plainte, réclamation*) cofnodi; (*marque de fabrique*) cofrestru; ~ **une caution** rhoi blaen-dâl *ou* ernes o; ~ **un passager** gadael *ou* gollwng teithiwr, rhoi teithiwr i lawr; ~ **son bilan** (*COMM*) ymddiddymu, ymddatod;
♦ **se** ~ *vr* (*poussière*) gorwedd yn drwch; (*lie*) gwaelodi.

déposer[2] [depoze] (**1**) *vt* (*démonter: serrure, moteur*) tynnu allan; (*:rideau*) tynnu i lawr.

dépositaire [depozitɛr] *m/f* (*d'un secret*) ceidwad *g*; (*JUR*) ymddiriedolwr *g*, ymddiriedolwraig *b*; (*COMM*) asiant *g*, cynrychiolydd *g*; ~ **agréé** asiant *ou* cynrychiolydd awdurdodedig.

déposition [depozisjɔ̃] *f* (*JUR*) tystiolaeth *b* (ar lw).

déposséder [depɔsede] (**14**) *vt* (*roi*) diorseddu; (*héritier*) difeddiannu.

dépôt [depo] *m* (*entrepôt, réserve*) ystordy *g*, ystorfa *b*; (*sédiment*) gwaddod *g*, gwaelodion *ll*; (*de candidature*) cyflwyniad *g*, cyflwyno; (*prison*) celloedd *ll*; **mandat de** ~ ≈ traddodeb *b*; ~ **bancaire** arian *g* cadw; ~ **de bilan** ymddatodiad *g* gwirfoddol; ~ **légal** cofrestriad *g* hawlfraint; ~ **d'ordures** tomen *b* sbwriel.

dépoter [depɔte] (**1**) *vt* (*plante*) tynnu (rhth) allan o'r pot, trawsblannu; (*vider*) gwagio, gwacáu.

dépotoir [depɔtwar] *m* tomen *b* sbwriel.

dépouille [depuj] *f* (*d'animal*) croen *g*; ~ **(mortelle)** (*humaine*) gweddillion *ll* (marwol).

dépouillé (-**e**) [depuje] *adj* diaddurn, moel; (*style*) cryno, moel, diaddurn; (*dénudé: arbre*) moel, heb ddail, di-ddail; ~ **de** prin o, heb, amddifad o.

dépouillement [depujmɑ̃] *m* (*de scrutin*) cyfrif *g*.

dépouiller [depuje] (**1**) *vt* (*animal*) blingo, tynnu croen (rhth); (*fig: personne*) blingo, difeddiannu; (*résultats, documents*) mynd trwy, astudio, archwilio; ~ **qn/qch de** mynd â rhth oddi ar rn/rth; ~ **qn de ses vêtements** tynnu dillad rhn oddi amdano; ~ **le scrutin** cyfrif y pleidleisiau.

dépourvu (-**e**) [depurvy] *adj*: ~ **de** amddifad o, prin o, heb; **prendre qn au** ~ dal rhn yn ddiarwybod *ou* annisgwyl iddo.

dépoussiérer [depusjere] (**14**) *vt* tynnu'r llwch oddi ar.

dépravation [depravasjɔ̃] *f* llygredd *g*, llygredigaeth *b*.

dépravé (-**e**) [deprave] *adj* llygredig.

dépraver [deprave] (**1**) *vt* llygru.

dépréciation [depresjasjɔ̃] *f* (*monnaie*) dibrisiant *g*; (*marchandises*) lleihad *g* mewn gwerth, gostyngiad *g* mewn pris; (*fig*) dibrisiad *g*, bychanu, dibrisio.

déprécier [depresje] (**16**) *vt* (*personne*) dibrisio, bychanu; (*chose*) dibrisio, lleihau gwerth (rhth);
♦ **se** ~ *vr* (*monnaie, objet*) colli gwerth, mynd yn llai ei werth; (*personne*) eich bychanu *ou* dibrisio'ch hun, bod yn ddibris ohonoch eich hun.
déprédations [depredasjɔ̃] *fpl* anrhaith *b*, difrod *g*, ysbeiliadau *ll*, anrheithio, ysbeilio.
dépressif (**dépressive**) [depresif, depresiv] *adj* iselhaol, pruddglwyfus.
dépression [depresjɔ̃] *f* (*de terrain*) pant *g*; (*MÉTÉO*) pwysedd *g* isel; (*PSYCH*) iselder *g* (ysbryd); (*crise économique*) dirwasgiad *g*; ~ **nerveuse** gwaeledd *g ou* chwalfa *b* nerfol.
déprimant (-**e**) [deprimɑ̃, ɑ̃t] *adj* (*moralement*) digalon, torcalonnus; (*physiquement*) gwanychol, gwanhaol.
déprime [deprim] *f* iselder *g* (ysbryd), y felan* *b*.
déprimé (-**e**) [deprime] *adj* (*moralement*) digalon, isel eich ysbryd; (*économie etc*) dirwasgedig, marwaidd.
déprimer [deprime] (**1**) *vt* (*moralement*) digalonni, torri calon (rhn); (*physiquement*) gwanhau, gwanychu.
déprogrammer [deprɔgrame] (**1**) *vt* (*émission*) dileu, canslo*.
dépuceler* [depys(ə)le] (**11**) *vt* diforwyno.
depuis [dəpɥi] *prép* er, ers; ~ **que** er pan, ers i; ~ **qu'il m'a dit ça** ers iddo ddweud hynny wrthyf; ~ **quand?** ers pryd?, ers faint?; **il habite à Paris** ~ **1983** mae'n byw ym Mharis er 1983; **il habite à Paris** ~ **5 ans** mae'n byw ym Mharis ers pum mlynedd; ~ **quand la connaissez-vous?** ers pryd yr ydych chi'n ei hadnabod?; **je le connais** ~ **9 ans** 'rwy'n ei adnabod ers naw mlynedd; **elle a téléphoné** ~ **Valence** fe ffoniodd o Valence; ~ **les plus petits jusqu'aux plus grands** o'r ieuengaf hyd at yr hynaf; ~ **le temps que** ers yr adeg; ~ **lors** ers hynny; ~ **le matin jusqu'au soir** o fore gwyn tan nos;
♦*adv* (*temps*) ers hynny, byth ers *ou* oddi ar hynny; **je ne lui ai pas parlé** ~ nid wyf wedi siarad â hi ers hynny; ~**, nous sommes sans nouvelles d'eux** ni chlywsom oddi wrthynt ers hynny.
dépuratif (**dépurative**) [depyratif, depyrativ] *adj* pureiddiol, carthedigol.
députation [depytasjɔ̃] *f* dirprwyaeth *b*; (*fonction*) swydd *b* aelod seneddol; **candidat à la** ~ ymgeisydd *g* seneddol.
député [depyte] *m* (*POL*) aelod *g* seneddol.
députer [depyte] (**1**) *vt* dirprwyo; ~ **qn auprès de** anfon rhn fel cynrychiolydd (i le *ou* at rn).
déraciné (-**e**) [derasine] *adj* diwreiddiedig, heb wreiddiau, dadwreiddiedig.
déracinement [derasinmɑ̃] *m* (*gén*) diwreiddiad *g*, diwreiddio, dadwreiddiad *g*; (*d'un préjugé*) dilead *g*, dileu.
déraciner [derasine] (**1**) *vt* diwreiddio, codi *ou* tynnu (rhth) o'r gwraidd, dadwreiddio; (*fig*) dileu.
déraillement [derɑjmɑ̃] *m* direiliad *g*, direilio.
dérailler [derɑje] (**1**) *vi* mynd oddi ar y cledrau; (*fam: être fou*) bod o'ch co', bod yn wallgo bost*.
dérailleur [derɑjœr] *m* (*de vélo*) dérailleur *g*; (*RAIL*) pwyntiau *ll* atal.
déraison [derɛzɔ̃] *f* afresymoldeb *g*, gwiriondeb *g*.
déraisonnable [derɛzɔnabl] *adj* afresymol, gwirion.
déraisonner [derɛzɔne] (**1**) *vi* (*dire des sottises*) malu awyr, siarad lol *ou* dwli; (*divaguer*) gwallgofi, ynfydu.
dérangement [derɑ̃ʒmɑ̃] *m* (*gêne*) helynt *g,b*, trafferth *b,g*; (*désordre*) anhrefn *g,b*; (*gastrique etc*) anhwylder *g*; **en** ~ (*téléphone, machine*) wedi torri, heb fod yn gweithio.
déranger [derɑ̃ʒe] (**10**) *vt* (*personne*) poeni, tarfu *ou* aflonyddu ar, styrbio*; (*projet*) drysu; (*objets, vêtements*) drysu, gwneud (rhth) yn flêr *ou* anniben, gwneud llanast o, anhrefnu, cymysgu;
♦ **se** ~ *vr* mynd i drafferth; (*se déplacer*) symud, mynd *ou* dod allan; **est-ce que cela vous dérange si ...?** a oes gwahaniaeth *ou* ots gennych os ...?; **ça te dérangerait de venir?** a fyddai wahaniaeth *ou* ots gen ti ddod?; **ne vous dérangez pas** peidiwch â mynd i drafferth; (*changer de place*) peidiwch â symud, arhoswch lle 'rydych chi.
dérapage [derapaʒ] *m* sglefriad *g*; (*SKI*) llithriad *g ou* llithro wysg yr ochr; (*fig*) sglefriad, symudiad *g* direolaeth; ~ **contrôlé** (*AUTO*) sglefriad dan reolaeth.
déraper [derape] (**1**) *vi* (*voiture*) sglefrio; (*piéton, semelles etc*) llithro; (*ÉCON: fig*) mynd yn rhemp, rhedeg yn wyllt.
dératé [derate] *m*: **courir comme un** ~ rhedeg nerth eich traed, rhedeg fel y gwynt *ou* fel mellten, rhedeg fel cath i gythraul.
dératiser [deratize] (**1**) *vt* cael gwared â'r llygod mawr o.
derby [dɛrbi] *m* gornest *b* leol.
déréglé (-**e**) [deregle] *adj* (*machine, mécanisme*) wedi torri; (*mœurs, vie*) afradlon, ofer, penrhydd; (*ambition*) anghymedrol; **avoir l'estomac** ~ bod ag anhwylder *ou* pwys ar y stumog; **j'ai l'estomac** ~ mae rhywbeth yn bod ar fy stumog i.
dérèglement [derɛgləmɑ̃] *m* helynt *g,b*; (*de l'estomac*) anhwylder *g*; (*mœurs*) afradlonedd *g*, oferedd *g*
dérégler [deregle] (**14**) *vt* (*mécanisme etc*) drysu, tarfu ar; (*estomac*) codi *ou* troi ar; (*habitudes, vie*) tarfu ar, drysu;
♦ **se** ~ *vr* (*mécanisme etc*) torri (i lawr), gwrthod *ou* peidio gweithio, methu *ou* gwrthod mynd.

dérider [deʀide] (**1**) *vt* codi gwên ar wyneb (rhn), sirioli, llonni;
♦ **se** ~ *vr* llonni, sirioli, gwenu.
dérision [deʀizjɔ̃] *f* gwatwar *g*, gwawd *g*, dirmyg *g*; **par** ~ yn watwarus *ou* wawdlyd *ou* ddirmygus; **tourner en** ~ gwatwar, gwawdio, dirmygu.
dérisoire [deʀizwaʀ] *adj* (*gén*) chwerthinllyd; (*prix*) tila, pitw.
dérivatif [deʀivatif] *m* gwrthdyniad *g*; **il a son travail comme** ~ **à sa douleur** mae ganddo ei waith i fynd â'i feddwl oddi ar ei ofid.
dérivation [deʀivasjɔ̃] *f* (*LING*) tarddiad *g*; (*rivière etc*) dargyfeiriad *g*, dargyfeirio.
dérive [deʀiv] *f* gwyriad *g*; (*de dériveur*) astell *b* ganol; **aller à la** ~ (*NAUT*) mynd gyda'r llif; (*fig*) mynd ar gyfeiliorn, mynd i'r gwellt; ~ **des continents** symudiad *g ou* syfliad *g* cyfandirol; **en pleine** ~ (*fig*) yn mynd i lawr y rhiw *ou* yr allt.
dérivé[1] (-e) [deʀive] *adj* deilliedig, deilliadol, tarddiadol.
dérivé[2] [deʀive] *m* (*LING*) tarddair *g*; (*TECH*) sgil-gynnyrch *g*.
dérivée [deʀive] *f* (*MATH*) deilliad *g*;
♦*adj f voir* **dérivé**[1].
dériver [deʀive] (**1**) *vi* (*bateau, avion*) gwyro, crwydro, mynd gyda'r llif; ~ **de** deillio *ou* tarddu o;
♦*vt* (*ÉLEC: cours d'eau etc*) dargyfeirio; (*LING*) olrhain tarddiad (rhth); (*MATH*) deillio.
dériveur [deʀivœʀ] *m* (*NAUT*) cwch *g ou* bad *g* bach hwylio.
dermatite [dɛʀmatit] *f* dermatitis *g*, llid *g* y croen.
dermato* [dɛʀmato] *m/f*= **dermatologue**.
dermatologie [dɛʀmatɔlɔʒi] *f* dermatoleg *b*.
dermatologue [dɛʀmatɔlɔg] *m/f* dermatolegydd *g*.
dermatose [dɛʀmatoz] *f* dermatosis *g*.
dermite [dɛʀmit] *f*= **dermatite**.
dernier[1] (**dernière**) [dɛʀnje, dɛʀnjɛʀ] *adj* (*le plus récent*) diwethaf, diweddaraf; (*final*) olaf; (*échelon, grade*) uchaf; **lundi/le mois** ~ dydd Llun/y mis diwethaf; **le** ~ **rang** y rhes *b* ôl *ou* olaf; **du** ~ **chic** ffasiynol iawn; **le** ~ **cri** y ffasiwn *g,b* diweddaraf *ou* ddiweddaraf; **les** ~**s honneurs** y deyrnged *b* olaf; **rendre le** ~ **soupir** tynnu'ch anadl olaf; **en** ~ **ressort** pan fetho popeth arall, yn niffyg dim arall, os daw hi i'r pen; **avoir le** ~ **mot** cael y gair olaf; **en** ~ yn olaf, ar y diwedd.
dernier[2] [dɛʀnje] *m* yr un *g* olaf; (*étage*) llawr *g* uchaf; **ce** ~ (*de deux*) yr ail; (*de plusieurs*) yr olaf (o'r rhain).
dernière [dɛʀnjɛʀ] *f* yr un *b* olaf; **cette** ~ (*de deux*) yr ail; (*de plusieurs*) yr olaf (o'r rhain);
♦*adj f voir* **dernier**[1].
dernièrement [dɛʀnjɛʀmɑ̃] *adv* yn ddiweddar.
dernier-né (~**s**-~**s**) [dɛʀnjene] *m* yr olaf-anedig *g*; (*fig*) y model *g* diweddaraf.
dernière-née (~**s**-~**s**) [dɛʀnjɛʀne] *f* yr olaf-anedig *b*; (*fig: voiture*) y model *g* diweddaraf.
dérobade [deʀɔbad] *f* (*ÉQUITATION*) nogiad *g*, jibad *g*, gwrthod neidio; (*fig*) osgoi; ~ **fiscale** osgoi talu trethi; (*JUR*) twyll-osgoi talu trethi.
dérobé (-e) [deʀɔbe] *adj* (*porte, escalier*) cudd; **à la** ~**e** yn llechwraidd, yn ddistaw bach, yn dawel fach.
dérober [deʀɔbe] (**1**) *vt* dwyn; (*cacher*) cuddio; ~ **qch à qn/à la vue de qn** cuddio rhth rhag rhn/o olwg rhn;
♦ **se** ~ *vr* (*s'esquiver*) mynd *ou* llithro *ou* sleifio ymaith; (*s'écarter*) ymryddhau, cilio; (*fig*) osgoi ateb *ou* ymateb *ou* gweithredu; **se** ~ **à** (*justice, regards*) ymguddio *ou* cuddio rhag; **se** ~ **sous** (*s'effondrer*) cwympo *ou* sigo dan.
dérogation [deʀɔgasjɔ̃] *f* esgusodiad *g*.
déroger [deʀɔʒe] (**10**) *vi*: ~ **à** gwyro oddi wrth, cefnu ar, mynd yn groes i.
dérouiller [deʀuje] (**1**) *vt*: **se** ~ **les jambes** ymystwyrian, estyn *ou* ymestyn eich coesau.
déroulement [deʀulmɑ̃] *m* hynt *b*, datblygiad *g*, rhediad *g*.
dérouler [deʀule] (**1**) *vt* (*ficelle*) dad-ddirwyn; (*papier*) dadrolio;
♦ **se** ~ *vr* datod, dadrolio; (*avoir lieu*) digwydd; (*se développer*) datblygu, mynd rhagddo.
déroutant (-e) [deʀutɑ̃, ɑ̃t] *adj* annisgwyl, anesmwythol, syfrdanol.
déroute [deʀut] *f* (*MIL*) ffôedigaeth *b*; (*fig*) cwymp *g*; **en** ~ ar ffo; **mettre qn en** ~ gyrru rhn ar ffo.
dérouter [deʀute] (**1**) *vt* (*avion, train*) ailgyfeirio, dargyfeirio; (*fig*) drysu, synnu, syfrdanu.
derrick [deʀik] *m* deric *g*.
derrière [dɛʀjɛʀ] *prép* y tu ôl i, y tu cefn i;
♦*adv* y tu ôl, y tu cefn, yn y tu ôl *ou* tu cefn, yn y cefn;
♦*m* (*d'une maison*) cefn *g*, tu *g* ôl; (*postérieur*) pen *g* ôl; **les pattes/roues de** ~ coesau *ll*/olwynion *ll* ôl; **par** ~ o'r tu ôl, o'r cefn; (*fig*) yng nghefn rhn, yn llechwraidd.
derviche [dɛʀviʃ] *m* derfis *g*.
DES [deəɛs] *sigle m*(= *diplôme d'études supérieures*) *gradd b uwch mewn prifysgol.*
des[1] [de] *prép voir* **de**.
des[2] [de] *dét voir* **de**.
des[3] [de] *art indéf voir* **de** (pluriel de *un*, *une*) (*de* est employé devant un adjectif qui précède le nom): ~ **garçons** bechgyn *ll*; ~ **filles** merched *ll*; **de belles fleurs** blodau *ll* tlws; ~ **fleurs roses** blodau pinc.
dès [dɛ] *prép* o; ~ **à présent** y funud yma, o hyn ymlaen; ~ **réception** wrth dderbyn; ~ **son retour** cyn gynted ag y daw *ou* daeth yn ôl; ~ **son arrivée** cyn gynted ag y cyrhaeddodd hi/ef.

▸ **dès lors** o hynny ymlaen; ~ **lors que** (*aussitôt que*) cyn gynted â *ou* ag, unwaith (y); (*puisque, étant donné que*) gan.
▸ **dès que** (*aussitôt que*) (cyn) gynted â *ou* ag; ~ **que je serai débarrassé de l'examen** cyn gynted ag y bydd fy arholiad o'r ffordd.
désabusé (-e) [dezabyze] *adj* dadrithiedig, siomedig.
désaccord [dezakɔʀ] *m* anghytundeb *g*, anghydfod *g*; **être en ~ avec/sur** anghytuno â/am.
désaccordé (-e) [dezakɔʀde] *adj* allan o gywair *ou* o diwn.
désaccoutumance [dezakutymɑ̃s] *f* datgynefino; **la ~ à la drogue/l'alcool est progressive** proses araf yw gorchfygu dibyniaeth ar gyffuriau/alcohol.
désacraliser [desakʀalize] (**1**) *vt* digysegru.
désaffecté (-e) [dezafɛkte] *adj* nas defnyddir, allan o arfer, diddefnydd, sydd wedi cau.
désaffection [dezafɛksjɔ̃] *f* ymddieithriad *g*, ymddieithrio, ymbellhau, ymbellhad *g*.
désagréable [dezagʀeabl] *adj* annymunol, annifyr, anghynnes, cas.
désagréablement [dezagʀeabləmɑ̃] *adv* yn annymunol, yn annifyr, yn anghynnes, yn gas.
désagrégation [dezagʀegasjɔ̃] *f* ymddatodiad *g*, chwaliad *g*.
désagréger [dezagʀeʒe] (**15**): **se ~** *vr* chwalu, ymchwalu, ymddatod; (*roche*) ymfalurio, briwsioni.
désagrément [dezagʀemɑ̃] *m* trafferth *b,g*, helynt *g,b*.
désaltérant (-e) [dezalteʀɑ̃, ɑ̃t] *adj* sy'n torri syched, disychedol.
désaltérer [dezalteʀe] (**14**) *vt* disychedu, torri syched (rhn); **ça désaltère** mae'n torri syched;
♦ **se ~** *vr* torri'ch syched.
désamorcer [dezamɔʀse] (**9**) *vt* tynnu'r taniwr *ou* ffrwydrydd o; (*fig*) gwneud (rhth) yn llai bygythiol, lliniaru; (*prévenir*) atal, rhwystro.
désappointé (-e) [dezapwɛ̃te] *adj* siomedig.
désappointement [dezapwɛ̃tmɑ̃] *m* siom *g*, siomedigaeth *b*.
désappointer [dezapwɛ̃te] (**1**) *vt* siomi.
désapprobateur (**désapprobatrice**) [dezapʀɔbatœʀ, dezapʀɔbatʀis] *adj* (*regard, ton*) anghymeradwyol, beirniadol.
désapprobation [dezapʀɔbasjɔ̃] *f* anghymeradwyaeth *b*.
désapprouver [dezapʀuve] (**1**) *vt* anghymeradwyo.
désarçonner [dezaʀsɔne] (**1**) *vt* (*cheval*) taflu; (*fig*) syfrdanu, drysu, bwrw (rhn) oddi ar ei echel.
désargenté (-e) [dezaʀʒɑ̃te] *adj* heb yr un geiniog *ou* ddimai.
désarmant (-e) [dezaʀmɑ̃, ɑ̃t] *adj* enillgar, dengar.
désarmé (-e) [dezaʀme] *adj* (*fig*) diamddiffyn.
désarmement [dezaʀməmɑ̃] *m* diarfogiad *g*, diarfogi.
désarmer [dezaʀme] (**1**) *vi* (*pays*) diarfogi; (*haine*) cilio, gwanhau; (*personne*) ildio;
♦*vt* (*MIL*) diarfogi; (*fusil*) gwagio; (*fusil: mettre le cran de sûreté*) diogelu; (*fig*) swyno.
désarroi [dezaʀwa] *m* anhrefn *g,b*, dryswch *g*, tryblith *g*.
désarticulé (-e) [dezaʀtikyle] *adj* datgymaledig.
désarticuler [dezaʀtikyle] (**1**): **se ~** *vr* (*acrobate*) ymwingo, ymgordeddu; **se ~ l'épaule** sigo ysgwydd, gyrru ysgwydd o'i lle.
désassorti (-e) [dezasɔʀti] *adj* (*magasin, marchand*) â'i stoc yn isel, heb stoc; (*mal assorti: couple*) anghymharus, heb gymar.
désastre [dezastʀ] *m* trychineb *g,b*.
désastreux (**désastreuse**) [dezastʀø, dezastʀøz] *adj* trychinebus.
désavantage [dezavɑ̃taʒ] *m* anfantais *b*.
désavantager [dezavɑ̃taʒe] (**10**) *vt* anfanteisio, rhoi *ou* dodi (rhn) dan anfantais.
désavantageux (**désavantageuse**) [dezavɑ̃taʒø, dezavɑ̃taʒøz] *adj* anfanteisiol, anffafriol.
désaveu [dezavø] *m* gwadiad *g*, gwrthodiad *g*, diarddeliad *g*; (*JUR*) ymwadiad *g*, ymwrthodiad *g*.
désavouer [dezavwe] (**1**) *vt* gwadu, gwrthod, diarddel.
désaxé[1] (-e) [dezakse] *adj* (*fig*) dryslyd, heb fod yn eich iawn bwyll, di-bwyll, amhwyllog.
désaxé[2] [dezakse] *m* dyn *g* wedi drysu.
désaxée [dezakse] *f* merch *b* wedi drysu;
♦*adj f voir* **désaxé**[1].
désaxer [dezakse] (**1**) *vt* (*roue etc*) camu, bwrw *ou* gyrru (rhth) oddi ar ei echel, gwneud (rhth) yn gam; (*personne*) drysu, bwrw (rhn) oddi ar ei echel.
desceller [desele] (**1**) *vt* (*pierre*) rhyddhau, tynnu (rhth) yn rhydd.
descendance [desɑ̃dɑ̃s] *f* (*enfants*) disgynyddion *ll*; (*origine*) llinach *b*, tras *b*.
descendant[1] [desɑ̃dɑ̃] *vb voir* **descendre**.
descendant[2] [desɑ̃dɑ̃] *m* disgynnydd *g*.
descendante [desɑ̃dɑ̃t] *f* disgynyddes *b*.
descendeur [desɑ̃dœʀ] *m* (*cycliste, skieur*) rasiwr *g* goriwaered.
descendeuse [desɑ̃døz] *f* (*cycliste, skieuse*) raswraig *b* oriwaered.
descendre [desɑ̃dʀ] (**3**) *vi (avec aux. être)* (*gén*) mynd *ou* dod i lawr; (*voix*) mynd yn is, gostwng; (*niveau, température*) cwympo, disgyn, gostwng, syrthio; (*marée*) treio, mynd ar drai; ~ **à pied** cerdded i lawr; ~ **en voiture** mynd *ou* dod i lawr mewn car; ~ **du train** dod i lawr *ou* disgyn o'r trên, dod i lawr *ou* disgyn oddi ar y trên; ~ **de cheval** disgyn *ou* dod oddi ar gefn ceffyl; ~ **de** (*famille*) hanu *ou* dod o; ~ **à un hôtel** aros mewn gwesty; **elle est descendue dans l'estime de son père** nid oes gan ei thad gymaint o

feddwl ohoni, mae gan ei thad lai o feddwl ohoni; ~ **dans un magasin** (*police*) cynnal *ou* dwyn cyrch ar siop, mynd i mewn i siop*; ~ **dans la rue** (*manifester*) gwrthdystio yn y stryd; ~ **à Marseille** (*de train*) disgyn (o'r trên) ym Marseille; ~ **en ville** mynd i'r dref; ♦*vt (avec aux. avoir)* (*escalier, montagne*) mynd *ou* dod i lawr (rhth); (*valise, paquet*) dod *ou* mynd â (rhth) i lawr; (*étagère etc*) gostwng; (*fam: personne*) lladd; (*fam: avion etc*) saethu (rhth) i'r llawr; (*fam: boire*) llyncu (rhth) (*ar ei dalcen*).

descente [desɑ̃t] *f* disgyniad *g*, disgynfa *b*, mynd *ou* dod i lawr; (*chemin*) ffordd *b* i lawr; (*SKI*) ras *b* ar oriwaered; **au milieu de la ~** hanner y ffordd i lawr; **freiner dans les ~s** defnyddio'r brêc wrth fynd i lawr allt *ou* rhiw; ~ **de lit** mat *g* wrth erchwyn y gwely; ~ **(de police)** cyrch *g* (gan yr heddlu).

descriptif[1] (**descriptive**) [dɛskʀiptif, dɛskʀiptiv] *adj* disgrifiadol.

descriptif[2] [dɛskʀiptif] *m* taflen *b* esboniadol.

description [dɛskʀipsjɔ̃] *f* disgrifiad *g*; ~ **de poste** swydd-ddisgrifiad *g*.

désembourber [dezɑ̃buʀbe] (**1**) *vt* (*voiture etc*) tynnu (rhth) yn rhydd o'r llaid.

désembourgeoiser [dezɑ̃buʀʒwaze] (**1**) *vt*: ~ **qn** gwneud rhn yn llai bwrgais *ou* dosbarth canol, datbarchuso rhn.

désembuer [dezɑ̃bɥe] (**1**) *vt* diniwlio, dadanweddu.

désemparé (**-e**) [dezɑ̃paʀe] *adj* dryslyd, ar goll yn lân, ar gyfeiliorn, mewn dryswch *ou* penbleth; (*bateau, avion*) drylliog.

désemparer [dezɑ̃paʀe] (**1**) *vi*: **sans ~** yn ddi-dor, yn ddi-baid, heb saib *ou* stop.

désemplir [dezɑ̃pliʀ] (**2**) *vi*: **ne pas ~** bod yn llawn bob amser;
♦ **se ~** *vr* gwacáu, gwagio, ymwacáu.

désenchanté (**-e**) [dezɑ̃ʃɑ̃te] *adj* (*personne*) dadrithiedig, siomedig.

désenchantement [dezɑ̃ʃɑ̃tmɑ̃] *m* dadrithiad *g*, siom *g*.

désenclaver [dezɑ̃klave] (**1**) *vt* (*région, ville*) agor (i'r byd mawr y tu allan).

désencombrer [dezɑ̃kɔ̃bʀe] (**1**) *vt* clirio.

désenfler [dezɑ̃fle] (**1**) *vi* (*enflure*) mynd i lawr, gostwng.

désengagement [dezɑ̃gaʒmɑ̃] *m* (*POL*) dadymafael.

désensabler [dezɑ̃sɑble] (**1**) *vt* (*voiture etc*) tynnu (rhth) yn rhydd o'r tywod.

désensibiliser [desɑ̃sibilize] (**1**) *vt* (*MÉD, fig*) diffrwytho, dadsensiteiddio, ansensiteiddio.

désenvenimer [dezɑ̃vnime] (**1**) *vt* (*plaie*) tynnu'r gwenwyn o, diwenwyno; (*fig*) lliniaru.

désépaissir [dezepesiʀ] (**2**) *vt* teneuo.

déséquilibre [dezekilibʀ] *m* ansadrwydd *g*, diffyg *g* cydbwysedd, anghydbwysedd *g*; **en ~** ansad, simsan, siglog; **un budget en ~** cyllideb *b* anghyfartal *ou* anghytbwys.

déséquilibré[1] (**-e**) [dezekilibʀe] *adj* (*perturbé*) cynhyrflyd, wedi cynhyrfu; (*fou*) amhwyllog, heb fod yn eich iawn bwyll, dryslyd.

déséquilibré[2] [dezekilibʀe] *m* (*PSYCH*) un *g* sydd wedi drysu, un sydd wedi colli ei bwyll.

déséquilibrée [dezekilibʀe] *f* (*PSYCH*) un *b* sydd wedi drysu, un sydd wedi colli ei phwyll;
♦*adj f voir* **déséquilibré**[1].

déséquilibrer [dezekilibʀe] (**1**) *vt* bwrw rhn oddi ar ei echel, peri i (rn *ou* rth) simsanu; (*émotionnellement*) drysu, peri i (rn) golli ei bwyll

désert[1] (**-e**) [dezɛʀ, ɛʀt] *adj* (*sans habitants*) anghyfannedd; (*vide*) gwag.

désert[2] [dezɛʀ] *m* anialwch *g*, diffeithwch *g*, anialdir *g*.

déserter [dezɛʀte] (**1**) *vi* (*MIL*) encilio, gwrthgilio, ffoi o'r fyddin;
♦*vt* (*salle, école*) gadael, cefnu ar.

déserteur [dezɛʀtœʀ] *m* enciliwr *g*, gwrthgiliwr *g*.

désertion [dezɛʀsjɔ̃] *f* (*MIL*) enciliad *g*, gwrthgiliad *g*.

désertique [dezɛʀtik] *adj* (*qui appartient au désert*) sy'n perthyn i'r anialwch; (*inculte*) anial, diffaith.

désescalade [dezɛskalad] *f* (*MIL*) dad-ddwysâd *g*, gostyngiad *g*.

désespérant (**-e**) [dezɛspeʀɑ̃, ɑ̃t] *adj* (*enfant*) anobeithiol; (*temps etc*) ofnadwy.

désespéré[1] (**-e**) [dezɛspeʀe] *adj* diobaith, heb obaith; **état ~** (*MÉD*) cyflwr *g* anobeithiol.

désespéré[2] [dezɛspeʀe] *m* un *g* sydd heb obaith, truan *g*; (*suicide*) hunanleiddiad *g*, rhn sy'n ei ladd ei hun.

désespérée [dezɛspeʀe] *f* un *b* sydd heb obaith, truanes *b*; (*suicide*) hunanleiddiad *b*, rhn sy'n ei lladd ei hun;
♦*adj f voir* **désespéré**[1].

désespérément [dezɛspeʀemɑ̃] *adv* yn anobeithiol, mewn anobaith; (*avec acharnement*) yn enbyd *ou* ffyrnig; **être ~ seul** bod yn ofnadwy o unig.

désespérer [dezɛspeʀe] (**14**) *vi* anobeithio; ~ **de qch** anobeithio ynghylch rhth; ~ **de (pouvoir) faire qch** anobeithio (medru) gwneud rhth;
♦*vt* digalonni;
♦ **se ~** *vr* anobeithio, bod mewn anobaith.

désespoir [dezɛspwaʀ] *m* anobaith *g*; **être/faire le ~ de qn** bod yn achos anobaith i rn, gwylltio rhn; **en ~ de cause** yn niffyg popeth *ou* dim arall.

déshabillé (**-e**) [dezabije] *adj* heb ddillad amdanoch, wedi tynnu (oddi) amdanoch.

déshabillée [dezabije] *m* négligé *g,b*;
♦*adj f voir* **déshabillé**.

déshabiller [dezabije] (**1**) *vt* tynnu dillad (rhn), dadwisgo;
♦ **se ~** *vr* tynnu (oddi) amdanoch, tynnu'ch dillad, dadwisgo.

déshabituer [dezabitɥe] (**1**) *vt*: **se ~ de faire qch** colli'r arfer o wneud rhth.
désherbant [dezɛʀbɑ̃] *m* chwynladdwr *g*, chwynleiddiad *g*.
désherber [dezɛʀbe] (**1**) *vt* chwynnu.
déshérité (**-e**) [dezeʀite] *adj* a ddietifeddwyd; (*désavantagé*) difreintiedig, anghenus.
déshériter [dezeʀite] (**1**) *vt* dietifeddu.
déshérités [dezeʀite] *mpl*: **les ~** y difreintiedig *ll*, yr anghenus *ll*.
déshonneur [dezɔnœʀ] *m* gwarth *g*, cywilydd *g*.
déshonorant (**-e**) [dezɔnɔʀɑ̃, ɑ̃t] *adj* gwarthus, cywilyddus.
déshonorer [dezɔnɔʀe] (**1**) *vt* dwyn anfri *ou* gwarth *ou* cywilydd ar, cywilyddio; ♦ **se ~** *vr* dwyn anfri *ou* gwarth *ou* cywilydd arnoch eich hun.
déshumaniser [dezymanize] (**1**) *vt* dad-ddynoli, dad-ddyneiddio.
déshydratation [dezidʀatasjɔ̃] *f* dadhydradiad *g*; (*personne*) diffyg *g* hylif.
déshydraté (**-e**) [dezidʀate] *adj* dadhydredig, sych.
déshydrater [dezidʀate] (**1**) *vt* sychu, dysychu, dadhydradu.
desiderata [dezideʀata] *mpl* (*lacunes*) bylchau *ll*; (*souhaits*) anghenion *ll*, dymuniadau *ll*, gofynion *ll*, dyheadau *ll*.
design [dizajn] *m* cynllunio, dylunio; ♦*adj* o gynllun modern a steilus.
désignation [deziɲasjɔ̃] *f* disgrifiad *g*, dynodiad *g*; (*à un poste*) penodiad *g*.
designer [dizajnœʀ] *m* cynllunydd *g*.
désigner [deziɲe] (**1**) *vt* (*montrer*) dangos, cyfeirio at; (*nommer*) penodi; (*dénommer*) dynodi, disgrifio.
désillusion [dezi(l)lyzjɔ̃] *f* dadrithiad *g*, siom *g*, siomedigaeth *b*.
désillusionner [dezi(l)lyzjɔne] (**1**) *vt* dadrithio, siomi.
désincarné (**-e**) [dezɛ̃kaʀne] *adj* di-gorff, anghorfforol; (*fig*) arallfydol.
désinence [dezinɑ̃s] *f* (LING) terfyniad *g*, ffurfdroad *g*.
désinfectant[1] (**-e**) [dezɛ̃fɛktɑ̃, ɑ̃t] *adj* diheintiol.
désinfectant[2] [dezɛ̃fɛktɑ̃] *m* diheintydd *g*.
désinfecter [dezɛ̃fɛkte] (**1**) *vt* diheintio.
désinfection [dezɛ̃fɛksjɔ̃] *f* diheintiad *g*, diheintio.
désinformation [dezɛ̃fɔʀmasjɔ̃] *f* gwybodaeth *b* anghywir *ou* gamarweiniol.
désintégration [dezɛ̃tegʀasjɔ̃] *f* chwaliad *g*, maluriad *g*, ymddatodiad *g*.
désintégrer [dezɛ̃tegʀe] (**14**) *vt* chwalu, malurio; ♦ **se ~** *vr* chwalu, ymchwalu, ymddatod; (*roche*) ymfalurio, briwsioni, chwalu, ymchwalu.
désintéressé (**-e**) [dezɛ̃teʀese] *adj* (*généreux, bénévole*) anhunanol.
désintéressement [dezɛ̃teʀɛsmɑ̃] *m* (*générosité*) anhunanoldeb *g*; **avec ~** yn anhunanol.
désintéresser [dezɛ̃teʀese] (**1**) *vt*: **se ~ (de)** colli diddordeb (yn).
désintérêt [dezɛ̃teʀɛ] *m* diffyg *g* diddordeb.
désintoxication [dezɛ̃tɔksikasjɔ̃] *f* (MÉD) triniaeth *b* (*ar gyfer rhai sy'n gaeth i gyffuriau neu alcohol*); **faire une cure de ~** cael triniaeth ar gyfer alcoholiaeth neu ddibyniaeth ar gyffuriau.
désintoxiquer [dezɛ̃tɔksike] (**1**) *vt* trin (rhn) ar gyfer alcoholiaeth neu ddibyniaeth ar gyffuriau.
désinvolte [dezɛ̃vɔlt] *adj* didaro, ysgafala, dihitio, di-hid, ffwrdd â hi.
désinvolture [dezɛ̃vɔltyʀ] *f* agwedd *b* ddidaro, dull *g* didaro, ysgafalwch *g*, dihidrwydd *g*.
désir [deziʀ] *m* dymuniad *g*, awydd *g*, dyhead *g*; (*fort, sensuel*) dyhead, chwant *g*, trachwant *g*, blys *g*.
désirable [deziʀabl] *adj* dymunol; (*homme, femme*) atyniadol.
désirer [deziʀe] (**1**) *vt* dymuno, bod arnoch eisiau; (*sexuellement*) chwenychu, blysio, trachwantu am; **je désire ...** (*formule de politesse*) hoffwn ...; **~ faire qch** dymuno gwneud rhth, bod arnoch eisiau *ou* awydd gwneud rhth; **elle désire que tu l'aides** mae arni hi eisiau iti ei helpu, mae hi am iti ei helpu; **ça laisse à ~** mae ymhell o fod yn foddhaol, nid da lle gellir gwell.
désireux (**désireuse**) [deziʀø, deziʀøz] *adj*: **~ de faire** awyddus i wneud.
désistement [dezistəmɑ̃] *m* tynnu'n ôl; (*de candidat*) ildio lle (*i ymgeisydd arall*), tynnu'ch enw'n ôl.
désister [deziste] (**1**): **se ~** *vr* (*candidat*) tynnu'ch enw'n ôl; **se ~ de qch** tynnu rhth yn ôl.
désobéir [dezɔbeiʀ] (**2**) *vi*: **~ (à)** anufuddhau (i).
désobéissance [dezɔbeisɑ̃s] *f* anufudd-dod *g*.
désobéissant (**-e**) [dezɔbeisɑ̃, ɑ̃t] *adj* anufudd.
désobligeant (**-e**) [dezɔbliʒɑ̃, ɑ̃t] *adj* annymunol, annifyr, anghynnes.
désobliger [dezɔbliʒe] (**10**) *vt* digio, tramgwyddo.
désodorisant[1] (**-e**) [dezɔdɔʀizɑ̃, ɑ̃t] *adj* diarogleuol.
désodorisant[2] [dezɔdɔʀizɑ̃] *m* diaroglydd *g*.
désodorisé (**-e**) [dezɔdɔʀize] *adj* diaroglau, diarogleuedig.
désodoriser [dezɔdɔʀize] (**1**) *vt* diarogli.
désœuvré (**-e**) [dezœvʀe] *adj* segur, heb ddim i'w wneud.
désœuvrement [dezœvʀəmɑ̃] *m* segurdod *g*.
désolant (**-e**) [dezɔlɑ̃, ɑ̃t] *adj* torcalonnus; (*contrariant*) annifyr.
désolation [dezɔlasjɔ̃] *f* gofid *g*, galar *g*, trallod *g*; (*action: d'un pays*) anrheithio, diffeithio, difrodi.
désolé (**-e**) [dezɔle] *adj* (*paysage*) anial, llwm;

(*personne*) gofidus, mewn trallod *ou* galar; **je suis ~** mae'n ddrwg gen i.
désoler [dezɔle] (**1**) *vt* peri galar *ou* gofid *ou* trallod i, tristáu;
♦ **se ~** *vr* gofidio, cynhyrfu.
désolidariser [desɔlidaʀize] (**1**) *vt*: **se ~ de** *neu* **d'avec qn** peidio ag arddel rhn, eich datgysylltu'ch hun oddi wrth rn.
désopilant (**-e**) [dezɔpilɑ̃, ɑ̃t] *adj* anfarwol, doniol *ou* digrif tu hwnt.
désordonné (**-e**) [dezɔʀdɔne] *adj* aflêr, blêr, anniben, anhrefnus, di-drefn.
désordre [dezɔʀdʀ] *m* anhrefn *g,b*, llanast *g*, tryblith *g*; **~s** (*POL: troubles, manifestations*) cythrwbl *g*, terfysg *g*, helyntion *ll*; **etre en ~** bod yn flêr *ou* anniben *ou* anhrefnus; **dans le ~** (*tiercé*) yn y drefn anghywir.
désorganisation [dezɔʀganizasjɔ̃] *f* diffyg *g* trefn, anhrefn *g,b*.
désorganiser [dezɔʀganize] (**1**) *vt* anhrefnu, drysu.
désorienté (**-e**) [dezɔʀjɑ̃te] *adj* dryslyd, ffwndrus.
désorienter [dezɔʀjɑ̃te] (**1**) *vt* (*aussi fig*) drysu.
désormais [dezɔʀmɛ] *adv* o hyn ymlaen, o hyn allan.
désosser [dezɔse] (**1**) *vt* tynnu esgyrn o, diesgyrnu.
désoxyder [dezɔkside] (**1**) *vt* dadocsideiddio.
despote [dɛspɔt] *m* unben *g*, teyrn *g*, gormeswr *g*.
despotique [dɛspɔtik] *adj* unbenaethol, gormesol.
despotisme [dɛspɔtism] *m* unbennaeth *b*; (*oppression*) gormes *g*, gorthrwm *g*.
desquamer [dɛskwame] (**1**): **se ~** *vr* digennu, pilio.
desquelles [dekɛl] *prép + pron voir* **lequel**.
desquels [dekɛl] *prép + pron voir* **lequel**.
DESS [deəɛsɛs] *sigle m*(= *Diplôme d'études supérieures spécialisées*) *diploma g,b ar gyfer myfyrwyr gradd.*
dessaisir [desezIʀ] (**2**) *vt*: **~ un tribunal d'une affaire** tynnu achos o'r llys;
♦ **se ~** *vr*: **se ~ de** ildio, ymadael â, gollwng gafael ar.
dessaler [desale] (**1**) *vi* (*voilier*) troi drosodd, dymchwel, diwel;
♦*vt* (*eau de mer*) dihalltu; (*CULIN: morue etc*) mwydo (*er mwyn tynnu'r halen*); (*fig, fam: déniaiser: personne*) dangos (i rn) beth yw beth.
desséché (**-e**) [deseʃe] *adj* sych; (*terre*) cras; (*feuille*) crin, wedi crino.
dessèchement [desɛʃmɑ̃] *m* (*action*) sychu; (*état*) sychder *g*; (*fig: du cœur etc*) caledwch *g*.
dessécher [deseʃe] (**14**) *vt* (*plante, peau*) sychu; (*volontairement: aliments etc*) sychu, dysychu; (*fig: cœur*) caledu;
♦ **se ~** *vr* (*peau*) sychu, mynd yn sych; (*terre*) crasu, mynd yn sych *ou* gras.
dessein [desɛ̃] *m* bwriad *g*, amcan *g*; **dans le ~ de** gyda'r bwriad o; **à ~** yn fwriadol, o fwriad, yn unswydd.
desseller [desele] (**1**) *vt* tynnu cyfrwy oddi ar, datgyfrwyo.
desserrer [deseʀe] (**1**) *vt* llacio; (*frein*) gollwng; (*poings*) agor, llacio; (*objets alignés*) gadael lle *ou* bwlch rhwng, gwahanu; **elle n'a pas desserré les dents** nid yw hi wedi agor ei cheg, ni ddywedodd air.
dessert[1] [desɛʀ] *vb voir* **desservir**.
dessert[2] [desɛʀ] *m* (*plat*) pwdin *g*, melysfwyd *g*.
desserte[1] [desɛʀt] *f* (*meuble*) seld *b*, bwrdd *g* ochr *ou* ystlys, ystlysfwrdd *g*, ystlysford *b*.
desserte[2] [desɛʀt] *f* (*transport*) gwasanaeth *g*; **la ~ de la ville est assurée par un car** mae gwasanaeth bws i'r dref; **chemin de ~** ffordd *b* wasanaeth.
desservir [desɛʀviʀ] (**24**) *vt* (*ville, quartier*) gwasanaethu; (*suj: vicaire: paroisse*) gweinidogaethu ar *ou* i; (*nuire à: personne*) gwneud tro gwael â, gwneud cam â, gwneud niwed i; **~ la table** clirio'r bwrdd.
dessiccation [desikasjɔ̃] *f* dysychiad *g*, dysychu.
dessiller [desije] (**1**) *vt*: **~ les yeux à qn** (*fig*) agor llygaid rhn.
dessin [desɛ̃] *m* (*image*) llun *g*, dyluniad *g*; (*motif*) patrwm *g*; (*contour*) amlinell *b*; (*ART*) arlunio; **le ~ industriel** drafftsmonaeth *b*, dylunio diwydiannol; **~ animé** ffilm *b* gartŵn; **~ humoristique** cartŵn *g*.
dessinateur [desinatœʀ] *m* arlunydd *g*; (*de bandes dessinées*) cartwnydd *g*; **~ industriel** drafftsmon *g*, dylunydd *g*; **~ de mode** cynlluniwr *g ou* cynllunydd *g* ffasiwn.
dessinatrice [desinatʀis] *f* arlunydd *g*, dylunydd *g*; (*de bandes dessinées*) cartwnydd *g*; **~ industrielle** drafftsmones *b*; **~ de mode** cynllunwraig *b* ffasiwn.
dessiner [desine] (**1**) *vt* dylunio, tynnu llun (rhth); (*véhicule, meuble*) dylunio, cynllunio; (*suj: robe*) arddangos, dangos;
♦ **se ~** *vr* (*forme*) sefyll allan, bod yn amlwg; (*tendance, solution*) dod yn amlwg, ymddangos, ei amlygu ei hun; (*fig: projet*) datblygu, ymffurfio
dessoûler [desule] (**1**) *vt, vi* sobri.
dessous [d(ə)su] *adv* oddi tanodd, isod, islaw; **en ~** (*sous*) oddi tanodd; (*plus bas*) islaw; (*fig: en catimini*) yn llechwraidd, yn slei bach;
♦*m* (*de table*) ochr *b* isaf; **les voisins/l'appartement du ~** (*étage inférieur*) y bobl *b*/y fflat *b* i lawr y grisiau *ou* oddi tanodd; **avoir le ~** cael y gwaethaf ohoni;
♦*mpl* (*fig: de la politique, d'une affaire*) ochr *b* gudd *ou* gyfrinachol; (*sous-vêtements*) dillad *ll* isaf;

♦*prép*: **au-~ de** islaw, dan; **le service est au-~ de tout** mae'r gwasanaeth yn anobeithiol *ou* warthus; **de ~ le lit** oddi tan y gwely.
dessous-de-bouteille [dəsudbutɛj] *m inv* mat *g* i'w roi dan botel.
dessous-de-plat [dəsudpla] *m inv* mat *g* bwrdd *ou* bord.
dessous-de-table [dəsudtabl] *m inv* cildwrn *g*, taliad *g* dan y cownter, llwgrwobr *b*.
dessus [d(ə)sy] *adv* ar ei ben; (*collé, écrit*) arno, arni, arnynt; (*plus haut*) uwchben; (*passer, sauter, lancer*) trosto, trosti, trostynt, trosodd;
♦*m* (*de table etc*) wyneb *g*, rhan *b ou* ochr *b* uchaf; **les voisins/l'appartement du ~** (*étage supérieur*) y bobl *b*/y fflat *b* uwchben, y bobl/y fflat i fyny'r grisiau; **en ~** ar yr ochr uchaf, ar y top; **de ~** oddi ar; **avoir** *neu* **prendre le ~** cael y llaw uchaf *ou* drechaf; **reprendre le ~** dod dros rhth, dod drosti; **bras ~ bras dessous** fraich ym mraich; **sens ~ dessous** â'i wyneb i waered, â'i draed i fyny, â'i ben i lawr.
dessus-de-lit [dəsydli] *m inv* cwrlid *g*, gorchudd *g* gwely.
déstabiliser [destabilize] (**1**) *vt* (*POL*) ansefydlogi.
destin [dɛstɛ̃] *m* tynged *b*, ffawd *b*.
destinataire [dɛstinatɛʀ] *m/f* (*POSTES*) derbynnydd *g*; **aux risques et périls du ~** ar fenter *ou* berygl y derbynnydd.
destination [dɛstinasjɔ̃] *f* (*lieu*) pen *g* taith *ou* siwrnai; (*usage*) diben *g*, pwrpas *g*, amcan *g*; **à ~ de ...** (*avion, train, bateau*) yn mynd i *ou* tua ...; (*voyageur*) ar ei ffordd i ..., yn teithio i ..., ar ei hynt i ...
destinée [dɛstine] *f* tynged *b*, ffawd *b*.
destiner [dɛstine] (**1**) *vt*: **~ qn à** (*poste, sort*) bwriadu rhn ar gyfer; **~ qn/qch à** (*prédestiner*) arfaethu rhn/rhth ar gyfer; **~ qch à** (*envisager d'affecter*) clustnodi rhth ar gyfer; **~ qch à qn** (*envisager de donner*) bwriadu rhoi rhth i rn, bwriadu i rn gael rhth; (*adresser*) bwriadu rhth ar gyfer rhn, anelu rhth at rn; **elle se destine à l'enseignement** ei bwriad yw bod yn athrawes; **ce livre est destiné aux enfants** bwriedir y llyfr hwn ar gyfer plant; **il était destiné à être malheureux** 'roedd yn yr arfaeth iddo fod yn anhapus, fe'i tynghedwyd i fod yn anhapus; **sans deviner le sort qui lui est destiné** heb ragweld beth sydd o'i flaen, heb ragweld beth sydd yn ei aros, heb ragweld beth sydd ar ei gyfer.
destituer [dɛstitɥe] (**1**) *vt* (*ministre etc*) diswyddo; (*roi*) diorseddu; **~ qn de ses fonctions** rhyddhau rhn o'i ddyletswyddau, diswyddo rhn.
destitution [dɛstitysjɔ̃] *f* (*ministre etc*) diswyddiad *g*, diswyddo; (*roi*) diorseddiad *g*, diorseddu.
destroyer [dɛstʀwaje] *m* llong *b* ddistryw, distrywlong *b*.
destructeur (**destructrice**) [dɛstʀyktœʀ, dɛstʀyktʀis] *adj* dinistriol, distrywiol.
destructif (**destructive**) [dɛstʀyktif, dɛstʀyktiv] *adj* dinistriol, distrywiol.
destruction [dɛstʀyksjɔ̃] *f* dinistr *g*, distryw *g*; **~s** difrod *g*.
déstructuré (-**e**) [destʀyktyʀe] *adj*: **vêtements ~s** dillad *ll* hamdden *ou* hamddena.
déstructurer [destʀyktyʀe] (**1**) *vt* datod, datgymalu, chwalu, torri'n ddarnau.
désuet (**désuète**) [dezɥɛ, dezɥɛt] *adj* henffasiwn.
désuétude [desɥetyd] *f*: **tomber en ~** mynd allan o arfer, mynd i golli; **tombé en ~** (*loi, mot*) anarferedig, wedi mynd o arfer.
désuni (-**e**) [dezyni] *adj* rhanedig, ymranedig.
désunion [dezynjɔ̃] *f* ymraniad *g*, anghytundeb *g*.
désunir [dezyniʀ] (**2**) *vt* rhannu, gwahanu.
détachable [detaʃabl] *adj* datodadwy, dadfachadwy, datgysylltadwy.
détachant [detaʃɑ̃] *m* (*nettoyant*) codwr *g* staen.
détaché (-**e**) [detaʃe] *adj* (*fig: air, ton*) didaro, difater, digyffro; (*fonctionnaire, employé*) ar secondiad.
détachement [detaʃmɑ̃] *m* (*indifférence*) difaterwch *g*, dihidrwydd *g*; (*MIL*) didoliad *g*, neilltuad *g*; **être en ~** (*fonctionnaire, employé*) bod ar secondiad.
détacher [detaʃe] (**1**) *vt* (*enlever, ôter*) tynnu; (*délier*) datod, dadfachu, datglymu; (*chien*) gollwng yn rhydd; (*prisonnier*) rhyddhau, dadrwymo; (*MIL*) neilltuo; (*vêtement: nettoyer*) codi'r staeniau o, glanhau; **~ qn (auprès de/à)** (*ADMIN*) anfon *ou* gyrru rhn ar secondiad (i);
♦ **se ~** *vr* (*se séparer*) dod yn rhydd; (*se défaire*) datod; (*SPORT*) ennill y blaen ar, ymbellhau; (*chien, prisonnier*) mynd *ou* dod yn rhydd; **se ~ (de qn/qch)** troi'ch cefn (ar rn/rth), ymbellhau (oddi wrth rn/rth); **se ~ sur** sefyll allan yn erbyn.
détail [detaj] *m* manylyn *g*; **prix de ~** pris *g* adwerthol *ou* adwerthu; **vendre au ~** (*COMM*) adwerthu; (*COMM: individuellement*) gwerthu (rhth) ar wahân; **faire** *neu* **donner le ~ de** rhoi adroddiad manwl am *ou* ar; (*compte, facture*) rhoi dadansoddiad o; **en ~** yn fanwl.
détaillant [detajɑ̃] *m* adwerthwr *g*.
détaillante [detajɑ̃t] *f* adwerthwraig *b*.
détaillé (-**e**) [detaje] *adj* manwl.
détailler [detaje] (**1**) *vt* (*COMM*) adwerthu, gwerthu (rhth) ar wahân; (*énumérer*) rhifo, rhestru (rhth) yn fanwl; (*examiner*) llygadu, archwilio, edrych.
détaler [detale] (**1**) *vi* (*lapin*) mynd fel saeth, rhuthro ymaith; (*fam: personne*) ei gwadnu *ou* gloywi *ou* bachu hi*.

détartrant [detaʀtʀɑ̃] *m* (*produit*) digennwr *g*.
détartrer [detaʀtʀe] (**1**) *vt* digennu, tynnu cen oddi ar.
détaxe [detaks] *f* (*réduction*) gostyngiad *g* treth; (*suppression*) diddymiad *g* treth; (*remboursement*) ad-daliad *g* treth.
détaxer [detakse] (**1**) *vt* (*réduire*) gostwng y dreth ar; (*supprimer*) diddymu'r dreth ar.
détecter [detɛkte] (**1**) *vt* dod o hyd i, synhwyro, canfod, lleoli.
détecteur [detɛktœʀ] *m* (*TECH*) synhwyrydd *g*, canfyddwr *g*; (*de bruit*) seinleolwr *g*, lleolwr *g* sain; ~ **de mensonges** synhwyrydd celwyddau; ~ **(de mines)** synhwyrydd ffrwydron.
détection [detɛksjɔ̃] *f* synhwyro, synhwyriad *g*, lleoli, canfod, canfyddiad *g*; (*de bruit*) seinleoli; (*de mines*) synhwyro ffrwydron.
détective [detɛktiv] *m* (*policier: en Grande Bretagne*) ditectif *g*; ~ **(privé)** ditectif preifat.
déteindre [detɛ̃dʀ] (**68**) *vi* (*tissu*) pylu, colli ei liw; (*couleur*) rhedeg; ~ **sur** colli ei liw ar; (*fig: influencer*) dylanwadu ar.
déteint (-e) [detɛ̃, ɛ̃t] *pp de* **déteindre**.
dételer [det(ə)le] (**11**) *vi* (*fig: s'arrêter*) stopio, rhoi'r gorau iddi;
♦*vt* (*cheval etc*) tynnu harnais (rhth), diharneisio; (*voiture, wagon*) dadfachu.
détendeur [detɑ̃dœʀ] *m* rheolydd *g*.
détendre [detɑ̃dʀ] (**3**) *vt* (*fil, élastique*) llacio; (*PHYS: gaz etc*) gollwng pwysedd (rhth); (*relaxer*) helpu (rhn) i ymlacio; (*nerfs, situation*) tawelu;
♦ **se** ~ *vr* (*corde*) llacio, mynd yn llac; (*se décontracter*) ymlacio.
détendu (-e) [detɑ̃dy] *adj* (*personne, atmosphère*) hamddenol, ymlaciedig; (*câble*) llac.
détenir [det(ə)niʀ] (**32**) *vt* (*record*) dal; (*objet*) bod â (rhth) yn eich meddiant, meddu ar; (*prisonnier*) dal, cadw; ~ **le pouvoir** (*POL*) bod mewn grym.
détente [detɑ̃t] *f* ymlaciad *g*, ymlacio; (*POL*) détente *g,b*; (*d'une arme*) clicied *b*; (*SPORT*) adwaith *g*; (*d'un athlète qui saute*) sbonc *b*.
détenteur [detɑ̃tœʀ] *m* deiliad *g*.
détention [detɑ̃sjɔ̃] *f* (*possession*) meddiant *g*, meddu; (*emprisonnement*) carchariad *g*, carcharu; **en** ~ **préventive** *neu* **provisoire** yn aros eich prawf yn y ddalfa.
détentrice [detɑ̃tʀis] *f* deiliad *b*.
détenu[1] (-e) [det(ə)ny] *pp de* **détenir**.
détenu[2] [det(ə)ny] *m* carcharor *g*.
détenue [det(ə)ny] *f* carcharores *b*.
détergent [detɛʀʒɑ̃] *m* glanedydd *g*; (*liquide*) gwlybwr *g* golchi *ou* glanhau; (*en poudre*) powdr *g* golchi *ou* glanhau.
détérioration [deteʀjɔʀasjɔ̃] *f* dirywiad *g*, gwaethygiad *g*; (*dégât*) difrod *g*, difrodi.
détériorer [deteʀjɔʀe] (**1**) *vt* niweidio, difrodi, difetha, andwyo;
♦ **se** ~ *vr* dirywio, gwaethygu, difetha.
déterminant[1] (-e) [detɛʀminɑ̃, ɑ̃t] *adj* sy'n penderfynu; **un facteur** ~ ffactor *g,b* penderfynol.
déterminant[2] [detɛʀminɑ̃] *m* (*LING*) penderfynnod *g*; (*MATH*) determinant *g*.
détermination [detɛʀminasjɔ̃] *f* (*date etc*) penderfynu, pennu; (*résolution*) penderfyniad *g*; (*fermeté*) penderfyniad, penderfynoldeb *g*.
déterminé (-e) [detɛʀmine] *adj* (*résolu*) penderfynol, pendant; (*précis*) penodol, pendant.
déterminer [detɛʀmine] (**1**) *vt* (*fixer*) pennu, penderfynu (ar); ~ **qn à faire qch** peri *ou* achosi *ou* gwneud i rn wneud rhth;
♦ **se** ~ *vr*: **se** ~ **à faire qch** penderfynu gwneud rhth.
déterminisme [detɛʀminism] *m* penderfyniaeth *b*.
déterministe [detɛʀminist] *adj* penderfyniaethol, penderfyniadol;
♦*m/f* penderfyniedydd *g*.
déterré [deteʀe] *m*: **avoir une mine de** ~ bod â golwg hanner marw arnoch.
déterrer [deteʀe] (**1**) *vt* datgladdu; (*arbre*) dadwreiddio; (*pommes de terre*) codi.
détersif[1] (**détersive**) [detɛʀsif, detɛʀsiv] *adj* glanhaol.
détersif[2] [detɛʀsif] *m* glanedydd *g*; (*liquide*) gwlybwr *g* golchi *ou* glanhau; (*en poudre*) powdr *g* golchi *ou* glanhau.
détestable [detɛstabl] *adj* ffiaidd, atgas, dychrynllyd, ofnadwy.
détester [detɛste] (**1**) *vt* ffieiddio, casáu.
détiendrai *etc* [detjɛ̃dʀe] *vb voir* **détenir**.
détiens *etc* [detjɛ̃] *vb voir* **détenir**.
détonant (-e) [detɔnɑ̃, ɑ̃t] *adj* ffrwydrol; **mélange** ~ cymysgedd *g,b* ffrwydrol.
détonateur [detɔnatœʀ] *m* taniwr *g*.
détonation [detɔnasjɔ̃] *f* (*bombe, obus*) taniad *g*, ffrwydrad *g*; (*fusil*) ergyd *g,b*, clec *b*.
détoner [detɔne] (**1**) *vi* tanio, ffrwydro.
détonner [detɔne] (**1**) *vi* (*MUS*) mynd allan o diwn *ou* o gywair, colli cywair *ou* tiwn; (*fig: couleurs*) gwrthdaro; (*meuble etc*) edrych allan o'i le, peidio â chymryd ei le'n dda.
détortiller [detɔʀtije] (**1**) *vt* dad-ddirwyn, datblethu.
détour [detuʀ] *m* (*tournant, courbe*) tro *g*, trofa *b*; (*déviation*) dargyfeiriad *g*, gwyriad *g*; **au** ~ **du chemin** ar y tro yn y llwybr; **elle a fait un** ~ **pour le voir** aeth allan o'i ffordd er mwyn ei weld; **user de longs** ~**s pour demander qch** (*fig*) gofyn am rth yn gwmpasog iawn; **sans** ~ (*fig*) yn blwmp ac yn blaen.
détourné (-e) [detuʀne] *adj* anuniongyrchol, cwmpasog.
détournement [detuʀnəmɑ̃] *m* dargyfeiriad *g*,

dargyfeirio; ~ **d'avion** awyrgipiad *g*, awyrgipio, herwgipio awyren; ~ **(de fonds)** embeslad *g*, embeslo; ~ **de mineur** llathruddo *ou* cipio plentyn dan oed, llygru plentyn dan oed.

détourner [detuʀne] (1) *vt* (*rivière, trafic*) dargyfeirio, troi cwrs *ou* cyfeiriad (rhth); (*avion*) awyrgipio; (*tête*) troi draw; (*de l'argent*) embeslo, camddefnyddio; ~ **les yeux** edrych draw *ou* i ffwrdd; ~ **la conversation** troi'r stori, troi'r sgwrs, newid y pwnc; ~ **qn de son devoir/travail** tynnu rhn oddi wrth ei ddyletswydd/ei waith; ~ **l'attention de qn** tynnu *ou* troi sylw rhn;
♦ **se** ~ *vr* troi ymaith *ou* draw, troi o'r neilltu.

détracteur [detʀaktœʀ] *m* dilornwr *g*, bychanwr *g*.

détractrice [detʀaktʀis] *f* dilornwraig *b*, bychanwraig *b*.

détraqué[1] (-**e**) [detʀake] *adj* (*appareil*) wedi torri; (*santé*) bregus.

détraqué[2] [detʀake] *m* gwallgofddyn *g*, ynfytyn *g*, dyn *g* wedi drysu.

détraquée [detʀake] *f* merch *b* wallgof, merch wedi drysu;
♦*adj f voir* **détraqué**[1].

détraquer [detʀake] (1) *vt* drysu, tarfu ar; (*estomac*) codi *ou* troi ar;
♦ **se** ~ *vr* (*machine etc*) mynd o'i le, torri (i lawr), gwrthod *ou* peidio gweithio, methu *ou* gwrthod mynd; (*temps*) gwaethygu.

détrempe [detʀɑ̃p] *f* (ART) tempera *g*.

détrempé (-**e**) [detʀɑ̃pe] *adj* (*sol*) gwlyb iawn.

détremper [detʀɑ̃pe] (1) *vt* (*peinture*) teneuo.

détresse [detʀɛs] *f* gofid *g*, galar *g*; (*misère*) adfyd *g*, cyni *g*, trybini *g*, helynt *g,b*; **en** ~ (*équipe, avion, bateau*) mewn trybini *ou* helynt; **appel/signal de** ~ galwad *g*/arwydd *g* cyfyngder.

détriment [detʀimɑ̃] *m*: **au** ~ **de** er anfantais *b* i.

détritus [detʀity(s)] *mpl* sbwriel *g*.

détroit [detʀwa] *m* culfor *g*; **le** ~ **de Béring** culfor Bering; **le** ~ **du Bosphore** culfor y Bosfforws.

détromper [detʀɔ̃pe] (1) *vt*: ~ **qn** dadrithio rhn, agor llygaid rhn;
♦ **se** ~ *vr*: **détrompez-vous** meddyliwch eto, peidiwch â chymryd eich twyllo.

détrôner [detʀone] (1) *vt* diorseddu; (*fig*) disodli, cymryd lle (rhn).

détrousser [detʀuse] (1) *vt*: ~ **qn** dwyn bag *ou* pwrs oddi ar rn.

détruire [detʀɥiʀ] (52) *vt* dinistrio, distrywio; (*animaux, insectes*) difa; (*fig: santé, réputation*) difetha, andwyo.

détruit (-**e**) [detʀɥi, it] *pp de* **détruire**.

dette [dɛt] *f* (*aussi fig*) dyled *b*; ~ **de l'État** y Ddyled Wladol, Dyled y Wlad.

DEUG [døg] *sigle m*(= *Diplôme d'études universitaires générales*) *tystysgrif b a roddir ar ôl dwy flynedd mewn prifysgol.*

deuil [dœj] *m* (*perte*) profedigaeth *b*; (*chagrin*) galar *g*; (*vêtements*) dillad *ll* galar; **être en** ~ galaru.

DEUST [døst] *sigle m*(= *Diplôme d'études universitaires scientifiques et techniques*) *tystysgrif b a roddir ar ôl dwy flynedd o astudiaethau gwyddonol a thechnegol mewn prifysgol*

deux [dø] *adj inv* dau, dwy; ~ **hommes** dau ddyn, dau o ddynion; ~ **femmes** dwy wraig, dwy o wragedd; **il a** ~ **ans** mae'n ddwyflwydd oed; **des** ~ **cotés de la rue** y naill ochr i'r ffordd, o bobtu i'r ffordd; **on sera** ~ bydd dau(dwy) ohonom; **par** ~ fesul dau(dwy); **c'est à** ~ **kilomètres d'ici** mae'n ddau gilometr oddi yma; **le** ~ **août** yr ail o Awst; **tous les** ~ **jours/mois** bob yn eilddydd/ail fis; **à** ~ **pas** heb fod ymhell; ~ **points** colon *g*; ~ **fois** ddwywaith; **j'en ai** ~ mae gen i ddau(ddwy); **nous sommes le** ~ yr ail yw hi heddiw; **je prends les** ~ mi gymera' i'r ddau(ddwy); **elles sont venues toutes les** ~ fe ddaeth y ddwy ohonynt, fe ddaethant ill dwy;
♦*m inv* dau *g*.

deuxième [døzjɛm] *adj* ail;
♦*m/f* ail *g/b*.

deuxièmement [døzjɛmmɑ̃] *adv* yn ail.

deux-pièces [døpjɛs] *m inv* (*tailleur*) siwt *b* ddeuddarn; (*maillot de bain*) gwisg *b* nofio ddeuddarn, bicini *g*; (*appartement*) fflat *b* ddwy ystafell.

deux-points [døpwɛ̃] *m inv* colon *g*, dau ddot *g*.

deux-roues [døʀu] *m inv* cerbyd *g* dwy olwyn.

deux-temps [døtɑ̃] *adj inv* (*moteur*) dwystroc, deudrawiad;
♦*m inv* motor *g* deudrawiad *ou* dwystroc; (*carburant*) petrol *g* (ar gyfer motor) dwystroc.

devais [dəvɛ] *vb voir* **devoir**[1].

dévaler [devale] (1) *vt* rhuthro i lawr (rhth).

dévaliser [devalize] (1) *vt*: ~ **qn** dwyn popeth oddi ar rn, ysbeilio rhn; ~ **une maison** dwyn o dŷ, gwagio tŷ (*trwy ladrad*), ysbeilio tŷ.

dévalorisant (-**e**) [devalɔʀizɑ̃, ɑ̃t] *adj* dibrisiol.

dévalorisation [devalɔʀizasjɔ̃] *f* dibrisiant *g*, lleihad *g ou* gostyngiad *g* mewn gwerth.

dévaloriser [devalɔʀize] (1) *vt* dibrisio, lleihau *ou* gostwng gwerth (rhth); (*fig*) dibrisio, bychanu, gwneud yn fach;
♦ **se** ~ *vr* (*monnaie*) colli gwerth, gostwng mewn gwerth.

dévaluation [devalɥasjɔ̃] *f* dibrisiant *g*, dibrisiad *g*.

dévaluer [devalɥe] (1) *vt* dibrisio;
♦ **se** ~ *vr* (*monnaie*) colli gwerth, gostwng mewn gwerth.

devancer [d(ə)vɑ̃se] (9) *vt* bod ar y blaen i;

(*distancer*) gadael (rhn) ar eich ôl; (*agir avant*) achub y blaen ar; (*précéder*) cyrraedd o flaen; (*anticiper: objection, désir*) rhagweld; ~ **l'appel** (*MIL*) listio cyn cael eich galw; **il m'a devancé de 3 points** fe'm curodd o dri phwynt.

devancier [d(ə)vɑ̃sje] *m* rhagflaenydd *g*.

devancière [d(ə)vɑ̃sjɛʀ] *f* rhagflaenydd *g*.

devant[1] [d(ə)vɑ̃] *vb voir* **devoir**[1].

devant[2] [d(ə)vɑ̃] *adv* ar y (tu) blaen, yn y (tu) blaen, i'r (tu) blaen; **par** ~ (*boutonner*) ar y tu blaen; (*entrer, passer*) trwy'r tu blaen;
♦*prép* o flaen, ar gyfer, gyferbyn â, yn wyneb; **par-**~ **notaire** yng ngŵydd notari, ger bron notari, o flaen notari;
♦*m* (*de maison, vêtement, voiture*) blaen *g*, tu *g* blaen; **prendre les** ~**s** cymryd y cam cyntaf; **roue de** ~ olwyn *b* flaen; **porte de** ~ drws *g* (y) ffrynt; **les pattes de** ~ y traed *ll ou* coesau *ll ou* pawennau *ll* blaen; **aller au-**~ **de qn** mynd allan i gyfarfod rhn; **aller au-**~ **des ennuis** gofyn am drafferth; **aller au-**~ **des désirs de qn** rhagweld dymuniadau rhn.

devanture [d(ə)vɑ̃tyʀ] *f* (*façade*) blaen *g* siop; (*étalage*) arddangosfa *b*; (*vitrine*) ffenestr *b* siop.

dévastateur (**dévastatrice**) [devastatœʀ, devastatʀis] *adj* dinistriol, distrywiol, difethol, difrodol.

dévastation [devastasjɔ̃] *f* difrod *g*, distryw *g*, dinistr *g*.

dévasté (**-e**) [devaste] *adj* difrodedig, wedi ei ddifrodi *ou* ei ddifetha *ou* ei ddinistrio *ou* ei ddistrywio.

dévaster [devaste] (**1**) *vt* difrodi, difetha, distrywio, dinistrio.

déveine* [devɛn] *f* tipyn *g* o anlwc *g,b*; **quelle** ~! hen dro!, trueni!, bechod!

développement [dev(ə)lɔpmɑ̃] *m* datblygiad *g*; (*exposé*) esboniad *g*.

développer [dev(ə)lɔpe] (**1**) *vt* (*aussi: PHOT*) datblygu; (*déballer: paquet*) dadlapio, agor;
♦ **se** ~ *vr* datblygu.

devenir [dəv(ə)niʀ] (**32**) *vi (avec aux. être)* mynd *ou* dod yn; ~ **médecin** mynd yn feddyg; **que sont-ils devenus?** (pa) beth a ddaeth ohonynt?, beth a ddigwyddodd iddynt?, beth yw eu hanes?

devenu [dəvny] *pp de* **devenir**.

dévergondé (**-e**) [devɛʀgɔ̃de] *adj* (*personne*) anfoesol, gwyllt, llac eich moesau, heb gywilydd; (*vie*) anllad, ofer.

dévergonder [devɛʀgɔ̃de] (**1**): **se** ~ *vr* ofera, byw'n ofer, byw bywyd anfoesol *ou* anllad.

déverrouiller [devɛʀuje] (**1**) *vt* dadfolltio, tynnu bollt/bolltiau.

déverser [devɛʀse] (**1**) *vt* tywallt, arllwys;
♦ **se** ~ *vr*: **se** ~ **dans** (*fleuve, mer*) llifo i, ymarllwys i, ymdywallt i.

déversoir [devɛʀswaʀ] *m* gorlif *g*.

dévêtir [devetiʀ] (**30**) *vt* tynnu dillad (rhn *ou* oddi am rn), dadwisgo;
♦ **se** ~ *vr* tynnu (oddi) amdanoch, tynnu'ch dillad, dadwisgo.

devez [dəve] *vb voir* **devoir**[1].

déviation [devjasjɔ̃] *f* gwyriad *g*; (*AUTO*) dargyfeiriad *g*; ~ **de la colonne (vertébrale)** gwargrymedd *g*.

déviationnisme [devjasjɔnism] *m* gwyriadaeth *b*, cyfeiliorni.

déviationniste [devjasjɔnist] *m/f* gwyriadwr *g*, gwyriadwraig *b*, cyfeiliornwr *g*, cyfeiliornwraig *b*.

dévider [devide] (**1**) *vt* dad-ddirwyn, dadweindio.

dévidoir [devidwaʀ] *m* rîl *b*.

deviendrai *etc* [dəvjɛ̃dʀe] *vb voir* **devenir**.

devienne *etc* [dəvjɛn] *vb voir* **devenir**.

deviens *etc* [dəvjɛ̃] *vb voir* **devenir**.

dévier [devje] (**16**) *vi* gwyro o'ch cyfeiriad, mynd oddi ar eich cwrs;
♦*vt* (*fleuve, circulation*) troi cwrs *ou* cyfeiriad (rhth), dargyfeirio; (*coup*) bwrw *ou* troi (rhth) i'r naill ochr; **(faire)** ~ (*projectile*) bwrw *ou* troi (rhth) i'r naill ochr; (*véhicule etc*) peri i (rth) wyro o'i gyfeiriad.

devin [dəvɛ̃] *m* daroganwr *g*, rhagweledydd *g*.

deviner [d(ə)vine] (**1**) *vt* dyfalu; (*prévoir*) rhagweld, darogan.

devineresse [dəvin(ə)ʀɛs] *f* daroganwraig *b*, rhagweledydd *g*.

devinette [d(ə)vinɛt] *f* pos *g*.

devint *etc* [dəvɛ̃] *vb voir* **devenir**.

devis [d(ə)vi] *m* amcangyfrif *g*; ~ **descriptif/estimatif** amcangyfrif manwl/rhagarweiniol.

dévisager [devizaʒe] (**10**) *vt* rhythu ar, syllu ar, llygadrythu ar.

devise [dəviz] *f* (*formule*) arwyddair *g*; (*ÉCON*) arian *g*; ~**s** (*argent*) arian.

deviser [dəvize] (**1**) *vi*: ~ **de** sgwrsio am, siarad am.

dévisser [devise] (**1**) *vt* dadsgriwio;
♦ **se** ~ *vr* dadsgriwio, agor.

de visu [devizy] *adv*: **s'assurer de qch** ~ ~ gwneud yn siwr o rth drosoch eich hun.

dévitaliser [devitalize] (**1**) *vt* (*dent*) tynnu'r nerf o.

dévoiler [devwale] (**1**) *vt* (*statue*) dadorchuddio; (*secret etc*) datgelu, dadlennu.

devoir[1] [d(ə)vwaʀ] (**40**) *vt*
1 (*argent, respect*): ~ **qch à qn** bod arnoch rth i rn; **elle me doit 100F** mae arni hi 100 ffranc i mi; **je lui dois beaucoup** mae arnaf i lawer iddo/iddi.
2 (*suivi de l'infinitif: obligation*): **il doit le faire** mae'n rhaid iddo ei wneud; **je devrais faire** dylwn wneud; **tu n'aurais pas dû** ni ddylet fod wedi; **vous devriez lui en parler** dylech sôn wrthi *neu* wrtho amdano; **est-ce que je dois vraiment m'en aller?** a oes raid imi fynd o ddifrif?.

3 (:*fatalité*): **cela devait arriver un jour** 'roedd hynny'n siwr o ddigwydd rywbryd.
4 (:*intention*): **elle doit partir demain** mae hi i fod i gychwyn *ou* i fynd yfory.
5 (:*probabilité*): **il doit être tard** mae'n rhaid ei bod hi'n hwyr; **vous devez avoir faim** mae'n rhaid bod eisiau bwyd arnoch;
♦ **se** ~ *vr*: **se** ~ **de faire qch** teimlo y dylech wneud rhth; **comme il se doit** (*comme il faut*) fel sy'n ddyledus *ou* gywir, yn iawn.

devoir[2] [d(ə)vwaʀ] *m* dyletswydd *b*; (*SCOL*) gwaith *g* cartref, tasg *b*; **~s de vacances** gwaith cartref *ou* tasg ar gyfer y gwyliau; **rendre les derniers ~s** talu'r gymwynas *ou* deyrnged olaf; **se mettre en** ~ **de faire qch** mynd ati i wneud rhth; **se faire un** ~ **de faire qch** gofalu am wneud, cymryd y cyfrifoldeb am wneud rhth.

dévolu (**-e**) [devɔly] *adj* (*temps, part*): ~ **à qn/qch** a neilltuir *ou* neilltuwyd ar gyfer rhn/rhth, a bennid *ou* bennwyd ar gyfer rhn/rhth.

dévolu [devɔly] *m*: **jeter son** ~ **sur** rhoi'ch bryd ar.

devons [dəvɔ̃] *vb voir* **devoir**[1].

dévorant (**-e**) [devɔʀɑ̃, ɑ̃t] *adj* awchus, gwancus, anniwall; (*passion*) ysol.

dévorer [devɔʀe] (**1**) *vt* llowcio, traflyncu; (*suj: feu, soucis*) ysu, difa; ~ **qn/qch des yeux** *neu* **du regard** (*fig*) llygadu rhn/rhth yn awchus; (*fig: convoitise*) llygadu rhn/rhth yn flysig.

dévot[1] (**-e**) [devo, ɔt] *adj* duwiol, crefyddol.

dévot[2] [devo] *m* crefyddwr *g*, dyn *g* duwiol.

dévote [devɔt] *f* crefyddwraig *b*, merch *b* dduwiol;
♦*adj f voir* **dévot**[1].

dévotion [devosjɔ̃] *f* duwioldeb *g*, crefyddolder *g*; **être à la** ~ **de qn** bod yn gwbl ffyddlon i rn; **avoir une** ~ **pour qn** addoli rhn.

dévoué (**-e**) [devwe] *adj* (*personne*) ffyddlon, ymroddedig; **être** ~ **à qn** bod yn ffyddlon i rn.

dévouement [devumɑ̃] *m* ymroddiad *g*, ymlyniad *g*, ffyddlondeb *g*.

dévouer [devwe] (**1**): **se** ~ *vr*: **se** ~ **(pour)** (*se sacrifier*) eich aberthu'ch hun (dros); **se** ~ **à** (*se consacrer*) ymgysegru i, ymroi i.

dévoyé[1] (**-e**) [devwaje] *adj* camweddus, tramgwyddus.

dévoyé[2] [devwaje] *m* troseddwr *g*, camweddwr *g*.

dévoyée [devwaje] *f* troseddwraig *b*, camweddwraig *b*;
♦*adj f voir* **dévoyé**[1].

dévoyer [devwaje] (**17**) *vt* arwain (rhn) ar gyfeiliorn; ~ **l'opinion publique** dylanwadu ar y farn gyhoeddus;
♦ **se** ~ *vr* mynd ar gyfeiliorn, cyfeiliorni.

devrai *etc* [dəvʀe] *vb voir* **devoir**[1].

dextérité [dɛksteʀite] *f* deheurwydd *g*, medrusrwydd *g*.

dfc *abr*(= *désire faire connaissance*) "awydd dod i adnabod" (*mewn colofn bersonol papur newydd*).

DG [deʒe] *sigle m*(= *directeur général*) prif reolwr *g*.

dg *abr*(= *décigramme*) decigram *g*, dg.

DGE [deʒeə] *sigle f*(= *Dotation globale d'équipement*) *cyfraniad g y wladwriaeth at gyllideb llywodraeth leol.*

DGSE [deʒeɛsə] *sigle f*(= *Direction générale des services extérieurs*) ≈ MI6, *gwasanaeth g cudd ymchwil y fyddin.*

DI [dei] *sigle f* (*MIL*)(= *division d'infanterie*) *adran b gwŷr traed.*

dia [dja] *abr*= **diapositive**.

diabète [djabɛt] *m* clefyd *g* siwgr.

diabétique [djabetik] *adj* diabetig, â'r clefyd siwgr arnoch;
♦*m/f* diabetig *g/b*.

diable [djɑbl] *m* diafol *g*, cythraul *g*; (*chariot à deux roues*) trỳc *g* bach; **(petit)** ~ (*enfant*) cenau *g* bach *ou* gwalch *g* bach, ellyll *g* bach *ou* cythraul bach; **pauvre** ~ (*clochard*) truan *g*; ~ **(à ressort)** jac *g* yn y bocs; **une musique du** ~ twrw *g* uffernol *ou* cythreulig; **il fait une chaleur du** ~ mae hi'n gythreulig *ou* uffernol o boeth; **avoir le** ~ **au corps** bod fel y diafol ei hun; **habiter au** ~ byw ym mhen draw'r byd, byw ymhell o bob man.

diablement [djɑbləmɑ̃] *adv* (*très*) yn gythreulig, yn uffernol, iawn, dros ben, y tu hwnt; **ce travail est** ~ **difficile** mae'r gwaith 'ma'n gythgam *ou* ddiawch *ou* ofnadwy o anodd.

diableries [djɑbləʀi] *fpl* (*d'enfant*) drygioni *g*, direidi *g*.

diablesse [djɑblɛs] *f* (*petite fille*) cenawes *b* fach, 'sguthan *b* fach.

diablotin [djɑblɔtɛ̃] *m* coblyn *g*, ellyll *g* bach; (*pétard*) clecar *g* 'Dolig, cracer *g* 'Dolig.

diabolique [djabɔlik] *adj* dieflig, cythreulig.

diabolo [djabɔlo] *m* (*jeu*) diabolo *g*; (*boisson*) *diod ffrwythau a lemonêd*; ~ **menthe** *diod fint a lemonêd.*

diacre [djakʀ] *m* diacon *g*, blaenor *g*.

diadème [djadɛm] *m* (*couronne*) dïadem *g*, coron *b*; (*bijou féminin*) tiara *g,b*.

diagnostic [djagnɔstik] *m* diagnosis *g*, barn *b* feddygol.

diagnostiquer [djagnɔstike] (**1**) *vt* diagnosio, canfod.

diagonal (**-e**) (**diagonaux, diagonales**) [djagɔnal, djagɔno] *adj* croeslin, lletraws.

diagonale [djagɔnal] *f* (*MATH*) croeslin *b*, croeslinell *b*, lletraws *g*; **en** ~ yn groeslinol, ar letraws, yn groes-gongl; **lire en** ~ (*fig*) brasddarllen llyfr, darllen llyfr yn frysiog.

diagramme [djagʀam] *m* (*schéma*) diagram *g*; (*courbe, graphique*) siart *b*, graff *g*.

dialecte [djalɛkt] *m* tafodiaith *b*.

dialectique [djalɛktik] *adj* dilechdidol, dialectegol.
dialogue [djalɔg] *m* (*entre amis etc*) sgwrs *b*; (*entre syndicats, ministres etc*) dialog *g,b*, trafodaeth *b*; (*THÉÂTRE*) dialog; **ils ont eu un véritable ~ de sourds** 'roedd y naill yn fyddar i'r llall.
dialoguer [djalɔge] (**1**) *vi* (*amis*) sgwrsio; (*syndicats etc*) trafod, cyd-drafod, cynnal trafodaethau.
dialoguiste [djalɔgist] *m/f* sgriptiwr *g*, sgriptwraig *b*, dialogwr *g*, dialogwraig *b*.
dialyse [djaliz] *f* dialysis *g*.
diamant [djamɑ̃] *m* diemwnt *g*; (*de vitrier*) diemwnt torri.
diamantaire [djamɑ̃tɛʀ] *m* (*vendeur*) gwerthwr *g* diemyntau.
diamantifère [djamɑ̃tifɛʀ] *adj* diemyntog.
diamétralement [djametʀalmɑ̃] *adv* yn gwbl groes, yn gyferbyniol; ~ **opposés** (*opinions*) cwbl *ou* hollol groes i'w gilydd, am y pegwn â'i gilydd.
diamètre [djamɛtʀ] *m* tryfesur *g*, diamedr *g*.
diapason [djapazɔ̃] *m* trawfforch *b*; **être au ~ (de)** (*fig*) bod mewn cytgord (â).
diaphane [djafan] *adj* (*teint*) gwelw, llwyd; (*tissu, robe*) tryloyw, meinweol.
diaphragme [djafʀagm] *m* (*ANAT*) diaffram *g*, llengig *b*; **ouverture du ~** (*PHOT*) agorfa *b*.
diapo [djapo] *f* sleid *b*, tryloywlun *g*
diaporama [djapɔʀama] *m* sioe *b* sleidiau.
diapositive [djapozitiv] *f* sleid *b*, tryloywlun *g*.
diapré (**-e**) [djapʀe] *adj* amryliw, symudliw.
diarrhée [djaʀe] *f* dolur *g* rhydd, y bib *b*.
diatribe [djatʀib] *f* geiriau *ll* hallt, beirniadaeth *b* ddeifiol.
dichotomie [dikɔtɔmi] *f* deuoliaeth *b*, dicotomi *g*.
dictaphone® [diktafɔn] *m* dictaffon *g*.
dictateur [diktatœʀ] *m* unben *g*.
dictatorial (**-e**) (**dictatoriaux, dictatoriales**) [diktatɔʀjal, diktatɔʀjo] *adj* unbenaethol; (*impérieux*) awdurdodus.
dictature [diktatyʀ] *f* unbennaeth *b*.
dictée [dikte] *f* arddywediad *g*, arddweud; **écrire sous la ~ de qn** ysgrifennu yr hyn a arddywedir gan rn.
dicter [dikte] (**1**) *vt* (*lettre*) arddweud; (*fig: conditions etc*) gosod, pennu.
diction [diksjɔ̃] *f* ynganiad *g*, ynganu, geirio; **des cours de ~** gwersi *ll* llefaru.
dictionnaire [diksjɔnɛʀ] *m* geiriadur *g*; ~ **bilingue** geiriadur dwyieithog; ~ **encyclopédique** geiriadur gwyddoniadurol; ~ **géographique** geiriadur daearyddol; **dictionnaire de langue** geiriadur iaith.
dicton [diktɔ̃] *m* dywediad *g*, hen air *g*, ymadrodd *g*.
didacticiel [didaktisjɛl] *m* meddalwedd *g,b* addysgol.
didactique [didaktik] *adj* didactig.
dièse [djɛz] *m* (*MUS*) llonnod *g*.
diesel [djezɛl] *m* diesel *g*; **un (véhicule/moteur) ~** (cerbyd *g*/motor *g*) diesel.
diète [djɛt] *f* diet *g*; **être à la ~** bod ar ddiet.
diététicien [djetetisjɛ̃] *m* dietegydd *g*.
diététicienne [djetetisjɛn] *f* dietegydd *g*.
diététique [djetetik] *adj* iachusol;
♦*f* dieteg *b*; **magasin ~** siop *b* bwydydd iach.
dieu (**-x**) [djø] *m* duw *g*; **D~** Duw; **le bon D~** y Bod *g ou* Brenin *g* Mawr; **mon D~!** brenin mawr!, mawredd mawr!, nefoedd!
diffamant (**-e**) [difamɑ̃, ɑ̃t] *adj* difenwol, enllibus, athrodus.
diffamateur[1] (**diffamatrice**) [difamatœʀ, difamatʀis] *adj* difenwol; (*écrits*) enllibus; (*propos*) athrodus.
diffamateur[2] [difamatœʀ] *m* difenwr *g*; (*par écrit*) enllibiwr *g*; (*verbalement*) athrodwr *g*.
diffamation [difamasjɔ̃] *f* difenwad *g*, enllib *g*, athrod *g*, difenwi, enllibio, athrodi; **attaquer qn en ~** dwyn achos o enllib *ou* athrod yn erbyn rhn.
diffamatoire [difamatwaʀ] *adj* difenwol, enllibus, athrodus.
diffamatrice [difamatʀis] *f* difenwraig *b*; (*par écrit*) enllibwraig *b*; (*verbalement*) athrodwraig *b*;
♦*adj f voir* **diffamateur**[1].
diffamer [difame] (**1**) *vt* (*aussi: JUR*) difenwi, enllibio, athrodi.
différé[1] (**-e**) [difeʀe] *adj* gohiriedig; (*INFORM*); **traitement ~** swp-brosesu; **crédit ~** credyd *g* gohiriedig.
différé[2] [difeʀe] *m* (*TV*): **en ~** rhaglen *b* sydd wedi ei recordio ymlaen llaw.
différemment [difeʀamɑ̃] *adv* yn wahanol.
différence [difeʀɑ̃s] *f* gwahaniaeth *g*; **à la ~ de** yn wahanol i.
différenciation [difeʀɑ̃sjasjɔ̃] *f* gwahaniaethiad *g*, gwahaniaethu.
différencier [difeʀɑ̃sje] (**16**) *vt* gwahaniaethu; (*MATH*) differu;
♦ **se ~** *vr*: **se ~ (de)** (*être différent*) bod yn wahanol (i).
différend [difeʀɑ̃] *m* anghytundeb *g*, anghydfod *g*, gwahaniaeth *g* barn.
différent (**-e**) [difeʀɑ̃, ɑ̃t] *adj*: ~ **(de)** gwahanol (i); **à ~es heures de la journée** ar wahanol adegau o'r dydd; **à ~es reprises** sawl tro, lawer gwaith; **pour ~es raisons** am nifer o resymau, am amryw resymau.
différentiel[1] (**-le**) [difeʀɑ̃sjɛl] *adj* gwahaniaethol; (*MATH*) differol.
différentiel[2] [difeʀɑ̃sjɛl] *m* (*AUTO*) differyn *g*.
différer [difeʀe] (**14**) *vi* (*varier*) amrywio: ~ **(de)** (*être différent*) bod yn wahanol (i); (*avoir des opinions différentes*) anghytuno (â), anghydweld (â);
♦*vt* gohirio, oedi; ~ **de faire qch** (*tarder*) oedi cyn gwneud rhth.
difficile [difisil] *adj* anodd; (*personne*)

anhydrin, anodd ei drin; **faire le ~** bod yn anodd eich plesio.

difficilement [difisilmɑ̃] *adv* (*marcher, s'expliquer etc*) gydag anhawster; ~ **compréhensible/lisible** anodd ei ddeall/ei ddarllen.

difficulté [difikylte] *f* anhawster *g*; **faire des ~s (pour)** creu anawsterau (i); **en ~** (*bateau, alpiniste*) mewn enbydrwydd *ou* perygl; **avoir de la ~ à faire qch** ei chael hi'n anodd gwneud rhth, cael trafferth *ou* anhawster gwneud rhth.

difforme [difɔʀm] *adj* afluniaidd, anffurfiedig, camffurfiedig.

difformité [difɔʀmite] *f* anffurfiad *g*, nam *g* corfforol.

diffracter [difʀakte] (**1**) *vt* (*bruit, lumière*) diffreithio.

diffus (**-e**) [dify, yz] *adj* gwasgarog, ar wasgar.

diffuser [difyze] (**1**) *vt* gwasgaru; (*lumière*) tryledu; (*émission, musique*) darlledu; (*nouvelle, idée*) lledaenu, rhoi (rhth) ar led; (*COMM: livres, journaux*) dosbarthu.

diffuseur [difyzœʀ] *m* (*de lumière*) tryledwr *g*; (*COMM: de livres, journaux*) dosbarthwr *g*.

diffusion [difyzjɔ̃] *f* gwasgariad *g*; (*lumière*) trylediad *g*; (*émission, musique*) darllediad *g*; (*nouvelle, idée*) lledaeniad *g*; (*COMM: livres, journaux*) dosbarthiad *g*; **journal/magazine à grande ~** papur *g* newydd/cylchgrawn *g* â chylchrediad eang.

digérer [diʒeʀe] (**14**) *vt* (*aliment*) treulio; (*fig: insulte*) llyncu, goddef, dioddef.

digeste [diʒɛst] *adj* hawdd ei dreulio, treuliadwy.

digestible [diʒɛstibl] *adj* hawdd ei dreulio.

digestif[1] (**digestive**) [diʒɛstif, diʒɛstiv] *adj* treuliadol, treuliol, traul.

digestif[2] [diʒɛstif] *m* diod *b* dreuliol, liqueur *g*.

digestion [diʒɛstjɔ̃] *f* traul *b*, treuliad *g*.

digit [didʒit] *m* digid *g*; ~ **binaire** digid deuaidd.

digital (**-e**) (**digitaux, digitales**) [diʒital, diʒito] *adj* digidol.

digitale [diʒital] *f* (*aussi:* ~ **pourprée**: *BOT*) bysedd *ll* y cŵn;
♦*adj f voir* **digital**.

digitaline [diʒitalin] *f* (*MÉD*) digitalin *g*.

digne [diɲ] *adj* (*auguste*) urddasol; ~ **de qn/qch** teilwng o rn/rth; ~ **de foi** credadwy, dibynadwy, y gellir dibynnu arno, y gellir ymddiried ynddo; ~ **d'éloges** clodwiw, canmoladwy; ~ **d'être remarqué** nodedig, gwerth sylw.

dignitaire [diɲitɛʀ] *m* gŵr *g* pwysig; **les ~s** y pwysigion *ll*.

dignité [diɲite] *f* urddas *g*.

digression [digʀesjɔ̃] *f* crwydrad *g*.

digue [dig] *f* clawdd *g*, arglawdd *g*; (*pour protéger la côte*) morglawdd *g*.

dijonnais (**-e**) [diʒɔnɛ, ɛz] *adj* o Dijon.

Dijonnais [diʒɔnɛ] *m* un *g* o Dijon.

Dijonnaise [diʒɔnɛz] *f* un *b* o Dijon.

diktat [diktat] *m* dictad *g*.

dilapidation [dilapidasjɔ̃] *f* gwastraffu, afradu; (*détournememt de biens, de fonds publics*) camddefnyddio, embeslo, camddefnydd *g* (o/ar arian), embeslad *g*.

dilapider [dilapide] (**1**) *vt* gwastraffu, afradu; (*détourner: biens, fonds publics*) camddefnyddio, embeslo.

dilater [dilate] (**1**) *vt* lledu; (*ballon*) chwyddo, llenwi;
♦ **se** ~ *vr* ymledu, ymagor, chwyddo, ymchwyddo.

dilatoire [dilatwaʀ] *adj*: **moyens ~s** tacteg *b* arafu, ystrywiau *ll* oedi.

dilemme [dilɛm] *m* penbleth *b*, cyfyng-gyngor *g*.

dilettante [diletɑ̃t] *m/f* diletant *g/b*; **faire qch en ~** ymhél â rhth.

dilettantisme [diletɑ̃tism] *m* amaturedd *g*, amaturiaeth *b*, diletantiaeth *b*.

diligence [diliʒɑ̃s] *f* diwydrwydd *g*, dyfalwch *g*; (*empressement*) brys *g*, cyflymder *g*, hast *b*; (*véhicule*) coetsh *b* fawr; **faire ~** brysio, prysuro, hastu.

diligent (**-e**) [diliʒɑ̃, ɑ̃t] *adj* diwyd, dyfal.

diluant [dilɥɑ̃] *m* teneuydd *g*.

diluer [dilɥe] (**1**) *vt* gwanhau, teneuo.

dilution [dilysjɔ̃] *f* gwanhad *g*, gwanhau, teneuo.

diluvien (**-ne**) [dilyvjɛ̃, jɛn] *adj*: **pluie ~ne** cenllif *g,b* o law, dilyw *g*.

dimanche [dimɑ̃ʃ] *m* (dydd *g*) Sul *g*; **le ~ des Rameaux/de Pâques** Sul y Blodau/y Pasg *voir aussi* **lundi**.

dîme [dim] *f* degwm *g*.

dimension [dimɑ̃sjɔ̃] *f* maint *g*, maintioli *g*; (*MATH*) dimensiwn *g*; **~s** (*mesures*) mesuriadau *ll*.

diminué (**-e**) [diminɥe] *adj* (*personne: physiquement*) mewn gwendid, wedi gwanhau; (*mentalement*) llai effro.

diminuer [diminɥe] (**1**) *vi* lleihau, gostwng; (*forces*) gwanhau; (*jours*) byrhau;
♦*vt* lleihau, gostwng, cyfyngu; (*personne: dénigrer*) bychanu, dibrisio, dilorni; (*tricot*) cyfyngu.

diminutif[1] [diminytif] *adj* (*LING*) bachigol.

diminutif[2] [diminytif] *m* (*LING*) bachigyn *g*; (*petit nom*) enw *g* anwes.

diminution [diminysjɔ̃] *f* lleihad *g*, gostyngiad *g*, lleihau, gostwng; (*fig: de personne*) bychanu, dibrisio, dilorni.

dînatoire [dinatwaʀ] *adj*: **goûter ~** te *g* mawr *ou* hwyr; **apéritif ~** ≈ bwffe *g* hwyrol.

dinde [dɛ̃d] *f* iâr *b* dwrci; (*CULIN*) twrci *g*; (*femme stupide*) hulpen *b*, twpsen *b*.

dindon [dɛ̃dɔ̃] *m* (*gén*) twrci *g*; (*mâle*) ceiliog *g* twrci.

dindonneau [dɛ̃dɔno] *m* cyw *g* twrci, twrci *g*

ifanc.
dîner[1] [dine] *m* cinio *g* (nos); ~ **d'affaires** cinio busnes; ~ **de famille** cinio gyda'r teulu.
dîner[2] [dine] (1) *vi* ciniawa, cael cinio.
dînette [dinɛt] *f* (*jeu*): **jouer à la** ~ chwarae te-partis; ~ **de poupée** llestri *ll* te tŷ dol.
dîneur [dinœʀ] *m* ciniäwr *g*.
dîneuse [dinøz] *f* ciniawraig *b*.
dinghy [dingi] *m* dingi *g*, cwch *g ou* bad *g* bach.
dingue* [dɛ̃g] *adj* hurt, gwirion, penwan, hanner call *ou* hanner pan.
dinosaure [dinɔzɔʀ] *m* deinosor *g*.
diocèse [djɔsɛz] *m* esgobaeth *b*.
diode [djɔd] *f* deuod *g*.
diphasé (-**e**) [difaze] *adj* (*ÉLEC*) deuffasig, dwywedd, deudro.
diphtérie [difteʀi] *f* difftheria *g*.
diphtongue [diftɔ̃g] *f* deusain *b*.
diplomate [diplɔmat] *adj* diplomatig, pwyllog, doeth;
♦*m/f* diplomat *g*, diplomydd *g*;
♦*m* (*CULIN*) ≈ treiffl *g*.
diplomatie [diplɔmasi] *f* diplomyddiaeth *b*, diplomatiaeth *b*; (*fig*) doethineb *g*, pwyll *g*, tact *g*.
diplomatique [diplɔmatik] *adj* llysgenhadol, diplomyddol, diplomataidd; (*fig*) doeth, llawn tact, pwyllog
diplôme [diplom] *m* (*certificat*) diploma *g,b*, tystysgrif *b*; (*licence*) gradd *b*; **avoir des** ~**s** bod â chymwysterau; ~ **d'études supérieures** *gradd uwch mewn prifysgol*.
diplômé[1] (-**e**) [diplome] *adj* tystysgrifedig, â chymwysterau, wedi graddio, graddedig.
diplômé[2] [diplome] *m* un *g* sydd â thystysgrif *ou* diploma, gŵr *g* gradd *ou* graddedig.
diplômée [diplome] *f* un *b* sydd â thystysgrif *ou* diploma, merch *b ou* gwraig *b* radd *ou* raddedig;
♦*adj f voir* **diplômé**[1].
dire[1] [diʀ] (**50**) *vt*
1 (*gén*) dweud; ~ **qch à qn** dweud rhth wrth rn; ~ **à qn que** dweud wrth rn ...; ~ **à qn qu'il fasse** *neu* **de faire qch** dweud wrth rn am wneud rhth; **"il fait froid" dit-elle** "mae'n oer" meddai *ou* ebe hi; ~ **l'heure** dweud faint yw hi o'r gloch; **l'horloge dit 6 heures** mae hi'n chwech o'r gloch ar y cloc; ~ **la vérité** dweud y gwir; ~ **ce qu'on pense** dweud eich meddwl; **dis pardon** dywed ei bod hi'n ddrwg gennyt; **dis merci** dywed diolch, cofia ddweud diolch; **on dit que** maen nhw'n dweud ..., mae sôn ...; **comme on dit** fel maen nhw'n dweud, chwedl hwythau; **c'est toi qui le dis** dyna beth wyt ti'n ei ddweud, meddet ti, ti sy'n dweud; **je te l'avais dit** mi ddywedais i wrthyt ti, 'roeddwn i'n meddwl mai felly y byddai hi; **je ne peux pas** ~ **le contraire** 'alla' i mo'i wadu, 'alla' i ddim dweud yn wahanol.
2 (*objecter*): **je n'ai rien à** ~ **(à)** alla' i ddim cwyno (am), 'dydw i ddim mewn sefyllfa i ddweud dim (am).
3 (*signifier*): **vouloir** ~ golygu; **que veut** ~ **ce mot?** beth yw ystyr y gair hwn?.
4 (*plaire*): **cela me dit d'aller en ville** mae gen i awydd mynd i'r dref; **ça ne me dit rien** 'does gen i fawr o'i awydd, nid yw'n apelio ata' i o gwbl.
5 (*penser*): **que dites-vous de ...?** beth ydych chi'n ei feddwl o ...?, beth yw eich barn chi ynghylch ...?; **on dirait que** byddech yn meddwl ..., bron na fyddech yn tybio ...; **on dirait du vin** fe ddywedech mai gwin ydyw, byddech yn meddwl mai gwin ydyw; ~ **qu'il n'a pas encore 20 ans!** a meddwl nad yw eto'n ugain oed!, ac yntau heb fod yn ugain oed eto!.
6 (*locutions*): **à vrai** ~ a dweud y gwir; **pour ainsi** ~ megis, fel petai; **cela va sans** ~ 'does dim rhaid dweud, mae hynny'n amlwg; **il va sans** ~ **que** 'does dim angen dweud ...; **dis donc** (*à propos*) gyda llaw; (*pour attirer attention*) hei!; **ceci** *neu* **cela dit** wedi dweud hyn *ou* hynny; **c'est dit, voilà qui est dit** dyna ben arni, dyna setlo'r mater; **il n'y a pas à** ~ 'waeth heb â'i wadu, 'waeth un gair na chant; **c'est** ~ **si elle était contente** mae hynny'n dangos mor fodlon oedd hi; **c'est beaucoup** ~ mae hynny'n ddweud mawr; **c'est peu** ~ a dweud y lleiaf, dyna hanner y stori; **tu peux le** ~ 'rwyt ti'n iawn; **à qui le dis-tu** 'rwyt ti'n dweud y gwir, mi wn i o'r gorau, 'does dim angen dweud wrthyf;
♦ **se** ~ *vr* dweud wrthych eich hun; **se** ~ **malade** (*se prétendre*) honni *ou* dweud eich bod yn sâl; **cela ne se dit pas comme ça** nid felly mae dweud hwnna; **se** ~ **au revoir** ffarwelio â'ch gilydd; **ça se dit ... en anglais** ... yw hynny yn Saesneg.
dire[2] [diʀ] *m*: **au** ~ **de** yn ôl, chwedl; **au** ~ **de tous, selon le** ~ **de tous** yn ôl (yr hyn a ddywed) pawb; ~**s** datganiadau; **leurs** ~**s ne concordent pas** 'dydy eu hadroddiadau nhw ddim yn cytuno.
direct[1] (-**e**) [diʀɛkt] *adj* (*aussi fig*) uniongyrchol; (*train, bus*) syth drwodd.
direct[2] [diʀɛkt] *m* (*train*) trên *g* syth drwodd, trên cyflym; ~ **du gauche/du droit** (*boxe*) chwith *b*/de *b* syth; **en** ~ (*émission, reportage*) byw, yn fyw.
directement [diʀɛktəmɑ̃] *adv* yn uniongyrchol, yn syth; (*immédiatement*) yn syth, ar unwaith, yn ddi-oed; (*diamétralement*) yn gwbl, yn union.
directeur[1] (**directrice**) [diʀɛktœʀ, diʀɛktʀis] *adj* (*idée*) prif; (*principe*) arweiniol, llywiol; (*force*) gyriadol, ysgogol; **comité** ~ pwyllgor *g* rheoli *ou* llywio.
directeur[2] [diʀɛktœʀ] *m* (*administrateur, propriétaire*) cyfarwyddwr *g*; (*responsable, gérant*) rheolwr *g*; (*d'école, d'université*)

prifathro *g*; ~ **commercial** rheolwr gwerthiant; ~ **général** prif reolwr; ~ **du personnel** rheolwr personél; ~ **de thèse** (*université*) cyfarwyddwr.
direction [diʀɛksjɔ̃] *f* rheolaeth *b*, cyfarwyddyd *g*; (*sens, aussi fig*) cyfeiriad *g*; (*AUTO*) llywio; **sous la** ~ **de** (*MUS*) dan arweiniad *g*; (*de thèse*) dan oruchwyliaeth *b*; **en** ~ **de** (*avion, train, bateau*) i (gyfeiriad); **"toutes** ~**s"** (*AUTO*) "pob cerbyd"
directionnel (-**le**) [diʀɛksjɔnɛl] *adj* cyfeiriol, cyfeiriadol.
directive [diʀɛktiv] *f* cyfarwyddyd *g*, gorchymyn *g*.
directoire [diʀɛktwaʀ] *m* bwrdd *g* cyfarwyddwyr *ou* rheolwyr.
directorial (-**e**) (**directoriaux, directoriales**) [diʀɛktɔʀjal, diʀɛktɔʀjo] *adj*: **le bureau** ~ swyddfa'r *b* cyfarwyddwr *ou* rheolwr *ou* prifathro, y gyfarwyddiaeth *b*.
directrice [diʀɛktʀis] *f* (*administratrice, propriétaire*) cyfarwyddwraig *b*; (*responsable, gérante*) rheolwraig *b*; (*d'école*) prifathrawes *b voir aussi* **directeur**[2];
♦*adj f voir* **directeur**[1].
dirent [diʀ] *vb voir* **dire**.
dirigeable [diʀiʒabl] *m*: **ballon** ~ awyrlong *b*.
dirigeant[1] (-**e**) [diʀiʒɑ̃, ɑ̃t] *adj* (*classe*) llywodraethol.
dirigeant[2] [diʀiʒɑ̃] *m* (*d'un parti etc*) arweinydd *g*; (*d'entreprise*) cyfarwyddwr *g*, rheolwr *g*.
dirigeante [diʀiʒɑ̃t] *f* (*d'un parti etc*) arweinyddes *b*; (*d'entreprise*) cyfarwyddwraig *b*, rheolwraig *b*;
♦*adj f voir* **dirigeant**[1].
diriger [diʀiʒe] (**10**) *vt* (*entreprise*) rheoli, rhedeg; (*véhicule*) llywio; (*orchestre*) arwain; (*recherches, travaux*) cyfarwyddo, goruchwylio, bod yn gyfrifol am; ~ **qch sur** (*braquer: arme*) anelu *ou* cyfeirio *ou* pwyntio rhth at; ~ **son regard** *neu* **ses yeux sur** *neu* **vers qn/qch** edrych i gyfeiriad rhn/rhth;
♦ **se** ~ *vr* (*s'orienter*) ffeindio'ch ffordd; **se** ~ **vers** anelu *ou* mynd am.
dirigisme [diʀiʒism] *m* (*ÉCON*) ymyriad *g* gwladol, ymyriadaeth *b*.
dirigiste [diʀiʒist] *adj* (*ÉCON*) ymyraethol.
dis [di] *vb voir* **dire**.
discal (-**e**) (**discaux, discales**) [diskal, disko] *adj* (*MÉD*): **hernie** ~**e** disg *g* llac *ou* wedi llithro, disg o'i le.
discernable [disɛʀnabl] *adj* canfyddadwy, dirnadwy, gweladwy, amlwg.
discernement [disɛʀnəmɑ̃] *m* dirnadaeth *b*, craffter *g*, doethineb *g*.
discerner [disɛʀne] (**1**) *vt* (*aussi fig*) canfod, dirnad, gweld; ~ **le vrai du faux** (*différencier*) gwahaniaethu rhwng gwir a gau *ou* ac anwir.
disciple [disipl] *m/f* (*élève*) disgybl *g*, disgybles *b*; (*adepte*) dilynydd *g*; (*REL*) disgybl.
disciplinaire [disiplinɛʀ] *adj* disgyblaethol; **bataillon** ~ (*MIL*) uned *b* gosbi (*ar gyfer milwyr a geir yn euog o droseddau difrifol*).
discipline [disiplin] *f* disgyblaeth *b*.
discipliné (-**e**) [disipline] *adj* disgybledig.
discipliner [disipline] (**1**) *vt* disgyblu; ~ **les cheveux** cadw'r gwallt yn daclus.
discobole [diskɔbɔl] *m* taflwr *g* disgen.
discographie [diskɔgʀafi] *f* catalog *g* recordiau.
discontinu (-**e**) [diskɔ̃tiny] *adj* ysbeidiol; (*bande: sur la route*) bylchog, toredig.
discontinuer [diskɔ̃tinɥe] (**1**) *vi*: **sans** ~ heb saib *ou* stop, yn ddi-dor, yn ddi-baid.
disconvenir [diskɔ̃v(ə)niʀ] (**32**) *vi*: ~ **de qch** gwadu rhth; **je n'en disconviens pas** nid wyf yn gwadu hynny; **je ne disconviens pas que ce soit vrai** nid wyf yn gwadu ei fod yn wir.
discophile [diskɔfil] *m/f* carwr *g* recordiau *ou* disgiau, carwraig *b* recordiau *ou* disgiau.
discordance [diskɔʀdɑ̃s] *f* anghytgord *g*, anghytundeb *g*, gwrthdrawiad *g*, gwrthdaro.
discordant (-**e**) [diskɔʀdɑ̃, ɑ̃t] *adj* aflafar, amhersain, digywair; (*opinion*) anghytûn, croes.
discorde [diskɔʀd] *f* anghytgord *g*, anghytundeb *g*.
discorder [diskɔʀde] *vi* anghytgordio.
discothèque [diskɔtɛk] *f* (*club*) discotec *g*, disgo *g*; (*collection*) casgliad *g* recordiau; (*meuble*) cwpwrdd *g* recordiau; ~ **(de prêt)** llyfrgell *b* recordiau.
discourais *etc* [diskuʀɛ] *vb voir* **discourir**.
discourir [diskuʀiʀ] (**21**) *vi* traethu.
discours *etc*[1] [diskuʀ] *vb voir* **discourir**.
discours[2] [diskuʀ] *m* araith *b*, anerchiad *g*; ~ **direct/indirect** (*LING*) araith uniongyrchol/anuniongyrchol; **parties du** ~ (*LING*) rhannau *ll* ymadrodd; **un long** ~ araith faith; (*péj*) truth *g*;
♦*mpl* (*bavardages*) siarad, clonc *b*, cleber *g,b*, clebran; **que de** ~**!** dyna helynt ynghylch dim!
discourtois (-**e**) [diskuʀtwa, waz] *adj* anghwrtais.
discrédit [diskʀedi] *m* anfri *g*; **jeter le** ~ **sur** dwyn anfri ar.
discréditer [diskʀedite] (**1**) *vt* dwyn anfri ar, rhoi enw drwg i;
♦ **se** ~ *vr*: **se** ~ **aux yeux de** *neu* **auprès de qn** dwyn anfri arnoch eich hun yng ngolwg rhn.
discret (**discrète**) [diskʀɛ, diskʀɛt] *adj* cynnil, anymwthgar, ymatalgar; (*retenu*) gochelgar; (*vêtement*) plaen, syml; **un endroit** ~ llecyn *g* tawel.
discrètement [diskʀɛtmɑ̃] *adv* yn gynnil, yn ochelgar, yn ddistaw bach; (*s'habiller*) mewn gwisg blaen, yn syml.
discrétion [diskʀesjɔ̃] *f* gochelgarwch *g*, cynildeb *g*; (*vêtement*) symlrwydd *g*; **à** ~

(*boisson etc*) faint a fynnir; **à la** ~ **de qn** yn ôl doethineb *g ou* dewis *g ou* dyfarniad *g* rhn.

discrétionnaire [diskʀesjɔnɛʀ] *adj* dewisol, yn ôl dewis, dyfarnol, dyfarniadol.

discrimination [diskʀiminasjɔ̃] *f* anffafriaeth *b*, gwahaniaethu; **sans** ~ yn ddiwahân, fel ei gilydd.

discriminatoire [diskʀiminatwaʀ] *adj* anffafriol, gwahaniaethol.

disculper [diskylpe] (**1**) *vt* (*JUR*) difeio, dieuogi, rhyddhau (rhn) o fai;
♦ **se** ~ *vr* eich cyfiawnhau eich hun, eich difeio'ch hun.

discussion [diskysjɔ̃] *f* trafodaeth *b*; **sans** ~ heb ddadl, yn ddiddadl.

discutable [diskytabl] *adj* (*solution, théorie*) dadleuol; (*goût*) amheus.

discuté (-**e**) [diskyte] *adj* dadleuol.

discuter [diskyte] (**1**) *vi* (*parler*) siarad; (*ergoter*) dadlau; ~ **de qch** trafod rhth;
♦*vt* trafod; (*mettre en question*) herio.

dise [diz] *vb voir* **dire**.

disert (-**e**) [dizɛʀ, ɛʀt] *adj* huawdl.

disette [dizɛt] *f* prinder *g* (bwyd).

diseur [dizœʀ] *m*: ~ **de bonne aventure** un *g* sy'n dweud ffortiwn.

diseuse [dizøz] *f*: ~ **de bonne aventure** un *b* sy'n dweud ffortiwn.

disgrâce [disgʀɑs] *f* gwarth *g*, anfri *g*; **être en** ~ bod dan warth *ou* dan gwmwl.

disgracié (-**e**) [disgʀasje] *adj* dan warth, dan gwmwl.

disgracieux (**disgracieuse**) [disgʀasjø, disgʀasjøz] *adj* di-lun, afrosgó, trwsgl; (*visage*) diolwg.

disjoindre [disʒwɛ̃dʀ] (**64**) *vt* tynnu (rhth) yn ddarnau, tynnu (rhth) oddi wrth ei gilydd, datod (rhth);
♦ **se** ~ *vr* dod yn ddarnau, dod oddi wrth ei gilydd.

disjoint (-**e**) [disʒwɛ̃, wɛ̃t] *pp de* **disjoindre**;
♦*adj* llac, rhydd, digyswllt.

disjoncteur [disʒɔ̃ktœʀ] *m* (*ÉLEC*) torrwr *g* cylched.

dislocation [dislɔkasjɔ̃] *f* (*d'une articulation*) dadleoliad *g*, datgymaliad *g*, ysigiad *g*; (*d'une empire*) chwalfa *b*.

disloquer [dislɔke] (**1**) *vt* (*membre*) tynnu (rhth) o'i le, dadleoli, sigo; (*meuble, machine*) tynnu (rhth) oddi wrth ei gilydd, tynnu (rhth) yn ddarnau; (*troupe, manifestants*) chwalu, gwasgaru;
♦ **se** ~ *vr* (*parti, empire*) ymrannu, chwalu, ymchwalu; **se** ~ **l'épaule** tynnu'ch ysgwydd o'i lle, sigo'ch ysgwydd.

disons [dizɔ̃] *vb voir* **dire**.

disparaître [dispaʀɛtʀ] (**73**) *vi* diflannu; (*se perdre: traditions etc*) mynd yn anghof, mynd i golli, peidio â bod, diflannu, darfod o'r tir; (*personne: mourir*) marw; **faire** ~ cael gwared â *ou* ar.

disparate [dispaʀat] *adj* anghymharus, anghydweddol, annhebyg.

disparité [dispaʀite] *f* annhebygrwydd *g*, gwahaniaeth *g*.

disparition [dispaʀisjɔ̃] *f* diflaniad *g*; **depuis sa** ~ ar ôl iddo ddiflannu, ers iddo ddiflannu.

disparu[1] (-**e**) [dispaʀy] *pp de* **disparaître**;
♦*adj* (*enlevé, présumé mort*) ar goll; **il a été porté** ~ hysbyswyd ei fod ar goll.

disparu[2] [dispaʀy] *m* rhn *g* sydd ar goll; (*défunt*) rhn *g* sydd wedi marw.

disparue [dispaʀy] *f* rhn *b* sydd ar goll; (*défunte*) rhn *b* sydd wedi marw.

dispendieux (**dispendieuse**) [dispɑ̃djø, dispɑ̃djøz] *adj* drud, costus, costfawr.

dispensaire [dispɑ̃sɛʀ] *m* clinig *g* cymunedol, clinig ardal.

dispense [dispɑ̃s] *f* esgusodiad *g*; ~ **d'âge pour passer un examen** caniatâd *g* i sefyll arholiad dan yr oed statudol.

dispenser [dispɑ̃se] (**1**) *vt* (*donner*) dosbarthu, estyn, rhoi; ~ **qn de qch/de faire qch** esgusodi rhn rhag rhth/rhag gwneud rhth, rhyddhau rhn o rth/o wneud rhth; **se faire** ~ **de qch** cael eich esgusodi rhag rhth, cael eich rhyddhau o rth;
♦ **se** ~ *vr*: **se** ~ **de qch/de faire qch** osgoi rhth/gwneud rhth.

dispersant [dispɛʀsɑ̃] *m* gwasgarwr *g*.

dispersé (-**e**) [dispɛʀse] *adj* gwasgaredig, ar chwâl.

disperser [dispɛʀse] (**1**) *vt* gwasgaru, chwalu;
♦ **se** ~ *vr* ymwasgaru, chwalu, mynd ar chwâl; (*fig*) ceisio gwneud gormod ar unwaith, trio'i dal hi ym mhob pen.

dispersion [dispɛʀsjɔ̃] *f* gwasgariad *g*, gwasgaru, chwalu, chwalfa *b*.

disponibilité [dispɔnibilite] *f* bod ar gael, argaeledd *g*, caffaeledd *g*; ~**s** (*COMM*) asedau *ll* hylifol *ou* rhyddion; **mettre qn en** ~ (*ADMIN*) rhoi caniatâd i rn fod yn absennol, rhoi rhyddhad i rn o'i waith; **être en** ~ (*ADMIN*) bod yn absennol o'ch gwaith (*gyda chaniatâd*).

disponible [dispɔnibl] *adj* ar gael, yn rhydd.

dispos [dispo] *adj m*: **il se sentait (frais et)** ~ teimlai'n effro fel y gog, teimlai cyn sionced â'r wiwer *ou* dryw.

disposé (-**e**) [dispoze] *adj* (*d'une certaine manière*) gosodedig, wedi'i drefnu *ou* osod; **bien/mal** ~ (*humeur*) mewn hwyliau da/drwg; **bien/mal** ~ **pour** *neu* **envers qn** ffafriol/anffafriol i rn; **être** ~ **à faire** bod yn fodlon gwneud, bod yn barod i wneud.

disposer [dispoze] (**1**) *vi*: **vous pouvez** ~ fe gewch chi fynd yn awr;
♦*vt* (*arranger, placer*) trefnu, gosod, dodi; ~ **qn à qch** (*préparer*) paratoi rhn ar gyfer rhth; ~ **qn à faire qch** (*engager*) peri i rn wneud rhth; **elle dispose d'une voiture** mae ganddi gar at ei defnydd *ou* galw *ou* gwasanaeth, mae ganddi gar y gall ei ddefnyddio;

♦ **se** ~ *vr*: **se** ~ **à faire qch** paratoi *ou* ymbaratoi i wneud rhth, bod ar fin gwneud rhth.

dispositif [dispozitif] *m* teclyn *g*, dyfais *b*; (*fig*) cynllun *g*; ~ **de sûreté** teclyn diogelwch.

disposition [dispozisjɔ̃] *f* (*arrangement*) trefniad *g*, gosodiad *g*, trefnu, gosod; (*humeur*) hwyl *b*, tymer *b*; (*tendance*) tueddiad *g*, tuedd *b*; (*préparatifs*) paratoadau *ll*, trefniadau *ll*; (*aptitudes*) dawn *b*; ~**s** (*mesures*) camau *ll*; **à la** ~ **de qn** at wasanaeth rhn, ar gael i rn; **avoir qch à sa** ~ bod â rhth at eich defnydd *ou* galw *ou* gwasanaeth.

disproportion [dispʀɔpɔʀsjɔ̃] *f* anghyfartaledd *g*, anghymesuredd *g*.

disproportionné (-e) [dispʀɔpɔʀsjɔne] *adj* anghyfartal, anghymesur.

dispute [dispyt] *f* ffrae *b*, cweryl *g*, dadl *b*.

disputer [dispyte] (**1**) *vt* (*match*) chwarae; (*combat*) ymladd; (*course*) rhedeg; (*fam: réprimander*) ceryddu, dwrdio, dweud y drefn wrth, rhoi llond pen i, rhoi pryd o dafod i; **se faire** ~ cael eich ceryddu; ~ **qch à qn** ymladd â rhn dros rth, herio rhn i gael rhth;
♦ **se** ~ *vr* (*personnes*) ffraeo, cweryla; (*match, combat, course*) digwydd, bod, cael ei gynnal/chynnal.

disquaire [diskɛʀ] *m/f* gwerthwr *g* recordiau, gwerthwraig *b* recordiau.

disqualification [diskalifikasjɔ̃] *f* (*SPORT*) gwaharddiad *g*, gwahardd.

disqualifier [diskalifje] (**16**) *vt* (*SPORT*) gwahardd;
♦ **se** ~ *vr* dwyn anfri *ou* gwarth arnoch eich hun.

disque [disk] *m* (*gén*) disg *g*, disgen *b*; (*MUS*) record *b*, disg; (*INFORM*) disg; **le lancement du** ~ (*SPORT*) taflu disgen; ~ **compact,** ~ **laser** cryno-ddisg; ~ **d'embrayage** (*AUTO*) disg cydiwr; ~ **de stationnement** disg parcio; ~ **dur** (*INFORM*) disg caled.

disquette [diskɛt] *f* (*INFORM*) disg *g* llipa, disg hyblig; ~ **à simple/double densité** disg dwysedd sengl/dwbl; ~ **une face/double face** disg unochrog/dwyochrog.

dissection [disɛksjɔ̃] *f* (*MÉD*) dyraniad *g*.

dissemblable [disɑ̃blabl] *adj* annhebyg, gwahanol.

dissemblance [disɑ̃blɑ̃s] *f* annhebygrwydd *g*, gwahaniaeth *g*.

dissémination [diseminasjɔ̃] *f* gwasgariad *g*, gwasgaru; (*idées, nouvelles*) lledaeniad *g*.

disséminer [disemine] (**1**) *vt* gwasgaru; (*idées, nouvelles*) lledaenu.

dissension [disɑ̃sjɔ̃] *f* anghydfod *g*, anghytundeb *g*

disséquer [diseke] (**14**) *vt* (*MÉD*) dyrannu; (*fig*) dadansoddi, dadelfennu.

dissertation [disɛʀtasjɔ̃] *f* (*SCOL*) traethawd *g*.

disserter [disɛʀte] (**1**) *vi*: ~ **(sur)** traethu (ar).

dissidence [disidɑ̃s] *f* anghydffurfiaeth *b*, gwrthwynebiad *g*; **rejoindre la** ~ ymuno â'r gwrthwynebwyr.

dissident[1] (-e) [disidɑ̃, ɑ̃t] *adj* gwrthwynebol.

dissident[2] [disidɑ̃] *m* gwrthwynebwr *g*, gwrthwynebydd *g*.

dissidente [disidɑ̃t] *f* gwrthwynebwraig *b*;
♦ *adj f voir* **dissident**[1].

dissimilitude [disimilityd] *f* annhebygrwydd *g*, gwahaniaeth *g*.

dissimulateur[1] (**dissimulatrice**) [disimylatœʀ, disimylatʀis] *adj* rhagrithiol, dauwynebog.

dissimulateur[2] [disimylatœʀ] *m* rhagrithiwr *g*.

dissimulation [disimylasjɔ̃] *f* (*action de cacher*) cuddio, celu; (*duplicité*) rhagrithio, rhagrith *g*, twyll *g*; ~ **de bénéfices/revenus** celu elw/incwm.

dissimulatrice [disimylatʀis] *f* rhagrithwraig *b*;
♦ *adj f voir* **dissimulateur**[1].

dissimulé (-e) [disimyle] *adj* (*caché*) cudd; (*personne: secret*) cyfrinachgar, celgar; (*personne: fourbe, hypocrite*) twyllodrus, rhagrithiol.

dissimuler [disimyle] (**1**) *vt* cuddio, celu;
♦ **se** ~ *vr* cuddio, ymguddio; **se** ~ **les périls** gwrthod gweld y peryglon.

dissipation [disipasjɔ̃] *f* (*indiscipline*) diffyg *g* disgyblaeth, afreolaeth *b*; (*dilapidation*) gwastraff *g*, gwastraffu, afradlonedd *g*; (*débauche*) oferedd *g*; **la** ~ **du brouillard** gwasgariad *g* y niwl.

dissipé (-e) [disipe] *adj* (*élève*) afreolus, aflywodraethus.

dissiper [disipe] (**1**) *vt* diflannu, gwasgaru, chwalu, cilio; (*fortune*) gwastraffu, afradu;
♦ **se** ~ *vr* (*brouillard*) gwasgaru, chwalu; (*doutes*) cilio, ymgilio, chwalu; (*élève*) bod *ou* mynd yn afreolus.

dissociable [disɔsjabl] *adj* gwahanadwy.

dissocier [disɔsje] (**16**) *vt* datgysylltu, gwahanu;
♦ **se** ~ *vr* (*éléments, groupe*) ymwahanu, chwalu, ymrannu; **se** ~ **de** (*groupe, point de vue etc*) gwrthod arddel, torri cysylltiad â.

dissolu (-e) [disɔly] *adj* afrad, ofer.

dissoluble [disɔlybl] *adj* (*POL: assemblée*) diddymadwy.

dissolution [disɔlysjɔ̃] *f* (*d'une substance*) ymdoddiad *g*; (*d'une assemblée, JUR*) diddymiad *g*.

dissolvant[1] (-e) [disɔlvɑ̃, ɑ̃t] *vb voir* **dissoudre**.

dissolvant[2] [disɔlvɑ̃] *m* (*CHIM*) toddydd *g*; ~ **(gras)** toddwr *g* farnais ewinedd.

dissonant (-e) [disɔnɑ̃, ɑ̃t] *adj* (*MUS*) anghyseiniol, anghytgordiol.

dissoudre [disudʀ] (**66**) *vt* toddi; (*mariage, assemblée*) diddymu;
♦ **se** ~ *vr* toddi, ymdoddi.

dissous [disu] *pp de* **dissoudre**.

dissuader [disɥade] (**1**) *vt*: ~ **qn de faire qch** darbwyllo rhn i beidio â gwneud rhth.

dissuasif (**dissuasive**) [disɥazif, disɥaziv] *adj* anghymhellol.
dissuasion [disɥazjɔ̃] *f* anghymelliad *g*; **force de** ~ grym *g* ataliol.
dissymétrie [disimetʀi] *f* anghymesuredd *g*.
dissymétrique [disimetʀik] *adj* anghymesur.
distance [distɑ̃s] *f* pellter *g*; (*fig: écart*) bwlch *g*; **à** ~ o bell, o hirbell; (*mettre en marche, commander*) trwy bell-reolaeth, trwy reolaeth o bell; **(situé) à** ~ (*INFORM*) pell; **tenir qn à** ~ cadw rhn draw, cadw rhn o hyd braich, cadw'r pellter rhyngoch a rhn; **se tenir à** ~ aros *ou* sefyll draw, aros *ou* sefyll o hyd braich; **à une** ~ **de 10 km** ddeg cilometr i ffwrdd; **à 2 ans de** ~ ddwy flynedd yn ddiweddarach; **ils sont nés à 2 mois de** ~ fe'u ganed o fewn deufis i'w gilydd; **elle prend ses** ~**s** mae hi'n ei gosod ei hun ar wahân; **garder ses** ~**s** aros *ou* sefyll draw, aros *ou* sefyll o hyd braich; **tenir la** ~ (*SPORT*) rhedeg y ras i'r pen, mynd yr holl ffordd; ~ **focale** (*PHOT*) hyd *g* ffocws *ou* ffocal.
distancer [distɑ̃se] (**9**) *vt* gadael (rhn) ar eich ôl, ymbellhau oddi wrth, ennill y blaen ar rn; **se laisser** ~ cael eich gadael ar ôl.
distancier [distɑ̃sje] (**16**): **se** ~ *vr* ymbellhau, ymddieithrio.
distant (**-e**) [distɑ̃, ɑ̃t] *adj* (*aussi fig*) pell; ~ **de** (*lieu*) ymhell o; ~ **de 5 km** bum cilometr i ffwrdd.
distendre [distɑ̃dʀ] (**3**) *vt* chwyddo, estyn, lledu;
♦ **se** ~ *vr* (*ventre*) chwyddo, ymchwyddo; (*liens*) llacio, ymlacio, llaesu.
distillation [distilasjɔ̃] *f* distylliad *g*, distyllu.
distillé (**-e**) [distile] *adj* distylliedig; **eau** ~**e** dŵr *g* distylliedig.
distiller [distile] (**1**) *vt* distyllu; (*fig*) diferu, dihidlo.
distillerie [distilʀi] *f* distyllfa *b*.
distinct (**-e**) [distɛ̃(kt), ɛ̃kt] *adj* (*net*) eglur, clir, plaen; (*différent*) gwahanol, ar wahân.
distinctement [distɛ̃ktəmɑ̃] *adv* yn eglur, yn glir, yn blaen.
distinctif (**distinctive**) [distɛ̃ktif, distɛ̃ktiv] *adj* nodweddiadol, gwahaniaethol.
distinction [distɛ̃ksjɔ̃] *f* (*différence*) gwahaniaeth *g*; (*honneur*) anrhydedd *g*, clod *g*; (*raffinement*) coethni *g*, ceinder *g*; **faire la** ~ **entre** gwahaniaethu rhwng; **sans** ~ yn ddiwahaniaeth, yn ddiwahân, fel ei gilydd.
distingué (**-e**) [distɛ̃ge] *adj* (*éminent*) arbennig, nodedig, o fri; (*raffiné, élégant*) coeth, cain; **veuillez agréer mes salutations** ~**es** (*en correspondance*) yr eiddoch yn gywir.
distinguer [distɛ̃ge] (**1**) *vt* canfod; (*par l'un des cinq sens*) gweld, clywed, clywed oglau, teimlo, clywed blas; (*différencier*) gwahaniaethu;
♦ **se** ~ *vr* bod yn wahanol; (*s'illustrer*) disgleirio, ennill bri *ou* enwogrwydd.
distinguo [distɛ̃go] *m* gwahaniaeth *g*.
distorsion [distɔʀsjɔ̃] *f* (*fig*) afluniad *g*, ystumiad *g*, gwyrdroad *g*, llurguniad *g*; (*déséquilibre*) anghydbwysedd *g*, diffyg *g* cydbwysedd.
distraction [distʀaksjɔ̃] *f* (*inattention*) anghofrwydd *g*, pellter *g* meddwl, esgeulustod *g*, diffyg *g* sylw; (*détente*) difyrrwch *g*; (*activité*) adloniant *g*.
distraire [distʀɛʀ] (**65**) *vt* (*déranger*) tynnu *ou* troi sylw (rhn); (*divertir*) difyrru, diddanu; (*somme d'argent*) camddefnyddio; ~ **qn de qch** mynd â meddwl rhn oddi ar rth; ~ **l'attention de qn** tynnu sylw rhn;
♦ **se** ~ *vr* eich mwynhau eich hun, eich difyrru *ou* eich diddanu'ch hun; **elle écrit pour se** ~ mae hi'n ysgrifennu er mwyn mynd â'i meddwl oddi ar bethau.
distrait (**-e**) [distʀɛ, ɛt] *pp de* **distraire**;
♦*adj* anghofus, pell eich meddwl, â'ch meddwl ymhell, heb fod yn talu sylw.
distraitement [distʀɛtmɑ̃] *adv* yn bell eich meddwl, â'ch meddwl ymhell, yn synfyfyriol.
distrayant (**-e**) [distʀɛjɑ̃, ɑ̃t] *vb voir* **distraire**;
♦*adj* difyr, diddan.
distribanque [distʀibɑ̃k] *m* peiriant *g* arian.
distribuer [distʀibɥe] (**1**) *vt* dosbarthu, rhannu; (*CARTES*) delio.
distributeur [distʀibytœʀ] *m* (*COMM*) dosbarthwr *g*; (*AUTO*) dosbarthydd *g*; ~ **(automatique)** peiriant *g* gwerthu; ~ **de billets** (*RAIL*) peiriant tocynnau; (*BANQUE*) peiriant arian, twll *g* yn y wal*.
distribution [distʀibysjɔ̃] *f* dosbarthiad *g*, rhaniad *g*, dosbarthu, rhannu; (*postale*) danfoniad *g*, danfon, dosbarthiad, dosbarthu; (*choix d'acteurs*) castio; (*acteurs*) cast *g*; **circuits de** ~ (*COMM*) rhwydwaith *g* dosbarthu; ~ **des prix** (*SCOL*) cyfarfod *g* gwobrwyo.
distributrice [distʀibytʀis] *f* (*COMM*) dosbarthwraig *b*.
district [distʀikt] *m* ardal *b*, cylch *g*; (*ADMIN*) rhanbarth *g*, dosbarth *g*.
dit [di] *pp de* **dire**;
♦*adj* (*fixé*): **le jour** ~ y diwrnod *g* penodedig; **X,** ~ **Pierrot** (*surnommé*) X, a adwaenir fel Pierrot.
dites [dit] *vb voir* **dire**.
dithyrambique [ditiʀɑ̃bik] *adj* canmoliaethus, moliannus.
diurétique [djyʀetik] *adj* (*MÉD*) diwretig;
♦*m* diwretig *g*.
diurne [djyʀn] *adj* dyddiol, (sy'n ymddangos yn ystod) y dydd.
divagations [divagasjɔ̃] *fpl* crwydriadau *ll*, malu awyr, mwydro, ffwndro.
divaguer [divage] (**1**) *vi* crwydro, malu awyr; (*malade*) mwydro, ffwndro.
divan [divɑ̃] *m* difán *g*.

divan-lit [divɑ̃li] *m* gwely *g* difán.
divergence [divɛʀʒɑ̃s] *f* ymwahaniad *g*, ymraniad *g*; ~ **d'opinions** gwahaniaeth *g* barn.
divergent (-**e**) [divɛʀʒɑ̃, ɑ̃t] *adj* ymwahanol, ymrannol; (*opinions etc*) gwahanol, anghytûn.
diverger [divɛʀʒe] (**10**) *vi* ymwahanu, ymrannu; (*opinion*) anghytuno, bod yn wahanol *ou* anghytûn.
divers (-**e**) [divɛʀ, ɛʀs] *adj* (*varié*) amrywiol, amryfal; (*différent*) gwahanol; (*plusieurs*) amryw, sawl; "~" (*rubrique*) "amrywiol"; **(frais)** ~ (*COMM*) mân *ou* amrywiol gostau *ll*.
diversement [divɛʀsəmɑ̃] *adv* mewn gwahanol ffyrdd, mewn sawl ffordd wahanol.
diversification [divɛʀsifikasjɔ̃] *f* amrywio; (*entreprise etc*) arallgyfeirio.
diversifier [divɛʀsifje] (**16**) *vt* amrywio;
♦ **se** ~ *vr* amrywio; (*COMM, ÉCON*) arallgyfeirio.
diversion [divɛʀsjɔ̃] *f* (*dérivatif*) gwrthdyniad *g*; (*MIL*) ffug ymosodiad *g*; **faire** ~ **(à)** tynnu sylw (oddi wrth *ou* oddi ar).
diversité [divɛʀsite] *f* amrywiaeth *b*.
divertir [divɛʀtiʀ] (**2**) *vt* difyrru, diddanu;
♦ **se** ~ *vr* eich mwynhau eich hun, eich difyrru *ou* eich diddanu'ch hun.
divertissant (-**e**) [divɛʀtisɑ̃, ɑ̃t] *adj* difyr, diddan.
divertissement [divɛʀtismɑ̃] *m* difyrrwch *g*, diddanwch *g*, adloniant *g*; (*MUS*) difyrrwch *g*, divertimento *g*.
dividende [dividɑ̃d] *m* rhandal *g*, difidend *g*.
divin (-**e**) [divɛ̃, in] *adj* dwyfol; (*fig: excellent*) bendigedig, nefolaidd, gwych.
divinateur (**divinatrice**) [divinatœʀ, divinatʀis] *adj* rhagweledol, daroganol; (*perspicace*) craff, sylwgar.
divination [divinasjɔ̃] *f* (*magie*) dewiniaeth *b*.
divinatoire [divinatwaʀ] *adj* (*art, science*) dewiniol; **baguette** ~ ffon *b ou* gwialen *b* ddewinio.
divinement [divinmɑ̃] *adv* yn ddwyfol; (*excellemment*) yn fendigedig, yn wych.
divinisation [divinizasjɔ̃] *f* dwyfoliad *g*, dwyfoli.
diviniser [divinize] (**1**) *vt* dwyfoli.
divinité [divinite] *f* (*essence divine*) dwyfoldeb *g*; (*être divin*) duw *g*, duwies *b*, duwdod *g*.
divisé (-**e**) [divize] *adj* rhanedig.
diviser [divize] (**1**) *vt* rhannu; ~ **un nombre par un autre** rhannu rhif ag un arall;
♦ **se** ~ *vr*: **se** ~ **en** rhannu *ou* ymrannu yn.
diviseur [divizœʀ] *m* (*MATH*) rhannydd *g*.
divisible [divizibl] *adj* rhanadwy.
division [divizjɔ̃] *f* (*gén*) rhaniad *g*, ymraniad *g*, rhannu, ymrannu; (*MATH*) rhannu, rhaniad; (*MIL*) adran *b*; **1ère/2ème** ~ (*SPORT*) adran gyntaf/ail adran; ~ **du travail** rhaniad *ou* rhannu llafur.
divisionnaire [divizjɔnɛʀ] *adj*: **commissaire** ~ ≈ prif uwcharolygydd *g*.
divorce [divɔʀs] *m* ysgariad *g*; (*fig*) ymraniad *g*, bwlch *g*.
divorcé (-**e**) [divɔʀse] *adj* ysgaredig, wedi cael ysgariad, wedi ysgaru.
divorcé [divɔʀse] *m* gŵr *g* ysgaredig *ou* ysgar.
divorcée [divɔʀse] *f* gwraig *b* ysgaredig *ou* ysgar.
divorcer [divɔʀse] (**9**) *vi*: ~ **(de** *neu* **d'avec qn)** ysgaru (â rhn), cael ysgariad (â rhn).
divulgation [divylgasjɔ̃] *f* datgeliad *g*, dadleniad *g*, datgelu, dadlennu.
divulguer [divylge] (**1**) *vt* datgelu, dadlennu.
dix [dis] *adj inv* deg, deng; ~ **hommes/femmes** deg dyn/gwraig, deg o ddynion/wragedd; **nous sommes** ~ mae yna ddeg ohonom ni; ~ **livres** (*argent*) decpunt *b*, deg punt; (*poids*) decpwys *g*, deg pwys *g*; **les** ~ **commandements** y Deg Gorchymyn; ~ **minutes/mois/ans** deng munud/mis/mlynedd; **il a** ~ **ans** mae'n ddeng mlwydd oed, mae'n ddeg oed; **c'est à** ~ **kilomètres d'ici** mae ddeg cilometr oddi yma; **j'en ai** ~ mae gen i ddeg; **nous sommes le** ~ y degfed yw hi heddiw; **je prends les** ~ mi gymera' i'r deg; **elles sont venus toutes les** ~ fe ddaeth y deg ohonynt;
♦*m inv* deg *g*.
dix-huit [dizɥit] *adj inv* deunaw, un deg wyth; ~-~ **hommes/femmes** deunaw dyn/gwraig, deunaw o ddynion/wragedd, un deg wyth dyn/gwraig, un deg wyth o ddynion/wragedd; **j'ai** ~ **ans** 'rwy'n ddeunaw (mlwydd) oed; ~-~ **minutes/mois/ans** deunaw munud/mis/mlynedd;
♦*m inv* deunaw *g*.
dix-huitième [dizɥitjɛm] *adj* deunawfed, un deg wythfed;
♦*m/f* deunawfed *g/b*, un deg wythfed;
♦*m* (*fraction*) deunawfed *g,b*, un rhan *b* o ddeunaw.
dixième [dizjɛm] *adj* degfed;
♦*m/f* degfed *g/b*;
♦*m* (*fraction*) degfed *g,b*, un rhan *b* o ddeg.
dix-neuf [diznœf] *adj inv* pedwar ar bymtheg, pedair ar bymtheg, un deg naw; ~-~ **hommes** pedwar dyn ar bymtheg, un deg naw o ddynion; ~-~ **femmes** pedair gwraig ar bymtheg, un deg naw o wragedd; **elle a** ~-~ **ans** mae hi'n bedair ar bymtheg (mlwydd) oed; **c'est à** ~-~ **kilomètres d'ici** mae un deg naw cilometr oddi yma;
♦*m inv* pedwar *g* ar bymtheg, pedair *b* ar bymtheg.
dix-neuvième [diznœvjɛm] *adj* pedwerydd ar bymtheg, pedwaredd ar bymtheg, un deg nawfed;
♦*m/f* pedwerydd *g* ar bymtheg, pedwaredd *b* ar bymtheg, un deg nawfed *g/b*;
♦*m* (*fraction*) un rhan *b* o bedair ar

bymtheg, un rhan o un deg naw.
dix-sept [disɛt] *adj inv* dau ar bymtheg, dwy ar bymtheg, un deg saith; ~-~ **maisons** dau dŷ ar bymtheg, un deg saith o dai; **c'est à ~-~ kilomètres d'ici** mae un deg saith cilometr oddi yma; **j'ai ~-~ ans** 'rwy'n ddwy ar bymtheg (mlwydd) oed;
♦*m inv* dau *g* ar bymtheg, dwy *b* ar bymtheg, un deg saith.
dix-septième [disɛtjɛm] *adj* ail ar bymtheg, un deg seithfed;
♦*m/f* ail *g/b* ar bymtheg, un deg seithfed *g/b*;
♦*m* (*fraction*) un rhan *b* o ddwy ar bymtheg, un rhan o un deg (a) saith.
dizaine [dizɛn] *f* (*10*) deg *g*; **une ~ (de)** (*environ 10*) tua deg (o), rhyw ddeg (o)
dl *abr*(= *décilitre*) dl.
DM *abr*(= *deutschmark*) DM.
dm *abr*(= *décimètre*) dm.
do [do] *m* (*MUS: note*) C; (*en solfiant*) do *g,b*.
doberman [dɔbɛʀman] *m* (*chien*) doberman *g*.
docile [dɔsil] *adj* llariaidd, tawel, hydrin; (*animal*) dof; (*élève*) ufudd; (*cheveux*) hydrin, hawdd ei drin.
docilement [dɔsilmɑ̃] *adv* yn llariaidd; (*animal*) yn ddof; (*écouter*) yn dawel, yn ufudd; (*sourire, obéir*) yn ostyngedig.
docilité [dɔsilite] *f* (*d'animal, d'enfant*) llarieidd-dra *g*, hydrinedd *g*, dofder *g*; (*d'employé*) ufudd-dod *g*.
dock [dɔk] *m* (*bassin*) doc *g*; (*hangar, bâtiment*) warws *g*, stordy *g*; ~ **flottant** doc nofiol.
docker [dɔkɛʀ] *m* dociwr *g*.
docte [dɔkt] (*péj*) *adj* dysgedig, hyddysg.
docteur [dɔktœʀ] *m* (*MÉD*) meddyg *g*, doctor *g*; (*UNIV*) doethur *g*.
doctoral (-e) (**doctoraux, doctorales**) [dɔktɔʀal, dɔktɔʀo] *adj* pregethwrol.
doctorat [dɔktɔʀa] *m*: ~ **d'Université** doethuriaeth *b*.
doctoresse [dɔktɔʀɛs] *f* (*MÉD*) meddyges *b*, doctores *b*.
doctrinaire [dɔktʀinɛʀ] *adj* athrawiaethus, pregethwrol, doethinebus, doetheiriog.
doctrinal (-e) (**doctrinaux, doctrinales**) [dɔktʀinal, dɔktʀino] *adj* athrawiaethol.
doctrine [dɔktʀin] *f* athrawiaeth *b*, dysgeidiaeth *b*.
document [dɔkymɑ̃] *m* dogfen *b*.
documentaire [dɔkymɑ̃tɛʀ] *adj* dogfennol;
♦*m*: **(film)** ~ ffilm *b* ddogfen *ou* ddogfennol.
documentaliste [dɔkymɑ̃talist] *m/f* (*PRESSE etc*) ymchwilydd *g*; (*SCOL*) llyfrgellydd *g* (cynorthwyol).
documentation [dɔkymɑ̃tasjɔ̃] *f* (*documents*) dogfennau *ll*.
documenté (-e) [dɔkymɑ̃te] *adj* (*personne*) gwybodus, llawn gwybodaeth; (*livre*) wedi'i ymchwilio'n drwyadl; (*évènement*) a chryn dystiolaeth iddo.
documenter [dɔkymɑ̃te] (1) *vt* dogfennu, darparu gwybodaeth ar gyfer; **se ~ (sur)** hel gwybodaeth (am), casglu deunydd (ar).
Dodécanèse [dɔdekanɛz] *prm* y Deuddeng Ynys *b*.
dodelinement [dɔd(ə)linmɑ̃] *m* (*tête, corps*) siglad *g* (araf).
dodeliner [dɔd(ə)line] (1) *vi*: ~ **de la tête** pensiglo, siglo'ch pen yn araf.
dodo* [dɔdo] *m*: **aller faire ~** (*langage enfantin*) mynd i bei-bei* *ou* gysgu-bei*.
dodu (-e) [dɔdy] *adj* tew, llond ei groen, cnodiog.
dogmatique [dɔgmatik] *adj* dogmatig, athrawiaethol.
dogmatiquement [dɔgmatikmɑ̃] *adv* yn ddogmatig, yn athrawiaethol.
dogmatisme [dɔgmatism] *m* dogmatiaeth *b*.
dogme [dɔgm] *m* athrawiaeth *b*, dogma *g*.
dogue [dɔg] *m* mastiff *g*.
doigt [dwa] *m* bys *g*; **à deux ~s de** o fewn dim i, o fewn trwch blewyn i; **un ~ de lait/whisky** (*fig*) diferyn *g ou* tropyn *g* o laeth/wisgi; **le petit ~** y bys bach; **obéir au ~ et à l'œil** ufuddhau'n llwyr; **faire marcher qn au ~ et à l'œil** rheoli rhn â llaw haearn, cadw ffrwyn dynn ar rn; **désigner/montrer du ~** pwyntio at, dangos; **connaître qch sur le bout du ~** gwybod rhth yn drylwyr; **mettre le ~ sur la plaie** rhoi'ch bys ar y dolur; ~ **de pied** bys troed.
doigté [dwate] *m* (*MUS*) bysiad *g*, bysio; (*fig*) tact *g*, deheurwydd *g*.
doigtier [dwatje] *m* byslen *b*.
dois *etc* [dwa] *vb voir* **devoir**[1].
doit *etc* [dwa] *vb voir* **devoir**[1].
doive *etc* [dwav] *vb voir* **devoir**[1].
doléances [dɔleɑ̃s] *fpl* cwynion *ll*, achwyniadau *ll*.
dolent (-e) [dɔlɑ̃, ɑ̃t] *adj* dolefus, wylofus, galarus.
dollar [dɔlaʀ] *m* doler *b*.
dolmen [dɔlmɛn] *m* cromlech *b*.
DOM [dɔm] *sigle m ou mpl*(= *Département(s) d'outre-mer*) rhanbarth(au) *g* Ffrengig tramor.
domaine [dɔmɛn] *m* ystad *b*, tiriogaeth *b*; (*fig*) maes *g*; **tomber dans le ~ public** (*livre etc*) bod allan o hawlfraint; **dans tous les ~s** ym mhob maes.
domanial (-e) (**domaniaux, domaniales**) [dɔmanjal, dɔmanjo] *adj* (*d'un domaine privé*) yn perthyn i ystad *ou* i diriogaeth; (*du domaine public*) cenedlaethol, gwladol.
dôme [dom] *m* (*coupole*) cromen *b*, crymdo *g*; (*de feuillage*) bwa *g*; (*du ciel*) entrych *g*; (*église: en Italie ou en Allemagne*) eglwys *b* gadeiriol.
domestication [dɔmɛstikasjɔ̃] *f* dofi; (*fig: peuple*) darostyngiad *g*, darostwng; (*vent, marées*) harneisio.

domesticité [dɔmɛstisite] *f* gweision *ll* a morynion *ll*.
domestique [dɔmɛstik] *adj* yn ymwneud â'r tŷ *ou* teulu *ou* cartref; (*COMM: marché, consommation*) mewnol, cartref; (*animaux*) dof;
♦*m/f* gwas *g*, morwyn *b*.
domestiquer [dɔmɛstike] (1) *vt* dofi; (*fig: peuple*) darostwng, gorchfygu; (*vent, marées*) harneisio, rheoli.
domicile [dɔmisil] *m* cartref *g*, trigfan *g,b*, annedd *b*; **à** ~ gartref; **élire** ~ **à** ymsefydlu *ou* ymgartrefu yn; **sans** ~ **fixe** digartref, heb gartref sefydlog; ~ **conjugal** cartref priodasol; ~ **légal** cartref *ou* anheddle *g* swyddogol.
domicilié (-e) [dɔmisilje] *adj*: **être** ~ **à** cartrefu yn, bod â'ch cartref yn, yn trigo yn.
dominant (-e) [dɔminɑ̃, ɑ̃t] *adj* llywodraethol; (*le plus important*) pennaf, prif; **une position** ~**e** safle *g* amlwg *ou* dyrchafedig *ou* manteisiol.
dominante [dɔminɑ̃t] *f* (*caractéristique*) prif nodwedd *b*; (*couleur*) lliw *g* amlycaf;
♦*adj f voir* **dominant**[1].
dominateur (**dominatrice**) [dɔminatœʀ, dɔminatʀis] *adj* (*qui aime à dominer*) gormesol, awdurdodus.
domination [dɔminasjɔ̃] *f* arglwyddiaeth *b*, rheolaeth *b*; (*fig*) dylanwad *g*, rheolaeth.
dominer [dɔmine] (1) *vi* bod ar y brig *ou* blaen, bod yn ben; (*prédominer*) bod yn amlycaf *ou* gryfaf *ou* flaenaf *ou* drechaf;
♦*vt* goruchafu ar, llywodraethu; (*passions etc*) rheoli; (*concurrents*) rhagori ar, bod yn drech na, trechu; (*surplomber*) ymddyrchafu *ou* ymgodi uwchlaw;
♦ **se** ~ *vr* (*se maîtriser*) eich rheoli'ch hun.
dominicain (-e) [dɔminikɛ̃, ɛn] *adj* (*GÉO, REL*) Dominicaidd; **la Republique Dominicaine** Gweriniaeth *b* Dominica.
Dominicain [dɔminikɛ̃] *m* Dominiciad *g*; (*REL*) Dominiciad, Brawd *g* Du.
Dominicaine [dɔminikɛn] *f* Dominiciad *b*.
dominical (-e) (**dominicaux, dominicales**) [dɔminikal, dɔminiko] *adj* sabothol, suliol, (y) Sul.
Dominique [dɔminik] *prf*: **la** ~ Dominica *b*.
domino [dɔmino] *m* domino *g*; ~**s** (*jeu*) dominos *ll*; **jouer aux** ~**s** chwarae dominos.
dommage [dɔmaʒ] *m*
1 (*préjudice*) niwed *g*, drwg *g*; ~**s** (*dégâts, pertes*) difrod *g*; ~**s corporels** niwed corfforol; ~**s matériels** difrod (*i eiddo ayb*).
2 (*chose facheuse*) trueni *g*, pechod *g*, gresyn *g*; **c'est** ~ **de faire ...** mae'n biti *ou* resyn *ou* bechod gwneud ...; **quel** ~ **qu'elle soit malade** dyna drueni ei bod hi'n sâl.
dommages-intérêts [dɔmaʒ(əz)ɛ̃teʀɛ] *mpl* iawndal *g*, iawn *g*.
dompter [dɔ̃(p)te] (1) *vt* dofi; (*rebelles*) gorchfygu, darostwng, trechu; (*passions, sentiments*) meistroli, gorchfygu, rheoli.
dompteur [dɔ̃(p)tœʀ] *m* dofwr *g*.
dompteuse [dɔ̃(p)tøz] *f* dofwraig *b*.
DOM-TOM [dɔmtɔm] *sigle m ou mpl*(= *Département(s) d'outre-mer/Territoire(s) d'outre-mer*) rhanbarthau a thiriogaethau Ffrengig tramor.
don [dɔ̃] *m*
1 (*cadeau, charité*) rhodd *b*; **faire** ~ **de qch** rhoi rhth yn rhodd; ~ **en argent** rhodd mewn arian.
2 (*aptitude*) dawn *b*; **avoir des** ~**s** bod yn ddawnus *ou* yn dalentog.
donateur [dɔnatœʀ] *m* rhoddwr *g*, cyfrannwr *g*.
donation [dɔnasjɔ̃] *f* rhodd *b*, cyfraniad *g*.
donatrice [dɔnatʀis] *f* rhoddwraig *b*, cyfranwraig *b*.
donc [dɔ̃k] *conj* (*en conséquence*) felly, yna; (*après digression, marquant la surprise*) felly; **voilà** ~ **la solution** dyna'r ateb felly; **je disais** ~ **que** fel 'roeddwn i'n dweud ...; **venez** ~ **dîner à la maison** dewch acw i ginio, wnewch chi; **faites** ~ ymlaen â chi!; **allons** ~! tyrd *ou* dewch o 'na!, dere *ou* dewch nawr!; **tais-toi** ~! bydd ddistaw, wir!
donjon [dɔ̃ʒɔ̃] *m* tŵr *g*, gorthwr *g*, dwnsiwn *g*.
don Juan [dɔ̃ʒɥɑ̃] *m* merchetwr *g*.
donnant (-e) [dɔnɑ̃, ɑ̃t] *adj*: ~, ~ cân di bennill mwyn i'th nain, fe gân dy nain i tithau; **d'accord, mais c'est** ~, ~ o'r gorau, ond mae arna' i eisiau rhywbeth yn ôl; **je te prête mon costume si tu me passes ta voiture, c'est** ~, ~ mi roddaf fenthyg fy siwt iti os caf i fenthyg dy gar, mae hynny'n ddigon teg.
donne [dɔn] *f* (*CARTES*) rhaniad *g*, dosbarthiad *g*, deliad *g*; **mauvaise** *neu* **fausse** ~ camraniad *g*.
donné (-e) [dɔne] *adj* (*convenu*) penodol; (*pas cher*) rhad fel baw; **étant** ~ **que ...** o wybod ..., a derbyn ..., gan ...; **étant** ~ **qu'il ne vient pas, nous pouvons partir** a derbyn nad yw'n dod, gallwn ni fynd; **étant** ~**e la situation** o ystyried y sefyllfa, gan fod pethau fel maen nhw.
donnée [dɔne] *f* datwm *g*; ~**s** data;
♦*adj f voir* **donné**.
donner [dɔne] (1) *vi*: ~ **sur** (*fenêtre, chambre*) edrych allan ar, edrych dros; ~ **dans** (*piège etc*) cwympo *ou* syrthio i;
♦*vt* rhoi; (*pièce de théâtre*) llwyfannu; (*film*) dangos; ~ **qch à qn** rhoi rhth i rn; ~ **l'heure à qn** dweud wrth rn faint yw hi o'r gloch; ~ **le ton** (*fig*) gosod y cywair; **faire** ~ **l'infanterie** anfon y milwyr traed i mewn; ~ **à penser que** gwneud *ou* peri ichi feddwl ...; ~ **à entendre que** rhoi ar ddeall ...;
♦ **se** ~ *vr* ymroi, ymgysegru; **se** ~ **à fond à son travail** ymroi *ou* ymgysegru'n gyfan gwbl i'ch gwaith; **s'en** ~ **(à cœur joie)*** cael hwyl a hanner; **se** ~ **du mal** *neu* **de la peine (pour**

faire qch) ymdrafferthu *ou* mynd i drafferth (i wneud rhth).

donneur [dɔnœʀ] *m* (*MÉD*) rhoddwr *g*; (*CARTES*) deliwr *g*; ~ **de sang** rhoddwr gwaed.

donneuse [dɔnøz] *f* (*MÉD*) rhoddwraig *b* *voir aussi* **donneur**.

dont [dɔ̃] *pron rel*
1 (*appartenance*): ~ **le/la** y *ou* yr ... ei ...; (*au negatif*) na *ou* nad ... ei ...; **la maison** ~ **je vois le toit** y tŷ y gallaf weld ei do; **l'homme** ~ **je connais la sœur** y dyn yr wyf yn adnabod ei chwaer; **c'est le chien** ~ **le maître habite en face** dyma *ou* dyna'r ci y mae ei feistr yn byw gyferbyn; **l'élève** ~ **je n'ai pas vu le livre** y disgybl na welais ei *ou* mo'i lyfr.
2 (*parmi lesquel(le)s*): **2 livres,** ~ **l'un est gros** dau lyfr, un ohonynt yn drwchus; **il y avait plusieurs personnes,** ~ **Gabrielle** 'roedd nifer o bobl yno, ac yn eu plith Gabrielle; **10 blessés,** ~ **2 grièvement** deg wedi eu hanafu, dau ohonynt yn ddifrifol.
3 (*provenance, origine*): **le pays** ~ **il est originaire** y wlad y mae'n frodor ohoni.
4 (*façon*): **la façon** ~ **il l'a fait** y ffordd *ou* y modd y'i gwnaeth.
5 (*au sujet de qui/quoi*): **ce** ~ yr hyn; **ce** ~ **je parle** yr hyn yr wyf yn sôn amdano; **le voyage** ~ **je t'ai parlé** y daith y soniais i amdani wrthyt; **le fils/livre** ~ **elle est si fière** y mab/llyfr y mae hi mor falch ohono.

donzelle [dɔ̃zɛl] (*péj*) *f* llances *b*, peunes *b*, meiledi* *b*, madam *b* fach.

dopage [dɔpaʒ] *m* rhoi *ou* cymryd cyffur (cynhyrfol).

dopant [dɔpɑ̃] *m* cyffur *g* (cynhyrfol).

doper [dɔpe] (**1**) *vt* rhoi cyffur (cynhyrfol) i;
♦ **se** ~ *vr* cymryd *ou* defnyddio cyffuriau (cynhyrfol).

doping [dɔpiŋ] *m* rhoi *ou* cymryd cyffur (cynhyrfol); (*excitant*) cyffur *g* cynhyrfol.

dorade [dɔʀad] *f*= **daurade**.

doré (-e) [dɔʀe] *adj* euraid, euraidd.

dorénavant [dɔʀenavɑ̃] *adv* o hyn allan *ou* ymlaen.

dorer [dɔʀe] (**1**) *vt* (*cadre*) euro, goreuro; **(faire)** ~ (*CULIN: poulet*) brownio; (*CULIN: gâteau*) sgleinio (*â melynwy wy*); ~ **la pilule à qn** rhoi mêl ar y wermod i rn, rhoi siwgr ar y bilsen i rn;
♦ **se** ~ *vr*: **se** ~ **au soleil** torheulo, bolaheulo.

dorloter [dɔʀlɔte] (**1**) *vt* maldodi, mwytho, rhoi mwythau *ou* maldod i; **se faire** ~ cael eich mwytho *ou* maldodi.

dormant (-e) [dɔʀmɑ̃, ɑ̃t] *adj*: **eau** ~**e** dŵr *g* llonydd, merddwr *g*.

dormant [dɔʀmɑ̃] *m* (*d'un châssis, d'une porte etc*) ffrâm *b*.

dorme *etc* [dɔʀm] *vb voir* **dormir**.

dormeur [dɔʀmœʀ] *m* cysgwr *g*, cysgadur *g*.

dormeuse [dɔʀmøz] *f* cysgwraig *b*, cysgadures *b*.

dormir [dɔʀmiʀ] (**26**) *vi* cysgu; (*fig: eau*) gorwedd yn llonydd; (*fig: ressources*) bod yn segur; ~ **à poings fermés** cysgu'n drwm *ou* braf *ou* sownd; ~ **sur les deux oreilles** cysgu'n dawel; **j'ai envie de** ~ 'rwy'n teimlo'n gysglyd.

dorsal (-e) (**dorsaux, dorsales**) [dɔʀsal, dɔʀso] *adj* cefnol, dorsal, (y) cefn.

dortoir [dɔʀtwaʀ] *m* ystafell *b* gysgu.

dorure [dɔʀyʀ] *f* eurad *g*, goreurad *g*, euro, goreuro.

doryphore [dɔʀifɔʀ] *m* (*ZOOL*) chwilen *b* Golorado *ou* datws *ou* dato.

dos [do] *m* (*personne, animal*) cefn *g*; (*partie supérieure et convexe: main, pied etc*) cefn; (*envers d'un papier, d'un chèque etc*) cefn, tu *g* cefn, tu ôl; (*de livre*) meingefn *g*; **voir au** ~ gweler drosodd; **robe décolletée dans le** ~ ffrog â chefn isel; **de** ~ o'r cefn, o'r tu ôl; ~ **à** ~ cefngefn, cefn wrth gefn; **sur le** ~ (*s'allonger*) ar wastad eich cefn; **à** ~ **d'âne** ar gefn asyn; **à** ~ **de chameau** ar gefn camel; **avoir bon** ~ cael y bai, bod yn esgus da; **se mettre qn à** ~ gwylltio *ou* digio rhn, tynnu rhn yn eich pen.

dosage [dozaʒ] *m* mesur allan, dogni, dogn *g*; (*mélange*) cymysgedd *g*; (*équilibre*) cydbwysedd *g*

dos-d'âne [dodɑn] *m inv* cefn *g* crwm; **pont en** ~-~ pont *b* groca.

dose [doz] *f* (*MÉD*) dogn *g*, dos *g,b*; **forcer la** ~ (*fig*) mynd dros ben llestri, mynd yn rhy bell.

doser [doze] (**1**) *vt* mesur (rhth) allan, dogni; (*mélanger*) cymysgu (rhth) yn gywir; (*fig: équilibrer*) cydbwyso.

doseur [dozœʀ] *m* mesur *g*; **bouchon** ~ cap *g* mesur.

dossard [dosaʀ] *m* rhif *g* (*a wisgir gan gystadleuydd*).

dossier [dosje] *m* (*renseignements, fiches*) coflen *b*, ffeil *b*; (*chemise, enveloppe*) ffolder *g*, plygell *b*; (*JUR: affaire*) achos *g*; (*de chaise*) cefn *g*.

dot [dɔt] *f* gwaddol *g*.

dotation [dɔtasjɔ̃] *f* grant *g*, gwaddol *g*, gwaddoli.

doté (-e) [dɔte] *adj*: ~ **de** wedi eich donio â, wedi eich cyflenwi â; (*fig*) wedi eich breintio â, yn meddu ar.

doter [dɔte] (**1**) *vt* gwaddoli, donio; (*université, organisme*) rhoi grant i; ~ **qn de** (*pourvoir de: matériels*) cyflenwi rhn â; (*fig*) donio, breintio rhn â.

douairière [dwɛʀjɛʀ] *f* hen wraig *b* ffroenuchel; **duchesse** ~ duges *b* weddw *ou* waddolog.

douane [dwan] *f* tollau *ll*; (*poste, bureau*) tollborth *g*, tollfa *b*; **(droits de)** ~ (*taxes*) tolldaliadau *ll*; **passer la** ~ mynd drwy'r tollbyrth; **en** ~ (*marchandises*) rhwymdoll.

douanier[1] (**douanière**) [dwanje, dwanjɛʀ] *adj* (y) tollau.

douanier[2] [dwanje] *m* tollwr *g*, swyddog *g* tollau.
doublage [dublaʒ] *m* trosleisio.
double [dubl] *adj* dwbl, dyblyg;
♦*adv*: **voir** ~ gweld dwbl *ou* dau;
♦*m*: **le** ~ **(de)** (*2 fois plus*) dwbl *g*, dwywaith cymaint *g* (â); (*autre exemplaire*) copi *g*, dyblygiad *g*; **j'ai le** ~ **de ton âge** 'rwyf ddwywaith d'oed di; **elle est le** ~ **de sa sœur** (*sosie*) mae hi yr un ffunud â'i chwaer; ~ **messieurs/mixte** (*TENNIS*) parau *ll* dynion/cymysg; **à** ~ **sens** â dwy ystyr; **à** ~ **tranchant** daufiniog, deufin; **faire** ~ **emploi** bod yn ddiangen *ou* yn ddianghenraid; **à** ~**s commandes** â rheolaeth ddyblyg; **il a tous les documents en** ~ (*exemplaire*) mae ganddo gopïau o'r dogfennau i gyd; ~ **toit** (*tente*) rhyddlen *b*; ~ **vue** clirwelediad *g*, rhagwelediad *g*.
doublé (-e) [duble] *adj* (*lettre, voyelle*) wedi ei (d)dyblu; (*film etc*) wedi'i drosleisio/throsleisio; ~ **(de)** (*vêtement*) wedi ei leinio (â), â leinin; **un poète** ~ **d'un musicien** (*fig*) bardd sydd hefyd yn gerddor.
doublement [dubləmɑ̃] *m* dyblu;
♦*adv* (*à un degré double*) yn ddwbl, ddwywaith; (*pour deux raisons*) am ddau reswm.
doubler [duble] (1) *vi* dyblu, cynyddu ddwywaith;
♦*vt* (*multiplier par 2*) dyblu; (*vêtement, chaussures*) leinio; (*voiture etc*) pasio, mynd heibio i, goddiweddyd; (*film*) trosleisio; (*acteur*) cymryd lle (rhn); ~ **(la classe)** (*SCOL: redoubler*) ail-wneud blwyddyn; ~ **un cap** (*NAUT*) hwylio o gylch penrhyn, dyblu *ou* troi *ou* rowndio penrhyn; (*fig*) dod dros anhawster;
♦ **se** ~ *vr*: **se** ~ **de** mynd law yn llaw â.
doublure [dublyʀ] *f* (*de vêtement*) leinin *g*; (*acteur*) dirprwy actor *g ou* actores *b*.
douce [dus] *adj voir* **doux**.
douceâtre [dusɑtʀ] *adj* gorfelys, siwgraidd, merfaidd.
doucement [dusmɑ̃] *adv* yn dyner, yn addfwyn, yn ysgafn, yn fwyn; (*à voix basse*) yn dawel; (*lentement*) yn araf deg, gan bwyll.
doucereux (**doucereuse**) [dus(ə)ʀø, dus(ə)ʀøz] (*péj*) *adj* siwgraidd.
douceur [dusœʀ] *f* tynerwch *g*, addfwynder *g*, ysgafnder *g*, mwynder *g*; ~**s** (*friandises*) melysion *ll*, fferins *ll*, losin *ll*; **en** ~ yn esmwyth, yn dringar, yn dyner.
douche [duʃ] *f* cawod *b*; ~**s** (*salle*) ystafell *b* gawod; **prendre une** ~ cael cawod; ~ **écossaise** *neu* **froide** (*fig*) ysgytwad *g*, sioc *b*, siom *g,b*.
doucher [duʃe] (1) *vt*: ~ **qn** rhoi cawod i rn; (*mouiller*) gwlychu rhn at ei groen, gwlychu rhn yn wlyb domen; (*fig: réprimander*) dweud y drefn wrth rn; (*fig: rabattre l'exaltation de*) lladd ysbryd rhn, difetha hwyl rhn;
♦ **se** ~ *vr* cael cawod.
doudoune [dudun] *f* siaced *b* gwiltiog; ~**s*** bronnau *ll*.
doué (-e) [dwe] *adj* dawnus, talentog; ~ **de** yn meddu ar, wedi eich donio *ou* breintio *ou* cynysgaeddu â; **être** ~ **pour faire** bod â'r ddawn *ou* gallu i wneud.
douille [duj] *f* (*ÉLEC*) soced *g,b*; (*de cartouche*) casyn *g* cetrisen.
douillet (-te) [dujɛ, ɛt] (*péj*) *adj* (*personne*) meddal, sensitif, teimladwy; (*lit*) meddal, esmwyth; (*maison*) clyd, cysurus.
douleur [dulœʀ] *f* poen *g,b*, cur *g*, 'loes *b*, dolur *g*; (*chagrin*) galar *g*, gofid *g*; **ressentir des** ~**s** teimlo poen; **il a eu la** ~ **de perdre son père** cafodd y gofid o golli ei dad.
douloureux (**douloureuse**) [duluʀø, duluʀøz] *adj* poenus; (*regard*) trist, digalon, poenus, gofidus.
doute [dut] *m* amheuaeth *b*, amheuon *ll*; **sans** ~ (*probablement*) yn ôl pob tebyg, mwy na thebyg; **sans nul** *neu* **aucun** ~ (*incontestablement*) yn ddiamau, yn ddiamheuaeth, heb os nac oni bai; **hors de** ~ yn ddiamau, heb os nac oni bai; **nul** ~ **que** 'does dim dwywaith *ou* amheuaeth ...; **mettre qch en** ~ amau rhth.
douter [dute] (1) *vt*: ~ **que** amau ...; **je doute qu'elle vienne ce soir** 'rwy'n amau a ddaw hi heno; ~ **de** amau, bod yn amheus ynghylch; **j'en doute** mae'n amheus gennyf;
♦ **se** ~ *vr*: **se** ~ **de/que** tybio, meddwl, amau; **je m'en doutais** 'roeddwn i'n amau *ou* meddwl braidd; **il ne se doutait de rien** nid oedd yn amau dim.
douteux (**douteuse**) [dutø, dutøz] *adj* (*incertain*) amheus, ansicr; (*discutable*) amheus, dadleuol; (*péj*) amheus, brith.
douve [duv] *f* (*de château*) ffos *b*; (*de tonneau*) erwydden *b*; ~ **du foie** (*parasite*) llyngyren *b* yr iau *ou* afu.
Douvres [duvʀ] *pr* Dofr *b*.
doux (**douce**) [du, dus] *adj* (*personne, caractère etc*) mwyn, addfwyn; (*lisse*) meddal, tyner, esmwyth; (*sucré*) melys; (*pas fort*) mwyn; (*non brutal*) tyner, tringar; (*brise*) ysgafn, tyner, mwyn; (*eau: non calcaire*) meddal, di-galch; (*:non salée*) croyw; (*temps, climat*) mwyn, tyner, addfwyn; (*pente*) graddol; (*drogue*) ysgafn; (*CULIN: feu*) isel; **en douce** (*partir etc*) yn ddistaw bach; **tout doux** (yn) araf deg, gan bwyll, yn bwyllog.
douzaine [duzɛn] *f* (*12*) dwsin *g*; **une** ~ **(de)** (*environ 12*) tua dwsin (o), rhyw ddwsin (o).
douze [duz] *adj inv* deuddeg, deuddeng, un deg dau, un deg dwy; ~ **hommes/femmes** deuddeg dyn/gwraig, deuddeg o ddynion/wragedd, un deg dau o ddynion, un deg dwy o wragedd; ~ **jours/ans** deuddeng niwrnod/mlynedd; **j'ai** ~ **ans** 'rwy'n

ddeuddeng mlwydd oed, 'rwy'n ddeuddeg oed; **nous sommes** ~ mae yna ddeuddeg ohonom ni; **on est le** ~ **aujourd'hui** y deuddegfed yw hi heddiw; **c'est à** ~ **kilomètres d'ici** mae ddeuddeg cilometr oddi yma;
♦*m inv* deuddeg *g*.
douzième [duzjɛm] *adj* deuddegfed;
♦*m/f* deuddegfed *g/b*;
♦*m* (*fraction*) deuddegfed *g,b*, un rhan *b* o ddeuddeg.
doyen [dwajɛ̃] *m*: **le** ~ yr un *g* hynaf, yr aelod *g* hynaf (*o ran oed neu hyd gwasanaeth*); (*de faculté*) deon *g*.
doyenne [dwajɛn] *f*: **la** ~ yr un *b* hynaf, yr aelod *g* hynaf (*o ran oed neu hyd gwasanaeth*).
DPLG [depeɛlʒe] *sigle*(= *diplômé par le gouvernement*) *tystysgrif b ychwanegol ar gyfer penseiri, peirianwyr ayb.*
Dr *abr*(= *docteur*) Dr.
dr. *abr*= **droit(e)**.
draconien (**-ne**) [dRakɔnjɛ̃, jɛn] *adj* llym(llem)(llymion).
dragage [dRagaʒ] *m* (*d'un bassin etc*) carthu.
dragée [dRaʒe] *f* (*MÉD*) pilsen *b* felys *ou* siwgredig; (*bonbon*) siwgr-almon *g*.
dragéifié (**-e**) [dRaʒeifje] *adj* (*MÉD*) â chôt o sïwgr, siwgredig.
dragon [dRagɔ̃] *m* draig *b*.
drague [dRag] *f* (*filet*) tynrwyd *b*, llusgrwyd *b*; (*bateau*) llong *b* garthu, bad *g* carthu; (*fam*) ceisio bachu (merch).
draguer [dRage] (**1**) *vi* (*fam*) ceisio cael bachiad*, ceisio bachu* (merch);
♦*vt* (*rivière etc*) carthu; (*pêche*) pysgota (rhth) â thynrwyd; (*fam: filles*) ceisio bachu*.
dragueur [dRagœR] *m*: ~ **de mines** llong *b* glirio ffrwydrynnau; (*de femmes*) merchetwr *g*; **quel** ~**!*** mae'n fachwr merched heb ei ail!
drain [dRɛ̃] *m* (*MÉD*) draen *g*.
drainage [dRɛnaʒ] *m* draeniad *g*, draenio.
drainer [dRene] (**1**) *vt* (*MÉD*) draenio; (*sol*) draenio; (*fig*) draenio, tapio, tynnu ar.
dramatique [dRamatik] *adj* dramatig; (*tragique*) trychinebus, enbyd;
♦*f* (*TV*) drama *b* deledu.
dramatiquement [dRamatikmɑ̃] *adv* yn ddramatig; (*tragiquement*) yn drychinebus.
dramatisation [dRamatizasjɔ̃] *f* dramateiddiad *g*, dramodiad *g*.
dramatiser [dRamatize] (**1**) *vt* dramateiddio, dramodi.
dramaturge [dRamatyRʒ] *m/f* dramodydd *g*.
drame [dRam] *m* (*THÉÂTRE*) drama *b*; (*catastrophe*) drama; (*évènement tragique*) trychineb *g,b*, trasiedi *b*.
drap [dRa] *m* (*de lit*) cynfas *b*; (*tissu*) brethyn *g*; ~ **de plage** lliain *g ou* tywel *g* (ar gyfer y) traeth.
drapé [dRape] *m* (*d'un vêtement*) hongiad *g*, disgyniad *g*, gorweddiad *g*.
drapeau (**-x**) [dRapo] *m* baner *b*, fflag *b*; **sous les** ~**x** yn y fyddin; **le** ~ **blanc** y faner wen.
draper [dRape] (**1**) *vt* (*étoffe*) taenu, hongian; (*forme humaine, statue etc*) gorchuddio, gwisgo.
draperies [dRapRi] *fpl* llenni *ll*.
drap-housse (~**s**-~**s**) [dRaus] *m* cynfas *b* osod.
drapier [dRapje] *m* (*fabricant*) brethynnwr *g*; (*marchand*) gwerthwr *g* defnyddiau, brethynnwr.
drastique [dRastik] *adj* drastig, enbyd, dirfawr, llym(llem)(llymion).
dressage [dResaʒ] *m* (*animal*) hyfforddiant *g*, hyfforddi, dofi; (*tente etc*) codi.
dresser [dRese] (**1**) *vt* (*ériger: monument, tente, mât*) codi; (*liste, bilan, contrat*) gwneud, paratoi, llunio; (*animal sauvage*) dofi; (*animal: pour le cirque etc*) hyfforddi, dysgu; ~ **l'oreille** codi *ou* moeli clustiau; ~ **la table** hwylio *ou* gosod y bwrdd; ~ **qn contre qn d'autre** troi rhn yn erbyn rhn arall; ~ **un procès-verbal** *neu* **une contravention à qn** rhoi tocyn i rn (*am droseddau gyrru*);
♦ **se** ~ *vr* sefyll, codi, ymgodi; (*personne*) ymsythu; **se** ~ **sur la pointe des pieds** sefyll ar flaenau'ch traed.
dresseur [dResœR] *m* (*de fauves*) dofwr *g*; (*de chiens de cirque etc*) hyfforddwr *g*.
dresseuse [dResøz] *f* (*de fauves*) dofwraig *b*; (*de chiens de cirque etc*) hyfforddwraig *b*.
dressoir [dReswaR] *m* dresel *b*.
dribble [dRibl] *m* (*SPORT*) dribl *g*, driblo.
dribbler [dRible] (**1**) *vt, vi* (*SPORT*) driblo, driblan.
dribbleur [dRiblœR] *m* (*SPORT*) driblwr *g*.
drille [dRij] *m*: **joyeux** ~ bachgen *g ou* boi *g ou* bachan *g* hwyliog.
drogue [dRɔg] *f* cyffur *g*; **la** ~ cyffuriau *ll*; (*péj*) crachfeddyginiaeth *b*; ~ **douce/dure** cyffur ysgafn/trwm; **la lutte contre la** ~ y frwydr *b* yn erbyn cyffuriau.
drogué [dRɔge] *m* caeth *g* i gyffuriau.
droguée [dRɔge] *f* caethes *b* i gyffuriau.
droguer [dRɔge] (**1**) *vt* (*victime*) drygio; (*malade*) rhoi cyffuriau i;
♦ **se** ~ *vr* (*aux stupéfiants*) cymryd cyffuriau; (*péj*) cymryd gormod o wahanol feddyginiaethau, cymryd ffisig *ou* moddion byth a hefyd; **se** ~ **à l'héroïne** cymryd heroin, bod ar heroin.
droguerie [dRɔgRi] *f* siop *b* nwyddau i'r cartref.
droguiste [dRɔgist] *m/f* un *g/b* sy'n cadw siop nwyddau i'r cartref.
droit[1] (**-e**) [dRwa, dRwat] *adj*
1 (*pas courbe*) syth, union, unionsyth.
2 (*opposé à gauche*) de.
3 (*fig: loyal, franc*) didwyll, gonest, union;
♦*adv* (*marcher, écrire*) yn syth; **aller** ~ **au but** *neu* **au fait** mynd at y pwynt yn syth *ou*

heb hel dail; **aller ~ au cœur** mynd yn syth at *ou* cyffwrdd y galon; **continuez tout ~** ewch yn syth yn eich blaen.
droit[2] [dʀwa] *m*
1 (*prérogative*) hawl *b*; **avoir le ~ de faire** bod â'r hawl i wneud; **avoir ~ à** (*allocation*) bod â hawl i; (*critique*) derbyn, cael; **être en ~ de** bod â'r hawl i; **faire ~ à une demande** caniatáu cais; **être dans son ~** bod o fewn eich hawl; **à bon ~** ac â phob rheswm, ac nid heb reswm; **de quel ~?** trwy ba hawl?, ar ba sail?; **à qui de ~** i bwy bynnag a fynno wybod; **avoir ~ de cité (dans)** (*fig*) perthyn (i); **~ de regard** hawl gweld; **~ de réponse** hawl ateb; **le ~ de vote** yr hawl i bleidleisio, y bleidlais *b*; **~ d'auteur** hawlfraint *b* (awdur); **~s** hawliau *ll*; (*taxes*) tollau *ll*; **~s d'auteur** breindaliadau *ll*; **~s de douane** tolldaliadau *ll*; **~s d'inscription** tâl *g* cofrestru; **~s de l'homme** hawliau *ou* iawnderau *ll* dynol.
2 (*JUR*): **le ~** y gyfraith *b*; **étudier le ~** astudio'r gyfraith; **étudiant en ~** myfyriwr yn y gyfraith; **~ coutumier** cyfraith gyffredin *ou* gwlad.
droit[3] [dʀwa] *m* (*BOXE*) dwrn *g* de, dyrnod *g,b* *ou* ergyd *g,b* â'r dde; **direct du ~** de *b* syth; **crochet du ~** bachiad *g* de.
droite [dʀwat] *f*
1 (*côté droite*): **la ~** y dde *b*; **être/rouler à ~** bod/gyrru ar y dde; **aller à ~** mynd i'r dde; **à ~ de** ar y (llaw) dde i.
2 (*POL*) y dde, yr adain *b* *ou* asgell *b* dde; **de ~** asgell *b* *ou* adain *b* dde.
3 (*MATH*) llinell *b* syth;
♦*adj f voir* **droit**[1].
droit-fil (**~s-~s**) [dʀwafil] *m*: **dans le ~-~ de** (*fig*) yn gyson *ou* unol â, yn cydfynd *ou* cydymffurfio â.
droitement [dʀwatmɑ̃] *adv* (*agir*) yn onest.
droitier[1] (**droitière**) [dʀwatje, dʀwatjɛʀ] *adj* llaw dde.
droitier[2] [dʀwatje] *m* dyn *g* llawdde; **ce joueur est ~** mae hwn yn chwarae â'r llaw dde.
droitière [dʀwatjɛʀ] *f* merch *b* lawdde;
♦*adj f voir* **droitier**[1].
droiture [dʀwatyʀ] *f* gonestrwydd *g*, cywirdeb *g*, uniondeb *g*.
drôle [dʀol] *adj* (*amusant*) doniol, digrif, ysmala; (*bizarre*) rhyfedd, hynod, od; **une ~ d'odeur** (*bizarre*) aroglau *g* rhyfedd, gwynt *g* rhyfedd; **un ~ de courage** (*intensif*) dewrder *g* aruthrol.
drôlement [dʀolmɑ̃] *adv* (*amusant*) yn ddigrif, yn ddoniol; (*bizarre*) yn rhyfedd, yn od; (*intensif*) yn ofnadwy, dros ben, y tu hwnt; **il fait ~ froid** mae hi'n ofnadwy o oer, mae hi'n oer tu hwnt.
drôlerie [dʀolʀi] *f* digrifwch *g*, doniolwch *g*; (*propos, action*) peth *g* doniol *ou* digrif.
dromadaire [dʀɔmadɛʀ] *m* dromedari *g*, camel *g* rhedeg.
dru (**-e**) [dʀy] *adj* (*cheveux*) trwchus; (*pluie*) trwm(trom)(trymion);
♦*adv* (*pousser*) yn drwch; (*tomber*) yn drwm.
drugstore [dʀœgstɔʀ] *m* (*aux États-Unis*) *fferyllfa b sydd hefyd yn gwerthu bwydydd*; (*en France*) canolfan *g,b* siopa.
druide [dʀɥid] *m* derwydd *g*.
ds *abr*= **dans**.
DST [deɛste] *sigle f*(= *Direction de la surveillance du territoire*) *gwasanaeth diogelwch*, ≈ MI5.
DTP [detepe] *sigle m*(= *diphtérie tétanos polio*) *brechlyn g (yn erbyn difftheria, y genglo a pholio)*.
DTTAB [deteteabe] *sigle m*(= *diphtérie tétanos typhoïde A et B*) *brechlyn g (yn erbyn difftheria, y genglo a theiffoid)*.
du [dy] *dét voir* **de**;
♦*prép + art déf voir* **de**.
dû[1] (**due**) [dy] *pp de* **devoir**;
♦*adj* (*somme*) dyledus, dyladwy, taladwy; **~ à** (*causé par*) o ganlyniad i, o achos, oherwydd, fel canlyniad i.
dû[2] [dy] *m* haeddiant *g*; (*somme payable*) dyled *b*.
dualisme [dɥalism] *m* deuoliaeth *b*.
Dubaï, **Dubay** [dybaj] *pr* Dubai *b*.
dubitatif (**dubitative**) [dybitatif, dybitativ] *adj* amheus.
Dublin [dyblɛ̃] *pr* Dulyn *b*.
duc [dyk] *m* dug *g*
duché [dyʃe] *m* dugiaeth *b*.
duchesse [dyʃɛs] *f* duges *b*.
due [dy] *pp de* **devoir**;
♦*adj f voir* **dû**[1].
duel [dɥel] *m* (*aussi fig*) gornest *b*.
DUEL [dyɛl] *sigle m*(= *Diplôme universitaire d'études littéraires*) *diploma g,b mewn llenyddiaeth ar ôl cwrs dwy flynedd.*
DUES [dyɛs] *sigle m*(= *Diplôme universitaire d'études scientifiques*) *diploma g,b mewn gwyddoniaeth ar ôl cwrs dwy flynedd.*
duettiste [dɥetist] *m/f* deuawdwr *g*, deuawdwraig *b*.
duffel-coat, **duffle-coat** (**duffel-coats, duffle-coats**) [dœfœlkot] *m* côt *b* ddyffl.
dûment [dymɑ̃] *adv* fel y dylid, fel sy'n weddus *ou* briodol, yn iawn.
dumping [dœmpiŋ] *m*: **faire du ~** (*ÉCON*) gwaredu *ou* dympio nwyddau (ar farchnad dramor).
dune [dyn] *f* twyn *g*.
Dunkerque [dœ̃kɛʀk] *pr* Dunkirk *b*.
duo [dɥo] *m* (*MUS*) deuawd *g,b*; **~ d'injures** (*fig*) galw enwau.
duodénal (**-e**) (**duodénaux, duodénales**) [dɥɔdenal, dɥɔdeno] *adj* dwodenol.
dupe [dyp] *f* diniweityn *g*;
♦*adj*: **être ~ de** cael eich twyllo gan.
duper [dype] (1) *vt* twyllo.

duperie [dypRi] *f* twyll *g*, twyllo, dichell *b*.
duplex [dyplɛks] *m* (*appartement*) fflat *b* ddeulawr; **émission en** ~ darllediad *g* rhyng-gysylltiol.
duplicata [dyplikata] *m* dyblygeb *b*.
duplicateur [dyplikatœR] *m* dyblygydd *g*.
duplicité [dyplisite] *f* dauwynebogrwydd *g*, twyll *g*, dichell *b*.
duquel [dykɛl] *prép* + *pron voir* **lequel**.
dur[1] (**-e**) [dyR] *adj* caled; (*sévère*) caled, llym(llem)(llymion), garw; (*cruel*) caled, creulon, didostur; (*problème*) anodd, dyrys, caled; (*porte*) stiff; (*col*) caled; (*viande*) gwydn; (*œuf*) wedi ei ferwi'n galed; **mener la vie ~e à qn** gwneud bywyd yn anodd i rn, bod yn gas wrth rn; ~ **d'oreille** trwm eich clyw;
♦*adv*: **travailler** ~ gweithio'n galed; **croire à qch** ~ **comme fer** credu'n ddiysgog yn rhth.
dur[2] [dyR] *m* (*construction*): **en** ~ parhaol.
durabilité [dyRabilite] *f* parhad *g*, hirbarhad *g*.
durable [dyRabl] *adj* parhaol, hirbarhaol.
durablement [dyRabləmɑ̃] *adv*: **bâti** ~ wedi ei adeiladu i barhau.
duralumin [dyRalymɛ̃] *m* dwralwmin *g*.
durant [dyRɑ̃] *prép* (*au cours de*) yn ystod; (*pendant*) am; ~ **des mois, des mois** ~ am fisoedd.
durcir [dyRsiR] (**2**) *vt, vi* caledu;
♦ **se** ~ *vr* caledu, ymgaledu; (*grève*) dwysáu.
durcissement [dyRsismɑ̃] *m* calediad *g*, caledu, ymgalediad *g*, ymgaledu, dwysâd *g*.
dure [dyR] *f*: **à la** ~ yn arw, yn galed;
♦*adj f voir* **dur**[1].
durée [dyRe] *f* hyd *g*, parhad *g*, cyfnod *g*; **de courte** ~ tymor byr, dros dro, byrbarhaol; **de longue** ~ tymor hir, hirbarhaol; **pile de longue** ~ batri *g* hir oes; **pour une** ~ **illimitée** am gyfnod amhenodol.
durement [dyRmɑ̃] *adv* yn arw, yn llym, yn greulon, yn ddidostur.
durent [dyR] *vb voir* **devoir**[1].
durer [dyRe] (**1**) *vi* para, parhau.
dureté [dyRte] *f* (*sévérité*) caledwch *g*, llymder *g*; (*cruauté*) creulondeb *g*; (*de viande*) gwydnwch *g*.
durillon [dyRijɔ̃] *m* caleden *b*.
durit® [dyRit] *m* pibell *b* ddŵr (*rheiddiadur car*).
DUT [deyte] *sigle m*(= *Diplôme universitaire de technologie*) *diploma g,b mewn technoleg ar ôl cwrs dwy flynedd.*
dut *etc* [dy] *vb voir* **devoir**[1].
duvet [dyvɛ] *m* manblu *ll*; (*sac de couchage*) sach *b* gysgu (*wedi ei llenwi â manblu*).
duveteux (**duveteuse**) [dyv(ə)tø, dyv(ə)tøz] *adj* manbluog.
dynamique [dinamik] *adj* dynamig, grymus, nerthol; (*personne*) egnïol, llawn egni *ou* ynni.
dynamiser [dinamize] (**1**) *vt* (*équipe etc*) bywiogi, tanio brwdfrydedd (rhn), sbarduno.
dynamisme [dinamism] *m* dynamiaeth *b*; (*personne*) dynamigrwydd *g*, ynni *g*, egni *g*.
dynamite [dinamit] *f* dynameit *g*.
dynamiter [dinamite] (**1**) *vt* dynamitio, ffrwydro.
dynamo [dinamo] *f* dynamo *g*.
dynastie [dinasti] *f* brenhinlin *b*, llinach *b*.
dysenterie [disɑ̃tRi] *f* dysentri *g*.
dyslexie [dislɛksi] *f* dyslecsia *g*, geirddallineb *g*.
dyslexique [dislɛksik] *adj* dyslecsig, geirddall.
dyspepsie [dispɛpsi] *f* diffyg *g* traul, camdreuliad *g*, dyspepsia *g*

E

E[1], **e** [ə] *m inv* (*lettre*) E, e *b*.
E[2] *abr*(= *Est*) Dn (= dwyrain *g*).
EAO [əao] *sigle m*(= *enseignement assisté par ordinateur*) CAL (= hyfforddiant *g* trwy gymorth cyfrifiadur).
EAU [əay] *sigle mpl*(= *Émirats arabes unis*) yr Emiradau *ll* Arabaidd Unedig.
eau (**-x**) [o] *f* dŵr *g*; **prendre l'∼** (*chaussure etc*) gollwng (dŵr); **prendre les ∼x** yfed o'r ffynhonnau mewn sba; **tomber à l'∼** (*fig*) mynd i'r gwellt; **à l'∼ de rose** sentimental, dagreuol; **∼ bénite** dŵr bendigaid; **∼ courante** dŵr rhedegog *ou* tap; **chambre avec ∼ courante** ystafell *b* a lle i ymolchi ynddi; **∼ de Cologne** dŵr persawrus; **∼ de Javel** cannydd *g* (*i ladd bacteria ayb*); **∼ de toilette** dŵr pêr, dŵr sent; **∼ distillée** dŵr distylledig; **∼ douce** dŵr croyw; (*CHIM*) dŵr meddal; **∼ gazeuse** dŵr pefriol; **∼ lourde** dŵr trwm; **∼ minérale** dŵr mwynol; **∼ oxygénée** hydrogen *g* perocsid; **∼ plate** dŵr tap, dŵr cyffredin *ou* plaen; **∼ salée** dŵr hallt; (*mer*) dŵr y môr; **les Eaux et Forêts** ≈ Comisiwn *g* Coedwigaeth; **∼x ménagères** dŵr budr (*ar ôl golchi llestri ayb*); **∼x territoriales** dyfroedd *ll* tiriogaethol; **∼x usées** dŵr gwastraff.
eau-de-vie (**∼x-∼-∼**) [odvi] *f* brandi *g*.
eau-forte (**∼x-∼s**) [ofɔRt] *f* ysgythriad *g*; **graver à l'∼-∼** ysgythru.
ébahi (**-e**) [ebai] *adj* syn, syfrdan, hurt, wedi'ch syfrdanu *ou* hurtio; **je suis ∼** 'rwy'n synnu'n fawr.
ébahir [ebaiR] (**2**) *vt* synnu, syfrdanu, hurtio.
ébats[1] [eba] *vb voir* **ébattre**.
ébats[2] [eba] *mpl* campau *ll*, pranciau *ll*, giamocs *ll*.
ébattre [ebatR] (**56**): **s'∼** *vr* prancio, chwarae.
ébauche [eboʃ] *f* braslun *g*, amlinelliad *g*.
ébaucher [eboʃe] (**1**) *vt* braslunio, amlinellu; (*amitié*) dechrau, cychwyn; **∼ un sourire** (*fig*) rhoi rhyw fath o wên, cilwenu;
♦ **s'∼** *vr* ymffurfio; (*amitié*) dechrau.
ébène [ebɛn] *f* eboni *g*; **cheveux d'∼** gwallt *g* eboni.
ébéniste [ebenist] *m* saer *g* dodrefn *ou* celfi.
ébénisterie [ebenist(ə)Ri] *f* dodrefnwaith *g*, gwaith *g* saer dodrefn.
éberlué (**-e**) [ebɛRlɥe] *adj* syn, syfrdan, hurt, wedi'ch syfrdanu *ou* hurtio.
éblouir [ebluiR] (**2**) *vt* dallu; (*dros dro*) lled-ddallu; (*fig*) cyfareddu, syfrdanu, hudo, swyno.
éblouissant (**-e**) [ebluisɑ̃, ɑ̃t] *adj* llachar, sy'n dallu; (*fig*) cyfareddol, syfrdanol, hudolus, swynol.
éblouissement [ebluismɑ̃] *m* dallineb *g*; (*dros dro*) lled-ddallineb *g*; (*émerveillement*) syndod *g*, syfrdandod *g*, rhyfeddod *g*; (*faiblesse*) pendro *b*.
ébonite [ebɔnit] *f* ebonit *g*.
éborgner [ebɔRɲe] (**1**) *vt*: **∼ qn** dallu rhn yn un llygad.
éboueur [ebwœR] *m* dyn *g* sbwriel *ou* lludw.
ébouillanter [ebujɑ̃te] (**1**) *vt* (*CULIN*) gwynnu, rhoi (rhth) mewn dŵr berwedig; (*amandes*) masglu, gwynnu; (*viandes*) sgaldio, sgaldanu, gwynnu;
♦ **s'∼** *vr* sgaldio, sgaldanu, llosgi â dŵr berwedig.
éboulement [ebulmɑ̃] *m* cwymp *g* creigiau, tirlithriad *g*, daeardor *g,b*; (*amas*) marian *g*, cerrig cwympedig, tomen *b ou* pentwr *g* (*o gerrig, pridd ayb*).
ébouler [ebule] (**1**): **s'∼** *vr* (*progressivement*) chwalu, ymchwalu, adfeilio; (*toit, pont*) sigo; (*soudainement*) cwympo, syrthio.
éboulis [ebuli] *m* tomen *b ou* pentwr *g* (*o gerrig, pridd ayb*), marian *g*.
ébouriffé (**-e**) [ebuRife] *adj* aflêr, blêr, anniben, dros bob man.
ébouriffer [ebuRife] (**1**) *vt* gwneud (eich gwallt) yn flêr *ou* anniben, chwalu'ch gwallt.
ébranlement [ebRɑ̃lmɑ̃] *m* ysgytwad *g*; (*affaiblissement*) gwanhad *g*, gwanhau.
ébranler [ebRɑ̃le] (**1**) *vt* ysgwyd, siglo, ysgytio, ysgytian; (*fig: rendre instable: résolution*) gwanhau, siglo;
♦ **s'∼** *vr* (*partir*) gadael, cychwyn, ymadael.
ébrécher [ebReʃe] (**14**) *vt* tolcio, torri ysglodyn oddi ar;
♦ **s'∼** *vr* tolcio.
ébriété [ebRijete] *f* meddwdod *g*; **en état d'∼** wedi meddwi.
ébrouer [ebRue] (**1**): **s'∼** *vr* (*souffler*) ffroeni, chwythu'n swnllyd trwy'r trwyn; (*s'agiter*) ymysgwyd, ystwyrian.
ébruiter [ebRɥite] (**1**) *vt* lledu, lledaenu;
♦ **s'∼** *vr* ymledu, mynd ar led.
ébullition [ebylisjɔ̃] *f* berw *g*, pwynt *g* berwi, berwbwynt *g*; **en ∼** (*aussi fig*) yn berwi, yn ferw.
écaille [ekɑj] *f* (*de poisson*) cen *g*; (*de coquillage*) cragen *b*; (*de peinture etc*) cramen *b*; (*de roc etc*) fflawen *b*, fflewyn *g*; (*matière*) cragen crwban; **d'∼** trilliw.
écaillé (**-e**) [ekɑje] *adj* (*peinture*) yn pilio, â darnau yn pilio.
écailler [ekɑje] (**1**) *vt* (*poisson*) cennu, tynnu cen; (*huître*) agor; (*peinture*) crafu;
♦ **s'∼** *vr* pilio.
écarlate [ekaRlat] *adj* ysgarlad, coch.
écarquiller [ekaRkije] (**1**) *vt*: **∼ les yeux** rhythu (ar rth).
écart [ekaR] *m* (*dans l'espace*) bwlch *g*, adwy *b*, pellter *g*; (*de prix etc*) gwahaniaeth *g*; (*fig*) gwyriad *g*; (*de langage*)

gwall *g*; **à l'∼** ar wahân, o'r neilltu; **à l'∼ de** peth pellter o; (*fig*) y tu allan i, y tu hwnt i; **être à l'∼** (*hameau*) bod o'r neilltu; **tenir qn à l'∼** cadw rhn draw *ou* o hyd braich; **tirer qn à l'∼** mynd â rhn o'r neilltu *ou* i'r naill ochr; **rester à l'∼** aros o'r neilltu, aros *ou* sefyll draw; **se tenir à l'∼** sefyll o'r neilltu *ou* draw; **faire le grand ∼** (*GYM*) lledu'r coesau, hollti'r afl, gwneud y sblits*; **∼ de conduite** camymddygiad *g*.

écarté (**-e**) [ekaʀte] *adj* (*lieu*) anghysbell, pell o bobman, diarffordd, dinad-man; (*ouvert*) ar led; **les jambes ∼es** â'ch coesau ar led.

écarteler [ekaʀtəle] (**13**) *vt* torri (corff rhn) yn bedwar aelod a phen; (*fig*) rhwygo.

écartement [ekaʀtəmɑ̃] *m* bwlch *g*; (*action*) gwahanu; (*RAIL*) lled *g*.

écarter [ekaʀte] (**1**) *vt* (*éloigner*) gwthio draw; (*séparer*) gwahanu; (*ouvrir: bras, jambes*) lledu; (*rideau*) tynnu'n ôl, agor; (*idée*) diystyru, wfftio; (*candidat*) cael gwared ar *ou* â; (*CARTES*) taflu;

♦ **s'∼** *vr* mynd *ou* symud draw; (*se séparer*) ymrannu; (*jambes*) ymledu; (*s'éloigner*) ymwahanu, ymbellhau; **écartez-vous!** allan *ou* mas o'r ffordd!; **s'∼ de** (*aussi fig*) crwydro oddi wrth.

ecchymose [ekimoz] *f* clais *g*.

ecclésiastique [eklezjastik] *adj* eglwysig, clerigol;

♦*m* clerigwr *g*, gŵr *g* eglwysig.

écervelé (**-e**) [eseʀvəle] *adj* gwyllt, gwirion, penchwiban.

ECG [œseʒe] *sigle m*(= *électrocardiogramme*) ECG (= electrocardiogram *g*).

échafaud [eʃafo] *m* crocbren *g,b*; **il risque l'∼** mae'n mentro'i ben.

échafaudage [eʃafodaʒ] *m* (*CONSTR*) sgaffaldiau *ll*; (*fig*) pentwr *g*, tomen *b*.

échafauder [eʃafode] (**1**) *vi* codi sgaffaldiau;

♦*vt* (*théorie etc*) llunio, codi, adeiladu, cynllunio; (*fortune*) pentyrru.

échalas [eʃala] *m* polyn *g*; (*personne*) polyn lein (*rhn tal a thenau*).

échalote [eʃalɔt] *f* (*CULIN*) sialotsyn *g*, sibwnsyn *g* (*math o winwnsyn neu nionyn*).

échancré (**-e**) [eʃɑ̃kʀe] *adj* (*robe, corsage*) â gwddf isel; (*côte*) cilfachog; (*arête rocheuse*) danheddog.

échancrer [eʃɑ̃kʀe] (**1**) *vt* (*côte*) cilfachu; (*robe*) torri gwddf isel.

échancrure [eʃɑ̃kʀyʀ] *f* (*de robe*) gwddf *g* isel; (*de côte*) cilfachau *ll*; (*d'arête rocheuse*) crib *b* ddanheddog.

échange [eʃɑ̃ʒ] *m* cyfnewid *g*; **en ∼ (de qch)** yn gyfnewid (am rth); **∼s commerciaux** masnach *b*; **∼s culturels** cyfnewidiadau *ll* diwylliannol; **∼s de lettres** gohebu, anfon llythyrau (at eich gilydd); **∼ de politesses** cyfnewid cyfarchion; **∼ de vues** trafodaeth *b*, cyfnewid barn.

échangeable [eʃɑ̃ʒabl] *adj* cyfnewidiadwy.

échanger [eʃɑ̃ʒe] (**10**) *vt* cyfnewid; **∼ qch (contre qch)** cyfnewid rhth (am rth); **∼ qch avec qn** cyfnewid rhth â rhn, ffeirio rhth efo rhn, trwco rhth gyda rhn.

échangeur [eʃɑ̃ʒœʀ] *m* (*AUTO*) cyfnewidfa *b*, cyffordd *b*; (*TECH*) cyfnewidiwr *g*, cyfnewidydd *g*.

échantillon [eʃɑ̃tijɔ̃] *m* sampl *b*.

échantillonnage [eʃɑ̃tijɔnaʒ] *m* detholiad *g* o samplau; (*action*) samplo, samplu.

échappatoire [eʃapatwaʀ] *f* dihangfa *b*, ffordd *b* allan, esgus *g* (*i osgoi rhth*).

échappée [eʃape] *f* (*vue*) golygfa *b*; (*CYCLISME*) ymbellhad *g* (*pan fo beiciwr yn gadael gweddill y raswyr y tu ôl iddo*).

échappement [eʃapmɑ̃] *m* (*AUTO*) nwy *g* gwacáu, nwy llosg; (*d'horloge*) gollyngiad *g*; **tuyau d'∼** pibell *b* wacáu, pibell fwg, ecsôst *g,b*.

échapper [eʃape] (**1**) *vi*: **∼ à** osgoi; **∼ à qn** osgoi rhn; **il a échappé à un accident** cael a chael fu hi na chafodd ddamwain; **∼ des mains de qn** llithro trwy fysedd rhn; **laisser ∼** gollwng; **laisser ∼ une occasion** colli cyfle; **son nom m'échappe** ni allaf gofio ei enw;

♦*vt*: **l'∼ belle** dianc o drwch blewyn, bod yn ffodus;

♦ **s'∼** *vr* dianc; (*gaz, eau*) gollwng.

écharde [eʃaʀd] *f* fflawen *b*, fflewyn *g* (*darn bychan o bren sydd wedi mynd dan y croen*).

écharpe [eʃaʀp] *f* (*cache-nez*) sgarff *b*; (*de maire*) gwregys *g*, sash *g*; **avoir un bras en ∼** (*MÉD*) bod â'ch braich mewn sling; **prendre qch en ∼** (*véhicule etc*) taro rhth ar ei ochr.

écharper [eʃaʀpe] (**1**) *vt* rhwygo (rhth) yn ddarnau.

échasse [eʃas] *f* (*bâton*) ystudfach *g*, stilt *g*.

échassier [eʃasje] *m* (*oiseau*) rhydiwr *g*.

échaudé (**-e**) [eʃode] *adj*: **être ∼** (*fig*) llosgi'ch bysedd.

échauder [eʃode] (**1**) *vt*: **se faire ∼** llosgi'ch bysedd.

échauffement [eʃofmɑ̃] *m* gordwymo, gorgynhesu, gorboethi; (*SPORT*) ymbaratoi, codi gwres, ymgynhesu.

échauffer [eʃofe] (**1**) *vt* gordwymo, gorgynhesu, gorboethi; (*fig*) ennyn, tanio, peri;

♦ **s'∼** *vr* (*SPORT*) ymbaratoi, codi gwres, ymgynhesu; (*dans la discussion*) poethi, twymo, mynd yn fwyfwy brwd; **ne vous échauffez pas** peidiwch â chynhyrfu.

échauffourée [eʃofuʀe] *f* sgarmes *b*.

échéance [eʃeɑ̃s] *f* (*fig*) dyddiad *g* terfynol; (*d'un paiement*) dyddiad talu; (*somme due*) ymrwymiad *g* ariannol; **à brève ∼** (yn y) tymor byr; **à longue ∼** (yn y) tymor *ou* cyfnod hir, yn y pen draw.

échéancier [eʃeɑ̃sje] *m* rhestr *b* o ad-daliadau; (*COMM*) rhestr o ddyddiadau terfynol.

échéant [eʃeɑ̃]: **le cas** ~ *adv* os bydd angen, os felly.
échec [eʃɛk] *m* methiant *g*; ~ **et mat** (*ÉCHECS*) gwarchae *g*; ~**s** (*jeu*) gwyddbwyll *g*; **mettre qch en** ~ rhoi rhth dan warchae; **tenir qn en** ~ cadw rhn dan reolaeth *ou* o fewn terfynau; **faire** ~ **à** drysu *ou* rhwystro (*cynlluniau ayb*).
échelle [eʃɛl] *f*
1 (*pour monter, descendre*) ysgol *b*; ~ **de corde** ysgol raff; **faire la courte** ~ **à qn** helpu rhn i ddringo.
2 (*fig*) graddfa *b*; **à l'**~ **de** ar raddfa o; **sur une grande** ~ ar raddfa helaeth *ou* fawr; **sur une petite** ~ ar raddfa fechan.
échelon [eʃ(ə)lɔ̃] *m* (*d'échelle*) ffon *b* ysgol, gris *b*; (*ADMIN*) graddfa *b*.
échelonner [eʃ(ə)lɔne] (1) *vt* gwasgaru, gosod pethau a bwlch *ou* lle rhyngddynt, gosod pethau bob hyn a hyn; **(versement) échelonné** (taliad) fesul rhandal.
écheveau (-**x**) [eʃ(ə)vo] *m* cengl *b*.
échevelé (-**e**) [eʃəv(ə)le] *adj* (*personne*) â gwallt blêr *ou* anniben; (*fig: danse, rythme*) gwyllt.
échine [eʃin] *f* asgwrn *g* (y) cefn.
échiner [eʃine] (1): **s'**~ *vr* gweithio'n galed, ymlafnio.
échiquier [eʃikje] *m* bwrdd *g* gwyddbwyll.
écho [eko] *m* (*aussi fig*) atsain *b*, eco *g*; (*rumeur*) si *g*; ~**s** (*PRESSE*) mân newyddion *ll*, pytiau *ll* o newyddion lleol neu ryngwladol; **rester sans** ~ (*suggestion etc*) mynd i'r gwellt; **sa proposition est restée sans** ~ ni fabwysiadwyd *ou* dderbyniwyd ei awgrym; **se faire l'**~ **de** atseinio, ailadrodd, lledaenu.
échographie [ekogʀafi] *f* sgan *g* uwchsain.
échoir [eʃwaʀ] (**34**) *vi: défectif* (*loyer*) bod yn daladwy; (*délai*) dod i ben; **il vous échoit de faire cela** eich lle chi fydd gwneud hynny, chi fydd yn gorfod gwneud hynny.
échoppe [eʃɔp] *f* stondin *b*.
échouer [eʃwe] (**1**) *vi* methu; (*bateau, débris*) dod i'r lan; (*aboutir: personne dans un café etc*) cyrraedd, glanio;
♦*vt*: ~ **un bateau** tirio llong, gyrru llong yn sownd;
♦ **s'**~ *vr* tirio, mynd yn sownd.
échu (-**e**) [eʃy] *pp de* **échoir**.
échut [eʃy] *vb voir* **échoir**.
éclabousser [eklabuse] (**1**) *vt* tasgu, sblasio; (*fig*) difwyno, llychwino, maeddu, baeddu.
éclaboussure [eklabusyʀ] *f* sblash *g*, tasgiad *g*; (*fig*) staen *g*.
éclair [eklɛʀ] *m* (*d'orage*) mellten *b*, llucheden *b*; (*fig: de colère etc*) fflach *b*; (*gâteau*) éclair *g,b* (*math o gacen hufen*); **en un** ~ mewn chwinciad, mewn fflach, fel mellten; **passer comme un** ~ gwibio *ou* fflachio heibio;
♦*adj inv* (*voyage etc*) brys, sydyn iawn.
éclairage [eklɛʀaʒ] *m* goleuo, goleuadau *ll*; (*fig*) goleuni *g*, safbwynt *g*; **sous cet** ~ o edrych arni fel yna, yn y goleuni hwn; ~ **indirect** golau *ou* goleuo anuniongyrchol.
éclairagiste [eklɛʀaʒist] *m/f* (*THÉÂTRE*) goleuwr *g*.
éclaircie [eklɛʀsi] *f* cyfnod *g* heulog *ou* braf
éclaircir [eklɛʀsiʀ] (**2**) *vt* goleuo; (*fig: énigme*) egluro, taflu goleuni ar; (*CULIN: sauce, soupe*) teneuo;
♦ **s'**~ *vr* (*ciel*) clirio; (*cheveux*) teneuo; (*situation etc*) dod yn eglurach; **s'**~ **la voix** clirio'ch gwddf *ou* llwnc, carthu'ch gwddf *ou* llwnc.
éclaircissement [eklɛʀsismɑ̃] *m* eglurhad *g*; (*action*) egluro.
éclairer [ekleʀe] (**1**) *vi*: ~ **bien/mal** rhoi golau cryf/gwan, goleuo'n dda/wael;
♦*vt* goleuo; (*rendre compréhensible*) egluro; ~ **qn** (*avec lampe de poche etc*) rhoi golau i rn, goleuo llwybr rhn; (*fig: instruire*) goleuo rhn, rhoi rhn ar ben y ffordd;
♦ **s'**~ *vr* goleuo; (*situation etc*) dod yn fwyfwy eglur; **s'**~ **à la bougie** goleuo â channwyll, bod â golau cannwyll; **s'**~ **à l'électricité** goleuo â thrydan, bod â golau trydan.
éclaireur [eklɛʀœʀ] *m* sgowt *g*; **partir en** ~ (*MIL*) mynd i sgowtio (*dros y fyddin*).
éclaireuse [eklɛʀøz] *f* geid *b*.
éclat [ekla] *m* (*de bombe, verre*) darn *g*; (*du soleil etc*) disgleirdeb *g*, llewych *g*, llewyrch *g*; (*d'une cérémonie*) ysblander *g*, gogoniant *g*; **faire un** ~ (*scandale*) creu helynt *ou* stŵr; **action d'**~ gweithred *b* eithriadol; ~ **de rire** pwl *g* o chwerthin; **voler en** ~**s** malu'n dipiau *ou* yn chwilfriw; **des** ~**s de verre** darnau o wydr wedi torri; ~ **de voix** gwaedd *b*, llef *b*.
éclatant (-**e**) [eklatɑ̃, ɑ̃t] *adj* (*couleur, lumière*) llachar; (*soleil*) tanbaid; (*musique*) swnllyd, byddarol; (*voix, son*) cryf, uchel; (*fig: évident*) amlwg; (*fig: succès*) ysgubol; (*revanche*) llwyr.
éclater [eklate] (**1**) *vi* (*pneu*) byrstio, torri, ffrwydro; (*bombe*) ffrwydro; (*verre*) malu'n dipiau; (*groupe, parti*) chwalu; (*se manifester: joie etc*) ei amlygu'i hun, tywynnu; (*fig: guerre, épidémie*) cychwyn; ~ **de rire** dechrau rhuo chwerthin; ~ **en sanglots** dechrau beichio crio *ou* wylo, crio'n dorcalonnus, llefain y glaw;
♦ **s'**~***** *vr* mwynhau'n arw.
éclectique [eklɛktik] *adj* eclectig.
éclipse [eklips] *f* eclips *g*, diffyg *g* (*ar yr haul/y lleuad*).
éclipser [eklipse] (**1**) *vt* (*ASTRON*) eclipsio, taflu cysgod ar; (*fig*) taflu (rhn/rhth) i'r cysgod, taflu cysgod (ar rn/rth);
♦ **s'**~ *vr* sleifio ymaith.
éclopé (-**e**) [eklɔpe] *adj* cloff.
éclore [eklɔʀ] (**60**) *vi* (*œuf*) deor; (*fleur*) agor, ymagor, blaguro, blodeuo; (*fig: talent*) dod

i'r amlwg.

éclosion [eklozjɔ̃] *f*: **l'~ de** (*œuf*) deoriad *g*; (*fleur*) blodeuad *g*; (*talent*) amlygiad *g*, blodeuad.

écluse [eklyz] *f* (*NAUT*) loc *g,b*.

éclusier [eklyzje] *m* ceidwad *g* loc, lociwr *g*.

éclusière [eklyzjɛʀ] *f* ceidwad *g* loc, locwraig *b*.

écœurant [ekœʀɑ̃, ɑ̃t] *adj* ffiaidd, cyfoglyd, yn codi pwys arnoch; (*gâteau*) gorfelys.

écœurement [ekœʀmɑ̃] *m* cyfog *g*; (*dégoût*) ffieidd-dra *g*; (*découragement*) diflastod *g*, digalondid *g*.

écœurer [ekœʀe] (**1**) *vt* codi cyfog *ou* pwys ar; (*démoraliser*) diflasu, digalonni.

école [ekɔl] *f* ysgol *b*; **aller à l'~** mynd i'r ysgol; **faire ~** atynnu dilynwyr, bod â dylanwad; **faire l'~** dysgu, bod yn athro/athrawes; **faire l'~ buissonnière** chwarae triwant; **à l'~ de qn** dan arweiniad rhn; **être à bonne ~** bod mewn dwylo da, cael athro da; **elle a été à dure** *neu* **rude ~** fe gafodd hi ysgol galed; **~ de conduite** ysgol yrru; **~ de danse/de dessin/de musique** ysgol ddawns/gelf/gerdd; **~ de gestion** coleg *g* busnes *ou* masnachu; **~ de secrétariat** coleg ysgrifenyddol; **~ communale** ysgol leol; **~ élémentaire** ysgol gynradd; **~ hôtelière** coleg arlwyo; **~ libre** ysgol annibynnol; **~ maternelle** ysgol fabanod; **~ normale (d'instituteurs) (ENI)** *coleg normal ar gyfer hyfforddi athrawon cynradd*; **~ normale supérieure (ENS)** *coleg hyfforddi athrawon uwchradd*; **~ polytechnique** *prifysgol sydd yn arbenigo mewn gwyddoniaeth a thechnoleg gydag arholiadau mynediad cystadleuol iawn*; **~ primaire** ysgol gynradd; **~ privée/publique** ysgol breifat/wladol; **~ secondaire** ysgol uwchradd; **les grandes ~s** *math o brifysgolion ac iddynt arholiadau mynediad cystadleuol iawn.*

écolier [ekɔlje] *m* bachgen *g* ysgol.

écolière [ekɔljɛʀ] *f* merch *b* ysgol.

écolo* [ekɔlo] *m/f* ecolegydd *g*; ♦*adj* ecolegol.

écologie [ekɔlɔʒi] *f* ecoleg *b*; (*sujet scolaire*) astudiaethau'r *ll* amgylchedd.

écologique [ekɔlɔʒik] *adj* ecolegol.

écologiste [ekɔlɔʒist] *m/f* ecolegydd *g*, amgylcheddwr *g*, amgylcheddwraig *b*.

éconduire [ekɔ̃dɥiʀ] (**52**) *vt* anfon *ou* gyrru (rhn) ymaith; (*visiteur*) dangos y drws (i rn); (*amoureux*) gwrthod.

économat [ekɔnɔma] *m* (*fonction*) bwrsariaeth *b*; (*bureau*) swyddfa'r *g* bwrsar.

économe [ekɔnɔm] *adj* cynnil, darbodus; ♦*m/f* (*de lycée*) bwrsar *g/b*.

économétrie [ekɔnɔmetʀi] *f* econometreg *b*.

économie [ekɔnɔmi] *f* (*situation écomomique*) economi *g,b*; (*science*) economeg *b*; (*épargne*) darbodaeth *b*, cynildeb *g*; **une ~ d'argent/de temps** arbediad *g* arian/amser; **~ de marché** economi fasnachol; **~ dirigée** economi gynlluniedig; **~s** (*pécule*) cynilion *ll*; **faire des ~s** cynilo; **faire des ~s de chauffage** arbed arian ar wresogi.

économique [ekɔnɔmik] *adj* economaidd.

économiquement [ekɔnɔmikmɑ̃] *adv* yn economaidd; **les ~ faibles** (*ADMIN*) y rhai ar gyflog isel, y tlodion.

économiser [ekɔnɔmize] (**1**) *vi* arbed arian; ♦*vt* (*électricité*) arbed ar; (*temps, forces*) arbed; (*argent*) cynilo.

économiste [ekɔnɔmist] *m/f* economydd *g*.

écoper [ekɔpe] (**1**) *vi*: **~ (de)** cael y bai, cael eich dal; **~ d'une punition** cael eich cosbi; ♦*vt* (*NAUT*) disbyddu; **~ un bateau** disbyddu *ou* gwagio dŵr o gwch.

écorce [ekɔʀs] *f* (*d'arbre*) rhisgl *g*; (*de fruit*) croen *g*, pil *g*.

écorcer [ekɔʀse] (**9**) *vt* (*arbre*) rhisglo; (*fruit*) pilio, tynnu croen, digroeni.

écorché [ekɔʀʃe] *m* (*ANAT*) diagram *g* (*o ddyn neu anifail heb groen*); (*TECH*) diagram rhandoredig; **~ vif** rhn wedi ei flingo'n fyw; (*fig*) rhn croendenau; ♦*adj* (*hypersensible*) croendenau.

écorcher [ekɔʀʃe] (**1**) *vt* (*animal*) blingo; (*égratigner*) crafu; **~ une langue** siarad iaith yn fratiog; ♦ **s'~** *vr*: **s'~ le genou** crafu'ch pen-glin, sgriffio'ch pen-glin, sgraffinio'ch pen-glin.

écorchure [ekɔʀʃyʀ] *f* crafiad *g*, sgriffiad *g*, sgraffiniad *g*.

écorner [ekɔʀne] (**1**) *vt* (*taureau*) tynnu cyrn; (*livre*) plygu tudalen.

écossais[1] (**-e**) [ekɔsɛ, ɛz] *adj* Albanaidd; (*tissu*) tartan.

écossais[2] *m* (*LING: dialecte anglais*) Sgoteg *b,g*, Saesneg *b,g* yr Alban; (*:gaélique*) Gaeleg *b,g* yr Alban.

Écossais [ekɔsɛ] *m* Albanwr *g*; **les ~** yr Albanwyr *ll*.

Écossaise [ekɔsɛz] *f* Albanes *b*.

Écosse [ekɔs] *prf*: **l'~** Yr Alban *b*.

écosser [ekɔse] (**1**) *vt* plisgo, masglu.

écosystème [ekosistɛm] *m* ecosystem *b*.

écot [eko] *m*: **payer son ~** (*fig*) talu'ch cyfran.

écoulement [ekulmɑ̃] *m* (*d'un liquide*) llif *g*; (*faux billets*) cylchrediad *g*, cylchredeg; (*stock*) gwerthu, gwerthiant *g*.

écouler [ekule] (**1**) *vt* (*stock*) gwerthu; (*faux billets*) cylchredeg, cael gwared â, lledaenu; ♦ **s'~** *vr* gorlifo, llifo allan; (*jours, temps*) mynd heibio; (*foule*) ymwasgaru.

écourter [ekuʀte] (**1**) *vt* byrhau, tocio, cwtogi, cwteuo, cwtanu; **~ une visite** torri ymweliad yn fyr, cwtogi ymweliad.

écoute [ekut] *f* (*RADIO*) gwrandawiad *g*, gwrando; (*TV*) gwylio; (*NAUT*) hwylraff *b*; **être à l'~ (de)** gwrando (ar); **prendre l'~ (d'une station de radio)** codi *ou* derbyn (gorsaf radio); **bonne/mauvaise** ~ derbyniad *g* da/gwael; **heure de grande** ~ awr *b* frig; **restez à l'~!** daliwch i wrando!; **~s téléphoniques** clustfeinio ar y ffôn, tapio ffôn.

écouter [ekute] (**1**) *vi* gwrando;
♦*vt* gwrando ar;
♦ **s'~** *vr* (*malade*) poeni gormod am eich iechyd; (*se dorloter*) eich maldodi'ch hunan; **si je m'écoutais** petawn i'n mynd yn ôl fy ngreddf; **s'~ parler** hoffi clywed eich llais eich hun.

écouteur [ekutœʀ] *m* (*TÉL*) ffôn *g* clust, clustffon *g*; (*au téléphone*) derbynnydd *g*; **les ~s** (*RADIO*) ffôn pen.

écoutille [ekutij] *f* hatsh *b*, agorfa *b*.

écr. *abr*= **écrire**.

écouvillon [ekuvijɔ̃] *m* brwsh *g* poteli.

écrabouiller [ekʀabuje] (**1**) *vt* mathru, gwasgu (rhth, rhn) yn seitan; **il s'est fait ~ par une voiture** aeth car drosto, cafodd ei daro i lawr gan gar.

écran [ekʀɑ̃] *m* sgrin *b*; **porter qch à l'~** (*CINÉ*) addasu rhth ar gyfer y sinema; **faire ~ à qn** cysgodi rhn; (*gêner*) sefyll yng ngolau rhn; (*éclipser*) taflu cysgod ar rn; **le petit ~** y teledu *g*; **~ de fumée** llen *b* o fwg.

écrasant (**-e**) [ekʀɑzɑ̃, ɑ̃t] *adj* (*charge, poids*) anferth, enfawr; (*fig*) llethol.

écraser [ekʀɑze] (**1**) *vt* gwasgu, mathru; (*mouche*) lladd; (*piéton*) taro *ou* bwrw i lawr, mynd dros; (*ennemi, armée*) trechu; (*INFORM*) trosysgrifio; **elle s'est fait ~ par une voiture** aeth car drosti;
♦ **s'~** *vr*: **s'~ (au sol)** (*avion*) cwympo, syrthio; **s'~ contre** taro *ou* bwrw yn erbyn; **écrase(-toi)!*** cau dy geg!, cau dy ben!

écrémer [ekʀeme] (**14**) *vt* codi *ou* tynnu'r hufen oddi ar, dihufennu.

écrevisse [ekʀəvis] *f* cimwch *g* yr afon; **rouge comme une ~** cyn goched â chrib ceiliog *ou* â gwaed *ou* â thân.

écrier [ekʀije] (**16**): **s'~** *vr* gweiddi, bloeddio.

écrin [ekʀɛ̃] *m* blwch *g* (tlysau), cistan *b*, coffryn *g*.

écrire [ekʀiʀ] (**53**) *vt, vi* ysgrifennu; **~ à qn que** ysgrifennu at rn i ddweud ...; **elle écrit bien/mal** mae ysgrifen dda/wael ganddi, mae'n ysgrifennu'n dda/wael;
♦ **s'~** *vr* (*réciproque*) gohebu â rhn, ysgrifennu at eich gilydd; **ça s'écrit comment?** sut mae sillafu hynna?

écrit[1] (**-e**) [ekʀi, it] *pp de* **écrire**;
♦*adj*: **bien ~** (*écriture*) taclus; (*roman etc*) wedi'i (h)ysgrifennu'n dda; **mal ~** (*écriture*) blêr, aflêr, anniben.

écrit[2] [ekʀi] *m* dogfen *b*; (*ouvrage*) gwaith *g*; (*examen*) arholiad *g* ysgrifenedig; **par ~** mewn llawysgrifen.

écriteau (**-x**) [ekʀito] *m* arwydd *g*.

écritoire [ekʀitwaʀ] *f* cas *g* ysgrifennu.

écriture [ekʀityʀ] *f* ysgrifen *b*, llawysgrifen *b*; **~s** (*COMM*) cyfrifon *ll*; **les Écritures** yr Ysgrythurau *ll*; **l'É~ (sainte)** yr Ysgrythur *b* (Lân).

écrivain [ekʀivɛ̃] *m* (*roman*) awdur *g*, awdures *b*; (*littérature, poésie*) llenor *g*, llenores *b*; (*de documents etc*) ysgrifennwr *g*, ysgrifenwraig *b*.

écrivais *etc* [ekʀivɛ] *vb voir* **écrire**.

écrou [ekʀu] *m* (*TECH*) nyten *b*.

écrouer [ekʀue] (**1**) *vt*: **~ qn** carcharu rhn; (*provisoirement*) cadw rhn yn y ddalfa.

écroulé (**-e**) [ekʀule] *adj* (*maison*) adfeiliedig, yn adfail; **un mur à demi ~** wal *b* wedi hanner adfeilio *ou* chwalu; **être ~ de fatigue** bod wedi blino'n lân; **être ~ de rire** bod yn eich dyblau'n chwerthin.

écroulement [ekʀulmɑ̃] *m* cwymp *g*, chwalfa *b*.

écrouler [ekʀule] (**1**): **s'~** *vr* adfeilio, chwalu, cwympo; (*maison*) mynd â'i ben iddo; (*projet*) mynd i'r gwellt; (*s'endormir*) syrthio i gysgu; (*coureur*) llewygu; (*accusé*) torri i lawr; **s'~ de fatigue** cwympo *ou* syrthio gan flinder; **s'~ de rire** bod yn eich dyblau yn chwerthin.

écru [ekʀy] *adj* (*tissu*) crai, heb ei gannu; (*couleur*) lliw crai, llwydwyn.

ecstasy [ɛkstəsi] *m* (*drogue*) ecstasi *g*.

ECU [eky] *abr m*(= *European Currency Unit*) ECU *g*.

écu [eky] *m* (*bouclier*) tarian *b*; (*ancienne monnaie*) coron *b*; (*monnaie de la CEE*) ecu *g*.

écueil [ekœj] *m* rîff *b*; (*fig*) maen *g* tramgwydd, rhwystr *g* peryglus.

écuelle [ekɥɛl] *f* dysgl *b*, powlen *b*; (*son contenu*) dysglaid *b*, llond *g* powlen, powlaid *b*.

éculé (**-e**) [ekyle] *adj* (*chaussures*) wedi treulio, wedi gwisgo, hendraul; (*fig, péj: plaisanterie etc*) hen.

écume [ekym] *f* ewyn *g*; **le cheval blanchissait d'~** 'roedd y ceffyl yn laddar o chwys; **~ de mer** (*silicate*) ewyn môr.

écumer [ekyme] (**1**) *vi* (*mer*) ewynnu; (*cheval*) mynd yn laddar o chwys, chwysu ewyn; (*personne: fig*) glafoerio, berwi gan gynddaredd;
♦*vt* (*CULIN*) codi'r saim oddi ar, sgimio; (*fig*) ysbeilio.

écumoire [ekymwaʀ] *f* hufennwr *g*.

écureuil [ekyʀœj] *m* gwiwer *b*.

écurie [ekyʀi] *f* stabl *b*; (*fig*) twlc *g* mochyn.

écusson [ekysɔ̃] *m* bathodyn *g*.

écuyer [ekɥije] *m* marchog *g*.

écuyère [ekɥijɛʀ] *f* marchoges *b*.

eczéma [ɛgzema] *m* ecsema *g*, llid *g* ar y croen.

éd. *abr*(= *édition*).

édam [edam] *m* (*fromage*) caws *g* Edam.

edelweiss [edɛlvajs] *m inv* (*BOT*) troed *b,g* y llew.

Éden [edɛn] *m* Eden *b*.

édenté (**-e**) [edɑ̃te] *adj* diddannedd.

EDF [ədeɛf] *sigle f*(= *Électricité de France*) *cwmni g trydan Ffrainc.*

édicter [edikte] (**1**) *vt* deddfu, ordeinio.

édifiant (**-e**) [edifjɑ̃, jɑ̃t] *adj* (*instructif*) addysgol; (*exemplaire*) dyrchafol, buddiol.

édification [edifikasjɔ̃] *f* (*d'un bâtiment*) adeiladu, codi; (*instruction*) goleuedigaeth *b*, addysgu, goleuo, dyrchafu.

édifice [edifis] *m* adeilad *g*; (*fig: de la société*) adeiladwaith *g*, adeiledd *g*.

édifier [edifje] (**16**) *vt* adeiladu; (*moralement*) addysgu, dyrchafu, goleuo, hyfforddi.

édiles [edil] *mpl* (*ADMIN*) henaduriaid *ll* dinesig.

Édimbourg [edɛ̃bur] *pr* Caeredin *b*.

édit [edi] *m* (*HIST*) gorchymyn *g*.

édit. *abr*= **éditeur**.

éditer [edite] (**1**) *vt* (*livre*) cyhoeddi; (*disque*) cynhyrchu; (*auteur*) cyhoeddi (gwaith); (*texte*) paratoi; (*INFORM*) golygu

éditeur [editœʀ] *m* cyhoeddwr *g*; (*rédacteur*) golygydd *g*.

éditrice [editʀis] *f* cyhoeddwraig *b*; (*rédactrice*) golygydd *g*.

édition [edisjɔ̃] *f* (*action*) cyhoeddi; (*livre, journal*) cyhoeddiad *g*; (*impression*) argraffiad *g*; (*d'un texte*) golygiad *g*; (*industrie du livre*) (byd *g*) cyhoeddi; ~ **speciale** (*magazine*) rhifyn *g* arbennig; ~ **sur écran** (*INFORM*) golygu ar sgrîn.

édito* [edito] *m*= **éditorial**.

éditorial (**éditoriaux**) [editɔʀjal, editɔʀjo] *m* golygyddol *g*, erthygl *b* olygyddol, ysgrif *b ou* colofn *b* olygyddol.

éditorialiste [editɔʀjalist] *m/f* ysgrifennydd *g* golygyddol.

Édouard [edwaʀ] *prm* Edward *g*; ~ **le Confesseur** Edward Gyffeswr.

édredon [edʀədɔ̃] *m* cwrlid *g* plu.

éducateur[1] (**éducatrice**) [edykatœʀ, edykatʀis] *adj* addysgol.

éducateur[2] [edykatœʀ] *m* athro *g*; ~ **spécialisé** athro arbenigol.

éducatrice [edykatʀis] *f* athrawes *b*; ~ **spécialisée** athrawes arbenigol;
♦*adj f voir* **éducateur**[1].

éducatif (**éducative**) [edykatif, edykativ] *adj* addysgol.

éducation [edykasjɔ̃] *f* addysg *b*; (*familiale*) magwraeth *b*; **avoir de l'**~ bod yn gwrtais *ou* yn foesgar; **manquer d'**~ bod yn anghwrtais; **sans** ~ anghwrtais; **j'ai fait mon** ~ **à Paris** cefais f'addysg ym Maris; **l'É**~ **(Nationale)** ≈ Adran *b* Addysg; ~ **civique** (*SCOL*) ≈ astudiaethau *ll* cyffredinol; ~ **permanente** addysg barhaol; ~ **physique** (*SCOL*) addysg gorfforol.

édulcoré (**-e**) [edylkɔʀe] *adj* glastwraidd.

édulcorer [edylkɔʀe] (**1**) *vt* melysu; (*fig*) glastwreiddio.

éduquer [edyke] (**1**) *vt* addysgu; (*élever*) magu; **bien éduqué** cwrtais; **mal éduqué** anghwrtais.

EEG [əəʒe] *sigle m*(= *électroencéphalogramme*) EEG (= electroenseffalogram *g*).

effacé (**-e**) [efase] *adj* (*fig*) swil, diymhongar, gwylaidd.

effacer [efase] (**9**) *vt* dileu; (*à la gomme*) dileu, rhwbio (rhth) allan; (*au chiffon*) glanhau; (*fig*) cael gwared â; (*concurrent*) rhagori ar; ~ **le tableau noir** glanhau'r bwrdd du; ~ **le ventre** tynnu'ch bol i mewn;
♦ **s'**~ *vr* (*inscription etc*) treulio; (*couleur*) pylu; (*personne: pour laisser passer*) mynd i'r naill ochr; (*fig*) cilio, ymgilio.

effarant (**-e**) [efaʀɑ̃, ɑ̃t] *adj* (*qui fait peur*) brawychus; (*incroyable*) anhygoel, rhyfeddol, syfrdanol.

effaré (**-e**) [efaʀe] *adj* ofnus, wedi dychryn *ou* brawychu.

effarement [efaʀmɑ̃] *m* braw *g*, dychryn *g*.

effarer [efaʀe] (**1**) *vt* dychryn, brawychu, codi ofn ar.

effarouchement [efaʀuʃmɑ̃] *m* braw *g*, dychryn *g*.

effaroucher [efaʀuʃe] (**1**) *vt* dychryn (rhn) ymaith, codi ofn ar; (*choquer*) tramgwyddo.

effectif[1] (**effective**) [efɛktif, efɛktiv] *adj* gwirioneddol; **être** ~ **(à partir de janvier)** dod i rym (ym mis Ionawr).

effectif[2] [efɛktif] *m* (*MIL, SCOL*) nifer *g,b*; (*COMM*) nifer y gweithlu; **réduire l'**~ **de** cwtogi nifer.

effectivement [efɛktivmɑ̃] *adv* yn effeithiol; (*réellement*) mewn gwirionedd, yn wirioneddol; (*en effet*) yn wir, a dweud y gwir, mewn gwirionedd; **c'est** ~ **plus rapide** mewn gwirionedd, mae'n gynt; **oui,** ~! ie'n wir!

effectuer [efɛktɥe] (**1**) *vt* (*opération, mission*) gwneud, gweithredu; (*déplacement, trajet*) mynd (ar daith), gwneud (siwrne);
♦ **s'**~ *vr* digwydd, cael ei wneud.

efféminé (**-e**) [efemine] *adj* merchetaidd.

effervescence [efɛʀvesɑ̃s] *f* (*fig*): **en** ~ mewn cynnwrf, aflonydd, yn ferw.

effervescent (**-e**) [efɛʀvesɑ̃, ɑ̃t] *adj* byrlymol; (*fig*) cythryblus, cynhyrfus, mewn cynnwrf, yn gynnwrf i gyd.

effet [efɛ] *m* effaith *b*; (*impression*) argraff *b*; ~**s** (*vêtements etc*) eiddo *g*; **être sous l'**~ **de qch** bod dan effaith rhth; **donner de l'**~ **à une balle** (*TENNIS*) troelli pêl; **faire de l'**~ (*médicament*) cael effaith; **à cet** ~ ar gyfer hynny, i'r diben hwnnw; **en** ~ mewn gwirionedd, a dweud y gwir; **avec** ~ **rétroactif** (*JUR: d'une loi, d'un jugement*) yn ôl-weithredol; ~ **(de commerce)** bil *g* cyfnewid; ~ **de couleur/lumière** effaith lliw/golau; ~ **de serre** effaith tŷ gwydr; ~ **de style** effaith arddull; ~**s de voix** effeithiau lleisiol; ~**s spéciaux** effeithiau *ll* arbennig.

effeuiller [efœje] (**1**) *vt* (*de ses feuilles*) tynnu *ou* plicio dail oddi ar; (*de ses pétales*) tynnu *ou* plicio petalau oddi ar.

efficace [efikas] *adj* (*personne*) effeithiol; (*action, médicament*) effeithlon, effeithiol.

efficacité [efikasite] *f* (*personne*) effeithioldeb *g*; (*action, médicament*) effeithioldeb, effeithiolrwydd *g*, effeithlonrwydd *g*.

effigie [efiʒi] *f* delw *b*; **brûler qn en ~** llosgi delw o rn.

effilé (**-e**) [efile] *adj* main; (*pointe*) pigfain; (*carrosserie*) llyfn(llefn)(llyfnion).

effiler [efile] (**1**) *vt* (*cheveux*) teneuo; (*objet*) meinhau; (*tissu*) breuo; (*lame*) hogi; (*lignes, forme*) llyfnu, llilinio;
♦ **s'~** *vr* (*objet*) meinhau; (*étoffe*) breuo.

effilocher [efilɔʃe] (**1**): **s'~** *vr* breuo.

efflanqué (**-e**) [eflɑ̃ke] *adj* esgyrnog.

effleurement [eflœʀmɑ̃] *m* cyffyrddiad *g*; **touche à ~** botwm *g* cyffwrdd.

effleurer [eflœʀe] (**1**) *vt* cyffwrdd (rhth) yn ysgafn; (*érafler*) crafu'n ysgafn; **~ l'esprit de qn** croesi meddwl rhn.

effluves [eflyv] *mpl* (*agréables*) perarogleuon *ll*; (*désagréables*) drewdod *g*, ogleuon *ll* drwg, gwynt *g* drwg.

effondré (**-e**) [efɔ̃dʀe] *adj* wedi'ch llethu *ou* gorlethu.

effondrement [efɔ̃dʀəmɑ̃] *m* (*d'un bâtiment*) cwymp *g*, chwalfa *b*, ysigiad *g*; (*abattement*) llewyg *g*, llewygfa *b*.

effondrer [efɔ̃dʀe] (**1**): **s'~** *vr* cwympo, chwalu, sigo; (*blessé, coureur etc*) diffygio, llewygu.

efforcer [efɔʀse] (**9**): **s'~** *vr*: **s'~ de faire qch** ymlafnio *ou* ymegnïo i wneud rhth, gwneud eich gorau glas i wneud rhth.

effort [efɔʀ] *m* ymdrech *g,b*, ymgais *g,b*; **faire un ~** gwneud ymdrech; **faire tous ses ~s** gwneud eich gorau glas; **faire l'~ de ...** gwneud yr ymdrech i ...; **sans ~** yn ddiymdrech; **~ de mémoire** ymgais i gofio; **~ de volonté** grym *g* ewyllys.

effraction [efʀaksjɔ̃] *f* torri i mewn i dŷ; **s'introduire par ~ dans ...** torri i mewn i ...

effrangé (**-e**) [efʀɑ̃ʒe] *adj* eddïog, rhidennog; (*effiloché*) wedi treulio hyd at yr edau.

effrayant (**-e**) [efʀejɑ̃, ɑ̃t] *adj* dychrynllyd, arswydus, brawychus; (*sens affaibli*) ofnadwy.

effrayer [efʀeje] (**18**) *vt* dychryn, brawychu, codi ofn ar;
♦ **s'~** *vr* dychryn, brawychu, cael ofn; **s'~ de qch** bod arnoch ofn rhth.

effréné (**-e**) [efʀene] *adj* gwyllt.

effritement [efʀitmɑ̃] *m* dirywiad *g*, adfeilio.

effriter [efʀite] (**1**): **s'~** *vr* dirywio, adfeilio; (*rocher*) erydu, treulio; (*biscuit*) briwsioni; (*valeurs*) colli gwerth, gostwng.

effroi [efʀwa] *m* arswyd *g*, ofn *g*, braw *g*.

effronté (**-e**) [efʀɔ̃te] *adj* digywilydd, haerllug, hy, eofn.

effrontément [efʀɔ̃temɑ̃] *adv* yn ddigywilydd, yn haerllug, yn hy, yn eofn.

effronterie [efʀɔ̃tʀi] *f* digywilydd-dra *g*, haerllugrwydd *g*, hyfder *g*, ehofndra *g*.

effroyable [efʀwajabl] *adj* arswydus, dychrynllyd, brawychus; (*misère, douleur*) ofnadwy.

effusion [efyzjɔ̃] *f* tywalltiad *g*; **sans ~ de sang** heb (unrhyw) dywallt gwaed.

égailler [egaje] (**1**): **s'~** *vr* mynd ar wasgar, ymwasgaru, ymwahanu.

égal[1] (**-e**) (**égaux, égales**) [egal, ego] *adj* cydradd, cyfartal; (*MATH*) hafal; (*terrain, surface*) gwastad, llyfn(llefn)(llyfnion); (*constant: vitesse, rythme*) cyson, gwastad; (*équitable*) teg; **être ~ à** (*nombre*) bod yn hafal i; **ça lui est ~** nid yw'n malio, nid oes wahaniaeth ganddo; **ça m'est ~** does dim ots *ou* gwahaniaeth gen i; **c'est ~** er hynny; **à l'~ de** (*comme*) fel; **d'~ à ~** yn gydradd, yn gyfartal.

égal[2] (**égaux**) [egal, ego] *m* eich cydradd *g* un *g* sy'n gydradd.

égale [egal] *f* eich cydradd *b*, un *b* sy'n gyfartal; **elle est sans ~e** does mo'i thebyg *ou* hafal, 'does neb fel hi;
♦*adj f voir* **égal**[1].

également [egalmɑ̃] *adv* (*au même degré*) fel ei gilydd, i'r un graddau, yn gydradd i; (*partager*) yn gyfartal; (*en outre, aussi*) hefyd, yn ogystal.

égaler [egale] (**1**) *vt* bod cystal *ou* cydradd â, bod yn gyfartal i; **3 plus 3 égalent 6** mae tri a thri yn hafal i chwech *ou* yn gwneud chwech.

égalisateur (**égalisatrice**) [egalizatœʀ, egalizatʀis] *adj* sy'n cyfartalu; **but ~** gôl *b* gyfartalu.

égalisation [egalizasjɔ̃] *f* (*SPORT*) cyfartaliad *g*.

égaliser [egalize] (**1**) *vi* (*SPORT*) dod yn gyfartal *ou* gydradd;
♦*vt* (*sol*) llyfnhau, llyfnu, gwastatáu; (*salaires*) cydraddoli; (*chances*) cyfartalu; **~ les cheveux** torri gwallt yr un hyd.

égalitaire [egalitɛʀ] *adj* cydraddol, egalitaraidd.

égalitarisme [egalitaʀism] *m* cydraddoliaeth *b*, egalitariaeth *b*.

égalité [egalite] *f* (*entre hommes*) cydraddoldeb *g*; (*MATH*) unfathiant *g*; (*de terrain*) llyfnrwydd *g*, gwastadrwydd *g*; (*équité*) tegwch *g*; **être à ~ (de points)** bod yn gyfartal *ou* gydradd (o ran pwyntiau); **~ d'humeur** gwastadrwydd *g*, pwyllogrwydd *g*, tawelwch *g*; **~ de droits** cydraddoldeb hawliau; **~ des sexes** cydraddoldeb rhywiol.

égard [egaʀ] *m* (*considération*) ystyriaeth *b*; **~s** (*marques de respect*) parch *g*; **à cet ~** yn hyn o beth, yn y cyswllt hwn; **eu ~ à** o ystyried; **par ~ pour** o barch tuag at; **sans ~ pour** heb ystyried; **à l'~ de** tuag at; (*en ce qui concerne*) o ran; **à tous ~s** ym mhob ffordd *ou* ystyr, o bob safbwynt; **à certains ~s** i ryw raddau.

égaré (**-e**) [egaʀe] *adj* coll, colledig, ar goll, ar gyfeiliorn; (*animal*) ar grwydr, ar gyfeiliorn.

égarement [egaʀmɑ̃] *m* (*trouble affectif*) ymyrraeth *g*; (*dérèglement*) cyfeiliornad *g*; (*gén pl*) bywyd *g* anfoesol, ymddygiad *g* anfoesol, cyfeiliornadau, camweddau *ll*, crwydriadau *ll*.

égarer [egaʀe] (**1**) *vt* (*objet*) colli; (*moralement*) arwain (rhn) ar gyfeiliorn;
♦ **s'**~ *vr* mynd ar goll, cyfeiliorni; (*fig: dans une discussion etc*) crwydro, cyfeiliorni.

égayer [egeje] (**18**) *vt* (*personne*) diddanu, difyrru; (*malade*) llonni, codi calon; (*conversation, soirée*) sirioli, bywiogi; (*maison*) sirioli, addurno; (*robe*) addurno.

Égée [eʒe] *adj*: **la mer** ~ Môr *g* Aegeus.

égéen (**-ne**) [eʒeɛ̃, ɛn] *adj* Aegeaidd.

égérie [eʒeʀi] *f* (*d'un artiste, poète*) awen *b*, ysbrydoliaeth *b*; **l'**~ **de qch** symbyliad *g* *ou* ysbrydoliaeth rhth.

égide [eʒid] *f* nawdd *g*; **sous l'**~ **de** dan nawdd.

églantier [eglɑ̃tje] *m* llwyn *g* y rhosyn gwyllt.

églantine [eglɑ̃tin] *f* rhosyn *g* gwyllt.

églefin [egləfɛ̃] *m* (*poisson*) corbenfras *g*, hadog *g*.

église [egliz] *f* eglwys *b*; **aller à l'**~ mynd i'r eglwys; **l'É**~ **catholique/presbytérienne** yr Eglwys Gatholig/Bresbyteraidd.

égocentrique [egosɑ̃tʀik] *adj* myfïol, hunanganolog.

égocentrisme [egosɑ̃tʀism] *m* myfïoldeb *g*, hunanganologrwydd *g*.

égoïne [egɔin] *f* llif *b* law.

égoïsme [egɔism] *m* hunanoldeb *g*, myfïaeth *b*.

égoïste [egɔist] *adj* hunanol, myfïol, egoistaidd;
♦*m/f* myfiwr *g*, myfiwraig *b*.

égoïstement [egɔistəmɑ̃] *adv* yn hunanol, yn fyfiol.

égorger [egɔʀʒe] (**10**) *vt* torri gwddf.

égosiller [egozije] (**1**): **s'**~ *vr* gweiddi nes eich bod yn gryg, gweiddi'n groch.

égotisme [egɔtism] *m* hunanbwysigrwydd *g*, hunanoldeb *g*, egotistiaeth *b*.

égout [egu] *m* carthffos *b*; **eaux d'**~ dŵr *g* carthffos, carthion *ll*.

égoutier [egutje] *m* carthffoswr *g*.

égoutter [egute] (**1**) *vi* diferu;
♦*vt* (*linge*) gwasgu; (*fromage, vaisselle*) gadael i ddiferu;
♦ **s'**~ *vr* diferu.

égouttoir [egutwaʀ] *m* bwrdd *g* sychu *ou* diferu; (*passoire*) colander *g*.

égratigner [egʀatiɲe] (**1**) *vt* crafu; (*fig*) brifo teimladau;
♦ **s'**~ *vr* eich crafu'ch hun.

égratignure [egʀatiɲyʀ] *f* crafiad *g*.

égrener [egʀəne] (**13**) *vt* (*blé*) plisgo, masglu; (*chapelet*) adrodd; (*fig: heures etc*) cyfrif; ~ **une grappe** *neu* **des raisins** tynnu grawnwin oddi ar fwnsiad;
♦ **s'**~ *vr* (*fig: heures etc*) mynd heibio; (*fig: notes*) seinio.

égrillard (**-e**) [egʀijaʀ, aʀd] *adj* anweddus.

Égypte [eʒipt] *prf*: **l'**~ yr Aifft *b*.

égyptien (**-ne**) [eʒipsjɛ̃, jɛn] *adj* Eifftaidd.

Égyptien [eʒipsjɛ̃] *m* Eifftiad *g*.

Égyptienne [eʒipsjɛn] *f* Eifftes *b*.

égyptologie [eʒiptɔlɔʒi] *f* Eifftoleg *b*.

égyptologue [eʒiptɔlɔg] *m/f* Eifftolegydd *g*.

eh [e] *excl* hei!; ~ **bien!** wel!, reit te!; ~ **bien?** ie wir?; ~ **bien** (*donc*) felly.

éhonté (**-e**) [eɔ̃te] *adj* digywilydd, haerllug.

éjaculation [eʒakylasjɔ̃] *f* ffrydiad *g* had

éjaculer [eʒakyle] (**1**) *vi* ffrydio had.

éjectable [eʒɛktabl] *adj*: **siège** ~ sedd *b* alldaflu.

éjecter [eʒɛkte] (**1**) *vt* taflu (rhn/rhth) allan *ou* mas; **se faire** ~ cael eich taflu allan *ou* mas.

éjection [eʒɛksjɔ̃] *f* tafliad *g* allan.

élaboration [elabɔʀasjɔ̃] *f* (*de projet*) helaethiad *g*, datblygiad *g*.

élaboré (**-e**) [elabɔʀe] *adj* cymhleth.

élaborer [elabɔʀe] (**1**) *vt* llunio, datblygu, gweithio (rhth) allan *ou* mas; (*projet, stratégie*) cynllunio (rhth) yn fanwl; (*rapport*) llunio.

élagage [elagaʒ] *m* tocio.

élaguer [elage] (**1**) *vt* tocio.

élan[1] [elɑ̃] *m* (*ZOOL: grand cerf*) elc *g*; (*antilope*) gafrewig *b*.

élan[2] [elɑ̃] *m* (*SPORT*) rhedfa *b*, rhediad *g*; (*de véhicule, objet en mouvement*) momentwm *g*; (*fig: de tendresse*) ymchwydd *g*, hwrdd *g*, pwl *g*; ~ **patriotique** angerdd *g* gwladgarol; **prendre son** ~**, prendre de l'**~ cymryd rhediad; **perdre son** ~ (*fig*) colli cyflymder, colli brwdfrydedd.

élancé (**-e**) [elɑ̃se] *adj* main, tenau.

élancement [elɑ̃smɑ̃] *m* gwayw *g*, poen *g,b*.

élancer [elɑ̃se] (**9**): **s'**~ *vr* rhuthro; (*fig: arbre, clocher*) esgyn.

élargir [elaʀʒiʀ] (**2**) *vt* lledu; (*vêtement*) ymestyn; (*JUR*) rhyddhau;
♦ **s'**~ *vr* lledu, ymledu; (*vêtement*) ymestyn.

élargissement [elaʀʒismɑ̃] *m* llediad *g*, lledu, ymlediad *g*, ymledu; (*libération*) rhyddhad *g*, rhyddhau.

élasticité [elastisite] *f* hyblygrwydd *g*, ystwythder *g*; (*ÉCON*) elastigedd *g*; ~ **de l'offre et de la demande** elastigedd cyflenwad a galwad.

élastique [elastik] *adj* (*aussi fig*) ystwyth, hyblyg, hydwyth, elastig;
♦*m* elastig *g*; (*de bureau*) band *g* elastig.

élastomère [elastɔmɛʀ] *m* elastomer *g*.

Elbe [ɛlb] *prf*
1 (*île*): **l'île d'**~ Ynys *b* Elba.
2 (*fleuve*): **l'**~ (yr afon) Elbe *b*.

eldorado [ɛldoʀado] *m* Gwlad *b* yr Aur, Eldorado *b*.

électeur [elɛktœʀ] *m* etholwr *g*.
électif (**élective**) [elɛktif, elɛktiv] *adj* etholiadol.
élection [elɛksjɔ̃] *f* etholiad *g*; **sa patrie d'**~ eich dewis wlad; ~ **partielle** ≈ isetholiad *g*; ~**s législatives** etholiad cyffredinol; ~**s presidentielles** etholiad arlywyddol.
électoral (-e) (**électoraux, électorales**) [elɛktɔʀal, elɛktɔʀo] *adj* etholiadol.
électoralisme [elɛktɔʀalism] *m* ymgyrchu etholiadol.
électorat [elɛktɔʀa] *m* etholwyr *ll*.
Electre [elɛktʀ] *prf* Electra *b*.
électrice [elɛktʀis] *f* etholwraig *b*.
électricien [elɛktʀisjɛ̃] *m* trydanydd *g*.
électricienne [elɛktʀisjɛn] *f* trydanydd *g*.
électricité [elɛktʀisite] *f* trydan *g*; **fonctionner à l'**~ gweithio ar drydan; **allumer l'**~ rhoi'r trydan ymlaen; **éteindre l'**~ diffodd y trydan; ~ **statique** trydan statig.
électrification [elɛktʀifikasjɔ̃] *f* trydaniad *g*, trydanu, trydaneiddio; **l'**~ **d'un village** dod â thrydan i bentref.
électrifier [elɛktʀifje] (**16**) *vt* trydanu, trydaneiddio.
électrique [elɛktʀik] *adj* trydan, trydanol; (*fig*) gwefreiddiol, trydanol.
électriser [elɛktʀize] (**1**) *vt* trydaneiddio; (*fig*) gwefreiddio, trydanu.
électro- [elɛktʀɔ] *préf* electro-.
électro-aimant (~-~**s**) [elɛktʀoɛmɑ̃] *m* electromagnet *g*.
électrocardiogramme [elɛktʀokaʀdjɔgʀam] *m* (*MÉD*) electrocardiogram *g*.
électrocardiographe [elɛktʀokaʀdjɔgʀaf] *m* electrocardiograff *g*.
électrochoc [elɛktʀoʃɔk] *m* triniaeth *b* sioc drydan.
électrocuter [elɛktʀɔkyte] (**1**) *vt* trydanu, lladd (rhn) â thrydan.
électrocution [elɛktʀɔkysjɔ̃] *f* trydanladdiad *g*, trydaniad *g*.
électrode [elɛktʀɔd] *f* electrod *g*.
électroencéphalogramme [elɛktʀoɑ̃sefalɔgʀam] *m* electroenseffalogram *g*.
électrogène [elɛktʀɔʒɛn] *adj*: **groupe** ~ generadur *g* trydan, cynhyrchydd *g* trydan.
électrolyse [elɛktʀɔliz] *f* electrolysis *g*.
électromagnétique [elɛktʀomaɲetik] *adj* electromagnetig.
électroménager[1] (**électroménagère**) [elɛktʀomenaʒe, elɛktʀomenaʒɛʀ] *adj*: **appareils** ~**s** offer *ll* trydan (*ar gyfer y cartref*).
électroménager[2] [elɛktʀomenaʒe] *m*: **l'**~ peiriannau *ll* trydan.
électron [elɛktʀɔ̃] *m* electron *g*.
électronicien [elɛktʀɔnisjɛ̃] *m* peiriannydd *g* electronig.
électronicienne [elɛktʀɔnisjɛn] *f* peiriannydd *g* electronig.
électronique [elɛktʀɔnik] *adj* (*relatif à l'électron*) electronaidd; (*relatif à l'électronique*) electronig;
♦*f* electroneg *b*.
électronucléaire [elɛktʀonykleɛʀ] *adj* (yn ymwneud ag) ynni niwclear;
♦*m*: **l'**~ ynni *g* niwclear.
électrophone [elɛktʀɔfɔn] *m* chwaraewr *g* recordiau.
électrostatique [elɛktʀostatik] *adj* electrostatig;
♦*f* electrostateg *b*.
élégamment [elegamɑ̃] *adv* yn gain; (*s'habiller*) yn gain, yn drwsiadus, yn ffasiynol; (*se conduire*) yn gwrtais.
élégance [elegɑ̃s] *f* (*d'habillement*) ceinder *g*, smartrwydd *g*; (*bon goût*) chwaeth *g*; (*netteté*) taclusrwydd *g*; **savoir perdre avec** ~ gwybod sut i fod yn gollwr da; **style plein d'**~**s** arddull orflodeuog *ou* orarddunedig.
élégant (-e) [elegɑ̃, ɑ̃t] *adj* cain; (*chic*) trwsiadus, ffasiynol; (*mouvement*) gosgeiddig.
élément [elemɑ̃] *m* elfen *b*; (*machine*) rhan *b*, part *g*; (*pile*) cell *b*; (*MIL*) uned *b*, carfan *b*; **être dans son** ~ teimlo'n gartrefol, bod yn eich elfen; ~**s** hanfodion *ll*, elfennau *ll*; **lutter contre les** ~**s** wynebu'r gwynt a'r glaw, wynebu tywydd mawr.
élémentaire [elemɑ̃tɛʀ] *adj* elfennol; (*très simple*) hawdd, syml; (*CHIM*) elfennol.
éléphant [elefɑ̃] *m* eliffant *g*; ~ **de mer** eliffant môr.
éléphanteau (-**x**) [elefɑ̃to] *m* eliffant *g* ifanc.
éléphantesque [elefɑ̃tɛsk] *adj* eliffantaidd.
élevage [el(ə)vaʒ] *m* magu, magwraeth *b*; (*ferme*) fferm *b* wartheg; **l'**~ **(du bétail)** magu gwartheg; **l'**~ **des abeilles** cadw gwenyn; **truite/saumon d'**~ brithyll/eog wedi'i fagu.
élévateur [elevatœʀ] *m* esgynnydd *g*, lifft *b*.
élévation [elevasjɔ̃] *f* codiad *g*; (*action*) codi; (*à un rang éminent*) dyrchafu, dyrchafiad *g*; (*monticule*) bryn *g*, codiad tir, cefn *g*, cefnen *b*, bryncyn *g*.
élève [elɛv] *m/f* (*SCOL*) disgybl *g*; ~ **infirmière** nyrs *b* dan hyfforddiant.
élevé (-e) [el(ə)ve] *adj* (*prix, sommet*) uchel; (*pertes*) trwm(trom)(trymion); (*fig*) aruchel, dyrchafedig; (*éducation en famille*) wedi'ch magu; **bien** ~ cwrtais; **mal** ~ anghwrtais.
élever [el(ə)ve] (**13**) *vt* (*enfant, bétail*) magu; (*abeilles*) cadw; (*hausser: taux, niveaux*) codi; (*fig: âme, esprit*) dyrchafu, codi; (*édifier: monument*) codi, adeiladu; ~ **un nombre au carré/cube** sgwario/ciwbio rhif; ~ **une protestation** protestio; ~ **une critique** beirniadu; ~ **la voix** codi'ch llais; ~ **qn au rang de ...** dyrchafu rhn yn ...;
♦ **s'**~ *vr* codi, ymgodi, cwnnu; **s'**~ **contre qch** codi yn erbyn; **s'**~ **à** (*suj: frais, dégâts*) dod i gyfanswm o.
éleveur [el(ə)vœʀ] *m* bridiwr *g*, magwr *g*, un *g* sy'n magu (anifeiliaid).
éleveuse [el(ə)vøz] *f* bridwraig *g*, un *b* sy'n magu (anifeiliaid).

elfe [ɛlf] *m* coblyn *g*, ellyll *g*.
élidé (**-e**) [elide] *adj* seingoll; **article/pronom ~** bannod *b*/rhagenw *g* seingoll.
élider [elide] (**1**) *vt* gollwng (sain);
♦ **s'~** *vr* diflannu, gollwng (sain).
Elie [eli] *prm* Elïas.
éligibilité [eliʒibilite] *f* cymhwyster *g*.
éligible [eliʒibl] *adj* cymwys.
élimé (**-e**) [elime] *adj* (*tissu*) treuliedig, wedi gwisgo.
élimination [eliminasjɔ̃] *f* dilead *g*; (*action*) dileu; (*excrétion*) ysgarthiad *g*, ysgarthu.
éliminatoire [eliminatwaʀ] *adj* dileol, anghymhwysol;
♦*f* (*SPORT*) rhagras *b*.
éliminer [elimine] (**1**) *vt* dileu (rhth), cael gwared (â rhth, ar rth).
élire [eliʀ] (**58**) *vt* ethol; **~ domicile à ...** ymgartrefu yn ...
Elisée [elize] *prm* Eliseus.
élision [elizjɔ̃] *f* seingoll *g*, colli sain.
élite [elit] *f* detholedigion *ll*, goreuon *ll*; **d'~** campus, dethol, o'r radd uchaf *ou* flaenaf.
élitisme [elitism] *m* elitiaeth *b*.
élitiste [elitist] *adj* elitaidd.
élixir [eliksiʀ] *m* (*MÉD*) tintur *g*, elicsir *g*; **~ de longue vie** elicsir oes hir.
elle [ɛl] *pron*
1 (*sujet*) hi (il existe en gallois des formes concises du verbe, dont la terminaison indique la personne mais non pas le genre du nom sujet par ex.); **~ est allée** aeth (hi); **~ sait** gŵyr, mae hi'n gwybod; **~ savait** gwyddai, 'roedd hi'n gwybod.
2 (*de chose feminine*): **où est ta voiture? - ~ est là-bas** ble mae dy gar di? - mae o *ou* e yn y fan acw.
3 (*après préposition, dans comparaison*) hi; **il veut une photo d'~** mae arno ef eisiau llun ohono hi; **avec ~** gyda hi; **ce livre est à ~** ei llyfr hi yw hwn; **un ami à ~** ffrind iddi hi; **j'ai mangé plus qu'~** bwyteais fwy na hi; **envers ~** tuag ati; **pour ~** er ei mwyn, ar ei chyfer; **~ aussi** a hithau.
4 (*sujet, forme emphatique*) hi; **~, ~ est à Paris** ym Mharis y mae hi; **est-ce qu'~ le sait ~?** a yw hi yn gwybod hynny?; **c'est ~ qui me l'a dit** hi ei hun a ddywedodd wrthyf; **~ aussi l'a vu** fe'i gwelodd hithau ef hefyd; **et ~, qu'est ce qu'elle a dit** a beth ddywedodd hithau?
elle-même [ɛlmɛm] *pron* hi ei hun *ou* hunan.
elles [ɛl] *pron*
1 (*sujet*) nhw, hwy (il existe en gallois des formes concises du verbe, dont la terminaison indique la personne mais non pas le genre du nom sujet par ex.); **~ sont allées** aethant (hwy); **~ savent** gwyddant, maen nhw'n gwybod; **~ savaient** gwyddent, 'roedden nhw'n gwybod.
2 (*de choses feminines*) nhw; **où sont les cartes? - ~ sont là-bas** ble mae'r cardiau? - maen nhw yn y fan acw.
3 (*après préposition; dans une comparaison*) nhw; **il veut une photo d'~** mae arno ef eisiau llun ohonyn nhw; **avec ~** gyda nhw; **ce livre est à ~** eu llyfr nhw yw hwn; **un ami à ~** ffrind iddyn nhw; **j'ai mangé plus qu'~** bwyteais fwy na nhw; **envers ~** tuag atynt hwy; **pour ~** er eu mwyn, ar eu cyfer; **~ aussi** a hwythau.
4 (*sujet, forme emphatique*) nhw, hwy; **~, ~ sont à Paris** ym Mharis y maen nhw; **est-ce qu'~ le savent ~?** a ydyn nhw yn gwybod hynny?; **c'est ~ qui me l'ont dit** nhw eu hunain a ddywedodd wrthyf.
elles-mêmes [ɛlmɛm] *pron* nhw *ou* hwy eu hunain.
ellipse [elips] *f* (*MATH*) hirgylch *g*; (*LING*) hepgoriad *g*.
elliptique [eliptik] *adj* (*MATH*) hirgrwn; (*LING*) hepgorol, eliptig.
élocution [elɔkysjɔ̃] *f* (*diction*) lleferydd *g*; (*débit*) dull *g* o draddodi, traethiad *g*; **défaut d'~** nam *g* lleferydd.
éloge [elɔʒ] *m* canmoliaeth *b*, clod *g*; **faire l'~ de qn/qch** canmol rhn/rhth.
élogieusement [elɔʒjøzmɑ̃] *adv* yn ffafriol iawn, yn ganmoliaethus.
élogieux (**élogieuse**) [elɔʒjø, elɔʒjøz] *adj* canmoliaethus.
éloigné (**-e**) [elwaɲe] *adj* pell, pellennig; **~ de 3 km** tri chilometr i ffwrdd; **dans un avenir peu ~** yn y dyfodol agos.
éloignement [elwaɲmɑ̃] *m* (*action d'éloigner*) pellhad *g*, pellhau, ymbellhad *g*, ymbellhau; (*distance, fig*) pellter *g*.
éloigner [elwaɲe] (**1**) *vt*: **~ (qch de)** pellhau (rhth o), mynd (â rhth) yn bell (oddi wrth); (*fig: échéance, but*) gohirio; (*fig: soupçons*) tawelu;
♦ **s'~** *vr*: **s'~ (de)** ymbellhau (oddi wrth); **s'~ en courant (de qch)** rhedeg ymaith (oddi wrth rth).
élongation [elɔ̃gasjɔ̃] *f*: **se faire une ~** (*MÉD*) tynnu cyhyr.
éloquence [elɔkɑ̃s] *f* huodledd *g*.
éloquent (**-e**) [elɔkɑ̃, ɑ̃t] *adj* huawdl.
élu[1] (**-e**) [ely] etholedig *pp de* **élire**.
élu[2] [ely] *m* (*POL*) aelod *g* seneddol; (*conseiller*) cynghorydd *g*; **les Élus** (*REL*) yr Etholedigion *ll*.
élue [ely] *f* (*POL*) aelod *g* seneddol; (*conseillère*) cynghorydd *g*;
♦*adj f voir* **élu**[1].
élucider [elyside] (**1**) *vt* egluro, taflu goleuni ar.
élucubrations [elykybʀasjɔ̃] *fpl* dychmygion *ll* lloerig.
éluder [elyde] (**1**) *vt* osgoi, dianc rhag.
élus [ely] *vb voir* **élire**.
élusif (**élusive**) [elyzif, elyziv] *adj* anodd eich dal

Élysée [elize] *prn*: **(le palais de) l'∼** Palas *g* yr Élysée (*cartref swyddogol arlywydd Ffrainc*); **les Champs ∼s** y Champs Élysées.
E.-M. [əɛm] *abr* (*MIL*)= **état-major**.
émacié (-**e**) [emasje] *adj* esgyrnog.
émail (**émaux**) [emaj, emo] *m* enamel *g*.
émaillé (-**e**) [emaje] *adj* enamel, enamelog; ∼ **de** (*fig: parsemé*) brith o.
émailler [emaje] (**1**) *vt* enamlo; ∼ **qch de** (*fig: parsemer*) addurno rhth â; ∼ **un texte de citations** britho testun â dyfyniadau.
émanation [emanasjɔ̃] *f* tarddiad *g*; (*odeur*) aroglau *g*; **être l'∼ de** tarddu o.
émancipation [emɑ̃sipasjɔ̃] *f* rhyddhad *g*; (*action*) rhyddhau; **l'∼ de la femme** rhyddid *g* i ferched.
émancipé (-**e**) [emɑ̃sipe] *adj* rhydd, a ryddhawyd.
émanciper [emɑ̃sipe] (**1**) *vt* rhyddhau;
♦ **s'∼** *vr* ymryddhau, dod yn rhydd.
émaner [emane] (**1**) *vt*: ∼ **de** tarddu o, deillio o, dod o.
émarger [emaʀʒe] (**10**) *vi* cael eich talu, derbyn cyflog *ou* tâl; **à combien émarge-t-elle?** faint o gyflog mae hi'n ei gael?;
♦*vt* (*document*) arwyddo.
émasculer [emaskyle] (**1**) *vt* ysbaddu.
emballage [ɑ̃balaʒ] *m* (*action*) lapio, pacio, lapiad *g*, paciad *g*; (*caisse, carton*) paced *g*, paciad, papur *g* lapio, cardbord *g* pacio; ∼ **perdu** paced i'w ddefnyddio unwaith.
emballer [ɑ̃bale] (**1**) *vt* lapio; (*dans un carton*) pacio, rhoi (rhth) mewn paced; (*exciter*) cynhyrfu, gwefreiddio;
♦ **s'∼** *vr* (*moteur*) rasio; (*cheval*) rhuthro; (*fig: fam: se passionner*) bod yn frwd iawn; **il s'est emballé pour cette idée*** cydiodd y syniad ynddo.
emballeur [ɑ̃balœʀ] *m* paciwr *g*.
emballeuse [ɑ̃baløz] *f* pacwraig *b*.
embarcadère [ɑ̃baʀkadɛʀ] *m* glanfa *b* (*ar gyfer teithwyr a nwyddau o long*).
embarcation [ɑ̃baʀkasjɔ̃] *f* cwch *g*, bad *g*.
embardée [ɑ̃baʀde] *f* tro *g* sydyn, gwyriad *g*; **faire une ∼** troi'n sydyn, gwyro.
embargo [ɑ̃baʀgo] *m* gwaharddiad *g*, embargo *g*; **mettre l'∼ sur qch** gwahardd rhth.
embarquement [ɑ̃baʀkəmɑ̃] *m* (*montée à bord*) byrddio; (*marchandises*) llwytho.
embarquer [ɑ̃baʀke] (**1**) *vi* (*passager*) byrddio llong, mynd ar fwrdd llong; (*NAUT*) llenwi â dŵr, gollwng dŵr (i mewn);
♦*vt* (*passager*) derbyn (teithwyr) ar fwrdd llong; (*marchandises*) llwytho; (*fam: voler*) lladrata, bachu, dwyn; (*fam: arrêter*) arestio; **je l'ai embarquée dans le train** fe'i danfonais *ou* hebryngais hi at y trên;
♦ **s'∼** *vr* byrddio llong; **s'∼ dans** (*affaire, aventure*) cychwyn ar.
embarras [ɑ̃baʀa] *m* (*obstacle*) rhwystr *g*, trafferth *b,g*; (*honte*) cywilydd *g*; **être dans l'∼** bod mewn sefyllfa annifyr; (*gêne financière*) bod mewn trafferthion ariannol; ∼ **gastrique** anhwylder *g* ar y stumog.
embarrassant (-**e**) [ɑ̃baʀasɑ̃, ɑ̃t] *adj* annifyr; (*problème, paquets*) trafferthus.
embarrassé (-**e**) [ɑ̃baʀase] *adj* (*gêné*) chwithig, annifyr, â chywilydd arnoch; (*peu clair*) dryslyd, cymysglyd; (*encombré*) llwythog, llawn (o bethau), yn llanast (o bethau).
embarrasser [ɑ̃baʀase] (**1**) *vt* (*encombrer*) gwneud (rhth) yn flêr *ou* anniben, creu llanast yn; (*troubler*) creu trafferth i; (*désorienter*) peri (i rn) deimlo'n chwithig, rhoi (rhn) mewn sefyllfa annifyr, codi cywilydd (ar rn); **ça m'embarrasse de te le dire, mais ...** mae'n chwith *ou* flin gen i ddweud hyn wrthyt, ond ...;
♦ **s'∼** *vr*: **s'∼ de** eich llwytho'ch hun â; (*détails*) poeni *ou* ymdrafferthu am.
embauche [ɑ̃boʃ] *f* cyflogi; **bureau d'∼** swyddfa *b* gyflogi.
embaucher [ɑ̃boʃe] (**1**) *vt* cyflogi;
♦ **s'∼** *vr*: **s'∼ comme** cael gwaith fel.
embauchoir [ɑ̃boʃwaʀ] *m* pren *g* esgidiau (*peth a ddodir mewn esgid i gadw'i siâp*).
embaumer [ɑ̃bome] (**1**) *vi* perarogleuo, perarogli;
♦*vt* (*cadavre*) balmeiddio, embalmio, pêr-eneinio; (*suj: fleur, parfum*) bod yn beraroglus gan; ∼ **la lavande** bod yn beraroglus gan lafant; ∼ **l'encaustique** bod ag aroglau cwyr *ou* polish.
embellie [ɑ̃beli] *f* cyfnod *g* heulog; (*fig*) cyfnod gwell.
embellir [ɑ̃beliʀ] (**2**) *vi* mynd yn fwyfwy hardd;
♦*vt* harddu, tecáu, prydferthu; (*récit*) ychwanegu at, addurno.
embellissement [ɑ̃belismɑ̃] *m* addurniad *g*, harddiad *g*, gwelliant *g*, prydferthiad *g*; (*récit*) ychwanegiad *g*, addurn *g*.
embêtant (-**e**) [ɑ̃bɛtɑ̃, ɑ̃t] *adj* diflas, annifyr, sy'n eich gwylltio; **l'∼, c'est que je dois partir tout de suite** y peth diflas yw fy mod yn gorfod gadael ar unwaith.
embêtement [ɑ̃bɛtmɑ̃] *m* problem *b*, trafferth *b,g*.
embêter [ɑ̃bete] (**1**) *vt* poeni, peri trafferth i; (*importuner*) plagio; (*lasser*) diflasu;
♦ **s'∼** *vr* (*s'ennuyer*) colli diddordeb, diflasu; **il ne s'embête pas!** (*iron*) 'does ganddo ddim lle i gwyno!
emblée [ɑ̃ble]: **d'∼** *adv* ar unwaith.
emblème [ɑ̃blɛm] *m* arwydd *g,b*, arwyddlun *g*.
embobiner [ɑ̃bɔbine] (**1**) *vt* (*duper*) twyllo; ∼ **qn** (*enjôler*) cocsio rhn, seboni rhn; (*embrouiller*) drysu rhn.
emboîtable [ɑ̃bwatabl] *adj* cydgloadol, sy'n cyd-gloi.
emboîter [ɑ̃bwate] (**1**) *vt* (*assembler*) ffitio; ∼ **le pas à qn** dilyn ôl troed rhn;

♦ **s'~** *vr*: **s'~ dans qch** ffitio yn rhth *ou* i rth; **s'~ (l'un dans l'autre)** ffitio (i'w gilydd).
embolie [ɑ̃bɔli] *f* (*MÉD*) emboledd *g*.
embonpoint [ɑ̃bɔ̃pwɛ̃] *m* tewdra *g*, corffogrwydd *g*, bloneg *g*; **prendre de l'~** tewychu, magu bloneg.
embouché (-e) [ɑ̃buʃe] *adj*: **mal** ~ rheglyd.
embouchure [ɑ̃buʃyʀ] *f* (*GÉO*) aber *b*; (*MUS*) ceg *b*, genau *g*.
embourber [ɑ̃buʀbe] (1): **s'~** *vr* mynd yn sownd mewn mwd; (*fig*) suddo.
embourgeoiser [ɑ̃buʀʒwaze] (1): **s'~** *vr* mynd yn fwyfwy dosbarth canol, ymbarchuso.
embout [ɑ̃bu] *m* (*de canne*) ffurel *g*, blaen *g*; (*de tuyau*) blaen, pig *b,g*.
embouteillage [ɑ̃butɛjaʒ] *m* tagfa *b* draffig.
embouteiller [ɑ̃buteje] (1) *vt* blocio, cau; **les routes étaient très embouteillées** 'roedd y ffyrdd yn orlawn o geir, 'roedd yna dagfeydd traffig ar hyd y ffyrdd.
emboutir [ɑ̃butiʀ] (2) *vt* (*TECH*) stampio; (*entrer en collision avec*) taro *ou* bwrw (yn erbyn).
embranchement [ɑ̃bʀɑ̃ʃmɑ̃] *m* (*jonction*) cyffordd *b*; (*route*) ffordd *b* gefn; (*SCIENCE*) cangen *b*; **à l'~ des deux routes** lle mae'r ddwy ffordd yn fforchio.
embrancher [ɑ̃bʀɑ̃ʃe] (1) *vt* (*tuyaux*) uno; ~ **qch sur** uno rhth â.
embraser [ɑ̃bʀaze] (1): **s'~** *vr* fflamio; (*fig*) cyffroi.
embrassade [ɑ̃bʀasad] *f* cofleidiad *g*.
embrasse [ɑ̃bʀas] *f* (*de rideau*) llinyn *g* rhwymo.
embrasser [ɑ̃bʀase] (1) *vt* cusanu; (*étreindre*) cofleidio; ~ **une carrière** cychwyn ar yrfa; ~ **qch du regard** edrych ar rth;
♦ **s'~** *vr* (*réciproque*) cusanu; (*bras à bras*) cofleidio.
embrasure [ɑ̃bʀɑzyʀ] *f* agorfa *b*; **dans l'~ de la porte** yn y drws, ar ben y drws.
embrayage [ɑ̃bʀɛjaʒ] *m* (*AUTO*) cydiwr *g*, gafael *b*, clytsh *g*.
embrayer [ɑ̃bʀeje] (18) *vi* (*AUTO*) rhoi'r clytsh i mewn;
♦*vt*: ~ **sur qch** (*fig: affaire*) cychwyn ar rth.
embrigader [ɑ̃bʀigade] (1) *vt* recriwtio.
embrocher [ɑ̃bʀɔʃe] (1) *vt* rhoi (rhth) ar gigwain *ou* sgiwer.
embrouillamini* [ɑ̃bʀujamini] *m* anhrefn *b*, llanast *g*.
embrouillé (-e) [ɑ̃bʀuje] *adj* cymhleth iawn, dryslyd, cymysglyd.
embrouiller [ɑ̃bʀuje] (1) *vt* (*fils*) mynd yn glymau; (*fig: fiches, idées, personne*) cymysgu;
♦ **s'~** *vr* (*personne*) drysu, ffwndro.
embroussaillé (-e) [ɑ̃bʀusɑje] *adj* (*terrain*) llawn tyfiant *ou* chwyn; (*cheveux*) trwchus, blêr, anniben.
embruns [ɑ̃bʀœ̃] *mpl* ewyn *g*, llwch *g* môr.
embryologie [ɑ̃bʀijɔlɔʒi] *f* embryoleg *b*.
embryon [ɑ̃bʀijɔ̃] *m* (*BIOL*) embryo *g*; (*fig*) dechrau *g*, braslun *g*.
embryonnaire [ɑ̃bʀijɔnɛʀ] *adj* embryonig; (*fig*) cychwynnol, annatblygedig.
embûches [ɑ̃byʃ] *fpl* maglau *ll*, trapiau *ll*, trafferthion *ll*.
embué (-e) [ɑ̃bɥe] *adj* niwlog; **vitres ~es** ffenestri *ll* ac anwedd arnynt; **yeux ~s de larmes** llygaid *ll* llaith.
embuscade [ɑ̃byskad] *f* rhagod *g*, cudd-ymosodiad *g*; **tendre une ~ à qn** gosod rhagod *ou* magl ar gyfer rhn.
embusqué[1] (-e) [ɑ̃byske] *adj*: **être** ~ (*MIL*) aros mewn rhagod, cuddio i ymosod; (*péj*) cael gwaith hawdd; **il s'est fait** ~ mae wedi cael gwaith hawdd.
embusqué[2] [ɑ̃byske] *m* (*péj*) diogyn *g*, stelciwr *g*.
embusquer [ɑ̃byske] (1): **s'~** *vr* cuddio i ymosod.
éméché (-e) [emeʃe] *adj* lled feddw, wedi cael diferyn yn ormod.
émeraude [em(ə)ʀod] *f* emrallt *g*, emrald *g*;
♦*adj inv* lliw emrallt, gwyrdd(gwerdd)(gwyrddion).
émergence [emɛʀʒɑ̃s] *f* ymddangosiad *g*.
émerger [emɛʀʒe] (10) *vi* dod allan, ymddangos; (*fig: faire saillie*) bod yn amlwg.
émeri [em(ə)ʀi] *m*: **toile** *neu* **papier** ~ papur *g* emeri.
émérite [emeʀit] *adj* medrus iawn.
émerveillement [emɛʀvɛjmɑ̃] *m* rhyfeddod *g*.
émerveiller [emɛʀveje] (1) *vt* synnu;
♦ **s'~** *vr*: **s'~ de** rhyfeddu at, synnu at.
émet [emɛ] *vb voir* **émettre**.
émétique [emetik] *m* emetig *g* (*ffisig neu foddion sy'n peri cyfogi*).
émetteur[1] (**émettrice**) [emetœʀ, emetʀis] *adj* sy'n trosglwyddo.
émetteur[2] [emetœʀ] *m* (*poste*) trosglwyddydd *g*.
émetteur-récepteur (~s-~s) [emetœʀʀesɛptœʀ] *m* trosdderbynnydd *g*.
émettre [emɛtʀ] (72) *vi* (*RADIO, TV*) darlledu; ~ **sur ondes courtes** darlledu ar donfedd fer;
♦*vt* anfon (rhth) allan, gollwng, lledaenu; (*lumière*) pelydru, tywynnu; (*RADIO, TV*) trosglwyddo, darlledu; (*avis*) lleisio; (*vœu*) mynegi; (*billet, timbre*) cyhoeddi; (*chèque*) tynnu, ysgrifennu.
émeus *etc* [emø] *vb voir* **émouvoir**.
émeute [emøt] *f* terfysg *g*, cythrwfl *g*, reiat *b*.
émeutier [emøtje] *m* reiatwr *g*.
émeutière [emøtjɛʀ] *f* reiatwraig *b*.
émeuve [emœv] *vb voir* **émouvoir**.
émietter [emjete] (1) *vt* (*pain, terre*) briwsioni; (*territoire*) rhannu, hollti; (*fig: forces, efforts*) gwasgaru; (*pouvoir, responsabilité*) gwasgaru, rhannu;
♦ **s'~** *vr* briwsioni, malu'n fân, ymchwalu.

émigrant [emigʀɑ̃] *m* ymfudwr *g*.
émigrante [emigʀɑ̃t] *f* ymfudwraig *b*.
émigration [emigʀasjɔ̃] *f* ymfudo, ymfudiad *g*.
émigré [emigʀe] *m* ymfudwr *g*.
émigrée [emigʀe] *f* ymfudwraig *b*.
émigrer [emigʀe] (**1**) *vi* ymfudo.
émincé [emɛ̃se] *m* (*de veau etc*) tafell *b* denau, sleisen *b* denau.
émincer [emɛ̃se] (**9**) *vt* tafellu *ou* sleisio (rhth) yn denau.
éminemment [eminamɑ̃] *adv* yn neilltuol, yn arbennig, yn hynod; **j'en suis ~ convaincu** 'rwy'n gwbl argyhoeddedig o hyn.
éminence [eminɑ̃s] *f*
1 (*qualité*) bri *g*, enwogrwydd *g*; **Son/Votre É~** Ei/Eich Arucheledd; ~ **grise** dylanwad *g* cudd, dylanwadwr *g* cudd.
2 (*colline*) codiad *g* tir, bryn *g*.
éminent (**-e**) [eminɑ̃, ɑ̃t] *adj* amlwg, enwog, o fri
émir [emiʀ] *m* emir *g*.
émirat [emiʀa] *m* emirad *g*, emiriaeth *b*.
Émirats [emiʀa] *prnmpl*: **les ~ Arabes Unis** EAU, yr Emiradau *ll* Arabaidd Unedig.
émis [emi] *pp de* **émettre**.
émissaire [emisɛʀ] *m* cennad *g/b*.
émission [emisjɔ̃] *f* (*d'un son*) lledaeniad *g*; (*TV, RADIO*) rhaglen *b*, trosglwyddiad *g*, darllediad *g*; (*de rayons, de la lumière*) tywyniad *g*, pelydriad *g*; (*d'un avis*) mynegiad *g*, mynegiant *g*; (*d'un liquide*) nawsiad *g*; (*d'une odeur*) rhyddhad *g*, nawsiad; (*d'un billet, timbre*) cyhoeddiad *g*; (*d'un chèque*) tyniad *g*, ysgrifeniad *g*.
émit [emi] *vb voir* **émettre**.
emmagasinage [ɑ̃magazinaʒ] *m* storio.
emmagasiner [ɑ̃magazine] (**1**) *vt* storio.
emmailloter [ɑ̃majɔte] (**1**) *vt* lapio.
emmanchure [ɑ̃mɑ̃ʃyʀ] *f* twll *g* llawes.
emmêlement [ɑ̃mɛlmɑ̃] *m* (*état*) dryswch *g*, clymau *ll*.
emmêler [ɑ̃mele] (**1**) *vt* gwneud *ou* drysu (rhth) yn glymau; (*fig*) drysu;
♦ **s'~** *vr* mynd yn glymau; (*fig*) drysu.
emménagement [ɑ̃menaʒmɑ̃] *m* ymgartrefu (*mewn tŷ newydd*).
emménager [ɑ̃menaʒe] (**10**) *vi* ymgartrefu (*mewn tŷ newydd*).
emmener [ɑ̃m(ə)ne] (**13**) *vt* mynd â; ~ **qn au cinéma/restaurant** mynd â rhn i'r sinema/i fwyty; **bien ~ une équipe** (*MIL, SPORT*) arwain tîm yn dda.
emment(h)al [emɛ̃tal] *m* caws *g* emmental.
emmerder** [ɑ̃mɛʀde] (**1**) *vt* bod yn dân ar groen, bod yn niwsans glân (i rn);
♦ **s'~** *vr* (*s'ennuyer*) diflasu; **je t'emmerde!** twll dy din di!**.
emmitoufler [ɑ̃mitufle] (**1**) *vt* lapio (rhn) yn gynnes;
♦ **s'~** *vr* lapio'n gynnes.
emmurer [ɑ̃myʀe] (**1**) *vt* carcharu.
émoi [emwa] *m* (*de joie etc*) cynnwrf *g*, cyffro *g*; (*tumulte*) cyffro, terfysg *g*, cythrwfl *g*; **en ~** yn gynhyrfus, wedi cynhyrfu, mewn cynnwrf, yn gyffrous, mewn cyffro, yn gyffro i gyd.
émollient (**-e**) [emɔljɑ̃, jɑ̃t] *adj* (*MÉD*) meddalhaol, lliniarol.
émoluments [emɔlymɑ̃] *mpl* tâl *g*, enillion *ll*.
émonder [emɔ̃de] (**1**) *vt* (*arbre*) tocio; (*amande etc*) plisgo, masglu.
émotif (**émotive**) [emɔtif, emɔtiv] *adj* teimladol, emosiynol; (*sensible*) teimladwy.
émotion [emosjɔ̃] *f* teimlad *g*, emosiwn *g*; **sans ~** yn ddideimlad, yn ddigynnwrf; **avoir des ~s** (*fig*) cael ofn *ou* dychryn; **donner des ~s à qn** dychryn rhn.
émotionnant (**-e**) [emosjɔnɑ̃, ɑ̃t] *adj* sy'n cynhyrfu, sy'n peri gofid.
émotionnel (**-le**) [emosjɔnɛl] *adj* emosiynol.
émotionner [emosjɔne] (**1**) *vt* cynhyrfu, peri gofid.
émoulu (**-e**) [emuly] *adj*: **frais ~ de** newydd ddod o.
émoussé (**-e**) [emuse] *adj* (*couteau*) di-awch, di-fin; (*fig*) pŵl, diflas.
émousser [emuse] (**1**) *vt* (*couteau*) pylu, aflymu; (*fig*) diflasu.
émoustiller [emustije] (**1**) *vt* cyffroi, cynhyrfu, goglais, gogleisio.
émouvant (**-e**) [emuvɑ̃, ɑ̃t] *adj* teimladwy, cynhyrfus.
émouvoir [emuvwaʀ] (**38**) *vt* cynhyrfu; (*toucher, attendrir*) gwneud i (rn) deimlo; (*indigner*) cyffroi, gwylltio, cynhyrfu, digio; (*effrayer*) cynhyrfu, peri gofid; ~ **qn jusqu'au larmes** dwyn dagrau i lygaid rhn; ~ **la pitié de qn** ennyn tosturi rhn;
♦ **s'~** *vr* cynhyrfu, cyffroi, ymgynhyrfu.
empailler [ɑ̃pɑje] (**1**) *vt* stwffio (rhth) (*â gwellt ayb*).
empailleur [ɑ̃pɑjœʀ] *m* tacsidermydd *g*.
empailleuse [ɑ̃pɑjøz] *f* tacsidermydd *g*.
empaler [ɑ̃pale] (**1**) *vt* trywanu, gwanu;
♦ **s'~** *vr* cael eich trywanu.
empaquetage [ɑ̃paktaʒ] *m* paced *g*, paciad *g*; (*action*) pacio.
empaqueter [ɑ̃pakte] (**12**) *vt* pacio, lapio.
emparer [ɑ̃paʀe] (**1**): **s'~ de** *vr* meddiannu, cydio yn, gafael yn; (*comme otage*) cipio; **les journaux se sont emparés de l'affaire** cydiodd y papurau newydd yn y stori.
empâter [ɑ̃pɑte] (**1**): **s'~** *vr* tewychu, mynd yn dew.
empattement [ɑ̃patmɑ̃] *m* (*AUTO*) pellter *g* rhwng echelydd; (*TYPO*) seriff *g*.
empêché (**-e**) [ɑ̃peʃe] *adj* (*retenu*) wedi'ch atal *ou* rhwystro; (*embarrassé*) chwithig; **je serais bien ~ de vous répondre** buaswn i'n ei chael hi'n anodd iawn eich ateb.
empêchement [ɑ̃pɛʃmɑ̃] *m* rhwystr *g* annisgwyl.

empêcher [ɑ̃peʃe] (**1**) *vt* atal, rhwystro; ~ **qn de faire qch** rhwystro rhn rhag gwneud rhth; ~ **que qch (n')arrive** rhwystro rhth rhag digwydd; **il n'empêche que** er hynny, fodd bynnag;
♦ **s'**~ *vr* peidio â; **je ne peux pas m'**~ **de penser** ni allaf beidio â meddwl; **il n'a pas pu s'**~ **de rire** ni allai beidio â chwerthin.
empêcheur [ɑ̃pɛʃœʀ] *m*: ~ **de danser** *neu* **de tourner en rond** surbwch *g*, lladdwr *g* hwyl, difethwr *g* hwyl.
empeigne [ɑ̃pɛɲ] *f* lledr *g* uchaf (*esgid*).
empennage [ɑ̃penaʒ] *m* (AVIAT) ôl-blân *g*.
empereur [ɑ̃pʀœʀ] *m* ymerawdwr *g*, ymherodr *g*.
empesé (-e) [ɑ̃pəze] *adj* (*col*) startsiedig; (*fig*) anystwyth, stiff.
empeser [ɑ̃pəze] (**13**) *vt* startsio.
empester [ɑ̃pɛste] (**1**) *vi* drewi;
♦*vt* drewi o; ~ **le vin** drewi o win; **ce bureau empeste le tabac** mae'r swyddfa hon yn drewi o faco.
empêtrer [ɑ̃petʀe] (**1**): **s'**~ **dans** *vr* (*des fils etc*) drysu yn, mynd i ddryswch yn, mynd yn glymau yn; (*fig*) mynd yn sownd yn; (*une affaire louche*) mynd ynghlwm yn.
emphase [ɑ̃fɑz] *f* rhodres *g*; **avec** ~ yn rhodresgar.
emphatique [ɑ̃fatik] *adj* (*grandiloquent*) rhodresgar, mawreddog; (LING) pwysleisiol.
empiècement [ɑ̃pjɛsmɑ̃] *m* (COUTURE) gwar *g,b*.
empierrer [ɑ̃pjeʀe] (**1**) *vt* (*route*) rhoi cerrig *ou* metlin ar.
empiéter [ɑ̃pjete] (**14**): ~ **sur** *vt* (*terrain, territoire*) tresmasu ar, tresbasu ar; (*fig: droits, domaine*) ymyrryd â.
empiffrer [ɑ̃pifʀe] (**1**): **s'**~ *vr* (*péj*) llowcio, claddu (bwyd), eich stwffio'ch hun â bwyd.
empiler [ɑ̃pile] (**1**) *vt* pentyrru;
♦ **s'**~ *vr* pentyrru, mynd yn bentwr.
empire [ɑ̃piʀ] *m* ymerodraeth *b*; (*fig*) dylanwad *g*; **style E**~ *yn arddull yr Ymerodraeth (1852-1870) yn Ffrainc*; **sous l'**~ **de** dan ddylanwad.
empirer [ɑ̃piʀe] (**1**) *vi* gwaethygu.
empirique [ɑ̃piʀik] *adj* empiraidd.
empirisme [ɑ̃piʀism] *m* empiriaeth *b*.
emplacement [ɑ̃plasmɑ̃] *m* safle *g*; **sur l'**~ **d'une ville disparue** ar safle hen ddinas ddiflanedig.
emplâtre [ɑ̃plɑtʀ] *m* (MÉD) plastr *g*; (*fam*) twpsyn *g*, ffŵl *g*.
emplette [ɑ̃plɛt] *f*: **faire des** ~**s** gwneud negeseuon, siopa; **faire l'**~ **de qch** prynu rhth.
emplir [ɑ̃pliʀ] (**2**) *vt* llenwi;
♦ **s'**~ *vr*: **s'**~ **(de)** llenwi (â), mynd yn llawn (o).
emploi [ɑ̃plwa] *m*
1 (*utilisation*) defnydd *g*; (*action*) defnyddio; **d'**~ **facile** hawdd ei (d)defnyddio; ~ **du temps** amserlen *b*, rhaglen *b* waith.
2 (*poste*) gwaith *g*, swydd *b*; **l'**~ (COMM, ÉCON) cyflogaeth *b*; **offre d'**~ cynnig *g* gwaith; **demande d'**~ cais *g* am waith; **le plein** ~ cyflogaeth lawn.
emploie [ɑ̃plwa] *vb voir* **employer**.
employé [ɑ̃plwaje] *m* gweithiwr *g*; **les** ~**s** y staff *g*; ~ **de banque** clerc *g* banc; ~ **de bureau** clerc; ~ **de maison** gwas *g*.
employée [ɑ̃plwaje] *f* gweithwraig *b*; ~ **de maison** morwyn *b voir aussi* **employé**.
employer [ɑ̃plwaje] (**17**) *vt* defnyddio; (*ouvrier, main-d'œuvre*) cyflogi; ~ **la force** defnyddio nerth *ou* nerth bôn braich;
♦ **s'**~ *vr*: **s'**~ **à qch/à faire** ymroi i rth/i wneud rhth, mynd ati i wneud rhth.
employeur [ɑ̃plwajœʀ] *m* cyflogwr *g*.
employeuse [ɑ̃plwajøz] *f* cyflogwraig *b*.
empocher [ɑ̃pɔʃe] (**1**) *vt* pocedu, ennill.
empoignade [ɑ̃pwaɲad] *f* ffrae *b*, ffrwgwd *g*, ysgarmes *b*.
empoigne [ɑ̃pwaɲ] *f*: **c'est une vraie foire d'**~ mae hi'n ysgarmes wyllt.
empoigner [ɑ̃pwaɲe] (**1**) *vt* cydio yn, gafael yn;
♦ **s'**~ *vr* (*fig: réciproque*) ffraeo, cweryla.
empois [ɑ̃pwa] *m* startsh *g*.
empoisonnement [ɑ̃pwazɔnmɑ̃] *m* gwenwyno; (*fam*) poendod *g*, pla *g*, trafferth *b,g*, strach *g,b*.
empoisonner [ɑ̃pwazɔne] (**1**) *vt* gwenwyno; (*air, pièce*) drewi; ~ **l'atmosphère** (*fig*) gwenwyno'r awyr; ~ **qn** (*fam: embêter*) gwylltio rhn; **il nous empoisonne l'existence** mae'n boendod, mae'n bla, mae'n gwneud bywyd yn boen;
♦ **s'**~ *vr* eich gwenwyno'ch hun, cymryd *ou* llyncu gwenwyn; (*s'ennuyer*) diflasu.
empoissonner [ɑ̃pwasɔne] (**1**) *vt* (*pêche*) stocio (rhth) â physgod.
emporté (-e) [ɑ̃pɔʀte] *adj* byr eich tymer, hawdd eich gwylltio, sy'n gwylltio'n hawdd, cynddeiriog, naturus.
emportement [ɑ̃pɔʀtəmɑ̃] *m* ffyrnigrwydd *g*, gwylltineb *g*.
emporte-pièce [ɑ̃pɔʀtəpjɛs] *m inv* (TECH) tyllwr *g*; **à l'**~-~ (*fig: paroles, phrase*) brathog, treiddgar.
emporter [ɑ̃pɔʀte] (**1**) *vt* mynd â; (*en dérobant ou enlevant, emmener: blessés, voyageurs*) mynd â rhth/rhn ymaith, dwyn ymaith; (*avantage, approbation*) ennill; (MIL: *gagner*) cipio; **la maladie qui l'a emporté** yr afiechyd a'i lladdodd *ou* cipiodd; **l'**~ **sur qn** trechu rhn; **boissons/plats chauds à** ~ diodydd *ll*/prydau *ll* poeth i fynd allan;
♦ **s'**~ *vr* (*de colère*) gwylltio, colli'ch tymer.
empoté (-e) [ɑ̃pɔte] *adj* lletchwith, trwsgl, afrosgo.
empourpré (-e) [ɑ̃puʀpʀe] *adj* rhuddgoch, coch.
empreint (-e) [ɑ̃pʀɛ̃, ɛ̃t] *adj*: ~ **de** ag arlliw o.
empreinte [ɑ̃pʀɛ̃t] *f* (*de pied, main*) ôl *g*; ~**s**

(digitales) olion *ll* bysedd.
empressé (-e) [ɑ̃prese] *adj* sylwgar, gwasanaethgar, cymwynasgar; (*péj*) gorfrwdfrydig, gorwasanaethgar.
empressement [ɑ̃prɛsmɑ̃] *m* brwdfrydedd *g*; (*hâte*) brys *g*.
empresser [ɑ̃prese] (1): **s'∼** *vr* rhuthro o gwmpas; **s'∼ auprès de qn** ffwdanu ynghylch rhn, mynd i drafferth dros rn; **s'∼ de faire qch** (*se hâter*) brysio i wneud rhth.
emprise [ɑ̃priz] *f* goruchafiaeth *b*, dylanwad *g*; **sous l'∼ de** dan ddylanwad.
emprisonnement [ɑ̃prizɔnmɑ̃] *m* carchariad *g*; (*action*) carcharu; **10 ans d'∼** deng mlynedd o garchar.
emprisonner [ɑ̃prizɔne] (1) *vt* carcharu.
emprunt [ɑ̃prœ̃] *m* benthyciad *g*, benthyg *g*; (*action*) benthyca; **faire un ∼** cael benthyg; **nom d'∼** ffugenw *g*; **∼ d'État** benthyciad gwladol; **∼ public** benthyciad cyhoeddus.
emprunté (-e) [ɑ̃prœ̃te] *adj* (*gauche*) anesmwyth, annifyr, chwithig; (*feint*) ffug.
emprunter [ɑ̃prœ̃te] (1) *vt* (*argent, livre*) benthyca; (*route, itinéraire*) cymryd, dilyn, mynd ar; (*fig: style, manière*) dilyn, dynwared.
emprunteur [ɑ̃prœ̃tœr] *m* benthyciwr *g*.
emprunteuse [ɑ̃prœ̃tøz] *f* benthycwraig *b*.
empuantir [ɑ̃pɥɑ̃tir] (2) *vt* drewi.
EMT [əɛmte] *sigle f* (= *éducation manuelle et technique*) ≈ crefft, dylunio a thechnoleg.
ému (-e) [emy] *pp de* **émouvoir**;
♦*adj* (*plein de compassion*) teimladwy, dan deimlad, yn teimlo, wedi'ch cynhyrfu, wedi'ch cyffroi; (*par la joie*) llawen, gorfoleddus; (*par la timidité, peur*) nerfus, cynhyrfus, wedi'ch cynhyrfu; **une voix émue** llais yn crynu gan deimlad
émulation [emylasjɔ̃] *f* cystadleuaeth *b*.
émule [emyl] *m/f* cystadleuydd *g*, efelychydd *g*.
émulsion [emylsjɔ̃] *f* (*CHIM*) emylsiwn *g*; (*cosmétique*) hufen *g*.
émut [emy] *vb voir* **émouvoir**.
EN [əɛn] *sigle f* (= *Education Nationale*) (*ministère*) ≈ y Weinyddiaeth *b* Addysg.
en[1] [ɑ̃] *prép*
1 (*endroit*) yn; **habiter ∼ France/ville** byw yn Ffrainc/yn y dref; **∼ lui-même, il n'y croit pas** yn ei galon *ou* yn fewnol nid yw'n credu ynddo.
2 (*direction*) i; **aller ∼ France/ville** mynd i Ffrainc/i'r dref.
3 (*temps*) mewn; **∼ été/août** yn yr haf/yn Awst *ou* ym mis Awst; **∼ trois jours** mewn tridiau.
4 (*moyen*) mewn; **∼ avion/taxi** mewn awyren/tacsi; **∼ gallois** yn (y) Gymraeg.
5 (*composition*) o; **c'est ∼ verre/bois** gwydr/pren ydyw; **un collier ∼ argent** cadwyn arian; **∼ 2 volumes/une pièce** mewn dwy gyfrol/un darn; **compter ∼ francs** cyfrif mewn ffranciau.
6 (*description, état*): **une femme (habillée) ∼ rouge** gwraig mewn (dillad) coch; **peindre qch ∼ rouge** paentio rhth yn goch; **∼ T/étoile** ar ffurf T/seren; **∼ chemise** mewn crys; **∼ chaussettes** yn nhraed eich sanau; **∼ soldat** fel milwr, mewn gwisg milwr; **∼ civil** mewn dillad pob dydd; **cassé ∼ plusieurs morceaux** wedi torri'n dipiau; **∼ réparation** ar ganol ei atgyweirio; **partir ∼ vacances** mynd ar eich gwyliau; **∼ deuil** mewn galar; **le même ∼ plus grand** yr un fath ond yn fwy; **∼ bonne santé** yn holliach, yn dda eich iechyd.
7 (*avec gérondif*) tra'n, pan yn, wrth, dan, gan, o; **∼ travaillant/dormant** wrth weithio/gysgu; **∼ sortant** wrth fynd allan *ou* mas; **sortir ∼ courant** rhedeg allan *ou* mas; **∼ apprenant la nouvelle, il s'est évanoui** llewygodd o glywed y newyddion; **elle passa ∼ chantant** aeth heibio dan ganu.
8 (*matière*): **expert ∼ ...** yn hyddysg mewn ...; **fort ∼ math** yn dda mewn mathemateg.
9 (*conformité*): **∼ tant que** fel; **∼ bon politicien, ...** fel gwleidydd da, ...; **∼ bon diplomate, il n'a rien dit** fel gŵr pwyllog ni ddywedodd ddim; **je te parle ∼ ami** 'rwy'n siarad â thi fel ffrind; **je le lui ai donné ∼ cadeau** fe'i rhoddais iddi yn anrheg.
en[2] *pron*
1 (*indéfini*): **j'∼ ai** mae gen i rai *ou* beth; **∼ as-tu?** oes gen ti rai *ou* beth?; **je n'∼ veux pas** 'does arna' i ddim eisiau dim (ohono ayb); **j'∼ ai assez** mae gen i ddigon; (*j'en ai marre*) 'rwyf wedi cael digon; **combien y ∼ a-t-il?** faint ohonynt sydd yna?; **où ∼ sommes-nous?** ble 'rydyn ni arni?, pa mor bell ydyn ni wedi mynd?.
2 (*provenance*) oddi yno; **j'∼ viens** 'rwy'n dod oddi yno.
3 (*cause*): **il ∼ est malade** mae'n wael o'r herwydd; **il ∼ perd le sommeil** mae'n colli cwsg oherwydd hynny.
4 (*instrument, agent*): **il ∼ est aimé** fe'i cerir oherwydd hynny *ou* o achos hynny.
5 (*complément de nom, d'adjectif, de verbe*): **j'∼ connais les dangers** mi wn am beryglon hynny; **j'∼ suis fier** 'rwy'n falch (o hynny ayb); **j'∼ ai besoin** mae arnaf ei (h)angen *ou* eu hangen; **il ∼ est ainsi** *neu* **de meme pour moi** mae'r un fath i minnau.
ENA [ena] *sigle f* (= *École nationale d'administration*) *grande école ar gyfer hyfforddi gweision sifil.*
énarque [enark] *m/f* cyn-fyfyriwr o'r ENA.
encablure [ɑ̃kablyr] *f* (*NAUT*) *hen fesur oedd tua deucan metr.*
encadrement [ɑ̃kadrəmɑ̃] *m* fframio; (*de personnel*) hyfforddiant *g*, hyfforddi; (*de porte*) ffrâm *b*; **∼ du crédit** (*ÉCON*) cyfyngiadau *ll* ar gredyd.

encadrer [ɑ̃kɑdʀe] (**1**) *vt* (*tableau*) fframio; (*fig: entourer*) amgylchynu; (*personnel, soldats etc*) hyfforddi; (*COMM: crédit*) cyfyngu; **je ne peux pas l'**~ ni allaf ei ddioddef.

encadreur [ɑ̃kɑdʀœʀ] *m* fframiwr *g*.

encaisse [ɑ̃kɛs] *f* arian *g* mewn llaw; ~ **or** cronfa *b* aur; ~ **métallique** cronfa aur ac arian.

encaissé (**-e**) [ɑ̃kese] *adj* (*vallée*) dwfn(dofn)(dyfnion); (*route*) rhwng llethrau serth; (*rivière*) rhwng glannau serth.

encaisser [ɑ̃kese] (**1**) *vt* (*cheque*) newid; (*argent*) derbyn; (*coup, défaite*) cael.

encaisseur [ɑ̃kɛsœʀ] *m* casglwr *g* (*dyledion ayb*).

encan [ɑ̃kɑ̃]: **à l'**~ *adv* mewn arwerthiant, ar ocsiwn.

encanailler [ɑ̃kanɑje] (**1**): **s'**~ *vi* bod yn ffrindiau â chriw amheus, mynd yn gomon.

encart [ɑ̃kaʀ] *m* dalen *b* rydd, ad-ddalen *b* (*y tu mewn i gylchgrawn ayb*); ~ **publicitaire** hysbyseb *b* (*ar ddalen rydd*).

encarter [ɑ̃kaʀte] (**1**) *vt* mewnosod, gosod (rhth y tu mewn i rth); ~ **des boutons** rhoi botymau ar gerdyn.

en-cas [ɑ̃kɑ] *m inv* byrbryd *g*, tamaid *g* i aros pryd.

encastrable [ɑ̃kastʀabl] *adj* y gellir ei osod i mewn, mewnosodadwy.

encastré [ɑ̃kastʀe] *adj* wedi'i osod i mewn, cynwysedig, gosodedig.

encastrer [ɑ̃kastʀe] (**1**) *vt*: ~ **qch dans** gosod rhth (yn rhth), cynnwys;
♦ **s'**~ *vr*: **s'**~ **dans** ffitio i mewn i; (*heurter*) gyrru *ou* bwrw i mewn i.

encaustiquage [ɑ̃kostikaʒ] *m* polisio, cwyro.

encaustique [ɑ̃kostik] *f* (*pour les parquets*) cwyr *g*, polish *g*.

encaustiquer [ɑ̃kostike] (**1**) *vt* rhoi cwyr ar, polisio, cwyro.

enceinte[1] [ɑ̃sɛ̃t] *adj f* beichiog; ~ **de 6 mois** beichiog ers chwe mis.

enceinte[2] [ɑ̃sɛ̃t] *f* (*mur*) mur *g*, wal *b*, clawdd *g*; (*espace*) lle *g* amgaeedig; **dans l'**~ **de la ville** y tu mewn i'r dref; ~ **(acoustique)** uchelseinydd *g*.

encens [ɑ̃sɑ̃] *m* arogldarth *g*, thus *g*; (*fig*) moliant *g*, clod *g*.

encenser [ɑ̃sɑ̃se] (**1**) *vt* arogldarthu; (*fig*) moli, canu clod.

encensoir [ɑ̃sɑ̃swaʀ] *m* thuser *b*.

encéphalogramme [ɑ̃sefalɔgʀam] *m* enseffalogram *g*.

encercler [ɑ̃sɛʀkle] (**1**) *vt* amgylchynu.

enchaîné [ɑ̃ʃene] *m* (*CINÉ*) cip *g* cyswllt.

enchaînement [ɑ̃ʃɛnmɑ̃] *m* cadwyniad *g*, cysylltiad *g*, cysylltu; ~ **de** cyfres *b* o.

enchaîner [ɑ̃ʃene] (**1**) *vi*: ~ **(sur)** mynd ymlaen;
♦*vt* cadwyno; (*mouvements, séquence*) gwneud cyfres o, cysylltu.

enchanté (**-e**) [ɑ̃ʃɑ̃te] *adj* (*ravi*) wrth eich bodd, balch, hapus; (*ensorcelé*) hud, dan gyfaredd; ~ **de faire votre connaissance** mae'n bleser gen i'ch cyfarfod chi.

enchantement [ɑ̃ʃɑ̃tmɑ̃] *m* hyfrydwch *g*, pleser *g*; (*magie*) hud *g*, swyn *g*, hudoliaeth *b*; **comme par** ~ megis trwy hudoliaeth.

enchanter [ɑ̃ʃɑ̃te] (**1**) *vt* cyfareddu, swyno, hudo, plesio.

enchanteur (**enchanteresse**) [ɑ̃ʃɑ̃tœʀ, ɑ̃ʃɑ̃tʀɛs] *adj* cyfareddol, swynol, hudolus.

enchâsser [ɑ̃ʃɑse] (**1**) *vt* gosod.

enchère [ɑ̃ʃɛʀ] *f* cynnig *g*; **faire une** ~ gwneud cynnig; **aux** ~**s** mewn arwerthiant, ar ocsiwn; **mettre qch aux** ~**s, vendre qch aux** ~**s** gwerthu rhth mewn ocsiwn; (*ses services, son travail*) gwerthu rhth am y pris gorau; **les** ~**s montent** mae'r cynigion yn codi; **faire monter les** ~**s** (*fig*) cynnig yn uwch.

enchérir [ɑ̃ʃeʀiʀ] (**2**) *vi*: ~ **sur qn** (*aux enchères, fig*) cynnig mwy na rhn.

enchérisseur [ɑ̃ʃeʀisœʀ] *m* cynigiwr *g*, cynigydd *g*.

enchérisseuse [ɑ̃ʃeʀisøz] *f* cynigydd *g*.

enchevêtrement [ɑ̃ʃ(ə)vɛtʀəmɑ̃] *m* clymau *ll*; (*fig*) dryswch *g*.

enchevêtrer [ɑ̃ʃ(ə)vetʀe] (**1**) *vt* gwneud (rhth) yn glymau; (*idées*) drysu;
♦ **s'**~ *vr* mynd i ddryswch, mynd yn glymau.

enclave [ɑ̃klav] *f* cilfach *b*.

enclaver [ɑ̃klave] (**1**) *vt* cau am rth, amgylchynu rhth.

enclencher [ɑ̃klɑ̃ʃe] (**1**) *vt* (*méchanisme*) cysylltu; (*fig*) cychwyn, rhoi (rhth) ar waith;
♦ **s'**~ *vr* cydio, cysylltu, mynd i gyswllt.

enclin (**-e**) [ɑ̃klɛ̃, in] *adj* tueddol; ~ **à qch/à faire** â thuedd *ou* tueddol at rth/i wneud.

enclore [ɑ̃klɔʀ] (**60**) *vt* cau (rhth) i mewn.

enclos [ɑ̃klo] *m* (*espace*) lle *g* amgaeedig, tir *g* amgaeedig; (*clôture*) clawdd *g*; (*moutons*) corlan *b*; (*chevaux*) padog *g*.

enclume [ɑ̃klym] *f* einion *b*, eingion *b*; **entre l'**~ **et le marteau** rhwng y diafol a'i gynffon.

encoche [ɑ̃kɔʃ] *f* hicyn *g*, rhic *g*.

encoder [ɑ̃kɔde] (**1**) *vt* ysgrifennu (rhth) mewn côd, codio.

encodeur [ɑ̃kɔdœʀ] *m* codydd *g*, codiwr *g*.

encoignure [ɑ̃kɔɲyʀ] *f* cornel *g,b*, congl *b*.

encoller [ɑ̃kɔle] (**1**) *vt* pastio; (*colle forte*) gludio.

encolure [ɑ̃kɔlyʀ] *f* (*mesure du tour de cou*) maint *g* coler; (*col*) coler *b,g*; (*cou*) gwddf *g*.

encombrant (**-e**) [ɑ̃kɔ̃bʀɑ̃, ɑ̃t] *adj* trafferthus, lletchwith, anodd ei drafod/thrafod; **cet enfant est très** ~ mae'r plentyn 'ma yn bla *ou* yn boendod.

encombre [ɑ̃kɔ̃bʀ]: **sans** ~ *adv* yn ddidrafferth.

encombré (**-e**) [ɑ̃kɔ̃bʀe] *adj* anniben, llawn llanast, anhrefnus; (*passage*) anodd mynd ar ei hyd; (*lignes téléphoniques*) prysur;

(*marché*) gorlawn, llawn dop.

encombrement [ɑ̃kɔ̃bʀəmɑ̃] *m* annibendod *g*; (*de circulation*) rhwystr *g*, tagfa *b*; (*des lignes téléphoniques*) prysurdeb *g*; **un ~ de vieux meubles** llanast *g* o hen ddodrefn *ou* gelfi.

encombrer [ɑ̃kɔ̃bʀe] (**1**) *vt* gorlenwi; (*passage*) rhwystro; (*gêner*) atal, rhwystro, llyffetheirio; **~ les lignes téléphoniques** gorlenwi'r llinellau ffôn; **~ le passage** blocio'r ffordd drwodd; ♦ **s'~** *vr*: **s'~ de qch** (*bagages etc*) eich llwytho'ch hun â.

encontre [ɑ̃kɔ̃tʀ]: **à l'~ de** *prép* yn erbyn, yn groes i.

encorbellement [ɑ̃kɔʀbɛlmɑ̃] *m* (*ARCHIT*) oriel *b*; **fenêtre en ~** ffenestr *b* oriel.

encorder [ɑ̃kɔʀde] (**1**) *vt*: **s'~** (*ALPINISME*) clymu wrth *ou* yn eich gilydd.

encore [ɑ̃kɔʀ] *adv*

1 (*toujours*) eto, byth, o hyd; **elle y travaille ~** mae hi'n dal i weithio yno; **pas ~** ddim eto; **il n'est pas ~ prêt** nid yw'n barod eto; **il n'est ~ que midi** dim ond hanner dydd yw hi o hyd.

2 (*de nouveau*) (unwaith) eto, yn rhagor; **~ une fois** unwaith eto *ou* yn rhagor; **~ deux jours** am ddau ddiwrnod arall.

3 (*davantage*) ychwaneg, rhagor, mwy; **j'en veux ~** mae arna' i eisiau rhagor *ou* ychwaneg; **~ plus fort/mieux** hyd yn oed yn gryfach/well; **hier ~** dim ond ddoe, ddoe diwetha'n y byd; **non seulement ..., mais ~** nid yn unig ..., ond hefyd; **et ~** os hynny; **(et puis) quoi ~?** beth nesaf?; **~!** (*insatisfaction*) eto fyth!.

4 (*restriction*) er hynny, ac eto; **~ pourrais-je le faire si ...** er hynny *ou* ac eto gallwn ei wneud pe bai ...; **si ~ je savais!** petawn *ou* pe na bawn ond yn gwybod!.

▸ **encore que** (+ subj) er; **~ qu'il soit trop tard** er ei bod hi'n rhy hwyr.

encourageant (**-e**) [ɑ̃kuʀaʒɑ̃, ɑ̃t] *adj* (*attitude*) calonogol; (*l'avenir*) gobeithiol.

encouragement [ɑ̃kuʀaʒmɑ̃] *m* anogaeth *b*, calondid *g*.

encourager [ɑ̃kuʀaʒe] (**10**) *vt* annog, calonogi; **~ qn à faire qch** annog rhn i wneud rhth.

encourir [ɑ̃kuʀiʀ] (**21**) *vt* (*frais*) mynd i; (*amende*) cael; (*mépris, reproche*) ennyn.

encrasser [ɑ̃kʀase] (**1**) *vt* baeddu, difwyno, dwyno.

encre [ɑ̃kʀ] *f* inc *g*; **écrire à l'~** ysgrifennu mewn inc; **~ de Chine** inc India; **~ indélébile/sympathique** inc annileadwy/anweladwy.

encrer [ɑ̃kʀe] (**1**) *vt* incio.

encreur [ɑ̃kʀœʀ] *adj m*: **rouleau ~** rholer *g* incio.

encrier [ɑ̃kʀije] *m* pot *g* inc; (*plus décoratif*) stand *g,b* inc.

encroûter [ɑ̃kʀute] (**1**): **s'~** *vr* (*fig*) mynd i rigol, bod yn geidwadol iawn eich ymddygiad.

encyclique [ɑ̃siklik] *f* cylchlythyr *g* (*gan y Pab*).

encyclopédie [ɑ̃siklɔpedi] *f* gwyddoniadur *g*.

encyclopédique [ɑ̃siklɔpedik] *adj* gwyddoniadurol, hollgynhwysfawr.

endémique [ɑ̃demik] *adj* (*MÉD*) endemig; (*fig*) yn rhemp.

endetté (**-e**) [ɑ̃dete] *adj* dyledus, mewn dyled; **je suis très ~ envers lui** (*fig*) mae arna' i ddyled fawr iddo, 'rwyf yn ddyledus iawn iddo.

endettement [ɑ̃dɛtmɑ̃] *m* dyled *b*.

endetter [ɑ̃dete] (**1**) *vt* mynd â (rhn) i ddyled; ♦ **s'~** *vr* mynd i ddyled.

endeuiller [ɑ̃dœje] (**1**) *vt* (*famille, amis*) tristáu, rhoi (rhn) mewn galar.

endiablé (**-e**) [ɑ̃djɑble] *adj* ffyrnig, gwyllt; (*enfant*) llawn bywyd, aflonydd.

endiguer [ɑ̃dige] (**1**) *vt* (*cours d'eau*) cyfyngu, argloddio; (*fig*) atal.

endimancher [ɑ̃dimɑ̃ʃe] (**1**) *vt*: **s'~** gwisgo'ch dillad dydd Sul *ou* gorau; **elle avait l'air endimanché** 'roedd golwg grand iawn arni.

endive [ɑ̃div] *f* (*BOT*) dant *g* y llew lleiaf; (*CULIN*) sicori *g*.

endocrine [ɑ̃dɔkʀin] *adj f*: **glande ~** (*MÉD*) chwarren *b* endocrin.

endoctrinement [ɑ̃dɔktʀinmɑ̃] *m* athrawiaethu, egwyddori, trwytho, gwthio syniadau.

endoctriner [ɑ̃dɔktʀine] (**1**) *vt* athrawiaethu, egwyddori, trwytho, gwthio syniadau ar.

endolori (**-e**) [ɑ̃dɔlɔʀi] *adj* poenus.

endommager [ɑ̃dɔmaʒe] (**10**) *vt* difetha, peri difrod i, difrodi, andwyo.

endormant (**-e**) [ɑ̃dɔʀmɑ̃, ɑ̃t] *adj* diflas, anniddorol.

endormi (**-e**) [ɑ̃dɔʀmi] *pp de* **endormir**; ♦*adj* yn cysgu, ynghwsg; (*engourdi: main, pied*) wedi mynd i gysgu, diffrwyth, wedi fferru, wedi merwino; (*fig*) diog, swrth.

endormir [ɑ̃dɔʀmiʀ] (**26**) *vt* gwneud (i rn) gysgu; (*fig: soupçons etc*) tawelu; (*fig: ennuyer*) gwneud (i rn) gysgu; (*MÉD: dent, nerf*) merwino, anaestheteiddio; **~ un enfant** rhoi *ou* dodi plentyn yn ei wely; ♦ **s'~** *vr* mynd i gysgu; (*mourir*) huno, marw; **ce n'est pas le moment de nous ~** (*fig*) nid dyma'r amser i laesu dwylo.

endoscope [ɑ̃dɔskɔp] *m* (*MÉD*) endosgop *g*.

endoscopie [ɑ̃dɔskɔpi] *f* (*MÉD*) endosgopeg *b*.

endosser [ɑ̃dose] (**1**) *vt* (*responsabilité*) ysgwyddo, derbyn, cymryd; (*chèque*) arnodi; (*tenue*) gwisgo; **~ l'uniforme** mynd i'r fyddin, gwisgo'r lifrai.

endroit [ɑ̃dʀwa] *m*

1 (*lieu*) lle *g*, llecyn *g*; (*d'un objet, d'une douleur*) lleoliad *g*; **les gens de l'~** pobl *b* yr ardal; **à quel ~?** ym mha le?; **par ~s** yma ac acw; **à cet ~** yma, yn y fan hon; **un ~ idéal pour le pique-nique** llecyn *g* delfrydol ar

gyfer picnic.
2 (*opposé à l'envers*) tu *g* blaen, ochr *b* flaen; **à l'~** (*vêtement*) yr ochr iawn; **à l'~ de** (*à l'égard de*) o ran, ynghylch, ynglŷn â.

enduire [ɑ̃dɥiʀ] (**52**) *vt*: ~ **qch de** gorchuddio rhth â;
♦ **s'~** *vr* (*de crème etc*) eich gorchuddio'ch hun.

enduit[1] [ɑ̃dɥi] *pp de* **enduire**.

enduit[2] [ɑ̃dɥi] *m* gorchudd *g*, côt *b*, haen *b*

endurance [ɑ̃dyʀɑ̃s] *f* gwydnwch *g*, dygnwch *g*, stamina *g*; **avoir beaucoup d'~** gallu dal ati.

endurant (-**e**) [ɑ̃dyʀɑ̃, ɑ̃t] *adj* (*fort*) cryf, gwydn; (*patient*) amyneddgar, goddefgar.

endurci (-**e**) [ɑ̃dyʀsi] *adj* (*cœur*) caled; (*criminel*) wedi ymgaledu, rhonc.

endurcir [ɑ̃dyʀsiʀ] (**2**) *vt* caledu;
♦ **s'~** *vr* caledu, ymgaledu.

endurer [ɑ̃dyʀe] (**1**) *vt* goddef, dioddef.

énergétique [enɛʀʒetik] *adj* (*ÉCON: ressources*) ynni, egni; (*aliments*) llawn ynni; **politique ~** polisi *g* ynni.

énergie [enɛʀʒi] *f* egni *g*, ynni *g*; **être sans ~** bod yn ddiynni *ou* ddiegni; ~ **éolienne/solaire** ynni'r gwynt/haul.

énergique [enɛʀʒik] *adj* (*personne*) egnïol; (*ton*) egnïol, grymus, penderfynol; (*remède*) cryf, egnïol, grymus; (*mesures, punition*) llym(llem)(llymion), grymus.

énergiquement [enɛʀʒikmɑ̃] *adv* yn egnïol; (*dire*) yn rymus, yn egnïol, yn benderfynol; (*punir*) yn llym.

énergisant (-**e**) [enɛʀʒizɑ̃, ɑ̃t] *adj* egnïol, bywiocaol.

énergumène [enɛʀgymɛn] *m* un *g* swnllyd, swnyn *g*.

énervant (-**e**) [enɛʀvɑ̃, ɑ̃t] *adj* sy'n ddigon i'ch gwylltio, plagus, blinderus, sy'n bla.

énervé (-**e**) [enɛʀve] *adj* (*agité*) ar bigau'r drain, nerfus, wedi cynhyrfu; (*agacé*) wedi gwylltio, gwyllt, blin, llidiog.

énervement [enɛʀvəmɑ̃] *m* (*agitation*) nerfusrwydd *g*, cynnwrf *g*; (*agacement*) dicter *g*, llid *g*, llidiogrwydd *g*.

énerver [enɛʀve] (**1**) *vt* cynhyrfu; (*agacer*) gwylltio, mynd ar nerfau, mynd dan groen rhn;
♦ **s'~** *vr* cynhyrfu, ymgynhyrfu, gwylltio, digio.

enfance [ɑ̃fɑ̃s] *f* plentyndod *g*; (*enfants*) plant *ll*; **c'est l'~ de l'art** chwarae plant yw hyn; **petite ~** babandod *g*; **souvenir d'~** cof *g* plentyn; **ami d'~** cyfaill *g* bore oes; **retomber en ~** llithro'n ôl i'ch plentyndod, mynd i'ch ail blentyndod.

enfant [ɑ̃fɑ̃] *m/f* plentyn *g*; **bon ~** plentyn caredig *ou* hawdd gwneud ag ef; **faire l'~** bod yn blentynnaidd; ~ **adoptif/naturel** plentyn mabwysiedig/siawns; ~ **de chœur** (*REL*) allorwr *g*; (*fig*) angel *g*, plentyn diniwed; ~ **prodige** plentyn rhyfeddol; ~ **prodigue** mab *g* afradlon; ~ **unique** unig blentyn.

enfanter [ɑ̃fɑ̃te] (**1**) *vi* rhoi genedigaeth, esgor;
♦*vt* geni; (*œuvre*) creu, cynhyrchu, esgor ar.

enfantillage [ɑ̃fɑ̃tijaʒ] *m* (*péj*) plentyneiddiwch *g*; **se livrer à des ~s** ymddwyn yn blentynnaidd.

enfantin (-**e**) [ɑ̃fɑ̃tɛ̃, in] *adj* plentynnaidd, fel plentyn, diniwed; (*simple*) hawdd, syml; **langage ~** iaith *b* plant.

enfer [ɑ̃fɛʀ] *m* uffern *b*; **d'~** (*allure, bruit*) uffernol; (*voiture, soirée*) gwych; **aller en ~** mynd i uffern.

enfermer [ɑ̃fɛʀme] (**1**) *vt* cau; (*à clé*) cloi;
♦ **s'~** *vr* eich cau'ch hun (i mewn); **s'~ à clef** eich cloi'ch hun (i mewn).

enferrer [ɑ̃feʀe] (**1**): **s'~** *vr* mynd yn glymau, mynd i ddryswch.

enfiévré [ɑ̃fjevʀe] *adj* twymynol, â thwymyn *ou* gwres arnoch; (*fig*) aflonydd, llawn cynnwrf.

enfilade [ɑ̃filad] *f* rhes *b*, rhesaid *b*, cyfres *b*; **en ~** mewn rhes, y naill ar ôl y llall; **de pièces en ~** ystafelloedd yn cysylltu'r naill â'r llall.

enfiler [ɑ̃file] (**1**) *vt* (*vêtement*) gwisgo, dodi *ou* rhoi amdanoch; (*rue, couloir*) mynd ar hyd, dilyn; ~ **une aiguille** rhoi *ou* dodi edau mewn nodwydd; ~ **des perles** gosod perlau ar linyn; ~ **qch dans** rhoi *ou* dodi rhth yn;
♦ **s'~** *vr*: **s'~ dans** diflannu i mewn i.

enfin [ɑ̃fɛ̃] *adv* o'r diwedd; (*pour finir, finalement*) yn olaf, i orffen; (*bref*) mewn gair; (*de résignation*) eto, fodd bynnag; (*eh bien*) wel, ...; **~, je viens de te le dire** ond, 'rwyf newydd ddweud wrthyt ti.

enflammé (-**e**) [ɑ̃flɑme] *adj* llosg, tanbaid; (*allumette*) yn llosgi; (*MÉD*) llidus; (*fig: nature, discours*) tanbaid, angerddol; (*déclaration*) taer.

enflammer [ɑ̃flɑme] (**1**) *vt* rhoi (rhth) ar dân; (*allumette*) tanio; (*MÉD*) llidio; (*fig*) cyffroi;
♦ **s'~** *vr* mynd ar dân, cynnau; (*fig*) cyffroi; (*orateur*) mynd i hwyl, tanbeidio, ymfflamychu.

enflé (-**e**) [ɑ̃fle] *adj* chwyddedig; (*péj: style*) rhwysgfawr, bombastig, rhodresgar.

enfler [ɑ̃fle] (**1**) *vi*: **(s')~** chwyddo, ymchwyddo.

enflure [ɑ̃flyʀ] *f* chwydd *g*.

enfoncé (-**e**) [ɑ̃fɔ̃se] *adj* (*toit*) wedi pantio, wedi sigo; **yeux ~s (dans les orbites)** llygaid *ll* dwfn yn y pen.

enfoncement [ɑ̃fɔ̃smɑ̃] *m* (*recoin*) cilfach *b*; (*MÉD*) ysigiad *g*.

enfoncer [ɑ̃fɔ̃se] (**9**) *vi* (*dans la vase etc*) suddo; (*sol, surface porteuse*) ildio, pantio;
♦*vt* (*faire entrer: sans outil*) gwthio (rhth) i mewn; (*avec un outil*) gyrru *ou* cnocio *ou* dyrnu (rhth) i mewn; (*faire céder: porte*) malu; (*plancher, côtes*) sigo; (*vaincre*) trechu; ~ **son chapeau** tynnu'ch het i lawr; ~ **qn dans la dette** gyrru *ou* hela rhn i ddyled;

♦ **s'∼** *vr* (*s'enliser*) suddo, ymsuddo; **s'∼ dans** (*forêt, ville*) diflannu i mewn i; **s'∼ dans la dette** suddo i ddyled.

enfouir [ɑ̃fwiʀ] (**2**) *vt* (*dans le sol*) claddu; (*dans un tiroir*) cuddio, rhoi (rhth) i'w gadw; ♦ **s'∼** *vr*: **s'∼ dans/sous** eich claddu'ch hun yn/dan, ymgladdu yn.

enfourcher [ɑ̃fuʀʃe] (**1**) *vt* mynd ar gefn; ∼ **son dada** (*fig*) rhygnu ar eich hoff bwnc.

enfourner [ɑ̃fuʀne] (**1**) *vt* (*pain*) rhoi (rhth) yn y popty *ou* ffwrn; (*poterie*) rhoi (rhth) yn yr odyn; (*mettre*) gwthio;
♦ **s'∼** *vr*: **s'∼ dans** (*suj: personne*) gwibio i mewn i, picio i mewn i; (*foule*) rhuthro i mewn i.

enfreignais [ɑ̃fʀɛɲɛ] *vb voir* **enfreindre**.

enfreindre [ɑ̃fʀɛ̃dʀ] (**68**) *vt* (*loi*) torri.

enfuir [ɑ̃fɥiʀ] (**27**): **s'∼** *vr* ffoi, dianc, rhedeg ymaith.

enfumer [ɑ̃fyme] (**1**) *vt* llenwi â mwg.

enfuyais [ɑ̃fɥijɛ] *vb voir* **enfuir**.

engagé[1] (**-e**) [ɑ̃gaʒe] *adj* ymrwymedig.

engagé[2] [ɑ̃gaʒe] *m* (*MIL*): **un ∼ volontaire** gwirfoddolwr *g*.

engageant (**-e**) [ɑ̃gaʒɑ̃, ɑ̃t] *adj* deniadol, atyniadol.

engagement [ɑ̃gaʒmɑ̃] *m* (*promesse*) ymrwymiad *g*, addewid *g,b*; (*contrat*) cytundeb *g*; (*MIL: combat*) brwydr *b*; (*MIL: recrutement*) ymrestriad *g*; (*SPORT: inscription*) cytundeb *g*; **prendre l'∼ de faire qch** addo gwneud rhth, ymrwymo i wneud rhth; **sans ∼** (*COMM*) heb ymrwymiad.

engager [ɑ̃gaʒe] (**10**) *vt* (*embaucher*) cyflogi; (*SPORT*) rhoi cytundeb i; (*commencer*) cychwyn; (*lier: suj: promesse etc*) rhwymo; (*impliquer: entraîner*) cysylltu (rhn) â, cynnwys (rhn) yn; (*investir*) buddsoddi; (*mettre en gage*) gwystlo, ponio; (*inciter*) annog; (*conseiller*) cynghori; (*faire entrer*) gosod, mewnosod; (*chevaux*) rhoi mewn ras; ∼ **qn à faire qch** (*inciter*) annog rhn i wneud rhth; ∼ **qch dans qch** (*faire pénétrer*) gosod rhth i mewn yn rhth, gwthio rhth i rth;
♦ **s'∼** *vr* (*s'embaucher*) cael gwaith; (*MIL*) ymrestru; (*promettre, politiquement*) ymrwymo, addo; (*négociations*) cychwyn; **s'∼ à faire qch** addo gwneud rhth, ymrwymo i wneud rhth; **s'∼ dans** (*rue, passage*) mynd i mewn i; (*s'emboîter*) ffitio i mewn i.

engazonner [ɑ̃gazɔne] (**1**) *vt* tywarchu.

engeance [ɑ̃ʒɑ̃s] *f* (*péj*) brid *g*.

engelure [ɑ̃ʒlyʀ] *fpl* llosg *g* eira, malaith *g*.

engendrer [ɑ̃ʒɑ̃dʀe] (**1**) *vt* cenhedlu; (*fig*) cenhedlu, creu, cychwyn, peri, achosi, ennyn.

engin [ɑ̃ʒɛ̃] *m* peiriant *g*; (*instrument*) dyfais *b*; (*véhicule*) cerbyd *g*; (*péj*) teclyn *g*; (*missile*) taflegryn *g*; (*AVIAT: avion*) awyren *b*; ∼ **blindé** cerbyd *g* arfog; ∼ **de terrassement** peiriant torri tir (*jac codi baw ayb*); ∼ **(explosif)** dyfais (ffrwydrol); ∼**s (spéciaux)** taflegrau *ll*.

englober [ɑ̃glɔbe] (**1**) *vt* cynnwys, cwmpasu.

engloutir [ɑ̃glutiʀ] (**2**) *vt* llyncu, traflyncu;
♦ **s'∼** *vr* suddo, ymsuddo.

englué (**-e**) [ɑ̃glye] *adj* gludiog.

engoncé (**-e**) [ɑ̃gɔ̃se] *adj*: **être ∼ dans qch** bod wedi'ch gwasgu i mewn i rth *ou* wedi'ch cyfyngu i rth; **se sentir ∼ dans qch** ei chael hi'n gyfyng yn rhth.

engorgement [ɑ̃gɔʀʒəmɑ̃] *m* blociad *g*, gorlenwad *g*; (*MÉD*) gorlawnder *g*; (*COMM*) gormodedd *g*.

engorger [ɑ̃gɔʀʒe] (**10**) *vt* cau, rhwystro, gorlenwi, blocio; (*COMM: marché*) gorlenwi;
♦ **s'∼** *vr* blocio, cau, gorlenwi.

engouement [ɑ̃gumɑ̃] *m* gwirioni (ar rth), dwlu (ar rth), mopio'ch pen (am rth).

engouffrer* [ɑ̃gufʀe] (**1**) *vt* (*navire, fortune*) llyncu; (*nourriture*) llyncu, llowcio, claddu;
♦ **s'∼** *vr* (*navire*) suddo, ymsuddo; **s'∼ dans** rhuthro i mewn i.

engourdi (**-e**) [ɑ̃guʀdi] *adj* diffrwyth, merwin; (*endormi*) cysglyd; **j'ai la jambe ∼e** mae fy nghoes i'n cysgu, mae fy nghoes i'n binnau bach i gyd.

engourdir [ɑ̃guʀdiʀ] (**2**) *vt* merwino, diffrwytho, gwneud (rhth) yn ddiffrwyth *ou* ferwin; (*endormir*) gwneud (rhn) yn gysglyd;
♦ **s'∼** *vr* merwino, mynd yn ddiffrwyth *ou* yn ferwin.

engrais [ɑ̃gʀɛ] *m* gwrtaith *g*, tail *g*, tom *b*; **mettre un animal à l'∼** pesgi anifail; ∼ **chimique** gwrtaith cemegol; ∼ **minéral/naturel** gwrtaith mwynol/naturiol; ∼ **organique** gwrtaith organig; ∼ **vert** planhigyn *g* gwrteithiol.

engraisser [ɑ̃gʀese] (**1**) *vi* (*péj: personne*) tewychu, mynd yn dew *ou* dewach, magu bloneg;
♦*vt* (*animal*) tewychu, pesgi; (*terre*) gwrteithio.

engranger [ɑ̃gʀɑ̃ʒe] (**10**) *vt* (*foin*) cywain, casglu; (*fig*) storio.

engrenage [ɑ̃gʀənaʒ] *m* peirianwaith *g*; (*fig: violence, difficultés*) cadwyn *b*, cyfres *b*.

engueuler* [ɑ̃gœle] (**1**) *vt* dweud y drefn wrth, ceryddu, dwrdio, rhoi pryd o dafod (i rn);
♦ **s'∼** *vr* ffraeo, cweryla.

enguirlander* [ɑ̃giʀlɑ̃de] (**1**) *vt* (*engueuler*) dweud y drefn wrth, ceryddu; (*orner*) addurno (*â blodau*).

enhardir [ɑ̃aʀdiʀ] (**2**) *vt* calonogi, annog;
♦ **s'∼** *vr* ennill hyder.

ENI [eni] *sigle f* (= *école normale (d'instituteurs)*).

énième [ɛnjɛm] *adj voir* **nième**.

énigmatique [enigmatik] *adj* enigmatig, dirgel.

énigmatiquement [enigmatikmɑ̃] *adv* yn enigmatig, yn ddirgel.

énigme [enigm] *f* dirgelwch *g*; (*devinette*) pos *g*; **parler par ∼s** siarad mewn damhegion.

enivrant (**-e**) [ɑ̃nivʀɑ̃, ɑ̃t] *adj* meddwol.

enivrer [ɑ̃nivʀe] (**1**) *vt* meddwi; (*fig: suj: parfums, succès*) meddwi, mynd i ben (rhn);
♦ **s'~** *vr*: **s'~ (de)** meddwi (ar).
enjambée [ɑ̃ʒɑ̃be] *f* cam *g* bras; **d'une ~** mewn un cam; **s'éloigner à grandes ~s** brasgamu ymaith.
enjamber [ɑ̃ʒɑ̃be] (**1**) *vt* camu dros; (*suj: pont etc*) croesi.
enjeu (**-x**) [ɑ̃ʒø] *m* arian *g* betio; (*ce qui est en jeu*) gwystl *g*, yr hyn sydd yn y fantol; (*problème*) mater *g*, cwestiwn *g*.
enjoindre [ɑ̃ʒwɛ̃dʀ] (**64**) *vt*: **~ à qn de faire qch** annog *ou* siarsio rhn i wneud rhth, gorchymyn i rn wneud rhth, pwyso ar rn i wneud rhth.
enjôler [ɑ̃ʒole] (**1**) *vt* cocsio, perswadio.
enjôleur (**enjôleuse**) [ɑ̃ʒolœʀ, ɑ̃ʒoløz] *adj* dengar, ennillgar.
enjolivement [ɑ̃ʒɔlivmɑ̃] *m* addurniad *g*, harddiad *g*, prydferthiad *g*; (*action*) addurno.
enjoliver [ɑ̃ʒɔlive] (**1**) *vt* addurno, harddu, prydferthu.
enjoliveur [ɑ̃ʒɔlivœʀ] *m* (*AUTO*) cap *g* both (olwyn).
enjoué (**-e**) [ɑ̃ʒwe] *adj* hwyliog, chwareus.
enlacer [ɑ̃lɑse] (**9**) *vt* (*personne*) cofleidio; (*suj: liane*) lapio am.
enlaidir [ɑ̃ledir] (**2**) *vi* hagru, mynd yn hagr *ou* hyll;
♦*vt* hagru, difetha.
enlevé (**-e**) [ɑ̃l(ə)ve] *adj* (*morceau de musique*) bywiog.
enlèvement [ɑ̃lɛvmɑ̃] *m* cipiad *g*, cipio, dygiad *g* ymaith, mynd â rhth ymaith, tyniad *g*, codiad *g*; (*rapt*) herwgipio; **l'~ des ordures ménagères** casglu *ou* casgliad *g* sbwriel.
enlever [ɑ̃l(ə)ve] (**13**) *vt* (*ôter*) codi, mynd (â rhth) i ffwrdd *ou* ymaith; (*vêtement, lunettes*) tynnu, diosg; (*MÉD: organe*) tynnu; (*ordures*) casglu, mynd (â rhth) i ffwrdd *ou* ymaith; (*meubles à déménager*) symud; (*kidnapper*) cipio, herwgipio; (*prix, victoire, contrat etc*) ennill, cipio; (*morceau de piano etc*) perfformio (rhth) yn dda; **~ qch à qn** (*prendre*) mynd â rhth oddi ar rn; **la maladie qui nous l'a enlevée** yr afiechyd a aeth â hi oddi wrthym *ou* oddi arnom;
♦ **s'~** *vr* (*tache*) codi, dod allan *ou* mas.
enliser [ɑ̃lize] (**1**): **s'~** *vr* mynd yn sownd, suddo, ymsuddo; (*fig: dialogue etc*) arafu, llusgo ymlaen, mynd i'r gors.
enluminure [ɑ̃lyminyʀ] *f* (*ART*) addurn *g*, lliw *g*, goliwiad *g*.
ENM [əɛnɛm] *sigle f*(= *École nationale de la magistrature*) *grande école ar gyfer myfyrwyr y gyfraith.*
enneigé (**-e**) [ɑ̃neʒe] *adj* eiraog, yn eira i gyd, dan eira; (*montagne*) dan eira, â chap o eira; **la route est ~e** mae'r ffordd wedi'i chau gan eira.
enneigement [ɑ̃nɛʒmɑ̃] *m* cwymp *g* eira; **bulletin d'~** bwletin *g* eira.
ennemi[1] (**-e**) [ɛnmi] *adj* (*MIL*) y gelyn; (*hostile*) gelyniaethus; **être ~ de** gwrthwynebu, bod yn erbyn, bod yn elyn *ou* elyniaethus i.
ennemi[2] [ɛnmi] *m* gelyn *g*.
ennemie [ɛnmi] *f* gelyn *g*;
♦*adj f voir* **ennemi**[1].
énnième [ɛnjɛm] *adj voir* **nième**.
ennoblir [ɑ̃nɔbliʀ] (**2**) *vt* rhoi urddas i, urddasoli.
ennui [ɑ̃nɥi] *m* diflastod *g*; (*difficulté*) trafferth *b,g*; **avoir des ~s** bod â thrafferthion; **s'attirer des ~s** creu trafferth i chi'ch hun, mynd i helynt *ou* i drybini.
ennuie [ɑ̃nɥi] *vb voir* **ennuyer**.
ennuyé (**-e**) [ɑ̃nɥije] *adj* (*las*) diflas, wedi diflasu *ou* syrffedu; (*préoccupé*) pryderus; (*contrarié*) dig, blin; (*embarrassé*) chwithig, annifyr, a chywilydd arnoch.
ennuyer [ɑ̃nɥije] (**17**) *vt* (*importuner*) blino, plagio; (*lasser*) diflasu; (*préoccuper*) poeni; (*embarrasser*) codi cywilydd ar rn, peri i rn deimlo'n annifyr; **si cela ne vous ennuie pas** os nad oes ots gennych chi, os nad oes gwahaniaeth gennych;
♦ **s'~** *vr* (*se lasser*) diflasu, syrffedu (ar rth), bod wedi hen alaru (ar rth); **s'~ de qn/qch** gweld colli rhn/rhth, ei gweld hi'n chwith ar ôl rhn/rhth, hiraethu am rn/rth.
ennuyeux (**ennuyeuse**) [ɑ̃nɥijø, ɑ̃nɥijøz] *adj* (*lassant*) diflas, blinderus, syrffedus, anniddorol; (*contrariant*) digon i'ch gwylltio, annymunol.
énoncé [enɔ̃se] *m* termau *ll*, geiriad *g*; (*LING*) ymadrodd *g*
énoncer [enɔ̃se] (**9**) *vt* dweud, mynegi; (*conditions*) datgan, mynegi.
énonciation [enɔ̃sjasjɔ̃] *f* (*déclaration*) datganiad *g*; (*LING*) ymadrodd *g*.
enorgueillir [ɑ̃nɔʀgœjiʀ] (**2**): **s'~ de** *vr* ymfalchïo yn, ymffrostio yn.
énorme [enɔʀm] *adj* anferth, enfawr, aruthrol, dirfawr.
énormément [enɔʀmemɑ̃] *adv* yn aruthrol, yn fawr iawn, yn enfawr, yn ddirfawr; (*boire etc*) llawer; **~ de neige/gens** llawer iawn o eira/bobl; **ça m'a ~ deçu** siomodd hynny fi'n fawr *ou* yn ddirfawr.
énormité [enɔʀmite] *f* anferthedd *g*; **dire des ~s** dweud pethau mawr.
en part. *abr*(= *en particulier*) yn enwedig.
enquérir [ɑ̃keʀiʀ] (**31**): **s'~ de** *vr* holi *ou* gofyn ynghylch.
enquête [ɑ̃kɛt] *f* ymchwiliad *g*; (*après décès*) cwest *g*; (*sondage*) arolwg *g* (barn).
enquêter [ɑ̃kete] (**1**) *vi*: **~ (sur)** ymchwilio (i); (*faire un sondage*) gwneud arolwg (ar).
enquêteur [ɑ̃kɛtœʀ] *m* (*police*) heddwas *g* ymchwiliol; (*sondage*) poliwr *g*; **les ~s poursuivent leurs recherches** mae'r heddlu'n

parhau i ymchwilio.

enquêteuse [ɑ̃kɛtøz] *f* (*police*) heddferch *b* ymchwiliol *voir aussi* **enquêteur**.

enquêtrice [ɑ̃kɛtʀis] *f voir* **enquêteuse**.

enquière *etc* [ɑ̃kjɛʀ] *vb voir* **enquérir**.

enquiers *etc* [ɑ̃kje] *vb voir* **enquérir**.

enquiquiner* [ɑ̃kikine] (**1**) *vt* (*agacer*) plagio, pryfocio, gwylltio; (*préoccuper*) poeni, mynd ar nerfau; (*lasser*) diflasu.

enquis [ɑ̃ki] *pp de* **enquérir**.

enraciné (-**e**) [ɑ̃ʀasine] *adj* gwreiddiedig, wedi ei wreiddio'n ddwfn.

enragé[1] (-**e**) [ɑ̃ʀaʒe] *adj* (*MÉD: chien etc*) cynddeiriog, yn dioddef o'r gynddaredd; (*furieux*) ffyrnig, cynddeiriog, wedi gwylltio, gwyllt; (*fig: passionné: joueur etc*) cynddeiriog.

enragé[2] [ɑ̃ʀaʒe] *m*: **un** ~ **de** edmygydd *g* mawr o, un *g* sy'n hoff iawn o.

enrageant (-**e**) [ɑ̃ʀaʒɑ̃, ɑ̃t] *adj* digon i'ch gwylltio, cynddeiriogol.

enragée [ɑ̃ʀaʒe] *f*: **une** ~ **de** edmygydd *g* mawr o, un *b* sy'n hoff iawn o *voir* **enragé**[1].

enrager [ɑ̃ʀaʒe] (**10**) *vi* cynddeiriogi, gwylltio, ffyrnigo; **faire** ~ **qn** cynddeiriogi rhn, gwylltio *ou* ffyrnigo rhn.

enrayer [ɑ̃ʀeje] (**18**) *vt* atal, rhwystro, stopio; ♦ **s'**~ *vr* cloi, jamio, mynd yn sownd.

enrégimenter [ɑ̃ʀeʒimɑ̃te] (**1**) *vt* (*péj*) listio.

enregistrement [ɑ̃ʀ(ə)ʒistʀəmɑ̃] *m* (*ADMIN*) cofnodiad *g*, cofrestriad *g*; ~ **des bagages** (*à l'aéroport*) cofnodi bagiau; ~ **magnétique** recordiad *g* ar dâp, tâp-recordiad *g*.

enregistrer [ɑ̃ʀ(ə)ʒistʀe] (**1**) *vt* (*ADMIN*) cofnodi, cofrestru; (*MUS*) recordio; **faire** ~ **les bagages** cofrestru'r bagiau teithio.

enregistreur[1] (**enregistreuse**) [ɑ̃ʀ(ə)ʒistʀœʀ, ɑ̃ʀ(ə)ʒistʀøz] *adj* (sy'n) cofnodi *ou* cofrestru, cofnodol, cofrestrol.

enregistreur[2] [ɑ̃ʀ(ə)ʒistʀœʀ] *m* (*appareil*) cofnodydd *g*; ~ **de vol** (*AVIAT*) recordydd *g* hedfan.

enrhumé (-**e**) [ɑ̃ʀyme] *adj*: **il est** ~ mae annwyd arno, mae dan annwyd.

enrhumer [ɑ̃ʀyme] (**1**): **s'**~ *vr* cael annwyd.

enrichi (-**e**) [ɑ̃ʀiʃi] *adj* (*CHIM*) cyfoethocach, wedi'i gyfoethogi; **lessive formule** ~**e** powdr *g* golchi â fformiwla well.

enrichir [ɑ̃ʀiʃiʀ] (**2**) *vt* cyfoethogi; ♦ **s'**~ *vr* ymgyfoethogi, mynd yn gyfoethog.

enrichissant (-**e**) [ɑ̃ʀiʃisɑ̃, ɑ̃t] *adj* cyfoethogol, buddiol, addysgiadol.

enrichissement [ɑ̃ʀiʃismɑ̃] *m* cyfoethogiad *g*; (*action*) cyfoethogi.

enrober [ɑ̃ʀɔbe] (**1**) *vt*: ~ **qch de** gorchuddio rhth â, lapio rhth yn, rhoi cot *ou* haen o rth am rth.

enrôlement [ɑ̃ʀolmɑ̃] *m* ymrestriad *g*, ymrestru, listio.

enrôler [ɑ̃ʀole] (**1**) *vt* rhestru, listio; ♦ **s'**~ *vr*: **s'**~ **(dans)** ymrestru (yn), listio (yn).

enroué (-**e**) [ɑ̃ʀwe] *adj* cryg.

enrouer [ɑ̃ʀwe] (**1**): **s'**~ *vr* crygu, mynd yn gryg.

enrouler [ɑ̃ʀule] (**1**) *vt* lapio, dirwyn; ~ **du fil sur une bobine** dirwyn edau am rîl; ♦ **s'**~ *vr* ymdroelli, ymdorchi, ymlapio, eich lapio'ch hun, ymddirwyn.

enrouleur[1] (**enrouleuse**) [ɑ̃ʀulœʀ, ɑ̃ʀuløz] *adj* (*TECH*) (sy'n) dirwyn, (sy'n) weindio, dirwynol.

enrouleur[2] [ɑ̃ʀulœʀ] *m*: **ceinture (de securité) à** ~ gwregys diogelwch â rîl ddirwyn.

enrubanné (-**e**) [ɑ̃ʀybane] *adj* rhubanog.

ENS [eɛnɛs] *sigle f* (= *école normale supérieure*) *coleg g hyfforddi athrawon uwchradd.*

ensabler [ɑ̃sɑble] (**1**) *vt* (*port, canal*) llenwi (rhth) â thywod; ~ **une barque** mynd â chwch yn sownd ar dywod, gyrru cwch yn sownd ar dywod; ♦ **s'**~ *vr* mynd yn sownd mewn tywod *ou* ar dywod; (*port, canal*) llenwi â thywod.

ensacher [ɑ̃saʃe] (**1**) *vt*: ~ **qch** rhoi rhth mewn bag(iau).

ENSAM [ɛnsam] *sigle f* (= *École nationale supérieur des arts et métiers*) *grande école ar gyfer myfyrwyr peirianneg.*

ensanglanté (-**e**) [ɑ̃sɑ̃glɑ̃te] *adj* gwaedlyd, yn waed i gyd.

enseignant[1] (-**e**) [ɑ̃sɛɲɑ̃, ɑ̃t] *adj* (sy'n) dysgu, addysgol.

enseignant[2] [ɑ̃sɛɲɑ̃] *m* athro *g*.

enseignante [ɑ̃sɛɲɑ̃t] *f* athrawes *b*; ♦*adj f voir* **enseignant**[1].

enseigne[1] [ɑ̃sɛɲ] *f* arwydd *g,b*; ~ **lumineuse** arwydd neon; **à telle** ~ **que ...** i'r fath raddau fel, cymaint felly fel ...; **être logés à la même** ~ (*fig*) bod yn yr un cwch.

enseigne[2] [ɑ̃sɛɲ] *m*: ~ **de vaisseau** (*NAUT*) lefftenant *g*.

enseignement [ɑ̃sɛɲ(ə)mɑ̃] *m* addysg *b*, addysgu; ~ **ménager** economeg *b* y cartref; ~ **primaire** addysg gynradd; ~ **privé/public** addysg breifat/wladol; ~ **secondaire** addysg uwchradd; ~ **technique** addysg dechnegol.

enseigner [ɑ̃seɲe] (**1**) *vt, vi* dysgu, addysgu; ~ **qch à qn** dysgu rhth i rn; ~ **à qn à faire qch** dysgu i rn sut i wneud rhth.

ensemble [ɑ̃sɑ̃bl] *adv* gyda'ch gilydd; **tous** ~ pawb gyda'i gilydd; **nous sommes** ~ 'rydym ni gyda'n gilydd; **vous êtes** ~ 'rydych chi gyda'ch gilydd; **ils sont** ~ maen nhw gyda'i gilydd; **aller** ~ mynd yn dda â'i gilydd, gweddu i'w gilydd; **impression/idée d'**~ argraff *b* gyffredinol/syniad *g* cyffredinol; ♦*m* (*assemblage*) set *g*; (*totalité*) cyfan *g*; (*vêtement féminin*) siwt *b*; (*accord, harmonie*) undod *g*, cytgord *g*; (*résidentiel*) datblygiad *g* tai; **dans l'**~ ar y cyfan; **dans son** ~ yn gyffredinol; ~ **instrumental** deuawd *g,b ou* ensemble *g* offerynnol; ~ **vocal** deuawd *ou*

ensemble lleisiol.
ensemblier [ɑ̃sɑ̃blije] *m* cynllunydd *g* tu mewn tai.
ensemencer [ɑ̃s(ə)mɑ̃se] (**9**) *vt* hau.
enserrer [ɑ̃seʀe] (**1**) *vt* gwasgu *ou* cofleidio'n dynn; (*vêtement*) ffitio'n dynn am.
ENSET [ɛnsɛt] *sigle f* (= *École normale supérieure de l'enseignement technique*) *grande école ar gyfer hyfforddi athrawon technoleg.*
ensevelir [ɑ̃səv(ə)liʀ] (**2**) *vt* claddu.
ensilage [ɑ̃silaʒ] *m* silwair *g*.
ensoleillé (**-e**) [ɑ̃sɔleje] *adj* heulog.
ensoleillement [ɑ̃sɔlɛjmɑ̃] *m* cyfnod *g* heulog, oriau *ll* heulog.
ensommeillé (**-e**) [ɑ̃sɔmeje] *adj* cysglyd.
ensorceler [ɑ̃sɔʀsəle] (**11**) *vt* cyfareddu, hudo, swyno.
ensuite [ɑ̃sɥit] *adv* (*dans une succession: après*) wedyn, yna; (*plus tard*) ar ôl hynny; ~ **de quoi** ac wedyn, ac yna.
ensuivre [ɑ̃sɥivʀ] (**54**): **s'**~ *vr* dilyn; **il s'ensuit** mae'n dilyn; **et tout ce qui s'ensuit** a phopeth a ddaw i ganlyn hynny.
entaché (**-e**) [ɑ̃taʃe] *adj* wedi'i (d)difetha *ou* (d)difwyno *ou* sbwylio *ou* staenio; ~ **d'erreurs** brith o wallau; ~ **de nullité** di-rym.
entacher [ɑ̃taʃe] (**1**) *vt* staenio, difwyno, maeddu, baeddu, sbwylio; ~ **la réputation de qn** maeddu *ou* difwyno enw da rhn.
entaille [ɑ̃taj] *f* (*encoche*) hicyn *g*, rhic *g*; (*blessure*) toriad *g*; **se faire une** ~ eich torri'ch hun, cael cwt.
entailler [ɑ̃taje] (**1**) *vt* hicio, rhicio;
♦ **s'**~ *vr*: **s'**~ **le doigt** torri'ch bys, cael cwt ar eich bys.
entamer [ɑ̃tame] (**1**) *vt* (*bouteille*) agor; (*pain*) torri; (*hostilités, conversations, pourparlers*) cychwyn, agor, dechrau; (*fig: réputation*) maeddu, difetha.
entartrer [ɑ̃taʀtʀe] (**1**): **s'**~ *vr* cramennu, magu cen; (*dents*) magu plac *ou* cen.
entassement [ɑ̃tɑsmɑ̃] *m* pentwr *g*.
entasser [ɑ̃tɑse] (**1**) *vt* pentyrru;
♦ **s'**~ *vr* pentyrru; **s'**~ **dans** ymwthio i.
entendement [ɑ̃tɑ̃dmɑ̃] *m* dealltwriaeth *b*.
entendre [ɑ̃tɑ̃dʀ] (**3**) *vt* clywed; (*comprendre*) deall; (*vouloir dire*) golygu, meddwl; ~ **être obéi** bwriadu cael ufudd-dod; **j'ai entendu dire (que c'est vrai)** clywais sôn (ei fod yn wir); **je suis heureux de vous l'**~ **dire** 'rwy'n falch o'ch clywed yn dweud hynny; ~ **parler de** clywed sôn am; **donner à** *neu* **laisser** ~ **(que qch est vrai)** (*insinuer*) ensynio *ou* rhoi ar ddeall (fod rhth yn wir); ~ **raison** gwrando ar synnwyr; **qu'est-ce qu'il ne faut pas** ~**!** beth nesaf!; **j'ai mal entendu** ni chlywais yn iawn; **je vous entends très mal** o'r braidd y clywa' i chi, 'dw i ddim yn eich clywed yn iawn;
♦ **s'**~ *vr* cyd-dynnu; (*se mettre d'accord*) cytuno; **s'**~ **à faire qch** medru gwneud rhth, bod yn dda am wneud rhth; **je m'entends** mi wn i beth yr ydw' i'n ei olygu; **entendons-nous** dewch inni ddeall ein gilydd!; **ça s'entend!** gellir ei glywed!; **après paiement, s'entend!** ar ôl talu, wrth gwrs! *ou* deallwch chi!
entendu (**-e**) [ɑ̃tɑ̃dy] *pp de* **entendre**;
♦*adj* (*affaire*) y cytunwyd arno; (*air*) hengall; **je fais ceci étant** ~ **que** 'rydw i'n gwneud hyn ar y ddealltwriaeth ...; **(c'est)** ~**!** cytuno!, iawn!, o'r gorau!; **c'est** ~ (*concession*) iawn; **bien** ~**!** wrth gwrs!
entente [ɑ̃tɑ̃t] *f* dealltwriaeth *b*, cytgord *g*; (*accord, traité*) cytundeb *g*; **à double** ~ â dau ystyr.
entériner [ɑ̃teʀine] (**1**) *vt* cadarnhau.
entérite [ɑ̃teʀit] *f* (*MÉD*) enteritis *g*, llid *g* yr ymysgaroedd.
enterrement [ɑ̃tɛʀmɑ̃] *m* claddu, claddedigaeth *b*; (*cérémonie*) angladd *g,b*; (*cortège*) cynhebrwng *g*.
enterrer [ɑ̃teʀe] (**1**) *vt* claddu.
entêtant (**-e**) [ɑ̃tɛtɑ̃, ɑ̃t] *adj* cryf, meddwol, penfeddwol, llesmeiriol.
en-tête (~-~**s**) [ɑ̃tɛt] *m* pennawd *g*; **papier à** ~-~ papur *g* pennawd.
entêté (**-e**) [ɑ̃tete] *adj* ystyfnig.
entêtement [ɑ̃tɛtmɑ̃] *m* ystyfnigrwydd *g*.
entêter [ɑ̃tete] (**1**): **s'**~ *vr* ystyfnigo; **s'**~ **(à faire qch)** mynnu (gwneud rhth).
enthousiasmant (**-e**) [ɑ̃tuzjasmɑ̃, ɑ̃t] *adj* cyffrous.
enthousiasme [ɑ̃tuzjasm] *m* brwdfrydedd *g*, sêl *b*, eiddgarwch *g*; **avec** ~ yn frwdfrydig, yn selog, yn eiddgar.
enthousiasmé (**-e**) [ɑ̃tuzjasme] *adj* brwd, llawn brwdfrydedd, selog, llawn sêl, eiddgar.
enthousiasmer [ɑ̃tuzjasme] (**1**) *vt*: ~ **qn** tanio brwdfrydedd rhn;
♦ **s'**~ *vr*: **s'**~ **(pour qch)** mynd yn frwd *ou* frwdfrydig (dros rth).
enthousiaste [ɑ̃tuzjast] *adj* brwd, brwdfrydig, selog; **accueil** ~ croeso *g* gwresog;
♦*m* un *g* brwdfrydig *ou* eiddgar *ou* brwd;
♦*f* un *b* frwdfrydig *ou* eiddgar *ou* frwd.
enticher [ɑ̃tiʃe] (**1**): **s'**~ **de qn** *vr* mopio('ch pen) am rn, dotio ar *ou* at rn; **s'**~ **de qch** bod yn frwd am rth, mopio'ch pen am rth.
entier[1] (**entière**) [ɑ̃tje, ɑ̃tjɛʀ] *adj* (*non entamé*) cyfan; (*total, complet*) cyflawn, llwyr; (*fig: caractère*) di-ildio, digyfaddawd; **en** ~ yn ei grynswth, yn gyfan gwbl; **se donner tout** ~ **à qch** ymroi i rth yn llwyr *ou* yn gyfangwbl; **lait** ~ llaeth *g* cyflawn; **pain** ~ bara *g* gwenith cyflawn; **nombre** ~ cyfanrif *g*.
entier[2] [ɑ̃tje] *m* (*MATH*) cyfan *g*.
entièrement [ɑ̃tjɛʀmɑ̃] *adv* yn gyfan gwbl, yn hollol, yn llwyr.
entité [ɑ̃tite] *f* endid *g*, hanfod *g*.
entomologie [ɑ̃tɔmɔlɔʒi] *f* pryfeteg *b*, entomoleg *b*.

entomologiste [ɑ̃tɔmɔlɔʒist] *m/f* pryfetegydd *g*, entomolegydd *g*.

entonner [ɑ̃tɔne] (**1**) *vt* dechrau canu, codi (cân).

entonnoir [ɑ̃tɔnwaʀ] *m* (*ustensile*) twmffat *g*, twndis *g*; (*trou*) crater *g*, twll *g*.

entorse [ɑ̃tɔʀs] *f* (*MÉD*) ysigiad *g*; **se faire une ~ à la cheville/au poignet** troi'ch troed/arddwrn; **~ à la loi** (*fig*) tor-cyfraith *g*; **faire une ~ à la verité/au règlement** gwyrdroi'r gwirionedd/rheol.

entortiller [ɑ̃tɔʀtije] (**1**) *vt*: **~ qch dans/avec** (*envelopper*) lapio rhth mewn/â; **~ qch autour de** (*enrouler*) lapio rhth am; (*enjôler*) cocsio, perswadio; (*fam: duper*) twyllo;
♦ **s'~** *vr*: **s'~ dans** (*draps*) eich lapio'ch hun mewn, ymlapio yn; (*fig: réponses*) mynd i ddryswch *ou* drafferthion yn.

entour [ɑ̃tuʀ] *m* cwmpas *g*; **les ~s de qch** cwmpasoedd rhth; **à l'~ de** o gwmpas, o amgylch, o bobtu.

entourage [ɑ̃tuʀaʒ] *m* (*personnes proches*) teulu *g*, cylch *g* (o gyfeillion); (*d'une vedette*) canlynwyr *ll*.

entouré (-e) [ɑ̃tuʀe] *adj* (*recherché, admiré*) poblogaidd; **~ de** yng nghanol, wedi'ch cwmpasu *ou* amgylchynu gan; **être ~ d'amis** bod ymhlith *ou* yng nghanol ffrindiau; **terre ~e d'eau** tir *g* a dŵr o'i amgylch.

entourer [ɑ̃tuʀe] (**1**) *vt* amgylchynu; **~ qch de** amgylchynu rhth â; **~ qn de soins** gofalu am rn; **~ qn de prévenances** bod yn garedig wrth rn;
♦ **s'~** *vr*: **s'~ de** eich amgylchynu'ch hun â; **s'~ de mystère** creu dirgelwch o'ch cwmpas; **s'~ de luxe** byw ynghanol moethusrwydd; **s'~ de précautions** cymryd pob gofal posibl.

entourloupette [ɑ̃tuʀlupɛt] *f* tro *g* gwael, cast *g* annymunol.

entournures [ɑ̃tuʀnyʀ] *fpl*: **être gêné aux ~** bod mewn trafferthion ariannol, bod yn fain arnoch; (*fig*) teimlo'n annifyr.

entracte [ɑ̃tʀakt] *m* egwyl *b*.

entraide [ɑ̃tʀɛd] *f* helpu'ch gilydd.

entraider [ɑ̃tʀede] (**1**): **s'~** *vr* helpu'ch gilydd

entrailles [ɑ̃tʀaj] *fpl* (*aussi fig*) perfedd *g*, ymysgaroedd *ll*; **sans ~** dideimlad.

entrain [ɑ̃tʀɛ̃] *m* bywyd *g*, asbri *g*, mynd *g*, egni *g*; **avec ~** (*répondre*) yn frwdfrydig, gydag asbri; (*travailler*) yn egnïol; **faire qch sans ~** gwneud rhth yn ddiegni *ou* yn ddi-fynd *ou* yn ddigychwyn *ou* yn ddi-ffrwt.

entraînant (-e) *adj* bywiog, cyffrous.

entraînement [ɑ̃tʀɛnmɑ̃] *m* hyfforddiant *g*; (*action*) hyfforddi; (*TECH*) gyriant *g*; **manquer d'~** bod heb ymarfer digon; **~ par friction** (*INFORM*) porthiant *g* ffrithiol; **~ à chaîne/galet** gyriant cadwyn/olwyn.

entraîner [ɑ̃tʀene] (**1**) *vt* (*tirer*) llusgo, tynnu, halio; (*charrier*) cludo, llusgo; (*TECH*) gyrru; (*emmener*) llusgo ymaith, mynd â (rhth) i ffwrdd *ou* bant; (*mener à l'assaut, influencer*) arwain, tywys; (*SPORT*) hyfforddi; (*impliquer, causer*) arwain i, peri, achosi; **~ qn à faire qch** (*inciter*) arwain *ou* annog rhn i wneud rhth;
♦ **s'~** *vr* (*SPORT*) ymarfer; **s'~ à qch/à faire qch** hyfforddi gogyfer â rhth/â gwneud rhth.

entraîneur [ɑ̃tʀɛnœʀ] *m* hyfforddwr *g*.

entraîneuse [ɑ̃tʀɛnøz] *f* hyfforddwraig *b*; (*de bar*) croesawferch *b*.

entrapercevoir [ɑ̃tʀapɛʀsəvwaʀ] (**39**) *vt* cael cip ar.

entrave [ɑ̃tʀav] *f* (*de prisonnier*) cadwyn *b*, llyffethair *b*; (*ce qui retient*) rhwystr *g*; **cette loi est une ~ à la liberté de la presse** mae'r ddeddf hon yn llyffethair ar ryddid y wasg.

entraver [ɑ̃tʀave] (**1**) *vt* (*un animal*) llyffetheirio, cadwyno; (*la circulation*) rhwystro; **~ les projets de qn** rhwystro cynlluniau rhn.

entre [ɑ̃tʀ] *prép* rhwng; (*parmi*) ymysg, ymhlith, ynghanol; (*à travers*) trwy, drwy; **~ 10 et 11 heures** rhwng deg ac un ar ddeg o'r gloch; **~ nous** (*dans le secret*) rhyngoch chi a fi; **l'un d'~ eux/nous** un ohonyn nhw/ohonom ni; **ils préfèrent rester ~ eux** mae'n well ganddyn nhw aros gyda'i gilydd; **~ autres (choses)** ymysg pethau eraill; **ils se battent ~ eux** maent yn ymladd ymysg ei gilydd; **~ parenthèses** mewn cromfachau; **~ deux âges** canol oed; **~ chien et loup** yn y cyfnos.

entrebâillé (-e) [ɑ̃tʀəbɑje] *adj* cilagored.

entrebâillement [ɑ̃tʀəbɑjmɑ̃] *m*: **dans l'~ de la porte** yng nghil y drws.

entrebâiller [ɑ̃tʀəbɑje] (**1**) *vt* cilagor.

entrechat [ɑ̃tʀəʃa] *m* naid *b*.

entrechoquer [ɑ̃tʀəʃɔke] (**1**): **s'~** *vr* taro *ou* clecian yn erbyn ei gilydd; (*verres*) tincial; (*dents*) clecian.

entrecôte [ɑ̃tʀəkot] *f* (*CULIN*) asen *b*.

entrecoupé (-e) [ɑ̃tʀəkupe] *adj* (*voix*) toredig.

entrecouper [ɑ̃tʀəkupe] (**1**) *vt*: **~ qch de** britho rhth â;
♦ **s'~** *vr* torri ar draws ei gilydd.

entrecroiser [ɑ̃tʀəkʀwaze] (**1**) *vt* plethu;
♦ **s'~** *vr* plethu, ymblethu.

entrée [ɑ̃tʀe] *f*
1 (*point d'accès*) mynedfa *b*; **l'hôtel a trois ~s** mae tair mynedfa i'r gwesty.
2 (*arrivée*) dyfodiad *g*, mynediad *g*; **à son ~** wrth iddo ddod *ou* fynd i mewn; **depuis son ~ à l'université** ers iddo fynd *ou* ddod i'r brifysgol; **avoir ses ~s auprès de qn** cael mynd at rn, cael croeso gan rn; **d'~** o'r cychwyn; **faire son ~ dans le monde** (*bébé*) dod i'r byd; **~ des artistes** drws *g* llwyfan; **~ en matière** cyflwyniad *g*, cychwyniad *g*, cychwyn *g*; **~ en scène** ymddangosiad *g* ar y llwyfan; **~ en vigueur** dyfodiad i rym; **"~ interdite"** "dim mynediad"; **"~ libre"** (*dans

boutique) "dewch i mewn i weld"; (*dans musée*) "mynediad am ddim".
3 (*billet*) tocyn *g* mynediad; **deux ~s gratuites** dau docyn am ddim, mynediad i ddau yn rhad ac am ddim.
4 (*CULIN*) cwrs *g* cyntaf.
5 (*INFORM*) cofnod *g*, mewnbwn *g*; **erreur d'~** gwall *g* teipio.
6 (*dans un dictionnaire*) prifair *g*.
entrefaites [ãtʀəfɛt]: **sur ces ~** *adv* bryd hynny.
entrefilet [ãtʀəfilɛ] *m* paragraff *g*, adroddiad *g* byr.
entregent [ãtʀəʒã] *m* hynawsedd *g*; **avoir de l'~** bod yn hynaws.
entre-jambes [ãtʀəʒãb] *m inv* fforch *b* (*trowsus*).
entrelacement [ãtʀəlasmã] *m* rhwydwaith *g*.
entrelacer [ãtʀəlase] (**9**) *vt* plethu;
♦ **s'~** *vr* ymblethu.
entrelarder [ãtʀəlaʀde] (**1**) *vt* (*CULIN*) rhoi *ou* dodi lardons (yn rhth); **entrelardé de** (*fig*) brith o.
entremêler [ãtʀəmele] (**1**) *vt* cymysgu; **~ qch de** britho rhth â.
entremets [ãtʀəmɛ] *m* pwdin *g* (*hufen*).
entremetteur [ãtʀəmɛtœʀ] *m* negeswr *g*, negesydd *g*.
entremetteuse [ãtʀəmɛtøz] *f* negeswraig *b*.
entremettre [ãtʀəmɛtʀ] (**72**): **s'~** *vr* (*péj*) ymyrryd, ymyrraeth.
entremise [ãtʀəmiz] *f* ymyriad *g*, ymyrraeth *b*; (*action*) ymyrryd, ymyrraeth; **par l'~ de** trwy gyfrwng.
entrepont [ãtʀəpɔ̃] *m* (*NAUT*) rhynglawr *g*; **voyager dans l'~** mordeithio yn y dosbarth rhataf.
entreposer [ãtʀəpoze] (**1**) *vt* storio.
entrepôt [ãtʀəpo] *m* storfa *b*; **~ frigorifique** rhewfa *b*.
entreprenant (-e) [ãtʀəpʀənã, ãt] *vb voir* **entreprendre**;
♦*adj* (*actif*) mentrus, blaengar; (*avec les femmes*) hy, powld.
entreprendre [ãtʀəpʀãdʀ] (**74**) *vt* cychwyn, dechrau (ar rth), ymgymryd (â rhth); **~ qn sur un sujet** mynd i ben rhn ynglŷn â phwnc;
♦*vi*: **~ de faire qch** ymgymryd â gwneud rhth.
entrepreneur [ãtʀəpʀənœʀ] *m* mentrwr *g*, ymgymerwr *g*; **~ de pompes funèbres** trefnydd *g* angladdau, angladdwr *g*; **~ (en bâtiment)** adeiladwr *g*, adeiladydd *g*.
entreprise [ãtʀəpʀiz] *f* (*société*) cwmni *g*, busnes *g*; (*dessein*) menter *b*, ymgymeriad *g*; (*action*) mentro; **~ agricole** cwmni amaethyddol; **~ de travaux publics** cwmni peirianneg sifil.
entrer [ãtʀe] (**1**) *vi (avec aux. être)* mynd i mewn; (*venir*) dod i mewn; (*à pied*) cerdded i mewn; (*en voiture*) gyrru i mewn; (*partager: vues, craintes de qn*) rhannu; (*faire partie de*) bod yn rhan o; **~ à l'hôpital** mynd i'r ysbyty; **~ à pied** cerdded i mewn; **~ au couvent** mynd yn lleian; **~ dans le système** (*INFORM*) cofnodi'ch enw; **~ en ébullition** dechrau berwi; **~ en fureur** gwylltio; **~ en scène** mynd *ou* ymddangos ar y llwyfan; **(faire) ~ qch dans** mynd â rhth i mewn i, gwneud i rth fynd i mewn i; **laisser ~ qn/qch** gadael i rn/rth ddod i mewn; **faire ~ un visiteur** dangos ymwelydd i mewn, gadael ymwelydd i mewn, hebrwng *ou* danfon ymwelydd i mewn;
♦*vt (avec aux. avoir)* mynd/dod (â rhth) i mewn, gosod/dodi (rhth) i mewn; (*INFORM*) bwydo.
entresol [ãtʀəsɔl] *m* rhynglawr *g*, mesanîn *g*.
entre-temps [ãtʀətã] *adv* yn y cyfamser.
entretenir [ãtʀət(ə)niʀ] (**32**) *vt* cynnal; (*voiture*) gofalu am; (*amitié, espoir, feu*) cynnal; **~ qn (de qch)** sôn wrth rn (am rth); **~ qn dans l'erreur** gadael rhn mewn anwybodaeth;
♦ **s'~** *vr*: **s'~ (de qch)** sôn (am rth).
entretenu (-e) [ãtʀət(ə)ny] *pp de* **entretenir**;
♦*adj*: **bien ~** (*maison, jardin*) taclus, cymen; **mal ~** anhrefnus; **une femme ~e** meistres *b*.
entretien [ãtʀətjɛ̃] *m* (*d'une maison*) cynhaliaeth *b*, cynnal a chadw; (*d'une famille*) cynhaliaeth *b*; (*discussion*) sgwrs *b*; (*audience*) cyfweliad *g*; **~s** (*pourparlers*) trafodion *ll*, trafodaethau *ll*; **frais d'~** costau *ll* cynnal a chadw.
entretiendrai *etc* [ãtʀətjɛ̃dʀe] *vb voir* **entretenir**.
entretiens *etc* [ãtʀətjɛ̃] *vb voir* **entretenir**.
entretuer [ãtʀətɥe] (**1**): **s'~** *vr* lladd eich gilydd.
entreverrai *etc* [ãtʀ(ə)vɛʀe] *vb voir* **entrevoir**.
entrevit *etc* [ãtʀ(ə)vi] *vb voir* **entrevoir**.
entrevoir [ãtʀəvwaʀ] (**44**) *vt* cael cip ar.
entrevu (-e) [ãtʀəvy] *pp de* **entrevoir**.
entrevue [ãtʀəvy] *f* cyfarfod *g*; (*audience*) cyfweliad *g*; (*POL*) trafodaethau *ll*.
entrouvert (-e) [ãtʀuvɛʀ, ɛʀt] *pp de* **entrouvrir**;
♦*adj* cilagored.
entrouvrir [ãtʀuvʀiʀ] (**28**) *vt* cilagor;
♦ **s'~** *vr* cilagor.
énumération [enymeʀasjɔ̃] *f* rhifo, rhestru; (*liste*) rhestr *b*.
énumérer [enymeʀe] (**14**) *vt* rhifo, rhestru.
énurésie [enyʀezi] *f* (*MÉD*) enwresis *g*, gwlychu'r gwely.
énurétique [enyʀetik] *adj* enwretig, sy'n gwlychu'r gwely.
envahir [ãvaiʀ] (**2**) *vt* heidio, dylifo, mewnlifo (i rth); (*MIL*) ymosod ar; (*douleur, sommeil*) llethu, gorlethu, trechu; **la foule envahit la rue** heidiodd *ou* dylifodd y dorf i'r stryd.
envahissant (-e) [ãvaisã, ãt] *adj* ymwthiol, ymwthgar; (*armée*) ymosodol; (*péj*) busneslyd.

envahissement [ɑ̃vaismɑ̃] *m* (*de visiteurs*) mewnlifiad *g*, dylifiad *g*; (*MIL*) ymosodiad *g*, mewnlifiad, dylifiad; (*action*) ymosod (ar), mewnlifo i.

envahisseur [ɑ̃vaisœʀ] *m* (*MIL*) ymosodwr *g*.

envasement [ɑ̃vɑzmɑ̃] *m* llifwaddodi, llenwi â llaid, lleidio.

envaser [ɑ̃vɑze] (**1**): **s'**~ *vr* (*véhicule, bateau*) mynd yn sownd mewn mwd; (*lac, rivière*) llifwaddodi, llenwi â llaid, lleidio.

enveloppe [ɑ̃v(ə)lɔp] *f* (*de lettre*) amlen *b*; (*TECH*) gorchudd *g*; **mettre qch sous** ~ rhoi rhth mewn amlen; ~ **à fenêtre** amlen ffenestrog; ~ **autocollante** amlen hunanseliol; ~ **budgétaire** cyllideb *b*.

envelopper [ɑ̃v(ə)lɔpe] (**1**) *vt* lapio, gorchuddio; ♦ **s'**~ *vr*: **s'**~ **dans un châle/une couverture** eich lapio'ch hun mewn siol/blanced.

envenimer [ɑ̃v(ə)nime] (**1**) *vt* gwaethygu; ♦ **s'**~ *vr* (*plaie*) mynd yn ddrwg; (*situation*) gwaethygu.

envergure [ɑ̃vɛʀgyʀ] *f* (*d'un oiseau, avion*) lled *g* adenydd; (*fig: d'un projet*) ystod *b*, hyd a lled, maes *g*, ffiniau *ll*; (*de l'intelligence*) lled *g*, ehangder *g*; (*d'une personne*) calibr *g*; **de grande** ~ ar raddfa eang; **esprit de large** ~ meddwl eangfrydig.

enverrai *etc* [ɑ̃vɛre] *vb voir* **envoyer**.

envers [ɑ̃vɛʀ] *prép* at, tuag at; ~ **nous** tuag atom; ~ **et contre tous** *neu* **tout** yn wyneb pob gwrthwynebiad;
♦*m* (*d'une feuille*) tu *g* ôl, tu chwith, cefn *g*; (*d'une étoffe, d'un vêtement*) tu chwith, tu chwithig; (*fig: d'un problème*) ochr arall; **à l'**~ (*à la verticale*) a'i ben i lawr, wyneb i waered; (*à l'horizontale*) tu ôl tu blaen, o chwith; (*vêtement*) tu chwith(ig) allan; **faire qch à l'**~ gwneud rhth o chwith; **tout marche** *neu* **va à l'**~ mae popeth yn mynd o chwith; **elle a mis la maison à l'**~ fe droes hi'r tŷ a'i ben i lawr, fe wnaeth hi lanast o'r tŷ.

enviable [ɑ̃vjabl] *adj* dymunol, i genfigennu wrtho/wrthi; **peu** ~ annymunol, na chenfigennir wrtho.

envie [ɑ̃vi] *f*
1 (*désir*) awydd *g*; (*convoitise*) cenfigen *b*, eiddigedd *g*; (*souhait*) dymuniad *g*, eisiau *g*; (*besoin*) angen *g*; **avoir** ~ **de faire qch** bod ag awydd *ou* eisiau gwneud rhth; **j'ai** ~ **que vous soyez là** hoffwn ichi fod yno; **donner à qn l'**~ **de faire qch** codi awydd gwneud rhth ar rn; **ça lui fait** ~ buasai'n hoffi hynny.
2 (*tache sur la peau*) man *g* geni; (*autour des ongles*) ewinbil *g* (*darn o groen wrth fôn ewin*).

envier [ɑ̃vje] (**16**) *vt* eiddigeddu wrth, cenfigennu wrth; ~ **la situation à qn** cenfigennu wrth sefyllfa rhn; **il n'a rien à m'**~ nid oes reswm iddo fod yn genfigennus ohonof *ou* wrthyf.

envieux (**envieuse**) [ɑ̃vjø, ɑ̃vjøz] *adj* eiddigeddus, cenfigennus; **faire des** ~ ennyn cenfigen *ou* eiddigedd eraill.

environ [ɑ̃viʀɔ̃] *adv* tua; **3 h/2 km** ~, ~ **3 h/2 km** tua 3 o'r gloch/2 km.

environnant (**-e**) [ɑ̃viʀɔnɑ̃, ɑ̃t] *adj* amgylchynol; (*proche*) cyfagos.

environnement [ɑ̃viʀɔnmɑ̃] *m* amgylchedd *g*; **ministère de l'**~ ≈ Adran *b* yr Amgylchedd.

environnementaliste [ɑ̃viʀɔnmɑ̃talist] *m/f* amgylcheddwr *g*.

environner [ɑ̃viʀɔne] (**1**) *vt* amgylchynu; **être environné d'amis** bod yng nghanol ffrindiau.

environs [ɑ̃viʀɔ̃] *mpl* cyffiniau *ll*; **aux** ~ **de** yng nghyffiniau, o gwmpas, o amgylch; (*fig: temps, somme*) tua, o gwmpas.

envisageable [ɑ̃vizaʒabl] *adj* dychmygadwy, posibl, dichonol.

envisager [ɑ̃vizaʒe] (**10**) *vt* meddwl am; (*prévoir*) dychmygu, rhagweld; (*prendre en considération*) ystyried; ~ **le pire** dychmygu'r gwaethaf; ~ **de faire qch** (*projeter*) bwriadu gwneud rhth.

envoi [ɑ̃vwa] *m*
1 (*action d'envoyer*) anfon, postio, anfoniad *g*; (*ce qui est expédié*) parsel *g*; ~ **contre remboursement** (*COMM*) taliad *g* wrth dderbyn.
2 (*LITT*) pennill *g* olaf balâd.

envoie *etc* [ɑ̃vwa] *vb voir* **envoyer**.

envol [ɑ̃vɔl] *m* (*d'un avion*) esgynfa *b*, esgyniad *g*; **prendre son** ~ (*oiseau*) esgyn, codi, hedfan i ffwrdd *ou* ymaith; (*avion*) codi, esgyn; (*adolescent*) gadael y nyth.

envolée [ɑ̃vɔle] *f* (*fig: lyrique*) ehediad *g*.

envoler [ɑ̃vɔle] (**1**): **s'**~ *vr* (*oiseau*) codi, hedfan i ffwrdd *ou* ymaith; (*feuille, chapeau*) mynd gyda'r gwynt; (*avion*) codi, esgyn; (*fig: espoir*) diflannu.

envoûtant (**-e**) [ɑ̃vutɑ̃, ɑ̃t] *adj* cyfareddol, swynol, dengar, swyngyfareddol.

envoûtement [ɑ̃vutmɑ̃] *m* swyn *g*, cyfaredd *b*, swyngyfaredd *b*.

envoûter [ɑ̃vute] (**1**) *vt* swyno, cyfareddu, swyngyfareddu.

envoyé[1] (**-e**) [ɑ̃vwaje] *adj*: **bien** ~ (*remarque, réponse*) parod, campus; **ça c'est (bien)** ~ da iawn!, clywch, clywch!

envoyé[2] [ɑ̃vwaje] *m* (*POL*) cennad *g*; (*PRESSE*) gohebydd *g*; ~ **spécial** (*PRESSE*) gohebydd arbennig.

envoyée [ɑ̃vwaje] *f* (*POL*) cennad *b*; (*PRESSE*) gohebydd *g*;
♦*adj f voir* **envoyé**[1].

envoyer [ɑ̃vwaje] (**19**) *vt* (*lettre, paquet*) anfon; (*projectile, ballon*) taflu; ~ **une gifle à qn** rhoi clusten i rn; ~ **une critique à qn** beirniadu rhn; ~ **les couleurs** codi'r faner; ~ **chercher qn/qch** anfon am rn/rth; ~ **par le fond** (*NAUT*) suddo, gyrru i'r gwaelod; ~ **promener/balader qn** dweud wrth rn am hel ei bac, dangos y drws i rn; **elle a tout envoyé**

promener mae hi wedi rhoi'r gorau i bopeth; ♦ **s'**~ *vb*: **s'**~ **une bouteille*** gwagio potel, rhoi clec i botel.

envoyeur [ɑ̃vwajœʀ] *m* (*POSTES*) anfonydd *g*.

envoyeuse [ɑ̃vwajøz] *f* (*POSTES*) anfonydd *g*.

enzyme [ɑ̃zim] *f,m* ensym *g*.

éolien (**-ne**) [eɔljɛ̃, jɛn] *adj* y gwynt; **énergie** ~**ne** ynni'r *g* gwynt; **pompe** ~**ne** pwmp *g* gwynt.

éolienne [eɔljɛn] *f* melin *b* wynt.

EOR [eoɛʀ] *sigle m*(= *élève officier de réserve*) ≈ cadlanc *g* milwrol.

éosine [eɔzin] *f* ëosin *g* (*antiseptig a ddefnyddir yn Ffrainc i drin afiechydon y croen*).

épagneul [epaɲœl] *m* sbaengi *g*, sbaniel *g*.

épagneule [epaɲœl] *f* sbaenast *b*, gast *b* sbaniel.

épais[1] (**-se**) [epɛ, ɛs] *adj* trwchus; (*neige*) trwchus, dwfn(dofn)(dyfnion); (*corps, lèvres*) tew; (*péj: esprit*) twp; ~ **de 5cm** pum cm o drwch.

épais[2] *m*: **au plus** ~ **de la foule** yng nghanol y dyrfa; **au plus** ~ **de la nuit** yn nyfnder y nos.

épaisseur [epɛsœʀ] *f* trwch *g*; (*de neige*) trwch, dyfnder *g*; (*de corps, lèvres*) tewdra *g*, tewder *g*; (*d'esprit*) twpdra *g*.

épaissir [epesiʀ] (**2**) *vi, vt* (*suj: sauce*) tewychu; ♦ **s'**~ *vr* (*sauce*) tewychu

épaississement [epesismɑ̃] *m* tewychiad *g*; (*action*) tewychu.

épanchement [epɑ̃ʃmɑ̃] *m* (*fig*) tywalltiad *g*; ~ **de synovie** (*MÉD*) dŵr *g* ar y pen-glin.

épancher [epɑ̃ʃe] (**1**) *vt* tywallt, bwrw, arllwys; ♦ **s'**~ *vr* twyallt eich teimladau; (*sang*) llifo, tywallt, arllwys.

épandage [epɑ̃daʒ] *m* (*AGR: de fumier*) gwasgariad *g*; (*action*) taenu, gwasgaru, chwalu; **champ d'**~ gwaith *g* trin carthion.

épanoui (**-e**) [epanwi] *adj* (*fleur*) agored, wedi blodeuo; (*visage*) yn wên o glust i glust; (*sourire*) siriol; (*corps, femme*) aeddfed, yn ei blodau.

épanouir [epanwiʀ] (**2**): **s'**~ *vr* (*fleur*) agor, blodeuo, ymagor; (*amitié*) blodeuo; (*visage*) goleuo; (*développer*) blodeuo.

épanouissement [epanwismɑ̃] *m* (*de fleur, talent*) blodeuad *g*, blodeuo; (*développement*) datblygiad *g*, cynnydd *g*.

épargnant [eparɲɑ̃] *m* cynilwr *g*.

épargnante [eparɲɑ̃t] *f* cynilwraig *b*.

épargne [eparɲ] *f* (*somme*) cynilion *ll*; (*vertu*) cynildeb *g*; **compte d'**~ cyfrif *g* cynilo *ou* cynilion; **caisse d'**~ banc *g* cynilion; **l'**~**-logement** *buddsoddiad ar gyfer prynu tŷ*.

épargner [eparɲe] (**1**) *vt* arbed, cynilo; (*ne pas tuer ou endommager*) arbed; (*éviter*) arbed; ~ **qch à qn** arbed rhn rhag rhth; ~ **la honte à qn** arbed cywilydd i rn; **pour m'**~ **la peine d'y aller** er mwyn arbed imi'r drafferth o fynd yno; ♦*vi* cynilo.

éparpillement [epaʀpijmɑ̃] *m* gwasgariad *g*, gwasgaru.

éparpiller [epaʀpije] (**1**) *vt* gwasgaru; ♦ **s'**~ *vr* (*cendres, foule*) gwasgaru, ymwahanu, mynd ar wasgar; (*personne*) ymgymryd â gormod o bethau, ceisio ei dal hi ym mhob pen; (*conversation*) crwydro, mynd ar wasgar; **maisons qui s'éparpillent dans la campagne** tai'n britho'r wlad, tai ar wasgar yn y wlad.

épars (**-e**) [epaʀ, aʀs] *adj* (*maisons*) gwasgarog, gwasgaredig; (*cheveux*) tenau.

épatant* (**-e**) [epatɑ̃, ɑ̃t] *adj* gwych, ardderchog, campus.

épaté (**-e**) [epate] *adj*: **nez** ~ trwyn *g* fflat.

épater [epate] (**1**) *vt* syfrdanu, synnu; (*impressionner*) gwneud argraff ar, syfrdanu.

épaule [epol] *f* (*ANAT*) ysgwydd *b*, gwar *g,b*; (*CULIN*) palfais *b*, sbawd *b*.

épaulé (**-e**) [epole] *pp de* **épauler**; ♦*adj* (*vêtement*) ysgwyddog.

épaulé-jeté (~**s**-~**s**) [epoleʒ(ə)te] *m* (*SPORT: haltérophilie*) codi a hwbio.

épaulement [epolmɑ̃] *m* (*GÉO*) tarren *b*, sgarp *g*; (*MIL*) rhagfur *g* isel, clawdd *g* cynnal.

épauler [epole] (**1**) *vi* (*avec arme*) anelu; ♦*vt* (*aider*) cefnogi, ategu, bod yn gefn i, cynorthwyo; (*arme*) codi; (*vêtement*) padio ysgwyddau.

épaulette [epolɛt] *f* pad *g* ysgwydd; (*MIL*) ysgwyddarn *g*.

épave [epav] *f* (*bateau*) llong *b* ddrylliog *ou* ddrylliedig; (*déchets*) broc *g* môr; (*voiture*) car *g* wedi'i falu'n racs; (*personne*) gwehilyn *g* (o ddyn ayb).

épée [epe] *f* cleddyf *g*; (*personne*) cleddyfwr *g*, cleddyfwraig *b*; (*sport*) cleddyfa.

épeler [ep(ə)le] (**11**) *vt*: ~ **qch** sillafu rhth fesul llythyren.

éperdu (**-e**) [epɛʀdy] *adj* (*besoin, désir*) dirfawr, enbyd, aruthrol; (*sentiment*) angerddol, taer; (*fuite*) gwyllt; ~ **de douleur/terreur** gorffwyll gan alar/ofn, wedi'ch llethu gan alar/ofn; ~ **de joie** gorffwyll gan lawenydd.

éperdument [epɛʀdymɑ̃] *adv* (*espérer*) yn daer; (*aimer*) yn orffwyll, yn angerddol; (*crier, travailler*) yn wyllt; **être** ~ **amoureux** bod dros eich pen a'ch clustiau mewn cariad, caru'n orffwyll; **je m'en moque** ~ nid wy'n malio'r un botwm corn *ou* yr un ffeuen.

éperlan [epɛʀlɑ̃] *m* (*ZOOL*) brwyniad *g*, gwyniad *g* Ebrill.

éperon [epʀɔ̃] *m* sbardun *g,b*; (*aiguillon*) cymhelliad *g*, sbardun.

éperonner [epʀɔne] (**1**) *vt* (*cheval*) sbarduno; (*fig*) sbarduno, cymell; (*navire*) taro yn erbyn, hyrddio.

épervier [epɛʀvje] *m* (*ZOOL*) gwalch *g* glas; (*PÊCHE*) rhwyd *b* bysgota.

éphèbe [efɛb] *m* dyn *g* ifanc golygus, llanc *g* glandeg.
éphémère [efemɛʀ] *adj* byrhoedlog, dros dro.
éphéméride [efemeʀid] *f* (*calendrier*) calendr *g*.
Ephèse [efɛz] *prf* Ephesus *b*.
épi [epi] *m* tywysen *b*; **stationnement/se garer en** ~ parcio ar ongl i ymyl y palmant; ~ **de cheveux** cudyn *g*, twffyn *g* o wallt; ~ **de maïs** cobyn *g* india corn.
épice [epis] *f* sbeis *g*, perlysieuyn *g*.
épicé (-e) [epise] *adj* sbeislyd; (*curry*) poeth; (*fig*) blasus, amheus.
épicéa [episea] *m* pyrwydden *b*, coeden *b* sbriws, ffawydden *b* wen.
épicentre [episɑ̃tʀ] *m* uwchganolbwynt *g*.
épicer [epise] (**9**) *vt* sbeisio; (*fig*) rhoi blas ar.
épicerie [episʀi] *f* siop *b* fwyd, siop groser; (*produits*) bwydydd *ll*; ~ **fine** delicatessen *g*, siop fwydydd tramor, siop ddanteithion.
épicier [episje] *m* groser *g*.
épicière [episjɛʀ] *f* merch *b* sy'n cadw siop fwyd; (*épouse*) gwraig *b* groser.
Epicure [epikyʀ] *m* Epicwrws *g*.
épicurien (-**ne**) [epikyʀjɛ̃, jɛn] *adj* Epicwraidd.
épidémie [epidemi] *f* haint *g,b*, epidemig *g*.
épidémique [epidemik] *adj* heintus, epidemig; (*fig*) ymledol.
épiderme [epidɛʀm] *m* croen *g*, epidermis *g*.
épidermique [epidɛʀmik] *adj* y croen, epidermol, croenol.
épier [epje] (**16**) *vt* ysbïo ar; (*attendre*) disgwyl am.
épieu (-**x**) [epjø] *m* gwaywffon *b*.
épigramme [epigʀam] *f* epigram *g*.
épigraphe [epigʀaf] *f* arysgrif *b*.
épilation [epilasjɔ̃] *f* tynnu blew, plicio blew.
épilatoire [epilatwaʀ] *adj* diflewol, (sy'n) tynnu blew.
épilepsie [epilɛpsi] *f* epilepsi *g*; **crise d'**~ ffit *b* epileptig.
épileptique [epilɛptik] *adj* epileptig;
♦*m/f* epileptig *g/b*.
épiler [epile] (**1**) *vt* plicio *ou* tynnu blew;
♦ **s'**~ *vr*: **s'**~ **les jambes** plicio blew y coesau; **s'**~ **les sourcils** plicio'r aeliau; **se faire** ~ cael tynnu blew; **crème à** ~ hufen *g* tynnu blew; **pince à** ~ pliciwr *g* aeliau.
épilogue [epilɔg] *m* diweddglo *g*.
épiloguer [epilɔge] (**1**) *vi*: ~ **(sur)** rhygnu (ar), sôn byth a beunydd (am).
épinard [epinaʀ] *m* ysbigoglys *g*.
épine [epin] *f* draenen *b*; ~ **dorsale** asgwrn *g* (y) cefn.
épineux (**épineuse**) [epinø, epinøz] *adj* pigog; (*problème*) dyrys.
épinglage [epɛ̃glaʒ] *m* pinio.
épingle [epɛ̃gl] *f* pin *g*; **tirer son** ~ **du jeu** dianc tra gellwch (*o sefyllfa anodd*); **tiré à quatre** ~**s** fel pin mewn papur, trwsiadus; **monter qch en** ~ gwneud môr a mynydd o rth; **virage en** ~ **à cheveux** tro *g* igam ogam, bachdro *g*; ~ **à chapeau** pin het; ~ **à cheveux** pin gwallt; ~ **de cravate** pin tei; ~ **de nourrice** *neu* **de sûreté** *neu* **double** pin cau, pin dwbwl.
épingler [epɛ̃gle] (**1**) *vt* (*COUTURE*) pinio; ~ **une affiche au mur** pinio poster ar y wal; ~ **qn*** (*fig*) cydio yn rhn.
épinière [epinjɛʀ] *adj f*: **moelle** ~ madruddyn *g* y cefn.
Épiphanie [epifani] *f*: **l'**~ yr Ystwyll *g*.
épiphénomène [epifenɔmɛn] *m* epiffenomen *g*.
épique [epik] *adj* arwrol, epig.
Epire [epiʀ] *prm* Epirws *b*.
épiscopal (-**e**) (**épiscopaux, épiscopales**) [episkɔpal, episkɔpo] *adj* esgobol.
épiscopat [episkɔpa] *m* esgobaeth *b*; (*évêques*) esgobion *ll*.
épisiotomie [epizjɔtomi] *f* (*MÉD*) episiotomi *g*.
épisode [epizɔd] *m* pennod *b*, episod *g*; **film à** ~**s** ffilm *b* gyfres *ou* episodig.
épisodique [epizɔdik] *adj* achlysurol; **personnage** ~ (*d'un film*) mân-gymeriad *g*, cymeriad achlysurol.
épisodiquement [epizɔdikmɑ̃] *adv* yn achlysurol, o bryd i'w gilydd.
épissure [episyʀ] *f* sbleis *g,b*, pleth *b*.
épistémologie [epistemɔlɔʒi] *f* epistemoleg *b*, gwybodeg *b*.
épistolaire [epistɔlɛʀ] *adj* llythyrol, trwy lythyr; **être en relations** ~**s avec qn** gohebu â rhn.
épitaphe [epitaf] *f* beddargraff *g*.
épithète [epitɛt] *f* (*LING*) ansoddair *g*; (*nom, surnom*) difenwad *g*;
♦*adj*: **adjectif** ~ ansoddair disgrifiadol.
épître [epitʀ] *f* epistol *b*, llythyr *g*.
épizootie [epizɔɔti] *f* haint *g,b* episootig.
éploré (-**e**) [eplɔʀe] *adj* dagreuol, mewn dagrau, yn eich dagrau.
épluchage [eplyʃaʒ] *m* (*de légumes*) crafu, plicio, pilio; (*de dossier etc*) dadansoddiad *g*.
éplucheé-légumes [eplyʃlegym] *m inv* pliciwr *g*, crafwr *g*, piliwr *g* (*tatws ayb*).
éplucher [eplyʃe] (**1**) *vt* plicio, crafu, pilio; (*fig: texte, dossier*) dadansoddi'n fanwl.
éplucheur [eplyʃœʀ] *m* pliciwr *g*, crafwr *g*, piliwr *g* (*tatws ayb*).
épluchures [eplyʃyʀ] *fpl* pilion *ll*, crafion *ll* (*tatws ayb*).
épointer [epwɛ̃te] (**1**) *vt* pylu min *ou* awch (rhth).
éponge [epɔ̃ʒ] *f* sbwng *g*, sbwnj *g*; **passer l'**~ **sur qch** (*fig*) peidio â dal dig, anghofio'r cwbl; **jeter l'**~ (*fig*) rhoi'r ffidil yn y to; ~ **métallique** sgwriwr *g* sosbenni;
♦*adj*: **tissu** ~ defnydd *g* llieiniau.
éponger [epɔ̃ʒe] (**10**) *vt* (*essuyer*) sbwnjo, sychu; (*nettoyer*) glanhau; (*laver*) golchi; (*fig: dette, déficit*) lleihau;
♦ **s'**~ *vr*: **s'**~ **le front** sychu'ch talcen.
épopée [epɔpe] *f* arwrgerdd *b*, epig *b*; (*suite d'évènements*) saga *b*, epig.

époque [epɔk] *f* adeg *b*, cyfnod *g*, oes *b*; **à cette** ~ (*passée*) bryd hynny; **à cette** ~ **de l'année** ar yr adeg hon o'r flwyddyn; (*passée*) ar yr adeg honno o'r flwyddyn; **à l'**~ **où** ar adeg pan; **à notre** ~ yn ein hoes ni, heddiw, y dyddiau hyn; **faire** ~ creu hanes; **meubles d'**~ dodrefn o'r cyfnod; **à l'**~ **de Napoléon** (yn) adeg *ou* yng nghyfnod *ou* yn oes Napoleon.

épouiller [epuje] (**1**) *vt* dileuo, cael gwared â llau.

époumoner [epumɔne] (**1**): **s'**~ *vr* gweiddi nerth (esgyrn) eich pen.

épouse [epuz] *f* gwraig *b*, priod *b*.

épouser [epuze] (**1**) *vt* (*personne*) priodi; (*idées, cause*) cefnogi, mabwysiadu; (*relief, contours*) glynu at, ffitio'n dynn am.

époussetage [epustaʒ] *m* tynnu llwch, dwstio.

épousseter [epuste] (**12**) *vt* tynnu llwch oddi ar, dwstio.

époustouflant (**-e**) [epustuflɑ̃, ɑ̃t] *adj* anhygoel, rhyfeddol, syfrdanol.

époustoufler [epustufle] (**1**) *vt* synnu, syfrdanu.

épouvantable [epuvɑ̃tabl] *adj* dychrynllyd, erchyll, ofnadwy.

épouvantablement [epuvɑ̃tabləmɑ̃] *adj* yn ddychrynllyd, yn erchyll, yn ofnadwy

épouvantail [epuvɑ̃taj] *m* bwgan *g* brain; (*fig*) bwgan.

épouvante [epuvɑ̃t] *f* arswyd *g*, ofn *g*; **film/livre d'**~ ffilm *b*/llyfr *g* arswyd.

épouvanter [epuvɑ̃te] (**1**) *vt* dychryn, codi ofn *ou* arswyd ar.

époux [epu] *m* gŵr *g*, priod *g*; ♦*mpl*: **les** ~ y gŵr a'r wraig, y pâr *g* priod.

éprendre [eprɑ̃dr] (**74**): **s'**~ **de** *vr* syrthio mewn cariad â, ymserchu yn.

épreuve [eprœv] *f*
1 (*d'examen*) prawf *g*; (*résistance, testant valeur*) prawf; **à l'**~ **des balles/du feu** (*vêtement*) diogel rhag bwledi/tân; **à toute** ~ cyson, di-ffael; **mettre qch à l'**~ rhoi prawf ar rth; ~ **de force** prawf ar gryfder *ou* nerth; ~ **de résistance** prawf ar wrthiant.
2 (*malheur*) profedigaeth *b*.
3 (*PHOT*) proflun *g*; (*TYPO*) proflen *b*.
4 (*SPORT*) camp *b*; ~**s éliminatoires** rhagbrofion *ll*; ~ **de sélection** (*SPORT*) rhagras *b*, rhagbrawf *g*.

épris (**-e**) [epri, iz] *vb voir* **éprendre**; ♦*adj* mewn cariad; **être** ~ **de** bod yn hoff iawn o, ymserchu yn.

éprouvant (**-e**) [epruvɑ̃, ɑ̃t] *adj* caled, anodd.

éprouvé (**-e**) [epruve] *adj* sicr, profedig.

éprouver [epruve] (**1**) *vt*
1 (*ressentir*) profi, teimlo; (*difficultés etc*) profi, cael profiad o, dioddef.
2 (*mettre à l'épreuve: machine, théorie, personne*) rhoi prawf ar, profi; ~ **qn** (*mettre qn à l'épreuve*) rhoi prawf ar rn.
3 (*marquer: faire souffrir*) poeni, blino; **la perte de son père l'a bien éprouvée** bu marw ei thad yn brofedigaeth iddi.

éprouvette [epruvɛt] *f* tiwb *g* profi.

EPS [əpeɛs] *sigle f* (= *Éducation physique et sportive*) ≈ Addysg *b* gorfforol.

épuisant (**-e**) [epɥizɑ̃, ɑ̃t] *adj* blinderus, blin, blinedig; **le voyage était** ~ 'roedd y daith yn lladdfa.

épuisé (**-e**) [epɥize] *adj* blinedig, wedi ymlâdd; (*livre*) allan *ou* mas o brint.

épuisement [epɥizmɑ̃] *m* (*fatigue*) blinder *g*, lludded *g*; (*des ressources etc*) dihysbyddiad *g*, dihysbyddu, disbyddu; **jusqu'à** ~ **du stock** *neu* **des stocks** tra bo stoc ar gael.

épuiser [epɥize] (**1**) *vt* (*fatiguer*) blino; (*stock, ressources etc*) dihysbyddu, disbyddu; ♦ **s'**~ *vr* (*se fatiguer*) blino, ymlâdd; (*stock*) dod i ben, mynd yn brin.

épuisette [epɥizɛt] *f* (*PÊCHE*) rhwyd *b* lanio.

épuration [epyrasjɔ̃] *f* puredigaeth *g*, puro; **station d'**~ gwaith *g* trin carthion.

épure [epyr] *f* cynllun *g* gweithio.

épurer [epyre] (**1**) *vt* puro; (*langue, texte*) coethi, puro.

équarrir [ekarir] (**2**) *vt* (*tronc d'arbre*) sgwario; (*animal*) chwarteru.

Équateur [ekwatœr] *prm*: (**la république de**) **l'**~ Ecwador *b*.

équateur [ekwatœr] *m* cyhydedd *g*.

équation [ekwasjɔ̃] *f* (*MATH*) hafaliad *g*; **mettre qch en** ~ hafalu; ~ **du premier/second degré** hafaliad unradd/cwadratig; ~ **du temps** cymhwysiad *g* amser.

équatorial (**-e**) (**équatoriaux, équatoriales**) [ekwatɔrjal, ekwatɔrjo] *adj* cyhydeddol.

équatorien (**-ne**) [ekwatɔrjɛ̃, jɛn] *adj* Ecwadoraidd.

Équatorien [ekwatɔrjɛ̃] *m* Ecwadoriad *g*.

Équatorienne [ekwatɔrjɛn] *f* Ecwadoriad *b*.

équerre [ekɛr] *f* (*pour dessiner, mesurer*) sgwaryn *g*; (*pour fixer*) braced *g,b* siâp T neu L; **à l'**~**, en** ~**, d'**~ yn syth, yn wastad; **double** ~ sgwaryn T.

équestre [ekɛstr] *adj* marchogol; **statue** ~ cerflun *g* ceffyl.

équeuter [ekøte] (**1**) *vt* (*cerises etc*) tynnu coesau.

équidé [ekide] *m* (un o deulu'r) ceffyl *g*.

équidistance [ekɥidistɑ̃s] *f*: **à** ~ (**de qch**) yr un mor bell (oddi wrth rth).

équidistant (**-e**) [ekɥidistɑ̃, ɑ̃t] *adj* cytbell; ~ (**de qch**) yr un mor bell (oddi wrth rth).

équilatéral (**-e**) (**équilatéraux, équilatérales**) [ekɥilateral, ekɥilatero] *adj* hafalochrog.

équilibrage [ekilibraʒ] *m*: ~ **des roues** (*AUTO*) cydbwyso olwynion.

équilibre [ekilibr] *m* cydbwysedd *g*; **être en** ~ **sur qch** sefyll *ou* balansio ar rth; **mettre qch en** ~ **sur qch** rhoi rhth i sefyll ar rth; **avoir le sens de l'**~ bod yn gytbwys; **garder l'**~

peidio â simsanu, cadw'ch cydbwysedd; **perdre l'~** simsanu, colli'ch balans *ou* cydbwysedd; **en ~ instable** simsan; **~ budgétaire** cydbwysedd cyllidebol.
équilibré (-e) [ekilibʀe] *adj* cytbwys; (*personne*) call, cytbwys.
équilibrer [ekilibʀe] (1) *vt* (*budget*) cydbwyso, mantoli; (*rendre stable*) sefydlogi; **il faut ~ son alimentation** rhaid bwyta'n gytbwys; ♦ **s'~** *vr* (*facteurs, coûts*) bod yn gytbwys, cydbwyso.
équilibriste [ekilibʀist] *m/f* rhaffgerddwr *g*, rhaffgerddwraig *b*, cerddwr *g* ar raff, cerddwraig *b* ar raff.
équinoxe [ekinɔks] *m* cyhydnos *b*; **~ d'automne/de printemps** cyhydnos yr hydref/y gwanwyn.
équipage [ekipaʒ] *m* criw *g*; **en grand ~** mewn trefn odidog *ou* ysblennydd.
équipe [ekip] *f* tîm *g*, criw *g*; (*de travail posté*) shifft *g*, daliad *g*, stem *b*, criw gweithwyr; **travailler en ~** gweithio mewn tîm; **travailler par ~s** gweithio fesul shifft *ou* daliad; **faire ~ avec qn à faire qch** ymuno â rhn i wneud rhth; **~ de chercheurs** tîm ymchwil; **~ de nuit** shifft nos, gweithwyr y nos; **~ de sauveteurs** *neu* **de secours** tîm achub.
équipé (-e) [ekipe] *adj* (*cuisine*) gosod, cyfarparedig.
équipée [ekipe] *f* anturiaeth *b*, antur *b*, menter *b*; (*évasion*) dihangfa *b*; **une ~ folle** antur wyllt.
équipement [ekipmɑ̃] *m* (*d'un sportif*) cyfarpar *g*; (*d'une cuisine*) offer *ll*; **biens/dépenses d'~** adnoddau *ll*/gwariant *g* cyfalaf; **~s sportifs/collectifs** cyfleusterau *ll* chwaraeon/cymuned; **(le ministère de) l'É~** (*ADMIN*) adran *b* gwaith cyhoeddus.
équiper [ekipe] (1) *vt* cyfarparu, offeru; (*cuisine*) dodrefnu; (*région*) rhoi adnoddau yn; ♦ **s'~** *vr* (*sportif*) cael y gêr.
équipier [ekipje] *m* aelod *g* o dîm, criwmon *g*.
équipière [ekipjɛʀ] *f* aelod *g* o dîm.
équitable [ekitabl] *adj* teg.
équitablement [ekitabləmɑ̃] *adv* yn deg.
équitation [ekitasjɔ̃] *f* marchogaeth; **faire de l'~** marchogaeth.
équité [ekite] *f* tegwch *g*; (*FIN*) ecwiti *g*.
équivaille *etc* [ekivaj] *vb voir* **équivaloir**.
équivalence [ekivalɑ̃s] *f* cyfwerthedd *g*; **à ~ de prix** am yr un pris; **diplôme admis en ~** (*UNIV*) cymhwyster (tramor) cydnabyddedig.
équivalent[1] (-e) [ekivalɑ̃, ɑ̃t] *adj* cyfwerth; **à salaire ~** am yr un gyflog.
équivalent[2] [ekivalɑ̃] *m* peth *g* cyfwerth; **être l'~ de qch** cyfateb i rth, bod yn gyfwerth â rhth.
équivaloir [ekivalwaʀ] (41): **~ à** *vt* cyfateb i, bod yn gyfystyr â, bod yn gyfwerth â.
équivaut *etc* [ekivo] *vb voir* **équivaloir**.
équivoque [ekivɔk] *adj* amwys, amhendant, ansicr; (*suspect*) amheus; ♦*f* amwysedd *g*, amhendantrwydd *g*, ansicrwydd *g*; (*nature suspecte*) natur *b* amheus.
érable [eʀabl] *m* masarnen *b*.
éradication [eʀadikasjɔ̃] *f* (*MÉD*) dilead *g*.
éradiquer [eʀadike] (1) *vt* (*MÉD*) dileu.
érafler [eʀɑfle] (1) *vt* crafu; **s'~ la main/les jambes** crafu'ch llaw/coesau.
éraflure [eʀɑflyʀ] *f* crafiad *g*.
éraillé (-e) [eʀɑje] *adj* (*voix*) cryg, cras, aflafar.
Erasme [eʀasm] *prm* Erasmws.
ère [ɛʀ] *f* oes *b*; **en l'an 1050 de notre ~** yn 1050 O.C.; **l'~ chrétienne** y cyfnod *g* Cristnogol.
érection [eʀɛksjɔ̃] *f* (*de statue*) codi; (*fig*) sefydliad *g*, sefydlu; (*PHYSIOL*) codiad *g*, min *g*.
éreintant (-e) [eʀɛ̃tɑ̃, ɑ̃t] *adj* blinedig, blinderus, blin.
éreinté (-e) [eʀɛ̃te] *adj* blinedig, wedi ymlâdd; (*critiqué*) a feirniedir yn hallt.
éreintement [eʀɛ̃tmɑ̃] *adj* blinder *g*, lludded *g*; (*critique*) beirniadaeth *b* hallt, ymosodiad *g* chwyrn.
éreinter [eʀɛ̃te] (1) *vt* blino; (*fig: œuvre, auteur*) beirniadu, lladd ar; ♦ **s'~** *vr*: **s'~ (à faire qch/à qch)** eich lladd eich hun *ou* ymlâdd (yn gwneud rhth).
ergonomie [ɛʀgɔnɔmi] *f* ergonomeg *b*.
ergonomique [ɛʀgɔnɔmik] *adj* ergonomig, ergonomaidd.
ergonomiste [ɛʀgɔnɔmist] *m/f* ergonomegydd *g*.
ergot [ɛʀgo] *m* (*de coq*) sbardun *g,b*; (*TECH*) clusten *b*, clust *b*; **~ du seigle** (*BOT*) mall *g* rhyg.
ergoter [ɛʀgɔte] (1) *vi* hollti blew.
ergoteur [ɛʀgɔtœʀ] *m* holltwr *g* blew.
ergoteuse [ɛʀgɔtøz] *f* un *b* sy'n hollti blew.
ergothérapie [ɛrgɔteʀapi] *f* therapi *g* galwedigaethol.
ériger [eʀiʒe] (10) *vt* codi; (*tribunal*) sefydlu; **~ qch en principe** dyrchafu rhth yn egwyddor; ♦ **s'~** *vr*: **s'~ en critique** eich gwneud eich hun yn feirniad, ymddyrchafu'n feirniad.
ermitage [ɛʀmitaʒ] *m* cell *b* meudwy, meudwydy *g*.
ermite [ɛʀmit] *m* meudwy *g*.
éroder [eʀɔde] (1) *vt* erydu; (*acide*) difa.
érogène [eʀɔʒɛn] *adj* erogenaidd, nwydus.
érosion [eʀozjɔ̃] *f* erydiad *g*; (*action*) erydu; (*fig*) treuliad *g*, treulio.
érotique [eʀɔtik] *adj* erotig.
érotiquement [eʀɔtikmɑ̃] *adv* yn erotig.
érotiser [eʀɔtize] (1) *vt* erotigeiddio, eroteiddio.
érotisme [eʀɔtism] *m* erotiaeth *b*.
errance [eʀɑ̃s] *f*: **l'~** crwydro, crwydriadau *ll*.
errant (-e) [eʀɑ̃, ɑ̃t] *adj*: **chien ~** ci *g* crwydr.
errata [eʀata] *m ou mpl* rhestr *b* wallau.

erratum (**errata**) [eʀatɔm] *m* gwall *g*.
errements [ɛʀmɑ̃] *mpl* cyfeiliornadau *ll*.
errer [eʀe] (1) *vi* crwydro.
erreur [eʀœʀ] *f* camgymeriad *g*, camsyniad *g*, gwall *g*; **être dans l'**~ bod ar fai, camgymryd, camsynied, camsynio, camddeall; **induire qn en** ~ camarwain rhn; **par** ~ trwy gamgymeriad; **faire** ~ camgymryd, camsynio, camsynied; ~ **d'écriture/d'impression** gwall *g* copïo/argraffu; ~ **de date** camgymeriad yn y dyddiad; ~ **de fait** gwall ffeithiol; ~ **de jugement** camfarn *b*; ~ **judiciaire** camwedd *g*, camweinyddiad cyfiawnder; **sauf** ~ os nad wyf yn methu *ou* camgymryd; ~ **matérielle** *neu* **d'écriture** gwall clerigol; ~ **tactique** gwall *ou* camgymeriad tactegol.
erroné (**-e**) [eʀɔne] *adj* anghywir, cyfeiliornus, gwallus.
ersatz [ɛʀzats] *m* ersatz *g*, amnewidyn *g* (*rhn/rhth yn lle rhn/rhth arall*); ~ **de café** amnewidyn coffi, rhth yn lle coffi, coffi ffug.
éructer [eʀykte] (1) *vi* bytheirio, torri gwynt; ♦*vt* (*fig*) chwydu, poeri.
érudit[1] (**-e**) [eʀydi, it] *adj* dysgedig, ysgolheigaidd.
érudit[2] [eʀydi] *m* ysgolhaig *g*.
érudite [eʀydit] *f* ysgolheiges *g*; ♦*adj f voir* **érudit**[1].
érudition [eʀydisjɔ̃] *f* dysg *g,b*.
éruptif (**éruptive**) [eʀyptif, eʀyptiv] *adj* (*GÉO*) ffrwydrol; (*MÉD*) cructarddol.
éruption [eʀypsjɔ̃] *f* (*GÉO*) ffrwydr(i)ad *g*; (*MÉD*) brech *b*; ~**s de colère** pyliau *ll ou* hyrddiau *ll* o wylltineb.
es [ɛ] *vb voir* **être**.
ès [ɛs] *prép*: **licencié** ~ **lettres/sciences** ≈ â gradd yn y Celfyddydau/Gwyddorau; **docteur** ~ **lettres** ≈ doethur *g* yn y Celfyddydau.
E/S *abr*(= *entrée/sortie*) mewn/allan.
esbroufe [ɛsbʀuf] *f*: **faire de l'**~ herian, blyffio.
escabeau (**-x**) [ɛskabo] *m* (*tabouret*) stôl *b*; (*échelle*) ysgol *b*
escadre [ɛskadʀ] *f* sgwadron *g,b*; ~ **aérienne** (*AVIAT*) *sgwadron awyr*.
escadrille [ɛskadʀij] *f* sgwadron *g,b*.
escadron [ɛskadʀɔ̃] *m* (*MIL*) cwmni *g*; (*AVIAT*) sgwadron *g,b*.
escalade [ɛskalad] *f* dringfa *b*; **l'**~ **de la violence** cynnydd *g* mewn trais; ~ **artificielle** dringo gan ddefnyddio pegiau sefydlog; ~ **libre** dringo heb ddefnyddio pegiau sefydlog.
escalader [ɛskalade] (1) *vt* dringo.
escalator [ɛskalatɔʀ] *m* grisiau *ll* symudol.
escale [ɛskal] *f* (*lieu*) arhosfan *g,b*, man *g,b* aros; (*durée*) arhosiad *g*; **faire** ~ **(à)** aros (yn), galw heibio; **vol sans** ~ ehediad *g* uniongyrchol *ou* trwodd; ~ **technique** arhosiad i lenwi â thanwydd.
escalier [ɛskalje] *m* grisiau *ll*, staer *b*; **dans l'**~ *neu* **les** ~**s** ar y grisiau; **descendre l'**~ *neu* **les** ~**s** mynd i lawr y grisiau; ~ **à vis** *neu* **en colimaçon** grisiau troellog; ~ **de secours** *neu* **de service** grisiau tân; ~ **roulant** *neu* **mécanique** grisiau symudol.
escalope [ɛskalɔp] *f* (*CULIN*) sgalop *g*.
escamotable [ɛskamɔtabl] *adj* (*train d'atterrissage*) codadwy; (*antenne*) enciliadwy; (*lit, table*) plygadwy, plygu.
escamoter [ɛskamɔte] (1) *vt* (*esquiver*) osgoi; (*faire disparaître*) gwneud i (rth) ddiflannu, consurio (rhth) ymaith; (*dérober*) lladrata, bachu, dwyn; (*train d'atterrissage*) codi; (*mots*) hepgor; (*lit*) plygu.
escampette [ɛskɑ̃pɛt] *f*: **prendre la poudre d'**~* ffoi, dianc, ei bachu hi*.
escapade [ɛskapad] *f*: **faire une** ~ mynd am dro *ou* drip, mynd am jolihoet; (*s'enfuir*) dianc, ffoi.
escarbille [ɛskaʀbij] *f* pluen *b* huddygl, llwchyn *g* glo.
escarcelle [ɛskaʀsɛl] *f*: **faire tomber l'argent dans l'**~ dod ag arian i'r god.
escargot [ɛskaʀgo] *m* malwoden *b*, malwen *b*.
escarmouche [ɛskaʀmuʃ] *f* (*MIL, fig*) ysgarmes *b*.
escarpé (**-e**) [ɛskaʀpe] *adj* serth.
escarpement [ɛskaʀpəmɑ̃] *m* (*versant*) llechwedd *g*, llethr *b*; (*raideur*) serthrwydd *g*.
escarpin [ɛskaʀpɛ̃] *m* esgid *b* ysgafn.
escarre [ɛskaʀ] *f* (*MÉD*) dolur *g* gwely.
Escaut [ɛsko] *prm*: **l'**~ (yr afon) Scheldt *b*.
Eschyle [ɛʃil] *prm* Aeschylos *g*.
escient [esjɑ̃] *m*: **à bon** ~ yn ystyriol, yn bwyllog.
esclaffer [ɛsklafe] (1): **s'**~ *vr* bloeddio chwerthin.
esclandre [ɛsklɑ̃dʀ] *m* helynt *g,b*; **faire un** ~ creu helynt.
esclavage [ɛsklavaʒ] *m* caethwasiaeth *b*, caethiwed *g*.
esclavagiste [ɛsklavaʒist] *adj* pleidiol i gaethwasiaeth; ♦*m/f* un *g/b* sydd o blaid caethwasiaeth, pleidiwr *g* caethwasiaeth, pleidwraig *b* caethwasiaeth.
esclave [ɛsklav] *m/f* caethwas *g*, caethferch *b*; **être** ~ **de l'argent** (*fig*) bod yn gaeth i arian.
escogriffe [ɛskɔgʀif] (*péj*) *m* polyn *g* lein (*rhn sy'n dal a thenau*).
escomptable [ɛskɔ̃tabl] *adj* (*FIN*) gostyngadwy.
escompte [ɛskɔ̃t] *m* gostyngiad *g*, disgownt *g*.
escompter [ɛskɔ̃te] (1) *vt* (*COMM*) rhoi gostyngiad ar; (*espérer*) disgwyl, gobeithio (am), dibynnu ar; **j'escompte qu'il réussira** 'rwy'n disgwyl iddo lwyddo.
escorte [ɛskɔʀt] *f* gosgordd *b*; **faire** ~ **à qn** hebrwng rhn.
escorter [ɛskɔʀte] (1) *vt* hebrwng.
escorteur [ɛskɔʀtœʀ] *m* (*NAUT*) llong *b* hebrwng.
escouade [ɛskwad] *f* (*MIL*) carfan *b*, sgwad *b*;

(*fig: groupe de personnes*) criw *g*.
escrime [ɛskʀim] *f* cleddyfaeth *b*; **faire de l'~** cleddyfa.
escrimer [ɛskʀime] (**1**): **s'~** *vr*: **s'~ à faire qch** eich lladd eich hun yn gwneud rhth; **s'~ sur qch** ymlafnio *ou* ymegnïo gyda rhth, ymlâdd i wneud rhth.
escrimeur [ɛskʀimœʀ] *m* cleddyfwr *g*.
escrimeuse [ɛskʀimøz] *f* cleddyfwraig *b*.
escroc [ɛskʀo] *m* twyllwr *g*.
escroquer [ɛskʀɔke] (**1**) *vt* (*personne*) twyllo, blingo; ~ **qn de qch** *neu* **qch à qn** twyllo rhn o rth, blingo rhn o rth.
escroquerie [ɛskʀɔkʀi] *f* twyll *g*.
Esope [ezɔp] *prm* Esop.
ésotérique [ezɔteʀik] *adj* esoteraidd, esoterig, cudd.
ésotérisme [ezɔteʀism] *m* esoteriaeth *b*.
espace [ɛspas] *m*
1 (*place*) lle *g*; (*réservé à une activité*) man *g,b*, canolfan *g,b*; **il manque d'~ dans son bureau** nid oes ganddo ddigon o le yn ei swyddfa; ~ **vital** lle byw; **~s verts** mannau gleision, tiroedd gleision, gerddi, parciau.
2 (*laps de temps*) cyfnod *g*; **en l'~ de 5 minutes** o fewn pum munud.
3 (*ASTRON*) gofod *g*.
4 (*TYPO*) bwlch *g*, gofod *g*; ~ **publicitaire** gofod hysbysebu.
espacé (**-e**) [ɛspase] *adj* gwasgarog, achlysurol, bylchog, â bwlch rhyngddynt; (*maisons*) gwasgaredig, gwasgarog.
espacement [ɛspasmɑ̃] *m* gwasgaru; (*des lignes d'un texte*) gofodi; ~ **proportionnel** gofodi cyfrannol; **elle a réduit l'~ de ses visites** mae hi'n ymweld yn amlach.
espacer [ɛspase] (**9**) *vt* gwasgaru; (*TYPO*) gofodi; (*visites*) gadael amser rhwng;
♦ **s'~** *vr* (*visites etc*) mynd yn llai aml.
espadon [ɛspadɔ̃] *m* (*poisson*) cleddbysgodyn *g*.
espadrille [ɛspadʀij] *f* espadrille *g,b* (*sandalau â gwadnau rhaff*).
Espagne [ɛspaɲ] *prf*: **l'~** Sbaen *b*.
espagnol[1] (**-e**) [ɛspaɲɔl] *adj* Sbaenaidd.
espagnol[2] [ɛspaɲɔl] *m* (*LING*) Sbaeneg *b,g*.
Espagnol [ɛspaɲɔl] *m* Sbaenwr *g*.
Espagnole [ɛspaɲɔl] *f* Sbaenes *b*.
espagnolette [ɛspaɲɔlɛt] *f* clicied *b* (*ar ffenestri yn Ffrainc*).
espalier [ɛspalje] *m* delltwaith *g*; **arbre en ~** coeden a dyfir yn erbyn mur, esbalier *b*; **culture en ~s** tyfu coed ffrwythau.
espèce [ɛspɛs] *f*
1 (*BIOL*) rhywogaeth *b*; **l'~ humaine** dynol ryw *b*, y ddynolryw *b*.
2 (*type*) math *g*; **une ~ de** math o; ~ **d'imbécile/de brute!** yr hen dwpsyn/gythraul iti!; **de toute ~** o bob math, o bob lliw a llun; **en l'~** yn yr achos hwn; **cas d'~** achos *g* unigol.
3: **~s** (*COMM*) arian *g* parod; **payer en ~s** talu mewn arian parod.
espérance [ɛspeʀɑ̃s] *f* gobaith *g*, disgwyliad *g*; **contre toute ~** yn groes i bob disgwyliad; ~ **de vie** (*DÉMOGRAPHIE*) disgwyliad *g* einioes.
espérantiste [ɛspeʀɑ̃tist] *adj* Esperantaidd;
♦*m/f* Esperantydd *g*.
espéranto [ɛspeʀɑ̃to] *m* Esperanto *b,g*.
espérer [ɛspeʀe] (**14**) *vi* gobeithio; **il viendra? - j'espère (bien)** fe ddaw? - gobeithio; **j'espère qu'il vient** 'rwy'n gobeithio y daw; ~ **faire qch** gobeithio gwneud rhth; **j'espère avoir fait qch** 'rwy'n gobeithio imi wneud rhth; ~ **en qn/qch** bod â ffydd yn rhn/rhth, credu yn rhn/rhth; **je n'en espérais pas tant** mae'n fwy nag yr oeddwn yn ei obeithio; **j'espère que oui** gobeithio mai felly y mae *ou* y bydd *ou* y bu; **j'espère que non** gobeithio nad felly y mae *ou* y bydd *ou* y bu;
♦*vt* gobeithio am.
espiègle [ɛspjɛgl] *adj* direidus; (*tour, farce*) cast *g* direidus, tro *g* direidus.
espièglerie [ɛspjɛgləʀi] *f* direidi *g*.
espion[1] (**-ne**) [ɛspjɔ̃, jɔn] *adj*: **bateau/avion ~** llong *b*/awyren *b* ysbïo.
espion[2] [ɛspjɔ̃] *m* ysbïwr *g*.
espionnage [ɛspjɔnaʒ] *m* ysbïo, ysbïwriaeth *b*; **film/roman d'~** ffilm/nofel ysbïo; ~ **industriel** ysbïo diwydiannol, ysbïwriaeth ddiwydiannol.
espionne [ɛspjɔn] *f* ysbïwraig *b*;
♦*adj f voir* **espion**[1].
espionner [ɛspjɔne] (**1**) *vt* ysbïo ar.
espionnite [ɛspjɔnit] *f* ofn *g* ysbïwyr.
esplanade [ɛsplanad] *f* rhodfa *b*.
espoir [ɛspwaʀ] *m* gobaith *g*; **avoir bon ~ que ...** bod yn obeithiol iawn ..., gobeithio'n wir ...; **garder l'~ que ...** aros yn obeithiol ...; **dans l'~ de faire qch** gan obeithio gwneud rhth; **reprendre ~** ailobeithio, adennill ffydd; **un ~ de la boxe/du ski** un o obeithion y byd bocsio/sgïo; **c'est sans ~** mae'n anobeithiol.
esprit [ɛspʀi] *m*
1 (*pensée, intellect*) meddwl *g*; (*humeur, ironie*) ffraethineb *g*; **paresse/vivacité d'~** diogi *g*/bywiogrwydd *g* meddwl; **avoir bon/mauvais ~** bod yn hynaws/annymunol; **avoir l'~ à faire qch** bod ag awydd gwneud rhth; **avoir l'~ critique** bod yn feirniadol; **dans mon ~** yn fy marn i; **faire de l'~** ceisio bod yn ffraeth; **perdre l'~** colli arnoch chi'ch hun; (*s'évanouir*) llewygu; **reprendre ses ~s** dod atoch eich hun, dadebru; ~ **de contradiction** natur *b* groes, ystyfnigrwydd *g*; ~ **de corps** ysbryd *g* cyd-dynnu; ~ **de famille** agosrwydd *g* teuluol; ~ **de clocher** plwyfoldeb *g*; **l'~ de compétition/d'équipe** ysbryd cystadleuol/cyd-dynnu.
2 (*PHILO, REL*) ysbryd *g*, enaid *g*; **l'~ malin** (*le diable*) y gŵr *g* drwg, y diafol *g*; **E~ saint** (*REL*) yr Ysbryd Glân; ~ **frappeur** ysbryd swnllyd, poltergeist *g*; **croire aux ~s** credu

mewn ysbrydion.
3 (*personne*) rhywun; ~**s chagrins** pigwyr *ll* beiau.
esquif [ɛskif] *m* sgiff *g,b*, cwch *g* ysgafn.
esquimau[1] (**-de**) (**-x**) [ɛskimo, od] *adj* Esgimo, Esgimoaidd; **chien** ~ ci *g* llusg, hysgi *g*.
esquimau[2] (**-x**) [ɛskimo] *m* (*LING*) Esgimöeg *b,g*; (*glace*) loli(pop) *g* rhew.
Esquimau (**-x**) [ɛskimo] *m* Esgimo *g*.
Esquimaude [ɛskimod] *f* Esgimöes *b*.
esquinter* [ɛskɛ̃te] (**1**) *vt* (*blesser*) brifo; (*endommager*) andwyo, difetha; (*critiquer*) beirniadu;
♦ **s'**~ *vr*: **s'**~ **(à faire qch)** (*se blesser*) brifo (wrth wneud rhth); (*se fatiguer*) eich lladd eich hun, blino (wrth wneud rhth); **s'**~ **la santé** difetha'ch iechyd.
esquisse [ɛskis] *f* (*ART*) braslun *g*; (*de programme*) amlinelliad *g*, braslun; (*d'un sourire, changement*) awgrym *g*, arlliw *g*.
esquisser [ɛskise] (**1**) *vt* braslunio, gwneud braslun o; (*programme*) braslunio, gwneud braslun o, gwneud amlinelliad o; ~ **un sourire** rhoi gwên fach;
♦ **s'**~ *vr* ymffurfio.
esquive [ɛskiv] *f* (*BOXE*) ochrgamu, ochrgamiad *g*.
esquiver [ɛskive] (**1**) *vt* ochrgamu; (*fig: problème*) osgoi;
♦ **s'**~ *vr* sleifio i ffwrdd *ou* ymaith.
essai [esɛ] *m*
1 (*tentative*) ymgais *b*.
2 (*de travail*) cyfnod *g* prawf.
3 (*test*) prawf *g*, treial *g*; **à l'**~ ar brawf; ~ **gratuit** (*COMM*) defnydd *g* prawf rhad ac am ddim; ~**s** (*SPORT, AUTO*) rhagras *b*.
4 (*RUGBY*) cais *g*; **transformer un** ~ trosi cais.
5 (*LITT*) ysgrif *b*.
essaim [esɛ̃] *m* (*aussi fig*) haid *b*.
essaimer [eseme] (**1**) *vi* heidio; (*fig*) ymledu, ymdaenu.
essayage [esɛjaʒ] *m* trio (dilledyn) amdanoch; **salon d'**~ ystafell *b* wisgo; **cabine d'**~ ciwbicl *g* newid.
essayer [eseje] (**18**) *vi* ceisio, trio; ~ **de faire qch** ceisio gwneud rhth; **essayez un peu!** (*menace*) triwch chi!;
♦*vt* profi, trio, rhoi rhth ar brawf; (*vêtement etc*) trio;
♦ **s'**~ *vr*: **s'**~ **à faire qch** ceisio gwneud rhth; **s'**~ **à qch** rhoi cynnig ar rth.
essayeur [esɛjœʀ] *m* (*COUTURE*) ffitiwr *g*.
essayeuse [esejøz] *f* (*COUTURE*) ffitwraig *b*.
essayiste [esejist] *m/f* ysgrifwr *g*, ysgrifwraig *b*.
ESSEC [esɛk] *sigle f* (= *École supérieure des sciences économiques et commerciales*) *grande école ar gyfer astudiaethau rheoli a masnachu.*
essence [esɑ̃s] *f*
1 (*aussi fig*) hanfod *g*; **par** ~ yn ei hanfod, yn y bôn.
2 (*carburant*) petrol *g*; **prendre** *neu* **faire de l'**~ rhoi petrol (*yn y car ayb*).
3 (*extrait de plante*) rhinflas *g*; ~ **de café** rhinflas coffi; ~ **de citron/de lavande** olew *g* lemon/lafant; ~ **de térébenthine** tyrpant *g*.
4 (*espèce: d'arbre etc*) rhywogaeth *b*.
essentiel[1] (**-le**) [esɑ̃sjɛl] *adj* hanfodol, angenrheidiol; **être** ~ **à** bod yn hanfodol i.
essentiel[2] [esɑ̃sjɛl] *m* (*chose principale*) hanfod *g*, prif beth *g*; (*objets indispensables*) hanfodion *ll*; **c'est l'**~ dyna'r peth pwysicaf; **l'**~ **de qch** (*la majeure partie*) hanfod *g* rhth.
essentiellement [esɑ̃sjɛlmɑ̃] *adv* yn y bôn, yn bennaf, yn hanfodol, yn ei hanfod.
esseulé (**-e**) [esœle] *adj* unig, gwrthodedig.
essieu (**-x**) [esjø] *m* (*AUTO*) echel *b*.
essor [esɔʀ] *m* (*de l'économie etc*) cynnydd *g*; (*société*) dechrau cynyddu, cael hwb; **prendre son** ~ (*oiseau*) hedfan i ffwrdd *ou* bant, codi i'r awyr.
essorage [esɔʀaʒ] *m* (*linge*) gwasgu; (*machine à laver*) troell-sychu; (*salade*) sychu.
essorer [esɔʀe] (**1**) *vt* (*linge*) gwasgu; (*machine à laver*) troell-sychu; (*salade*) sychu.
essoreuse [esɔʀøz] *f* troellwr *g* sychu, sychwr *g* dillad.
essouffler [esufle] (**1**) *vt* gwneud (rhn) yn fyr ei wynt *ou* anadl;
♦ **s'**~ *vr* mynd yn fyr eich gwynt *ou* anadl, colli'ch gwynt; (*fig: écrivain*) diffygio, colli'r awen; (*économie*) diffygio.
essuie *etc* [esɥi] *vb voir* **essuyer**.
essuie-glace [esɥiglas] *m* sychwr *g* ffenestr, weipar* *g*.
essuie-mains [esɥimɛ̃] *m* lliain *g* sychu dwylo.
essuierai *etc* [esyiʀe] *vb voir* **essuyer**.
essuie-tout [esyitu] *m inv* papur *g* cegin.
essuyage [esɥijaʒ] *m* sychu, sych(i)ad *g*.
essuyer [esɥije] (**17**) *vt* sychu; (*fig: subir*) dioddef; ~ **la vaisselle** sychu llestri;
♦ **s'**~ *vr* eich sychu'ch hun.
est[1] [ɛ] *vb voir* **être**.
est[2] [ɛst] *m* dwyrain *g*; **à l'**~ **de** i'r dwyrain o; **à l'**~ **de Paris** (*direction*) i'r dwyrain o Baris; **dans l'**~ **de la France** (*situation*) yn nwyrain Ffrainc; **les pays de l'E**~ gwledydd *ll* y Dwyrain;
♦*adj inv* dwyreiniol
estafette [ɛstafɛt] *f* (*MIL*) negesydd *g* brys.
estafilade [ɛstafilad] *f* (*balafre*) toriad *g*, slaes *b*.
est-allemand (~-~**e**) (~-~**s**, ~-~**es**) [ɛstalmɑ̃, ɑ̃d] *adj* Dwyrain-Almaenaidd, o Ddwyrain yr Almaen.
estaminet [estaminɛ] *m* tafarn *b* fechan, tafarn *g* bychan.
estampe [ɛstɑ̃p] *f* engrafiad *g*, ysgythriad *g*, print *g*.
estamper [ɛstɑ̃pe] (**1**) *vt* (*monnaies etc*) bathu; (*fam*) twyllo.

estampille [ɛstɑ̃pij] *f* stamp *g*, argraffnod *g*, ôl *g*.
est-ce que [ɛskə] *adv* a; ~-~ ~ **c'est cher?** a yw'n ddrud?; ~-~ ~ **c'était bon?** a oedd yn dda?; **quand est-ce qu'il part?** pryd mae'n mynd?; **où est-ce qu'il va?** i ble mae'n mynd?; **qui est-ce qui le connaît?** pwy sy'n ei adnabod?; **qui est-ce qui a fait ça?** pwy wnaeth hynna?
este [ɛst] *adj* Estonaidd.
Este [ɛst] *m/f* Estoniad *g/b*.
esthète [ɛstɛt] *m/f* esthetydd *g*.
esthéticien [ɛstetisjɛ̃] *m* esthetegydd *g*.
esthéticienne [ɛstetisjɛn] *f* (*qui s'occupe d'esthétique*) esthetegydd *g*; (*qui donne des soins de beauté*) harddwraig *b*.
esthétique [ɛstetik] *adj* esthetaidd; (*beau*) hardd;
♦*f* estheteg *b*; ~ **industrielle** dylunio diwydiannol.
esthétiquement [ɛstetikmɑ̃] *adv* yn esthetaidd.
estimable [ɛstimabl] *adj* (*personne*) teilwng, parchus; (*travail*) clodwiw; **difficilement** ~ na ellir ei amcangyfrif.
estimatif (**estimative**) [ɛstimatif, ɛstimativ] *adj* amcangyfrifol.
estimation [ɛstimasjɔ̃] *f* amcangyfrif *g*; **d'après mes ~s** yn fy nhyb i.
estime [ɛstim] *f* parch *g*; **avoir de l'~ pour qn** edmygu *ou* parchu rhn.
estimer [ɛstime] (**1**) *vt*
1 (*respecter, expertiser*) parchu, edmygu.
2 (*chiffrer*) prisio.
3 (*calculer approximativement*) amcangyfrif.
4 (*penser*) meddwl; **j'estime que** 'rwy'n meddwl ...; **j'estime être ...** 'rwy'n meddwl fy mod yn ....
5 (*deviner*) tybio; **j'estime cette distance à 6 km** 'rwy'n tybio mai 6 km yw'r pellter;
♦ **s'~** *vr*: **s'~ satisfait/heureux** teimlo'n fodlon/hapus.
estival (**-e**) (**estivaux, estivales**) [ɛstival, ɛstivo] *adj* (yr) haf; (*évoquant l'été*) hafaidd; **station ~e** tref *b* lan môr.
estivant [ɛstivɑ̃] *m* ymwelydd *g* haf.
estivante [ɛstivɑ̃t] *f* ymwelydd *g* haf.
estoc [ɛstɔk] *m*: **frapper d'~ et de taille** ymladd yn egnïol.
estocade [ɛstɔkad] *f*: **donner l'~ à** rhoi'r ergyd farwol i.
estomac [ɛstɔma] *m* stumog *b*; **avoir l'~ creux** bod â stumog wag, bod ar lwgu, bod ar eich cythlwng; **avoir mal à l'~** bod â phoen yn eich bol, bod â bola tost.
estomaqué (**-e**) [ɛstɔmake] *adj* syn, syfrdan.
estompe [ɛstɔ̃p] *f* (*rouleau*) stwmp *g*; (*dessin*) darlun *g* a wnaed â stwmp.
estompé (**-e**) [ɛstɔ̃pe] *adj* aneglur, niwlog.
estomper [ɛstɔ̃pe] (**1**) *vt* (*ART*) arlliwio, niwl(i)o; (*PHOT: fig*) pylu; (*suj: brume etc*) tywyllu;
♦ **s'~** *vr* pylu, mynd yn aneglur *ou* niwlog, niwl(i)o.
Estonie [ɛstɔni] *prf*: **l'~** Estonia *b*.
estonien[1] (**-ne**) [ɛstɔnjɛ̃, jɛn] *adj* Estonaidd.
estonien[2] [ɛstɔnjɛ̃] *m* (*LING*) Estoneg *b,g*.
Estonien [ɛstɔnjɛ̃] *m* Estoniad *g*.
Estonienne [ɛstɔnjɛn] *f* Estoniad *b*.
estrade [ɛstʀad] *f* llwyfan *g,b*.
estragon [ɛstʀagɔ̃] *m* (*CULIN*) taragon *g*; (*BOT*) amgwyn *g*.
estropié [ɛstʀɔpje] *m* cripil *g*, dyn *g* methedig.
estropiée [ɛstʀɔpje] *f* merch *b* fethedig.
estropier [ɛstʀɔpje] (**16**) *vt* (*par maladie*) anablu, criplo; (*par blessure*) anafu; (*fig*) gwyrdroi.
estuaire [ɛstɥɛʀ] *m* aber *g,b*.
estudiantin (**-e**) [ɛstydjɑ̃tɛ̃, in] *adj* colegaidd, (yn ymwneud â) myfyriwr *ou* myfyrwyr.
esturgeon [ɛstyʀʒɔ̃] *m* (*poisson*) stwrsiwn *g*.
et [e] *conj* a, ac; ~ **elle** a hithau; ~ **lui** ac yntau; **son père ~ sa mère** ei fam a'i dad; **il est grand ~ fort** mae'n dal ac yn gryf; ~ **alors?** beth am hynny?, beth wedyn?; ~ **puis après?** ac felly?; (*ensuite*) ac wedyn?, felly?
ét. *abr*= **étage**.
ETA [ətea] *sigle m*(= *Euzkadi Ta Askatasuna*) (*POL*) ETA *g* (= Byddin Rhyddid y Basgiaid).
étable [etabl] *f* beudy *g*.
établi[1] (**-e**) [etabli] *adj* sefydledig, sefydlog; (*réputation*) sefydlog, cadarn; (*usage*) wedi hen ennill ei blwy; (*préjugé*) di-sigl; (*vérité*) dilys, diymwad; (*gouvernement*) mewn grym; (*coutumes*) sefydledig.
établi[2] [etabli] *m* mainc *b* weithio.
établir [etabliʀ] (**2**) *vt* sefydlu; (*liste, programme*) llunio, trefnu; (*règlement, relations, record*) sefydlu, gosod; (*fait, culpabilité*) profi; (*personne: aider à s'établir*) sefydlu;
♦ **s'~** *vr* ymsefydlu; **s'~ (à son compte)** sefydlu *ou* cychwyn busnes; **s'~ à/près de** cartrefu *ou* ymsefydlu yn/ger.
établissement [etablismɑ̃] *m* (*institué*) sefydliad *g*; (*bâtiments*) adeilad *g*; (*mise en place*) sefydlu; ~ **commercial** sefydliad masnachol; ~ **de crédit** cwmni *g* ariannol; ~ **hospitalier** ysbyty *b*; ~ **industriel** ffatri *b*, gwaith *g*; ~ **public** corff *g* cyhoeddus; ~ **scolaire** ysgol *b*.
étage [etaʒ] *m* (*d'immeuble*) llawr *g*; (*GÉO: de terrain*) teras *g*, cerlan *b*; **habiter à l'~** byw i fyny'r grisiau *ou* lan staer; **habiter au deuxième ~** byw ar yr ail lawr; **maison à deux ~s** tŷ *g* deulawr; **de bas ~** iselradd, israddol.
étagement [etaʒmɑ̃] *m* terasu.
étager [etaʒe] (**10**) *vt* gosod (rhth) yn derasau;
♦ **s'~** *vr* bod ar wahanol derasau *ou* lefelau; (*prix*) amrywio.
étagère [etaʒɛʀ] *f* (*rayon: pour livres etc*)

silff *b*; (*meuble*) silffoedd *ll*.

étai [etɛ] *m* cynhalbost *g*.

étain [etɛ̃] *m* (*métal*) tun *g*; (*matière*) piwter *g*; **pot en** ~ llestr *g* piwter.

étais *etc* [etɛ] *vb voir* **être**.

étal [etal] *m* stondin *b*; (*de boucherie*) bwrdd *g* torri cig.

étalage [etalaʒ] *m* (*de marché*) stondin *b,g*; (*de magasin*) arddangosfa *b* (*mewn ffenestr*); (*de richesses*) sioe *b*; **faire** ~ **de qch** gwneud sioe o rth, arddangos rhth.

étalagiste [etalaʒist] *m/f* addurnwr *g* ffenestri, addurnwraig *b* ffenestri.

étale [etal] *adj* (*mer*) llonydd, marwaidd, digyffro.

étalement [etalmɑ̃] *m* lledaenu, lledaeniad *g*, taeniad *g*, taenu; (*échelonnement*) ymestyn, ymestyniad *g*, darwahanu, darwahaniad *g*; (*exposition*) arddangosiad *g*, arddangos.

étaler [etale] (**1**) *vt* (*déployer*) taenu, lledaenu; (*paiements, dates*) ymestyn, gofodi; (*exposer*) arddangos; (*richesses, connaissances*) dangos, gwneud sioe o;
♦ **s'**~ *vr* ymledu; (*tomber*) cael codwm; **s'**~ **sur (3 mois)** (*suj: paiements etc*) ymestyn dros (dri mis).

étalon[1] [etalɔ̃] *m* (*mesure*) safon *b*, mesur *g* safonol; **l'**~**-or** (*ÉCON*) y safon aur.

étalon[2] [etalɔ̃] *m* (*cheval*) march *g*, stalwyn *g*.

étalonner [etalɔne] (**1**) *vt* calibro.

étamer [etame] (**1**) *vt* tunplatio.

étameur [etamœʀ] *m* tuniwr *g*, saer *g* gwyn.

étamine [etamin] *f* (*de fleur*) brigeryn *g*; (*tissu*) mwslin *g*.

étanche [etɑ̃ʃ] *adj* sy'n dal dŵr, dyfrglos; **cloison** ~ (*fig*) adran *b* ddigyswllt; ~ **à l'air** seliedig, aerglos.

étanchéité [etɑ̃ʃeite] *f* (*à l'eau*) dwrglosrwydd *g*; (*à l'air*) aerglosrwydd *g*.

étancher [etɑ̃ʃe] (**1**) *vt* (*liquide*) atal; ~ **sa soif** torri syched.

étançon [etɑ̃sɔ̃] *m* cynhalbost *g*, ateg *b*.

étançonner [etɑ̃sɔne] (**1**) *vt* cynnal, ategu.

étang [etɑ̃] *m* pwll *g*.

étant [etɑ̃] *vb*: **cela** ~ gan hynny *voir aussi* **être, donné**.

étape [etap] *f* (*phase*) cyfnod *g*, cam *g*; (*lieu d'arrêt*) man *g,b* aros, arhosfan *g,b*; **faire** ~ **à** aros yn; **brûler les** ~**s** (*fig*) mynd yn rhy bell yn rhy gyflym; **par petites** ~**s** yn raddol, o dipyn i beth, fesul tipyn, o gam i gam.

état [eta] *m*
1 (*condition*) cyflwr *g*; **en bon/mauvais** ~ mewn cyflwr da/gwael; ~ **de grâce** (*REL*) cyflwr o ras; (*fig*) cyfnod *g* o frwdfrydedd, wythnos *b* gwas newydd; **en** ~ **d'ivresse** dan ddylanwad alcohol; **en** ~ **(de marche)** yn gweithio; **en tout** ~ **de cause** pa un bynnag, sut bynnag; **remettre qch en** ~ atgyweirio rhth; **être boucher de son** ~ bod yn gigydd wrth eich crefft; **elle était dans tous ses** ~**s** 'roedd hi wedi cynhyrfu'n ddifrifol; **être en** ~**/hors d'**~ **de faire qch** bod/peidio â bod mewn stâd *ou* cyflwr gweithio; **être en** ~ **d'arrestation** (*JUR*) bod wedi'ch arestio; **faire** ~ **de** enghreifftio, cyfeirio at; **hors d'**~ heb fod yn gweithio; ~ **d'alerte** cyflwr o wyliadwraeth; ~ **d'âme** hwyliau *ll*; ~ **de choses** (*situation*) sefyllfa *b*; ~ **d'esprit** hwyliau, cyflwr meddwl; ~ **de guerre** adeg *b* rhyfel; ~ **de santé** cyflwr iechyd; ~ **de siège** cyflwr *ou* sefyllfa gwarchae; ~ **de veille** cyflwr effro; ~ **des lieux** rhestr cyflwr adeilad; ~**s de service** (*MIL, ADMIN*) cofnod *g* gwasanaeth; ~ **d'urgence** argyfwng *g*.
2 (*gouvernement*) gwladwriaeth *b*; **l'É**~ y Wladwriaeth *b*; **les États du Golfe** Gwledydd *ll* y Gwlff.
3 (*liste, inventaire*) rhestr *b*.
4 (*JUR: statut*) statws *g*; ~ **civil** (*bureau*) swyddfa *b* gofrestru; (*de personne*) statws sifil.

étatique [etatik] *adj* gwladol, y Wladwriaeth, gwladwriaethol.

étatisation [etatizasjɔ̃] *f* gwladoli.

étatiser [etatize] (**1**) *vt* gwladoli.

étatisme [etatism] *m* gwladoliaeth *b*.

étatiste [etatist] *adj* gwladoliaethol;
♦*m/f* gwladoliaethwr *g*, gwladoliaethwraig *b*.

état-major (~**s**-~**s**) [etamaʒɔʀ] *m* (*MIL*) staff *g*, swyddogion *ll*; (*lieu*) pencadlys *g*; (*d'un parti*) prif ymgynghorwyr *ll*; (*d'une entreprise*) rheolwyr *ll*.

État-providence [etaprɔvidɑ̃s] *m* gwladwriaeth *b* les.

États-Unis [etazyni] *prmpl*: **les** ~-~ yr Unol Daleithiau *ll*; **les** ~-~ **d'Amérique** Unol Daleithiau America; **aux** ~-~ yn yr Unol Daleithiau, i'r Unol Daleithiau.

étau (**-x**) [eto] *m* (*TECH*) feis *b*; (*fig*) gafael *b* haearnaidd.

étayer [eteje] (**18**) *vt* cynnal, ategu.

etc. *abr adv*(= *et cetera, et cætera*) ayb (= ac yn y blaen).

et cetera, et cætera [ɛtseteʀa] *adv* ac yn y blaen.

été[1] [ete] *pp de* **être**.

été[2] [ete] *m* haf *g*; **en** ~ yn yr haf; ~ **indien** haf bach Mihangel.

éteignais *etc* [etɛɲɛ] *vb voir* **éteindre**.

éteignoir [etɛɲwaʀ] *m* diffoddwr *g* canhwyllau; (*péj*) difethwr *g* hwyl.

éteindre [etɛ̃dʀ] (**68**) *vt* diffodd; (*fig*) diffodd, trechu, lleddfu; (*JUR: dette*) diddymu;
♦ **s'**~ *vr* diffodd; (*mourir*) marw.

éteint (**-e**) [etɛ̃, ɛ̃t] *pp de* **éteindre**;
♦*adj* (*volcan*) diffoddedig; (*voix*) difywyd; **tous feux** ~**s** (*rouler*) heb olau *ou* heb oleuadau.

étendard [etɑ̃daʀ] *m* baner *b*.

étendre [etɑ̃dʀ] (**3**) *vt* ymestyn; (*coucher*) rhoi (rhn) i orwedd; (*fam: adversaire*) llorio;

(*appliquer*) taenu; (*diluer*) glastwreiddio, teneuo; (*linge*) hongian; (*fig: agrandir*) lledu, ymestyn, helaethu;
♦ **s'~** *vr* ymestyn; **s'~ jusqu'à** ymestyn hyd at; **s'~ de ... à** ymestyn o ... i; **s'~ (sur)** (*personne: se coucher*) gorwedd (ar); (*fig: expliquer*) ymhelaethu (ar).

étendu (**-e**) [etɑ̃dy] *adj* eang, helaeth; (*ville*) gwasgarog.

étendue [etɑ̃dy] *f* ehangder *g*; (*d'eau*) hyd *g*; (*durée*) hyd; (*importance*) hyd a lled, swmp *g*, maint *g*; (*MUS*) cwmpas *g*, ystod *g*;
♦*adj f voir* **étendu**.

éternel (**-le**) [etɛʀnɛl] *adj* (*REL*) tragwyddol, bythol; (*débat*) diddiwedd; **les neiges ~les** eira *g* parhaus.

éternellement [etɛʀnɛlmɑ̃] *adv* yn dragwydd, am byth, byth bythol; (*continuellement*) byth a hefyd.

éterniser [etɛʀnize] (**1**): **s'~** *vr* (*débat, situation*) para am oesoedd; (*visiteur*) aros am oesoedd.

éternité [etɛʀnite] *f* tragwyddoldeb *g*; **il y a** *neu* **ça fait une ~ que je t'attends** 'rwy'n disgwyl amdanat ers oesoedd; **de toute ~** ers cyn cof.

éternuement [etɛʀnymɑ̃] *m* tisian, tisiad *g*.

éternuer [etɛʀnɥe] (**1**) *vi* tisian, taro untrew.

êtes [ɛt(z)] *vb voir* **être**.

étêter [etete] (**1**) *vt* (*arbre*) tocio; (*clou, poisson*) torri pen.

éther [etɛʀ] *m* (*CHIM*) ether *g*.

éthéré (**-e**) [eteʀe] *adj* etheraidd; (*céleste, divin*) nefolaidd

Éthiopie [etjɔpi] *prf*: **l'~** Ethiopia *b*.

éthiopien (**-ne**) [etjɔpjɛ̃, jɛn] *adj* Ethiopaidd.

Éthiopien [etjɔpjɛ̃] *m* Ethiopiad *g*, Ethiop *g*.

Éthiopienne [etjɔpjɛn] *f* Ethiopes *b*.

éthique [etik] *adj* moesegol, ethig;
♦*f* moeseg *b*, etheg *b*.

ethnie [ɛtni] *f* grŵp *g* ethnig, cenedl *b*.

ethnique [ɛtnik] *adj* cenhedlig, ethnig.

ethnographe [ɛtnɔgʀaf] *m/f* ethnograffydd *g*.

ethnographie [ɛtnɔgʀafi] *f* ethnograffeg *b*.

ethnographique [ɛtnɔgʀafik] *adj* ethnograffig.

ethnologie [ɛtnɔlɔʒi] *f* ethnoleg *b*.

ethnologique [ɛtnɔlɔʒik] *adj* ethnolegol.

ethnologue [ɛtnɔlɔg] *m/f* ethnolegydd *g*.

éthologie [etɔlɔʒi] *f* etholeg *g*.

éthylique [etilik] *adj* alcoholaidd; (*CHIM*) ethylig; **alcool ~** alcohol *g* ethyl.

éthylisme [etilism] *m* alcoholiaeth *b*.

étiage [etjaʒ] *m* distyll *g*.

Étienne [etjɛn] *prm* Steffan.

étiez [etje] *vb voir* **être**.

étincelant (**-e**) [etɛ̃s(ə)lɑ̃, ɑ̃t] *adj* (*étoile, diamant*) disglair, pefriol; (*soleil*) tanbaid; (*yeux*) pefriol; (*couleur*) llachar; (*conversation*) pefriol.

étinceler [etɛ̃s(ə)le] (**11**) *vi* (*étoile, diamant*) disgleirio; (*yeux, conversation*) pefrio; (*yeux: regard de colère*) fflachio, tanbeidio.

étincelle [etɛ̃sɛl] *f* (*feu*) sbarc *g*, gwreichionyn *g*; (*fig*) fflach *b*.

étiolement [etjɔlmɑ̃] *m* nychdod *g*, gwanychiad *g*.

étioler [etjɔle] (**1**): **s'~** *vr* nychu, gwanychu, gwanhau; (*mémoire*) pylu, gwanhau.

étions [etjɔ̃] *vb voir* **être**.

étique [etik] *adj* esgyrnog.

étiquetage [etik(ə)taʒ] *m* labelu.

étiqueter [etik(ə)te] (**12**) *vt* labelu.

étiqueteuse [etiktøz] *f* labelydd *g*.

étiquette[1] [etikɛt] *vb voir* **étiqueter**.

étiquette[2] [etikɛt] *f* label *g*; (*protocole*) moesgarwch *ll*; **candidat sans ~** (*POL*) ymgeisydd *g* annibynnol.

étirer [etiʀe] (**1**) *vt* ymestyn; **~ ses bras/jambes** ymestyn eich breichiau/coesau;
♦ **s'~** *vr* ymestyn; (*journée*) ymestyn, para am oesoedd.

étoffe [etɔf] *f* defnydd *g*, deunydd *g*; **il a de l'~** mae swmp ynddo, mae'n un swmpus; **il a l'~ d'un chef** mae deunydd arweinydd ynddo.

étoffer [etɔfe] (**1**) *vt* (*discours etc*) llenwi, padio;
♦ **s'~** *vr* (*personne*) tewychu.

étoile [etwal] *f* seren *b*; **il est né sous une bonne/mauvaise ~** fe'i ganed yn lwcus/anlwcus; **à la belle ~** dan y sêr, yn yr awyr agored; **~ de mer** seren fôr; **~ filante** seren wîb; **~ polaire** seren y gogledd;
♦*adj*: **danseur ~** prif ddawnsiwr *g*; **danseuse ~** prif ddawnsferch *b*.

étoilé (**-e**) [etwale] *adj* serog, serennog.

étoiler [etwale] (**1**) *vt*: **~ qch** britho rhth â sêr; (*fêler, trouer*) gwneud siâp seren ar rth.

étole [etɔl] *f* (*d'un êveque*) stola *g*; (*de femme*) stôl *b*.

étonnamment [etɔnamɑ̃] *adv* yn rhyfeddol, yn syfrdanol.

étonnant (**-e**) [etɔnɑ̃, ɑ̃t] *adj* rhyfeddol, syfrdanol; (*valeur intensive*) anhygoel.

étonné (**-e**) [etɔne] *adj* syfrdan, syn, wedi synnu, wedi hurtio.

étonnement [etɔnmɑ̃] *m* syndod *g*, syfrdandod *g*; **à mon grand ~ ...** er mawr syndod imi ...

étonner [etɔne] (**1**) *vt* synnu, syfrdanu; **cela m'étonne** 'rwy'n synnu, 'rwy'n rhyfeddu;
♦ **s'~** *vr* rhyfeddu, synnu, bod yn syn; **s'~ que ...** synnu ..., rhyfeddu; **s'~ de** synnu at, rhyfeddu at.

étouffant (**-e**) [etufɑ̃, ɑ̃t] *adj* myglyd, llethol.

étouffé (**-e**) [etufe] *adj* wedi mygu; (*assourdi: cri, rire*) aneglur, lleddf.

étouffée [etufe]: **à l'~** *adv* brwysiedig; **cuire qch à l'~** stemio rhth; (*viande*) brwysio rhth, mudstiwio rhth.

étouffement [etufmɑ̃] *m* mygfa *b*; (*action*) mygu.

étouffer [etufe] (**1**) *vi* mygu;
♦*vt* mygu;
♦ **s'~** *vr* (*en mangeant*) tagu.
étouffoir [etufwaʀ] *m* (*MUS*) lleddfwr *g*.
étoupe [etup] *f* (*de chanvre*) carth *g*, breisgion *ll*.
étourderie [etuʀdəʀi] *f* anghofrwydd *g*, diofalwch *g*, diffyg *g* meddwl, esgeulustod *g*; **faute d'~** camgymeriad *g* esgeulus, esgeulustod.
étourdi (**-e**) [etuʀdi] *adj* anghofus, difeddwl, diofal, esgeulus.
étourdiment [etuʀdimɑ̃] *adv* yn ddifeddwl, yn esgeulus, yn ddiofal, yn anghofus.
étourdir [etuʀdiʀ] (**2**) *vt* hurtio, moedro, pensyfrdanu, syfrdanu, drysu; (*griser*) meddwi, gwneud yn chwil.
étourdissant (**-e**) [etuʀdisɑ̃, ɑ̃t] *adj* syfrdanol; (*bruit*) byddarol.
étourdissement [etuʀdismɑ̃] *m* pendro *b*, pensyfrdandod *g*.
étourneau (**-x**) [etuʀno] *m* drudwen *b*.
étrange [etʀɑ̃ʒ] *adj* rhyfedd, hynod, rhyfeddol.
étrangement [etʀɑ̃ʒmɑ̃] *adv* yn rhyfeddol, yn rhyfedd, yn hynod.
étranger[1] (**étrangère**) [etʀɑ̃ʒe, etʀɑ̃ʒɛʀ] *adj* estron, tramor; (*pas de la famille, non familier*) dieithr.
étranger[2] [etʀɑ̃ʒe] *m* (*d'un autre pays*) estron *g*, tramorwr *g*; (*inconnu*) dieithryn *g*.
étranger[3] [etʀɑ̃ʒe] *m*: **l'~** (*gens d'ailleurs*) tramorwyr *ll*; (*autres pays*) gwledydd *ll* tramor; **à l'~** dramor; **de l'~** oddi tramor.
étrangère [etʀɑ̃ʒɛʀ] *f* (*d'un autre pays*) estrones *b*, tramorwraig *b*; (*inconnue*) dieithryn *g*;
♦*adj f voir* **étranger**[1].
étrangeté [etʀɑ̃ʒte] *f* hynodrwydd *g*.
étranglé (**-e**) [etʀɑ̃gle] *adj*: **d'une voix ~e** mewn llais taglyd.
étranglement [etʀɑ̃gləmɑ̃] *m* tagfa *b*; (*action*) tagu; (*d'une route*) culfan *b*; (*action*) culhau.
étrangler [etʀɑ̃gle] (**1**) *vt* tagu, llindagu; (*fig: presse, libertés*) mygu;
♦ **s'~** *vr* tagu; (*se resserrer*) culhau.
étrave [etʀav] *f* blaen *g* llong.
être [ɛtʀ] (**7**) *m* (*individu, nature intime*) bod *g*; **~ humain** bod dynol;
♦*vi*
1 (*exister*) bod, bodoli; (*se trouver*) bod; **je ne serai pas ici demain** ni fyddaf yma fory.
2 (*avec attribut: description*) bod; **elle est forte** mae hi'n gryf; **vous êtes fatigué** 'rydych chi wedi blino.
3 (*état*) bod; **elle est professeur** athrawes yw hi; **il n'est pas français** nid Ffrancwr mohono.
4 (*provenance, origine*): **~ de** dod o; **il est de Genève/de la même famille** mae'n un o Genefa/o'r un teulu.
5 (*date*): **nous sommes le 5 juin** Mehefin y 5ed yw hi.
6 (*appartenir*): **~ à** perthyn i; **le livre est à Paul** Paul biau'r llyfr; **c'est à moi/eux** mae'n eiddo i mi/iddyn nhw.
7 (*obligation*): **~ à** bod i; **c'est à réparer** dylid ei atgyweirio; **il est à espérer/souhaiter que ...** gobeithir/dymunir ...;
♦*vb aux* (il existe en gallois des formes concises du verbe pour exprimer les verbes composés en français).
1 (*dans les temps composés*) bod wedi; **elle est arrivée** cyrhaeddodd, mae hi wedi cyrraedd, fe gyrhaeddodd hi; **elle était revenue** 'roedd hi wedi dod yn ôl, daethai hi yn ôl; **elle sera partie** fe fydd hi wedi gadael; **il est venu hier** daeth ddoe; **tu t'es levé** codaist, fe godaist ti; **l'homme qui est allé** y dyn a aeth.
2 (*forme passive*) cael; **il est fait par ...** caiff ei wneud gan ...; **elle a été tuée par ...** fe'i lladdwyd gan ...; **il a été promu ...** cafodd ei ddyrchafu ...;
♦*vb impers*
1: **il est ...** (+ *adj*) mae hi'n ...; **il est impossible de le faire** mae'n amhosibl ei wneud; **il n'est pas facile de ...** nid yw'n hawdd ....
2 (*heure*): **il est 10 heures** mae hi'n ddeg o'r gloch; **il est 1 heure** mae hi'n un o'r gloch; **il est minuit** mae hi'n hanner nos.
étreindre [etʀɛ̃dʀ] (**68**) *vt* cofleidio;
♦ **s'~** *vr* cofleidio, ymgofleidio.
étreinte [etʀɛ̃t] *f* gafael *b*; (*amicale, amoureuse*) cofleidiad *g*; **resserrer son ~ autour de qn** (*fig*) tynhau'ch gafael ar rhn, cydio'n dynnach yn rhn.
étrenner [etʀene] (**1**) *vt*: **~ qch** (*porter*) gwisgo rhth am y tro cyntaf; (*utiliser*) defnyddio rhth am y tro cyntaf.
étrennes [etʀɛn] *fpl* ≈ calennig *g*, anrheg *b* dydd Calan; (*gratifications*) bonws *g* Nadolig, calennig.
étrier [etʀije] *m* gwarthol *b*.
étriller [etʀije] (**1**) *vt* ysgrafellu; (*fam: battre*) curo, wado; (*critiquer*) rhostio; **se faire ~** cael eich blingo.
étriper [etʀipe] (**1**) *vt* diberfeddu; **~ qn*** hanner lladd rhn.
étriqué (**-e**) [etʀike] *adj* (*vêtement*) ysgafn; (*vie: cyfyngedig*) (*appartement*) cyfyng; (*esprit*) cul.
étroit (**-e**) [etʀwa, wat] *adj* cul; (*vêtement*) tynn; (*rigoureux*) manwl; **à l'~** (*vivre, être logé*) yn gyfyng; **je me sens à l'~** (*financièrement*) mae'n galed *ou* gyfyng arna' i, mae'r esgid fach yn gwasgu; **~ d'esprit** cul eich meddwl.
étroitement [etʀwatmɑ̃] *adv* yn fanwl; **surveiller ~ qn** cadw llygad barcud ar rn.
étroitesse [etʀwatɛs] *f* culni *g*; **~ d'esprit** culni meddwl.
Étrurie [etʀyʀi] *prf*: **l'~** Etrwria *b*.

étrusque [etʀysk] *adj* Etrwsgaidd.
étude [etyd] *f* astudiaeth *b*; (*action*) astudio; (*bureau*) swyddfa *b*; (*SCOL: salle de travail*) ystafell *b* astudio, astudfa *b*; **être à l'∼** bod dan sylw; **∼s** (*SCOL*) astudiaethau *ll*; **faire des ∼s** astudio; **faire des ∼s de droit/médecine** astudio'r gyfraith/meddygaeth; **∼s secondaires/supérieures** addysg uwchradd/uwch; **∼ de cas** astudiaeth achos; **∼ de faisabilité** astudiaeth dichonoldeb; **∼ de marché** ymchwil *b* farchnata.
étudiant[1] (**-e**) [etydjɑ̃, jɑ̃t] *adj* myfyrwyr.
étudiant[2] [etydjɑ̃] *m* myfyriwr *g*.
étudiante [etydjɑ̃t] *f* myfyrwraig *b*; ♦*adj f voir* **étudiant**[1].
étudié (**-e**) [etydje] *adj* (*air, démarche*) gofalus; (*système*) a gynlluniwyd yn ofalus; (*prix*) isel, cystadleuol.
étudier [etydje] (**16**) *vt, vi* astudio.
étui [etɥi] *m* cês *g*, blwch *g*.
étuve [etyv] *f* ystafell *b* ager; (*appareil*) diheintydd *g*, sterilydd *g*.
étuvée [etyve]: **à l'∼** *adv* (*CULIN*) brwysiedig; **faire cuire qch à l'∼** brwysio rhth, mudstiwio rhth.
étymologie [etimɔlɔʒi] *f* etymoleg *b*, geirdarddeg *b*, geirdarddiad *g*; **∼ d'un mot** tarddiad *g* gair.
étymologique [etimɔlɔʒik] *adj* geirdarddol, etymolegol.
eu (**-e**) [y] *pp de* **avoir**.
E-U(A) [əya] *sigle mpl*(= *États-Unis (d'Amérique)*) UDA *ll*.
eucalyptus [økaliptys] *m* coeden *b* ewcalyptws.
Eucharistie [økaʀisti] *f* y cymun *g*, Ewcharist *g*.
eucharistique [økaʀistik] *adj* Ewcaristig.
Euclide [øklid] *prm* Ewclid *g*.
euclidien (**-ne**) [øklidjɛ̃, jɛn] *adj* ewclidaidd; **géométrie ∼ne** geometreg *b* Ewclid.
eugénique [øʒenik] *adj* ewgenaidd; ♦*f* ewgeneg *b*.
eugénisme [øʒenism] *m* ewgeneg *b*.
euh [ø] *excl* (*embarras, hésitation*) ym, y.
eunuque [ønyk] *m* eunuch *g*.
euphémique [øfemik] *adj* mwytheiriol, llednais.
euphémisme [øfemism] *m* mwythair *g*, gair *g* llednais.
euphonie [øfɔni] *f* perseinedd *g*.
euphorbe [øfɔʀb] *f* (*BOT*) fflamgoed *b*.
euphorie [øfɔʀi] *f* perlesmair *g*, ewfforia *g*, teimlad *g* braf.
euphorique [øfɔʀik] *adj* perlesmeiriol, ewfforig, braf.
euphorisant (**-e**) [øfɔʀizɑ̃, ɑ̃t] *adj* (*atmosphère*) braf; (*médicament*) perlesmeiriol.
Euphrate [øfʀat] *prm*: **l'∼** (afon) Ewffrates *b*.
eurafricain (**-e**) [øʀafʀikɛ̃, ɛn] *adj* Ewro-Affricanaidd.
eurasiatique [øʀazjatik] *adj* Ewro-Asiaidd
Eurasie [øʀazi] *prf* Ewrasia *b*.
eurasien (**-ne**) [øʀazjɛ̃, jɛn] *adj* Ewrasiaidd.
Eurasien [øʀazjɛ̃] *m* Ewrasiad *g*.
Eurasienne [øʀazjɛn] *f* Ewrasiad *b*.
EURATOM [øʀatom] *sigle f*(= *European Atomic Energy Commission*) Ewratom *g*.
eurent [yʀ] *vb voir* **avoir**.
Euripide [øʀipid] *prm* Ewripides *g*.
euro [øʀo] *m* ewro *g*.
eurochèque [øʀoʃɛk] *m* ewrosiec *g*.
eurocrate [øʀɔkʀat] (*péj*) *m/f* Ewrocrat *g*.
eurodevise [øʀɔdəviz] *f* ewro-arian *g*.
eurodollar [øʀodɔlaʀ] *m* ewroddoler *b*.
euromarché [øʀomaʀʃe] *m* y Farchnad *b* Gyffredin.
euromonnaie [øʀomɔnɛ] *f* ewro-arian *g*.
Europe [øʀɔp] *prf*: **l'∼** Ewrop *b*; **l'∼ centrale** Canolbarth *g* Ewrop; **l'∼ communautaire** y Gymuned *b* (Economaidd) Ewropeaidd; **l'∼ verte** amaethyddiaeth *b* Ewrop; **faire l'∼** adeiladu Ewrop (newydd).
européanisation [øʀɔpeanizasjɔ̃] *f* Ewropeiddio.
européaniser [øʀɔpeanize] (**1**) *vt* Ewropeiddio; ♦ **s'∼** *vr* Ewropeiddio, mynd yn fwy Ewropeaidd.
européen (**-ne**) [øʀɔpeɛ̃, ɛn] *adj* Ewropeaidd.
Européen [øʀɔpeɛ̃] *m* Ewropead *g*.
Européenne [øʀɔpeɛn] *f* Ewropead *b*.
eurosceptique [øʀosɛptik] [m?f] ewrosgeptig *g*.
Eurotunnel [øʀotynɛl] *prm* Ewrodwnel *g*.
Eurovision [øʀɔvizjɔ̃] *f* Ewrodeledu *g*; **émission en ∼** Ewroddarllediad *g*.
Eurozone [øʀɔzon] *f*: **l'∼** yr Ewrodir *g*.
eus *etc* [y] *vb voir* **avoir**.
euthanasie [øtanazi] *f* ewthanasia *g*.
eux [ø] *pron*
1 (*après préposition, dans comparaison*) nhw; **elle veut une photo d'∼** mae arni eisiau llun ohonyn nhw; **avec ∼** gyda nhw; **ce livre est à ∼** eu llyfr nhw ydi hwn; **un ami à ∼** ffrind iddyn nhw; **j'ai mangé plus qu'∼** bwyteais fwy na nhw; **envers ∼** tuag atyn nhw; **pour ∼** er eu mwyn, ar eu cyfer; **∼ aussi** a hwythau.
2 (*sujet, forme emphatique*) nhw, hwy; **∼, ils ont fait ...** a hwythau, fe wnaethon' ..., fe wnaethon *nhw* ...; **∼, ils sont à Rome** yn rhufain y maen nhw; **est-ce qu'il le savent, ∼?** a ydyn nhw yn gwybod hynny?; **c'est ∼ qui me l'ont dit** nhw eu hunain a ddywedodd wrthyf.
eux-mêmes [ømɛm] *pron* hwy *ou* nhw eu hunain.
EV [əve] *abr*(= *en ville*) *ar lythyr i'w ddanfon yn yr un dref.*
évacuation [evakɥasjɔ̃] *f* gwacâd *g*; (*action*) gwagio; (*MÉD*) ysgarthiad *g*.
évacué [evakɥe] *m* faciwî *g*.
évacuée [evakɥe] *f* faciwî *b*.
évacuer [evakɥe] (**1**) *vt* gwagio; (*personnes*) symud; (*MÉD*) ysgathru.
évadé[1] (**-e**) [evade] *adj* diangedig, wedi dianc,

ar ffo.
évadé[2] [evade] *m* ffoadur *g*.
évadée [evade] *f* ffoadures *b*;
♦*adj f voir* **évadé**[1].
évader [evade] (**1**): **s'∼ (de qch)** *vr* dianc, ffoi (rhag rhth).
évaluation [evalɥasjɔ̃] *f* prisiad *g*; (*action*) prisio; (*de coûts*) amcangyfrif *g*; (*de dégâts*) amcangyfrif, asesiad *g*; (*action*) asesu.
évaluer [evalɥe] (**1**) *vt* prisio; (*estimer approximativement*) amcangyfrif; (*dégâts*) amcangyfrif cost.
évanescent (**-e**) [evanesɑ̃, ɑ̃t] *adj* darfodedig.
évangélique [evɑ̃ʒelik] *adj* (*charité, vie*) Cristnogol; (*de l'église réformée*) Protestannaidd, Efengylaidd.
évangélisateur[1] (**évangélisatrice**) [evɑ̃ʒelizatœʀ, evɑ̃ʒelizatʀis] *adj* efengylaidd.
évangélisateur[2] [evɑ̃ʒelizatœʀ] *m* efengylwr *g*.
évangélisation [evɑ̃ʒelizasjɔ̃] *f* efengylu.
évangélisatrice [evɑ̃ʒelizatʀis] *f* efengylwraig *b*;
♦*adj f voir* **évangélisateur**[1].
évangéliser [evɑ̃ʒelize] (**1**) *vt* efengylu, pregethu'r efengyl.
évangéliste [evɑ̃ʒelist] *m* (*apôtre*) efengylydd *g*; (*de l'église reformée*) efengylwr *g*, efengylwraig *b*.
évangile [evɑ̃ʒil] *m* efengyl *b*; **É∼** (*texte de la Bible*) Efengyl; **l'É∼ selon St Marc** yr Efengyl yn ôl Marc; **ce n'est pas l'É∼** (*fig*) nid yw'n efengyl.
évanoui (**-e**) [evanwi] *adj* anymwybodol, wedi llewygu; **tomber** ∼ llewygu, pango.
évanouir [evanwiʀ] (**2**): **s'∼** *vr* llewygu; (*fig: disparaître*) diflannu.
évanouissement [evanwismɑ̃] *m* (*MÉD*) llewyg *g*; (*fig*) diflaniad *g*.
évaporation [evapɔʀasjɔ̃] *f* anweddiad *g*; (*action*) anweddu.
évaporé (**-e**) [evapɔʀe] *adj* (*péj: personne*) penchwiban, ffôl.
évaporer [evapɔʀe] (**1**): **s'∼** *vr* anweddu; (*fig*) diflannu.
évasé (**-e**) [evɑze] *adj* (*jupe etc*) ymledol, sy'n fflerio.
évaser [evɑze] (**1**) *vt* (*tuyau*) lledu; (*jupe, pantalon*) fflerio;
♦ **s'∼** *vr* lledu, ymledu, mynd yn lletach; (*jupe, pantalon*) fflerio.
évasif (**évasive**) [evazif, evaziv] *adj* gochelgar, anodd eich dal, amharod i ateb; **elle donne toujours des réponses évasives** mae hi wastad yn osgoi ateb yn syth.
évasion [evazjɔ̃] *f* dihangfa *b*; **littérature d'∼** llenyddiaeth *b* dihangfa; ∼ **des capitaux** enciliad *g* cyfalaf; ∼ **fiscale** osgoi trethi.
évasivement [evazivmɑ̃] *adv* yn ochelgar, yn amharod i ateb.
Eve [ɛv] *prf* Efa.
évêché [eveʃe] *m* esgobaeth *b*; (*résidence*) cartref *g* esgob.
éveil [evɛj] *m* deffroad *g*; **être en** ∼ bod yn effro, bod ar ddi-hun; **mettre qn en ∼, donner l'∼ à qn** codi amheuon yn rhn; **activités d'∼** (*SCOL*) *gweithgareddau i symbylu creadigrwydd plant ifanc.*
éveillé (**-e**) [eveje] *adj* effro, di-hun; (*vif*) craff.
éveiller [eveje] (**1**) *vt* deffro, dihuno; ∼ **la curiosité de qn** ennyn chwilfrydedd rhn;
♦ **s'∼** *vr* deffro, dihuno.
évènement [evɛnmɑ̃] *m* digwyddiad *g*; (*fait marquant*) achlysur *g*.
éventail [evɑ̃taj] *m* gwyntyll *b*, ffan *b*; (*choix*) amrediad *g*, ystod *b*; **en** ∼ ar daen, ar lun gwyntyll.
éventaire [evɑ̃tɛʀ] *m* (*au marché*) stondin *b*.
éventé (**-e**) [evɑ̃te] *adj* (*parfum, vin*) hen; (*secret*) hysbys.
éventer [evɑ̃te] (**1**) *vt* (*complot, secret*) datgelu; (*avec un éventail*) gwyntyllu;
♦ **s'∼** *vr* (*vin, parfum*) mynd yn hen; (*avec un éventail*) eich oeri'ch hun â gwyntyll.
éventrer [evɑ̃tʀe] (**1**) *vt* diberfeddu, rhwygo'n agored.
éventualité [evɑ̃tɥalite] *f* digwyddiad *g* posibl, posibiliad *g*; **dans l'∼ de qch** petai rhth yn digwydd, os digwydd rhth; **parer à toute** ∼ bod yn barod ar gyfer pob posibiliad *ou* posibilrwydd.
éventuel (**-le**) [evɑ̃tɥɛl] *adj* posibl, dichonol.
éventuellement [evɑ̃tɥɛlmɑ̃] *adv* o bosib, efallai, yn ddichonol.
évêque [evɛk] *m* esgob *g*.
Everest [ɛv(ə)ʀɛst] *prm*: **(le mont)** ∼ mynydd *g* Everest.
évertuer [evɛʀtɥe] (**1**): **s'∼** *vr* gwneud eich gorau glas; **s'∼ à faire qch** gwneud eich gorau glas i wneud rhth.
éviction [eviksjɔ̃] *f* troad *g* allan, troi allan; (*JUR*) dadfeddiant *g*.
évidemment [evidamɑ̃] *adv* wrth gwrs, yn amlwg.
évidence [evidɑ̃s] *f* amlygrwydd *g*; (*fait*) peth *g* amlwg; **se rendre à l'∼** wynebu ffeithiau; **nier l'∼** gwadu'r hyn sy'n amlwg; **à l'∼, de toute** ∼ yn hollol amlwg; **en** ∼ mewn lle amlwg; **mettre qch en** ∼ gosod rhth mewn lle amlwg.
évident (**-e**) [evidɑ̃, ɑ̃t] *adj* amlwg; **ce n'est pas** ∼ nid yw mor syml â hynny, nid yw mor amlwg.
évider [evide] (**1**) *vt* (*creuser: tronc, tige*) cafnu, tyrchu twll yn, gwagio; (*CULIN: légume, fruit*) cafnu, cafnio.
évier [evje] *m* sinc *b*.
évincement [evɛ̃smɑ̃] *m* dadfeddiannu.
évincer [evɛ̃se] (**9**) *vt* cymryd lle, disodli; (*JUR*) dadfeddiannu.
évitable [evitabl] *adj* osgoadwy, gocheladwy, heb eisiau.
évitement [evitmɑ̃] *m*: **place d'∼** (*AUTO*) man *g,b* pasio.

éviter [evite] (**1**) *vt* osgoi; (*épargner*) arbed; ~ **de faire qch** osgoi *ou* arbed gwneud rhth, peidio â gwneud rhth; ~ **que qch ne se passe** gofalu nad yw rhth yn digwydd; ~ **qch à qn** arbed rhn rhag rhth.

évocateur (**évocatrice**) [evɔkatœʀ, evɔkatʀis] *adj* awgrymog, atgofus.

évocation [evɔkasjɔ̃] *f* atgof *g*; (*action*) deffro atgof, atgoffa.

évolué (**-e**) [evɔlɥe] *adj* (*éclairé*) eangfrydig, goleuedig, blaengar; (*avancé*) datblygedig; (*BIOL*) esblygedig.

évoluer [evɔlɥe] (**1**) *vi* datblygu, newid; (*BIOL*) esblygu; (*aller et venir: danseur, avion*) troi, symud, ymsymud, troelli; (*dans la société*) symud, ymsymud, cylchredeg, byw a bod.

évolutif (**évolutive**) [evɔlytif, evɔlytiv] *adj* datblygol, esblygol; (*MÉD*) cynyddol; **ski** ~ dull y sgi byr.

évolution [evɔlysjɔ̃] *f* (*BIOL*) esblygiad *g*; (*progrès*) datblygiad *g*; (*changement*) newid *g*; ~**s** (*d'avion etc*) symudiadau *ll*, troelliadau *ll*.

évolutionnisme [evɔlysjɔnism] *m* esblygiadaeth *b*.

évolutionniste [evɔlysjɔnist] *adj* esblygiadol; ♦*m/f* esblygiadydd *g*.

évoquer [evɔke] (**1**) *vt* (*souvenirs*) deffro, dihuno; (*passé*) atgoffa (rhn) o rth; (*mentionner*) crybwyll, sôn am.

ex- [ɛks] *préf* cyn-; ~**-mari** cyn-ŵr; **son** ~**-femme** ei gyn-wraig.

ex. *abr*(= *exemple*) e.e.; (*exemplaire*) copi *g*.

exacerbé (**-e**) [ɛgzasɛʀbe] *adj* eithafol.

exacerber [ɛgzasɛʀbe] (**1**) *vt* gwaethygu, dwysáu, ffyrnigo.

exact (**-e**) [ɛgza(kt), ɛgzakt] *adj* (*juste*) cywir; (*précis*) union; (*ponctuel*) prydlon; **l'heure** ~**e** yr union amser.

exactement [ɛgzaktəmɑ̃] *adv* yn union, yn gymwys; (*c'est cela même*) yn hollol.

exaction [ɛgzaksjɔ̃] *f* (*d'argent*) hawliad *g*; ~**s** (*actes de violence*) ymosodiadau *ll*, camdriniaethau *ll*.

exactitude [ɛgzaktityd] *f* cywirdeb *g*; (*ponctualité*) prydlondeb *g*.

ex æquo [ɛgzeko] *adv* yn gyfartal; ♦*adj inv*: **classé 1er** ~ ~ cyfartal gyntaf.

exagération [ɛgzaʒeʀasjɔ̃] *f* gor-ddweud, gorliwio, gor-wneud.

exagéré (**-e**) [ɛgzaʒeʀe] *adj* gormodol, gorliwiedig, eithafol; **être d'une sensibilité** ~**e** bod yn or-sensitif; **il n'est pas** ~ **de dire que** ... nid gor-ddweud yw ...

exagérément [ɛgzaʒeʀemɑ̃] *adv* yn ormodol, heb fod angen.

exagérer [ɛgzaʒeʀe] (**14**) *vi* mynd yn rhy bell, gor-ddweud;
♦*vt* gorliwio, gor-ddweud, gor-wneud; **sans** ~ heb or-ddweud *ou* orliwio;
♦ **s'**~ *vr*: **s'**~ **l'importance de qch** meddwl fod rhth yn bwysicach nag ydyw, gorbrisio rhth.

exaltant (**-e**) [ɛgzaltɑ̃, ɑ̃t] *adj* gwefreiddiol, asbrïol.

exaltation [ɛgzaltasjɔ̃] *f* (*vive excitation*) asbri *g*, brwdfrydedd *g*, cynnwrf *g*; (*action*) cynhyrfu.

exalté (**-e**) [ɛgzalte] *adj*, *m/f* asbrïol, brwd, cynyrfedig, cynhyrfus, mewn cynnwrf; (*esprit*) cynhyrfus.

exalter [ɛgzalte] (**1**) *vt* (*enthousiasmer*) cynhyrfu; (*glorifier*) mawrygu, dyrchafu;
♦ **s'**~ *vr* cyffroi, ymgynhyrfu, ymgyffroi, cynhyrfu drwoch.

examen [ɛgzamɛ̃] *m* archwiliad *g*; (*action*) archwilio; (*SCOL*) arholiad *g*; (*JUR*) croesholiad *g*; (*avant un changement*) arolygiad *g*; **à l'**~ o'i archwilio; **passer un** ~ sefyll arholiad; **réussir à un** ~ llwyddo mewn arholiad; **être reçu à un** ~ llwyddo mewn arholiad; ~ **blanc** ffug arholiad; ~ **d'entrée** arholiad mynediad; ~ **de conscience** hunanymchwiliad *g*; ~ **de la vue** prawf *g* llygaid, prawf ar y golwg; ~ **final** arholiad terfynol; ~ **médical** archwiliad meddygol.

examinateur [ɛgzaminatœʀ] *m* (*SCOL*) arholwr *g*.

examinatrice [ɛgzaminatʀis] *f* (*SCOL*) arholwraig *b*.

examiner [ɛgzamine] (**1**) *vt* archwilio; (*pour faire des changements*) arolygu; (*SCOL*) arholi.

exaspérant (**-e**) [ɛgzaspeʀɑ̃, ɑ̃t] *adj* digon i'ch gwylltio, cynddeiriogol, yn dân ar eich croen.

exaspération [ɛgzaspeʀasjɔ̃] *f* (*colère*) gwylltineb *g*, dicter *g*; (*de douleur*) gwaethygiad *g*, dwysâd *g*.

exaspéré (**-e**) [ɛgzaspeʀe] *adj* cynddeiriog, diamynedd, blin, piwis.

exaspérer [ɛgzaspeʀe] (**14**) *vt* (*irriter*) gwylltio, cynddeiriogi; (*douleur*) gwaethygu, dwysáu.

exaucer [egzose] (**9**) *vt* (*Dieu: prière*) ateb; (*désir, requête*) cyflawni, gwireddu

ex cathedra [ɛkskatedʀa] *adv*, *adj* o'r gadair, o'r orsedd, ag awdurdod.

excavateur [ɛkskavatœʀ] *m* (*TECH*) turiwr *g*, jac *g* codi baw, peiriant *g* cloddio.

excavation [ɛkskavasjɔ̃] *f* cloddfa *b*, cloddiad *g*, turiad *g*; (*action*) cloddio, turio.

excavatrice [ɛkskavatʀis] *f* (*TECH*) turiwr *g*, jac *g* codi baw, peiriant *g* cloddio.

excédent [ɛksedɑ̃] *m* gornifer *g*, gormod *g*; **en** ~ yn ormod; ~ **commercial** gorgynnyrch *g* masnachol; ~ **de bagages** paciau *ll* dros ben; **payer 600 F d'**~ (*de bagages*) talu chwe chan ffranc yn ychwanegol am baciau dros ben; ~ **de poids** pwysau *ll* dros ben; **les** ~**s agricoles** gorgynnyrch *g* amaethyddol.

excédentaire [ɛksedɑ̃tɛʀ] *adj* gormodol, dros ben.

excéder [ɛksede] (**14**) *vt* (*dépasser*) mynd yn fwy na, mynd heibio i, mynd y tu hwnt i;

(*agacer*) gwylltio; **excédé de fatigue** wedi blino'n lân, wedi ymlâdd; **excédé de travail** wedi gorweithio.
excellence [ɛkselɑ̃s] *f* ardderchogrwydd *g*, rhagoriaeth *b*; **son E~** ei Ardderchogrwydd; **par ~** yn anad dim, uwchlaw popeth, rhagorol, delfrydol.
excellent (**-e**) [ɛkselɑ̃, ɑ̃t] *adj* ardderchog, rhagorol, gwych, campus.
exceller [ɛksele] (**1**) *vi*: **~ (en/dans)** rhagori (mewn).
excentricité [ɛksɑ̃tʀisite] *f* hynodrwydd *g*, odrwydd *g*; (*MATH*) echreiddiad *g*, ecsentrigrwydd *g*.
excentrique [ɛksɑ̃tʀik] *adj* hynod, rhyfedd, od; (*MATH*) echreiddig, ecsentrig.
excentriquement [ɛksɑ̃tʀikmɑ̃] *adv* yn hynod, yn rhyfedd, yn od; (*MATH*) yn echreiddig, yn ecsentrig.
excepté (**-e**) [ɛksɛpte] *adj*: **les élèves ~s** ac eithrio'r disgyblion;
♦*prép*: **~ les élèves** ac eithrio'r disgyblion; **~ si ...** oni bai ..., ac eithrio os/pe ...; **~ quand** ac eithrio pan; **~ que** heblaw; **la journée s'est bien passée ~ qu'il a plu** 'roedd yn ddiwrnod da heblaw ei bod wedi bwrw glaw.
excepter [ɛksɛpte] (**1**) *vt* eithrio, hepgor, gadael (rhth) allan.
exception [ɛksɛpsjɔ̃] *f* eithriad *g*; **faire ~** bod yn eithriad; **faire une ~** gwneud eithriad; **sans ~** yn ddieithriad; **tout le monde est venu sans ~** daeth pawb yn ddiwahân; **à l'~ de** ac eithrio; **mesure d'~** deddf *b* arbennig.
exceptionnel (**-le**) [ɛksɛpsjɔnɛl] *adj* eithriadol; (*prix*) arbennig.
exceptionnellement [ɛksɛpsjɔnɛlmɑ̃] *adv* fel eithriad; (*remarquablement*) yn eithriadol, yn arbennig.
excès [ɛksɛ] *m* gornifer *g*, gormod *g*, gormodedd *g*; **à l'~** (*boire, manger*) gormod, yn ormodol, i'r eithaf; **tomber dans l'~ inverse** mynd i eithafion i'r cyfeiriad arall; **avec ~** yn ormodol, yn rhy bell; **sans ~** heb fod yn ormodol, yn gymedrol, heb fynd dros ben llestri; **généreux à l'~** rhy hael, hael i'r eithaf; **~ de langage** rhegi; **~ de pouvoir** camddefnyddio grym; **~ de vitesse** goryrru; **~ de zèle** gorfrwdfrydedd *g*;
♦*mpl* (*abus*) gormodedd *g*; **commettre des ~** mynd dros ben llestri.
excessif (**excessive**) [ɛksesif, ɛksesiv] *adj* gormodol, eithafol, anghymedrol.
excessivement [ɛksesivmɑ̃] *adv* rhy; (*extrêmement*) yn fawr iawn; **manger ~** bwyta gormod, gorfwyta; **~ méticuleux** rhy fanwl gywir.
excipient [ɛksipjɑ̃] *m* (*MÉD*) llenwydd *g* (*sylwedd mewn moddion i'w wneud yn haws ei lyncu*).
exciser [ɛksize] (**1**) *vt* (*MÉD*) torri (rhth) allan.
excision [ɛksizjɔ̃] *f* (*MÉD*) toriad *g* allan; (*action*) torri allan; (*rituelle*) enwaediad *g*, enwaedu.
excitant[1] (**-e**) [ɛksitɑ̃, ɑ̃t] *adj* cyffrous; (*stimulant*) adfywiol, cyfnerthol.
excitant[2] [ɛksitɑ̃] *m* tonig *g*, cordial *g*; (*fig*) anogaeth *b* sbarduniad *g*.
excitation [ɛksitasjɔ̃] *f* cynnwrf *g*, cyffro *g*.
excité (**-e**) [ɛksite] *adj* wedi cynhyrfu, wedi cyffroi; **être ~ comme une puce** bod ar bigau'r drain, bod fel gafr ar daranau.
exciter [ɛksite] (**1**) *vt* cynhyrfu, cyffroi; **~ qn à** (*la révolte, au combat*) annog rhn i;
♦ **s'~** *vr* cynhyrfu, cyffroi.
exclamatif (**exclamative**) [ɛksklamatif, ɛksklamativ] *adj* ebychiadol, ebychol.
exclamation [ɛksklamasjɔ̃] *f* ebychiad *g*; **point d'~** ebychnod *g*.
exclamer [ɛksklame] (**1**): **s'~** *vr* ebychu; **"zut", s'exclama-t-il** "daria", ebychodd *ou* meddai'n sydyn.
exclu (**-e**) [ɛkskly] *pp de* **exclure**;
♦*adj*: **il est/n'est pas ~ que** mae'n amhosibl/mae'n ddigon posibl ...; **ce n'est pas ~** mae'n ddigon posibl.
exclure [ɛksklyʀ] (**48**) *vt*: **~ qn** (*faire sortir*) gyrru rhn allan; (*d'une société*) diarddel, diaelodi; (*ne pas inclure*) gadael rhn allan, peidio â chynnwys rhn; (*rendre impossible*) eithrio.
exclusif (**exclusive**) [ɛksklyzif, ɛksklyziv] *adj* unigryw, unig o'i fath; **dans le but ~ de** yn unswydd i *ou* er mwyn; **agent ~** unig gynrychiolydd *g*.
exclusion [ɛksklyzjɔ̃] *f* gwaharddiad *g*, diarddeliad *g*; (*action*) gwahardd, diarddel, eithrio; **à l'~ de** ac eithrio.
exclusivement [ɛksklyzivmɑ̃] *adv* yn unig.
exclusivité [ɛksklyzivite] *f* detholusrwydd *g*, natur *b* ddethol *ou* gyfyngedig; (*COMM*) hawliau *ll* neilltuedig; **en ~** yn unig; **film passant en ~ à ...** ffilm *b* a ddangosir yn ... yn unig.
excommunier [ɛkskɔmynje] (**16**) *vt* ysgymuno.
excréments [ɛkskʀemɑ̃] *mpl* ysgarthion *ll*.
excréter [ɛkskʀete] (**14**) *vt* ysgarthu.
excroissance [ɛkskʀwasɑ̃s] *f* (*MÉD*) tyfiant *g*.
excursion [ɛkskyʀsjɔ̃] *f* gwibdaith *b*, trip *g*; **faire une ~** mynd ar wibdaith.
excursionniste [ɛkskyʀsjɔnist] *m/f* ymwelydd *g*, gwibdeithiwr *g*, gwibdeithwraig *b*.
excusable [ɛkskyzabl] *adj* esgusadwy, maddeuol.
excuse [ɛkskyz] *f* esgus *g*; (*expression de regret*) ymddiheuriad *g*; **mot d'~** (*SCOL*) nodyn *g* absenoldeb; **faire/présenter ses ~s** ymddiheuro i rn, ymesgusodi; **lettre d'~s** llythyr *g* i ymddiheuro.
excuser [ɛkskyze] (**1**) *vt* esgusodi; (*pardonner*) maddau; **se faire ~** gofyn am gael eich esgusodi, ymesgusodi; **"excusez-moi"**

"esgusodwch fi", "mae'n ddrwg gen i", "maddeuwch i mi";
♦ **s'∼** *vr* ymddiheuro.
exécrable [ɛgzekʀabl] *adj* ffiaidd, ofnadwy, atgas, erchyll.
exécrer [ɛgzekʀe] (**14**) *vt* casáu, ffieiddio at.
exécutant [ɛgzekytɑ̃] *m* (*MUS*) perfformiwr *g*.
exécutante [ɛgzekytɑ̃t] *f* (*MUS*) perfformwraig *b*.
exécuter [ɛgzekyte] (**1**) *vt* cyflawni, gwneud; (*mettre à mort*) dienyddio; (*MUS*) perfformio; (*INFORM*) rhedeg;
♦ **s'∼** *vr* cydymffurfio, cydsynio, ufuddhau.
exécuteur [ɛgzekytœʀ] *m* (*JUR*) ysgutor *g*; (*bourreau*) dienyddiwr *g*.
exécutif[1] (**exécutive**) [ɛgzekytif, ɛgzekytiv] *adj* gweithredol.
exécutif[2] [ɛgzekytif] *m*: **l'∼** (*POL*) yr adran *b* weithredol.
exécution [ɛgzekysjɔ̃] *f* gweithrediad *g*, cyflawniad *g*; (*action*) gweithredu, cyflawni; (*MUS*) perfformiad *g*, perfformio; (*mise à mort*) dienyddiad *g*, dienyddio; **mettre qch à ∼** cyflawni rhth; **∼ capitale** y gosb *b* eithaf.
exécutoire [ɛgzekytwaʀ] *adj* (*JUR*) cyfreithiol rwymol.
exécutrice [ɛgzekytʀis] *f* (*JUR*) ysgutores *b*.
exégèse [ɛgzeʒɛz] *f* dehongliad *g*, esboniad *g*, eglurhad *g*, dehongli, esbonio, egluro.
exégète [ɛgzeʒɛt] *m* dehonglwr *g*, esboniwr *g*, eglurwr *g*.
exemplaire [ɛgzɑ̃plɛʀ] *adj* (*conduite*) canmoladwy, clodwiw; (*élève*) perffaith; (*pour l'exemple*) rhybuddiol, yn rhybudd i eraill;
♦*m* copi *g*.
exemplairement [ɛgzɑ̃plɛʀmɑ̃] *adv*: **vivre ∼** byw bywyd sy'n esiampl i eraill; **être puni ∼** cael eich cosbi fel esiampl i eraill.
exemplarité [ɛgzɑ̃plaʀite] *f* natur *b* ataliadwy.
exemple [ɛgzɑ̃pl] *m* (*échantillon*) enghraifft *b*; (*modèle à suivre*) esiampl *b*; (*leçon*) rhybudd *g*; **par ∼** er enghraifft; (*valeur intensive*) wir!, o ddifrif!; **sans ∼** heb ei debyg; **donner l'∼** gosod esiampl; **prendre ∼ sur qn** dilyn esiampl rhn, efelychu rhn; **suivre l'∼ de qn** dilyn esiampl rhn; **à l'∼ de** fel; **servir d'∼ (à qn)** bod yn esiampl (i rn); **pour l'∼** yn rhybudd i eraill.
exempt (**-e**) [ɛgzɑ̃, ɑ̃t] *adj*: **∼ de** (*dispensé de*) rhydd o, wedi'i (h)eithrio o; (*sans*) heb; **∼ de taxes** di-dreth.
exempter [ɛgzɑ̃(p)te] (**1**) *vt*: **∼ qn/qch de** esgusodi *ou* eithrio rhn/rhth rhag.
exercé (**-e**) [ɛgzɛʀse] *adj* (*main*) medrus; (*oreille*) main; (*œil*) craff; (*personne*) profiadol, hyfforddedig, medrus, hyfedr.
exercer [ɛgzɛʀse] (**9**) *vi* (*médecin*) gweithio, practisio;
♦*vt* (*faire usage de*) arfer, ymarfer, defnyddio; (*former*) ymarfer, hyfforddi; **∼ une pression** rhoi pwysau ar; **∼ une influence** dylanwadu (ar);
♦ **s'∼** *vr* bod ar waith, gweithio; (*sportif, musicien*) ymarfer; **s'∼ à faire qch** eich hyfforddi'ch hun i wneud rhth; **s'∼ sur, s'∼ contre** dylanwadu ar, gweithio ar.
exercice [ɛgzɛʀsis] *m* ymarfer *g,b*, arfer *g,b*; **l'∼** (*activité sportive*) ymarfer corff; **être à l'∼** (*MIL*) gwneud ymarferion; **être en ∼** (*médecin, fonctionnaire*) gweithio, practisio; **dans l'∼ de ses fonctions** wrth gyflawni'ch dyletswyddau; **∼s d'assouplissement** ymarferion i ystwytho'r cyhyrau.
exergue [ɛgzɛʀg] *m* (*inscription*) arysgrif *b*; **porter en ∼** bod yn arysgrifedig â.
exhalaison [ɛgzalɛzɔ̃] *f* allanadliad *g*, anadliad *g* allan *ou* mas, chwythad *g*, nawsiad *g*.
exhaler [ɛgzale] (**1**) *vt* anadlu (rhth) allan *ou* mas, allanadlu; (*dégager: parfum*) gollwng, rhyddhau, nawsio rhth, sawru (o rth); (*soupir*) rhoi, gollwng; (*son*) gwneud; (*joie, fureur*) mynegi;
♦ **s'∼** *vr* codi.
exhausser [ɛgzose] (**1**) *vt* codi, dyrchafu, gwneud (rhth) yn uwch.
exhaustif (**exhaustive**) [ɛgzostif, ɛgzostiv] *adj* cynhwysfawr, cyflawn, trylwyr.
exhaustivement [ɛgzostivmɑ̃] *adv* yn drylwyr.
exhiber [ɛgzibe] (**1**) *vt* arddangos; (*JUR*) dangos; (*présenter*) cyflwyno, dangos; (*péj*) brolio, gwneud sioe (o rth), fflawntio;
♦ **s'∼** *vr* ymddangos, eich dangos eich hun, gwneud sioe ohonoch eich hun.
exhibitionnisme [ɛgzibisjɔnism] *m* arddangosiaeth *b* (*hoffter o'ch dangos eich hun yn noeth*).
exhibitionniste [ɛgzibisjɔnist] *m/f* ymarddangosydd *g* (*un sy'n hoff o'i (d)dangos ei hun yn noeth*).
exhortation [ɛgzɔʀtasjɔ̃] *f* anogaeth *b*.
exhorter [ɛgzɔʀte] (**1**) *vt*: **∼ qn à faire qch** annog rhn i wneud rhth.
exhumer [ɛgzyme] (**1**) *vt* datgladdu.
exigeant (**-e**) [ɛgziʒɑ̃, ɑ̃t] *adj* sy'n gofyn llawer; (*tâche*) llethol, dyrys, anodd; (*parents*) awdurdodol; (*péj*) anodd eich plesio.
exigence [ɛgziʒɑ̃s] *f* gofyn *g*; **les ∼s du métier** gofynion *ll* y gwaith; **il est d'une grande ∼** mae'n gofyn llawer.
exiger [ɛgziʒe] (**10**) *vt* mynnu.
exigible [ɛgziʒibl] *adj* (*dette*) taladwy.
exigu (**-ë**) [ɛgzigy] *adj* (*lieu*) bach iawn, bychan bach.
exiguïté [ɛgzigɥite] *f* (*d'un lieu*) bychander *g*, cyfyngder *g*.
exil [ɛgzil] *m* alltudiaeth *b*; **envoyer qn en ∼** alltudio rhn.
exilé [ɛgzile] *m* alltud *g*.
exilée [ɛgzile] *f* alltudes *b*.
exiler [ɛgzile] (**1**) *vt* alltudio;

♦ **s'~** *vr* mynd yn alltud.

existant (**-e**) [ɛgzistɑ̃, ɑ̃t] *adj* sy'n bodoli; (*actuel*) presennol.

existence [ɛgzistɑ̃s] *f* (*réalité*) bod *g*, bodolaeth *b*; (*vie*) bywyd *g*; **dans l'~** mewn bywyd; **moyens d'~** arian *g*, cynhaliaeth *b*.

existentialisme [ɛgzistɑ̃sjalism] *m* dirfodaeth *b*.

existentialiste [ɛgzistɑ̃sjalist] *adj* dirfodol; ♦*m/f* dirfodwr *g*, dirfodwraig *b*.

existentiel (**-le**) [ɛgzistɑ̃sjɛl] *adj* dirfodol.

exister [ɛgziste] (**1**) *vi* bodoli, bod; (*vivre*) byw; **il existe un/des ...** mae ..., ceir ...; **il n'existe pas de plus belle fleur que la rose** nid oes flodyn *ou* ni cheir blodyn harddach na'r rhosyn.

exode [ɛgzɔd] *m* ecsodus *g*, ymadawiad *g*; **~ rural** diboblogi cefn gwlad.

exonération [ɛgzɔneʀasjɔ̃] *f* esgusodiad *g*; (*action*) esgusodi, eithrio.

exonéré [ɛgzɔneʀe] *adj* yn rhydd (o), heb; **~ de TVA** ≈ heb dreth ar werth.

exonérer [ɛgzɔneʀe] (**14**) *vt*: **~ qn/qch de** eithrio rhn/rhth o, esgusodi rhn/rhth rhag.

exorbitant (**-e**) [ɛgzɔʀbitɑ̃, ɑ̃t] *adj* afresymol, eithafol, gormodol; **un prix ~** crocbris *g*.

exorbité (**-e**) [ɛgzɔʀbite] *adj*: **yeux ~s** llygaid *ll* chwyddedig.

exorciser [ɛgzɔʀsize] (**1**) *vt* datswyno, bwrw allan gythreuliaid o.

exorde [ɛgzɔʀd] *m* rhagair *g*, rhagymadrodd *g*.

exotique [ɛgzɔtik] *adj* ecsotig, dieithr.

exotisme [ɛgzɔtism] *m* lliwgarwch *g*, ecsotigiaeth *b*.

expansif (**expansive**) [ɛkspɑ̃sif, ɛkspɑ̃siv] *adj* (*personne*) siaradus, hwyliog; (TECH) ymehangol, ymledol, ymhelaethol

expansion [ɛkspɑ̃sjɔ̃] *f* (*d'économie, région*) ehangiad *g*, twf *g*, tyfiant *g*, cynnydd *g*, helaethiad *g*, ymhelaethiad *g*; (*de corps, pays*) ehangiad *g*; (*d'idées, épidemie*) ymlediad *g*.

expansionniste [ɛkspɑ̃sjɔnist] *adj* ehangol, ymledol.

expansivité [ɛkspɑ̃sivite] *f* hwyliau *ll* da.

expatrié [ɛkspatʀije] *m* alltud *g*.

expatriée [ɛkspatʀije] *f* alltudes *b*.

expatrier [ɛkspatʀije] (**16**) *vt* (*personne*) alltudio; **~ de l'argent** trosglwyddo arian dramor;
♦ **s'~** *vr* ymfudo, symud i wlad arall, mynd yn alltud.

expectative [ɛkspɛktativ] *f*: **être dans l'~** aros i weld.

expectorant (**-e**) [ɛkspɛktɔʀɑ̃, ɑ̃t] *adj* poeriadol, pesychol; **sirop ~** ffisig *g* peswch, moddion *g* peswch.

expectorer [ɛkspɛktɔʀe] (**1**) *vi* poeri.

expédient[1] (**-e**) [ɛkspedjɑ̃, ɑ̃t] *adj* cyfleus, hwylus.

expédient[2] [ɛkspedjɑ̃] *m* modd *g*, dull *g* (o wneud rhth); **vivre d'~s** byw ar eich ystryw, byw ar beth bynnag y gellwch ei gael.

expédier [ɛkspedje] (**16**) *vt* anfon; (*péj: travail*) cael gwared ar, darfod; (*repas*) claddu; **~ qch par la poste** postio rhth; **~ qch par bateau/avion** anfon rhth ar long/awyren.

expéditeur [ɛkspeditœʀ] *m* anfonydd *g*, anfonwr *g*.

expéditif (**expéditive**) [ɛkspeditif, ɛkspeditiv] *adj* cyflym, buan.

expédition [ɛkspedisjɔ̃] *f* anfoniad *g*; (*action*) anfon; (MIL) ymdaith *b*, cyrch *g*; **~ punitive** ymosodiad *g* cosbol.

expéditionnaire [ɛkspedisjɔnɛʀ] *adj*: **corps ~** (MIL) cyrchlu *g*, llu *g* ymosod.

expéditrice [ɛkspeditʀis] *f* anfonydd *g*, anfonwraig *b*.

expérience [ɛkspeʀjɑ̃s] *f* profiad *g*; (*scientifique*) arbrawf *g*; **avoir de l'~** bod yn brofiadol; **faire l'~ de qch** cael profiad o rth, profi rhth, rhoi prawf ar rth; **je le sais par ~** 'rwy'n gwybod o brofiad; **~ d'électricité/de chimie** arbrawf trydanol/cemegol.

expérimental (**-e**) (**expérimentaux, expérimentales**) [ɛkspeʀimɑ̃tal, ɛkspeʀimɑ̃to] *adj* arbrofol.

expérimentalement [ɛkspeʀimɑ̃talmɑ̃] *adv* drwy arbrawf, yn arbrofol.

expérimenté (**-e**) [ɛkspeʀimɑ̃te] *adj* profiadol.

expérimenter [ɛkspeʀimɑ̃te] (**1**) *vt* (*tester*) profi, arbrofi; (*éprouver*) profi, cael profiad o.

expert[1] (**-e**) [ɛkspɛʀ, ɛʀt] *adj* (*personne*) hyddysg; (*habileté*) arbenigol; **~ en ...** hyddysg mewn ...; **elle n'est pas très ~e en physique** nid yw hi'n hyddysg mewn ffisig; **connaissances d'~** gwybodaeth arbenigwr *ou* arbenigol.

expert[2] [ɛkspɛʀ] *m* arbenigwr *g*; **~ en assurances** asesydd *g* colledion.

experte [ɛkspɛʀt] *f* arbenigwraig *b*;
♦*adj f voir* **expert**[1].

expert-comptable (**~s-~s**) [ɛkspɛʀkɔ̃tabl] *m* cyfrifydd *g* siartredig.

expertise [ɛkspɛʀtiz] *f* prisiad *g*; (*action*) prisio; (*rapport*) adroddiad *g* arbenigwr.

expertiser [ɛkspɛʀtize] (**1**) *vt* prisio; (*voiture accidentée, maison*) asesu maint y difrod.

expier [ɛkspje] (**16**) *vt* gwneud iawn am.

expiration [ɛkspiʀasjɔ̃] *f* (*échéance*) diwedd *g*, terfyn *g*; (*respiration*) allanadliad *g*; (*action*) allanadlu, anadlu allan *ou* mas; **venir à l'~** dod i ben; **à l'~ du contrat** pan ddaw'r cytundeb i ben.

expirer [ɛkspiʀe] (**1**) *vi* (*passeport, bail*) darfod, dod i ben; (*respirer*) allanadlu, anadlu allan *ou* mas; (LITT: *mourir*) marw.

explétif (**explétive**) [ɛkspletif, ɛkspletiv] *adj* (LING) llanw.

explicable [ɛksplikabl] *adj* esboniadwy; **pas ~** anesboniadwy.

explicatif (**explicative**) [ɛksplikatif, ɛksplikativ] *adj* eglurhaol, esboniadol.

explication [ɛksplikasjɔ̃] *f* eglurhad *g*, esboniad *g*; ~ **de texte** (*SCOL*) dehongliad *g* o destun.
explicite [ɛksplisit] *adj* (*réponse*) eglur, diamwys, croyw, pendant; (*titre*) hunanesboniadol, diamwys; (*film*) sy'n dangos popeth; **elle est** ~ mae hi'n barod i siarad, mae hi'n barod ei pharabl.
explicitement [ɛksplisitmɑ̃] *adv* yn groyw, yn eglur, yn glir, yn ddiamwys.
expliciter [ɛksplisite] (**1**) *vt* egluro, gwneud rhth yn ddiamwys *ou* eglur.
expliquer [ɛksplike] (**1**) *vt* egluro, esbonio; ~ **(à qn) comment** esbonio (i rn) sut; ~ **(à qn) que** esbonio (i rn) ...; **ceci explique que** mae hyn yn esbonio ...; **ceci explique comment ...** mae hyn yn esbonio sut ...;
♦ **s'**~ *vr* (*se justifier, exposer sa pensée*) eich egluro'ch hun; **son erreur s'explique** mae ei gamgymeriad yn ddealladwy.
exploit [ɛksplwa] *m* camp *b*, gorchest *b*.
exploitable [ɛksplwatabl] *adj* defnyddiadwy; ~ **par machine** darllenadwy gan beiriant.
exploitant [ɛksplwatɑ̃] *m* (*AGR*) ffermwr *g*; **les petits** ~**s** (*AGR*) ffermwyr *ll* bychain.
exploitation [ɛksplwatasjɔ̃] *f* (*traitement injuste*) ecsbloetiaeth *b*; (*action*) ecsbloetio, manteisio ar; (*entreprise*) cwmni *g*, busnes *g*; (*action de gérer*) rhedeg, rhediad *g*; ~ **agricole** (*entreprise*) fferm *b*.
exploiter [ɛksplwate] (**1**) *vt* (*entreprise, ferme*) rhedeg; (*abuser de*) manteisio ar, camddefnyddio, ecsbloetio; (*utiliser*) defnyddio, gwneud yn fawr o.
exploiteur [ɛksplwatœʀ] *m* (*péj*) ecsbloetiwr *g*.
exploiteuse [ɛksplwatøz] *f* (*péj*) ecsbloetwraig *b*.
explorateur [ɛksplɔʀatœʀ] *m* arloeswr *g*, fforiwr *g*; (*MÉD*) endosgop *g*.
exploration [ɛksplɔʀasjɔ̃] *f* taith *b* ymchwil, fforiad *g*; (*action*) anturio; (*MÉD*) archwiliad *g*; **l'**~ **d'un problème** ymchwiliad *g* i broblem.
exploratrice [ɛksplɔʀatʀis] *f* arloeswraig *b*.
explorer [ɛksplɔʀe] (**1**) *vt* (*pays*) anturio trwy; (*examiner*) archwilio, ymchwilio i; (*de la main*) chwilio yn; (*MÉD*) gwneud archwiliad ar.
exploser [ɛksploze] (**1**) *vi* ffrwydro; (*augmenter*) chwyddo; **faire** ~ **qch** ffrwydro rhth.
explosif[1] (**explosive**) [ɛksplozif, ɛksploziv] *adj* ffrwydrol; (*fig*) tanbaid, gwyllt.
explosif[2] [ɛksplozif] *m* ffrwydryn *g*.
explosion [ɛksplozjɔ̃] *f* ffrwydr(i)ad *g*; ~ **de colère/joie** ffrwydr(i)ad o wylltineb/hapusrwydd; ~ **démographique** ymchwydd *g* mewn poblogaeth.
exponentiel (**-le**) [ɛkspɔnɑ̃sjɛl] *adj* (*MATH*) esbonyddol, mynegrifol.
exportateur[1] (**exportatrice**) [ɛkspɔʀtatœʀ, ɛkspɔʀtatʀis] *adj* sy'n allforio.
exportateur[2] [ɛkspɔʀtatœʀ] *m* allforiwr *g*.
exportation [ɛkspɔʀtasjɔ̃] *f* (*activité*) allforio; (*marchandises*) allforion *ll*; **faire l'**~ **de qch** allforio rhth.
exporter [ɛkspɔʀte] (**1**) *vt* allforio.
exposant [ɛkspozɑ̃] *m* arddangoswr *g*, arddangoswraig *b*; (*MATH*) mynegrif *g*, esbonydd *g*.
exposé[1] (**-e**) [ɛkspoze] *adj* agored; **être** ~ **au soleil** bod yn yr haul; **être** ~ **à l'est/au sud** wynebu'r dwyrain/de; **bien** ~ mewn lleoliad *ou* safle da; **très** ~ agored iawn.
exposé[2] [ɛkspoze] *m* (*SCOL: conférence*) sgwrs *b*; (*écrit*) esboniad *g*.
exposer [ɛkspoze] (**1**) *vt* (*montrer*) arddangos; (*décrire*) esbonio; (*PHOT*) datguddio, dadlennu; (*mettre en danger*) rhoi mewn perygl, mentro; ~ **sa vie** mentro'ch bywyd;
♦ **s'**~ *vr*: **s'**~ **à** mentro; (*critiques, punition*) eich rhoi'ch hunan mewn perygl o.
exposition [ɛkspozisjɔ̃] *f* (*action*) arddangosiad *g*, arddangos; (*de tableaux*) arddangosfa *b*; (*d'animaux*) sioe *b*; (*de thèse, situation*) esboniad *g*; **temps d'**~ (*PHOT*) amser *g* datguddio; **pièce avec double** ~ ystafell *b* sy'n wynebu dwy ochr.
exprès[1] [ɛkspʀɛ] *adv* yn fwriadol; (*specialement*) yn unswydd; **faire** ~ **de faire qch** gwneud rhth yn fwriadol; **il l'a fait** ~ gwnaeth hynny'n fwriadol.
exprès[2], **expresse** [ɛkspʀɛs] *adj* ffurfiol, penodol; **lettre/colis** ~ (*postes*) llythyr *g*/parsel *g* (danfoniad) brys; **envoyer qch en** ~ anfon rhth ar ddanfoniad brys.
express [ɛkspʀɛs] *adj, m*: **(café)** ~ (coffi) *g* espreso; **(train)** ~ trên *g* cyflym.
expressément [ɛkspʀesemɑ̃] *adv* yn ffurfiol, yn glir; (*exprès*) yn unswydd, yn benodol.
expressif (**expressive**) [ɛkspʀesif, ɛkspʀesiv] *adj* llawn mynegiant; (*animé*) bywiog.
expression [ɛkspʀesjɔ̃] *f* mynegiant *g*, mynegiad *g*; (*groupe de mots*) ymadrodd *g*; **réduit à sa plus simple** ~ yn syml; **liberté d'**~ rhyddid *g* i fynegi; **moyens d'**~ dulliau *ll* o fynegi; ~ **toute faite** ymadrodd *g* gosod.
expressionnisme [ɛkspʀesjɔnism(ə)] *m* mynegiadaeth *b*.
expressivité [ɛkspʀesivite] *f* mynegiant *g*.
exprimer [ɛkspʀime] (**1**) *vt* (*sentiment, idée*) mynegi; (*jus, liquide*) gwasgu (rhth) allan;
♦ **s'**~ *vr* eich mynegi'ch hun; **bien s'**~ eich mynegi'ch hun yn dda; **s'**~ **en français** eich mynegi'ch hun yn Ffrangeg.
expropriation [ɛkspʀɔpʀijasjɔ̃] *f* pryniant *g* gorfodol, atafaeliad *g*, atafael; **frapper qch d'**~ prynu rhth trwy orfod.
exproprier [ɛkspʀɔpʀije] (**16**) *vt*: ~ **qch** atafael rhth, prynu rhth trwy orfod; ~ **qn** prynu eiddo rhn trwy orfod, atafael eiddo rhn.
expulser [ɛkspylse] (**1**) *vt*: ~ **qn** (*d'une salle*) bwrw *ou* gyrru rhn allan; (*d'un groupe*)

diarddel; (*immigré*) anfon rhn o'r wlad; (*locataire*) troi rhn allan o'i gartref; (*SPORT*) anfon rhn oddi ar y cae.

expulsion [ɛkspylsjɔ̃] *f* (*d'immigré*) alltudiad *g*; (*de salle*) gyrru allan; (*de groupe*) diarddeliad *g*; (*de locataire*) troi *ou* troad *g* allan; (*SPORT*) anfon *ou* anfoniad *g* oddi ar y cae.

expurger [ɛkspyʀʒe] (**10**) *vt* puro, glanhau.

exquis (**-e**) [ɛkski, iz] *adj* cain, coeth, cywrain; (*personne*) dymunol; (*temps*) bendigedig, perffaith.

exsangue [ɛksɑ̃g] *adj* heb waed; (*pâle*) gwelw.

exsuder [ɛksyde] (**1**) *vt* diferu, nawsio, dihidlo, archwysu.

extase [ɛkstɑz] *f* perlewyg *g*, perlesmair *g*; **être en ~** perlewygu, perlesmeirio.

extasier [ɛkstɑzje] (**16**): **s'~** *vr*: **s'~ sur** perlewygu dros, perlesmeirio dros.

extatique [ɛkstatik] *adj* perlewygol, perlesmeiriol.

extenseur [ɛkstɑ̃sœʀ] *m* (*GYM*) lledwr *g* brest.

extensible [ɛkstɑ̃sibl] *adj* estynadwy.

extensif (**extensive**) [ɛkstɑ̃sif, ɛkstɑ̃siv] *adj* (*AGR*) helaeth, eang, ar raddfa fawr.

extension [ɛkstɑ̃sjɔ̃] *f* ymestyniad *g*, helaethiad *g*; (*fig: développement*) twf *g*, ymhelaethiad *g*, ymehangiad *g*.

exténuant (**-e**) [ɛkstenɥɑ̃, ɑ̃t] *adj* blinedig iawn, lluddedig, llafurus.

exténuer [ɛkstenɥe] (**1**) *vt* blino.

extérieur[1] (**-e**) [ɛksteʀjœʀ] *adj* allanol; (*commerce, politique*) tramor.

extérieur[2] [ɛksteʀjœʀ] *m* (*d'une maison, d'un récipient*) tu *g* allan; (*d'une personne*) gwedd *b* allanol; **contacts avec l'~** (*d'un pays*) cysylltiadau *ll* tramor; **à l'~** y tu allan, y tu fas; (*fig: à l'étranger*) dramor; (*SPORT: match*) oddi cartref.

extérieurement [ɛksteʀjœʀmɑ̃] *adv* yn allanol, o'r tu allan; (*en apparence*) ar yr wyneb, yn ymddangosiadol.

extérioriser [ɛksteʀjɔʀize] (**1**) *vt* mynegi, arddangos, cyfleu, allanoli.

extermination [ɛkstɛʀminasjɔ̃] *f* difodiant *g*; (*action*) difodi; (*massacre*) cyflafan *b*, lladdfa *b*.

exterminer [ɛkstɛʀmine] (**1**) *vt* difodi, difa.

externat [ɛkstɛʀna] *m* (*SCOL*) ysgol *b* ddyddiol.

externe [ɛkstɛʀn] *adj* allanol; ♦*m/f* (*SCOL*) disgybl *g* dyddiol; (*étudiant en médecine*) meddyg *g* dan hyfforddiant mewn ysbyty.

extincteur [ɛkstɛ̃ktœʀ] *m* diffoddwr *g* tân.

extinction [ɛkstɛ̃ksjɔ̃] *f* marwolaeth *b*, diwedd *g*; (*d'un incendie*) diffodd, diffoddiad *g*; **avoir une ~ de voix** (*MÉD*) bod wedi colli'ch llais.

extirper [ɛkstiʀpe] (**1**) *vt* (*faire disparaître*) cael gwared â *ou* ar; (*arracher*) diwreiddio, tynnu allan.

extorquer [ɛkstɔʀke] (**1**) *vt*: **~ qch à qn** gwasgu rhth o rn.

extorsion [ɛkstɔʀsjɔ̃] *f*: **~ de fonds** cribddeiliaeth *b*, cribddeilio (arian).

extra [ɛkstʀa] *adj inv* o ansawdd uchel, penigamp, gwych, campus, tan gamp; ♦*m* rhth ychwanegol; (*employé*) rhn ychwanegol.

extraction [ɛkstʀaksjɔ̃] *f* cloddio, mwyngloddio; (*MATH, MÉD*) tynnu; (*origine*) tras *b*, llinach *b*.

extrader [ɛkstʀade] (**1**) *vt* estraddodi.

extradition [ɛkstʀadisjɔ̃] *f* estraddodiad *g*; (*action*) estraddodi.

extra-fin (**~-~e**) (**~-~s, ~-~es**) [ɛkstʀafɛ̃, in] *adj* (*chocolat*) tra rhagorol, ardderchog; (*aiguille*) tra main, bychan iawn.

extra-fort (**~-~e**) (**~-~s, ~-~es**) [ɛkstʀafɔʀ, t] *adj* (*moutarde*) tra chryf.

extraire [ɛkstʀɛʀ] (**65**) *vt* (*charbon etc*) cloddio; (*dent*) tynnu; (*MATH*) tynnu.

extrait[1] (**-e**) [ɛkstʀɛ, ɛt] *pp de* **extraire**.

extrait[2] [ɛkstʀɛ] *m* (*de plante*) echdynnyn *g*; (*de livre*) darn *g*; (*de film*) rhan *b*; **~ de naissance** tystysgrif *b* geni.

extra-lucide (**~-~s**) [ɛkstʀalysid] *adj*: **voyante ~-~** clirweledydd *g*, clirweledyddes *b*.

extraordinaire [ɛkstʀaɔʀdinɛʀ] *adj* anarferol, anghyffredin, eithriadol; (*qui plaît beaucoup*) campus, ardderchog, gwych; (*POL*) arbennig; **et si par ~** ac os trwy ryw ryfedd dro ar fyd; **ambassadeur ~** llysgennad *g* arbennig; **assemblée ~** cyfarfod *g* arbennig.

extraordinairement [ɛkstʀaɔʀdinɛʀmɑ̃] *adv* yn anarferol, yn eithriadol

extrapoler [ɛkstʀapɔle] (**1**) *vi* (*généraliser*) allosod, tynnu casgliadau (*ar sail rhth*).

extra-sensoriel (**~-~le**) (**~-~s, ~-~les**) [ɛkstʀasɑ̃sɔʀjɛl] *adj* allsynhwyraidd.

extra-terrestre (**~-~s**) [ɛkstʀatɛʀɛstʀ(ə)] *m/f* allfydolyn *g*.

extra-utérin (**~-~e**) (**~-~s, ~-~es**) [ɛkstʀayteʀɛ̃, in] *adj* y tu allan i'r groth.

extravagance [ɛkstʀavagɑ̃s] *f* (*acte*) gormodedd *g*; (*eccentricité*) hynodrwydd *g*, afresymoldeb *g*, hurtrwydd *g*; (*idée*) gwallgofrwydd *g*; **faire des ~s** gwneud pethau afresymol; **je n'ai pas le temps d'écouter ses ~s** 'does gen i ddim amser i wrando ar ei falu awyr.

extravagant (**-e**) [ɛkstʀavagɑ̃, ɑ̃t] *adj* gormodol, eithafol; (*excentrique*) hynod, rhyfedd; (*idée*) hurt, afresymol, gwallgof; **un prix ~** crocbris *g*.

extraverti[1] (**-e**) [ɛkstʀavɛʀti] *adj* allblyg.

extraverti[2] [ɛkstʀavɛʀti] *m* un *g* sy'n allblyg.

extravertie [ɛkstʀavɛʀti] *f* un *b* sy'n allblyg; ♦*adj f voir* **extraverti**[1].

extrayais *etc* [ɛkstʀejɛ] *vb voir* **extraire**.

extrême [ɛkstʀɛm] *adj* (*le plus distant*) pellaf, eithaf; (*dernier*) olaf un; (*très grand*) mawr,

aruthrol; (*immodéré*) eithafol; **à l'~ rigueur** yn y fan eithaf;
♦*m* eithaf *g*; **d'un ~ à l'autre** o un eithaf i'r llall; **à l'~** i'r eithaf.

extrêmement [ɛkstʀɛmmɑ̃] *adv* yn eithriadol, yn ofnadwy.

extrême-onction (~s-~s) [ɛkstʀɛmɔ̃ksjɔ̃] *f* cymun *g* olaf.

Extrême-Orient [ɛkstʀɛmɔʀjɑ̃] *prm*: **l'~** y Dwyrain *g* Pell.

extrême-oriental (~-~e) (~-**orientaux, ~-~es**) [ɛkstʀɛmɔʀjɑ̃tal, ɛkstʀɛmɔʀjɑ̃to] *adj* o'r Dwyrain Pell.

extrémisme [ɛkstʀemism] *m* eithafiaeth *b*.

extrémiste [ɛkstʀemist] *adj* eithafol;
♦*m/f* eithafwr *g*, eithafwraig *b*.

extrémité [ɛkstʀemite] *f* (*bout*) pen *g* draw, diwedd *g*; (*situation*) cyfyngder *g*; (*geste désespéré*) gweithred *b* eithafol; **~s** (*pieds et mains*) y traed *ll* a'r dwylo *ll*; **être à la dernière ~** (*à l'agonie*) bod ar fin marw.

extroverti (-**e**) [ɛkstʀɔvɛʀti] *adj*= **extraverti**.

exubérance [ɛgzybeʀɑ̃s] *f* (*de végétation*) toreth *b*, toreithrwydd *g*, digonedd *g*; (*de personne, style*) afiaith *g*; **avec ~** yn frwdfrydig.

exubérant (-**e**) [ɛgzybeʀɑ̃, ɑ̃t] *adj* (*végétation*) toreithiog; (*caractère*) brwdfrydig, afieithus, hwyliog.

exulter [ɛgzylte] (**1**) *vi* gorfoleddu, llawenhau.

exutoire [ɛgzytwaʀ] *m* gollyngdod *g*; **il trouve dans le sport un ~ à son agresivité** mae chwaraeon yn rhoi mynegiant i'w natur ymosodol.

ex-voto [ɛksvɔto] *m inv* offrwm *g* adduned.

eye-liner (~-~s) [ajlajnœʀ] *m* pensil *g*,*b* llygad

F

F[1], **f** [ɛf] *m inv* (*lettre*) F *b*.
F[2], **f** [ɛf] *abr*(= *féminin*) b (*benywaidd*).
F[3] [ɛf] *abr*(= *franc*) ffranc *g*.
F[4] [ɛf] *abr*(= *Fahrenheit*) F.
F[5] [ɛf] *abr* (*appartement*): **un F2** fflat *b* â dwy ystafell; **un F3** fflat â thair ystafell.
fa [fɑ] *m inv* (*MUS*) ffa *b*; (*note*) F; (*en solfiant*) ffa; ~ **dièse** F llonnod.
fable [fɑbl] *f* chwedl *b*; (*mensonge*) celwydd *g* golau, stori *b*; **être la ~ de toute la ville** bod yn destun *g* sbort y dref.
fabricant [fabʀikɑ̃] *m* gwneuthurwr *g*.
fabrication [fabʀikasjɔ̃] *f* gwneuthuriad *g*; (*action de produire*) cynhyrchu, gwneud; (*fig: de fausses nouvelles*) ffugio, dyfeisio.
fabrique [fabʀik] *f* ffatri *b*.
fabriquer [fabʀike] (**1**) *vt* gwneud; (*industriellement*) cynhyrchu, llunio; (*maisons, navires*) adeiladu; (*histoire*) dyfeisio; (*fausse-monnaie*) ffugio; ~ **en série** masgynhyrchu; **qu'est-ce qu'elle fabrique?*** beth mae hi'n ei wneud?
fabulateur [fabylatœʀ] *m* (*PSYCH*) ffantasïwr *g*, un *g* sy'n dweud anwireddau.
fabulation [fabylasjɔ̃] *f* (*PSYCH*) ffantasïo.
fabulatrice [fabylatʀis] *f* (*PSYCH*) ffantasïwraig *b*, un *b* sy'n dweud anwireddau.
fabuleusement [fabyløzmɑ̃] *adv* yn aruthrol, yn anhygoel.
fabuleux (**fabuleuse**) [fabylø, fabyløz] *adj* (*légendaire*) chwedlonol; (*incroyable*) aruthrol, anhygoel.
fac* [fak] *abr f*= **faculté**.
façade [fasad] *f* talwyneb *g*, tu *g* blaen; (*magasin*) blaen *g*; (*fig*) ymddangosiad *g*.
face [fas] *f* wyneb *g*; (*objet*) wyneb, ochr *b*; ~ **à** ~ wyneb yn wyneb; **perdre la** ~ (*fig*) colli wyneb; **sauver la** ~ (*fig*) arbed eich hunan-barch; **regarder qn en** ~ edrych ym myw llygad rhn; **la maison/le trottoir d'en** ~ y tŷ/palmant gyferbyn; **en** ~ **de** gyferbyn â; (*fig*) o flaen; **de** ~ (*portrait*) o'r tu blaen; ~ **à** (*vis-à-vis de*) gyferbyn â; (*fig*) yn wyneb; **faire** ~ **à qn/qch** wynebu rhn/rhth; **faire** ~ **à la demande** (*COMM*) cwrdd â'r galw;
♦*adj*: **le côté** ~ (*pièce de monnaie*) tu *g* blaen.
face à face [fasafas] *m inv* (*TV*) trafodaeth *b* wyneb yn wyneb.
facéties [fasesi] *fpl* (*farces*) castiau *ll*; (*drôlerie*) straeon *ll* doniol, jôcs *ll*, ffraethebion *ll*; **dire des** ~ cellwair.
facétieux (**facétieuse**) [fasesjø, fasesjøz] *adj* doniol, gwamal, digrif.
facette [fasɛt] *f* (*d'un diamant*) ffased *g,b*; (*fig: d'un problème*) gwedd *b*; **à ~s** (*personnage, caractère*) amlochrog.
fâché (**-e**) [fɑʃe] *adj*
1 (*en colère*) blin, dig, milain, wedi gwylltio; **être ~ avec qn** bod yn ddig wrth rn.
2 (*désolé*) blin; **je suis** ~ mae'n ddrwg iawn gennyf, 'rwy'n flin, mae'n flin gennyf.
fâcher [fɑʃe] (**1**) *vt* gwylltio, digio;
♦ **se** ~ *vr*: **se ~ contre qn** gwylltio gyda rhn; **se ~ avec qn** (*se brouiller*) ffraeo â rhn, cweryla â rhn.
fâcherie [fɑʃʀi] *f* ffrae *b*.
fâcheusement [fɑʃøzmɑ̃] *adv* yn annifyr, yn anffodus; **avoir ~ tendance à** bod â thuedd annifyr i; **j'ai été ~ impressionné** cefais argraff wael.
fâcheux (**fâcheuse**) [fɑʃø, fɑʃøz] *adj* annifyr; (*initiative*) anffodus.
facho* [faʃo] *adj, m/f*= **fasciste**.
facial (**-e**) (**faciaux, faciales**) [fasjal, fasjo] *adj* wynebol.
faciès [fasjɛs] *m* pryd *g* a gwedd *b* (*yr wyneb*).
facile [fasil] *adj* hawdd, rhwydd; (*personne, caractère*) hawdd gwneud â chi, didrafferth, rhwydd eich ffordd; **une femme** ~ merch *b* hawdd ei chael; ~ **à faire** hawdd ei wneud; **personne ~ à tromper** rhn hawdd ei dwyllo; ~ **d'emploi** (*INFORM*) hawdd ei drin.
facilement [fasilmɑ̃] *adv* yn hawdd, yn rhwydd.
facilité [fasilite] *f* rhwyddineb *g*; (*disposition*) dawn *b*, gallu *g*; (*moyen, occasion, possibilité*) cyfle *g*; **elle a la ~ de rencontrer des gens** mae ganddi gyfle i gwrdd â phobl, mae'n hawdd iddi gwrdd â phobl; **elle a beaucoup de ~ pour les langues** mae hi'n ei chael hi'n hawdd iawn dysgu ieithoedd; **~s** cyfleusterau *ll*; (*COMM*) telerau *ll*; **~s de crédit/de paiement** telerau credyd/talu.
faciliter [fasilite] (**1**) *vt* hwyluso.
façon [fasɔ̃] *f*
1 (*gén*) ffordd *b*, dull *g*, modd *g*; **de quelle ~ l'a-t-elle fait?** sut wnaeth hi hynny?; **d'une autre** ~ mewn ffordd *ou* modd arall; **d'une certaine** ~ mewn un ffordd; **d'une ~ ou d'une autre** mewn rhyw ffordd neu'i gilydd; **en aucune** ~ nid mewn unrhyw ffordd; **de ~ agréable/agressive** mewn dull dymunol/ymosodol, yn ddymunol/ymosodol; **de la même ~ que** yn yr un ffordd â; **c'est une ~ de parler** mae'n ffordd o siarad.
2 (*d'une robe etc*) toriad *g*, gwneuthuriad *g*; **travail à** ~ teilwriaeth *b*, teilwrio.
3 (*imitation*): **châle ~ cachemir** siôl *b* gashmir ffug.
4 (*comportement*): **~s** ymddygiad *g*, moesau *ll*; **faire des ~s** (*péj: être affecté*) mursennu, bod yn fursen, gwneud rhyw hen lol; (*:faire des histoires*) mynd i ffwdan, ffwdanu; **sans** ~ (*personne*) di-lol,

diymhongar; (*déjeuner*) syml; **faire qch sans** ~ gwneud rhth heb ffwdan.
5 (*locutions*): **de** ~ **à faire/à ce que** er mwyn; **de (telle)** ~ **que** fel bod; **de toute** ~ beth bynnag, ta beth.

faconde [fakɔ̃d] *f* (*souvent péj*) parabl *g*, siaradusrwydd *g*, huodledd *g*; **avoir la** ~ bod yn siaradus *ou* huawdl, parablu.

façonner [fasɔne] (**1**) *vt* (*fabriquer*) gwneud, llunio; (*travailler*) llunio; (*fig, personne*) ffurfio.

fac-similé (~-~**s**) [faksimile] *m* adlun *g*, copi *g* union, ffacsimili *g*.

facteur[1] [faktœʀ] *m* postmon *g*; ~ **de pianos** (*MUS*) gwneuthurwr *g* pianos.

facteur[2] [faktœʀ] *m* (*MATH: élément*) ffactor *g,b*; ~ **rhésus** ffactor rhesws.

factice [faktis] *adj* (*bracelet etc*) ffug, gwneud, gwneuthuredig, artiffisial; (*situation*) annaturiol, gwneud, gwneuthuredig.

faction [faksjɔ̃] *f* (*POL*) carfan *b*, ymblaid *b*; **en** ~ ar wyliadwriaeth.

factoriel (**-le**) [faktɔʀjɛl] *adj* ffactorol.

factotum [faktɔtɔm] *m* gwas *g* pob gwaith.

factrice [faktʀis] *f* postmones *b*; ~ **de pianos** (*MUS*) gwneuthurwraig *b* pianos.

factuel (**-le**) [faktɥɛl] *adj* ffeithiol.

facturation [faktyʀasjɔ̃] *f* anfonebu.

facture [faktyʀ] *f* bil *g*; (*COMM*) anfoneb *b*; (*d'un artisan, artiste*) techneg *b*, crefftwriaeth *b*.

facturer [faktyʀe] (**1**) *vt* anfonebu.

facturier [faktyʀje] *m* clerc *g* anfonebu, anfonebwr *g*.

facturière [faktyʀjɛʀ] *f* clerc *g* anfonebu, anfonebwraig *b*.

facultatif (**facultative**) [fakyltatif, fakyltativ] *adj* dewisol, opsiynol; (*arrêt de bus*) ar gais; **matière facultative** pwnc *g* dewisol.

faculté [fakylte] *f* gallu *g* meddyliol; (*UNIV*) cyfadran *b*; (*don*) gallu *g*, dawn *b*; (*droit*) hawl *b*; (*possibilité*) cyfle *g*, posibilrwydd *g*, rhyddid *g*; ~**s** (*aptitudes*) cyneddfau *ll*; **quand j'étais en** ~ pan oeddwn yn y brifysgol *ou* coleg; **professeur de** ~ darlithydd *g* prifysgol *ou* coleg.

fadaises [fadɛz] *fpl* rwtsh *g*, lol *b*, dwli *g*.

fade [fad] *adj* (*goût*) diflas; (*couleur*) afloyw, pŵl, dwl; (*plaisanterie*) gwan; (*conversation*) anniddorol, diflas.

fading [fadiŋ] *m* (*RADIO*) distawiad *g*.

fagot [fago] *m* bwndel *g* (*o goed tân*).

fagoté* (**-e**) [fagɔte] *adj*: **drôlement** ~ wedi'ch gwisgo'n rhyfedd.

Fahrenheit [faʀɛnajt] *adj, m* Fahrenheit.

faible [fɛbl] *adj* gwan, gwanllyd, egwan, eiddil, tila; (*différence*) bychan; (*vent*) ysgafn; (*voix*) egwan, gwan; (*rendement, revenu, intensité*) isel, gwael; ~ **d'esprit** gwan eich meddwl; ♦*m*: **le** ~ **de qn/qch** man *g* gwan rhn/rhth; **avoir un** ~ **pour qn/qch** bod â lle tyner yn eich calon i rn/rth.

faiblement [fɛbləmɑ̃] *adv* yn wan, yn egwan, yn ysgafn; (*peu: éclairer*) yn wan.

faiblesse [fɛblɛs] *f* gwendid *g*, eiddilwch *g*; (*de rendement etc*) bychander *g*; (*de vent*) ysgafnder *g*; (*d'une lumière*) pylni *g*.

faiblir [febliʀ] (**2**) *vi* gwanhau; (*lumière*) gwanhau, pylu; (*vent*) ysgafnhau, tawelu; (*rendement*) lleihau.

faïence [fajɑ̃s] *f* priddwaith *g*; (*objet*) llestri *ll* pridd, priddlestri *ll*; **se regarder en chiens de** ~ edrych yn filain *ou* yn gas ar eich gilydd.

faille[1] [faj] *vb voir* **falloir**.

faille[2] [faj] *f* (*GÉO*) ffawt *g*; (*raisonnement*) gwendid *g*; (*amitié*) rhwyg *b*.

failli[1] (**-e**) [faji] *adj*: **être** ~ bod yn fethdalwr *voir aussi* **faillir**.

failli[2] [faji] *m* methdalwr *g*.

faillible [fajibl] *adj* ffaeledig.

faillie [faji] *f* methdalwraig *b*.

faillir [fajiʀ] (**2**) *vi: surtout inf., passé simple et temps composés*: **j'ai failli tomber/lui dire** bron i mi ddisgyn/ddweud wrthi; ~ **à une promesse/un engagement** torri'ch gair/cytundeb.

faillite [fajit] *f* methdaliad *g*; (*échec d'une politique*) methiant *g*, aflwyddiant *g*; **être en** ~ (*COMM*) bod yn fethdalwr; **faire** ~ torri, methdalu, mynd yn fethdalwr; ~ **frauduleuse** methdaliad twyllodrus.

faim [fɛ̃] *f* chwant *g* bwyd, awydd *g* bwyd, eisiau *g* bwyd; (*famine*) newyn *g*; **avoir** ~ bod â chwant bwyd, bod ag eisiau bwyd; **j'ai faim** mae arna' i eisiau bwyd; **la** ~ **dans le monde** newyn (yn) y byd; **rester sur sa** ~ bod heb eich digoni; (*fig*) bod yn anfodlon; ~ **d'amour/de richesse** awydd cariad/cyfoeth; **manger à sa** ~ cael digonedd *ou* eich gwala o fwyd; **j'ai une** ~ **de loup** 'rydw i ar lwgu *ou* ar fy nghythlwng.

fainéant[1] (**-e**) [fɛneɑ̃, ɑ̃t] *adj* diog.

fainéant[2] [fɛneɑ̃] *m* diogyn *g*.

fainéante [fɛneɑ̃t] *f* diogen *b*.

fainéantise [fɛneɑ̃tiz] *f* diogi *g*.

faire [fɛʀ] (**8**) *vt*
1 (*fabriquer*) gwneud, llunio; (*produire*) cynhyrchu; (*construire: maison, bateau*) adeiladu; ~ **du vin/une offre/un film** gwneud gwin/cynnig/ffilm; ~ **du bruit/des dégâts** gwneud twrw/difrod.
2 (*effectuer: travail, opération*) gwneud; **que faites-vous?** beth ydych chi'n ei wneud?; (*comme travail*) beth yw'ch gwaith chi?; ~ **la lessive** golchi dillad; ~ **le ménage** glanhau'r tŷ; ~ **les courses** siopa, gwneud negesau; **qu'a-t-elle fait de sa valise?** beth wnaeth hi â'i chês?; **que** ~? beth (a) wnawn ni?; **tu fais bien de me le dire** 'rwyt ti'n gwneud yn iawn yn dweud wrthyf.
3 (*études*) astudio, gwneud; (*sport*) chwarae; (*instrument de musique*) canu; ~ **du droit**

astudio'r gyfraith; ~ **du rugby** chwarae rugby; ~ **du violon/piano** canu'r ffidil/piano; ~ **du cheval** mynd ar gefn ceffyl, marchogaeth; ~ **du ski** sgio.
4 (*visiter, parcourir*): ~ **les magasins** mynd o gwmpas y siopau; ~ **l'Europe** mynd ar daith o amgylch Ewrop.
5 (*simuler*): ~ **le malade/l'ignorant** chwarae'r claf/ffŵl, smalio *ou* cogio bod yn glaf/ffŵl.
6 (+ *infinitif*) gwneud i rn ..., cael gwneud rhth; ~ **tomber/bouger qch** gwneud i rth ddisgyn/symud; ~ **réparer qch** cael trwsio rhth; **que veux-tu me ~ croire/comprendre?** beth wyt ti eisiau i mi ei gredu/ddeall?; **elle m'a fait traverser la rue** hebryngodd hi fi dros y ffordd; ~ ~ **la vaisselle à qn** gwneud i rn olchi'r llestri *voir aussi* **entrer, sortir**.
7 (*transformer, avoir un effet sur*): ~ **de qn un frustré/avocat** gwneud rhn yn rhwystredig/yn gyfreithiwr; **ça ne me fait rien** (*m'est égal*) 'does dim ots gen i; (*me laisse froid*) 'dyw hynny yn cynhyrfu dim arna' i; **cela** *neu* **ça ne fait rien** 'does dim ots, dim o bwys, does dim gwanhaniaeth.
8 (*calculs, prix, mesures*): **2 et 2 font 4** mae 2 a 2 yn gwneud 4; **9 divisé par 3 fait 3** 3 rhan o 9 yw 3; **ça fait 15 F** fe ddaw hynny'n 15 F; **ça fait cher** mae'n ddrud; **je vous le fais 10 F** (*j'en demande 10 F*) fe'i cewch am 10 F.
9 (*dire*) dweud; **"vraiment?" fit-elle** " felly, yn wir?" meddai hi.
10 (*maladie*) bod â, dioddef o; ~ **du diabète/de la tension** dioddef o glefyd siwgr/bwysedd gwaed uchel; ~ **de la fièvre** bod â gwres arnoch *voir aussi* **mal**.
11 (*impliquer*): ~ **que** golygu bod; **il pleuvait à verse, ça fait qu'on est resté à la maison** 'roedd hi'n tywallt y glaw, ac felly mi arhoson ni yn y tŷ.
▶ **ne faire que**: **elle ne fait que critiquer** (*tout le temps*) mae hi yn wastad yn beirniadu; (*seulement*) dim ond beirniadu mae hi.
▶ **n'avoir que faire de** bod heb angen; **je n'ai que ~ de votre pitié** 'does arna' i ddim angen eich tosturi;
♦*vi*
1 (*agir, s'y prendre*) gweithredu, gwneud; **il faut ~ vite** mae'n rhaid gweithredu'n gyflym; **comment a-t-elle fait?** beth wnaeth hi?; **faites comme chez vous** gwnewch fel petaech gartref; **je n'ai pas pu ~ autrement** 'doedd dim arall y gallwn ei wneud.
2 (*paraître*) bod â golwg; ~ **vieux/démodé** bod a golwg hen/henffasiwn arnoch; ~ **petit** edrych yn fach; **ça fait bien** mae'n edrych yn dda, mae golwg dda arno;
♦*vb substitut* gwneud (*ail adrodd y prif ferf*); **remets-la en place - je viens de le faire** rhowch hi yn ei hôl - 'rydw i newydd wneud; **ne la casse pas comme je l'ai fait** paid â'i thorri hi fel y gwnes i; **je peux le voir? - faites!** ga' i weld? - cewch;
♦*vb impers*: **il fait** mae hi; **il fait beau** mae hi'n braf; **il fait du soleil** mae'r haul yn disgleirio; **il fait froid** mae hi'n oer; **il fait chaud** mae hi'n gynnes; **il fait gris** mae hi'n gymylog; **il fait nuit noire** mae hi cyn ddued â'r fagddu; **il fait bon ici** mae'n ddymunol iawn yma; **ça fait** mae hi; **ça fait 5 ans/heures qu'il est parti** mae hi'n 5 mlynedd/awr ers iddo fynd; **ça fait 2 ans/heures qu'elle y est** mae hi yna ers dwy flynedd/awr;
♦ **se ~** *vr*
1 (*habitude*) cael ei wneud; **cela se fait beaucoup** mae pawb yn gwneud hynna; **cela ne se fait pas** 'does neb yn gwneud hynna.
2 (+ *nom ou pron*) gwneud; **se ~ une jupe** gwneud sgert i chi'ch hunan; **se ~ des amis** gwneud ffrindiau; **se ~ du souci** poeni, pryderu; **se ~ des illusions** eich twyllo'ch hunan; **se ~ beaucoup d'argent** gwneud arian mawr.
3 (+ *adj: devenir*) mynd yn; **se ~ vieux** mynd yn hen, heneiddio; (*délibérément*) gwneud i chi'ch hunan edrych yn hen; **se ~ beau** eich harddu'ch hun.
4 (+ *infinitif*) cael gwneud; **se ~ examiner la vue/opérer** cael prawf ar eich golwg/cael llawdriniaeth; **il va se ~ tuer/punir** mae'n mynd i gael ei ladd/gosbi; **il s'est fait aider** cafodd rhn i'w helpu; **se ~ ~ un vêtement** cael gwneud dilledyn ichi; **se ~ ouvrir la porte/aider (par qn)** cael rhn i agor y drws/i'ch helpu; **se ~ montrer/expliquer qch** cael esbonio *ou* dangos rhth ichi.
5 (*s'habituer*) dod i arfer; **je n'arrive pas à me ~ à la nourriture/au climat** ni fedraf ddod i arfer â'r bwyd/tywydd.
6 (*vin, fromage*) aeddfedu.
7 (*emploi impersonnel*): **comment se fait-il?** sut?; **comment se fait-il qu'elle ne soit pas venue?** sut na ddaeth hi?; **il peut se ~ que ...** mae hi'n bosibl ...; **il peut se ~ que je parte** efallai y byddaf yn mynd *ou* cychwyn *ou* ymadael.
8 (*s'inquiéter*): **s'en ~** poeni; **elle ne s'en fait pas** nid yw hi'n poeni dim; **sans s'en ~** heb boeni.

faire-part [fɛʀpaʀ] *m inv*: ~-~ **de décès** hysbysiad *g ou* cyhoeddiad *g* marwolaeth; ~-~ **de mariage** gwahoddiad *g* priodas.
fair-play [fɛʀplɛ] *adj inv* teg.
fais [fɛ] *vb voir* **faire**.
faisabilité [fəzabilite] *f* dichonoldeb *g*, posibilrwydd *g*.
faisable [fəzabl] *adj* dichonol, ymarferol.
faisais [fəzɛ] *vb voir* **faire**.
faisan [fəzɑ̃] *m* ffesant *g*, ceiliog *g* ffesant.
faisane [fəzan] *f* iâr *b* ffesant.
faisandé (-e) [fəzɑ̃de] *adj* (*viande*) ac oglau *ou* gwynt drwg arno; (*péj: fig*) llygredig,

dirywiedig.

faisceau (**-x**) [fɛso] *m* (*de branches*) bwndel *g*; (*PHYS: de lumière*) pelydryn *g*.

faiseur [fəzœʀ] *m* (*tailleur*) teiliwr *g*; ~ **de projets,** ~ **d'intrigues** (*péj*) cynllwyniwr *g*; ~ **d'embarras** crëwr *g* helynt.

faiseuse [fəzøz] *f*: ~ **de projets,** ~ **d'intrigues** (*péj*) cynllwynwraig *b*.

faisons [fəzɔ̃] *vb voir* **faire**.

faisselle [fɛsɛl] *f* hidlen *b* gaws, hidlwr *g* caws.

fait[1] (**-e**) [fɛt] *pp de* **faire**;

♦*adj* (*fromage, melon*) aeddfed; (*yeux*) coluriedig; (*ongles*) lliwiedig; **un homme** ~ dyn *g* yn ei oed a'i amser; **c'en est** ~ **d'elle** mae hi ar ben arni; **c'en est** ~ **de notre tranquillité** dyna ddiwedd ar ein llonydd; **tout** ~ (*préparé à l'avance*) parod; **idée/réponse toute** ~**e** syniad *g*/ateb *g* parod; **c'est bien** ~ **(pour elle)** eitha' gwaith â hi, dyna wers iddi.

fait[2] [fɛ] *vb voir* **faire**.

fait[3] [fɛ] *m*

1 (*donnée, acte*) ffaith *b*.

2 (*évènement*) digwyddiad *g*.

3 (*à propos*): **au** ~ gyda llaw; **en venir au** ~ dod at y pwynt; **être au** ~ **de qch** bod yn wybodus ynghylch rhth; **mettre qn au** ~ sôn wrth rn, rhoi gwybod i rn.

4 (*ce qui est la cause*): **du** ~ **que** o achos bod, oherwydd bod; **du** ~ **de ceci** o achos hynny; **de ce** ~ felly, gan hynny; **être le** ~ **de** (*typique de*) bod yn nodweddiadol o.

5 (*exploits*): **hauts** ~**s** campau *ll*; **les** ~**s et gestes de qn** gweithredoedd *ll* rhn.

6 (*en guise de*): **en** ~ **de repas/vacances** o ran pryd o fwyd/gwyliau, fel pryd o fwyd/gwyliau.

7 (*locutions*): ~ **accompli** fait accompli *g*; ~ **d'armes** camp *b*, gorchest *b*; ~ **divers** eitem *b* o newyddion; **de** *neu* **en** ~ mewn gwirionedd; **dire à qn son** ~ dweud rhth yn blwmp ac yn blaen wrth rn; **prendre** ~ **et cause pour qn** cefnogi rhn; **prendre qn sur le** ~ dal rhn wrthi.

faîte [fɛt] *m* copa *g,b*; **au** ~ **de la gloire/des honneurs** (*fig*) ar anterth *g ou* uchafbwynt *g* gogoniant/anrhydedd, ar frig *g* gogoniant/anrhydedd.

faites [fɛt] *vb voir* **faire**.

faîtière [fetjɛʀ] *f* (*de tente*) polyn *g* crib.

faitout [fɛtu] *m*= **fait-tout**.

fait-tout [fɛtu] *m inv* crochan *g* stiwio *ou* cawl.

fakir [fakiʀ] *m* (*THÉÂTRE*) dewin *g*; (*REL*) ffacir *g*.

falaise [falɛz] *f* clogwyn *g*.

falbalas [falbala] *mpl* ffriliau *ll*.

fallacieux (**fallacieuse**) [fa(l)lasjø, fa(l)lasjøz] *adj* cyfeiliornus; (*apparences*) twyllodrus; (*espoir*) rhithiol, lledrithiol.

falloir [falwaʀ] (**43**) *vb impers*

1 (*besoin*): **il va** ~ **100 F** bydd angen 100 F; **il me faut/faudrait 100 F** mae/byddai angen 100 F arnaf; **nous avons ce qu'il (nous) faut** mae gennym bopeth sydd ei angen arnom.

2 (*obligation*): **il faut faire les lits** mae'n rhaid gwneud y gwelyau; **il faut que je fasse les lits** mae'n rhaid imi wneud y gwelyau; **il a fallu que je parte** bu'n rhaid imi fynd; **il vous faut tourner à gauche après l'église** mae rhaid i chi droi i'r chwith ar ôl mynd heibio'r eglwys; **il faudrait qu'elle rentre** dylai hi fynd adref; **il ne fallait pas** (*pour remercier*) 'doedd dim eisiau ichi; **il faudrait que ...** byddai'n rhaid ..., buasai'n rhaid ...; **comme il faut** (*personne, convenable*) parchus; (*comportement*) cywir; **faut le faire!** dyna gamp!.

3 (*hypothèse*): **il faut qu'il ait oublié/qu'il soit malade** mae'n rhaid ei fod wedi anghofio/ei fod yn wael.

4 (*intensif*): **il a fallu qu'il l'apprenne** fe fyddai'n rhaid iddo glywed am y peth; **il faut toujours qu'elle s'en mêle** mae'n rhaid iddi fusnesa o hyd;

♦ **s'en** ~ *vr*: **il s'en faut de 100 F (pour ...)** 'rydym 100 F yn brin; **il t'en faut de peu!** 'rwyt ti bron â gorffen *ou* llwyddo; **il s'en faut de beaucoup qu'elle soit ...** mae hi'n bell o fod yn ...; **il s'en est fallu de peu que cela n'arrive** bu bron i hynny ddigwydd; **tant s'en faut!** (*bien loin de*) nid o bell ffordd; **... ou peu s'en faut** bron â bod, fwy neu lai.

fallu [faly] *pp de* **falloir**.

falot[1] (**-e**) [falo, ɔt] *adj* (*personne*) diegni, egwan, eiddil, difywyd; (*lumière*) gwan, egwan.

falot[2] [falo] *m* lantarn *b*.

falsification [falsifikasjɔ̃] *f* ffugiad *g*, ffugio.

falsifier [falsifje] (**16**) *vt* ffugio; (*faits*) gwyrdroi.

famé (**-e**) [fame] *adj*: **mal** ~ amheus, drwg-enwog.

famélique [famelik] *adj* llwglyd, yn hanner llwgu, esgyrnog.

fameux (**fameuse**) [famø, famøz] *adj* (*illustre: parfois péj*) enwog; (*bon: repas, plat etc*) gwych, ardderchog; **un** ~ **problème** (*intensif*) problem *b* go iawn *ou* o ddifrif; **ce n'est pas** ~ nid yw'n wych.

familial (**-e**) (**familiaux, familiales**) [familjal, familjo] *adj* teuluol.

familiale [familjal] *f* (*AUTO*) car *g* ystad teuluol.

familiariser [familjaʀize] (**1**) *vt*: ~ **qn avec qch** gwneud rhn yn gyfarwydd *ou* gynefin â rhth, cynefino rhn â rhth;

♦ **se** ~ *vr* ymgyfarwyddo, dod yn gyfarwydd *ou* gynefin; **se** ~ **avec qch** dod yn gyfarwydd â rhth.

familiarité [familjaʀite] *f* (*désinvolture*) anffurfioldeb *g*, cyfeillgarwch *g*; (*effronterie*) ehofnder *g*; (*connaissance intime: de langue etc*) cynefindra *g*; (*manière de parler*) sgyrsioldeb *b*; **prendre des** ~**s avec qn** mynd braidd yn hy ar rn; **cessez ces** ~**s** peidiwch â bod mor hy

familier[1] (**familière**) [familje, familjɛʀ] *adj* (*bien connu*) cyfarwydd, cynefin, cydnabyddus; (*amical*) cyfeillgar, anffurfiol; (*cavalier, impertinent*) eofn, hy, digywilydd; (*LING*) sgyrsiol.

familier[2] [familje] *m* (*de club etc*) ymwelydd *g* rheolaidd, cwsmer *g* rheolaidd, un *g* o'r ffyddloniaid *ou* selogion.

familièrement [familjɛʀmɑ̃] *adv* yn anffurfiol; (*cavalièrement*) yn hy, yn eofn; (*sans recherche: s'exprimer*) yn sgyrsiol.

famille [famij] *f* teulu *g*, tylwyth *g*; **il a de la ~ à Paris** mae ganddo berthnasau ym Mharis; **vie de ~** bywyd *g* teuluol; **~ d'accueil** teulu derbyn; **~ de placement** teulu *g* maeth.

famine [famin] *f* newyn *g*.

fan* [fan] *m/f* edmygwr *g*, edmygwraig *b*, ffan *g/b*.

fanal (**fanaux**) [fanal, fano] *m* (*sur un mât*) golau *g*, lamp *b*; (*lanterne à main*) lantarn *b*.

fanatique [fanatik] *adj* ffanaticaidd, eithafol, penboeth;
♦*m/f* eithafwr *g*, penboethyn *g*, eithafwraig *b*.

fanatiquement [fanatikmɑ̃] *adv* yn ffanaticaidd, yn benboeth.

fanatiser [fanatize] (**1**) *vt* gwneud (rhth) yn ffanaticaidd.

fanatisme [fanatism] *m* ffanaticiaeth *b*, eithafrwydd *g*.

fane [fan] *f* (*de radis, de carotte*) pen *g*.

fané (**-e**) [fane] *adj* (*fleur*) gwyw, gwywedig, wedi gwywo; (*couleur*) pŵl, wedi pylu, wedi colli lliw.

faner [fane] (**1**): **se ~** *vr* (*fleur*) gwywo, colli lliw; (*couleur, tissu*) pylu, colli lliw.

faneur [fan[œ]ʀ] (*personne*) cynaeafwr *g* gwair.

faneuse [fanøz] *f* (*personne*) cynhaeafwraig *b*; (*machine*) chwalwr *g* gwair.

fanfare [fɑ̃faʀ] *f* (*orchestre*) band *g* pres; (*musique*) ffanffer *b*; **en ~** (*partir*) yn swnllyd; (*reveil*) croch; **annoncer qch en ~** taenu rhth ar led.

fanfaron [fɑ̃faʀɔ̃] *m* ymffrostiwr *g*, brolgi *g*, broliwr *g*.

fanfaronne [fɑ̃faʀɔn] *f* ymffrostwraig *b*.

fanfaronnades [fɑ̃faʀɔnad] *fpl* ymffrost *g*, broliau *ll*; **arrête tes ~** paid ag ymffrostio.

fanfreluches [fɑ̃fʀəlyʃ] *fpl* (*souvent péj*) trimins *ll*, ffigiaris *ll*, ffriliau *ll*.

fange [fɑ̃ʒ] *f* llaid *g*, baw *g*.

fanion [fanjɔ̃] *m* penwn *g*.

fanon [fanɔ̃] *m* (*de dindon, de taureau*) tagell *b*; (*de cheval*) cudyn *g* egwyd, bacsen *b*; **les ~s** (*de baleine*) walbon *g*.

fantaisie [fɑ̃tezi] *f* (*spontanéité*) ffansi *b*, dychymyg *g*; (*caprice*) ffansi, mympwy *g*; (*MUS*) ffantasia *b*; (*LITT*) darfelydd *g*; **bijou (de) ~** gemau *ll* gwisgo; **agir selon sa ~** gwneud fel y mynnoch; **manquer de ~** (*vie*) bod yn ddiflas; (*personne*) bod heb ddychymyg; **pain ~** bara *g* ffansi (*a werthir fesul tafell neu sleisen*).

fantaisiste [fɑ̃tezist] *adj* (*péj: peu sérieux*) hynod, ecsentrig, anuniongred;
♦*m* (*de music-hall*) difyrrwr *g*, difyrwraig *b* diddanwr *g*, diddanwraig *b*.

fantasmagorique [fɑ̃tasmagɔʀik] *adj* ffantasmagorig, lledrithiol.

fantasme [fɑ̃tasm] *m* ffantasi *g,b*, lledrith *g*.

fantasmer [fɑ̃tasme] (**1**) *vi* breuddwydio, ffantasïo.

fantasque [fɑ̃task] *adj* (*humeur*) mympwyol; (*chose*) rhyfedd, hynod, ffantastig.

fantassin [fɑ̃tasɛ̃] *m* (*MIL*) troedfilwr *g*.

fantastique [fɑ̃tastik] *adj* (*étrange*) annaearol, rhyfedd, ffantastig; (*prix*) afresymol, gormodol; (*fam: excellent, incroyable*) gwych, bendigedig, ffantastig.

fantoche [fɑ̃tɔʃ] *m* (*péj*) pyped *g*.

fantomatique [fɑ̃tomatik] *adj* bwganllyd, annaearol, drychiolaethol.

fantôme [fɑ̃tom] *m* ysbryd *g*, bwgan *g*, drychiolaeth *b*.

FAO [ɛfao] *sigle f* (= *Food and Agricultural Organization*) FAO, *Trefniadaeth b Bwyd ac Amaeth*.

faon [fɑ̃] *m* carw *g* ifanc.

faramineux* (**faramineuse**) [faʀaminø, faʀaminøz] *adj* rhyfeddol, syfrdanol, aruthrol, anhygoel; (*prix*) afresymol, gormodol.

farandole [faʀɑ̃dɔl] *f* (*MUS*) ffarandôl *b*.

farce[1] [faʀs] *f* (*blague*) cast *g*, tric *g*; (*THÉÂTRE*) ffars *b*; **magasin de ~s et attrapes** *siop b sy'n gwerthu pethau digri*; **faire une ~ à qn** chwarae tric *ou* cast ar rn.

farce[2] [faʀs] *f* (*CULIN*) stwffin *g*.

farceur [faʀsœʀ] *m* (*blagueur*) castiwr *g*; (*fumiste*) cellweiriwr *g*, clown *g*.

farceuse [faʀsøz] *f* (*blagueuse*) chwaraewraig *b* castiau; (*fumiste*) cellweirwraig *b*.

farci (**-e**) [faʀsi] *adj* (*CULIN*) stwffiedig.

farcir [faʀsiʀ] (**2**) *vt* (*viande*) stwffio; **~ qch de qch** stwffio rhth â rhth; **farci de fautes** llawn gwallau;
♦ **se ~*** *vr* gorfod gwneud; (*supporter*) gorfod dioddef; (*corvée*) cael eich gadael i wneud rhth; **je me suis farci la vaisselle** bu'n rhaid imi olchi'r llestri; **il faut se la ~** (*bavard*) mae hi'n bigyn yn y glust.

fard [faʀ] *m* colur *g*; **~ à joues** powdr *g* gwrido.

fardeau (**-x**) [faʀdo] *m* (*aussi fig*) baich *g*.

farder [faʀde] (**1**) *vt* coluro; (*vérité*) cuddio;
♦ **se ~** *vr* ymbincio, rhoi colur.

farfelu (**-e**) [faʀfəly] *adj* hynod, hurt, gwirion; (*histoire*) anhygoel, annhebygol; (*personne*) penwan, gwirion; (*spectacle*) rhyfedd.

farfouiller [faʀfuje] (**1**) *vi* (*péj*) chwilota.

fariboles [faʀibɔl] *fpl* sothach *g*, lol *b*, dwli *g*.

farine [faʀin] *f* blawd *g*, can *g*, fflŵr *g*; **~ de blé/maïs** blawd gwyn/india-corn; **~ lactée**

sucan *g*, uwd *g* tenau.
fariner [faRine] (**1**) *vt* blodio.
farineux[1] (**farineuse**) [faRinø, faRinøz] *adj* blodiog.
farineux[2] [faRinø] *mpl* (*aliments*) bwydydd *ll* llawn startsh.
farniente [faRnjɛnte] *m* diogi *g*, segurdod *g*.
farouche [faRuʃ] *adj* (*indompté*) gwyllt; (*personne: peu sociable*) anghymdeithasgar; (*timide*) swil; (*hostile*) ffyrnig; **une femme peu** ~ (*péj*) merch *b* lac ei moesau, merch hawdd ei chael.
farouchement [faRuʃmɑ̃] *adv* yn ffyrnig.
fart [faRt] *m* (*SKI*) cwyr *g*.
fartage [faRtaʒ] *m* cwyro.
farter [faRte] (**1**) *vt* cwyro.
fascicule [fasikyl] *m* (*partie d'un ouvrage*) rhan *b*, rhifyn *g*; (*brochure*) llyfryn *g*, pamffledyn *g*.
fascinant (-**e**) [fasinɑ̃, ɑ̃t] *adj* swynol, deniadol, hudolus, cyfareddol; (*très intéressant*) cyfareddol, diddorol iawn.
fascination [fasinasjɔ̃] *f* swyn *g*, atyniad *g*, hud *g*, cyfaredd *b*, swyngyfaredd *b*.
fasciner [fasine] (**1**) *vt* swyno, hudo, cyfareddu, swyngyfareddu.
fascisant (-**e**) [faʃizɑ̃, ɑ̃t] *adj* Ffasgaidd.
fascisme [faʃism] *m* Ffasgaeth *b*.
fasciste [faʃist] *adj* Ffasgaidd;
♦*m/f* Ffasgydd *g/b*.
fasse *etc* [fas] *vb voir* **faire**.
faste [fast] *m* gogoniant *g*, ysblander *g*;
♦*adj*: **c'est un jour** ~ mae hi'n ddydd sy'n argoeli'n dda, mae hi'n ddiwrnod lwcus.
fastidieux (**fastidieuse**) [fastidjø, fastidjøz] *adj* diflas, poenus, blinderus.
fastueux (**fastueuse**) [fastɥø, fastɥøz] *adj* (*décor*) moethus; (*repas*) helaeth.
fat [fa(t)] *adj* hunanfoddhaus, hunandybus.
fatal (-**e**) (-**s**, -**es**) [fatal] *adj* (*accident*) marwol; (*inevitable*) anochel, tyngedfennol; **erreur** ~**!** camgymeriad *g* dybryd; (*INFORM*) gwall *g* angeuol; **être** ~ **à qn** bod yn ddinistriol *ou* farwol i rn; **c'était** ~ 'roedd hi'n anochel.
fatalement [fatalmɑ̃] *adv* yn anochel, yn dyngedfennol.
fatalisme [fatalism] *m* tyngedfenyddiaeth *b*.
fataliste [fatalist] *adj* tyngedfenyddol, ffatalaidd.
fatalité [fatalite] *f* (*destin*) tynged *b*, tynghedfen *b*; (*coïncidence*) cyd-ddigwyddiad *g*; (*inévitabilité*) anorfodrwydd *g*.
fatidique [fatidik] *adj* tyngedfennol.
fatigant (-**e**) [fatigɑ̃, ɑ̃t] *adj* blinedig, blinderus; (*agaçant*) poenus; **c'ést** ~ **pour le cœur** mae'n rhoi straen ar y galon; **tu es vraiment** ~ 'rwyt ti'n boendod *g* llwyr.
fatigue [fatig] *f* blinder *g*, lludded *g*; (*détirioration métalique etc*) traul *b*, treuliant *g*; **tomber de** ~ bod wedi blino'n lân, bod wedi ymlâdd.
fatigué (-**e**) [fatige] *adj* lluddedig, wedi blino, blinedig; (*cœur*) dan straen; (*habit*) treuliedig, wedi'i dreulio; **avoir l'estomac** ~ bod â diffyg traul.
fatiguer [fatige] (**1**) *vi* (*moteur*) llafurio, straenio;
♦*vt* (*aussi fig*) blino; (*TECH*) straenio, rhoi straen ar; (*terre*) dihysbyddu, disbyddu;
♦ **se** ~ *vr* blino'n lân, ymlâdd; **se** ~ **de qch** (*fig*) blino ar rth; **se** ~ **à faire qch** trafferthu gwneud rhth; **ne te fatigue pas à ranger** paid â thrafferthu tacluso.
fatras [fatRɑ] *m* cawdel *g*, llanast *g*.
fatuité [fatɥite] *f* hunanfodlonrwydd *g*.
faubourg [fobuR] *m* maestref *b*.
faubourien (-**ne**) [fobuRjɛ̃, jɛn] *adj* maestrefol; **accent** ~ *acen b ddosbarth gweithiol.*
fauché* (-**e**) [foʃe] *adj* heb yr un geiniog.
faucher [foʃe] (**1**) *vt* (*herbe*) torri; (*champs, ble*) lladd, medi; (*fam: voler*) dwyn.
faucheur [foʃœR] *m* (*personne*) medelwr *g*, cynaeafwr *g voir aussi* **faucheux**.
faucheuse [foʃøz] *f* (*personne*) medelwraig *b*, cynaeafwraig *b*; (*machine*) cynaeafwr *g*, peiriant *g* medi.
faucheux [foʃø] *m* (*ZOOL: araignée*) carw'r *g* gwellt.
faucille [fosij] *f* cryman *g*.
faucon [fokɔ̃] *m* hebog *g*.
faudra [fodRa] *vb voir* **falloir**.
faufil [fofil] *m* (*COUTURE*) edau *b* frasbwyth.
faufilage [fofilaʒ] *m* (*COUTURE*) brasbwythiad *g*.
faufiler [fofile] (**1**) *vt* (*COUTURE*) brasbwytho;
♦ **se** ~ *vr*: **se** ~ **dans** *neu* **parmi** *neu* **entre** ymlwybro trwy, ymwthio trwy, sleifio trwy.
faune[1] [fon] *f* (*ZOOL*) ffawna *ll*; (*fig, péj*) criw *g*; ~ **marine** anifeiliaid *ll* morol.
faune[2] [fon] *m* ellyll *g*.
faussaire [foseR] *m* ffugiwr *g*, ffugwraig *b*.
fausse [fos] *adj voir* **faux**[1].
faussement [fosmɑ̃] *adv* (*accuser*) ar gam; (*croire*) yn anghywir.
fausser [fose] (**1**) *vt* (*faits*) ystumio; (*raisonnement*) gwyrdroi, llurgunio, camlunio; (*serrure*) torri; (*clef*) plygu; (*charnière*) camu; ~ **compagnie à qn** dianc rhag rhn, gadael rhn yn ddirybudd.
fausset [fosɛ] *m*: **voix de** ~ ffalseto *g*.
fausseté [foste] *f* (*accusation*) anghywirdeb *g*; (*caractère, personne*) ffalster *g*, dauwynebogrwydd *g*; (*de sentiment*) ffalster, rhagrith *g*.
faut [fo] *vb voir* **falloir**.
faute [fot] *f*
1 (*erreur*) camgymeriad *g*, gwall *g*; ~ **de frappe** gwall teipio; ~ **d'impression** gwall argraffu; ~ **d'inattention** camgymeriad, diofalwch *g*; ~ **d'orthographe** gwall sillafu.
2 (*mauvaise action*) camymddygiad *g*,

camwedd *g*; (*REL: péché*) camwedd, pechod *g*; (*JUR*) trosedd *g*, tramgwydd *g*; **prendre qn en ~** dal rhn yn gwneud rhth, dal rhn wrthi; **~ professionnelle** camymddygiad proffesiynol. **3** (*FOOTBALL etc*) ffowl *b*; (*TENNIS*) ffawt *g*. **4** (*responsabilité*) bai *g*; **c'est de sa/ma ~** arnaf fi/arni hi mae'r bai; **être en ~** bod ar fai; **par la ~ de** oherwydd, o achos. **5** (*manque*) diffyg *g*; **~ d'argent** oherwydd diffyg arian; **sans ~** yn ddi-feth, yn ddi-ffael; **~ de mieux ...** yn niffyg gwell ...

fauteuil [fotœj] *m* cadair *b* freichiau; **~ à bascule** cadair siglo; **~ club** cadair esmwyth; **~ d'orchestre** (*THÉÂTRE*) sedd *b* cerddorfa *ou* flaen; **~ roulant** cadair olwyn *ou* olwynion

fauteur [fotœʀ] *m*: **~ de troubles** codwr *g* twrw; (*POL*) terfysgwr *g*; **~ de guerre** rhyfelgi *g*.

fautif[1] (**fautive**) [fotif, fotiv] *adj* (*incorrect*) anghywir, gwallus; (*responsable*) beius, ar fai; (*coupable*) euog.

fautif[2] [fotif] *m* pechadur *g*, un euog.

fautive [fotiv] *f* pechadures *b*, un euog; ♦*adj f voir* **fautif**[1].

fauve [fov] *adj* (*couleur*) melynllwyd, llwydfelyn;
♦*m* (*animal*) cath *b* wyllt; (*peintre*) fauve *g*.

fauvette [fovɛt] *f* (*oiseau*) telor *g*.

faux[1] (**fausse**) [fo, fos] *adj* (*inexact*) anghywir; (*dents*) gosod, dodi; (*piano*) allan o gywair; (*documents*) ffug; (*colère*) ffug; (*description*) camarweiniol; (*situation*) anodd; **fausse modestie** (*simulé*) ffug *g* wylder; **le ~ numéro** y rhif *g* anghywir; **faire fausse route** cymryd y ffordd anghywir; **faire ~ bond à qn** gadael rhn ar y clwt; **fausse alerte** camrybudd *g*; **fausse clé** allwedd *b* pob clo; **fausse couche** camesgoriad *g*; **fausse joie** llawenydd *g* gwag; **fausse note** (*MUS: fig*) nodyn *g* anghywir; **~ ami** (*LING*) gair *g* twyllodrus; **~ col** coler *g,b* rhydd; **~ départ** (*SPORT: fig*) camgychwyn *g*; **~ frais** mân dreuliau *ll*; **~ frère** (*fig: péj*) cyfaill *g* twyllodrus; **~ mouvement** symudiad *g* lletchwith; **~ nez** trwyn *g* ffug; **~ nom** ffugenw *g*; **~ pas** (*aussi fig*) cam *g* gwag; **~ témoignage** (*délit*) camdystiolaeth *b*;
♦*adv* (*MUS*): **jouer/chanter ~** canu allan o *ou* mas o diwn.

faux[2] [fo] *m* (*peinture, billet*) ffug *g*; **le ~** (*opposé au vrai*) anwiredd *g*.

faux[3] [fo] *f* (*AGR*) pladur *b*.

faux-filet (**~-~s**) [fofilɛ] *m* syrlwyn *g*.

faux-fuyant (**~-~s**) [fofɥijɑ̃] *m* mwyseiriad *g*, esgus *g*; **chercher un ~-~** ceisio osgoi'r cwestiwn, ceisio troi'r stori; **répondre sans ~-~** rhoi ateb syth.

faux-monnayeur (**~-~s**) [fomɔnɛjœʀ] *m* ffugiwr *g* arian, bathwr *g* arian ffug.

faux-semblant (**~-~s**) [fosɑ̃blɑ̃] *m* esgus *g*, rhagrith *g*, twyll *g*, celwydd *g*, cogio.

faux-sens [fosɑ̃s] *m inv* camgyfieithiad *g*.

faveur [favœʀ] *f* (*bienvieillance, aide*) ffafriaeth *b*; (*considération, popularité*) bri *g*, parch *g*; (*bienfait*) cymwynas *b*, ffafr *b*; (*ruban*) rhuban *g*; **~s** (*d'une femme*) ffafrau *ll*, sylw *g*; **billet de ~** tocyn *g* cyfarch; **traitement de ~** ffafriaeth *b*; **en ~ de qch** (*à cause de*) ar gyfrif rhth; (*au profit de*) er budd rhth, er mwyn rhth, ar gyfer rhth; **à la ~ de** (*grâce à*) diolch i; **à la ~ de la nuit** dan lenni'r nos; **être en ~ auprès de qn** cael eich ffafrio gan rn; **être en ~ de qch** bod o blaid rhth.

favorable [favɔʀabl] *adj* ffafriol.

favorablement [favɔʀabləmɑ̃] *adv* yn ffafriol.

favori[1] (**-te**) [favɔʀi, it] *adj* hoff; **mon auteur ~** fy hoff awdur.

favori[2] [favɔʀi] *m* (*champion, cheval*) ffefryn *g*; **~s** (*barbe*) locsyn *g* clust.

favoriser [favɔʀize] (**1**) *vt* ffafrio.

favorite [favɔʀit] *f* (*du roi*) ffafren *b*, meistres *b*.

favoritisme [favɔʀitism] (*péj*) *m* ffafriaeth *b*.

fax [faks] *m* (*télécopie*) ffacs *g,b*; (*appareil*) peiriant *g* ffacs; **envoyer un ~ à qn** anfon ffacs at rn.

fayot* [fajo] *m* (*haricot*) ffeuen *b*, ffafen *b*, ffäen *b*; (*péj: personne*) crafwr *g*.

FB *abr*(= *franc belge*) ffranc *g* Belgaidd.

FC [ɛfse] *sigle m*(= *Football Club*) Clwb Pêl-droed.

fébrifuge [febʀifyʒ] *m* cyffur *g* gwrthdwymynol.

fébrile [febʀil] *adj* (*MÉD*) twymynol; (*personne*) aflonydd, gwyllt, cynhyrfus; **capitaux ~s** (*ÉCON*) arian *g* aflonydd.

fébrilement [febʀilmɑ̃] *adv* yn wyllt.

fécal (-e) (**fécaux, fécales**) [fekal, feko] *adj*: **matières ~es** carthion *ll*.

FECOM [fekɔm] *sigle m*(= *Fonds européen de coopération monétaire*) cronfa *b* gydweithredu ariannol Ewropeaidd.

fécond (-e) [fekɔ̃, ɔ̃d] *adj* (*non stérile*) ffrwythlon; (*prolifique, animal*) epiliog; (*prolifique, auteur*) cynhyrchiol, ffrwythlon; (*terre*) ffrwythlon, cynhyrchiol; (*journée*) cynhyrchiol, ffrwythlon; **année ~e en incidents** blwyddyn *b* gythryblus.

fécondation [fekɔ̃dasjɔ̃] *f* ffrwythloniad *g*, ffrwythloni.

féconder [fekɔ̃de] (**1**) *vt* ffrwythloni.

fécondité [fekɔ̃dite] *f* ffrwythlondeb *g*.

fécule [fekyl] *f* blawd *g* tatws, fflŵr *g* tato.

féculent [fekylɑ̃] *m bwyd g llawn startsh.*

fédéral (-e) (**fédéraux, fédérales**) [fedeʀal, fedeʀo] *adj* ffederal.

fédéralisme [fedeʀalism] *m* ffederaliaeth *b*.

fédéraliste [fedeʀalist] *adj* ffederalaidd.

fédération [fedeʀasjɔ̃] *f* ffederasiwn *g,b*.

fée [fe] *f* tylwythen *b* deg, un o'r tylwyth teg; **les ~s** y tylwyth *g* teg.

féerie [fe(e)ʀi] *f* byd *g* y tylwyth teg,

hudoliaeth *b*; (*spectacle*) drama *b* dylwyth teg, ≈ pantomeim *g*.

féerique [fe(e)ʀik] *adj* lledrithiol.

feignant[1] (**-e**) [fɛɲɑ̃, ɑ̃t] *adj* diog.

feignant[2] [fɛɲɑ̃] *m* diogyn *g*.

feignante [fɛɲɑ̃t] *f* diogen *b*;
♦*adj f voir* **feignant**[1].

feindre [fɛ̃dʀ] (**68**) *vi* cogio, smalio, ffugio, cymryd arnoch;
♦*vt* cogio, esgus, cymryd arnoch; ~ **de faire qch** esgus gwneud rhth.

feint (**-e**) [fɛ̃, fɛ̃t] *pp de* **feindre**;
♦*adj* ffug.

feinte [fɛ̃t] *f* (*SPORT*) ffug-bas *g*; (*escrime*) ymosodiad *g* ffug; (*ruse*) twyll *g*.

feinter [fɛ̃te] (**1**) *vi* (*SPORT*) rhoi ffug-bas, ffug-basio; (*escrime*) esgus ymosod; (*tromper*) twyllo.

fêlé (**-e**) [fele] *adj* craciedig, craciog, â chrac, wedi hollti; (*fig: un peu fou*) gwallgof; **voix ~e** llais *g* cryglyd *ou* cryg.

fêler [fele] (**1**) *vt* cracio, hollti;
♦ **se** ~ *vr* cracio, hollti.

félicitations [felisitasjɔ̃] *fpl* llongyfarchiadau *ll*.

félicité [felisite] *f* dedwyddwch *g*, gwynfyd *g*.

féliciter [felisite] (**1**) *vt*: ~ **qn (de qch/d'avoir fait qch)** llongyfarch rhn (ar rth/ar wneud rhth);
♦ **se** ~ *vr*: **se** ~ **de qch/d'avoir fait qch** eich llongyfarch eich hun ar rth/ar wneud rhth.

félin[1] (**-e**) [felɛ̃, in] *adj* cathaidd, fel cath.

félin[2] [felɛ̃] *m* cath *b* (*wyllt*).

félon (**-ne**) [felɔ̃, ɔn] *adj* bradwrus, twyllodrus.

félonie [felɔni] *f* brad *g*, bradwrusrwydd *g*, twyll *g*.

fêlure [felyʀ] *f* crac *g,b*, hollt *b*; (*d'un os*) crac.

femelle [fəmɛl] *adj* benywaidd; (*TECH*) benyw;
♦*f* (*personne*) benyw *b*, merch *b*; (*animal*) benyw *b*.

féminin[1] (**-e**) [feminɛ̃, in] *adj* benywaidd; (*équipe*) merched; (*parfois péj: homme*) merchetaidd.

féminin[2] [feminɛ̃] *m* (*LING*) y benywaidd *g*.

féminiser [feminize] (**1**) *vt* benyweiddio; (*rendre efféminé*) gwneud (rhth) yn ferchetaidd;
♦ **se** ~ *vr*: **cette profession se féminise** mae'r alwedigaeth hon yn denu mwy a mwy o ferched.

féminisme [feminism] *m* ffeministiaeth *b*, benywyddiaeth *b*.

féministe [feminist] *adj* benywyddol, ffeministaidd;
♦*m/f* ffeminydd *g*, ffeminyddes *b*, benywydd *g*, benywyddes *b*.

féminité [feminite] *f* benyweiddiwch *g*, benyweidd-dra *g*.

femme [fam] *f* merch *b*, dynes *b*, menyw *b*; (*épouse*) gwraig *b*; **jeune** ~ merch ifanc; **être** ~ cyrraedd oedran gwraig; **être très** ~ bod yn fenywaidd iawn; ~ **au foyer** gwraig tŷ; ~ **auteur** awdures *b*; ~ **célibataire/mariée** merch ddibriod/briod; ~ **d'affaires** merch fusnes; ~ **de chambre** morwyn *b* ystafell; ~ **de lettres** gwraig lên, llenores *b*; ~ **de ménage** glanheuwraig *b*; ~ **de service** (*nettoyage*) glanheuwraig; (*cantine*) gwienyddes *b*; ~ **de tête** *merch benderfynol a deallusol*; ~ **d'intérieur** gwraig tŷ; ~ **docteur** meddyges *b*; ~ **du monde** gwraig *b* fydol, cymdeithaswraig *b*; ~ **objet** menyw fel gwrthrych rhywiol; ~ **soldat** milwres *b*.

fémoral (**-e**) (**fémoraux, fémorales**) [femɔʀal, femɔʀo] *adj* clunol.

fémur [femyʀ] *m* asgwrn *g* y glun.

FEN [fɛn] *sigle f* (= *Fédération de l'éducation nationale*) *undeb g cenedlaethol athrawon Ffrainc.*

fenaison [fənɛzɔ̃] *f* (*AGR*) cynhaeaf *g* gwair.

fendillé (**-e**) [fɑ̃dije] *adj* hollt, holltog, holltedig; (*peau*) toredig, craciog.

fendiller [fɑ̃dije] (**1**): **se** ~ *vr* hollti, ymhollti; (*peau*) torri, cracio.

fendre [fɑ̃dʀ] (**3**) *vt* hollti; (*fissurer*) cracio; ~ **du bois** torri coed; ~ **la foule** gwthio'ch ffordd drwy'r dorf; **récit qui fend le cœur** hanes *g* torcalonnus;
♦ **se** ~ *vr* hollti, ymhollti, cracio; **se** ~ **le crâne** cracio asgwrn y pen; **se** ~ **la lèvre** torri'ch gwefus; **se** ~ **la pipe*** chwerthin yn eich dyblau, eich lladd eich hun yn chwerthin; **se** ~ **de*** (*somme*) talu, gwario; (*cadeau*) gwario'n hael ar.

fendu (**-e**) [fɑ̃dy] *adj* (*sol, mur*) craciog, craciedig; (*crâne, lèvre*) wedi'i hollti; (*jupe*) hollt.

fenêtre [f(ə)nɛtʀ] *f* ffenestr *b*; **regarder par la** ~ edrych drwy'r ffenestr; **coin** ~, **place** ~, **côté** ~ sedd *b* ffenestr; ~ **à battants** ffenestr adeiniog; ~ **à guillotine** ffenestr godi; ~ **de lancement** (*ESPACE*) cyfle *g* lansio.

fennec [fenɛk] *m* (*ZOOL*) ffennec *g* (*math o lwynog o Ogledd Affrica*).

fenouil [fənuj] *m* ffenigl *g*.

fente [fɑ̃t] *f* (*dans un mur, un rocher ou un vêtement*) hollt *b*, agen *b*.

féodal (**-e**) (**féodaux, féodales**) [feɔdal, feɔdo] *adj* ffiwdal.

féodalisme [feɔdalism] *m* ffiwdaliaeth *b*.

féodalité [feɔdalite] *f* ffiwdaliaeth *b*.

fer [fɛʀ] *m* haearn *g*; ~**s** (*MÉD: forceps*) gefel *b*; **santé de** ~ cyfansoddiad *g* durol; **avoir une main de** ~ bod â llaw haearn; **mettre un prisonnier aux** ~**s** rhoi cadwynau am garcharor; **au** ~ **rouge** â haearn chwilboeth; ~ **à cheval** pedol *b*; **en** ~ **à cheval** ar lun pedol; ~ **à friser** haearn crychu; ~ **(à repasser)** haearn smwddio *ou* stilo; ~ **à souder** haearn sodro; ~ **à vapeur** haearn stêm; ~ **de lance** (*MIL*) blaen *g* gwaywffon; (*fig*) blaengyrch *g*; ~ **forgé** haearn gyrru.

ferai *etc* [fəʀe] *vb voir* **faire**.

fer-blanc (~**s**-~**s**) [fɛʀblɑ̃] *m* tunplat *g*.

ferblanterie [fɛʀblɑ̃tʀi] *f* gwaith *g* tunplatio, siop *b* saer gwyn.
ferblantier [fɛʀblɑ̃tje] *m* saer *g* gwyn.
férié (**-e**) [feʀje] *adj*: **jour** ~ gŵyl *b* gyhoeddus; **le lundi est** ~ mae'r dydd Llun yn wŷl gyhoeddus *ou* banc.
ferions *etc* [fəʀjɔ̃] *vb voir* **faire**.
férir [feʀiʀ] *adv*: **sans coup** ~ heb gael eich gwrthwynebu.
fermage [fɛʀmaʒ] *m ffermio fel tenant.*
ferme[1] [fɛʀm] *adj* cadarn; (*sol*) caled; (*viande*) gwydn; (*refus, réponse*) pendant; ♦*adv*: **travailler** ~ gweithio'n galed; **discuter** ~ trafod yn frwd; **tenir** ~ sefyll yn gadarn.
ferme[2] [fɛʀm] *f* (*exploitation*) fferm *b*; (*maison*) ffermdy *g*.
fermé (**-e**) [fɛʀme] *adj* caeedig, ar gau; (*gaz, eau*) wedi'i droi i ffwrdd; (*personne: fig*) tawedog; (*visage*) digyffro; (*milieu*) caeedig; ~ **à clef** dan glo; **être** ~ **à** (*sentiment*) bod yn gaeedig i; **économie** ~**e** economi *b* gaeedig.
fermement [fɛʀməmɑ̃] *adv* yn gadarn, yn bendant.
ferment [fɛʀmɑ̃] *m* eples *g*, lefain *g*.
fermentation [fɛʀmɑ̃tasjɔ̃] *f* (*vin*) eplesu; (*fig*) berw *g*, cynnwrf *g*.
fermenter [fɛʀmɑ̃te] (**1**) *vi* eplesu; (*fig*) cynhyrfu, berwi.
fermer [fɛʀme] (**1**) *vi* cau; ♦*vt* cau; (*lumière, radio, télévision*) diffodd; ~ **qch à clef** cloi rhth; ~ **une porte au verrou** bolltio drws; ~ **les yeux (sur qch)** (*fig*) anwybyddu rhth, cymryd arnoch beidio â gweld rhth; ~ **la porte au nez de qn** cau'r drws yn wyneb rhn; **ferme-la!** (*péj*) cau dy geg!; ♦ **se** ~ *vr* cau; **se** ~ **à** (*pitié, amour*) bod yn galongaled i, bod yn gaeedig i.
fermeté [fɛʀməte] *f* cadernid *g*; (*de réponse, refus*) pendantrwydd *g*; (*assurance*) hyder *g*.
fermette [fɛʀmɛt] *f* tyddyn *g*.
fermeture [fɛʀmətyʀ] *f* caead *g*, diffoddiad *g*; (*à clef*) cloi, cload *g*; (*dispositif*) caewr *g*; (*vêtement*) bachyn *g*; **à l'heure de la** ~ (*COMM*) amser cau; ~ **à glissière,** ~ **éclair** sip *g*.
fermier[1] (**fermière**) [fɛʀmje, fɛʀmjɛʀ] *adj*: **beurre/cidre** ~ menyn/seidr cartref *ou* fferm.
fermier[2] [fɛʀmje] *m* (*locataire*) ffermwr-denant *g*; (*propriétaire*) ffermwr *g*.
fermière [fɛʀmjɛʀ] *f* (*locataire*) ffermwraig-denant *b*; (*propriétaire*) ffermwraig *b*; (*femme de fermier*) gwraig *b* ffermwr.
fermoir [fɛʀmwaʀ] *m* (*de bijou*) clesbyn *g*, clasb *g*.
féroce [feʀɔs] *adj* ffyrnig.
férocement [feʀɔsmɑ̃] *adv* yn ffyrnig.
férocité [feʀɔsite] *f* ffyrnigrwydd *g*.
ferons [fəʀɔ̃] *vb voir* **faire**.
ferrage [feʀaʒ] *m* (*d'un cheval*) pedoli
ferraille [feʀɑj] *f* hen haearn *g*; **mettre qch à la** ~ taflu rhth (ar y domen); **bruit de** ~ cloncian *g*.
ferrailler [feʀɑje] (**1**) *vi* cloncian.
ferrailleur [feʀɑjœʀ] *m* prynwr *g* hen haearn.
ferrant [feʀɑ̃] *adj m voir* **maréchal**.
ferré (**-e**) [feʀe] *adj* (*chaussure*) â hoelion; (*canne*) â blaen dur; ~ **en** *neu* **sur*** hyddysg yn, hen gyfarwydd â.
ferrer [feʀe] (**1**) *vt* (*cheval*) pedoli; (*chaussure*) hoelio; (*canne*) rhoi blaen dur ar; (*poisson*) bachu.
ferreux (**ferreuse**) [feʀø, feʀøz] *adj* fferrus.
ferronnerie [feʀɔnʀi] *f* (*atelier, métier*) gwaith *g* haearn; (*objets*) nwyddau *ll* haearn; ~ **d'art** haearn *g* gwaith, haearnwaith *g*.
ferronnier [feʀɔnje] *m* (*ouvrier*) gwneuthurwr *g* nwyddau haearn; (*commerçant*) *gwerthwr g nwyddau haearn*, haearnwr *g*.
ferroviaire [feʀɔvjɛʀ] *adj* rheilffordd, rheil-.
ferrugineux (**ferrugineuse**) [feʀyʒinø, feʀyʒinøz] *adj* sydd yn cynnwys haearn.
ferrure [feʀyʀ] *f* colfach *g* (addurnol).
ferry(-boat) (~**-boats, ferries**) [fɛʀe(bot)] *m* fferi *b*.
fertile [fɛʀtil] *adj* ffrwythlon; (*fig*) cynhyrchiol; ~ **en évènements** llawn digwyddiadau; **une journée** ~ **en événements** diwrnod *g* bythgofiadwy.
fertilisant[1] (**-e**) [fɛʀtilizɑ̃, ɑ̃t] *adj* ffrwythlonol.
fertilisant[2] [fɛʀtilizɑ̃] *m* (*engrais*) gwrtaith *g*, achles *b*.
fertilisation [fɛʀtilizasjɔ̃] *f* (*d'œuf etc*) ffrwythloniad *g*, ffrwythloni; (*avec engrais*) gwrteithiad *g*, gwrteithio, achlesiad *g*, achlesu.
fertiliser [fɛʀtilize] (**1**) *vt* (*œuf etc*) ffrwythloni; (*avec engrais*) gwrteithio.
fertilité [fɛʀtilite] *f* (*de la terre*) ffrwythlondeb *g*; (*de l'imagination*) creadigolrwydd *g*, ffrwythlondeb.
féru (**-e**) [feʀy] *adj*: ~ **de qch** yn hoff iawn o rth, â diddordeb mawr yn rhth.
férule [feʀyl] *f*: **être sous la** ~ **de qn** bod dan reolaeth haearnaidd rhn.
fervent (**-e**) [fɛʀvɑ̃, ɑ̃t] *adj* brwdfrydig, selog; (*prieur*) taer; (*admirateur*) brwd; (*amour*) angerddol, brwd.
ferveur [fɛʀvœʀ] *f* sêl *b*, brwdfrydedd *g*; (*de prière*) taerineb *g*; (*d'amour*) angerdd *g*; **avec** ~ (*prier*) yn daer; (*aimer*) yn angerddol.
fesse [fɛs] *f* ffolen *b*; (*d'un cheval*) crwper *g*; **les** ~**s** y pen-ôl *g*.
fessée [fese] *f* chwip *b* din.
fessier* [fesje] *m* pen-ôl *g*.
festin [fɛstɛ̃] *m* gwledd *b*.
festival (**-s**) [fɛstival] *m* gŵyl *b*.
festivalier [fɛstivalje] *m* mynychwr *g* gwyliau.
festivalière [fɛstivaljɛʀ] *f* mynychwraig *b* gwyliau.
festivités [fɛstivite] *fpl* dathliadau *ll*,

rhialtwch *g*, miri *g*.

feston [fɛstɔ̃] *m* (*ARCHIT: guirlande*) garlant *g*; (*COUTURE*) sgolop *g*.

festoyer [fɛstwaje] (**17**) *vi* gwledda, gloddesta.

fêtard [fɛtaʀ] (*péj*) *m* partïwr *g*, partïwraig *b*, gloddestwr *g*, gloddestwraig *b*.

fête [fɛt] *f* (*réligieuse, publique*) gŵyl *b*; (*en famille*) dathliad *g*, parti *g*; (*kermesse*) ffair *b*; (*du nom*) *gŵyl mabsant*; **faire ~ à qn** rhoi croeso cynnes i rn; **faire la ~** cael hwyl; **faire sa ~ à qn*** rhoi curfa i rn; **se faire une ~ de** edrych ymlaen at; **~ de charité** ffair elusennol; **~ foraine** ffair bleser; **~ mobile** gŵyl symudol; **jour de ~** gŵyl gyhoeddus; **la ~ des Mères/des Pères** Sul *g* y Mamau/Tadau; **la F~ des Rois** Nos *b* Ystwyll; **la F~ du travail** Gŵyl Lafur; **la F~ Nationale (le 14 juillet)** yr Ŵyl Genedlaethol (Gorffennaf 14); **les ~s (de fin d'année)** gwyliau'r *ll* Nadolig; **comité des ~s** pwyllgor *g* yr ŵyl; **salle des ~s** ≈ neuadd *b* y pentref.

Fête-Dieu (**~s-~**) [fɛtdjø] *f*: **la ~-~** Gŵyl *b* Dduw, Gŵyl Corff Crist.

fêter [fete] (**1**) *vt* (*anniversaire*) dathlu; (*personne*) cael parti i.

fétiche [fetiʃ] *m* ffetis *g*; **objet/animal ~** masgot *g*.

fétichisme [fetiʃism] *m* ffetisiaeth *b*.

fétichiste [fetiʃist] *adj* ffetisaidd; ♦*m/f* ffetisydd *g*.

fétide [fetid] *adj* drewllyd.

fétu [fety] *m*: **~ de paille** twffyn *g* o wellt.

feu[1] [fø] *adj inv*: **~ le roi** y diweddar frenin; **~ son père** ei ddiweddar dad.

feu[2] (**-x**) [fø] *m*

1 (*gén*) tân *g*; **en ~** ar dân; **au ~!** tân!; **prendre ~** mynd ar dân; **mettre le ~ à qch** rhoi rhth ar dân; **faire du ~** cynnau tân; **avez-vous du ~?** ga' i dân?; **mettre à ~** (*fusée*) tanio; **~ d'artifice** tân *g* gwyllt; **~ de camp** tân gwersyll; **~ de cheminée** tân mewn simnai *ou* simdde, simnai *b* ar dân; **~ de joie** coelcerth *b*.

2 (*signal lumineux, AUTO*) golau *g*, goleuad *g*; **~ arrière** lamp *b* ôl; **~ orange/rouge/vert** golau melyn/coch/gwyrdd; **~x** (*lumières*) goleuadau *ll*; (*de signalisation*) goleuadau traffig; **~x de brouillard** goleuadau niwl; **~x de croisement** goleuadau wedi eu gostwng; **~x de position/de stationnement** goleuadau ystlys/parcio; **~x de route** prif oleuadau; **s'arrêter aux ~x** *neu* **au ~ rouge** stopio wrth y golau coch; **tous ~x éteints** (*NAUT, AUTO*) heb oleuadau.

3 (*de cuisinière*) cylch *g*, ring *b*; **à ~ doux/vif** (*CULIN*) ar wres isel/uchel; **à petit ~** (*fig*) yn araf deg.

4 (*fig: ardeur*) tanbeidrwydd *g*, eiddgarwch *g*; **être tout ~ tout flamme (pour)** bod yn frwd (dros *ou* am).

5 (*sensation de brûlure*) llosgi *g*, llosg *g*.

6 (*MIL*): **faire ~** (*avec arme*) saethu; **commander le ~** rhoi gorchymyn i saethu; **tué au ~** lladdwyd ar faes y gad.

7 (*locutions*): **avoir le ~ sacré** bod yn ymroddgar; **ne pas faire long ~** (*fig*) peidio â phara yn hir, bod yn dân siafins; **être pris entre deux ~x** (*fig*) cael eich dal mewn ffrae, cael eich dal rhwng dau arall; **donner le ~ vert à qn** (*fig*) rhoi caniatâd i rn, rhoi'r golau gwyrdd i rn; **~ de paille** (*fig*) tân siafins.

feuillage [fœjaʒ] *m* dail *ll*.

feuille [fœj] *f* (*d'arbre*) deilen *b*; (*de papier*) dalen *b*; (*d'un livre*) tudalen *g,b*; (*de métal*) dalen; (*formulaire*) ffurflen *b*; (*journal, bulletin*) papur *g*; **rendre ~ blanche** (*SCOL*) rhoi papur gwag i mewn; **~ de chou*** (*péj: journal*) rhecsyn *g*; **~ de déplacement** (*MIL*) warant *b* deithio; **~ de maladie** *ffurflen i hawlio costau meddygol*; **~ de paye** papur *g* cyflog; **~ de présence** ffurflen bresenoldeb; **~ de route** (*COMM*) teithrestr *b*; **~ de température** siart *b* dymheredd; **~ de vigne** (*BOT*) gwinddeilen *b*; (*sur statue*) deilen ffigys; **~ volante** taflen *b*; **~ d'impôts** ffurflen dreth incwm; **~ d'or** haen *b* aur, dalen aur.

feuillet [fœjɛ] *m* tudalen *g,b*; **~ de garde** tudalen gweili.

feuilletage [fœjtaʒ] *m* (*CULIN*) rholio a phlygu crwst.

feuilleté[1] (**-e**) [fœjte] *adj* (*verre*) dalennog, haenog; **pâte ~e** (*CULIN*) crwst *g* haenog *ou* pwff.

feuilleté[2] [fœjte] *m* (*CULIN*) crwst *g* pwff; (*timbale*) vol-au-vent *g*; (*gâteau*) millefeuille *g,b*.

feuilleter [fœjte] (**12**) *vt* troi tudalennau llyfr.

feuilleton [fœjtɔ̃] *m* (*de journal*) colofn *b* reolaidd; (*TV*) cyfres *b*; (*RADIO*) stori *b* gyfres.

feuillette [fœjɛt] *vb voir* **feuilleter**.

feuillu[1] (**-e**) [fœjy] *adj* deiliog.

feuillu[2] [fœjy] *m* (*BOT*) coeden *b* lydanddeiliog.

feulement [følmɑ̃] *m* chwyrnad *g*.

feutre [føtʀ] *m* ffelt *g*; (*chapeau*) het *b* feddal; (*stylo*) pin *g* blaen ffelt.

feutré (**-e**) [føtʀe] *adj* fel ffelt; (*pas*) distaw; (*bruit*) aneglur.

feutrer [føtʀe] (**1**) *vt* (*revêtir de feutre*) ffeltio; (*fig: bruits*) distewi;
♦ **se ~** *vr* mynd yn debyg i ffelt, ffeltio, cedenu, mynd yn geden.

feutrine [føtʀin] *f* ffelt *g* ysgafn.

fève [fɛv] *f* ffeuen *b* lydan; (*dans la galette des Rois*) *swynbeth g neu ffeuen a guddir mewn teisen Ystwyll.*

février [fevʀije] *m* (mis *g*) Chwefror *g voir aussi* **juillet**.

fez [fɛz] *m* ffês *g,b*.

FF [ɛfɛf] *abr*(= *franc français*) ffranc *g* Ffrengig.

FFA [ɛfɛfa] *sigle fpl*(= *Forces françaises en*

Allemagne) Lluoedd Ffrengig yn yr Almaen.
FFI [ɛfɛfi] *sigle fpl*(= *Forces françaises de l'intérieur (1942-45)*) Lluoedd *ll* Ffrengig cartref;
♦*sigle m* aelod o'r FFI.
FFL [ɛfɛfɛl] *sigle fpl*(= *Forces Françaises libres*) y Fyddin Ffrengig Rydd.
Fg *abr*= **faubourg**.
FGEN [ɛfʒeəɛn] *sigle f*(= *Fédération générale de l'éducation nationale*) *undeb cenedlaethol athrawon.*
fi [fi] *excl* pach!, twt!; **faire ~ de qch** anwybyddu rhth.
fiabilité [fjabilite] *f* (*de personne*) dibynadwyedd *g*, natur *b* ddibynadwy; (*de machine*) sicrwydd *g*.
fiable [fjabl] *adj* dibynadwy, sicr, diogel.
fiacre [fjakʀ] *m* cerbyd *g* (hacni).
fiançailles [fjɑ̃sɑj] *fpl* dyweddïad *g*.
fiancé[1] (-e) [fjɑ̃se] *adj* dyweddiedig; **être ~ (à)** bod wedi dyweddïo (â).
fiancé[2] [fjɑ̃se] *m* dyweddi *g*.
fiancée [fjɑ̃se] *f* dyweddi *b*.
fiancer [fjɑ̃se] (**9**): **se ~** *vr*: **se ~ (avec)** dyweddïo (â).
fiasco [fjasko] *m* ffiasgo *g,b*, trychineb *g*.
fiasque [fjask] *f* fflasg *b* win.
fibranne [fibʀan] *f* fisgos *g* gweol.
fibre [fibʀ] *f* (*TEXTILE etc*) ffibr *g*, edefyn *g*; **~ nerveuse** edefyn nerf; **avoir la ~ paternelle/militaire** bod â deunydd tad/milwr ynoch; **dans le sens des ~s** gyda'r graen; **~ de verre** gwydr *g* ffibr; **la ~ optique** opteg *b* ffibr; **aliments riches en ~(s)** bwyd *g* uchel mewn ffibr.
fibreux (**fibreuse**) [fibʀø, fibʀøz] *adj* ffibrog; (*viande*) gieulyd, gieuog, llawn gïau.
fibrome [fibʀom] *m* (*MÉD*) ffibroma *g*.
ficelage [fis(ə)laʒ] *m* clymu, clymiad *g*.
ficelé (-e) [fisle] *adj* clymedig, wedi ei glymu; (*roman etc*) saernïedig; **c'est un roman mal ~** nofel wael ei saernïaeth yw hi; **être bien ~** (*personne*) gwisgo'ch dillad gorau.
ficeler [fis(ə)le] (**11**) *vt* clymu.
ficelle [fisɛl] *f* llinyn *g*; (*pain*) *torth hir a thenau fel ffon*; **tirer sur la ~** (*fig*) ei mentro hi, mynd yn rhy bell; **~s** (*fig: procédés cachés*) triciau *ll*, ystrywiau *ll*; **connaître les ~s du métier** gwybod cyfrinachau'r grefft, ei deall hi'n iawn, gwybod eich pethau.
fiche [fiʃ] *f* (*carte*) cerdyn *g* mynegai; (*INFORM*) diwyg *g* cofnod; (*ÉLEC: prise*) plwg *g*; **prise à deux/trois ~s** plwg deubin/tri phin; **~ de paye** papur *g* cyflog; **~ signalétique** (*POLICE*) cerdyn adnabod; **~ technique** taflen *b* ddata technegol.
ficher [fiʃe] (**1**) *vt* ffeilio, dosbarthu; (*POLICE*) rhoi ar ffeil, ffeilio; (*fam*) gwneud; (*fam: donner*) rhoi; **~ qch dans qch** stwffio *ou* pwnio rhth i rth; **elle ne fiche rien*** nid yw hi'n gwneud dim; **~ qn à la porte*** taflu rhn allan; **cela me fiche la trouille*** mae'n codi ofn arna' i; **fiche-le dans un coin*** dyro fe yn y gornel, rho fo yn y gornel, taro *ou* sodra fo yn y gornel; **fiche(-moi) le camp*** cer o 'ma, bacha hi; **fiche-moi la paix*** gad imi fod, gad lonydd imi;
♦ **se ~** *vr* (*s'enfoncer*) mynd yn sownd yn; **se ~ de qn*** chwerthin am ben rhn; **se ~ de qch*** diystyru rhth, peidio malio dim ynghylch rhth; **elle s'en fiche complètement!*** nid oes ots *ou* wahaniaeth ganddi amdano o gwbl!
fichier [fiʃje] *m* (*à cartes*) mynegai *g* ar gardiau; (*bibliothèque*) catalog *g*; (*INFORM*) ffeil *b*; **~ actif** *neu* **en cours d'utilisation** (*INFORM*) ffeil weithredol; **~ d'adresses** rhestr *b* gyfeiriadau *ou* bost; **~ d'archives** (*INFORM*) ffeil archifol.
fichu[1] (-e) [fiʃy] *pp de* **ficher**.
fichu*[2] (-e) [fiʃy] *adj* (*inutilisable*) wedi torri; **il est ~** mae hi ar ben arno, mae hi wedi canu arno; **nous sommes ~s** mae hi'n ddominô arnon ni; **quel ~ temps!** (*intensif*) am dywydd sobor!, dyma dywydd sobor!; **être ~ de faire qch** bod â'r gallu i wneud rhth, bod yn debyg *ou* debygol o wneud rhth; **mal ~** gwael; **bien ~** gwych; **elle n'est pas ~e de dire merci!** ni all hi ddim dweud diolch hyd yn oed!
fichu[3] [fiʃy] *m* (*foulard*) pensgarff *g,b*.
fictif (**fictive**) [fiktif, fiktiv] *adj* dychmygol, ffugiedig, ffuglenol; (*promesse*) ffug.
fiction [fiksjɔ̃] *f* (*imagination*) dychymyg *g*; (*fait imaginé*) peth a ddychmygir; (*livres*) ffuglen *b*.
fictivement [fiktivmɑ̃] *adv* yn ffug; (*d'une manière imaginaire*) yn ddychmygol.
fidèle [fidɛl] *adj* ffyddlon; (*appareil*) manwl-gywir;
♦*m/f*: **les ~s** (*REL*) y ffyddloniaid *ll*, y gynulleidfa *b*.
fidèlement [fidɛlmɑ̃] *adv* yn ffyddlon.
fidélité [fidelite] *f* ffyddlondeb *g*; (*exactitude*) cywirdeb *g*.
Fidji [fidʒi] *prfpl*: **(les îles) ~** Ffiji *b*.
fiduciaire [fidysjɛʀ] *adj* ymddiriedol; **héritier ~** ymddiriedolwr *g*, ymddiriedolwraig *b*; **monnaie ~** arian *g* papur.
fief [fjɛf] *m* (*HIST*) ffiff *g*; (*fig: espace*) tir *g*, tirogaeth *b*; (*de parti*) cadarnle *g*.
fieffé (-e) [fjefe] *adj* (*ivrogne, menteur*) rhonc, o'r mwyaf, enbyd.
fiel [fjɛl] *m* (*aussi fig*) bustl *g*, beil *g*.
fiente [fjɑ̃t] *f* baw *g* adar.
fier[1] [fje] (**16**): **se ~** *vr*: **se ~ à** ymddiried yn.
fier[2] (**fière**) [fje, fjɛʀ] *adj*: **~ (de)** balch (o); **elle a fière allure** mae golwg hardd arni.
fièrement [fjɛʀmɑ̃] *adv* yn falch.
fierté [fjɛʀte] *f* balchder *g*.
fièvre [fjɛvʀ] *f* (*MÉD*) twymyn *b*; (*fig*) cyffro *g* gwyllt, berw *g*; **avoir de la ~** bod â gwres

arnoch; **elle a 39 de** ~ mae ei thymheredd yn 39; ~ **jaune** y dwymyn *b* felen; ~ **typhoïde** teiffoid *g*.

fiévreusement [fjevʀøzmɑ̃] *adv* (*fig*) yn wyllt

fiévreux (**fiévreuse**) [fjevʀø, fjevʀøz] *adj* twymynol; (*fig*) gwyllt.

FIFA [fifa] *sigle f* (= *Fédération internationale de Football association*) Ffederasiwn *g* Rhyngwladol Pêl-droed.

fifre [fifʀ] *m* chwibanogl *b*, chwiban *b*; (*personne*) canwr *g* chwibanogl, canwraig *b* chwibanogl.

fig. *abr*(= *figure*) ffigur *g*.

figer [fiʒe] (**10**) *vt* (*sang, sauce*) ceulo; (*mode de vie etc*) ffosileiddio; (*fig: personne*) fferru; ♦ **se** ~ *vr* (*sang, huile*) ceulo; (*fig: personne*) delwi, rhewi, sythu, ymgaregu; (*institution etc*) sefyll yn ei unfan; **se** ~ **dans ses habitudes** bod yn geidwadol iawn eich dull o fyw.

fignoler [fiɲɔle] (**1**) *vt* perffeithio.

figue [fig] *f* ffigysen *b*.

figuier [figje] *m* ffigyswydden *b*, coeden *b* ffigys.

figurant [figyʀɑ̃] *m* (*CINÉ: acteur*) rhodiwr *g*, ecstra *g*; (*THÉÂTRE*) un *g* â rhan fechan.

figurante [figyʀɑ̃t] *f* (*CINÉ: actrice*) ecstra *b*; (*THÉÂTRE*) un *b* â rhan fechan.

figuratif (**figurative**) [figyʀatif, figyʀativ] *adj* (*art*) darluniadol.

figuration [figyʀasjɔ̃] *f*: **faire de la** ~ (*THÉÂTRE*) chwarae rhannau bychain; (*CINÉ*) gweithio fel ecstra.

figure [figyʀ] *f* (*personnage*) ffigwr *g*, cymeriad *g*, personoliaeth *b*; (*visage*) wyneb *g*; (*image*) llun *g*; (*MATH*) ffigwr; **se casser la** ~***** syrthio, cwympo ar eich wyneb, cael codwm; **faire** ~ **de** edrych yn debyg i; **faire bonne** ~ gwneud argraff dda; **faire triste** ~ edrych yn druenus; **prendre** ~ ymffurfio; ~ **de rhétorique** ffigur *g* ymadrodd; ~ **de style** ffigur arddull.

figuré (-**e**) [figyʀe] *adj* ffigurol.

figurer [figyʀe] (**1**) *vi* ymddangos; ♦*vt* darlunio; ♦ **se** ~ *vr*: **se** ~ **qch** dychmygu rhth; **se** ~ **que** dychmygu ...; **figurez-vous que ...** a gredech chi ...

figurine [figyʀin] *f* ffiguryn *g*, model *g* bach.

fil [fil] *m* (*coton, araignée*) edau *b*, edefyn *g*; (*cuivre*) gwifren *b*, weiren *b*; (*haricots*) ffibr *g*; (*marionette*) llinyn *g*; (*TEXTILE*) lliain *g*; (*bois, viande*) graen *g*; (*tranchant*) min *g*, awch *g*; **au** ~ **des heures/années** wrth i'r oriau/blynyddoedd fynd heibio; **au** ~ **de l'eau** gyda'r llif; **de** ~ **en aiguille** fesul tipyn; **donner du** ~ **à retordre à qn** gwneud bywyd yn galed i rn; **donner/recevoir un coup de** ~ gwneud/derbyn galwad ffôn; **le** ~ **d'une histoire/de ses pensées** rhediad *g* y stori/ei feddwl; **ne tenir qu'à un** ~ (*vie, réussite etc*) hongian ar edau; ~ **à coudre** edau nodwydd; ~ **à pêche** lein *b* bysgota; ~ **à plomb** llinyn *g* plwm; ~ **à souder** gwifren sodro; ~ **de fer** gwifren; ~ **de fer barbelé** weiren *b* bigog; ~ **dentaire** edau ddeintyddol; ~ **électrique** gwifren drydan.

filage [filaʒ] *m* (*de la laine etc*) nyddu.

filament [filamɑ̃] *m* edefyn *g*; (*ÉLEC, BOT*) ffilament *g*.

filandreux (**filandreuse**) [filɑ̃dʀø, filɑ̃dʀøz] *adj* (*viande*) gieuog, llawn gïau; (*discours*) hirwyntog.

filant (-**e**) [filɑ̃, ɑ̃t] *adj*: **étoile** ~**e** seren *b* wib.

filasse [filas] *adj inv*: **cheveux (couleur)** ~ melynwyn, melyn, golau.

filature [filatyʀ] *f* (*fabrique*) melin *b*; (*policière*) dilyn o hirbell; **prendre qn en** ~ dilyn rhn o hirbell.

fil-de-fériste [fildəfeʀist] *m/f* rhaffgerddwr *g*, rhaffgerddwraig *b*.

file [fil] *f* llinell *b*; (*AUTO: couloir*) lôn *b*; (*d'attente*) ciw *g*, cwt *b*; **à la** ~ y naill ar ôl y llall; **prendre la** ~ ciwio; **prendre la** ~ **de droite** (*AUTO*) mynd i'r lôn ar y dde; **se mettre en** ~ (*AUTO*) mynd i lôn; **stationner en double** ~ (*AUTO*) dwblbarcio; **à la** *neu* **en** ~ **indienne** yn un llinell, y naill ar ôl y llall.

filer [file] (**1**) *vi* (*bas*) rhedeg; (*lampe*) mygu; (*liquide*) llifo; (*aller vite*) gwibio (heibio); (*fam: partir*) mynd (ymaith); **il faut que je file** rhaid imi ei throi hi, rhaid imi fynd; **allez, file!** i ffwrdd â thi!; ~ **à l'anglaise** sleifio ymaith, mynd heb ganiatâd; ~ **doux** ymddwyn yn iawn, cadw at y rheolau; ♦*vt* (*tissu*) nyddu; (*dérouler: câble*) gollwng (rhaff) fesul tipyn; (*police: suivre*) dilyn (o hirbell); ~ **qch à qn*** rhoi rhth i rn, gwthio rhth i law rhn; ~ **un mauvais coton** bod mewn cyflwr gwael, gwaelu.

filet [filɛ] *m* rhwyd *b*; (*à cheveux*) rhwyden *b* wallt; (*CULIN*) ffiled *b*; (*d'eau, sang*) ffrwd *b* fain; (*fumée*) pluen *b*; **tendre un** ~ (*suj: police*) gosod trap; ~ **(à bagages)** (*RAIL*) rhesel *b* fagiau; ~ **(à provisions)** bag *g* rhwyllog.

filetage [filtaʒ] *m* codi edau ar sgriw; (*IND: poisson*) ffiledu.

fileter [filte] (**13**) *vt* codi edau (*ar sgriw*); (*IND: poisson*) ffiledu, tynnu esgyrn.

filial (-**e**) (**filiaux, filiales**) [filjal, filjo] *adj* mabol, ffiliol, fel mab/merch.

filiale [filjal] *f* (*COMM: compagnie*) is-gwmni *g*; **elle travaille chez une** ~ mae hi'n gweithio i is-gwmni.

filiation [filjasjɔ̃] *f perthynas b rhwng plentyn a rhiant*; (*descendance*) llinach *b*, tras *b*; (*fig: mots*) tarddiad *g*.

filière [filjɛʀ] *f* (*carrière*) llwybr *g*; (*administration*) sianeli *ll*, rhwydwaith *g*; (*drogue*) rhwydwaith; **la** ~ **éléctronique** gyrfaoedd *ll* mewn electroneg; **les nouvelles**

∼s (*université*) cyrsiau *ll* newydd; **suivre la ∼** (*dans sa carrière*) dod ymlaen (*yn eich gyrfa*), dringo *ou* ymddyrchafu yn araf, gweithio'ch ffordd i fyny.

filiforme [filifɔʀm] *adj* main, edafaidd, edafeddog.

filigrane [filigʀan] *m* (*d'un billet, timbre*) dyfrnod *g*; (*metel*) eurllin *g*; **lire en ∼** (*fig*) darllen rhwng y llinellau.

filin [filɛ̃] *m* (*NAUT*) rhaff *b*.

fille [fij] *f* (*opposé à garçon, à femme mariée, à fils*) merch *b*, hogen *b*; (*à l'école*) geneth *b*; **∼ de joie** (*prostituée*) putain *b*; **∼ de salle** (*dans un restaurant*) morwyn *b* fwrdd; (*dans un hôpital*) nyrs *b* gynorthwyol; **petite ∼** merch fach; **vieille ∼** merch ddibriod, hen ferch.

fille-mère (**∼s-∼s**) [fijmɛʀ] *f* (*péj*) mam *b* (ifanc) ddibriod.

fillette [fijɛt] *f* merch *b* fach, hogen *b* fach, geneth *b*.

filleul [fijœl] *m* mab *g* bedydd.

filleule [fijœl] *f* merch *b* fedydd.

film [film] *m* (*pellicule, œuvre*) ffilm *b*; (*couche*) haen *b*, haenen *b*; **∼ alimentaire** haenen *b* lynu, ffilm lynu; **∼ d'animation** cartŵn *g* bywluniedig; **∼ muet/parlant** ffilm fud/lafar; **∼ policier** ffilm dditectif.

filmer [filme] (**1**) *vt* ffilmio.

filon [filɔ̃] *m* gwythïen *b*; (*fig*) cweiniwr *g* arian, rhywbeth sy'n talu'n dda.

filou [filu] *m* (*escroc*) twyllwr *g*.

fils [fis] *m* mab *g*; **le F∼ (de Dieu)** (*REL*) Mab Duw; **M. Rocard ∼** Mr. Rocard y mab; (*COMM*) Mr. Rocard yr ieuaf; **∼ de famille** *dyn g ifanc a chefnog*; **tel père, tel ∼** fel y tad y bydd y mab.

filtrage [filtʀaʒ] *m* (*action*) hidlo; (*résultat de filtrer*) hidliad *g*.

filtrant (**-e**) [filtʀɑ̃, ɑ̃t] *adj* sy'n hidlo, hidlol.

filtre [filtʀ] *m* hidlwr *g*; **∼ ou sans ∼?** (*cigarette*) â blaen hidlo ynteu heb flaen hidlo?; **∼ à air** (*AUTO*) hidlwr aer.

filtrer [filtʀe] (**1**) *vt* hidlo; (*fig: candidats, visiteurs*) sgrinio, gwirio cymeriad (rhn); ♦*vi* (*aussi fig*) treiddio, ymdreiddio.

fin[1] (**-e**) [fɛ̃, fin] *adj* (*papier, couche, fil*) tenau, main; (*visage, cheveux*) hardd; (*taille*) main; (*poudre, sable, sel, pluie*) mân; (*esprit, personne, remarque*) craff, cynnil; (*langue*) cywrain; **c'est ∼!** (*iron*) clyfar, clyfar!; **vouloir jouer au plus ∼ (avec qn)** ceisio bod yn glyfrach na rhn; **avoir la vue/l'ouïe ∼e** bod â golwg craff/chlust fain; **au ∼ fond de la campagne** yng nghefn gwlad, ym mherfeddion y wlad; **savoir le ∼ mot de qch** (*histoire, affaire*) gwybod gwir hanes rhth; **or ∼** aur *g* coeth; **linge ∼** lliain *g* main; **repas ∼** pryd *g* o fwyd ardderchog; **vin ∼** gwin *g* da *ou* ardderchog; **∼ gourmet** archwaethwr *g*; **∼ prêt** hollol barod; **∼ soûl** meddw gorn; **∼ tireur** saethwr *g* di-feth; **∼ renard, ∼e mouche** (*fig*) llwynog *g ou* cadno *g* (*o ddyn, o ferch*), rhywun craff; **∼es herbes** (*CULIN*) perlysiau *ll* cymysg; **couper ∼** torri'n fân *voir aussi* **fine**.

fin[2] [fɛ̃] *f* diwedd *g*, terfyn *g*, pen *g*; (*gén pl: but*) diben *g*; **à (la) ∼ mai/juin** ddiwedd mis Mai/Mehefin; **en ∼ de journée/semaine** ar derfyn y dydd/yr wythnos; **à la ∼** (*enfin*) o'r diwedd; **sans ∼** di-ben-draw, diddiwedd, diderfyn; **à cette ∼** (*pour ce faire*) gyda'r bwriad hwn; **∼s** (*desseins*) amcanion *ll*; **à toutes ∼s utiles** er gwybodaeth ichwi; **mener à bonne ∼** mynd â'r maen i'r wal, dod i derfyniad llwyddiannus; **mettre ∼ à qch** rhoi terfyn ar rth; **mettre ∼ à ses jours** eich lladd eich hun; **prendre ∼** dod i ben *ou* derfyn, diweddu, gorffen, cwpla; **toucher à sa ∼** tynnu at ei derfyn; **∼ de non-recevoir** (*JUR, ADMIN*) gwrthwynebiad *g*; **∼ de section** (*de ligne d'autobus*) rhan *b* (*o daith bws*), safle *g*, stop *g*.

final[1] (**-e**) [final] *adj* olaf, terfynol.

final[2] [final] *m* (*MUS*) diweddglo *g*.

finale [final] *f* (*SPORT*) gêm *b* derfynol; **quart de ∼** gêm gogynderfynol; **8èmes de ∼** *ail rownd mewn cystadleuaeth o bump rownd*; **16èmes de ∼** *rownd gyntaf mewn cystadleuaeth o bump rownd*.

finalement [finalmɑ̃] *adv* (*à la fin*) yn y diwedd, o'r diwedd, bellach; (*après tout*) wedi'r cyfan.

finaliste [finalist] *m/f* (*SPORT*) terfynydd *g*.

finalité [finalite] *f* (*but*) nod *g,b*, amcan *g*; (*fonction*) pwrpas *g*, diben *g*; (*philosophie*) terfynoldeb *g*.

finance [finɑ̃s] *f* cyllid *g*; **∼s** (*situation financière*) cyflwr *g* ariannol; **les ∼s** y Trysorlys *g*; **la haute ∼** byd *g* arian mawr; (*personnes*) cyllidwyr *ll* mawrion; **moyennant ∼** am dâl, am gydnabyddiaeth.

financement [finɑ̃smɑ̃] *m* (*action*) cyllido, ariannu.

financer [finɑ̃se] (**9**) *vt* cyllido, ariannu.

financier[1] (**financière**) [finɑ̃sje, finɑ̃sjɛʀ] *adj* ariannol.

financier[2] [finɑ̃sje] *m* cyllidwr *g*.

financièrement [finɑ̃sjɛʀmɑ̃] *adv* yn gyllidol, o ran cyllid, yn ariannol, o ran arian.

finasser [finase] (**1**) *vi* (*péj*) sgemio a sgilio.

finaud (**-e**) [fino, od] *adj* cyfrwys, castiog, ystrywgar.

fine [fin] *adj f voir* **fin**[2]; ♦*f* (*alcool*) brandi *g* coeth.

finement [finmɑ̃] *adv* (*ciselé*) yn gain; (*faire remarquer*) yn graff, yn gynnil; (*agir*) yn graff.

finesse [finɛs] *f* (*de cheveux, d'étoffe, de cheville*) meinder *g*; (*de papier*) teneuder *g*; (*de lame*) miniogrwydd *g*; (*de parfum*) ysgafnder *g*; (*de visage*) harddwch *g*; (*perspicacité: de personne, d'analyse*) craffter *g*; (*d'acteur*) sensitifrwydd *g*; (*acuité de vue*) craffter; ~**s** manion *ll*, manylion *ll*.

fini[1] (-**e**) [fini] *adj* gorffenedig; **bien/mal** ~ (*travail, vêtement*) wedi'i orffen yn dda/wael; **un artiste** ~ (*valeur intensive*) arlunydd *g* campus; **un égoïste** ~ myfiwr *g* llwyr *ou* rhonc.

fini[2] [fini] *m* (*d'un objet manufacturé: vêtement, meuble*) gorffeniad *g*.

finir [finiʀ] (**2**) *vi* dod i ben, terfynu, darfod, diweddu, gorffen, cwpla, dibennu; ~ **de faire qch** gorffen gwneud rhth; ~ **quelque part** gorffen yn rhywle; ~ **par faire qch** gorffen drwy wneud rhth; **elle finit par m'agacer** mae hi'n dechrau bod yn dân ar fy nghroen; ~ **par qch** gorffen â rhth; **la journée a fini par un bal** gorffennodd y diwrnod â dawns; ~ **en tragédie** diweddu mewn trychineb; **en** ~ **avec qch** darfod â rhth, gorffen â rhth, rhoi'r gorau i rth; **à n'en plus** ~ (*discussions*) di-ben-draw, diderfyn; (*route*) diddiwedd; **elle va mal** ~ fe ddaw i ddiwedd drwg; **c'est bientôt fini?** (*reproche*) 'wyt ti wedi dweud dy ddweud?, (ai) dyna'r cyfan?, 'wyt ti wedi darfod?;
♦*vt* (*travail*) darfod, diwedddu, cwpla, dibennu, gorffen; (*discours*) terfynu, cloi; (*parachever: meubles*) rhoi'r cyffyrddiadau olaf i, caboli, llathru.

finish [finiʃ] *m* (*SPORT*) terfyn *g*; **elle l'a emporté au** ~ fe enillodd wrth y llinell derfyn.

finissage [finisaʒ] *m* (*action: meubles*) gorffeniad *g*, llathriad *g*, caboliad *g*.

finisseur [finisœʀ] *m* (*SPORT*) gorffennwr *g* da.

finisseuse [finisøz] *f* (*SPORT*) gorffenwraig *b* dda.

finition [finisjɔ̃] *f* gorffeniad *g*.

finlandais (-**e**) [fɛ̃lɑ̃dɛ, ɛz] *adj* Ffinnaidd.

Finlandais [fɛ̃lɑ̃dɛ] *m* Ffiniad *g*.

Finlandaise [fɛ̃lɑ̃dɛz] *f* Ffiniad *b*.

Finlande [fɛ̃lɑ̃d] *prf*: **la** ~ y Ffindir *g*.

finnois[1] (-**e**) [finwa, waz] *adj* Ffinnaidd; (*mot*) Ffinneg.

finnois[2] [finwa] *m* (*LING*) Ffinneg *b,g*.

fiole [fjɔl] *f* ffiol *b*; (*fam*) wyneb *g*.

fiord [fjɔʀ(d)] *m voir* **fjord**.

fioriture [fjɔʀityʀ] *f* (*ornement complexe*) addurn *g*, ffigiaris *ll*; (*MUS*) addurniad *g*.

fioul [fjul] *m*: ~ **domestique** olew *g* tanwydd.

firent [fiʀ] *vb voir* **faire**.

firmament [fiʀmamɑ̃] *m* ffurfafen *b*.

firme [fiʀm] *f* cwmni *g*.

fis [fi] *vb voir* **faire**.

fisc [fisk] *m* ≈ trysorlys *g*, y Cyllid *g* Gwladol.

fiscal (-**e**) (**fiscaux, fiscales**) [fiskal, fisko] *adj* cyllidol.

fiscaliser [fiskalize] (**1**) *vt* trethu, codi treth ar rth; (*financement par l'impôt*) ariannu (rhth) trwy drethiant.

fiscaliste [fiskalist] *m/f* arbenigwr *g* mewn trethi, arbenigwraig *b* mewn trethi.

fiscalité [fiskalite] *f* system *b* drethi; (*charges*) trethiant *g*, trethi *ll*.

fissible [fisibl] *adj* ymholltog.

fission [fisjɔ̃] *f* ymholltiad *g*.

fissure [fisyʀ] *f* hollt *b*, crac *g*, agen *b*; (*fig*) rhwyg *b*.

fissurer [fisyʀe] (**1**): **se** ~ *vr* hollti, ymhollti, cracio.

fiston* [fistɔ̃] *m* bachgen *g*; **viens par ici,** ~! 'tyrd yma 'ngwas i, dere 'ma 'achan.

fistule [fistyl] *f* (*MÉD*) ffistwla *g*.

fit [fi] *vb voir* **faire**.

FIV [ɛfive] *abr f*(= *fécondation in vitro*) *ffrwythloni mewn llestr.*

fixage [fiksaʒ] *m* (*PHOT*) sefydlogi.

fixateur [fiksatœʀ] *m* (*PHOT*) sefydlyn *g*; (*pour cheveux, après une permanente*) hufen *g* gosod; **bain** ~ baddon *g* sefydlogi.

fixatif [fiksatif] *m* sefydlyn *g*.

fixation [fiksasjɔ̃] *f* (*d'un objet*) gosodiad *g*, gosod, dodi, sefydlogi; (*d'une date*) pennu; (*d'un prix*) gosod; (*PSYCH*) obsesiwn *g*; ~ **(de sécurité)** (*de ski*) rhwymyn *g* diogelwch.

fixe [fiks] *adj* sefydlog, cadarn; (*emploi*) parhaol; **à date** ~ ar yr un dyddiad, ar ddyddiad penodol; **à heure** ~ ar adeg benodol; **avoir le regard** *neu* **l'œil** ~ syllu; **elle t'observait d'un œil** ~ 'roedd hi'n syllu arnat ti; **menu à prix** ~ bwydlen *b* pris gosod *ou* penodol;
♦*m* (*salaire de base*) cyflog *g* sylfaenol.

fixé (-**e**) [fikse] *adj* (*heure, jour*) penodol; **être** ~ **sur qch** (*savoir à quoi s'en tenir*) bod yn sicr ynghylch rhth, bod wedi penderfynu ynglŷn â rhth; **à l'heure** ~**e** ar yr awr *ou* adeg benodol; **au jour** ~ ar y diwrnod penodol; **tous les regards étaient** ~**s sur moi** 'roedd pob llygad yn fy ngwylio.

fixement [fiksəmɑ̃] *adv* yn graff, yn ddiwyro; **regarder qn** ~ craffu *ou* syllu ar rn.

fixer [fikse] (**1**) *vt* (*déterminer*) penodi; ~ **qch à** *neu* **sur qch** (*attacher*) clymu rhth i rth; ~ **son regard sur qn** edrych yn graff ar rn; ~ **son attention sur qch** canolbwyntio ar rth; ~ **son choix sur qch** penderfynu ar rth, dewis rhth;
♦ **se** ~ *vr* ymsefydlu, ymgartrefu; **se** ~ **quelque part** (*personne*) ymsefydlu *ou* ymgartrefu yn rhywle; **se** ~ **sur qch** (*suj: regard, attention*)

fixité [fiksite] *f* sefydlogrwydd *g*; (*du regard*) craffter *g*, llonyddwch *g*.

fjord [fjɔʀ(d)] *m* ffiord *g*.

fl[1] *abr*(= *florin*) (*monnaie des Pays Bas*) gildern *g*; (*ancienne monnaie*) fflorin *b*.

fl[2] *abr*= **fleuve**.

flacon [flakɔ̃] *m* potel *b*, costrel *b*; (*CHIM*) fflasg *b*.

flagada* [flagada] *adj inv* (*fatigué*) wedi blino'n lân, wedi ymlâdd.

flagellation [flaʒelasjɔ̃] *f* fflangelliad *g*,

fflangellu, chwipio.
flageller [flaʒele] (**1**) *vt* fflangellu, chwipio.
flageolant (**-e**) [flaʒɔlɑ̃, ɑ̃t] *adj* (*jambes*) gwan, siglog, simsan.
flageoler [flaʒɔle] (**1**) *vi*: ~ **sur ses jambes** (*de fatigue*) siglo, crynu, teimlo'n sigledig; **elle flageoleait sur ses jambes** (*de peur*) 'roedd ei choesau'n crynu.
flageolet [flaʒɔlɛ] *m* (*MUS*) chwibanogl *b*, fflasioled *g*; (*CULIN*) ffeuen *b* Ffrengig.
flagornerie [flagɔʀnəʀi] *f* gweniaith *b*, ffalsio, cynffonna, seboni, sebon *g*.
flagorneur [flagɔʀnœʀ] *m* cynffonnwr *g*, ffalsiwr *g*, sebonwr *g*.
flagorneuse [flagɔʀnøz] *f* cynffonwraig *b*, ffalswraig *b*, sebonwraig *b*.
flagrant (**-e**) [flagʀɑ̃, ɑ̃t] *adj* (*erreur, injustice*) amlwg, enbyd, dybryd; **prendre qn en ~ délit** (*JUR*) dal rhn yn y weithred; (*fam*) dal rhn wrthi.
flair [flɛʀ] *m* (*du chien*) synhwyriad *g*, arogliad *g*; (*fig*) sythwelediad *g*, greddf *b*; **avoir du ~** gallu synhwyro pethau.
flairer [fleʀe] (**1**) *vt* (*humer*) ffroeni, arogleuo; (*détecter*) synhwyro.
flamand[1] (**-e**) [flamɑ̃, ɑ̃d] *adj* Ffleminaidd; (*mot*) Fflemineg.
flamand[2] [flamɑ̃] *m* (*LING*) Fflemineg *b,g*.
Flamand [flamɑ̃] *m* Ffleminiad *g*.
Flamande [flamɑ̃d] *f* Ffleminiad *b*.
flamant [flamɑ̃] *m* (*ZOOL*) fflamingo *g*.
flambant [flɑ̃bɑ̃] *adv*: ~ **neuf** newydd sbon.
flambé (**-e**) [flɑ̃be] *adj* fflamboeth.
flambeau (**-x**) [flɑ̃bo] *m* ffagl *b*; **se passer le ~** (*fig*) trosglwyddo'r traddodiad.
flambée [flɑ̃be] *f* (*feu*) tanllwyth *g*; ~ **de violence** (*fig*) ffrwydriad *g* o drais; ~ **des prix** (*COMM*) codiad *g* annisgwyl mewn prisiau; **faire une ~** cynnau tân.
flamber [flɑ̃be] (**1**) *vi* fflamio;
♦*vt* (*volaille, cheveux*) deifio; (*MÉD: aiguille*) sterileiddio.
flambeur [flɑ̃bœʀ] *m* gamblwr *g*.
flambeuse [flɑ̃bøz] *f* gamblwraig *b*.
flamboyant (**-e**) [flɑ̃bwajɑ̃, ɑ̃t] *adj* (*yeux*) tanbaid, yn fflamio; (*couleur*) tanbaid, fflamllyd; (*ARCHIT*) fflamddull.
flamboyer [flɑ̃bwaje] (**17**) *vi* (*flamme*) fflamio, tanbeidio; (*yeux*) tanbeidio, tanio; (*épée*) fflachio, gloywi.
flamenco [flamɛnko] *m* fflamenco *b*.
flamingant (**-e**) [flamɛ̃gɑ̃, ɑ̃t] *adj* Fflemineg o ran iaith.
Flamingant [flamɛ̃gɑ̃] *m* siaradwr *g* Fflemineg.
Flamingante [flamɛ̃gɑ̃t] *f* siaradwraig *b* Fflemineg.
flamme [flɑm] *f* fflam *b*; (*drapeau*) penwn *g*; (*fig: ardeur*) tanbeidrwydd *g*; **plein de ~** tanbaid; **en ~s** ar dân, yn flamau.
flammèche [flamɛʃ] *f* gwreichionen *b*, gwreichionyn *g*.
flan [flɑ̃] *m* (*CULIN*) teisen *b* gwstard, teisen ŵy, cacen *b* ŵy; **en rester comme deux ronds de ~** bod yn syfrdan.
flanc [flɑ̃] *m* ochr *b*; (*MIL*) ystlys *b*; **à ~ de montagne/colline** ar lethr mynydd/bryn; **prêter le ~ à la critique** (*fig*) eich gadael eich hun yn agored i feirniadaeth, rhoi cyfle i feirniad; **tirer au ~*** osgoi gwaith, peidio â gwneud eich gwaith; **être sur le ~*** (*maladie*) bod yn sâl yn y gwely; (*fatigué*) bod wedi blino'n lân.
flancher [flɑ̃ʃe] (**1**) *vi* (*cesser de fonctionner*) diffygio, pallu, torri i lawr; (*manquer de courage*) diffygio, colli'ch hyder, gwangalonni; (*ne plus faire face*) sigo, torri i lawr; (*armée*) rhoi'r gorau iddi; ~ **en math** gwneud yn wael ym mathemateg.
Flandre [flɑ̃dʀ] *prf*: **la** ~ *neu* **les ~s** Fflandrys *b*.
flanelle [flanɛl] *f* gwlanen *b*.
flâner [flɑne] (**1**) *vi* gwagsymera, rhodianna, hamdenna, cerdded yn hamddenol; (*péj*) loetran, cerddetian.
flânerie [flɑnʀi] *f*: **la** ~ (*promenade*) tro *g* hamdennol; (*action*) swmera, gwagswmera; **perdre son temps en ~(s)** gwastraffu amser yn loetran.
flâneur[1] (**flâneuse**) [flɑnœʀ, flɑnøz] *adj* hamdennol.
flâneur[2] [flɑnœʀ] *m* gwagswmerwr *g*, hamddenwr *g*.
flâneuse [flɑnøz] *f* gwagswmerwraig *b*, hamddenwraig *b*.
flanquer [flɑ̃ke] (**1**) *vt* (*être accolé à*) ystlysu, bod wrth ystlys, bod ochr yn ochr â; (*fam: donner*) rhoi; ~ **qch sur/dans*** (*mettre*) taflu rhth ar/yn; ~ **qch par terre** taflu rhth ar y llawr; ~ **qn à la porte** dangos y drws i rn; (*fam: licencier*) rhoi ei gardiau i rn; ~ **la frousse à qn** codi ofn ar rn; **être flanqué de qch** (*personne, construction, meuble*) bod â rhth o'i ddeutu *ou* o bobtu; **un palais flanqué de murailles** palas â waliau o'i ddeutu;
♦ **se** ~ *vr*: **se ~ par terre** syrthio, cwympo ar eich wyneb.
flapi (**-e**) [flapi] *adj* wedi blino'n lân, wedi ymlâdd.
flaque [flak] *f* (*d'eau*) pwdel *g*; (*d'huile, de sang etc*) pwll *g*, llyn *g*.
flash (**-es**) [flaʃ] *m* (*PHOT*) fflach *b*; **au ~** (*prendre une photo*) gyda fflach; ~ **d'information** (*TV, RADIO*) fflach newyddion; ~ **publicitaire** (*TV, CINÉ*) hysbyseb *b*.
flasque[1] [flask] *adj* (*peau*) llipa; (*chair*) meddal.
flasque[2] [flask] *f* fflasg *b*.
flatter [flate] (**1**) *vt* seboni, gwenieithio; (*suj: honneurs, amitié*) plesio, bodloni; (*caresser*) anwesu, rhoi mwythau i; (*favoriser*) ffafrio; **cette photo la flatte** mae'r llun 'ma yn ei dangos ar ei gorau, mae hwn yn llun caredig

ohoni;
♦ **se ~** *vr* ymfalchïo (yn rhth); **se ~ de qch/de pouvoir faire** ymfalchïo yn rhth/eich bod yn gallu gwneud.
flatterie [flatʀi] *f* gweniaith *b*, sebon *g*.
flatteur[1] **(flatteuse)** [flatœʀ, flatøz] *adj* gwenieithus; (*photo etc*) ffafriol, caredig.
flatteur[2] [flatœʀ] *m* gwenieithwr *g*, sebonwr *g*.
flatteuse [flatøz] *f* gwenieithwraig *b*, sebonwraig *b*.
flatulence, **flatuosité** [flatylɑ̃s, flatɥozite] *f* (*MÉD*) gwynt *g*.
FLB [ɛfɛlbe] *sigle m* (*POL*)(= *Front de libération de la Bretagne*) *Ffrynt g dros ryddid i Lydaw.*
FLC [ɛfɛlse] *sigle m* (*POL*)(= *Front de libération de la Corse*) *Ffrynt g dros ryddid i Gorsica.*
fléau (-x) [fleo] *m* pla *g*, melltith *b*; (*de balance*) trawst *g*; (*pour le blé*) ffust *b*.
fléchage [fleʃaʒ] *m* (*d'un itinéraire*) (gosod) arwyddbyst.
flèche [flɛʃ] *f* saeth *b*; (*de clocher*) meindwr *g*; (*de grue*) braich *b*; (*trait d'esprit, critique*) brathiad *g*; **monter en ~** (*fig*) esgyn, saethu i'r awyr; **partir comme une ~** mynd fel ergyd o wn, mynd fel mellten, mynd fel cath i gythraul; **avion à ~ variable** awyren *b* adenydd tro; **il fait ~ de tout bois** mae'n troi pob dŵr i'w felin ei hun.
flécher [fleʃe] (**14**) *vt* (*itinéraire*) gosod arwyddbyst.
fléchette [fleʃɛt] *f* dart *g*; **~s** (*jeu*) dartiau *ll*; **jouer aux ~s** chwarae dartiau.
fléchir [fleʃiʀ] (**2**) *vi* (*poutre*) sigo, camu dan straen; (*fig: personne, courage*) gwanhau; (*prix*) gostwng;
♦*vt* (*plier*) plygu; (*apaiser: personne*) tawelu.
fléchissement [fleʃismɑ̃] *m* (*de corps, genou*) plygiad *g*, plygu; (*fig, d'une poutre*) ysigiad *g*, sigo; (*de l'économie*) diffygiad *g*, gostyngiad *g*, cwymp *g*.
flegmatique [flɛgmatik] *adj* digyffro, fflegmatig.
flegme [flɛgm] *m* (*MÉD*) llysnafedd *g*, fflem *b*; (*placidité*) tawelwch *g*, hunanfeddiant *g*; **perdre son ~** cynhyrfu, cyffroi.
flemmard[1] (-e) [flemaʀ, aʀd] *adj* diog.
flemmard[2] [flemaʀ] *m* diogyn *g*.
flemmarde [flemaʀd] *f* diogen *b*.
flemme [flɛm] *f*: **j'ai la ~ de faire ...** alla' i ddim mynd i'r drafferth o wneud ..., 'does arna' i ddim awydd gwneud ...
flétan [fletɑ̃] *m* (*poisson*) y lleden *b* fawr *ou* fwyaf, halibwt *g*.
flétri (-e) [fletʀi] *adj* (*fleur*) gwywedig, wedi gwywo, crin, wedi crino; (*couleur*) pŵl, wedi pylu; (*peau, visage*) wedi crin.
flétrir [fletʀiʀ] (**2**) *vt* crino, gwywo; (*stigmatiser qn*) condemnio, gweld bai ar; **~ la mémoire de qn** (*fig*) pardduo'r cof am rn; **le temps a flétri sa beauté** mae ei harddwch wedi diflannu gydag amser;
♦ **se ~** *vr* (*fleur*) crino, gwywo; (*beauté*) crino, pylu; (*peau*) crino, crebachu.
fleur [flœʀ] *f* blodyn *g*; **être en ~** (*arbre*) blodeuo; **être ~ bleue** bod yn ddagreuol *ou* gordeimladwy, bod yn sentimental; **à ~ de** bron ar yr un safon â; **j'ai les nerfs à ~ de peau** 'rwyf ar bigau'r drain; **à ~ de terre** bron â chyffwrdd y ddaear, ychydig uwchben y ddaear; **faire une ~ à qn** gwneud cymwynas â rhn; **être/mourir dans la ~ de l'âge** bod/marw ym mlodau'ch dyddiau; **la (fine) ~ de** (*fig*) hufen *g*, blodau *ll*, goreuon *ll*; **~ de lis** fflŵr-dy-lis *g,b*; **tissu/papier à ~s** defnydd *g*/papur *g* blodeuog *ou* yn flodau i gyd.
fleurer [flœʀe] (**1**) *vt*: **~ la lavande/l'odeur des foins** bod ag oglau *ou* gwynt lafant/gwair arno.
fleuret [flœʀɛ] *m* (*SPORT: épée*) ffoil *g*.
fleurette [flœʀɛt] *f*: **conter ~ à qn** sibrwd geiriau cariadus wrth rn.
fleuri (-e) [flœʀi] *adj* yn blodeuo, yn ei flodau; (*couvert de fleurs*) blodeuog; (*fig: style*) addurnedig; (*papier, tissu*) yn flodau i gyd; (*teint, nez*) gwridog.
fleurir [flœʀiʀ] (**2**) *vi* blodeuo; (*fig*) ffynnu;
♦*vt* (*tombe*) rhoi *ou* dodi blodau ar; (*chambre*) addurno (rhth) â blodau.
fleuriste [flœʀist] *m/f* gwerthwr *g* blodau, gwerthwraig *b* blodau;
♦*m* (*magasin*) siop *b* flodau.
fleuron [flœʀɔ̃] *m* fflwron *g*; (*fig*) y peth mwyaf gwerthfawr, gem *b* (*mewn casgliad*).
fleuve [flœv] *m* afon *b*; (*fig*) llif *g*, ffrwd *b*; **roman-~** nofel *b* saga; **discours-~** araith *b* ddiddiwedd.
flexibilité [flɛksibilite] *f* hyblygrwydd *g*, ystwythder *g*.
flexible [flɛksibl] *adj* (*aussi fig*) ystwyth, hyblyg.
flexion [flɛksjɔ̃] *f* (*LING*) ffurfdro *g*; (*PHYSIOL*) ystwytho.
flibustier [flibystje] *m* (*pirate*) môr-leidr *g*.
flic* [flik] *m* (*péj*) glas* *g*, plismon *g*.
flingue* [flɛ̃g] *m* gwn *g*, reiffl *b*.
flinguer* [flɛ̃ge] (**1**) *vt* saethu; **se faire ~** cael eich saethu.
flipper[1] [flipœʀ] *m* pinbel *b*.
flipper*[2] [flipe] (**1**) *vi* (*être déprimé*) bod yn ddigalon *ou* yn drist iawn; (*être perturbé*) ffricio*, myllio, ffrwcsio, cynhyrfu.
flirt [flœʀt] *m* fflyrtio, smalio caru; (*personne*) cariad *g/b*.
flirter [flœʀte] (**1**) *vi* smalio caru, cogio caru, fflyrtio.
FLN [ɛfɛlɛn] *sigle m*(= *Front de libération nationale*) *Ffrynt g rhyddid cenedlaethol.*
FLNC [ɛfɛlɛnse] *sigle m*(= *Front de libération nationale de la Corse*) *Ffrynt g cenedlaethol dros ryddid i Gorsica.*
FLNKS [ɛfɛlɛnkaɛs] *sigle m*(= *Front de*

libération nationale kanak et socialiste) mudiad gwleidyddol yng Nghaledonia Newydd.
flocon [flɔkɔ̃] *m* (*de neige*) pluen *b*; (*de laine*) casnodyn *g*; (*détergent*) fflochen *b* (sebon); **~s d'avoine** creision *ll* ceirch, ceirch *ll* wedi'u rhostio.
floconneux (**floconneuse**) [flɔkɔnø, flɔkɔnøz] *adj* (*laine, nuage*) cnuog, gwlanog; (*neige*) mân.
flonflons [flɔ̃flɔ̃] *mpl* twrw *g*; **les ~ de la musique foraine** sŵn *g* miwsig y ffair; **il a été reçu sans ~** ni chafodd fawr o groeso.
flopée [flɔpe] *f*: **une ~ de** llawer *g* o, llwyth *g* o, llond *g* gwlad o, peth *g* wmbredd o.
floraison [flɔʀɛzɔ̃] *f* blodeuad *g*, blodeuo.
floral (-e) (**floraux, florales**) [flɔʀal, flɔʀo] *adj* blodeuol; **jeux floraux** ≈ eisteddfod *b*.
floralies [flɔʀali] *fpl* sioe *b* flodau.
flore [flɔʀ] *f* fflora *g*.
Florence [flɔʀɑ̃s] *pr* Fflorens *b*.
florentin (-e) [flɔʀɑ̃tɛ̃, in] *adj* Fflorensaidd, o Fflorens.
Florentin [flɔʀɑ̃tɛ̃] *m* Fflorensiad *g*, un *g* o Fflorens.
Florentine [flɔʀɑ̃tin] *f* Fflorensiad *b*, un *b* o Fflorens.
floriculture [flɔʀikyltyʀ] *f* tyfu blodau.
Floride [flɔʀid] *prf*: **la ~** Florida *b*.
florifère [flɔʀifɛʀ] *adj* blodeuddwyn, blodeuog.
florilège [flɔʀilɛʒ] *m* blodeugerdd *b*.
florissant[1] [flɔʀisɑ̃] *vb voir* **fleurir**.
florissant[2] (-e) [flɔʀisɑ̃, ɑ̃t] *adj* (*entreprise, commerce*) llwyddiannus, ffyniannus; (*mine, teint*) gwridog, iach; (*santé*) perffaith.
flot [flo] *m* (*de touristes*) ffrwd *b*, llif *g*; (*marée*) llanw *g* mawr; **mettre qch à ~** (*aussi fig*) lansio rhth; **être à ~** (*NAUT*) bod ar y dŵr; (*fig*) bod yn wastad; **~s** (*de la mer*) tonnau *ll*; **entrer à ~s** llifo i mewn; **verser des ~s de larmes** wylo'n hidl, llefain y glaw.
flottage [flɔtaʒ] *m* (*du bois*) cludeiriad *g*, arnofiant *g* (*cludo coed ar hyd afon*).
flottaison [flɔtɛzɔ̃] *f*: **ligne de ~** llinell *b* ddŵr.
flottant (-e) [flɔtɑ̃, ɑ̃t] *adj* nofiol, arnofiol; (*vêtement*) llac, llaes; (*brume, nuage*) yn drifftio, yn mynd gyda'r gwynt; (*cours, barême*) ansefydlog, amrywiol, cyfnewidiol.
flotte [flɔt] *f* (*NAUT*) llynges *b*, fflyd *b*; (*fam: eau, pluie*) dŵr *g*, glaw *g*
flottement [flɔtmɑ̃] *m* (*fig: hésitation*) petruster *g*, amhendantrwydd *g*, ansicrwydd *g*; (*ÉCON*) amrywio, newid.
flotter [flɔte] (**1**) *vi* (*bateau, bois*) nofio, arnofio; (*dans l'air, brume*) drifftio, mynd gyda'r gwynt; (*drapeau, cheveux*) chwifio; (*sourire*) hofran; (*fig: vêtements*) bod yn llac; (*ÉCON: monnaie*) amrywio, newid; **~ à la dérive** mynd gyda'r llif; **elle flotte dans ses vêtements** mae ei dillad yn rhy lac iddi;
♦*vt* (*bois*) nofio, arnofio;
♦*vb impers* (*fam: pleuvoir*): **il flotte** mae hi'n bwrw glaw.
flotteur [flɔtœʀ] *m* (*de ligne, filet*) corcyn *g*, corcas *b*, fflôt *b*; (*de chasse d'eau*) tap *g* pelen.
flottille [flɔtij] *f* llynges *b* fach.
flou (-e) [flu] *adj* (*photo*) aneglur, niwlog; (*dessin, forme*) aneglur; (*fig: idée*) amwys, aneglur, niwlog; (*robe*) llac.
flouer [flue] (**1**) *vt* twyllo (*yn ariannol*).
fluctuant (-e) [flyktɥɑ̃, ɑ̃t] *adj* (*opinions*) newidiol; (*prix*) ansefydlog, cyfnewidiol, newidiol.
fluctuation [flyktɥasjɔ̃] *f* amrywiad *g*; (*prix*) ansefydlogrwydd *g*, cyfnewidioldeb *g*.
fluctuer [flyktɥe] (**1**) *vi* amrywio.
fluet (-te) [flyɛ, ɛt] *adj* (*corps*) tenau, main; (*voix*) gwan, main.
fluide [flɥid] *adj* hylifol; (*main d'œuvre*) hyblyg; (*style*) llithrig, rhugl, rhwydd; (*pensée*) aneglur, amhendant; (*situation*) cyfnewidiol; **la circulation est ~** mae'r traffig yn symud yn rhwydd; **rendre une peinture plus ~** teneuo paent;
♦*m* hylif *g*; (*force mystérieuse*) grym *g* seicig *ou* cyfrin.
fluidifier [flɥidifje] (**16**) *vt* hylifo.
fluidité [flɥidite] *f* (*CHIM*) hylifedd *g*; (*main d'œuvre*) hyblygrwydd *g*; (*style*) rhwyddineb *g*, llithrigrwydd *g*; (*pensée*) anniffinioldeb *g*; (*circulation*) rhwyddineb *g*; (*situation*) cyfnewidioldeb *g*.
fluor [flyɔʀ] *m* fflworin *g*.
fluoration [flyɔʀɑsjɔ̃] *f* fflworideiddio.
fluoré (-e) [flyɔʀe] *adj* wedi'i fflworideiddio.
fluorescent (-e) [flyɔʀesɑ̃, ɑ̃t] *adj* fflworoleuol.
flûte [flyt] *f*: **~ (traversière)** (*MUS*) ffliwt *b*; (*verre*) gwydryn *g* hir (*a ddefnyddir ar gyfer siampên*); (*pain*) torth *b* hir a thenau; **~!** dratia!, daro!; **petite ~** picolo *g*; **~ à bec** recorder *g*; **~ de Pan** pibau *ll* Pan.
flûtiste [flytist] *m/f* ffliwtydd *g*.
fluvial (-e) (**fluviaux, fluviales**) [flyvjal, flyvjo] *adj* afonol.
flux [fly] *m* (*écoulement*) llif *g*; (*marée*) llanw *g*; **le ~ et le reflux** (*aussi fig*) llanw a thrai *g*.
fluxion [flyksjɔ̃] *f*: **~ de poitrine** (*MÉD*) niwmonia *g*, llid *g* ar yr ysgyfaint; **~ dentaire** crawniad *g* (yn y genau).
FM [ɛfem] *sigle f* (= *fréquence modulée*) amledd *g* modyledig.
Fme *abr*= **femme**.
FMI [ɛfɛmi] *sigle m*(= *Fonds monétaire international*) y Gronfa *b* Ariannol Gydwladol.
FN [ɛfɛn] *sigle m*(= *Front national*) *Ffrynt g cenedlaethol.*
FNAC [fnak] *sigle f* (= *Fédération nationale des achats des cadres*) *cadwyn o siopau disgownt (hei-ffei, camerâu ayb).*
FNAH [fna] *sigle m*(= *Fonds national d'amélioration de l'habitat*) *cronfa b*

genedlaethol ar gyfer gwella cartrefi.
FNEF [fnɛf] *sigle f*(= *Fédération Nationale des étudiants de France*) *undeb g cenedlaethol myfyrwyr.*
FNSEA [ɛfɛnɛsəa] *sigle f*(= *Fédération nationale des syndicats d'exploitants agricoles*) *undeb g ffermwyr.*
FO [ɛfo] *sigle f*(= *Force ouvrière*) *undeb g llafur.*
foc [fɔk] *m* (*NAUT*) hwyl *b* grog, jib *b*.
focal (-e) (**focaux, focales**) [fɔkal, fɔko] *adj* ffocal.
focale [fɔkal] *f* (*PHYS*) hyd *g* ffocws.
focaliser [fɔkalize] (**1**) *vt* ffocysu; (*fig*) canolbwyntio.
fœtal (-e) (**fœtaux, fœtales**) [fetal, feto] *adj* ffetysol; **membranes ~es** pilen *b* y ffetws.
fœtus [fetys] *m* ffetws *g*.
foi [fwa] *f* (*REL*) ffydd *b*; (*confiance*) ymddiriedaeth *b*; (*assurance*) gair *g*, addewid *g,b*; **sous la ~ du serment** ar lw; **avoir ~ en** ymddiried yn, bod â ffydd yn; **ajouter ~ à** rhoi coel ar; **faire ~** (*prouver*) tystio (i rth), profi rhth, bod yn dystiolaeth; **digne de ~** dibynadwy, credadwy; **sur la ~ de qn** ar air rhn; **sur la ~ de qch** ar sail rhth; **bonne ~** diffuantrwydd *g*; **mauvaise ~** anniffuantrwydd *g*; **en toute bonne ~** gyda phob ewyllys da, yn gwbl onest; **ma ~!** wel wir!; **il faut avoir la ~*** mae eisiau gras!; **elle est de mauvaise ~** (*en parlant*) 'does dim coel ar ddim y mae'n ei ddweud, nid yw'n golygu gair o'r hyn y mae hi'n ei ddweud.
foie [fwa] *m* afu *g*, iau *g*; **~ gras** foie gras *g* (*pâté o iau neu afu gŵydd*).
foin [fwɛ̃] *m* gwair *g*; **les ~s** tymor *g* y cynhaeaf gwair; **faire les ~s** cynaeafu gwair; **faire du ~*** (*fig*) creu stŵr *ou* helynt.
foire [fwaʀ] *f* ffair *b*; (*fête foraine*) ffair wagedd *ou* bleser; (*fam*) llanast *g*; **faire la ~*** (*fig*) cael hwyl a sbri; **c'est la ~ ici** mae hi fel ffair yma; **~ (exposition)** arddangosfa *b* fasnachol.
fois [fwa] *f* gwaith *b*; **2 ~ 2** dwy waith dau; **deux/quatre ~ plus grand (que)** dwy waith/pedair gwaith yn fwy (na); **une ~** unwaith, rhyw bryd, un tro; **encore une ~** unwaith eto; **une (bonne) ~ pour toutes** unwaith ac am byth; **une ~ que c'est fait** unwaith y bydd wedi'i wneud; **une ~ partie, elle ...** a hithau wedi mynd ..., gydag iddi fynd ..., wedi iddi fynd ...; **à la ~** (*ensemble*) ar yr un pryd; **à la ~ grand et beau** yn fawr yn ogystal ag yn hardd; **des ~** (*parfois*) weithiau; **chaque ~ que** bob tro mae ...; **si des ~ ...*** os byth ...; **non, mais des ~!*** na, gwrando di!; **il était une ~ ...** (*au début d'une histoire*) un tro, 'roedd ...
foison [fwazɔ̃] *f*: **une ~ de** digonedd *g* o; **il y en avait à ~ au marché** 'roedd digonedd ohono yn y farchnad, 'roedd faint a fynnir ohono yn y farchnad.
foisonnant (-**e**) [fwazɔnɑ̃] *adj* (*vie*) toreithiog, llawn, gorlawn; (*activité*) prysur; (*imagination*) ffrwythlon, toreithiog.
foisonnement [fwazɔnmɑ̃] *m* toreth *b*.
foisonner [fwazɔne] (**1**) *vi* bod yn niferus *ou* doreithiog; **~ en** *neu* **de qch** bod yn llawn *ou* doreithiog o rth, heidio o rth.
fol [fɔl] *adj voir* **fou**[1].
folâtre [fɔlɑtʀ] *adj* chwareus.
folâtrer [fɔlɑtʀe] (**1**) *vi* chwarae, prancio, neidio a champio, gwneud giamocs.
folichon (-**ne**) [fɔliʃɔ̃, ɔn] *adj* doniol, digrif; **ça n'a rien de ~** nid yw hynna'n ddigrif iawn.
folie [fɔli] *f* ffolineb *g*, hurtrwydd *g*; **la ~ des grandeurs** rhithdybiau *ll* mawredd; **aimer qn à la ~** caru rhn yn angerddol; **elle a la ~ des chevaux** mae hi'n gwirioni ar geffylau; **faire des ~s** (*en dépenses*) gwario'n afrad *ou* ffôl.
folklore [fɔlklɔʀ] *m* llên *b* gwerin.
folklorique [fɔlklɔʀik] *adj* traddodiadol, gwerin; (*fam*) rhyfedd, hynod; **danse ~** dawnsio gwerin.
folle [fɔl] *f* merch *b* wallgof *ou* loerig; (*fam*) gwrwgydiwr *g* merchetaidd; **la ~ du logis** y dychymyg *g*;
♦*adj voir* **fou**[1].
follement [fɔlmɑ̃] *adv* yn wyllt; (*extrêmement*) yn aruthrol; (*aimer*) yn angerddol.
follet [fɔlɛ] *adj m*: **feu ~** jac *g* y lantarn.
fomentateur [fɔmɑ̃tatœʀ] *m* cynhyrfwr *g*.
fomentatrice [fɔmɑ̃tatʀis] *f* cynhyrfwraig *b*.
fomenter [fɔmɑ̃te] (**1**) *vt* cynhyrfu.
foncé (-**e**) [fɔ̃se] *adj* tywyll;
♦*adj inv*: **bleu/rouge ~** glas/coch tywyll; **robes vert ~** ffrogiau *ll* gwyrdd tywyll.
foncer [fɔ̃se] (**9**) *vt* tywyllu; (*CULIN: moule etc*) leinio;
♦*vi* tywyllu; (*fam: aller vite*) rhuthro, mynd fel mellten; **~ sur*** rhuthro at; **fonce!** cer *ou* dos yn gyflym!, rhuthra!, tân arni!
fonceur [fɔ̃sœʀ] *m* bachgen *g* tra dawnus, un *g* llawn mynd; (*SPORT*) chwaraewr *g* da; **c'est un ~!** mae digon o fynd ynddo!
fonceuse [fɔ̃søz] *f* merch *b* tra dawnus, un *b* lawn mynd; (*SPORT*) chwaraewraig *b* dda.
foncier (**foncière**) [fɔ̃sje, fɔ̃sjɛʀ] *adj* (*fondamental*) sylfaenol; (*malhonnêteté*) greddfol, cynhenid, sylfaenol; **impôt ~** treth *b* ar dir; **propriété foncière** eiddo *g*, tiroedd *ll*.
foncièrement [fɔ̃sjɛʀmɑ̃] *adv* yn sylfaenol; (*absolument*) yn hollol.
fonction [fɔ̃ksjɔ̃] *f* gweithrediad *g*; (*poste*) swydd *b*; (*LING*) swyddogaeth *b*; (*MATH*) ffwythiant *g*; **voiture/maison de ~** car/tŷ (sy'n perthyn i'r) cwmni; **en ~ de** fel; **en ~ de l'âge** yn ôl oedran; **être ~ de** dibynnu ar; **faire ~ de** (*suj: personne*) gweithredu fel; (*suj: chose*) gwasanaethu fel; **la ~ publique** ≈ y Gwasanaeth *g* sifil *ou* gwladol; **~s** (*tâches*) dyletswyddau *ll*; **entrer en ses ~s** cychwyn ar swydd; **reprendre ses ~s** mynd yn ôl i'r

gwaith; **de par ses ~s** yn rhinwedd eich swydd.

fonctionnaire [fɔ̃ksjɔnɛʀ] *m/f* gweithiwr *g* gwladol, gweithwraig *b* wladol; (*dans l'administration*) ≈ gwas *g* sifil.

fonctionnariat [fɔ̃ksjɔnaʀja] *m* gwasanaeth *g* sifil *ou* gwladol.

fonctionnariser [fɔ̃ksjɔnaʀize] (**1**) *vt* (*ADMIN: personne*) rhoi statws gwas gwladol i (rn).

fonctionnel (**-le**) [fɔ̃ksjɔnɛl] *adj* swyddogaethol; (*pratique*) ymarferol; (*MÉD, ANAT*) gweithredol; (*MATH*) ffwythiannol.

fonctionnellement [fɔ̃ksjɔnɛlmɑ̃] *adv* o ran swyddogaeth, yn swyddogaethol; (*MÉD, ANAT*) yn weithredol; (*MATH*) yn ffwythiannol.

fonctionnement [fɔ̃ksjɔnmɑ̃] *m* (*machine*) gweithrediad *g*.

fonctionner [fɔ̃ksjɔne] (**1**) *vi* gweithio, gweithredu; (*mécanisme*) gweithio; (*entreprise*) gweithredu; (*LING*) gweithredu; **faire ~** (*appareil*) gweithio; **~ à merveille** gweithio'n berffaith; **~ à l'éléctricité** (*appareil*) gweithio ar drydan.

fond [fɔ̃] *m* (*d'un récipient, trou, de la mer*) gwaelod *g*; (*d'une salle, cour*) pen *g* draw *ou* pellaf; (*d'un magasin, d'une scène*) cefn *g*; (*d'un tableau*) cefndir *g*; (*d'un chapeau*) corun *g*; (*d'une chaise*) sedd *b*; (*opposé à la forme*) cynnwys *g*, sylwedd *g*; **un ~ de verre/bouteille** (*petite quantité*) diferyn *g*; **le ~** (*SPORT*) rhedeg pellter mawr; **course/épreuve de ~** ras/rhagras bellter mawr; **au ~ de** yng ngwaelod, ym mhendraw; **aller au ~ des choses** mynd i wraidd rhth; **le ~ de sa pensée** ei feddyliau dyfnaf, ei meddyliau dyfnaf; **sans ~** heb waelod, diwaelod; **toucher le ~** (*fig*) cyrraedd y gwaelod *ou* pwynt isaf; **envoyer un navire par le ~** (*NAUT: couler*) suddo llong; **travailler au ~** (*mineur*) gweithio dan ddaear; **à ~** (*connaître*) yn llwyr, yn drylwyr; (*visser, soutenir*) yn dynn; **respirer à ~** anadlu'n ddwfn; **aller à ~ (de train)*** mynd ar garlam gwyllt *ou* fel y gwynt; **dans le ~, au ~** (*en somme*) yn y bôn; **faire ~ sur** dibynnu ar; **il a un ~ de probité** mae ynddo onestrwydd sylfaenol, mae'n onest yn y bôn, mae sylfaen o onestrwydd ynddo; **de ~ en comble** (*complètement*) o'r brig i'r bôn, yn gyfan gwbl; **remercier qn du ~ du cœur** diolch i rn â'ch holl galon *ou* o waelod eich calon; **il y a 10 mètres de ~** mae'r dŵr yn 10 metr o ddwfn; **user ses ~s de culottes sur le même banc** (*fig*) bod yn yr ysgol gyda'ch gilydd; **~ de teint** (*cosmétique*) colur *g* sylfaen; **~ sonore** sŵn *g* cefndir, cerddoriaeth *b* gefndir *voir aussi* **fonds**.

fondamental (**-e**) (**fondamentaux, fondamentales**) [fɔ̃damɑ̃tal, fɔ̃damɑ̃to] *adj* sylfaenol; **note ~e** (*MUS*) nodyn *g* sylfaen; **matière ~e** (*SCOL*) pwnc *g* craidd; **français ~** Ffrangeg *g* sylfaenol.

fondamentalement [fɔ̃damɑ̃talmɑ̃] *adv* yn sylfaenol, yn y bôn.

fondamentaliste [fɔ̃damɑ̃talist] *adj* ffwndamentalaidd;
♦*m/f* ffwndamentalydd *g/b*.

fondant[1] (**-e**) [fɔ̃dɑ̃, ɑ̃t] *adj* (*neige, glace*) sy'n meirioli *ou* dadlaith; (*poire, biscuit*) sy'n toddi yn eich ceg.

fondant[2] [fɔ̃dɑ̃] *m* (*bonbon*) ffondant *g*; (*CULIN*) eisin *g* ffondant; (*TECH*) toddydd *g*.

fondateur [fɔ̃datœʀ] *m* sefydlwr *g*; **groupe/membre ~** grŵp *g*/aelod *g* sefydlu *ou* gwreiddiol.

fondation [fɔ̃dasjɔ̃] *f* (*action*) sefydliad *g*, sefydlu; (*institution*) sefydliad; (*d'une maison*) sylfaen *b*, sail *b*; **poser/creuser les ~s de qch** gosod/cloddio sylfeini rhth.

fondatrice [fɔ̃datʀis] *f* sefydlwraig *b*.

fondé (**-e**) [fɔ̃de] *adj* (*demande, accusation*) teg, cyfiawn; **bien ~** ar sail dda; **mal ~** di-sail, ar sail wael; **je suis ~ à croire** mae gennyf le i gredu.

fondé de pouvoir [fɔ̃dedpuvwaʀ] *m* (*de personne*) cynrychiolydd *g*, dirprwy *g*; (*d'une banque etc*) rheolwr *g*, rheolwraig *b*.

fondement [fɔ̃dmɑ̃] *m* sail *b*, sylfaen *b*; **sans ~** (*fig: rumeur etc*) di-sail; (*le postérieur*) pen-ôl *g*; **~s** (*d'un édifice*) sylfeini *ll*, seiliau *ll*.

fonder [fɔ̃de] (**1**) *vt* sylfaenu, seilio; (*entreprise*) sefydlu; **~ un foyer** (*se marier*) priodi; **~ qch sur** (*fig*) sylfaenu *ou* seilio rhth ar;
♦ **se ~** *vr*: **se ~ sur qch** (*théorie*) bod yn seiliedig ar rth; **sur quoi vous fondez-vous pour l'affirmer?** pa sail sydd i'ch honiad?

fonderie [fɔ̃dʀi] *f* ffowndri *b*, todd-dy *g*.

fondeur [fɔ̃dœʀ] *m* (*skieur*) sgïwr *g* traws gwlad; **(ouvrier) ~** gweithiwr *g* mewn ffowndri.

fondeuse [fɔ̃døz] *f* (*skieuse*) sgïwraig *b* draws gwlad.

fondre [fɔ̃dʀ] (**3**) *vt* (*sucre, sel, glace*) toddi; (*minerai*) toddi, mwyndoddi; (*couleurs*) cyfuno; (*neige*) meirioli, dadlaith, dadmer;
♦*vi* toddi; (*fig: argent, courage*) diflannu; **~ sur qch** (*se précipiter*) plymio ar rth, rhuthro i lawr ar rth; **~ en larmes** dechrau beichio crio, wylo'n hidl; **~ de 5 kg** (*personne*) colli 5 cilo;
♦ **se ~** *vr* ymdoddi i'w gilydd.

fondrière [fɔ̃dʀijɛʀ] *f* twll *g* (*yn wyneb ffordd*).

fonds [fɔ̃] *m* (*œuvre d'entraide*) cronfa *b*; (*de bibliothèque*) casgliad *g*; **~ (de commerce)** (*COMM*) busnes *g*; **le F~ monétaire international** y Gronfa Ariannol Gydwladol;
♦*mpl* (*argent*) arian *g* (parod); **être en ~** bod ag arian; **prêter de l'argent à ~ perdus** rhoi benthyg arian am gyfnod amhenodol; **mise de ~** buddsoddiad *g*, gwariant *g* cyfalaf; **~ d'État** gwarannau'r *ll* llywodraeth;

~ **de roulement** cyfalaf *g* gweithredol; ~ **publics** arian y wlad.

fondu[1] (-**e**) [fɔ̃dy] *adj* toddedig, tawdd; (*beurre*) (wedi) toddi; (*métal*) tawdd; (*fig: couleurs*) ymdoddedig; **neige** ~**e** eira *g* tawdd.

fondu[2] [fɔ̃dy] *m* (*CINÉ*) toddiad *g*; ~ **enchaîné** ymdoddiad *g* a diffoddiad *g*.

fondue [fɔ̃dy] *f*: ~ **(savoyarde)** (*CULIN*) fondue *b* (*caws tawdd a gymysgir â gwin*); ~ **bourguignonne** fondue â chig (*cig amrwd a goginir gan westai mewn olew berwedig*).

fongicide [fɔ̃ʒisid] *m* ffyngladdwr *g*, peth *g* lladd ffyngau *ou* ffyngoedd.

font [fɔ̃] *vb voir* **faire**.

fontaine [fɔ̃tɛn] *f* (*source*) ffynnon *b*; (*construction*) ffownten *b*.

fontanelle [fɔ̃tanɛl] *f* (*ANAT*) ffontanél *g*, caead *g* yr iâd.

fonte [fɔ̃t] *f* (*action*) toddiad *g*, toddi; (*minerai*) mwyndoddi; (*cloche*) castiad *g*, castio; (*de la neige, glace*) meirioli, dadmer, dadlaith; (*d'un métal*) toddiad; (*métal*) haearn *g* bwrw; ~ **brute** haearn crai *ou* hwch.

fonts [fɔ̃] *mpl*: ~ **baptismaux** (*REL*) bedyddfaen *g*.

foot* [fut] *abr*= **football**.

football [futbol] *m* (*SPORT*) pêl-droed *b*; **jouer au** ~ chwarae pêl-droed.

footballeur [futbolœʀ] *m* pêl-droediwr *g*.

footballeuse [futboløz] *f* pêl-droedwraig *b*.

footing [futiŋ] *m* loncian, jogio, haldian; **faire du** ~ loncian.

for [fɔʀ] *m*: **dans** *neu* **en mon** ~ **intérieur** yng ngwaelod fy nghalon.

forage [fɔʀaʒ] *m* drilio; (*de trou*) drilio, torri (twll); (*d'un puits*) turio (pydew).

forain[1] (-**e**) [fɔʀɛ̃, ɛn] *adj* (mewn) ffair.

forain[2] [fɔʀɛ̃] *m* (*marchand*) stondinwr *g*; (*bateleur*) diddanwr *g* mewn ffair; **les** ~**s** pobl *b* y ffair, gweithwyr *ll* y ffair, stondinwyr *ll*.

foraine [fɔʀɛn] *f* (*marchande*) stondinwraig *b*; (*bateleuse*) diddanwraig *b* mewn ffair.

forban [fɔʀbɑ̃] *m* (*HIST*) môr-leidr *g*; (*fig*) dihiryn *g*, twyllwr *g*, adyn *g*.

forçat [fɔʀsa] *m* carcharor *g*.

force [fɔʀs] *f* (*puissance physique*) cryfder *g*, grym *g*, ynni *g*, nerth *g*; (*PHYS*) grym; **avoir de la** ~ bod yn gryf; **être à bout de** ~**(s)** bod heb nerth o gwbl, teimlo'n hollol wan, bod yn ddi-rym *ou* ddiynni; **à la** ~ **du poignet** (*fig*) trwy chwys eich talcen; **par la** ~ trwy nerth bôn braich; **avec** ~ yn gryf, yn rymus; **recouvrer ses** ~**s** adennill eich nerth; **employer la** ~ defnyddio grym; **faire** ~ **de rames** rhwyfo nerth eich breichiau; **faire** ~ **de voiles** codi'r hwyliau i gyd; **à** ~ **de faire** trwy wneud; **faire faire qch à qn de** ~ gorfodi rhn i wneud rhth; **à toute** ~ (*absolument*) costied a gostio, ar bob cyfrif; **de la même** ~ (*joueurs*) cyfartal; **cas de** ~ **majeure** achos *g* o angenrheidrwydd, achos o orfod gwneud rhth; **être de** ~ **à faire qch** bod yn abl *ou* ddigon cryf i wneud rhth; **dans la** ~ **de l'âge** yn eich anterth, ym mlodau'ch dyddiau; **de première** ~ o'r radd uchaf *ou* flaenaf; **par la** ~ **des choses/de l'habitude** trwy rym amgylchiadau/arferiad; **la** ~ **armée** y Fyddin *b*; **la** ~ **publique, les** ~**s de l'ordre** yr Heddlu *g*; **arriver en** ~ (*nombreux*) cyrraedd yn llu *ou* niferus; ~ **centrifuge** grym allgyrchol; ~ **d'âme/de caractère** grym *ou* nerth enaid/cymeriad; ~ **de dissuasion** grym ataliol, atalrym *g*; ~ **de frappe** (*MIL*) llu ymosod; **une** ~ **de la nature** cawr *g* o ddyn; ~**s** (*physiques*) cryfder; (*MIL*) llu *g* (arfog); **à** ~**s égales** yn gyfartal; **de toutes mes** ~**s** â'm holl nerth; ~**s d'intervention** (*MIL, POLICE*) llu ymosod, cyrchlu *g*; **d'importantes** ~**s de police** lluoedd *ll* o heddlu.

forcé (-**e**) [fɔʀse] *adj* gorfod, dan orfod; (*accidentel: baignade*) anfwriadol; (*conséquence*) anochel, anorfod; (*amabilité*) ffug; (*artificiel: gaieté*) ffug, gorfod, gwneud; **un sourire** ~ glaswen *b*, gwên *b* fenthyg; **un atterrissage** ~ glanio mewn argyfwng; **c'est** ~**!** mae'n anochel

forcément [fɔʀsemɑ̃] *adv* yn anochel, yn anorfod; (*évidemment*) wrth gwrs; **ça devait** ~ **arriver** 'roedd hynny'n siŵr o ddigwydd, 'roedd rhaid i hynny ddigwydd; **pas** ~ dim o anghenraid, dim o reidrwydd.

forcené[1] (-**e**) [fɔʀsəne] *adj* (*fou*) gwallgof; (*activité*) gwyllt; (*partisan*) ffanaticaidd; **c'est une travailleuse** ~**e** mae hi'n weithwraig ddiarbed, mae'n gaeth i waith.

forcené[2] [fɔʀsəne] *m* (*fou*) gwallgofddyn *g*, dyn *g* gwallgof; (*fanatique*) ffanatig *g*.

forcenée [fɔʀsəne] *f* (*folle*) gwraig *b* wallgof, gwallgofwraig *b*; (*fanatique*) ffanatig *b*; ♦*adj f voir* **forcené**[1].

forceps [fɔʀsɛps] *m* gefel *b* eni.

forcer [fɔʀse] (**9**) *vt* (*contraindre*) cymell, gorfodi; (*porte*) agor (rhth) trwy rym; (*serrure*) torri (rhth) trwy rym; (*moteur*) gorweithio; (*voix*) gordrethu; (*femme*) treisio; (*HORT: plante*) cymell, fforsio; ~ **qn à faire qch** (*contraindre*) gorfodi rhn i wneud rhth; ~ **la porte de qn** (*fig*) gwthio'ch ffordd i mewn i dŷ rhn; ~ **qn à une action immédiate** gorfodi rhn i weithredu ar unwaith; ~ **l'allure** cyflymu, ei chyflymu hi; ~ **l'attention** mynnu sylw; ~ **la consigne** anwybyddu gorchymyn; ~ **la dose** ei gor-wneud hi; ~ **la main à qn** gwthio llaw rhn; ~ **le respect** ennyn parch; ♦*vi* (*SPORT, gén: faire trop d'efforts*) ei gor-wneud hi, gorymdrechu;
♦ **se** ~ *vr*: **se** ~ **à faire qch** (*s'obliger à*) eich gorfodi'ch hun i wneud rhth; **se** ~ **au travail** eich gorfodi'ch hun i weithio.

forcing [fɔʀsiŋ] *m* (*SPORT: gén*) pwysau; **faire le**

~ dwyn pwysau (ar rn); **négociations menées au ~** trafodaethau dan bwysau.

forcir [fɔʀsiʀ] (2) *vi* (*personne*) ennill pwysau, prifio, tewhau, tewychu; (*vent*) cryfhau, codi.

forer [fɔʀe] (1) *vt* (*objet, rocher*) drilio; (*trou*) torri; (*puits*) turio.

forestier[1] (**forestière**) [fɔʀɛstje, fɔʀɛstjɛʀ] *adj* (y) fforest, (y) goedwig; (*CULIN: escalope*) gyda madarch; **région forestière** ardal *b* goediog.

forestier[2] [fɔʀɛstje] *m* coedwigwr *g*, fforestwr *g*.

foret [fɔʀɛ] *m* dril *g*.

forêt [fɔʀɛ] *f* coedwig *b*, fforest *b*; **la F~ Noire** y Goedwig Ddu; ~ **vierge** fforest wyryfol; ~ **tropicale** fforest law; ~ **domaniale** *fforest sydd yn perthyn i'r wladwriaeth*; **Office national des Forêts** (*ADMIN*) ≈ y Comisiwn *g* Coedwigaeth.

foreuse [fɔʀøz] *f* dril *g* (*trydan*).

forfait [fɔʀfɛ] *m* (*COMM: à payer*) pris *g* gosod; (*à recevoir*) cyfandaliad *g*; (*crime*) trosedd *g*; (*SPORT*) buddugoliaeth *b* heb gystadleuaeth *ou* ras; (*TOURISME*) tocyn *g*; **déclarer** ~ (*SPORT*) tynnu'n ôl; **gagner par** ~ ennill heb gystadleuaeth; **travailler à** ~ gweithio am swm gosod; ~**-skieur** tocyn *g* sgïo.

forfaitaire [fɔʀfɛtɛʀ] *adj* (*prix*) gosod, cynhwysol; (*amende*) penodol, gosod.

forfait-vacances (~**s**-~) [fɔʀfɛvakɑ̃s] *m* gwyliau *ll* pecyn.

forfanterie [fɔʀfɑ̃tʀi] *f* ymffrost *g*, brolio, ymffrostio.

forge [fɔʀʒ] *f* gefail *b* (gof); ~**s** (*fonderie*) gwaith *g* haearn, ffowndri *b*.

forgé (-**e**) [fɔʀʒe] *adj*: ~ **de toutes pièces** (*histoire*) hollol gelwyddog *ou* ffug.

forger [fɔʀʒe] (10) *vt* (*métal*) gyrru; (*mot*) bathu; (*fig: caractère*) ffurfio; (*prétexte, histoire*) ffugio; (*amitié*) meithrin;
♦ **se** ~ *vr* (*illusions, réputation*) hel, magu; **se** ~ **des excuses** hel esgusodion.

forgeron [fɔʀʒəʀɔ̃] *m* gof *g*; **c'est en forgeant qu'on devient** ~ gorau arf arfer, arfer yw mam pob meistrolaeth.

formaliser [fɔʀmalize] (1): **se** ~ *vr*: **se** ~ **de qch** digio o achos rhth.

formalisme [fɔʀmalism] *m* gorffurfioldeb *g*; (*ART, PHILO*) ffurfiolaeth *b*.

formaliste [fɔʀmalist] *adj* ffurfiolaidd.

formalité [fɔʀmalite] *f* ffurfioldeb *g*; **sans autre** ~ yn ddiymdroi, heb ragor o lol.

format [fɔʀma] *m* (*de papier, photo*) maint *g*; (*de journal, disquette*) fformat *g*.

formater [fɔʀmate] (1) *vt* (*disque*) fformatio, fformadu; **non formaté** heb ei fformatio *ou* fformadu.

formateur[1] (**formatrice**) [fɔʀmatœʀ, fɔʀmatʀis] *adj* lluniol, ffurfiannol.

formateur[2] [fɔʀmatœʀ] *m* hyfforddwr *g*.

formation [fɔʀmasjɔ̃] *f* (*SCOL: éducation*) addysg *b*; (*apprentissage*) hyfforddiant *g*; (*développement*) ffurfio, ffurfiant *g*; (*groupement*) grŵp *g*; **en cours de** ~ ar ganol ei ffurfio; **la** ~ **permanente** *neu* **continue** addysg barhaus; **la** ~ **professionnelle** hyfforddiant galwedigaethol; **la** ~ **des adultes** addysg i oedolion; ~ **continue au sein de l'entreprise** hyfforddiant mewn swydd.

formatrice [fɔʀmatʀis] *f* hyfforddwraig *b*;
♦*adj voir* **formateur**[1].

forme [fɔʀm] *f*

1 (*contour*) ffurf *b*, siâp *g*, llun *g*; (*silhouette*) ffurf, siâp; **en** ~ **de poire** ar ffurf gellygen; ~ **de pensée** ffordd *b* o feddwl, dull *g* o feddwl; **prendre** ~ ymffurfio; **sous** ~ **de** yn rhith, ar wedd, ar lun, yn llun; ~**s** (*de femme*) siâp (corff).

2 (*LING*) rhan *b* ymadrodd.

3 (*cordonnier*) troed *g,b* pren; (*moule*) mowld *g*.

4 (*SPORT etc*): **être en (bonne/pleine)** ~ bod yn iach a heini; **avoir la** ~ bod mewn hwyliau da.

5 (*ADMIN etc*): **en bonne et due** ~ yn y ffurf briodol; **sans autre** ~ **de procès** yn ddiymdroi, heb ragor o lol; **pour la** ~ er mwyn y drefn.

6 (*bonnes manières*): ~**s** gweddusterau *ll*; **y mettre les** ~**s** bod mor ystyriol ag sy'n bosibl, bod â digon o dact.

formel (-**le**) [fɔʀmɛl] *adj* (*preuve, décision*) cadarn, pendant; (*logique, politesse*) ffurfiol.

formellement [fɔʀmɛlmɑ̃] *adv* yn ffurfiol; **il est** ~ **interdit de fumer** gwaherddir ysmygu yn llwyr.

former [fɔʀme] (1) *vt* ffurfio, llunio, creu; (*phrases*) llunio, gwneud; (*lettre etc*) llunio; (*apprenti*) hyfforddi; (*caractère*) datblygu, ffurfio;
♦ **se** ~ *vr* (*se créer*) ymffurfio, ffurfio, datblygu, ymddangos; (*s'éduquer*) eich dysgu'ch hunan; (*acquérir une formation*) cael hyfforddiant; (*organe, organisme*) ffurfio, ymffurfio.

formidable [fɔʀmidabl] *adj* (*très important*) aruthrol, sylweddol; (*effrayant*) arswydus, brawychus; (*fam: excellent*) campus, penigamp, gwych, rhagorol; (*fam: incroyable*) anhygoel.

formidablement [fɔʀmidabləmɑ̃] *adv* yn aruthrol, yn anhygoel, yn sylweddol.

formol [fɔʀmɔl] *m* (*CHIM*) fformalin *g*.

formosan (-**e**) [fɔʀmozɑ̃, an] *adj* (*HIST*) Fformosaidd, o Fformosa.

Formose [fɔʀmoz] *prm* (*HIST*) Fformosa *b*.

formulaire [fɔʀmylɛʀ] *m* ffurflen *b*; ~ **de demande d'emploi** ffurflen gais am swydd.

formulation [fɔʀmylasjɔ̃] *f* (*réponse*) geiriad *g*; (*pensée*) mynegiant *g*.

formule [fɔʀmyl] *f* (*expression*) ymadrodd *g*; (*MATH, CHIM*) fformiwla *b*; (*formulaire*) ffurflen *b*; (*méthode*) dull *g*; **selon la** ~

consacrée chwedl hwythau, fel y dywedant, fel y dywed yr hen air; ~ **publicitaire** slogan *g,b* hysbysebu; ~ **de paiement** dull talu; **la** ~ **un** (*AUTO*) Fformiwla Un; ~ **de politesse** ymadrodd cwrtais; (*en fin de lettre*) diweddglo *g* llythyr.

formuler [fɔʀmyle] (**1**) *vt* (*réponse*) geirio, llunio; (*pensée, opinion*) mynegi.

forniquer [fɔʀnike] (**1**) *vi* puteinio; (*commettre un adultère*) godinebu.

FORPRONU [fɔʀpʀɔny] *sigle f* (= *Force de protection des Nations Unies*) UNPROFOR, Gwarchodlu'r *g* Cenhedloedd Unedig.

forsythia [fɔʀsisja] *m* (*BOT*) clychau *ll* aur.

fort[1] (**-e**) [fɔʀ, fɔʀt] *adj* cryf(cref)(cryfion); (*euphémisme: gros*) mawr, corffog; (*bruit*) uchel, mawr; (*pluie*) trwm(trom)(trymion); (*fièvre, chaleur, difference*) mawr; (*doué*) dawnus, da; (*secousse*) caled; (*pente*) serth; (*augmentation, détérioration*) mawr, sydyn; (*profond*) mawr, garw; (*dommage, pollution*) difrifol, enbyd, mawr; **un homme** ~ dyn *g* cryf; **une fille** ~**e** merch *b* gref; **elle est** ~**e en mathématiques** (*SCOL*) mae hi'n dda mewn mathemateg; **c'est un peu** ~**!** mae'n ormod braidd; **à plus** ~**e raison** mwya'n byd o reswm; **se faire** ~ **de faire** honni eich bod yn gallu gwneud rhth; **au plus** ~ **de** yng nghanol rhth, ar waethaf rhth; ~**e tête** gwrthryfelwr *g*, gwrthryfelwraig *b*, rebel *g/b*; ♦*adv* yn gryf; (*sonner*) yn uchel; (*frapper*) yn galed; (*serrer*) yn galed, yn dynn; (*beaucoup*) yn fawr; (*très*) iawn; ~ **bien/peu** da/ychydig iawn; **avoir** ~ **à faire avec qn** cael trafferth gyda rhn; **elle ne va pas très** ~ nid yw hi'n rhy dda.

fort[2] [fɔʀ] *m* (*édifice*) caer *b*; (*point fort*) cryfder *g*, man *g* cryf; (*homme*) dyn *g* cryf; **les** ~**s** y cryfion *ll*.

forte [fɔʀte] *m* (*MUS*) forte, yn uchel.

fortement [fɔʀtəmɑ̃] *adv* yn gryf; (*s'intéresser*) yn fawr, yn aruthrol; (*augmenter, baisser, accélérer, se déteriorer*) yn fawr, yn sydyn; (*profondément*) yn fawr, yn arw; (*endommagé, pollué*) yn ddifrifol, yn enbyd; (*lourdement*) yn drwm.

forteresse [fɔʀtəʀɛs] *f* caer *b*, castell *g*; (*fig*) cadarnle *g*.

fortifiant[1] (**-e**) [fɔʀtifjɑ̃, jɑ̃t] *adj* atgyfnerthol, tonig.

fortifiant[2] [fɔʀtifjɑ̃] *m* ffisig *g* cryfhaol, tonig *g*.

fortifications [fɔʀtifikasjɔ̃] *fpl* gwrthgloddiau *ll*, amddiffynfeydd *ll*.

fortifier [fɔʀtifje] (**16**) *vt* cryfhau, atgyfnerthu; ♦ **se** ~ *vr* (*personne*) cryfhau, atgyfnerthu, adennill nerth.

fortin [fɔʀtɛ̃] *m* caer *b* fechan.

fortiori [fɔʀsjɔʀi]: **à** ~ *adv* gyda chryfach rheswm.

fortuit (**-e**) [fɔʀtɥi, it] *adj* damweiniol; (*occasion*) annisgwyl.

fortuitement [fɔʀtɥitmɑ̃] *adv* yn ddamweiniol, ar hap.

fortune [fɔʀtyn] *f* (*hasard*) ffawd *b*; (*chance*) ffortiwn *g*, lwc *b*; (*richesse*) golud *g*; (*prospérité*) ffyniant *g*; **faire** ~ gwneud eich ffortiwn; (*fig*) ennill eich plwyf, dod yn boblogaidd, mynd â hi; **avoir de la** ~ bod yn graig o arian; **de** ~ (*improvisé*) dros dro; (*compagnon*) damweiniol; **bonne** ~ lwc dda; **mauvaise** ~ anlwc *g,b*, anffawd *b*; **venez dîner à la** ~ **du pot** dewch i ginio a mentro'ch siawns; **connaître des** ~**s diverses** (*sort*) cael lwc ac anlwc.

fortuné (**-e**) [fɔʀtyne] *adj* ariannog, cefnog, da eich byd; (*heureux*) ffodus, lwcus.

forum [fm] *m* (*HIST*) fforwm *g*, marchnadfa *b*; (*lieu de discussion*) man *g* trafod, dadleufa *b*; (*TV etc*) trafodaeth *b*, seiat *b* holi.

fosse [fos] *f* (*grand trou*) twll *g*; (*tombe*) bedd *g*; (*pour le saut*) pwll *g* (tywod); (*puits, mines*) pwll; ~ **à purin** carthbwll *g*; (*AGR*) pwll biswail; ~ **aux lions** ffau *b* llewod; ~ **aux ours** pydew *g* eirth; ~ **commune** bedd cyffredin; ~ **(d'orchestre)** pwll cerddorfa; ~ **septique** tanc *g* carthion; ~**s nasales** ceudodau'r *ll* trwyn.

fossé [fose] *m* ffos *b*; (*fig*) agendor *g,b*, bwlch *g*; **le** ~ **des générations** y bwlch *g* rhwng y cenedlaethau.

fossette [fosɛt] *f* bochdwll *g*.

fossile [fosil] *adj* ffosiledig, ffosilaidd; ♦*m* ffosil *g*; **un vieux** ~ hen daid *g*, hen gant *g*.

fossilisé (**-e**) [fosilize] *adj* ffosiledig.

fossoyeur [foswajœʀ] *m* torrwr *g* beddau.

fou[1] [**fol**] (**folle**) (**fous, folles**) [fu, fɔl] *adj* (*personne*) gwallgof, lloerig, ffôl; (*mèche*) crwydr; (*fam: extrême*) aruthrol; (*excellent*) gwych; (*bête*) hurt, gwirion; **ça prend un temps** ~***** (*très grand*) mae hynna'n cymryd oesoedd; **payer un prix** ~ talu pris afresymol; ~ **à lier** hollol wallgof; ~ **furieux/folle furieuse** gwallgof, lloerig; **être** ~ **de** (*sport, art etc*) gwirioni ar; (*personne*) dwlu *ou* dotio ar, mopio'ch pen am; (*chagrin, joie, colère*) drysu gan; **avoir le** ~ **rire** methu stopio chwerthin, piffian chwerthin; **il y avait un monde** ~ 'roedd yna haid o bobl; **herbe folle** glaswellt gwyllt; **folle avoine** ceirch gwyllt.

fou[2] (**-s**) [fu] *m*
1 (*gén, MÉD*) gwallgofddyn *g*, hurtyn *g*; **faire le** ~ (*enfant etc*) chwarae bili-ffŵl, chwarae'n wirion; **courir comme un** ~ rhedeg fel y cythraul, rhedeg nerth eich traed.
2 (*d'un roi*) ffŵl *g*, digrifwr *g*, digrifwas *g*.
3 (*ÉCHECS*) esgob *g*.
4 (*ZOOL: oiseau*): ~ **de Bassan** gwylanwydd *b*, mulfran *b* wen.

foucade [fukad] *f* mympwy *g*.

foudre [fudʀ] *f* mellt *ll*, tyrfau *ll*; ~**s** (*fig: colère*) digofaint *g*, dicter *g*; **le coup de** ~

cariad *g* ar yr olwg gyntaf; **se marier sur un coup de** ~ priodi ar frys; **s'attirer les** ~**s de qn** ennyn llid rhn, gwylltio rhn.
foudroyant (**-e**) [fudʀwajɑ̃, ɑ̃t] *adj* aruthrol, syfrdanol; (*succès*) ysgubol; (*maladie*) gwyllt, ffyrnig; (*attaque, mort*) sydyn, dirybudd.
foudroyer [fudʀwaje] (**17**) *vt* (*foudre*) taro; (*maladie*) taro; ~ **qn du regard** llygadu rhn yn filain; **elle a été foudroyée** trawyd hi gan fellten.
fouet [fwɛ] *m* chwip *b*; (*CULIN*) chwisg *g,b*; **heurter qch de plein** ~ mynd ar eich pen i rth.
fouettement [fwɛtmɑ̃] *m* (*de la pluie*) chwipio.
fouetter [fwete] (**1**) *vt* (*aussi CULIN*) chwipio; ~ **contre** (*fig: suj: pluie*) chwipio, curo (yn erbyn); **il n'y a pas de quoi** ~ **un chat** nid yw nac yma nac acw; **avoir d'autres chats à** ~ bod â phethau amgen *ou* gwell i'w gwneud.
fougasse [fugas] *f math o dorth fflat.*
fougère [fuʒɛʀ] *f* rhedynen *b*.
fougue [fug] *f* asbri *g*, tanbeidrwydd *g*, brwdfrydedd *g*.
fougueusement [fugøzmɑ̃] *adv* yn frwd, yn danbaid, gydag asbri.
fougueux (**fougueuse**) [fugø, fugøz] *adj* brwd, tanbaid, eiddgar.
fouille [fuj] *f* archwiliad *g*; (*fam: poche*) poced *b*; ~ **corporelle** archwiliad corfforol; ~**s** (*archéologiques*) cloddiad *g*, cloddfa *b*; **chantier de** ~**s** cloddfa; **faire des** ~**s** cloddio.
fouillé (**-e**) [fuje] *adj* (*travail, étude, portrait*) manwl; (*style*) cymhleth.
fouiller [fuje] (**1**) *vi* chwilio, chwilota; (*archéologue*) cloddio, turio; ~ **dans** (*armoire*) chwilota, chwilio trwy, ffureta trwy; (*bagages*) archwilio; (*passé de qn*) ymchwilio i;
♦*vt* chwilio, chwilota, archwilio; (*quartier*) chwilio a chwalu; (*personne*) chwilio; (*creuser*) cloddio, palu, turio; (*étude etc*) mynd yn ddwfn i, manylu ar;
♦ **se** ~ *vr* chwilio *ou* chwilota trwy eich pocedi.
fouillis [fuji] *m* (*objets*) cymysgedd *g,b*, cawdel *g*; (*branchages*) dryswch *g*; **faire du** ~ gwneud llanast; **être en** ~ bod yn draed moch *ou* yn llanast.
fouine [fwin] *f* (*ZOOL*) bele'r *g* graig; (*curieux*) ffuretwr *g*, busneswr *g*, busneswraig *b*; **tête de** ~ wyneb gwencïaidd.
fouiner [fwine] (**1**) *vi* (*péj*) busnesa, ffureta.
fouineur[1] (**fouineuse**) [fwinœʀ, fwinøz] *adj* (*péj*) busneslyd.
fouineur[2] [fwinœʀ] *m* busneswr *g*, ffuretwr *g*.
fouineuse [fwinøz] *f* busneswraig *b*, ffuretwraig *b*.
fouir [fwiʀ] (**2**) *vt* tyrchu, turio.
fouisseur (**fouisseuse**) [fwisœʀ, fwisøz] *adj* turiol, tyrchol.
foulage [fulaʒ] *m* (*du raisin*) sathru; (*du tissu*) pannu.
foulante [fulɑ̃t] *adj f*: **pompe** ~ pwmp *g* grym.
foulard [fulaʀ] *m* sgarff *b*.
foule [ful] *f* tyrfa *b*, torf *b*; **une** ~ **de** (*beaucoup de*) llu *g* o; **la** ~ y bobl *b* gyffredin; **venir en** ~ (*aussi fig*) dod yn llu.
foulée [fule] *f* (*SPORT*) brasgam *g*; **être dans la** ~ **de qn** bod wrth sodlau rhn.
fouler [fule] (**1**) *vt* (*raisins, sol*) sathru, damsiel, damsang; ~ **qch aux pieds** (*fig: lois, principe*) sathru rhth dan draed; ~ **le sol du Corse** troedio tir Corsica;
♦ **se** ~* *vr* (*se fatiguer*) gorweithio, gorymdrechu; **se** ~ **la cheville/le bras** troi *ou* sigo eich ffêr *ou* migwrn *g*/braich *b*.
foulure [fulyʀ] *f* ysigiad *g*.
four [fuʀ] *m* ffwrn *b*, popty *g*; (*de potier*) odyn *b*, cilyn *g*; (*THÉÂTRE: échec*) methiant *g*, ffiasgo *g,b*; **allant au** ~ (*assiette*) sy'n dal gwres.
fourbe [fuʀb] *adj* twyllodrus, dichellgar.
fourberie [fuʀbəʀi] *f* (*acte*) twyll *g*; (*de caractère*) anonestrwydd *g*, dichellgarwch *g*.
fourbi* [fuʀbi] *m* pac *g*, cit *g*, gêr *g*; (*fouillis*) geriach *ll*, 'nialwch *g*; **et tout le** ~ y cyfan *g* i gyd, yr holl sioe *b*.
fourbir [fuʀbiʀ] (**2**) *vt* caboli, gloywi; ~ **ses armes** (*fig*) paratoi eich arfau (*ar gyfer brwydr*).
fourbu (**-e**) [fuʀby] *adj* blinedig, lluddedig, wedi ymlâdd.
fourche [fuʀʃ] *f* fforch *b*; (*de foin*) picwarch *b*, picfforch *b*, fforch wair; **faire une** ~ (*d'une route*) fforchio; **avoir des** ~**s** (*cheveux*) bod â blaenau hollt
fourcher [fuʀʃe] (**1**) *vi*: **ma langue a fourché** llithriad tafod oedd e.
fourchette [fuʀʃɛt] *f* fforc *b*; (*gamme: de prix, température*) amrediad *g*, ystod *b*; (*de revenus, d'âge*) categori *g*, dosbarth *g*; ~ **à dessert** fforc bwdin; **elle a une bonne** ~ mae hi'n fwytwraig dda.
fourchu (**-e**) [fuʀʃy] *adj* fforchog; **animal au pied** ~ anifail ag ewin fforchog, anifail yn fforchio'r ewin; **elle a les cheveux** ~**s** mae blaenau ei gwallt wedi hollti.
fourgon [fuʀgɔ̃] *m* (*AUTO*) fan *b*; (*RAIL*) wagen *b*; ~ **mortuaire** hers *b*.
fourgonnette [fuʀgɔnɛt] *f* fan *b* fach.
fourmi [fuʀmi] *f* morgrugyn *g*; **elle a des** ~**s dans les jambes** (*fig*) mae ei choesau yn cysgu, mae ganddi binnau bach yn ei choesau.
fourmilière [fuʀmiljɛʀ] *f* twmpath *g* morgrug; (*fig*) lle prysur iawn, lle fel ffair.
fourmillement [fuʀmijmɑ̃] *m* (*démangeaison*) pinnau *g* bach; (*grouillement*) haid *b*, heidio; **un** ~ **d'idées** haid o syniadau.
fourmiller [fuʀmije] (**1**) *vi* heidio; ~ **de** bod yn llawn o, berwi o, heidio.
fournaise [fuʀnɛz] *f* tanllwyth *g*; (*fig*)

ffwrnais *b*, ffwrn *b*.
fourneau (**-x**) [furno] *m* (*cuisinière*) stof *b*; (*TECH*) ffwrnais *b*.
fournée [furne] *f* (*de pain*) pobiad *g*; (*de gens, de choses*) casgliad *g*.
fourni (**-e**) [furni] *adj* (*barbe*) trwchus; **bien/mal** ~ **(en)** (*magasin etc*) â chyflenwad da/gwael (o).
fournil [furni] *m* crasty *g*, tŷ *g* popty.
fourniment [furnimɑ̃] *m* gêr *g*, geriach *g*, petheuach *g*, pethau *ll*.
fournir [furnir] (**2**) *vt* darparu, cyflenwi; (*effort*) gwneud; (*pièce d'identité*) dangos; ~ **qch à qn** darparu rhth ar gyfer rhn, cyflenwi rhn â rhth;
♦ **se** ~ *vr*: **se** ~ **chez** (*personne*) siopa yn, prynu gan; (*entreprise*) cael nwyddau gan, cael cyflenwad *ou* stoc gan.
fournisseur [furnisœr] *m* cyflenwr *g*, cyflenwydd *g*.
fournisseuse [furnisøz] *f* cyflenwydd *g*.
fourniture [furnityr] *f* darpariaeth *b*, cyflenwad *g*; ~**s** (*matériel, équipement*) nwyddau *ll*; ~**s de bureau** nwyddau swyddfa; ~**s scolaires** nwyddau ysgol, papurach *g* ysgolion.
fourrage [furaʒ] *m* porthiant *g*; ~ **ensilé** silwair *g*.
fourrager[1] [furaʒe] (**10**) *vi*: ~ **dans/parmi** chwilota yn/ymysg.
fourrager[2] (**fourragère**) [furaʒe, furaʒɛr] *adj* a ddefnyddir fel porthiant, porthiannol.
fourragère [furaʒɛr] *f* (*MIL*) fourragère *b* (*cortyn addurniadol ar wisg filwrol er mwyn adnabod statws y milwr*).
fourré[1] (**-e**) [fure] *adj* (*bonbon, chocolat*) â llenwad, llenwedig, llanwedig; (*manteau, botte*) â leinin ffwr.
fourré[2] [fure] *m* prysglwyn *g*.
fourreau (**-x**) [furo] *m* (*épée*) gwain *b*; (*de parapluie*) gorchudd *g*; **robe/jupe** ~ ffrog *b*/sgert *b* dynn.
fourrer* [fure] (**1**) *vt* (*mettre*) pwnio, gwthio, saco; (*CULIN*) llenwi; (*COUTURE*) leinio, rhoi leinin ar;
♦ **se** ~ *vr*: **se** ~ **dans/sous** eich gwthio'ch hun i rth/dan rth.
fourre-tout [furtu] *m inv* (*sac*) bag *g* dal popeth; (*péj: placard ou salle*) twll *g* dan y grisiau, cwtsh *g* dan staer; (*fig*) cawdel *g*, cybolfa *b*; **ta chambre est un vrai** ~-~ mae d'ystafell yn domen *b ou* llanast *g*.
fourreur [furœr] *m* crwynwr *g*; (*vendeur*) gwerthwr *g* ffyrrau, ffyriwr *g*.
fourrière [furjɛr] *f* (*pour chiens*) ffald *b* gŵn; (*voitures*) ffald geir.
fourrure [furyr] *f* ffwr *g*; (*sur l'animal*) blew *ll*; **manteau de** ~ côt *b* flew, côt ffwr; **col de** ~ â thorch ffwr.
fourvoyer [furvwaje] camarwain (rhn), gwneud (i rn) fynd ar goll;
♦ **se** ~ *vr* (*aussi fig*) mynd ar grwydr, crwydro, mynd ar gyfeiliorn, cyfeiliorni, mynd ar goll.
foutre** [futr] (**3**) *vt* gwneud, rhoi; **va te faire** ~**!** dos i'r diawl!*, twll dy din di!** *voir aussi* **ficher**.
foutu** (**-e**) [futy] *adj* wedi torri; (*maudit*) uffern; **cette** ~**e bagnole ne veut pas démarrer!** wnaiff y car uffern 'ma ddim cychwyn!** *voir aussi* **fichu**[2].
foyer [fwaje] *m* (*d'une cheminée*) aelwyd *b*; (*fig: d'incendie, d'infection*) man *g* cychwyn, canolbwynt *g*; (*fig: de civilisation*) canol *g*, crud *g*; (*famille*) teulu *g*; (*domicile*) cartref *g*; (*THÉÂTRE*) cyntedd *g*; (*local de réunion*) canolfan *g,b*; (*résidence: de vieillards*) cartref; (*d'étudiants*) neuadd *b* (breswyl); (*OPT, PHOT*) ffocws *g*; **lunettes à double** ~ sbectol *b* ddeuffocol; ~ **des artistes** (*THÉÂTRE*) ystafell *b* orffwys.
FP [ɛfpe] *sigle f*(= *franchise postale*) *(cludiant g) post g am ddim.*
FPA [ɛfpea] *sigle f*(= *Formation professionnelle pour adultes*) addysg *b* i oedolion.
FPLP [ɛfpeɛlpe] *sigle m*(= *Front Populaire pour la libération de la Palestine*) Ffrynt *g* Poblogaidd dros ryddid i Balesteina.
FR3 [ɛfɛrtrwa] *sigle f*(= *France Régions 3*) sianel *b* deledu'r rhanbarthau.
fracas [fraka] *m* twrw *g*; (*train, tonnerre*) rhu *g*, twrw.
fracassant (**-e**) [frakasɑ̃, ɑ̃t] *adj* (*bruit*) byddarol; (*déclaration*) syfrdanol.
fracasser [frakase] (**1**) *vt* malu *ou* chwalu (rhth) yn dipiau mân, chwilfriwio (rhth);
♦ **se** ~ *vr*: **se** ~ **contre** *neu* **sur qch** hyrddio *ou* ymchwalu yn erbyn rhth; **se** ~ **la tête/le bras** torri'ch penglog/braich.
fraction [fraksjɔ̃] *f* (*MATH*) ffracsiwn *g*; (*partie*) mymryn *g*, cyfran *b*; **en une** ~ **de seconde** mewn chwinciad, mewn hanner eiliad; **une** ~ **importante du groupe** cyfran sylweddol o'r grŵp.
fractionnaire [fraksjɔnɛr] *adj* (*MATH*) ffracsiynol.
fractionnement [fraksjɔnmɑ̃] *m* ymraniad *g*, hollt *b*, ymrannu, hollti.
fractionner [fraksjɔne] (**1**) *vt* hollti, rhannu;
♦ **se** ~ *vr* ymrannu.
fracture [fraktyr] *f* toriad *g*; ~ **de la jambe** torri'ch coes; ~ **du crâne** cracio *ou* torri'ch penglog; ~ **ouverte** toriad agored.
fracturer [fraktyre] (**1**) *vt* (*coffre*) torri i mewn i; (*serrure*) torri, malu; (*os, membre*) torri, sigo;
♦ **se** ~ *vr*: **se** ~ **la jambe/le crâne** torri'ch coes/penglog.
fragile [fraʒil] *adj* bregus; (*situation*) bregus, ansefydlog; (*peau*) tyner; (*fig: estomac, santé*) gwan; **il est** ~ **du foie** mae ei afu *ou* iau yn wan; **"attention,** ~**!"** "gofal, eitem

fregus!"
fragiliser [fʀaʒilize] (**1**) *vt* gwanhau.
fragilité [fʀaʒilite] *f* bregusrwydd *g*; (*situation*) ansefydlogrwydd *g*; (*peau*) tynerwch *g*; (*fig: estomac, santé*) gwendid *g*.
fragment [fʀagmɑ̃] *m* darn *g*; (*d'un discours, texte*) dernyn *g*, darn; (*conversation*) tamaid *g*, darn, pwt *g*.
fragmentaire [fʀagmɑ̃tɛʀ] *adj* yn ddarnau, anghyflawn, rhannol, darniog, bratiog; (*information*) annigonol.
fragmenter [fʀagmɑ̃te] (**1**) *vt* (*territoire*) rhannu'n fân, malu (rhth) yn fân; (*roches*) chwilfriwio;
♦ **se** ~ *vr* torri'n deilchion *ou* dipiau mân.
fragmentation [fʀagmɑ̃tasjɔ̃] *f* darniad *g*, darnio, rhannu, chwilfriwio, chwilfriwiad *g*.
frai [fʀɛ] *m* (*ponte*) silio, bwrw sil; (*œufs de poisson*) sil *g*.
fraîche [fʀɛʃ] *adj voir* **frais**[1].
fraîchement [fʀɛʃmɑ̃] *adv* (*sans enthousiasme*) yn llugoer; (*récemment*) yn ddiweddar, newydd.
fraîcheur [fʀɛʃœʀ] *f* ffresni *g*, oerni *g*; (*d'accueil*) oerni *g*, llugoerni *g*.
fraîchir [fʀeʃiʀ] (**2**) *vi* oeri; (*vent*) codi, cryfhau.
frais[1] (**fraîche**) [fʀɛ, fʀɛʃ] *adj* ffres; (*air*) iach, oer iach; (*accueil, réception*) oeraidd; **nous voilà** ~! (*iron*) dyma ni mewn twll!; ~ **et dispos** cyn sionced â'r wiwer, fel y gog; **à boire/servir** ~ i'w yfed yn oer, i'w weini'n oer; **il fait** ~ mae hi braidd yn oer;
♦*adv*: ~ **débarqué de sa province** newydd ddod o gefn gwlad.
frais[2] [fʀɛ] *m*: **mettre qch au** ~ rhoi *ou* dodi rhth mewn lle oer; **prendre le** ~ cael chwa o awyr iach.
frais[3] [fʀɛ] *mpl* (*dépenses*) costau *ll*, treuliau *ll*; **faire des** ~ gwario, mynd i gost fawr; **à grands/peu de** ~ ar gost fawr/fechan; **faire les** ~ **de qch** dwyn baich rhth; **faire les** ~ **de la conversation** (*parler*) gwneud y rhan fwyaf o'r sgwrsio; (*en être le sujet*) bod yn destun sgwrs; **rentrer dans ses** ~ cael ad-dalu'ch treuliau; **en être pour ses** ~ gorfod talu; (*fig*) peidio â chael dim byd am eich trafferth; ~ **d'entretien** costau, cynnal; ~ **de déplacement/de logement** costau teithio/llety; ~ **de scolarité** taliadau *ll* ysgol; ~ **généraux** costau cyffredinol.
fraise [fʀɛz] *f* (*BOT*) mefusen *b*, syfien *b*; (*TECH*) ebill *g* gwrthsoddi; (*de dentiste*) dril *g*; ~ **des bois** mefusen *ou* syfien wyllt.
fraiser [fʀeze] (**1**) *vt* gwrthsoddi; (*CULIN: pâte*) tylino.
fraiseuse [fʀɛzøz] *f* peiriant *g* melino.
fraisier [fʀezje] *m* llwyn *g* mefus *ou* syfi.
framboise [fʀɑ̃bwaz] *f* mafonen *b*.
framboisier [fʀɑ̃bwazje] *m* llwyn *g* mafon.
franc[1] (**-he**) [fʀɑ̃, fʀɑ̃ʃ] *adj* (*personne*) didwyll, gonest; (*attitude*) plaen; (*visage*) agored; (*refus*) pendant; (*coupure*) llwyr; (*couleur*) clir, pur; (*intensif*) cwbl, hollol; ~ **de port** (*exempt*) post-daledig; (*zone, port*) rhydd; (*boutique*) di-doll, di-dreth;
♦*adv*: **parler** ~ siarad heb flewyn ar dafod *ou* yn blwmp ac yn blaen.
franc[2] [fʀɑ̃] *m* (*monnaie*) ffranc *g*; **ancien** ~, ~ **léger** hen ffranc; **nouveau** ~, ~ **lourd** ffranc newydd; ~ **belge** ffranc Belg *ou* Belgaidd; ~ **français** ffranc Ffrengig; ~ **suisse** ffranc y Swistir.
français[1] (**-e**) [fʀɑ̃sɛ, ɛz] *adj* Ffrengig; **un mot** ~ gair *g* Ffrangeg.
français[2] [fʀɑ̃sɛ] *m* (*LING*) Ffrangeg *b,g*.
Français [fʀɑ̃sɛ] *m* Ffrancwr *g*; **les** ~ y Ffrancod *ll ou* y Ffrancwyr *ll*.
Française [fʀɑ̃sɛz] *f* Ffrances *b*.
franc-comtois (~-~**e**) (~**s**-~, ~-~**es**) [fʀɑ̃kɔ̃twa, waz] *adj* o'r Franche Comté.
Franc-comtois (~**s**-~) [fʀɑ̃kɔ̃twa] *m* un *g* o'r Franche Comté.
Franc-comtoise (~-~**s**) [fʀɑ̃kɔ̃twaz] *f* un *b* o'r Franche Comté.
France [fʀɑ̃s] *prf* Ffrainc *b*; **en** ~ yn Ffrainc; ~ **2**, ~ **3** *sianeli teledu cenedlaethol*.
Francfort [fʀɑ̃kfɔʀ] *pr* Frankfurt *b*.
franche [fʀɑ̃ʃ] *adj f voir* **franc**[1].
Franche-Comté [fʀɑ̃ʃkɔ̃te] *prf* y Franche Comté *b*.
franchement [fʀɑ̃ʃmɑ̃] *adv* yn blwmp ac yn blaen, a dweud y gwir, a bod yn onest; (*tout à fait, vraiment*) yn hollol, yn gwbl; ~! wel!, wir!
franchir [fʀɑ̃ʃiʀ] (**2**) *vt* (*obstacle*) mynd dros, neidio dros, clirio; (*fig*) gorchfygu; (*seuil, ligne, rivière*) croesi; (*distance*) gwneud (pellter); (*porte*) mynd trwy; (*mur de son*) bylchu; (*difficulté*) mynd/dod dros; (*limite*) mynd y tu hwnt i.
franchisage [fʀɑ̃ʃizaʒ] *m* (*COMM*) rhyddfreinio.
franchise [fʀɑ̃ʃiz] *f* didwylledd *g*, plaendra *g*; (*douanière, d'impôt etc*) rhyddhad *g* o dreth; (*assurances*) gormodedd *g*; (*COMM*) hawl *b* gwerthu, rhyddfraint *b*; **en toute** ~ a dweud y gwir; ~ **de bagages** lwfans *g* paciau.
franchissable [fʀɑ̃ʃisabl] *adj* (*obstacle*) gorchfygadwy; (*rivière*) croesadwy.
francilien (**-ne**) [fʀɑ̃siljɛ̃, ɛn] *adj* o'r Île-de-France.
Francilien [fʀɑ̃siljɛ̃] *m* un *g* o'r Île-de-France.
Francilienne [fʀɑ̃siljɛn] *f* un *b* o'r Île-de-France.
franciscain (**-e**) [fʀɑ̃siskɛ̃, ɛn] *adj* Ffransisgaidd.
franciser [fʀɑ̃size] (**1**) *vt* Ffrengigo.
franc-jeu (~**s**-~**x**) [fʀɑ̃ʒø] *m*: **jouer** ~-~ chwarae'n deg.
franc-maçon (~-~**s**) [fʀɑ̃masɔ̃] *m* Saer *g* Rhydd.
franc-maçonnerie (~-~**s**) [fʀɑ̃masɔnʀi] *f* Saeryddiaeth *b* Rydd.

franco [fʀɑ̃ko] *adv* (COMM): ~ **(de port)** post-daledig.

franco- [fʀɑ̃ko] *préf* Ffrengig, Ffrangeg.

franco-canadien [fʀɑ̃kokanadjɛ̃] *m* (LING) Ffrangeg *b,g* Canada.

francophile [fʀɑ̃kɔfil] *adj* Ffrainc-garol.

francophobe [fʀɑ̃kɔfɔb] *adj* gwrth-Ffrengig.

francophone [fʀɑ̃kɔfɔn] *adj* Ffrangeg eich iaith, sy'n siarad Ffrangeg; **un pays** ~ gwlad lle siaredir Ffrangeg;
♦*m/f* siaradwr *g* Ffrangeg, siaradwraig *b* Ffrangeg.

francophonie [fʀɑ̃kɔfɔni] *f* gwledydd *ll* lle siaredir Ffrangeg.

franco-québécois [fʀɑ̃kɔkebekwa] *m* Ffrangeg *b,g* Cwebéc.

franc-parler [fʀɑ̃paʀle] *m inv*: **avoir son** ~-~ siarad heb flewyn ar dafod.

franc-tireur (~**s**-~**s**) [fʀɑ̃tiʀœʀ] *m* (MIL) herwfilwr *g*; (*fig*) un *g* annibynnol, un *g* sy'n gwneud rhth ar ei liwt ei hun.

frange [fʀɑ̃ʒ] *f* (*textile*) eddi *ll*, rhidens *ll*; (*conscience, sommeil*) trothwy *g*; (*minorité*) lleiafrif *g*; (*de cheveux*) rhimyn *g* o wallt.

franger [fʀɑ̃ʒe] (**10**) *vt* ymylu, rhoi rhidens *ou* rhimyn ar.

frangé (-**e**) [fʀɑ̃ʒe] *adj* (*tapis, nappe*) rhimynnog, â rhidens.

frangin* [fʀɑ̃ʒɛ̃] *m* brawd *g*.

frangine* [fʀɑ̃ʒin] *f* chwaer *b*.

frangipane [fʀɑ̃ʒipan] *f* marsipán *g*.

franglais [fʀɑ̃glɛ] *m* Ffranglais *b,g*, Ffraesneg *b,g*.

franquette [fʀɑ̃kɛt]: **à la bonne** ~ *adv* yn ddi-lol, heb ddim lol, yn anffurfiol, yn ddiffwdan.

frappant (-**e**) [fʀapɑ̃, ɑ̃t] *adj* trawiadol.

frappe [fʀap] *f* trawiad *g*; (*d'un pianiste, d'une dactylo*) cyffyrddiad *g*; (*d'une médaille: action*) bathu; (*empreinte*) bathnod *g*; (*impression*) teip *g*; (SPORT: *boxe*) trawiad, ergyd *g,b*, dyrnod *g,b*; (*péj: voyou*) hwligan *g*, llabwst *g*; **la première** ~ y copi *g* uchaf; **faute de** ~ gwall *g* teipio.

frappé (-**e**) [fʀape] *adj* (*vin, café*) â rhew; ~ **de panique** llawn braw *ou* panig, wedi panicio; **être** ~ **de** *neu* **par qch** (*personne*) cael eich taro gan rth; **être** ~ **de stupeur** cael eich syfrdanu *ou* synnu, bod yn syfrdan *ou* syn.

frapper [fʀape] (**1**) *vt* dyrnu, bwrw, taro; (*monnaie*) bathu; (*étonner*) syfrdanu, synnu; ~ **un grand coup** (*fig*) taro ergyd fawr dros; ~ **le sol du pied** stampio'r llawr â'ch troed; ~ **le regard de qn** tynnu sylw rhn;
♦*vi* dyrnu, taro, bwrw; ~ **à la porte** cnocio *ou* dyrnu wrth y drws; ~ **dans ses mains** curo dwylo, clapio; ~ **du poing sur qch** dyrnu rhth, rhoi dyrnod *g,b* i rth *ou* ar rth;
♦ **se** ~ *vr* ymgynhyrfu.

frasques [fʀask] *fpl* pranciau *ll*, giamocs *ll*; **faire des** ~ gwneud drygau.

fraternel (-**le**) [fʀatɛʀnɛl] *adj* brawdol.

fraternellement [fʀatɛʀnɛlmɑ̃] *adv* yn frawdol.

fraterniser [fʀatɛʀnize] (**1**) *vi* cyfeillachu.

fraternité [fʀatɛʀnite] *f* brawdgarwch *g*; (*camaraderie*) brawdoliaeth *b*

fratricide [fʀatʀisid] *m* (*crime*) brawdladdiad *g*, chwaerladdiad *g*; (*meurtrier*) brawdleiddiad *g/b*, chwaerleiddiad *g/b*.

fraude [fʀod] *f* twyll *g*, hoced *b*; (SCOL) twyllo, cafflo; **en** ~ (*vendre*) yn dwyllodrus; (*lire*) yn y dirgel; **passer qch en** ~ smyglo rhth i mewn; ~ **électorale** twyll etholiadol; ~ **fiscale** osgoi talu trethi.

frauder [fʀode] (**1**) *vi* twyllo, hocedu;
♦*vt* twyllo, hocedu; ~ **le fisc** osgoi talu trethi.

fraudeur [fʀodœʀ] *m* twyllwr *g*, hocedwr *g*.

fraudeuse [fʀodøz] *f* twyllwraig *b*, hocedwraig *b*.

frauduleusement [fʀodyløzmɑ̃] *adv* yn dwyllodrus.

frauduleux (**frauduleuse**) [fʀodylø, fʀodyløz] *adj* twyllodrus.

frayer [fʀeje] (**18**) *vt* (*chemin*) clirio, agor, arloesi;
♦*vi* (*poisson*) silio, bwrw sil; ~ **avec qn** (*fréquenter*) cymdeithasu *ou* cyfeillachu â rhn;
♦ **se** ~ *vr*: **se** ~ **un passage dans la foule** gwthio'ch ffordd drwy'r dorf.

frayeur [fʀɛjœʀ] *f* braw *g*, dychryn *g*.

fredaines [fʀədɛn] *fpl* giamocs *ll*, pranciau *ll*.

fredonner [fʀədɔne] (**1**) *vt* mwmian, hymio, hymian.

freezer [fʀizœʀ] *m* blwch *g* rhewi (*mewn oergell*), rhewgist *b*.

frégate [fʀegat] *f* (*navire*) ffrigad *b*; (*oiseau*) aderyn *g* ffrigad.

frein [fʀɛ̃] *m* brêc *g*; (*cheval*) genfa *b*; **mettre un** ~ **à qch** (*fig*) ffrwyno rhth; **sans** ~ (*sans limites*) diatal; ~ **à main** brêc llaw; ~**s à disques/à tambour** brêc disg/drwm.

freinage [fʀɛnaʒ] *m* brecio, bracio; **le** ~ **de** (*fig: d'inflation*) ffrwyno, arafu; **distance de** ~ pellter *g* brecio; **traces de** ~ *olion ll brecio yn sydyn*.

freiner [fʀene] (**1**) *vi* brecio, bracio; (*à ski*) arafu; ~ **à bloc** *neu* **à fond** brecio'n galed;
♦*vt* (*véhicule*) arafu; (*progrès*) ffrwyno, atal; ~ **l'ambition de qn** ffrwyno *ou* atal uchelgais rhn;
♦ **se** ~ *vr*: **il faut que l'entreprise se freine dans ses dépenses** mae'n rhaid i'r cwmni gwtogi ar wario.

frelaté (-**e**) [fʀəlate] *adj* difwynedig; (*vin*) glastwraidd; (*fig*) amheus.

frêle [fʀɛl] *adj* eiddil, egwan, gwan, bregus.

frelon [fʀəlɔ̃] *m* cacynen *b* feirch, gwenynen *b* feirch.

freluquet* [fʀəlykɛ] (*péj*) *m* sinach *g* bach.

frémir [fʀemiʀ] (**2**) *vi* (*de peur, de froid*) crynu,

rhynnu; (*de joie*) crynu; (*bouillir*) mudferwi; (*feuille etc*) ysgwyd, crynu, siglo.
frémissement [fʀemismɑ̃] *m* crynu, cryndod *g*; (*de froid*) rhynnu, rhyndod *g*; (*d'eau près de bouillir*) mudferwi.
frêne [fʀɛn] *m* onnen *b*.
frénésie [fʀenezi] *f* gwylltineb *g*, gwallgofrwydd *g*, gorffwyllter *g*, gorffwylltra *g*.
frénétique [fʀenetik] *adj* gorffwyll, gwyllt.
frénétiquement [fʀenetikmɑ̃] *adv* yn wyllt, yn orffwyll.
fréquemment [fʀekamɑ̃] *adv* yn aml, yn fynych; **le plus** ~ gan amlaf, yn amlach na pheidio.
fréquence [fʀekɑ̃s] *f* amledd *g*; **haute/basse** ~ (*RADIO*) amledd uchel/isel.
fréquent (-e) [fʀekɑ̃, ɑ̃t] *adj* aml, mynych; (*nombreux*) niferus; (*commun*) cyffredin.
fréquentable [fʀekɑ̃tabl] *adj* derbyniol, parchus; **elle est peu** ~ nid yw'n barchus iawn.
fréquentation [fʀekɑ̃tasjɔ̃] *f* mynychu, mynychiad *g*; **une mauvaise** ~ cwmni *g ou* cwmniaeth *b* amharchus; **de bonnes** ~**s** (*relations*) cyfeillion *ll* parchus; ~ **scolaire** presenoldeb yn yr ysgol.
fréquenté (-e) [fʀekɑ̃te] *adj*: **très** ~ (*rue*) prysur, bywiog; **mal** ~ (*établissement*) a fynychir gan bobl amheus.
fréquenter [fʀekɑ̃te] (**1**) *vt* (*lieu*) mynychu; (*personne*) ymweld â; (*sortir avec: jeune homme/fille*) mynd allan gyda;
♦ **se** ~ *vr* gweld eich gilydd; **nous nous fréquentons peu** 'dydym ni ddim yn gweld llawer ar ein gilydd.
frère [fʀɛʀ] *m* brawd *g*; **Dupont et** ~**s** (*COMM*) y brodyr *ll* Dupont; **pays** ~**s** chwaer-wledydd *ll*; **partis** ~**s** chwaer-bleidiau *ll*; **nos** ~**s travailleurs** ein cydweithwyr *ll*; **mettre qn chez les** ~**s** (*REL*) gyrru rhn i ysgol breswyl Gatholig.
fresque [fʀɛsk] *f* (*ART*) ffresgo *g*, golchlun *g*; (*LITT*) darlun *g*.
fret [fʀɛ(t)] *m* (*prix*) tâl *g* cludiant; (*cargaison, chargement*) llwyth *g*.
fréter [fʀete] (**14**) *vt* (*prendre en location*) hurio, llogi; (*donner en location*) rhoi (rhth) ar hur, hurio (rhth) allan.
frétiller [fʀetije] (**1**) *vi* (*poisson etc*) gwingo; (*de joie etc*) crynu; ~ **de la queue** (*chien*) siglo'i gwt, ysgwyd ei gynffon.
fretin [fʀətɛ̃] *m*: **le menu** ~ (*poisson*) pysgod *ll* mân; (*fig*) pobl *b* ddibwys, y rhai dibwys.
freudien (-ne) [fʀødjɛ̃, jɛn] *adj* Freudaidd.
freux [fʀø] *m* ydfran *b*, brân *b* (bigwen).
friable [fʀijabl] *adj* (*pain*) brau, briwsionllyd; (*terre*) brau.
friand[1] (-e) [fʀijɑ̃, fʀijɑ̃d] *adj*: ~ **de** hoff iawn o.
friand[2] [fʀijɑ̃] *m* (*CULIN*) *pastai b fach a lenwir â briwgig*; (*CULIN: sucré*) *math o deisen b almon.*
friandise [fʀijɑ̃diz] *f* (*gén*) danteithfwyd *g*, tamaid *g* blasus; (*bonbon*) melysyn *g*, da-da *g*, losinen *b*.
fric* [fʀik] *m* arian *g*; **être bourré de** ~ bod yn graig o arian.
fricassée [fʀikase] *f* ≈ stiw *g*.
fric-frac [fʀikfʀak] *m inv* torri i mewn (*i dŷ*).
friche [fʀiʃ] *f* braenar *g*; **en** ~ (*AGR*) braenar; (*fig*) heb ei ddatblygu;
♦*adv* yn fraenar.
friction [fʀiksjɔ̃] *f* (*PHYS*) ffrithiant *g*; (*massage*) rhwbiad *g*, rhwtad *g*; (*chez le coiffeur*) rhwbiad croen pen; (*fig*) drwgdeimlad *g*, gwrthdaro.
frictionner [fʀiksjɔne] (**1**) *vt* rhwbio, tylino, rhwto.
frigidaire® [fʀiʒidɛʀ] *m* oergell *b*; **mettre qch au** ~ rhoi rhth yn yr oergell; (*fig*) rhoi rhth i gadw, rhoi rhth heibio, gohirio rhth.
frigide [fʀiʒid] *adj* rhewllyd, fferllyd, rhynllyd; (*personne*) anghynnes, oeraidd; (*sexuellement*) oer, oeraidd, oerllyd.
frigidité [fʀiʒidite] *f* oerni *g*.
frigo* [fʀigo] *m*(= *frigidaire*) oergell *b*.
frigorifier [fʀigɔʀifje] (**16**) *vt* rheweiddio; **être frigorifié** (*fig: personne*) rhewi, sythu, fferru.
frigorifique [fʀigɔʀifik] *adj* rheweiddiol; (*camion*) rhewi.
frileusement [fʀiløzmɑ̃] *adv* â rhyndod, yn rhynllyd.
frileux (**frileuse**) [fʀilø, fʀiløz] *adj*: **être** ~ teimlo'r oerfel, teimlo'n rhynllyd; (*fig*) bod yn orofalus.
frimas [fʀimɑ] *mpl* tywydd *g* gaeafol.
frime* [fʀim] *f*: **c'est de la** ~ brolio yw hynna i gyd, hen sbloet *ou* hen orchest ydi hynna i gyd; **c'est pour la** ~ er mwyn brolio, er mwyn eich dangos eich hun, er mwyn sioe; **arrête ta** ~! paid â'th ddangos dy hun!
frimer [fʀime] (**1**) *vi* eich dangos eich hun, gwneud sioe ohonoch eich hun.
frimeur [fʀimœʀ] *m* broliwr *g*, ymhonnwr *g*, bostiwr *g*.
frimeuse [fʀimøz] *f* ymhonwraig *b*; **elle est** ~ mae hi'n ei brolio ei hun.
frimousse [fʀimus] *f* wyneb *g* bach (annwyl).
fringale [fʀɛ̃gal] *f*: **avoir la** ~ bod bron â llwgu, bod ar lwgu, bod ar eich cythlwng.
fringant (-e) [fʀɛ̃gɑ̃, ɑ̃t] *adj* (*cheval*) bywiog, nwyfus; (*personne*) llawn mynd, llawn bywyd *ou* asbri, bywiog, nwyfus.
fringues* [fʀɛ̃g] *fpl* dillad *ll*.
fripé (-e) [fʀipe] *adj* crychlyd, wedi crychu; (*visage*) rhychog.
friperie [fʀipʀi] *f* (*commerce*) siop *b* ddillad ail-law; (*vêtements*) dillad *ll* ail-law.
fripes [fʀip] *fpl* dillad *ll* ail-law.
fripier [fʀipje] *m* gwerthwr *g* dillad ail-law.
fripière [fʀipjɛʀ] *f* gwerthwraig *b* dillad ail-law.
fripon[1] (-ne) [fʀipɔ̃, ɔn] *adj* direidus.

drygionus.
fripon[2] [fʀipɔ̃] *m* gwalch *g* bach, plentyn *g* direidus.
friponne [fʀipɔn] *f* cnawes *b* fach, geneth *b* ddireidus, croten *b* ddireidus.
fripouille [fʀipuj] (*péj*) *f* cnaf *g*, cenau *g*, dihiryn *g*; **sacré ~!** yr hen genau drwg!
frire [fʀiʀ] (**51**) *vt, vi: défectif* ffrio; **faire ~** ffrio.
frise [fʀiz] *f* (*ARCHIT*) ffris *g*.
Frise [fʀiz] *prf*: **la ~** Gwlad *b* y Ffrisiaid, y Ffristir *g*.
frisé (**-e**) [fʀize] *adj* (*cheveux*) cyrliog; (*personne*) â gwallt cyrliog; **(chicorée) ~e** ysgellog *g* crych.
friser [fʀize] (**1**) *vt* (*cheveux*) modrwyo, cyrlio; (*moustache*) cyrlio; (*fig: surface*) crafu (wyneb); (*fig: hérésie, insolence*) ymylu ar; (*mort*) dod o fewn trwch blewyn i; **se faire ~** cael modrwyo'ch gwallt; **~ la soixantaine** bod bron yn drigain oed;
♦*vi* (*cheveux*) cyrlio; **elle commence à ~** (*enfant*) mae ei gwallt yn dechrau mynd yn gyrliog.
frisette [fʀizɛt] *f* cudyn *g* crych, cyrlen *b* fach.
frisotter [fʀizɔte] (**1**) *vi* (*cheveux*) cyrlio'n dynn, bod yn grych.
frisquet [fʀiskɛ] *adj m* oer, oeraidd; **il fait ~** (*temps*) mae hi'n eithaf oer, mae hi braidd yn oer.
frisson, **frissonnement** [fʀisɔ̃, fʀisɔnmɑ̃] *m* (*de froid*) ias *g*, cryndod *g*, rhyndod *g*; (*de plaisir*) ias; (*de peur*) ias, cryndod.
frissonner [fʀisɔne] (**1**) *vi* (*de froid, de fièvre*) crynu, rhynnu; (*de peur, de colère*) crynu; (*fig: feuillage*) crynu; (*lac*) crychu, crychdonni.
frit (**-e**) [fʀi, fʀit] *pp de* **frire**;
♦*adj* wedi'i ffrio, ffriedig; **(pommes) ~es** sglodion *ll* (tatws *ou* tato).
frite [fʀit] *f* sglodyn *g*, tsipsen *b*.
friterie [fʀitʀi] *f* siop *b* sglodion.
friteuse [fʀitøz] *f* sosban *b ou* padell *b* sglodion; **~ électrique** ffrïwr *g* saim dwfn.
friture [fʀityʀ] *f* (*huile*) saim *g* dwfn; (*RADIO*) ymyrraeth *b*; **~s** (*aliments frits*) bwyd *g* ffriedig; **~ (de poissons)** (*plat*) pysgod *ll* wedi'u ffrio.
frivole [fʀivɔl] *adj* gwamal, ofer.
frivolité [fʀivɔlite] *f* gwamalrwydd *g*, oferedd *g*.
froc [fʀɔk] *m* (*REL*) abid *b*; (*fam*) trowsus *g*, trwser *g*.
froid[1] (**-e**) [fʀwa, fʀwad] *adj* oer; **garder la tête ~e** cadw'ch pwyll, peidio â cholli'ch pen; **il fait ~** mae hi'n oer; **démarrer à ~** dechrau gyrru heb gynhesu'r injan; **cueillir qn à ~** dal rhn yn ddiarwybod.
froid[2] [fʀwa] *m* oerni *g*, oerfel *g*; (*absence de sympathie*) oerfelgarwch *g*, anghynhesrwydd *g*; **il fait un ~ de canard*** mae hi'n oer gythreulig; **jeter un ~ dans l'assistance** (*fig*) gyrru ias trwy'r gynulleidfa; **pendant les grands ~s** yng nghanol y gaeaf; **avoir ~** bod yn oer, teimlo'n oer; **j'ai ~ aux pieds** mae fy nhraed yn oer; **ne pas avoir ~ aux yeux** (*fig*) bod yn fentrus; **prendre ~** cael annwyd *ou* oerfel; **manger ~** cael pryd o fwyd oer; **être en ~ avec qn** bod ar delerau gwael â rhn; **battre ~ à qn** troi cefn ar rn, anwybyddu rhn.
froidement [fʀwadmɑ̃] *adv* yn oeraidd; (*décider*) yn bwyllog.
froideur [fʀwadœʀ] *f* oerni *g*, oerfel *g*; (*indifférence*) difaterwch *g*, oerni.
froisser [fʀwase] (**1**) *vt* crychu; (*fig: personne*) brifo, digio;
♦ **se ~** *vr* crychu, mynd yn grychau; (*se vexer*) digio (wrth); **se ~ un muscle** straenio *ou* tynnu cyhyr.
frôlement [fʀolmɑ̃] *m* (*contact*) cyffyrddiad *g* ysgafn, lledgyffyrddiad *g*; (*bruit*) siffrwd *g*.
frôler [fʀole] (**1**) *vt* lledgyffwrdd (â); (*fig: catastrophe, échec*) dod o fewn trwch blewyn i, dod yn agos i, ymylu ar.
fromage [fʀɔmaʒ] *m* caws *g*; **~ blanc** *caws gwyn meddal*; **~ de tête** caws *ou* cig *g* pen mochyn; **~ de chèvre** caws gafr; **trouver un bon ~** cael swydd segur.
fromager[1] (**fromagère**) [fʀɔmaʒe, fʀɔmaʒɛʀ] *adj* caws; **l'industrie fromagère** y diwydiant *g* gwneud caws.
fromager[2] [fʀɔmaʒe] *m* (*marchand*) gwerthwr *g* caws.
fromagère [fʀɔmaʒɛʀ] *f* (*marchande*) gwerthwraig *b* caws;
♦*adj f voir* **fromager**[1].
fromagerie [fʀɔmaʒʀi] *f* ffatri *b* gaws; (*boutique*) siop *b* gaws.
froment [fʀɔmɑ̃] *m* gwenith *g*.
fronce [fʀɔ̃s] *f* (*de tissu*) crychau *ll*; **une jupe à ~s** sgert *b* grychog.
froncement [fʀɔ̃smɑ̃] *m*: **~ de sourcils** gwg *g*.
froncer [fʀɔ̃se] (**9**) *vt* (*tissu*) crychu; **~ les sourcils** gwgu, crychu talcen
frondaison [fʀɔ̃dɛzɔ̃] *f* (*action*) deilio, deiliad *g*; (*feuillage*) deiliant *g*, dail *ll*.
fronde [fʀɔ̃d] *f* (*arme*) ffon *b* dafl; (*jouet*) tafler *g*, sling *b*, catapwlt *g*; (*fig*) gwrthryfel *g*; **esprit de ~** (*fig*) gwrthryfelgarwch *g*.
frondeur (**frondeuse**) [fʀɔ̃dœʀ, fʀɔ̃døz] *adj* gwrthryfelgar.
front [fʀɔ̃] *m*
1 (*ANAT*) talcen *g*; **marcher le ~ haut** cerdded â'ch pen yn uchel.
2 (*d'un bâtiment*) wyneb *g* blaen.
3 (*MIL, fig*) ffrynt *g*, blaen *g* y gad; **aller au/être sur le ~** mynd i/bod ar flaen y gad; **tué au ~** lladdwyd ar faes y gad; **faire ~ commun contre qch** ymuno â rhn yn erbyn rhth; **faire ~ à qch** wynebu rhth, peidio ag

osgoi rhth.
4 (*MÉTÉO*) ffrynt *g*.
5 (*locutions*): **avoir le ~ de faire qch** (*fig*) bod yn ddigon eofn i wneud rhth; **~ de mer** stryd *b* lan môr, rhodfa *b* lan môr.
▶ **de front** (*attaque*) o'r tu blaen; (*choc*) penben; (*rouler*) ochr yn ochr; (*simultanément*) ar yr un pryd, gyda'ch gilydd; **marcher à trois de ~** cerdded fesul tri.
frontal (**-e**) (**frontaux, frontales**) [fRɔ̃tal, fRɔ̃to] *adj* (*ANAT*) talcennol; (*collision*) penben.
frontalier (**frontalière**) [fRɔ̃talje, fRɔ̃taljɛR] *adj* ffiniol, ar y ffin; **région frontalière** cyffindir *g*, ardal *b* ffiniol; **(travailleurs) ~s** cyffinwyr *ll* (*gweithwyr sy'n byw ar y ffin rhwng dwy wlad*).
frontière [fRɔ̃tjɛR] *f* ffin *b*, terfyn *g*, goror *g,b*; (*fig*) ffin, terfyn; **ville ~** tref *b* ar y ffin; **poste ~** tollfa *b* ar y ffin.
frontispice [fRɔ̃tispis] *m* (*TYPO*) wynebddalen *b*; (*ARCHIT*) rhagwedd *b*.
fronton [fRɔ̃tɔ̃] *m* (*ARCHIT*) talfa *b*, pediment *g*; (*pour la pelote basque*) mur *g chwarae ar gyfer pelota*.
frottement [fRɔtmɑ̃] *m* rhwbiad *g*, rhwbio, rhwtad *g*, rhwto; **~s** (*fig: difficultés*) drwgdeimlad *g*, gwrthdrawiadau *ll*.
frotter [fRɔte] (**1**) *vi* rhwbio, rhygnu, rhwto; ♦*vt* rhwbio, rhwto; (*meubles*) caboli; (*chaussures*) glanhau, rhoi sglein ar; (*plancher*) sgwrio; **~ une allumette** tanio matsien; **~ les oreilles à qn** rhoi clusten *ou* bonclust i rn;
♦ **se ~** *vr*: **se ~ à qn** (*fig*) croesi cleddyfau â rhn, codi gwrychyn rhn, mynd dan groen rhn; **se ~ les mains** rhwbio'ch dwylo.
frottis [fRɔti] *m* (*MÉD*) rhwbiad *g*, rhwtad *g*; **se faire faire un ~ vaginal** cael rhwbiad o'r groth.
frottoir [fRɔtwaR] *m* (*d'une boîte d'allumettes*) stribyn *g* tanio; (*pour encaustiquer*) brwsh *g* cwyro'r llawr.
frou-frou (**~s-~s**) [fRufRu] *m* siffrwd *g*.
frousse* [fRus] *f* braw *g*, dychryn *g*; **avoir la ~** dychryn yn arw, cael llond bol o ofn.
fructifier [fRyktifje] (**16**) *vi* (*investissement*) cynhyrchu elw; (*arbre*) ffrwytho, dwyn ffrwyth; **faire ~** troi (rhth) yn elw.
fructueux (**fructueuse**) [fRyktɥø, fRyktɥøz] *adj* ffrwythlon, buddiol; (*lucratif*) sy'n dwyn elw.
frugal (**-e**) (**frugaux, frugales**) [fRygal, fRygo] *adj* cynnil.
frugalement [fRygalmɑ̃] *adv* yn gynnil.
frugalité [fRygalite] *f* cynildeb *g*.
fruit [fRɥi] *m* ffrwyth *g*; (*fig*) ffrwyth, cynnyrch *g*; **avec ~** yn fuddiol; **sans ~** yn ddi-fudd; **~s de mer** bwyd *g* môr.
fruité (**-e**) [fRɥite] *adj* (*vin*) ffrwythol, fel ffrwyth, llawn ffrwyth.
fruiterie [fRɥitRi] *f* siop *b* ffrwythau a llysiau.
fruitier[1] (**fruitière**) [fRɥitje, fRɥitjɛR] *adj*: **arbre ~** coeden *b* ffrwythau.
fruitier[2] [fRɥitje] *m* gwerthwr *g* ffrwythau.
fruitière [fRɥitjɛR] *f* gwerthwraig *b* ffrwythau; ♦*adj f voir* **fruitier**[1].
fruste [fRyst] *adj* (*médaille*) wedi'i treulio; (*sculpture*) hindreuliedig; (*style*) anghaboledig; (*manières*) gwladaidd, anniwylliedig; (*personne*) anwaraidd, garw, gwladaidd.
frustrant (**-e**) [fRystRɑ̃, ɑ̃t] *adj* rhwystrol.
frustration [fRystRasjɔ̃] *f* rhwystredigaeth *b*.
frustré (**-e**) [fRystRe] *adj* rhwystredig.
frustrer [fRystRe] (**1**) *vt* rhwystro; **~ qn de qch** (*satisfaction*) rhwystro rhn rhag cael rhth; (*biens*) twyllo rhn o rth.
FS *abr*(= *franc suisse*) ffranc *g* y Swistir.
fuchsia [fyʃja] *m* ffiwsia *b*.
fuel(-oil) (**fuels-oils**) [fjul(ɔjl)] *m*= **fioul**.
fugace [fygas] *adj* gwibiol, byrheodlog; **un souvenir ~** brithgof *g*.
fugitif[1] (**fugitive**) [fyʒitif, fyʒitiv] *adj* (*lueur, amour, impression*) byrhoedlog; (*prisonnier etc*) ar ffo, fföedig.
fugitif[2] [fyʒitif] *m* ffoadur *g*.
fugitive [fyʒitiv] *f* ffoadures *b*; ♦*adj f voir* **fugitif**[1].
fugue [fyg] *f* (*MUS*) ffiwg *b*; (*d'un enfant*) dihangfa *b*; **faire une ~** rhedeg i ffwrdd, dianc.
fuir [fɥiR] (**27**) *vt* (*bruit, foule, responsabilité*) osgoi, gochel; **~ rhn** ffoi rhag rhn, troi'ch cefn ar rn, anwybyddu rhn, osgoi rhn; ♦*vi* ffoi (rhag rhth), dianc; (*gaz, eau*) gollwng; (*robinet, tuyau*) gollwng (dŵr); **le temps fuit** mae amser yn hedfan; **faire ~** gyrru ar ffo.
fuite [fɥit] *f* dihangfa *b*; (*écoulement*) gollyngiad *g*; (*temps*) treigl *g* cyflym; (*bateau*) taith *b* gyflym; (*de nouvelle*) tor *g* cyfrinach, sibrydiad *g*; **mettre qn en ~** gyrru rhn ar ffo; **être en ~** bod ar ffo; **prendre la ~** mynd ar ffo.
fulgurant (**-e**) [fylgyRɑ̃, ɑ̃t] *adj* (*vitesse*) fel mellten, melltennol; (*intuition*) melltennol; **douleur ~e** poen *g,b* sydyn, gwayw *g*.
fulminant (**-e**) [fylminɑ̃, ɑ̃t] *adj* (*lettre, regard*) cynddeiriog, ffyrnig; **être ~ de colère** bod yn wyllt gacwn, bod yn ffyrnig.
fulminer [fylmine] (**1**) *vi*: **~ (contre)** taranu (yn erbyn).
fumant (**-e**) [fymɑ̃, ɑ̃t] *adj* (*feu*) myglyd, yn mygu; (*liquide*) yn stemio; **~ de colère** yn corddi gan ddicter; **faire un coup ~*** cyflawni camp.
fumé (**-e**) [fyme] *adj* (*CULIN*) trwy fwg, wedi cochi; (*verre*) du, tywyll; **saumon ~** eog trwy fwg, eog wedi ei gochi.
fume-cigarette [fymsigaRɛt] *m inv* peth *g* dal sigarét.
fumée [fyme] *f* mwg *g*; **sans ~** di-fwg; **partir en ~** (*fig*) mynd yn ffliwt; **il n'y a pas de feu**

sans ~ lle bo mwg bydd tân; **la** ~ **ne vous gêne pas?** a oes gwahaniaeth gennych pe bawn i'n ysmygu?;
♦*adj f voir* **fumé**.

fumer [fyme] (**1**) *vi* (*feu*) mygu; (*liquide*) stemio;
♦*vt* ysmygu, smocio; (*jambon, poisson*) sychu (rhth) trwy fwg, cochi; (*terre, champ*) gwrteithio, achlesu.

fumerie [fymʀi] *f*: ~ **d'opium** ogof *b* opiwm.

fumerolles [fymʀɔl] *fpl* nwy *g* a mwg *g* (*o losgfynydd*).

fûmes [fym] *vb voir* **être**.

fumet [fymɛ] *m* (*de nourriture cuite*) oglau *g* da, gwynt *g* da, sawr *g*; (*de vin*) persawr *g*.

fumeur [fymœʀ] *m* ysmygwr *g*; **compartiment (pour)** ~**s/non**~**s** adran *b* ysmygu/dim ysmygu; ~ **passif** ysmygwr goddefol.

fumeuse [fymøz] *f* ysmygwraig *b voir aussi* **fumeur**;
♦*adj f voir* **fumeux**.

fumeux (**fumeuse**) [fymø, fymøz] *adj* (*péj*) niwlog, gwlanog.

fumier [fymje] *m* gwrtaith *g*, tom *b*, tail *g*; (*péj: salaud*) cythraul *g*, diawl *g*, cachwr *g*.

fumigation [fymigasjɔ̃] *f* mygdarthiad *g*, mygdarthu.

fumigène [fymiʒɛn] *adj* sy'n cynhyrchu mwg; **bombe** ~ bom *g,b* mwg.

fumiste [fymist] *m* (*ramoneur*) glanhäwr *g* simneiau; (*réparateur*) *dyn g sy'n atgyweirio offer twymo*;
♦*m/f* (*péj: paresseux*) diogyn *g*, diogen *b*; (*philosophe*) siarlatan *g*, ffugiwr *g*, ffugwraig *b*.

fumisterie [fymistəʀi] *f* (*péj*) twyll *g*, hoced *b*.

fumoir [fymwaʀ] *m* ystafell *b* ysmygu.

funambule [fynɑ̃byl] *m/f* rhaffgerddwr *g*, rhaffgerddwraig *b*.

funèbre [fynɛbʀ] *adj* angladdol; (*ton*) angladdol, galarus; (*atmosphère*) angladdol, prudd, pruddaidd; **veillée** ~ gwylfa *b* wrth wely angau.

funérailles [fyneʀɑj] *fpl* angladd *g,b*.

funéraire [fyneʀɛʀ] *adj* angladdol; **pierre** ~ carreg *b* fedd.

funeste [fynɛst] *adj* (*désastreux*) trychinebus, enbyd, dybryd; (*erreur*) difrifol, enbyd, dybryd; (*influence*) drwg, niweidiol; (*coup, accident*) marwol; **jour** ~ dydd *g* drwgargoelus.

funiculaire [fynikylɛʀ] *m* rhaffordd *b*, rheilffordd *b* halio.

FUNU [fyny] *sigle f*(= *Force d'urgence des Nations unies*) Lluoedd *ll* argyfwng y Cenhedloedd Unedig.

fur [fyʀ]: **au** ~ **et à mesure** *adv* fesul tipyn, o gam i gam, yn raddol; **au** ~ **et à mesure que vous les recevez** fel y byddwch yn eu derbyn; **au** ~ **et à mesure de leur progression** wrth iddynt fynd ymlaen.

furax* [fyʀaks] *adj inv* ffyrnig, candryll, llidiog.

furent [fyʀ] *vb voir* **être**.

furet [fyʀɛ] *m* (*ZOOL*) ffured *b*; (*fig: personne*) chwilotwr *g*; (*fam*) busneswr *g*.

fureter [fyʀ(ə)te] (**13**) *vi* (*péj*) busnesa, chwilota, ffureta.

fureur [fyʀœʀ] *f* ffyrnigrwydd *g*; (*crise de colère*) cynddaredd *b*; **la** ~ **du jeu** awch *g* am gamblo; **faire** ~ bod yn ffasiynol *ou* yn y ffasiwn; **mettre qn en** ~ cynddeiriogi rhn, gwylltio rhn, ffyrnigo rhn.

furibard* (**-e**) [fyʀibaʀ, aʀd] *adj* gwyllt, gwallgof, cynddeiriog, candryll, ffyrnig.

furibond (**-e**) [fyʀibɔ̃, ɔ̃d] *adj* cynddeiriog, candryll, gwyllt, gwallgof, ffyrnig.

furie [fyʀi] *f* ffyrnigrwydd *g*; (*femme*) cythreules *b*, cnawes *b*; **en** ~ (*personne*) ffyrnig, llidiog; (*mer*) tymhestlog; **les Furies** (*MYTH*) y Deraon *ll*, yr Ellyllesau *ll*.

furieusement [fyʀjøzmɑ̃] *adv* yn gynddeiriog, yn wyllt; (*fam*) yn ofnadwy.

furieux (**furieuse**) [fyʀjø, fyʀjøz] *adj* cynddeiriog, ffyrnig, candryll, gwallgof, gwyllt; **être** ~ **contre qn** gwylltio *ou* digio wrth rn.

furoncle [fyʀɔ̃kl] *m* (*MÉD*) cornwyd *g*, penddüyn *g*.

furtif (**furtive**) [fyʀtif, fyʀtiv] *adj* lladradaidd, llechwraidd, slei; **marcher d'un pas** ~ sleifio, cerdded yn lladradaidd.

furtivement [fyʀtivmɑ̃] *adv* yn lladradaidd, yn llechwraidd, yn slei.

fus [fy] *vb voir* **être**.

fusain [fyzɛ̃] *m* (*BOT*) piswydden *b*; (*ART: crayon*) golosgyn *g*, siarcol *g*; (*croquis*) llun *g* siarcol.

fuseau (**-x**) [fyzo] *m* (*fileuse*) gwerthyd *b*; (*dentellière*) bobin *g*; (*pantalon*) trowsus *g* sgïo, trwser *g* sgïo; **en** ~ (*jambes*) (coesau) meinion; ~ **horaire** rhanbarth *g* amser.

fusée [fyze] *f* roced *b*; (*mine*) ffiws *g,b*; **partir comme une** ~ mynd fel ergyd o wn; ~ **air-air/sol-air** taflegryn *g* awyren i awyren/daear i awyren; ~ **éclairante** goleuad *g*, roced oleuo; ~ **de lancement** cerbyd *g* lansio; ~ **spatiale** roced ofod.

fuselage [fyz(ə)laʒ] *m* corff *g* awyren, cragen *b* awyren.

fuselé (**-e**) [fyz(ə)le] *adj* main; **doigts** ~**s** bysedd *ll* meinion.

fuser [fyze] (**1**) *vi* (*cris*) atseinio, diasbedain; (*liquide*) llifo, ffrydio; (*lumière*) tywynnu, pelydru; (*étincelles*) tasgu, gwreichioni.

fusible [fyzibl] *m* gwifren *b* ffiws; (*fiche*) ffiws *g,b*.

fusil [fyzi] *m* (*arme*) gwn *g*, reiffl *b*; (*de chasse*) dryll *g* hela; ~ **à deux coups** dryll dau/dwy faril; ~ **mitrailleur** peirianddryll *g*, dryll peiriannol; ~ **sous-marin** gwn tryfer; **être un bon** ~ bod yn saethwr *g* da; **changer son** ~

d'épaule (*fig*) newid eich cynlluniau.
fusilier [fyzilje] *m* reifflwr *g*; ~ **marin** môr-filwr *g*.
fusillade [fyzijad] *f* (*bruit*) tanio, saethu; (*combat*) brwydr *b* saethu.
fusiller [fyzije] (**1**) *vt* saethu; (*fam: casser*) torri, malu; ~ **qn du regard** edrych yn filain ar rn, gwgu ar rn.
fusil-mitrailleur (~**s**-~**s**) [fyzimitʀajœʀ] *m* (*MIL*) peirianddryll *g*, dryll *g* peiriannol.
fusion [fyzjɔ̃] *f* (*liquéfaction*) ymdoddiad *g*, toddiad *g*; (*idées*) cyfuniad *g*, ymgyfuniad *g*; (*PHYS*) ymasiad *g*; (*COMM*) cyfuniad, ymgyfuniad.
fusionner [fyzjɔne] (**1**) *vi* (*de liquides*) ymdoddi; (*COMM*) ymgyfuno; (*POL*) ymgyfuno, ymuno.
fustiger [fystiʒe] (**10**) *vt* fflangellu, lladd (ar rn), ceryddu, ei dweud hi'n hallt am (rn).
fut [fy] *vb voir* **être**.
fût[1] [fy] *vb voir* **être**.
fût[2] [fy] *m* (*tonneau*) casgen *b*, baril *g,b*; (*de fusil*) carn *g*; (*d'arbre*) boncyff *g*; (*de colonne*) paladr *g*.
futaie [fytɛ] *f* coedwig *b*, planhigfa *b*.
futé (**-e**) [fyte] *adj* ystrywgar, cyfrwys.
fûtes [fyt] *vb voir* **être**.
futile [fytil] *adj* di-fudd, ofer, dibwynt, seithug, aneffeithiol; (*personne*) gwamal, ofer, penchwiban.
futilement [fytilmɑ̃] *adv* yn ddi-fudd, yn aneffeithiol, yn ofer, yn ddibwynt; (*pour une personne*) yn wamal, yn ofer, yn benchwiban.
futilité [fytilite] *f* oferedd *g*; ~**s** pethau *ll* dibwys *ou* ofer
futur[1] (**-e**) [fytyʀ] *adj* y dyfodol; **mon** ~ **époux** fy narpar ŵr *g*; ~**e maman** darpar fam *b*.
futur[2] [fytyʀ] *m* (*avenir*) dyfodol *g*; ~ **simple** (*LING*) amser *g* dyfodol; **au** ~ (*LING*) yn y dyfodol.
futuriste [fytyʀist] *adj* dyfodolaidd.
futurologie [fytyʀɔlɔʒi] *f* dyfodoleg *b*.
fuyant[1] [fɥijɑ̃] *vb voir* **fuir**.
fuyant[2] (**-e**) [fɥijɑ̃, ɑ̃t] *adj* (*regard*) sy'n osgoi; (*lignes*) enciliol; (*vision*) diflannol.
fuyard [fɥijaʀ] *m* ffoadur *g*.
fuyarde [fɥijaʀd] *f* ffoadures *b*.
fuyons [fyijɔ̃] *vb voir* **fuir**

G

G, **g**[1] [ʒe] *m inv* (*lettre*) G, g *b*.
g[2] *abr*(= *gramme*) g, (= gram).
g[3] *abr*(= *gauche*) chwith.
gabardine [gabaʀdin] *f* gabardin *g*; (*vêtement*) côt *b* law.
gabarit [gabaʀi] *m* (*TECH*) templed *g*, patrymlun *g*; (*fig: dimension, taille*) maint *g*, hyd *g* a lled *g*; (*valeur*) safon *b*; **du même** ~ (*fig: genre*) o'r un math.
gabegie [gabʒi] *f* (*péj: chaos*) llanast *g*; (*gaspillage*) gwastraff *g*.
Gabon [gabɔ̃] *prm*: **le** ~ Gabon *b*.
gabonais (**-e**) [gabɔnɛ, ɛz] *adj* Gabonaidd.
Gabonais [gabɔnɛ] *m* Gaboniad *g*.
Gabonaise [gabɔnɛz] *f* Gaboniad *b*.
gâcher [gɑʃe] (**1**) *vt* (*gâter: travail, vacances, vie*) difetha; (*gaspiller*) gwastraffu; (*plâtre, mortier*) cymysgu.
gâchette [gaʃɛt] *f* (*de fusil, pistolet*) clicied *b*.
gâchis [gɑʃi] *m* (*désordre*) llanast *g*; (*gaspillage*) gwastraff *g*.
gadget [gadʒɛt] *m* teclyn *g*, bechingalw *g*, pethma *g*.
gadgétiser [gadʒetize] (**1**) *vt* rhoi rhyw declyn ar.
gadin* [gadɛ̃] *m*: **prendre** *neu* **ramasser un** ~ cael codwm, cwympo, syrthio.
gadoue [gadu] *f* (*boue*) llaid *g*, mwd *g*.
gaélique [gaelik] *adj* (*culture, coutume, costume*) Gaelaidd; (*LING: écossais*) Gaeleg; (*:irlandais*) Gwyddeleg;
♦*m* (*LING: d'Écosse*) Gaeleg *b,g*; (*:d'Irlande*) Gwyddeleg *b,g*.
gaffe[1] [gaf] *f* (*instrument*) polyn *g* cwch.
gaffe*[2] [gaf] *f* (*erreur*) camgymeriad *g*, cam *g* gwag; **faire une** ~ gwneud camgymeriad; (*parole*) rhoi'ch troed ynddi, cael caff *g* gwag.
gaffe*[3] [gaf] *f*: **faire** ~ bod yn ofalus; **fais** ~ **à ce que tu dis!** gofala beth wyt ti'n ei ddweud!; **fais** ~**, tu vas tomber!** gwylia, 'rwyt ti'n mynd i ddisgyn!, tendia, 'rwyt ti'n mynd i gwympo!
gaffer [gafe] (**1**) *vi* camgymryd, gwneud camgymeriad, rhoi'ch troed ynddi.
gaffeur [gafœʀ] *m* un *g* lletchwith.
gaffeuse [gaføz] *f* un *b* letchwith.
gag [gag] *m* rhywbeth digrif, jôc *b*.
gaga* [gaga] *adj* ffwndrus, dryslyd, hurt, gwirion.
gage [gaʒ] *m* ernes *b*; (*fig: de fidelité*) arwydd *g*, ernes; (*garantie*) gwarant *g*; ~**s** (*salaire*) cyflog *g*; **mettre qch en** ~ gwystlo rhth, ponio rhth; **laisser qch en** ~ gadael rhth yn ernes.
gager [gaʒe] (**10**) *vt* (*supposer*) tybio, betio; **gageons qu'elle a raison** gadewch inni dybio ei bod hi'n iawn; **je gage qu'il changera d'avis** 'rwy'n betio y bydd yn newid ei feddwl; ~ **qch** (*mettre en gage*) gwystlo rhth.
gageure [gaʒyʀ] *f* her *b*; **c'est une** ~ ceisio gwneud yr amhosibl yw hynny.
gagnant[1] (**-e**) [gaɲɑ̃, ɑ̃t] *adj*: **billet/numéro** ~ tocyn *g*/rhif *g* buddugol;
♦*adv*: **jouer** ~ (*aux courses*) bod yn lwcus.
gagnant[2] [gaɲɑ̃] *m* enillydd *g*.
gagnante [gaɲɑ̃t] *f* enillydd *g*;
♦*adj f voir* **gagnant**[1].
gagne-pain [gɑɲpɛ̃] *m inv* bywoliaeth *b*, bara *g* menyn.
gagne-petit [gɑɲpəti] (*péj*) *m inv* enillydd *g* cyflog isel.
gagner [gaɲe] (**1**) *vi* ennill; ~ **à faire qch** (*s'en trouver bien*) bod ar eich ennill o wneud rhth; ~ **en rapidité** cyflymu; **il y gagne** mae o fantais iddo, mae ar ei ennill;
♦*vt* (*concours, argent etc*) ennill; (*aller vers, envahir*) cyrraedd; (*suj: maladie, feu*) ymledu i; (*sommeil, faim, fatigue*) llethu; ~ **qn** ennill cefnogaeth rhn, argyhoeddi rhn, perswadio rhn; ~ **l'amitié de qn** ennill cyfeillgarwch rhn; ~ **du temps/de la place** arbed amser/lle; ~ **sa vie** ennill eich bywoliaeth; ~ **du terrain** (*aussi fig*) ennill tir; ~ **qn de vitesse** (*aussi fig*) ennill y blaen ar rn.
gagneur [gaɲœʀ] *m* enillydd *g*.
gagneuse [gaɲøz] *f* enillydd *g*.
gai (**-e**) [ge] *adj* hapus, llon, llawen; (*couleurs*) siriol, llachar; (*pièce*) lliwgar; (*un peu ivre*) gweddol feddw.
gaiement [gemɑ̃] *adv* yn llon, yn siriol, yn lliwgar.
gaieté [gete] *f* llonder *g*, sirioldeb *g*; (*de couleurs*) sirioldeb; (*de pièce*) lliwgarwch *g*; **de** ~ **de cœur** o wirfodd.
gaillard[1] (**-e**) [gajaʀ, aʀd] *adj* (*robuste*) cryf(cref)(cryfion), cadarn, cydnerth; (*air*) bywiog, sionc; (*grivois*) anweddus, anllad.
gaillard[2] [gajaʀ] *m* paladr *g* o ddyn; **viens ici, mon** ~ tyrd yma 'ngwas i, dere 'ma 'machgen i.
gaillarde [gajaʀd] *f* pladres *b* o ferch;
♦*adj f voir* **gaillard**[1].
gaillardement [gajaʀdəmɑ̃] *adv* yn fywiog, yn sionc, yn siriol; (*avec courage*) yn ddewr.
gain [gɛ̃] *m* (*revenu*) enillion *ll*, incwm *g*; (*bénéfice*) elw *g*; (*fig: de temps, place*) arbediad *g*; (*avantage, lucre*) mantais *b*, budd *g*, ennill *g*; **avoir/obtenir** ~ **de cause** (*fig*) ennill achos, cael eich profi'n gywir.
gaine [gɛn] *f* (*corset*) corsed *g*, staes *g,b*; (*fourreau*) gwain *b*; (*de fil électrique*) gorchudd *g* allanol.
gaine-culotte (~**s**-~**s**) [gɛnkylɔt] *f* corsed *g* ysgafn.
gainer [gene] (**1**) *vt* gorchuddio.

gala [gala] *m* gala *b*; **soirée de** ~ noson *b* fawr.
galamment [galamɑ̃] *adv* yn gwrtais.
galant (**-e**) [galɑ̃, ɑ̃t] *adj* cwrtais; **une femme** ~**e** gwraig *b* lac ei moesau *ou* anfoesol; **un homme en** ~**e compagnie** dyn *g* a merch ar ei fraich; **une femme en** ~**e compagnie** merch *b* ar fraich dyn.
galanterie [galɑ̃tʀi] *f* cwrteisi *g*, moesgarwch *g*.
galantine [galɑ̃tin] *f* (*CULIN*) galantîn *g* (*cig gwyn mewn asbig*).
galaxie [galaksi] *f* galaeth *b*.
galbe [galb] *m* siâp *g*; **des cuisses d'un** ~ **parfait** cluniau *ll* siapus *ou* perffaith.
galbé (**-e**) [galbe] *adj*: **bien** ~ siapus, lluniaidd.
gale [gal] *f* (*MÉD*) clefyd *g* crafu, y crafu *g*; (*de chien*) y mansh *g*.
galéjade [galeʒad] *f* stori *b* gelwydd golau.
galère [galɛʀ] *f*
1 (*vaisseau*) rhwyflong *b*, gali *g*; **être dans la même** ~ bod yn yr un cwch.
2 (*situation pénible*) uffern *b*; (*situation embrouillée*) llanast *g*, trafferth *b,g*; **c'est** ~* mae'n boendod llwyr.
galérer* [galeʀe] (**14**) *vi* ymlafnio, slafio*, llafurio.
galerie [galʀi] *f* oriel *b*, galeri *g*; (*de voiture*) rhesel *b* to car; (*fig: spectateurs*) cynulleidfa *b*; (*THÉÂTRE*) galeri, cylch *g*; ~ **de peinture** oriel gelf (*breifat*); ~ **marchande** canolfan *g,b* siopa.
galérien [galeʀjɛ̃] *m* caethrwyfwr *g*, caethwas *g* rhwyfau.
galet [galɛ] *m*
1 (*caillou*) caregan *b*, carreg *b* fach; ~**s** cerrig mân.
2 (*TECH*) olwyn *b* fach.
galette [galɛt] *f* (*gâteau*) teisen *b*; (*crêpe*) crempog *b*; ~ **des Rois** *teisen a fwytëir ar Nos Ystwyll.*
galeux (**galeuse**) [galø, galøz] *adj* clafrllyd, manshlyd; **un chien** ~ ci *g* a'r mansh arno.
Galice [galis] *prf*: **la** ~ Galisia (*yn Sbaen*).
Galicie [galisi] *prf*: **la** ~ Galisia (*yng nghanolbarth Ewrop*).
Galilée [galile] *prf*: **la** ~ Galilea *b*.
galiléen (**-ne**) [galileɛ̃, ɛn] *adj* Galileaidd.
galimatias [galimatja] (*péj*) *m* lol *b*, rwtsh *g*, rwdl-mi-ri *g,b*.
galipette [galipɛt] *f*: **faire des** ~**s** gwneud tin-dros-ben.
Galles [gal] *prfpl*: **le pays de** ~ Cymru *b*.
gallicisme [ga(l)lisism] *m* priod-ddull *g* Ffrengig.
gallois[1] (**-e**) [galwa, waz] *adj* Cymreig; (*mot, livre*) Cymraeg.
gallois[2] *m* (*LING*) Cymraeg *b,g*.
Gallois [galwa] *m* Cymro *g*.
Galloise [galwaz] *f* Cymraes *b*.
gallo-romain (~-~**e**) (~-~**s**, ~-~**es**) [ga(l)lоʀɔmɛ̃, ɛn] *adj* Gâl-Rufeinig.
galoche [galɔʃ] *f* esgid *b* rwber; (*sabot*) clocsen *b*.
galon [galɔ̃] *m* (*MIL*) streipen *b*; (*décoratif*) brêd *g*, eurwe *b*; **prendre du** ~ (*MIL*) ennill streipen; (*fig*) cael dyrchafiad.
galop [galo] *m* carlam *g*; **au** ~ ar garlam; ~ **d'essai** (*fig*) rhediad *g* prawf.
galopade [galɔpad] *f* (*fig*) rhuthr *g* gwyllt, carlam *g*.
galopant (**-e**) [galɔpɑ̃, ɑ̃t] *adj* cynyddol, ar gynnydd, carlamus; **démographie** ~**e** poblogaeth *b* gynyddol; **inflation** ~**e** chwyddiant *g* carlamus.
galoper [galɔpe] (**1**) *vi* carlamu.
galopin [galɔpɛ̃] (*péj*) *m* plentyn *g* carpiog.
galvaniser [galvanize] (**1**) *vt* galfaneiddio; (*fig*) gwefreiddio, ysgogi.
galvaudé (**-e**) [galvode] *adj* ystrydebol.
galvauder [galvode] (**1**) *vt* (*réputation*) difwyno, baeddu; (*don, talent*) gwastraffu; (*idée, expression*) gorddefnyddio.
gambade [gɑ̃bad] *f*: **faire des** ~**s** prancio.
gambader [gɑ̃bade] (**1**) *vi* prancio.
gamberger* [gɑ̃bɛʀʒe] (**10**) *vi* meddwl; ♦*vt* dychmygu, dyfeisio.
Gambie [gɑ̃bi] *prf*: **la** ~ (*pays, fleuve*) Gambia *b*.
gamelle [gamɛl] *f* (*de soldat, campeur*) tun *g* bwyd; (*d'animal*) powlen *b*, dysgl *b*; **ramasser une** ~* cael codwm, cwympo, syrthio; (*fig*) methu.
gamin[1] (**-e**) [gamɛ̃, in] *adj* chwareus, direidus; (*caractère, attitude*) plentynnaidd; (*air, allure*) ifanc.
gamin[2] [gamɛ̃] *m* plentyn *g* crwtyn *g*; **les** ~**s** y plantos *ll*, y cryts *ll*.
gamine [gamin] *f* plentyn *g*, croten *b*, crotes *b*; ♦*adj f voir* **gamin**[1].
gaminerie [gaminʀi] *f* direidi *g*, plentyneiddiwch *g*; (*action*) cast *g* plentynnaidd; **faire des** ~**s** chwarae castiau *ou* pranciau pentynnaidd.
gamme [gam] *f* (*MUS*) graddfa *b*; (*fig*) rhychwant *g*, cwmpas *g*, amrywiaeth *b*.
gammé (**-e**) [game] *adj*: **croix** ~**e** swastica *b*.
Gand [gɑ̃] *pr* Ghent *b*.
gang [gɑ̃g] *m* criw *g*, gang *g*, haid *b*.
Gange [gɑ̃ʒ] *prm*: **le** ~ Ganges *b*.
ganglion [gɑ̃glijɔ̃] *m* (*MÉD*) ganglion *g*; (*lymphatique*) chwarren *b*; **elle a des** ~**s** mae ei chwarennau wedi chwyddo.
gangrène [gɑ̃gʀɛn] *f* (*MÉD*) madredd *g*, pydredd *g*; (*fig*) llygredd *g*.
gangrener [gɑ̃gʀəne] (**13**) *vt* (*MÉD*) madru, pydru; (*fig*) llygru;
♦ **se** ~ *vr* (*MÉD*) madru, pydru.
gangreneux (**gangreneuse**) [gɑ̃gʀənø, gɑ̃gʀənøz] *adj* madreddog, pwdr.
gangster [gɑ̃gstɛʀ] *m* gangster *g*; (*escroc*) twyllwr *g*, crwc* *g*.
gangstérisme [gɑ̃gsteʀism] *m* gangsteriaeth *b*.
gangue [gɑ̃g] *f* haen *b*, gorchudd *g*, côt *b*.

ganse [gɑ̃s] *f* brêd *g*, eurwe *b*.
gant [gɑ̃] *m* maneg *b*; **relever le** ~ (*fig*) derbyn yr her; **prendre des** ~**s avec qn** (*fig*) trin rhn yn ofalus; ~**s de boxe** menig bocsio; ~**s de caoutchouc** menig rwber; ~**s de crin** menig tylino; ~**s de toilette** clwt *g* ymolchi, gwlanen *b*.
ganté (**-e**) [gɑ̃te] *adj*: **être** ~ **de blanc** gwisgo menig gwynion.
ganterie [gɑ̃tʀi] *f* gwneud menig; (*magasin*) siop *b* fenig.
garage [gaʀaʒ] *m* garej *g*; ~ **à vélos** sied *b* feiciau.
garagiste [gaʀaʒist] *m/f* (*propriétaire*) perchennog *g* garej; (*mécanicien*) mecanig *g*.
garance [gaʀɑ̃s] *adj inv* coch llachar.
garant [gaʀɑ̃] *m* gwarant *g*, sicrwydd *g*; (*JUR, POL*) mechnïydd *g*, gwarantwr *g*; **se porter** ~ **de qch** (*JUR: gén*) ateb dros rth, gwarantu rhth, bod yn atebol dros rth.
garante [gaʀɑ̃t] *f* (*JUR, POL*) mechnïydd *g*, gwarantwraig *b*.
garantie [gaʀɑ̃ti] *f* gwarant *g*; (*gage*) ernes *b*; (*certitude*) sicrwydd *g*; **(bon de)** ~ (papur *g*) gwarant.
garantir [gaʀɑ̃tiʀ] (**2**) *vt* gwarantu, sicrhau; ~ **de qch** (*protéger*) amddiffyn rhag rhth; **je vous garantis que** 'rwy'n eich sicrhau ...; **garanti 2 ans** dan warant dwy flynedd; **garanti pure laine** gwarantedig gwlân pur, gwarentir mai gwlân pur yw hwn.
garce [gaʀs] (*péj*) *f* putain *b*; (*salope*) slebog *b*, hoeden *b*, cenawes *b*, ysguthan *b*
garçon [gaʀsɔ̃] *m* bachgen *g*, llanc *g*; (*fils*) mab *g*; (*domestique*) gwas *g*; **vieux** ~ (*célibataire*) hen lanc, llanc dibriod; **jeune** ~ llanc; **petit** ~ plentyn *g* bach; ~ **boucher/coiffeur** gwas cigydd/siop trin gwallt; ~ **de bureau** gwas swyddfa; ~ **de café** gweinydd *g*, gwas caffi; ~ **de courses** negesydd *g*; ~ **d'écurie** gwas ceffylau *ou* stabl; ~ **manqué** merch *b* fachgennaidd, rhompen *b*, rhonden *b*.
garçonnet [gaʀsɔnɛ] *m* bachgen *g* bach.
garçonnière [gaʀsɔnjɛʀ] *f* fflat *b* sengl.
Garde [gaʀd(ə)] *prf*: **lac de** ~ Llyn *g* Garda.
garde[1] [gaʀd(ə)] *f*
1 (*MIL*) gwyliadwriaeth *b*; **monter la** ~ mynd ar wyliadwriaeth; ~ **d'honneur** gosgordd *b* er anrhydedd; ~ **descendante/montante** gwarchodlu *g* ymadawol/newydd.
2 (*SPORT*) amddiffyniad *g*.
3 (*d'une arme*) carn *g*.
4 (*TYPO*): **page de** ~ tudalen *g,b* gweili, dalen *b* frig.
5 (*service: infirmière etc*): **être de** ~ bod ar ddyletswydd.
6 (*JUR, surveillance*): ~ **à vue** dalfa *b*.
7 (*personne*): ~ **d'enfants** gwarchodwraig *b* plant; (*activité*) gwarchod plant; **c'est elle qui a la** ~ **des enfants** (*après divorce*) hi sydd â gofal y plant.
8 (*locutions*): **mettre qn en** ~ **(contre qch)** rhybuddio rhn (rhag rhth); **mise en** ~ rhybudd *g*; **prendre** ~ **(à)** bod yn ofalus (o); **être sur ses** ~**s** bod ar eich gwyliadwriaeth.
garde[2] [gaʀd(ə)] *m* (*de prisonnier*) gwarchodwr *g*; (*soldat*) gwarchodluwr *g*, gwarchodfilwr *g*; (*de domaine etc*) warden *g*; ~ **champêtre** plismon *g* gwlad; ~ **des Sceaux** ≈ Arglwydd *g* Ganghellor; ~ **du corps** gwarchodwr personol; ~ **forestier** gwarchodwr coedwig; ~ **mobile** gwarchodluwr symudol.
garde-à-vous [gaʀdavu] *m inv*: **être/se mettre au** ~-~-~ sefyll yn unionsyth; ~-~-~ **(fixe)!** (*MIL*) astud!, ymsythwch!
garde-barrière (~**s**-~**(s)**) [gaʀdəbaʀjɛʀ] *m/f* porthor *g* croesfan rheilffordd.
garde-boue [gaʀdəbu] *m inv* gard *g* olwyn.
garde-chasse (~**s**-~**(s)**) [gaʀdəʃas] *m* ciper *g*.
garde-côte (~-~**s**) [gaʀdəkot] *m* cwch *g* gwylwyr y glannau.
garde-feu [gaʀdəfø] *m inv* sgrin *b* dân, gard *g* tân.
garde-fou (~-~**s**) [gaʀdəfu] *m* canllaw *g,b*, barrau *ll*, rheilin *g*.
garde-malade (~**s**-~**(s)**) [gaʀdəmalad] *m/f* nyrs *g/b* yn y cartref, gwarchodwr *g*, gwarchodwraig *b*.
garde-manger [gaʀdmɑ̃ʒe] *m inv* pantri *g*, bwtri *g*, cwpwrdd *g* bwyd.
garde-meuble (~-~**(s)**) [gaʀdəmœbl] *m* storfa *b* ddodrefn *ou* gelfi.
garde-pêche [gaʀdəpɛʃ] *m inv* (*personne: sur rivière*) ciper *g* afon; (*navire*) cwch *g* patrôl, bad *g* patrôl.
garder [gaʀde] (**1**) *vt* (*conserver*) cadw; (*surveiller*) gwarchod; (*défendre*) amddiffyn; ~ **le lit/la chambre** aros yn y gwely/yr ystafell wely; ~ **la ligne** cadw'ch ffigwr; ~ **le silence** aros yn ddistaw; ~ **qn à vue** (*JUR*) cadw rhn yn y ddalfa; **pêche/chasse gardée** lle *g* pysgota/hela preifat;
♦ **se** ~ *vr* (*aliment: se conserver*) cadw; **se** ~ **de faire qch** gofalu peidio â gwneud rhth, ymgadw rhag gwneud rhth.
garderie [gaʀdəʀi] *f* meithrinfa *b*.
garde-robe (~-~**s**) [gaʀdəʀɔb] *f* cwpwrdd *g* dillad, wardrob *b*.
gardeur [gaʀdœʀ] *m* (*de vaches*) cowmon *g*, bugail *g* gwartheg; (*de chèvres*) bugail geifr.
gardeuse [gaʀdøz] *f* (*de vaches*) cowmones *b*, bugeiles *b* wartheg; (*de chèvres*) bugeiles eifr.
gardian [gaʀdjɑ̃] *m* cowmon *g*, bugail *g* gwartheg (*yn y Camargue*).
gardien [gaʀdjɛ̃] *m* (*garde*) gwarchodwr *g*, gofalwr *g*; (*de prison*) gwarcheidwad *g*; (*de domaine*) warden *g*; ~ **de but** gôl-geidwad *g*; ~ **de la paix** heddwas *g*; ~ **de nuit** gwyliwr *g* nos.
gardienne [gaʀdjɛn] *f* (*garde*)

gwarchodwraig *b*, gofalwraig *b*; (*de prison*) gwarcheidwades *b*; (*de domaine*) warden *b*.
gardiennage [gaRdjenaʒ] *m* gofalu; **société de ~** cwmni *g* gwarchod *ou* diogelu.
gardon [gaRdɔ̃] *m* (*ZOOL*) cochiad *g*.
gare[1] [gaR] *f* (*RAIL*) gorsaf *b*; **~ de triage** iard *b* drefnu; **~ routière** gorsaf fysiau; (*camions*) gorsaf lorïau; **la ~ maritime** gorsaf y porthladd.
gare[2] [gaR] *excl*: **~ à ...** gwyliwch; **~ à toi!** bydd yn ofalus!; **~ à ne pas ...** gwyliwch beidio *ou* rhag ichi; **~ aux kilos!** cadw *ou* cadwch lygad ar dy *ou* eich bwysau!; **sans crier ~** yn ddirybudd.
garenne [gaRɛn] *f*: **lapin de ~** cwningen *b* wyllt.
garer [gaRe] (**1**) *vt* parcio; (*abriter*) storio;
♦ **se ~** *vr* (*personne, véhicule*) parcio; (*pour laisser passer*) symud i'r ochr; (*piéton*) mynd o'r ffordd; (*éviter*) osgoi.
gargantuesque [gaRgɑ̃tɥɛsk] *adj* anferth.
gargariser [gaRgaRize] (**1**): **se ~** *vr* golchi ceg, garglo; **se ~ de qch** (*fig*) bod wrth eich bodd â rhth.
gargarisme [gaRgaRism] *m* golchi ceg, garglo; (*produit*) cegolch *g*, gyddfolch *g*, hylif *g* golchi ceg.
gargote [gaRgɔt] *f* bwyty *g* rhad.
gargouille [gaRguj] *f* gargoil *g*.
gargouillement [gaRgujmɑ̃] *m*= **gargouillis**.
gargouiller [gaRguje] (**1**) *vi* (*estomac*) gwneud sŵn; (*eau*) byrlymu.
gargouillis [gaRguji] *m* (*gén pl: d'estomac*) sŵn *g*; (*d'eau*) bwrlwm *g*.
garnement [gaRnəmɑ̃] *m* cenau *g* bach, mawrddrwg *g*, plentyn *g* drwg.
garni[1] (**-e**) [gaRni] *adj* (*plat: acompagné*) â llysiau ayb; (*:décoré*) â garnais.
garni[2] [gaRni] *m lletу g wedi'i ddodrefnu*.
garnir [gaRniR] (**2**) *vt* addurno; (*approvisionner*) stocio, cyflenwi; (*remplir*) llenwi; (*recouvrir*) gorchuddio; (*CULIN*) rhoi garnais ar;
♦ **se ~** *vr* (*pièce, salle*) llenwi.
garnison [gaRnizɔ̃] *f* gwarchodlu *g*, garsiwn *g*.
garniture [gaRnityR] *f* (*CULIN: légumes*) llysiau *ll*; (*:persil etc*) garnais *g*; (*:farce*) stwffin *g*, llenwad *g*; (*décoration*) addurniadau *ll*; **~ de cheminée** addurnau *ll* silff ben tân; **~ de frein** (*AUTO*) leinin *g* brêc; **~ intérieure** (*AUTO*) trim *g* mewnol; **~ périodique** tywel *g* misglwyf.
garrigue [gaRig] *f* prysgdir *g*.
garrot [gaRo] *m* (*MÉD*) llindag *g*, rhwymyn *g* tynhau; (*torture*) llinyn *g* tagu, llindag *g*.
garrotter [gaRɔte] (**1**) *vt* clymu; (*fig*) ffrwyno, mwselu, rhoi taw (ar rn); (*supplicier*) llindagu, tagu.
gars [gɑ] *m* (*garçon*) llanc *g*, bachgen *g*, boi *g*; **salut les ~!** sut mae fechgyn *ou* fois?
Gascogne [gaskɔɲ] *prf*: **la ~** Gwasgwyn *b*.
gascon[1] (**-ne**) [gaskɔ̃, ɔn] *adj* Gwasgwynaidd, o Wasgwyn.
gascon[2] [gaskɔ̃] *m* (*hâbleur*) broliwr *g*, ymffrostiwr *g*.
Gascon [gaskɔ̃] *m* Gwasgwyniad *g*.
Gasconne [gaskɔn] *f* Gwasgwyniad *b*.
gas-oil [gazwal] *m* diesel *g*.
gaspillage [gaspijaʒ] *m* gwastraff *g*; (*action*) gwastraffu.
gaspiller [gaspije] (**1**) *vt* gwastraffu.
gaspilleur (**gaspilleuse**) [gaspijœR, gaspijøz] *adj* gwastraffus, gwastrafflyd.
gastrique [gastRik] *adj* y stumog, stumogol.
gastro-entérite (**~-~s**) [gastRoɑ̃teRit] *f* (*MÉD*) llid *g* y stumog a'r perfedd, gastro-enteritis *g*.
gastro-intestinal (**~-~e**) (**~-intestinaux, ~-intestinales**) [gastRoɛ̃tɛstinal, gastRoɛ̃tɛstino] *adj* stumog-berfeddol, gastroberfeddol.
gastronome [gastRɔnɔm] *m/f* danteithiwr *g*, un sy'n hoff o fwyd da.
gastronomie [gastRɔnɔmi] *f* gastronomeg *b*, celfyddyd *g* bwyd da.
gastronomique [gastRɔnɔmik] *adj* gastronomaidd; **menu ~** bwydlen *b* bwyd da.
gâteau[1] (**-x**) [gɑto] *m* teisen *b*, cacen *b*; **~ au chocolat** teisen siocled; **~ d'anniversaire** teisen benblwydd; **~ de riz** ≈ pwdin *g* reis; **~ sec** bisgeden *b*, bisgïen *b*.
gâteau[2] [gɑto] *adj inv* difethgar, maldodus; **papa/maman ~*** tad/mam sy'n difetha'u *ou* maldodi'u plant.
gâter [gɑte] (**1**) *vt* difetha;
♦ **se ~** *vr* difetha; (*dent*) pydru, mynd yn ddrwg; (*temps, situation*) newid er gwaeth; (*fruit*) difetha, mynd yn ddrwg.
gâterie [gɑtRi] *f* anrheg *b* fechan.
gâteux (**gâteuse**) [gɑtø, gɑtøz] *adj* ffwndrus, dryslyd, henwan.
gâtisme [gɑtism] *m* heneidd-dra *g*, henwendid *g*.
GATT [gat] *sigle m*(= *General Agreement on Tariffs and Trade*) GATT, (= y Cytundeb Cyffredinol ar Dollau a Masnach).
gauche [goʃ] *adj*
1 (*gén: œil, main etc*) chwith; **elle s'est levée du pied ~** (*fig*) mae hi'n flin fel cacwn heddiw.
2 (*maladroit: personne, style*) lletchwith, trwsgl, chwithig;
♦*m* (*BOXE*): **direct du ~** chwith *g* syth;
♦*f*
1 (*côté gauche*): **la ~** y chwith *g*; **être/rouler à ~** bod/gyrru ar y chwith; **aller à ~** mynd i'r chwith; **à la ~ de** i'r chwith i *ou* o.
2 (*POL*): **la ~** y chwith *g*; **de ~** adain *b ou* adain *b* chwith.
gauchement [goʃmɑ̃] *adv* yn lletchwith, yn drwsgl.
gaucher[1] (**gauchère**) [goʃe, goʃɛR] *adj* llawchwith.
gaucher[2] [goʃe] *m* un *g* llawchwith.
gauchère [goʃɛR] *f* un *b* lawchwith;

♦*adj f voir* **gaucher**[1].
gaucherie [goʃRi] *f* lletchwithdod *g*, chwithigrwydd *g*.
gauchir [goʃiR] (2) *vt* (*aussi fig*) camystumio.
gauchisant (-e) [goʃizɑ̃, ɑ̃t] *adj* asgell chwith, adain chwith.
gauchisme [goʃism] *m* (*POL*) gwleidyddiaeth *b* y chwith.
gauchiste [goʃist] *adj* (y) chwith, adain chwith;
♦*m/f* chwithwr *g*, chwithwraig *b*, dyn *g* yr adain chwith, gwraig *b* yr adain chwith.
gaufre [gofR] *f* (*pâtisserie*) waffl *g,b*; (*de cire*) crwybr *g* gwenyn, dil *g* mêl.
gaufrer [gofRe] (1) *vt* boglynnu; (*coton*) crychu.
gaufrette [gofRɛt] *f* waffer *b*.
gaufrier [gofRije] *m* haearn *g* gwneud wafflau.
Gaule [gol] *prf*: **la** ~ Gâl *b*.
gaule [gol] *f* (*perche*) ffon *b*, gwialen *b*; (*canne à pêche*) gwialen bysgota, genwair *b*.
gauler [gole] (1) *vt*: ~ **un arbre** taro coeden â ffon; ~ **des fruits** taro coeden â ffon i gael y ffrwythau.
gaullisme [golism] *m* Gauliaeth *b*.
gaulliste [golist] *adj* Gaulaidd;
♦*m/f* Gaulydd *g*.
gaulois (-e) [golwa, waz] *adj* Galaidd; (*grivois*) anweddus, anllad.
Gaulois [golwa] *m* Galiad *g*.
Gauloise [golwaz] *f* (*personne*) Galiad *b*; (*cigarette*) gauloise *b*.
gauloiserie [golwazRi] *f* stori *b* anweddus; (*caractère grivois*) anwedduster *g*.
gausser [gose] (1): **se** ~ *vr*: **se** ~ **de qn** gwatwar rhn, gwneud hwyl am ben rhn.
Gauvain [govɛ̃] *prm* Gwalchmai.
gaver [gave] (1) *vt* (*oies*) gorfwydo; (*personne*) stwffio (rhn) â bwyd; ~ **qn de qch** (*fig*) gwthio rhth i lawr corn gwddf rhn;
♦ **se** ~ *vr*: **se** ~ **de qch** (*personne*) claddu rhth, stwffio'ch hun â rhth.
gaz [gɑz] *m inv* nwy *g*; **chambre à** ~ siambr *b* nwy; **masque à** ~ mwgwd *g* nwy; ~ **butane** nwy Calor; ~ **carbonique** carbon *g* deuocsid; ~ **de ville** nwy pibell; ~ **en bouteilles** nwy (mewn) potel; ~ **hilarant/lacrymogène** nwy chwerthin/dagrau; ~ **naturel/propane** nwy naturiol/propan;
♦*mpl*
1 (*flatulences*) gwynt *g*.
2 (*AUTO*): **mettre les** ~ rhoi'ch troed ar y sbardun.
gaze [gɑz] *f* gwe *b*, meinwe *b*, rhwyllen *b*.
gazéifié (-e) [gazeifje] *adj*: **eau** ~**e** dŵr *g* pefriol *ou* byrlymog; **boisson** ~**e** diod *b* befriol *ou* fyrlymog.
gazelle [gazɛl] *f* gafrewig *b*, gasél *g*.
gazer [gɑze] (1) *vt* (*asphyxier*) mygu (rhn) â nwy;
♦*vi* (*fam*) mynd yn dda; **ça gaze? - oui, ça gaze!*** sut mae? - iawn!
gazette [gazɛt] *f* (*personne*) clebryn *g*, clebren *b*; (*journal*) papur *g* newydd.
gazeux (**gazeuse**) [gɑzø, gɑzøz] *adj* nwyol; **eau gazeuse** dŵr *g* pefriol; **boisson gazeuse** diod *b* fyrlymog *ou* befriol.
gazoduc [gɑzodyk] *m* pibell *b* nwy.
gazole [gazɔl] *m*= **gas-oil**.
gazomètre [gɑzɔmɛtR] *m* tanc *g* nwy; (*pour mesurer*) mesurydd *g* nwy.
gazon [gɑzɔ̃] *m* (*herbe*) glaswellt *g*; (*pelouse*) lawnt *b*; **motte de** ~ tywarchen *b*.
gazonner [gɑzɔne] (1) *vt* (*terrain*) tyfu glaswellt ar.
gazouillement [gazujmɑ̃] *m* (*d'un oiseau*) trydar; (*d'un enfant*) preblian.
gazouiller [gazuje] (1) *vi* (*oiseau*) trydar; (*enfant*) preblian.
gazouillis [gazuji] *mpl* (*d'un oiseau*) trydar; (*d'un enfant*) preblian.
GB [ʒebe] *sigle f*(= *Grande Bretagne*) GB, Prydain *b* Fawr.
gd *abr*= **grand**.
GDF [ʒedeɛf] *sigle m*(= *Gaz de France*) *cwmni nwy Ffrainc.*
geai [ʒɛ] *m* (*ZOOL*) sgrech *b* y coed.
géant[1] (-e) [ʒeɑ̃, ɑ̃t] *adj* anferth, cawraidd.
géant[2] [ʒeɑ̃] *m* cawr *g*.
géante [ʒeɑ̃t] *f* cawres *b*;
♦*adj f voir* **géant**[1].
geignement [ʒɛɲmɑ̃] *m* griddfan *g*
geindre [ʒɛ̃dR] (**68**) *vi* (*malade*) griddfan; (*mécontent*) cwyno, achwyn, cwynfan.
gel [ʒɛl] *m* barrug *g*, llwydrew *g*; (*fig: des salaires, prix*) rhewi; (*produit de beauté*) gel *g*.
gélatine [ʒelatin] *f* gelatin *g*.
gélatineux (**gélatineuse**) [ʒelatinø, ʒelatinøz] *adj* gludiog, fel jeli.
gelé (-e) [ʒ(ə)le] *adj* (*durci par le froid*) rhewedig, wedi rhewi; (*très froid*) yn rhewi.
gelée [ʒ(ə)le] *f*
1 (*CULIN*) jeli *g*; **viande en** ~ cig *g* mewn asbig; ~ **royale** jeli'r frenhines.
2 (*MÉTÉO*) rhewiant *g*, rhewi; ~ **blanche** barrug *g*, llwydrew *g*;
♦*adj f voir* **gelé**.
geler [ʒ(ə)le] (**13**) *vi* rhewi; **tu gèles** (*jeu*) 'rwyt ti'n bell ohoni, 'rwyt ti'n oer; **il gèle** mae hi'n rhewi;
♦*vt* rhewi.
gélule [ʒelyl] *f* pilsen *b*.
gelures [ʒəlyR] *fpl* ewinrhew *g*.
Gémeaux [ʒemo] *mpl* (*ASTROL*) yr Efeilliaid *ll*; **être (des)** ~ bod wedi'ch geni dan arwydd yr Efeilliaid.
gémir [ʒemiR] (**2**) *vi* griddfan.
gémissant (-e) [ʒemisɑ̃, ɑ̃t] *adj* griddfannus.
gémissement [ʒemismɑ̃] *m* griddfan, cwynfan, cwyn *g,b*.
gemme [ʒɛm] *f* gem *b*; **sel** ~ halen *g* craig.
gémonies [ʒemɔni] *fpl*: **vouer** *neu* **traîner qn**

aux ~ gwneud rhn yn destun *ou* gyff gwawd.
gén. *abr*(= *généralement*) cyff. (*yn gyffredinol*).
gênant (-**e**) [ʒɛnɑ̃, ɑ̃t] *adj* (*meuble, objet*) anhylaw, trafferthus, lletchwith; (*fig: histoire, personne*) annifyr, digon i godi cywilydd arnoch; **ce qui est** ~**, c'est que ...** yr hyn sy'n annifyr yw ...
gencive [ʒɑ̃siv] *f* deintgig *g*, cig *g* y dannedd.
gendarme [ʒɑ̃daʀm] *m* gendarme *g*, ≈ plismon *g*.
gendarmer [ʒɑ̃daʀme] (**1**): **se** ~ *vr* creu helynt, gwneud stŵr.
gendarmerie [ʒɑ̃daʀməʀi] *f* (*corps*) ≈ heddlu *g*; (*caserne, bureaux*) ≈ swyddfa'r *b* heddlu.
gendre [ʒɑ̃dʀ] *m* mab *g* yng nghyfraith.
gêne [ʒɛn] *f* (*physique*) anghysur *g*, anhawster *g*, anesmwythder *g*, annifyrrwch *g*; (*dérangement*) trafferth *b,g*; (*manque d'argent*) prinder *g* arian; (*embarras, confusion*) chwithigrwydd *g*, teimlad *g* annifyr, annifyrrwch; **sans** ~ yn ddifeddwl.
gène [ʒɛn] *m* (*BIOL*) genyn *g*; ~ **dominant/récessif** genyn trechaf/ymgiliol.
gêné (-**e**) [ʒene] *adj* annifyr; (*dépourvu d'argent*) prin o arian; **tu n'es pas** ~**!** 'does gen ti ddim cywilydd!
généalogie [ʒenealɔʒi] *f* tras *b*, achau *ll*; (*science*) achyddiaeth *b*; **faire la** ~ **de qn** olrhain achau *ou* tras rhn.
généalogique [ʒenealɔʒik] *adj* achyddol; **arbre** ~ achres *b*, cart *b* achau.
gêner [ʒene] (**1**) *vt* (*incommoder*) poeni, aflonyddu ar, tarfu ar; (*encombrer*) rhwystro; (*déranger*) peri trafferth i; ~ **qn** (*embarrasser*) peri i rn deimlo'n annifyr, codi cywilydd ar rn;
♦ **se** ~ *vr* mynd i drafferth; **je vais me** ~**!** (*iron*) paham y dylwn i boeni!; **ne vous gênez pas!** (*iron*) peidiwch â phoeni amdana' i!, ewch *ou* cariwch ymlaen!, dim ots amdana' i!
général[1] (-**e**) (**généraux, générales**) [ʒeneʀal, ʒeneʀo] *adj* cyffredinol; **en** ~ yn gyffredinol; **en règle** ~**e** fel rheol, fel arfer; **à la satisfaction** ~**e** er boddhad i bawb; **à la demande** ~**e** oherwydd galw mawr; **assemblée** ~**e** cyfarfod *g* cyffredinol; **grève** ~**e** streic *b* gyffredinol; **culture** ~**e** gwybodaeth *b* gyffredinol; **médecine** ~**e** meddygaeth *b* deuluol; **répétition** ~**e** (*THÉÂTRE*) ymarfer *g,b* gwisgoedd.
général[2] (**généraux**) [ʒeneʀal, ʒeneʀo] *m* (*MIL*) cadfridog *g*.
généralement [ʒeneʀalmɑ̃] *adv* yn gyffredinol; ~ **parlant** a siarad yn gyffredinol.
généralisable [ʒeneʀalizabl] *adj* y gellir ei gyffredinoli.
généralisation [ʒeneʀalizasjɔ̃] *f* cyffredinoliad *g*; (*action*) cyffredinoli.
généralisé (-**e**) [ʒeneʀalize] *adj* eang, cyffredinol.
généraliser [ʒeneʀalize] (**1**) *vi* cyffredinoli;
♦*vt* cyffredinoli; (*étendre*) ehangu, lledaenu;
♦ **se** ~ *vr* ymledu, mynd ar lêd.
généraliste [ʒeneʀalist] *m/f* (*MÉD*) meddyg *g* teulu;
♦*adj* eang, cyffredinol; **médecin** ~ meddyg teulu.
généralité [ʒeneʀalite] *f* mwyafrif *g*; **dans la** ~ **des cas** ym mwyafrif yr achosion; ~**s** (*banalités*) sylwadau *ll* cyffredinol.
générateur (**génératrice**) [ʒeneʀatœʀ, ʒeneʀatʀis] *adj* cynhyrchiol, sy'n cynhyrchu; **être** ~ **de** creu, cynhyrchu, peri.
génération [ʒeneʀasjɔ̃] *f* cenhedlaeth *b*; (*production: d'énergie*) cynhyrchu.
génératrice [ʒeneʀatʀis] *f* (*ÉLEC*) generadur *g*, cynhyrchydd *g* trydan;
♦*adj f voir* **générateur**.
généreusement [ʒeneʀøzmɑ̃] *adv* yn hael.
généreux (**généreuse**) [ʒeneʀø, ʒeneʀøz] *adj* hael, haelionus.
générique [ʒeneʀik] *adj* cyffredinol;
♦*m* (*CINÉ, TV*) rhestr *b* gydnabod.
générosité [ʒeneʀozite] *f* haelioni *g*.
Gênes [ʒɛn] *pr* Genoa *b*, Genova *b*.
genèse [ʒənɛz] *f* dechreuad *g*, tarddiad *g*; **la G**~ (*BIBLE*) Genesis *g*.
genêt [ʒ(ə)nɛ] *m* (*BOT*) banhadlen *b*.
généticien [ʒenetisjɛ̃] *m* genetegydd *g*.
généticienne [ʒenetisjɛn] *f* genetegydd *g*.
génétique [ʒenetik] *adj* (*BIOL*) genetig; (*PHILO*) achosol, cychwynnol;
♦*f* etifeddeg *b*, geneteg *b*.
génétiquement [ʒenetikmɑ̃] *adv* (*BIOL*) yn enetig; (*PHILO*) yn achosol, yn gychwynnol.
gêneur [ʒɛnœʀ] *m* (*personne*) rhwystr *g*, niwsans *g*, pla *g*.
gêneuse [ʒɛnøz] *f* (*personne*) rhwystr *g voir aussi* **gêneur**.
Genève [ʒ(ə)nɛv] *pr* Genefa *b*.
genevois (-**e**) [ʒən(ə)vwa, waz] *adj* Genefaidd, o Genefa.
Genevois [ʒən(ə)vwa] *m* Genefiad *g*.
Genevoise [ʒən(ə)vwaz] *f* Genefiad *b*.
genévrier [ʒənevʀije] *m* (*BOT*) merywen *b*, eithinen *b* bêr.
génial (-**e**) (**géniaux, géniales**) [ʒenjal, ʒenjo] *adj* (*personne*) dawnus, athrylithgar; (*idée*) athrylithgar, penigamp; (*fam: fantastique*) gwych, grêt*, anhygoel, campus.
génie [ʒeni] *m*
1 (*personne, don*) athrylith *b*; **de** ~ (*homme, idée etc*) athrylithgar; **avoir du** ~ bod yn athrylith.
2 (*esprit*) ysbryd *g*; **avoir un coup de** ~ cael fflach o ysbrydoliaeth.
3 (*ingénierie*) peirianneg *b*; ~ **civil** (*activité*) peirianneg sifil; (*personnel*) peirianwyr *ll* sifil; ~ **génétique** peirianneg genetig.
genièvre [ʒənjɛvʀ] *m* (*BOT*) merywen *b*, eithinen *b* bêr; (*boisson*) jin *g*, gwirod *g,b*

meryw; **grain de** ~ aeronen *b* y ferywen.
génisse [ʒenis] *f* heffer *b*, anner *b*, treisiad *b*; **foie de** ~ iau *g* *ou* afu *g* eidion.
génital (**-e**) (**génitaux, génitales**) [ʒenital, ʒenito] *adj* cenhedlol, epiliol; **organes génitaux** organau *ll* rhywiol.
génitif [ʒenitif] *m* genidol *g*.
génocide [ʒenɔsid] *m* hil-laddiad *g*.
génois (**-e**) [ʒenwa, waz] *adj* o Genoa *ou* Genova.
Génois [ʒenwa] *m* un *g* o Genoa *ou* Genova.
génoise [ʒenwaz] *f* (*gâteau*) teisen *b* felen, sbwnj *b*, sbwng *b*.
Génoise [ʒenwaz] *f* un *b* o Genoa *ou* Genova.
genou (**-x**) [ʒ(ə)nu] *m* pen-glin *g*; **elle est à ~x** mae hi ar ei phennau gliniau; **se mettre à ~x** penlinio; **prendre qn sur ses ~x** cymryd rhn ar eich glin.
genouillère [ʒ(ə)nujɛʀ] *f* (*SPORT*) pad *g* pen-glin.
genre [ʒɑ̃ʀ] *m*
1 (*sorte*) math *g*.
2 (*allure*) golwg *b*; **se donner un** ~ cymryd arnoch fod yn bwysig; **elle a bon** ~ mae steil ganddi; **elle a mauvais** ~ mae hi'n anghwrtais.
3 (*LING*) cenedl *b*.
4 (*ART*) genre *g,b*.
5 (*BIOL*) rhywogaeth *b*.
gens [ʒɑ̃] *mpl* (cyn *gens* mae pob ansoddair, e.e certain, bon ayb, yn fenywaidd ond mae pob ansoddair ar ei ôl yn wrywaidd.) pobl *b*; **les ~ d'Église** offeiriaid *ll*; **les ~ du monde** boneddigion *ll*; **~ de maison** gweision *ll*; **les vieilles** ~ hen bobl; **les ~ heureux** pobl hapus; **les mauvaises ~ sont paresseux** mae pobl ddrwg yn ddiog; **tous les** ~ y bobl i gyd; **toutes les bonnes** ~ y bobl dda i gyd.
gentiane [ʒɑ̃sjan] *f* (*BOT*) crwynllys *g*.
gentil (**-le**) [ʒɑ̃ti, ij] *adj* caredig; (*enfant: sage*) da; (*sympathique: endroit etc*) neis, dymunol, braf; **c'est très ~ à vous** 'rydych chi'n garedig iawn.
gentilhommière [ʒɑ̃tijɔmjɛʀ] *f* plas *g*, plasty *g* (*yn y wlad*).
gentillesse [ʒɑ̃tijɛs] *f* caredigrwydd *g*; (*faveur*) cymwynas *b*; **me feriez-vous la ~ de ...** a fyddech chi mor garedig â ...
gentillet (**-te**) [ʒɑ̃tijɛ, ɛt] *adj* bach neis; **être** ~ bod yn gariad bach.
gentiment [ʒɑ̃timɑ̃] *adv* yn garedig; (*sagement: travailler, jouer*) yn dawel.
génuflexion [ʒenyflɛksjɔ̃] *f* penlinio, penliniad *g*.
géodésique [ʒeɔdezik] *adj* geodesig.
géographe [ʒeɔgʀaf] *m/f* daearyddwr *g*, daearyddwraig *b*.
géographie [ʒeɔgʀafi] *f* daearyddiaeth *b*.
géographique [ʒeɔgʀafik] *adj* daearyddol.
geôlier [ʒolje] *m* carcharwr *g*.
géologie [ʒeɔlɔʒi] *f* daeareg *b*.
géologique [ʒeɔlɔʒik] *adj* daearegol.
géologiquement [ʒeɔlɔʒikmɑ̃] *adv* yn ddaearegol.
géologue [ʒeɔlɔg] *m/f* daearegydd *g*.
géomètre [ʒeɔmɛtʀ] *m/f* (*aussi:* **arpenteur-~**) syrfëwr *g*, tirfesurydd *g*.
géométrie [ʒeɔmetʀi] *f* geometreg *b*; **à ~ variable** (*AVIAT*) ag adain dro.
géométrique [ʒeɔmetʀik] *adj* geometrig.
géomorphologie [ʒeomɔʀfɔlɔʒi] *f* geomorffoleg *b*.
géophysique [ʒeofizik] *f* geoffiseg *b*.
géopolitique [ʒeopɔlitik] *f* geowleidyddiaeth *b*.
Géorgie [ʒeɔʀʒi] *prf*: **la** ~ (*pays, état*) Georgia *b*; **~ du Sud** De Georgia.
géorgien (**-ne**) [ʒeɔʀʒjɛ̃, jɛn] *adj* (*du pays, de l'état*) Georgaidd, o Georgia.
Géorgien [ʒeɔʀʒjɛ̃] *m* (*du pays, de l'état*) Georgiad *g*.
Géorgienne [ʒeɔʀʒjɛn] *f* (*du pays, de l'état*) Georgiad *b*.
géostationnaire [ʒeostasjɔnɛʀ] *adj* daearsefydlog.
géothermique [ʒeotɛʀmik] *adj*: **énergie** ~ ynni *g* daearwresol.
gérance [ʒeʀɑ̃s] *f* rheolaeth *b*; (*action*) rheoli; **mettre qch en** ~ penodi rheolwr ar rth; **prendre qch en** ~ mynd *ou* dod yn rheolwr ar rth; **assurer la ~ de qch** rheoli rhth.
géranium [ʒeʀanjɔm] *m* (*BOT*) mynawyd *g* y bugail, pig *b,g* y crëyr.
gérant [ʒeʀɑ̃] *m* rheolwr *g*; (*journal*) rheolwr golygyddol; **~ d'affaires** rheolwr busnes; **'nouveau ~'** 'dan reolaeth newydd'
gérante [ʒeʀɑ̃t] *f* rheolwraig *b*; (*journal*) rheolwraig olygyddol.
gerbe [ʒɛʀb] *f* (*de fleurs*) tusw *g*; (*de blé*) ysgub *b*; (*d'eau*) chwistrelliad *g*; (*fig*) llif *g*.
gercé (**-e**) [ʒɛʀse] *adj* (*mains, peau*) toredig, craciog.
gercer [ʒɛʀse] (**9**) *vi* (*froid, vent: mains, peau*) torri, cracio;
♦ **se** ~ *vr* torri, cracio, sgardio.
gerçure [ʒɛʀsyʀ] *f* toriad *g*, crac *g* (*ar ddwylo*).
gérer [ʒeʀe] (**14**) *vt* rheoli, rhedeg.
gériatrie [ʒeʀjatʀi] *f* geriatreg *b*.
gériatrique [ʒeʀjatʀik] *adj* geriatrig.
germain (**-e**) [ʒɛʀmɛ̃, ɛn] *adj*: **cousin** ~ cefnder *g* cyfan
germanique [ʒɛʀmanik] *adj* Germanaidd; (*allemand*) Almaenaidd.
germaniste [ʒɛʀmanist] *m/f* Almaenegwr *g*, Almaenegwraig *b*.
germe [ʒɛʀm] *m* (*de blé, soja etc*) bywyn *g*; (*microbe*) germ *g*; (*fig*) hedyn *g*.
germer [ʒɛʀme] (**1**) *vi* egino; (*fig*) datblygu.
gérondif [ʒeʀɔ̃dif] *m* (*nom verbal: en gallois*) berfenw *g*; (*nom verbal: en latin, anglais*) gerwnd *g*; (*forme verbale en français*) gerwnd; (*adjectif verbal: en latin*) geryndol *g*, berfansoddair *g*.

gérontologie [ʒeʀɔ̃tɔlɔʒi] *f* (*MÉD*) gerontoleg *b*.
gérontologue [ʒeʀɔ̃tɔlɔg] *m/f* (*MÉD*) gerontolegydd *g*.
gésier [ʒezje] *m* glasog *b*.
gésir [ʒeziʀ] (**77**) *vi* gorwedd *voir aussi* **ci-gît**.
gestation [ʒɛstasjɔ̃] *f* beichiogrwydd *g*, cyfnod *g* cario; (*d'animal*) cyfnod cyfebru; (*fig*) datblygiad *g*.
geste [ʒɛst] *m* (*mouvement*) symudiad *g*; (*mouvement expressive*) arwydd *g,b*, ystum *g,b*; **un ~ de générosité** arwydd o haelioni; **s'exprimer par ~s** mynegi'ch hun mewn arwyddion; **faire un ~ de refus** gwneud arwydd gwrthod; **il fit un ~ de la main pour m'appeler** gwnaeth arwydd imi ddod ato; **pas un ~!** peidiwch â symud!
gesticuler [ʒɛstikyle] (**1**) *vi* (*en parlant*) gwneud ystumiau â'ch dwylo.
gestion [ʒɛstjɔ̃] *f* rheolaeth *b*; (*action*) rheoli; (*discipline*) astudiaethau *ll* busnes; **~ de fichier(s)** (*INFORM*) trafod ffeiliau.
gestionnaire [ʒɛstjɔnɛʀ] *m/f* gweinyddwr *g*, gweinyddwraig *b*.
geyser [ʒezɛʀ] *m* ffynnon *b* boeth, geiser *g*.
Ghana [gana] *prm*: **le ~** Ghana *b*.
ghanéen (**-ne**) [ganeɛ̃, ɛn] *adj* Ghanaidd, o Ghana.
Ghanéen [ganeɛ̃] *m* Ghaniad *g*, un o Ghana.
Ghanéenne [ganeɛn] *f* Ghaniad *b*, un o Ghana.
ghetto [geto] *m* geto *g*.
gibecière [ʒib(ə)sjɛʀ] *f* (*sac en bandoulière*) bag *g* ysgwydd; (*CHASSE*) bag helwriaeth; (*SCOL*) bag ysgol.
gibelotte [ʒiblɔt] *f* (*CULIN*) *stiw g cwningen a gwin ynddo.*
gibet [ʒibɛ] *m* crocbren *g*.
gibier [ʒibje] *m* helwriaeth *b*, anifeiliaid *ll* hela; (*à plumes*) adar *ll* hela; (*fig*) ysglyfaeth *b*.
giboulée [ʒibule] *f* cawod *b*; **les ~s de mars** ≈ cawodydd *ll* Ebrill.
giboyeux (**giboyeuse**) [ʒibwajø, ʒibwajøz] *adj* llawn anifeiliaid neu adar hela, â stoc dda o anifeiliaid neu adar hela.
gibus [ʒibys] *m* (*chapeau*) het *b* opera.
giclée [ʒikle] *f* ffrwd *b*, pistylliad *g*.
gicler [ʒikle] (**1**) *vi* pistyllio, chwistrellu.
gicleur [ʒiklœʀ] *m* (*AUTO*) chwistrell *b*, jet *b*.
GIE [ʒeiə] *sigle m*(= *groupement d'intérêt économique*) ≈ cymdeithas *b* fasnach.
gifle [ʒifl] *f* pelten *b*, slap *b*, clusten *b*, clewten *b*; (*fig: affront*) sarhad *g*, ergyd *b*.
gifler [ʒifle] (**1**) *vt* rhoi pelten i, slapio, rhoi clusten *ou* clewten i.
gigantesque [ʒigɑ̃tɛsk] *adj* cawraidd, anferth, aruthrol fawr.
gigantisme [ʒigɑ̃tism] *m* anferthedd *g*; (*BOT, MÉD*) cawraeth *b*, cawredd *g*.
gigaoctet [ʒigaɔktɛ] *m* (*INFORM*) gigabeit *g*.
GIGN [ʒeiʒeɛn] *sigle m*(= *Groupe d'intervention de la gendarmerie nationale*) *adran b o'r heddlu.*
gigogne [ʒigɔɲ] *adj*: **lits ~s** gwelyau *ll* treigl; **tables ~s** nythaid *g* o fyrddau; **poupées ~s** set *b* o ddoliau (*y tu mewn i'w gilydd*).
gigolo [ʒigɔlo] *m* jigolo *g*.
gigot [ʒigo] *m* (*CULIN*) coes *b* (*o gig oen neu ddafad*).
gigoter [ʒigɔte] (**1**) *vi* aflonyddu, cynrhoni.
gilet [ʒilɛ] *m* (*de costume*) gwasgod *b*; (*pull*) cardigan *b*; (*sous-vêtement*) fest *b*; **~ de sauvetage** siaced *b* achub; **~ pare-balles** siaced atal bwledi.
gin [dʒin] *m* jin *g*.
gingembre [ʒɛ̃ʒɑ̃bʀ] *m* sinsir *g*.
gingivite [ʒɛ̃ʒivit] *f* (*MÉD*) llid *g* y deintgig, llid cig y dannedd.
girafe [ʒiʀaf] *f* jiraff *g*.
giratoire [ʒiʀatwaʀ] *adj*: **carrefour** *neu* **sens ~** cylchfan *b*, trogylch *g*.
girofle [ʒiʀɔfl] *f*: **clou de ~** clof *g,b*.
giroflée [ʒiʀɔfle] *f* (*BOT*) melyn *g* y gaeaf, blodyn *g* y fagwyr, blodau *ll* mam-gu.
girolle [ʒiʀɔl] *f* siantrel *g,b*.
giron [ʒiʀɔ̃] *m* (*genoux*) glin *g*; (*fig: sein*) mynwes *b*, côl *b*.
girophare [ʒiʀɔfaʀ] *m* golau *g* fflachiol (*sy'n troi*).
girouette [ʒiʀwɛt] *f* (*aussi fig*) ceiliog *g* y gwynt.
gisait [ʒizɛ] *vb voir* **gésir**.
gisement [ʒizmɑ̃] *m* haen *b*, dyddodyn *g*; **~ de pétrole** maes *g* olew.
gît [ʒi] *vb voir* **gésir**.
gitan [ʒitɑ̃] *m* sipsi *g*.
gitane [ʒitan] *f* sipsi *b*.
gîte [ʒit] *m*
1 (*maison*) cartref *g*; **~ rural** *bwthyn g hunanarlwyo.*
2 (*du lièvre*) gwâl *b*.
gîter [ʒite] (**1**) *vi* (*NAUT*) gogwyddo, pwyso i'r naill ochr.
givrage [ʒivʀaʒ] *m* rhewi, ffurfio rhew (*ar adenydd awyren*).
givrant (**-e**) [ʒivʀɑ̃, ɑ̃t] *adj* sy'n rhewi; **brouillard ~** rhewniwl *g*.
givre [ʒivʀ] *m* barrug *g*, llwydrew *g*, glasrew *g*.
givré (**-e**) [ʒivʀe] *adj* (*couvert de givre*) barugog, llwydrewog; (*fam: ivre*) meddw; (*fam: un peu fou*) gwallgof, hanner pan; **citron ~** sorbed *g* lemon (*a weinir yng nghroen y ffrwyth*).
givrer [ʒivʀe] (**1**): **se ~** *vr* barugo, llwydrewi, glasrewi.
glabre [glɑbʀ] *adj* di-farf.
glaçage [glasaʒ] *m* (*de viande*) sgleinio; (*de gâteau*) eisio.
glace [glas] *f*
1 (*eau congelée*) iâ *g*, rhew *g*; **~s** (*GÉO*) haenau *ll* iâ *ou* rhew.
2 (*fig*): **de ~** (*accueil, visage*) oeraidd; **rester de ~** aros yn ddidaro *ou* ddigyffro; **rompre la ~** torri'r ias *ou* iâ.

3 (*crème glacée*) hufen *g* iâ.
4 (*verre*) gwydr *g*; (*de voiture*) ffenestr *b*.
5 (*miroir*) drych *g*.
6 (*de viande*) sglein *g*.

glacé (**-e**) [glase] *adj* rhewllyd, iasol, iasoer; (*gelé*) wedi rhewi; (*fig: rire, accueil*) oeraidd; (*gâteau*) ac eisin arni; **j'ai les mains ~es** mae fy nwylo yn rhewi.

glacer [glase] (**9**) *vt* rhewi; (*boisson*) oeri; (*CULIN: gâteau*) rhoi eisin ar; (*papier, tissu*) rhoi sglein ar; ~ **qn** (*fig: intimider*) codi ofn ar rn.

glaciaire [glasjɛʀ] *adj* rhewlifol; **calotte** ~ cap *g* rhew *ou* iâ;
♦*m* cyfnod *g* rhewlifol.

glacial (**-e**) (**glaciaux, glaciales**) [glasjal, glasjo] *adj* rhewllyd, iasol, iasoer; (*fig*) oeraidd.

glacier[1] [glasje] *m* (*GÉO*) rhewlif *g*; ~ **suspendu** rhewlif crog.

glacier[2] [glasje] *m* (*marchand*) gwerthwr *g* hufen iâ.

glacière [glasjɛʀ] *f* cist *b* iâ *ou* rew.

glaçon [glasɔ̃] *m* iâ *g*, rhew *g*; (*pour boisson*) ciwb *g* iâ *ou* rhew.

gladiateur [gladjatœʀ] *m* cleddyfwr *g*, gladiator *g*.

glaïeul [glajœl] *m* (*BOT*) blodyn *g* y cleddyf.

glaire [glɛʀ] *m* (*MÉD*) fflem *b*, crachboer *g*.

glaise [glɛz] *f* clai *g*.

glaive [glɛv] *m* cleddyf *g* deufin.

gland [glɑ̃] *m* (*de chêne*) mesen *b*; (*décoration*) tasel *g*; (*ANAT*) pen *g* pidyn.

glande [glɑ̃d] *f* chwarren *b*.

glander* [glɑ̃de] (**1**) *vi* tin-droi, loetran, segura, diogi.

glaner [glane] (**1**) *vi* (*AGR*) lloffa;
♦*vt* (*fig*) casglu, lloffa.

glapir [glapiʀ] (**2**) *vi* (*chien*) gwichian cyfarth, iapian; (*personne*) gwichian gweiddi.

glapissement [glapismɑ̃] *m* (*de chien*) cyfarthiad *g* bychan, iapian; (*de personne*) gwichian, gwich *b*.

glas [glɑ] *m* cnul *g* (*sŵn araf cloch ar adeg angladd*); **sonner le** ~ canu cnul.

glauque [glok] *adj* (*yeux, eaux*) glaswyrdd; (*fig: rue, quartier*) tywyll, digalon; (*fam: regard, individu*) llechwraidd.

glissade [glisad] *f* sglefriad *g*; (*chute*) llithriad *g*; **faire des ~s** sglefrio.

glissant (**-e**) [glisɑ̃, ɑ̃t] *adj* llithrig.

glisse [glis] *f*: **sports de** ~ chwaraeon *ll* sglefrio (*megis sgio, hwylfyrddio, brigdonni ayb.*)

glissement [glismɑ̃] *m* sglefriad *g*, llithriad *g*; (*fig: de sens, tendance*) gogwydd *g*; ~ **de terrain** tirlithriad *g*.

glisser [glise] (**1**) *vi* (*coulisser*) llithro; (*déraper*) sglefrio; (*être glissant*) bod yn llithrig; (*POL*) gogwyddo; ~ **sur détail/fait** llithro dros fanylyn/ffaith;
♦*vt* (*fig: mot, conseil*) sibrwd; ~ **qch sous/dans** sleifio *ou* llithro rhth dan/i mewn i;
♦ **se** ~ *vr*: **se** ~ **dans/entre** (*personne*) sleifio i mewn i/rhwng.

glissière [glisjɛʀ] *f* (*TECH*) llithren *b*; **à** ~ (*porte, fenêtre*) sy'n llithro; **fermeture à** ~ sip *g*; ~ **de sécurité** bariau *ll* diogelwch, rhwystr *g* taro.

glissoire [gliswaʀ] *f* lle *g* sglefrio, sglefrfa *b* (*lle i blant chwarae ar iâ neu rew*).

global (**-e**) (**globaux, globales**) [glɔbal, glɔbo] *adj* hollgynhwysol, byd-eang; **somme ~e** cyfanswm *g*; **village** ~ pentref *g* byd-eang.

globalement [glɔbalmɑ̃] *adv* (*en bloc*) fel cyfanswm, yn grwn; (*dans son ensemble*) ar y cyfan.

globe [glɔb] *m* (*Terre*) y ddaear *b*; (*sphère en verre*) glôb *g*; ~ **terrestre** y ddaear; **sous** ~ mewn cas *g* gwydr; ~ **oculaire** cannwyll *b* llygad.

globe-trotter (**~-~s**) [glɔbtʀɔtœʀ] *m* teithiwr *g* byd, teithwraig *b* byd, byd-grwydryn *g*, byd-grwydren *b*.

globulaire [glɔbylɛʀ] *adj*: **numération** ~ cyfrifiad *g* gwaed.

globule [glɔbyl] *m*: ~ **blanc/rouge** cell *b* wen/goch.

globuleux (**globuleuse**) [glɔbylø, glɔbyløz] *adj*: **yeux** ~ llygaid *ll* mawr sy'n sefyll allan.

gloire [glwaʀ] *f* (*hommage*) gogoniant *g*; (*renom*) enwogrwydd *g*, bri *g*, enw *g* da; (*personne*) enwogyn *g*, un enwog; (*dans le monde du spectacle*) seren *b*.

glorieux (**glorieuse**) [glɔʀjø, glɔʀjøz] *adj* gogoneddus, gwych.

glorifier [glɔʀifje] (**16**) *vt* gogoneddu, clodfori;
♦ **se** ~ *vr*: **se** ~ **de qch** ymorchestu yn rhth; **se** ~ **d'avoir fait qch** brolio'ch bod wedi gwneud rhth.

gloriole [glɔʀjɔl] *f* coegfalchder *g*

glose [gloz] *f* esboniad *g*, eglurhad *g*, glòs *g*.

glossaire [glɔsɛʀ] *m* geirfa *b*, rhestr *b* termau.

glotte [glɔt] *f* (*ANAT*) camdwll *g*, bwlch *g* y llais, glotis *g*.

glouglouter [gluglute] (**1**) *vi* (*dindon*) clegar; (*liquide*) byrlymu.

gloussement [glusmɑ̃] *m* (*de poule*) clwcian; (*de personne*) chwerthiniad *g*.

glousser [gluse] (**1**) *vi* (*poule*) clwcian; (*rire*) chwerthin.

glouton (**-ne**) [glutɔ̃, ɔn] *adj* barus, bolgar, glwth.

gloutonnerie [glutɔnʀi] *f* glythineb *g*, bolgarwch *g*; **manger qch avec** ~ llowcio rhth.

glu [gly] *f* glud *g* adar.

gluant (**-e**) [glyɑ̃, ɑ̃t] *adj* gludiog, sticlyd*.

glucide [glysid] *m* carbohydrad *g*.

glucose [glykoz] *m* glwcos *g*.

gluten [glytɛn] *m* glwten *g*.

glycérine [gliseʀin] *f* glyserin *g*.

glycine [glisin] *f* (*BOT*) wisteria *b*.

GMT [ʒeɛmte] *sigle*(= *Greenwich Mean Time*) GMT *g*, amser *g* safonol Greenwich.
gnangnan* [ɲɑ̃ɲɑ̃] *adj inv* (*film*) gwirion, hurt; (*personne*) diegni, swrth.
GNL [ʒeɛnɛl] *sigle m*(= *gaz naturel liquéfié*) nwy *g* naturiol hylifedig.
gnôle [ɲol] *f* gwirod *g,b*, brandi *g*; **un petit verre de ~*** llymaid *g ou* joch *g,b* o ddiod gadarn.
gnome [gnom] *m* corrach *g*.
gnon* [ɲɔ̃] *m* (*bosse sur une voiture*) tolc *g*; (*ecchymose*) clais *g*; (*coup*) dyrnod *g*; **il m'a flanqué un ~** rhoddodd ddyrnod imi.
GO[1] [ʒeo] *sigle fpl*(= *grandes ondes*) tonfedd *b* hir.
GO[2] [ʒeo] *sigle m*(= *gentil organisateur*) *trefnydd g ar wyliau Club Mediterrannée.*
go [go]: **tout de ~** *adv* yn ddi-flewyn-ar-dafod, yn blwmp ac yn blaen, yn ddi-lol; **elle est entrée tout de ~** cerddodd yn syth i mewn.
goal [gol] *m* (*football*) gôl-geidwad *g*.
gobelet [gɔblɛ] *m* (*en plastique*) bicer *g*; (*en métal*) tymbler *g*; (*à dés*) cwpan *g,b*, blwch *g*.
gober [gɔbe] (**1**) *vt* llyncu.
goberger [gɔbɛʀʒe] (**10**): **se ~** *vr* eich difetha'ch hun, eich sbwylio'ch hun.
godasse* [gɔdas] *f* esgid *b*.
godet [gɔdɛ] *m* pot *g*; (*COUTURE*) pleten *b* heb ei smwddio *ou* stilo.
godiller [gɔdije] (**1**) *vi* (*NAUT*) rhodli; (*SKI*) igamogamu.
goéland [gɔelɑ̃] *m* gwylan *b*; **~ argenté** gwylan y penwaig; **~ cendré** gwylan lwyd *ou* wen.
goélette [gɔelɛt] *f* sgwner *b*.
goémon [gɔemɔ̃] *m* gwymon *g*.
gogo [gɔgo] (*péj*) *m* diniweityn *g*; **à ~** faint a fynnir; **de l'argent, il en a à ~** mae ganddo beth wmbredd o arian, mae ganddo faint a fynnir o arian.
goguenard (**-e**) [gɔg(ə)naʀ, aʀd] *adj* eironig, â'ch tafod yn eich boch.
goguette* [gɔgɛt] *f*: **en ~** (*légèrement ivre*) hanner meddw, lled feddw; **partir en ~** mynd ar sbri, mynd ar y criws *ou* ar y cwrw.
goinfre [gwɛ̃fʀ] *adj* barus;
♦*m* bolgi *g*.
goinfrer [gwɛ̃fʀe] (**1**): **se ~** *vr* bwyta fel mochyn; **se ~ de qch** llowcio rhth.
goitre [gwatʀ] *m* chwydd *g* y gwddf, y wen *b*.
golf [gɔlf] *m* golff *g*; (*terrain*) maes *g* golff; **~ miniature** golff giamocs.
golfe [gɔlf] *m* geneufor *g*, gwlff *g*; **le ~ de Gascogne** Bae *g* Gwasgwyn; **le ~ Persique** y Gwlff, Gwlff Persia.
golfeur [gɔlfœʀ] *m* golffiwr *g*.
golfeuse [gɔlføz] *f* golffwraig *b*.
gominé (**-e**) [gɔmine] *adj*: **cheveux ~s** gwallt wedi'i lyfnu *ou* blastro (*â hufen gwallt neu gel*).
gommage [gɔmaʒ] *m* (*action d'effacer*) rhwbio allan, dileu; (*action d'enduire*) gludio, gymio; **se faire faire un ~ du visage** glanhau'ch croen â hufen (*i gael gwared â chelloedd marw*).
gomme [gɔm] *f* (*pour effacer*) rhwbiwr *g*, rwber *g*; (*substance*) rwber, ryber *g*; (*chewing-gum*) gwm *g* cnoi; **boules** *neu* **pastilles de ~** melysion *ll* peswch; **c'est un type à la ~** un *g* da i ddim yw ef.
gommé (**-e**) [gɔme] *adj* gludiog.
gommer [gɔme] (**1**) *vt* (*effacer*) dileu, rhwbio (rhth) allan; (*enduire de gomme*) gludio, gymio; (*faire disparaître*) cael gwared â *ou* ar.
gond [gɔ̃] *m* colfach *g*; **sortir de ses ~s** (*fig*) gwylltio'n gacwn, colli'ch limpin.
gondole [gɔ̃dɔl] *f* gondola *b*.
gondoler [gɔ̃dɔle] (**1**) *vi* crychu, anffurfio, camystumio;
♦ **se ~** *vr* crychu, anffurfio, camystumio; (*fam*) chwerthin nes eich bod yn wan, chwerthin nes eich bod yn eich dyblau.
gondolier [gɔ̃dɔlje] *m* gondolïwr *g*.
gonflable [gɔ̃flabl] *adj* chwyddadwy, pwmpiadwy.
gonflage [gɔ̃flaʒ] *m* (*de pneu, ballon*) llenwi â gwynt; (*CINÉ*) chwyddo.
gonflé (**-e**) [gɔ̃fle] *adj* chwyddedig; **être ~*** (*impudent*) bod yn ddigywilydd *ou* eofn; (*courageux*) bod yn ddewr, bod â iau*; **être ~ à bloc** ysu am gychwyn.
gonflement [gɔ̃fləmɑ̃] *m* (*de pied*) chwydd *g*, chwyddo; (*de pneu*) pwmpio, pwmpiad *g*.
gonfler [gɔ̃fle] (**1**) *vi* chwyddo; (*CULIN: pâte*) codi;
♦*vt* (*pneu, ballon*) pwmpio; (*fig: nombre, importance*) chwyddo.
gonfleur [gɔ̃flœʀ] *m* pwmp *g* awyr.
gong [gɔ̃(g)] *m* (*MUS*) gong *g*; (*BOXE*) cloch *b*.
gonzesse* [gɔ̃zɛs] *f* pisyn *g*, croten *b*, fodan *b*, wejen *b*.
goret [gɔʀɛ] *m* porchell *g*, mochyn *g* bach.
gorge [gɔʀʒ] *f*
1 (*gosier*) gwddf *g*; **j'ai mal à la ~** mae gen i ddolur gwddf, mae gyda fi lwnc tost; **j'ai la ~ serrée** mae gen i lwmp yn fy ngwddf *ou* llwnc.
2 (*poitrine*) brest *b*.
3 (*GÉO*) ceunant *g*.
4 (*rainure*) rhigol *b*.
gorgé (**-e**) [gɔʀʒe] *adj*: **être ~ de qch** bod yn llawn rhth.
gorgée [gɔʀʒe] *f* cegaid *b*, llond *g* ceg; **boire qch à petites ~s** sipian rhth; **boire qch à grandes ~s** llowcio yfed rhth.
gorille [gɔʀij] *m* gorila *g*; (*fam*) gwarchodwr *g* personol.
gosier [gozje] *m* (corn *g*) gwddf *g*, llwnc *g*.
gosse* [gɔs] *m/f* plentyn *g*, crwtyn *g*, croten *b*, crotes *b*; **les ~s** y plantos *ll*, y cryts *ll*.
gothique [gɔtik] *adj* Gothig; **~ flamboyant** Gothig blodeuog.
gouache [gwaʃ] *f* (*ART*) gouache *g*.

gouaille [gwɑj] *f* ffraethineb *g*.
gouaillerie [gwɑjʀi] *f* ffraethineb *g*.
goudron [gudʀɔ̃] *m* (*du tabac*) tar *g*; ~ **(routier)** (*asphalte*) tarmac *g*; ~ **de houille** col-tar *g*.
goudronner [gudʀɔne] (**1**) *vt* (*route etc*) tarmacio, coltario.
gouffre [gufʀ] *m* dyfnder *g*, dibyn *g*; **être au bord du** ~ (*fig*) bod ar ymyl y dibyn.
goujat [guʒa] *m* llabwst *g*, un anfoesgar.
goujon [guʒɔ̃] *m* (*ZOOL*) symlyn *g*, gwyniad *g* pendew.
goulée [gule] *f* cegaid *b*, llond *g* ceg.
goulet [gulɛ] *m* (*GÉO*) ceunant *g*, rhigol *b*; (*de détroit*) culfor *g*, swnt *g*; (*de port*) culfan *g,b*.
goulot [gulo] *m* gwddf *g*; ~ **d'étranglement** tagfa *b*, atalfa *b*; **boire au** ~ yfed yn syth o'r botel *ou* o geg y botel.
goulu (**-e**) [guly] *adj* barus, awchus.
goulûment [gulymɑ̃] *adv* yn farus, yn awchus.
goupille [gupi(l)] *f* (*TECH*) pin *g*.
goupiller [gupije] (**1**) *vt* (*TECH*) pinio; (*combiner*) gwneud, trefnu, cynllunio; **bien/mal goupillé** wedi'i adeiladu *ou* gynllunio'n dda/wael;
♦ **se** ~ *vr* siapio, ymffurfio, datblygu.
goupillon [gupijɔ̃] *m* (*REL*) ysgeintiwr *g*; (*brosse*) brwsh *g* potel; **le** ~ (*fig*) offeiriaid *ll*, clerigwyr *ll*.
gourd (**-e**) [guʀ, guʀd] *adj* wedi merwino, wedi fferru o oerni; (*fam*) twp.
gourde [guʀd] *f*
1 (*fam*) twpsyn *g*, twpsen *b*.
2 (*BOT*) pompiwn *g*, gowrd *g*.
3 (*récipient*) fflasg *b*;
♦*adj f voir* **gourd**.
gourdin [guʀdɛ̃] *m* pastwn *g*; **frapper qn à coups de** ~ pastynu rhn.
gourmand[1] (**-e**) [guʀmɑ̃, ɑ̃d] *adj* (*amateur de nourriture*) hoff iawn o fwyd; (*glouton*) barus; **étape** ~**e** tŷ *g* bwyta da; **elle est** ~**e** mae hi'n mwynhau bwyd.
gourmand[2] [guʀmɑ̃] *m* bolgi *g*, un *g* barus.
gourmande [guʀmɑ̃d] *f* bolgi *g*, un *b* farus;
♦*adj f voir* **gourmand**[1].
gourmandise [guʀmɑ̃diz] *f* barusrwydd *g*; ~**s** (*bonbon*) melysion *ll*, da-da *ll*, losin *ll*.
gourmet [guʀmɛ] *m* un *g* sy'n hoff o fwydydd da, archwaethwr *g*, beirniad *g* da ar fwyd.
gourmette [guʀmɛt] *f* breichled *b* (*gadwyn*).
gourou [guʀu] *m* gwrw *g*, arweinydd *g*.
gousse [gus] *f* (*de vanille etc*) coden *b*; ~ **d'ail** ewin *g,b* garlleg.
gousset [gusɛ] *m* poced *b*.
goût [gu] *m*
1 (*sens*) synnwyr *g* blas.
2 (*saveur*) blas *g*; **il a bon** ~ (*aliment*) mae'n flasus; **il a mauvais** ~ (*aliment*) mae blas annymunol arno.
3 (*jugement*) chwaeth *g,b*; **le (bon)** ~ chwaeth; **de bon/mauvais** ~ chwaethus/di-chwaeth; **il a du** ~ mae'n chwaethus; **il manque de** ~ nid oes ganddo chwaeth.
4 (*penchant*) hoffter *g*, blas *g*; **chacun ses** ~**s** pawb at y peth y bo; **avoir du** ~ **pour qch** hoffi rhth, bod â blas at rth; **prendre** ~ **à qch** magu blas at rth, cymryd at rth; **ce n'est pas à mon** ~ nid yw'n fy mhlesio i.
goûter[1] [gute] (**1**) *vi* (*à 4 heures*) cael te; ~ **à** *neu* **de** blasu, profi (*am y tro cyntaf*);
♦*vt* (*essayer*) blasu; (*apprécier*) mwynhau.
goûter[2] [gute] *m* (*à 4 heures*) te *g*; ~ **d'anniversaire** parti *g* penblwydd; ~ **d'enfants** te bach.
goutte[1] [gut] *f* (*de liquide*) diferyn *g*, dafn *g*; **une** ~ **de whisky** diferyn o wisgi; **couler** ~ **à** ~ diferu; **il a la** ~ **au nez** mae ei drwyn yn rhedeg; ~**s pour les yeux** (*MÉD*) diferion *ll* i'r llygaid.
goutte[2] [gut] *f* (*MÉD*) cymalwst *b*.
goutte-à-goutte [gutagut] *m inv* (*MÉD*) diferwr *g*, drip* *g*; **alimenter qn au** ~-~-~ bwydo rhn â diferwr.
gouttelette [gut(ə)lɛt] *f* dafn *g*, defnyn *g*, diferyn *g* bychan.
goutter [gute] (**1**) *vi* diferu.
gouttière [gutjɛʀ] *f* (*verticale*) peipen *b* law; (*de toit*) cafn *g* bargod, gwter *g* bargod, landar *g,b*; (*MÉD: attelle*) sblint *g*.
gouvernail [guvɛʀnaj] *m* llyw *g*; **tenir le** ~ bod wrth y llyw, llywio
gouvernant (**-e**) [guvɛʀnɑ̃, ɑ̃t] *adj* (*classe*) llywodraethol, sy'n llywodraethu, sy'n rheoli.
gouvernante [guvɛʀnɑ̃t] *f* meistres *b* tŷ; (*d'un enfant*) athrawes *b* gartref;
♦*adj f voir* **gouvernant**.
gouverne [guvɛʀn] *f*: **pour votre** ~ er arweiniad ichi.
gouvernement [guvɛʀnəmɑ̃] *m* llywodraeth *b*; **membre du** ~ ≈ aelod *g* o'r cabinet.
gouvernemental (**-e**) (**gouvernementaux, gouvernementales**) [guvɛʀnəmɑ̃tal, guvɛʀnəmɑ̃to] *adj* y llywodraeth, llywodraethol; (*journal*) pleidiol i'r llywodraeth; (*parti*) llywodraethol, mewn grym.
gouverner [guvɛʀne] (**1**) *vt* llywodraethu; (*fig: acte, émotion*) rheoli; (*diriger*) llywio.
gouverneur [guvɛʀnœʀ] *m* llywodraethwr *g*.
goyave [gɔjav] *f* (*BOT*) gwafa *g*.
GPL [ʒepeɛl] *sigle m*(= *gaz de pétrole liquéfié*) L.P.G *g*, nwy *g* petroliwm hylifedig.
GQG [ʒekyʒe] *sigle m*(= *grand quartier général*) GHQ, pencadlys *g* cyffredinol.
grabataire [gʀabatɛʀ] *adj* gorweddiog, caeth i'r gwely;
♦*m/f* un *g/b* sy'n gaeth i'r gwely.
grâce [gʀɑs] *f*
1 (*REL*) gras *g*, trugaredd *g,b*; **demander** ~ erfyn am drugaredd; ~ **à Dieu** diolch i Dduw, trwy drugaredd Duw.
2 (*faveur*) ffafr *b*; **gagner les bonnes** ~**s de qn**

ennill ffafr rhn.
3 (*remerciement*): ~ **à** diolch i; **rendre** ~**(s) à** diolch i; ~ **à qch** diolch i rth.
4 (*charme*) swyn *g*.
5 (*JUR: pardon*) maddeuant *g*, pardwn *g*; **droit de** ~ hawl i ohirio cosb; **recours en** ~ apêl *g,b* am ohirio cosb; **faire** ~ **à qn de qch** arbed rhn rhag rhth.
6 (*bienveillance*) caredigrwydd *g*; **de bonne** ~ o wirfodd calon, yn fodlon; **de mauvaise** ~ yn anfoddog, yn anfodlon.
7 (*REL: avant ou après un repas*): ~**s** bendith *b*.

gracier [gʀasje] (**16**) *vt* (*JUR*) maddau i, rhoi pardwn i.

gracieusement [gʀasjøzmɑ̃] *adv* (*aimablement*) yn garedig; (*gratuitement*) yn rhad ac am ddim; (*élégamment: danser*) yn osgeiddig.

gracieux (**gracieuse**) [gʀasjø, gʀasjøz] *adj* caredig; (*mouvement, gestes*) gosgeiddig; **à titre** ~ yn rhad ac am ddim; **concours** ~ (*aide bénévole*) cymorth *g* gwirfoddol.

gracile [gʀasil] *adj* main, tenau.

gradation [gʀadasjɔ̃] *f* graddoliad *g*, graddiad *g*; (*action*) graddoli; (*en peinture*) ymdoddiad *g*; **par** ~ yn raddol.

grade [gʀad] *m* (*MIL*) rheng *b*; (*UNIV*) gradd *b*; **monter en** ~ cael dyrchafiad.

gradé [gʀade] *m* (*MIL*) swyddog *g* digomisiwn.

gradin [gʀadɛ̃] *m* rhes *b* (*o seddau*); ~**s** (*de stade*) terasau *ll*; **en** ~**s** yn derasau.

graduation [gʀadɥasjɔ̃] *f* graddnodiant *g*; (*d'un thermomètre*) graddlinell *b*, graddnod *g*.

gradué (**-e**) [gʀadɥe] *adj* graddnodedig; (*exercices*) graddedig.

graduel (**-le**) [gʀadɥɛl] *adj* graddol.

graduellement [gʀadɥɛlmɑ̃] *adv* yn raddol.

graduer [gʀadɥe] (**1**) *vt* graddio; (*TECH*) graddnodi.

graffiti [gʀafiti] *mpl* graffiti *ll*.

grain [gʀɛ̃] *m*
1 (*graine*) gronyn *g*; ~**s** (*céréales*) grawn *ll*; ~ **de blé** gwenithen *b*, tywysen *b*; ~ **de café** ffeuen *b* goffi; ~ **de poivre** pupren *b*, gronyn pupur; ~ **de poussière** llychyn *g*; ~ **de sable** tywodyn *g*.
2 (*baie*): ~ **de cassis** mwyaren *b*; ~ **de groseille** cwrensen *b* goch; ~ **de groseille à maquereau** gwsberen *b*; ~ **de raisin** grawnwinen *b*.
3 (*fig: petite quantité*): **un** ~ **de** mymryn *g* o.
4 (*de chapelet*) glain *g*.
5 (*averse*) cawod *b* drom.
6 (*locutions*): ~ **de beauté** smotyn *g* harddwch; **mettre son** ~ **de sel** (*fig*) dweud eich pwt *ou* gair.

graine [gʀɛn] *f* hedyn *g*; **mauvaise** ~ (*mauvais sujet*) un drwg; **prends-en de la** ~***** gwna dithau'r un peth; **une** ~ **de voyou** llabwst *g* ifanc, un a dyf i fod yn llabwst, egin-labwst *g*; **c'est de la** ~ **de voyou** ni ddaw dim da ohono.

graineterie [gʀɛntʀi] *f* siop *b* hadau.

grainetier [gʀɛntje] *m* gwerthwr *g* hadau.

grainetière [gʀɛntjɛʀ] *f* gwerthwraig *b* hadau.

graissage [gʀɛsaʒ] *m* iro, iriad *g*, ireidiad *g*; **à** ~ **automatique** hunanirol, sy'n ei iro'i hun.

graisse [gʀɛs] *f* braster *g*; (*du corps*) bloneg *g*; (*à frire*) saim *g*; (*lubrifiant*) iraid *g*, saim.

graisser [gʀese] (**1**) *vt* (*machine, auto*) iro; (*tacher*) baeddu, rhoi *ou* colli saim ar rth.

graisseux (**graisseuse**) [gʀɛsø, gʀɛsøz] *adj* seimlyd, seimllyd; (*gras*) budr; (*ANAT*) blonegog.

grammaire [gʀa(m)mɛʀ] *f* gramadeg *g*; (*livre*) (llyfr *g*) gramadeg.

grammatical (**-e**) (**grammaticaux, grammaticales**) [gʀamatikal, gʀamatiko] *adj* gramadegol.

gramme [gʀam] *m* gram *g*.

grand (**-e**) [gʀɑ̃, gʀɑ̃d] *adj* mawr; (*personne*) tal; (*long*) hir, maith; ~ **ouvert** agored led y pen; **aussi** ~ **que** cymaint â; **au** ~ **air** yn yr awyr agored; **au** ~ **jour** (*aussi fig*) yng ngolau dydd; **de** ~ **matin** ben bore; **en** ~ ar raddfa fawr; **son** ~ **frère** ei frawd mawr *ou* hŷn; **un** ~ **homme/artiste** dyn *g*/artist *g* mawr; ~ **buveur** meddwyn *g*; **avoir** ~ **besoin de qch** bod â dirfawr angen rhth; **il est** ~ **temps de (faire qch)** mae hi'n hen bryd (gwneud rhth); **elle est assez** ~**e pour** mae hi'n ddigon hen i; ~ **blessé** un *g* wedi'i anafu'n ddifrifol; ~ **écart** hollti'r afl, sblits* *ll*; ~ **ensemble** cynllun *g* tai; ~ **livre** (*COMM*) llyfr *g* cyfrifon; ~ **magasin** siop *b* adrannol, siop fawr; ~ **malade** un sy'n sâl iawn; ~ **public** cyhoedd *g*; ~**e personne** oedolyn *g*; ~**e surface** archfarchnad *b*; ~**es écoles** *math o brifysgolion ac iddynt arholiadau mynediad cystadleuol iawn*; ~**es lignes** (*RAIL*) prif reilffyrdd *ll*; ~**es vacances** gwyliau'r *ll* haf; **voir** ~ anelu'n uchel.

grand-angle (~**s**-~**s**) [gʀɑ̃tɑ̃gl] *m* (*PHOT*) lens *b* ongl lydan.

grand-angulaire (~**s**-~**s**) [gʀɑ̃tɑ̃gylɛʀ] *m* (*PHOT*) lens *b* ongl lydan.

grand-chose [gʀɑ̃ʃoz] *m/f inv*: **pas** ~-~ fawr ddim, dim llawer; **ce n'est pas** ~-~ nid yw'n fawr o beth; **ça ne vaut pas** ~-~ nid yw'n werth rhyw lawer; **ça ne sert pas à** ~-~ nid yw fawr o werth; **je n'ai pas vu** ~-~ **d'intéressant** ni welais fawr ddim o ddiddordeb.

Grande-Bretagne [gʀɑ̃dbʀətaɲ] *prf*: **la** ~-~ Prydain *b* (Fawr), Gwledydd *ll* Prydain; **en** ~-~ ym Mhrydain, yng Ngwledydd Prydain.

grandement [gʀɑ̃dmɑ̃] *adv* (*largement*) yn fawr; (*tout à fait*) yn hollol, yn llwyr; (*généreusement*) yn hael; **faire les choses** ~ gwneud pethau mewn steil; **nous ne sommes pas** ~ **logés** 'does fawr o le yn ein tŷ ni; **elle a** ~ **le temps de le faire** mae ganddi hen

ddigon o amser i'w wneud; **il est ~ temps de partir** mae'n hen bryd inni gychwyn; **avoir ~ raison/tort** bod yn hollol gywir/anghywir.
grandeur [gʀɑ̃dœʀ] *f* (*taille*) maint *g*; (*importance, gloire*) mawredd *g*; **~ nature** (*portrait etc*) o faint naturiol, gwir faint.
grand-guignolesque (~-~**s**) [gʀɑ̃giɲɔlɛsk] *adj* (*THÉÂTRE*) erchyll, echryslon, arswydus.
grandiloquent (-**e**) [gʀɑ̃dilɔkɑ̃, ɑ̃t] *adj* rhwysgfawr, rhodresgar, mawreddog.
grandiose [gʀɑ̃djoz] *adj* mawreddog, crand.
grandir [gʀɑ̃diʀ] (**2**) *vi* tyfu; (*enfant*) tyfu, prifio; (*bruit, hostilité*) cynyddu; (*entreprise*) tyfu, ehangu; (*influence*) tyfu, ymledu; **~ dans l'estime de qn** codi yng ngolwg rhn; **les jours grandissent** mae'r dyddiau'n ymestyn; ♦*vt* gwneud (rhth) yn fwy, mwyhau; (*talons*) gwneud (rhn) yn dalach; (*exagérer*) gorliwio; (*fig*) mawrhau.
grandissant (-**e**) [gʀɑ̃disɑ̃, ɑ̃t] *adj* cynyddol, ymledol, sy'n tyfu *ou* prifio.
grand-mère (~(**s**)-~**s**) [gʀɑ̃mɛʀ] *f* nain *b*, mam-gu *b*.
grand-messe (~(**s**)-~**s**) [gʀɑ̃mɛs] *f* uchel offeren *b*.
grand-oncle (~**s**-~**s**) [gʀɑ̃tɔ̃kl(ə)] *m* hen ewythr *g*.
grand-peine [gʀɑ̃pɛn]: **à** ~-~ *adv* â chryn drafferth, o'r braidd, prin.
grand-père (~**s**-~**s**) [gʀɑ̃pɛʀ] *m* taid *g*, tad-cu *g*.
grand-route (~-~**s**) [gʀɑ̃ʀut] *f* priffordd *b*.
grand-rue (~-~**s**) [gʀɑ̃ʀy] *f* stryd *b* fawr.
grands-parents [gʀɑ̃paʀɑ̃] *mpl* teidiau *ll* a neiniau *ll*; **mes ~-~** fy nhaid a'm nain, fy nhad-cu a'm mam-gu.
grand-tante (~(**s**)-~**s**) [gʀɑ̃tɑ̃t] *f* hen fodryb *b*.
grand-voile (~(**s**)-~**s**) [gʀɑ̃vwal] *f* prif hwyl *b*.
grange [gʀɑ̃ʒ] *f* ysgubor *b*.
granit, **granite** [gʀanit] *m* gwenithfaen *g*, ithfaen *g*.
granité [gʀanite] *m* (*laine*) gwlân *g* llaesdro, bouclé *g*.
granitique [gʀanitik] *adj* gwenithfaenol, ithfeinig.
granule [gʀanyl] *m* gronyn *g*; (*pilule*) pilsen *b* fechan.
granulé [gʀanyle] *adj* gronynnog; ♦*m* gronyn *g*; (*MÉD*) moddion *g ou* ffisig *g* wedi'i felysu.
granuleux (**granuleuse**) [gʀanylø, gʀanyløz] *adj* gronynnog; (*papier, cuir*) garw.
graphe [gʀaf] *m* (*ÉCON, MATH*) graff *g*.
graphie [gʀafi] *f* ffurf *g* ysgrifenedig; (*orthographe*) sillafiad *g*.
graphique [gʀafik] *adj* graffig; ♦*m* graff *g*.
graphisme [gʀafism] *m* (*art*) graffeg *b*; (*écriture*) llawysgrifen *b*.
graphiste [gʀafist] *m/f* cynllunydd *g* graffeg, graffydd *g*.
graphite [gʀafit] *m* graffit *g*.
graphologie [gʀafɔlɔʒi] *f* ysgrifenneg *b*, graffoleg *b*.
graphologique [gʀafɔlɔʒik] *adj* graffolegol.
graphologue [gʀafɔlɔg] *m/f* ysgrifenegydd *g*, graffolegydd *g*.
grappe [gʀap] *f* (*BOT, fig*) clwstwr *g*; **~ de raisin** swp *g ou* sypyn *g* o rawnwin.
grappiller [gʀapije] (**1**) *vt* (*après la vendange*) lloffa, cribinio; (*fruits, grains*) casglu, pigo.
grappin [gʀapɛ̃] *m* (*petit ancre*) angoryn *g*, angor *g* bach; (*crochet d'abordage*) gafaelfach *g*; **mettre le ~ sur qn** (*fig*) bachu rhn.
gras[1] (-**se**) [gʀɑ, gʀɑs] *adj* brasterog; (*surface, cheveux*) seimlyd; (*terre*) gludiog; (*personne*) tew; (*rire*) cras, cryglyd; (*plaisanterie*) anweddus; (*TYPO*) du; (*crayon*) led meddal; (*toux*) fflemllyd; **faire la ~se matinée** codi'n hwyr; **matière ~se** braster *g*.
gras[2] [gʀɑ] *m* (*CULIN*) braster *g*; (*corps huileux*) saim *g*; **le ~ de** (*partie charnue de bras, mollet*) y rhan *b* gnodiog o; **une tache de ~** ôl *g* saim.
gras-double (~-~**s**) [gʀɑdubl] *m* (*CULIN*) treip *g*.
grassement [gʀɑsmɑ̃] *adv* (*grossièrement: rire*) yn gras; **être ~ payé** (*généreusement*) cael eich talu'n hael.
grassouillet (-**te**) [gʀɑsujɛ, ɛt] *adj* llond eich croen, tew.
gratifiant (-**e**) [gʀatifjɑ̃, jɑ̃t] *adj* boddhaus, pleserus; **il est ~ de voir que** mae'n braf gweld ...
gratification [gʀatifikasjɔ̃] *f* boddhad *g*, pleser *g*; (*prime*) bonws *g*.
gratifier [gʀatifje] (**16**) *vt* (*satisfaire*) boddhau, plesio; **~ qn de qch** gwobrwyo *ou* ffafrio rhn â rhth.
gratin [gʀatɛ̃] *m* (*CULIN*) gratin *g*; **au ~** a chaws ar ei ben; **tout le ~ parisien** (*fig*) pobl *b* orau Paris.
gratiné (-**e**) [gʀatine] *adj* (*CULIN*) a chaws ar ei ben; (*problème*) dyrys; **c'est un type ~*** mae'n andros o gymeriad.
gratinée [gʀatine] *f cawl g nionyn neu winwns a chaws ar ei ben.*
gratis [gʀatis] *adv, adj* (yn) rhad ac am ddim.
gratitude [gʀatityd] *f* diolchgarwch *g*; **avoir de la ~ pour qn** bod yn ddiolchgar i rn.
gratte-ciel [gʀatsjɛl] *m inv* crafwr *g* awyr.
grattement [gʀatmɑ̃] *m*: **il a entendu un ~ à la porte** (*bruit*) clywodd sŵn crafu wrth y drws.
gratte-papier [gʀatpapje] (*péj*) *m inv* clercyn *g*, clerc *g*.
gratter [gʀate] (**1**) *vt* crafu; (*enlever*) crafu (rhth) oddi ar rth; ♦ **se ~** *vr* eich crafu'ch hun.
grattoir [gʀatwaʀ] *m* ysgrafell *b*; (*de boîte d'allumettes*) stribed *b* danio.
gratuit (-**e**) [gʀatɥi, ɥit] *adj* rhad ac am ddim,

di-dâl; (*injustifié*) direswm, dieisiau, mympwyol, di-alw-amdano.
gratuité [gʀatɥite] *f* natur *b* ddi-dâl; (*de cadeau*) rhadlondeb *g*; (*caractère injustifié*) diffyg *g* rheswm, mympwy *g*, natur ddi-alw-amdani *ou* ddieisiau.
gratuitement [gʀatɥitmɑ̃] *adv* yn rhad ac am ddim, yn ddi-dâl; (*sans motif*) wrth *ou* ar fympwy, yn ddireswm, yn ddi-alw-amdano, yn ddieisiau.
gravats [gʀavɑ] *mpl* rwbel *g*.
grave [gʀav] *adj* difrifol; (*voix, son*) isel; (*digne: air, visage*) difrifol, dwys; **ce n'est pas (si) ~ (que ça)!** nid yw cynddrwg â hynny!; **blessé ~** un *g* wedi'i anafu'n ddifrifol; **d'une voix ~** mewn llais *g* dwfn;
♦*m* (*MUS*) cywair *g* isel; **les ~s** (*d'amplificateur*) bas *g*; **baisse les ~s et augmente les aigus** gostynga'r bas a chod y trebl.
graveleux (**graveleuse**) [gʀav(ə)lø, gʀav(ə)løz] *adj* (*terre*) graeanog, grudiog; (*fruit*) grudiog; (*chanson, propos*) anweddus.
gravement [gʀavmɑ̃] *adv* yn ddifrifol; (*avec solennité: parler, demander, regarder*) yn ddifrifol, yn ddwys
graver [gʀave] (**1**) *vt* engrafio, llingerfio, ysgythru; **~ un disque** cynhyrchu record; **~ qch dans son esprit/sa mémoire** (*fig*) hoelio *ou* argraffu rhth yn eich meddwl/cof.
graveur [gʀavœʀ] *m* ysgythrwr *g*, engrafwr *g*.
gravier [gʀavje] *m* gro *g,b*, graean *g*, cerrig *ll* mân.
gravillon [gʀavijɔ̃] *m* greyenyn *g*; **~s** cerrig *ll* mân, graean *g*.
gravir [gʀaviʀ] (**2**) *vt* dringo.
gravitation [gʀavitasjɔ̃] *f* (*PHYS*) disgyrchiant *g*.
gravité [gʀavite] *f*
1 (*PHYS*) disgyrchiant *g*.
2 (*de personne, situation*) difrifoldeb *g*; (*caractère solennel*) difrifwch *g*, sobrwydd *g*, difrifoldeb.
graviter [gʀavite] (**1**) *vi*: **~ autour de qch** (*aussi fig*) troi o amgylch rhth.
gravure [gʀavyʀ] *f* ysgythriad *g*, engrafiad *g*; (*action*) ysgythru, engrafio.
gré [gʀe] *m*: **à son ~** at eich dant, wrth eich chwaeth; **faire qch à son ~** gwneud rhth fel y mynnoch; **trouver qch à son ~** hoffi rhth; **de son (plein) ~** o'ch gwirfodd; **de bon ~** o wirfodd; **au ~ de** yn ôl ...; **contre le ~ de qn** yn erbyn ewyllys rhn; **bon ~ mal ~** o fodd neu anfodd; **de ~ à ~** (*COMM*) trwy gytundeb; **savoir ~ à qn de qch** bod yn ddiolchgar i rn am rth; **il le fera de ~ ou de force** fe'i gwnaiff p'run a yw'n hoffi hynny ai peidio.
grec[1] (**-que**) [gʀɛk] *adj* Groegaidd; (*mot*) Groeg.
grec[2] [gʀɛk] *m* (*LING*) Groeg *b,g*.
Grec [gʀɛk] *m* Groegwr *g*.
Grèce [gʀɛs] *prf*: **la ~** (Gwlad) Groeg *b*.
Grecque [gʀɛk] *f* Groeges *b*.
grecque [gʀɛk] *adj voir* **grec**[1].
gredin [gʀədɛ̃] *m* dyn *g* drwg, cnaf *g*, cenau *g*.
gredine [gʀədin] *f* dynes *b* ddrwg, cenawes *b*, ysguthan *b*.
gréement [gʀemɑ̃] *m* (*NAUT*) rigin *g*, rhaffau *ll*.
greffe[1] [gʀɛf] *f* (*AGR, MÉD*) trawsblaniad *g*, impiad *g*; **~ du cœur/du rein** trawsblaniad calon/aren.
greffe[2] [gʀɛf] *m* (*JUR*) cofrestrfa *b*, swyddfa *b* gofrestru.
greffer [gʀefe] (**1**) *vt* (*BOT, MÉD*) trawsblannu, impio;
♦ **se ~** *vr*: **se ~ sur qch** dod yn sgil rhth.
greffier [gʀefje] *m* (*JUR*) clerc *g* llys.
greffière [gʀefjɛʀ] *f* (*JUR*) clerc *g* llys.
grégaire [gʀegɛʀ] *adj* cymdeithasgar; (*animal*) heidiol.
grège [gʀɛʒ] *adj*: **soie ~** sidan *g* crai.
grêle[1] [gʀɛl] *f* cenllysg *ll*, cesair *ll*.
grêle[2] [gʀɛl] *adj* main iawn, tenau iawn.
grêlé (**-e**) [gʀele] *adj* creithiog, ac ôl brech arnoch.
grêler [gʀele] *vb impers*: **il grêle** mae hi'n bwrw cenllysg *ou* cesair.
grêlon [gʀɛlɔ̃] *m* cenllysgen *b*, ceseiren *b*.
grelot [gʀəlo] *m* cloch *b* fechan.
grelottant (**-e**) [gʀəlɔtɑ̃, ɑ̃t] *adj* (*de fièvre etc*) crynedig.
grelotter [gʀəlɔte] (**1**) *vi* crynu, rhynnu.
Grenade [gʀənad] *prf* (*ville*) Granada *b*; (*île*) Grenada *b*.
grenade [gʀənad] *f*
1 (*MIL*) grenâd *g,b*, bom *g,b* l(l)aw; **~ lacrymogène** grenâd nwy dagrau.
2 (*BOT*) pomgranad *g*.
grenadier [gʀənadje] *m* (*MIL*) grenadwr *g*; (*BOT*) pomgranadwydden *b*.
grenadine [gʀənadin] *f* (*CULIN: boisson*) grenadin *g* (*diod pomgranad*).
grenat [gʀəna] *adj inv* (*couleur*) coch tywyll.
grenier [gʀənje] *m* atig *b*; (*ferme*) croglofft *g*, taflod *b*, llofft *b*.
grenouille [gʀənuj] *f* broga *g*, llyffant *g*.
grenouillère [gʀənujɛʀ] *f* (*de bébé*) babygro© *g*, siwt *b* ymestyn.
grenu (**-e**) [gʀəny] *adj* gronynnog; (*papier, cuir*) garw.
grès [gʀɛ] *m* tywodfaen *g*; (*poterie*) crochenwaith *g* caled.
grésil [gʀezil] *m* cenllysg *ll* mân, cesair *ll* mân.
grésillement [gʀezijmɑ̃] *m* clecian; (*bruit: de friture*) sŵn *g* ffrio, clecian, hisiad *g*, hisian; (*RADIO: bruit*) ymyrraeth *b*; **le ~ du beurre dans la poêle** sŵn ffrio menyn yn y badell.
grésiller [gʀezije] (**1**) *vi* clecian; (*RADIO: bruit*) ymyrraeth *b*, clecian.
grève[1] [gʀɛv] *f* (*d'ouvriers*) streic *b*; **se mettre en ~** mynd ar streic, streicio; **faire ~** bod ar streic; **~ bouchon** streic rannol; **~ de la faim**

streic *ou* newyn lwgu; ~ **de solidarité** streic gefnogol; ~ **du zèle** streic gweithio i reol; ~ **perlée** streic gwaith araf; ~ **sauvage** streic wyllt; ~ **sur le tas** streic eistedd i lawr; ~ **surprise** streic annisgwyl; ~ **tournante** streic ysbeidiol.

grève[2] [gʀɛv] *f* (*plage*) traeth *g*, glan *b*.

grever [gʀəve] (**13**) *vt* (*budget, économie*) rhoi straen ar; **grevé d'impôts** wedi'ch llethu gan drethi; **grevé d'hypothèques** â morgeisi uchel.

gréviste [gʀevist] *m/f* streiciwr *g*, streicwraig *b*.

gribouillage [gʀibujaʒ] *m* sgriblad *g*; **ton écriture est un** ~ mae d'ysgrifen fel traed brain.

gribouiller [gʀibuje] (**1**) *vt, vi* sgriblan, sgriblo; (*écrire*) ysgrifennu fel traed brain.

gribouillis [gʀibuji] *m* sgriblad *g*.

grief [gʀijɛf] *m* cwyn *b*, achwyniad *g*; **faire** ~ **à qn de qch** edliw *ou* dannod rhth i rn.

grièvement [gʀijɛvmɑ̃] *adv* yn ddifrifol.

griffe [gʀif] *f* (*d'oiseau*) crafanc *b*; (*de chat*) ewin *g,b*; (*fig: d'un couturier, parfumeur*) label *g*, enw *g*.

griffé (-**e**) [gʀife] *adj* ag enw cynllunydd arno; **tous mes vêtements sont** ~**s** mae fy nillad i gyd yn ddillad cynllunydd.

griffer [gʀife] (**1**) *vt* crafu, cripio;
♦ **se** ~ *vr* cael eich crafu *ou* cripio.

griffon [gʀifɔ̃] *m* (*chien*) ci *g* griffon.

griffonnage [gʀifɔnaʒ] *m* sgriblad *g*.

griffonner [gʀifɔne] (**1**) *vt* sgriblan, sgriblo; (*écrire*) ysgrifennu fel traed brain.

griffure [gʀifyʀ] *f* crafiad *g*, cripiad *g*.

grignoter [gʀiɲɔte] (**1**) *vi* (*mastiquer*) cnoi;
♦*vt* (*manger un peu*) bwyta ychydig *ou* mymryn (o), pigo bwyta; (*pain, fromage*) cnoi; (*fig: terrain, temps*) ennill; (*argent*) gwastraffu; (*part de marché*) dechrau ennill.

gril [gʀil] *m* (*de cuisinière*) gril *g*; (*plaque*) padell *b* grilio.

grillade [gʀijad] *f* (*viande cuite au gril*) gril *g*.

grillage [gʀijaʒ] *m* (*treillis*) rhwyd *b* wifrau, weiar netin* *g*.

grillager [gʀijaʒe] (**10**) *vt* gosod rhwyd wifrau am.

grille [gʀij] *f* rhwyll *b*; (*portail*) clwyd *b* haearn, gât *b* haearn; (*clôture*) gratin *g*, barrau *ll*, rheilin *g*; (*de réfrigérateur*) silff *b*; (*de cheminée*) grât *g,b*; (*d'égout*) draen *g*; (*fig: de mots croisés*) grid *g*; ~ **(des programmes)** (*RADIO, TV*) amserau *ll* rhaglenni; ~ **des salaires** graddfa *b* gyflogau.

grille-pain [gʀijpɛ̃] *m inv* tostiwr *g*, craswr *g*.

griller [gʀije] (**1**) *vi* grilio; (*fig: ampoule, résistance*) llosgi;
♦*vt* (*fam: cigarette*) ysmygu, smocio; ~ **un feu rouge** mynd trwy olau coch; **(faire)** ~ (*pain*) tostio, crasu; (*viande*) grilio; (*café*) rhostio.

grillon [gʀijɔ̃] *m* criciedyn *g*.

grimace [gʀimas] *f* ystum *g*.

grimacer [gʀimas] (**9**) *vi* gwneud ystumiau; ~ **de douleur** gwingo, gwneud ystumiau o boen.

grimacier (**grimacière**) [gʀimasje, gʀimasjɛʀ] *adj* sy'n gwneud ystumiau.

grimer [gʀime] (**1**) *vt* coluro.

grimoire [gʀimwaʀ] *m* (*illisible*) ysgrifen *b* traed brain; (*livre de magie*) llyfr *g* swynion.

grimpant (-**e**) [gʀɛ̃pɑ̃, ɑ̃t] *adj* dringol.

grimper[1] [gʀɛ̃pe] (**1**) *vi* (*route, terrain*) dringo; (*fig: prix, nombre*) codi; ~ **sur** dringo ar; ~ **dans** *neu* **sur un arbre** dringo coeden; ~ **aux arbres** dringo coed;
♦*vt* dringo.

grimper[2] [gʀɛ̃pe] *m*: **le** ~ (*SPORT*) dringo rhaff.

grimpeur [gʀɛ̃pœʀ] *m* (*alpiniste*) dringwr *g*; (*cycliste*) beiciwr *g* mynydd.

grimpeuse [gʀɛ̃pøz] *f* (*alpiniste*) dringwraig *b*; (*cycliste*) beicwraig *b* fynydd.

grinçant (-**e**) [gʀɛ̃sɑ̃, ɑ̃t] *adj* gwichlyd; (*fig*) brathog.

grincement [gʀɛ̃smɑ̃] *m* (sŵn) *g* gwichian; (*de dents*) rhincian.

grincer [gʀɛ̃se] (**9**) *vi* gwichian; ~ **des dents** rhincian dannedd.

grincheux (**grincheuse**) [gʀɛ̃ʃø, gʀɛ̃ʃøz] *adj* blin, drwg eich tymer.

gringalet [gʀɛ̃galɛ] *adj* eiddil;
♦*m* dyn *g* gwan, llipryn *g*.

griotte [gʀijɔt] *f* ceiriosen *b* ddu.

grippal (-**e**) (**grippaux, grippales**) [gʀipal, gʀipo] *adj* (sy'n ymwneud â'r) ffliw.

grippe [gʀip] *f* ffliw *g*; **j'ai la** ~ mae gen i'r ffliw; **prendre qn/qch en** ~ (*fig*) dechrau casáu *ou* drwgleicio rhn/rhth.

grippé (-**e**) [gʀipe] *adj*: **être** ~ (*personne*) bod â'r ffliw; (*moteur*) cloi, mynd yn sownd; **les** ~**s** pobl *b* dan y ffliw.

gripper [gʀipe] (**1**) *vi* (*TECH*) mynd yn sownd, cloi.

grippe-sou (~-~**s**) [gʀipsu] *m/f* cybydd *g*, cybyddes *b*, Sion *g* llygad y geiniog.

gris[1] (-**e**) [gʀi, gʀiz] *adj* (*couleur*) llwyd; (*ivre*) gweddol feddw; **il fait** ~ mae hi'n gymylog; **faire** ~**e mine** edrych yn ddigalon.

gris[2] [gʀi] *m* llwyd *g*; ~ **perle** llwydwyn *g*.

grisaille [gʀizɑj] *f* pylni *g*, dylni *g*; **sortir de la** ~ **quotidienne** dianc rhag gwaith diflas pob dydd.

grisant (-**e**) [gʀizɑ̃, ɑ̃t] *adj* meddwol.

grisâtre [gʀizɑtʀ] *adj* llwydaidd.

griser [gʀize] (**1**) *vt* meddwi;
♦ **se** ~ *vr*: **se** ~ **de qch** (*fig*) meddwi ar rth.

griserie [gʀizʀi] *f* meddwdod *g*.

grisonnant (-**e**) [gʀizɔnɑ̃, ɑ̃t] *adj* sy'n britho; **il a les tempes** ~**es** mae ei wallt yn dechrau britho *ou* gwynnu.

grisonner [gʀizɔne] (**1**) *vi* britho.

grisou [gʀizu] *m* methan *g*, nwy *g* pwll glo.

gris-vert [gʀivɛʀ] *adj* llwydwyrdd.

grive [gʀiv] *f* (*ZOOL*) bronfraith *b*.

grivois (**-e**) [gRivwa, waz] *adj* anweddus, anllad.
grivoiserie [gRivwazRi] *f* anweddustra *g*, anwedduster *g*, anlladrwydd *g*.
Groenland [gRɔɛnlɑ̃d] *prn*: **le** ~ Grønland *b*, Yr Ynys *b* Las.
groenlandais (**-e**) [gRɔɛnlɑ̃dɛ, ɛz] *adj* o Grønland, o'r Ynys Las.
Groenlandais [gRɔɛnlɑ̃dɛ] *m* Glasynyswr *g*, un o'r Ynys Las.
Groenlandaise [gRɔɛnlɑ̃dɛz] *f* Glasynyswraig *b*, un o'r Ynys Las.
grog [gRɔg] *m* grog *g*, todi *g* (*wisgi ayb poeth*).
groggy [gRɔgi] *adj inv* simsan; (*abasourdi*) syfrdan, pensyfrdan, hurt.
grogne [gRɔɲ] *f* grwgnach; **la** ~ **des étudiants** cwynion *ll* myfyrwyr.
grognement [gRɔɲmɑ̃] *m* (*de porc*) rhochian; (*de chien*) chwyrniad *g*; (*de mécontentement*) grwgnach; (*de douleur*) griddfan
grogner [gRɔɲe] (**1**) *vi* (*porc*) rhochian; (*chien*) chwyrnu; (*fig: personne*) achwyn, cwyno, grwgnach; (*de douleur*) griddfan.
grognon (**-ne**) [gRɔɲɔ̃, ɔn] *adj* grwgnachlyd, cwynfanllyd.
groin [gRwɛ̃] *m* trwyn *g*.
grommeler [gRɔm(ə)le] (**11**) *vi* grwgnach, cwyno, achwyn.
grondement [gRɔ̃dmɑ̃] *m* (sŵn) *g* rhuo; (*de chien*) (sŵn) chwyrnu; (*de foule*) (sŵn) grwgnach.
gronder [gRɔ̃de] (**1**) *vi* rhuo; (*chien*) chwyrnu; (*fig: révolte, mécontentement*) berwi;
♦*vt* ceryddu, dweud y drefn wrth, dwrdio.
groom [gRum] *m* gwas *g* bach.
gros[1] (**-se**) [gRo, gRos] *adj* mawr; (*obèse*) tew; (*bruit*) cryf(cref)(cryfion); (*travaux*) helaeth; ~ **intestin** coluddyn *g* mawr; ~ **lot** jacpot *g*; ~ **mot** rheg *b*; ~ **œuvre** (*CONSTR*) cragen *b* (adeilad); ~ **plan** (*PHOT*) golwg *g* agos; ~ **porteur** (*AVIAT*) jymbo-jet *b*; ~ **sel** halen *g* coginio; ~ **titre** (*PRESSE*) pennawd *g*; ~**se caisse** (*MUS*) drwm *g* bas; **par** ~ **temps** ar dywydd garw *ou* mawr; **par** ~**se mer** ar fôr garw;
♦*adv*: **risquer** ~ mentro llawer; **écrire** ~ ysgrifennu'n fawr; **gagner** ~ ennill llawer.
gros[2] [gRo] *m* (*COMM*): **le** ~ cyfanwerthu; **en** ~ yn fras; **vente en** ~ cyfanwerthu; **prix de** ~ pris *g* cyfanwerthu; **le** ~ **de** (*troupe, fortune*) y rhan *b* fwyaf; **elle en a** ~ **sur le cœur** mae hi'n torri'i chalon.
groseille [gRozɛj] *f* (*BOT*) cwrensen *b* goch; ~ **à maquereau** eirinen *b* Mair, gwsberen *b*; ~ **(blanche)** cwrensen wen; ~ **(rouge)** cwrensen goch.
groseillier [gRozeje] *m* coeden *b* gyrens cochion.
gros-grain (~-~**s**) [gRogRɛ̃] *m* sidan *g* rib.
grosse [gRos] *adj f voir* **gros**[1];
♦*f* (*COMM*) deuddeg dwsin *g*.
grossesse [gRosɛs] *f* beichiogrwydd *g*; ~ **nerveuse** ffug feichiogrwydd.
grosseur [gRosœR] *f* (*volume*) maint *g*; (*corpulence*) tewdra *g*; (*tumeur*) chwydd *g*, lwmp *g*.
grossier (**grossière**) [gRosje, gRosjɛR] *adj* (*impoli*) anghwrtais; (*vulgaire*) comon; (*langage*) anweddus; (*laine*) garw; (*travail*) bras; (*erreur*) amlwg.
grossièrement [gRosjɛRmɑ̃] *adv* (*avec impolitesse*) yn anghwrtais; (*en gros, à peu près*) yn fras; **se tromper** ~ camgymryd yn hollol.
grossièreté [gRosjɛRte] *f* anghwrteisi *g*; (*mot grossier*) rheg *b*; **dire des** ~**s** rhegi; **travail d'une grande** ~ gwaith *g* bras iawn.
grossir [gRosiR] (**2**) *vi* mynd yn fwy, tewychu, mynd yn dew, mynd yn dewach; (*fig: nombre*) codi; (*bruit*) mynd yn uwch; (*rivière, eaux*) ymchwyddo, codi;
♦*vt* (*suj: vêtement*) gwneud i (rn) edrych yn dew; (*suj: microscope, lunette*) mwyhau, chwyddo, gwneud (rhth) yn fwy; (*augmenter: nombre, importance*) codi; (*exagérer: histoire, erreur*) ymestyn, chwyddo.
grossissant (**-e**) [gRosisɑ̃, ɑ̃t] *adj* mwyhaol, sy'n chwyddo, sy'n gwneud pethau'n fwy.
grossissement [gRosismɑ̃] *m* mwyhad *g*; (*optique*) chwyddhad *g*; (*action*) mwyhau, chwyddo.
grossiste [gRosist] *m/f* (*COMM*) cyfanwerthwr *g*, cyfanwerthwraig *b*.
grosso modo [gRosomɔdo] *adv* yn fras, ar y cyfan, at ei gilydd.
grotesque [gRɔtɛsk] *adj* (*risible*) chwerthinllyd; (*difforme*) grotésg, anffurfiedig, afluniaidd.
grotte [gRɔt] *f* ogof *g*; (*artificielle*) groto *g*.
grouiller [gRuje] (**1**) *vi* heidio; ~ **de** berwi o;
♦ **se** ~* *vr* symud, ei symud hi, ei siapo hi, styrio.
groupe [gRup] *m* grŵp *g*; (*d'objets*) clwstwr *g*; **cabinet de** ~ **, médecine de** ~ cydbractis *g*; ~ **de pression** carfan *b* bwyso; ~ **électrogène** generadur *g* (trydan); ~ **sanguin** grŵp gwaed; ~ **scolaire** cyfadeiladau *ll* ysgol.
groupement [gRupmɑ̃] *m* (*association*) grŵp *g*, mudiad *g*; (*classification*) grwpio; ~ **d'intérêt économique (GIE)** ≈ cymdeithas *b* fasnach.
grouper [gRupe] (**1**) *vt* uno, cyfuno, grwpio; (*ressources, moyens*) rhoi (rhth) ynghyd; **restez groupés** arhoswch gyda'ch gilydd;
♦ **se** ~ *vr* dod ynghyd, ymuno.
groupuscule [gRupyskyl] (*péj*) *m* (*POL*) carfan *b*, clic *g*.
gruau (**-x**) [gRyo] *m*: **pain de** ~ bara *g* gwenith.
grue [gRy] *f* (*ZOOL*) garan *b,g*, crychydd *g*; (*TECH*) craen *g*; **faire le pied de** ~* loetran, cicio'ch sodlau, tin-droi.
gruger [gRyʒe] (**10**) *vt* twyllo, cafflo, rogio.
grumeaux [gRymo] *mpl* (*CULIN*) lympiau *ll*.
grumeleux (**grumuleuse**) [gRym(ə)lø,

gRym(ə)løz] *adj* lympiog, sy'n lympiau i gyd.
grutier [gRytje] *m* gyrrwr *g* craen.
gruyère [gRyjɛR] *m* caws *g* gruyère.
Guadeloupe [gwadlup] *prf*: **la** ~ Guadelupe *b*.
guadeloupéen (**-ne**) [gwadlupeɛ̃] *adj* o Guadelupe.
Guadeloupéen [gwadlupeɛ̃] *m* un *g* o Guadelupe.
Guadeloupéenne [gwadlupeɛn] *f* un *b* o Guadelupe.
guano [gwano] *m* calchfa *b*, gwano *g*.
Guatémala [gwatemala] *prm*: **le** ~ Gwatemala *b*.
guatémaltèque [gwatemaltɛk] *adj* o Gwatemala.
Guatémaltèque [gwatemaltɛk] *m/f* Gwatemaliad *g/b*.
GUD [gyd] *sigle m*(= *Groupe Union Défense*) *undeb g myfyrwyr*.
gué [ge] *m* rhyd *b*; **passer à** ~ rhydio, croesi.
guenilles [gənij] *fpl* carpiau *ll*, rhacs *ll*.
guenon [gənɔ̃] *f* mwnci *g* benyw.
guépard [gepaR] *m* llewpart *g* hela.
guêpe [gɛp] *f* gwenynen *b* feirch.
guêpier [gepje] *m* (*fig*) magl *b*, trap *g*.
guère [gɛR] *adv*: **ne ...** ~ prin, dim llawer; **il n'a** ~ **mangé** ni fwytaodd lawer; **la situation n'a** ~ **évoluée** prin y mae'r sefyllfa wedi newid; **il n'y a** ~ **qu'elle qui soit contente** hi yw bron yr unig un sy'n fodlon.
guéri (-e) [geRi] *adj* gwell, wedi gwella; **être** ~ **de qch** (*fig*) cael eich iacháu o rth, dod dros rth.
guéridon [geRidɔ̃] *m* bwrdd *g ou* bord *b* ungoes.
guérilla [geRija] *f* rhyfela gerila, herwryfela.
guérillero [geRijeRo] *m* milwr *g* gerila, herwfilwr *g*.
guérir [geRiR] (**2**) *vt, vi* gwella.
guérison [geRizɔ̃] *f* gwellhad *g*; (*action*) gwella, iacháu.
guérissable [geRisabl] *adj* gwelladwy, iachadwy.
guérisseur [geRisœR] *m* iachäwr *g*.
guérisseuse [geRisøz] *f* iachawraig *b*.
guérite [geRit] *f* (*MIL*) bwth *g* gwarchodwr; (*sur un chantier*) caban *g* gweithwyr.
Guernesey [gɛRnəzɛ] *prf* Guernsey *b*.
guerre [gɛR] *f* rhyfel *g*; ~ **atomique** rhyfel atomig; ~ **civile/mondiale** rhyfel cartref/byd; ~ **de tranchées** ymladd mewn ffosydd; ~ **de religion** rhyfel crefyddol; ~ **d'usure** rhyfel athreuliol; ~ **froide/sainte** rhyfel oer/sanctaidd; ~ **totale** rhyfel diarbed; **de bonne** ~ yn deg; **de** ~ **lasse elle accepta** (*fig*) ildiodd a derbyn (*ar ôl blino gwrthryfela*); **en** ~ mewn rhyfel, yn rhyfela; **faire la** ~ **à** rhyfela yn erbyn.
guerrier[1] (**guerrière**) [gɛRje, gɛRjɛR] *adj* rhyfelgar.
guerrier[2] [gɛRje] *m* rhyfelwr *g*.
guerrière [gɛRjɛR] *f* rhyfelwraig *b*;
♦*adj f voir* **guerrier**[1].
guerroyer [gɛRwaje] (**17**) *vi* rhyfela.
guet [gɛ] *m* (*MIL*) gwylfa *b*, gwyliadwriaeth *b*; **faire le** ~ bod ar eich gwyliadwriaeth.
guet-apens (~**s**-~) [gɛtapɑ̃] *m* rhagod *g*, rhagodfa *b*, magl *b*, trap *g*.
guêtre [gɛtR(ə)] *f* socasau *ll*, legins *ll*.
guetter [gete] (**1**) *vt* (*épier*) gwylio, edrych ar; (*attendre*) disgwyl (am), aros (am); (*suj: maladie, scandale*) bygwth.
guetteur [getœR] *m* gwyliwr *g*.
gueule [gœl] *f* ceg *b*; (*fam: visage*) wyneb *g*; **ta** ~**!*** cau dy geg!; **il a la** ~ **de bois*** mae ganddo ben mawr (*ar ôl yfed gormod*).
gueule-de-loup (~**s**-~-~) [gœldəlu] *f* (*BOT*) trwyn *g* llo, safn *b* y llew, ceg *b* fy nain.
gueuler* [gœle] (**1**) *vi* gweiddi, bloeddio.
gueuleton* [gœltɔ̃] *m* llond *g* bol *ou* bola, boliaid *g*, sgram *b*, pryd *g* mawr (*o fwyd*).
gueux [gø] *m* cardotyn *g*; (*coquin*) dyn *g* drwg, dihiryn *g*.
gui [gi] *m* uchelwydd *g*.
guibole* [gibɔl] *f* coes *b*.
guichet [giʃɛ] *m* cownter *g*; **les** ~**s** (*à la gare, au théâtre*) y swyddfa *b* docynnau; **jouer à** ~**s fermés** chwarae i theatr lawn.
guichetier [giʃ(ə)tje] *m* tocynnwr *g*.
guichetière [giʃ(ə)tjɛR] *f* tocynwraig *b*.
guide [gid] *m* arweinydd *g*, tywysydd *g*; (*livre*) arweinlyfr *g*;
♦*f* (*fille scout*) geid *b*.
► **guides** (*d'un cheval*) llinynnau *ll* ffrwyn.
guider [gide] (**1**) *vt* arwain, tywys; (*diriger*) cyfeirio; (*orienter*) rhoi arweiniad i.
guidon [gidɔ̃] *m* cyrn *ll* beic.
guigne [giɲ] *f*: **avoir la** ~ bod yn anlwcus.
guignol [giɲɔl] *m* (*aussi fig*) pyped *g*; (*spectacle*) sioe *b* bypedau.
Guillaume [gijom] *prm* Gwilym; ~ **le Conquérant** Gwilym Goncwerwr.
guillemets [gijmɛ] *mpl*: **entre** ~ mewn dyfynodau.
guilleret (**-te**) [gijRɛ, ɛt] *adj* sionc, bywiog.
guillotine [gijɔtin] *f* gilotîn *g,b*.
guillotiner [gijɔtine] (**1**) *vt* torri pen.
guimauve [gimov] *f* (*BOT*) hocysen *b* y gors; (*fig*) sentimentaleiddiwch *g*.
guimbarde [gɛ̃baRd] *f* (*vieille voiture*) hen siandri *b*, hen gar *g*; (*MUS*) styrmant *g,b*, biwba *g*.
guindé (-e) [gɛ̃de] *adj* ffurfiol, anystwyth.
Guinée [gine] *prf*: **la (République de)** ~ Gini *b*; **la** ~ **équatoriale** Gini Gyhydeddol.
guinéen (**-ne**) [gineɛ̃, ɛn] *adj* Ginïaidd, o Gini.
Guinéen [gineɛ̃] *m* Ginïad *g*, un *g* o Gini.
Guinéenne [gineɛn] *f* Ginïad *b*, un *b* o Gini.
Guinevère [ginəvɛR] *prf* Gwenhwyfar.
guingois [gɛ̃gwa]: **de** ~ *adv* yn gam; **aller de** ~ mynd yn sgi-wiff *ou* yn acha wew.
guinguette [gɛ̃gɛt] *f bwyty g awyr agored lle*

ceir dawnsio.
guirlande [giʀlɑ̃d] *f* coronbleth *b*, garlant *g*; ~ **de Noël** tinsel *g* Nadolig; ~ **lumineuse** goleuadau *ll* bach.
guise [giz] *f*: **à votre** ~ fel y mynnoch; **en** ~ **de** (*en manière de, comme*) fel; (*à la place de*) yn lle.
guitare [gitaʀ] *f* gitâr *g,b*; ~ **sèche** gitâr heb seinchwyddwr.
guitariste [gitaʀist] *m/f* gitarydd *g*.
gustatif (**gustative**) [gystatif, gystativ] *adj* blasol, (sy'n ymwneud â'r) blas; **papilles gustatives** blasbwyntiau *ll*.
guttural (-**e**) (**gutturaux, gutturales**) [gytyʀal, gytyʀo] *adj* gyddfol; (*rauque*) cras.
guyanais (-**e**) [gɥijanɛ, ɛz] *adj* Gianaidd, o Guyana.
Guyanais [gɥijanɛ] *m* Gianiad *g*, un o Guyana.
Guyanaise [gɥijanɛz] *f* Gianiad *b*, un o Guyana.
Guyane [gɥijan] *prf*: **la** ~ Giana *b*, Guyana *b*; **la** ~ **française** Giana Ffrengig, Guyana *b* Ffrengig.
gymkhana [ʒimkana] *m* (*à moto*) rali *b*; (*à pied*) ras *b* rwystrau; ~ **automobile** ras geir.
gymnase [ʒimnɑz] *m* campfa *b*.
gymnaste [ʒimnast] *m/f* gymnastwr *g*, gymnastwraig *b*.
gymnastique [ʒimnastik] *f* gymnasteg *b*, mabolgampau *ll*; (*exercises*) ymarfer *g,b* corff; ~ **corrective** ymarferion *ll* ffisiotherapi; ~ **rythmique** aerobeg *b*
gymnique [ʒimnik] *adj* gymnastaidd, mabolgampol.
gynécologie [ʒinekɔlɔʒi] *f* gynaecoleg *b*.
gynécologique [ʒinekɔlɔʒik] *adj* gynaecolegol.
gynécologue [ʒinekɔlɔg] *m/f* gynaecolegydd *g*.
gypse [ʒips] *m* gypswm *g*.
gyrocompas [ʒiʀokɔ̃pɑ] *m* cwmpawd *g* gyro, geiro-gwmpawd *g*.
gyrophare [ʒiʀofaʀ] *m* (*sur une voiture*) golau *g* fflachiol (*sy'n troi*)

H

H[1], **h** [aʃ] *m inv* (*lettre*) H, h *b*.
H[2] [aʃ] *abr*(= *hydrogène*) H; **bombe H** bom *g,b* H.
h *abr*(= *heure*): **à 9h** am naw o'r gloch; **à l'heure h** ar yr awr dyngedfennol.
ha *abr*(= *hectare*) hectar *g*.
habile [abil] *adj* medrus, celfydd, crefftus; (*malin*) craff, call, effro.
habilement [abilmɑ̃] *adv* yn fedrus, yn gelfydd, yn grefftus; (*de façon maligne*) yn graff, yn gall.
habileté[1] [abilte] *f* medr *g*, medrusrwydd *g*.
habilité[2] (**-e**) [abilite] *adj*: **être ~ à faire qch** bod â'r awdurdod i wneud rhth.
habiliter [abilite] (**1**) *vt* awdurdodi, rhoi hawl i.
habillage [abijaʒ] *m* (*d'une personne*) gwisgiad *g*; (*revêtement*) gorchudd *g*; (*présentation*) pacedu, pacediad *g*.
habillé (**-e**) [abije] *adj* wedi'ch gwisgo; (*chic*) trwsiadus; ~ **de qch** (*TECH*) dan orchudd rhth, gorchuddiedig â rhth.
habillement [abijmɑ̃] *m* dillad *ll*, gwisg *b*; (*profession*) diwydiant *g* dillad.
habiller [abije] (**1**) *vt* gwisgo; (*objet*) gorchuddio;
♦ **s'~** *vr* gwisgo, ymwisgo; (*mettre des vêtements chic*) gwisgo'n grand; (*se fournir de vêtements*) prynu dillad; **s'~ en pirate** gwisgo fel môr-leidr; **s'~ à la dernière mode** gwisgo yn ôl y ffasiwn d(d)iweddaraf.
habilleuse [abijøz] *f* (*CINÉ, THÉÂTRE*) gwisgwraig *b*.
habit [abi] *m* (*costume*) gwisg *b*; (*de marié: queue-de-pie*) siwt *b* (*cot gynffon fain*); **~s** (*vêtements*) dillad *ll*, gwisg *b*; **prendre l'~** (*REL: devenir prêtre*) mynd yn offeiriad; (*:devenir moine*) mynd yn fynach; **~ (de soirée)** dillad gyda'r nos; **l'~ ne fait pas le moine** nid wrth ei big y mae prynu cyffylog.
habitable [abitabl] *adj* cyfannedd, preswyliadwy; **maison ~ immédiatement** tŷ y gellir symud i mewn iddo'n syth.
habitacle [abitakl] *m* caban *g* peilot; (*AUTO*) sedd *b* y gyrrwr.
habitant [abitɑ̃] *m* (*de maison*) deiliad *g*, preswylydd *g*; (*de quartier*) preswylydd; **les ~s d'un pays** trigolion *ll* gwlad; **loger chez l'~** lletya mewn cartref preifat.
habitante [abitɑ̃t] *f* (*de maison*) deiliad *g*, preswylydd *g*; (*de quartier*) preswylydd.
habitat [abita] *m* (*BOT, ZOOL*) cynefin *g*; (*mode de logement*) amodau *ll* byw.
habitation [abitasjɔ̃] *f* (*maison*) cartref *g*, tŷ *g*; (*domicile*) annedd *g*; **~s à loyer modéré** (*HLM*) ≈ tai *ll* neu fflatiau *ll* cyngor.
habité (**-e**) [abite] *adj* cyfannedd; **la maison n'a pas l'air ~** does dim golwg fod neb yn byw yn y tŷ.
habiter [abite] (**1**) *vt* byw yn; (*sentiment, animer*) meddiannu;
♦*vi*: **~ à/dans** byw yn/mewn; **il habite Paris** mae'n byw ym Mharis; **~ avec/chez qn** byw gyda rhn.
habitude [abityd] *f* arfer *g,b*; **avoir l'~ de faire qch** arfer gwneud rhth; **avoir l'~ des enfants** bod wedi arfer gyda phlant; **prendre l'~ de faire qch** mynd i'r arfer o wneud rhth; **perdre une ~** colli arfer; **d'~** fel arfer, fel rheol; **comme d'~** yr un fath â'r arfer, fel arfer; **par ~** o ran arfer.
habitué[1] (**-e**) [abitɥe] *adj*: **être ~ à** bod wedi arfer â.
habitué[2] [abitɥe] *m* (*d'une maison*) ymwelydd *g* cyson; (*client*) cwsmer *g* rheolaidd.
habituée [abitɥe] *f* (*d'une maison*) ymwelydd *g* cyson; (*cliente*) cwsmer *g* rheolaidd;
♦*adj f voir* **habitué**[1].
habituel (**-le**) [abitɥel] *adj* arferol.
habituellement [abitɥelmɑ̃] *adv* yn arferol, fel arfer.
habituer [abitɥe] (**1**) *vt*: **~ qn à qch** cynefino rhn â rhth; **~ qn à faire qch** cynefino rhn â gwneud rhth;
♦ **s'~** *vr*: **s'~ à qch** ymgynefino â rhth, ymgyfarwyddo â rhth; **s'~ à faire qch** ymgynefino â gwneud rhth, dod i'r arfer o wneud rhth.
hâbleur (**hâbleuse**) ['ɑblœʀ, 'ɑbløz] *adj* ymffrostgar, brolgar.
hache ['aʃ] *f* bwyell *b*.
haché (**-e**) ['aʃe] *adj* wedi'i dorri'n fân; (*fig*) di-drefn; **steak ~** eidionyn *g*, byrgyr *g,b*; **viande ~e** briwgig *g*.
hache-légumes ['aʃlegym] *m inv* malwr *g* llysiau.
hacher ['aʃe] (**1**) *vt* malu, torri; (*viande*) briwio; **~ menu qch** torri rhth yn fân.
hachette ['aʃɛt] *f* bwyell *b*.
hache-viande ['aʃvjɑ̃d] *m inv* malwr *g* cig; (*couteau*) cyllell *b* falu cig.
hachis ['aʃi] *m* (*CULIN: légumes*) llysiau *ll* wedi'u torri'n fân; (*:viande*) briwgig *g*, cig wedi'i dorri'n fân; **~ Parmentier** ≈ pastai'r *b* bugail.
hachisch ['aʃiʃ] *m voir* **haschisch**.
hachoir ['aʃwaʀ] *m* (*instrument*) cyllell *b* friwio, cyllell dorri cig; (*appareil*) peiriant *g* briwio; (*planche*) bwrdd *g* torri cig.
hachurer ['aʃyʀe] (**1**) *vt* llinellu.
hachures ['aʃyʀ] *fpl* llinellau *ll*.
hagard (**-e**) ['agaʀ, aʀd] *adj* (*yeux*) gwyllt; (*visage, air*) gorffwyll, hurt.
haie ['ɛ] *f* (*gén*) gwrych *g*, perth *b*; (*ÉQUITATION*) ffens *b*; (*SPORT*) clwyd *b*; (*fig: de personnes*) rhes *b*; **200 m ~s** ras *b* 200 m dros y clwydi; **~ d'honneur** gosgordd *b* er

anrhydedd.

haillons ['ɑjɔ̃] *mpl* carpiau *ll*, rhacs *ll*.

haine ['ɛn] *f* casineb *g*, atgasedd *g*.

haineux (**haineuse**) ['ɛnø, 'ɛnøz] *adj* llawn casineb; (*venimeux*) gwenwynllyd.

haïr ['aiʀ] (**20**) *vt* casáu; **je hais ça** mae'n gas gen i hynna;
♦ **se** ~ *vr* casáu'ch gilydd.

hais *etc* ['ɛ] *vb voir* **haïr**.

haïs *etc* ['ai] *vb voir* **haïr**.

haïssable ['aisabl] *adj* ffiaidd, atgas.

Haïti [aiti] *prm* Haiti *b*.

haïtien (**-ne**) [aisjɛ̃, ɛn] *adj* Haitïaidd, o Haiti.

Haïtien [aisjɛ̃] *m* Haitïad *g*.

Haïtienne [aisjɛn] *f* Haitïad *b*.

halage ['alaʒ] *m*: **chemin de** ~ llwybr *g* halio.

hâle ['ɑl] *m* lliw *g* haul.

hâlé (**-e**) ['ɑle] *adj* â lliw haul.

haleine [alɛn] *f* anadl *g*, gwynt *g*; **hors d'**~ allan o wynt *ou* anadl; **perdre** ~ colli'ch gwynt *ou* anadl; **reprendre** ~ cael eich gwynt *ou* anadl atoch; ~ **régulière/saccadée** anadlu rheolaidd/afreolaidd; **il a mauvaise** ~ mae aroglau cas ar ei wynt *ou* anadl; **tenir qn en** ~ cyfareddu *ou* hudo rhn; **de longue** ~ hirdymor; **rire à perdre** ~ chwerthin nes eich bod yn eich dyblau, marw o chwerthin.

haler ['ale] (**1**) *vt* halio, tynnu.

haleter ['alte] (**13**) *vi* bod yn fyr eich gwynt.

hall ['ol] *m* cyntedd *g*, mynedfa *b*.

hallali [alali] *m* (*chasse*) lladd, marwddygan *b*.

halle ['al] *f* neuadd *b* farchnad; ~**s** (*marché principal*) prif farchnad *b*.

hallebarde ['albaʀd] *f* gwayw-fwyell *b*; **il pleut des** ~**s** mae hi'n bwrw hen wragedd â ffyn, mae hi'n ei harllwys hi.

hallucinant (**-e**) [alysinɑ̃, ɑ̃t] *adj* anhygoel, rhyfeddol.

hallucination [alysinasjɔ̃] *f* rhithweledigaeth *b*; **avoir des** ~**s** gweld rhithiau, gweld pethau.

hallucinatoire [alysinatwaʀ] *adj* rhithweledigaethol.

halluciné [alysine] *m* un *g* sy'n rhith-weld; (*fou*) un sydd â chwilen yn ei ben.

hallucinée [alysine] *f* un *b* sy'n rhith-weld; (*folle*) un sydd â chwilen yn ei phen.

hallucinogène [a(l)lysinɔʒɛn] *adj* rhithweledigaethol;
♦*m* cyffur *g* rhithweledigaethol.

halo ['alo] *m* (*ASTRON*) lleugylch *g*.

halogène [alɔʒɛn] *m*: **lampe (à)** ~ lamp *b* halogen.

halte ['alt] *f* (*temps d'arrêt*) arhosiad *g*, saib *g*, stop *g*; (*lieu d'arrêt*) man *g,b* aros, arhosfan *g,b*, stop; **faire** ~ stopio;
♦*excl* stop!

halte-garderie (~**s**-~**s**) ['altgaʀdəʀi] *f* meithrinfa *b*.

haltère [altɛʀ] *m* (*à boules, disques*) pwysau *ll* codi; **faire des** ~**s** codi pwysau.

haltérophile [alteʀɔfil] *m/f* codwr *g* pwysau, codwraig *b* pwysau.

haltérophilie [alteʀɔfili] *f* codi pwysau.

hamac ['amak] *m* hamog *g*, gwely *g* crog.

Hambourg ['ɑ̃buʀ] *pr* Hambwrg *b*.

hamburger ['ɑ̃buʀgœʀ] *m* byrgyr *g,b*, eidionyn *g*.

hameau (**-x**) ['amo] *m* pentref *g* bychan, pentrefan *g*.

hameçon [amsɔ̃] *m* bachyn *g* (pysgota).

hampe ['ɑ̃p] *f* (*de drapeau, parasol etc*) polyn *g*; (*d'arme*) paladr *g*.

hamster ['amstɛʀ] *m* bochdew *g*.

hanche ['ɑ̃ʃ] *f* clun *b* (*y rhan uchaf*), pen *g* y glun.

handball (~**s**) ['ɑ̃dbal] *m* pêl-law *g*.

handballeur ['ɑ̃dbalœʀ] *m* chwaraewr *g* pêl-law.

handballeuse ['ɑ̃dbaløz] *f* chwaraewraig *b* pêl-law.

handicap ['ɑ̃dikap] *m* (*infirmité*) anabledd *g*; (*désavantage*) anfantais *b*; (*SPORT*) handicap *g*.

handicapé[1] (**-e**) ['ɑ̃dikape] *adj* dan anfantais; ~ **mental/physique** dan anfantais feddyliol/gorfforol; ~ **moteur** sbastig *g/b*.

handicapé[2] ['ɑ̃dikape] *m* un *g* dan anfantais.

handicapée ['ɑ̃dikape] *f* un *b* dan anfantais;
♦*adj f voir* **handicapé**[1].

handicaper ['ɑ̃dikape] (**1**) *vt* (*SPORT*) handicapio; (*désavantager*) rhoi *ou* dodi dan anfantais, anfanteisio.

hangar ['ɑ̃gaʀ] *m* sied *b*; (*AVIAT*) sied awyrennau.

hanneton ['antɔ̃] *m* chwilen *b* y bwm.

Hanovre ['anɔvʀ] *pr*: **le** ~ Hanofer *b*.

hanovrien (**-ne**) ['anɔvʀjɛ̃, jɛn] *adj* Hanoferaidd, o Hanofer.

hanter ['ɑ̃te] (**1**) *vt* aflonyddu ar, plagio; **cette maison est hantée** mae ysbryd yn y tŷ hwn.

hantise ['ɑ̃tiz] *f* ofn *g* obsesiynol.

happer ['ape] (**1**) *vt* dal; (*suj: train etc*) taro.

harangue ['aʀɑ̃g] *f* araith *b*, anerchiad *g*; (*discours pompeux*) pregeth *b*.

haranguer ['aʀɑ̃ge] (**1**) *vt* annerch, rhoi araith i; (*fig*) rhoi pregeth (i rn), rhefru (ar rn).

haras ['aʀɑ] *m* gre *b*, fferm *b* geffylau.

harassant (**-e**) ['aʀasɑ̃, ɑ̃t] *adj* blinedig.

harassé (**-e**) ['aʀase] *adj* wedi ymlâdd, wedi blino'n lân; **elle est** ~**e de travail** mae hi wedi blino'n lân oherwydd gwaith.

harcèlement ['aʀsɛlmɑ̃] *m* aflonyddiad *g*, aflonyddu; **guerre de** ~ rhyfela gerila, herwryfela; ~ **sexuel** aflonyddu rhywiol.

harceler ['aʀsəle] (**13**) *vt* erlid; (*fig*) poeni, plagio, peidio â gadael llonydd i; ~ **qn de questions** holi rhn yn ddi-baid.

hardes ['aʀd] (*péj*) *fpl* carpiau *ll*, hen ddillad *ll*.

hardi (**-e**) ['aʀdi] *adj* beiddgar, mentrus, dewr, eofn.

hardiesse ['aʀdjɛs] *f* beiddgarwch *g*,

mentrusrwydd *g*, dewrder *g*, ehofndra *g*; (*péj*) hyfdra *g*, digywilydd-dra *g*, haerllugrwydd *g*; **se permettre des ~s avec qn** bod yn hy ar rn

hardiment ['aʀdimɑ̃] *adv* (*courageusement*) yn fentrus, yn feiddgar, yn ddewr, yn eofn; (*effrontément*) yn ddigywilydd, yn hy, yn haerllug.

harem ['aʀɛm] *m* gwreicty *g*, harîm *g*.

hareng ['aʀɑ̃] *m* pennog *g*; ~ **saur** pennog coch.

hargne ['aʀɲ] *f* natur *g* ymosodol, ymosodoldeb *g*.

hargneusement ['aʀɲøzmɑ̃] *adv* yn ymosodol.

hargneux (**hargneuse**) ['aʀɲø, 'aʀɲøz] *adj* ymosodol, cas.

haricot ['aʀiko] *m* ffeuen *b*; ~ **blanc** ffeuen wen; ~ **rouge** *neu* **vert** ffeuen Ffrengig; ~ **à écosser** ffeuen lydan, ffeuen felen.

harmonica [aʀmɔnika] *m* organ *b* geg, harmonica *b*.

harmonie [aʀmɔni] *f* cytgord *g*, harmoni *g*; (*orchestre*) band *g* chwyth.

harmonieusement [aʀmɔnjøzmɑ̃] *adv* yn gytûn; (*MUS*) yn bersain, mewn cytgord.

harmonieux (**harmonieuse**) [aʀmɔnjø, aʀmɔnjøz] *adj* cytûn; (*couleurs*) cydnaws; (*MUS*) persain, cydgordiol.

harmonique [aʀmɔnik] *m* cytgord *g*.

harmoniser [aʀmɔnize] (**1**) *vt* cysoni; (*couleurs*) cytuno; (*MUS*) cydgordio;

♦ **s'~** *vr* cytuno, mynd gyda'i gilydd, cydgordio.

harmonium [aʀmɔnjɔm] *m* harmoniwm *g*.

harnaché (-**e**) ['aʀnaʃe] *adj* (*fig*) wedi'ch gwisgo'n grand.

harnachement ['aʀnaʃmɑ̃] *m* harneisio.

harnacher ['aʀnaʃe] (**1**) *vt* harneisio.

harnais ['aʀnɛ] *m* harnais *g*, tresi *ll*.

haro ['aʀo] *m*: **crier ~ sur qn/qch** lladd ar rn/rth, ei dweud hi am rn/rth.

harpe ['aʀp] *f* telyn *b*.

harpie ['aʀpi] *f* (*fig*) hen wrach *b*, hen jadan *b*, hen genawes *b*.

harpiste ['aʀpist] *m/f* telynor *g*, telynores *b*.

harpon ['aʀpɔ̃] *m* tryfer *b*.

harponner ['aʀpɔne] (**1**) *vt* tryferu; (*fam*) dal.

hasard ['azaʀ] *m* hap *b*, siawns *b*; **au** ~ ar hap; **par** ~ trwy lwc, trwy ddamwain; **comme par** ~ fel pe'n ddamweiniol, fel pe trwy ddamwain; **à tout** ~ rhag ofn.

hasarder ['azaʀde] (**1**) *vt* mentro;

♦ **se** ~ *vr* mentro; **se** ~ **dans la forêt** mentro i mewn i'r goedwig.

hasardeux (**hasardeuse**) ['azaʀdø, 'azaʀdøz] *adj* peryglus.

haschisch ['aʃiʃ] *m* hashish *g*.

hâte ['ɑt] *f* brys *g*; **à la ~, en ~** ar frys, yn frysiog; **avoir ~ de faire qch** bod yn awyddus i wneud rhth; **j'ai eu ~ de la revoir** ni allwn ei gweld hi eto yn ddigon buan.

hâter ['ɑte] (**1**) *vt* cyflymu, prysuro;

♦ **se** ~ *vr* brysio, prysuro, ymbrysuro; **se ~ de faire qch** brysio i wneud rhth.

hâtif (**hâtive**) ['ɑtif, 'ɑtiv] *adj* brysiog, brys; (*fruit, légume*) cynnar.

hâtivement ['ɑtivmɑ̃] *adv* yn frysiog, ar frys; (*plante*) yn gynnar.

hauban ['obɑ̃] *m* rhaffau *ll*.

hausse ['os] *f*

1 (*montée*) twf *g*, cynnydd *g*; (*de salaire*) codiad *g*; **être à la ~, être en ~** tyfu, cynyddu, codi.

2 (*de fusil*) annel *g* ôl.

hausser ['ose] (**1**) *vt* codi; ~ **les épaules** codi'r ysgwyddau;

♦ ~ *vr*: **se ~ sur la pointe des pieds** sefyll ar flaenau'ch traed.

haut[1] (-**e**) ['o, 'ot] *adj* uchel; ~ **de 2 m/5 étages** 2 m/5 llawr i fyny; **en ~e montagne** yn uchel yn y mynyddoedd; **en ~ lieu** mewn lleoedd uchel; **à ~e voix** mewn llais uchel, yn uchel; **tout** ~ yn uchel, mewn llais uchel; **plus** ~ uwch; ~ **en couleur** lliwgar; **~e couture** ffasiwn *g,b* aruchel; **~e fidélité** cywair-bur; **~e finance** byd arian; **~e trahison** teyrnfradwriaeth *b*;

♦*adv* yn uchel; (*dans le temps*) yn ôl; **dire qch bien** ~ dweud rhth yn blwmp ac yn blaen.

haut[2] ['o] *m*

1 (*partie élevée*) top *g*, rhan *g* uchaf; (*d'un arbre*) brig *g*; (*d'une montagne*) pen *g*, copa *g*, crib *g,b*; (*vêtement*) top; **des ~s et des bas** (*fig*) troeon yr yrfa; **on a connu des ~s et des bas dans la vie** 'rydym wedi gweld troeon yr yrfa, 'rydym wedi gweld llawer tro ar fyd; **du ~ de qch** o ben rhth; **tomber de ~** disgyn o uchder; (*fig*) cael dryllio'ch gobeithion, cael eich siomi; **prendre qch de (très) ~** ymateb i rth yn ffroenuchel; **traiter qn de ~** dirmygu rhn; **regarder qn de ~ en bas** edrych ar rn o'i gorun i'w sawdl *ou* o'i ben i'w draed; **lire un livre de ~ en bas** darllen llyfr o'r dechrau i'r diwedd; **gagner ~ la main** ennill yn llwyr; **"~ les mains!"** "dwylo i fyny!".

2 (*hauteur*) uchder *g*; **de 3 m de ~** 3 m o uchder.

▶ **en haut** uwchben; (*dans une maison*) i fyny'r grisiau, lan staer, lan lofft; **en ~ de** ar ben.

hautain (-**e**) ['otɛ̃, ɛn] *adj* trahaus, ffroenuchel.

hautbois ['obwɑ] *m* (*MUS*) obo *g*.

hautboïste ['obɔist] *m/f* (*MUS*) oböydd *g*.

haut-de-forme (~**s**-~-~) ['odfɔʀm] *m* het *b* silc.

haute-contre (~**s**-~) ['otkɔ̃tʀ] *f* uwchalaw *g*, uwchdenor *g*.

hautement ['otmɑ̃] *adv* yn uchel; (*ouvertement*) yn agored, ar goedd.

hauteur ['otœʀ] *f*

1 (*dimension verticale*) uchder *g*; **à ~ de** hyd

at; **à ~ des yeux** ar lefel y llygaid; **à la ~ de** (*aussi fig*) ar yr un lefel â; **être à la ~** (*fig*) bod â'r gallu; **il n'est pas à la ~ de faire le travail** nid yw'r gallu ganddo i wneud y gwaith; **saut en ~** naid *b* uchel.
2 (*éminence*) bryn *g*, codiad *g* tir, tir *g* uchel, ucheldir *g*.
3 (*COUTURE: de robe*) hyd *g*.
4 (*fig: noblesse*) mawredd *g*, boneddigrwydd *g*; (*arrogance*) trahauster *g*, ffroenucheledd *g*.

Haute-Volta ['otvɔlta] *prf*: **la ~-~** Gweriniaeth *b* y Folta.

haut-fond (**~s-~s**) ['ofɔ̃] *m* basddwr *g*.

haut-fourneau (**~s-~x**) ['ofuʀno] *m* ffwrnais *b* chwyth.

haut-le-cœur ['olkœʀ] *m inv* cyfog *g*.

haut-le-corps ['olkɔʀ] *m inv* naid *b* fach.

haut-parleur (**~-~s**) ['opaʀlœʀ] *m* uchelseinydd *g*, corn *g* siarad.

hauturier (**hauturière**) ['otyʀje, 'otyʀjɛʀ] *adj* (*NAUT*) cefnforol, dyfnforol.

havanais (**-e**) ['avanɛ, ɛz] *adj* Hafanaidd.

Havanais ['avanɛ] *m* Hafaniad *g*.

Havanaise ['avanɛz] *f* Hafaniad *b*.

Havane ['avan] *prf*: **la ~** Hafana *b*; ♦*m* (*cigare*) sigâr *b* Hafana.

hâve ['ɑv] *adj* esgyrnog, main.

havrais (**-e**) ['ɑvʀɛ, ɛz] *adj* o Le Havre.

Havrais ['ɑvʀɛ] *m* un *g* o Le Havre.

Havraise ['ɑvʀɛz] *f* un *b* o Le Havre.

havre ['ɑvʀ] *m* (*fig*) lloches *b*, noddfa *b*, hafan *b*.

havresac ['ɑvʀəsak] *m* bag *g* canfas.

Hawaï [awai] *prf*: **les îles ~** Hawäi *b*.

hawaïen[1] (**-ne**) [awajɛ̃, ɛn] *adj* Hawäiaidd.

hawaïen[2] [awajɛ̃] *m* (*LING*) Hawäieg *b,g*.

Hawaïen [awajɛ̃] *m* Hawäiad *g*.

Hawaïenne [awajɛn] Hawäiad *b*.

Haye ['ɛ] *pr*: **la ~** Yr Hâg *b*.

hayon ['ɛjɔ̃] *m* (*AUTO*) cefn *g* codi.

hé ['e] *excl* hei.

hebdo* [ɛbdo] *m* wythnosolyn *g*, cylchgrawn *g* wythnosol.

hebdomadaire [ɛbdɔmadɛʀ] *adj* wythnosol; ♦*m* wythnosolyn *g*, cylchgrawn *g* wythnosol.

hébergement [ebɛʀʒəmɑ̃] *m* lle *g*, llety *g*; **l'~ est prévu** mae llety wedi'i ddarparu eisoes; **il faut augmenter la capacité d'~ touristique** rhaid cael mwy o lety i ymwelwyr.

héberger [ebɛʀʒe] (**10**) *vt* lletya, rhoi llety i; (*réfugiés*) llochesu, rhoi lloches i.

hébété (**-e**) [ebete] *adj* hurt; (*MÉD*) swrth, cysglyd.

hébétude [ebetyd] *f* hurtrwydd *g*, syfrdandod *g*; (*MÉD*) syrthni *g*.

hébraïque [ebʀaik] *adj* Hebrëig.

hébreu[1] (**-x**) [ebʀø] *adj* Hebrëig.

hébreu[2] [ebʀø] *m* (*LING*) Hebraeg *b,g*.

Hébrides [ebʀid] *prfpl*: **les ~** Ynysoedd *ll* Heledd, Ynysoedd yr Hebrides.

HEC ['aʃese] *sigle fpl*(= *École des hautes études commerciales*) *grande école* ar gyfer astudiaethau rheolaeth a busnes.

hécatombe [ekatɔ̃b] *f* lladdfa *b*, cyflafan *b*; **l'examen a été une ~** methodd llawer o bobl yr arholiad.

hectare [ɛktaʀ] *m* hectar *g* (*10,000 metr sgwâr*).

hecto... [ɛkto] *préf* hecto...

hectolitre [ɛktɔlitʀ] *m* hectolitr *g*.

hédoniste [edɔnist] *adj* hedonydd *g*, plesergarwr *g*.

hégémonie [eʒemɔni] *f* (*domination*) goruchafiaeth *b*, tra-arglwyddiaeth *b*.

hein ['ɛ̃] *excl* be?, sut?; **c'est beau, ~?** mae'n hardd, on'd ydi?; **tu m'entends, ~?** 'rwyt ti'n fy nghlywed, on'd wyt ti?; **Paul est venu, ~?** fe ddaeth Paul, felly?, fe ddaeth Paul, do fe?; **j'ai mal fait, ~?** mi wnes i gamgymeriad, on'd do?; **que fais-tu, ~?** beth wyt ti'n ei wneud, 'te?

hélas ['elɑs] *excl* druan ohonof!, gwae!; ♦*adv* gwaetha'r modd, ysywaeth, yn anffodus.

Hélène [elɛn] *prf* Helen, Elen.

héler ['ele] (**14**) *vt* galw.

hélice [elis] *f* sgriw *b* yrru, propelor *g*, llafn *g* gwthio; **escalier en ~** (*à vis*) grisiau *g* *ou* staer *g* troellog.

hélicoïdal (**-e**) (**héliocoïdaux, héliocoïdales**) [elikɔidal, elikɔido] *adj* heligol; (*escalier*) troellog.

hélicoptère [elikɔptɛʀ] *m* hofrennydd *g*.

hélio(gravure) [eljo(gʀavyʀ)] *f* ffoto-engrafiad *g*.

héliomarin (**-e**) [eljɔmaʀɛ̃, in] *adj*: **centre ~** canolfan *g,b* haul a heli.

héliotrope [eljɔtʀɔp] *m* blodyn *g* heuldro.

héliport [elipɔʀ] *m* maes *g* hofrenyddion.

héliporté (**-e**) [elipɔʀte] *adj* a gludir gan hofrennydd.

hélium [eljɔm] *m* heliwm *g*.

hellébore [e(ɛl)lebɔr] *m* (*BOT*) hylithr *g*.

hellénique [elenik] *adj* Helenaidd, Groegaidd.

hellénisant (**-e**) [elenizɑ̃, ɑ̃t] *adj* Helenistaidd.

helléniste [elenist] *m/f* Helenydd *g*, Groegydd *g*.

Helsinki [ɛlzinki] *pr* Helsinki *b*, Helsingfors *b*.

helvète [ɛlvɛt] *adj* Helfetaidd, Swisaidd, Swistirol.

Helvète [ɛlvɛt] *m/f* Helfetiad *g/b*, Swisiad *g/b*, Swistirwr *g*, Swistirwraig *b*.

Helvétie [ɛlvesi] *prf*: **l'~** y Swistir *g*.

helvétique [ɛlvetik] *adj* Helfetaidd, Swisaidd.

hématologie [ematɔlɔʒi] *f* (*MÉD*) haematoleg *b*.

hématome [ematom] *m* clais *g*.

hémicycle [emisikl] *m* (*de théâtre, salle*) neuadd *b* hanner crwn.

hémiplégie [emipleʒi] *f* parlys *g* un ochr *ou* unochrog

hémisphère [emisfɛʀ] *m*: **~ nord/sud**

hemisffer *g* y gogledd/de.
hémisphérique [emisfeʀik] *adj* hemisfferig.
hémoglobine [emɔglɔbin] *f* haemoglobin *g*.
hémophile [emɔfil] *adj* haemoffilig.
hémophilie [emɔfili] *f* haemoffilia *g*, clefyd *g* gwaedu.
hémorragie [emɔʀaʒi] *f* gwaedlif *g*; ~ **cérébrale** gwaedlif ar yr ymennydd; ~ **interne** gwaedlif mewnol; ~ **nasale** gwaedlif o'r trwyn.
hémorroïdes [emid] *fpl* (*MÉD*) clwy'r *g* marchogion, peils *g*.
hémostatique [emɔstatik] *adj* gwaedataliol.
henné ['ene] *m* henna *g*.
hennir ['eniʀ] (2) *vi* gweryru.
hennissement ['enismɑ̃] *m* gweryriad *g*.
Henri [ɛ̃ʀi] *prm* Harri, Henri.
hep ['ɛp] *excl* hei!
hépatique [epatik] *adj* afuaidd, ieuaidd.
hépatite [epatit] *f* (*MÉD*) hepatitis *g*, llid *g* yr afu *ou* iau.
héraldique [eʀaldik] *f* herodraeth *b*.
herbacé (-**e**) [ɛʀbase] *adj* llysieuaidd, llysieuol.
herbage [ɛʀbaʒ] *m* porfa *b*, tir *g* pori.
herbe [ɛʀb] *f*
1 (*gén*) glaswellt *g*; **en** ~ yn yr egin, yn blaguro; **brin d'**~ glaswelltyn *g*; **touffe d'**~ tusw *g* o laswellt; **mauvaises** ~**s** chwyn *ll*.
2 (*CULIN*) perlysieuyn *g*.
herbeux (**herbeuse**) [ɛʀbø, ɛʀbøz] *adj* glaswelltog, lle tŷf glaswellt.
herbicide [ɛʀbisid] *m* chwynladdwr *g*, gwenwyn *g* chwyn.
herbier [ɛʀbje] *m* llysieufa *b*, herbariwm *g*.
herbivore [ɛʀbivɔʀ] *m* (*ZOOL*) llysysydd *g*.
herboriser [ɛʀbɔʀize] (1) *vi* casglu planhigion.
herboriste [ɛʀbɔʀist] *m/f* gwerthwr *g* planhigion meddyginiaethol, gwerthwraig *b* planhigion meddyginiaethol.
herboristerie [ɛʀbɔʀistʀi] *f* (*magasin*) siop *b* blanhigion meddyginiaethol; (*commerce*) gwerthu planhigion meddyginiaethol.
Hercule [ɛʀkyl] *prm* Ercwlff, Hercwles.
herculéen (-**ne**) [ɛʀkyleɛ̃, ɛn] *adj* (*fig*) anferth.
hère ['ɛʀ] *m*: **pauvre** ~ truan *g* bach, creadur *g* truenus.
héréditaire [eʀeditɛʀ] *adj* etifeddol.
hérédité [eʀedite] *f* tras *g*, gwaedoliaeth *g*; (*BIOL*) etifeddeg *b*; (*de possesion, charge, titre*) ystad *g*, eiddo *g*, etifeddiaeth *b*.
hérésie [eʀezi] *f* heresi *g*, gau gred *b*, geugred *b*, cyfeiliorniad *g*.
hérétique [eʀetik] *m/f* heretig *g/b*, geugredwr *g*, geugredwraig *b*.
hérissé (-**e**) ['eʀise] *adj* (*plumes*) crych; (*cactus, cheveux*) pigog.
hérisser ['eʀise] (1) *vt*: ~ **qn** (*fig*) codi gwrychyn rhn;
♦ **se** ~ *vr* (*poils, chat*) codi gwrychyn.
hérisson ['eʀisɔ̃] *m* draenog *g*; (*de ramoneur*) brwsh *g*.
héritage [eʀitaʒ] *m* etifeddiaeth *b*; **faire un** **(petit)** ~ etifeddu ychydig o arian.
hériter [eʀite] (1) *vi*: ~ **de qch (de qn)** etifeddu rhth (gan rn).
héritier [eʀitje] *f* etifedd *g*.
héritière [eʀitjɛʀ] *f* etifeddes *b*.
hermaphrodite [ɛʀmafʀɔdit] *adj* deuryw;
♦*m* deuryw *g*.
hermétique [ɛʀmetik] *adj* (*à l'air*) aerglos; (*à l'eau*) dwrglos; (*fig: sociéte*) caeedig, cudd; (*auteur*) dyrys, cymhleth, astrus.
hermétiquement [ɛʀmetikmɑ̃] *adv* yn dynn, yn glòs; (*s'exprimer*) mewn ffordd gymhleth.
hermine [ɛʀmin] *f* carlwm *g*.
hernie ['ɛʀni] *f* (*MÉD*) torgest *b*, torllengig *g*.
Hérode [eʀɔd] *prm* Herod.
héroïne[1] [eʀɔin] *f* merch *b* ddewr; (*principal personnage*) arwres *b*.
héroïne[2] [eʀɔin] *f* (*drogue*) heroin *g*.
héroïnomane [eʀɔinɔman] *m/f* un *g/b* sy'n gaeth i heroin.
héroïque [eʀɔik] *adj* arwrol.
héroïquement [eʀɔikmɑ̃] *adv* yn arwrol.
héroïsme [eʀɔism] *m* arwriaeth *b*.
héron ['eʀɔ̃] *m* crëyr *g*.
héros ['eʀo] *m* arwr *g*.
herpès [ɛʀpɛs] *m* (*MÉD: de la lèvre*) crachen *b* *ou* dolur *g* annwyd; (*génital*) herpes *g* gwenerol.
herse ['ɛʀs] *f* (*AGR*) og *b*; (*de château*) porthcwlis *g*.
hertz [ɛʀts] *m* hertz *g*.
hertzien (-**ne**) [ɛʀtsjɛ̃, ɛn] *adj* Hertzaidd.
hésitant (-**e**) [ezitɑ̃, ɑ̃t] *adj* petrus, petrusgar.
hésitation [ezitasjɔ̃] *f* petruster *g*; (*pause*) saib *g*; **répondre sans** ~ ateb heb betruso.
hésiter [ezite] (1) *vi*: ~ **(à faire qch)** petruso (gwneud rhth); **je le dis sans** ~ 'rwy'n dweud hynny heb betruso; **j'hesite entre les deux choses** ni allaf benderfynu rhwng y ddau beth; **il n'y a pas à** ~ 'does dim eiliad i'w golli; ~ **sur qch** petruso ynghylch rhth.
hétéro [eteʀo] *adj inv*= **hétérosexuel(le)**.
hétéroclite [eteʀɔklit] *adj* (*ensemble*) cymysgryw, heterogenaidd; (*objets*) amrywiol, amryfal.
hétérogène [eteʀɔʒɛn] *adj* amrywiol, heterogenaidd; (*classe*) gallu cymysg.
hétérosexuel (-**le**) [eteʀɔsɛkɥɛl] *adj* heterorywiol, gwahanrywiol.
hêtre ['ɛtʀ] *m* ffawydden *b*.
heure [œʀ] *f*
1 (*soixante minutes*) awr *b*; **100 km à l'**~ 100 km yr awr; **24** ~**s sur 24** 24 awr y dydd; **une** ~ **d'arrêt** awr o egwyl; **d'**~ **en** ~ bob awr; **d'une** ~ **à l'autre** o'r naill awr i'r llall; **le bus passe à l'**~ mae'r bws yn rhedeg ar yr awr; **deux** ~**s de marche/travail** dwy awr o gerdded/waith; ~ **d'été/locale** amser haf/lleol; ~**s de bureau** oriau swyddfa; ~**s supplémentaires** oriau ychwanegol.
2 (*indication*) amser *g*; **quelle** ~ **est-il?** faint

o'r gloch yw hi?; **pourriez-vous me donner l'~, s'il vous plaît?** allwch chi ddweud wrthyf fi faint o'r gloch yw hi os gwelwch yn dda?; **deux ~s (du matin)** dau o'r gloch (y bore). **3** (*point dans le temps*) amser *g*, adeg *b*; **être à l'~** bod yn brydlon; (*montre*) bod yn gywir; **mettre une montre à l'~** gosod watsh ar yr amser cywir; **à toute ~** unrhyw bryd *ou* adeg; **à l'~ qu'il est** ar yr adeg hon o'r dydd; **c'est l'~** mae'n bryd; **à la bonne ~!** da iawn!, gwych!; **sur l'~** ar unwaith; **pour l'~** am y tro; **de bonne ~** yn fuan, ben bore; **~ de pointe** adeg brysur; **aux ~s d'affluence** yn ystod yr oriau *ll* brig, ar yr adeg *b* brysuraf. **4** (*période*) amser *g*, pryd *g*, adeg *b*; **à l'~ où ...** ar adeg pan ..., pan ...; **à l'~ actuelle** ar hyn o bryd.

heureusement [œʀøzmɑ̃] *adv* (*par bonheur*) yn ffodus, yn lwcus, wrth lwc; **~ que tu sois là!** dyna ffodus dy fod ti yna!

heureux (**heureuse**) [œʀø, øz] *adj* hapus, bodlon; (*chanceux*) ffodus, lwcus; **être ~ de qch/faire qch** bod yn falch o rth/wneud rhth; **je suis ~ qu'il soit guéri** 'rwy'n falch ei fod yn well; **je m'estime ~ d'être encore en vie** 'rwy'n meddwl fy mod yn lwcus o fod yn fyw; **encore ~ que ...** llawn cystal ...

heurt ['œʀ] *m* gwrthdrawiad *g*.

heurté (-e) ['œʀte] *adj* (*fig: style, discours*) anwastad; (:*couleurs*) cyferbyniol, sy'n gwrthdaro.

heurter ['œʀte] (1) *vt* taro (yn erbyn); (*fig*) digio; **la voiture a heurté un arbre** bwrodd y car yn erbyn coeden; **~ qn de front** anghydweld yn llwyr â rhn;
♦ **se ~** *vr* taro yn erbyn ei gilydd; (*couleurs, tons*) bod yn gwrthdaro; **se ~ à** (*fig*) dod ar draws, dod wyneb yn wyneb â.

heurtoir ['œʀtwaʀ] *m* cnocer *g* (drws).

hévéa [evea] *m* hefea *b*,*g*, coeden *b* rwber.

hexagonal (-e) (**hexagonaux, hexagonales**) [ɛgzagɔnal, ɛgzagɔno] *adj* chweochrog, hecsagonol; (*souvent péj*) Ffrengig (*gweler y nodyn ar hexagone*).

hexagone [ɛgzagɔn] *m* chweochr *g*, hecsagon *g*; (*la France*) Ffrainc *b* (*oherwydd fod siâp tebyg i chweochr iddi*).

HF ['aʃɛf] *sigle f*(= *haute fréquence*) HF (= amledd uchel).

hiatus ['jatys] *m* (ANAT) agen *b*; (*décalage*) gwahaniaeth *g*.

hibernation [ibɛʀnasjɔ̃] *f* gaeafgwsg *g*; **être en ~** gaeafgysgu.

hiberner [ibɛʀne] (1) *vi* gaeafgysgu.

hibiscus [ibiskys] *m* (BOT) hibisgws *g*.

hibou (-x) ['ibu] *m* (ZOLL: *oiseau*) tylluan *b*, gwdihŵ *b*.

hic* ['ik] *m* trafferth *b*,*g*, problem *b*.

hideusement ['idøzmɑ̃] *adv* yn hyll, yn erchyll.

hideux (**hideuse**) ['idø, 'idøz] *adj* hyll, erchyll.

hier [jɛʀ] *adv* doe *g*, ddoe; **~ matin** bore ddoe; **~ soir** neithiwr; **~ midi** ganol dydd ddoe; **toute la matinée d'~** trwy gydol bore ddoe; **il y eu une semaine ~** wythnos i ddoe; **~ encore, il me disait** ddoe ddiwethaf, 'roedd yn dweud wrthyf fi, dim ond ddoe, 'roedd yn dweud wrthyf fi; **ce problème ne date pas d'~** nid problem newydd yw hon.

hiérarchie ['jeʀaʀʃi] *f* hierarchaeth *b*.

hiérarchique ['jeʀaʀʃik] *adj* hierarchaidd.

hiérarchiquement ['jeʀaʀʃikmɑ̃] *adv* yn hierarchaidd.

hiérarchisation ['jeʀaʀʃizasjɔ̃] *f* (*action*) hierarcheiddio; (*système*) hierarchaeth *b*.

hiérarchiser ['jeʀaʀʃize] (1) *vt* hierarcheiddio, gosod mewn trefn hierarchaidd.

hiéroglyphe ['jeʀɔglif] *m* hieroglyff *g*, arwyddlun *g*; (*fig*) traed *ll* brain, ysgrifen *b* annealladwy.

hiéroglyphique ['jeʀɔglifik] *adj* hieroglyffaidd, hieroglyffig; (*fig*) annealladwy.

hi-fi ['ifi] *f inv* hei-ffei *g*; **une chaîne ~-~** system *b* stereo.

hilarant (-e) [ilaʀɑ̃, ɑ̃t] *adj* chwerthinllyd, doniol iawn; **gaz ~** nwy *g* chwerthin.

hilare [ilaʀ] *adj* siriol, llawen, afieithus; **un visage ~** wyneb *g* siriol.

hilarité [ilaʀite] *f* chwerthin *g*, sirioldeb *g*, afiaith *g*.

Himalaya [imalaja] *prm*: **l'~** Mynyddoedd *ll* Himalaia.

himalayen (-ne) [imalajɛ̃, ɛn] *adj* Himalaiaidd.

hindou (-e) [ɛ̃du] *adj* Hindŵaidd.

Hindou [ɛ̃du] *m* Hindw *g*.

Hindoue [ɛ̃du] *f* Hindw *b*.

hindouisme [ɛ̃duism] *m* Hindŵaeth *b*.

Hindoustan [ɛ̃dustɑ̃] *pr*: **l'~** Hindwstan *b*.

hippie ['ipi] *adj* hipïaidd;
♦*m/f* hipi *g*/*b*.

hippique [ipik] *adj* marchogol, ceffylau; **concours ~** sioe *b* neidio ceffylau; **club ~** clwb *g* marchogaeth.

hippisme [ipism] *m* marchogyddiaeth *b*.

hippocampe [ipɔkɑ̃p] *m* morfarch *g*.

hippodrome [ipɔdʀom] *m* cae *g* rasio *ou* ras

hippophagique [ipɔfaʒik] *adj*: **boucherie ~** siop *b* cig ceffyl.

hippopotame [ipɔpɔtam] *m* hipopotamws *g*.

hirondelle [iʀɔ̃dɛl] *f* (ZOOL: *oiseau*) gwennol *b*; **une ~ ne fait pas le printemps** un wennol ni wna wanwyn.

hirsute [iʀsyt] *adj* (*personne*) blewog; (*cheveux, barbe*) blêr, anniben, aflêr.

hispanique [ispanik] *adj* Sbaenaidd.

hispanisant [ispanizɑ̃] *m* Sbaenigwr *g*.

hispanisante [ispanizɑ̃t] *f* Sbaenigwraig *b*.

hispaniste [ispanist] *m/f* Sbaenigwr *g*, Sbaenigwraig *b*.

hispano-américain (~-~e) (~-~s, ~-~es) [ispanɔamerikɛ̃, ɛn] *adj* Sbaen-Americanaidd.

hispano-arabe (~-~s) [ispanɔaʀab] *adj* Sbaen-Arabaidd.

hisser ['ise] (1) *vt* codi, halio, tynnu (rhth) i fyny;
♦ **se** ~ *vr* eich codi'ch hun.
histoire [istwaʀ] *f*
1 (*discipline*) hanes *g*; **l'~ de France** hanes Ffrainc.
2 (*récit*) stori *b*, hanes *g*; **l'~ sainte** hanes o'r Beibl; **c'est une ~ d'argent** mater o arian; **~ de rire** o ran hwyl.
3 (*chichis*): **~s** ffwdan *g*, ffws *g*; (*ennuis*) trafferthion *ll*; **sans ~s** diffwdan.
histologie [istɔlɔʒi] *f* histoleg *b*.
historien [istɔʀjɛ̃] *m* hanesydd *g*.
historienne [istɔʀjɛn] *f* hanesydd *g*.
historiographe [istɔʀjɔgʀaf] *m* hanesydd *g*, hanesyddiaethwr *g*.
historique [istɔʀik] *adj* hanesyddol;
♦*m* (*exposé, récit*): **faire l'~ de qch** olrhain hanes rhth.
historiquement [istɔʀikmɑ̃] *adv* yn hanesyddol.
hit-parade (**~-~s**) ['itpaʀad] *m* siartiau *ll*; **premier au ~-~** ar frig y siartiau.
hiver [ivɛʀ] *m* gaeaf *g*; **en ~** yn y gaeaf; **été comme ~** boed haf neu aeaf; **au cœur de l'~** gefn gaeaf, yng nghanol y gaeaf.
hivernal (-**e**) (**hivernaux, hivernales**) [ivɛʀnal, ivɛʀno] *adj* gaeafol; (*d'hiver*) y gaeaf.
hivernant [ivɛʀnɑ̃] *m* ymwelydd *g* gaeaf; (*dans une station balnéaire*) *un g sy'n mynd ar wyliau yn y gaeaf*; (*dans une station de ski*) *un g sy'n mynd i sgio yn y gaeaf*.
hivernante [ivɛʀnɑ̃t] *f* ymwelydd *g* gaeaf; (*dans une station balnéaire*) *un b sy'n mynd ar wyliau yn y gaeaf*; (*dans une station de ski*) *un b sy'n mynd i sgio yn y gaeaf*.
hiverner [ivɛʀne] (1) *vi* gaeafu, treulio'r gaeaf.
HLM ['aʃɛlɛm] *sigle m ou f* (= *habitations à loyer modéré*) ≈ tai *ll ou* fflatiau *ll* cyngor.
hobby ['ɔbi] *m* hobi *b*, diddordeb *g*.
hobereau ['ɔbʀo] *m* (*ZOOL*) hebog *g* yr ehedydd; (*fig*) tirfeddiannwr *g*.
hochement ['ɔʃmɑ̃] *m*: **~ de tête** siglad *g* pen; (*en signe de dénégation*) ysgwyd y pen; (*en signe d'assentiment*) nod, nodio.
hocher ['ɔʃe] (1) *vt*: **~ la tête** siglo'r pen; (*en signe de dénégation*) ysgwyd y pen; (*en signe d'assentiment*) nodio.
hochet ['ɔʃɛ] *m* (*jouet de bébé*) ratl *b*, rhuglen *b*.
hockey ['ɔkɛ] *m*: **~ (sur gazon)** hoci *g*; **~ sur glace** hoci iâ *ou* rhew; **jouer au ~** chwarae hoci.
hockeyeur ['ɔkɛjœʀ] *m* chwaraewr *g* hoci.
hockeyeuse ['ɔkɛjøz] *f* chwaraewraig *b* hoci.
holà ['ɔlaʟ hɔla] *m* (*pour appeler*): **~!** hei!; **mettre le ~ à qch** rhoi stop ar rth.
holding ['ɔldiŋ] *m* cwmni *g* daliannol.
hold-up ['ɔldœp] *m inv* lladrad *g* (*â gwn*); **commettre un ~-~** lladrata (*â gwn*).
hollandais[1] (-**e**) ['ɔlɑ̃dɛ, ɛz] *adj* Holandaidd, Iseldiraidd; (*mot*) Iseldireg.
hollandais[2] ['ɔlɑ̃dɛ] *m* Iseldireg *b,g*.
Hollandais ['ɔlɑ̃dɛ] *m* Holandwr *g*, Iseldirwr *g*.
Hollandaise ['ɔlɑ̃dɛz] *f* Holandwraig *b*, Iseldirwraig *b*.
hollande ['ɔlɑ̃d] *m* caws *g* o'r Iseldiroedd.
Hollande ['ɔlɑ̃d] *prf*: **la ~** (*les Pays-Bas*) yr Iseldiroedd *ll*; (*région des Pays-Bas*) Holand *b*.
holocauste [ɔlɔkost] *m* (*REL*) llosgaberth *g*; (*massacre*) lladdfa *b*, cyflafan *b*, holocost *g*.
hologramme [ɔlɔgʀam] *m* hologram *g*.
homard ['ɔmaʀ] *m* cimwch *g*.
homélie [ɔmeli] *f* homili *b*, pregeth *b*.
homéopathe [ɔmeɔpat] *m/f* homeopath *g*.
homéopathie [ɔmeɔpati] *f* homeopatheg *b*.
homéopathique [ɔmeɔpatik] *adj* homeopathig.
Homère [ɔmɛʀ] *prm* Homer.
homérique [ɔmeʀik] *adj* Homeraidd; (*immense*) anferth.
homicide [ɔmisid] *m* (*meurtrier*) dynleiddiad *g*, llofrudd *g*; (*meurtre*) dynladdiad *g*, llofruddiaeth *b*; **~ involontaire** dynladdiad anfwriadol.
hommage [ɔmaʒ] *m*
1 (*gén*) teyrnged *b*; **rendre ~ à qn** talu teyrnged i rn; **en ~ de qch** yn arwydd o rth; **faire ~ de qch à qn** cyflwyno rhth i rn; **présenter ses ~s** dangos parch; **"mes ~s à votre femme"** "cofiwch fi at eich gwraig".
2 (*HIST*) gwrogaeth *b*; **rendre ~ à qn** talu gwrogaeth i rn.
homme [ɔm] *m* dyn *g*; (*genre humain*) dynoliaeth *b*, dynolryw *b*; **l'~ de la rue** y dyn cyffredin; **~ à tout faire** tasgmon *g*, dyn mân swyddi; **~ d'affaires** dyn busnes; **~ d'Église** eglwyswr *g*; **~ d'État** gwladweinydd *g*; **~ de loi** cyfreithiwr *g*; **~ de main** gwas *g* cyflog; **~ de paille** dyn gwellt; **~ des cavernes** dyn ogof *ou* yr ogofeydd.
homme-grenouille (**~s-~s**) [ɔmgʀənuj] *m* nofiwr *g* tanddwr.
homme-orchestre (**~s-~s**) [ɔmɔʀkɛstʀ] *m* band *g* un dyn.
homme-sandwich (**~s-~s**) [ɔmsɑ̃dwitʃ] *m* cludwr *g* hysbysfwrdd.
homogène [ɔmɔʒɛn] *adj* homogenaidd.
homogénéisé (-**e**) [ɔmɔʒeneize] *adj*: **lait ~** llaeth *g* homogenaidd.
homogénéité [ɔmɔʒeneite] *f* cydrywiaeth *b*, unrhywiaeth *b*, homogenedd *g*.
homologation [ɔmɔlɔgasjɔ̃] *f* cymeradwyaeth *b*.
homologue [ɔmɔlɔg] *m/f* cyfatebwr *g*, cyfatebwraig *b*.
homologué (-**e**) [ɔmɔlɔge] *adj* cymeradwyedig.
homologuer [ɔmɔlɔge] (1) *vt* cymeradwyo.
homonyme [ɔmɔnim] *m* (gair *g*) cyfunffurf *g* (*gair a sillefir fel gair arall*);
♦*adj* cyfunffurf; **dans le film ~** yn y ffilm o'r un enw.
homosexualité [ɔmɔsɛksɥalite] *f* (*gén*) cyfunrhywiaeth *b*; (*homme*)

gwrywgydiaeth *b*; (*femme*) lesbiaeth *b*.
homosexuel[1] (**-le**) [ɔmɔsɛksɥɛl] *adj* (*gén*) cyfunrhywiol; (*homme*) gwrywgydiol; (*femme*) lesbiaidd.
homosexuel[2] [ɔmɔsɛksɥel] *m* gwrywgydiwr *g*.
homosexuelle [ɔmɔsɛksɥɛl] *f* lesbiad *b*; ♦*adj f voir* **homosexuel**[1].
Honduras ['ɔ̃dyʀas] *prm*: **l'**~ Hondwras *b*.
hondurien (**-ne**) ['ɔ̃dyʀjɛ̃, ɛn] *adj* Hondwraidd, o Hondwras.
Hondurien ['ɔ̃dyʀjɛ̃] Hondwriad *g*.
Hondurienne ['ɔ̃dyʀjɛn] *f* Hondwriad *b*.
hongre ['ɔ̃gʀ] *adj* ysbaddedig; ♦*m* ceffyl *g* ysbaddedig.
Hongrie ['ɔ̃gʀi] *prf*: **la** ~ Hwngari *b*.
hongrois[1] (**-e**) ['ɔ̃gʀwa, waz] *adj* Hwngaraidd, o Hwngari.
hongrois[2] ['ɔ̃gʀwa] *m* (LING) Hwngareg *b,g*.
Hongrois ['ɔ̃gʀwa] *m* Hwngariad *g*.
Hongroise ['ɔ̃gʀwaz] *f* Hwngariad *b*.
honnête [ɔnɛt] *adj* gonest; (*satisfaisant*) teg; (*honorable*) parchus.
honnêtement [ɔnɛtmɑ̃] *adv* (*dire*) yn onest; (*juger*) yn deg; (*se conduire*) yn barchus; ~, **tu as tort** a dweud y gwir, 'rwyt ti'n anghywir; **travail** ~ **payé** gwaith ar gyflog teg.
honnêteté [ɔnɛtte] *f* gonestrwydd *g*; **avec** ~ yn onest.
honneur [ɔnœʀ] *m* anrhydedd *g*; **l'**~ **lui revient** (*mérite*) iddo ef y mae'r clod; **à qui ai-je l'**~**?** â phwy 'rwy'n cael y fraint o siarad?; **cela me fait** ~ mae hynny'n fraint; **"j'ai l'**~ **de ..."** "mae'n fraint imi ..."; **en l'**~ **de** (*personne*) er anrhydedd i; (*évènement*) ar achlysur; **faire** ~ **à** (*engagement*) anrhydeddu, cadw; (*famille, professeur*) bod yn glod i; (*fig: repas etc*) gwneud cyfiawnder à; **être à l'**~ cael y lle anrhydeddus, cael eich anrhydeddu; **être en** ~ bod yn y ffasiwn, bod yn arferol, bod yn arferiad; **membre d'**~ aelod *g* anrhydeddus; **table d'**~ bwrdd *g* y pwysigion, y bwrdd uchel.
honorable [ɔnɔʀabl] *adj* parchus, anrhydeddus.
honorablement [ɔnɔʀabləmɑ̃] *adv* yn barchus, yn anrhydeddus.
honoraire [ɔnɔʀɛʀ] *adj* anrhydeddus; **professeur** ~ Athro *g* Emeritws.
honoraires [ɔnɔʀɛʀ] *mpl* (*d'un médecin, d'un avocat etc*) tâl *g*, ffi *g*.
honorer [ɔnɔʀe] (**1**) *vt* anrhydeddu; ~ **qn de sa confiance** ymddiried yn rhn; **je suis très honoré d'être parmi vous** mae'n fraint gen i fod yn eich cwmni;
♦ **s'**~ *vr* (*être fier*) bod yn falch o; **vous vous êtes honoré par votre choix** mae'ch dewis yn glod ichi.
honorifique [ɔnɔʀifik] *adj* anrhydeddus.
honte ['ɔ̃t] *f* cywilydd *g*; **j'ai** ~ mae arna' i gywilydd; **il a** ~ **de ce qu'il a fait** mae arno gywilydd o'r hyn a wnaeth; **il devrait avoir** ~ dylai bod cywilydd arno; **faire** ~ **à qn** codi cywilydd ar rn; **tu me fais** ~ **avec ton chapeau** 'rwyt ti'n codi cywilydd arna' i gyda'r het 'na; **j'ai cru mourir de** ~ 'roeddwn i bron â marw o gywilydd.
honteusement ['ɔ̃tøzmɑ̃] *adv* yn gywilyddus; (*sans honte*) yn ddigywilydd.
honteux (**honteuse**) ['ɔ̃tø, 'ɔ̃tøz] *adj* (*déshonorant*) cywilyddus; (*gêné*) mewn cywilydd; **il est** ~ **que le gouvernement se comporte ainsi** mae'n gywilyddus bod y llywodraeth yn ymddwyn fel hyn.
hôpital (**hôpitaux**) [ɔpital, ɔpito] *m* ysbyty *g*.
hoquet ['ɔkɛ] *m* igian *g*; **il a le** ~ mae'r igian arno.
hoqueter ['ɔkte] (**12**) *vi* igian.
Horace [ɔʀas] *prm* Horas.
horaire [ɔʀɛʀ] *adj* yr awr; **une augmentation** ~ **de trois francs** codiad *g* cyflog o dri ffranc yr awr;
♦*m* amserlen *b*; ~**s** (*conditions, heures de travail*) oriau *ll*; ~ **souple,** ~ **à la carte,** ~ **flexible,** ~ **mobile** oriau hyblyg, amserlen hyblyg.
horde ['ɔʀd] *f* llu *g*, haid *b*, torf *b*, mintai *b*.
horizon [ɔʀizɔ̃] *m* gorwel *g*; ~**s** (*fig*) gorwelion; **sur l'**~ ar y gorwel; **élargir ses** ~**s** lledu'ch gorwelion; **venir d'**~**s divers** dod o gefndiroedd gwahanol; **l'**~ **économique est sombre** mae'r dyfodol economaidd yn edrych yn llwm.
horizontal (**-e**) (**horizontaux, horizontales**) [ɔʀizɔ̃tal, ɔʀizɔ̃to] *adj* llorweddol, gorweddol, gwastad.
horizontale [ɔʀizɔ̃tal] *f*: **à l'**~ yn llorweddol, yn gorwedd;
♦*adj f voir* **horizontal**.
horizontalement [ɔʀizɔ̃talmɑ̃] *adv* yn llorweddol.
horloge [ɔʀlɔʒ] *f* cloc *g*; ~ **parlante** (TÉL) cloc llafar; ~ **normande** cloc mawr, cloc wyth niwrnod.
horloger [ɔʀlɔʒe] *m* gwneuthurwr *g* clociau.
horlogère [ɔʀlɔʒɛʀ] *f* gwneuthurwraig *b* clociau.
horlogerie [ɔʀlɔʒʀi] *f* gwneud clociau; (*boutique*) siop *b* glociau; **pièces d'**~ darnau *ll* clociau.
hormis ['ɔʀmi] *prép* ac eithrio, ar wahân i, heblaw am.
hormonal (**-e**) (**hormonaux, hormonales**) [ɔʀmɔnal, ɔʀmɔno] *adj* hormonaidd.
hormone [ɔʀmɔn] *f* hormon *g*.
horodaté (**-e**) [ɔʀɔdate] *adj* (*ticket*) stampiedig â'r amser a'r dyddiad; (*stationnement*) talu ac arddangos.
horodateur[1] (**horodatrice**) [ɔʀɔdatœʀ, ɔʀɔdatʀis] *adj* (*appareil*) sy'n stampio'r amser a'r dyddiad.
horodateur[2] [ɔʀɔdatœʀ] *m peiriant g tocynnau (parcio)*.

horoscope [ɔʀɔskɔp] *m* horosgop *g*.
horreur [ɔʀœʀ] *f* arswyd *g*; **quelle ~!** o'r arswyd!, dyna ofnadwy!, dyna arswydus!; **avoir ~ de qch** casáu rhth; **cela me fait ~** mae'n gas gen i hynna; **dire des ~s de qn** dweud pethau ofnadwy am rn; **les ~s de la guerre** erchylltra *g* rhyfel.
horrible [ɔʀibl] *adj* arswydus, ofnadwy, erchyll.
horriblement [ɔʀibləmɑ̃] *adv* yn arswydus, yn ofnadwy, yn erchyll.
horrifiant (**-e**) [ɔʀifjɑ̃, ɑ̃t] *adj* arswydus, ofnadwy, erchyll.
horrifier [ɔʀifje] (**16**) *vt* arswydo, codi ofn ar, dychryn, brawychu.
horrifique [ɔʀifik] *adj* arswydus, ofnadwy.
horripilant (**-e**) [ɔʀipilɑ̃, ɑ̃t] *adj* digon i'ch gwylltio, sy'n dân ar groen, sy'n mynd dan eich croen
horripiler [ɔʀipile] (**1**) *vt* gwylltio, mynd ar nerfau, bod yn dân ar groen (rhn), mynd dan groen (rhn).
hors ['ɔʀ] *prép* (*sauf*) ac eithrio; **~ de** y tu allan i; **il sauta ~ de sa baignoire** neidiodd allan o'r bath; **~ de propos** anghyfleus, amhriodol; **être ~ de soi** bod wedi gwylltio'n gandryll; **~ d'ici!** allan!; **~ ligne** *neu* **pair** eithriadol, heb ei ail; **~ série** arbennig, neilltuol; (*sur mesure*) a wnaed ar archeb; **~ service, ~ d'usage** wedi torri.
hors-bord ['ɔʀbɔʀ] *m inv* motor *g* allanol; (*canot*) cwch *g* â motor allanol.
hors-concours ['ɔʀkɔ̃kuʀ] *adj inv* anghymwys i gystadlu; (*fig*) mewn dosbarth ar ei ben *ou* phen ei hun.
hors-d'œuvre ['ɔʀdœvʀ] *m inv* cwrs *g* cyntaf, bwyd *g* archwaeth.
hors-jeu ['ɔʀʒø] *m inv* camsefyll; **les Marseilles ont totalisé trois ~-~** camsafodd Marseille deirgwaith.
hors-la-loi ['ɔʀlalwa] *m inv* herwr *g*.
hors-piste(s) ['ɔʀpist] *m inv* (*SKI*) sgio oddi ar y llethr, sgio ar draws gwlad.
hors-taxe [ɔʀtaks] *adj* di-dreth.
hors-texte ['ɔʀtɛkst] *m inv* engrafiad *g*.
hortensia [ɔʀtɑ̃sja] *m* (*BOT*) blodyn *g* yr enfys, blodyn seithliw, coeden *b* seithliw, coeden drilliw ar ddeg.
horticole [ɔʀtikɔl] *adj* garddwriaethol; **exposition ~** sioe *b* flodau.
horticulteur [ɔʀtikyltœʀ] *m* garddwr *g*.
horticultrice [ɔʀtikyltʀis] *f* garddwraig *b*.
horticulture [ɔʀtikyltyʀ] *f* garddwriaeth *b*, garddio.
hospice [ɔspis] *m* cartref *g*; (*de vieillards*) cartref henoed; (*asile*) ysbyty *g*, tŷ *g* cysur, hosbis *b*.
hospitalier (**hospitalière**) [ɔspitalje, ɔspitaljɛʀ] *adj* (*accueillant*) croesawgar; **centre ~** (*MÉD*) ysbyty *g*.
hospitalisation [ɔspitalizasjɔ̃] *f* triniaeth *b* ysbyty; **~ à domicile** gofal *g* yn y cartref.
hospitaliser [ɔspitalize] (**1**) *vt*: **~ qn** mynd â rhn i'r ysbyty; **se faire ~** mynd i'r ysbyty.
hospitalité [ɔspitalite] *f* lletygarwch *g*, croeso *g*; **offrir l'~ à qn** rhoi croeso i rn.
hostie [ɔsti] *f* aberth *g* yr offeren.
hostile [ɔstil] *adj*: **~ (à)** gelyniaethus (tuag at), cas (wrth).
hostilité [ɔstilite] *f* gelyniaeth *b*; **~s** (*MIL*) rhyfela, ymladd, brwydro.
hôte [ot] *m* (*personne qui invite*) gwesteiwr *g*, gwahoddwr *g*;
♦*m/f* (*personne invitée*) gwestai *g/b*; **~ payant** lletywr *g*, lletywraig *b*, gwestai sy'n talu.
hôtel [otɛl] *m* gwesty *g*; **aller à l'~** aros mewn gwesty; **~ de ville** ≈ neuadd *b* y dref; **~ (particulier)** plasty *g* (*mewn tref*).
hôtelier[1] (**hôtelière**) [otəlje, jɛʀ] *adj* gwestyol; **l'industrie hôtelière** y diwydiant gwestai; **chaîne hôtelière** cadwyn o westai.
hôtelier[2] [otəlje] *m* gwestywr *g*.
hôtelière [otəljɛʀ] *f* gwestywraig *b*;
♦*adj f voir* **hôtelier**[1].
hôtellerie [otɛlʀi] *f* (*profession*) diwydiant *g* ymwelwyr; (*auberge*) tafarn *b,g*, gwesty *g*.
hôtesse [otɛs] *f* (*maîtresse de maison*) gwesteiwraig *b*, gwahoddwraig *b*; (*dans une agence, une foire*) croesawferch *b*; **~ (d'accueil)** derbynyddes *b*; **~ (de l'air)** stiwardes *b*.
hotte ['ɔt] *f* (*panier*) basged *b* (*ar y cefn*); (*de cheminée*) lwfer *g*; **~ aspirante** (*de cuisinière*) gwyntyll *b*; **la ~ du Père Noël** sach *b* Sion Corn.
houblon ['ublɔ̃] *m* (*BOT*) hop(y)sen *b*.
houe ['u] *f* hof *b*, fforch *b* chwynnu, chwynnogl *b*.
houille ['uj] *f* glo *g*; **~ blanche** pŵer *g* trydan dŵr, ynni *g* hydrodrydanol.
houiller (**houillère**) ['uje, ɛʀ] *adj* glofaol.
houillère ['ujɛʀ] *f* pwll *g* glo, glofa *b*, gwaith *g* glo.
houle ['ul] *f* ymchwydd *g*, ton *b* fawr.
houlette ['ulɛt] *f*: **sous la ~ de qn** dan arweiniad rhn.
houleux (**houleuse**) ['ulø, 'uløz] *adj* (*mer*) garw, moriog; (*fig: discussion etc*) chwyrn, cynhyrfus.
houppe ['up] *f* (*pour la poudre*) pwff *g* powdr.
houppette ['upɛt] *f* (*pour la poudre*) pwff *g* powdr; (*cheveux*) cudyn *g*.
hourra ['uʀa] *m, excl* hwrê *b*.
houspiller ['uspije] (**1**) *vt* dweud y drefn wrth, ceryddu; **se faire ~** cael pryd o dafod.
housse ['us] *f* gorchudd *g*; **~ (penderie)** cwpwrdd *g* hongian dillad.
houx ['u] *m* celynnen *b*.
H.S. [aʃɛs] *abr*(= *hors service*) wedi torri.
H.T. ['aʃtɛ] *abr*(= *hors-taxe*) di-dreth.
hublot ['yblo] *m* ffenestr *b*; (*de bateau*) portwll *g*; (*de machine à laver*) drws *g*.

huche ['yʃ] *f*: ~ **à pain** bin *g,b* bara.
huées ['ɥe] *fpl* bwio, hwtian.
huer ['ɥe] (**1**) *vt* bwio; **se faire** ~ cael eich bwio *ou* hwtian;
♦*vi* hwtian.
huile [ɥil] *f*
1 (*substance*) olew *g*; **d'**~ (*mer*) fel gwydr, heb donnau; **la mer était d'**~ 'roedd y môr fel llyn llefrith; **faire tache d'**~ (*fig*) mynd ar led, lledaenu; ~ **d'arachide** olew cnau daear; ~ **de foie de morue** olew iau *ou* afu penfras; ~ **d'olive** olew olewydd; ~ **de ricin** olew castor; ~ **de tournesol** olew blodyn yr haul; ~ **de table** olew coginio; ~ **détergente** (*AUTO*) olew glanhau; ~ **essentielle** olew naws; ~ **solaire** olew haul.
2 (*ART*) paentiad *g* olew.
3 (*fam: personne importante*) pwysigyn *g*.
huiler [ɥile] (**1**) *vt* oelio; (*poêle*) iro.
huilerie [ɥilʀi] *f* gwaith *g* olew.
huileux (**huileuse**) [ɥilø, ɥiløz] *adj* seimllyd.
huilier [ɥilje] *m* potel *b* olew a finegr.
huis [ɥi] *m*: **à** ~ **clos** yn y dirgel.
huissier [ɥisje] *m* porthor *g* llys; (*JUR*) beili *g*.
huit ['ɥi(t)] *adj inv* wyth; ~ **hommes/femmes** wyth dyn/gwraig, wyth o ddynion/wragedd; **nous sommes** ~ mae yna wyth ohonom ni; ~ **livres** (*argent*) wyth bunt; ~ **ans** wyth mlynedd; **samedi en** ~ wythnos i ddydd Sadwrn; **dans** ~ **jours** ymhen wythnos;
♦*m inv* wyth *g*; **on est le** ~ **aujourd'hui** yr 8fed (o'r mis) yw hi heddiw; **numéro** ~ (*RUGBY*) wythwr *g*.
huitaine ['ɥitɛn] *f*: **une** ~ **de** (rhyw) wyth o; **une** ~ **de jours** rhyw wythnos.
huitante ['ɥitɑ̃t] *adj inv* (*Suisse*) pedwar ugain, wyth deg; ~ **maisons** pedwar ugain o dai, wyth deg o dai;
♦*m inv* wyth deg *g*, pedwar ugain *g*.
huitième ['ɥitjɛm] *adj* wythfed;
♦*m/f* wythfed *g/b*;
♦*m* wythfed *g/b*, un rhan *b* o wyth.
huître [ɥitʀ] *f* wystrysen *b*.
hululement ['ylylm a] *m* hwtian, cri *b* tylluan.
hululer ['ylyle] (**1**) *vi* hwtian.
humain[1] (**-e**) [ymɛ̃, ɛn] *adj* dynol; (*compatissant*) dyngarol.
humain[2] [ymɛ̃] *m* bod *g* dynol, dyn *g*.
humainement [ymɛnmɑ̃] *adv* (*pour l'être humain*) o safbwynt dynol, o fewn gallu dynol; (*sans cruauté*) yn ddyngarol, yn drugarog.
humanisation [ymanizasjɔ̃] *f* dynoliad *g*, dyneiddiad *g*; (*action*) dynoli, dyneiddio.
humaniser [ymanize] (**1**) *vt* dynoli, dyneiddio.
humaniste [ymanist] *m/f* dyneiddiwr *g*, dyneiddwraig *b*.
humanitaire [ymanitɛʀ] *adj* dyngarol.
humanitarisme [ymanitaʀism] *m* dyngarwch *g*.
humanité [ymanite] *f* (*genre humain*) dynoliaeth *b*, dynolryw *b*; (*altruisme*) dyngarwch *g*.
humanoïde [ymanɔid] *m/f* dynolyn *g*.
humble [œ̃bl] *adj* (*personne*) diymhongar, gwylaidd, gostyngedig; (*maison*) di-nod.
humblement [œ̃bləmɑ̃] *adv* yn ddiymhongar, yn wylaidd.
humecter [ymɛkte] (**1**) *vt* gwlychu;
♦ **s'**~ *vr*: **s'**~ **les lèvres** gwlychu'ch gwefusau.
humer ['yme] (**1**) *vt* (*inspirer*) anadlu; (*sentir*) arogleuo, synhwyro.
humérus [ymeʀys] *m* (*ANAT*) asgwrn *g* y fraich, hwmerws *g*.
humeur [ymœʀ] *f* hwyl *b*, tymer *b*; (*irritation*) tymer ddrwg; **être de bonne/mauvaise** ~ bod mewn hwyliau da/drwg; **être d'**~ **à faire qch** teimlo awydd gwneud rhth, bod mewn hwyliau gwneud rhth.
humide [ymid] *adj* llaith, gwlyb.
humidificateur [ymidifikatœʀ] *m* lleithydd *g*.
humidifier [ymidifje] (**16**) *vt* lleithio, gwlychu.
humidité [ymidite] *f* lleithder *g*, gwlybaniaeth *b*; **traces d'**~ olion *ll* lleithder.
humiliant (**-e**) [ymiljɑ̃, ɑ̃t] *adj* bychanol, sy'n codi cywilydd; **une expérience** ~**e** profiad *g* llawn cywilydd.
humiliation [ymiljasjɔ̃] *f* (*état humilié*) cywilydd *g*, gwarth *g*; (*traitement*) darostyngiad *g*, bychaniad *g*.
humilier [ymilje] (**16**) *vt* codi cywilydd ar;
♦ **s'**~ *vr*: **s'**~ **devant qn** ymddarostwng o flaen rhn.
humilité [ymilite] *f* gwyleidd-dra *g*.
humoriste [ymɔʀist] *m/f* awdur *g* digrif.
humoristique [ymɔʀistik] *adj* digrif, doniol.
humour [ymuʀ] *m* digrifwch *g*, doniolwch *g*, ffraethineb *g*, hiwmor *g*; **il a un** ~ **particulier** mae ganddo synnwyr digrifwch personol, mae ganddo hiwmor unigryw; **avoir de l'**~ bod â synnwyr digrifwch; ~ **noir** hiwmor du.
humus [ymys] *m* gweryd *g*, llysieubridd *g*, hwmws *g*.
huppe ['yp] *f* crib *g,b* (aderyn).
huppé* (**-e**) ['ype] *adj* crand; (*oiseau*) cribog.
hurlement ['yʀləmɑ̃] *m* (*de chien, loup*) udiad *g*, udfa *b*, udo; (*personne*) gwaedd *b*.
hurler ['yʀle] (**1**) *vi* (*chien, loup*) udo; (*vent*) rhuo; (*personne*) gweiddi; (*fig: couleurs etc*) gwrthdaro; ~ **à la mort** (*suj: chien*) udo ar y lleuad.
hurluberlu [yʀlybɛʀly] (*péj*) *m* gwirionyn *g*, hurtyn *g*, dyn *g* â chwilen yn ei ben, cranc *g*.
hutte ['yt] *f* caban *g*, cwt *g*.
hybride [ibʀid] *adj* cymysgryw, croesryw.
hydratant (**-e**) [idʀatɑ̃, ɑ̃t] *adj*: **crème** ~ hufen *g* lleithio.
hydrate [idʀat] *m*: ~ **de carbone** carbohydrad *g*.
hydrater [idʀate] (**1**) *vt* lleithio; (*CHIM*) hydradu.
hydraulique [idʀolik] *adj* hydrolig.
hydravion [idʀavjɔ̃] *m* hydroplan *g*, awyren *b*

ddŵr.

hydro... [idʀɔ] *préf* hydro...

hydrocarbure [idʀɔkaʀbyʀ] *m* hydrocarbon *g*

hydrocution [idʀɔkysjɔ̃] *f* (*MÉD*) hypothermia *g* (*oherwydd bod mewn dŵr oer*).

hydro-électrique (~-~**s**) [idʀoelɛktʀik] *adj* trydan dŵr, hydrodrydanol.

hydrogène [idʀɔʒɛn] *m* hydrogen *g*.

hydroglisseur [idʀɔglisœʀ] *m* hydroplan *g*, awyren *b* ddŵr.

hydrographie [idʀɔgʀafi] *f* hydrograffeg *b*, mapio môr.

hydrographique [idʀɔgʀafik] *adj* hydrograffydd *g*, môr-fapiwr *g*.

hydromel [idʀɔmɛl] *m* medd *g*.

hydrophile [idʀɔfil] *adj*: **coton** ~ gwlân *g* cotwm.

hyène [jɛn] *f* udfil *g*, hyena *g*.

hygiène [iʒjɛn] *f* glendid *g*, glanweithdra *g*, hylendid *g*; ~ **corporelle/intime** glendid corfforol/personol.

hygiénique [iʒenik] *adj* hylan, glanwaith, glân.

hygromètre [igʀɔmɛtʀ] *m* hygromedr *g*.

hymne [imn] *m* emyn *g*; ~ **national** anthem *b* genedlaethol.

hyper... [ipɛʀ] *préf* gor ..., tra ...

hypermarché [ipɛʀmaʀʃe] *m* archfarchnad *b*.

hypermétrope [ipɛʀmetʀɔp] *adj* hirolwg, pell eich golwg.

hypernerveux (**hypernerveuse**) [ipɛʀnɛʀvø, ipɛʀnɛʀvøz] *adj* tra nerfus, hawdd eich cynhyrfu.

hypersensible [ipɛʀsɑ̃sibl] *adj* gorsensitif, gordeimladwy.

hypertendu (-**e**) [ipɛʀtɑ̃dy] *adj* ar bigau'r drain; (*MÉD*) sydd â phwysedd gwaed uchel.

hypertension [ipɛʀtɑ̃sjɔ̃] *f* pwysedd *g* gwaed uchel, gorbwysedd *g*.

hypertrophié (-**e**) [ipɛʀtʀɔfje] *adj* gordyfol; (*ville*) gorddatblygedig.

hypnose [ipnoz] *f* hypnosis *g*, swyngwsg *g*.

hypnotique [ipnɔtik] *adj* hypnotig, swyngysgol.

hypnotiser [ipnɔtize] (**1**) *vt* hypnoteiddio.

hypnotiseur [ipnɔtizœʀ] *m* hypnotydd *g*.

hypnotisme [ipnɔtism] *m* hypnotiaeth *b*, swyngwsg *g*, hypnoteiddio.

hypocondriaque [ipɔkɔ̃dʀijak] *adj* (*anxieux à propos de sa santé*) hunanbryderus, gorofidus ynghylch iechyd; (*triste*) prudd, isel eich ysbryd.

hypocrisie [ipɔkʀizi] *f* rhagrith *g*; **être d'une grande** ~ bod yn rhagrithiol.

hypocrite [ipɔkʀit] *adj* rhagrithiol; ♦*m/f* rhagrithiwr *g*, rhagrithwraig *b*.

hypocritement [ipɔkʀitmɑ̃] *adv* yn rhagrithiol.

hypotendu (-**e**) [ipɔtɑ̃dy] *adj* sydd â phwysedd gwaed isel.

hypotension [ipɔtɑ̃sjɔ̃] *f* pwysedd *g* gwaed isel, isbwysedd *g*.

hypoténuse [ipɔtenyz] *f* hypotenws *g*.

hypothécaire [ipɔtekɛʀ] *adj* (*JUR*) gwystlol, adneuol; **garantie** ~ gwarant *g* morgeisiol; **prêt** ~ benthyciad *g* morgeisiol.

hypothèque [ipɔtɛk] *f* morgais *g*.

hypothéquer [ipɔteke] (**14**) *vt* morgeisio; ~ **l'avenir** (*fig*) morgeisio'ch dyfodol.

hypothermie [ipɔtɛʀmi] *f* oerfel *g*, hypothermia *g*.

hypothèse [ipɔtɛz] *f* damcaniaeth *b*, tybiaeth *b*; **dans l'**~ **où ...** petai ...; **faire des** ~**s sur qch** damcaniaethu ynghylch rhth.

hypothétique [ipɔtetik] *adj* damcaniaethol, tybiedig, tybiadol.

hypothétiquement [ipɔtetikmɑ̃] *adv* yn ddamcaniaethol.

hystérectomie [isteʀɛktɔmi] *f* (*MÉD*) hysterectomi *g*, crothdrychiad *g*.

hystérie [isteʀi] *f* hysteria *g*; **être en pleine** ~ cael sterics*; ~ **collective** hysteria torfol.

hystérique [isteʀik] *adj* (*MÉD*) hysteraidd; (*rire*) gwyllt, afreolus.

Hz *abr*(= *Hertz*) Hz

I

I, **i** [i] *m inv* (*lettre*) I, i *b*.
IAC [iase] *sigle f*(= *insémination artificielle entre conjoints*) *ffrwythloni artiffisial rhwng partneriaid.*
IAD [iade] *sigle f*(= *insémination artificielle par donneur extérieur*) *ffrwythloni artiffisial gan roddwr annibynnol.*
ibère [ibɛʀ] *adj* Iberaidd.
Ibère [ibɛʀ] *m/f* Iberiad *g/b*.
ibérique [ibeʀik] *adj*: **la péninsule** ~ Gorynys *b* Iberia.
ibid. [ibid] *abr*(= *ibidem*) yn yr un man.
Icare [ikaʀ] *prm* Icarws.
iceberg [ajsbɛʀg] *m* mynydd *g* iâ *ou* rhew.
ici [isi] *adv* yma, yn y fan yma; **jusqu'**~ hyd yma, hyd yn hyn; **d'**~ **là** erbyn hynny; (*en attendant*) yn y cyfamser; **d'**~ **peu** cyn bo hir.
icône [ikon] *f* delw *b*, eicon *g*.
iconoclaste [ikɔnɔklast] *m/f* delwddrylliwr *g*, delwddryllwraig *b*, eiconoclast *g/b*.
iconographie [ikɔnɔgʀafi] *f* delw-arluniaeth *b*, eiconograffiaeth *b*; (*illustrations*) casgliad *g* o ddarluniau.
id. [id] *abr*(= *idem*) yr un.
idéal[1] (**-e**) (**idéaux, idéales**) [ideal, ideo] *adj* delfrydol.
idéal[2] (**idéaux**) [ideal, ideo] *m* delfryd *g*; **l'**~ **serait de/que ...** y peth delfrydol fyddai ...
idéalement [idealmɑ̃] *adv* yn ddelfrydol.
idéalisation [idealizasjɔ̃] *f* delfrydiad *g*; (*action*) delfrydu.
idéaliser [idealize] (**1**) *vt* delfrydu, delfrydoli.
idéalisme [idealism] *m* delfrydiaeth *b*; (*PHILO*) idealaeth *b*.
idéaliste [idealist] *adj* delfrydyddol; (*personne*) delfrydgar;
♦*m/f* delfrydwr *g*, delfrydwraig *b*, delfrydydd *g*.
idée [ide] *f* syniad *g*; (*esprit*) meddwl *g*; **se faire des** ~**s** dychmygu pethau; **agir/vivre selon son** ~ gweithredu/byw fel y gwelwch orau; **il a dans l'**~ **de faire qch** mae ganddo'r bwriad o wneud rhth, mae'n meddwl gwneud rhth; **j'ai** ~ **que** mae'n ymddangos i mi ..., 'rwy'n meddwl ...; **mon** ~**, c'est que ...** 'rwy'n awgrymu ...; **je n'en ai pas la moindre** ~ 'does gen i ddim clem *ou* syniad; **à l'**~ **de qch** o feddwl am; **en voilà des** ~**s!** (*désapprobation*) am syniad! y fath syniad!; **avoir des** ~**s larges/étroites** bod yn eangfrydig/gul; **venir à l'**~ **de qn** taro meddwl rhn; **avoir des** ~**s noires** bod yn drist; ~ **fixe** obsesiwn *g*; ~**s reçues** syniadau *ll* ystrydebol *ou* cyffredin; **voir qch en** ~ dychmygu rhth, gweld rhth yn y dychymyg.
identifiable [idɑ̃tifjabl] *adj* adnabyddadwy.
identification [idɑ̃tifikasjɔ̃] *f* adnabyddiaeth *b*; (*action*) adnabod; (*empathie*) uniaethiad *g*, ymuniaethiad *g*; (*action*) uniaethu, ymuniaethu.
identifier [idɑ̃tifje] (**16**) *vt* adnabod, enwi; ~ **qch/qn à** uniaethu rhth/rhn â;
♦ **s'**~ *vr*: **s'**~ **avec** *neu* **à qch/qn** (*héros etc*) uniaethu *ou* ymuniaethu â rhth/rhn.
identique [idɑ̃tik] *adj* unfath; ~ **(à)** yr un fath yn union (â), yr un ffunud â.
identité [idɑ̃tite] *f* (*similitude*) union debygrwydd *g*; (*MATH*) unfathiant *g*; (*PSYCH*) hunaniaeth *b*; **établir l'**~ **de qn** cael gwybod pwy yw rhn; **carte d'**~ cerdyn *g* adnabod; ~ **judiciaire** (*POLICE*) Swyddfa *b* Cofnodion Troseddol.
idéogramme [ideɔgʀam] *m* geirarwydd *g*, ideogram *g*.
idéologie [ideɔlɔʒi] *f* ideoleg *b*, syniadaeth *b*.
idéologique [ideɔlɔʒik] *adj* ideolegol.
idiomatique [idjɔmatik] *adj*: **expression** ~ idiom *g,b* priod-ddull *g*.
idiome [idjom] *m* (*langage*) iaith *b*.
idiot[1] (**-e**) [idjo, idjɔt] *adj* twp, gwirion, hurt.
idiot[2] [idjo] *m* ynfytyn *g*, twpsyn *g*.
idiote [idjɔt] *f* ynfyten *b*, twpsen *b*;
♦*adj f voir* **idiot**[1].
idiotie [idjɔsi] *f* ynfydrwydd *g*, twpdra *g*, gwiriondeb *g*, hurtrwydd *g*.
idiotisme [idjɔtism] *m* idiom *g,b*, priod-ddull *g*.
idoine [idwan] *adj* addas, priodol, cymwys.
idolâtrer [idɔlɑtʀe] (**1**) *vt* addoli, gwirioni ar.
idolâtrie [idɔlɑtʀi] *f* eilunaddoliaeth *b*, eilunaddoliad *g*.
idole [idɔl] *f* eilun *g*, delw *b*.
IDS [idеɛs] *sigle f*(= *Initiative de défense stratégique*) *menter b amddiffyn strategol.*
idylle [idil] *f* eidyl *b*, bugeilgerdd *b*.
idyllique [idilik] *adj* eidylaidd, eidylig.
if [if] *m* (*BOT*) ywen *b*.
IFOP [ifɔp] *sigle m*(= *Institut français d'opinion publique*) *sefydliad g Ffrengig arolygon barn.*
IGF [iʒeɛf] *sigle m*(= *impôt sur les grandes fortunes*) *treth b ar gyfoeth.*
igloo [iglu] *m* iglw *g*.
IGN [iʒeɛn] *sigle m*(= *Institut géographique national*) *y sefydliad g daearyddol cenedlaethol.*
ignare [iɲaʀ] *adj* anwybodus.
ignifuge [iɲifyʒ] *adj* gwrthdan, diogel rhag tân, anhylosg;
♦*m* sylwedd *g* diogelu rhag tân.
ignifugé (**-e**) [iɲifyʒe] *adj* gwrthdan, wedi'i ddiogelu rhag tân, diogel rhag tân.
ignifuger [iɲifyʒe] (**10**) *vt* diogelu (rhth) rhag tân.
ignoble [iɲɔbl] *adj* dirmygadwy, cywilyddus, gwarthus; (*taudis, nourriture*) ffiaidd,

gwarthus.

ignoblement [iɲɔbləmɑ̃] *adv* yn ffiaidd, yn gywilyddus, yn warthus.

ignominie [iɲɔmini] *f* gwarth *g*, cywilydd *g*, gwaradwydd *g*.

ignominieux (**ignomineuse**) [iɲɔminjø, iɲɔminjøz] *adj* gwarthus, cywilyddus, gwaradwyddus.

ignorance [iɲɔʀɑ̃s] *f* anwybodaeth *b*; **tenir qn dans l'~ de qch** cadw rhn yn y tywyllwch ynglŷn â rhth; **être dans l'~ de qch** bod yn y tywyllwch ynglŷn â rhth.

ignorant (-e) [iɲɔʀɑ̃, ɑ̃t] *adj* anwybodus; ~ **de** (*pas informé de*) anwybodus o; ~ **en** (*une matière quelconque*) anwybodus ynghylch, heb wybodaeth o; **faire l'~** ffugio anwybodaeth.

ignoré (-e) [iɲɔʀe] *adj* anhysbys, anadnabyddus.

ignorer [iɲɔʀe] (1) *vt* bod heb wybod; (*plaisir, guerre, souffrance*) bod heb brofi; (*bouder: personne*) anwybyddu; **j'ignore comment/si** 'wn i ddim sut/os; **elle ignorait s'il était vivant** ni wyddai hi a oedd ef yn fyw; **j'ignore tout de cette affaire** nid wyf yn gwybod dim am y mater hwn; ~ **que** bod yn anymwybodol ..., bod heb wybod ...; **elle ignore que vous êtes là** nid yw'n gwybod eich bod yno; **elle n'ignore pas que vous êtes là** mae hi'n gwybod yn iawn eich bod yno; **je l'ignore** 'wn i ddim.

IGPN [iʒepeɛn] *sigle f* (= *Inspection générale de la police nationale*) *Arolygiaeth b gyffredinol yr heddlu cenedlaethol.*

IGS [iʒeɛs] *sigle f* (= *Inspection générale des services*) *Arolygiaeth b gyffredinol heddlu Paris.*

iguane [igwan] *m* igwana *g*.

il [il] *pron*
1 (il existe en gallois des formes concises du verbe, dont la terminaison indique la personne mais non pas le genre du nom sujet par ex.) (*personne*) ef, e', o; ~ **est allé** aeth (ef); ~ **sait** gŵyr, mae'n gwybod; ~ **savait** gwyddai.
2 (*de chose feminine*) hi; **où est le chat? il est allé dans la cuisine** ble mae'r gath? mi aeth (hi) i'r gegin.
3 (*de chose masculine*) ef, e', o; **où est ta voiture? elle est dans le parking** ble mae dy car? yn y maes parcio mae e'.
4 (*en tournure impersonnelle*): ~ **fait froid** mae hi'n oer; ~ **y a** mae; ~ **n'y a pas** nid oes.
5 (*en interrogation*): **Pierre est-~ arrivé?** a yw Pierre wedi cyrraedd?.
▶ **il y a** *voir* **avoir**.

île [il] *f* ynys *b*; **les ~s** (*les Antilles*) Ynysoedd *ll* y Caribî; **l'~ de Beauté** Corsica *b*; **l'~ Maurice** Ynys Mawrisiws; **les ~s Anglo-Normandes** Ynysoedd y Sianel; **les ~s Britanniques** yr Ynysoedd Prydeinig; **les ~s Vierges** Ynysoedd Virgin *ou* y Forwyn.

iliaque [iljak] *adj* (ANAT) iliag; **os** ~ asgwrn *g* y coludd, asgwrn iliag; **artère** ~ rhydweli *b* iliag.

illégal (-e) (**illégaux, illégales**) [i(l)legal, i(l)lego] *adj* anghyfreithlon.

illégalement [i(l)legalmɑ̃] *adv* yn anghyfreithlon.

illégalité [i(l)legalite] *f* anghyfreithlondeb *g*; **être dans l'~** torri'r gyfraith.

illégitime [i(l)leʒitim] *adj* anghyfreithlon; (*non justifié, fondé*) di-sail, annilys.

illégitimement [i(l)leʒitimmɑ̃] *adv* yn anghyfreithlon; (*de manière non justifiée*) yn ddi-sail, yn annilys.

illégitimité [i(l)leʒitimite] *f* anghyfreithlondeb *g*; **gouverner dans l'~** rheoli'n anghyfreithlon.

illettré[1] (-e) [i(l)letʀe] *adj* anllythrennog.

illettré[2] [i(l)letʀe] *m* un *g* anllythrennog.

illettrée [i(l)letʀe] *f* un *b* anllythrennog; ♦*adj f voir* **illettré**[1].

illicite [i(l)lisit] *adj* anghyfreithlon.

illicitement [i(l)lisitmɑ̃] *adv* yn anghyfreithlon.

illico* [i(l)liko] *adv* ar unwaith.

illimité (-e) [i(l)limite] *adj* diderfyn, diddiwedd, di-ben-draw, annherfynol.

illisible [i(l)lizibl] *adj* annarllenadwy.

illisiblement [i(l)lizibləmɑ̃] *adv* yn annarllenadwy.

illogique [i(l)lɔʒik] *adj* afresymegol.

illogisme [i(l)lɔʒism] *m* afresymegolrwydd *g*, afresymegoldeb *g*.

illumination [i(l)lyminasjɔ̃] *f* golau *g*, goleuni *g*; **~s** (*lumières*) goleuadau *ll*.

illuminé[1] (-e) [i(l)lymine] *adj* goleuedig.

illuminé[2] [i(l)lymine] (*péj*) *m* (*fig*) dyn *g* â chwilen yn ei ben, cranc *g*.

illuminée [i(l)lymine] (*péj*) *f* (*fig*) gwraig *b* â chwilen yn ei phen, cranc *g*; ♦*adj f voir* **illuminé**[1].

illuminer [i(l)lymine] (1) *vt* goleuo; ♦ **s'~** *vr* goleuo.

illusion [i(l)lyzjɔ̃] *f* twyll *g*, rhith *g*; **se faire des ~s** eich twyllo'ch hun; **faire ~** taflu llwch i lygaid rhn; ~ **d'optique** rhith optegol, twyll llygaid *ou* gweladwy.

illusionner [i(l)lyzjɔne] (1) *vt* twyllo; ♦ **s'~** *vr* eich twyllo'ch hun.

illusionnisme [i(l)lyzjɔnism] *m* consuriaeth *b*.

illusionniste [i(l)lyzjɔnist] *m/f* consuriwr *g*, consurwraig *b*.

illusoire [i(l)lyzwaʀ] *adj* rhithiol, dychmygol, twyllodrus.

illusoirement [i(l)lyzwaʀmɑ̃] *adv* yn dwyllodrus, yn rhithiol, yn ddychmygol.

illustrateur [i(l)lystʀatœʀ] *m* darlunydd *g*.

illustratif (**illustrative**) [i(l)lystʀatif, i(l)lystʀativ] *adj* (*qui illustre*) darluniadol; (*qui explique*) eglurhaol, enghreifftiol.

illustration [i(l)lystʀasjɔ̃] *f* (*gravure*) darlun *g*; (*exemple*) enghraifft *b*, eglurhad *g*.

illustratrice [i(l)lystʀatʀis] *f* darlunydd *g*.

illustre [i(l)lystʀ] *adj* enwog, hyglod.
illustré[1] (-e) [i(l)lystʀe] *adj* â darluniau, darluniadol.
illustré[2] [i(l)lystʀe] *m* (*périodique*) cylchgrawn *g* â darluniau; (*pour enfants*) comic *g*.
illustrer [i(l)lystʀe] (1) *vt* darlunio; (*éclairer*) egluro;
♦ **s'~** *vr* (*personne*) ymenwogi, ennill enwogrwydd, disgleirio.
îlot [ilo] *m* (*petite île*) ynysig *b*; (*bloc de maisons*) bloc *g* (o dai); **un ~ de verdure** ynys *b* o wyrddni, gwerddon *b*.
ils [il] *pron*
1 (il existe en gallois des formes concises du verbe, dont la terminaison indique la personne mais non pas le genre du nom sujet par ex.) (*personnes*) nhw; **~ sont allés** aethant (hwy); **~ savent** gwyddant, maen nhw'n gwybod; **~ savaient** gwyddent, 'roedden nhw'n gwybod; **les enfants, sont-~ arrivés** a yw'r plant wedi cyrraedd?.
2 (*de choses masculines*) nhw; **où sont les livres? - ~ sont là-bas** ble mae'r llyfrau? - maen nhw yn y fan acw.
image [imaʒ] *f* llun *g*; (*reflet*) adlewyrchiad *g*; (*tableau, représentation*) darlun *g*, portread *g*; **~ d'Épinal** portread ystrydebol; **~ de marque** (*COMM: d'un produit*) delwedd *b* gwneuthuriad; (:*d'une personne, d'une entreprise*) delwedd; **~ pieuse** llun duwiol.
imagé (-e) [imaʒe] *adj* (*langage, style*) llawn delweddau, lliwgar.
imaginable [imaʒinabl] *adj* dychmygadwy; **difficilement ~** anodd ei ddychmygu.
imaginaire [imaʒinɛʀ] *adj* dychmygol; **nombre ~** (*MATH*) rhif *g* dychmygol.
imaginatif (**imaginative**) [imaʒinatif, imaʒinativ] *adj* llawn dychymyg, creadigol.
imagination [imaʒinasjɔ̃] *f* dychymyg *g*; **avoir de l'~** bod yn llawn dychymyg.
imaginer [imaʒine] (1) *vt* dychmygu; (*expédient, mesure*) dychmygu, dyfeisio, llunio; **~ que** tybio ..., dychmygu ...; **~ de faire qch** dychmygu *ou* meddwl gwneud rhth; **j'imagine qu'elle a voulu plaisanter** 'rwy'n tybio mai cellwair oedd hi; **qu'allez-vous ~ là?** beth yn y byd ydych chi'n ei feddwl?;
♦ **s'~** *vr* dychmygu; **s'~ que** dychmygu ...; **s'~ pouvoir faire qch** credu y gallwch wneud rhth; **s'~ à 60 ans/en vacances** eich dychmygu'ch hun yn 60 oed/ar eich gwyliau; **ne t'imagine pas que** paid â meddwl *ou* chredu ...
imbattable [ɛ̃batabl] *adj* diguro, difaeddu
imbécile [ɛ̃besil] *adj* twp, hurt, gwirion;
♦*m/f* twpsyn *g*, twpsen *b*, hurtyn *g*, hurten *b*, gwirionyn *g*, gwirionen *b*.
imbécillité [ɛ̃besilite] *f* ynfydrwydd *g*, gwiriondeb *g*, twpdra *g*, hurtrwydd *g*.
imberbe [ɛ̃bɛʀb] *adj* heb farf, difarf.
imbiber [ɛ̃bibe] (1) *vt*: **~ (qch de)** socian (rhth â), gwlychu (rhth â), rhoi rhth yng ngwlych; **imbibé d'eau** hollol wlyb, yn socian;
♦ **s'~** *vr*: **s'~ de** mynd yn hollol wlyb, socian, ymdrwytho.
imbriqué (-e) [ɛ̃bʀike] *adj* gorgyffyrddol, gorymylol; (*fig*) cydgysylltiol.
imbriquer [ɛ̃bʀike] (1) *vt* (*cubes*) gorgyffwrdd;
♦ **s'~** *vr* (*problèmes, affaires*) ymgysylltu, cydgysylltu; (*plaques*) ymblethu.
imbroglio [ɛ̃bʀɔljo] *m* dryswch *g*, cymhlethdod *g*; (*THÉÂTRE*) sefyllfa *b* gymhleth.
imbu (-e) [ɛ̃by] *adj*: **~ de** (*préjugés, idées*) llawn; **~ de soi-même** llawn ohonoch eich hun; **~ de sa superiorité** llawn hunanbwysigrwydd.
imbuvable [ɛ̃byvabl] *adj* anyfadwy; (*fig: personne*) annioddefol.
imitable [imitabl] *adj* dynwaredadwy.
imitateur [imitatœʀ] *m* dynwaredwr *g*.
imitation [imitasjɔ̃] *f* dynwarediad *g*, efelychiad *g*, copi *g*; **c'est en ~ cuir** wedi ei wneud o ledr ffug; **un sac ~ cuir** bag *g* o ledr ffug; **à l'~ de** yn null.
imitatrice [imitatʀis] *f* dynwaredwraig *b*.
imiter [imite] (1) *vt* dynwared, efelychu; **il se leva et je l'imitai** cododd ef a gwnes innau yr un fath.
immaculé (-e) [imakyle] *adj* pur, glân, di-fefl, fel pin mewn papur; **l'Immaculée Conception** yr Ymddŵyn Difrycheulyd, y Beichiogi Dihalog.
immanent (-e) [imanɑ̃, ɑ̃t] *adj* mewnfodol, cynhwynol.
immangeable [ɛ̃mɑ̃ʒabl] *adj* anfwytadwy.
immanquable [ɛ̃mɑ̃kabl] *adj* (*cible, but*) anfethadwy; (*fatal, inévitable*) anochel, anorfod.
immanquablement [ɛ̃mɑ̃kabləmɑ̃] *adv* yn anochel, yn anorfod.
immatériel (-le) [i(m)mateʀjɛl] *adj* ansylweddol, anghorfforol.
immatriculation [imatʀikylasjɔ̃] *f* cofrestriad *g*.
immatriculer [imatʀikyle] (1) *vt* cofrestru; **se faire ~** eich cofrestru'ch hun, ymgofrestru; **voiture immatriculée dans la Seine** modur *g* wedi'i gofrestru yn rhanbarth y Seine.
immature [imatyʀ] *adj* anaeddfed.
immaturité [imatyʀite] *f* anaeddfedrwydd *g*.
immédiat[1] (-e) [imedja, jat] *adj* syth, disyfyd; **dans le voisinage ~ de** yng nghyffiniau agos.
immédiat[2] [imedja] *m*: **dans l'~** am y tro.
immédiatement [imedjatmɑ̃] *adv* ar unwaith, yn syth.
immémorial (-e) (**immémoriaux, immémoriales**) [i(m)memɔʀjal, i(m)memɔʀjo] *adj* hynafol.
immense [i(m)mɑ̃s] *adj* anferth, enfawr, aruthrol, anferthol.
immensément [i(m)mɑ̃semɑ̃] *adv* yn aruthrol,

yn fawr iawn.

immensité [i(m)mɑ̃site] *f* anferthedd *g*, mawredd *g*, aruthredd *g*.

immergé (-e) [imɛʀʒe] *adj* suddedig, wedi suddo; (*rocher, terres*) tanddwr.

immerger [imɛʀʒe] (**10**) *vt* trochi; ~ **un cadavre** claddu corff yn y môr;
♦ **s'~** *vr* mynd dan y dŵr; (*fig*) eich trwytho'ch hun, ymdrwytho.

immérité (-e) [imeʀite] *adj* anhaeddiannol, dihaeddiant.

immersion [imɛʀsjɔ̃] *f* trochiad *g*, tansuddiad *g*.

immettable [ɛ̃metabl] *adj* (*vêtement*) anwisgadwy.

immeuble [imœbl] *m* (*bâtiment*) adeilad *g*; ~ **de rapport** eiddo *g* ar osod; ~ **locatif** bloc *g* o fflatiau ar osod;
♦*adj* ansymudol; **biens** ~**s** (*JUR*) eiddo tiriog.

immigrant [imigʀɑ̃] *m* mewnfudwr *g*.

immigrante [imigʀɑ̃t] *f* mewnfudwraig *b*.

immigration [imigʀasjɔ̃] *f* mewnfudiad *g*, mewnfudo.

immigré [imigʀe] *m* mewnfudwr *g*; ~ **clandestin** mewnfudwr anghyfreithlon.

immigrée [imigʀe] *f* mewnfudwraig *b*; ~ **clandestine** mewnfudwraig anghyfreithlon.

immigrer [imigʀe] (**1**) *vi* mewnfudo.

imminence [iminɑ̃s] *f* agosrwydd *g*; (*de danger, de mal*) enbydrwydd *g*.

imminent (-e) [iminɑ̃, ɑ̃t] *adj* agos, sydd ar ddod, gerllaw, enbyd.

immiscer [imise] (**9**): **s'~ dans** *vr* ymyrryd â.

immixtion [imiksjɔ̃] *f* ymyrraeth *b*.

immobile [i(m)mɔbil] *adj* llonydd, disymud; (*pièce de machine*) sefydlog; **rester** ~ aros yn llonydd; **se tenir** ~ sefyll yn stond.

immobilier[1] (**immobilière**) [imɔbilje, imɔbiljɛʀ] *adj* eiddo; **agence immobilière** swyddfa *b* werthu tai; **promoteur** ~ datblygwr *g* adeiladau.

immobilier[2] [imɔbilje] *m*: **l'~** y fasnach *b* eiddo.

immobilisation [imɔbilizasjɔ̃] *f* (*d'un membre blessé*) llonyddiad *g*; (*action*) llonyddu; ~ **de la circulation** ataliad *g* llwyr ar drafnidiaeth; ~ **de capitaux** rhewi cyfalaf; ~**s** (*COMM*) asedau *ll* sefydlog.

immobiliser [imɔbilize] (**1**) *vt* llonyddu; (*circulation, affaires*) atal; (*véhicule: stopper*) stopio'n stond; (*empêcher de fonctionner: machine, avion etc*) atal (rhag gweithio);
♦ **s'~** *vr* (*personne*) sefyll yn stond; (*machine, véhicule*) stopio'n stond.

immobilisme [imɔbilism] *m* ceidwadaeth *b* ddiysgog, disymudedd *g*.

immobilité [imɔbilite] *f* llonyddwch *g*, disymudedd *g*.

immodéré (-e) [imɔdeʀe] *adj* (*dépenses*) anghymedrol; (*désirs*) anghymedrol, eithafol.

immodérément [imɔdeʀemɑ̃] *adv* yn anghymedrol, i ormodedd.

immoler [imɔle] (**1**) *vt* aberthu.

immonde [i(m)mɔ̃d] *adj* aflan; (*sale: lieu*) mochynnaidd, budr, brwnt(bront)(bryntion).

immondices [imɔ̃dis] *fpl* (*ordures*) sbwriel *g*; (*saletés*) budreddi *g*, baw *g*.

immoral (-e) (**immoraux, immorales**) [i(m)mɔʀal, i(m)mɔʀo] *adj* anfoesol.

immoralement [i(m)mɔʀalmɑ̃] *adv* yn anfoesol.

immoralisme [i(m)mɔʀalism] *m* anfoesoliaeth *b*.

immoralité [i(m)mɔʀalite] *f* anfoesoldeb *g*.

immortaliser [imɔʀtalize] (**1**) *vt* anfarwoli.

immortel (-le) [imɔʀtɛl] *adj* anfarwol.

immortelle [imɔʀtɛl] *f* (*BOT*) blodyn *g* anwyw;
♦*adj f voir* **immortel**.

immuable [imɥabl] *adj* (*inébranlable*) disyflyd, anghyfnewidiol; (*qui ne change pas*) digyfnewid; ~ **dans ses convictions** (*personne*) cadarn, disyflyd yn ei ddaliadau.

immunisation [imynizasjɔ̃] *f* imiwneiddiad *g*.

immunisé (-e) [im(m)ynize] *adj* wedi'i imiwneiddio, imiwneiddiedig.

immuniser [imynize] (**1**) *vt* (*MÉD*) imiwneiddio.

immunitaire [imynitɛʀ] *adj* heintrydd.

immunité [imynite] *f* (*BIOL*) imiwnedd *g*, heintryddid *g*; (*JUR*) breinryddid *g*; ~ **diplomatique** breinryddid diplomyddol; ~ **parlementaire** braint *b* seneddol.

immunologie [imynɔlɔʒi] *f* imiwnoleg *b*.

immutabilité [i(m)mytabilite] *f* anghyfnewidioldeb *g*, digyfnewidrwydd *g*.

impact [ɛ̃pakt] *m* trawiad *g*; (*d'une personne*) dylanwad *g*, effaith *b*; **point d'~** man *g,b* taro.

impair[1] (-e) [ɛ̃pɛʀ] *adj* od, anghyfartal; **nombre** ~ odrif *g*; **nombres** *neu* **numéros** ~**s** odrifau *ll*.

impair[2] [ɛ̃pɛʀ] *m* cam *g* gwag, gweithred *b* annoeth.

impalpable [ɛ̃palpabl] *adj* annheimladwy, anghyffyrddadwy.

imparable [ɛ̃paʀabl] *adj* diatal, anataliadwy.

impardonnable [ɛ̃paʀdɔnabl] *adj* anfaddeuol; **vous êtes** ~ **d'avoir fait cela** ni ellir maddau ichi am wneud hynny.

imparfait[1] (-e) [ɛ̃paʀfɛ, ɛt] *adj* amherffaith; (*guérison*) rhannol.

imparfait[2] [ɛ̃paʀfɛ] *m* (*LING*) yr amherffaith *g*.

imparfaitement [ɛ̃paʀfetmɑ̃] *adv* yn amherffaith.

impartial (-e) (**impartiaux, impartiales**) [ɛ̃paʀsjal, ɛ̃paʀsjo] *adj* diduedd, teg.

impartialement [ɛ̃paʀsjalmɑ̃] *adv* yn deg, yn ddiduedd.

impartialité [ɛ̃paʀsjalite] *f* tegwch *g*.

impartir [ɛ̃paʀtiʀ] (**2**) *vt*: ~ **qch à qn** rhoi rhth i rn, anrhegu rhn â rhth; ~ **un délai à qn de faire qch** (*JUR*) pennu amser i rn wneud rhth; **dans les délais impartis** o fewn yr amser penodedig.

impasse [ɛ̃pɑs] *f* (*cul-de-sac*) ffordd *b*

bengaead (*nad oes iddi allanfa*); (*fig*) sefyllfa *b* annatrys *ou* ddiddatrys; **faire une ~** (*SCOL*) *peidio ag adolygu'ch gwaith i gyd*; **être dans l'~** (*négociations*) methu'n lân â chytuno; **~ budgétaire** diffyg *g* ariannol.

impassibilité [ɛ̃pasibilite] *f* diffyg *g* teimlad.

impassible [ɛ̃pasibl] *adj* digyffro, dideimlad.

impassiblement [ɛ̃pasibləmɑ̃] *adv* yn ddigyffro, yn ddideimlad.

impatiemment [ɛ̃pasjamɑ̃] *adv* yn ddiamynedd.

impatience [ɛ̃pasjɑ̃s] *f* diffyg *g* amynedd; **avec ~** yn ddiamynedd; **mouvement/signe d'~** symudiad/arwydd o ddiffyg amynedd.

impatient (**-e**) [ɛ̃pasjɑ̃, jɑ̃t] *adj* diamynedd; **être ~ de faire qch** dyheu am wneud rhth.

impatienter [ɛ̃pasjɑ̃te] (**1**) *vt* gwylltio;
♦ **s'~** *vr*: **s'~ (de/contre)** colli amynedd (â/gyda).

impayable [ɛ̃pɛjabl] *adj* amhrisiadwy; (*drôle*) anfarwol.

impayé[1] (**-e**) [ɛ̃peje] *adj* (*COMM*) heb ei dalu; **effets ~s** biliau *ll* heb eu talu.

impayé[2] [ɛ̃peje] *m*: **~s** (*COMM: traite, valeurs*) dyledion *ll* heb eu clirio.

impeccable [ɛ̃pekabl] *adj* di-fai, perffaith, di-fefl; (*fam*) gwych.

impeccablement [ɛ̃pekabləmɑ̃] *adv* yn berffaith.

impénétrable [ɛ̃penetʀabl] *adj* (*végétation, mystère*) dyrys; (*desseins*) annirnadwy; (*personne, caractère, visage*) difynegiant.

impénitent (**-e**) [ɛ̃penitɑ̃, ɑ̃t] *adj* diedifar, anedifeiriol; (*buveur*) parhaus.

impensable [ɛ̃pɑ̃sabl] *adj* annychmygadwy; (*évènement arrivé*) anhygoel.

impératif[1] (**impérative**) [ɛ̃peʀatif, ɛ̃peʀativ] *adj* angenrheidiol, hollbwysig.

impératif[2] [ɛ̃peʀatif] *m*: **l'~** (*GRAM*) y gorchmynnol *g*; **~s** (*prescriptions: d'une charge, fonction: de la mode*) gofynion *ll*.

impérativement [ɛ̃peʀativmɑ̃] *adv* yn orchmynnol.

impératrice [ɛ̃peʀatʀis] *f* ymerodres *b*.

imperceptible [ɛ̃pɛʀsɛptibl] *adj* anweladwy.

imperceptiblement [ɛ̃pɛʀsɛptibləmɑ̃] *adv* yn raddol iawn, yn ddiarwybod.

imperdable [ɛ̃pɛʀdabl] *adj* angholladwy, na ellir ei golli.

imperfectible [ɛ̃pɛʀfɛktibl] *adj* na ellir ei berffeithio

imperfection [ɛ̃pɛʀfɛksjɔ̃] *f* amherffeithrwydd *g*.

impérial (**-e**) (**impériaux, impériales**) [ɛ̃peʀjal, ɛ̃peʀo] *adj* ymerodrol.

impériale [ɛ̃peʀjal] *f* (*d'un autobus*) llawr *g* uchaf; **autobus à ~** bws *g* deulawr;
♦*adj f voir* **impérial**.

impérialisme [ɛ̃peʀjalism] *m* imperialaeth *b*.

impérialiste [ɛ̃peʀjalist] *adj* imperialaidd, ymerodraethol.

impérieusement [ɛ̃peʀjøzmɑ̃] *adv* (*autoritairement*) yn awdurdodus; (*de façon urgente*) yn daer; **avoir ~ besoin de qch** bod â thaer angen rhth.

impérieux (**impérieuse**) [ɛ̃peʀjø, ɛ̃peʀjjøz] *adj* awdurdodus.

impérissable [ɛ̃peʀisabl] *adj* (*écrit*) anfarwol; (*souvenir, gloire*) diddarfod, bythgofiadwy; (*denrées*) annarfodedig, annarfod, diddarfod.

imperméabilisation [ɛ̃pɛʀmeabilizasjɔ̃] *f*: **l'~ de qch** gwneud i rth ddal dŵr, dyfrglosi, diddosi.

imperméabiliser [ɛ̃pɛʀmeabilize] (**1**) *vt* gwneud i (rth) ddal dŵr, dyfrglosi, diddosi.

imperméable [ɛ̃pɛʀmeabl] *adj* anhydraidd, sy'n dal dŵr, diddos; **être ~ à un argument** bod yn fyddar i ddadl; **~ à l'air** seliedig, aerdynn, aerglos;
♦*m* côt *b* law.

impersonnel (**-le**) [ɛ̃pɛʀsɔnɛl] *adj* amhersonol.

impertinemment [ɛ̃pɛʀtinamɑ̃] *adv* yn ddigywilydd.

impertinence [ɛ̃pɛʀtinɑ̃s] *f* digywilydd-dra *g*, hyfdra *g*; **quelle ~!** am ddigywilydd!, dyna ddigywilydd!, y fath hyfdra!

impertinent (**-e**) [ɛ̃pɛʀtinɑ̃, ɑ̃t] *adj* digywilydd, hy.

imperturbable [ɛ̃pɛʀtyʀbabl] *adj* digyffro, anghyffroadwy, didaro, digynnwrf; **rester ~** aros yn ddigynnwrf.

imperturbablement [ɛ̃pɛʀtyʀbabləmɑ̃] *adv* yn ddigyffro, yn ddidaro, yn ddigynnwrf.

impétrant [ɛ̃petʀɑ̃] *m* derbynnydd *g* tystysgrif neu fedal; (*JUR*) ceisydd *g*.

impétrante [ɛ̃petʀɑ̃t] *f* derbynnydd *g* tystysgrif neu fedal; (*JUR*) ceisydd *g*.

impétueux (**impétueuse**) [ɛ̃petɥø, ɛ̃petɥøz] *adj* byrbwyll, gwyllt.

impétuosité [ɛ̃petɥozite] *f* byrbwylltra *g*, gwylltineb *g*.

impie [ɛ̃pi] *adj* annuwiol, anghrefyddol.

impiété [ɛ̃pjete] *f* annuwioldeb *g*.

impitoyable [ɛ̃pitwajabl] *adj* didostur, didrugaredd.

impitoyablement [ɛ̃pitwajabləmɑ̃] *adv* yn ddidrugaredd, yn ddidostur.

implacable [ɛ̃plakabl] *adj* anfaddeugar, didrugaredd, caled, anghymodlon.

implacablement [ɛ̃plakabləmɑ̃] *adv* yn anghymodlon, yn ddi-droi'n-ôl.

implant [ɛ̃plɑ̃] *m* (*MÉD*) impiad *g*, planiad *g*, mewnosodiad *g*.

implantation [ɛ̃plɑ̃tasjɔ̃] *f* sefydliad *g*; (*MÉD*) impiad *g*, planiad *g*; (*site d'une entreprise*) safle *g*.

implanter [ɛ̃plɑ̃te] (**1**) *vt* sefydlu; (*MÉD*) impio, plannu;
♦ **s'~** *vr*: **s'~ dans** ymsefydlu yn.

implémenter [ɛ̃plemɑ̃te] (**1**) *vt* (*INFORM*) gweithredu.

implication [ɛ̃plikasjɔ̃] *f* goblygiad *g*.

implicite [ɛ̃plisit] *adj* goblygedig, ymhlyg.
implicitement [ɛ̃plisitmɑ̃] *adv* yn oblygedig.
impliquer [ɛ̃plike] (1) *vt* (*signifier*) golygu, cyfleu; (*mêler*) cysylltu; ~ **qn dans un complot** cysylltu rhn â chynllwyn.
implorant (-e) [ɛ̃plɔʀɑ̃, ɑ̃t] *adj* ymbilgar, taer, erfyniol.
implorer [ɛ̃plɔʀe] (1) *vt* ymbilio, erfyn.
imploser [ɛ̃ploze] (1) *vi* mewnffrwydro, ymffrwydro.
implosion [ɛ̃plozjɔ̃] *f* mewnffrwydrad *g*, ymffrwydrad *g*.
impoli (-e) [ɛ̃pɔli] *adj* anghwrtais, anfoesgar, digywilydd.
impoliment [ɛ̃pɔlimɑ̃] *adj* yn anghwrtais, yn ddigywilydd, yn anfoesgar.
impolitesse [ɛ̃pɔlitɛs] *f* anghwrteisi *g*, anfoesgarwch *g*, digywilydd-dra *g*.
impondérable [ɛ̃pɔ̃deʀabl] *adj* amhwysadwy, anfesuradwy; **évènements ~s** digwyddiadau *ll* anfesuradwy;
♦*m*: **~s** (*facteurs*) ffactorau *ll* anfesuradwy.
impopulaire [ɛ̃pɔpylɛʀ] *adj* amhoblogaidd.
impopularité [ɛ̃pɔpylaʀite] *f* amhoblogrwydd *g*.
importable [ɛ̃pɔʀtabl] *adj* mewnforiadwy.
importance [ɛ̃pɔʀtɑ̃s] *f* pwysigrwydd *g*, pwys *g*; **avoir de l'~** (*question*) bod o bwys; (*personne*) bod yn bwysig; **sans ~** dibwys; **quelle ~?** pa ots?, pa wahaniaeth?; **d'~** o bwys.
important[1] (-e) [ɛ̃pɔʀtɑ̃, ɑ̃t] *adj* pwysig; (*quantitativement: somme, retard etc*) sylweddol; (*gamme de produits*) helaeth; (*péj: airs, ton, personne*) hunanbwysig; **c'est ~ à savoir** mae'n bwysig gwybod; **d'~** o bwys, pwysig.
important[2] [ɛ̃pɔʀtɑ̃] *m*: **l'~ est de** yr hyn sy'n bwysig yw; **l'~ est qu'elle sache** y peth pwysig yw iddi gael gwybod.
importateur[1] (**importatrice**) [ɛ̃pɔʀtatœʀ, ɛ̃pɔʀtatʀis] mewnforiol, sy'n mewnforio; **pays ~ de blé** gwlad *b* sy'n mewnforio gwenith.
importateur[2] [ɛ̃pɔʀtatœʀ] *m* mewnforiwr *g*.
importation [ɛ̃pɔʀtasjɔ̃] *f* (*activité*) mewnforio; (*marchandises*) mewnforion *ll*.
importatrice [ɛ̃pɔʀtatʀis] *f* mewnforwraig *b*;
♦*adj f voir* **importateur**[1].
importer [ɛ̃pɔʀte] (1) *vt* mewnforio;
♦*vi* (*être important*) bod o bwys; ~ **à qn** bod o bwys i rn; **il importe de faire qch** mae'n bwysig gwneud rhth; **il importe qu'elle comprenne** mae'n bwysig ei bod hi'n deall *ou* iddi ddeall; **peu m'importe** (*je n'ai pas de préférence*) does dim gwahaniaeth gen i; (*je m'en moque*) does dim ots gen i; **peu importe!** pa ots!; **peu importe qu'elle vienne ou pas** does fawr o wahaniaeth a ddaw hi ai peidio; **peu importe le prix, nous paierons** costied a gostio, fe dalwn ni, ni waeth be' fo'r gost, fe dalwn ni *voir aussi* **n'importe**.
import-export (~**s**-~**s**) [ɛ̃pɔʀɛkspɔʀ] *m* (*COMM*) busnes *g* mewnforio-allforio.
importun[1] (-e) [ɛ̃pɔʀtœ̃, yn] *adj* blinderus, plagus, diflas; **je ne voudrais pas être ~** gobeithio nad wyf yn tarfu arnoch.
importun[2] [ɛ̃pɔʀtœ̃] *m* ymwelydd *g* nad oes croeso iddo, tarfwr *g*.
importuner [ɛ̃pɔʀtyne] (1) *vt* poeni; (*bruit, interruptions*) tarfu ar, aflonyddu ar.
imposable [ɛ̃pozabl] *adj* trethadwy.
imposant (-e) [ɛ̃pozɑ̃, ɑ̃t] *adj* urddasol; (*considérable: majorité*) sylweddol.
imposé[1] (-e) [ɛ̃poze] *adj* trethedig; (*GYM: figures*) gosod.
imposé[2] [ɛ̃poze] *m*: **les ~s** trethdalwyr *ll*; (*GYM*) symudiadau *g* gosod.
imposer [ɛ̃poze] (1) *vt* (*taxer*) trethu; (*faire accepter*) gorfodi; ~ **qch à qn** gorfodi rhth ar rn; ~ **les mains** (*REL*) arddodi dwylo; **en ~ (à)** (*impressionner*) gwneud argraff (ar); **elle en impose à ses élèves** mae'n ennyn parch ei disgyblion;
♦ **s'~** *vr* (*choix, solution*) bod yn amlwg; (*reconnaître*) eich amlygu'ch hunan; **il s'est imposé comme leader** fe'i hamlygodd ei hun fel arweinydd; **ça s'impose!** mae hynny'n anorfod; **il a le chic pour arriver à l'heure du repas et s'~** mae ganddo'r wyneb i'w wthio'i hunan arnom adeg bwyd.
imposition [ɛ̃pozisjɔ̃] *f* (*taxation*) trethiad *g*, treth *b*; **l'~ des mains** (*REL*) arddodiad *g* dwylo; (*action*) arddodi dwylo.
impossibilité [ɛ̃pɔsibilite] *f* amhosibilrwydd *g*; (*chose impossible*) peth *g* amhosibl; **être dans l'~ de faire qch** methu â gwneud rhth.
impossible [ɛ̃pɔsibl] *adj* amhosibl; ~ **à faire** amhosibl i'w wneud; **il est ~ que** mae'n amhosibl...; **il est ~ d'arriver** mae'n amhosibl cyrraedd; **il m'est ~ de le faire** mae'n amhosibl imi wneud hynny;
♦*m*: **l'~** yr amhosibl *g*; **faire l'~** gwneud eich gorau glas; **si, par ~** os, drwy ryw wyrth.
imposteur [ɛ̃pɔstœʀ] *m* ffugiwr *g*, ffugwraig *b*, ymhonnwr *g*, ymhonwraig *b*.
imposture [ɛ̃pɔstyʀ] *f* twyll *g*.
impôt [ɛ̃po] *m* treth *b*; **payer des ~s** talu trethi; **payer 1 000 F d'~s** talu treth o 1,000 ffranc; ~ **direct/indirect** treth uniongyrchol/anuniongyrchol; ~ **foncier** treth ar dir; ~ **sur la fortune** treth ar gyfoeth; ~ **sur le chiffre d'affaires** treth ar drosiant gwerthu; ~ **sur le revenu** treth incwm; ~ **sur le RPP** treth ar incwm personol; ~ **sur les plus values** treth ar enillion cyfalaf; ~ **sur les sociétés** treth ar gwmnïau; **~s locaux** trethi *ll* cyngor.
impotence [ɛ̃pɔtɑ̃s] *f* anallu *g*, anabledd *g*.
impotent (-e) [ɛ̃pɔtɑ̃, ɑ̃t] *adj* analluog, diymadferth; **il est ~ d'un bras** mae ei fraich yn ddiymadferth.
impraticable [ɛ̃pʀatikabl] *adj* (*projet, idée*) anymarferol; (*où l'on ne peut pas passer*)

caeedig; **chemin** ~ llwybr *g* na ellir mynd ar ei hyd.
imprécation [ɛ̃pʀekasjɔ̃] *f* melltith *b*.
imprécis (-e) [ɛ̃pʀesi, iz] *adj* amwys, anfanwl.
imprécision [ɛ̃pʀesizjɔ̃] *f* amwysedd *g*, anfanylder *g*.
imprégner [ɛ̃pʀeɲe] (**14**) *vt* (*saturer*) trochi, trwytho, socian; (*lieu, air: de lumière*) llenwi â; **une lettre imprégnée d'ironie** llythyr yn llawn eironi;
♦ **s'**~ *vr*: **s'**~ **de** ymdrwytho yn, cael eich trwytho mewn.
imprenable [ɛ̃pʀənabl] *adj* (*fortresse*) anghipiadwy, anorchfygol; **vue** ~ golygfa *b* fendigedig *ou* wych.
imprésario [ɛ̃pʀesaʀjo] *m* (*d'un artiste*) rheolwr *g*, rheolwraig *b*; (*d'un spectacle*) trefnydd *g*.
imprescriptible [ɛ̃pʀɛskʀiptibl] *adj* (*JUR: droit, bien*) annileadwy.
impression [ɛ̃pʀesjɔ̃] *f* (*effet*) argraff *b*; (*d'un ouvrage, d'un tissu*) printiad *g*, argraffiad *g*; (*empreinte*) print *g*, patrwm *g*; **faire/produire une vive** ~ (*émotion*) gwneud/creu argraff fywiog; **faire bonne/mauvaise** ~ gwneud argraff dda/wael; **donner l'**~ **d'être ...** rhoi'r argraff o fod ...; **avoir l'**~ **de faire qch** cael yr argraff o wneud rhth; **faire** ~ (*film, orateur, déclaration etc*) gwneud argraff; ~**s de voyage** argraffiadau *ll* teithio.
impressionnable [ɛ̃pʀesjɔnabl] *adj* teimladwy, argraffadwy.
impressionnant (-e) [ɛ̃pʀesjɔnɑ̃, ɑ̃t] *adj* trawiadol; (*discours*) gwefreiddiol; (*monument*) urddasol.
impressionner [ɛ̃pʀesjɔne] (**1**) *vt* creu argraff ar, taro.
impressionnisme [ɛ̃pʀesjɔnism] *m* argraffiadaeth *b*.
impressionniste [ɛ̃pʀesjɔnist] *m/f* argraffiadydd *g*.
imprévisible [ɛ̃pʀevizibl] *adj* anrhagweladwy, annisgwyl.
imprévoyance [ɛ̃pʀevwajɑ̃s] *f* diffyg *g* rhagwelediad; (*action*) methu rhagweld.
imprévoyant (-e) [ɛ̃pʀevwajɑ̃, ɑ̃t] *adj* diddarpar.
imprévu[1] (-e) [ɛ̃pʀevy] *adj* anrhagweledig, annisgwyl.
imprévu[2] [ɛ̃pʀevy] *m* digwyddiad *g* annisgwyl; **en cas d'**~ os digwydd rhywbeth annisgwyl; **sauf** ~ oni bai bod rhywbeth yn mynd o'i le.
imprimante [ɛ̃pʀimɑ̃t] *f* (*INFORM*) argraffydd *g*; ~ **à aiguilles/à jet d'encre** argraffydd â nodwyddau/â chwistrell inc; ~ **à marguerite** olwyn *b* argraffu; ~ **(à) laser** argraffydd laser; ~ **(ligne par) ligne** llin-argraffydd *g*; ~ **matricielle** matrics-argraffydd *g*; ~ **thermique** argraffydd thermol.
imprimé[1] (-e) [ɛ̃pʀime] *adj* printiedig, argraffedig.
imprimé[2] [ɛ̃pʀime] *m* ffurflen *b*; (*POSTES*) deunydd *g* printiedig; (*tissu*) defnydd *g ou* ffabrig *g* printiedig; (*dans une bibliothèque*) cyhoeddiad *g*; **un** ~ **à fleurs/pois** (*tissu*) defnydd â phatrwm blodau/smotiau.
imprimer [ɛ̃pʀime] (**1**) *vt* argraffu, printio; (*empreinte, marque*) imprintio; (*visa, cachet*) stampio; (*communiquer: mouvement*) trosglwyddo.
imprimerie [ɛ̃pʀimʀi] *f* (*technique*) printio, argraffu; (*établissement, atelier*) argraffdy *g*.
imprimeur [ɛ̃pʀimœʀ] *m* argraffwr *g*, argraffwraig *b*.
imprimeur-éditeur [ɛ̃pʀimœʀeditœʀ] *m* argraffwr *g* a chyhoeddwr *g*.
imprimeur-libraire [ɛ̃pʀimœʀlibʀɛʀ] *m* argraffwr *g* a llyfrwerthwr *g*.
improbable [ɛ̃pʀɔbabl] *adj* annhebygol.
improductif (**improductive**) [ɛ̃pʀɔdyktif, ɛ̃pʀɔdyktiv] *adj* anghynhyrchiol, digynnyrch.
impromptu (-e) [ɛ̃pʀɔ̃pty] *adj* digymell, difyfyr, o'r frest, ar y pryd.
imprononçable [ɛ̃pʀɔnɔ̃sabl] *adj* anynganadwy.
impropre [ɛ̃pʀɔpʀ] *adj* (*incorrect*) anghywir, amhriodol; (*inadapté*) anghymwys, anaddas, nad yw'n gweddu; **elle est** ~ **à ce travail** nid yw'n gweddu i'r gwaith hwn.
improprement [ɛ̃pʀɔpʀəmɑ̃] *adv* yn anghywir.
impropriété [ɛ̃pʀɔpʀijete] *f* anghywirdeb *g*; ~ **(de langage)** camddefnydd *g* (o iaith).
improvisation [ɛ̃pʀɔvizasjɔ̃] *f* datganiad *g* byrfyfyr *ou* ar y pryd.
improvisé (-e) [ɛ̃pʀɔvize] *adj* dros dro, dyfeisiedig; **avec des moyens** ~**s** gan ddefnyddio beth bynnag sydd wrth law.
improviser [ɛ̃pʀɔvize] (**1**) *vt* dyfeisio rhth (ar fyr rybudd), gwneud rhth yn y fan a'r lle, addasu; ~ **qn cuisinier** gwneud i rn weithio fel cogydd;
♦*vi* canu ar y pryd, cyfansoddi ar y pryd; (*acteur, orateur*) adlibio;
♦ **s'**~ *vr* (*secours, réunion*) addasu rhth ar fyr rybudd; **s'**~ **cuisinier** penderfynu gweithredu fel cogydd.
improviste [ɛ̃pʀɔvist]: **à l'**~ *adv* yn ddirybudd, yn annisgwyl, yn fyrfyfyr.
imprudemment [ɛ̃pʀydamɑ̃] *adv* yn annoeth
imprudence [ɛ̃pʀydɑ̃s] *f* annoethineb *g*.
imprudent (-e) [ɛ̃pʀydɑ̃, ɑ̃t] *adj* annoeth, diofal.
impubère [ɛ̃pybɛʀ] *adj* blaenaeddfed.
impubliable [ɛ̃pyblijabl] *adj* anghyhoeddadwy, na ellir ei gyhoeddi.
impudemment [ɛ̃pydamɑ̃] *adv* yn ddigywilydd, yn haerllug, yn eofn.
impudence [ɛ̃pydɑ̃s] *f* digywilydd-dra *g*, haerllugrwydd *g*, ehofndra *g*.
impudent (-e) [ɛ̃pydɑ̃, ɑ̃t] *adj* digywilydd, haerllug, eofn.
impudeur [ɛ̃pydœʀ] *f* anwedduster *g*, anlladrwydd *g*.
impudique [ɛ̃pydik] *adj* anweddus, anllad.
impudiquement [ɛ̃pydikmɑ̃] *adv* yn anweddus.

impuissance [ɛ̃pɥisɑ̃s] *f* anallu *g*, dinerthedd *g*.
impuissant[1] (-e) [ɛ̃pɥisɑ̃, ɑ̃t] *adj* analluog; ~ **à faire qch** analluog i wneud rhth.
impuissant[2] [ɛ̃pɥisɑ̃] *m* gŵr *g* analluog (*yn rhywiol*).
impulsif (**impulsive**) [ɛ̃pylsif, ɛ̃pylsiv] *adj* byrbwyll.
impulsion [ɛ̃pylsjɔ̃] *f* (*aussi fig*) ysgogiad *g*, symbyliad *g*; **sous l'~ de leurs chefs** gydag anogaeth *b* eu harweinwyr.
impulsivement [ɛ̃pylsivmɑ̃] *adv* yn fyrbwyll.
impulsivité [ɛ̃pylsivite] *f* byrbwylltra *g*.
impunément [ɛ̃pynemɑ̃] *adv* yn ddi-gosb.
impuni (-e) [ɛ̃pyni] *adj* di-gosb.
impunité [ɛ̃pynite] *f* anghosbedigaeth *b*; **en toute** ~ yn gwbl ddi-gosb.
impur (-e) [ɛ̃pyʀ] *adj* amhur.
impureté [ɛ̃pyʀte] *f* amhurdeb *g*.
imputable [ɛ̃pytabl] *adj*: ~ **à** priodoladwy i, cyfrifadwy i; ~ **sur** (*COMM: somme*) cyfrifadwy i, i'w godi ar.
imputation [ɛ̃pytasjɔ̃] *f* (*accusation*) cyhuddiad *g*; (*FIN*) cyfrifiad *g*.
imputer [ɛ̃pyte] (**1**) *vt*: ~ **qch à qn** priodoli rhth i rn; ~ **sur** (*FIN*) codi (rhth ar gyfrif rhn).
imputrescible [ɛ̃pytʀesibl] *adj* amhydradwy, nad yw'n pydru.
in [in] *adj inv* (*à la mode*) ffasiynol, ynddi hi.
INA [ina] *sigle m*(= *Institut national de l'audiovisuel*) *llyfrgell b genedlaethol archifau clyweled.*
inabordable [inabɔʀdabl] *adj* (*lieu*) anodd mynd ato, anhygyrch; (*cher*) rhy ddrud, afresymol.
inaccentué (-e) [inaksɑ̃tɥe] *adj* (*LING*) diacen, dibwyslais.
inacceptable [inaksɛptabl] *adj* annerbyniol.
inaccessible [inaksesibl] *adj* anodd ei gyrraedd, anhygyrch; (*objectif*) anghyraeddadwy; **il est** ~ **à la pitié** nid oes tosturi yn ei natur, nid yw'n teimlo tosturi.
inaccoutumé (-e) [inakutyme] *adj* anarferol; ~ **à** anghyfarwydd â, anghynefin â.
inachevé (-e) [inaʃ(ə)ve] *adj* anorffenedig.
inactif (**inactive**) [inaktif, inaktiv] *adj* llonydd, disymud; (*commerce*) marwaidd, disymud; (*remède*) aneffeithiol.
inaction [inaksjɔ̃] *f* diffyg *g* gweithredu, segurdod *g*.
inactivité [inaktivite] *f* anweithrediad *g*, diffyg *g* gweithredu; **être en** ~ (*ADMIN*) bod yn anweithredol.
inadaptation [inadaptasjɔ̃] *f* (*PSYCH*) diffyg *g* ymaddasiad, anymaddasiad *g*.
inadapté (-e) [inadapte] *adj* (*PSYCH*) anymaddas, anaddas, heb addasu, heb ymaddasu; ~ **à** anaddas i, nad yw'n gweddu i.
inadapté [inadapte] (*péj*) *m* misffit *g*, un *g* anaddas.
inadaptée [inadapte] (*péj*) *f* misffit *b*, un *b* anaddas.
inadéquat (-e) [inadekwa(t), kwat] *adj* annigonol.
inadéquation [inadekwasjɔ̃] *f* annigonolrwydd *g*, anghymhwyster *g*.
inadmissible [inadmisibl] *adj* annerbyniol, annerbyniadwy.
inadvertance [inadvɛʀtɑ̃s]: **par** ~ *adv* yn ddiofal.
inaliénable [inaljenabl] *adj* (*JUR*) anaralladwy, anrhosglwyddadwy, diymwad.
inaltérable [inalteʀabl] *adj* digyfnewid; **couleur** ~ **au lavage/à la lumière** lliw *g* sy'n gwrthsefyll golchi/golau; ~ **à l'air/la chaleur** annewidiadwy mewn aer/gwres.
inamovibilité [inamɔvibilite] *f* sefydlogrwydd *g*.
inamovible [inamɔvibl] *adj* (*magistrat, sénateur*) ansymudadwy; (*fonction, emploi*) sefydlog, parhaol; (*plaque, panneau*) sownd.
inanimé (-e) [inanime] *adj* (*matière*) difywyd; (*corps, personne*) anymwybodol; **tomber** ~ colli ymwybyddiaeth, llewygu.
inanité [inanite] *f* oferedd *g*, diffyg *g* pwrpas.
inanition [inanisjɔ̃] *f*: **tomber d'**~ llewygu o ddiffyg bwyd.
inaperçu (-e) [inapɛʀsy] *adj*: **passer** ~ osgoi sylw.
inappétence [inapetɑ̃s] *f* diffyg *g* chwant bwyd, diffyg archwaeth.
inapplicable [inaplikabl] *adj* anaddas, anghymwys.
inapplication [inaplikasjɔ̃] *f* (*d'un écolier*) diffyg *g* ymroddiad; (*d'un procédé, loi*) diffyg gorfodaeth *b ou* gorfodi, anweithrediad *g*.
inappliqué (-e) [inaplike] *adj* (*écolier*) prin o ymroddiad; (*procédé, loi*) anweithredol, nas gorfodir.
inappréciable [inapʀesjabl] *adj* (*différence*) anfesuradwy; (*service*) gwerthfawr, anfesuradwy.
inapte [inapt] *adj* (*personne*) analluog, anaddas; (*MIL*) anghymwys, anabl.
inaptitude [inaptityd] *f* anaddasrwydd *g*; (*MIL*) diffyg *g* ffitrwydd, anaddasrwydd corfforol.
inarticulé (-e) [inaʀtikyle] *adj* aneglur, myngus, anhuawdl, tafotrwym.
inassimilable [inasimilabl] *adj* anghymathadwy; (*immigrant*) anodd ei integreiddio.
inassouvi (-e) [inasuvi] *adj* anniwall.
inattaquable [inatakabl] *adj* anorchfygol.
inattendu[1] (-e) [inatɑ̃dy] *adj* annisgwyl, annisgwyliedig.
inattendu[2] [inatɑ̃dy] *m*: **l'**~ yr annisgwyl *g*.
inattentif (**inattentive**) [inatɑ̃tif, inatɑ̃tiv] *adj* pell eich meddwl, heb fod yn talu sylw; ~ **à** (*se souciant peu de*) diofal o, esgeulus o.
inattention [inatɑ̃sjɔ̃] *f* diffyg *g* sylw, diofalwch *g*, esgeulustod *g*; **une minute d'**~ eiliad o ddiffyg sylw; **par** ~ yn ddiofal, trwy

amryfusedd; **faute** *neu* **erreur d'~** gwall *g* trwy ddiofalwch.
inaudible [inodibl] *adj* anghlywadwy, anhyglyw.
inaugural (**-e**) (**inauguraux, inaugurales**) [inogyʀal, inogyʀo] *adj* agoriadol.
inauguration [inogyʀasjɔ̃] *f* agoriad *g*, dechreuad *g*; **discours d'~** araith *b* agoriadol; **cérémonie d'~** defod *b* agoriadol.
inaugurer [inogyʀe] (**1**) *vt* (*exposition*) agor; (*époque*) dechrau, cychwyn; (*monument*) dadorchuddio.
inauthenticité [inotɑ̃tisite] *f* annilysrwydd *g*.
inavouable [inavwabl] *adj* anaddefadwy, cywilyddus.
inavoué (**-e**) [inavwe] *adj* anaddefedig, anghyffesedig.
INC [iɛnse] *sigle m*(= *Institut national de la consommation*) *cyngor g cenedlaethol y defnyddwyr*.
inca [ɛ̃ka] *adj* Inca, Incaidd.
Inca [ɛ̃ka] *m/f* Inca *g/b*.
incalculable [ɛ̃kalkylabl] *adj* di-rif, dirifedi, anghyfrifadwy; **un nombre ~ de** niferoedd *ll* dirifedi.
incandescence [ɛ̃kɑ̃desɑ̃s] *f* gwyniasedd *g*; **en ~** gwynias; **porter qch à ~** poethi rhth nes ei fod yn wynias; **lampe à ~** lamp *b* wynias; **manchon à ~** mantell *b* nwy wynias.
incandescent [ɛ̃kɑ̃desɑ̃] *adj* gwynias.
incantation [ɛ̃kɑ̃tasjɔ̃] *f* swyn *g*, swyn-gân *b*; (*emploi de paroles magiques*) swyn-ganu.
incantatoire [ɛ̃kɑ̃tatwaʀ] *adj* swyn-ganiadol.
incapable [ɛ̃kapabl] *adj* analluog; **~ de faire qch** analluog i wneud rhth.
incapacitant (**-e**) [ɛ̃kapasitɑ̃, ɑ̃t] *adj* (*MIL*) anghymhwysol, analluogol.
incapacité [ɛ̃kapasite] *f* anallu *g*, anabledd *g*, anghymhwyster *g*; **être dans l'~ de faire** bod yn anabl *ou* anghymwys i wneud; **~ électorale** (*JUR*) anghymhwyster i bleidleisio; **~ de travail** anabledd trwy waith; **~ partielle/totale** anabledd rhannol/llwyr; **~ permanente** anabledd parhaol.
incarcération [ɛ̃kaʀseʀasjɔ̃] *f* carchariad *g*, carchar *g*.
incarcérer [ɛ̃kaʀseʀe] (**14**) *vt* carcharu.
incarnat (**-e**) [ɛ̃kaʀna, at] *adj* rhuddgoch.
incarnation [ɛ̃kaʀnasjɔ̃] *f* ymgnawdoliad *g*, ymgorfforiad *g*.
incarné (**-e**) [ɛ̃kaʀne] *adj* mewn cnawd, corfforol; **ongle ~** ewin *g,b* yn tyfu i'r byw.
incarner [ɛ̃kaʀne] (**1**) *vt* ymgnawdoli, corffori, cnawdoli; (*THÉÂTRE*) personoli;
♦ **s'~** *vr* (*REL*) cael eich ymgorffori mewn.
incartade [ɛ̃kaʀtad] *f* cast *g*, stranc *b*; (*ÉQUITATION*) gwyriad *g*, rhusiad *g*, tro *g* sydyn.
incassable [ɛ̃kɑsabl] *adj* (*verre*) annhoradwy; (*fil*) gwydn.
incendiaire [ɛ̃sɑ̃djɛʀ] *adj* cyneuol;
♦*m/f* llosgwr *g*, cyneuwr *g* tân.
incendie [ɛ̃sɑ̃di] *m* tân *g*; **~ criminel** cynnau tân (bwriadol); **~ de forêt** tân coedwig.
incendier [ɛ̃sɑ̃dje] (**16**) *vt* llosgi, rhoi (rhth) ar dân, rhoi tân ar (rth); (*fam, fig: accabler de reproches*) chwarae'r diawl â (rhn)*, ei rhoi hi'n boeth i (rn)*, rhoi llond pen i (rn)*.
incertain (**-e**) [ɛ̃sɛʀtɛ̃, ɛn] *adj* ansicr.
incertitude [ɛ̃sɛʀtityd] *f* ansicrwydd *g*.
incessamment [ɛ̃sesamɑ̃] *adv* yn fuan iawn, mewn munud.
incessant (**-e**) [ɛ̃sesɑ̃, ɑ̃t] *adj* di-baid, di-dor.
incessible [ɛ̃sesibl] *adj* (*JUR*) anaralladwy, anhrosglwyddadwy.
inceste [ɛ̃sɛst] *m* llosgach *g*.
incestueux (**incestueuse**) [ɛ̃sɛstɥø, ɛ̃sɛstøz] *adj* llosgachol.
inchangé (**-e**) [ɛ̃ʃɑ̃ʒe] *adj* digyfnewid, anghyfnewidiol.
inchantable [ɛ̃ʃɑ̃tabl] *adj* anghanadwy.
inchauffable [ɛ̃ʃofabl] *adj* amhosibl ei gynhesu *ou* dwymo, annhwymadwy
incidemment [ɛ̃sidamɑ̃] *adv* gyda llaw.
incidence [ɛ̃sidɑ̃s] *f* effaith *b*; (*PHYS*) trawiad *g*.
incident[1] (**-e**) [ɛ̃sidɑ̃, ɑ̃t] *adj* (*JUR*) atodol, ychwanegol; (*LING*) rhwng cromfachau.
incident[2] [ɛ̃sidɑ̃] *m* digwyddiad *g*; **~ de frontière** helynt *g,b* ar y ffin; **~ de parcours** anhawster *g* bychan, anhap *g,b* bychan *ou* fychan; **~ diplomatique** helynt diplomyddol, trafferth *b,g* (d)diplomyddol; **~ technique** anhap technegol *ou* dechnegol.
incinérateur [ɛ̃sineʀatœʀ] *m* llosgwr *g*, llosgydd *g*.
incinération [ɛ̃sineʀasjɔ̃] *f* (*d'ordures*) llosgi (rhth) (*yn ulw*); (*cadavre*) amlosgiad *g*.
incinérer [ɛ̃sineʀe] (**14**) *vt* (*ordures*) llosgi (rhth) (*yn ulw*); (*cadavre*) amlosgi.
incise [ɛ̃siz] *f* (*LING*) rhyngosodiad *g*, sangiad *g*.
inciser [ɛ̃size] (**1**) *vt* endorri, gwneud toriad yn; (*abcès*) ffleimio, torri.
incisif (**incisive**) [ɛ̃sizif, ɛ̃siziv] *adj* (*ironie, critique*) llym(llem)(llymion) brathog, miniog, treiddgar; (*style*) brathog; (*personne*) llym.
incision [ɛ̃sizjɔ̃] *f* toriad *g*, endoriad *g*.
incisive [ɛ̃siziv] *f* (*ANAT*) dant *g* blaen;
♦*adj f voir* **incisif**.
incitation [ɛ̃sitasjɔ̃] *f* anogaeth *b*, cymhelliad *g*; (*provocation*) pryfociad *g*.
inciter [ɛ̃site] (**1**) *vt*: **~ qn à faire qch** annog rhn i wneud rhth.
incivil (**-e**) [ɛ̃sivil] *adj* anghwrtais, anfoesgar.
incivilité [ɛ̃sivilite] *f* anghwrteisi *g*, anfoesgarwch *g*.
inclinable [ɛ̃klinabl] *adj* gogwyddol; **siège à dossier ~** sedd *b* ogwyddol, sedd ogwydd.
inclinaison [ɛ̃klinɛzɔ̃] *f* gogwydd *g*, gogwyddiad *g*, goleddf *g*, goleddfiad *g*.
inclination [ɛ̃klinasjɔ̃] *f* tuedd *g*, gogwydd *g*; **montrer de l'~ pour les sciences** dangos

tuedd at wyddoniaeth; ~**s égoïstes/altruistes** tueddiadau *ll* hunanol/anhunanol; ~ **de (la) tête** nodio'ch pen; ~ **(du buste)** moesymgrymiad *g*.

incliner [ɛ̃kline] (**1**) *vt* gogwyddo, gwyro; (*tête*) nodio; ~ **la tête** *neu* **le front** (*pour saluer*) plygu'ch pen, bowio;
♦*vi*: ~ **à qch/à faire qch** bod â thuedd at rth/i wneud rhth;
♦ **s'**~ *vr* (*personne*) ymgrymu; (*chemin, pente*) gwyro; (*toit*) gogwyddo; **s'**~ **(devant)** ymgrymu (o flaen).

inclure [ɛ̃klyʀ] (**48**) *vt* cynnwys; (*billet, chèque*) amgáu.

inclus (**-e**) [ɛ̃kly, yz] *pp de* **inclure**;
♦*adj* (*joint à un envoi*) amgaeedig, cynwysedig; (*compris: frais, dépense*) gan gynnwys; ~ **dans** (*MATH: ensemble*) yn cynnwys; **jusqu'au troisième chapitre** ~ hyd at ddiwedd y drydedd bennod; **jusqu'au 10 mars** ~ hyd at a chan gynnwys Mawrth 10fed.

inclusion [ɛ̃klyzjɔ̃] *f* cynhwysiad *g*.

inclusivement [ɛ̃klyzivmɑ̃] *adv*: **jusqu'au troisième siècle** ~ hyd at a chan gynnwys y drydedd ganrif.

inclut [ɛ̃kly] *vb voir* **inclure**.

incoercible [ɛ̃kɔɛʀsibl] *adj* afreolus, anystywallt.

incognito [ɛ̃kɔɲito] *adv* yn anhysbys, yn gyfrinachol;
♦*m*: **garder l'**~ aros yn anhysbys.

incohérence [ɛ̃kɔeʀɑ̃s] *f* anghysondeb *g*, diffyg *g* cysylltiad.

incohérent (**-e**) [ɛ̃kɔeʀɑ̃, ɑ̃t] *adj* anghyson, digyswllt.

incollable [ɛ̃kɔlabl] *adj* (*riz*) nad yw'n glynu; **il est** ~* (*personne*) mae ganddo'r ateb i bopeth.

incolore [ɛ̃kɔlɔʀ] *adj* di-liw.

incomber [ɛ̃kɔ̃be] (**1**): ~ **à** *vt* bod yn ddyletswydd ar, bod yn rheidrwydd ar; (*frais, réparations*) bod yn gyfrifoldeb i.

incombustible [ɛ̃kɔ̃bystibl] *adj* anllosgadwy, anhylosg.

incommensurable [ɛ̃kɔmɑ̃syʀabl] *adj* anfesuradwy, di-fesur.

incommodant (**-e**) [ɛ̃kɔmɔdɑ̃, ɑ̃t] *adj* (*bruit*) annifyr; (*chaleur*) anghyfforddus, annifyr.

incommode [ɛ̃kɔmɔd] *adj* anghyfleus, anhwylus.

incommodément [ɛ̃kɔmɔdemɑ̃] *adv* yn anghyfforddus; (*situé*) yn anghyfleus.

incommoder [ɛ̃kɔmɔde] (**1**) *vt*: ~ **qn** peri trafferth i rn, anhwyluso rhn.

incommodité [ɛ̃kɔmɔdite] *f* anhwylustod *g*, anghyfleustra *g*, trafferth *b,g*.

incommunicable [ɛ̃kɔmynikabl] *adj* (*JUR: caractères, droits*) anhrosglwyddadwy, na ellir mo'i drosglwyddo; (*pensée*) anghyfrannol, anhraethol.

incomparable [ɛ̃kɔ̃paʀabl] *adj* anghymharol, digyffelyb, digymar, di-ail, heb ei ail.

incomparablement [ɛ̃kɔ̃paʀabləmɑ̃] *adv* yn anghymharol, yn ddigymar, yn ddigyffelyb.

incompatibilité [ɛ̃kɔ̃patibilite] *f* anghydnawsedd *g*; ~ **d'humeur** anghydweddiad *g* cymeriad.

incompatible [ɛ̃kɔ̃patibl] *adj*: ~ **(avec)** anghydnaws (â), anghymarus (â).

incompétence [ɛ̃kɔ̃petɑ̃s] *f* (*manque de dextérité*) anfedrusrwydd *g*, diffyg *g* medr; (*ignorance*) anwybodaeth *b*; (*JUR, POL*) anghymhwyster *g*.

incompétent (**-e**) [ɛ̃kɔ̃petɑ̃, ɑ̃t] *adj* (*JUR, POL*) anghymwys; ~ **en** (*inexpert*) anfedrus mewn.

incomplet (**incomplète**) [ɛ̃kɔ̃plɛ, ɛ̃kɔ̃plɛt] *adj* anghyflawn, anorffenedig.

incomplètement [ɛ̃kɔ̃plɛtmɑ̃] *adv* yn anghyflawn.

incompréhensible [ɛ̃kɔ̃pʀeɑ̃sibl] *adj* annealladwy.

incompréhensif (**incompréhensive**) [ɛ̃kɔ̃pʀeɑ̃sif, ɛ̃kɔ̃pʀeɑ̃siv] *adj* diddeall, digydymdeimlad, anneallus.

incompréhension [ɛ̃kɔ̃pʀeɑ̃sjɔ̃] *f* annealltwriaeth *b*, diffyg *g* dealltwriaeth *ou* cydymdeimlad.

incompressible [ɛ̃kɔ̃pʀesibl] *adj* (*PHYS*) anghywasg; (*JUR: peine*) anostyngadwy; (*fig: dépenses*) anostyngadwy.

incompris (**-e**) [ɛ̃kɔ̃pʀi, iz] *adj* a gamddeallwyd, camddealledig.

inconcevable [ɛ̃kɔ̃s(ə)vabl] *adj* annirnadwy, anhygoel.

inconciliable [ɛ̃kɔ̃siljabl] *adj* anghymodlon, digymod.

inconditionnel[1] (**-le**) [ɛ̃kɔ̃disjɔnɛl] *adj* (*ordre, appui*) diamod; (*partisan*) digwestiwn, dibetrus, rhonc, pybyr.

inconditionnel[2] [ɛ̃kɔ̃disjɔnɛl] *m* cefnogwr *g* pybyr.

inconditionnelle [ɛ̃kɔ̃disjɔnɛl] *f* cefnogwraig *b* bybyr;
♦*adj f voir* **inconditionnel**[1].

inconditionnellement [ɛ̃kɔ̃disjɔnɛlmɑ̃] *adv* yn ddiamod, yn bybyr.

inconduite [ɛ̃kɔ̃dɥit] *f* camymddygiad *g*, camymddwyn *g*.

inconfort [ɛ̃kɔ̃fɔʀ] *m* anghysur *g*, diffyg *g* cysur.

inconfortable [ɛ̃kɔ̃fɔʀtabl] *adj* (*aussi fig*) anghyfforddus, anghysurus.

inconfortablement [ɛ̃kɔ̃fɔʀtabləmɑ̃] *adv* yn anghysurus, yn anghyfforddus.

incongru (**-e**) [ɛ̃kɔ̃gʀy] *adj* (*comportement*) anghydweddol, rhyfedd, anweddaidd; (*bruit*) rhyfedd, hynod.

incongruité [ɛ̃kɔ̃gʀyite] *f* hynodrwydd *g*, rhyfeddod *g*, anghydweddiad *g*.

inconnu[1] (**-e**) [ɛ̃kɔny] *adj* anadnabyddus, anhysbys, dieithr, anghyfarwydd.

inconnu[2] [ɛ̃kɔny] *m* dyn *g* anhysbys; (*étranger, tiers*) dyn dieithr, dieithryn *g*; **l'~** yr anhysbys *g*.
inconnue [ɛ̃kɔny] *f* (*MATH*) swm *g* anhysbys; (*personne*) gwraig *b* anhysbys, gwraig ddieithr;
♦*adj f voir* **inconnu**[1].
inconsciemment [ɛ̃kɔ̃sjamɑ̃] *adv* yn ddiarwybod, heb fod yn ymwybodol.
inconscience [ɛ̃kɔ̃sjɑ̃s] *f* (*physique*) anymwybyddiaeth *b*; (*morale: irréflexion*) byrbwylltra *g*, diffyg *g* meddwl.
inconscient[1] (**-e**) [ɛ̃kɔ̃sjɑ̃, jɑ̃t] *adj* (*évanoui*) anymwybodol; (*irréfléchi*) difeddwl, byrbwyll, heb feddwl; (*mouvement, geste, sentiment*) diymwybod; (*conséquences*) diarwybod; **~ de** (*évènement extérieur*) anymwybodol o.
inconscient[2] [ɛ̃kɔ̃sjɑ̃] *m* (*PSYCH*) yr anymwybod *g*.
inconséquence [ɛ̃kɔ̃sekɑ̃s] *f* anghysondeb *g*, anghysonder *g*; (*action*) gweithred *b* fyrbwyll *ou* ddifeddwl, byrbwylltra *g*; (*remarque*) sylw *g* difeddwl.
inconséquent (**-e**) [ɛ̃kɔ̃sekɑ̃, ɑ̃t] *adj* (*illogique*) anghyson; (*irréfléchi*) difeddwl, byrbwyll.
inconsidéré (**-e**) [ɛ̃kɔ̃sideʀe] *adj* (*propos, zèle*) byrbwyll, difeddwl; (*placement*) annoeth.
inconsidérément [ɛ̃kɔ̃sideʀemɑ̃] *adv* yn ddifeddwl, yn annoeth.
inconsistant (**-e**) [ɛ̃kɔ̃sistɑ̃, ɑ̃t] *adj* disylwedd, simsan, gwan; (*crème*) tenau.
inconsolable [ɛ̃kɔ̃sɔlabl] *adj* digysur, anghysuradwy, y tu hwnt i gysur.
inconstance [ɛ̃kɔ̃stɑ̃s] *f* anwadalwch *g*.
inconstant (**-e**) [ɛ̃kɔ̃stɑ̃, ɑ̃t] *adj* anwadal.
inconstitutionnel (**-le**) [ɛ̃kɔ̃stitysjɔnɛl] *adj* anghyfansoddiadol.
inconstitutionnellement [ɛ̃kɔ̃stitysjɔnɛlmɑ̃] *adv* yn anghyfansoddiadol.
inconstructible [ɛ̃k[ɔ]stʀyktibl] *adj* (*terrain*) lle na chaniateir adeiladu.
incontestable [ɛ̃kɔ̃tɛstabl] *adj* di-ddadl, diamheuol, diamau.
incontestablement [ɛ̃kɔ̃tɛstabləmɑ̃] *adv* yn ddi-ddadl, yn ddiamheuol, yn ddiamau.
incontesté (**-e**) [ɛ̃kɔ̃tɛste] *adj* diamheuol, diamau.
incontinence [ɛ̃kɔ̃tinɑ̃s] *f* (*MÉD*) anymatal *g*, anymataliaeth *b*, anghynhwyster *g*, methu dal.
incontinent (**-e**) [ɛ̃kɔ̃tinɑ̃, ɑ̃t] *adj* (*MÉD*) anghynnwys, anymataliol;
♦*adv* ar unwaith.
incontournable [ɛ̃kɔ̃tuʀnabl] *adj* anochel, anorfod.
incontrôlable [ɛ̃kɔ̃tʀolabl] *adj* anwiriadwy.
incontrôlé (**-e**) [ɛ̃kɔ̃tʀole] *adj* dilywodraeth, afreolus.
inconvenance [ɛ̃kɔ̃v(ə)nɑ̃s] *f* anaddasrwydd *g*, amhriodoldeb *g*.
inconvenant (**-e**) [ɛ̃kɔ̃v(ə)nɑ̃, ɑ̃t] *adj* anweddaidd, anweddus; (*personne*) anfoesgar.
inconvénient [ɛ̃kɔ̃venjɑ̃] *m* (*désavantage*) anfantais *b*, anhawster *g*; (*obstacle*) rhwystr *g*; (*risque*) perygl *g*; **si vous n'y voyez pas d'~** os nad oes gennych wrthwynebiad; **y a-t-il un ~ à reporter la réunion?** oes unrhyw wrthwynebiad i ohirio'r cyfarfod?
inconvertible [ɛ̃kɔ̃vɛʀtibl] *adj* anghyfnewid.
incorporation [ɛ̃kɔʀpɔʀasjɔ̃] *f* (*MIL*) galwad *b* i'r fyddin.
incorporé (**-e**) [ɛ̃kɔʀpɔʀe] *adj* cynwysedig, annatod.
incorporel (**-le**) [ɛ̃kɔʀpɔʀɛl] *adj*: **biens ~s** (*JUR*) eiddo *g* anghyffwrdd.
incorporer [ɛ̃kɔʀpɔʀe] (**1**) *vt* corffori, ymgorffori; (*paragraphe: dans un livre*) cynnwys; (*territoire, personne: dans une société etc*) corffori, ymgorffori, gwneud yn rhan o; (*œufs etc*) cymysgu, blendio; (*MIL: appeler*) recriwtio, listio, galw (rhn) i'r fyddin; **~ qn dans** (*affecter*) ymrestru rhn mewn.
incorrect (**-e**) [ɛ̃kɔʀɛkt] *adj* (*impropre, inconvenant*) anweddaidd, anweddus; (*défectueux*) gwallus; (*inexact*) anghywir; (*impoli*) anghwrtais, anfoesgar; (*déloyal*) dan din, anonest, dichellgar, twyllodrus.
incorrectement [ɛ̃kɔʀɛktəmɑ̃] *adv* (*inexactement*) yn anghywir; (*défectueusement*) yn wallus; (*improprement*) yn anweddaidd; (*impoliment*) yn anghwrtais, yn anfoesgar; (*déloyalement*) yn anonest.
incorrection [ɛ̃kɔʀɛksjɔ̃] *f* (*inconvenance, grossièreté*) anwedduster *g*, anweddustra *g*; (*inexactitude*) anghywirdeb *g*, gwallusrwydd *g*; (*déloyauté*) anonestrwydd *g*, dichell *g*; (*remarque*) sylw *g* anweddaidd; (*action*) gweithred *b* anweddaidd.
incorrigible [ɛ̃kɔʀiʒibl] *adj* anniwygiadwy.
incorruptible [ɛ̃kɔʀyptibl] *adj* anllygradwy.
incrédibilité [ɛ̃kʀedibilite] *f* anhygoeledd *g*.
incrédule [ɛ̃kʀedyl] *adj* anghrediniol.
incrédulité [ɛ̃kʀedylite] *f* anghrediniaeth *b*; **avec ~** yn anghrediniol.
increvable [ɛ̃kʀəvabl] *adj* (*ballon, pneu*) na ellir ei fyrstio; (*fam: personne*) diflino, dyfal
incriminer [ɛ̃kʀimine] (**1**) *vt* cyhuddo, euogi, taflu bai ar; (*bonne foi, honnêteté*) amau, taflu amheuaeth ar; **livre incriminé** llyfr tramgwyddus; **article incriminé** erthygl dramgwyddus.
incrochetable [ɛ̃kʀɔʃ(ə)tabl] *adj* (*serrure*) gwrth-ladron, annatgloadwy.
incroyable [ɛ̃kʀwajabl] *adj* anghredadwy, anhygoel.
incroyablement [ɛ̃kʀwajabləmɑ̃] *adv* yn anghredadwy, yn anhygoel.
incroyant [ɛ̃kʀwajɑ̃] *m* (*REL*) anghredadun *g*, anghrediniwr *g*.
incroyante [ɛ̃kʀwajɑ̃t] *f* (*REL*)

anghredinwraig *b*.
incrustation [ɛ̃kʀystasjɔ̃] *f* (*ART*) mewnosodiad *g*; (*action*) mewnosod; (*dans une chaudière*) cramen *b*, cen *g*, calch *g*.
incruster [ɛ̃kʀyste] (1) *vt* (*TECH: récipient, radiateur*) crestio, magu cramen; ~ **qch dans qch** (*ART: insérer*) mewnosod, gosod rhth yn rhth; ~ **qch de qch** (*ART: décorer*) addurno rhth â rhth;
♦ **s'~** *vr* mynd yn sownd (yn rhth); (*fig: invité*) eich sodro'ch hun, peidio â symud.
incubateur [ɛ̃kybatœʀ] *m* deorydd *g*.
incubation [ɛ̃kybasjɔ̃] *f* deoriad *g*, deor; **période d'~** cyfnod *g* deor.
inculpation [ɛ̃kylpasjɔ̃] *f* cyhuddiad *g*; **sous l'~ de** ar gyhuddiad o.
inculpé [ɛ̃kylpe] *m* y cyhuddedig *g*.
inculpée [ɛ̃kylpe] *f* y gyhuddedig *b*.
inculper [ɛ̃kylpe] (1) *vt*: ~ **qn de qch** cyhuddo rhn o rth.
inculquer [ɛ̃kylke] (1) *vt*: ~ **qch à qn** dysgu rhth i rn, gwthio rhth i ben rhn, trwytho rhn yn rhth, argraffu rhth ar feddwl rhn, argymell rhth ar rn.
inculte [ɛ̃kylt] *adj* (*terre*) heb ei drin, heb ei amaethu; (*personne*) anniwylliedig; (*barbe*) anniben, blêr, aflêr.
incultivable [ɛ̃kyltivabl] *adj* anamaethadwy, anhriniadwy.
inculture [ɛ̃kyltyʀ] *f* diffyg *g* diwylliant, diffyg addysg.
incurable [ɛ̃kyʀabl] *adj* anwelladwy, diwella.
incurie [ɛ̃kyʀi] *f* diofalwch *g*, esgeulustod *g*.
incursion [ɛ̃kyʀsjɔ̃] *f* cyrch *g*, ymosodiad *g*; (*fig: entrée brusque*) rhuthr *g* i mewn.
incurvé (-**e**) [ɛ̃kyʀve] *adj* crwm(crom)(crymion), ar dro.
incurver [ɛ̃kyʀve] (1) *vt* (*barre de fer*) plygu, crymu;
♦ **s'~** *vr* (*planche*) plygu, crymu, gŵyro; (*route*) troi, ymddolennu.
Inde [ɛ̃d] *prf*: **l'~** (yr) India *b*.
indécemment [ɛ̃desamɑ̃] *adv* yn anweddus.
indécence [ɛ̃desɑ̃s] *f* anweddustra *g*, anwedduster *g*.
indécent (-**e**) [ɛ̃desɑ̃, ɑ̃t] *adj* anweddus.
indéchiffrable [ɛ̃deʃifʀabl] *adj* anneongladwy, annarllenadwy, annealladwy, diddatrys.
indéchirable [ɛ̃deʃiʀabl] *adj* anrhwygadwy, na ellir mo'i rwygo.
indécis (-**e**) [ɛ̃desi, iz] *adj* (*victoire, contours, temps*) amhenderfynol, amhendant; (*personne*) amhenderfynol, dibenderfyniad, petrus, amhendant.
indécision [ɛ̃desizjɔ̃] *f* amhenderfyniad *g*, diffyg *g* penderfyniad, petruster *g*.
indéclinable [ɛ̃deklinabl] *adj* (*LING*) dirediad, diffurfdroad, digyfnewid.
indécomposable [ɛ̃dekɔ̃pozabl] *adj* amhydradwy; **un tout ~** peth na ellir mo'i ddadansoddi o gwbl.
indécrottable* [ɛ̃dekʀɔtabl] *adj* anobeithiol.
indéfectible [ɛ̃defɛktibl] *adj* anninistriadwy, annistrywiadwy.
indéfendable [ɛ̃defɑ̃dabl] *adj* anamddiffynadwy; (*fig: cause, point de vue*) anghyfiawnadwy, anesgusodol.
indéfini (-**e**) [ɛ̃defini] *adj* anniffiniedig; (*mot, temps*) amhenodol; (*espace, temps*) diderfyn, annherfynol; (*LING: article*) amhendant, amhenodol.
indéfiniment [ɛ̃definimɑ̃] *adv* yn amhendant, yn amhenodol; (*sans fin*) am byth, yn ddiderfyn.
indéfinissable [ɛ̃definisabl] *adj* anniffiniadwy.
indéformable [ɛ̃defɔʀmabl] *adj* sy'n cadw'i siâp, na ellir mo'i anffurfio.
indélébile [ɛ̃delebil] *adj* annileadwy.
indélicat (-**e**) [ɛ̃delika, at] *adj* di-dact, anystyriol, aflednais, di-chwaeth; (*malhonnête*) anonest.
indélicatesse [ɛ̃delikatɛs] *f* diffyg *g* tact, afledneisrwydd *g*, anystyriaeth *b*; (*malhonnêteté*) anonestrwydd *g*.
indémaillable [ɛ̃demajabl] *adj* (*bas*) annatod.
indemne [ɛ̃dɛmn] *adj* dianaf, heb gael niwed, iach eich croen.
indemnisable [ɛ̃dɛmnizabl] *adj* â hawl i'ch digolledu, â hawl i gael iawn *ou* iawndal.
indemnisation [ɛ̃dɛmnizasjɔ̃] *f* (*somme: de ses pertes*) iawn *g*, iawndal *g*; (*somme: de ses frais*) ad-daliad *g*; (*action*) talu iawndal (i rn), ad-dalu rhn.
indemniser [ɛ̃dɛmnize] (1) *vt*: ~ **(qn de qch)** gwneud iawn i (rn am rth), digolledu (rhn am rth); **se faire ~** (*de ses pertes*) derbyn iawndal; (*de ses frais*) cael ad-daliad.
indemnité [ɛ̃dɛmnite] *f* (*dédommagement*) iawndal *g*, iawn *g*; (*allocation*) lwfans *g*; ~ **de licenciement** tâl *g* diswyddo; ~ **de logement** lwfans llety; ~ **journalière de chômage** budd-dal *g* diweithdra dyddiol; ~ **parlementaire** cyflog *g* Aelod Senedddol.
indémontable [ɛ̃demɔ̃tabl] *adj* annatod, na ellir mo'i dynnu oddi wrth ei gilydd.
indéniable [ɛ̃denjabl] *adj* di-ddadl, diamheuol, diymwad.
indéniablement [ɛ̃denjabləmɑ̃] *adv* yn ddi-ddadl, yn ddiamheuol, yn ddiymwad.
indépendamment [ɛ̃depɑ̃damɑ̃] *adv* yn annibynnol; ~ **de** (*en faisant abstraction de*) ar wahân i; (*par surcroît, en plus*) yn ychwanegol at.
indépendance [ɛ̃depɑ̃dɑ̃s] *f* annibyniaeth *b*; ~ **matérielle** annibyniaeth ariannol.
indépendant (-**e**) [ɛ̃depɑ̃dɑ̃, ɑ̃t] *adj* annibynnol; **travailleur ~** gweithiwr *g* hunangyflogedig; **chambre ~e** ystafell *b* ar wahân.
indépendantiste [ɛ̃depɑ̃dɑ̃tist] *adj* ymwahanol; ♦*m/f* ymwahanwr *g*, ymwahanwraig *b*.
indéracinable [ɛ̃deʀasinabl] *adj* (*fig*) annileadwy.

indéréglable [ɛ̃deʀeglabl] *adj* hollol ddibynadwy.
Indes [ɛ̃d] *fpl*: **les** ~ (yr) India *b*.
indescriptible [ɛ̃dɛskʀiptibl] *adj* annisgrifiadwy.
indésirable [ɛ̃deziʀabl] *adj* annymunol.
indestructible [ɛ̃dɛstʀyktibl] *adj* (*matière*) anninistriadwy, anninistriol; (*marque, impression*) annileadwy; (*lien*) parhaol.
indéterminable [ɛ̃detɛʀminabl] *adj* anfesuradwy, amhenodol.
indétermination [ɛ̃detɛʀminasjɔ̃] *f* diffyg *g* penderfyniad, amhendantrwydd *g*, petruster *g*.
indéterminé (**-e**) [ɛ̃detɛʀmine] *adj* amhenodol, amhenderfynadwy; (*impression, contours, goût*) amhendant; (*sens d'un mot, d'un passage*) amwys.
index [ɛ̃dɛks] *m* (*doigt*) mynegfys *g*; (*d'un livre*) mynegai *g*; **mettre qn à l'**~ gwahardd rhn; **mettre un livre à l'**~ cosbrestru llyfr, gwahardd llyfr.
indexation [ɛ̃dɛksasjɔ̃] *m* (*action*) mynegeio.
indexé (**-e**) [ɛ̃dɛkse] *adj* (*ÉCON*) mynegrifol, mynegrifedig.
indexer [ɛ̃dɛkse] (**1**) *vt* (*ÉCON*) mynegrifo.
indicateur[1] (**indicatrice**) [ɛ̃dikatœʀ, ɛ̃dikatʀis] *adj*: **poteau** ~ arwyddbost *g*; **tableau** ~ hysbysfwrdd *g*.
indicateur[2] [ɛ̃dikatœʀ] *m* (*de la police*) ysbïwr *g*, hysbyswr *g*; (*ÉCON, instrument*) dangosydd *g*; ~ **des chemins de fer** amserlen *b* y trenau; ~ **de rues** cyfarwyddiadur *g* strydoedd; ~ **(de changement) de direction** (*AUTO*) cyfeirydd *g*; ~ **immobilier** newyddiadur *g* tai, cyfeiriadur *g* eiddo; ~ **de pression** mesurydd *g* pwysedd; ~ **de niveau** mesurydd lefel; ~ **de vitesse** deial *g* cyflymder.
indicatif [ɛ̃dikatif] *m* (*LING*) (modd) mynegol *g*; (*RADIO*) signal *g*; (*téléphonique*) côd *g* deialu; ~ **d'appel** (*RADIO*) arwydd-dôn *b*;
♦*adj*: **à titre** ~ er gwybodaeth.
indication [ɛ̃dikasjɔ̃] *f* arwydd *g*; (*mode d'emploi*) cyfarwyddiadau *ll*; (*marque, signe*) gwneuthuriad *g*, brand *g*; ~ **d'origine** (*COMM*) tarddle *g*, tarddiad *g*; ~**s** (*directives: d'une personne, d'un médecin*) cyfarwyddiadau.
indicatrice [ɛ̃dikatʀis] *f* (*de la police*) hysbyswraig *b*, ysbïwraig *b*;
♦*adj f voir* **indicateur**[1].
indice [ɛ̃dis] *m* (*d'une maladie, de fatigue*) arwydd *g*; (*POLICE*) cliw *g*; (*JUR*) tystiolaeth *b*; (*ÉCON, SCIENCE, TECH*) mynegrif *g*; (*ADMIN: fonctionnaire*) graddfa *b*; ~ **de popularité** mesur *g* poblogrwydd; ~ **d'octane** mesur octan; ~ **de la production industrielle** mynegrif cynnyrch diwydiannol; ~ **de réfraction** mynegrif plygiant *ou* gwrthdoriad; ~ **de traitement** (*ADMIN*) graddfa gyflogau; ~ **des prix** mynegrif prisiau; ~ **du coût de la vie** mynegrif costau byw; ~ **inférieur** (*INFORM*) isnod *g*.
indicible [ɛ̃disibl] *adj* anhraethol; (*souffrance*) y tu hwnt i eiriau.
indien (**-ne**) [ɛ̃djɛ̃, jɛn] *adj* Indiaidd.
Indien [ɛ̃djɛ̃] *m* (*d'Amérique, d'Inde*) Indiad *g*.
Indienne [ɛ̃djjɛn] *f* (*d'Amérique, d'Inde*) Indiad *b*.
indifféremment [ɛ̃difeʀamɑ̃] *adv* yn ddiwahaniaeth, yn gydradd, yn gyfartal.
indifférence [ɛ̃difeʀɑ̃s] *f* dihidrwydd *g*, difaterwch *g*.
indifférencié (**-e**) [ɛ̃difeʀɑ̃sje] *adj* anwahaniaethol, diwahaniaeth.
indifférent (**-e**) [ɛ̃difeʀɑ̃, ɑ̃t] *adj* didaro, difater, difraw, dihidio; ~ **à qn/qch** difalio ynghylch rhn/rhth; **parler de choses** ~**es** siarad am hyn a'r llall; **ça m'est** ~ does dim ots gen i, does wahaniaeth gennyf.
indifférer [ɛ̃difeʀe] (**14**) *vt*: **cela m'indiffère** ni waeth gen i, nid oes ots gen i.
indigence [ɛ̃diʒɑ̃s] *f* tlodi *g*, cyni *g*; **vivre dans l'**~ byw mewn cyni *ou* tlodi.
indigène [ɛ̃diʒɛn] *adj* brodorol; (*coutume etc*) lleol;
♦*m/f* brodor *g*, brodores *b*.
indigent (**-e**) [ɛ̃diʒɑ̃, ɑ̃t] *adj* tlawd.
indigeste [ɛ̃diʒɛst] *adj* anhreuliadwy, anodd ei dreulio.
indigestion [ɛ̃diʒɛstjɔ̃] *f* diffyg *g* traul, camdreuliad *g*; **avoir une** ~ bod â diffyg traul.
indignation [ɛ̃diɲasjɔ̃] *f* dig *g*, dicter *g*, dicllonedd *g*, digofaint *g*; ~ **générale** digofaint cyffredinol; ~ **publique** digofaint cyhoeddus.
indigne [ɛ̃diɲ] *adj* (*qui ne mérite pas*) annheilwng; (*méprisable*) gwarthus, ysgeler; ~ **de** annheilwng o.
indigné (**-e**) [ɛ̃diɲe] *adj* dig, dicllon, wedi gwylltio.
indignement [ɛ̃diɲmɑ̃] *adv* yn gywilyddus.
indigner [ɛ̃diɲe] (**1**) *vt* digio, gwylltio;
♦ **s'**~ *vr*: **s'**~ **(de qch)** (*se fâcher*) digio (o achos rhth), gwylltio (o achos rhth); **s'**~ **contre qn** digio wrth rn, gwylltio wrth rn.
indignité [ɛ̃diɲite] *f* (*bassesse*) gwarthusrwydd *g*, ysgelerder *g*; (*action indigne*) gwarth *g* o beth, peth *g* gwarthus.
indigo [ɛ̃digo] *m* indigo *g*.
indiqué (**-e**) [ɛ̃dike] *adj* a ddangosir, a ddangoswyd; (*opportun, conseillé*) doeth, synhwyrol, amserol, addas; **remède/traitement** ~ (*prescrit*) meddyginiaeth/triniaeth addas; **à l'heure** ~**e** ar yr adeg benodol.
indiquer [ɛ̃dike] (**1**) *vt* dangos, dynodi; (*déterminer: date, lieu etc*) nodi; (*dénoter: suj: traces, regard etc*) dynodi, dangos; ~ **qch/qn du doigt** pwyntio at rth/rn; **pourriez-vous m'**~ **la gare?** allech chi fy nghyfeirio i'r orsaf?; **pourriez-vous m'**~

l'heure? faint o'r gloch yw hi?
indirect (-e) [ɛ̃diʀɛkt] *adj* anuniongyrchol.
indirectement [ɛ̃diʀɛktəmɑ̃] *adv* yn anuniongyrchol.
indiscernable [ɛ̃disɛʀnabl] *adj* anweladwy, anamlwg, anghanfyddadwy.
indiscipline [ɛ̃disiplin] *f* diffyg *g* disgyblaeth, afreolusrwydd *g*.
indiscipliné (-e) [ɛ̃disipline] *adj* annisgybledig, afreolus.
indiscret (**indiscrète**) [ɛ̃diskʀɛ, ɛ̃diskʀɛt] *adj* (*trop curieux*) busneslyd; (*qui ne sait pas garder un secret*) tafodrydd; (*impudent*) difeddwl, di-dact.
indiscrétion [ɛ̃diskʀesjɔ̃] *f* busnesgarwch *g*, diffyg *g* pwyll; **sans** ~ heb fod yn fusneslyd; **sans ~, combien gagnez-vous?** faint ydych chi'n ei ennill, os ca' i fod mor hy a gofyn?, faint ydych chi'n ei ennill, os nad oes ots gennych imi ofyn?
indiscutable [ɛ̃diskytabl] *adj* di-ddadl, diamheuol, diamau.
indiscutablement [ɛ̃diskytabləmɑ̃] *adv* yn ddi-ddadl, yn ddiamheuol, yn ddiamau.
indiscuté (-e) [ɛ̃diskyte] *adj* diddadl, diamheuol, diamau.
indispensable [ɛ̃dispɑ̃sabl] *adj* anhepgor; ~ **à qn/pour faire qch** hanfodol i rn/i wneud rhth
indisponibilité [ɛ̃dispɔnibilite] *f* diffyg *g*, prinder *g*, absenoldeb *g*, diffyg argaeledd.
indisponible [ɛ̃dispɔnibl] *adj* (*local, personne*) heb fod ar gael; (*capitaux*) na ellir ei ddefnyddio.
indisposé (-e) [ɛ̃dispoze] *adj* ag anhwylder arnoch, gwael, yn cwyno, heb fod yn dda (eich iechyd), heb awydd; **elle est ~e** (*euph*) mae'r adeg *b* o'r mis arni.
indisposer [ɛ̃dispoze] (**1**) *vt* (*incommoder*) anhrefnu, tarfu ar; (*déplaire à, désobliger*) cythruddo.
indisposition [ɛ̃dispozisjɔ̃] *f* anhwylder *g*; (*règles de la femme: euph*) yr adeg *b* o'r mis.
indissociable [ɛ̃disɔsjabl] *adj* anwahanadwy, annatod.
indissoluble [ɛ̃disɔlybl] *adj* annatod; (*CHIM*) annhoddadwy.
indissolublement [ɛ̃disɔlybləmɑ̃] *adv* yn annatod; (*CHIM*) yn annhoddadwy.
indistinct (-e) [ɛ̃distɛ̃(kt), ɛ̃kt] *adj* aneglur.
indistinctement [ɛ̃distɛ̃ktəmɑ̃] *adv* yn aneglur; **tous les Français** ~ pob un Ffrancwr yn ddiwahân.
individu [ɛ̃dividy] *m* unigolyn *g*.
individualiser [ɛ̃individɥalize] (**1**) *vt* unigoli, unigoleiddio; (*personnaliser*) addasu (rhth) yn ôl gofynion rhn;
♦ **s'~** *vr* datblygu fel unigolyn, magu hunaniaeth.
individualisme [ɛ̃dividɥalism] *m* unigoliaeth *b*.
individualiste [ɛ̃dividɥalist] *adj* unigolyddol, unigoliaethol;
♦*m/f* unigolydd *g*.
individualité [ɛ̃dividɥalite] *f* unigoliaeth *b*; **c'est une forte** ~ mae'n gymeriad *g* cryf.
individuel[1] (-**le**) [ɛ̃dividɥɛl] *adj* unigol, personol, arbennig; (*cas*) unigol; **une maison ~le** tŷ *g* ar wahân, tŷ sengl; **chambre ~le** ystafell *b* wely sengl; **propriété ~le** eiddo *g* personol.
individuel[2] [ɛ̃dividɥɛl] *m* (*SPORT*) athletwr *g* annibynnol.
individuelle [ɛ̃dividɥɛl] *f* (*SPORT*) athletwraig *b* annibynnol;
♦*adj f voir* **individuel**[1].
individuellement [ɛ̃dividɥɛlmɑ̃] *adv* yn unigol, ar wahân, bob yn un, fesul un.
indivis (-e) [ɛ̃divi, iz] *adj* (*JUR: bien, propriété*) diwahân, anwahanadwy; (*cohéritiers*) ar y cyd; **propriétaires** ~ cyd-berchnogion *ll*.
indivisible [ɛ̃divizibl] *adj* anrhanadwy, anwahanadwy, annatod.
Indochine [ɛ̃dɔʃin] *prf*: **l'~** Indo-Tsieina *b*.
indochinois (-e) [ɛ̃dɔʃinwa, waz] *adj* Indo-Tsieineaidd, o Indo-Tsieina.
Indochinois [ɛ̃dɔʃinwa] *m* Indo-Tsieinead *g*.
Indochinoise [ɛ̃dɔʃinwaz] *f* Indo-Tsieinead *b*.
indocile [ɛ̃dɔsil] *adj* anhydrin, anystywallt, anufudd.
indo-européen (~-~**ne**) (~-~**s**, ~-~**nes**) [ɛ̃doøʀɔpeɛ̃, ɛn] *adj* Indo-Ewropeaidd.
indo-européen [ɛ̃doøʀɔpeɛ̃] *m* (*LING*) Indo-Ewropeg *b,g*.
Indo-européen (~-~**s**) [ɛ̃doøʀɔpeɛ̃] *m* Indo-Ewropead *g*.
Indo-européenne (~-~**s**) [ɛ̃doøʀɔpeɛn] *f* Indo-Ewropead *b*.
indolence [ɛ̃dɔlɑ̃s] *f* diogi *g*, syrthni *g*.
indolent (-e) [ɛ̃dɔlɑ̃, ɑ̃t] *adj* diog, diffaith, swrth.
indolore [ɛ̃dɔlɔʀ] *adj* di-boen.
indomptable [ɛ̃dɔ̃(p)tabl] *adj* (*fig: personne, volonté*) anorchfygol, di-ildio; (*animal*) na ellir ei ddofi, anhydrin, annofadwy.
indompté (-e) [ɛ̃dɔ̃(p)te] *adj* (*animal*) heb ei ddofi.
Indonésie [ɛ̃dɔnezi] *prf*: **l'~** Indonesia *b*.
indonésien (-**ne**) [ɛ̃dɔnezjɛ̃, jɛn] *adj* Indonesaidd.
Indonésien [ɛ̃dɔnezjɛ̃] *m* Indonesiad *g*.
Indonésienne [ɛ̃dɔnezjɛn] *f* Indonesiad *b*.
indu (-e) [ɛ̃dy] *adj*: **à des heures ~es** yn oriau mân y bore, ar awr annaearol.
indubitable [ɛ̃dybitabl] *adj* diamheuol, diamau, di-os; **il est ~ que** does dim dwywaith...
indubitablement [ɛ̃dybitabləmɑ̃] *adv* yn ddiamau, heb os nac oni bai, yn ddiamheuol, yn ddi-os.
induire [ɛ̃dɥiʀ] (**52**) *vt*: ~ **qch de** casglu rhth o; ~ **qn en erreur** camarwain rhn.
indulgence [ɛ̃dylʒɑ̃s] *f* goddefgarwch *g*, maddeugarwch *g*.
indulgent (-e) [ɛ̃dylʒɑ̃, ɑ̃t] *adj* (*juge,*

examinateur) goddefgar, trugarog; (*parent, regard*) tirion, maldodus.
indûment [ɛ̃dymɑ̃] *adv* ar gam, yn anghyfiawnadwy.
industrialisation [ɛ̃dystʀijalizasjɔ̃] *f* diwydiannaeth *b*; (*action*) diwydiannu.
industrialiser [ɛ̃dystʀijalize] (**1**) *vt* diwydiannu; ♦ **s'~** *vr* datblygu'n ddiwydiannol.
industrie [ɛ̃dystʀi] *f* diwydiant *g*; **petite/moyenne/grande ~** diwydiant bach/cymedrol/mawr; **~ automobile** diwydiant ceir; **~ du livre/du spectacle** diwydiant llyfrau/adloniant; **~ légère/lourde** diwydiant ysgafn/trwm; **~ textile** diwydiant gwehyddu *ou* tecstiliau.
industriel[1] (**-le**) [ɛ̃dystʀijɛl] *adj* diwydiannol.
industriel[2] [ɛ̃dystʀijɛl] *m* diwydiannwr *g*.
industriellement [ɛ̃dystʀijɛlmɑ̃] *adv* mewn diwydiant, yn ddiwydiannol.
industrieux (**industrieuse**) [ɛ̃dystʀijø, ɛ̃dystʀijøz] *adj* diwyd, gweithgar.
inébranlable [inebʀɑ̃labl] *adj* (*masse, colonne, rocher*) soled, cadarn, di-sigl, di-syfl; (*personne: déterminé, inflexible*) cadarn, diysgog, diwyro, di-ildio, di-syfl.
inédit (**-e**) [inedi, it] *adj* anghyhoeddedig, heb ei gyhoeddi.
ineffable [inefabl] *adj* anhraethol, y tu hwnt i eiriau.
ineffaçable [inefasabl] *adj* annileadwy.
inefficace [inefikas] *adj* (*remède, moyen, personne*) aneffeithiol; (*machine*) aneffeithlon.
inefficacité [inefikasite] *f* aneffeithioldeb *g*, aneffeithlonrwydd *g*.
inégal (**-e**) (**inégaux, inégales**) [inegal, inego] *adj* (*gén*) anghyfartal; (*joueurs, somme*) anghynifer; (*lutte, combat*) anghyfartal; (*irrégulier: rythme, pouls*) afreolaidd; (*changeant: humeur*) anwadal, oriog; (*imparfait: œuvre, écrivain*) anwastad.
inégalable [inegalabl] *adj* digymar, digyffelyb, di-ail.
inégalé (**-e**) [inegale] *adj* (*record*) digymar, di-ail.
inégalement [inegalmɑ̃] *adv* (*différemment*) yn anghyfartal, yn anwastad; (*injustement, irrégulièrement*) yn anghyson, yn annheg.
inégalité [inegalite] *f* anghydraddoldeb *g*, anhafaledd *g*; (*de lutte, combat*) anghyfartalrwydd *g*; **~s** (*dans une œuvre*) anghysondebau *ll*, anghysonderau *ll*; **~ de deux hauteurs** anghyfartaledd *g* rhwng dau uchder; **~s d'humeur** anwadalwch *g*, oriogrwydd *g*; **~s de terrain** anwastadrwydd *g*.
inélégance [inelegɑ̃s] *f* aflerwch *g*, annibendod *g*.
inélégant (**-e**) [inelegɑ̃, ɑ̃t] *adj* (*sans grâce*) di-chwaeth, anghwrtais, anosgeiddig, lletchwith.
inéligible [inelizibl] *adj* anghymwys.
inéluctable [inelyktabl] *adj* anochel, anorfod, anosgoadwy.
inéluctablement [inelyktabləmɑ̃] *adv* yn anochel, yn anorfod.
inemployé (**-e**) [inɑ̃plwaje] *adj* nas defnyddir, nas defnyddid.
inénarrable [inenaʀabl] *adj* doniol iawn, digrif iawn.
inepte [inɛpt] *adj* (*histoire, propos*) hurt, gwirion; (*personne*) di-glem, anobeithiol, da i ddim.
ineptie [inɛpsi] *f* (*stupidité: action stupide*) hurtrwydd *g*, gwiriondeb *g*; (*stupidité: paroles stupides*) lol *b*, dwli *g*.
inépuisable [inepɥizabl] *adj* dihysbydd, di-ben-draw; **il est ~ sur ce sujet** does dim pall arno ar y pwnc yma.
inéquitable [inekitabl] *adj* annheg, anghyfiawn.
inerte [inɛʀt] *adj* swrth, diynni, diegni, difywyd, disymud; (*CHIM, PHYS*) anadweithiol.
inertie [inɛʀsi] *f* syrthni *g*, diogi *g*, diffyg *g* ynni; (*PHYS*) inertia *g*.
inescompté (**-e**) [inɛskɔ̃te] *adj* annisgwyl.
inespéré (**-e**) [inɛspeʀe] *adj* annisgwyl, croes i bob gobaith.
inesthétique [inɛstetik] *adj* hyll, diolwg; (*au niveau artistique*) anesthetaidd.
inestimable [inɛstimabl] *adj* (*précieux*) amhrisiadwy.
inévitable [inevitabl] *adj* anochel, anorfod; (*obstacle*) anosgoadwy; (*hum: habituel, rituel*) anorfod.
inévitablement [inevitabləmɑ̃] *adv* yn anochel, yn anorfod.
inexact (**-e**) [inɛgza(kt), akt] *adj* anghywir, gwallus; (*non ponctuel*) amhrydlon.
inexactement [inɛgzaktəmɑ̃] *adv* yn anghywir, yn anfanwl, yn amhrydlon, yn hwyr.
inexactitude [inɛgzaktityd] *f* anghywirdeb *g*, anfanylder *g*, gwallusrwydd *g*; (*erreur*) gwall *g*; (*manque de ponctualité*) amhrydlondeb *g*.
inexcusable [inɛkskyzabl] *adj* diesgus, anesgusodol.
inexécutable [inɛgzekytabl] *adj* (*plan, projet*) anymarferol, anweithredadwy; (*musique*) anghanadwy.
inexistant (**-e**) [inɛgzistɑ̃, ɑ̃t] *adj* nad yw'n bod.
inexorable [inɛgzɔʀabl] *adj* didostur, di-ildio; **~ à qch** heb eich cynhyrfu gan rth.
inexorablement [inɛgzɔʀabləmɑ̃] *adv* yn ddidostur.
inexpérience [inɛkspeʀjɑ̃s] *f* diffyg *g* profiad.
inexpérimenté (**-e**) [inɛkspeʀimɑ̃te] *adj* dibrofiad, amhrofiadol; (*arme, procédé*) nas profwyd, na roddwyd ar brawf.
inexplicable [inɛksplikabl] *adj* anesboniadwy, dirgel.
inexplicablement [inɛksplikabləmɑ̃] *adv* yn anesboniadwy.
inexpliqué (**-e**) [inɛksplike] *adj* heb esboniad,

heb eglurhad, anesboniadwy.
inexploitable [inɛksplwatabl] *adj* (*gisement, richesse*) annefnyddiol, diddefnydd, na ellir ei gyffwrdd *ou* ddefnyddio; (*données etc*) annefnyddiol, diddefnydd.
inexploité (-**e**) [inɛksplwate] *adj* anghyffwrdd, nas defnyddiwyd, annefnyddiedig.
inexploré (-**e**) [inɛksplɔʀe] *adj* anhysbys, anchwiliedig; **pays** ~ gwlad *b* nad anturiodd neb iddi.
inexpressif (**inexpressive**) [inɛkspʀesif, inɛkspʀesiv] *adj* difynegiant, mud, distaw; (*visage*) difynegiant, gwag.
inexpressivité [inɛkspʀɛsivite] *f* diffyg *g* mynegiant.
inexprimable [inɛkspʀimabl] *adj* anhraethol, anfynegadwy, y tu hwnt i eiriau.
inexprimé (-**e**) [inɛkspʀime] *adj* heb ei fynegi, difynegiant.
inexpugnable [inɛkspygnabl] *adj* anorchfygol, anghipiadwy, cadarn.
inextensible [inɛkstɑ̃sibl] *adj* na ellir ei ymestyn *ou* dynnu, anhydyn.
in extenso [inɛkstɛ̃so] *adv* yn llawn, yn gyflawn;
♦*adj* llawn, cyflawn.
inextinguible [inɛkstɛ̃gibl] *adj* (*soif*) anniwall, annhoradwy; (*rire*) afreolus.
in extremis [inɛkstʀemis] *adj* munud olaf;
♦*adv* ar y funud olaf; (*avant la mort*) ar wely angau.
inextricable [inɛkstʀikabl] *adj* annatod, dyrys.
inextricablement [inɛkstʀikabləmɑ̃] *adv* yn annatod.
infaillibilité [ɛ̃fajibilite] *f* anffaeledigrwydd *g*.
infaillible [ɛ̃fajibl] *adj* di-ffael, di-feth
infailliblement [ɛ̃fajibləmɑ̃] *adv* yn ddi-ffael, yn ddi-feth.
infaisable [ɛ̃fəzabl] *adj* anymarferol.
infamant (-**e**) [ɛ̃famɑ̃, ɑ̃t] *adj* difenwol, enllibus, sarhaus.
infâme [ɛ̃fɑm] *adj* ffiaidd; (*odeur*) atgas, cyfoglyd, ffiaidd.
infamie [ɛ̃fami] *f* cywilydd *g*, gwarth *g*.
infanterie [ɛ̃fɑ̃tʀi] *f* (*MIL*) milwyr *ll* traed.
infanticide [ɛ̃fɑ̃tisid] *adj* babanleiddiol;
♦*m/f* (*criminel*) babanleiddiad *g/b*;
♦*m* (*crime*) babanladdiad *g*; **commettre un** ~ lladd baban.
infantile [ɛ̃fɑ̃til] *adj* babanaidd, plentynnaidd.
infantilisme [ɛ̃fɑ̃tilism] *m* plentyneiddiwch *g*, babaneiddiwch *g*.
infarctus [ɛ̃faʀktys] *m*: ~ **(du myocarde)** thrombosis *g* coronaidd.
infatigable [ɛ̃fatigabl] *adj* diflino, dygn.
infatigablement [ɛ̃fatigabləmɑ̃] *adv* yn ddiflino, heb ddiffygio, yn ddyfal, yn ddygn.
infatué (-**e**) [ɛ̃fatɥe] *adj* hunandybus, balch, mawreddog; **il est** ~ **de son importance** mae'n ei feddwl ei hun, mae'n llawn ohono'i hun, mae'n llond ei esgidiau.
infécond (-**e**) [ɛ̃fekɔ̃, ɔ̃d] *adj* anffrwythlon, diffrwyth.
infect (-**e**) [ɛ̃fɛkt] *adj* ffiaidd, atgas, afiach, gwrthun; **être** ~ **avec qn** bod yn gas *ou* annifyr wrth rn.
infecter [ɛ̃fɛkte] (**1**) *vt* (*atmosphère, eau*) llygru; (*MÉD*) heintio;
♦ **s'**~ *vr* (*plaie*) mynd yn heintus *ou* septig.
infectieux (**infectieuse**) [ɛ̃fɛksjø, ɛ̃fɛksjøz] *adj* heintus, heintiol.
infection [ɛ̃fɛksjɔ̃] *f* (*puanteur*) drewdod *g*; (*MÉD*) haint *g,b*.
inféoder [ɛ̃feɔde] (**1**) *vt*: **s'**~ **à qn/qch** tyngu'ch teyrngarwch i rn *ou* rth.
inférer [ɛ̃feʀe] (**14**) *vt* casglu, tynnu casgliad, dod i gasgliad.
inférieur[1] (-**e**) [ɛ̃feʀjœʀ] *adj* is, israddol, gwaelach, heb fod cystal; **être** ~ **à** bod yn israddol i; (*somme, quantité*) bod yn llai na; ~ **en nombre** llai niferus.
inférieur[2] [ɛ̃feʀjœʀ] *m* (*personne*) un *g* sy'n is, un sydd heb fod cystal.
inférieure [ɛ̃feʀjœʀ] *f* (*personne*) un *b* sy'n is, un sydd heb fod cystal;
♦*adj f voir* **inférieur**[1].
infériorité [ɛ̃feʀjɔʀite] *f* israddoldeb *g*; ~ **en nombre** anniferusrwydd *g*; **complexe d'**~ cymhleth *g* y taeog.
infernal (-**e**) (**infernaux, infernales**) [ɛ̃fɛʀnal, ɛ̃fɛʀno] *adj* uffernol; (*rythme, galop*) cythreulig; (*chaleur*) uffernol, annioddefol; (*sataniques, effrayant*) dieflig, cythreulig; **cet enfant est** ~ cythraul *ou* ellyll bach yw'r plentyn 'ma.
infester [ɛ̃fɛste] (**1**) *vt* bod yn bla; **cette maison était infestée de souris** 'roedd y tŷ'n berwi o lygod, 'roedd llygod yn bla yn y tŷ.
infidèle [ɛ̃fidɛl] *adj* anffyddlon; (*inexact*) anghywir; **être** ~ **à sa parole** torri'ch gair.
infidélité [ɛ̃fidelite] *f* anffyddlondeb *g*; (*erreur, inexactitude*) anghywirdeb *g*.
infiltration [ɛ̃filtʀasjɔ̃] *f* treiddiad *g*, ymdreiddiad *g*.
infiltrer [ɛ̃filtʀe] (**1**);
♦ **s'**~ *vr*: **s'**~ **dans** ymdreiddio i, treiddio i.
infime [ɛ̃fim] *adj* bach, bychan(bechan)(bychain); (*inférieur*) di-nod, dibwys.
infini[1] (-**e**) [ɛ̃fini] *adj* anfeidraidd, annherfynol, diddiwedd, anfeidrol; (*conversation*) diddiwedd; **un nombre** ~ **de** nifer *g* dirifedi o.
infini[2] [ɛ̃fini] *m* yr anfeidrol *g*; (*MATH, PHOT*) anfeidredd *g*; **à l'**~ hyd dragwyddoldeb, yn ddi-ben-draw; **s'étendre à l'**~ ymestyn hyd dragwyddoldeb.
infiniment [ɛ̃finimɑ̃] *adv* yn annherfynol, yn anfeidrol; ~ **reconnaissant** tra diolchgar; ~ **grand** aruthrol fawr; **je regrette** ~ mae'n wir ddrwg gennyf; ~ **meilleur** gwell o lawer, gwell o bell ffordd.
infinité [ɛ̃finite] *f*: **une** ~ **de** nifer *g* dirifedi o.

infinitésimal (-e) (**infinitésimaux, infinitésimales**) [ɛ̃finitezimal, ɛ̃finitezimo] *adj* anfeidrol fach.
infinitif[1] (**infinitive**) [ɛ̃finitif, ɛ̃finitiv] *adj* (*mode, proposition*) annherfynol, berfenwol.
infinitif[2] [ɛ̃finitif] *m* (LING) berfenw *g*.
infirme [ɛ̃fiʀm] *adj* gwan, methedig;
♦*m/f* claf *g*, rhywun *g* methedig; ~ **de guerre** claf rhyfel; ~ **du travail** un *g/b* ag anabledd diwydiannol; ~ **mental** rhywun dan anfantais feddyliol; ~ **moteur** rhywun ag anabledd corfforol; **les** ~**s** yr anabl *ll*.
infirmer [ɛ̃fiʀme] (**1**) *vt* dirymu, annilysu.
infirmerie [ɛ̃fiʀməʀi] *f* ysbyty *g*; (*école, navire*) ystafell *b* y cleifion.
infirmier[1] (**infirmière**) [ɛ̃fiʀmje, ɛ̃fiʀmjɛʀ] *adj*: **élève** ~ nyrs-fyfyriwr *g*; **élève infirmière** nyrs-fyfyrwraig *b*.
infirmier[2] [ɛ̃fiʀmje] *m* nyrs *g*.
infirmière [ɛ̃fiʀmjɛʀ] *f* nyrs *b*; ~ **chef** prif nyrs; ~ **diplômée** nyrs gofrestredig; ~ **visiteuse** nyrs ardal;
♦*adj f voir* **infirmier**[1].
infirmité [ɛ̃fiʀmite] *f* anabledd *g*, gwendid *g*, llesgedd *g*.
inflammable [ɛ̃flamabl] *adj* fflamadwy, hawdd ei losgi.
inflammation [ɛ̃flamasjɔ̃] *f* llid *g*, enyniad *g*.
inflammatoire [ɛ̃flamatwaʀ] *adj* enynnol, llidiol.
inflation [ɛ̃flasjɔ̃] *f*
1 (ÉCON) chwyddiant *g*; ~ **galopante** chwyddiant carlamus; ~ **rampante** chwyddiant ymgripiol; **taux d'**~ **de 3%** graddfa *b* chwyddiant o 3%; **l'**~ **est de 3%** mae chwyddiant yn 3%; **forte/faible** ~ chwyddiant uchel/isel.
2 (*profusion*) llif *b*; ~ **des diplômes/de l'information** llif o dystysgrifau/o wybodaeth.
inflationniste [ɛ̃flasjɔnist] *adj* chwyddiannol.
infléchir [ɛ̃fleʃiʀ] (**2**) *vt* (*fig: politique*) ailgyfeirio;
♦ **s'**~ *vr* (*poutre, tringle*) plygu, sigo.
infléchissement [ɛ̃fleʃismɑ̃] *m* ailgyfeiriad *g*, ailgyfeirio, newidiad *g* bychan.
inflexibilité [ɛ̃flɛksibilite] *f* anystwythder *g*, anhyblygrwydd *g*.
inflexible [ɛ̃flɛksibl] *adj* anystwyth, anhyblyg, di-ildio.
inflexion [ɛ̃flɛksjɔ̃] *f* gwyriad *g*, plygiad *g*; ~ **de la tête** nòd *g* bychan.
infliger [ɛ̃fliʒe] (**10**) *vt* peri, achosi; ~ **une peine à qn** achosi poen i rn; ~ **un affront à qn** sarhau rhn; ~ **un démenti à qn** gwrthbrofi rhn.
influençable [ɛ̃flyɑ̃sabl] *adj* argraffadwy, hawdd dylanwadu arnoch.
influence [ɛ̃flyɑ̃s] *f* dylanwad *g*; (*d'un médicament*) effaith *b*.
influencer [ɛ̃flyɑ̃se] (**9**) *vt* dylanwadu ar.
influent (-e) [ɛ̃flyɑ̃, ɑ̃t] *adj* dylanwadol.
influer [ɛ̃flye] (**1**) *vi*: ~ **sur** (*fig*) dylanwadu ar.
influx [ɛ̃fly] *m*: ~ **magnétique** dylifiad *g* magnetig; ~ **nerveux** cynhyrfiad *g* nerfol.
infographie® [ɛ̃fogʀafi] *f* graffeg *b* gyfrifiadurol.
informateur [ɛ̃fɔʀmatœʀ] *m* hysbyswr *g*.
informaticien [ɛ̃fɔʀmatisjɛ̃] *m* cyfrifiadurwr *g*.
informaticienne [ɛ̃fɔʀmatisjɛn] *f* cyfrifiadurwraig *b*.
informatif (**informative**) [ɛ̃fɔʀmatif, ɛ̃fɔʀmativ] *adj* llawn gwybodaeth, addysgiadol.
information [ɛ̃fɔʀmasjɔ̃] *f* (INFORM, *gén*) gwybodaeth *b*, hybysrwydd *g*; (PRESSE, TV: *nouvelle*) newydd *g*, eitem *b* o newyddion; (*enquête, étude*) ymchwiliad *g*, ymholiad *g*; ~**s** (TV) y newyddion *ll*; **journal d'**~ papur *g* newydd; **agence d'**~ asiantaeth *b* newyddion; **voyage d'**~ (*enquête, étude*) taith *b* addysgiadol.
informatique [ɛ̃fɔʀmatik] *f* (*science*) cyfrifiadureg *b*; (*technique*) technoleg *b* gwybodaeth;
♦*adj* cyfrifiadurol.
informatisation [ɛ̃fɔʀmatizasjɔ̃] *f* cyfrifiaduro.
informatiser [ɛ̃fɔʀmatize] (**1**) *vt* cyfrifiaduro.
informatrice [ɛ̃fɔʀmatʀis] *f* hysbyswraig *b*.
informe [ɛ̃fɔʀm] *adj* di-lun; (*projet*) bras.
informé (-e) [ɛ̃fɔʀme] *adj*: **jusqu'à plus ample** ~ nes ceir rhagor o wybodaeth.
informel (-le) [ɛ̃fɔʀmɛl] *adj* anffurfiol.
informer [ɛ̃fɔʀme] (**1**) *vt*: ~ **qn (de qch)** hysbysu rhn (ynghylch rhth), rhoi gwybod i rn (am rth), dweud wrth rn (am rth);
♦*vi*: ~ **sur qch** (JUR) gwneud ymholiad i rth; ~ **contre qn** cychwyn ymholiadau ynghylch rhn;
♦ **s'**~ *vr* ymholi, ymchwilio.
informulé (-e) [ɛ̃fɔʀmyle] *adj* heb ei fynegi'n ffurfiol.
infortune [ɛ̃fɔʀtyn] *f* anlwc *g,b*, anffawd *b*.
infos [ɛ̃fo] *fpl*(= *informations*) (TV) y newyddion *ll*.
infraction [ɛ̃fʀaksjɔ̃] *f* tramgwydd *g*, trosedd *g*; ~ **à la loi** tor-cyfraith *g*; **être en** ~ (AUTO) torri'r gyfraith.
infranchissable [ɛ̃fʀɑ̃ʃisabl] *adj* anorchfygol, na ellir ei groesi.
infrarouge [ɛ̃fʀaʀuʒ] *adj* isgoch;
♦*m* yr isgoch *g*.
infrason [ɛ̃fʀasɔ̃] *m* dirgryniad *g* is-sonig.
infrastructure [ɛ̃fʀastʀyktyʀ] *f* isadeiledd *g*; (*d'une route etc*) seiliau *ll*, sylfeini *ll*; (AVIAT, MIL) safleoedd *ll* ar y tir; ~**s** (*d'un pays etc*) rhwydwaith *g* mewnol; ~ **touristique/hôtelière/routière** cyfleusterau *ll* twristiaeth/gwestai/ffyrdd.
infréquentable [ɛ̃fʀekɑ̃tabl] *adj* (*lieu, personne*) amheus, i'w osgoi.
infroissable [ɛ̃fʀwasabl] *adj* gwrthgrych, gwrthblyg.
infructueux (**infructueuse**) [ɛ̃fʀyktɥø, ɛ̃fʀyktøz]

adj (*démarche*) di-fudd, ofer, seithug; (*informations*) diwerth; (*recherches, tentatives*) ofer.
infus (**-e**) [ɛ̃fy, yz] *adj* cynhenid; **avoir la science ~e** gwybod yn reddfol, bod yn wybodus heb fod wedi astudio.
infuser [ɛ̃fyze] (**1**) *vt* trwytho; (*thé, tisane*) mwydo, ystwytho;
♦*vi*: **laisser ~ qch** gadael i rth sefyll.
infusion [ɛ̃fyzjɔ̃] *f* trwyth *g*; (*processus*) mwydo, ystwytho, trwytho; (*tisane*) te *g* dail; ~ **de camomille** te camomil.
ingambe [ɛ̃gɑ̃b] *adj* bywiog, heini, sionc.
ingénier [ɛ̃ʒenje] (**16**);
♦ **s'~** *vr*: **s'~ à faire qch** ymdrechu *ou* ymegnïo i wneud rhth, gwneud eich gorau glas i wneud rhth.
ingénierie [ɛ̃ʒeniʀi] *f* peirianyddiaeth *b*, peirianneg *b*; ~ **génétique** peirianneg enynnol *ou* genetig.
ingénieur [ɛ̃ʒenjœʀ] *m* peiriannydd *g*; ~ **agronome** peiriannydd amaethyddol; ~ **chimiste** peiriannydd cemegol; ~ **des mines** peiriannydd glofaol; ~ **du son** peiriannydd sain.
ingénieur-conseil (**~s-~s**) [ɛ̃ʒenjœʀkɔ̃sɛj] *m* peiriannydd *g* ymgynghorol.
ingénieusement [ɛ̃ʒenjøzmɑ̃] *adv* yn ddyfeisgar.
ingénieux (**ingénieuse**) [ɛ̃ʒenjø, ɛ̃ʒenjøz] *adj* (*personne*) dyfeisgar, medrus, galluog; (*objet*) dyfeisgar.
ingéniosité [ɛ̃ʒenjozite] *f* dyfeisgarwch *g*.
ingénu (**-e**) [ɛ̃ʒeny] *adj* didwyll, diniwed.
ingénue [ɛ̃ʒeny] *f* (*THÉÂTRE*): **jouer les ~s** chwarae rhannau merched diniwed;
♦*adj f voir* **ingénu**.
ingénuité [ɛ̃ʒenɥite] *f* didwylledd *g*, diffuantrwydd *g*, diniweidrwydd *g*.
ingénument [ɛ̃ʒenymɑ̃] *adv* yn ddidwyll, yn ddiniwed.
ingérence [ɛ̃ʒeʀɑ̃s] *f* ymyrraeth *b*.
ingérer [ɛ̃ʒeʀe] (**14**): **s'~** *vr*: **s'~ dans** ymyrryd â *ou* yn.
ingouvernable [ɛ̃guvɛʀnabl] *adj* aflywodraethus, afreolus; (*pays*) anrheoladwy.
ingrat (**-e**) [ɛ̃gʀa, at] *adj* anniolchgar; (*travail*) diddiolch, llafurus; (*sol*) gwael, anhydrin, diffaith; (*contrée*) llwm(llom), anial, diffaith; (*visage*) annymunol.
ingratitude [ɛ̃gʀatityd] *f* anniolchgarwch *g*.
ingrédient [ɛ̃gʀedjɑ̃] *m* elfen *b*, cynhwysyn *g*; **~s** (*CULIN etc*) cynhwysion.
inguérissable [ɛ̃geʀisabl] *adj* anwelladwy, diwella.
ingurgiter [ɛ̃gyʀʒite] (**1**) *vt* llyncu; **faire ~ qch à qn** gwneud i rn lyncu rhth; (*fig: connaissances*) gwthio rhth ar rn
inhabile [inabil] *adj* trwsgl, lletchwith, trwstan, anfedrus; (*JUR*) analluog.
inhabitable [inabitabl] *adj* amhreswyladwy, annhrigiadwy, anghyfaneddol; **cette maison est ~** mae'n amhosibl byw yn y tŷ 'ma.
inhabité (**-e**) [inabite] *adj* anghyfannedd, heb neb yn byw ynddo.
inhabituel (**-le**) [inabitɥɛl] *adj* anarferol.
inhalateur [inalatœʀ] *m* (*MÉD*) mewnanadlydd *g*, ymanadlwr *g*, pwmp *g*; ~ **d'oxygène** (*AVIAT*) mwgwd *g* ocsigen.
inhalation [inalasjɔ̃] *f* (*MÉD*) anadliad *g*, mewnanadliad *g*; **faire des ~s** (*pour décongestionner le nez, les poumons*) anadlu rhth i mewn, mewnanadlu rhth.
inhaler [inale] (**1**) *vt* anadlu (rhth) i mewn, mewnanadlu.
inhérent (**-e**) [ineʀɑ̃, ɑ̃t] *adj*: ~ **à** hanfodol i, cynhenid i.
inhibé (**-e**) [inibe] *adj* swil; (*restreint*) atalgar, ymataliol.
inhiber [inibe] (**1**) *vt* rhwystro, atal, llesteirio.
inhibition [inibisjɔ̃] *f* (*JUR*) gwaharddiad *g*, ataliad *g*; (*PSYCH*) ataliaeth *b*, lluddiant *g*; (*fam*) swildod *g*.
inhospitalier (**inhospitalière**) [inɔspitalje, inɔspitaljɛʀ] *adj* digroeso, anghroesawus.
inhumain (**-e**) [inymɛ̃, ɛn] *adj* annynol.
inhumation [inymasjɔ̃] *f* claddedigaeth *b*, angladd *g,b*.
inhumer [inyme] (**1**) *vt* claddu.
inimaginable [inimaʒinabl] *adj* anhygoel, annychmygadwy, annirnadwy.
inimitable [inimitabl] *adj* digyffelyb, dihafal; **il est ~** mae heb ei debyg.
inimitié [inimitje] *f* gelyniaeth *b*, casineb *g*.
ininflammable [inɛ̃flamabl] *adj* anfflamadwy, anhylosg.
inintelligent (**-e**) [inɛ̃teliʒɑ̃, ɑ̃t] *adj* anneallus, diddeall.
inintelligible [inɛ̃teliʒibl] *adj* annealladwy, aneglur.
inintelligiblement [inɛ̃teliʒibləmɑ̃] *adv* yn annealladwy, yn aneglur.
inintéressant (**-e**) [inɛ̃teʀesɑ̃, ɑ̃t] *adj* anniddorol, diflas.
ininterrompu (**-e**) [inɛ̃teʀɔ̃py] *adj* di-dor, di-ball, di-baid.
iniquité [inikite] *f* drygioni *g*, camwedd *g*.
initial (**-e**) (**initiaux, initiales**) [inisjal, inisjo] *adj* cychwynnol, cyntaf.
initiales [inisjal] *fpl* (*d'un nom, sigle etc*) llythrennau *ll* cyntaf.
initialement [inisjalmɑ̃] *adv* yn gyntaf, i gychwyn, ar y cychwyn.
initialiser [inisjalize] (**1**) *vt* (*INFORM: disquette*) fformadu, fformatio; (*:ordinateur*) cychwyn.
initiateur [inisjatœʀ] *m* cychwynnwr *g*; (*d'une mode, technique*) dyfeisiwr *g*; (*idée*) symbylydd *g*.
initiation [inisjasjɔ̃] *f* (*admission*) derbyniad *g*, derbyn, cyflwyniad *g*, cyflwyno, ynydiad *g*, ynydu; (*apprentissage, instruction*)

cyflwyniad, hyfforddiant *g*.

initiatique [inisjatik] *adj* derbyniadol, ynydol, cyflwyniadol.

initiative [inisjativ] *f* cam *g* cyntaf, menter *b*; (*qualité*) blaengarwch *g*; **prendre l'~ de qch/de faire qch** achub y blaen yn rhth/i wneud rhth; **avoir de l'~** dangos menter, bod yn flaengar; **esprit d'~** menter, mentrusrwydd *g*, natur *b* fentrus; **elle a des qualités d'~** mae hi'n flaengar; **à l'~ de qn, sur l'~ de qn** ar ysgogiad *g* rhn; **de sa propre ~** ar eich liwt *ou* menter eich hun.

initiatrice [inisjatʀis] *f* arloeswraig *b*, cychwynwraig *g*; (*d'une mode, technique*) arloeswraig, dyfeiswraig *b*.

initié[1] (**-e**) [inisje] *adj* derbyniedig.

initié[2] [inisje] *m* aelod *g* newydd.

initiée [inisje] *f* aelod *g* newydd; ♦*adj f voir* **initié**[1].

initier [inisje] (**16**) *vt* cychwyn, agor; ~ **qn à qch** derbyn rhn i rth, ynydu rhn yn aelod o rth; (*faire découvrir*) cyflwyno rhn i rth; ♦ **s'~** *vr*: **s'~ à** (*métier, profession etc*) ymgyflwyno i (rth), dechrau dysgu.

injectable [ɛ̃ʒɛktabl] *adj* chwistrelladwy.

injecté (**-e**) [ɛ̃ʒɛkte] *adj*: **yeux ~s de sang** llygaid *ll* gwaetgoch.

injecter [ɛ̃ʒɛkte] (**1**) *vt* rhoi pigiad *ou* chwistrelliad i, nodwyddo (rhn); ♦ **s'~** *vr* eich nodwyddo'ch hunan, eich pigo'ch hunan.

injection [ɛ̃ʒɛksjɔ̃] *f* (*MÉD*) pigiad *g*, nodwyddiad *g*, chwistrelliad *g*; (*ÉCON: de capitaux, crédits*) hwb *g* ariannol; ~ **intraveineuse** pigiad *ou* chwistrellaid trwy wythïen; ~ **sous-cutanée** pigiad *ou* nodwyddiad isgroenol *ou* dan y croen; **moteur à ~** (*AUTO*) injan *b* chwistrellu (tanwydd).

injonction [ɛ̃ʒɔ̃ksjɔ̃] *f* gorchymyn *g*; ~ **de payer** (*JUR*) gorfodeb *b* i dalu.

injouable [ɛ̃ʒwabl] *adj* (*pièce, balle*) anchwaraeadwy; (*MUS*) anghanadwy.

injure [ɛ̃ʒyʀ] *f* (*insulte*) sarhad *g*, enllib *g*; (*dommage*) niwed *g*.

injurier [ɛ̃ʒyʀje] (**16**) *vt* sarhau, enllibio.

injurieux (**injurieuse**) [ɛ̃ʒyʀjø, ɛ̃ʒyʀjøz] *adj* sarhaus, enllibus.

injuste [ɛ̃ʒyst] *adj* annheg, anghyfiawn.

injustement [ɛ̃ʒystəmɑ̃] *adv* yn annheg, yn anghyfiawn.

injustice [ɛ̃ʒystis] *f* annhegwch *g*, anghyfiawnder *g*.

injustifiable [ɛ̃ʒystifjabl] *adj* digyfiawnhad, direswm.

injustifié (**-e**) [ɛ̃ʒystifje] *adj* digyfiawnhad.

inlassable [ɛ̃lɑsabl] *adj* diflino, dyfal, dygn.

inlassablement [ɛ̃lɑsabləmɑ̃] *adv* yn ddiflino, yn ddyfal, yn ddygn.

inné (**-e**) [i(n)ne] *adj* cynhenid, greddfol, naturiol.

innocemment [inɔsamɑ̃] *adv* yn ddiniwed.

innocence [inɔsɑ̃s] *f* (*naïveté*) diniweidrwydd *g*; (*JUR*) dieuogrwydd *g*.

innocent[1] (**-e**) [inɔsɑ̃, ɑ̃t] *adj* (*naïf*) diniwed; (*JUR*) dieuog.

innocent[2] [inɔsɑ̃] *m* (*naïf*) diniweityn *g*, un *g* diniwed; (*JUR*) un *g* dieuog; **faire l'~** smalio *ou* cogio bod yn ddiniwed.

innocente [inɔsɑ̃t] *f* (*naïve*) diniweiten *b*, un *b* ddiniwed; (*JUR*) un *b* ddieuog; **faire l'~** smalio *ou* cogio bod yn ddiniwed; ♦*adj f voir* **innocent**[1].

innocenter [inɔsɑ̃te] (**1**) *vt* (*personne*) difeio; (*JUR: accusé*) cael rhn yn ddieuog; (*suj: déclaration etc*) profi dieuogrwydd, difeio.

innocuité [inɔkɥite] *f* diniweidrwydd *g*.

innombrable [i(n)nɔ̃bʀabl] *adj* di-rif, dirifedi.

innommable [i(n)nɔmabl] *adj* anhraethadwy; (*ordures*) ffiaidd; (*conduite, action*) cywilyddus, gwarthus.

innovateur (**innovatrice**) [inɔvatœʀ, inɔvatʀis] *adj* dyfeisgar, arloesol, sy'n torri tir newydd.

innovation [inɔvasjɔ̃] *f* newyddbeth *g*, datblygaid *g* newydd, dyfais *b* newydd.

innover [inɔve] (**1**) *vt* dyfeisio, creu; ♦*vi* arloesi, torri tir newydd; ~ **en art/matière d'art** torri tir newydd mewn celfyddyd/ym myd celfyddyd.

inobservable [inɔpsɛʀvabl] *adj* anweladwy, anweledig.

inobservance [inɔpsɛʀvɑ̃s] *f* anufudd-dod *g* (i rth), diffyg *g* sylw (i rth).

inobservation [inɔpsɛʀvasjɔ̃] *f* (*JUR: d'une convention*) diffyg *g* sylw; (*d'un contrat*) anghadwraeth *b*, anufudd-dod *g*.

inoccupé (**-e**) [inɔkype] *adj* (*appartement*) anghyfannedd, gwag, rhydd; (*siège*) gwag, rhydd; (*personne, vie*) segur.

inoculer [inɔkyle] (**1**) *vt*: ~ **qch à qn** (*volontairement*) brechu rhn â rhth; (*accidentellement*) heintio rhn â rhth; (*fig: idées nocives*) plannu rhth ym mhen rhn; ~ **qn contre qch** brechu rhn rhag rhth.

inodore [inɔdɔʀ] *adj* diaroglau, heb aroglau.

inoffensif (**inoffensive**) [inɔfɑ̃sif, inɔfɑ̃siv] *adj* diniwed, diddrwg.

inondable [inɔ̃dabl] *adj* sy'n tueddu i gael llifogydd, tueddol i gael ei orlifo.

inondation [inɔ̃dasjɔ̃] *f* llif *g*, llifeiriant *g*; (*fig*) dylifiad *g*.

inonder [inɔ̃de] (**1**) *vt* boddi, gorlifo, llifo dros; (*suj: personne, pluie*) gwlychu; (*fig: suj: personnes, touristes*) gorlifo; **nous avons été inondés de demandes** cawsom lif o geisiadau.

inopérable [inɔpeʀabl] *adj* anoperadwy, anllawdriniadwy.

inopérant (**-e**) [inɔpeʀɑ̃, ɑ̃t] *adj* anweithredol, aneffeithiol.

inopiné (**-e**) [inɔpine] *adj* annisgwyl, sydyn.

inopinément [inɔpinemɑ̃] *adv* yn sydyn, yn annisgwyl.

inopportun (**-e**) [inɔpɔʀtœ̃, yn] *adj* anamserol, amhriodol; **moment** ~ adeg *b* anghyfleus.
inorganisation [inɔʀganizasjɔ̃] *f* diffyg *g* trefn, anhrefn *b*.
inorganisé (**-e**) [inɔʀganize] *adj* (*travailleurs*) heb fod yn perthyn i undeb; (*individu: désordonné*) di-drefn, anhrefnus.
inoubliable [inublijabl] *adj* bythgofiadwy.
inouï (**-e**) [inwi] *adj* (*violence, vitesse*) heb ei debyg o'r blaen, digyffelyb; (*évènement, nouvelle*) anghredadwy, anhygoel; **c'est** ~**!** mae hynny'n anhygoel!, ni chlywais i erioed y fath beth!
inox [inɔks] *adj* di-staen, gloyw, gwrthstaen; ♦*m* dur *g* di-staen *ou* gloyw, dur gwrthstaen.
inoxydable [inɔksidabl] *adj* di-staen, gloyw, anocsideiddiol, gwrthstaen;
♦*m* dur *g* di-staen *ou* gwrthstaen.
inqualifiable [ɛ̃kalifjabl] *adj* anhraethol.
inquiet[1] (**inquiète**) [ɛ̃kjɛ, ɛ̃kjɛt] *adj* pryderus, gofidus, poenus; **être** ~ **de qch** pryderu ynghylch rhth; **être** ~ **au sujet de qn** poeni am rn.
inquiet[2] [ɛ̃kjɛ] *m*: **c'est un éternel** ~ mae'n boenwr heb ei ail, mae'n un am hel gofidiau.
inquiète [ɛ̃kjɛt] *f*: **c'est une éternelle** ~ mae'n boenwraig heb ei hail;
♦*adj f voir* **inquiet**[1].
inquiétant (**-e**) [ɛ̃kjetɑ̃, ɑ̃t] *adj* gofidus, sy'n peri gofid, sy'n peri pryder; (*état d'un malade*) difrifol.
inquiéter [ɛ̃kjete] (**14**) *vt* (*alarmer*) poeni, gofidio; (*harceler*) aflonyddu ar, plagio, poenydio; (*suj: police*) poeni, erlid;
♦ **s'**~ *vr*: **s'**~ **(de)** poeni (am), ymboeni (am), pryderu (ynghylch).
inquiétude [ɛ̃kjetyd] *f* pryder *g*, gofid *g*; **donner de l'**~ *neu* **donner des** ~**s à qn** peri gofid i rn; **avoir de l'**~ *neu* **avoir des** ~**s au sujet de qch** gofidio ynglŷn â rhth.
inquisiteur (**inquisitrice**) [ɛ̃kizitœʀ, ɛ̃kizitʀis] *adj* busneslyd, holgar.
inquisition [ɛ̃kizisjɔ̃] *f* ymchwiliad *g*, ymholiad *g*; **la Sainte I**~ (*HIST*) y Chwilys *g*.
inracontable [ɛ̃ʀakɔ̃tabl] *adj* anhraethol, na ellir ei ailadrodd.
insaisissable [ɛ̃sezisabl] *adj* (*fugitif, ennemi*) annaliadwy, anodd ei ddal; (*nuance, différence*) anghanfyddadwy; (*JUR: bien*) na ellir ei atafael.
insalubre [ɛ̃salybʀ] *adj* afiach.
insalubrité [ɛ̃salybʀite] *f* natur *b* afiach.
insanité [ɛ̃sanite] *f* gwallgofrwydd *g*, gorffwylledd *g*, ynfydrwydd *g*, hurtrwydd *g*; **dire des** ~**s** dweud pethau gwirion, siarad dwli *ou* lol, lolian.
insatiable [ɛ̃sasjabl] *adj* (*personne*) gwancus; (*soif*) anniwall.
insatisfaction [ɛ̃satisfaksjɔ̃] *f* anfodlonrwydd *g*.
insatisfait (**-e**) [ɛ̃satisfɛ, ɛt] *adj* anfodlon (ar rth).
inscription [ɛ̃skʀipsjɔ̃] *f* (*à une institution*) cofrestriad *g*, cofrestru, ymgofrestru; (*indication: sur un écriteau etc*) arysgrif *b*, arysgrifen *b*.
inscrire [ɛ̃skʀiʀ] (**53**) *vt* cofrestru; (*nom, date*) nodi; (*dans la pierre, le métal*) arysgrifennu; (*mettre sur une liste*) rhestru; (*enrôler: soldat*) listio; ~ **qn à qch** rhoi enw rhn i lawr ar gyfer rhth;
♦ **s'**~ *vr* cofrestru, ymgofrestru, ymaelodi; **s'**~ **(à qch)** rhoi'ch enw i lawr (ar gyfer rhth), ymuno (â rhth), ymaelodi (â rhth); **s'**~ **dans** (*suj: projet etc*) bod yn rhan o, dod o fewn terfynau (rhth); **s'**~ **en faux contre qch** gwadu rhth; (*JUR*) herio rhth.
inscrit (**-e**) [ɛ̃skʀi, it] *pp de* **inscrire**;
♦*adj* cofrestredig, wedi ymaelodi.
insecte [ɛ̃sɛkt] *m* pryf *g*, trychfilyn *g*.
insecticide [ɛ̃sɛktisid] *adj* sy'n lladd pryfed, pryfladdol;
♦*m* pryfleiddiad *g*, gwenwyn *g* pryfed
insécurité [ɛ̃sekyʀite] *f* anniogelwch *g*, ansicrwydd *g*.
INSEE [inse] *sigle m*(= *Institut national de la statistique et des études économiques*) *Sefydliad g cenedlaethol gwybodaeth ystadegol ac economaidd.*
insémination [ɛ̃seminasjɔ̃] *f* ffrwythloniad *g*; ~ **artificielle** ffrwythloniad artiffisial.
insensé (**-e**) [ɛ̃sɑ̃se] *adj* gwallgof, o'ch cof, hurt, direswm.
insensibiliser [ɛ̃sɑ̃sibilize] (**1**) *vt* dadsensiteiddio; (*malade*) anaestheteiddio; ~ **qn à qch** (*fig*) achosi i rn fod yn ddideimlad i rth.
insensibilité [ɛ̃sɑ̃sibilite] *f* dideimladrwydd *g*.
insensible [ɛ̃sɑ̃sibl] *adj* dideimlad; (*imperceptible*) anweladwy; **être** ~ **au froid/à la chaleur** peidio â theimlo oerni/gwres.
insensiblement [ɛ̃sɑ̃sibləmɑ̃] *adv* yn raddol iawn, yn ddiarwybod, yn araf deg, heb yn wybod, fesul tipyn.
inséparable [ɛ̃sepaʀabl] *adj* anwahanadwy; **il est** ~ **de qch/qn** ni ellir ei wahanu oddi wrth rth/rn;
♦*mpl*: ~**s** (*oiseaux*) adar *ll* cariadus; (*personnes*) cyfeillion *ll* hoff cytûn.
insérer [ɛ̃seʀe] (**14**) *vt* dodi (rhth yn rhth), gosod (rhth yn rhth), rhoi (rhth yn rhth);
♦ **s'**~ *vr*: **s'**~ **dans** (*se placer*) gosod eich hun yn, gwasgu i mewn; (*fig*) dod o fewn (rhth).
INSERM [insɛʀm] *sigle m*(= *Institut national de la santé et de la recherche médicale*) *Sefydliad g cenedlaethol ymchwil feddygol.*
insert [ɛ̃sɛʀ] *m* (*CINÉ*) *mewnosodiad g*; (*RADIO, TV*) fflach *b* newyddion.
insertion [ɛ̃sɛʀsjɔ̃] *f* (*action*) mewnosodiad *g*; (*intégration*) integreiddiad *g*, integreiddio.
insidieusement [ɛ̃sidjøzmɑ̃] *adv* yn lladradaidd, yn llechwraidd.
insidieux (**insidieuse**) [ɛ̃sidjø, ɛ̃sidjøz] *adj*

lladradaidd, llechwraidd; (*odeur, parfum*) treiddgar.
insigne [ɛ̃siɲ] *m* arwyddlun *g*, arwyddnod *g*; ♦*adj* nodedig, hynod.
insignifiant (**-e**) [ɛ̃siɲifjɑ̃, jɑ̃t] *adj* di-nod, dibwys.
insinuant (**-e**) [ɛ̃sinɥɑ̃, ɑ̃t] *adj* awgrymiadol, ensyniadol.
insinuation [ɛ̃sinɥasjɔ̃] *f* ensyniad *g*; **procéder par** ~ cyfleu trwy awgrym.
insinuer [ɛ̃sinɥe] (**1**) *vt* ensynio, awgrymu; **que voulez-vous** ~**?** beth ydych chi'n ei awgrymu?;
♦ **s'**~ *vr*: **s'**~ **(dans)** sleifio (i mewn i), ymdreiddio (i mewn i).
insipide [ɛ̃sipid] *adj* diflas, diddim, merfaidd.
insistance [ɛ̃sistɑ̃s] *f* taerineb *g*; **avec** ~ yn daer, yn benderfynol.
insistant (**-e**) [ɛ̃sistɑ̃, ɑ̃t] *adj* taer, penderfynol.
insister [ɛ̃siste] (**1**) *vi* mynnu; ~ **sur qch** pwysleisio rhth, rhoi pwyslais ar rth; **si vous insistez** os mynnwch chi; **j'insiste pour que vous m'écoutiez** 'rwy'n mynnu eich bod yn gwrando arnaf; **elle insiste pour vous parler** mae'n mynnu cael sgwrs â chi.
insociable [ɛ̃sɔsjabl] *adj* anghymdeithasol.
insolation [ɛ̃sɔlasjɔ̃] *f* (*MÉD*) trawiad *g* haul; (*ensoleillement*) cyfnod *g* heulog.
insolence [ɛ̃sɔlɑ̃s] *f* haerllugrwydd *g*, hyfdra *g*, digywilydd-dra *g*.
insolent[1] (**-e**) [ɛ̃sɔlɑ̃, ɑ̃t] *adj* haerllug, hy, digywilydd.
insolent[2] [ɛ̃sɔlɑ̃] *m* un *g* haerllug.
insolente [ɛ̃sɔlɑ̃t] *f* un *b* haerllug; ♦*adj f voir* **insolent**[1].
insolite [ɛ̃sɔlit] *adj* anarferol, dieithr.
insoluble [ɛ̃sɔlybl] *adj* annhoddadwy; (*problème*) annatrys, astrus.
insolvable [ɛ̃sɔlvabl] *adj* (*débiteur*) dyledus, mewn dyled.
insomniaque [ɛ̃sɔmnjak] *adj* sy'n cysgu'n wael, di-gwsg;
♦*m/f* cysgwr *g* gwael, cysgwraig *b* wael.
insomnie [ɛ̃sɔmni] *f* diffyg *g* cwsg; **avoir des** ~**s** methu cysgu, dioddef o ddiffyg cwsg.
insondable [ɛ̃sɔ̃dabl] *adj* (*fig: mystère, secret*) annirnadwy, anesboniadwy; (*maladresse, bêtise*) affwysol.
insonore [ɛ̃sɔnɔʀ] *adj* gwrthsain, seinglos, di-sain.
insonorisation [ɛ̃sɔnɔʀizasjɔ̃] *f* ynysu sain, inswleiddio rhag sain.
insonoriser [ɛ̃sɔnɔʀize] (**1**) *vt*: ~ **une pièce** ynysu sain ystafell; ~ **des murs** inswleiddio muriau (rhag sain).
insouciance [ɛ̃susjɑ̃s] *f* difaterwch *g*, difrawder *g*.
insouciant (**-e**) [ɛ̃susjɑ̃, jɑ̃t] *adj* didaro, difraw, difater, diofal, heb falio dim.
insoumis[1] (**-e**) [ɛ̃sumi, iz] *adj* anufudd, anhydrin, anystywallt, gwrthryfelgar; (*MIL: soldat*) absennol *g* heb ganiatâd.
insoumis[2] [ɛ̃sumi] *m* (*MIL: soldat*) milwr *g* sy'n absennol heb ganiatâd.
insoumission [ɛ̃sumisjɔ̃] *f* anufudd-dod *g*, gwrthryfelgarwch *g*; (*MIL*) absenoldeb *g* heb ganiatâd.
insoupçonnable [ɛ̃supsɔnabl] *adj* y tu hwnt i amheuaeth.
insoupçonné (**-e**) [ɛ̃supsɔne] *adj* heb ei amau.
insoutenable [ɛ̃sut(ə)nabl] *adj* (*argument, opinion*) annaliadwy; (*lumière, chaleur, fig*) annioddefol, llethol.
inspecter [ɛ̃spɛkte] (**1**) *vt* archwilio; (*SCOL: professeur*) arolygu.
inspecteur [ɛ̃spɛktœʀ] *m* arolygwr *g*, arolygydd *g*; ~ **d'Académie** ≈ arolygydd ysgolion; ~ **(de police)** ditecif gwnstabl *g*; ~ **des finances** arolygydd cyllid cyhoeddus; ~ **des impôts** arolygwr trethi; ~ **(de l'enseignement) primaire** arolygydd ysgolion cynradd.
inspectrice [ɛ̃spɛktʀis] *f* arolygwraig *b*, arolygydd *g*.
inspection [ɛ̃spɛksjɔ̃] *f* archwiliad *g*, arolwg *g*, arolygiad *g*; ~ **des finances** ≈ arolygiad trethi; ~ **du travail** arolygiaeth *b* lafur.
inspirateur [ɛ̃spiʀatœʀ] *m* ysbrydolwr *g*, anogwr *g*, symbylwr *g*.
inspiration [ɛ̃spiʀasjɔ̃] *f* ysbrydoliaeth *b*; (*PHYSIOL*) anadliad *g*, mewnanadliad *g*; **être sous l'**~ **de qn** cael eich ysbrydoli gan rn; **mode d'**~ **orientale** ffasiwn *g* dwyreiniol ei ysbrydoliaeth.
inspiratrice [ɛ̃spiʀatʀis] *f* ysbrydolwraig *b*, anogwraig *b*, symbylwraig *b*.
inspiré (**-e**) [ɛ̃spiʀe] *adj*: **être bien/mal** ~ **de faire qch** bod yn ddoeth/annoeth i wneud rhth.
inspirer [ɛ̃spiʀe] (**1**) *vt* ysbrydoli; (*intentions*) ysgogi; **sa santé m'inspire des inquiétudes** mae ei (h)iechyd yn peri pryder imi; **ça ne m'inspire pas beaucoup/vraiment pas** dydy hynny ddim yn apelio llawer/o gwbl ata' i;
♦*vi* anadlu i mewn;
♦ **s'**~ *vr*: **s'**~ **de qch** cael eich ysbrydoli gan rth.
instabilité [ɛ̃stabilite] *f* ansefydlogrwydd *g*, ansadrwydd *g*.
instable [ɛ̃stabl] *adj* ansefydlog, ansad; (*personne, population*) heb gartref parhaol, symudol.
installateur [ɛ̃stalatœʀ] *m* gosodwr *g*, ffitiwr *g*.
installation [ɛ̃stalasjɔ̃] *f* gosodiad *g*, sefydliad *g*; **l'**~ **électrique** weiriad *g* trydan; **une** ~ **de fortune, une** ~ **provisoire** llety *g* dros dro; ~**s portuaires** adeiladau *ll* porthladd; ~**s de loisirs** cyfleusterau *ll* hamdden; ~**s industrielles** peirianwaith *g* diwydiannol.
installé (**-e**) [ɛ̃stale] *adj*: **bien/mal** ~ cyfforddus/anghyfforddus.

installer [ɛ̃stale] (**1**) *vt* (*gén*) gosod, sefydlu, dodi; (*tente*) codi; (*gaz, électricité, téléphone*) dodi, rhoi, gosod; (*fonctionnaire, magistrat*) sefydlu; ~ **une baignoire dans une pièce** rhoi bath mewn ystafell; ~ **qn à un poste** penodi rhn i swydd;
♦ **s'**~ *vr* ymsefydlu; **s'**~ **à l'hôtel/chez qn** lletya mewn gwesty/yn nhŷ rhn.

instamment [ɛ̃stamɑ̃] *adv* yn daer; **demander** ~ mynnu.

instance [ɛ̃stɑ̃s] *f* awdurdod *g*; (*JUR: procedure*) gweithrediadau *ll*, achos *g* llys; ~**s** (*prières*) ymbilion *ll*; **les** ~**s internationales** (*ADMIN*) awdurdodau rhyngwladol; **affaire en** ~ achos yn aros sylw; **courrier en** ~ llythyrau *ll* parod i'w postio; **être en** ~ **de divorce** bod yn aros ysgariad; **train en** ~ **de départ** trên ar fin gadael; **en première** ~ (*JUR*) yn y gwrandawiad cyntaf; **tribunal de première** ~ ≈ llys *g* ynadon; **tribunal de grande** ~ ≈ llys y Goron; **en dernière** ~ yn y pen draw.

instant[1] (**-e**) [ɛ̃stɑ̃] *adj* taer; (*besoin*) taer, enbyd, dybryd.

instant[2] [ɛ̃stɑ̃] *m* munud *g,b*, eiliad *g,b*, ennyd *g,b*; **à l'**~ funud 'ma, gynnau fach, funud yn ôl; **sans perdre un** ~ heb golli eiliad; **en un** ~ mewn eiliad *ou* chwinciad; **dans un** ~ ymhen munud; (*tout de suite*) yn syth, ar unwaith; **dans l'**~ ar hyn o bryd, ar unwaith; **je l'ai vue à l'**~ gwelais hi y funud 'ma; **à l'**~ **(même) où** ar yr union funud pan; **il faut partir à l'**~ **même** rhaid cychwyn ar unwaith; **à l'**~ **(même) où elle partait** fel yr oedd hi'n cychwyn, ..., a hithau'n cychwyn ...; **à chaque** ~**, à tout** ~ drwy gydol yr amser, byth a hefyd, bob munud; **pour l'**~ am y tro; **pendant un** ~**, l'espace d'un** ~ am eiliad *ou* funud; **c'est l'affaire d'un** ~ ni chymer fawr o dro; **par** ~**s** ar brydiau *ou* adegau; **de tous les** ~**s** cyson; **dès l'**~ **où, dès l'**~ **que ...** o'r funud *ou* eiliad ..., ers ...; **dès l'**~ **que tu me le promets** unwaith y byddi di'n ei addo imi, gyda y byddi di'n ei addo imi.

instantané[1] (**-e**) [ɛ̃stɑ̃tane] *adj* diymdroi, di-oed, disymwth; (*lait, café*) parod, sydyn.

instantané[2] [ɛ̃stɑ̃tane] *m* (*PHOT*) ciplun *g*.

instantanément [ɛ̃stɑ̃tanemɑ̃] *adv* yn ddi-oed, ar unwaith.

instar [ɛ̃staʀ]: **à l'**~ **de** *prép* yn null, yn dilyn esiampl.

instaurer [ɛ̃stɔʀe] (**1**) *vt* sefydlu;
♦ **s'**~ *vr* ymsefydlu.

instigateur [ɛ̃stigatœʀ] *m* cychwynnydd *g*, cychwynnwr *g*; (*d'un mouvement, d'une théorie*) anogwr *g*, hyrwyddwr *g*; (*d'un complot, d'une révolution*) cychwynnwr, cychwynnydd; (*de troubles*) achoswr *g*.

instigatrice [ɛ̃stigatʀis] *f* cychwynnydd *g*; (*d'un mouvement, d'une théorie*) anogwraig *b*, hyrwyddwraig *b*; (*d'un complot, d'une révolution*) cychwynwraig *b*, cychwynnydd; (*de troubles*) achoswraig *b*.

instigation [ɛ̃stigasjɔ̃] *f* anogaeth *b*; **à l'**~ **de qn** ar anogaeth rhn.

instillation [ɛ̃stilasjɔ̃] *f* diferiad *g*, distylliad *g*, hidlad *g*.

instiller [ɛ̃stile] (**1**) *vt* diferu; (*MÉD*) defnynnu; (*doutes*) creu.

instinct [ɛ̃stɛ̃] *m* greddf *b*; **avoir l'**~ **du commerce** bod â'r reddf fasnachol; **d'**~ yn reddfol; **faire qch d'**~ gwneud rhth wrth reddf; ~ **grégaire** greddf yr haid; ~ **de conservation** greddf hunanwarchod.

instinctif (**instinctive**) [ɛ̃stɛ̃ktif, ɛ̃stɛ̃ktiv] *adj* greddfol, wrth reddf.

instinctivement [ɛ̃stɛ̃ktivmɑ̃] *adv* yn reddfol.

instituer [ɛ̃stitɥe] (**1**) *vt* sefydlu, cychwyn, creu; (*débat*) cychwyn; (*évêque, héritier*) enwi, penodi;
♦ **s'**~ *vr* ymsefydlu, eich sefydlu'ch hun; **s'**~ **défenseur d'une cause** eich penodi'ch hun yn amddiffynnydd achos.

institut [ɛ̃stity] *m* sefydliad *g*; **membre de l'I**~ *aelod o'r Institut Ffrengig*; ~ **de beauté** salon *g,b* harddwch; ~ **médico-légal** corffdy *g*, mortiwari *g*, labordy *g* fforensig; **I**~ **universitaire de technologie** *athrofa b dechnegol*.

instituteur [ɛ̃stitytœʀ] *m* athro *g* (*ysgol gynradd*).

institution [ɛ̃stitysjɔ̃] *f* sefydliad *g*; ~ **libre** (*collège, école privée*) ysgol *b* breifat.

institutionnaliser [ɛ̃stitysjɔnalize] (**1**) *vt* sefydliadu.

institutrice [ɛ̃stitytʀis] *f* athrawes *b* (*ysgol gynradd*).

instructeur [ɛ̃stʀyktœʀ] *adj*: **juge** ~ (*JUR*) ynad *g* ymchwiliol; **sergent** ~ sarsiant *g* hyfforddi *ou* drilio;
♦*m* hyfforddwr *g*.

instructif (**instructive**) [ɛ̃stʀyktif, ɛ̃stʀyktiv] *adj* addysgiadol.

instruction [ɛ̃stʀyksjɔ̃] *f* (*enseignement*) addysg *b*, hyfforddiant *g*; (*JUR*) *ymchwiliad g rhagarweiniol a gwrandawiad g achos*; ~ **publique/primaire** addysg breifat/gynradd; ~ **professionnelle** hyfforddiant galwedigaethol; ~ **religieuse** hyfforddiant crefyddol; ~**s** (*ordres, mode d'emploi*) cyfarwyddyd *g*, cyfarwyddiadau *ll*; ~ **civique** dinasyddiaeth *b*, astudiaethau *ll* dinesig; ~ **ministérielle** (*ADMIN: directive*) cyfarwyddyd gweinidogol.

instructrice [ɛ̃stʀyktʀis] *f* hyfforddwraig *b*.

instruire [ɛ̃stʀɥiʀ] (**52**) *vt* (*élèves*) dysgu, addysgu; (*affaires*) ymchwilio i; (*recrues*) hyfforddi; ~ **qn de qch** (*informer*) dweud wrth rn am rth, hysbysu rhn o rth, rhoi gwybod i rn am rth;
♦ **s'**~ *vr* dysgu; **s'**~ **auprès de qn de qch** (*s'informer*) cael gwybod am rth gan rn.

instruit (**-e**) [ɛ̃stʀɥi, it] *pp de* **instruire**;

♦*adj* addysgedig, hyfforddedig.
instrument [ɛ̃stʀymɑ̃] *m* (*MUS, outil*) offeryn *g*; ~ **à cordes/à vent** (*MUS*) offeryn llinynnol/chwyth; ~ **à percussion** (*MUS*) offeryn taro; ~ **de mesure** mesurydd *g*; ~ **de musique** offeryn cerdd; ~ **de travail** teclyn *g* (gweithio), erfyn *g* (gwaith), offeryn.
instrumental (**-e**) (**instrumentaux, instrumentales**) [ɛ̃stʀymɑ̃tal, ɛ̃stʀymɑ̃to] *adj*: **musique** ~**e** cerddoriaeth *b* offerynnol.
instrumentation [ɛ̃stʀymɑ̃tasjɔ̃] *f* offeryniaeth *b*, offerynnu.
instrumentiste [ɛ̃stʀymɑ̃tist] *m/f* (*MUS*) offerynnydd *g*, offerynnwr *g*, offerynwraig *b*.
insu [ɛ̃sy] *m*: **à l'**~ **de qn** heb yn wybod i rn, yn ddiarwybod i rn; **je souriais à mon** ~ 'roeddwn yn gwenu heb wybod hynny *ou* yn ddiarwybod (i mi fy hun).
insubmersible [ɛ̃sybmɛʀsibl] *adj* ansuddadwy.
insubordination [ɛ̃sybɔʀdinasjɔ̃] *f* anufudd-dod *g*, gwrthryfelgarwch *g*.
insubordonné (**-e**) [ɛ̃sybɔʀdɔne] *adj* anufudd, gwrthryfelgar.
insuccès [ɛ̃syksɛ] *m* methiant *g*, aflwyddiant *g*.
insuffisamment [ɛ̃syfizamɑ̃] *adv* yn annigonol, ni(d) ... (yn) ddigon; **elle travaille** ~ nid yw hi'n gweithio ddigon.
insuffisance [ɛ̃syfizɑ̃s] *f* annigonoldeb *g*, prinder *g*, diffyg *g*; ~**s** (*déficiences, lacunes*) diffygion *ll*; ~ **cardiaque** (*MÉD*) diffyg ar y galon; ~ **hépatique** (*MÉD*) diffyg ar yr afu *ou* iau.
insuffisant (**-e**) [ɛ̃syfizɑ̃, ɑ̃t] *adj* annigonol; **ce travail est** ~ nid yw'r gwaith hwn yn ddigon da; **il est** ~ **en maths** (*personne*) nid yw'n ddigon da mewn mathemateg.
insuffler [ɛ̃syfle] (**1**) *vt* (*MÉD*) chwythu; ~ **de l'air dans la bouche d'un noyé** chwythu aer i geg un sydd wedi boddi; ~ **qch à qn** (*fig*) ysbrydoli rhn â rhth; ~ **du courage à qn** ennyn dewrder yn rhn.
insulaire [ɛ̃sylɛʀ] *adj* ynysol; (*attitude*) ynysig, plwyfol.
insularité [ɛ̃sylaʀite] *f* ynysoldeb *g*, ynysigrwydd *g*.
insuline [ɛ̃sylin] *f* inswlin *g*.
insultant (**-e**) [ɛ̃syltɑ̃, ɑ̃t] *adj* sarhaus, enllibus.
insulte [ɛ̃sylt] *f* sarhad *g*, enllib *g*.
insulter [ɛ̃sylte] (**1**) *vt* sarhau, enllibio.
insupportable [ɛ̃sypɔʀtabl] *adj* annioddefol.
insurgé[1] (**-e**) [ɛ̃syʀʒe] *adj* gwrthryfelgar.
insurgé[2] [ɛ̃syʀʒe] *m* gwrthryfelwr *g*.
insurgée [ɛ̃syʀʒe] *f* gwrthryfelwraig *b*;
♦*adj f voir* **insurgé**[1]
insurger [ɛ̃syʀʒe] (**10**): **s'**~ **(contre)** *vr* gwrthryfela (yn erbyn).
insurmontable [ɛ̃syʀmɔ̃tabl] *adj* anorchfygol.
insurpassable [ɛ̃syʀpɑsabl] *adj* diguro, penigamp.
insurrection [ɛ̃syʀɛksjɔ̃] *f* gwrthryfel *g*, terfysg *g*.
insurrectionnel (**-le**) [ɛ̃syʀɛksjɔnɛl] *adj* gwrthryfelgar, terfysglyd.
intact (**-e**) [ɛ̃takt] *adj* cyfan.
intangible [ɛ̃tɑ̃ʒibl] *adj* anghyffyrddadwy, anghyffwrdd, annirweddol; (*sacré: loi, principe*) cysegredig, annhoradwy.
intarissable [ɛ̃taʀisabl] *adj* (*imagination, inspiration*) dihysbydd, di-ben-draw, diwaelod; (*bavardage, larmes*) diderfyn, diddiwedd, di-ball, di-baid; (*source*) dihysbydd, diddarfod.
intégral (**-e**) (**intégraux, intégrales**) [ɛ̃tegʀal, ɛ̃tegʀo] *adj* cyflawn; (*MATH*) integrol, cyfannol; **nu** ~ noethlymun.
intégrale [ɛ̃tegʀal] *f* (*MATH*) integryn *g*; (*œuvres complètes*) gweithiau *ll* cyflawn.
intégralement [ɛ̃tegʀalmɑ̃] *adv* yn gyflawn; (*payer*) yn llawn; (*refuser, rejeter*) yn gyfangwbl, yn llwyr.
intégralité [ɛ̃tegʀalite] *f* cyfanrwydd *g*, cyfanswm *g*, cyfan *g*, cwbl *g*; **dans son** ~ yn gyfan gwbl, yn ei gyfanrwydd.
intégrant (**-e**) [ɛ̃tegʀɑ̃, ɑ̃t] *adj*: **faire partie** ~**e de qch** bod yn rhan hanfodol o rth.
intégration [ɛ̃tegʀasjɔ̃] *f* cyfuniad *g*, cyfaniad *g*, cyfuno, cyfannu.
intégrationniste [ɛ̃tegʀasjɔnist] *adj* cyfannol, cymathol;
♦*m/f* cyfuniadwr *g*, cyfuniadwraig *b*, cyfanwr *g*, cyfanwraig *b*.
intègre [ɛ̃tɛgʀ] *adj* gonest, cywir, union.
intégré (**-e**) [ɛ̃tegʀe] *adj* cyfun, cyfannol; **circuit** ~ cylched *b* gyfannol.
intégrer [ɛ̃tegʀe] (**14**) *vt* (*compléter*) cyfannu, cwblhau; (*combiner*) cyfuno; (*MATH*) integreiddio; (*assimiler*) cymhathu; (*entrer dans*) ymuno â;
♦*vi*: ~ **à l'ENA** (*argot universitaire*) *cael eich derbyn i'r ENA*;
♦ **s'**~ *vr*: **s'**~ **à** *neu* **dans qch** ymdoddi i rth, dod yn rhan o rth.
intégrisme [ɛ̃tegʀism] *m* ffwndamentaliaeth *b*.
intégriste [ɛ̃tegʀist] *adj* ffwndamentalaidd;
♦*m/f* ffwndamentalydd *g*.
intégrité [ɛ̃tegʀite] *f* gonestrwydd *g*, cywirdeb *g*, uniondeb *g*.
intellect [ɛ̃telɛkt] *m* deall *g*, dealltwriaeth *b*, meddwl *g*.
intellectualiser [ɛ̃telɛktɥalize] (**1**) *vt* dealluso.
intellectualisme [ɛ̃telɛktɥalism] *m* deallaeth *b*, deallusoldeb *g*.
intellectuel[1] (**-le**) [ɛ̃telɛktɥɛl] *adj* deallusol; (*goût*) uchel-ael.
intellectuel[2] [ɛ̃telɛktɥɛl] *m* deallusyn *g*.
intellectuelle [ɛ̃telɛktɥɛl] *f* gwraig *b* ddeallus;
♦*adj f voir* **intellectuel**[1].
intellectuellement [ɛ̃telɛktɥɛlmɑ̃] *adv* yn ddeallusol, o ran y deall.
intelligemment [ɛ̃teliʒamɑ̃] *adv* yn gall, yn ddeallus.
intelligence [ɛ̃teliʒɑ̃s] *f* deallusrwydd *g*,

callineb *g*; ~ **de qch** (*compréhension*) dealltwriaeth *b* o rth; **regard/sourire d'~** (*complicité*) golwg/gwen o gyd-ddealltwriaeth *b*; **vivre en bonne/mauvaise ~ avec qn** (*accord*) byw mewn cytgord/anghytgord â rhn; **avoir des ~s dans la place** bod ag ysbïwyr yn y man a'r lle; **être d'~ avec qn** bod â dealltwriaeth gudd â rhn; ~ **artificielle** (INFORM) deallusrwydd artiffisial.

intelligent (**-e**) [ɛ̃teliʒɑ̃, ɑ̃t] *adj* call, deallus; ~ **en affaires** craff mewn busnes.

intelligentsia [ɛ̃teliʒɛnsja] *f* deallusion *ll*.

intelligible [ɛ̃teliʒibl] *adj* dealladwy.

intello* [ɛ̃telo] *adj* uchel-ael.

intempérance [ɛ̃tɑ̃peʀɑ̃s] *f* anghymedroldeb *g*.

intempérant (**-e**) [ɛ̃tɑ̃peʀɑ̃, ɑ̃t] *adj* anghymedrol, gormodol; **faire un usage ~ de l'alcool** yfed gormod.

intempéries [ɛ̃tɑ̃peʀi] *fpl* tywydd *g* gwael.

intempestif (**intempestive**) [ɛ̃tɑ̃pɛstif, ɛ̃tɑ̃pɛstiv] *adj* anamserol; (*gaieté, rires*) amhriodol, anamserol.

intenable [ɛ̃t(ə)nabl] *adj* (*situation*) annioddefol; (*chaleur*) llethol, annioddefol; (*élève*) anfudd, anystywallt.

intendance [ɛ̃tɑ̃dɑ̃s] *f* (MIL) corfflu *g* cyflenwi; (SCOL) rheolaeth *b* ysgol; (*bureau*) swyddfa'r *b* bwrsar; (POL) materion *ll* economaidd.

intendant [ɛ̃tɑ̃dɑ̃] *m* (MIL) swyddog *g* cyflenwi; (SCOL) bwrsar *g*; (*d'une propriété*) stiward *g*.

intendante [ɛ̃tɑ̃dɑ̃, ɑ̃t] *f* (SCOL) bwrsar *g*.

intense [ɛ̃tɑ̃s] *adj* dwys, cryf, grymus; (*sentiment, action*) angerddol, dwys; (*chaleur*) aruthrol, llethol, enbyd, dwys.

intensément [ɛ̃tɑ̃semɑ̃] *adv* yn ddwys, yn angerddol.

intensif (**intensive**) [ɛ̃tɑ̃sif, ɛ̃tɑ̃siv] *adj* dwys, trylwyr; **cours ~** cwrs *g* carlam; ~ **en capital** cyfalaf-ddwys; ~ **en main d'œuvre** llafur-ddwys.

intensification [ɛ̃tɑ̃sifikasjɔ̃] *f* cyfnerthiad *g*; (*de la douleur*) cryfhad *g*, dwysâd *g*.

intensifier [ɛ̃tɑ̃sifje] (**16**) *vt* cryfhau, dwysáu, atgyfnerthu;
♦ **s'~** *vr* cryfhau; (*douleur*) dwysáu.

intensité [ɛ̃tɑ̃site] *f* cryfder *g*, angerdd *g*, dwyster *g*; (*de la lumière*) cryfder, disgleirdeb *g*, tanbeidrwydd *g*.

intensivement [ɛ̃tɑ̃sivmɑ̃] *adv* yn drylwyr, yn ddyfal.

intenter [ɛ̃tɑ̃te] (**1**) *vt*: ~ **un procès contre** *neu* **à qn** cychwyn achos yn erbyn rhn; ~ **une action contre** *neu* **à qn** dwyn achos yn erbyn rhn.

intention [ɛ̃tɑ̃sjɔ̃] *f* bwriad *g*, amcan *g*; **avec** *neu* **dans l'~ de nuire** (JUR) gyda'r bwriad o wneud niwed; **avoir l'~ de faire qch** bwriadu *ou* amcanu gwneud rhth; **dans l'~ de faire qch** gyda'r bwriad o wneud rhth; **à l'~ de qn** (*collecte*) ar gyfer rhn; (*cadeau*) i rn; (*prière*) dros rn; (*fête*) er parch *ou* clod i rn; (*film, ouvrage*) wedi ei anelu at rn; **à cette ~** gyda'r bwriad hwnnw; **sans ~** yn anfwriadol; **faire qch sans mauvaise ~** gwneud rhth heb feddwl drwg; **agir dans une bonne ~** gweithredu gyda bwriad da.

intentionné (**-e**) [ɛ̃tɑ̃sjɔne] *adj*: **bien/mal ~** gyda bwriad da/drwg, da/drwg eich bwriad.

intentionnel (**-le**) [ɛ̃tɑ̃sjɔnɛl] *adj* bwriadol.

intentionnellement [ɛ̃tɑ̃sjɔnɛlmɑ̃] *adv* yn fwriadol.

inter[1] [ɛ̃tɛʀ] *abr m* (TÉL) gwasanaeth *g* ffôn hirbell.

inter[2] [ɛ̃tɛʀ] *m* (SPORT): ~ **gauche/droit** mewnwr *g* chwith/de.

interactif (**interactive**) [ɛ̃tɛʀaktif, ɛ̃tɛʀaktiv] *adj* rhyngweithiol.

interaction [ɛ̃tɛʀaksjɔ̃] *f* rhyngweithiad *g*, ymadwaith *g*, cydadwaith *g*.

interarmes [ɛ̃tɛʀaʀm] *adj inv* ar y cyd.

interbancaire [ɛ̃tɛʀbɑ̃kɛʀ] *adj* rhwng banciau.

intercalaire [ɛ̃tɛʀkalɛʀ] *adj*: **feuillet ~** mewnosodiad *g*; **fiche ~** dalen *b* wahanu.

intercaler [ɛ̃tɛʀkale] (**1**) *vt*: ~ **(dans)** gosod (rhwng), mewnosod;
♦ **s'~** *vr*: **s'~ entre** (*personne, véhicule*) dod rhwng; (*feuillet, exemple*) bod rhwng.

intercéder [ɛ̃tɛʀsede] (**14**) *vi*: ~ **(pour qn)** eiriol (dros rn), cyfryngu (ar ran rhn).

intercepter [ɛ̃tɛʀsepte] (**1**) *vt* atal, stopio.

intercepteur [ɛ̃tɛʀsɛptœʀ] *m* (AVIAT) rhagodwr *g*.

interception [ɛ̃tɛʀsɛpsjɔ̃] *f* ataliad *g*, rhwystro; (AVIAT) rhyng-gyfarfyddiad *g*; (SPORT) rhyng-gipiad *g*; **avion d'~** rhagodwr *g*.

intercession [ɛ̃tɛʀsesjɔ̃] *f* eiriolaeth *b*, cyfryngdod *g*.

interchangeabilité [ɛ̃tɛʀʃɑ̃ʒabilite] *f* cyfnewidioldeb *g*.

interchangeable [ɛ̃tɛʀʃɑ̃ʒabl] *adj* cyfnewidiadwy, cyfnewidiol.

interclasse [ɛ̃tɛʀklɑs] *m* (SCOL) egwyl *b* (rhwng gwersi).

interclubs [ɛ̃tɛʀklœb] *adj* rhwng clybiau.

intercommunal (**-e**) (**intercommunaux, intercommunales**) [ɛ̃tɛʀkɔmynal, ɛ̃tɛʀkɔmyno] *adj* rhyng-gymunedol.

intercommunautaire [ɛ̃tɛʀkɔmynotɛʀ] *adj* rhyng-gymunedol.

interconnexion [ɛ̃tɛʀkɔnɛksjɔ̃] *f* cydgysylltiad *g*, rhwydwaith *g*, rhwydweithio.

intercontinental (**-e**) (**intercontinentaux, intercontinentales**) [ɛ̃tɛʀkɔ̃tinɑ̃tal, ɛ̃tɛʀkɔ̃tinɑ̃to] *adj* rhyng-gyfandirol.

intercostal (**-e**) (**intercostaux, intercostales**) [ɛ̃tɛʀkɔstal, ɛ̃tɛʀkɔsto] *adj* rhyngasennol, rhwng yr asennau.

interdépartemental (**-e**) (**interdépartementaux, interdépartementales**) [ɛ̃tɛʀdepaʀtəmɑ̃tal, ɛ̃tɛʀdepaʀtəmɑ̃to] *adj*

rhyngadrannol, cydadrannol, rhwng adrannau; (*en France*) rhwng siroedd.
interdépendance [ɛ̃tɛʀdepɑ̃dɑ̃s] *f* cyd-ddibyniaeth *b*.
interdépendant (-e) [ɛ̃tɛʀdepɑ̃dɑ̃, ɑ̃t] *adj* cyd-ddibynnol.
interdiction [ɛ̃tɛʀdiksjɔ̃] *f* gwaharddiad *g*; ~ **de faire qch** gwaharddiad rhag gwneud rhth; ~ **de séjour** (*JUR*) *gwaharddiad ar gyn-garcharor rhag mynychu lleoedd penodedig.*
interdire [ɛ̃tɛʀdiʀ] (**50**) *vt* (*gén*) gwahardd, gwarafun; (*REL: personne*) ysgymuno; (*journal, livre*) gwahardd; ~ **qch à qn** gwahardd rhth i rn; ~ **à qn de faire qch** gwahardd i rn wneud rhth; (*suj: chose*) rhwystro rhn rhag gwneud rhth; **il est interdit de fumer** gwaherddir ysmygu; ♦ **s'~** *vr*: **s'~ qch** (*excès etc*) ymwrthod â rhth, ymatal rhag rhth; **il s'interdit d'y penser** mae'n gwrthod meddwl am y peth.
interdisciplinaire [ɛ̃tɛʀdisiplinɛʀ] *adj* rhyngddisgyblaethol, trawsgwricwlaidd.
interdit[1] (-e) [ɛ̃tɛʀdi, it] *pp de* **interdire**; ♦*adj* (*stupéfait, frappé d'interdit*) syn, syfrdan; (*livre*) gwaharddedig; **film ~ aux moins de 18/13 ans** ffilm *b* wedi ei gwahardd i wylwyr dan 18/13 oed; **sens ~** heol *b* un ffordd; **stationnement ~** dim parcio; ~ **de chéquier** *wedi eich gwahardd rhag defnyddio llyfr siec*; ~ **de séjour** (*ex-prisonnier*) wedi eich gwahardd rhag mynychu lleoedd penodedig.
interdit[2] [ɛ̃tɛʀdi] *m* (*interdiction*) gwaharddiad *g*; **prononcer l'~ contre qn** (*exclure*) cau rhn allan, gwahardd rhn, condemnio rhn.
intéressant (-e) [ɛ̃teʀesɑ̃, ɑ̃t] *adj* diddorol; **faire l'~** tynnu sylw atoch chi'ch hun.
intéressé[1] (-e) [ɛ̃teʀese] *adj* llawn diddordeb, â diddordeb gennych, cysylltiedig, cyfrannog; (*motifs*) hunangeisiol, er mwyn hunan-les.
intéressé[2] [ɛ̃teʀese] *m*: **l'~** yr un *g* sy'n gysylltiedig; **les ~s** y rhai *ll* cysylltiedig, y rhai cyfrannog, y rhai sydd a wnelont â.
intéressée [ɛ̃teʀese] *f*: **l'~** yr un *b* sy'n cysylltiedig; **les ~s** y rhai *ll* sydd â chysylltiad, y rhai cyfrannog, y rhai sydd a wnelont (â);
♦*adj f voir* **intéressé**[1].
intéressement [ɛ̃teʀɛsmɑ̃] *m* (*COMM*) rhannu elw.
intéresser [ɛ̃teʀese] (**1**) *vt* diddori, bod o ddiddordeb, cyffwrdd â, bod o bwys; (*COMM: employés: aux bénéfices*) rhoi cyfran o'r elw (i rn); **ça n'intéresse personne** does neb â diddordeb yn hynny, does a wnelo hynny ddim â neb; ~ **qn à qch** diddori rhn yn rhth, ennyn diddordeb rhn yn rhth; ~ **qn dans une affaire** (*partenaire*) rhoi cyfran mewn cwmni i rn, gwneud rhn yn gyfrannog mewn cwmni; ♦ **s'~** *vr*: **s'~ à qn/qch** ymddiddori yn rhn/yn rhth; **s'~ à ce que fait qn** ymddiddori yn yr hyn mae rhn yn ei wneud; **s'~ à la musique** ymddiddori mewn cerddoriaeth.
intérêt [ɛ̃teʀɛ] *m* diddordeb *g*; (*sur un prêt, un placement*) llog *g*; **porter de l'~ à qn** cymryd diddordeb yn rhn, ymddiddori yn rhn; **elle a tout ~ à faire qch** mae o fantais *ou* o fudd iddi wneud rhth, byddai'n werth iddi wneud rhth; **il y a ~ à ...** (*idée d'utilité*) byddai'n fantais i; **avoir des ~s dans une compagnie** bod â buddsoddiad mewn cwmni; ~ **composé** adlog *g*.
interface [ɛ̃tɛʀfas] *f* (*INFORM*) rhyngwyneb *g*.
interférence [ɛ̃tɛʀfeʀɑ̃s] *f* ymyrraeth *b*.
interférer [ɛ̃tɛʀfeʀe] (**14**) *vi*: ~ **(avec)** ymyrryd (â), ymyrraeth (â), busnesu (yn).
intergouvernemental (-e) (**intergouvernementaux, intergouvernementales**) [ɛ̃tɛʀguvɛʀnəmɑ̃tal, ɛ̃tɛʀguvɛʀnəmɑ̃to] *adj* rhynglywodraethol, rhwng llywodraethau.
intérieur[1] (-e) [ɛ̃teʀjœʀ] *adj* (*paroi, commerce, cour, communication*) mewnol, (y) tu mewn; (*calme, joie, voix, monologue*) mewnol.
intérieur[2] [ɛ̃teʀjœʀ] *m*: **l'~** (*d'une maison, d'un pays*) y tu *g* mewn; **à l'~ (de)** y tu mewn (i); **de l'~** (*fig*) o'r tu mewn; **ministère de l'I~** y Swyddfa *b* Gartref; **un ~ bourgeois/confortable** (*décor, mobilier*) cartref *g* dosbarth canol/cyfforddus; **tourner (une scène) en ~** (*CINÉ*) ffilmio yn y stiwdio; **vêtement/chaussures d'~** dilledyn *g*/esgidiau *ll* i'w gwisgo yn y tŷ.
intérieurement [ɛ̃teʀjœʀmɑ̃] *adv* yn fewnol, oddi mewn.
intérim [ɛ̃teʀim] *m* cyfamser *g*; **par ~** (*provisoire*) dros dro, yn y cyfamser.
intérimaire [ɛ̃teʀimɛʀ] *adj* (*fonction, charge*) dros dro, cyfnod byr, llanw; ♦*m/f* (*personne*) gweithiwr *g* llanw, gweithwraig *b* lanw; **personnel ~** gweithwyr *ll* dros dro, gweithwyr llanw.
intérioriser [ɛ̃teʀjɔʀize] (**1**) *vt* mewnoli.
interjection [ɛ̃tɛʀʒɛksjɔ̃] *f* ebychiad *g*.
interjeter [ɛ̃tɛʀʒəte] (**12**) *vt*: ~ **appel** (*JUR*) cyflwyno apêl.
interligne [ɛ̃tɛʀliɲ] *m* (*espace blanc*) rhynglinelliad *g*; (*MUS*) lle *g* gwag; **simple/double ~** gofod *g* sengl/dwbl.
interlocuteur [ɛ̃tɛʀlɔkytœʀ] *m* siaradwr *g*, llefarydd *g*; ~ **valable** cynrychiolydd *g ou* llefarydd swyddogol; **mon ~** yr un yr oeddwn yn sgwrsio ag ef.
interlocutrice [ɛ̃tɛʀlɔkytʀis] *f* siaradwraig *b*, llefarydd *g*; **mon ~** yr un yr oeddwn yn sgwrsio â hi.
interlope [ɛ̃tɛʀlɔp] *adj* (*illégal*) anghyfreithlon; (*milieu, bar*) amheus.
interloqué (-e) [ɛ̃tɛʀlɔke] *adj* syn, syfrdan.
interloquer [ɛ̃tɛʀlɔke] (**1**) *vt* synnu (rhn), syfrdanu (rhn); **elle est restée interloquée** ni

wyddai hi beth i'w ddweud, ni wyddai hi sut i ateb.
interlude [ɛ̃tɛʀlyd] *m* egwyl *b*, saib *g*.
intermède [ɛ̃tɛʀmɛd] *m* egwyl *b*, interliwd *b*; ~ **chanté/dansé** (*THÉÂTRE, d'un spectacle*) egwyl o ganu/o ddawnsio.
intermédiaire [ɛ̃tɛʀmedjɛʀ] *adj* canolradd, canolig, hanner y ffordd, cyfryngol;
♦*m/f* canolwr *g*, canolwraig *b*, cyfryngwr *g*, cyfryngwraig *b*;
♦*m*: **sans** ~ yn uniongyrchol; ~**s** (*COMM*) canolwyr *ll*, dynion *ll* canol, rhyngfasnachwyr *ll*; **par l'**~ **de** trwy, trwy law, trwy gyfrwng
interminable [ɛ̃tɛʀminabl] *adj* diddiwedd, di-ben-draw, diderfyn.
interminablement [ɛ̃tɛʀminabləmɑ̃] *adv* yn ddiddiwedd, yn ddiderfyn.
interministériel (-**le**) [ɛ̃tɛʀministeʀjɛl] *adj*: **comité** ~ pwyllgor *g* cydadrannol *ou* rhyngadrannol.
intermittence [ɛ̃tɛʀmitɑ̃s] *f*: **par** ~ yn ysbeidiol, yn awr ac yn y man, bob hyn a hyn.
intermittent (-**e**) [ɛ̃tɛʀmitɑ̃, ɑ̃t] *adj* ysbeidiol.
internat [ɛ̃tɛʀna] *m* (*SCOL: établissement*) ysgol *b* breswyl; (*élèves*) disgyblion *ll* preswyl; (*MÉD: fonction*) cyfnod *g* fel meddyg preswyl; (*concours*) arholiad *g* i fod yn feddyg preswyl.
international[1] (-**e**) (**internationaux, internationales**) [ɛ̃tɛʀnasjɔnal, ɛ̃tɛʀnasjɔno] *adj* rhyngwladol.
international[2] (**internationaux**) [ɛ̃tɛʀnasjɔnal, ɛ̃tɛʀnasjɔno] *m* (*SPORT: joueur*) chwaraewr *g* rhyngwladol.
internationale [ɛ̃tɛʀnasjɔnal] *f* (*SPORT: joueuse*) chwaraewraig *b* ryngwladol; **l'I**~ (*hymne*) yr Internationale *b*;
♦*adj f voir* **international**[1].
internationalisation [ɛ̃tɛʀnasjɔnalizasjɔ̃] *f* rhyngwladoli.
internationaliser [ɛ̃tɛʀnasjɔnalize] (**1**) *vt* rhyngwladoli.
internationalisme [ɛ̃tɛʀnasjɔnalism] *m* rhyng-genedlaetholdeb *g*.
interne [ɛ̃tɛʀn] *adj* mewnol;
♦*m/f* (*SCOL*) disgybl *g* preswyl; (*MÉD*) meddyg *g* preswyl.
internement [ɛ̃tɛʀnəmɑ̃] *m* cyfyngiad *g*, caethiwedigaeth *b*.
interner [ɛ̃tɛʀne] (**1**) *vt* (*POL, MÉD*) caethiwo, cau (rhn) i mewn, cyfyngu (rhn i rth).
Internet [ɛ̃tɛʀnet] *m* y Rhyngrwyd *b*; **sur** ~ ar y rhyngrwyd.
interparlementaire [ɛ̃tɛʀpaʀləmɑ̃tɛʀ] *adj* rhwng seneddau, rhyngseneddol.
interpellation [ɛ̃tɛʀpelasjɔ̃] *f* gweiddi; (*police*) holi; (*POL*) codi cwestiwn, heclo; **lors de la manifestation, il y a eu quinze** ~**s** yn ystod y brotest holwyd pymtheg o bobl gan yr heddlu.
interpeller [ɛ̃tɛʀpəle] (**1**) *vt* (*appeler*) galw ar; (*apostropher*) gweiddi ar; (*suj: police*) holi; (*POL*) codi cwestiwn, heclo.
interphone [ɛ̃tɛʀfɔn] *m* (*de bureau*) cydgysylltiad *g* ar y ffôn; (*d'un immeuble*) ffôn *g* sy'n rhoi mynediad.
interplanétaire [ɛ̃tɛʀplanetɛʀ] *adj* rhyngblanedol, rhwng planedau.
Interpol [ɛ̃tɛʀpɔl] *sigle m*(= *International Police*) Interpol *g*.
interpoler [ɛ̃tɛʀpɔle] (**1**) *vt* rhyngosod, ychwanegu.
interposer [ɛ̃tɛʀpoze] (**1**) *vt* rhyngosod (rhth), gosod (rhth) rhwng dau beth; **par personnes interposées** trwy gyfrwng trydydd person;
♦ **s'**~ *vr* (*obstacle*) mynd *ou* dod (rhwng dau beth); (*dans une bagarre*) ymyrryd; (*s'entremettre*) cyfryngu, bod yn ganolwr (rhwng pobl).
interprétariat [ɛ̃tɛʀpʀetaʀja] *m*: **école d'**~ ysgol *b* gyfieithu.
interprétation [ɛ̃tɛʀpʀetasjɔ̃] *f* dehongliad *g*, dehongli.
interprète [ɛ̃tɛʀpʀɛt] *m/f* cyfieithydd *g*, cyfieithwraig *b*, dehonglydd *g*; **être l'**~ **de qn/de qch** bod yn llefarydd dros rn/rth.
interpréter [ɛ̃tɛʀpʀete] (**14**) *vt* dehongli, esbonio, egluro.
interprofessionnel (-**le**) [ɛ̃tɛʀpʀɔfesjɔnɛl] *adj* rhyngbroffesiynol, rhyngalwedigaethol.
interrogateur[1] (**interrogatrice**) [ɛ̃teʀɔgatœʀ, ɛ̃teʀɔgatʀis] *adj* (*air, regard*) ymholgar, chwilfrydig.
interrogateur[2] [ɛ̃teʀɔgatœʀ] *m* (*SCOL*) arholwr *g* (llafar).
interrogatrice [ɛ̃teʀɔgatʀis] *f* (*SCOL*) arholwraig *b* (lafar);
♦*adj f voir* **interrogateur**[1].
interrogatif (**interrogative**) [ɛ̃teʀɔgatif, ɛ̃teʀɔgativ] *adj* (*gén*) holiadol, holgar; (*LING*) gofynnol; **pronom** ~ (*LING*) rhagenw *g* gofynnol.
interrogation [ɛ̃teʀɔgasjɔ̃] *f* holiad *g*, cwestiwn *g*; ~ **écrite/orale** (*SCOL*) prawf *g* ysgrifenedig/llafar; ~ **directe/indirecte** (*LING*) cwestiwn uniongyrchol/anuniongyrchol.
interrogatoire [ɛ̃teʀɔgatwaʀ] *m* holi, croesholi, croesholiad *g*.
interroger [ɛ̃teʀɔʒe] (**10**) *vt* holi; ~ **qn (sur qch)** holi rhn (am rth); ~ **qn du regard** edrych yn ymholgar ar rn; ~ **une base de données** (*INFORM*) chwilio am wybodaeth ar fas data;
♦ **s'**~ *vr*: **s'**~ **sur qch** eich holi'ch hun ynghylch rhth.
interrompre [ɛ̃teʀɔ̃pʀ] (**55**) *vt* torri ar draws;
♦ **s'**~ *vr* rhoi'r gorau i siarad, tewi, peidio â siarad.
interrupteur [ɛ̃teʀyptœʀ] *m* switsh *g*; ~ **à bascule** switsh-togl.
interruption [ɛ̃teʀypsjɔ̃] *f* toriad *g*, ymyriad *g*;

sans ~ yn ddi-dor; ~ **(volontaire) de grossesse** erthyliad *g* (gwirfoddol), terfyniad *g* beichiogrwydd (gwirfoddol).
interscolaire [ɛ̃tɛʀskɔlɛʀ] *adj* rhwng ysgolion.
intersection [ɛ̃tɛʀsɛksjɔ̃] *f* croestoriad *g*, croesffordd *b*.
intersidéral (-e) (**intersidéraux, intersidérales**) [ɛ̃tɛʀsideʀal, ɛ̃tɛʀsideʀo] *adj* rhyngserol.
interstice [ɛ̃tɛʀstis] *m* agen *b*.
intersyndical (-e) (**intersyndicaux, intersyndicales**) [ɛ̃tɛʀsɛ̃dikal, ɛ̃tɛʀsɛ̃diko] *adj* rhyngundebol, rhwng undebau.
intertitre [ɛ̃tɛʀtitʀ] *m* (*CINÉ*) teitl *g* mewnosod, rhyngdeitl *g*.
interurbain[1] (-e) [ɛ̃tɛʀyʀbɛ̃, ɛn] *adj* (*TÉL*) hirbell.
interurbain[2] [ɛ̃tɛʀyʀbɛ̃] *m*: **l'**~ gwasanaeth *g* ffôn hirbell.
intervalle [ɛ̃tɛʀval] *m* ysbaid *g,b*; **à deux mois d'**~ ar ôl ysbaid o ddau fis; **à** ~**s rapprochés** fesul ysbeidiau agos; **par** ~**s** yn ysbeidiol, o bryd i'w gilydd; **dans l'**~ yn y cyfamser.
intervenant[1] [ɛ̃tɛʀvənɑ̃] *vb voir* **intervenir**.
intervenant[2] [ɛ̃tɛʀvənɑ̃] *m* llefarydd *g*, darlithydd *g*, siaradwr *g* (*mewn cynhadledd*).
intervenante [ɛ̃tɛʀvənɑ̃t] *f* llefarydd *g*, darlithydd *g*, siaradwraig *b* (*mewn cynhadledd*);
♦*adj f voir* **intervenant**[1].
intervenir [ɛ̃tɛʀvəniʀ] (**32**) *vi* mynd *ou* dod rhwng; (*survenir, se produire: fait*) digwydd; ~ **dans** ymyrryd yn; ~ **auprès de qn/en faveur de qn** ymyrryd gyda rhn/ar ran rhn; **la police a dû** ~ **entre les grévistes et la direction** bu'n rhaid i'r heddlu ddod rhwng y streicwyr a'r rheolwyr; **les médecins ont dû** ~ bu'n rhaid i'r meddygon wneud llawdriniaeth.
intervention [ɛ̃tɛʀvɑ̃sjɔ̃] *f* ymyriad *g*, ymyrraeth *b*; (*discours*) araith *b*, darlith *b*, sgwrs *b*; ~ **(chirurgicale)** (*MÉD*) llawdriniaeth *b*, triniaeth *b* (lawfeddygol); **prix d'**~ (*ÉCON*) ymyrraeth mewn prisiau; ~ **armée** ymyrraeth filwrol.
interventionnisme [ɛ̃tɛʀvɑ̃sjɔnism] *m* ymyriadaeth *b*.
interventionniste [ɛ̃tɛʀvɑ̃sjɔnist] *adj* ymyraethol.
intervenu [ɛ̃tɛʀv(ə)ny] *pp de* **intervenir**.
intervertible [ɛ̃tɛʀvɛʀtibl] *adj* rhyngnewidiol, cyfnewidiadwy.
intervertir [ɛ̃tɛʀvɛʀtiʀ] (**2**) *vt* troi *ou* gwneud rhth o chwith, newid trefn (rhth); ~ **les rôles** cyfnewid rhannau.
interviendrai *etc* [ɛ̃tɛʀvjɛ̃dʀe] *vb voir* **intervenir**.
interviens *etc* [ɛ̃tɛʀvjɛ̃] *vb voir* **intervenir**.
interview [ɛ̃tɛʀvju] *f* cyfweliad *g*.
interviewer[1] [[ɛtɛʀvjuve]] (**1**) *vt* cyf-weld, holi.
interviewer[2] [ɛ̃tɛʀvjuvœʀ] *m* cyfwelydd *g*, holwr *g*, holwraig *b*.
intervins *etc* [ɛ̃tɛʀvɛ̃] *vb voir* **intervenir**.
intestat [ɛ̃tɛsta] *adj*: **décéder** ~ (*JUR*) marw heb (wneud) ewyllys.
intestin[1] (-e) [ɛ̃tɛstɛ̃, in] *adj*: **querelles/luttes** ~**es** cweryla/brwydro mewnol.
intestin[2] [ɛ̃tɛstɛ̃] *m* coluddyn *g*, perfeddyn *g*; ~ **grêle** coluddyn *ou* perfeddyn bach.
intestinal (-e) (**intestinaux, intestinales**) [ɛ̃tɛstinal, ɛ̃tɛstino] *adj* coluddol, perfeddol; **occlusion** ~**e** ataliad *g* coluddol; **perforation** ~**e** toriad *g* coluddol.
intime [ɛ̃tim] *adj* (*ami, amitié*) clòs, agos, mynwesol; (*vie, journal*) preifat, personol; (*convictions*) mewnol; (*dîner, cérémonie*) preifat, rhwng cyfeillion;
♦*m/f* cyfaill *g* agos, cyfaill mynwesol, cyfeilles *b* agos *ou* fynwesol.
intimement [ɛ̃timmɑ̃] *adv* yn fanwl, yn llwyr, yn bersonol.
intimer [ɛ̃time] (**1**) *vt* (*JUR: citer, assigner*) gwysio; (*signifier légalement*) hysbysu; ~ **à qn l'ordre de faire qch** gorchymyn i rn wneud rhth.
intimidant (-e) [ɛ̃timidɑ̃, ɑ̃t] *adj* bygythiol, brawychus.
intimidation [ɛ̃timidasjɔ̃] *f* codi ofn, dychryn, brawychu; **manœuvres d'**~ bygythion *ll*.
intimider [ɛ̃timide] (**1**) *vt* dychryn, brawychu, bygwth, codi ofn (ar rn).
intimiste [ɛ̃timist] *adj* (*LITT*) mewnolwr *g*.
intimité [ɛ̃timite] *f* (*vie privée*) preifatrwydd *g*, bywyd *g* preifat *ou* personol; (*lien*) agosatrwydd *g*, cyfeillgarwch *g*; (*confort: atmosphère, salon*) clydwch *g*; **dans l'**~ yn breifat; (*aussi sans formalités*) yn dawel; **dans l'**~ **conjugale** yn y gyfathrach briodasol; **vivre dans l'**~ **de qn** bod mewn cysylltiad agos â rhn.
intitulé [ɛ̃tityle] *m* (*d'une loi, d'un jugement*) teitl *g*; (*d'un chapitre*) pennawd *g*.
intituler [ɛ̃tityle] (**1**) *vt* enwi;
♦ **s'**~ *vr* (*ouvrage*) dwyn (y) teitl.
intolérable [ɛ̃tɔleʀabl] *adj* annioddefol.
intolérance [ɛ̃tɔleʀɑ̃s] *f* anoddefgarwch *g*; ~ **à** (*MÉD*) anoddefiad *g* o rth.
intolérant (-e) [ɛ̃tɔleʀɑ̃, ɑ̃t] *adj* anoddefgar.
intonation [ɛ̃tɔnasjɔ̃] *f* goslef *b*.
intouchable [ɛ̃tuʃabl] *adj* anghyffyrddadwy; (*REL*) cysegredig;
♦*m*: ~**s** (*en Inde*) yr anghyffyrddedigion *ll*.
intoxication [ɛ̃tɔksikasjɔ̃] *f* gwenwyniad *g*; (*toxicomanie*) dibyniaeth *b* ar gyffuriau, caethiwed *g* i gyffuriau; (*fig*) cyflyru meddwl, pwylldrais *g*; ~ **alimentaire** gwenwyn *g* bwyd.
intoxiqué[1] (-e) [ɛ̃tɔksike] *adj* caeth, dibynnol.
intoxiqué[2] [ɛ̃tɔksike] *m* dibynnwr *g*; (*par la drogue*) un *g* sy'n gaeth i gyffuriau, dibynnwr (*ar gyffuriau*).
intoxiquée [ɛ̃tɔksike] *f* dibynwraig *b*; (*par la drogue*) un *b* sy'n gaeth i gyffuriau, dibynwraig (*ar gyffuriau*);
♦*adj f voir* **intoxiqué**[1].

intoxiquer [ɛ̃tɔksike] (**1**) *vt* gwenwyno; (*fig*) cyflyru, pwylldreisio;
♦ **s'~** *vr* eich gwenwyno'ch hun.
intradermique [ɛ̃tʀadɛʀmik] *adj*: **(injection) ~** (pigiad *g*) mewngroenol.
intraduisible [ɛ̃tʀadɥizibl] *adj* anghyfieithadwy.
intraitable [ɛ̃tʀɛtabl] *adj* anghymodlon, anhyblyg, cyndyn, disyflyd.
intramusculaire [ɛ̃tʀamyskylɛʀ] *adj*: **(injection) ~** (pigiad *g*) mewngyhyrol.
intransigeance [ɛ̃tʀɑ̃ziʒɑ̃s] *f* anghymodlondeb *g*, anhyblygrwydd *g*, cyndynrwydd *g*.
intransigeant (**-e**) [ɛ̃tʀɑ̃ziʒɑ̃, ɑ̃t] *adj* cyndyn, anghymodlon, digyfaddawd; (*doctrine*) digyfaddawd.
intransitif (**intransitive**) [ɛ̃tʀɑ̃zitif, ɛ̃tʀɑ̃zitiv] *adj* (*LING*) cyflawn.
intransportable [ɛ̃tʀɑ̃spɔʀtabl] *adj* (*marchandises*) anghludadwy; (*blessé*) na ellir ei gludo *ou* ei symud.
intraveineuse [ɛ̃tʀavɛnøz] *f* pigiad *g* mewn gwythïen.
intraveineux (**intraveineuse**) [ɛ̃tʀavɛnø, ɛ̃tʀavɛnøz] *adj*: **(injection) intraveineuse** (pigiad *g*) mewnwythiennol *ou* mewn gwythïen.
intrépide [ɛ̃tʀepid] *adj* eofn, gwrol; (*résistance*) diysgog; (*bavard*) diedifar; (*menteur*) hy, diedifar.
intrépidité [ɛ̃tʀepidite] *f* dewrder *g*, gwroldeb *g*.
intrigant (**-e**) [ɛ̃tʀigɑ̃, ɑ̃t] *adj* cynllwyngar, ystrywgar.
intrigue [ɛ̃tʀig] *f* cynllwyn *g*; (*d'une pièce, d'un roman*) plot *g*; (*liaison amoureuse*) carwriaeth *b*.
intriguer [ɛ̃tʀige] (**1**) *vi* cynllwynio;
♦*vt* ennyn diddordeb (rhn), diddori (rhn); **elle m'intrigue** mae hi'n benbleth *ou* ddirgelwch imi, mae hi'n ennyn fy niddordeb.
intrinsèque [ɛ̃tʀɛ̃sɛk] *adj* cynhenid, hanfodol.
introduction [ɛ̃tʀɔdyksjɔ̃] *f* cyflwyniad *g*; (*importation*) mewnforio, mewnforiad *g*; **~ aux mathématiques** (*ouvrage*) rhagarweiniad *g* i fathemateg; **paroles/chapitre d'~** rhagair *g*/rhagymadrodd *g*; **lettre d'~** llythyr *g* cyflwyniad; **~ de drogues dures** smyglo cyffuriau caled.
introduire [ɛ̃tʀɔdɥiʀ] (**52**) *vt* cyflwyno; (*INFORM*) mewnbynnu; (*personne: un groupe, club*) cyflwyno, mynd *ou* dod â rhn i; (*eau, fumée*) rhyddhau, gollwng; (*aiguille, clef*) dodi (yn), rhoi (yn); **~ à qch** (*personne*) cyflwyno i rth; **~ qn auprès de qn** (*présenter*) cyflwyno rhn i rn; **~ qch au clavier** bwydo rhth i mewn, teipio rhth i mewn;
♦ **s'~** *vr* (*techniques, usages*) cael eu cyflwyno, cael eu derbyn; **les cambrioleurs se sont introduits dans la maison par la fenêtre** torrodd y lladron i mewn i'r tŷ drwy'r ffenestr; **l'eau s'introduisait partout** treiddiai'r dŵr i bobman.
introduit (**-e**) [ɛ̃tʀɔdɥi, it] *pp de* **introduire**;
♦*adj*: **bien ~** (*personne*) tra derbyniol, sy'n cael derbyniad da.
introniser [ɛ̃tʀɔnize] (**1**) *vt* gorseddu.
introspection [ɛ̃tʀɔspɛksjɔ̃] *f* mewnsylliad *g*, hunanholiad *g*, mewnddrychedd *g*.
introuvable [ɛ̃tʀuvabl] *adj* na ellir cael gafael arno, annarganfyddadwy.
introverti[1] (**-e**) [ɛ̃tʀɔvɛʀti] *adj* mewnblyg.
introverti[2] [ɛ̃tʀɔvɛʀti] *m* un *g* mewnblyg, un mewndroëdig.
introvertie [ɛ̃tʀɔvɛʀti] *f* un *b* fewnblyg, un fewndroëdig;
♦*adj f voir* **introverti**[1].
intrus [ɛ̃tʀy] *m* ymwthiwr *g*, tresbaswr *g*.
intruse [ɛ̃tʀyz] *f* ymwthwraig *b*, tresbaswraig *b*.
intrusion [ɛ̃tʀyzjɔ̃] *f* ymyrraeth *b*, ymyriad *g*, tresbasiad *g*.
intuitif (**intuitive**) [ɛ̃tɥitif, ɛ̃tɥitiv] *adj* greddfol, sythweledol, rhagrybuddiol.
intuition [ɛ̃tɥisjɔ̃] *f* sythwelediad *g*, argoel *b*, rhagargoel *b*, rhagrybudd *g*; **j'ai eu une ~ que cela allait arriver** mi gefais i deimlad greddfol y byddai hynny'n digwydd; **avoir l'~ de qch** cael rhagdeimlad *g* o rth; **elle a de l'~ en affaires** mae hi'n graff iawn ym myd busnes
intuitivement [ɛ̃tɥitivmɑ̃] *adv* yn sythweledol, yn rhagrybuddiol, yn reddfol, wrth reddf.
inusable [inyzabl] *adj* sy'n para'n dda, anhreuliadwy.
inusité (**-e**) [inyzite] *adj* (*LING*) prin.
inutile [inytil] *adj* annefnyddiol, diddefnydd, diwerth, ofer, dibwrpas.
inutilement [inytilmɑ̃] *adv* yn ofer, yn ddibwrpas.
inutilisable [inytilizabl] *adj* annefnyddiadwy, na ellir ei ddefnyddio.
inutilisé (**-e**) [inytilize] *adj* (*qui n'est pas utilisé*) nas defnyddir; (*qui n'a pas été utilisé*) nas defnyddiwyd.
inutilité [inytilite] *f* (*d'un objet*) annefnyddioldeb *g*; (*d'une action*) oferedd *g*, diffyg *g* pwrpas.
invaincu (**-e**) [ɛ̃vɛ̃ky] *adj* anorchfygedig, diguro.
invalide [ɛ̃valid] *adj* (*MÉD*) anabl, methedig; (*contrat, acte*) annilys;
♦*m/f* un *g/b* anabl, un methedig, un fethedig;
♦*m*: **~ de guerre** claf *g* rhyfel; **~ du travail** claf diwydiant, un *g* wedi'i anafu yn y gwaith.
invalider [ɛ̃valide] (**1**) *vt* dirymu, annilysu; **~ un député** diswyddo aelod seneddol.
invalidité [ɛ̃validite] *f* (*MÉD*) anabledd *g*; (*JUR*) annilysrwydd *g*, dirymdra *g*.

invariable [ɛ̃vaʀjabl] *adj* (*LING, loi, mot*) digyfnewid; (*habitudes*) digyfnewid, dieithriad, cyson; (*temps*) digyfnewid, sefydlog.
invariablement [ɛ̃vaʀjabləmɑ̃] *adv* yn gyson, yn ddieithriad.
invasion [ɛ̃vazjɔ̃] *f* ymosodiad *g*, mewnlifiad *g*.
invective [ɛ̃vɛktiv] *f* difrïaeth *b*, enllibion *ll*.
invectiver [ɛ̃vɛktive] (1) *vt* gweiddi enllibion (ar rn);
♦*vi*: ~ **contre (qch/qn)** lladd *ou* achwyn ar (rth/rn), ei dweud hi am (rth/rn).
invendable [ɛ̃vɑ̃dabl] *adj* anwerthadwy.
invendu (**-e**) [ɛ̃vɑ̃dy] *adj* heb ei werthu.
invendus [ɛ̃vɑ̃d] *mpl* (*COMM*) nwyddau heb eu gwerthu.
inventaire [ɛ̃vɑ̃tɛʀ] *m* rhestr *b*, stocrestr *b*; **faire un** ~ cymryd stoc.
inventer [ɛ̃vɑ̃te] (1) *vt* dyfeisio; (*histoire, excuse*) creu; ~ **de faire qch** taro ar y syniad o wneud rhth.
inventeur [ɛ̃vɑ̃tœʀ] *m* dyfeisydd *g*, dyfeisiwr *g*.
inventif (**inventive**) [ɛ̃vɑ̃tif, ɛ̃vɑ̃tiv] *adj* dyfeisgar.
invention [ɛ̃vɑ̃sjɔ̃] *f* (*création*) dyfais *b*; (*imagination*) dyfeisgarwch *g*; **manque d'**~ diffyg *g* dychymyg.
inventivité [ɛ̃vɑ̃tivite] *f* dyfeisgarwch *g*.
inventorier [ɛ̃vɑ̃tɔʀje] (16) *vt* rhestru, gwneud rhestr o.
inventrice [ɛ̃vɑ̃tʀis] *f* dyfeisydd *g*, dyfeiswraig *b*.
invérifiable [ɛ̃veʀifjabl] *adj* anwiriadwy.
inverse [ɛ̃vɛʀs] *adj* gwrthdro, gwrthgyfartal, croes, chwith; **proportion** ~ cyfrannedd *g* gwrthdro, gwrthgyfrannedd *g*; **dans l'ordre/dans le sens** ~ i'r gwrthwyneb, yn y cyfeiriad arall, o chwith; **dans le sens** ~ **des aiguilles d'une montre** yn groes i'r cloc; **en sens** ~ o'r cyfeiriad arall;
♦*m*: **l'**~ y gwrthwyneb *g*; **à l'**~ i'r gwrthwyneb.
inversement [ɛ̃vɛʀsəmɑ̃] *adv* i'r gwrthwyneb.
inverser [ɛ̃vɛʀse] (1) *vt* troi (rhth) o chwith, gwrthdroi, troi (rhth) i'r gwrthwyneb.
inversion [ɛ̃vɛʀsjɔ̃] *f* gwrthdroad *g*.
invertébré[1] (**-e**) [ɛ̃vɛʀtebʀe] *adj* di-asgwrn-cefn.
invertébré[2] [ɛ̃vɛʀtebʀe] *m* anifail *g* di-asgwrn-cefn.
inverti [ɛ̃vɛʀti] *m* cyfunrhywiad *g*, gwrywgydiwr *g*.
invertie [ɛ̃vɛʀti] *f* cyfunrhywiad *b*, lesbiad *b*.
investigation [ɛ̃vɛstigasjɔ̃] *f* ymchwiliad *g*, ymholiad *g*.
investir [ɛ̃vɛstiʀ] (2) *vt* buddsoddi; (*MIL: ville, position*) gwarchae, amgylchynu; ~ **qn de qch** (*d'une fonction, d'un pouvoir*) rhoi rhth i rn; ~ **qn de sa confiance** rhoi'ch ffydd yn rhn;
♦*vi* buddsoddi;
♦ **s'**~ *vr* ymgysylltu (â rhth), eich cysylltu'ch hun (â rhth), rhoi o'ch amser; (*PSYCH*) ymroi.
investissement [ɛ̃vɛstismɑ̃] *m* buddsoddiad *g*; (*PSYCH*) ymgysylltiad *g*, ymroddiad *g*.
investisseur [ɛ̃vɛstisœʀ] *m* buddsoddwr *g*, buddsoddwraig *b*.
investiture [ɛ̃vɛstityʀ] *f* arwisgiad *g*; (*d'un candidat*) enwebiad *g*.
invétéré (**-e**) [ɛ̃veteʀe] *adj* (*habitude*) hen, hirbaraol; (*bavard, buveur*) rhonc, diedifar, i'r carn.
invincible [ɛ̃vɛ̃sibl] *adj* anorchfygol; (*argument*) anwadadwy; (*obstacle*) anoresgynnol; (*fig: charme, audace*) anorchfygol.
invinciblement [ɛ̃vɛ̃sibləmɑ̃] *adv* (*fig*) yn anorchfygol, yn anwadadwy, yn anoresgynnol.
inviolabilité [ɛ̃vjɔlabilite] *f* dihalogrwydd *g*, cysegredigrwydd *g*; ~ **parlementaire** breinryddid *g* seneddol.
inviolable [ɛ̃vjɔlabl] *adj* annhoradwy, dihalog; (*parlementaire, diplomate*) sydd â breinryddid.
invisible [ɛ̃vizibl] *adj* anweladwy, anweledig, cudd; **depuis quelque temps, elle est devenue** ~ (*fig*) does neb wedi ei gweld ers peth amser.
invitation [ɛ̃vitasjɔ̃] *f* gwahoddiad *g*; **à l'**~ **de qn, sur l'**~ **de qn** ar wahoddiad rhn; **carte/lettre d'**~ cerdyn *g*/llythyr *g* gwahoddiad.
invite [ɛ̃vit] *f* gwahoddiad *g*.
invité [ɛ̃vite] *m* gwestai *g*, gŵr *g* gwadd; **les** ~**s** y gwahoddedigion *ll*.
invitée [ɛ̃vite] *f* gwestai *g*, gwraig *b* wadd.
inviter [ɛ̃vite] (1) *vt* gwahodd; ~ **qn à faire qch** gwahodd rhn i wneud rhth.
invivable [ɛ̃vivabl] *adj* annioddefol, amhosibl.
involontaire [ɛ̃vɔlɔ̃tɛʀ] *adj* (*mouvement*) anwirfoddol; (*insulte*) anfwriadol.
involontairement [ɛ̃vɔlɔ̃tɛʀmɑ̃] *adv* yn anwirfoddol, yn anfwriadol.
invoquer [ɛ̃vɔke] (1) *vt* galw ar; (*excuse, argument*) cynnig; ~ **la clémence/le secours de qn** galw am drugaredd/gymorth rhn, erfyn am drugaredd/gymorth rhn.
invraisemblable [ɛ̃vʀɛsɑ̃blabl] *adj* annhebygol; (*bizarre*) anhygoel.
invraisemblance [ɛ̃vʀɛsɑ̃blɑ̃s] *f* annhebygolrwydd *g*.
invulnérable [ɛ̃vylneʀabl] *adj* anghlwyfadwy, anhyglwyf, na ellir eich clwyfo *ou* brifo; **il est** ~ **aux tentations** ni ellir ei demtio.
iode [jɔd] *m* ïodin *g*.
iodé (**-e**) [jɔde] *adj* ïodaidd.
ion [jɔ̃] *m* ïon *g*.
ionien (**-ne**) [jɔnjɛ̃, jɛn] *adj* Ïonaidd; **la Mer** ~**ne** y Môr *g* Ionia.
ionique [jɔnik] *adj* (*ARCHIT, SCIENCE*) ïonaidd, ïonig.
iota [jɔta] *m*: **sans changer un** ~ heb newid yr

un iot *ou* blewyn.

IRA [iRa] *sigle f*(= *Irish Republican Army*) IRA (= Byddin Weriniaethol Iwerddon).

irai *etc* [iRe] *vb voir* **aller**.

Irak [iRak] *prm*: **l'**~ Irac *b*.

irakien (**-ne**) [iRakjɛ̃, jɛn] *adj* Iracaidd.

Irakien [iRakjɛ̃] *m* Iraciad *g*.

Irakienne [iRakjɛn] *f* Iraciad *b*.

Iran [iRɑ̃] *prm*: **l'**~ Iran *b*.

iranien[1] (**-ne**) [iRanjɛ̃, jɛn] *adj* Iranaidd, o Iran.

iranien[2] [iRanjɛ̃] *m* (*LING*) Iraneg *b,g*.

Iranien [iRanjɛ̃] *m* Iraniad *g*.

Iranienne [iRanjɛn] *f* Iraniad *b*.

Iraq [iRak] *prm*= **Irak**.

iraqien (**-ne**) [iRakjɛ̃, jɛn] *adj*= **irakien**.

irascible [iRasibl] *adj* piwis, pigog, croendenau, byr eich tymer.

irions [iRjɔ̃] *vb voir* **aller**.

iris [iRis] *m* (*BOT*) gellesgen *b*, dail *ll* cyllyll; (*ANAT*) iris *g*.

irisé (**-e**) [iRize] *adj* symudliw, seithliw.

irlandais[1] (**-e**) [iRlɑ̃dɛ, ɛz] *adj* Gwyddelig, o Iwerddon; (*LING*) Gwyddeleg.

irlandais[2] [iRlɑ̃dɛ] *m* (*LING*) Gwyddeleg *b,g*.

Irlandais [iRlɑ̃dɛ] *m* Gwyddel *g*.

Irlandaise [iRlɑ̃dɛz] *f* Gwyddeles *b*.

Irlande [iRlɑ̃d] *prf*: **l'**~ Iwerddon *b*; **la République d'**~ Gweriniaeth *b* Iwerddon; ~ **du Nord** Gogledd *g* Iwerddon; ~ **du Sud** De *g* Iwerddon; **la mer d'**~ Môr *g* Iwerddon.

ironie [iRɔni] *f* eironi *g*; ~ **du sort** troeon *ll* ffawd.

ironique [iRɔnik] *adj* eironig.

ironiquement [iRɔnikmɑ̃] *adv* yn eironig.

ironiser [iRɔnize] (**1**) *vi* bod yn eironig.

irons [iRɔ̃] *vb voir* **aller**.

IRPP [iɛRpepe] *sigle m*(= *impôt sur le revenu des personnes physiques*) ≈ treth *b* ar incwm personol.

irradiation [iRadjasjɔ̃] *f* arbelydriad *g*.

irradier [iRadje] (**16**) *vi* (*lumière*) tywynnu, disgleirio, pelydru; (*douleur*) ymledu; ♦*vt* arbelydru.

irraisonné (**-e**) [iRɛzɔne] *adj* (*geste, acte*) afresymegol; (*crainte*) afresymol.

irrationnel (**-le**) [iRasjɔnɛl] *adj* afresymol.

irrattrapable [iRatRapabl] *adj* (*retard*) anadferadwy; (*erreur*) na ellir ei gywiro.

irréalisable [iRealizabl] *adj* amhosibl ei wireddu, annichon, annichonadwy.

irréalisme [iRealism] *m* afrealedd *g*.

irréaliste [iRealist] *adj* afrealaidd, afrealistig.

irréalité [iRealite] *f* afrealiti *g*, afrealrwydd *g*.

irrecevable [iRəs(ə)vabl] *adj* annerbyniol.

irréconciliable [iRekɔ̃siljabl] *adj* (*ennemis*) anghymodlon.

irrécouvrable [iRekuvRabl] *adj* (*taxe, créance*) anadferadwy.

irrécupérable [iRekypeRabl] *adj* na ellir ei adenill, anadferadwy.

irrécusable [iRekyzabl] *adj* (*JUR*) di-ddadl.

irréductible [iRedyktibl] *adj* (*obstacle*) anorchfygol; (*MATH*) anostwng.

irréductiblement [iRedyktibləmɑ̃] *adv* yn anorchfygol.

irréel (**-le**) [iReɛl] *adj* afreal; **(mode)** ~ (*LING*) modd *g* rhagosodol *ou* amodol.

irréfléchi (**-e**) [iRefleʃi] *adj* difeddwl, dihidio.

irréfutable [iRefytabl] *adj* anwadadwy, diamheuol, diamau, diwrthbrawf.

irréfutablement [iRefytabləmɑ̃] *adv* yn ddiamheuol, yn ddiamau, yn ddiwrthbrawf

irrégularité [iRegylaRite] *f* afreoleidd-dra *g*; ~**s** anghysondebau *ll*, anghysonderau *ll*.

irrégulier (**irrégulière**) [iRegylje, iRegyljɛR] *adj* afreolaidd; (*élève, athlète*) anghyson; (*travail, effort*) ysbeidiol; (*peu honnête: agent, homme d'affaires*) amheus.

irrégulièrement [iRegyljɛRmɑ̃] *adv* yn afreolaidd.

irrémédiable [iRemedjabl] *adj* anadferadwy.

irrémédiablement [iRemedjabləmɑ̃] *adv* yn anadferadwy.

irremplaçable [iRɑ̃plasabl] *adj* anadnewyddadwy, na ellir cymryd ei le, unigryw.

irréparable [iRepaRabl] *adj* anadferadwy, anghyweiriadwy, anhrwsiadwy; (*fig: perte*) anadferadwy, na ellir ei adfer; (*tort*) anghywiriadwy, na ellir ei unioni.

irrépréhensible [iRepReɑ̃sibl] *adj* di-fai, dilychwin, angheryddadwy.

irrépressible [iRepResibl] *adj* afreolus, di-ffrwyn.

irréprochable [iRepRɔʃabl] *adj* di-fai, dilychwin.

irrésistible [iRezistibl] *adj* anorchfygol, cymhellol.

irrésistiblement [iRezistibləmɑ̃] *adv* yn anorchfygol.

irrésolu (**-e**) [iRezɔly] *adj* amhenderfynol, petrusgar, dibenderfyniad.

irrésolution [iRezɔlysjɔ̃] *f* diffyg *g* penderfyniad, petruster *g*.

irrespectueux (**irrespecteuse**) [iRɛspɛktɥø, iRɛspɛktøz] *adj* amharchus, dibarch.

irrespirable [iRɛspiRabl] *adj* na ellir ei anadlu; **ouvrez les fenêtres, c'est** ~ **ici** agorwch y ffenestri, mae hi'n llethol yma.

irresponsabilité [iRɛspɔ̃sabilite] *f* anghyfrifoldeb *g*.

irresponsable [iRɛspɔ̃sabl] *adj* anghyfrifol.

irrévérencieux (**irrévérencieuse**) [iReveRɑ̃sjø, iReveRɑ̃sjøz] *adj* dibarch, amharchus.

irréversible [iReveRsibl] *adj* diwrthdro, di-droi'n ôl; (*CHIM*) anghildroadwy.

irréversiblement [iReveRsibləmɑ̃] *adv* yn ddiwrthdro.

irrévocable [iRevɔkabl] *adj* di-alw'n ôl, diwrthdro.

irrévocablement [iRevɔkabləmɑ̃] *adv* yn ddi-alw'n ôl, yn ddiwrthdro.

irrigation [iRigasjɔ̃] *f* dyfrhad *g*, dyfrhau,

dyfrio.
irriguer [iʀige] (1) *vt* dyfrhau, dyfrio.
irritabilité [iʀitabilite] *f* piwisrwydd *g*, pigogrwydd *g*, natur *b* flin *ou* biwis.
irritable [iʀitabl] *adj* ffyrnig, pigog, piwis, blin, naturus.
irritant (-e) [iʀitɑ̃, ɑ̃t] *adj* sy'n dân ar eich croen, annifyr; (*MÉD*) llidus.
irritation [iʀitasjɔ̃] *f* piwisrwydd *g*, pigogrwydd *g*, tymer *b* flin, ffyrnigrwydd *g*; (*MÉD*) cosi poenus, llidiogrwydd *g*, llid *g*.
irrité (-e) [iʀite] *adj* piwis, ffyrnig, blin, wedi'ch gwylltio; (*MÉD*) llidiog.
irriter [iʀite] (1) *vt* gwylltio, ffyrnigo; (*MÉD*) llidio;
♦ **s'∼** *vr*: **s'∼ contre qn/de qch** gwylltio â rhn/rhth.
irruption [iʀypsjɔ̃] *f* rhuthr *g*, ymosodiad *g*; **faire ∼ dans un endroit/chez qn** rhuthro i mewn i le/i dŷ rhn.
ISBN [iɛsbeɛn] *sigle m*(= *International Standard Book Number*) ISBN (= Rhif *g* Safon Rhyngwladol).
ISF [iɛsɛf] *sigle m*(= *impôt de solidarité sur la fortune*) treth *b* ar gyfoeth.
Islam [islam] *m* (*REL*): **l'∼** Islam *g*.
islamique [islamik] *adj* Islamaidd, Moslemaidd.
islandais[1] (-e) [islɑ̃dɛ, ɛz] *adj* Islandaidd, o Ynys yr Iâ, o Wlad yr Iâ.
islandais[2] [islɑ̃dɛ] *m* (*LING*) Islandeg *b,g*.
Islandais [islɑ̃dɛ] *m* Islandwr *g*, un o Wlad yr Iâ.
Islandaise [islɑ̃dɛz] *f* Islandwraig *b*, un o Wlad yr Iâ.
Islande [islɑ̃d] *prf* Ynys *b* yr Iâ, Gwlad *b* yr Iâ.
isocèle [izɔsɛl] *adj* isosgeles.
isolant[1] (-e) [izɔlɑ̃, ɑ̃t] *adj* ynysol, inswleiddiol.
isolant[2] [izɔlɑ̃] *m* ynysydd *g*, inswleiddiwr *g*.
isolateur [izɔlatœʀ] *m* (*ÉLEC*) ynysydd *g*, inswleiddiwr *g*.
isolation [izɔlasjɔ̃] *f*: ∼ **acoustique** ynysiad *g* rhag sŵn; ∼ **thermique** ynysu gwres, inswleiddio gwres.
isolationnisme [izɔlasjɔnism] *m* ymynysiaeth *b*, ymneilltuedd *g*.
isolé (-e) [izɔle] *adj* (*personne*) unig, ar eich pen eich hun; (*lieu*) anghysbell, unig.
isolement [izɔlmɑ̃] *m* arwahaniad *g*, unigedd *g*; (*de lieu, maison*) unigedd.
isolément [izɔlemɑ̃] *adv* ar eich pen eich hun, ar wahân.
isoler [izɔle] (1) *vt* arwahanu, ynysu, rhoi (rhth/rhn) ar wahân, neilltuo;
♦ **s'∼** *vr* ymneilltuo, bod ar eich pen eich hun.
isoloir [izɔlwaʀ] *m* bwth *g* pleidleisio.
isorel® [izɔʀɛl] *m* hardbord *g*.
isotherme [izɔtɛʀm] *adj* isothermig, rheweiddiedig.
Israël [isʀaɛl] *prm*: **l'∼** Israel *b*.
israélien (-**ne**) [isʀaeljɛ̃, jɛn] *adj* Israelaidd.
Israélien [isʀaeljɛ̃] *m* Israeliad *g*.
Israélienne [isʀaeljɛn] *f* Israeliad *b*.
israélite [isʀaelit] *adj* Israelaidd, Iddewig.
Israélite [isʀaelit] *m/f* Israeliad *g/b*, Iddew *g*, Iddewes *b*.
issu (-e) [isy] *adj*: ∼ **de** (*famille*) o deulu, o linach; (*milieu*) o gefndir; (*fig: résultant de*) o ganlyniad i, yn codi o.
issue [isy] *f* (*d'un endroit, d'une rue*) ffordd *b* allan, allanfa *b*; (*de l'eau, la vapeur*) pibell *b* orlif; (*solution*) datrysiad *g*; (*fin, résultat*) canlyniad *g*; **à l'∼ de** ar derfyn; **rue sans ∼** ffordd *b* bengaead (*nad oes iddi allanfa*); ∼ **de secours** allanfa dân, dihangfa *b* dân, drws *g* dianc;
♦*adj f voir* **issu**.
Istamboul, **Istanbul** [istɑ̃bul] *pr* Istanbwl *b*, Istanbul *b*.
isthme [ism] *m* culdir *g*, cyfyngdir *g*.
Italie [itali] *prf*: **l'∼** yr Eidal *b*.
italien[1] (-**ne**) [italjɛ̃, jɛn] *adj* Eidalaidd; (*LING*) Eidaleg.
italien[2] [italjɛ̃] *m* (*LING*) Eidaleg *b,g*.
Italien [italjɛ̃] *m* Eidalwr *g*.
Italienne [italjɛn] *f* Eidales *b*.
italique [italik] *m* llythyren *b* italig; **(mettre un mot) en ∼(s)** italeiddio gair.
item [itɛm] *m* (*COMM*) eitem *b*; (*question*) cwestiwn *g*.
itératif (**itérative**) [iteʀatif, iteʀativ] *adj* ailadroddol; (*MATH*) iterus.
itinéraire [itineʀɛʀ] *m* taith *b*, hynt *b*.
itinérant (-e) [itineʀɑ̃, ɑ̃t] *adj* teithiol, crwydrol, ar grwydr.
IUT [iyte] *sigle m*(= *Institut universitaire de technologie*) *athrofa b dechnegol.*
IVG [iveʒe] *sigle f*(= *interruption (volontaire) de grossesse*) erthyliad *g* (gwirfoddol), terfyniad *g* beichiogrwydd (gwirfoddol).
ivoire [ivwaʀ] *m* ifori *g*; **la Côte d'I∼** y Traeth *g* Ifori.
ivoirien (-**ne**) [ivwaʀjɛ̃, jɛn] *adj* o'r Traeth Ifori, Iforïaidd.
Ivoirien [ivwaʀjɛ̃] *m* un *g* o'r Traeth Ifori, Iforïad *g*.
Ivoirienne [ivwaʀjɛn] *f* un *b* o'r Traeth Ifori, Iforïad *b*.
ivraie [ivʀɛ] *f* efryn *g*, rhygwellt *ll*; **séparer le bon grain de l'∼** nithio'r grawn oddi wrth yr us; (*fig*) gwahanu'r da a'r drwg.
ivre [ivʀ] *adj* meddw, wedi meddwi; **être ∼ de colère** bod wedi gwylltio'n lân; **être ∼ de bonheur** bod yn feddw gan lawenydd; **être ∼ mort** bod yn feddw gaib, bod yn feddw dwll.
ivresse [ivʀɛs] *f* meddwdod *g*; (*euphorie*) gorfoledd *g*.
ivrogne [ivʀɔɲ] *m/f* meddwyn *g*, diotwr *g*, diotwraig *b*.
ivrognerie [ivʀɔɲʀi] *f* meddwdod *g*

J

J[1], **j** [ʒi] *m inv* (*lettre*) J, j *b*; **jour** ~ Dydd *g* D (*diwrnod tyngedfennol*).
J[2] *abr*= **jour**.
J[3] *abr*= **joule**.
j' [ʒ] *pron voir* **je**.
jabot [ʒabo] *m* (*d'un oiseau*) crombil *g,b*, cropa *b*; (*de vêtement*) jabot *g*, ffrilen *b* (*ar flaen blows ayb*).
JAC [ʒak] *sigle f*(= *Jeunesse agricole catholique*) *mudiad g ffermwyr ifainc Catholig.*
jacasser [ʒakase] (**1**) *vi* (*oiseau*) clegar; (*personne*) clebran.
jachère [ʒaʃɛʀ] *f*: **(être) en** ~ (*AGR*) (bod) yn fraenar (*heb ei drin*).
jacinthe [ʒasɛ̃t] *f* (*BOT*) hyasinth *g*; ~ **des bois** bwtsiasen *g* y gog, croeso *g* haf.
jack [(d)ʒak] *m* jacblwg *g*.
jacquerie [ʒakʀi] *f* gwrthryfel *g*.
Jacques [ʒak] *prm* Siams, Iago.
jade [ʒad] *m* (*pierre*) arenfaen *g*, jâd *g*; (*objet*) addurn *g* arenfaen.
jadis [ʒɑdis] *adv* ers talwm, ers llawer dydd, yn y dyddiau gynt.
jaguar [ʒagwaʀ] *m* jagwar *g*.
jaillir [ʒajiʀ] (**2**) *vi* (*liquide*) ffrydio, pistyllio, saethu, chwistrellu; (*lumière*) llifo allan, fflachio; (*larmes*) llifo; (*flammes*) neidio, saethu i fyny *ou* lan; (*fig: cri*) ebychu; (*gratte-ciel*) codi, ymddyrchafu.
jaillissement [ʒajismɑ̃] *m* ffrwd *b*, ffrydiad *g*, pistylliad *g*, chwistrelliad *g*.
jais [ʒɛ] *m* muchudd *g*; **(d'un noir) de** ~ duloyw, cyn ddued â'r muchudd *ou* â'r frân.
jalon [ʒalɔ̃] *m* polyn *g* anelu *ou* unioni; (*fig*) cam *g*, carreg *b* filltir; **poser des** ~**s** (*fig*) paratoi'r ffordd.
jalonner [ʒalɔne] (**1**) *vt* dangos ffiniau, amlinellu, marcio; (*fig*) nodweddu, marcio.
jalousement [ʒaluzmɑ̃] *adv* yn genfigennus, yn eiddigeddus; (*soucieux*) yn ofalus.
jalouser [ʒaluze] (**1**) *vt*: ~ **qn** cenfigennu wrth rn, eiddigeddu wrth rn.
jalousie [ʒaluzi] *f* cenfigen *b*, eiddigedd *g*; (*store*) llen *b ou* bleind *g* Fenis.
jaloux (jalouse) [ʒalu, ʒaluz] *adj* cenfigennus, eiddigeddus; **être** ~ **de qn/qch** cenfigennu wrth rn/rth, eiddigeddu wrth rn/rth.
jamaïcain, jamaïquain (**-e**) [ʒamaikɛ̃, ɛn] *adj* Jamaicaidd, o Jamaica.
Jamaïquain [ʒamaikɛ̃] *m* Jamaicad *g*.
Jamaïquaine [ʒamaikɛn] *f* Jamaicad *b*.
Jamaïque [ʒamaik] *prf*: **la** ~ Jamaica *b*.
jamais [ʒamɛ] *adv* (*présent et futur*) byth; (*passé*) erioed; ~ **de la vie!** byth!; ~ **plus!** byth eto!; **presque** ~ bron byth; **si** ~ **...** os byth...; **si** ~ **tu passes à Oxford, viens me voir** os byth y byddi yn Rhydychen, tyrd i'm gweld; **on a ce qu'il faut si** ~ **il pleut** mae popeth gyda ni rhag ofn iddi fwrw glaw; **à (tout)** ~**, pour** ~ am byth (bythoedd). ▶ **ne ... jamais** ni(d)...byth, ni(d)... erioed; **on ne sort** ~ 'dydym ni byth yn mynd allan; **elle ne marche** ~ nid yw byth yn cerdded; **je ne l'ai** ~ **vue** ni welais i erioed mohoni hi; **je ne l'avais** ~ **vue auparavant** 'doeddwn i erioed wedi ei gweld hi o'r blaen.
jambage [ʒɑ̃baʒ] *m* (*de lettre*) coes *b*, ôl-strôc *b*, strôc *b* i lawr; (*de porte etc*) ystlysbost *g*, cilbost *g*, postyn *g* drws.
jambe [ʒɑ̃b] *f* coes *b*; (*d'un cheval, d'une vache*) hegl *b*; **à toutes** ~**s** nerth eich traed, nerth eich heglau.
jambières [ʒɑ̃bjɛʀ] *fpl* (*de danseur*) socasau *ll*; (*de randonneur*) legins *ll*; (*SPORT*) padiau *ll* crimog.
jambon [ʒɑ̃bɔ̃] *m* ham *g*, cig *g* mochyn; ~ **cru/fumé** ham amrwd/wedi'i gochi.
jambonneau (**-x**) [ʒɑ̃bɔno] *m* cwgn *g*, coesgyn *g* o ham.
jante [ʒɑ̃t] *f* ymyl *g,b* (olwyn).
janvier [ʒɑ̃vje] *m* (mis *g*) Ionawr *g*; **le premier** ~ dydd Calan *voir aussi* **juillet**.
Japon [ʒapɔ̃] *prm*: **le** ~ Japan *g*, Siapan *b*.
japonais[1] (**-e**) [ʒapɔnɛ, ɛz] *adj* Japaneaidd, Siapan(e)aidd, o Japan *ou* Siapan.
japonais[2] [ʒapɔnɛ] *m* (*LING*) Japanaeg *b,g*, Siapan(a)eg *b,g*.
Japonais [ʒapɔnɛ] *m* Japanead *g*, Siapanead *g*.
Japonaise [ʒapɔnɛz] *f* Japanead *b*, Siapanead *b*.
japonaiserie [ʒapɔnɛzʀi] *f* cywreinbeth *g* o Japan.
jappement [ʒapmɑ̃] *m* iapian, gwichian cyfarth.
japper [ʒape] (**1**) *vi* (*chien*) iapian, gwichian cyfarth.
jaquette [ʒakɛt] *f* (*de femme*) siaced *b*; (*d'homme: de cérémonie*) cot *b* â chwt, cot gynffon; (*d'un livre*) siaced lwch.
jardin [ʒaʀdɛ̃] *m* gardd *b*; **siège de** ~ sêt *b* ardd; ~ **botanique** gerddi *ll* botanegol; ~ **d'acclimatation** sŵ *g,b*; ~ **d'enfants** ysgol *b* feithrin; ~ **japonais** gardd Japaneaidd; ~ **potager** gardd lysiau; ~ **public** parc *g*; ~**s suspendus** gerddi crog.
jardinage [ʒaʀdinaʒ] *m* garddio, garddwriaeth *b*.
jardiner [ʒaʀdine] (**1**) *vi* garddio, trin gardd.
jardinet [ʒaʀdinɛ] *m* gardd *b* fach.
jardinier [ʒaʀdinje] *m* garddwr *g*; ~ **paysagiste** garddluniwr *g*, cynlluniwr *g* gerddi.
jardinière[1] [ʒaʀdinjɛʀ] *f* garddwraig *b*; ~ **d'enfants** athrawes *b* ysgol feithrin *voir aussi* **jardinier**.
jardinière[2] [ʒaʀdinjɛʀ] *f* (*de fenêtre: caisse à*

fleurs) bocs *g* ffenestr; ~ **(de légumes)** (*CULIN*) llysiau *ll* cymysg.
jargon [ʒaʀgɔ̃] *m* (*baragouin*) rwdl *g,b*, dwli *g*; (*professionnel*) jargon *g,b*, iaith *b* dechnegol.
jarre [ʒaʀ] *f* jar *b* bridd, potyn *g* pridd.
jarret [ʒaʀɛ] *m* (*ANAT*) camedd *g* y gar, cefn *g* y pen-glin; (*cheval*) gar *g,b*; (*CULIN*) coes *b* las.
jarretelle [ʒaʀtɛl] *f* llinyn *g* gardas.
jarretière [ʒaʀtjɛʀ] *f* gardas *g,b*, gardys *g,b*.
jars [ʒaʀ] *m* clacwydd *g*, ceiliagwydd *g*.
jaser [ʒɑze] (**1**) *vi* clebran; (*oiseau*) clegar; (*médire*) hel clecs *ou* straeon, cloncan; (*ruisseau*) murmur, sisial canu.
jasmin [ʒasmɛ̃] *m* jasmin *g*.
jaspe [ʒasp] *m* (*pierre*) maen *g* iasbis.
jaspé (**-e**) [ʒaspe] *adj* brith, mannog.
jatte [ʒat] *f* dysgl *b*, powlen *b*; **une** ~ **de lait** dysglaid *b ou* powlennaid *b* o laeth.
jauge [ʒoʒ] *f* (*capacité: d'un récipient*) cynhwysedd *g*, maint *g*; (*capacité: d'un navire*) tunelledd *g*; (*instrument*) medrydd *g*, mesurydd *g*; ~ **(de niveau) d'huile** (*AUTO*) ffon *b* fesur olew.
jauger [ʒoʒe] (**10**) *vt* (*mesurer*) mesur, medryddu; (*fig*) mantoli, cloriannu, pwyso a mesur; (*personne*) mesur hyd a lled; ♦*vi* (*NAUT*): ~ **3000 tonneaux** mesur 3000 tunnell.
jaunâtre [ʒonɑtʀ] *adj* melynaidd, lledfelyn.
jaune [ʒon] *adj* melyn(melen)(melynion); **une robe** ~ ffrog *b* felen; ~ **paille** lliw gwellt, melyn golau; **rire** ~***** glaschwerthin, glaschwerthiniad *g*, gwên *b* orfod, chwerthiniad *g* gorfod; ♦*m* melyn *g*; ~ **d'œuf** melynwy *g*, melyn *g* wy.
Jaune [ʒon] (*péj*) *m/f* Asiad *g/b*; (*briseur de grève*) bradwr *g*.
jaunir [ʒoniʀ] (**2**) *vt, vi* melynu.
jaunisse [ʒonis] *f* clefyd *g* melyn; **en faire une** ~ cynhyrfu.
Java [ʒava] *prf* Jafa *b*; **faire la j**~***** byw'n wyllt, cael randibŵ, cael sbri.
javanais[1] (**-e**) [ʒavanɛ, ɛz] *adj* Jafaidd, o Jafa.
javanais[2] [ʒavanɛ] *m* (*LING*) Jafaneg *b,g*; (*type d'argot*) bratiaith Ffrangeg (*a ffurfir drwy ychwanegu "av" i ganol y sill e.e. ynganu "chaussure" fel "chavaussavurave*).
Javanais [ʒavanɛ] *m* Jafaniad *g*, un *g* o Jafa.
Javanaise [ʒavanɛz] *f* Jafaniad *b*, un *b* o Jafa.
Javel [ʒavɛl] *f*: **eau de** ~ cannydd *g* (*i ladd bacteria ayb*).
javelliser [ʒavelize] (**1**) *vt* (*eau*) clorineiddio.
javelot [ʒavlo] *m* gwaywffon *b*; **faire du** ~ (*SPORT*) taflu'r waywffon.
jazz [dʒɑz] *m* jazz *g*, jàs *g*.
J.-C. [ʒise] *abr*(= *Jésus-Christ*).
JCR [ʒiseɛʀ] *sigle f*(= *Jeunesse communiste révolutionnaire*) *mudiad g ieuenctid comiwnyddol.*
je [ʒ] *pron* (il existe en gallois des formes concises du verbe, où les terminaisons indiquent les personnes p. ex.) fi, i; **je suis allé(e)** euthum; **je sais** gwn, mi wn; **j'ai couru** rhedais, mi redais; **j'étais** 'roeddwn (i); **j'ai été suivi(e)** (*au passif*) dilynwyd fi; **j'ai été sauvé(e)** (*au passif*) fe'm hachubwyd.
Jean [ʒɑ̃] *prm* Sion, Ieuan, Ifan, Ioan.
jean [dʒin] *m* (*TEXTILE*) denim *g*; (*pantalon*) jîns *ll*.
Jeanne [ʒan] *prf* Siân *b*; ~ **d'Arc** Siân d'Arc.
jeannette [ʒanɛt] *f* (*planchette*) bwrdd *g* llawes; (*petite fille scout*) ≈ browni *b*.
JEC [ʒɛk] *sigle f*(= *Jeunesse étudiante chrétienne*) *Cymdeithas b Gristnogol y myfyrwyr.*
jeep® [(d)ʒip] *f* jîp *g*.
jérémiades [ʒeʀemjad] *fpl* achwyn, cwyno, swnian, conan; **arrête tes** ~**s** paid â swnian *ou* chonan.
Jérémie [ʒeʀemi] *prm* Jeremiah.
Jérôme [ʒeʀom] *prm* Sierom.
jerrycan [dʒeʀikan] *m* can *g* petrol.
Jersey [ʒɛʀzɛ] *prm* (Ynys) Jersey *b*.
jersey [ʒɛʀzɛ] *m* (*TEXTILE: tissu*) brethyn *g* jersi; **point de** ~ (*TRICOT*) pwyth *g* hosan.
jersiais (**-e**) [ʒɛʀzjɛ, ɛz] o (Ynys) Jersey.
Jérusalem [ʒeʀyzalɛm] *pr* (*GÉO*) Jerwsalem *b*; (*LITT*) Caersalem *b*.
jésuite [ʒezɥit] *m* Jeswit *g*, Iesüwr *g*.
Jésus-Christ [ʒezykʀi] *prm* Iesu Grist; **600 avant/après** ~-~ 600 Cyn Crist/Oed Crist.
jet[1] [dʒɛt] *m* (*avion*) (awyren) *b* jet.
jet[2] [ʒɛ] *m* (*eau*) ffrwd *b*, ffrydiad *g*, chwistrelliad *g*, pistylliad *g*; (*lumière*) ffrwd, ffrydiad, pelydryn *g*; (*lancer*) taflu, tafliad *g*; (*de tuyau*) trwyn *g*, pig *b,g*; **premier** ~ (*fig: ébauche*) brasgynllun *g*; **à un** ~ **de pierre** o fewn tafliad carreg; **à** ~ **continu** yn ffrwd barhaol; **arroser au** ~ dyfrio; **d'un (seul)** ~ ar un cynnig, ar un tro; **du premier** ~ ar y cynnig cyntaf; ~ **d'eau** pistyll *g*; (*fontaine*) ffownten *b*, ffynnon *b*.
jetable [ʒ(ə)tabl] *adj* tafladwy.
jeté [ʒ(ə)te] *m*: **un** ~ (*TRICOT*) pwyth *g* ychwanegol; ~ **de lit** cwrlid *g*, gorchudd *g* gwely; ~ **de table** lliain *g* cul.
jetée [ʒəte] *f* (*sur l'eau*) pier *g*; (*plus petite*) glanfa *b*; (*AVIAT*) *coridor sy'n arwain at awyren.*
jeter [ʒ(ə)te] (**12**) *vt* taflu, lluchio; (*se défaire de*) taflu mas, lluchio allan, cael gwared â *ou* ar; (*lumière*) taflu, pelydru, tywynnu; (*cri*) yngan; ~ **qch à qn** taflu rhth at rn; ~ **l'ancre** bwrw angor; ~ **les bras en avant/la tête en arrière** taflu'ch breichiau ymlaen/pen yn ei ôl; ~ **l'effroi parmi** codi ofn ymhlith; ~ **le trouble chez qn** tarfu ar rn, cynhyrfu rhn; ~ **un coup d'œil (à)** edrych (ar), bwrw golwg (ar); ~ **un sort à qn** bwrw hud ar rn, witsio* rhn; ~ **qn dans la misère** bwrw rhn i dlodi, gwneud rhn yn dlawd; ~ **qn dans l'embarras**

achosi trafferth i rn, peri i rn deimlo'n annifyr; ~ **qn dehors/en prison** taflu rhn allan *ou* mas/i garchar; ~ **l'éponge** (*fig*) rhoi'r ffidil yn y to, rhoi'r gorau iddi; ~ **des fleurs à qn** (*fig*) dweud pethau caredig wrth rn; ~ **la pierre à qn** cyhuddo rhn, estyn bys at rn;
♦ **se** ~ *vr* eich taflu'ch hun; **se** ~ **contre/dans/sur** eich taflu'ch hun yn erbyn/i mewn/ar; **se** ~ **dans** (*travail i*) ymdaflu; (*suj: fleuve*) llifo i; **se** ~ **par la fenêtre** eich taflu'ch hun trwy'r ffenestr; **se** ~ **à l'eau** (*fig*) rhoi cynnig arni, ei mentro hi, bwrw i'r dwfn.

jeton [ʒ(ə)tɔ̃] *m* (*pour un appareil*) tocyn *g* metel, disg *g*; (*de jeu de société*) botwm *g*, disg (*darn o fetel sy'n cynrychioli arian*); ~**s de présence** arwydd o bresenoldeb (*a roddir i aelodau pwyllgorau ayb i ddynodi'r hawl i gostau*); **avoir les** ~**s*** bod â llond bol o ofn.

jette *etc* [ʒɛt] *vb voir* **jeter**.

jeu (-**x**) [ʒø] *m*
1 (*gén*) chwarae *g*; **c'est un** ~ **(d'enfant)!** chwarae plant ydy hyn!; **par** ~ o ran hwyl; **être en** ~ (*FOOTBALL*) bod yn y chwarae; **remettre la balle en** ~ taflu'r bêl yn ôl i'r gêm; **être en** ~ (*fig*) bod yn y fantol; **mettre qch en** ~ (*fig*) rhoi rhth ar waith; **se piquer au** ~ cael eich cynhyrfu gan y gêm; **se prendre au** ~ ymgolli yn y gêm; **jouer gros** ~ (*avec de l'argent*) chwarae am arian mawr.
2 (*SPORT etc*) gêm *b*; ~ **de boules** ≈ gêm bowls; (*endroit*) lle *g* chwarae bowls; ~ **de cartes** gêm gardiau; (*paquet*) pac *g* o gardiau; ~ **de hasard** gêm hapchwarae; **la vie est un** ~ **de hasard** (*fig*) hap a damwain yw bywyd; ~ **de l'oie** ≈ gêm nadroedd ac ysgolion; ~ **de massacre** stondin *b* taro coconyts; (*fig*) lladdfa *b*; ~ **de patience** jig-so *g*; (*fig*) gwaith *g* manwl iawn; ~ **de société** gêm fwrdd; ~ **vidéo** gêm gyfrifiadur; **Jeux olympiques** Gemau *ll* Olympaidd.
3 (*CINÉ, THÉÂTRE*) actio.
4 (*MUS*) canu.
5 (*d'un mecanisme*) gweithrediad *g*.
6 (*d'articulations*) symudiad *g*.
7 (*série*): **un** ~ **de clés** set *b* o allweddi *ou* o goriadau; **un** ~ **d'aiguilles** set o nodwyddau; ~ **d'échecs** set wyddbwyll; ~ **de construction** set adeiladu.
8 (*CARTES*): **cacher son** ~ cuddio'ch llaw; (*fig*) cadw'ch amcanion yn ddirgel.
9 (*locutions*): **c'est le** ~ *neu* **la règle du** ~ dyna reolau'r gêm, fel 'na mae ei chwarae hi; **elle a beau** ~ **de critiquer ton attitude** mae'n ddigon hawdd iddi hi feirniadu dy agwedd; **d'entrée de** ~ o'r cychwyn cyntaf; **faire le** ~ **de qn** (*fig*) rhoi'r fantais i rn, chwarae i ddwylo rhn; **entrer dans le** ~ **de qn** cyd-fynd â rhn, hwyluso ffordd rhn; ~ **d'écritures** (*COMM*) *cyfnewidiad arian (ar bapur)*; ~ **de mots** gair *g* mwys, mwysair *g*; ~ **de physionomie** ystumiau *ll*; ~ **d'orgue(s)** stop *g* organ; ~**x de lumière** effeithiau *ll* goleuo.

jeu-concours (~**x**-~) [jøkɔ̃kuʀ] *m* (*PRESSE, RADIO, TV*) cystadleuaeth *b*, cwis *g*.

jeudi [ʒødi] *m* (dydd *g*) Iau *g*; ~ **saint** Dydd Iau Cablyd *voir aussi* **lundi**.

jeun [ʒœ̃]: **à** ~ *adv* ar stumog wag, ar eich cythlwng.

jeune [ʒœn] *adj* ifanc, ieuanc; **mon** ~ **frère** fy mrawd iau *ou* ifengach *ou* ieuengach; **mon plus** ~ **frère** fy mrawd ieuaf *ou* ifengaf *ou* ieuengaf; **être** ~ **d'allure** edrych yn ifanc; **être** ~ **dans le métier** bod yn newydd i'r gwaith; **c'est un peu** ~**!*** go brin!; **une bouteille pour six, c'est un peu** ~**!*** un botelaid rhwng chwech, go brin bod hynny'n ddigon!; **cent francs! c'est un peu** ~**!*** can ffranc! 'dydy hynny ddim llawer!; ~ **fille** merch *b* ifanc, llances *b*; ~ **homme** gŵr *g* ifanc, llanc *g*; ~ **loup** (*POL*) dyn *g* ifanc ac uchelgeisiol; ~ **premier** (*THÉÂTRE*) prif actor *g*; ~**s gens** pobl ifainc; ~**s mariés** y pâr *g* ifanc;
♦*m*: **les** ~**s** pobl *b* ifainc; **club des** ~**s** clwb *g* ieuenctid;
♦*adv*: **faire** ~ edrych yn ifanc; **s'habiller** ~ gwisgo'n ifanc.

jeûne [ʒøn] *m* ympryd *g*.

jeûner [ʒøne] (**1**) *vi* ymprydio.

jeunesse [ʒœnɛs] *f* ieuenctid *g*; (*apparence*) ieuengrwydd *g*; **la** ~ (*les jeunes*) pobl *b* ifainc, yr ifainc *ll*; **dans ma** ~ yn fy ieuenctid, pan oeddwn yn ifanc; **il faut que** ~ **se passe** mae'n rhaid i bobl ifainc gael hwyl.

jf *sigle f voir* **jeune fille**.

jh *sigle m voir* **jeune homme**.

ji *sigle m voir* **juge d'instruction**.

jiu-jitsu [ʒjyʒitsy] *m inv* (*SPORT*) jw-jitsw *g*.

JMF [ʒiɛmɛf] *sigle f* (= *Jeunesses musicales de France*) *mudiad g cerddorion ifainc Ffrainc*.

JO [ʒio] *sigle m voir* **Journal officiel**;
♦*sigle mpl voir* **Jeux olympiques**.

joaillerie [ʒɔajʀi] *f* (*art*) gwneud gemwaith; (*métier, commerce*) masnach *b* emau.

joaillier [ʒɔaje] *m* gemydd *g*.

joaillière [ʒɔajɛʀ] *f* gemyddes *b*.

job [dʒɔb] *m* gwaith *g*, swydd *b*, job *b*, joban *b*, jobyn *g*.

jobard[1] (-**e**) [ʒɔbaʀ, aʀd] (*péj*) *adj* hygoelus, diniwed.

jobard[2] [ʒɔbaʀ] (*péj*) *m* ffŵl *g*, diniweityn *g*.

jobarde [ʒɔbaʀd] (*péj*) *f* diniweiten *b*.

JOC [ʒɔk] *sigle f* (= *Jeunesse ouvrière chrétienne*) *mudiad g gweithwyr Cristnogol ifainc*

jockey [ʒɔkɛ] *m* joci *g*.

jodler [ʒɔdle] *vi* iodlo.

jogging [dʒɔgiŋ] *m* loncian, jogio; (*survêtement*) siwt *b* loncian *ou* redeg, tracwisg *b*; **faire du** ~ loncian, jogio.

joie [ʒwa] *f* llawenydd *g*; **à ma grande** ~ er mawr lawenydd imi; **être au comble de la** ~

bod wrth eich bodd, bod uwchben eich digon; **être plein de** ~ **de vivre** bod yn llawn asbri; **faire la** ~ **de qn** plesio rhn yn fawr iawn.

joignais *etc* [ʒwaɲɛ] *vb voir* **joindre.**

joindre [ʒwɛ̃dʀ] (**64**) *vi* (*fenêtre, porte*) cau; (*se toucher: planche*) ffitio'n glòs;
♦*vt* cysylltu; (*mettre ensemble*) rhoi wrth ei gilydd; (*allier*) cyfuno; (*personne: réussir à contacter*) dod i gysylltiad â; (*ajouter dans une lettre*) amgáu; **joignez une photo** amgaewch lun; ~ **les deux bouts** (*fig*) cael deupen llinyn ynghyd;
♦ **se** ~ *vr* (*mains*) cydio yn ei gilydd; **se** ~ **à** ymuno â.

joint[1] (**-e**) [ʒwɛ̃, ɛ̃t] *pp de* **joindre**;
♦*adj* (*pièces etc*) amgaeedig; **sauter à pieds ~s** neidio ar ddeudroed; ~ **à** (*un paquet, une lettre etc*) amgaeedig; **pièce ~e** peth *g* amgaeedig, amgaead *g*.

joint[2] [ʒwɛ̃] *m* (*articulation, assemblage*) cymal *g*; (*ligne*) cysylltiad *g*; (*de ciment etc*) pwyntio; **chercher/trouver le** ~ (*fig*) chwilio am/darganfod yr ateb; ~ **de cardan** cymal cardan; ~ **de culasse** gasged *g* pen silindrau; ~ **de robinet** wasier *b*; ~ **universel** cymal cyffredinol.

jointure [ʒwɛ̃tyʀ] *f* uniad *g*; (ANAT) cymal *g*; (*ligne*) cysylltiad *g*; **la** ~ **du genou** cymal y pen-glin.

joker [(d)ʒɔkɛʀ] *m* (CARTES) jocer *g*.

joli (**-e**) [ʒɔli] *adj* hardd, tlws(tlos)(tlysion), prydferth, pert, del; **une ~e somme** swm bach del (o arian); **c'est du ~!** (*iron*) braf iawn!; **un** ~ **gâchis** dyna lanast!; **c'est bien** ~ **mais ...** mae popeth o'r gorau, ond ...; ~ **comme un cœur** cyn berted *ou* ddeled â phictiwr; **ça va faire du ~!** fe fydd yna hen chwarae diawl!

joliment [ʒɔlimɑ̃] *adv* yn dlws, yn olygus; (*fam: très*) iawn; **elle était** ~ **en retard*** 'roedd hi'n hwyr ofnadwy.

jonc [ʒɔ̃] *m* (BOT) llafrwynen *b*; (*canne*) ffon *b* Falacca; (*bijouterie*) *modrwy b neu freichled b blaen.*

joncher [ʒɔ̃ʃe] (**1**) *vt* (*suj: choses*) taenu; **être jonché de** bod wedi ei orchuddio â; **le sol était jonché de fleurs** 'roedd y ddaear dan orchudd o flodau, 'roedd blodau'n taenu'r ddaear.

jonction [ʒɔ̃ksjɔ̃] *f* cysylltiad *g*, cydiad *g*, cysylltu, cydio; **(point de)** ~ (*de routes*) cyffordd *b*; (*de fleuves*) cymer *g*; (CHIM, PHYS) cysylltle *g*; **opérer une** ~ (MIL) ymgysylltu, cyfarfod.

jongler [ʒɔ̃gle] (**1**) *vi* (*faire des tours d'adresse*) jyglo; ~ **avec les chiffres** (*fig*) chwarae â ffigyrau; ~ **avec les idées** chwarae â syniadau.

jongleur [ʒɔ̃glœʀ] *m* jyglwr *g*.

jongleuse [ʒɔ̃gløz] *f* jyglwraig *b*.

jonquille [ʒɔ̃kij] *f* cenhinen *b* Bedr, croeso'r *g* gwanwyn.

Jordanie [ʒɔʀdani] *prf* Gwlad *b* yr Iorddonen.

jordanien (**-ne**) [ʒɔʀdanjɛ̃, jɛn] *adj* Iorddonaidd, o'r Iorddonen.

Jordanien [ʒɔʀdanjɛ̃] *m* Iorddoniad *g*.

Jordanienne [ʒɔʀdanjɛn] *f* Iorddoniad *b*.

jouable [ʒwabl] *adj* (*pièce de théâtre*) actadwy, chwaraeadwy; (*morceau de musique*) chwaraeadwy; (*fig*) posibl.

joue [ʒu] *f* boch *b*, grudd *b*; **mettre qch en** ~ anelu at rth.

jouer [ʒwe] (**1**) *vi*
1 (*gén, jeu*) chwarae; **à toi/nous de** ~ (*aussi fig*) dy dro di/ein tro ni; ~ **à** (SPORT: *jeu, sport*) chwarae; ~ **au tennis** chwarae tennis; ~ **avec** (*sa santé etc*) peryglu; **ne joue pas avec son cœur** (*sentiments*) paid â chellwair â'i theimladau/deimladau.
2 (*parier, miser*): ~ **sur qch** gamblo ar rth; ~ **aux courses** betio ar geffylau; ~ **à la baisse/hausse** (BOURSE) mentro ar gwymp/ar godiad.
3 (*se servir de*): ~ **du couteau** defnyddio cyllell; ~ **des coudes** gwthio; **il a joué des coudes pour atteindre le bar** gwthiodd ei ffordd at y bar.
4 (MUS) chwarae, seinio; ~ **de** (MUS) chwarae, canu; ~ **de la harpe** canu'r delyn.
5 (CINÉ, THÉÂTRE) actio, chwarae, perfformio; ~ **au héros** bod yn ddewr, chwarae'r arwr.
6 (*bois, porte*) camu, mynd yn gam.
7 (*locutions*): ~ **de malchance** cael eich dilyn gan anlwc; ~ **en faveur de qn/qch** gweithio o blaid rhn/rhth; ~ **serré** chwarae'n glòs; ~ **sur les mots** chwarae ar eiriau;
♦*vt* (*partie, jeu, carte*) chwarae; (*somme d'argent*) betio; (*fig: réputation etc*) mentro; (*pièce de théâtre, rôle*) actio, chwarae, perfformio; (*film*) dangos; (*sentiment*) cogio, smalio; (*morceau de musique*) chwarae; ~ **un tour à qn** chwarae cast *ou* tric ar rn; ~ **la comédie** (*fig*) cymryd arnoch, smalio, cogio, actio;
♦ **se** ~ *vr* cael ei chwarae; (*être en jeu*) bod yn ansicr, bod yn y fantol; **le match s'est joué sous la pluie** chwaraewyd y gêm yn y glaw; **c'est l'avenir du pays qui se joue** dyfodol y wlad sydd yn y fantol; **se** ~ **de qch** (*difficultés*) bychanu rhth; **se** ~ **de qn** twyllo rhn.

jouet [ʒwɛ] *m* tegan *g*; **être le** ~ **de qch** (*fig: illusion etc*) cael eich twyllo gan rth.

joueur[1] (**joueuse**) [ʒwœʀ, ʒwøz] *adj* chwareus.

joueur[2] [ʒwœʀ] *m* chwaraewr *g*; (*musique*) offerynnwr *g*; (*casino*) gamblwr *g*; **être beau/mauvais** ~ (*fig*) bod yn gollwr da/gwael.

joueuse [ʒwøz] *f* chwaraewraig *b*; (*musique*) offerynwraig *b*; (*casino*) gamblwraig *b*; **être belle/mauvaise** ~ (*fig*) bod yn gollwraig dda/wael;

♦*adj f voir* **joueur**[1].
joufflu (-e) [ʒufly] *adj* bochdew, bochog.
joug [ʒu] *m* iau *g,b*; **tomber sous le** ~ (*fig*) dod dan yr iau, bod yn gaeth.
jouir [ʒwiʀ] (2) *vi*: ~ **de** (*savourer, bénéficier*) mwynhau; ~ **de toutes ses facultés** meddu ar eich holl gyneddfau.
jouissance [ʒwisɑ̃s] *f* pleser *g*, mwynhad *g*; (*JUR*) hawl *b* i ddefnyddio.
jouisseur [ʒwisœʀ] (*péj*) *m* plesergarwr *g*, hedonydd *g*.
jouisseuse [ʒwisøz] (*péj*) *f* plesergarwraig *b*, hedonydd *g*.
joujou* (-x) [ʒuʒu] *m* tegan *g*.
joule [ʒul] *m* (*PHYS*) joule *g*.
jour [ʒuʀ] *m* dydd *g*, diwrnod *g*; (*clarté*) golau *g* dydd; (*ouverture: mur*) agorfa *b*; **sous un** ~ **favorable/nouveau** (*fig: aspect*) mewn gwell golau/mewn golau newydd; **sous ton meilleur/pire** ~ ar dy orau/waethaf; **mouchoir à** ~ (*COUTURE*) hances *b* â brodwaith agored; ~**s** (*vie*) bywyd *g*; **de nos** ~**s** y dyddiau hyn, ar hyn o bryd, yn ein hoes ni, yn yr oes hon; **un** ~ (*dans le passé*) un tro; (*futur*) ryw ddydd; **tous les** ~**s** bob dydd; **de** ~ yn ystod y dydd; **de** ~ **en** ~ o ddydd i ddydd; **d'un** ~ **à l'autre** o'r naill ddiwrnod i'r llall; **du** ~ **au lendemain** dros nos; **au** ~ **le** ~ o ddydd i ddydd; **vivre au** ~ **le** ~ byw o ddydd i ddydd; **gagner sa vie au** ~ **le** ~ crafu byw, rhygnu byw; **voir les choses au** ~ **le** ~ cymryd pethau fel y dônt; **il fait** ~ mae hi'n olau; **en plein** ~ (*litt*) gefn dydd golau; (*au milieu de la journée*) ganol dydd; (*fig*) yng ngŵydd pawb; **au** ~ yng ngolau dydd; **au petit** ~ gyda'r wawr; **au grand** ~ (*fig*) yn yr amlwg; **mettre qch au** ~ datgelu rhth, dod â rhth i'r amlwg; **être à** ~ bod gyda'r oes; **mettre qch à** ~ diweddaru rhth; **mise à** ~ diweddariad *g*; **donner le** ~ **à** rhoi genedigaeth i; **voir le** ~ cael eich geni; **se faire** ~ (*fig*) dod yn amlwg; ~ **férié** gŵyl *b* gyhoeddus; **le** ~ **J** Dydd D (*diwrnod tyngedfennol*).
Jourdain [ʒuʀdɛ̃] *prm*: **le** ~ Afon *b* Iorddonen.
journal (**journaux**) [ʒuʀnal, ʒuʀno] *m* papur *g* newydd; (*personnel*) dyddiadur *g*; **le J**~ **officiel (de la République française)** *cyhoeddiad y llywodraeth yn rhestru deddfau, cyfreithiau newydd*; ~ **de bord** llyfr *g* lòg; ~ **de mode** cylchgrawn *g* ffasiwn; ~ **parlé** bwletin *g* newyddion ar y radio; ~ **télévisé** bwletin newyddion ar y teledu; ~ **pour enfants** comic *g*.
journalier[1] (**journalière**) [ʒuʀnalje, ʒuʀnaljɛʀ] *adj* dyddiol, beunyddiol; (*banal*) pob dydd, cyffredin; **c'est** ~ mae'n digwydd bob dydd.
journalier[2] [ʒuʀnalje] *m* labrwr *g* wrth y dydd.
journalisme [ʒuʀnalism] *m* newyddiaduraeth *b*.
journaliste [ʒuʀnalist] *m/f* gohebydd *g*, newyddiadurwr *g*, newyddiadurwraig *b*; ~ **sportif** gohebydd chwaraeon; ~ **de radio/télévision** gohebydd radio/teledu.
journalistique [ʒuʀnalistik] *adj* newyddiadurol.
journée [ʒuʀne] *f* diwrnod *g*; **la** ~ **continue** (*ADMIN*) *diwrnod gwaith o 9 tan 5*; **pendant la** ~ yn ystod y dydd; **être payé à la** ~ cael eich talu wrth y dydd; ~ **de repos** diwrnod o wyliau.
journellement [ʒuʀnɛlmɑ̃] *adv* yn ddyddiol, yn feunyddiol, bob dydd.
joute [ʒut] *f* (*tournoi*) ymladdfa *b*; (*verbale*) dadl *b*, ffrae *b*.
jouvence [ʒuvɑ̃s] *f*: **bain de** ~ *profiad sy'n adfer ieuenctid rhn*; **la Fontaine de J**~ Ffynnon *b* Ieuenctid.
jouxter [ʒukste] (1) *vt* ffinio â, bod yn ymyl, bod gerllaw.
jovial (-e) (**joviaux, joviales**) [ʒɔvjal, ʒɔvjo] *adj* llon, calonnog, siriol.
jovialité [ʒɔvjalite] *f* sirioldeb *g*, llonder *g*.
joyau (-x) [ʒwajo] *m* gem *g,b*; (*fig*) peth *g* gwerthfawr.
joyeusement [ʒwajøzmɑ̃] *adv* yn llawen, yn hapus; (*accepter*) â phleser.
joyeux (**joyeuse**) [ʒwajø, ʒwajøz] *adj* llawen, gorfoleddus; ~ **Noël!** Nadolig Llawen!; ~ **anniversaire!** penblwydd hapus!; **joyeuse fête!** penblwydd hapus a llawer ohonyn nhw!
JT [ʒite] *sigle m voir* **journal télévisé**.
jubilation [ʒybilasjɔ̃] *f* llawenydd *g*, gorfoledd *g*.
jubilé [ʒybile] *m* jiwbilî *b*.
jubiler [ʒybile] (1) *vi* llawenhau, gorfoleddu.
jucher [ʒyʃe] (1) *vi*: **(se)** ~ **sur** (*oiseau*) clwydo ar, eistedd ar;
♦*vt* gosod; **être juché sur une échelle** sefyll ar ben ysgol; **il a juché l'enfant sur ses épaules** cododd y plentyn ar ei ysgwyddau; **forteresse juchée sur une colline** castell yn sefyll ar ben bryn.
judaïque [ʒydaik] *adj* Iddewig, Iddewaidd.
judaïsme [ʒydaism] *m* Iddewiaeth *b*.
judas [ʒyda] *m* (*trou*) twll *g* sbio (*mewn drws*).
Judée [ʒyde] *prf* Jwdea *b*.
judéo- [ʒydeɔ] *préf* Iddew-, Iddewig-.
judéo-allemand (~-~e) (~-~**s**, ~-~**es**) [ʒydeɔalmɑ̃, ɑ̃d] *adj* Iddew-Almaenig, Iddew-Almaenaidd.
Judéo-allemand (~-~**s**) [ʒydeɔalmɑ̃] *m* Iddew-Almaenwr *g*.
Judéo-allemande (~-~**s**) [ʒydeɔalmɑ̃d] *f* Iddew-Almaenes *b*.
judéo-chrétien (~-~**ne**) (~-~**s**, ~-~**nes**) [ʒydeokʀetjɛ̃, ɛn] *adj* Iddewig-Gristnogol.
judiciaire [ʒydisjɛʀ] *adj* barnwrol, cyfreithiol; **poursuites** ~**s** gweithrediadau *ll* cyfreithiol.
judicieusement [ʒydisjøzmɑ̃] *adv* yn bwyllog, yn ddoeth, yn gall.
judicieux (**judicieuse**) [ʒydisjø, ʒydisjøz] *adj* pwyllog, doeth, call.
judo [ʒydo] *m* jwdo *g*.

judoka [ʒydɔka] *m/f* jwdöwr *g*, jwdöwraig *b*.
juge [ʒyʒ] *m* barnwr *g*, barnwres *b*; (*expert*) beirniad *g*; **oui, Monsieur le J~** ie, eich Anrhydedd; **~-arbitre** dyfarnwr *g*, dyfarnwraig *b*; **~ d'instruction** ynad *g* archwilio; **~ de paix** Ynad Heddwch; **~ de touche** (*FOOTBALL*) llumanwr *g*; **~ des enfants** ynad plant.
jugé [ʒyʒe]: **au ~** *adv* wrth amcan.
jugement [ʒyʒmɑ̃] *m* (*JUR: criminel*) dedfryd *b*; (*civil*) dyfarniad *g*; (*opinion*) barn *b*; (*discernement*) craffter *g*, doethineb *g*, synnwyr *g* cyffredin; **rendre un ~** cyhoeddi dedfryd; **passer en ~** sefyll eich prawf; **faire passer qn en ~** dwyn rhn i brawf, rhoi rhn ar brawf; **poursuivre qn en ~** dwyn achos yn erbyn rhn, mynd â rhn i gyfraith; **~ de valeur** mesur *g* gwerth.
jugeote* [ʒyʒɔt] *f* synnwyr *g* cyffredin; **elle manque de ~** 'does dim synnwyr ganddi, 'does dim clem ganddi.
juger [ʒyʒe] (**10**) *vt* (*affaire*) barnu; (*accusé*) rhoi ar brawf; (*différend*) dyfarnu; (*décider*) penderfynu; (*apprécier*) barnu, mesur, mantoli, cloriannu; (*estimer*) tybio, ystyried; **~ qn/qch satisfaisant** ystyried bod rhn/rhth yn foddhaol; **~ bon de faire** gweld yn dda i wneud;
♦*vi*: **~ que** meddwl ..., ystyried ...; **~ de qch** gosod *ou* mesur gwerth rhth; **jugez de ma surprise** dychmygwch fy syndod.
jugulaire [ʒygylɛʀ] *adj* gyddfol;
♦*f* gwythïen *b* y gwddf; (*MIL*) strap *g,b* gên.
juguler [ʒygyle] (**1**) *vt* (*maladie*) atal; (*révolte*) gostegu; (*envie*) mygu, atal; (*ÉCON: inflation*) rheoli.
juif (**juive**) [ʒɥif, ʒɥiv] *adj* Iddewig.
Juif [ʒɥif] *m* Iddew *g*.
juillet [ʒɥijɛ] *m* (mis *g*) Gorffennaf *g*; **au mois de ~, en ~** ym mis Gorffennaf; **le premier ~** y cyntaf o Orffennaf; **arriver le 2 ~** cyrraedd ar yr ail o Orffennaf; **début/fin ~** dechrau/diwedd (mis) Gorffennaf; **pendant le mois de ~** yn ystod (mis) Gorffennaf; **au mois de ~ de l'année prochaine** ym mis Gorffennaf y flwyddyn nesaf; **tous les ans en ~** bob blwyddyn ym mis Gorffennaf.
juin [ʒɥɛ̃] *m* (mis *g*) Mehefin *g* *voir aussi* **juillet**.
juive [ʒɥiv] *adj f* *voir* **juif**.
Juive [ʒɥiv] *f* Iddewes *b*.
Jules [ʒyl] *prm* Iŵl *g*; **~ César** Iŵl Cesar.
jumeau[1] (**jumelle**) (**jumeaux, jumelles**) [ʒymo, ʒymɛl] *adj*: **frère ~** gefell *g*; **sœur jumelle** gefeilles *b*; **ville jumelle** gefeilldref *b*; **maisons jumelles** tai *ll* pâr.
jumeau[2] (**-x**) [ʒymo] *m* gefell *g*; (*sosie*) ffunud *g*; (*objet*) partner *g*; **ils sont des ~x** maen nhw'n efeilliaid.
jumelage [ʒym(ə)laʒ] *m* gefeillio, gefeilliad *g*.
jumeler [ʒym(ə)le] (**11**) *vt* (*TECH*) cyplysu, cryfhau; (*villes*) gefeillio; **roues jumelées** olwynion *ll* dwbl; **pari jumelé** bet *b* ddwbl.
jumelle[1] [ʒymɛl] *f* gefeilles *b*; (*objet*) partneres *b*; **elles sont des ~s** maen nhw'n efeilliaid; **~s** (*instrument*) ysbienddrych *g*, binocwlars *ll*; **~s de théâtre** ysbienddrych opera, gwydrau *ll* theatr.
jumelle[2] [ʒymɛl] *vb* *voir* **jumeler**;
♦*adj f* *voir* **jumeau**[1].
jument [ʒymɑ̃] *f* caseg *b*.
jungle [ʒœ̃gl] *f* jyngl *b*; (*fig*) anhrefn *g,b*; **la loi de la ~** deddf *b* *ou* cyfraith *b* y jyngl.
junior [ʒynjɔʀ] *adj* (*mode, style*) ifanc, iau, i'r ifanc; **épreuve ~** (*SPORT*) cystadleuaeth *b* rhai iau;
♦*m/f* (*SPORT*) chwaraewr *g* iau.
junte [ʒœ̃t] *f* jwnta *b*, clymblaid *b*.
jupe [ʒyp] *f* sgert *b*.
jupe-culotte (**~s-~s**) [ʒypkylɔt] *f* culottes *ll*.
jupette [ʒypɛt] *f* *sgert b gwta iawn (a wisgir ar gyfer chwaraeon).*
Jupiter [ʒypitɛʀ] *pr* (*MYTH*) Iau *g*;
♦*f* (*ASTRON*) Iau.
jupon [ʒypɔ̃] *m* pais *b*.
Jura [ʒyʀa] *prm* y Jura.
jurassien (**-ne**) [ʒyʀasjɛ̃, jɛn] *adj* o'r Jura, Jurasaidd.
juré[1] (**-e**) [ʒyʀe] *adj* (*assermenté*) ar lw; **ennemi ~** (*irréconciliable*) gelyn *g* pennaf.
juré[2] [ʒyʀe] *m* rheithiwr *g*; **les ~s** y rheithwyr *ll*, y rheithgor *g*.
jurer [ʒyʀe] (**1**) *vi*
1 (*dire des jurons*) rhegi; **il jure comme un charretier!** mae'n rhegi fel cath!, mae'n rhegi bob yn ail air!.
2 (*être mal assorti: couleurs etc*): **~ (avec)** anghytuno, gwrthdaro.
3 (*s'engager, affirmer*): **~ de faire qch** tyngu gwneud rhth; **j'en jurerais** buaswn yn tyngu *ou* taeru; **je n'en jurerais pas** (ni) fuaswn i ddim yn mynd ar fy llw; **~ de qch** tystio i rth ar lw; **ils ne jurent que par elle** 'does ganddyn nhw ffydd yn neb ond (ynddi) hi; **je vous jure!** ar fy ngwir!, ar fy llw!, yn wir ichi!; **~ que** taeru ...;
♦*vt* tyngu.
juridiction [ʒyʀidiksjɔ̃] *f* awdurdod *g*; (*tribunal*) llys *g*.
juridique [ʒyʀidik] *adj* cyfreithiol.
juridiquement [ʒyʀidikmɑ̃] *adv* yn gyfreithiol.
jurisconsulte [ʒyʀiskɔ̃sylt] *m* ymgynghorwr *g* cyfreithiol.
jurisprudence [ʒyʀispʀydɑ̃s] *f* cyfreitheg *b*; (*décisions*) cynseiliau *ll*; **faire ~** (*JUR*) bod yn gynsail *b*.
juriste [ʒyʀist] *m/f* (*qui pratique le droit*) cyfreithiwr *g*, cyfreithwraig *b*; (*qui étudie le droit*) cyfreithydd *g*, cyfreithyddes *b*.
juron [ʒyʀɔ̃] *m* rheg *b*.
jury [ʒyʀi] *m* (*JUR*) rheithgor *g*; (*ART, SPORT*) panel *g* beirniaid; (*SCOL*) bwrdd *g* arholwyr.

jus [ʒy] *m* sudd *g*; (*de viande*) gwlych *g*, grefi *g*; (*fam: courant*) trydan *g*, letrig* *g*; (*fam: café*) coffi *g*; (*fam: eau*) dŵr *g*; **au ~!*** mae'r coffi'n barod; **tomber dans le ~*** cwympo i'r dŵr; ~ **d'orange** sudd oren; ~ **de fruits** sudd ffrwythau; ~ **de pommes/de raisins** sudd afalau/grawnwin; ~ **de tomates** sudd tomatos.

jusant [ʒyzɑ̃] *m* trai *g*.

jusqu'au-boutiste [ʒyskobutist] *adj* eithafol, di-ildio;
♦*m/f* eithafwr *g*, eithafwraig *b*, un *g* di-ildio, un *b* ddi-ildio.

jusque [ʒysk] *prép*: **jusqu'à** tan, hyd at; **jusqu'au matin/soir** tan y bore/nos; **jusqu'à présent** *neu* **maintenant** hyd yn hyn, hyd yn awr; ~ **sur** hyd yn oed ar; ~ **dans** hyd yn oed yn; **ils ont cherché** ~ **dans le jardin** buon nhw'n chwilio hyd yn oed yn yr ardd; ~ **vers** tan tua; **jusqu'ici** (*temps*) hyd yn hyn; (*espace*) hyd at y fan hon.
▶ **jusqu'à ce que** (+ subj) nes ..., hyd ..., tan ...; **j'attendrai jusqu'à ce qu'elle parte** arhosaf nes iddi fynd.

jusque-là [ʒyskəla] *adv* (*temps*) tan hynny, hyd hynny, hyd yn hyn; (*espace*) hyd at y fan honno *ou* acw; **j'attends les résultats, ~-~ je ne peux rien dire** 'rwy'n disgwyl y canlyniadau, hyd hynny ni alla' i ddweud dim; **c'est le plus terrible hiver qu'on ait connu** ~-~ dyma'r gaeaf gwaethaf o fewn cof; **il y avait de l'eau** ~-~ 'roedd y dŵr i fyny at y fan acw; **en avoir** ~-~ bod wedi cael llond bol *ou* hen ddigon.

justaucorps [ʒystokɔʀ] *m* (*DANSE, SPORT*) leotard *g,b*, tynwisg *b*

juste [ʒyst] *adj* (*équitable*) teg; (*légitime*) cyfiawn; (*colère*) cyfiawn; (*réponse*) cywir; (*raisonnement*) teg, call, rhagorol; (*remarque*) addas, priodol; (*oreille*) da, main, perffaith; (*appareil*) manwl-gywir; (*vêtement: trop court*) cwta; (*:trop étroit*) tynn; (*piano*) mewn cywair *ou* tiwn; **le piano n'est pas** ~ mae'r piano allan o diwn; **le** ~ **milieu** y ffordd *b* ganol; **à** ~ **titre** â phob rheswm, nid heb reswm, yn gyfiawn, yn gywir, yn haeddiannol;
♦*adv*
1 (*sans erreur*) yn gywir; **chanter** ~ canu mewn cywair, canu mewn tiwn.
2 (*à peine*) o'r braidd, prin; **pouvoir tout** ~ **faire qch** dim ond prin llwyddo i wneud rhth; **j'ai eu** ~ **assez de place pour ...** dim ond prin digon o le oedd gen i ....
3 (*précisément*) yn union; ~ **quand j'arrivais** yn union wrth imi gyrraedd.
4 (*seulement*) dim ond; **elle est partie il y a** ~ **un moment** fe aeth hi dim ond eiliad yn ôl.
▶ **au juste** yn union, yn gymwys, yn hollol; **que s'est-il passé au ~?** beth yn union *ou* yn hollol (a) ddigwyddodd?.
▶ **de juste**: **comme de** ~ wrth gwrs, yn naturiol; **comme de** ~ **elle était en retard** fel arfer 'roedd hi'n hwyr;
♦*m*: **les ~s** y rhai *ll* cyfiawn.

justement [ʒystəmɑ̃] *adv* yn gyfiawn, yn deg; (*avec raison*) â phob rheswm; (*précisément*) yn union; **c'est** ~ **ce qu'il fallait faire** dyna'r union beth 'roedd yn rhaid ei wneud.

justesse [ʒystɛs] *f* cywirdeb *g*; (*raisonnement*) callineb *g*; (*remarque*) addasrwydd *g*; **de** ~ o drwch blewyn, o fewn dim.

justice [ʒystis] *f* cyfiawnder *g*, tegwch *g*; **rendre la** ~ gweinyddu cyfiawnder; **traduire qn en** ~ dod â rhn gerbron llys; **obtenir** ~ cael cyfiawnder; **rendre** ~ **à qn** bod yn deg â rhn, gwneud cyfiawnder â rhn; **se faire** ~ cymryd y gyfraith i'ch dwylo'ch hun; (*se suicider*) eich lladd eich hun.

justiciable [ʒystisjabl] *adj*: ~ **de** (*JUR*) atebol i; ~ **de qch** rhwym wrth rth, dan reolaeth rhth.

justicier [ʒystisje] *m* cynheilydd *g* y gyfraith; (*redresseur de torts*) unionydd *g* camweddau.

justicière [ʒystisjɛʀ] *f* cynheilydd *g* y gyfraith; (*redresseuse de torts*) unionydd *g* camweddau.

justifiable [ʒystifjabl] *adj* cyfiawnadwy.

justificatif[1] (**justificative**) [ʒystifikatif, ʒystifikativ] *adj* (*document*) cadarnhaol, ategol; **pièce justificative** tystiolaeth *b* ddogfennol.

justificatif[2] [ʒystifikatif] *m* prawf *g* ategol; ~ **de domicile** prawf o'ch preswylfan.

justification [ʒystifikasjɔ̃] *f* cyfiawnhad *g*; (*TYPO*) unioni, unioniad *g*.

justifié (-e) [ʒystifje] *adj* cyfiawn; **non** ~ digyfiawnhad; **peu** ~ diesgus, anesgusodol; ~ **à droite/gauche** (*TYPO*) wedi'i unioni ar y dde/chwith.

justifier [ʒystifje] (**16**) *vt* cyfiawnhau; (*disculper*) rhyddhau rhn o fai, difeio; (*confirmer, prouver*) cadarnhau; (*TYPO*) unioni; ~ **de qch** profi rhth, dangos prawf o rth;
♦ **se** ~ *vr* eich cyfiawnhau'ch hun, gwneud esgusodion, profi'ch bod yn ddieuog; (*être explicable*) bod yn gyfiawn, bod ag achos cyfiawn.

jute [ʒyt] *m* jiwt *g*.

juteux (**juteuse**) [ʒytø, øz] *adj* llawn sudd, suddlon; (*fam: qui rapporte*) sy'n dwyn elw, buddiol.

juvénile [ʒyvenil] *adj* ifanc; (*allure*) ieuengaidd; **les modes ~s** ffasiynau'r ifainc.

juxtaposer [ʒykstapoze] (**1**) *vt* cyfosod, cyfochri.

juxtaposition [ʒykstapozisjɔ̃] *f* cyfosod, cyfosodiad *g*, cyfochri, cyfochriad *g*

K

K[1], **k** [kɑ] *m inv* (*lettre*) K, k *b*.
K[2], **k** [kɑ] *abr*(= *kilo*) K.
K[3], **k** [kɑ] (= *kilo-octet*) (*INFORM*) cilobeit *g*.
kafkaïen (**-ne**) [kafkajɛ̃, jɛn] *adj* (*fig*) Kafkaésg, abswrd.
kaki [kaki] *adj inv* caci;
♦*m* (*couleur*) (lliw *g*) caci *g*; (*fruit*) persimon *g* (Japan *ou* Siapan).
kaléidoscope [kaleidɔskɔp] *m* caleidosgop *g*.
Kampuchéa [kɑ̃putʃea] *prm*: **le ~ (démocratique)** Kampuchea *b*, Cambodia *b*.
kangourou [kɑ̃guʀu] *m* cangarŵ *g*.
kaolin [kaɔlɛ̃] *m* caolin *g*, clai *g* gwyn.
kapok [kapɔk] *m* capoc *g*.
karaoke [kaʀaoke] *m* caraoce *g*, carioci *g*.
karaté [kaʀate] *m* carate *g*.
karst [kaʀst] *m* (*GÉO*) carst *g*.
kart [kaʀt] *m* go-cart *g*.
karting [kaʀtiŋ] *m* go-cartio; **faire du ~** go-cartio.
kascher [kaʃɛʀ] *adj inv* cosher.
kayac, kayak [kajak] *m* caiac *g*; **faire du ~** mynd mewn caiac.
Kazakhstan [kaʒakstɑ̃] *prm*: **le ~** Casacstan *b*.
Kenya [kenja] *prm*: **le ~** Cenia *b*.
kenyan (**-e**) [kenjɑ̃, an] *adj* Ceniaidd, o Cenia.
Kenyan [kenjɑ̃] *m* Ceniad *g*.
Kenyane [kenjan] *f* Ceniad *b*.
képi [kepi] *m* cepi *g* (*cap â phig a wisgir gan filwyr a'r heddlu yn Ffrainc*).
kermesse [kɛʀmɛs] *f* (*fête villageoise*) gwylfabsant *b*; (*fête de bienfaisance*) ffair *b* (*at achos da*); **c'est une vraie ~ là-dedans*** mae hi fel ffair i mewn yna; **une atmosphère de ~** awyrgylch *g* llawen.
kérosène [keʀozɛn] *m* cerosin *g*; (*avion*) tanwydd *g* awyren; (*fusée*) tanwydd roced.
kg *abr*(= *kilogramme*) kg.
KGB [kaʒebe] *sigle m* KGB (*heddlu cudd Rwsia*).
khmer[1] (**khmère**) [kmɛʀ] *adj* Chmeraidd.
khmer[2] [kmɛʀ] *m* (*LING*) Chmereg *b,g*.
Khmer [kmɛʀ] *m* Chmer *g*.
Khmère [kmɛʀ] *f* Chmer *b*.
khôl [kol] *m* cohl *g*.
kibboutz [kibuts] *m* cibwts *g*.
kidnapper [kidnape] (**1**) *vt* llathruddo, cipio, herwgipio.
kidnappeur [kidnapœʀ] *m* llathruddwr *g*, cipiwr *g*, herwgipiwr *g*.
kidnappeuse [kidnapøz] *f* llathruddwraig *b*, cipwraig *b*, herwgipwraig *b*.
kidnapping [kidnapiŋ] *m* llathruddo, cipio, herwgipio.
kilo [kilo] *m* cilo *g*.
kilogramme [kilɔgʀam] *m* cilogram *g*.
kilométrage [kilɔmetʀaʒ] *m* (*d'une voiture*) *pellter a deithwyd mewn cilometrau*; **voitures à louer à ~ illimité** ceir ar log heb gyfyngu pellter teithio.
kilomètre [kilɔmɛtʀ] *m* cilometr *g*; **~s à l'heure** cilometrau *ll* yr awr; **marcher des ~s** ≈ cerdded milltiroedd.
kilométrique [kilɔmetʀik] *adj* (*distance*) mewn cilometrau; **compteur ~** ≈ mesurydd *g* milltiroedd; **borne ~** ≈ carreg *b* filltir.
kilo-octet [kiloɔktɛ] *m* cilobeit *g*.
kilowatt [kilowat] *m* cilowat *g*.
kinésithérapeute [kineziteʀapøt] *m/f* ffisiotherapydd *g*.
kinésithérapie [kineziteʀapi] *f* ffisiotherapi *g*.
kiosque [kjɔsk] *m* (*à journaux, à fleurs*) ciosg *g*, stondin *b*; (*de jardin*) pafiliwn *g*; **~ à musique** bandstand *g,b*, safle *g* band; **K~** (*d'un Minitel*) *gwasanaeth ffôn a theledestun*.
kirsch [kiʀʃ] *m* gwirod *g,b ou* brandi *g* ceirios.
kitchenette [kitʃ(ə)nɛt] *f* cegin *b* fechan (*rhan o ystafell a ddefnyddir fel cegin e.e. mewn fflat un ystafell*).
kiwi [kiwi] *m* (*oiseau*) ciwi *g*; (*fruit*) ffrwyth *g* ciwi.
klaxon [klaksɔn] *m* corn *g*; **donner un coup de ~** (*voiture*) canu corn.
klaxonner [klaksɔne] (**1**) *vi* (*voiture*) canu corn.
kleptomane [klɛptɔman] *m/f* cleptomaniad *g/b*.
km *abr*(= *kilomètre*) km.
km/h *abr*(= *kilomètres/heure*) km yr awr.
knock-out [nɔkaut] *m inv* ergyd *b* loriol *ou* farwol.
K.-O. [kao] *adj inv* (*BOXE, fig*) wedi'ch llorio; **mettre qn ~** llorio rhn; **elle était complètement ~*** (*épuisée*) 'roedd hi wedi blino'n llwyr *ou* wedi ymlâdd.
Ko *abr*(= *kilo-octet*) (*INFORM*) cilobeit *g*.
koala [kɔala] *m* coala *g*.
kolkhoze [kɔlkoz] *m* colchos *g*, fferm *b* gyfunol.
Koweit [kɔwɛt] *prm*: **le ~** Coweit *b*.
koweitien (**-ne**) [kɔwɛtjɛ̃, jɛn] *adj* Coweiti, Coweitaidd.
Koweitien [kɔwɛtjɛ̃] *m* Coweitiad *g*.
Koweitienne [kɔwɛtjɛn] *f* Coweitiad *b*.
krach [kʀak] *m* (*ÉCON*) cwymp *g*; **~ boursier** cwymp y farchnad stoc.
kraft [kʀaft] *m* (*papier*) papur *g* llwyd.
Kremlin [kʀɛmlɛ̃] *prm*: **le ~** y Cremlin *g*.
kurde [kyʀd] *adj* Cwrdaidd;
♦*m* (*LING*) Cwrdeg *b,g*.
Kurde [kyʀd] *m/f* Cwrd *g/b*.
Kurdistan [kyʀdistɑ̃] *prm*: **le ~** Cwrdistan *b*.
kW *abr*(= *kilowatt*) kW.
kW/h *abr*(= *kilowatt/heure*) kW yr awr.
kyrielle [kiʀjɛl] *f*: **une ~ de ...** (*personnes*) llu *ou* llif *ou* ffrwd o; (*réclamations*) rhestr o.
kyste [kist] *m* syst *g,b*, coden *b*

L

L, l [ɛl] *m inv* (*lettre*) L, l *b*.
l' [l] *dét voir* **le, la**.
l *abr*(= *litre*) l.
la[1] [la] *m inv* (*MUS: note*) A; (*en solfiant*) la *g,b*.
la[2] [la] *dét, pron voir* **le**.
là [la] *adv* yno, yna, yn y fan honno; (*qu'on voit*) acw, yn (y) fan acw, yn (y) fan yna; (*ici*) yma; **c'est** ~ **que** dyma *ou* dyna'r lle ...; (*dans le temps*) dyma *ou* dyna'r adeg ..., dyma *ou* dyna'r pryd ...; **est-ce que Catherine est** ~**?** a yw Catrin yna *ou* yma?; **elle n'est pas** ~ nid yw hi yno *ou* yma; **venez** ~**!** dewch yma!; ~ **où** lle; **de** ~ o'r fan honno; (*fig*) dyna'r rheswm am, dyna pam, oherwydd hynny; **de** ~ **mon étonnement** dyna'r rheswm dros fy syndod; **de** ~ **à penser que** 'dydy hynny ddim yn reswm i feddwl ...; **par** ~ (*fig*) wrth hynny; **qu'entendez vous par** ~**?** beth ydych chi'n olygu wrth hynny *ou* gan hynny?; **tout est** ~ (*fig*) dyna'r peth, dyna hanfod *ou* graidd y peth, dyna'r peth sydd dan sylw; **à partir de** ~ o hynny ymlaen; ~**, tout doux!** dyna ni, araf bach nawr!; ~**,** ~**, calmez-vous!** dyna chi, dyna chi, peidiwch â chynhyrfu *voir aussi* **-ci, celui**.
là-bas [labɑ] *adv* draw, yno, yn y fan acw.
label [labɛl] *m* marc *g*, stamp *g*, label *g,b*; **c'est un** ~ **de qualité** (*fig*) mae'n gwarantu ansawdd *ou* safon.
labeur [labœʀ] *m* gwaith *g*, llafur *g*.
labo [labo] *m* (= *laboratoire*) lab *g,b*.
laborantin [labɔʀɑ̃tɛ̃] *m* cynorthwy-ydd *g* mewn labordy, gweithiwr *g* labordy.
laborantine [labɔʀɑ̃tin] *f* cynorthwy-ydd *g* mewn labordy, gweithwraig *b* labordy.
laboratoire [labɔʀatwaʀ] *m* labordy *g*; ~ **d'analyses** labordy dadansoddi; ~ **de langues** labordy iaith.
laborieusement [labɔʀjøzmɑ̃] *adv* yn llafurus, drwy fawr drafferth.
laborieux (**laborieuse**) [labɔʀjø, labɔʀjøz] *adj* (*tâche*) llafurus, trafferthus; **une vie laborieuse** bywyd *g* o lafur, bywyd caled; **classes laborieuses** dosbarthiadau *ll* gweithiol.
labour [labuʀ] *m* aredig, troi; ~**s** (*champs*) tir *g* âr, caeau *ll* wedi eu troi, tir coch; **cheval de** ~ ceffyl *g* gwedd; **bœuf de** ~ ych *g* gwedd.
labourable [labuʀabl] *adj* âr, y gellir ei aredig *ou* ei droi.
labourage [labuʀaʒ] *m* aredig, troi.
labourer [labuʀe] (**1**) *vt* aredig, troi; (*fig*) rhigoli, rhychu.
laboureur [labuʀœʀ] *m* aradrwr *g*, dyn *g* gyrru gwedd *ou* aradr.
labrador [labʀadɔʀ] *m* (*chien*) ci *g* Labrador; **le L**~ Labrador *b*.
labyrinthe [labiʀɛ̃t] *m* labyrinth *g*, drysfa *b*; (*fig*) dryswch *g*.
lac [lak] *m* llyn *g*; **les Grands Lacs** y Llynnoedd Mawr; ~ **Léman** Llyn Genefa.
lacer [lase] (**9**) *vt* clymu *ou* cau careiau.
lacérer [laseʀe] (**14**) *vt* rhwygo (rhth) yn dipiau *ou* yn gareiau.
lacet [lasɛ] *m* (*de chaussure*) carrai *b*; (*de route*) tro *g* sydyn; (*piège*) magl *b*; **chaussures à** ~**s** esgidiau *ll* careiau.
lâche [lɑʃ] *adj* (*poltron*) llwfr; (*détendu*) llac; (*tissu*) llac ei wead, o wead llac; (*morale, mœurs*) llac;
♦*m/f* dyn *g* llwfr, merch *b* lwfr, llwfrgi *g*, llechgi *g*.
lâchement [lɑʃmɑ̃] *adv* yn llac; (*par peur*) yn llwfr; (*par bassesse*) yn ffiaidd, yn warthus.
lâcher[1] [lɑʃe] *m* (*de ballons, d'oiseaux*) gollyngiad *g*, rhyddhad *g*, gollwng, rhyddhau.
lâcher[2] [lɑʃe] (**1**) *vt* (*détendre*) llacio; (*cesser de tenir*) gollwng, gollwng gafael ar; (*oiseau, animal: libérer*) rhyddhau, gollwng (yn rhydd); (*fig: mot, remarque*) digwydd dweud, dweud (rhth) yn ddifeddwl; (*SPORT: distancer*) gadael (rhn) ar eich ôl; (*abandonner: personne*) gadael; ~ **les amarres** (*NAUT*) taflu'r *ou* bwrw'r rhaffau; ~ **les chiens (contre qn)** hysio *ou* gyrru'r cŵn (ar rn); ~ **prise** (*fig*) gollwng gafael; ~ **un jouron** rhegi, gollwng rheg; ~ **un pet** taro *ou* gollwng rhech;
♦*vi* (*fil, amarres*) torri; (*freins*) methu, colli gafael.
lâcheté [lɑʃte] *f* llwfrdra *g*; (*bassesse*) gwarth *g*, gwarthusrwydd *g*.
lacis [lasi] *m* (*de ruelles*) rhwydwaith *g*, drysfa *b*.
laconique [lakɔnik] *adj* cryno, cwta, byreiriog.
laconiquement [lakɔnikmɑ̃] *adv* yn gryno, yn gwta.
lacrymal (-e) (**lacrymaux, lacrymales**) [lakʀimal, lakʀimo] *adj* (*canal, glande*) dagrau.
lacrymogène [lakʀimɔʒɛn] *adj* (sy'n peri) dagrau; **gaz** ~ nwy *g* dagrau.
lacs [lɑ] *m* (*piège*) magl *b*.
lactation [laktasjɔ̃] *f* llaetha, llaethiad *g*; (*période de l'allaitement*) cyfnod *g* llaetha.
lacté (-e) [lakte] *adj* llaethog, llaeth; **la Voie Lactée** y Llwybr *g* Llaethog.
lactique [laktik] *adj*: **acide** ~ asid *g* llaeth *ou* lactig.
lactose [laktoz] *m* siwgr *g* llaeth, lactos *g*.
lacune [lakyn] *f* (*gén*) bwlch *g*; (*BIOL*) ceudod *g*.
lacustre [lakystʀ] *adj* sy'n byw *ou* tyfu ar lan llyn, (y) llyn.
lad [lad] *m* gwas *g* stabl.

là-dedans [ladədɑ̃] *adv* (*dans un lieu, objet*) i mewn yn fan'na *ou* hwnna, i mewn yn, y tu mewn i; (*fig*) yn hynny, ynddo; **il y a ~-~ tout un symbolisme** mae yna lawer o symbolaeth yn hynny.
là-dehors [ladəɔʀ] *adv* allan *ou* mas yn fan'na, draw yn fan'na.
là-derrière [ladɛʀjɛʀ] *adv* draw y tu ôl i fan'na *ou* hwnna, y tu ôl i; (*fig*) y tu ôl i hyn *ou* hynny.
là-dessous [ladsu] *adv* dan hynny; (*fig*) y tu ôl i hyn *ou* hynny, y tu ôl iddo *ou* iddi *ou* iddynt.
là-dessus [ladsy] *adv* ar fan'na *ou* hwnna, ar, ar ei ben; (*fig*) gyda hynny, ar hyn *ou* hynny; (:*à ce sujet*) am hyn *ou* hynny, ar y pwnc; **pose ton livre ~-~** rho dy lyfr ar fan'na; **qu'as-tu à dire ~-~?** beth sydd gen ti i ddweud am hynny?; **vous pouvez compter ~-~** gellwch ddibynnu ar hynny.
là-devant [ladvɑ̃] *adv* o flaen hwn *ou* hwnna, o flaen, yn fan'na (o'ch blaen).
ladite [ladit] *dét voir* **ledit**.
ladre [lɑdʀ] *adj* cybyddlyd, crintachlyd.
lagon [lagɔ̃] *m* (*lagune centrale d'un atoll*) lagŵn *g,b*, morlyn *g*.
lagune [lagyn] *f* lagŵn *g,b*, morlyn *g*.
là-haut [lao] *adv* i fyny'n fan'na *ou* fan'cw, lan fan'co; (*à l'étage*) i fyny'r grisiau.
laïc [laik] *adj, m*= **laïque**.
laïcisation [laisizasjɔ̃] *f* seciwlareiddio, seciwlareiddiad *g*.
laïciser [laisize] (**1**) *vt* seciwlareiddio.
laïcité [laisite] *f* (*caractère laïque*) seciwlaredd *g*, seciwlariaeth *b*; (*en France*) addysg *b* ddigrefydd.
laid (**-e**) [lɛ, lɛd] *adj* hyll, hagr, salw; (*fig*) gwael, ffiaidd, gwarthus.
laideron [lɛdʀɔ̃] *m* merch *b* hyll *ou* salw.
laideur [lɛdœʀ] *f* hagrwch *g*, hylltra *g*; (*fig: bassesse*) gwaelder *g*, gwarth *g*; **la guerre dans toute sa ~** holl erchylltra *g* rhyfel.
laie [lɛ] *f* hwch *b* goed, hwch wyllt.
lainage [lɛnaʒ] *m* (*vêtement*) dilledyn *g* gwlân; (*étoffe*) defnydd *g* gwlân, gwlanen *b*.
laine [lɛn] *f* gwlân *g*; **pure ~** gwlân pur; **~ à tricoter** edafedd *ll*; **~ de verre** gwlân gwydr; **~ peignée** edau *b* wlân; **~ vierge** gwlân newydd.
laineux (**laineuse**) [lɛnø, lɛnøz] *adj* gwlanog.
lainier (**lainière**) [lɛnje, lɛnjɛʀ] *adj* (*industrie, commerce*) gwlân.
laïque [laik] *adj* lleyg; (*vie*) seciwlar; (*SCOL*) gwladol (*a digrefydd*);
♦*m/f* lleygwr *g*, gwraig *b* leyg, lleygwraig *b*.
laisse [lɛs] *f* (*de chien*) tennyn *g*; **tenir qch en ~** dal rhth ar dennyn.
laissé-pour-compte[1] (**~e-~-~**) (**~s-~-~, ~es-~-~**) [lesepuʀkɔ̃t] *adj* (*COMM*) heb ei werthu, dros ben; (:*refusé*) a wrthodwyd, a ddychwelwyd.
laissé-pour-compte[2] (**~s-~-~**) [lesepuʀkɔ̃t] *m* (*fig*) gwrthodedig *g*, diarddeledig *g*; **les ~s-~-~ de la reprise économique** y rhai *ll* nad ydynt yn elwa ar y cynnydd economaidd.
laissée-pour-compte (**~s-~-~**) [lesepuʀkɔ̃t] *f* (*fig*) gwrthodedig *b*, diarddeledig *b*;
♦*adj f voir* **laissé-pour-compte**[1].
laisser [lese] (**1**) *vt, vb aux* gadael; **~ qch à qn** gadael rhth i rn; **~ qn faire** gadael i rn wneud; **rien ne laisse à penser que ...** nid oes rheswm dros feddwl ...; **cela ne laisse pas de surprendre** eto i gyd mae'n syndod o beth; **~ qn tranquille** gadael llonydd i rn;
♦ **se ~** *vr*: **se ~ exploiter par qn** gadael i rn eich defnyddio; **se ~ aller** gadael i chi'ch hun fynd; (*se détendre*) ymlacio; (*s'abandonner*) ildio; **se ~ aller à la paresse** ofera; **se ~ faire** gadael iddo ddigwydd ichi, derbyn *ou* goddef yn dawel, peidio â chreu helynt.
laisser-aller [leseale] *m inv* (*désinvolture*) agwedd *b* ddidaro, ysgafalwch *g*, dihidrwydd *g*; (*péj*) diofalwch *g*, aflerwch *g*, esgeulustod *g*.
laisser-faire [lesefɛʀ] *m inv* laissez-faire (*peidio ag ymyrryd*).
laissez-passer [lesepɑse] *m inv* caniatâd *g*, trwydded *b* (*i groesi tir neu i fynd trwy le*).
lait [lɛ] *m* llaeth *g*, llefrith *g*; **frère/sœur de ~** brawd *g* maeth/chwaer *b* faeth; **~ concentré/condensé** llaeth cyddwys/anweddog; **~ de beauté** hufen *g ou* hylif *g* harddu; **~ de chèvre/vache** llaeth gafr/buwch; **~ démaquillant** trwyth *g* glanhau, hufen tynnu colur; **~ écrémé/entier** llaeth sgim/cyfan; **~ en poudre** llaeth powdr; **~ maternel** llaeth y fam, llaeth o'r fron.
laitage [lɛtaʒ] *m* cynnyrch *g* llaeth.
laiterie [lɛtʀi] *f* (*dans une ferme*) llaethdy *g*; (*usine*) hufenfa *b*, ffatri *b* laeth.
laiteux (**laiteuse**) [letø, letøz] *adj* llaethog.
laitier[1] (**laitière**) [letje, lɛtjɛʀ] *adj* (*produit, industrie*) llaeth; (*vache*) godro.
laitier[2] [letje] *m* (*qui vend*) gwerthwr *g* llaeth; (*qui livre*) dyn *g* y llaeth *ou* llefrith.
laitière [lɛtjɛʀ] *f* (*qui vend*) gwerthwraig *b* llaeth; (*qui livre*) dynes *b* y llaeth *ou* llefrith;
♦*adj f voir* **laitier**[1].
laiton [lɛtɔ̃] *m* pres *g*.
laitue [lety] *f* letysen *b*.
laïus [lajys] (*péj*) *m* truth *g*, cleber *g,b*.
lama[1] [lama] *m* (*ZOOL*) lama *g,b*.
lama[2] [lama] *m* (*REL*) lama *g*.
lambeau (**-x**) [lɑ̃bo] *m* (*aussi fig*) tamaid *g*, darn *g*; (*d'une étoffe*) cerpyn *g*; **en ~x** yn gareiau, yn racs.
lambin (**-e**) [lɑ̃bɛ̃, in] (*péj*) *adj* araf.
lambiner [lɑ̃bine] (**1**) (*péj*) *vi* ymdroi, gwagswmera, loetran, llusgo'ch traed, tin-droi.

lambris [lɑ̃bʀi] *m* paneli *ll.*
lambrissé (**-e**) [lɑ̃bʀise] *adj* panelog, wedi'i banelu.
lame [lam] *f* (*de couteau, d'épée*) llafn *g*; (*métal, verre*) stribyn *g*; (*bois*) dellten *b*; (*vague*) ton *b*; ~ **de fond** ymchwydd *g* môr; ~ **de rasoir** llafn rasel.
lamé[1] (**-e**) [lame] *adj* eurwe, lamé.
lamé[2] [lame] *m* eurwe *b*, lamé *g*.
lamelle [lamɛl] *f* plât *g* bychan; (*lame*) llafn *g* bychan; (*petit morceau*) dernyn *g*, fflawen *g*, fflewyn *g*; (*de champignon*) tagell *b*; **couper en ~s** torri *ou* sleisio (rhth) yn denau denau.
lamentable [lamɑ̃tabl] *adj* truenus.
lamentablement [lamɑ̃tabləmɑ̃] *adv* yn druenus.
lamentation [lamɑ̃tasjɔ̃] *f* (*cri de désolation*) wylofain, llefain; (*jérémiade*) cwyn *g,b*, cwynfan, cwyno.
lamenter [lamɑ̃te] (**1**): **se** ~ *vr*: **se** ~ **(sur)** (*se plaindre*) cwyno am, cwynfan (o achos).
lamifié[1] (**-e**) [lamifje] *adj* laminiedig, haenedig.
lamifié[2] [lamifje] *m* laminiad *g*, pren *g* laminiedig, coed *g* laminiedig.
laminage [laminaʒ] *m* laminiadu.
laminer [lamine] (**1**) *vt* laminiadu; (*fig: écraser*) dileu, difodi; **être laminé par les soucis** bod wedi'ch llethu gan bryderon.
lamineur [laminœʀ] *m* (*ouvrier*) gweithiwr *g* mewn melin rolio.
laminoir [laminwaʀ] *m* melin *b* rolio; **(faire) passer qn au** ~ (*fig*) rhoi rhn drwy'r felin.
lampadaire [lɑ̃padɛʀ] *m* (*de salon*) lamp *b* sefyll, lamp hirgoes; (*dans la rue*) lamp *ou* golau *g* stryd.
lampe [lɑ̃p] *f* lamp *b*; (*TECH*) falf *b*; ~ **à alcool** lamp sbirit *ou* feths; ~ **à arc** arc-lamp *b*; ~ **à bronzer** lamp haul; ~ **à pétrole** lamp baraffin *ou* oel; ~ **à souder** lamp losgi, chwythlamp *b*; ~ **de poche** fflachlamp *b*, tortsh *g,b*; ~ **halogène** lamp halogen; ~ **témoin** golau *g* rhybudd.
lampée [lɑ̃pe] *f* llwnc *g*, cegaid *b*, joch *g*
lampe-tempête (~**s**-~) [lɑ̃ptɑ̃pɛt] *f* lamp *b* stabl, lamp storm, lamp dywydd mawr.
lampion [lɑ̃pjɔ̃] *m* llusern *b* bapur.
lampiste [lɑ̃pist] *m* (*RAIL*) dyn *g* lampau, lampwr *g*; (*THÉÂTRE*) goleuwr *g*; (*fig*) gwas *g* bach.
lamproie [lɑ̃pʀwa] *f* (*poisson*) lamprai *b*, llysywen *b* bendoll.
lance [lɑ̃s] *f* (*arme*) gwaywffon *b*, picell *b*; ~ **à eau** pibell *b* ddŵr; ~ **d'arrosage** pibell ddŵr (*ar gyfer yr ardd*); ~ **d'incendie** pibell ddiffodd tân.
lancée [lɑ̃se] *f*: **et sur sa** ~, **elle ...** a thra oedd hi wrthi ..., ac unwaith yr aeth ati ..., ac unwaith y dechreuodd arni ...; **continuer sur sa** ~ dal ati, pydru *ou* dygnu arni.
lance-flammes [lɑ̃sflam] *m inv* gwn *g* tân.
lance-fusées [lɑ̃sfyze] *m inv* lansiwr *g* rocedi.
lance-grenades [lɑ̃sgʀənad] *m inv* lansiwr *g* grenadau *ou* llawfomiau.
Lancelot [lɑ̃səlo] *prm* Lawnslod.
lancement [lɑ̃smɑ̃] *m* taflu, tafliad *g*; (*d'un bateau etc*) lansiad *g*, lansio; **offre de** ~ cynnig *g* cyflwyniadol.
lance-missiles [lɑ̃smisil] *m inv* lansiwr *g* taflegrau.
lance-pierres [lɑ̃spjɛʀ] *m inv* catapwlt *g*, sling *b*, ffon *b* dafl.
lancer[1] [lɑ̃se] *m* (*SPORT*) tafliad *g*, taflu; (*PÊCHE*) pysgota genwair, pysgota â gwialen, genweirio.
lancer[2] [lɑ̃se] (**9**) *vt* taflu, lluchio; (*produit, fusée, bateau, artiste*) lansio; (*injure*) hyrddio, taflu; (*proclamation, mandat d'arrêt*) cyhoeddi; (*emprunt*) codi; (*moteur*) cyflymu, sbarduno; ~ **qn sur un sujet** cychwyn rhn ar bwnc; ~ **qch à qn** taflu rhth i rn; (*d'une façon agressive*) taflu rhth at rn; ~ **le poids** (*SPORT*) gwthio'r pwysau, taflu'r pwysau; ~ **un appel** gwneud apêl;
♦ **se** ~ *vr* (*prendre de l'élan*) cyflymu; **se** ~ **dans qch** (*discussion, aventure*) ymdaflu i rth, dechrau *ou* cychwyn ar rth; **se** ~ **dans les affaires** cychwyn *ou* agor busnes, mynd i fyd busnes; **se** ~ **dans la politique** ymdaflu i wleidyddiaeth, mynd i fyd gwleidyddiaeth, mynd yn wleidydd; **se** ~ **sur** *neu* **contre** (*se précipiter*) rhuthro am, rhuthro ar.
lance-roquettes [lɑ̃sʀɔkɛt] *m inv* lansiwr *g* rocedi.
lance-torpilles [lɑ̃stɔʀpij] *m inv* tiwb *g* torpidos.
lanceur [lɑ̃sœʀ] *m* (*javelot etc*) taflwr *g*; (*cricket*) bowliwr *g*; (*baseball*) pitsiwr *g*; (*ESPACE*) lansiwr *g*.
lanceuse [lɑ̃søz] *f* (*javelot etc*) taflwraig *b* *voir aussi* **lanceur**.
lancinant (**-e**) [lɑ̃sinɑ̃, ɑ̃t] *adj* (*regrets etc*) llym(llem)(llymion), diollwng, dwysbigol, plagus; **douleur** ~**e** gwayw *g*.
lanciner [lɑ̃sine] (**1**) *vi* (*douleur*) gwynio, plycio;
♦*vt* (*fig*) plagio, poeni.
landais (**-e**) [lɑ̃dɛ, ɛz] *adj* o'r Landes.
Landais [lɑ̃dɛ] *m* un *g* o'r Landes.
Landaise [lɑ̃dɛz] *f* un *b* o'r Landes.
landau [lɑ̃do] *m* pram *g,b*.
lande [lɑ̃d] *f* rhostir *g*, rhos *b*.
Landes [lɑ̃d] *prfpl*: **les** ~ y Landes.
langage [lɑ̃gaʒ] *m* iaith *b* (lafar); ~ **du corps** (*fig*) iaith y corff, iaith gorfforol; ~ **d'assemblage** (*INFORM*) iaith gydosod; ~ **de programmation** (*INFORM*) iaith raglennu; ~ **évolué** (*INFORM*) iaith lefel uchel; ~ **machine** (*INFORM*) iaith peiriant.
lange [lɑ̃ʒ] *m* blanced *g,b* bach *ou* fach; ~**s** (*d'un bébé*) cadachau *ll*, dillad *ll* magu, clytiau *ll*; **dans les** ~**s** (*fig*) yn eich plentyndod.

langer [lɑ̃ʒe] (**10**) *vt* (*emmailloter*) rhwymo (rhn) mewn cadachau; (*mettre une couche*) newid clwt *ou* cewyn; **table à ~** bwrdd *g* newid clytiau.

langoureusement [lɑ̃guʀøzmɑ̃] *adv* yn ymddioglyd, yn swrth, yn araf, yn llesg, yn ddigychwyn.

langoureux (**langoureuse**) [lɑ̃guʀø, lɑ̃guʀøz] *adj* cysglyd, dioglyd, llesg, digychwyn, swrth, araf.

langouste [lɑ̃gust] *f* cimwch *g* Mair *ou* coch.

langoustine [lɑ̃gustin] *f* cimwch *g* Norwy.

langue [lɑ̃g] *f*
1 (*ANAT, CULIN*) tafod *g*; **tirer la ~ à** (*au médecin*) tynnu *ou* dangos eich tafod i; (*par impolitesse*) tynnu'ch tafod ar; **donner sa ~ au chat** (*fig*) rhoi'r gorau iddi, rhoi'r ffidil yn y to; **~ de terre** (*fig*) llain *b* o dir.
2 (*LING*) iaith *b*; **de ~ française** Ffrangeg eich iaith; **~ de bois** iaith sy'n llawn ystrydebau; **~ maternelle** mamiaith *b*; **~ verte** slang *g,b*; **~ vivante** iaith fyw, iaith fodern; **~s vivantes** (*SCOL: comme matière*) ieithoedd *ll* tramor modern; **~ étrangère** iaith dramor.

langue-de-chat (**~s-~-~**) [lɑ̃gdəʃa] *f* bisgeden *b ou* bisgïen *b* fach.

languedocien (**-ne**) [lɑ̃gdɔsjɛ̃, jɛn] *adj* o Languedoc.

Languedocien [lɑ̃gdɔsjɛ̃] *m* un *g* o Languedoc.

Languedocienne [lɑ̃gdɔsjɛn] *f* un *b* o Languedoc.

languette [lɑ̃gɛt] *f* tafod *g*.

langueur [lɑ̃gœʀ] *f* llesgedd *g*, cysgadrwydd *g*, syrthni *g*, arafwch *g*.

languir [lɑ̃giʀ] (**2**) *vi* nychu, dihoeni; (*conversation*) diffygio, arafu; **faire ~ qn** gwneud i rn aros, cadw rhn yn aros;
♦ **se ~** *vr* dihoeni, hiraethu.

languissant (**-e**) [lɑ̃gisɑ̃, ɑ̃t] *adj* llesg, diynni, swrth, digychwyn.

lanière [lanjɛʀ] *f* carrai *b*; (*de valise, bretelle*) strap *g,b*.

lanoline [lanɔlin] *f* lanolin *g*.

lanterne [lɑ̃tɛʀn] *f* (*portable*) lantarn *b*, llusern *b*; (*électrique*) lamp *b*, golau *g*; (*de voiture*) golau ystlys *ou* bach; **~ rouge** golau *ou* lamp ôl; (*fig*) yr olaf un *ou* oll; **~ vénitienne** llusern bapur.

lanterneau (**-x**) [lɑ̃tɛʀno] *m* ffenestr *b* do.

lanterner [lɑ̃tɛʀne] (**1**) *vi* loetran, gwagswmera, ymdroi, tin-droi; **faire ~ qn** gwneud i rn aros.

Laos [laɔs] *prm*: **le ~** Laos *b*.

laotien (**-ne**) [laɔsjɛ̃, jɛn] *adj* Laosaidd, o Laos.

Laotien [laɔsjɛ̃] *m* Laosiad *g*.

Laotienne [laɔsjɛn] *f* Laosiad *b*.

lapalissade [lapalisad] *f* gwireb *b*; **c'est une ~** mae hynny'n amlwg ohono'i hun.

laper [lape] (**1**) *vt* llepian, lleibio.

lapereau (**-x**) [lapʀo] *m* cwningen *b* ifanc.

lapidaire [lapidɛʀ] *adj* maenol, a dorrwyd ar faen; (*fig: style*) cryno, diwastraff; **musée ~** amgueddfa *b* feini.

lapider [lapide] (**1**) *vt* taflu *ou* lluchio cerrig at, pledu (rhn) â cherrig; (*tuer*) llabyddio.

lapin [lapɛ̃] *m* cwningen *b*; (*fourrure*) ffwr *g* cwningen; **coup du ~** gwarrog *g,b*, gwarrod *b,g*, ergyd *g* ar y (g)war; (*choc en voiture*) anaf *g* atchwipio; **poser un ~ à qn** rhoi cawell gwag i rn, peidio â chadw oed, peidio â dod; **~ de garenne** cwningen wyllt.

lapis(-lazuli) [lapis(lazyli)] *m inv* lapis-laswli *g*, glasfaen *g*.

lapon[1] (**-ne**) [lapɔ̃, ɔn] *adj* Lapaidd, o'r Lapdir.

lapon[2] [lapɔ̃] *m* (*LING*) Lapeg *b,g*.

Lapon [lapɔ̃] *m* Lapiad *g*, Lap *g*.

Laponne [lapɔn] *f* Lapiad *b*, Lap *b*.

Laponie [lapɔni] *prf*: **la ~** y Lapdir *g*, Gwlad *b* y Lapiaid.

laps [laps] *m*: **~ de temps** cyfnod *g*, ysbaid *g,b*.

lapsus [lapsys] *m* (*parlé*) llithriad *g* tafod; (*écrit*) llithriad llaw.

laquais [lakɛ] *m* gwas *g* lifrai; (*péj*) gwas bach.

laque [lak] *f* (*produit brut*) sielac *g*; (*vernis*) lacr *g*, farnais *g* caled; (*pour cheveux*) lacr gwallt;
♦*m* lacr *g*, gwrthrych *g* lacr.

laqué (**-e**) [lake] *adj* lacrog.

laquelle [lakɛl] *pron voir* **lequel**.

larbin [laʀbɛ̃] (*péj*) *m* gwas *g* bach.

larcin [laʀsɛ̃] *m* (*vol*) lladrad *g*; (*butin*) ysbail *b*.

lard [laʀ] *m* (*graisse*) saim *g*, braster *g*, bloneg *g*; **~ maigre** cig *g* moch brith *ou* rhesog, bacwn *g* brith *ou* rhesog.

larder [laʀde] (**1**) *vt* (*CULIN*) blonegu, lardio; **~ qn de coups** dyrnu *ou* curo rhn.

lardon [laʀdɔ̃] *m* (*CULIN*) stribed *g,b ou* darn *g* bach o gig moch; (*fam: enfant*) plentyn *g*.

large [laʀʒ] *adj* llydan, eang, helaeth; (*fig: généreux*) hael; **~ d'esprit** eangfrydig;
♦*adv*: **voir ~** bod braidd yn rhy hael (*wrth amcangyfrif*); **2 kg de riz, tu as vu ~!** 2 kg o reis, 'rwyt ti wedi bod yn hael braidd!; **calculer ~** gadael digon o led, bod yn hael (*wrth fesur ayb*);
♦*m* (*largeur*): **5m de ~** pum metr o led; **le ~** (*mer*) y cefnfor *g*, y môr *g* mawr; **prendre le ~** (*fig*) ffoi, ei heglu hi; **au ~ de** gerllaw; **il n'en menait pas ~** 'roedd ei galon yn ei esgidiau, 'roedd yn llawn gofid *voir aussi* **long**[1].

largement [laʀʒəmɑ̃] *adv* ar led, yn llydan, yn eang, yn helaeth, i raddau helaeth; (*au minimum*) o leiaf; (*de loin*) o bell ffordd, gryn dipyn, yn sylweddol, o lawer *ou* ddigon; (*donner etc*) yn hael; **il a ~ le temps** mae ganddo hen ddigon o amser; **il a ~ de quoi vivre** mae ganddo fwy na digon i fedru byw, mae ganddo hen ddigon i'w gynnal ei hun.

largesse [laʀʒɛs] *f* (*générosité*) haelioni *g*; **~s** (*dons*) rhoddion *ll*, anrhegion *ll*.

largeur [laʀʒœʀ] *f* (*qu'on mesure*) lled *g*; (*fig:*

idées etc) ehangder *g*.
larguer [large] (**1**) *vt* (*bombe, missile*) gollwng; (*fam: se débarrasser de*) taflu, lluchio, cefnu ar, troi cefn ar, mynd a gadael; ~ **les amarres** taflu'r *ou* bwrw'r rhaffau.
larigot [larigo] *m*: **boire/manger à tire-~** yfed/bwyta yn ddi-baid, yfed/bwyta faint a fynnoch.
larme [larm] *f* deigryn *g*; **elle était en ~s** 'roedd hi yn ei dagrau; **une ~ de** (*whisky, alcool*) diferyn *g* o; **pleurer à chaudes ~s** wylo'n hidl, llefain yn hidl.
larmoyant (**-e**) [larmwajɑ̃, ɑ̃t] *adj* (*yeux*) dyfrllyd, llawn dagrau, llaith; (*ton*) cwynfanllyd; (*voix*) dagreuol.
larmoyer [larmwaje] (**17**) *vi*
1 (*yeux*) dyfrio, rhedeg; **la fumée me fait ~ les yeux** mae mwg yn gwneud i'm llygaid redeg.
2 (*pleurnicher*) snwffian, swnian, cwyno.
larron [larɔ̃] *m* lleidr *g*; **s'entendre comme ~s en foire** bod yn llawiau â'ch gilydd, deall eich gilydd yn berffaith.
larve [larv] *f* (*ZOOL*) larfa *g*; (*fig: humaine*) llipryn *g*.
larvé (**-e**) [larve] *adj* (*fig: conflit, guerre*) cudd, cêl.
laryngite [larɛ̃ʒit] *f* dolur *g* gwddf, gwddf *g* tost.
laryngologiste [larɛ̃gɔlɔʒist] *m/f* laryngolegydd *g*.
larynx [larɛ̃ks] *m* corn *g* gwddf, larynes *g*.
las (**-se**) [lɑ, lɑs] *adj* blinedig, wedi blino; ~ **de qch** wedi blino *ou* hen alaru *ou* diflasu ar rth.
lasagne [lazaɲ] *f* lasagne *g*.
lascar [laskar] *m* boi* *g*, bachan* *g*, cymeriad *g*; (*malin*) cnaf *g*, dihiryn *g*, rôg *g*.
lascif (**lascive**) [lasif, lasiv] *adj* anllad, blysig, chwantus.
laser [lazer] *m*: **(rayon)** ~ laser *g*; **chaîne** *neu* **platine** ~ peiriant *g* chwarae cryno ddisgiau; **disque** ~ cryno-ddisg *g*.
lassant (**-e**) [lɑsɑ̃, ɑ̃t] *adj* diflas, blin, syrffedus.
lasse [lɑs] *adj f voir* **las**.
lasser [lɑse] (**1**) *vt* blino, diflasu, syrffedu; (*patience*) trethu;
♦ **se** ~ *vr*: **se** ~ **de** blino *ou* diflasu *ou* hen alaru ar.
lassitude [lɑsityd] *f* blinder *g*, lludded *g*; (*mêlée d'ennui*) diflastod *g*, syrffed *g*.
lasso [laso] *m* dolenraff *b*, lasŵ *g,b*; **prendre au** ~ dal (rhth) â lasŵ, laswio.
latent (**-e**) [latɑ̃, ɑ̃t] *adj* cudd, cêl.
latéral (**-e**) (**latéraux, latérales**) [lateral, latero] *adj* ochrol, ystlysol.
latéralement [lateralmɑ̃] *adv* yn ochrol, yn ystlysol, i'r *ou* o'r ochr, ar yr ochr, i'r *ou* o'r ystlys, ar yr ystlys.
latérite [laterit] *f* laterit *g*.
latex [lateks] *m inv* latecs *g*.
latin[1] (**-e**) [latɛ̃, in] *adj* Lladinaidd, Lladin.
latin[2] [latɛ̃] *m* (*LING*) Lladin *b,g*; **j'y perds mon** ~ mae y tu hwnt i mi, nid wy'n deall yr un gair ohono.
Latines [latin] *pl*: **les** ~ y cenhedloedd *ll* Lladinaidd.
latiniste [latinist] *m/f* Lladinydd *g*.
latino-américain (**-e**) (**~-~s, ~-~es**) [latinoamerikɛ̃, ɛn] *adj* Lladin-Americanaidd.
latitude [latityd] *f* (*GÉO*) lledred *g*; (*liberté*) rhyddid *g*; **à 48 degrés de ~ nord** ar ledred 48 gradd i'r gogledd; **sous toutes les ~s** (*fig*) ledled y byd, dros y byd i gyd; **avoir la ~ de faire** (*fig*) bod yn rhydd i wneud.
latrines [latrin] *fpl* tai *ll* bach.
latte [lat] *f* latsen *b*, dellten *b*; (*de plancher*) astell *b*, estyllen *b*.
lattis [lati] *m* delltwaith *g*
laudanum [lodanɔm] *m* lodnwm *g*.
laudatif (**laudative**) [lodatif, lodativ] *adj* (*terme, article*) canmoliaethus, clodforus; (*personne*) sy'n canmol *ou* clodfori.
lauréat [lɔrea] *m* enillydd *g*; (*dans l'Eisteddfod*) prifardd *g*, bardd *g* coronog, llenor *g*.
lauréate [lɔreat] *f* enillydd *g*; (*dans l'Eisteddfod*) prifardd *g*, bardd *g* coronog, llenor *g*.
laurier [lɔrje] *m* (*BOT*) llawryf *g*, llawryfen *b*; (*CULIN*) deilen *b* lawryf; **~s** (*fig: honneurs*) bri *g*, clod *g*.
laurier-rose (**~s-~s**) [lɔrjeroz] *m* rhoswydden *b*, rhoslawryf *g*.
laurier-tin (**~s-~s**) [lorjetɛ̃] *m* corswigen *b ou* gwifwrnwydden *b* y gaeaf.
lavable [lavabl] *adj* golchadwy, y gellir ei olchi.
lavabo [lavabo] *m* (*de salle de bains*) basn *g* ymolchi; **~s** (*toilettes*) toiledau *ll*.
lavage [lavaʒ] *m* golchfa *b*, golchiad *g*, golchi, glanhau; ~ **d'estomac** pwmpio'r stumog; ~ **d'intestin** glanhau'r coluddyn; ~ **de cerveau** pwylldreisio, cyflyru'r meddwl.
lavande [lavɑ̃d] *f* (*BOT*) lafant *g*.
lavandière [lavɑ̃djer] *f* golchwraig *b*; (*oiseau*) sigl-i-gwt *g*, siglen *b*.
lave [lav] *f* lafa *g*.
lave-glace (**~-~s**) [lavglas] *m* (*AUTO*) golchwr *g* ffenestr flaen.
lave-linge [lavlɛ̃ʒ] *m inv* peiriant *g* golchi.
lavement [lavmɑ̃] *m* (*MÉD*) enema *g,b*.
laver [lave] (**1**) *vt* golchi; (*tache*) golchi, glanhau, codi; (*fig: affront*) dial am; ~ **la vaisselle** golchi'r llestri; ~ **le linge** gwneud y golchi *ou* golch, golchi'r dillad, golchi; ~ **qn de** (*accusation*) difeio *ou* dieuogi rhn o;
♦ **se** ~ *vr* ymolchi; **se** ~ **les dents** glanhau'ch dannedd; **se** ~ **les mains** golchi'ch dwylo; **se** ~ **les mains de qch** (*fig*) golchi'ch dwylo o rth.
laverie [lavri] *f*: ~ **(automatique)** golchfa *b*, londrét *b*.
lavette [lavɛt] *f* (*chiffon*) cadach *g ou* clwtyn *g*

llestri; (*brosse*) mop *g* golchi llestri; (*fig: péj: personne*) llipryn *g*, hen wlanen *b*.
laveur [lavœʀ] *m* golchwr *g*, glanhäwr *g*.
laveuse [lavøz] *f* golchwraig *b*, glanheuwraig *b*.
lave-vaisselle [lavvɛsɛl] *m inv* peiriant *g* golchi llestri.
lavis [lavi] *m* (*technique*) golchliwio; (*dessin*) llun *g* golchliw.
lavoir [lavwaʀ] *m* tŷ *g* golchi, golchdy *g*.
laxatif (**laxative**) [laksatif, laksativ] *adj* rhyddhaol, carthol, sy'n eich gweithio, sy'n cael eich corff i lawr.
laxatif [laksatif] *m* ffisig *g ou* moddion *ll* gweithio, carthydd *g*.
laxisme [laksism] *m* llacrwydd *g*; (*tolérance*) goddefgarwch *g*; (*doctrine morale*) llydanfrydiaeth *b*.
laxiste [laksist] *adj* llac; (*tolérant*) goddefgar; (*morale*) llydanfryd.
layette [lɛjɛt] *f* dillad *ll* baban.
layon [lɛjɔ̃] *m* llwybr *g* coedwig.
Lazare [lazaʀ] *prm* Lasarus.
lazaret [lazaʀɛ] *m* (*lieu d'isolement*) clafdy *g* (*ar gyfer cleifion heintus sy'n cyrraedd o wledydd tramor*).
lazzi [la(d)zi] *m* gwawd *g*.
LCR [ɛlseɛʀ] *sigle f* (= *Ligue communiste révolutionnaire*) *Urdd b gomiwnyddol chwyldroadol*.
le[1], **l'** (**la**) (**les**) [l(ə), la, le] *art déf*
1 (*gén*) y, yr, 'r; **le livre/la pomme/l'arbre** y llyfr/yr afal/y goeden; **les livres/les pommes/les arbres** y llyfrau/yr afalau/y coed; **le chien et le chat** y ci a'r gath.
2 (*noms abstraits, généralisation: gén non traduit*): **le courage/l'amour/la jeunesse** dewrder/cariad/ieuenctid; **les hommes et les femmes** dynion a merched.
3 (*indiquant la possession*): **se casser la jambe** torri'ch coes; **levez la main** codwch eich llaw; **avoir les yeux bleus/le nez rouge** bod â llygaid gleision/â thrwyn coch.
4 (*temps*): **le matin** yn y bore; **le soir** fin nos, yn yr hwyr, gyda'r nos; **le jeudi** (*d'habitude*) bob dydd Iau, ar ddydd Iau; (*ce jeudi-là*) ar y dydd Iau.
5 (*distribution*) y, yr; **10 F le mètre/kilo** deg ffranc y metr/kilo; **60 km à l'heure** 60 km yr awr.
6 (*fraction*): **le tiers/quart de qch** y drydedd ran *b ou* y traean *b*/chwarter *g* o rth.
le[2], **l'** (**la**) (**les**) [l(ə), la, le] *pron*
1 (*personne: mâle*) ef, fe, fo, e, o; (:*femelle*) hi; (:*pl*) hwy, hwynt, nhw, eu; **je le surveille** 'rwy'n ei wylio ef *ou* fe, 'rydw i'n ei wylio fo; **je le vois** 'rwy'n gallu ei weld ef *ou* e, 'rydw i'n gallu ei weld o; **je la vois** 'rwy'n gallu ei gweld hi; **je les vois** 'rwy'n gallu eu gweld hwy *ou* nhw; **il ne l'a pas vu** ni welodd mohono; **il ne l'a pas vue** ni welodd mohoni; **elle l'attend** mae hi'n aros amdano/amdani; **je la voyais** fe'i gwelwn hi; **elle va l'accompagner** mae hi'n mynd i ddod gyda fe/hi, fe ddaw hi gyda fe/hi; **le voici** *neu* **voilà** dyma *ou* dyna fe; **la voici** *neu* **voilà** dyma *ou* dyna hi.
2 (*remplaçant une phrase ou un nom ou un adjectif: souvent non traduit*): **je ne le savais pas** (ni) wyddwn i ddim (o hynny); **demande-le-lui** gofyn iddo; **il me l'a dit hier** dywedodd hynny wrthyf ddoe; **il a été professeur mais il ne l'est plus** bu'n athro ond nid yw bellach; **elle est plus grande que je le suis** mae hi'n dalach na mi; **il l'a échappé belle** cael a chael fu hi iddo ddianc.
lé [le] *m* (*de tissu*) lled *g*; (*de papier peint*) hyd *g*.
leader [lidœʀ] *m* (*POL*) arweinydd *g*; (*SPORT*) cystadleuydd *g* (sydd ar y) blaen; (*dans un journal etc*) golygyddol *g*, erthygl *b* arweiniol *ou* flaen.
leadership [lidœʀʃip] *m* arweinyddiaeth *b*, arweiniad *g*; (*position dominante*) goruchafiaeth *b*, blaenoriaeth *b*.
Lear [leaʀ] *prm*: **le roi** ~ y brenin *g* Llŷr.
leasing [liziŋ] *m* (*COMM*) prydlesu; **acheter qch en** ~ prynu rhth ar brydles.
lèche-bottes [lɛʃbɔt] *m inv* cynffonnwr *g*, sebonwr *g*, crafwr *g*.
lèchefrite [lɛʃfʀit] *f* padell *b* doddion.
lécher [leʃe] (**14**) *vt* llyfu, llyo; (*suj: flamme*) neidio o gwmpas (rhth); (*tableau, livre etc*) caboli (rhth) yn ormodol; ~ **les vitrines** edrych yn ffenestri siopau, mynd o gwmpas y siopau;
♦ **se** ~ *vr*: **se** ~ **les doigts/lèvres** llyfu'ch bysedd/gwefusau.
lèche-vitrines [lɛʃvitʀin] *m inv*: **faire du** ~-~ edrych yn ffenestri siopau.
leçon [l(ə)sɔ̃] *f* (*aussi fig*) gwers *b*; **faire la** ~ dysgu; **faire la** ~ **à** (*fig*) dweud y drefn wrth, rhoi pregeth i; ~ **de choses** (*SCOL*) gwers natur, astudiaethau *ll* natur; ~**s de conduite** gwersi gyrru; ~**s particulières** gwersi preifat.
lecteur [lɛktœʀ] *m* darllenydd *g*, darllenwr *g*; (*UNIV*) cynorthwy-ydd *g* ieithoedd: ~ **de cassettes** (*TECH*) chwaraewr *g* casetiau; ~ **de disquette(s)** *neu* **de disque** (*INFORM*) disgyrrwr *g*; ~ **compact-disc** *neu* **CD** chwaraewr *g* cryno-ddisgiau.
lectrice [lɛktʀis] *f* darllenwraig *b*; (*UNIV*) cynorthwy-ydd *g* ieithoedd.
lecture [lɛktyʀ] *f* darlleniad *g*, darllen; **en première/seconde** ~ (*POL: loi*) ar y darlleniad cyntaf/ar yr ail ddarlleniad.
LED [lɛd] *sigle f* (= *light emitting diode*) LED; **affichage** ~ arddangosiad *g* LED.
ledit, ladite (**lesdits, lesdites**) [lədi, ladit] *dét* y dywededig, a enwyd *ou* a grybwyllwyd eisoes *ou* uchod.
légal (-e) (**légaux, légales**) [legal, lego] *adj* (*qui est conforme à la loi*) cyfreithlon; (*fourni par*

la loi) cyfreithiol.
légalement [legalmɑ̃] *adv* (*sans enfreindre la loi*) yn gyfreithlon; (*selon la loi*) yn gyfreithiol, yn ôl y gyfraith.
légalisation [legalizasjɔ̃] *f* cyfreithloni.
légaliser [legalize] (**1**) *vt* cyfreithloni.
légalité [legalite] *f* cyfreithlondeb *g*; **être dans la** ~ cadw i'r gyfraith; **sortir de la** ~ torri'r gyfraith.
légat [lega] *m* (*REL*) llysgennad *g ou* cennad *g* y Pab.
légataire [legatɛʀ] *m* etifedd *g*; ~ **universel** etifedd y gweddill.
légation [legasjɔ̃] *f* cenhadaeth *b*, cenhadon *ll*.
légendaire [leʒɑ̃dɛʀ] *adj* chwedlonol.
légende [leʒɑ̃d] *f* (*mythe*) chwedl *b*; (*de carte, plan*) eglurhad *g*, allwedd *b*; (*de texte, dessin*) pennawd *g*, capsiwn *g*; (*monnaie, médaille*) arysgrifen *b*.
légender [leʒɑ̃de] (**1**) *vt* capsiynu, darparu allwedd *ou* pennawd (ar gyfer).
léger (**légère**) [leʒe, leʒɛʀ] *adj* ysgafn; (*alcool, thé*) gwan; (*vin*) ysgafn; (*couche, étoffe*) ysgafn, tenau; (*superficiel: personne, propos*) ysgafn, difeddwl, anystyriol; (:*preuve, argument*) ansylweddol, disylwedd; (*erreur*) bach; **blessé** ~ rhywun *g* â mân anafiadau; **à la légère** (*parler, agir*) yn ddifeddwl *ou* anystyriol, yn ysgafn, yn fyrbwyll.
légèrement [leʒɛʀmɑ̃] *adv* yn ysgafn; (*à la légère*) yn ddifeddwl *ou* anystyriol, yn fyrbwyll; ~ **plus grand** ychydig yn fwy; ~ **en retard** ychydig yn hwyr.
légèreté [leʒɛʀte] *f* ysgafnder *g*; (*superficialité: personne, propos*) diffyg *g* meddwl *ou* ystyriaeth, ysgafnder; (:*preuve, argument*) diffyg sylwedd.
légiférer [leʒifeʀe] (**14**) *vi* deddfu.
légion [leʒjɔ̃] *f* (*MIL*) lleng *b*; (*grande quantité*) llu *g*, haid *b*; **L~ d'honneur** Lleng Anrhydedd; **L~ étrangère** Lleng Dramor (Ffrainc).
légionnaire [leʒjɔnɛʀ] *m* llengfilwr *g*; (*de la Légion d'honneur*) deiliad *g/b* Lleng Anrhydedd.
législateur [leʒislatœʀ] *m* deddfwr *g*, deddfroddwr *g*.
législatif (**législative**) [leʒislatif, leʒislativ] *adj* deddfwriaethol; **élections législatives** ≈ etholiad *g* cyffredinol.
législation [leʒislasjɔ̃] *f* deddfwriaeth *b*.
législatives [leʒislativ] *fpl* ≈ etholiad *g* cyffredinol.
législature [leʒislatyʀ] *f* corff *g* deddfwriaethol, senedd *b*; (*durée du mandat*) cyfnod *g* (mewn) grym.
légiste [leʒist] *m* cyfreithydd *g*; ♦*adj*: **médecin** ~ arbenigwr *g* fforensig.
légitime [leʒitim] *adj* cyfreithlon; (*fig*) cyfiawn, teg; ~ **défense** (*JUR*) hunanamddiffyniad *g*, hunanamddiffyn.
légitimement [leʒitimmɑ̃] *adv* yn gyfreithlon; (*fig*) yn gyfiawn, yn deg.
légitimer [leʒitime] (**1**) *vt* cyfreithloni; (*justifier: conduite etc*) cyfiawnhau.
légitimité [leʒitimite] *f* cyfreithlondeb *g*, cyfreithlonrwydd *g*.
legs [lɛg] *m* cymynrodd *b*; (*fig*) etifeddiaeth *b*, treftadaeth *b*.
léguer [lege] (**14**) *vt*: ~ **qch à qn** (*JUR*) gadael rhth i rn (mewn ewyllys), cymynnu *ou* cymynroddi rhth i rn; (*fig: tradition, pouvoir*) traddodi rhth i rn, trosglwyddo rhth i rn.
légume [legym] *m* llysieuyn *g*; ~**s secs** codlysiau *ll*; ~**s verts** llysiau gwyrdd.
légumier [legymje] *m* dysgl *b* lysiau.
légumineuses [legyminøz] *fpl* ciblysiau *ll*, codlysiau *ll*.
leitmotiv [lejtmɔtiv] *m* leitmotif *g,b*.
Léman [lemɑ̃] *m*: **Lac** ~ Llyn *g* Genefa.
lendemain [lɑ̃dmɛ̃] *m*: **le** ~ trannoeth *g*, drannoeth, y diwrnod *g* wedyn; **le** ~ **matin** y bore *g* wedyn *ou* canlynol, bore drannoeth; **le** ~ **soir** y noswaith *b* wedyn *ou* ganlynol, y noson *b* wedyn *ou* ganlynol; **le** ~ **de son anniversaire** y diwrnod ar ôl ei benblwydd, trannoeth ei benblwydd; **au** ~ **du mariage** yn y dyddiau wedi'r briodas; **penser au** ~ meddwl am y dyfodol; **sans** ~ byrhoedlog, dros dro, darfodedig; **de beaux** ~**s** dyfodol *g* addawol *ou* gobeithiol; **des** ~**s qui chantent** dyfodol teg *ou* disglair.
lénifiant (**-e**) [lenifjɑ̃, jɑ̃t] *adj* (*propos*) cysurlon; (*climat*) llethol.
léninisme [leninism] *m* Leniniaeth *b*.
léniniste [leninist] *adj* Leninaidd; ♦*m/f* Leninydd *g/b*.
lent (**-e**) [lɑ̃, lɑ̃t] *adj* araf.
lente [lɑ̃t] *f* nedden *b*.
lentement [lɑ̃tmɑ̃] *adv* yn araf (deg).
lenteur [lɑ̃tœʀ] *f* arafwch *g*.
lentille [lɑ̃tij] *f*
1 (*OPT*) lens *b*; ~**s de contact** lensys *ll* cyffwrdd.
2 (*BOT, CULIN*) ffacbysen *b*; ~ **d'eau** llinad *g* y dŵr, bwyd *g* yr hwyaid.
léonin (**-e**) [leɔnɛ̃, in] *adj* (*fig: contrat etc*) unochrog.
léopard [leɔpaʀ] *m* llewpart *g*; **tenue** ~ dillad *ll* cuddliw.
LEP [lɛp] *sigle*(= *lycée d'enseignement professionnel*) *ysgol b hyfforddiant proffesiynol.*
lèpre [lɛpʀ] *f* gwahanglwyf *g*.
lépreux[1] (**lépreuse**) [lepʀø, lepʀøz] *adj* (*peau*) clafrllyd, crachlyd, cramennog; (*fig: mur, peinture*) sy'n pilio, cramennog.
lépreux[2] [lepʀø] *m* dyn *g* gwahanglwyfus, gwahanglaf *g*.
lépreuse [lepʀøz] *f* merch *b* wahanglwyfus; ♦*adj f voir* **lépreux**[1].
léproserie [lepʀozʀi] *f* ysbyty *g*

gwahangleifion, clafdy *g*.

lequel (**laquelle**) (**lesquels, lesquelles**) [ləkɛl, lakɛl] (*à + lequel =* auquel*, de + lequel =* duquel*, à + lesquels =* auxquels*, de + lesquels =* desquels*, à + lesquelles =* auxquelles*, de + lesquelles =* desquelles) *pron interrog* pa un, p'run, pa rai; ~ **des deux?** pa un o'r ddau?; **laquelle de ces bagues préfères-tu?** p'run o'r modrwyau hyn sydd orau gen ti?; **auquel de tes amis as-tu écrit?** at ba un o dy ffrindiau wyt ti wedi ysgrifennu?; **duquel** *neu* **de laquelle parliez-vous?** am ba un oeddech chi'n siarad?; **voici le garçon duquel je t'ai parlé** hwn yw'r bachgen y soniais wrthyt amdano; ♦*pron rel* yr hwn, yr hon, y rhai; **le pont sur ~ nous sommes passés** y bont (yr hon) yr aethom ni drosti; **la femme à laquelle j'ai acheté un chien** y wraig (yr hon) y prynais gi ganddi; **les journaux lesquels nous avons lus** y papurau newydd, y rheini a ddarllenasom; **j'ai écrit au directeur, ~ m'a répondu** ysgrifenais at y rheolwr ac fe atebodd yntau; **il était avec sa sœur, laquelle m'a parlé** 'roedd gyda'i chwaer, ac fe siaradodd hi â mi; **un homme sur le courage duquel on peut compter** dyn (yr hwn) y gellir dibynnu ar ei ddewrder; ♦*adj*: **il m'a présenté son cousin, ~ cousin vit en Allemagne** cyflwynodd ei gefnder imi, (y cefnder) hwnnw sy'n byw yn yr Almaen; **il a acheté une voiture d'occasion, laquelle voiture est déjà en panne** prynodd gar ail-law, ac mae hwnnw wedi torri i lawr yn barod; **auquel cas** os felly, os digwydd hynny, pe digwyddai hynny.

les[1] [le] *dét voir* **le**[1].

les[2] [le] *pron* nhw, hwy, eu; **je ~ ai vus** gwelais nhw, fe'u gwelais i nhw, 'rwyf wedi'u gweld nhw; **je ne ~ ai pas vus** ni welais i mohonynt, 'dydw' i ddim wedi'u gweld nhw; **je ~ attends** 'rwy'n disgwyl amdanyn nhw.

lesbienne [lɛsbjɛn] *f* lesbiad *b*.

lesdits (**lesdites**) [ledi, dit] *dét voir* **ledit**.

lèse-majesté [lɛzmaʒɛste] *f*: **crime de ~-~** teyrnfradwriaeth *b*.

léser [leze] (**14**) *vt* gwneud cam â, gwneud drwg i, niweidio; (*MÉD: organe*) anafu.

lésiner [lezine] (**1**) *vi*: ~ **(sur)** arbed (ar), bod yn grintachlyd *ou* yn gybyddlyd *ou* yn gynnil (gyda).

lésion [lezjɔ̃] *f* anaf *g*, niwed *g*, nam *g*; **~s cérébrales** niwed i'r ymennydd.

Lesotho [lezɔto] *prm* Lesotho *b*.

lesquels (**lesquelles**) [lekɛl] *pron voir* **lequel**

lessivable [lesivabl] *adj* (*papier peint etc*) golchadwy, y gellir ei olchi.

lessivage [lesivaʒ] *m* golchiad *g*, golchi.

lessive [lesiv] *f* (*poudre à laver*) powdr *g* golchi; (*linge*) dillad *ll* i'w golchi, golch *g*; (*opération*) golchi; **faire la ~** gwneud y golch, golchi'r dillad, golchi.

lessivé* (**-e**) [lesive] *adj* (*personne*) wedi ymlâdd, wedi blino'n lân.

lessiver [lesive] (**1**) *vt* golchi.

lessiveuse [lesivøz] *f* (*récipient*) boeler *g* (*golchi dillad*).

lessiviel [lesivjɛl] *adj* glanhaol, glanedol.

lest [lɛst] *m* balast *g*; **jeter** *neu* **lâcher du ~** (*fig*) cyfaddawdu.

leste [lɛst] *adj* (*personne, mouvement*) sionc, heini, ystwyth; (*cavalier: manières, ton*) diseremoni, ffwrdd-â-hi; (*osé: plaisanterie*) amheus, beiddgar.

lestement [lɛstəmɑ̃] *adv* yn sionc, yn heini, yn ystwyth.

lester [lɛste] (**1**) *vt* balastio, llwytho (rhth) â balast.

letchi [lɛtʃi] *m* (*BOT*)= **litchi**.

léthargie [letaʀʒi] *f* (*MÉD*) cysgadrwydd *g*, marwgwsg *g*; (*torpeur*) syrthni *g*, diffyg *g* ynni.

léthargique [letaʀʒik] *adj* swrth, cysglyd, diynni.

letton[1] (**-ne**) [letɔ̃, ɔn] *adj* Latfiaidd, o Latfia; (*LING*) Latfieg.

letton[2] [letɔ̃] *m* (*LING*) Latfieg *b,g*.

Letton [letɔ̃] *m* Latfiad *g*.

Lettonne [letɔn] *f* Latfiad *b*.

Lettonie [lɛtɔni] *prf*: **la ~** Latfia *b*.

lettre [lɛtʀ] *f*

1 (*d'un alphabet*) llythyren *b*; **en ~s majuscules** *neu* **capitales** mewn llythrennau bras; **écrire un nom en toutes ~s** ysgrifennu enw'n llawn; **écrire un nombre en toutes ~s** ysgrifennu rhif mewn geiriau; **à la ~** (*fig: obéir*) i'r llythyren; (*au sens propre*) yn llythrennol.

2 (*missive*) llythyr *g*; **par ~** (*dire, informer*) trwy lythyr; **~ anonyme** llythyr dienw; **~ ouverte** (*POL: de journal*) llythyr agored; **~ piégée** llythyr ffrwydrol, bom *g,b* post *ou* bost.

3 (*locutions*): **~ de change** bil *g* cyfnewid; **~ de crédit** llythyr *g* credyd; **~ de voiture** anfoneb *b*; **~s de noblesse** pedigri *g*; **gagner ses ~s de noblesse** (*fig*) ennill cymeradwyaeth *ou* bri, ennill eich lle, ennill eich plwy'; **rester ~ morte** cael ei ddiystyru *ou* anwybyddu.

▶ **lettres**

1 (*SCOL, UNIV*) celfyddydau *ll*.

2 (*culture littéraire*) llenyddiaeth *b*.

lettré (**-e**) [letʀe] *adj* dysgedig, llengar, hyddysg.

lettre-transfert (**~s-~s**) [lɛtʀətʀɑ̃sfɛʀ] *f* trosglwyddyn *g*.

leu [lø] *m voir* **queue**.

leucémie [løsemi] *f* lewcemia *g*.

leucémique [løsemik] *adj* lewcemig.

leur[1] [lœʀ] *adj* eu ... (hwy *ou* nhw), 'u ... (hwy *ou* nhw), 'w ... (hwy *ou* nhw); ~

maison eu tŷ; ~ **région** eu hardal; ~**s amis** eu ffrindiau; ~ **père et** ~ **mère** eu tad a'u mam; **elles ont donné un cadeau à** ~ **frère/à** ~ **oncle** rhoesant anrheg i'w brawd/i'w hewythr; **à** ~ **approche** wrth iddynt nesáu; **à** ~ **vue** o'u gweld, wrth eu gweld, o'r olwg arnynt; **et/à/avec/vers/de/ni** ~ **pays** a'u/i'w/gyda'u/tua'u/o'u/na'u gwlad.

leur[2] [lœʀ] *pron*
1 (*objet indirect*) iddynt (hwy), iddyn nhw, wrthynt (hwy), wrthyn nhw; **je le** ~ **ai donné** fe'i rhoddais iddynt; **je** ~ **ai dit la vérité** dywedais y gwir wrthynt.
2 (*possessif*): **le/la** ~ eu hun nhw; **les** ~**s** eu rhai hwy *ou* nhw *ou* eu heiddo hwy; **mon chien et le** ~ **sont dans le jardin** mae fy nghi i a'u ci hwy yn yr ardd, mae fy nghi i a'u hun nhw yn yr ardd; **nos livres et les** ~**s sont sur la table** mae ein llyfrau ni a'u llyfrau hwy *ou* eu heiddo hwy ar y bwrdd, mae ein llyfrau ni a'u rhai hwy *ou* nhw ar y bwrdd.

leurre [lœʀ] *m* (*appât*) abwydyn *g*, llith *g*; (*fig: duperie*) twyll *g*; (*piège*) magl *b*, trap *g*.

leurrer [lœʀe] (**1**) *vt* twyllo, camarwain, hudo; ♦ **se** ~ *vr* eich twyllo'ch hun.

levain [ləvɛ̃] *m* (*de boulanger*) surdoes *g*, lefain *g*; **pain sans** ~ bara *g* croyw.

levant (**-e**) [ləvɑ̃, ɑ̃t] *adj*: **soleil** ~ haul *g* y bore, codiad *g* haul; **au soleil** ~ ar godiad yr haul, ar doriad y dydd, gyda'r wawr.

Levant [ləvɑ̃] *m*: **le** ~ y Dwyrain *g* Agos, Dwyrain Môr y Canoldir, y Lefant *b*.

levantin (**-e**) [ləvɑ̃tɛ̃, in] *adj* lefantaidd, o'r Lefant.

levé[1] (**-e**) [ləve] *adj*: **être** ~ (*personne*) bod wedi codi; **à mains** ~**es** (*vote*) trwy godi dwylo, trwy bleidlais gyhoeddus; **au pied** ~ â dim ond eiliad o rybudd, heb fawr ddim rhybudd.

levé[2] [ləve] *m*: ~ **de terrain** arolwg *g* tir.

levée [ləve] *f* (*de courrier*) casgliad *g*; (*CARTES*) tric *g*; ~ **d'écrou** rhyddhad *g* o'r ddalfa; ~ **de boucliers** (*fig*) protest *g,b*, banllef *b* o brotest; ~ **de terre** llifglawdd *g*, cob *g* pridd, argae *g* pridd, cawsai *g,b* pridd; ~ **de troupes** codi byddin, listio milwyr; ~ **en masse** listiad *ou* listio torfol; ~ **du corps** codi'r corff (*y weithred o fynd â'r corff o'r tŷ galar, neu'r gwasanaeth byr a gynhelir bryd hynny*); ♦*adj f voir* **levé**[1].

lever[1] [l(ə)ve] (**13**) *vt* codi; (*supprimer: interdiction, punition*) codi, diddymu, dirymu; (*difficulté, obstacle*) cael gwared â *ou* ar; (*impôts*) codi, gosod; (*armée*) codi, listio; (*CHASSE*) codi; (*fam: fille*) denu, bachu*, cael gafael ar;
♦*vi* (*CULIN*) codi; (*semis, graine*) tyfu, dod i fyny; **le pain a levé** mae'r bara wedi codi;
♦ **se** ~ *vr* (*gén, brouillard, soleil*) codi; (*jour*) gwawrio; **cela se lève** (*temps*) mae hi'n codi *ou* clirio, mae hi'n brafio *ou* hinddanu.

lever[2] [l(ə)ve] *m*: **au** ~ wrth godi; **au** ~ **du jour** gyda'r wawr, ar doriad y dydd; **au** ~ **du rideau** pan godir *ou* gyfyd y llen; **au** ~ **du soleil** ar godiad yr haul; ~ **de rideau** drama *b* agoriadol, drama godi'r llen; ~ **de soleil** codiad *g* haul; ~ **du jour** gwawr *b*, toriad *g* dydd.

lève-tard [lɛvtaʀ] *m/f inv* codwr *g ou* cysgwr *g* hwyr, codwraig *b ou* cysgwraig *b* hwyr.

lève-tôt [lɛvto] *m/f inv* boregodwr *g*, boregodwraig *b*, codwr *g* bore *ou* cynnar, codwraig *b* fore *ou* gynnar.

levier [ləvje] *m* trosol *g*; (*manette*) lifer *g,b*; **faire** ~ **sur qch** codi rhth â throsol, rhoi trosol dan rth; ~ **de changement de vitesse** lifer gêr; ~ **de commande** lifer rheoli.

lévitation [levitasjɔ̃] *f* ymddyrchafael, ymgodi.

levraut [ləvʀo] *m* (*ZOOL*) lefren *b*.

lèvre [lɛvʀ] *f* gwefus *b*; (*d'une plaie*) ymyl *g,b*; **du bout des** ~**s** (*manger*) heb lawer o awydd; (*parler, répondre*) o'ch anfodd, yn anfoddog; **rire du bout des** ~**s** glaswenu, glaschwerthin; **petites/grandes** ~**s** (*ANAT*) y gweflau *ll* lleiaf/mwyaf.

lévrier [levʀije] *m* milgi *g*.

levure [l(ə)vyʀ] *f* burum *g*; ~ **de boulanger** burum sych; ~ **chimique** powdr *g* codi; ~ **de bière** burum gwlyb.

lexical (**-e**) (**lexicaux, lexicales**) [lɛksikal, lɛksiko] *adj* geirfaol, geiregol.

lexicographe [lɛksikɔgʀaf] *m/f* geiriadurwr *g*, geiriadurwraig *b*.

lexicographie [lɛksikɔgʀafi] *f* geiriaduraeth *b*, geiriadura.

lexicologie [lɛksikɔlɔʒi] *f* geireg *b*.

lexique [lɛksik] *m* geirfa *b*, geiriadur *g*.

lézard [lezaʀ] *m* (*ZOOL*) madfall *b*, genau-goeg *b*; (*peau*) croen *g* madfall.

lézarde [lezaʀd] *f* crac *g*, agen *b*, hollt *b*.

lézardé (**-e**) [lezaʀde] *adj* wedi cracio *ou* hollti, craciog.

lézarder*[1] [lezaʀde] (**1**) *vi*: ~ **au soleil** gorweddian yn yr haul.

lézarder[2] [lezaʀde] (**1**): **se** ~ *vr* (*fig*) cracio.

liaison [ljɛzɔ̃] *f* (*rapport*) cysylltiad *g*, cyswllt *g*, dolen *b* gyswllt; (*RAIL, AVIAT*) cysylltiad; (*relation: d'amitié*) cyfeillgarwch *g*; (*d'affaires*) perthynas *b*; (*amoureuse*) carwriaeth *b*; (*CULIN*) tewychiad *g*; (*LING*) cysylltiad; **entrer en** ~ **avec** dod i gysylltiad â; **être en** ~ **avec** bod mewn cysylltiad â; ~ **(de transmission de données)** cysylltiad data; ~ **radio** cysylltiad *ou* cyswllt radio; ~ **téléphonique** cysylltiad *ou* cyswllt teleffon.

liane [ljan] *f* (*vigne, lierre*) dringhedydd *g*, planhigyn *g* ymlusgol *ou* dringol; (*en forêt équatoriale*) liana *b*.

liant (**-e**) [ljɑ̃, ljɑ̃t] *adj* cymdeithasgar.

liasse [ljas] *f* (*de billets*) dyrnaid *g*, sypyn *g*; (*de lettres*) swp *g*, bwndel *g*.

Liban [libɑ̃] *prm*: **le** ~ Libanus *b*.
libanais (**-e**) [libanɛ, ɛz] *adj* Libanaidd, o Libanus.
Libanais [libanɛ] *m* Libaniad *g*.
Libanaise [libanɛz] *f* Libaniad *b*.
libations [libasjɔ̃] *fpl* (*fig*) yfed, potio*, llymeitian.
libelle [libɛl] *m* ysgrif *b* *ou* cerdd *b* ddychan.
libellé [libele] *m* geiriad *g*.
libeller [libele] (**1**) *vt* (*chèque, mandat*) ysgrifennu; (*lettre, rapport*) geirio; ~ **un chèque à l'ordre de** ysgrifennu siec yn enw.
libellule [libelyl] *f* gwas *g* (y) neidr.
libéral[1] (**-e**) (**libéraux, libérales**) [libeʀal, libeʀo] *adj* rhyddfrydig, eangfrydig, haelfrydig; (*POL*) Rhyddfrydol; **les professions ~es** y proffesiynau *ll*.
libéral[2] (**libéraux**) [libeʀal, libeʀo] *m* Rhyddfrydwr *g*.
libérale [libeʀal] *f* Rhyddfrydwraig *b*; ♦*adj f voir* **libéral**[1].
libéralement [libeʀalmɑ̃] *adv* yn hael.
libéralisation [libeʀalizasjɔ̃] *f* rhyddfrydoli; ~ **du commerce** llacio'r cyfyngiadau ar fasnach.
libéraliser [libeʀalize] (**1**) *vt* rhyddfrydoli.
libéralisme [libeʀalism] *m* rhyddfrydiaeth *b*.
libéralité [libeʀalite] *f* rhyddfrydedd *g*, eangfrydedd *g*, haelioni *g*.
libérateur[1] (**libératrice**) [libeʀatœʀ, libeʀatʀis] *adj* (*fig: attitude, fait*) rhyddhaol.
libérateur[2] [libeʀatœʀ] *m* (*d'un pays, peuple*) rhyddhäwr *g*, gwaredwr *g*.
libératrice [libeʀatʀis] *f* (*d'un pays, peuple*) rhyddhäwraig *b*; ♦*adj f voir* **libérateur**[1].
libération [libeʀasjɔ̃] *f* rhyddhad *g*, rhyddhau; **la L~** (*1945*) y Rhyddhad; ~ **conditionnelle** rhyddhad ar barôl; ~ **de la femme** rhyddid *g* merched.
libéré (**-e**) [libeʀe] *adj* a ryddhawyd, wedi ei r(h)yddhau; (*femme*) rhydd; ~ **de** wedi ei r(h)yddhau o, wedi eich rhyddhau; **être ~ sous caution/sur parole** cael eich rhyddhau ar fechnïaeth/ar barôl.
libérer [libeʀe] (**14**) *vt* rhyddhau; (*soldat*) rhyddhau, dadfyddino; (*dégager: gaz, cran d'arrêt*) gollwng, rhyddhau; (*ÉCON: échanges commerciaux*) llacio'r cyfyngiadau ar; ~ **qn de** rhyddhau rhn o;
♦ **se** ~ *vr* ymryddhau, eich rhyddhau'ch hun.
Libéria [libeʀja] *prm*: **le** ~ Liberia *b*.
libérien (**-ne**) [libeʀjɛ̃, jɛn] *adj* Liberiaidd, o Liberia.
Libérien [libeʀjɛ̃] *m* Liberiad *g*.
Libérienne [libeʀjɛn] *f* Liberiad *b*.
libéro [libeʀo] *m* (*FOOTBALL*) ysgubwr *g*.
libertaire [libeʀtɛʀ] *adj* libertaraidd.
liberté [libeʀte] *f* rhyddid *g*; (*loisir*) amser *g* rhydd, hamdden *b*; **se permettre des ~s avec qn** (*privautés*) mynd *ou* bod yn hy ar rn, mynd *ou* bod yn ewn ar rn; **mettre qn en ~** rhyddhau rhn, gollwng rhn yn rhydd, gadael i rn fynd; **être en ~** bod yn rhydd; **en ~ provisoire** ar fechnïaeth; **en ~ surveillée** ar brofiannaeth; **en ~ conditionnelle** ar barôl; ~ **d'action** rhyddid i weithredu; ~ **d'association** hawl *b* i gymdeithasu; ~ **d'expression/d'opinion** rhyddid mynegiant/barn; ~ **de conscience** rhyddid cydwybod; ~ **de culte** rhyddid i addoli, rhyddid addoliad; ~ **de la presse** rhyddid y wasg; ~ **de réunion** hawl i ymgynnull; ~ **syndicale** hawliau *ll* undebol; **~s individuelles** rhyddid yr unigolyn; **~s publiques** hawliau sifil *ou* dinesig, iawnderau *ll* sifil *ou* dinesig.
libertin (**-e**) [libeʀtɛ̃, in] *adj* penrhydd, chwantus, blysig.
libertinage [libeʀtinaʒ] *m* trachwant *g*, blysigrwydd *g*.
libidineux (**libidineuse**) [libidinø, libidinøz] *adj* chwantus, trachwantus, blysig.
libido [libido] *f* libido *g,b*.
libraire [libʀɛʀ] *m/f* llyfrwerthwr *g*, llyfrwerthwraig *b*, gwerthwr *g* llyfrau, gwerthwraig *b* llyfrau.
libraire-éditeur (**~s-~s**) [libʀɛʀeditœʀ] *m* cyhoeddwr *g* a llyfrwerthwr *g*.
librairie [libʀeʀi] *f* siop *b* lyfrau.
librairie-papeterie (**~s-~s**) [libʀeʀipapetʀi] *f* siop *b* lyfrau a deunydd ysgrifennu.
libre [libʀ] *adj* rhydd; (*route*) clir; (*place etc*) gwag; (*fig: sans retenue*) agored, gonest; (*enseignement, école*) preifat a Chatholig; ~ **de** (*contrainte, obligation*) rhydd o *ou* oddi wrth *ou* rhag; ~ **à vous de ...** mae pob croeso ichi ...; **avoir le champ** ~ cael rhwydd hynt, cael gwneud fel y mynnoch, cael gwneud yn ôl eich mympwy *ou* ewyllys; **en vente** ~ (*COMM: produit*) ar werth i bawb; (*médicament*) ar werth heb bresgripsiwn, ar werth dros y cownter; ~ **arbitre** ewyllys *b* rydd, rhyddid *g* ewyllys; ~ **concurrence** marchnad *b* rydd; ~ **entreprise** rhydd fenter *b*, menter *b* rydd.
libre-échange [libʀeʃɑ̃ʒ] *m* masnach *b* rydd.
librement [libʀəmɑ̃] *adv* yn rhydd; (*avec franchise*) yn agored, yn onest.
libre-penseur (**~s-~s**) [libʀəpɑ̃sœʀ] *m* rhydd-feddyliwr *g*.
libre-penseuse (**~s-~s**) [libʀəpɑ̃søz] *f* rhydd-feddylwraig *b*.
libre-service (**~s-~s**) [libʀəsɛʀvis] *m*; **magasin ~-~** siop *b* helpu'ch hunan, siop hunanwasanaeth; **restaurant ~-~** bwyty *g* helpu'ch hunan, bwyty estyn ato.
librettiste [libʀetist] *m* (*MUS*) libretydd *g*.
Libye [libi] *prf*: **la** ~ Libia *b*.
libyen (**-ne**) [libjɛ̃, ɛn] *adj* Libiaidd, o Libia.
Libyen [libjɛ̃] *m* Libiad *g*.
Libyenne [libjɛn] *f* Libiad *b*.
lice [lis] *f*: **entrer en** ~ (*fig*) ymuno â'r frwydr.
licence [lisɑ̃s] *f* (*autorisation: COMM, SPORT*)

trwydded *b*; (*poétique*) rhyddid *g*, penrhyddid *g*; (*des mœurs*) trachwant *g*, blysigrwydd *g*; (*diplôme*) gradd *b* (gyntaf) (*ar ôl cwrs tair blynedd*).

licencié [lisɑ̃sje] *m*
1 (*UNIV*): ~ **ès lettres/en droit** ≈ Baglor *g* yn y Celfyddydau/yn y Gyfraith.
2 (*SPORT*) deiliad *g* trwydded.

licenciée [lisɑ̃sje] *f* (*UNIV*): ~ **ès lettres/en droit** Baglores *b* yn y Celfyddydau/yn y Gyfraith *voir aussi* **licencié**.

licenciement [lisɑ̃simɑ̃] *m* diswyddiad *g*, diswyddo.

licencier [lisɑ̃sje] (**16**) *vt* diswyddo, troi (rhn) o'i swydd.

licencieux (**licencieuse**) [lisɑ̃sjø, lisɑ̃sjøz] *adj* trachwantus, blysig.

lichen [likɛn] *m* cen *g* (y cerrig *ou* y coed).

licite [lisit] *adj* cyfreithlon.

licorne [likɔʀn] *f* uncorn *g*.

licou [liku] *m* penffrwyn *g*, cebystr *g*.

lie [li] *f* (*du vin, cidre*) gwaddod *g*.

lié (**-e**) [lje] *adj*: ~ **par** (*serment, promesse*) wedi eich rhwymo gan; **être très** ~ **avec qn** (*fig*) bod yn gyfeillgar iawn â rhn, bod yn ffrindiau mawr efo rhn; **avoir partie** ~**e avec qn** bod law yn llaw â rhn.

Liechtenstein [liʃtɛnʃtajn] *prm*: **le** ~ Liechtenstein *b*.

lie-de-vin [lidvɛ̃] *adj inv* lliw gwin, o liw gwin

liège [ljɛʒ] *m* corc *g*; **bouchon en** ~ corcyn *g*.

liégeois (**-e**) [ljeʒwa, waz] *adj* o Liège; **café** ~ *hufen iâ coffi â hufen chwip*.

Liégeois [ljeʒwa] *m* un *g* o Liège.

Liégeoise [ljeʒwaz] *f* un *b* o Liège.

lien [ljɛ̃] *m* (*attache: aussi fig*) rhwymyn *g*, cwlwm *g*, dolen *b* gyswllt; (*rapport*) cysylltiad *g*, cyswllt *g*; ~**s de parenté** rhwymau *ll* teuluol; ~**s de sang** clymau *ll* gwaed.

lier [lje] (**1**) *vt* (*attacher*) clymu, rhwymo; (*joindre*) cysylltu; (*fig: unir*) uno, rhwymo; (*CULIN*) tewychu, tewhau; ~ **qch à** (*attacher*) clymu rhth i *ou* yn *ou* wrth, rhoi rhth ynghlwm yn *ou* wrth; (*associer*) cysylltu rhth â; ~ **amitié (avec)** gwneud ffrindiau (â), dod yn ffrindiau (â); ~ **conversation (avec)** dechrau sgwrsio (â);
♦ **se** ~ *vr*: **se** ~ **(avec qn)** gwneud ffrindiau (â rhn).

lierre [ljɛʀ] *m* eiddew *g*, iorwg *g*.

liesse [ljɛs] *f* llawenydd *g*; **être en** ~ bod yn orfoleddus *ou* llawen.

lieu (**-x**) [ljø] *m* lle *g*, man *g,b*, llecyn *g*; **vider/quitter les** ~**x** (*locaux*) gadael y tŷ *ou* yr adeilad; **être sur les** ~**x** bod yn y fan a'r lle; **arriver sur les** ~**x de l'accident** cyrraedd lle mae'r ddamwain; **en** ~ **sûr** mewn lle *ou* man diogel; **en haut** ~ mewn mannau *ou* cylchoedd uchel; **en premier** ~ yn y lle cyntaf, yn gyntaf (oll), i gychwyn; **en dernier** ~ yn olaf, i gloi; **avoir** ~ digwydd; **avoir** ~ **de faire qch** bod â rheswm da dros wneud rhth; **avoir** ~ **de se plaindre** bod â lle i gwyno; **tenir** ~ **de** cymryd lle (rhn *ou* rhth); (*servir de*) gweithredu fel; **donner** ~ **à** achosi, peri; ~ **commun** ystrydeb *b*; ~ **de départ** man cychwyn; ~ **de naissance** man geni; ~ **de rendez-vous** man cyfarfod; ~ **de travail** gweithle *g*; ~ **géométrique** locws *g*; ~ **public** man *ou* lle cyhoeddus.
▶ **au lieu de** yn lle, yn hytrach na; **employer un mot au** ~ **d'un autre** defnyddio un gair yn lle un arall; **au** ~ **de prendre l'avion, nous prendrons le train** yn hytrach na mynd yn yr awyren, fe awn ar y trên.
▶ **au lieu que** yn lle (bod), yn hytrach na (bod).

lieu-dit (~**x**-~**s**) [ljødi] *m* ardal *b*.

lieue [ljø] *f* lîg *b*, milltir *b* Ffrengig (*tua thair milltir*).

lieutenant [ljøt(ə)nɑ̃] *m* lefftenant *g*, is-gapten *g*; ~ **de vaisseau** lefftenant, prif swyddog *g*.

lieutenant-colonel (~**s**-~**s**) [ljøtnɑ̃kɔlɔnɛl] *m* (*armée de terre*) lefftenant-cyrnol *g*; (*armée de l'air*) asgell-gomander *g*.

lièvre [ljɛvʀ] *m* ysgyfarnog *b*; (*SPORT*) pennwr *g* cyflymdra; **lever un** ~ (*fig*) codi pwnc annifyr yn ddiarwybod.

liftier [liftje] *m* gweithiwr *g* lifft.

liftière [liftjɛʀ] *f* gweithwraig *b* lifft.

lifting [liftiŋ] *m* newid *g* gwedd.

ligament [ligamɑ̃] *m* gewyn *g*, ligament *g*.

ligature [ligatyʀ] *f* (*MÉD*) edefyn *g*, clymiad *g*; ~ **des trompes** clymu'r tiwbiau Ffalopaidd.

ligaturer [ligatyʀe] (**1**) *vt* (*MÉD*) clymu, rhwymo.

lige [liʒ] *adj*: **homme** ~ (*fig*) cefnogwr *g*, dilynwr *g*.

ligne [liɲ] *f*
1 (*gén, trait, limite*) llinell *b*, lein *b*; **en** ~ **droite** yn syth, yn unionsyth, fel yr hed y frân; **"à la** ~**"** "llinell *ou* paragraff newydd"; ~ **d'arrivée** llinell derfyn; ~ **de but** llinell gôl; ~ **de départ** llinell gychwyn; ~ **de flottaison** llinell ddŵr; ~ **d'horizon** gorwel *b*; ~ **médiane** llinell ganol; ~ **de mire** llinell weld *ou* weled iad; ~ **de touche** llinell ystlys.
2 (*rangée*) rhes *b*, llinell *b*.
3 (*fil*) llinyn *g*, rhaff *b*, lein *b*.
4 (*d'autobus, d'avion, de navire, de chemin de fer: service*) gwasanaeth *g*.
5 (*trajet*) llwybr *g*, ffordd *b*.
6 (*ÉLEC, RAIL, TÉL: gén*) llinell *b*, lein *b*; **émission à** ~ **ouverte** rhaglen *b* ffonio (i mewn).
7 (*câbles*) gwifrau *ll*.
8 (*POL*) safbwynt *g*, agwedd *b*.
9 (*INFORM*): **en** ~ ar-lein.
10 (*silhouette féminine*): **garder la** ~ cadw'ch ffigwr.

11 (*locutions*): **entrer en ~ de compte** cael ei (h)ystyried, cael ei gymryd *ou* chymryd i ystyriaeth; **~ de conduite** ymddygiad *g*, dull *g* o weithredu; **~ directrice** (*fig*) canllaw *g,b*.

ligné (-**e**) [liɲe] *adj*: **papier ~** papur *g* llinellog.

lignée [liɲe] *f* (*race, famille*) llinach *b*, tras *b*; (*postérité*) disgynyddion *ll*;
♦*adj f voir* **ligné**.

ligneux (**ligneuse**) [liɲø, liɲøz] *adj* pren, prennaidd, lignaidd.

lignite [liɲit] *m* coedlo *g*, lignit *g*.

ligoter [ligɔte] (**1**) *vt* clymu *ou* rhwymo (rhn) draed a dwylo.

ligue [lig] *f* cynghrair *g,b*; **la L~ arabe** y Cynghrair *ou* y Gynghrair Arabaidd.

liguer [lige] (**1**): **se ~** *vr* ffurfio cynghrair, ymgynghreirio; **se ~ contre** (*fig*) ymgyfuno *ou* ymuno yn erbyn.

lilas [lilɑ] *m* (*arbre*) coeden *b* lelog *ou* leilac; (*couleur*) lliw *g* lelog *ou* leilac;
♦*adj inv* lliw lelog *ou* leilac.

lillois (-**e**) [lilwa, waz] *adj* o Lille.

limace [limas] *f* gwlithen *b*, malwen *b* ddu.

limaille [limɑj] *f*: **~ de fer** naddion *ll* haearn, llifion *ll* haearn.

limande [limɑ̃d] *f* (*poisson*) lleden *b* y llaid.

limande-sole [limɑ̃dsol] *f* (*poisson*) lleden *b* lefn.

limbes [lɛ̃b] *mpl*: **être dans les ~** (*fig: projet etc*) bod yn amhendant, bod yn y gwynt.

lime[1] [lim] *f* (*TECH*) rhathell *b*, ffeil *b*; **~ à ongles** ffeil ewinedd.

lime[2] [lim] *f* (*BOT: fruit*) leim *g,b*.

limer [lime] (**1**) *vt* llyfnu, llyfnhau, ffeilio.

limier [limje] *m* (*ZOOL*) gwaetgi *g*; (*détective*) ditectif *g*.

liminaire [liminɛʀ] *adj* cyflwyniadol, rhagarweiniol.

limitatif (**limitative**) [limitatif, limitativ] *adj* cyfyngol.

limitation [limitasjɔ̃] *f* cyfyngiad *g*, cyfyngu; **sans ~ de temps** heb gyfyngiad ar (yr) amser; **~ de vitesse** cyfyngiad cyflymdra; **~ des armements** cyfyngu ar arfau; **~ des naissances** atal cenhedlu.

limite [limit] *f* (*de terrain, d'un pays*) terfyn *g*, ffin *b*; (*partie ou point extrême, fig*) terfyn, pen *g* draw; **dans la ~ de** o fewn; **à la ~** (*au pire*) ar y gwaethaf, os daw hi i'r pen *ou* i'r gwaethaf; **sans ~s** di-ben-draw, diderfyn, diddiwedd; **charge ~** llwyth *g* trymaf *ou* mwyaf; **vitesse ~** cyflymdra *g* mwyaf *ou* uchaf; **cas ~** achos *g* ffiniol *ou* ar y ffin; **date ~ de vente** dyddiad *g* olaf gwerthu; **"date ~ de consommation ..."** "i'w fwyta cyn ..."; **prix ~** pris *g* uchaf, uchafbris *g*; **~ d'âge** cyfyngiad *g* oedran.

limiter [limite] (**1**) *vt* (*restreindre*) cyfyngu, cadw (rhth) o fewn terfynau; (*délimiter*) nodi *ou* dangos ffiniau (rhth), bod yn ffin i;
♦ **se ~** *vr*: **se ~ (à qch/à faire)** (*personne*) eich cyfyngu'ch hun (i rth/i wneud); **se ~ à** (*chose*) bod wedi ei gyfyngu *ou* chyfyngu i.

limitrophe [limitʀɔf] *adj* ffiniol, ar y ffin *ou* goror; **~ de** am y ffin â.

limogeage [limɔʒaʒ] *m* (*POL*) diswyddiad *g*, diswyddo.

limoger [limɔʒe] (**10**) *vt* (*POL*) diswyddo, cael gwared *ou* ymadael â.

limon [limɔ̃] *m* llaid *g*, silt *g*.

limonade [limɔnad] *f* lemonêd *g*.

limonadier [limɔnadje] *m* (*commerçant*) perchennog *g* caffi; (*fabricant de limonade*) gwneuthurydd *g* diodydd ysgafn.

limonadière [limɔnadjɛʀ] *f* (*commerçante*) perchenoges *b* caffi; (*fabricante de limonade*) gwneuthurydd *g* diodydd ysgafn.

limoneux (**limoneuse**) [limɔnø, limɔnøz] *adj* lleidiog, llawn llaid *ou* silt.

limousin (-**e**) [limuzɛ̃, in] *adj* o'r Limousin.

Limousin [limuzɛ̃] *m*: **le ~** (*région*) y Limousin *g*.

limousine [limuzin] *f* (*AUTO*) limwsîn *b*;
♦*adj f voir* **limousin**.

limpide [lɛ̃pid] *adj* (*aussi fig*) clir, grisialaidd.

lin [lɛ̃] *m* (*BOT*) llin *g*; (*tissu*) lliain *g*.

linceul [lɛ̃sœl] *m* amdo *g*, amwisg *b*; (*fig*) gorchudd *g*.

linéaire [lineɛʀ] *adj* llinellol, unionlin, llinol; (*dessin etc*) llinellog; **feuille ~** deilen *b* hirfain; **mesure ~** mesur *g* llinol;
♦*m*: **~ (de vente)** (lle *g* ar) silffoedd.

linge [lɛ̃ʒ] *m* (*serviettes etc*) llieiniau *ll*; (*pièce de tissu*) cadach *g*, cerpyn *g*, clwt *g*, clwtyn *g*; (*lessive*) dillad *ll* i'w golchi, golch *g*; **~ (de corps)** dillad isaf; **~ (de toilette)** tyweli *ll* a gwlanenni *ll*; **~ sale** dillad budron *ou* brwnt.

lingère [lɛ̃ʒɛʀ] *f* gwraig *b* sy'n gyfrifol am y llieiniau (*mewn cartref, gwesty, ysbyty ayb*).

lingerie [lɛ̃ʒʀi] *f* dillad *ll* isaf (merched).

lingot [lɛ̃go] *m* ingot *g*.

linguiste [lɛ̃gɥist] *m/f* ieithydd *g*.

linguistique [lɛ̃gɥistik] *adj* ieithyddol;
♦*f* ieithyddiaeth *b*, ieitheg *b*.

lino(léum) [linɔleɔm] *m* leino *g*, linoliwm *g*.

linotte [linɔt] *f* llinos *b*: **tête de ~** un *g* penchwiban, un *b* benchwiban, gwirionyn *g*, gwirionen *b*.

linteau [lɛ̃to] *m* capan *g* drws *ou* ffenestr, lintel *g,b* drws *ou* ffenestr.

lion [ljɔ̃] *m* llew *g*: **le L~** (*ASTROL*) y Llew; **être (du) L~** bod wedi'ch geni dan arwydd y Llew; **~ de mer** morlew *g*.

lionceau (-**x**) [ljɔ̃so] *m* llew *g* bach, cenau *g* llew.

lionne [ljɔn] *f* llewes *b*.

liposuccion [liposy(k)sjɔ̃] *f* liposugnedd *g*, liposugnad *g*.

lippu (-**e**) [lipy] *adj* gweflog, â gwefusau tewion.

liquéfier [likefje] (**16**) *vt* hylifo, hylifoli;

♦ **se** ~ *vr* (*gaz etc*) troi'n hylif, hylifo; (*fig: personne*) diffygio, syrthio'n swp.

liqueur [likœʀ] *f* liqueur *g*, gwirod *g,b*.

liquidateur [likidatœʀ] *m* (*JUR*) diddymydd *g*; ~ **judiciaire** diddymydd swyddogol.

liquidation [likidasjɔ̃] *f* diddymiad *g*, diddymu, methdaliad *g*; (*COMM*) arwerthiant *g* clirio; ~ **judiciaire** diddymiad gorfodol.

liquidatrice [likidatʀis] *f* (*JUR*) diddymydd *g* *voir aussi* **liquidateur**.

liquide [likid] *adj* gwlyb, hylifol; **air** ~ aer *g* hylifol;
♦*m* gwlybwr *g*, hylif *g*; **payer en** ~ (*COMM*) talu mewn arian parod.

liquider [likide] (**1**) *vt* (*société etc*) diddymu; (*compte*) talu; (*COMM: articles*) gwerthu (rhth) yn rhad, cael gwared â *ou* ar; (*problème*) datrys; (*tuer*) lladd, cael gwared â *ou* ar, difodi.

liquidités [likidite] *fpl* (*COMM*) asedau *ll* rhyddion.

liquoreux (**liquoreuse**) [likɔʀø, likɔʀøz] *adj* gorfelys.

lire[1] [liʀ] *f* (*monnaie*) lira *b*.

lire[2] [liʀ] (**58**) *vt, vi* (*aussi fig*) darllen; ~ **qch à qn** darllen rhth i rn.

lis[1] [lis] *vb voir* **lire**[2].

lis[2] [lis] *m*= **lys**.

lisais *etc* [lizɛ] *vb voir* **lire**[2].

Lisbonne [lisbɔn] *prf* Lisbon.

lise *etc* [liz] *vb voir* **lire**[2].

liseré [lizʀe] *m* ymylwe *b*, peipiad *g*.

liseron [lizʀɔ̃] *m* taglys *g*, cwlwm *g* y cythraul *ou* coed.

liseuse [lizøz] *f* (*couvre-livre*) siaced *b* lwch; (*veste*) siaced wely.

lisible [lizibl] *adj* darllenadwy.

lisiblement [lizibləmɑ̃] *adv* yn ddarllenadwy.

lisière [lizjɛʀ] *f* (*de forêt, bois*) cwr *g*, cyrion *ll*; (*de tissu*) selfais *g*.

lisons [lizɔ̃] *vb voir* **lire**[2].

lisse [lis] *adj* llyfn(llefn)(llyfnion).

lisser [lise] (**1**) *vt* llyfnhau, llyfnu.

listage [listaʒ] *m*: **faire un** ~ (*COMM*) gwneud rhestr, rhestru.

liste [list] *f* rhestr *b*; **faire la** ~ **de** rhestru, gwneud rhestr o; ~ **civile** rhestr sifil; ~ **d'attente** rhestr aros; ~ **de mariage** rhestr anrhegion priodas; ~ **électorale** rhestr etholwyr; ~ **noire** rhestr ddu; (*pour élimination*) rhestr daro *ou* dargedu.

lister [liste] (**1**) *vt* rhestru.

listing [listiŋ] *m* (*INFORM*) allbrint *g*.

lit [li] *m* (*gén, de rivière*) gwely *g*; **faire son** ~ gwneud eich gwely; **aller au** ~**, se mettre au** ~ mynd i'r gwely; **prendre le** ~ (*malade etc*) mynd i'r gwely; **d'un premier** ~ (*JUR: enfant*) o briodas gyntaf; ~**s superposés** gwelyau *ll* bync; ~ **d'enfant** cot *g*; ~ **de camp** gwely cynfas *ou* plygu.

litanie [litani] *f* litani *b*.

lit-cage (~**s**-~**s**) [likaʒ] *m* gwely *g* plygu.

litchi [litʃi] *m* litshi *g,b*.

literie [litʀi] *f* dillad *ll* gwely *ou* gwlâu.

litho(graphie) [litɔ(gʀafi)] *f* (*technique*) lithograffeg *b*; (*image*) lithograff *g*.

lithographier [litɔgʀafje] (**16**) *vt* lithograffu

litière [litjɛʀ] *f* (*couche de paille pour animaux*) gwellt *ll*, gwasarn *g*; **changer les** ~**s** carthu.

litige [litiʒ] *m* anghydfod *g*; (*JUR*) achos *g* cyfreithiol; **en** ~ dadleuol; **être en** ~ (*JUR*) ymgyfreitha, ymgyfreithio.

litigieux (**litigieuse**) [litiʒjø, litigijøz] *adj* cynhennus, dadleuol; (*JUR*) cyfreithiadwy.

litote [litɔt] *f* lleihad *g*; **dire qu'elle n'est pas aimable, c'est une** ~ 'dydy hi ddim yn un hoffus, a dweud y lleiaf.

litre [litʀ] *m* litr *g*.

littéraire [liteʀɛʀ] *adj* llenyddol.

littéral (-**e**) (**littéraux, littérales**) [liteʀal, liteʀo] *adj* llythrennol.

littéralement [liteʀalmɑ̃] *adv* yn llythrennol.

littérature [liteʀatyʀ] *f* llenyddiaeth *b*; (*métier d'écrivain*) llenydda.

littoral[1] (-**e**) (**littoraux, littorales**) [litɔʀal, litɔʀo] *adj* arfor, arfordirol.

littoral[2] (**littoraux**) [litɔʀal] *m* arfordir *g*, glan *b* môr, glannau *ll*.

Lituanie [litɥani] *prf*: **la** ~ Lithwania *b*.

lituanien[1] (-**ne**) [litɥanjɛ̃, jɛn] *adj* Lithwanaidd, o Lithwania.

lituanien[2] [litɥanjɛ̃] *m* (*LING*) Lithwaneg *b,g*.

Lituanien [litɥanjɛ̃] *m* Lithwaniad *g*.

Lituanienne [litɥanjɛn] *f* Lithwaniad *b*.

liturgie [lityʀʒi] *f* litwrgi *g,b*.

liturgique [lityʀʒik] *adj* litwrgïaidd.

livide [livid] *adj* gwelw; (*bleuâtre*) dulas, gwelwlas.

living(-room) (~-~**s**) [liviŋ(ʀum)] *m* ystafell *b* fyw.

livrable [livʀabl] *adj* (*COMM*) i'w (d)danfon, y gellir ei (d)danfon, danfonadwy.

livraison [livʀɛzɔ̃] *f* danfoniad *g*, cludiad *g*, danfon, cludo; ~ **à domicile** cludiad at ddrws y tŷ.

livre[1] [livʀ] *m* (*gén*) llyfr *g*; **le** ~ (*imprimerie etc*) y fasnach *b* lyfrau; **traduire qch à** ~ **ouvert** cyfieithu rhth wrth ei weld, cyfieithu rhth ar yr olwg gyntaf; ~ **blanc** adroddiad *g* swyddogol (*a gyhoeddir gan gorff annibynnol ar ôl trychineb, rhyfel ayb*); ~ **d'or** llyfr ymwelwyr; ~ **de bord** (*NAUT*) lòg *g*, llyfr lòg *ou* llong; ~ **de chevet** (*fig*) hoff lyfr; ~ **de comptes** llyfr cyfrifon; ~ **de cuisine** llyfr coginio; ~ **de messe** llyfr offeren; ~ **de poche** llyfr clawr papur *ou* meddal.

livre[2] [livʀ] *f*
1 (*poids*) pwys *g*.
2 (*monnaie: aussi:* ~ **sterling**) punt *b*; ~ **irlandais** punt Iwerddon; ~ **verte** punt werdd.

livré (-**e**) [livʀe] *adj*: ~ **à** (*l'anarchie, l'ennemi etc*) wedi'ch gadael yn agored i, wedi'i adael

yn agored i, wedi'ch rhoi yn nwylo (rhn), wedi'i roi yn nwylo (rhn); ~ **à soi-même** wedi'ch gadael ar eich pen eich hun, wedi'ch gadael i fynd ar eich liwt eich hun.
livrée [livʀe] *f* lifrai *g*;
♦*adj f voir* **livré**.
livrer [livʀe] (1) *vt* danfon, trosglwyddo; (*secret, information*) datgelu; ~ **bataille** dechrau brwydr *ou* brwydro *ou* ymladd; ~ **qn à la police/l'ennemi** rhoi rhn yn nwylo'r heddlu/gelyn;
♦ **se** ~ *vr*: **se** ~ **à** (*se confier*) cyfaddef wrth, dweud yn gyfrinachol wrth; (*se rendre*) eich ildio'ch hun i; (*s'abandonner: à la débauche etc*) ildio i, troi at; (*faire: pratiques, actes*) ymbleseru mewn; (:*travail*) bod wrthi'n ..., ymroi i; (:*sport*) ymarfer; (:*enquête*) cynnal; **ils se sont livrés à un trafic de drogue** maen nhw wedi troi at y fasnach gyffuriau.
livresque [livʀɛsk] (*péj*) *adj* (*savoir etc*) wedi'i gasglu o lyfrau; (*personne*) pedantaidd; **un français** ~ Ffrangeg llyfr.
livret [livʀɛ] *m* (*petit livre*) llyfryn *g*; (*d'opéra*) libreto *g*, testun *g*, geiriau *ll*; ~ **de caisse d'épargne** (*carnet*) llyfr *g* banc cynilion; (*compte*) cyfrif *g* cynilion; ~ **de famille** *llyfr swyddogol yn cynnwys cofnod o bob genedigaeth a marwolaeth mewn teulu*; ~ **scolaire** llyfr adroddiadau (ysgol).
livreur [livʀœʀ] *m* danfonwr *g*, dosbarthwr *g*.
livreuse [livʀøz] *f* danfonwraig *b*, dosbarthwraig *b*.
lob [lɔb] *m* (*TENNIS*) lob *g,b*, pêl *b* uchel.
lobe [lɔb] *m*: ~ **de l'oreille** llabed *b* clust.
lobé (**-e**) [lɔbe] *adj* (*ARCHIT*) bwaog; (*BOT*) llabedog.
lober [lɔbe] (1) *vt* (*SPORT*) lobio.
local[1] (**-e**) (**locaux, locales**) [lɔkal, loco] *adj* lleol, o'r fro *ou* ardal; (*averses etc*) mewn mannau.
local[2] (**locaux**) [lɔkal, loco] *m* lle *g*, tŷ *g*, adeilad *g*; **la réunion aura lieu dans les locaux du lycée** cynhelir y cyfarfod yn yr ysgol.
localement [lɔkalmɑ̃] *adv* (*ici*) yn lleol, yn yr ardal; (*par endroits*) mewn mannau.
localisé (**-e**) [lɔkalize] *adj* lleol, cyfyngedig.
localiser [lɔkalize] (1) *vt* lleoli; (*limiter*) cyfyngu.
localité [lɔkalite] *f* lleoliad *g*; (*lieu*) bro *b*, cymdogaeth *b*, ardal *b*, mangre *b*.
locataire [lɔkatɛʀ] *m/f* tenant *g*.
locatif (**locative**) [lɔkatif, lɔkativ] *adj* (*charges, réparations*) y mae'n rhaid i'r tenant fod yn gyfrifol amdanynt; **immeuble (à usage)** ~ bloc *g* o fflatiau ar osod; **valeur locative** rhent *g*.
location [lɔkasjɔ̃] *f* (*par le locataire*) rhentu; (*par l'usager: de voiture etc*) hurio, llogi; (*par le propriétaire: maison, appartement*) gosod ar rent; (*voiture etc*) hurio; (*de billets, places*) archebu; (*bureau*) swyddfa *b* docynnau; "~ **de voitures**" "ceir i'w llogi"
location-vente (~**s**-~**s**) [lɔkasjɔ̃vɑ̃t] *f* hurbwrcasu, hurbwrcas *g*.
lock-out [lɔkaut] *m inv* cloi drysau, cau allan.
lock-outer [lɔkaute] (1) *vt* (*priver de travail*) cloi *ou* cau (rhn) allan; ~ **les ateliers/l'usine** cloi drysau'r gweithdai/ffatri.
locomoteur (**locomotrice**) [lɔkɔmɔtœʀ, lɔkɔmɔtʀis] *adj* (*muscles, organes*) ymsymudol.
locomotion [lɔkɔmosjɔ̃] *f* ymsymudiad *g*.
locomotive [lɔkɔmɔtiv] *f* (*RAIL*) locomotif *g,b*, injan *b*; (*fig: élément moteur*) prif ysgogydd *g*, arweinydd *g*; (*SPORT*) safonwr *g*, pennwr *g* cyflymdra.
locomotrice [lɔkɔmɔtʀis] *f* (*RAIL*) uned *b* fotor;
♦*adj f voir* **locomoteur**.
locuteur [lɔkytœʀ] *m* (*LING*) siaradwr *g*; ~ **natif** siaradwr brodorol, siaradwr iaith gyntaf.
locution [lɔkysjɔ̃] *f* ymadrodd *g*, priod-ddull *g*.
locutrice [lɔkytʀis] *f* siaradwraig *b voir aussi* **locuteur**.
loden [lɔdɛn] *m* (*tissu*) loden *g*.
lof [lɔf] *m* (*NAUT*) ochr *b* wyntog, tu *g* gwyntog; **aller au** ~ cadw at y gwynt, lyffio; **virer** ~ **pour** ~ gwyro rhag y gwynt.
lofer [lɔfe] (1) *vi* (*NAUT*) cadw at y gwynt, lyffio.
logarithme [lɔgaʀitm] *m* logarithm *g*.
loge [lɔʒ] *f* (*THÉÂTRE: d'artiste*) ystafell *b* wisgo; (:*de spectateurs*) bocs *g*; (*de concierge*) porthordy *g*; (*de franc-maçon*) cyfrinfa *b*.
logeable [lɔʒabl] *adj* iawn *ou* addas i fyw ynddo, y gellir byw ynddo; (*spacieux*) helaeth, â digon o le ynddo.
logement [lɔʒmɑ̃] *m* fflat *b*, llety *g*; **le** ~ (*POL, ADMIN*) tai *ll*, cartrefi *ll*; **chercher un** ~ edrych am lety *ou* fflat; **construire des** ~**s bon marché** adeiladu tai rhad; **crise du** ~ prinder *g* tai; ~ **de fonction** (*ADMIN*) tŷ *g* clwm.
loger [lɔʒe] (10) *vt* lletya, rhoi llety *ou* gwely i; (*chose: mettre*) rhoi, dodi, gosod; (*suj: hôtel, école*) bod â lle i, dal, cynnwys;
♦*vi* byw, lletya, aros;
♦ **se** ~ *vr* cael rhywle *ou* lle i fyw, cael rhywle *ou* lle i aros; **se** ~ **dans** (*suj: balle, flèche*) mynd yn sownd yn; **la balle est venue se** ~ **dans le genou** mae'r bwled wedi glynu yn ei ben-glin.
logeur [lɔʒœʀ] *m* lletywr *g*, gwestywr *g*.
logeuse [lɔʒøz] *f* lletywraig *b*, gwestywraig *b*.
loggia [lɔdʒja] *f* logia *g,b*.
logiciel [lɔʒisjɛl] *m* (*INFORM*) meddalwedd *g,b*.
logicien [lɔʒisjɛ̃] *m* rhesymegydd *g*.
logicienne [lɔʒisjɛn] *f* rhesymegydd *g*.
logique [lɔʒik] *adj* rhesymegol; **c'est** ~ mae'n amlwg, mae'n gwneud synnwyr;
♦*f* rhesymeg *b*.
logiquement [lɔʒikmɑ̃] *adv* yn rhesymegol.
logis [lɔʒi] *m* annedd *b*, trigfan *b*, cartref *g*.
logisticien [lɔʒistisjɛ̃] *m* logistegydd *g*.

logisticienne [lɔʒistisjɛn] *f* logistegydd *g*.

logistique [lɔʒistik] *adj* logistaidd; ♦*f* (*MIL, ÉCON*) logisteg *b*.

logo [lɔgo] *m* (*COMM*) logo *g*.

logotype [lɔgɔtip] *m* (*COMM*) logo *g*.

loi [lwa] *f* (*décret*) deddf *b*; **la ~** (*l'ensemble des lois*) y gyfraith *b*; **faire la ~** gosod y drefn; **la ~ de la jungle** deddf *ou* cyfraith y jyngl; **la ~ du plus fort** deddf trechaf treisied, cyfraith y pastwn; **proposition de ~** mesur *g* aelod preifat; **projet de ~** mesur y llywodraeth; **avoir force de ~** bod â grym y gyfraith; **Tables de la L~** (*REL*) Llechi'r *ll* Gyfraith; **les ~s de la mode** (*fig*) gofynion *ll* ffasiwn; **~ d'orientation** *deddf sy'n mynegi amcanion y llywodraeth mewn maes penodol*; **la ~ du talion** (deddf) llygad am lygad, dant am ddant.

loi-cadre (**~s-~s**) [lwakadʀ(ə)] *f* (*POL*) deddf *b* amlinellol.

loin [lwɛ̃] *adv* yn bell, ymhell; (*temps: futur*) ymhell *ou* yn bell yn y dyfodol, yn y dyfodol pell; (*:passé*) ymhell *ou* yn bell yn ôl, amser maith yn ôl; **plus ~** ymhellach; **moins ~ (que)** heb fod cyn belled (â), yn nes (na); **~ de** ymhell o, yn bell o; **pas ~ de 1 000 F** yn tynnu at fil o ffranciau, heb fod ymhell o fil o ffranciau; **au ~** yn y pellter, draw, ymhell; **partir au ~** mynd i wlad bell; **de ~** o bell, o hirbell; (*fig: de beaucoup*) o bell ffordd, o ddigon; **de ~ en ~** yma ac acw; (*de temps en temps*) bob hyn a hyn, o bryd i'w gilydd, yn awr ac yn y man; **d'aussi ~ que je m'en souvienne** mor bell yn ôl ag y gallaf gofio; **d'aussi ~ qu'elle le vit, elle courut vers lui** gan ei weld o hirbell, prysurodd ato; **~ de là** (*bien au contraire*) dim o gwbwl *ou* o bell ffordd, dim o'r fath beth.

lointain[1] (**-e**) [lwɛ̃tɛ̃, ɛn] *adj* pell, pellennig.

lointain[2] [lwɛ̃tɛ̃] *m*: **dans le ~** yn y pellter, ymhell draw.

loi-programme (**~s-~s**) [lwapʀɔgʀam] *f* (*POL*) deddf *b* raglen.

loir [lwaʀ] *m* (*ZOOL*) pathew *g*.

loisible [lwazibl] *adj* caniataol; **il vous est ~ de ...** cewch ..., rhwydd hynt ichi ..., pob croeso ichi ...

loisir [lwaziʀ] *m* hamdden *b*; **heures de ~** amser *g ou* oriau *ll* hamdden; **~s** (*temps libre*) amser hamdden; (*activités*) gweithgareddau *ll* hamdden; **avoir le ~ de faire qch** cael amser *ou* cyfle i wneud rhth, bod ag amser i wneud rhth; **(tout) à ~** (*en prenant son temps*) wrth eich pwysau, yn hamddenol; (*autant qu'on le désire*) faint fynnoch, faint fyth ag a fynnoch chi.

lombaire [lɔ̃bɛʀ] *adj* (*ANAT*) lwynol, meingefnol.

lombalgie [lɔ̃balʒi] *f* cryd *g* y lwynau, lymbego *g,b*.

lombard (**-e**) [lɔ̃baʀ, aʀd] *adj* Lombardaidd.

Lombardie [lɔ̃baʀdi] *prf*: **la ~** Lombardi *b*.

londonien (**-ne**) [lɔ̃dɔnjɛ̃, jɛn] *adj* Llundeinig, Llundeinaidd.

Londonien [lɔ̃dɔnjɛ̃] *m* Llundeiniwr *g*, gŵr *g* o Lundain.

Londonienne [lɔ̃dɔnjɛn] *f* Llundeinwraig *b*, gwraig *b* o Lundain.

Londres [lɔ̃dʀ] *pr* Llundain *b*.

long[1] (**-ue**) [lɔ̃, lɔ̃g] *adj* hir; (*jupe, cheveux etc*) llaes; **faire ~ feu** (*projet*) methu, mynd i'r gwellt; **leur amitié n'a pas fait ~ feu*** ni pharhaodd eu cyfeillgarwch yn hir iawn; **au ~ cours** (*NAUT*) cefnforol, hir-hynt; **de ~ue date** (*ami, amitié etc*) hen, hirsefydlog; **ils se connaissent de ~ue date** maen nhw'n adnabod ei gilydd ers amser maith; **de ~ue durée** (*congé*) hirbarhaol; (*chômeur*) tymor hir; **de ~ue haleine** (*travail*) tymor hir; **être ~ à faire** (*personne*) bod yn hir yn gwneud; ♦*adv*: **en dire/savoir ~** dweud/gwybod llawer.

long[2] [lɔ̃] *m*: **de 5 m de ~** pum metr o hyd; **en ~** (*être couché, mis*) ar eich hyd; **le ~ de** (*rue, bord*) ar hyd; **tout au ~ de** (*année, vie*) trwy gydol, ar hyd; **marcher de ~ en large** cerdded yn ôl a blaen, cerdded i fyny ac i lawr *ou* lan a lawr; **en ~ et en large** (*fig: étudier, examiner*) yn fanwl iawn.

longanimité [lɔ̃ganimite] *f* amynedd *g*, dioddefgarwch *g*.

long-courrier (**~-~s**) [lɔ̃kuʀje] *m* (*AVIAT*) awyren *b* teithiau pell, awyren hir-hynt.

longe [lɔ̃ʒ] *f* (*corde*) tennyn *g*; (*CULIN*) lwyn *b*.

longer [lɔ̃ʒe] (**10**) *vt* mynd ar hyd; (*suj: mur, route*) mynd gyda *ou* ar hyd, rhedeg ar hyd, rhedeg wrth ymyl.

longévité [lɔ̃ʒevite] *f* hirhoedledd *g*, hir oes *b*.

longiligne [lɔ̃ʒiliɲ] *adj* (*mince*) main; (*à longues jambes*) heglog.

longitude [lɔ̃ʒityd] *f* hydred *g*; **à 45 degrés de ~ nord** ar hydred 45 gradd i'r gogledd.

longitudinal (-e) (**longitudinaux, longitudinales**) [lɔ̃ʒitydinal, lɔ̃ʒitydino] *adj* hydredol, arhydol, ar ei hyd.

longtemps [lɔ̃tɑ̃] *adv* (*parler, attendre etc*) yn hir, am hir; **avant ~** cyn (bo) hir; **pour/pendant ~** am amser hir *ou* maith, am gryn amser; **je n'en ai pas pour ~** fydda' i ddim yn hir; **mettre ~ à faire qch** treulio cryn amser yn gwneud rhth, bod yn hir yn gwneud rhth; **ça ne va pas durer ~** ni phery'n hir, ni fydd yn para'n hir; **elle n'en a pas pour ~ (à)** ni fydd hi fawr o dro (yn); **il y a ~ que je travaille/que je l'ai rencontré** 'rwyf yn gweithio/'rwyf wedi ei gyfarfod ers amser; **il n'y a pas ~ que je travaille/que je l'ai rencontré** 'does fawr ers imi ddechrau gweithio/ers imi ei gyfarfod; **il y a ~ que je n'ai pas travaillé** nid wyf wedi gweithio ers tro *ou* ers amser.

longue [lɔ̃g] *f*: **à la ~** (*finalement*) yn y

diwedd, yn y pen draw;
♦*adj f voir* **long**[1].
longuement [lɔ̃gmɑ̃] *adv* (*longtemps: parler, regarder*) yn hir, am hir; (*en détail: expliquer, raconter*) yn fanwl, yn llawn.
longueur [lɔ̃gœʀ] *f* hyd *g*; **~s** (*fig: d'un film, livre*) darnau *ll* hir a diflas; **une ~ (de piscine)** hyd (pwll nofio); **sur une ~ de 10 km** am (bellter o) ddeg cilometr; **en ~** (*mettre, être*) ar *ou* yn ei hyd; **tirer les choses en ~** ymestyn pethau, gwneud pethau yn hwy; **à ~ de journée** drwy'r dydd, drwy gydol y dydd; **gagner d'une ~/trois ~s** ennill o un hyd/dri hyd; **~ d'onde** tonfedd *b*.
longue-vue (**~s-~s**) [lɔ̃gvy] *f* telesgop *g*.
looping [lupiŋ] *m*: **faire des ~s** (*AVIAT*) gwneud dolen(nau).
lopin [lɔpɛ̃] *m*: **~ de terre** darn *g* o dir, llain *b* o dir.
loquace [lɔkas] *adj* siaradus.
loque [lɔk] *f* cerpyn *g*, carp *g*, rhacsyn *g*; (*fig: personne*) rhywun *g* drylliedig; **~s** (*habits*) carpiau *ll*, rhacs *ll*; **être/tomber en ~s** (*vêtement*) bod yn garpiau *ou* yn gareiau; (*livre etc*) bod yn ddarnau; (*clochard*) bod yn garpiog *ou* yn rhacsiog.
loquet [lɔkɛ] *m* (*de porte*) clicied *b*.
lorgner [lɔʀɲe] (**1**) *vt* (*personne*) llygadu, gwylio, gwneud llygaid ar; (*place, objet*) bod â llygad ar, llygadu.
lorgnette [lɔʀɲɛt] *f* ysbienddrych *g* opera *ou* theatr, gwydrau *ll* theatr *ou* opera
lorgnon [lɔʀɲɔ̃] *m* (*face-à-main*) lorgnette *g,b*, sbectol *b* hirgoes; (*pince-nez*) pince-nez *g*.
loriot [lɔʀjo] *m* (*ZOOL*) oriol *g*; **~ jaune** euryn *g*.
lorrain (**-e**) [lɔʀɛ̃, ɛn] *adj* o Lorraine; **quiche ~e** quiche *b* (*yn cynnwys cig moch a chaws*).
Lorrain [lɔʀɛ̃] *m* un *g* o'r Lorraine.
Lorraine [lɔʀɛn] *f* un *b* o'r Lorraine.
lors [lɔʀ]: **~ de** *prép* (*au moment de*) ar adeg; (*pendant*) yn ystod; **~ même que** hyd yn oed os *ou* pe; **~ même que cela se produirait** hyd yn oed pe digwyddai hynny.
lorsque [lɔʀsk] *conj* pan, erbyn, wrth; **il n'est heureux que lorsqu'il est ivre** nid yw'n hapus ond pan mae'n feddw; **~ je suis arrivé elle était partie** erbyn imi gyrraedd, 'roedd hi wedi mynd; **~ tu liras cette lettre je serai en France** erbyn y darlleni'r llythyr hwn, byddaf yn Ffrainc; **faites attention ~ vous rentrez** cymerwch ofal wrth fynd adref.
losange [lɔzɑ̃ʒ] *m* diemwnt *g*; (*MATH*) losin *b*; **en ~** ar ffurf diemwnt, diemyntaidd.
lot [lo] *m* (*part*) rhan *b*, cyfran *b*; (*de loterie*) gwobr *b*; (*fig: destin*) rhan, ffawd *b*, tynged *b*; (*COMM: ensemble de marchandises*) casgliad *g*, llwyth *g*, set *b*; (*:aux enchères*) lot *b*, eitem *b*; (*INFORM*) swp *g*; **~ de consolation** gwobr gysur.
loterie [lɔtʀi] *f* loteri *b*, lotri *b*, hapchwarae *g*; (*tombola*) raffl *b*; **la vie est une ~** (*fig*) hap a damwain yw bywyd; **L~ nationale** Loteri genedlaethol.
loti (**-e**) [lɔti] *adj*: **bien/mal ~** lwcus/anlwcus, yn dda/yn galed eich byd.
lotion [losjɔ̃] *f* trwyth *g*; **~ après rasage** hylif *g* eillio; **~ capillaire** tonig *g* gwallt.
lotir [lɔtiʀ] (**2**) *vt* (*diviser*) rhannu; **~ un terrain** rhannu tir; **terrains à ~** lleiniau *ll* adeiladu ar werth.
lotissement [lɔtismɑ̃] *m* (*parcelle*) llain; (*terrain: à construire*) llain *b* adeiladu; (*ensemble de parcelles*) ystad *b* dai.
lotisseur [lɔtisœʀ] *m un g sy'n rhannu tir yn lleiniau er mwyn ei werthu.*
lotisseuse [lɔtisøz] *f un b sy'n rhannu tir yn lleiniau er mwyn ei werthu.*
loto [lɔto] *m* (*jeu d'enfant*) loto *g,b*; (*jeu de hasard*) bingo *g*; **le L~** (*jeu national*) Loteri *b* genedlaethol Ffrainc.
lotte [lɔt] *f* (*ZOOL: de rivière*) llofen *b*; (*:de mer*) môr-lyffant *g*.
louable[1] [lwabl] *adj* (*fig: action, personne*) canmoladwy, clodwiw.
louable[2] [lwabl] *adj* gosodadwy, rhentadwy, huriadwy; **~ à l'année** (*appartement, garage*) ar osod am flwyddyn ar y tro; **difficilement ~** (*maison etc*) anodd ei osod.
louage [lwaʒ] *m*: **voiture de ~** car *g* wedi'i logi.
louange [lwɑ̃ʒ] *f*: **à la ~ de qn/qch** er clod i rn/rth; **~s** (*compliments*) clodydd *ll*, teyrnged *b*.
loubard* [lubaʀ] *m* llabwst *g*.
louche[1] [luʃ] *adj* amheus, brith.
louche[2] [luʃ] *f* lletwad *b*, llwy *b* fawr.
loucher [luʃe] (**1**) *vi* (*personne*) bod â llygad croes *ou* cam, bod â thro yn y llygad; **~ sur qch** (*fig*) llygadu rhth, bod â llygad ar rth; **~ sur qn** (*fig*) llygadu rhn, gwneud llygaid ar rn; **il louche sur les filles** mae e'n llygadu'r merched.
louer[1] [lwe] (**1**) *vt* (*faire l'éloge de: personne etc*) canmol, canu clodydd; (*:Dieu*) canmol, moli, clodfori;
♦ **se ~** *vr*: **se ~ de qch/d'avoir fait qch** eich llongyfarch eich hun ar rth/am wneud rhth.
louer[2] [lwe] (**1**) *vt* (*maison: suj: propriétaire*) gosod; (*:locataire*) rhentu, talu rhent am; (*voiture etc*) llogi, hurio; (*réserver*) archebu, sicrhau; **"à ~"** (*maison, magasin*) "ar osod"
loufoque* [lufɔk] *adj* hurt, gwirion bost.
Louis [lwi] *prm* Lewis; **~ le Grand** Lewis Fawr.
loukoum [lukum] *m* melysyn *g* Twrci.
loulou [lulu] *m* (*chien*) ci *g* sbits; **~ de Poméranie** ci Pomeranaidd, pomeraniad *g*.
loup [lu] *m* blaidd *g*; (*poisson*) draenogiad *g*; (*masque*) masg *g ou* mwgwd *g* llygaid; **jeune ~** dyn *g* ifanc a mentrus; **~ de mer** hen forwr *g*, hen longwr *g*, hen gi *g* môr.
loupe [lup] *f* (*OPT*) chwyddwydr *g*; (*MÉD*) crangen *b*, syst *g,b*; **à la ~** (*fig*) yn fanwl iawn.

louper* [lupe] (**1**) *vt* gwneud llanast *ou* cawl o; (*examen*) methu; (*train etc*) colli.
lourd (-**e**) [luʀ, luʀd] *adj* (*gén*) trwm(trom)(trymion); (*chaleur, temps*) trymaidd, mwll, clòs; (*impôts*) trwm, sylweddol; (*parfum*) cryf; (*personne, style*) trwsgl, clogyrnaidd; (*silence*) llethol; (*vin*) cadarn; **être** ~ **de** (*menaces etc*) bod yn drwm gan, bod yn llawn (o); **artillerie** ~**e** gynnau *ll* mawr; **industrie** ~**e** diwydiant *g* trwm; **panier** ~ basged *b* drom; **paquets** ~**s** parseli *ll* trwm *ou* trymion;
♦*adv*: **peser** ~ bod yn drwm, pwyso'n drwm.
lourdaud[1] (-**e**) [luʀdo, od] (*péj*) *adj* (*au physique*) trwsgl, lletchwith; (*au moral*) llabystaidd, llebanaidd.
lourdaud[2] [luʀdo] (*péj*) *m* llabwst *g*, lleban *g*.
lourdement [luʀdəmɑ̃] *adv* yn drwm; (*fig*) yn bendant, yn daer; **se tromper** ~ camgymryd yn ddybryd.
lourdeur [luʀdœʀ] *f* trymder *g*, pwysau *g*; ~ **d'estomac** diffyg *g* traul.
loustic [lustik] *m* (*farceur*) cellweiriwr *g*, gwamalwr *g*; (*fam, péj: type*) creadur *g*, boi *g*, bachan *g*.
loutre [lutʀ] *f* dyfrgi *g*; (*fourrure*) croen *g* dyfrgi.
louve [luv] *f* bleiddast *b*.
louveteau (-**x**) [luv(ə)to] *m* (ZOOL) cenau *g* blaidd; (*scout*) cwb *g*.
louvoyer [luvwaje] (**17**) *vi* (NAUT) tacio; (*fig*) curo'r twmpath, tin-droi.
lover [lɔve] (**1**): **se** ~ *vr* ymdorchi.
loyal (-**e**) (**loyaux, loyales**) [lwajal, lwajo] *adj* (*fidèle*) ffyddlon, teyrngar; (*fair-play*) teg, gonest.
loyalement [lwajalmɑ̃] *adv* (*servir*) yn ffyddlon; (*agir*) yn deg, yn onest.
loyalisme [lwajalism] *m* teyrngarwch *g*.
loyauté [lwajote] *f* (*fidélité*) ffyddlondeb *g*; (*honnêteté*) tegwch *g*, gonestrwydd *g*.
loyer [lwaje] *m* rhent *g*; ~ **de l'argent** cyfradd *b* llog.
LP [ɛlpe] *sigle m*(= *lycée professionnel*) *ysgol uwchradd alwedigaethol.*
LSD [ɛlɛsde] *sigle m*(= *Lyserg Säure Diäthylamid*) LSD *g*.
lu [ly] *pp de* **lire**[2].
lubie [lybi] *f* mympwy *g*, ffansi *b*, chwilen *b*.
lubricité [lybʀisite] *f* trachwant *g*, anlladrwydd *g*, blys *g*, blysigrwydd *g*.
lubrifiant [lybʀifjɑ̃] *m* iraid *g*.
lubrifier [lybʀifje] (**16**) *vt* iro, ireidio.
lubrique [lybʀik] *adj* trachwantus, anllad, blysig; **vieillard** ~ hen ŵr budr *ou* brwnt.
lucarne [lykaʀn] *f* ffenestr *b* do.
lucide [lysid] *adj* (*conscient*) ymwybodol; (*perspicace: personne*) craff; (*raisonnement, analyse*) eglur, clir; **intervalle** ~ (*d'un fou*) cyfnod *g* o gallineb *ou* o iawn bwyll.
lucidité [lysidite] *f* (*personne*) craffter *g*; (*analyse*) eglurder *g*, clirdeb *g*; **intervalle de** ~ (*d'un fou*) cyfnod *g* o gallineb *ou* o iawn bwyll.
Lucifer [lysifɛʀ] *prn* Liwsiffer *g*.
luciole [lysjɔl] *f* pryf *g* tân.
lucratif (**lucrative**) [lykʀatif, lykʀativ] *adj* sy'n dwyn elw, proffidiol; **à but non** ~ dielw, dibroffid.
ludique [lydik] *adj* chwarae, chwaraeol.
ludothèque [lydɔtɛk] *f* lle *g* benthyg teganau, llyfrgell *b* deganau.
luette [lɥɛt] *f* tafod *g* bach, wfwla *g*.
lueur [lɥœʀ] *f* golau *g* gwan, llygedyn *g* o oleuni; (*métallique, mouillé*) fflach *b*; (*rougeoyante, chaude*) gwrid *g*; (*fig: de désir, colère*) fflach; (*:de raison, intelligence*) fflach, rhithyn *g*; (*:d'espoir*) llygedyn.
luge [lyʒ] *f* car *g* llusg, sled *b*; **faire de la** ~ mynd ar sled *ou* ar gar llusg, sledio.
lugeur [lyʒœʀ] *m* slediwr *g*.
lugeuse [lyʒøz] *f* sledwraig *b*.
lugubre [lygybʀ] *adj* digalon.
lui[1] [lɥi] *pron*
1 (*complément indirect, sans accord du participe passé: mâle*) iddo (ef *ou* fo *ou* fe), wrtho (ef *ou* fo *ou* fe), ato (ef *ou* fo *ou* fe); (*:femelle*) iddi (hi), wrthi (hi), ati (hi), i mi, gyda mi; **je** ~ **ai parlé** 'rwyf wedi siarad ag ef *ou* â hi; **je le** ~ **donne** 'rwy'n ei roi iddo *ou* iddi; **je le** ~ **ai dit hier** dywedais (hynny) wrtho *ou* wrthi ddoe; **il** ~ **a offert un cadeau** rhoddodd anrheg iddo ef *ou* iddi hi; **je** ~ **ai dit de partir** dywedais wrtho *ou* wrthi am fynd; **je** ~ **ai écrit hier** ysgrifennais ato *ou* ati ddoe.
2 (*après préposition, dans comparaison*) ef, fe, fo, e, o; **elle veut une photo de** ~ mae arni hi eisiau llun ohono ef; **avec** ~ gydag ef; **ce livre est à** ~ ei lyfr ef yw hwn; **un ami à** ~ ffrind iddo ef; **j'ai mangé plus que** ~ bwyteais fwy nag ef.
3 (*sujet, forme emphatique*) ef, fe, fo, e, o; ~, **il est à Paris** ym Mharis y mae e *ou* o; **est-ce qu'il le sait** ~**?** a yw ef yn gwybod hynny?; **c'est** ~ **qui me l'a dit** ef ei hun a ddywedodd wrthyf; ~ **aussi l'a vu** fe'i gwelodd yntau hefyd; **et** ~, **qu'est ce qu'il a dit** a beth ddywedodd yntau?
lui[2] [lɥi] *pp de* **luire**.
lui-même [lɥimɛm] *pron* ef ei hun *ou* hunan, fe'i hun *ou* hunan, fo'i hun.
luire [lɥiʀ] (**52**) *vi* (*gén*) tywynnu, disgleirio, sgleinio; (*en scintillant*) pefrio, fflachio.
luisant[1] [lɥizɑ̃] *vb voir* **luire**.
luisant[2] (-**e**) [lɥizɑ̃, ɑ̃t] *adj* gloyw, disglair, tywynnol, pefriol.
lumbago [lɔ̃bago] *m* (MÉD) cryd *g* y lwynau, lumbago *g,b*.
lumière [lymjɛʀ] *f* golau *g*, goleuni *g*; (*fig: personne intelligente*) athrylith *g/b*; ~**s** (*d'une personne*) gwybodaeth *b*; **à la** ~ **de** (*aussi fig*)

yng ngolau; **fais de la** ~ rho olau; **faire (toute) la** ~ **sur l'affaire** (*fig*) taflu goleuni ar rth; **mettre qch en** ~ (*fig*) taflu goleuni ar rth; ~ **du jour** golau dydd; ~ **du soleil** heulwen *b*, golau'r haul.
luminaire [lyminɛʀ] *m* golau *g*, lamp *b*.
luminescent (-e) [lyminesɑ̃, ɑ̃t] *adj* ymoleuol.
lumineux (**lumineuse**) [lyminø, lyminøz] *adj* (*émettant de la lumière*) tywynnol, goleuol, llewychol; (*éclairé*) goleuedig; (*ciel, journée*) disglair, golau; (*couleur*) llachar; (*relatif à la lumière: rayon etc*) golau, goleuni, o olau *ou* oleuni; (*fig*) clir, disglair.
luminosité [lyminozite] *f* disgleirdeb *g*, goleuedd *g*; (*TECH*) llewychiant *g*.
lump [lœ̃p] *m*: **œufs de** ~ gronell *b* iâr fôr.
lunaire [lynɛʀ] *adj* lleuadol, lloerol, y lleuad *ou* lloer.
lunatique [lynatik] *adj* mympwyol, anwadal, oriog.
lunch [lœntʃ] *m* bwffe *g* (*canol dydd*).
lundi [lœ̃di] *m* dydd *g* Llun; **on est** ~ mae hi'n ddydd Llun; **le** ~ **20 août** dydd Llun yr ugeinfed o Awst; **il est venu** ~ daeth ddydd Llun; **le(s)** ~**(s)** (*chaque lundi*) bob dydd Llun, ar ddydd Llun; **"à ~"** "wela' i di *ou* chi ddydd Llun"; ~ **de Pâques** Llun *g* y Pasg; ~ **de Pentecôte** y Llungwyn *g*.
lune [lyn] *f* lleuad *b*, lloer *b*; **pleine/nouvelle** ~ lleuad lawn/newydd; **être dans la** ~ bod â'ch pen yn y cymylau; ~ **de miel** mis *g* mêl.
luné (-e) [lyne] *adj*: **bien/mal** ~ mewn hwyliau da/drwg.
lunette [lynɛt] *f*: ~**s** sbectol *b*; (*protectrice*) gwydrau *ll*, sbectol lwch; ~**s de plongée** sbectol ddŵr; ~**s de soleil** sbectol haul; ~**s noires** sbectol ddu *ou* dywyll; ~ **arrière** (*AUTO*) ffenestr *b* ôl; ~ **d'approche** (*OPT*) telesgop *g*.
lurent [lyʀ] *vb voir* **lire**[2].
lurette [lyʀɛt] *f*: **il y a belle** ~ **qu'elle est partie** (*depuis des années*) mae hi wedi mynd ers blynyddoedd *ou* ers talwm iawn; (*depuis des heures*) mae hi wedi mynd ers oriau *ou* ers meitin.
luron [lyʀɔ̃] *m* hogyn *g*, crwt *g*, crwtyn *g*; **c'est un joyeux** *neu* **gai** ~ mae'n un siriol, mae'n dipyn o jolihoetiwr.
luronne [lyʀɔn] *f* merch *b*, geneth *b*, hogen *b*, croten *b*, crotes *b*.
lus *etc* [ly] *vb voir* **lire**[2].
lustre [lystʀ] *m* (*de plafond*) siandelïer *g*; (*fig: éclat*) sglein *g,b*, pefredd *g*, gloywedd *g*.
lustrer [lystʀe] (**1**) *vt* sgleinio, rhoi sglein ar; (*poil d'un animal*) gloywi; (*vêtement: user*) gwneud i (rth) sgleinio.
lut [ly] *vb voir* **lire**[2].
luth [lyt] *m* liwt *b*.
luthier [lytje] *m* gwneuthurwr *g* offerynnau llinynnol.
lutin [lytɛ̃] *m* coblyn *g*, ellyll *g*.
lutrin [lytʀɛ̃] *m* desg *b* ddarllen, darllenfa *b*.
lutte [lyt] *f* (*conflit*) brwydr *b*, gwrthdaro; **la** ~ (*SPORT*) ymgodymu, ymaflyd *g* codwm, reslo; **de haute** ~ ar ôl brwydr galed; ~ **des classes** brwydr y dosbarthiadau; ~ **libre** (*SPORT*) ymaflyd rhydd.
lutter [lyte] (**1**) *vi* brwydro, ymladd; (*SPORT*) ymgodymu, ymaflyd codwm, reslo; ~ **pour qn/qch** brwydro dros rn/rth; ~ **contre qn/qch** brwydro yn erbyn rhn/rhth.
lutteur [lytœʀ] *m* (*SPORT*) ymgodymwr *g*, ymaflwr *g* codwm, reslwr *g*; (*fig*) brwydrwr *g*.
lutteuse [lytøz] *f* (*SPORT*) ymgodymwraig *b*; (*fig*) brwydrwraig *b*.
luxation [lyksasjɔ̃] *f* datgymaliad *g*, afleoliad *g*.
luxe [lyks] *m* moeth *g*, moethusrwydd *g*; **un** ~ **de** (*fig: détails, précautions*) digonedd *g* o, helaethrwydd *g* o; **de** ~ moethus, drudfawr.
Luxembourg [lyksɑ̃buʀ] *prm*: **le** ~ Lwcsembwrg *b*.
luxembourgeois (-e) [lyksɑ̃buʀʒwa, waz] *adj* Lwcsembwrgaidd, o Lwcsembwrg.
Luxembourgeois [lyksɑ̃buʀʒwa] *m* Lwcsembwrgiad *g*.
Luxembourgeoise [lyksɑ̃buʀʒwaz] *f* Lwcsembwrgiad *b*.
luxer [lykse] (**1**) *vt* datgymalu, afleoli; ♦ **se** ~ *vr*: **se** ~ **l'épaule** bwrw'ch ysgwydd o'i lle, sigo'ch ysgwydd.
luxueusement [lyksɥøzmɑ̃] *adv* yn foethus
luxueux (**luxueuse**) [lyksɥø, lyksɥøz] *adj* moethus.
luxure [lyksyʀ] *f* trachwant *g*, anlladrwydd *g*, blys *g*, blysigrwydd *g*.
luxuriant (-e) [lyksyʀjɑ̃, jɑ̃t] *adj* toreithiog.
luzerne [lyzɛʀn] *f* alffalffa *g*, maglys *g*.
lycée [lise] *m* ysgol *b* uwchradd; ~ **technique** ysgol uwchradd dechnegol.
lycéen [liseɛ̃] *m* disgybl *g* mewn ysgol uwchradd.
lycéenne [liseɛn] *f* disgybl *g* mewn ysgol uwchradd.
lymphatique [lɛ̃fatik] *adj* (*fig*) swrth, araf, disymud; (*MÉD*) lymffatig.
lymphe [lɛ̃f] *f* lymff *g*.
lyncher [lɛ̃ʃe] (**1**) *vt* lynsio.
lynx [lɛ̃ks] *m* lyncs *g,b*.
lyonnais (-e) [liɔnɛ, ɛz] *adj* o Lyon.
Lyonnais [liɔnɛ] *m* un *g* o Lyon.
Lyonnaise [liɔnɛz] *f* un *b* o Lyon.
lyophilisé (-e) [ljɔfilize] *adj* sychrewedig.
lyre [liʀ] *f* telyn *b* fach, lyra *b*.
lyrique [liʀik] *adj* telynegol; **artiste** ~ canwr *g* opera *ou* opereta, cantores *b* opera *ou* opereta; **comédie** ~ opera *b* gomig, opereta *b*; **théâtre** ~ tŷ *g* opera.
lyrisme [liʀism] *m* telynegiaeth *b*; **avec** ~ yn delynegol.
lys [lis] *m* lili *b*

M

M[1], **m** [ɛm] *m inv* (*lettre*) M, m *b*.
M[2] [ɛm] *abr*(= *Monsieur*) Mr.
m[1] [ɛm] *abr*(= *mètre*) m.
m[2] [ɛm] *abr*(= *million*) miliwn.
m' [m] *pron voir* **me**.
MA [ɛma] *sigle m*(= *maître auxiliaire*) *athro g llanw*.
ma [ma] *dét voir* **mon**.
maboul* (**-e**) [mabul] *adj* hurt, lloerig.
macabre [makɑbʀ] *adj* (*découverte*) erchyll, echrydus; (*goûts, humour*) angladdol, mynwentol.
macabrement [makɑbʀəmɑ̃] *adv* yn erchyll, yn echrydus; (*goûts, humour*) yn angladdol, yn fynwentol.
macadam [makadam] *m* (*pierres*) macadam *g*; (*goudron*) tarmac *g*.
macareux [makaʀø] *m* pwffin *g*, pâl *g*, cornicyll *g* y dŵr.
macaron [makaʀɔ̃] *m* (*gâteau*) bisgeden *b* almon, macarŵn *g*; (*insigne*) bathodyn *g* (crwn); (*natte*) *gwallt wedi'i blethu a'i osod yn dorch dros y glust*.
macaroni [makaʀɔni] *m* macaroni *g*; ~ **au fromage** *neu* **au gratin** caws macaroni, macaroni a chaws.
Macédoine [masedwan] *prf* Macedonia *b*.
macédoine [masedwan] *f*: ~ **de fruits** salad *g* ffrwythau; ~ **de légumes** llysiau *ll* cymysg.
macédonien (**-ne**) [masedɔnjɛ̃, masedɔnjɛn] *adj* Macedonaidd.
Macédonien [masedɔnjɛ̃] *m* Macedoniad *g*.
Macédonienne [masedɔnjɛn] *f* Macedoniad *b*.
macérer [maseʀe] (**14**) *vi* mwydo, marinadu; ♦*vt* mwydo, mysgu, marinadu; (*dans du vinaigre*) piclo.
mâchefer [mɑʃfɛʀ] *m* lludw *g*, marwor *ll*, clincer *g*.
mâcher [mɑʃe] (**1**) *vt* cnoi; **ne pas** ~ **ses mots** siarad yn blwmp ac yn blaen, siarad heb flewyn ar dafod; ~ **le travail à qn** (*fig*) gwneud hanner y gwaith i rn, ei gwneud hi'n hawdd i rn.
machiavélique [makjavelik] *adj* Maciafelaidd.
machiavelisme [makjavelism] *m* Maciafelaeth *b*.
machin* [maʃɛ̃] *m* pethma *g*, pethne *g*, betingalw *g*, bechingalw *g*: **M**~ (*personne*) pwy'na, pwytingalw, pwychingalw.
machinal (**-e**) (**machinaux, machinales**) [maʃinal, maʃino] *adj* mecanyddol, peiriannol, awtomatig.
machinalement [maʃinalmɑ̃] *adv* yn fecanyddol, yn beiriannol, yn awtomatig.
machination [maʃinasjɔ̃] *f* cynllwyn *g*, cynllwynio.
machine [maʃin] *f* peiriant *g*; (*de navire etc*) peiriant, injan *b*; (*fig: rouages*) peirianwaith *g*; **M**~* (*personne*) pwy'na, pwytingalw, pwychingalw; **faire** ~ **arrière** (*NAUT*) mynd yn ôl; (*fig*) troi ar *ou* yn eich carn; ~ **à coudre** peiriant gwnïo; ~ **à écrire** teipiadur *g*; ~ **à laver** peiriant golchi; ~ **à sous** peiriant hapchwarae; ~ **de traitement de texte (dédiée)** prosesydd *g* geiriau (un pwrpas); ~ **à tricoter** peiriant gweu *ou* gwau; ~ **à vapeur** peiriant ager, injan stêm.
machine-outil (~**s**-~**s**) [maʃinuti] *f* offeryn *g* peiriannol, offeryn peiriant; ~**s**-~**s** offer *ll* peiriannau.
machinerie [maʃinʀi] *f* peiriannau *ll*; (*d'un navire*) ystafell *b* yr injan.
machinisme [maʃinism] *m* mecaneiddiad *g*, mecaneiddio.
machiniste [maʃinist] *m* (*THÉÂTRE*) dyn *g* llwyfan; (*de bus, métro*) gyrrwr *g*.
mâchoire [mɑʃwaʀ] *f* gên *b*; (*TECH: d'un outil etc*) genau *ll*; ~ **de frein** gwadn *g* brêc.
mâchonner [mɑʃɔne] (**1**) *vt* cnoi.
mâcon [mɑkɔ̃] *m gwin o ardal Mâcon*.
maçon [masɔ̃] *m* (*gén*) adeiladydd *g*; (*qui construit en pierre*) saer *g* maen; (*qui pose les briques*) briciwr *g*; (*franc-maçon*) Saer Rhydd.
maçonner [masɔne] (**1**) *vt* (*construire*) adeiladu; (*revêtir*) rendro (â sment), smentio, wynebu (rhth) â cherrig *ou* brics, rhoi haen o gerrig *ou* brics ar wyneb (rhth); (*boucher*) bricio, llenwi *ou* cau (rhth) â brics.
maçonnerie [masɔnʀi] *f* (*pierres*) gwaith *g* cerrig; (*briques*) gwaith brics, bricwaith *g*; (*activité*) adeiladu, gosod brics; (*franc-maçonnerie*) Saeryddiaeth *b* Rydd, y Seiri *ll* Rhyddion; ~ **de béton** concrid *g*.
maçonnique [masɔnik] *adj* Masonaidd, Saeryddol; **loge** ~ cyfrinfa'r *b* Seiri Rhyddion.
macramé [makʀame] *m* macramé *g*, clymwaith *g*.
macrobiotique [makʀɔbjɔtik] *adj* macrobiotig.
macrocosme [makʀɔkɔsm] *m* macrocosm *g*, y bydysawd *g*.
macro-économie [makʀoekɔnɔmi] *f* macro-economeg *b*.
macrophotographie [makʀofɔtɔgʀafi] *f* macroffotograffiaeth *b*.
macroscopique [makʀɔskɔpik] *adj* macrosgopig.
maculer [makyle] (**1**) *vt* staenio, difwyno; (*TYPO*) blotio.
Madagascar [madagaskaʀ] *prf* Madagasgar *b*.
Madame (**Mesdames**) [madam, medam] *f* (*sur une enveloppe*) Mrs, Ms; (*en-tête de lettre: gén*) Annwyl Fadam; (*:personne connue*) Annwyl Mrs *ou* Ms X; **bonjour** ~ (*courant*) bore da; (*avec déférence*) bore da madam; (*nom connu*) bore da Mrs X; **bonjour** ~ **la**

Marquise bore da f'arglwyddes; **et pour (vous)** ~**?** (*au restaurant*) a beth hoffech chi madam?; **Mesdames** (*devant un auditoire*) foneddigesau.
Madeleine [madlɛn]: **îles de la** ~ *prfpl* Ynysoedd *ll* Madlen.
Madelinot [madlino] *m* un *g* o Ynysoedd Madlen.
Madelinote [madlinɔt] *f* un *b* o Ynysoedd Madlen.
madeleine [madlɛn] *f* (*gâteau*) teisen *b* Fadlen, madeleine *b*.
Mademoiselle (**Mesdemoiselles**) [madmwazɛl, medmwazɛl] *f* (*sur une enveloppe*) Miss, Ms; (*en-tête de lettre: gén*) Annwyl Fadam; (*personne connue*) Annwyl Miss *ou* Ms X; **bonjour** ~ bore da; (*avec déférence*) bore da Miss; (*nom connu*) bore da Miss X; **et pour (vous)** ~**?** (*au restaurant*) a beth hoffech chi madam?; **Mesdemoiselles** (*devant un auditoire*) foneddigesau.
Madère [madɛʀ] *prf* Madeira *b*.
madère [madɛʀ] *m* (*vin*) gwin *g* Madeira.
Madone [madɔn] *prf*: **la** ~ y Forwyn *b* Fair.
madré (**-e**) [mɑdʀe] *adj* cyfrwys, ystrywgar.
madrier [madʀije] *m* trawst *g*.
madrigal (**madrigaux**) [madʀigal, madʀigo] *m* madrigal *b*.
madrilène [madʀilɛn] *adj* o Madrid.
Madrilène [madʀilɛn] *m/f* un *g/b* o Madrid.
maestria [maɛstʀija] *f* meistrolaeth *b* (ryfeddol), hyfedredd *g*.
maestro [maɛstʀo] *m* (*MUS*) maestro *g*, meistr *g*.
maf(f)ia [mafja] *f* maffia *g*.
magasin [magazɛ̃] *m* (*boutique*) siop *b*; (*entrepôt*) warws *g*, storfa *b*; (*d'arme, appareil-photo*) ystorgell *b*; **en** ~ (*COMM*) mewn stoc, ar gael; **faire les** ~**s** mynd i siopa, mynd o gwmpas y siopau; ~ **d'alimentation** siop (y) groser, siop fwyd *ou* fwydydd.
magasinier [magazinje] *m* ceidwad *g* warws.
magazine [magazin] *m* (*revue*) cylchgrawn *g*; (*radiodiffusé, télévisé*) rhaglen *b* nodwedd.
mage [maʒ] *m*: **les Rois Mages** y Doethion *ll* (o'r Dwyrain).
Maghreb [magʀɛb] *prm*: **le** ~ y Maghreb *b*, gogledd(-orllewin) *g* Affrica.
maghrébin (**-e**) [magʀebɛ̃, in] *adj* o'r Maghreb.
Maghrébin [magʀebɛ̃] *m* un *g* o'r Maghreb.
Maghrébine [magʀebin] *f* un *b* o'r Maghreb.
magicien [maʒisjɛ̃] *m* dewin *g*, swynwr *g*.
magicienne [maʒisjɛn] *f* dewines *b*, swynwraig *b*.
magie [maʒi] *f* hud *g*, dewiniaeth *b*; ~ **noire** dewiniaeth ddu, y gelfyddyd *b* ddu.
magique [maʒik] *adj* hud, hudol, swyn; **lanterne** ~ hudlusern *b*.
magistral (**-e**) (**magistraux, magistrales**) [maʒistʀal, maʒistʀo] *adj* (*œuvre*) campus, gwych, gorchestol; (*ton*) awdurdodol; **une gifle** ~**e*** diawch o glusten *b*, clusten go iawn; **cours** ~ darlith *b*; **enseignement** ~ darlithiau, darlithio.
magistralement [maʒistʀalmɑ̃] *adv* yn gampus, yn wych.
magistrat [maʒistʀa] *m* ynad *g*, ustus *g*.
magistrature [maʒistʀatyʀ] *f* ynadaeth *b*; ~ **assise** y fainc *b*; ~ **debout** yr erlyniad *b*, yr erlynwyr *ll*.
magma [magma] *m* (*GÉO*) magma *g*; (*fig*) cymysgfa *b*, dryswch *g*, cawdel *g*.
magnanerie [maɲanʀi] *f* fferm *b* gynhyrchu sidan.
magnanime [maɲanim] *adj* mawrfrydig, haelfrydig.
magnanimement [maɲanimmɑ̃] *adv* yn fawrfrydig, yn haelfrydig.
magnanimité [maɲanimite] *f* mawrfrydedd *g*, haelfrydedd *g*.
magnat [magna] *m* pendefig *g*, gŵr *g* mawr, teicŵn *g*; **un** ~ **de la presse** un o farwniaid y wasg.
magner* [maɲe] (**1**): **se** ~ *vr* ei symud *ou* siapo hi, brysio, styrio.
magnésie [maɲezi] *f* magnesia *g*.
magnésium [maɲezjɔm] *m* magnesiwm *g*.
magnétique [maɲetik] *adj* magnetig; (*fig*) cyfareddol, hudol, magnetig.
magnétiser [maɲetize] (**1**) *vt* magneteiddio; (*tenir sous le charme*) cyfareddu, hudo; (*hypnotiser*) hypnoteiddio, mesmereiddio.
magnétiseur [maɲetizœʀ] *m* hypnotydd *g*.
magnétiseuse [maɲetizøz] *f* hypnotydd *g*.
magnétisme [maɲetism] *m* (*étude*) magneteg *b*; (*d'un métal, de la terre etc*) magnetedd *g*; (*charme*) cyfaredd *b*, effaith *b* fagnetig; (*hypnotisme*) hypnotiaeth *b*.
magnéto[1] [maɲeto] *f* magneto *g*.
magnéto[2] [maɲeto] *abr*= **magnétophone, magnétoscope**.
magnétocassette [maɲetokasɛt] *m* chwaraeydd *g ou* recordydd *g* casét.
magnétophone [maɲetɔfɔn] *m* recordydd *g* tâp; ~ **à cassettes** recordydd casét.
magnétoscope [maɲetɔskɔp] *m* recordydd *g ou* peiriant *g* fideo; **enregistrer qch au** ~ fideorecordio rhth, rhoi *ou* dodi rhth ar fideo.
magnificence [maɲifisɑ̃s] *f* (*faste*) gwychder *g*, ysblander *g*; (*générosité, prodigalité*) haelioni *g*.
magnifier [maɲifje] (**16**) *vt* (*glorifier*) gogoneddu, mawrygu; (*idéaliser*) delfrydu.
magnifique [maɲifik] *adj* gwych, ardderchog, godidog.
magnifiquement [maɲifikmɑ̃] *adv* yn wych, yn ardderchog, yn odidog.
magnolia [maɲɔlja] *m* magnolia *b*.
magnum [magnɔm] *m* magnwm *g*.
magot [mago] *m* (*ZOOL*) epa *g* Barbari; (*fam: somme d'argent*) pentwr *g* o arian; (*:économies*) celc *g*, arian *g ou* ceiniog *b* wrth

gcfn.
magouille* [maguj] *f* cynllwynion *ll*, cynllwynio, sgemio.
mahométan (**-e**) [maɔmetɑ̃, an] *adj* Moslemaidd, Mwslimaidd.
mai [mɛ] *m* (mis *g*) Mai *g voir aussi* **juillet**.
maigre [mɛɡʀ] *adj* tenau, main; (*viande*) coch; (*profit, espoir, salaire*) main, tila, bychan(bechan)(bychain); (*fig: végétation*) tenau, prin; **jours ~s** dyddiau *ll* di-gig; **faire ~** peidio â bwyta cig.
maigrelet (**-te**) [mɛɡʀəlɛ, ɛt] *adj* tenau, esgyrnog.
maigreur [mɛɡʀœʀ] *f* teneuwch *g*, teneuder *g*, meinder *g*; (*de végétation*) prinder *g*, teneurwydd *g*.
maigrichon (**-ne**) [meɡʀiʃɔ̃, ɔn] *adj* tenau, esgyrnog.
maigrir [meɡʀiʀ] (**2**) *vi* teneuo, colli pwysau; ♦*vt*: **~ qn** (*suj: vêtement*) gwneud golwg deneuach ar rn, gwneud i rn edrych yn deneuach.
mailing [meliŋ] *m* (*INFORM*) post-dafliad *g*.
maille [mɑj] *f* pwyth *g*; (*de filet*) masgl *b*; **~ filée** (*bas*) rhediad *g*; **avoir ~ à partir avec qn/la justice** mynd i drafferth *ou* helynt gyda rhn/gyda'r gyfraith; **~ à l'endroit/à l'envers** pwyth o'r dde/o'r chwith.
maillechort [majʃɔʀ] *m* arian *g* nicel
maillet [majɛ] *m* gordd *b*, morthwyl *g* pren; (*de croquet*) ffon *b*.
maillon [mɑjɔ̃] *m* (*d'une chaîne*) dolen *b*.
maillot [majo] *m* fest *b*; (*de danseur*) leotard *g,b*; (*de sportif*) crys *g*; (*lange de bébé*) cadachau *ll*; **~ de bain** (*femme*) gwisg *b* nofio; (*homme*) trowsus *g* nofio; **~ une pièce** gwisg *b* nofio; **~ deux pièces** bicini *g*; **~ de corps** fest; **~ jaune** (*CYCLISME*) crys melyn.
main [mɛ̃] *f*
1 (*ANAT*) llaw *b*; **la ~ dans la ~** law yn llaw; **à une ~** ag un llaw; **à deux ~s** â dwy law; **à la ~** (*tenir, avoir*) yn eich llaw; (*faire, tricoter etc*) â llaw; **se donner la ~** dal dwylo; **donner la ~ à qn** gafael *ou* cydio yn llaw rhn; **tendre la ~ à qn** estyn eich llaw i rn; **se serrer la ~** ysgwyd *ou* siglo llaw; **serrer la ~ à qn** ysgwyd llaw â rhn; **haut les ~s** dwylo i fyny, codwch eich dwylo; **de ~ de maître** â llaw feistraidd; **à remettre en ~s propres** i'w roi yn llaw'r derbynnydd; **à ~s levées** (*voter*) trwy godi dwylo, trwy bleidlais gyhoeddus; **attaque à ~ armée** ymosodiad *g* arfog; **à ~ droite/gauche** ar y (llaw) dde/chwith.
2 (*fig*): **de première ~** (*renseignement*) uniongyrchol, o lygad y ffynnon; (*voiture*) ag un perchennog blaenorol; **sous la ~** wrth law, o fewn cyrraedd; **donner la ~ à qn** (*pour faire qch*) cynorthwyo rhn, helpu rhn, rhoi *ou* estyn help llaw i rn; **gagner haut la ~** ennill yn llwyr; **faire ~ basse sur qch** cipio rhth, estyn at rth; **mettre la dernière ~ à qch** rhoi'r cyffyrddiad olaf i rth, cwblhau rhth, perffeithio rhth, caboli rhth; **mettre la ~ à la pâte** rhoi help llaw, helpu; **je l'avais bien en ~** 'roeddwn wedi dod i'w ddeall *ou* feistroli; **prendre qch en ~** ymorol *ou* gofalu am rth; **forcer la ~ à qn** gorfodi rhn i weithredu, gwthio llaw rhn; **demander la ~ d'une femme** gofyn am law merch; **s'en laver les ~s** golchi'ch dwylo o rth; **se faire la ~** dod i'r arfer o wneud rhth, ymarfer gwneud rhth; **il faut d'abord se faire la ~** mae'n rhaid dod i arfer sut i'w wneud yn y lle cyntaf; **perdre la ~** colli'r arfer; **en un tour de ~** ar amrantiad, mewn chwinciad; **~ courante** canllaw *g,b*.
3 (*ART*): **à ~ levée** (â) llaw rydd.
4 (*CARTES*): **avoir la ~** chwarae'n gyntaf; **céder/passer la ~** ildio/trosglwyddo'r hawl i chwarae'n gyntaf.
5 (*de papier*) cwîr *g* (*25 o ddalennau*).
mainate [mɛnat] *m* (*ZOOL*) maina *g*.
main-d'œuvre (**~s-~**) [mɛ̃dœvʀ] *f* llafur *g*; (*ouvriers*) gweithwyr *ll*, gweithlu *g*.
main-forte [mɛ̃fɔʀt] *f*: **prêter ~-~ à qn** dod i gynorthwyo *ou* helpu rhn, rhoi *ou* estyn help llaw i rn.
mainmise [mɛ̃miz] *f* meddianiad *g*, rheolaeth *b*; (*JUR*) atafaeliad *g*; **avoir la ~ sur qch** (*fig*) bod yn feistr llwyr ar rth, bod â gafael dynn yn rhth, bod â rheolaeth lwyr ar *ou* dros rth.
maint (**-e**) [mɛ̃, mɛ̃t] *adj* sawl, llawer; **à ~es reprises** dro ar ôl tro, sawl gwaith *ou* tro, droeon.
maintenance [mɛ̃t(ə)nɑ̃s] *f* (*TECH*) (gwaith *g*) cynnal a chadw; (*MIL*) cynnal.
maintenant [mɛ̃t(ə)nɑ̃] *adv* nawr, rŵan; (*actuellement*) ar hyn o bryd, heddiw, y dyddiau hyn; **~ qu'il est en vacances** ac yntau ar ei wyliau, gan ei fod ar ei wyliau.
maintenir [mɛ̃t(ə)niʀ] (**32**) *vt* (*retenir, soutenir*) cynnal, dal; (*entretenir, garder, tenir*) cadw, cynnal; (*contenir: foule*) atal, dal yn ôl, cadw dan reolaeth; (*conserver: tradition*) cadw, cynnal; (*affirmer: opinion*) dal at, glynu wrth; ♦ **se ~** *vr* (*paix, temps*) parhau, dal; (*préjugé*) parhau, dal i fod; **le malade se maintient** mae'r claf mewn cyflwr sefydlog, mae'r claf yn dal ei dir.
maintien [mɛ̃tjɛ̃] *m* cynnal, dal, cadw; (*attitude*) osgo *g*, ymarweddiad *g*; **~ de l'ordre** cynnal cyfraith a threfn.
maintiendrai *etc* [mɛ̃tjɛ̃dʀe] *vb voir* **maintenir**.
maintiens *etc* [mɛ̃tjɛ̃] *vb voir* **maintenir**.
maire [mɛʀ] *m* maer *g*.
mairie [meʀi] *f* (*endroit*) neuadd *b* y dref; (*administration*) cyngor *g* tref *ou* trefol; **la ~ de Caernarfon** neuadd tref Caernarfon.
mais [mɛ] *conj* ond; **~ non!** nage, siŵr iawn!, nage, wrth gwrs!; **tu viens? - ~ non!** wyt ti'n dod? - nac ydw siŵr iawn!, wyt ti'n dod? - wrth gwrs nad ydw i ddim!; **~ enfin** ond

wedi'r cwbl; ~ **enfin, je viens de te le dire!** mawredd mawr, beth sy'n bod arnat ti, 'rwyf newydd ddweud wrthyt ti!; ~ **encore?** ai dyna'r cwbl?

maïs [mais] *m* india-corn *g*, indrawn *g*.

maison [mɛzɔ̃] *f* (*bâtiment*) tŷ *g*; (*domicile familial*) cartref *g*; (*COMM*) cwmni *g*; **ami de la** ~ cyfaill *g* teuluol; **à la** ~ gartref; (*direction*) adref; **fils de la** ~ mab *g* y tŷ; ~ **centrale** carchar *g*; ~ **close** puteindy *g*; ~ **d'arrêt** carchar (arhosiad byr); ~ **de campagne** tŷ *ou* bwthyn *g* yn y wlad; ~ **de correction** canolfan *g,b* cadw *ou* gadw; ~ **de la culture** ≈ canolfan celfyddydau *ou* gelfyddydau; ~ **de passe** puteindy; ~ **de repos** cartref ymadfer *ou* gwella; ~ **de retraite** cartref hen bobl, cartref henoed; ~ **de santé** cartref nyrsio *ou* ymgeledd; ~ **des jeunes** ≈ clwb *g* ieuenctid; ~ **mère** cwmni gwreiddiol, prif gangen *b* y cwmni; ♦*adj inv* (*CULIN: pâté etc*) cartref; (*au restaurant*) (wedi'i wneud gan) y pen-cogydd; (*COMM*) mewnol; (*fam*) campus, o'r siort orau, o'r math gorau gewch chi.

Maison-Blanche [mɛzɔ̃blɑ̃ʃ] *prf*: **la** ~-~ y Tŷ *g* Gwyn.

maisonnée [mɛzɔne] *f* teulu *g*, tyaid *g*.

maisonnette [mɛzɔnɛt] *f* tŷ *g* bychan, bwthyn *g*.

maître[1] (**maîtresse**) [mɛtʀ, mɛtʀɛs] *adj* (*principal, essentiel*) prif, o bwys; **idée maîtresse** syniad *g* o bwys; **être** ~ **de soi** (*indépendant*) bod yn feistr arnoch eich hun, bod yn annibynnol; (*se dominer*) (gallu) eich rheoli'ch hun, cadw'ch hun dan reolaeth; **être/rester** ~ **de la situation** bod â'r/cadw'r sefyllfa dan reolaeth; **se rendre** ~ **de** (*pays, ville*) cipio rheolaeth ar; (*situation, incendie*) cael rheolaeth ar; **être passé** ~ **dans l'art de** bod yn hen law ar, bod yn feistr *ou* giamstar ar; **être** ~ **à une couleur** (*CARTES*) bod â'r cerdyn uchaf mewn siwt.

maître[2] [mɛtʀ] *m* meistr *g*; (*SCOL*) athro *g*, ysgolfeistr *g*; (*peintre etc*) meistr; **M**~ (*titre: JUR*) *dull o gyfarch cyfreithwyr a hefyd artistiaid a llenorion o fri*; **maison de** ~ plasty *g*; **voiture de** ~ car *g* â chauffeur; ~ **d'armes** athro cleddyfaeth; ~ **auxiliaire** (*SCOL*) athro llanw; ~ **chanteur** blacmeliwr *g*; ~ **de chapelle** côr-feistr *g*; ~ **de conférences** (*UNIV*) ≈ uwch-ddarlithydd *g*; ~ **d'école** athro ysgol; ~ **d'hôtel** (*domestique*) bwtler *g*; (*d'hôtel*) prif weinydd *g*; ~ **de maison** gŵr *g* y tŷ, gwesteiwr *g*; ~ **nageur** achubwr *g* bywydau; ~ **d'œuvre** (*CONSTR*) rheolwr *g* project; ~ **d'ouvrage** (*CONSTR: privé*) cyflogwr *g*; (*:public*) cwmni *g* contractio; ~ **à penser** cynghorwr *g* doeth; ~ **queux** pen-cogydd *g*; **chacun a son** ~ (*fig*) mae meistr ar Mistar Mostyn.

maître-assistant (~**s**-~**s**) [mɛtʀasistɑ̃, ɑ̃t] *m* ≈ uwch-ddarlithydd *g*.

maître-assistante (~**s**-~**s**) [mɛtʀasistɑ̃t] *f* ≈ uwch-ddarlithydd *g*, ≈ uwch-ddarlithwraig *b*.

maître-autel (~**s**-~**s**) [mɛtʀotɛl] *m* prif allor *b*.

maîtresse [mɛtʀɛs] *f* meistres *b*; (*SCOL*) athrawes *b*, ysgolfeistres *b*; ~ **d'école** athrawes ysgol; ~ **de maison** gwraig *b* y tŷ, gwesteiwraig *b*; (*ménagère*) gwraig tŷ; **une** ~ **femme** gwraig *b* rymus *ou* egnïol *ou* awdurdodol *voir aussi* **maître**[2]; ♦*adj f voir* **maître**[1].

maîtrise [metʀiz] *f* (*aussi:* ~ **de soi**) hunanreolaeth *b*; (*habileté*) meistrolaeth *b*, hyfedredd *g*; (*suprématie, domination*) meistrolaeth, rheolaeth *b*; (*diplôme*) ≈ gradd *b* uwch; (*contremaîtres et chefs d'équipe*) staff *g* goruchwyliol.

maîtriser [metʀize] (**1**) *vt* (*cheval, incendie*) meistroli, cael rheolaeth ar; (*forcené, adversaire*) gorchfygu, trechu; (*sujet*) meistroli; (*émotion*) ffrwyno, meistroli; ♦ **se** ~ *vr* eich rheoli'ch hun, ymreoli.

majesté [maʒɛste] *f* urddas *g*, rhwysg *g*; (*titre*) mawrhydi *g*; **Sa M**~ Ei Mawrhydi *ou* Fawrhydi; **Votre M**~ Eich Mawrhydi.

majestueusement [maʒɛstɥøzmɑ̃] *adv* yn urddasol, yn rhwysgfawr.

majestueux (**majestueuse**) [maʒɛstɥø, maʒɛstɥøz] *adj* urddasol, rhwysgfawr.

majeur[1] (**-e**) [maʒœʀ] *adj* (*très important*) pwysig iawn; (*le plus important*) pennaf, prif, pwysicaf; (*JUR*) mewn llawn oed, wedi dod i oedran *ou* oed; **la** ~**e partie de** y rhan *b* fwyaf o; **en** ~**e partie** at ei gilydd, yn bennaf; **son œuvre est en** ~**e partie hermétique** mae'r rhan fwyaf o'i waith yn astrus.

majeur[2] [maʒœʀ] *m* (*JUR*) un *g* sydd wedi dod i (lawn) oed.

majeur[3] [maʒœʀ] (*doigt*) bys *g* canol.

majeure [maʒœʀ] *f* (*JUR*) un *b* sydd wedi dod i (lawn) oed; ♦*adj f voir* **majeur**[1].

major [maʒɔʀ] *m* (*MIL*) uwchgapten *g*; **être** ~ **de promotion** (*SCOL*) dod yn gyntaf yn eich blwyddyn.

majoration [maʒɔʀasjɔ̃] *f* ychwanegiad *g* at bris.

majordome [maʒɔʀdɔm] *m* prif stiward *g*.

majorer [maʒɔʀe] (**1**) *vt* (*prix etc*) ychwanegu at.

majorette [maʒɔʀɛt] *f* majorette *b*.

majoritaire [maʒɔʀitɛʀ] *adj* mwyafrifol.

majorité [maʒɔʀite] *f* (*JUR*) llawn *ou* cyflawn oed *g*; (*des voix etc*) mwyafrif *g*; **la** ~ (*parti majoritaire*) y llywodraeth *b*, y blaid *b* mewn grym; (*généralité*) y rhan *b* fwyaf; **en** ~ (*composé etc*) yn bennaf; **être en** ~ bod yn y mwyafrif; **les ouvriers sont en** ~ **mécontents** mae'r rhan fwyaf o'r gweithwyr yn anhapus; **avoir la** ~ bod â'r mwyafrif; **la** ~ **silencieuse** y mwyafrif tawel *ou* mud; ~ **absolue**

mwyafrif llwyr; ~ **civile** *neu* **électorale** oedran *g* pleidleisio; ~ **pénale** oedran cosbi (*pan ystyrir bod plentyn yn gyfrifol am yr hyn a wna*); ~ **relative** mwyafrif cymharol.

Majorque [maʒɔʀk] *prf* Maiorca *b*.

majorquin (**-e**) [maʒɔʀkɛ̃, in] *adj* Maiorcaidd, o Maiorca.

Majorquin [maʒɔʀkɛ̃] *m* Maiorcad *g*.

Majorquine [maʒɔʀkin] *f* Maiorcad *b*.

majuscule [maʒyskyl] *adj*: **lettre** ~ priflythyren *b*, llythyren *b* fras; **un A** ~ A fawr;

♦*f* priflythyren *b*, llythyren *b* fras.

MAL [mal] *sigle f* (= *Maison d'animation et des loisirs*) ≈ canolfan *g,b* d(d)iwylliannol.

mal (**maux**) [mal, mo] *m* (*opposé au bien*) drwg *g*, drygioni *g*; (*tort, dommage*) niwed *g*; (*difficulté, peine*) anhawster *g*, helynt *g,b*, trafferth *b,g*; (*douleur physique*) poen *g,b*, dolur *g*, cur *g*; (*maladie*) salwch *g*; (*souffrance morale*) gofid *g*, pryder *g*; **les forces du M~** grymoedd *ll* y Fall; **les maux de la société** drygau *ll* cymdeithas; **sans penser** *neu* **songer à** ~ heb feddwl dim drwg; **il ne veut de** ~ **à personne** nid yw'n dymuno dim drwg i neb; **faire du** ~ **à qn** brifo rhn, niweidio rhn, gwneud drwg i rn; **il n'a rien fait de** ~ nid yw wedi gwneud dim o'i le; **dire du** ~ **de qn** lladd ar rn; **il pense du** ~ **de son père** 'does ganddo fawr o barch at ei dad, 'does ganddo fawr o feddwl o'i dad; **ne voir aucun** ~ **à** peidio â gweld dim o'i le yn *ou* mewn; **il n'y a pas de** ~ **à demander** 'does dim o'i le mewn gofyn, ni fyddwch chi ddim gwaeth â gofyn; **avoir du** ~ **à faire qch** cael trafferth gwneud rhth; **se donner du** ~ **pour faire qch** mynd i drafferth fawr i wneud rhth; **se faire** ~ eich brifo'ch hun, eich anafu'ch hun; **se faire** ~ **au pied** brifo'ch troed, anafu'ch troed; **ça fait** ~ mae'n brifo *ou* anafu, mae'n gwneud dolur; **j'ai** ~ **(ici)** mae'n brifo *ou* anafu *ou* brifo (yn y fan hyn); **j'ai** ~ **au dos** mae gen i boen yn fy nghefn, mae 'nghefn i'n brifo *ou* anafu; **j'ai** ~ **à la tête** mae gen i gur yn fy mhen, mae pen tost 'da fi; **j'ai** ~ **aux dents** mae'r ddannoedd arnaf; **j'ai** ~ **à la gorge** mae gen i ddolur gwddf, mae gwddf *ou* llwnc tost 'da fi; **avoir** ~ **au cœur** teimlo'n dost *ou* sâl; **maux de ventre** poen (yn y) bol, bola *g* tost; ~ **de la route/de l'air/de mer** salwch teithio/awyr/môr; **prendre** ~ mynd yn wael *ou* sâl; **il a le** ~ **du pays** mae hiraeth arno;

♦*adv* yn wael; **être** ~ (*mal installé*) bod yn anghysurus; **il est** ~ **avec son frère** mae hi'n ddrwg rhyngddo a'i frawd; **être au plus** ~ (*malade*) bod yn wael iawn; (*brouillé*) bod am waed eich gilydd; **être** ~ **en point** bod yn wael iawn, bod mewn cyflwr truenus *ou* gwael; **se sentir** ~ teimlo'n sâl *ou* dost; **se trouver** ~ llewygu; **elle comprend** ~ mae hi'n ei chael hi'n anodd deall; **elle a** ~ **compris** mae hi wedi camddeall, fe gamddeallodd; ~ **tourner** (*situation*) mynd o chwith; (*personne*) mynd ar gyfeiliorn; **craignant** ~ **faire** rhag ofn tramgwyddo *ou* pechu;

♦*adj m*: **c'est** ~ **de voler** mae dwyn yn beth drwg, peth drwg yw dwyn.

Malabar [malabaʀ] *prm* Malabar *b*; **la côte de** ~ Traeth *g* Malabar.

malabar* [malabaʀ] *m* dyn *g* cyhyrog, palff *g* *ou* paladr *g* o ddyn.

malade [malad] *adj* gwael, sâl, tost, claf; (*plante*) afiach; (*dent*) drwg; (*fig: entreprise etc*) gwael, bregus; **tomber** ~ gwaelu, clafychu, mynd yn wael *ou* sâl; **il est** ~ **du cœur** mae clefyd y galon arno, mae'n cwyno â'r galon;

♦*m/f* claf *g*; ~ **mental** un *g/b* sy'n dioddef o salwch meddwl; **grand** ~ un sy'n ddifrifol wael; ~ **imaginaire** claf heb glefyd, claf diglefyd.

maladie [maladi] *f* (*spécifique*) salwch *g*, clefyd *g*; (*mauvais santé*) gwaeledd *g*, afiechyd *g*; (*fig*) mania *g*; **être rongé par la** ~ cael eich nychu gan glefyd; ~ **d'Alzheimer** clefyd Alzheimer; ~ **bleue** syanosis *g*, clefyd glas, dulasedd *g*; ~ **de peau** clefyd *ou* anhwylder *g* ar y croen; ~ **sexuellement transmissible** clefyd cysylltiad rhywiol.

maladif (**maladive**) [maladif, maladiv] *adj* gwanllyd, nychlyd; (*pâleur*) afiach; (*curiosité, besoin, peur*) morbid, gorfodol, patholegol; **elle était d'une pâleur maladive** 'roedd hi'n afiach o welw; **il a un besoin** ~ **de mentir** mae dweud celwyddau yn rhan o'i natur, ni all beidio â phalu celwyddau.

maladresse [maladʀɛs] *f* (*manque de dextérité*) trwsgleiddiwch *g*, lletchwithdod *g*; (*manque de tact*) diffyg *g* tact; (*gaffe*) camgymeriad *g*, caff *g* gwag.

maladroit (**-e**) [maladʀwa, wat] *adj* trwsgl, afrosgo, lletchwith, ysgaprwth; (*sans tact*) di-dact, anystyriol.

maladroitement [maladʀwatmɑ̃] *adv* yn drwsgl, yn lletchwith.

mal-aimé (~-~**s**) [maleme] *m* un *g* amhoblogaidd *ou* annerbyniol; **être le** ~-~ **de la presse** bod yn amhoblogaidd gyda'r wasg.

mal-aimée (~-~**s**) [maleme] *f* un *b* amhoblogaidd *ou* annerbyniol.

malais[1] (**-e**) [malɛ, ɛz] *adj* Maleiaidd, o Malaia.

malais[2] [malɛ] *m* (LING) Maleieg *b,g*.

Malais [malɛ] *m* Maleiad *g*.

Malaise [malɛz] *f* Maleiad *b*.

malaise [malɛz] *m* anhwylder *g*; (*fig*) anesmwythder *g*, anniddigrwydd *g*; **avoir un** ~ teimlo'r bendro arnoch; **j'ai un** ~ mae 'mhen i'n troi.

malaisé (**-e**) [maleze] *adj* anodd.

Malaisie [malɛzi] *prf*: **la** ~ Malaia *b*.

malappris[1] (**-e**) [malapʀi, iz] *adj* di-wardd, anghwrtais, anfoesgar.

malappris[2] [malapʀi] *m* un *g* anfoesgar.
malapprise [malapʀiz] *f* un *b* anfoesgar;
♦*adj f voir* **malappris**[1].
malaria [malaʀja] *f* malaria *g*.
malavisé (**-e**) [malavize] *adj* annoeth.
Malawi [malawi] *prm*: **le** ~ Malawi *b*.
malaxer [malakse] (**1**) *vt* (*pétrir*) tylino; (*mêler*) cymysgu.
Malaysia [malɛzja] *prf*: **la** ~ Maleisia *b*.
malchance [malʃɑ̃s] *f* anlwc *g,b*; (*mésaventure*) anffawd *b*, aflwydd *g*; **par** ~ yn anffodus; **quelle** ~! hen dro!, bechod!, trueni!
malchanceux (**malchanceuse**) [malʃɑ̃sø, malʃɑ̃søz] *adj* anlwcus, anffodus.
malcommode [malkɔmɔd] *adj* anaddas, anghyfleus, anymarferol.
Maldives [maldiv] *prfpl*: **les** ~ Ynysoedd *ll* y Maldives.
maldonne [maldɔn] *f* (*CARTES*) camraniad *g*; **il y a** ~ (*fig*) mae camddealltwriaeth *ou* camgymeriad wedi bod.
mâle [mɑl] *m* gwryw *g*;
♦*adj* gwryw; (*viril*) gwrywaidd; **prise** ~ (*ÉLEC*) plwg *g*.
malédiction [malediksjɔ̃] *f* melltith *b*.
maléfice [malefis] *m* melltith *b*.
maléfique [malefik] *adj* niweidiol, drygionus, anfad.
malencontreusement [malɑ̃kɔ̃tʀøzmɑ̃] *adv* yn anghyfleus; (*arriver*) ar adeg anffodus *ou* anghyfleus.
malencontreux (**malencontreuse**) [malɑ̃kɔ̃tʀø, malɑ̃kɔ̃tʀøz] *adj* (*erreur, remarque*) anffodus, chwithig.
mal-en-point [malɑ̃pwɛ̃] *adj inv* gwael iawn, mewn cyflwr truenus *ou* gwael.
malentendant [malɑ̃tɑ̃dɑ̃] *m*: **les** ~**s** pobl *ll* drwm eu clyw, pobl rannol fyddar.
malentendante [malɑ̃tɑ̃dɑ̃t] *f*: **elle est** ~**e** mae hi'n drwm ei chlyw.
malentendu [malɑ̃tɑ̃dy] *m* camddealltwriaeth *b*.
malfaçon [malfasɔ̃] *f* diffyg *g*, nam *g*.
malfaisant (**-e**) [malfəzɑ̃, ɑ̃t] *adj* drwg, niweidiol.
malfaiteur [malfɛtœʀ] *m* (*gén*) troseddwr *g*, drwgweithredwr *g*; (*voleur*) lleidr *g*.
malfamé (**-e**) [malfame] *adj* drwg ei enw, drwg-enwog.
malformation [malfɔʀmasjɔ̃] *f* camffurfiad *g*.
malfrat [malfʀa] *m* dihiryn *g*, cnaf *g*.
malgache[1] [malgaʃ] *adj* Madagas(g)aidd, o Fadagasgar; **la République** ~ Gweriniaeth *b* Madagascar.
malgache[2] [malgaʃ] *m* (*LING*) Malagasi *b,g*.
Malgache [malgaʃ] *m/f* Malagas(g)iad *g/b*.
malgré [malgʀe] *prép* er gwaethaf; ~ **soi** yn groes i'ch graen, o'ch anfodd; ~ **tout** (*en dépit de*) er gwaethaf popeth; (*concession: quand même*) beth bynnag, eto i gyd; **le Médecin** ~ **lui** y Doctor er ei waethaf.
malhabile [malabil] *adj* trwsgl, lletchwith, anfedrus, di-fedr.
malheur [malœʀ] *m* (*évènement pénible*) anffawd *b*, aflwydd *g*; (:*plus fort*) trychineb *g,b*; (*adversité*) adfyd *g*, trallod *g*; (*malchance*) anlwc *g,b*, anhap *g,b*; **par** ~ yn anffodus; **quel** ~! dyna bechod *ou* biti *ou* drueni!; **faire un** ~* (*un éclat*) gwneud rhth enbyd; (*avoir du succès*) cael llwyddiant ysgubol, mynd â hi.
malheureusement [maløʀøzmɑ̃] *adv* yn anffodus, gwaetha'r modd.
malheureux[1] (**malheureuse**) [maløʀø, maløʀøz] *adj* (*triste*) anhapus, gofidus; (*infortuné, regrettable*) anffodus, truenus; (*malchanceux*) anlwcus, anffodus, aflwyddiannus; (*insignifiant*) pitw, dibwys, tila; **la malheureuse femme** y wraig druan; **avoir la main malheureuse** (*au jeu*) bod yn anlwcus; (*tout casser*) bod yn lletchwith *ou* llawdrwm.
malheureux[2] [maløʀø] *m* (*infortuné*) truan *g*; (*indigent, miséreux*) un *g* anghenus, un mewn angen; **les** ~ yr anghenus *ll*, y tlodion *ll*.
malheureuse [maløʀøz] *f* (*infortunée*) truanes *b*; (*indigente, miséreuse*) un *b* anghenus, un mewn angen;
♦*adj f voir* **malheureux**[1].
malhonnête [malɔnɛt] *adj* anonest; (*impoli*) anfoesgar, digywilydd.
malhonnêtement [malɔnɛtmɑ̃] *adv* yn anonest, trwy dwyll.
malhonnêteté [malɔnɛtte] *f* anonestrwydd *g*.
Mali [mali] *prm*: **le** ~ Mali *b*.
malice [malis] *f* (*taquinerie*) direidi *g*; (*malveillance*) malais *g*, casineb *g*; **par** ~ yn faleisus, o ran sbeit; **sans** ~ diniwed, di-feddwl-ddrwg.
malicieusement [malisjøzmɑ̃] *adv* yn ddireidus.
malicieux (**malicieuse**) [malisjø, malisjøz] *adj* direidus.
malien (**-ne**) [maljɛ̃, ɛn] *adj* o Mali.
Malien [maljɛ̃] *m* Malïad *g*.
Malienne [maljɛn] *f* Malïad *b*.
malignité [maliɲite] *f* (*malveillance*) malais *g*, mileindra *g*; (*MÉD*) malaenedd *g*, llidiogrwydd *g*.
malin (**maligne**) (*f fam* **maline**) [malɛ̃, maliɲ, malin] *adj* (*rusé*) cyfrwys; (*intelligent*) craff; (*malicieux*) maleisus; (*MÉD: tumeur*) canseraidd, malaen; **faire le** ~ eich dangos eich hun, tynnu sylw atoch eich hun; **éprouver un** ~ **plaisir à faire qch** cael mwynhad maleisus o wneud rhth; **c'est** ~! (*iron*) dyna glyfar!; **un petit** ~* cenau *g* bach clyfar.
malingre [malɛ̃gʀ] *adj* gwanllyd, eiddil.
malintentionné (**-e**) [malɛ̃tɑ̃sjɔne] *adj* drwg eich bwriad, maleisus
malle [mal] *f* (*coffre, bagage*) cist *b*; ~ **arrière** (*AUTO*) cist car.
malléable [maleabl] *adj* hydrin, hawdd ei

forthwylio; (*fig*) hydrin, hyblyg.
malle-poste (~**s**-~) [malpɔst] *f* cerbyd *g* post, coetsh *b* fawr.
mallette [malɛt] *f* (*valise*) ces *g*; (*pour documents*) bag *g* dogfennau; ~ **de voyage** ces dros nos.
malmener [malməne] (**13**) *vt* cam-drin, trin (rhn) yn arw; (*fig: adversaire*) ei rhoi hi'n arw i.
malnutrition [malnytʀisjɔ̃] *f* diffyg *g* maeth, camluniaeth *g*.
malodorant (-**e**) [malɔdɔʀɑ̃, ɑ̃t] *adj* drewllyd.
malotru [malɔtʀy] *m* llabwst *g*, un *g* anfoesgar.
malouin (-**e**) [malwɛ̃, in] *adj* o Saint-Malo.
Malouin [malwɛ̃] *m* un *g* o Saint-Malo.
Malouine [malwin] *f* un *b* o Saint-Malo.
Malouines [malwin] *prfpl*: **les** ~ Ynysoedd *ll* Falkland, y Malvinas *ll*.
malpoli [malpɔli] *m* un *g* anfoesgar, dyn *g* digywilydd.
malpolie [malpɔli] *f* un *b* anfoesgar, merch *b* ddigywilydd.
malpropre [malpʀɔpʀ] *adj* (*personne, vêtement*) budr(budron), brwnt(bront)(bryntion); (*travail*) esgeulus, diofal, blêr; (*indécent: histoire etc*) budr, brwnt, anweddus, aflan; (*malhonnête: personne*) anonest, amheus, dan din*.
malpropreté [malpʀɔpʀəte] *f* budreddi *g*, bryntni *g*; (*acte*) tro *g* gwael *ou* sâl; **dire des** ~**s** siarad yn anweddus *ou* yn fudr, siarad yn aflan *ou* yn frwnt.
malsain (-**e**) [malsɛ̃, ɛn] *adj* (*aussi fig*) afiach.
malséant (-**e**) [malseɑ̃, ɑ̃t] *adj* amhriodol, anaddas, anweddus.
malsonnant (-**e**) [malsɔnɑ̃, ɑ̃t] *adj* tramgwyddus, anweddus.
malt [malt] *m* (*BOT*) brag *g*, malt *g*; **pur** ~ (*whisky*) wisgi *g* brag *ou* malt.
maltais[1] (-**e**) [maltɛ, ɛz] *adj* Maltaidd, Melitaidd, o Malta.
maltais[2] [maltɛ] *m* (*LING*) Malteg *b,g*.
Maltais [maltɛ] *m* Maltiad *g*, Melitiad *g*.
Maltaise [maltɛz] *f* Maltiad *b*, Melitiad *b*.
Malte [malt] *prf* Malta *b*; (*nom dans le Bible*) Melita *b*.
malté (-**e**) [malte] *adj* brag, wedi'i fragu; **lait** ~ llaeth *g* a brag *ou* malt.
maltraiter [maltʀete] (**1**) *vt* cam-drin; (*critiquer, éreinter*) rhoi (rhn) drwy'r felin, rhoi'r lach ar, tynnu (rhn) yn gareiau.
malus [malys] *m* (*ASSURANCES*) premiwm *g* llwythog.
malveillance [malvɛjɑ̃s] *f* (*méchanceté*) malais *g*, mileindra *g*; (*JUR: intention de nuire*) drwgfwriad *g*.
malveillant (-**e**) [malvɛjɑ̃, ɑ̃t] *adj* maleisus, milain.
malvenu (-**e**) [malvəny] *adj* (*propos etc*) anamserol; **tu es** ~ **de te plaindre** 'does gennyt ti ddim lle i gwyno.
malversation [malvɛʀsasjɔ̃] *f* embeslad *g*, embeslo, camddefnyddio arian.
maman [mamɑ̃] *f* mam *b*, mami *b*.
mamelle [mamɛl] *f* teth *b*.
mamelon [mam(ə)lɔ̃] *m* (*ANAT*) teth *b*; (*petite colline*) bryncyn *g*.
mamie* [mami] *f* nain *b*, mam-gu *b*.
mammifère [mamifɛʀ] *m* mamal *g*, mamolyn *g*.
mammouth [mamut] *m* mamoth *g*.
manager [manadʒɛʀ] *m* (*COMM, SPORT*) rheolwr *g*.
manceau (**mancelle**) [mɑ̃so, mɑ̃sɛl] *adj* o Le Mans.
Manceau [mɑ̃so] *m* un *g* o Le Mans.
Mancelle [mɑ̃sɛl] *f* un *b* o Le Mans.
manche[1] [mɑ̃ʃ] *f* (*d'un vêtement*) llawes *b*; (*d'un jeu, tournoi*) rownd *b*; (*SPORT: gén*) gêm *b*, rhan *b*; (*TENNIS*) set *b*; **la M**~ y Sianel *b*; **le tunnel sous la M**~ Twnnel *g* y Sianel; ~ **à air** (*AVIAT*) hosan *b* wynt; **faire la** ~ (*chanteur des rues etc*) gwneud casgliad; (*mendier*) cardota, hel *ou* gofyn cardod.
manche[2] [mɑ̃ʃ] *m* (*d'outil*) carn *g*, dwrn *g*; (*de casserole, pelle, pioche*) coes *g*; (*fam*) creadur *g* lletchwith *ou* di-lun; ~ **à balai** coes ysgub *ou* brwsh; (*AVIAT*) ffon *b* lywio, llyw *g*; (*INFORM*) ffon reoli.
manchette [mɑ̃ʃɛt] *f* (*de chemise*) cŷff *b*; (*titre large*) pennawd *g* bras; (*coup*) pwniad *g*; **faire la** ~ **des journaux** cyrraedd tudalennau blaen y papurau newydd, cael penawdau breision yn y papurau newydd.
manchon [mɑ̃ʃɔ̃] *m* (*de fourrure*) mwff *g*; ~ **à incandescence** mantell *b* nwy.
manchot[1] (-**e**) [mɑ̃ʃo, ɔt] *adj* unfraich, unllaw, heb freichiau, heb ddwylo.
manchot[2] [mɑ̃ʃo] *m* (*ZOOL*) pengwin *g*.
mandarine [mɑ̃daʀin] *f* (*fruit*) mandarin *g*, tanjerîn *g*.
mandat [mɑ̃da] *m* (*postal*) archeb *b* bost, archeb arian; (*d'un député etc*) mandad *g*; (*procuration*) pŵer *g* atwrnai, hawl *b* gweithredu; (*POLICE*) gwarant *b*; **toucher un** ~ newid archeb bost *ou* arian; ~ **d'amener** gwŷs *b*; ~ **d'arrêt** gwarant i arestio; ~ **de dépôt** archeb traddodi, traddodeb *b*; ~ **de perquisition** gwarant chwilio.
mandataire [mɑ̃datɛʀ] *m/f* (*représentant, délégué*) cynrychiolydd *g*; (*JUR*) dirprwy *g/b*, procsi *g/b*.
mandat-carte (~**s**-~**s**) [mɑ̃dakaʀt] *m* archeb *b* bost *ou* arian (*ar ffurf cerdyn post*).
mandater [mɑ̃date] (**1**) *vt* (*personne*) penodi, dirprwyo; (*POL: député*) ethol.
mandat-lettre (~**s**-~**s**) [mɑ̃dalɛtʀ] *m* archeb *b* bost *ou* arian (*gyda lle i roi neges*).
mandat-poste (~**s**-~**s**) [mɑ̃dapɔst] *m* archeb *b* bost, archeb arian.
mandchou[1] (-**e**) [mɑ̃tʃu] *adj* Manshw, Manshwraidd.

mandchou[2] [mɑ̃tʃu] *m* (*LING*) Manshw *b,g*.
Mandchou [mɑ̃tʃu] *m* Manshw *g*, Manshwriad *g*.
Mandchoue [mɑ̃tʃu] *f* Manshw *b*, Manshwriad *b*.
Mandchourie [mɑ̃tʃuʀi] *prf* Manshwria *b*.
mander [mɑ̃de] (**1**) *vt* (*convoquer*) gwysio, anfon am, galw ar; ~ **qch à qn** (*informer par écrit*) rhoi gwybod am rth i rn, hysbysu rhn o rth.
mandibule [mɑ̃dibyl] *f* (*ANAT*) gên *b* isaf; (*ZOOL: d'un bec*) gorfant *g*, mandibl *g*, mant *g*; (*:d'un insecte*) malwr *g*.
mandoline [mɑ̃dɔlin] *f* mandolin *g*.
manège [manɛʒ] *m* (*fig: agissements*) castiau *ll*, triciau *ll*, sgêm *b*, sgâm *b*; (*ÉQUITATION*) ysgol *b* farchogaeth; (*:piste*) cylch *g*; (*:exercices*) hyfforddiant *g*; (*à la foire*) ceffylau *ll* bach; **faire un tour de** ~ mynd ar y ceffylau bach; ~ **de chevaux de bois** ceffylau bach (pren).
manette [manɛt] *f* lifer *g,b*; ~ **de jeu** (*INFORM*) ffon *b* reoli.
manganèse [mɑ̃ganɛz] *m* manganîs *g*.
mangeable [mɑ̃ʒabl] *adj* bwytadwy, da i'w fwyta.
mangeaille* [mɑ̃ʒaj] *f* (*péj: nourriture abondante et médiocre*) bwyd *g*, sgram* *g,b*; **ne penser qu'à la** ~ meddwl am ddim ond hel yn eich bol.
mangeoire [mɑ̃ʒwaʀ] *f* cafn *g*, preseb *g*, mansier *g*.
manger [mɑ̃ʒe] (**10**) *vt* bwyta; (*ronger*) bwyta, treulio, ysu; (*faire disparaître, consommer*) cymryd, mynd â, llyncu; (*dilapider: fortune, capital*) gwastraffu, afradu, gwario; ~ **qn des yeux** (*fig*) llygadu rhn yn awchus;
♦*vi* bwyta; (*faire un repas*) cael pryd o fwyd.
mange-tout [mɑ̃ʒtu] *m inv* (*BOT*) pysen *b* felys, mangetout *b*; **haricot** ~-~ ffeuen *b ou* ffafen *b* Ffrengig.
mangeur [mɑ̃ʒœʀ] *m* bwytäwr *g*.
mangeuse [mɑ̃ʒøz] *f* bwytawraig *b*.
mangouste [mɑ̃gust] *f* mongŵs *g*.
mangue [mɑ̃g] *f* mango *g*.
maniabilité [manjabilite] *f* hawster *g* trin rhth, hwylusrwydd *g*, hydrinedd *g*.
maniable [manjabl] *adj* hwylus, hydrin, hawdd ei drin *ou* ei drafod; (*fig: personne*) hawdd dylanwadu arnoch, hawdd eich moldio.
maniaque [manjak] *adj* (*pointilleux*) cysetlyd, gorfanwl, cysáct, ffwdanus, ffyslyd; (*atteint de manie*) manig, gorffwyll; **elle a un souci** ~ **de l'ordre** mae taclusrwydd yn obsesiwn ganddi;
♦*m/f* dyn *g* cysetlyd, merch *b* gysetlyd; (*atteint de manie*) dyn *g* gwallgof *ou* gorffwyll, merch *b* wallgof *ou* orffwyll; **c'est un** ~ **de l'exactitude** mae'n un taer am fanyldeb; **c'est un** ~ **de foot** mae wedi mopio ei ben *ou* gwirioni â phêl-droed.
manie [mani] *f* mania *g*; (*idée fixe*) obsesiwn *g*; (*habitude*) cast *g*, chwiw *b*.
maniement [manimɑ̃] *m* triniaeth *b*, defnyddiad *g*, dull *g* o drin *ou* o drafod; ~ **d'armes** (*MIL*) ymarfer *b* arfau.
manier [manje] (**16**) *vt* trafod, trin;
♦ **se** ~* *vr* ei symud *ou* siapo hi, brysio, styrio.
manière [manjɛʀ] *f* (*façon*) dull *g*, ffordd *b*, modd *g*; (*style*) dull; **de** ~ **à** er mwyn; **de telle** ~ **que** yn y fath fodd fel; **de cette** ~ fel hyn, fel yma *ou* yna, felly; **d'une** ~ **générale** fel arfer, fel rheol, at ei gilydd; **de toute** ~ sut bynnag, (pa) beth bynnag; **d'une certaine** ~ ar un wedd *ou* ystyr, rywsut; **adverbe de** ~ adferf *g* dull; **employer la** ~ **forte** defnyddio dulliau bôn braich; ~**s** (*façon de se comporter*) moesau *ll*, ymarweddiad *g*; (*chichis*) clemau *ll*, ffŷs *g*; **manquer de** ~**s** bod yn anghwrtais *ou* anfoesgar; **faire des** ~**s** gwneud clemau, bod yn fursennaidd, bod yn fanwl ffurfiol; (*chichis*) gwneud clemau; **sans** ~**s** dirodres, (yn) syml, (yn) anffurfiol, heb unrhyw lol.
maniéré (**-e**) [manjeʀe] *adj* (*personne*) mursennaidd, ymhongar; (*style*) arddulliedig.
manif* [manif] *f* gwrthdystiad *g*, protest *b*.
manifestant [manifɛstɑ̃] *m* gwrthdystiwr *g*, protestiwr *g*.
manifestante [manifɛstɑ̃t] *f* gwrthdystwraig *b*, protestwraig *b*.
manifestation [manifɛstasjɔ̃] *f* (*de joie, mécontentement*) mynegiant *g*; (*symptôme*) arwydd *g* (clefyd); (*fête etc*) gŵyl *b*; (*POL*) gwrthdystiad *g*, protest *b*.
manifeste[1] [manifɛst] *adj* amlwg, eglur, clir.
manifeste[2] [manifɛst] *m* (*POL*) maniffesto *g*; (*NAUT, AVIAT*) rhestr *b* (*cargo, teithwyr ayb*), maniffest *g*.
manifestement [manifɛstəmɑ̃] *adv* yn amlwg, yn eglur, yn glir.
manifester [manifɛste] (**1**) *vt* (*révéler*) dangos; (*exprimer*) dangos, mynegi, datgan, dynodi;
♦*vi* (*POL*) gwrthdystio;
♦ **se** ~ *vr* ymddangos, dod i'r golwg; (*émotion*) eich mynegi *ou* amlygu'ch hun, ymddangos; (*difficultés*) codi; (*personne*) ymddangos, dod i'r golwg; (*candidat, témoin etc*) dod ymlaen, ymddangos.
manigance [manigɑ̃s] *f* cynllwyn *g*, cynllwynio, ystryw *g,b*, cast *g*, sgêm *b*, sgâm *b*.
manigancer [manigɑ̃se] (**9**) *vt* cynllwynio, sgemio, dyfeisio.
Manille [manij] *pr* Manila.
manioc [manjɔk] *m* (*BOT*) manioc *g*.
manipulateur [manipylatœʀ] *m* (*technicien*) technegydd *g*; (*péj*) un *g* sy'n defnyddio pobl, sgemar *g*; (*prestidigitateur*) consuriwr *g*.
manipulation [manipylasjɔ̃] *f* triniaeth *b*, defnyddiad *g*, trin; (*MÉD*) dylofiad *g*, dylofi, llawdriniaeth *b*; (*d'un groupe, individu*)

defnyddio, dylanwadu ar; ~**s électorales** (*péj*) etholiadau *ll* anonest, etholiadau wedi'u rigio; ~ **génétique** peirianneg *b* enetig.

manipulatrice [manipylatʀis] *f* (*technicienne*) technegydd *g*; (*péj*) un *b* sy'n defnyddio pobl; (*prestidigitatrice*) consurwraig *b*.

manipuler [manipyle] (**1**) *vt* trin, trafod; (*falsifier*) ffugio; (:*statistiques*) ystwytho; (*MÉD*) dylofi, llawdrin; (*fig: personne*) defnyddio, dylanwadu ar.

manivelle [manivɛl] *f* cranc *g*, camdro *g*; (*de voiture*) handlen *b* danio.

manne [man] *f* (*REL*) manna *g*; (*fig*) bendith *b*.

mannequin [mankɛ̃] *m* (*de tailleur etc*) dymi *g*; (*MODE*) model *g,b*; **taille** ~ maint *g* safonol; (*fig*) dyn *g* gwellt.

manœuvrable [manœvʀabl] *adj* hydrin, hawdd ei drin *ou* ei drafod.

manœuvre[1] [manœvʀ] *f* symudiad *g*, manwfr *g*, manwfro; (*d'appareil*) gweithrediad *g*; (*machination, intrigue*) cynllwyn *g*, ystryw *g,b*, cast *g*; **fausse** ~ camgymeriad *g*.

manœuvre[2] [manœvʀ] *m* (*ouvrier*) labrwr *g*.

manœuvrer [manœvʀe] (**1**) *vt* (*véhicule*) manwfro, symud; (*faire fonctionner: levier, machine*) gweithio; (*personne*) defnyddio, dylanwadu ar;
♦*vi* manwfro, symud; (*MIL: s'exercer*) ymarfer, drilio; (:*simuler*) mynd ar ymarferion manwfro.

manoir [manwaʀ] *m* maenordy *g*, plasty *g*, plas *g*.

manomètre [manɔmɛtʀ] *m* manomedr *g*.

manquant (**-e**) [mɑ̃kɑ̃, ɑ̃t] *adj* diffygiol, coll, ar goll.

manque [mɑ̃k] *m* diffyg *g*, prinder *g*; (*vide*) gwacter *g*, bwlch *g*; ~**s** (*défauts*) ffaeleddau *ll*, gwendidau *ll*, beiau *ll*; (*lacunes*) bylchau *ll*; **être en état de** ~ (*MÉD*) dioddef gan adwaith diddyfnu, bod â symptomau diddyfnu; **elle était en état de** ~ **de drogue** 'roedd hi'n dioddef o ddiffyg cyffur; **par** ~ **de** o ddiffyg, oherwydd diffyg; ~ **à gagner** colled enillion; **à la** ~* diwerth, ceiniog a dimai.

manqué (**-e**) [mɑ̃ke] *adj* (*essai*) aflwyddiannus, ofer; (*photo, sauce*) a ddifethwyd, sydd wedi'i ddifetha; (*qu'on a laissé échapper*) a gollwyd; **garçon** ~ tomboi *b*, merch *b* fachgennaidd, rhompen *b*.

manquement [mɑ̃kmɑ̃] *m*: ~ **à** (*discipline, règle*) toriad *g*, torri, tor *g*; ~ **à la promesse** torri addewid, tor-addewid.

manquer [mɑ̃ke] (**1**) *vt* methu; (*train*) colli; (*cours, réunion etc*) colli, methu; (*coup, vie*) gwneud cawl o; (*photo, gâteau*) difetha; **ne pas** ~ **qn** (*fig: se venger*) talu'r pwyth yn ôl i rn, gofalu bod rhn yn ei chael hi; **cette fois-ci, elle ne a pas manqué son frère!** y tro hwn, rhoddodd ei brawd yn ei le!; **j'ai tiré sur lui, mais je l'ai manqué** saethais ato ond fe'i methais;
♦*vi* (*faire défaut*) bod yn brin *ou* ddiffygiol; (*être absent*) bod yn absennol; (*avoir disparu*) bod ar goll; (*échouer*) methu; **ce ne sont pas les occasions qui manquent** 'does dim prinder cyfleoedd; **les mots me manquent pour exprimer ma joie** 'alla' i ddim dod o hyd i'r geiriau i ddweud pa mor hapus ydw i; **le pied lui manqua** baglodd, llithrodd, cymerodd gam gwag; **la voix lui manqua** ni allodd ddweud dim.
▶ **manquer à** (*ne pas respecter: devoir*) esgeuluso, peidio â gwneud; (*une personne*) amharchu; (*promesse, règle*) torri; ~ **à son devoir** peidio â gwneud eich dyletswydd; **il a manqué à ses promesses** torrodd ei addewid; **tu nous manques** 'rydym ni'n gweld dy eisiau di, 'rydym ni'n gweld colled ar dy ôl, 'rydym ni'n ei gweld hi'n chwith ar dy ôl; **je n'y manquerai pas** byddaf yn siwr o'i wneud.
▶ ~ **de**
1 (*être dépourvu de*) bod yn brin o, bod heb, bod â diffyg; **le roman manque d'humour** mae diffyg hiwmor yn y nofel; **la soupe manque de sel** 'does dim digon o halen yn y cawl.
2 (*forme négative*): **ne pas** ~ **de faire** bod yn siŵr o wneud.
3 (*faillir*): **il a manqué (de) se tuer** bu bron (iawn) â chael ei ladd, bu ond y dim iddo gael ei ladd;
♦*vb impers*: **il (nous) manque encore 100 F** 'rydym ni gan ffranc yn brin o hyd; **il manque des pages** mae rhai tudalennau ar goll; **il ne manquerait plus qu'il ...** y cwbl sydd ei angen bellach yw iddo ...

mansarde [mɑ̃saʀd] *f* croglofft *b*, atig *b*.

mansardé (**-e**) [mɑ̃saʀde] *adj*: **chambre** ~**e** ystafell *b* atig.

mansuétude [mɑ̃sɥetyd] *f* maddeugarwch *g*, goddefgarwch *g*, trugaredd *g,b*.

mante [mɑ̃t] *f*: ~ **religieuse** (*ZOOL*) mantis *g* gweddïol.

manteau (**-x**) [mɑ̃to] *m* côt *b*, cot *b*; (*de neige*) mantell *b*, trwch *g*, caenen *b*; (*de cheminée*) mantell simnai; **sous le** ~ (*publié, vendu*) yn y dirgel, dan gêl.

mantille [mɑ̃tij] *f* mantila *g,b*.

Mantoue [mɑ̃tu] *pr* Mantua

manucure [manykyʀ] *m/f* dyn *g* trin dwylo, gwraig *b* trin dwylo.

manuel[1] (**-le**) [manɥɛl] *adj* (â) llaw, (â) dwylo; **travailleur** ~ gweithiwr *g* â'i ddwylo.

manuel[2] [manɥɛl] *m* (*par métier*) un *g* sy'n gweithio â'i ddwylo, gweithiwr *g* llaw; (*par don*) dyn *g* medrus â'i ddwylo, dyn ymarferol.

manuel[3] [manɥɛl] *m* llawlyfr *g*.

manuelle [manɥɛl] *f* (*par métier*) un *b* sy'n gweithio â'i dwylo; (*par don*) merch *b* fedrus â'i dwylo, merch ymarferol;

♦*adj f voir* **manuel**[1].
manuellement [manɥɛlmɑ̃] *adv* â llaw, â'(r) dwylo.
manufacture [manyfaktyʀ] *f* (*établissement*) ffatri *b*, gweithdy *g*; (*fabrication*) gwneuthuriad *g*, cynhyrchu.
manufacturé (**-e**) [manyfaktyʀe] *adj* gwneuthuredig, gwneud.
manufacturier [manyfaktyʀje] *m* gwneuthurydd *g*, gwneithurwr *g*, perchennog *g* ffatri *ou* gweithdy.
manufacturière [manyfaktyʀjɛʀ] *f* gwneuthurydd *g*, gwneithurwraig *b*, perchennog *g* ffatri *ou* gweithdy.
manuscrit[1] (**-e**) [manyskʀi, it] *adj* ysgrifenedig, mewn llawysgrifen.
manuscrit[2] [manyskʀi] *m* llawysgrif *b*.
manutention [manytɑ̃sjɔ̃] *f* (*COMM*) handlo, trafod; (*local*) warws *g*, stordy *g*.
manutentionnaire [manytɑ̃sjɔnɛʀ] *m/f* un *g/b* sy'n gweithio mewn warws, dyn *g* warws, handlwr *g*, symudwr *g*, paciwr *g*, pacwraig *b*.
manutentionner [manytɑ̃sjɔne] (**1**) *vt* (*marchandises*) trafod, handlo, symud (rhth) o gwmpas (*mewn warws*).
MAP [ɛmape] *sigle f* (= *mise au point*) (*PHOT*) ffocysu, ffocws *g*.
mappemonde [mapmɔ̃d] *f* (*carte*) map *g* y byd; (*sphère*) glôb *g*.
maquereau (**-x**) [makʀo] *m* (*poisson*) macrell *g,b*; (*fam: souteneur*) pimp* *g*, puteinfeistr *g*.
maquerelle* [makʀɛl] *f* (*dans une maison close*) meistres *b* puteiniaid, madam* *b*.
maquette [makɛt] *f* model *g*; (*d'une sculpture*) brasfodel *g*, model ar raddfa lai; (*d'un dessin*) braslun *g*; (*d'un décor, bâtiment, véhicule*) model wrth raddfa; (*TYPO: de pages*) gosodiad *g*; (*:de livre*) dymi *g*; ~ **de mise en page** pastiad *g*.
maquettiste [maketist] *m/f* modelwr *g*, modelydd *g*, dylunydd *g*.
maquignon [makiɲɔ̃] *m* gwerthwr *g* ceffylau; (*péj*) deliwr *g* anonest, twyllwr *g*.
maquillage [makijaʒ] *m* (*cosmétiques*) colur *g*; (*application*) coluro, rhoi *ou* dodi colur; (*fraude*) ffugiad *g*, ffugio.
maquiller [makije] (**1**) *vt* (*personne, visage*) coluro, rhoi *ou* dodi colur ar; (*voiture volée etc*) newid golwg (rhth) (*er mwyn twyllo*); (*passeport*) ffugio; (*vérité*) ystumio, gwyrdroi; ♦ **se** ~ *vr* eich coluro eich hun, rhoi *ou* dodi colur arnoch.
maquilleur [makijœʀ] *m* colurwr *g*.
maquilleuse [makijøz] *f* colurwraig *b*.
maquis [maki] *m* (*GÉO*) prysgwydd *ll*; (*fig*) dryswch *g*, drysni *g*; **le M**~ (*MIL: 2e Guerre mondiale*) y Maquis *g* (*y Gwrthsafiad yn Ffrainc*); **prendre le** ~ cuddio yn y prysgwydd; (*fuyard*) mynd o'r golwg; (*résistant*) ymuno â'r Maquis.
maquisard [makizaʀ] *m* aelod *g* o'r Maquis, gwrthsafwr *g*.
maquisarde [makizaʀd] *f* aelod *g* o'r Maquis, gwrthsafwraig *b*.
marabout [maʀabu] *m* (*ZOOL*) marabŵ *g*.
maraîchage [maʀɛʃaʒ] *m* garddio masnachol, masnach-arddio.
maraîcher[1] (**maraîchère**) [maʀɛʃe, maʀɛʃɛʀ] *adj*: **jardin** ~ gardd *b* fasnach *ou* farchnad; **produits** ~**s** cynnyrch *g* gardd fasnach.
maraîcher[2] [maʀɛʃe] *m* garddwr *g* masnachol.
maraîchère [maʀɛʃɛʀ] *f* garddwraig *b* fasnachol;
♦*adj f voir* **maraîcher**[1].
marais [maʀɛ] *m* cors *b*, siglen *b*; (*région*) corstir *g*; ~ **salant** pwll *g* halen, gwaith *g* halen.
marasme [maʀasm] *m* (*ÉCON, POL*) marweidd-dra *g*; (*accablement*) digalondid *g*, iselder *g*.
marathon [maʀatɔ̃] *m* marathon *g,b*.
marâtre [maʀɑtʀ] *f* mam *b* greulon, llysfam *b*.
maraude [maʀod] *f* (*vol*) ysbeilio, mân-ladrata (*llysiau, ffrwythau, ieir ayb*); **être en** ~ (*voyou, vagabond*) prowla; (*taxi*) crwydro'r strydoedd, criwsio.
maraudeur [maʀodœʀ] *m* (*voleur*) lleidr *g*, ysbeiliwr *g*; (*rôdeur*) prowliwr *g*.
maraudeuse [maʀodøz] *f* (*voleuse*) lladrones *b*, ysbeilwraig *b*; (*rôdeuse*) prowlwraig *b*.
marbre [maʀbʀ] *m* marmor *g*; (*d'une table*) wyneb *g* marmor; (*statue*) cerflun *g* marmor; (*TYPO*) maen *g* cysodi, gwely *g*; **rester de** ~ bod yn gwbl ddigyffro *ou* ddideimlad.
marbrer [maʀbʀe] (**1**) *vt* (*papier*) britho; (*peau*) brychu; (*TECH*) marmori.
marbrerie [maʀbʀəʀi] *f* (*atelier*) gweithdy *g* saer marmor; (*art, métier*) gwaith *g* (saer) marmor, caregwaith *g*, diwydiant *g* marmor.
marbrier [maʀbʀije] *m* (*funéraire*) saer *g* meini coffa, gwneuthurwr *g* cerrig beddau.
marbrière [maʀbʀijɛʀ] *f* chwarel *b* farmor.
marbrures [maʀbʀyʀ] *fpl* (*sur la peau*) brychni *g*; (*sur du papier*) brithwaith *g*.
marc [maʀ] *m* (*résidu de fruits*) gweisgion *ll*, seitan *g*; (*eau de vie*) brandi *g*, marc *g*; ~ **de café** gwaddod *g ou* gwaelodion *ll* coffi; ~ **de raisin** soeg *g* grawnwin.
marcassin [maʀkasɛ̃] *m* baedd *g* gwyllt ifanc.
marchand[1] (**-e**) [maʀʃɑ̃, ɑ̃d] *adj* (*prix, valeur*) y farchnad; (*denrée*) gwerthadwy; (*qualité*) safonol.
marchand[2] [maʀʃɑ̃] *m* masnachwr *g*, siopwr *g*, gwerthwr *g*; (*au marché*) stondinwr *g*; ~ **au détail** adwerthwr *g*; ~ **de biens** gwerthwr tai, gwerthwr tir a thai; ~ **de canons** (*péj*) gwerthwr arfau; ~ **de charbon** dyn *g ou* gwerthwr glo; ~ **de couleurs** gwerthwr nwyddau haearn; ~ **de cycles** gwerthwr beiciau; ~ **de fruits** gwerthwr ffrwythau; ~ **de journaux** gwerthwr papurau newydd; ~ **de**

légumes gwerthwr llysiau; ~ **de poisson** gwerthwr pysgod; ~ **de sable** (*fig*) Huwcyn (cwsg), Siôn cwsg; ~ **de tableaux** gwerthwr darluniau; ~ **de tapis** gwerthwr carpedi; ~ **de vins** masnachwr *ou* gwerthwr gwin; ~ **des quatre saisons** gwerthwr llysiau a ffrwythau (*ar stondin*); ~ **en gros** cyfanwerthwr *g*.

marchande [maʀʃɑ̃d] *f* masnachwraig *b*, siopwraig *b*, gwerthwraig *b*; (*au marché*) stondinwraig *b voir aussi* **marchand**[2]; ♦*adj f voir* **marchand**[1].

marchandage [maʀʃɑ̃daʒ] *m* bargeinio.

marchander [maʀʃɑ̃de] (1) *vt* (*article*) bargeinio ynghylch pris (rhth); **elle ne marchande pas ses éloges** nid yw hi'n brin ei chlod; ♦*vi* bargeinio.

marchandise [maʀʃɑ̃diz] *f* nwyddau *ll*, marsïandiaeth *b*.

marchant (**-e**) [maʀʃɑ̃, ɑ̃t] *adj*: **aile** ~**e** (*fig: d'un parti*) elfen *b* weithredol.

marche [maʀʃ] *f*
1 (*d'escalier*) gris *g*.
2 (*de véhicule*) step *b*, stepen *b*.
3 (*activité*) cerdded; **le village est à une heure de** ~ mae'n waith awr o gerdded i'r pentref.
4 (*défilé*) gorymdaith *b*.
5 (*MIL*) ymdaith *b*.
6 (*MUS*) ymdeithgan *b*.
7 (*promenade*) tro *g*.
8 (*allure, démarche*) cerddediad *g*, osgo *g*.
9 (*d'une horloge*) symudiad *g*.
10 (*cours*) cwrs *g*, hynt *b*.
11 (*fonctionnement*) rhediad *g*, gweithrediad *g*; **monter dans** *neu* **prendre le train en** ~ neidio ar y trên tra mae ar fynd; (*fig*) mynd i ganlyn y llif; **faire** ~ **arrière** (*AUTO*) bacio, mynd wysg eich cefn; (*fig*) troi ar eich carn; ~ **arrière** (*AUTO*) gêr *g,b* ôl; ~ **à suivre** dull *g* cywir, trefn *b ou* ffordd *b* gywir; (*sur notice*) cyfarwyddyd *g*.
12 (*RAIL*): **dans le sens de la** ~ yn wynebu'r injan.
▶ **en marche**: **mettre qch en** ~ cychwyn rhth, rhoi rhth ar waith *ou* ar fynd; (*téléviseur etc*) troi *ou* rhoi *ou* dodi rhth ymlaen; **remettre qch en** ~ ailgychwyn rhth, troi rhth ymlaen eto; **se mettre en** ~ (*personne*) ei hel *ou* ei chychwyn hi, cychwyn, mynd, symud; (*machine*) cychwyn.

marché [maʀʃe] *m* marchnad *b*; (*accord*) bargen *b*, cytundeb *g*; **par dessus le** ~ yn ogystal, ar ben hynny, yn y fargen; **faire son** ~ siopa (yn y farchnad); **mettre le** ~ **en main à qn** rhoi wltimatwm i rn, gorfodi rhn i dderbyn neu wrthod cynnig terfynol; ~ **à terme** (*BOURSE*) marchnad ddyfodol *neu* flaendrafodion; ~ **au comptant** (*BOURSE*) marchnad arian parod; ~ **boursier** marchnad stoc; ~ **aux fleurs** marchnad flodau; ~ **aux puces** marchnad rad; **le M**~ **commun** y Farchnad Gyffredin; ~ **du travail** marchnad waith; ~ **noir** marchnad ddu; **faire du** ~ **noir** prynu a gwerthu ar y farchnad ddu.

marchepied [maʀʃəpje] *m* (*RAIL, AUTO*) stepen *b*; **ce poste lui a servi de** ~ (*fig*) cymerodd y swydd hon fel cam i swydd well, 'roedd y swydd hon yn ei alluogi i gael ei droed ar yr ysgol.

marcher [maʀʃe] (1) *vi*
1 (*gén*) cerdded; ~ **sur** cerdded ar; (*mettre le pied sur*) sathru ar, dodi *ou* rhoi'ch troed ar; ~ **dans** (*herbe etc*) mynd ar, cerdded ar; (*flaque*) mynd i, camu i.
2 (*MIL*) martsio, ymdeithio, gorymdeithio; (*ville etc*) ymdeithio tuag at, dynesu at.
3 (*aller: voiture, train, affaires*) mynd.
4 (*prospérer: affaires, études*) mynd yn dda.
5 (*fonctionner*) gweithio, rhedeg, mynd.
6 (*fam: consentir*) cytuno, cyd-fynd.
7 (*fam: croire naïvement*) credu *ou* coelio'r peth; (*fig*) cymryd eich twyllo; **faire** ~ **qn** (*pour rire*) herian rhn, tynnu coes rhn; (*pour tromper*) tywys rhn gerfydd ei drwyn, camarwain rhn, twyllo rhn.

marcheur [maʀʃœʀ] *m* (*gén*) cerddwr *g*; (*POL*) gorymdeithiwr *g*.

marcheuse [maʀʃøz] *f* (*gén*) cerddwraig *b*; (*POL*) gorymdeithwraig *b*.

marcotte [maʀkɔt] *f* (*AGR*) planfrigyn *g*.

marcotter [maʀkɔte] (1) *vt* (*AGR*) brigblannu, priddo brigyn o blanhigyn.

mardi [maʀdi] *m* dydd *g* Mawrth; **M**~ **gras** dydd Mawrth Ynyd, dydd Mawrth crempog *voir aussi* **lundi**.

mare [maʀ] *f* pwll *g*; ~ **de sang** pwll o waed.

marécage [maʀekaʒ] *m* cors *b*, siglen *b*.

marécageux (**marécageuse**) [maʀekaʒø, maʀekaʒøz] *adj* corsiog, corslyd, siglennog.

maréchal (**maréchaux**) [maʀeʃal, maʀeʃo] *m* marsial *g*, cadlywydd *g*; ~ **des logis** (*MIL*) sarsiant *g*, rhingyll *g*.

maréchal-ferrant (**maréchaux-**~**s**) [maʀeʃalfɛʀɑ̃, maʀeʃofɛʀɑ̃] *m* gof *g*, ffarier *g*.

maréchaussée [maʀeʃose] *f* (*hum: gendarmes*) heddlu *g*.

marée [maʀe] *f* llanw *g*; (*poissons*) pysgod *ll* ffres (o'r môr); (*fig: d'émotions etc*) ton *b*, pwl *g*, hwrdd *g*; **contre vents et** ~**s** (*fig: à l'avenir*) doed a ddelo; (*:dans le passé*) er gwaethaf popeth; ~ **basse** trai *g*, distyll *g*; ~ **d'équinoxe** llanw'r gyhydnos; ~ **descendante/montante** llanw sydd ar drai/sy'n codi; ~ **haute** penllanw *g*; ~ **humaine** torfeydd *ll ou* lluoedd *ll* o bobl; ~ **noire** slic *g* olew.

marelle [maʀɛl] *f*: **jouer à la** ~ chwarae esgil *ou* sgots *ou* London.

marémoteur (**marémotrice**) [maʀemɔtœʀ, maʀemɔtʀis] *adj* (*usine*) sy'n defnyddio egni llanw (*i gynhyrchu trydan*); **énergie** ~ egni *g* llanw.

mareyeur [maʀɛjœʀ] *m* cyfanwerthwr *g* pysgod.

mareyeuse [marɛjøz] *f* cyfanwerthwraig *b* pysgod.
margarine [margarin] *f* marjarîn *g*, margarîn *g*.
marge [marʒ] *f* (*espace blanc*) ymyl *g,b*; **en** ~ (*d'une feuille de papier*) ar yr ymyl; **en** ~ **de** (*fig: de la société, des affaires etc*) ar ymylon; (*qui se rapporte à*) â chysylltiad â; ~ **bénéficiaire** (*COMM*) maint *g* yr elw; ~ **d'erreur/de sécurité** lwfans *g* gwallau/diogelwch; **donner de la** ~ **à qn** rhoi digon o amser *ou* o le i rn.
margelle [marʒɛl] *f* (*d'un puits etc*) ymylfaen *g*.
margeur [marʒœr] *m* stop *g* ymyl.
marginal[1] (**-e**) (**marginaux, marginales**) [marʒinal, marʒino] *adj* ymylol, ffiniol; (*en marge de la société etc*) ar yr ymylon.
marginal[2] (**marginaux**) [marʒinal, marʒino] *m* un *g* sydd ar yr ymylon, gwrthgiliwr *g*, dropowt* *g*.
marginale [marʒinal] *f* un *b* sydd ar yr ymylon, dropowt* *g*;
♦*adj f voir* **marginal**[1].
marguerite [margərit] *f* (*BOT*) llygad *g* y dydd (mawr); (*de machine à écrire*) olwyn *b* argraffu.
marguillier [margije] *m* warden *g* eglwys.
mari [mari] *m* gŵr *g*.
mariage [marjaʒ] *m* priodas *b*; (*vie conjugale*) priodas, bywyd *g* priodasol; (*fig*) cyfuniad *g*; **faire un** ~ **d'intérêt** priodi er budd; ~ **blanc** priodas anghyflawnedig; ~ **en blanc** priodas wen; ~ **civil** priodas sifil; ~ **d'amour** priodas o gariad; ~ **de raison** *neu* **de convenance** priodas er hwylustod; ~ **religieux** priodas yn yr eglwys *ou* yn y capel.
Marianne [marjan] *prf* Marion, Marian (*symbol o weriniaeth Ffrainc*).
Marie [mari] *prf* Mari; **Sainte** ~ y santes *b* Fair; **la Vierge** ~ y Forwyn *b* Fair.
marié[1] (**-e**) [marje] *adj* priod.
marié[2] [marje] *m* priodfab *g*; **les** ~**s** y briodferch a'r priodfab.
mariée [marje] *f* priodferch *b*;
♦*adj f voir* **marié**[1].
marier [marje] (**16**) *vt* priodi, gweinyddu'r ddefod briodasol; (*fig*) cyfuno; **ce fut un pasteur qui les maria** gweinidog Protestannaidd a'u priododd;
♦ **se** ~ *vr* priodi; (*fig*) mynd gyda'i gilydd; **se** ~ **(avec)** priodi (â); (*fig*) cyd-fynd (â), cyd-daro (â), mynd yn dda (gyda).
marie-salope** (~**s**-~**s**) [marisalɔp] *f* slebog *b*, slwt *b*.
marijuana [mariʒwana] *f* mariwana *g*.
marin[1] (**-e**) [marɛ̃, in] *adj* môr, morol; **avoir le pied** ~ bod yn forwr da.
marin[2] [marɛ̃] *m* (*navigateur*) mordwywr *g*; (*matelot*) llongwr *g*, morwr *g*.
marina [marina] *f* marina *g,b*, hafan *b*.
marinade [marinad] *f* (*CULIN*) marinâd *g*.
marine[1] [marin] *f* llynges *b*; (*tableau*) morlun *g*; ~ **à voiles** llongau *ll* hwylio; ~ **de guerre** llynges (ryfel); ~ **marchande** llynges fasnachol.
marine[2] [marin] *m* (*MIL*) môr-filwr *g*; (*couleur*) glas *g* y llynges, glas tywyll;
♦*adj inv* (*bleu*) glas tywyll;
♦*adj f voir* **marin**[1].
mariner [marine] (**1**) *vt* (*poisson etc*) marinadu;
♦*vi* marinadu, mwydo mewn marinâd; **faire** ~ **qn*** (*fig*) gwneud i rn aros.
marinier [marinje] *m* cychwr *g*, badwr *g*.
marinière [marinjɛr] *f* trosflows *g,b*, smoc *b*;
♦*adj inv*: **moules** ~ (*CULIN*) cregyn *ll* gleision mewn gwin gwyn.
marionnette [marjɔnɛt] *f* marionét *g*, pyped *g*; (*fig*) pyped; ~**s** (*spectacle*) sioe *b* bypedau.
marital (**-e**) (**maritaux, maritales**) [marital, marito] *adj*: **sans autorisation** ~**e** (*JUR*) heb ganiatâd *g* y gŵr.
maritalement [maritalmɑ̃] *adv*: **vivre** ~ cyd-fyw (*fel gŵr a gwraig*).
maritime [maritim] *adj* (*du bord de mer*) arforol, arfor, glan môr; (*naval*) llyngesol, môr, morol; (*législation, droit*) môr.
marjolaine [marʒɔlɛn] *f* mintys *g* y graig.
mark [mark] *m* (*monnaie*) marc *g*; ~ **allemand** marc Almaenig.
marketing [marketiŋ] *m* marchnata.
marmaille* [marmɑj] (*péj*) *f* haid *b* o blant.
marmelade [marməlad] *f* stiw *g* ffrwythau; **en** ~ (*fig*) wedi'i wasgu yn stwnsh *ou* yn seitan; ~ **d'oranges** marmalêd *g*.
marmite [marmit] *f* pot *g*, crochan *g*, sosban *b*.
marmiton [marmitɔ̃] *m* gwas *g* cegin.
marmonner [marmɔne] (**1**) *vt* dweud (rhth) yn aneglur, dweud (rhth) dan eich gwynt, mwmian, mwmial.
marmot* [marmo] *m* plentyn *g* bach, crwtyn *g*, cenau *g* bach.
marmotte [marmɔt] *f* (*ZOOL*) marmot *g*; (*fourrure*) croen *g* marmot.
marmotter [marmɔte] (**1**) *vt* dweud (rhth) yn aneglur, dweud (rhth) dan eich gwynt, mwmian, mwmial.
marne [marn] *f* marl *g*.
Maroc [marɔk] *prm*: **le** ~ Moroco *b*.
marocain (**-e**) [marɔkɛ̃, ɛn] *adj* Morocaidd, o Moroco.
Marocain [marɔkɛ̃] *m* Morociad *g*.
Marocaine [marɔkɛn] *f* Morociad *b*.
maroquin [marɔkɛ̃] *m* (*peau*) lledr *g* Moroco; (*fig: portefeuille ministériel*) portffolio *g*, gweinyddiaeth *b*; **obtenir un** ~ cael eich gwneud yn Weinidog Gwladol.
maroquinerie [marɔkinri] *f* (*industrie*) diwydiant *g* lledr; (*atelier*) tanerdy *g*, barcty *g*; (*tannage*) barcio; (*art*) lledrwaith *g*, gwaith *g* lledr; (*articles*) nwyddau *ll* lledr; (*magasin*) siop *b* lledr.

maroquinier [marɔkinje] *m* (*ouvrier*) barcer *g*; (*artisan*) crefftwr *g* (mewn) lledr; (*commerçant*) lledrwr *g*, gwerthwr *g* lledr
marotte [marɔt] *f* (*manie*) obsesiwn *g*; (*passe-temps*) ffad *g,b*, hobi *g*.
marquage [markaʒ] *m* (*linge, marchandises*) marcio; (*animal*) serio, nodi; (*arbre*) hicio; (SPORT) marcio, sodli.
marquant (-e) [markɑ̃, ɑ̃t] *adj* (*évènement, personnage*) nodedig, arbennig, pwysig.
marque [mark] *f* marc *g*, nod *g,b*; (*sur linge, vêtement*) llabed *g,b* enw; (*trace: de pas, doigts*) ôl *g*; (*fig: d'affection, de joie*) arwydd *g*; (SPORT, JEUX: *décompte*) sgôr *g,b*; (COMM: *de produits*) math *g*, gwneuthuriad *g*, brand *g*; (:*de disques*) label *g,b*; (*insigne: d'une fonction*) bathodyn *g*; **à vos ~s!** (SPORT) ar eich marc(iau)!; ~ **de fabrique** nod masnach; ~ **déposée** nod masnach cofrestredig; **de** ~ (*produit*) o'r radd flaenaf, o ansawdd uchel; (*fig: personnage, hôte*) pwysig, nodedig, amlwg.
marqué (-e) [marke] *adj* (*linge, drap*) wedi'i farcio, a marc arno; (*fig: différence etc*) amlwg, pendant; (:*personne: politiquement etc*) ymrwymedig; **le prix** ~ y pris a nodir, y pris ar y label; **il n'y a rien de** ~ 'does dim wedi'i nodi; **elle est restée ~e par la guerre** mae'r rhyfel wedi gadael ei ôl arni; **accent** ~ acen *b* sylweddol *ou* amlwg.
marquer [marke] (**1**) *vt* (*gén*) marcio; (*inscrire*) ysgrifennu, nodi; (*signaler, indiquer*) nodi, dangos; (*linge, drap*) marcio, rhoi marc ar; (*bétail*) serio, nodi; (*arbre*) hicio; (*suj: difficulté, épreuve*) gadael ôl ar; (*impressionner*) gwneud argraff ar; (SPORT: *but etc*) sgorio; (:*joueur*) marcio, sodli; (*accentuer: différence*) pwysleisio, tanlinellu; (:*taille etc*) tynnu sylw at; (*manifester: assentiment, refus*) mynegi; (:*intérêt*) dangos; **un jour à ~ d'une pierre blanche** diwrnod *g* bythgofiadwy, diwrnod i'w gofio; ~ **les points** cadw'r sgôr; ~ **qn de son influence** dylanwadu'n drwm ar rn; ~ **un temps d'arrêt** aros am funud; ~ **le pas** (*fig*) aros (eich cyfle), llanw amser;
♦*vi* gadael ôl; (*coup*) taro'r nod; (*évènement, personnalité*) sefyll allan; (SPORT) sgorio;
♦ **se** ~ *vr* marcio, dangos ôl *ou* marc.
marqueté (-e) [markəte] *adj* brithaddurnedig, mewnosodedig.
marqueterie [markɛtri] *f* argaenwaith *g*, brithwaith *g*.
marqueur [markœr] *m* pen *g* ffelt; (SPORT) sgoriwr *g*.
marqueuse [markøz] *f* (SPORT) sgorwraig *b*.
marquis [marki] *m* ardalydd *g*, marcwis *g*.
marquise [markiz] *f* ardalyddes *b*; (*auvent*) canopi *g* gwydr.
Marquises [markiz] *prfpl*: **les (îles)** ~ Ynysoedd *ll* y Marquesas.
marraine [marɛn] *f* mam *b* fedydd; (*d'un navire*) *gwraig sy'n enwi llong mewn seremoni lansio.*
Marrakech [marakɛʃ] *pr* Marrakesh.
marrant* (-e) [marɑ̃, ɑ̃t] *adj* doniol, digrif; (*bizarre*) rhyfedd, od; **elle n'est pas ~e** 'does dim sbort ynddi.
marre* [mar] *adv*: **en avoir** ~ **de** bod wedi hen flino *ou* alaru ar, bod wedi danto ar, bod wedi cael llond bol o.
marrer [mare] (**1**): **se ~*** *vr* cael hwyl, chwerthin.
marron[1] (-**ne**) [marɔ̃, ɔn] (*péj*) *adj* (*malhonnête*) anonest; (:*faux*) ffug; (:*non qualifié*) heb gymhwyster, digymhwyster.
marron[2] [marɔ̃] *m* (*fruit*) castan *b*, cneuen *b* gastan; ~ **glacé** castan siwgr;
♦*adj inv* (*couleur*) brown.
marronnier [marɔnje] *m* castanwydden *b*.
Mars [mars] *prm* (*dieu mythologique*) Mawrth *g*;
♦*prf* (ASTRON) y blaned *b* Mawrth *g*.
mars [mars] *m* (mis *g*) Mawrth *g* *voir aussi* **juillet**.
marseillais (-e) [marsɛjɛ, ɛz] *adj* o Marseille.
Marseillais [marsɛjɛ] *m* un *g* o Marseille.
Marseillaise [marsɛjɛz] *f* un *b* o Marseille; **la** ~ *anthem genedlaethol Ffrainc.*
marsouin [marswɛ̃] *m* llamhidydd *g*.
marsupiaux [marsypjo] *mpl* bolgodogion *ll*.
marteau [marto] *m* (*outil*) morthwyl *g*; (*de porte*) morthwyl drws, cnocer *g*; ~ **pneumatique** dril *g* niwmatig.
marteau-pilon (~**x**-~**s**) [martopilɔ̃] *m* gordd *b* beiriannol.
marteau-piqueur (~**x**-~**s**) [martopikœr] *m* dril *g* niwmatig.
martel [martɛl] *m*: **se mettre ~ en tête** poeni'n enbyd, cynhyrfu.
martèlement [martɛlmɑ̃] *m* morthwylio, dyrnu, curo.
marteler [martəle] (**13**) *vt* (*à coups de marteau*) morthwylio; (*à coups répétés*) dyrnu, curo; ~ **ses mots** pwysleisio pob gair (*wrth siarad*).
martial (-e) (**martiaux, martiales**) [marsjal, marsjo] *adj* milwraidd, milwrol; **arts martiaux** crefft *b* ymladd; **loi ~e** rheolaeth *b* filwrol; **cour ~e** cwrt-marsial *g*.
martien (-**ne**) [marsjɛ̃, jen] *adj* Mawrthaidd, o'r blaned Mawrth.
martinet [martinɛ] *m* (*fouet*) fflangell *b*, chwip *b*; (ZOOL) gwennol *b* ddu; (TECH) gordd *b* siglo.
martingale [martɛ̃gal] *f* (*de cheval*) morticel *g*, martingal *g,b*; (COUTURE) hanner gwregys *g*; (JEUX) system *b* lwyddiannus.
martiniquais (-e) [martinikɛ, ɛz] *adj* o Martinique.
Martiniquais [martinikɛ] *m* un *g* o Martinique.
Martiniquaise [martinikɛz] *f* un *b* o Martinique.

martin-pêcheur (~**s**-~**s**) [maʀtɛ̃pɛʃœʀ] *m* glas *g* y dorlan.
martre [maʀtʀ] *f* (*animal*) bele *g*; ~ **zibeline** (*fourrure*) sabl *g*.
martyr[1] (-**e**) [maʀtiʀ] *adj* merthyredig; **enfants** ~**s** plant *ll* sy'n cael eu cam-drin (*gan eu rhieni*).
martyr[2] [maʀtiʀ] *m* merthyr *g*.
martyre[1] [maʀtiʀ] *f* merthyres *b*; ♦*adj f voir* **martyr**[1].
martyre[2] [maʀtiʀ] *m* merthyrdod *g*; (*fig: souffrance*) gwewyr *g*, ing *g*; **souffrir le** ~ dioddef yn enbyd.
martyriser [maʀtiʀize] (**1**) *vt* merthyru; (*fig: enfant*) cam-drin.
marxisme [maʀksism] *m* Marcsiaeth *b*.
marxiste [maʀksist] *adj* Marcsaidd; ♦*m/f* Marcsiad *g/b*.
mas [mɑ(s)] *m tŷ g neu fferm b yn Provence.*
mascara [maskaʀa] *m* masgara *g*.
mascarade [maskaʀad] *f* dawns *b* fasgiau; (*fig: pour duper*) twyll *g*, ffug *g*, ffars *b*.
mascotte [maskɔt] *f* masgot *g*.
masculin[1] (-**e**) [maskylɛ̃, in] *adj* (*gén*) gwrywaidd; (*PHYSIOL: sexe, corps etc*) gwryw; (*SPORT: équipe etc*) y dynion, i'r dynion; (*pour hommes: revue, parfum etc*) i ddynion, ar gyfer dynion.
masculin[2] [maskylɛ̃] *m* (*LING*) y gwrywaidd *g*.
masochisme [mazɔʃism] *m* masochistiaeth *b*, masochyddiaeth *b*.
masochiste [mazɔʃist] *adj* masochistaidd; ♦*m/f* masochist *g*, masochydd *g*.
masque [mask] *m* masg *g*; (*fig*) ymddangosiad *g*, rhith *g*, cochl *g,b*; ~ **à gaz/à oxygène** masg nwy/ocsigen; ~ **de beauté** pac *g* harddu; ~ **de plongée** masg plymio.
masqué (-**e**) [maske] *adj* â mwgwd, mygydog, mewn masg; (*caché*) gorchuddiedig, cudd, cuddiedig; **bal** ~ dawns *b* fasgiau.
masquer [maske] (**1**) *vt* masgio, mygydu, cuddio, gorchuddio.
massacrant (-**e**) [masakʀɑ̃, ɑ̃t] *adj*: **humeur** ~**e** tymer *b* ddrwg, hwyliau *ll* drwg.
massacre [masakʀ] *m* lladdfa *b*, cyflafan *b*, lladd; (*fam: SPORT*) crasfa *b*, cweir *g,b*; (:*gâchis*) llanast *g*; **jeu de** ~ (*à la foire*) cocyn *g* hitio.
massacrer [masakʀe] (**1**) *vt* lladd; (*fig: texte*) mwrdro, llurgunio; (*fam: adversaire*) curo *ou* maeddu (rhn) yn racs, rhoi crasfa *ou* cweir i; (:*travail*) gwneud cawl *ou* llanast o; ~ **qch** (*critiquer*) beirniadu rhth yn hallt, tynnu rhth yn gareiau.
massage [masaʒ] *m* tyliniad *g*, massage *g*.
masse [mas] *f*
1 (*forme*) talp *g*.
2 (*ensemble*) crynswth *g*, cruglwyth *g*, cyfangorff *g*, corff *g*; ~ **d'eau** llif *g*, llifeiriant *g*.
3 (*grande quantité*): **acheter en** ~ swmp brynu; **vendre en** ~ swmp werthu; **fabriquer en** ~ masgynhyrchu; **une** ~ **de,* des** ~**s de*** digonedd *g* o, peth wmbredd *g* o, llond *g* gwlad o.
4 (*peuple*): **la** ~ y lluoedd *ll*, y dorf *b*; **les** ~**s** y werin bobl *b*, y bobl gyffredin; **les** ~**s laborieuses** y gweithwyr *ll*; **les** ~**s paysannes** y gweithwyr amaethyddol; **moyens de communication de** ~ cyfryngau *ll* torfol.
5 (*foule*): **la grande** ~ **des gens** mwyafrif *g* mawr y bobl, y rhan *b* fwyaf o'r bobl, trwch *g* y boblogaeth; **manifestation de** ~ protest *b* dorfol; **en** ~ yn llu, yn un haid.
6 (*ÉCON, COMM*): ~ **monétaire** cyflenwad *g* arian; ~ **salariale** cyfanswm *g* cyflogau.
7 (*SCIENCE*) màs *g*.
8 (*ÉLEC*) daear *b*.
9 (*maillet*) gordd *b*.
massepain [maspɛ̃] *m* marsipán *g*.
masser[1] [mase] (**1**) *vt* (*assembler*) casglu, cynnull; (*troupes*) cynnull, byddino; ♦ **se** ~ *vr* ymgasglu, ymgynnull.
masser[2] [mase] (**1**) *vt* (*pétrir: personne, jambe*) tylino.
masseur [masœʀ] *m* tylinwr *g*, masseur *g*; (*appareil*) teclyn *g* tylino, tylinwr *g*.
masseuse [masøz] *f* tylinwraig *b*, masseuse *b*.
massicot [masiko] *m* (*TYPO*) bwyell *b* dorri papur, gilotîn *g,b*.
massif[1] (**massive**) [masif, masiv] *adj* (*porte*) anferth, solet, trwm(trom)(trymion); (*bois, argent, or*) solet; (*visage*) trwm; (*dose*) anferth; (*départs, déportations etc*) torfol, niferus, yn llu.
massif[2] [masif] *m* (*montagneux*) massif *g*, mynydd-dir *g*; (*d'arbres*) clwstwr *g*; (*de fleurs*) clwstwr, banc *g*; **le M**~ **Central** y Massif Central.
massivement [masivmɑ̃] *adv* (*embaucher, manifester*) yn llu, mewn niferoedd mawr; **administrer** ~ (*médicament etc*) rhoi dos anferth o.
mass média [masmedja] *mpl* cyfryngau *ll* torfol.
massue [masy] *f* pastwn *g*; **argument** ~ dadl *b* sy'n llorio rhn, dadl nad oes ateb iddi.
mastectomie [mastɛktɔmi] *f* mastectomi *g*.
mastic [mastik] *m* (*pour vitres*) pwti *g*; (*pour fentes*) mastig *g*, llenwydd *g*.
masticage [mastikaʒ] *m* (*d'une vitre*) pwtïo; (*d'une fente*) llenwi, llanw.
mastication [mastikasjɔ̃] *f* cnoi.
mastiquer [mastike] (**1**) *vt* (*aliment*) cnoi; (*vitre*) pwtïo, cau *ou* llenwi (rhth) â phwti; (*fente*) llenwi, llanw.
mastoc* [mastɔk] *adj inv* (*personne*) mawr, cydnerth; (*objet*) anferth; **un type** ~ palff *g* o ddyn; **un objet** ~ clamp *g* o beth, clobyn *g* o beth.
mastodonte [mastɔdɔ̃t] *m* (*ZOOL*) mastodon *g*;

(*personne*) cawr *g* o ddyn; (*objet*) clamp *g* o beth, clobyn *g* o beth.
masturbation [mastyRbasjɔ̃] *f* mastyrbio, mastyrbiad *g*.
masturber [mastyRbe] (**1**) *vt* mastyrbio; ♦ **se** ~ *vr* mastyrbio.
m'as-tu-vu [matyvy] *m/f inv* un *g/b* sy'n dangos ei hun, swancyn *g*, swancen *b*, fi fawr.
masure [mɑzyR] *f* hofel *b*, bwthyn *g* adfeiliedig.
mat[1] (**-e**) [mat] *adj* di-sglein, pŵl, afloyw; (*peinture*) mat; (*teint*) (pryd) tywyll; (*bruit, son*) aneglur.
mat[2] [mat] *adj inv* (*ÉCHECS*): **(tu es)** ~**!** cau!, siachmat!, gwarchae!
mât [mɑ] *m* (*NAUT*) hwylbren *g*, mast *g*; (*poteau, perche*) polyn *g*, postyn *g*.
matamore [matamɔR] *m* chwythwr *g* bygythion; (*vantard*) broliwr *g*, brolgi *g*, bostiwr *g*.
match [matʃ] *m* gêm *b*, gornest *b*; ~ **aller** gêm gyntaf; ~ **retour** ail gêm, gêm yn ôl; ~ **nul** gêm gyfartal; **faire** ~ **nul** cael gêm gyfartal.
matelas [mat(ə)lɑ] *m* matras *g,b*; ~ **à ressorts** matras sbring; ~ **pneumatique** gwely *g* gwynt *ou* aer.
matelasser [mat(ə)lase] (**1**) *vt* clustogi, padio, cwiltio.
matelassier [mat(ə)lasje] *m* gwneuthurwr *g* matresi.
matelassière [mat(ə)lasjɛR] *f* gwneuthurwraig *b* matresi.
matelot [mat(ə)lo] *m* morwr *g*, llongwr *g*.
mater [mate] (**1**) *vt* (*personne*) cael trefn ar, gwastrodi; (*révolte*) gostegu, gwastrodi; (*fam*) llygadu, gwylio.
matérialisation [materjalizasjɔ̃] *f* materoliad *g*, materoli; (*de promesse etc*) cyflawniad *g*, cyflawni; (*de rêve*) gwireddiad *g*, gwireddu; (*en spiritisme*) ymrithiad *g*, ymrithio.
matérialiser [materjalize] (**1**) *vt* materoli, sylweddoli; (*promesse*) cyflawni; (*rêve*) gwireddu; (*symboliser*) symboleiddio; ♦ **se** ~ *vr* (*en spiritisme*) ymrithio; (*rêve, projet*) dod yn ffaith, cael ei (g)wireddu.
matérialisme [materjalism] *m* materoliaeth *b*.
matérialiste [materjalist] *adj* (*PHILO*) materolaidd, materyddol; (*esprit, civilisation*) materol;
♦*m/f* materolydd *g*, materolwr *g*, materolwraig *b*.
matériau (**-x**) [materjo] *m* deunydd *g*, defnydd *g*; ~**x** (*documents*) dogfennau *ll*, defnyddiau, deunydd; ~ **de construction** defnyddiau adeiladu.
matériel[1] (**-le**) [materjɛl] *adj* materol; (*pratique*) ymarferol; (*financier*) ariannol; (*plaisirs*) bydol; **il n'a pas le temps** ~ **de le faire** 'does ganddo mo'r amser sydd ei angen i'w wneud.
matériel[2] [materjɛl] *m* (*équipement*) cyfarpar *g*, celfi *ll*, offer *ll*, gêr *g*; (*INFORM*) caledwedd *g,b*; ~ **d'exploitation** (*COMM*) peiriannau *ll*, offer, cyfarpar; ~ **de guerre** arfau *ll*; ~ **roulant** (*chemin de fer*) cerbydau *ll*, wagenni *ll*.
matériellement [materjɛlmɑ̃] *adv* (*financièrement*) yn ariannol; (*pratiquement*) yn ymarferol; (*physiquement*) yn gorfforol; ~ **à l'aise** da eich byd, cefnog, a digon wrth gefn; **c'est** ~ **impossible** mae'n gwbl amhosibl.
maternel (**-le**) [matɛRnɛl] *adj* mamol, mamaidd; (*grand-père, tante etc*) ar ochr y fam; **amour** ~ cariad *g* mamol *ou* mam; **l'instinct** ~ greddf *b* y fam.
maternelle [matɛRnɛl] *f* (*aussi:* **école** ~) ysgol *b* feithrin;
♦*adj f voir* **maternel**.
materner [matɛRne] (**1**) *vt* gofalu am (rn) fel mam; (*choyer*) mwytho, maldodi.
maternisé (**-e**) [matɛRnize] *adj*: **lait** ~ *llaeth anifail sydd wedi'i gymhwyso ar gyfer babanod.*
maternité [matɛRnite] *f* mamolaeth *b*; (*établissement*) ysbyty *g* mamau *ou* geni.
mathématicien [matematisjɛ̃] *m* mathemategydd *g*.
mathématicienne [matematisjɛn] *f* mathemategydd *g*.
mathématique [matematik] *adj* mathemategol.
mathématiques [matematik] *fpl* (*science*) mathemateg *b*.
matheux* [matø] *m* myfyriwr *g* mewn mathemateg; **c'est un** ~ mae'n wych mewn mathemateg.
matheuse* [matøz] *f* myfyrwraig *b* mewn mathemateg.
math(s) [mat] *fpl* mathemateg *b*.
matière [matjɛR] *f* sylwedd *g*, mater *g*; (*COMM, TECH*) defnydd *g*, deunydd *g*; (*fig: d'un livre etc*) pwnc *g*, testun *g*; (*SCOL*) pwnc; **en** ~ **de** o ran; **donner** ~ **à** achosi, peri; **cela lui a donné** ~ **à réflexion** rhoddodd hyn rth iddo feddwl amdano, rhoddodd hyn achos meddwl iddo; ~ **grise** (*ANAT*) sylwedd llwyd, llwydyn *g*; (*fig*) ymennydd *g*, crebwyll *g*; ~ **plastique** plastig *g*; ~**s fécales** ysgarthion *ll*; ~**s grasses** braster *g*; ~**s premières** defnyddiau crai
MATIF [matif] *sigle m*(= *Marché à terme d'instruments financiers*) *corff sy'n rheoli gweithgareddau'r gyfnewidfa stoc yn Ffrainc.*
Matignon [matiɲɔ̃] *pr swyddfeydd Prif Weinidog Ffrainc.*
matin [matɛ̃] *m* bore *g*; **le** ~ (*pendant le matin*) yn y bore; **dimanche** ~ bore Sul; **jusqu'au** ~ tan y bore; **le lendemain** ~ bore trannoeth, y bore wedyn; **hier/demain** ~ bore ddoe/yfory; **du** ~ **au soir** o fore gwyn tan nos; **tous les** ~**s** bob bore; **une heure du** ~ un o'r gloch y bore; **à demain** ~**!** wela' i di *ou* chi bore fory!; **un beau** ~ un bore braf, ryw fore braf; **de grand** *ou* **de bon** ~ yn y bore bach, yn

gynnar yn y bore, yn fore iawn; **tous les dimanches ~s** bob bore Sul.
matinal (-e) (**matinaux, matinales**) [matinal, matino] *adj* boreol, (yn) y bore; (*de bonne heure*) cynnar; **être** ~ (*personne*) codi'n gynnar *ou* fore; (:*habituellement*) bod yn foregodwr.
mâtiné (-e) [mɑtine] *adj* (*chien*) croesfrid; ~ **de** wedi'i groesi â; **elle parle un français ~ d'espagnol** (*fig*) mae hi'n siarad cymysgedd o Ffrangeg a Sbaeneg.
matinée [matine] *f* bore *g*; (*spectacle*) perfformiad *g* prynhawn, matinée *g,b*; **en** ~ (*film, spectacle*) yn y prynhawn.
matois (-e) [matwa, waz] *adj* cyfrwys, castiog, ystrywgar, dichellgar.
matou [matu] *m* cath *b* wryw, gwrcath *g*, cwrci *g*.
matraquage [matʀakaʒ] *m* pastyniad *g*, curfa *b ou* crasfa *b* â phastwn; (*fig: d'un message*) pwnio di-baid (*ar ran y cyfryngau*); ~ **publicitaire** (*d'un disque, livre etc*) broliant *g*, cyhoeddusrwydd *g* taer, hys-bys *g*.
matraque [matʀak] *f* pastwn *g*.
matraquer [matʀake] (**1**) *vt* pastynu; (*fig: touristes etc*) twyllo, gwneud; (:*message, disque*) gwthio (rhth) yn ddi-baid, rhoi hys-bys (i rth).
matriarcal (-e) (**matricaux, matriarcles**) [matʀijaʀkal, matʀijaʀko] *adj* matriarchaidd.
matrice [matʀis] *f* (*MATH*) matrics *g*; (*TECH*) mowld *g*, dei *g*; (*ANAT*) croth *b*; (*ADMIN*) cofrestr *b*.
matricule [matʀikyl] *f* (*aussi:* **registre** ~) rhôl *b*, cofrestr *b*;
♦*m* (*aussi:* **numéro** ~*: ADMIN*) cyfeirnod *g*; (*MIL*) rhif *g* milwrol.
matrimonial (-e) (**matrimoniaux, matrimoniales**) [matʀimɔnjal, matʀimɔnjo] *adj* priodasol.
matrone [matʀɔn] *f* (*femme imposante*) gwraig *b* urddasol; (*femme corpulente*) gwraig dew; (*d'un hôpital*) metron *b*, penaethes *b*.
maturation [matyʀasjɔ̃] *f* aeddfedu, aeddfediad *g*.
mature [matyʀ] *adj* aeddfed, llawn dwf, ar ei lawn dwf.
mâture [mɑtyʀ] *f* (*NAUT*) hwylbrenni *ll*, mastiau *ll*.
maturité [matyʀite] *f* aeddfedrwydd *g*.
maudire [modiʀ] (**76**) *vt* melltithio, bwrw melltith ar; (*REL*) damnio.
maudit[1] (-e) [modi, it] *adj*: **encore ce ~ temps!*** y tywydd felltith *ou* gythraul 'ma eto!
maudit[2] [modi] *m* enaid *g* colledig *ou* damnedig.
maudite [modit] *f* enaid *g* colledig *ou* damnedig;
♦*adj f voir* **maudit**[1].
maugréer [mogʀee] (**1**) *vi* grwgnach, cwyno, achwyn.
mauresque [mɔʀɛsk] *adj* Mwraidd.
Maurice [mɔʀis] *prf*: **(l'île)** ~ (Ynys *b*) Mawrisiws *g*.
mauricien (**-ne**) [mɔʀisjɛ̃, jɛn] *adj* Mawrisiaidd, o (Ynys) Mawrisiws.
Mauricien [mɔʀisjɛ̃] *m* Mawrisiad *g*.
Mauricienne [mɔʀisjɛn] *f* Mawrisiad *b*.
Mauritanie [mɔʀitani] *prf*: **la** ~ Mawritania *b*.
mauritanien (**-ne**) [mɔʀitanjɛ̃, jɛn] *adj* Mawritanaidd, o Mawritania.
Mauritanien [mɔʀitanjɛ̃] *m* Mawritaniad *g*.
Mauritanienne [mɔʀitanjɛn] *f* Mawritaniad *b*.
mausolée [mozɔle] *m* mawsolëwm *g*, beddrod *g*.
maussade [mosad] *adj* (*air, personne*) sarrug, diserch; (*propos*) pesimistaidd; (*ciel*) tywyll; (*temps*) cymylog, digalon.
mauvais[1] (-e) [mɔvɛ, ɛz] *adj*
1 (*gén*) drwg, gwael; **aussi ~ que** cynddrwg â/ag; ~ **joueur** collwr *g* gwael; ~ **payeur** drwgddyledwr *g*.
2 (*inopportun: moment, heure etc*) anghyfleus, gwael.
3 (*erroné*): **le ~ numéro/moment** y rhif *g*/yr adeg *b* anghywir; **la ~e façon** y dull anghywir; **la ~e route** y ffordd anghywir.
4 (*fig*): ~ **coup** (*revers*) ergyd *b* (drom); (*méchanceté*) tro *g* gwael *ou* sâl, drygioni *g*; ~ **pas** trafferth *b,g*, helynt *g,b*, trybini *g*.
5 (*locutions*): ~ **coucheur** dyn *g* anodd ei drin; ~ **garçon** dyn caled *ou* garw; ~ **plaisant** castiwr *g*; ~ **traitements** camdriniaeth *b*, cam-drin; **~e langue** heliwr *g* clecs, helwraig *b* clecs, un *g/b* sy'n hel clecs *ou* taenu straeon; **~e passe** (*période d'ennuis*) cyfnod *g* gwael *ou* anodd, pwl *g* gwael; **~e tête** un *g/b* anystywallt *ou* ystyfnig; **~es herbes** chwyn *ll*; **la mer est ~e** mae'r môr yn arw;
♦*adv*: **il fait** ~ mae hi'n dywydd mawr *ou* gwael *ou* garw; **sentir** ~ drewi; **trouver ~ que** ei gweld hi'n chwith ..., anghymeradwyo ...
mauvais[2] [mɔvɛ] *m*: **le** ~ y drwg *g*, y darn *g* drwg, yr ochr *b* ddrwg; **le bon et le** ~ y da a'r drwg, y gwych a'r gwael.
mauve [mov] *adj* (*couleur*) (lliw) môf, porffor golau;
♦*m* (*couleur*) (lliw *g*) môf *g*, porffor *g* golau;
♦*f* (*BOT*) hocysen *b*.
mauviette [movjet] (*péj*) *f* dyn *g* gwantan *ou* gwanllyd, dynes *b* wantan *ou* wanllyd, un eiddil, llipryn *g*, brechdan *b* o ddyn, brechdan o ferch.
maux [mo] *mpl voir* **mal**.
max. *abr*= **maximum**.
maximal (-e) (**maximaux, maximales**) [maksimal, maksimo] *adj* mwyaf *ou* hwyaf *ou* uchaf (posibl).
maxime [maksim] *f* gwireb *b*, dihareb *b*; (*règle de conduite*) rheol *b*, egwyddor *b*.

maximum [maksimɔm] *adj* uchaf, mwyaf (posibl);
♦*m* uchafswm *g*, uchafrif *g*, mwyafswm *g*, uchafbwynt *g*; **elle a le ~ de chances pour réussir** mae ganddi bob cyfle i lwyddo; **atteindre un/son ~** cyrraedd y brig/ei frig, dod i *ou* i'w (h)anterth.
▶ **au maximum** (*le plus possible*) i'r eithaf, gymaint ag y bo modd; (*tout au plus*) ar y mwyaf, fan bellaf.
Mayence [majɑ̃s] *pr* Mainz.
mayonnaise [majɔnɛz] *f* mayonnaise *g*.
Mayotte [majɔt] *prf* Ynys *b* Mayotte.
mazout [mazut] *m* olew *g* tanwydd; **poêle à ~** stof *b* oel *ou* olew; **chauffage central au ~** gwres *g* canolog llosgi olew.
mazouté (-e) [maʒute] *adj* wedi'i lygru gan olew; (*oiseau*) yn olew i gyd.
MDM [ɛmdeɛm] *sigle mpl*(= *Médecins du monde*) *cymdeithas sy'n darparu gofal meddygol ar gyfer gwledydd y Trydydd Byd yn arbennig.*
Me *abr*= **Maître**.
me [m(ə)] *pron*
1 (*complément direct, avec accord du participe passé*) fi, i, mi; **il m'a vu(e)** gwelodd fi, fe'm gwelodd (i), mae wedi fy ngweld (i); **il ne m'a pas vu(e)** ni welodd mohonof (i), nid yw wedi fy ngweld (i); **elle m'attend** mae hi'n aros amdanaf (i), mae hi'n f'aros; **elle va m'accompagner** mae hi'n mynd i ddod gyda mi, fe ddaw hi gyda mi.
2 (*complément indirect, sans accord du participe passé*) i mi, gyda mi; **elle ~ parlait** 'roedd hi'n siarad â mi; **il ~ le donne** mae'n ei roi i mi; **il ~ l'a dit hier** dywedodd (hynny) wrthyf ddoe.
3 (*réfléchi*) fi *ou* mi *ou* i fy hun, fi *ou* mi *ou* i fy hunan; **je ~ suis bien amusé(e)** cefais hwyl; **je ~ voyais** fe'm gwelwn i fy hun *ou* hunan; **je ~ lave** 'rwy'n ymolchi; **je ~ félicite de** 'rwy'n fy llongyfarch fy hun ar; **je ~ souviens** 'rwy'n cofio.
méandres [meɑ̃dʀ] *mpl* (*d'une rivière*) doleniadau *ll*; (*d'une route*) troadau *ll*; (*de la pensée*) cymhlethdodau *ll*.
mec* [mɛk] *m* boi* *g*, bachgen *g*, bachan* *g*.
mécanicien [mekanisjɛ̃] *m* mecanig *g*; (*chemin de fer*) gyrrwr *g* trên; **~ navigant** *neu* **de bord** (*AVIAT*) awyr-beiriannydd *g*.
mécanicien-dentiste (~s-~s) [mekanisjɛ̃dɑ̃tist] *m* technegydd *g* deintyddol.
mécanicienne [mekanisjɛn] *f* mecanig *g* *voir aussi* **mécanicien**.
mécanicienne-dentiste (~s-~s) [mekanisjɛn] *f* technegydd *g* deintyddol.
mécanique [mekanik] *adj* mecanyddol; (*geste etc*) peiriannol, peiriannaidd; **ennui ~** trafferth *b,g* gyda'r motor;
♦*f* (*science*) mecaneg *b*; (*TECH*) peirianneg *b* fecanyddol; (*mécanisme*) peirianwaith *g*, mecanwaith *g*; **s'y connaître en ~** bod yn hyddysg mewn mecaneg; **~ hydraulique** hydroleg *b*; **~ ondulatoire** tonfecaneg *b*.
mécaniquement [mekanikmɑ̃] *adv* yn fecanyddol; (*geste etc*) yn beiriannol.
mécanisation [mekanizasjɔ̃] *f* mecaneiddiad *g*, mecaneiddio.
mécaniser [mekanize] (1) *vt* mecaneiddio.
mécanisme [mekanism] *m* peirianwaith *g*, mecanwaith *g*; (*PHILO, PSYCH*) peiriannaeth *b*, mecaniaeth *b*.
mécano* [mekano] *m* mecanig *g*.
mécanographe [mekanɔgʀaf] *m/f un g/b sy'n gweithio peiriant cardiau tyllog.*
mécanographie [mekanɔgʀafi] *f prosesu data'n fecanyddol ar beiriannau cardiau tyllog.*
mécène [mesɛn] *m* noddwr *g*, noddwraig *b*.
méchamment [meʃamɑ̃] *adv* (*agir, parler, sourire*) yn gas, yn sbeitlyd, yn annymunol, yn filain, yn fileinig; (*frapper, se battre*) yn filain, yn fileinig; (*travailler*) yn galed iawn; (*abîmer*) yn arw, yn ofnadwy; **on est ~ en retard** 'rydym ni'n ofnadwy o hwyr; **c'est ~ bon** mae'n anhygoel o dda.
méchanceté [meʃɑ̃ste] *f* (*d'une personne, parole*) malais *g*, sbeit *g*, mileindra *g*; (*action*) gweithred *b* gas *ou* filain; (*parole*) sylw *g* cas; **dire des ~s à qn** dweud pethau cas wrth rn.
méchant[1] (-e) [meʃɑ̃, ɑ̃t] *adj*
1 (*malveillant*) cas, sbeitlyd, annymunol, milain; (*enfant: pas sage*) drwg, drygionus; (*animal*) milain; **"chien ~"** "ci peryglus", "gochelwch (rhag) y ci".
2 (*avant le nom: valeur péjorative*) pitw, tila, gwael; (*:intensive*) aruthrol, gwych; **une ~e tempête** storm *b* ofnadwy; **de ~e humeur** mewn hwyliau drwg; **elle avait une ~e allure** 'roedd golwg aruthrol dda arni; **~ poète** bardd *g* gwael *ou* eilradd; **un ~ morceau de fromage** darn *g* pitw *ou* tila o gaws.
méchant[2] [meʃɑ̃] *m* dyn *g* drwg, dihiryn *g*, cnaf *g*.
mèche [mɛʃ] *f*
1 (*d'une lampe, bougie*) wic *g*.
2 (*d'un explosif*) ffiws *b*.
3 (*MÉD: pour drainer*) wic *g*, stribyn *g* draenio; (*pour coaguler*) pac *g*, paciad *g*.
4 (*TECH: d'un vilebrequin, d'une perceuse*) ebill *g*.
5 (*de fouet*) carrai *b*.
6 (*de cheveux*) cudyn *g*, llyweth *b*; (*d'une autre couleur*) rhesen *b*, stribed *g*; **se faire faire des ~s** cael aroleuo'ch gwallt, cael goleuo stribedi yn eich gwallt.
7 (*fig*): **vendre la ~** gollwng y gath o'r cwd; **être de ~ avec qn*** bod yn llawiau â rhn, bod yng nghyfrinach rhn, cydgynllwynio â rhn; **découvrir la ~** dod â chynllwyn i'r golwg, datgelu cynllwyn.
méchoui [meʃwi] *m* barbeciw *g* (*lle rhostir dafad gyfan*).

mécompte [mekɔ̃t] *m* (*erreur de calcul*) camgyfrifiad *g*, camgyfrif; (*déception*) siomedigaeth *b*.
méconnais *etc* [mekɔnɛ] *vb voir* **méconnaître**.
méconnaissable [mekɔnɛsabl] *adj* anadnabyddadwy, amhosibl *ou* anodd ei (h)adnabod.
méconnaissais *etc* [mekɔnɛsɛ] *vb voir* **méconnaître**.
méconnaissance [mekɔnɛsɑ̃s] *f* anwybodaeth *b*, diffyg *g* dealltwriaeth *ou* amgyffred; (*refus de connaître*) anwybyddiaeth *b*.
méconnaître [mekɔnɛtʀ] (**73**) *vt* (*ignorer: faits*) peidio â gwybod, bod yn anwybodus (o rth); (*mésestimer: situation, problème*) camfarnu; (*mérites, personne*) tanbrisio, synied *ou* meddwl yn rhy isel am, peidio â sylweddoli gwerth (rhth *ou* rhn); (*ne pas tenir compte de: lois etc*) anwybyddu, diystyru.
méconnu (**-e**) [mekɔny] *pp de* **méconnaître**; ♦*adj* (*génie etc*) anghydnabyddedig, nas gwerthfawrogir *ou* gwerthfawrogid *ou* gwerthfawrogwyd; (*musicien, écrivain*) na chafodd ei haeddiant, na chafodd ei gydnabod *ou* ei chydnabod.
mécontent[1] (**-e**) [mekɔ̃tɑ̃, ɑ̃t] *adj* (*insatisfait*) anfodlon, anfoddog, anhapus, anniddig; (*contrarié*) blin, dig.
mécontent[2] [mekɔ̃tɑ̃] *m* cwynwr *g*, achwynwr *g*; (*POL*) gwrthryfelwr *g*.
mécontente [mekɔ̃tɑ̃t] *f* cwynwraig *b*, achwynwraig *b*; (*POL*) gwrthryfelwraig *b*; ♦*adj f voir* **mécontent**[1].
mécontentement [mekɔ̃tɑ̃tmɑ̃] *m* anfodlonrwydd *g*, anniddigrwydd *g*; (*irritation*) annifyrrwch *g*, dicter *g*.
mécontenter [mekɔ̃tɑ̃te] (**1**) *vt* anfodloni, digio, cythruddo, gwylltio.
Mecque [mɛk] *prf*: **la** ~ Mecca.
mécréant (**-e**) [mekʀeɑ̃, ɑ̃t] *adj* anffyddiol, anghred, anghrediniol, digrefydd, annuwiol.
médaille [medaj] *f* (*pour célébrer*) medal *b*; (*pour identifier*) bathodyn *g*; (*REL*) tlws *g* crog, bathodyn, medal.
médaillé [medaje] *m* (*gén*) un *g* sydd wedi derbyn medal; (*SPORT*) medalydd *g*.
médaillée [medaje] *f* (*gén*) un *b* sydd wedi derbyn medal; (*SPORT*) medalyddes *b*.
médaillon [medajɔ̃] *m* (*portrait*) medaliwn *g*; (*bijou*) loced *b*; (*CULIN*) médaillon *g*; ♦*adj*: **en** ~ (*carte etc*) mewnosod, mewnosodedig.
médecin [med(ə)sɛ̃] *m* meddyg *g*, doctor *g*; ~ **de famille/du bord** meddyg teulu/llong; ~ **généraliste** meddyg teulu; ~ **légiste** arbenigwr *g* fforensig; **votre** ~ **traitant** eich meddyg eich hun; **aller chez le** ~ mynd at y meddyg.
médecine [med(ə)sin] *f* meddygaeth *b*; ~ **du travail** meddygaeth ddiwydiannol *ou* alwedigaethol; ~ **infantile** paediatreg *b*; ~ **générale** meddygaeth deuluol; ~ **légale/préventive** meddygaeth fforensig/ataliol; ~ **vétérinaire** milfeddygaeth *f*; ~ **douce** *neu* **parallèle** meddygaeth amgen.
média [medja] *m* cyfrwng *g*; **les** ~**s** y cyfryngau *ll*.
médian (**-e**) [medjɑ̃, jan] *adj* canolrifol; (*ANAT*) canolweddol.
médiateur [medjatœʀ] *m* cyfryngydd *g*, cyfryngwr *g*, canolydd *g*, canolwr *g*; (*fonctionnaire*) ombwdsman *g*.
médiatrice [medjatʀis] *f* cyfryngydd *g*, canolydd *g*.
médiathèque [medjatɛk] *f* llyfrgell *b* amlgyfrwng.
médiation [medjasjɔ̃] *f* cyfryngiad *g*, cyfryngu, cyflafareddu.
médiatique [medjatik] *adj* y cyfryngau, ar *ou* gan y cyfryngau, sy'n denu sylw'r cyfryngau, sy'n gweddu i'r cyfryngau, cyfryngol.
médiatiser [medjatize] (**1**) *vt* rhoi cyhoeddusrwydd i (rth) ar y cyfryngau, rhoi sylw'r cyfryngau i.
médiator [medjatɔʀ] *m* (*MUS*) plectrwm *g*.
médical (**-e**) (**médicaux, médicales**) [medikal, mediko] *adj* meddygol; **visiteur** *neu* **délégué** ~ trafaeliwr *g* meddygol.
médicalement [medikalmɑ̃] *adv* yn feddygol.
médicament [medikamɑ̃] *m* meddyginiaeth *b*, ffisig *g*, moddion *g*, cyffur *g*.
médicamenteux (**médicamenteuse**) [medikamɑ̃tø, medikamɑ̃tøz] *adj* (*produit*) meddyginiaethol, llesol; (*eczéma, allergie*) wedi'i achosi gan feddyginiaeth *ou* gan gyffur.
médication [medikasjɔ̃] *f* meddyginiaeth *b*.
médicinal (**-e**) (**médicinaux, médicinales**) [medisinal, medisino] *adj* meddyginiaethol, llesol.
médico-légal (~-**e**) (~-**légaux**, ~-~**es**) [medikɔlegal, medikɔlego] *adj* meddygol-gyfreithiol, fforensig.
médico-social (~-~**e**) (~-**sociaux**, ~-~**es**) [medikɔsɔsjal, medikɔsɔsjo] *adj* meddygol-gymdeithasol; **centre** ~-~ ≈ canolfan *g,b* iechyd gymunedol.
médiéval (**-e**) (**médiévaux, médiévales**) [medjeval, medjevo] *adj* canoloesol, o'r Oesoedd Canol, o'r Canol Oesoedd; (*langue*) Canol; **art** ~ celfyddydd *b* yr Oesoedd Canol.
médiocre [medjɔkʀ] *adj* (*gén*) cyffredin, diddrwg-didda; (*qualité, salaire etc*) gwael, tila; (*ressources*) prin.
médiocrité [medjɔkʀite] *f* cyffredinedd *g*; (*qualité*) safon *b* wael; (*ressources*) prinder *g*.
médire [mediʀ] (**50**) *vi*: ~ **de** lladd ar; (*à tort*) pardduo.
médisance [medizɑ̃s] *f* clecs *ll*, straeon *ll*; (*propos*) stori *b* faleisus *ou* gas

médisant[1] [medizɑ̃] *vb voir* **médire**.
médisant[2] (**-e**) [medizɑ̃, ɑ̃t] *adj* (*paroles*) enllibus; (*personne*) maleisus.
médit [medi] *pp de* **médire**.
méditatif (**méditative**) [meditatif, meditativ] *adj* myfyriol, synfyfyriol, meddylgar.
méditation [meditasjɔ̃] *f* myfyrdod *g*, synfyfyrion *ll*, myfyrio, synfyfyrio; (*REL*) cynhemlad *g*, cynhemlu.
méditer [medite] (**1**) *vt* (*réfléchir à*) meddwl (yn ddwys) am; (*projeter*) cynllunio, ystyried, bwriadu; ~ **de faire qch** ystyried gwneud rhth;
♦*vi* myfyrio, synfyfyrio; ~ **sur qch** meddwl am rth.
Méditerranée [mediteʀane] *prf*: **la (mer)** ~ Môr *g* y Canoldir.
méditerranéen (**-ne**) [mediteʀaneɛ̃, ɛn] *adj* Canoldirol, Mediteranaidd.
Méditerranéen [mediteʀaneɛ̃] *m* un *g* o ranbarth Môr y Canoldir; (*en France*) deheuwr *g*.
Méditerranéenne [mediteʀaneɛn] *f* un *b* o ranbarth Môr y Canoldir; (*en France*) deheuwraig *b*.
médium [medjɔm] *m* canol *g*; (*spirite*) cyfrwng *g*; (*MUS*) nodau *ll* canol, cwmpasran *b* ganol.
médius [medjys] *m* bys *g* canol.
méduse [medyz] *f* slefren *b* fôr.
méduser [medyze] (**1**) *vt* syfrdanu, synnu, hurtio.
meeting [mitiŋ] *m* cyfarfod *g* (cyhoeddus), rali *b*; ~ **aérien** sioe *b* hedfan.
méfait [mefɛ] *m* camwedd *g*, drygioni *g*, drygau *ll*; (*délit*) trosedd *g*; ~**s** (*dégâts*) effeithiau *ll* niweidiol *ou* andwyol, drwg effeithiau; (*ravages*) difrod *g*, anrhaith *b*.
méfiance [mefjɑ̃s] *f* amheuaeth *b*, drwgdybiaeth *b*, amheuon *ll*.
méfiant (**-e**) [mefjɑ̃, jɑ̃t] *adj* amheus, drwgdybus.
méfier [mefje] (**16**): **se** ~ *vr* bod yn ofalus, bod yn wyliadwrus; **se** ~ **de** (*personne, conseil*) amau, drwgdybio; (*ses impulsions*) gochel *ou* gwylio rhag; **méfiez-vous de lui** peidiwch ag ymddiried ynddo; **méfie-toi de cette marche** gwylia'r step, cymer ofal rhag y step.
mégahertz [megaɛʀts] *m* megahertz *g*.
mégalomane [megalɔman] *adj* megalomanaidd.
mégalomanie [megalɔmani] *f* megalomania *g*.
mégalopole [megalɔpɔl] *f* megalopolis *g,b*, goruwchddinas *b*.
méga-octet [megaɔktɛ] *m* megabeit *g*.
mégarde [megaʀd] *f*: **par** ~ ar *ou* drwy ddamwain, yn ddamweiniol; (*par erreur*) mewn camgymeriad, trwy amryfusedd.
mégatonne [megatɔn] *f* megaton *g*, megadunnell *b*.
mégawatt [megawat] *m* megawat *b*.
mégère [meʒɛʀ] (*péj*) *f* (*femme*) cnawes *b*, cecren *b*, hen ysguthan *b*.
mégot [mego] *m* stwmp *g* sigarét *ou* sigâr, bonyn *g* sigarét *ou* sigâr.
mégoter* [megɔte] (**1**) *vi* crintachu, edrych yn llygad y geiniog, arbed arian.
meilleur[1] (**-e**) [mɛjœʀ] *adj* (*comparatif*) gwell; (*superlatif*) gorau; **de** ~**e heure** yn gynharach, yn gynt; ~ **marché** rhatach; **le** ~ **écrivain** y llenor *g* gorau; ~**s vœux** dymuniadau *ll* gorau;
♦*adv*: **il fait** ~ **qu'hier** mae hi'n brafiach *ou* well na ddoe.
meilleur[2] [mɛjœʀ] *m*: **le** ~ (*personne*) y gorau; (*chose*) y gorau, yr orau; **le** ~ **des deux** (*personne*) y gorau o'r ddau; (*chose*) y gorau o'r ddau, yr orau o'r ddwy; **les** ~**s** y goreuon *ll*.
meilleure [mɛjœʀ] *f*: **la** ~ (*personne*) yr orau; (*chose*) y gorau, yr orau; **la** ~ **des deux** (*personne*) yr orau o'r ddwy; (*chose*) y gorau o'r ddau, yr orau o'r ddwy; **les** ~**s** y goreuon *ll*;
♦*adj f voir* **meilleur**[1].
méjuger [meʒyʒe] (**10**) *vt* camfarnu; ~ **de** tanbrisio, synied *ou* meddwl yn rhy isel am.
mélancolie [melɑ̃kɔli] *f* (*MÉD*) pruddglwyf *g*, iselder *g*; (*tristesse: d'une personne*) iselder ysbryd, prudd-der *g*; (*:d'un paysage, d'un adieu etc*) prudd-der.
mélancolique [melɑ̃kɔlik] *adj* pruddglwyfus, melancolaidd, prudd; (*regard, visage*) trist, digalon; (*MÉD*) isel eich ysbryd, pruddglwyfus.
Mélanésie [melanezi] *prf*: **la** ~ Melanesia *b*.
mélanésien (**-ne**) [melanezjɛ̃, jɛn] *adj* Melanesaidd, o Melanesia.
Mélanésien [melanezjɛ̃] *m* Melanesiad *g*.
Mélanésienne [melanezjɛn] *f* Melanesiad *b*.
mélange [melɑ̃ʒ] *m* (*opération*) cymysgu, cyfuno, blendio; (*résultat: gén, fig*) cymysgedd *g*, cymysgwch *g*, cymysgfa *b*; (*:cafés, vins etc*) cyfuniad *g*; **sans** ~ (*pur*) pur, digymysg; **bonheur sans** ~ dedwyddwch *g* pur *ou* digymysg *ou* perffaith *ou* digwmwl.
mélangé (**-e**) [melɑ̃ʒe] *adj* cymysg; **sentiments** ~**s** teimladau *ll* cymysg *ou* cymysglyd.
mélanger [melɑ̃ʒe] (**10**) *vt* (*substances*) cymysgu; (*vins etc*) cyfuno; (*mettre en désordre, confondre*) cymysgu, drysu;
♦ **se** ~ *vr* cymysgu, ymgymysgu; (*en créant une confusion*) mynd yn ddryslyd *ou* gymysglyd.
mélanine [melanin] *f* melanin *g*.
mélasse [melas] *f* triog *g* du; (*fam: boue*) baw *g*; (*:brouillard*) mwrllwch *g*; **quelle** ~**!** am lanast!, dyma gawl!
mêlée [mele] *f* (*combat, bousculade*) ysgarmes *b*, ffrwgwd *g*, ymrafael *g*, cythrwfl *g*; (*désordre*) anhrefn *b*; (*RUGBY*) sgrym *b*; **rester au-dessus de la** ~ aros y tu

allan i'r ymrafael.

mêler [mele] (**1**) *vt* (*mélanger*) cymysgu; (*embrouiller*) cymysgu, drysu; ~ **à** *neu* **avec** *neu* **de** cymysgu â; ~ **qn à** (*affaire*) tynnu rhn i mewn i; (*conversation*) cynnwys rhn yn, dod â rhn i mewn i;
♦ **se** ~ *vr* cymysgu, ymgymysgu, ymdoddi; **se** ~ **à** *neu* **avec** cymysgu â, ymgymysgu â; (*se joindre à*) ymuno â; (*participer à*) cymryd rhan yn; **se** ~ **de qch** (*suj: personne*) busnesu *ou* busnesa yn rhth, ymyrryd yn rhth; **mêle-toi de tes affaires!** paid â busnesu!, meindia dy fusnes!

mélo [melo] *abr m*= **mélodrame**;
♦*abr adj* mélodramatique.

mélodie [melɔdi] *f* melodi *b*; (*air*) alaw *b*; (*pièce vocale*) cân *b*.

mélodieux (**mélodieuse**) [melɔdjø, melɔdjøz] *adj* persain, melodaidd.

mélodique [melɔdik] *adj* melodig; (*qualité*) melodaidd; (*par opposition à harmonique*) alawol.

mélodramatique [melɔdʀamatik] *adj* melodramatig, melodramataidd.

mélodrame [melɔdʀam] *m* melodrama *g,b*.

mélomane [melɔman] *m/f* un *g/b* sy'n hoff iawn o gerddoriaeth glasurol.

melon [m(ə)lɔ̃] *m* (*BOT*) melon *g*; (*aussi:* **chapeau** ~) het *b* galed; ~ **d'eau** melon dŵr.

mélopée [melɔpe] *f* cân *b* leddf ac undonog.

membrane [mɑ̃bʀan] *f* pilen *b*.

membre [mɑ̃bʀ] *m* aelod *g*; ~ **de phrase** (*LING*) cymal *g*; **être** ~ **de** bod yn aelod o; **pays** ~ **de** gwlad *b* sy'n aelod o; ~ **(viril)** aelod rhywiol gwryw, pidyn *g*.

mémé* [meme] *f* nain *b*, mam-gu *b*; (*vieille femme*) hen wreigan *b*.

même [mɛm] *adj*
1 (*avant le nom*) yr un; **en** ~ **temps** ar yr un pryd; **ils ont les** ~**s goûts** maent yn hoffi'r un pethau.
2 (*après le nom: renforcement*): **il est la loyauté** ~ mae'n batrwm *ou* ymgorfforiad o ffyddlondeb; **ce sont ses paroles** ~**s** dyna'i union eiriau;
♦*pron*: **le(la)** ~ yr un un;
♦*adv* (*renforcement*): **elle n'a** ~ **pas pleuré** ni wnaeth hi ddim wylo hyd yn oed; ~ **lui l'a dit** fe ddywedodd ef ei hun hyd yn oed hynny; **il lui a** ~ **dit que** fe ddywedodd ef hyd yn oed ...; **ici** ~ yn yr union fan yma; **à** ~ **la bouteille** yn syth o'r botel; **à** ~ **la peau** nesaf at y croen; **être à** ~ **de faire** bod mewn lle *ou* sefyllfa i wneud; **mettre qn à** ~ **de faire** galluogi rhn i wneud; **faire de** ~ gwneud yr un fath; **moi de** ~ a minnau hefyd; **de** ~ **que** fel, yr un fath â; **il en va de** ~ **pour** mae'r un peth yn wir am; ~ **si** hyd yn oed os *ou* pe.

mémento [memɛ̃to] *m* (*agenda*) dyddiadur *g*; (*SCOL*) cymorth *g* cof, crynodeb *g*; (*prière*) gweddi *b*; ~ **d'histoire** llawlyfr *g* hanes.

mémoire[1] [memwaʀ] *f* cof *g*; **avoir la** ~ **des visages/dates** bod yn un da *ou* dda am gofio wynebau/dyddiadau; **n'avoir aucune** ~ bod â chof gwael; **avoir de la** ~ bod â chof da, bod yn gofus; **à la** ~ **de** er cof *ou* coffa *ou* coffadwriaeth am; **de** ~ **d'homme** o fewn cof; **de** ~ (oddi) ar eich cof; **pour** ~ er gwybodaeth *ou* diddordeb; **mettre en** ~ (*INFORM*) storio; ~ **morte** cof darllen yn unig, ROM; ~ **rémanente,** ~ **non volatile** cof arhosol; ~ **vive** cof hapgyrch, RAM.

mémoire[2] [memwaʀ] *m* (*ADMIN, JUR*) memorandwm *g*; (*SCOL: petite thèse*) traethawd *g*; (*rapport*) adroddiad *g*; (*facture*) bil *g*; ~ **de maîtrise** ≈ traethawd ymchwil; ~**s** (*chroniques etc*) atgofion *ll*.

mémorable [memɔʀabl] *adj* cofiadwy.

mémorandum [memɔʀɑ̃dɔm] *m* memorandwm *g*; (*note*) nodyn *g*, cofnod *g*; (*carnet*) llyfr *g* nodiadau.

mémorial (**mémoriaux**) [memɔʀjal, memɔʀjo] *m* cofeb *b*, cofadail *b*, cofgolofn *b*.

mémorialiste [memɔʀjalist] *m/f* cofnodydd *g*, cofiannydd *g*, croniclydd *g*.

mémoriser [memɔʀize] (**1**) *vt* dysgu (rhth) ar y cof; (*INFORM*) storio.

menaçant (**-e**) [mənasɑ̃, ɑ̃t] *adj* bygythiol.

menace [mənas] *f* bygythiad *g*, bygwth; (*source de danger*) perygl *g*; ~ **en l'air** bygythiad ofer *ou* gwag.

menacer [mənase] (**9**) *vt* bygwth; ~ **qn de qch** bygwth rhn â rhth, bygwth rhth ar rn; ~ **de faire qch** bygwth gwneud rhth; **la pluie menace** mae hi'n bygwth glaw, mae glaw ynddi; **espèces menacées** rhywiogaethau *ll* mewn perygl.

ménage [menaʒ] *m* (*travail*) gwaith *g* tŷ, cadw tŷ; (*couple*) pâr *g* priod; (*ADMIN: famille*) teulu *g*; **faire le** ~ gwneud gwaith tŷ; **faire des** ~**s** glanhau tai; **monter son** ~ cartrefu, ymgartrefu; **se mettre en** ~ **(avec)** cychwyn byw (gyda); **il est heureux en** ~ mae'n ŵr priod hapus; **faire bon** ~ **avec qn** cyd-dynnu'n dda â rhn, bod ar delerau da â rhn; **faire mauvais** ~ **avec qn** methu cyd-dynnu â rhn; **pain de** ~ bara *g* cartref; ~ **de poupée** cegin *b* doli; ~ **à trois** triongl *g* serch.

ménagement [menaʒmɑ̃] *m* gofal *g*, tringarwch *g*; **avec** ~ yn dringar, yn ofalus, yn ystyrgar, yn ystyriol; **sans** ~ yn ddiseremoni, heb ddim lol, yn anystyriol; (*parler, annoncer*) yn blwmp ac yn blaen; **traiter qn sans** ~ trin rhn yn anystyriol, cam-drin rhn, trin rhn yn wael; ~**s** (*attentions, égards*) gofal, parch *g*.

ménager[1] [menaʒe] (**10**) *vt* (*traiter avec précaution: personne, groupe*) trin (rhn) yn ofalus; (*utiliser avec économie: ressources*) bod yn gynnil *ou* yn ddarbodus gyda; (:*vêtements*) cymryd gofal o; (:*forces*) arbed;

(:*santé*) gofalu am; (*arranger: entretien, transition*) trefnu; (*installer: escalier*) gosod; (:*ouverture*) gwneud, torri; ~ **qch à qn** paratoi rhth ar gyfer rhn;
♦ **se** ~ *vr* arbed eich ynni, ei chymryd hi'n araf deg, gofalu amadanoch eich hun; **se** ~ **une porte de sortie** gadael ffordd ymwared i chi'ch hun.

ménager[2] (**ménagère**) [menaʒe, menaʒɛʀ] *adj* (y) tŷ, (y) cartref, yn ymwneud â'r tŷ *ou* cartref; **enseignement** ~ gwyddor *b* tŷ; **appareils** ~**s** offer *ll* i'r tŷ *ou* cartref; **eaux ménagères** golchion *ll* tŷ; **ordures ménagères** sbwriel *g* tŷ.

ménagère [menaʒɛʀ] *f* (*femme*) gwraig *b* tŷ; (*service de couverts*) blwch *g* o gyllyll a ffyrc; ♦*adj f voir* **ménager**[2].

ménagerie [menaʒʀi] *f* sioe *b* anifeiliaid, milodfa *b*.

mendiant [mɑ̃djɑ̃] *m* cardotyn *g*; ~**s** *cymysgedd o gnau almwn, cnau cyll, ffigys a rhesins.*

mendiante [mɑ̃djɑ̃t] *f* cardotes *b*.

mendicité [mɑ̃disite] *f*: **être arrêté pour** ~ cael eich arestio am gardota.

mendier [mɑ̃dje] (**16**) *vi* cardota, gofyn cardod, begian, begera;
♦*vt* (*argent, nourriture etc*) begian, begera, cardota am; (*POL: voix*) gofyn (am), hel, canfasio; (*baiser, sourire*) crefu am, ymbil am, erfyn am; ~ **des éloges** gofyn *ou* erfyn am glodydd, chwilio am ganmoliaeth.

menées [mәne] *fpl* cynllwynion *ll*, sgemio.

mener [m(ә)ne] (**13**) *vt* (*conduire*) arwain, mynd â; (*animal*) tywys; (*commander*) arwain; (*affaires*) rheoli, rhedeg; (*enquête*) cynnal; (*vie*) byw; ~ **qn à/dans/chez** mynd â rhn i/i mewn i/i dŷ *ou* siop (rhn); ~ **qch à bonne fin** *neu* **à terme** *neu* **à bien** canlyn rhth i'w derfyn, cael y maen i'r wal, dwyn rhth i ben yn llwyddiannus; **cela ne nous mène à rien** ni wnawn ni ddim byd ohoni fel hyn, 'dyw hyn ddim yn mynd â ni i unman;
♦*vi*: ~ **(à la marque)** (*SPORT*) arwain, bod ar y blaen; ~ **à tout** agor y drws i bob math o bethau.

meneur [mәnœʀ] *m* arweinydd *g*; (*péj*) prif derfysgwr *g*; ~ **d'hommes** arweinydd o'i eni; ~ **de jeu** (*RADIO, TV*) holwr *g*; (*variétés, spectacles*) cyflwynydd *g*, arweinydd.

meneuse [mәnøz] *f* arweinydd *g*; (*péj*) prif derfysgwraig *b*; ~ **de jeu** (*RADIO, TV: variétés, spectacles*) cyflwynwraig *b voir aussi* **meneur**.

menhir [meniʀ] *m* maen *g* hir.

méningite [menɛ̃ʒit] *f* llid *g* yr ymennydd.

ménisque [menisk] *m* (*ANAT*) menisgws *g*.

ménopause [menopoz] *f* diwedd *g* y mislif, y newid *g* oes, darfyddiad *g* mislif.

menotte [mәnɔt] *f* (*langage enfantin*) llaw *b* fach; ~**s** (*bracelets*) gefynnau *ll* (llaw); **passer les** ~**s à qn** gefynnu rhn, rhoi gefynnau ar ddwylo rhn.

mens *etc* [mɑ̃] *vb voir* **mentir**.

mensonge [mɑ̃sɔ̃ʒ] *m* celwydd *g*, anwiredd *g*; **le** ~ dweud celwydd *ou* anwiredd; **pieux** ~ celwydd golau, celwydd gwyn.

mensonger (**mensongère**) [mɑ̃sɔ̃ʒe, mɑ̃sɔ̃ʒɛʀ] *adj* celwyddog, twyllodrus.

menstruation [mɑ̃stʀyasjɔ̃] *f* mislif *g*.

menstruel (**-le**) [mɑ̃stʀyɛl] *adj* mislifol.

mensualiser [mɑ̃sɥalize] (**1**) *vt* (*salaires, versements*) talu (rhth/rhn) bob mis *ou* yn fisol; ~ **les employés** talu'r gweithwyr bob mis *ou* yn fisol.

mensualité [mɑ̃sɥalite] *f* (*somme payée*) tâl *g ou* rhandal *g* misol; (*somme perçue*) cyflog *g* misol; **par** ~**s** yn fisol, bob mis, fesul mis.

mensuel[1] (**-le**) [mɑ̃sɥɛl] *adj* misol.

mensuel[2] [mɑ̃sɥɛl] *m* (*employé*) gweithiwr *g* (*sy'n derbyn cyflog misol*); (*PRESSE*) misolyn *g*, cylchgrawn *g* misol.

mensuelle [mɑ̃sɥɛl] gweithwraig *b* (*sy'n derbyn cyflog misol*) *adj f voir* **mensuel**[1].

mensuellement [mɑ̃sɥɛlmɑ̃] *adv* yn fisol, bob mis, fesul mis.

mensurations [mɑ̃syʀasjɔ̃] *fpl* mesuriadau *ll*.

mentais *etc* [mɑ̃tɛ] *vb voir* **mentir**.

mental (**-e**) (**mentaux, mentales**) [mɑ̃tal, mɑ̃to] *adj* meddyliol.

mentalement [mɑ̃talmɑ̃] *adv* (*du point de vue mental*) yn feddyliol; (*intérieurement*) yn eich meddwl *ou* pen.

mentalité [mɑ̃talite] *f* meddylfryd *g*.

menteur [mɑ̃tœʀ] *m* dyn *g* celwyddog, celwyddgi *g*, celwyddwr *g*.

menteuse [mɑ̃tøz] *f* merch *b* gelwyddog.

menthe [mɑ̃t] *f* mint *g*, mintys *g*; ~ **(à l'eau)** diod *b* fint.

mentholé (**-e**) [mɑ̃tɔle] *adj* mentholedig.

mention [mɑ̃sjɔ̃] *f* (*référence*) crybwyll *g*, cyfeiriad *g*; (*texte*) sylw *g*; **faire** ~ **de** crybwyll, sôn am, cyfeirio at; ~ **passable/assez bien/bien/très bien** (*SCOL: examen*) boddhaol/eithaf da/da/da iawn; (*UNIV: licence*) *gwahanol ddosbarthiadau gradd*; **être reçu à un examen avec** ~ pasio arholiad gyda chlod *ou* rhagoriaeth; **"rayer la** ~ **inutile"** (*ADMIN*) "dileer lle nad yw'n gymwys"

mentionner [mɑ̃sjɔne] (**1**) *vt* crybwyll, sôn am, cyfeirio at.

mentir [mɑ̃tiʀ] (**26**) *vi* dweud celwydd *ou* anwiredd; ~ **à qn** dweud celwydd wrth rn.

menton [mɑ̃tɔ̃] *m* gên *b*; **double** ~ tagell *b*.

mentonnière [mɑ̃tɔnjɛʀ] *f* strap *g* gên; (*MUS: sur un violon*) ateg *b* gên

menu[1] (**-e**) [mәny] *adj* (*mince*) main, tenau; (*petit*) bach *ou* bychan iawn, mân; (*personne*) eiddil, main; (*voix*) main; (*peu important*) pitw, mân, dibwys; ~**e monnaie** newid *g* mân, arian *g* mân; **par le** ~

(*raconter*) yn fanwl iawn;
♦*adv* (*couper, hacher*) yn fân iawn.
menu[2] [məny] *m* bwydlen *b*; (*repas*) pryd *g*; (*INFORM*) dewislen *b*; ~ **touristique** bwydlen am bris rhesymol.
menuet [mənɥɛ] *m* miniwét *g,b*.
menuiserie [mənɥizʀi] *f* (*métier*) gwaith *g* saer, gwaith coed; (*local*) gweithdy *g* saer; (*ouvrage*) gwaith coed; ~ **d'art** dodrefnwaith *g*, gwaith saer dodrefn; **plafond en** ~ nenfwd *g* o goed.
menuisier [mənɥizje] *m* saer *g* coed; ~ **d'art** saer dodrefn *ou* celfi.
méprendre [mepʀɑ̃dʀ] (**74**): **se** ~ *vr* camgymryd, camddeall, camsynied, bod dan gamargraff; **il se ressemblent à s'y** ~ mae'n anodd gwahaniaethu rhyngddynt gan eu bod mor debyg.
mépris[1] (**-e**) [mepʀi] *pp de* **méprendre**.
mépris[2] [mepʀi] *m* (*dédain*) dirmyg *g*; (*indifférence*) diystyrwch *g*, dibristod *g*; **au** ~ **de** heb ystyried, yn nannedd *ou* wyneb, er gwaethaf.
méprisable [mepʀizabl] *adj* gwarthus, ffiaidd, dirmygadwy.
méprisant (**-e**) [mepʀizɑ̃, ɑ̃t] *adj* dirmygus.
méprise [mepʀiz] *f* camgymeriad *g*, camsyniad *g*; (*malentendu*) camddealltwriaeth *b*.
mépriser [mepʀize] (**1**) *vt* dirmygu; (*danger etc*) diystyru.
mer [mɛʀ] *f* môr *g*; (*marée*) llanw *g*; ~ **fermée** môr caeedig *ou* mewndirol; **en** ~ ar y môr; **prendre la** ~ gadael tir, hwylio allan, cychwyn; **en haute** *neu* **pleine** ~ ar y cefnfor, ar y môr mawr; **les** ~**s du Sud** Cefnfor *g* y De; **la** ~ **Adriatique/Baltique/Caspienne** Môr Adria/Llychlyn/Caspia; **la** ~ **des Antilles** *neu* **des Caraïbes** Môr y Caribî; **la** ~ **de Corail** y Môr Cwrel; **la** ~ **Égée** y Môr Aegeus; **la** ~ **Ionienne** y Môr Ïonaidd; **la** ~ **Morte/Noire/Rouge** y Môr Marw/Du/Coch; **la** ~ **du Nord** Môr y Gogledd; **la** ~ **des Sargasses** y Môr Sargaso; **la** ~ **Tyrrhénienne** Môr Tyren.
mercantile [mɛʀkɑ̃til] (*péj*) *adj* (*esprit*) ariangar.
mercantilisme [mɛʀkɑ̃tilism] *m* (*esprit mercantile*) ariangarwch *g*.
mercenaire [mɛʀsənɛʀ] *m* milwr *g* tâl *ou* cyflog, hurfilwr *g*.
mercerie [mɛʀsəʀi] *f* nwyddau *ll* gwnïo; (*boutique*) siop *b* sy'n gwerthu nwyddau gwnïo.
merci[1] [mɛʀsi] *excl* diolch; ~ **beaucoup** diolch yn fawr iawn; ~ **de/pour** diolch am; **(non,)** ~ na, dim diolch;
♦*m*: **dire** ~ **à qn** dweud diolch wrth rn, diolch i rn, rhoi diolch i rn.
merci[2] [mɛʀsi] *f* trugaredd *g,b*, tosturi *g*; **à la** ~ **de qn** ar drugaredd rhn; **sans** ~ (*combat etc*) didrugaredd, didostur.
mercier [mɛʀsje] *m* gwerthwr *g* nwyddau gwnïo.
mercière [mɛʀsjɛʀ] *f* gwerthwraig *b* nwyddau gwnïo.
mercredi [mɛʀkʀədi] *m* dydd *g* Mercher; ~ **des Cendres** dydd Mercher y Lludw *voir aussi* **lundi**.
mercure [mɛʀkyʀ] *m* arian *g* byw, mercwri *g*.
Mercure [mɛʀkyʀ] *prm* (*MYTH*) Mercher *g*;
♦*f* (*ASTRON*) (y blaned *b*) Mercher *g*.
merde* [mɛʀd] *f* cachu* *g*; **de** ~ uffernol *ou* diawledig o wael; **le film était une vraie** ~ 'roedd y ffilm yn un wael uffernol;
♦*excl* uffern dân!, damia!*, dario!*; (*pour souhaiter bonne chance: à un examen etc*) ≈ pob hwyl!
merdeux*[1] (**merdeuse**) [mɛʀdø, mɛʀdøz] *adj* cachlyd*, brwnt(bront)(bryntion), budr(budron).
merdeux*[2] [mɛʀdø] *m* cythraul *g ou* diawl *g* bach*.
merdeuse* [mɛʀdøz] *f* 'sguthan *b* fach*;
♦*adj f voir* **merdeux**[1].
mère [mɛʀ] *f* mam *b*; **elle est** ~ **de quatre enfants** mae hi'n fam i bedwar o blant; ~ **adoptive** mam fabwysiadol; ~ **célibataire** mam ddibriod; ~ **de famille** (*gén*) mam; (*ménagère*) gwraig *b* tŷ; ~ **porteuse** mam fenthyg, dirprwy fam (*sy'n cael plentyn ar ran rhn arall*); **la** ~ **Duval** yr hen fisus* Duval, yr hen wraig Duval;
♦*adj* mam; **langue** ~ mamiaith *b*; **maison** ~ prif swyddfa *b*.
merguez [mɛʀgɛz] *f* merguez *b* (*sosej sbeislyd o Ogledd Affrica*).
méridien [meʀidjɛ̃] *m* meridian *g*; (*ASTRON*) anterth *g*, meridian.
méridional[1] (**-e**) (**méridionaux, méridionales**) [meʀidjɔnal, meʀidjɔno] *adj* deheuol, y de.
méridional[2] [meʀidjɔnal] *m* deheuwr *g*.
méridionale [meʀidjɔnal] *f* deheuwraig *b*;
♦*adj f voir* **méridional**[1].
meringue [məʀɛ̃g] *f* meringue *g*.
mérinos [meʀinos] *m* dafad *b* ferino; (*laine, tissu*) merino *g*.
merisier [məʀizje] *m* (*arbre*) rhuddwernen *b*, ceirioswydden *b* yr adar, coeden *b* geirios wyllt; (*bois*) pren *g* ceirios.
méritant (**-e**) [meʀitɑ̃, ɑ̃t] *adj* teilwng, haeddiannol.
mérite [meʀit] *m* teilyngdod *g*, haeddiant *g*; (*qualité*) rhinwedd *g,b*, gwerth *g*; (*gloire*) clod *g*; **le** ~ **(de ceci) lui revient** iddo ef y mae'r diolch *ou* clod (am hyn).
mériter [meʀite] (**1**) *vt* (*suj: personne*) haeddu, teilyngu, bod yn deilwng o; (*suj: objet, idée*) bod yn werth; ~ **de réussir** haeddu llwyddo; **il mérite qu'on lui en fasse autant!** mae'n haeddu'r un driniaeth ei hun!
méritocratie [meʀitɔkʀasi] *f* meritocratiaeth *b*.

méritoire [meʀitwaʀ] *adj* clodwiw, canmoladwy.
merlan [mɛʀlɑ̃] *m* gwyniad *g* y môr.
merle [mɛʀl] *m* aderyn *g* du, mwyalchen *b*.
merluche [mɛʀlyʃ] *f* pysgodyn *g* sych (*penfras, cegddu a'u tebyg*).
mérou [meʀu] *m* (*poisson*) grwper *g*.
merveille [mɛʀvɛj] *f* rhyfeddod *g*, gwyrth *b*; **faire ~, faire des ~s** gwneud *ou* cyflawni gwyrthiau; **à ~** i'r dim, yn berffaith, yn rhyfeddol o dda; **les sept ~s du monde** saith rhyfeddod y byd.
merveilleux (**merveilleuse**) [mɛʀvɛjø, mɛʀvɛjøz] *adj* (*formidable, magnifique*) gwych, ardderchog, rhagorol; (*qui surprend*) rhyfeddol; (*magique*) hud, swyn.
mes [me] *dét voir* **mon**.
mésalliance [mezaljɑ̃s] *f* ieuad *g* anghymharus, priodas *b* islaw eich safle, cambriodas *b*.
mésallier [mezalje] (**16**): **se ~** *vr* priodi islaw eich safle.
mésange [mezɑ̃ʒ] *f* titw *g*; **~ bleue** titw tomos las.
mésaventure [mezavɑ̃tyʀ] *f* anffawd *b*, anhap *g,b*.
Mesdames [medam] *fpl voir* **Madame**.
Mesdemoiselles [medmwazɛl] *fpl voir* **Mademoiselle**.
mésentente [mezɑ̃tɑ̃t] *f* anghytundeb *g*, anghydfod *g*.
mésestimer [mezɛstime] (**1**) *vt* (*sous-estimer*) tanbrisio, bychanu; **elle le mésestime** nid oes ganddi fawr o feddwl ohono.
Mésopotamie [mezɔpɔtami] *prf*: **la ~** Mesopotamia *b*.
mésopotamien (**-ne**) [mezɔpɔtamjɛ̃, jɛn] *adj* Mesopotamaidd, o Mesopotamia.
mesquin (**-e**) [mɛskɛ̃, in] *adj* pitw, cul, bychanfrydig; (*avare*) crintach, crintachlyd, cybyddlyd.
mesquinerie [mɛskinʀi] *f* bychander *g* meddwl, culni *g*; (*avarice*) crintachrwydd *g*; (*action*) tro *g* gwael *ou* sâl.
mess [mɛs] *m* (*MIL*) ystafell *b* fwyta, lle *g* bwyta.
message [mesaʒ] *m* neges *b*; **~ d'erreur** (*INFORM*) gwall-neges *b*; **~ de guidage** (*INFORM*) anogwr *g*; **~ publicitaire** hysbyseb *b*; **~ téléphoné** telegram *g* (*a drosglwyddir dros y ffôn*).
messager [mesaʒe] *m* negesydd *g*.
messagère [mesaʒɛʀ] *f* negesydd *g*.
messagerie [mesaʒʀi] *f* gwasanaeth *g* cludiant; **~ électronique** e-bost *g*, gwasanaeth llythyru electronig; **~ rose** *gwasanaeth ar Minitel sy'n galluogi pobl i gael sgyrsiau erotig â'i gilydd*; **~s aériennes** gwasanaeth cludiant awyr; **~s maritimes** gwasanaeth cludiant ar longau; **~s de presse** gwasanaeth dosbarthu papurau newydd; **~ vocale** lleisbost *g*.
messe [mɛs] *f* yr offeren *b*; **aller à la ~** mynd i'r offeren; **~ basse** isel offeren; **faire des ~s basses** (*fig, péj*) mwmian, sibrwd; **~ de minuit** offeren hanner nos; **~ noire** offeren ddu.
messie [mesi] *m* meseia *g*; **le M~** y Meseia.
Messieurs [mesjø] *mpl voir* **Monsieur**.
mesure [m(ə)zyʀ] *f*
1 (*évaluation, dimension*) mesur *g*, mesuriad *g*; **~ de longueur** mesur hyd; **~ de capacité** (*pour liquides*) mesur hylifol; (*pour le grain, les haricots*) mesur sych; **sur ~** a wnaed i *ou* wrth fesur; (*fig*) perffaith, sy'n gwneud y tro i'r dim; **unité/système de ~** uned *b*/system *b* fesur; **dépasser la ~** (*fig*) mynd dros ben llestri, mynd yn rhy bell.
2 (*MUS: cadence*) tempo *g*, amseriad *g*, amser *g*; (*division*) bar *g*; **être en ~** cadw amser.
3 (*retenue*) cymedroldeb *g*.
4 (*disposition, acte*) cam *g*, mesur *g*; **prendre des ~s** cymryd camau; **être en ~ de** bod mewn lle i.
5 (*degré*) graddau *ll*, mesur *g*; **à la ~ de** teilwng o, cymesur â, cystal â; **dans la ~ où** i'r graddau y(r); **je t'aiderai dans la ~ où je le pourrai** mi'th helpaf gymaint ag a gallaf; **dans la ~ du possible** hyd y gellir; **dans une certaine ~** i ryw raddau; **à ~ que** fel y, tra ...
mesuré (**-e**) [məzyʀe] *adj* (*ton, pas*) pwyllog; (*modéré*) cymedrol, rhesymol.
mesurer [məzyʀe] (**1**) *vt* mesur; (*juger: risque, portée d'un acte*) pwyso a mesur, mantoli, ystyried; **~ qch à** (*proportionner*) cymhwyso *ou* addasu rhth i; **le temps nous est mesuré** (*limiter*) mae'n hamser ni'n brin; **elle mesure 1 m 80** mae hi'n 1 m 80 o daldra;
♦ **se ~** *vr*: **se ~ avec/à qn** mynd i'r afael â rhn.
met [mɛ] *vb voir* **mettre**.
métabolisme [metabɔlism] *m* metaboledd *g*, metabolaeth *b*.
métairie [meteʀi] *f* fferm *b* ar denantiaeth, tir *g ou* fferm *b* (*lle telir y rhent mewn cynnyrch*).
métal (**métaux**) [metal, meto] *m* metel *g*.
métalangage [metalɑ̃gaʒ] *m* uwchiaith *b*.
métallique [metalik] *adj* metelig, metelaidd.
métallisé (**-e**) [metalize] *adj* metelaidd.
métallurgie [metalyʀʒi] *f* meteleg *b*.
métallurgique [metalyʀʒik] *adj* metelegol.
métallurgiste [metalyʀʒist] *m* (*ouvrier*) gweithiwr *g* metel; (*dans une aciérie*) gweithiwr (gwaith) dur; (*industriel, expert*) metelegydd *g*.
métamorphose [metamɔʀfoz] *f* metamorffosis *g*, trawsffurfiad *g*, trawsnewidiad *g*, gweddnewidiad *g*.
métamorphoser [metamɔʀfoze] (**1**) *vt* trawsffurfio, trawsnewid, gweddnewid.
métaphore [metafɔʀ] *f* trosiad *g*.
métaphorique [metafɔʀik] *adj* trosiadol,

ffigurol.
métaphoriquement [metafɔʀikmɑ̃] *adv* yn drosiadol, yn ffigurol.
métaphysique [metafizik] *f* metaffiseg *b*; ♦*adj* metaffisegol.
métapsychique [metapsiʃik] *adj* seicig.
métayer [meteje] *m* tenant *g* fferm (*sy'n talu rhent mewn cynnyrch*).
métayère [metejɛʀ] *f* tenant *g* fferm (*sy'n talu rhent mewn cynnyrch*).
métempsychose [metɑ̃psikoz] *f* trawsfudiad *g* eneidiau.
météo [meteo] *f* (*bulletin*) rhagolygon *ll* y tywydd; (*service*) ≈ Swyddfa'r *b* Tywydd.
météore [meteɔʀ] *m* seren *b* wib, meteor *g*.
météorite [meteɔʀit] *m,f* gwibfaen *g*, meteoryn *g*.
météorologie [metẹlɔʒi] *f* (*étude*) meteoroleg *b*, tywyddeg *b*; (*service*) ≈ Swyddfa'r *b* Tywydd.
météorologique [metẹlɔʒik] *adj* meteorolegol.
météorologiste, **météorologue** [metẹlɔʒist, metẹlɔg] *m/f* meteorolegydd *g*, dyn *g* y tywydd, dynes *b* y tywydd.
métèque [metɛk] (*péj*) *m rhn estron sy'n byw yn Ffrainc ond sy'n wreiddiol o ranbarth Môr y Canoldir.*
méthane [metan] *m* methan *g*.
méthanier [metanje] *m* (*bateau*) tancer *g,b* nwy hylifedig.
méthode [metɔd] *f* dull *g*; (*ordre*) trefn *b*, method *g*; (*livre, ouvrage*) llawlyfr *g*.
méthodique [metɔdik] *adj* trefnus.
méthodiquement [metɔdikmɑ̃] *adv* yn drefnus.
méthodiste [metɔdist] *adj* (REL) Methodistaidd;
♦*m/f* Methodist *g/b*.
méthylène [metilɛn] *m* methylen *g*; **bleu de ~** *hylif glas a ddefnyddir fel antiseptig.*
méticuleux (**méticuleuse**) [metikylø, metikyløz] *adj* manwl, manwl-gywir, trylwyr, trwyadl.
métier [metje] *m* (*profession, occupation: gén*) gwaith *g*, swydd *b*, galwedigaeth *b*; (:*artisanal*) crefft *b*; (*expérience*) profiad *g*; (*aussi:* **~ à tisser**) gwŷdd *g*, ffrâm *b* wehyddu; **être du ~** bod yn y grefft *ou* gwaith *ou* busnes.
métis[1] (**-se**) [metis] *adj* cymysgryw, lledwaed.
métis[2] [metis] *m* dyn *g* cymysgryw, dyn *g* lledwaed.
métisse [metis] *f* merch *b* gymysgryw, merch *b* ledwaed;
♦*adj f voir* **métis**[1].
métisser [metise] (**1**) *vt* croesi, croesfridio.
métrage [metʀaʒ] *m* (*mesure*) mesuriad *g ou* mesur *g* (mewn metrau); (*longueur de tissu*) hyd *g*, darn *g*; (CINÉ) hyd; **long/moyen/court ~** ffilm *b* hir/o hyd canolig/fer.
mètre [mɛtʀ] *m* metr *g*; **un cent ~s** (SPORT) ras *b* gan metr; **~ carré/cube** metr sgwâr/ciwbig
métrer [metʀe] (**14**) *vt* (*terrain etc*) mesur (rhth) mewn metrau; (CONSTR) mesur (rhth) ar gyfer meintiau.
métreur [metʀœʀ] *m*: **~ (vérificateur)** syrfëwr *g* meintiau.
métreuse [metʀøz] *f*: **~ (vérificatrice)** syrfewraig *b* meintiau.
métrique [metʀik] *adj* metrig; **système ~** system *b ou* trefn *b* fetrig, dull *g* metrig;
♦*f* mydryddiaeth *b*.
métro [metʀo] *m* rheilffordd *b* danddaearol, metro *g*.
métronome [metʀɔnɔm] *m* metronom *g*.
métropole [metʀɔpɔl] *f* (*capitale*) prifddinas *b*; (*pays*) mamwlad *b*.
métropolitain (**-e**) [metʀɔpɔlitɛ̃, ɛn] *adj* prifddinesig, prifddinasol, metropolitanaidd.
mets[1], *etc* [mɛ] *vb voir* **mettre**.
mets[2] [mɛ] *m* saig *b*.
mettable [metabl] *adj* gwisgadwy, parchus.
metteur [metœʀ] *m*: **~ en scène** (CINÉ) cyfarwyddwr *g*, cyfarwyddwraig *b*; (THÉÂTRE) cynhyrchydd *g*; **~ en ondes** (RADIO) cynhyrchydd.
mettre [mɛtʀ] (**72**) *vt*
1 (*placer*) rhoi, dodi, gosod; **~ qch en bouteille** potelu rhth; **~ qch à la poste** postio rhth; **~ qn en examen (pour)** cyhuddo rhn (o); **~ qch en pages** cysodi rhth; **~ qn debout** helpu rhn i godi, rhoi *ou* codi *ou* dodi rhn ar ei draed; **~ qn assis** rhoi *ou* dodi rhn i eistedd.
2 (*vêtements: revêtir*) rhoi (rhth) amdanoch; (:*porter*) gwisgo; **mets ton gilet** rho dy gardigan amdanat; **il avait mis un manteau** 'roedd wedi rhoi côt amdano, 'roedd ganddo gôt amdano, 'roedd yn gwisgo côt.
3 (*faire fonctionner: électricité etc*) rhoi *ou* troi (rhth) ymlaen; (:*réveil, minuteur*) gosod; (*installer: gaz, eau*) gosod, cyflenwi; **~ en marche** (*véhicule, moteur*) cychwyn, tanio; (*appareil*) rhoi *ou* troi (rhth) ymlaen.
4 (*consacrer*): **~ du temps/2 heures à faire qch** cymryd amser/dwy awr i wneud rhth; **y ~ du sien** tynnu'ch pwysau.
5 (*noter, écrire*) nodi, ysgrifennu; **qu'est-ce qu'elle a mis sur la carte?** beth ysgrifennodd hi ar y cerdyn?; **mettez au pluriel ...** rhowch *ou* ysgrifennwch ffurf luosog ....
6 (*supposer*): **mettons que tu gagnes** a bwrw dy fod yn ennill.
7 (*faire + mettre*): **faire ~ le gaz/l'électricité** cael gosod nwy/trydan, cael nwy/trydan wedi'i roi i mewn;
♦ **se ~** *vr*
1 (*se placer*) eich rhoi *ou* dodi eich hun; **vous pouvez vous ~ là** gellwch eistedd *ou* sefyll yn y fan yna; **où ça se met?** ble mae hwn i fod?; **se ~ au lit** mynd i'r gwely; **se ~ au piano** (*s'asseoir*) eistedd wrth y piano; (*apprendre*) dechrau dysgu sut i chwarae'r piano; **se ~ de**

l'encre sur les doigts cael inc ar eich bysedd.
2 (*s'habiller*): **se** ~ **en maillot de bain** rhoi'ch dillad nofio amdanoch; **je n'ai rien à me** ~ nid oes gennyf ddim i'w wisgo.
3 (*dans rapports*): **se** ~ **bien avec qn** plesio rhn, mynd i lawes rhn; **se** ~ **mal avec qn** pechu yn erbyn rhn, tramgwyddo *ou* digio rhn; **se** ~ **qn à dos** troi rhn yn eich erbyn, tynnu rhn i'ch pen; **se** ~ **avec qn** (*prendre parti*) ochri gyda rhn; (*faire équipe*) ymuno â rhn; (*en ménage*) mynd i fyw at rn.
4 (*commencer*): **se** ~ **à** dechrau, cychwyn; **se** ~ **à faire** dechrau *ou* cychwyn gwneud; **se** ~ **au régime** mynd ar ddiet; **se** ~ **au travail/à l'étude** mynd ati i weithio/astudio; **il est temps de s'y** ~ mae'n hen bryd inni gychwyn arni.

meublant (-**e**) [mœblɑ̃, ɑ̃t] *adj* (*tissu etc*) addurnol, effeithiol, sy'n creu argraff.

meuble [mœbl] *m* (*objet*) dodrefnyn *g*, celficyn *g*; (*ameublement*) dodrefn *ll*, celfi *ll*; (JUR) symudolyn *g*;
♦*adj* (*sol, terre*) hawdd ei drin; **biens** ~**s** (JUR) eiddo *g* personol, pethau *ll* symudol.

meublé[1] (-**e**) [mœble] *adj* wedi'i (d)dodrefnu, â dodrefn, â chelfi.

meublé[2] [mœble] *m* (*pièce*) ystafell *b* wedi'i dodrefnu, ystafell â dodrefn *ou* â chelfi; (*appartement*) fflat *b* wedi'i dodrefnu, fflat â dodrefn *ou* â chelfi.

meubler [mœble] (**1**) *vt* dodrefnu; (*fig*) llenwi; ♦ **se** ~ *vr* dodrefnu'ch tŷ.

meuglement [møgləmɑ̃] *m* brefad *g*.

meugler [møgle] (**1**) *vi* brefu.

meule [møl] *f* (*à broyer*) maen *g* melin; (*à aiguiser*) carreg *b* hogi, maen llifanu; (*de fromage*) cosyn *g*; ~ **de foin** (AGR) tas *b* wair.

meunerie [mønʀi] *f* (*industrie*) diwydiant *g* blawd; (*métier*) melino.

meunier [mønje] *m* melinydd *g*.

meunière[1] [mønjɛʀ] *f* gwraig *b* melinydd; **(à la)** ~ (CULIN: *sole, truite*) *wedi'i orchuddio â blawd a'i ffrio.*

meunière[2] [mønjɛr] *f* titw *g* tomos las.

meurs *etc* [mœʀ] *vb voir* **mourir**.

meurtre [mœʀtʀ] *m* llofruddiaeth *b*.

meurtrier[1] (**meurtrière**) [mœʀtʀije, mœʀtʀijɛʀ] *adj* angheuol, marwol; (*combat, répression*) gwaedlyd; (*fig*) milain, mileinig; **cette route est meurtrière** mae'r ffordd 'ma'n beryglus iawn, mae'r ffordd 'ma'n beryg' bywyd.

meurtrier[2] [mœʀtʀije] *m* llofrudd *g*.

meurtrière[1] [mœʀtʀijɛʀ] *f* llofrudd *g*;
♦*adj f voir* **meurtrier**[1].

meurtrière[2] [mœʀtʀijɛʀ] *f* (*ouverture*) agen *b*, cloerdwll *g*.

meurtrir [mœʀtʀiʀ] (**2**) *vt* cleisio; (*fig*) anafu, brifo, clwyfo.

meurtrissure [mœʀtʀisyʀ] *f* clais *g*, cleisio; (*fig: du cœur, de la vie*) gofid *g*.

meus *etc* [mœ] *vb voir* **mouvoir**.

meute [møt] *f* (*de chiens*) cnud *g,b*, haid *b*, pac *g*; (*de personnes*) haid, ciwed *b*, criw *g*.

meuve *etc* [mœv] *vb voir* **mouvoir**.

mévente [mevɑ̃t] *f* (COMM) cwymp *g* (*mewn gwerthiant*).

mexicain (-**e**) [mɛksikɛ̃, ɛn] *adj* Mecsicanaidd, o Mecsico.

Mexicain [mɛksikɛ̃] *m* Mecsicanwr *g*.

Mexicaine [mɛksikɛn] *f* Mecsicanes *b*.

Mexico [mɛksiko] *pr* Dinas *b* Mecsico.

Mexique [mɛksik] *prm*: **le** ~ Mecsico *b*.

mezzanine [mɛdzanin] *f* mesanîn *g*.

MF [ɛmɛf] *sigle f*
1 (RADIO)(= *modulation de fréquence*).
2 (COMM)(= *millions de francs*) miliwn ffranc; **100** ~ can miliwn ffranc.

Mgr *abr*= **Monseigneur**.

mi[1] [mi] *m inv* (MUS: *note*) E; (*en solfiant*) mi *g,b*.

mi-[2] *préf* canol, hanner; ~-**salle à manger,** ~-**salon** ystafell fwyta a lolfa yn un; **à la** ~-**janvier** ganol Ionawr; **à** ~-**corps** hyd at y canol; **à** ~-**hauteur** hanner ffordd i fyny *ou* i lawr; **à** ~-**jambes** hyd at y pen-glin; **à** ~-**pente** hanner ffordd i fyny *ou* i lawr y rhiw.

miaou [mjau] *m* mewiad *g*, miaw *g*.

miaulement [mjolmɑ̃] *m* mewiad *g*, mewian; (*cri*) oernad *b* cath *ou* cathod, sgrechian cath *ou* cathod.

miauler [mjole] (**1**) *vi* mewian; (*fortement*) sgrechian, oernadu.

mi-bas [mibɑ] *m inv* hosan *b* ben-glin.

mica [mika] *m* (*roche*) mica *g*.

mi-carême (~-~**s**) [mikaʀɛm] *f*: **la** ~-~ *trydydd dydd Iau'r Grawys.*

miche [miʃ] *f* torth *b* gron.

Michel-Ange [mikɛlɑ̃ʒ] *prm* Michael-Angelo.

mi-chemin [miʃmɛ̃]: **à** ~-~ *adv* hanner ffordd.

mi-clos (~-~**e**) (~-~, ~-~**es**) [miklo, kloz] *adj* cilagored, hanner cau *ou* caeedig.

micmac [mikmak] (*péj*) *m* (*intrigue*) cynllwynion *ll*, sgemio, rogio; (*situation embrouillée*) dryswch *g*, llanast *g*.

mi-côte [mikot]: **à** ~-~ *adv* hanner ffordd i fyny *ou* i lawr y rhiw.

mi-course [mikuʀs]: **à** ~-~ *adv* hanner ffordd drwy'r ras.

micro [mikʀo] *m* microffon *g*, meic *g*; (INFORM) microgyfrifiadur *g*.

microbe [mikʀɔb] *m* microb *g*.

microbiologie [mikʀobjɔlɔʒi] *f* microbioleg *b*.

microcassette [mikʀokasɛt] *f* microgasét *g*.

microchirurgie [mikʀoʃiʀyʀʒi] *f* microlawfeddygaeth *b*.

microclimat [mikʀoklima] *m* microhinsawdd *b*.

microcosme [mikʀɔkɔsm] *m* microcosm *g*; (*monde en réduction*) bychanfyd *g*.

micro-cravate (~**s**-~**s**) [mikʀokʀavat] *m* meic *g* llabed.

micro-économie [mikʀoekɔnɔmi] *f*

micro-economeg *b*.
micro-édition [mikʀoedisjɔ̃] *f* cyhoeddi bwrdd gwaith.
micro-électronique [mikʀoelɛktʀɔnik] *f* micro-electroneg *b*.
microfiche [mikʀofiʃ] *f* microffish *g*.
microfilm [mikʀofilm] *m* microffilm *g,b*.
micro-onde (~-~**s**) [mikʀoɔ̃d] *f*: **four à** ~-~**s** popty *g* microdon, ffwrn *b* ficrodon.
micro-ordinateur (~-~**s**) [mikʀoɔʀdinatœʀ] *m* microgyfrifiadur *g*.
micro-organisme (~-~**s**) [mikʀoɔʀganism] *m* micro-organeb *b*.
microphone [mikʀɔfɔn] *m* microffon *g*.
microplaquette [mikʀoplakɛt] *f* microsglodyn *g*.
microprocesseur [mikʀopʀɔsesœʀ] *m* microbrosesydd *g*.
microprogrammation [mikʀopʀogʀamasjɔ̃] *f* microraglennu.
microscope [mikʀɔskɔp] *m* microsgop *g*; ~ **électronique** microsgop electronig.
microscopique [mikʀɔskɔpik] *adj* (*BIOL etc*) microsgopaidd, microsgopig; (*minuscule*) mân iawn.
microsillon [mikʀosijɔ̃] *m* micro-rych *b*, mân-rigol *b*; (*disque*) record *b* hir.
MIDEM [midɛm] *sigle m*(= *Marché international du disque et de l'édition musicale*) *marchnad b ryngwladol recordiau a chaneuon.*
midi [midi] *m*
1 (*milieu du jour*) canol *g ou* hanner *g* dydd; **à** ~ am hanner dydd, amser cinio; **le repas de** ~ cinio *g*; **en plein** ~ ganol dydd.
2 (*moment du déjeuner*) amser *g* cinio; **tous les** ~**s** bob amser cinio.
3 (*sud*) de *g*; **le M**~ (*de la France*) De Ffrainc; **en plein** ~ (*sud*) yn wynebu'r de, yn wynebu i'r *ou* tua'r de; **la maison est orientée en plein** ~ mae'r tŷ'n wynebu'r de.
midinette [midinɛt] (*péj*) *f* merch *b* benchwiban o'r dref.
mie [mi] *f* bywyn *g* bara; **de la** ~ **de pain** briwsion *ll* bara; **il mange la** ~ **et laisse la croûte** mae'n bwyta'r bara a gadael y crystyn; **pain de** ~ torth *b* sgwâr (*i wneud brechdanau*).
miel [mjɛl] *m* mêl *g*; **être tout** ~ (*fig*) bod yn fêl i gyd.
mielleux (**mielleuse**) [mjelø, mjeløz] (*péj*) *adj* siwgraidd; (*personne*) gwên-deg.
mien (**-ne**) [mjɛ̃, mjɛn] *pron*: **le(la)** ~**(ne)** f'un i; **les** ~**(ne)s** fy rhai i; (*famille*) fy nheulu *ou* fy nghyfeillion *ou* fy mhobl fy hun;
♦*adj*: **un** ~ **cousin** cefnder *g* imi.
miette [mjɛt] *f* (*de pain, gâteau*) briwsionyn *g*; (*fig: de la conversation etc*) pwt *g*, tamaid *g*, mymryn *g*; **en** ~**s** yn chwilfriw, yn ddarnau (mân); (*verre*) yn deilchion; (*fig*) yn gareiau, yn ddarnau (mân); **ne pas perdre une** ~ **du discours/du spectacle** peidio â cholli'r un gair o'r araith/un eiliad o'r sioe.
mieux [mjø] *adv*
1 (*comparatif*): ~ **(que)** yn well (na); **elle travaille/mange** ~ mae hi'n gweithio/bwyta'n well; **elle va** ~ mae hi'n well; **aimer** ~ bod yn well gennych; **s'attendre** ~ disgwyl gwell; **de** ~ **en** ~ yn wellwell, yn well ac yn well; ~ **faire qch** bod yn well gwneud rhth.
2 (*superlatif*) orau; **c'est ici qu'elle dort le** ~ yma mae hi'n cysgu orau; **les femmes les** ~ **habillées** y merched mwyaf trwsiadus.
3 (*intensif*): **vous feriez** ~ **de faire** byddai'n well ichi wneud; **crier à qui** ~ ~ gweiddi am y gorau;
♦*adj*
1 (*plus à l'aise, en meilleure forme*) gwell; **se sentir** ~ teimlo'n well.
2 (*plus satisfaisant*) gwell; **c'est** ~ **ainsi** mae'n well fel hyn; **le/la** ~ y gorau, yr orau; **les** ~ y goreuon; **c'est le** ~ **des deux** dyna'r gorau o'r ddau; **demandez-lui, c'est le** ~ gofynnwch iddo, dyna fyddai orau; **faites pour le** ~ gwnewch fel y gwelwch orau; **qui** ~ **est** gwell fyth.
3 (*plus joli*) prydferthach, tlysach; (*plus gentil*) mwy dymunol *ou* hoffus; **il est** ~ **que son frère** (*plus beau*) mae'n fwy golygus na'i frawd; (*plus gentil*) mae'n fwy hoffus na'i frawd; **il est** ~ **sans moustache** mae'n edrych yn well heb ei fwstash;
♦*m*
1 (*progrès*) gwelliant *g*; **faute de** ~ yn niffyg dim gwell.
2: **de mon/ton** ~ fy ngorau/dy orau (glas); **faire de son** ~ gwneud eich gorau glas, gwneud y gorau a ellwch; **du** ~ **qu'il pouvait** y gorau a allai.
▶ **au mieux** ar y gorau; **au** ~ **avec** ar delerau da iawn â.
mieux-être [mjøzɛtʀ] *m inv* (*matériel*) gwell safon *g ou* amodau *ll* byw; **au** ~-~ **de** er lles *ou* budd.
mièvre [mjɛvʀ] *adj* (*gén*) marwaidd, difywyd, di-fflach; (*sentimental*) siwgraidd, sentimental; (*maniéré*) mursennaidd.
mignon (**-ne**) [miɲɔ̃, ɔn] *adj* del, pert, ffel, annwyl.
migraine [migʀɛn] *f* (*gén*) cur *g* pen, pen *g* tost; (*MÉD*) meigryn *g*.
migrant[1] (**-e**) [migʀɑ̃, ɑ̃t] *adj* ymfudol.
migrant[2] [migʀɑ̃] *m* ymfudwr *g*.
migrante [migʀɑ̃t] *f* ymfudwraig *b*;
♦*adj f voir* **migrant**[1].
migrateur (**migratrice**) [migʀatœʀ, migʀatʀis] *adj* ymfudol.
migration [migʀasjɔ̃] *f* ymfudiad *g*, ymfudo.
mijaurée [miʒɔʀe] *f* merch *b* ifanc rodresgar, madam *b* fach.
mijoter [miʒɔte] (**1**) *vt* mudferwi; (*préparer avec*

soin) mynd i drafferth i baratoi *ou* i goginio (rhth); (*fig*) dyfeisio, cynllunio;
♦*vi* ffrwtian, mudferwi.
mil[1] [mil] *adj*: ~ **huit cent onze** (*dans une date*) 1811 *voir aussi* **mille**.
mil[2] [mil] *m* miled *g*.
milanais (**-e**) [milanɛ, ɛz] *adj* Milanaidd, o Milan.
Milanais [milanɛ] *m* Milaniad *g*.
Milanaise [milanɛz] *f* Milaniad *b*.
mildiou [mildju] *m* llwydni *g*.
milice [milis] *f* milisia *g*.
milicien [milisjɛ̃] *m* gŵr *g* milisia.
milicienne [milisjɛn] *f* gwraig *b* filisia.
milieu (**-x**) [miljø] *m* (*centre*) canol *g*; (*fig*) canol teg, llwybr *g* canol, ffordd *b* ganol; (*environnement*) amgylchfyd *g*, cynefin *g*; (*provenance*) cefndir *g*; (*groupe restreint*) cylch *g*; **le** ~ (*pègre*) yr isfyd *g*, byd *g* (y) lladron; **au** ~ **de** (*au centre de*) ar ganol, yng nghanol; (*parmi*) ymhlith, ymysg; **au** ~ **de l'hiver** gefn gaeaf, yng nghanol y gaeaf; **au** ~ **de la nuit** gefn nos, ym mherfeddion y nos; **au beau** *neu* **en plein** ~ yn union blwmp yn y canol; **le juste** ~ y canol teg, y ffordd ganol; ~ **de terrain** (*FOOTBALL: joueur*) dyn *g* canol cae; (*:joueurs*) chwaraewyr *ll* canol cae.
militaire [militɛʀ] *adj* milwrol; **service** ~ gwasanaeth *g* milwrol;
♦*m* milwr *g*.
militairement [militɛʀmɑ̃] *adv* yn filwrol; **la ville a été occupée** ~ meddiannwyd y dref gan y lluoedd arfog.
militant[1] (**-e**) [militɑ̃, ɑ̃t] *adj* milwriaethus.
militant[2] [militɑ̃] *m* milwriaethwr *g*, ymgyrchwr *g*.
militante [militɑ̃t] *f* milwriaethwraig *b*, ymgyrchwraig *b*;
♦*adj f voir* **militant**[1].
militantisme [militɑ̃tism] *m* milwriaethusrwydd *g*, ysbryd *g* milwriaethus
militariser [militaʀize] (**1**) *vt* milwroli, militareiddio.
militarisme [militaʀism] (*péj*) *m* militariaeth *b*, rhyfelgarwch *g*.
militer [milite] (**1**) *vi* (*personne*) milwrio, bod yn ymgyrchydd; ~ **pour/contre** (*suj: personne*) ymgyrchu dros/yn erbyn; (*:arguments, raisons*) milwrio *ou* tystio o blaid/yn erbyn.
milk-shake (~-~**s**) [milkʃɛk] *m* ysgytlaeth *g*, llaeth *g* wedi'i guro.
mille[1] [mil] *adj inv* mil;
♦*m inv* mil *b*; (*cible*) bwl *g*, canol *g* y nod; **mettre dans le** ~ sgorio bwl; (*fig*) taro'r hoelen ar ei phen, ei tharo hi i'r dim.
mille[2], **mile** [mil] *m* milltir *b*; **mille marin** milltir fôr.
millefeuille[1] [milfœj] *m* (*CULIN*) millefeuille *g,b*, tafell *b* hufen.
millefeuille[2], **mille-feuille** [milfœj] *f* (*BOT*) milddail *b*.
millénaire [milenɛʀ] *m* mileniwm *g*, milflwyddiant *g*;
♦*adj* milflwydd oed; (*fig*) oesol, hynafol.
mille-pattes [milpat] *m inv* miltroed *g*, neidr *b* filtroed.
millésime [milezim] *m* (*date*) blwyddyn *b*, dyddiad *g*; (*d'un vin*) blwyddyn gynhaeaf; **un vin d'un excellent** ~ gwin o flwyddyn benigamp.
millésimé (**-e**) [milezime] *adj* a'r flwyddyn arno *ou* arni, dyddiedig.
millet [mijɛ] *m* miled *g*.
milliard [miljaʀ] *m* mil *b* o filiynau, milfiliwn *b*.
milliardaire [miljaʀdɛʀ] *adj*: **être** ~ bod yn lluosfiliwnydd *ou* lluosfiliwnyddes, bod yn werth miliynau lawer;
♦*m/f* miliwnydd *g* sawl gwaith drosodd, miliwnyddes *b* sawl gwaith drosodd, lluosfiliwnydd *g*, lluosfiliwnyddes *b*.
millième [miljɛm] *adj* milfed;
♦*m/f* milfed *g/b*;
♦*m* (*fraction*) milfed ran *b*, un rhan o fil.
millier [milje] *m* mil *b*; **un** ~ **(de)** tua mil (o), rhyw fil (o); **par** ~**s** yn eu miloedd, wrth y miloedd, fesul miloedd, yn lluoedd.
milligramme [miligʀam] *m* miligram *g*.
millimètre [milimɛtʀ] *m* milimetr *g*.
millimétré (**-e**) [milimetʀe] *adj*: **papier** ~ papur *g* graff (*wedi'i rannu'n filimetrau*).
million [miljɔ̃] *m* miliwn *b*; **deux** ~**s de** dwy filiwn o; **elle est riche à** ~**s** mae hi'n werth miliynau.
millionième [miljɔnjɛm] *adj* miliynfed;
♦*m/f* miliynfed *g/b*;
♦*m* (*fraction*) miliynfed ran *b*, un rhan o filiwn.
millionnaire [miljɔnɛʀ] *adj*: **être** ~ bod yn filiwnydd *ou* yn filiwnyddes, bod yn werth miliynau;
♦*m/f* miliwnydd *g*, miliwnyddes *b*.
mi-lourd (~-~**s**) [miluʀ] *adj* (*SPORT*) pwysau go-drwm;
♦*m* (*SPORT*) paffiwr *g* pwysau go-drwm.
mime [mim] *m/f* (*acteur*) meimiwr *g*, meimwraig *b*; (*imitateur*) dynwaredwr *g*, dynwaredwraig *b*;
♦*m* meim *g,b*, meimio.
mimer [mime] (**1**) *vt* meimio; (*imiter*) dynwared.
mimétisme [mimetism] *m* (*BIOL*) dynwaredaedd *g*.
mimique [mimik] *f* (*grimace*) ystumiau *ll*; (*signes, gestes*) amneidiau *ll*, arwyddion *ll*; **langage** ~ iaith *b* arwyddion.
mimosa [mimoza] *m* mimosa *g,b*.
mi-moyen (~-~**s**) [mimwajɛ̃] *adj m* (*SPORT*) pwysau welter;
♦*m* (*SPORT*) paffiwr *g* pwysau welter.
MIN [min] *sigle m*(= *Marché d'intérêt national*) *marchnad b gyfanwerth ar gyfer*

ffrwythau, llysiau a chynnyrch amaethyddol.
min. *abr*= **minimum**.
minable [minabl] *adj* truenus, gwael.
minablement [minablmɑ̃] *adv* yn druenus, yn wael.
minaret [minaʀɛ] *m* minarét *g*.
minauder [minode] (**1**) *vi* mursennu, gwneud ystumiau mursennaidd, gwneud clemau.
minauderies [minodʀi] *fpl* ystumiau *ll* mursennaidd, mursendod *g*, clemau *ll*.
mince [mɛ̃s] *adj* tenau; (*personne, taille*) main; (*fig*) bychan(bechan)(bychain), prin; (*prétexte*) tila, gwael, gwan;
♦*excl*: ~ **alors!** (*dépit*) daria!, daro!; (*surprise*) mawredd!; (*admiration*) ew!, dew!
minceur [mɛ̃sœʀ] *f* teneuwch *g*, teneuder *g*; (*personne*) meinder *g*; (*fig*) prinder *g*, bychander *g*, gwendid *g*.
mincir [mɛ̃siʀ] (**2**) *vi* teneuo.
mine[1] [min] *f* (*physionomie*) golwg *b*, wyneb *g*; (*extérieur, dehors*) golwg, gwedd *b* allanol; **avoir bonne** ~ (*personne*) bod â golwg dda arnoch; (*tarte, rôti*) edrych yn flasus; **tu as bonne** ~ (*ironique*) mae golwg wirion arnat, 'rwyt ti'n edrych yn wirion; **elle a mauvaise** ~ mae golwg wael arni; **faire grise** ~ **à qn** rhoi croeso llugoer i rn; **faire** ~ **de faire** cymryd arnoch wneud, cogio gwneud; **l'hôtel ne paie pas de** ~ mae'r gwesty'n ddigon di-raen; ~ **de rien** (*sans en avoir l'air*) er na fyddech yn meddwl hynny; (*comme si de rien n'était*) yn ddidaro, yn ddigyffro; ~**s** (*péj*) ystumiau *ll*.
mine[2] [min] *f* (*gisement, exploitation*) mwynglawdd *g*, cloddfa *b*, gwaith *g* (*glo, aur ayb*); (*d'un crayon*) led *b*, graffit *g*; (*explosif*) ffrwydryn *g*; (*fig: source importante*) trysorfa *b*, cloddfa; ~ **à ciel ouvert** (*de charbon*) gwaith glo brig; ~ **de charbon** pwll *g* *ou* gwaith glo, glofa *b*; **les Mines** (*ADMIN*) *gwasanaeth g mwyngloddio a daeareg.*
miner [mine] (**1**) *vt* (*garnir d'explosifs*) gosod ffrwydron (ar rth, yn rhth); (*ronger: falaises, fondations*) tanseilio, erydu, treulio; (*fig: société, autorité etc*) tanseilio; (:*santé*) andwyo, difetha; ~ **les forces de qn** gwanhau rhn; **être miné par le chagrin** cael eich nychu gan ofid.
minerai [minʀɛ] *m* mwyn *g*.
minéral[1] (**-e**) (**minéraux, minérales**) [mineʀal, mineʀo] *adj* mwynol; (*CHIM*) anorganig, anorganaidd.
minéral[2] (**minéraux**) [mineʀal, mineʀo] *m* mwyn *g*.
minéralier [mineʀalje] *m* (*bateau*) mwynlong *b*, llong *b* fwyn.
minéralisé (**-e**) [mineʀalize] *adj* mwynol.
minéralogie [mineʀalɔʒi] *f* mwynoleg *b*.
minéralogique [mineʀalɔʒik] *adj*
1 (*GÉO*) mwynyddol.
2 (*AUTO*): **plaque** ~ plât *g* rhif; **numéro** ~ rhif *g* cofrestru.
minet [minɛ] *m* (*chat*) cath *b* fach, pwsi *g*, pws *g*; (*péj: jeune élégant*) cocyn *g*, ceiliog *g* dandi; **mon** ~ (*terme affectif*) 'nghariad i, fy mlodyn tatws i.
minette [minɛt] *f* (*chatte*) cath *b* fach, pwsi *g*, pws *g*; (*jeune fille*) pisyn* *b*, rhoces* *b*; **ma petite** ~ (*terme affectif*) 'nghariad i, fy mlodyn tatws i.
mineur[1] (**-e**) [minœʀ] *adj* (*peu important*) dibwys, pitw, bychan(bechan)(bychain); (*peintre, poète*) eilradd; (*personne*) dan oed.
mineur[2] [minœʀ] *m* (*JUR*) plentyn *g* dan oed.
mineur[3] [minœʀ] *m*
1 (*ouvrier*) cloddiwr *g*, mwyngloddiwr *g*; (*de houille*) glöwr *g*; ~ **de fond** gweithiwr *g* wrth y talcen *ou* ffas.
2 (*MIL*) ffrwydrwr *g*.
mineure [minœʀ] *f* (*JUR*) plentyn *g* dan oed;
♦*adj f voir* **mineur**[1].
miniature [minjatyʀ] *adj* bach, bychan(bechan)(bychain);
♦*f* (*gén*) ffurf *b* fechan (ar rth); (*ART*) miniatur *g*, mân-ddarlun *g*; **en** ~ bach, bychan(bechan)(bychain), ar raddfa fach *ou* fechan.
miniaturisation [minjatyʀizasjɔ̃] *f* lleihau, bychanigo, miniaturo.
miniaturiser [minjatyʀize] (**1**) *vt* lleihau, bychanigo, miniaturo.
miniaturiste [minjatyʀist] *m/f* miniaturwr *g*, miniaturwraig *b*.
minibus [minibys] *m* minibws *g*, bws *g* mini.
mini-cassette (~-~**s**) [minikasɛt] *f* chwaraewr *g* casét.
minichaîne [miniʃɛn] *f* system *b* stereo fechan.
minier (**minière**) [minje, minjɛʀ] *adj* mwyngloddiol; (*houille*) glofaol.
mini-jupe (~-~**s**) [miniʒyp] *f* mini *b*, sgert *b* fini.
minimal (**-e**) (**minimaux, minimales**) [minimal, minimo] *adj* lleiaf (posibl), isaf (posibl).
minimaliste [minimalist] *adj* minimalaidd, lleiafsymiol;
♦*m/f* minimalydd *g*, lleiafsymydd *g*.
minime [minim] *adj* bychan(bechan)(bychain); (*fait*) dibwys; (*salaire, somme*) pitw;
♦*m/f* (*SPORT*) cystadleuydd *g* iau.
minimiser [minimize] (**1**) *vt* bychanu, gwneud yn fach o.
minimum [minimɔm] *adj* lleiaf (posibl), isaf (posibl); **un bikini** ~ bicini bychan bach;
♦*m* y lleiaf *g* (posibl), lleiafswm *g*, isafswm *g*, isafbwynt *g*; **un** ~ **de** mymryn o, gronyn o, ychydig o; **au** ~ o leiaf; ~ **vital** cyflog *g* byw; (*niveau de vie*) lefel *b* gynhaliaeth.
mini-ordinateur (~-~**s**) [miniɔʀdinatœʀ] *m* minigyfrifiadur *g*.
ministère [ministɛʀ] *m* (*POL, REL*) gweinidogaeth *b*; (*cabinet*) llywodraeth *b*,

cabinet *g*; ~ **public** (*JUR: partie*) yr Erlyniaeth *b*; (*service*) swyddfa'r *b* Erlynydd Cyhoeddus.
ministériel (**-le**) [ministeʀjɛl] *adj* gweinidogol; (*relatif au gouvernement*) (y) cabinet, (y) llywodraeth; (*journal*) cefnogol *ou* pleidiol i'r llywodraeth.
ministrable [ministʀabl] *adj* (*député*) tebygol o gael ei benodi'n Weinidog.
ministre [ministʀ] *m* (*REL*) gweinidog *g*; (*POL: en France*) gweinidog; (*en Grande-Bretagne*) ≈ Ysgrifennydd *g* Gwladol; ~ **d'État** Gweinidog; (*sans portefeuille*) Gweinidog heb Weinyddiaeth.
Minitel® [minitɛl] *m* gwasanaeth *g* gweldata France Télécom (*sy'n cysylltu defnyddwyr ffôn â bas data gwahanol wasanaethau gan gynnwys rhifau ffôn*).
minium [minjɔm] *m* plwm *g* coch; (*peinture*) paent *g* plwm coch.
minois [minwa] *m* wyneb *g* bach annwyl.
minorer [minɔʀe] (**1**) *vt* (*minimiser*) bychanu, gwneud yn fach o; (*diminuer: prix*) gostwng; (*sous-évaluer: bénéfices*) tanbrisio, gosod gwerth rhy isel ar.
minoritaire [minɔʀitɛʀ] *adj* lleiafrifol.
minorité [minɔʀite] *f* lleiafrif *g*; (*d'une personne*) minoriaeth *b*; **être en** ~ bod yn y lleiafrif; **mettre en** ~ (*POL*) trechu, curo; **pendant sa** ~ (*JUR*) tra'ch bod dan oed, yn ystod eich minoriaeth.
Minorque [minɔʀk] *prf* Minorca *b*, Menorca *b*.
minorquin (**-e**) [minɔʀkɛ̃, in] *adj* Minorcaidd, o Minorca.
Minorquin [minɔʀkɛ̃] *m* Minorcad *g*, dyn *g* o Minorca.
Minorquine [minɔʀkin] *f* Minorcad *b*, merch *b* o Minorca.
minoterie [minɔtʀi] *f* (*usine*) melin *b* flawd; (*industrie*) diwydiant *g* melino blawd.
minotier [minɔtje] *m* melinydd *g*, perchennog *g* melin flawd.
minuit [minɥi] *m* canol *g* *ou* hanner *g* nos.
minuscule [minyskyl] *adj* bach *ou* bychan iawn, bychan bach(bechan fach)(bychain bach);
♦*f*: (**lettre**) ~ llythyren *b* fach.
minutage [minytaʒ] *m* amseriad *g* gofalus *ou* i'r eiliad, amseru gofalus *ou* i'r eiliad.
minute [minyt] *f* munud *g,b*; (*instant*) munud, eiliad *g*; (*JUR*) copi *g* gwreiddiol; **d'une** ~ **à l'autre** unrhyw funud; **à la** ~ (*il y a un instant*) funud yn ôl, gynnau fach; (*sans attendre*) yn y fan a'r lle, ar unwaith, yn ddiymdroi; **on vient de me l'apporter à la** ~ 'rwyf newydd ei dderbyn y funud hon *ou* y munud yma;
♦*adj*: **entrecôte** *neu* **steak** ~ stecen *b* sydyn;
♦*excl*: ~**!** aros *ou* arhoswch (am) funud!
minuter [minyte] (**1**) *vt* amseru (rhth) i'r eiliad, amseru (rhth) yn ofalus.
minuterie [minytʀi] *f* (*lumière*) switsh *g* amser.
minuteur [minytœʀ] *m* amserydd *g*.
minutie [minysi] *f* (*personne, travail*) trylwyredd *g*; (*ouvrage, inspection*) manwl gywirdeb *g*, manylder *g*, trylwyredd; **avec** ~ (*avec soin*) yn ofalus iawn, yn drylwyr iawn; (*dans le détail*) yn fanwl iawn.
minutieusement [minysjøzmɑ̃] *adv* (*avec soin*) yn ofalus iawn, yn drylwyr iawn; (*dans le détail*) yn fanwl iawn.
minutieux (**minutieuse**) [minysjø, minysjøz] *adj* (*personne, soin*) trylwyr; (*ouvrage, description*) manwl, manwl-gywir; (*tasg*) llafurus, yn gofyn sylw manwl.
mioche* [mjɔʃ] *m/f* plentyn *g* bach, crwt *g* bach, croten *b* fach; (*péj*) cenau *g* bach, cnaf *g* bach, cenawes *b* fach.
mirabelle [miʀabɛl] *f* eirinen *b* felen; (*eau de vie*) mirabelle *g*, brandi *g* eirin (melyn).
miracle [miʀɑkl] *m* gwyrth *b*; **faire/accomplir des** ~**s** gwneud/cyflawni gwyrthiau.
miraculé (**-e**) [miʀakyle] *adj* (*d'une maladie*) wedi'i wella trwy ryw wyrth; (*d'un accident*) wedi'i achub trwy ryw wyrth.
miraculeusement [miʀakyløzmɑ̃] *adv* yn wyrthiol, trwy wyrth.
miraculeux (**miraculeuse**) [miʀakylø, miʀakyløz] *adj* gwyrthiol.
mirador [miʀadɔʀ] *m* tŵr *g* gwylio, mirador *g*, gwylfa *b*.
mirage [miʀaʒ] *m* rhith *g*, rhithlun *g*.
mire [miʀ] *f* (*TV*) cerdyn *g* prawf, carden *b* brawf; **ligne de** ~ llinell *b* weld *ou* welediad; **point de** ~ targed *g*, nod *g,b*; (*fig*) canolbwynt *g*; **elle sera le point de** ~ **du monde entier** bydd llygaid yr holl fyd arni hi.
mirent [miʀ] *vb voir* **mettre**.
mirer [miʀe] (**1**) *vt* (*TECH: œufs*) canhwyllo;
♦ **se** ~ *vr*: **se** ~ **dans** (*suj: personne*) syllu arnoch eich hun yn (*y dŵr, y drych ayb*); (*:chose*) cael ei adlewyrchu yn.
mirifique [miʀifik] *adj* anhygoel, ffantastig, rhyfeddol.
mirobolant (**-e**) [miʀɔbɔlɑ̃, ɑ̃t] *adj* anhygoel, ffantastig, rhyfeddol.
miroir [miʀwaʀ] *m* drych *g*; (*fig*) adlewyrchiad *g*; **écriture en** ~ drychysgrifen *b*, drych-ysgrifennu, ysgrifen *b* o chwith; **image en** ~ drych-ddelwedd *b*.
miroiter [miʀwate] (**1**) *vi* disgleirio; **faire** ~ **qch à qn** rhoi darlun gwych *ou* teg o rth i rn (*er mwyn ei ddenu*).
miroiterie [miʀwatʀi] *f* (*usine*) ffatri *b* ddrychau; (*magasin*) siop *b* ddrychau.
mis (**-e**) [mi, miz] *pp de* **mettre**;
♦*adj* (*couvert, table*) wedi'i osod; **bien/mal** ~ (*personne*) trwsiadus/anhrwsiadus
misaine [mizɛn] *f*: **mât de** ~ hwylbren *g* *ou* mast *g* blaen; **voile de** ~ hwyl flaen.
misanthrope [mizɑ̃tʀɔp] *adj* dyngasäol;
♦*m/f* dyngasäwr *g*, dyngasawraig *b*; **il est**

très ~ mae'n casáu pawb.

mise [miz] *f*
1 (*argent: au jeu*) arian *g* betio.
2 (*tenue*) gwisg *b*, dillad *ll*.
3 (*locutions*): **être de** ~ bod yn addas *ou* yn weddus *ou* yn dderbyniol; ~ **à feu** taniad *g*, tanio; ~ **à jour** diweddaru; ~ **à mort** lladd; ~ **à pied** (*disciplinaire*) ataliad *g* o'r gwaith, gwaharddiad *g* rhag gweithio; (*économique*) diswyddiad *g* dros dro; ~ **à prix** pris *g* cadw; ~ **au point** (*PHOT*) ffocysu; (*AUTO*) tiwnio; (*INFORM*) dadfygio; (*TECH*) cywiriad *g*, cywiro; (*méthode, technique*) perffeithio; (*fig*) egluro, eglurhad *g*; ~ **de fonds** buddsoddi, buddsoddiad *g*; ~ **en accusation** cyhuddo, cyhuddiad *g*; ~ **en bouteilles** potelu; ~ **en marche** cychwyn, cychwyniad *g*; ~ **en plis** set *b* (gwallt); ~ **en scène** cynhyrchiad *g*; (*fig*) perfformans *g*, sioe *b*; ~ **en service de qch** rhoi rhth ar waith *ou* mewn grym, gweithrediad *g*, gweithredu; ~ **sur pied** (*d'une affaire, entreprise*) cychwyn, sefydlu;
♦*adj f voir* **mis**.

miser [mize] (**1**) *vt* (*enjeu*) betio, mentro; ~ **sur** (*cheval, numéro*) betio ar; (*fig*) dibynnu ar, bancio ar.

misérable [mizeʀabl] *adj* (*pitoyable*) truenus, gresynus; (*pauvre*) tlawd iawn, tlodaidd; (*insignifiant*) pitw, gwael;
♦*m/f* (*malheureux*) truan *g*, truanes *b*; (*pauvre*) tlotyn *g*, tloten *b*; (*méchant*) cnaf *g*, cenawes *b*, dihiryn *g*; **les** ~**s** y tlodion *ll*, y trueiniaid *ll*.

misère [mizɛʀ] *f* (*pauvreté*) tlodi *g* enbyd, cyni *g*; (*somme négligeable*) swm *g* pitw, y nesaf peth *g* i ddim; ~ **noire** tlodi truenus, dygn dlodi; **être dans la** ~ bod yn dlawd iawn; **salaire de** ~ cyflog *g* llwgu *ou* clemio; ~**s** (*malheurs, peines*) gofidiau *ll*, trallodion *ll*; (*ennuis*) trafferthion *ll*, helbulon *ll*, helyntion *ll*; **faire des** ~**s à qn** poenydio *ou* plagio rhn, bod yn gas wrth rn.

miséreux[1] (**miséreuse**) [mizeʀø, mizeʀøz] *adj* tlawd iawn.

miséreux[2] [mizeʀø] *m* rhywun tlawd, tlotyn *g*.

miséreuse [mizeʀøz] *f* tloten *b*;
♦*adj f voir* **miséreux**[1].

miséricorde [mizeʀikɔʀd] *f* trugaredd *g,b*, tosturi *g*, maddeuant *g*.

miséricordieux (**miséricordieuse**) [mizeʀikɔʀdjø, mizeʀikɔʀdjøz] *adj* trugarog, tosturiol, maddeugar.

misogyne [mizɔʒin] *adj*: **il est très** ~ mae'n wir gas ganddo ferched;
♦*m/f* un *g/b* sy'n casáu merched, casawr *g* merched.

missel [misɛl] *m* llyfr *g* offeren.

missile [misil] *m* taflegryn *g*; ~ **air-air/air-sol** taflegryn awyren i awyren/awyren i'r ddaear; ~ **antiaérien/antichar** taflegryn gwrthawyrennol/gwrthdanciau; ~ **antimissile/balistique** taflegryn gwrthdaflegrau/balistig; ~ **intercontinental/nucléaire** taflegryn rhyng-gyfandirol/niwclear; ~ **stratégique/téléguidé** taflegryn strategol/rheolaeth bell.

mission [misjɔ̃] *f* (*charge, tâche*) gorchwyl *g,b*, tasg *b*, neges *b*, cenadwri *b*; (*REL*) cenhadaeth *b*; (*lieu*) gorsaf *b* genhadol, cenhadfa *b*; **partir en** ~ (*ADMIN, POL*) mynd ar neges *ou* berwyl *g ou* orchwyl; ~ **de reconnaissance** (*MIL*) ymgyrch *g,b* rhagchwilio *ou* ragchwilio.

missionnaire [misjɔnɛʀ] *adj* cenhadol;
♦*m/f* cenhadwr *g*, cenhades *b*.

missive [misiv] *f* llythyr *g*, neges *b*.

mistral [mistʀal] *m* (*vent violent*) mistral *g*.

mit [mi] *vb voir* **mettre**.

mitaine [mitɛn] *f* maneg *b* (*heb flaenau i'r bysedd*); (*au Canada*) mit *b*, dyrnfol *b*.

mite [mit] *f* gwyfyn *g*, pryf *g* dillad.

mité (-e) [mite] *adj* yn dyllau pryfed.

mi-temps [mitɑ̃] *f* (*SPORT: période*) hanner *g*; (*:pause*) hanner amser *g*; **à** ~-~ (*travailler, travail*) rhan amser.

miteux (**miteuse**) [mitø, mitøz] *adj* gwael *ou* truenus yr olwg; (*vêtements*) di-raen, treuliedig, llwm.

mitigé (-e) [mitiʒe] *adj* (*conviction, ardeur, accueil*) llugoer; (*sentiments*) cymysg.

mitonner [mitɔne] (**1**) *vt* mudferwi, coginio (rhth) ar wres isel; (*préparer avec soin*) mynd i drafferth i baratoi *ou* i goginio (rhth); (*fig*) paratoi (rhth) yn ddistaw bach;
♦*vi* mudferwi, coginio'n araf deg, coginio ar wres isel.

mitoyen (-ne) [mitwajɛ̃, jɛn] *adj* (*mur, cloison*) cydrannol; **maisons** ~**nes** tai *ll* pâr; (*plus de deux*) tai rhes *ou* teras; **notre jardin est** ~ **avec le leur** mae'n gardd ni am y terfyn â'u gardd hwy.

mitraille [mitʀaj] *f* (*projectiles*) haels *ll*, mân-belenni *ll*; (*décharge*) cawod *b* (*o fwledi, pelenni ayb*); (*fam: petite monnaie*) arian *g ou* newid *g* mân.

mitrailler [mitʀaje] (**1**) *vt* peiriant-saethu; (*photographier*) tynnu lluniau (rhn) yn ddi-baid; ~ **qn de** peledu rhn â.

mitraillette [mitʀajɛt] *f* peirianddryll *g* bychan.

mitrailleur [mitʀajœʀ] *m* peiriant-saethwr *g*;
♦*adj m*: **fusil** ~ peirianddryll *g*, gwn *g* peiriant.

mitrailleuse [mitʀajøz] *f* peirianddryll *g*, gwn *g* peiriant.

mitre [mitʀ] *f* (*REL*) meitr *g*.

mitron [mitʀɔ̃] *m* gwas *g* pobydd.

mi-voix [mivwa]: **à** ~-~ *adv* mewn llais isel, yn isel, gan sibrwd.

mixage [miksaʒ] *m* (*CINÉ*) cymysgu sain.

mixer, **mixeur** [miksœʀ] *m* (*CULIN*)

cymysgydd *g* bwyd.
mixité [miksite] *f* (*SCOL*) cydaddysg *b*.
mixte [mikst] *adj* (*gén*) cymysg; (*SCOL*) cydaddysgol, cymysg; **à usage** ~ deubwrpas; **cuisinière** ~ ffwrn *b* *ou* popty *g* nwy a thrydan.
mixture [mikstyʀ] *f* cymysgedd *g,b*; (*fig*) cawdel *g*, cybolfa *b*.
MJC [ɛmʒise] *sigle f*(= *maison des jeunes et de la culture*) *canolfan g,b ieuenctid a chelfyddydau.*
ml *abr*(= *millilitre*) ml.
MLF [ɛmɛlɛf] *sigle m*(= *Mouvement de libération de la femme*) *Mudiad g Rhyddid Merched.*
Mlle (-s) *abr*= **Mademoiselle.**
MM *abr*(= *Messieurs*) (y) Mri.
mm *abr*(= *millimètre*) mm, (milimetr).
Mme (-s) *abr*(= *Madame*) Mrs, Mme.
mn *abr*(= *minute*) mun., (munud).
mnémotechnique [mnemotɛknik] *adj* cofeiriol, mnemonig.
Mo *abr*(= *méga-octet*) megabeit *g*.
mobile [mɔbil] *adj* symudol, symudadwy; (*feuillets: de carnet, calendrier*) rhydd; (*traits*) hyblyg, ystwyth; (*visage*) bywiog, llawn bywyd;
♦*m* (*cause, motif*) cymhelliad *g*, ysgogiad *g*; (*œuvre d'art*) symudyn *g*; (*PHYS*) gwrthrych *g* symudol.
mobilier[1] (**mobilière**) [mɔbilje, mɔbiljɛʀ] *adj* (*JUR: propriété*) symudol, personol; (:*titre*) trosglwyddadwy; **biens** ~**s** symudolion *ll*, pethau *ll* symudol; **effets** ~**s** teclynnau *ll*, celfi *ll* *ou* pethau symudol, eiddo *g*; **valeurs mobilières** gwarannau *ll* trosglwyddo; **vente mobilière** gwerthiant *g* eiddo personol *ou* symudol; **saisie mobilière** (*JUR*) atafaeliad *g* eiddo personol *ou* symudol.
mobilier[2] [mɔbilje] *m* dodrefn *ll*, celfi *ll*.
mobilisable [mɔbilizabl] *adj* (*MIL*) byddinadwy; (*disponible*) ar gael.
mobilisation [mɔbilizasjɔ̃] *f* byddiniad *g*, byddino, galwad *b* *ou* galw i'r fyddin, gwysio i'r fyddin; ~ **générale** byddiniad *ou* byddino cyffredinol.
mobiliser [mɔbilize] (**1**) *vt* (*MIL*) byddino, cynnull, mwstro, gwysio; (*rassembler*) casglu, crynhoi; (*faire appel à*) galw ar; (*faire agir*) ysgogi, symbylu.
mobilité [mɔbilite] *f* symudoldeb *g*, symudedd *g*, mudoledd *g*; (*traits, intelligence etc*) hyblygrwydd *g*, ystwythder *g*.
mobylette® [mɔbilɛt] *f* moped *g*.
mocassin [mɔkasɛ̃] *m* mocasin *b*.
moche* [mɔʃ] *adj* (*laid: personne*) hyll, salw, diolwg; (:*objet*) ofnadwy; (*de mauvaise qualité*) gwael, sâl; (*méchant*) cas.
modalité [mɔdalite] *f* modd *g*, dull *g*, ffurf *b*; ~**s** dulliau *ll*; (*JUR: d'un accord etc*) amodau *ll*; ~**s de paiement** dulliau talu.
mode[1] [mɔd] *f* ffasiwn *g,b*; (*commerce, industrie*) byd *g* *ou* diwydiant *g* ffasiwn; **à la** ~ yn y ffasiwn, mewn ffasiwn, ynddi.
mode[2] [mɔd] *m* dull *g*, modd *g*, ffordd *b*; (*LING, MUS, INFORM*) modd; ~ **d'emploi** cyfarwyddiadau *ll*; ~ **de paiement** dull talu; ~ **de vie** ffordd *ou* dull o fyw; ~ **dialogué** (*INFORM*) modd sgyrsiol *ou* rhyngweithiol.
modelage [mɔd(ə)laʒ] *m* (*activité*) modelu; (*ouvrage*) cerflun *g*, darn *g* o grochenwaith.
modèle [mɔdɛl] *m* patrwm *g*, model *g*; (*de tricot, couture*) patrwm; (*ART: sujet*) model; (:*personne qui pose*) model *g/b*; (*vêtement*) steil *g,b*; (*type*) math *g*, fersiwn *g,b*; ~ **courant** *neu* **de série** (*COMM*) model safonol; ~ **déposé** (*COMM*) patrwm *ou* cynllun *g* cofrestredig; ~ **réduit** model ar raddfa fechan;
♦*adj* (*parfait*) delfrydol, perffaith; (*qui sert de référence: ferme etc*) enghreifftiol, model.
modelé [mɔd(ə)le] *m* (*ART*) cerfwedd *b*; (*GÉO*) tirwedd *b*; (*de visage, corps*) amlinell *b*.
modeler [mɔd(ə)le] (**13**) *vt* modelu, llunio, ffurfio, mowldio; ~ **qch sur** *neu* **d'après** modelu *ou* patrymu *ou* seilio rhth ar.
modélisation [mɔdelizasjɔ̃] *f* modelu.
modéliste [mɔdelist] *m/f* (*mode*) cynllunydd *g*; (*maquette*) modelwr *g*, modelwraig *b*.
modem [mɔdɛm] *m* modem *g*.
Modène [mɔdɛn] *pr* Modena.
modérateur[1] (**modératrice**) [mɔdeʀatœʀ, mɔdeʀatʀis] *adj* lliniarol, ataliol, ffrwynol.
modérateur[2] [mɔdeʀatœʀ] *m* cymedrolwr *g*; (*TECH*) rheolydd *g*; (*atomique*) arafwr *g*.
modératrice [mɔdeʀatʀis] *f* cymedrolwraig *b*;
♦*adj f voir* **modérateur**[1].
modération [mɔdeʀasjɔ̃] *f* cymedroldeb *g*, rhesymoldeb *g*; (*diminution*) gostyngiad *g*, gostwng, lleihad *g*, lleihau; ~ **de peine** lliniariad *g* *ou* lliniaru ar ddedfryd.
modéré[1] (**-e**) [mɔdeʀe] *adj* cymedrol, rhesymol; (*succès etc*) gweddol, canolig.
modéré[2] [mɔdeʀe] *m* (*POL*) cymedrolwr *g*; **les** ~**s** y rhai *ll* cymedrol.
modérée [mɔdeʀe] *f* (*POL*) cymedrolwraig *b*;
♦*adj f voir* **modéré**[1].
modérément [mɔdeʀemɑ̃] *adv* (*avec retenue*) yn gymedrol; (*moyennement*) yn weddol.
modérer [mɔdeʀe] (**14**) *vt* cymedroli; (*passion etc*) rheoli, ffrwyno;
♦ **se** ~ *vr* ymatal, ymreoli.
moderne [mɔdɛʀn] *adj* modern, cyfoes;
♦*m*: **le** ~ (*genre*) y steil *g,b* modern *ou* fodern; (*mobilier*) dodrefn *ll* *ou* celfi *ll* modern.
modernisation [mɔdɛʀnizasjɔ̃] *f* moderneiddiad *g*, moderneiddio; (*d'un texte*) diweddariad *g*, diweddaru.
moderniser [mɔdɛʀnize] (**1**) *vt* moderneiddio, diweddaru; (*texte*) diweddaru;
♦ **se** ~ *vr* cael ei foderneiddio *ou* ei

ddiweddaru.

modernisme [mɔdɛʀnism] *m* moderniaeth *b*.

modernité [mɔdɛʀnite] *f* modernedd *g*.

modeste [mɔdɛst] *adj* (*simple*) syml; (*sans vanité*) gwylaidd, diymhongar, dirodres; (*origine*) cyffredin; (*revenu*) bach, bychan(bechan)(bychain); (*facture, coût*) cymedrol, rhesymol.

modestement [mɔdɛstəmɑ̃] *adv* (*simplement*) yn syml; (*sans vanité*) yn wylaidd, yn ddiymhongar.

modestie [mɔdɛsti] *f* gwyleidd-dra *g*, diymhongarwch *g*, gwylder *g*; **fausse** ~ ffug wylder *ou* wyleidd-dra.

modicité [mɔdisite] *f* (*prix*) iselder *g*; (*salaire*) bychander *g*, iselder.

modifiable [mɔdifjabl] *adj* addasadwy, cyfaddasadwy.

modificatif (**modificative**) [mɔdifikatif, mɔdifikativ] *adj* addasol, cyfaddasol.

modification [mɔdifikasjɔ̃] *f* newidiad *g*, newid *g*, addasiad *g*, addasu.

modifier [mɔdifje] (**16**) *vt* addasu, cyfaddasu, newid; (*LING*) goleddfu;
♦ **se** ~ *vr* newid.

modique [mɔdik] *adj* (*prix*) isel; (*salaire, somme*) pitw, isel.

modiste [mɔdist] *f* hetwraig *b*.

modulaire [mɔdylɛʀ] *adj* modiwlaidd.

modulation [mɔdylasjɔ̃] *f* trosiad *g*; (*de musique*) trawsgyweiriad *g*; (*de la voix*) goslef *b*, codi a gostwng; (*tarif, mesure*) addasiad *g*, cymhwysiad *g*; ~ **de fréquence** modyliad *g* amledd.

module [mɔdyl] *m* modiwl *g*; ~ **lunaire** modiwl lleuadol.

moduler [mɔdyle] (**1**) *vt* (*voix*) goslefu, codi a gostwng; (*adapter*) addasu, cymhwyso, cyfaddasu; (*air, chanson*) pyncio, telori;
♦*vi* (*MUS*) trawsgyweirio.

moelle [mwal] *f* mêr *g*; (*BOT*) bywyn *g*; (*fig*) mêr, hanfod *g*, craidd *g*; **jusqu'à la** ~ (*fig*) hyd at fêr eich esgyrn; ~ **épinière** madruddyn *g* y cefn.

moelleux (**moelleuse**) [mwalø, mwaløz] *adj* meddal, esmwyth, llyfn(llefn)(llyfnion), mwyn.

moellon [mwalɔ̃] *m* rwbel *g*, cerrig *ll* llanw.

mœurs [mœʀ] *fpl*
1 (*principes moraux*) moesau *ll*; **femme de mauvaises** ~ merch *b* ddrwg, merch wyllt, merch lac ei moesau; **contraire aux bonnes** ~ yn groes i safonau moesol cyffredin; **affaire de** ~ achos *g* rhywiol; **comédie de** ~ comedi *b* foesau.
2 (*comportement personnel*) ymddygiad *g*, dull *g* o ymddwyn.
3 (*pratiques sociales*) arferion *ll*; **entrer dans les** ~ dod yn beth arferol, dod yn arfer, dod yn rhan o fywyd bob dydd; **autres temps, autres** ~ mae'r oes wedi newid.
4 (*manières*) moesgarwch *g*.
5 (*mode de vie*) dull *g* *ou* ffordd *b* o fyw; (*d'une espèce animale*) ymarweddiad *g*, arferion *ll*, ymddygiad *g*.

Mogadiscio [mogadiʃjo] *pr* Mogadishw.

mohair [mɔɛʀ] *m* moher *g*.

moi [mwa] *pron*
1 (*sujet*) fi; **c'est** ~ **qui ai cassé la vitre** fi dorrodd y ffenestr.
2 (*objet direct*) fi, i; **c'est** ~ **que vous avez entendu?** (ai) fi (a) glywsoch chi?; **attendez-**~ arhoswch amdanaf.
3 (*objet indirect*) i mi; **apportez-le-**~ dewch ag ef i mi.
4 (*dans comparaisons*) mi; **elle est plus grande que** ~ mae hi'n dalach na mi.
5 (*avec préposition*) mi, i; **avec** ~ gyda mi; **contre** ~ yn f'erbyn i; **sans** ~ hebof i; **vers** ~ tuag ataf i; **à** ~**!** (*au secours*) help!, helpwch fi!; **ce livre est à** ~ mae'r llyfr yma'n perthyn i mi, fy llyfr i yw hwn, fi biau'r llyfr yma.
6 (*pour accentuer*): ~**, je ...** o'm rhan i, 'rwyf ..., yn bersonol, 'rwyf ...; **et** ~ a minnau; ~ **aussi** a minnau hefyd;
♦*m* (*PSYCH*) hunan *g*.

moignon [mwaɲɔ̃] *m* bôn *g*, bonyn *g*.

moi-même [mwamɛm] *pron* fi fy hun, myfi *ou* mi *ou* fi fy hunan, fi'n hun *ou* hunan.

moindre [mwɛ̃dʀ] *adj* (*comparatif*) llai, is; (*superlatif*) y lleiaf; **le** ~ **de** y lleiaf *ou* y leiaf o; **la** ~ **de** y lleiaf *ou* y leiaf o; **c'est la** ~ **des choses** (*en réponse à un remerciement*) peidiwch â sôn, dyna'r lleiaf y gallwn i ei wneud.

moindrement [mwɛ̃dʀəmɑ̃] *adv*: **il n'était pas le** ~ **surpris** nid oedd wedi'i synnu o gwbl.

moine [mwan] *m* mynach *g*

moineau (**-x**) [mwano] *m* aderyn *g* y to.

moins [mwɛ̃] *adv*
1 (*comparatif*): ~ **(que)** llai (na); **elle a 3 ans de** ~ **que moi** mae hi dair blynedd yn iau na mi; **elle est** ~ **grande que moi** nid yw hi mor dal â mi; ~ **je travaille, mieux ça vaut** lleia'n y byd o waith a wnaf, gorau oll, gorau po leiaf o waith a wnaf; ~ **que rien** y nesaf peth i ddim; ~ **tu dors, plus tu seras fatigué(e)** lleia'n byd y cysgi, mwyaf blinedig y byddi.
2 (*superlatif*): **le** ~ y lleiaf; **c'est ce que j'aime le** ~ dyna beth 'rwyf yn ei hoffi leiaf; **le** ~ **doué** y lleiaf dawnus; **au** ~**, du** ~ o leiaf; **pour le** ~ a dweud y lleiaf, o leiaf.
▶ **moins de** (*quantité, nombre*) llai o, llai na (*gyda rhif*); ~ **de sable/d'eau** llai o dywod/o ddŵr; ~ **de livres/gens** llai o lyfrau/o bobl; ~ **de 2 ans/100 F** llai na dwy flynedd/chan ffranc; **il est** ~ **de midi** nid yw hi'n hanner dydd eto.
▶ **de moins** yn llai; **3 jours/100 F de** ~ tridiau/can ffranc yn llai; **je me sens 10 ans de** ~ 'rwy'n teimlo ddeng mlynedd yn iau.
▶ **en moins** yn llai, yn brin; **trois livres en** ~

tri llyfr ar goll, tri llyfr yn fyr *ou* yn brin; **le soleil en ~** heblaw am yr haul; **de ~ en ~** leilai, lai a llai.

▶ **à moins de** *neu* **que** oni, onid, os na, os nad, oni bai; **à ~ d'un accident** oni bai bod rhywbeth yn mynd o'i le; **à ~ d'un miracle** heb wyrth, oni cheir gwyrth, oni ddigwydd rhyw wyrth; **à ~ de faire une bêtise il devrait gagner** oni bai ei fod yn gwneud rhywbeth gwirion, dylai ennill; **à ~ que tu ne fasses** oni wnei di, os na wnei di;

♦*prép*: **4 ~ 2** 4 namyn 2, 4 a thynnu 2; **il est ~ 10** mae'n ddeg munud i; **il est 2 heures ~ 5** mae'n bum munud i ddau; **il fait ~ 5** mae'n bum gradd islaw'r rhewbwynt;

♦*m* (*signe*) arwydd *g* lleihau *ou* tynnu, minws *g*.

moins-value (**~-~s**) [mwɛ̃valy] *f* (*ÉCON, COMM*) lleihad *g* (mewn gwerth), colli gwerth.

moire [mwaʀ] *f* moiré *g*, defnydd *g* symudliw.

moiré (**-e**) [mwaʀe] *adj* (*tissu, papier*) symudliw, tonnog; (*métal, bijou*) gloyw, symudliw.

mois [mwa] *m* mis *g*; (*salaire*) cyflog *g* misol; (*somme due*) rhandaliad *g* misol; **treizième ~, double ~** (*COMM*) cyflog mis yn ychwaneg (*fel bonws*).

Moïse [mɔiz] *prm* Moses.

moïse [mɔiz] *m* crud *g* Moses.

moisi[1] (**-e**) [mwazi] *adj* wedi llwydo.

moisi[2] [mwazi] *m* llwydni *g*; **odeur de ~** aroglau *g* llwydni.

moisir [mwaziʀ] (**2**) *vi* llwydo; (*fig: en prison*) pydru; (*:en province*) pydru *ou* llusgo byw; **nous n'allons pas ~ ici toute la journée** 'dydyn ni ddim am gicio'n sodlau yn y fan hyn drwy'r dydd;

♦*vt* achosi (i rth) lwydo.

moisissure [mwazisyʀ] *f* llwydni *g*.

moisson [mwasɔ̃] *f* cynhaeaf *g*; (*fig*) toreth *b*, digonedd *g*.

moissonner [mwasɔne] (**1**) *vt* cynaeafu, medi, cywain.

moissonneur [mwasɔnœʀ] *m* medelwr *g*.

moissonneuse [mwasɔnøz] *f* medelwraig *b*; (*machine*) peiriant *g* medi, cynaeafydd *g*.

moissonneuse-batteuse (**~s-~s**) [mwasɔnøzbatøz] *f* dyrnwr *g* medi, combein* *g*.

moissonneuse-lieuse (**~s-~s**) [mwasɔnøzljøz] *f* peiriant *g* rhwymo *ou* clymu.

moite [mwat] *adj* (*peau, mains*) chwyslyd, llaith; (*atmosphère, chaleur*) mwll, llaith, trymaidd, clòs.

moitié [mwatje] *f* hanner *g*; **sa ~*** (*épouse*) ei wraig; **la ~ de qch** hanner rhth; **la ~ du temps/des gens** hanner yr amser/y bobl; **à la ~ du livre** hanner (y) ffordd drwy'r llyfr, ar hanner y llyfr; **~ moins grand** hanner mor dal; **~ plus long** hwy *ou* hirach o'r hanner; **à ~ prix** hanner pris; **faire les choses à ~** hanner gwneud pethau; **elle ne fait jamais rien à ~** mae hi'n un drylwyr ym mhopeth mae'n wneud; **se mettre de ~** mynd hanner yn hanner, rhannu'n gyfartal; **~ ~** hanner yn *ou* a hanner, yn gyfartal, yn hanerog.

moka [mɔka] *m* (*café*) coffi *g* moca; (*gâteau*) teisen *b ou* cacen *b* foca.

mol [mɔl] *adj voir* **mou**[1].

molaire [mɔlɛʀ] *f* cilddant *g*.

moldave [mɔldav] *adj* Moldafaidd, o Moldafia.

Moldavie [mɔldavi] *prf*: **la ~** Moldafia *b*.

môle [mol] *m* (*brise-lames*) torddwr *g*; (*quai*) glanfa *b*, pier *g*.

moléculaire [mɔlekylɛʀ] *adj* moleciwlaidd.

molécule [mɔlekyl] *f* moleciwl *g*.

moleskine [mɔlɛskin] *f* lledr *g* ffug.

molester [mɔlɛste] (**1**) *vt* (*brutaliser*) cam-drin, hambygio.

molette [mɔlɛt] *f* (*TECH*) olwyn *b* dorri, olwyn gocos; (*:pour gravir, ciseler*) rhiciwr *g*, olwyn ricio; (*d'éperon*) troell *b* ysbardun, rhywel *g*.

mollasse [mɔlas] (*péj*) *adj* (*sans énergie*) diegni, swrth; (*flasque*) llipa.

molle [mɔl] *adj f voir* **mou**[1].

mollement [mɔlmɑ̃] *adv* (*sans énergie*) yn llipa, yn swrth; (*faiblement*) yn llugoer, heb frwdfrydedd; (*doucement: tomber*) yn ysgafn; (*:couler*) yn araf.

mollesse [mɔlɛs] *f* (*substance, contours*) meddalwch *g*; (*traits du visage*) meddalwch, llacrwydd *g*; (*geste*) llipanrwydd *g*; (*protestations*) diffyg *g* brwdfrydedd, claerineb *g*, gwangalondid *g*; (*personne: indolence*) syrthni *g*, diogi *g*; (*manque d'autorité*) diffyg asgwrn cefn; (*grande indulgence*) diffyg llymder.

mollet [mɔlɛ] *m* (*ANAT*) croth *b* y goes, poten *b* y goes;

♦*adj m*: **œuf ~** wy *g* wedi'i led-ferwi.

molletière [mɔltjɛʀ] *adj f*: **(bande) ~** coesrwym *g*.

molleton [mɔltɔ̃] *m* (*tissu*) fflaneléd *g*, gwlanen *b*; (*pour table etc*) tanlliain *g* ffelt, ffelt *g*.

molletonné (**-e**) [mɔltɔne] *adj* (*gants etc*) â leinin gwlanog.

mollir [mɔliʀ] (**2**) *vi* (*jambes*) gwegian *ou* plygu oddi tanoch; (*sol*) rhoi, pantio; (*NAUT: vent*) gostegu, tawelu; (*ennemi*) ildio; (*substance*) meddalu, mynd yn feddal; (*fig: personne*) ildio, tyneru, tosturio; (*:courage, résolution etc*) gwanhau, llacio, pallu, diffygio.

mollusque [mɔlysk] *m* molwsg *g*, meddalog *g*; (*fig: personne*) llipryn *g*, brechdan *b* o ddyn.

molosse [mɔlɔs] *m* ci *g* mawr ffyrnig.

môme* [mom] *m/f* (*enfant*) plentyn *g*, hogyn *g*, crwt *g*, crwtyn *g*, hogan *b*, croten *b*, crotes *b*; **sale ~!** (*péj*) cnaf *g* bach, cenau *g* bach, cnawes *b* fach;

♦*f* (*fille, femme*) croten *b*, crotes *b*, hogan *b*, cywen *b*.

moment [mɔmɑ̃] *m* eiliad *g,b*, munud *g,b*,

ennyd *g,b*, moment *b*, adeg *b*; **ce n'est pas le ~ de ...** nid dyma'r adeg i ...; **à un certain ~** ar ryw adeg, rywbryd; **à un ~ donné** ar adeg benodol *ou* benodedig; **arriver au bon ~** cyrraedd ar yr adeg orau; **le ~ venu** pan ddaeth yr adeg; **à quel ~?** pa bryd yn union?; **au même ~** ar yr un pryd *ou* adeg; **pour un bon ~** am gryn amser, am beth amser, am ysbaid go hir; **pour le ~** ar hyn o bryd, am y tro; **au ~ de l'accident** (ar) adeg y ddamwain, pan ddigwyddodd y ddamwain; **au ~ de sortir, je ...** fel yr oeddwn yn mynd allan ..., wrth imi fynd allan ...; **au ~ où** fel y *ou* yr, (ar adeg) pan; **au ~ où elle entrait** fel yr oedd hi'n dod i mewn, a hithau'n dod i mewn; **je ne l'ai pas vue depuis un bon ~** ni welais i mohoni ers tro *ou* ers peth amser; **au ~ où il allait démissionner** pan oedd ar fin ymddiswyddo; **à tout ~** unrhyw funud *ou* eiliad, unrhyw adeg; (*continuellement*) yn gyson, yn ddi-baid, o hyd ac o hyd; **pendant un long ~** am beth amser, am ysbaid hir; **c'était vraiment un bon ~** 'roedd yn adeg ddedwydd; **en ce ~** ar hyn o bryd; **sur le ~** ar y pryd, bryd hynny, yr adeg honno; **par ~s** yn awr ac yn y man, ar brydiau *ou* adegau, o dro i dro, bob hyn a hyn, yn ysbeidiol; **d'un ~ à l'autre** unrhyw funud *ou* eiliad; **du ~ où** *neu* **que** gan fod, oherwydd bod; **n'avoir pas un ~ à soi** bod heb funud i chi'ch hun; **j'arrive dans un ~** mi ddo' i ymhen munud; **je ne serai qu'un ~** ni fydda' i ddim dau *ou* dwy funud; **attendez un ~** arhoswch funud; **un ~!** dal *ou* daliwch funud; **elle en a pour un petit ~** ni fydd hi ddim yn hir, ni fydd hi fawr o dro; **c'est l'affaire d'un ~** ni chymer fawr o dro; **j'ai eu un ~ de panique** mi deimlais i banig am funud; **dans un ~ de colère** mewn pwl o ddicter; **il l'a assistée jusqu'aux derniers ~s** arhosodd gyda hi tan y diwedd.

momentané (-e) [mɔmɑ̃tane] *adj* dros dro, byrhoedlog, byr(ber)(byrion), ar y funud.

momentanément [mɔmɑ̃tanemɑ̃] *adv* (*en ce moment*) ar hyn o bryd; (*un court instant*) am ennyd, am ysbaid fer, am funud, am gyfnod byr, dros dro.

momie [mɔmi] *f* mwmi *g*, mymi *g*.

mon (**ma**) (**mes**) [mɔ̃, ma, mɛ] *dét* fy, 'm; **~ livre** fy llyfr; **~ chien** fy nghi; **~ jardin** fy ngardd; **ma maison** fy nhŷ; **ma tête** fy mhen; **ma table** fy mwrdd; **mes dents** fy nannedd; **mes gants** fy menig; **et/à/avec/vers/de/ni ~ pays** a'm/i'm/gyda'm/tua'm/o'm/na'm gwlad; **je suis sorti de ma chambre** deuthum allan o'm hystafell; **une de mes amies** un o'm ffrindiau, ffrind imi; **oui, ~ capitaine** ie, Gapten!; **écoute ~ ami** gwrando, gyfaill!; **~ vieux** yr hen gyfaill, yr hen goes; **~ Dieu** 'rargian!, 'rachlod!, brensiach!, esgob!, 'rargol!

monacal (-e) (**monacaux, monacales**) [mɔnakal, mɔnako] *adj* mynachaidd.

Monaco [mɔnako] *prn*: **(la principauté de) ~** (tywysogaeth *b*) Monaco *b*.

monarchie [mɔnaʀʃi] *f* brenhiniaeth *b*; **~ absolue** brenhiniaeth absoliwt; **~ parlementaire** brenhiniaeth seneddol; **~ constitutionnelle** brenhiniaeth gyfansoddiadol.

monarchiste [mɔnaʀʃist] *adj* breniniaethol, breningarol;
♦*m/f* breniniaethwr *g*, breniniaethwraig *b*, monarchydd *g*.

monarque [mɔnaʀk] *m* brenin *g*.

monastère [mɔnastɛʀ] *m* mynachlog *b*.

monastique [mɔnastik] *adj* mynachaidd.

monceau (-x) [mɔ̃so] *m* pentwr *g*, twr *g*, tomen *b*.

mondain[1] (-e) [mɔ̃dɛ̃, ɛn] *adj* (*personne, vie etc*) ffasiynol, cymdeithasol; (*réception etc*) ffasiynol, y boneddigion, y bobl fawr; (*peintre, écrivain*) (y byd) ffasiynol; (*REL*) bydol; **carnet ~** colofn *b* glecs; **elle est très ~e** mae hi'n hoff iawn o'r byd ffasiynol *ou* o'r bwrlwm cymdeithasol.

mondain[2] [mɔ̃dɛ̃] *m* un *g* o'r boneddigion, un o'r bobl fawr, un o'r bobl ffasiynol, cymdeithaswr *g*.

mondaine [mɔ̃dɛn] *f* un *b* o'r boneddigion, un o'r bobl fawr, un o'r bobl ffasiynol, cymdeithaswraig *b*;
♦*adj f voir* **mondain**[1].

Mondaine [mɔ̃dɛn] *f* (*aussi:* **la police ~**) *heddlu g puteiniaeth a chyffuriau.*

mondanité [mɔ̃danite] *f* (*REL*) bydolrwydd *g*, bydgarwch *g*; (*goût*) hoffter *g* o'r byd ffasiynol *ou* o'r bwrlwm cymdeithasol; **~s** (*divertissements, soirées*) achlysuron *ll* ffasiynol, bwrlwm *g* cymdeithasol; (*politesses*) mân siarad *g* cymdeithasol; (*PRESSE*) colofn *b* glecs.

monde [mɔ̃d] *m*
1 (*gén*) byd *g*; **le beau** *neu* **grand ~** byd y boneddigion, byd y bobl fawr, y byd ffasiynol; **être du même ~** perthyn i'r un byd, troi yn yr un cylchoedd; **le meilleur du ~** y gorau yn y byd; **mettre un enfant au ~** dod â phlentyn i'r byd; **l'autre ~** y byd arall; **pas le moins du ~** dim o gwbl; **se faire un ~ de qch** gwneud môr a mynydd o rth; **tour du ~** taith *b* o amgylch y byd; **homme/femme du ~** un *g/b* o'r boneddigion, un o'r bobl fawr, un o'r bobl ffasiynol, cymdeithaswr *g*, cymdeithaswraig *b*.
2 (*gens*): **il y a du ~** (*beaucoup de gens*) mae llawer o bobl yma *ou* yna; (*quelques personnes*) mae rhywrai yma *ou* yna; **y a-t-il du ~ dans le salon?** a oes rhywun yn y lolfa?; **beaucoup/peu de ~** llawer/ychydig o bobl; **tout le ~** pawb.

mondial (-e) (**mondiaux, mondiales**) [mɔ̃djal, mɔ̃djo] *adj* (*population*) y byd; (*influence*)

byd-eang, rhyngwladol.
mondialement [mɔ̃djalmɑ̃] *adv* trwy'r byd i gyd, dros y byd i gyd, ledled y byd, yn rhyngwladol.
mondialisation [mɔ̃djalizasjɔ̃] *f* (*d'une technique*) defnydd *g* byd-eang; (*d'un conflit*) ymlediad *g ou* ymdaeniad *g* byd-eang.
mondovision [mɔ̃dɔvizjɔ̃] *f* darllediad *g* lloeren byd-eang.
monégasque [mɔnegask] *adj* o Monaco.
Monégasque [mɔnegask] *m/f* un *g/b* o Monaco, Monegásg *g/b*.
monétaire [mɔnetɛʀ] *adj* ariannol.
monétarisme [mɔnetaʀism] *m* monetariaeth *b*, arianolaeth *b*.
monétique [mɔnetik] *f* bancio electronig.
mongol (-e) [mɔ̃gɔl] *adj* Mongolaidd, o Mongolia.
Mongol [mɔ̃gɔl] *m* Mongoliad *g*.
Mongole [mɔ̃gɔl] *f* Mongoliad *b*.
Mongolie [mɔ̃gɔli] *prf*: **la** ~ Mongolia *b*.
mongolien[1] (**-ne**) [mɔ̃gɔljɛ̃, jɛn] *adj* (*traits*) syndrom Down.
mongolien[2] [mɔ̃gɔljɛ̃] *m* un *g* sydd â syndrom Down.
mongolienne [mɔ̃gɔljɛn] *f* un *b* sydd â syndrom Down;
♦*adj f voir* **mongolien**[1].
mongolisme [mɔ̃gɔlism] *m* syndrom *g* Down.
moniteur [mɔnitœʀ] *m*
1 (*SPORT*) hyfforddwr *g*; (*de colonie de vacances*) goruchwyliwr *g*; ~ **d'auto-école** hyfforddwr gyrru.
2 (*INFORM*) monitor *g*; ~ **cardiaque** (*MÉD*) monitor cardiaidd.
monitrice [mɔnitʀis] *f* (*SPORT*) hyfforddwraig *b*; (*de colonie de vacances*) goruchwylwraig *b*.
monitorage [mɔnitɔʀaʒ] *m* monitro; **faire le** ~ **de** monitro.
monitorat [mɔnitɔʀa] *m* (*formation*) hyfforddiant *g* hyfforddwyr; (*fonction*) swydd *b* hyfforddwr.
monnaie [mɔnɛ] *f* (*devise*) arian *g* cyfred; (*pièce*) darn *g* arian; (*appoint*) newid *g*; ~ **légale** arian cyfreithlon; **petite** *neu* **menue** ~ arian *ou* newid mân; **auriez-vous de la** ~**?** a oes gennych chi newid?; **avoir la** ~ **de 20 F** bod â newid 20 ffranc; **faire de la** ~ cael newid; **faire la** ~ **de 20 F** newid 20 ffranc; **faire** *neu* **donner à qn la** ~ **de 20 F** newid 20 ffranc i rn; **rendre à qn la** ~ **(sur 20 F)** rhoi'r newid (o 20 ffranc) i rn; **payer en** ~ **de singe** talu â geiriau teg; **les otages ont servi de** ~ **d'échange** defnyddiwyd y gwystlon i fargeinio; **c'est** ~ **courante** mae'n digwydd yn aml, mae'n beth cyffredin.
monnayable [mɔnɛjabl] *adj* y gellir ei gyfnewid am arian, gwerthadwy; **votre service est** ~ mae'ch gwasanaeth yn werth arian.
monnayer [mɔneje] (**18**) *vt* (*terrain, valeur*) cyfnewid (rhth) am arian, troi (rhth) yn arian; (*génie, talent*) gwneud arian o, troi (rhth) yn elw; (*TECH: pièce*) bathu.
monnayeur [mɔnɛjœʀ] *m* bathwr *g voir aussi* **faux-monnayeur**.
mono [mɔnɔ] *f* (= *monophonie*) mono *g*.
monochrome [mɔnokʀom] *adj* unlliw.
monocle [mɔnɔkl] *m* monocl *g*, sbectol *b* un llygad.
monocoque [mɔnɔkɔk] *adj*: **voiture** ~ cerbyd *g* ungragen;
♦*m* cwch *g ou* bad *g* ungragen.
monocorde [mɔnɔkɔʀd] *adj* undonog.
monoculture [mɔnokyltyʀ] *f*: **faire de la** ~ tyfu un cnwd.
monogamie [mɔnɔgami] *f* monogami *b*, unweddogaeth *b*.
monogramme [mɔnɔgʀam] *m* monogram *g*.
monokini [mɔnɔkini] *m* bicini *g* heb dop, rhan isaf *b* bicini.
monolingue [mɔnɔlɛ̃g] *adj* uniaith, unieithog.
monolithique [mɔnɔlitik] *adj* monolithig; (*fig*) unffurf, disyflyd.
monologue [mɔnɔlɔg] *m* ymson *g*, monolog *g,b*; ~ **intérieur** llif *g* ymwybod.
monologuer [mɔnɔlɔge] (**1**) *vi* ymson.
monôme [mɔnom] *m* (*MATH*) monomial *g*; (*file d'étudiants*) gorymdaith *b* myfyrwyr (*ar y stryd, gyda phob un yn gafael yn ysgwyddau'r un o'i flaen*).
monoparental (-e) (**monoparentaux, monoparentales**) [mɔnopaʀɑ̃tal, mɔnopaʀɑ̃to] *adj*: **famille** ~**e** teulu *g* un rhiant.
monophasé (-e) [mɔnɔfɑze] *adj* unffas, monoffas.
monophonie [mɔnɔfɔni] *f* monoffoni *g*.
monoplace [mɔnoplas] *adj* un sedd;
♦*m* (*avion*) awyren *b* un sedd;
♦*f* (*voiture*) car *g* un sedd.
monoplan [mɔnoplɑ̃] *m* monoplan *g*.
monopole [mɔnɔpɔl] *m* monopoli *g*.
monopolisation [mɔnɔpɔlizasjɔ̃] *f* monopoleiddio.
monopoliser [mɔnɔpɔlize] (**1**) *vt* monopoleiddio; (*fig*) meddiannu, llwyrfeddiannu.
monorail [mɔnoʀɑj] *m* trên *g,b* un gledren.
monoski [mɔnoski] *m* sgi *b* sengl.
monosyllabe [mɔnosi(l)lab] *m* gair *g* unsill, unsillaf *b*
monosyllabique [mɔnosi(l)labik] *adj* unsill, unsillaf, unsillafog.
monotone [mɔnɔtɔn] *adj* (*son, voix*) undonog; (*spectacle, style, discours*) diflas, anniddorol; (*vie*) diflas, digyfnewid, undonog.
monotonie [mɔnɔtɔni] *f* (*son, voix*) undonedd *g*; (*spectacle, vie*) diflastod *g*.
monseigneur [mɔ̃sɛɲœʀ] *m* (*formule d'adresse: archevêque*) Eich Gras *g*, Ei Ras; (*:cardinal*) Eich *ou* Ei Arucheledd *g*; (*:évêque*) Eich Gras, Ei Ras, f'Arglwydd *g*, yr Arglwydd; (*:prince*) Eich *ou* Ei Uchelder *g* (Brenhinol); **Mgr Thomas** yr Esgob *g ou* y Cardinal *g*

Tomos.

Monsieur (**Messieurs**) [məsjø, mesjø] *m* (*sur une enveloppe*) Mr, Bnr; (:*au pluriel*) (y) Meistri *ou* Mri; (*en-tête de lettre: gén*) Annwyl Syr; (:*personne connue*) Annwyl Mr X; (*sans majuscule*) gŵr *g* (bonheddig); **il ya un m~ qui vous demande** mae gŵr bonheddig yn gofyn amdanoch; **bonjour ~** (*courant*) bore da; (*avec déférence*) bore da syr; (*nom connu*) bore da Mr X; **bonjour ~ le Juge** bore da eich Anrhydedd; **et pour (vous) ~?** (*au restaurant*) a beth hoffech chi syr?; **Messieurs** (*devant un auditoire*) foneddigion.

monstre [mɔ̃stʀ] *m* anghenfil *g*; **un ~ sacré du cinéma** un *g* o gewri'r sgrin;
♦*adj* (*fam*) anferth, enfawr, aruthrol; **un travail ~** llond *g* gwlad o waith, peth wmbredd *g* o waith.

monstrueux (**monstrueuse**) [mɔ̃stʀyø, mɔ̃stʀyøz] *adj* (*difforme*) angenfilaidd, afluniaidd; (*gigantesque*) anferth, enfawr, aruthrol; (*abominable*) gwarthus, ffiaidd; (*crime*) erchyll, anfad, ysgeler; (*erreur*) dybryd.

monstruosité [mɔ̃stʀyozite] *f* (*de crime etc*) erchylltra *g*; (*MÉD*) anffurfiant *g*; **commettre/dire des ~s** gwneud/dweud pethau dychrynllyd *ou* erchyll.

mont [mɔ̃] *m*: **par ~s et par vaux** dros fryn a dôl, dros bant a bryn; **le ~ de Vénus** (*ANAT*) cnwc *g* Gwener, mons *g* veneris; **le ~ Blanc** y Mont *g* Blanc; **le ~ des Oliviers** Mynydd *g* yr Olewydd *voir aussi* **~-de-piété**.

montage [mɔ̃taʒ] *m* (*d'un bijou*) gosodiad *g*, gosod; (*d'une machine etc*) cyfosodiad *g*, cyfosod, cydosodiad *g*, cydosod; (*ÉLEC*) gwifriad *g*, gwifro; (*d'une affaire financière*) trefniad *g*, trefnu; (*CINÉ: opération*) golygu; **~ photographique** ffotogyfosodiad *g*, montage *g* ffotograffig; **~ sonore** (*processus*) golygu sain; (*résultat*) cyfosodiad *ou* montage sain.

montagnard[1] (**-e**) [mɔ̃taɲaʀ, aʀd] *adj* mynyddig, ucheldirol, o'r mynyddoedd *ou* ucheldiroedd.

montagnard[2] [mɔ̃taɲaʀ] *m* ucheldirwr *g*, dyn *g* sy'n byw yn y mynyddoedd *ou* yr ucheldiroedd.

montagnarde [mɔ̃taɲaʀd] *f* ucheldirwraig *b*, merch *b* sy'n byw yn y mynyddoedd *ou* yr ucheldiroedd;
♦*adj f voir* **montagnard**[1].

montagne [mɔ̃taɲ] *f* (*sommet*) mynydd *g*; **la ~** (*région montagneuse*) y mynydd-dir *g*, y mynyddoedd *ll*, yr ucheldiroedd *ll*; **une ~ de** (*fig: quantité*) pentwr *g* o, tomen *b* o, llond *g* gwlad o; **la haute/moyenne ~** y mynyddoedd *ou* mynydd-dir *g* uchel/canolig; **les ~s Rocheuses** y Mynyddoedd Creigiog, Mynyddoedd y Rockies; **~s russes** ffigar-êt *g,b*.

montagneux (**montagneuse**) [mɔ̃taɲø, øz] *adj* mynyddig.

montalbanais (**-e**) [mɔ̃talbanɛ, ɛz] *adj* o Montauban.

Montalbanais [mɔ̃talbanɛ] *m* un *g* o Montauban.

Montalbanaise [mɔ̃talbanɛz] *f* un *b* o Montauban.

montant[1] (**-e**) [mɔ̃tɑ̃, ɑ̃t] *adj* (*mouvement*) sy'n codi; (*marée*) sy'n codi, ymchwyddol; (*chemin*) sy'n dringo, ar i fyny; (*robe, corsage*) â gwddf uchel; (*col*) uchel.

montant[2] [mɔ̃tɑ̃] *m* (*somme, total*) cyfanswm *g*; (*d'une fenêtre*) cilbost *g*, postyn *g*, ochr *b*; (*d'un lit*) postyn; (*d'une échelle*) ochr *b*.

mont-de-piété (**~s-~-~**) [mɔ̃dpjete] *m* siop *b* wystlo, ponsiop *b*.

monte [mɔ̃t] *f* (*accouplement*) marchogi, cyfebru; (*ÉQUITATION: technique*) marchogwriaeth *b*; (*d'un jockey*) eisteddiad *g*.

monté (**-e**) [mɔ̃te] *adj*: **être ~ contre qn** bod yn ddig wrth rn; **elle est bien ~e en** (*fourni, équipé*) mae ganddi ddigonedd o; **elle est mal ~e en** mae hi'n brin o; **~ sur une chaise/sur un cheval** ar ben cadair/ar gefn ceffyl.

monte-charge [mɔ̃tʃaʀʒ] *m inv* lifft *g,b* nwyddau, codwr *g* nwyddau.

montée [mɔ̃te] *f* codiad *g*; (*escalade*) esgyniad *g*, dringfa *b*; (*chemin, côte*) esgynfa *b*, rhiw *b*, gallt *b*; (*augmentation*) cynnydd *g*, twf *g*; **au milieu de la ~** hanner ffordd i fyny; **le moteur chauffe dans les ~s** mae'r injan yn poethi wrth ddringo rhiwiau;
♦*adj f voir* **monté**.

monte-plats [mɔ̃tpla] *m inv* lifft *g,b* llestri *ou* lestri.

monter [mɔ̃te] **(1)** *vi (avec aux. être)* mynd *ou* dod i fyny; (*avion*) codi, dringo; (*température, niveau, voix, prix etc*) codi; (*CARTES*) chwarae cerdyn uwch; **~ à pied** cerdded i fyny; **~ en voiture** mynd i fyny mewn car; **~ dans un train/avion** mynd i *ou* ar drên/awyren; **~ à cheval/à bicyclette** mynd ar gefn ceffyl/beic; (*faire du cheval/de la bicyclette*) marchogaeth/beicio *ou* seiclo; **il monte bien/mal** (*à cheval*) mae'n farchog da/gwael; **~ sur** *neu* **à un arbre** dringo i ben coeden; **~ à l'assaut** ymosod; **~ à bord** mynd ar long *ou* ar y llong; **~ en grade** cael dyrchafiad; **~ sur les planches** mynd ar y llwyfan; **~ à la tête de** *neu* **à qn** (*vin, fig*) codi i ben rhn;
♦*vt (avec aux. avoir)* (*escalier, marches, côte*) mynd *ou* dod i fyny (rhth); (*valise, paquet*) mynd *ou* dod â (rhth) i fyny; (*cheval*) marchogaeth; (*femelle*) marchogi, cyfebru; (*tente, échafaudage*) codi; (*machine: assembler*) cyfosod, cydosod; (*bijou*) gosod; (*COUTURE: manches, col*) gosod; (*CINÉ*) golygu; (*THÉÂTRE: pièce*) llwyfannu; (*société*) sefydlu; (*organiser*) trefnu; (*fournir, équiper*) cyflenwi, cyfarparu; **~ la tête à qn** rhoi syniadau ym mhen rhn; **~ qn contre qn** troi rhn yn erbyn

rhn; ~ **qch en épingle** gwneud môr a mynydd o rth, rhoi gormod o sylw i rth, rhoi gormod o bwys ar rth; ~ **la garde** mynd *ou* bod ar wyliadwriaeth; **monte la radio** tro'r sain i fyny;
♦ **se** ~ *vr*: **se** ~ **en** (*s'équiper*) cael stoc *ou* stôr *ou* cyflenwad o, ymgyflenwi â; **se** ~ **à** (*frais, réparation*) dod i *ou* yn.
monteur [mɔ̃tœʀ] *m* (*TECH*) gosodwr *g*, ffiter *g*; (*CINÉ*) golygydd *g*.
monteuse [mɔ̃tøz] *f* gosodwraig *b*; (*CINÉ*) golygydd *g*.
monticule [mɔ̃tikyl] *m* (*colline*) bryncyn *g*, ponc *b*, poncen *b*; (*petite bosse de terrain*) twmpath *g*; (*tas*) pentwr *g*, tomen *b*.
montmartrois (**-e**) [mɔ̃maʀtʀwa, waz] *adj* o Montmartre.
montre[1] [mɔ̃tʀ] *f* watsh *b*, oriawr *b*; ~ **en main** yn union, i'r funud; **contre la** ~ (*SPORT*) yn erbyn y cloc; ~ **digitale** watsh *ou* oriawr ddigidol; **faire** ~ **de** dangos, arddangos; **pour la** ~ (*pour sauver les apparences*) er mwyn cadw parch *ou* wyneb.
montre[2] [mɔ̃tʀ] *vb voir* **montrer**.
Montréal [mɔ̃ʀeal] *pr* Montreal.
montréalois (**-e**) [mɔ̃ʀealwa, waz] *adj* o Montreal.
Montréalois [mɔ̃ʀealwa] *m* Montrealiad *g*.
Montréaloise [mɔ̃ʀealwaz] *f* Montrealiad *b*.
montre-bracelet (~**s**-~**s**) [mɔ̃tʀəbʀaslɛ] *f* watsh *b ou* oriawr *b* arddwrn.
montrer [mɔ̃tʀe] (**1**) *vt* dangos; (*fig: décrire, dépeindre*) darlunio, disgrifio; ~ **qch à qn** dangos rhth i rn; ~ **qch du doigt** cyfeirio *ou* estyn *ou* pwyntio bys at rth;
♦ **se** ~ *vr* ymddangos, dod i'r golwg; (*s'avérer: personne*) eich profi *ou* dangos eich hun (yn), profi *ou* dangos eich bod (yn); (*:chose*) bod (yn), profi (yn); **se** ~ **digne** eich profi *ou* dangos eich hun yn deilwng; **le traitement s'est montré efficace** bu'r driniaeth yn effeithiol.
montreur [mɔ̃tʀœʀ] *m*: ~ **de marionnettes** pypedwr *g*.
montreuse [mɔ̃tʀøz] *f*: ~ **de marionnettes** pypedwraig *b*.
monture [mɔ̃tyʀ] *f* (*cheval*) ceffyl *g*, march *g*; (*TECH*) gosod, cyfosod; (*d'une bague*) gosodiad *g*; (*de lunettes*) ffrâm *b*.
monument [mɔnymɑ̃] *m* cofeb *b*, cofadail *g,b*; (*colonne*) cofgolofn *b*; (*pierre dressée*) carreg *b* goffa, maen *g* coffa; ~ **aux morts** cofgolofn (rhyfel *ou* milwyr).
monumental (**-e**) (**monumentaux, monumentales**) [mɔnymɑ̃tal, mɔnymɑ̃to] *adj* (*œuvre*) aruthrol, anferthol; (*bêtise, erreur*) difrifol, dybryd.
moquer [mɔke] (**1**): **se** ~ *vr*: **se** ~ **de qn** gwneud hwyl am ben rhn, chwerthin am ben rhn; (*fam: se désintéresser de*) peidio â malio *ou* hidio *ou* becso dim am.
moquerie [mɔkʀi] *f* gwawd *g*, gwatwar *g*.
moquette [mɔkɛt] *f* (*tapis*) carped *g*; (*étoffe*) mocét *g*, moquette *g*.
moqueur (**moqueuse**) [mɔkœʀ, mɔkøz] *adj* gwawdlyd, gwatwarus.
moral[1] (**-e**) (**moraux, morales**) [mɔʀal, mɔʀo] *adj* moesol.
moral[2] [mɔʀal] *m* (*état d'esprit*) ysbryd *g*, hyder *g*, calon *b*; **au** ~ **comme au physique** yn feddyliol ac yn gorfforol; **j'ai le** ~ **à zéro** mae'r felan arna' i, 'rwy'n teimlo'n ddigalon iawn, 'rwy'n isel f'ysbryd.
morale [mɔʀal] *f* (*doctrine*) côd *g* moesol, moeseg *b*; (*mœurs*) moesau *ll*; (*valeurs traditionnelles*) moesoldeb *b*, safonau *ll* moesol; (*conclusion: d'une fable etc*) moeswers *b*; **faire la** ~ **à qn** rhoi pregeth i rn;
♦*adj f voir* **moral**[1].
moralement [mɔʀalmɑ̃] *adv* yn foesol.
moralisateur[1] (**moralisatrice**) [mɔʀalizatœʀ, mɔʀalizatʀis] *adj* pregethwrol, moesegol; (*histoire*) dyrchafol, goleuol.
moralisateur[2] [mɔʀalizatœʀ] *m* moesegydd *g*, moesolydd *g*.
moralisatrice [mɔʀalizatʀis] *f* moesegydd *g*, moesolydd *g*;
♦*adj f voir* **moralisateur**[1].
moraliser [mɔʀalize] (**1**) *vi* moesoli, moesegu;
♦*vt*: ~ **qn** (*réprimander*) rhoi pregeth i rn.
moraliste [mɔʀalist] *m/f* moesolwr *g*, moesolwraig *b*;
♦*adj* moesolaidd, moesolgar.
moralité [mɔʀalite] *f* (*d'une action, attitude*) moesoldeb *g*; (*conduite*) moesau *ll*; (*conclusion, enseignement*) moeswers *b*, gwers *b*.
moratoire [mɔʀatwaʀ] *adj*: **intérêts** ~**s** (*FIN*) llog *g* ar ôl-ddyledion.
morave [mɔʀav] *adj* Morafaidd, o Morafia.
Moravie [mɔʀavi] *prf*: **la** ~ Morafia *b*.
morbide [mɔʀbid] *adj* afiach, morbid.
morceau (**-x**) [mɔʀso] *m* darn *g*, tipyn *g*; ~**x choisis** (*d'une œuvre*) detholiad *g*, detholion *ll*; **couper qch en** ~**x** torri rhth yn ddarnau *ou* yn dipiau; **déchirer/mettre qch en** ~**x** rhwygo/tynnu rhth yn gareiau.
morceler [mɔʀsəle] (**11**) *vt* (*terrain*) rhannu.
morcellement [mɔʀsɛlmɑ̃] *m* rhannu.
mordant[1] (**-e**) [mɔʀdɑ̃, ɑ̃t] *adj* brathog, deifiol, miniog; (*froid*) deifiol, sy'n gafael.
mordant[2] [mɔʀdɑ̃] *m* (*dynamisme*) egni *g*, grym *g*, mynd *g*; (*style*) min *g*, awch *g*; (*scie etc*) brathiad *g*; (*TECH*) brathliw *g*, mordant *g*.
mordicus* [mɔʀdikys] *adv* yn ystyfnig, yn benderfynol.
mordiller [mɔʀdije] (**1**) *vt* cnoi, deintio.
mordoré (**-e**) [mɔʀdɔʀe] *adj* lliw efydd, eurgoch.
mordre [mɔʀdʀ] (**3**) *vt* brathu, cnoi; (*suj: insecte*) pigo, brathu; (*:lime, ancre, vis*) cydio

ou gafael yn; (:*acide*) tyllu; (:*fig: froid*) gafael yn;
♦*vi* (*poisson*) brathu; ~ **dans** (*fruit, gâteau*) rhoi *ou* claddu'ch dannedd yn; ~ **sur qch** (*empiéter sur*) gorgyffwrdd â rhth, torri ar draws rhth, mynd dros rth; ~ **à qch** (*prendre goût à*) cymryd at rth, cael blas ar rth; (*être trompé par*) llyncu rhth, cymryd eich dal gan rth, cymryd eich twyllo gan rth; ~ **à l'hameçon** llyncu'r abwyd.

mordu[1] (**-e**) [mɔʀdy] *pp de* **mordre**;
♦*adj* (*passionné*) wedi gwirioni, wedi colli'ch pen yn lân, wedi mopio, wedi mopio'ch pen, brwd, selog.

mordu[2] [mɔʀdy] *m* (*passionné*) un *g* selog *ou* brwdfrydig (dros rth), dilynwr *g*, selogyn *g*, cefnogwr *g*; **c'est un ~ du cricket** mae'n ddilynwr brwd o griced, mae wedi gwirioni ar griced; **un ~ du jazz** un o selogion jazz, un sy'n hoff iawn o jazz.

mordue [mɔʀdy] *f* (*passionnée*) un *b* selog *ou* frwdfrydig (dros rth), dilynwraig *b*, cefnogwraig *b*;
♦*adj f voir* **mordu**[1].

morfondre [mɔʀfɔ̃dʀ] (**3**): **se ~** *vr* (*après une déception*) bod â'ch pen yn eich plu; (*dans l'attente de qch*) digalonni.

morgue[1] [mɔʀg] *f* (*arrogance*) trahauster *g*, traha *g*, ffroenucheledd *g*.

morgue[2] [mɔʀg] *f* (*lieu*) marwdy *g*.

moribond (**-e**) [mɔʀibɔ̃, ɔ̃d] *adj* ar farw *ou* drengi *ou* ddarfod, yn marw.

morille [mɔʀij] *f* (*champignon*) morel *g*.

mormon[1] (**-e**) [mɔʀmɔ̃, ɔn] *adj* Mormonaidd.

mormon[2] [mɔʀmɔ̃] *m* Mormon *g*, Mormoniad *g*.

mormone [mɔʀmɔn] *f* Mormones *b*, Mormoniad *b*;
♦*adj f voir* **mormon**[1].

morne [mɔʀn] *adj* (*personne*) digalon, prudd; (*vie*) diflas; (*temps*) cymylog, digalon; (*paysage*) llwm, digalon.

morose [mɔʀoz] *adj* sorllyd, sarrug, dreng; (*marché*) marwaidd.

morphine [mɔʀfin] *f* morffin *g*.

morphinomane [mɔʀfinɔman] *m/f* un *g/b* sy'n gaeth i forffin.

morphologie [mɔʀfɔlɔʒi] *f* morffoleg *b*.

morphologique [mɔʀfɔlɔʒik] *adj* morffolegol.

mors [mɔʀ] *m* genfa *b*, haearn *g* ffrwyn.

morse[1] [mɔʀs] *m* (*ZOOL*) walrws *g*.

morse[2] [mɔʀs] *m* (*TÉL*) côd *g* Morse.

morsure [mɔʀsyʀ] *f* (*d'un animal*) brath *g*, brathiad *g*, cnoad *g*; (*d'un insecte*) pigiad *g*; (*du froid*) egrwch *g*.

mort[1] (**-e**) [mɔʀ, mɔʀt] *pp de* **mourir**;
♦*adj* marw, wedi marw; ~ **ou vif** yn fyw neu'n farw; **être ~ de peur** bod wedi dychryn am eich bywyd, bod bron marw o ofn; ~ **de fatigue** wedi blino *ou* diffygio'n lân, wedi ymlâdd yn llwyr.

mort[2] [mɔʀ] *f* marwolaeth *b*; **de ~** (*pâleur*) fel drychiolaeth; (*silence*) llethol; **à ~** (*blessé etc*) yn angheuol; **à la ~ de sa sœur** pan fu farw ei chwaer, ar ôl i'w chwaer farw; **à la vie, à la ~** hyd *ou* am byth, yn dragywydd; **se donner la ~** eich lladd eich hun; ~ **cérébrale** marwolaeth yr ymennydd; ~ **subite du nourisson** marwolaeth yn y crud.

mort[3] [mɔʀ] *m* (*dépouille mortelle, défunt*) dyn *g* (wedi) marw; **les ~s** y meirw *ll ou* meirwon *ll*; **il y a eu un ~** cafodd un ei ladd, lladdwyd un (dyn); **faire le ~** cymryd arnoch fod wedi marw, ffugio marwolaeth; (*fig*) aros *ou* cuddio o'r golwg, cadw'ch pen i lawr.

mort[4] [mɔʀ] *m* (*CARTES*) mudan *g*, dymi *g*.

morte [mɔʀt] *f* (*dépouille mortelle, défunte*) merch *b* farw *ou* wedi marw;
♦*adj f voir* **mort**[1].

mortadelle [mɔʀtadɛl] *f* mortadela *g,b* (*math o sosej*).

mortalité [mɔʀtalite] *f* (*condition*) marwoldeb *g*; (*ensemble des morts*) marwolaethau *ll*; **(taux de) ~** cyfradd *b ou* nifer *g,b* marwolaethau; ~ **infantile** cyfradd marwolaethau babanod.

mort-aux-rats [mɔʀtoʀa] *f inv* gwenwyn *g* llygod mawr, arsenig *g*.

mortel[1] (**-le**) [mɔʀtɛl] *adj* (*entraînant la mort*) marwol, angheuol; (*sujet à la mort*) meidrol; (*fig: intense*) enbyd, aruthrol, llethol; (:*ennuyeux*) llethol o ddiflas, diflas *ou* anniddorol tu hwnt.

mortel[2] [mɔʀtɛl] *m* meidrolyn *g*.

mortelle [mɔʀtɛl] *f* meidrolyn *g*;
♦*adj f voir* **mortel**[1].

mortellement [mɔʀtɛlmɑ̃] *adv* (*blesser etc*) yn angheuol, hyd at farw; (*pâle etc*) fel drychiolaeth; (*fig: offenser, vexer*) i'r byw; **c'est ~ ennuyeux** mae'n llethol o ddiflas, mae'n ddiflas tu hwnt.

morte-saison (**~s-~s**) [mɔʀtəsɛzɔ̃] *f* adeg *b* dawel o'r flwyddyn, tymor *g* tawel.

mortier [mɔʀtje] *m* (*CONSTR*) morter *g*; (*récipient*) breuan *b*, morter; (*canon*) morter.

mortifier [mɔʀtifje] (**16**) *vt* (*REL*) penydio, disgyblu, darostwng; (*humilier*) darostwng, iselhau; (*CULIN*) (gadael rhth) hongian; (*MÉD*) marweiddio.

mort-né (**~-~e**) (**~-~s, ~-~es**) [mɔʀne] *adj* marw-anedig; (*fig*) aflwyddiannus, ofer.

mortuaire [mɔʀtɥɛʀ] *adj* (*cérémonie*) claddu, angladdol; **avis ~** hysbysiad *g* marwolaeth; **chapelle ~** capel *g* angladdau; **couronne ~** torch *b* flodau; **domicile ~** tŷ'r *g* ymadawedig; **drap ~** elorlen *b*.

morue [mɔʀy] *f* penfras *g*, codyn *g*, còd *g*; (*CULIN: salée*) penfras hallt.

morutier [mɔʀytje] *m* (*pêcheur*) pysgotwr *g* penfras; (*bateau*) cwch *g* pysgota penfras.

morveux* (**morveuse**) [mɔʀvø, mɔʀvøz] *adj*

(*enfant*) â'i drwyn yn rhedeg, heb sychu ei drwyn.
mosaïque [mɔzaik] *f* mosaig *g*, brithwaith *g*; (*fig*) clytwaith *g*; (*mélange*) cymysgedd *g*.
mosaïste [mɔzaist(ə)] *m/f* brithweithiwr *g*, brithweithwraig *b*.
mosan (-**e**) [mɔzɑ̃, an] *adj* (*de la Meuse*) o ardal y Meuse.
Moscou [mɔsku] *pr* Mosgo.
moscovite [mɔskɔvit] *adj* Mosgofaidd, o Mosgo.
Moscovite [mɔskɔvit] *m/f* Mosgofiad *g/b*.
mosellan (-**e**) [mɔzɛlɑ̃, an] *adj* o Mosél.
Mosellan [mɔzɛlɑ̃] *m* un *g* o Mosél.
Mosellane [mɔzɛlan] *f* un *b* o Mosél.
mosquée [mɔske] *f* mosg *g*.
mot [mo] *m* gair *g*; (*bon mot etc*) sylw *g*, dywediad *g*; (*message*) neges *b*; (*courte lettre*) gair, nodyn *g*; **le** ~ **de la fin** y gair olaf; **dire des gros** ~**s** rhegi; **à ces** ~**s, elle s'est évanouie** pan glywodd hyn *ou* hynny, llewygodd; **sur ces** ~**s** gyda hyn *ou* hynny o eiriau, ar y gair; **en un** ~ mewn gair, yn fyr; ~ **pour** ~ gair am air; **à** ~**s couverts** mewn geiriau awgrymog; **avoir le dernier** ~ cael y gair olaf; **prendre qn au** ~ cymryd rhn ar ei air; **se donner le** ~ dweud rhth wrth eich gilydd, gadael i bobl wybod; **avoir son** ~ **à dire** cael dweud eich dweud *ou* barn *ou* pwt; **avoir des** ~**s avec qn** ffraeo â rhn, cael ffrae â rhn; ~ **d'ordre** *neu* **de passe** cyfrinair *g*; ~**s croisés** croesair *g*; ~**-clé** allweddair *g*; ~ **à** ~ llythrennol; **faire du** ~ **à** ~ cyfieithu gair am air, cyfieithu'n llythrennol.
motard [mɔtaʀ] *m* motorbeiciwr *g*; (*de la police*) plismon *g* ar gefn motor-beic.
motarde [mɔtaʀd] *f* motorbeicwraig *b*.
motel [mɔtɛl] *m* motel *g*.
moteur[1] (**motrice**) [mɔtœʀ, mɔtʀis] *adj* (*ANAT, PHYSIOL*) echddygol, motor; (*TECH*) gyriadol, gyrru; **à 4 roues motrices** (*AUTO*) (â) gyriant pedair olwyn.
moteur[2] [mɔtœʀ] *m* peiriant *g*, motor *g*, injan *b*, modur *g*; (*fig: personne*) prif ysgogydd *g*; **à** ~ pŵer-yredig, modur; ~ **à deux/quatre temps** peiriant *ou* motor dwystroc/pedair strôc; ~ **à explosion** peiriant *ou* motor tanio mewnol; ~ **à réaction** peiriant *ou* motor jet; ~ **thermique** peiriant *ou* motor gwres.
moteur-fusée (~**s**-~**s**) [mɔtœʀfyze] *m* peiriant *g ou* motor *g* roced.
motif [mɔtif] *m* cymhelliad *g*, cymhellion *ll*, ysgogiad *g*, rheswm *g*; (*ornement*) patrwm *g*, addurn *g*, motiff *g*; ~**s** (*JUR: d'une loi, d'un jugement*) sail *b*; **sans** ~ di-sail.
motion [mosjɔ̃] *f* cynnig *g*; ~ **de censure** cynnig o gerydd.
motivation [mɔtivasjɔ̃] *f* cymhelliant *g*, cymhelliad *g*, ysgogiad *g*, rhesymau *ll*, cymhellion *ll*.
motivé (-**e**) [mɔtive] *adj* (*acte*) wedi ei achosi, wedi ei gyfiawnhau, cyfiawn; (*personne*) brwdfrydig, cryf ei gymhelliad
motiver [mɔtive] (**1**) *vt* (*pousser*) ysgogi, cymell; (*justifier*) cyfiawnhau; (*causer*) bod yn achos (rhth), bod yn rheswm dros.
moto* [moto] *f* (*véhicule*) motor-beic *g*, beic *g* modur; (*activité*) motorbeicio; ~ **de cross,** ~ **tout-terrain** (motor-)beic gwlad.
moto-cross [motokʀɔs] *m inv* motocrós *g*.
motoculteur [mɔtɔkyltœʀ] *m* peiriant *g* palu, peiriant trin tir.
motocyclette [mɔtɔsiklɛt] *f* beic *g* modur, motor-beic *g*.
motocyclisme [mɔtɔsiklism] *m* mynd ar gefn beic modur, reidio motor-beic, motorbeicio; (*SPORT*) rasio motor-beics *ou* beiciau modur.
motocycliste [mɔtɔsiklist] *m/f* motorbeiciwr *g*, motorbeicwraig *b*, gyrrwr *g* beic modur, gyrwraig *b* beic modur.
motoneige [motonɛʒ] *f* beic *g* eira.
motorisé (-**e**) [mɔtɔʀize] *adj* (*troupes*) moduraidd, â moduron; **être** ~ (*personne*) bod â char gennych.
motoriser [mɔtɔʀize] (**1**) *vt* mecaneiddio, peirianeiddio; (*MIL*) modureiddio, rhoi moduron i.
motrice [mɔtʀis] *f* (*RAIL*) uned *b* bŵer; ♦*adj f voir* **moteur**[1].
motte [mɔt] *f*: ~ **de terre** talp *g* o bridd; ~ **de beurre** talp o fenyn; ~ **de gazon** tywarchen *b*.
motus [mɔtys] *excl*: ~ **(et bouche cousue)!** taw piau hi!, dim gair wrth neb!
mou[1] [**mol**] (**molle**) (**mous, molles**) [mu, mɔl] *adj* (*substance*) meddal, esmwyth; (*geste, poignée de main*) llipa; (*chair*) llac, llipa; (*résistance, protestations*) gwan, llipa; (*temps*) trymaidd, clòs, mwll; (*personne: sans énergie*) diegni, di-fynd; (:*sans autorité*) di-asgwrn-cefn; (:*trop indulgent*) maldodus, difethgar; **avoir les jambes molles** teimlo'n sigledig.
mou[2] [mu] *m* (*homme mou*) llipryn *g*; (*abats*) ysgyfaint *ll*; **avoir du** ~ (*de la corde*) bod yn llac; **donner du** ~ llacio.
mouchard [muʃaʀ] (*péj*) *m* (*SCOL*) clapgi *g*, hen geg *b*; (*POLICE*) hysbyswr *g*; (*d'un véhicule*) offer *ll* rheoli; (*d'un camion*) tacograff *g*.
mouchardage* *m* [muʃaʀdʒ] (*péj*); ♦*f* (*SCOL*) clepian; (*POLICE*) hysbysu.
moucharde* [muʃaʀd] (*péj*) *f* (*SCOL*) hen geg *b*; (*POLICE*) hysbyswraig *b*.
moucharder* [muʃaʀde] (*péj*) *f* (*SCOL*) clepian; (*POLICE*) hysbysu.
mouche [muʃ] *f*
1 (*insecte*) pryf *g*, pryfyn *g*, cleren *b*; ~ **domestique** gwybedyn *g*, pryf (ffenestr); ~ **tsé-tsé** pryf tsetse; **bateau** ~ (*fig*) *cwch g i ymwelwyr ar y Seine ym Mharis.*
2 (*sur la peau*) smotyn *g* harddwch.
3 (*ESCRIME*) botwm *g*.
4 (*sur une cible*) bwl *g*; **faire** ~ sgorio *ou* cael

bwl; (*fig*) taro'r nod, cyrraedd y nod.
5 (*fam*): **prendre la ~** digio; **elle prend facilement la ~** mae'n hawdd ei digio, mae'n hawdd pechu yn ei herbyn.

moucher [muʃe] (**1**) *vt* (*enfant*) sychu trwyn (rhn); (*chandelle, lampe*) diffodd; (*fig*) rhoi (rhn) yn ei le;
♦ **se ~** *vr* chwythu'ch trwyn, sychu'ch trwyn.

moucheron [muʃʀɔ̃] *m* gwybedyn *g* mân.

moucheté (**-e**) [muʃ(ə)te] *adj* brith; (*ESCRIME*) wedi'i fotymu.

mouchoir [muʃwaʀ] *m* cadach *g ou* macyn *g* poced, hances *b* boced, neished *b*; **~ en papier** hances bapur.

moudre [mudʀ] (**62**) *vt* malu, melino.

moue [mu] *f* ceg *b* bwdlyd; **faire la ~** (*tiquer*) tynnu *ou* gwneud wyneb, pwdu; (*enfant gâté*) edrych yn bwdlyd, estyn gwefl.

mouette [mwɛt] *f* gwylan *b*.

mouf(f)ette [mufɛt] *f* (*ZOOL*) drewgi *g*.

moufle [mufl] *f* (*gant*) maneg *b* eira (*â'r pedwar bys yn un*); (*TECH*) bloc *g* pwli.

mouflon [muflɔ̃] *m* (*mammifère ruminant*) mwfflon *g,b*.

mouillage [mujaʒ] *m* (*NAUT: abri, rade*) angorfa *b*.

mouillé (**-e**) [muje] *adj* gwlyb, yn socian; (*voix*) dagreuol; (*yeux*) llawn dagrau, llaith; (*LING*) taflodol.

mouiller [muje] (**1**) *vt* (*humecter*) gwlychu; (*couper, diluer*) teneuo, gwanhau, glastwreiddio; (*mine*) gosod; (*ancre*) bwrw, gollwng; **~ qch avec du bouillon** (*ragoût, sauce etc*) ychwanegu isgell *ou* stoc at rth; **~ qch avec du vin blanc** (*ragoût, sauce etc*) ychwanegu gwin gwyn at rth;
♦*vi* (*NAUT*) gorwedd *ou* bod wrth angor;
♦ **se ~** *vr* gwlychu; (*fam: se compromettre*) mynd ynghlwm; (:*prendre des risques*) ei mentro hi, mentro i'r dwfn; **ses yeux se mouillent** daw dagrau i'w (l)lygaid.

mouillette [mujɛt] *f* (*morceau de pain qu'on trempe dans les œufs*) bys *g* bara *ou* tost.

moulage [mulaʒ] *m* (*briques etc*) mowldio; (*statue*) castio; (*objet*) cast *g*, mowldiad *g*; **le ~ d'un bas-relief** gwneud cast o fasgerfiad.

moulais *etc* [mulɛ] *vb voir* **moudre**.

moulant (**-e**) [mulɑ̃, ɑ̃t] *adj* glynol, sy'n glynu, tynn.

moule[1], *etc* [mul] *vb voir* **moudre**.

moule[2] [mul] *f* (*mollusque*) cragen *b* las, misglen *b*.

moule[3] [mul] *m* (*CULIN: creux*) mowld *g*, mold *g*; (*modèle plein*) cast *g*; **~ à gâteaux** tun *g* cacen; **~ à gaufre** haearn *g* gwneud wafflau; **~ à tarte** dysgl *b* darten *ou* fflan.

moulent [mul] *vb voir* **moudre; mouler**.

mouler [mule] (**1**) *vt* (*fabriquer avec un moule*) mowldio; (*statue*) bwrw, castio; (*visage, bas-relief*) gwneud cast *ou* mowldiad o; (*lettre*) llunio *ou* ysgrifennu (rhth) yn ofalus; (*suj: vêtement, bas*) glynu; **~ qch sur** (*fig*) modelu *ou* patrymu *ou* seilio rhth ar.

moulin [mulɛ̃] *m* melin *b*; (*fam*) injan *b*; **~ à café** melin goffi; **~ à eau** melin ddŵr; **~ à légumes** melin lysiau; **~ à paroles** (*fig*) clebryn *g*, clebren *b*; **~ à poivre** melin bupur; **~ à prières** olwyn *b* weddïo; **~ à vent** melin wynt.

mouliner [muline] (**1**) *vt* (*légumes*) malu, melino; (*PÊCHE*) rilio (rhth) i mewn; (*INFORM*) prosesu.

moulinet [mulinɛ] *m* (*de treuil*) winsh *b*; (*de canne à pêche*) rîl *b*; **faire des ~s avec qch** (*mouvement*) chwyrlïo rhth, troelli rhth.

moulinette® [mulinɛt] *f* melin *b* lysiau.

moulons [mulɔ̃] *vb voir* **moudre**.

moulu (**-e**) [muly] *pp de* **moudre**;
♦*adj* (*café*) mâl.

moulure [mulyʀ] *f* mowldin *g*.

mourant[1] (**-e**) [muʀɑ̃, ɑ̃t] *vb voir* **mourir**;
♦*adj* yn marw, ar farw; (*lumière*) gwan, pŵl; (*voix*) gwan, egwan; (*regard, yeux*) marwaidd, difywyd; (*jour*) (sydd) ar ddarfod.

mourant[2] [muʀɑ̃] *m* un *g* sydd ar farw.

mourante [muʀɑ̃t] *f* un *b* sydd ar farw;
♦*adj f voir* **mourant**[1].

mourir [muʀiʀ] (**29**) *vi (avec aux. être)* marw; **~ de faim** marw o newyn, llwgu i farwolaeth; (*fig*) bod bron â marw o eisiau bwyd, bod ar lwgu; **~ de froid** marw o oerfel; (*fig*) bod bron â rhewi *ou* sythu, bod bron â thrigo *ou* fferru; **~ d'ennui** bod wedi hen ddiflasu *ou* syrffedu *ou* alaru; **~ de peur** bod wedi dychryn am eich bywyd, bod bron â marw o ofn; **j'ai failli ~ de rire** bûm bron â marw o chwerthin; **à ~ de rire** doniol *ou* digrif iawn; **~ de vieillesse** marw o henaint; **~ assassiné(e)** cael eich llofruddio; **~ d'envie de faire** bod bron â marw o eisiau gwneud; **être las(se) à ~** bod wedi blino *ou* diffygio'n lân, bod wedi ymlâdd yn llwyr; **s'ennuyer à ~** bod wedi hen ddiflasu *ou* syrffedu *ou* alaru.

mousquetaire [muskətɛʀ] *m* mysgedwr *g*.

mousqueton [muskətɔ̃] *m* (*fusil*) carbin *g*; (*boucle*) bach *g* clec; (*anneau*) dolen *b* glec.

moussant (**-e**) [musɑ̃, ɑ̃t] *adj*: **bain ~** (*bain*) baddon *g ou* bath *g* ewyn; (*substance*) ewyn *g* ymolchi.

mousse[1] [mus] *f*
1 (*BOT*) mwsogl *g*.
2 (*écume: eau*) ewyn *g*; (:*bière*) ewyn, coler *b*, ffroth *g*; (:*savon etc*) ewyn, trochion *ll*; **une ~*** (*verre de bière*) gwydraid *g* o gwrw; **~ à raser** ewyn eillio *ou* siafio; **~ carbonique** ewyn diffodd tân; **bain de ~** ewyn ymolchi.
3 (*dessert*) mousse *g*.
4 (*en caoutchouc etc*) sbwng *g*; **balle ~** pêl *b* rwber; **~ de nylon** (*tissu*) neilon *g* sy'n ymestyn; **bas ~** sanau *ll* sy'n ymestyn.

mousse[2] [mus] *m* (*NAUT*) gwas *g* llong.

mousseline [muslin] *f* (*de coton*) mwslin *g*; (*de

soie) shiffon *g*; **pommes** ~ (*CULIN*) tatws *ll* stwnsh *ou* wedi'u stwnsio, tato *ll* potsh *ou* wedi'u potsio.
mousser [muse] (**1**) *vi* ewynnu.
mousseux[1] (**mousseuse**) [musø, musøz] *adj* ewynnog, ewynnol; (*vin*) pefriol, pefriog.
mousseux[2] [musø] *m*: **(vin)** ~ gwin *g* pefriol *ou* pefriog.
mousson [musɔ̃] *f* monswn *g*.
moussu (**-e**) [musy] *adj* mwsoglyd.
moustache [mustaʃ] *f* mwstash *g*; ~**s** (*d'animal*) wisgers *ll*, blewiach *ll*.
moustachu (**-e**) [mustaʃy] *adj* â mwstash, mwstasiog.
moustiquaire [mustikɛʀ] *f* (*rideau*) rhwyd *b* fosgitos; (*chassis*) sgrin *b* fosgitos.
moustique [mustik] *m* mosgito *g*.
moutarde [mutaʀd] *f* (*BOT, CULIN*) mwstard *g*; ♦*adj inv* lliw mwstard.
moutardier [mutaʀdje] *m* pot *g* mwstard.
mouton [mutɔ̃] *m* dafad *b*; (*mâle*) hwrdd *g*; (*viande*) cig *g* dafad *ou* gwedder; (*peau*) croen *g* dafad; ~**s** (*fig: petits nuages*) cymylau *ll* gwlanog; (*sur la mer*) cesig *ll* gwynion; (*flocons de poussière*) gwlaniach *ll*, blewiach *ll*.
mouture [mutyʀ] *f* (*action*) malu, melino; (*version*) drafft *g*, fersiwn *g,b*; (*péj*) ailwampiad *g*, ailbobiad *g*; **ayant obtenu une** ~ **fine** (*farine, café: résultat*) unwaith y mae wedi'i falu'n fân.
mouvant (**-e**) [muvɑ̃, ɑ̃t] *adj* cyfnewidiol, ansefydlog; (*terrain*) ansad, ansefydlog.
mouvement [muvmɑ̃] *m* (*gén*) symudiad *g*; (*POL: groupe*) mudiad *g*; (*geste*) amnaid *b*, ystum *g,b*, arwydd *g*; (*d'un terrain, sol*) toniad *g*; (*mécanisme: de montre*) symudiad; (*activité, animation: ville etc*) prysurdeb *g*, mynd a dod, cyffro *g*, bwrlwm *g*; (*rythme*) rhythm *g*, tempo *g*; (*réaction*) ymateb *g*; (*impulsion: de colère etc*) cynhyrfiad *g*; (*évolution*) datblygiad *g*; (*de prix, valeurs*) tueddiad *g*; **en** ~ yn symud, yn mynd, ar fynd, ar gerdded; **mettre qch en** ~ cychwyn rhth, rhoi cychwyn i *ou* ar rth, rhoi rhth ar waith *ou* ar fynd; **M~ de libération de la femme** Mudiad Rhyddid Merched; ~ **d'humeur** hwrdd *g ou* pwl *g ou* ffrwydrad *g* o dymer; ~ **d'opinion** tuedd *b ou* gogwydd *g* y farn gyhoeddus; **le** ~ **perpétuel** symudiad diddiwedd.
mouvementé (**-e**) [muvmɑ̃te] *adj* (*vie*) cythryblus, tymhestlog; (*récit*) cyffrous, cynhyrfus; (*terrain*) anwastad.
mouvoir [muvwaʀ] (**38**) *vt* (*bras, levier*) symud; (*machine*) gyrru; (*fig*) symbylu, ysgogi; ♦ **se** ~ *vr* symud, ymsymud.
moyen[1] (**-ne**) [mwajɛ̃, jɛn] *adj* canolig, canol, canolradd; (*prix*) cymedrol, rhesymol; (*de grandeur moyenne*) o faint canolig, canolig ei faint; (*du type courant*) cyffredin; (*élève, résultat*) gweddol; **le M~ Âge** y Canol Oesoedd *ll*, yr Oesoedd *ou* Oesau *ll* Canol; ~ **terme** tymor canolig; **une** ~**ne entreprise** (*COMM*) cwmni *g* canolig ei faint.
moyen[2] [mwajɛ̃] *m* (*façon*) modd *g*, dull *g*, ffordd *b*; ~**s** (*physiques, intellectuels*) gallu *g*, galluoedd; (*ressources pécuniaires*) modd, moddion byw; **au** ~ **de qch** trwy gyfrwng rhth, trwy gymorth rhth, trwy rth; **y a-t-il** ~ **de lui parler?** a fyddai'n bosibl cael gair ag ef?, a oes modd cael gair ag ef?; **par quel** ~**?** sut?, ym mha ffordd?, ym mha fodd?; **avec les** ~**s du bord** (*fig*) gyda'r hyn sydd ar gael *ou* sydd gennych; **par tous les** ~**s** ym mhob ffordd bosibl, ym mhob dull a modd; **employer les grands** ~**s** cymryd mesurau eithafol, gweithredu'n llym *ou* eithafol; **par ses propres** ~**s** ar eich liwt eich hun, ar eich pen eich hun, heb gymorth neb arall, yn annibynnol ar bawb arall; ~ **d'expression** cyfrwng *g* mynegiant; ~ **de locomotion** *neu* **de transport** ffordd o deithio, dull teithio, modd teithio.
moyenâgeux (**moyenâgeuse**) [mwajɛnaʒø, mwajɛnaʒøz] *adj* canoloesol; (*péj*) henffasiwn.
moyen-courrier (~-~**s**) [mwajɛ̃kuʀje] *m* awyren *b* teithiau canolig.
moyennant [mwajɛnɑ̃] *prép* (*somme d'argent*) am; (*travail, effort*) gyda; (*service*) yn gyfnewid am; ~ **quoi** yn gyfnewid am.
moyenne [mwajɛn] *f* cyfartaledd *g*; (*SCOL*) marc *g* llwyddo *ou* pasio; (*MATH*) cymedr *g*; (*AUTO*) cyfartaledd cyflymder; **en** ~ ar gyfartaledd; ~ **d'âge** cyfartaledd oedran; ♦*adj f voir* **moyen**[1].
moyennement [mwajɛnmɑ̃] *adv* (*beau, intelligent etc*) gweddol, eithaf; (*faire qch*) yn weddol (dda), yn o lew (o dda), yn eithaf (da).
Moyen-Orient [mwajɛnɔʀjɑ̃] *prm*: **le** ~ y Dwyrain *g* Canol.
moyeu (**-x**) [mwajø] *m* (*d'une roue*) both *b*.
mozambicain (**-e**) [mɔzɑ̃bikɛ̃,ɛn] *adj* o Mosambîc.
Mozambique [mɔzɑ̃bik] *prm*: **le** ~ Mosambîc *b*.
MRAP [mʀap] *sigle m*(= *Mouvement contre le racisme, l'antisémitisme et pour la paix*) *mudiad g yn erbyn hiliaeth, gwrthsemitiaeth a thros heddwch.*
MRG [ɛmɛʀʒe] *sigle m*(= *Mouvement des radicaux de gauche*) *plaid wleidyddol: mudiad g radicalaidd y chwith.*
MRP [ɛmɛʀpe] *sigle m*(= *Mouvement républicain populaire*) *plaid wleidyddol: mudiad g gweriniaethol gwerinol.*
MSF [ɛmɛsɛf] *sigle mpl*(= *Médecins sans frontières*) *mudiad g meddygol elusennol.*
ms(s) *abr*(= *manuscrit*) llsgr., (llawysgrif).
MST [ɛmɛste] *sigle f*(= *maladie sexuellement transmissible*) *clefyd g cysylltiad rhywiol.*

mû (**mue**) [my] *pp de* **mouvoir**.
mucilage [mysilaʒ] *m* (*MÉD*) glud *g*.
mucosité [mykozite] *f* llysnafedd *g*, mwcws *g*.
mucus [mykys] *m* llysnafedd *g*, mwcws *g*.
mue[1] [my] *pp de* **mouvoir**.
mue[2] [my] *f* (*oiseau*) bwrw plu; (*serpent*) bwrw croen *ou* hengroen; (*mammifère*) colli blew, bwrw blew *ou* henflew; (*dépouille: d'un oiseau*) plu *ll* wedi'u bwrw; (*:d'un serpent*) hengroen *g*, croen *g* wedi'i fwrw; (*:d'un mammifère*) blew *ll* wedi'u colli *ou* bwrw; **pendant sa ~ il n'osait plus chanter** (*jeune garçon*) ni feiddiai ganu tra oedd ei lais ar dorri.
muer [mɥe] (**1**) *vi* (*oiseau*) bwrw plu; (*serpent*) bwrw croen *ou* hengroen; (*mammifère*) colli blew, bwrw blew *ou* henflew; (*voix: jeune garçon*) torri;
♦ **se ~** *vr*: **se ~ en** troi yn, newid yn.
muet[1] (**-te**) [mɥɛ, mɥɛt] *adj* mud; (*page etc*) gwag; (*LING: lettre*) di-sain, mud; **~ d'admiration/d'étonnement** mud gan edmygedd/syndod.
muet[2] [mɥɛ] *m*: **le ~** ffilmiau *ll* mud.
muet[3] [mɥɛ] *m* mudan *g*.
muette [mɥɛt] *f* mudanes *b*;
♦*adj f voir* **muet**[1].
mufle [myfl] *m* (*museau*) trwyn *g*; (*goujat, malotru*) llabwst *g*;
♦*adj* llabystaidd, difoes.
mugir [myʒiʀ] (**2**) *vi* (*bœuf*) rhuo; (*vache*) brefu; (*mer*) rhuo.
mugissement [myʒismɑ̃] *m* (*bœuf*) rhu *g*, rhuo; (*vache*) bref *b*, brefu.
muguet [mygɛ] *m* (*BOT*) lili'r *b* dyffrynnoedd; (*MÉD*) llindag *g*, gân *g,b*.
mulâtre [mylɑtʀ] *m* mylato *g*.
mulâtresse [mylɑtʀɛs] *f* mylato *b*.
mule [myl] *f* (*ZOOL*) mules *b*.
mules [myl] *fpl* (*pantoufles*) llopanau *ll*, sliperi *ll*.
mulet [mylɛ] *m* (*mammifère*) mul *g*; (*poisson*) hyrddyn *g* llwyd, mingrwn *g*.
muletier (**muletière**) [myl(ə)tje, myl(ə)tjɛʀ] *adj*: **sentier** *neu* **chemin ~** llwybr *g* mulod.
mulot [mylo] *m* llygoden *b* y maes *ou* yr ŷd.
multicolore [myltikɔlɔʀ] *adj* amryliw.
multicoque [myltikɔk] *adj* amlgragen;
♦*m* cwch *g* amlgragen.
multidisciplinaire [myltidisipliner] *adj* amlddisgyblaethol.
multiforme [myltifɔʀm] *adj* amrywedd, amlffurf, amlweddog; (*problème*) amlochrog, amlweddog.
multilatéral (**-e**) (**multilatéraux, multilatérales**) [myltilateʀal, myltilateʀo] *adj* amlochrog.
multimilliardaire, multimillionnaire [myltimiljaʀdɛʀ, myltimiljɔnɛʀ] *adj* sy'n werth miliynau lawer;
♦*m/f* lluosfiliwnydd *g*, lluosfiliwnyddes *b*, miliwnydd *g* sawl gwaith drosodd, miliwnyddes *b* sawl gwaith drosodd
multinational (**-e**) (**multinationaux, multinationales**) [myltinasjɔnal, myltinasjɔno] *adj* rhyngwladol, cydwladol, amlgenhedlig.
multinationale [myltinasjɔnal] *f* cwmni *g* rhyngwladol *ou* cydwladol;
♦*adj f voir* **multinational**.
multiple [myltipl] *adj* (*occasions, raisons*) llawer, sawl, niferus, lluosol; (*fracture*) lluosol; (*aspects*) amryfal, amryfath; (*problème*) amlweddog, amlochrog; **outil à usages ~s** erfyn *g* amlbwrpas; **choix ~** dewis *g* amrywiol *ou* lluosol, amlddewis *g*;
♦*m* (*MATH*) lluosrif *g*.
multiplex [myltiplɛks] *adj* amlneges;
♦*m* (*RADIO*) cysylltiad *g* byw (*rhwng y stiwdio a phobl yng ngwahanol rannau'r byd*).
multiplicateur [myltiplikatœʀ] *m* lluosydd *g*.
multiplication [myltiplikasjɔ̃] *f* (*prolifération*) lluosogi, cynnydd *g* yn nifer (rhth); (*MATH*) lluosiad *g*, lluosi; (*TECH*) cymhareb *b* geriau.
multiplicité [myltiplisite] *f* lluosogrwydd *g*, nifer *g,b* mawr *ou* fawr, amlder *g*.
multiplier [myltiplije] (**16**) *vt* amlhau, cynyddu, lluosogi; (*MATH*) lluosi;
♦ **se ~** *vr* amlhau, bod *ou* mynd ar gynnydd; (*se donner à fond*) gwneud eich gorau glas, ymdrechu hyd yr eithaf.
multiprogrammation [myltipʀɔgʀamasjɔ̃] *f* (*INFORM*) amlraglennu.
multipropriété [myltipʀɔpʀijete] *f* system *b* gyfran amser; **acheter un appartement en ~** prynu cyfran amser mewn fflat.
multirisque [myltiʀisk] *adj*: **assurance ~** yswiriant *g* cyfun *ou* cynhwysfawr.
multitraitement [myltitʀɛtmɑ̃] *m* (*INFORM*) amlbrosesu.
multitude [myltityd] *f* (*grand nombre*) nifer *g,b* mawr *ou* fawr; (*foule de gens*) tyrfa *b*, torf *b*, llu *g*.
munichois (**-e**) [mynikwa, waz] *adj* o Munich.
Munichois [mynikwa] *m* un *g* o Munich.
Munichoise [mynikwaz] *f* un *b* o Munich.
municipal (**-e municipaux, municipales**) [mynisipal, mynisipo] *adj* trefol, bwrdeistrefol, dinesig, tref; **arrêté ~** deddf *b* leol.
municipalité [mynisipalite] *f* (*corps municipal*) cyngor *g* tref *ou* trefol *ou* dinesig, corfforaeth *b* ddinesig; (*commune*) tref *b*, bwrdeistref *b*.
munificence [mynifisɑ̃s] *f* haelioni *g*.
munir [myniʀ] (**2**) *vt*: **~ qn de qch** darparu rhth i rn *ou* ar gyfer rhn, cyflenwi rhn â rhth, rhoi rhth i rn; **~ qch de qch** gosod rhth yn rhth *ou* ar rth, cyflenwi *ou* cyfarparu rhth â rhth;
♦ **se ~** *vr*: **se ~ de** mynd *ou* dod â; **se ~ de courage** (*fig*) ymwroli, magu plwc *ou* dewrder; **se ~ de patience** ymarfer amynedd.

munitions [mynisjɔ̃] *fpl* ffrwydron *ll* rhyfel.

muqueuse [mykøz] *f* pilen *b* ludiog.

mur [myʀ] *m* mur *g*, wal *b*; **les ~s de la ville** muriau'r dref; **j'avais le ~ au dos** 'roedd hi'n gyfyng arna' i, 'roeddwn i â 'nghefn at y wal, ni wyddwn i ddim ba ffordd i droi; **on parle à un ~** ni waeth imi siarad â'r wal ddim, ni waeth imi siarad â'r gwynt; **~ du son** mur *ou* gwahanfur *g* sain; **faire le ~** (*interne, soldat*) dianc.

mûr (**-e**) [myʀ] *adj* (*fruit*) aeddfed; (*personne: sensé*) aeddfed, wedi aeddfedu; (*:âgé*) canol oed; (*tissu*) wedi'i dreulio, wedi'i wisgo at yr edau; (*prêt*) aeddfed, parod; (*fam: ivre*) wedi'i dal hi, meddw, chwil; **après ~e réflexion** ar ôl ystyriaeth bwyllog *ou* ofalus, ar ôl meddwl *ou* pendroni *ou* ystyried yn hir.

muraille [myʀɑj] *f* mur *g*, wal *b* (uchel).

mural[1] (**-e**) (**muraux, murales**) [myʀal, myʀo] *adj* y mur *ou* muriau, wal; (*pendule, étagère*) (ar y) pared, (ar y) wal; (*ART*) murol; **peinture ~e** murlun *g*.

mural[2] (**muraux**) [myʀal, myʀo] *m* (*ART*) murlun *g*.

mûre [myʀ] *f* (*du mûrier*) mwyaren *b* Fair, eirinen *b* forwydd; (*de la ronce*) mwyaren *ou* mafonen *b* ddu;
♦*adj f voir* **mûr**[1].

mûrement [myʀmɑ̃] *adv*: **ayant ~ réfléchi** ar ôl ystyriaeth bwyllog *ou* ofalus, ar ôl meddwl *ou* pendroni *ou* ystyried yn hir.

murène [myʀɛn] *f* llysywen *b* noeth *ou* farus.

murer [myʀe] (**1**) *vt* (*ouverture*) cau, llenwi, blocio; (*enclos*) codi mur *ou* wal o gwmpas; (*ville*) amgaeru; (*personne: fig*) ynysu; **~ une fenêtre avec des briques** bricio ffenestr, llenwi *ou* cau ffenestr â brics.

muret [myʀɛ] *m* clawdd *g* sych.

murette [myʀɛt] *f* clawdd *g* isel.

mûrier [myʀje] *m* (*du ver à soie*) morwydden *b*; (*ronce*) llwyn *g* mwyar *ou* mafon duon, coeden *b* fwyar *ou* fafon duon.

mûrir [myʀiʀ] (**2**) *vi* aeddfedu; (*abcès*) cronni, casglu, crynhoi; (*projet, idée*) datblygu;
♦*vt* aeddfedu; (*projet*) datblygu, meithrin; (*idée*) coleddu.

murmure [myʀmyʀ] *m* murmur *g*; (*rumeur*) si *g*, sôn *g*; **~s** (*plaintes*) cwynion *ll*, achwynion *ll*; **~ d'approbation/d'admiration** murmur o gymeradwyaeth/o edmygedd.

murmurer [myʀmyʀe] (**1**) *vi* murmur; (*se plaindre*) cwyno, achwyn;
♦*vt* murmur, sibrwd; **on murmure que** mae si *ou* sôn ar led ...

mus *etc* [my] *vb voir* **mouvoir**.

musaraigne [myzaʀɛɲ] *f* (*ZOOL*) chwistlen *b*, llygoden *b* goch.

musarder [myzaʀde] (**1**) *vi* (*en perdant son temps*) segura, diogi; (*en se promenant*) sefyllian, loetran.

musc [mysk] *m* mwsg *g*.

muscade [myskad] *f* (*aussi:* **noix ~**: *BOT*) nytmeg *g*, cneuen *b* yr India.

muscat [myska] *m* (*raisin*) grawnwin *ll* mysgad; (*vin*) mysgatél *g*.

muscle [myskl] *m* cyhyr *g*.

musclé (**-e**) [myskle] *adj* cyhyrog; (*fig*) cyhyrog, grymus, cryf; (*régime etc*) sy'n defnyddio nerth bôn braich.

muscler [myskle] (**1**) *vt*: **~ les jambes** cryfhau cyhyrau'r coesau.

musculaire [myskylɛʀ] *adj* cyhyrol.

musculation [myskylasjɔ̃] *f*: **travail de ~** ymarfer *g* i gryfhau'r cyhyrau.

musculature [myskylatyʀ] *f* cyhyrau *ll*, system *b* gyhyrol.

muse [myz] *f* awen *b*.

museau (**-x**) [myzo] *m* trwyn *g*; (*CULIN*) cig *g* pen mochyn.

musée [myze] *m* amgueddfa *b*; (*d'œuvres d'art*) oriel *b* gelfyddyd *ou* ddarluniau.

museler [myz(ə)le] (**11**) *vt* (*animal*) mwselu, penffrwyno; (*fig: presse, opposition*) cau ceg (rhn), rhoi taw (ar rn).

muselière [myzəljɛʀ] *f* mwsel *g*, penffrwyn *g*.

musette [myzɛt] *f* (*d'ouvrier*) bag *g* bwyd; (*de cheval*) bag ceirch;
♦*adj inv*: **bal ~** dawns *b* (*gyda chyfeiliant acordion*); **orchestre ~** band *g* acordion; **valse ~** wals *b* (*i gyfeiliant acordion*).

muséum [myzeɔm] *m* amgueddfa *b* astudiaethau natur.

musical (**-e**) (**musicaux, musicales**) [myzikal, myziko] *adj* cerddorol, cerdd; (*harmonieux*) persain, soniarus, melodaidd.

music-hall (**~-~s**) [myzikol] *m* (*établissement*) theatr *b* gerdd; (*genre*) theatr *g* amrywiaeth *ou* adloniant.

musicien[1] (**-ne**) [myzisjɛ̃, jɛn] *adj* cerddorol.

musicien[2] [myzisjɛ̃] *m* cerddor *g*.

musicienne [myzisjɛn] *f* cerddores *b*;
♦*adj f voir* **musicien**[1].

musique [myzik] *f* cerddoriaeth *b*, miwsig *g*; (*fanfare*) band *g*, seindorf *b*; **faire de la ~** chwarae cerddoriaeth; (*jouer d'un instrument*) chwarae offeryn; **~ de chambre** cerddoriaeth siambr; **~ de film** cerddoriaeth ffilm; **~ de fond** cerddoriaeth gefndir; **~ militaire** cerddoriaeth filwrol; (*fanfare*) band milwrol; **mettre un poème en ~** gosod cerdd ar alaw *ou* ar gân.

musqué (**-e**) [myske] *adj* mwsglyd, mysglyd; **bœuf ~** ych *g* mwsg; **rose ~e** rhosyn *g* mwsg.

must [mœst] *m* anghenraid *g*, anhepgor *g*; **c'est un ~** (*film*) mae'n rhaid ichi fynd i'w gweld; (*livre*) mae'n rhaid ichi ei ddarllen.

musulman (**-e**) [myzylmɑ̃, an] *adj* Mwslimaidd.

Musulman [myzylmɑ̃] *m* Mwslim *g*.

Musulmane [myzylman] *f* Mwslim *b*.

mutant [mytɑ̃] *m* mwtan *g*.

mutante [mytɑ̃t] *f* mwtan *g*.

mutation [mytasjɔ̃] *f* (*gén*) trawsnewid *g*,

trawsnewidiad *g*; (*ADMIN*) adleoliad *g*, trosglwyddiad *g*; (*BIOL*) mwtaniad *g*; (*LING*) treiglad *g*.
muter [myte] (**1**) *vt* (*ADMIN*) adleoli; (*LING*) treiglo;
♦*vi* (*BIOL*) mwtanu; (*LING*) treiglo.
mutilation [mytilasjɔ̃] *f* llurguniad *g*, anffurfiad *g*; (*d'un endroit*) anharddiad *g*, difwyniad *g*.
mutilé [mytile] *m* dyn *g* anabl (*ar ôl colli coes neu fraich*); **les grands** ~**s** y rhai *ll* methedig *ou* anabl iawn; ~ **de guerre** cyn-filwr *g* anabl (*oherwydd rhyfel*); ~ **du travail** gweithiwr *g* anabl (*oherwydd damwain yn y gwaith*).
mutilée [mytile] *f* merch *b* anabl (*ar ôl colli coes neu fraich*) *voir aussi* **mutilé**.
mutiler [mytile] (**1**) *vt* llurgunio, anffurfio; (*fig*) anharddu, difwyno.
mutin[1] (**-e**) [mytɛ̃, in] *adj* (*espiègle*) direidus, drygionus.
mutin[2] [mytɛ̃] *m* (*MIL, NAUT*) gwrthryfelwr *g*.
mutiner [mytine] (**1**): **se** ~ *vr* gwrthryfela, terfysgu.
mutinerie [mytinʀi] *f* gwrthryfel *g*, terfysg *g* milwrol *ou* morwrol, miwtini *g*.
mutisme [mytism] *m* distawrwydd *g*; (*PSYCH*) mudandod *g*, mudaniaeth *b*.
mutualiste [mytɥalist] *adj* cydymddibynnol; **société** ~ cymdeithas *b* gydfuddiannol.
mutualité [mytɥalite] *f* (*système*) system *b* yswiriant cydfuddiannol; (*organisme*) cwmni *g* yswiriant cydfuddiannol, cymdeithas *b* gydfuddiannol.
mutuel (**-le**) [mytɥɛl] *adj* cilyddol, i'ch *ou* â'ch gilydd, y naill i'r llall; **haine** ~**le** casineb *g* y naill at y llall, casineb o'r ddwy ochr *ou* o'r ddeutu; **leur haine** ~**le** eu casineb tuag at ei gilydd; **établissement** *neu* **société d'assurance** ~**le** cwmni *g* yswiriant cydfuddiannol, cymdeithas *b* gydfuddiannol.
mutuelle [mytɥɛl] *f* cwmni *g* yswiriant cydfuddiannol, cymdeithas *b* gydfuddiannol;
♦*adj f voir* **mutuel**.
mutuellement [mytɥɛlmɑ̃] *adv* eich gilydd.
myocarde [mjɔkaʀd] *m* cyhyrau'r *ll* galon; **infarctus du** ~ thrombosis *g* coronaidd.
myope [mjɔp] *adj* byr eich golwg, â golwg byr;
♦*m/f* byrweledydd *g*, un *g/b* â golwg byr.
myopie [mjɔpi] *f* golwg *g* byr.
myosotis [mjɔzɔtis] *m* (*BOT*) ysgorpionllys *g*, n'ad fi'n angof *g*, glas *g* y gors.
myriade [miʀjad] *f* myrdd *g*.
myrtille [miʀtij] *f* llusen *b*.
mystère [mistɛʀ] *m* dirgelwch *g*.
mystérieusement [misteʀjøzmɑ̃] *adv* yn anesboniadwy, yn ddiesboniad, yn ddirgel, yn rhyfedd.
mystérieux (**mystérieuse**) [misteʀjø, misteʀjøz] *adj* anesboniadwy, rhyfedd; (*caché*) dirgel, cudd; (*qui cache*) cyfrinachgar.
mysticisme [mistisism] *m* cyfriniaeth *b*.
mystificateur [mistifikatœʀ] *m* castiwr *g*, twyllwr *g*.
mystification [mistifikasjɔ̃] *f* (*farce*) cast *g*, tric *g*, twyll *g*; (*péj: mythe*) myth *g*.
mystificatrice [mistifikatʀis] *f* castwraig *b*, twyllwraig *b*.
mystifier [mistifje] (**16**) *vt*: ~ **qn** twyllo rhn, drysu rhn, peri penbleth i rn.
mystique [mistik] *adj* cyfriniol;
♦*m/f* cyfrinydd *g*;
♦*f* cyfriniaeth *b*; (*péj: vénération*) cred *b* ddall (yn rhth), ffydd *b* ddall (yn rhth).
mythe [mit] *m* myth *g*, chwedl *b*.
mythifier [mitifje] (**16**) *vt* mytholegu, chwedloni.
mythique [mitik] *adj* mytholegol, mythaidd, chwedlonol.
mythologie [mitɔlɔʒi] *f* mytholeg *b*, chwedloniaeth *b*.
mythologique [mitɔlɔʒik] *adj* mytholegol, chwedlonol.
mythomane [mitɔman] *adj* mythomanig, celwyddgar;
♦*m/f* mythomaniad *g/b*, celwyddgi *g*, celwyddast *b*

N

N[1], **n** [ɛn] *m inv* (*lettre*) N, n *b*.
N[2] [ɛn] *abr*(= *nord*) G (= gogledd).
n' [n] *adv voir* **ne**.
nabot [nabo] (*péj*) *m* corrach *g*, dynan *g*.
nacelle [nasɛl] *f* (*de ballon*) cawell *g*, basged *b*.
nacre [nakʀ] *f* cregynnem *b*, nacr *g*, mam *b* y perl.
nacré (-**e**) [nakʀe] *adj* fel cregynnem, perlaidd, nacraidd, symudliw.
nage [naʒ] *f* nofio; (*manière*) strôc *b*; **traverser une rivière à la** ~ nofio ar draws afon; **s'éloigner à la** ~ nofio ymaith; ~ **indienne** cilstroc *b*, nofio ar yr ochr; ~ **libre** nofio rhydd; ~ **papillon** strôc pilipala, nofio glöyn byw; ~ **sur le dos** nofio ar y cefn; **en** ~ yn chwys i gyd.
nageoire [naʒwaʀ] *f* asgell *b*.
nager [naʒe] (**10**) *vi* nofio; (*objet*) nofio, arnofio; (*fig*) ffwndro, bod yn ddryslyd, bod ar goll; ~ **dans des vêtements** gwisgo dillad sydd yn rhy lac; ~ **dans le bonheur** bod wrth eich bodd, gorfoleddu, llawenhau; ~ **dans l'opulence** bod yn graig o arian, byw bywyd moethus;
♦*vt* (*le crawl etc*) nofio; ~ **la brasse** nofio broga.
nageur [naʒœʀ] *m* nofiwr *g*.
nageuse [naʒøz] *f* nofwraig *b*.
naguère [nagɛʀ] *adv* (*il y a peu de temps*) yn ddiweddar, ychydig yn ôl; (*autrefois*) ers talwm, yn y dyddiau gynt, ers llawer dydd.
naïf[1] (**naïve**) [naif, naiv] *adj* diniwed, naïf.
naïf[2] [naif] *m* diniweityn *g*, symlyn *g* hygoelus, un *g* diniwed.
naïve [naiv] *f* diniweiten *b*, symlen *b* hygoelus, un *b* ddiniwed;
♦*adj f voir* **naïf**[1].
nain[1] (-**e**) [nɛ̃, nɛn] *adj* cor(-), corachaidd, coraidd.
nain[2] [nɛ̃] *m* corrach *g*; **le** ~ **jaune** (*jeu de cartes*) y Babes *b* Siân.
naine [nɛn] *f* coraches *b*;
♦*adj f voir* **nain**[1].
nais *etc* [nɛ] *vb voir* **naître**.
naissais *etc* [nɛsɛ] *vb voir* **naître**.
naissance [nɛsɑ̃s] *f* genedigaeth *b*; (*rivière*) ffynhonnell *b*, tarddiad *g*, llygad *g*; (*cheveux*) gwreiddyn *g* blewyn, bôn *g*; **donner** ~ **à** (*enfant*) geni, rhoi genedigaeth i, esgor ar; (*fig: rumeurs, soupçons*) cychwyn, achosi; **prendre** ~ tarddu, cychwyn; **aveugle de** ~ dall o'ch geni; **Français de** ~ a aned yn Ffrainc, yn enedigol o Ffrainc; **lieu de** ~ man *g,b* geni.
naissant (-**e**) [nɛsɑ̃, ɑ̃t] *adj* cynyddol; (*calvitie*) dechreuol, cynnar; (*barbe*) cychwynnol; (*tumeur*) datblygol.
naît [nɛ] *vb voir* **naître**.
naître [nɛtʀ] (**75**) *vi (avec aux. être)* cael eich geni, geni; ~ **de** (*résulter*) codi o, deillio o; ~ **à** (*art, littérature*) dechrau gwerthfawrogi, dechrau ymateb i; **l'enfant qui va** ~ y plentyn *g* yn y groth; **l'enfant qui vient de** ~ y plentyn newydd-anedig; **être né** cael eich geni; **je suis né à Aberystwyth** cefais fy ngeni yn Aberystwyth; **être né coiffé** bod yn lwcus; **elle est née chanteuse** mae hi'n gantores o'i geni; **elle est née en 1960** cafodd hi ei geni yn 1960; **il naît plus de filles que de garçons** genir mwy o fechgyn nag o ferched; **faire** ~ (*fig: soupçons, sentiment*) codi, meithrin, achosi.
naïvement [naivmɑ̃] *adv* yn ddiniwed.
naïveté [naivte] *f* diniweidrwydd *g*, naïfder *g*.
nana* [nana] *f* hogan *b*, croten *b*, geneth *b*, merch *b*.
nancéien (-**ne**) [nɑ̃sejɛ̃, ɛn] *adj* o Nancy.
Nancéien [nɑ̃sejɛ̃] *m* un *g* o Nancy.
Nancéienne [nɑ̃sejɛn] *f* un *b* o Nancy.
nantais (-**e**) [nɑ̃tɛ, ɛz] *adj* o Nantes.
Nantais [nɑ̃tɛ] *m* un *g* o Nantes.
Nantaise [nɑ̃tɛz] *f* un *b* o Nantes.
nanti (-**e**) [nɑ̃ti] *adj* cyfoethog, cefnog *voir aussi* **nantis**.
nantir [nɑ̃tiʀ] (**2**) *vt*: ~ **qn de qch** darparu rhth ar gyfer rhn, cynysgaeddu *ou* donio rhn â rhth.
nantis [nɑ̃ti] *mpl* (*péj*): **les** ~ y cyfoethogion *ll*.
napalm [napalm] *m* napalm *g*.
naphtaline [naftalin] *f*: **boules de** ~ peli *ll* camffor.
napolitain (-**e**) [napɔlitɛ̃, ɛn] *adj* o Napoli *ou* Naples; **tranche** ~**e** hufen *g* iâ trilliw.
Napolitain [napɔlitɛ̃] *m* un *g* o Napoli *ou* Naples.
Napolitaine [napɔlitɛn] *f* un *b* o Napoli *ou* Naples.
nappe [nap] *f* lliain *g* bwrdd; ~ **d'eau** haen *b* o ddŵr; ~ **de brouillard** mantell *b* o niwl; ~ **de gaz** haen *ou* trwch *g* o nwy; ~ **de mazout** strimyn *g* olew.
napper [nape] (**1**) *vt*: ~ **qch de qch** (*CULIN*) cotio rhth â rhth, caenu rhth â rhth.
napperon [napʀɔ̃] *m* mat *g* bwrdd.
naquit *etc* [naki] *vb voir* **naître**.
narcisse [naʀsis] *m* (*BOT*) narsisws *g*, gylfinog *b*.
narcissique [naʀsisik] *adj* hunanaddoliadol, narsisaidd.
narcissisme [naʀsisism] *m* hunanaddoliad *g*, narsisiaeth *b*, hunan-serch *g*.
narco-dollars [naʀkodɔlaʀ] *mpl* arian *g* cyffuriau.
narcotique [naʀkɔtik] *adj* narcotig;
♦*m* narcotig *g*.
narguer [naʀge] (**1**) *vt* (*défier: personne*) herian, pryfocio; (*:danger*) gwawdio,

diystyru.
narine [narin] *f* ffroen *b*.
narquois (-e) [narkwa, waz] *adj* gwatwarus, gwawdlyd.
narrateur [naratœr] *m* adroddwr *g*, traethydd *g*, traethwr *g*.
narratrice [naratris] *f* adroddwraig *b*, traethyddes *b*, traethwraig *b*.
narratif (**narrative**) [naratif, narativ] *adj* traethiadol, adroddiannol, naratif, storïol.
narration [narasjɔ̃] *f* (*récit*) adroddiad *g*; (*dans un roman*) traethiad *g*; (*SCOL*) traethawd *g*.
narrer [nare] (1) *vt* adrodd, traethu.
NASA [naza] *sigle f* (= *National Aeronautics and Space Administration*) NASA.
nasal (-e) (**nasaux, nasales**) [nazal, nazo] *adj* trwynol.
naseau (-x) [nazo] *m* (*cheval*) ffroen *b*.
nasillard (-e) [nazijar, ard] *adj* trwynol.
nasiller [nazije] (1) *vi* (*personne*) siarad trwy'ch trwyn; (*appareil, instrument*) gwichian, gwneud sŵn gwichlyd *ou* metelaidd.
nasse [nɑs] *f* magl *b* bysgod, trap *g* pysgod.
natal (-e) (-s, -es) [natal] *adj* cynhenid; (*endroit*) genedigol; (*langue*) brodorol; **langue ~e** mamiaith *b*; **le pays ~** y famwlad *b*.
nataliste [natalist] *adj* (*POL: propagande*) *sydd yn cefnogi cynnydd yng ngraddfa'r genedigaethau.*
natalité [natalite] *f* nifer *g,b* (y) genedigaethau.
natation [natasjɔ̃] *f* nofio; **faire de la ~** nofio; **~ synchronisée** nofio ar y cyd, nofio cydamserol.
natif (**native**) [natif, nativ] *adj* naturiol; (*inné*) cynhenid; (*originaire*) genedigol, brodorol; **elle est née native de Lorient** un o Lorient yw hi'n wreiddiol.
nation [nasjɔ̃] *f* cenedl *b*; **les Nations Unies** y Cenhedloedd Unedig.
national (-e) (**nationaux, nationales**) [nasjɔnal, nasjɔno] *adj* cenedlaethol; (*économie*) mewnol, cartref; (*éducation*) gwladol; **obsèques ~es** angladd *g,b* swyddogol, angladd (g)wladol; **au plan ~ et international** gartref a thros y môr; **entreprise ~e** cwmni *g* gwladol *ou* cenedlaethol; **grève ~e** streic *b* genedlaethol, streic trwy'r wlad *voir aussi* **nationaux**.
nationale [nasjɔnal] *f* (*aussi:* **route ~**) priffordd *b*;
♦*adj f voir* **national**.
nationalisation [nasjɔnalizasjɔ̃] *f* gwladoli, gwladoliad *g*.
nationaliser [nasjɔnalize] (1) *vt* gwladoli.
nationalisme [nasjɔnalism] *m* cenedlaetholdeb *g*.
nationaliste [nasjɔnalist] *adj* cenedlaetholgar;
♦*m/f* cenedlaetholwr *g*, cenedlaetholwraig *b*.
nationalité [nasjɔnalite] *f* cenedl *b*, cenedligrwydd *g*; (*citoyenneté*) dinasyddiaeth *b*; **il est de ~ française** Ffrancwr ydyw o ran cenedl.
nationaux [nasjɔno] *mpl* (*citoyens*) dinasyddion *ll*;
♦*adj mpl voir* **national**.
natte [nat] *f* (*tapis*) mat *g*; (*cheveux*) plethen *b*.
natter [nate] (1) *vt* cyfrodeddu; (*cheveux*) plethu.
naturalisation [natyralizasjɔ̃] *f* dinasyddiad *g*; (*plante, animal*) cynefino.
naturalisé (-e) [natyralize] *adj* dinasfreiniedig; (*plante, animal*) cynefin.
naturaliser [natyralize] (1) *vt* (*personne*) dinasyddio, derbyn (rhn) yn ddinesydd; (*animal, plante*) cynefino; (*empailler*) stwffio (*er mwyn arddangos anifail marw*).
naturaliste [natyralist] *m/f* naturiaethwr *g*, naturiaethwraig *b*; (*empailleur*) tacsidermydd *g*.
nature [natyr] *f*
1 (*caractère*) natur *b*, anian *b*; **la ~ humaine** y natur ddynol; **elle n'est pas de ~ à faire qch** nid yw yn ei natur i wneud rhth; **c'est de ~ à effrayer les gens** mae'n debyg *ou* debygol o ddychryn pobl.
2 (*sorte*) math *g*; **de toute ~** o bob math; **de cette ~** o'r math hwn.
3 (*monde*) natur *b*; **contre ~** annaturiol, yn groes i natur; **vivre (perdu) dans la ~*** byw ym mhen draw'r byd; **disparaître dans la ~*** diflannu'n llwyr, diflannu oddi ar wyneb y ddaear.
4 (*ART*): **~ morte** bywyd *g* llonydd; **peint d'après ~** tynnwyd o'r byw; **plus grand que ~** yn fwy na'r gwreiddiol.
5 (*objets réels*): **payer en ~** talu mewn cynnyrch;
♦*adj* (*personne*) naturiol; (*CULIN*) plaen, heb halen neu siwgr; (*café, thé: sans lait*) du, heb laeth *ou* lefrith; (*:sans sucre*) heb siwgr; **boire le whisky ~** yfed wisgi ar ei ben ei hun.
naturel[1] (-le) [natyrɛl] *adj* naturiol.
naturel[2] [natyrɛl] *m* (*caractère*) natur *b*, anian *b*, cymeriad *g*; (*spontanéité*) naturioldeb *g*; **au ~** (*CULIN*) yn blaen, mewn dŵr, yn ei sudd ei hun.
naturellement [natyrɛlmɑ̃] *adv* (*par tempérament, facilement*) yn naturiol, wrth natur; (*bien sûr, évidemment*) wrth gwrs, bid siwr.
naturisme [natyrism] *m* noethlymuniaeth *b*.
naturiste [natyrist] *adj* noethlymunol;
♦*m/f* noethlymunwr *g*, noethlymunwraig *b*.
naufrage [nofraʒ] *m* llongddrylliad *g*; (*fig*) chwalfa *b*; **faire ~** cael eich llongddryllio.
naufragé[1] (-e) [nofraʒe] *adj* llongddrylliedig.
naufragé[2] [nofraʒe] *m* un *g* llongddrylliedig.
naufragée [nofraʒe] *f* un *b* longddrylliedig;
♦*adj f voir* **naufragé**[1].
nauséabond (-e) [nozeabɔ̃, ɔ̃d] *adj* cyfoglyd, ffiaidd.
nausée [noze] *f* cyfog *g*; (*fig*) ffieidd-dod *g*;

avoir la ~, avoir des ~s teimlo'n sâl.
nautique [notik] *adj* morwrol; **sports ~s** chwaraeon *ll* dŵr.
nautisme [notism] *m* chwaraeon *ll* dŵr.
naval (-e) (-s, -es) [naval] *adj* llyngesol.
navarin [navaʀɛ̃] *m* stiw *g*.
navarrais (-e) [navaʀɛ, ɛz] *adj* o Navarre.
navet [navɛ] *m* meipen *b*, erfinen *b*; (*péj: film*) ffilm *b* drydedd radd.
navette [navɛt] *f* (*TEXTILE: objet*) gwennol *b*; (*en car etc*) gwasanaeth *g* ôl a blaen, gwasanaeth gwenoli; **faire la ~ (entre)** (*aussi fig*) mynd a dod (rhwng), gwenoli (rhwng); (*banlieusard*) teithio yn ôl a blaen (rhwng), cymudo (rhwng); (*bateau*) mynd yn ôl a blaen (rhwng); ~ **spatiale** gwennol ofod.
navetteur [navɛtœʀ] *m* cymudwr *g*.
navetteuse [navɛtøz] *f* cymudwraig *b*.
navigabilité [navigabilite] *f* (*rivière*) natur *b* fordwyol, hawster *g* tramwyo; (*bateau*) addasrwydd *g* i'r môr; (*avion*) addasrwydd i hedfan.
navigable [navigabl] *adj* mordwyol.
navigant[1] (-e) [navigɑ̃, ɑ̃t] *adj* (*AVIAT: personnel*) sy'n gweithio ar awyren; (*NAUT*) sy'n gweithio ar long.
navigant[2] [navigɑ̃] *m* (*AVIAT, NAUT*) aelod *g* o'r criw.
navigante [navigɑ̃t] *f* (*AVIAT, NAUT*) aelod *g* o'r criw;
♦*adj f voir* **navigant**[1].
navigateur [navigatœʀ] *m* (*NAUT*) morwr *g*, llongwr *g*; (*AVIAT*) cyfeiriwr *g*.
navigation [navigasjɔ̃] *f* (*NAUT*) morwriaeth *b*, llongwriaeth *b*; (*déplacement*) hwylio, mordeithio; (*trafic*) trafnidiaeth *b* fôr; (*AVIAT: trafic*) trafnidiaeth awyr; (*pilotage*) hedfan; (*COMM*) llongau *ll*; **compagnie de ~** cwmni *g* llongau; **ouvert à la ~** ar agor i longau; **terme de ~** term *g* morwrol; **~ spatiale** teithio yn y gofod.
naviguer [navige] (1) *vi* (*NAUT: bateau, marin*) hwylio; (*AVIAT: avion, pilote*) hedfan; **bateau en état de ~** llong sy'n addas i'r môr; **elle sait ~*** (*fig*) mae hi'n gwybod ei phethau; **elle a beaucoup navigué*** (*fig*) mae hi wedi gweld y byd.
navire [naviʀ] *m* llong *b*; **~ marchand** llong fasnach; **~ de guerre** llong ryfel.
navire-citerne (**~s-~s**) [naviʀsitɛʀn] *m* llong *b* olew, tancer *g,b*.
navire-hôpital (**~s-hôpitaux**) [naviʀɔpital, naviʀɔpito] *m* llong *b* ysbyty.
navrant (-e) [navʀɑ̃, ɑ̃t] *adj* (*affligeant*) trist, digon i dorri'ch calon, torcalonnus, gofidus; **tu es ~!** 'rwyt ti'n anobeithiol!; **c'est ~, mais il n'y a rien à faire** (*regrettable*) mae'n drueni, ond 'does dim i'w wneud.
navrer [navʀe] (1) *vt* gofidio, tristáu; **je suis navré de vous avoir fait attendre** mae'n ddrwg iawn gen i am wneud ichi ddisgwyl.
nazaréen (-ne) [nazaʀeɛ̃, ɛn] *adj* Nasareaidd.
Nazareth [nazaʀɛt] *pr* Nasareth *b*.
N.B. [ɛnbe] *abr*(= *nota bene*) D.S. (= dalier sylw).
ND *sigle f*(= *Notre-Dame*) Ein Harglwyddes *b*, y Forwyn *b* Fair.
NDLR [ɛndeɛlɛʀ] *sigle f*(= *note de la rédaction*) nodyn *g* gan y golygydd
N.d.T. [ɛndete] *sigle f*(= *note du traducteur*) nodyn *g* gan y cyfieithydd.
ne [n(ə)] *adv* ni(d).
▶ **ne ... aucun(e)** ni(d) ...ddim un, ni(d) ...yr un; **il n'a aucun talent** does dim dawn ganddo *voir aussi* **aucun**.
▶ **ne ... guère** prin, dim llawer; **il n'a guère mangé** ni fwytaodd lawer *voir aussi* **guère**.
▶ **ne ... jamais** ni(d) ... byth, ni(d)... erioed; **il ~ lit jamais** nid yw byth yn darllen; **il n'a jamais été en France** nid yw erioed wedi bod yn Ffrainc; **jamais on n'a vu pareille chose** ni welwyd mo'r fath beth erioed *voir aussi* **jamais**.
▶ **ne ... pas** ni(d); **je n'ai pas vu le monsieur** ni welais y gŵr, ni welais i ddim o'r gŵr, ni welais i mo'r gŵr; **je n'ai pas d'argent** nid oes gen i (ddim) arian; **il n'y a pas de pain** nid oes dim bara.
▶ **ne ... personne** ni(d) ... neb; **il n'y a personne ici** nid oes neb yma; **personne ~ vient** nid oes neb yn dod *voir aussi* **personne**.
▶ **ne ... plus** ni(d) ... mwy; **il n'y a plus de pain** nid oes mwy o fara; **il n'est plus riche** nid yw'n gyfoethog mwyach *ou* bellach *voir aussi* **plus**[1].
▶ **ne ... point** ni(d) ... ddim; **"tu ~ tueras point"** "na ladd" *voir aussi* **point**.
▶ **ne ... que** ni(d) ... ond; **il n'y a ici que des enfants** nid oes ond plant yma *voir aussi* **que**[1].
▶ **ne ... rien** ni(d) ... ddim; **je n'ai rien dit** ni ddywedais ddim; **rien ~ vous en empêche** does dim i'ch rhwystro *voir aussi* **rien**.
né (-e) [ne] *pp de* **naître**;
♦*adj*: **un comédien ~** actor *g* o'i eni; **~ en 1960** ganwyd yn 1960; **~(e) Dupont** Dupont gynt; **bien ~** o dras dda, o deulu da; **~ de Pierre et de Nathalie Clément** (*sur acte de naissance etc*) mab *g* Pierre a Nathalie Clément; **~e de Gérard et de Marie Devert** merch *b* Gérard a Marie Devert; **~ d'une mère française** â mam *b* o Ffrainc; **son premier ~** ei chyntaf-anedig *g/b ou* ei gyntaf-anedig; **son dernier ~** ei holaf-anedig *g/b ou* ei olaf-anedig.
néanmoins [neɑ̃mwɛ̃] *adv* er hynny, serch hynny.
néant [neɑ̃] *m* diddymdra *g*; **réduire qch à ~** difodi rhth, dinistrio rhth; (*espoir*) difetha rhth, chwalu rhth.
nébuleuse [nebyløz] *f* (*ASTRON*) nifwl *g*;
♦*adj f voir* **nébuleux**.

nébuleux (**nébuleuse**) [nebylø, nebyløz] *adj* (*ciel*) cymylog; (*fig: idées, discours, projet*) niwlog, aneglur.
nébuliser [nebylize] (**1**) *vt* (*liquide*) chwistrellu, taenellu.
nébulosité [nebylozite] *f* cymylogrwydd *g*, haen *b* o gymylau; ~ **variable** cymylog mewn (rhai) mannau.
nécessaire [nesesɛʀ] *adj* angenrheidiol; **est-il ~ que je m'en aille?** oes raid imi fynd (ymaith)?; **il est ~ de ...** mae'n rhaid ...; ♦*m*: **faire le ~** gwneud beth sy'n angenrheidiol; **n'emporter que le strict ~** dod â dim ond beth sy'n hollol angenrheidiol; ~ **de couture** bag *g* gwnïo; ~ **à ongles** set *b* drin dwylo; ~ **de toilette** (*sac*) bag ymolchi; ~ **de voyage** bag teithio.
nécessairement [nesesɛʀmɑ̃] *adv* yn angenrheidiol; (*inévitablement*) yn anochel, o reidrwydd.
nécessité [nesesite] *f* rheidrwydd *g*, angenrheidrwydd *g*; (*destitution*) tlodi *g*, angen *g*, cyni *g*; **se trouver dans la ~ de faire qch** gorfod gwneud rhth; **je me suis trouvé dans la ~ de payer** nid oedd dewis gennyf ond talu; **par ~** o reidrwydd; **les ~s de la vie** angenrheidiau *ll* bywyd; **les ~s du service** gofynion *ll* y swydd.
nécessiter [nesesite] (**1**) *vt* gofyn *ou* galw am.
nécessiteux[1] (**nécessiteuse**) [nesesitø, nesesitøz] *adj* tlawd, anghenus, mewn angen.
nécessiteux[2] [nesesitø] *mpl*: **les ~** (*les pauvres*) y tlodion *ll*, yr anghenus.
nec plus ultra [nɛkplysyltʀa] *m*: **le ~ ~ ~ de** y gorau oll o.
nécrologie [nekʀɔlɔʒi] *f* (*liste*) rhestr *b* goffa, colofn *b* farwolaethau; (*biographie*) ysgrif *b* goffa, coffadwriaeth *b*.
nécrologique [nekʀɔlɔʒik] *adj*: **article ~** ysgrif *b* goffa, teyrnged *b*; **rubrique ~** rhestr *b* goffa, colofn *b* farwolaethau.
nécromancie [nekʀɔmɑ̃si] *f* meirw-ddewiniaeth *b*.
nécromancien [nekʀɔmɑ̃sjɛ̃] *m* codwr *g* (y) meirwon.
nécromancienne [nekʀɔmɑ̃sjɛn] *f* codwraig *b* (y) meirwon.
nécrose [nekʀoz] *f* necrosis *g*, madredd *g*.
nectar [nɛktaʀ] *m* neithdar *g*.
nectarine [nɛktaʀin] *f* nectarin *b*, neithdaren *b*.
néerlandais[1] (**-e**) [neɛʀlɑ̃dɛ, ɛz] *adj* Iseldiraidd, o'r Iseldiroedd; (*mot*) Iseldireg.
néerlandais[2] [neɛʀlɑ̃dɛ] *m* (*LING*) Iseldireg *b,g*.
Néerlandais [neɛʀlɑ̃dɛ] *m* Iseldirwr *g*.
Néerlandaise [neɛʀlɑ̃dɛz] *f* Iseldirwraig *b*.
Néerlande [neɛʀlɑ̃d] *f*: **la ~** yr Iseldiroedd *ll*.
nef [nɛf] *f* (*d'église*) corff *g*.
néfaste [nefast] *adj* (*funeste*) drwgargoelus, anlwcus; (*nuisible*) niweidiol.
négatif[1] (**négative**) [negatif, negativ] *adj* negyddol, nacaol, negatif.
négatif[2] [negatif] *m* (*PHOT*) negatif *g*.
négation [negasjɔ̃] *f* gwadiad *g*, nacâd *g*; (*LING*) negyddiad *g*.
négative [negativ] *f*: **répondre par la ~** ateb yn (y) nacaol; ♦*adj f voir* **négatif**[1].
négativement [negativmɑ̃] *adv* (*ÉLEC, PHYS*) yn negyddol; (*LING, POL*) yn nacaol; **répondre ~** ateb "na"
négligé[1] (**-e**) [negliʒe] *adj* (*époux, épouse*) nad yw yn cael sylw, a esgeulusir; (*jardin*) a esgeulusir, aflêr, anhrefnus; (*tenue*) blêr, aflêr, anniben; (*travail*) blêr, aflêr, diofal, esgeulus, anhrefnus.
négligé[2] [negliʒe] *m* (*vêtement*) négligé *g,b*; (*laisser-aller*) diofalwch *g*, annibendod *g*, aflerwch *g*, esgeulustod *g*.
négligeable [negliʒabl] *adj* dibwys; (*détail*) bychan(bechan)(bychain); (*adversaire*) dibwys; **non ~** sylweddol.
négligemment [negliʒamɑ̃] *adv* yn esgeulus, yn ddiofal; (*nonchalamment*) yn ddifraw, yn ddi-hid.
négligence [negliʒɑ̃s] *f* esgeulustod *g*, diofalwch *g*; (*erreur*) camgymeriad *g*, llithriad *g*, diofalwch.
négligent (**-e**) [negliʒɑ̃, ɑ̃t] *adj* esgeulus, diofal.
négliger [negliʒe] (**10**) *vt* (*époux, épouse*) esgeuluso; (*jardin*) esgeuluso, peidio â thrin; (*précautions*) esgeuluso, peidio â sylwi (ar); (*avis*) esgeuluso, diystyru, anwybyddu; (*tenue*) esgeuluso; ~ **de faire qch** peidio â gwneud rhth, esgeuluso gwneud rhth; **ne rien ~ pour réussir** troi pob carreg i lwyddo, gwneud popeth posibl er mwyn llwyddo; **ce n'est pas à ~** (*offre*) mae'n werth ei gael(chael); (*difficulté*) mae'n rhth na ddylid ei anwybyddu *ou* ddiystyru; ♦ **se ~** *vr* eich esgeuluso'ch hun.
négoce [negɔs] *m* masnach *b*; **faire du ~** bod ym myd masnach, masnachu; **faire du ~ avec un pays** masnachu â gwlad.
négociable [negɔsjabl] *adj* trafodadwy.
négociant [negɔsjɑ̃] *m* masnachwr *g*.
négociante [negɔsjɑ̃t] *f* masnachwraig *b*.
négociateur [negɔsjatœʀ] *m* trafodwr *g*.
négociation [negɔsjasjɔ̃] *f* trafodaeth *b*, trafod; ~**s collectives** cydfargeinio, bargeinio ar y cyd, trafodion *ll*.
négociatrice [negɔsjatʀis] *f* trafodwraig *b*.
négocier [negɔsje] (**16**) *vt* trafod (telerau); ~ **un virage** mynd rownd *ou* cymryd tro; ~ **un obstacle** dod dros *ou* goresgyn rhwystr; ♦*vi* (*POL*) trafod.
nègre [nɛgʀ] (*péj*) *adj* Negroaidd; ♦*m* dyn *g* du; (*écrivain*) rhith-awdur *g*.
négresse [negʀɛs] (*péj*) *f* merch *b* ddu.
négrier [negʀije] *m* caethfeistr *g*; **c'est un vrai ~** (*fig*) mae'n rêl teyrn *g*, mae'n feistr caled.
négroïde [negʀɔid] *adj* Negroaidd.
neige [nɛʒ] *f* eira *g*; **battre les œufs en ~** curo

ou chwisgo'r gwynwy nes ei fod yn stiff; **aller à la ~*** mynd i sgio; **un amas de ~** lluwch *g* (eira); **une boule de ~** pelen *b* eira; **une tempête de ~** storm *b* eira; **faire un bonhomme de ~** gwneud dyn eira; **~ carbonique** rhew *g* sych, eira carbonig; **~ fondue** (*par terre*) eira tawdd, slwtsh *g*; (*qui tombe*) eirlaw *g*; **~ poudreuse** eira mân, llwch *g* eira.

neiger [neʒe] (**10**) *vi* bwrw eira.

neigeux (**neigeuse**) [nɛʒø, nɛʒøz] *adj* (*couvert de neige*) eiraog, yn eira i gyd; (*qui rappelle la neige*) fel eira.

nénuphar [nenyfaʀ] *m* (BOT) lili'r *b* dŵr, alaw *g*.

néo-calédonien (**~-~ne**) (**~-~s, ~-~nes**) [neokaledɔnjɛ̃, jɛn] *adj* o Caledonia Newydd.

Néo-Calédonien (**~-~s**) [neokaledɔnjɛ̃] *m* un *g* o Caledonia Newydd.

Néo-Calédonienne (**~-~s**) [neokaledɔnjɛn] *f* un *b* o Caledonia Newydd.

néocapitalisme [neokapitalism] *m* neo-gyfalafiaeth *b*.

néo-colonialisme [neokɔlɔnjalism] *m* neo-wladychiaeth *b*.

néo-hébridais (**~-~e**) (**~-~, ~-~es**) [neoebʀidɛ, ɛz] *adj* o'r Hebrides Newydd.

Néo-Hébridais [neoebʀidɛ] *m inv* un *g* o'r Hebrides Newydd.

Néo-Hébridaise (**~-~s**) [neoebʀidɛ, ɛz] *f* un *b* o'r Hebrides Newydd.

néologisme [neɔlɔʒism] *m* newyddair *g*, gair *g* gwneud.

néon [neɔ̃] *m* (*gaz*) neon *g*; (*éclairage*) fflworolau *g*, golau *g* neon.

néo-natal (**~-~e**) (**~-~s, ~-~es**) [neonatal] *adj* newydd-anedig.

néophyte [neɔfit] *m/f* newyddian *g*, nofydd *g*, nofyddes *b*.

néo-zélandais (**~-~e**) (**~-~, ~-~es**) [neoʒelɑ̃dɛ, ɛz] *adj* o Seland Newydd.

Néo-Zélandais (**~-~**) [neoʒelɑ̃dɛ] *m* Selandiad *g* Newydd.

Néo-Zélandaise (**~-~s**) [neoʒelɑ̃dɛz] *f* Selandiad *b* Newydd.

Népal [nepal] *prm*: **le ~** Nepal *b*.

népalais[1] [nepalɛ, ɛz] *adj* Nepalaidd; (*mot*) Nepaleg.

népalais[2] [nepalɛ] *m* (LING) Nepali *b,g*, Nepaleg *b,g*.

Népalais [nepalɛ] *m* Nepali *g*.

Népalaise [nepalɛz] *f* Nepali *b*.

néphrétique [nefʀetik] *adj* (MÉD) neffritig, arennol.

néphrite [nefʀit] *f* (MÉD) llid *g* yr arennau, neffritis *g*.

népotisme [nepɔtism] *m* nepotistiaeth *b*, neigarwch *g*.

nerf [nɛʀ] *m*

1 (ANAT: *filament nerveux en communication avec le cerveau*) nerf *g,b*.

2 (*équilibre nerveux*): **~s** nerfau *ll*, nerfusrwydd *g*; **être** *neu* **vivre sur les ~s** bod ar bigau drain; **avoir les ~s à vif** bod yn nerfus, bod ar bigau drain; **être à bout de ~s** bod ar ben eich tennyn; **passer ses ~s sur qn** bwrw eich llid *ou* dicter ar rn; **c'est un paquet de ~s** mae hi *ou* e'n nerfau i gyd; **taper** *neu* **porter sur les ~s de qn*** mynd ar nerfau rhn, bod yn dân ar groen rhn, mynd dan groen rhn.

3 (ANAT: *tendon*) gewyn *g*; **viande pleine de ~s** cig llawn gïau.

4 (*fig: forces*) ynni *g*, nerth *g*; **allez du ~!** gwnewch ymdrech!, siapwch hi!; **une voiture qui a du ~** car â mynd ynddo.

nerveusement [nɛʀvøzmɑ̃] *adv* (*excité*) yn nerfus; (*agacé*) yn bigog; (*avec vigueur*) yn egnïol.

nerveux (**nerveuse**) [nɛʀvø, nɛʀvøz] *adj* (*système*) nerfol; (*cellule*) nerf; (*agité*) nerfus, ar bigau drain; (*irritable*) pigog, piwis; (*vigoureux*) egnïol, nerthol; (*viande*) llawn gïau; (*personne*) gieulyd, gwydn; (*voiture*) cyflym.

nervosité [nɛʀvozite] *f* (*agitation*) nerfusrwydd *g*, cynnwrf *g*; (*irritation*) pigogrwydd *g*, piwisrwydd *g*.

nervure [nɛʀvyʀ] *f* (*de feuille*) gwythïen *b*; (ARCHIT) asen *b*.

n'est-ce pas? [nɛspɑ] *adv*: **"c'est bon, ~-~ ~?"** "mae'n dda, on'd ydi e'/hi?", "peth da, ynte *ou* on'd yw e?"; **"elle a peur, ~-~ ~?"** "mae arni ofn, on'd oes?"; **"~-~ ~ pas que c'est bon?"** "on'd ydi'n dda?"; **elle, ~-~ ~, elle peut se le permettre** fe all hithau fforddio gwneud hynny, oni all.

net[1] (**-te**) [nɛt] *adj* (*surface*) clir, rhydd; (*travail, maison*) glân, taclus; (*conscience*) clir, glân; (*prix, poids*) clir, net; (*explication, voix*) clir, eglur; (*réponse*) clir, plaen; (*réfus*) pendant, ar ei ben; (*situation*) clir, diamwys; (*différence*) amlwg, clir; (*cassure*) glân, llwyr; (PHOT: *image*) clir, eglur; **~ de tout blâme** hollol ddi-fai; **faire place ~te** (*salle*) ysgubo'n lân; **refuser ~** gwrthod yn lân *ou* yn llwyr; **s'arrêter ~** sefyll yn stond; **pour vous parler ~** i siarad â chi yn blwmp ac yn blaen; **casser ~** torri'n glec; **~ d'impôt** di-dreth, rhydd rhag trethi; **revenu ~** incwm *g* net; **ce type n'est pas très ~*** mae'r dyn hwn yn eithaf od *ou* amheus.

net[2] [nɛt] *m*: **mettre qch au ~** copïo rhth yn daclus, gwneud copi glân o rth.

nettement [nɛtmɑ̃] *adv* (*distinctement*) yn glir, yn eglur; (*évidemment*) yn eglur, yn amlwg, yn bendant; (*refuser*) yn bendant, yn lân; (*dire*) yn blwmp ac yn blaen; (*apparaître*) yn glir; (*s'améliorer*) yn sylweddol; **~ mieux** *neu* **meilleur** gwell o lawer.

netteté [nɛtte] *f* (*explication*) pendantrwydd *g*, eglurder *g*, eglurdeb *g*; (*tenue*)

taclusrwydd *g*; (*image*) clirdeb *g*, eglurder, eglurdeb; (*cassure*) llwyrni *g*.
nettoie *etc* [netwa] *vb voir* **nettoyer**.
nettoiement [netwamɑ̃] *m* glanhau, glanhad *g*; **service du ~** casgliad *g* sbwriel.
nettoierai *etc* [nɛtwaʀe] *vb voir* **nettoyer**.
nettoyage [netwajaʒ] *m* glanhau; **~ à sec** sychlanhau.
nettoyant [netwajɑ̃] *m* (*produit*) glanedydd *g*, glanhäwr *g*.
nettoyer [netwaje] (**17**) *vt* (*objet*) glanhau; (*jardin*) clirio, tacluso; (*casserole*) sgwrio; (*vider*) gwagio; (*fam: tuer*) lladd; **~ au chiffon** tynnu llwch; **~ avec du savon** golchi gyda dŵr a sebon; **~ (qch) à la brosse** glanhau rhth â brwsh; **~ à sec** sychlanhau.
neuf[1] [nœf] *adj inv* naw; **~ hommes/femmes** naw dyn/gwraig, naw o ddynion/wragedd; **~ jours/ans** naw niwrnod/mlynedd; **nous sommes ~** mae yna naw ohonom ni; **j'en ai ~** mae gen i naw (ohonynt); **elle a ~ ans** mae hi'n naw (mlwydd) oed; **c'est à ~ kilomètres** mae naw cilometr oddi yma; **nous sommes le ~** y nawfed yw hi heddiw; **Charles IX** Siarl y Nawfed.
neuf[2] (**neuve**) [nœf, nœv] *adj* newydd; **une robe neuve** ffrog *b* newydd; **des chaussures neuves** esgidiau *ll* newydd; **tout ~** newydd sbon; **comme ~, à l'état ~** fel newydd.
neuf[3] [nœf] *m*: **repeindre à ~** ailbaentio, ailaddurno; **remettre à ~** adnewyddu, ailwampio; **n'acheter que du ~** prynu popeth yn newydd sbon; **quoi de ~?** pa newydd?, pa hanes?
neurasthénique [nøʀastenik] *adj* â gwendid nerfol, niwrasthenig.
neurochirurgie [nøʀoʃiʀyʀʒi] *f* llawdriniaeth *b* nerfol.
neurochirurgien [nøʀoʃiʀyʀʒjɛ̃] *m* llawfeddyg *g* nerfol, niwrolawfeddyg *g*.
neuroleptique [nøʀɔlɛptik] *adj* tawelyddol.
neurologie [nøʀɔlɔʒi] *f* niwroleg *b*.
neurologique [nøʀɔlɔʒik] *adj* niwrolegol.
neurologue [nøʀɔlɔg] *m/f* niwrolegydd *g*.
neurone [nøʀɔn] *m* niwron *g*.
neuropsychiatre [nøʀopsikjatʀ] *m/f* niwroseiciatrydd *g*, seiciatrydd *g* nerfol.
neuropsychiatrie [nøʀopsikjatʀi] *f* niwroseiciatreg *b*, seiciatreg *b* nerfol.
neutralisation [nøtʀalizasjɔ̃] *f* niwtraliad *g*, niwtralu, niwtraleiddio.
neutraliser [nøtʀalize] (**1**) *vt* niwtralu, niwtraleiddio.
neutralisme [nøtʀalism] *m* niwtraliaeth *b*.
neutraliste [nøtʀalist] *adj* amhleidiol, niwtral.
neutralité [nøtʀalite] *f* (*POL*) amhleidioldeb *g*, niwtraliaeth *b*; (*CHIM*) niwtraledd *g*.
neutre [nøtʀ] *adj* niwtral; (*POL*) amhleidiol; (*ZOOL*) diryw; (*style, décor*) di-liw; ♦*m* (*LING*) y diryw *g*; (*POL*) gwlad *b* niwtral.
neutron [nøtʀɔ̃] *m* niwtron *g*.
neuve [nœv] *adj f voir* **neuf**[2].
neuvième [nœvjɛm] *adj, m/f* nawfed; ♦*m* nawfed *g,b*; (*MATH*) nawfed ran *b*.
névé [neve] *m* névé *g* (*eira caled a pharhaol mewn mynyddoedd uchel*).
neveu (-**x**) [n(ə)vø] *m* nai *g*.
névralgie [nevʀalʒi] *f* niwralgia *g*, gwayw *g* (*yn y pen*)
névralgique [nevʀalʒik] *adj* niwralgaidd; (*fig*) teimladwy, sensitif; **centre ~** canolfan *g,b* nerfol.
névrite [nevʀit] *f* niwritis *g*, llid *g* y gïau.
névrose [nevʀoz] *f* niwrosis *g*.
névrosé[1] (-**e**) [nevʀoze] *adj* niwrotig.
névrosé[2] [nevʀoze] *m* niwrotig *g*.
névrosée [nevʀoze] *f* niwrotig *b*; ♦*adj f voir* **névrosé**[1].
névrotique [nevʀɔtik] *adj* niwrotig.
New York [njujɔʀk] *pr* Efrog Newydd.
new-yorkais (**~-~e**) (**~-~, ~-~es**) [njujɔʀkɛ, ɛz] *adj* o Efrog Newydd.
New-Yorkais [njujɔʀkɛ] *m inv* un *g* o Efrog Newydd.
New-Yorkaise (**~-~s**) [njujɔʀkɛz] *f* un *b* o Efrog Newydd.
nez [ne] *m*
1 (*ANAT, fig*) trwyn *g*; **parler du ~** siarad trwy'ch trwyn; **rire au ~ de qn** chwerthin yn wyneb rhn; **avoir du ~** bod â dawn, bod yn ddawnus; **avoir le ~ fin** bod yn graff; **ne pas voir plus loin que le bout de son ~** methu gweld yn bellach na'ch trwyn; **~ à ~ avec** wyneb yn wyneb â; **à vue de ~** yn fras, fwy neu lai; **comme le ~ au milieu du visage** mor amlwg â golau dydd, mor amlwg â thrwyn ar wyneb; **tu as le ~ dessus!** mae o dan dy drwyn di!; **baisser/lever le ~** edrych i lawr/fyny; **fermer la porte au ~ de qn** cau'r drws yn wyneb rhn; **faire un drôle de ~** gwneud ystumiau digrif; **au ~ et à la barbe de qn** dan drwyn rhn; **mettre son ~ dans qch** gwthio'ch trwyn i rth; **se bouffer le ~*** (*péj*) bod gwddf yng ngwddf, bod yng ngyddfau'ch gilydd.
2 (*d'avion etc*) trwyn *g*, blaen *g*, rhan *b* flaen.
NF *sigle f* (= *norme française*) (*IND*) *safon b ddiwydiannol.*
ni [ni] *conj*: **~ ... ~** ni(d) ... na(c); **elle n'avait ~ chien ~ chat** nid oedd ganddi na chi na chath; **elle n'a rien vu ~ entendu** ni welodd na chlywed unrhyw beth.
Niagara [njagaʀa] *prm*: **le ~** Niagara; **les chutes du ~** rhaeadrau *ll* Niagara.
niais (-**e**) [njɛ, njɛz] *adj* gwirion, hurt, twp, dwl.
niaiserie [njɛzʀi] *f* hurtrwydd *g*, gwiriondeb *g*, twpdra *g*; **débiter des ~s** siarad dwli *ou* lol.
Nicaragua [nikaʀagwa] *prm*: **le ~** Nicaragwa *b*.
nicaraguayen (-**ne**) [nikaʀagwajɛ̃, jɛn] *adj* Nicaragwaidd, o Nicaragwa.
Nicaraguayen [nikaʀagwajɛ̃] *m* Nicaragwad *g*.
Nicaraguayenne [nikaʀagwajɛn] *f*

Nicaragwad *b*.

niche [niʃ] *f* (*de chien*) cenel *g*, cwt *g* ci; (*de mur*) cilfach *b*; (*farce*) cast *g*, tric *g*.

nichée [niʃe] *f* (*oiseaux*) nythaid *b*; (*enfants*) epil *g*, haid *b*; (*chiens*) torllwyth *g,b*, torraid *g,b*; **la mère et toute sa** ~ y fam a'i hepil *ou* haid o blant.

nicher [niʃe] (**1**) *vi* nythu; (*fam: personne*) byw a bod;
♦ **se** ~ *vr* (*oiseau*) nythu; (*personne: se blottir*) swatio, cwtsio; (*village*) swatio, gorwedd; (*objet*) mynd yn sownd, aros; (*se cacher*) cuddio, ymguddio.

nichon* [niʃɔ̃] *m* bron *b*.

nickel [nikɛl] *m* nicel *g*;
♦*adj* (*impeccablement propre*) twt, taclus, fel pin mewn papur.

niçois (-**e**) [niswa, waz] *adj* o Nice.

Niçois [niswa] *m* un *g* o Nice.

Niçoise [niswaz] *f* un *b* o Nice.

Nicosie [nikɔzi] *pr* Nicosia.

nicotine [nikɔtin] *f* nicotin *g*.

nid [ni] *m* nyth *g,b*; (*de brigands*) nythfa *b*; (*foyer*) aelwyd *b* gysurus; **surprendre qn au** ~ dal rhn gartref; ~ **de mitrailleuses** nythle *g* o ddrylliau peiriannol; ~**-de-pie** (NAUT) nyth cigfran; ~ **d'abeilles** (COUTURE, TEXTILE) pwyth *g* crwybr; ~ **de poule** twll *g* (yn y ffordd).

nièce [njɛs] *f* nith *b*.

nième [ɛnjɛm] *adj*: **la** ~ **fois** y cant a milfed gwaith.

nier [nje] (**16**) *vt* gwadu.

nigaud [nigo] *m* ffŵl *g*, symlyn *g*, diniweityn *g*, twpsyn *g*, hurtyn *g*.

nigaude [nigod] *f* symlen *b*, diniweiten *b*, twpsen *b*, hurten *b*.

Niger [niʒɛʀ] *prm*: **le** ~ (*pays, fleuve*) y Niger *b*.

Nigéria [niʒeʀja] *prm*: **le** ~ Nigeria *b*.

nigérian (-**e**) [niʒeʀjɑ̃, an] *adj* Nigeriaidd, o Nigeria.

Nigérian [niʒeʀjɑ̃] *m* Nigeriad *g*, un *g* o Nigeria.

Nigériane [niʒeʀjan] *f* Nigeriad *b*, un *b* o Nigeria.

nigérien (-**ne**) [niʒeʀjɛ̃, jɛn] *adj* Nigeraidd, o Niger.

Nigérien [niʒeʀjɛ̃] *m* Nigerwr *g*, un *g* o Niger.

Nigérienne [niʒeʀjɛn] *f* Nigeres *b*, un *b* o Niger.

night-club (~-~**s**) [najtklœb] *m* clwb *g* nos.

nihilisme [niilism] *m* nihiliaeth *b*.

nihiliste [niilist] *adj* nihilaidd.

Nil [nil] *prm*: **le** ~ y Nîl *b*.

n'importe [nɛ̃pɔʀt] *adv*: "~!" "dim o bwys!", "dim ots!", "'does dim gwahaniaeth!".
▶ **n'importe comment, elle part ce soir** pa un bynnag mae hi'n mynd heno; ~ **comment** (*sans soin: travailler etc*) unrhyw sut, rywsut-rywsut.
▶ **n'importe lequel/laquelle d'entre nous** unrhyw un ohonom ni.
▶ **n'importe où** (yn) unrhyw le.
▶ **n'importe quand** ar unrhyw adeg.
▶ **n'importe quel/quelle** unrhyw; **à** ~ **quel prix** ar unrhyw gyfrif, costied a gostio.
▶ **n'importe qui** unrhyw un.
▶ **n'importe quoi** unrhyw beth; ~ **quoi!*** (*désapprobation*) am sothach!; **elle dit** ~ **quoi** mae'n siarad dwli *ou* lol.

nippes* [nip] *fpl* dillad *ll*.

nippon (-**e**, -**ne**) [nipɔ̃, ɔn] (*péj*) *adj* Japaneaidd, Siapan(e)aidd.

Nippon [nipɔ̃] (*péj*) *m* Japanead *g*, Siapanead *g*.

Nippone, Nipponne [nipɔn] (*péj*) *f* Japanead *b*, Siapanead *b*.

nique [nik] *f*: **faire la** ~ **à qn** wfftio rhn, gwneud hwyl am ben rhn.

nitouche [nituʃ] (*péj*) *f*: **sainte** ~ rhn sy'n edrych yn ddiniwed iawn; **elle fait la sainte** ~ mae'n edrych fel na fyddai menyn yn toddi yn ei cheg hi, mae'n edrych fel angyles fach.

nitrate [nitʀat] *m* nitrad *g*.

nitrique [nitʀik] *adj*: **acide** ~ asid *g* nitrig.

nitroglycérine [nitʀogliseʀin] *f* nitro-glyserin *g*.

niveau (-**x**) [nivo] *m*
1 (*hauteur*) lefel *b*; **au** ~ **de qn/qch** cyfuwch â rhn/rhth, ar yr un lefel â rhn/rhth; **de** ~ **(avec)** ar wastad, yn wastad (â), yn gyfwastad (â); **le** ~ **de la mer** lefel y môr; ~ **(à bulle)** lefel wirod; ~ **(d'eau)** lefel ddŵr.
2 (*des élèves, études*) safon *b*; **dans deux mois, vous serez au** ~ ymhen deufis, byddwch wedi cyrraedd y safon; ~ **de vie** safon byw; ~ **social** statws *g* cymdeithasol.

niveler [niv(ə)le] (**11**) *vt* lefelu, gwastatáu, gwastatu; (*fig*) cyfartalu.

niveleuse [niv(ə)løz] *f* (TECH) peiriant *g* lefelu (*sy'n gwastatáu tir*).

nivellement [nivɛlmɑ̃] *m* lefelu, gwastatáu.

nivernais (-**e**) [nivɛʀnɛ, ɛz] *adj* o Nevers.

Nivernais [nivɛʀnɛ] *m* un *g* o Nevers.

Nivernaise [nivɛʀnɛz] *f* un *b* o Nevers.

NL [ɛnɛl] *sigle f*(= *nouvelle lune*) lleuad *b* newydd.

NN [ɛnɛn] *abr*(= *nouvelle norme*) *dull newydd o ddosbarthu gwestai*.

N°, n° *abr*(= *numéro*) rhif *g*.

nobiliaire [nɔbiljɛʀ] *adj*: **particule** ~ geiryn *g* uchelwrol.

noble [nɔbl] *adj* bonheddig; (*imposant*) urddasol, mawreddog; (*généreux*) hael, haelionus; (*de qualité: métal etc*) gwerthfawr;
♦*m/f* uchelwr *g*, uchelwraig *b*.

noblesse [nɔblɛs] *f* (*dignité*) urddas *g*; (*magnanimité*) mawredd *g*; (*aristocratie*) bonedd *g*.

noce [nɔs] *f* priodas *b*; (*gens*) gwesteion *ll* (priodas); **il l'a épousée en secondes** ~**s** ei ail wraig oedd hi; **être de** ~ cael eich gwahodd i briodas; **faire la ~*** mynd ar sbri; **je n'étais pas à la ~** 'doeddwn i ddim yn gysurus; **~s d'argent/d'or/de diamant** priodas arian/aur/ddiemwnt; **repas de ~s** gwledd *b* briodas.

noceur [nɔsœʀ] *m* partïwr *g*.

noceuse [nɔsøz] *f* partiwraig *b*.

nocif (**nocive**) [nɔsif, nɔsiv] *adj* niweidiol.

nocivité [nɔsivite] *f* niweidioldeb *g*.

noctambule [nɔktɑ̃byl] *m/f* aderyn *g* y nos.

nocturne [nɔktyʀn] *adj* nosol, yn (ystod) y nos; ♦*f* (*SPORT*) gornest *b* dan lifoleuadau; (*d'un magasin*) noson *b* agor yn hwyr; **~ le jeudi jusqu'à 22 h.** ar agor nos Iau tan ddeg o'r gloch.

nodule [nɔdyl] *m* nodwl *g*, cnepyn *g*.

Noël [nɔɛl] *m*: **la (fête de) ~** (adeg *b*) y Nadolig *g*; **Joyeux ~!** Nadolig Llawen!

nœud [nø] *m* (*de corde*) cwlwm *g*; (*ruban*) rhuban *g*, cwlwm dolen; (*du bois*) cainc *b*; (*d'une question*) craidd *g*; (*fig: liens*) cwlwm, rhwymyn *g*; (*NAUT: unité de vitesse*) not *b*; (*PHYS*) nod *g*; **~ de l'action** (*THÉÂTRE*) craidd y gweithredu; **~ coulant** dolen *b* redeg; **~ de vipères** nyth *g,b* gwiberod, nythaid *b* o nadroedd; **les ~s d'un serpent** torchau *ll* neidr; **~ gordien** cwlwm annatod; **~ papillon** tei *g,b* bô, dici-bô *g*.

noie *etc* [nwa] *vb voir* **noyer**.

noir[1] (**-e**) [nwaʀ] *adj* du; (*obscur*) tywyll; (*race, personne*) du; (*roman, film*) tywyll, macâbr; (*fam: ivre*) meddw; **il fait ~** mae'n dywyll; **il faisait ~ comme dans un four** roedd hi'n dywyll fel bol buwch *ou* fel y fagddu; **mets-moi ça ~ sur blanc** rhoi hynna mewn du a gwyn, dyro hynna ar ddu a gwyn.

noir[2] [nwaʀ] *m* (*couleur*) du *g*; **dans le ~** (*obscurité*) yn y tywyllwch *g*; **au ~** (*acheter, vendre*) ar y farchnad ddu; **travailler au ~** (*fig*) nosweithio, gweithio yn answyddogol, dal swydd ychwanegol.

Noir [nwaʀ] *m* dyn *g* du.

noirâtre [nwaʀɑtʀ] *adj* braidd yn ddu, duaidd, braidd yn dywyll.

noirceur [nwaʀsœʀ] *f* düwch *g*; (*obscurité*) tywyllwch *g*; (*acte perfide*) erchyllter *g*.

noircir [nwaʀsiʀ] (**2**) *vi* duo, mynd yn ddu; (*peau*) tywyllu, cael lliw haul; (*couleur*) mynd yn dywyll, tywyllu;
♦*vt* duo, gwneud (rhth) yn ddu; (*charbon*) baeddu; (*fig*) pardduo, difenwi; **~ du papier** ysgrifennu llawer.

noire [nwaʀ] *f* (*MUS*) crosiet *g*;
♦*adj f voir* **noir**[1].

Noire [nwaʀ] *f* merch *b* ddu.

noise [nwaz] *f*: **chercher ~ à qn** ceisio codi ffrae â rhn.

noisetier [nwaz(ə)tje] *m* collen *b*, coeden *b* gyll.

noisette [nwazɛt] *f* cneuen *b* gollen; **une ~ de beurre** telpyn *g ou* talp *g* o fenyn;
♦*adj* (*yeux*) brown golau, gwinau.

noix [nwa] *f* cneuen *b* Ffrengig; (*fam*) twpsyn *g*; **une ~ de beurre** telpyn *g ou* talp *g* o fenyn; **à la ~*** diwerth, da i ddim; **~ de cajou** cneuen gashiw; **~ de coco** cneuen goco; **~ de veau** (*CULIN*) rownd *b ou* ffiled *b* o gig llo; **~ muscade** nytmeg *g*, cneuen yr India.

nom [nɔ̃] *m* enw *g*; **connaître qn de ~** adnabod rhn wrth ei enw; **au ~ de** yn enw; **~ d'une pipe, ~ d'un chien!*** yn eno'r Tad; **~ de Dieu!*** uffern dân!; **~ commun** enw cyffredin; **~ composé** enw cyfansawdd; **~ d'emprunt** gair *g* benthyg; **~ de famille** cyfenw *g*; **~ de fichier** enw ffeil; **~ de jeune fille** enw morwynol, enw cyn priodi; **~ déposé** enw masnachol; **~ propre** enw priod.

nomade [nɔmad] *adj* crwydrol, nomadaidd;
♦*m/f* crwydryn *g*, nomad *g/b*.

nombre [nɔ̃bʀ] *m* (*MATH, LING*) rhif *g*; **venir en ~** dod yn llu *g*; **depuis ~ d'années** ers nifer o flynyddoedd, ers blynyddoedd maith; **ils sont au ~ de 3** mae tri ohonynt; **au ~ de mes amis** ymhlith fy ffrindiau; **sans ~** di-rif, aneirif; **(bon) ~ de** cryn nifer o; **~ entier** cyfanrif *g*; **~ premier** rhif cysefin.

nombreux (**nombreuse**) [nɔ̃bʀø, nɔ̃bʀøz] *adj* niferus; (*en grand nombre*) llawer o, nifer o; (*foule, collection*) mawr; **être ~** bod yn niferus; **dans de ~ cas** mewn nifer o achosion; **la foule était nombreuse** 'roedd y dorf yn enfawr; **de ~ accidents** llawer o ddamweiniau; **peu ~** ychydig o; **ils étaient peu ~** nid oedd llawer ohonynt.

nombril [nɔ̃bʀi(l)] *m* bogail *g,b*, botwm *g* bol *ou* bola.

nomenclature [nɔmɑ̃klatyʀ] *f* (*liste*) rhestr *b*; (*LING, SCIENCE*) dull *g* enwi; (*dictionnaire*) rhestr eiriau, geirfa *b*.

nominal (**-e**) (**nominaux, nominales**) [nɔminal, nɔmino] *adj*
1 (*par nom*) mewn enw; **liste ~e** rhestr *b* enwau.
2 (*ÉCON, FIN*): **valeur ~e** wynebwerth *g*, gwerth *g* enwol.
3 (*LING*) enwol; **syntagme ~** ymadrodd *g* enwol.

nominatif[1] (**nominative**) [nominatif, nominativ] *adj* (*FIN*) cofnodedig, cofrestredig; (*invitation*) personol; **liste nominative** rhestr *b* enwau; **titre ~** enw *g* cofnodedig; **carte nominative** cerdyn *g ou* carden *b* ymweld.

nominatif[2] [nominatif] *m* (*LING*) cyflwr *g* enwol.

nomination [nɔminasjɔ̃] *f* enwebiad *g*, enwebu; (*à un emploi*) penodiad *g*, penodi; (*document*) llythyr *g* penodi *ou* enwebu.

nommément [nɔmemɑ̃] *adv* (*spécialement*) yn arbennig, yn enwedig; **désigner ~ qn** sôn am rn *ou* galw rhn wrth ei enw.

nommer [nɔme] (**1**) *vt* (*dénommer*) enwi; (*baptiser*) bedyddio; (*qualifier*) galw; (*mentionner, citer*) sôn am, enwi; (*désigner, choisir*) penodi; **un nommé Leduc** rhywun o'r

enw Leduc;
♦ **se** ~ *vr* (*se présenter*) rhoi'ch enw, eich cyflwyno'ch hun; **elle se nomme Jeanne** Jeanne yw ei henw hi.

non [nɔ̃] *adv*
1 (*réponse*) na, nac + *berf*, nage, naddo (on peut répondre avec les formes concises des verbes *bod*, *gwneud*, et *cael*); **est-ce que tu viens?** - ~ wyt ti'n dod? - nac ydw; **est-ce qu'elle vient?** - ~ ydi hi'n dod? - nac ydi; **est-elle rentrée à la maison?** - ~ aeth hi adref? - naddo; **est-ce que je peux venir?** - ~ 'ga' i ddod? - na chei; **est-ce que c'est toi qui a fait cela?** - ~ ai ti a wnaeth hynna? - na; **tu vas lui dire?** - **non** wnei di ddweud wrthi? - na wnaf.
2 (*interrogatif exclamatif*): **Paul est venu, ~?** daeth Paul, do?; **c'est sympa, ~?** mae'n neis, on'd ydi?.
3 (*remplaçant une proposition*): **répondre** *neu* **dire que** ~ ateb *ou* dweud na; ~ **(pas) que ...** nid bod ...; **je préférerais que** ~ byddai well gennyf beidio; **il se trouve que** ~ efallai nage, efallai ddim; **je pense que** ~ na, dydi e' ddim yn gywir, 'rwy'n siŵr nad yw hynny'n gywir; **je suis sûr que** ~ 'rwy'n siŵr nad yw felly.
4 (*marquant le désaccord*): **mais ~, ce n'est pas mal** nage, mae'n eithaf da; ~ **mais des fois!** 'dwyt ti ddim o ddifri!.
5 (*dans une double négation*): ~ **loin** dim yn bell, nid yn bell; ~ **loin de qch** heb fod yn bell o rth, nid nepell o rth *ou* oddi wrth rth; ~ **sans** nid heb; ~ **seulement** nid yn unig.
▶ **non plus**: **(ni) moi/toi/elle/nous/vous** ~ **plus** na minnau/thithau/hithau/ninnau/chithau (chwaith); **(ni) lui** ~ **plus** nac yntau (chwaith); **(ni) eux/elles** ~ **plus** na hwythau (chwaith).

non... [nɔ̃] *préf* am..., an..., ang..., af...

nonagénaire [nɔnaʒenɛʀ] *adj* yn eich nawdegau;
♦*m/f* nawdegwr *g*, nawdegwraig *b* (*rhn yn ei nawdegau*).

non-agression [nɔnagʀesjɔ̃] *f*: **pacte de** ~-~ (*POL*) cytundeb *g* i beidio ag ymosod.

non-alcoolisé (~-~**e**) [nɔ̃alkɔɔlize] *adj* heb alcohol, dialcohol.

non-aligné (~-~**e**) [nɔnaliɲe] *adj* (*pays*) amhleidiol, anymochrol.

non-alignement [nɔnaliɲmɑ̃] *m* (*POL*) anymochredd *g*, amhleidioldeb *g*.

nonante [nɔnɑ̃t] *adj* (*Belgique, Suisse*) deg a phedwar ugain, naw deg;
♦*m* deg *g* a phedwar ugain, naw deg *g*.

non-assistance [nɔnasistɑ̃s] *f*: ~-~ **à personne en danger** (*JUR*) *peidio â helpu rhn sydd mewn perygl.*

nonce [nɔ̃s] *m* (*REL*) cennad *g* y Pab.

nonchalamment [nɔ̃ʃalamɑ̃] *adv* yn ddifater, yn ddidaro.

nonchalance [nɔ̃ʃalɑ̃s] *f* difaterwch *g*; **avec** ~ yn ddiofal, yn ddidaro, yn ddifater.

nonchalant (-**e**) [nɔ̃ʃalɑ̃, ɑ̃t] *adj* diofal, difater, didaro.

non-conformisme [nɔ̃kɔ̃fɔʀmism(ə)] *m* anghydffurfiaeth *b*, ymneilltuaeth *b*.

non-conformiste [nɔ̃kɔ̃fɔʀmist] *adj* anghydffurfiol, ymneilltuol;
♦*m/f* anghydffurfiwr *g*, anghydffurfwraig *b*, ymneilltuwr *g*, ymneilltuwraig *b*.

non-conformité [nɔ̃kɔ̃fɔʀmite] *f* anghydffurfioldeb *g*.

non-croyant (~-~**s**) [nɔ̃kʀwajɑ̃] *m* (*REL*) anffyddiwr *g*, anghredadun *g*, anghredinïwr *g*.

non-croyante (~-~**s**) [nɔ̃kʀwajɑ̃t] *f* (*REL*) anffyddwraig *b*, anghredinwraig *b*

non-directif (~-**directive**) (~-~**s**, ~-**directives**) [nɔ̃diʀɛktif, ɔ̃diʀɛktiv] *adj* anghyfeiriol.

non-engagé (~-~**e**) (~-~**s**, ~-~**es**) [nɔnɑ̃gaʒe] *adj* (*POL*) amhleidiol, anymochrol.

non-engagement [nɔnɑ̃gaʒmɑ̃] *m* (*POL*) amhleidioldeb *g*, anymochredd *g*.

non-fumeur (~-~**s**) [nɔ̃fymœʀ] *m* anysmygwr *g*.

non-fumeuse (~-~**s**) [nɔ̃fymøz] *f* anysmygwraig *b*.

non-ingérence [nɔnɛ̃ʒeʀɑ̃s] *f* anymyrraeth *b*.

non-initié[1] (~-~**e**) (~-~**s**, ~-~**es**) [nɔ̃ninisje] *adj* anghyfarwydd; (*dans une secte*) heb eich derbyn.

non-initié[2] (~-~**s**) [nɔ̃ninisje] *m* lleygwr *g*; **les** ~**s** yr anghyfarwydd *ll*.

non-inscrit (~-~**s**) [nɔnɛ̃skʀi] *m* (*POL: député*) aelod *g* annibynnol.

non-inscrite (~-~**s**) [nɔnɛ̃skʀit] *f* (*POL: député*) aelod *g* annibynnol.

non-intervention [nɔnɛ̃tɛʀvɑ̃sjɔ̃] *f* (*POL*) anymyrraeth *b*.

non-lieu [nɔ̃ljø] *m*: **il y a eu** ~-~ (*JUR*) gwrthodwyd yr achos.

nonne [nɔn] *f* lleian *b*.

nonobstant [nɔnɔpstɑ̃] *prép* er (gwaethaf), serch;
♦*adv* er hynny, serch hynny.

non-paiement (~-~**s**) [nɔ̃pɛmɑ̃] *m* diffyg *g* taliad.

non-prolifération [nɔ̃pʀɔlifeʀasjɔ̃] *f* anamlhad *g*, atal amlhau, atal lledaenu.

non-résident (~-~**s**) [nɔ̃ʀesidɑ̃] *m* estron *g*, rhn o'r tu allan.

non-retour [nɔ̃ʀətuʀ] *m*: **point de** ~-~ man *g,b* di-droi'n-ôl.

non-sens [nɔ̃sɑ̃s] *m* afresymoldeb *g*.

non-spécialiste (~-~**s**) [nɔ̃spesjalist] *m/f* un *g/b* nad yw'n arbenigydd.

non-stop [nɔnstɔp] *adj inv* (*gén*) di-baid, di-ball; (*vol*) pendramwnwgl; (*spectacle*) di-dor.

non-syndiqué (~-~**s**) [nɔ̃sɛ̃dike] *m* un *g* nad

yw'n perthyn i undeb.
non-syndiquée (~-~**s**) [nɔ̃sɛ̃dike] *f* un *b* nad yw'n perthyn i undeb.
non-violence [nɔ̃vjɔlɑ̃s] *f* dulliau *ll* di-drais.
non-violent[1] (~-~**e**) (~-~**s**, ~-~**es**) [nɔ̃vjɔlɑ̃, ɑ̃t] *adj* di-drais.
non-violent[2] (~-~**s**) [nɔ̃vjɔlɑ̃] *m* protestiwr *g* di-drais, gwrthwynebydd *g* di-drais.
non-violente (~-~**s**) [nɔ̃vjɔlɑ̃t] *f* protestwraig *b* ddi-drais, gwrthwynebwraig *b* ddi-drais;
♦*adj f voir* **non-violent**[1].
nord [nɔʀ] *m* gogledd *g*; **au** ~ (*situation*) yn y gogledd; (*direction*) i'r gogledd; **au** ~ **de** i'r gogledd o; **perdre le** ~ (*fig*) colli'r ffordd; **le vent du** ~ gwynt *g* y gogledd, y gogleddwynt *g*; **un vent du** ~ gwynt o'r gogledd; **le vent est au** ~ mae'r gwynt yn chwythu o'r gogledd;
♦*adj inv* gogleddol, (o'r) gogledd; **le pôle** ~ Pegwn *g* y Gogledd.
nord-africain (~-~**e**) (~-~**s**, ~-~**es**) [nɔʀafʀikɛ̃, ɛn] *adj* Gogledd-Affricanaidd.
Nord-Africain (~-~**s**) [nɔʀafʀikɛ̃] *m* Gogledd-Affricanwr *g*.
Nord-Africaine (~-~**s**) [nɔʀafʀikɛn] *f* Gogledd-Affricanes *b*.
nord-américain (~-~**e**) (~-~**s**, ~-~**es**) [nɔʀameʀikɛ̃, ɛn] *adj* Gogledd-Americanaidd.
Nord-Américain (~-~**s**) [nɔʀameʀikɛ̃] *m* Gogledd-Americanwr *g*.
Nord-Américaine (~-~**s**) [nɔʀameʀikɛn] *f* Gogledd-Americanes *b*.
nord-coréen (~-~**ne**) (~-~**s**, ~-~**nes**) [nɔʀkɔʀeɛ̃, ɛn] *adj* Gogledd-Goreaidd.
Nord-Coréen (~-~**s**) [nɔʀkɔʀeɛ̃] *m* Gogledd-Goread *g*.
Nord-Coréenne (~-~**s**) [nɔʀkɔʀeɛn] *f* Gogledd-Goread *b*.
nord-est [nɔʀɛst] *m inv* gogledd-ddwyrain *g*;
♦*adj* gogledd-ddwyreiniol.
nordique [nɔʀdik] *adj* Nordig.
nord-ouest [nɔʀwɛst] *m inv* gogledd-orllewin *g*;
♦*adj* gogledd-orllewinol.
nord-vietnamien (~-~**ne**) (~-~**s**, ~-~**nes**) [nɔʀvjɛtnamjɛ̃, ɛn] *adj* Gogledd-Fietnamaidd.
Nord-Vietnamien (~-~**s**) [nɔʀvjɛtnamjɛ̃] *m* Gogledd-Fietnamiad *g*.
Nord-Vietnamienne (~-~**s**) [nɔʀvjɛtnamjɛn] *f* Gogledd-Fietnamiad *b*.
noria [nɔʀja] *f* (*TECH*) chwimsi *b* (*peiriant codi dŵr o ffynnon*).
normal (-**e**) (**normaux, normales**) [nɔʀmal, nɔʀmo] *adj* cyffredin, arferol, normal; (*MATH*) sythlinol; **de dimension** ~**e** yn y mesuriadau safonol; **c'est** ~ mae'n (hollol) naturiol; **elle n'est pas** ~**e** mae 'na rywbeth yn bod arni.
normale [nɔrmal] *f* (*moyenne*) cyfartaledd *g*; (*MATH*) sythlin *b*; **la** ~ y norm *g*, y peth *g* normal *ou* arferol, y sefyllfa *b* normal *ou* arferol; **au-dessus de la** ~ gwell na'r arferol; **revenir à la** ~ dod yn ôl i'r arferol;
♦*adj f voir* **normal**.
normalement [nɔʀmalmɑ̃] *adv* fel arfer, yn arferol; (*en principe*) mewn egwyddor; ~ **elle le fera demain** (*comme prévu*) mae hi i fod i'w wneud fory; ~ **le train doit arriver à 17 heures 20, si tout va bien** dylai'r trên gyrraedd am ugain munud wedi pump, os â popeth yn iawn.
normalien [nɔʀmaljɛ̃] *m myfyriwr g o'r École normale supérieure neu l'École normale.*
normalienne [nɔʀmaljɛn] *f myfyrwraig b o'r École normale supérieure neu l'École normale.*
normalisation [nɔʀmalizasjɔ̃] *f* (*POL: situation*) normaleiddiad *g*, normaleiddio; (*COMM: produit*) safoniad *g*, safoni.
normalisé (-**e**) [nɔʀmalize] *adj* (*POL: situation*) wedi'i normaleiddio; (*COMM: produit*) safonedig, wedi'i safoni.
normaliser [nɔʀmalize] (**1**) *vt* (*COMM: produit*) safoni; (*POL: situation*) normaleiddio.
normand (-**e**) [nɔʀmɑ̃, ɑ̃d] *adj* o Normandi; (*HIST: de Normandie*) Normanaidd; (:*de Scandinavie*) Llychlynnaidd.
Normand [nɔʀmɑ̃] *m* un *g* o Normandi; (*HIST: de Normandie*) Norman *g*, Normaniad *g*; (:*de Scandinavie*) Llychlynnwr *g*.
Normande [nɔʀmɑ̃d] *f* un *b* o Normandi; (*HIST: de Normandie*) Normanes *b*; (:*de Scandinavie*) Llychlynwraig *b*.
Normandie [nɔʀmɑ̃di] *prf*: **la** ~ Normandi *b*.
normatif (**normative**) [nɔʀmatif, nɔʀmativ] *adj* normadol.
norme [nɔrm] *f* norm *g*; (*TECH*) safon *b*; (*règle*) rheol *b*; **la** ~ y peth *g* arferol; **rester dans la** ~ cadw'r rheol.
Norvège [nɔʀvɛʒ] *prf*: **la** ~ Norwy *b*.
norvégien[1] (-**ne**) [nɔʀveʒjɛ̃, jɛn] *adj* Norwyaidd; (*mot*) Norwyeg.
norvégien[2] [nɔʀveʒjɛ̃] *m* (*LING*) Norwyeg *b,g*.
Norvégien [nɔʀveʒjɛ̃] *m* Norwyad *g*.
Norvégienne [nɔʀveʒjɛn] *f* Norwyad *b*, Norwyes *b*.
nos [no] *dét voir* **notre**.
nostalgie [nɔstalʒi] *f* (*mal du pays*) hiraeth *g*; (*mélancholie*) pruddglwyf *g*.
nostalgique [nɔstalʒik] *adj* hiraethus, pruddglwyfus;
♦*m* hiraethwr *g*; **les** ~**s du communisme** hiraethwyr ar ôl comiwnyddiaeth.
notable [nɔtabl] *adj* nodedig, hynod; (*personne*) enwog, nodedig; (*marqué*) amlwg;
♦*m/f* gŵr *g* enwog, gwraig *b* enwog, un *g/b* nodedig.
notablement [nɔtabləmɑ̃] *adv* yn hynod, yn nodedig; (*sensiblement*) yn amlwg, yn sylweddol.
notaire [nɔtɛʀ] *m* ≈ cyfreithiwr *g*, ≈ cyfreithwraig *b*, ≈ notari *g* cyhoeddus.
notamment [nɔtamɑ̃] *adv* yn benodol, yn enwedig, yn neilltuol.

notariat [nɔtaʀja] *m* ≈ swydd *b* cyfreithiwr.
notarié [nɔtaʀje] *adj m*: **acte** ~ *gweithred b a baratowyd gan gyfreithiwr.*
notation [nɔtasjɔ̃] *f* (*numérique, musicale*) nodiant *g*; (*SCOL: d'un devoir*) graddio, marcio; (*remarque*) nodyn *g*, sylw *g*; (*transcription*) darlunio, darluniad *g*, mynegiant *g*.
note [nɔt] *f*
1 (*MUS, annotation*) nodyn *g*.
2 (*SCOL*) marc *g*.
3 (*facture*) bil *g*.
4 (*billet, notice*) nodyn *g*; **prendre** ~ **de** nodi, ysgrifennu; **prendre des** ~**s** cymryd nodiadau; ~ **de service** nodyn, cofnodyn *g*; ~ **en bas de page** troednodyn *g*.
5 (*fig*): **forcer la** ~ gor-ddweud, ei gor-wneud hi; **une** ~ **de tristesse/de gaieté** nodyn *g* o dristwch/o hapusrwydd.
noté (**-e**) [nɔte] *adj*: **être bien/mal** ~ (*employé etc*) bod â hanes ymddygiad da/gwael, bod â hanes gyrfa dda/wael; **elle est bien** ~**e** mae gair da iddi; **elle est mal** ~**e** 'does dim gair da iddi.
noter [nɔte] (**1**) *vt* (*écrire*) nodi, gwneud nodyn o; (*remarquer*) sylwi (ar), nodi; (*SCOL*) rhoi marc (i), graddio; **notez bien que ...** nodwch ...; ~ **qch d'une croix** rhoi croes wrth rth.
notice [nɔtis] *f* (*exposé*) erthygl *b* fer, crynodeb *g*; ~ **explicative** (*brochure*) taflen *b* eglurhaol; (*mode d'emploi*) cyfarwyddyd *g*; ~ **nécrologique** ysgrif *b* goffa.
notification [nɔtifikasjɔ̃] *f* hysbysiad *g*, hysbysu; (*JUR*) rhybudd *g*.
notifier [nɔtifje] (**16**) *vt*: ~ **qch à qn** hysbysu rhn o rth, rhoi gwybod i rn am rth.
notion [nosjɔ̃] *f* syniad *g*, amcan *g*; **des** ~**s** elfennau *ll* sylfaenol, hanfodion *ll*.
notoire [nɔtwaʀ] *adj* hysbys i bawb; (*en mal*) drwg-enwog; **c'est** ~ fe ŵyr pawb, mae'n hysbys i bawb.
notoirement [nɔtwaʀmɑ̃] *adv* yn ddrwg-enwog; ~ **reconnu** tra hysbys.
notoriété [nɔtɔʀjete] *f* (*fait*) drwg-enwogrwydd *g*; (*renommé*) enwogrwydd *g*; **il est de** ~ **publique que** fe ŵyr pawb ...
notre (**nos**) [nɔtʀ, no] *dét* ein; ~ **voiture** ein car (ni); ~ **langue** ein hiaith (ni); **nos amis** ein ffrindiau (ni); **nos enfants à nous** ein plant ni; **N**~ **Seigneur** Ein Harglwydd; **et/à/avec/vers/de/ni** ~ **pays** a'n/i'n/gyda'n/tua'n/o'n/na'n gwlad; **nous sommes tous retournés dans** ~ **chambre** aeth pawb *ou* pob un yn ôl i'w ystafell; **vous voyez sa maison et** ~ **jardin** fe welwch ei thŷ hi *ou* ei dŷ ef a'n gardd ninnau.
nôtre [notʀ] *pron*
1 (*gén*): **le/la** ~ ein hun ni; **les** ~**s** ein rhai ni; **ça c'est le** ~ ein hun ni yw hwnna/honna; **ces idées, nous les avons faites** ~**s** rydym wedi mabwysiadu *ou* coleddu'r syniadau hyn; **où sont leurs cahiers et les** ~**s?** ble mae'u llyfrau ysgrifennu hwy a'n rhai ninnau?; **à la** ~**!** iechyd da!.
2 (*gens*): **les** ~**s** ein pobl ni, ein teulu ni, ein perthnasau ni; **les** ~**s ont bien joué** chwaraeodd ein tîm ni'n dda; **soyez des** ~**s** ymunwch â ni;
♦*adj*: **cette ferme est** ~ mae'r fferm hon yn perthyn i ni, ein fferm ni yw hon, ni biau'r fferm hon.
nouba [nuba] *f cerddoriaeth filwrol a chwaraeir gan gatrodau o Ogledd Affrica*; **faire la** ~* mynd ar sbri, jolihoetio, cael joli-hoet.
nouer [nwe] (**1**) *vt* (*ficelle, paquet*) clymu; (*fig: alliance*) ffurfio; ~ **une amitié avec qn** dechrau cyfeillgarwch â rhn; ~ **la conversation avec qn** cychwyn sgwrs â rhn; **avoir la gorge nouée** (*fig*) bod â lwmp yn eich gwddf;
♦ **se** ~ *vr* ymglymu, mynd yn gwlwm; **c'est là où l'intrigue se noue** (*pièce de théâtre*) dyna ble mae'r plot yn cyrraedd ei anterth.
noueux (**noueuse**) [nwø, nwøz] *adj* (*racine*) ceinciog; (*vieillard*) curiedig; (*main*) cygnog, cnytiog.
nougat [nuga] *m* (*CULIN*) *nougat g*; **les** ~**s*** (*pieds*) y traed *ll*; **c'est du** ~* mae'n gwbl hawdd, mae'n hawdd fel baw.
nougatine [nugatin] *f* nwgatîn *g* (*math o nougat*).
nouille [nuj] *f*: ~**s** nwdls *ll*, pasta *g*; (*fam: imbécile*) hurtyn *g*, hurten *b*, gwirionyn *g*, gwirionen *b*.
nounou [nunu] *f* (*langage enfantin*) mamaeth *b*, nani *b*.
nounours [nunuʀs] *m* (*langage enfantin*) tedi *g*, tedi bêr *g*.
nourri (**-e**) [nuʀi] *adj* (*conversation*) bywiog; (*fusillade*) trwm(trom)(trymion), maith, dwys; (*applaudissements*) maith, hir; (*style*) cyfoethog; **bien** ~ (*alimenté*) porthiannus; **mal** ~ llwglyd, newynog.
nourrice [nuʀis] *f* (*gardienne*) mamaeth *b*, gwarchodwraig *b*; (*qui allaite*) llaethfam *b*; **mettre un enfant en** ~ rhoi plentyn ar faeth.
nourricier (**nourricière**) [nuʀisje, nuʀisjɛʀ] *adj* maethlon.
nourrir [nuʀiʀ] (**2**) *vt* maethu, bwydo, porthi; (*fig: espoir*) meithrin; (*donner les moyens de subsister*) darparu digon ar gyfer eich byw; (*feu*) porthi, bwydo; **logé nourri** yn cynnwys bwyd a llety; **bien nourri** porthiannus; **mal nourri** llwglyd, newynog; ~ **au sein** magu *ou* bwydo ar y fron;
♦ **se** ~ *vr* ymborthi; **se** ~ **de légumes** ymborthi *ou* byw ar lysiau; **se** ~ **de rêves** ymborthi *ou* byw ar freuddwydion.
nourrissant (**-e**) [nuʀisɑ̃, ɑ̃t] *adj* maethlon.
nourrisson [nuʀisɔ̃] *m* baban *g* ar y fron, baban heb ei ddiddyfnu.

nourriture [nuRityR] *f* bwyd *g*, ymborth *g*.
nous [nu] *pron*
1 (*sujet*) (il existe en gallois des formes concises du verbe, dont la terminaison indique la personne par ex.) ni; ~ **sommes allé(e)s** aethom ni; ~ **savons** gwyddom ni; ~ **avons chanté** canasom; ~ **avons été suivi(e)s** (*au passif*) dilynwyd ni; ~ **avons été sauvé(e)s** (*au passif*) fe'n hachubwyd ni; **c'est** ~ **qui devons partir** ni sy'n gorfod ymadael; ~ **trois** ni'n tri *ou* tair; ~ **voici!** dyma ni!.
2 (*complément direct, avec accord du participe passé*) ni, ein; **il** ~ **a vu(e)s** fe'n gwelodd ni, mae wedi ein gweld ni; **il ne** ~ **a pas vu(e)s** ni welodd mohonom, nid yw wedi'n gweld ni; **elle** ~ **attend** mae hi'n disgwyl amdanom, mae hi'n ein haros *ou* ein disgwyl; **elle va** ~ **accompagner** fe ddaw hi gyda ni.
3 (*complément indirect, sans accord du participe passé*) i ni, gyda ni; **elle** ~ **parlait** 'roedd hi'n siarad gyda ni; **il** ~ **le donne** mae'n ei roi i ni; **il** ~ **l'a dit hier** dywedodd (hynny) wrthym ddoe.
4 (*réfléchi*) ni'n hunain; ~ ~ **sommes bien amusé(e)s** cawsom hwyl; **asseyons-**~ dewch *ou* gadwch i ni eistedd.
5 (*réciproque*) ein gilydd; ~ ~ **felicitons de ...** 'rydym ni'n ein llongyfarch ein gilydd; ~ ~ **détestons l'un(e) l'autre** 'rydym yn casáu'n gilydd.
6 (*après prép*) ni; **avec** ~ gyda ni; **cette maison est à** ~ mae'r tŷ hwn yn perthyn i ni; **il se méfie de** ~ mae'n ein hamau ni; **elle s'est fiée à** ~ fe ymddiriedodd hi ynom; **le plus âgé d'entre** ~ yr hynaf ohonom; **sur** ~ arnom ni; **à cause de** ~ o'n herwydd, o'n hachos ni; **pour** ~ i ni, ar ein cyfer ni, er ein mwyn ni, o'n plaid ni, o'n rhan ni.
7 (*dans une comparaison*): **elles sont aussi fortes que** ~ maen nhw mor gryf â ni *ou* ninnau.
nous-mêmes [numɛm] *pron* ni ein hunain, ni'n hunain; **nous l'avons vue** ~-~ gwelsom ni hi ein hunain.
nouveau[1] **[nouvel] (nouvelle) (nouveaux, nouvelles)** [nuvo, nuvɛl] *adj* newydd; (*avant le nom: succession ou répétition*) newydd; (*idée*) newydd, gwreiddiol; (*méthode*) modern; **de** *neu* **à** ~ unwaith eto, o'r newydd, eilwaith; ~ **riche** newydd-gyfoethog; **nouvelle vague** (*gén CINÉ*) newydd wedd *b*; ~ **venu** dyn *g* dŵad, newydd-ddyfodiad *g*; **nouvelle venue** gwraig *b* ddŵad, newydd-ddyfodiad *b*; **Nouvel An** Dydd *g* Calan; ~**x mariés** y pâr sydd newydd briodi.
nouveau[2] **(-x)** [nuvo] *m* (*à l'école*) disgybl *g* newydd; (*dans une entreprise*) gweithiwr *g* newydd; **il y a du** ~ mae yna rywbeth newydd.
nouveau-né[1] **(**~-~**e) (**~-~**s,** ~-~**es)** [nuvone] *adj* newydd-anedig.
nouveau-né[2] **(**~-~**s)** [nuvone] *m* bachgen *g* newydd-anedig.
nouveau-née **(**~-~**s)** [nuvone] *f* merch *b* newydd-anedig;
♦*adj f voir* **nouveau-né**[1].
nouveauté [nuvote] *f* (*idée*) newydd-deb *g*; (*innovation*) newyddbeth *g*; (*COMM: film*) ffilm *b* newydd; (:*livre*) llyfr *g* newydd.
nouvel [nuvɛl] *adj m voir* **nouveau**[1].
nouvelle [nuvɛl] *f*
1 newydd *g*, hanes *b*; (*LITT*) nofel *b* fer; ~**s** (*PRESSE, TV*) newyddion *ll*; **je suis sans** ~**s d'elle** nid wyf wedi clywed ganddi *ou* oddi wrthi, ni chlywais i ddim o'i hanes hi.
2 (*qui vient d'arriver: élève*) disgybl *g* newydd; (:*employé*) gweithwraig *b* newydd;
♦*adj f voir* **nouveau**[1].
Nouvelle-Angleterre [nuvɛlɑ̃glətɛR] *prf*: **la** ~-~ Lloegr *b* Newydd, New England.
Nouvelle-Calédonie [nuvɛlkaledɔni] *prf*: **la** ~-~ Caledonia *b* Newydd.
Nouvelle-Écosse [nuvɛlekɔs] *prf*: **la** ~-~ Nova Scotia *b*.
Nouvelle-Galles du Sud [nuvɛlgaldysyd] *prf*: **la** ~-~ ~ ~ De Cymru *b* Newydd.
Nouvelle-Guinée [nuvɛlgine] *prf*: **la** ~-~ Gini *b* Newydd.
nouvellement [nuvɛlmɑ̃] *adv* yn ddiweddar, newydd; **elle est** ~ **arrivée** mae hi newydd gyrraedd.
Nouvelle-Orléans [nuvɛlɔRleɑ̃] *pr*: **la** ~-~ New Orleans.
Nouvelles-Hébrides [nuvɛlzebRid] *prfpl*: **les** ~-~ yr Hebrides *ll* Newydd.
Nouvelle-Zélande [nuvɛlzelɑ̃d] *prf*: **la** ~-~ Seland *b* Newydd.
nouvelliste [nuvelist] *m/f* awdur *g* straeon byrion, awdures *b* straeon byrion.
novateur[1] **(novatrice)** [nɔvatœR, nɔvatRis] *adj* arloesol, yn torri tir newydd.
novateur[2] [nɔvatœR] *m* arloeswr *g*.
novatrice [nɔvatRis] *f* arloeswraig *b*;
♦*adj f voir* **novateur**[1].
novembre [nɔvɑ̃bR] *m* (mis *g*) Tachwedd *g* *voir aussi* **juillet**.
novice [nɔvis] *adj* dibrofiad, amhrofiadol;
♦*m/f* newyddian *g*, prentis *g*; (*REL*) nofydd *g*, nofyddes *b*.
noviciat [nɔvisja] *m* (*REL*) nofyddiaeth *b* (*tymor prawf yn yr eglwys*).
noyade [nwajad] *f* boddi, boddiad *g*
noyau (-x) [nwajo] *m* (*de fruit*) carreg *b*; (*PHYS, fig: centre*) niwclews *g*; (*BIOL*) bywyn *g*, cnewyllyn *g*; (*GÉO*) craidd *g*; (*fig: d'artistes*) cylch *g*; (*résistants*) grŵp *g*; **un lit de** ~**x de pêche** *gwely caled ac anghyfforddus*.
noyautage [nwajotaʒ] *m* (*POL*) ymdreiddio, ymdreiddiad *g* (*i blaid ayb*).
noyauter [nwajote] (1) *vt* ymdreiddio (*i blaid ayb*).
noyé[1] **(-e)** [nwaje] *adj* yn *ou* wedi boddi; (*fig:*

dépassé) ar goll, mewn dyfroedd dyfnion, dros eich pen (mewn rhth).

noyé[2] [nwaje] *m* dyn *g* wedi boddi; **il y a eu trois ~s** 'roedd tri wedi boddi, boddwyd tri o bobl.

noyée [nwaje] *f* merch *b* wedi boddi;
♦*adj f voir* **noyé**[1].

noyer[1] [nwaje] *m* cneuen *b* Ffrengig; (*arbre*) collen *b* Ffrengig; (*bois*) pren *g ou* coed *g* collen Ffrengig.

noyer[2] [nwaje] (**17**) *vt* boddi; (*fig: submerger*) boddi, gorlifo; ~ **son chagrin** boddi'ch gofidiau (mewn diod); ~ **son carburateur** boddi'r carbwradur; **être noyé par la foule** mynd o'r golwg yn y dorf, diflannu yn y dorf; ~ **le poisson** troi'r stori, osgoi'r pwnc dan sylw;
♦ **se** ~ *vr* boddi; (*suicide*) eich boddi'ch hun(an); **se** ~ **dans** (*fig: détails etc*) cael eich gorlethu (gan); **se** ~ **dans un verre d'eau** gwneud môr a mynydd o rth.

NSP[1] [ɛnɛspe] *sigle m*(= *Notre Saint Père*) Ein Tad Cysegredig.

NSP[2] [ɛnɛspe] *sigle m*(= *"ne sais pas"*) (*dans les sondages*) "ddim yn gwybod"

NU [ɛny] *sigle fpl*(= *Nations unies*) y Cenhedloedd *ll* Unedig.

nu[1] (**-e**) [ny] *adj* noeth; (*ÉLEC: fil*) noeth; **se mettre** ~ tynnu'ch dillad, ymddinoethi, stripio; **mettre à** ~ dinoethi; **(la) tête ~e** pennoeth; **à mains ~es** heb fenig; **(les) pieds ~s** troednoeth.

nu[2] [ny] *m* (*ART*) noethlun *g*; **le** ~ **intégral** noethni *g* llwyr.

nuage [nɥaʒ] *m* cwmwl *g*; ~ **de lait** tipyn *g* bach o laeth, mymryn *g* bach o lefrith; **sans ~s** digwmwl; (*fig: bonheur etc*) digwmwl; **être dans les ~s** (*distrait*) bod yn bell eich meddwl.

nuageux (**nuageuse**) [nɥaʒø, nɥaʒøz] *adj* cymylog.

nuance [nɥɑ̃s] *f* arlliw *g*; **il y a une** ~ **(entre ...)** mae yna fymryn *g* bach *ou* flewyn *g* bach o wahaniaeth (rhwng ...); **une** ~ **de tristesse** arlliw *ou* tinc *g* o dristwch; **sans** ~ uniongyrchol, diamwys.

nuancé (-**e**) [nɥɑ̃se] *adj* arlliwiedig; (*tableau*) arlliwiog; (*opinion*) amodedig, goleddfedig.

nuancer [nɥɑ̃se] (**9**) *vt* (*pensée, opinion*) goleddfu, amodi; (*modérer*) tymheru, lleddfu.

Nubie [nybi] *prf*: **la** ~ Nwbia *b*.

nubile [nybil] *adj* (*mariable*) priodadwy, mewn oed priodi; (*pubère*) blaenaeddfed.

nucléaire [nykleɛʀ] *adj* niwclear; **une centrale** ~ gorsaf *b* niwclear, atomfa *b*; **famille** ~ teulu *g* cnewyllol;
♦*m*: **le** ~ (*énergie*) ynni *g ou* pŵer *g* niwclear; (*technologie*) technoleg *b* niwclear.

nudisme [nydism] *m* noethlymuniaeth *b*.

nudiste [nydist] *m/f* noethlymuniad *g/b*, noethlymunwr *g*, noethlymunwraig *b*.

nudité [nydite] *f* noethni *g*.

nuée [nɥe] *f*: **une** ~ **de** cwmwl *g* o; (*insectes*) cwmwl o, haid *b* o; (*ennemis*) llu *g* o.

nues [ny] *fpl* cymylau *ll*, nefoedd *ll*; **tomber des** ~ cael eich synnu, bod yn syn; **porter qn aux** ~ canmol rhn i'r cymylau.

nuire [nɥiʀ] (**52**) *vi*: ~ **(à qn/qch)** niweidio (rhn/rhth), gwneud drwg (i rn/rth), andwyo (rhn/rhth).

nuisance [nɥizɑ̃s] *f* niwsans *g*, pla *g*; **~s** (*de la santé, de l'environnement etc*) niwsans cyhoeddus; (*de la santé*) perygl *g* (i iechyd).

nuisible [nɥizibl] *adj* niweidiol, andwyol, drwg; **animal** ~ anifail *g* sy'n bla, anifail niweidiol.

nuisis *etc* [nɥizi] *vb voir* **nuire**.

nuit [nɥi] *f* nos *b*; (*une seule*) noson *b*, noswaith *b*; **5 ~s de suite** pum noson yn olynol; **payer sa** ~ talu am noson (*mewn gwesty*); **il fait** ~ mae hi'n tywyllu, mae hi'n nosi; **il fait** ~ **noire** mae hi'n dywyll fel bol buwch; **cette** ~ (*hier*) neithiwr *b*; (*aujourd'hui*) heno *b*; **de** ~ (*vol, service*) y nos, yr hwyr; ~ **blanche** noson heb gwsg; ~ **de noces** noson gyntaf priodas; ~ **de Noël** Noswyl *b* Nadolig; **depuis la** ~ **des temps** ers cyn cof.

nuitamment [nɥitamɑ̃] *adv* yn ystod y nos.

nuitées [nɥite] *fpl* nosweithiau *ll* (*a dreulir mewn gwesty*).

nul (**-le**) [nyl] *adj* (*aucun*) dim, yr un, unrhyw; (*minime, non valable*) diwerth, dibwys, lleiafsymiol; (*péj*) anobeithiol; **résultat** *neu* **match** ~ (*SPORT*) gêm gyfartal; **être** ~ bod yn anobeithiol; **elle est ~le en sciences** nid yw hi'n dda mewn gwyddoniaeth, 'does ganddi ddim clem mewn gwyddoniaeth.
▶ **nulle part** yn unlle, yn unman;
♦*pron* neb; ~ **d'entre vous** neb ohonoch, yr un ohonoch; ~ **ne savait** ni wyddai neb.

nullement [nylmɑ̃] *adv* dim *ou* ddim o gwbl, ddim ar unrhyw gyfrif, ddim ar gyfrif yn y byd.

nullité [nylite] *f* (*JUR*) annilysrwydd *g*, dirymedd *g*; (*personne*) anghymwyster *g*, diddymdra *g*; **une** ~ neb *g* o bwys, rhywun *g* dibwys.

numéraire [nymeʀɛʀ] *m* arian *g* parod.

numéral (**-e**) (**numéraux, numérales**) [nymeʀal, nymeʀo] *adj* rhifol, niferol.

numérateur [nymeʀatœʀ] *m* (*MATH*) rhifiadur *g*.

numération [nymeʀasjɔ̃] *f* cyfrifiad *g*; ~ **décimale/binaire** nodiant *g* degol/deuaidd; ~ **globulaire** (*MÉD*) cyfrifiad *g* gwaed.

numérique [nymeʀik] *adj* rhifiadol, niferiadol; (*INFORM*) digidol.

numériquement [nymeʀikmɑ̃] *adv* o ran nifer, mewn nifer.

numériser [nymeʀize] (**1**) *vt* (*INFORM*) digideiddio.

numéro [nymeʀo] *m*
1 (*gén*) rhif *g*; **faire** *neu* **composer un** ~

deialu rhif; ~ **d'identification personnel** rhif personol (*ar gyfer cerdyn banc*); ~ **d'immatriculation** *neu* **minéralogique** rhif cofrestru car; ~ **de téléphone** rhif ffôn; ~ **vert** rhif di-dâl, rhadffon *g*.
2 (*spectacle*) act *b*, eitem *b*.
3 (*presse*) rhifyn *g*; **vieux** ~ ôl-rifyn *g*.
4 (*fig*): **un (drôle de)** ~ creadur *g* rhyfedd, cymeriad *g*.
numérotation [nymeʀɔtasjɔ̃] *f* cyfrifiad *g*, rhifiad *g*, rhifo.
numéroter [nymeʀɔte] (**1**) *vt* (*pages etc*) rhifo.
numerus clausus [nymeʀys klozys] *m inv* derbyniad *g* cyfyngedig, cwota *g*.
numismate [nymismat] *m/f* nwmismatydd *g* (*rhn sy'n casglu darnau arian*).
numismatique [nymismatik] *f* nwmismateg *b* (*casglu darnau arian*).
nu-pieds [nypje] *m inv* sandal *b* agored; ♦*adj inv* troednoeth.
nuptial (-e) (**nuptiaux, nuptiales**) [nypsjal, nypsjo] *adj* priodasol.
nuptialité [nypsjalite] *f astudiaeth b ystadegol o nifer y priodasau mewn poblogaeth*; **taux de** ~ nifer *g,b* y priodasau.
nuque [nyk] *f* gwar *g,b*, gwegil *g,b*.
nu-tête [nytɛt] *adj inv* pennoeth.
nutritif (**nutritive**) [nytʀitif, nytʀitiv] *adj* (*valeur*) maethol; (*aliment*) maethlon.
nutrition [nytʀisjɔ̃] *f* (*processus*) ymborthi; (*science*) maetheg *b*, ymbortheg *b*.
nutritionnel (-le) [nytʀisjɔnɛl] *adj* maethol, ymborthol.
nutritionniste [nytʀisjɔnist] *m/f* maethegydd *g*, ymborthegydd *g*.
nylon [nilɔ̃] *m* neilon *g*.
nymphomane [nɛ̃fɔman] *adj* nymffomanaidd; ♦*f* nymffomaniad *b*, merch *b* flysig

O

O *abr*(= *ouest*) Gn (= gorllewin *g*).
OAS [oaɛs] *sigle f*(= *Organisation de l'armée secrète*) *mudiad g yn erbyn annibyniaeth i Algeria (1961-63).*
oasis [ɔazis] *f* gwerddon *b*; ~ **de paix** noddfa *b* dawel.
obédience [ɔbedjɑ̃s] *f* teyrngarwch *g*, argyhoeddiad *g*; **les pays d'~ communiste** y gwledydd *ll* comiwnyddol.
obéir [ɔbeiʀ] (**2**) *vi*: ~ **(à)** ufuddhau (i); (*répondre*) ymateb (i); ~ **à une décision** cydymffurfio â phenderfyniad.
obéissance [ɔbeisɑ̃s] *f* ufudd-dod *g*.
obéissant (-**e**) [ɔbeisɑ̃, ɑ̃t] *adj* ufudd.
obélisque [ɔbelisk] *m* (*monument*) obelisg *g*.
obèse [ɔbɛz] *adj* gordew, tew (iawn), corffog.
obésité [ɔbezite] *f* gordewdra *g*, tewdra *g*, corffogrwydd *g*.
objecter [ɔbʒɛkte] (**1**) *vt* pledio, dadlau yn erbyn (rhth), gwrthwynebu; **je n'ai rien à ~** 'does gen i 'run gwrthwynebiad, 'does gen i 'run ddadl yn erbyn; ~ **une bonne raison** rhoi rheswm da *ou* dadl dda (*dros beidio â gwneud*).
objecteur [ɔbʒɛktœʀ] *m*: ~ **de conscience** gwrthwynebydd *g* cydwybodol.
objectif[1] (**objective**) [ɔbʒɛktif, ɔbʒɛktiv] *adj* gwrthrychol.
objectif[2] [ɔbʒɛktif] *m* amcan *g*, bwriad *g*, nod *g*; (*PHOT*) lens *b*; ~ **à focale variable** lens glosio; ~ **grand angulaire** lens ongl lydan.
objection [ɔbʒɛksjɔ̃] *f* gwrthwynebiad *g*; ~ **de conscience** gwrthwynebiad cydwybodol.
objectivement [ɔbʒɛktivmɑ̃] *adv* (*évidemment*) yn amlwg; (*d'une façon impartiale*) yn wrthrychol.
objectivité [ɔbʒɛktivite] *f* gwrthrychedd *g*.
objet [ɔbʒɛ] *m* gwrthrych *g*; (*sujet: de pensée, recherches etc*) testun *g*; **être l'~ de qch, faire l'~ de qch** bod yn destun rhth; **sans ~** (*sans fondement*) di-sail; (*sans but*) diamcan, dibwrpas; ~ **d'art** peth *g* cain; **(bureau des) ~s trouvés** swyddfa *b* eiddo coll; **~s de toilette** pethau ymolchi; **~s personnels** eitemau *ll* personol.
obligataire [ɔbligatɛʀ] *adj* bond, ysgrifrwymol; ♦*m/f* bond-ddaliwr *g*, dyledebwr *g*, deiliad *g* ysgrifrwymau.
obligation [ɔbligasjɔ̃] *f* (*gén, morale*) dyletswydd *g*, cyfrifoldeb *g*; (*JUR*) rhwymedigaeth *b*, rheidrwydd *g*; (*COMM*) bond *g*, ysgrifrwym *g*; **sans ~ d'achat** heb ymrwymiad i brynu; **être dans l'~ de faire qch, avoir l'~ de faire qch** gorfod gwneud rhth, bod â dyletswydd i wneud rhth; **~s familiales** dyletswyddau teuluol; **~s militaires** gwasanaeth *g* milwrol; **~s mondaines** dyletswyddau cymdeithasol.
obligatoire [ɔbligatwaʀ] *adj* gorfodol; (*inévitable*) anochel.
obligatoirement [ɔbligatwaʀmɑ̃] *adv* yn orfodol; (*inévitablement*) yn anochel.
obligé (-**e**) [ɔbliʒe] *adj*: **être ~ de faire qch** gorfod gwneud rhth; **être très ~ à qn** (*redevable*) bod yn ddiolchgar iawn i rn; **je suis (bien) ~ (de le faire)** mae'n rhaid imi (ei wneud); **c'était ~** 'roedd yn anochel.
obligeamment [ɔbliʒamɑ̃] *adv* yn gymwynasgar, yn garedig.
obligeance [ɔbliʒɑ̃s] *f* caredigrwydd *g*; **avoir l'~ de** bod garediced â; **merci de votre ~** diolch am eich parodrwydd; **il a eu l'~ de me reconduire chez moi** bu mor garedig â'm gyrru adref; **ayez l'~ de m'écouter** byddwch gystal â gwrando arna' i.
obligeant (-**e**) [ɔbliʒɑ̃, ɑ̃t] *adj* cymwynasgar, caredig.
obliger [ɔbliʒe] (**10**) *vt* (*contraindre*) gorfodi; (*rendre service à*) gwneud cymwynas â; ~ **qn à faire qch** gorfodi rhn i wneud rhth; **rien ne t'oblige à le faire** 'does dim rhaid iti ei wneud; **je vous serai (très) obligé de bien vouloir répondre à ma lettre** buaswn yn ddiolchgar iawn pe gallech ateb fy llythyr.
oblique [ɔblik] *adj* ar ogwydd, ar oleddf, lletraws, arosgo; **cas ~** (*GRAM*) cyflwr *g* traws; **en ~** yn groeslinol, o gongl i gongl, ar letraws.
obliquement [ɔblikmɑ̃] *adv* yn groeslinol, ar ogwydd, ar oleddf, ar letraws.
obliquer [ɔblike] (**1**) *vi*: ~ **vers** gwyro tua, mynd i gyfeiriad.
oblitération [ɔbliteʀasjɔ̃] *f* dilead *g*.
oblitérer [ɔbliteʀe] (**14**) *vt* (*POSTES*) dileu; (*MÉD*) cau, rhwystro, atal.
oblong (-**ue**) [ɔblɔ̃, ɔblɔ̃g] *adj* petryal, hirsgwar.
obnubiler [ɔbnybile] (**1**) *vt* meddiannu, obsesu; **se laisser ~** magu obsesiwn.
obole [ɔbɔl] *f* hatling *b*, cyfraniad *g* (*ariannol*).
obscène [ɔpsɛn] *adj* anweddus, anllad; **elle est si riche que c'en est ~!** mae hi'n gywilyddus o gyfoethog.
obscénité [ɔpsenite] *f* anwedduster *g*, anlladrwydd *g*; **dire des ~s** gwneud sylwadau anweddus, dweud pethau anweddus.
obscur (-**e**) [ɔpskyʀ] *adj* tywyll; (*fig*) aneglur, annelwig; (*peu connu*) anadnabyddus, di-nod, disylw.
obscurantisme [ɔpskyʀɑ̃tism] *m* tywyllfrydigrwydd *g*, gwrtholeuaeth *b*.
obscurcir [ɔpskyʀsiʀ] (**2**) *vt* tywyllu; (*fig*) cuddio; (*affaiblir*) pylu; **ce rideau obscurcit la pièce** mae'r llen yn tywyllu'r ystafell; **des nuages obscurcissaient le ciel** 'roedd cymylau'n tywyllu'r awyr;
♦ **s'~** *vr* tywyllu.

obscurément [ɔpskyʀemɑ̃] *adv* yn annelwig; (*vivre*) yn y cysgod.
obscurité [ɔpskyʀite] *f* tywyllwch *g*; (*fig*) aneglurder *g*; **dans l'~** yn y cysgod; **la salle fut soudain plongée dans l'~** yn sydyn aeth yr ystafell yn dywyll.
obsédant (-e) [ɔpsedɑ̃] *adj* obsesiynol, taer; (*musique*) atgofus.
obsédé [ɔpsede] *m* ffanatig *g*; **il est ~ du ski** mae wedi mopio'i ben ar sgio; **~ sexuel** dyn *g* chwantus; **c'est un ~ de propreté** mae glendid *ou* glanweithdra yn obsesiwn ganddo.
obsédée [ɔpsede] *f* ffanatig *b voir aussi* **obsédé**.
obséder [ɔpsede] (**14**) *vt* meddiannu, obsesu; **il est obsédé par ses souvenirs** mae ei atgofion yn hunllef iddo.
obsèques [ɔpsɛk] *fpl* angladd *g,b*, cynhebrwng *g*, claddedigaeth *b*.
obséquieux (**obséquieuse**) [ɔpsekjø, ɔpsekjøz] *adj* gwasaidd, cynffongar.
observable [ɔpsɛʀvabl] *adj* gweladwy.
observance [ɔpsɛʀvɑ̃s] *f* (*règle*) defod *b*, arfer *g,b*; (*action*) cadwraeth *b*, cadw, ufudd-dod *g*.
observateur[1] (**observatrice**) [ɔpsɛʀvatœʀ, ɔpsɛʀvatʀis] *adj* (*attentif*) sylwgar, craff; (*d'une règle*) defodol, ufudd.
observateur[2] [ɔpsɛʀvatœʀ] *m* gwyliwr *g*, syllwr *g*, arsylwr *g*.
observation [ɔpsɛʀvasjɔ̃] *f* (*fait de regarder*) gwylio, gwyliadwriaeth *b*; (*d'un règlement etc*) cadwraeth *b*, ufudd-dod *g*; (*chose observée*) sylwad *g*; (*remarque*) sylw *g*; (*reproche*) cerydd *g*, edliwiad *g*; (*TECH*) arsylw *g*; **en ~** (*MÉD*) dan wyliadwriaeth; **avoir l'esprit d'~** bod yn sylwgar; **il a noté ses ~s dans son carnet** nododd ei sylwadau yn ei lyfryn.
observatoire [ɔpsɛʀvatwaʀ] *m* arsyllfa *b*, gwylfa *b*.
observatrice [ɔpsɛʀvatʀis] *f* gwylwraig *b*, syllwraig *b*, arsylwraig *b*;
♦*adj f voir* **observateur**[1].
observer [ɔpsɛʀve] (**1**) *vt* gwylio; (*suivre*) cadw; (*contrôler*) bod yn ofalus (o); (*ASTRON*) arsyllu (ar rth); **~ un règlement** cadw rheol, ufuddhau i reol; **faire ~ qch à qn** (*le lui dire*) tynnu sylw rhn at rth;
♦ **s'~** *vr* (*se surveiller*) cadw rheolaeth arnoch eich hun.
obsession [ɔpsesjɔ̃] *f* obsesiwn *g*; **il a l'~ de la mort** 'does dim ar ei feddwl ond marwolaeth, mae angau'n obsesiwn ganddo; **ça tourne à l'~ chez lui!** mae'r peth yn mynd yn obsesiwn ganddo.
obsessionnel (-le) [ɔpsesjɔnɛl] *adj* obsesiynol.
obsolescence [ɔpsɔlesɑ̃s] *f* darfodiad *g*.
obsolescent (-e) [ɔpsɔlesɑ̃, ɑ̃t] *adj* darfodol, sy'n darfod, sy'n mynd o fod.
obstacle [ɔpstakl] *m* rhwystr *g*; (*ÉQUITATION*) ffens *b*; **faire ~ à** rhwystro.
obstétricien [ɔpstetʀisjɛ̃] *m* obstetregydd *g*.
obstétricienne [ɔpstetʀisjɛn] *f* obstetregydd *g*.
obstétrique [ɔpstetʀik] *f* obstetreg *b*.
obstination [ɔpstinasjɔ̃] *f* ystyfnigrwydd *g*, cyndynrwydd *g*; **avec ~** yn ystyfnig; **son ~ à refuser est ...** mae ei wrthod parhaus yn ...
obstiné (-e) [ɔpstine] *adj* ystyfnig, cyndyn.
obstinément [ɔpstinemɑ̃] *adv* yn ystyfnig, yn gyndyn.
obstiner [ɔpstine] (**1**): **s'~** *vr* ystyfnigo; **s'~ à faire qch** parhau i wneud rhth, mynnu gwneud rhth; **s'~ sur qch** dygnu arni â rhth, gweithio'n galed ar rth; **j'ai dit "non" mais il s'obstine** dywedais "na", ond mae'n dal i fynnu.
obstruction [ɔpstʀyksjɔ̃] *f* rhwystr *g*; (*de conduite*) tagfa *b*; (*MÉD*) ataliad *g*; **faire de l'~** (*fig*) rhwystro.
obstructionnisme [ɔpstʀyksjɔnism] *m* (*POL*) rhwystradaeth *b*.
obstruer [ɔpstʀye] (**1**) *vt* rhwystro; (*conduite*) cau, blocio;
♦ **s'~** *vr* cau, blocio.
obtempérer [ɔptɑ̃peʀe] (**14**) *vi*: **~ (à)** cydymffurfio (â), ufuddhau (i).
obtenir [ɔptəniʀ] (**32**) *vt* cael, sicrhau; **~ de pouvoir faire qch** cael caniatâd i wneud rhth, cael gwneud rhth; **~ qch à qn** cael rhth i rn; **~ de qn qu'il fasse qch** cael gan rn wneud rhth, cael rhn i wneud rhth; **~ satisfaction** cael boddhad; **j'ai obtenu qu'il paie** mi lwyddais i'w gael i dalu.
obtention [ɔptɑ̃sjɔ̃] *f* cael, caffaeliad *g*, sicrhad *g*.
obtenu (-e) [ɔpt(ə)ny] *pp de* **obtenir**.
obtiendrai *etc* [ɔptjɛ̃dʀe] *vb voir* **obtenir**.
obtiens *etc* [ɔptjɛ̃] *vb voir* **obtenir**.
obtins *etc* [ɔptɛ̃] *vb voir* **obtenir**.
obturateur [ɔptyʀatœʀ] *m* (*PHOT*) caead *g*; **~ à rideau** caead ffocal gwastad.
obturation [ɔptyʀasjɔ̃] *f* cau, blocio; **vitesse d'~** (*PHOT*) cyflymder *g* caead; **~ (dentaire)** llenwad *g*.
obturer [ɔptyʀe] (**1**) *vt* cau, blocio; (*dent*) llenwi.
obtus (-e) [ɔpty, yz] *adj* aflym(aflem), di-fin; (*fig*) twp, dwl; **angle ~** ongl *b* aflem.
obus [ɔby] *m* ffrwydryn *g*, siel *b*; **~ fumigène** bom *g,b* mwg; **~ incendiaire** bom tân.
obvier [ɔbvje] (**16**) *vi*: **~ à** osgoi.
OC *sigle fpl*(= *ondes courtes*) y donfedd *b* fer.
occasion [ɔkazjɔ̃] *f*
1 (*circonstance*) achlysur *g*, digwyddiad *g*; **à plusieurs ~s** sawl tro, ar sawl achlysur; **à cette ~** y tro hwn; **être l'~ de qch** achosi rhth, peri rhth; **à l'~** (*si le cas se présente*) ryw bryd; (*parfois*) weithiau, ar adegau; **à l'~ de** ar achlysur.
2 (*conjoncture favorable*) cyfle *g*; **à la première ~** ar y cyfle cyntaf; **avoir l'~ de**

faire qch bod â'r cyfle i wneud rhth; **profiter de l'~ de faire qch** manteisio ar y cyfle i wneud rhth; **si l'~ se présente** os daw'r cyfle.
3 (*COMM*): **d'~** (yn) ail-law.

occasionnel (**-le**) [ɔkazjɔnɛl] *adj* achlysurol, ysbeidiol; (*accidentel*) ar hap, damweiniol.

occasionnellement [ɔkazjɔnɛlmɑ̃] *adv* yn achlysurol.

occasionner [ɔkazjɔne] (**1**) *vt* achosi, peri.

occident [ɔksidɑ̃] *m* gorllewin *g*; **l'O~** (*POL*) (gwledydd *ll*) y Gorllewin *g*.

occidental[1] (**-e**) (**occidentaux, occidentales**) [ɔksidɑ̃tal, ɔksidɑ̃to] *adj* gorllewinol.

occidental[2] (**occidentaux**) [ɔksidɑ̃tal, ɔksidɑ̃to] *m* gorllewinwr *g*.

occidentale [ɔksidɑ̃tal] *f* gorllewinwraig *b*; ♦*adj f voir* **occidental**[1].

occidentaliser [ɔksidɑ̃talize] (**1**) *vt* gorllewineiddio.

occiput [ɔksipyt] *m* (*ANAT*) gwegil *g*, gwar *g,b*.

occitan[1] (**-e**) [ɔksitɑ̃, an] *adj* Oc(s)itanaidd.

occitan[2] [ɔksitɑ̃] *m* (*LING*) Oc(s)itaneg *b,g*.

occlusion [ɔklyzjɔ̃] *f* rhwystr *g*, atalfa *b*, achludiad *g*: ~ **intestinale** cwlwm *g* perfedd.

occulte [ɔkylt] *adj* goruwchnaturiol; (*secret*) cyfriniol, ocwlt, cudd.

occulter [ɔkylte] (**1**) *vt* (*fig*) taflu cysgod dros *ou* ar; (*ASTRON*) achludo, tywyllu.

occultisme [ɔkyltism] *m* ocwltiaeth *b*.

occupant[1] (**-e**) [ɔkypɑ̃, ɑ̃t] *adj* (*armée, autorité*) goresgynnol, meddiannol.

occupant[2] [ɔkypɑ̃] *m* deiliad *g*, trigiannydd *g*, preswylydd *g*; **les ~s de la maison** trigolion *ll* y tŷ; **les ~s de la voiture** y teithwyr *ll* yn y car.

occupante [ɔkypɑ̃t] *f* deiliad *g*; ♦*adj f voir* **occupant**[1].

occupation [ɔkypasjɔ̃] *f* (*tâche*) gorchwyl *g,b*, tasg *b*; (*emploi*) swydd *b*, galwedigaeth *b*; (*fait d'habiter un lieu*) deiliadaeth *b*; (*pour protester*) meddianiad *g*, meddiannu; (*MIL*) meddiannaeth *b*, goresgyniad *g*; **l'O~** y Feddiannaeth (*Ffrainc gan yr Almaen*); **pendant** *neu* **sous l'O~** yn ystod y Goresgyniad.

occupé (**-e**) [ɔkype] *adj*
1 (*pris*) prysur; **la ligne est toujours ~e** mae'r llinell wastad yn brysur; **ça sonne ~** mae'r llinell yn brysur.
2 (*MIL: pays*) meddianedig, goresgynedig.

occuper [ɔkype] (**1**) *vt*
1 (*habiter*) byw yn; (*être dans*) bod yn.
2 (*remplir*) llenwi, cymryd; ~ **qn** cadw rhn yn brysur; ~ **son temps à faire qch** treulio'ch amser yn gwneud rhth; **ça occupe trop de place** mae'n cymryd gormod o le; **je suis allé au cinéma pour ~ la soirée** es i'r sinema i basio'r noson; **le sujet qui nous occupe aujourd'hui** y mater sydd dan sylw heddiw.
3 (*MIL*) meddiannu, goresgyn;
♦ **s'~** *vr*: **s'~ à qch** eich difyrru'ch hun â rhth, eich cadw'ch hun yn brysur â rhth, ymbrysuro â rhth; **s'~ de qch** (*consacrer ses efforts à*) ymhél â rhth; (*prendre en charge*) gofalu am rth; **s'~ de la politique** ymhél â gwleidyddiaeth; **s'~ des affaires de qn** busnesa ym musnes rhn; **ne t'occupe pas d'elle** paid â chymryd unrhyw sylw ohoni; **occupe-toi de tes affaires** meindia dy fusnes.

occurrence [ɔkyʀɑ̃s] *f*: **en l'~** yn yr achos hwn.

OCDE [ɔsedeə] *sigle f*(= *Organisation de coopération et de développement économique*) Cyfundrefn *b* Cydweithrediad a Datblygiad Economaidd.

océan [ɔseɑ̃] *m* cefnfor *g*; **l'~ Indien** Cefnfor (yr) India; **l'~ Pacifique** y Môr *g* Tawel, y Pasiffig *g*; **l'~ Atlantique** yr Iwerydd *g*, yr Atlantig *g*

Océanie [ɔseani] *prf*: **l'~** Oceania *b*, Ynysoedd *ll* Môr y De.

océanique [ɔseanik] *adj* cefnforol.

océanographe [ɔseanɔgʀaf] *m/f* eigionegydd *g*.

océanographie [ɔseanɔgʀafi] *f* eigioneg *b*.

océanographique [ɔseanɔgʀafik] *adj* eigionegol.

océanologie [ɔseanɔlɔʒi] *f* eigioneg *b*.

ocelot [ɔs(ə)lo] *m* (*ZOOL*) oselot *g*.

ocre [ɔkʀ] *adj inv* ocr, melynaidd.

octane [ɔktan] *m* (*CHIM*) octan *g*.

octante [ɔktɑ̃t] *adj, m* (*Belgique, Suisse*) pedwar ugain, wyth deg.

octave [ɔktav] *f* (*MUS*) wythfed *g*; (*REL*) wythnoswyl *b*.

octet [ɔktɛ] *m* (*INFORM*) beit *g*.

octobre [ɔktɔbʀ] *m* (mis *g*) Hydref *g voir aussi* **juillet**.

octogénaire [ɔktɔʒenɛʀ] *adj* sy'n bedwar ugain oed;
♦*m/f* un *g/b* sy'n bedwar ugain oed.

octogonal (**-e**) (**octogonaux, octogonales**) [ɔktɔgɔnal, ɔktɔgɔno] *adj* wythonglog, wythochrog.

octogone [ɔktɔgɔn] *m* wythongl *g*, octagon *g*.

octroi [ɔktʀwa] *m* rhoi, dyroddiad *g*; **les conditions d'~ de qch** amodau *ll* rhoi rhth.

octroyer [ɔktʀwaje] (**17**) *vt*: ~ **qch à qn** rhoi rhth i rn;
♦ **s'~** *vr* rhoi (rhth) i chi'ch hun; **je vais m'~ quelques jours de congé** 'rydw i'n mynd i dretio fy hun i ychydig ddyddiau o wyliau.

oculaire [ɔkylɛʀ] *adj* llygeidiol, llygadol;
♦*m* sylladur *g*.

oculiste [ɔkylist] *m/f* meddyg *g* llygaid.

ode [ɔd] *f* awdl *b*, cerdd *b*.

odeur [ɔdœʀ] *f* aroglau *g*, gwynt *g*; **mauvaise ~** aroglau drwg, gwynt drwg; **sans ~** diaroglau, heb aroglau; ~ **de renfermé** aroglau llwydni; **à l'~ fétide** drewllyd, ffiaidd.

odieusement [ɔdjøzmɑ̃] *adv* yn gas, yn warthus.

odieux (**odieuse**) [ɔdjø, ɔdjøz] *adj* cas, gwarthus.

odontologie [ɔdɔ̃tɔlɔʒi] *f* danheddeg *b*, deintyddiaeth *b*.
odorant (-e) [ɔdɔʀɑ̃, ɑ̃t] *adj* peraroglus, persawrus, pêr.
odorat [ɔdɔʀa] *m* synnwyr *g* arogleuo; **avoir l'~ fin** bod â ffroen dda.
odoriférant (-e) [ɔdɔʀifeʀɑ̃, ɑ̃t] *adj* peraroglus, persawrus, pêr.
odyssée [ɔdise] *f* crwydriadau *ll*, hynt *b*.
OEA [ɔəa] *sigle f* (= *Organisation des États américains*) Cyfundrefn *b* Gwledydd America.
œcuménique [ekymenik] *adj* eciwmenaidd.
œcuménisme [ekymenism] *m* eciwmeniaeth *b*.
œdème [edɛm] *m* (*MÉD*) chwydd *g* gwyn, edema *g*.
Œdipe [edip] *prm* Oedipws.
œil (**yeux**) [œj, jø] *m*
1 (*ANAT*) llygad *g,b*; **avoir un ~ au beurre noir** *neu* **poché** bod â llygad (d)du; **de ses propres yeux** â'ch llygaid eich hun; **avoir les yeux cernés** bod â chysgodion (tywyll) dan eich llygaid; **un enfant aux yeux bleus** plentyn â llygaid glas; **avoir de bons yeux** gweld yn dda; **cligner des yeux** ysmicio llygad, amrantu; **il m'a fait un clin d'~** winciodd arnaf; **elle leva les yeux** edrychodd i fyny; **lever les yeux vers** *neu* **sur qch** edrych i fyny at rth; **je l'ai sous les yeux** mae yma o flaen fy llygaid; **chercher des yeux** edrych o gwmpas am, chwilio am; **à l'~ nu** i'r llygad noeth; **~ de verre** llygad gwydr.
2 (*expression*): **à l'~ vif** yn fywiog, â golwg fywiog; **avoir l'~ vif** bod â golwg fywiog arnoch; (*avoir un air intelligent*) edrych yn ddeallus; **il avait l'~ fourbe** 'roedd golwg dwyllodrus arno; **il la regardait d'un ~ amusé** edrychai arni gyda difyrrwch; **il a l'~ taquin** mae golwg ddireidus arno; **d'un ~ compatissant** gyda chydymdeimlad; **d'un ~ méfiant** yn amheus, yn ddrwgdybus; **d'un ~ inquiet** yn ofidus, yn ansicr; **d'un ~ jaloux** yn genfigennus; **d'un ~ distrait** â'ch meddwl ymhell, yn anghofus, yn ddiofal; **d'un ~ attentif** yn ofalus, yn sylwgar; **d'un ~ critique** yn feirniadol; **voir qch d'un bon/mauvais ~** edrych yn ffafriol/anffafriol ar rth; **regarder qch d'un ~ neuf** gweld rhth mewn golau newydd.
3 (*locutions avec œil*): **à l'~*** yn rhad ac am ddim; **manger à l'~** bwyta am ddim; **avoir l'~ (à)** cadw llygad (ar); **avoir l'~ sur qn, tenir qn à ~** cadw llygad ar rn; **faire de l'~ à qn** llygadu rhn; **ne pas pouvoir fermer l'~** methu cysgu winc; **je n'ai pas fermé l'~ de la nuit** (ni) chysgais i 'run winc drwy'r nos; **jeter un ~ à** *neu* **sur qch** bwrw golwg ar rth; **cela vaut le coup d'~** mae hynny'n werth ei weld; **tu as l'~ pour bien choisir les vêtements** 'rwyt ti'n dda am ddewis dillad; **avoir bon pied bon ~** bod yn holliach; **~ pour ~, dent pour dent** llygad am lygad, dant am ddant; **mon ~!*** (*manquant credulité*) cer o' ma!, choelia' i fawr!, o ddifrif nawr!.
4 (*locutions avec yeux*): **à mes yeux** yn fy nhyb i; **fermer les yeux (sur qch)** (*fig*) cau'ch llygaid (i rth); **cela s'est passé devant mes yeux** fe ddigwyddodd hynny o flaen fy llygaid; **je n'en crois pas mes yeux!** (ni) alla' i ddim credu'r hyn a welaf; **fixer qn/qch des yeux** syllu ar rn/rth; **à leurs yeux c'était un échec total** yn eu barn nhw, 'roedd yn fethiant llwyr; **les yeux fermés** (*en toute confiance*) a'ch llygaid ar gau; **pour les beaux yeux de qn** (*fig*) o ran cariad at rn, er mwyn rhn; **faire les gros yeux à qn** rhythu'n ddig ar rn; **faire les yeux ronds** edrych yn syn; **être tout yeux tout oreilles** bod yn llygaid ac yn glustiau i gyd; **cela saute aux yeux** mae hynny'n hollol amlwg.
5 (*d'une aiguille*) crau *g*.
œil-de-bœuf (~s-~-~) [œjdəbœf] *m* (*fenêtre*) ffenestr *b* gron.
œillade [œjad] *f*: **lancer une ~, faire des ~s (à qn)** wincio (ar rn), llygadu (rhn).
œillères [œjɛʀ] *fpl* ffrwyn *b* ddall; **avoir des ~** (*fig: péj*) bod yn ddall i bopeth, bod yn gibddall.
œillet [œjɛ] *m* (*BOT*) penigan *g* y gerddi, carnasiwn *g*; (*trou, bordure rigide*) twll *g* llygaden.
œnologue [enɔlɔg] *m/f* gwinydd *g*.
œsophage [ezɔfaʒ] *m* sefnig *g,b* y llwnc, pibell *b* fwyd, oesoffagws *g*.
œstrogène [ɛstʀɔʒɛn] *m* oestrogen *g*.
œuf (-s) [œf, ø] *m* wy *g*; **étouffer qch dans l'~** lladd rhth yn yr egin; **~ à la coque** wy wedi'i ferwi; **~ à repriser** mwdwl *g*, pellen *b* wnïo; **~ au** *neu* **sur le plat** wy wedi'i ffrio; **~ de Pâques** wy Pasg; **~ dur** wy wedi'i ferwi'n galed; **~ mollet** wy wedi'i ferwi'n feddal; **~ poché** wy wedi'i botsio; **~s brouillés** wyau wedi'u sgramblo; **plein comme un ~** yn llawn dop; **va te faire cuire un ~*** dos *ou* cer i grafu!*.
œuvre [œvʀ] *f* gwaith *g* (*llenyddol ayb*); **être à l'~** gweithio, bod wrthi; **se mettre à l'~** mynd ati i weithio; **mettre qch en ~** (*moyens*) defnyddio rhth; (*plan, loi, projet*) rhoi rhth ar waith; **~ d'art** celfyddydwaith *g*; **~s** (*actes*) gweithredoedd *ll*; **bonnes ~s** gweithredoedd da; **~s de bienfaisance** gwaith elusennol;
♦*m* (*CONSTR*): **le gros ~** tu *g* allan, cragen *b*.
œuvrer [œvʀe] (1) *vi*: **~ pour** gweithio ar gyfer.
offensant (-e) [ɔfɑ̃sɑ̃, ɑ̃t] *adj* sarhaus, cas.
offense [ɔfɑ̃s] *f* sarhad *g*, sen *b*; (*REL*) dyled *b*; **"pardonnez-nous nos ~s"** "maddau i ni ein dyledion"
offensé[1] (-e) [ɔfɑ̃se] *adj* anafus, clwyfedig.
offensé[2] [ɔfɑ̃se] *m* (*JUR*) dioddefwr *g*.
offensée [ɔfɑ̃se] *f* (*JUR*) dioddefwraig *b*;

♦*adj f voir* **offensé**[1].
offenser [ɔfɑ̃se] (**1**) *vt* digio, brifo teimladau; ♦ **se** ~ *vr*: **s'**~ **de qch** digio wrth rth.
offensif (**offensive**) [ɔfɑ̃sif, ɔfɑ̃siv] *adj* ymosodol.
offensive [ɔfɑ̃siv] *f* ymosodiad *g*; **passer à l'**~ dechrau ymosod; **lancer une** ~ ymosod; ♦*adj f voir* **offensif**.
offert (**-e**) [ɔfɛʀ, ɛʀt] *pp de* **offrir**.
offertoire [ɔfɛʀtwaʀ] *m* (*REL*) offrymiad *g*, offrwm *g*; (*MUS*) offrymgan *b*.
office [ɔfis] *m*
1 (*rôle*) swydd *b*; **nommé d'**~ (*avocat, expert*) a benodwyd gan y llys; **d'**~ yn awtomatig, heb drafod; **faire** ~ **de table** bod yn fwrdd.
2 (*REL: cérémonie*) gwasanaeth *g*.
3 (*bureau*) swyddfa *b*; ~ **du tourisme** canolfan *b* groeso, swyddfa dwristiaeth.
4 (*POL*): **bons** ~**s** cymwynasgarwch *g*, cyfryngdod *g*; **la France a proposé ses bons** ~**s** cynigiodd Ffrainc gyfryngu'r trafodaethau;
♦*m,f* (*pièce*) pantri *g*, bwtri *g*.
officialisation [ɔfisjalizasjɔ̃] *f*: **l'**~ **de qch** gwneud rhth yn swyddogol.
officialiser [ɔfisjalize] (**1**) *vt* gwneud (rhth) yn swyddogol.
officiel[1] (**-le**) [ɔfisjɛl] *adj* swyddogol.
officiel[2] [ɔfisjɛl] *m* swyddog *g*.
officielle [ɔfisjɛl] *f* swyddog *g*; ♦*adj f voir* **officiel**[1].
officiellement [ɔfisjɛlmɑ̃] *adv* yn swyddogol.
officier[1] [ɔfisje] *m* (*MIL, NAUT*) swyddog *g*; ~ **de garde** swyddog ar ddyletswydd; ~ **de marine** swyddog yn y llynges; ~ **de l'état-civil** cofrestrydd *g*; ~ **de police** uwch swyddog yr heddlu; ~ **ministériel** aelod *g* o'r proffesiwn cyfreithiol.
officier[2] [ɔfisje] (**16**) *vi* (*REL*) gweinyddu.
officieusement [ɔfisjøzmɑ̃] *adv* yn answyddogol.
officieux (**officieuse**) [ɔfisjø, ɔfisjøz] *adj* answyddogol.
officinal (**-e**) (**officinaux, officinales**) [ɔfisinal, ɔfisino] *adj*: **plantes** ~**es** planhigion *ll* meddyginiaethol.
officine [ɔfisin] *f* fferyllfa *b*; (*gén, péj*) swyddfa *b*, asiantaeth *b*.
offrais *etc* [ɔfʀɛ] *vb voir* **offrir**.
offrande [ɔfʀɑ̃d] *f* offrwm *g*.
offrant [ɔfʀɑ̃] *m*: **vendre qch au plus** ~ gwerthu rhth i'r cynigydd uchaf.
offre *etc*[1] [ɔfʀ] *vb voir* **offrir**.
offre[2] [ɔfʀ] *f* cynnig *g*; **"**~**s d'emploi"** "swyddi ar gael"; ~ **d'emploi** hysbyseb *g,b* gwaith; ~**s de service** cynnig gwasanaeth; **l'**~ **et la demande** (*ÉCON*) cyflenwad *g* a galw; **lancer une** ~ **d'achat sur qch** rhoi cynnig am rth; ~ **publique d'achat, OPA** cynnig trosfeddiant, cais *g* i gymryd busnes drosodd.
offrir [ɔfʀiʀ] (**28**) *vt* cynnig; (*en cadeau*) rhoi, rhoddi; ~ **(à qn) de faire qch** cynnig gwneud rhth (i rn); ~ **à boire à qn** cynnig diod i rn; ~ **ses services à qn** cynnig eich gwasanaeth i rn; ~ **le bras à qn** cynnig eich braich i rn; ♦ **s'**~ *vr* (*suj: occasion, plaisir*) rhoi (rhth) i chi'ch hun, eich tretio'ch hun; (*se payer: vacances, voiture*) prynu; **s'**~ **à faire qch** gwirfoddoli i wneud rhth; **s'**~ **comme guide/en otage** eich cynnig eich hun yn arweinydd/wystl; **s'**~ **aux regards** eich dangos eich hun i bawb.
offset [ɔfsɛt] *m* argraffu offset.
offusquer [ɔfyske] (**1**) *vt* digio, pechu yn erbyn; ♦ **s'**~ *vr*: **s'**~ **de qch** digio wrth rth.
ogive [ɔʒiv] *f* (*ARCHIT*) ogif *g*, asen *b* groes; **voûte en** ~ bwa *g* ogifol; ~ **nucléaire** pen *g* ffrwydrol niwclear.
ogre [ɔgʀ] *m* cawr *g*; (*gros mangeur*) bolgi *g*.
oh [o] *excl* (*admiration*) o!; ~ **là là!** (*se plaindre*) diar annwyl!; **pousser des** ~**! et des ah!** ebychu mewn rhyfeddod.
oie [wa] *f* gŵydd *b*; ~ **blanche** (*fig, péj*) merch *b* ddiniwed.
oignon [ɔɲɔ̃] *m* nionyn *g*, winwnsyn *g*; (*de tulipe etc*) bwlb *g*; (*MÉD*) chwydd *g* (*ar droed*); **ce ne sont pas tes** ~**s!*** meindia dy fusnes!*; **petits** ~**s** nionod *ou* winwns picl.
oindre [wɛ̃dʀ] (**64**) *vt* (*REL*) eneinio.
oiseau (**-x**) [wazo] *m* aderyn *g*; ~ **de nuit** aderyn y nos; ~ **de proie** aderyn ysglyfaethus.
oiseau-lyre (~**x**-~**s**) [wazoliʀ] *m* aderyn *g* y delyn.
oiseau-mouche (~**x**-~**s**) [wazomuʃ] *m* aderyn *g* (bach) y su *ou* si.
oiseleur [waz(ə)lœʀ] *m* daliwr *g* adar.
oiselier [wazəlje] *m* gwerthwr *g* adar.
oiselière [wazəljɛʀ] *f* gwerthwraig *b* adar.
oisellerie [wazɛlʀi] *f* siop *b* gwerthu adar.
oiseux (**oiseuse**) [wazø, wazøz] *adj* dibwrpas, diangen, ofer, dibwys, diwerth.
oisif[1] (**oisive**) [wazif, waziv] *adj* segur.
oisif[2] [wazif] *m* un *g* segur, segurwr *g*.
oisive [waziv] *f* un *b* segur, segurwraig *b*; ♦*adj f voir* **oisif**[1].
oisillon [wazijɔ̃] *m* cyw *g* aderyn.
oisiveté [wazivte] *f* segurdod *g*, diogi *g*.
OIT [ɔite] *sigle f*(= *Organisation internationale du travail*) *Cyfundrefn b ryngwladol gwaith.*
OK [okɛ] *excl* iawn!
OL *sigle fpl*(= *ondes longues*) y donfedd *b* hir.
oléagineux (**oléagineuse**) [ɔleaʒinø, ɔleaʒinøz] *adj* olewog, oeliog, seimllyd, seimlyd.
oléiculteur [ɔleikyltœʀ] *m* tyfwr *g* olewydd.
oléiculture [ɔleikyltyʀ] *f* tyfu olewydd.
oléoduc [ɔleɔdyk] *m* piblinell *b* olew.
olfactif (**olfactive**) [ɔlfaktif, ɔlfaktiv] *adj* arogleuol.
olibrius* [ɔlibʀijys] *m* dyn *g* rhyfedd.
oligarchie [ɔligaʀʃi] *f* oligarchiaeth *b*.
oligo-élément (~-~**s**) [ɔligoelemɑ̃] *m* elfen *b* hybrin.

oligopole [ɔligɔpɔl] *m* oligopoli *g*.
olivâtre [ɔlivɑtʀ] *adj* melynwyrdd.
olive [ɔliv] *f* ffrwyth *g* yr olewydd, olif *g*; (*type d'interrupteur*) switsh *g*;
♦*adj inv* gwyrdd olewydd, melynwyrdd.
oliveraie [ɔlivʀɛ] *f* llwyn *g* olewydd.
olivier [ɔlivje] *m* olewydden *b*; (*bois*) pren *b* olewydden; **mont des Oliviers** Mynydd yr Olewydd.
olographe [ɔlɔgʀaf] *adj*: **testament ~** ewyllys *g,b* yn llawysgrifen yr awdur.
OLP [oɛlpe] *sigle f*(= *Organisation de libération de la Palestine*) Mudiad *g* Rhyddid Palesteina
olympiade [ɔlɛ̃pjad] *f* Olympiad *g*; **les ~s** y Gemau *ll* Olympaidd.
olympien (**-ne**) [ɔlɛ̃pjɛ̃, jɛn] *adj* Olympaidd.
olympique [ɔlɛ̃pik] *adj* Olympaidd; **piscine ~** pwll *g* nofio Olympaidd.
OM *sigle fpl*(= *ondes moyennes*) y donfedd *b* ganol.
Oman [ɔman] *prm*: **l'~** Oman *b*; **le sultanat d'~** Swltaniaeth *b* Oman.
ombilical (**-e**) (**ombilicaux, ombilicales**) [ɔ̃bilikal, ɔ̃biliko] *adj* bogeiliol, wmbilig; **cordon ~** llinyn *g* bogail.
ombrage [ɔ̃bʀaʒ] *m* (*feuillage*) cysgod *g*; **prendre ~ de qch** (*fig*) digio wrth rth; **faire** *neu* **porter ~ à qn** (*fig*) digio rhn.
ombragé (**-e**) [ɔ̃bʀaʒe] *adj* mewn cysgod, cysgodol.
ombrageux (**ombrageuse**) [ɔ̃bʀaʒø, ɔ̃bʀaʒøz] *adj* (*cheval*) ofnus, rhusgar; (*personne*) croendenau, hawdd eich digio.
ombre [ɔ̃bʀ] *f* cysgod *g*; **à l'~** yn y cysgod; (*fam: en prison*) yn y carchar; **à l'~ de qn/qch** (*aussi fig*) yng nghysgod rhn/rhth; **donner** *neu* **faire de l'~** rhoi cysgod; **dans l'~** yn y cysgod; **vivre dans l'~** (*fig*) byw mewn dinodedd, byw o olwg y byd; **laisser qch dans l'~** (*fig*) gadael rhth ynghudd; **il n'y a pas l'~ d'un doute** nid oes rhithyn o amheuaeth; **~ à paupières** colur *g* amrannau; **~ portée** cysgod; **~s chinoises** sioe *b* gysgodion.
ombrelle [ɔ̃bʀɛl] *f* parasol *g*, ambarél *g,b* haul.
ombrer [ɔ̃bʀe] (**1**) *vt* cysgodi.
omelette [ɔmlɛt] *f* omled *g,b*; **~ au fromage/au jambon** omled gaws/ham; **~ aux herbes** omled a pherlysiau ynddi; **~ baveuse** omled feddal; **~ norvégienne** alasga *g* pob.
omettre [ɔmɛtʀ] (**72**) *vt* hepgor, gadael (rhth) allan; **~ de faire qch** anghofio gwneud rhth.
omis (**-e**) [ɔmi] *pp de* **omettre**.
omission [ɔmisjɔ̃] *f* hepgoriad *g*, gadael allan.
OMM [oɛmɛm] *sigle f*(= *Organisation météorologique mondiale*) cyfundrefn *b* dywyddegol y byd.
omni... [ɔmni] *préf* holl...
omnibus [ɔmnibys] *m*: **(train) ~** trên *g* araf.
omnidirectionnel [ɔmnidiʀɛksjɔnɛl] *adj* i bob cyfeiriad.
omnipotent (**-e**) [ɔmnipɔtɑ̃, ɑ̃t] *adj* hollalluog.
omnipraticien [ɔmnipʀatisjɛ̃] *m* meddyg *g* teulu.
omnipraticienne [ɔmnipʀatisjɛn] *f* meddyg *g* teulu.
omniprésent (**-e**) [ɔmnipʀezɑ̃, ɑ̃t] *adj* hollbresennol, presennol ymhob man.
omniscient (**-e**) [ɔmnisjɑ̃, jɑ̃t] *adj* hollwybodus, sy'n gwybod y cyfan.
omnisports [ɔmnispɔʀ] *adj inv* chwaraeon; **salle ~** neuadd *b* chwaraeon.
omnium [ɔmnjɔm] *m* (*SPORT*) cystadleuaeth *b* seiclo; (*FIN, COMM*) cwmni *g* daliannol, corfforaeth *b*.
omnivore [ɔmnivɔʀ] *adj* hollysol, sy'n bwyta popeth.
omoplate [ɔmɔplat] *f* palfais *b*, crafell *b* yr ysgwydd.
OMS [oɛmɛs] *sigle f*(= *Organisation mondiale de la santé*) Cyfundrefn *b* Iechyd y Byd.
on [ɔ̃] *pron*
1 (*complètement indéfini*): **~ dit que** dywedir ...; **~ a appris que** deallwyd ...; **~ a arrêté le voleur** arestiwyd y lleidr.
2 (*signifiant nous*) ni; **~ y va?** awn ni?; **~ est à cinq minutes du centre-ville** 'rydyn ni bum munud o ganol y dref; **~ n'est pas des robots** nid robotiaid mohonom ni; **qu'est-ce qu'~ mange ce soir?** beth gawn ni i swper heno?.
3 (*signifiant tu*) ti; **~ se dépêche!** brysia!.
4 (*signifiant vous*) chi; **~ se dépêche!** brysiwch!.
5 (*signifiant je*) fi; **~ fait ce qu'~ peut** 'rwy'n gwneud popeth alla' i.
6 (*signifiant ils ou elles*) nhw; **~ nous prend pour des imbéciles** maen nhw'n meddwl ein bod ni'n dwp.
7 (*signifiant quelqu'un*) rhywun; **~ t'appelle** mae rhywun yn galw arnat ti; **~ frappe** mae rhywun wrth y drws.
once [ɔ̃s] *f* owns *b*; **une ~ de** (*très petite quantité*) owns o, mymryn o.
oncle [ɔ̃kl] *m* ewythr *g*; **l'~ Robert** Ewythr Robert, Wncwl Robert.
onction [ɔ̃ksjɔ̃] *f voir* **extrême-onction**.
onctueux (**onctueuse**) [ɔ̃ktɥø, ɔ̃ktɥøz] *adj* (*gras*) seimlyd, seimllyd; (*crémeux*) hufennog; (*fig*) sebonllyd.
onde [ɔ̃d] *f* (*vague*) ton *b*; (*vibration*) tonfedd *b*; **sur l'~** (*eau*) ar y dŵr; **~ de choc** siocdon *b*; **sur les ~s** ar y radio; **~s sonores** tonnau sain; **mettre qch en ~s** cynhyrchu rhth ar gyfer y radio; **grandes ~s** y donfedd hir; **petites ~s, ~s moyennes** y donfedd ganol; **~s courtes** y donfedd fer.
ondée [ɔ̃de] *f* cawod *b*; **~s orageuses** cawodydd stormus; **~s passagères** cawodydd gwasgaredig.
on-dit [ɔ̃di] *m inv* sôn *g*, si *g*.
ondoyer [ɔ̃dwaje] (**17**) *vi* ymdonni, tonni, chwifio;
♦*vt* (*REL*) bedyddio.

ondulant (**-e**) [ɔ̃dylɑ̃, ɑ̃t] *adj* tonnog; (*paysage*) pantiog; (*démarche*) siglog.
ondulation [ɔ̃dylasjɔ̃] *f* ymdoniad *g*, toniad *g*; (*action*) ymdonni, tonni; ~ **du corps** sigl *g ou* siglad *g* y corff; ~ **du sol** pant *g*.
ondulé[1] (**-e**) [ɔ̃dyle] *adj* (*cheveux*) tonnog; (*terrain*) pantiog; (*tôle etc*) rhychog, gwrymiog.
ondulé[2] [ɔ̃dyle] *m* (*carton*) cardbord *g* gwrymiog.
onduler [ɔ̃dyle] (**1**) *vi* ymdonni, tonni; (*terrain*) bod yn bantiog; (*cheveux*) tonni, bod yn donnog, bod yn gyrliog; **se faire** ~ **les cheveux** cael tonni'ch gwallt.
onéreux (**onéreuse**) [ɔnerø, ɔnerøz] *adj* costus, drud; (*impôt*) trwm(trom)(trymion); **à titre** ~ (*JUR*) yn gyfnewid am dâl.
ongle [ɔ̃gl] *m* ewin *g*; ~**s des pieds** ewinedd *ll* traed; **manger** *neu* **ronger ses** ~**s** cnoi'ch ewinedd; **se faire les** ~**s** trin *ou* torri eich ewinedd; **jusqu'au bout des** ~**s** trwyddo/trwyddi draw; **c'est un communiste jusqu'au bout des** ~**s** mae'n gomiwnydd i'r carn, mae'n gomiwnydd rhonc.
onglet [ɔ̃glɛ] *m* (*lame de canif etc*) rhigol *b*; (*bande de papier*) tab *g*; (*viande*) darn *g* da o gig; (*sur un dictionnaire etc*) bysle *g*, mynegai *g* bawd.
onguent [ɔ̃gɑ̃] *m* eli *g*.
onirique [ɔnirik] *adj* breuddwydiol.
onirisme [ɔnirism] *m* natur *g* freuddwydiol; (*MÉD*) rhithwewyr *g*.
onomatopée [ɔnɔmatɔpe] *f* onomatopeia *g*.
ont [ɔ̃] *vb voir* **avoir**.
ontarien (**-ne**) [ɔ̃tarjɛ̃, jɛn] *adj* o Ontario.
ONU [ɔny] *sigle f* (= *Organisation des Nations unies*) Cymdeithas *b* y Cenhedloedd Unedig.
onusien (**-ne**) [ɔnyzjɛ̃, jɛn] *adj* (*de l'ONU*) y Cenhedloedd Unedig.
onyx [ɔniks] *m* onics *g*.
onze ['ɔ̃z] *adj inv* un ar ddeg, un deg un; ~ **hommes/femmes** un dyn/wraig ar ddeg, un ar ddeg o ddynion/wragedd, un deg un o ddynion/wragedd; **j'ai** ~ **ans** 'rwy'n un ar ddeg oed; **c'est à** ~ **kilomètres d'ici** mae un cilometr ar ddeg oddi yma;
♦*m* (*FOOTBALL*): **le** ~ **de France** tîm *g* cenedlaethol Ffrainc; **aujourd'hui on est le** ~ **mai** yr unfed ar ddeg o Fai yw hi heddiw.
onzième ['ɔ̃zjɛm] *adj* unfed ar ddeg;
♦*m* un rhan *b* o un ar ddeg; (*SCOL*) y flwyddyn gyntaf yn yr ysgol gynradd (*ar gyfer plant rhwng 6 a 7 oed*);
♦*m/f* unfed *g/b* ar ddeg.
OPA [ɔpea] *sigle f* (= *offre publique d'achat*) cynnig trosfeddiant.
opacifier [ɔpasifje] (**16**) *vt* tywyllu.
opacité [ɔpasite] *f* tywyllni *g*, didreiddedd *g*.
opale [ɔpal] *f* opal *g*.
opalescent (**-e**) [ɔpalesɑ̃, ɑ̃t] *adj* opalaidd, symudliw, seithliw.
opalin (**-e**) [ɔpalɛ̃, in] *adj* opalaidd, symudliw, seithliw.
opaline [ɔpalin] *f* gwydr *g* opal.
opaque [ɔpak] *adj* (*très sombre*) tywyll, di-draidd.
OPEP [ɔpɛp] *sigle f* (= *Organisation des pays exportateurs de pétrole*) Cyfundrefn *b* y Gwledydd sy'n Allforio Petrol.
opéra [ɔpera] *m* opera *b*; (*édifice, théâtre*) tŷ *g* opera; **grand** ~ opera fawreddog; ~ **rock** opera roc.
opérable [ɔperabl] *adj* (*malade, tumeur*) operadwy, llawdriniadwy.
opéra-comique (~**s**-~**s**) [ɔperakɔmik] *m* opera *b* gomig.
opérant (**-e**) [ɔperɑ̃, ɑ̃t] *adj* effeithiol.
opérateur [ɔperatœr] *m* gweithredwr *g*; (*téléphoniste*) cysylltwr *g* ffôn, teleffonydd *g*; (*MATH*) gweithredydd *g*; ~ **(de prise de vues)** dyn *g* camera.
opération [ɔperasjɔ̃] *f* gweithrediad *g*; (*MÉD*) llawdriniaeth *b*; (*étape d'un processus*) proses *b*; (*MIL, PUBLICITÉ*) ymgyrch *g,b*; **salle d'**~ ystafell *b* lawdriniaeth; **table d'**~ bwrdd *g* llawdriniaeth; ~ **à cœur ouvert** (*MÉD*) llawdriniaeth ar y galon agored; ~ **de sauvetage** ymgyrch achub; ~ **publicitaire** ymgyrch hysbysebu.
opérationnel (**-le**) [ɔperasjɔnɛl] *adj* gweithredol; (*mis en service*) ar waith; (*MIL*) ymgyrchol; (*ÉCON*) hywaith; **recherche** ~**le** (*ÉCON*) defnyddio egwyddorion gwyddonol wrth reoli busnes.
opératoire [ɔperatwar] *adj* (*manœuvre, méthode*) gweithredol, gweithrediadol; (*MÉD*) llawdriniaethol; (*choc etc*) ôl-driniaethol; **bloc** ~ adran *b* lawdriniaeth; **les suites** ~**s** canlyniadau *ll* llawdriniaeth.
opératrice [ɔperatris] *f* gweithredwraig *b*; (*téléphoniste*) cysylltwraig *b* ffôn.
opéré (**-e**) [ɔpere] *adj* (*MÉD*) llawdriniedig, sydd wedi cael llawdriniaeth; **grand** ~ claf *g* sydd wedi cael llawdrinaeth fawr.
opérer [ɔpere] (**14**) *vt* (*MÉD*) llaw-drin, rhoi llawdriniaeth i; (*effectuer*) gwneud, creu; **il faut l'**~ mae angen llawdriniaeth arno; **cette méthode a opéré des miracles** mae'r dull yma wedi cyflawni gwyrthiau; ~ **qn des amygdales** tynnu tonsiliau rhn; **se faire** ~ cael llawdriniaeth; **se faire** ~ **des amygdales** cael tynnu'ch tonsiliau; **se faire** ~ **du cœur** cael llawdriniaeth ar eich calon;
♦*vi* gweithio, gweithredu; (*MÉD*) llaw-drin; **opérons en douceur** gadewch i ni fynd ati yn araf deg; **il y a des cambrioleurs qui opèrent dans cette région** mae yna ladron wrthi'n dwyn yn yr ardal hon;
♦ **s'**~ *vr* digwydd.
opérette [ɔperɛt] *f* (*MUS*) opereta *b*.
ophtalmique [ɔftalmik] *adj* llygadol, offthalmig.

ophtalmologie [ɔftalmɔlɔʒi] *f* meddygaeth *b* y llygaid, offthalmoleg *b*.
ophtalmologique [ɔftalmɔlɔʒik] *adj* offthalmolegol.
ophtalmologue [ɔftalmɔlɔg] *m/f* meddyg *g* llygaid, offthalmolegydd *g*.
opiacé (**-e**) [ɔpjase] *adj* (*médicament*) opiymaidd, sy'n cynnwys opiwm.
opiner [ɔpine] (**1**) *vi*: ~ **de la tête** nodio; ~ **à qch** cytuno i rth, caniatáu rhth.
opiniâtre [ɔpinjɑtʀ] *adj* (*obstiné*) ystyfnig, cyndyn; (*résolu*) penderfynol.
opiniâtrement [ɔpinjɑtʀəmɑ̃] *adv* yn ystyfnig, yn gyndyn.
opiniâtreté [ɔpinjɑtʀəte] *f* ystyfnigrwydd *g*, cyndynrwydd *g*; (*résolution*) penderfynoldeb *g*.
opinion [ɔpinjɔ̃] *f* barn *b*, tyb *b*; **avoir bonne/mauvaise ~ de** meddwl yn uchel/isel o; **être de l'~ que** barnu ..., bod o'r farn ...; **l'~ (publique)** y farn gyhoeddus; **~ américaine** barn gyhoeddus America; **~ ouvrière** barn y gweithiwr; **mon ~ est faite** 'rwyf wedi penderfynu; **se faire une ~** ffurfio barn; **sans ~** (*dans un résultat de sondage*) "ddim yn gwybod"
opiomane [ɔpjɔman] *m/f* un *g/b* sy'n gaeth i opiwm.
opium [ɔpjɔm] *m* opiwm *g*.
opportun (**-e**) [ɔpɔʀtœ̃, yn] *adj* amserol, cyfleus, manteisiol; **en temps ~** ar yr adeg iawn.
opportunément [ɔpɔʀtynemɑ̃] *adv* yn amserol, yn gyfleus, yn fanteisiol.
opportunisme [ɔpɔʀtynism] *m* manteisiaeth *b*, achub cyfle, oportiwnistiaeth *b*.
opportuniste [ɔpɔʀtynist] *adj* manteisgar; ♦*m/f* manteisiwr *g*, manteiswraig *b*, oportiwnydd *g*.
opportunité [ɔpɔʀtynite] *f* addasrwydd *g*, cyfleuster *g*, amseroldeb *g*; (*occasion*) cyfle *g*.
opposant[1] (**-e**) [ɔpozɑ̃, ɑ̃t] *adj* gwrthwynebus, gwrthwynebol.
opposant[2] [ɔpozɑ̃] *m* gwrthwynebydd *g*, gwrthwynebwr *g*; **~s** (*à un régime, projet*) gwrthwynebwyr *ll*; (*membres de l'opposition*) aelodau'r *ll* wrthblaid.
opposante [ɔpozɑ̃t] *f* gwrthwynebwraig *b*; ♦*adj f voir* **opposant**[1].
opposé[1] (**-e**) [ɔpoze] *adj* cyferbyn, cyferbyniol, dirgroes; **être ~ à** bod yn erbyn, gwrthwynebu; **du côté ~ de la rue** ar yr ochr arall i'r ffordd; **aller dans le sens ~** (*volontairement*) mynd i'r cyfeiriad arall; (*par erreur*) mynd i'r cyfeiriad anghywir; **ils ont des opinions ~s aux nôtres** mae eu syniadau yn groes i'n rhai ni; **je ne suis pas ~ au principe** 'dydw i ddim yn erbyn yr egwyddor.
opposé[2] [ɔpoze] *m*: **l'~** y gwrthwyneb *g*; **il est tout l'~ de son frère** mae'n hollol wahanol i'w frawd; **à l'~** (*contrairement*) mewn cyferbyniad â, i'r gwrthwyneb; (*à l'inverse*) ar y llaw arall; (*dans l'autre sens*) i'r cyfeiriad arall; **à l'~ de** yn groes i.
opposer [ɔpoze] (**1**) *vt* (*poser en obstacle*) gosod (rhth) yn erbyn; (*comparer*) cymharu; (*séparer*) gwahanu; **la finale opposait deux Français** 'roedd y gêm derfynol rhwng dau Ffrancwr; **le désaccord qu'oppose les deux pays** yr anghytundeb sy'n gosod y ddwy wlad yn erbyn ei gilydd *ou* yn benben; ♦ **s'~** *vr*: **les deux joueurs s'opposeront en finale** bydd y ddau chwaraewr yn wynebu'i gilydd yn y gêm derfynol; **s'~ à** gwrthwynebu, bod yn erbyn; (*empêcher*) rhwystro; (*contraster*) cyferbynnu, gwahaniaethu, gwrthgyferbynnu; **sa religion s'y oppose** mae ei grefydd yn erbyn hynny; **s'~ à ce que qn fasse qch** bod yn erbyn i rn wneud rhth.
opposition [ɔpozisjɔ̃] *f* gwrthwynebiad *g*; (*de couleurs*) gwrthgyferbyniad *g*; **l'~** (*POL*) yr wrthblaid *b*; **par ~** mewn gwrthgyferbyniad; **par ~ à** mewn gwrthgyferbyniad i, yn wahanol i; **entrer en ~ avec qn** gwrthdaro â rhn; **être en ~ avec** mynd yn erbyn; (*idées, conduite*) mynd yn groes i; **faire ~ à un chèque** rhwystro siec.
oppressant (**-e**) [ɔpʀesɑ̃, ɑ̃t] *adj* gormesol, llethol.
oppresser [ɔpʀese] (**1**) *vt* llethu, gormesu; **se sentir oppressé** mygu, methu anadlu.
oppresseur [ɔpʀesœʀ] *m* gorthrymwr *g*, gormeswr *g*.
oppressif (**oppressive**) [ɔpʀesif, ɔpʀesiv] *adj* gorthrymus, gormesol.
oppression [ɔpʀesjɔ̃] *f* gorthrwm *g*, gormes *g*; (*MÉD*) caethder *g*, caethdra *g*, myctod *g*; **avoir des ~s** mygu
opprimé (**-e**) [ɔpʀime] *adj* gorthrymedig, gormesedig, dan ormes.
opprimer [ɔpʀime] (**1**) *vt* (*peuple*) gorthrymu, gormesu; (*les consciences, la liberté*) mygu, ffrwyno.
opprobre [ɔpʀɔbʀ] *m* cywilydd *g*, gwarth *g*; **vivre dans l'~** byw mewn gwarth.
opter [ɔpte] (**1**) *vi*: **~ pour qch** dewis rhth; **~ entre** dewis rhwng.
opticien [ɔptisjɛ̃] *m* optegydd *g*; **aller chez l'~** mynd at yr optegydd.
opticienne [ɔptisjɛn] *f* optegydd *g*.
optimal (**-e**) (**optimaux, optimales**) [ɔptimal, ɔptimo] *adj* y gorau posibl, y gorau oll.
optimisation [ɔptimizasjɔ̃] *f* optimeiddiad *g*, optimeiddiaeth *b*, optimeiddio.
optimiser [ɔptimize] (**1**) *vt* gwneud y gorau o, optimeiddio.
optimisme [ɔptimism] *m* optimistiaeth *b*, ffyddiogrwydd *g*, gobaith *g*, hyder *g*.
optimiste [ɔptimist] *adj* optimistaidd, gobeithiol, hyderus, ffyddiog; **de façon ~** yn optimistaidd, yn obeithiol; ♦*m/f* optimist *g*, un *g* gobeithiol, un *b*

obeithiol, un *g/b* ffyddiog; **l'~ éternal** yr optimist tragwyddol.
optimum [ɔptimɔm] *m* optimwm *g*, yr amodau *ll* mwyaf ffafriol;
♦*adj* y gorau posibl, y gorau oll.
option [ɔpsjɔ̃] *f* dewis *g*, opsiwn *g*; (*COMM*) hawlddewis *g*; (*AUTO*) ychwanegiad *g*; **matière à ~** (*SCOL*) pwnc *g* dewisol; **texte à ~** testun *g* dewisol; **prendre une ~ sur qch** cymryd opsiwn ar rth; **~ par défaut** (*INFORM*) dewis diofyn.
optionnel (-le) [ɔpsjɔnɛl] *adj* dewisol, opsiynol.
optique [ɔptik] *adj* llygadol, optig; **nerf ~** nerf *g,b* y llygad, nerf optig; **angle ~** ongl *b* weledol;
♦*f* (*partie d'instrument*) optig *g*; (*science, industrie*) opteg *b*; (*fig*) safbwynt *g*; **dans mon ~** o'm safbwynt i; **dans cette ~** o'r safbwynt hwn; **changer d'~** newid eich safbwynt.
opulence [ɔpylɑ̃s] *f* (*richesse*) cyfoeth *g*, ysblander *g*; (*rondeur*) llawnder *g*, helaethrwydd *g*; **vivre dans l'~** byw mewn cyfoeth *ou* moethusrwydd.
opulent (-e) [ɔpylɑ̃, ɑ̃t] *adj* cyfoethog, ysblennydd; (*formes*) swmpus, helaeth; (*poitrine*) mawr.
opuscule [ɔpyskyl] *m* manwaith *g*, gwaith *g* bychan.
OPV [ɔpeve] *sigle f* (= *offre publique de vente*) cynnig *g* gwerthiant cyhoeddus.
or[1] [ɔʀ] *m* aur *g*; **d'~** (*fig*) euraidd; **en ~** aur; (*fig: occasion*) gwych; **un enfant en ~** plentyn *g* sy'n werth y byd; **affaire en ~** (*achat*) bargen *b*; (*commerce*) busnes *g,b* (l)lwyddiannus; **plaqué ~** eurblatiog; **~ blanc** aur gwyn; (*fig*) eira *g* (*sy'n dod ag elw trwy'r chwaraeon gaeaf*); **~ noir** (*fig*) olew *g*; **~ pur/fin/massif** aur pur/coeth/solet; **~ en barre** aur solet; **gravé à l'~ fin** wedi'i ysgythru mewn aur coeth; **fil d'~** edau *b* aur; **~ en lingot** ingot *g* aur; **il roule sur l'~!*** mae'n drewi o arian!, mae'n graig o arian!
or[2] [ɔʀ] *conj* fodd bynnag, er hynny, nawr ...
oracle [ɔʀɑkl] *m* oracl *g*.
orage [ɔʀaʒ] *m* storm *b*; **il va y avoir de l'~, il y a de l'~ dans l'air** mae storm yn codi, mae hi am storm, mae terfysg ynddi.
orageux (**orageuse**) [ɔʀaʒø, ɔʀaʒøz] *adj* stormus; (*ambiance*) bygythiol.
oraison [ɔʀɛzɔ̃] *f* gweddi *b*; **~ funèbre** araith *b* angladdol.
oral[1] (-e) (**oraux, orales**) [ɔʀal, ɔʀo] *adj* llafar; (*MÉD, PSYCH*) geneuol; **par voie ~e** (*MÉD*) trwy'r geg, i'w (l)lyncu.
oral[2] (**oraux**) [ɔʀal, ɔʀo] *m* (*SCOL*) arholiad *g* llafar.
oralement [ɔʀalmɑ̃] *adv* (*pas par écrit*) ar lafar; (*MÉD*) trwy'r geg, i'w (l)lyncu.
orange [ɔʀɑ̃ʒ] *f*
1 (*couleur*) oren *g*; **passer à l'~** (*AUTO*) mynd trwy'r goleuadau melyn.
2 (*fruit*) oren *b*; **~ amère** oren chwerw; **~ givrée** sorbed *g* oren; **~ pressée** sudd *g* oren ffres; **~ sanguine** oren waed;
♦*adj inv* oren, melyngoch; (*TRANSPORT: feu*) melyn.
orangé (-e) [ɔʀɑ̃ʒe] *adj* oren, melyngoch.
orangeade [ɔʀɑ̃ʒad] *f* diod *b* oren, orenêd *g*.
oranger [ɔʀɑ̃ʒe] *m* orenwydden *b*, coeden *b* orennau.
orangeraie [ɔʀɑ̃ʒʀɛ] *f* perllan *b* orenwydd.
orangerie [ɔʀɑ̃ʒʀi] *f* orendy *g*.
orang-outan(g) (**~s-~s**) [ɔʀɑ̃utɑ̃] *m* orang-wtang *g*.
orateur [ɔʀatœʀ] *m* areithydd *g*.
oratoire [ɔʀatwaʀ] *adj* areithyddol;
♦*m* betws *g*, capel *g* preifat.
oratorio [ɔʀatɔʀjo] *m* (*MUS*) oratorio *b*.
orbital (-e) (**orbitaux, orbitales**) [ɔʀbital, ɔʀbito] *adj* cylchdroadol, orbitol; **station ~e** gorsaf *b* ofod.
orbite [ɔʀbit] *f* (*ASTRON*) cylchdro *g*, orbit *g*; (*ANAT*) twll *g* llygad, crau'r *g* llygad; **placer un satellite sur ~, mettre un satellite en ~** anfon lloeren i'r orbit, lansio lloeren; **dans l'~ de** (*fig*) o fewn cylch dylanwad; **mettre qch sur ~** (*fig*) lansio rhth.
Orcades [ɔʀkad] *prfpl* Ynysoedd *ll* Erch, Ynysoedd Orch, Ynysoedd Orkney.
orchestral (-e) (**orchestraux, orchestrales**) [ɔʀkɛstʀal, ɔʀkɛstʀo] *adj* cerddorfaol.
orchestrateur [ɔʀkɛstʀatœʀ] *m* sgoriwr *g*, trefnwr *g* (*ar gyfer cerddorfa*).
orchestration [ɔʀkɛstʀasjɔ̃] *f* offeryniaeth *b*; (*adaptation*) trefniant *g* (*ar gyfer cerddorfa*).
orchestratrice [ɔʀkɛstʀatʀis] *f* sgorwraig *b*, trefnwraig *b* (*ar gyfer cerddorfa*).
orchestre [ɔʀkɛstʀ] *m* cerddorfa *b*; (*THÉÂTRE, CINÉ*) seddau *ll* blaen.
orchestrer [ɔʀkɛstʀe] (**1**) *vt* (*MUS*) sgorio, trefnu (rhth) ar gyfer cerddorfa; (*fig*) trefnu (rhth) ar y cyd.
orchidée [ɔʀkide] *f* (*BOT*) tegeirian *g*.
ordinaire [ɔʀdinɛʀ] *adj* cyffredin; (*coutumier*) arferol; **ça n'a rien d'~** mae'n eithaf anarferol;
♦*m*
1 (*moyenne*): **l'~** y cyffredin *g*; **au-dessous/au-dessus de l'~** is/uwch na'r cyffredin; **intelligence au-dessus de l'~** deallusrwydd *g* uwch na'r cyffredin.
2 (*livre, film*): **sortir de l'~** bod yn wahanol *ou* anghyffredin.
3 (*d'habitude*): **d'~, à l'~** fel arfer, yn arferol; **plus tard que d'~** hwyrach na'r arfer; **comme à l'~** fel arfer.
4 (*menu habituel*): **l'~** bwyd *g* pob dydd;
♦*f* (*essence*) petrol *g* 2 seren.
ordinairement [ɔʀdinɛʀmɑ̃] *adv* fel arfer.
ordinal (-e) (**ordinaux, ordinales**) [ɔʀdinal,ɔʀdino] *adj* trefnol; **adjectif ~** ansoddair *g* trefnol; **nombre ~** rhif *g* trefnol,

trefnolyn *g*.
ordinateur [ɔʀdinatœʀ] *m* cyfrifiadur *g*; **mettre qch sur** ~ cyfrifiaduro rhth, rhoi rhth ar gyfrifiadur; ~ **domestique** *neu* **familial** cyfrifiadur cartref; ~ **individuel** *neu* **personnel** cyfrifiadur personol; ~ **portable** gliniadur *g*; **l'ensemble du système est géré par** ~ mae'r system gyfan yn gweithio trwy gyfrifiadur, rheolir y system gyfan gan gyfrifiadur; **simulation sur** *neu* **par** ~ efelychiad *g* cyfrifiadurol; **assisté par** ~ trwy gymorth cyfrifiadur; **conception assistée par** ~ cynllunio trwy gymorth cyfrifiadur.
ordination [ɔʀdinasjɔ̃] *f* (*REL*) ordeiniad *g*, urddiad *g*, ordeinio, urddo; (*MATH*) trefniad *g*, trefnu.
ordonnance [ɔʀdɔnɑ̃s] *f*
1 (*agencement de salle, meubles*) trefniant *g*, trefn *b*, gosodiad *g*.
2 (*MÉD*) rhagnodyn *g*, presgripsiwn *g*; **délivré uniquement sur** ~ ar gael trwy bresgripsiwn yn unig; **médicament vendu sans** ~ moddion a werthir dros y cownter.
3 (*JUR*) dyfarniad *g*; ~ **de non-lieu** dyfarnu gwrthod.
4 (*MIL*) swyddog *g* negesau; **officier d'**~ cynorthwy-ydd *g* swyddog.
ordonnancer [ɔʀdɔnɑ̃se] (**9**) *vt* trefnu, cynllunio, gosod.
ordonnateur [ɔʀdɔnatœʀ] *m* trefnydd *g*; ~ **des pompes funèbres** trefnydd angladdau, angladdwr *g*.
ordonnatrice [ɔʀdɔnatʀis] *f* trefnydd *g*.
ordonné (**-e**) [ɔʀdɔne] *adj* trefnus, mewn trefn.
ordonnée [ɔʀdɔne] *f* (*MATH*) mesuryn *g*.
ordonner [ɔʀdɔne] (**1**) *vt*
1 (*commander*) gorchymyn; ~ **à qn de faire qch** gorchymyn i rn wneud rhth; ~ **que qn soit libéré** gorchymyn i rn gael ei ryddhau, gorchymyn rhyddhau rhn; ~ **le silence à qn** gorchymyn i rn aros yn dawel; ~ **le huis clos** (*JUR*) gorchymyn gwrandawiad yn y dirgel.
2 (*mettre en ordre*) trefnu, rhoi trefn ar; (*meubles, appartement*) gosod allan.
3 (*REL*) ordeinio; **il a été ordonné** cafodd ei ordeinio.
4 (*MÉD*) rhagnodi, gwneud presgripsiwn am; ♦ **s'**~ *vr* (*faits, maisons*) bod mewn trefn.
ordre [ɔʀdʀ] *m*
1 (*commandement*) gorchymyn *g*; **je n'ai pas d'**~ **à recevoir de vous** 'does dim rhaid imi wneud fel 'rydych chi'n ei ddweud; **être aux** ~**s de qn/sous les** ~**s de qn** dilyn gorchmynion rhn; **jusqu'à nouvel** ~ nes y clywir yn wahanol; **donner à qn l'**~ **de faire qch** gorchymyn i rn wneud rhth; ~ **de grève** galwad *b* i streicio.
2 (*MIL*): ~ **de mission** gorchmynion *ll*; ~ **de route** *gorchymyn g i fynd*; ~ **du jour** gorchymyn y diwrnod; **a vos** ~**s!** iawn, Syr!.
3 (*COMM*): **à l'**~ **de** yn daladwy i; **le chèque est à l'**~ **de qui?** i bwy mae'r siec yn daladwy?.
4 (*disposition regulière*) trefn *b*; **(mettre qch) en** ~ (gosod rhth) mewn trefn; **avoir de l'**~ bod yn drefnus; **par** ~ **alphabétique** yn nhrefn yr wyddor; **en** ~ **croissant/descendant** mewn trefn esgynnol/ddisgynnol; **par** ~ **de préférence** yn ôl trefn eich dewis; **l'**~ **des mots** trefn y geiriau; **tenir une pièce en** ~ cadw ystafell yn daclus; **elle n'a pas beaucoup d'**~ nid yw hi'n drefnus iawn; **c'est dans l'**~ **des choses** mae'n naturiol, mae yn nhrefn pethau; **en** ~ yn iawn, yn gweithio'n iawn; **tout est en** ~ mae popeth yn iawn; **procéder par** ~ gwneud pethau yn eu tro; **par** ~ **d'entrée en scène** (*THÉÂTRE*) yn nhrefn eu hymddangosiad; **mettre bon** ~ **à qch** rhoi trefn ar rth; **rentrer dans l'**~ dod yn ôl i drefn; **rappeler qn à l'**~ galw rhn i drefn, dod â rhn at ei goed; **dans le même** ~ **d'idées** yn y cyswllt hwn; ~ **du jour** rhaglen *b* y dydd; **à l'**~ **du jour** ar yr agenda; (*fig*) cyfoes; (*MIL*) mewn adroddiadau; ~ **public** cyfraith *b* a threfn.
5 (*nature*) math *g*, gradd *b*; **d'**~ **pratique** o natur *ou* fath ymarferol; **de premier** ~ o'r radd flaenaf; **de second** ~ eilradd; **un problème de cet** ~ problem fel hon; **un problème de cet** ~ **de grandeur** problem o'r maint yma; **un** ~ **de grandeur** rhyw syniad o faint.
6 (*BIOL, REL*) urdd *b*; **être/entrer dans les** ~**s** bod/mynd yn offeiriad.
ordure [ɔʀdyʀ] *f* aflendid *g*, budreddi *g*, baw *g*; (*propos, écrit*) gair *g* anweddus, rheg *b*; **espèce d'**~** (*personne méprisable*) cachwr* *g*, mochyn *g* budr, diawl* *g*; ~**s** (*balayures, déchets*) sbwriel *g*; **les** ~**s ménagères** sbwriel cartref; **mettre/jeter qch aux** ~**s** rhoi/taflu rhth i'r bin; **cet article est un tas d'**~**s** mae'r erthygl hon yn llawn budreddi.
ordurier (**ordurière**) [ɔʀdyʀje, ɔʀdyʀjɛʀ] *adj* aflan, budr, brwnt(bront)(bryntion), mochynnaidd; **un langage** ~ iaith anweddus.
orée [ɔʀe] *f*: **à l'**~ **de** (*bois, forêt*) ar gyrion.
oreille [ɔʀɛj] *f*
1 (*ANAT*) clust *b*; (*ouïe*) clyw *g*; **il a de l'**~**, il a l'**~ **fine** mae ganddo glust dda *ou* fain; **il a l'**~ **basse** mae'n ben isel; **se faire tirer l'**~ llusgo'ch traed; **parler à l'**~ **de qn** cael gair bach yng nghlust rhn, sibrwd yng nghlust rhn; **avoir les** ~**s décollées** bod â chlustiau sy'n sefyll *ou* sticio allan; **dresser les** ~**s** moeli'ch clustiau; **rougir jusqu'aux** ~**s** gwrido *ou* cochi at eich clustiau; **tendre l'**~ clustfeinio, gwrando'n astud; **entrer par une** ~ **et sortir par l'autre** mynd i mewn trwy un glust a dod allan trwy'r llall; **elle est tout** ~**s** mae hi'n glustiau i gyd; **ouvrez bien les** ~**s!** gwrandewch yn astud!; **avoir plein les** ~**s de**

qch cael hen ddigon o glywed am rth; **ne prête pas l'∼ à** paid â gwrando ar; **s'il y a une ∼ qui traîne** os oes rhywun yn gwrando; **tirer** *neu* **frotter les ∼s à qn** dweud y drefn wrth rn.
2 (*de marmite*) coes *b*; (*de tasse*) clust *b*.
3 (*MUS*): **avoir l'∼ juste** bod â thraw perffaith, bod â chlust berffaith.

oreiller [ɔʀeje] *m* gobennydd *g*, clustog *b*.

oreillette [ɔʀɛjɛt] *f* (*ANAT*) awrigl *g*, clust *b* y galon; (*vêtement*) llabed *b*.

oreillons [ɔʀɛjɔ̃] *mpl* (*MÉD*) clwy'r *g* pennau, y dwymyn *b* doben.

ores [ɔʀ]: **d'∼ et déjà** *adv* eisoes, yn barod.

orfèvre [ɔʀfɛvʀ] *m* eurof *g*, gof *g* aur *ou* arian, eurych *g*; **être ∼ en la matière** (*fig*) bod yn arbenigwr ar y pwnc *ou* yn y maes.

orfèvrerie [ɔʀfɛvʀəʀi] *f* eurychiaeth *b*, gwaith *g* eurof; (*ouvrage*) llestri *ll* arian *ou* aur.

orfraie [ɔʀfʀɛ] *m* eryr *g* môr; **pousser des cris d'∼** gweiddi fel petai'r byd ar ben.

organe [ɔʀgan] *m*
1 (*ANAT*) organ *g*.
2 (*MUS*) organ *b*.
3 (*véhicule, instrument*) cyfrwng *g*.
4 (*d'un chanteur, orateur*) llais *g*; (*fig: représentant*) cynrychiolydd *g*, llefarydd *g*.
5 (*TECH*): **∼s de commande** rheolaeth *b*; **∼ de transmission** system *b* drawsyrru *ou* drawsyriant.

organigramme [ɔʀganigʀam] *m* siart *b,g* cyfundrefn; (*des opérations*) siart l(l)if.

organique [ɔʀganik] *adj* organig; (*POL*) sylfaenol.

organisateur [ɔʀganizatœʀ] *m* trefnydd *g*; (*BIOL*) meinwe *b* batrymu.

organisateur-conseil (**∼s-∼s**) [ɔrganizatœʀkɔ̃sɛj] *m* (*COMM*) ymgynghorwr-gyfarwyddwr *g*.

organisation [ɔʀganizasjɔ̃] *f* trefn *b*, cyfundrefn *b*; (*action d'organiser*) trefnu; (*association*) corff *g*, cymdeithas *b*; (*système*) cyfundrefn *b*; **∼ politique** plaid *b* wleidyddol; **∼ syndicale** undeb *g*; **O∼ des Nations unies** Cymdeithas y Cenhedloedd Unedig; **O∼ du traité de l'Atlantique Nord** Cyfundrefn Cytundeb Gogledd Iwerydd; **O∼ mondiale de la santé** Cyfundrefn Iechyd y Byd; **il manque d'∼ ici** mae diffyg trefn yma; **tu devrais faire un effort d'∼** fe ddylet ti geisio bod yn fwy trefnus.

organisationnel (**-le**) [ɔʀganizasjɔnɛl] *adj* cyfundrefnol, trefniadol, trefniadaethol.

organisatrice [ɔʀganizatʀis] *f* trefnydd *g*.

organisé (**-e**) [ɔʀganize] *adj* trefnus; (*BIOL*) organig; **voyage ∼e** gwyliau *ll* pecyn.

organiser [ɔʀganize] (**1**) *vt* trefnu;
♦ **s'∼** *vr* eich trefnu'ch hun, ymdrefnu; (*être méthodique*) bod yn drefnus; (*être mis sur pied*) cael ei drefnu.

organisme [ɔʀganism] *m* (*corps humain*) corff *g* dynol; (*être vivant*) bod *g* byw, creadur *g*, organeb *b*; (*organisation*) corff *g*, cymdeithas *b*.

organiste [ɔʀganist] *m/f* organydd *g*, organyddes *b*.

orgasme [ɔʀgasm] *m* orgasm *g*, anterth *g* (rhywiol).

orge [ɔʀʒ] *f* haidd *g*, barlys *g*;
♦*m*: **∼ perlé** (*CULIN*) haidd *g* perlog *ou* gwyn.

orgeat [ɔʀʒa] *m*: **sirop d'∼** dŵr *g* haidd *ou* barlys.

orgelet [ɔʀʒəlɛ] *m* (*MÉD*) llefrithen *b*, llefelyn *g*, clewyn *g*.

orgie [ɔʀʒi] *f* gloddest *b*, cyfeddach *b*, trythyllwest *b*; **une ∼ de qch** toreth *b* o rth; **faire une ∼ de fraises** bwyta llond eich bol o fefus, gloddesta ar fefus.

orgue [ɔʀg] *m* (*MUS*) organ *b*; **∼ de Barbarie** organ dro *ou* faril; **∼ électrique** organ drydan; **∼ électronique** organ electronig.

orgues [ɔʀg] *fpl* (*GÉO*): **∼ basaltiques** pilergreigiau *ll*.

orgueil [ɔʀgœj] *m* balchder *g*; (*arrogance, suffisance*) rhodres *g*, trahauster *g*; **avoir l'∼ de ses enfants** bod yn falch o'ch plant; **elle est l'∼ de sa famille** hi yw cannwyll llygad *ou* testun balchder ei theulu.

orgueilleux (**orgueilleuse**) [ɔʀgøjø, ɔʀgøjøz] *adj* balch; (*arrogant*) rhodresgar, trahaus.

orient [ɔʀjɑ̃] *m* dwyrain *g*; **l'O∼** y Dwyrain, Gwledydd *ll* y Dwyrain.

orientable [ɔʀjɑ̃tabl] *adj* cyfeiriadwy, addasadwy, troadwy.

oriental (**-e**) (**orientaux, orientales**) [ɔʀjɑ̃tal, ɔʀjɑ̃to] *adj* dwyreiniol.

Oriental (**Orientaux**) [ɔʀjɑ̃tal, ɔʀjɑ̃to] *m* Asiad *g*, un *g* o'r Dwyrain, dwyreiniwr *g*.

Orientale [ɔʀjɑ̃tal] *f* Asiad *b*, un *b* o'r Dwyrain, dwyreinwraig *b*.

orientation [ɔʀjɑ̃tasjɔ̃] *f*
1 (*position: de maison*) lleoliad *g*, wynebwedd *b*.
2 (*d'antenne*) ongl *b*.
3 (*direction*) cyfeiriad *g*, cyfeiriadaeth *g*; **avoir le sens de l'∼** gallu gwybod eich ffordd yn dda.
4 (*d'un journal*) tueddiadau *ll* gwleidyddol.
5 (*SPORT*) cyfeiriannu; **course d'∼** ymarfer *g* cyfeiriannu.
6 (*conseils*): **∼ professionnelle** cynghori gyrfaoedd; (*service*) gwasanaeth *g* cynghori gyrfaoedd.

orienté (**-e**) [ɔʀjɑ̃te] *adj* (*fig: article, journal*) unochrog, pleidiol; **bien/mal ∼** (*appartement*) mewn lleoliad da/gwael; **être ∼ au sud** wynebu'r de.

orienter [ɔʀjɑ̃te] (**1**) *vt* lleoli; (*faire porter*) cyfeirio; (*voyageur, recherches, élève*) arwain; (*conseiller*) cynghori;
♦ **s'∼** *vr* dod i wybod ble'r ydych; **s'∼ vers** (*se diriger*) mynd i gyfeiriad; (*fig: recherches,

études) arwain at.
orienteur [ɔʀjɑ̃tœʀ] *m* (*SCOL*) cynghorydd *g* gyrfaoedd.
orienteuse [ɔʀjɑ̃tøz] *f* (*SCOL*) cynghorydd *g* gyrfaoedd.
orifice [ɔʀifis] *m* twll *g*, agorfa *b*.
oriflamme [ɔʀiflɑm] *f* (*HIST*) eurfflam *b*; (*bannière d'apparat*) baner *b*.
origan [ɔʀigɑ̃] *m* oregano *g*.
originaire [ɔʀiʒinɛʀ] *adj* (*provenant*) yn tarddu o, cynhenid, brodorol; **être ~ de** dod o, bod yn frodor o.
original[1] (-e) (**originaux, originales**) [ɔʀiʒinal, ɔʀiʒino] *adj* gwreiddiol; (*bizarre*) rhyfedd, od.
original[2] (**originaux**) [ɔʀiʒinal, ɔʀiʒino] *m* gwreiddiol *g*; (*fam*) un *g* rhyfedd, cymeriad *g* rhyfedd; (*fantaisiste*) cymêr* *g*.
originale [ɔʀiʒinal] *f* gwreiddiol *g* un *b* ryfedd, cymeriad *g* rhyfedd; (*fantaisiste*) cymêr* *g*; ♦*adj f voir* **original**[1].
originalement [ɔʀiʒinalmɑ̃] *adv* (*de façon créative*) yn wreiddiol; (*à l'origine*) ar y cychwyn.
originalité [ɔʀiʒinalite] *f* gwreiddioldeb *g*; (*excentricité*) hynodrwydd *g*.
origine [ɔʀiʒin] *f*
1 (*provenance*) tarddiad *g*, ffynhonnell *b*; **avoir son ~ dans qch** tarddu o rth, deillio o rth.
2 (*de famille, de nationalité*) tras *g*, cefndir *g*; **pays d'~** gwlad *b* enedigol; **elle est d'~ allemande** mae hi o dras Almaenig; **~s** (*d'une personne*) gwreiddiau *ll*.
3 (*commencement*) dechreuad *g*, cychwyn *g*; **dès l'~** ers y cychwyn; **à l'~** ar y cychwyn; **les ~s de la vie** dechreuad bywyd; **pneus d'~** teiars *ll* gwreiddiol.
4 (*d'une révolution, réussite*) achos *g*.
originel (-le) [ɔʀiʒinɛl] *adj* gwreiddiol
originellement [ɔʀiʒinɛlmɑ̃] *adv* (*au début*) yn wreiddiol, ar y cychwyn; (*dès le début*) ers y cychwyn **oripeaux** [ɔʀipo]; ♦*mpl* dillad *ll* wedi colli'u lliw, carpiau *ll*.
ORL [ɔɛʀɛl] *sigle f*(= *oto-rhino-laryngologie*) y clyw-trwyn-gwddf, otorhinolaryngoleg *b*; ♦*sigle m/f*(= *oto-rhino-laryngologiste*) meddyg y clyw-trwyn-gwddf, otorhinolaryngolegydd *g*.
orme [ɔʀm] *m* (*BOT*) llwyfen *b*.
orné (-e) [ɔʀne] *adj* addurnol; (*style, discours*) addurnedig; **être ~ de** bod wedi'i addurno â.
ornement [ɔʀnəmɑ̃] *m* addurn *g*, addurniad *g*; (*à la maison*) addurn; **~s sacerdotaux** urddwisgoedd *ll*.
ornemental (-e) (**ornementaux, ornementales**) [ɔʀnəmɑ̃tal, ɔʀnəmɑ̃to] *adj* (*motif, plante*) addurnol; (*style*) addurnedig.
ornementer [ɔʀnəmɑ̃te] (**1**) *vt* addurno.
orner [ɔʀne] (**1**) *vt* addurno; (*discours*) gwneud (rhth) yn addurnedig; **~ qch de** addurno rhth â.
ornière [ɔʀnjɛʀ] *f* rhigol *b*; **sortir de l'~** (*fig: routine*) dod allan o'r rhigol; (*fig: impasse*) dod (allan) o drafferth.
ornithologie [ɔʀnitɔlɔʒi] *f* adareg *b*, adaryddiaeth *b*.
ornithologique [ɔʀnitɔlɔʒik] *adj* adaregol.
ornithologue [ɔʀnitɔlɔg] *m/f* adaregydd *g*.
Orphée [ɔʀfe] *prn* Orffews.
orphelin[1] (-e) [ɔʀfəlɛ̃, in] *adj* amddifad; **être ~ de mère/de père** bod wedi colli'ch mam/tad.
orphelin[2] [ɔʀfəlɛ̃] *m* bachgen *g* amddifad.
orphelinat [ɔʀfəlina] *m* cartref *g* plant amddifaid.
orpheline [ɔʀfəlin] *f* merch *b* amddifad; ♦*adj f voir* **orphelin**[1].
ORSEC [ɔʀsɛk] *sigle f*(= *Organisation des secours*): **plan ~** cynllun *g* argyfwng wrth gefn.
orteil [ɔʀtɛj] *m* bys *g* troed; **gros ~** bawd *b,g* troed.
ORTF [ɔɛʀteɛf] *sigle m*(= *Office de radiodiffusion-télévision française*) *enw blaenorol ar wasanaeth darlledu Ffrainc.*
orthodontiste [ɔʀtodɔ̃tist] *m/f* orthodeintydd *g*.
orthodoxe [ɔʀtɔdɔks] *adj* (*REL*) uniongred; (*accepté*) arferol, confensiynol; **méthodes peu ~s** dulliau *ll* anarferol braidd.
orthodoxie [ɔʀtɔdɔksi] *f* uniongrededd *g*.
orthogonal (-e) (**orthogonaux, orthogonales**) [ɔʀtɔgɔnal, ɔʀtɔgɔno] *adj* orthogonol, iawn-onglog, orthonglog.
orthographe [ɔʀtɔgʀaf] *f* (*forme écrit*) orgraff *b*, sillafiad *g*; (*SCOL: matière*) sillafu; **quelle est l'~ de ...?** sut mae sillafu ...?; **elle a une bonne ~** mae hi'n sillafu'n dda.
orthographier [ɔʀtɔgʀafje] (**16**) *vt* sillafu; **mal orthographié** camsillafedig, wedi'i gamsillafu.
orthopédie [ɔʀtɔpedi] *f* orthopaedeg *b*.
orthopédique [ɔʀtɔpedik] *adj* orthopaedig.
orthopédiste [ɔʀtɔpedist] *m/f* orthopaedydd *g*.
orthophonie [ɔʀtɔfɔni] *f* therapi *g* lleferydd.
orthophoniste [ɔʀtɔfɔnist] *m/f* therapydd *g* lleferydd.
ortie [ɔʀti] *f* danhadlen *b* boeth; **~ blanche** marddanhadlen *b* wen.
OS [oɛs] *sigle m*(= *ouvrier spécialisé*) gweithiwr *g* di-grefft.
os (**os**) [ɔs, o] *m* asgwrn *g*; **viande vendue avec/sans ~** cig a werthir ar/oddi ar yr asgwrn; **elle n'a que la peau sur les ~** dim ond croen ac esgyrn yw hi; **~ à moelle** mêr-asgwrn *g*; **en chair et en ~** yn y cnawd; **je suis trempé jusqu'aux ~** 'rydw i'n wlyb at fy nghroen; **~ de seiche** (*ZOOL*) asgwrn ystifflog.
oscar [ɔskaʀ] *m* (*CINÉ*) osgar *g*; **~ de la chanson** gwobr *b* am gân; **~ de la publicité** gwobr am hysbyseb.
oscillation [ɔsilasjɔ̃] *f* pendiliad *g*, siglad *g*, osgiliad *g*; **~s** (*fig: variation, fluctuation*)

amrywiadau *ll.*
osciller [ɔsile] (**1**) *vi* pendilio, siglo, osgiliadu; (*fluctuer*) amrywio; ~ **entre** (*fig*) petruso rhwng.
osé (-e) [oze] *adj* (*démarche, tentative*) beiddgar, mentrus, herfeiddol; (*plaisanterie, scène*) beiddgar, yn ymylu ar fod yn anweddus.
oseille [ozɛj] *f* (BOT) suran *b*; (*fam: argent*) arian *g*, pres *g*.
oser [oze] (**1**) *vt, vi* meiddio, mentro; **je n'ose pas demander!** (ni) 'feiddia' i ddim gofyn!; **tu n'oserais pas!** (ni) 'feiddiet ti ddim!; **je n'ose pas croire/espérer** prin y meiddiaf gredu/obeithio; **si j'ose dire** os meiddiaf ddweud, os caf ddweud.
osier [ozje] *m* (BOT) helygen *b*; **fauteuil en** ~ cadair *b* wiail; **panier d'**~ basged *b* wiail.
osmose [ɔsmoz] *f* osmosis *g*.
ossature [ɔsatyʀ] *f* (ANAT: *squelette*) sgerbwd *g*; (:*du visage*) ffurf *b* esgyrn; (*fig*) fframwaith *g*, adeiladwaith *g*.
osselet [ɔslɛ] *m* esgyrnyn *g*, asgwrn *g* bychan; **jouer aux** ~**s** chwarae dandis (*gêm o daflu cerrig mân neu esgyrn bychain*).
ossements [ɔsmɑ̃] *mpl* esgyrn *ll*, gweddillion *ll*.
osseux (**osseuse**) [ɔsø, ɔsøz] *adj* (*main, visage*) esgyrnog.
ossifier [ɔsifje] (**16**): **s'**~ *vr* asgwrneiddio, esgyrneiddio.
ossuaire [ɔsɥɛʀ] *m* esgyrndy *g*.
ostensible [ɔstɑ̃sibl] *adj* gweladwy, amlwg.
ostensiblement [ɔstɑ̃sibləmɑ̃] *adv* yn weladwy, yn amlwg, yn agored.
ostensoir [ɔstɑ̃swaʀ] *m* (REL) afrlladfa *b*, monstrans *g*.
ostentation [ɔstɑ̃tasjɔ̃] *f* rhwysg *g,b*, rhodres *g*; **faire** ~ **de qch** arddangos rhth, gwneud sioe o rth.
ostentatoire [ɔstɑ̃tatwaʀ] *adj* rhodresgar, rhwysgfawr.
ostraciser [ɔstʀasize] (**1**) *vt* diarddel, anwybyddu.
ostracisme [ɔstʀasism] *m* diarddeliad *g*; **frapper qn d'**~ diarddel rhn.
ostréicole [ɔstʀeikɔl] *adj*: **industrie** ~ diwydiant *g* magu wystrys.
ostréiculteur [ɔstʀeikyltœʀ] *m* magwr *g* wystrys.
ostréicultrice [ɔstʀeikyltʀis] *f* magwraig *b* wystrys.
ostréiculture [ɔstʀeikyltyʀ] *f* magu wystrys.
otage [ɔtaʒ] *m* gwystl *g*; **prendre qn comme** *neu* **en** ~ cymryd rhn yn wystl; **être pris en** ~ cael eich cymryd yn wystl.
OTAN [ɔtɑ̃] *sigle f* (= *Organisation du traité de l'Atlantique Nord*) NATO, Cyfundrefn *b* Cytundeb Gogledd Iwerydd.
otarie [ɔtaʀi] *f* (ZOOL) morlew *g*.
OTASE [ɔtaz] *sigle f* (= *Organisation du traité de l'Asie du Sud-Est*) Cyfundrefn *b* Cytundeb De-ddwyrain Asia.
ôter [ote] (**1**) *vt* tynnu; **6 ôté de 10 égale 4** mae 10 tynnu 6 yn gwneud 4.
otite [ɔtit] *f* llid *g* y glust.
oto-rhino-laryngologie [ɔtɔʀinolaʀɛ̃gɔlɔʒi] *f* clyw-trwyn-golwg, otorhinolaryngoleg *b voir aussi* **ORL**.
oto-rhino(-laryngologiste) [ɔtɔʀinolaʀɛ̃gɔlɔʒist] *m/f* otorhinolaryngolegydd *g*.
ottomane [ɔtɔman] *f* otoman *g,b*.
ou [u] *conj* neu; (*dans une interrogation*) ynteu, ta; **ils vont rester trois** ~ **quatre jours** maen nhw am aros dri neu bedwar diwrnod; **tu entres** ~ **tu sors?** dod i mewn ynteu mynd allan wyt ti?; **est-ce que tu viens,** ~ **quoi?** wyt ti'n dod, ta be'?; **voulez-vous du thé,** ~ **bien du café?** te ynteu coffi gymerwch chi?; ~ **(bien) ...** ~ **(bien)** un ai ... neu; ~ **bien il est très timide,** ~ **il est très impoli** un ai mae'n swil iawn, neu mae'n anghwrtais iawn.
où [u] *adv interrog* (*lieu*) ble, ym mha le, lle; ~ **travailles-tu?** ble wyt ti'n gweithio?; **par** ~ **êtes-vous passés pour venir?** pa ffordd ddaethoch chi?; **d'**~ **venez-vous?** o ble ydych chi'n dod?; ~ **allez-vous?** i ble ydych chi'n mynd?;
♦*pron rel*
1 (*lieu*) ble, ym mha un; **la ville** ~ **nous habitons** y dref yr ydym yn byw ynddi; **la ville** ~ **je l'ai rencontré** y dref lle cwrddais ag ef; **trouver un endroit** ~ **dormir** dod o hyd i le i gysgu; **la pièce d'**~ **il est sorti** yr ystafell y daeth allan ohoni; **nous sommes montés jusqu'au sommet, d'**~ **il y a une vue magnifique** fe ddringon ni i'r copa, lle mae golygfa wych i'w chael; **les villes par** ~ **il est passé** y trefi y daeth drwyddynt; ~ **que l'on aille** i ble bynnag yr awn.
2 (*temps*) pan; **le jour** ~ **il est parti** y diwrnod yr aeth; **à l'instant** ~ **tu m'as appelé** yr eiliad y ffoniaist ti fi.
OUA [ɔya] *sigle f* (= *Organisation de l'unité africaine*) Cyfundrefn *b* Undod Affrica.
ouais ['wɛ] *excl* ie!; ~, ~, **j'arrive** iawn, 'dwi'n dod.
ouate ['wat] *f* (PHARM) wadin *g*, gwlân *g* cotwm; (TECH) wadin, padin *g*; **tampon d'**~ pelen *b* wlân cotwm; ~ **de cellulose** wadin seliwlos; ~ **hydrophile** gwlân cotwm.
ouaté (-e) ['wate] *adj* a wadin *ou* padin ynddo; (*fig*) distaw.
ouater ['wate] (**1**) *vt* (*manteau etc*) padio.
ouatine [watin] *f* wadin *g*, padin *g*.
oubli [ubli] *m* angof *g*; (*étourderie, négligence*) anghofrwydd *g*, anghofio; (*absence de souvenirs*) angof; **tomber dans l'**~ mynd i ebargofiant.
oublier [ublije] (**16**) *vt* anghofio; (*laisser quelque part, négliger*) gadael; (*ne pas voir: erreurs etc*) methu; ~ **de faire qch** anghofio gwneud

rhth; ~ **l'heure** anghofio faint o'r gloch yw hi; ♦ **s'~** *vr* colli arnoch eich hun; (*euph*) cael damwain fach.

oubliettes [ublijɛt] *fpl* daeargell *b*, dwnsiwn *g*; **jeter qch aux** ~ (*fig*) rhoi rhth o'r neilltu, anghofio am rth.

oublieux (**oublieuse**) [ublijø, ublijøz] *adj* anghofus; ~ **de** esgeulus o.

oued [wɛd] *m* sychnant *b*, wadi *g,b*.

ouest [wɛst] *m* gorllewin *g*; **l'O~** (*région de France*) Gorllewin Ffrainc; (*POL: l'Occident*) (Gwledydd *ll*) y Gorllewin; **à l'~ (de)** i'r gorllewin (o); **vent d'~** gwynt y gorllewin; ♦*adj inv* gorllewinol, y gorllewin; **le côté** ~ yr ochr *b* orllewinol.

ouest-allemand (~-~e) (~-~**s**, ~-~**es**) [wɛstalmɑ̃, ɑ̃d] *adj* o Orllewin yr Almaen.

ouf ['uf] *excl* whiw!; **faire** ~ rhoi ochenaid o ryddhad; **je n'ai pas eu le temps de dire** ~ **de toute la matinée** 'dydw i ddim wedi cael amser i gymryd fy ngwynt drwy'r bore.

Ouganda [ugɑ̃da] *prm*: **l'~** Wganda *b*.

ougandais (-e) [ugɑ̃dɛ, ɛz] *adj* Wgandaidd, o Wganda.

Ougandais [ugɑ̃dɛ] *m* Wgandiad *g*.

Ougandaise [ugɑ̃dɛz] *f* Wgandiad *b*.

oui ['wi] *adv* ie (on peut répondre avec les formes concises des verbes *bod*, *gwneud* et *cael*); **est-ce que tu viens?** - ~ wyt ti'n dod? - ydw; **est-ce qu'elle vient?** - ~ ydi hi'n dod? - ydi; **est-elle rentrée à la maison?** - ~ aeth hi adref? - do; **est-ce que je peux venir?** - ~ 'ga' i ddod? - cei; **tu vas venir?** - ~ 'ddoi di? - dof; **est-ce que c'est toi qui a fait cela?** - ~ ai ti a wnaeth hynna? - ie; **répondre (par)** ~ ateb ie; **mais ~, bien sûr** wrth gwrs; **je suis sûr que** ~ 'rwy'n siwr o hynny; **est-ce qu'il a déjà mangé? -je pense que** ~ ydy e' wedi bwyta? -'rwy'n meddwl ei fod e'; **pour un** ~ **ou pour un non** (*s'énerver*) heb reswm amlwg; (*changer d'avis*) yn fympwyol.

ouï-dire ['widiʀ] *m inv*: **par** ~-~ yn ôl y sôn *g* *ou* si *g*; **je l'ai su par** ~-~ clywais sôn amdano, fe'i clywais gan frân wen *ou* gan aderyn bach.

ouïe [wi] *f* clyw *g*, synnwyr *g* clywed.

ouïes [wi] *fpl* (*d'un violon*) seindyllau *ll*; (*de poisson*) tagelli *ll*, tegyll *ll*.

ouïr [wiʀ] (**78**) *vt* clywed: **avoir ouï-dire que** clywed sôn ...

ouistiti ['wistiti] *m* (*ZOOL*) marmoset *g*.

ouragan [uʀagɑ̃] *m* corwynt *g*; (*fig*) storm *b*.

Oural [uʀal] *pr* (*fleuve*) Wral *b*; **(les monts)** ~ mynyddoedd *ll* yr Wral.

ouralo-altaïque [uʀalɔaltaik] *adj* Wral-Altäig.

ourdir [uʀdiʀ] (**2**) *vt* (*TECH*) ystofi; (*fig*) creu; ~ **un complot** cynllwynio.

ourdou [uʀdu] *adj inv* Wrdw; ♦*m* (*LING*) Wrdw *b,g*.

ourlé (-e) [uʀle] *adj* wedi'i hemio; (*fig*) wedi'i ymylu (â).

ourler [uʀle] (**1**) *vt* hemio, rhoi hem ar.

ourlet [uʀlɛ] *m*
1 (*COUTURE*) godre *g*, hem *b,g*; **faire un ~ à qch** hemio rhth, rhoi hem ar rth; **faux** ~ hem ffug.
2 (*de l'oreille*) cogwrn *g*, troell *b*.

ours [uʀs] *m* arth *b*; ~ **blanc/brun** arth wen/frown; ~ **(en peluche)** tedi *g*, tedi-bêr *g*; ~ **mal léché** llabwst *g*, rhn *g* anfoesgar; ~ **marin** morlo *g* manflewog.

ourse [uʀs] *f* arthes *b*; **la Grande O~** (*ASTRON*) yr Arth Fawr, yr Aradr *b*, y Sosban *b*; **la Petite O~** yr Arth Fach.

oursin [uʀsɛ̃] *m* (*ZOOL*) draenog *g* môr.

ourson [uʀsɔ̃] *m* cenau *g* arth, arth *b* fach

ouste [ust] *excl* allan!, mas!

outil [uti] *m* erfyn *g*, offeryn *g*, teclyn *g*; ~**s de travail/jardinage** offer gwaith/garddio.

outillage [utijaʒ] *m* offer *ll*, cyfarpar *g*.

outiller [utije] (**1**) *vt* cyfarparu, cyflenwi; (*usine*) offeru; **nous ne sommes pas outillés pour cela** nid oes gennym yr offer iawn ar gyfer hynny.

outrage [utʀaʒ] *m*
1 (*insulte*) sarhad *g*, amarch *g*; **faire subir les derniers ~s à une femme** treisio gwraig.
2 (*JUR*): ~ **à la pudeur** anwedduster *g* dybryd; ~ **à magistrat** dirmyg *g* llys; ~ **aux bonnes mœurs** trosedd *g* anweddus.

outragé (-e) [utʀaʒe] *adj* wedi eich sarhau.

outrageant (-e) [utʀaʒɑ̃, ɑ̃t] *adj* sarhaus, amharchus.

outrager [utʀaʒe] (**10**) *vt* sarhau, amharchu; ~ **les bonnes mœurs/le bon sens** amharchu safon foesol/synnwyr.

outrageusement [utʀaʒøzmɑ̃] *adv* yn ormodol, ormod, y tu hwnt.

outrance [utʀɑ̃s] *f* gormodedd *g*; **à** ~ ormod, yn ormodol.

outrancier (**outrancière**) [utʀɑ̃sje, utʀɑ̃sjɛʀ] *adj* eithafol, anghymedrol.

outre[1] [utʀ] *f* potel *b* ledr.

outre[2] [utʀ] *prép* yn ogystal â;
♦*adv*: **passer** ~ mynd ymlaen er gwaethaf popeth; **passer ~ à qch** anwybyddu rhth, peidio â thalu unrhyw sylw i rth.
▶ **outre mesure** heb fod angen, yn ormodol; **manger/boire ~ mesure** bwyta/yfed gormod.
▶ **en outre** hefyd, yn ychwanegol.
▶ **outre que**: ~ **qu'il écrit, il illustre ses livres** mae'n darlunio'i lyfrau, yn ogystal â'u hysgrifennu.

outré (-e) [utʀe] *adj* gormodol, eithafol, afresymol; (*exagéré: compliments, propos, descriptions*) gormodol, gor-hael; **être** ~ **de/par qch** (*indigné, scandalisé: personne*) cael eich digio *ou* gwylltio gan rth; **prendre un air** ~ edrych fel petaech wedi'ch brifo'n arw.

outre-Atlantique [utʀatlɑ̃tik] *adv* dros yr Iwerydd, yn America; **d'~-~** Americanaidd.

outrecuidance [utRəkɥidɑ̃s] *f* digywilydd-dra *g*, hyfdra *g*, trahauster *g*.
outrecuidant (-e) [utRəkɥidɑ̃, ɑ̃t] *adj* digywilydd, hy, trahaus.
outre-Manche [utRəmɑ̃ʃ] *adv* dros y Sianel, ym Mhrydain; **d'~-~** Prydeinig.
outremer [utRəmɛR] *adj* dulas.
outre-mer [utRəmɛR] *adv* tramor; **d'~-~** o dramor.
outrepasser [utRəpɑse] (1) *vt* mynd y tu hwnt i, mynd ymhellach na, mynd yn fwy na; **~ ses pouvoirs** mynd y tu hwnt i'ch awdurdod.
outrer [utRe] (1) *vt* (*pensée, attitude*) gor-ddweud, gorliwio; (*indigner: personne*) sarhau, digio, gwylltio.
outre-Rhin [utRəRɛ̃] *adv* yn yr Almaen, dros y Rhein: **d'~-~** Almaenaidd.
outsider [autsajdœR] *m* (*cheval, ffig*) un *g* annhebygol.
ouvert (-e) [uvɛR, ɛRt] *pp de* **ouvrir**;
♦*adj* agored; (*magasin, porte*) ar agor; **grand ~** llydan agored; **à bras ~s** â breichiau agored; **(la) bouche ~e** yn gegagored; **à livre ~** (*lire*) yn rhugl; **opération à cœur ~** llawdriniaeth *b* ar y galon agored; **il avait laissé la lumière ~e** nid oedd wedi diffodd y golau; **il avait laissé le robinet (d'eau) ~** nid oedd wedi cau'r tap, 'roedd wedi gadael y tap i redeg.
ouvertement [uvɛRtəmɑ̃] *adv* yn agored; **dire ~ la vérité** dweud y gwir yn blaen *ou* heb flewyn ar dafod.
ouverture [uvɛRtyR] *f*
1 (*action d'ouvrir,* COMM) agor; **heures d'~** oriau *ll* agor; **jours d'~** dyddiau *ll* agor.
2 (MUS) agorawd *b*; (*début*) cychwyn *g*.
3 (PHOT): **~ (du diaphragme)** agorfa *b*.
4 (*tolérance*): **~ d'esprit** eangfrydedd *g*, meddwl *g* agored.
5 (*offres, propositions*): **~s** cynigion *ll*.
ouvrable [uvRabl] *adj*: **jour ~/heures ~s** dydd *g*/oriau *ll* gwaith.
ouvrage [uvRaʒ] *m* gwaith *g*; **panier** *neu* **corbeille à ~** basged *b* wnïo; **~ à l'aiguille** gwaith gwnïo, nodwyddwaith *g*; **~ d'art** (CONSTR) peirianneg *b* sifil.
ouvragé (-e) [uvRaʒe] *adj* cain, cywrain.
ouvrant[1] [uvRɑ̃] *vb voir* **ouvrir**.
ouvrant[2] (-e) [uvRɑ̃, ɑ̃t] *adj*: **toit ~** to *g* haul.
ouvré (-e) [uvRe] *adj* cain, cywrain; **jour ~** (ADMIN) dydd *g* gwaith.
ouvre-boîte (~-~s) [uvRəbwat] *m* agorwr *g* tuniau.
ouvre-bouteille (~-~s) [uvRəbutɛj] *m* agorwr *g* poteli.
ouvreuse [uvRøz] *f* (CINÉ) tywyswraig *b*.
ouvrier[1] (**ouvrière**) [uvRije, uvRijɛR] *adj* dosbarth gweithiol; **conflit ouvrier** gwrthdaro *g* diwydiannol; **la classe ouvrière** y dosbarth *g* gweithiol.
ouvrier[2] [uvRije] *m* gweithiwr *g*; **~ agricole** gwas *g* fferm; **~ qualifié** crefftwr *g*, gweithiwr â chrefft; **~ spécialisé** gweithiwr di-grefft.
ouvrière [uvRijɛR] *f* gweithwraig *b*; (*abeille*) gwenynen *b* weithgar; (*fourmi*) morgrugyn *g* gweithgar;
♦*adj f voir aussi* **ouvrier**[1].
ouvrir [uvRiR] (28) *vt* agor; (*mettre en marche: radio*) troi ymlaen; **~ l'œil** (*fig*) cadw'ch llygaid ar agor; **~ l'appétit à qn** codi awydd bwyd ar rn; **~ des horizons** (*fig*) agor drysau, ehangu gorwelion; **~ l'esprit** deffro; **~ une session** (INFORM) cychwyn sesiwn;
♦*vi* agor; (*ouvrir la porte*) agor y drws; **~ à cœur/trèfle** (CARTES) cychwyn â chalonnau/mwyar duon *ou* clybiau;
♦ **s'~** *vr* agor, ymagor; **s'~ à qn** (*se confier*) agor eich calon i rn; **s'~ les veines** torri'ch gwythiennau, torri'ch addyrnau; **le festival s'ouvrira sur un discours** bydd yr ŵyl yn cychwyn ag araith.
ouvroir [uvRwaR] *m* ystafell *b* wnïo.
ovaire [ɔvɛR] *m* (ANAT, BIOL) wyfa *b*, ofari *g,b*.
ovale [ɔval] *adj* hirgrwn; **le ballon ~** y bêl *b* hirgron.
ovation [ɔvasjɔ̃] *f* cymerawdwyaeth *b*; **faire une ~ à qn** rhoi cymeradwyaeth i rn.
ovationner [ɔvasjɔne] (1) *vt*: **~ qn** rhoi cymeradwyaeth i rn; (*pour accueillir*) croesawu rhn.
Ovide [ɔvid] *prm* Ofydd.
ovin (-e) [ɔvɛ̃, in] *adj* defeidiog, (sy'n ymwneud â) defaid; **viande ~e** cig *g* dafad *ou* defaid.
ovins [ɔvɛ̃] *mpl* (ZOOL) defaid *ll*.
OVNI, **ovni** [ɔvni] *sigle m*(= *objet volant non identifié*) UFO (= gwrthrych *g* hedegog anhysbys).
ovoïde [ɔvɔid] *adj* siâp wy.
ovulation [ɔvylasjɔ̃] *f* (BIOL) ofyliad *g*, bwrw wy, ofylu.
ovule [ɔvyl] *m* (BIOL) ofwl *g*; (BOT) wy *g*, ofwm *g*, hadrith *g*; (PHARM) pesari *g*.
oxfordien (-ne) [ɔksfɔRdjɛ̃, jɛn] *adj* o Rydychen.
Oxfordien [ɔksfɔRdjɛ̃] *m* un *g* o Rydychen.
Oxfordienne [ɔksfɔRdjɛn] *f* un *b* o Rydychen.
oxydable [ɔksidabl] *adj* sy'n rhydu.
oxyde [ɔksid] *m* ocsid *g*; **~ de carbone** carbon *g* monocsid.
oxyder [ɔkside] (1): **s'~** *vr* rhydu, ocsideiddio.
oxygène [ɔksiʒɛn] *m* ocsigen *g*; **il me faut une cure d'~** rhaid imi gael awyr iach.
oxygéné (-e) [ɔksiʒene] *adj*: **cheveux ~s** gwallt *g* wedi'i liwio'n wyn; **eau ~e** hydrogen *g* perocsid.
oxyure [ɔksijyR] *m* llyng(h)yren *b* fach.
ozone [ozon] *m* oson *g*

P

p *abr*(= *page*) tud.

PAC [pak] *sigle f*(= *Politique agricole commune*) polisi *g* amaethyddol cyffredin.

pacage [pakaʒ] *m* porfa *b*, tir *g* pori, porfeldir *g*.

pacemaker [pɛsmɛkœʀ] *m* rheolydd *g* calon, rheoliadur *g*.

pachyderme [paʃidɛʀm] *m* eliffant *g*.

pacificateur (**pacificatrice**) [pasifikatœʀ, pasifikatʀis] *adj* heddychol, tawelol.

pacification [pasifikasjɔ̃] *f* heddychiad *g*, taweliad *g*; (*action*) heddychu, tawelu.

pacifier [pasifje] (**16**) *vt* heddychu, tawelu.

pacifique [pasifik] *adj* heddychlon, tawel; ♦*m*: **le P~, l'océan P~** y Môr *g* Tawel.

pacifiquement [pasifikmɑ̃] *adv* yn heddychlon, yn dawel.

pacifisme [pasifism] *m* heddychiaeth *b*.

pacifiste [pasifist] *m/f* heddychwr *g*, heddychwraig *b*.

pack [pak] *m* (*RUGBY*) pac *g*; (*de bouteilles, pots*) pecyn *g*, pac.

pacotille [pakɔtij] (*péj*) *f* sothach *g*; **de** ~ rhad a diwerth, sothachlyd.

pacte [pakt] *m* cytundeb *g*; ~ **d'alliance** cytuno i ymgynghreirio; ~ **de non-agression** cytundeb i beidio ag ymosod, cytundeb di-drais.

pactiser [paktize] (**1**) *vi*: ~ **avec** dod i delerau â; ~ **avec le crime** ochri â throseddu.

pactole [paktɔl] *m* (*fig*) trysorfa *b*, mwynglawdd *g* o aur.

paddock [padɔk] *m* cae *g* ceffylau, padog *g*.

PAF[1] [paf] *sigle f*(= *Police de l'air et des frontières*) *heddlu'r awyr a'r ffiniau.*

PAF[2] [paf] *sigle m*(= *paysage audiovisuel français*) *byd darlledu yn Ffrainc.*

pagaie [pagɛ] *f* rhwyf *b*.

pagaille*, **pagaïe*** [pagaj] *f* llanast *g*, anhrefn *g,b*; **en** ~ (*en désordre*) yn draed moch, yn llanast, yn blith draphlith; (*en grande quantité*) yn doreth; **pêcher du poisson en** ~ dal llwyth o bysgod.

paganisme [paganism] *m* paganiaeth *b*.

pagayer [pageje] (**18**) *vi* rhwyfo.

page[1] [paʒ] *f* tudalen *g,b*; **mettre qch en ~s** tudalennu rhth; **mise en** ~ cynllun *g* tudalen, gosodiad *g* tudalen, diwyg *g* tudalen; **être à la** ~ (*fig*) bod gyda'r oes; **ne plus être à la** ~ bod ar ei hôl hi, bod ar ôl yr oes; ~ **blanche** tudalen wag, tudalen weili; ~ **de garde** tudalen rwymo, tudalen weili.

page[2] [paʒ] *m* gwas *g* bach.

page-écran (**~s-~s**) [paʒekʀɑ̃] *f* (*INFORM*) tudalen *g,b* sgrin.

pagination [paʒinasjɔ̃] *f* tudaleniad *g*; (*action*) tudalennu.

paginer [paʒine] (**1**) *vt* tudalennu, rhifo tudalennau.

pagne [paɲ] *m* lliain *g* lwynau; (*en paille*) sgert *b* wellt.

pagode [pagɔd] *f* pagoda *g*.

paie [pɛ] *f*= **paye**.

paiement [pɛmɑ̃] *m*= **payement**.

païen[1] (**-ne**) [pajɛ̃, pajɛn] *adj* paganaidd.

païen[2] [pajɛ̃] *m* pagan *g*.

païenne [pajɛn] *f* paganes *b*; ♦*adj f voir* **païen**[1].

paillard (**-e**) [pajaʀ, aʀd] *adj* anweddus, masweddus, anllad, cwrs.

paillasse [pajas] *f* (*matelas*) matras *b* wellt; (*d'un évier*) bwrdd *g* diferu.

paillasson [pajasɔ̃] *m* (*tapis-brosse*) mat *g* drws.

paille [pɑj] *f* gwellt *g*; (*pour boire*) gwelltyn *g*; (*défaut*) nam *g*; **être sur la** ~ bod heb yr un geiniog; ~ **de fer** gwlân *g* dur.

paillé (**-e**) [pɑje] *adj* â sedd o wellt.

pailleté (**-e**) [pɑj(ə)te] *adj* secwinog.

paillette [pɑjɛt] *f* fflochen *b*; (*d'or*) gronyn *g* aur; (*décorative*) secwin *g*; **lessive en ~s** powdr *g* golchi.

pain [pɛ̃] *m* bara *g*; (*miche*) torth *b*; (*CULIN: de poisson, légumes*) torth; **petit** ~ rôl *b*, rholyn *g* bara; ~ **au chocolat** *croissant g a siocled (y tu mewn iddo)*; ~ **bis/complet** bara brown/cyflawn; ~ **d'épice(s)** torth sinsir; ~ **de campagne** bara tŷ fferm; ~ **de cire** bar *g* o gŵyr; ~ **de mie** torth frechdanau; ~ **de seigle** bara rhyg; ~ **de sucre** torth siwgr; ~ **fantaisie** bara ffansi (*a werthir fesul tafell neu sleisen*); ~ **grillé** tost *g*; ~ **noir** bara du; ~ **perdu** tost Ffrengig (*bara wedi'i roi mewn llaeth ac wy a'i ffrio*); ~ **viennois** *bara gwenith melys.*

pair[1] (**-e**) [pɛʀ] *adj*: **nombre** ~ eilrif *g*.

pair[2] [pɛʀ] *m* cydradd *g/b*, cyfurdd *g/b*; (*aristocrate*) pendefig *g*, arglwydd *g*, uchelwr *g*; **aller de ~, marcher de ~ (avec)** mynd law yn llaw (â); **au** ~ (*FIN*) ar lawn werth; **valeur au** ~ llawn werth *g*; **jeune fille au** ~ geneth *b* au pair (*geneth i warchod plant a gwneud gwaith tŷ*).

paire [pɛʀ] *f* pâr *g*; **une** ~ **de lunettes** sbectol *b*; **une** ~ **de tenailles** gefel *b*; **les deux font la** ~ mae'r ddau yr un fath â'i gilydd; ♦*adj f voir* **pair**[1].

pais *etc* [pɛ] *vb voir* **paître**.

paisible [pezibl] *adj* tawel, distaw; (*sans agressivité*) heddychlon.

paisiblement [peziblәmɑ̃] *adv* yn dawel, yn ddistaw; (*sans agressivité*) yn heddychlon, mewn heddwch.

paître [pɛtʀ] (**75**) *vi* pori.

paix [pɛ] *f* heddwch *g*, llonydd *g*, llonyddwch *g*; **faire la ~ avec qn** cymodi â rhn; **vivre en ~ avec qn** byw yn heddychlon â

rhn; **avoir la** ~ cael llonydd.
Pakistan [pakistɑ̃] *prm*: **le** ~ Pacistan *b*.
pakistanais (**-e**) [pakistanɛ, ɛz] *adj* Pacistanaidd.
Pakistanais [pakistanɛ] *m* Pacistaniad *g*.
Pakistanaise [pakistanɛz] *f* Pacistaniad *b*.
palabrer [palabʀe] (**1**) *vi* trafod yn ddibaid, paldaruo.
palabres [palabʀ] *fpl* trafodaethau *ll* dibaid, paldaruo.
palace [palas] *m* gwesty *g* moethus.
palais[1] [palɛ] *m* palas *g*; **le P~ Bourbon** *cartref cynulliad cenedlaethol Ffrainc*; **le P~ de Justice** Llysoedd *ll* Barn; **le P~ de l'Élysée** Palas yr Élysée (*cartref swyddogol arlywydd Ffrainc*); ~ **des expositions** canolfan *g,b* arddangos; ~ **des sports** stadiwm *g*.
palais[2] [palɛ] *m* (*ANAT*) taflod *b* (y genau); (*goût*) blas *g*, chwaeth *b,g*.
palan [palɑ̃] *m* teclyn *g* codi, craen *g*.
Palatinat [palatina] *m* breiniarllaeth *b*, etholaeth *b* balatin.
pale [pal] *f* (*d'hélice*) llafn *g*; (*de roue*) asgell *b*.
pâle [pɑl] *adj* gwelw, llwyd, golau; (*imitation*) gwael; **être** ~ **de colère** bod yn welw gan ddicter; **bleu/vert** ~ glas/gwyrdd golau.
palefrenier [palfʀənje] *m* ostler *g*, gwas *g* stabl.
paléontologie [paleɔ̃tɔlɔʒi] *f* paleontoleg *b*.
paléontologiste [paleɔ̃tɔlɔʒist] *m/f* paleontolegydd *g*.
Palestine [palɛstin] *prf*: **la** ~ Palesteina *b*.
palestinien (**-ne**) [palɛstinjɛ̃, jɛn] *adj* Palesteinaidd.
Palestinien [palɛstinjɛ̃] *m* Palesteiniad *g*.
Palestinienne [palɛstinjɛn] *f* Palesteiniad *b*.
palet [palɛ] *m* coeten *b*; (*hockey*) cnap *g*.
paletot [palto] *m* siaced *b* weu, côt *b* weu, cardigan *g,b*.
palette [palɛt] *f* palet *g*; (*de produits*) dewis *g*, amrywiaeth *g,b*; (*plateau de chargement*) palet.
palétuvier [paletyvje] *m* mangrof *g,b*.
pâleur [pɑlœʀ] *f* gwelwder *g*, llwydni *g*.
palier [palje] *m* (*d'escalier*) pen *g* grisiau *ou* staer, landin *g,b*; (*d'un graphique*) lefel *b*, gwastadedd *g*; (*étape*) cyfnod *g*, lefel; **nos voisins de** ~ y cymdogion ar yr un llawr â ni; **voler en** ~ hedfan yn wastad *ou* ar y gwastad; **par** ~**s** (*procéder*) fesul cam, yn gynyddol, o gam i gam.
pâlir [pɑliʀ] (**2**) *vi* gwelwi; (*couleur*) pylu; **faire** ~ **qn** gwneud rhn yn genfigennus.
palissade [palisad] *f* ffens *b*.
palissandre [palisɑ̃dʀ] *m* pren *g* rhoswydd, rhoswydd *ll*.
palliatif[1] (**palliative**) [paljatif, paljativ] *adj* lleddfol, lliniarol.
palliatif[2] [paljatif] *m* lliniarydd *g*, lleddfwr *g* poen.
pallier [palje] (**16**) *vt* gwneud iawn am.
palmarès [palmaʀɛs] *m* rhestr *b* yr anrhydeddau; (*de sportifs*) rhestr enillwyr; (*de la chanson*) siartiau *ll*.
palme [palm] *f* deilen *b* balmwydd; (*symbole*) gwobr *b*; (*de plongeur*) ffliper *b*; ~**s académiques** *medal am wasanaeth i addysg*.
palmé (**-e**) [palme] *adj* gweog; (*oiseau*) troedweog.
palmeraie [palməʀɛ] *f* planhigfa *b* balmwydd.
palmier [palmje] *m* palmwydden *b*.
palmipède [palmipɛd] *m* aderyn *g* troedweog.
palois (**-e**) [palwa, waz] *adj* (*de Pau*) o Pau.
Palois [palwa] *m* un *g* o Pau.
Paloise [palwaz] *f* un *b* o Pau.
palombe [palɔ̃b] *f* ysguthan *b*.
pâlot (**-te**) [pɑlo, ɔt] *adj* gwelw, llwyd, llwydaidd.
palourde [paluʀd] *f* cragen *b* fylchog.
palpable [palpabl] *adj* cyffyrddadwy, teimladwy; (*fig*) amlwg, clir.
palper [palpe] (**1**) *vt* byseddu, teimlo; (*MÉD*) archwilio; (*argent*) cael, gwneud.
palpitant (**-e**) [palpitɑ̃, ɑ̃t] *adj* cynhyrfus, cyffrous.
palpitation [palpitasjɔ̃] *f* curiad *g*, crychguriad *g*; **j'ai des** ~**s** mae fy nghalon yn curo'n gyflym.
palpiter [palpite] (**1**) *vi* (*cœur*) curo, dychlamu; (*flamme*) crynu; (*paupières*) smicio.
paludisme [palydism] *m* malaria *g*.
palustre [palystʀ] *adj* (*GÉO*) corsol, y gors; (*MÉD*) malaraidd.
pâmer [pɑme] (**1**): **se** ~ *vr* perlesmeirio, perlewygu; **se** ~ **devant** (*fig*) perlesmeirio o flaen rhth; **se** ~ **d'amour** perlesmeirio o gariad; **se** ~ **d'admiration** perlesmeirio mewn *ou* gan edmygedd, edmygu'n fawr.
pâmoison [pɑmwazɔ̃] *f* llewyg *g*, llewygfa *b*; **tomber en** ~ perlesmeirio.
pampa [pɑ̃pa] *f* paith *g*, pampas *ll*.
pamphlet [pɑ̃flɛ] *m* pamffledyn *g* dychanol.
pamphlétaire [pɑ̃fletɛʀ] *m/f* dychanwr *g*, dychanwraig *b*.
pamplemousse [pɑ̃pləmus] *m* grawnffrwyth *g*.
pan[1] [pɑ̃] *m* (*d'un manteau, rideau*) godre *g*; (*d'un prisme, d'une tour*) ochr *b*, wyneb *g*; (*partie*) rhan *b*; ~ **de chemise** cynffon *b* crys, cwt *b* crys; ~ **de mur** rhan o wal.
pan[2] [pɑ̃] *excl* clec! *b*, bang! *g*.
panacée [panase] *f* meddyginiaeth *b* holliachaol; (*fig*) ateb *g* i bob problem
panachage [panaʃaʒ] *m* cymysgedd *b*; (*POL*) pleidleisio dros ymgeiswyr o fwy nag un plaid.
panache [panaʃ] *m* pluen *b*; **il a du** ~ (*fig*) mae ganddo steil; **il aime le** ~ (*fig*) mae'n hoff o steil.
panaché[1] (**-e**) [panaʃe] *adj*: **œillet** ~ carnasiwn *g* amryliw; **glace** ~**e** hufen *g* iâ pob lliw; **salade** ~**e** salad *g* cymysg; **bière** ~**e** siandi *g*, cwrw *g* a lemonêd.
panaché[2] [panaʃe] *m* siandi *g*, cwrw *g* a

lemonêd.
panais [panɛ] *m* panasen *b*.
Panama [panama] *prm*: **le** ~ Panama *b*.
panaméen (**-ne**) [panameɛ̃, ɛn] *adj* Panamaidd, o Panama.
Panaméen [panameɛ̃] *m* Panamiad *g*, un *g* o Panama.
Panaméene [panameɛn] *f* Panamiad *b*, un *b* o Panama.
panaris [panaʀi] *m* (*MÉD*) ewinor *b*, ffelwm *g*.
pancarte [pɑ̃kaʀt] *f* hysbysiad *g*, arwydd *g*; (*dans une manifestation*) placard *g*.
pancréas [pɑ̃kʀeɑs] *m* (*ANAT*) pancreas *g*, cefndedyn *g*.
panda [pɑ̃da] *m* panda *g*.
pané (**-e**) [pane] *adj* mewn briwsion.
panégyrique [paneʒiʀik] *m* molawd *g*; **faire le** ~ **de qn** moli *ou* clodfori rhn.
panier [panje] *m* basged *b*; (*dans lave-vaisselle*) rhesel *b*; **mettre qch au** ~ cael gwared â rhth; **c'est un** ~ **percé** mae'n gwario arian fel y mwg; ~ **à provisions** basged siopa; ~ **à salade** (*CULIN*) cawell *g* salad; (*POLICE*) fan *b* yr heddlu; **ce bureau est un vrai** ~ **de crabes** (*fig*) mae pawb yn y swyddfa hon yng ngyddfau'i gilydd.
panier-repas (~**s**-~) [panjeʀ(ə)pɑ] *m* cinio *g* pecyn.
panification [panifikasjɔ̃] *f* pobi, gwneud bara.
panifier [panifje] (**16**) *vt* gwneud bara â *ou* o.
panique [panik] *f* panig *g*, dychryn *g*; **pas de** ~ paid *ou* peidiwch â chynhyrfu;
♦*adj*: **peur** ~, **terreur** ~ arswyd *g*, panig; **ventes** ~**s** gwerthu gwyllt.
paniquer [panike] (**1**) *vt* dychryn, cynhyrfu, panicio;
♦*vi* dychryn, cynhyrfu, panicio, mynd i banig.
panne [pan] *f* (*d'un mécanisme*) torri, malu; **mettre un voilier en** ~ (*NAUT*) gwneud i gwch hwylio stopio; **laisser qn en** ~ gadael rhn ar y clwt; **être en** ~ bod wedi torri i lawr; **tomber en** ~ torri i lawr; ~ **d'électricité** toriad *g* trydan; **il y a eu une** ~ **de courant** bu toriad ar y cyflenwad trydan; **tomber en** ~ **d'essence** *neu* **sèche** rhedeg allan o betrol.
panneau (**-x**) [pano] *m* arwydd *g*; (*d'information*) hysbysfwrdd *g*; (*ARCHIT, COUTURE*) panel *g*; **donner dans le** ~**, tomber dans le** ~ (*fig*) ei llyncu hi, credu; ~ **d'affichage** hysbysfwrdd; ~ **de signalisation,** ~ **indicateur** arwydd ffordd; ~ **électoral** hysbysfwrdd etholiad (*y tu allan i orsaf bleidleisio*); ~ **publicitaire** bwrdd *g* poster.
panonceau [panɔ̃so] *m* arwydd *g*; (*temporaire*) bwrdd *g*; (*de médecin etc*) plac *g*.
panoplie [panɔpli] *f* gwisg *b*; (*fig: d'arguments etc*) cyfres *b*; ~ **de pompier/d'infirmière** gwisg dyn tân/nyrs.
panorama [panɔʀama] *m* panorama *g*.
panoramique [panɔʀamik] *adj* panoramig;
♦*m* (*CINÉ*) pan *g*, trem *b* banoramig.
panse [pɑ̃s] *f* bol *g*, bola *g*.
pansement [pɑ̃smɑ̃] *m* rhwymyn *g*, bandais *g*; (*action*) rhwymo, rhoi bandais ar; ~ **adhésif** plastr *g*.
panser [pɑ̃se] (**1**) *vt* rhwymo, rhoi bandais ar; (*fig*) gwella; (*cheval*) ysgrafellu, gwastrodi.
pantalon [pɑ̃talɔ̃] *m* (*aussi:* ~**s, paire de** ~**s**) trowsus *g*, trwser *g*; ~ **de golf** clos *g* pen-glin; ~ **de pyjama** trowsus pyjama; ~ **de ski** trowsus sgio.
pantalonnade [pɑ̃talɔnad] *f* comedi *b* golbio, slapstic *g,b*.
pantelant (**-e**) [pɑ̃t(ə)lɑ̃, ɑ̃t] *adj* sy'n fyr o wynt, a'ch gwynt yn eich dwrn.
panthère [pɑ̃tɛʀ] *f* panther *g*; (*fourrure*) ffwr *g* panther.
pantin [pɑ̃tɛ̃] *m* pyped *g*.
pantois [pɑ̃twa] *adj m*: **rester** ~ bod yn gegrwth, synnu.
pantomime [pɑ̃tɔmim] *f* meim *g,b*.
pantouflard (**-e**) [pɑ̃tuflaʀ, aʀd] *adj* (*péj*) difenter, anfentrus, diantur, hoff o'ch cartref.
pantoufle [pɑ̃tufl] *f* sliper *b*.
panure [panyʀ] *f* briwsion *ll* bara.
PAO [peao] *sigle f*(= *publication assistée par ordinateur*) cyhoeddi bwrdd gwaith, cyhoeddi trwy gymorth cyfrifiadur.
paon [pɑ̃] *m* paun *g*.
papa [papa] *m* dad *g*, dada *g*, dadi *g*.
papauté [papote] *f* pabaeth *b*.
papaye [papaj] *f* (*BOT*) papaia *g*.
pape [pap] *m* pab *g*.
paperasse [papʀas] (*péj*) *f* papurach *g*.
paperasserie [papʀasʀi] (*péj*) *f* gwaith *g* papur, ffurflenni *ll*.
papeterie [papɛtʀi] *f* diwydiant *g* (gwneud) papur; (*usine*) ffatri *b ou* melin *b* bapur; (*magasin*) siop *b* bapur ysgrifennu; (*articles*) deunyddiau *ll* ysgrifennu.
papetier [pap(ə)tje] *m* (*fabricant*) gwneuthurwr *g* papur; (*commerçant*) gwerthwr *g* papur.
papetière [pap(ə)tjɛʀ] *f* (*fabricante*) gwneuthurwraig *b* papur; (*commerçante*) gwerthwraig *b* papur.
papetier-libraire [paptjɛlibʀɛʀ] *m* gwerthwr *g* llyfrau a deunyddiau ysgrifennu.
papier [papje] *m*
1 (*gén*) papur *g*; (*feuille*) darn *g* o bapur; **sur le** ~ (*théoriquement*) ar bapur, mewn egwyddor; **jeter une phrase sur le** ~ ysgrifennu brawddeg; **noircir du** ~ ysgrifennu tudalennau ar dudalennau, ysgrifennu llawer; ~ **à dessin** papur arlunio; ~ **à lettres** papur ysgrifennu; ~ **à pliage accordéon** papur ffanblyg, papur igam-ogam; ~ **bible** papur India, papur Beibl; ~ **bulle** papur crai; ~ **buvard** papur blotio, papur sugno; ~ **calque** papur dargopïo, papur tresio; ~ **carbone** papur carbon; ~ **collant** tâp *g* gludiog, tâp

selo; ~ **couché** papur llyfn, papur sglein; ~ **(d')aluminium** papur gloyw, ffoil *g*; ~ **d'Arménie** papur arogldarth; ~ **d'emballage** papur lapio; ~ **de brouillon** papur bras, hen bapur; ~ **de soie** papur sidan; ~ **de tournesol** papur litmws; ~ **de verre** papur llathru, papur llyfnu; ~ **en continu** papur di-dor; ~ **glacé** papur sglein; ~ **gommé** papur gludiog; ~ **hygiénique** papur tŷ bach; ~ **journal** papur newyddiaduron; ~ **kraft** papur llwyd; ~ **mâché** mwydion *ll* papur; ~ **machine** papur teipio; ~ **peint** papur wal; ~ **pelure** papur croen nionyn *ou* winwnsyn.
2 (*article*) erthygl *b*.
3 (*écrit officiel*) dogfen *b*; ~**s (d'identité)** (*documents, notes*) papurau, dogfennau.

papier-filtre (~**s**-~**s**) [papjefiltʀ] *m* papur *g* hidlo.

papier-monnaie (~**s**-~**s**) [papjemɔnɛ] *m* arian *g* papur.

papille [papij] *f*: ~**s gustatives** blasbwyntiau *ll*.

papillon [papijɔ̃] *m*
1 (*gén*) glöyn *g* byw, iar *b* fach yr haf; ~ **de nuit** gwyfyn *g*; **nœud** ~ tei *g,b* bô, dici-bô *g*.
2 (*fam: contravention*) tocyn *g* am barcio.
3 (*TECH: écrou*) nyten *b* adeiniog.

papillonner [papijɔne] (**1**) *vi* gwibio'n ôl a blaen, gwibio o un peth i'r llall.

papillote [papijɔt] *f* (*pour cheveux*) papur *g* crychu; **en** ~ (*CULIN*) mewn papur gloyw *ou* ffoil.

papilloter [papijɔte] (**1**) *vi* (*yeux, paupières*) amrantu, smicio; (*lumière, soleil*) fflachio.

papotage [papɔtaʒ] *m* mân-siarad *g*, cleber *g,b*, clebran.

papoter [papɔte] (**1**) *vi* sgwrsio, janglo, clebran.

papou (-**e**) [papu] *adj* Papwaidd.

Papou [papu] *m* un *g* o Papwa Gini Newydd.

Papoue [papu] *f* un *b* o Papwa Gini Newydd.

Papouasie-Nouvelle-Guinée [papwazinuvɛlgine] *f* Papwa *b* Gini Newydd.

paprika [papʀika] *m* paprica *g*.

papyrus [papiʀys] *m* (*BOT*) papurfrwynen *b*.

Pâque [pɑk] *f* Gwŷl *b* y Bara Croyw *voir aussi* **Pâques**.

paquebot [pak(ə)bo] *m* llong *b* deithio.

pâquerette [pɑkʀɛt] *f* llygad *g* y dydd.

Pâques [pɑk] *fpl, m* y Pasg *g*; **faire ses** ~ cymuno adeg y Pasg; **l'île de** ~ Ynys *b* y Pasg.

paquet [pakɛ] *m* paced *g*, pecyn *g*; (*ballot*) swp *g*, sypyn *g*, bwndel *g*; (*colis*) parsel *g*; **un** ~ **de** (*fig*) llwyth *g* o; ~**s** (*bagages*) bagiau *ll*, paciau *ll*; **mettre le** ~* gwneud eich gorau glas; ~ **de mer** ton *b* fawr, moryn *g*.

paquetage [pak(ə)taʒ] *m* (*MIL*) pecyn *g*, pac *g*, cit *g*.

paquet-cadeau (~**s**-~**x**) [pakɛkado] *m* anrheg *b* wedi'i lapio; **est-ce que vous pouvez faire un** ~-~**?** wnewch chi ei lapio os gwelwch yn dda?

par [paʀ] *prép*
1 (*indiquant un trajet*) drwy, trwy; **entrer** ~ **le garage** dod i mewn trwy'r garej; **il a pris** ~ **les champs** aeth trwy'r caeau; **pour aller à Rome, je passe** ~ **Milan** i fynd i Rufain, 'rwy'n mynd drwy Milan; **passer** ~ **la côte** mynd ar hyd yr arfordir; **le peintre a fini** ~ **la cuisine** gorffennodd y paentiwr trwy wneud y gegin yn olaf.
2 (*devant infinitif*): **commencer** *neu* **débuter** ~ **faire qch** dechrau trwy wneud rhth; **finir** *neu* **terminer** ~ **faire qch** diweddu *ou* gorffen trwy wneud rhth.
3 (*indiquant une circonstance*): ~ **une belle journée d'été** ar ddiwrnod braf o haf; ~ **cette chaleur** yn y gwres yma; ~ **terre** ar lawr.
4 (*indiquant une répartition*): ~ **jour/semaine/an** y dydd/yr wythnos/y flwyddyn; ~ **tête** (*ÉCON*) y pen; **deux** ~ **deux** fesul dau *ou* dwy, yn ddeuoedd.
5 (*introduit le moyen*): **payer** ~ **carte de crédit** talu â cherdyn credyd.
6 (*indiquant la cause*): **l'accident est arrivé** ~ **sa cause** ei fai ef oedd y ddamwain.
7 (*introduit un complément d'agent*): **il a été renversé** ~ **une voiture** cafodd ei daro i lawr gan gar; **peint** ~ **un grand artiste** wedi'i baentio gan arlunydd mawr; ~ **amour** o gariad.
8 (*indiquant un lieu*): ~ **ici** y ffordd yma; (*dans le coin*) o gwmpas y fan yma, y ffordd 'ma, y ffordd hyn; ~-**ci**, ~-**là** yma a thraw; ~ **contre** ar y llaw arall, i'r gwrthwyneb.

para [paʀa] *m* parasiwtydd *g*.

parabole [paʀabɔl] *f* (*BIBLE*) dameg *b*; (*MATH*) parabola *g*.

parabolique [paʀabɔlik] *adj* (*MATH*) parabolig; (*allégorique*) damhegol, trosiadol, ffigurol.

parachever [paʀaʃ(ə)ve] (**13**) *vt* perffeithio, cwblhau; (*fignoler*) caboli.

parachutage [paʀaʃytaʒ] *m* parasiwtiad *g*, dadlwythiad *g* o'r awyr; (*fig*) dod â (rhn) i mewn o'r tu allan.

parachute [paʀaʃyt] *m* parasiwt *g*; **faire du** ~ parasiwtio.

parachuter [paʀaʃyte] (**1**) *vt* parasiwtio; (*fig: fam*) dod â (rhn) i mewn o'r tu allan.

parachutisme [paʀaʃytism] *m* parasiwtio.

parachutiste [paʀaʃytist] *m/f* parasiwtydd *g*.

parade [paʀad] *f* (*MIL*) gorymdaith *b*, parêd *g*; (*de cirque, bateleurs*) sioe *b*; (*ESCRIME, BOXE*) ataliad *g*, pario; **trouver la** ~ **à une attaque** (*défense, riposte*) medru amddiffyn rhag ymosodiad; **faire** ~ **de qch** gwneud sioe fawr o rth; **de** ~ seremonïol; (*superficiel*) arwynebol, allanol.

parader [paʀade] (**1**) *vi* (*se pavaner*) rhodresa, swagro, llancio.

paradis [paʀadi] *m* paradwys *b*, nefoedd *ll*; ~ **terrestre** Gardd *b* Eden.

paradisiaque [paʀadizjak] *adj* paradwysaidd,

nefolaidd.
paradoxal (-e) (**paradoxaux, paradoxales**) [paʀadɔksal, paʀadɔkso] *adj* paradocsaidd.
paradoxalement [paʀadɔksalmɑ̃] *adv* yn baradocsaidd.
paradoxe [paʀadɔks] *m* paradocs *g*, gwrthfynegiad *g*.
parafe [paʀaf] *m voir* **paraphe**.
parafer [paʀafe] (**1**) *vt voir* **parapher**.
paraffine [paʀafin] *f* paraffin *g*, cwyr *g* paraffin.
paraffiné (-e) [paʀafine] *adj*: **papier** ~ papur *g* cwyr.
parafoudre [paʀafudʀ] *m* rhoden *b* fellt.
parages [paʀaʒ] *mpl* ardal *b*, cyffiniau *ll*, ochrau *ll*; (*NAUT*) dyfroedd *ll*; **les** ~ **ne sont pas sûrs** nid yw'r ardal yn ddiogel.
paragraphe [paʀagʀaf] *m* paragraff *g*.
Paraguay [paʀagwɛ] *prm*: **le** ~ Paragwai *b*.
paraguayen (-**ne**) [paʀagwajɛ̃, ɛn] *adj* Paragwaiaidd.
Paraguayen [paʀagwajɛ̃] *m* Paragwaiad *g*.
Paraguayenne [paʀagwajɛn] *f* Paragwaiad *b*.
paraître [paʀɛtʀ] (**73**) *vi* ymddangos; (*PRESSE*) ymddangos, dod allan; **laisser** ~ **qch** dangos rhth; ~ **en justice** ymddangos o flaen llys; ~ **en scène/en public/à l'écran** ymddangos ar y llwyfan/yn gyhoeddus/ar y sgrin; **il ne paraît pas son âge** nid yw'n edrych ei oed; **il aime** ~ mae wrth ei fodd yn cael ei weld;
♦*vb impers*: **il paraît que** mae'n ymddangos ...; **il me paraît que** mae'n ymddangos i mi ...; **il paraît absurde de** mae'n ymddangos yn hurt i.
parallèle [paʀalɛl] *adj* (*MUS, gén*) cyfochrog; (*ART*) cyflin; (*MATH*) paralel; (*semblable*) tebyg; (*police*) cudd; (*marché*) anghyfreithlon; (*société, énergie*) amgen;
♦*m* (*GÉO*) cyflin *b*, cyflinell *b*; (*comparaison*) tebygrwydd *g*; **établir un** ~ **entre** dangos tebygrwydd rhwng; **en** ~ yn gyflin, yn gyflinellol; **mettre en** ~ cymharu, gwrthgyferbynu (dau beth);
♦*f* cyflin *b*, cyflinell *b*.
parallèlement [paʀalɛlmɑ̃] *adv* yn gyflin, yn gyfochrog; (*fig*) ar yr un pryd.
parallélépipède [paʀalelepipɛd] *m* (*MATH*) paralelipiped *g*.
parallélisme [paʀalelism] *m* cyfochredd *g*; (*des roues*) cyfliniad *g*.
parallélogramme [paʀalelɔgʀam] *m* paralelogram *g*
paralyser [paʀalize] (**1**) *vt* parlysu.
paralysie [paʀalizi] *f* parlys *g*.
paralytique [paʀalitik] *adj* diffrwyth, parlysedig;
♦*m/f* claf *g* o'r parlys.
paramédical (-e) (**paramédicaux, paramédicales**) [paʀamedikal, paʀamediko] *adj* parafeddygol; **personnel** ~ parafeddygon *ll*.
paramètre [paʀamɛtʀ] *m* paramedr *g*.
paramilitaire [paʀamilitɛʀ] *adj* parafilwrol, lledfilwrol.
paranoïa [paʀanɔja] *f* paranoia *g*.
paranoïaque [paʀanɔjak] *m/f* paranöig *g/b*.
paranormal (-e) (**paranormaux, paranormales**) [paʀanɔʀmal, paʀanɔʀmo] *adj* goruwchnaturiol, paranormal.
parapet [paʀapɛ] *m* rhagfur *g*; (*d'un pont*) murganllaw *g*, canllaw *g*.
paraphe [paʀaf] *m* (*initiales*) llythrennau *ll* cyntaf; (*signature*) llofnod *g*.
parapher [paʀafe] (**1**) *vt* (*avec ses initiales*) rhoi'ch llythrennau cyntaf ar; (*avec sa signature*) llofnodi.
paraphrase [paʀafʀɑz] *f* aralleiriad *g*.
paraphraser [paʀafʀɑze] (**1**) *vt* aralleirio.
paraplégie [paʀapleʒi] *f* paraplegia *g*, parlys *g* llwyr.
paraplégique [paʀapleʒik] *adj* paraplegig;
♦*m/f* paraplegig *g/b*.
parapluie [paʀaplɥi] *m* ambarél *g,b*; ~ **à manche télescopique** ambarél telesgopig; ~ **atomique/nucléaire** amddiffyniad *g* atomig/niwclear; ~ **pliant** ambarél sy'n plygu.
parapsychique [paʀapsiʃik] *adj* paraseicolegol.
parapsychologie [paʀapsikɔlɔʒi] *f* paraseicoleg *b*.
parapublic (**parapublique**) [paʀapyblik] *adj* yn rhannol dan reolaeth wladol.
parascolaire [paʀaskɔlɛʀ] *adj* allgyrsiol.
parasitaire [paʀazitɛʀ] *adj* parasitig.
parasite [paʀazit] *adj* parasitig;
♦*m* arfilyn *g*, parasit *g*; ~**s** (*téléphone, radio*) clecian *ll*, ymyrraeth *b*.
parasitisme [paʀazitism] *m* parasitedd *g*, parasitiaeth *b*.
parasol [paʀasɔl] *m* ambarél *g,b* haul, parasol *g*.
paratonnerre [paʀatɔnɛʀ] *m* rhoden *b* fellt.
paravent [paʀavɑ̃] *m* sgrin *b*; (*fig*) cysgod *g*.
parc [paʀk] *m* parc *g*; (*pour le bétail*) corlan *b*; (*d'enfant*) corlan chwarae; ~ **de munitions** storfa *b* arfau; ~ **à huîtres** gwely *g* wystrys; ~ **automobile** (*d'un pays*) nifer *g* y ceir ar y ffyrdd; (*d'une société*) nifer y ceir; ~ **d'attractions** parc difyrion *ou* pleserau; ~ **de stationnement** maes *g* parcio; ~ **national** *neu* **naturel (régional)** parc cenedlaethol; ~ **zoologique** sŵ *g,b*.
parcelle [paʀsɛl] *f* (*petit morceau*) darn *g* bach, tamaid *g*, mymryn *g*; (*petite quantité*) mymryn, ychydig *g*; (*de terrain*) llain *b*, clwt *g*.
parce que [paʀs(ə)kə] *conj* oherwydd, achos.
parchemin [paʀʃəmɛ̃] *m* memrwn *g*; (*diplôme*) darn *g* o bapur, tystysgrif *b*, diploma *g,b*.
parcheminé (-e) [paʀʃəmine] *adj* (*cuir, papier*) fel memrwn; (*visage, peau*) rhychog, crebachlyd.
parcimonie [paʀsimɔni] *f* cynildeb *g*, darbodaeth *g*, crintachrwydd *g*; **avec** ~ yn

gynnil.

parcimonieux (**parcimonieuse**) [parsimɔnjø, parsimɔnøz] *adj* cynnil, darbodus, crintachlyd.

parc(o)mètre [park(ɔ)mɛtr] *m* mesurydd *g* parcio.

parcourir [parkurir] (**21**) *vt* crwydro (dros), croesi; (*distance*) teithio; ~ **une ville à la recherche de qn** chwilio dinas am rn; **il a parcouru à pied la route jusqu'à Berlin** cerddodd yr holl ffordd i Berlin; **un frisson me parcourut le dos** aeth ias i lawr fy nghefn; ~ **qch des yeux** llygadu rhth, edrych dros rth.

parcours[1], *etc* [parkur] *vb voir* **parcourir**.

parcours[2] [parkur] *m* llwybr *g*; (*trajet*) taith *b*; (*SPORT*) cwrs *g*; ~ **du combattant** (*MIL*) cwrs ymosod.

parcouru [parkury] *pp de* **parcourir**.

par-delà [pardəla] *prép* (*de l'autre côté de*) y tu hwnt i; (*à travers*) drwy; ~-~ **les siècles** drwy'r canrifoedd.

par-dessous [pard(ə)su] *prép* dan;
♦*adv* danodd, odditanodd.

pardessus [pardəsy] *m* côt *b* fawr.

par-dessus [pard(ə)sy] *prép* dros (rth), dros ben (rhth);
♦*adv* drosto/drosti/drostynt; **le mur n'est pas haut, passe** ~-~ nid yw'r wal yn uchel, dos drosti; ~-~ **le marché** i goroni'r cwbl.

par-devant [pard(ə)vɑ̃] *prép* o flaen, yng ngŵydd;
♦*adv* yn y tu blaen; **la porte de derrière est fermée, passe** ~-~ mae'r drws cefn wedi cloi, tyrd trwy'r ffrynt; **il te fait des sourires** ~-~, **mais dit du mal dans ton dos** mae'n wên i gyd yn dy wyneb, ond yn dweud pethau cas yn dy gefn.

pardon [pardɔ̃] *m*
1 (*gén*) maddeuant *g*, pardwn *g*; **demander** ~ **à qn (de qch/d'avoir fait qch)** gofyn i rn am faddeuant (am rth/wneud rhth); **je vous demande** ~ maddeuwch imi; ~! mae'n ddrwg gen i!, esgusodwch fi!, begio'ch pardwn!.
2 (*en Bretagne*) pardwn, gŵyl *b* fabsant.

pardonnable [pardɔnabl] *adj* maddeuadwy; **ils ne sont pas** ~**s** ni ellir maddau iddynt am hynny; **ce n'est pas** ~ mae'n anfaddeuol *ou* anesgusodol.

pardonner [pardɔne] (**1**) *vt* maddau; ~ **qch à qn** maddau rhth i rn, maddau i rn am rth, esgusodi rhn am rth; **qui ne pardonne pas** (*maladie*) angeuol; (*erreur*) tyngedfennol.

paré (**-e**) [pare] *adj* parod.

pare-balles [parbal] *adj inv* atal bwledi.

pare-boue [parbu] *m inv* (*AUTO*) llabed *b* laid, fflap *g* mwd.

pare-brise [parbriz] *m inv* ffenestr *b* flaen.

pare-chocs [parʃɔk] *m inv* bymper *g*.

pare-étincelles [paretɛ̃sɛl] *m inv* gard *g* tân.

pare-feu [parfø] *m inv* strimyn *g* atal tân;
♦*adj inv*: **portes** ~-~ drysau *ll* atal tân.

pareil[1] (**-le**) [parɛj] *adj*
1 (*semblable*) tebyg, cyffelyb; **les deux chapeaux sont presque** ~**s** mae'r ddwy het bron yr un fath; **je veux une robe** ~**le à la tienne** mae arna' i eisiau ffrog fel d'un di; **rien de** ~ dim byd tebyg.
2 (*de telle nature*) o'r fath; **je n'ai jamais dit une chose** ~**le** ni ddywedais i erioed y fath beth; **je n'ai jamais vu de** ~ ni welais ddim byd tebyg yn fy myw; **on ne peut rien faire par un temps** ~ ni ellir gwneud dim yn y fath dywydd; **en** ~ **cas** mewn achos o'r fath;
♦*adv*: **habillés** ~ wedi'u gwisgo yr un fath; **faire** ~ gwneud yr un peth.

pareil[2] [parɛj] *m* un *g* tebyg; **c'est un homme sans** ~ mae ddyn heb ei ail *ou* debyg; **ses** ~**s** ei debyg; **on va où tu veux, pour moi c'est du** ~ **au même** awn ni i ble bynnag y mynni di, does dim ots gen i; **j'en veux un** ~ mae arna' i eisiau un yr un fath.

pareille [parɛj] *f* un *b* debyg; **rendre la** ~ **à qn** talu'r pwyth yn ôl i rn;
♦*adj f voir* **pareil**[1].

pareillement [parɛjmɑ̃] *adv* yr un fath, yn yr un modd; (*aussi*) hefyd; **vous le pensez et moi** ~ 'rydych chi'n ei feddwl, a minnau hefyd.

parement [parmɑ̃] *m* (*CONSTR*) arwyneb *g*, wynebiad *g*, wynebyn *g*; (*d'un col, d'une manche*) ffesin *g*; ~ **d'autel** (*REL*) blaenlen *b*, taladdurn *g*, allorlen *g,b*.

parent[1] (**-e**) [parɑ̃, ɑ̃t] *adj* yn perthyn i; (*comparable, analogue*) tebyg.

parent[2] [parɑ̃] *m* perthynas *b*; (*père, mère*) rhiant *g*; ~**s** (*père et mère*) rhieni *ll*; (*famille, proches*) perthnasau *ll*; ~**s adoptifs** rhieni mabwysiol; ~**s en ligne directe** perthnasau gwaed; ~**s par alliance** perthnasau drwy briodas; **être** ~ **de qn** perthyn i rn, bod yn berthynas i rn.

parental (**-e**) (**parentaux, parentales**) [parɑ̃tal, parɑ̃to] *adj* rhieni.

parente [parɑ̃t] *f* perthynas *b*; (*mère*) mam *b*;
♦*adj f voir* **parent**[1].

parenté [parɑ̃te] *f* perthynas *b* (deuluol); (*fig: entre caractères*) cysylltiad *g*, perthynas.

parenthèse [parɑ̃tɛz] *f* cromfach *b*; **ouvrir la** ~ agor y cromfachau; **fermer la** ~ cau'r cromfachau; **entre** ~**s** mewn cromfachau, gyda llaw, wrth fynd heibio; **mettre qch entre** ~**s** (*fig*) gosod rhth o'r neilltu.

parer [pare] (**1**) *vt* (*décorer*) addurno; (*CULIN: viande*) trin, paratoi; (*éviter: coup, manœuvre*) osgoi; ~ **à** (*danger, inconvénient*) amddiffyn rhag; ~ **à toute éventualité** paratoi ar gyfer pob achlysur; ~ **au plus pressé** delio â'r materion pwysicaf yn gyntaf;
♦ **se** ~ *vr*: **se** ~ **de** (*fig: qualité, titre*) cymryd (arnoch).

pare-soleil [parsɔlɛj] *m inv* (*AUTO*) cysgod *g* llygad, fisor *g* haul.

paresse [parɛs] *f* diogi *g*.

paresser [paʀese] (**1**) *vi* diogi.
paresseusement [paʀesøzmɑ̃] *adv* yn ddiog.
paresseux[1] (**paresseuse**) [paʀesø, paʀesøz] *adj* diog.
paresseux[2] [paʀesø] *m* (ZOOL) diogyn *g*.
parfaire [paʀfɛʀ] (**8**) *vt* (*ouvrage, travail*) cwblhau; (*connaissances*) perffeithio.
parfait[1] (**-e**) [paʀfɛ, ɛt] *pp de* **parfaire**; ♦*adj* perffaith; (*total*) llwyr, hollol; ~**!** i'r dim!, ardderchog!
parfait[2] [paʀfɛ] *m* (LING) gorffennol *g* perffaith; (CULIN) parfait *g*.
parfaitement [paʀfɛtmɑ̃] *adv* yn berffaith; **cela m'est ~ égal** does dim ots gen i o gwbl, nid oes wahaniaeth yn y byd gennyf; ♦*excl* wrth gwrs!
parfaites [paʀfɛt] *vb voir* **parfaire**.
parfasse *etc* [paʀfas] *vb voir* **parfaire**.
parferai *etc* [paʀfʀe] *vb voir* **parfaire**.
parfois [paʀfwa] *adv* weithiau, ar adegau, o bryd i'w gilydd.
parfum [paʀfœ̃] *m* persawr *g*; (*de tabac, vin*) aroglau *g*, gwynt *g*; (*goût: de glace, milk-shake*) blas *g*.
parfumé (**-e**) [paʀfyme] *adj* persawrus; ~ **à la vanille** (*aromatisé*) â blas fanila.
parfumer [paʀfyme] (**1**) *vt* persawru, rhoi persawr yn; (*crème, gâteau*) rhoi blas yn; ♦ **se** ~ *vr* rhoi persawr (arnoch).
parfumerie [paʀfymʀi] *f* (*boutique*) siop *b* bersawr; (*usine*) ffatri *b* bersawr; (*industrie*) diwydiant *g* persawr.
parfumeur [paʀfymœʀ] *m* gwerthwr *g* persawr, persawrydd *g*.
parfumeuse [paʀfymøz] *f* gwerthwraig *b* persawr, persawrydd *g*.
pari [paʀi] *m* bet *b*; (*défi*) gambl *g,b*; **P~ mutuel urbain** *system o fetio ar geffylau.*
paria [paʀja] *m* parïa *g*, dyn *g* ysgymun.
parier [paʀje] (**16**) *vt* betio; **je parie qu'elle a encore oublié** mi fetia' i ei bod hi wedi anghofio eto.
parieur [paʀjœʀ] *m* gamblwr *g*.
parisien (**-ne**) [paʀizjɛ̃, jɛn] *adj* Parisaidd.
Parisien [paʀizjɛ̃] *m* Parisiad *g*.
Parisienne [paʀizjɛn] *f* Parisiad *b*.
paritaire [paʀitɛʀ] *adj*: **commission ~** cydbwyllgor *g*.
parité [paʀite] *f* paredd *g*; ~ **de change** paredd cyfnewid (arian).
parjure [paʀʒyʀ] *m* anudoniaeth *b*, anudon *g*; ♦*m/f* anudonwr *g*, anudonwraig *b*.
parjurer [paʀʒyʀe] (**1**): **se ~** *vr* tyngu anudon, camdyngu.
parka [paʀka] *f* parca *g*.
parking [paʀkiŋ] *m* maes *g* parcio.
parlant (**-e**) [paʀlɑ̃, ɑ̃t] *adj* (*fig: portrait, image*) byw; (*comparaison, preuve*) argyhoeddiadol; **film ~** ffilm *b* siarad; ♦*adv*: **généralement ~** a siarad yn gyffredinol.
parlé (**-e**) [paʀle] *adj* llafar; **langue ~e** iaith *b* lafar.
parlement [paʀləmɑ̃] *m* senedd *b*.
parlementaire [paʀləmɑ̃tɛʀ] *adj* seneddol; ♦*m/f* (*député*) aelod *g* seneddol; (*négociateur*) trafodwr *g*, trafodwraig *b*.
parlementarisme [paʀləmɑ̃taʀism] *m* llywodraeth *b* seneddol.
parlementer [paʀləmɑ̃te] (**1**) *vi* trafod, ymdrafod.
parler[1] [paʀle] *m* lleferydd *g*; (*dialecte*) tafodiaith *b*; **elle a un ~ vulgaire** mae hi'n siarad yn anweddus *ou* gomon; ~ **affaires** siarad siop; ~ **politique** trafod gwleidyddiaeth.
parler[2] [paʀle] (**1**) *vt* (*savoir manier*) medru; **il parle français** mae'n medru'r Ffrangeg; ♦*vi* siarad, sôn; ~ **de qch/qn** siarad *ou* sôn am rth/rn; ~ **(à qn) de** siarad (â rhn) am, sôn (wrth rn) am; ~ **de faire qch** sôn am wneud rhth; ~ **pour qn** (*intercéder*) siarad dros *ou* ar ran rn; **il parle en dormant** mae'n siarad yn ei gwsg; ~ **du nez** siarad drwy'ch trwyn; ~ **par gestes** siarad gyda'ch dwylo; **il parle en l'air** mae'n dweud y peth cyntaf a ddaw i'w feddwl; **sans ~ de** (*fig*) heb sôn am; **tu parles!** dwyt ti ddim o ddifri!; **les faits parlent d'eux-mêmes** mae'r ffeithiau'n siarad drostynt eu hunain; **n'en parlons plus!** dyna ddiwedd arni!, gadewch inni beidio â sôn rhagor am y peth!
parleur [paʀlœʀ] *m* siaradwr *g*; **beau ~** siaradwr *g* da.
parloir [paʀlwaʀ] *m* (*d'école, d'une prison, d'un hôpital*) ystafell *b* ymwelwyr; (*pour avocat*) ystafell gyfweld; (*de maison*) parlwr *g*; (*de théâtre*) lolfa *b* actorion.
parlote [paʀlɔt] *f* mân-siarad *g*.
parme [paʀm(ə)] *adj* môf, porffor golau
parmesan [paʀməzɑ̃] *m* caws *g* Parma.
parmi [paʀmi] *prép* ymhlith, ymysg, yng nghanol; **demain il sera ~ nous** bydd yn ein plith *ou* yn ein mysg fory; **choisir ~ huit destinations** dewis rhwng *ou* o blith wyth lleoliad; **un example ~ tant d'autres** un enghraifft o blith llawer.
Parnasse [paʀnas] *prm*: **le (mont) ~** Mynydd *g* Parnasws.
parodie [paʀɔdi] *f* parodi *g*; (*simulacre*) rhyw esgus *g*, rhyw lun *g* (o rth).
parodier [paʀɔdje] (**16**) *vt* parodïo.
paroi [paʀwa] *f* wal *b*, pared *g*; ~ **(rocheuse)** clogwyn *g*.
paroisse [paʀwas] *f* plwyf *g*, plwyfol.
paroissial (**-e**) (**paroissiaux, paroissiales**) [paʀwasjal, paʀwasjo] *adj* plwyf; **église ~e** eglwys *b* y plwyf.
paroissien [paʀwasjɛ̃] *m* plwyfolyn *g*; **un drôle de ~** cymeriad *g* rhyfedd.
paroissienne [paʀwasjɛn] *f* plwyfolyn *g*.
parole [paʀɔl] *f* lleferydd *g*; (*mot*) gair *g*; **~s**

(*MUS: d'une chanson*) geiriau *ll*; **la bonne ~** (*REL*) y Gair; **tenir ~, n'avoir qu'une ~** cadw'ch gair; **avoir la ~, prendre la ~** annerch, dechrau siarad; **demander la ~** gofyn am ganiatâd i ddweud gair; **obtenir la ~** cael caniatâd i siarad; **donner la ~ à qn** rhoi cyfle i rn siarad; **perdre la ~** colli'ch lleferydd; (*fig*) colli'ch tafod; **croire qn sur ~** cymryd *ou* derbyn gair rhn; **prisonnier sur ~** carcharor *g* wedi'i ryddhau ar barôl; **temps de ~** (*TV, RADIO etc*) amser *g* trafodaethau; **histoire sans ~s** cartŵn *g* heb eiriau; **une ~ historique** dywediad *ou* ymadrodd hanesyddol; **ma ~!** ar fy ngair!, ar f'enaid i!; **~ d'honneur** ar fy llw.

parolier [paʀɔlje] *m* (*MUS*) awdur *g* geiriau; (*OPÉRA*) libretydd *g*.

parolière [paʀɔljɛʀ] *f* (*MUS*) awdures *g* geiriau; (*OPÉRA*) libretydd *g*.

paroxysme [paʀɔksism] *m* anterth *g*, uchafbwynt *g*; **être au ~ de la fureur** bod yn wyllt gynddeiriog.

parpaing [paʀpɛ̃] *m* bloc *g* bris, brisbloc *g*.

parquer [paʀke] (**1**) *vt* (*bestiaux*) corlannu; (*soldats*) gorsafu; (*vivres, artillerie*) stocio; (*prisonniers*) carcharu; (*voiture*) parcio.

parquet [paʀkɛ] *m* llawr *g* parquet; **le ~** (*JUR*) Swyddfa'r *b* Erlynydd; **le ~ général** (*magistrats*) y Fainc *b*.

parqueter [paʀkəte] (**12**) *vt* llorio (*â parquet*).

parrain [paʀɛ̃] *m* tad *g* bedydd; (*d'un nouvel adhérent*) enwebydd *g*; (*d'entreprise*) noddwr *g*, hyrwyddwr *g*.

parrainage [paʀɛnaʒ] *m* (*de nouvel adhérent*) enwebu; (*d'entreprise*) noddi, hyrwyddo.

parrainer [paʀene] (**1**) *vt* noddi; (*nouvel adhérent*) enwebu.

parricide [paʀisid] *m* (*crime*) tadladdiad *g*; ♦*m/f* (*criminel*) tadleiddiad *g/b*.

pars *etc* [paʀ] *vb voir* **partir**.

parsemer [paʀsəme] (**13**) *vt* taenu, bod ar wasgar ar, britho; **des feuilles parsèment la pelouse** mae dail ar wasgar ar y lawnt; **parsemez-la de persil** taenwch bersli drosto/drosti; **une pelouse parsemée de fleurs** lawnt yn frith o flodau; **un devoir parsemé de fautes** gwaith cartref yn frith o gamgymeriadau.

part[1] [paʀ] *vb voir* **partir**.

part[2] [paʀ] *f* rhan *b*, cyfran *b*; (*de gâteau, fromage*) darn *g*, tamaid *g*; (*FIN: titre*) cyfranddaliad *g*; **prendre ~ à** (*débat etc*) cymryd rhan yn; (*soucis, douleur de qn*) rhannu, cyfranogi o; **faire ~ de qch à qn** dweud rhth wrth rn, hysbysu rhn o rth, rhoi gwybod i rn am rth; **pour ma ~** o'm rhan i; **à ~ entière** llawn; **de la ~ de** (*au nom de*) ar ran; (*donné par*) gan; **c'est de la ~ de qui?** (*au téléphone*) pwy sy'n siarad os gwelwch yn dda?; **de toute(s) ~(s)** o bob ochr; **de ~ et d'autre** ar bob ochr, o bob tu; **de ~ en ~** yn syth drwodd; **d'une ~ ... d'autre ~** ar y naill law ... ar y llaw arall; **nulle ~** yn unman, yn unlle; **quelque ~** (i) rywle, yn rhywle; **autre ~** rywle arall, yn rhywle arall; **à ~** ar wahân; (*de côté*) o'r neilltu; (*différent*) gwahanol; **à ~ cela** ar wahân i hynny; **pour une large** *neu* **bonne ~** i raddau helaeth; **prendre qch en bonne/mauvaise ~** derbyn rhth yn dda/wael; **faire la ~ des choses** gweld pethau yn eu gwir oleuni; **faire la ~ du feu** (*fig*) eich digolledu'ch hun; **faire la ~ trop belle à qch** rhoi pwyslais gormodol ar rth.

part. *abr voir* **particulier, particulièrement**.

partage [paʀtaʒ] *m* rhaniad *g*, rhannu; (*part*) cyfran *b*; **le ~ des gains se fera entre 20 personnes** rhennir yr elw rhwng 20 o bobl; **donner/recevoir qch en ~** rhoi/cael rhth mewn ewyllys; **sans ~** yn gyfan, cyfan.

partagé (-e) [paʀtaʒe] *adj* rhanedig, hollt; (*sentiments*) cymysg; (*amour*) a rennir; **être ~ entre** bod wedi'ch rhwygo rhwng; **être ~ sur** anghytuno ar; **leurs torts sont ~s** mae'r ddau ohonynt ar fai.

partager [paʀtaʒe] (**10**) *vt* rhannu; (*séparer*) gwahanu; **~ la joie de qn** rhannu llawenydd rhn;

♦ **se ~** *vr* rhannu; **c'est le genre de travail qui ne se partage pas** y math o waith ydyw na ellir ei rannu, mae natur y gwaith yn golygu na ellir ei rannu.

partance [paʀtɑ̃s]: **en ~** *adv* (*avion*) ar godi; (*navire*) ar fin hwylio; **sur une navire en ~ pour la Chine** ar long ar ei ffordd *ou* ar ei hynt i Tsieina.

partant[1] [paʀtɑ̃] *vb*: **en ~ de là** ar sail hynny *voir aussi* **partir**.

partant[2] (-e) [paʀtɑ̃, ɑ̃t] *adj*: **être ~ pour qch** bod yn barod am *ou* i rth *ou* ar gyfer rhth.

partant[3] [paʀtɑ̃] *m* (*SPORT*) cychwynnydd *g*; (*hippisme*) rhedwr *g*.

partant[4] [paʀtɑ̃] *conj* o ganlyniad, o'r herwydd.

partenaire [paʀtənɛʀ] *m/f* cymar *g*, cymhares *b*, partner *g*, partneres *b*; **~s sociaux** rheolwyr *ll* a gweithwyr *ll*.

parterre [paʀtɛʀ] *m* (*de fleurs*) gwely *g*; (*THÉÂTRE*) seddau'r *ll* llawr, llawr *g* y theatr.

parti [paʀti] *m* (*POL*) plaid *b*; (*groupe*) grŵp *g*; (*décision*) penderfyniad *g*; **un beau ~** (*personne à marier*) rhn a wnaiff ŵr da neu wraig dda i rn; **tirer ~ de** manteisio ar; **prendre le ~ de faire qch** penderfynu gwneud rhth; **prendre le ~ de qn** ochri â rhn; **prendre ~ pour/contre qn** sefyll o blaid/yn erbyn rhn; **prendre ~** ochri; **prendre son ~ de qch** dod i delerau â rhth; **~ pris** rhagfarn *b*; **P~ conservateur** y Blaid Geidwadol; **P~ socialiste** y Blaid Sosialaidd; **P~ travailliste** y Blaid Lafur.

partial (-e) (**partiaux, partiales**) [paʀsjal, paʀsjo] *adj* unochrog, pleidiol.

partialement [parsjalmɑ̃] *adv* yn unochrog.
partialité [parsjalite] *f* tuedd *b*, rhagfarn *b*, pleidioldeb *g*.
participant [partisipɑ̃] *m* cyfranogwr *g*, un sy'n cymryd rhan; (*à un concours*) cystadleuydd *g*.
participante [partisipɑ̃t] *f* cyfranogwraig *b*, un sy'n cymryd rhan; (*à un concours*) cystadleuydd *g*.
participation [partisipasjɔ̃] *f* cyfranogaeth *g*, cyfranogiad *g*, cyfranogi; (*contribution*) cyfraniad *g*, cyfrannu; (*COMM*) daliant *g*; **la ~ ouvrière** cyfranogaeth gweithwyr; **"avec la ~ de ..."** "â chyfraniad ..."
participe [partisip] *m* (*LING*) rhangymeriad *g*; **~ passé/présent** rhangymeriad gorffennol/presennol.
participer [partisipe] (**1**) *vi*: **~ à** cymryd rhan yn, cyfranogi o; **son comportement participe de la névrose** mae rhywbeth niwrotig yn ei ymddygiad.
particulariser [partikylarize] (**1**) *vt*: **se ~** eich nodweddu eich hun, cael eich nodweddu.
particularisme [partikylarism] *m* (teimlad o) hunaniaeth *b*, arwahander *g*; **~ régional** neilltuaeth *b* rhanbarthol.
particularité [partikylarite] *f* nodwedd *b*, hynodwedd *b*, neilltuolrwydd *g*.
particule [partikyl] *f* gronyn *g*; (*LING*) geiryn *g*; **~ (nobiliaire)** geiryn uchelwrol.
particulier[1] (**particulière**) [partikylje, partikyljer] *adj* arbennig, neilltuol, penodol; (*personnel, propre*) personol; (*privé: entretien, audience*) preifat; **~ à** yn perthyn yn arbennig i, nodweddiadol o; **en ~** yn arbennig, yn enwedig, yn neilltuol; (*en privé*) yn breifat.
particulier[2] [partikylje] *m* (*ADMIN*) unigolyn *g*; **"~ vend ..."** (*COMM*) "ar werth yn breifat ...", "perchennog yn gwerthu ..."
particulièrement [partikyljermɑ̃] *adv* yn arbennig, yn enwedig, yn neilltuol.
partie [parti] *f*
1 rhan *b*; **faire ~ de qch** bod yn rhan o rth; **la majeure ~ des gens** y rhan fwyaf o bobl; **en ~** yn rhannol; **en grande ~** yn bennaf, i raddau helaeth.
2 (*JUR*) parti *g*, plaid *b*; **~ civile** achwynydd *g*; **~ publique** cydachwynydd *g* (*â'r erlynydd cyhoeddus*).
3 (*profession, spécialité*) pwnc *g*, maes *g*.
4 (*de cartes, tennis etc*) gêm *b*.
5 (*fig: lutte, combat*) brwydr *b*.
6 (*sortie, réunion*): **~ de campagne** tro *g* yn y wlad; **~ de pêche** trip *g* pysgota.
7 (*locutions*): **avoir ~ liée avec qn** gweithio law yn llaw â rhn; **prendre qn à ~** ceryddu rhn; **nous ne pouvons pas venir à votre fête, mais ce n'est que ~ remise** ni allwn ddod i'ch parti, ond fe ddown y tro nesaf gobeithio.
partiel[1] (**-le**) [parsjɛl] *adj* rhannol.
partiel[2] [parsjɛl] *m* (*SCOL*) arholiad *g* diwedd modiwl.
partiellement [parsjɛlmɑ̃] *adv* yn rhannol.
partir [partir] (**26**) *vi (avec aux. être)* cychwyn, mynd, ymadael, gadael; (*s'éloigner*) mynd i ffwrdd *ou* bant *ou* ymaith; (*pétard*) ffrwydro; (*bouchon*) dod allan; (*moteur*) tanio, cychwyn; (*tache*) dod i ffwrdd; (*bouton*) dod yn rhydd; **~ de** (*quitter*) ymadael o, gadael; (*commencer à*) dechrau; **~ en week-end** mynd i ffwrdd dros y Sul; **~ de rien** dechrau *ou* cychwyn o ddim; **à ~ d'ici** o'r fan hon; **à ~ de 16 heures** o 4 o'r gloch ymlaen; **à ~ de cet example il a démontré que** gan ddefnyddio'r enghraifft hon profodd ...; **fais ~ ce chien** dos *ou* cer â'r ci 'ma o'ma; **il a l'air parti pour réussir** mae'n ymddangos fel pe bai'n mynd i lwyddo; **~ pour, ~ à** (*lieu, pays*) cychwyn i *ou* am.
partisan[1] (**-e**) [partizɑ̃, an] *adj* pleidiol; **être ~ de qch** bod o blaid rhth, cefnogi rhth.
partisan[2] [partizɑ̃] *m* (*d'un parti, régime*) pleidiwr *g*, cefnogwr *g*; (*pendant la guerre*) partisan *g*.
partisane [partizan] *f* (*d'un parti, régime*) pleidwraig *b*, cefnogwraig *b*; (*pendant la guerre*) partisan *b*;
♦*adj f voir* **partisan**[1].
partition [partisjɔ̃] *f* (*MUS*) sgôr *b*.
partout [partu] *adv* ym mhobman; **~ où il allait** ble bynnag yr âi; **trente/quarante ~** (*TENNIS*) tri deg/pedwar deg yr un.
paru (**-e**) [pary] *pp de* **paraître**.
parure [paryr] *f* (*ornements, bijoux*) gemau *ll*, tlysau *ll*; (*assortiment*) set *b*.
parus *etc* [pary] *vb voir* **paraître**.
parution [parysjɔ̃] *f* (*d'un livre*) cyhoeddiad *g*, cyhoeddi; **à sa ~, le livre a fait scandale** pan ddaeth allan, achosodd y llyfr sgandal.
parvenir [parvənir] (**32**) *vi*: **~ à** cyrraedd; (*à ses fins, à la fortune*) dod i; **~ à faire qch** llwyddo i wneud rhth; **faire ~ qch à qn** anfon rhth at rn.
parvenu[1] (**-e**) [parvəny] *pp de* **parvenir**.
parvenu[2] [parvəny] (*péj*) *m* crachfonheddwr *g*.
parvenue [parvəny] (*péj*) *f* crachfonheddwraig *b*.
parviendrai *etc* [parvjɛ̃dre] *vb voir* **parvenir**.
parviens *etc* [parvjɛ̃] *vb voir* **parvenir**.
parvis [parvi] *m* cwrt *g* blaen, sgwâr *g*.
pas[1] [pɑ] *m*
1 (*gén*) cam *g*; (*trace*) ôl *g* traed; **~ à ~** o gam i gam, fesul cam; **au ~** ar gyflymder cerdded; **de ce ~** ar unwaith; **marcher à grands ~** brasgamu; **mettre qn au ~** cael trefn ar rn; **au ~ de gymnastique, au ~ de course** yn gyflym; **à ~ de loup** yn llechwraidd; **faire les cent ~** cerdded yn ôl ac ymlaen; **faire les premiers ~** (*aussi fig*) cymryd y camau cyntaf; **retourner** *neu* **revenir sur ses ~** dychwelyd, mynd yn ôl; **se tirer d'un mauvais ~** eich cael eich hun allan

o dwll; **sur le ~ de la porte** ar y rhiniog, ar garreg y drws; **~ de porte** (*fig*) arian *g* allwedd (*a delir gan un sy'n rhentu fflat ayb*).
2 (*allure*) cyflymder *g*, cyflymdra *g*, camre *g*.
3 (*détroit*): **le ~ de Calais** Culfor *g* Dofr.
pas[2] [pa] *adv*
1 (*avec ne, non etc*): **ne ... ~** ni(d) ... (ddim); **je ne vais ~ à l'école** nid wyf yn mynd i'r ysgol, dydw i ddim yn mynd i'r ysgol; **il ne ment ~** nid yw'n dweud celwydd; **il n'a ~ menti** ni ddywedodd gelwydd; **elle ne la voit ~** nid yw'n ei gweld hi; **elle ne l'a ~ vue** nis gwelodd, ni welodd hi mohoni, dydi hi ddim wedi'i gweld hi; **ils n'ont ~ de voiture** nid oes ganddyn nhw gar; **il m'a dit de ne ~ le faire** dywedodd wrthyf am beidio â'i wneud; **non ~ que j'y croie** nid fy mod yn ei gredu; **non ~ qu'elle ait été blamable** nid iddi fod ar fai; **il n'y avait ~ plus de 200 personnes** nid oedd mwy na 200 o bobl yno; **ce n'est ~ sans hésitation que ...** nid heb betruso ....
2 (*sans ne etc*): **~ moi** nid fi; (*renforçant l'opposition*): **elle travaille, (mais) moi ~** *neu* **~ moi** mae hi'n gweithio, ond dydw i ddim; **~ de sucre, merci!** dim siwgr, diolch; **une pomme ~ mûre** afal heb aeddfedu; **~ plus tard qu'hier** ddoe ddiwethaf (yn y byd); **~ du tout** dim o gwbl; **~ encore** dim eto; **ceci est à vous ou ~?** chi biau hwn ai peidio?.
3: **~ mal** go lew, gweddol dda; (*assez bien*) eithaf da; **~ mal de** (*beaucoup de*) eithaf tipyn o; **ils ont ~ mal d'enfants/d'argent** mae ganddyn nhw dipyn o blant/arian; **avoir ~ mal de chance** bod yn eithaf lwcus.
4 (*aussi:* **n'est-ce ~**): **on s'est bien amusé, ~** fe gawsom ni hwyl, on'd do; **elle est belle, ~** mae hi'n brydferth, on'd ydi.
pascal (**-e**) (**pascaux, pascales**) [paskal, pasko] *adj* y Pasg, Pasgaidd.
passable [pasabl] *adj* derbyniol, go lew, eithaf da, gweddol; (*SCOL*) boddhaol.
passablement [pasabləmɑ̃] *adv* (*pas trop mal*) eithaf; (*beaucoup*) tipyn go lew; (*moyennement*) yn eithaf da.
passade [pasad] *f* (*engouement*) mympwy *g*, chwiw *b*; (*liaison amoureuse*) carwriaeth *b* fer.
passage [pasaʒ] *m*
1 (*fait de passer*) mynd heibio, pasio; **~ du temps** treigl *g* amser; **au ~** wrth basio, wrth fynd heibio; **était-ce avant ou après le ~ du facteur?** a oedd hyn cyn i'r postmon ddod ynteu ar ôl hynny?.
2 (*séjour*) arhosiad *g*; **touristes de ~** ymwelwyr achlysurol *ou* byr eu arhosiad; **il est de ~ en ville** mae'n pasio drwy'r dref; **amants de ~** cariadon achlysurol *ou* dros dro.
3 (*franchissement*) mynediad *g*; **"~ interdit"** "dim mynediad"; **interdire le ~ des camions dans la ville** gwahardd loriau rhag pasio trwy'r dref; **isoler les fenêtres pour empêcher le ~ d'air** selio'r ffenestri er mwyn atal drafft; **barrer le ~ à qn** rhwystro mynediad rhn.
4 (*extrait: d'un livre etc*) rhan *b*, darn *g*.
5 (*dans un bâtiment*) coridor *g*, tramwyfa *b*, cyntedd *g*.
6 (*petite rue*) stryd *b* gefn.
7 (*locutions*): **~ à niveau** croesfan *g,b* r(h)eilffordd; **~ clouté, ~ pour piétons** croesfan cerddwyr; **~ protégé** hawl *b* tramwy; **~ souterrain** isffordd *b*; **subir un ~ à tabac** cael cweir *ou* crasfa; **~ à vide** cyfnod *g* anodd.
passager[1] (**passagère**) [pasaʒe, pasaʒɛʀ] *adj* dros dro, byr(ber)(byrion), byrhoedlog, cyfnod byr; (*rue etc*) prysur; (*oiseau*) ymfudol.
passager[2] [pasaʒe] *m* teithiwr *g*; **~ clandestin** teithiwr cudd *ou* cuddiedig.
passagère [pasaʒɛʀ] *f* teithwraig *b*;
♦*adj f voir* **passager**[1].
passagèrement [pasaʒɛʀmɑ̃] *adv* dros dro.
passant[1] (**-e**) [pasɑ̃, ɑ̃t] *adj* (*rue, endroit*) prysur *voir aussi* **passer**.
passant[2] [pasɑ̃] *m* un *g* sy'n mynd heibio, tramwywr *g*, cerddwr *g*; (*d'une ceinture etc*) dolen *b*.
passante [pasɑ̃t] *f* un *b* sy'n mynd heibio, tramwywraig *b*, cerddwraig *b*;
♦*adj f voir* **passant**[1].
passation [pasasjɔ̃] *f* (*JUR: d'un acte*) llofnodi, arwyddo; **~ des pouvoirs** trosglwyddo *ou* trosglwyddiad *g* grym.
passe[1] [pas] *f* (*SPORT*) pàs *g*; (*NAUT*) sianel *b*; **être dans une bonne/mauvaise ~** (*fig*) mynd drwy gyfnod da/gwael; **être en ~ de faire qch** bod ar y ffordd i wneud rhth; **~ d'armes** (*fig*) ffrae *b*; **~s (magnétiques)** ystumiau *ll* hypnoteiddiwr; **mot de ~** cyfrinair *g*.
passe[2] [pas] *m* (*passe-partout*) prifallwedd *b*.
passé[1] (**-e**) [pase] *adj* (*dernier en date*) diwethaf; (*couleur*) wedi pylu; (*tapisserie*) wedi colli'i liw; **le temps ~** y gorffennol *g*; **~ de mode** henffasiwn; **il était 5 heures ~es** 'roedd hi ar ôl *ou* wedi 5 o'r gloch; **j'ai ~ 18 ans, je fais ce que je veux** 'rwyf dros 18 oed, caf wneud fel y mynnaf; **dimanche ~** dydd Sul diwethaf;
♦*prép* ar ôl, wedi.
passé[2] [pase] *m* (*aussi LING*) gorffennol; **par le ~, dans le ~** yn y gorffennol; **~ simple** (*LING*) gorffennol syml *ou* hanesyddol; **~ composé** (*LING*) gorffennol perffaith.
passe-droit (**~-~s**) [pasdʀwa] *m* ffafriaeth *b*, braint *b* arbennig, rhagorfraint *b*.
passéiste [paseist] *adj* henffasiwn, hoff o'r gorffennol.
passementerie [pasmɑ̃tʀi] *f* addurniadau *ll*.
passe-montagne (**~-~s**) [pasmɔ̃taɲ] *m* balaclafa *g*.
passe-partout [paspaʀtu] *m inv* (*clé*)

prifallwedd *b*;

♦*adj inv* (*tenue, phrase*) at bob pwrpas.

passe-passe [paspas] *m inv*: **tour de ~-~** tric *g* consurio; (*fig*) ystryw *g,b*, triciau.

passe-plat (~-~**s**) [paspla] *m* agorfa *b* weini.

passeport [paspɔʀ] *m* trwydded *b* deithio, pasbort *g*.

passer [pase] (**1**) *vi (avec aux. être)* (*se rendre, aller*) mynd; (*défiler, doubler*) pasio, mynd heibio; (*être digéré, avalé: repas, vin*) mynd i lawr; (*couleur, papier*) colli lliw; (*douleur, mode*) darfod; (*film, émission etc*) bod ymlaen; ~ **(chez qn)** (*pour rendre visite*) galw heibio, mynd draw (i dŷ rhn); ~ **devant** (*accusé, projet de loi*) mynd o flaen; ~ **à la radio/télévision** mynd ar y radio/teledu; ~ **dans les mœurs** *neu* **l'usage** dod yn arfer; ~ **derrière qn/qch** mynd y tu ôl i rn/rth; ~ **avant qch/qn** (*fig*) mynd *ou* dod o flaen rhth/rhn, mynd *ou* dod ynghynt na rhn/rhth; **laisser** ~ (*air*) gadael i (rth) fynd drwodd; (*personne*) gadael i (rn) fynd heibio; (*occasion, erreur*) gadael i (rth) ddigwydd; ~ **dans la classe supérieure** (*SCOL*) symud i'r dosbarth uwch; ~ **en seconde/troisième** (*AUTO*) newid i'r ail/trydydd gêr; ~ **à la radio** cael pelydr X; ~ **aux aveux** cyffesu; ~ **à l'action** mynd ati, bwrw iddi; ~ **inaperçu** osgoi sylw; ~ **outre** mynd ymlaen er gwaethaf popeth; ~ **outre à qch** anwybyddu rhth; **il passe pour riche** honnir *ou* credir ei fod yn gyfoethog; **il passe pour un imbécile** mae pawb yn meddwl ei fod yn ffŵl; **il passe pour avoir fait qch** credir iddo wneud rhth; **il passe pour un cousin** mae'n rhyw fath o berthynas, mae'n esgus bod yn perthyn; ~ **à table** mynd at y bwrdd; ~ **au salon** mynd i'r lolfa; ~ **à côté** mynd heibio; ~ **à l'ennemi** mynd drosodd at y gelyn; ~ **sur qch** (*faute, détails*) anwybyddu rhth; **je ne fais que** ~ dim ond galw ydw i, dim ond picio draw ydw i; **passe encore de le penser, mais de le dire c'est une autre chose** un peth yw meddwl hynny, peth arall yw ei ddweud; **faire ~ à qn le goût** peri *ou* achosi i rn golli ei flas am rth; **faire ~ qch/qn pour** gwneud i rth/rn ymddangos yn; ~ **président** mynd *ou* dod yn gadeirydd *ou* arlywydd; **passons!** ymlaen â ni!, anghofiwn y peth!, dyna ddiwedd ar y mater!; ~ **par** mynd drwy; **en passant** (*remarquer*) wrth basio; **venir voir qn en passant** mynd i weld rhn wrth fynd heibio;

♦*vt (avec aux. avoir)* pasio; (*temps*) treulio; (*franchir: fleuve, pont*) croesi; (*porte, douane*) mynd drwy; (*transmettre*) estyn, pasio; (*enfiler: vêtement*) gwisgo; (*café, thé, soupe*) hidlo; (*film, pièce*) dangos; (*disque*) chwarae; (*couleur: suj: lumière*) pylu; ~ **qch à qn** (*stylo, message*) estyn *ou* pasio rhth i rn; ~ **son tour** (*CARTES*) methu tro; ~ **qch en fraude** smyglo rhth; ~ **la tête/la main par la portière** taro *ou* rhoi'ch pen/llaw heibio i'r drws; **je vous passe Nathalie** (*au téléphone*) dyma Nathalie ichi; ~ **la parole à qn** gadael i rn siarad; ~ **qn par les armes** saethu rhn gan fintai saethu; ~ **une commande** gwneud archeb; ~ **un marché** *neu* **accord** taro bargen; ~ **le week-end** bwrw'r Sul, treulio'r penwythnos; ~ **la seconde/troisième** (*AUTO*) newid i'r ail/trydydd gêr;

♦ **se** ~ *vr* digwydd; **que s'est-il passé?** beth ddigwyddodd?; **qu'est-ce qui se passe?** beth sy'n mynd ymalen?; **comment s'est passée la réunion?** sut aeth y cyfarfod?; **se ~ les mains sous l'eau** rhedeg dŵr dros eich dwylo; **se ~ de l'eau sur le visage** rhoi dŵr ar eich wyneb; **deux ans se sont passés depuis** aeth dwy flynedd heibio ers hynny; **cela se passe de commentaires** nid oes angen dweud dim yn ei gylch, mae hynny'n siarad drosto'i hun; **se ~ de qch** mynd *ou* gwneud heb rth.

passereau (**-x**) [pasʀo] *m* aderyn *g* to.

passerelle [pasʀɛl] *f* pompren *b*, pont *b* droed.

passe-temps [pastɑ̃] *m inv* hobi *b*, diddordeb *g*; **quels sont tes ~s?** beth yw dy ddiddordebau?

passette [pasɛt] *f* hidlwr *g* te.

passeur [pasœʀ] *m* (*fig*) smyglwr *g*.

passeuse [pasøz] *f* (*fig*) smyglwraig *b*.

passible [pasibl] *adj*: ~ **de** agored i; **vous êtes ~ d'une amende** gellir eich dirwyo.

passif[1] (**passive**) [pasif, pasiv] *adj* goddefol.

passif[2] [pasif] *m* (*LING*) y stad *b* oddefol, y goddefol *g*; (*COMM*) dyled *b*.

passion [pasjɔ̃] *f* angerdd *g*; (*enthousiasme*) arddeliad *g*, brwdfrydedd *g*; **La P~** (*REL*) y Dioddefaint *g*; **il a la ~ de** mae'n frwd am, mae ganddo hoffter o; **fruit de la ~** (*BOT*) granadila *g*; **avec ~** yn angerddol, gydag arddeliad.

passionnant (**-e**) [pasjɔnɑ̃, ɑ̃t] *adj* cyffrous; (*musée, roman, film*) diddorol.

passionné[1] (**-e**) [pasjɔne] *adj* angerddol.

passionné[2] [pasjɔne] *m* un *g* brwd.

passionnée [pasjɔne] *f* un *b* frwd;

♦*adj f voir* **passionné**[1].

passionnel (**-le**) [pasjɔnɛl] *adj* angerddol.

passionnément [pasjɔnemɑ̃] *adv* yn angerddol.

passionner [pasjɔne] (**1**) *vt* cyffroi; (*débat, discussion*) cyffroi, cynhyrfu;

♦ **se** ~ *vr*: **se ~ pour qch** bod yn frwd dros *ou* am rth.

passivement [pasivmɑ̃] *adv* yn oddefol.

passivité [pasivite] *f* goddefedd *g*, goddefolrwydd *g*.

passoire [paswaʀ] *f* (*pour légumes*) colander *g*; (*pour infusion*) hidlwr *g*; **il a la tête comme une ~** mae ganddo gof fel gogr.

pastel [pastɛl] *m* (*ART*) pastel *g*; (*œuvre*) llun *g* pastel;

♦*adj inv* lliw pastel.

pastèque [pastɛk] *f* melon *g* dŵr.

pasteur [pastœʀ] *m* (*protestant*) gweinidog *g*; (*prêtre*) offeiriad *g*; (*berger*) bugail *g*
pasteurisation [pastœʀizasjɔ̃] *f* pasteureiddiad *g*, pasteureiddio.
pasteuriser [pastœʀize] (**1**) *vt* pasteureiddio.
pastiche [pastiʃ] *m* dynwarediad *g*, pastiche *g*.
pasticher [pastiʃe] (**1**) *vt* dynwared.
pastille [pastij] *f* (*PHARM*) pastil *g*, losinen *b*; (*petit bonbon*) da-da *g*, losinen; ~**s pour la toux** melysion *ll* annwyd.
pastis [pastis] *m* pastis *g* (*aperitiff had anis*).
pastoral (**-e**) (**pastoraux, pastorales**) [pastɔʀal, pastɔʀo] *adj* (*vie*) gwledig; (*roman*) bugeiliol.
patagon (**-ne**) [patagɔ̃, ɔn] *adj* Patagonaidd.
Patagon [patagɔ̃] *m* Patagoniad *g*.
Patagonie [patagɔni] *prf*: **la** ~ Patagonia *b*.
Patagonne [patagɔn] *f* Patagoniad *b*.
patate [patat] *f* taten *b*; ~ **douce** taten felys.
pataud (**-e**) [pato, od] *adj* afrosgo, trwsgl, lletchwith.
patauger [patoʒe] (**10**) *vi* (*jouer*) chwarae yn y dŵr; (*au bord de la mer*) ymdrochi; ~ **dans** (*fig*) stryffaglio.
patchouli [patʃuli] *m* (*BOT*) patsiwli *g*.
patchwork [patʃwœʀk] *m* clytwaith *g*.
pâte [pɑt] *f* (*à tarte*) toes *g*; (*cuite*) crwst *g*; (*à frire*) cytew *g*; (*substance pâteuse*) past *g*; ~**s** (*macaroni etc*) pasta *g*; **fromage à** ~ **dure/molle** caws caled/meddal; ~ **à choux** crwst choux; ~ **à modeler** clai *g*; ~ **à papier** mwydion *ll* papur; ~ **brisée** crwst brau; ~ **d'amandes** marsipán *g*; ~ **de fruits** ffrwythau *ll* siwgr *ou* grisialog; ~ **feuilletée** crwst pwff.
pâté [pɑte] *m* (*charcuterie*) pate *g*; (*tache d'encre*) blot *g*; ~ **de foie** pate iau *ou* afu; ~ **de lapin** pate cwningen; ~ **de maisons** bloc *g* o dai; ~ **(de sable)** pwdin *g* tywod; ~ **en croûte** pastai *b*, pei *b*.
pâtée [pɑte] *f* bwyd *g*, llith *g*.
patelin* [patlɛ̃] *m* pentref *g* bychan; **habiter dans un** ~ **perdu** byw ym mhen draw'r byd.
patente [patɑ̃] *f* (*COMM*) trwydded *b* fasnachu.
patenté (**-e**) [patɑ̃te] *adj* (*COMM*) trwyddedig; (*fig*) diamau; **un menteur** ~ celwyddgi i'r carn.
patère [patɛʀ] *f* peg *g* côt.
paternalisme [patɛʀnalism] *m* tadoldeb *g*, agwedd *b* dadol.
paternaliste [patɛʀnalist] *adj* tadol.
paternel (**-le**) [patɛʀnɛl] *adj* tadol; **mon oncle** ~ f'ewythr o *ou* ar ochr fy nhad.
paternité [patɛʀnite] *f* tadolaeth *b*, tadaeth *b*; (*d'œuvre*) awduraeth *b*.
pâteux (**pâteuse**) [pɑtø, pɑtøz] *adj* toeslyd, trwchus; (*style*) rhwysgfawr; **avoir la bouche** *neu* **la langue pâteuse** (*sensation après avoir bu*) bod â thafod croenog; (*articuler avec difficulté*) bod â thafod tew.
pathétique [patetik] *adj* teimladwy, truenus, pathetig.
pathologie [patɔlɔʒi] *f* patholeg *b*.
pathologique [patɔlɔʒik] *adj* patholegol.
patibulaire [patibylɛʀ] *adj* sinistr, anfad, drygionus.
patiemment [pasjamɑ̃] *adv* yn amyneddgar.
patience [pasjɑ̃s] *f* amynedd *g*; **avoir de la** ~ **avec** bod yn amyneddgar gyda; **être à bout de** ~ dechrau colli amynedd; **perdre** ~ colli amynedd; **prendre** ~ bod yn amyneddgar; **elle n'a aucune** ~ mae hi'n ddiamynedd.
patient[1] (**-e**) [pasjɑ̃, jɑ̃t] *adj* amyneddgar.
patient[2] [pasjɑ̃] *m* claf *g*.
patiente [pasjɑ̃t] *f* claf *g*, merch *b* glaf; ♦*adj f voir* **patient**[1].
patienter [pasjɑ̃te] (**1**) *vi* disgwyl, aros.
patin [patɛ̃] *m* esgid *b* sglefrio; (*sport*) sglefrio; (*pièce de tissu*) paten *b* (*darn o ddefnydd a wisgir i gerdded ar loriau parquet*); (*de traîneau, luge*) gosail *b*; ~ **(de frein)** (*TECH*) bloc *g* brêc; ~**s (à glace)** (*chaussure*) esgid sglefrio (ar rew *ou* iâ); (*activité*) sglefrio ar rew *ou* iâ; ~**s à roulettes** (*chaussure*) esgid sglefrolio; (*activité*) sglefrolio.
patinage [patinaʒ] *m* sglefrio; (*sur glace*) sglefrio ar rew *ou* iâ; ~ **artistique** sglefrio ffigyrau; ~ **de vitesse** sglefrio cyflym.
patine [patin] *f* sglein *g*, patina *g*.
patiner [patine] (**1**) *vi* sglefrio; (*embrayage*) llithro; (*roue*) troi yn ei hunfan; ♦ **se** ~ *vr* sgleinio.
patineur [patinœʀ] *m* sglefriwr *g*.
patineuse [patinøz] *f* sglefrwraig *b*.
patinoire [patinwaʀ] *f* llawr *g* sglefrio.
patio [pasjo] *m* patio *g*.
pâtir [pɑtiʀ] (**2**) *vi*: ~ **de** dioddef oherwydd, dioddef o achos.
pâtisserie [pɑtisʀi] *f* (*magasin*) siop *b* deisennau *ou* gacennau; (*confection de gâteaux*) gwneud teisennau *ou* cacennau; ~**s** (*gâteaux*) teisennau *ll*, cacennau *ll*; **faire de la** ~ gwneud teisennau *ou* cacennau.
pâtissier [pɑtisje] *m* teisennwr *g*, cacennwr *g*.
pâtissière [pɑtisjɛʀ] *f* teisenwraig *b*, cacenwraig *b*.
patois [patwa] *m* tafodiaith *b*; (*péj*) bratiaith *b*; ♦*adj* tafodieithol.
patriarche [patʀijaʀʃ] *m* patriarch *g*.
Patrice [patʀis] *prm*: **saint** ~ Padrig *g* Sant.
patrie [patʀi] *f* mamwlad *b*.
patrimoine [patʀimwan] *m* treftadaeth *b*, etifeddiaeth *b*; ~ **génétique** *neu* **héréditaire** (*BIOL*) etifeddiaeth ennynol, cyfanswm *g* gennynol.
patriote [patʀijɔt] *adj* gwlatgar, gwladgarol; ♦*m/f* gwladgarwr *g*, gwladgarwraig *b*.
patriotique [patʀijɔtik] *adj* gwladgarol, gwlatgar.
patriotisme [patʀijɔtism] *m* gwladgarwch *g*.
patron[1] [patʀɔ̃] *m* (*chef*) pennaeth *g*, bos* *g*; (*propriétaire*) perchennog *g*; (*gérant*) rheolwr *g*; (*MÉD*) uwchfeddyg *g* ymgynghorol;

(*REL*) nawddsant *g*; ~**s et employés** rheolwyr *ll* a gweithwyr *ll*; ~ **de thèse** (*UNIV*) cyfarwyddwr *g* traethawd ymchwil.

patron[2] [patʀɔ̃] *m* (*COUTURE*) patrwm *g*.

patronage [patʀɔnaʒ] *m* nawdd *g*; (*organisation*) clwb *g* ieuenctid (*yr eglwys*); **sous le** ~ **de** dan nawdd.

patronal (-e) (**patronaux, patronales**) [patʀɔnal, patʀɔno] *adj* cyflogwrol, rheolwrol, yn ymwneud â'r cyflogwr; **représentant** ~ cynrychiolydd *g* cyflogwyr.

patronat [patʀɔna] *m* cyflogwyr *ll*.

patronne [patʀɔn] *f* (*chef*) pennaeth *g*, penaethes *b*, bos* *g*; (*propriétaire*) perchenoges *b*; (*gérante*) rheolwraig *b*; (*MÉD*) uwchfeddyg *g* ymgynghorol; (*REL*) nawddsantes *b* *voir aussi* **patron**[1].

patronner [patʀɔne] (**1**) *vt* noddi.

patronnesse [patʀɔnɛs] *adj f*: **dame** ~ gwraig *b* haelionus, boneddiges *b* hael.

patronyme [patʀɔnim] *m* cyfenw *g*, enw *g* teuluol.

patronymique [patʀɔnimik] *adj* patronymig; **nom** ~ cyfenw *g*, enw *g* teuluol.

patrouille [patʀuj] *f* patrôl *g*; ~ **de chasse** (*AVIAT*) patrôl hela; ~ **de reconnaissance** patrôl rhagchwilio.

patrouiller [patʀuje] (**1**) *vi* mynd ar batrôl, patrolio.

patrouilleur [patʀujœʀ] *m* (*AVIAT*) awyren *b* batrôl; (*NAUT*) cwch *g* patrôl, bad *g* patrôl.

patte [pat] *f* (*jambe*) coes *b*; (*pied: de chien etc*) pawen *b*, coes; (*d'oiseau*) coes, troed *g,b*; (*languette de cuir, d'étoffe*) strap *g,b*; (*de chaussure*) tafod *g*; (*de poche*) llabed *b*, fflap *g*; ~**s (de lapin)** locsyn *g* clust; **pantalon à** ~**s d'éléphant** trowsus *g* llongwr, fflêrs *ll*; ~**s d'oie** (*fig: rides*) rhychau *ll* mân; ~**s de mouche** (*fig: écriture*) traed *ll* brain.

pattemouille [patmuj] *f* cadach *g* gwlyb (*ar gyfer smwddio*).

pâturage [pɑtyʀaʒ] *m* (*terrain*) porfa *b*, tir *g* pori, porfeldir *g*; (*droit*) hawl *g* pori *ou* mynydd.

pâture [pɑtyʀ] *f* (*nourriture animale*) bwyd *g*, porthiant *g*; (*terrain*) porfa *b*, tir *b* pori, porfeldir *g*; (*fig*) maeth *g*; **jeter qch en** ~ taflu rhth i'r bleiddiaid.

paume [pom] *f* cledr *b* llaw.

Paul [pɔl] *prm*: **saint** ~ Sant Pawl.

paumé*[1] (-e) [pome] *adj* ar goll, dryslyd.

paumé*[2] [pome] *m* dropowt* *g*.

paumée* [pome] *f* dropowt* *b*;
♦*adj f* *voir* **paumé***[1].

paumer* [pome] (**1**) *vt* colli;
♦ **se** ~ *vr* mynd ar goll.

paupérisation [popeʀizasjɔ̃] *f* tlodi, tlodeiddio.

paupérisme [popeʀism] *m* tlodi.

paupière [popjɛʀ] *f* amrant *g*.

paupiette [popjɛt] *f*: ~**s de veau** rholion *ll* cig llo.

pause [poz] *f* seibiant *g*, saib *b*, egwyl *b*; (*MUS*) curiad *g* gwag; ~ **de midi** amser *g* cinio; **faire une** ~ cael seibiant, cael hoe fach.

pause-café (~**s**-~) [pozkafe] *f* egwyl *b* goffi.

pause-repas (~**s**-~) [pozʀəpa] *f* amser *g* cinio.

pauvre [povʀ] *adj* tlawd; (*déficient*) gwael; ~ **moi** druan ohonof; ~ **en calcium** isel mewn calsiwm;
♦*m/f* tlotyn *g*, tloten *b*, un *g* tlawd, un *b* dlawd; **les** ~**s** y tlodion *ll*.

pauvrement [povʀəmɑ̃] *adv* yn dlawd.

pauvreté [povʀəte] *f* tlodi *g*, cyni *g*.

pavage [pavaʒ] *m* palmantu; **refaire le** ~ **d'une route** rhoi wyneb newydd ar ffordd.

pavaner [pavane] (**1**): **se** ~ *vr* swagro, rhodresa, llancio.

pavé[1] (-e) [pave] *adj* (*cour*) a fflags *ou* cherrig drosto; **rue** ~**e** stryd *b* gerrig.

pavé[2] [pave] *m* (*bloc de pierre*) carreg *b* ffordd, fflagen *b*; (*pavage*) wyneb *g* ffordd; (*bifteck*) stecen *b* drwchus, darn *g* mawr o gig; (*fam: livre etc*) cyfrol *b* enfawr; **être sur le** ~ (*fig*) bod ar y stryd (*yn ddigartref*); ~ **numérique** (*INFORM*) bysellbad *g* rhifol, allweddbad *g* rhifiadol; ~ **publicitaire** hysbyseb *g,b* arddangos.

paver [pave] (**1**) *vt* rhoi wyneb ar, rhoi cerrig ar, fflagio.

pavillon [pavijɔ̃] *m* (*belvédère, kiosque*) pafiliwn *g*; (*MUS*) cloch *b*; (*ANAT: de l'oreille*) pinna *g*, godre'r *g* glust; (*maisonnette, villa*) fila *b*, tŷ *g* sengl; (*sans étages*) byngalo *g*; (*d'hôpital*) ward *b*; (*NAUT: drapeau*) baner *b*; ~ **de complaisance** baner cyfleustra.

pavoiser [pavwaze] (**1**) *vt* (*édifice, navire*) addurno (rhth) â baneri;
♦*vi* codi baneri, chwifio baneri; (*fig*) gorfoleddu.

pavot [pavo] *m* (*BOT*) pabi *g*.

payable [pɛjabl] *adj* taladwy.

payant (-e) [pɛjɑ̃, ɑ̃t] *adj* (*qui paye*) sy'n talu; (*qu'il faut payer*) y mae'n rhaid talu amdano; (*avantageux*) sy'n dwyn elw, sy'n talu; **c'est** ~ rhaid talu; **l'entrée est-elle** ~**e?** oes rhaid talu i fynd i mewn?; **chaîne** ~**e** sianel *b* danysgrifio.

paye [pɛj] *f* tâl *g*, cyflog *g*.

payement [pɛjmɑ̃] *m* taliad *g*.

payer [peje] (**18**) *vt* (*achat, travail*) talu; (*somme*) talu; ~ **qn** talu i rn; **combien as-tu payé le livre?** faint dalaist ti am y llyfr; ~ **le gaz** talu'r bil nwy; ~ **un verre à qn** prynu diod i rn; **il me l'a fait** ~ **10 F** cododd 10 F arna' i, gwnaeth imi dalu 10 F; **elle m'a payé le voyage** fe dalodd hi am y daith; ~ **cher qch** (*fig*) talu'n ddrud am rth;
♦*vi* talu; ~ **par chèque/en espèces** talu gyda siec/mewn arian parod; ~ **de sa personne** gwneud ymdrech; **il a payé de sa personne** costiodd yn ddrud iddo; ~ **d'audace** bod yn herfeiddiol, ei mentro hi'n fawr; **c'est un**

métier qui paie bien mae'n waith sy'n talu'n dda; **cela ne paie pas de mine** nid oes golwg fawr o ddim arno;

♦ **se** ~ *vr* (*être payable*) bod yn daladwy; **se** ~ **qch** prynu rhth i chi'ch hun; **se** ~ **de mots** malu awyr; **se** ~ **la tête de qn** herian rhn, tynnu coes rhn, tynnu ar rn, cael hwyl am ben rhn.

payeur[1] (**payeuse**) [pɛjœʀ, pɛjøz] *adj* sy'n talu.

payeur[2] [pɛjœʀ] *m* talwr *g*.

payeuse [pɛjøz] *f* talwraig *b*;

♦*adj f voir* **payeur**[1].

pays [pei] *m* gwlad *b*; (*région*) ardal *b*, cymdogaeth *b*; (*village*) pentref *g*; **du** ~ lleol; **le** ~ **de Galles** Cymru *b*.

paysage [peizaʒ] *m* tirlun *g*, tirwedd *b*.

paysager (**paysagère**) [peizaʒe, peizaʒɛʀ] *adj*: **jardin** ~ gardd *b* dirlun; **bureau** ~ swyddfa *b* cynllun agored.

paysagiste [peizaʒist] *m/f* tirluniwr *g*, tirlunwraig *b*; **(jardinier)** ~ cynlluniwr *g* gerddi.

paysan[1] (**-ne**) [peizɑ̃, an] *adj* y wlad, gwledig, gwladaidd.

paysan[2] [peizɑ̃] *m* gwerinwr *g*; (*péj*) gwladwr *g*.

paysanne [peizan] *f* gwerinwraig *b*; (*péj*) gwladwraig *b*;

♦*adj f voir* **paysan**[1].

paysannat [peizana] *m* poblogaeth *b* wledig, gwerin *b*, gwerin bobl *b*.

Pays-Bas [peiba] *prmpl*: **les** ~-~ yr Iseldiroedd *ll*.

PC[1] [pese] *sigle m*(= *Parti communiste*) y blaid *b* gomiwnyddol.

PC[2] [pese] *sigle m*(= *personal computer*) cyfrifiadur *g* personol.

PC[3] [pese] *sigle m*(= *poste de commandement*) (*MIL*) pencadlys *g*.

pcc *abr*(= *pour copie conforme*) copi *g* ardystiedig (*ffotogopi swyddogol o ddogfen, e.e. tytysgrif geni*).

PCV [peseve] *abr*: **communication en** ~ (*TÉL*) galwad *b* wrthdal

p de p *abr*(= *pas de porte*) (*fig*) arian *g* allwedd (*a delir gan un sy'n rhentu fflat ayb*).

PDG [pedeʒe] *sigle m*(= *président directeur général*) cadeirydd *g* a chyfarwyddwr *g*, cyfarwyddwr-reolwr *g*.

p.-ê. *abr*= **peut-être**.

PEA *sigle m*(= *plan d'épargne en actions*) cynllun *g* cynilion cymdeithas adeiladu.

péage [peaʒ] *m* toll *b*; (*endroit*) tollborth *g*, tollfa *b*, tollty *g*; **autoroute à** ~ traffordd *b* dollau.

peau (**-x**) [po] *f* croen *g*; **gants de** ~ menig *ll* lledr; **être bien/mal dans sa** ~ teimlo'n esmwyth/anesmwyth; **se mettre dans la** ~ **de qn** eich rhoi'ch hun yn esgidiau rhn; **faire** ~ **neuve** newid eich delwedd; ~ **d'orange** croen oren; (*MÉD*) sciliwlit *g*; ~ **de chamois** lledr *g* meddal, siami *g*, lledr bwff.

peaufiner [pofine] (**1**) *vt* caboli.

Peau-Rouge (~**x**-~**s**) [poʀuʒ] *m/f* Indiad *g/b* Coch.

peccadille [pekadij] *f* trosedd *b* bychan, bai *g* bychan.

pêche[1] [pɛʃ] *f* (*fruit*) eirinen *b* wlanog; **avoir la** ~***** teimlo'n dda, bod yn llawn ynni *ou* egni, bod yn llawn mynd.

pêche[2] [pɛʃ] *f* (*sport*) pysgota; (*poissons capturés*) daliad *g*; **aller à la** ~ mynd i bysgota; ~ **à la ligne** genweirio; ~ **sous-marine** pysgota cefnforol.

péché [peʃe] *m* pechod *g*; **les septs** ~**s capitaux** y Saith Pechod Marwol; **le chocolat, c'est mon** ~ **mignon** ni alla' i ddim maddau i siocled.

pêche-abricot (~**s**-~**s**) [pɛʃabʀiko] *f* eirinen *b* wlanog felen, bricylleirinen *b*.

pécher [peʃe] (**14**) *vi* pechu; **le film pèche par manque de réalisme** mae'r ffilm yn methu oherwydd diffyg realaeth; ~ **contre la bienséance** torri rheolau gwedduster.

pêcher[1] [peʃe] *m* (*BOT*) coeden *b* eirin gwlanog.

pêcher[2] [peʃe] (**1**) *vi, vt* pysgota; (*attraper*) dal; **où est-elle allée** ~ **cette idée?** ble cafodd hi'r syniad yma?

pêcheur [pɛʃœʀ] *m* pysgotwr *g*.

pécheur [peʃœʀ] *m* pechadur *g*.

pécheresse [peʃʀɛs] *f* pechadures *b*.

pectine [pɛktin] *f* pectin *g*.

pectoral (**-e**) (**pectoraux, pectorales**) [pɛktɔʀal, pɛktɔʀo] *adj* (*sirop*) at y frest, peswch; (*muscle*) y frest.

pectoraux [pɛktɔʀo] *mpl* (*ANAT*) cyhyrau'r *ll* frest *voir aussi* **pectoral**.

pécule [pekyl] *m* (*économies*) cynilon *ll*, celc *g*, hosan *b* fach; (*d'un détenu*) enillion *g* (*a delir pan y'i rhyddheir*); (*militaire*) cildwrn *g*.

pécuniaire [pekynjɛʀ] *adj* (*ennuis, aide*) ariannol; **peine** ~ dirwy *b*.

pécuniairement [pekynjɛʀmɑ̃] *adv* yn ariannol.

pédagogie [pedagɔʒi] *f* addysg *b*; (*méthode*) dulliau *ll* dysgu; **il a le sens de la** ~ mae greddf athro ynddo; **la** ~ **n'est pas son fort** nid yw'n athro da.

pédagogique [pedagɔʒik] *adj* addysgol; **système** ~ system *b* addysg; **méthode** ~ dull *g* addysgu; **formation** ~ hyfforddi athrawon.

pédagogue [pedagɔg] *m/f* athro *g*, athrawes *b*; (*spécialiste*) addysgydd *g*, addysgwr *g*.

pédale [pedal] *f* pedal *g*; (*fam, injurieux: homosexuel*) gwrywgydiwr *g*; **mettre la** ~ **douce** mynd yn araf.

pédaler [pedale] (**1**) *vi* (*rouler à bicyclette*) pedlo; (*MUS*) pedalu; (*fig*) brysio, ei siapo hi, ei styrio hi.

pédalier [pedalje] *m* (*d'une bicyclette*) y gêr *g*

a'r pedalau, pedalwaith *g*; (*MUS*) pedalau *ll*.
pédalo [pedalo] *m* pedalo *g*.
pédant[1] (-e) [pedɑ̃, ɑ̃t] *adj* (*péj*) pedantaidd, crachysgolheigaidd.
pédant[2] [pedɑ̃] *m* pedant *g*, crachysgolhaig *g*.
pédante [pedɑ̃t] *f* pedant *g*, crachysgolhaig *g*; ♦*adj f voir* **pédant**[1].
pédantisme [pedɑ̃tism] *m* pedantiaeth *b*, crachysgolheictod *g*.
pédéraste [pedeʀast] *m* gwrywgydiwr *g*.
pédérastie [pedeʀasti] *f* gwrygydiaeth *b*.
pédestre [pedɛstʀ] *adj* cerdded; **tourisme** ~ heicio; **randonnée** ~ taith *b* gerdded.
pédiatre [pedjatʀ] *m/f* paediatregydd *g*.
pédiatrie [pedjatʀi] *f* paediatreg *b*.
pédicure [pedikyʀ] *m/f* ciropodydd *g*, meddyg *g* traed.
pedigree [pedigʀe] *m* pedigri *g*, tras *b*, brid *g*; **chien à** ~ ci *g* pedigri.
Pégase [pegaz] *prm* Pegasws *g*.
peeling [piliŋ] *m* digroeni, plicio'r croen.
PEEP *sigle f* (= *Fédération des parents d'élèves de l'enseignement public*) *ffederasiwn g rhieni plant mewn addysg gyhoeddus*.
pègre [pɛgʀ] *f* byd *g* lladron.
peignais *etc* [peɲɛ] *vb voir* **peindre**.
peigne[1], *etc* [pɛɲ] *vb voir* **peindre**.
peigne[2], *etc* [pɛɲ] *vb voir* **peigner**.
peigne[3] [pɛɲ] *m* crib *b,g*; **passer qch au** ~ **fin** mynd drwy rhth â chrib fân *ou* mân.
peigné (-e) [peɲe] *adj* cribedig; **laine** ~**e** gwlân *g* wedi'i gribo.
peigner [peɲe] (**1**) *vt* cribo; ♦ **se** ~ *vr* cribo'ch gwallt.
peignez [pɛɲe] *vb voir* **peindre**.
peignis *etc* [peɲi] *vb voir* **peindre**.
peignoir [pɛɲwaʀ] *m* gŵn *g*; (*déshabillé*) côt *b* nos; (*aussi:* ~ **de bain**) gŵn ymolchi; (*aussi:* ~ **de plage**) gŵn traeth.
peignons [pɛɲɔ̃] *vb voir* **peindre**.
peinard* (-e) [pɛnaʀ, aʀd] *adj* (*emploi*) hawdd, braf, didrafferth; **on est** ~ **ici** 'rydym ni'n cael llonydd yma.
peindre [pɛ̃dʀ] (**68**) *vt* paentio; (*paysage, fig*) darlunio, portreadu.
peine [pɛn] *f*
1 (*affliction*) poen *g,b*, tristwch *g*, gofid *g*; **faire de la** ~ **à qn** peri poen i rn.
2 (*mal, effort*) trafferth *b,g*; **prendre la** ~ **de faire** mynd i'r drafferth o wneud rhth; **se donner de la** ~ gwneud ymdrech, ymdrafferthu; **ce n'est pas la** ~ **que vous le fassiez** *neu* **de le faire** nid yw'n werth y drafferth ichi ei wneud; **avoir de la** ~ **à faire qch** cael trafferth gwneud rhth; **donnez-vous** *neu* **veuillez vous donner la** ~ **d'entrer** dewch i mewn os gwelwch yn dda; **pour la** ~ am dy drafferth, am eich trafferth; **c'est** ~ **perdue** mae'n wastraff amser.
3 (*JUR: punition*) cosb *b*; ~ **capitale** *neu* **de mort** dienyddiad *g*, y gosb *b* eithaf.
▶ **à peine** (*presque*) prin, o'r braidd; (*difficilement*) â thrafferth; **il sait lire à** ~ nid yw prin yn gallu darllen, prin y mae'n gallu darllen, o'r braidd y gall ddarllen; **il y a à** ~ **huit jours** brin wythnos yn ôl; **à** ~ **était-elle sortie que ....** nid oedd hi ond brin wedi mynd allan na ....
▶ **sous peine**: **sous** ~ **d'être puni** rhag ofn ichi gael eich cosbi, mewn perygl o gael eich cosbi; **défense d'afficher sous** ~ **d'amende** mae dirwy am lynu *ou* osod posteri.
peiner [pene] (**1**) *vi* ymlafnio, stryffaglio, cael trafferth; ♦*vt* tristáu; **la nouvelle m'a beaucoup peiné(e)** gwnaeth y newydd fi'n drist iawn.
peint (-e) [pɛ̃, pɛ̃t] *pp de* **peindre**.
peintre [pɛ̃tʀ] *m* paentiwr *g*, paentwraig *b*; (*artiste*) arlunydd *g*; ~ **en bâtiment** paentiwr tai; ~ **d'enseignes** paentiwr arwyddion.
peinture [pɛ̃tyʀ] *f* (*art, technique*) paentio; (*couche de couleur, couleur*) paent *g*; (*ART*) paentiad *g*, llun *g*; (*description*) darlun *g*; (*revêtement*) gwaith *g* paent; **refaire les** ~**s d'un appartement** ailbaentio fflat; **ne pas pouvoir voir qn en** ~ methu goddef rhn, methu â dioddef rhn; "~ **fraîche**" "paent gwlyb"; ~ **brillante/mate** paent sglein/di-sglein.
péjoratif (**péjorative**) [peʒɔʀatif, peʒɔʀativ] *adj* difrïol.
Pékin [pekɛ̃] *pr* Pecin(g) *b*, Beijing *b*.
pékinois[1] (-e) [pekinwa, waz] *adj* Pecinaidd, o Beijing, o Pecin(g).
pékinois[2] [pekinwa] *m* (*LING*) Mandarin *b,g*; (*ZOOL*) ci *g* Pecin(g), pecinî *g*.
Pékinois [pekinwa] *m* Peciniad *g*, un *g* o Beijing *ou* Pecin(g).
Pékinoise [pekinwaz] *f* Peciniad *b*, un *b* o Beijing *ou* Pecin(g).
PEL [peəɛl] *sigle m* (= *plan d'épargne logement*) *cynllun cynilion ar gyfer morgais rhad*.
pelade [pəlad] *f* (*MÉD*) moelni *g*, alopesia *g*.
pelage [pəlaʒ] *m* côt *b*, croen *g*, ffwr *g*.
pelé (-e) [pəle] *adj* (*animal*) di-flew, di-raen; (*vêtement*) wedi treulio; (*terrain*) moel, llwm; **il y avait trois** ~**s et un tondu** 'doedd fawr o neb yno.
pêle-mêle [pɛlmɛl] *adv* blith draphlith, rywsut-rywsut, yn bendramwnwgl.
peler [pəle] (**13**) *vt* plicio, pilio, tynnu croen; ♦*vi* plicio, pilio; ~ **de froid** rhynnu.
pèlerin [pɛlʀɛ̃] *m* pererin *g*.
pèlerinage [pɛlʀinaʒ] *m* pererindod *b*; (*lieu*) cysegrfan *g,b*, cyrchfan *b* pererinion.
pèlerine [pɛlʀin] *f* mantell *b*, clogyn *g*.
pélican [pelikɑ̃] *m* (*ZOOL*) pelican *g*.
pelisse [pəlis] *f* côt *b* â leinin ffwr.
pelle [pɛl] *f* rhaw *b*, pâl *b*; ~ **à gâteau** *neu* **à tarte** sbodol *b* cacen *ou* teisen (*i godi darn*); ~ **mécanique** peiriant *g* tyrchu *ou* turio.
pelletée [pɛlte] *f* rhawaid *b*; (*grande quantité*)

tomen *b*, llwyth *g*.
pelleter [pɛlte] (**12**) *vt* rhawio, rhofio.
pelleteuse [pɛltøz] *f* peiriant *g* tyrchu *ou* turio.
pelletier [pɛltje] *m* crwynwr *g*, gwerthwr *g* ffyrrau.
pellicule [pelikyl] *f* (PHOT, CINÉ) ffilm *b*; (*couche fine*) haen *b*; ~**s** (MÉD) marwdon *b*, cen *g*.
Péloponnèse [pelɔpɔnɛz] *prm*: **le** ~ y Peloponesos *g*.
pelote [p(ə)lɔt] *f* (*de fil, laine*) pellen *b*; (*d'épingles*) clustog *b* binnau, pincas *g*; ~ **(basque)** (*balle, jeu*) pelota *g,b*.
peloter* [p(ə)lɔte] (**1**) *vt* teimlo; **ils se pelotent** maen nhw'n teimlo'i gilydd.
peloton [p(ə)lɔtɔ̃] *m* (MIL) platŵn *g*; (*groupe*) grŵp *g*; (SPORT) pac *g*; (*pompiers, gendarmes*) carfan *b*; (*de laine*) pellen *b*; ~ **d'exécution** criw *g* saethu.
pelotonner [p(ə)lɔtɔne] (**1**): **se** ~ *vr* cwtsio, gorwedd yn belen *ou* yn dorch.
pelouse [p(ə)luz] *f* lawnt *b*.
peluche [p(ə)lyʃ] *f* (*matière*) plwsh *g*; (*sur un lainage*) fflwff *g*; (*jouet*) tegan *g* meddal; **ours en** ~ tedi-bêr *g*.
pelucher [p(ə)lyʃe] (**1**) *vi* (*tissu*) fflyffio.
pelucheux (**pelucheuse**) [p(ə)lyʃø, p(ə)lyʃøz] *adj* fflyfflyd.
pelure [p(ə)lyʀ] *f* croen *g*; ~ **d'oignon** (*couleur*) rhosliw, pinc golau; (*vin*) gwin *g* rhosliw.
pénal (**-e**) (**pénaux, pénales**) [penal, peno] *adj* penydiol, cosbol.
pénalement [penalmɑ̃] *adv* yn benydiol, fel cosb.
pénalisation [penalizasjɔ̃] *f* (COMM, SPORT) cosb *b*.
pénaliser [penalize] (**1**) *vt* cosbi.
pénalité [penalite] *f* cosb *b*; (SPORT) cic *b* gosb.
penalty (**penalties**) [penalti] *m* (SPORT) cic *b* gosb.
pénard (**-e**) [penaʀ, aʀd] *adj* *voir* **peinard**.
pénates [penat] *mpl* aelwyd *b*, cartref *g*; **regagner ses** ~ (*demeure*) mynd adref.
penaud (**-e**) [pəno, od] *adj* penisel, mewn cywilydd; **se sentir** ~ teimlo cywilydd.
penchant [pɑ̃ʃɑ̃] *m* tuedd *b*, tueddiad *g*; (*tendresse*) hoffter *g*, tynerwch *g*; ~ **à faire/à qch** tuedd *ou* tueddiad i wneud rhth/at rth; **éprouver un doux** ~ **pour qn** bod yn hoff o rn, teimlo tynerwch at rn.
penché (**-e**) [pɑ̃ʃe] *adj* yn pwyso drosodd, ar ogwydd, ar oledd(f); **être** ~ **à la fenêtre** pwyso allan o'r ffenest.
pencher [pɑ̃ʃe] (**1**) *vt*: ~ **la tête** plygu'ch pen; (*fleur*) gwywo;
♦*vi* pwyso, bod ar oledd; ~ **pour** tueddu at;
♦ **se** ~ *vr*: **se** ~ **en avant** plygu ymlaen; **se** ~ **en arrière** plygu'n ôl; **se** ~ **à la fenêtre** pwyso allan o'r ffenest; **se** ~ **sur qch** plygu dros rth; (*fig: problème*) astudio rhth, synfyfyrio uwchben rhth.
pendable [pɑ̃dabl] *adj*: **c'est un cas** ~**!** mae'n anfaddeuol!; **tour** ~ tro gwael.
pendaison [pɑ̃dɛzɔ̃] *f* crogi.
pendant[1] [pɑ̃dɑ̃] *prép* (*au cours de*) yn ystod; **je t'ai attendu** ~ **des heures** mi ddisgwyliais amdanat am oriau; ~ **un instant** am eiliad; **il a été malade** ~ **tout le trajet** bu'n wael trwy gydol y daith; ~ **combien de temps avez-vous vécu à Rennes?** am faint o amser fuoch chi'n byw yn Rennes?; **ils viendront nous voir** ~ **l'été** mi ddôn nhw i'n gweld yn ystod yr haf; ~ **ce temps(-là)** yn y cyfamser; ~ **que** tra; ~ **qu'elle dort je peux travailler** tra mae hi'n cysgu, 'rwy'n gallu gweithio; ~ **que tu y es ...** tra 'rwyt ti wrthi ...
pendant[2] (**-e**) [pɑ̃dɑ̃, ɑ̃t] *adj* (*bras, jambes*) sy'n hongian, sy'n llipa; (*langue*) sy'n hongian allan; (ADMIN, JUR) sy'n aros *ou* disgwyl.
pendant[3] [pɑ̃dɑ̃] *m*: **être le** ~ **de, faire** ~ **à** cyfateb i; ~**s d'oreilles** clustdlysau *ll*.
pendeloque [pɑ̃d(ə)lɔk] *f* (*bijou*) tlws *g* crog; (*ornement de lustre*) golau *g* crog.
pendentif [pɑ̃dɑ̃tif] *m* tlws *g* crog.
penderie [pɑ̃dʀi] *f* (*meuble*) cwpwrdd *g* dillad, wardrob *b*.
pendiller [pɑ̃dije] (**1**) *vi* siglo, ysgwyd
pendre [pɑ̃dʀ] (**3**) *vt* hongian; (*personne*) crogi; ~ **un rideau à la fenêtre** gosod llen yn y ffenest, hongian llen ar y ffenest; ~ **un tableau au mur** hongian llun ar y pared *ou* wal;
♦*vi* hongian; **laisser** ~ **ses jambes** siglo'ch coesau;
♦ **se** ~ *vr* (*se suicider*) eich crogi'ch hun.
pendu[1] (**-e**) [pɑ̃dy] *pp de* **pendre**.
pendu[2] [pɑ̃dy] *m* dyn *g* wedi'i grogi.
pendue [pɑ̃dy] *f* merch *b* wedi'i chrogi;
♦*adj f voir* **pendu**[1].
pendulaire [pɑ̃dylɛʀ] *adj* pendiliol, siglol.
pendule[1] [pɑ̃dyl] *f* cloc *g*.
pendule[2] [pɑ̃dyl] *m* pendil *g*.
pendulette [pɑ̃dylɛt] *f* cloc *g* bychan.
pêne [pɛn] *m* bollten *b*, bollt *b*, powlten *b*.
pénétrant (**-e**) [penetʀɑ̃, ɑ̃t] *adj* (*son*) treiddgar, hydreiddiol; (*pluie*) sy'n gwlychu at y croen; (*vent*) main; (*personne, regard*) craff, treiddgar.
pénétrante [penetʀɑ̃t] *f* *ffordd b gyflym mewn tref*;
♦*adj f voir* **pénétrant**.
pénétration [penetʀasjɔ̃] *f* treiddiad *g*; (*perspicacité*) craffter *g*; **force de** ~ (MIL) grym *g* hydreiddiol.
pénétré (**-e**) [penetʀe] *adj* (*air, ton*) argyhoeddedig; **être** ~ **de** (*sentiment, conviction*) bod yn llawn; **il est** ~ **de reconnaissance** mae'n ddiolchgar iawn; **elle est** ~**e de sa propre importance** mae'n llawn ohoni'i hun, tipyn o fi fawr yw hi.
pénétrer [penetʀe] (**14**) *vi*: ~ **dans** mynd i mewn i, treiddio i; **ils ont pénétré dans le bâtiment sans se faire repérer** aethant i

mewn i'r adeilad heb i neb eu gweld; ~ **dans une maison par effraction** torri i mewn i dŷ; **l'auteur nous fait ~ dans l'univers des sociétés secrètes** mae'r awdur yn mynd â ni i mewn i fyd cymdeithasau cudd;
♦*vt* mynd i mewn i, treiddio i; (*mystère, secret*) treiddio i; **le froid m'a pénétré jusqu'aux os** aeth yr oerni drwof, treiddiodd yr oerfel hyd at fêr f'esgyrn;
♦ **se ~** *vr*: **se ~ d'une idée** cymryd rhth yn eich pen.

pénible [penibl] *adj* (*difficile*) anodd, caled, trafferthus; (*douloureux*) poenus; **il est ~!** mae'n boen!, mae'n boendod!, mae'n bla!; **il m'est ~ de ...** mae'n ddrwg gen i ...

péniblement [penibləmɑ̃] *adv* (*avec peine*) yn boenus, â thrafferth; (*tout juste*) prin.

péniche [peniʃ] *f* cwch *g*, bad *g*; ~ **de débarquement** (*MIL*) cwch *g* glanio.

pénicilline [penisilin] *f* penisilin *g*.

péninsulaire [penɛ̃sylɛʀ] *adj* gorynysol.

péninsule [penɛ̃syl] *f* gorynys *b*, penrhyn *g*.

pénis [penis] *m* pidyn *g*.

pénitence [penitɑ̃s] *f* edifeirwch *g*; (*punition*) cosb *b*; **mettre qn en ~** cosbi rhn; **faire ~** gwneud penyd, penydu.

pénitencier [penitɑ̃sje] *m* carchar *g*.

pénitent (-e) [penitɑ̃, ɑ̃t] *adj* edifar, edifarhaus, edifeiriol.

pénitentiaire [penitɑ̃sjɛʀ] *adj* carcharol.

pénombre [penɔ̃bʀ] *f* llwydnos *b*, gwyll *g*, hanner golau *g*.

pensable [pɑ̃sabl] *adj*: **ce n'est pas ~** mae'n amhosibl *ou* annychmygadwy.

pensant (-e) [pɑ̃sɑ̃, ɑ̃t] *adj*: **bien ~** cydymffurfiol, confensiynol.

pense-bête (~-~s) [pɑ̃sbɛt] *m* cymorth *g* cof, peth *g* i brocio'r cof.

pensée [pɑ̃se] *f*
1 (*gén*) meddwl *g*; **en ~** yn eich meddwl; **se représenter qch par la ~** dychmygu gweld rhth, gweld rhth yn eich meddwl.
2 (*BOT*) pansi *g*, caru'n ofer *g*.

penser [pɑ̃se] (1) *vt*
1 (*avoir une opinion*) meddwl; **je ne sais pas quoi ~ de ce livre** ni wn i ddim beth i'w feddwl o'r llyfr hwn; **qu'en pensez-vous?** beth ydych chi'n ei feddwl ohono?; **je ne pense pas comme vous** 'dydw i ddim yn cytuno.
2 (*croire*) meddwl, credu; **je pense qu'elle a tort** 'rwy'n meddwl ei bod hi'n anghywir; **je pense avoir fait du bon travail** 'rwy'n credu imi wneud gwaith da; **je le pense aussi** 'rwyf finnau'n meddwl hynny; **je pense que oui** 'rwy'n meddwl hynny; **je pense que non** 'dydw i ddim yn meddwl hynny.
▶ **penser à**
1 (*songer*) meddwl am; **je pense à elle** 'rwy'n meddwl amdani hi; **il ne pense qu'à l'argent** nid yw'n meddwl am ddim ond arian; **n'y pensons plus** anghofiwn am y peth; **il faut ~ à l'avenir** rhaid meddwl am y dyfodol; **vous n'y pensez pas!** 'dydych chi ddim o ddifrif!.
2 (*se souvenir*) cofio; **pense à écrire à ta tante** cofia ysgrifennu at dy fodryb; **pense à ce que t'a dit le docteur** cofia beth ddywedodd y doctor wrthyt ti; **fais-moi ~ à acheter du beurre** atgoffa fi i brynu menyn.
▶ **penser faire qch** bwriadu gwneud rhth; **il pense venir demain** mae'n meddwl dod fory.

penseur [pɑ̃sœʀ] *m* meddyliwr *g*; **libre ~** rhydd-feddyliwr *g*.

pensif (**pensive**) [pɑ̃sif, pɑ̃siv] *adj* meddylgar, myfyrgar.

pension [pɑ̃sjɔ̃] *f* (*allocation*) pensiwn *g*; (*école*) ysgol *b* breswyl; **prendre ~ chez qn** lletya yn nhŷ rhn; **prendre ~ dans un hôtel** aros mewn gwesty; **prendre qn en ~** lletya rhn, derbyn rhn yn lletywr; **mettre un enfant en ~** anfon plentyn i ysgol breswyl; **~ alimentaire** (*d'étudiant*) cymhorthdal *g*, lwfans *g* byw; (*de divorcée*) cyfran *b* ysgar, taliad *g* cynhaliaeth, alimoni *g*; **~ complète** â phob pryd bwyd; **~ d'invalidité** lwfans anabledd; **~ de guerre** pensiwn *g* rhyfel; **~ de famille** gwesty *g* teuluol.

pensionnaire [pɑ̃sjɔnɛʀ] *m/f* (*d'hôtel*) preswylydd *g*; (*de prison*) carcharor *g*; (*SCOL*) disgybl *g* preswyl.

pensionnat [pɑ̃sjɔna] *m* ysgol *b* breswyl.

pensionné[1] (-e) [pɑ̃sjɔne] *adj* ar bensiwn.

pensionné[2] [pɑ̃sjɔne] *m* pensiynwr *g*.

pensionnée [pɑ̃sjɔne] *f* pensiynwraig *b*;
♦*adj f voir* **pensionné**[1].

pensivement [pɑ̃sivmɑ̃] *adv* yn feddylgar, yn fyfyrgar.

pensum [pɛ̃sɔm] *m* (*SCOL*) gwaith *g* (ysgrifennu) ychwanegol (*fel cosb*); (*fig*) tasg *b* ddiflas.

pentagone [pɛ̃tagɔn] *m* pentagon *g*, pumochr *g*, pumongl *b*; **le P~** y Pentagon.

pentathlon [pɛ̃tatlɔ̃] *m* pentathlon *g*.

pente [pɑ̃t] *f* goleddf *g*, gallt *b*; **rue en ~** stryd *b* ar oleddf; **aller en ~** goleddfu, mynd ar oleddf; **remonter la ~** (*fig*) cael eich traed danoch eto; **suivre sa ~** dilyn eich tuedd *b* *ou* tueddiad *g*; **les ~s d'une colline** llethrau *ll* *ou* llechweddau *ll* bryn.

Pentecôte [pɑ̃tkot] *f* y Sulgwyn *g*, y Pentecost *g*; **lundi de ~** y Llungwyn *g*.

pénurie [penyʀi] *f* prinder *g*, diffyg *g*; **~ de main d'œuvre** prinder gweithwyr.

PEP [pɛp] (= *plan d'épargne populaire*) cynllun *g* cynilion personol.

pépé* [pepe] *m* taid *g*, tad-cu *g*.

pépère*[1] [pepɛʀ] *adj* braf, cyfforddus, clyd, hawdd.

pépère*[2] [pepɛʀ] *m* taid *g*, tad-cu *g*.

pépier [pepje] (16) *vi* trydar, switio, switian.

pépin [pepɛ̃] *m* (*BOT*) hedyn *g*, carreg *b*; (*fam: ennui*) trafferth *b,g*; (*parapluie*) ambarél *g,b*, ymbarél *g,b*.

pépinière [pepinjɛʀ] *f* (*d'arbres etc*) meithrinfa *b*, planhigfa *b*; (*fig: d'artistes etc*) magwrfa *b*, meithrinfa.
pépiniériste [pepinjeʀist] *m/f* tyfwr *g* planhigion, tyfwraig *b* planhigion.
pépite [pepit] *f* (*d'or*) talp *g*, cnepyn *g*, cnap *g*, clap *g*, clepyn *g*; **~s de chocolat** darnau *ll* bach o siocled.
PEPS *abr*(= *premier entré premier sorti*) y cyntaf i mewn, y cyntaf allan *ou* mas.
PER [peəɛʀ] *sigle m*(= *plan d'épargne retraite*) cynllun *g* pensiwn personol.
perçant (**-e**) [pɛʀsɑ̃, ɑ̃t] *adj* (*regard, yeux*) treiddgar; (*voix*) main, treiddgar.
percée [pɛʀse] *f* (*chemin, trouée*) agoriad *g*, adwy *b*; (*MIL, SPORT*) toriad *g* trwodd, torri drwodd; (*de produit, personne*) llwyddiant *g*.
perce-neige (~-~**(s)**) [pɛʀsənɛʒ] *m ou f inv* (*BOT*) eirlys *g*, lili *b* wen fach, tlws *g* yr eira.
perce-oreille (~-~**s**) [pɛʀsɔʀɛj] *m* (*ZOOL*) pryf *g* clustiog, pryfyn *g* clust.
percepteur [pɛʀsɛptœʀ, tʀis] *m* arolygydd *g* trethi, casglwr *g* trethi.
perceptible [pɛʀsɛptibl] *adj* canfyddadwy, dirnadwy; (*visible*) gweladwy; (*audible*) clywadwy.
perception [pɛʀsɛpsjɔ̃] *f* canfyddiad *g*, canfod, dirnadaeth *b*, dirnad; (*d'impôts etc*) casgliad *g*, casglu; (*bureau*) swyddfa'r *b* dreth.
percer [pɛʀse] (**9**) *vt* tyllu; (*mystère, énigme*) datrys; ~ **un trou dans** gwneud twll yn; ~ **une fenêtre dans** gwneud ffenest yn; ~ **qn de coups de couteau** trywanu rhn; ~ **une dent** (*suj: bébé*) cael dant; **se faire** ~ **les oreilles** cael tyllu'ch clustiau; **elle a les oreilles percées** mae ganddi dyllau yn ei chlustiau; **le soleil perce les nuages** mae'r haul yn dod drwy'r cymylau;
♦*vi* (*soleil, dent*) torri drwodd, dod drwodd; (*ironie*) brigo, dangos; (*réussir: artiste*) llwyddo, torri drwodd.
perceuse [pɛʀsøz] *f* dril *g*; ~ **à percussion** dril morthwyl.
percevable [pɛʀsəvabl] *adj* casgladwy, taladwy.
percevoir [pɛʀsəvwaʀ] (**39**) *vt* (*recouvrer: taxe, impôt*) casglu; (*recevoir: salaire*) derbyn, cael; (*par les sens*) canfod, dirnad; (*couleur*) gweld; (*bruit, odeur*) clywed; (*sensation*) cael; (*signification, gravité*) deall; **taxe à** ~ treth *b ou* toll *b* yn ddyledus.
perche[1] [pɛʀʃ] *f* (*ZOOL*) draenogyn *g*, pysgodyn *g* garw.
perche[2] [pɛʀʃ] *f* (*pièce de bois, métal*) polyn *g*; ~ **à son** (*TV, RADIO, CINÉ*) polyn sain, bŵm *g*.
percher [pɛʀʃe] (**1**) *vt*: ~ **qch sur** gosod *ou* dodi rhth ar, taro rhth ar;
♦*vi* (*oiseau*) clwydo; (*fam: personne*) byw; (*fam: maison*) bod;
♦ **se** ~ *vr* (*oiseau*) clwydo; **se** ~ **sur** (*personne: sur un mur*) eistedd ar; (*sur une échelle, des échasses*) sefyll ar.
perchiste [pɛʀʃist] *m/f* (*SPORT*) neidiwr *g* â pholyn, neidwraig *b* â pholyn; (*TV, RADIO, CINÉ*) dyn *g* sain, merch *b* sain.
perchoir [pɛʀʃwaʀ] *m* clwyd *b*, clwydfan *g,b*; (*fig*) cadair *b* y Llefarydd (*yn Senedd Ffrainc*).
perclus (**-e**) [pɛʀkly, yz] *adj* cloff; **être** ~ **de** (*rhumatismes*) bod yn gloff gan.
perçois *etc* [pɛʀswa] *vb voir* **percevoir**.
percolateur [pɛʀkɔlatœʀ] *m* peiriant *g* coffi.
perçu (**-e**) [pɛʀsy] *pp de* **percevoir**.
percussion [pɛʀkysjɔ̃] *f* taro; (*MÉD*) trawiad *g*; **instrument de** ~ offeryn *g* taro; **la** ~ offerynnau *ll* taro.
percussionniste [pɛʀkysjɔnist] *m/f* offerynnwr *g* taro, offerynwraig *b* taro.
percutant (**-e**) [pɛʀkytɑ̃, ɑ̃t] *adj* trawiadol; **obus** ~ ffrwydryn *g* taro.
percuter [pɛʀkyte] (**1**) *vt* taro;
♦*vi*: ~ **contre** mynd yn erbyn, taro; (*exploser*) ffrwydro yn erbyn.
percuteur [pɛʀkytœʀ] *m* pin *g* tanio.
perdant[1] (**-e**) [pɛʀdɑ̃, ɑ̃t] *adj* sy'n colli; **être** ~ colli; **partir** ~ colli cyn cychwyn.
perdant[2] [pɛʀdɑ̃] *m* collwr *g*.
perdante [pɛʀdɑ̃t] *f* collwraig *b*;
♦*adj f voir* **perdant**[1].
perdition [pɛʀdisjɔ̃] *f* (*morale*) damnedigaeth *b*; **en** ~ (*pays*) mewn enbydrwydd *g*, mewn trybini *g*; (*NAUT*) mewn perygl *g*, mewn enbydrwydd; **lieu de** ~ ogof *b* lladron.
perdre [pɛʀdʀ] (**3**) *vt* colli; ~ **de l'importance** mynd *ou* dod yn llai pwysig; ~ **son temps** gwastraffu'ch amser; **il perd son pantalon** mae ei drowsus *ou* drwser yn dod i lawr; **je perds mes chaussures** mae f'esgidiau yn dod oddi ar fy nhraed; **cet homme te perdra** bydd y dyn hwn yn dy ddinistrio; ~ **une occasion** colli cyfle; **tu n'as rien à** ~ 'does gen ti ddim i'w golli;
♦*vi* colli, bod ar eich colled; (*citerne, réservoir*) gollwng (dŵr); ~ **en gentillesse** mynd yn llai caredig; ~ **en français** colli'ch Ffrangeg; **tu ne perds pas au change** nid wyt ti ddim ar dy golled yn y fargen;
♦ **se** ~ *vr* mynd ar goll; (*ne pas être utilisé*) mynd yn wastraff; (*disparaître*) diflannu, mynd i golli; **se** ~ **dans ses souvenirs** ymgolli yn eich atgofion; **le sens littéral s'est perdu** mae'r ystyr llythrennol wedi'i golli.
perdreau (**-x**) [pɛʀdʀo] *m* petrisen *b* ifanc.
perdrix [pɛʀdʀi] *f* petrisen *b*.
perdu (**-e**) [pɛʀdy] *pp de* **perdre**;
♦*adj* ar goll; (*isolé*) pellennig; (*COMM: emballage*) tafladwy; (*endommagé*) wedi difetha; **elle est** ~**e** (*désemparée*) mae hi'n wallgof; (*malade, blessée*) does dim gobaith iddi; **à vos moments** ~**s** yn eich amser rhydd; **c'est un samedi de** ~ dyna wastraffu dydd Sadwrn.

père [pɛʀ] *m* tad *g*; ~**s** (*ancêtres*) cyndadau *ll*; **de ~ en fils** o'r tad i'r mab; ~ **de famille** penteulu *g*; **le ~ Noël** Siôn *g* Corn, Santa *g* Clôs.

pérégrinations [peʀegʀinasjɔ̃] *fpl* pererindodau *ll*, teithiau *ll*.

péremption [peʀɑ̃psjɔ̃] *f*: **date de ~** dyddiad *g* terfyn.

péremptoire [peʀɑ̃ptwaʀ] *adj* (*argument, raison*) argyhoeddiadol; (*ton*) swta, di-flewyn-ar-dafod.

pérennité [peʀenite] *f* parhauster *g*, gwydnwch *g*.

péréquation [peʀekwasjɔ̃] *f* addasiad *g*, addasu; (*des prix, impôts*) cyfartaliad *g*, cyfartalu, cydraddoli.

perfectible [pɛʀfɛktibl] *adj* perffeithiadwy.

perfection [pɛʀfɛksjɔ̃] *f* perffeithrwydd *g*; **à la ~** i'r dim, yn berffaith.

perfectionné (**-e**) [pɛʀfɛksjɔne] *adj* perffeithiedig; (*système, machine*) soffistigedig.

perfectionnement [pɛʀfɛksjɔnmɑ̃] *m* gwelliant *g*, gwella.

perfectionner [pɛʀfɛksjɔne] (**1**) *vt* perffeithio, gwella;
♦ **se ~** *vr* gwella; **se ~ en français** gwella'ch Ffrangeg.

perfectionniste [pɛʀfɛksjɔnist] *m/f* perffeithydd *g*.

perfide [pɛʀfid] *adj* (*personne*) bradwrus; (*promesses*) celwyddog, twyllodrus.

perfidie [pɛʀfidi] *f* bradwrusrwydd *g*, twyll *g*.

perforant [pɛʀfɔʀɑ̃] *adj* (*instrument*) tyllu; (*balle, obus*) platdorrol; (*ulcère*) tyllog.

perforateur [pɛʀfɔʀatœʀ] *m* tyllwr *g*.

perforation [pɛʀfɔʀasjɔ̃] *f* tyllu; (*trou*) twll *g*.

perforatrice [pɛʀfɔʀatʀis] *f* tyllydd *g*, tyllwr *g*.

perforé (**-e**) [pɛʀfɔʀe] *adj* tyllog; **carte/bande ~e** cerdyn *g*/tâp *g* tyllog.

perforer [pɛʀfɔʀe] (**1**) *vt* tyllu.

perforeuse [pɛʀfɔʀøz] *f* (*machine*) tyllwr *g*; (*employée*) tyllwraig *b*.

performance [pɛʀfɔʀmɑ̃s] *f* perfformiad *g*.

performant (**-e**) [pɛʀfɔʀmɑ̃, ɑ̃t] *adj* (*société, entreprise*) cystadleuol, sy'n perfformio'n dda, cynhyrchiol; (*personne, technique*) effeithiol, effeithlon, cynhyrchiol; (*voiture*) perfformiad uchel; (*FIN: investissement*) buddiol, sy'n talu'n dda, cynhyrchiol.

perfusion [pɛʀfyzjɔ̃] *f* (*MÉD*) diferwr *g*, dihidlwr *g*, drip* *g*

péricliter [peʀiklite] (**1**) *vi* dirywio, mynd ar i waered.

péridurale [peʀidyʀal] *f* (*MÉD*) anaesthetig *g* epidwral.

périgourdin (**-e**) [peʀiguʀdɛ̃, in] *adj* Perigordaidd, o'r Périgord.

Périgourdin [peʀiguʀdɛ̃] *m* un *g* o'r Périgord.

Périgourdine [peʀiguʀdin] *f* un *b* o'r Périgord.

péri-informatique (**~-~s**) [peʀiɛ̃fɔʀmatik] *f* cyfarpar *g* cyfrifiadurol.

péril [peʀil] *m* perygl *g*; **au ~ de sa vie** ar berygl eich bywyd; **à ses risques et ~s** ar eich menter *b* *ou* cyfrifoldeb *g* eich hun; **mettre qch en ~** peryglu rhth, rhoi rhth mewn perygl *ou* enbydrwydd *g*.

périlleux (**périlleuse**) [peʀijø, peʀijøz] *adj* peryglus, enbyd.

périmé (**-e**) [peʀime] *adj* hen; (*passeport, billet*) di-rym; (*idée, coutume*) henffasiwn.

périmètre [peʀimɛtʀ] *m* perimedr *g*, amfesur *g*, cylchfesur *g*.

périnatal (**-e**) [peʀinatal] *adj* amenedigol.

période [peʀjɔd] *f* cyfnod *g*; (*SPORT*) hanner *g*.

périodique [peʀjɔdik] *adj* cyfnodol; **serviette ~** tywel *g* misglwyf, lliain *g* misglwyf;
♦*m* cyfnodolyn *g*, cylchgrawn *g*.

périodiquement [peʀjɔdikmɑ̃] *adv* yn gyfnodol, bob hyn a hyn, o bryd i'w gilydd.

péripéties [peʀipesi] *fpl* digwyddiadau *ll*.

périphérie [peʀifeʀi] *f* perifferi *g*; (*de cercle*) amgant *g*, cylchfesur *g*; (*de ville*) ymylon *ll*, cyrion *ll*.

périphérique [peʀifeʀik] *adj* amgylchynol, ar y cyrion; (*RADIO*) *sy'n darlledu o wlad arall*;
♦*m* (*INFORM*) perifferolyn *g*; **(boulevard) ~** (*AUTO*) cylchffordd *b*.

périphrase [peʀifʀɑz] *f* cylchymadrodd *g*, dull *g* cwmpasog.

périple [peʀipl] *m* taith *b* hir; (*tournée*) tro *g*; (*en mer*) mordaith *b*.

périr [peʀiʀ] (**2**) *vi* marw; (*navire*) cael ei llongddryllio.

périscolaire [peʀiskɔlɛʀ] *adj* allgyrsiol.

périscope [peʀiskɔp] *m* perisgop *g*.

périssable [peʀisabl] *adj* darfodus.

péristyle [peʀistil] *m* pendist *g*, peristyl *g*.

Péritel® [peʀitɛl] *f*: **prise ~** soced *g* teledu, plwg *g* teledu.

péritélévision [peʀitelevizjɔ̃] *f* technoleg *b* teledu/fideo/cyfrifiadur.

péritonite [peʀitɔnit] *f* llid *g* y berfeddlen, peritonitis *g*.

périurbain (**-e**) [peʀiyʀbɛ̃, ɛn] *adj* sy'n amgychynu tref, amdrefol.

perle [pɛʀl] *f* perl *g*; (*fig*) trysor *g*; (*de rosée, sang, sueur*) diferyn *g*.

perlé (**-e**) [pɛʀle] *adj* (*dents*) gwyn(gwen)(gwynion); (*rire*) byrlymus; (*travail*) cywrain, celfydd; (*orge*) perlog, gwyn; **grève ~e** streic *b* gwaith araf.

perler [pɛʀle] (**1**) *vi*: **un front où perle la sueur** talcen *g* yn perlio gan chwys.

perlier (**perlière**) [pɛʀlje, pɛʀljɛʀ] *adj* perlau; **l'industrie perlière** y diwydiant *g* perlau.

permanence [pɛʀmanɑ̃s] *f* sefydlogrwydd *g*, parhauster *g*, parhad *g*; (*service*) gwasanaeth *g*; (*ADMIN: local*) swyddfa *b* lawn amser; (*SCOL*) ystafell *b* astudio, astudfa *b*; **assurer une ~** (*service public, bureaux*) gwarantu gwasanaeth parhaus *ou* parhaol;

être de ~ bod ar wasanaeth; **en** ~ yn barhaus, yn barhaol, drwy'r amser.

permanent[1] (-e) [pɛʀmanɑ̃, ɑ̃t] *adj* parhaol, parhaus, sefydlog.

permanent[2] [pɛʀmanɑ̃] *m* (*d'un syndicat, parti*) aelod *g* parhaol.

permanente [pɛʀmanɑ̃t] *f* (*COIFFURE*) toniad *g* parhaol, pyrm* *g*;
♦*adj f voir* **permanent**[1].

perméable [pɛʀmeabl] *adj* hydraidd; **être** ~ **à** (*fig*) bod yn agored i.

permettre [pɛʀmɛtʀ] **(72)** *vt* caniatáu; **je ne permets pas qu'on dise du mal d'elle** ni wna' i ddim gadael i neb ddweud dim byd drwg amdani, ni chaiff neb ddweud dim byd drwg amdani; **rien ne permet de penser que ...** 'does dim rheswm i feddwl ...; **si le temps le permet** os yw'r tywydd yn caniatáu; ~ **à qn de faire qch** rhoi caniatâd i rn wneud rhth, caniatáu *ou* gadael i rn wneud rhth; **permettez!** esgusodwch fi!; **vous permettez?** a ga' i?; ~ **qch à qn** caniatáu rhth i rn; **on leur a permis de partir** caniatawyd iddynt fynd;
♦ **se** ~ *vr* gadael i chi'ch hun; **puis-je me** ~ **une remarque** ga' i ddweud rhywbeth; **tu ne peux pas te** ~ **d'être en retard au rendez-vous** ni elli di ddim fforddio bod yn hwyr i'r cyfarfod.

permis[1] (-e) [pɛʀmi, iz] *pp de* **permettre**.

permis[2] [pɛʀmi] *m* trwydded *b*; ~ **d'inhumer** tystysgrif *b* claddu; ~ **de chasse/pêche** trwydded hela/bysgota; ~ **de conduire** trwydded yrru; ~ **de construire** caniatâd *g* cynllunio; ~ **de séjour/travail** trwydded breswylio/waith; ~ **poids lourds** trwydded yrru cerbydau trymion.

permissif (**permissive**) [pɛʀmisif, pɛʀmisiv] *adj* goddefgar.

permission [pɛʀmisjɔ̃] *f* caniatâd *g*; (*MIL*) rhyddhad *g*; **en** ~ (*MIL*) ar ryddhad; **avoir la** ~ **de faire qch** cael caniatâd i wneud rhth; **accorder à qn la** ~ **de faire qch** rhoi caniatâd i rn wneud rhth, caniatáu i rn wneud rhth.

permissionnaire [pɛʀmisjɔnɛʀ] *m* milwr *g* ar ryddhad.

permutable [pɛʀmytabl] *adj* cyfnewidiadwy.

permutation [pɛʀmytasjɔ̃] *f* trynewid *g*, cyfnewidiad *g*, cyfnewid; (*de personnes*) adleoliad *g*, adleoli.

permuter [pɛʀmyte] **(1)** *vt* cyfnewid, newid (rhth) drosodd, ffeirio, trwco;
♦*vi* cyfnewid swydd.

pernicieux (**pernicieuse**) [pɛʀnisjø, pɛʀnisjøz] *adj* enbyd, dinistriol.

péroné [peʀɔne] *m* (*ANAT*) crimog *b*, ffibwla *g*.

pérorer [peʀɔʀe] **(1)** *vi* traethu, areithio.

Pérou [peʀu] *prm*: **le** ~ Periw *b*.

perpendiculaire [pɛʀpɑ̃dikylɛʀ] *adj* perpendicwlar, unionsyth, sythlin;
♦*f* sythlin *b*.

perpendiculairement [pɛʀpɑ̃dikylɛʀmɑ̃] *adv* yn unionsyth, yn sythlin.

perpète* [pɛʀpɛt] *f*: **à** ~ (*loin*) ymhell draw, yn bell i ffwrdd; **jusqu'à** ~ am byth; **depuis** ~ ers oesoedd; **avoir la** ~, **être condamné à** ~ cael carchar am oes.

perpétrer [pɛʀpetʀe] **(14)** *vt* cyflawni, bod yn gyfrifol am.

perpétuel (**-le**) [pɛʀpetɥɛl] *adj* parhaol, parhaus, tragwyddol, bythol; (*dignité, fonction*) am oes; **réclusion** ~**le** carchar am oes.

perpétuellement [pɛʀpetɥɛlmɑ̃] *adv* yn barhaol, yn barhaus, drwy'r amser, yn ddi-baid, yn dragwyddol, byth a hefyd.

perpétuer [pɛʀpetɥe] **(1)** *vt* parhau; **monument qui perpétue le souvenir de qn** cofgolofn i goffáu rhn hyd byth; ~ **une tradition** cadw traddodiad, meithrin traddodiad;
♦ **se** ~ *vr* parhau, mynd ymlaen; (*espèces*) goroesi.

perpétuité [pɛʀpetɥite] *f*: **à** ~ am oes; **être condamné à** ~ cael carchar am oes.

perplexe [pɛʀplɛks] *adj* mewn penbleth, dryslyd, mewn dryswch.

perplexité [pɛʀplɛksite] *f* dryswch *g*, penbleth *b*; **jeter qn dans le** ~ drysu rhn.

perquisition [pɛʀkizisjɔ̃] *f* archwiliad *g*; **effectuer une** ~ **au domicile de qn** archwilio cartref rhn.

perquisitionner [pɛʀkizisjɔne] **(1)** *vi* chwilio, archwilio.

perron [peʀɔ̃] *m* grisiau *ll* (*o flaen plasty, theatr ayb*).

perroquet [peʀɔkɛ] *m* parot *g*; **tout répéter comme un** ~ ailadrodd popeth fel poli-parot.

perruche [peʀyʃ] *f* bwji *g*, byji *g*.

perruque [peʀyk] *f* wig *b*.

persan[1] (-e) [pɛʀsɑ̃, an] *adj* Persiaidd; **cheval** ~ ceffyl *g* Arabaidd.

persan[2] [pɛʀsɑ̃] *m* (*LING*) Perseg *b,g*.

perse [pɛʀs] *adj* Persiaidd;
♦*m* (*LING*) Perseg *b,g*.

Perse [pɛʀs] *m/f* Persiad *g/b*;
♦*f*: **la** ~ Persia *b*.

persécuter [pɛʀsekyte] **(1)** *vt* erlid.

persécution [pɛʀsekysjɔ̃] *f* erledigaeth *b*.

persévérance [pɛʀseveʀɑ̃s] *f* dyfalbarhad *g*, dycnwch *g*.

persévérant (-e) [pɛʀseveʀɑ̃, ɑ̃t] *adj* dyfalbarhaus, dygn.

persévérer [pɛʀseveʀe] **(14)** *vi* dyfalbarhau, dal ati, dygnu ymlaen; ~ **à croire que** parhau i gredu ...; **je persévère à penser qu'il s'est trompé** 'rwy'n dal i feddwl iddo wneud camgymeriad.

persiennes [pɛʀsjɛn] *fpl* caeadau *ll* dellt.

persiflage [pɛʀsiflaʒ] *m* gwatwar *g*, gwawd *g*.

persifleur (**persifleuse**) [pɛʀsiflœʀ, pɛʀsifløz] *adj* gwatwarus, gwawdiol.

persil [pɛʀsi] *m* persli *g*.

persillé (-e) [pɛʀsije] *adj* (*avec du persil*) â

phersli; (*viande*) brith.
Persique [peʀsik] *adj*: **le golfe** ~ Geneufor *g* Persia, y Gwlff *g*.
persistance [pɛʀsistɑ̃s] *f* (*d'une personne*) dyfalbarhad *g*, dycnwch *g*; (*durée*) parhad *g*.
persistant (**-e**) [pɛʀsistɑ̃, ɑ̃t] *adj* parhaus, parhaol, diddiwedd; (*BOT*) bytholwyrdd; **arbre à feuillage** ~ coeden *b* fytholwyrdd.
persister [pɛʀsiste] (**1**) *vi* parhau; (*doute, problème*) parhau, aros; **il persiste dans sa tentative** mae'n dal i ymdrechu; **il persiste dans son opinion** mae'n glynu wrth ei farn.
personnage [pɛʀsɔnaʒ] *m* (*de roman, pièce de théâtre*) cymeriad *g*; (*individu*) rhywun *g*, unigolyn *g*; (*ART*) ffigwr *g*.
personnaliser [pɛʀsɔnalize] (**1**) *vt* rhoi cyffyrddiad personol i, personoli; ~ **un contract** addasu cytundeb i'r unigolyn; **lettre personalisée** llythyr *g* personol.
personnalité [pɛʀsɔnalite] *f* personoliaeth *b*, cymeriad *g*.
personne [pɛʀsɔn] *f* rhywun *g*; ~ **âgée** hen ŵr *g*, hen wraig *b*; **les** ~**s agées** hen bobl *b*, yr henoed *ll*; **10 F par** ~ 10 ffranc y pen *ou* yr un; ~ **civile,** ~ **morale** (*JUR*) bod *g* cyfreithiol, person *g* cyfreithiol; **un groupe de dix** ~**s** grŵp *g* o ddeg o bobl; **en** ~ (*soi-même*) yn bersonol; **j'irai voir en** ~ mi af i weld fy hun; **première** ~ (*LING*) person cyntaf; **troisième** ~ **du pluriel** trydydd person lluosog; ~ **à charge** (*JUR*) dibynnydd *g*; **elle prend soin de sa petite** ~ mae hi'n gofalu amdani hi ei hun;
♦*pron*: **ne ...** ~ ni(d) ... neb; **il n'y a** ~ nid oes neb yno; ~ **n'est parfait** heb ei fai, heb ei eni; ~ **n'a vu mon stylo?** welodd neb mo 'meiro i?, oes rhywun wedi gweld fy meiro?; **je n'ai parlé à** ~ **d'autre que toi** ni siaredais i â neb ond ti; **faire qch mieux que** ~ gwneud rhth yn well na neb.
personnel[1] (**-le**) [pɛʀsɔnɛl] *adj* personol; (*papiers etc.*) preifat; (*égoïste*) hunanol; **j'ai des idées** ~**les à ce sujet** mae gen i syniadau fy hun am hynny.
personnel[2] [pɛʀsɔnɛl] *m* staff *g*, gweithwyr *ll*; **service du** ~ adran *b* bersonél.
personnellement [pɛʀsɔnɛlmɑ̃] *adv* (*en personne*) yn bersonol; **connaître qn** ~ adnabod rhn yn bersonol; **il nous a reçus** ~ fe'n derbyniodd *ou* croesawodd ei hun.
personnification [pɛʀsɔnifikasjɔ̃] *f* personoliad *g*, personoli.
personnifier [pɛʀsɔnifje] (**16**) *vt* personoli; **c'est l'honnêteté personnifiée** gonestrwydd mewn cnawd ydyw.
perspective [pɛʀspɛktiv] *f* persbectif *g*; (*vue*) golygfa *b*; (*optique*) safbwynt *b*, ongl *b*; ~**s** (*horizons*) gobeithion *ll*, rhagolygon *ll*, dyfodol *g*.
perspicace [pɛʀspikas] *adj* craff, sylwgar.
perspicacité [pɛʀspikasite] *f* craffter *g*, sylwgarwch *g*.
persuader [pɛʀsɥade] (**1**) *vt*: ~ **qn (de qch)** perswadio rhn (o rth); **j'en suis persuadé** 'rwy'n ei gredu'n llwyr, 'rwy'n argyhoeddedig, 'rwy'n hollol siŵr; ~ **qn de faire qch** annog *ou* perswadio rhn i wneud rhth, darbwyllo rhn i wneud rhth; **se laisser** ~ cael eich darbwyllo.
persuasif (**persuasive**) [pɛʀsɥazif, pɛʀsɥaziv] *adj* anogol, anogaethol, perswadiol, argyhoeddiadol, llawn perswâd.
persuasion [pɛʀsɥazjɔ̃] *f* perswâd *g*, anogaeth *b*, anogiad *g*.
perte [pɛʀt] *f* colled *b*; (*fig: morale*) cwymp *g*, distryw *g*; (*gaspillage*) gwastraff *g*; ~**s** (*COMM, personnes tuées*) colledion *ll*; **à** ~ (*COMM*) ar golled; **à** ~ **de vue** cyn belled ag y gellir *ou* gellid gweld; (*fig: discourir*) am byth; **en pure** ~ yn ofer; ~ **de contrôle** colli rheolaeth; **c'est une** ~ **de temps** mae'n wastraff amser; **courir à sa** ~ rhuthro i ddistryw; **être en** ~ **de vitesse** (*fig*) arafu; **avec** ~ **et fracas** â nerth bôn braich, trwy rym; ~ **de chaleur/d'énergie** gwastraff gwres/ynni; ~ **sèche** colled lwyr; ~**s blanches** (*MÉD*) rhedlif *g*, gwynllif *g*.
pertinemment [pɛʀtinamɑ̃] *adv* yn berthnasol i'r pwynt; **je sais** ~ **qu'il a menti** 'rwy'n gwybod yn iawn ei fod wedi dweud celwydd.
pertinence [pɛʀtinɑ̃s] *f* perthnasoldeb *g*.
pertinent (-**e**) [pɛʀtinɑ̃, ɑ̃t] *adj* perthnasol.
perturbateur[1] (**perturbatrice**) [pɛʀtyʀbatœʀ, pɛʀtyʀbatʀis] *adj* aflonyddol, sy'n tarfu.
perturbateur[2] [pɛʀtyʀbatœʀ] *m* aflonyddwr *g*.
perturbation [pɛʀtyʀbasjɔ̃] *f* aflonyddiad *g*; (*dans un service public*) anhrefn *g,b*; (*agitation, trouble*) terfysg *g*, aflonyddwch *g*, cyffro *g*; ~ **(atmosphérique)** terfysg.
perturbatrice [pɛʀtyʀbatʀis] *f* aflonyddwraig *b*; ♦*adj f voir* **perturbateur**[1].
perturber [pɛʀtyʀbe] (**1**) *vt* (*réunion, émission*) tarfu ar; (*transports*) drysu; (*personne*) cythryblu, aflonyddu.
péruvien (**-ne**) [peʀyvjɛ̃, jɛn] *adj* Periwaidd.
Péruvien [peʀyvjɛ̃] *m* Periwiad *g*.
Péruvienne [peʀyvjɛn] *f* Periwiad *b*.
pervenche [pɛʀvɑ̃ʃ] *f* (*fleur*) llysiau'r *ll* gwaed; (*contractuelle*) warden *b* draffig; ♦*adj* glas.
pervers[1] (**-e**) [pɛʀvɛʀ, ɛʀs] *adj* (*sexuellement*) gwyrdroëdig, llygredig; (*méchant*) drwg, drygionus, maleisus; **effet** ~ effaith *b* andwyol.
pervers[2] [pɛʀvɛʀ] *m* un *g* gwyrdroëdig.
perverse [pɛʀvɛʀs] *f* un *b* wyrdroëdig; ♦*adj f voir* **pervers**[1].
perversion [pɛʀvɛʀsjɔ̃] *f* gwyrdroad *g*.
perversité [pɛʀvɛʀsite] *f* (*sexuelle*) gwyrdröedigrwydd *g*, llygredd *g*; (*méchanceté*) drygioni *g*, malais *g*
perverti [pɛʀvɛʀti] *m* un *g* gwyrdroëdig.
pervertie [pɛʀvɛʀti] *f* un *b* wyrdroëdig.

pervertir [pɛʀvɛʀtiʀ] (**2**) *vt* llygru, gwyrdroi.

pesage [pəzaʒ] *m* pwyso; (*ÉQUITATION: salle*) ystafell *b* bwyso; (:*enceinte*) lloc *g*.

pesamment [pəzamɑ̃] *adv* yn drwm.

pesant[1] (**-e**) [pəzɑ̃, ɑ̃t] *adj* trwm(trom)(trymion).

pesant[2] [pəzɑ̃] *m*: **il vaut son ~ d'or** mae'n werth ei bwysau mewn aur.

pesanteur [pəzɑ̃tœʀ] *f* (*lourdeur*) trymder *g*, pwysau *ll*; (*d'esprit*) syrthni *g*, llesgedd *g*; (*PHYS*) disgyrchiant *g*.

pèse-bébé (~-~(**s**)) *m* clorian *b* (*i bwyso babi*).

pesée [pəze] *f* pwyso; (*fig*) cloriannu, mantoli; (*pression*) pwysau *ll*, gwthiad *g*.

pèse-lettre (~-~(**s**)) [pɛzlɛtʀ] *m* mantol *b* lythyrau, clorian *b* lythyrau.

pèse-personne (~-~(**s**)) [pɛzpɛʀsɔn] *m* clorian *b*, tafol *b*.

peser [pəze] (**13**) *vt* pwyso; (*considérer, comparer*) pwyso a mesur; ~ **le pour et le contre** pwyso a mesur y dadleuon o blaid ac yn erbyn;
♦*vi* pwyso; ~ **cent kilos/peu** pwyso can cilo/ychydig; ~ **sur** (*levier*) pwyso ar; (*influencer*) dylanwadu ar; **la solitude lui pèse** mae unigrwydd yn pwyso'n drwm arno.

pessimisme [pesimism] *m* pesimistiaeth *b*.

pessimiste [pesimist] *adj* pesimistaidd, diobaith;
♦*m/f* pesimist *g/b*.

peste [pɛst] *f* (*MÉD*) pla *g*, haint *g,b*; **espèce de petite ~** y cenau *g* bach, y genawes *b* fach.

pester [pɛste] (**1**) *vi*: ~ **contre qn/qch** melltithio rhn/rhth.

pesticide [pɛstisid] *m* plaladdwr *g*, plaleiddiad *g*.

pestiféré[1] (**-e**) [pɛstifeʀe] *adj* heintus.

pestiféré[2] [pɛstifeʀe] *m* un *g* a'r pla arno, dioddefwr *g* pla.

pestiférée [pɛstifeʀe] *f* un *b* a'r pla arni, dioddefwraig *b* pla;
♦*adj f voir* **pestiféré**[1].

pestilentiel (**-le**) [pɛstilɑ̃sjɛl] *adj* heintus; (*puant*) drewllyd.

pet* [pɛ] *m* rhech *b*, cnec *b*.

pétale [petal] *m* petal *g*.

pétanque [petɑ̃k] *f*: **la** ~ pétanque *g*, ≈ bowls *ll*.

pétarade [petaʀad] *f* ôl-daniad *g*.

pétarader [petaʀade] (**1**) *vi* ôl-danio.

pétard [petaʀ] *m* (*feu d'artifice*) clecar *g,b*; (*tapage*) twrw *g*; (*cigarette de marijuana*) smôc *g,b*.

pet-de-nonne (~s-~-~) [pɛdnɔn] *m* toesen *b* choux.

péter [pete] (**14**) *vi* (*ballon*) byrstio; (*explosif*) ffrwydro; (*appareil*) torri, malu; (*fam*) taro rhech, rhecha(i)n, cnecio.

pète-sec [pɛtsɛk] *adj inv* swta, diserch, sychlyd.

pétillant (**-e**) [petijɑ̃, ɑ̃t] *adj* pefriol.

pétiller [petije] (**1**) *vi* (*flamme, feu*) clecian, gwreichioni; (*mousse, champagne*) pefrio, byrlymu, ffisian*; (*yeux*) pefrio; ~ **d'esprit** pefrio gan ffraethineb.

petit[1] (**-e**) [p(ə)ti, it] *adj* bach, bychan(bechan)(bychain); (*pluie*) ysgafn; (*salaire*) isel; (*mesquin*) tila, pitw; (*voyage*) bychan, byr(ber)(byrion); **un homme ~** dyn *g* bychan; **une femme ~e** gwraig *b* fechan; **en ~** ar raddfa fechan; ~ **à** ~ bob yn dipyn; ~ **ami, ~e amie** cariad *g*; ~ **déjeuner** brecwast *g*; ~ **doigt** bys *g* bach; **le ~ écran** (*télévision*) y sgrin *b* fach, teledu *g*; ~ **four** teisen *b* fach, cacen *b* fach; ~ **pain** rhôl *b* fara; **~e monnaie** newid *g* mân; **~e vérole** y frech *b* wen; **~s pois** pys *ll*; **les ~es annonces** y mân hysbysebion *ll*; **~es gens** (*aux revenus modestes*) pobl *b* ddibwys *ou* gyffredin; **au ~ jour** gyda'r wawr; **une politique à la ~e semaine** polisi *g* tymor byr.

petit[2] [p(ə)ti] *m* (*enfant*) bachgen *g* bach; (*d'un animal*) un *g* bach; **mon ~** 'ngwas i; **pauvre ~** creadur *g* bach, truan *g* bach; **pour ~s et grands** i oedolion a phlant; **les tout-~s** y plantos *ll*, y rhai bach; **la classe des ~s** dosbarth *g* babanod; **faire des ~s** (*chatte*) dod â chathod bach; (*chienne*) dod â chŵn bach.

petit-beurre (~**s**-~) [pətibœʀ] *m* bisgedi *ll* menyn.

petit-bourgeois[1] (~**e**-~**e**) (~**s**-~**s**, ~**es**-~**es**) [pətibuʀʒwa, pətitbuʀʒwaz] (*péj*) *adj* dosbarth canol is.

petit-bourgeois[2] (~**s**-~**s**) [pətibuʀʒwa] *m* un *g* o'r dosbarth canol is.

petite [p(ə)tit] *f* (*enfant*) merch *b* fach; **ma ~** fy merch i, fy ngeneth i;
♦*adj f voir* **petit**[1].

petite-bourgeoise (~**s**-~**s**) [pətitbuʀʒwaz] *f* un *b* o'r dosbarth canol is;
♦*adj f voir* **petit-bourgeois**[1].

petite-fille (~**s**-~**s**) [pətitfij] *f* wyres *b*.

petitement [pətitmɑ̃] *adv* (*fig: agir, penser, mesquinement*) yn fychan, yn bitw; (*chichement*) yn grintachlyd, yn dlawd, yn dlodaidd; **il est logé ~** mae'n byw mewn lle cyfyng.

petitesse [p(ə)titɛs] *f* bychander *g*; ~ **d'esprit** bychander meddwl *ou* ysbryd, culfrydigrwydd *g*; ~ **de cœur** crintachrwydd *g*; **la ~ de notre savoir** bychander ein gwybodaeth.

petit-fils (~**s**-~) [pətifis] *m* ŵyr *g*.

pétition [petisjɔ̃] *f* deiseb *b*; **faire signer une ~** trefnu deiseb.

pétitionnaire [petisjɔnɛʀ] *m/f* deisebwr *g*, deisebwraig *b*.

pétitionner [petisjɔne] (**1**) *vi* deisebu, trefnu deiseb.

petit-lait (~**s**-~**s**) [pətilɛ] *m* maidd *g*.

petit-nègre [pətinɛgʀ] *m* (*péj*) Ffrangeg *b,g* bratiog; **il parle ~-~** mae'n siarad bratiaith Ffrangeg.

petits-enfants [pətizɑ̃fɑ̃] *mpl* wyrion *ll*, wyresau *ll*.

petit-suisse (~**s**-~**s**) [pətisɥis] *m* fromage *g* frais bychan.

pétoche* [petɔʃ] *f*: **il a la ~** mae arno ofn, mae llond bola o ofn arno, mae wedi ei ddychryn.

Pétrarque [petʀaʀk] *prm* Petrarch.

pétri (-**e**) [petʀi] *adj*: ~ **d'orgueil** llawn balchder.

pétrifier [petʀifje] (**16**) *vt* troi (rhth) yn garreg; (*fig: personne*) fferru, parlysu, dychryn.

pétrin [petʀɛ̃] *m* noe *b*, padell *b* dylino; **dans le ~** (*fig*) mewn picil, mewn helbul, mewn trybini, mewn helynt.

pétrir [petʀiʀ] (**2**) *vt* tylino; (*fig*) mowldio, ffurfio, llunio.

pétrochimie [petʀoʃimi] *f* petrocemeg *b*.

pétrochimique [petʀoʃimik] *adj* petrocemegol.

pétrochimiste [petʀoʃimist] *m/f* petrocemegydd *g/b*.

pétrodollar [petʀodɔlaʀ] *m* petrodoler *b*.

pétrole [petʀɔl] *m* petroliwm *g*, creigolew *g*; ~ **lampant** paraffin *g*; **lampe/poêle à ~** lamp *b*/stof *b* baraffin.

pétrolier[1] (**pétrolière**) [petʀɔlje, petʀɔljɛʀ] *adj* (*industrie*) olew; (*pays*) sy'n cynhyrchu olew.

pétrolier[2] [petʀɔlje] *m* (*navire*) tancer *g,b* olew; (*financier*) gwerthwr *g* olew; (*technicien*) peirannydd *g* olew.

pétrolifère [petʀɔlifɛʀ] *adj*: **roche ~** craig *b* dal olew; **région ~** ardal *b* olew.

P et T [peete] *sigle fpl*(= *postes et télécommunications*) ≈ y Post *g*.

pétulant (-**e**) [petylɑ̃, ɑ̃t] *adj* afieithus, brwd.

pétunia [petynja] *m* petwnia *g*.

peu [pø] *adv*

1 (*gén*) ychydig, dim llawer; **il boit ~** ychydig mae'n yfed; **il est ~ bavard** nid yw'n siaradus iawn; ~ **avant/après** ychydig cyn/ar ôl, fymryn cyn/wedi; **depuis ~** ers ychydig.

2: ~ **de** ychydig o; **il a ~ de pain** ychydig o fara sydd ganddo, 'does ganddo ddim llawer o fara; **il a ~ d'espoir** 'does ganddo ddim llawer o obaith; **pour ~ de temps** am ychydig bach o amser; **à ~ de frais** ar gost isel iawn.

3 (*locutions*): ~ **à ~** bob yn dipyn; **à ~ près** tua, yn fras; **à ~ près 10 kg/10 F** tua 10 kg/10 ffranc, rhyw ddeg cilogram/ffranc;

♦*m*

1: **le ~ de gens qui** y bobl brin hynny sydd, yr ychydig rai sydd; **je vais dépenser le ~ d'argent qui me reste** 'rwy'n mynd i wario'r ychydig arian sydd gen i ar ôl; **malgré le ~ d'intêret manifesté** er gwaethaf y diffyg diddordeb; **ton ~ d'appétit m'inquiète** mae dy ddiffyg archwaeth yn fy mhoeni.

2: **un ~** ychydig; **un petit ~** ychydig bach; **un ~ d'espoir** ychydig o obaith; **elle est un ~ grande** mae hi'n eithaf tal; **essayez un ~!** rhowch gynnig arni!; **un ~ plus/moins de** ychydig mwy/llai o;

♦*pron*: ~ **le savent** ambell un sy'n gwybod, ychydig o bobl a'i gŵyr; **avant** *neu* **sous ~** cyn bo hir; **il a gagné de ~** enillodd o fymryn; **il s'en est fallu de ~ qu'il ne le blesse** bu bron iddo ei anafu; **c'est ~ de chose** nid yw'n ddim o beth; **éviter qch de ~** osgoi rhth o drwch blewyn; **elle est de ~ ma cadette** mae hi fymryn yn iau na fi; **depuis ~** ers ychydig.

▶ **pour peu que**: **pour ~ qu'il fasse** pe bai'n gwneud, pe digwyddai iddo wneud.

▶ **pour un peu**: **pour un ~, elle attrapait la souris** bu bron iddi ddal y llygoden.

peuplade [pœplad] *f* llwyth *g* bychan.

peuple [pœpl] *m* pobl *b*, cenedl *b*, gwerin *b*; **un ~ de vacanciers** torf *b ou* haid *b* o ymwelwyr; **il y a du ~** mae yna lawer o bobl; **un homme du ~** dyn *g* o blith y werin; **les ~s d'Europe** pobloedd *ll* Ewrop, cenhedloedd *ll* Ewrop.

peuplé (-**e**) [pœple] *adj* poblog; **un pays très ~** gwlad *b* boblog; **un pays peu ~** gwlad denau ei phoblogaeth.

peupler [pœple] (**1**) *vt* poblogi; (*remplir*) llenwi; (*habiter*) byw yn; **fantasmes qui peuplent l'esprit** ffantasïau sy'n llenwi'r meddwl;

♦ **se ~** *vr* ymboblogi.

peuplier [pøplije] *m* poplysen *b*.

peur [pœʀ] *f* ofn *g*, braw *g*, arswyd *g*; **vivre dans la ~** byw mewn ofn; **avoir ~** bod ag ofn, ofni; **il a ~ des chiens** mae arno ofn cŵn; **elle a ~ de prendre l'avion** mae arni ofn mynd ar awyren; **j'ai ~ qu'il ne soit trop tard** mae arna' i ofn y bydd hi'n rhy hwyr, mae arna' i ofn ei bod hi'n rhy hwyr; **j'ai ~ qu'il ne vienne pas** mae arna' i ofn na ddaw ef ddim; **j'ai ~ qu'elle (ne) vienne** mae arna' i ofn y daw hi; **prendre ~** dychryn, cael braw; **faire ~ à qn** codi ofn ar rn, dychryn rhn; **être laid à faire ~** bod yn hyll fel pechod; **de ~ de** rhag ofn; **il n'a rien dit de ~ de le contrarier** ni ddywedodd ddim rhag ofn ei wylltio.

peureux (**peureuse**) [pøʀø, pøʀøz] *adj* ofnus.

peut [pø] *vb voir* **pouvoir**[2].

peut-être [pøtetʀ] *adv* efallai; ~-~ **bien qu'il viendra** efallai'n wir y daw; ~-~ **fera-t-il beau dimanche** efallai y bydd hi'n braf ddydd Sul.

peuvent [pœv] *vb voir* **pouvoir**[2].

peux *etc* [pø] *vb voir* **pouvoir**[2].

p. ex. *abr*(= *par exemple*) e.e.(= *er enghraifft*).

pH [peaʃ] *abr*(= *potentiel d'hydrogène*) pH.

phalange [falɑ̃ʒ] *f* (*ANAT*) ffalang *g*, ffalancs *g*, asgwrn *g* bys; (*groupe*) llu *g*; (*ANTIQUITÉ*) catyrfa *b*.

phallique [falik] *adj* ffalig.

phallocrate [falɔkʀat] *m* siofinydd *g* gwrywaidd.

phallocratie [falɔkʀasi] *f* siofiniaeth *b* wrywaidd.

phallus [falys] *m* ffalws *g*.
pharaon [faʀaɔ̃] *m* Pharo *g*.
phare [faʀ] *m* (*de voiture*) prif oleuadau *g*; (*NAUT*) goleudy *g*; **se mettre en ~s, mettre ses ~s** rhoi'r prif oleuadau ymlaen, goleuo'r prif oleuadau; **~s de recul** goleuadau bacio; ♦*adj*: **produit ~** prif gynnyrch.
pharmaceutique [faʀmasøtik] *adj* fferyllol.
pharmacie [faʀmasi] *f* fferyllfa *b*; (*produits*) meddyginiaethau *ll*; (*armoire*) cwpwrdd *g* ffisig *ou* moddion.
pharmacien [faʀmasjɛ̃] *m* fferyllydd *g*.
pharmacienne [faʀmasjɛn] *f* fferyllydd *g*.
pharmacologie [faʀmakɔlɔʒi] *f* ffarmacoleg *b*.
pharyngite [faʀɛ̃ʒit] *f* llid *g* ar yr argeg, llid y ffaryncs, ffaryngwst *g*.
pharynx [faʀɛ̃ks] *m* argeg *b*, ffaryncs *g*.
phase [fɑz] *f* cyfnod *g*; **(conducteur de) ~** (*ÉLEC*) gwifren *b* fyw; **être en ~ avec qn** bod ar yr un donfedd â rhn, cytuno'n dda â rhn.
Phénicie [fenisi] *prf*: **la ~** Phoenicia *b*.
phénoménal (-e) (**phénoménaux, phénoménales**) [fenɔmenal, fenɔmeno] *adj* (*PHILO*) ffenomenaidd; (*extraordinaire*) rhyfedd, hynod, anarferol.
phénomène [fenɔmɛn] *m* ffenomen *b*; (*chose rare*) peth *g* rhyfedd *ou* hynod.
philanthrope [filɑ̃tʀɔp] *m/f* dyngarwr *g*, dyngarwraig *b*.
philanthropie [filɑ̃tʀɔpi] *f* dyngarwch *g*.
philanthropique [filɑ̃tʀɔpik] *adj* dyngarol.
philatélie [filateli] *f* casglu stampiau, ffilateleg *b*.
philatélique [filatelik] *adj* ffilatelig.
philatéliste [filatelist] *m/f* casglwr *g* stampiau, casglwraig *b* stampiau, ffilatelydd *g*.
philharmonique [filaʀmɔnik] *adj* ffilharmonig.
philippin (-e) [filipɛ̃, in] *adj* Philipinaidd.
Philippin [filipɛ̃] *m* Philipiniad *g*.
Philippine [filipin] *f* Philipiniad *b*.
Philippines [filipin] *fpl*: **les ~** Ynysoedd *ll* y Philipinau.
philistin [filistɛ̃] *m* philistiad *g/b*, un *g* diddiwylliant, un *b* ddiddiwylliant.
philo* [filo] *f* athroniaeth *b*.
philosophe [filɔzɔf] *m/f* athronydd *g*; ♦*adj* athronyddol; (*sage*) pwyllog, synhwyrol, dirwgnach.
philosopher [filɔzɔfe] (**1**) *vi* athronyddu.
philosophie [filɔzɔfi] *f* athroniaeth *b*; **avec ~** yn bwyllog, yn synhwyrol, yn ddirwgnach
philosophique [filɔzɔfik] *adj* athronyddol; (*sage*) pwyllog, synhwyrol, dirwgnach.
philosophiquement [filɔzɔfikmɑ̃] *adv* yn athronyddol; (*avec sagesse*) yn bwyllog, yn synhwyrol, yn ddirwgnach.
philtre [filtʀ] *m* diod *b* swyn.
phlébite [flebit] *f* (*MÉD*) llid *g* y gwythiennau, fflebitis *g*.
phlébologue [flebɔlɔg] *m/f* fflebolegydd *g* (*arbenigydd gwythiennau*).

phobie [fɔbi] *f* arswyd *g*, ffobia *g*; **j'ai la ~ des souris** mae llygod yn codi arswyd arnaf.
phocéen (-ne) [fɔseɛ̃, ɛn] *adj*: **la cité ~ne** Marseille *b*.
phonétique [fɔnetik] *adj* seinegol, ffonetig; ♦*f* seineg *b*, ffoneteg *b*.
phonétiquement [fɔnetikmɑ̃] *adv* yn seinegol, yn ffonetig.
phonographe [fɔnɔgʀaf] *m* gramoffon *g*.
phoque [fɔk] *m* morlo *g*; (*peau*) croen *g* morlo.
phosphate [fɔsfat] *m* (*CHIM*) ffosffad *g*.
phosphaté (-e) [fɔsfate] *adj* llawn ffosffad.
phosphore [fɔsfɔʀ] *m* (*CHIM*) ffosfforws *g*.
phosphoré (-e) [fɔsfɔʀe] *adj* ffosfforaidd.
phosphorescent (-e) [fɔsfɔʀesɑ̃, ɑ̃t] *adj* ffosfforegol, ffosfforeddol.
phosphorique [fɔsfɔʀik] *adj* ffosfforig.
photo [fɔto] *f* (*technique*) ffotograffiaeth *b*, ffotograffeg *b*; (*image*) ffotograff *g*, llun *g*; **prendre qn en ~** tynnu llun o rn; **aimer la ~** bod yn hoff o dynnu lluniau; **faire de la ~** tynnu lluniau; **~ d'identité** llun pasbort; **~ en couleurs** ffotograff lliw;
♦*adj*: **appareil ~** camera *g*; **pellicule ~** ffilm *b*.
photo ... [fɔto] *préf* ffoto ...
photocopie [fɔtɔkɔpi] *f* (*copie*) ffotogopi *g*, llungopi *g*; (*procédé*) ffotogopïo, llungopïo.
photocopier [fɔtɔkɔpje] (**16**) *vt* ffotogopïo, llungopïo.
photocopieur [fɔtɔkɔpjœʀ] *m* (*machine*) ffotogopïwr *g*, llungopïwr *g*.
photocopieuse [fɔtɔkɔpjøz] *f* (*machine*) ffotogopïwr *g*, llungopïwr *g*.
photo-électrique [fɔtoelɛktʀik] *adj* ffoto-electrig, ffotodrydanol.
photo-finish (~s-~) [fɔtofiniʃ] *f* diwedd *g* clòs.
photogénique [fɔtɔʒenik] *adj* ffotogenig; **elle est très ~** mae hi'n dda mewn llun.
photographe [fɔtɔgʀaf] *m/f* ffotograffydd *g*.
photographie [fɔtɔgʀafi] *f* (*technique*) ffotograffiaeth *g*, ffotograffeg *b*; (*image*) ffotograff *g*, llun *g*; (*aperçu représentatif*) cipolwg *g*, darlun *g*; **faire de la ~** tynnu lluniau.
photographier [fɔtɔgʀafje] (**16**) *vt* tynnu llun o; **se faire ~** cael tynnu'ch llun.
photographique [fɔtɔgʀafik] *adj* ffotograffig.
photogravure [fɔtɔgʀavyʀ] *f* ffoto-engrafiad *g*.
photomaton® [fɔtɔmatɔ̃] *m* peiriant *g* tynnu lluniau.
photomontage [fɔtɔmɔ̃taʒ] *m* montage *g* ffotograffig, ffotogyfosodiad *g*.
photo-robot (~s-~s) [fɔtɔbo] *f* (*POLICE*) disgriflun *g*.
photosensible [fɔtosɑ̃sibl] *adj* ffotosensitif.
photostat [fɔtɔsta] *m* ffotostat *g*, ffotogopi *g*, llungopi *g*.
phrase [fʀɑz] *f* (*assemblage de mots*) brawddeg *b*; (*propos*) ymadrodd *g*; (*MUS*) brawddeg, cymal *g*; **faire des ~s** siarad yn

flodeuog; **sans ~s** siarad yn blwmp ac yn blaen.

phraséologie [fʀazeɔlɔʒi] *f* (*terminologie*) ieithwedd *b*, terminoleg *b*, geirfa *b*, ymadroddion *ll*; (*bavardage*) geiriogrwydd *g*, hirwyntogrwydd *g*; (*rhétorique*) iaith *b* flodeuog.

phraseur [fʀɑzœʀ] *m* ymadroddwr *g*.

phraseuse [fʀɑzøz] *f* ymadroddwraig *b*.

phrygien (**-ne**) [fʀiʒjɛ̃, jɛn] *adj*: **bonnet ~** cap *g* rhyddid.

phtisie [ftizi] *f* (*MÉD*) y ddarfodedigaeth *b*, twbercwlosis *g*.

phylloxéra [filɔkseʀa] *m* (*insecte*) ffylocsera *b*, lleuen *b* y gwinwydd; (*maladie*) ffylocsera.

physicien [fizisjɛ̃] *m* ffisegydd *g*.

physicienne [fizisjɛn] *f* ffisegydd *g*.

physiologie [fizjɔlɔʒi] *f* ffisioleg *b*.

physiologique [fizjɔlɔʒik] *adj* ffisiolegol.

physiologiquement [fizjɔlɔʒikmɑ̃] *adv* yn ffisiolegol.

physionomie [fizjɔnɔmi] *f* (*traits du visage*) pryd *g* a gwedd *b*; (*visage*) wyneb *g*; (*d'un paysage*) gwedd, golwg *g,b*; **la ~ de l'Europe a beaucoup changé** mae'r olwg ar Ewrop wedi newid llawer; **~ du marché** cyflwr *g* y farchnad.

physionomiste [fizjɔnɔmist] *m/f*: **c'est un bon ~** mae'n un da am gofio wynebau.

physiothérapie [fizjoteʀapi] *f* ffisiotherapi *g*.

physique [fizik] *adj* (*corporel*) corfforol; (*monde etc*) ffisegol;
♦*f* ffiseg *b*;
♦*m* corff *g*, corffolaeth *b*; **au ~** yn gorfforol.

physiquement [fizikmɑ̃] *adv* yn gorfforol.

phytothérapie [fitoteʀapi] *f* meddygaeth *b* lysieuol.

p.i. *abr*(= *par intérim*) dros dro, yn y cyfamser.

piaffer [pjafe] (**1**) *vi* (*cheval*) pystylad, curo carnau; (*personne*) ysu.

piaillement [pjɑjmɑ̃] *m* (*d'oiseau*) gwawch *b*; (*d'enfant*) gwichian, gwich *b*.

piailler [pjɑje] (**1**) *vi* gwawchio; (*personne*) gwichian.

pianiste [pjanist] *m/f* pianydd *g*, pianyddes *b*.

piano [pjano] *m* piano *g*; **jouer du ~** canu'r piano; **~ à queue** piano cyngerdd; **~ mécanique** pianola *g*.

pianoter [pjanɔte] (**1**) *vi* (*sur un piano*) rhoi tonc; (*sur une machine à écrire, une table*) tapio'ch bysedd.

piaule* [pjol] *f* ystafell *b*, llety *g*.

piauler [pjole] (**1**) *vi* (*enfant*) swnian crio; (*oiseau*) trydar.

PIB [peibe] *sigle m*(= *produit intérieur brut*) Cynnyrch *g* Mewnwladol Crynswth.

pic [pik] *m* (*instrument*) caib *b*; (*montagne*) copa *g,b*, pen *g*, crib *b*; (*ZOOL*) cnocell *b* y coed; **~ à glace** caib rew *ou* iâ;
♦ **à ~** *adv* yn serth; **couler à ~** (*bateau*) mynd yn syth i'r gwaelod; **arriver à ~** cyrraedd mewn pryd.

picard (**-e**) [pikaʀ, aʀd] *adj* (*de Picardie*) Picardaidd, o Picardie.

Picard [pikaʀ] *m* Picardiad *g*, un *g* o Picardie.

Picarde [pikaʀd] *f* Picardiad *b*, un *b* o Picardie.

Picardie [pikaʀdi] *prf* Picardi *b*, Picardie *b*.

picaresque [pikaʀɛsk] *adj* picarésg.

piccolo [pikɔlo] *m* (*MUS*) picolo *g*.

pichenette [piʃnɛt] *f* fflic *g*; **enlever une poussière d'une ~** fflicio llwch.

pichet [piʃɛ] *m* jwg *g,b*; (*contenu*) jygiaid *b*.

pickpocket [pikpɔkɛt] *m* lleidr *g* pocedi.

pick-up [pikœp] *m inv* chwaraewr *g* recordiau.

picorer [pikɔʀe] (**1**) *vt* pigo am fwyd.

picot [piko] *m* dant *g*, cocsen *b* (*ar olwyn*); **roue à ~s** olwyn *b* gocos.

picotement [pikɔtmɑ̃] *m* pigo, llosgi; **ressentir des ~s dans les bras** teimlo pinnau bach yn eich breichiau.

picoter [pikɔte] (**1**) *vt* gwneud i (rth) losgi;
♦*vi* pigo, llosgi.

pictural (**-e**) (**picturaux, picturales**) [piktyʀal, piktyʀo] *adj* darluniadol.

pie [pi] *f* pioden *b*; (*fig: femme*) clebren *b*;
♦*adj inv*: **vache ~** buwch *b* ddu a gwyn; **cheval ~** ceffyl *g* brith.

pièce [pjɛs] *f*
1 (*d'un logement*) ystafell *b*; **un deux-~s cuisine** fflat *b* ddwy ystafell a chegin; **un trois-~s** fflat dair ystafell.
2 (*THÉÂTRE*) drama *b*.
3 (*morceau: d'un mécanisme*) darn *g*, part *g*, rhan *b*; (*d'une collection, d'un jeu*) darn; (*COUTURE*) clwt *g*; (*de bétail*) pen *g*; **dix francs ~** deg ffranc yr un; **mettre qch en ~s** malu rhth yn dipiau *ou* ddarnau; **vendre qch à la ~** gwerthu rhth fesul un; **payer à la ~** talu ar dasg *ou* yn ôl y gwaith; **travailler à la ~** gweithio ar dasg; **c'est inventé de toutes ~s** celwydd noeth ydyw; **maillot une ~** gwisg *b* nofio un darn; **il est tout d'une ~** mae'n un di-lol; **en ~s détachées (à monter)** i'w roi at ei gilydd eich hun; **~ d'eau** llyn *g* addurniadol; **~ de résistance** (*plat*) prif saig *b*; (*fig*) uchafbwynt *g*; **~ montée** teisen *b* mewn sawl haen; **~ de rechange** darn sbâr; **~s détachées** darnau *ou* partiau sbâr.
4 (*document*) dogfen *b*; **~ à conviction** (*JUR*) arddangosyn *g*; **~ d'identité** dogfen adnabod; **~s justificatives** dogfennau ategol.

pied [pje] *m*
1 (*ANAT*) troed *g,b*; (*de cheval*) carn *g*; **~s nus** *neu* **nu-~s** yn droednoeth; **à ~** ar droed; **aller quelque part à ~** cerdded i rywle; **à ~ sec** yn droetsych, heb wlychu'ch traed; **mettre les ~s quelque part** rhoi troed yn rhywle; **de ~ en cap** o'ch corun i'ch sawdl; **en ~** (*portrait*) llawn.
2 (*extremité*) troed *g,b*, gwaelod *g*, godre *g*,

bôn *g*; (*d'un mur*) bôn; (*d'un meuble: pris dans sa totalité*) coes *g*; **au ~ de** wrth droed, wrth fôn, wrth odre; **mettre qn au ~ du mur** (*fig*) cornelu rhn.
3 (*POÉSIE*) corfan *g*.
4 (*mesure*) troedfedd *b*.
5 (*BOT*): **~ de vigne** gwinwydden *b*; **sur ~** (*AGR*) yn sefyll, heb ei dorri; **vendre qch sur ~** (*AGR*) gwerthu rhth heb ei fedi.
6 (*locutions*): **être à ~ d'œuvre** bod yn barod i gychwyn gwaith; **au ~ de la lettre** yn llythrennol; **au ~ levé** ar unwaith, yn syth; **avoir le ~ marin** bod yn forwr da; **perdre ~** baglu, llithro; (*fig*) mynd allan o'ch dyfnder; **avoir ~** gallu cyffwrdd y gwaelod; **sur ~** ar eich traed; **mettre qch sur ~** (*affaire etc*) cychwyn sefydlu rhth; **mettre qn à ~** (*employé*) diswyddo rhn; **sur le ~ de guerre** parod i ymladd; **sur un ~ d'égalité** yn gyfartal; **faire du ~ à qn** (*prévenir*) rhoi cic o rybudd i rn; (*galamment*) chwarae twtsiad traed â rhn; **faire des ~s et des mains** gwneud eich gorau glas, gweithio nerth deng ewin, gwneud popeth posibl; **sur ~ d'intervention** parod i ymyrryd, ar alwad; **elle s'est levée du bon ~** mae hi'n hapus fel y gog heddiw; **il s'est levé du ~ gauche** mae'n flin fel cacwn heddiw; **faire un ~ de nez à qn** wfftio rhn; **c'est le ~!*** mae'n wych!; **quel ~, ce film!*** mae'r ffilm yma'n wych!

pied-à-terre [pjetatɛʀ] *m inv* cartref *g* achlysurol.

pied-bot (**~s-~s**) [pjebo] *m* un *g* â throed glwb.

pied-de-biche (**~s-~-~**) [pjedbiʃ] *m* (*arrache-clous*) tyndro *g* crafanc, crafanc *b* lifer; (*COUTURE*) plât *g* gwasgu, gwasgblat *g*.

pied-de-poule [pjedpul] *adj inv* (siec) danheddog.

piédestal (**piédestaux**) [pjedɛstal, pjedɛsto] *m* pedestal *g*.

pied-noir (**~s-~s**) [pjenwaʀ] *m/f* Ffrancwr *g* o Algeria, Ffrances *b* o Algeria.

piège [pjɛʒ] *m* magl *b*, trap *g*; **prendre qch au ~** maglu rhth, trapio rhth; **tomber dans un ~** disgyn i drap.

piéger [pjeʒe] (**15**) *vt* maglu, trapio; (*fig*) dal, twyllo; **lettre piégée** llythyr *g* ffrwydrol; **voiture piégée** car *g* ffrwydrol.

pierraille [pjeʀaj] *f* cerrig *ll* mân, gro *g*; (*moraine*) marian *g*.

pierre [pjɛʀ] *f* carreg *b*, maen *g*; **pont en ~** pont *b* garreg; **mur de ~s sèches** wal *b* sych; **faire d'une ~ deux coups** lladd dau aderyn ag un garreg; **~ à briquet** fflint *g,b*; **~ de taille** carreg nadd; **~ de touche** maen prawf; **~ fine** gem *b*; **~ ponce** pwmis *g*, carreg bwmis; **~ tombale** carreg fedd.

Pierre [pjɛʀ] *prm* Pedr.

pierreries [pjɛʀʀi] *fpl* gemau *ll*, tlysau *ll*.

pierreux (**pierreuse**) [pjeʀø, pjeʀøz] *adj* caregog.

piété [pjete] *f* duwioldeb *g*; **~ filial** ffyddlondeb *g* mab *ou* merch.

piétinement [pjetinmɑ̃] *m* sŵn *g* traed; (*fig*) sefyllian.

piétiner [pjetine] (**1**) *vi* stampio'r llawr â'ch troed; (*marquer le pas*) sefyllian, sefyll yn eich unfan;
♦*vt* sathru ar, damsang ar, damsiel ar.

piéton[1] (**-ne**) [pjetɔ̃, ɔn] *adj* i gerddwyr; **zone ~ne** parth *g* cerddwyr.

piéton[2] [pjetɔ̃] *m* cerddwr *g*.

piétonne [pjetɔn] *f* cerddwraig *b*;
♦*adj f voir* **piéton**[1].

piétonnier (**piétonnière**) [pjetɔnje, pjetɔnjɛʀ] *adj* i gerddwyr; **zone piétonnière** parth *g* cerddwyr.

piètre [pjɛtʀ] *adj* tila, di-nod, gwael, salw; **c'est une ~ consolation** nid yw hynny'n fawr o gysur.

pieu (**-x**) [pjø] *m* postyn *g*, polyn *g*; (*fam*) gwely *g*; **se mettre au ~*** mynd i'r cae sgwâr.

pieusement [pjøzmɑ̃] *adv* yn grefyddol, yn dduwiol, yn dduwiolfrydig.

pieuvre [pjœvʀ] *f* octopws *g*.

pieux (**pieuse**) [pjø, pjøz] *adj* crefyddol, duwiol, duwiolfrydig.

pif* [pif] *m* trwyn *g*; **au ~** (*au pifomètre*) yn ôl greddf, gan ddilyn eich trwyn

piffer* [pife] (**1**) *vt*: **je ne peux pas le ~** ni alla' i mo'i ddioddef.

pifomètre* [pifɔmɛtʀ] *m* greddf *b*; **au ~** yn ôl greddf, gan ddilyn eich trwyn.

pige [piʒ] *f*: **être payé à la ~** cael eich talu ar dasg *ou* yn ôl y gwaith; (*journaliste*) cael eich talu fesul llinell.

pigeon [piʒɔ̃] *m* colomen *b*; **~ voyageur** colomen negesi.

pigeonnant (**-e**) [piʒɔnɑ̃, ɑ̃t] *adj*: **soutien-gorge ~** bra *g* codi.

pigeonneau (**-x**) [piʒɔno] *m* colomen *b* ifanc.

pigeonnier [piʒɔnje] *m* colomendy *g*.

piger* [piʒe] (**10**) *vt, vi* deall; **je ne pige rien de l'informatique** 'does gen i ddim clem am gyfrifiaduron.

pigiste [piʒist] *m/f* (*typographe*) cysodydd *g* a delir ar dasg *ou* ar ôl y gwaith; (*journaliste*) newyddiadurwr *g* ar ei liwt ei hun.

pigment [pigmɑ̃] *m* lliw *g*, paent *g*, pigment *g*.

pignon[1] [piɲɔ̃] *m* (*d'un mur*) talcen *g*; **avoir ~ sur rue** (*fig*) bod wedi hen sefydlu, ffynnu, bod yn ffyniannus.

pignon[2] [piɲɔ̃] *m* (*d'un engrenage*) olwyn *b* gocos, olwyn ddanheddog.

pignon[3] [piɲɔ̃] (*graine de pin*) cneuen *b* binwydd.

Pilate [pilat] *prm* Peilat.

pile [pil] *f* (*tas*) pentwr *g*; (*d'un pont*) piler *g*, colofn *b*; (*ÉLEC*) batri *g*;
♦*adj*: **le côté ~** y tu *g* chwith;
♦*adv* (*net*) yn stond; (*à temps*) i'r funud; **être ~ à l'heure** bod mewn union bryd, bod

yn brydlon; **jouer à ~ ou face** taflu ceiniog; **~ ou face?** y tu blaen ynteu'r tu chwith?, pen ynteu gynffon?
piler [pile] (**1**) *vt* pwyo, dyrnu.
pileux (**pileuse**) [pilø, piløz] *adj*: **système ~** blew('r corff).
pilier [pilje] *m* piler *g*, colofn *b*; (*RUGBY*) prop *g*; **~ de bar** llymeitiwr *g*, yfwr *g*.
pillage [pijaʒ] *m* ysbeiliad *g*, ysbeilio.
pillard [pijaʀ] *m* ysbeiliwr *g*.
pillarde [pijaʀd] *f* ysbeilwraig *b*.
piller [pije] (**1**) *vt* ysbeilio.
pilleur [pijœʀ] *m* ysbeiliwr *g*.
pilleuse [pijøz] *f* ysbeilwraig *b*.
pilon [pilɔ̃] *m* (*instrument*) pestl *g*; (*de volaille*) coes *b*; **mettre un livre au ~** gwasgu *ou* mathru llyfr yn fwydion.
pilonner [pilɔne] (**1**) *vt* (*MIL*) pwyo, magnelu, bombardio, peledu; (*écraser*) pwyo, malu; (*un livre*) mathru, gwasgu.
pilori [pilɔʀi] *m*: **mettre** *neu* **clouer qn au ~** gwawdio rhn, gwneud rhn yn destun sbort.
pilotage [pilɔtaʒ] *m* (*de navire, voiture, avion*) llywio; (*gestion*) rheoli; **~ automatique** llywio awtomatig; **~ sans visibilité** hedfan dall.
pilote [pilɔt] *m* (*AVIAT*) peilot *g*; (*de navire*) llywiwr *g*, peilot; (*de voiture, char*) gyrrwr *g*; (*guide*) arweinydd *g*; (*COMM: gérant*) rheolwr *g*; **~ d'essai** peilot prawf; **~ de chasse** peilot awyren ymladd; **~ de course** gyrrwr rasio; **~ de ligne** peilot cwmni awyrennau;
♦*adj* arloesol, peilot, arbrofol, prawf.
piloter [pilɔte] (**1**) *vt* llywio; (*une voiture*) gyrru, llywio; (*fig: guider*) llywio, arwain; (*gérer: entreprise*) rheoli, rhedeg; **piloté par menu** (*INFORM*) dewisyriad, cynnwys-yredig.
pilotis [pilɔti] *m* piler *g*, postyn *g*; **une maison bâtie sur ~** tŷ *g* ar byst.
pilule [pilyl] *f* pilsen *b*; **prendre la ~** bod ar y bilsen.
pimbêche [pɛ̃bɛʃ] *f* (*péj*) madam *b* fach.
piment [pimɑ̃] *m*
1 (*BOT*) pupryn *g*; **~ rouge** pupur *g* coch, tsili *g*, chilli *g*.
2 (*fig*) sbeis *g*.
pimenté (**-e**) [pimɑ̃te] *adj* poeth; (*épicé fortement*) sbeislyd, sbeisiog; **plat pimenté** pryd sbeislyd iawn.
pimenter [pimɑ̃te] (**1**) *vt* rhoi tsili *ou* chilli yn, sbeisio; (*fig*) rhoi tipyn o sbeis yn, sbeisio.
pimpant (**-e**) [pɛ̃pɑ̃, ɑ̃t] *adj* smart, ffasiynol, taclus, trwsiadus.
pin [pɛ̃] *m* pinwydden *b*; **~ maritime** pinwydden arfor; **~ parasol** pinwydden gneuog.
pinacle [pinakl] *m* pinacl *g*; **porter qn au ~** (*fig*) canmol rhn i'r cymylau.
pinard* [pinaʀ] *m* gwin *g* rhad.
pince [pɛ̃s] *f* (*outil*) gefel *b*; (*d'un homard, crabe*) crafanc *b*; (*COUTURE: pli*) dart *g*; **~ à épiler** plyciwr *g* aeliau; **~ à linge** peg *g*; **~ à sucre** gefel siwgr; **~ universelle** gefel gyffredinol; **~s de cycliste** clipiau *ll* beiciwr.
pincé (**-e**) [pɛ̃se] *adj* (*air*) anesmwyth; (*sourire*) ffug; (*mince: nez, bouche*) main.
pincée [pɛ̃se] *f*: **une ~ de sel/poivre** pinsiad *g* o halen/bupur;
♦*adj f voir* **pincé**.
pinceau (**-x**) [pɛ̃so] *m* brwsh *g*.
pincement [pɛ̃smɑ̃] *m*: **~ au cœur** pang *g*, brathiad *g* cydwybod.
pince-monseigneur (**~s-~**) [pɛ̃smɔ̃sɛɲœʀ] *f* trosol *g*.
pince-nez [pɛ̃sne] *m inv* pince-nez *g* (*sbectol drwyn*).
pincer [pɛ̃se] (**9**) *vt* pinsio; (*COUTURE*) dartio; (*attraper*) dal; (*serrer*) gwasgu; (*MUS*) plycio; **une veste qui pince la taille** siaced sy'n dynn am y canol; **il s'est fait ~ en train de tricher à l'examen*** cafodd ei ddal yn twyllo yn yr arholiad;
♦ **se ~** *vt* eich pinsio'ch hun; **je me suis pincé les doigts dans la porte** aeth fy mysedd yn sownd yn y drws, deliais fy mysedd yn y drws; **se ~ le nez** dal eich trwyn; **j'ai dû me ~ pour y croire** 'roedd yn rhaid imi fy mhinsio fy hun rhag ofn mai breuddwydio yr oeddwn i.
pince-sans-rire [pɛ̃ssɑ̃ʀiʀ] *adj inv* di-wên, digyffro, difynegiant;
♦*m inv* cellweiriwr *g* di-wên.
pincettes [pɛ̃sɛt] *fpl* gefel *b* fach; (*pour le feu*) gefel dân.
pinçon [pɛ̃sɔ̃] *m* ôl *g* pinsio, pinsiad *g*.
pinède [pinɛd] *f* coedwig *b* binwydd.
pingouin [pɛ̃gwɛ̃] *m* pengwin *g*.
ping-pong (**~-~s**) [piŋpɔ̃g] *m* tennis *g* bwrdd, ping pong *g*.
pingre [pɛ̃gʀ] *adj* cybyddlyd, crintachlyd.
pinson [pɛ̃sɔ̃] *m* asgell *b* fraith, ji-binc *b*.
pintade [pɛ̃tad] *f* iâr *b* gini.
pin up [pinœp] *f inv* pinyp* *g*.
pioche [pjɔʃ] *f* caib *b*.
piocher [pjɔʃe] (**1**) *vt* tyrchu, turio, palu, ceibio, cloddio; (*fam*) adolygu (rhth) yn galed, astudio (rhth) yn galed;
♦*vi* gweithio'n galed; **~ dans ses économies** tyrchu i'ch cynilion; **~ dans la caisse** cael eich dal yn dwyn.
piolet [pjɔlɛ] *m* bwyell *b* iâ *ou* rew.
pion [pjɔ̃] *m* (*SCOL, péj*) myfyriwr *g* a delir i oruchwylio disgyblion; (*ÉCHECS*) gwerinwr *g*; (*DAMES*) drafft *g*.
pionne [pjɔn] *f* (*SCOL, péj*) myfyrwraig *b* a delir i oruchwylio disgyblion.
pionnier [pjɔnje] *m* arloeswr *g*.
pipe [pip] *f* pibell *b*, cetyn *g*; **~ de bruyère** pibell bren.
pipeau (**-x**) [pipo] *m* (*petite flûte*) pib *b*; (*appeau*) chwiban *b* dal adar.
pipe-line (**~-~s**) [piplin] *m* lein *b* bibell.

piper [pipe] (1) *vt* (*dé*) llwytho; (*carte*) marcio; **les dés sont pipés** (*fig*) mae rhyw ddrwg yn y caws, mae'r gêm yn annheg; **sans ~ mot*** heb ddweud gair.

pipette [pipɛt] *f* pibed *b*.

pipi* [pipi] *m*: **faire ~** (gwneud) pi-pi.

piquant[1] (-e) [pikɑ̃, ɑ̃t] *adj* (*aiguille*) miniog; (*rosier*) pigog; (*barbe*) garw; (*fig: critique*) hallt; (*remarque*) brathog; (*saveur*) poeth, sbeislyd; (*odeur*) cryf.

piquant[2] [pikɑ̃] *m* draenen *b*; (*de hérisson*) pigyn *g*; (*fig*) sbeis *g*.

pique [pik] *f* (*arme*) gwyawffon *b*, picell *b*; (*fig*) sylw *g* brathog, weipen *b*; **envoyer des ~s à qn** taflu weips at rn;
♦*m* (*CARTES, couleur*) rhawiau *ll*.

piqué[1] (-e) [pike] *adj* (*COUTURE: tissu*) pwythog, cwiltiog; (*livre, glace*) brycheulyd, wedi llwydo; (*vin*) sur; (*MUS: note*) stacato; (*fig, fam: personne*) gwirion, hanner-pan, lloerig.

piqué[2] [pike] *m* (*TEXTILE*) cotwm *g* rib, piqué *g*; (*AVIAT*) trwynblymiad *g*.

pique-assiette [pikasjɛt] *m/f inv* (*péj*) sbwnjwr* *g*, sbwnjwraig* *b*.

pique-fleurs [pikflœʀ] *m inv* peth *g* dal blodau.

pique-nique (~-~**s**) [piknik] *m* picnic *g*.

pique-niquer [piknike] (1) *vi* cael picnic.

pique-niqueur (~-~**s**) [piknikœʀ] *m* picniciwr *g*.

pique-niqueuse (~-~**s**) [piknikøz] *f* picnicwraig *b*.

piquer [pike] (1) *vt* (*percer*) pigo; (*MÉD*) rhoi pigiad i; (*tuer: animal, blessé*) difa; (*suj: serpent*) brathu; (*suj: fumée, ortie, insecte*) pigo; (*suj: poivre, piment*) pigo, llosgi; (*COUTURE: tissu, vêtement*) pwytho; (*intérêt, curiosité etc*) procio, ennyn; (*fam: prendre*) mynd â; (*fam: voler, dérober*) dwyn, lladrata; (*fam: arrêter*) dal, arestio; **~ la viande avec une fourchette** plannu fforc yn y cig; **la fumée me piquait les yeux** 'roedd y mwg yn pigo *ou* llosgi fy llygaid; **les yeux me piquent** mae fy llygaid yn llosgi; **~ des fleurs dans ses cheveux** rhoi *ou* dodi blodau yn eich gwallt; **~ qn au vif** (*fig*) anafu rhn i'r byw; **~ une tête** (*plonger*) plymio; **~ un galop** carlamu; **~ un cent mètres** cychwyn rhedeg; **~ une crise** cael pwl o nerfau; **~ qch dans qch** plannu *ou* sodro rhth yn rhth; **~ qch à/sur qch** pinio rhth i/ar rth;
♦*vi* (*oiseau*) plymio; (*avion*) trwynblymio; (*saveur*) bod yn gryf; **il faudrait ~ vers le village** bydd yn rhaid inni anelu am y pentref, bydd raid inni bicio i'r pentref; **j'ai la gorge qui pique** mae fy ngwddf yn llosgi; **~ du nez** (*avion*) trwynblymio; (*dormir*) mynd i gysgu;
♦ **se ~** *vr* eich pigo'ch hun; (*se faire une piqûre*) rhoi pigiad i chi'ch hun; (*se vexer*) digio, gwylltio; **se ~ de faire qch** ymfalchïo y gallwch wneud rhth.

piquet [pikɛ] *m* (*pieu*) postyn *g*, polyn *g*; (*de tente*) peg *g*; **mettre un élève au ~** gwneud i ddisgybl sefyll yn y gornel; **~ de grève** llinell *b* biced; **~ d'incendie** (*MIL*) carfan *b* ymladd tân.

piqueté (-e) [pikte] *adj* brith; **~ de** yn frith o.

piquette* [pikɛt] *f* gwin *g* rhad.

piqûre [pikyʀ] *f* pigiad *g*; (*COUTURE*) pwyth *g*; (*de moustique*) brathiad *g*; (*tache*) smotyn *g*; **faire une ~ à qn** rhoi pigiad i rn.

piranha [piʀana] *m* pirana *g*.

piratage [piʀataʒ] *m* lladrad *g*, lladrata, twyllo; **~ informatique** hacio.

pirate [piʀat] *m* môr-leidr *g*; (*escroc*) crwc* *g*, lleidr *g*, twyllwr *g*; **~ de l'air** herwgipiwr *g* awyren; **~ informatique** haciwr *g*;
♦*adj* (*émetteur, station*) herwrol, answyddogol.

pirater [piʀate] (1) *vt* atgynhyrchu (*yn anghyfreithlon*).

piraterie [piʀatʀi] *f* môr-ladrata; (*ffig*) twyll *g*, lladrad *g*.

pire [piʀ] *adj* gwaeth; **le ~, la ~** y gwaethaf; **c'est bien ~** mae'n llawer gwaeth; **un escroc de la ~ espèce** twyllwr *g* o'r math gwaethaf; **il n'est ~ eau que l'eau qui dort** dyfnaf llyn, llyn llonydd;
♦*m*: **le ~** y gwaethaf; **s'attendre au ~** disgwyl y gwaethaf; **le ~ c'est que ...** y peth gwaethaf yw ...; **au ~** ar y gwaethaf;
♦*m/f*; **le ~** y gwaethaf; **la ~** y waethaf.

Pirée [piʀe] *pr*: **le ~** Piraeus.

pirogue [piʀɔg] *f* ceufad *g*, canŵ *g*.

pirouette [piʀwɛt] *f* (*DANSE*) pirwét *g*; (*fig*) tro *g* pedol; **répondre par une ~** ateb trwy osgoi'r cwestiwn, ateb trwy droi yn eich carn.

pis[1] [pi] *m* (*de vache*) cadair *b*, pwrs *g*.

pis[2] [pi] *m*: **le ~** (*pire*) y gwaethaf;
♦*adj* gwaeth; **de mal en ~** o ddrwg i waeth; **qui ~ est** yr hyn sy'n waeth; **au ~ aller** os daw pethau i'r pen;
♦*adv* yn waeth.

pis-aller [pizale] *m inv* peth *g* dros dro, rhywbeth i lenwi bwlch.

piscicole [pisikɔl] *adj* magu pysgod.

pisciculteur [pisikyltœʀ] *m* magwr *g* pysgod.

pisciculture [pisikyltyʀ] *f* magu pysgod.

piscine [pisin] *f* pwll *g* nofio; **~ couverte** pwll nofio dan do; **~ en plein air** pwll nofio awyr agored; **~ olympique** pwll nofio (o faint) olympaidd.

pissenlit [pisɑ̃li] *m* (*BOT*) dant *g* y llew, blodyn *g* piso yn y gwely.

pisser* [pise] (1) *vi* piso.

pissotière* [pisɔtjɛʀ] *f* pisdy *g*, wrinalau *ll*.

pistache [pistaʃ] *f* cneuen *b* bistasio.

pistard [pistaʀ] *m* beiciwr *g* rasio, rasiwr *g* beiciau.

piste [pist] *f* ôl *g*, trywydd *g*; (*SPORT*) trac *g*;

(*de ski*) llethr *b*; **être sur la ~ de qn** bod ar drywydd rhn; **être sur une fausse ~** bod ar y trywydd anghywir; **~ cavalière/cyclable** llwybr *g* ceffylau/beiciau; **~ sonore** trac sain.

pister [piste] (**1**) *vt* dilyn, mynd ar ôl.

pisteur [pistœʀ] *m* goruchwyliwr *g* llethr sgio.

pistil [pistil] *m* pistil *g*.

pistolet [pistɔlɛ] *m* (*arme*) pistol *g*, gwn *g*; (*à peinture, vernis*) gwn chwistrellu; **~ à air comprimé** gwn aer, gwn slycs*; **~ à bouchon** gwn clec; **~ à eau** gwn dŵr

pistolet-mitrailleur (**~s-~s**) [pistɔlɛmitʀajœʀ] *m* peirianddryll *g* bychan.

piston [pistɔ̃] *m* (*TECH*) piston *g*; (*MUS*) falf *b*; (*fig*) cysylltiadau *ll*; **cornet à ~s** corned *g*; **il a du ~** mae'n adnabod y bobl iawn.

pistonner [pistɔne] (**1**) *vt*: **~ un candidat** gofalu am fuddiannau ymgeisydd.

pitance [pitɑ̃s] (*péj*) *f* bwyd *g*, lluniaeth *g*.

piteusement [pitøzmɑ̃] *adv* yn druenus.

piteux (**piteuse**) [pitø, pitøz] *adj* (*résultat*) truenus; **en ~ état** mewn cyflwr truenus.

pitié [pitje] *f* trueni *g*, piti *g*; (*compassion*) trugaredd *g,b*, tosturi *g*; **sans ~** didostur; **faire ~** ennyn tosturi; **par ~, tais-toi** neno'r Tad, bydd ddistaw, er mwyn y Tad, bydd ddistaw; **il me fait ~** 'rwy'n teimlo trueni drosto; **avoir ~ de qn** tosturio wrth rn.

piton [pitɔ̃] *m* bachyn *g*; (*d'alpinisme*) piton *g*, peg *g*; (*d'ordinateur*) bysell *b*; (*de téléphone*) botwm *g*; (*interrupteur*) switsh *g*; (*GÉO*) brig *g*, copa *g,b*; **~ rocheux** brig creigiog.

pitoyable [pitwajabl] *adj* truenus.

pitoyablement [pitwajabləmɑ̃] *adv* yn druenus.

pitre [pitʀ] *m* (*fig*) clown *g*, ffŵl *g*; **faire le ~** chwarae bili-ffŵl.

pitrerie [pitʀəʀi] *f* clownio, dwli *g*, lol *b*, lolian.

pittoresque [pitɔʀɛsk] *adj* (*lieu*) tlws(tlos)(tlysion), pictiwrésg; (*personne, histoire*) lliwgar.

pivert [pivɛʀ] *m* cnocell *b* werdd.

pivoine [pivwan] *f* rhosyn *g* y mynydd, peian *g*.

pivot [pivo] *m* (*TECH*) colyn *g*, echelbin *g*; (*fig*) canolbwynt *g*.

pivotant (-e) [pivɔtɑ̃, ɑ̃t] *adj* sy'n troi; **chaise ~e** cadair *b* dro; **porte ~e** drws *g* tro.

pivoter [pivɔte] (**1**) *vi* troi; **~ sur ses talons** troi ar eich sawdl.

pixel [piksɛl] *m* picsel *g*.

pizza [pidza] *f* pizza *g*, pitsa *g*; **~ au fromage et à la tomate** pitsa caws a thomatos.

PJ[1] [peʒi] *sigle f*(= *police judiciaire*) adran *b* ymholiadau i droseddau.

PJ[2] [peʒi] *sigle fpl*(= *pièces jointes*) amgaeedigion *ll*, dogfennau *ll* amgaeedig.

PL [peɛl] *sigle m*(= *poids lourd*) (*AUTO*) lorri *b* drom.

Pl. *abr*(= *place*) Sgwâr *g*.

placage [plakaʒ] *m* (*de bois*) argaen *b*, arwyneb *g*; (*de métal*) platiad *g*; (*SPORT*) tacl *g*, taclo.

placard [plakaʀ] *m* (*armoire*) cwpwrdd *g*; (*affiche, écriteau*) poster *g*, placard *g*; (*TYPO*) proflen *b* hir; **~ publicitaire** hysbyseb *g,b*.

placarder [plakaʀde] (**1**) *vt* glynu, gosod; **~ un mur** glynu posteri ar wal.

place [plas] *f*

1 (*gén*) lle *g*; **mettre qch en ~** trefnu rhth, rhoi rhth yn ei le; **faire de la ~** gwneud lle; **faire ~ à qch** gadael *ou* gwneud lle i rth; **prendre ~** cymryd eich lle; **ça prend de la ~** mae'n mynd â lle; **à votre ~ ...** petawn yn eich lle chi ...; **remettre qn à sa ~** rhoi rhn yn ei le; **à la ~ de** (*en échange*) yn lle, yn gyfnewid am; **répondre à la ~ de qn** ateb dros rn.

2 (*de ville*) sgwâr *g*.

3 (*ÉCON*) marchnad *b*.

4 (*siège*) sedd *b*, lle *g*; **une quatre ~s** car *g* i bedwar; **il y a 20 ~s assises** mae 20 sedd; **il y a 20 ~s debout** mae lle i 20 sefyll; **~ d'honneur** y brif sedd; **~s arrière/avant** seddau *ll* ôl/blaen.

5 (*prix*) pris *g* tocyn.

6 (*locutions*): **il ne tient pas en ~** ni all aros yn llonydd; **de ~ en ~** yma a thraw, yma ac acw, mewn mannau; **~ forte** tref *b* gaerog; **sur ~** yn y fan a'r lle.

placé (-e) [plase] *adj*: **être ~** bod yn; **le magasin est ~ près de l'église** mae'r siop wrth ymyl *ou* ar bwys yr eglwys; **cheval ~** ceffyl *g* a enillodd le; **haut ~** (*fig: personne*) uchel; **être bien/mal ~** (*objet*) bod mewn lle da/gwael; (*spectateur*) bod â sedd dda/wael; (*concurrent*) bod wedi ennill lle da/gwael; **être bien ~ pour faire qch** bod mewn lle da i wneud rhth; **être mal ~ pour faire** peidio â bod mewn sefyllfa i wneud rhth.

placebo [plasebo] *m* plasebo *g*, meddyginiaeth *b* ffug.

placement [plasmɑ̃] *m* gosodiad *g*, gosod; (*d'enfant*) maethiad *g*, maethu; (*FIN*) buddsoddiad *g*; **agence/bureau de ~** asiantaeth *b*/swyddfa *b* waith; **assurer le ~ des diplômés** sicrhau gwaith i raddedigion; **famille de ~** teulu *g* maeth.

placenta [plasɛ̃ta] *m* brych *g*.

placer [plase] (**9**) *vt* gosod, dodi, rhoi; (*procurer un emploi à*) lleoli, cael swydd i; (*capital*) buddsoddi; (*mot: introduire dans la conversation*) dweud; (*histoire*) adrodd; (*vendre*) gwerthu; **~ qn dans un emploi** cael gwaith i rn; **~ qn sous les ordres de qn** rhoi rhn dan orchymyn rhn; **je suis placé dans une situation délicate** 'rwyf mewn sefyllfa annifyr; ♦ **se ~** *vr* eich gosod eich hun; (*être*) bod; **où se placent les verres?** ble mae'r gwydrau'n mynd?; **il s'est placé comme apprenti** cafodd brentisiaeth; **se ~ premier** (*cheval*) dod yn gyntaf.

placide [plasid] *adj* digynnwrf, llonydd, tawel, digyffro, anghyffro.

placidement [plasidmɑ̃] *adv* yn ddigynnwrf, yn llonydd, yn dawel, yn ddigyffro, heb gynnwrf *ou* gyffro.
placidité [plasidite] *f* llonyddwch *g*, tawelwch *g*.
placier [plasje] *m* (*COMM*) cynrychiolydd *g*, trafaeliwr *g*.
placière [plasjɛʀ] *f* (*COMM*) cynrychiolydd *g*.
plafond [plafɔ̃] *m* (*d'une pièce*) nenfwd *g*; (*de voiture etc.*) to *g*; (*AVIAT*) uchafbwynt *g*, uchder *g* uchaf; (*ÉCON*) uchafswm *g*; **ce prix est un** ~ dyma'r uchafbris.
plafonner [plafɔne] (**1**) *vt* rhoi nenfwd ar; (*limiter*) cyfyngu;
♦*vi* (*AVIAT*) cyrraedd yr uchder uchaf; (*fig*) cyrraedd uchafbwynt.
plafonnier [plafɔnje] *m* lamp *b* nenfwd; (*AUTO*) golau *g* tu mewn.
plage [plaʒ] *f* traeth *g*; (*station*) tref *b* lan môr; (*de disque*) trac *g*, cân *b*; **aller à la** ~ mynd i lan y môr; ~ **arrière** (*AUTO*) silff *b* ôl; ~ **de prix** amrediad *g* prisiau, dosbarth *g* prisiau.
plagiaire [plaʒjɛʀ] *m/f* llên-leidr *g*, llên-ladrones *b*.
plagiat [plaʒja] *m* llên-ladrad *g*, llên-ladrata.
plagier [plaʒje] (**16**) *vt* llên-ladrata.
plagiste [plaʒist] *m* rheolwr *g* traeth.
plaid [plɛd] *m* brethyn *g* plod *ou* tartan.
plaidant (-e) [plɛdɑ̃, ɑ̃t] *adj* (*JUR: partie*) ymgyfreithiol.
plaider [plede] (**1**) *vi* (*avocat*) amddiffyn; (*plaignant*) mynd i gyfraith, ymgyfreithio; ~ **coupable/non coupable** pledio'n euog/ddieuog; ~ **pour qn,** ~ **en faveur de qn** (*fig*) dadlau dros rn;
♦*vt* pledio; ~ **l'irresponsabilité** pledio cyfrifoldeb lleihaëdig; ~ **la légitime défense** pledio hunanamddiffyniad.
plaideur [plɛdœʀ] *m* (*JUR*) ymgyfreithiwr *g*, plediwr *g*.
plaideuse [plɛdøz] *f* (*JUR*) ymgyfreithiwr *g*, pledwraig *b*.
plaidoirie [plɛdwaʀi] *f* (*JUR*) amddiffyniad *g*, ple *g*.
plaidoyer [plɛdwaje] *m* (*JUR*) amddiffyniad *g*, ple *g*; (*fig*) erfyniad *g*, ple.
plaie [plɛ] *f* clwyf *g*, briw *g*, anaf *g*; (*chose ou personne pénible*) poen *g*, poendod *g*, pla *g*; **les dix** ~**s d'Égypte** deg pla'r Aifft; **retourner** *neu* **remuer le couteau dans la** ~ rhoi halen ar y briw.
plaignant[1] [plɛɲɑ̃] *vb voir* **plaindre**.
plaignant[2] (-e) [plɛɲɑ̃, ɑ̃t] *adj* achwynol, ymgyfreithiol.
plaignant[3] [plɛɲɑ̃] *m* (*JUR*) achwynydd *g*, pleintydd *g*.
plaignante [plɛɲɑ̃t] *f* (*JUR*) achwynydd *g*, achwynnyddes *b*;
♦*adj f voir* **plaignant**[2].
plaindre [plɛ̃dʀ] (**67**) *vt* tosturio wrth; **je te plains d'avoir à supporter cela** 'rwy'n teimlo trueni drosot yn gorfod goddef hynna;
♦ **se** ~ *vr* achwyn, cwyno; **se** ~ **à qn de qn/qch** cwyno *ou* achwyn am rn/rth wrth rn; **se** ~ **de** (*souffrir*) dioddef o *ou* gan.
plaine [plɛn] *f* gwastatir *g*.
plain-pied [plɛ̃pje]: **de** ~-~ *adj* unllawr; **la cuisine est de** ~-~ **avec le jardin** mae'r gegin ar yr un llawr â'r ardd; **entrer de** ~-~ **dans le monde politique** mynd i mewn i fyd gwleidyddiaeth yn ddidrafferth; **être de** ~-~ **avec qn** bod yn gyfartal â rhn.
plaint (-e) [plɛ̃, ɛ̃t] *pp de* **plaindre**.
plainte [plɛ̃t] *f* cwyn *b*, achwyniad *g*; (*doléance*) griddfan *g*, cwynfan *g,b*; (*JUR*) achwyniad, cwyn; **porter** ~ **contre qn** dwyn cwyn yn erbyn rhn, achwyn am rn.
plaintif (**plaintive**) [plɛ̃tif, plɛ̃tiv] *adj* griddfanus, cwynfanus, dolefus.
plaire [plɛʀ] (**70**) *vi* plesio, boddio, bodloni; **cela me plaît** 'rwy'n hoffi hynny; **essayer de** ~ **à qn** ceisio plesio rhn; **ce qu'il vous plaira** beth bynnag a fynnoch; **elle plaît aux hommes** mae dynion yn hoff ohoni, mae hi'n atynnu *ou* denu dynion; **s'il vous plaît** os gwelwch yn dda; **s'il te plaît** os gweli di'n dda;
♦ **se** ~ *vr* (*quelque part*) bod yn fodlon, bod wrth eich bodd, ymbleseru; **se** ~ **à faire qch** bod yn hoff o wneud rhth, mwynhau gwneud rhth; **ils se sont plu tout de suite** 'roeddynt yn cyd-dynnu ar unwaith.
plaisamment [plɛzamɑ̃] *adv* (*de manière agréable*) yn ddymunol, yn hyfryd, yn bleserus; (*d'une manière comique*) yn ddifyr, yn ddigrif, yn ddoniol.
plaisance [plɛzɑ̃s] *f* (*aussi:* **navigation de** ~) hwylio; **bateau de** ~ cwch *g* pleser, bad *g* pleser, pleserfad *g*.
plaisancier [plɛzɑ̃sje] *m* cychwr *g*, badwr *g*, hwyliwr *g*.
plaisant (-e) [plɛzɑ̃, ɑ̃t] *adj* hyfryd, dymunol, braf, pleserus; (*histoire, anecdote*) difyr, doniol, digrif.
plaisanter [plɛzɑ̃te] (**1**) *vi* cellwair, cael hwyl, lolian; **pour** ~ o ran hwyl; **on ne plaisante pas avec cela** nid yw'n fater chwerthin; **tu plaisantes!** 'dwyt ti dim o ddifrif!;
♦*vt* (*personne*) herian, tynnu ar, pryfocio, gwneud hwyl am ben.
plaisanterie [plɛzɑ̃tʀi] *f* (*fait de plaisanter*) cellwair, cael hwyl; (*blague*) jôc *b*; **être l'objet des** ~**s de qn** bod yn destun sbort i rn; **aimer la** ~ bod yn hoff o hwyl.
plaisantin [plɛzɑ̃tɛ̃] (*péj*) *m* cellweiriwr *g*; (*fumiste*) un hynod.
plaise *etc* [plɛz] *vb voir* **plaire**.
plaisir [plezIʀ] *m* pleser *g*, mwynhad *g*; **boire/manger avec** ~ mwynhau yfed/bwyta; **faire** ~ **à qn** plesio rhn, boddio rhn; **ça me fait** ~ 'rwyf wrth fy modd â hyn; **ça me ferait** ~ **de la revoir** byddwn wrth fy modd yn ei

gweld hi eto, byddai'n bleser gennyf ei gweld hi eilwaith; **prendre ~ à qch/à faire qch** mwynhau rhth/gwneud rhth; **j'ai le ~ de ...** mae gen i'r pleser o ...; **"M et Mme Renault ont le ~ de vous faire part de ..."** "mae Mr a Mrs Renault yn falch o'ch hysbysu o ..."; **se faire un ~ de faire qch** bod yn falch o wneud rhth; **faites-moi le ~ de ...** a fyddech garediced â ...; **à ~** (*mentir, exagérer*) llawer; **les faits ont été grossis à ~** cafodd y ffeithiau eu hystumio'n wyllt; **elle ment à ~** mae hi'n dweud celwyddau er mwyn y pleser o'i wneud, mae hi wrth ei bodd yn dweud celwyddau; **elle s'inquiète à ~** mae hi wrth ei bodd yn poeni; **au ~ (de vous revoir)** gobeithio y gwelwn ni chi eto; **faire qch pour le ~** *neu* **pour son ~** gwneud rhth er pleser.

plaît [plɛ] *vb voir* **plaire**.

plan[1] (**-e**) [plɑ̃, an] *adj* gwastad.

plan[2] [plɑ̃] *m* cynllun *g*; (*CINÉ*) saethiad *g*, llun *g*, ciplun *g*; (*de ville*) map *g*; (*canevas*) fframwaith *g*, amlinelliad *g*; **au premier ~** (*photo etc*) yn y tu *g* blaen; **au second ~** yn y pellter *g* canol; **à l'arrière ~** yn y cefndir *g*; **laisser qch en ~** gadael rhth heb ei orffen; **laisser qn en ~** gadael rhn ar y clwt *ou* mewn twll; **rester en ~** (*personne*) cael eich gadael ar y clwt *ou* mewn twll; (*chose*) bod yn anorffenedig; **mettre qch au premier ~** (*fig*) rhoi blaenoriaeth *ou* lle blaenaf i rth; **de premier ~** (*personnage etc*) allweddol, pwysig; **de second ~** eilradd, llai pwysig, llai amlwg; **sur le ~ sexuel** o safbwynt rhyw, o ran rhyw; **~ d'action** cynllun gweithredu; **~ d'eau** llyn *g* gwneud; **~ de travail** (*dans une cuisine*) arwyneb *g* gwaith; **~ de vol** (*AVIAT*) cynllun hedfan; **~ directeur** (*MIL*) map brwydr; (*ÉCON*) cynllun cyffredinol.

planche [plɑ̃ʃ] *f* (*de bois*) styllen *b*; (*dans un livre, de dessins*) plât *g*, llun *g*; (*de salades etc*) gwely *g*; (*d'un plongeoir*) bwrdd *g* plymio; **en ~s** pren; **faire la ~** (*dans l'eau*) arnofio ar eich cefn; **il a du pain sur la ~** fe gaiff drafferth ofnadwy, fe fydd yn ei waith; **~ à découper/à pain** bwrdd *ou* bord *b* torri cig/bara; **~ à dessin** bwrdd arlunio; **~ à repasser** bwrdd smwddio, bord stilo; **~ (à roulettes)** (*objet*) sglefrfwrdd *g*, bordyn *g* sglefrio; (*sport*) sglefrfyrddio; **~ (à voile)** (*objet*) hwylfwrdd *g*, hwylford *b*, bwrdd hwylio, bordyn hwylio; **~ de salut** (*fig*) rhaff *b* achub; **les ~s** (*THÉÂTRE*) y llwyfan *g,b*.

plancher[1] [plɑ̃ʃe] *m* llawr *g*; (*fig*) isafswm *g*.

plancher[2] [plɑ̃ʃe] (**1**) *vi* gweithio.

planchiste [plɑ̃ʃist] *m/f* bordhwyliwr *g*, hwylfyrddiwr *g*.

plancton [plɑ̃ktɔ̃] *m* plancton *g*.

planer [plane] (**1**) *vi* (*avion*) gleidio; (*oiseau, fumée, odeur*) hofran; (*être euphorique*) bod yn benysgafn.

planétaire [planetɛʀ] *adj* planedol; (*fig*) byd-eang.

planétarium [planetaʀjɔm] *m* planetariwm *g*.

planète [planɛt] *f* planed *b*.

planeur [planœʀ] *m* gleider *g,b*.

planification [planifikasjɔ̃] *f* cynllunio.

planifier [planifje] (**16**) *vt* cynllunio.

planisphère [planisfɛʀ] *m* planisffer *g*.

planning [planiŋ] *m* (*de travail*) rhaglen *b*, amserlen *b*; **~ familial** cynllunio teulu.

planque* [plɑ̃k] *f* (*emploi*) gwaith *g* braf, segurswydd *b*; (*cachette*) cuddfan *b*.

planquer* [plɑ̃ke] (**1**) *vt* cuddio, celcio; ♦ **se ~** *vr* cuddio, ymguddio, mynd i guddio.

plant [plɑ̃] *m* planhigyn *g* ifanc; (*plus jeune*) hadblanhigyn *g*; (*plantation*) planhigfa *b*; **~ de légumes** gwely *g* llysiau.

plantaire [plɑ̃tɛʀ] *adj voir* **voûte**.

plantation [plɑ̃tasjɔ̃] *f* (*exploitation*) planhigfa *b*; (*de légumes, fleurs*) gwely *g*; (*activité*) plannu.

plante[1] [plɑ̃t] *f* planhigyn *g*; **~ d'appartement, ~ verte** planhigyn tŷ.

plante[2] [plɑ̃t] *f*: **~ du pied** gwadn *g,b* y droed.

planter [plɑ̃te] (**1**) *vt* plannu; (*mettre*) gosod, dodi; (*enfoncer*) gyrru rhth (i mewni i rth), morthwylio rhth (i mewn i rth); (*abandonner*) gadael; (*drapeau, échelle*) codi; **~ une tente** codi pabell; **~ une fourchette dans qch** plannu fforc yn rhth; **~ une allée d'arbres** plannu coed ar hyd ymyl ffordd; **il m'a planté là et a sauté dans un taxi** gadawodd fi yno a neidio i mewn i dacsi; ♦ **se ~** *vr* (*fam: se tromper*) bod yn anghywir; **ces fleurs se plantent au printemps** mae'r blodau hyn i'w plannu yn y gwanwyn; **il se planta devant moi** fe'i sodrodd ei hun o 'mlaen i.

planteur [plɑ̃tœʀ] *m* plannwr *g*.

planton [plɑ̃tɔ̃] *m* (*soldat*) milwrwas *g*; (*sentinelle*) gwyliwr *g*; **être de ~** bod ar ddyletswydd, gwylio, bod ar wyliadwriaeth; (*fig*) sefyllian, aros.

plantureux (**plantureuse**) [plɑ̃tyʀø, plɑ̃tyʀøz] *adj* (*repas*) mawr, helaeth; (*terre*) ffrwythlon; **une femme plantureuse** merch *b* lond ei chroen.

plaquage [plakaʒ] *m* (*RUGBY*) tacl *g*, taclo.

plaque [plak] *f* (*d'ardoise*) slab *g*; (*de verre*) dalen *b*, llen *b*; (*de verglas*) clwt *g*, haen *b*; (*avec inscription*) plac *g*; (*de policier*) bathodyn *g*; **~ chauffante, ~ de cuisson** plât *g* poethi *ou* twymo (*ar stof ayb*); **~ d'identité** bathodyn enw; **~ de beurre** talp *g* o fenyn; **~ de chocolat** bar *g* o siocled; **~ dentaire** plac; **~ de four** padell *b* ddiferion; **~ d'immatriculation** *neu* **minéralogique** plât rhif cofrestru (car); **~ de propreté** plât bysedd (*ar ddrws*); **~ sensible** (*PHOT*) plât; **~ tournante** (*fig*) croesffordd *b*, canolbwynt *g*.

plaqué[1] (**-e**) [plake] *adj*: **~ or** eurblatiog; **~ argent** arianblatiog.

plaqué[2] [plake] *m*: **~ or** llestri *ll* aur; **~ argent**

llestri arian; ~ **acajou** argaen *g* mahogani.

plaquer [plake] (**1**) *vt* (*bijou*) platio; (*RUGBY*) taclo; (*bois*) argaenu; (*aplatir*) glynu; (*fam: laisser tomber*) gollwng, cael gwared â rhth *ou* ar rth; ~ **qn contre** hoelio rhn yn erbyn; ♦ **se** ~ *vr*: **se** ~ **contre un mur** eich gwasgu'ch hun yn erbyn wal.

plaquette [plakɛt] *f* (*de chocolat*) bar *g*; (*beurre*) paced *g*, talp *g*, printen *b*; (*livre*) llyfryn *g*, pamffled *g*; (*de pilules*) pecyn *g*, paced; (*INFORM*) bwrdd *g* cylched; ~ **de frein** (*AUTO*) gwadn *g,b* brêc.

plasma [plasma] *m* plasma *g*.

plastic [plastik] *m* ffrwydryn *g*; **attentat au** ~ bomiad *g*, ymosodiad *g* â bom.

plastifié (**-e**) [plastifje] *adj* mewn plastig, laminiedig, lamineiddiedig.

plastifier [plastifje] (**16**) *vt* laminiadu, lamineiddio

plastiquage [plastikaʒ] *m* ymosodiad *g* â bom, ymosod â bom *ou* bomiau.

plastique [plastik] *adj* plastig; (*chirurgie*) cosmetig; (*beauté*) ffurfiol, o ran ffurf; ♦*m* plastig *g*; **sac en** ~ bag plastig; ♦*f* (*arts*) celfyddydau *g* cain (*pensaernïaeth, cerflunio, paentio ayb*); (*d'une statue*) harddwch *g* ffurf, modeliad *g*.

plastiquer [plastike] (**1**) *vt* bomio, ymosod â bom plastig.

plastiqueur [plastikœʀ] *m* bomiwr *g*.

plastron [plastʀɔ̃] *m* (*de chemise*) tu *g* blaen, brest *b* wen.

plastronner [plastʀɔne] (**1**) (*péj*) *vi* rhodresa, torsythu, llancio, swagro.

plat[1] (**-e**) [pla, at] *adj* gwastad; (*talons*) fflat; (*cheveux*) llipa; (*personne, livre*) anniddorol, diflas; (*fade: vin*) fflat, diflas, merfaidd; **à** ~ (*personne: fatigué*) wedi blino; (*pneu, batterie*) fflat; **à** ~ **ventre** ar wastad eich bol, ar eich wyneb.

plat[2] [pla] *m* llestr *g*, dysgl *b*; (*d'une route*) rhan *b* wastad; **le premier** ~ y cwrs *g* cyntaf; **le deuxième** ~ yr ail gwrs; **le** ~ **de la main** cledr *b* y llaw; ~ **cuisiné** pryd *g* parod; ~ **de résistance** prif gwrs *ou* saig *b*; (*fig*) prif beth *g*, uchafbwynt *g*; ~ **du jour** saig y dydd; ~**s préparés** prydau *ll* parod.

platane [platan] *m* planwydden *b*.

plateau (**-x**) [plato] *m* (*pour servir, porter*) hambwrdd *g*; (*d'une balance*) padell *b*; (*de tourne-disque*) trofwrdd *g*; (*GÉO*) llwyfandir *g*; (*fig: d'un graphique*) man *g* gwastad; (*CINÉ*) set *b*; **et sur le** ~ **ici ce soir ...** (*TV*) ac yn y stiwdio heno ...; ~ **à fromage** bwrdd *g* caws.

plateau-repas (~**x**-~) [platoʀəpɑ] *m* pryd *g* hambwrdd, cinio *g* teledu.

plate-bande (~**s**-~**s**) [platbɑ̃d] *f* gwely *g* blodau, pâm *g*.

platée [plate] *f* platiaid *g*.

plate-forme (~**s**-~**s**) [platfɔʀm] *f* (*aussi POL*) llwyfan *g,b*; (*de quai*) platfform *g*; (*plateau*) teras *g*, llwyfan; ~-~ **de forage** llwyfan drilio; ~-~ **pétrolière** llwyfan olew.

platine[1] [platin] *m* platinwm *g*; ♦*adj inv* platinwm.

platine[2] [platin] *f* (*d'un tourne-disque*) trofwrdd *g*, bwrdd *g* troi; ~ **cassette/disque** chwaraewr *g* casetiau/recordiau; ~ **compact-disc** *neu* **laser** chwaraewr cryno-ddisgiau.

platitude [platityd] *f* diflastod *g*; (*propos banal*) ystrydeb *b*.

Platon [platɔ̃] *prm* Plato, Platon.

platonique [platɔnik] *adj* platonig.

plâtras [plɑtʀɑ] *m* rwbel *g*.

plâtre [plɑtʀ] *m* plastr *g*; (*statue, motif décoratif*) cerflun *g* plastr; (*MÉD*) cast *g* plastr; **il a un bras dans le** ~ mae ei fraich mewn plastr; ~**s** (*revêtements*) gwaith *g* plastro.

plâtrer [plɑtʀe] (**1**) *vt* (*mur*) plastro; ~ **une jambe** rhoi coes mewn plastr.

plâtrier [plɑtʀije] *m* plastrwr *g*.

plausible [plozibl] *adj* tebygol, credadwy.

Plaute [plot] *prm* Plawtws.

play-back [plɛbak] *m inv* meimio.

play-boy (~-~**s**) [plɛbɔj] *m* plesergarwr *g*.

plébiscite [plebisit] *m* refferendwm *g*, pleidlais *b* gwlad.

plébisciter [plebisite] (**1**) *vt* (*élire*) ethol trwy fwyafrif llethol; ~ **qch** pleidleisio dros rth mewn refferendwm; (*fig*) cymeradwyo rhth drwy fwyafrif mawr.

plectre [plɛktʀ(ə)] *m* plectrwm *g*.

plein[1] (**-e**) [plɛ̃, plɛn] *adj* llawn; (*jument*) cyfeb, beichiog; (*chienne*) torrog; (*total*) cyflawn; **j'ai les mains** ~**es** 'rwy'n brysur; **à** ~**es mains** (*ramasser*) a llond eich dwylo; (*empoigner*) yn gadarn; **à** ~ **régime** ar y cyflymder uchaf; **à** ~ **temps, à temps** ~ yn llawn amser; **en** ~ **air** yn yr awyr agored; **jeux de** ~ **air** chwaraeon *ll* awyr agored; **la mer est** ~**e** mae'r llanw'n uchel; **en** ~**e mer** ar y môr mawr, ar y cefnfor; **en** ~**e rue** ar ganol y stryd; **en** ~ **milieu** yn y canol union; **en** ~ **jour** gefn dydd golau; **en** ~**e nuit** gefn nos; **enfant en** ~**e croissance** plentyn ar ei brifiant *ou* dyfiant; **confier les** ~**s pouvoirs à qn** rhoi awdurdod llwyr i rn;

♦*prép*: **j'ai de l'argent** ~ **les poches** mae gennyf lond fy mhocedi o arian; **en avoir** ~ **le dos*** bod wedi cael llond bol *ou* bola, bod wedi hen alaru (ar rth).

▶ **en plein** yn llawn, yn syth, yn union; **en** ~ **sur** (*juste sur*) yn union ar.

plein[2] [plɛ̃] *m*: **faire le** ~ (*d'essence*) llenwi'r car â phetrol; **faire le** ~ **des voix** cael y mwyafrif o bleidleisiau posibl; **faire le** ~ **de la salle** llenwi'r theatr.

pleinement [plɛnmɑ̃] *adv* yn llawn, yn llwyr; **avoir** ~ **conscience de qch** bod yn llwyr ymwybodol o rth.

plein-emploi [plɛnɑ̃plwa] *m* cyflogaeth *b* lawn.
plénière [plenjɛʀ] *adj f* cyflawn, llawn; **assemblée** ~ cynulliad *g* llawn *ou* cyflawn.
plénipotentiaire [plenipɔtɑ̃sjɛʀ] *m* plenipotensiwr *g*.
plénitude [plenityd] *f* llawnder *g*, cyflawnder *g*; (*sensation de bien-être*) dedwyddwch *g*.
pléthore [pletɔʀ] *f* gormodedd *g*; **il y a ~ de ...** mae gormodedd o ...
pléthorique [pletɔʀik] *adj* gorlawn, gormodol.
pleurer [plœʀe] (**1**) *vi* wylo, crio, llefain; ~ **sur** colli dagrau dros; ~ **de rire** chwerthin nes bod dagrau'n powlio, chwerthin hyd at ddagrau; ~ **de joie** wylo dagrau o lawenydd; **faire ~ qn** gwneud i rn wylo; **j'ai les yeux qui pleurent** mae fy llygaid yn dyfrio;
♦*vt* (*regretter*) galaru, hiraethu am; ~ **sa jeunesse perdue** galaru dros eich ieuenctid coll.
pleurésie [plœʀezi] *f* (*MÉD*) pliwrisi *g*, llid *g* pilen yr ysgyfaint.
pleureuse [plœʀøz] *f* galarwraig *b* broffesiynol.
pleurnicher [plœʀniʃe] (**1**) *vi* snwffian crio.
pleurs [plœʀ] *mpl* dagrau *ll*; **elle était tout en ~** 'roedd hi yn ei dagrau.
pleut [plø] *vb voir* **pleuvoir**.
pleutre [pløtʀ] *adj* llwfr, cachgïaidd.
pleuvait [pløvɛ] *vb voir* **pleuvoir**.
pleuviner [pløvine] (**1**) *vb impers* pigo bwrw, bwrw glaw mân.
pleuvoir [pløvwaʀ] (**33**) *vb impers* bwrw glaw, glawio; **il pleut** mae hi'n bwrw glaw; **il pleut des cordes, il pleut à verse, il pleut à torrents** mae hi'n tywallt *ou* arllwys y glaw, mae hi'n bwrw hen wragedd â ffyn;
♦*vi* disgyn yn gawod; **des lettres pleuvaient** (*fig*) llythyrau ddylifai, deuai llythyrau'n un llif.
pleuvra [pløvʀa] *vb voir* **pleuvoir**.
plèvre [plɛvʀ] *f* (*ANAT*) pliwra *g*, pilen *b* yr ysgyfaint, eisbilen *b*.
plexiglas® [plɛksiglɑs] *m* plecsiglas *g*.
pli [pli] *m* plyg *g*, crych *g*; (*enveloppe*) amlen *b*; (*lettre*) llythyr *g*; (*CARTES*) tric *g*; **prendre le ~ de faire qch** mynd i'r arfer o wneud rhth; **elle a pris un mauvais ~** mae hi wedi magu cast *ou* arferiad drwg; **ça ne va pas faire un ~** 'does dim amheuaeth; **ta chemise fait des ~s** mae dy grys wedi crychu *ou* yn grychau i gyd.
pliable [plijabl] *adj* hyblyg, plygadwy, ystwyth.
pliage [plijaʒ] *m* plygu; (*ART*) origami *g*.
pliant[1] (**-e**) [plijɑ̃, jɑ̃t] *adj* sy'n plygu.
pliant[2] [plij[ɑ] *m* stôl *b* blygu.
plier [plije] (**16**) *vt* plygu; (*chaise, table pliante*) cau; ~ **bagage** (*fig*) codi pac, hel eich pac;
♦*vi* plygu; **la branche plie sous le poids des fruits** mae'r gangen yn sigo *ou* plygu dan bwysau'r ffrwythau; ~ **sous les menaces de qn** ildio i fygythion rhn;
♦ **se ~** *vr* (*chaise, table pliante*) cau; **se ~ à** ufuddhau i, plygu i, ildio i.
Pline [plin] *prm* Plini.
plinthe [plɛ̃t] *f* (*MENUISERIE*) sgyrtin *g,b*, borden *b* wal.
plissé[1] (**-e**) [plise] *adj* crychlyd; **relief ~** (*GÉO*) plygiant *g*.
plissé[2] [plise] *m* pleten *b*.
plissement [plismɑ̃] *m* (*GÉO*) plygiant *g*.
plisser [plise] (**1**) *vt, vi* crychu;
♦ **se ~** *vr* crychu.
pliure [plijyʀ] *f* plyg *g*, plygiad *g*, camedd *g*; **la ~ du genou** camedd y gar, y tu *g* ôl i'r pen-glin; **la ~ du bras** camedd y penelin.
plomb [plɔ̃] *m* plwm *g*; (*d'une cartouche*) peled *b* blwm, haelsen *b*; (*PÊCHE*) pwysau *ll* plwm; (*d'un colis, d'une porte scellée*) sêl *b*; ~ **(fusible)** (*ÉLEC*) ffiws *b*; **sommeil de ~** trymgwsg *g*; **soleil de ~** haul *g* tanbaid; **essence sans ~** petrol *g* di-blwm *ou* heb blwm.
plombage [plɔ̃baʒ] *m* (*de dent*) llenwad *g*.
plomber [plɔ̃be] (**1**) *vt* (*canne, ligne*) rhoi pwysau plwm ar; (*colis, wagon*) rhoi sêl ar; (*dent*) llenwi; (*INFORM*) diogelu; ~ **un mur** (*TECH*) gwirio unionsythder wal â llinyn plwm, plymio mur.
plomberie [plɔ̃bʀi] *f* gwaith *g* plymio.
plombier [plɔ̃bje] *m* plymer *g*.
plonge [plɔ̃ʒ] *f*: **faire la ~** golchi llestri.
plongeant (**-e**) [plɔ̃ʒɑ̃, ɑ̃t] *adj* (*vue, tir*) o'r awyr; (*décolleté*) isel.
plongée [plɔ̃ʒe] *f* plymio; (*avec scaphandre autonome*) sgwba-blymio; (*avec tube respiratoire*) snorcelio; **faire de la ~ (sous-marine)** plymio tanddwr.
plongeoir [plɔ̃ʒwaʀ] *m* bwrdd *g* plymio.
plongeon [plɔ̃ʒɔ̃] *m* plymiad *g*; (*SPORT*) plymio.
plonger [plɔ̃ʒe] (**10**) *vi* plymio; ~ **dans un sommeil profond** suddo i drymgwsg;
♦*vt* trochi; ~ **qn dans le désespoir** taflu *ou* bwrw rhn i anobaith.
plongeur [plɔ̃ʒœʀ] *f* plymiwr *g*; (*de restaurant*) golchwr *g* llestri.
plongeuse [plɔ̃ʒøz] *f* plymwraig *b*; (*de restaurant*) golchwraig *b* llestri.
plot [plo] *m* (*ÉLEC*) cysylltiad *g*.
ploutocratie [plutɔkʀasi] *f* plwtocratiaeth *b*.
ploutocratique [plutɔkʀatik] *adj* plwtocrataidd, goludog.
ployer [plwaje] (**17**) *vt* (*genoux*) plygu;
♦*vi* (*toit, genoux*) sigo, gwegian; (*branche*) sigo, plygu; (*armée*) ildio; ~ **sous le joug** (*fig*) plygu dan y straen.
plu[1] [ply] *pp de* **plaire**.
plu[2] [ply] *pp de* **pleuvoir**.
pluie [plɥi] *f* glaw *g*; (*de missiles*) cawod *b*; (*de lettres, compliments*) llif *g*, llu *g*; **sous la ~** yn y glaw; **une ~ brève** cawod fer; **une ~ fine** glaw mân; **temps de ~** tywydd *g* gwlyb; **le temps est à la ~** mae golwg glaw arni hi; **retomber en ~** disgyn yn gawod; **elle n'est**

pas née de la dernière ~ ni chafodd hi mo'i geni ddoe.

plumage [plymaʒ] *m* plu *ll*.

plume [plym] *f* pluen *b*; (*pour écrire*) cwilsyn *g*; (*fig*) ysgrifbin *g*; **dessin à la** ~ darlun *g* pin ac inc; **oreiller de** ~**s** gobennydd *g* plu.

plumeau (-**x**) [plymo] *m* brwsh *g* plu.

plumer [plyme] (**1**) *vt* pluo, plufio; (*fig*) twyllo, blingo.

plumet [plymɛ] *m* pluen *b* fawr.

plumier [plymje] *m* bocs *g* pensiliau.

plupart [plypaʀ] *f*: **la** ~ y mwyafrif, y rhan fwyaf; **la** ~ **d'entre nous** y mwyafrif ohonom ni; **la** ~ **du temps** y rhan fwyaf o'r amser; (*très souvent*) yn aml; **dans la** ~ **des cas** yn y rhan fwyaf o achosion; **pour la** ~ yn bennaf.

pluralisme [plyʀalism] *m* amlbleidiaeth *b*, amlblwyfaeth *b*, plwraliaeth *b*.

pluralité [plyʀalite] *f* lluosogrwydd *g*.

pluridisciplinaire [plyʀidisiplinɛʀ] *adj* amlddisgyblaethol.

pluriel [plyʀjɛl] *m* lluosog *g*; **au** ~ yn y lluosog.

plus[1] [ply, plys, plyz] *adv*

1 (*forme négative*) [ply, plyz]: **ne ...** ~ ni(d) ... mwy; **je n'ai** ~ **d'argent** nid oes gennyf fwy *ou* ragor o arian; **il ne travaille** ~ nid yw'n gweithio mwy *ou* bellach; **il a decidé de ne** ~ **y aller** penderfynodd beidio byth â mynd yno eto; **il n'y est** ~ **retourné** ni ddychwelodd yno byth; **il ne me reste** ~ **qu'à vous remercier** 'does dim ar ôl imi ond diolch ichi; ~ **rien ne m'intéresse** 'does dim o ddiddordeb imi bellach.

2 (*comparatif*) [ply, plys, plyz] mwy: **le** ~ (*superlatif*) y mwyaf; ~ **grand que** mwy na; ~ **intelligent que** mwy deallus na; **le** ~ **grand** y mwyaf; **le** ~ **intelligent** y mwyaf deallus; **(tout) au** ~ ar y mwyaf, fan bellaf.

3 (*davantage*) [ply, plys] mwy; **il travaille** ~ **(que)** mae'n gweithio mwy (na); ~ **elle travaille,** ~ **elle est heureuse** mwyaf yn y byd y mae hi'n gweithio, hapusaf yn y byd yw hi; **il était** ~ **de minuit** 'roedd hi wedi hanner nos; ~ **de 3 heures/kilos** mwy na 3 awr/3 chilo; **3 heures/grammes de** ~ **que** 3 awr/3 gram yn fwy na; **de** ~ **en** ~ fwyfwy; **elle a 3 ans de** ~ **que moi** mae hi dair blynedd yn hŷn na fi; ~ **de pain** mwy *ou* ychwaneg *ou* rhagor o fara; ~ **de 10 personnes** mwy na 10 o bobl; **sans** ~ heb ddim rhagor; **j'ai mangé deux pommes de** ~ **qu'elle** mi fwyteais i ddau afal yn fwy na hi; **j'ai besoin de deux heures de** ~ mae arna' i angen dwy awr arall; **une fois de** ~ unwaith eto, unwaith yn rhagor; **3 grammes en** ~ 3 gram yn ychwanegol; **en** ~ **de cela** ar ben hynny, yn ogystal; **d'autant** ~ **que** yn fwy felly, gan fod; **qui** ~ **est** yn ogystal, hefyd; ~ **ou moins** fwy neu lai; **ni** ~ **ni moins** dim mwy, dim llai;

♦*prép* [plys]: **4** ~ **2 égale 6** mae 4 a 2 yn hafal i 6; **un jour il faisait moins 5 degrés, le lendemain** ~ **10** un diwrnod 'roedd hi 5 gradd islaw'r rhewbwynt a'r diwrnod wedyn 'roedd hi'n 10 gradd uwchlaw.

plus[2] *m* [plys] (*MATH: signe*) plws *g*.

plusieurs [plyzjœʀ] *dét* sawl, nifer o; ~ **fois** sawl tro *ou* gwaith; ~ **autres** sawl un arall; **il y en avait** ~ **centaines** 'roedd rhai cannoedd yno;

♦*pron* llawer, niferus; **vous êtes** ~ **à vouloir faire** mae llawer ohonoch chi'n dymuno gwneud; **ils sont** ~ mae llawer ohonynt, maent yn niferus.

plus-que-parfait [plyskəpaʀfɛ] *m* (yr amser *g*) gorberffaith *g*.

plus-value (~-~**s**) [plyvaly] *f* (*ÉCON*) cynnydd *g* mewn gwerth.

plut[1] [ply] *vb voir* **plaire**.

plut[2] [ply] *vb voir* **pleuvoir**.

Plutarque [plytaʀk] *prm* Plutarch.

Pluton [plytɔ̃n] *prm* Plwto *g*.

plutonium [plytɔnjɔm] *m* plwtoniwm *g*.

plutôt [plyto] *adv* yn hytrach; **je préfère t'appeler** ~ **que de t'écrire** mae'n well gen i dy ffonio di yn hytrach nag ysgrifennu; **mangez des produits frais** ~ **que surgelés** bwytwch fwydydd ffresh yn hytrach na rhai wedi'u rhewi; **fais** ~ **comme ça** beth am iti wneud fel hyn; ~ **mourir que d'accepter** gwell marw na derbyn; **elle est blonde ou** ~ **châtain clair** mae ganddi wallt melyn neu'n hytrach wallt brown golau; **c'est** ~ **une corvée qu'un plaisir** mae'n fwy o dasg nag o bleser; ~ **agréable** eithaf dymunol, braidd yn ddymunol, dymunol braidd.

pluvial (-**e**) (**pluviaux, pluviales**) [plyvjal, plyvjo] *adj* glawol.

pluvieux (**pluvieuse**) [plyvjø, plyvjøz] *adj* glawog, gwlyb.

pluviosité [plyvjozite] *f* lefel *b* glawiad, glawogrwydd *g*.

PM [peɛm] *sigle f*(= *Police militaire*) heddlu *g* milwrol.

PME [peɛmə] *sigle fpl*(= *petites et moyennes entreprises*) busnesau *ll* bychain a chanolig.

PMI[1] [peɛmi] *sigle fpl*(= *petites et moyennes industries*) diwydiannau *ll* bychain a chanolig.

PMI[2] [peɛmi] *sigle f*(= *protection maternelle et infantile*) lles *g* mamau a phlant.

PMU [peɛmy] *sigle m*(= *pari mutuel urbain*) *system wladol o fetio ar geffylau.*

PNB [peɛnbe] *sigle m*(= *produit national brut*) Cynnyrch *g* Gwladol Crynswth.

pneu (-**x**) [pnø] *m* teiar *g*; (*message*) llythyr *g* *ou* neges *g* niwmatig.

pneumatique [pnømatik] *m* teiar *g*;

♦*adj* niwmatig; **canot** ~ cwch *g* *ou* bad *g* pwmpiadwy

pneumonie [pnømɔni] *f* niwmonia *g*, llid *g* yr ysgyfaint.

PO *sigle fpl*(= *petites ondes*) y donfedd *b* ganol.

po *abr*: **sciences** ~ gwyddor *b* gwleidyddiaeth.

poche [pɔʃ] *f* poced *b*; (*d'eau, de pus*) croniad *g*; (*ZOOL*) bolgod *b*; (*sac*) bag *g*; **il a des ~s sous les yeux** mae ganddo fagiau dan ei lygaid; **en être de sa ~** bod ar eich colled; **c'est dans la ~** mae'n sicr; **son diplôme en ~, il est parti aux États-Unis** wedi cael ei radd, aeth i'r Unol Daleithiau; **faire une ~** bagio; **lampe de ~** lamp *b* boced;
♦*m* (*livre*) llyfr *g* clawr papur.

poché (-e) [pɔʃe] *adj*: **œuf ~** wy *g* wedi'i botsio; **œil ~** llygad *g* du.

pocher [pɔʃe] (1) *vt* potsio; (*ART*) braslunio; **~ un œil à qn** rhoi llygad du i rn;
♦*vi* (*vêtement*) mynd yn llac *ou* ddi-siâp, bolio, bagio.

poche-revolver (~s-~) [pɔʃʀəvɔlvɛʀ] *f* poced *b* glun, poced ôl.

pochette [pɔʃɛt] *f* (*de crayons etc*) cas *g*; (*de document*) plyglen *b*, ffolder *g*; (*sac*) pwrs *g*, bag *g* dwrn; (*sac d'homme*) bag; (*sur veston*) poced *b* frest; (*mouchoir*) hances *b* boced; **~ d'allumettes** llyfr *g* o fatsys; **~ de disque** clawr *g* record; **~ surprise** bag lwcus, cwdyn *g* saint.

pochoir [pɔʃwaʀ] *m* stensil *g*; **marquer son nom au ~** stensilio'ch enw.

podium [pɔdjɔm] *m* podiwm *g*.

poêle [pwɑl] *m* stof *b*;
♦*f*: **~ (à frire)** padell *b* ffrio.

poêlon [pwalɔ̃] *m* sosban *b*.

poème [pɔɛm] *m* cerdd *b*, darn *g* o farddoniaeth.

poésie [pɔezi] *f* (*art*) barddoniaeth *b*; (*poème*) cerdd *b*, darn *g* o farddoniaeth.

poète [pɔɛt] *m* bardd *g*; (*fig*) breuddwydiwr *g*;
♦*adj*: **une femme ~** barddones *b*.

poétique [pɔetik] *adj* barddonol; (*romantique*) rhamantus.

poétiquement [pɔetikmɑ̃] *adv* yn farddonol.

poétiser [pɔetize] (1) *vt* barddonoli.

pognon* [pɔɲɔ̃] *m* arian *g*, pres *g*.

poids [pwɑ] *m* pwysau *ll*; (*fig: d'un impôt*) baich *g*; **prendre du ~** ennill pwysau, tewychu; **perdre du ~** colli pwysau, teneuo; **faire le ~** (*fig*) cymharu'n ffafriol; **je ne crois pas qu'il fasse le ~ à ce poste** nid wyf yn credu ei fod yn gymwys ar gyfer y swydd hon; **avoir un ~ sur la conscience** teimlo'n euog, bod â chydwybod drom; **~ et haltères** (*SPORT*) codi pwysau; **il fait des ~ et haltères** mae'n codi pwysau; **argument de ~** dadl *b* gref; **personne de ~** rhywun *g* o bwys; **~ coq/mouche/moyen/plume** (*BOXE*) pwysau bantam/pryf/canol/plu; **~ lourd** (*BOXE*) pwysau trwm; (*camion*) cerbyd *g* nwyddau trwm, lorri *b* drom; **~ mort** pwysau marw; (*fig*) baich; **~ utile** pwysau clir *ou* net.

poignant (-e) [pwaɲɑ̃, ɑ̃t] *adj* teimladwy, ingol.

poignard [pwaɲaʀ] *m* dagr *g*; **coup de ~** trywaniad *g*.

poignarder [pwaɲaʀde] (1) *vt* trywanu.

poigne [pwaɲ] *f* llaw *b* gadarn, gafael *b*.

poignée [pwaɲe] *f* dyrnaid *g*, llond *g* llaw; (*de valise*) handlen *b*, dryntol *b*; (*porte*) dwrn *g*, dryntol; **échanger une ~ de main** ysgwyd llaw, siglo llaw.

poignet [pwaɲɛ] *m* arddwrn *g*; (*d'une chemise*) cŷff *g*.

poil [pwal] *m* blewyn *g*; (*ANAT*) blew; (*de tissu*) edefyn *g*; (*pelage*) côt *b*; **il a du ~ sur la poitrine** mae ganddo flew ar ei frest; **à ~*** noeth; **se mettre à ~** tynnu'ch dillad, tynnu amdanoch, ymddinoethi; **au ~*** perffaith, i'r dim; **de tout ~** o bob math; **il n'a plus un ~ de sec** mae'n wlyb at ei groen; **être de bon/mauvais ~*** bod mewn hwyliau da/drwg; **~ à gratter** powdr *g* cosi.

poilu (-e) [pwaly] *adj* blewog.

poinçon [pwɛ̃sɔ̃] *m* mynawyd *g*; (*marque*) dilysnod *g*, nod *g* gwarant.

poinçonner [pwɛ̃sɔne] (1) *vt* (*marchandise, bijou etc*) dilysnodi; (*billet, ticket*) tyllu.

poinçonneuse [pwɛ̃sɔnøz] *f* tyllwr *g*.

poindre [pwɛ̃dʀ] (64) *vi* (*jour*) gwawrio; (*aube*) torri; (*fleur, soleil*) dod i'r golwg.

poing [pwɛ̃] *m* dwrn *g*; **coup de ~** dyrnod *g,b*; **flanquer des coups de ~ à qn** dyrnu rhn; **dormir à ~s fermés** cysgu'n sownd.

point[1] [pwɛ̃] *vb voir* **poindre**.

point[2] [pwɛ̃] *m*

1 (*endroit précis*) man *g,b*; **~ chaud** man cythryblus; **~ culminant** uchafbwynt *g*, anterth *g*; **~ d'arrêt/d'arrivée** man aros/cyrraedd; **~ d'eau** (*naturel*) lle *g* yfed, ffynnon *b*; (*robinet*) tap *g* dŵr; **~ de chute** man glanio; (*fig*) man galw; **~ de départ** man cychwyn; **~ de non-retour** man di-droi'n-ôl; **~ de repère** trobwynt *g*; (*fig*) tirnod *g*, digwyddiad *g* o bwys; **~ de vente** siop *b*; **~ faible** man gwan; **~ noir** (*sur le visage*) ploryn *g* pen du, penddüyn *g*; (*AUTO*) man peryglus; (*difficulté*) problem *b*; **(au) ~ mort** (*AUTO*) (yn y) gêr niwtral; (*affaire, entreprise*) yn farwaidd, ar stop.

2 (*marque visible*) dot *g*; **~ d'exclamation** ebychnod *g*; **~ d'interrogation** marc *g* cwestiwn; **~ final** (*de ponctuation*) atalnod *g* llawn; **~s de suspension** atalnodau *ll*.

3 (*COUTURE, TRICOT*) pwyth *g*; **~ de chaînette/croix/mousse** (*tricot*) pwyth cadwyn/croes/gardas; **~ de jersey** pwyth hosan; **~ de tige** pwyth conyn.

4 (*position*): **faire le ~** (*NAUT*) edrych ble 'rydych chi, cymryd cyfeiriad; (*fig*) pwyso a mesur, mantoli, cloriannu; **faire le ~ sur qch** adolygu rhth; **sur le ~ de faire qch** ar fin gwneud rhth.

5 (*ASTRON, PHYS*) pwynt *g*; **~s cardinaux** pwyntiau'r cwmpawd, y pedwar ban *g*.

6 (*degré*): **il a mangé au ~ de se rendre malade** bwytaodd gymaint nes iddo ei wneud ei hun yn sâl; **à tel ~ que, à ~ que** i'r fath raddau fel ...; **sa colère avait atteint un ~ tel que ...** 'roedd mor flin fel ....

7 (*MÉD: douleur*) poen *g,b*; **~ de côté** pigyn *g* yn eich ochr.

8 (*SPORT, jeux*) marc *g*, pwynt *g*; **deux ~s partout** dau farc yr un.

▶ **à point** (*CULIN*) i'r dim; (*viande*) wedi ei goginio'n weddol; **arriver à ~** cyrraedd mewn union bryd.

▶ **au point: mettre qch au ~** (*technique*) datblygu rhth, perffeithio rhth; (*stratégie, appareil*) dyfeisio rhth; (*mécanisme*) atgyweirio rhth; (*affaire*) setlo rhth, terfynu rhth; (*appareil de photo*) rhoi rhth mewn ffocws, ffocysu rhth, canolbwyntio rhth.

point[3] [pwɛ̃] *adv*: **ne ... ~** ni(d) ... ddim; **tu ne tueras ~** na ladd; **tu es fâché? - non ~!** wyt ti'n flin? - dim o gwbl!

pointage [pwɛ̃taʒ] *m* (*vérification*) gwirio; (*en cochant*) ticio; (*des ouvriers: en entrant*) clocio i mewn; (*en sortant*) clocio allan; **le ~ des voix** (*dans un vote*) cyfrif pleidleisiau; **une feuille de ~** taflen *b* oriau.

pointe [pwɛ̃t] *f* blaen *g*, pwynt *g*; (*de montagne*) brig *g*, copa *g,b*; (*de la côte*) penrhyn *g*, pentir *g*; (*clou*) hoelen *b*; (*SPORT: chaussure*) pigyn *g*; (*foulard*) sgarff *b* drionglog; (*couche*) clwt *g ou* cewyn *g* trionglog; (*maximum*) uchafbwynt *g*; (*petite quantité*) arlliw *g*, tinc *g*; (*allusion désagréable*) sylw *g* miniog *ou* brathog; **être à la ~ de la mode** bod ar y blaen mewn ffasiwn; **faire une ~ jusqu'à Rome** dal ati cyn belled â Rhufain; **sur la ~ des pieds** ar flaenau'ch traed; **en ~** pigfain; **de ~** (*industries*) blaenllaw; (*vitesse*) uchaf; **heures de ~** oriau *ll* prysur; **faire du 180 en ~** (*AUTO*) bod â chyflymder uchaf o 180; **faire des ~s** dawnsio ar flaenau'ch traed; **~ d'asperge** (*CULIN*) blaenau merllys *ou* asbaragws; **~ de courant** ymchwydd *g* mewn cerrynt; **~ de vitesse** hwrdd *g* o gyflymder; **technologie de ~** y dechnoleg *b* ddiweddaraf.

pointer [pwɛ̃te] (**1**) *vt* (*cocher*) rhoi tic ar, ticio; (*diriger*) cyfeirio; (*employés*) rheoli amser cyrraedd a gadael; (*fusil*) anelu; **~ un doigt vers qn/qch** pwyntio bys at rn/rth; **~ sa tête** dangos eich wyneb; **~ les oreilles** (*chien*) codi'i glustiau; **note pointée** nodyn *g* unpwynt *ou* dot;

♦*vi* (*employé: en arrivant*) clocio i mewn; (:*en sortant*) clocio allan; (*apparaître*) ymddangos; (*bourgeon*) agor; (*fleur*) tyfu, dod i fyny; (*jour*) gwawrio; **~ à l'agence pour l'emploi** cofrestru yn y ganolfan waith; **le clocher pointait au-dessus des toits** 'roedd tŵr yr eglwys i'w weld uwchlaw'r toeau.

pointeur [pwɛ̃tœʀ] *m* (*personne*) cofnodwr *g* amser.

pointeuse [pwɛ̃tøz] *f* (*personne*) cofnodwraig *b* amser; (*instrument*) cloc *g* amseru.

pointillé [pwɛ̃tije] *m* llinell *b* ddotiau; (*ART*) dotwaith *g*.

pointilleux (**pointilleuse**) [pwɛ̃tijø, pwɛ̃tijøz] *adj* ffyslyd, gorfanwl, cysetlyd, misi, ffwdanus.

pointu (**-e**) [pwɛ̃ty] *adj* (*clou*) blaen llym; (*clocher, chapeau*) pigfain; (*analyse*) manwl, treiddgar; (*son*) main, treiddgar.

pointure [pwɛ̃tyʀ] *f* maint *g*, maintioli *g*.

point-virgule (**~s-~s**) [pwɛ̃viʀgyl] *m* hanner *g* colon.

poire [pwaʀ] *f* gellygen *b*, peren *b*; (*fam, péj: imbécile, sot*) ffŵl *g*; (*à injections, à lavement*) chwistrell *b*; **~ électrique** switsh *b*.

poireau (**-x**) [pwaʀo] *m* cenhinen *b*; **faire le ~** sefyllian, loetran.

poireauter* [pwaʀote] (**1**) *vi* sefyllian, loetran.

poirier [pwaʀje] *m* coeden *b* ellyg *ou* bêr; **faire le ~** sefyll ar eich pen.

pois [pwa] *m* pysen *b*; (*sur une étoffe*) dot *g*, smotyn *g*; **à ~** smotiog; **~ cassés** pys *ll* hollt; **~ chiche** gwygbysen *b*, ffacbysen *b*; **~ de senteur** pysen bêr.

poison [pwazɔ̃] *m* gwenwyn *g*.

poisse [pwas] *f* (*malchance*) anlwc *g,b*; (*fam: chose contrariante*) poen *g,b*, poendod *g*.

poisser [pwase] (**1**) *vt* gwneud (rhth) yn ludiog, gwneud (rhth) yn fudr *ou* yn frwnt.

poisseux (**poisseuse**) [pwasø, pwasøz] *adj* gludiog, aflan, budr(budron), brwnt(bront)(bryntion).

poisson [pwasɔ̃] *m* pysgodyn *g*; **les Poissons** (*ASTROL*) y Pysgod *ll*; **être (des) Poissons** bod wedi'ch geni dan arwydd y Pysgod; **~ d'avril** ffŵl *g* Ebrill; **faire un ~ d'avril à qn** gwneud rhn yn ffŵl Ebrill; **~ rouge** pysgodyn aur; **~ volant** pysgodyn hedegog.

poisson-chat (**~s-~s**) [pwasɔ̃ʃa] *m* (*de mer*) blaidd *g* môr; (*de rivière*) cathbysgodyn *g*.

poissonnerie [pwasɔnʀi] *f* (*magasin*) siop *b* bysgod; (*de supermarché*) cownter *g* pysgod; (*industrie*) diwydiant *g* pysgod.

poissonneux (**poissonneuse**) [pwasɔnø, pwasɔnøz] *adj* llawn pysgod.

poissonnier [pwasɔnje] *m* gwerthwr *g* pysgod.

poissonnière [pwasɔnjɛʀ] *f* gwerthwraig *b* pysgod; (*CULIN*) padell *b* bysgod.

poisson-scie (**~s-~s**) [pwasɔ̃si] *m* llifbysgodyn *g*.

poitevin (**-e**) [pwat(ə)vɛ̃, in] *adj* (*région*) o Poitou; (*ville*) o Poitiers.

Poitevin [pwat(ə)vɛ̃] *m* un *g* o Poitou; (*ville*) un o Poitiers.

Poitevine [pwat(ə)vin] *f* un *b* o Poitou; (*ville*) un o Poitiers.

poitrail [pwatʀaj] *m* (*d'un cheval etc*) brest *b*.

poitrine [pwatʀin] *f* brest *b*; (*seins*) mynwes *b*, bronnau *ll*; (*CULIN*) brest; **~ de bœuf** brisged *b*.

poivre [pwavʀ] *m* pupur *g*; **~ blanc/vert** pupur gwyn/gwyrdd; **~ moulu** pupur mâl, powdr *g* pupur; ~ **en grains** grawn *g* pupur; ~ **et sel** pupur a halen; **cheveux** ~ **et sel** gwallt *g* wedi britho, gwallt brith.

poivré (-e) [pwavʀe] *adj* pupraidd, poeth; (*fig: plaisanterie*) beiddgar.

poivrer [pwavʀe] (1) *vt* pupro, rhoi pupur ar *ou* yn.

poivrier [pwavʀije] *m* (*BOT*) llwyn *g* pupur; (*récipient*) pot *g* pupur; (*moulin*) melin *b* bupur.

poivrière [pwavʀijɛʀ] *f* (*récipient*) pot *g* pupur; (*plantation*) planhigfa *b* llwyni pupur.

poivron [pwavʀɔ̃] *m* pupryn *g* melys; ~ **rouge/vert** pupryn coch/gwyrdd.

poix [pwɑ] *f* pyg *g*, pitsh *g*.

poker [pɔkɛʀ] *m* pocer *g*; **partie de** ~ gêm o bocer; (*fig*) menter *b*; ~ **d'as** deis *g* pocer.

polaire [pɔlɛʀ] *adj* pegynol.

polar [pɔlaʀ] *m* nofel *b* dditectif.

polarisation [pɔlaʀizasjɔ̃] *f* (*PHYS*) polareiddiad *g*; (*d'attention*) pegynu, canolbwyntio.

polariser [pɔlaʀize] (1) *vt* (*PHYS*) polareiddio, polaru; (*fig*) pegynu, canoli, canolbwyntio; **être polarisé sur qn/qch** (*personne*) canolbwyntio ar rn/rth, ymgolli'n llwyr yn rhn/rhth.

pôle [pol] *m* pegwn *g*; **le** ~ **Nord/Sud** Pegwn y Gogledd/De; ~ **d'attraction** canolbwynt *g* y sylw; ~ **de développement** canolbwynt datblygiad; ~ **positif/négatif** pegwn positif/negyddol.

polémique [pɔlemik] *adj* dadleuol;
♦*f* dadl *b*.

polémiquer [pɔlemike] (1) *vi* dadlau.

polémiste [pɔlemist] *m/f* dadleuwr *g*, dadleuwraig *b*.

poli[1] (-e) [pɔli] *adj* (*personne, refus*) cwrtais, boneddigaidd.

poli[2] (-e) [pɔli] *adj* (*surface*) wedi'i bolisio, gloyw, llathraidd.

police [pɔlis] *f*
1 heddlu *g*; **être dans la** ~ bod yn yr heddlu; **assurer la** ~ **de** *neu* **dans** (*d'une assemblée etc*) cadw'r heddwch yn; **peine de simple** ~ dedfryd *g* llys ynadon; ~ **des mœurs** heddlu puteiniaeth; ~ **judiciaire** adran ymholiadau i droseddau; ~ **secours** gwasanaethau *ll* argyfwng; ~ **secrète** heddlu cudd.
2 (*ASSURANCES*): ~ **d'assurance** polisi *g* yswiriant.
3 (*TYPO, INFORM*): ~ **de caractère** ffontiau *ll*.

polichinelle [pɔliʃinɛl] *m* Pwnsh *g*; **secret de** ~ cyfrinach *b* hysbys.

policier[1] (**policière**) [pɔlisje, pɔlisjɛʀ] *adj* (yr) heddlu; **roman** ~ nofel *b* dditectif.

policier[2] [pɔlisje] *m* heddwas *g*, plismon *g*; **femme** ~ heddferch *b*, plismones *b*.

policlinique [pɔliklinik] *f* ≈ clinig *g* cleifion allanol.

poliment [pɔlimɑ̃] *adv* yn gwrtais, yn foneddigaidd.

polio(myélite) [pɔljɔ(mjelit)] *f* polio(myelitis) *g*.

poliomyélitique [pɔljɔmjelitik] *m/f* claf *g* o'r polio.

polir [pɔliʀ] (2) *vt* gloywi, polisio; (*fig*) caboli, perffeithio.

polisson (-ne) [pɔlisɔ̃, ɔn] *adj* (*enfant*) drwg; (*allusion*) anweddus.

politesse [pɔlitɛs] *f* boneddigeiddrwydd *g*, cwrteisi *g*; **rendre une** ~ **à qn** ad-dalu cymwynas rhn.

politicard [pɔlitikaʀ] (*péj*) *m* gwleidydd *g* di-egwyddor.

politicien[1] (-ne) [pɔlitisjɛ̃, jɛn] *adj* gwleidyddol.

politicien[2] [pɔlitisjɛ̃] *m* gwleidydd *g*; (*péj*) gwleidydd di-egwyddor.

politicienne [pɔlitisjɛn] *f* gwleidydd *g*; (*péj*) gwleidydd di-egwyddor;
♦*adj f voir* **politicien**[1].

politique [pɔlitik] *adj* gwleidyddol; **homme** ~ gwleidydd *g*;
♦*f* gwleidyddiaeth *b*; **faire de la** ~ gwleidydda; ~ **étrangère/intérieure** polisi *g* tramor/cartref;
♦*m* gwleidydd *g*.

politique-fiction (~s-~s) [pɔlitikfiksjɔ̃] *f* ffuglen *b* wleidyddol.

politiquement [pɔlitikmɑ̃] *adv* yn wleidyddol.

politisation [pɔlitizasjɔ̃] *f* gwleidyddoli.

politiser [pɔlitize] (1) *vt* gwleidyddoli.

pollen [pɔlɛn] *m* paill *g*.

polluant (-e) [pɔlɥɑ̃, ɑ̃t] *adj* llygrol; **produit** ~ llygrwr *g*, llygrydd *g*.

polluer [pɔlɥe] (1) *vt* llygru.

pollueur [pɔlɥœʀ] *m* llygrwr *g*.

pollueuse [pɔlɥøz] *f* llygrwraig *b*.

pollution [pɔlysjɔ̃] *f* llygredd *g*; ~ **de l'air** llygredd yr awyr; ~ **marine** llygredd yn y môr; ~ **nocturne** breuddwyd *g,b* (g)wlyb.

polo [pɔlo] *m* (*SPORT*) polo *g*; (*chemise*) crys *g* polo.

Pologne [pɔlɔɲ] *prf*: **la** ~ Gwlad *b* Pŵyl

polonais[1] (-e) [pɔlɔnɛ, ɛz] *adj* Pwylaidd; (*LING*) Pwyleg.

polonais[2] [pɔlɔnɛ] *m* (*LING*) Pwyleg *b,g*.

Polonais [pɔlɔnɛ] *m* Pwyliad *g*.

Polonaise [pɔlɔnɛz] *f* Pwyliad *b*.

poltron (-ne) [pɔltʀɔ̃, ɔn] *adj* llwfr.

poly- [pɔli] *préf* poly-, aml-, amry-, lluos-.

polyamide [pɔliamid] *f* polyamid *g*.

polyarthrite [pɔliaʀtʀit] *f* polyarthritis *g*.

polychrome [pɔlikʀom] *adj* aml-liwiog.

polyclinique [pɔliklinik] *f* ysbyty *g* preifat.

polycopie [pɔlikɔpi] *f* (*procédé*) dyblygiad *g*, dyblygu; (*feuille*) copi *g*.

polycopié (-e) [pɔlikɔpje] *adj* dyblygedig; (**cours**) ~ taflenni *ll* dyblygedig, nodiadau *ll* dyblygedig.

polycopier [pɔlikɔpje] (16) *vt* dyblygu.

polyculture [pɔlikyltyʀ] *f* ffermio cymysg,

amlgnwd *g*.
polyester [pɔliɛstɛʀ] *m* polyester *g*.
polyéthylène [pɔlietilɛn] *m* polyethylen *g*.
polygame [pɔligam] *adj* (*homme*) amlwreiciol; (*femme*) amlwrol.
polygamie [pɔligami] *f* amlwreiciaeth *b*, amlwriaeth *b*.
polyglotte [pɔliglɔt] *adj* amlieithog.
polygone [pɔligɔn] *m* polygon *g*, amlochron *g*; (*MIL*) maes *g* tanio.
Polynésie [pɔlinezi] *prf*: **la** ~ Polynesia *b*; **la** ~ **française** Polynesia Ffrengig.
polynésien (**-ne**) [pɔlinezjɛ̃, jɛn] *adj* Polynesaidd.
Polynésien [pɔlinezjɛ̃] *m* Polynesiad *g*.
Polynésienne [pɔlinezjɛn] *f* Polynesiad *b*.
polynôme [pɔlinom] *m* polynomial *g*.
polype[1] [pɔlip] *m* (*ZOOL*) môr-gudyn *g*, polyp *g*.
polype[2] [pɔlip] *m* (*MÉD*) polyp.
polystyrène [pɔlistiʀɛn] *m* polystyren *g*.
polytechnicien [pɔlitɛknisjɛ̃] *m* un *g* wedi graddio o'r École Polytechnique.
polytechnicienne [pɔlitɛknisjɛn] *f* un *b* wedi graddio o'r École Polytechnique.
polyvalent[1] (**-e**) [pɔlivalɑ̃, ɑ̃t] *adj* (*CHIM*) amryfalent; (*chose*) amlbwrpas, amlddefnydd; (*personne*) amryddawn; (*professeur*) sy'n dysgu sawl pwnc; (*employé*) sy'n cyflawni sawl tasg.
polyvalent[2] [pɔlivalɑ̃] *m* arolygydd *g* trethi.
pomélo [pɔmelo] *m* grawnffrwyth *g*.
pommade [pɔmad] *f* eli *g*, hufen *g*, balm *g*; **passer de la** ~ **à qn** (*fig*) seboni rhn.
pomme [pɔm] *f* (*fruit*) afal *g*; (*boule décorative*) bwlyn *g*, nobyn *g*; (*fam: tête, figure*) pen *g*, wyneb *g*; **un steak** ~**s (frites)** stecen *b* a sglodion; **tomber dans les** ~**s*** llewygu; ~ **d'Adam** afal breuant; ~ **d'arrosoir** ffroenell *b* ysgeintiwr; ~ **de pin** mochyn *g* coed; ~ **de terre** taten *b*; ~**s allumettes** sglodion *ll* tenau; ~**s vapeur** tatws *ou* tato wedi'u stemio.
pommé (**-e**) [pɔme] *adj* (*chou, laitue*) â chalon galed.
pommeau (**-x**) [pɔmo] *m* (*de canne*) bwlyn *g*, nobyn *g*; (*de selle*) pwmel *g*.
pommelé (**-e**) [pɔm(ə)le] *adj* (*cheval*) brithlas; **un ciel** ~ traeth *g* awyr.
pommer [pɔme] (**1**) *vi* (*choux, laitue*) crynhau.
pommette [pɔmɛt] *f* asgwrn *g* boch, cern *b*.
pommier [pɔmje] *m* coeden *b* afalau.
pompage [pɔ̃paʒ] *m* pwmpio.
pompe[1] [pɔ̃p] *f* pwmp *g*; (*chaussure*) esgid *b*; ~ **à eau** pwmp dŵr; ~ **(à essence)** pwmp petrol; ~ **à huile** pwmp olew; ~ **à incendie** injan *b* dân; ~ **de bicyclette** pwmp beic.
pompe[2] [pɔ̃p] *f* (*apparat*) rhodres *b*, rhwysg *g,b*; **en grande** ~ yn rhodresgar; ~**s funèbres** swyddfa *b* trefnwyr *ll* angladdau.
Pompéi [pɔ̃pei] *pr* Pompei *b*.
pompéien (**-ne**) [pɔ̃pejɛ̃, jɛn] *adj* Pompeiaidd.
pomper [pɔ̃pe] (**1**) *vt* pwmpio; (*pour vider*) pwmpio (rhth) allan; (*pour faire monter*) pwmpio (rhth) i fyny; (*absorber*) socian, sugno; (*fam: boire*) llowcio, yfed; (*fam: copier*) copïo; (*épuiser*) blino, hanner lladd;
♦*vi* pwmpio.
pompeusement [pɔ̃pøzmɑ̃] *adv* yn rhodresgar, yn rhwysgfawr.
pompeux (**pompeuse**) [pɔ̃pø, pɔ̃pøz] *adj* (*péj*) rhodresgar, rhwysgfawr.
pompier [pɔ̃pje] *m* diffoddwr *g* tân; **appeler les** ~**s** galw'r injan dân;
♦*adj m* (*style*) rhwysgfawr.
pompiste [pɔ̃pist] *m/f* gofalwr *g* pwmp petrol, pwmpiwr *g* petrol, gofalwraig *b* pwmp petrol.
pompon [pɔ̃pɔ̃] *m* pompon *g*.
pomponner* [pɔ̃pɔne] (**1**) *vt*: ~ **un bébé** gwisgo babi yn grand (o'i go');
♦ **se** ~ *vr* gwisgo'n grand (o'ch co').
ponce [pɔ̃s] *f*: **pierre** ~ pwmis *g*, carreg *b* bwmis.
Ponce [pɔ̃s] *prm*: ~ **Pilate** Pontiws Peilat.
poncer [pɔ̃se] (**9**) *vt* sandio.
ponceuse [pɔ̃søz] *f* sandiwr *g*, peiriant *g* sandio.
poncif [pɔ̃sif] *m* ystrydeb *b*, peth *g* cyffredin.
ponction [pɔ̃ksjɔ̃] *f*: ~ **lombaire** (*MÉD*) tynnu hylif madruddyn y cefn; ~ **d'argent** codi *ou* tynnu arian (*o'r banc, o'ch cynilion*); **c'est une** ~ **importante dans mes économies** mae'n gryn dolc yn fy nghynilion.
ponctionner [pɔ̃ksjɔne] (**1**) *vt* (*compte en banque*) codi *ou* tynnu arian o; (*économies*) gwneud tolc yn; (*poumon*) tapio; (*région lombaire*) tynnu hylif o.
ponctualité [pɔ̃ktɥalite] *f* prydlondeb *g*; **avec** ~ yn brydlon.
ponctuation [pɔ̃ktɥasjɔ̃] *f* atalnodi, atalnodiant *g*.
ponctuel (**-le**) [pɔ̃ktɥɛl] *adj* prydlon; (*fig: opération*) unigol, ar ei ben ei hun.
ponctuellement [pɔ̃ktɥɛlmɑ̃] *adv* yn brydlon.
ponctuer [pɔ̃ktɥe] (**1**) *vt* atalnodi; (*MUS*) brawddegu, rhoi tawnodau yn; ~ **ses phrases de soupirs** rhoi ochenaid bob hyn a hyn wrth siarad.
pondération [pɔ̃deʀasjɔ̃] *f* (*de personne*) pwyll *g*, callineb *g*, synnwyr *g*; (*équilibre*) cydbwysedd *g*.
pondéré (**-e**) [pɔ̃deʀe] *adj* (*personne*) pwyllog, call, synhwyrol.
pondérer [pɔ̃deʀe] (**14**) *vt* (*forces etc*) cydbwyso.
pondeuse [pɔdøz] *f* iâr *b* ddodwy.
pondre [pɔ̃dʀ] (**3**) *vt* (*œufs*) dodwy; (*fig, fam*) cynhyrchu, gwneud, creu;
♦*vi* dodwy.
poney [pɔnɛ] *m* merlyn *g*; **faire du** ~ merlota.
pongiste [pɔ̃ʒist] *m/f* chwaraewr *g* tennis bwrdd, chwaraewraig *b* tennis bwrdd.

pont [pɔ̃] *m*
1 (*gén*) pont *b*; **faire le** ~ (*entre deux jours fériés*) llenwi'r bwlch (*rhwng dau ddydd gŵyl*); **faire un** ~ **d'or à qn** cynnig ffortiwn i rn i gymryd swydd; ~ **aérien** cludiad *g* awyr; ~ **à péage** tollbont *b*; ~ **basculant** pont wrthbwys *ou* siglog; ~ **d'envol** bwrdd hedfan; ~ **de graissage,** ~ **élévateur** esgynlawr *g*, ramp *g*; ~ **roulant** craen *g* symudol; ~ **suspendu** pont grog; ~ **tournant** pont droi; **Ponts et Chaussées** (*ADMIN*) ≈ Adran *b* Briffyrdd.
2 (*NAUT*) bwrdd *g*.
3 (*AUTO*) echel *b*; ~ **arrière/avant** echel ôl/flaen.

ponte[1] [pɔ̃t] *f* dodwy, dodwyad *g*; (*œufs pondus*) nythaid *g,b*.

ponte*[2] [pɔ̃t] *m* pwysigyn *g*, pyndit *g*.

pontife [pɔ̃tif] *m* (*REL*) archoffeiriad *g*; (*fam*) pyndit *g*, awdurdod *g*; **le souverain** ~ y Pab *g*.

pontifiant (**-e**) [pɔ̃tifjɑ̃, jɑ̃t] *adj* pregethwrol, sy'n doethinebu, sy'n pontifficeiddio.

pontifical (**-e**) (**pontificaux, pontificales**) [pɔ̃tifikal, pɔ̃tifiko] *adj* (*autorité*) pabaidd; **la visite** ~**e** ymweliad *g* y Pab.

pontifier [pɔ̃tifje] (**16**) *vi* doethinebu, pregethu.

pont-levis (~**s**-~) [pɔ̃lvi] *m* pont *b* godi.

ponton [pɔ̃tɔ̃] *m* pont *b* gychod.

pop [pɔp] *adj inv* pop;
♦*f* canu pop.

pop-corn [pɔpkɔʀn] *m inv* popgorn *g*.

popeline [pɔplin] *f* poplin *g*.

populace [pɔpylas] *f* (*péj*) poblach *b*, gwerinos *ll*.

populaire [pɔpylɛʀ] *adj* (*ouvrier: quartier*) gwerinol, dosbarth gweithiol; (*littérature, tradition*) gwerinol, gwerin; (*restaurant*) rhad; (*grossier*) comon; (*venant du peuple: révolte, république*) y bobl; **il écrit pour un public** ~ mae'n ysgrifennu ar gyfer y werin.

populariser [pɔpylaʀize] (**1**) *vt* poblogeiddio.

popularité [pɔpylaʀite] *f* poblogrwydd *g*; **il a une grande** ~ **auprès des élèves** mae'n boblogaidd iawn gyda'r disgyblion.

population [pɔpylasjɔ̃] *f* poblogaeth *b*; ~ **active** poblogaeth mewn gwaith; ~ **agricole** ffermwyr *ll*, amaethwyr *ll*.

populeux (**populeuse**) [pɔpylø, pɔpyløz] *adj* poblog.

porc [pɔʀ] *m* mochyn *g*; (*viande*) porc *g*; (*peau*) croen *g* mochyn.

porcelaine [pɔʀsəlɛn] *f* porslen *g*, tsieni *g*; (*objet*) llestr *g* tsieni.

porcelet [pɔʀsəlɛ] *m* porchell *g*, mochyn *g* bach.

porc-épic (~**s**-~**s**) [pɔʀkepik] *m* (*ZOOL*) ballasg *g*.

porche [pɔʀʃ] *m* portsh *g*; (*vestibule*) cyntedd *g*.

porcher [pɔʀʃe] *m* meichiad *g* (*un sy'n gofalu am foch*).

porchère [pɔʀʃɛʀ] *f* merch *b* sy'n gofalu am foch.

porcherie [pɔʀʃəʀi] *f* (*aussi fig*) twlc *g ou* cwt *g* mochyn.

porcin (**-e**) [pɔʀsɛ̃, in] *adj* (*race etc*) o deulu'r mochyn; (*fig*) fel mochyn; **élevage** ~ magu moch.

pore [pɔʀ] *m* mandwll *g*, croendwll *g*.

poreux (**poreuse**) [pɔʀø, pɔʀøz] *adj* mandyllog.

porno [pɔʀno] *adj* pornograffig;
♦*m* (*genre*) pornograffi *g*; (*film*) ffilm *b* bornograffig.

pornographie [pɔʀnɔgʀafi] *f* pornograffi *g*.

pornographique [pɔʀnɔgʀafik] *adj* pornograffig.

port[1] [pɔʀ] *m* porthladd *g*, harbwr *g*; **arriver à bon** ~ cyrraedd yn ddiogel; ~ **d'attache** (*NAUT*) porthladd cofrestru; (*fig*) man *g,b* cychwyn; ~ **de commerce** porthladd masnach; ~ **d'escale** porthladd galw; ~ **de pêche** porthladd pysgota; ~ **franc** porthladd di-doll; ~ **pétrolier** porthladd tanceri olew.

port[2] [pɔʀ] *m*
1 (*d'un colis, d'une lettre*) cludiad *g*, tâl *g* postio; ~ **dû** (*COMM*) cludiad dyledus *ou* i'w dalu; ~ **payé** cludiad wedi'i dalu, rhadbost *g*.
2 (*fait de porter*) gwisgo, cario; **le** ~ **du casque est obligatoire** mae gwisgo helmed yn orfodol; ~ **d'arme** cario dryll.

portable [pɔʀtabl] *adj* (*vêtement*) gwisgadwy; (*ordinateur etc*) cludadwy;
♦*m* (*ordinateur*) cyfrifiadur *g* cludadwy; (*téléphone*) ffôn *g* symudol.

portail [pɔʀtaj] *m* (*d'un parc*) gât *b*, giât *b*, clwyd *b*, llidiart *g,b*; (*d'une cathédrale*) porth *g*.

portant (**-e**) [pɔʀtɑ̃, ɑ̃t] *adj* (*parties, murs*) cynhaliol, sy'n cynnal; **être bien** ~ (*personne*) bod yn iach.

portatif (**portative**) [pɔʀtatif, pɔʀtativ] *adj* cludadwy.

porte [pɔʀt] *f* drws *g*; (*de parc*) gât *b*, giât *b*, clwyd *b*, llidiart *g,b*; **mettre qn à la** ~ taflu rhn allan; **prendre la** ~ gadael; **à ma** ~ (*tout près*) ar stepen fy nrws; **faire du** ~ **à** ~ (*COMM*) gwerthu o ddrws i ddrws; **journée** ~**s ouvertes** diwrnod *g* agored i'r cyhoedd; ~ **(d'embarquement)** (*AVIAT*) ymadawiadau *ll*; ~ **d'entrée** (*de maison*) drws ffrynt; (*d'hôpital etc*) prif fynedfa *b*; ~ **de secours** allanfa *b* dân; ~ **de service** drws gwasanaeth.

porté (**-e**) [pɔʀte] *adj*: **être** ~ **sur qch** bod yn hoff o rth; **être** ~ **à faire qch** tueddu i wneud rhth.

porte-à-faux [pɔʀtafo] *m inv*: **en** ~-~-~ cantilifrog; **être en** ~-~-~ (*fig*) bod mewn lle anodd *ou* chwithig *ou* annifyr.

porte-aiguilles [pɔʀtegɥij] *m inv* cas *g* nodwyddau.

porte-avions [pɔʀtavjɔ̃] *m inv* llong *b*

awyrennau.

porte-bagages [pɔʀtbagaʒ] *m inv* rac *b* baciau, rhesel *b* baciau

porte-bébé (~-~**s**) [pɔʀtbebe] *m* (*couffin*) cot *g* cario; (*sac*) cludwr *g* babi.

porte-bonheur [pɔʀtbɔnœʀ] *m inv* swynbeth *g*; **offrir du muguet** ~-~ **à qn** rhoi *ou* cynnig lili'r dyffrynnoedd i rn am lwc.

porte-bouteilles [pɔʀtbutɛj] *m inv* (*panier*) cawell *g* poteli, rhesel *b* boteli; (*égouttoir*) lle *g* sychu poteli.

porte-cartes [pɔʀtəkaʀt] *m inv* waled *b*; (*de cartes géographiques*) daliwr *g* mapiau.

porte-cigarettes [pɔʀtsigaʀɛt] *m inv* cas *g* sigaréts.

porte-clefs [pɔʀtəkle] *m inv* cylch *g* allweddi.

porte-conteneurs [pɔʀtəkɔ̃tnœʀ] *m inv* llong *b* gynwysyddion.

porte-couteau (~-~**x**) [pɔʀtkuto] *m* peth *g* dal cyllell.

porte-crayon (~-~**s**) [pɔʀtkʀɛjɔ̃] *m* peth *g* dal pensil.

porte-documents [pɔʀtdɔkymɑ̃] *m inv* bag *g* dogfennau.

porte-drapeau (~-~**x**) [pɔʀtdʀapo] *m* banerwr *g*; (*fig*) arweinydd *g*.

portée [pɔʀte] *f*
1 (*gén*) gafael *b*; **"tenir hors de ~ des enfants"** "cadwer o gyrraedd plant"; **être à la ~ de qn** bod o fewn cyrraedd rhn; **c'est à ta ~** mae o fewn dy gyrraedd di; (*faisable*) fe elli di ei wneud; (*compréhensible*) fe elli di ei ddeall; (*en prix*) fe elli di ei fforddio; **à ~ de la main** o fewn cyrraedd; **à ~ de voix** o fewn clyw; **ce n'est pas à la ~ de toutes les bourses** nid pawb a all ei fforddio.
2 (*arme*) cyrhaeddiad *g*, pellter *g*; **missile d'une ~ de 900km** taflegryn a chyrraedd *ou* chyrhaeddiad o 900km.
3 (*d'une chienne etc*) torllwyth *g,b*.
4 (*MUS*) erwydd *g*.
5 (*effet*) effaith *b*;
♦*adj f voir* **porté**.

portefaix [pɔʀtəfɛ] *m* porthor *g*, cludwr *g*, cariwr *g*.

porte-fenêtre (~**s**-~**s**) [pɔʀtfənɛtʀ] *f* ffenestr *b* Ffrengig.

portefeuille [pɔʀtəfœj] *m* (*gén*) waled *b*; (*BOURSE, POL*) portffolio *g*; **faire un lit en ~** gwneud gwely soldiwr (*a chynfas wedi'i phlygu oddi tanoch a throsoch*).

porte-jarretelles [pɔʀtʒaʀtɛl] *m inv* gwregys *g* dal gardysau.

porte-jupe (~-~**s**) [pɔʀtəʒyp] *m* cambren *g* sgert, hanger *g* sgert.

portemanteau (-**x**) [pɔʀt(ə)mɑ̃to] *m* rhesel *b* gotiau.

porte-mine (~-~**s**) [pɔʀtəmin] *m* pensil *g,b* droi.

porte-monnaie [pɔʀtmɔnɛ] *m inv* pwrs *g*.

porte-parapluies [pɔʀtpaʀaplɥi] *m inv* stand *g,b* ambaréls.

porte-parole [pɔʀtpaʀɔl] *m inv* llefarydd *g*.

porte-plume [pɔʀtəplym] *m inv* ysgrifbin *g*.

porter [pɔʀte] (**1**) *vt* (*transporter*) cludo, cario; (*apporter*) mynd â; (*soutenir*) dal, cynnal; (*avoir sur soi: vêtement, barbe*) gwisgo; (*produire: arbre: fleurs, fruits*) dod â, dwyn; (*inscrire*) cofnodi; **se faire ~ malade** dweud eich bod yn sal; ~ **qch/qn quelque part** mynd â rhth/rhn i rywle; ~ **qn au pouvoir** dod â rhn i rym; ~ **secours à qn** dod â help i rn; ~ **bonheur/malheur à qn** dod â lwc/anlwc i rn; ~ **son âge** dangos eich oed; ~ **un toast** cynnig llwncdestun; ~ **atteinte à** tanseilio, andwyo, ymosod ar; ~ **de l'argent au crédit d'un compte** rhoi arian mewn cyfrif; **elle portait le nom de Rosalie** Rosalie oedd ei henw hi; ~ **son attention sur** rhoi'ch sylw ar; ~ **son effort sur** canolbwyntio'ch ymdrechion ar; ~ **un fait à la connaissance de qn** dod â ffaith i sylw rhn; ~ **un jugement sur qn/qch** beirniadu rhn/rhth; ~ **un livre à l'écran** addasu llyfr i'r sgrin; ~ **qn à croire** gwneud i rn gredu;
♦*vi* (*voix, cri*) cario; (*regard*) bod yn glir; (*canon*) saethu; (*argument*) bod yn effeithiol; ~ **sur** syrthio ar; (*édifice*) sefyll ar;
♦ **se** ~ *vr* (*personne*): **se ~ bien/mal** bod yn dda/wael; **se ~ vers** mynd tuag at; **se ~ partie civile** bod yn gydachwynydd gyda'r erlynydd cyhoeddus; **se ~ garant de qch** gwarantu rhth; **se ~ candidat** ymgeisio.

porte-savon (~-~**s**) [pɔʀtsavɔ̃] *m* llestr *g* sebon.

porte-serviettes [pɔʀtsɛʀvjɛt] *m inv* daliwr *g* llieiniau *ou* tyweli.

porteur[1] (**porteuse**) [pɔʀtœʀ, pɔʀtøz] *adj* sy'n cludo; **être ~ de bonnes nouvelles** dod â newyddion da; **être ~ d'un virus** cario firws; **il est ~ d'une carte de crédit** mae ganddo gerdyn credyd.

porteur[2] [pɔʀtœʀ] *m* daliedydd *g*, daliwr *g*; (*de bagages*) cludwr *g*; (*d'un chèque*) dygiedydd *g*; ~ **d'obligation** perchennog *g* bondiau; **au** ~ (*chèque etc*) i'r dygiedydd; **gros** ~ (*avion*) jymbo-jet *b*; **les ~s de diplômes étrangers** pobl sydd â chymwysterau tramor.

porteuse [pɔʀtøz] *f* daliedydd *g*;
♦*adj f voir* **porteur**[1] *voir aussi* **porteur**[2].

porte-voix [pɔʀtəvwa] *m inv* corn *g* siarad.

portier [pɔʀtje] *m* (*concierge*) porthor *g*; (*gardien de but*) gôl-geidwad *g*.

portière [pɔʀtjɛʀ] *f* drws *g*.

portillon [pɔʀtijɔ̃] *m* gât *b*, giât *b*, clwyd *b*, llidiart *g,b*.

portion [pɔʀsjɔ̃] *f* (*part*) cyfran *b*, siâr *b*, rhan *b*; (*partie: de route etc*) rhan.

portique [pɔʀtik] *m* (*GYM*) croesfar *g*, ffrâm *b*; (*RAIL*) gantri *g*; (*ARCHIT*) portico *g*.

porto [pɔʀto] *m* (*vin*) port *g*.

portoricain (-e) [pɔRtɔRikɛ̃, ɛn] *adj* Puerto Ricaidd, o Puerto Rico.
Portoricain [pɔRtɔRikɛ̃] *m* Puerto Riciad *g*.
Portoricaine [pɔRtɔRikɛn] *f* Puerto Riciad *b*.
Porto Rico [pɔRtɔRiko] *prf* Puerto Rico.
portrait [pɔRtRɛ] *m* portread *g*, darlun *g*, llun *g*; (*fam: visage*) wyneb *g*; **elle est le ~ de sa mère** mae hi yr un ffunud â'i mam.
portraitiste [pɔRtRetist] *m/f* portreadwr *g*, paentiwr *g* portreadau, paentwraig *b* portreadau.
portrait-robot (~s-~s) [pɔRtRɛRɔbo] *m* disgriflun *g*.
portuaire [pɔRtɥɛR] *adj* porthladdol.
portugais[1] (-e) [pɔRtygɛ, ɛz] *adj* Portiwgalaidd.
portugais[2] [pɔRtygɛ] *m* (*LING*) Portiwgaleg *b,g*.
Portugais [pɔRtygɛ] *m* Portiwgead *g*.
Portugaise [pɔRtygɛz] *f* Portiwgead *b*.
Portugal [pɔRtygal] *prm*: **le ~** Portiwgal *b*.
POS [peoɛs] *sigle m*(= *plan d'occupation des sols*) cynllun defnydd tir.
pose [poz] *f* (*mise en place*) gosod, gosodiad *g*; (*manière de se tenir*) safiad *g*, ystum *g,b*; (*affectation*) rhodres *g*; **temps de ~** (*PHOT*) amser *g* datguddio *ou* dinoethiad; **une pellicule de 24 ~** ffilm *b* â 24 llun.
posé (-e) [poze] *adj* digyffro, tawel, digynnwrf.
posément [pozemɑ̃] *adv* yn ddigyffro, yn dawel, yn ddigynnwrf.
posemètre [pozmɛtR] *m* mesurydd *g* goleuni.
poser [poze] (1) *vt* (*installer*) gosod, dodi; (*difficulté*) creu; (*question*) gofyn; (*sa candidature*) cyflwyno; (*chiffre*) ysgrifennu; (*principe, conditions*) gosod; (*personne: mettre en valeur*) rhoi bri i (rn); **~ qn à** (*déposer*) gadael *ou* rhoi rhn yn; **~ un problème** gosod problem; (*fig*) creu anhawster; **ça leur pose des problèmes** mae hynna'n creu problemau iddyn nhw; **~ son regard sur qn/qch** edrych ar rn/rth; **~ la supériorité de l'homme sur l'animal** gosod dyn yn uwch nag anifail;
♦*vi* (*modèle*) sefyll, posio;
♦ **se ~** *vr* (*oiseau, avion*) glanio; (*question, problème*) ymgodi, codi; **se ~ en qch** (*personne*) honni bod yn rhth; **se ~ des questions** gofyn cwestiynau i chi'ch hun.
poseur [pozœR] *m* (*péj*) ymhonnwr *g*; **~ de moquette** gosodwr *g* carpedi.
poseuse [pozøz] *f* (*péj*) ymhonwraig *b*.
positif (**positive**) [pozitif, pozitiv] *adj* pendant, cadarnhaol, positif; (*favorable*) ffafriol; (*GRAM*) cysefin.
position [pozisjɔ̃] *f* (*dans l'espace*) safle *g*, lle *g*, lleoliad *g*; (*posture*) ystum *g,b*; (*situation*) sefyllfa *b*; (*point de vue*) safiad *g*, safbwynt *g*; **prendre ~** (*fig*) gwneud safiad.
positionner [pozisjɔne] (1) *vt* lleoli; (*compte en banque*) gwneud adroddiad o; (*PUBLICITÉ: produit*) lleoli; (*TECH: pièce*) lleoli, gosod, dodi.
positivement [pozitivmɑ̃] *adv* yn bendant; (*vraiment*) yn hollol; (*réagir*) yn gadarnhaol.
posologie [pozɔlɔʒi] *f* (*MÉD*) posoleg *b*.
possédant[1] (-e) [pɔsedɑ̃, ɑ̃t] *adj* cyfoethog, cefnog.
possédant[2] [pɔsedɑ̃] *m*: **les ~s** y cyfoethogion *ll*.
possédé [pɔsede] *m* dyn *g* cythreulig, un wedi'i feddiannu.
possédée [pɔsede] *f* merch *b* gythreulig, un wedi'i meddiannu.
posséder [pɔsede] (14) *vt* meddu ar, bod yn berchen ar; (*fam: duper*) cael, twyllo; **elle possède 10% du capital** hi biau 10% o'r cyfalaf, mae 10% o'r cyfalaf yn eiddo iddi hi; **il possède parfaitement son art** mae'n feistr ar ei grefft; **la haine la possédait** 'roedd hi'n llawn casineb; **la voiture possède des sièges en cuir** mae gan y car seddau lledr.
possesseur [pɔsesœR] *m* perchennog *g*, perchnoges *b*; (*de passeport*) daliedydd *g*.
possessif[1] (**possessive**) [pɔsesif, pɔsesiv] *adj* meddiannol; (*PSYCH*) meddiangar.
possessif[2] [pɔsesif] *m* (*LING*) y meddiannol *g*.
possession [pɔsesjɔ̃] *f* perchenogaeth *b*, meddiant *g*; (*de metier*) meistrolaeth *b*; **entrer en ~ de qch, être en ~ de qch** dod i feddiannu rhth, cymryd meddiant ar *ou* o rth; **en ma ~** yn fy meddiant; **avoir qch en sa ~** meddu ar rth; **prendre ~ de qch** cymryd meddiant ar *ou* o rth; **être en ~ de toutes ses facultés** bod yn eich iawn bwyll; **la ~ d'un passeport est obligatoire** rhaid bod gennych basbort.
possibilité [pɔsibilite] *f* posibilrwydd *g*; **~s** (*moyens*) posibiliadau *ll*, adnoddau *ll*; (*d'un pays, d'une découverte*) posibiliadau; **j'ai la ~ de faire ...** mae gen i'r cyfle i wneud ..., mae modd imi wneud.
possible [pɔsibl] *adj* posibl, dichonol; **il est ~ que** mae'n bosibl ..., dichon ...; **il est ~ qu'il vienne** efallai y daw, dichon y daw; **autant que ~** cymaint â phosibl; **si (c'est) ~** os yw'n bosibl; **(ce n'est) pas ~!** (*étonnement*) amhosibl!, anhygoel!; **cette situation n'est plus ~** mae'r sefyllfa yn annioddefol bellach; **le plus/moins de livres ~** cymaint/cyn lleied â phosibl o lyfrau; **aussitôt que ~, dès que ~** cyn cynted ag y bo modd, cyn cynted â phosibl;
♦*m*: **faire (tout) son ~** gwneud eich gorau glas; **gentil au ~** hynod hoffus.
postal (-e) (**postaux, postales**) [pɔstal, pɔsto] *adj* y post; **sac ~** bag *g* post.
postdater [pɔstdate] (1) *vt* ôl-ddyddio.
poste[1] [pɔst] *f* (*administration, bureau*) (swyddfa'r *b*) post *g*; **Postes télécommunications et télédiffusion** *gwasanaeth g post a thelathrebu Ffrainc*; **mettre qch à la ~** postio rhth, taro rhth yn y post; **~ restante** post i'w gasglu.

poste[2] [pɔst] *m* (*fonction*) swydd *b*; (*MIL*) safle *g*; (*de budget*) eitem *b*; ~ **31** (*TÉL*) estyniad 31; ~ **d'essence** gorsaf *b* betrol; ~ **d'incendie** pwynt *g* tân; ~ **de commandement** (*MIL etc*) pencadlys *g*; ~ **de contrôle** man *g,b* rheoli; ~ **de douane,** ~ **de péage** tollborth *g*; ~ **de nuit** (*IND*) stem *b* nos, shifft *b* nos, daliad *g* nos; ~ **de pilotage** (*AVIAT*) caban *g* peilot; ~ **(de police)** swyddfa'r *b* heddlu; ~ **de radio** (set *b*) radio *g*; ~ **de secours** lle *g* cymorth cyntaf; ~ **de télévision** set deledu; ~ **de travail** gweithfan *g,b*; ~ **émetteur** (*RADIO*) trosglwyddydd *g*.

poster[1] [pɔste] (1) *vt* (*lettre, colis*) postio; (*soldats*) lleoli;
♦ **se** ~ *vr* eich lleoli'ch hun; **se** ~ **devant ...** eich sodro'ch hun o flaen ...

poster[2] [pɔstɛʀ] *m* (*affiche*) poster *g*.

postérieur[1] (-e) [pɔsteʀjœʀ] *adj* diweddarach; **un écrivain** ~ **à Flaubert** llenor *g* diweddarach na Flaubert; **cette invention est** ~ **à 1960** dyfeisiwyd hwn/hon ers 1960.

postérieur*[2] [pɔsteʀjœʀ] *m* pen *g* ôl, tin* *b*.

postérieurement [pɔsteʀjœʀmɑ̃] *adv* yn ddiweddarach, ers hynny.

posteriori [pɔsteʀjɔʀi]: **a** ~ *adv* o'r effaith i'r achos.

postérité [pɔsteʀite] *f* (*decendants*) disgynyddion *ll*; (*avenir*) dyfodol *g*, yr oesoedd *ll* i ddod.

postface [pɔstfas] *f* ôl-nodyn *g*.

posthume [pɔstym] *adj* ar ôl marwolaeth.

postiche [pɔstiʃ] *adj* ffug;
♦*m* wig *b*, gwallt *g* gosod *ou* dodi.

postier [pɔstje] *m* gweithiwr *g* swyddfa bost.

postière [pɔstjɛʀ] *f* gweithwraig *b* swyddfa bost.

postillon [pɔstijɔ̃] *m* diferyn *g* o boer, poeryn *g*.

postillonner [pɔstijɔne] (1) *vi* sbladdro *ou* poeri siarad, siarad yn boerllyd.

post-natal (~-~e) (~-~s, ~-~es) [pɔstnatal] *adj* ôl-enedigol; **allocation** ~-~**e** lwfans *g* mamolaeth.

postopératoire [pɔstɔpeʀatwaʀ] *adj* ôl-driniaethol.

postscolaire [pɔstskɔlɛʀ] *adj*: **enseignement** ~ addysg *b* barhaus.

post-scriptum [pɔstskʀiptɔm] *m inv* ôl-nodyn *g*.

postsynchronisation [pɔstsɛ̃kʀɔnizasjɔ̃] *f* (*de son*) cysoni sain, cysoniad *g* sain, tros-seinio; (*de voix*) trosleisio.

postsynchroniser [pɔstsɛ̃kʀɔnize] (1) *vt* (*de son*) cysoni sain, tros-seinio; (*de voix*) trosleisio.

postulant [pɔstylɑ̃] *m* ymgeisydd *g*.

postulante [pɔstylɑ̃t] *f* ymgeisydd *g*.

postulat [pɔstyla] *m* gosodiad *g*, cynosodiad *g*.

postuler [pɔstyle] (1) *vt* (*emploi*) gwneud cais am, cynnig am; (*principe*) tybio, rhagdybio.

posture [pɔstyʀ] *f* safiad *g*, ystum *g,b*; **être en bonne/mauvaise** ~ (*fig*) bod mewn sefyllfa dda/wael, bod mewn lle da/gwael (i wneud rhth).

pot [po] *m* pot *g*, potyn *g*, jar *g*; (*en carton*) carton *g*; (*en métal*) tun *g*; **avoir du** ~* bod yn lwcus; **découvrir le** ~ **aux roses** darganfod y gwir; **tu viens prendre un** ~**?*** wyt ti'n dod am ddiod?; ~ **à tabac** jar baco; ~ **(de chambre)** pot dan y gwely; ~ **d'échappement** (*AUTO*) pibell *b* wacáu *ou* fwg, ecsôst *g*; ~ **de fleurs** pot blodau; (*plante*) planhigyn *g* mewn pot.

potable [pɔtabl] *adj* (*fig: boisson*) yfadwy; (*fig: travail, devoir*) go lew, eithaf da; **eau** ~ dŵr *g* yfed; **eau non** ~ dŵr na ellir ei yfed.

potache [pɔtaʃ] *m* plentyn *g* ysgol.

potage [pɔtaʒ] *m* cawl *g*, sŵp* *g*.

potager (**potagère**) [pɔtaʒe, pɔtaʒɛʀ] *adj*: **plante potagère** llysieuyn *g*; **culture potagère** tyfu llysiau; **jardin** ~ gardd *b* lysiau.

potasse [pɔtas] *f* potasiwm *g* hydrocsid; (*engrais chimique*) potash *g*.

potasser* [pɔtase] (1) *vt* adolygu.

potassium [pɔtasjɔm] *m* potasiwm *g*.

pot-au-feu [pɔtofø] *m inv* (*mets*) *stiw g cig a llysiau*; (*viande*) cig *g* stiwio;
♦*adj inv* (*fam: personne*) diantur, sy'n hoff o'i gartref.

pot-de-vin (~s-~-~) [podvɛ̃] *m* cildwrn *g*.

pote* [pɔt] *m* ffrind *g*, mêt* *g*.

poteau (-x) [pɔto] *m* postyn *g*; (*au football, rugby*) postyn gôl; ~ **d'arrivée/de départ** llinell gychwyn/derfyn; ~ **(d'exécution)** stanc *g* dienyddio; ~ **indicateur** arwyddbost *g*; ~ **télégraphique** polyn *g* telegraff.

potée [pɔte] *f* *stiw g cig a llysiau.*

potelé (-e) [pɔt(ə)le] *adj* byrdew, llond eich croen.

potence [pɔtɑ̃s] *f* crocbren *g*; **en** ~ siâp T.

potentat [pɔtɑ̃ta] *m* brenin *g*; (*fig: péj*) unben *g*, teyrn *g*

potentiel[1] (-le) [pɔtɑ̃sjɛl] *adj* dichonol, posibl; (*PHYS*) potensial.

potentiel[2] [pɔtɑ̃sjɛl] *m* (*possibilité*) posibiliadau *ll*, potensial *g*.

potentiellement [pɔtɑ̃sjɛlmɑ̃] *adv* yn ddichonol, yn bosibl.

potentiomètre [pɔtɑ̃sjɔmɛtʀ] *m* potensiomedr *g*.

poterie [pɔtʀi] *f* (*art*) crochenwaith *g*; (*atelier*) crochendy *g*.

potiche [pɔtiʃ] *f* fâs *b* fawr.

potier [pɔtje] *m* crochenydd *g*.

potins [pɔtɛ̃] *mpl* (*bavardages*) straeon *ll*, clecs *ll*; (*bruit*) sŵn *g*, twrw *g*.

potion [posjɔ̃] *f*: ~ **magique** diod *b* hud.

potiron [pɔtiʀɔ̃] *m* pwmpen *b*.

pot-pourri (~s-~s) [popuʀi] *m* (*pour parfumer*) pot-pourri *g*; (*MUS*) cadwyn *b* o alawon.

pou (-x) [pu] *m* lleuen *b*.

pouah [pwa] *excl* ych!
poubelle [pubɛl] *f* bin *g*; ~ **à pédale** bin pedal.
Pouchkine [puʃkin] *prm* Pwshcin.
pouce [pus] *m* bawd *b,g*; **se tourner** *neu* **se rouler les** ~**s** troi'ch bodiau; (*fig*) segura, bod heb ddim i'w wneud; **manger sur le** ~ cael tamaid sydyn i'w fwyta.
poudre [pudʀ] *f* powdr *g*; (*fard*) powdr wyneb; (*explosif*) powdr gwn; (*poussière*) llwch *g*; (*heroïne*) heroin *g*; **lait en** ~ llaeth powdr; **réduire qch en** ~ malu rhth yn chwilfriw *ou* yn yfflon; ~ **à canon** powdr gwn; ~ **à éternuer** powdr tisian; ~ **à priser** snisin *g*; ~ **à récurer** powdr sgwrio; ~ **de riz** powdr wyneb; **jeter de la** ~ **aux yeux** ceisio creu argraff.
poudrer [pudʀe] (**1**) *vt* powdro;
♦ **se** ~ *vr* powdro'ch wyneb.
poudrerie [pudʀəʀi] *f* gwaith *g* powdr.
poudreuse [pudʀøz] *f* eira *g* mân.
poudreux (**poudreuse**) [pudʀø, pudʀøz] *adj* powdrog, powdraidd; (*route*) llychlyd; (*neige*) mân.
poudrier [pudʀije] *m* blwch *g* powdr.
poudrière [pudʀijɛʀ] *f* storfa *b* bowdr; (*fig*) bom *g* sy'n barod i ffrwydro.
pouf [puf] *m* (*siège*) pwffi *g*; **faire** ~ syrthio'n *ou* cwympo'n glewt.
pouffer [pufe] (**1**) *vi*: ~ **(de rire)** piffian chwerthin, glaschwerthin.
pouffiasse* [pufjas] *f* (*prostituée*) putain *b*, hwren* *b*; (*salope*) slebog *b*.
Pouille(s) [puj] *prf*: **la** ~**, les** ~**s** Apwlîa *b*.
pouilleux (**pouilleuse**) [pujø, pujøz] *adj* chweinllyd, llawn chwain; (*personne*) budr(budron), brwnt(bront)(bryntion); (*fig: quartier*) di-raen, llwm.
poulailler [pulaje] *m* cwt *g* ieir, cut *g* ieir, cwb *g* ieir; (*fam: THÉÂTRE*) y seddau *ll* uchaf.
poulain [pulɛ̃] *m* ebol *g*; (*fig*) noddedig *g*, rhn dan nawdd; (*athlète*) cyw *g* athlet; (*écrivain*) cyw llenor.
poularde [pulaʀd] *f* cywen *b* wedi ei phesgi, cywen dew.
poule[1] [pul] *f* (*ZOOL*) iâr *b*; (*CULIN*) ffowlyn *g* berwi; (*fam: fille*) cywen *b*, croten *b*, hogen *b*; (*fam: maîtresse*) cariad *b*; (*fam: fille de mœurs légères*) putain *b*, hwren* *b*; ~ **d'eau** iâr ddŵr; ~ **mouillée** (*fig*) llipryn *g*, cachgi *g*; ~ **pondeuse** iâr ori; ~ **au riz** (*CULIN*) cyw *g* iâr a reis.
poule[2] [pul] *f* (*SPORT: tournoi*) twrnamaint *g*; (*RUGBY: groupe d'adversaires*) grŵp *g*.
poulet [pulɛ] *m* (*ZOOL*) cyw *g*; (*CULIN*) cyw iâr, ffowlyn *g*; (*fam: policier*) plismon *g*.
poulette [pulɛt] *f* cywen *b*.
pouliche [puliʃ] *f* eboles *b*.
poulie [puli] *f* pwli *g*.
poulpe [pulp] *m* octopws *g*.
pouls [pu] *m* curiad *g* y galon, pwls *g*; **prendre le** ~ **de qn** teimlo curiad calon *ou* pwls rhn.
poumon [pumɔ̃] *m* ysgyfaint *b*; ~ **artificiel** *neu* **d'acier** ysgyfaint haearn *ou* gosod.
poupe [pup] *f* (*NAUT*) starn *b*; **il a le vent en** ~ (*fig*) mae ganddo wynt yn ei hwyliau.
poupée [pupe] *f* dol *b*; **jouer à la** ~ chwarae â doliau *ou* dol; **de** ~ (*très petit*) bychan(bechan)(bychain); **maison de** ~ tŷ *g* dol.
poupin (**-e**) [pupɛ̃, in] *adj* bochog, bochdew, fel dol.
poupon [pupɔ̃] *m* babi *g* bach, baban *g* bach.
pouponner* [pupɔne] (**1**) *vt* maldodi, babïo.
pouponnière [pupɔnjɛʀ] *f* meithrinfa *b*.
pour [puʀ] *prép*
1 (*direction*) i; **le train** ~ **Londres** y trên i Lundain; ~ **aller à la poste?** ble mae'r post?.
2 (*indiquant un but*) i; ~ **faire des crêpes, il faut des œufs** i wneud crempogau mae angen wyau.
3 (*temps*) erbyn, am; **ce sera prêt** ~ **vendredi?** a fydd yn barod erbyn *ou* ar gyfer dydd Gwener?; ~ **toujours** am byth.
4 (*en faveur de*) dros, o blaid; **voter** ~ **un candidat** pleidleisio dros *ou* o blaid ymgeisydd; **je suis** ~ 'rwyf fi o blaid; **je suis** ~ **Pau** (*SPORT*) 'rwy'n cefnogi Pau.
5 (*indiquant une cause*) am, oherwydd; ~ **avoir menti, elle a été punie** am iddi ddweud celwydd, cafodd ei chosbi; **fermé** ~ **(cause de) travaux** ar gau oherwydd gwaith; **c'est** ~ **cela que ...** oherwydd hynny ..., o achos hynny ....
6 (*indiquant une quantité*) gwerth; ~ **10 F d'essence** gwerth 10 ffranc o betrol; **je n'y suis** ~ **rien** 'does gen i ddim i'w wneud â'r peth, 'does a wnelo'r peth ddim â mi; **elle y est** ~ **beaucoup** mae ganddi ran bwysig yn y mater.
7 (*introduisant une proportion*) y, am; **10** ~ **cent** 10 y cant; **10** ~ **cent des gens** 10 y cant o bobl; **mot** ~ **mot** gair am air; **il y a un an jour** ~ **jour** flwyddyn yn ôl i'r diwrnod.
8 (*à la place de*) dros; **payer** ~ **qn** talu dros rn; **il a parlé** ~ **moi** siaradodd ar fy rhan; **il a parlé** ~ **nous** siaradodd ar ein rhan ni *ou* drosom ni.
9 (*intention*) ar gyfer; ~ **ton anniversaire** ar gyfer dy benblwydd; **ce n'est pas** ~ **dire, mais ...*** (*se vanter*) 'dydw i ddim eisiau brolio ond ...; (*se plaindre*) 'dydw i ddim eisiau cwyno ond ...; ~ **quoi faire?** pam?.
10 (*point de vue*): ~ **moi, il a tort** yn fy marn i, mae'n anghywir, o'm rhan i, mae'n anghywir.
11 (*emphatique*): ~ **ce qui est de ...** cyn belled ag y mae ... yn y cwestiwn.
12 (*introduisant une concession*) er, o; ~ **une Française, elle parle bien suédois** mae'n siarad Swedeg yn dda er mai Ffrances yw hi, o Ffrances, mae'n medru Swedeg yn dda; **elle a l'air bien** ~ **son âge** mae golwg dda arni o

wraig o'i hoed.
13 (*comme*): **la femme qu'il a eue ~ mère** y wraig a gafodd yn fam; ~ **de bon** o ddifrif.
14 (*restriction*): ~ **riche qu'il soit** er mor gyfoethog ydyw; ~ **peu que cela soit vrai** os yw hynny'n wir o gwbl, os oes y mymryn lleiaf o wirionedd yn hynny; ~ **autant que je sache** hyd y gwn i.
▶ **pour que** (+ subj) er mwyn ...; **que faire ~ qu'elle comprenne?** beth sydd raid ei wneud er mwyn iddi ddeall?; **tiens bien ~ que tu ne tombes pas** dal yn dynn neu fe fyddi di'n cwympo;
♦*m*: **le ~ et le contre** y dadleuon *ll* o blaid ac yn erbyn.

pourboire [purbwaʀ] *m* cildwrn *g*.

pourcentage [pursɑ̃taʒ] *m* canran *b*; **travailler au ~** gweithio ar gomisiwn.

pourchasser [purʃase] (**1**) *vt* (*animal*) hela; (*criminel*) mynd ar ôl.

pourfendeur [purfɑ̃dœʀ] *m* gelyn *g* pennaf.

pourfendre [purfɑ̃dʀ] (**3**) *vt* ymosod ar.

pourlécher [purleʃe] (**14**): **se ~** *vr* llyfu'ch gweflau.

pourparlers [purparle] *mpl* trafodaethau *ll*; **être en ~** (*personne*) trafod; (*affaire*) bod yn destun trafod; **ouvrir des ~** agor trafodaethau.

pourpre [purpʀ] *adj* rhuddgoch.

pourquoi [purkwa] *adv, conj* pam; ~ **dis-tu cela?** pam wyt ti'n dweud hynna?; ~ **pas?** pam lai?; **c'est ~ ...** dyna pam ..., dyna'r rheswm ...;
♦*m*: **le ~ (de)** y rheswm (dros).

pourrai *etc* [pure] *vb voir* **pouvoir**[2].

pourri[1] (**-e**) [puri] *adj* wedi pydru, pydredig, pwdr; (*mauvais*) gwael; (*corrompu*) llwgr, llygredig, pwdr; (*gâté*) wedi'i (d)difetha.

pourri[2] [puri] *m* (*pourriture*) pydredd *g*; **ça sent le ~** mae'n drewi.

pourrir [puriʀ] (**2**) *vi* (*se décomposer*) pydru, madru; (*aliment*) mynd yn ddrwg, difetha; (*fig: situation*) gwaethygu, mynd yn waeth;
♦*vt* (*faire se décomposer*) pydru; (*fig: corrompre*) llygru; (*gâter*) difetha.

pourrissement [purismɑ̃] *m* gwaethygiad *g*, gwaethygu.

pourriture [purityʀ] *f* (*corruption*) llygredd *g*; (*décomposition*) pydredd *g*, madredd *g*.

pourrons [purɔ̃] *vb voir* **pouvoir**[2].

poursuis *etc* [pursɥi] *vb voir* **poursuivre**.

poursuite [pursɥit] *f* ymlid *g*; (*JUR*) achos *g*; (*fig*) ymchwil; **être à la ~ du bonheur** chwilio am hapusrwydd; **être à la ~ de qn** ymlid rhn; **engager des ~s judiciaires** dwyn achos yn erbyn; **(course)** ~ (*CYCLISME*) ras *b* ar drac.

poursuivant[1] [pursɥivɑ̃] *vb voir* **poursuivre**.

poursuivant[2] [pursɥivɑ̃] *m* ymlidiwr *g*; (*JUR*) achwynydd *g*, pleintydd *g*.

poursuivante [pursɥivɑ̃t] *f* ymlidwraig *b*; (*JUR*) achwynyddes *b*, pleintyddes *b*.

poursuivre [pursɥivʀ] (**54**) *vt* dilyn, mynd ar ôl; ~ **sa marche** dal ati i gerdded; ~ **sa voyage/ses études** parhau â'ch taith/astudio; ~ **une carrière** dilyn gyrfa; **qu'est-ce que tu fais là? mais tu me poursuis!** beth wyt ti'n ei wneud yn y fan'na? wyt ti'n fy nilyn i?; **la malchance le poursuit** mae anlwc yn ei blagio; ~ **qn en justice** (*JUR*) dwyn achos llys yn erbyn rhn, siwio rhn;
♦*vi* parhau, dal ati, mynd ymlaen (â rhth);
♦ **se ~** *vr* (*continuer*) parhau, mynd ymlaen; (*l'un l'autre*) dilyn ei gilydd.

pourtant [purtɑ̃] *adv* fodd bynnag, er hynny; **et ~** ac eto; **mais ~** ond eto; **frêle mais ~ résistant** gwan ond eto'n wydn; **c'est ~ facile** ond mae'n hawdd.

pourtour [purtuʀ] *m* ymylon *ll*, cyrion *ll*; (*cercle*) perimedr *g*.

pourvoi [purvwa] *m*: ~ **en cassation** apêl *g,b* yn y Llys Apêl; ~ **en grâce** cais am drugaredd; ~ **en révision** apêl oherwydd tystiolaeth newydd.

pourvoir [purvwaʀ] (**36**) *vt* (*COMM*) cyflenwi; ~ **qn en qch** cyflenwi rhn â rhth, darparu rhth ar gyfer rhn;
♦*vi*: ~ **à qch** darparu ar gyfer rhth; (*emploi*) llenwi rhth;
♦ **se ~** *vr* (*JUR*) gwneud apêl, apelio (yn y Llys Apêl).

pourvoyeur [purvwajœʀ] *m* darparydd *g*; ~ **de fonds** ariannydd *g*.

pourvoyeuse [purvwajøz] *f* darparydd *g*; ~ **de fonds** ariannydd *g*.

pourvu (**-e**) [purvy] *pp de* **pourvoir**;
♦*adj* (*emploi*) wedi'i llenwi; ~ **de** â, yn meddu ar; **feuille de papier ~ d'une marge** dalen o bapur ag ymyl iddi; **nous voilà ~s pour l'hiver** dyna ni'n barod am y gaeaf.
▶ **pourvu que** (+ subj) cyhyd â, cyn belled â, os, a bod; ~ **qu'il fasse beau** gan obeithio y bydd hi'n braf, os bydd hi'n braf; ~ **qu'il ne neige pas** cyn belled *ou* cyhyd na fydd hi'n bwrw eira.

pousse [pus] *f* tyfiant *g*; (*bourgeon*) blaguryn *g*; **~s de bambou** blaguryn bambŵ.

poussé (**-e**) [puse] *adj* (*études, enquêtes*) manwl, trylwyr; (*moteur*) grymusach; (*plaisanterie*) dros ben llestri, braidd yn rhy bell, mentrus.

pousse-café [puskafe] *m inv* gwirod *g,b* (*ar ôl pryd*).

poussée [puse] *f* (*coup*) gwthiad *g*, gwth *g*; (*PHYS, GÉO, pression*) pwysedd *g*, gwthio, pwyso; (*de vent*) hwrdd *g*; (*MÉD*) pwl *g*; (*ÉCON, POL, fig*) cynnydd *g* sydyn, ymchwydd *g*; ~ **de fièvre** codiad *g* gwres sydyn.

pousse-pousse [puspus] *m inv* ricsio *g,b*.

pousser [puse] (**1**) *vt* gwthio; (*recherches etc*) parhau â, mynd ymlaen â; (*moteur, voiture*) gyrru'n galed; ~ **la porte** gwthio'r drws; ~

qn à qch/à faire qch (*inciter*) gyrru *ou* annog rhn at rth/i wneud rhth; ~ **qn à bout** gwthio rhn i'r pen, trethu amynedd rhn; **il a poussé la gentillesse jusqu'à ...** bu mor garedig â ...; ~ **l'aiguille** gwnïo; ~ **un soupir** ochneidio; ~ **un cri** gweiddi; **à la va comme je te pousse** rhywsut rywsut;
♦*vi* (*croître*) tyfu; **faire** ~ **des tomates** tyfu tomatos; **se laisser** ~ **la barbe** tyfu barf; **de nouvelles villes poussaient comme des champignons** 'roedd trefi newydd yn codi *ou* tyfu dros nos;
♦ **se** ~ *vr* symud; **pousse-toi!** styria!, siapa hi!

poussette [pusɛt] *f* (*de bébé*) coetsh *b*, cadair *b* wthio; (*de supermarché*) troli *g*.

poussette-canne (~s-~s) [pusɛtkan] *f* bygi *g* plygu.

poussier [pusje] *m* llwch *g* glo, glo *g* mân.

poussière [pusjɛʀ] *f* llwch *g*; **une** ~ llychyn *g*, llwchyn *g*; **200 F et des** ~**s** mymryn dros 200 ffranc; ~ **de charbon** llwch glo, glo *g* mân; ~ **d'étoiles** llwch sêr; **couvert de** ~ llychlyd, llawn llwch.

poussiéreux (**poussiéreuse**) [pusjeʀø, pusjeʀøz] *adj* llychlyd; (*fig*) henffasiwn.

poussif (**poussive**) [pusif, pusiv] *adj* byr eich gwynt, caeth eich brest; (*moteur*) gwichlyd.

poussin [pusɛ̃] *m* cyw *g*, cywen *b*.

poussoir [puswaʀ] *m* botwm *g*.

poutre [putʀ] *f* trawst *g*; ~**s apparentes** trawstiau yn y golwg.

poutrelle [putʀɛl] *f* trawst *g* bychan.

pouvoir[1] [puvwaʀ] *m* gallu *g*, grym *g* (gwleidyddol), pŵer *g*, awdurdod *g*; **le** ~ (*POL: dirigeants*) y llywodraeth *b*, yr awdurdodau *ll*; (*JUR: procuration*) pŵer atwrnai; ~ **absorbant** cynhwysedd *g* amsugnad, amsugnedd *g*; ~ **calorifique** gwerth *g* twymol *ou* caloriffig; ~ **d'achat** gallu prynu; **les** ~**s publics** yr awdurdodau; ~**s surnaturels** galluoedd *ll* goruwchnaturiol.

pouvoir[2] [puvwaʀ] (**47**) *vb semi-aux*
1 (*être capable de*) gallu, medru; **je ne peux pas le réparer** ni allaf ei atgyweirio; **puis-je vous aider?** ga' i'ch helpu chi?; **être déçu de ne pas** ~ **le faire** bod yn siomedig o beidio â gallu ei wneud; **tu ne peux pas savoir!** 'does gen ti ddim syniad!; **je n'en peux plus** (*épuisé*) 'rwyf wedi blino'n lân; (*à bout*) 'rwyf wedi cael hen ddigon; **j'ai fait tout ce que j'ai pu** mi wnes fy ngorau glas.
2 (*avoir permission de*) cael; **est-ce que je peux fermer la fenêtre?** ga' i gau'r ffenestr?; **il peut ne pas venir** 'does dim rhaid iddo ddod, caiff *ou* gall beidio â dod.
3 (*être possible*) gallu; **il a pu avoir un accident** efallai iddo gael damwain, dichon iddo gael damwain; **elle peut être française** fe all mai Ffrances yw hi;
♦*vb impers*: **il peut arriver que ...** efallai ..., gallai ddigwydd bod ...; **il pourrait pleuvoir** gallai fwrw glaw;
♦*vt* gallu gwneud; **je fais ce que je peux** 'rwy'n gwneud fy ngorau, 'rwy'n gwneud yr hyn a allaf; **je n'y peux rien** 'does dim y galla' i ei wneud yn ei gylch; **on ne peut mieux** gorau posibl, ni ellid gwell; **je me porte on ne peut mieux** 'rwy'n teimlo'n berffaith iach; **elle est on ne peut plus gentille** ni allai hi fod yn fwy hynaws;
♦ **se** ~ *vr*: **il se peut que** gall; **il se peut qu'elle vienne** efallai y daw hi; **cela se pourrait** mae hynny'n bosibl, dichon hynny.

pp *abr*(= *pages*) tt.

p.p. *abr*(= *par procuration*) trwy ddirprwy.

p.p.c.m. [pepeseɛm] *sigle m* (*MATH*)(= *plus petit commun multiple*) ll.c.ll. (= lluosrif cyffredin lleiaf).

PQ[1] [peky] *abr*(= *province de Québec*) talaith *b* Cwebéc.

PQ[2] [peky] *abr*(= *papier cul**) papur *g* tŷ bach.

PR[1] [peɛʀ] *sigle m*(= *Parti républicain*) y blaid *b* weriniaethol.

PR[2] [peɛʀ] *sigle f*(= *poste restante*) post *g* i'w gasglu.

pragmatique [pʀagmatik] *adj* pragmataidd, ymarferol.

pragmatisme [pʀagmatism] *m* pragmatiaeth *b*, ymarferoliaeth *b*.

Prague [pʀag] *pr* Prag *b*.

prairie [pʀeʀi] *f* dôl *b*, doldir *g*, gweirglodd *b*, gwaun *b*; **la** ~ (*aux États-Unis*) y paith *g*.

praline [pʀalɛ̃] *f* (*au chocolat*) pralin *g*; (*amande au sucre*) siwgr-almon *g*.

praliné (-e) [pʀaline] *adj* mewn siwgr, siwgrog.

praticable [pʀatikabl] *adj* (*route*) posibl, tramwyadwy; (*projet*) ymarferol, posibl, dichonol.

praticien [pʀatisjɛ̃] *m* meddyg *g* teulu.

praticienne [pʀatisjɛn] *f* meddyg *g* teulu.

pratiquant (-e) [pʀatikɑ̃, ɑ̃t] *adj* gweithredol; **il est chrétien** ~ mae'n Gristion mewn gair a gweithred.

pratique [pʀatik] *f* (*expérience*) ymarfer *g,b*; (*coutume*) arfer *g,b*; **inciter les jeunes à la** ~ **des sports** annog pobl ifanc i wneud *ou* ymarfer chwaraeon; **cela nécessite de longues heures de** ~ mae angen oriau maith o ymarfer; **la** ~ **des langues vivantes** arfer (siarad) ieithoedd tramor; **il a une longue** ~ **de la médicine** mae ganddo lawer o brofiad fel meddyg; **mettre qch en** ~ arfer rhth, rhoi rhth ar waith; **certaines** ~**s culturelles** rhai arferion *ll* diwylliannol;
♦*adj* defnyddiol; (*horaire etc*) cyfleus, ymarferol; **c'est** ~ **ce tissu, ça ne se repasse pas** mae'r defnydd hwn yn hawdd ei drin, 'does dim rhaid ei smwddio *ou* stilo; **quelles sont vos connaissances** ~ **dans ce domaine?** faint o brofiad ymarferol sydd gennych chi yn y maes hwn?; **elle a le sens** ~ mae hi'n

ymarferol.

pratiquement [pʀatikmɑ̃] *adv* yn ymarferol; (*quasiment*) bron, fwy neu lai; **elles n'ont ~ pas changé** nid ydynt wedi newid fawr ddim.

pratiquer [pʀatike] (**1**) *vt* ymarfer; (*tennis*) chwarae; (*méthode*) defnyddio, arfer; (*genre de vie*) dilyn; ~ **l'équitation** marchogaeth; ~ **le ski** sgio; ~ **la médicine** bod yn feddyg; **il est chrétien mais il ne pratique pas** mae'n Gristion mewn gair ond nid mewn gweithred, mae'n Gristion mewn gair ond nid yw'n addoli; **toutes les entreprises pratiquent cette stratégie** mae pob cwmni yn dilyn y strategaeth hon; ~ **un tunnel** torri *ou* turio twnnel;
♦*vi* bod yn grefyddol mewn gair a gweithred, addoli, capela, eglwysa;
♦ **se** ~ *vr* bod mewn defnydd, bod ar waith; **le volley-ball se pratique essentiellement en salle** chwaraeir pêl-foli gan amlaf mewn neuadd.

pré [pʀe] *m* dôl *b*, doldir *g*, gweirglodd *b*, gwaun *b*

préalable [pʀealabl] *adj* (*qui précède*) blaenorol; (*qui prépare*) rhagarweiniol; **sans avis** ~ yn ddirybydd; ~ **à** cyn, o flaen;
♦*m* rhag-amod *g,b*; **au** ~ yn gyntaf, o flaen llaw.

préalablement [pʀealabləmɑ̃] *adv* yn gyntaf oll, o flaen llaw; ~ **à toute décision** cyn unrhyw benderfyniad.

Préalpes [pʀealp] *prfpl* godre'r *g* Alpau, godreon *ll* yr Alpau.

préalpin (**-e**) [pʀealpɛ̃, in] *adj* wrth odre'r Alpau, wrth odreon yr Alpau.

préambule [pʀeɑ̃byl] *m* (*introduction*) rhagymadrodd *g*; (*avertissement*) rhagrybudd *g*, rhybudd *g*; **sans** ~ yn ddirybydd.

préau (**-x**) [pʀeo] *m* iard *b* ysgol, buarth *g* ysgol; (*d'une prison, d'un monastère*) iard, cwrt *g*.

préavis [pʀeavi] *m*: ~ **(de licenciement)** rhybudd *g* diswyddo; **communication avec** ~ galwad *b* bersonol; ~ **de congé** rhybudd ymadael.

prébende [pʀebɑ̃d] (*péj*) *f* tâl *g* (*ar gyfer swydd segur*).

précaire [pʀekɛʀ] *adj* (*position, bonheur*) ansicr, anniogel; (*emploi*) ansefydlog, anniogel; (*construction, santé*) simsan, siglog, sigledig.

précaution [pʀekosjɔ̃] *f* gofal *g*; **sans** ~ yn ddiofal; **pour plus de** ~ rhag ofn, er mwyn bod yn ddiogelach; **par mesure de** ~ er mwyn bod yn ofalus; **prendre des ~s, prendre ses ~s** bod yn ofalus, darparu o flaen llaw; **~s oratoires** geiriau *ll* gofalus.

précautionneusement [pʀekosjɔnøzmɑ̃] *adv* yn ofalus.

précautionneux (**précautionneuse**) [pʀekosjɔnø, pʀekosjɔnøz] *adj* gofalus.

précédemment [pʀesedamɑ̃] *adv* ynghynt, yn flaenorol.

précédent[1] (**-e**) [pʀesedɑ̃, ɑ̃t] *adj* blaenorol, cynt; **le jour** ~ y diwrnod cynt; **la fois ~e** y tro o'r blaen, y tro cynt.

précédent[2] [pʀesedɑ̃] *m* cynsail *b*; **sans** ~ unigryw, na welwyd o'r blaen; **le** ~ yr un *g* cynt, yr un *b* gynt.

précédente [pʀesedɑ̃t] *f*: **la** ~ yr un *g* cynt, yr un *b* gynt;
♦*adj f voir* **précédent**[1].

précéder [pʀesede] (**14**) *vt* rhagflaenu, dod o flaen; **la voiture qui me précédait** y car o'm blaen i; **il m'avait précédé de cinq minutes** 'roedd bum munud o'm blaen i; **le mois précédant Noël** y mis *g* cyn y Nadolig.

précepte [pʀesept] *m* argymhelliad *g*, cyngor *g*.

précepteur [pʀesɛptœʀ] *m* tiwtor *g* preifat *ou* cartref, athro *g* preifat *ou* cartref.

préceptrice [pʀesɛptʀis] *f* athrawes *b* gartref *ou* breifat.

préchauffer [pʀeʃofe] (**1**) *vt* cynhesu (o flaen llaw), twymo (o flaen llaw).

prêcher [pʀeʃe] (**1**) *vt* pregethu; (*recommander*) argymell, pregethu;
♦*vi* pregethu.

prêcheur[1] (**prêcheuse**) [pʀɛʃœʀ, pʀɛʃøz] *adj* pregethwrol, sy'n moesoli.

prêcheur[2] [pʀɛʃœʀ] *m* (*REL*) pregethwr *g*.

prêcheuse [pʀɛʃøz] *f* (*REL*) pregethwraig *b*;
♦*adj f voir* **prêcheur**[1].

précieusement [pʀesjøzmɑ̃] *adv* (*avec soin*) yn ofalus; (*avec préciosité*) yn fursennaidd.

précieux (**précieuse**) [pʀesjø, pʀesjøz] *adj* gwerthfawr; (*affecté*) mursennaidd.

préciosité [pʀesjozite] *f* mursendod *g*.

précipice [pʀesipis] *m* dibyn *g*, clogwyn *g*; **être au bord du** ~ (*fig*) bod ar fin y dibyn.

précipitamment [pʀesipitamɑ̃] *adv* ar frys, yn frysiog; **rentrer** ~ brysio'n ôl.

précipitation [pʀesipitasjɔ̃] *f* brys *g*; **avec** ~ ar frys, yn frysiog; **~s (atmosphériques)** gwlybaniaeth *g*, glaw *g*.

précipité (**-e**) [pʀesipite] *adj* (*rapide*) cyflym, sydyn; (*hâtif*) brysiog.

précipiter [pʀesipite] (**1**) *vt* (*faire tomber*) gwthio, taflu, lluchio; (*hâter*) brysio; ~ **qn par la fenêtre** gwthio rhn drwy'r ffenestr;
♦ **se** ~ *vr* (*se dêpecher*) brysio; (*s'accelérer*) mynd yn gyflym; **se** ~ **du haut d'un immeuble** neidio o ben adeilad; **se** ~ **au devant de qn** eich taflu'ch hun o flaen rhn.

précis[1] (**-e**) [pʀesi, iz] *adj* (*bien défini*) penodol; (*date*) pendant; (*moment*) arbennig; (*calcul*) manwl-gywir; (*souvenir*) clir, pendant.

précis[2] [pʀesi] *m* llawlyfr *g*.

précisément [pʀesizemɑ̃] *adv* (*justement*) yn union, yn hollol; (*avec précision*) yn fanwl gywir; **ma vie n'est pas ~ distrayante** 'dyw fy mywyd i ddim yn arbennig o ddiddorol; **c'est**

~ **pour cela que je viens vous voir** dyna'n union pam 'rwy'n dod i'ch gweld chi; **l'Europe et plus ~ la France** Ewrop, ac yn fwy penodol Ffrainc.

préciser [pʀesize] (**1**) *vt* (*expliquer*) egluro; (*indiquer avec précision*) nodi (rhth) yn benodol; (*ajouter*) ychwanegu;
♦ **se ~** *vr* dod yn glir *ou* yn eglur, dod yn eglurach *ou* yn gliriach.

précision [pʀesizjɔ̃] *f* manylder *g*; **~s** (*plus amples détails*) manylion *ll*; **avec ~** yn fanwl; **pour plus de ~ contacter** am fanylion pellach cysyllter â.

précoce [pʀekɔs] *adj* cynnar; (*prématuré*) cyn pryd; **c'est un enfant ~** mae'n blentyn hen o'i oed.

précocité [pʀekɔsite] *f* cynharwch *g*; (*enfant*) rhagaeddfedrwydd *g*.

préconçu (-e) [pʀekɔ̃sy] *adj* (*péj*) rhagdybiedig; **une idée ~e** rhagdybiaeth *b*.

préconiser [pʀekɔnize] (**1**) *vt* argymell, annog.

précontraint (-e) [pʀekɔ̃tʀɛ̃, ɛ̃t] *adj*: **béton armé ~** concrid *g* wedi'i ragdynhau.

précuit (-e) [pʀekɥi, it] *adj* wedi'i goginio o flaen llaw.

précurseur [pʀekyʀsœʀ] *m* rhagflaenydd *g*;
♦*adj m*: **signe ~** rhagarwydd *g*.

prédateur [pʀedatœʀ] *m* rheibiwr *g*, ysglyfaethwr *g*.

prédécesseur [pʀedesesœʀ] *m* rhagflaenydd *g*.

prédécoupé (-e) [pʀedekupe] *adj* rhagdoredig.

prédestiner [pʀedɛstine] (**1**) *vt* tynghedu.

prédicateur [pʀedikatœʀ] *m* pregethwr *g*.

prédiction [pʀediksjɔ̃] *f* (*action*) proffwydo; (*ce qui est prédit*) proffwydoliaeth *b*, rhagfynegiad *g*.

prédilection [pʀedilɛksjɔ̃] *f* hoffter *g*; **avoir une ~ pour qch** bod yn hoff o rth; **de ~** hoff; **lieu de ~** fy hoff le.

prédire [pʀediʀ] (**50**) *vt* rhag-ddweud, proffwydo, rhagweld.

prédisposer [pʀedispoze] (**1**) *vt*: **~ qn à qch** peri i rn dueddu at rth, rhagdueddu rhn at rth.

prédisposition [pʀedispozisjɔ̃] *f* tuedd *b*, tueddiad *g*.

prédit [pʀedi] *pp de* **prédire**.

prédominance [pʀedɔminɑ̃s] *f* goruchafiaeth *b*, rhagoriaeth *b*, blaenoriaeth *b*; **une toile très colorée avec ~ du bleu** defnydd lliwgar iawn a'r glas yn amlycaf.

prédominant (-e) [pʀedɔminɑ̃, ɑ̃t] *adj* prif, pwysicaf, trechaf, amlycaf.

prédominer [pʀedɔmine] (**1**) *vi* cael y lle blaenllaw, bod (yn) drechaf, tra-arglwyddiaethu.

pré-électoral (~-~e) (**~-électoraux, ~-électorales**) [pʀeelɛktɔʀal, pʀeelɛktɔʀo] *adj* cynetholiadol; **la période ~e** y cyfnod cyn yr etholiad.

pré-emballé (~-~e) (**~-~s, ~-~es**) [pʀeɑ̃bale] *adj* wedi'i bacio'n barod, wedi'i phacio'n barod.

prééminence [pʀeeminɑ̃s] *f* goruchafiaeth *b*, blaenoriaeth *b*; **donner la ~ à qch** rhoi'r lle blaenllaw i rth.

prééminent (-e) [pʀeeminɑ̃, ɑ̃t] *adj* blaenllaw, ar y blaen.

préemption [pʀeɑ̃psjɔ̃] *f*: **droit de ~** (*JUR*) hawl *b* rhagbrynu.

pré-encollé (~-~e) (**~-~s, ~-~es**) [pʀeɑ̃kɔle] *adj* (*papier peint*) wedi'i bastio'n barod; (*enveloppe*) gludiog.

préétabli (-e) [pʀeetabli] *adj* wedi'i sefydlu o flaen llaw, rhagsefydledig.

préexistant (-e) [pʀeɛgzistɑ̃, ɑ̃t] *adj* cynt, cynharach, cynfodol, yn bod o'r blaen.

préfabrication [pʀefabʀikasjɔ̃] *f* rhagffurfio, rhagsaernïo, rhagsaernïaeth *b*.

préfabriqué[1] (-e) [pʀefabʀike] *adj* wedi'i wneud o flaen llaw; (*péj: sourire*) ffals, ffug, benthyg.

préfabriqué[2] [pʀefabʀike] *m* (*maison*) tŷ *g* wedi'i wneud o flaen llaw (*i'w roi at ei gilydd*), tŷ parod; (*matériau*) deunydd *g* parod.

préface [pʀefas] *f* rhagair *g*, rhagymadrodd *g*, rhagarweiniad *g*.

préfacer [pʀefase] (**9**) *vt* ysgrifennu rhagair i; **ouvrage préfacé par ...** llyfr *g* gyda rhagair gan ...

préfectoral (-e) (**préfectoraux, préfectorales**) [pʀefɛktɔʀal, pʀefɛktɔʀo] *adj* rhaglywyddol.

préfecture [pʀefɛktyʀ] *f* rhaglywiaeth *b*; (*ville*) ≈ prif dref *b*; **~ de police** *pencadlys g yr Heddlu*.

préférable [pʀefeʀabl] *adj* gwell; **être ~ à** bod yn well na; **il est ~ que tu n'y ailles pas** byddai'n well iti beidio â mynd.

préféré[1] (-e) [pʀefeʀe] *adj* gwell, mwyaf hoff, hoffaf, dewisaf; **c'est mon disque ~** dyna fy hoff record, dyna fy newis record.

préféré[2] [pʀefeʀe] *m* ffefryn *g*, dewisddyn *g*.

préférée [pʀefeʀe] *f* ffafren *b*, hoff eneth *b*, hoff wraig *b*;
♦*adj f voir* **préféré**[1].

préférence [pʀefeʀɑ̃s] *f* ffafriaeth *b*, hoffter *g*, dewis *g*, blaenoriaeth *b*; **j'ai une ~ pour celle-là** mae'n well gennyf honna; **prendre une chose de ~ à une autre** cymryd un peth yn hytrach na pheth arall; **par ordre de ~** yn y drefn ddewisol; **acheter cette marque de ~** prynwch y gwneuthuriad hwn os yw'n bosib; **venez la semaine prochaine, mardi de ~** dowch yr wythnos nesaf, y dydd Mawrth os gellwch; **je n'ai pas de ~** nid oes wahaniaeth gennyf.

préférentiel (-le) [pʀefeʀɑ̃sjɛl] *adj* ffafriol, blaenoriaethol; **traitement ~** ffafriaeth *b*, triniaeth *b* arbennig.

préférer [pʀefeʀe] (**14**) *vt* ffafrio; **je préfère Paul à Pierre** mae'n well gen i Paul na Pierre; **je**

préfère que tu viennes plus tard byddai'n well gen i iti ddod yn hwyrach; **je préférerais du thé** byddai'n well gen i de; **comme tu préfères** fel y mynni di; **il préfère ceci** hwn yw'r gorau ganddo, hwn sydd orau ganddo.

préfet [pʀefɛ] *m* prif weithredwr *g*, rhaglaw *g*; ~ **de police** pennaeth *g* yr heddlu.

préfigurer [pʀefigyʀe] (**1**) *vt* rhagddarlunio, rhagarddangos, bod yn arwydd o, rhagarwyddo.

préfixe [pʀefiks] *m* rhagddodiad *g*.

préhistoire [pʀeistwaʀ] *f* cynhanes *g*.

préhistorique [pʀeistɔʀik] *adj* cynhanesol, cynhanes; (*très ancien*) hynafol, henffasiwn.

préjudice [pʀeʒydis] *m* drwg *g*, niwed *g*, colled *b*, difrod *g*; ~ **financier** colled ariannol; **porter** ~ **à qn** niweidio rhn; **porter** ~ **à qch** difrodi rhth; **au** ~ **de qn/qch** er anfantais i rn/rth, er colled i rn/rth.

préjudiciable [pʀeʒydisjabl] *adj*: ~ **à** niweidiol i, drwg i, anfanteisiol i.

préjugé [pʀeʒyʒe] *m* rhagfarn *b*; **il a un** ~ **contre qn/qch** mae ganddo ragfarn yn erbyn rhn/rhth; **bénéficier d'un** ~ **favorable** bod yn uchel eich parch; **il est plein de** ~**s** mae'n rhagfarnllyd iawn.

préjuger [pʀeʒyʒe] (**10**) *vi*: ~ **de qch** rhagfarnu rhth.

prélasser [pʀelɑse] (**1**): **se** ~ *vr* gorweddian, hamddena.

prélat [pʀela] *m* (*REL*) prelad *g*.

prélavage [pʀelavaʒ] *m* cynolchi, cynolchiad *g*.

prélèvement [pʀelɛvmɑ̃] *m* samplo; (*échantillon*) sampl *b*; (*FIN*) debyd *g*; **faire un** ~ **de sang** cymryd sampl gwaed; **faire faire un** ~ **sur son compte** codi *ou* tynnu arian o'ch cyfrif; ~ **automatique** (*FIN*) debyd uniongyrchol.

prélever [pʀel(ə)ve] (**13**) *vt* samplo, cymryd sampl o; (*organe, argent*) codi, tynnu.

préliminaire [pʀelimineʀ] *adj* rhagarweiniol; ♦*mpl*: ~**s** (*d'un armistice*) rhagarweiniadau *ll*, trafodaethau *ll* rhagarweiniol.

prélude [pʀelyd] *m* (*MUS*) preliwd *g*; (*fig*) rhagarweiniad *g*.

préluder [pʀelyde] (**1**) *vi*: ~ **à** rhagflaenu, dod o flaen, arwain i *ou* at.

prématuré[1] (**-e**) [pʀematyʀe] *adj* cynnar, cyn pryd.

prématuré[2] [pʀematyʀe] *m* baban *g* cyn ei bryd.

prématurément [pʀematyʀemɑ̃] *adv* yn gynnar, cyn pryd.

préméditation [pʀemeditasjɔ̃] *f* bwriad *g*, rhagfwriad *g*; **meurtre avec** ~ llofruddiaeth *b* ragfwriadol.

préméditer [pʀemedite] (**1**) *vt* bwriadu, rhagfwriadu.

prémices [pʀemis] *fpl* (*récolte*) blaen ffrwyth *g*; (*fig*) cychwyn *g*, dechrau *g*.

premier[1] (**première**) [pʀəmje, pʀəmjɛʀ] *adj* cyntaf; **P**~ **Ministre** Prif Weinidog *g*; **première communion** cymun *g* cyntaf; **à la première occasion** ar y cyfle cyntaf; **au** ~ **abord** ar yr olwg gyntaf; **au** ~ **coup, du** ~ **coup** ar y cynnig cyntaf; **de** ~ **ordre** penigamp, o'r radd flaenaf; **de première qualité** o'r ansawdd *ou* safon gorau; **de** ~ **choix** gorau, mwyaf dewisol; **de première importance** tra phwysig, pwysig iawn; **de première nécessité** hollol hanfodol; **le** ~ **venu** y cyntaf i gyrraedd; **première classe** y dosbarth *g* cyntaf; **en** ~ **lieu** yn y lle cyntaf; ~ **âge** (*d'un enfant*) tri mis cyntaf bywyd; **enfant du** ~ **lit** plentyn *g* o'r briodas gyntaf.

premier[2] [pʀəmje] *m* y cyntaf *g*; (*premier étage*) llawr *g* cyntaf; **jeune** ~ prif actor *g*; **le** ~ **de l'an** dydd Calan.

première [pʀəmjɛʀ] *f* y gyntaf *b*; (*AUTO*) y gêr *g,b* gyntaf; (*THÉÂTRE, CINÉ*) perfformiad *g* cyntaf; (*AVIAT, NAUT, RAIL*) dosbarth *g* cyntaf; (*SCOL: classe*) *blwyddyn 12 yn yr ysgol*; (*exploit*) camp *b* gyntaf; ♦*adj f voir* **premier**[1].

premièrement [pʀəmjɛʀmɑ̃] *adv* (*dans une énumération*) yn gyntaf; ~ **je n'étais pas à Rome à cette époque** yn un peth, 'doeddwn i ddim yn Rhufain yr adeg honno.

première-née (~**s**-~**s**) [pʀəmjɛʀne] *f* merch *b* gyntaf-anedig.

premier-né (~**s**-~**s**) [pʀəmjene] *m* mab *g* cyntaf-anedig.

prémisse [pʀemis] *f* rhagosodiad *g*, cynsail *b*.

prémolaire [pʀemɔlɛʀ] *f* cilddant *g* blaen.

prémonition [pʀemɔnisjɔ̃] *f* rhagrybudd *g*, rhagdeimlad *g*, rhagarwydd *g*, rhagargoel *b*

prémonitoire [pʀemɔnitwaʀ] *adj* rhagrybuddiol, rhagargoelus.

prémunir [pʀemyniʀ] (**2**): **se** ~ *vr*: **se** ~ **contre qch** eich gwarchod eich hun rhag rhth.

prenant[1] [pʀənɑ̃] *vb voir* **prendre**.

prenant[2] (**-e**) [pʀənɑ̃, ɑ̃t] *adj* gafaelgar, diddorol, cyfareddol.

prénatal (**-e**) (**-s, -es**) [pʀenatal] *adj* cynenedigol, cyn-geni; (*allocation*) mamolaeth.

prendre [pʀɑ̃dʀ] (**74**) *vt*

1 (*gén*) cymryd.

2 (*saisir*) dal, gafael; ~ **qn par la main** cydio *ou* gafael yn llaw rhn; ~ **qn dans ses bras** dal rhn yn eich breichiau; ~ **qch au piège** dal rhth mewn trap, maglu rhth, trapio rhth; ~ **la fuite** ffoi.

3 (*dérober*) mynd â; ~ **qch à qn** mynd â rhth oddi ar rn; **cela me prend tout mon temps** mae'n mynd â'm holl amser.

4 (*aller chercher*) codi; (*passager*) codi; ~ **de l'argent à la banque** codi arian o'r banc; **aller** ~ **qch** mynd i gyrchu *ou* moyn rhth; ~ **qn à témoin** galw rhn yn dyst.

5 (*acheter, réserver, louer: billet*) codi;

(*essence*) cael, codi; (*réserver: place*) archebu, bwcio; ~ **une voiture** prynu car; ~ **une maison** rhentu tŷ.
6 (*consommer*) cymryd; ~ **des médicaments** cymryd tabledi; ~ **l'air** mynd am awyr iach; ~ **congé de qn** ffarwelio â rhn.
7 (*s'accorder: un bain, une douche, des vacances*) cael; ~ **sa retraite** ymddeol; ~ **le lit** mynd i'r gwely.
8 (*malfaiteur*) dal, dala; ~ **qn à faire qch** dal rhn yn gwneud rhth; ~ **qn en flagrant délit** dal rhn yn y weithred *ou* wrthi'n troseddu; ~ **qn en faute** dal rhn ar ei fai.
9 (*embaucher: personnel*) cyflogi.
10 (*nécessiter: temps*) cymryd; ~ **son temps** cymryd eich amser.
11 (*locataire*) cymryd, lletya.
12 (*renseignements, adresse*) nodi; ~ **des notes** gwneud nodiadau; ~ **qn en photo** tynnu llun rhn.
13 (*fièvre, colère*): **être pris de panique** bod mewn panig; **qu'est-ce qui te prend?*** beth sy'n bod arnat ti?.
14 (*utiliser: train, taxi etc*): ~ **un taxi** mynd mewn tacsi.
15 (*se donner*): **elle prit un ton menaçant** daeth tinc bygythiol i'w llais; **elle a pris un air fier** daeth golwg falch dros ei hwyneb; **les feuilles prenaient une couleur dorée** 'roedd y dail yn troi'n euraidd; ~ **un risque** ei mentro hi.
16 (*accumuler*) ennill; ~ **du poids** ennill pwysau, tewychu; ~ **de la valeur** ennill gwerth; ~ **de l'âge** heneiddio.
17 (*traiter: enfant, problème*) trin, trafod.
18 (*coincer*): **je me suis pris les doigts dans le tiroir** aeth fy mysedd yn sownd yn y drôr, mi ddaliais fy mysedd yn y drôr.
19 (*maladie*) cael; ~ **un rhume** cael annwyd.
20 (*faire payer: pourcentage, argent*) codi.
21 (*endosser*) cymryd; ~ **la relève** cymryd drosodd; ~ **qch sur soi** (*supporter*) ymgymryd â rhth, cymryd rhth arnoch; ~ **sur soi de faire qch** cymryd y cyfrifoldeb o wneud rhth, ymgymryd â gwneud rhth; ~ **la défense de qn** amddiffyn rhn, achub cam rhn.
22 (*considérer*): ~ **de l'intérêt à qch** cymryd diddordeb yn rhth, ymddiddori yn rhth; ~ **qch au sérieux** cymryd rhth o ddifrif; ~ **qch pour prétexte** cymryd rhth yn esgus; ~ **qn en sympathie/horreur** dod i hoffi/gasáu rhn; **à tout** ~ ar y cyfan.
23 (*commencer à former*): ~ **son origine** (*mot*) tarddu yn; ~ **sa source** (*rivière*) codi, tarddu; ~ **ses dispositions pour partir en voyage** gwneud paratoadau ar gyfer taith.
24 (*subir l'effet de*): ~ **l'eau** gollwng dŵr; ~ **feu** mynd ar dân;
♦*vi* (*peinture*) sychu; (*ciment*) caledu; (*bouture*) gwreiddio; (*vaccin, plaisanterie, mensonge*) gweithio; (*incendie*) cychwyn; (*allumette*) tanio; ~ **à gauche** (*se diriger*) troi i'r chwith;
♦ **se** ~ *vr* eich cymryd eich hun; **se** ~ **au sérieux** eich cymryd eich hun o ddifrif; **s'en** ~ **à** ymosod ar; **se** ~ **pour** eich ystyried eich hun yn; **se** ~ **d'amitié pour qn** dod yn ffrindiau â rhn; **ils se prennent par la main/par le cou** maen nhw'n cydio yn nwylo/yng gyddfau ei gilydd.
► **s'y prendre** mynd ati; **il faudra s'y** ~ **à l'avance** bydd yn rhaid gwneud hynny o flaen llaw; **s'y** ~ **à deux fois** ceisio ddwywaith i wneud rhth.

preneur [pʀənœʀ] *m* prynwr *g*; **trouver** ~ dod o hyd i brynwr; **je suis** ~ (*acheteur*) fe'i cymeraf; (*intéressé*) mae gen i ddiddordeb.

preniez [pʀənjɛ] *vb voir* **prendre**.

prenne *etc* [pʀɛn] *vb voir* **prendre**.

prénom [pʀenɔ̃] *m* enw *g* cyntaf.

prénommer [pʀenɔme] (**1**): **se** ~ *vr*: **elle se prénomme Claude** Claude yw ei henw (cyntaf) hi.

prénuptial (-**e**) (**prénuptiaux, prénuptiales**) [pʀenypsjal, pʀenypsjo] *adj* cyn priodi.

préoccupant (-**e**) [pʀeɔkypɑ̃, ɑ̃t] *adj* gofidus, pryderus.

préoccupation [pʀeɔkypasjɔ̃] *f* gofid *g*, pryder *g*; (*idée fixe*) obsesiwn *g*.

préoccupé (-**e**) [pʀeɔkype] *adj* (*soucieux*) gofidus, pryderus; **être** ~ **de qch** poeni am rth; (*absorbé*) bod wedi ymgolli yn rhth.

préoccuper [pʀeɔkype] (**1**) *vt* (*tourmenter, tracasser*) poeni, peri gofid i, becso; (*absorber, obséder*) llenwi meddwl (rhn), mynd â holl sylw (rhn);
♦ **se** ~ *vr* ymboeni, poeni, gofidio, becso, pryderu.

préparateur [pʀepaʀatœʀ] *m* cynorthwy-ydd *g*.

préparatrice [pʀepaʀatʀis] *f* cynorthwy-ydd *g*.

préparatifs [pʀepaʀatif] *mpl* paratoadau *ll*.

préparation [pʀepaʀasjɔ̃] *f* paratoad *g*, paratoi; (*CHIM, CULIN, PHARMACIE*) cymysgedd *g,b*; (*SCOL*) gwaith *g* cartref; **en** ~ yn yr arfaeth, ar y gweill.

préparatoire [pʀepaʀatwaʀ] *adj* rhagbaratoawl, paratoadol.

préparer [pʀepaʀe] (**1**) *vt* paratoi, rhagbaratoi, hwylio; (*café*) gwneud; (*examen*) paratoi ar gyfer; (*voyage*) cynllunio; **elle est en train de** ~ **le dîner** mae hi wrthi'n hwylio cinio; **je me demande ce que l'avenir nous prépare** tybed beth sydd gan y dyfodol ar ein cyfer; ~ **qn à un examen** paratoi rhn ar gyfer arholiad; ~ **qn à une épreuve sportive** hyfforddi rhn ar gyfer cystadleuaeth;
♦ **se** ~ *vr* ymbaratoi; **il se prépare une bagarre** fe aiff hi'n daro; **se** ~ **pour un examen** astudio ar gyfer arholiad; **se** ~ **de la soupe** gwneud cawl i chi'ch hun; **je me préparais à sortir quand le téléphone a sonné** 'roeddwn yn hwylio i fynd allan pan ganodd

y ffôn; **l'athlète se préparait pour la course** 'roedd yr athletwr yn ei hyfforddi'i hun ar gyfer y ras.

prépondérance [prepɔ̃derɑ̃s] *f* tra-arglwyddiaeth *b*, goruchafiaeth *b*, rhagoriaeth *b* (ar rth); **à ~ étrangère** yn estroniaid gan mwyaf *ou* yn bennaf.

prépondérant (-e) [prepɔ̃derɑ̃, ɑ̃t] *adj* blaenllaw; **jouer un rôle ~** chwarae rhan flaenllaw; **voix ~e** pleidlais *b* fwrw, pleidlais y fantol.

préposé[1] (-e) [prepoze] *adj*: **~ (à qch)** cyfrifol (am rth).

préposé[2] [prepoze] *m* gweithiwr *g*, gwas *g* cyflog; (*ADMIN: facteur*) postman *g*; (*de la douane*) swyddog *g*; (*de vestiaire*) cynorthwy-ydd *g*.

préposée [prepoze] *f* gweithwraig *b*, merch *b* gyflog *voir aussi* **préposé**[2];
♦*adj f voir* **préposé**[1].

préposer [prepoze] (**1**) *vt*: **~ qn à qch** penodi rhn i rth; **être préposé à qch** bod yn gyfrifol am rth.

préposition [prepozisjɔ̃] *f* arddodiad *g*.

prérentrée [prerɑ̃tre] *f diwrnod g i athrawon baratoi cyn cychwyn blwyddyn ysgol.*

préretraite [prer(ə)trɛt] *f* ymddeoliad *g* cynnar.

prérogative [prerɔgativ] *f* hawl *b*, braint *b*, rhagorfraint *b*.

près [prɛ] *adv* gerllaw, agos (i); **à 5 mn ~** rhyw bum munud; **à cela ~ que** ar wahân i'r ffaith ..., ac eithrio'r ffaith ...; **ce roman est bon, à quelques détails ~** mae'r nofel hon yn dda, ac eithrio ambell fanylyn; **à une minute ~ j'avais mon train** 'roeddwn i o fewn munud i ddal fy nhrên; **on n'est pas à un jour ~** ni wnaiff un diwrnod unrhyw wahaniaeth.
▶ **près de** ger, agos i, wrth ymyl, ar bwys; (*environ*) tua, o gwmpas; **j'aimerais être ~ de toi** hoffwn fod wrth d'ymyl di *ou* ar dy bwys di; **il est ~ de minuit** mae hi bron yn hanner nos; **être ~ de partir** bod ar fin gadael; **je ne suis pas ~ de lui pardonner** 'rwy'n bell o fod yn barod i faddau iddo.
▶ **de près** yn agos, o agos; **examiner qch de ~** archwilio rhth yn fanwl; **suivre qn de ~** bod yn dynn ar sodlau rhn.
▶ **à peu près** fwy neu lai; **il y à peu ~ une heure qu'il est parti** fe gychwynnodd ryw awr yn ôl; **à peu ~ vide** bron yn wag, gwag bron.

présage [prezaʒ] *m* rhagargoel *b*, argoel *b*, rhagarwydd *g*; **oiseau de mauvais ~** aderyn *g* anlwc; **c'est le ~ d'une brillante carrière** mae'n argoel o yrfa ddisglair, mae'n argoeli gyrfa ddisglair.

présager [prezaʒe] (**10**) *vt* rhag-ddweud, proffwydo, argoeli.

pré-salé (**~s-~s**) [presale] *m* (*CULIN*) *oen g wedi'i fagu ar forfa.*

presbyte [prɛsbit] *adj* hir eich golwg.

presbytère [prɛsbitɛr] *m* tŷ *g* offeiriad.

presbytérien (**-ne**) [prɛsbiterjɛ̃, jɛn] *adj* Presbyteraidd.

presbytie [prɛsbisi] *f* hirolwg *g*.

prescience [presjɑ̃s] *f* rhagweledigaeth *g*, rhagwybodaeth *b*.

préscolaire [preskɔlɛr] *adj* cyn oed ysgol.

prescriptible [prɛskriptibl] *adj* (*JUR*) amser-ataliedig.

prescription [prɛskripsjɔ̃] *f* gorchymyn *g*; (*MÉD*) presgripsiwn *g*.

prescrire [prɛskrir] (**53**) *vt* (*MÉD*) rhagnodi, rhoi presgripsiwn am; **ce que les circonstances prescrivent** yr hyn y mae'r amgylchiadau yn galw amdano;
♦ **se ~** *vr* (*JUR*) mynd yn ddi-rym.

prescrit (**-e**) [prɛskri, it] *pp de* **prescrire**;
♦*adj* (*jour, date*) penodedig, y cytunwyd arno; (*dose*) rhagnodedig.

préséance [preseɑ̃s] *f* blaenoriaeth *b*; **avoir ~ sur qn** cael y flaenoriaeth ar rn.

présélection [preselɛksjɔ̃] *f* rhestr *b* fer; (*TECH*) rhagosod, rhagddewis.

présélectionner [preselɛksjɔne] (**1**) *vt* rhoi (rhn) ar restr fer; (*TECH*) rhagosod, rhagddewis.

présence [prezɑ̃s] *f* presenoldeb *g*; (*écrivain*) dylanwad *g*; **il ignore ta ~** nid yw'n gwybod dy fod ti yma; **~ d'esprit** pwyll *g*; **en ~ d'un avocat** yng ngŵydd cyfreithiwr; **en ~ d'une foule** o flaen torf; **en ~ d'un tel désastre** yn wyneb y fath drychineb; **faire acte de ~** dangos eich wyneb; **il a beaucoup de ~** mae ganddo urddas.

présent[1] (**-e**) [prezɑ̃, ɑ̃t] *adj* presennol; **j'étais ~ quand cela est arrivé** 'roeddwn yno pan ddigwyddodd hynny; **"~"** (*à l'école*) "yma"; **le 5 du mois ~** y 5ed o'r mis hwn; **la violence est ~e à toutes les pages** ceir trais ar bob tudalen.

présent[2] [prezɑ̃] *m* presennol *g*; (*GRAM*) (amser *g*) y presennol; **à ~** nawr, ar hyn o bryd; **à ~ qu'elle est sortie** yn awr a hithau wedi mynd allan *ou* mas, yn awr gan iddi fynd allan *ou* mas; **dès à ~** o hyn ymlaen; **jusqu'à ~** hyd yn hyn; **la vie d'à ~** bywyd *g* heddiw; **pour le ~** am y tro; **les ~s** y rhai sy'n *ou* oedd yn bresennol.

présente [prezɑ̃t] *f*: **par la ~** (*COMM: lettre*) trwy hyn, trwy'r llythyr hwn;
♦*adj f voir* **présent**[1].

présentable [prezɑ̃tabl] *adj* derbyniol, taclus.

présentateur [prezɑ̃tatœr] *m* cyflwynydd *g*.

présentatrice [prezɑ̃tatris] *f* cyflwynydd *g*.

présentation [prezɑ̃tasjɔ̃] *f* cyflwyniad *g*, cyflwyno; (*apparence*) ymddangosiad *g*, ymddangos; (*manifestation*) arddangosiad *g*, arddangos; **~ de mode** sioe *b* ffasiynau.

présenter [prezɑ̃te] (**1**) *vt*
1 (*personne*) cyflwyno; **je vous présente Nadine** dyma Nadine.

2 (*félicitations, condoléances*) cynnig; ~ **des avantages** cynnig manteision; ~ **des difficultés** peri trafferthion; ~ **des excuses** ymddiheuro; ~ **un grand interêt** bod o ddiddordeb mawr; ~ **qch comme miraculeux** disgrifio rhth fel peth gwyrthiol *ou* gwyrth.
3 (*montrer: billet, pièce d'identité*) dangos; ~ **son visage au soleil** wynebu'r haul.
4 (*candidat*) cynnig, enwebu; ~ **sa candidature à un poste** gwneud cais am swydd;
♦*vi*: ~ **mal/bien** (*personne*) edrych yn wael/dda; **elle présente bien/mal** mae golwg ddymunol/annymunol arni;
♦ **se** ~ *vr*
1 (*paraître*) ymddangos; (*aller*) mynd; (*venir*) dod; **personne ne s'est présenté** ni ddaeth neb; **une bonne occasion s'est présentée** daeth cyfle da.
2 (*se faire connaître*) eich cyflwyno'ch hun.
3 (*se porter candidat*): **se** ~ **à une élection** sefyll etholiad; **se** ~ **à un examen** sefyll arholiad; **se** ~ **pour un emploi** gwneud cais am swydd.
4 (*survenir*): **les difficultés qui se présentent à nous** y trafferthion sy'n ein hwynebu.
5 (*exister*): **se** ~ **sous forme de cachets** bod ar gael ar ffurf tabledi.
6 (*s'annoncer*): **se** ~ **bien/mal** (*affaire*) edrych yn dda/wael.

présentoir [pʀezɑ̃twaʀ] *m* (*étagère*) silff *b* arddangos; (*vitrine*) ffenestr *b* arddangos; (*étal*) stand *g,b* arddangos.

préservatif [pʀezɛʀvatif] *m* condom *g*.

préservation [pʀezɛʀvasjɔ̃] *f* cadwraeth *b*, diogelu, gwarchodaeth *b*, gwarchod.

préserver [pʀezɛʀve] (1) *vt*: ~ **(qn/qch de)** cadw *ou* diogelu *ou* gwarchod (rhn/rhth rhag).

présidence [pʀezidɑ̃s] *f* (*d'une association*) llywyddiaeth *b*; (*d'un état*) arlywyddiaeth *b*.

président [pʀezidɑ̃] *m* (*d'une association*) llywydd *g*; ~ **de la République** Arlywydd *g* y Weriniaeth; ~ **directeur général** cadeirydd *g* a chyfarwyddwr *g*, cyfarwyddwr-reolwr *g*; ~ **du jury** (*JUR*) pen-rheithiwr *g*; (*d'examen*) prif arholwr *g*.

présidente [pʀezidɑ̃t] *f* llywyddes *b*; (*POL*) arlywyddes *b*.

présidentiable [pʀezidɑ̃sjabl] *adj* sy'n ddarpar arlywydd posibl;
♦*m/f* darpar arlywydd *g* posibl *ou* dichonol.

présidentiel (-**le**) [pʀezidɑ̃sjɛl] *adj* arlywyddol.

présidentielles [pʀezidɑ̃sjɛl] *fpl* (*élections*) etholiadau *ll* arlywyddol.

présider [pʀezide] (1) *vt* llywyddu; (*dîner*) bod yn ŵr gwadd/yn wraig wadd;
♦*vi*: ~ **à** cyfarwyddo, rheoli.

présomption [pʀezɔ̃psjɔ̃] *f* (*prétention*) hyfdra *g*, ehofndra *g*, digywilydd-dra *g*; (*conjecture*) tybiaeth *b*, rhagbydiaeth *b*.

présomptueux (**présompteuse**) [pʀezɔ̃ptɥø, pʀezɔ̃ptɥøz] *adj* hy, eofn, digywilydd.

presque [pʀɛsk] *adv* bron; **nous sommes** ~ **arrivés** 'rydym ni bron â chyrraedd; **il n'a** ~ **pas plu** prin iddi fwrw glaw o gwbl; ~ **rien** y nesaf peth i ddim; **personne ou** ~ neb neu bron neb; **la** ~ **totalité de ...** y cyfan *ou* cwbl bron o ...

presqu'île [pʀɛskil] *f* gorynys *b*.

pressant (-**e**) [pʀesɑ̃, ɑ̃t] *adj* (*besoin, danger*) enbyd, dybryd; (*appel*) brys, taer; (*personne*) taer.

presse [pʀɛs] *f*
1 (*appareil*) gwasg *b*; **mettre qch sous** ~ mynd â rhth i'r wasg; **journal/livre sous** ~ papur *g* newydd/llyfr *g* yn y wasg; **avoir bonne/mauvaise** ~ (*fig*) cael sylw da/gwael; ~ **d'information** papurau newydd o safon; ~ **du cœur/féminine** cylchgronau *ll* rhamant/merched.
2 (*affluence*): **heures de** ~ oriau *ll* prysur.

pressé[1] (-**e**) [pʀese] *adj*
1 (*personne*) ar frys; (*air*) prysur; (*lettre, besogne*) brys; **être** ~ **de faire qch** bod ar frys i wneud rhth.
2: **orange** ~**e** sudd *g* oren ffres.

pressé[2] [pʀese] *m*: **aller au plus** ~ gwneud y pethau pwysicaf yn gyntaf.

presse-citron [pʀɛssitʀɔ̃] *m inv* gwasgwr *g* lemon.

presse-fruits [pʀɛsfʀɥi] *m inv* gwasgwr *g* ffrwythau.

pressentiment [pʀesɑ̃timɑ̃] *m* rhagdeimlad *g*, rhagargoel *b*.

pressentir [pʀesɑ̃tiʀ] (**26**) *vt* (*danger etc*) synhwyro, rhagdeimlo, rhagweld; (*personne*) rhagargoeli; **il a été pressenti pour le poste** buwyd yn sôn wrtho am y swydd; **ministre pressenti** gweinidog *g* dichonol *ou* tebygol.

presse-papiers [pʀɛspapje] *m inv* pwysau *g* papur.

presse-purée [pʀɛspyʀe] *m inv* stwnsiwr *g* tatws *ou* tato, gwasgwr *g* tatws *ou* tato.

presser [pʀese] (1) *vt* (*fruit, éponge*) gwasgu; (*interrupteur*) pwyso, gwasgu, gwthio; (*personne: harceler*) pwyso ar, gwasgu ar, dwyn pwysau ar, poeni, peidio â gadael llonydd i; (*affaire, évènement*) cyflymu; ~ **qn de faire qch** pwyso ar rn i wneud rhth; ~ **le pas**, ~ **l'allure** cyflymu; ~ **qn dans ses bras** dal rhn yn dynn, gwasgu rhn yn dynn;
♦*vi* bod yn fater o frys; **le temps presse** mae amser yn brin; **rien ne presse** 'does dim brys;
♦ **se** ~ *vr* (*se hâter*) brysio, prysuro; (*se grouper*) tyrru, heidio; **se** ~ **contre qn** pwyso yn erbyn rhn, ymwasgu yn erbyn rhn.

pressing [pʀesiŋ] *m* (*repassage*) presio; (*magasin*) siop *b* lanhau dillad.

pression [pʀɛsjɔ̃] *f* pwysedd *g*, gwasgedd *g*, pwysau *ll*; (*bouton*) styden *b* wasgu; **bière à la** ~ cwrw *g* drafft; **faire** ~ **sur qn/qch** rhoi pwysau ar rn/rth; **sous** ~ dan bwysau; ~ **artérielle** pwysedd gwaed; ~ **atmosphérique** gwasgedd atmosfferig.

pressoir [pʀeswaʀ] *m* (*machine*) gwasg *b*, gwasgwr *g*; (*bâtiment*) sied *b* wasgu.

pressurer [pʀesyʀe] (**1**) *vt* gwasgu; (*fig: exploiter*) gwasgu ar (rn).

pressurisation [pʀesyʀizasjɔ̃] *f* pwyseddiad *g*, gwasgeddiad *g*, pwyseddu, gwasgeddu.

pressurisé (**-e**) [pʀesyʀize] *adj* pwyseddedig, gwasgeddedig, dan bwysedd *ou* wasgedd.

prestance [pʀɛstɑ̃s] *f* urddas *g*.

prestataire [pʀɛstatɛʀ] *m/f* derbynnydd *g* (*budd-dal*); ~ **de services** (*COMM*) gwasanaethwr *g*, gwasanaethwraig *b*.

prestation [pʀɛstasjɔ̃] *f* darpariaeth *b*, darparu; (*allocation*) budd-dal *g*; (*d'une assurance*) gwarchodaeth *b*; (*d'une entreprise*) gwasanaeth *g*; (*d'un joueur, artiste*) perfformiad *g*; ~ **de serment** cymryd llw; ~ **de service** darparu gwasanaeth; ~**s familiales** lwfans *g* teulu.

preste [pʀɛst] *adj* sionc, chwim.

prestement [pʀɛstəmɑ̃] *adv* yn sionc, yn chwim.

prestidigitateur [pʀɛstidiʒitatœʀ] *m* consuriwr *g*.

prestidigitation [pʀɛstidiʒitasjɔ̃] *f* consuriaeth *b*, consurio.

prestidigitrice [pʀɛstidiʒitatʀis] *f* consurwraig *b*.

prestige [pʀɛstiʒ] *m* bri *g*; **voiture de** ~ car *g* moethus, car o fri.

prestigieux (**prestigeuse**) [pʀɛstiʒjø, pʀɛstiʒjøz] *adj* llawn bri, mawreddog.

présumer [pʀezyme] (**1**) *vt* tybio, rhagbydio; ~ **qn coupable/innocent** tybio bod rhn yn euog/ddieuog; **il est présumé innocent** tybir *ou* rhagdybir ei fod yn ddieuog; ~ **de qn** meddwl gormod o rn; ~ **de ses forces** meddwl eich bod yn gryfach nag ydych.

présupposé [pʀesypoze] *m* rhagdybiaeth *b*.

présupposer [pʀesypoze] (**1**) *vt* rhagdybio.

présupposition [pʀesypozisjɔ̃] *f* rhagdybiaeth *b*.

présure [pʀezyʀ] *f* ceuled *g*.

prêt[1] (**-e**) [pʀɛ, pʀɛt] *adj* parod; **à vos marques,** ~**s? partez!** ar eich marciau, parod?, ewch!; ~ **à tout** parod ar gyfer unrhyw beth; ~ **à faire** parod i wneud.

prêt[2] [pʀɛ] *m* (*action*) benthyca; (*somme*) benthyciad *g*; ~ **sur gages** (*activité*) gwystlo, ponio; (*somme*) benthyciad cyfochrog.

prêt-à-porter (~**s**-~-~) [pʀɛtapɔʀte] *m* dillad *g* parod.

prétendant [pʀetɑ̃dɑ̃] *m* (*à un poste*) ymgeisydd *g*; (*royal*) hawlydd *g*.

prétendre [pʀetɑ̃dʀ] (**3**) *vt* honni; **il prétend tout ignorer de cette affaire** mae'n honni na ŵyr ddim am y mater hwn; **à ce qu'elle prétend** yn ei hôl hi, meddai hi;
♦*vi*: ~ **à** hawlio; ~ **à un poste** cynnig am swydd, ymgeisio am swydd.

prétendu (**-e**) [pʀetɑ̃dy] *adj* honedig.

prétendument [pʀetɑ̃dymɑ̃] *adv* yn ôl yr honiad.

prête-nom (~-~**s**) [pʀɛtnɔ̃] *m* dyn *g* gwellt

prétentieux (**prétentieuse**) [pʀetɑ̃sjø, pʀetɑ̃sjøz] *adj* ymhongar, rhodresgar, rhwysgfawr.

prétention [pʀetɑ̃sjɔ̃] *f* rhodres *g*, rhwysg *g*; (*revendication*) hawliad *g*; **sans** ~ yn ddiymhongar.

prêter [pʀete] (**1**) *vt* (*livre, argent*) rhoi benthyg, benthyca; (*caractère, propos*) priodoli; ~ **qch à qn** rhoi benthyg rhth i rn; **tu me le prêtes?** a gaf fi ei fenthyg gennyt ti?; ~ **assistance à** rhoi cymorth i; ~ **attention à** talu *ou* rhoi sylw i; ~ **l'oreille** gwrando; ~ **de l'aide à qn** rhoi cymorth i rn; ~ **de l'importance à qch** gosod pwysigrwydd ar rth; ~ **serment** cymryd llw; ~ **sur gages** rhoi benthyg ar wystl;
♦*vi*: ~ **à** (*commentaire, équivoque*) bod yn agored i, achosi, peri; **son attitude prête à rire** mae ei (h)agwedd yn chwerthinllyd;
♦ **se** ~ *vr* (*tissu, cuir*) ildio, ymestyn; **se** ~ **à qch** eich cynnig eich hun i rth; **le lieu ne se prêtait pas à une déclaration d'amour** nid oedd y llecyn yn addas i ddatganiad o gariad; **se** ~ **à des manigances** goddef *ou* ategu cynllwynion.

prêteur [pʀɛtœʀ] *m* benthyciwr *g*; ~ **sur gages** gwystlwr *g*.

prétexte [pʀetɛkst] *m* esgus *g*; **sous aucun** ~ nid ar unrhyw gyfrif; **sous le** ~ **de faire qch** dan esgus gwneud rhth.

prétexter [pʀetɛkste] (**1**) *vt* defnyddio (rhth) fel esgus; **il a prétexté un rendez-vous urgent pour s'éclipser** dywedodd fod ganddo gyfarfod pwysig fel esgus i sleifio ymaith; **prétextant qu'il faisait froid** gan ddefnyddio oerni fel esgus.

prêtre [pʀɛtʀ] *m* offeiriad *g*.

prêtre-ouvrier (~**s**-~**s**) [pʀɛtʀuvʀije] *m* offeiriad-weithiwr *g*.

prêtrise [pʀɛtʀiz] *f* offeiriadaeth *b*.

preuve [pʀœv] *f* prawf *g*, tystiolaeth *b*; **jusqu'à** ~ **du contraire** hyd oni phrofir yn wahanol; **faire** ~ **de** dangos, tystio i; **faire ses** ~**s** eich profi'ch hun; ~ **matérielle** (*JUR*) tystiolaeth berthnasol; ~ **par neuf** prawf anwadadwy.

prévaloir [pʀevalwaʀ] (**41**) *vi* trechu, gorchfygu, bod yn drech *ou* drechaf;
♦ **se** ~ *vr*: **se** ~ **de qch** (*tirer parti de*) manteisio ar rth; (*tirer vanité de*) brolio rhth.

prévarication [pʀevaʀikasjɔ̃] *f* (*ADMIN*) camweinyddu, camweinyddiaeth *b*, tor-ymddiriedaeth *g*.

prévaut [pʀevo] *vb voir* **prévaloir**.

prévenances [pʀevnɑ̃s] *fpl* gofal *g*, caredigrwydd *g*, cymwynasau *ll*.

prévenant (**-e**) [pʀev(ə)nɑ̃, ɑ̃t] *adj* mawr eich gofal, ystyriol, caredig, cymwynasgar.

prévenir [prev(ə)nir] (**32**) *vt* (*éviter, anticiper*) atal; ~ **qn (de qch)** (*avertir*) rhybuddio rhn (ynghylch rhth); (*informer*) hysbysu rhn (o rth); ~ **qn contre qch/qn** troi rhn yn erbyn rhth/rhn; ~ **qn en faveur de qch/qn** troi rhn o blaid rhth/rhn; **prévenez la police** galwch yr heddlu; **partir sans** ~ gadael heb ddweud wrth neb.

préventif (**préventive**) [prevɑ̃tif, prevɑ̃tiv] *adj* ataliol, rhwystrol; **prison préventive** dalfa *b*.

prévention [prevɑ̃sjɔ̃] *f* atal; (*JUR*) dalfa *b*; (*préjugé*) rhagfarn *b*; ~ **routière** (*organisation*) diogelwch *g* ar y ffordd.

prévenu[1] (**-e**) [prev(ə)ny] *adj*: **être** ~ **contre qn** bod â rhagfarn yn erbyn rhn; **être** ~ **en faveur de qn** bod â rhagfarn o blaid rhn; **être** ~ **de** cael eich cyhuddo o.

prévenu[2] [prev(ə)ny] *m* amddiffynydd *g*, cyhuddedig *g*.

prévenue [prev(ə)ny] *f* amddiffynydd *g*, cyhuddedig *b*;
♦*adj f voir* **prévenu**[1].

prévisible [previzibl] *adj* rhagweladwy; **un accident difficilement** ~ damwain *b* amhosibl ei rhagweld.

prévision [previzjɔ̃] *f* rhagweld, rhagolwg *g*; ~**s** rhagolygon *ll*; ~**s météorologiques** rhagolygon y tywydd; **les résultats vont au-délà de toutes nos** ~**s** mae'r canlyniadau yn mynd y tu hwnt i'n holl ddisgwyliadau; **en** ~ **de** gan ddisgwyl.

prévisionnel (**-le**) [previzjɔnɛl] *adj* arfaethedig; (*budget*) amcanol.

prévoir [prevwar] (**35**) *vt* rhagweld; (*JUR*) darparu ar gyfer; (*fixer dans le temps*) trefnu; (*planifier*) cynllunio; (*s'attendre à*) disgwyl; **voiture prévue pour quatre personnes** car wedi ei gynllunio ar gyfer pedwar (o bobl); **réunion prévue pour 10h** cyfarfod a drefnwyd ar gyfer 10 o'r gloch.

prévoyance [prevwajɑ̃s] *f* rhagofal *g*; **société de** ~ cymdeithas *b* gyfeillgar; **caisse de** ~ cronfa *b* wrth gefn.

prévoyant[1] [prevwajɑ̃] *vb voir* **prévoir**.

prévoyant[2] (**-e**) [prevwajɑ̃, ɑ̃t] *adj* rhagweledol, craff; **elle est** ~**e** mae hi'n rhagweld pethau.

prévu [prevy] *pp de* **prévoir**.

prier [prije] (**16**) *vi* gweddïo;
♦*vt* (*Dieu*) gweddïo ar; ~ **qn de faire qch** gofyn i rn wneud rhth; ~ **qn à dîner** gwahodd rhn i swper; **elle se fait** ~ mae angen ei pherswadio; **je vous en prie** os gwelwch yn dda; (*de rien*) peidiwch â sôn, croeso; **puis-je entrer? - je vous en prie** ga' i ddod i mewn? - ar bob cyfrif.

prière [prijer] *f* (*REL*) gweddi *b*; (*demande instante*) ple *g*, erfyniad *g*; "~ **de ...**" "os gwelwch yn dda ...", "erfynnir arnoch ..."; "~ **de ne pas fumer**" "dim ysmygu os gwelwch yn dda"

primaire [primer] *adj* (*enseignement*) cynradd; (*péj*) diniwed, syml eich meddwl; (*opinion*) gor-syml; (*ART: couleurs*) cynradd, cysefin; **le secteur** ~ (*ÉCON*) y sector *g,b* cynradd *ou* gynradd; **l'ère** ~ (*GÉO*) y gorgyfnod *g* paleosöig;
♦*m* (*SCOL*): **le** ~ addysg *b* gynradd.

primauté [primote] *f* (*fig*) goruchafiaeth *b*, blaenoriaeth *b*.

prime[1] [prim] *f* (*récompense*) bonws *g*; (*COMM: cadeau*) anrheg *g*; (*ASSURANCES*) premiwm *g*; (*subside*) lwfans *g*; ~ **de risque** arian *g* perygl; ~ **de transport** lwfans teithio.

prime[2] [prim] *adj*: **de** ~ **abord** ar y dechrau.

primer [prime] (**1**) *vt* (*l'emporter sur*) trechu, gorchfygu; (*récompenser*) gwobrwyo; **film primé** ffilm *b* arobryn;
♦*vi* cael y lle blaenllaw; **dans ce sorbet, c'est le cassis qui prime** blas cyrens duon sydd amlycaf yn y sorbet yma; ~ **sur qch** bod yn drech na rhth.

primerose [primroz] *f* (*BOT*) hocysen *b*.

primesautier (**primesautière**) [primsotje, primsotjer] *adj* byrbwyll.

primeur [primœr] *f*: **avoir la** ~ **de qch** bod y cyntaf i wybod rhth; ~**s** (*légumes*) llysiau *ll* cynnar; (*fruits*) ffrwythau *ll* cynnar; **marchand de** ~**s** gwerthwr *g* llysiau a ffrwythau.

primevère [primvɛr] *f* briallen *b*.

primitif[1] (**primitive**) [primitif, primitiv] *adj* cyntefig; (*état, texte*) gwreiddiol.

primitif[2] [primitif] *m* (*ART*) arlunydd *g* cyntefig.

primitive [primitiv] *f* (*ART*) arlunydd *g* cyntefig;
♦*adj f voir* **primitif**[1].

primo [primo] *adv* yn gyntaf.

primordial (**-e**) (**primordiaux, primordiales**) [primɔrdjal, primɔrdjo] *adj* (*premier*) cychwynnol, gwreiddiol, cyntefig; (*essentiel*) hanfodol, elfennol, sylfaenol.

prince [prɛ̃s] *m* tywysog *g*; ~ **charmant** y tywysog swynol *ou* hawddgar; ~ **de Galles** tywysog Cymru; ~ **de galles** (*TEXTILE*) defnydd *g* sgwarog; ~ **héritier** tywysog coronog, etifedd *g* y goron; **se montrer bon** ~ bod yn fawrfrydig *ou* hael.

princesse [prɛ̃sɛs] *f* tywysoges *b*.

princier (**princière**) [prɛ̃sje, prɛ̃sjer] *adj* tywysogaidd; (*somme*) hael.

princièrement [prɛ̃sjɛrmɑ̃] *adv* yn dywysogaidd.

principal[1] (**-e**) (**principaux, principales**) [prɛ̃sipal, prɛ̃sipo] *adj* prif, pennaf; **c'est l'œuvre** ~**e de l'auteur** dyma brif waith yr awdur; **les principaux pays industrialisés** y prif wledydd diwydiannol.

principal[2] (**principaux**) [prɛ̃sipal, prɛ̃sipo] *m*: **le** ~ y prif beth *g*; (*SCOL: d'un collège*) prifathro *g*, pennaeth *g*; (*FIN*) prifswm *g*, cyfalaf *g*; **le** ~**, c'est qu'il soit sain et sauf** y peth pwysicaf yw ei fod yn fyw ac yn iach.

principale [prɛ̃sipal] *f* (*SCOL*) prifathrawes *b*, penaethes *b*; **(proposition)** ~ (*LING*) prif gymal *g*;
♦*adj f voir* **principal**[1].

principalement [prɛ̃sipalmɑ̃] *adv* yn bennaf.

principauté [prɛ̃sipote] *f* tywysogaeth *b*.

principe [prɛ̃sip] *m*
1 (*règle*) egwyddor *b*; **~s sociaux/politiques** egwyddorion cymdeithasol/gwleidyddol; **partons du ~ que vous avez raison** gadewch inni dybio eich bod yn iawn, a thybied eich bod yn iawn; **pour le ~, par ~** o ran egwyddor; **c'est une question de ~** mae'n fater o egwyddor; **en ~** mewn egwyddor; **en ~ je rentre chez moi vers 18 heures** fel arfer 'rwy'n cyrraedd adref tua 6 o'r gloch; **quel est le ~ de cette machine?** sut mae'r peiriant hwn yn gweithio?.
2 (*CHIM*) sylwedd *g*.

printanier (**printanière**) [prɛ̃tanje, prɛ̃tanjɛr] *adj* gwanwynol; **les fleurs printanières** blodau'r *ll* gwanwyn; **une journée printanière** dydd *g* o wanwyn.

printemps [prɛ̃tɑ̃] *m* gwanwyn *g*.

priori [prijɔri]: **a ~** *adv* o'r achos i'r effaith.

prioritaire [prijɔritɛr] *adj* blaenoriaethol; (*AUTO*) sydd â'r flaenoriaeth.

priorité [prijɔrite] *f* blaenoriaeth *b*; **en ~** (*avant le reste*) yn gyntaf; (*par-dessus tout*) yn bennaf, uwchlaw popeth, yn anad dim; **penser en ~ à soi** eich gosod eich hun yn gyntaf; **le projet a ~ sur tout le reste** y project sy'n dod yn gyntaf; **~ à droite** (*AUTO*) y dde sydd â'r hawl *ou* flaenoriaeth.

pris (**-e**) [pri, priz] *pp de* **prendre**;
♦*adj* (*place, journée, mains*) llawn; (*personne*) prysur; (*billets*) wedi'u gwerthu; (*crème, glace*) wedi rhewi; **je suis ~ de peur** mae arna' i ofn; **je suis ~ de fatigue** 'rwyf wedi blino'n lân; **j'ai le nez ~** mae fy nhrwyn yn llawn; **j'ai la gorge ~e** mae gen i ddolur gwddf, mae llwnc tost gyda fi.

prise [priz] *f* (*MIL: d'une ville*) cipiad *g*, meddianiad *g*; (*de judo etc*) gafael *b*; (*ÉLEC: fiche*) plwg *g*; (*au mur*) soced *g,b*; (*PÊCHE*) dalfa *b*; (*CHASSE*) helfa *b*; (*PHYS: point d'appui*) ffwlcrwm *g*, pwysbwynt *g*; **en ~** (*AUTO*) mewn gêr; **être aux ~s avec qch** (*fig*) ymgodymu â rhth, brwydro yn erbyn rhth; **lâcher ~** gollwng gafael; **donner ~ à** (*fig*) achosi; **avoir ~ sur qn** bod â gafael ar rn; **~ à partie** achos *g* yn erbyn barnwr; **~ d'eau** tap *g* dŵr; **~ de contact** cyswllt *g* cyntaf; **~ de corps** (*JUR*) arestiad *g*; **~ de courant** soced; **~ de sang** prawf *g* gwaed; **~ de son** recordiad *g* sain, recordio sain; **~ de tabac** pinsiad *g* o snisin; **~ de terre** (*ÉLEC*) daear *b*; **~ de vue** (*PHOT*) ciplun *g*, llun *g*; **~ de vue(s)** ffilmio; **~ d'otages** cipiad gwystlon; **~ en charge** (*par un taxi*) lleiafswm *g* cost; (*par la sécurité sociale*) rhoi budd-daliadau; **~ multiple** (*ÉLEC*) addaswr *g*;
♦*adj f voir* **pris**.

priser[1] [prize] (**1**) *vt* (*estimer*) prisio, gwerthfawrogi; (*apprécier*) gwerthfawrogi; **chanteuse très prisée du public** cantores boblogaidd iawn â'r *ou* gyda'r cyhoedd, cantores a brisir yn uchel gan y cyhoedd; **animal prisé pour sa fourrure** anifail a'i ffwr yn werthfawr.

priser[2] [prize] (**1**) *vt* synhwyro, snwffian, sniffian; **~ de l'héroïne** synhwyro *ou* sniffian heroin; **~ du tabac** cymryd snisin.

prisme [prism] *m* prism *g*; **~ droit** prism union.

prison [prizɔ̃] *f* carchar *g*; **aller en ~** mynd i'r carchar; **être en ~** bod yn y carchar; **elle a fait trois ans de ~** mae hi wedi treulio tair blynedd yn y carchar; **mise en ~** carchariad *g*.

prisonnier[1] (**prisonnière**) [prizɔnje, prizɔnjɛr] *adj*: **être ~** bod yn garcharor.

prisonnier[2] [prizɔnje] *m* carcharor *g*; **faire qn ~** carcharu rhn; **~ de guerre** carcharor rhyfel; **~ d'opinion** carcharor cydwybod.

prisonnière [prizɔnjɛr] *f* carcharores *b*;
♦*adj f voir* **prisonnier**[1].

prit [pri] *vb voir* **prendre**.

privatif (**privative**) [privatif, privativ] *adj* (*jardin etc*) preifat; **peine privative de liberté** cosb *b* o garchar.

privation [privasjɔ̃] *f* amddifadiad *g*, amddifadu; (*de salaire*) ataliad *g*, atal; (*manque*) diffyg *g*; **souffrir de ~s** byw mewn eisiau; **s'imposer des ~s** aberthu, gwneud aberth, mynd heb rth, eich amddifadu'ch hun.

privatisation [privatizasjɔ̃] *f* preifateiddiad *g*, preifateiddio.

privatiser [privatize] (**1**) *vt* preifateiddio.

privautés [privote] *fpl* hyfdra *g*.

privé[1] (**-e**) [prive] *pp de* **priver**;
♦*adj* preifat; (*non officiel*) answyddogol.

privé[2] [prive] *m*: **dans le ~** (*ÉCON*) yn y sector *g,b* preifat *ou* breifat; **en ~** yn breifat.

priver [prive] (**1**) *vt*: **~ qn de qch** amddifadu rhn o rth, gwneud i rn fynd heb rth, mynd â rhth oddi ar rn; **privé de** amddifad o; **son attaque l'a privée de la parole** collodd hi'r gallu i siarad ar ôl ei strôc; **l'orage nous a privés de l'électricité** buom heb drydan oherwydd y storm; **je suis resté privé de téléphone pendant deux jours** bûm heb ffôn am ddeuddydd;
♦ **se ~** *vr*: **se ~ (de qch)** mynd heb (rth); **se ~ de faire qch** peidio â gwneud rhth, ymatal rhag gwneud rhth; **ne pas se ~ de faire qch** peidio ag ymatal rhag gwneud rhth.

privilège [privilɛʒ] *m* braint *b*; **c'est un ~ de le connaître** mae'n fraint ei adnabod.

privilégié (**-e**) [privileʒje] *adj* breintiedig;

(*exceptionnel*) arbennig; ~ **par le sort** ffodus.

privilégier [pʀivileʒje] (**16**) *vt* (*favoriser*) breintio, ffafrio; (*donner priorité à*) rhoi blaenoriaeth i; (*HIST*) breintio; ~ **qch sur qch d'autre** rhoi mwy o bwys ar rth yn hytrach na rhth arall.

prix [pʀi] *m*
1 (*gén*) pris *g*; ~ **conseillé/d'achat/de vente/de revient** pris argymelledig/prynu/gwerthu/cost; **mettre qch à** ~ (*aux enchères*) pennu pris cadw ar rth; **acheter une maison au** ~ **fort** prynu tŷ pan fo'r prisiau ar eu huchaf; **acheter qch à** ~ **d'or** talu crocbris am rth; **hors de** ~ drud iawn, drudfawr; **à aucun** ~ nid ar unrhyw gyfrif; **à tout** ~ ar bob cyfrif.
2 (*récompense*) gwobr *b*; **grand** ~ **automobile** y Grand Prix; **le** ~ **Nobel** Gwobr Nobel; **obtenir le premier** ~ ennill y wobr gyntaf.

pro [pʀo] *abr* un *g* proffesiynol, un *b* broffesiynol.

probabilité [pʀɔbabilite] *f* tebygolrwydd *g*; **selon toute** ~ yn ôl pob tebyg.

probable [pʀɔbabl] *adj* tebyg, tebygol; **il est** ~ **qu'il viendra** mae'n debygol y daw, mae'n debyg y daw.

probablement [pʀɔbabləmɑ̃] *adv* yn ôl pob tebyg; **...** "**~**" (*dans une réponse*) ... "mae'n siŵr"

probant (**-e**) [pʀɔbɑ̃, ɑ̃t] *adj* argyhoeddiadol.

probatoire [pʀɔbatwaʀ] *adj*: **examen** ~ arholiad *g* asesu; **stage** ~ cyfnod *g* prawf.

probité [pʀɔbite] *f* gonestrwydd *g*.

problématique [pʀɔblematik] *adj* (*chances*) amheus, ansicr; (*succès*) annhebygol, ansicr, amheus;
♦*f* problemau *ll*, materion *ll* dadleuol.

problème [pʀɔblɛm] *m* problem *b*, anhawster *g*.

procédé [pʀɔsede] *m* (*méthode*) proses *b*, techneg *b*; (*conduite*) ymddygiad *g*; (*LITT*) dyfais *b*.

procéder [pʀɔsede] (**14**) *vi* gweithredu; **comment allez-vous** ~**?** sut ewch chi ati?; ~ **à** cyflawni, gweithredu; ~ **à l'arrestation de qn** arestio rhn.

procédure [pʀɔsedyʀ] *f* (*méthode*) dull *g*; (*action judiciaire*) achos *g*.

procès [pʀɔsɛ] *m* (*JUR: civil*) achos *g*; (*pénal*) prawf *g*, treial *g*; **intenter un** ~ **à qn** mynd â rhn i'r llys, rhoi'r gyfraith ar rn, mynd i gyfraith yn erbyn rhn, dwyn achos yn erbyn rhn; **être en** ~ **avec qn** bod yn rhan o achos llys gyda rhn; **faire le** ~ **de qn/qch** (*fig*) gosod rhn/rth ar brawf, rhoi prawf ar rn/rth; **sans autre forme de** ~ yn ddiymdroi, heb ragor o lol *ou* ffwdan.

processeur [pʀɔsesœʀ] *m* prosesydd *g*.

procession [pʀɔsesjɔ̃] *f* gorymdaith *b*.

processus [pʀɔsesys] *m* proses *b*; (*ANAT*) cambwl *g*.

procès-verbal (**~-verbaux**) [pʀɔsɛvɛʀbal] *m* (*JUR*) datganiad *g* o'r tramgwydd; (*relation*) cofnodion *ll*; **avoir un** ~-~ cael ticed *g ou* dirwy *b*.

prochain[1] (**-e**) [pʀɔʃɛ̃, ɛn] *adj* nesaf; (*imminent*) sydd ar ddod, buan, sy'n dod; **un jour** ~ rhyw ddydd a ddaw; **à la** ~**e (fois)!*** hwyl fawr!, tan toc!, tan y tro nesaf.

prochain[2] [pʀɔʃɛ̃] *m* cyd-ddyn *g*; **tu aimeras ton** ~ **comme toi-même** câr dy gymydog fel ti dy hun.

prochainement [pʀɔʃɛnmɑ̃] *adv* cyn bo hir, yn fuan, gyda hyn.

proche [pʀɔʃ] *adj* agos; (*récent*) diweddar; (*voisin: langues, idées etc*) tebyg, agos i'w gilydd; **être** ~ **de** bod yn agos i; **dans une maison très** ~ mewn tŷ cyfagos *ou* gerllaw; **les bureaux sont très** ~**s les uns des autres** mae'r swyddfeydd yn agos iawn i'w gilydd; **un souvenir** ~ atgof *g* byw; **de** ~ **en** ~ yn raddol, fesul tipyn, o dipyn i beth.

Proche-Orient [pʀɔʃɔʀjɑ̃] *prm*: **le** ~-~ y Dwyrain *g* Agos.

proches [pʀɔʃ] *mpl* (*parents*) teulu *g*; **l'un de ses** ~ (*amis*) un *g* o'i ffrindiau.

proclamation [pʀɔklamasjɔ̃] *f* datganiad *g*, datgan, cyhoeddiad *g*, cyhoeddi.

proclamer [pʀɔklame] (**1**) *vt* datgan, cyhoeddi.

procréer [pʀɔkʀee] (**1**) *vt* cenhedlu; **être en âge de** ~ bod mewn oed i gael plant.

procuration [pʀɔkyʀasjɔ̃] *f* (*pouvoir*) pŵer *g* atwrnai; (*pour une élection*) dirprwy *g*/*b*; **par** ~ (*voter*) trwy ddirprwy; (*vivre*) trwy eraill.

procurer [pʀɔkyʀe] (**1**) *vt*: ~ **qch à qn** cael gafael ar rth i rn, sicrhau rhth ar gyfer rhn;
♦ **se** ~ *vr* (*obtenir*) cael, sicrhau; (*acheter*) prynu.

procureur [pʀɔkyʀœʀ] *m*: ~ **de la République** erlynydd *g* cyhoeddus; ~ **général** erlynydd cyhoeddus (*yn y Llys Apêl*).

prodigalité [pʀɔdigalite] *f* (*générosité*) haelioni *g*; (*extravagance*) afradlonedd *g*, afradlondeb *g*.

prodige [pʀɔdiʒ] *m* (*génie*) athrylith *b*; (*exploit*) camp *b*; (*merveille*) rhyfeddod *g*, gwyrth *b*; **tenir du** ~ bod yn wyrth; **enfant** ~ plentyn *g* rhyfeddol.

prodigieusement [pʀɔdiʒjøzmɑ̃] *adv* yn rhyfeddol, yn aruthrol.

prodigieux (**prodigieuse**) [pʀɔdiʒjø, pʀɔdiʒjøz] *adj* (*immense*) aruthrol, enfawr; (*extraordinaire*) anhygoel, eithriadol, anghyffredin.

prodigue [pʀɔdig] *adj* afrad, afradlon, gwastraffus; **le fils** ~ y mab afradlon; **être** ~ **de son temps** bod yn hael â'ch amser

prodiguer [pʀɔdige] (**1**) *vt* (*argent*) afradu, gwastraffu; (*attentions, affection*) rhoi llawer o rth, bod yn hael (â rhth); ~ **des soins adéquats aux malades** gofalu am gleifion yn addas.

producteur[1] (**productrice**) [pʀɔdyktœʀ,

pʀɔdyktʀis] *adj* cynhyrchiol, sy'n cynhyrchu; **une région productrice de café** ardal sy'n cynhyrchu coffi; **société productrice** (*CINÉ*) cwmni *g* ffilm.

producteur[2] [pʀɔdyktœʀ] *m* cynhyrchydd *g*.

productif (**productive**) [pʀɔdyktif, pʀɔdyktiv] *adj* cynhyrchiol; (*investissement*) sy'n dwyn elw, proffidiol.

production [pʀɔdyksjɔ̃] *f* cynhyrchiad *g*, cynhyrchu; (*produits*) cynnyrch *g*.

productivité [pʀɔdyktivite] *f* cynhyrchiant *g*, cynhyrchedd *g*.

productrice [pʀɔdyktʀis] *f* cynhyrchydd *g*;
♦*adj f voir* **producteur**[1].

produire [pʀɔdɥiʀ] (**52**) *vt* cynhyrchu;
♦*vi* (*investissement etc*) dwyn elw;
♦ **se** ~ *vr* (*changement, évènement*) digwydd, ymddangos; (*acteur*) perfformio, ymddangos.

produit[1] (-**e**) [pʀɔdɥi, it] *pp de* **produire**.

produit[2] [pʀɔdɥi] *m* cynnyrch *g*; (*profit*) elw *g*; (*MATH*) lluoswm *g*; ~ **d'entretien** deunydd *g* glanhau; ~ **des ventes** trosiant *g* gwerthu; ~ **national brut** Cynnyrch Gwladol Crynswth; ~ **net** elw net *ou* clir; ~ **pour la vaisselle** hylif *g* golchi llestri; ~**s agricoles** cynnyrch *ou* cynhyrchion *ll* fferm; ~**s alimentaires** bwydydd *ll*; ~**s de beauté** cosmetigion *ll*, cosmetigau *ll*.

proéminence [pʀɔeminɑ̃s] *f* amlygrwydd *g*.

proéminent (-**e**) [pʀɔeminɑ̃, ɑ̃t] *adj* amlwg; (*yeux*) yn sefyll allan.

prof* [pʀɔf] *abr* (*professeur*) athro *g*, athrawes *b*.

profane [pʀɔfan] *adj* (*non religieux*) seciwlar; (*non initié*) anhyfforddedig, dihyfforddiant, anghyfarwydd; **en musique, ils sont complètement** ~**s** ni wyddan' nhw ddim am gerddoriaeth;
♦*m/f* lleygwr *g*, lleygwraig *b*.

profaner [pʀɔfane] (**1**) *vt* (*désécrer*) halogi, difwyno, amharchu; (*talent*) iselhau.

proférer [pʀɔfeʀe] (**14**) *vt* (*dire*) dweud; ~ **des insultes** taflu enllibion (at rn); ~ **des menaces** chwythu bygythion.

professer [pʀɔfese] (**1**) *vt* datgan, mynegi.

professeur [pʀɔfesœʀ] *m* athro *g*, athrawes *b*; ~ **(de faculté)** darlithydd *g* (coleg).

profession [pʀɔfesjɔ̃] *f* proffesiwn *g*, galwedigaeth *b*; **quelle est votre** ~**?** beth yw'ch swydd chi?; **embrasser la** ~ **médicale** mynd yn feddyg; **elle est bibliothécaire de** ~ llyfrgellydd yw hi wrth ei galwedigaeth; **"sans** ~**"** "di-waith"; (*femme mariée*) "gwraig tŷ"; **faire** ~ **de** (*opinion*) datgan, arddel.

professionnel[1] (-**le**) [pʀɔfesjɔnɛl] *adj* proffesiynol, galwedigaethol; **milieu** ~ byd *g* gwaith; **enseignement** ~ addysg *b* alwedigaethol; **acteur non** ~ actor *g* amatur.

professionnel[2] [pʀɔfesjɔnɛl] *m* un *g* proffesiynol.

professionnelle [pʀɔfesjɔnɛl] *f* un *b* broffesiynol;
♦*adj f voir* **professionnel**[1].

professoral (-**e**) (**professoraux, professorales**) [pʀɔfesɔʀal, pʀɔfesɔʀo] *adj* athrawol; (*péj*) proffesoraidd; **le corps** ~ athrawon *ll*.

professorat [pʀɔfesɔʀa] *m* dysgu, byd *g* addysg, byd athrawon.

profil [pʀɔfil] *m* amlinell *b*, amlinelliad *g*, proffil *g*; **peindre qn de** ~ paentio llun rhn o'r ochr; **vous avez le** ~ **requis pour ce poste** mae gennych y cymwysterau angenrheidiol ar gyfer y swydd hon; **adopter un** ~ **bas** aros *ou* cadw o'r golwg.

profilé (-**e**) [pʀɔfile] *adj* llyfn(llefn)(llyfnion).

profiler [pʀɔfile] (**1**) *vt* amlinellu, proffilio; (*aile etc*) llilinio, lliflinio; **la tour profile sa silhouette dans le ciel** gwelir amlinelliad y tŵr yn erbyn yr awyr;
♦ **se** ~ *vr* bod yn amlwg, sefyll allan.

profit [pʀɔfi] *m* (*avantage*) mantais *b*, budd *g*; (*COMM, FIN*) elw *g*; **tirer** ~ **de qch** gwneud y gorau o rth, cael budd o rth, manteisio ar rth; **il a tiré** ~ **de mes conseils** bu fy nghynghorion o fudd iddo; **vous avez** ~ **à faire cela** byddai o fudd ichi wneud hynna; ~**s et pertes** (*COMM*) elw a cholledion *ll*.

profitable [pʀɔfitabl] *adj* manteisiol, defnyddiol, buddiol, o fudd *ou* o les.

profiter [pʀɔfite] (**1**) *vi*: ~ **de** elwa ar, manteisio ar; **j'ai profité de ce qu'il était là pour lui demander de m'aider** gan ei fod yno, mi ofynnais iddo fy helpu, manteisiais ar y ffaith ei fod yno i ofyn iddo fy helpu; **la vie est courte, profitez-en** mae bywyd yn fyr, gwnewch y gorau ohono; ~ **à qn** bod o fantais *ou* fudd i rn; (*aliment etc*) gwneud i rn dewychu *ou* ennill pwysau, bod yn llesol i rn.

profiteur [pʀɔfitœʀ] (*péj*) *m* budrelwr *g*.

profiteuse [pʀɔfitøz] (*péj*) *f* budrelwraig *b*.

profond (-**e**) [pʀɔfɔ̃, ɔ̃d] *adj* dwfn(dofn)(dyfnion); (*erreur*) difrifol; (*désespoir*) llwyr, dwfn; (*amour*) mawr; ~ **de 10 mètres** 10 metr o ddyfnder; **au plus** ~ **de la nuit** ym mherfeddion nos; **la France** ~**e** cefn *g* gwlad Ffrainc; **c'est** ~ **ce que tu dis** mae dyfnder yn yr hyn 'rwyt ti'n ei ddweud; **au plus** ~ **de la mer** yn nyfnder y môr; **au plus** ~ **de mon être** yng ngwaelod fy nghalon.

profondément [pʀɔfɔ̃demɑ̃] *adv* yn ddwfn; (*dormir*) yn drwm; (*aimer*) yn fawr; (*détester*) yn llwyr.

profondeur [pʀɔfɔ̃dœʀ] *f* dyfnder *g*; ~ **de champ** (*PHOT*) dyfnder ffocws; **avoir une** ~ **de 3 mètres** bod yn 3 metr o ddyfnder; **étudier qch en** ~ astudio rhth yn fanwl; **travail en** ~ gwaith *g* manwl; **les** ~**s de la mer** dyfnderoedd *ll* y môr; **les** ~**s de l'âme** dyfnderoedd yr enaid.

profusément [pʀɔfyzemɑ̃] *adv* yn doreithiog, yn helaeth.

profusion [pRɔfyzjɔ̃] *f* digonedd *g*, toreth *b*, helaethrwydd *g*, llawnder *g*; **il y a des fruits à ~** mae digonedd o ffrwythau.
progéniture [pRɔʒenityR] *f* epil *g*, disgynyddion *ll*.
progiciel [pRɔʒisjɛl] *m* (*INFORM*) pecyn *g* meddalwedd; **~ d'application** pecyn cymhwyso.
progouvernemental (-e) (**progouvernementaux, progouvernementales**) [pRɔguvɛRnəmɑ̃tal, pRɔguvɛRnəmɑ̃to] *adj* pro-lywodraeth, dros y llywodraeth, o blaid y llywodraeth.
programmable [pRɔgRamabl] *adj* rhaglenadwy.
programmateur [pRɔgRamatœR] *m* (*CINÉ, RADIO, TV*) trefnydd *g* rhaglenni; (*de machine à laver*) amserydd *g*.
programmation [pRɔgRamasjɔ̃] *f* rhaglennu.
programmatrice [pRɔgRamatRis] *f* (*CINÉ, RADIO, TV*) trefnwraig *b* rhaglenni.
programme [pRɔgRam] *m* rhaglen *b*; (*projet*) cynllun *g*; (*SCOL*) maes *g* llafur; (*emploi du temps*) amserlen *b*; **au ~ de ce soir** (*TV*) ar y teledu heno.
programmé (-e) [pRɔgRame] *adj* rhaglenedig; **enseignement ~** addysg *b* raglenedig.
programmer [pRɔgRame] (**1**) *vt* (*INFORM*) rhaglennu; (*prévoir*) paratoi, trefnu, cynllunio; (*TV*) darlledu.
programmeur [pRɔgRamœR] *m* (*INFORM*) rhaglennydd *g*.
programmeuse [pRɔgRamøz] *f* (*INFORM*) rhaglennydd *g*.
progrès [pRɔgRɛ] *m* datblygiad *g*, cynnydd *g*, gwelliant *g*; **faire des ~, être en ~** (*personne*) gwneud cynnydd; (*résultats*) gwella; **il y a du ~!** mae pethau'n gwella!
progresser [pRɔgRese] (**1**) *vi* cynyddu, datblygu, gwella; (*salaires, inflation*) codi, mynd yn uwch, mynd yn fwyfwy; (*maladie*) ymledu; (*alpiniste, armée*) ennill tir.
progressif (**progressive**) [pRɔgResif, pRɔgResiv] *adj* cynyddol.
progression [pRɔgResjɔ̃] *f* cynnydd *g*, datblygiad *g*; (*de maladie*) ymlediad *g*; (*MATH*) dilyniant *g*.
progressiste [pRɔgResist] *adj* blaengar.
progressivement [pRɔgResivmɑ̃] *adv* yn gynyddol, yn fwyfwy.
prohibé (-e) [pRɔibe] *adj* gwaharddedig.
prohiber [pRɔibe] (**1**) *vt* gwahardd.
prohibitif (**prohibitive**) [pRɔibitif, pRɔibitiv] *adj* gwaharddol.
prohibition [pRɔibisjɔ̃] *f* gwaharddiad *g*, gwahardd.
proie [pRwɑ] *f* ysglyfaeth *b*; **l'aigle s'est abattu sur sa ~** ymosododd yr eryr ar ei ysglyfaeth; **la maison était la ~ des flammes** 'roedd y tŷ ar dân; **elle est en ~ à la maladie** mae hi wedi'i tharo gan salwch; **entreprise en ~ à des difficultés** cwmni yn cael ei blagio gan drafferthion; **il a été la ~ des journaux à scandale quand il a divorcé** cafodd ei blagio gan wasg y gwter pan ysgarodd.
projecteur [pRɔʒɛktœR] *m* (*CINÉ*) taflunydd *g*; (*lumière*) golau *g* cylch, sbotolau *g*; (*de véhicule*) prif olau *g* blaen; (*de stade*) llifolau *g*.
projectile [pRɔʒɛktil] *m* (*gén*) teflyn *g*; (*balle, obus*) taflegryn *g*.
projection [pRɔʒɛksjɔ̃] *f* tafliad *g*, taflu; (*CINÉ*) tafluniad *g*, taflunio; **salle de ~** ystafell *g* daflunio; **conférence avec ~s** darlith *b* â sleidiau neu ffilm; **il y avait des ~s de boue sur toute la voiture** 'roedd mwd wedi tasgu dros y car i gyd.
projectionniste [pRɔʒɛksjɔnist] *m* (*CINÉ*) tafluniwr *g*, taflunwraig *b*.
projet [pRɔʒɛ] *m* (*plan*) cynllun *g*; (*ébauche*) braslun *g*, drafft *g*, amlinelliad *g*; (*entreprise en cours*) project *g*; **faire des ~s** gwneud cynlluniau; **~ de loi** mesur *g* seneddol.
projeter [pRɔʒ(ə)te] (**12**) *vt* taflu, lluchio; (*film*) taflunio, dangos; (*envisager*) bwriadu, amcanu.
prolétaire [pRɔletɛR] *m/f* proletariad *g/b*, gwerinwr *g*, gwerinwraig *b*.
prolétariat [pRɔletaRja] *m* proletariat *g*, gwerin *b*.
prolétarien (-ne) [pRɔletaRjɛ̃, jɛn] *adj* proletaraidd, gwerinol.
prolifération [pRɔlifeRasjɔ̃] *f* lluosogiad *g*, amlhad *g*, ymlediad *g*.
proliférer [pRɔlifeRe] (**14**) *vi* lluosogi, amlhau, cynyddu'n fawr.
prolifique [pRɔlifik] *adj* (*animaux*) epilgar; (*auteur*) toreithiog.
prolixe [pRɔliks] *adj* hirwyntog, hirfaith, amleiriog.
prolo* [pRolo] *m/f* (*abréviation de prolétaire*) un *g/b* o'r werin, gwerinwr *g*, gwerinwraig *b*.
prologue [pRɔlɔg] *m* (*MUS*) prolog *g*; (*LITT*) prolog, rhagymadrodd *g*, cyflwyniad *g*.
prolongateur [pRɔlɔ̃gatœR] *m* cebl *g* estyn.
prolongation [pRɔlɔ̃gasjɔ̃] *f* parhad *g*; (*de congé*) estyniad *g*; (*FOOTBALL*) amser *g* dros ben, amser ychwanegol; **jouer les ~s** (*FOOTBALL*) chwarae amser dros ben, chwarae amser ychwanegol.
prolongé (-e) [pRɔlɔ̃ʒe] *adj* estynedig, hir, maith.
prolongement [pRɔlɔ̃ʒmɑ̃] *m* (*agrandissement*) estyniad *g*; **dans le ~ de ...** yn dilyn ...; **~s** (*fig: suites, conséquences*) canlyniadau *ll*, goblygiadau *ll*.
prolonger [pRɔlɔ̃ʒe] (**10**) *vt* estyn, hwyhau, parhau, gwneud estyniad i; (*être le prolongement de*) bod yn estyniad i; ♦ **se ~** *vr* (*route, chemin*) ymestyn; (*continuer*) parhau, para, mynd yn ei flaen.
promenade [pRɔm(ə)nad] *f* tro *g*; (*en bord de la mer*) promenâd *g*; **faire une ~, partir en ~**

mynd am dro; ~ **à pied** tro cerdded; ~ **à vélo/en voiture** tro ar gefn beic/mewn car.

promener [pʀɔm(ə)ne] (**13**) *vt*: ~ **qn** mynd â rhn am dro; ~ **qn/qch partout** mynd â rhn/rhth i bobman; **il est sorti** ~ **le chien** mae wedi mynd â'r ci am dro; **va chez le boulanger, ça te promènera** dos i'r siop fara, fe wnaiff y tro les iti; ~ **les doigts/la main sur qch** rhedeg eich bysedd/llaw dros rth; ~ **le regard sur qch** bwrw golwg dros rth;
♦ **se** ~ *vr* mynd am dro; **se** ~ **en voiture** mynd am dro mewn car.

promeneur [pʀɔm(ə)nœʀ] *m* cerddwr *g*, un sy'n mynd am dro.

promeneuse [pʀɔm(ə)nøz] *f* cerddwraig *b*, un sy'n mynd am dro.

promenoir [pʀɔm(ə)nwaʀ] *m* rhodfa *b*.

promesse [pʀɔmɛs] *f* addewid *b*; **tenir ses** ~**s** cadw eich addewid; **faire la** ~ **à qn que** addo i rn ...; **être plein de** ~**s** (*personne, athlète atc*) bod yn addawol; ~ **d'achat/de vente** (*JUR*) ymrwymiad *g* i brynu/werthu.

prometteur (**prometteuse**) [pʀɔmetœʀ, pʀɔmetøz] *adj* addawol.

promettre [pʀɔmɛtʀ] (**72**) *vt* addo; ~ **qch à qn** addo rhth i rn; ~ **le secret** addo cadw cyfrinach; **promets-moi que tu n'en parleras à personne - je te le promets** wnei di addo imi na ddywedi di ddim wrth neb - 'rwy'n addo; **un match qui promet d'être intéressant** gêm sy'n argoeli'n ddiddorol; ~ **à qn de faire qch** addo i rn y gwnewch rth;
♦*vi* bod yn addawol; **un jeune musicien qui promet** cerddor *g* ifanc addawol;
♦ **se** ~ *vr* addo i chi'ch hun; **se** ~ **de faire qch** penderfynu *ou* bwriadu gwneud rhth; **ils se sont promis de ne plus se quitter** maen nhw wedi addo na wnan nhw fyth adael ei gilydd.

promeus *etc* [pʀɔmø] *vb voir* **promouvoir**.

promis (**-e**) [pʀɔmi, iz] *pp de* **promettre**;
♦*adj*: **être** ~ **à qch** bod â rhth o'ch blaen, wedi'ch arfaethu *ou* tynghedu i rth; **jeune homme** ~ **à un brillant avenir** llanc a dyfodol disglair o'i flaen; **la terre** ~**e** Gwlad *b* yr Addewid.

promiscuité [pʀɔmiskɥite] *f* (*dans un dortoir, une cellule*) diffyg *g* preifatrwydd *ou* llonydd; (*dans le métro*) gorlawnder *g*.

promit [pʀɔmi] *vb voir* **promettre**.

promontoire [pʀɔmɔ̃twaʀ] *m* pentir *g*, penrhyn *g*, trwyn *g*.

promoteur [pʀɔmɔtœʀ] *m* hyrwyddwr *g*, anogwr *g*, cychwynnwr *g*; ~ **(immobilier)** datblygwr *g* adeiladau.

promotion [pʀɔmosjɔ̃] *f* (*d'employé*) dyrchafiad *g*, dyrchafu; (*de produit*) hyrwyddiad *g*, hyrwyddo, hybu; (*SCOL: élèves d'une même année*) blwyddyn *b*, dosbarth *g*; **articles en** ~ (*COMM*) nwyddau *ll* ar gynnig arbennig; ~ **des ventes** (*COMM*) marchnata.

promotionnel (**-le**) [pʀɔmosjɔnɛl] *adj* ar gynnig arbennig, rhatach, ar ostyngiad.

promotrice [pʀɔmɔtʀis] *f* hyrwyddwraig *b*, anogwraig *b*, cychwynwraig *b*.

promouvoir [pʀɔmuvwaʀ] (**38**) *vt* (*honorifiquement*) dyrchafu; (*dans la hierarchie*) rhoi dyrchafiad i; (*faire la promotion de*) hyrwyddo.

prompt (**-e**) [pʀɔ̃(pt), pʀɔ̃(p)t] *adj* cyflym, sydyn, buan, esgud; **il a l'esprit** ~ mae ganddo feddwl chwim; **meilleurs vœux de** ~ **rétablissment** dymuniadau gorau am wellhad buan; ~ **comme l'éclair** fel mellten; ~ **comme la foudre** fel bollten; ~ **à l'injure** parod i enllibio, sydyn i enllibio; ~ **à se décider** cyflym yn penderfynu.

promptement [pʀɔ̃ptəmɑ̃] *adv* (*vite*) yn fuan, yn gyflym, yn sydyn, yn chwim; (*sans délai*) yn ddi-oed, ar unwaith.

prompteur [pʀɔ̃ptœʀ] *m* (*TV*) awtociw *g*, teleweinydd *g*.

promptitude [pʀɔ̃(p)tityd] *f* cyflymder *g*, sydynrwydd *g*, buander *g*, chwimder *g*, parodrwydd *g*.

promu (**-e**) [pʀɔmy] *pp de* **promouvoir**;
♦*adj* sydd wedi cael dyrchafiad.

promulguer [pʀɔmylge] (**1**) *vt* cyhoeddi.

prôner [pʀone] (**1**) *vt* (*louer*) canmol, clodfori; (*préconiser*) argymell, pleidio, annog.

pronom [pʀɔnɔ̃] *m* rhagenw *g*.

pronominal (**-e**) (**pronominaux, pronominales**) [pʀɔnɔminal, pʀɔnɔmino] *adj*: **(verbe)** ~ berf *b* ragenwol.

prononcé (**-e**) [pʀɔnɔ̃se] *adj* amlwg; **un accent** ~ acen *b* gref; **j'ai un goût** ~ **pour ...** 'rwy'n hoff iawn o ...

prononcer [pʀɔnɔ̃se] (**9**) *vt* ynganu; (*souhait*) mynegi; ~ **ses vœux** gwneud eich addunedau;
♦*vi*: ~ **bien/mal** ynganu'n dda/wael; (*JUR*) datgan dyfarniad, dyfarnu;
♦ **se** ~ *vr* cael ei ynganu; **se** ~ **en faveur de/contre qch/qn** datgan eich bod o blaid/yn erbyn rhth/rhn; **ça se prononce comment?** sut mae ynganu *ou* dweud hynna?

prononciation [pʀɔnɔ̃sjasjɔ̃] *f* ynganiad *g*, ynganu; (*d'un jugement*) datganiad *g*, datgan; **avoir une bonne/mauvaise** ~ ynganu'n dda/wael.

pronostic [pʀɔnɔstik] *m* (*MÉD*) argoel *b*, rhagolwg *g*, prognosis *g*; ~**s** (*fig: prévision*) proffwydoliad *g*, rhagolygon *ll*.

pronostiquer [pʀɔnɔstike] (**1**) *vt* proffwydo, rhagddweud; (*prévoir*) rhagweld

pronostiqueur [pʀɔnɔstikœʀ] *m* (*de résultats sportifs*) tipiwr *g*.

pronostiqueuse [pʀɔnɔstikøz] *f* (*de résultats sportifs*) tipwraig *b*.

propagande [pʀɔpagɑ̃d] *f* propaganda *g*; **film de** ~ ffilm *b* bropaganda; **faire de la** ~ **pour qch** (*cause*) ymgyrchu dros rth; (*produit*) rhoi cyhoeddusrwydd i rth.

propagandiste [pʀɔpagɑ̃dist] *m/f* propagandydd *g*.

propagation [pʀɔpagasjɔ̃] *f* lledaeniad *g*, ymlediad *g*; (*d'espèce*) lluosogiad *g*.

propager [pʀɔpaʒe] (**10**) *vt* lledaenu, lledu; (*espèce*) lluosogi, amlhau;
♦ **se** ~ *vr* ymledu.

propane [pʀɔpan] *m* (*CHIM*) propan *g*.

propension [pʀɔpɑ̃sjɔ̃] *f* tuedd *b*; ~ **à qch** tuedd at rth; ~ **à faire qch** tuedd i wneud rhth.

prophète [pʀɔfɛt] *m* (*REL*) proffwyd *g*.

prophétesse [pʀɔfetɛs] *f* (*REL*) proffwydes *b*.

prophétie [pʀɔfesi] *f* (*prédiction*) proffwydoliaeth *b*; (*action de prophétiser*) proffwydo.

prophétique [pʀɔfetik] *adj* proffwydol.

prophétiser [pʀɔfetize] (**1**) *vt* (*REL*) proffwydo.

prophylactique [pʀɔfilaktik] *adj* clwyfataliol, proffylactig.

prophylaxie [pʀɔfilaksi] *f* proffylacsis *g*, atal clefydau.

propice [pʀɔpis] *adj* ffafriol; **trouver le moment** ~ dod o hyd i'r adeg iawn, taro ar yr adeg iawn.

proportion [pʀɔpɔʀsjɔ̃] *f* cyfran *b*; (*MATH*) cyfrannedd *b*; (*d'un édifice, du visage*) cymesuredd *g*; **en** ~ yn gymesur; **à** ~ **de, en** ~ **de** yn gymesur â; **hors de** ~ anghymesur; **toutes** ~**s gardées** gan ystyried popeth; **dans une** ~ **de cinq à un** ar gyfrannedd o bump i un.

proportionné (-e) [pʀɔpɔʀsjɔne] *adj*: **bien** ~ cymesur; **mal** ~ anghymesur.

proportionnel (-le) [pʀɔpɔʀsjɔnɛl] *adj* cyfrannol, cymesur; (*MATH*) cyfraneddol; ~ **à** cymesur â; **scrutin** ~**, représentation** ~**le** (*POL*) cynrychiolaeth *b* gyfrannol.

proportionnellement [pʀɔpɔʀsjɔnɛlmɑ̃] *adv* yn gymesur, yn gyfrannol, o ran cyfran.

proportionner [pʀɔpɔʀsjɔne] (**1**) *vt*: ~ **qch à** cymesuro rhth â, gwneud rhth yn gymesur â.

propos [pʀɔpo] *m* (*paroles*) sylw *g*, sylwadau *ll*, geiriau *ll*; (*intention, but*) bwriad *g*, amcan *g*; (*sujet*) pwnc *g*; **à quel** ~**?** pam?; **je voudrais te parler - à quel** ~**?** mi hoffwn i gael gair â thi - am beth?; **à** ~ **de** am, ynghylch, ynglŷn â; **je vous écris à** ~ **de l'annonce** 'rwy'n ysgrifennu atoch parthed yr hysbyseb; **à tout** ~ am y peth lleiaf, heb reswm yn y byd, byth a hefyd; **à ce** ~ yn y cyswllt hwn; **arriver à** ~ cyrraedd ar yr adeg iawn *ou* gfleus.

proposer [pʀɔpoze] (**1**) *vt* (*suggérer*) awgrymu; (*offrir*) cynnig; (*à un examen*) gosod; **je propose qu'on aille se promener** beth am inni fynd am dro; **on m'a proposé un poste** 'rwyf wedi cael cynnig swydd;
♦ **se** ~ *vr* cynnig; **se** ~ **pour peindre la cuisine** cynnig paentio'r gegin; **je me propose de voyager** 'rwy'n bwriadu teithio.

proposition [pʀɔpozisjɔ̃] *f* (*suggestion*) awgrym *g*; (*offre*) cynnig *g*; (*LING*) cymal *g*; **sur la** ~ **de qn** ar gynnig rhn; ~ **de loi** mesur *g* seneddol.

propre[1] [pʀɔpʀ] *adj* (*pas sale, net*) glân; (*cahier, copie, travail*) taclus; (*fig: honnête*) gonest; (*moral*) parchus; (*enfant*) sydd wedi dysgu mynd i'r toiled; (*animal*) glân yn y tŷ;
♦*m*: **mettre qch au** ~**, recopier qch au** ~ gwneud copi glân o rth; **sentir le** ~ arogleuo'n lân; **c'est du** ~**!** dyma lanast!

propre[2] [pʀɔpʀ] *adj* (*possessif*) eich hun; ~ **à** (*particulier, spécifique*) neilltuol, neilltuedig i, arbennig; **maladie** ~ **aux être humains** salwch neilltuedig i fodau dynol; **de mes** ~**s yeux** â'm llygaid fy hun; **il a son style** ~ mae ganddo ei arddull ei hun, mae ganddo arddull neilltuol; **c'est un trait qui lui est** ~ mae'n nodwedd unigryw iddo ef; ~ **à faire qch** tebygol o wneud rhth, addas i wneud rhth, o'r math *ou* o fath i wneud rhth; **biens** ~**s** eiddo *g* personol;
♦*m* (*qualité*) nodwedd *b*; **cette caractéristique que la France possède en** ~ y nodwedd hon sy'n arbennig i Ffrainc, y nodwedd hon sy'n neilltuol Ffrengig; **au** ~ (*LING*) yn llythrennol; **avoir qch en** ~ bod â rhth yn arbennig; **appartenir à qn en** ~ perthyn yn unig i rn;
♦*m/f*: ~ **à rien** (*péj: personne*) un *g/b* da/dda i ddim.

proprement [pʀɔpʀəmɑ̃] *adv* (*absolument*) yn hollol; (*avec propreté*) yn lân; (*avec netteté*) yn daclus; (*décemment*) yn weddus; (*comme il faut*) yn iawn, fel y dylid; (*exclusivement*) yn unig; **à** ~ **parler** a siarad yn fanwl gywir; **mange** ~**!** paid â gwneud llanast wrth fwyta!; **le village** ~ **dit** y pentref ei hun; **c'est** ~ **scandaleux** mae'n hollol warthus.

propret (-te) [pʀɔpʀɛ, ɛt] *adj* taclus, twt.

propreté [pʀɔpʀəte] *f* glanweithdra *g*, glendid *g*; **veiller à la** ~ **d'un bâtiment** gofalu am lendid adeilad; **en parfait état de** ~ mewn cyflwr perffaith lân.

propriétaire [pʀɔpʀijetɛʀ] *m/f* perchennog *g*, perchenoges *b*; ~ **(immobilier)** perchennog tŷ; ~ **récoltant** gwinllannwr *g*; ~ **terrien** tirfeddiannwr *g*.

propriété [pʀɔpʀijete] *f* (*droit*) perchenogaeth *b*; (*biens possédés*) eiddo *g*; ~ **artistique et littéraire** hawlfraint *b* ddeallusol; ~ **industrielle** breinhawliau *ll*, hawliau *ll* patent.

propulser [pʀɔpylse] (**1**) *vt* (*missile, engin*) gyrru ymlaen; (*projeter*) taflu.

propulsion [pʀɔpylsjɔ̃] *f* gyriant *g*, gyrru, gwthio; ~ **à réaction** jet-yriant *g*.

prorata [pʀɔʀata] *m*: **au** ~ **de** yn ôl, yn gymesur â, ar sail.

prorogation [pʀ̥ɔgasjɔ̃] *f* (*de date, d'assemblée*) gohiriad *g*, gohirio; (*de passeport*) adnewyddiad *g*, adnewyddu; (*de durée*) estyniad *g*, estyn.

proroger [pʀ̣ʒe] (**10**) *vt* (*reculer*) gohirio; (*prolonger*) adnewyddu; (*rallonger*) hwyhau, estyn, ymestyn.

prosaïque [pʀozaik] *adj* rhyddieithol; (*terre à terre*) anniddorol, di-fflach.

proscription [pʀɔskʀipsjɔ̃] *f* (*du citoyen*) alltudiad *g*, alltudio; (*interdiction*) gwaharddiad *g*, gwahardd.

proscrire [pʀɔskʀiʀ] (**53**) *vt* (*exiler*) alltudio; (*interdire*) gwahardd.

prose [pʀoz] *f* rhyddiaith *b*.

prosélyte [pʀɔzelit] *m/f* proselyt *g/b*, dychweledig *g/b*, troëdig *g/b*.

prosélytisme [pʀɔzelitism] *m* proselytiaeth *b*, cenhadu; **faire du ~ politique** cenhadu gwleidyddol.

prospecter [pʀɔspɛkte] (**1**) *vt* (*terrain*) archwilio, chwilio, chwilota; (*COMM: région*) chwilio am gwsmeriaid newydd yn.

prospecteur [pʀɔspɛktœʀ] *m* chwiliwr *g*, chwilotwr *g*; (*COMM*) un sy'n chwilio am gwsmeriaid newydd.

prospecteur-placier (~**s**-~**s**) [pʀɔspɛktœʀplasje] *m* swyddog *g* gwaith.

prospectif (**prospective**) [pʀɔspɛktif, pʀɔspɛktiv] *adj* disgwyliadwy, dichonol, a all ddod, ar y gweill.

prospection [pʀɔspɛksjɔ̃] *f* (*GÉO*) chwilio, chwilota; (*COMM*) chwilio am gwsmeriaid newydd.

prospectrice [pʀɔspɛktʀis] *f* chwilwraig *b*, chwilotwraig *b*; (*COMM*) un *b* sy'n chwilio am gwsmeriaid newydd.

prospectus [pʀɔspɛktys] *m* (*feuille*) taflen *b*; (*dépliant*) llyfryn *g*.

prospère [pʀɔspɛʀ] *adj* ffyniannus, llewyrchus.

prospérer [pʀɔspeʀe] (**14**) *vi* ffynnu, bod yn llewyrchus.

prospérité [pʀɔspeʀite] *f* ffyniant *g*, llewyrch *g*.

prostate [pʀɔstat] *f* (*ANAT*) chwarren *b* brostad.

prosterner [pʀɔstɛʀne] (**1**): **se ~** *vr* ymgrymu'n isel, ymostwng, ymgreinio.

prostituée [pʀɔstitɥe] *f* putain *b*.

prostitution [pʀɔstitysjɔ̃] *f* puteindra *g*, puteiniaeth *b*.

prostré (**-e**) [pʀɔstʀe] *adj* ar eich hyd, yn gorwedd.

protagoniste [pʀɔtagɔnist] *m/f* arwr *g*, arwres *b*, prif gymeriad *g*.

protecteur[1] (**protectrice**) [pʀɔtɛktœʀ, pʀɔtɛktʀis] *adj* amddiffynnol, gwarcheidiol; (*péj: air, ton*) nawddoglyd, nawddogol.

protecteur[2] [pʀɔtɛktœʀ] *m* amddiffynydd *g*, gwarchodwr *g*; **~ des arts** noddwr *g* y celfyddydau.

protection [pʀɔtɛksjɔ̃] *f* amddiffyniad *g*, amddiffyn, gwarchodaeth *b*, gwarchod; (*sécurité*) diogelwch *g*; **~ de l'environnement** gwarchodaeth yr amgylchedd; **~ civile** y gwasanaeth achub gwladol; **~ maternelle et infantile** lles *g* mamau a phlant.

protectionnisme [pʀɔtɛksjɔnism] *m* (*POL*) diffynnaeth *b*, diffyndollaeth *b*.

protectionniste [pʀɔtɛksjɔnist] *adj* (*POL*) diffyndollol.

protectrice [pʀɔtɛktʀis] *f* amddiffynydd *g*, gwarchodwraig *b*; **~ des arts** noddwraig *b* y celfyddydau;
♦*adj f voir* **protecteur**[1].

Protée [pʀɔte] *prm* Protews.

protégé [pʀɔteʒe] *m* noddedig *g*, protégé *g*; **c'est mon ~** mae dan f'adain i.

protégée [pʀɔteʒe] *f* noddedig *b*, protégée *b*; **c'est ma ~** mae hi dan f'adain i.

protège-cahier (~-~**s**) [pʀɔtɛʒkaje] *m* gorchudd *g* llyfr ysgol.

protège-dents [pʀɔtɛʒdɑ̃] *m inv* (*BOXE*) gorchudd *g* dannedd.

protéger [pʀɔteʒe] (**15**) *vt* amddiffyn, gwarchod, diogelu; (*aider, patronner: personne, carrière*) hyrwyddo, noddi;
♦ **se ~** *vr*: **se ~ (de qch** *neu* **contre qch)** eich gwarchod eich hun (rhag rhth).

protéine [pʀɔtein] *f* protein *g*.

protestant[1] (**-e**) [pʀɔtɛstɑ̃, ɑ̃t] *adj* Protestannaidd.

protestant[2] [pʀɔtɛstɑ̃] *m* Protestant *g*.

protestante [pʀɔtɛstɑ̃t] *f* Protestant *b*;
♦*adj f voir* **protestant**[1].

protestantisme [pʀɔtɛstɑ̃tism] *m* Protestaniaeth *b*.

protestataire [pʀɔtɛstatɛʀ] *adj* protestgar; **mouvement ~** mudiad *g* protest; **vote ~** pleidlais *b* brotest;
♦*m/f* protestiwr *g*, protestwraig *b*, gwrthdystiwr *g*, gwrthdystwraig *b*.

protestation [pʀɔtɛstasjɔ̃] *f* protest *b*; **en signe de ~** fel arwydd o brotest; **~s d'amitié** datganiadau *ll* o gyfeillgarwch.

protester [pʀɔtɛste] (**1**) *vi*: **~ (contre qch)** protestio (yn erbyn rhth), gwrthdystio (yn erbyn rhth); **~ de son innocence** protestio eich bod yn ddieuog.

prothèse [pʀɔtɛz] *f* (*MÉD: appareil*) prosthesis *g*; (*membre artificiel*) aelod *g* gosod; (*science*) prostheteg *b*; **~ dentaire** dant *g* dodi *ou* gosod; (*science*) orthodonteg *b*.

protocolaire [pʀɔtɔkɔlɛʀ] *adj* protocolaidd; (*cérémonieux*) ffurfiol; (*officiel*) swyddogol.

protocole [pʀɔtɔkɔl] *m* protocol *g*; (*étiquette*) moesau *ll*; **~ d'accord** braslun *g* o gytundeb; **~ opératoire** (*MÉD*) trefn *b* lawdriniaethol; **sans ~** yn anffurfiol.

prototype [pʀɔtɔtip] *m* prototeip *g*.

protubérance [pʀɔtybeʀɑ̃s] *f* chwydd *g*.

protubérant (**-e**) [pʀɔtybeʀɑ̃, ɑ̃t] *adj* chwyddedig; (*yeux*) yn sefyll allan *ou* mas; (*ventre*) boliog, cestog, mawr.

proue [pʀu] *f* blaen *g* (*llong*).

prouesse [pʀuɛs] *f* camp *b*; **faire une ~** cyflawni camp.
prouvable [pʀuvabl] *adj* profadwy.
prouver [pʀuve] (**1**) *vt* profi; (*montrer: reconnaissance etc*) dangos.
provenance [pʀɔv(ə)nɑ̃s] *f* tarddiad *g*; (*d'une famille*) tras *b*; **j'ignore la ~ de cette lettre** ni wn i ddim o ble daw'r llythyr hwn; **le train en ~ de Nantes** y trên o Nantes.
provençal[1] (-**e**) (**provençaux, provençales**) [pʀɔvɑ̃sal, pʀɔvɑ̃so] *adj* Profensaidd, o Provence.
provençal[2] [pʀɔvɑ̃sal, pʀɔvɑ̃so] *m* (*LING*) Profensaleg *b,g*.
Provençal (**Provençaux**) [pʀɔvɑ̃sal, pʀɔvɑ̃so] *m* Profensiad *g*, Profenswr *g*, rhn o Provence.
Provençale [pʀɔvɑ̃sal] *f* Profensiad *b*, rhn o Provence.
Provence [pʀɔvɑ̃s] *prf*: **la ~** Proféns *b*, Provence *b*.
provenir [pʀɔv(ə)niʀ] (**32**) *vi*: **~ de** dod o.
proverbe [pʀɔvɛʀb] *m* dihareb *b*; **le livre des Proverbes** Llyfr y Diarhebion; **comme dit le ~** ys dywed yr hen air.
proverbial (-**e**) (**proverbiaux, proverbiales**) [pʀɔvɛʀbjal, pʀɔvɛʀbjo] *adj* diarhebol; **sa bonté est ~e** mae ei garedigrwydd yn ddihareb.
providence [pʀɔvidɑ̃s] *f* rhagluniaeth *b*.
providentiel (-**le**) [pʀɔvidɑ̃sjɛl] *adj* rhagluniaethol.
province [pʀɔvɛ̃s] *f* talaith *b*; **s'installer en ~** mynd i fyw y tu allan i'r brifddinas.
provincial[1] (-**e**) (**provinciaux, provinciales**) [pʀɔvɛ̃sjal, pʀɔvɛ̃sjo] *adj* taleithiol, o'r tu allan i'r brifddinas; (*péj*) plwyfol.
provincial[2] (**provinciaux**) [pʀɔvɛ̃sjal, pʀɔvɛ̃sjo] *m* taleithiwr *g*.
provinciale [pʀɔvɛ̃sjal] *f* taleithwraig *b*; ♦*adj f voir* **provincial**[1].
proviseur [pʀɔvizœʀ] *m* prifathro *g*, prifathrawes *b*, pennaeth *g* ysgol, penaethes *b* ysgol.
provision [pʀɔvizjɔ̃] *f* darpariaeth *b*; (*réserve*) cyflenwad *g*, stoc *g*; (*acompte*) blaendal *g*, ernes *b*; (*COMM: dans un compte*) arian *g*; **faire ~ de qch** cael stoc *ou* cyflenwad o rth; **~s** (*vivres*) bwydydd *ll*; **placard à ~s, armoire à ~s** cwpwrdd *g* bwyd; **sac à ~** bag *g* siopa.
provisoire [pʀɔvizwaʀ] *adj* dros dro; **mise en liberté ~** rhyddid *g* dros dro.
provisoirement [pʀɔvizwaʀmɑ̃] *adv* am y tro.
provocant (-**e**) [pʀɔvɔkɑ̃, ɑ̃t] *adj* herfeiddiol, herllyd, pryfoclyd.
provocateur [pʀɔvɔkatœʀ] *m* corddwr *g*, aflonyddwr *g*, pryfociwr *g*.
provocation [pʀɔvɔkasjɔ̃] *f* cythruddo, pryfocio, corddi.
provocatrice [pʀɔvɔkatʀis] *f* corddwraig *b*, aflonyddwraig *b*, pryfocwraig *b*.
provoquer [pʀɔvɔke] (**1**) *vt* (*causer*) achosi, peri; (*défier*) herio, cythruddo, pryfocio; (*aveux, explications*) annog; **~ qn à faire qch** annog rhn i wneud rhth.
prox. *abr*= **proximité**.
proxénète [pʀɔksenɛt] *m* puteinfeistr *g*, caffaelwr *g*, pimp* *g*.
proxénétisme [pʀɔksenetism] *m* caffael merched i buteinio.
proximité [pʀɔksimite] *f* agosrwydd *g*; **à ~** gerllaw, yn agos; **à ~ de** ger, yn agos i, ar bwys, wrth ymyl, gerllaw; **magasin de ~** siop *b* leol; **à cause de la ~ de Noël** gan fod y Nadolig mor agos.
prude [pʀyd] *adj* mursennaidd, piwritanaidd.
prudemment [pʀydamɑ̃] *adv* yn ofalus
prudence [pʀydɑ̃s] *f* gofal *g*, pwyll *g*; **avec ~** yn ofalus, yn bwyllog; **par (mesure de) ~** er mwyn bod yn ofalus.
prudent (-**e**) [pʀydɑ̃, ɑ̃t] *adj* (*soucieux de sa sécurité*) gofalus; (*sage*) doeth; (*réservé*) pwyllog; **ce n'est pas ~ de ...** nid yw'n ddiogel ..., peth annoeth yw ...; **soyez ~!** byddwch yn ofalus!
prune [pʀyn] *f* (*fruit*) eirinen *b*; (*eau-de-vie*) brandi *g* eirin.
pruneau (-**x**) [pʀyno] *m* eirinen *b* sych.
prunelle [pʀynɛl] *f* (*ANAT*) cannwyll *b* llygad; (*BOT*) eirinen *b* (fach) dagu, eirinen sur (fach); (*eau-de-vie*) brandi *g* eirin (bach) tagu.
prunier [pʀynje] *m* coeden *b* eirin.
Prusse [pʀys] *prf*: **la ~** Prwsia *b*.
PS[1] [peɛs] *sigle m*(= *Parti socialiste*) y blaid *b* sosialaidd.
PS[2] [peɛs] *sigle m*(= *post-scriptum*) O.N. (*ôl-nodyn*).
psalmodier [psalmɔdje] (**16**) *vt* llafarganu.
psaume [psom] *m* salm *b*; **le livre des Psaumes** Llyfr *g* y Salmau.
pseudonyme [psødɔnim] *m* ffugenw *g*; (*de comédien*) enw *g* llwyfan.
PSU [peɛsy] *sigle m*(= *Parti socialiste unifié*) y blaid *b* sosialaidd unedig.
psy* [psi] *m/f* seiciatrydd *g*.
psychanalyse [psikanaliz] *f* seicdreiddiad *g*.
psychanalyser [psikanalize] (**1**) *vt* seicdreiddio.
psychanalyste [psikanalist] *m/f* seicdreiddiwr *g*, seicdreiddwraig *b*.
psychanalytique [psikanalitik] *adj* seicdreiddiol.
psychédélique [psikedelik] *adj* seicedelig.
psychiatre [psikjatʀ] *m/f* seiciatrydd *g*.
psychiatrie [psikjatʀi] *f* seiciatreg *b*.
psychiatrique [psikjatʀik] *adj* seiciatrig.
psychique [psiʃik] *adj* seicolegol.
psychisme [psiʃism] *m* enaid *g*, ysbryd *g*, seice *g*, meddwl *g*.
psychologie [psikɔlɔʒi] *f* seicoleg *b*; (*intuition*) sythwelediad *g*.
psychologique [psikɔlɔʒik] *adj* seicolegol; (*mental*) meddyliol.
psychologiquement [psikɔlɔʒikmɑ̃] *adv* yn

seicolegol, yn feddyliol.
psychologue [psikɔlɔg] *m/f* seicolegydd *g*.
psychomoteur (**psychomotrice**) [psikomɔtœʀ, psikomɔtʀis] *adj* seicomotor, seicomodurol.
psychopathe [psikɔpat] *m/f* seicopath *g/b*.
psychopédagogie [psikopedagɔʒi] *f* seicoleg *b* mewn addysg.
psychose [psikoz] *f* (*MÉD*) seicosis *g*, gorffwylledd *g*; ~ **collective** panig *g* torfol; ~ **de la guerre** ofn *g* rhyfel obsesiynol.
psychosomatique [psikosɔmatik] *adj* (*MÉD*) seicosomatig.
psychothérapie [psikoteʀapi] *f* seicotherapi *g*.
psychotique [psikɔtik] *adj* (*MÉD*) seicotig.
Pte *abr*(= *Porte*) drws *g*.
pte *abr*(= *pointe*) pwynt *g*.
Ptolémée [ptɔleme] *prm* Ptolemi *g*.
PTT [petete] *sigle fpl*(= *Postes télécommunications et télédiffusion*) *gwasanaeth g post a thelathrebu Ffrainc.*
pu [py] *pp de* **pouvoir**[2].
puanteur [pɥɑ̃tœʀ] *f* drewdod *g*.
pub* [pyb] *f* (*publicité*) hysbyseb *g,b*, cyhoeddusrwydd *g*; (*activité, profession*) hysbysebu, byd *g* cyhoeddusrwydd.
pubère [pybɛʀ] *adj* blaenaeddfed.
puberté [pybɛʀte] *f* blaenaeddfedrwydd *g*, glaslencyndod *g*.
pubis [pybis] *m* (*ANAT*) gwerddyr *b*, pwbis *g*.
public[1] (**publique**) [pyblik] *adj* cyhoeddus, i'r cyhoedd.
public[2] [pyblik] *m*: **le** ~ y cyhoedd *g*; (*ÉCON*) y sector *g,b* cyhoeddus *ou* gyhoeddus; (*de spectacle, émission*) y gynulleidfa *b*; **en** ~ yn gyhoeddus, ar goedd; **"interdit au ~"** "dim mynediad i'r cyhoedd"; **le grand** ~ y cyhoedd cyffredin.
publication [pyblikasjɔ̃] *f* cyhoeddi; (*ouvrage*) cyhoeddiad *g*; **directeur de** ~ (*PRESSE*) prif olygydd *g*; **date de** ~ dyddiad *g* cyhoeddi; **la ~ du livre est prévue pour mai** bydd y llyfr yn dod allan ym mis Mai.
publicitaire [pyblisitɛʀ] *adj* hysbysebol; **campagne** ~ ymgyrch *b* hysbysebu; **cadeau** ~ anrheg *b* yn rhad ac am ddim; **rédacteur** ~ ysgrifennwr *g* hysbysebion, ysgrifenwraig *b* hysbysebion; **dessinateur** ~ dylunydd *g* hysbysebion;
♦*m/f* swyddog *g* hysbysebu.
publicité [pyblisite] *f* (*annonce*) hysbyseb *g,b*; (*activité, profession*) hysbysebu; **faire trop de ~ autour de qch/qn** rhoi gormod o gyhoeddusrwydd i rth/rn; **faire de la ~ pour qch** hysbysebu rhth; **elle travaille dans la ~** mae hi'n gweithio ym myd hysbysebu.
publier [pyblije] (**16**) *vt* cyhoeddi; **ça vient d'être publié** mae newydd ei gyhoeddi.
publipostage [pyblipɔstaʒ] *m* (*COMM*) hysbysebu trwy'r post.
publique [pyblik] *adj f voir* **public**[1].
publiquement [pyblikmɑ̃] *adv* yn gyhoeddus, ar goedd.
puce [pys] *f* (*ZOOL*) chwannen *b*; ~ **électronique** (*INFORM*) sglodyn *g* silicon; **les ~s, le marché aux ~s** marchnad *b* rad; **mettre la ~ à l'oreille de qn** gwneud i rn feddwl; **viens ici, ma ~** tyrd yma, 'nghariad i.
puceau (**-x**) [pyso] *adj m*: **il est** ~ mae'n wyryf.
pucelle [pysɛl] *adj f*: **elle est** ~ mae hi'n wyryf;
♦*f*: **Jeanne la P~** Siân *b* d'Arc.
puceron [pys(ə)ʀɔ̃] *m* lleuen *b* blanhigion, lleuen werdd.
pudeur [pydœʀ] *f* gwedduster *g*; **n'avoir aucune** ~ bod heb gywilydd; **outrage public à la** ~ anwedduster *g*, dinoethiad *g* cyhoeddus; **ayez la ~ de vous taire** byddwch mor gwrtais â bod yn ddistaw.
pudibond (**-e**) [pydibɔ̃, ɔ̃d] *adj* mursennaidd, gorlednais, swch-syber.
pudique [pydik] *adj* (*chaste*) diwair, gwylaidd, swil; (*discret*) tawedog.
pudiquement [pydikmɑ̃] *adv* (*chastement*) yn ddiwair, yn wylaidd, yn swil; (*discrètement*) yn dawedog.
puer [pɥe] (**1**) *vi* (*péj*) drewi; **ça pue!** mae'n drewi!, mae gwynt cas arno!;
♦*vt* drewi o.
puéricultrice [pɥeʀikyltʀis] *f* (*infirmière*) nyrs *b* baediatrig *ou* blant; (*institutrice*) gweinyddes *b* feithrin.
puériculture [pɥeʀikyltyʀ] *f* gofal *g* plant.
puéril (**-e**) [pɥeʀil] *adj* plentynnaidd.
puérilement [pɥeʀilmɑ̃] *adv* yn blentynnaidd.
puérilité [pɥeʀilite] *f* plentyneiddiwch *g*.
pugilat [pyʒila] *m* ymladdfa *b*.
puis[1] [pɥi] *adv* yna, wedyn; **et ~ quoi encore?** beth nesaf wir?; **et ~ je m'en fiche*** does dim ots gen i beth bynnag; **il va être en colère - et ~?** bydd yn flin - ac felly be'?, bydd yn flin - pa ots?
puis[2] [pɥi] *vb voir* **pouvoir**[2].
puisard [pɥizaʀ] *m* carthbwll *g*.
puiser [pɥize] (**1**) *vt*: ~ **qch dans** tynnu rhth o; ~ **dans ses économies** mynd i'ch cynilion, tynnu ar eich cynilion.
puisque [pɥisk] *conj* gan; **puisqu'il pleut je reste ici** gan ei bod hi'n bwrw glaw 'rwyf yn aros yma; ~ **je te le dis!** gan fy mod i'n dweud!
puissamment [pɥisamɑ̃] *adv* yn rymus, yn nerthol.
puissance [pɥisɑ̃s] *f* pŵer *g*, grym *g*, nerth *g*; **deux (à la) ~ cinq** (*MATH*) dau i'r pŵer o bump, dau i'r bumed radd; **les ~s occultes** pwerau goruwchnaturiol; **les ~s infernales** pwerau'r fall.
puissant (**-e**) [pɥisɑ̃, ɑ̃t] *adj* cryf(cref)(cryfion), pwerus, grymus, nerthol.
puisse *etc* [pɥis] *vb voir* **pouvoir**[2].
puits [pɥi] *m* (*d'eau*) ffynnon *b*; (*conduite*)

siafft *b*; ~ **artésien** ffynnon artesiaidd; ~ **de mine** siafft pwll glo, twll *g* cloddfa; **c'est un ~ de science** mae'n wybodus, mae'n gloddfa o wybodaeth.
pull(-over) (~-~**s**) [pyl(ɔvœʀ)] *m* siwmper *g,b*, pwlofer *g*.
pulluler [pylyle] (**1**) *vi* lluosogi, amlhau; **les touristes pullulent dans la région** mae'r ardal yn ferw o ymwelwyr; **les erreurs pullulent dans le texte** mae'r testun yn frith o wallau.
pulmonaire [pylmɔnɛʀ] *adj* ysgyfeiniol; **maladie ~** anhwylder *g* ar yr ysgyfaint.
pulpe [pylp] *f* (*de fruit, pâte à papier*) mwydion *ll*; (*ANAT: de doigt*) cnawd *g*; (*ANAT: de dent*) bywyn *g*.
pulsation [pylsasjɔ̃] *f* curiad *g*; ~**s du cœur** curiadau'r galon.
pulsé [pylse] *adj m*: **air ~** aer *g* cynnes *ou* twym.
pulsion [pylsjɔ̃] *f* ysfa *b*, mympwy *g*; (*PSYCH*) cymhelliad *g*; **acheter par ~** prynu'n fyrbwyll *ou* yn fympwyol, prynu ar gynhyrfiad y funud.
pulvérisateur [pylveʀizatœʀ] *m* chwistrell *b*.
pulvérisation [pylveʀizasjɔ̃] *f* chwistrelliad *g*, chwistrellu.
pulvériser [pylveʀize] (**1**) *vt* (*solide*) malu (rhth) yn fân; (*liquide*) chwistrellu; (*fig: adversaire, record*) chwalu (rhn/rhth) yn yfflon.
puma [pyma] *m* (*ZOOL*) pwma *g*.
punaise [pynɛz] *f* (*ZOOL*) pryf *g*, chwilen *b*; (*clou*) pin *g* bawd; (*exclamation: de surprise*) esgob!, 'rargian!, nefi!; (*de dépit*) daria!, daro!, damo shwt beth!
punch[1] [pɔ̃ʃ] *m* (*boisson*) pwnsh *g*.
punch[2] [pœnʃ] *m* (*BOXE*) grym *g*, gallu taro *ou* dyrnu; (*fig: dynamisme*) bywiogrwydd *g*, egni *g*; **avoir du ~** (*slogan*) bod yn fachog; (*:personne*) bod yn fywiog, bod â digon o fynd *ou* o daro ynddo.
punching-ball (~-~**s**) [pœnʃiŋbol] *m* (*BOXE*) pêl *b* ddyrnu.
punir [pyniʀ] (**2**) *vt* cosbi; ~ **qn de qch** cosbi rhn am rth.
punitif (**punitive**) [pynitif, pynitiv] *adj* cosbol, cosbedigol; **expédition punitive** ymosodiad *g* cosbol.
punition [pynisjɔ̃] *f* cosb *b*; **donner une ~ à qn** cosbi rhn.
pupille[1] [pypij] *f* (*ANAT*) cannwyll *b* llygad.
pupille[2] [pypij] *m/f* (*enfant*) plentyn *g* dan warchodaeth; ~ **de l'État** plentyn mewn gofal; ~ **de la Nation** plentyn amddifad rhyfel.
pupitre [pypitʀ] *m* (*SCOL*) desg *b*; (*REL*) darllenfa *b*; (*MUS*) stand *g,b* miwsig *ou* fiwsig; (*INFORM*) consol *g*; ~ **de commande** panel *g* rheoli.
pupitreur [pypitʀœʀ] *m* (*INFORM*) cyfrifiadurwr *g*.
pupitreuse [pypitʀøz] *f* (*INFORM*) cyfrifiadurwraig *b*.
pur[1] (**-e**) [pyʀ] *adj* pur; (*whisky, gin*) ar ei ben ei hun; **en ~e perte** yn hollol ofer; ~ **et simple** llwyr, hollol; **or ~** aur *g* coeth.
pur[2] [pyʀ] *m* un *g* di-ildio, purydd *g*.
purée [pyʀe] *f* (*CULIN*) stwnsh *g*, stomp *g*, mwtrin *g*; **faire une ~ de** stwnsio, stompio, mwtro; ~ **de marrons** stwnsh cnau castan; ~ **de pois** stwnsh pys; (*fig*) niwl *g* trwchus; ~ **de pommes de terre** stwnsh tatws *ou* tato; ~ **de tomates** piwri *g* tomatos.
purement [pyʀmɑ̃] *adv* yn hollol; (*simplement, uniquement*) yn ddim ond.
pureté [pyʀte] *f* purdeb *g*, purder *g*.
purgatif [pyʀgatif] *m* carthiedydd *g*, moddion *g ou* ffisig *g* gweithio.
purgatoire [pyʀgatwaʀ] *m* (*REL*) purdan *g*; **faire son ~** gwneud penyd
purge [pyʀʒ] *f* (*POL*) carthiad *g*, diarddeliad *g*, diarddel; (*MÉD*) carthiedydd *g*, moddion *g ou* ffisig *g* gweithio; **pratiquer une ~ dans le parti** diarddel aelodau o'r blaid.
purger [pyʀʒe] (**10**) *vt* (*conduite*) draenio; (*freins*) gollwng aer *ou* gwynt o; (*MÉD*) rhoi carthiedydd *ou* moddion gweithio i; (*POL*) diarddel aelodau; ~ **sa peine** (*JUR*) gweithio'ch cosb, gwneud eich penyd *ou* tymor (*yn y carchar*).
purification [pyʀifikasjɔ̃] *f* puredigaeth *b*; ~ **de l'eau** puro dŵr; ~ **ethnique** glanhau ethnig.
purifier [pyʀifje] (**16**) *vt* puro.
purin [pyʀɛ̃] *m* (*AGR*) biswail *g*.
puriste [pyʀist] *m/f* purydd *g*, purdebwr *g*.
puritain[1] (**-e**) [pyʀitɛ̃, ɛn] *adj* piwritanaidd.
puritain[2] [pyʀitɛ̃] *m* piwritan *g*.
puritaine [pyʀitɛn] *f* piwritanes *b*; ♦*adj f voir* **puritain**[1].
puritanisme [pyʀitanism] *m* piwritaniaeth *b*.
pur-sang [pyʀsɑ̃] *m* ceffyl *g* pedigri *ou* o waed pur.
purulent (**-e**) [pyʀylɑ̃, ɑ̃t] *adj* (*MÉD*) crawnllyd, crawnog.
pus[1], *etc* [py] *vb voir* **pouvoir**.
pus[2] [py] *m* (*MÉD*) crawn *g*, crawniad *g*.
pusillanime [pyzi(l)lanim] *adj* llwfr, ofnus.
pustule [pystyl] *f* (*MÉD*) llinoryn *g*, ploryn *g*, tosyn *g*, smotyn *g*.
putain* [pytɛ̃] *f* putain *b*, hwren* *b*; **cette ~ de voiture** y car uffar *ou* ddiawl 'ma*; **quel ~ de temps** am dywydd uffernol*, am gythraul *ou* ddiawl o dywydd*; ♦*excl* daria!, uffern dân!*, o'r diawl!*, diawl erioed!*, o'r cythraul!*.
putois [pytwa] *m* (*animal*) ffwlbart *g*; (*fourrure*) blew *g* sgỳnc; **crier comme un ~** gweiddi fel petai'r byd ar ben, gweiddi nerth eich pen.
putréfaction [pytʀefaksjɔ̃] *f* pydredd *g*, madredd *g*; **odeur de ~** aroglau *g* pydru, gwynt *g* pydru, drewdod *g*; **cadavre en état de ~** corff *g* yn pydru.

putréfier [pytʀefje] (**16**) *vt* pydru;
♦ **se** ~ *vr* pydru.
putrescible [pytʀesibl] *adj* pydradwy.
putride [pytʀid] *adj* pydredig, pwdr; (*fig*) pwdr.
putsch [putʃ] *m* (*POL*) gwrthryfel *g*.
puzzle [pœzl] *m* jig-so *g*.
PV [peve] *sigle m*(= *procès-verbal*) dirwy *b*; (*JUR*) datganiad *g* o'r tramgwydd.
PVC [pevese] *sigle f*(= *polychlorure de vinyle*) PVC *g*.
pygmée [pigme] *m/f* pigmi *g*.
pyjama [piʒama] *m* pyjama *g*.
pylône [pilon] *m* (*d'un pont*) tŵr *g*; (*ÉLEC*) peilon *g*; (*RADIO, TV*) mast *g*.
pyramide [piʀamid] *f* pyramid *g*; ~ **humaine** (*à moto etc*) pyramid o bobl.
pyrénéen (**-ne**) [piʀeneɛ̃, ɛn] *adj* Pyreneaidd.
Pyrénées [piʀene] *prfpl*: **les** ~ y Pyreneau *ll*.
pyrex® [piʀeks] *m* pyrex© *g*.
pyrogravure [piʀogʀavyʀ] *f* gwaith *g* procer.
pyrolyse [piʀɔliz] *f* (*CHIM*) pyrolysis *g*; **four à** ~ popty *g ou* ffwrn *b* hunanlanhaol.
pyromane [piʀɔman] *m/f* (*JUR*) llosgwr *g*; (*PSYCH*) pyromaniad *g/b*.
Pythagore [pitagɔʀ] *prm* Pythagoras.
python [pitɔ̃] *m* peithon *g*

Q

q [ky] *abr*(= ***quintal***) canpwys *ll*, can cilogram.
Qatar [kataʀ] *prm* Catâr *b*.
qcm [kyseɛm] *sigle fpl*(= ***questions à choix multiples***) cwestiynau *ll* aml-ddewis, cwestiynau dewis lluosog.
QG [kyʒe] *sigle m*(= ***quartier général***) pencadlys *g*.
QHS [kyaʃɛs] *sigle m*(= ***quartier de haute sécurité***) adain *b* ddiogelwch eithaf, carchar *g* diogelwch eithaf.
QI [kyi] *sigle m*(= ***quotient intellectuel***) C.D. (= cyniferydd *g* deallusrwydd).
qqch. *abr*(= ***quelque chose***) rhth *ou* rth.
qqn *abr*(= ***quelqu'un***) rhn *ou* rn.
quadragénaire [k(w)adʀaʒenɛʀ] *adj* yn eich deugeiniau;
♦*m/f* un *g* yn ei ddeugeiniau, un *b* yn ei deugeiniau, un dros ddeugain mlwydd oed.
quadrangulaire [k(w)adʀɑ̃gylɛʀ] *adj* pedronglog.
quadrature [k(w)adʀatyʀ] *f* sgwario: **c'est la ~ du cercle** (***fig***) mae fel ceisio gwneud sgwâr o gylch, mae'n amhosibl.
quadrichromie [k(w)adʀikʀɔmi] *f* argraffu mewn pedwar lliw.
quadrilatère [k(w)adʀilatɛʀ] *m* pedrochr *g,b*, pedrongl *b*.
quadrillage [kadʀijaʒ] *m* (***lignes***) patrwm *g* sgwariau.
quadrille [kadʀij] *m* (***danse***) cwadrîl *g*.
quadrillé (**-e**) [kadʀije] *adj* sgwarog; **du papier ~** papur *g* sgwariau.
quadriller [kadʀije] (**1**) *vt* marcio â sgwariau; (***POLICE: ville, région etc***) cadw dan reolaeth, patrolio.
quadrimoteur [kadʀimɔtœʀ] *adj* â phedwar motor;
♦*m* awyren *b* â phedwar motor.
quadripartite [kwadʀipaʀtit] *adj* pedair rhan; **accord ~** (***entre pays***) cytundeb *g* rhwng pedair gwlad; **gouvernement ~** llywodraeth *b* bedair plaid.
quadriphonie [k(w)adʀifɔni] *f* cwadraffonedd *g*.
quadriréacteur [k(w)adʀiʀeaktœʀ] *m* awyren *b* jet â phedwar motor.
quadrupède [k(w)adʀypɛd] *adj* pedwartroed;
♦*m* pedwartroedyn *g*, creadur *g* pedwartroed.
quadruple [k(w)adʀypl] *adj* pedwarplyg, pedrwbl; **l'avantage est ~** mae'r fantais yn bedwarplyg; **être ~ champion de pays de Galles** bod yn bencampwr Cymru bedair gwaith; **elle a un salaire ~ de son mari** mae ei chyflog hi bedair gwaith cymaint â'i gŵr;
♦*m* pedair gwaith *b*, pedrwbl *g*; **augmenter au ~** cynyddu bedair gwaith.
quadrupler [k(w)adʀyple] (**1**) *vt, vi* pedryblu, cynyddu bedair gwaith.
quadruplés [k(w)adʀyple] *mpl* pedrybledau *ll*, pedwar gefaill.
quadruplées [k(w)adʀyple] *fpl* pedrybledi *ll*, pedair gefeilles.
quai [ke] *m* (***d'un port***) cei *g*; (***pour marchandises***) glanfa *b*; (***d'une gare***) platfform *g*; (***d'un cours d'eau, canal***) arglawdd *g*; **le navire est à ~** mae'r llong wedi docio; **le train est à ~** mae'r trên yn yr orsaf; **le Q~ d'Orsay** Swyddfa *b* Dramor Ffrainc; **le Q~ des Orfèvres** pencadlys *g* heddlu Paris.
qualifiable [kalifjabl] *adj* disgrifiadwy.
qualificatif[1] (**qualificative**) [kalifikatif, kalifikativ] *adj* (***LING***) ansoddeiriol, disgrifiol, disgrifiadol.
qualificatif[2] [kalifikatif] *m* ansoddair *g*, epithed *g*; (***LING***) goleddfair *g*.
qualification [kalifikasjɔ̃] *f* cymhwyster *g*; (***désignation***) enw *g*, disgrifiad *g*, teitl *g*; **~s professionnelles** cymwysterau *ll* proffesiynol; **un match de ~** gêm *b* ragbrofol.
qualifier [kalifje] (**16**) *vt*
1 (***gén***) cymhwyso; **être qualifié pour faire qch** bod â'r cymwysterau i wneud rhth, bod yn gymwys i wneud rhth; **l'équipe est qualifiée pour la finale** mae'r tîm wedi mynd drwodd i'r rownd derfynol.
2 (***LING***) goleddfu.
3 (***appeler***): **~ qch/qn de** galw rhth/rhn yn; **~ qch de crime** disgrifio rhth fel trosedd; **~ qn de sot** galw rhn yn hurtyn;
♦ **se ~** *vr* (***SPORT***) ennill eich lle.
qualitatif (**qualitative**) [kalitatif, kalitativ] *adj* ansoddol.
qualitativement [kalitativmɑ̃] *adv* yn ansoddol, o ran ansawdd.
qualité [kalite] *f* ansawdd *g,b*, safon *b*; (***personnes***) nodwedd *b*, rhinwedd *g,b*; (***titre, fonction***) statws *g*, lle *g*; **en ~ de** yn rhinwedd eich swydd fel; **ès ~s** fel swyddog, yn rhinwedd eich swydd; **avoir ~ pour faire qch** bod ag awdurdod i wneud rhth; **de ~** o safon; **rapport ~-prix** gwerth eich arian; **elle a les ~s requises pour faire ce travail** mae ganddi'r medrau angenrheidiol i wneud y gwaith.
quand [kɑ̃] *conj* pan; **~ je serai riche, j'aurai une belle maison** pan fyddaf yn gyfoethog, caf dŷ crand; **~ même** (***cependant***) er hynny; (***tout de même***) beth bynnag; **tu aurais pu venir quand même** er hynny gallet fod wedi dod; **tu exagères ~ même** rwyt ti'n gor-ddweud nawr; **~ bien même** hyd yn oed;
♦*adv* pryd; **~ arrivera-t-elle?** pryd y bydd hi'n cyrraedd?; **depuis quand habitez-vous ici?** ers pryd ydych chi'n byw yma?; **de ~ date votre dernière réunion?** pryd oedd eich

cyfarfod diwethaf?; **c'est pour** ~? ar gyfer pa bryd?; **à** ~ **le voyage?** pa bryd y bydd y daith?; ~ **Jean eut fini son travail, la sirène sonna** pan oedd Jean wedi darfod ei waith, canodd y corn; ~ **Jean a eu fini son travail, la sirène a sonné** pan oedd Jean wedi darfod ei waith, canodd y corn; ~ **Jean avait fini son travail, la sirène sonnait** bob tro pan byddai Jean wedi darfod ei waith byddai'r corn yn canu.

quant [kɑ̃]: ~ **à** *prép* o ran, ynghylch (rhth); ~ **à moi, ...** o'm rhan i, ..., yn bersonol; **elle n'a rien dit** ~ **à ses projets** ni ddywedodd ddim ynglŷn â'i chynlluniau.

quant-à-soi [kɑ̃taswa] *m inv*: **rester sur son** ~-~-~ aros draw, aros o hyd braich, peidio â dod ar gyfyl rhn/rhth.

quantième [kɑ̃tjɛm] *m* dyddiad *g*.

quantifiable [kɑ̃tifjabl] *adj* cyfrifadwy, mesuradwy.

quantifier [kɑ̃tifje] (**16**) *vt* mesur, cyfrif; (*TECH*) meintioli.

quantitatif (**quantitative**) [kɑ̃titatif, kɑ̃titativ] *adj* mesurol; (*TECH*) meintiol.

quantitativement [kɑ̃titativmɑ̃] *adv* yn fesurol, o ran maint *ou* mesur; (*TECH*) yn feintiol.

quantité [kɑ̃tite] *f* nifer *g,b*, swm *g*, swp *g*, maint *g*, dogn *g*, mesur *g*; **une** *neu* **des quantité(s) de** (*grand nombre*) nifer fawr o, llawer o; **en (grande)** ~ yn llaweroedd, yn llu; **en** ~**s industrielles** yn sypiau mawr iawn; **du travail en** ~ llawer o waith, tomen *b* o waith; ~ **de** llawer o.

quarantaine [kaʀɑ̃tɛn] *f*
1 (*nombre*): **une** ~ **(de)** rhyw ddeugain, tua deugain o: **avoir la** ~ bod tua deugain mlwydd oed.
2 (*isolement*) cwarantin *g*; **mettre qn en** ~ rhoi rhn mewn cwarantin; (*fig*) gwrthod siarad â rhn, anwybyddu rhn.

quarante [kaʀɑ̃t] *adj inv* deugain, pedwar deg;
♦*m inv* deugain *g*, pedwar deg *g*.

quarantième [kaʀɑ̃tjɛm] *adj* deugeinfed, pedwar degfed;
♦*m* deugeinfed *g,b*, pedwar degfed *g,b*; (*MATH*) un rhan *b* o ddeugain, un rhan o bedwar deg.

quark [kwark] *m* cwarc *g*.

quart [kaʀ] *m* chwarter *g*, pedwaredd ran *b*; (*surveillance: NAUT, gén*) gwylfa *b*, gwyliadwriaeth *b*; **un** ~ **de** (*partie d'un litre*) chwarter litr o; (*partie d'un kilo*) chwarter cilo o; **un kilo un** ~ *neu* **et** ~ cilo a chwarter; **le** ~ **de** chwarter; **2 heures et** ~ chwarter wedi dau; **1 heure moins le** ~ chwarter i un; **il est moins le** ~ mae hi'n chwarter i'r awr; ~ **de tour** chwarter tro; **au** ~ **de tour** (*fig*) yn syth; **passer un mauvais** ~ **d'heure** cael amser helbulus; ~ **d'heure** chwarter *g* awr; ~**s de finale** (*SPORT*) rownd *b* yr wyth olaf, gemau *ll* *ou* rowndiau gogynderfynol; **être de/prendre le** ~ bod/mynd ar wyliadwriaeth.

quarté [k(w)aʀte] *m* (*COURSES*) *system o fetio ar y pedwar ceffyl cyntaf.*

quarteron [kaʀtəʀɔ̃] *m* (*groupe: péj*) grŵp *g*, dyrnaid *g*, carfan *b*.

quartette [k(w)aʀtɛt] *m* (*MUS*) pedwarawd *g*.

quartier [kaʀtje] *m* (*d'une ville*) ardal *b*, rhan *b*; (*de la lune*) chwarter *g*; (*de bœuf*) chwarthor *g*; (*de fruit, fromage, viande*) darn *g*; ~**s** (*MIL*) barics *g*, gwersyll *g*; (*BLASON*) chwarteri *ll*; **cinéma de** ~ sinema *g,b* (l)leol; **salle de** ~ neuadd *b* leol; **avoir** ~ **libre** bod ar wyliau; (*MIL*) bod ar ryddhad; **ne pas faire de** ~ ymosod yn ddidrugaredd; ~ **commerçant/résidentiel** ardal fasnachol/breswyl; ~ **général** pencadlys *g*.

quartier-maître (~s-~s) [kaʀtjemɛtʀ] *m* (*NAUT*) ≈ llongwr *g* dosbarth uchaf.

quartz [kwaʀts] *m* cwarts *g*, carreg *b* wen.

quasi [kazi] *adv* megis, fel petai, lled;
♦*préf* bron; **la** ~**-totalité de** bron y cyfan o; **à la** ~**-unanimité** bron yn unfrydol.

quasiment [kazimɑ̃] *adv* bron, fwy neu lai.

quaternaire [kwatɛʀnɛʀ] *adj*: **ère** ~ gorgyfnod *g* cwaternaidd.

quatorze [katɔʀz] *adj* pedwar ar ddeg, pedair ar ddeg, un deg pedwar, un deg pedair; ~ **maisons** pedwar tŷ ar ddeg, pedwar ar ddeg o dai, un deg pedwar tŷ, un deg pedwar o dai; ~ **chats** pedair cath ar ddeg, pedair ar ddeg o gathod, un deg pedair cath, un deg pedair o gathod; ~ **ans** pedair blynedd ar ddeg, un deg pedair o flynyddoedd; **j'ai** ~ **ans** 'rwy'n bedair ar ddeng mlwydd oed, 'rwy'n bedair ar ddeg; **on est le** ~ **aujourd'hui** y pedwerydd ar ddeg yw hi heddiw; **c'est à** ~ **kilomètres d'ici** mae bedwar cilometr ar ddeg oddi yma; **le** ~ **juillet** y pedwerydd ar ddeg o Orffennaf (*gŵyl gyhoeddus yn Ffrainc*); **la guerre de** ~ y Rhyfel Byd Cyntaf;
♦*m inv* pedwar *g* ar ddeg.

quatorzième [katɔʀzjɛm] *adj inv* pedwerydd ar ddeg, pedwaredd ar ddeg; **la** ~ **fois** y bedwaredd waith ar ddeg;
♦*m/f* pedwerydd *g* ar ddeg, pedwaredd *b* ar ddeg;
♦*m* (*MATH*) un rhan *b* o bedair ar ddeg.

quatrain [katʀɛ̃] *m* pennill *g* pedair llinell.

quatre [katʀ] *adj inv* pedwar, pedair; ~ **hommes** pedwar dyn, pedwar o ddynion; ~ **femmes** pedair gwraig, pedair o wragedd; ~ **ans** pedair blynedd; **elle a** ~ **ans** mae hi'n bedair (blwydd) oed; **on est le** ~ **aujourd'hui** y pedwerydd yw hi heddiw; **nous sommes** ~ **dans ma famille** mae pedwar yn ein teulu ni; **c'est à** ~ **kilomètres d'ici** mae bedwar cilometr oddi yma; **à** ~ **pattes** ar eich pedwar; **être tiré à** ~ **épingles** bod yn eich dillad crandiaf; **faire les** ~ **cent coups** bod braidd yn wyllt; **se mettre en** ~ **pour qn**

gwneud popeth dan haul i blesio rhn; **monter (l'escalier) ~ à ~** rhedeg i fyny grisiau bob yn bedwar; **à ~ mains** (*morceau de musique*) i ddau; **faire ses ~ volontés** gwneud fel y mynnoch; **dire à qn ses ~ vérités** dweud y caswir *g* wrth rn; **manger comme ~** bwyta fel ceffyl; **ne pas y aller par ~ chemins** peidio â malu awyr, dod at y pwynt yn syth; **couper les cheveux en ~** hollti blew, bod yn rhy fanwl;

♦*m inv* pedwar *g*.

quatre-(cent)-vingt-et-un [kat(ʀə)(sɑ̃)vɛ̃teœ̃] *m inv gêm deis: y cyfuniad o bedwar, dau ac un yw'r cryfaf, gan hynny yr enw 421.*

quatre-vingt [katʀəvɛ̃] *adj* pedwar ugain; **page ~-~** tudalen wyth deg, tudalen pedwar ugain.

quatre-vingt-dix [katʀəvɛ̃dis] *adj inv* deg a phedwar ugain, naw deg; **~-~-~ maisons** deg tŷ a phedwar ugain, deg a phedwar ugain o dai, naw deg tŷ, naw deg o dai; **~-~-~ ans** deng mlynedd a phedwar ugain; **elle a ~-~-~ ans** mae hi yn naw deg oed; **c'est à ~-~-~ kilomètres d'ici** mae naw deg cilometr oddi yma; **ils étaient ~-~-~** yr oedd pedwar ugain a deg ohonynt;

♦*m inv* deg *g* a phedwar ugain, naw deg *g*.

quatre-vingt-dixième [katʀ(ə)vɛ̃dizjɛm] *adj* degfed a phedwar ugain, naw degfed; **la ~-~-~ fois** y ddegfed waith ar bedwar ugain;

♦*m/f* degfed *g,b* a phedwar ugain, naw degfed *g,b*;

♦*m* (*MATH*) un rhan *b* o ddeg a phedwar ugain, un rhan o naw deg.

quatre-vingtième [katʀəvɛ̃tjɛm] *adj* pedwar ugeinfed, wyth degfed;

♦*m/f* pedwar ugeinfed *g,b*, wyth degfed *g,b*;

♦*m* (*MATH*) un rhan *b* o bedwar ugain, un rhan o wyth deg; **la ~ fois** y bedwar ugeinfed waith.

quatre-vingts [katʀəvɛ̃] *adj inv* pedwar ugain, wyth deg; **~-~ fois** pedwar ugain gwaith, wyth deg gwaith, pedwar ugain o weithiau; **~-~ ans** pedwar ugain mlynedd, pedwar ugain o flynyddoedd, wyth deng mlynedd, wyth deg o flynyddoedd; **il a ~-~ ans** mae'n bedwar ugain, mae'n wyth deg oed; **c'est à ~-~ kilomètres d'ici** mae wyth deg cilometr oddi yma;

♦*m inv* pedwar ugain *g*, wyth deg *g*.

quatre-vint-onze [katʀəvɛ̃ɔ̃z] *adj, m inv* un ar ddeg a phedwar ugain, naw deg ac un.

quatre-vint-onzième [katʀəvɛ̃ɔ̃zjɛm] *adj, m inv* unfed ar ddeg a phedwar ugain, nawdeg ac unfed.

quatre-vingt-un [katʀəvɛ̃œ̃] *adj* un a phedwar ugain;

♦*m inv* un a phedwar ugain.

quatre-vingt-unième [katʀəvɛ̃ynjɛm] *adj, m inv* unfed a phedwar ugain.

quatrième [katʀijɛm] *adj* pedwerydd, pedwaredd;

♦*m/f* pedwerydd *g*, pedwaredd *b*;

♦*f* (*AUTO*) y pedwerydd gêr; **la ~ partie** y bedwaredd ran *b*; **habiter au ~** byw ar y pedwerydd llawr; **être en ~** (*SCOL*) *bod yn eich trydedd flwyddyn yn yr ysgol uwchradd, sef blwyddyn naw*; **en ~ vitesse*** yn gyflym iawn, nerth eich traed, nerth eich olwynion.

quatuor [kwatɥɔʀ] *m* (*MUS*) pedwarawd *g*; (*fig: fam*) grŵp *g* o bedwar o bobl.

que[1] [kə] *conj*

1 (*introduisant complétive*) (il existe plusieurs façons d'introduire une complétive en gallois, par ex.): **elle dit ~ le film est bien** mae hi'n dweud bod y ffilm yn dda; **j'ai expliqué ~ le train était en retard** esboniais fod y trên yn hwyr; **elle sait ~ tu es là** fe ŵyr hi dy fod yno, mae hi'n gwybod dy fod yno; **je savais ~ tu viendrais** gwyddwn y byddet yn dod; **j'étais content ~ tu as gagné** 'roeddwn yn falch dy fod wedi ennill; **je veux ~ tu acceptes** hoffwn iti dderbyn; **je savais qu'il n'allait pas venir** gwyddwn na ddeuai; **je veux qu'il parte** rwy'n mynnu ei fod yn mynd; **elle a dit qu'elle ne rentrerait pas** dywedodd nad âi hi adref; **il a insisté pour ~ nous venions vous voir** mynnodd ein bod yn dod i'ch gweld; **je savais ~ c'était lui qui avait raison** gwyddwn mai ef oedd yn iawn; **elle a dit ~ oui** dywedodd ie.

2 (*reprise d'autres conjonctions*): **quand elle rentrera et qu'elle aura mangé** pan ddaw hi'n ôl a chael bwyd; **si vous y allez et ~ vous avez le temps** os ewch yno a bod gennych amser.

3 (*en tête de phrase: hypothèse, souhait etc*) (+ subj): **qu'elle le veuille ou non** o'i bodd neu'i hanfodd; **qu'elle fasse ce qu'elle voudra!** gadewch iddi wneud fel y myn!, gwneled a fynno!; **si elle veut du thé, qu'elle le fasse elle-même!** os yw hi am gael te, gad iddi ei wneud ei hunan; **qu'il soit ainsi!** bydded felly!.

4 (*après comparatif*) na, nag; **plus grand ~** mwy na(g); **il n'est pas si drôle qu'on le dit** nid yw (ddim) mor ddoniol ag y maen nhw'n ei ddweud *voir aussi* **plus, aussi, autant**.

5 (*temps*): **elle venait à peine de sortir, qu'il se mit à pleuvoir** newydd fynd allan yr oedd hi pan dechreuodd fwrw glaw; **il y a 4 ans qu'elle est partie** mae pedair blynedd ers iddi fynd, gadawodd bedair blynedd yn ôl.

6 (*attribut*): **c'est une erreur ~ de croire ...** mae'n gamgymeriad credu ....

7 (*but*): **tenez-la qu'elle ne tombe pas** daliwch hi rhag iddi gwympo.

▶ **ne ... que** ni(d) ... ond, dim ond; **elle ne boit ~ de l'eau** dim ond dŵr mae hi'n ei yfed.

que[2] [kə] *adv* (*exclamation*): **qu'elle** *neu* **qu'est-ce qu'elle est bête!** dyna un wirion yw hi!; **qu'elle** *neu* **qu'est-ce qu'elle court vite!**

on'd ydi hi'n rhedeg yn gyflym; ~ **de livres!** dyna lyfrau!, am lyfrau!, welais i erioed gymaint o lyfrau!

que[3] [kə] *pron*

1 (*interrogatif*) (pa) beth, pa un; ~ **fais-tu?, qu'est-ce que tu fais?** beth wyt ti'n ei wneud?; ~ **veux-tu pour ton anniversaire?** beth hoffet ti ar dy benblwydd?; ~ **préfères-tu, celui-ci ou celui-là?** pa un sydd orau gen ti, hwn ynteu'r llall?; ~ **fait-elle dans la vie?** beth yw ei gwaith hi?; **qu'est-ce que c'est?** beth yw e' *ou* hi; ~ **faire?** beth wnawn ni?; **je ne sais** ~ **dire** dydw i ddim yn gwybod beth i'w ddweud, ni wn i ddim beth i'w ddweud; ~ **est-ce qui t'énerve?** beth sy'n dy wylltio?.

2 (*relatif*) a, pan; **l'homme** ~ **je voyais** y dyn a welwn i; **le livre** ~ **tu as acheté** y llyfr a brynaist: **un jour** ~ **j'étais ...** un dydd pan oeddwn ...; **c'est la plus belle femme** ~ **j'ai jamais vue** dyna'r wraig harddaf a welais erioed; **la raison qu'il a donnée** y rheswm a roddodd.

Québec [kebɛk] *pr* (*ville*) Cwebéc; ♦*prm*: **le** ~ (*province*) Cwebéc *b*.

québécois[1] (-**e**) [kebekwa, waz] *adj* Cwebecaidd, o Cwebéc.

québécois[2] [kebekwa] *m* (LING) Cwebeceg *b,g*, Ffrangeg *b,g* Cwebéc.

Québécois [kebekwa] *m* Cwebeciad *g*, un *g* o Cwebéc.

Québécoise [kebekwaz] *f* Cwebeciad *b*, un *b* o Cwebéc.

quel (-**le**) [kɛl] *pron interrog* pa un; **de tous ces enfants,** ~ **est le plus intelligent?** o'r holl blant pa un yw'r mwyaf deallus?; ~ **est ce livre?** pa (fath o) lyfr yw hwn?; ~**s sont les pays membres de la CEE?** pa wledydd sy'n aelodau o'r Gymuned Ewropeaidd?; **je me demande** ~**le est la meilleure solution** 'rwy'n dyfalu beth yw'r ateb gorau i'r broblem; ♦*adj*

1 (*interrogatif*) pa; ~ **livre?** pa lyfr?; ~ **âge as-tu?** faint yw dy oed di?; ~ **est ton numéro de téléphone?** beth yw dy rif ffôn di?; ~**le heure est-il?** faint o'r gloch yw hi?; **dans** ~**s pays êtes-vous allés?** i ba wledydd aethoch chi?; ~**s acteurs préférez-vous?** pa actorion sydd orau gennych?; **de** ~ **auteur va-t-il parler?** am ba awdur fydd e'n siarad?; **tu as remarqué avec** ~**le méchanceté elle lui a répondu?** a sylwaist ti mor gas yr oedd hi'n ei ateb?.

2 (*exclamatif*) am, dyna; ~**le surprise!** dyna annisgwyl!; ~**le coïncidence!** am *ou* dyna gyd-ddigwyddiad!; ~ **imbécile!** am ffŵl!, dyna dwpsyn!; ~ **dommage qu'il soit parti!** dyna drueni ei fod wedi mynd!.

3 (*relatif*): ~**(le) que soit** (*personne*) pwy bynnag; (*chose, animal*) (pa) beth bynnag; ~ **que soit le coupable** pwy bynnag sydd yn euog; ~ **que soit votre avis** pa beth bynnag fo'ch barn; **j'accepte votre proposition,** ~**s que soient les risques** 'rwy'n derbyn eich cynnig, beth bynnag fo'r peryglon; ~**le que soit mon admiration pour lui** er cymaint fy edmygedd ohono.

quelconque [kɛlkɔ̃k] *adj* cyffredin; (*laid*) plaen, diolwg; (*médiocre*) gwael, tila; **pour une raison** ~ am ryw reswm neu'i gilydd; **c'est un poète** ~ mae'n fardd o fath.

quelque [kɛlk] *adj* rhyw, tipyn o, ychydig o, rhywfaint o; ~ **espoir** rhyw obaith; **elle a dit** ~**s mots de remerciement** dywedodd rai geiriau o ddiolch; **nous avons eu** ~ **difficulté à nous comprendre** cawsom rywfaint o anhawster i ddeall ein gilydd; **cela fait** ~ **temps que je ne l'ai (pas) vue** mae tipyn o amser ers i mi ei gweld; **elle habite à** ~ **distance d'ici** mae hi'n byw ychydig bellter oddi yma; **elle a** ~**s amis** mae ganddi rai ffrindiau; **a-t-elle** ~**s amis?** oes ganddi (rai) ffrindiau?; **les** ~**s enfants qui ...** yr ychydig o blant sydd ...; **les** ~**s livres qui ...** yr ambell lyfr sydd ...; **20 kg et** ~**(s)** tipyn bach dros ugain cilo; **à** ~ **moment** ar ryw adeg, rhywbryd, rywbryd; **en** ~ **sorte** fel petai; ♦*adv* (*environ, à peu près*) oddeutu, rhyw, tua; **une route de** ~ **100 mètres** ffordd o ryw gan metr; **il y a** ~ **20 ans** mae tua 20 mlynedd ers hynny.

▶ **quelque ... que** pa ... bynnag; ~ **livre qu'elle choisisse** pa lyfr bynnag a ddewiso hi; **(par)** ~ **temps qu'il fasse** sut bynnag y bo'r tywydd.

▶ **quelque part** (yn) rhywle, i rywle; **ils sont** ~ **part en Irlande** maen nhw rywle *ou* yn rhywle yn Iwerddon; **elle est allée** ~ **part** fe aeth hi i rywle; **de** ~ **part** o rywle.

▶ **quelque peu** braidd; **elle était** ~ **peu surprise** 'roedd hi wedi synnu braidd.

▶ **quelque chose** rhywbeth; **vous mangerez/boirez** ~ **chose?** a gymerwch chi rywbeth i'w fwyta/yfed?; **il faut faire** ~ **chose!** mae'n rhaid gwneud rhywbeth!; **il y a** ~ **chose qui ne va pas** mae rhywbeth o'i le; ~ **chose de bon** rhywbeth da; ~ **chose de différent** rhywbeth gwahanol; ~ **chose d'autre** rhywbeth arall; **puis-je faire** ~ **chose pour vous?** a allaf eich helpu?, alla' i wneud rhywbeth i chi; **il est pour** ~ **chose dans l'affaire** mae ganddo fe ryw ran yn y mater; **faire** ~ **chose à qn** (*fig*) cael effaith ar rn.

quelquefois [kɛlkəfwa] *adv* weithiau, o bryd i'w gilydd, ambell waith.

quelques-uns (~-**unes**) [kɛlkəzœ̃, kɛlkəzyn] *pron* rhai; ~-~ **des lecteurs** rhai o'r darllenwyr.

quelqu'un [kɛlkœ̃] *pron* rhywun; ~ **d'autre** rhywun arall; ~ **d'intelligent** rhywun deallus; **ce savant, c'est** ~ mae'r gwyddonydd 'ma'n rhywun o bwys.

quémander [kemɑ̃de] (1) *vt* cardota (am),

begian, begio.
qu'en dira-t-on [kɑ̃diʀatɔ̃] *m inv* straeon *ll*, clecs *ll*, y sôn sydd ar led; **je me moque du ~'~ ~-~-~** ni waeth gennyf beth a ddywed pobl eraill.
quenelle [kənɛl] *f pelen b gig neu bysgod.*
quenouille [kənuj] *f* cogail *g*.
querelle [kəʀɛl] *f* ffrae *b*, cweryl *g*; **chercher une mauvaise ~** codi cynnen; **~ d'amoureux** ffrae fach rhwng cariadon; **la ~ sur l'avortement** (*POL*) y ddadl *b* ar erthyliad; **chercher ~ à qn** codi ffrae â rhn.
quereller [kəʀele] (1): **se ~** *vr* ffraeo, ymgecru, cweryla; **se ~ au sujet de qch** *neu* **à propos de qch** ffraeo am rth *ou* dros rth.
querelleur (**querelleuse**) [kəʀelœʀ, kəʀeløz] *adj* cecrus, cwerylgar, ffraegar.
qu'est-ce que [kɛskə] *pron + vb* (*objet*) (pa) beth; **~ tu fais?** beth wyt ti'n ei wneud?; **~ tu as?** beth sy'n bod arnat ti? *voir aussi* **que**[3].
qu'est-ce qui [kɛski] *pron + vb* (*sujet*) (pa) beth; **~ se passe?** beth sy'n digwydd? *voir aussi* **que**[3].
question [kɛstjɔ̃] *f* cwestiwn *g*; (*problème*) pwnc *g*, mater *g*; **répondre à/poser une ~** ateb/gofyn cwestiwn; **il a été ~ de ...** mater ..., bu'n fater o ...; **il est ~ de les emprisonner** mae sôn am eu carcharu nhw; **c'est une ~ de temps/d'habitude** mater o amser/arferiad ydyw; **de quoi est-il ~?** beth sydd dan sylw?; **il n'en est pas ~** 'does dim cwestiwn o hynny; **en ~** dan sylw; **hors de ~** amhosibl, anymarferol, allan o'r cwestiwn; **je ne me suis jamais posé la ~** nid wyf erioed wedi meddwl am y peth; **(re)mettre qch en ~** (ail)ystyried rhth, codi amheuaeth ynghylch rhth; **poser la ~ de confiance** (*POL*) gofyn am bleidlais o ymddiriedaeth; **autres ~s** (*COMM*) unrhyw fater arall; **~ d'actualité** (*PRESSE*) mater cyfoes; **~ piège** cwestiwn magl *ou* trap *ou* tric; **~ subsidiaire** cwestiwn torri'r ddadl; **~s économiques/sociales** materion *ll* economaidd/cymdeithasol.
questionnaire [kɛstjɔnɛʀ] *m* holiadur *g*.
questionner [kɛstjɔne] (1) *vt* holi; **~ qn sur qch** holi rhn ynghylch rhth.
quête [kɛt] *f* (*collecte*) casgliad *g*; (*recherche*) ymchwiliad *g*, ymchwil *b*; **faire la ~** gwneud casgliad, casglu (at rth); **se mettre en ~ de qch** mynd i chwilio am rth, chwilio am rth.
quêter [kete] (1) *vi* casglu, gwneud casgliad; ♦*vt* (*regard, sourire*) gofyn am; **~ des compliments** chwilio *ou* gofyn am ganmoliaeth.
quetsche [kwɛtʃ] *f math o eirinen fawr borffor tywyll.*
queue [kø] *f* cynffon *b*, cwt *b*; (*fig: d'une casserole, poêle*) coes *b*, handlen *b*; (*d'un fruit*) coesyn *g*; (*d'une feuille*) coes, coesyn, deilgoes *b*; (*de classement*) gwaelod *g*; (*file de personnes*) rhes *b*, ciw *g*; (*de train*) tu *g* ôl, cefn *g*; **en ~ (de train)** yn nhu ôl y trên; **faire la ~** ciwio, sefyll mewn ciw; **se mettre à la ~** mynd i sefyll mewn ciw; **histoire sans ~ ni tête** stori *b* gelwydd golau; **à la ~ leu leu** un ar ôl y llall, yn un llinell; **la ~ entre les jambes** (*chien*) â'i gynffon rhwng ei goesau; **~ de billard** ffon *b* filiards; **~ de cheval** cynffon merlen; **finir en ~ de poisson** (*film*) gorffen yn sydyn; **faire une ~ de poisson à qn** (*AUTO*) torri i mewn o flaen rhn.
queue-de-pie (~s-~-~) [kødpi] *f* cot *b* gynffon fain, cot â chwt.
queux [kø] *adj m voir* **maître**.
qui [ki] *pron*
1 (*interrogatif*) pwy; **~ (est-ce qui)?** pwy (sydd)?; **~ a fait ça?** pwy (a) wnaeth hynna?; **~ veut-elle voir?** pwy hoffai hi ei weld?; **je ne sais pas ~ c'est** nid wyf yn gwybod pwy sydd yna, ni wn i ddim pwy sydd yna; **~ est-ce que tu aimes?** pwy wyt ti'n ei garu?.
2 (*après préposition*) pwy; **avec ~** gyda phwy; **à ~ est ce sac?** pwy biau'r bag yma?; **à ~ sont ces chaussures?** pwy biau'r esgidiau yma?; **à ~ parlais-tu?** â phwy yr oeddet ti'n siarad?.
3 (*relatif*) a, sydd, y; **la femme ~ est arrivée hier** y wraig a gyrhaeddodd ddoe; **la femme ~ travaille** y wraig sy'n gweithio; **il y a quelqu'un ~ veut vous parler** mae yna rywun sydd eisiau siarad â chi; **est-ce vous ~ venez d'appeler?** ai chi sydd newydd alw?; **que ceux ~ ne sont pas d'accord lèvent le doigt** coded pawb sydd yn erbyn ei law; **l'ami de ~ je vous ai parlé** y ffrind y siaredais â chi amdano; **la dame chez ~ je suis allé** y wraig yr euthum i'w thŷ; **la fille avec ~ je l'ai vu** y ferch y gwelais i ef gyda hi; **amenez ~ vous voulez** dewch â phwy bynnag a fynnoch; **~ que ce soit** pwy bynnag; **~ que ce soit ~ a fait cela** pwy bynnag a wnaeth hynny; **~ que ce soit, je ne suis pas là** pwy bynnag sydd yna, 'dydw i ddim yma.
qui est-ce que [kiɛskə] *pron + vb* (*objet*) pwy a; **qui est-ce qu'elle voit?** pwy a wêl hi?, pwy mae hi'n ei weld *voir aussi* **qui**.
qui est-ce qui [kiɛski] *pron + vb* (*sujet*) pwy; **~ est arrivé?** pwy sydd wedi dod? *voir aussi* **qui**.
quiche [kiʃ] *f*: **~ lorraine** quiche *b*, tarten *b* sawrus.
Quichotte [kiʃɔt] *prm* Cwicsot *g*.
quiconque [kikɔ̃k] *pron* pwy bynnag; (*n'importe qui*) unrhyw un; **je le sais mieux que ~** mi wn i yn well na neb; **il est interdit à ~ de fumer** ni chaiff neb ysmygu.
quidam [k(ɥ)idam] *m* (*hum*) unigolyn *g*.
quiétude [kjetyd] *f* heddwch *g*, llonydd *g*; **en toute ~** mewn heddwch.
quignon* [kiɲɔ̃] *m*: **~ de pain** darn *g* o fara, cwlffyn *g ou* clwff *g* o fara.

quille [kij] *f* sgitlen *b*, ceilysyn *g*, ceilysen *b*; (*NAUT*) cêl *g*, cilbren *g*; ~**s*** (*jambes*) coesau *ll*, heglau *ll*; **(jeu de)** ~**s** sgitls *ll*, ceilys *ll*.
quincaillerie [kɛ̃kɑjʀi] *f* nwyddau *ll* haearn; (*magasin*) siop *b* haearnwerthwr, siop heyrn
quincaillier [kɛ̃kɑje] *m* haearnwerthwr *g*; (*fabricant*) gwneuthurwr *g* nwyddau haearn.
quincaillière [kɛ̃kɑjɛʀ] *f* haearnwerthwraig *b*; (*fabricant*) gwneuthurwraig *b* nwyddau haearn.
quinconce [kɛ̃kɔ̃s] *m*: **en** ~ fesul pump (*gydag un ym mhob un o bedair cornel ac un yn y canol*).
quinine [kinin] *f* (*médicament*) cwinin *g*.
quinquagénaire [kɛ̃kaʒenɛʀ] *m/f* un *g/b* dros ei hanner cant; **être** ~ bod yn hanner cant, bod dros eich hanner cant, bod yn bum deg, bod dros eich pum deg.
quinquennal (-e) (**quinquennaux, quinquennales**) [kɛ̃kenal, kɛ̃keno] *adj* am bum mlynedd, bob pum mlynedd.
quinquina [kɛ̃kina] *m* (*BOT*) sincona *g*, y pren *g* cwinin; (*boisson*) *gwin â blas sincona.*
quintal (**quintaux**) [kɛ̃tal, kɛ̃to] *m* canpwys *ll*, can cilogram *ll*, cwintal *g*.
quinte [kɛ̃t] *f* (*MUS*) pumed *g*; (*escrime*) y pumed safle *g*; (*CARTES*) pumawd *g*; ~ **(de toux)** pwl *g* o besychu.
quintessence [kɛ̃tesɑ̃s] *f* hanfod *g*.
quintette [k(ɥ)ɛ̃tɛt] *m* pumawd *g*; ~ **à cordes/à vent** pumawd llinynnol/chwyth.
quintuple [kɛ̃typl] *adj* pum gwaith cymaint, pumplyg, pumhlyg;
♦*m* pum gwaith *b*, pumplyg *g*, pumhlyg *g*; **le** ~ **de** pum gwaith cymaint â.
quintupler [kɛ̃typle] (**1**) *vt, vi* cynyddu (rhth) bum gwaith, pumplygu (rhth).
quintuplés [kɛ̃typle] *mpl* pumledau *ll*, pum gefaill.
quintuplées [kɛ̃typle] *fpl* pumledau *ll*, pum gefeilles.
quinzaine [kɛ̃zɛn] *f*: **une** ~ **(de)** rhyw bymtheg, tua pymtheg; **une** ~ **(de jours)** pythefnos *g,b*, pymtheng niwrnod; ~ **commerciale** *neu* **publicitaire** *arwerthiant am bythefnos.*
quinze [kɛ̃z] *adj inv* pymtheg, pymtheng, un deg pum; ~ **maisons** pymtheg tŷ, pymtheg o dai, un deg pum tŷ, un deg pump o dai; ~ **jours/ans** pymtheng niwrnod/mlynedd; **j'ai** ~ **ans** 'rwy'n bymtheng mlwydd oed, 'rwy'n bymtheg oed; **on est le** ~ **aujourd'hui** y pymthegfed yw hi heddiw; **demain en** ~ pythefnos i fory; **lundi en** ~ pythefnos i ddydd Llun; **dans** ~ **jours** mewn pythefnos; **tous les** ~ **jours** bob pythefnos, yn bythefnosol; **le** ~ **août** y pymthegfed o Awst, Gŵyl *b* Fair yn Awst;
♦*m inv* pymtheg *g*; **le** ~ **de France** (*RUGBY*) tîm *g* rygbi Ffrainc.
quinzième [kɛ̃zjɛm] *adj* pymthegfed;
♦*m/f* pymthegfed *g,b*;
♦*m* un rhan *b* o bymtheg.
quiproquo [kipʀɔko] *m* (*sur une personne*) camgymeriad *g*, camsyniad *g*, camadnabyddiaeth *b*, camadnabod; (*sur un sujet*) camddealltwriaeth *g*, camsyniad.
quittance [kitɑ̃s] *f* (*reçu*) derbynneb *b*; (*facture*) bil *g*.
quitte [kit] *adj*: **être** ~ **envers qn** bod yn rhydd o ddyled i rn; **être** ~ **de qch** (*obligation*) bod yn rhydd o rth; **en être** ~ **à bon compte** dianc â chosb ysgafn; ~ **à faire qch** hyd yn oed os golyga hynny wneud rhth; **nous voulons un barrage,** ~ **à inonder quelques fermes** mae arnom eisiau argae er y bydd hynny'n golygu boddi rhai ffermydd; ~ **à s'ennuyer elle préfère rester chez elle** er y bydd hi'n diflasu, mae'n well ganddi aros gartref; **jouer** ~ **ou double** (*jeu*) chwarae dwbl neu ddim; **c'est du** ~ **ou double** (*fig*) mae'n gryn fenter, mae'n beth mentrus i'w wneud.
quitter [kite] (**1**) *vt* gadael; (*fig: espoir, illusion*) rhoi'r gorau (i); (*vêtement*) tynnu, diosg; (*se séparer de*) ymadael â, gadael; **il nous a quittés vers 22h** ymadawodd â ni tua 10 o'r gloch; **sa femme l'a quitté il y a un an** gadawodd ei wraig ef flwyddyn yn ôl; ~ **l'école à 16 ans** gadael yr ysgol yn un ar bymtheg oed; **il faut** ~ **la nationale 7 à Valence** rhaid gadael yr N7 yn Valence; ~ **la route** (*véhicule*) mynd oddi ar y ffordd; **ne quittez pas** (*au téléphone*) daliwch y lein; **ne pas** ~ **qn d'une semelle** glynu wrth rn fel ci wrth asgwrn, glynu fel gele wrth rn; **ne pas** ~ **qn des yeux** cadw llygad barcud ar rn;
♦ **se** ~ *vr* ymwahanu, ymadael â'ch gilydd.
quitus [kitys] *m* rhyddhad *g*; **donner** ~ **à un gérant** rhyddhau rheolwr o'i ddyletswyddau.
qui-vive [kiviv] *m inv*: **être sur le** ~-~ bod yn wyliadwrus, bod â'ch llygad ar eich ysgwydd.
quoi [kwa] *pron*
1 (*interrogation*) (pa) beth; ~ **de plus beau que ...?** (pa) beth sy'n harddach na ...?; ~ **de neuf?** pa newydd sydd?; ~ **encore?** beth sydd?; **et puis** ~ **encore!** beth nesa'!; ~**?** (*qu'est-ce que tu dis?*) beth?; **à** ~ **penses-tu?** am beth wyt ti'n meddwl?; **de** ~ **parlez-vous?** am beth 'rydych chi'n siarad?; **en** ~ **puis-je vous aider?** sut y gallaf eich helpu?; **à** ~ **bon?** i beth?, beth fyddai'r diben?.
2 (*interrogation indirecte*) (pa) beth; **dis-moi à** ~ **ça sert** dywed wrthyf beth fyddai'r diben?; **je ne sais pas à** ~ **elle pense** nid wyf yn gwybod am beth y mae hi'n meddwl, ni wn i ddim am beth y mae hi'n meddwl.
3 (*relatif*) yr hyn, y peth; **ce à** ~ **tu penses** yr hyn yr wyt yn meddwl amdano; **avoir de** ~ **écrire** bod â rhywbeth i ysgrifennu ag ef; **il n'a même pas de** ~ **s'acheter un livre** nid oes ganddo fodd hyd yn oed i brynu llyfr; **il y a**

de ∼ être fier/satisfait mae pob rheswm dros fod yn falch/fodlon; **il n'y a pas de ∼ se fâcher/crier** ni waeth i chi heb â gwylltio/gweiddi, 'does dim rheswm dros wylltio/weiddi, waeth heb â gwylltio/gweiddi; **il n'y a pas de ∼ fouetter un chat** nid yw nac yma nac acw, nid yw'n werth y drafferth; **merci - il n'y a pas de ∼!** diolch - croeso!.
4 (*locutions*): **après ∼** ar ôl hynny; **sur ∼** yna, ar y pwnc, ac ar hyn, ar hynny; **sans ∼, faute de ∼** fel arall, yn niffyg hynny; **comme ∼ il ne faut pas le croire** am hynny peidiwch â'i gredu.
▶ **quoi que** (pa) beth bynnag: **∼ qu'il arrive** beth bynnag a ddaw; **∼ qu'il en soit** boed *ou* bid hynny fel y bo, pa un bynnag, sut bynnag, 'ta beth; **∼ qu'elle fasse** (pa) beth bynnag a wnaiff hi; **si vous avez besoin de ∼ que ce soit** os oes arnoch angen unrhyw beth.

quoique [kwak] *conj* er, serch; **quoiqu'elle soit malade elle est toujours gaie** er ei bod hi'n sâl, mae hi'n siriol o hyd; **∼ pauvre, elle est généreuse** er ei bod hi'n dlawd, mae hi'n hael.

quolibet [kɔlibɛ] *m* gwawd *g*, enllib *g*.

quorum [k(w)m] *m* cworwm *g*.

quota [k(w)ɔta] *m* cwota *g*.

quote-part (**∼s-∼s**) [kɔtpaʀ] *f* cyfran *b*.

quotidien[1] (**-ne**) [kɔtidjɛ̃, jɛn] *adj* dyddiol, beunyddiol, bob dydd; (*banal*) cyffredin; (*existence*) digyfnewid; **la vie ∼ne** y drefn feunyddiol, bywyd *g* pob dydd.

quotidien[2] [kɔtidjɛ̃] *m* (*journal*) papur *g* dyddiol; **les grands ∼s** papurau *ll* newyddion cenedlaethol.

quotidiennement [kɔtidjɛnmɑ̃] *adv* bob dydd, yn ddyddiol, yn feunyddiol.

quotient [kɔsjɑ̃] *m* cyniferydd *g*; **∼ intellectuel** cyniferydd deallusrwydd.

quotité [kɔtite] *f* (*FIN*) cwota *g*

R

R, **r** [ɛR] *abr*
1= **route**.
2= **rue**.
3= **recommandé**.

rab* [Rab] *m* ychwaneg *g*, rhagor *g*; **5 minutes de** ~ pum munud ychwanegol; **faire du** ~ gweithio oriau ychwanegol; **il y a du** ~ **de viande** mae 'na ragor *ou* ychwaneg o gig.

rabâcher [Rabɑʃe] (**1**) *vt* dweud yr un peth drosodd a throsodd, rhygnu ar yr un hen beth *ou* dant.

rabais [Rabɛ] *m* lleihad *g*, gostyngiad *g*, ad-daliad *g*; **au** ~ (*vendre*) am bris llai, ar ddisgownt, yn rhatach.

rabaisser [Rabese] (**1**) *vt* (*rabattre*) gostwng; (*dénigrer*) bychanu, sarhau; (*déprécier*) dibrisio; (*humilier*) torri crib (rhn), darostwng, iselhau.

rabane [Raban] *f* mat *g* raffia.

rabat[1] [Raba] *vb voir* **rabattre**.

rabat[2] [Raba] *m* (*table*) dalen *b*; (*poche*) llabed *b*.

rabat-joie [Rabaʒwa] *m/f inv* difethwr *g* hwyl, difethwraig *b* hwyl, cadach *g* gwlyb, un *g/b* annifyr.

rabatteur [RabatœR] *m* (*de gibier*) curwr *g*; (*péj*) towt *g*.

rabatteuse [Rabatøz] *f* (*de gibier*) curwraig *b*; (*péj*) towt *g*.

rabattre [RabatR] (**56**) *vt* (*couvercle*) cau; (*capot*) cau; (*strapontin: pour baisser*) tynnu i lawr, agor; (:*pour lever*) codi; (*col*) plygu, troi i lawr; (*arbre*) tocio, brigdorri; (*flammes*) gyrru'n ôl, curo'n ôl; (*COUTURE*) gwnïo, pwytho; (*TENNIS: balle*) taro'n galed; (*gibier*) gyrru; (*diminuer*) lleihau, gostwng; (*somme d'un prix*) gostwng; (*TRICOT: mailles*) cyfyngu; ~ **la prétension de qn** torri crib rhn; ~ **les couvertures** (*se couvrir*) tynnu'r dillad gwely i fyny; (*se découvrir*) taflu'r dillad gwely yn ôl;
♦ **se** ~ *vr*: **se** ~ **devant qn** (*véhicule, coureur*) torri i mewn o flaen rhn; (*porte*) cau (yn glep); (*couvercle*) cau; **se** ~ **sur** troi at, syrthio'n ôl ar, gwneud y tro ar.

rabattu (**-e**) [Rabaty] *pp de* **rabattre**;
♦*adj* wedi'i droi i lawr, wedi'i blygu; (*cheveux*) wedi ei frwsio dros y talcen; **poche** ~**e** poced *b* â fflap.

rabbin [Rabɛ̃] *m* rabi *g*, offeiriad *g* Iddewig.

rabiot* [Rabjo] *m voir* **rab**.

rabique [Rabik] *adj* cynddeiriog, yn ymwneud â'r gynddaredd, y gynddaredd; **le virus** ~ firws *g* y gynddaredd.

râble [Rɑbl] *m* (*du lièvre, lapin*) cefn *g*; (*CULIN*) cefnddryll *g* (*cig cefn*).

râblé (**-e**) [Rɑble] *adj* (*animal*) gwarllydan; (*personne*) byrdew.

rabot [Rabo] *m* plaen *g*, llyfnwr *g*.

raboter [Rabɔte] (**1**) *vt* plaenio, llyfnhau, llyfnu.

raboteux (**raboteuse**) [Rabɔtø, Rabɔtøz] *adj* anwastad, garw.

rabougri (**-e**) [RabugRi] *adj* crychlyd, crebachlyd, crablyd.

rabrouer [RabRue] (**1**) *vt* anwybyddu, sennu, rhoi (rhn) yn ei le.

racaille [Rakɑj] *f* (*péj*) ciwed *b*, poblach *b*.

raccommodage [Rakɔmɔdaʒ] *m* atgyweiriad *g*, atgyweirio, trwsio.

raccommoder [Rakɔmɔde] (**1**) *vt* atgyweirio, clytio, trwsio; (*chaussettes*) gwnïo, creithio, trwsio; (*fam: ennemis*) cymodi;
♦ **se** ~* *vr* cymodi.

raccompagner [Rakɔ̃paɲe] (**1**) *vt* danfon *ou* hebrwng (rhn) adref, mynd yn gwmni (i rn).

raccord [RakɔR] *m* (*papier peint*) uniad *g*; (*discours*) cysylltiad *g*; (*CINÉ: scène, pièce*) golygfa *b* gysylltiol; ~ **de maçonnerie** pwyntio, pwyntiad *g*; **faire un** ~ (*à la peinture*) ailgyffwrdd, perffeithio; (*à la maquillage*) rhoi colur eto, rhoi twtsh arall (o golur).

raccordement [RakɔRdəmɑ̃] *m* (*tuyaux*) uniad *g*, cysylltiad *g*; (*routes*) ffordd *b* gysylltu; (*fils électriques*) cysylltiad.

raccorder [RakɔRde] (**1**) *vt* cysylltu, uno; ~ **qn au réseau du téléphone** cysylltu rhn â rhwydwaith y ffôn;
♦ **se** ~ *vr*: **se** ~ **à** cysylltu â, ymgysylltu â.

raccourci [RakuRsi] *m* (*chemin*) llwybr *g* llygad, ffordd *b* gynt; (*résumé*) crynodeb *g*, talfyriad *g*; **en** ~ (*en miniature*) yn fach, yn fychan; (*en bref*) yn gryno, yn fyr.

raccourcir [RakuRsiR] (**2**) *vt* torri yn fyr, cwtogi, lleihau; (*vêtement*) cwtogi, cwteuo, byrhau; (*texte*) talfyrru, crynhoi; (*branche*) tocio;
♦*vi* byrhau, mynd yn fyrrach; (*vêtement: au lavage*) mynd yn llai (yn y golch), mynd i mewn.

raccroc [RakRo]: **par** ~ *adv* ar hap, ar ddamwain, yn ddamweiniol.

raccrocher [RakRɔʃe] (**1**) *vt* (*vêtement*) hongian (rhth) yn ei ôl, ail-hongian; (*écouteur*) rhoi i lawr; (*wagon*) bachu; (*fig: affaire*) achub;
♦*vi* (*téléphone*) rhoi'r ffôn i lawr, diweddu galwad ffôn; **ne raccrochez pas** (*téléphone*) daliwch y lein;
♦ **se** ~ *vr*: **se** ~ **à qch** glynu wrth rth, gafael yn rhth.

race [Ras] *f* hil *b*; (*d'animaux*) brid *g*; (*espèce: fig*) math *g*, teip *g*; (*origine, ascendance*) tras *b*, llinach *b*; **de** ~ pedigri; (*cheval*) o frid pur, pedigri; **la** ~ **humaine** yr hil ddynol; **de** ~ **noble** o dras fonheddig, o linach bendefigaidd.

racé (**-e**) [Rase] *adj* (*animal*) pedigri, o frid

pur; (*fig: personne*) o frid.

rachat [raʃa] *m* adbryniad *g*, adbrynu, prynu'n ôl; (*dette*) ad-daliad *g*; (*COMM*) cymryd (busnes) drosodd, trosfeddiant *g*; (*REL: rédemption*) gwaredigaeth *b*, adbrynedigaeth *b*.

racheter [raʃ(ə)te] (**13**) *vt* (*objet qu'on possédait avant*) adbrynu, prynu (rhth) yn ei ôl; (*nouvel objet*) prynu un newydd *ou* un arall; (*acheter d'occasion*) prynu; (*firme*) cymryd drosodd, trosfeddiannu; (*dette*) ad-dalu; (*REL: pécheur*) gwaredu, achub; (*crime, faute*) gwneud iawn am; (*otage*) pridwerthu; ~ **du lait/des œufs** (*acheter davantage de*) prynu rhagor *ou* ychwaneg o laeth/wyau; ~ **un candidat** *pasio ymgeisydd sydd heb gael marciau digonol*;
♦ **se** ~ *vr* (*pécheur*) gwneud iawn am eich pechodau; (*criminel*) gwneud iawn am eich trosedd.

rachidien (**-ne**) [raʃidjɛ̃, jɛn] *adj* racidaidd, (yn ymwneud â'r) asgwrn cefn.

rachitique [raʃitik] *adj* yn dioddef o'r llech(au), llechog; (*fig*) esgyrnog, sgraglyd.

rachitisme [raʃitism] *m* y llech *g*, y llechau *ll*; **faire du** ~ dioddef o'r llechau.

racial (**-e**) (**raciaux, raciales**) [rasjal, rasjo] *adj* hiliol; **discrimination** ~**e** gwahaniaethu hiliol, anffafriaeth *b* hiliol.

racine [rasin] *f* gwreiddyn *g*; ~ **carrée** (*MATH*) ail isradd *g*, gwreiddyn sgwâr; ~ **cubique** (*MATH*) trydedd isradd *g*, gwreiddyn ciwb; **prendre** ~ (*fig*) gwreiddio, bwrw gwreiddyn *ou* gwraidd.

racisme [rasism] *m* hiliaeth *b*.

raciste [rasist] *adj* hiliol;
♦*m/f* hilydd *g*, hiliwr *g*, hilwraig *b*.

racket [rakɛt] *m* twyll *g*, llwgr-fasnach *b*, sgâm *b*.

racketteur [rakɛtœr] *m* llwgr-fasnachwr *g*, sgamiwr *g*.

raclée* [rɑkle] *f* (*coups*) curfa *b*, cweir *g*; (*défaite*) cosfa *b*.

raclement [rɑkləmɑ̃] *m* (*bruit*) (sŵn) *g* rhygnu, rhygnad *g*.

racler [rɑkle] (**1**) *vt* (*casserole, plat*) crafu, rhwto; (*frotter rudement*) rhwbio, crafu; (*fig: instrument de musique*) rhygnu (ar); (*suj: chose: frotter contre*) crafu (yn erbyn), rhwbio *ou* rhwto (yn erbyn);
♦ **se** ~ *vr*: **se** ~ **la gorge** clirio'ch gwddf, carthu'ch gwddf.

raclette [rɑklɛt] *f* math o gaws pob (*pryd arbennig yn y Swistir*).

racloir [rɑklwar] *m* (*outil*) ysgrafell *b*, crafell *b*.

racolage [rakɔlaʒ] *m* (*prostituée*) llithio.

racoler [rakɔle] (**1**) *vt* (*prostituée*) llithio, denu; (*vendeur*) towtio am.

racoleur[1] (**racoleuse**) [rakɔlœr, rakɔløz] *adj* (*péj*) dengar, sy'n llygad-dynnu; (*POL*) sy'n denu pleidleisiau.

racoleur[2] [rakɔlœr] *m* towt *g*.

racoleuse [rakɔløz] *f* putain *b*;
♦*adj f voir aussi* **racoleur**[1].

racontars [rakɔ̃tar] *mpl* straeon *ll*, clecs *ll*.

raconter [rakɔ̃te] (**1**) *vt* (*histoire*) dweud, adrodd; (*malheurs*) sôn am, dweud (am); ~ **qch à qn** dweud rhth wrth rn; **qu'est-ce que tu racontes?** am ba beth 'rwyt ti'n sôn?

racorni (**-e**) [rakɔrni] *adj* wedi ymgaledu, cornaidd; (*fruit*) wedi gwystno; (*desséché*) crebachlyd.

racornir [rakɔrnir] (**2**) *vt* caledu, crebachu;
♦ **se** ~ *vr* (*fruit*) gwystno.

radar [radar] *m* radar *g*; **système** ~ system *b* radar; **écran** ~ sgrin *b* radar.

rade [rad] *f* porthladd *g*, angorfa *b*, hafan *b*; **en** ~ **de Toulon** ym mhorthladd Toulon; **laisser qn en** ~ (*fig: personne*) gadael rhn mewn twll *ou* ar y clwt; **laisser qch en** ~ (*projet*) rhoi'r gorau i rth; (*voiture*) gadael rhth.

radeau (**-x**) [rado] *m* rafft *b*, cludair *b*; ~ **de sauvetage** rafft achub.

radial (**-e**) (**radiaux, radiales**) [radjal, radjo] *adj* rheiddiol; (*ANAT*) gwaellol, radiol; **pneu à carcasse** ~**e** teiar *g* rheiddiol.

radiant (**-e**) [radjɑ̃, jɑ̃t] *adj* disglair, pelydrol, tywynnol; (*PHYS*) rheiddiol.

radiateur [radjatœr] *m* (*de chauffage*) rheiddiadur *g*, gwresogydd *g*; (*AUTO*) rheiddiadur, rhwyll *b* oeri; ~ **électrique** rheiddiadur trydan.

radiation [radjasjɔ̃] *f* pelydriad *g*, rheiddiad *g*, tywyniad *g*; (*nom*) dilead *g*, dileu (oddi ar restr); (*PHYS*) ymbelydredd *g*.

radical[1] (**-e**) (**radicaux, radicales**) [radikal, radiko] *adj* sylfaenol, gwreiddiol; (*POL*) radicalaidd; (*mesure*) eithafol; (*MATH*) radical; (*LING*) gwreiddynol, cysefin.

radical[2] (**radicaux**) [radikal, radiko] *m* (*LING*) bôn *g*, gwreiddyn *g*; (*MATH*) radical *g*, gwreiddarwydd *g*.

radicalement [radikalmɑ̃] *adv* yn sylfaenol, yn y gwraidd, i'r eithaf, yn llwyr; (*POL*) yn radicalaidd; ~ **faux** hollol anghywir.

radicaliser [radikalize] (**1**) *vt* (*position, opinion*) cryfhau, caledu;
♦ **se** ~ *vr* radicaleiddio.

radicalisme [radikalism] *m* (*POL*) radicaliaeth *b*.

radier [radje] (**16**) *vt* (*nom*) dileu (oddi ar restr).

radiesthésie [radjɛstezi] *f* radiesthesia *g*, dewinio am ddŵr.

radiesthésiste [radjɛstezist] *m/f* dewin *g* dŵr, dewines *b* ddŵr.

radieux (**radieuse**) [radjø, radjøz] *adj* pelydrol, tanbaid, tywynnol; (*personne*) yn disgleirio; (*visage*) yn wên i gyd; (*journée*) bendigedig; (*soleil*) disglair, tywynnol.

radin* (**-e**) [radɛ̃, in] *adj* crintach, crebachlyd.

radio [radjo] *f*
1 (*gén*) radio *g,b*; **à la ~** ar y radio; **passer à la ~** bod ar y radio; **travailler à la ~** bod yn ddarlledwr *ou* ddarlledwraig (ar y radio); **mettre la ~** troi'r radio ymlaen; **~ libre** gorsaf *b* radio leol; **~ pirate** gorsaf radio answyddogol *ou* herwrol.
2 (*MÉD*) pelydr *g* X; (*radioscopie*) radiosgopeg *b*, radiosgopi *g,b*; (*radiographie*) radiograffeg *b*; **faire** *neu* **se faire faire une ~** (*des poumons*) cael pelydr X ar y frest, cael archwiliad radiograffig ar y frest; **faire passer une ~ à qn** rhoi archwiliad pelydr X i rn; ♦*m* (*opérateur*) dyn *g* radio; (*message*) radio-telegram *g*, neges *b* radio.
radio... [radjo] *préf* radio...
radioactif (**radioactive**) [radjoaktif, radjoaktiv] *adj* ymbelydrol.
radioactivité [radjoaktivite] *f* ymbelydredd *g*.
radioamateur [radjoamatœr] *m* darlledwr *g* amatur.
radiobalise [radjobaliz] *f* begwn *g* radio.
radiocassette [radjokasɛt] *f* radio *g,b* a chwaraewr casetiau.
radiodiffuser [radjodifyze] (**1**) *vt* darlledu.
radiodiffusion [radjodifyzjɔ̃] *f* darlledu; **programmes/chaînes de ~** rhaglenni/gorsafoedd radio.
radioélectrique [radjoelɛktrik] *adj* radio, radiodrydanol.
radiographie [radjɔgrafi] *f* radiograffeg *b*; (*photo*) radiograff *g*, llun *g* pelydr X.
radiographier [radjɔgrafje] (**16**) *vt* rhoi archwiliad pelydr X (i rn), tynnu llun pelydr X (o rn); **se faire ~** cael archwiliad radiograffig, cael pelydr X.
radioguidage [radjogidaʒ] *m* (*AVIAT, NAUT*) radio-reolaeth *b*; (*AUTO*) *darllediad g gwybodaeth am broblemau traffig*.
radioguider [radjɔgide] (**1**) *vt* (*AVIAT, NAUT*) radio-reoli.
radiologie [radjɔlɔʒi] *f* radioleg *b*.
radiologique [radjɔlɔʒik] *adj* radiolegol.
radiologue [radjɔlɔg] *m/f* radiolegydd *g*, radiolegwr *g*, radiolegwraig *b*.
radiophare [radjofar] *m* begwn *g* radio.
radiophonique [radjɔfɔnik] *adj* radioffonig; **émission ~** rhaglen *b* radio, darllediad *g*.
radioreportage [radjor(ə)pɔrtaʒ] *m* darllediad *g* radio.
radio-réveil (**~s-~s**) [radjorevɛj] *m* radio *g,b* â chloc larwm.
radioscopie [radjɔskɔpi] *f* radiosgopeg *b*, radiosgopi *g,b*.
radio-taxi (**~-~s**) [radjotaksi] *m* cab *g* radio, tacsi *g* â radio.
radiotéléphone [radjotelefɔn] *m* radio-teleffon *g*.
radiotélescope [radjotelɛskɔp] *m* telesgop *g* radio.
radiotélévisé (**-e**) [radjotelevize] *adj* a ddarlledir ar radio a theledu
radiothérapie [radjoterapi] *f* radiotherapi *g*.
radis [radi] *m* rhuddyglen *b*, radis *g,b*; (*fam: sou*) ceiniog *b*; **~ noir** marchruddygl *g*.
radium [radjɔm] *m* radiwm *g*.
radoter [radɔte] (**1**) *vi* siarad lol *ou* dwli, cyboli, malu awyr.
radoub [radu] *m*: **bassin** *neu* **cale de ~** doc *g* sych.
radouber [radube] (**1**) *vt* (*navire*) atgyweirio corff llong.
radoucir [radusir] (**2**) *vt* (*ton*) meddalu, tyneru; (*humeur*) gwella, tawelu, lleddfu;
♦ **se ~** *vr* (*personne*) ymbwyllo, ymdawelu; (*voix*) mynd yn dynerach; (*temps*) mynd yn fwynach, gwella.
radoucissement [radusismɑ̃] *m* tyneriad *g*; (*du temps*) tywydd *g* mwynach, tywydd gwell.
rafale [rafal] *f* (*de vent*) hwrdd *g*, gwth *g*; (*d'applaudissements*) bloedd *b*; **souffler en ~s** hyrddio; **~s de balles** cawodydd *ll* o fwledi; **~ de mitrailleuse** taniad *g* peirianddryll.
raffermir [rafɛrmir] (**2**) *vt* cryfhau, caledu; (*peau, muscles*) tynhau, cryfhau; (*autorité*) cefnogi, cyfnerthu, atgyfnerthu;
♦ **se ~** *vr* cryfhau, dod yn gryfach *ou* yn galetach, mynd yn gryfach *ou* yn galetach; (*sol*) caledu.
raffermissement [rafɛrmismɑ̃] *m* (*muscles*) cryfhad *g*, cryfhau; (*sol*) calediad *g*, caledu; (*fig: monnaie*) sadio, tawelu; (*autorité*) cryfhad, cryfhau, atgyfnerthiad *g*.
raffinage [rafinaʒ] *m* coethi, coethiad *g*, puro, pureiddiad *g*.
raffiné (**-e**) [rafine] *adj* pur, coeth; (*personne*) llednais, bonheddig, diwylliedig, chwaethus; (*manières*) cain.
raffinement [rafinmɑ̃] *m* coethder *g*, lledneisrwydd *g*, syberwyd *g*.
raffiner [rafine] (**1**) *vt* coethi, puro; (*langage*) gloywi; (*manières*) caboli, perffeithio.
raffinerie [rafinri] *f* purfa *b*.
raffoler [rafɔle] (**1**) *vi*: **~ de** dotio *ou* dwlu ar, bod yn hoff iawn o, mynd *ou* dod yn hoff iawn o.
raffut* [rafy] *m* twrw *g*, stŵr *g*, sŵn *g*.
rafiot [rafjo] *m* (*péj: bateau*) hen dwb *g*, hen gwch *g* mwd.
rafistoler* [rafistɔle] (**1**) *vt* clytio, trwsio.
rafle [rɑfl] *f* (*police*) cyrch *g*.
rafler* [rɑfle] (**1**) *vt* dwyn, bachu.
rafraîchir [rafreʃir] (**2**) *vt* gwneud yn oer, oeri, rhewi; (*appartement*) adnewyddu; (*couleur*) cryfhau, hoywi; (*fig*) adfywio, adnewyddu; **se faire ~ les cheveux** cael twtio'ch gwallt; **~ la mémoire** *neu* **les idées à qn** atgoffa rhn, rhoi proc i gof rhn; **~ son français** caboli'ch Ffrangeg, rhoi sglein ar eich Ffrangeg;
♦*vi*: **mettre du vin/une boisson à ~** rhoi gwin/diod i oeri;
♦ **se ~** *vr* (*temps*) oeri; (*personne: en*

buvant) torri'ch syched, atgyfnerthu; (*en se lavant*) ymolchi.
rafraîchissant (**-e**) [RafRεʃisɑ̃, ɑ̃t] *adj* ffres, iach, iachusol; (*boisson*) sy'n torri syched; (*brise*) sy'n oeri, oer iach.
rafraîchissement [RafRεʃismɑ̃] *m* (*de la température*) cwymp *g*; (*boisson*) diod *b* oer; ~**s** (*boissons, glaces etc*) bwydydd *ll*, lluniaeth *g*.
ragaillardir* [RagajaRdiR] (**2**) *vt* bywiogi, codi calon (rhn), sirioli.
rage [Raʒ] *f*: **la** ~ (*MÉD*) y gynddaredd *b*; **faire** ~ (*tempête, incendie*) rhuo; ~ **de dents** dannoedd *b* wael iawn, gwyniau *ll* dannedd.
rager [Raʒe] (**10**) *vi* cynddeiriogi, mynd yn wyllt, corddi; **faire** ~ **qn** gwylltio rhn, cynddeiriogi rhn.
rageur (**rageuse**) [Raʒœʀ, Raʒøz] *adj* (*coléreux*) drwg eich tymer; (*furieux*) cynddeiriog, ffyrnig, gwyllt.
raglan [Raglɑ̃] *adj inv* â llawes *b* raglan.
ragot* [Rago] *m* clecs *ll*.
ragoût [Ragu] *m* (*plat*) stiw *g*, cawl *g*.
ragoûtant (**-e**) [Ragutɑ̃, ɑ̃t] *adj*: **peu** ~ annymunol, anflasus.
raid [Rεd] *m* (*MIL*) ymosodiad *g*; (*attaque aérienne*) cyrch *g* bomio, ymosodiad o'r awyr; (*en voiture/avion*) taith *b* hir; (*SPORT*) pellter *g* mawr; ~ **à skis** sgio dros bellter; ~ **automobile** rali *b* geir dros bellter.
raide [Rεd] *adj* (*droit: cheveux*) syth; (*ankylosé*) stiff, anystwyth, anhyblyg; (*guindé*) anystwyth; (*dur*) caled; (*tendu*) tynn; (*escarpé*) serth; (*morale*) anhyblyg; (*manières*) ffurfiol, stiff; (*fam: surprenant*) anhygoel, annhebygol; (*fam: sans argent*) heb yr un geiniog, heb ddimai; (*fort: alcool*) cryf; (*osé, licencieux*) beiddgar, eofn; **ça c'est un peu ~!** mae hynna'n ormod, mae hynna y tu hwnt i bob rheswm; **tomber** ~ **mort** syrthio'n farw gelain;
♦*adv* (*en pente raide*) yn serth.
raideur [Rεdœʀ] *f* anystwythder *g*, anhyblygrwydd *g*, sythder *g*, stiffni *g*; (*d'une pente*) serthrwydd *g*.
raidir [RediR] (**2**) *vt* (*muscles, membres*) tynhau, stiffhau; (*câble, fil de fer*) tynhau, tynnu (rhth) yn dynn; (*position*) caledu, cryfhau;
♦ **se** ~ *vr* cyffio, stiffhau, mynd yn anystwyth; (*câble*) tynhau, mynd yn dynnach; (*personne*) mynd yn dynn drwoch; (*s'entêter*) bod yn gyndyn, dangos wyneb caled.
raidissement [Redismɑ̃] *m* (*fig*) anystwythder *g*, sythder *g*, stiffrwydd *g*; (*de position*) caledu, cyndynrwydd *g*.
raie[1] [Rε] *f* (*ZOOL*) cath *b* fôr.
raie[2] [Rε] *f* (*rayure*) llinell *b*, rhesen *b*, streipen *b*; (*des cheveux*) rhaniad *g*, rhesen wen; (*éraflure*) crafiad *g*, ôl *g*; **se faire la ~ au milieu** rhannu'ch gwallt yn y canol, gwneud rhesen wen yng nghanol eich gwallt.
raifort [Rεfɔʀ] *m* marchruddygl *g*.
rail [Rɑj] *m* rheilen *b*, cledren *b*; (*chemins de fer*) rheilffordd *b*, ffordd *b* haearn; **les ~s** y cledrau *ll*; **par** ~ ar y trên.
railler [Rɑje] (**1**) *vt* gwneud hwyl (am ben rhn), gwawdio, chwerthin (am ben rhn).
raillerie [RɑjRi] *f* gwatwar *g*, gwawd *g*, herian.
railleur (**railleuse**) [Rɑjœʀ, Rɑjøz] *adj* gwatwarus, gwawdlyd, dirmygus.
rail-route [RajRut] *m* cludiant *g* ffordd a rheilffordd, cludiant ffordd a thrên.
rainurage [RenyRaʒ] *m* (*AUTO*) *wyneb g ffordd anwastad*.
rainure [RenyR] *f* rhigol *b*, rhych *g,b*.
raisin [Rεzɛ̃] *m* grawnwin *ll*; **un grain de** ~ grawnwinen *b*, grepsen *b*; ~**s** grawnwin; **une grappe de** ~ clwstwr *g* o rawnwin, grawnswp *g*; **manger du** ~ bwyta grawnwin; ~**(s) blanc(s)/noir(s)** grawnwin gwynion/duon; ~**s de Corinthe** cyrens *ll*; ~**s de Smyrne** syltanas *ll*; ~**s secs** r(h)esins *ll*.
raison [Rεzɔ̃] *f*
1 (*motif: prétexte*) achos *g*, rheswm *g*; **pour la simple** ~ **que** am yr union reswm ..., o achos ...; **ce n'est pas une** ~ 'dyw hynny ddim yn dilyn; **pour quelle** ~ **dit-elle ceci?** pam mae hi'n dweud hynny?; **il y a plusieurs ~s à cela** mae yna sawl rheswm dros hynny; **sans** ~ heb reswm, yn ddi-sail; **avec** ~ gyda rheswm, yn iawn; **comme de** ~ fel y buasech yn ei ddisgwyl; ~ **de plus, à plus forte** ~ rheswm ychwanegol (dros wneud rhth); **en** ~ **de** (*à cause de*) oherwydd ..., achos ...; (*proportionnellement à*) yn gymesur â, yn cyfateb i; **à** ~ **de** (*au taux de*) yn ôl cyfradd o; (*à proportion de*) yn cyfateb i, yn ôl; **payer à** ~ **de 10 francs l'heure** talu yn ôl deg ffranc yr awr.
2 (*bon sens, rationalité*) synnwyr *g*, rheswm *g*, pwyll *g*; **parler** ~ siarad yn gall; **recouvrer la** ~ callio, dod at eich coed; **ramener qn à la** ~ dod â rhn at ei goed, gwneud i rn weld synnwyr; **ne pas entendre** ~ peidio â gwrando ar synnwyr *ou* reswm; **se faire une** ~ gwneud y gorau o'r gwaethaf, derbyn bod rhaid gwneud rhth; **perdre la** ~ mynd yn wallgof, gwallgofi, colli'ch pwyll; (*fig*) dechrau drysu; **plus que de** ~ gormod, yn ormodol; **avoir** ~ **de qn/qch** trechu rhn/rhth, cael y gorau ar rn/rth.
3 (*opposé à tort*): **avoir** ~ bod yn gywir *ou* yn iawn; **donner** ~ **à qn** cydnabod bod rhn yn iawn; **demander** ~ **à qn de qch** mynnu iawn am rth gan rn.
4 (*MATH: rapport*) cymhareb *b*.
5 (*locutions*): ~ **d'État** rheswm gwladwriaethol, lles *g* y wladwriaeth; ~ **d'être** y rheswm dros fodolaeth, diben *g* bodolaeth, cyfiawnhad *g*; ~ **sociale** (*COMM*) enw *g* corfforaethol.

raisonnable [ʀɛzɔnabl] *adj* (*personne: sensé*) rhesymol, call, synhwyrol; (*conseil*) call, doeth; (*prix*) teg, rhesymol.

raisonnablement [ʀɛzɔnabləmɑ̃] *adv* yn rhesymol, yn gall, yn deg; (*dépenser*) yn gymedrol, yn rhesymol.

raisonné (**-e**) [ʀɛzɔne] *adj* rhesymegol; **bien ~** â dadleuon da.

raisonnement [ʀɛzɔnmɑ̃] *m* ymresymiad *g*, dadl *b*.

raisonner [ʀɛzɔne] (**1**) *vi* (*penser*) ymresymu, rhesymu; (*discuter*) dadlau, rhesymu;
♦*vt* (*personne*) rhesymu â (rhn), trafod â (rhn); (*sentiment*) rhesymoli; **essayer de ~ ses enfants** ceisio rhesymu â'ch plant; **se laisser ~** cael eich perswadio;
♦ **se ~** *vr* ceisio bod yn rhesymol, ymresymu.

raisonneur (**raisonneuse**) [ʀɛzɔnœʀ, ʀɛzɔnøz] *adj* (*péj: qui dispute*) dadleugar; (*qui raisonne*) rhesymol, rhesymegol.

rajeunir [ʀaʒœniʀ] (**2**) *vt* gwneud (i rn) edrych yn ifanc, ieuangu, adfywiogi; (*attribuer un âge moins avancé à*) gwneud (rhn) yn iau; (*fig: manuel*) diweddaru; (*institution*) moderneiddio, diweddaru; (*installation*) adnewyddu; **il faut ~ le personnel de l'entreprise** mae'n rhaid penodi pobl iau i'r cwmni;
♦*vi* (*personne*) teimlo *ou* edrych yn iau, mynd yn ifanc eto; (*quartier*) cael ei fywiogi.

rajout [ʀaʒu] *m* ychwanegiad *g*.

rajouter [ʀaʒute] (**1**) *vt* ychwanegu, rhoi rhagor o *ou* ychwaneg o; **elle rajouta qu'il pleuvait à verse** ychwanegodd ei bod hi'n pistyllio bwrw; **en ~** mynd dros ben llestri, mynd yn rhy bell; **~ du sel** ychwanegu halen.

rajustement [ʀaʒystəmɑ̃] *m* cywiriad *g*, cymhwysiad *g*, ad-drefniad *g*, addasiad *g*.

rajuster [ʀaʒyste] (**1**) *vt* cymhwyso, ad-drefnu, addasu; (*coiffure*) tacluso; (*cravate*) sythu; (*salaires, prix*) cymhwyso, addasu; (*machine*) cywiro;
♦ **se ~** *vr* eich tacluso'ch hun, ymdwtio.

râle [ʀɑl] *m*
1 (*blessé*) griddfan *g*; (*MÉD*) rhuglo, rhygnad *g*; **~ d'agonie** rhoch *b* angau, sŵn *g* marwolaeth.
2 (*oiseau*) rhegen *b*.

ralenti [ʀalɑ̃ti] *m*: **au ~** (*CINÉ*) yn araf; (*fig*) yn arafach; **tourner au ~** (*AUTO*) troi'n araf, tician.

ralentir [ʀalɑ̃tiʀ] (**2**) *vt* arafu;
♦*vi* arafu, mynd yn arafach;
♦ **se ~** *vr* arafu; (*production*) lleihau, gostwng; (*ardeur*) pylu, gwanhau.

ralentissement [ʀalɑ̃tismɑ̃] *m* arafu, arafiad *g*; (*d'ardeur*) gwanhad *g*; (*diminution*) lleihad *g*, gostyngiad *g*.

râler [ʀɑle] (**1**) *vi* griddfan; (*mourant*) rhochi; (*fam*) cwyno, achwyn, conan.

ralliement [ʀalimɑ̃] *m* (*rassemblement*) cynulliad *g*, ymgynulliad *g*, rali *b*; (*à une cause*) ymuno, ymaelodi; **point de ~** man *g,b* ymgynnull, cynullfan *g,b*; **signe de ~** arwydd *g* i uno; **cri de ~** galwad *b* i uno.

rallier [ʀalje] (**16**) *vt* (*MIL: rassembler*) ailymgynnull; (*rejoindre: troupe*) ailymuno â; (*unir*) uno; (*gagner à sa cause: auditoire*) ennill (rhn) drosodd, dwyn perswâd ar; (*suffrages*) ennill;
♦ **se ~** *vr*: **se ~ à** (*avis*) dod i dderbyn (barn rhn).

rallonge [ʀalɔ̃ʒ] *f* (*de table*) dalen *b* ychwanegol; (*argent*) ychwanegiad *g*; (*ÉLEC*) estyniad *g*; (*fig: de crédit etc*) estyniad.

rallonger [ʀalɔ̃ʒe] (**10**) *vt* gwneud yn hwy; (*robe*) llaesu; (*délai*) estyn, hwyhau;
♦*vi* mynd yn hwy; (*fam: jours*) ymestyn.

rallumer [ʀalyme] (**1**) *vt* (*feu*) ailgynnau; (*cigarette*) aildanio; (*courage*) ailennyn; (*ranimer*) adfywio; **~ la lumière** rhoi'r golau ymlaen eto, ailoleuo;
♦ **se ~** *vr* ailgynnau; (*guerre*) ailgychwyn; **les lumières se sont rallumées** daeth y goleuadau yn ôl ymlaen, fe ailoleuodd y goleuadau.

rallye [ʀali] *m* (*SPORT*) rali *b* geir; (*POL*) gwrthdystiad *g*, rali *b*.

ramages [ʀamaʒ] *mpl* (*dessin*) patrwm *g* dail; (*chants d'oiseaux*) cân *b* adar.

ramassage [ʀamɑsaʒ] *m* (*action*) casglu, codi; **~ scolaire** gwasanaeth *g* bysiau ysgol.

ramassé (**-e**) [ʀamɑse] *adj* (*trapu*) byrdew; (*concis*) cryno, cywasgedig; **un homme ~** dyn *g* byrdew, stwcyn *g*; **une fille ~e** merch *b* ferdew, stwcen *b*.

ramasse-miettes [ʀamɑsmjɛt] *m inv peth i godi briwsion oddi ar fwrdd.*

ramasse-monnaie [ʀamɑsmɔnɛ] *m inv pant g mewn cownter lle rhoddir y newid.*

ramasser [ʀamɑse] (**1**) *vt* casglu, codi; (*objet tombé ou par terre, cartes à jouer*) codi; (*cahiers d'élèves*) casglu; (*champignons, fruits, noisettes etc*) hel, casglu, pigo; (*maladie*) cael; (*fam: arrêter*) arestio; **~ une bûche*** cael codwm; **~ ses forces** (*fig*) mwstro'ch holl ynni, casglu'ch nerth;
♦ **se ~** *vr* (*se pelotonner*) ymbelennu, mynd yn belen; (*pour bondir*) mynd i gwrcwd (cyn neidio); (*après une chute*) eich codi'ch hun, ailgodi.

ramasseur [ʀamɑsœʀ] *m*: **~ de balles** (*tennis*) codwr *g* peli.

ramasseuse [ʀamɑsøz] *f*: **~ de balles** (*tennis*) codwraig *b* peli, merch *b* sy'n codi peli.

ramassis [ʀamɑsi] *m* (*péj: de gens*) criw *g*; (*de choses*) cybolfa *b*, cymysgwch *g*, cawdel *g*.

rambarde [ʀɑ̃baʀd] *f* rheiliau *ll*, canllaw *g,b*.

rame [ʀam] *f* (*aviron*) rhwyf *b*; (*de métro*) trên *g*; (*de papier*) rîm *b*; **faire force de ~s** rhwyfo'n gryf; **~ de haricots** pren *g* ffa, ffon *b* gynnal ffa.

rameau (**-x**) [ʀamo] *m* cangen *b* fechan; (*fig*)

cangen; **les Rameaux** (*REL*) Sul *g* y Blodau.
ramener [Ram(ə)ne] (**13**) *vt* dod â (rhth) yn ei ôl; (*reconduire*) hebrwng (rhn) yn ôl; ~ **qch sur** (*rabattre: couverture, visière*) tynnu (rhth) dros; ~ **qn chez lui en voiture** danfon rhn gartref mewn car; ~ **qch à** (*MATH: réduire*) lleihau (ffracsiwn) i'w ffurf symlaf; ~ **qn à la vie** *neu* **à soi** dod â rhn yn ôl at ei hunan; ~ **qn à la raison** dod â rhn at ei goed, dod â rhn i weld rheswm, callio rhn;
♦ **se** ~* *vr* (*arriver*) cyrraedd; **se** ~ **à** (*se réduire à*) cael ei leihau i.
ramequin [Ramkɛ̃] *m* (*tartelette au fromage*) caws *g* pob; (*récipient*) dysgl *b* ramecin.
ramer [Rame] (**1**) *vi* rhwyfo.
rameur [RamœR] *m* rhwyfwr *g*.
rameuse [Ramøz] *f* rhwyfwraig *b*.
rameuter [Ramøte] (**1**) *vt* casglu, crynhoi.
ramier [Ramje] *m*: **(pigeon)** ~ ysguthan *b*, colomen *b* wyllt.
ramification [Ramifikasjɔ̃] *f* cangheniad *g*, rhwydwaith *g*; (*d'organisation*) cangen *b*; (*ANAT*) ymganghennu *g*; (*de groupement*) israniadau *ll*.
ramifier [Ramifje] (**16**): **se** ~ *vr* ymrannu; (*veines*) ymganghennu; (*routes*) fforchio.
ramolli (**-e**) [Ramɔli] *adj* meddal; (*mentallement faible*) penwan, ffwndrus.
ramollir [RamɔliR] (**2**) *vt* meddalu, gwanhau; (*cuir*) ystwytho;
♦ **se** ~ *vr* mynd yn feddal.
ramonage [Ramɔnaʒ] *m* glanhau simneiau, ysgubo simneiau.
ramoner [Ramɔne] (**1**) *vt* (*cheminée*) ysgubo; (*pipe, tuyaux*) glanhau;
♦*vi* (*alpinisme*) dringo.
ramoneur [RamɔnœR] *m* glanhäwr *g* simneiau, ysgubwr *g* simneiau.
rampe [Rɑ̃p] *f* (*voie d'accès*) esgynfa *b*; (*d'escalier*) canllaw *g,b*; (*plan incliné*) llethr *b*, llechwedd *b*; (*de toit*) rhediad *g*, goleddf *g*; **la** ~ (*THÉÂTRE*) golau *g* godre; **passer la** ~ (*toucher le public*) cysylltu â'r gynulleidfa, cael ymateb y gynulleidfa; **être sous les feux de la** ~ bod yng ngolwg y cyhoedd; **lâcher la** ~* marw; ~ **de lancement** (*d'une fusée*) safle *g* lansio.
ramper [Rɑ̃pe] (**1**) *vi* (*serpent*) ymlusgo; (*plante*) ymgripio; (*homme*) cropian, crepian, ymgripian; (*péj: personne*) crafu, cynffonna.
rancard* [Rɑ̃kaR] *m* (*rendez-vous*) oed *g*; (*renseignement*) awgrym *g*, sibrwd *g*.
rancart* [Rɑ̃kaR] *m*: **mettre qch au** ~ (*objet*) taflu rhth, bwrw rhth heibio, cael gwared ar rth; (*projet*) rhoi gorau i rth; **mettre qn au** ~ cael gwared ar rn.
rance [Rɑ̃s] *adj* sur, egr, â blas hir hel arno, drewllyd.
rancir [Rɑ̃siR] (**2**) *vi* mynd yn egr, suro, mynd i ddrewi.
rancœur [Rɑ̃kœR] *f* chwerwder *g*, casineb , drwgdeimlad *g*
rançon [Rɑ̃sɔ̃] *f* pridwerth *g*, pris *g* rhyddhad; **la** ~ **du succès** pris llwyddiant; **la** ~ **du péché** cyflog *g* pechod.
rançonner [Rɑ̃sɔne] (**1**) *vt* (*exiger de l'argent de: brigand*) mynnu pridwerth *ou* arian gan; (*racketteur*) gwasgu arian o rn; (*exploiter*) blingo, ysbeilio; ~ **un otage** cymryd rhn yn wystl am arian; ~ **qn** dal rhn yn wystl, dal rhn am bridwerth.
rancune [Rɑ̃kyn] *f* (*sentiment*) chwerwder *g*, casineb *g*, dig *g*, drwgdeimlad *g*; (*grief*) cenfigen *b*; **garder** ~ **à qn** dal dig yn erbyn rhn; **sans** ~**!** 'wna' i ddim dal dig!
rancunier (**rancunière**) [Rɑ̃kynje, Rɑ̃kynjɛR] *adj* dig, sbeitlyd, gwenwynllyd; **être** ~ dal dig.
randonnée [Rɑ̃dɔne] *f* (*en voiture, à pied*) tro *g*; (*à bicyclette, à cheval*) reid *b*; (*grande*) hirdaith *b*, heic *b*; (*à ski*) sgio traws gwlad; **faire une** ~ mynd am dro; (*à cheval*) mynd am dro ar gefn ceffyl; (*bicyclette*) mynd am dro ar gefn beic; **faire une grande** ~ (*à pied*) mynd ar daith gerdded, heicio, mynd am heic.
randonneur [Rɑ̃dɔnœR] *m* (*à pied*) hirdeithiwr *g*, heiciwr *g*, cerddwr *g*; (*à bicyclette*) beiciwr *g*.
randonneuse [Rɑ̃dɔnøz] *f* (*à pied*) hirdeithwraig *b*, heicwraig *b*, cerddwraig *b*; (*à bicyclette*) beicwraig *b*.
rang [Rɑ̃] *m* (*de spectateurs, d'un cortège*) rhes *b*, rhesaid *b*; (*groupe de soldats*) rheng *b*; (*de perles*) llinyn *g*; (*de tricot, de crochet*) rhes; (*condition sociale*) safle *g* cymdeithasol; (*grade*) gradd *b*; (*position dans un classement*) safle *g*, lle *g*; ~**s** (*MIL*) rhengoedd *ll*; **se mettre en** ~**s, se mettre sur un** ~ sefyll mewn rhes; **sur 3** ~**s** rhesi o dri *ou* dair; **se mettre en** ~**s par 4** ffurfio rhesi o bedwar; **être sur les** ~**s pour un poste** bod â siawns o gael y swydd; **au premier** ~ (*rangée de sièges*) yn y rhes gyntaf, yn y rhes flaen; (*fig*) pwysicaf, blaenaf; **au dernier** ~ (*rangée de sièges*) yn y rhes olaf, yn y rhes ôl; **rentrer dans le** ~ (*fig*) cadw at y rheolau; **au** ~ **de** ymysg; **par** ~ **d'âge** yn ôl oedran; **avoir** ~ **parmi** cael eich rhestru ymhlith; **avoir** ~ **de capitaine** bod â rheng capten; **sortir du** ~ (*MIL*) codi o'r rhengoedd; **avoir** ~ **avant/après qn** cael eich rhestru yn uwch/is na rhn.
rangé (**-e**) [Rɑ̃ʒe] *adj* cyson, cymedrol; (*vie*) trefnus, rheolaidd; (*personne*) agos *ou* ail i'ch lle, parchus, disgybledig; (*pièce*) twt, taclus, cymen.
rangée [Rɑ̃ʒe] *f* rhes *b*, rhesaid *b*.
rangement [Rɑ̃ʒmɑ̃] *m* (*objets: action*) cadw rhth, rhoi *ou* dodi rhth i gadw; (*lieu: action*) twtio, tacluso, cymhennu; **boîte de** ~ blwch *g* storio; **faire des** ~**s** trefnu, tacluso, cymhennu, rhoi trefn ar bethau.
ranger [Rɑ̃ʒe] (**10**) *vt* (*mettre à sa place*) cadw,

rhoi *ou* dodi i gadw; (*voiture dans la rue*) parcio; (*arranger*) trefnu, gosod mewn trefn; (*classer*) trefnu, rhoi trefn ar, rhestru; ~ **une chambre** tacluso ystafell;
♦ **se** ~ *vr* ffurfio rheng, sefyll mewn rhes; (*se placer*) cymryd eich lle; (*véhicule, conducteur: s'écarter*) tynnu at un ochr; (*piéton*) camu i'r naill ochr; (*s'arrêter*) stopio wrth y palmant; (*s'assagir*) dod at eich coed, callio, sobri; **se** ~ **à qn** (*avis*) cytuno â rhn; **se** ~ **de coté** symud o'r ffordd, mynd i'r naill ochr, mynd o'r neilltu.

ranimer [ʀanime] (**1**) *vt* adfer, adnewyddu; (*personne évanouie*) dod â rhn ato'i hun, dadebru; (*colère, douleur, souvenir*) adfywio; (*feu*) ailgynnau;
♦ **se** ~ *vr* bywiogi, adfywio, dadebru.

rapace [ʀapas] *adj* (*animal*) ysglyfaethus, rheibus; (*péj: personne*) barus, cybyddlyd, gwancus;
♦*m* aderyn *g* ysglyfaethus; ~ **diurne/nocturne** aderyn ysglyfaethus y dydd/y nos.

rapatrié [ʀapatʀije] *m* (*prisonnier de guerre*) dychweledig *g*.

rapatriée [ʀapatʀije] *f* (*prisonnière de guerre*) dychweledig *b*.

rapatriement [ʀapatʀimɑ̃] *m* anfon rhn yn ôl i'w famwlad.

rapatrier [ʀapatʀije] (**16**) *vt* (*personne*) anfon rhn yn ôl i'w famwlad; (*capitaux*) dychwelyd i'r wlad.

râpe [ʀɑp] *f* (*CULIN*) gratiwr *g*, gratur *g*; (*à bois*) rhathell *b*, crafell *b*.

râpé[1] (**-e**) [ʀɑpe] *adj* (*vêtement, tissu*) wedi'i wisgo at yr edau, wedi treulio, di-raen; (*carottes, fromage*) gratiedig, wedi'i (g)ratio.

râpé[2] [ʀɑpe] *m* caws *g* gratiedig *ou* wedi'i (g)ratio.

râper [ʀɑpe] (**1**) *vt* (*CULIN*) gratio, malu'n fân; (*gratter, racler*) rhathellu, crafu, rhygnu.

rapetisser [ʀap(ə)tise] (**1**) *vt* (*raccourcir*) gwneud yn llai, byrhau, lleihau; (*dénigrer*) bychanu; ~ **qch** (*faire paraître plus petit*) gwneud i rth edrych yn llai;
♦ **se** ~ *vr* (*étoffe*) tynnu ato, crebachu, mynd i mewn; (*vieillard*) crebachu; (*jours*) mynd yn fyrrach, byrhau.

râpeux (**râpeuse**) [ʀɑpø, ʀɑpøz] *adj* (*langue*) garw, cras; (*vin*) egr; (*voix*) cryg, cryglyd, croch.

raphia [ʀafja] *m* raffia *g*.

rapide [ʀapid] *adj* (*coureur, voiture, cheval*) cyflym; (*mouvement*) cyflym, chwim, sydyn; (*intelligence*) bywiog; (*guérison, décision*) buan; (*pente*) serth, syth;
♦*m* (*d'un cours d'eau*) rhaeadr *b*, sgwd *g*, dyfroedd *ll* gwylltion; (*train*) trên *g* cyflym.

rapidement [ʀapidmɑ̃] *adv* yn gyflym, yn fuan, yn sydyn, yn chwim; (*descendre en pente*) yn serth, ar eich pen.

rapidité [ʀapidite] *f* cyflymder *g*, buander *g*, chwimder *g*; (*mouvement*) sydynrwydd *g*; (*intelligence*) bywiogrwydd *g*; (*pente*) serthedd *g*, serthni *g*.

rapiécer [ʀapjese] (**9 & 14**) *vt* clytio, cyweirio, trwsio, atgyweirio.

raplapla* [ʀaplapla] *adj* wedi blino'n lân, wedi ymlâdd.

rappel [ʀapɛl] *m* galwad *b* yn ôl, adalwad *b*; (*THÉÂTRE*) llen-alwad *b*; (*de salaire*) ôl-gyflog *g*; (*d'une aventure, d'une date*) atgofiad *g*, atgoffa, atgoffâd *g*; (*de limitation de vitesse: sur écriteau*) arwydd *g* i'ch atgoffa o gyfyngiad cyflymder; (*MÉD: vaccination/inoculation*) brechiad *g* atgyfnerthol; (*COMM*) atgofiad (i dalu); **faire un** ~ (*ALPINISME*) abseilio; ~ **à l'ordre** galwad i drefn; ~ **sous les drapeaux** galwad i'r fyddin.

rappeler [ʀap(ə)le] (**11**) *vt* galw yn ôl; (*retéléphoner*) ffonio'n ôl; (*chien*) galw'n ei ôl; (*acteur*) galw yn ôl i'r llwyfan; ~ **qn à la vie** adfywio rhn, dadebru rhn, dod â rhn yn ôl i ymwybyddiaeth; ~ **qch à qn** (*faire se souvenir*) atgoffa rhn o rth; **ça rappelle la Provence** mae'n atgoffa rhn o Brofens; ~ **à qn de faire qch** atgoffa rhn i wneud rhth; **rappelez-moi à son bon souvenir** cofiwch fi ato'n/ati'n garedig; ~ **qn à l'ordre** galw rhn i drefn; ~ **un dossier à l'écran** agor ffeil ar y sgrin;
♦ **se** ~ *vr* cofio, galw i gof.

rappelle *etc* [ʀapɛl] *vb voir* **rappeler**.

rappliquer* [ʀaplike] (**1**) *vi* dod yn ôl, ymddangos (yn nhŷ rhn), troi i fyny, cyrraedd.

rapport [ʀapɔʀ] *m*
1 (*compte rendu*) adroddiad *g*; **faire des ~s** (*SCOL*) cario straeon i'r athro/athrawes, achwyn.
2 (*profit: d'un immeuble*) elw *g*; (*:d'une terre*) cynnyrch *g*.
3 (*lien, analogie*) perthynas *b*, cysylltiad *g*; **être en** ~ **avec qn** bod mewn cyswllt *ou* cysylltiad â rhn; **se mettre en** ~ **avec qn** cysylltu â rhn; **~s** (*relations entre personnes ou pays*) cysylltiadau *ll*; **~s sexuels** perthynas rywiol.
5 (*MATH, TECH: proportion*) cymhareb *b*; ~ **qualité-prix** gwerth *g* eich arian.
6 (*corrélation*) cyswllt *g*, cydberthynas *b*; **avoir** ~ **à** ymwneud â.
7 (*locutions*): **être en** ~ **avec qch** bod yn gysylltiedig â rhth, bod yn gyson â rhth; **par** ~ **à** (*comparé à*) mewn perthynas â, o'i gymharu â, o'i chymharu â, o'u cymharu â; (*à propos de*) o ran, ynglŷn â, o ystyried; **sous le** ~ **de** o safbwynt, gyda golwg ar; **le** ~ **des forces** cydbwysedd *g* grym; **sous tous (les) ~s** ym mhob ffordd.

rapporté (**-e**) [ʀapɔʀte] *adj*: **pièce ~e**

(*COUTURE*) clwt *g*.

rapporter [RapɔRte] (**1**) *vt* dychwelyd; (*ramener*) dod â (rhth) yn ôl; (*suj: investissement*) cynhyrchu, rhoi elw; (*relater: faits, propos*) adrodd; (*citer*) dyfynnu; (*ajouter*) ychwanegu; (*FIN: fig: profit*) dwyn, cynhyrchu; (*JUR*) dirymu, galw yn ôl; (*COUTURE: poche, morceau de tissu*) gwnïo (ar); (*chien*) cario rhth yn ei ôl; ~ **qch à qch** cysylltu rhth â rhth;
♦*vi* (*investissement*) rhoi elw, dwyn elw, talu; (*activité*) bod yn fuddiol; (*péj: SCOL: gén*) achwyn, prepian, clepian, cario straeon; (*chien*) cario (rhth) yn ei ôl;
♦ **se** ~ *vr* cytuno, cytgordio; **se** ~ **à** cyd-fynd â, cysylltu â; **s'en** ~ **à qn/au jugement de qn** dibynnu ar rn/ar farn rhn.

rapporteur [RapɔRtœR] *m* adroddwr *g*; (*d'un procès, d'une commission*) cofnodwr *g*; (*péj: mouchard*) clepgi *g*; (*SCOL*) prepiwr *g*, cariwr *g* straeon; (*MATH*) onglydd *g*, protractor *g*.

rapporteuse [RapɔRtøz] *f* adroddwraig *b*; (*d'un procès, d'une commission*) cofnodwraig *b voir aussi* **rapporteur**.

rapproché (-e) [RapRɔʃe] *adj* (*proche*) agos; (*répété*) aml, mynych; **il a les yeux ~s** mae ei lygaid yn agos at ei gilydd.

rapprochement [RapRɔʃmɑ̃] *m* dod â dau beth at ei gilydd, nesâd *g*; (*réconciliation*) cymod *g*; (*comparaison*) cymhariaeth *b*; (*rapport*) cysylltiad *g*; (*proximité*) agosrwydd *g*.

rapprocher [RapRɔʃe] (**1**) *vt* (*rendre plus proche*) symud (rhth) yn nes; (*réunions, visites*) dod â (rhth) ymlaen, trefnu (rhth) yn gynt; (*réunir: personnes*) cymodi; (*associer, comparer*) dangos tebygrwydd; ~ **qch (de)** dod â rhth yn nes (at); ~ **une chaise du feu** tynnu cadair yn nes at y tân;
♦ **se** ~ *vr* agosáu, dod yn nes, nesáu; (*fig: familles, pays*) dod yn agosach *ou* yn nes at ei gilydd; **se** ~ **de** dod *ou* mynd yn agosach i/at, mynd *ou* dod yn nes at, agosáu at, nesáu at.

rapt [Rapt] *m* llathruddo, herwgydio, cipio, cidnapio*, dynladrad *g*, llathrudd *g*.

raquette [Rakɛt] *f* (*de tennis*) raced *b*; (*de ping-pong*) bat *g,b*; (*à neige*) esgid *b* eira.

rare [RɑR] *adj* anaml, anfynych, anghyffredin; (*main d'œuvre, denrées*) prin, tenau; (*cheveux, herbe*) tenau; **une des ~s personnes qui** un o'r ychydig sydd; **se faire** ~ mynd yn brin, ymddangos yn anaml; (*fig: personne*) diflannu.

raréfaction [RaRefaksjɔ̃] *f* prinder *g*, diffyg *g*; (*de l'air*) teneuad *g*, teneuo.

raréfier [RaRefje] (**16**): **se** ~ *vr* mynd yn brin, prinhau; (*air*) teneuo.

rarement [RɑRmɑ̃] *adv* yn anaml, yn anfynych, yn brin.

rareté [RɑRte] *f* (*objet*) peth *g* prin; (*vivres, argent*) prinder *g*; (*visite*) anamlder *g*; (*évènement*) digwyddiad *g* prin.

rarissime [RaRisim] *adj* anaml iawn, prin iawn.

RAS [ɛRaɛs] *abr*(= *rien à signaler*) dim newydd.

ras[1] (-**e**) [Rɑ, Rɑz] *adj* (*cheveux*) wedi'i dorri'n fyr, cwta; (*tête*) eilliedig, wedi'i eillio; (*mesure, cuillère*) gwastad; (*herbe*) byr(ber)(byrion); **à poil** ~ â blew byr *ou* cwta; **faire table ~e de** (*idées, notions*) cael gwared ar; **en ~e campagne** ar y tir agored; **à** ~ **bords** hyd at yr ymyl; **en avoir** ~ **le bol*** bod wedi cael llond bol, bod wedi cael digon; ~ **du cou** (*pull, robe*) â gwddf crwn;
♦*adv*: (**à**) ~ (*couper*) yn gwta, yn fyr.

ras[2] [Rɑ] *m*: **au** ~ **de l'eau** ar yr un lefel â'r dŵr, uwch wyneb y dŵr; **au** ~ **du mur** cyfuwch â'r wal; **au** ~ **de la terre** yn gyfwastad â'r ddaear.

rasade [Rɑzad] *f* gwydraid *g*.

rasant (-**e**) [Rɑzɑ̃, ɑ̃t] *adj* (*lumière, rayon*) lletraws, arosgo; (*balle, tir*) sy'n pasio yn agos, sy'n mynd heibio yn agos; (*fam*) diflas, blinderus, anniddorol.

rascasse [Raskas] *f* (*ZOOL*) sgorpion *g* môr.

rasé (-**e**) [Rɑze] *adj* eilliedig, wedi eich eillio; ~ **de frais** newydd eillio; ~ **de près** wedi'i eillio'n lân.

rase-mottes [Rɑzmɔt] *m inv*: **vol en** ~-~ ehediad *g* isel; **faire du** ~-~ hedfan yn isel.

raser [Rɑze] (**1**) *vt* (*menton, personne*) eillio, siafio; (*fam: ennuyer*) diflasu; (*démolir: quartier*) dymchwel i'r llawr, distrywio; (*frôler: obstacle*) braidd gyffwrdd; (*surface*) llithro dros;
♦ **se** ~ *vr* eillio, siafio; (*fam: s'ennuyer*) bod wedi hen ddiflasu *ou* alaru.

rasoir [RɑzwaR] *m* rasel *b*, raser *b*; ~ **de sûreté** *neu* **mécanique** rasel ddiogel; ~ **électrique** rasel drydan;
♦*adj* (*fam*) diflas.

rassasier [Rasazje] (**16**) *vt* digoni, bodloni; (*à l'excès*) syrffedu, rhoi gormod i; **être rassasié** bod wedi'ch digoni; (*dégouté*) bod wedi cael mwy na digon; **elle en était rassasiée** 'roedd hi wedi syrffedu arno;
♦ **se** ~ *vr* cael eich gwala.

rassemblement [Rasɑ̃bləmɑ̃] *m* (*objets dispersés: action*) casglu, cynnull, crynhoi; (*groupe*) casgliad *g*, torf *b*, cynulliad *g*; (*POL*) cynulliad, ymgynulliad *g*; **le** ~ (*MIL*) mwstwr *g*, parêd *g*.

rassembler [Rasɑ̃ble] (**1**) *vt* (*gens*) cynnull, casglu ynghyd; (*objets épars, documents, matériaux*) crynhoi pethau, hel pethau at ei gilydd, casglu ynghyd; (*moutons etc*) corlannu, cynnull; (*autour d'une cause commune*) uno; (*MIL*) mwstro; ~ **ses idées** casglu'ch syniadau at ei gilydd; ~ **ses esprits** canolbwyntio; ~ **son courage** ymwroli, magu plwc;

♦ **se** ~ *vr* ymgasglu, ymgynnull.
rasseoir [RaswaR] (**37**): **se** ~ *vr* eistedd eto (ar ôl codi), aileistedd.
rasséréner [RaseRene] (**14**): **se** ~ *vr* (*personne*) ymdawelu, sirioli, ennill hunanfeddiant; (*temps*) codi'n braf.
rassir [RasiR] (**2**) *vi* (*pain*) mynd yn hen.
rassis (**-e**) [Rasi, iz] *adj* sobr, sad, digyffro; **pain** ~ hen fara *g*, bara ddoe.
rassurant (**-e**) [RasyRɑ̃, ɑ̃t] *adj* cysurlon, calonogol.
rassuré (**-e**) [RasyRe] *adj* tawel *ou* tawelach eich meddwl; **ne pas être très** ~ teimlo braidd yn anesmwyth.
rassurer [RasyRe] (**1**) *vt* tawelu meddwl, cysuro, codi calon;
♦ **se** ~ *vr* tawelu'ch meddwl, codi'ch calon, sirioli; **rassure-toi** paid â phoeni, cwyd dy galon, cymer gysur.
rat [Ra] *m* (*ZOOL*) llygoden *b* Ffrengig *ou* fawr; **petit** ~ **de l'Opéra** (*danseuse*) dawnswraig *b* (*sy'n mynychu dosbarth bale yr Opéra*); ~ **de bibliothèque** llyfrbryf *g*; ~ **musqué** mwsglygoden *b*; ~ **des champs** llygoden y maes, llygoden yr ŷd.
ratatiné (**-e**) [Ratatine] *adj* (*vieillard*) crebachlyd, wedi crebachu; (*visage*) crychlyd, rhychog; (*pomme*) gwystnog, wedi gwystno, crychlyd.
ratatiner [Ratatine] (**1**) *vt* crebachu; (*fam: détruire*) dryllio; **se faire** ~* (*tuer*) cael eich lladd; (*battre*) cael eich curo'n llwyr;
♦ **se** ~ *vr* (*peau*) crychu, crebachu, mynd yn grebachlyd, swbachu.
ratatouille [Ratatuj] *f* ratatouille *g*, cawl *g* llysiau; **prendre une** ~ (*SPORT*) cael eich curo'n llwyr.
rate[1] [Rat] *f* llygoden *b* Ffrengig (fenyw).
rate[2] [Rat] *f* (*ANAT*) dueg *b*, poten *b* ludw.
raté[1] (**-e**) [Rate] *adj* (*acteur*) aflwyddiannus; (*spectacle, opération*) wedi methu; **une vie** ~**e** bywyd *g* ofer; **mon dîner était** ~ 'roedd y cinio yn fethiant llwyr; **une occasion** ~**e** cyfle *g* a gollwyd.
raté[2] [Rate] *m* methiant *g*, un *g* sy wedi methu; (*d'arme à feu*) camdaniad *g*, camdanio; **le moteur a des** ~**s** mae'r motor yn ôl-danio *ou* camdanio.
râteau (**-x**) [Rɑto] *m* (*AGR*) cribin *b* gwair, rhaca *g,b*.
ratée [Rate] *f* methiant *g*, un *b* sy wedi methu;
♦*adj f* *voir* **raté**[1].
râtelier [Rɑtəlje] *m* rhesel *b*; (*AGR*) rhastl *b*; (*fam*) dannedd *ll* gosod *ou* dodi.
rater [Rate] (**1**) *vt* (*cible*) methu; (*train, occasion*) colli; (*démonstration, plat*) difetha; (*échouer à: examen*) methu; ~ **son coup** methu; **elle a raté son gâteau** 'roedd ei theisen yn fethiant;
♦*vi* (*coup de feu*) camdanio, peidio â thanio; (*affaire, projet etc*) methu.
raticide [Ratisid] *m* gwenwyn *g* llygod.
ratification [Ratifikasjɔ̃] *f* cadarnhad *g*, cadarnhau.
ratifier [Ratifje] (**16**) *vt* cadarnhau.
ratio [Rasjo] *m* cymhareb *b*.
ration [Rasjɔ̃] *f* dogn *g*; (*fig*) cyfran *b*, rhan *b*; ~ **alimentaire** dogn bwyd.
rationalisation [Rasjɔnalizasjɔ̃] *f* rhesymoliad *g*; (*action*) rhesymoli; (*organisation*) ad-drefniad *g*; (*action*) ad-drefnu.
rationaliser [Rasjɔnalize] (**1**) *vt* rhesymoli; (*organiser*) ad-drefnu.
rationnel (**-le**) [Rasjɔnɛl] *adj* rhesymol, call; (*PHILO*) rhesymegol.
rationnellement [Rasjɔnɛlmɑ̃] *adv* yn rhesymegol, yn ôl rhesymeg.
rationnement [Rasjɔnmɑ̃] *m* dogni; **carte de** ~, **ticket de** ~ tocyn *g* dogn *ou* dogni.
rationner [Rasjɔne] (**1**) *vt* dogni; (*personne*) rhoi ar ddogn;
♦ **se** ~ *vr* eich dogni'ch hun, eich rhoi'ch hun ar ddogn.
ratisser [Ratise] (**1**) *vt* cribinio, rhacanu; (*fouiller*) cribinio, mynd trwy â chrib mân *ou* fân; **se faire** ~ **au jeu** colli'ch arian i gyd wrth gamblo.
raton [Ratɔ̃] *m*: ~ **laveur** racŵn *g*, brochlwynog *g*.
RATP [ɛRatepe] *sigle f* (= *Régie autonome des transports parisiens*) *awdurdod g cludiant ym Mharis.*
rattacher [Rataʃe] (**1**) *vt* (*animal, cheveux*) clymu eto, ailglymu; (*territoire*) uno, aduno; (*fil électrique*) cysylltu; (*fig*) cysylltu; ~ **qch à** cysylltu rhth â; **rien ne le rattache plus à sa famille** 'does dim cyswllt rhyngddo â'i deulu bellach;
♦ **se** ~ *vr*: **se** ~ **à** (*fig*) bod yn gysylltiedig â.
rattrapage [RatRapaʒ] *m* (*SCOL*) dosbarth *g* adfer; (*ÉCON*) addasiad *g*, cywiriad *g*.
rattraper [RatRape] (**1**) *vt* (*fugitif, animal échappé*) ail-ddal; (*retenir, empêcher de tomber*) dal (rhth), cydio yn rhth; (*voiture, coureur*) dal i fyny â; (*réparer: erreur*) cywiro; (*temps perdu*) gwneud iawn am, adennill, adfer; (*argent perdu*) adennill, adfer;
♦ **se** ~ *vr* (*reprendre son équilibre*) eich arbed eich hun rhag cwympo; (*regagner du temps*) adennill *ou* adfer (amser); (*de l'argent*) adfer *ou* adennil arian a gollwyd; **se** ~ **à qch** (*se raccrocher*) cydio yn rhth.
rature [RatyR] *f* dilead *g*.
raturer [RatyRe] (**1**) *vt* (*barrer*) croesi allan, dileu.
rauque [Rok] *adj* (*voix*) cryg, cryglyd, cras; (*cri*) garw, cras, croch.
ravage [Ravaʒ] *m*: ~**s** difrod *g*, dinistr *g*, anrhaith *b*, llanast *g*; (*de l'alcoolisme etc*) difrod; **faire des** ~**s** gwneud llanast; (*fig: séducteur*) torri calonnau.
ravagé (**-e**) [Ravaʒe] *adj* (*pays*) difrodedig;

(*visage*) curiedig.

ravager [ʀavaʒe] (**10**) *vt* difrodi, dinistrio, anrheithio; (*suj: maladie, chagrin etc*) nychu.

ravalement [ʀavalmɑ̃] *m* atgyweiriad *g*, adnewyddiad *g*; (*action*) atgyweirio, ailbwyntio, adnewyddu.

ravaler [ʀavale] (**1**) *vt* (*mur, façade*) atgyweirio, ailbwyntio, adnewyddu; (*déprécier*) diraddio, iselhau, darostwng; (*avaler de nouveau*) llyncu eto; ~ **sa colère/son dégoût** cuddio'ch dicter/atgasedd.

ravaudage [ʀavodaʒ] *m* (*vêtement: action*) trwsio, cyweirio, atgyweirio; (*chaussette: action*) trwsio, cyweirio.

ravauder [ʀavode] (**1**) *vt* (*vêtement*) trwsio, cyweirio, atgyweirio; (*chaussette*) trwsio, cyweirio.

rave [ʀav] *f* (*BOT*) rêp *b*, bresych *g* yr ŷd.

ravi (**-e**) [ʀavi] *adj* balch, wrth eich bodd; **je suis ~ de te voir** 'rwy'n falch o'th weld; **je suis ~ que tu sois venu** 'rwy'n falch dy fod wedi dod

ravier [ʀavje] *m dysgl b fach ar gyfer hors-d'œuvre.*

ravigote [ʀavigɔt] *adj*: **sauce ~** *finegrét sy'n cynnwys sialóts, perlysiau ac wy wedi'i ferwi, wedi'u torri'n fân.*

ravigoter* [ʀavigɔte] (**1**) *vt*: ~ **qn** codi calon rhn, rhoi bywyd newydd yn rhn, bywiogi rhn, llonni rhn, sirioli rhn.

ravin [ʀavɛ̃] *m* rhigol *b*, ceunant *g*; (*encaissé*) dyfnant *b*.

raviner [ʀavine] (**1**) *vt* rhigoli, cwteru; (*visage*) rhychu.

ravioli [ʀavjɔli] *mpl* rafioli *g*.

ravir [ʀaviʀ] (**2**) *vt* (*enchanter*) boddio, swyno, cyfareddu; ~ **qch à qn** (*enlever de force*) ysbeilio rhn o rth, dwyn rhth oddi ar rn; **à ~** i'r dim, yn berffaith; **être beau à ~** bod yn hardd i'w ryfeddu, bod yn hudolus o dlws.

raviser [ʀavize] (**1**): **se ~** *vr* newid eich meddwl, ailfeddwl.

ravissant (**-e**) [ʀavisɑ̃, ɑ̃t] *adj* hardd iawn, hudolus, swynol.

ravissement [ʀavismɑ̃] *m* perlewyg *g*, perlesmair *g*, hyfrydwch *g*, pleser *g*.

ravisseur [ʀavisœʀ] *m* llathruddwr *g*, herwgipiwr *g*.

ravisseuse [ʀavisøz] *f* llathruddwraig *b*, herwgipwraig *b*.

ravitaillement [ʀavitajmɑ̃] *m* darpariaeth *b* ffres; (*action*) darparu *ou* cyflenwi nwyddau; (*provisions*) nwyddau *ll*, anhepgorion *ll*; **aller au ~** casglu nwyddau, adnewyddu'ch stoc o nwyddau; ~ **en vol** (*AVIAT*) ail-lenwi *ou* codi tanwydd (*wrth hedfan*).

ravitailler [ʀavitaje] (**1**) *vt* darparu nwyddau (i rn), cyflenwi (rhn) â nwyddau; (*en carburant*) ail-lenwi â thanwydd;
♦ **se ~** *vr* derbyn *ou* casglu nwyddau, adnewyddu'ch stoc o nwyddau; **se ~ en nourriture** cael cyflenwad o fwyd.

raviver [ʀavive] (**1**) *vt* (*feu*) adfywio; (*douleur*) ailgychwyn, ailennyn; (*couleurs*) bywiocáu, sirioli.

ravoir [ʀavwaʀ] *vt (seulement inf.)* cael (rhth) yn ei ôl, adennill, adfer.

rayé (**-e**) [ʀeje] *adj* (*à rayures*) rhesog, streipiog; (*éraflé*) crafedig, wedi'i grafu.

rayer [ʀeje] (**18**) *vt* (*érafler*) crafu; (*marquer*) tynnu llinellau (ar bapur); (*barrer, raturer*) croesi allan *ou* mas, dileu; ~ **qn d'une liste** dileu enw rhn oddi ar restr.

rayon [ʀɛjɔ̃] *m*
1 (*gén, PHYS*) pelydryn *g*; ~ **de soleil** pelydryn haul; ~ **laser** pelydryn laser; ~ **vert** fflach *b* werdd; ~**s cosmiques** pelydrau *ll* cosmig; ~**s infrarouges/ultraviolets** pelydrau isgoch/uwchfioled; ~**s** (*radiothérapie*) radiotherapi *g*, pelydrau X; ~**s X** pelydrau X; **être soigné aux ~s** cael radiotherapi, derbyn triniaeth pelydr X.
2 (*de phare*) goleuni *g*.
3 (*d'espoir*) llygedyn *g*.
4 (*de roue*) adain *b*, braich *b*.
5 (*étagère*) silff *b*; (*de grand magasin*) adran *b*; **tous nos modèles sont en ~s** arddangosir bob steil.
6 (*fig*) cyfrifoldeb *g*, maes *g*; ~ **d'action** maes gweithgarwch.
7 (*d'une ruche*) crwybr *g* gwenyn, dil *g* mêl.
8 (*MATH, fig*) radiws *g*, cwmpas *g*; **dans un ~ de ...** (*périmètre*) o fewn cwmpas o ...; **à grand ~ d'action** (*avion*) pell-ehedol; ~ **de braquage** (*AUTO*) cylch *g* troi.

rayonnage [ʀɛjɔnaʒ] *m* silffoedd *ll*.

rayonnant (**-e**) [ʀɛjɔnɑ̃, ɑ̃t] *adj* tywynnol, pelydrol; (*PHYS*) rheiddiol; ~ **de bonheur** yn gwenu o lawenydd *ou* gan lawenydd.

rayonne [ʀɛjɔn] *f* rayon *g*, reion *g*.

rayonnement [ʀɛjɔnmɑ̃] *m* (*beauté*) disgleirdeb *g*; (*fig*) dylanwad *g*; (*PHYS*) pelydriad *g*, ymbelydriad *g*.

rayonner [ʀɛjɔne] (**1**) *vi* (*chaleur*) tywynnu, pelydru, tanbeidio; (*lumière*) tywynnu, llewyrchu, disgleirio; (*astre, étoile*) disgleirio; (*fig: être radieux*) disgleirio, gwenu; (*avenues*) ymledu, ymestyn; (*touristes*) twrio, teithio o amgylch (o'r un man cychwyn); ~ **sur/dans** ymestyn dros/i.

rayure [ʀejyʀ] *f* (*motif*) rhesen *b*, streipen *b*; (*éraflure*) crafiad *g*; (*rainure, d'un fusil*) rhigol *b*; **à ~s** rhesog, streipiog.

raz-de-marée [ʀɑdmaʀe] *m inv* ton *b* lanw; (*fig*) ton (anferth), ymchwydd *g*; ~ **électoral** (*POL*) buddugoliaeth *b* ysgubol.

razzia [ʀa(d)zja] *f* ymosodiad *g*, cyrch *g*; **faire une ~ dans le réfrigérateur** dwyn bwyd o'r oergell.

R-D [ɛʀde] *sigle f*(= *Recherche -Développement*) ymchwil *b* a datblygu.

RDA [ɛʀdea] *sigle f*(= *République*

démocratique allemande) Gweriniaeth *b* Ddemocratig yr Almaen.
RDB [ɛRdebe] *sigle m* (*STATISTIQUES*)(= *revenu disponible brut*) crynswth *g* incwm (teulu).
rdc *abr*(= *rez-de-chaussée*) llawr *g* isaf, daearlawr *g*.
ré [Re] *m* (*MUS*) re *g,b*.
réabonnement [Reabɔnmɑ̃] *m* adnewyddu tanysgrifiad, adnewyddiad *g* tanysgrifiad.
réabonner [Reabɔne] (**1**) *vt*: ~ **qn à** adnewyddu tanysgrifiad rhn i;
♦ **se** ~ *vr*: **se** ~ **(à)** adnewyddu'ch tanysgrifiad (i).
réac* [Reak] *adj*(= *réactionnaire*) adweithiol.
réacteur [ReaktœR] *m* (*AVIAT*) peiriant *g* jet, motor *g* jet; (*CHIM*) adweithydd *g*; ~ **nucléaire** adweithydd niwclear.
réactif [Reaktif] *m* (*CHIM*) adweithydd *g*.
réaction [Reaksjɔ̃] *f* ymateb *g*, adwaith *g*; **sans** ~ heb ymateb; (*moteur, instrument*) diymateb; **avion/moteur à** ~ awyren *g* jet/peiriant *ou* motor *g* jet; ~ **en chaîne** (*aussi fig*) adwaith cadwynol.
réactionnaire [Reaksjɔnɛʀ] *adj* adweithiol.
réactualiser [Reaktɥalize] (**1**) *vt* diweddaru; (*débât*) ailgychwyn, ailagor.
réadaptation [Readaptasjɔ̃] *f* ailaddasiad *g*, ailaddasu; (*MÉD*) ailgymhwysiad *g*, ailgymhwyso, ailhyfforddi.
réadapter [Readapte] (**1**) *vt* ailaddasu; (*MÉD*) ailgymhwyso, ailhyfforddi;
♦ **se** ~ *vr*: **se** ~ **(à)** ailymaddasu (i).
réaffirmer [ReafiRme] (**1**) *vt* ailddatgan.
réagir [ReaʒiR] (**2**) *vi* ymateb, adweithio; (*CHIM*) adweithio; ~ **à/contre** (*chose, personne*) adweithio i/yn erbyn; ~ **sur** cael effaith *ou* ôl-effaith ar.
réajuster [Reaʒyste] (**1**) *vt*= **rajuster**.
réalisable [Realizabl] *adj* (*projet*) ymarferol, posibl, dichonol; (*innovation*) dichonol, dichonadwy; (*FIN*) y gellir ei droi'n arian.
réalisateur [RealizatœR] *m* (*RADIO, TV, CINÉ*) cyfarwyddwr *g*.
réalisation [Realizasjɔ̃] *f* (*action*) gwireddu, cyflawni, sylweddoli; (*création, œuvre*) creadigaeth *b*; (*CINÉ*) cynhyrchiad *g*, ffilm *b*; (*COMM*) troi'n arian.
réalisatrice [RealizatRis] *f* (*RADIO, TV, CINÉ*) cyfarwyddwraig *b*.
réaliser [Realize] (**1**) *vt* (*rêve*) gwireddu; (*projet*) cyflawni, sylweddoli; (*CINÉ*) cynhyrchu; (*FIN: capital*) sylweddu, realeiddio, troi'n arian; ~ **un achat/une vente** prynu/gwerthu;
♦*vi*: ~ **que** sylweddoli ...; **je réalise que je suis en retard** rwy'n deall *ou* sylweddoli fy mod yn hwyr;
♦ **se** ~ *vr* (*rêve*) dod yn wir; (*personnalité*) datblygu'ch doniau, cyflawni'ch dyheadau.
réalisme [Realism] *m* realaeth *b*.
réaliste [Realist] *adj* realistig, realaidd; (*ART*) realaidd;
♦*m/f* realydd *g*.
réalité [Realite] *f* gwirionedd *g*, realiti *g*; **en** ~ a dweud y gwir, y ffaith amdani ...; **dans la** ~ mewn gwirionedd; **son rêve est devenue une** ~ mae ei breuddwyd wedi dod yn wir; ~ **virtuelle** rhith realiti, realiti rhithwir.
réanimation [Reanimasjɔ̃] *f* dadebriad *g*, adfywiad *g*; **service de** ~ uned *b* ofal arbennig; **être en** ~ bod yn yr uned ofal arbennig.
réanimer [Reanime] (**1**) *vt* dadebru, adfywio.
réapparaître [ReapaRɛtR] (**73**) *vi* ailymddangos; (*maladie*) dychwelyd, ailddigwydd.
réapparition [ReapaRisjɔ̃] *f* ailymddangosiad *g*.
réapprovisionner [RepRɔvizjɔne] (**1**) *vt* ailgyflenwi, ailstocio;
♦ **se** ~ *vr* cael cyflenwad (o rth).
réarmement [ReaRməmɑ̃] *m* ailarfogiad *g*, ailarfogi.
réarmer [ReaRme] (**1**) *vt* ailarfogi; (*arme, appareil photographique*) ail-lenwi; (*bateau*) aildaclu, ailffitio;
♦*vi* ailarfogi.
réassortiment [ReasɔRtimɑ̃] *m* (*COMM*) ailstocio, ailgyflenwad *g*, ailgyflenwi.
réassortir [ReasɔRtiR] (**2**) *vt* (*magasin*) ailstocio; (*stock*) ailgyflenwi; (*verres*) matsio; (*remplacer*) cwblhau; ~ **un service de porcelaine** cwblhau set o lestri.
réassurance [ReasyRɑ̃s] *f* adyswiriant *g*.
réassurer [ReasyRe] (**1**) *vt* ailyswirio (rhth), codi yswiriant newydd (ar rth).
réassureur [ReasyRœR] *m* casglwr *g* yswiriant.
rebaptiser [R(ə)batize] (**1**) *vt* ailenwi, ailfedyddio.
rébarbatif (**rébarbative**) [RebaRbatif, RebaRbativ] *adj* (*endroit*) annymunol, annifyr, digroeso; (*mine*) anserchus, anhynaws; (*tâche*) brawychus; (*style, sujet*) anniddorol, sych, diflas.
rebattre [R(ə)batR] (**56**) *vt*: ~ **les oreilles à qn de qch** canu'r un hen dôn gron i rn, rhygnu ymlaen wrth rn am yr un hen beth, tynnu clustiau rhn ynghylch rhth.
rebattu (**-e**) [R(ə)baty] *pp de* **rebattre**;
♦*adj* (*sujet*) ystrydebol.
rebelle [Rəbɛl] *adj* gwrthryfelgar; (*mèche etc*) gwyllt; (*MÉD*) gwrthiannol; **être** ~ **à** (*discipline*) gwrthod derbyn; **elle est** ~ **aux mathématiques** mae'n gas ganddi fathemateg;
♦*m/f* gwrthryfelwr *g*, gwrthryfelwraig *b*, rebel *g/b*.
rebeller [R(ə)bele] (**1**): **se** ~ *vr* gwrthryfela; **se** ~ **contre** gwrthryfela yn erbyn.
rébellion [Rebeljɔ̃] *f* gwrthryfel *g*, gwrthryfela; (*ensemble des rebelles*) y gwrthryfelwyr *ll*.
rebiffer* [R(ə)bife] (**1**): **se** ~ *vr* gwrthryfela, taro'n ôl.
reboisement [R(ə)bwazmɑ̃] *m* ailgoedwigo.

reboiser [ʀ(ə)bwɑze] (**1**) *vt* ailgoedwigo.
rebond [ʀ(ə)bɔ̃] *m* adlam *g*, sbonc *b*, adnaid *g*.
rebondi (**-e**) [ʀ(ə)bɔ̃di] *adj* crwn(cron)(crynion).
rebondir [ʀ(ə)bɔ̃diʀ] (**2**) *vi* adlamu; (*balle*) bowndio; (*fig: procès, action*) ailgychwyn.
rebondissement [ʀəbɔ̃dismɑ̃] *m* datblygiad *g* newydd.
rebord [ʀ(ə)bɔʀ] *m* ymyl *g,b*; (*d'une fenêtre*) sil *g,b*, silff *b*.
reboucher [ʀ(ə)buʃe] (**1**) *vt* ailgorcio, rhoi'r corcyn yn ei ôl; ~ **un trou** cau *ou* llenwi twll.
rebours [ʀ(ə)buʀ]: **à** ~ *adv* (*brosser, caresser*) yn groes i'r gwrychyn, o chwith; (*tourner*) o chwith, tuag at yn ôl; **comprendre qch à** ~ camdeall rhth.
rebouteuse* [ʀəbutøz] *f* gwraig *b* sy'n trin esgyrn, meddyg *g* esgyrn.
rebouteux* [ʀəbutø] *m* dyn *g* sy'n trin esgyrn, meddyg *g* esgyrn.
reboutonner [ʀ(ə)butɔne] (**1**) *vt* ailgau botymau, ailfotymu.
rebrousse-poil [ʀəbʀuspwal]: **à** ~-~ *adv* o chwith; **prendre qn à** ~-~ (*fig*) codi gwrychyn rhn, digio rhn.
rebrousser [ʀ(ə)bʀuse] (**1**) *vt* (*poils*) brwsio o chwith; ~ **chemin** troi'n ôl, mynd yn ôl ar hyd yr un llwybr.
rebuffade [ʀ(ə)byfad] *f* gwrthodiad *g*, nacâd *g*, sen *b*.
rébus [ʀebys] *m* pos *g*; (*fig*) dirgelwch *g*, enigma *b*.
rebut [ʀəby] *m* (*déchets*) sbwriel *g*; **mettre** *neu* **jeter qch au** ~ taflu rhth, sgrapio rhth; **le** ~ **de la société** (*péj*) gwehilion *ll* cymdeithas, poblach *b*; ~**s** (*POSTES*) llythyrau *ll* na ellir lleoli eu derbynwyr.
rebutant (**-e**) [ʀ(ə)bytɑ̃, ɑ̃t] *adj* annymunol, annifyr, atgas, cas; (*travail*) torcalonnus, trafferthus; (*conversation*) diflas.
rebuter [ʀ(ə)byte] (**1**) *vt* (*décourager*) digalonni, torri calon (rhn); (*répugner*) bod yn atgas (i rn), bod yn wrthun (i rn); **cela me rebute** mae hynna'n gas gennyf, mae'n gas gennyf hynna.
recalcifier [ʀ(ə)kalsifje] (**16**) *vt* ychwanegu calsiwm.
récalcitrant (**-e**) [ʀekalsitʀɑ̃, ɑ̃t] *adj* cyndyn, ystyfnig, pengaled; (*caractère, esprit*) gwrthryfelgar, anufudd.
recaler [ʀ(ə)kale] (**1**) *vt* (*SCOL*) methu; **se faire** ~ **en histoire** methu'ch arholiad hanes.
récapitulatif (**récapitulative**) [ʀekapitylatif, ʀekapitylativ] *adj* cryno, crynodedig, talfyredig; (*chapitre*) sy'n crynhoi *ou* talfyrru.
récapituler [ʀekapityle] (**1**) *vt* crynhoi, talfyrru; (*discours*) crynodebu, crynhoi.
recel [ʀəsɛl] *m* derbyn nwyddau lladrad.
receler [ʀ(ə)səle] (**13**) *vt* (*produit d'un vol*) derbyn (nwyddau lladrad); (*malfaiteur, déserteur*) llochesu, rhoi lloches i; (*fig: contenir*) cuddio, celu.
receleur [ʀ(ə)səlœʀ] *m* derbynnydd *g* (*nwyddau lladrad*).
receleuse [ʀ(ə)səløz] *f* derbynyddes *b* (*nwyddau lladrad*).
récemment [ʀesamɑ̃] *adv* yn ddiweddar.
recensement [ʀ(ə)sɑ̃smɑ̃] *m* (*de la population*) cyfrifiad *g*; (*des ressources etc*) rhestr *b*.
recenser [ʀ(ə)sɑ̃se] (**1**) *vt* (*population*) cyfrif y boblogaeth, rhifo'r boblogaeth; (*ressources*) rhestru; (*futurs conscrits*) cofrestru; (*dénombrer*) rhestru, rhifo, cyfrif.
récent (**-e**) [ʀesɑ̃, ɑ̃t] *adj* diweddar.
recentrer [ʀ(ə)sɑ̃tʀe] (**1**) *vt* ailganoli; (*POL*) symud tuag at y canol
récépissé [ʀesepise] *m* (*COMM*) derbynneb *b*.
réceptacle [ʀesɛptakl] *m* (*récipient*) cynhwysydd *g*, llestr *g*; (*BOT*) cynheilydd *g*; (*GÉO*) dalgylch *g* afon; ~ **à verre** banc *g* poteli.
récepteur[1] (**réceptrice**) [ʀesɛptœʀ, ʀesɛptʀis] *adj* sy'n derbyn, derbyngar.
récepteur[2] [ʀesɛptœʀ] *m* derbynnydd *g*; ~ **de papier** (*INFORM*) staciwr *g*; ~ **de radio** radio.
réceptif (**réceptive**) [ʀesɛptif, ʀesɛptiv] *adj* derbyngar.
réception [ʀesɛpsjɔ̃] *f*
1 (*gén*) derbyniad *g*; (*d'un membre: dans une assemblée etc*) croesawiad *g*; (*accueil*) croeso *g*; **jour de** ~ dydd derbyn (*ymwelwyr, myfyrwyr ayb*); **heures de** ~ (*MÉD*) oriau ymweld.
2 (*gala*) parti *g*, derbyniad *g*; **donner une petite** ~ rhoi parti.
3 (*RADIO, TV*) derbyniad *g*.
4 (*bureau*) swyddfa *b* dderbyn, derbynfa *b*; (*pièces*) ystafelloedd *ll* derbyn.
5 (*SPORT: après un saut*) glanio, glaniad *g*; (*du ballon*) derbyniad *g*, derbyn, dal.
réceptionnaire [ʀesɛpsjɔnɛʀ] *m/f* (*marchandises*) *clerc g sy'n derbyn nwyddau.*
réceptionner [ʀesɛpsjɔne] (**1**) *vt* (*COMM*) derbyn (nwyddau); (*SPORT: ballon*) derbyn, dal.
réceptionniste [ʀesepsjɔnist] *m/f* derbynnydd *g*, derbynyddes *b*, croesawydd *g*.
réceptivité [ʀesɛptivite] *f* (*à une influence*) derbyngarwch *g*.
récessif (**récessive**) [ʀesesif, ʀesesiv] *adj* enciliol.
récession [ʀesesjɔ̃] *f* (*FIN*) dirwasgiad *g*.
recette [ʀ(ə)sɛt] *f* (*CULIN*) rysáit *b*; (*CHIM*) fformiwla *b*; (*COMM*) derbyniadau *ll*; (*ADMIN: recouvrement: action*) casglu, hel; (*fig*) ffordd *b ou* dull *g* (o wneud rhth); **faire** ~ (*spectacle, exposition*) bod yn llwyddiannus iawn, bod yn llwyddiant mawr; ~ **perception** swyddfa *b* drethi; ~ **municipale** *swyddfa drethi lleol.*
receveur [ʀ(ə)səvœʀ] *m* (*des contributions*) casglwr *g* trethi; (*des postes*) postfeistr *g*; (*d'autobus*) tocynnwr *g*; (*MÉD: de sang,*

d'organe) derbynnydd *g*; ~ **universel** (*de sang*) derbynnydd cyffredinol (*a all dderbyn gwaed grwpiau A, B ac O*).

receveuse [ʀ(ə)səvøz] *f* (*des contributions*) casglwraig *b* trethi; (*des postes*) postfeistres *b*; (*d'autobus*) tocynwraig *b*; (*MÉD: de sang, d'organe*) derbynyddes *b*; ~ **universelle** (*de sang*) derbynyddes gyffredinol (*a all dderbyn gwaed grwpiau A, B ac O*).

recevoir [ʀ(ə)səvwaʀ] (**39**) *vt* derbyn; (*émission, image, chaîne*) derbyn, cael; (*coups, correction*) cael; (*modifications*) cael addasiadau; (*blessure*) dioddef, cael; (*accueillir, invité*) derbyn, croesawu; (*SCOL: candidat*) derbyn *ou* pasio (ymgeisydd); **pouvez-vous nous ~?** (*hôtel*) a oes gennych ystafell i ni?; ~ **qn à dîner** gwahodd rhn i ginio; **être reçu à un examen** llwyddo mewn arholiad; **être bien/mal reçu** cael derbyniad gwresog/oer;
♦*vi* croesawu ymwelwyr, gwahodd pobl i'r tŷ; (*médecin*) gweld cleifion; **le médecin reçoit de 8 à 10** mae'r meddyg yn gweld cleifion rhwng wyth a deg o'r gloch; **l'équipe qui reçoit** y tîm cartref;
♦ **se** ~ *vr* (*athlète*) glanio.

rechange [ʀ(ə)ʃɑ̃ʒ]: **de** ~ *adj* (*pièces, vêtements, roue*) sbâr; (*fig: politique, plan*) amgen, arall, wrth gefn.

rechaper [ʀ(ə)ʃape] (**1**) *vt* (*pneu*) ailfowldio.

réchapper [ʀeʃape] (**1**) *vi*: ~ **de** *neu* **à** (*accident, maladie*) dod drwy *ou* dros; **va-t-elle en ~?** (a) ddaw hi drosti?

recharge [ʀ(ə)ʃaʀʒ] *f* ail-lenwad *g*, adlenwad *g*.

rechargeable [ʀ(ə)ʃaʀʒabl] *adj* ail-lenwadwy, ailwefradwy; (*batterie*) aildrydanadwy.

recharger [ʀ(ə)ʃaʀʒe] (**10**) *vt* adlenwi, ail-lenwi; (*batterie*) aildrydanu; (*fusil*) ail-lenwi.

réchaud [ʀeʃo] *m* (*CULIN*) stof *b* symudol fechan; (*chauffe-plat*) twymwr *g ou* cynheswr *g* llestri; ~ **électrique** plât *g* poeth, ring *b* drydan.

réchauffé [ʀeʃofe] *m* (*nourriture*) eildwym, (bwyd) wedi'i aildwymo; (*fig*) rhth wedi'i ailwampio; (*péj: plaisanterie*) hen.

réchauffer [ʀeʃofe] (**1**) *vt* (*nourriture*) aildwymo; (*courage*) ailennyn, ailgynnau;
♦ **se** ~ *vr* twymo, cynhesu, ymdwymo, codi gwres; (*temps*) cynhesu, mynd yn dwymach.

rêche [ʀɛʃ] *adj* garw; (*vin*) egr; (*caractère*) crablyd, sur, egr.

recherche [ʀ(ə)ʃɛʀʃ] *f* (*action*) ymchwiliad *g*; (*scientifique etc*) ymchwil *b*; (*raffinement*) ceinder *g*, coethder *g*; (*péj: affectation*) mursendod *g*, rhodres *g*; **être** *neu* **se mettre à la ~ de qch** chwilio am rth; **~s** (*de la police etc*) ymholiadau *ll*, ymchwiliadau *ll*; **faire des ~s** gwneud ymchwil.

recherché (**-e**) [ʀ(ə)ʃɛʀʃe] *adj* (*très demandé*) poblogaidd, sydd â mynd mawr arno; (*de qualité*) coeth, cain; (*tenue*) trwsiadus, coeth; (*péj: affecté*) mursennaidd, ymhongar, rhodresgar.

rechercher [ʀ(ə)ʃɛʀʃe] (**1**) *vt* (*objet égaré*) chwilio (am), chwilota (am); (*cause d'un phénomène*) chwilio am, ceisio darganfod; (*bonheur*) ceisio (cael), chwilio am; (*chercher à nouveau*) ailchwilio am rth; **"~ et remplacer"** (*INFORM*) "chwilio a newid"; **"on recherche femme de ménage"** "yn eisiau: gwraig i lanhau"

rechigner [ʀ(ə)ʃiɲe] (**1**) *vi* nogio, jibo, cyndynnu; ~ **à qch/à faire qch** (*fig*) gwrthod rhth/gwneud rhth.

rechute [ʀ(ə)ʃyt] *f* (*dans le vice*) atgwymp *g*, cwymp *g* yn ôl; (*MÉD*) ailwaeledd *g*; **faire** *neu* **avoir une** ~ gwaelu eto.

rechuter [ʀ(ə)ʃyte] (**1**) *vi* (*dans le vice*) atgwympo, cwympo *ou* llithro yn ôl; (*MÉD*) gwaelu eto, ailwaelu, cael ail bwl.

récidive [ʀesidiv] *f* (*JUR*) aildrosedd *g*, trosedd *g* o'r newydd; (*MÉD*) dychweliad *g*; (*fig*) ailwneuthuriad *g*, ailddigwyddiad *g*.

récidiver [ʀesidive] (**1**) *vi* (*JUR*) torri'r gyfraith eto, aildroseddu; (*MÉD*) ailddigwydd, dychwelyd; (*fig*) gwneud yr un peth eto.

récidiviste [ʀesidivist] *m/f* (*JUR*) atgwympydd *g*, troseddwr *g* mynych.

récif [ʀesif] *m* craig *b*, rîff *g,b*; ~ **corallien** rîff cwrel.

récipiendaire [ʀesipjɑ̃dɛʀ] *m* (*UNIV*) derbynnydd *g* (*medal neu ddiploma*), derbynyddes *b* (*medal neu ddiploma*); (*d'une société*) aelod *g* newydd.

récipient [ʀesipjɑ̃] *m* cynhwysydd *g*.

réciproque [ʀesipʀɔk] *adj* dwyochrog; (*GRAM, MATH*) cilyddol;
♦*f*: **la** ~ y gwrthwyneb *g*; **s'attendre à la** ~ disgwyl yr un driniaeth yn ôl.

réciproquement [ʀesipʀɔkmɑ̃] *adv* yn gyfnewid, eich gilydd, y naill ... y llall; **et** ~ i'r gwrthwyneb, fel arall; **ils se détestaient** ~ 'roedd y naill yn casáu'r llall, 'roeddent yn casáu ei gilydd; **elle me déteste et** ~ mae hi'n fy nghasáu a minnau'n ei chasáu hithau.

récit [ʀesi] *m* (*narration*) hanes *g*, stori *b*, adroddiad *g*, traethiad *g*; (*genre*) stori *b*, naratif *g*; (*THÉÂTRE*) ymson *g*.

récital [ʀesital] *m* datganiad *g*.

récitant [ʀesitɑ̃] *m* (*MUS*) datgeiniad *g*; (*de commentaire*) traethydd *g*, adroddwr *g*.

récitante [ʀesitɑ̃t] *f* (*MUS*) datgeinydd *g*; (*de commentaire*) traethydd *g*, adroddwraig *b*.

récitation [ʀesitasjɔ̃] *f* (*action*) adrodd; **apprendre une** ~ (*SCOL*) dysgu darn adrodd ar eich cof.

réciter [ʀesite] (**1**) *vt* adrodd.

réclamation [ʀeklamasjɔ̃] *f* cwyn *b*, achwyniad *g*, achwyn, cwyno; **service des ~s** adran *b* gwynion *ou* achwyniadau; **faire une** ~ gwneud cwyn, gwneud achwyniad.

réclame [ʀeklam] *f* hysbyseb *g,b*; **faire de la** ~

(pour qch/qn) hysbysebu (rhth/rhn); **article en** ~ eitem *b* am bris arbennig; ~ **lumineuse** hysbyseb neon.

réclamer [Reklɑme] (**1**) *vt* gofyn am; (*aide*) galw am; (*indulgence*) ymbil am, crefu (am); (*nécessiter*) mynnu; (*revendiquer*) hawlio, mynnu;
♦*vi* cwyno, achwyn;
♦ **se** ~ *vr*: **se** ~ **de qn** *gwneud defnydd o enw rhn i gael rhth*; **il s'est reclamé de mon père pour se faire inviter** defnyddiodd enw fy nhad er mwyn cael gwahoddiad.

reclassement [R(ə)klɑsmɑ̃] *m* (*de dossiers*) aildrefnu, ailddosbarthu, ailddosbarthiad *g*; (*d'employé*) adleoli, adleoliad *g*; (*de salaires*) ailraddio.

reclasser [R(ə)klɑse] (**1**) *vt* (*dossiers*) aildrefnu, ailddosbarthu; (*employé*) adleoli; (*salaires*) ailraddio.

reclus [Rəkly] *m* meudwy *g*.

recluse [Rəklyz] *f* meudwyes *b*.

réclusion [Reklyzjɔ̃] *f* (*JUR*) carchariad *g*; (*REL*) meudwyaeth *b*; **dix ans de** ~ deng mlynedd o garchar; ~ **à perpétuité** carchar *ou* carchariad am oes.

recoiffer [R(ə)kwafe] (**1**) *vt* gwneud gwallt rhn eto;
♦ **se** ~ *vr* gwneud eich gwallt eto, ail-wneud eich gwallt.

recoin [Rəkwɛ̃] *m* cilfach *b*; (*fig*) encil *g*; **tous les coins et les** ~**s** pob twll a chornel.

reçois *etc* [Rəswa] *vb voir* **recevoir**.

reçoive *etc* [Rəswav] *vb voir* **recevoir**.

recoller [R(ə)kɔle] (**1**) *vt* ail-ludo, ail-lynu; (*enveloppe*) ailselio; (*remettre*) rhoi yn ei ôl; ~ **les morceaux d'une assiette** gludo darnau plât yn ôl at ei gilydd; ~ **une amende à qn** rhoi dirwy arall i rn, dirwyo rhn eilwaith;
♦ **se** ~ *vr* (*os*) ailasio; **se** ~ **au boulot*** mynd yn ôl at eich gwaith; **ils se sont recollés** fe aethant yn ôl i fyw at ei gilydd.

récolte [Rekɔlt] *f* (*activité*) cynaeafu; (*produits récoltés*) cynhaeaf *g*, cynnyrch *g*; (*fig*) cynnyrch.

récolter [Rekɔlte] (**1**) *vt* cynaeafu; (*signatures, argent*) casglu; (*fam: ennuis, coups*) cael.

recommandable [R(ə)kɔmɑ̃dabl] *adj* teilwng; **peu** ~ amharchus, ag enw drwg.

recommandation [R(ə)kɔmɑ̃dasjɔ̃] *f* argymhelliad *g*, canmoliaeth *b*; (*avis, conseil*) cyngor *g*; **lettre de** ~ geirda *g*, tystlythyr *g*.

recommandé (-e) [R(ə)kɔmɑ̃de] *adj* argymelledig, cymeradwy.

recommandé [R(ə)kɔmɑ̃de] *m*: **en** ~ (*POSTES*) trwy'r post cofrestredig.

recommander [R(ə)kɔmɑ̃de] (**1**) *vt* (*conseiller fortement*) argymell, cymeradwyo, cynghori; (*suj: qualités etc*) cymeradwyo; (*POSTES: paquet, lettre*) anfon (rhth) trwy'r post cofrestredig; ~ **qch à qn** argymell rhth i rn; ~ **à qn de faire** cynghori rhn i wneud rhth; ~ **qn auprès de qn/à qn** argymell rhn i rn, cymeradwyo rhn i rn; **il est recommandé de faire** argymellir gwneud;
♦ **se** ~ *vr*: **se** ~ **à qn** gofyn am gefnogaeth rhn; **se** ~ **de qn** rhoi enw rhn fel canolwr.

recommencer [R(ə)kɔmɑ̃se] (**9**) *vt* ailgychwyn, ailddechrau; (*erreur*) gwneud eto; (*lettre*) ailysgrifennu, ailgychwyn, ailddechrau;
♦*vi* ailgychwyn, ailddechrau; ~ **à faire qch** mynd yn ôl at rth, dechrau gwneud rhth eto; **ne recommence pas!** paid â gwneud hynna eto!

récompense [Rekɔ̃pɑ̃s] *f* gwobr *b*; **recevoir qch en** ~ cael rhth yn wobr.

récompenser [Rekɔ̃pɑ̃se] (**1**) *vt* gwobrwyo; ~ **qn de** *neu* **pour qch** gwobrwyo rhn am wneud rhth.

recompter [R(ə)kɔ̃te] (**1**) *vt, vi* ailgyfrif, ailrifo, cyfrif eto.

réconciliation [Rekɔ̃siljasjɔ̃] *f* cymodi, cymodiad *g*, cymod *g*.

réconcilier [Rekɔ̃silje] (**16**) *vt* cymodi; ~ **qn avec qn** cymodi rhn â rhn; ~ **qn avec qch** cymodloni rhn â rhth;
♦ **se** ~ *vr*: **se** ~ **(avec)** dygymod (â), dod i delerau (â), ymfodloni *ou* bodloni (ar).

reconductible [R(ə)kɔ̃dyktibl] *adj* (*JUR: contrat, bail*) adnewyddadwy.

reconduction [R(ə)kɔ̃dyksjɔ̃] *f* (*JUR, POL*) adnewyddu, adnewyddiad *g*.

reconduire [R(ə)kɔ̃dɥiR] (**52**) *vt* (*raccompagner*) hebrwng (rhn) yn ei ôl, danfon (rhn) yn ei ôl; (*à la porte*) hebrwng *ou* danfon (rhn) i'r drws; (*à son domicile*) hebrwng *ou* danfon (rhn) adref; (*JUR, POL: contrat, grève etc*) adnewyddu.

réconfort [Rekɔ̃fɔR] *m* cysur *g*.

réconfortant (-e) [Rekɔ̃fɔRtɑ̃, ɑ̃t] *adj* (*parole*) cysurlon, cysurol; (*aliment*) atgyfnerthol.

réconforter [Rekɔ̃fɔRte] (**1**) *vt* cysuro; (*fig*) atgyfnerthu, cryfhau.

reconnais *etc* [R(ə)kɔnɛ] *vb voir* **reconnaître**.

reconnaissable [R(ə)kɔnɛsabl] *adj* adnabyddadwy.

reconnaissais *etc* [R(ə)kɔnɛsɛ] *vb voir* **reconnaître**.

reconnaissance [R(ə)kɔnɛsɑ̃s] *f* cydnabyddiaeth *b*, adnabyddiaeth *b*; (*gratitude*) diolchgarwch *g*; (*MIL*) rhagchwiliad *g*, rhagchwilio; **être en** ~ (*MIL*) edrych y wlad; ~ **de dette** (*JUR*) cydnabyddiaeth o ddyled, IOU *g*.

reconnaissant (-e) [R(ə)kɔnɛsɑ̃, ɑ̃t] *vb voir* **reconnaître**;
♦*adj* diolchgar; **je vous serais** ~ **de bien vouloir ...** buaswn yn ddiolchgar iawn pe buasech ..., byddwn yn ddiolchgar iawn pe byddech ...

reconnaître [R(ə)kɔnɛtR] (**73**) *vt* adnabod, cydnabod; (*JUR: dette, droit*) cydnabod; (*MIL: terrain*) rhagchwilio, edrych (y wlad); ~

qn/qch à adnabod rhn/rhth; ~ **que** cyfaddef ..., cydnabod ...; ~ **à qn** (*qualités etc*) gweld (rhinweddau) rhn; **je lui reconnais certaines qualités** 'rwy'n cydnabod bod rhai rhinweddau ynddo;
♦ **se** ~ *vr*: **se** ~ **quelque part** (*s'y retrouver*) gwybod eich ffordd o gwmpas.
reconnu (-**e**) [R(ə)kɔny] *pp de* **reconnaître**;
♦*adj* (*auteur*) cydnabyddedig.
reconquérir [R(ə)kɔ̃keRiR] (**31**) *vt* (*armée, peuple*) aildrechu, ailorchfygu, ailgoncro; (*territoire*) ailoresgyn, adennill; (*fig*) adennill.
reconquête [R(ə)kɔ̃kɛt] *f* ailorchfygiad *g*, ailgoncwest *b*, ailoresgyniad *g*, ailoresgyn; (*fig*) adennill, adenilliad *g*.
reconsidérer [R(ə)kɔ̃sideRe] (**14**) *vt* ailystyried, ailfeddwl.
reconstituant[1] (-**e**) [R(ə)kɔ̃stitɥɑ̃, ɑ̃t] *adj* atgyfnerthol, tonig.
reconstituant[2] [R(ə)kɔ̃stitɥɑ̃] *m* tonig *g*, ffisig *g* atgyfnerthol.
reconstituer [R(ə)kɔ̃stitɥe] (**1**) *vt* (*édifice*) ailadeiladu, ailgodi; (*vase brisé*) atgyweirio, ailgyfannu, rhoi'r darnau at ei gilydd; (*parti*) ailffurfio, ad-drefnu; (*texte*) ailgyfansoddi, ail-lunio; (*crime, histoire*) ail-lunio, ail-greu; (*fortune*) ail-greu, ailgrynhoi, ail-wneud; (*BIOL: tissus etc*) atffurfio, adfywhau.
reconstitution [R(ə)kɔ̃stitysjɔ̃] *f* ailwneuthuriad *g*; (*édifice*) ailadeiladu, ailgodi; (*texte*) ailgyfansoddiad *g*; (*parti*) ad-drefniant *g*; (*BIOL*) atffurfiant *g*, aildyfiant *g*.
reconstruction [R(ə)kɔ̃stRyksjɔ̃] *f* ailadeiladu, ailgodi, ailwneuthuriad *g*.
reconstruire [R(ə)kɔ̃stRɥiR] (**52**) *vt* ailadeiladu, ailgodi.
reconversion [R(ə)kɔ̃vERsjɔ̃] *f* adnewidiad *g*; (*économique*) aildrefnu; (*du personnel*) adleoliad *g*, adleoli.
reconvertir [R(ə)kɔ̃vERtiR] (**2**) *vt* (*usine*) troi, newid; (*personnel, troupes*) adleoli;
♦ **se** ~ *vr*: **se** ~ **dans** (*un métier, une branche*) symud i, newid i, ymledu i; **se** ~ **dans l'enseignement** symud i fyd addysg.
recopier [R(ə)kɔpje] (**16**) *vt* (*transcrire*) copïo, adysgrifennu; (*mettre au propre*) gwneud copi teg.
record [R(ə)kɔR] *m* record *b*; ~ **du monde** record y byd; **battre tous les** ~**s** (*fig*) torri pob record;
♦*adj inv* (*vitesse, chiffre*) mwyaf erioed, uchaf erioed; **en un temps** ~ yn gynt na neb o'r blaen, yn yr amser lleiaf erioed; **à une vitesse** ~ yn gynt na neb o'r blaen, ar y cyflymder uchaf erioed.
recoucher [R(ə)kuʃe] (**1**) *vt* (*enfant*) rhoi (plentyn) yn ôl yn y gwely;
♦ **se** ~ *vr* mynd yn ôl i'r gwely.
recoudre [R(ə)kudR] (**63**) *vt* (*bouton*) gwnïo (rhth) yn ei ôl, ailbwytho, ailwnïo; (*plaie*) pwytho.
recoupement [R(ə)kupmɑ̃] *m*: **par** ~ wrth groeswirio; **faire un** ~ croeswirio.
recouper [R(ə)kupe] (**1**) *vt* aildorri, torri eto; (*tranche*) torri eto, torri (darn arall); (*vêtement*) aildorri; (*route*) croesdorri, torri ar draws;
♦*vi* (*CARTES*) aildorri, torri eto;
♦ **se** ~ *vr* (*témoignages*) cytuno, bod yn gyson â'i gilydd; (*chiffres, résultats*) adio'n gywir, gwneud cyfanswm cywir, cyfateb.
recourais *etc* [RəkuRɛ] *vb voir* **recourir**.
recourbé (-**e**) [R(ə)kuRbe] *adj* crwm, crwca; (*nez*) bwaog, eryraidd.
recourber [R(ə)kuRbe] (**1**) *vt* plygu (yn ei ôl).
recourir [R(ə)kuRiR] (**21**) *vi* rhedeg (eto), rhedeg yn ôl; (*refaire une course*) ailredeg (râs); ~ **à** (*moyen, force*) defnyddio, troi at; (*personne*) apelio at, mynd at.
recours[1], *etc* [R(ə)kuR] *vb voir* **recourir**.
recours[2] [R(ə)kuR] *m* cymorth *g*; (*JUR*) apêl *b*; **avoir** ~ **à** (*moyen, force*) defnyddio, troi at; (*personne*) apelio at, mynd at; **en dernier** ~ os aiff i'r pen, pan fo popeth arall wedi methu, yn niffyg dim arall; **c'est sans** ~ mae'n derfynol; ~ **en grâce** (*JUR*) ple *g ou* apêl *b* am drugaredd.
recouru (-**e**) [RəkuRy] *pp de* **recourir**
recousu (-**e**) [Rəkuzy] *pp de* **recoudre**.
recouvert (-**e**) [RəkuvɛR, ɛRt] *pp de* **recouvrir**.
recouvrable [R(ə)kuvRabl] *adj* (*somme*) adferadwy, casgladwy.
recouvrais[1], *etc* [RəkuvRɛ] *vb voir* **recouvrer**.
recouvrais[2], *etc* [RəkuvRɛ] *vb voir aussi* **recouvrir**.
recouvrement [R(ə)kuvRəmɑ̃] *m* (*d'impôts*) casglu, casgliad *g*.
recouvrer [R(ə)kuvRe] (**1**) *vt* (*santé*) adennill *ou* adfer (eich iechyd); (*vue*) adennill (eich golwg), cael eich golwg yn ôl; (*impôts, créance*) casglu; ~ **sa santé** gwella.
recouvrir [R(ə)kuvRiR] (**28**) *vt* gorchuddio, gorchuddio eto, ailorchuddio; (*couvrir entièrement*) taenu; (*coussin*) ailorchuddio; (*livre*) ailglorio, rhoi clawr newydd ar; (*cacher, masquer*) cuddio, celu; (*sub: étude, concept: embrasser*) cynnwys, cwmpasu; **recouvert de boue** yn faw i gyd; ~ **une casserole** rhoi caead ar sosban;
♦ **se** ~ *vr* (*se superposer*) gorgyffwrdd, ymestyn dros ymyl.
recracher [R(ə)kRaʃe] (**1**) *vt* poeri (rhth) allan.
récréatif (**récréative**) [RekReatif, RekReativ] *adj* difyr, adloniadol.
récréation [RekReasjɔ̃] *f* adloniant *g*, difyrrwch *g*; (*SCOL*) egwyl *b*, amser *g* chwarae; **être en** ~ cael egwyl.
recréer [R(ə)kRee] (**1**) *vt* ail-greu, ailadeiladu, ail-wneud; (*fig: atmosphère*) ail-greu.
récrier [RekRije] (**16**): **se** ~ *vr* ebychu, gweiddi; **se** ~ **contre qch** taranu yn erbyn rhth,

protestio yn erbyn rhth.

récriminations [ʀekʀiminasjɔ̃] *fpl* edliw, dannod, danodiaeth *b*, ymliw *g*, gwrthdystiad *g*.

récriminer [ʀekʀimine] (**1**) *vi*: ~ **contre qn/qch** protestio yn erbyn rhn/rhth.

recroqueviller [ʀ(ə)kʀɔk(ə)vije] (**1**): **se** ~ *vr* (*plantes, feuilles*) crino, crebachu; (*personne*) swatio, cwtsio.

recru (**-e**) [ʀəkʀy] *adj*: ~ **de fatigue** blinedig iawn, wedi blino'n lân.

recrudescence [ʀ(ə)kʀydesɑ̃s] *f* (*d'une épidémie*) ailgychwyniad *g*, toriad *g* allan; (*fig*) cynnydd *g*, hwrdd *g*, ton *b* newydd.

recrue [ʀəkʀy] *f* (*MIL*) recriwt *g/b*; (*d'une société*) aelod *g* newydd;
♦*adj f voir* **recru**.

recrutement [ʀ(ə)kʀytmɑ̃] *m* recriwtiad *g*, listiad *g*; (*action*) recriwtio, listio.

recruter [ʀ(ə)kʀyte] (**1**) *vt* (*MIL*) recriwtio, listio; (*collaborateurs*) listio; (*personnel*) denu aelodau staff newydd.

rectal (**-e**) (**rectaux, rectales**) [ʀɛktal, ʀɛkto] *adj* rhefrol; **par voie** ~**e** yn rhefrol, trwy'r rhefr *ou* rectwm.

rectangle [ʀɛktɑ̃gl] *m* petryal *g*; ~ **blanc** (*TV*) *arwydd g sy'n dangos bod rhaglen yn addas i oedolion yn unig.*

rectangulaire [ʀɛktɑ̃gylɛʀ] *adj* petryal.

recteur [ʀɛktœʀ] *m* (*d'un département*) ≈ Cyfarwyddwr *g* Addysg; (*d'université*) prifathro *g*, canghellor *g*; (*en Bretagne*) offeiriad *g* plwyf.

rectificatif[1] (**rectificative**) [ʀɛktifikatif, ʀɛktifikativ] *adj* (*état, compte, note*) cywiredig.

rectificatif[2] [ʀɛktifikatif] *m* cywiriad *g*.

rectification [ʀɛktifikasjɔ̃] *f* cywiriad *g*; (*action*) cywiro.

rectifier [ʀɛktifje] (**16**) *vt* (*erreur*) cywiro; (*ajuster*) gosod yn iawn, diwygio; (*tracé*) sythu, unioni.

rectiligne [ʀɛktiliɲ] *adj* syth, unionlin.

rectitude [ʀɛktityd] *f* (*intellectuelle*) cywirdeb *g*; (*morale*) gonestrwydd *g*, cyfiawnder *g*; (*ligne*) sythder *g*, unionder *g*.

recto [ʀɛkto] *m* (*d'une feuille de papier*) blaen *g* tudalen, tudalen *g,b* de *ou* dde.

rectorat [ʀɛktɔʀa] *m* (*fonction*) ≈ swydd *b* is-ganghellor *ou* prifathro coleg; (*bureau*) ≈ swyddfa *b* is-ganghellor *ou* prifathro coleg.

rectum [ʀɛktɔm] *m* (*ANAT*) rhefr *g*, rectwm *g*.

reçu[1] (**-e**) [ʀ(ə)sy] *pp de* **recevoir**;
♦*adj* (*opinion, usage*) cyffredin, arferol, derbyniol; (*candidat*) llwyddiannus.

reçu[2] [ʀ(ə)sy] *m* (*COMM*) derbynneb *b*, taleb *b*.

recueil [ʀəkœj] *m* (*de poèmes etc*) casgliad *g*, crynhoad *g*.

recueillement [ʀ(ə)kœjmɑ̃] *m* myfyrdod *g*, meddwl *g*; (*REL*) cynhemlad *g*, gweddi *b* dawel; (*action*) cynhemlu.

recueilli (**-e**) [ʀ(ə)kœji] *adj* myfyriol, meddylgar; (*REL*) cynhemlol.

recueillir [ʀ(ə)kœjiʀ] (**22**) *vt* casglu; (*voix, suffrages*) ennill; (*accueillir: réfugiés*) cymryd, derbyn, cartrefu;
♦ **se** ~ *vr* myfyrio (*mewn gweddi*).

recuire [ʀ(ə)kɥiʀ] (**52**) *vi* ailgoginio; (*confiture trop liquide*) ailferwi, berwi eto; **faire** ~ (*viande trop saignante*) rhoi'n ôl yn y popty *ou* ffwrn.

recul [ʀ(ə)kyl] *m* (*d'une armée*) ciliad *g*, fföedigaeth *b*; (*fig: d'une épidémie*) lleihad *g*; (*d'une arme à feu*) adlam *g*, gwrthnaid *b*; **avoir un mouvement de** ~ gwingo, ymgilio, tynnu'n ôl; **prendre du** ~ cilio, camu'n ôl; (*fig*) barnu'n ddiduedd *ou* yn wrthrychol; **avec le** ~ o edrych yn ôl.

reculade [ʀ(ə)kylad] (*péj*) *f* cyfaddefiad *g* (eich bod ar fai), troad *g* yn eich carn, troi'n eich carn; (*fig*) llyncu'ch geiriau, syrthio ar eich bai.

reculé (**-e**) [ʀ(ə)kyle] *adj* pell.

reculer [ʀ(ə)kyle] (**1**) *vt* symud (rhth) yn ei ôl; (*véhicule*) bacio; (*fig: possibilités, limites*) ymestyn; (*date, livraison, décision*) gohirio; ~ **les pendules d'une heure** troi'r clociau awr yn ôl;
♦*vi* symud yn ôl; (*fig: civilisation*) dirywio; (*épidémie*) cilio, encilio, gwanhau; (*se dérober, hésiter*) cilio, tynnu'n ôl; ~ **devant** (*danger, difficulté*) cilio rhag; ~ **pour mieux sauter** mynd yn ôl i baratoi i neidio; (*fig*) gohirio'r hyn sy'n anochel.

reculons [ʀ(ə)kylɔ̃]: **à** ~ *adv* tuag yn ôl, (yn) wysg eich cefn.

récupérable [ʀekypeʀabl] *adj* (*créance*) hawliadwy; (*ferraille*) adferadwy, adenilladwy; (*matériaux*) ailddefnyddiadwy; (*objet, vêtement*) atgyweiriadwy; (*heures*) y gellir eu hadennill; **la voiture n'est pas** ~ (*après accident*) 'does dim modd trwsio'r car.

récupération [ʀekypeʀasjɔ̃] *f* (*IND*) adferiad *g*, adenilliad *g*; (*action*) adennill, adfer; (*de dettes*) casgliad *g*, casglu; (*de santé*) gwellhad *g*, gwella; (*délinquant*) ailhyfforddiant *g*, ailhyfforddi.

récupérer [ʀekypeʀe] (**14**) *vt* (*rentrer en possession de*) cael (rhth) yn ei ôl; (*forces*) adennill; (*déchets*) adfer, adennill; (*remplacer journées/heures de travail*) gwneud iawn am, adennill; ~ **un manque de sommeil** gwneud iawn am ddiffyg cwsg; (*délinquant*) ailsefydlu, ailhyfforddi; (*POL*) gwneud i rn gyd-fynd â'ch syniadau; ~ **un enfant à la sortie d'école** casglu plentyn o'r ysgol ar ddiwedd y dydd;
♦*vi* gwella, atgyfnerthu.

récurer [ʀekyʀe] (**1**) *vt* sgwrio; **poudre à** ~ powdr *g* sgwrio.

reçus [ʀəsy] *vb voir* **recevoir**.

récusable [ʀekyzabl] *adj* (*JUR*) amheus,

dadleuol; (*témoin*) annibynadwy; (*témoignage*) amheus.
récuser [ʀekyze] (**1**) *vt* (*JUR*) gwrthwynebu, herio; ~ **un argument** codi gwrthwynebiad i ddadl;
♦ **se** ~ *vr* gwrthod rhoi'ch barn.
reçut [ʀəsy] *vb voir* **recevoir**.
recyclage [ʀ(ə)siklaʒ] *m* ailhyfforddiant *g*, ailgyfeiriad *g*; (*action*) ailhyfforddi, ailgyfeirio; (*matière*) ailgylchu; **cours de** ~ cwrs *g* ailhyfforddi.
recycler [ʀ(ə)sikle] (**1**) *vt* (*reconvertir*) ailhyfforddi, diweddaru hyfforddiant; (*SCOL: élève*) ailgyfeirio, symud i bwnc arall; (*matière*) ailgylchu;
♦ **se** ~ *vr* dilyn cwrs ailhyfforddi, mynd ar gwrs gloywi.
rédacteur [ʀedaktœʀ] *m* (*presse*) is-olygydd *g*; (*article*) awdur *g*; (*d'ouvrage de référence*) golygydd *g*, detholydd *g*; ~ **en chef** prif olygydd *g*; ~ **publicitaire** ysgrifennwr *g* copi; ~ **sportif** gohebydd *g* chwaraeon.
rédaction [ʀedaksjɔ̃] *f* (*thèse*) ysgrifennu, llunio, cyfansoddi; (*d'un contrat*) braslun *g*, amlinelliad *g*, drafft *g*; (*action*) amllinellu, braslunio, drafftio; (*PRESSE: personnel*) y golygyddion *g*; (*bureaux*) swyddfeydd *ll* golygyddol; (*SCOL*) traethawd *g*.
rédactrice [ʀedaktʀis] *f* (*presse*) is-olygydd *g*; (*article*) awdures *b*; (*d'ouvrage de référence*) golygydd *g*, golygyddes *b*, detholydd *g*; ~ **en chef** prif olygydd *g*; ~ **publicitaire** ysgrifenwraig *g* copi; ~ **sportif** gohebydd *g* chwaraeon.
reddition [ʀedisjɔ̃] *f* (*MIL*) ildiad *g*, ildio; ~ **sans conditions** ildiad diamod.
redéfinir [ʀ(ə)definiʀ] (**2**) *vt* ailddiffinio.
redemander [ʀədmɑ̃de] (**1**) *vt* (*renseignement*) gofyn eto; ~ **de qch** (*nourriture*) gofyn am ragor o rth, gofyn am un arall o rth; ~ **qch** (*objet prêté*) gofyn am gael rhth yn ei ôl.
redémarrer [ʀ(ə)demaʀe] (**1**) *vi* (*véhicule*) ailgychwyn; (*fig: industrie etc*) ailddechrau, ailgychwyn.
rédemption [ʀedɑ̃psjɔ̃] *f* prynedigaeth *b*, gwaredigaeth *b*.
redéploiement [ʀ(ə)deplwamɑ̃] *m* adleoliad *g*, adleoli.
redescendre [ʀ(ə)desɑ̃dʀ] (**3**) *vt* (*bagages etc*) dod â (rhth) yn ôl i lawr; (*un escalier*) mynd *ou* dod i lawr eto *ou* eilwaith;
♦*vi* mynd *ou* dod i lawr eto *ou* eilwaith.
redevable [ʀ(ə)dəvabl] *adj* dyledus.
redevance [ʀ(ə)dəvɑ̃s] *f* (*téléphone*) tâl *g* am rentu llinell deleffon; (*TV*) tâl trwydded deledu.
redevenir [ʀ(ə)dəv(ə)niʀ] (**32**) *vi* mynd *ou* dod yn ... eto, ailddatblygu ... yn, dychwelyd i fod yn; **elle était redevenue enfant** 'roedd wedi dychwelyd i'w phlentyndod.
rédhibitoire [ʀedibitwaʀ] *adj* (*fig*) andwyol; **vice** ~ (*JUR*) nam *g* ar eitem a werthwyd.
rediffuser [ʀ(ə)difyze] (**1**) *vt* (*RADIO, TV*) ailddarlledu.
rediffusion [ʀ(ə)difyzjɔ̃] *f* ailddarllediad *g*; (*action*) ailddarlledu.
rédiger [ʀediʒe] (**10**) *vt* (*lettre*) ysgrifennu; (*dictionnaire*) ysgrifennu, llunio; (*contrat*) drafftio, amlinellu, llunio.
redire [ʀ(ə)diʀ] (**50**) *vt* ailadrodd; ~ **qch à qn** dweud rhth wrth rn eto *ou* eilwaith; **avoir** *neu* **trouver à** ~ **à qch** gweld bai ar rth, pigo bai *ou* beiau yn rhth.
redistribuer [ʀ(ə)distʀibɥe] (**1**) *vt* ailddosbarthu; (*cartes*) ailrannu, ailddelio.
redite [ʀ(ə)dit] *f* ailadroddiad *g* diangen, ailadrodd diangen.
redondance [ʀ(ə)dɔ̃dɑ̃s] *f* (*de style*) geiriogrwydd *g*, gorymadrodd *g*.
redonner [ʀ(ə)dɔne] (**1**) *vt* (*restituer*) dychwelyd, rhoi (rhth) yn ei ôl; (*des forces*) adfer, adennill.
redoublé (-e) [ʀ(ə)duble] *adj*: **frapper à coups** ~**s** taro hyd yn oed yn galetach *ou* yn galetach fyth.
redoubler [ʀ(ə)duble] (**1**) *vt* cryfhau, cynyddu; (*LING: lettre*) dyblu; ~ **une classe** (*SCOL*) ail-wneud blwyddyn;
♦*vi* cynyddu, dwysáu; (*tempête, vent*) mynd yn gryfach, cryfhau; ~ **d'amabilité** bod yn fwy caredig fyth.
redoutable [ʀ(ə)dutabl] *adj* brawychus, arswydus, ofnadwy.
redouter [ʀ(ə)dute] (**1**) *vt* ofni, arswydo rhag; (*appréhender*) bod yn gas gennych feddwl; ~ **que** arswydo ...; ~ **de faire qch** arswydo rhag gwneud rhth.
redoux [ʀədu] *m* (*MÉTÉO*) tywydd *g* mwynach.
redressement [ʀ(ə)dʀesmɑ̃] *m* unioniad *g*; (*action*) unioni, sythu; (*de l'économie etc*) adferiad *g*, gwellhad *g*; ~ **fiscal** ad-daliad *g* trethi; **maison de** ~ penydfa *b*, ysgol *b* benyd.
redresser [ʀ(ə)dʀese] (**1**) *vt* (*mât*) gosod yn syth; (*pièce tordue*) unioni, sythu; (*fig: situation, économie*) gwella; (*AVIAT, AUTO*) sythu, unioni; ~ **les roues** (*AUTO*) unioni *ou* sythu'r olwynion;
♦ **se** ~ *vr* eistedd yn syth, sefyll yn syth; (*se tenir très droit*) sefyll yn gefnsyth; (*fig: pays*) ailgodi.
redresseur [ʀ(ə)dʀesœʀ] *m*: ~ **de torts** unionydd *g* anghyfiawnderau.
réducteur[1] (**réductrice**) [ʀedyktœʀ, ʀedyktʀis] *adj* lleihaol, gostyngol, gor-syml.
réducteur[2] [ʀedyktœʀ] *m* (*CHIM*) rhydwythydd *g*.
réduction [ʀedyksjɔ̃] *f* lleihad *g*, gostyngiad *g*; (*rabais*) gostyngiad, disgownt *g*; (*MIL: ville*) goresgyniad *g*, darostyngiad *g*; **carte de** ~ cerdyn *g* disgownt;
♦*adv*: **en** ~ (*en plus petit, en miniature*) mewn miniatur *g*, bychan(bechan)(bychain),

o faintioli bychan.

réduire [Redɥir] (**52**) *vt* lleihau, gwneud yn llai; (*prix*) gostwng; (*texte*) byrhau, tocio; (*inflation*) gostwng, rheoli; (*dessin, carte*) lleihau'n gymesur; (*CULIN: jus, sauce*) lleihau, tewychu; (*MÉD*) gosod (asgwrn); ~ **qn au silence** rhoddi taw ar rn; ~ **qch à/en** lleihau rhth i/yn; ~ **le blé en farine** malu'r gwenith yn flawd; **en être réduit à qch** gorfod gwneud rhth;
♦ **se** ~ *vr*: **se** ~ **à** mynd cyn lleied â, bod yn ddim ond; **leur contribution se réduit à quelques sacs de blé** ychydig sachau o wenith yn unig yw eu cyfraniad.

réduit[1] (**-e**) [Redɥi, it] *pp de* **réduire**;
♦*adj* (*prix*) is, gostyngol; (*objet*) llai; (*vitesse*) arafach; (*moyens*) cyfyngedig.

réduit[2] [Redɥi] *m* (*pièce*) ystafell *b* fechan; (*recoin*) cilfach *b*; (*péj*) cwpwrdd *g* bach, twll *g* dan staer; (*MIL: maquisards*) cuddfan *g,b*.

rééchelonnement [reeʃ(ə)lɔnmɑ̃] *m* (*une dette*) ail-drefnu taliadau.

rééchelonner [reeʃ(ə)lɔne] (**1**) *vt* (*une dette*) ail-drefnu taliadau.

rééditer [Reedite] (**1**) *vt* ailgyhoeddi; (*fig: fam*) ail-wneud, ailadrodd.

réédition [Reedisjɔ̃] *f* ailolygiad *g*; (*fig: fam*) ailadroddiad *g*, ailadrodd, ail-wneud.

rééducation [Reedykasjɔ̃] *f* (*MÉD*) ailystwythiad *g*, ailystwytho; (*de délinquants*) ailhyfforddiant *g*, ailsefydlu, ailhyfforddi; ~ **de la parole** therapi *g* lleferydd; **centre de** ~ canolfan *g,b* ffisiotherapi; **faire de la** ~ **(fonctionelle)** cael ffisiotherapi.

rééduquer [Reedyke] (**1**) *vt* ailystwytho, ailsefydlu, ailhyfforddi.

réel[1] (**-le**) [Reɛl] *adj* gwirioneddol, go iawn.

réel[2] [Reɛl] *m*: **le** ~ y gwirionedd *g*, y realiti *g*, y realedd *g*, y realaeth *b*.

réélection [Reelɛksjɔ̃] *f* ailetholiad *g*; (*action*) ailethol.

rééligible [Reeliʒibl] *adj* ailetholadwy.

réélire [ReeliR] (**58**) *vt* ailethol.

réellement [Reɛlmɑ̃] *adv* mewn gwirionedd, yn wir, yn wirioneddol.

réembaucher [Reɑ̃boʃe] (**1**) *vt* ailgyflogi.

réémetteur [ReemetœR] *m* (*TÉL*) gorsaf *b* drosglwyddo.

réemploi [Reɑ̃plwa] *m* ailddefnydd *g*; (*action*) ailddefnyddio; (*argent*) ailfuddsoddiad *g*; (*action*) ailfuddsoddi.

réemployer [Reɑ̃plwaje] (**17**) *vt* ail-ddefnyddio; (*argent*) ailfuddsoddi; (*personnel*) ailgyflogi.

rééquilibrer [ReekilibRe] (**1**) *vt* (*budget*) mantoli.

réescompte [Reɛskɔ̃t] *m* gostyngiad *g*, disgownt *g*.

réessayer [Reeseje] (**18**) *vt* rhoi rhth amdanoch i weld eto; ~ **un vêtement** gwisgo dilledyn i gael ail olwg; ~ **de faire qch** rhoi ail gynnig ar wneud rhth

réévaluation [Reevalɥasjɔ̃] *f* (*FIN: de monnaie*) adbrisiad *g*, adbrisio; (*de forces*) ailasesiad *g*, ailasesu.

réévaluer [Reevalɥe] (**1**) *vt* (*monnaie*) ailbrisio; (*salaire*) codi, ailasesu.

réexaminer [Reɛgzamine] (**1**) *vt* (*projet, dossier*) ailarchwilio; (*décision, candidature*) ailystyried.

réexpédier [Reɛkspedje] (**16**) *vt* (*faire suivre*) ailgyfeirio, anfon ymlaen; (*retourner*) dychwelyd.

réexportation [ReɛkspɔRtasjɔ̃] *f* ailallforiad *g*, ailallforio.

réexporter [ReɛkspɔRte] (**1**) *vt* ailallforio.

réf. *abr=* **référence(s)**.

refaire [R(ə)fɛR] (**8**) *vt* ail-wneud, gwneud eto *ou* eilwaith; ~ **son maquillage** ailroi'ch colur, ailddodi'ch colur; ~ **le numéro de téléphone** ailddeialu'r rhif (ffôn), deialu'r rhif (ffôn) eto *ou* eilwaith; ~ **sa valise** ailbacio'ch ces; **la pièce est à** ~ bydd yn rhaid ail-wneud yr ystafell; ~ **la peinture dans la cuisine** ailbaentio'r gegin; ~ **un gâteau** gwneud teisen arall; **être refait*** cael eich gwneud *ou* twyllo;
♦ **se** ~ *vr* (*en santé*) gwella; (*en argent*) cael iawn am golled, adennill eich arian, cael eich arian yn ei ôl; **se** ~ **une santé** adennill nerth, dod dros salwch; **se** ~ **à qch** ymgynefino â rhth eilwaith, dod yn gyfarwydd â rhth eto; **se faire** ~ **le nez** cael llawdriniaeth gosmetig ar eich trwyn; **on ne se refait pas!** ni ellwch newid eich natur.

refasse *etc* [Rəfas] *vb voir* **refaire**.

réfection [Refɛksjɔ̃] *f* (*de bâtiment, route*) atgyweirio, atgyweiriad *g*; **en** ~ yn cael ei atgyweirio, yn cael ei adnewyddu.

réfectoire [RefɛktwaR] *m* (*SCOL, REL*) ffreutur *g*; (*usine*) cantîn *g*.

referai *etc* [R(ə)fRe] *vb voir* **refaire**.

référé [RefeRe] *m* (*JUR*): **jugement en** ~ dyfarniad *g* dros dro.

référence [RefeRɑ̃s] *f* cyfeiriad *g*; **faire** ~ **à** cyfeirio at; **ouvrage de** ~ cyfeirlyfr *g*, cyfeiriadur *g*; **ce n'est pas une** ~ (*fig*) 'dydy hynny ddim yn gymeradwyaeth; ~**s** (*recommandations*) tystlythyr *g*, geirda *g*; ~**s exigées** (*sur petite annonce*) rhaid cael tystlythyrau.

référendum [RefeRɛ̃dɔm] *m* refferendwm *b*.

référer [RefeRe] (**14**) *vi*: ~ **à** cyfeirio at; **en** ~ **à qn** cyfeirio mater at rn, ymgynghori â rhn;
♦ **se** ~ *vr*: **se** ~ **à** (*ami*) ymgynghori â; (*texte, définition*) cyfeirio at.

refermer [R(ə)fɛRme] (**1**) *vt* cau, cau eto; (*boîte*) rhoi'r caead ar rth;
♦ **se** ~ *vr* cau.

refiler* [R(ə)file] (**1**) *vt*: ~ **qch à qn** twyllo rhn â rhth, rhoi rhth ffug i rn; **on m'a refilé un faux billet** mae rhn wedi rhoi arian ffug i mi.

refit [Rəfi] *vb voir* **refaire**.
réfléchi (-e) [Refleʃi] *adj* (*personne*) meddylgar, myfyriol; (*action, décision*) ar ôl ystyried; (*LING*) atblygol.
réfléchir [RefleʃiR] (2) *vt* adlewyrchu; ♦*vi* myfyrio, synfyfyrio; ~ **à** *neu* **sur** meddwl dros; **c'est tout réfléchi** 'rwyf wedi penderfynu; **sans** ~ heb feddwl, yn ddifeddwl.
réflecteur [ReflɛktœR] *m* (*AUTO*) gwydr *g* coch.
reflet [R(ə)flɛ] *m* adlewyrchiad *g*, adlewyrchu; ~**s** (*du soleil, de la lumière*) llygedyn *g*, pelydryn *g*; (*d'une étoffe, des cheveux*) llewyrch *g*, disgleirdeb *g*.
refléter [R(ə)flete] (14) *vt* adlewyrchu; (*fig: traduire*) dangos, cyfleu; (*exprimer*) mynegi; ♦ **se** ~ *vr* cael ei adlewyrchu; (*fig*) cael ei ddangos, cael ei fynegi.
reflex [Reflɛks] *adj inv* (*PHOT*) adlewyrchol.
réflexe [Reflɛks] *m* (*réaction*) adwaith *g*; (*PHYSIOL*) atgyrch *g*, atblygiad *g*; **avoir de bons** ~**s** bod ag atgyrchoedd da; ~ **conditionné** atgyrch cyflyredig; ♦*adj* (*acte*) greddfol; (*PHYSIOL*) atgyrchol.
réflexion [Reflɛksjɔ̃] *f* (*PHYS*) adlewyrchiad *g*; (*remarque*) sylw *g*; **sans** ~ heb feddwl, yn ddifeddwl; ~ **faite, à la** ~**, après** ~ erbyn meddwl, o ailfeddwl; **cela demande** ~ bydd rhaid meddwl am y peth; **délai de** ~ cyfnod *g* ailfeddwl; **groupe de** ~ seiat *b* ddoethion; ~**s** (*méditations*) myfyrdodau *ll*, synfyfyrdodau *ll*, meddyliau *ll*.
refluer [R(ə)flye] (1) *vi* (*liquide*) adlifo, llifo'n ôl; (*foule, manifestants*) rhuthro'n ôl.
reflux [Rəfly] *m* (*de la mer*) trai *g*, distyll *g*; (*fig: foule*) symudiad *g* yn ôl.
refondre [R(ə)fɔ̃dR] (3) *vt* (*métal*) aildoddi, ailgastio.
refont [R(ə)fɔ̃] *vb voir* **refaire**.
reformater [R(ə)fɔRmate] (1) *vt* ailfformatio.
réformateur[1] (**réformatrice**) [RefɔRmatœR, RefɔRmatRis] *adj* diwygiol.
réformateur[2] [RefɔRmatœR] *m* diwygiwr *g*.
Réformation [RefɔRmasjɔ̃] *f*: **la** ~ y Diwygiad *g* Protestannaidd.
réformatrice [RefɔRmatRis] *f* diwygwraig *b*; ♦*adj f voir* **réformateur**[1].
réforme [RefɔRm] *f* diwygiad *g*, gwelliant *g*; (*MIL*) *rhyddhad g oherwydd salwch corfforol neu feddyliol*; **la R**~ (*REL*) y Diwygiad *g* Protestannaidd.
réformé[1] (-e) [RefɔRme] *adj* (*soldat*) wedi'i rhyddhau, anghymwys i wasanaethu yn y fyddin.
réformé[2] [RefɔRme] *m* (*MIL*) *milwr sydd wedi cael rhyddhad oherwydd salwch*; (*REL*) Protestant *g*.
réformée [RefɔRme] *f* (*REL*) Protestant *b*; ♦*adj f voir* **réformé**[1].
reformer [R(ə)fɔRme] (1) *vt* ailffurfio, adffurfio; ~ **les rangs** (*MIL*) ffurfio rhengoedd; (*élèves*) mynd i'w rhesi *ou* llinellau;
♦ **se** ~ *vr* ailffurfio, adffurfio.
réformer [RefɔRme] (1) *vt* (*loi, administration*) diwygio; (*abus*) unioni; (*jugement*) dileu; (*matériel*) taflu, sgrapio; (*MIL: appelé*) dyfarnu (rhn) yn anghymwys i wasanaethu yn y fyddin; (*soldat*) rhyddhau;
♦ **se** ~ *vr* cael diwygiad, troi dalen newydd, dod at eich coed.
réformisme [RefɔRmism] *m* diwygiadaeth *b*.
réformiste [RefɔRmist] *adj* diwygiadol; ♦*m/f* diwygiwr *g*, diwygwraig *b*.
refoulé (-e) [R(ə)fule] *adj* (*personne*) swil, ffrwynedig; (*PSYCH*) ataliedig, atalnwydus.
refoulement [R(ə)fulmɑ̃] *m* (*envahissement*) ôl-hyrddiad *g*; (*PSYCH*) ataliad *g*, ataliaeth *b*.
refouler [R(ə)fule] (1) *vt* (*envahisseur*) gyrru'n ôl, hyrddio'n ôl; (*liquide*) atal, gyrru'n ôl; (*fig: larmes, colère*) mygu, cuddio, ffrwyno, atal; (*PSYCH*) atal.
réfractaire [RefRaktɛR] *adj* (*métal, maladie*) anhydrin; (*plat*) sy'n dal gwres; **brique** ~ bricsen *b* dân; **être** ~ **à** gwrthsefyll; (*fig, personne*) croendew, caled; **soldat** ~ conshi *g*, un sy'n gwrthod gwneud gwasanaeth milwrol.
réfracter [RefRakte] (1) *vt* (*PHYS*) plygu.
réfraction [RefRaksjɔ̃] *f* (*PHYS*) plygiant *g*.
refrain [R(ə)fRɛ̃] *m* (*d'une chanson*) byrdwn *g*, cytgan *b*; (*fig*) cân *b*; **c'est toujours le même** ~* yr un hen gân yw hi o hyd.
refréner, **réfréner** [RəfRene, RefRene] (14) *vt* ffrwyno, rheoli, cadw dan reolaeth.
réfrigérant (-e) [RefRiʒeRɑ̃, ɑ̃t] *adj* (*IND*) oerol, oeryddol; (*accueil*) oeraidd.
réfrigérateur [RefRiʒeRatœR] *m* oergell *b*.
réfrigération [RefRiʒeRasjɔ̃] *f* rheweiddiad *g*, rheweiddio.
réfrigéré (-e) [RefRiʒeRe] *adj* (*camion, wagon*) rhewi, rheweiddiedig, wedi'i rheweiddio.
réfrigérer [RefRiʒeRe] (14) *vt* oeri; (*TECH*) rheweiddio; (*fig: fam*) taflu dŵr oer (ar rth), lladd hwyl y cwmni; **je suis réfrigéré** 'rwy'n fferru *ou* rhynnu.
refroidir [R(ə)fRwadiR] (2) *vt* oeri; (*zèle*) lladd; (*décourager: personne*) digalonnni, difetha hwyl (rhn); (*colère*) tawelu; (*tuer: fam*) lladd, cael gwared (o *ou* ar rn);
♦*vi* oeri; **"tu refroidis!"** (*JEUX*) "'rwyt ti'n bellach ohoni!";
♦ **se** ~ *vr* (*prendre froid: personne*) oeri, mynd yn oer; (*fig: ardeur, sentiments*) oeri, tawelu.
refroidissement [R(ə)fRwadismɑ̃] *m* oeriad *g*, oeri; (*grippe, rhume*) oerfel *g*, annwyd *g*; **il y a eu un** ~ **de la température** mae hi wedi oeri.
refuge [R(ə)fyʒ] *m* lloches *b*, noddfa *b*; (*pour piétons*) ynys *b* groesi; (*pour animaux*) noddfa *b*, gwarchodfa *b*; (*en montagne*) caban *g*, lluest *g*, lloches; **chercher** ~ chwilio am loches; **offrir un** ~ **à qn** cynnig lloches i

rn, cynnig noddfa i rn; **demander ~ à qn** gofyn lloches gan rn; **trouver ~ auprès de qn contre qch** cael lloches gan rn rhag rhth.

réfugié[1] (-e) [ʀefyʒje] *adj* ffoëdig; **des Bosniaques ~s** ffoaduriaid *ll* o Bosnia.

réfugié[2] [ʀefyʒje] *m* ffoadur *g*.

réfugiée [ʀefyʒje] *f* ffoadures *b*.

réfugier [ʀefyʒje] (**16**): **se ~** *vr* cymryd lloches, llochesu, ymochel, ymogel.

refus [ʀ(ə)fy] *m* gwrthodiad *g*, nacâd *g*; (*SCOL: candidat*) methiant *g*; **ce n'est pas de ~*** 'wna' i ddim gwrthod.

refuser [ʀ(ə)fyze] (**1**) *vt* gwrthod; (*SCOL: candidat*) methu; **~ qch à qn** gwrthod rhth i rn; **~ de faire qch** gwrthod gwneud rhth; **~ du monde** gorfod troi pobl ymaith; ♦*vi* (*ÉQUITATION*) nogio, jibo (*o flaen ffens*); ♦ **se ~** *vr*: **se ~ à** (*évidence*) gwrthod derbyn; **se ~ à faire qch** gwrthod gwneud rhth; **elle ne se refuse rien** nid yw hi'n mynd heb ddim.

réfutable [ʀefytabl] *adj* gwrthbrofadwy.

réfuter [ʀefyte] (**1**) *vt* gwrthbrofi, datbrofi.

regagner [ʀ(ə)gaɲe] (**1**) *vt* adennill, adfer; (*argent*) cael yn ôl; (*lieu*) dychwelyd (i); **~ le temps perdu** gwneud iawn am amser a gollwyd, adennill amser a gollwyd; **~ du terrain** (*MIL: fig*) adennill tir; **~ sa place** dod *ou* mynd yn ôl i'ch lle *ou* sedd.

regain [ʀəgɛ̃] *m* (*AGR: herbe*) adladd *g*; (*ÉCON: reprise*) adferiad *g*; (*d'inflation*) codiad *g*, cynnydd *g*; (*recrudescence: d'intérêt*) adfywiad *g*, cynnydd; (*de violence*) ymchwydd *g*.

régal [ʀegal] *m* (*mets savoureux*) dantaith *g*, danteithfwyd *g*; (*fig*) peth *g* amheuthun, pleser *g*; **c'est un (vrai) ~** mae'n flasus dros ben; **un ~ pour les yeux** gwledd *b* i'r llygaid.

régalade [ʀegalad] *adv*: **boire à la ~** yfed heb adael i'r gwefusau gyffwrdd â'r botel.

régaler [ʀegale] (**1**) *vt*: **~ qn** talu dros rn am bryd o fwyd; **c'est moi qui régale aujourd'hui!** fi sy'n talu heddiw!; ♦ **se ~** *vr* (*faire un bon repas*) cael pryd o fwyd blasus; **se ~ avec un film** mwynhau ffilm yn fawr iawn; **se ~ à l'avance de qch** edrych ymlaen at rth.

regard [ʀ(ə)gaʀ] *m* golwg *g,b*, cipolwg *g*; (*expression*) golwg, edrychiad *g*; (*TECH: trappe*) twll *g* caead *ou* archwilio; **un ~ fixe** edrychiad sefydlog; **au premier ~** ar yr olwg gyntaf; **au ~ de** (*morale*) o safbwynt; **au ~ de la loi** yng ngolwg y gyfraith; **en ~** cyferbyn; **~ en coulisse** cilolwg *g*; **en ~ de** mewn cymhariaeth â, o'i gymharu â; **menacer qn du ~** edrych yn fygythiol ar rn; **parcourir qn du ~** bwrw golwg dros rn; **soustraire qch aux ~s** rhoi rhth o'r golwg, cuddio rhth; **chercher qn du ~** edrych o gwmpas i chwilio am rn.

regardant (-e) [ʀ(ə)gaʀdɑ̃, ɑ̃t] *adj*: **très/peu ~** ffwdanus/diffwdan; (*péj*) cybyddlyd/hael.

regarder [ʀ(ə)gaʀde] (**1**) *vt* edrych ar, disgwyl ar, syllu ar, gwylio; (*envisager, considérer*) ystyried; (*être orienté vers: suj: maison*) wynebu; (*concerner*) ymwneud â, bod â chysylltiad â; **~ la télévision** edrych *ou* disgwyl ar y teledu; **~ qn/qch comme** ystyried rhn/rhth yn; **~ un mot dans le dictionnaire** chwilio am air yn y geiriadur; **~ un numéro dans l'annuaire** chwilio am rif yn y llyfr ffôn; **cela me regarde** fy musnes i yw hynny, mae a wnelo hynny â fi, mae'n fusnes i mi; **aller ~ les vitrines** mynd i weld beth sydd mewn ffenestri siopau, mynd i grwydro siopau; **regardez-moi ce désordre!*** edrychwch ar y llanast 'ma!; ♦*vi* edrych, syllu; **~ par la fenêtre** (*de l'intérieur*) edrych allan *ou* disgwyl mas drwy'r ffenestr; (*de l'extérieur*) edrych *ou* disgwyl i mewn drwy'r ffenestr; **~ à** (*dépense, détails*) ymboeni ynghylch; **dépenser sans y ~** gwario arian yn afrad; **à y bien ~** o ystyried y peth; ♦ **se ~** *vr* (*dans une glace*) edrych arnoch chi'ch hun; (*l'un l'autre*) edrych ar eich gilydd.

régate [ʀegat] *f* regata *b*.

régénérer [ʀeʒeneʀe] (**14**) *vt* (*BIOL*) adffurfio; (*fig*) adnewyddu, ail-greu; (*CHIM*) ailgychwyn; ♦ **se ~** *vr* (*BIOL: cellules*) aildyfu; (*corps*) adennill nerth, atgyfnerthu.

régent [ʀeʒɑ̃] *m* rhaglyw *g*.

régenter [ʀeʒɑ̃te] (**1**) *vt* rheoli, gwastrodi, bod yn deyrn (ar rn).

régie [ʀeʒi] *f* (*ADMIN*) rheolaeth *b* wladol; (*COMM, IND*) cwmni *g* sy'n eiddo i'r wladwriaeth; (*THÉÂTRE*) goruchwyliaeth *b* y llwyfan, rheolaeth *b* ar lwyfan; (*CINÉ*) adran *b* gynhyrchu; (*RADIO, TV*) ystafell *b* reoli ganolog; **la ~ d'État** rheolaeth *b* wladol.

regimber [ʀ(ə)ʒɛ̃be] (**1**) *vi* (*personne*) petruso (o flaen rhth), cilio (rhag rhth); (*cheval*) nogio, jibo.

régime[1] [ʀeʒim] *m*
1 (*POL: gouvernement*) llywodraeth *b*.
2 (*mode de gouvernement*) trefn *b* wleidyddol, cyfundrefn *b* wleidyddol.
3 (*JUR*): **~ matrimonial** cytundeb *g* priodas.
4 (*MÉD*) diet *g*; **~ sans sel** diet heb halen; **se mettre au ~** mynd ar ddiet; **suivre un ~** bod ar ddiet.
5 (*AUTO*): **à bas/haut ~** yn troi'n araf/gyflym; **à plein ~** ar ei gyflymaf.

régime[2] [ʀeʒim] *m* (*de dattes, de bananes*) bwnsiad *g*, clwstwr *g*.

régiment [ʀeʒimɑ̃] *m* (*MIL*) catrawd *b*; **un ~ de** (*fig: fam*) llu *g* o; **un copain de ~** ffrind o'r hen ddyddiau yn y fyddin.

région [ʀeʒjɔ̃] *f* ardal *b*, rhanbarth *g*; **la ~ parisienne** ardal Paris; **le vin de la ~** gwin *g* yr ardal, y gwin lleol.

régional (-e) (**régionaux, régionales**) [ʀeʒjɔnal,

ʀeʒjɔno] *adj* rhanbarthol.
régionalisation [ʀeʒjɔnalizasjɔ̃] *f* rhanbarthu.
régionalisme [ʀeʒjɔnalism] *m* rhanbartholdeb *g*, rhanbarthiaeth *b*; (*LING*) ymadrodd *g* rhanbarthol; (*dans une œuvre littéraire*) brogarwch *g*.
régir [ʀeʒiʀ] (**2**) *vt* rheoli.
régisseur [ʀeʒisœʀ] *m* (*d'un domaine*) stiward *g* tir; (*CINÉ, TV*) is-gyfarwyddwr *g*; (*THÉÂTRE*) rheolwr *g* llwyfan.
registre [ʀəʒistʀ] *m*
1 (*gén*) cofrestr *b*; ~ **de comptabilité** llyfr *g* cyfrifon; ~ **de l'état civil** cofrestr geni, priodi a marw.
2 (*MUS: de l'orgue*) stop *g*.
3 (*voix*) nodau *ll*, llais *g*, cwmpasran *b*.
4 (*LING*) cywair *g*.
réglable [ʀeglabl] *adj* (*siège, flamme*) newidiadwy, cymwysadwy, cywiradwy, addasadwy; (*payable: achat*) taladwy.
réglage [ʀeglaʒ] *m* (*d'une machine*) addasiad *g*, cywiriad *g*, cysoniad *g*; (*d'un moteur*) tiwnio, tiwniad *g*.
règle [ʀɛgl] *f*
1 (*gén*) rheol *b*; **j'ai pour** ~ **de bien ranger** mae'n arfer gennyf dacluso; **en** ~ mewn trefn; **en** ~ **générale** fel rheol, fel arfer; ~ **de trois** (*MATH*) rheol y tri rhif; **être de** ~ bod yn arferol; **c'est la** ~ **que ...** y rheol yw ..., yr arfer yw ...; **se mettre en** ~ **avec le fisc** rhoi pethau'r dreth incwm mewn trefn; **c'est la** ~ **du jeu** dyna reolau'r gêm; **dans les** ~**s de l'art** yn ôl y rheolau sylfaenol; **dans** *neu* **selon les** ~**s** yn ôl y rheolau.
2 (*PHYSIOL: d'une femme*): ~**s** mislif *g*, misglwyf *g*.
3 (*instrument*) pren *g* mesur; ~ **à calcul** llithriwl *b*.
réglé (**-e**) [ʀegle] *adj* (*vie*) trefnus; (*personne*) trefnus, dibynadwy; (*papier*) llinellog; **bien** ~**e** (*femme*) sy'n cael ei mislif yn rheolaidd; **l'affaire est** ~**e** mae'r mater wedi'i benderfynu.
règlement [ʀɛgləmɑ̃] *m* (*règle*) rheol *b*, rheoliad *g*; (*réglementation*) rheolau *ll*; (*paiement*) taliad *g*; (*action*) talu; (*résolution*) datrysiad *g*; (*action*) datrys; ~ **à la commande** talu wrth archebu; ~ **en espèces/par chèque** talu ag arian parod/â siec; ~ **de compte(s)** (*fig*) setlo cyfrif, talu'r pwyth yn ôl; ~ **intérieur** (*SCOL*) rheolau'r ysgol; ~ **judiciaire** diddymiad *g* gorfodol.
réglementaire [ʀɛgləmɑ̃tɛʀ] *adj* (*uniforme*) arferol, rheolaidd, sy'n cydymffurfio â'r rheoliad, rheoliadol; (*procédure*) ystatudol, cyfreithiol; **ce n'est pas** ~ nid yw hynny'n unol â'r rheol; **dans le temps** ~ yn yr amser penodol.
réglementation [ʀɛgləmɑ̃tasjɔ̃] *f* (*contrôle*) rheolaeth *g*, rheoliad *g*; (*règlements*) rheolau *ll*.
réglementer [ʀɛgləmɑ̃te] (**1**) *vt* rheoli.
régler [ʀegle] (**14**) *vt* (*mécanisme, machine*) rheoleiddio, cymhwyso; (*moteur*) tiwnio; (*thermostat*) gosod; (*horloge*) cywiro, gosod; (*modalités, details*) dewis, penderfynu ar; (*emploi du temps*) trefnu; (*problème, question, conflit*) datrys; (*note, facture, dette*) talu; (*fournisseur*) talu; (*papier*) llinellu; ~ **qch sur qch** seilio rhth ar rth, gwneud rhth ar lun rhth; ~ **son compte à qn*** (*frapper*) ei rhoi hi i rn*, setlo rhn*; (*tuer*) lladd rhn; ~ **un compte avec qn** (*fig*) setlo cyfrif â rhn, talu'r pwyth yn ôl i rn.
réglisse [ʀeglis] *m,f* licris *g*; **bâton de** ~ ffon *b* licris.
règne [ʀɛɲ] *m* teyrnasiad *g*; (*BOT, MIN, ZOOL*) teyrnas *b*, byd *g*; **le** ~ **animal** byd yr anifeiliaid.
régner [ʀeɲe] (**14**) *vi* teyrnasu, bod mewn grym; (*confusion*) teyrnasu.
regonfler [ʀ(ə)gɔ̃fle] (**1**) *vt* (*ballon, pneu*) ail-lenwi â gwynt, ailchwythu.
regorger [ʀ(ə)gɔʀʒe] (**10**) *vi* gorlifo; ~ **de** bod yn orlawn o, gorlifo o.
régresser [ʀegʀese] (**1**) *vi* (*phénomène*) dirywio; (*malade*) gwaelu; (*enfant*) atchwelyd.
régressif (**régressive**) [ʀegʀesif, ʀegʀesiv] *adj* enciliol, dirywiol, atchweliadol
régression [ʀegʀesjɔ̃] *f* (*d'une épidémie*) lleihad *g*, lleihau; (*de la délinquance, mortalité*) lleihad, gostyngiad *g*; (*PSYCH, GÉO, BIOL*) atchweliad *g*; **être en** ~ dirywio; (*PSYCH*) atchwelyd.
regret [ʀ(ə)gʀɛ] *m* (*repentir, remords*) edifeirwch *g*; (*nostalgie*) hiraeth *g*; **à** ~ gyda gofid; **avec** ~ yn edifar; **à mon grand** ~ er mawr ofid imi; **je suis au** ~ **de devoir vous quitter** mae'n ddrwg gen i orfod eich gadael; **j'ai le** ~ **de vous informer que ...** mae'n ddrwg gen i ddweud wrthych ...
regrettable [ʀ(ə)gʀetabl] *adj* anffodus, truenus; **il est** ~ **que** mae'n drueni *ou* bechod ...
regretter [ʀ(ə)gʀete] (**1**) *vt* (*jeunesse, personne partie*) hiraethu am *ou* ar; (*action commise etc*) edifarhau am, bod yn edifar am; (*déplorer*) gresynu at; (*non-réalisation d'un projet etc*) bod yn siomedig; **elle regrette d'y être allée** mae'n edifar ganddi iddi fynd yno; **je regrette** mae'n ddrwg gen i, mae'n flin gen i.
regroupement [ʀ(ə)gʀupmɑ̃] *m* casgliad *g*, cynulliad *g*, casglu, crynhoi, cynnull; (*groupe*) grŵp *g*; (*de troupeau*) corlaniad *g*, corlannu; (*COMM: fusion*) cyfuniad *g*, cyfuno; ~ **familial** aduniad *g* teuluol; **lieu de** ~ man *g* cyfarfod; **favoriser les** ~**s** annog cyfuno *ou* cyfuniadau.
regrouper [ʀ(ə)gʀupe] (**1**) *vt* (*mettre ensemble*) cynnull *ou* crynhoi pethau, casglu (pethau) at ei gilydd; (*personnes*) dod â (phobl) at ei

gilydd; (*amalgamer*) cyfuno; (*remettre ensemble: élèves*) ailgynnull; (*troupes*) atgynnull, ailymgasglu; (*animaux*) corlannu, gyrru at ei gilydd;
♦ **se** ~ *vr* ailymgynnull, ymgasglu at eich gilydd.
régularisation [ʀegylaʀizasjɔ̃] *f* rheoleiddio, rheoli; (*FIN*) addasiad *g*, addasu, cymhwysiad *g*, cymhwyso.
régulariser [ʀegylaʀize] (**1**) *vt* (*fonctionnement*) gwneud yn rheolaidd, rheoleiddio; (*trafic*) rheoli; (*passeport, papiers*) rhoi trefn ar; ~ **sa situation** unioni'ch sefyllfa, rhoi trefn ar eich sefyllfa; (*hum*) priodi.
régularité [ʀegylaʀite] *f* rheoleidd-dra *g*, cysondeb *g*; (*d'un mouvement*) gwastadrwydd *g*; (*élection*) cyfreithlondeb *g*.
régulateur[1] (**régulatrice**) [ʀegylatœʀ, ʀegylatʀis] *adj* sy'n rheoleiddio, rheoleiddiol.
régulateur[2] [ʀegylatœʀ] *m* (*TECH*) rheolydd *g*; ~ **de vitesse/de température** rheolydd cyflymder/tymheredd.
régulation [ʀegylasjɔ̃] *f* rheoliad *g*; (*trafic*) rheolaeth *b*, rheoli; ~ **des naissances** rheoli genedigaethau.
régulier (**régulière**) [ʀegylje, ʀegyljɛʀ] *adj* rheolaidd; (*exact, ponctuel: employé*) dyfal, gweithgar; (*constant: élève, écrivain*) cyson; (*paysage*) gwastad; (*vitesse*) cyson; (*légal*) cyfreithlon; (*TRANSPORT*) rhaglenedig, trefnedig; (*fam: correct, loyal*) teg, agored, didwyll; **clergé** ~ (*REL*) clerigwyr *ll* rheolaidd, clerigaeth *b* reolaidd; **armées/troupes régulières** byddin *b* barhaol/milwyr *ll* parhaol *ou* rheolaidd.
régulièrement [ʀegyljɛʀmɑ̃] *adv* yn rheolaidd, yn gyson, yn wastad; (*normalement*) fel rheol, yn arferol.
régurgiter [ʀegyʀʒite] (**1**) *vt* cyfogi, chwydu; (*d'animal*) codi cil.
réhabiliter [ʀeabilite] (**1**) *vt* adsefydlu; (*un quartier ancien*) adfer, adnewyddu;
♦ **se** ~ *vr* adfer eich enw da.
réhabituer [ʀeabitɥe] (**1**) *vt*: **se** ~ **à qch/faire qch** ailgyfarwyddo *ou* ailgynefino â rhth/â gwneud rhth.
rehausser [ʀəose] (**1**) *vt* (*mur, plafond*) codi, gwneud yn uwch; (*beauté*) pwysleisio, tynnu sylw at, mwyhau; (*goût*) cryfhau, pwysleisio; (*mérite*) cynyddu; **une robe rehaussée de nœuds** gwisg *b* wedi ei haddurno â rhubanau.
réimporter [ʀeɛ̃pɔʀte] (**1**) *vt* ailfewnforio.
réimpression [ʀeɛ̃pʀesjɔ̃] *f* ailargraffiad *g*.
réimprimer [ʀeɛ̃pʀime] (**1**) *vt* ailargraffu.
rein [ʀɛ̃] *m* (*organe*) aren *b*; ~ **artificiel** peiriant *g* arennau; **les** ~**s** (*ANAT: dos, muscles du dos*) y meingefn *g*; **avoir mal aux** ~**s** bod â phoen yn y cefn, bod â chefn tost; **avoir les** ~**s solides** bod yn gyfnerth; (*fig*) bod yn gefnog; **casser les** ~**s à qn** (*fig*) torri rhn, difetha rhn.
réincarnation [ʀeɛ̃kaʀnasjɔ̃] *f* ailymgnawdoliad *g*, ailymgnawdoli.
réincarner [ʀeɛ̃kaʀne] (**1**): **se** ~ *vr* cael eich ailymgnawdoli.
reine [ʀɛn] *f* brenhines *b*; ~ **mère** mam *b* frenhines.
reine-claude (~**s**-~**s**) [ʀɛnklod] *f* eirinen *b* werdd.
reinette [ʀɛnɛt] *f* (*pomme*) afal *g* y frenhines, pipin *g*; ~ **grise** afal coch y rhwd.
réinitialisation [ʀeinisjalizasjɔ̃] *f* (*INFORM*) ailosodiad *g*, ailosod, ailgysodi.
réinscrire [ʀeɛ̃skʀiʀ] (**53**) *vt* (*nom*) rhoi (enw rhn) ar bapur eto; (*élève*) ailgofrestru.
réinsérer [ʀeɛ̃seʀe] (**14**) *vt* (*publicité*) ailosod i mewn; (*délinquant, handicapé*) ailsefydlu, ailhyfforddi;
♦ **se** ~ *vr*: **se** ~ **dans la société** cael eich ailsefydlu yn y gymdeithas.
réinsertion [ʀeɛ̃sɛʀsjɔ̃] *f* (*délinquant, handicapé*) ailsefydliad *g*, ailhyfforddiant *g*; (*action*) ailsefydlu, ailhyfforddi; **la** ~ **sociale des anciens détenus** ailsefydlu cyn-garcharorion yn y gymdeithas.
réinstaller [ʀeɛ̃stale] (**1**) *vt* (*objet*) ailosod, ailddodi, rhoi *ou* dodi (rhth) yn ei ôl; (*dans ses fonctions*) adfer (rhn) i'w swydd, ailbenodi (rhn) i swydd;
♦ **se** ~ *vr* (*dans un fauteuil*) mynd yn ôl i eistedd; (*dans une maison*) symud yn ôl.
réintégrer [ʀeɛ̃tegʀe] (**14**) *vt* (*lieu*) dychwelyd (i), mynd yn ôl (i); (*fonctionnaire*) ailbenodi i swydd.
réitérer [ʀeiteʀe] (**14**) *vt* (*exploit*) gwneud eilwaith, ailgyflawni; (*question, ordre*) ailadrodd, ail-ddweud.
rejaillir [ʀ(ə)ʒajiʀ] (**2**) *vi* tasgu, sblasio; ~ **sur qn** adlamu ar rn; (*fig: scandale*) adweithio yn erbyn rhn; (*gloire*) adlewyrchu ar rn, bod yn glod i rn; (*bienfaits*) gwneud lles i rn.
rejet [ʀəʒɛ] *m* gwrthodiad *g*, ymwrthodiad *g*, gwrthod; (*évacuation*) cael gwared ar, taflu; (*POÉSIE*) llinell *b* gyrch; (*BOT*) blaguryn *g*, sbrigyn *g*; (*MÉD*) ymwrthiant *g*; **un vote de** ~ (*POL*) pleidlais *b* brotest.
rejeter [ʀəʒ(ə)te] (**12**) *vt* (*offres, personnes*) gwrthod, ymwrthod â; (*relancer*) taflu'n ôl; (*vomir*) chwydu, taflu i fyny; (*déverser*) taflu allan *ou* mas; (*JUR: plainte, charges*) gwrthod, taflu allan; ~ **un mot à la fin d'une phrase** symud gair i ddiwedd y frawddeg; ~ **la tête/les épaules en arrière** dal eich pen/eich ysgwyddau yn ôl; ~ **la responsabilité sur qn** taflu *ou* bwrw'r cyfrifoldeb ar rn;
♦ **se** ~ *vr*: **se** ~ **sur qch** (*accepter faute de mieux*) gwneud y tro â rhth, bodloni ar rth.
rejeton* [ʀəʒ(ə)tɔ̃] *m* (*enfant*) plentyn *g*, disgynnydd *g*.
rejoindre [ʀ(ə)ʒwɛ̃dʀ] (**64**) *vt* (*lieu*) dychwelyd i; (*régiment*) ailymuno â; (*personne*) ailgyfarfod â, ail-gwrdd â; (*suj: route*) ymuno

â; (*rattraper*) dal; **je te rejoins au café** 'wela' i di yn y caffi;
♦ **se** ~ *vr* (*personnes*) cyfarfod, cwrdd â'ch gilydd; (*routes*) ymuno; (*fig: observations, arguments*) bod yn debyg i'w gilydd.
réjoui (**-e**) [ʀeʒwi] *adj* llawen, gorfoleddus.
réjouir [ʀeʒwiʀ] (**2**) *vt* plesio;
♦ **se** ~ *vr* ymfalchïo, bod wrth eich bodd, bod yn falch; **se** ~ **de qch** ymfalchïo yn rhth, bod yn falch o rth; **se** ~ **de faire qch** bod yn falch o wneud rhth; **je me réjouis à l'avance de les voir** edrychaf ymlaen at eu gweld.
réjouissances [ʀeʒwisɑ̃s] *fpl* (*joie collective*) gorfoledd *g*, llawenydd *g*; (*fête*) dathliadau *ll*, hwyl *b*.
réjouissant (**-e**) [ʀeʒwisɑ̃, ɑ̃t] *adj* (*histoire*) digrif, doniol, difyr; (*nouvelle*) calonogol; **c'est** ~**!** (*iron*) doniol iawn!, digrif iawn!
relâche [ʀəlɑʃ] *f*: **faire** ~ (*navire*) mynd i borthladd; (*CINÉ*) bod ar gau; **jour de** ~ (*CINÉ*) diwrnod *g* cau; **sans** ~ heb saib, yn ddi-dor.
relâché (**-e**) [ʀ(ə)lɑʃe] *adj* llac; (*discipline*) esgeulus, llac.
relâchement [ʀ(ə)lɑʃmɑ̃] *m* (*d'un prisonnier*) rhyddhad *g*, rhyddhau; (*de la discipline*) llaciad *g*, llacio; (*musculaire*) ymlacio, llaesu.
relâcher [ʀ(ə)lɑʃe] (**1**) *vt* (*discipline, cordes*) llacio; (*prisonnier*) rhyddhau; (*animal*) gollwng yn rhydd;
♦*vi* (*NAUT*) mynd i borthladd;
♦ **se** ~ *vr* (*cordes*) llacio, mynd yn llacach; (*discipline*) mynd yn llac *ou* yn esgeulus; (*élève*) diogi, mynd yn ddiog.
relais [ʀ(ə)lɛ] *m* (*SPORT*): **(course de)** ~ ras *b* gyfnewid; (*RADIO, TV: action*) trosglwyddo; **satellite de** ~ lloeren *b* drosglwyddo; **ville** ~ man *g* aros; **Berlin, ville** ~ **sur la voie Moscou-Londres** Berlin, man aros ar y ffordd o Fosgo i Lundain; **servir de** ~ (*entre deux personnes*) cysylltu, gweithredu fel negesydd; **équipe de** ~ (*dans une usine*) gweithwyr *ll* shifft, gweithwyr stem; (*SPORT*) tîm *g* cyfnewid; **travail par** ~ gweithio fesul shifft *ou* stem; **prendre le** ~ **de qn** cymryd drosodd oddi wrth rn; **passer le** ~ **à qn** trosglwyddo i rn; **je prends le** ~ 'rwy'n cymryd drosodd; ~ **de poste** gwesty *g*; ~ **routier** caffi *g* gyrwyr loriau, caffi pen ffordd.
relance [ʀəlɑ̃s] *f* symbyliad *g*, hwb *g*, gwthiad *g*; (*ÉCON*) ailchwyddiant *g*.
relancer [ʀ(ə)lɑ̃se] (**9**) *vt* (*balle*) taflu (rhth) yn ei ôl *ou* ei hôl; (*projet*) adfywio, ail-lansio; (*moteur*) aildanio, ailgychwyn; (*économie*) symbylu, atgyfnerthu, rhoi hwb i; (*personne: harceler*) poeni, plagio.
relater [ʀ(ə)late] (**1**) *vt* adrodd, traethu.
relatif (**relative**) [ʀ(ə)latif, ʀ(ə)lativ] *adj* perthynol, cymharol; ~ **à** perthynol i, cysylltiedig â, mewn perthynas â.
relation [ʀ(ə)lasjɔ̃] *f* (*récit*) adroddiad *g*; (*rapport*) perthynas *b*, cysylltiad *g*; (*connaissance*) cydnabod *g*; ~**s** (*rapports: avec d'autres personnes*) perthynas, cysylltiad, cysylltiadau *ll*, telerau *ll*; **avoir des** ~**s** (*personnes influentes*) bod â chyfeillion dylanwadol, adnabod y bobl iawn; **être en** ~**(s) avec** bod mewn cyswllt â rhn; **entrer en** ~**(s) avec** cysylltu *ou* ymgysylltu â rhn; **mettre qn en** ~**(s) avec** rhoi rhn mewn cysylltiad â, cysylltu rhn â; **avoir** *neu* **entretenir de bonnes** ~**s avec** bod ar delerau da â; ~**s internationales** cydberthynas *b* y gwledydd; ~**s publiques** cysylltiadau cyhoeddus; ~**s (sexuelles)** perthynas rywiol.
relativement [ʀ(ə)lativmɑ̃] *adv*: ~ **facile** gweddol hawdd, cymharol hawdd, go hawdd; ~ **à** o ran, mewn perthynas *ou* cysylltiad â, mewn cymhariaeth â; (*concernant*) ynghylch, ynglŷn â, parthed, gyda golwg ar.
relativiser [ʀəlativize] (**1**) *vt* cymaroli, rhoi *ou* dodi (rhth) mewn cyd-destun.
relativité [ʀ(ə)lativite] *f* perthnasedd *g*, perthynoledd *g*.
relax [ʀəlaks] *adj inv* hamddenol, diffwdan; (*personne*) didrafferth, hyblyg; (*tenue*) anffurfiol, hamdden;
♦*m* (*MÉD*) ymlaciwr *g*; **(fauteuil)-**~ cadair *b* ar ogwydd.
relaxant (**-e**) [ʀ(ə)laksɑ̃, ɑ̃t] *adj* (*ambiance*) gorffwysol, ymlaciol.
relaxation [ʀ(ə)laksasjɔ̃] *f* ymlaciad *g*, ymlacio, gorffwys *g*; (*muscles*) ymlacio, llaesu.
relaxe [ʀəlaks] *adj voir* **relax**;
♦*f* (*JUR*) rhyddhad *g*, dieuogiad *g*.
relaxer [ʀəlakse] (**1**) *vt* (*muscles*) llaesu, llacio; (*JUR: relâcher: détenu*) rhyddhau; (*acquitter*) rhyddfarnu, dieuogi;
♦ **se** ~ *vr* ymlacio, hamddena.
relayer [ʀ(ə)leje] (**18**) *vt* (*collaborateur, coureur*) cymryd lle (rhn), cyfnewid â (rhn), cymryd drosodd oddi wrth; (*RADIO, TV*) trosglwyddo;
♦ **se** ~ *vr* gwneud (rhth) yn eich tro, cymryd eich tro.
relecture [ʀ(ə)lɛktyʀ] *f* ailddarlleniad *g*; (*action*) ailddarllen.
relégation [ʀ(ə)legasjɔ̃] *f* (*SPORT*) diraddiad *g*.
reléguer [ʀ(ə)lege] (**14**) *vt* alltudio, diarddel; (*SPORT*) diraddio tîm, anfon tîm i lawr i adran is; ~ **au second plan** gwthio o'r neilltu; **se sentir relégué** teimlo eich bod wedi cael eich anwybyddu.
relent [ʀəlɑ̃] *m* drewdod *g*; (*fig: trace*) awgrym *g*.
relève [ʀəlɛv] *f* newid *g* drosodd; (*équipe*) criw *g* newydd *ou* newid; **prendre la** ~ cymryd drosodd.
relevé[1] (**-e**) [ʀəl(ə)ve] *adj* (*bord de chapeau*) wedi'i droi *ou* throi i fyny; (*manches*) wedi'u torchi, wedi'u troi lan; (*virage*) wedi'i gambro, ar oleddf; (*fig: conversation, style*) dyrchafedig; (*sauce, plat*) sbeislyd, sawrus;

(*tête*) uchel; **porter les cheveux ∼s** gwisgo'ch gwallt i fyny *ou* yn uchel.

relevé[2] [Rəl(ə)ve] *m* (*liste*) rhestr *b*; (*compte rendu*) datganiad *g*, cyfrif *g*; (*lecture: d'un compteur*) darlleniad *g*, darllen; (*facture de gaz, électricité*) bil *g*; **faire le ∼ de** rhestru, nodi; **∼ d'identité bancaire** manylion *ll* cyfrif banc; **∼ de compte** adroddiad *g* cyfrif, cyfriflen *b*.

relèvement [R(ə)lɛvmɑ̃] *m* codiad *g*, codi; (*pays, économie*) adferiad *g*; **∼ de l'impôt** codiad trethi.

relever [Rəl(ə)ve] (**13**) *vt* (*remettre debout*) gosod i sefyll; (*store*) codi; (*personne tombée*) codi, rhoi rhn i sefyll *ou* ar ei draed, codi rhn ar ei draed; (*véhicule*) unioni; (*pays, économie*) ailgodi, adfer; (*niveau de vie, salaire*) codi; (*col*) troi i fyny; (*style, conversation*) codi safon, aruchelu, dyrchafu; (*plat, sauce*) blasuso; (*sentinelle, équipe*) cymryd lle, cyfnewid â; (*souligner: points*) pwysleisio, tynnu sylw at; (*remarquer, constater*) sylwi ar; (*répliquer à: remarque, défi*) ymateb i; (*noter: adresse, dessin*) cofnodi; (*noter: plan*) braslunio; (*noter: cotes*) amlinellu; (*compteur*) darllen; (*ramasser: cahiers, copies*) casglu; (*TRICOT: maille*) codi (pwyth); **∼ qn de qch** (*REL: vœux*) rhyddhau rhn o rth; **∼ qn de ses fonctions** rhyddhau rhn o'i ddyletswyddau *ou* o'i swydd; **∼ la tête** codi'ch pen, edrych i fyny; **∼ la garde** newid gwarchodaeth; ♦*vi* (*jupe, bord*) codi, mynd yn uwch; **∼ de** (*maladie*) dechrau gwella ar ôl, dod dros; (*être du ressort de*) ymwneud â, bod yn fater i, bod o fewn cyfrifoldeb, bod dan awdurdod; **∼ de qn** (*ADMIN: dépendre de*) dibynnu ar rn, bod yn atebol i rn; (*fig: être du domaine de*) bod o fewn terfynau rhn; ♦ **se ∼** *vr* (*se remettre debout*) eich codi'ch hun, ailgodi; (*sortir du lit*) codi eto *ou* eilwaith; **se ∼ (de)** (*fig*) gwella ar ôl rhth.

relief [Rəljɛf] *m* (*GÉO*) tirwedd *b*, tirlun *g*; (*ART*) cerfwedd *b*; (*de pneu*) patrwm *g* gwadn, patrwm wyneb; **∼s** (*restes*) bwyd *g* dros ben, gweddillion *ll*; **en ∼** ar godiad; (*ART*) mewn cerfwedd; (*photographie*) tri dimensiwn; **mettre qch en ∼** (*fig*) pwysleisio rhth; **donner du ∼ à** (*fig: discours, texte*) bywiogi.

relier [Rəlje] (**16**) *vt* cysylltu, cydio; (*livre*) rhwymo; **∼ qch à qch** cysylltu rhth â rhth; **un livre relié cuir** llyfr â rhwymiad *g* lledr.

relieur [RəljœR] *m* rhwymwr *g* llyfrau.

relieuse [Rəljøz] *f* rhwymwraig *b* llyfrau.

religieuse [R(ə)liʒjøz] *f* lleian *b*; (*gâteau*) *éclair g crwn*; ♦*adj f voir* **religieux**[1].

religieusement [R(ə)liʒjøzmɑ̃] *adv* yn grefyddol; (*conciencieusement*) yn gydwybodol, yn ddefodol; **se marier ∼** priodi mewn eglwys *ou* capel.

religieux[1] (**religieuse**) [R(ə)liʒjø, R(ə)liʒjøz] *adj* crefyddol; (*musique*) cysegredig.

religieux[2] [R(ə)liʒjø] *m* mynach *g*.

religion [R(ə)liʒjɔ̃] *f* crefydd *b*; (*piété, dévotion*) ffydd *b*; **entrer en ∼** mynd yn offeiriad, cymryd urddau.

reliquaire [RəlikɛR] *m* creirfa *b*.

reliquat [Rəlika] *m* (*COMM, JUR: d'une somme*) gweddill *g*; (*de dette*) gweddill dyledus, arian *g* dyledus; (*MÉD: de maladie*) ôl-effeithiau *ll*.

relique [Rəlik] *f* crair *g*; **garder qch comme une ∼** trysori rhth.

relire [R(ə)liR] (**58**) *vt* ailddarllen, darllen (rhth) eilwaith; (*épreuves*) darllen (proflenni); ♦ **se ∼** *vr* darllen trwy eich gwaith.

reliure [RəljyR] *f* rhwymiad *g*; (*art, métier*) rhwymo.

reloger [R(ə)lɔʒe] (**10**) *vt* ailgartrefu.

relu (**-e**) [Rəly] *pp de* **relire**.

reluire [R(ə)lɥiR] (**52**) *vi* tywynnu, llewyrchu, sgleinio; (*sous la pluie*) disgleirio; **faire ∼** gloywi, sgleinio.

reluisant[1] [R(ə)lɥizɑ̃] *vb voir* **reluire**.

reluisant[2] (**-e**) [R(ə)lɥizɑ̃, ɑ̃t] *adj* disglair, gloyw, pefriol; **peu ∼** (*fig*) annymunol, anatyniadol, annifyr.

reluquer* [R(ə)lyke] (**1**) *vt* gwneud llygaid ar, llygadu.

remâcher [R(ə)mɑʃe] (**1**) *vt* cnoi; (*ressasser*) mynd drosodd a throsodd, myfyrio dros, pendroni dros.

remailler [R(ə)mɑje] (**1**) *vt* (*tricot*) trwsio, cyweirio; (*filet*) atgyweirio, trwsio.

remaniement [R(ə)manimɑ̃] *m* (*de plan*) addasiad *g*, addasu; (*de manuscrit*) adolygiad *g*, adolygu, ailwampiad *g*, ailwampio; (*d'équipe*) ad-drefniant *g*, ad-drefnu; **∼ ministériel** (*POL*) ad-drefniant *g* cabinet.

remanier [R(ə)manje] (**16**) *vt* (*plan*) addasu, newid, ailwampio; (*manuscrit: adolygu*) ailysgrifennu, ailwampio; (*équipe, ministère*) ad-drefnu, aildrefnu.

remarier [R(ə)maRje] (**16**): **se ∼** *vr* ailbriodi.

remarquable [R(ə)maRkabl] *adj* nodedig, hynod, neilltuol.

remarquablement [R(ə)maRkabləmɑ̃] *adv* (*très*) yn nodedig; (*très bien*) yn neilltuol; **un livre ∼ bon** llyfr hynod dda.

remarque [R(ə)maRk] *f* sylw *g*; (*écrite*) nodyn *g*.

remarquer [R(ə)maRke] (**1**) *vt* **1** (*voir*) sylwi ar, gweld, nodi; **faire ∼ (à qn) que** tynnu sylw (rhn) at ...; **faire ∼ qch (à qn)** dangos rhth (i rn), tynnu sylw (rhn) at rth; **se faire ∼** (*péj*) tynnu sylw atoch eich hun, creu sôn amdanoch; **remarquez/remarque (que) ...** cofiwch/cofia ...; **remarque, ça n'a pas beaucoup**

d'importance cofia, 'dydi hyn ddim yn bwysig iawn; **remarquez que ce n'est pas la première fois** cofiwch nad dyma'r tro cyntaf. 2 (*dire*) dweud, sôn; **"il est tard", remarqua-t-elle** "mae hi'n hwyr", dywedodd hi;
♦ **se** ~ *vr* (*être apparent*) bod yn amlwg, amlygu'ch hun *ou* hunan.

remballer [ʀɑ̃bale] (**1**) *vt* ailbacio, pacio eto; (*dans du papier*) ail-lapio, lapio eilwaith.

rembarrer [ʀɑ̃baʀe] (**1**) *vt*: ~ **qn** (*repousser*) gwrthod rhn, nacáu rhn; (*remettre qn à sa place*) rhoi *ou* dodi rhn yn ei le.

remblai [ʀɑ̃blɛ] *m* (*RAIL*) arglawdd *g*; **terre de** ~ (*RAIL*) balast *g*; (*pour route*) seiliau *ll* caled; ~**s récents** (*AUTO*) ysgwyddau *ll* meddal.

remblayer [ʀɑ̃bleje] (**18**) *vt* (*route*) codi clawdd ar hyd ochr ffordd; (*fossé*) llenwi.

rembobiner [ʀɑ̃bɔbine] (**1**) *vt* ailddirwyn.

rembourrage [ʀɑ̃buʀaʒ] *m* tu mewn *g*, stwffin *g*, padin *g*; (*action*) stwffio, llenwi.

rembourré (-e) [ʀɑ̃buʀe] *adj* stwffiedig, wedi'i stwffio, wedi'i badio *ou* phadio

rembourrer [ʀɑ̃buʀe] (**1**) *vt* (*fauteuil*) stwffio, padio; (*vêtement*) padio, cwiltio.

remboursable [ʀɑ̃buʀsabl] *adj* ad-daladwy.

remboursement [ʀɑ̃buʀsəmɑ̃] *m* arian *g* yn ôl, ad-daliad *g*, ad-dalu; **envoi contre** ~ talu wrth dderbyn.

rembourser [ʀɑ̃buʀse] (**1**) *vt* ad-dalu, rhoi arian yn ôl; **se faire** ~ cael eich arian yn ôl.

rembrunir [ʀɑ̃bʀyniʀ] (**2**): **se** ~ *vr* (*ciel*) cymylu; **elle s'est rembrunie** (*personne*) daeth cwmwl dros ei hwyneb.

remède [ʀ(ə)mɛd] *m* (*médicament*) meddyginiaeth *b*; (*thérapeutique, traitement*) triniaeth *b*; (*fig*) meddyginiaeth; **trouver un** ~ **à qch** (*MÉD*) darganfod meddyginiaeth i *ou* at rth, darganfod triniaeth effeithiol ar gyfer rhth; (*fig*) darganfod ffordd o wella rhth, darganfod meddyginiaeth i *ou* at rth.

remédier [ʀ(ə)medje] (**16**) *vi*: ~ **à** meddyginiaethu, gwella.

remembrement [ʀ(ə)mɑ̃bʀəmɑ̃] *m* (*AGR*) cyfannu tiroedd, dod â thiroedd at ei gilydd.

remémorer [ʀ(ə)memɔʀe] (**1**): **se** ~ *vr* cofio, galw i gof.

remerciements [ʀ(ə)mɛʀsimɑ̃] *mpl* diolch *g*; **avec tous mes** ~ gyda diolchiadau *ou* llawer o ddiolch.

remercier [ʀ(ə)mɛʀsje] (**16**) *vt* diolch; (*congédier: employé*) diswyddo; ~ **qn de qch/d'avoir fait qch** diolch i rn am rth/am wneud rhth; **non, je vous remercie** na, dim diolch.

remettre [ʀ(ə)mɛtʀ] (**72**) *vt* (*vêtement*) ailwisgo, rhoi (rhth) amdanoch eto, rhoi'r un dillad amdanoch; (*ajouter*) ychwanegu; (*rétablir: personne*) ailgodi, codi (rhn) ar ei draed; (*rendre, restituer*) dychwelyd; (*donner: paquet, prix*) rhoi, trosglwyddo; (*ajourner, reporter*) gohirio; ~ **qch en place** rhoi rhth yn ôl yn ei le; ~ **qn à sa place** (*fig*) rhoi rhn yn ei le, torri crib rhn; ~ **une pendule à l'heure** gosod cloc ar amser; ~ **un moteur/une machine en marche** ailgychwyn motor/peiriant; ~ **sa démission** rhoi rhybudd ymadael (i gyflogwr); ~ **qch à plus tard** gohirio rhth; ~ **qch à neuf** adnewyddu rhth, gwneud rhth fel newydd; ~ **qch en cause/question** herio/amau rhth eto; ~ **en état** atgyweirio; ~ **en ordre** aildrefnu; ~ **en usage** ailddefnyddio;
♦ **se** ~ *vr* gwella; **se** ~ **de** (*maladie*) dod dros; **s'en** ~ **à** (*personne, avis*) gadael i rn arall benderfynu; **s'en** ~ **à la décision de qn** gadael i rn arall benderfynu, gadael y penderfyniad i rn arall; **se** ~ **à faire** ailddechrau *ou* ailgychwyn gwneud rhth; **se** ~ **à qch** mynd yn ôl at rth.

réminiscence [ʀeminisɑ̃s] *f* atgof *g*.

remis (-e) [ʀəmi, iz] *pp de* **remettre**.

remise [ʀ(ə)miz] *f* (*d'un colis*) danfoniad *g*, danfon; (*d'une récompense*) cyflwyniad *g*, cyflwyno; (*rabais, réduction*) gostyngiad *g*, disgownt *g*; (*lieu, local*) cwt *g*, sied *g*; ~ **à neuf** adnewyddiad *g*; ~ **de fonds** taliad *g*; ~ **de peine** (*JUR*) dilead *g* o beth o'r ddedfryd; ~ **en cause** amheuaeth *b*, her *b*; ~ **en jeu** (*FOOTBALL*) tafliad *g* i mewn; ~ **en marche** ailgychwyn *g*; ~ **en ordre** ad-drefniant *g*; ~ **en question** codi amheuon.

remiser [ʀ(ə)mize] (**1**) *vt* (*ranger*) rhoi *ou* dodi (rhth) i gadw, rhoi *ou* dodi (rhth) o'r neilltu, cadw; ~ **la voiture** rhoi'r car yn y garej.

rémission [ʀemisjɔ̃] *f* (*des péchés*) maddeuant *g*; (*de maladie*) ysgafnhad *g*, lleddfiad *g*; (*de peine*) dilead *g*, lleihad *g*; **sans** ~ yn ddiarbed.

remodeler [ʀ(ə)mɔd(ə)le] (**13**) *vt* ailfodelu, ail-lunio, ail-gynllunio, ailwampio; (*fig*) ad-drefnu.

rémois (-e) [ʀemwa, waz] *adj* o Reims.

Rémois [ʀemwa] *m* un *g* o Reims.

Rémoise [ʀemwaz] *f* un *b* o Reims.

remontant [ʀ(ə)mɔ̃tɑ̃] *m* tonig *g*, ffisig *g* cryfhaol.

remontée [ʀ(ə)mɔ̃te] *f* codiad *g*, codi; (*côte*) dringfa *b*, esgynfa *b*, esgyniad *g*; (*rivière*) esgynfa, esgyniad; (*SPORT*) adennill tir; ~**s mécaniques** (*SKI*) lifftiau *ll* sgio.

remonte-pente (~-~**s**) [ʀ(ə)mɔ̃tpɑ̃t] *m* lifft *b* sgio.

remonter [ʀ(ə)mɔ̃te] (**1**) *vt* (*pente*) mynd i fyny *ou* lan; (*vêtement*) codi; (*col*) troi i fyny *ou* lan; (*fig: personne*) sirioli, codi calon; (*limite, niveau*) codi; (*moteur, meuble*) ailosod at ei gilydd; (*garde-robe, collection*) prynu stoc newydd, adnewyddu; (*montre*) weindio; ~ **le moral à qn** codi calon rhn; ~ **le courant** (*en barque*) rhwyfo *neu* hwylio yn erbyn y llif;
♦*vi* mynd i fyny *ou* lan eto, dod i fyny *ou*

lan eto; (*marée*) codi eto, dod i mewn eto; (*jupe*) codi, mynd yn uwch; (*sur un cheval*) neidio'n ôl i'r cyfrwy; (*revenir: souvenir*) dod yn ôl i'r cof; ~ **à la source** mynd yn ôl i lygad y ffynnon, mynd yn ôl i'r man cychwyn; ~ **à** (*dater de*) dyddio o; ~ **en voiture** mynd yn ôl i mewn i gar.
remontoir [R(ə)mɔ̃twaR] *m* dirwynydd *g*; (*AUTO*) handlen *b*.
remontrance [R(ə)mɔ̃tRɑ̃s] *f* cerydd *g*.
remontrer [R(ə)mɔ̃tRe] (**1**) *vt*: ~ **qch à qn** (*montrer de nouveau*) dangos rhth i rn eto *ou* eilwaith; **en** ~ **à qn** (*fig*) dangos eich bod yn rhagori ar rn; **c'est gros Jean qui en remontre à son curé** dysgu pader i berson, yr oen yn dysgu i'r ddafad bori.
remords [R(ə)mɔR] *m* edifeirwch *g*; **avoir des** ~ teimlo'n edifar.
remorque [R(ə)mɔRk] *f* ôl-gerbyd *g*; **prendre qch en** ~ halio rhth, tynnu rhth; **être en** ~ (*AUTO*) bod ar raff; **être à la** ~ **de qn** (*fig*) dilyn wrth gwt rhn.
remorquer [R(ə)mɔRke] (**1**) *vt* halio, tynnu.
remorqueur [R(ə)mɔRkœR] *m* tynfad *g*, cwch *g* tynnu *ou* halio, bad *g* tynnu *ou* halio.
rémoulade [Remulad] *f* (*CULIN*) remwlâd *g,b* (*saws sbeislyd sy'n cynnwys olew, mwstard a pherlysiau*).
rémouleur [RemulœR] *m* hogwr *g*.
remous [Rəmu] *m* (*à l'arrière d'un navire*) adlif *g*, crychddwr *g*; (*d'une rivière*) troell *b*, chwyrlïad *g*;
♦*mpl* (*fig*) cynnwrf *g*, stŵr *g*.
rempailler [Rɑ̃pɑje] (**1**) *vt* ailseddu (*rhoi sedd wellt newydd ar gadair*).
rempailleur [Rɑ̃pɑjœR] *m* atgyweiriwr *g* cadeiriau (*sy'n rhoi seddau gwellt newydd ar gadeiriau*).
rempailleuse [Rɑ̃pɑjøz] *f* atgyweirwraig *b* cadeiriau (*sy'n rhoi seddau gwellt newydd ar gadeiriau*).
rempart [Rɑ̃paR] *m* rhagfur *g*; (*fig*) amddiffynnydd *g*; ~**s** (*murs d'enceinte*) rhagfuriau *ll*, gwrthgloddiau *ll*.
rempiler [Rɑ̃pile] (**1**) *vt* (*dossiers, livres*) ailbentyrru;
♦*vi* (*MIL: fam*) ailymuno â'r fyddin.
remplaçant [Rɑ̃plasɑ̃] *m* gweithiwr *g* newydd; (*THÉÂTRE*) dirprwy actor *g*, actor llanw; (*SCOL*) athro *g* llanw; (*MÉD*) dirprwy feddyg *g*.
remplaçante [Rɑ̃plasɑ̃t] *f* gweithwraig *b* newydd; (*THÉÂTRE*) dirprwy actores *b*, actores lanw; (*SCOL*) athrawes *b* lanw; (*MÉD*) dirprwy feddyg *g*.
remplacement [Rɑ̃plasmɑ̃] *m* amnewidiad *g*, cyfnewidiad *g*; (*job*) gwaith *g* llanw, llenwi lle rhn; (*SCOL*) athro *g* llanw, athrawes *b* lanw; **assurer le** ~ **de qn** cymryd lle rhn; **faire des** ~**s** (*professeur*) gweithio fel athro llanw/athrawes lanw; (*médecin*) dirprwyo dros feddyg.
remplacer [Rɑ̃plase] (**9**) *vt* cymryd lle; ~ **qch par** (*objet*) rhoi rhth yn lle (rhth); (*pneu, ampoule électrique*) newid, rhoi *ou* dodi un newydd, gosod un newydd.
rempli (**-e**) [Rɑ̃pli] *adj* llawn; (*vie*) prysur; ~ **de** llawn o.
remplir [Rɑ̃pliR] (**2**) *vt* llenwi, llanw; (*questionnaire, fiche*) cwblhau; (*obligations, fonction, conditions*) cyflawni; ~ **qch de qch** llenwi *ou* llanw rhth â rhth; ~ **qn d'enthousiasme** codi brwdfrydedd yn rhn, llenwi rhn â brwdfrydedd;
♦ **se** ~ *vr* llenwi, llanw.
remplissage [Rɑ̃plisaʒ] *m* (*fig: péj*) padin *g*, padio.
remploi [Rɑ̃plwa] *m*= **réemploi**.
rempocher [Rɑ̃pɔʃe] (**1**) *vt* rhoi *ou* dodi yn ôl yn eich poced, ailbocedu.
remporter [Rɑ̃pɔRte] (**1**) *vt* mynd â (rhth) ymaith eto, mynd *ou* dod â rhth yn ei ôl; (*fig: victoire*) ennill; ~ **un succès** llwyddo, cael llwyddiant.
rempoter [Rɑ̃pɔte] (**1**) *vt* (*plante*) ailbotio.
remuant (**-e**) [Rəmɥɑ̃, ɑ̃t] *adj* aflonydd.
remue-ménage [R(ə)mymenaʒ] *m inv* (*bruit*) cynnwrf *g*, cyffro *g*, stŵr *g*.
remuer [Rəmɥe] (**1**) *vt* (*meuble, objet, partie du corps*) symud; (*café, sauce*) troi; (*salade*) troi a throsi; (*terre*) palu, troi; (*émouvoir*) cynhyrfu, cyffroi, gwneud argraff ar; ~ **la queue** (*chien*) siglo'i gwt *ou* gynffon; **ne pas** ~ **le petit doigt** peidio â chodi bys i helpu;
♦*vi* symud; (*dent, tuile*) bod yn rhydd; **cesse de** ~**!** bydd yn llonydd!;
♦ **se** ~ *vr* symud o gwmpas; (*fig: fam: se démener*) brysio, ei symud hi; **se** ~ **pour faire qch** styrio i wneud rhth.
rémunérateur (**rémunératrice**) [RemyneRatœR, RemyneRatRis] *adj* sy'n talu, sy'n dwyn elw, enillfawr, buddiol.
rémunération [RemyneRasjɔ̃] *f* tâl *g*.
rémunérer [RemyneRe] (**14**) *vt* talu.
renâcler [R(ə)nɑkle] (**1**) *vi* (*animal*) snwffian, ffroeni, synhwyro; (*fig*) cwyno, achwyn.
renaissance [R(ə)nɛsɑ̃s] *f* dadeni *g*, adfywiad *g*; **la R**~ y Dadeni Dysg.
renaître [R(ə)nɛtR] (**75**) *vi* (*sentiment*) adfywio; (*plante*) tyfu, ymwthio i'r golwg; (*difficulté, conflit*) ailgyfodi; (*économie*) ailgodi, gwella, adfywio; (*jour*) gwawrio, goleuo; (*REL*) aileni, cael eich aileni; ~ **à la vie** adfywio, cael estyniad einioes; ~ **à l'espoir** cael gobaith newydd.
rénal (**-e**) (**rénaux, rénales**) [Renal, Reno] *adj* arennol.
renard [R(ə)naR] *m* cadno *g*, llwynog *g*.
renardeau (**-x**) [R(ə)naRdo] *m* llwynogyn *g*, cadno *g* bach.
rencard [Rɑ̃kaR] *m*= **rancard**.
renchérir [Rɑ̃ʃeRiR] (**2**) *vi* mynd *ou* dod yn ddrutach; ~ **sur** (*fig*) ychwanegu at, mynd

gam ymhellach na, gwneud yn well na, rhagori ar.

renchérissement [rɑ̃ʃeRismɑ̃] *m* (*marchandises*) codiad *g* pris.

rencontre [Rɑ̃kɔ̃tR] *f* cyfarfod *g*; (*imprévue*) cyfarfod ar hap; (*de cours d'eau*) cydlifiad *g*; (*véhicules*) gwrthdrawiad *g*; (*SPORT*) gornest *b*; **faire la ~ de qn** cyfarfod rhn, cwrdd â rhn; **aimer les ~s** hoffi cwrdd â phobl newydd; **aller à la ~ de qn** mynd i gyfarfod rhn, mynd i gwrdd â rhn; **un ami de ~** cydnabod *g*; **~ au sommet** uwchgyfarfod *g*; **~ de boxe** gornest baffio *ou* focsio.

rencontrer [Rɑ̃kɔ̃tRe] (**1**) *vt* cyfarfod (rhn), cwrdd (â rhn); (*par hasard*) taro ar; (*mot, expression*) taro ar, dod ar draws; (*difficulté, obstacle*) cwrdd â, wynebu, dod ar draws, taro ar; (*équipe*) chwarae yn erbyn;
♦*vi* (*en réunion*) cael cyfarfod;
♦ **se ~** *vr* cyfarfod eich gilydd, cwrdd â'ch gilydd; (*fleuves*) cydlifo; (*véhicules*) gwrthdaro, mynd yn erbyn ei gilydd; (*avoir les mêmes idées*) cytuno, meddwl yr un peth.

rendement [Rɑ̃dmɑ̃] *m* (*d'un travailleur, d'une machine*) cynnyrch *g*; (*d'un champ*) cnwd *g*; (*d'un investissement*) elw *g*; (*entreprise*) cynhyrchiant *g*; (*résultat de sportif*) perfformiad *g*; **~ énergétique** effeithlonedd *g* egni; **tourner à plein ~** cynhyrchu'r mwyaf posibl.

rendez-vous [Rɑ̃devu] *m inv*
1 (*avec des amis*) trefniad *g*, cyfarfod *g*; (*d'amoureux*) oed *g*, dêt* *g*; **j'ai ~-~ avec un ami à midi** 'rwy'n cwrdd â ffrind am hanner dydd; **donner ~-~ à qn** trefnu cyfarfod gyda rhn; **se fixer un ~-~** trefnu cyfarfod; **~-~ demain!*** 'wela' i di fory!.
2 (*chez un médecin, coiffeur, avocat etc*) apwyntiad *g*; **recevoir sur ~-~** gweld pobl sydd ag apwyntiad *g* yn unig; **avoir ~-~ avec un spécialiste** bod ag apwyntiad i weld arbenigwr; **prendre ~-~ avec un spécialiste** trefnu i weld arbenigwr; **prendre ~-~ chez le médecin** trefnu i weld meddyg.
3 (*réunion proffessionnelle*) cyfarfod *g*; **j'ai deux ~-~ cet après-midi** mae gen i ddau gyfarfod y prynhawn 'ma.
4 (*lieu*) man *g* cyfarfod; **~-~ de chasse** cyfarfod hela; **~-~ spatial** *neu* **orbital** docio yn y gofod.

rendormir [Rɑ̃dɔRmiR] (**26**): **se ~** *vr* mynd yn ôl i gysgu, ailgysgu.

rendre [Rɑ̃dR] (**3**) *vt*
1 (*retourner*) dychwelyd, dod â (rhth) yn ôl, rhoi (rhth) yn ôl; (*otages*) dychwelyd; (*dette, somme*) ad-dalu, talu yn (ei) ôl; **~ la monnaie** rhoi newid.
2 (*redonner*): **~ la vue/la santé à qn** adfer golwg/iechyd rhn; **~ la liberté à qn** rhyddhau rhn, gollwng rhn yn rhydd; **~ visite à qn** ymweld â rhn.
3 (*faire devenir*): **~ qn célèbre/heureux** gwneud rhn yn enwog/yn hapus; **~ qn fou** gyrru rhn o'i gof.
4 (*vomir*) chwydu, cyfogi, taflu i fyny *ou* lan.
5 (*produire: honneurs*) talu, rhoi; (*sons*) gwneud.
6 (*exprimer, traduire*) cyfleu, cyfieithu, trosi.
7 (*verdict, jugement*) dyfarnu; **~ un jugement** traddodi barn *ou* dyfarniad.
8 (*SCOL: devoir*) rhoi i mewn, cyflwyno.
9 (*SPORT*): **~ 5 kilos** cario handicap o bump cilo;
♦*vi* (*terre, champ*) cynhyrchu; **~ bien** (*terre*) bod yn gynhyrchiol; **avoir envie de ~** teimlo'n sâl;
♦ **se ~** *vr* (*capituler*) ymostwng, ildio; **se ~ à Rome/en ville** mynd i Rufain/i'r dref; **se ~ compte de qch** sylweddoli rhth; **se ~ à** (*arguments etc*) ildio i, derbyn; (*ordres*) cydymffurfio â; **se ~ ridicule** gwneud ffŵl ohonoch eich hun; **se ~ malade** eich gwneud eich hun yn sâl.

rendu (**-e**) [Rɑ̃dy] *pp de* **rendre**;
♦*adj* blinedig, wedi ymlâdd.

renégat [Rənega] *m* gwrthgiliwr *g*.

renégate [Rənegat] *f* gwrthgilwraig *b*.

renégocier [Rənegɔsje] (**16**) *vt* aildrafod.

rênes [Rɛn] *fpl* awenau *ll*; **tenir les ~ du gouvernement** dal awenau'r llywodraeth.

renfermé[1] (**-e**) [Rɑ̃fɛRme] *adj* (*fig: personne*) tawedog, swil, di-ddweud.

renfermé[2] [Rɑ̃fɛRme] *m*: **sentir le ~** bod ag aroglau hendrwm *ou* aroglau llwydni.

renfermer [Rɑ̃fɛRme] (**1**) *vt* cynnwys, dal;
♦ **se ~** *vr*: **se ~ sur soi-même** mynd i'ch cragen.

renfiler [Rɑ̃file] (**1**) *vt* (*collier*) ailedefu; (*aiguille*) ailbwytho; (*vêtement*) ailwisgo, rhoi amdanoch eto.

renflé (**-e**) [Rɑ̃fle] *adj* chwyddedig, oddfog.

renflement [Rɑ̃fləmɑ̃] *m* chwydd *g*.

renflouer [Rɑ̃flue] (**1**) *vt* (*bateau*) ailnofio, rhoi'n ôl ar y dŵr; (*entreprise*) ail-lansio, ailgychwyn; **~ un navire sombré** codi llong suddedig i'r wyneb; **~ qn** ailgychwyn rhn, rhoi rhn ar ei draed, achub croen rhn.

renfoncement [Rɑ̃fɔ̃smɑ̃] *m* cilfach *b*.

renforcer [Rɑ̃fɔRse] (**9**) *vt* (*argument*) ategu; (*équipe, objet, position*) cryfhau, gwneud yn gryfach, cadarnhau; (*effort*) dyblu, ymdrechu yn galetach; **~ qn dans ses opinions** cadarnhau daliadau rhn.

renfort [Rɑ̃fɔR] *m* cefnogaeth *b*; (*SPORT*) chwaraewr *g* llanw; (*COUTURE: de coude*) clwt *g* penelin; **en ~** wrth gefn, yn gefnogaeth; **à grand ~ de** â nifer fawr o; **la campagne a débuté à grand ~ de publicité** cychwynnodd yr ymgyrch gyda llawer iawn o gyhoeddusrwydd; **~s** (*MIL*) milwyr *ll* ychwanegol *ou* ategol.

renfrogné (**-e**) [Rɑ̃fRɔɲe] *adj* sarrug, cuchiog,

gwgus.
renfrogner [ʀɑ̃fʀɔɲe] (**1**): **se** ~ *vr* cuchio, gwgu.
rengager [ʀɑ̃gaʒe] (**10**) *vt* (*discussion, combat*) ailgychwyn, ailddechrau; (*fonds*) ailfuddsoddi; (*ouvrier*) ailgyflogi;
♦ **se** ~ *vr* (*soldat*) ail-listio.
rengaine [ʀɑ̃gɛn] *f*: **vieille** ~ hen gân *b*; **c'est toujours la même** ~* yr un hen gân yw hi.
rengainer [ʀɑ̃gene] (**1**) *vt* gweinio; (*fam: compliment, discours*) atal; ~ **épee/revolver** rhoi cleddyf/llawddryll yn ei wain.
rengorger [ʀɑ̃gɔʀʒe] (**10**): **se** ~ *vr* ymchwyddo, chwyddo'ch bron *ou* brest; (*fig*) bod yn hunanfodlon.
renier [ʀənje] (**16**) *vt* (*foi, Dieu*) gwadu; (*promesse*) torri; (*enfant, parents*) gwrthod, gwadu;
♦ **se** ~ *vr* gwadu'ch hen syniadau, ymwadu, troi'n eich carn.
renifler [ʀ(ə)nifle] (**1**) *vt* (*tabac, odeur*) synhwyro, arogleuo, sniffian;
♦*vi* ffroeni, synhwyro, sniffian.
rennais (**-e**) [ʀɛnɛ, ɛz] *adj* o Rennes.
Rennais [ʀɛnɛ] *m* un *g* o Rennes.
Rennaise [ʀɛnɛz] *f* un *b* o Rennes.
renne [ʀɛn] *m* carw *g* Llychlyn.
renom [ʀənɔ̃] *m* (*notoriété*) enwogrwydd *g*, bri *g*; (*réputation*) enw *g*; **vin de grand** ~ gwin *g* o fri.
renommé (**-e**) [ʀ(ə)nɔme] *adj* enwog, o fri, clodfawr; ~ **pour qch** enwog am rth.
renommée [ʀ(ə)nɔme] *f* (*célébrité*) enwogrwydd *g*, bri *g*; (*opinion publique*) y farn *b* gyhoeddus; (*réputation*) enw *g* da;
♦*adj f voir* **renommé**.
renoncement [ʀ(ə)nɔ̃smɑ̃] *m* ymwrthodiad *g*, ymwrthod, ymwadiad *g*, ymwadu.
renoncer [ʀ(ə)nɔ̃se] (**9**) *vi*: ~ **à** rhoi'r gorau i; ~ **à faire qch** rhoi'r gorau i wneud rhth, peidio â gwneud rhth; **j'y renonce** 'rwy'n ildio, 'rwy'n rhoi'r gorau iddi.
renouer [ʀənwe] (**1**) *vt* (*cravate*) ailglymu; (*lacets*) ail-gau; (*fig: conversation*) ailgychwyn, ailddechrau; (*liaison*) adnewyddu;
♦*vi*: ~ **avec** (*tradition*) adfywio; (*habitude*) ailddechrau; ~ **avec qn** ailgysylltu â rhn.
renouveau (**-x**) [ʀ(ə)nuvo] *m* (*renaissance*) adfywiad *g*; (*regain*) adnewyddiad *g*; (*LITT*) y gwanwyn *g*; **un** ~ **de succès** llwyddiant *g* newydd.
renouvelable [ʀ(ə)nuv(ə)labl] *adj* (*contrat, passeport*) adnewyddadwy; (*expérience*) y gellir ei ailbrofi, ailbrofadwy.
renouveler [ʀ(ə)nuv(ə)le] (**11**) *vt* adnewyddu; (*eau d'une piscine, pansement*) newid; (*stock*) prynu rhagor; (*conseil d'administration*) ailethol; (*exploit, méfait*) ail-wneud; (*théorie*) adfywio;
♦ **se** ~ *vr* (*incident*) ailddigwydd; (*artiste, écrivain*) torri tir newydd; (*cellules etc*) cael eu hadnewyddu.
renouvellement [ʀ(ə)nuvɛlmɑ̃] *m* adnewyddiad *g*, adnewyddu; (*d'un usage, d'une mode*) adfywiad *g*, adfywio; (*d'exploit*) ailwneuthuriad *g*, ail-wneud; (*de pansement*) newid *g*; (*d'incident*) ailddigwyddiad *g*, dychweliad *g*.
rénovation [ʀenɔvasjɔ̃] *f* adnewyddiad *g*; (*de quartier*) adferiad *g*, adnewyddiad, atgyweiriad *g*; (*POL*) adfywiad *g*
rénover [ʀenɔve] (**1**) *vt* (*maison*) adnewyddu, moderneiddio; (*quartier*) ailgynllunio, datblygu; (*meuble*) adnewyddu, adfer; (*enseignement*) diwygio.
renseignement [ʀɑ̃sɛɲmɑ̃] *m* gwybodaeth *b*; **prendre des** ~**s** (**sur**) gofyn am wybodaeth (am), gwneud ymholiadau *ll* (ynghylch), holi (ynghylch); (**guichet des**) ~**s** ymholiadau; **service des** ~**s** (*TÉL*) ymholiadau rhifau ffôn; **agent de** ~**s** ysbïwr *g*, ysbïwraig *b*, cuddweithredwr *g*, cuddweithredwraig *b*; **les** ~**s généraux** ≈ heddlu *g* cudd.
renseigner [ʀɑ̃seɲe] (**1**) *vt*: ~ **qn sur** rhoi gwybod i rn am, hysbysu rhn o *ou* ynghylch, sôn wrth rn am;
♦ **se** ~ *vr* gofyn am wybodaeth, gwneud ymholiadau, holi.
rentabiliser [ʀɑ̃tabilize] (**1**) *vt* (*capitaux, production*) gwneud yn fuddiol, gwneud (i rth) dalu; ~ **la recherche** gwneud i ymchwil dalu.
rentabilité [ʀɑ̃tabilite] *f* proffidioldeb *g*, buddioldeb *g*, effeithiolrwydd *g* cost; (*d'un investissement*) enillion *ll*, elw *g*, llog *g*; **seuil de** ~ man *g,b* adennill costau.
rentable [ʀɑ̃tabl] *adj* proffidiol, sy'n dwyn elw, cost effeithiol; **ce n'est pas du tout** ~ nid yw'n werth gwario arno, nid yw'n werth y gost.
rente [ʀɑ̃t] *f* (*pension*) blwydd-dal *g*, pensiwn *g*; (*fournie par la famille*) lwfans *g*; (*emprunt d'État*) benthyciad *g* cyhoeddus; ~ **viagère** blwydd-dal am oes; **avoir des** ~**s** bod ag incwm *g* preifat.
rentier [ʀɑ̃tje] *m* un *g* sydd ag incwm preifat.
rentière [ʀɑ̃tjɛʀ] *f* un *b* sydd ag incwm preifat.
rentrée [ʀɑ̃tʀe] *f* (*retour*) dychweliad *g*, dychwelyd; (*revenu*) enillion *ll*; ~ (**d'argent**) (*recettes*) derbyniadau *ll*; **il n'y a pas eu de** ~ **importante depuis deux mois** does dim llawer o arian wedi dod i mewn ers dau fis; **la** ~ (**des classes**) dechrau'r tymor *ou* flwyddyn, ailddechrau; **la** ~ (**parlementaire**) ailagoriad *g* (y senedd), ailagor; **faire sa** ~ (*artiste, acteur*) dod yn ôl (i'r llwyfan ayb), ailymddangos.
rentrer [ʀɑ̃tʀe] (**1**) *vt (avec aux. avoir)* (*foins*) dod â (rhth) i mewn; (*véhicule*) rhoi *ou* dodi dan do; (*train d'atterrissage*) codi; (*fig: larmes*) atal, dal *ou* cadw yn ôl; (*colère*) atal,

mygu, ffrwyno; ~ **ses griffes** tynnu'r ewinedd yn ôl; (*fig*) bod yn llai bygythiol; ~ **le ventre** dal eich bol *ou* bola i mewn; ~ **la chemise dans son pantalon** rhoi'ch crys yn eich trowsus *ou* trwser;
♦*vi (avec aux. être)* (*entrer de nouveau*) mynd *ou* dod yn ôl i mewn; (*entrer*) mynd *ou* dod i mewn; (*revenir chez soi*) mynd *ou* dod adref; ~ **dans** mynd *ou* dod i mewn i (rywle) eto; (*entrer*) mynd *ou* dod i mewn i (rywle); (*heurter*) taro, mynd i erbyn; ~ **dans l'ordre** mynd *ou* dod yn ôl i'r drefn; ~ **dans ses frais** cael eich arian yn ei ôl, cael digon at eich treuliau.

renverrai *etc* [ʀɑ̃vɛʀe] *vb voir* **renvoyer**.

renversant (-e) [ʀɑ̃vɛʀsɑ̃, ɑ̃t] *adj* (*nouvelle*) rhyfeddol, syfrdanol; (*personne*) anhygoel.

renverse [ʀɑ̃vɛʀs]: **à la** ~ *adv* yn wysg eich cefn, tuag at yn ôl.

renversé (-e) [ʀɑ̃vɛʀse] *adj* a'ch pen i lawr, a'ch wyneb i wared; (*écriture*) sy'n gwyro yn ôl; (*stupéfait*) syfrdan, syn; **une image** ~**e** delwedd *b* wrthdro.

renversement [ʀɑ̃vɛʀsəmɑ̃] *m* (*d'un régime*) dymchweliad *g*; (*des traditions*) newid *g*, gwrthdroad *g*; ~ **de la situation** gwrthdroi sefyllfa.

renverser [ʀɑ̃vɛʀse] (**1**) *vt* (*faire tomber*) troi drosodd; (*piéton*) taro *ou* bwrw i lawr; (*liquide*) colli; (*retourner*) troi â'i ben i lawr *ou* â'i wyneb i waered; (*ordre des mots*) newid trefn; (*fig: tradition, ordre établi*) gwrthdroi; (*ministère, gouvernement*) dymchwel; (*stupéfier*) syfrdanu; ~ **le corps (en arrière)** pwyso'n ôl; ~ **la tête (en arrière)** plygu *ou* pwyso'ch pen yn ôl; ~ **la vapeur** (*fig*) newid cyfeiriad *ou* cwrs *ou* hynt;
♦ **se** ~ *vr* cwympo *ou* syrthio drosodd; (*liquide*) colli drosodd, arllwys; (*véhicule*) troi drosodd; **se** ~ **(en arrière)** pwyso'n ôl.

renvoi [ʀɑ̃vwa] *m* (*de marchandises*) dychwelyd, dychweliad *g*, anfon yn ôl; (*d'un employé*) diswyddiad *g*, diswyddo; (*d'un élève*) diarddeliad *g*, diarddel; (*report*) gohiriad *g*; (*JUR*) atgyfeiriad *g*; (*éructation*) torri *g* gwynt; (*référence*) croesgyfeiriad *g*; (*en bas de page*) troednodyn *g*.

renvoyer [ʀɑ̃vwaje] (**19**) *vt* (*faire retourner*) anfon yn ôl; (*faire partir*) anfon ymaith; (*congédier: élève*) diarddel; (*congédier: domestique, employé*) diswyddo; (*lumière*) adlewyrchu; (*TENNIS: balle*) dychwelyd; ~ **qch à** (*ajourner, différer*) gohirio rhth tan; ~ **un son** atseinio, adleisio sain *ou* sŵn; ~ **qch à qn** dychwelyd rhth i rn; ~ **qn à** (*fig: référer*) cyfeirio rhn i *ou* at.

réorganisation [ʀeɔʀganizasjɔ̃] *f* ad-drefniant *g*, ad-drefnu.

réorganiser [ʀeɔʀganize] (**1**) *vt* ad-drefnu, aildrefnu.

réorienter [ʀeɔʀjɑ̃te] (**1**) *vt* ailgyfeirio.

réouverture [ʀeuvɛʀtyʀ] *f* ailagoriad *g*, ailagor; (*de débats*) ailgychwyniad *g*, ailgychwyn.

repaire [ʀ(ə)pɛʀ] *m* (*ZOOL*) gwâl *b*, ffau *b*; (*fig*) lloches *b*, cuddfan *g,b*; ~ **de brigands** ogof *b* lladron.

repaître [ʀəpɛtʀ] (**73**) *vt* porthi;
♦ **se** ~ *vr*: **se** ~ **de** bwyta'ch gwala o; (*animaux*) bwyta, ymborthi ar; (*personne: fig*) ymhyfrydu mewn.

répandre [ʀepɑ̃dʀ] (**3**) *vt* (*liquide*) colli, gollwng, arllwys; (*gravillons, sable*) taenu, gwasgaru; (*joie*) creu; (*terreur*) codi, lledaenu; (*nouvelle*) taenu, cyhoeddi; (*odeur, lumière, chaleur*) lledaenu;
♦ **se** ~ *vr* (*liquide*) colli, arllwys, ymdaenu, ymledu; (*foule*) gorlifo; (*fig: épidémie, nouvelle*) ymledu, mynd ar led; (*mode*) ymledu, dod yn boblogaidd; **se** ~ **en invectives (contre qn)** difrïo rhn, arllwys llif o enllibion ar ben rhn, rhoi pryd o dafod (i rn); **se** ~ **en compliments** bod yn hael eich clod.

répandu (-e) [ʀepɑ̃dy] *pp de* **répandre**;
♦*adj* (*opinion*) cyffredin, sydd ar led; **papiers** ~**s par terre/sur un bureau** papurau wedi'u taenu ar y llawr/ar ddesg.

réparable [ʀepaʀabl] *adj* (*objet*) atgyweiriadwy, trwsiadwy; (*perte*) adferadwy.

reparaître [ʀ(ə)paʀɛtʀ] (**73**) *vi* ailymddangos, dod i'r golwg unwaith eto.

réparateur [ʀepaʀatœʀ] *m* atgyweiriwr *g*, trwsiwr *g*.

réparation [ʀepaʀasjɔ̃] *f* (*remise en état*) atgyweirio, trwsio; (*résultat*) atgyweiriad *g*, trwsiad *g*; ~**s** (*travaux*) atgyweiriadau *ll*; **être en** ~ yn cael ei atgyweirio; **en** ~ wedi torri; **demander à qn** ~ **de** (*offense etc*) gofyn i rn wneud iawn am.

réparatrice [ʀepaʀatʀis] *f* atgyweirwraig *b*.

réparer [ʀepaʀe] (**1**) *vt* atgyweirio, trwsio; (*fig: erreur*) cywiro, iawnhau; (*oubli, maladresse*) gwneud iawn am; (*JUR: dédommager*) ad-dalu; ~ **ses forces** (*restaurer*) adennill nerth, cael eich cefn atoch.

reparler [ʀ(ə)paʀle] (**1**) *vi*: ~ **de qch** siarad am rth eto, aildrafod rhth, ailgrybwyll rhth; ~ **à qn** siarad â rhn eto.

repars *etc* [ʀəpaʀ] *vb voir* **repartir**.

repartie [ʀepaʀti] *f* ateb *g* parod; **avoir l'esprit de** ~ bod yn barod eich ateb, bod yn ffraeth (eich tafod).

repartir [ʀ(ə)paʀtiʀ] (**26**) *vi* ailgychwyn, ailymadael; (*regagner un lieu*) mynd yn ôl i; (*fig: affaire*) ailgychwyn; ~ **à zéro** dechrau o'r dechrau eto; **c'est reparti pour un tour*** dyma ni *ou* nhw wrthi eto!, dyma nhw'n ailgychwyn!

répartir [ʀepaʀtiʀ] (**2**) *vt* rhannu, dosrannu; (*poids, chaleur*) gwasgaru, taenu; ~ **sur** (*étaler: dans le temps*) taenu, gwasgaru; ~ **qch en** (*classer, diviser*) rhannu rhth yn;
♦ **se** ~ *vr* (*rôles*) rhannu pethau rhyngoch.

répartition [ʀepaʀtisjɔ̃] *f* dosraniad *g*, rhannu; **la ~ des tâches doit se faire selon ...** dylid rhannu'r gwaith yn ôl ...
repas [ʀ(ə)pɑ] *m* pryd *g* o fwyd; **à l'heure des ~** ar adeg bwyta.
repassage [ʀ(ə)pɑsaʒ] *m* smwddio, smwddiad *g*.
repasser [ʀ(ə)pɑse] (**1**) *vt* (*vêtement*) smwddio, stilo; (*pont, frontière*) ailgroesi; (*examen*) ailsefyll; (*film*) ailddangos; (*leçon, rôle*) mynd dros eto, adolygu; (*couteau, lame*) hogi; **~ qch à qn** rhoi rhth yn ei ôl i rn;
♦*vi* mynd *ou* dod yn ôl; (*cycliste*) mynd heibio eto; **je repasserai demain** galwaf heibio eto yfory.
repasseuse [ʀ(ə)pɑsøz] *f* peiriant *g* smwddio *ou* stilo.
repayer [ʀ(ə)peje] (**18**) *vt* talu eilwaith, aildalu.
repêchage [ʀ(ə)pɛʃaʒ] *m* (*SCOL*): **question de ~** cwestiwn ychwanegol (*sy'n rhoi ail gyfle i ymgeisydd*).
repêcher [ʀ(ə)peʃe] (**1**) *vt* (*noyé*) tynnu o'r dŵr; (*fam: candidat*) rhoi ail gyfle i.
repeindre [ʀ(ə)pɛ̃dʀ] (**68**) *vt* ailbaentio.
repenser [ʀ(ə)pɑ̃se] (**1**) *vi* ailfeddwl, ailystyried; **~ à qch** ailfeddwl am rth.
repentir[1] [ʀəpɑ̃tiʀ] *m* (*REL*) edifeirwch *g*.
repentir[2] [ʀəpɑ̃tiʀ] (**26**);
♦ **se ~** *vr* edifarhau, bod yn edifar; **se ~ de qch** bod yn edifar am rth.
répercussions [ʀepɛʀkysjɔ̃] *fpl* (*fig*) ôl-effeithiau *ll*.
répercuter [ʀepɛʀkyte] (**1**) *vt* (*lumière*) adlewyrchu, ad-daflu; (*son*) atseinio, adleisio; (*hausse des prix*) trosglwyddo, pasio ymlaen;
♦ **se ~** *vr* (*son*) atseinio, diasbedain; (*lumière*) adlewyrchu; **se ~ sur** (*fig*) cael effaith gynyddol ar.
repère [ʀ(ə)pɛʀ] *m* marc *g*, nod *g,b*; (*jalon*) arwydd *g*, marciwr *g*; (*monument*) tirnod *g*; (*évènement*) carreg *b* filltir; **point de ~** cyfeirbwynt *g*.
repérer [ʀ(ə)peʀe] (**14**) *vt* (*erreur*) gweld, sylwi ar, dod o hyd i, cael hyd i; (*abri, ennemi*) lleoli, darganfod, dod o hyd i, cael hyd i; **se faire ~** cael eich gweld;
♦ **se ~** *vr* lleoli ble 'rydych chi.
répertoire [ʀepɛʀtwaʀ] *m* rhestr *b* (yn nhrefn yr wyddor); (*de carnet*) nodlyfr *g* â mynegai; (*INFORM*) cyfeiriadur *g*; (*indicateur*) cyfeirlyfr *g*; (*d'un théâtre, artiste*) repertoire *g,b*.
répertorier [ʀepɛʀtɔʀje] (**16**) *vt* gwneud rhestr, rhestru'n fanwl.
répéter [ʀepete] (**14**) *vt* (*redire*) ailadrodd, ail-ddweud; (*rapporter*) dweud; (*leçon*) mynd dros, dysgu; (*THÉÂTRE: rôle*) ymarfer; (*morceau de piano*) ymarfer; (*refaire*) ail-wneud; **"je ne sais pas," répéta-t-elle** "ni wn i ddim," meddai hi unwaith eto *ou* drachefn;
♦ **se ~** *vr* ail-ddweud yr un peth; (*se reproduire*) ailddigwydd.
répéteur [ʀepetœʀ] *m* (*TÉL*) troswr *g*.
répétitif (**répétive**) [ʀepetitif, ʀepetitiv] *adj* ailadroddol, ailadroddus; (*acte, geste*) mynych, niferus; (*phénomène*) ailddigwyddol, dychweliadol; **de façon répétitive** drachefn a thrachefn, drosodd a throsodd, sawl gwaith.
répétiteur [ʀepetitœʀ] *m* hyfforddwr *g*, tiwtor *g*, athro *g* preifat.
répétition [ʀepetisjɔ̃] *f* ailadroddiad *g*, ailadrodd; (*de geste*) ailwneuthuriad *g*, ail-wneud; (*THÉÂTRE*) ymarfer *g,b*; **~s** (*leçons particulières*) gwersi *ll* preifat; **armes à ~** gynnau *ll* aildanio; **~ générale** (*THÉÂTRE*) ymarfer gwisgoedd olaf.
répétitrice [ʀepetitʀis] *f* hyfforddwraig *b*, athrawes *b* breifat, tiwtor *g*.
repeupler [ʀ(ə)pœple] (**1**) *vt* (*région*) ailboblogi; (*bassin*) ailstocio; (*AGR*) ailgoedwigo; **~ une forêt** ailblannu coedwig.
repiquage [ʀ(ə)pikaʒ] *m* (*plants*) pigo allan *ou* mas, pricio allan *ou* mas; (*enregistrement*) ailrecordio; (*de photo*) atgyffyrddiad *g*, atgyffwrdd.
repiquer [ʀ(ə)pike] (**1**) *vt* (*plants*) pigo allan *ou* mas, pricio allan *ou* mas; (*riz*) trawsblannu; (*enregistrement*) ailrecordio; (*de photo*) atgyffwrdd.
répit [ʀepi] *m* seibiant *g*; (*de douleur*) ysgafnhad *g*, saib *g*; **sans ~** (*travailler*) yn ddi-dor; (*harceler*) yn ddidostur, yn ddiarbed.
replacer [ʀ(ə)plase] (**9**) *vt* rhoi *ou* dodi (rhth) yn ôl (yn ei le), ailosod; (*redonner un emploi*) rhoi swydd arall (i rn), adleoli (rhn).
replanter [ʀ(ə)plɑ̃te] (**1**) *vt* trawsblannu, ailblannu; (*forêt, arbre*) ailblannu.
replat [ʀəpla] *m* silff *b*, ysgafell *b*.
replâtrer [ʀ(ə)plɑtʀe] (**1**) *vt* (*mur*) ailblastro; (*fig*) trwsio.
replet (**replète**) [ʀəplɛ, ʀəplɛt] *adj* (*personne*) tew, llond eich croen, blonegog.
repli [ʀəpli] *m* (*d'une étoffe*) plyg *g*, plygiad *g*; (*MIL*) ciliad *g*, cilio; (*action: fig*) enciliad *g*, encilio; **les ~s du terrain** plygion yn y tir; **~ sur soi-même** enciliad i chi'ch hun, mynd i'ch cragen.
replier [ʀ(ə)plije] (**16**) *vt* plygu (yn ei ôl), cau (yn ei ôl); (*manche*) torchi;
♦ **se ~** *vr* (*troupes*) cilio; **se ~ sur soi-même** mynd i'ch cragen.
réplique [ʀeplik] *f* (*fig: repartie*) ateb *g* parod; (*contre-attaque*) gwrthymosodiad *g*; (*THÉÂTRE*) llinell *b*; (*objet identique*) copi *g*, replica *g*; **donner la ~ à qn** (*THÉÂTRE: pour répéter*) rhoi ciw i rn; (*dans une scène*) chwarae gyferbyn â rhn; (*fig*) bod cystal â rhn mewn dadl; **sans ~** anatebadwy, di-ddadl; **pas de ~!** paid ag ateb yn ôl!
répliquer [ʀeplike] (**1**) *vi* ateb; (*riposter*)

ymosod yn ôl; (*avec impertinence*) ateb yn ôl; (*protester*) protestio.

replonger [R(ə)plɔ̃ʒe] (**10**) *vt*: ~ **qch dans** aildrochi rhth mewn;
♦ **se** ~ *vr* ailblymio (i rth); **se** ~ **dans un journal** ymgolli yn llwyr mewn papur newydd.

répondant [Repɔ̃dɑ̃] *m* (*garant*) gwarantydd *g*.

répondante [Repɔ̃dɑ̃t] *f* (*garante*) gwarantydd *g*.

répondeur [Repɔ̃dœR] *m*: ~ **automatique** (*TÉL*) peiriant *g* ateb; ~ **enregistreur** peiriant ateb (*sy'n rhoi'r cyfle i adael neges*).

répondre [Repɔ̃dR] (**3**) *vi* ateb; ~ **à qn** ateb rhn; ~ **de qn** ateb dros rn.

réponse [Repɔ̃s] *f* ateb *g*; **avec** ~ **payée** (*POSTES*) ag ateb taledig; **avoir** ~ **à tout** bod ag ateb i bopeth; **en** ~ **à** yn ateb i, fel ateb i; **coupon** *neu* **bulletin** ~ cwpon *g* ateb.

report [RəpɔR] *m* (*de procès*) gohiriad *g*, oediad *g*; (*de somme*) cario ymlaen; (*de suffrages*) trosglwyddiad *g*, trosglwyddo; ~ **d'incorporation** (*MIL*) gohiriad gwasanaeth milwrol.

reportage [R(ə)pɔRtaʒ] *m* (*PRESSE, TV, RADIO*) adroddiad *g*; (*écrit*) erthygl *b*; (*en direct*) sylwebaeth *b*; **le** ~ (*genre, activité*) gwneud adroddiadau, ysgrifennu adroddiadau; **il fait du** ~ mae'n ohebydd papur newydd.

reporter[1] [RəpɔRte] (**1**) *vt* (*ramener*) mynd â (rhth) yn ei ôl, dychwelyd; (*par la pensée*) mynd â (rhn) yn ei ôl, atgoffa; (*calcul*) cario ymlaen *ou* drosodd; (*suffrages, affection*) trosglwyddo; (*recopier*) copïo; (*porter de nouveau*) ailwisgo; ~ **à** (*ajourner*) gohirio tan; ~ **son agressivité sur qn** bwrw llid ar rn;
♦ **se** ~ *vr*: **se** ~ **à** (*page, document*) cyfeirio at; (*revenir en pensée*) taflu'ch meddwl yn ôl, meddwl yn ôl.

reporter[2] [RəpɔRtɛR] *m* newyddiadurwr *g*, gohebydd *g*; **un grand** ~ gohebydd rhyngwladol.

repos [R(ə)po] *m* (*détente*) gorffwys *g*, seibiant *g*, hoe *b*; (*tranquillité*) tawelwch *g*, llonydd *g*; (*moral*) tawelwch meddwl; ~**!** (*MIL*) ymlaciwch!; **en** ~**, au** ~ (*animal*) yn gorffwys, yn ddisymud; (*machine*) yn segur; **de tout** ~ (*entreprise*) sicr, diogel.

reposant (**-e**) [R(ə)pozɑ̃, ɑ̃t] *adj* gorffwysol, ymlaciol; (*sommeil*) gorffwysol, braf.

repose [R(ə)poz] *f* (*de moquette: action*) ailosodiad *g*, ailosod; ~ **d'une vitre** (*action*) gosod ffenestr newydd.

reposé (**-e**) [R(ə)poze] *adj* wedi dadflino, wedi ymlacio; **à tête** ~**e** yn hamddenol, heb frys.

repose-pied [Rəpozpje] *m inv* (*petit meuble bas*) troedfainc *b*.

reposer [R(ə)poze] (**1**) *vt* (*verre*) rhoi *ou* dodi i lawr eto; (*objet démonté*) rhoi *ou* dodi at ei gilydd eto, gosod at ei gilydd eto; (*question*) gofyn eilwaith; (*problème*) aileirio; (*délasser: yeux, membres, esprit*) gorffwys;
♦*vi* gorwedd; **"ici repose ..."** "yma y gorwedd ..."; ~ **sur** (*fig*) bod yn seiliedig ar; (*bâtiment*) sefyll ar, gorffwys ar;
♦ **se** ~ *vr* gorffwys; **se** ~ **sur qn** dibynnu ar rn.

repoussant (**-e**) [R(ə)pusɑ̃, ɑ̃t] *adj* ffiaidd, atgas.

repoussé (**-e**) [R(ə)puse] *adj* (*métal, cuir*) repoussé, boglynnog.

repousser [R(ə)puse] (**1**) *vt* (*tiroir*) gwthio'n ôl; (*personne*) gwthio ymaith; (*tentation*) gwrthod, gwrthsefyll; (*rendez-vous, entrevue*) gohirio; (*offre*) gwrthod; (*arguments, objections*) gwrthod, diystyru, wfftio; (*MIL: attaquant*) gyrru'n ôl; (*TECH: métal, cuir*) boglynnu;
♦*vi* (*cheveux, barbe*) aildyfu; (*herbe*) aildyfu, adloddi.

répréhensible [RepReɑ̃sibl] *adj* gresynus.

reprendre [R(ə)pRɑ̃dR] (**74**) *vt* (*ville*) ailfeddiannu, ailgipio; (*prisonnier*) ail-ddal; (*objet prêté*) cymryd (rhth) yn ei ôl; (*se resservir de: pain, salade*) cymryd rhagor o; (*COMM: article usagé*) cymryd yn rhan-gyfnewid; (*firme, entreprise*) cymryd drosodd; (*refaire: article*) ail-wneud, ailwampio; (*jupe, pantalon*) altro; (*émission*) ailddarlledu; (*pièce*) ailberfformio, ailchwarae, ail-lwyfannu; (*travail*) ailddechrau, ailgychwyn; (*emprunter: argument, idée*) benthyca; (*réprimander*) ceryddu, dweud y drefn wrth; (*corriger*) cywiro; ~ **courage** magu plwc, ymgalonogi; ~ **des forces** atgyfnerthu, adennill nerth; ~ **sa liberté** cael eich rhyddhau; ~ **la route** ailgychwyn ar eich taith; ~ **connaissance** dadebru, dod atoch eich hun; ~ **haleine** *neu* **son souffle** cael eich gwynt atoch; ~ **la parole** dechrau siarad eto; **je viendrai te** ~ **à 4 h** mi ddo' i dy nôl *ou* godi di am bedwar o'r gloch; ~ **qn à faire qch** dal rhn yn gwneud rhth eto; **voilà que ça la reprend!*** dyna hi wrthi eto!*;
♦*vi* (*classes, pluie*) ailgychwyn, ailddechrau; (*affaires, industrie*) ailafael, ailgodi, gwella; **je reprends** cymeraf ragor *ou* ychwaneg; **"ce n'est pas moi", reprit-elle** (*dire*) "dim fi sydd", meddai hi drachefn;
♦ **se** ~ *vr* (*se corriger*) eich cywiro'ch hun; (*s'interrompre*) ymatal, stopio; (*se ressaisir*) ailafael ynddi; **s'y** ~ rhoi cynnig arall ar wneud rhth, ceisio gwneud rhth eto; (*recommencer*) ailddechrau, ailgychwyn.

repreneur [R(ə)pRənœR] *m* (*IND*) prynwr *g*, achubwr *g* ariannol (*rhn sy'n prynu neu'n achub cwmni sydd â thrafferthion ariannol*).

reprenne *etc* [RəpRɛn] *vb voir* **reprendre**.

représailles [R(ə)pRezaj] *fpl* dial *g*; **exercer des** ~ **sur** *neu* **contre** *neu* **envers qn** dial ar rn.

représentant [R(ə)pRezɑ̃tɑ̃] *m* cynrychiolydd *g*; (*type, spécimen*) enghraifft *b*, sbesimen *g*; ~ **de commerce** trafaeliwr *g*; ~ **en justice**

cynrychiolydd cyfreithiol.
représentante [R(ə)pRezɑ̃tɑ̃t] *f* cynrychiolydd *g* *voir aussi* **représentant**.
représentatif (**représentative**) [R(ə)pRezɑ̃tatif, R(ə)pRezɑ̃tiv] *adj* cynrychiadol.
représentation [R(ə)pRezɑ̃tasjɔ̃] *f* cynrychioliad *g*, cynrychiolaeth *b*, cynrychioli; (*THÉÂTRE*) perfformiad *g*; (*image*) portread *g*; **faire de la** ~ (*COMM*) gweithio fel gwerthwr *ou* trafaeliwr; **frais de** ~ (*d'un diplomate*) lwfans *g* croesawu.
représenter [R(ə)pRezɑ̃te] (**1**) *vt* cynrychioli; (*pièce*) perfformio, chwarae, llwyfannu; ♦ **se** ~ *vr* (*occasion*) codi, ymddangos; (*se figurer*) dychmygu; **se** ~ **à** (*SCOL: examen*) ailsefyll; (*POL: élections*) ailsefyll, ailymgeisio yn.
répressif (**répressive**) [RepResif, RepResiv] *adj* (*régime, loi*) gormesol, gorthrymus; (*éducation*) llym(llem)(llymion).
répression [RepResjɔ̃] *f* (*POL*) gormes *g,b*; **mesures de** ~ mesurau *ll* llymion *ou* gormesol.
réprimande [RepRimɑ̃d] *f* cerydd *g*.
réprimander [RepRimɑ̃de] (**1**) *vt* ceryddu.
réprimer [RepRime] (**1**) *vt* (*peuple*) gormesu; (*émotions*) ffrwyno, mygu, atal; (*révolte*) darostwng
repris[1] (**-e**) [R(ə)pRi, iz] *pp de* **reprendre**.
repris[2] [R(ə)pRi] *m*: ~ **de justice** cyn-garcharor *g*.
reprise [R(ə)pRiz] *f* (*activité*) ailgychwyniad *g*, ailgychwyn, ailddechreuad *g*, ailddechrau; (*froid*) dychweliad *g*, dychwelyd; (*de jupe, pantalon*) altro, altrad *g*, ailwnïo, ailwnïad *g*; (*raccommodage: chaussette*) trwsio, trwsiad *g*, cyweirio, cyweiriad *g*; (*de ville, fortresse*) adfeddiant *g*, ailgymryd *g*; (*THÉÂTRE*) ailberfformiad *g*; (*CINÉ*) ailddangosiad *g*, ailddangos; (*TV*) aildelediad *g*; (*COMM: marchandise*) dychweliad *g*, dychwelyd; (*pour nouvel achat*) rhan-gyfnewid *g*; (*ÉCON*) adferiad *g*, gwellhad *g*; (*BOXE*) rownd *b*; (*ESCRIME*) gornest *b*; (*AUTO*) cyflymiad *g*, cyflymu; **la** ~ **des hostilités** ailddechrau ymladd; **à la** ~ (*FOOTBALL*) ar ddechrau'r ail hanner; **faire la** ~ **d'un mur** ailgodi wal; **avoir de bonnes** ~**s** (*AUTO*) cyflymu yn dda; **à plusieurs** ~**s** sawl gwaith, dro ar ôl tro, fwy nag unwaith.
repriser [R(ə)pRize] (**1**) *vt* (*chaussette etc*) trwsio, cyweirio, atgyweirio, ailwnïo; **aiguille à** ~ nodwydd *b* ddur 'sanau.
réprobateur (**réprobatrice**) [RepRɔbatœR, RepRɔbatRis] *adj* beirniadol, ceryddgar.
réprobation [RepRɔbasjɔ̃] *f* gwrthodedigaeth *b*, anghymeradwyaeth *b*, condemniad *g*, gwrthodiad *g*.
reproche [R(ə)pRɔʃ] *m* cerydd *g*; **d'un ton de** ~ mewn llais ceryddgar; **faire des** ~**s à qn de qch** ceryddu rhn am rth, beio rhn am rth; **faire des** ~**s à qch** gweld bai ar rth, rhoi'ch llach ar rth; **sans** ~**(s)** di-fai, diedliw.
reprocher [R(ə)pRɔʃe] (**1**) *vt*: ~ **qch à qn** edliw *ou* dannod rhth i rn; **qu'as-tu à** ~ **à mon plan?** beth sy gennyt ti'n erbyn fy nghynllun?; ♦ **se** ~ *vr*: **se** ~ **qch/d'avoir fait qch** eich beio'ch hun am rth/am wneud rhth, edliw *ou* dannod rhth i chi'ch hun.
reproducteur (**reproductrice**) [R(ə)pRɔdyktœR, R(ə)pRɔdytRis] *adj* (*organe, fonction*) atgenhedlu, atgynhyrchiol, atgynhyrchu; (*truie, vache*) magu.
reproduction [R(ə)pRɔdyksjɔ̃] *f* (*d'objet, œuvre*) atgynhyrchiad *g*, copi *g*; (*animaux, plantes*) atgynhyrchiad, atgenhedliad *g*, atgynhyrchu, atgenhedlu; **organes de** ~ organau *ll* atgenhedlu; **droits de** ~ (*copier*) hawlfraint *b*; ~ **interdite** (*sur un livre*) cedwir pob hawlfraint.
reproduire [R(ə)pRɔdɥiR] (**52**) *vt* atgynhyrchu, atgenhedlu; (*modèle*) copïo, atgynhyrchu; (*erreurs*) gwneud eto; ♦ **se** ~ *vr* (*BIOL, BOT*) atgynhyrchu, atgenhedlu; (*phénomène*) ailddigwydd, ailymddangos.
reprographie [R(ə)pRɔgRafi] *f* (*reproduction*) llungopïo, llun-gopi *g*, reprograffeg *b*, atgynhyrcheg *b*; (*département*) yr adran *b* reprograffeg; **le service de** ~ gwasanaeth *g* llungopïo.
réprouvé [RepRuve] *m* gwrthodedig *g*.
réprouvée [RepRuve] *f* gwrthodedig *b*.
réprouver [RepRuve] (**1**) *vt* (*personne*) ceryddu; (*actes, comportement*) beio, gweld bai ar; (*projet*) condemnio, anghymeradwyo; (*REL*) damnio, condemnio.
reptation [Rɛptasjɔ̃] *f* ymlusgiad *g*, ymlusgo.
reptile [Rɛptil] *m* (*ZOOL*) ymlusgiad *g*; (*serpent*) neidr *b*; (*péj: personne*) crafwr *g*, cynffonnwr *g*.
repu (**-e**) [Rəpy] *pp de* **repaître**; ♦*adj* llawn, wedi'ch diwallu; **je suis** ~ (*de nourriture*) 'rwyf wedi cael digon.
républicain[1] (**-e**) [Repyblikɛ̃, ɛn] *adj* gweriniaethol.
républicain[2] [Repyblikɛ̃] *m* gweriniaethwr *g*.
républicaine [Repyblikɛn] *f* gweriniaethwraig *b*; ♦*adj f voir* **républicain**[1].
république [Repyblik] *f* gweriniaeth *b*; **R**~ **arabe du Yémen** Gweriniaeth Arabaidd Yemen; **R**~ **Centrafricaine** Gweriniaeth Canolbarth Affrica; **R**~ **de Corée** Gweriniaeth Corea; **R**~ **démocratique allemande** Gweriniaeth Ddemocrataidd yr Almaen; **R**~ **dominicaine** Gweriniaeth Dominica; **R**~ **fédérale d'Allemagne** Gweriniaeth Ffederal yr Almaen; **R**~ **d'Irlande** Gweriniaeth Iwerddon; **R**~ **populaire de Chine** Gweriniaeth Boblogaidd Tsieina; **R**~ **populaire démocratique de**

Corée Gweriniaeth Boblogaidd Ddemocrataidd Corea; **R~ populaire du Yémen** Gweriniaeth Boblogaidd Yemen.

répudier [repydje] (**16**) *vt* (*femme*) diarddel, ysgaru â; (*foi*) gwadu, troi cefn ar; (*engagement*) tynnu'n ôl o.

répugnance [repyɲɑ̃s] *f* ffieidd-dra *g*, atgasedd *g*, gwrthuni *g*; (*mauvaise grace, manque de disposition*) amharodrwydd *g*; **avoir** *neu* **éprouver de la ~ pour qch** casáu rhth, ffieiddio rhth; **avoir** *neu* **éprouver de la ~ à faire qch** casáu gwneud rhth, ffieiddio rhag gwneud rhth, bod yn amharod i wneud rhth; **avec ~** yn anfodlon, yn anewyllysgar.

répugnant (-e) [repyɲɑ̃, ɑ̃t] *adj* atgas, ffiaidd, gwrthun.

répugner [repyɲe] (**1**) *vi*: **~ à** (*dégoûter*) bod yn atgas i, bod yn wrthun i; **je répugne à la violence/mentir** (*trouver dégoûtant*) mae trais/celwyddau yn hollol wrthun i mi; **~ à faire qch** bod yn amharod i wneud rhth.

répulsion [repylsjɔ̃] *f* ffieidd-dod *g*; (*PHYS*) gwrthyriad *g*.

réputation [repytasjɔ̃] *f* enw *g*, bri *g*; **avoir la ~ d'être ...** bod ag enw o fod yn ...; **je la connais de ~** 'rwyf wedi clywed sôn amdani; **de ~ mondiale** byd-enwog, enwog drwy'r byd.

réputé (-e) [repyte] *adj* (*célèbre*) enwog, o fri, ag enw da; **hautement ~** clodfawr, adnabyddus; **être ~ pour** bod yn enwog am.

requérir [rəkerir] (**31**) *vt* (*exiger*) galw am, mynnu; (*solliciter*) gofyn; (*JUR: peine*) mynnu, hawlio.

requête [rəkɛt] *f* (*sollicitation*) cais *g*; (*JUR*) cais, deiseb *b*; **adresser une ~ à un juge** gwneud cais i farnwr; **à** *neu* **sur la ~ de qn** ar gais rhn.

requiem [rekɥijɛm] *m* offeren *b* dros y meirw; (*MUS*) galargerdd *b*.

requiers *etc* [rəkjɛr] *vb voir* **requérir**.

requin [rəkɛ̃] *m* morgi *g*, siarc *g*; (*fig*) twyllwr *g*.

requinquer [r(ə)kɛ̃ke] (**1**) *vt* bywiogi, gwneud lles (i), bod yn donig i.

requis (-e) [rəki, iz] *pp de* **requérir**; ♦*adj* gofynnol, angenrheidiol.

réquisition [rekizisjɔ̃] *f* (*MIL: de biens, locaux*) atafael *g*, meddiant *g* gorfodol, meddianiad *g* gorfodol; (*de personnes*) gorfodi i weithio, gorfodaeth *b* i weithio.

réquisitionner [rekizisjɔne] (**1**) *vt* (*MIL*) atafael; (*biens*) meddiannu; (*hommes*) gorfodi i weithio.

réquisitoire [rekizitwar] *m* (*JUR: plaidoirie*) *araith b olaf yr erlyniaeth.*

RER [erøer] *sigle m*(= *Réseau express régional*) *gwasanaeth g trenau cyflym yn ardal Paris.*

rescapé [rɛskape] *m* goroeswr *g*, achubedig *g*; **il y avait trois ~s de l'incendie** achubwyd tri o bobl o'r tân.

rescapée [rɛskape] *f* goroeswraig *b*, achubedig *b*.

rescousse [rɛskus] *f*: **aller/venir à la ~ de** mynd/dod i gynorthwyo rhn, mynd/dod i roi help llaw i rn; **appeler qn à la ~** galw am gymorth rhn.

réseau (-x) [rezo] *m* rhwydwaith *g*; **~ fluvial** system *b* afonydd; **~ d'espions/trafiquants de drogues** criw *g ou* rhwydwaith o ysbïwyr/o werthwyr cyffuriau.

réséda [rezeda] *m* (*BOT*) perllys *g*, melengu *b* bêr.

réservation [rezɛrvasjɔ̃] *f* bwcio, cadw; **j'ai fait trois ~s pour demain** 'rwyf wedi archebu *ou* bwcio tri lle ar gyfer yfory; **bureau de ~** swyddfa *b* docynnau.

réserve [rezɛrv] *f* (*circonspection*) swildod *g*, gochelgarwch *g*, pwyll *g*; (*provisions*) cyflenwad *g*, stoc *b*; (*bibliothèque*) casgliad *g*; (*entrepôt*) storfa *b*; **~ naturelle** gwarchodfa *b* natur; **~s** (*de gaz, nutritives*) cronfeydd *ll*; **sous toutes ~s** yn betrus, yn amodol; **officier de ~** swyddog *g* wrth gefn; **sous ~ de** yn dibynnu ar; **sous ~ de disponibilité** os yw ar gael; **sans ~** yn ddiamod; **parler sans ~** siarad yn gwbl agored; **de ~** wrth gefn; **avoir/mettre/tenir qch en ~** bod â/rhoi/cadw rhth wrth gefn.

réservé (-e) [rezɛrve] *adj* a gedwir, a gafwyd, wrth gefn; (*circonspect*) gochelgar, pwyllog; **une table ~e au restaurant** bwrdd wedi ei fwcio *ou* gadw yn y bwyty; **~ à** *neu* **pour** wedi'i gadw ar gyfer; **chasse/pêche ~e** pysgota/hela preifat.

réserver [rezɛrve] (**1**) *vt* (*retenir: chambre, place*) cadw, bwcio, archebu; (*réponse, diagnostic*) oedi, gohirio; (*mettre de côté, garder*) cadw, neilltuo, rhoi (rhth) o'r neilltu *ou* ar wahân; **~ une place à qn** cadw sedd i rn *ou* ar gyfer rhn; **il ignorait le sort qui lui était réservé** ni wyddai ddim am y dynged a oedd yn ei aros;

♦ **se ~** *vr*: **se ~ qch** cadw rhth i chi'ch hun; **se ~ la meilleure chambre** cadw'r ystafell orau i chi'ch hun; **se ~ pour une meilleure occasion** aros am gyfle gwell; **se ~ le droit de faire qch** cadw'r hawl i wneud rhth.

réserviste [rezɛrvist] *m* milwr *g* wrth gefn.

réservoir [rezɛrvwar] *m* (*cuve*) tanc *g*; (*lac artificiel*) cronfa *b* ddŵr; (*poissons*) pysgodlyn *g*, pwll *g* pysgod; (*d'usine à gaz*) gasomedr *g*, tanc *g* nwy.

résidence [rezidɑ̃s] *f* (*séjour*) preswyliad *g*, arhosiad *g*; (*demeure*) preswylfa *b*, cartref *g*; (*immeuble*) bloc *g* fflatiau moethus; (*groupe d'immeubles*) blociau o fflatiau moethus; **(en) ~ surveillée** (*JUR*) dan gyfyngiad i'r cartref; **~ principale** cartref *g*; **~ secondaire** ail gartref, tŷ *g* haf; **~ universitaire** neuadd *b* breswyl; **changer de ~** symud i dŷ newydd, mudo.

résident[1] (-e) [rezidɑ̃, ɑ̃t] *adj* (*INFORM*) arhosol.

résident[2] [rezidɑ̃] *m* (*d'un immeuble*)

preswylydd *g*, trigolyn *g*; (*étranger*) estron *g*.
résidente [Rezidɑ̃t] *f* (*d'un immeuble*) preswylydd *g*, trigolyn *g*; (*étrangère*) estrones *b*;
♦*adj f voir* **résident**[1].
résidentiel (**-le**) [Rezidɑ̃sjɛl] *adj* preswyl.
résider [Rezide] (**1**) *vi*: ~ **à** *neu* **dans** *neu* **en** (*personne*) byw yn, trigo yn, cartrefu yn; ~ **dans** (*fig: chose*) bodoli yn; **c'est là que réside la difficulté** dyna ble mae'r anhawster.
résidu [Rezidy] *m* (*reste*) gweddill *g*; (*CHIM*) gwaddod *g*; (*MATH*) gweddill; ~**s** (*déchets*) sbwriel *g*; ~**s industriels** gwastraff *g* diwydiannol.
résiduel (**-le**) [Rezidɥɛl] *adj* gweddillol, dros ben.
résignation [Reziɲasjɔ̃] *f* ymostyngiad *g*, ymostwng, derbyn; **avec** ~ yn ostyngedig.
résigné (**-e**) [Reziɲe] *adj* ymostyngol, diysbryd, sy'n derbyn yr anochel; **être** ~ derbyn eich tynged.
résigner [Reziɲe] (**1**) *vt* (*fonction, emploi*) rhoi'r gorau i, ymddiswyddo;
♦ **se** ~ *vr* ymostwng, derbyn; **se** ~ **à qch** derbyn rhth, bodloni *ou* ymfodloni ar rth; (*se plier*) plygu i rth, ildio i rth.
résiliable [Reziljabl] *adj* diddymadwy, terfynadwy, y gellir ei ddiddymu *ou* derfynu.
résilier [Rezilje] (**16**) *vt* (*contrat*) terfynu.
résille [Rezij] *f* rhwyd *b* wallt; **bas** ~ 'sanau *ll* rhwyllog.
résine [Rezin] *f* resin *g*.
résiné (**-e**) [Rezine] *adj*: **vin** ~ retsina *g*.
résineux[1] (**résineuse**) [Rezinø, Rezinøz] *adj* resinaidd.
résineux[2] [Rezinø] *m* conwydden *b*, coniffer *g*.
résistance [Rezistɑ̃s] *f* gwrthwynebiad *g*, gwrthsafiad *g*, gwydnwch *g*; (*de réchaud, bouilloire*) elfen *b*; (*de coureur*) stamina *g*, dyfalbarhad *g*; (*ÉLEC*) gwrthiant *g*; **la R**~ y Gwrthsafiad, Byddin *b* Gêl; **offrir une** ~ **au feu** dal gwres, bod yn wrthiannol i wres.
résistant[1] (**-e**) [Rezistɑ̃, ɑ̃t] *adj* (*personne*) cadarn, cryf(cref)(cryfion), gwydn; (*plante*) gwydn; (*tissu*) caled, sy'n treulio'n dda; ~ **au choc** diysgog; ~ **à la chaleur** yn dal gwres, gwrthiannol i wres.
résistant[2] [Rezistɑ̃] *m* gwrthsafwr *g*.
résistante [Rezistɑ̃t] *f* gwrthsafwraig *b*;
♦*adj f voir* **résistant**[1].
résister [Reziste] (**1**) *vi*: ~ **à** (*assaut, tentation*) gwrthsefyll; (*douleur*) goddef, dioddef, dal; (*fatigue, sécheresse*) dal, goddef, gwrthsefyll; (*personne: désobeir à*) gwrthsefyll, gwrthwynebu; ~ **à l'épreuve du temps** dal prawf amser, parhau'n dragywydd.
résolu (**-e**) [Rezɔly] *pp de* **résoudre**;
♦*adj* penderfynol, cadarn, di-droi'n-ôl; **être** ~ **à faire qch** bod yn benderfynol o wneud rhth.
résolument [Rezɔlymɑ̃] *adv* yn benderfynol, yn gadarn, yn ddi-droi'n-ôl; **être** ~ **contre qch** bod yn gryf yn erbyn rhth.
résolution [Rezɔlysjɔ̃] *f* (*d'un problème*) datrysiad *g*, datrys; (*fermeté*) penderfynoldeb *g*; (*décision*) penderfyniad *g*; (*CHIM, MATH*) cydraniad *g*, cydrannu; (*MUS*) adferiad *g*; (*INFORM*) cydraniad, datrysyn *g*; (*POL*) cynnig *g*; **prendre la** ~ **de faire qch** penderfynu gwneud rhth; **bonnes** ~**s** bwriadau *ll* da.
résolvais *etc* [Rezɔlvɛ] *vb voir* **résoudre**.
résolve *etc* [Resɔlv] *vb voir* **résoudre**.
résonance [Rezɔnɑ̃s] *f* soniaredd *g*; (*fig*) atsain *b*; (*PHYS, MUS*) cyseiniant *g*.
résonner [Rezɔne] (**1**) *vi* (*cloche, pas*) diasbedain, atseinio; ~ **de** atseinio â.
résorber [RezɔRbe] (**1**): **se** ~ *vr* cael ei atsugno; (*tumeur*) cael ei leihau; (*fig: déficit, chômage*) cael ei leihau.
résoudre [RezudR] (**66**) *vt* (*problème*) datrys; ~ **qn à faire qch** annog *ou* perswadio rhn i wneud rhth;
♦*vi*: ~ **de faire qch** penderfynu gwneud rhth;
♦ **se** ~ *vr*: **se** ~ **à faire qch** (*se décider*) penderfynu gwneud rhth; (*se résigner*) derbyn bod rhaid gwneud rhth.
respect [Rɛspɛ] *m* parch *g*; **tenir qn en** ~ cadw rhn draw *ou* hyd braich; **présenter ses** ~**s à qn** anfon eich cofion at rn; **présentez mes** ~**s à votre femme** cofiwch fi at eich gwraig.
respectabilité [Rɛspɛktabilite] *f* parchusrwydd *g*.
respectable [Rɛspɛktabl] *adj* parchus, teilwng o barch; (*important*) sylweddol; **nombre** ~ **de** cryn dipyn o.
respecter [Rɛspɛkte] (**1**) *vt* parchu; **se faire** ~ ennyn parch; **le lexicographe qui se respecte** (*fig, hum*) geiriadurwr gwerth ei halen, geiriadurwr teilwng o'r enw.
respectif (**respective**) [Rɛspɛktif, Rɛspɛktiv] *adj* priodol, priod.
respectivement [Rɛspɛktivmɑ̃] *adv* yn ôl eu trefn, yn eu tro.
respectueusement [Rɛspɛktɥøzmɑ̃] *adv* gyda pharch.
respectueux (**respectueuse**) [Rɛspɛktɥø, Rɛspɛktøz] *adj* parchus, llawn parch; ~ **de qn** parchus o rn; **se mettre à une distance respectueuse** aros *ou* cadw draw.
respirable [RɛspiRabl] *adj* anadladwy; **pas** ~ ananadladwy, na ellir mo'i anadlu.
respiration [RɛspiRasjɔ̃] *f* (*fonction*) anadliad *g*, anadlu; (*souffle*) anadliad, anadl *g,b*, gwynt *g*; (*BIOL*) resbiradaeth *b*; ~ **artificielle** anadlu adferol, cymorth anadlu; **faire une** ~ **complète** anadlu i mewn ac allan; **retenir sa** ~ dal eich gwynt *ou* anadl.
respiratoire [RɛspiRatwaR] *adj* anadlol, resbiradol, anadliadol.
respirer [RɛspiRe] (**1**) *vt* (*inhaler*) mewnanadlu; (*odeur, parfum*) arogleuo; (*joie, bonheur*)

tywynnu, llewyrchu; (*calme, paix*) creu naws o;

♦*vi* anadlu; (*se reposer*) cael seibiant.

resplendir [ʀesplɑ̃diʀ] (**2**) *vi* sgleinio, disgleirio, llewyrchu; (*astre*) pefrio, serennu, disgleirio; (*fig: visage*) gwenu, disgleirio.

resplendissant (**-e**) [ʀesplɑ̃disɑ̃, ɑ̃t] *adj* (*soleil*) tywynnol, pelydrol, disglair; (*mine*) disgleiriol, yn disgleirio; **être ~ de bonheur** bod yn wên i gyd, disgleirio o lawenydd.

responsabilité [ʀespɔ̃sabilite] *f* cyfrifoldeb *g*; (*légale*) atebolrwydd *g*; **~ civile/pénale** cyfrifoldeb sifil/troseddol; **~ collective** cydgyfrifoldeb *g*; **~ morale** cyfrifoldeb moesol; **accepter/refuser la ~ de** derbyn/gwrthod y cyfrifoldeb o; **prendre ses ~s** cymryd y cyfrifoldeb; **décliner toute ~** gwrthod unrhyw gyfrifoldeb.

responsable [ʀespɔ̃sabl] *adj*: **~ (de)** cyfrifol (am), atebol (dros);

♦*m/f* un *g/b* sy'n gyfrifol, un sydd â gofal (dros).

resquiller [ʀeskije] (**1**) *vi* (*au cinéma, au stade*) sleifio i mewn heb dalu; (*dans le train*) teithio heb dalu.

resquilleur [ʀeskijœʀ] *m* (*qui ne paie pas*) un *g* sy'n osgoi talu; (*qui n'est pas invité*) partïwr *g* diwahoddiad, un sy'n mynd i barti heb wahoddiad.

resquilleuse [ʀeskijøz] *f* (*qui ne paie pas*) un *b* sy'n osgoi talu; (*qui n'est pas invitée*) un sy'n mynd i barti heb wahoddiad.

ressac [ʀəsak] *m* (*mouvement*) adlif *g* (ton); (*agitation*) crychddwr *g*.

ressaisir [ʀ(ə)seziʀ] (**2**) *vt* cydio (yn rhth), gafael (yn rhth), ailgydio (yn rhth), ailafael (yn rhth);

♦ **se ~** *vr* ailafael ynoch eich hun, ymbwyllo, adennill eich hunan-reolaeth; (*athlète*) cael eich gwynt atoch.

ressasser [ʀ(ə)sase] (**1**) *vt* (*pensées*) mynd dros rth drosodd a throsodd; (*redire*) sôn am rth drosodd a throsodd.

ressemblance [ʀ(ə)sɑ̃blɑ̃s] *f* tebygrwydd *g*, cyffelybrwydd *g*; **avoir une ~ avec qch** bod yn debyg i rth.

ressemblant (**-e**) [ʀ(ə)sɑ̃blɑ̃, ɑ̃t] *adj* tebyg, naturiol, byw iawn.

ressembler [ʀ(ə)sɑ̃ble] (**1**) *vi*: **~ à** bod yn debyg i;

♦ **se ~** *vr* bod yn debyg i'w gilydd; **ils se ressemblent comme deux gouttes d'eau** maen nhw'r un ffunud â'i gilydd.

ressemeler [ʀ(ə)səm(ə)le] (**11**) *vt* ailwadnu.

ressens *etc* [ʀ(ə)sɑ̃] *vb voir* **ressentir**.

ressentiment [ʀ(ə)sɑ̃timɑ̃] *m* dig *g*, chwerwder *g*, drwgdeimlad *g*.

ressentir [ʀ(ə)sɑ̃tiʀ] (**26**) *vt* teimlo;

♦ **se ~** *vr*: **se ~ de qch** teimlo effaith rhth.

resserre [ʀəsɛʀ] *f* (*cabane*) cwt *g*, sied *b*; (*réduit*) storfa *b*

resserrement [ʀ(ə)sɛʀmɑ̃] *m* (*action: de nœud, boulon*) tynhau, tynhad *g*; (*de vaisseau sanguin*) cyfangu, cyfangiad *g*; (*d'amitié*) cryfhau, cryfhad *g*, cadarnhau, cadarnhad *g*; (*de chemin, rivière*) culhau, culhad *g*, meinhau, meinhad *g*.

resserrer [ʀ(ə)seʀe] (**1**) *vt* (*passage, route*) culhau; (*texte, narration*) cywasgu, crynhoi; (*nœud, boulon*) tynhau; (*amitié*) cryfhau, cadarnhau; (*discipline*) tynhau;

♦ **se ~** *vr* (*amitié*) cryfhau, mynd yn gryfach; (*chemin, rivière*) culhau, mynd yn gulach; (*nœud*) tynhau, mynd yn dynnach; **se ~ (autour de)** agosáu, nesu, nesáu, closio at.

ressers *etc* [ʀ(ə)sɛʀ] *vb voir* **resservir**.

resservir [ʀ(ə)sɛʀviʀ] (**24**) *vt* (*plat: servir à nouveau*) rhoi bwyd (o flaen rhn) eto, ailweini, gweini eto; **~ qch à qn** ailgynnig rhth i rn; **~ qn (d'un plat)** (*personne*) rhoi ychwaneg (o fwyd) i rn; **~ de qch à qn** (*servir davantage de*) rhoi ail blatiad o rth i rn;

♦*vi* (*objet, outil, vêtement*) gwasanaethu eilwaith *ou* am yr eildro;

♦ **se** *vr*: **se ~ de qch** (*plat*) helpu'ch hun i rth, estyn at rth; (*objet, vêtement*) ailddefnyddio, ailwisgo.

ressort[1] [ʀəsɔʀ] *vb voir* **ressortir**.

ressort[2] [ʀəsɔʀ] *m* (*pièce*) sbring *g,b*; (*force morale*) gwydnwch *g*; (*JUR*) awdurdod *g*, awdurdodaeth *b*; **en dernier ~** yn niffyg dim arall; **être du ~ de qn** bod o fewn awdurdod *ou* awdurdodaeth rhn.

ressortir[1] [ʀəsɔʀtiʀ] (**26**) *vt (avec aux. avoir)* mynd *ou* dod â rhth allan *ou* mas eto; **faire ~ qch** (*fig*) amlygu, pwysleisio rhth;

♦*vi (avec aux. être)* mynd *ou* dod allan *ou* mas eto; (*contraster*) bod yn amlwg, sefyll allan; **il ressort de ceci que ...** o'r ffeithiau hyn mae'n amlwg ...

ressortir[2] [ʀəsɔʀtiʀ] (**2**) *vi*: **~ à** (*JUR*) bod dan awdurdod *ou* awdurdodaeth; (*concerner*) perthyn i, ymwneud â.

ressortissant [ʀ(ə)sɔʀtisɑ̃] *m* dinesydd *g*.

ressortissante [ʀ(ə)sɔʀtisɑ̃t] *f* dinesydd *g*.

ressouder [ʀ(ə)sude] (**1**) *vt* sodro eilwaith, ailsodro.

ressource [ʀ(ə)suʀs] *f* (*richesse*) adnodd *g*; (*option*) dewis *g*; **avoir de la ~** bod yn ddyfeisgar; **avoir la ~ de faire qch** bod â'r cyfle i wneud rhth; **leur seule ~ était de** eu hunig obaith oedd, yr unig peth y gallent ei wneud oedd; **~s** (*moyens, matériels, fig*) adnoddau *ll*; **~s d'énergie** adnoddau pŵer *ou* egni; **les ~s naturelles** *neu* **de la nature** adnoddau naturiol.

ressusciter [ʀesysite] (**1**) *vt* (*REL*) atgyfodi, codi o farw'n fyw; (*mourant*) adfywio, dadebru; (*fig*) adfywio; (*péj: coutume, passé*) atgyfodi, adfywio;

♦*vi* atgyfodi; (*fig: pays*) adfywio, atgyfodi.

restant[1] (**-e**) [ʀestɑ̃, ɑ̃t] *adj* ar ôl, dros ben, yn weddill.

restant[2] [ʀɛstɑ̃] *m* gweddill *g*; **un ~ de** gweddill o; (*fig: vestige*) ôl *g* o; **un ~ de pain/fromage** darn *g* *ou* mymryn *g* o fara/o gaws ar ôl.

restaurant [ʀɛstɔʀɑ̃] *m* bwyty *g*, tŷ *g* bwyta; **manger au ~** bwyta mewn tŷ bwyta, mynd allan i gael bwyd; **~ d'entreprise** *cantîn g ar gyfer staff*; **~ libre-service** bwyty hunanwasanaeth; **~ rapide** caffi *g* bwyd sydyn; **~ universitaire** ffreutur *g* prifysgol.

restaurateur [ʀɛstɔʀatœʀ] *m* (*aubergiste*) perchennog *g* bwyty; (*de tableaux*) adnewyddwr *g*.

restauration [ʀɛstɔʀasjɔ̃] *f* (*hôtellerie*) arlwyaeth *b*, arlwyo; (*ART*) atgyweiriad *g*, atgyweirio, adnewyddiad *g*, adnewyddu; **~ rapide** y diwydiant *g* bwyd sydyn.

restauratrice [ʀɛstɔʀatʀis] *f* (*aubergiste*) perchenoges *b* bwyty; (*de tableaux*) adnewyddwraig *b*.

restaurer [ʀɛstɔʀe] (**1**) *vt* adnewyddu, atgyweirio; (*nourrir*) bwydo, porthi;
♦ **se ~** *vr* cael bwyd.

restauroute [ʀɛstoʀut] *m*= **restoroute**.

reste [ʀɛst] *m* (*MATH: restant*) gweddill *g*; (*d'espoir, de tendresse*) tipyn *g*, mymryn *g*, awgrym *g*; **utiliser un ~ de poulet** defnyddio gweddillion y cyw iâr, defnyddio'r hyn sy'n weddill o'r cyw iâr; **faites ceci, je me charge du ~** gwnewch chi hyn, fe ofala' i am bopeth arall *ou* y gweddill; **pour le ~, quant au ~** o ran y gweddill; **le ~ du temps/des gens** gweddill yr amser/y bobl; **avoir du temps/de l'argent de ~** bod ag amser/arian ar ôl *ou* yn weddill; **et tout le ~** a'r gweddill, ac ati, ac yn y blaen; **demeurer en ~ avec qn** teimlo'n ddyledus i rn; **partir sans attendre** *neu* **demander son ~** (*fig*) gadael ar unwaith; **être en ~** dod yn ail i rn; **~s** (*CULIN*) bwyd *g* dros ben *ou* ar ôl, gweddillion *ll*; (*d'une cité*) adfeilion *ll*; (*dépouille mortelle*) gweddillion; **du ~, au ~** yn ogystal, ar ben hynny, yn ychwanegol, heblaw hynny.

rester [ʀɛste] (**1**) *vi (avec aux. être)* aros; (*survivre*) parhau, byw; **en ~ à** (*stade, menaces*) peidio â mynd ymhellach na; **restons-en là pour le moment** gadawn bethau fel y maent am y tro; **~ assis** aros ar eich eistedd; **~ debout** aros ar eich traed; (*ne pas se coucher*) bod ar eich traed y nos; **~ sur sa faim** aros yn newynog; **~ sur une bonne/mauvaise impression** cadw argraff dda/ddrwg; **y ~** cyfarfod *ou* cwrdd â'ch diwedd *ou* tynged; **il a failli y ~** bu bron iddo farw;
♦*vb impers*: **il reste du pain** mae 'na fara dros ben *ou* yn weddill; **il me reste 2 œufs** mae gennyf ddau wy ar ôl; **il reste du temps** mae 'na amser o hyd; **il reste 10 minutes** mae 'na ddeng munud ar ôl; **il me reste assez de temps** mae gennyf ddigon o amser; **voilà tout ce qui me reste** dyna'r cwbl sydd ar ôl gennyf; **ce qui me reste à faire** yr hyn sy'n aros imi ei wneud; **(il) reste à savoir si ...** rhaid aros i weld ...; **il n'en reste pas moins que ...** erys y ffaith ...

restituer [ʀɛstitɥe] (**1**) *vt* (*texte, inscription*) adfer; (*énergie*) rhyddhau; (*son*) atgynhyrchu; **~ qch (à qn)** (*objet, somme*) dychwelyd rhth (i rn).

restitution [ʀɛstitysjɔ̃] *f* dychweliad *g*, dychwelyd; (*texte, inscription*) adferiad *g*, adfer; (*énergie*) rhyddhad *g*, rhyddhau.

restoroute [ʀɛstoʀut] *m bwyty g ar drafford*d.

restreindre [ʀɛstʀɛ̃dʀ] (**68**) *vt* cyfyngu, atal;
♦ **se ~** *vr* eich cyfyngu'ch hun, cwtogi ar eich gwario.

restreint (**-e**) [ʀɛstʀɛ̃, ɛ̃t] *pp de* **restreindre**;
♦*adj* (*vocabulaire, public*) cyfyngedig; (*personnel*) llai.

restrictif (**restictive**) [ʀɛstʀiktif, ʀɛstʀiktiv] *adj* rhwystrol, cyfyngol.

restriction [ʀɛstʀiksjɔ̃] *f* cyfyngiad *g*; (*condition*) amod *g,b*; **~s** (*rationnement*) amheuon *ll*, cyfyngiadau *ll*, ymataliadau *ll*; **sans ~** yn ddiamod; **voyager sans ~** teithio heb rwystr.

restructuration [ʀəstʀyktyʀasjɔ̃] *f* ad-drefnu, ailwampio, ailadeileddu.

restructurer [ʀəstʀyktyʀe] (**1**) *vt* ad-drefnu, ailadeileddu.

résultante [ʀezyltɑ̃t] *f* canlyniad *g*.

résultat [ʀezylta] *m* canlyniad *g*; **c'est un ~ remarquable** mae'n gamp *b* anhygoel; **~s** (*d'un examen, des élections*) canlyniadau *ll*; **cette tentative a eu des ~s désastreux** mae'r ymdrech hon wedi cael canlyniadau trychinebus; **~s sportifs** canlyniadau chwaraeon.

résulter [ʀezylte] (**1**) *vi*: **~ de** deillio o, tarddu o; **il résulte de ceci que ...** o ganlyniad i hyn mae ...

résumé [ʀezyme] *m* crynodeb *g*, crynhoad *g*; **faire le ~ de** crynhoi; **en ~** mewn ychydig eiriau, yn gryno; (*pour conclure*) i grynhói.

résumer [ʀezyme] (**1**) *vt* crynhoi, gwneud crynodeb; (*fig*) ymgorffori;
♦ **se ~** *vr* crynhoi'ch syniadau; **son argument se résume à...** hanfod ei ddadl yw, yn y bôn ei ddadl yw.

resurgir [ʀ(ə)syʀʒiʀ] (**2**) *vi* ailymddangos, dod i'r golwg eto, ailgodi.

résurrection [ʀezyʀɛksjɔ̃] *f* atgyfodiad *g*, atgyfodi; (*fig*) adferiad *g*, adfer.

rétablir [ʀetabliʀ] (**2**) *vt* ailsefydlu, adsefydlu, adfer; (*courant*) adfer; **~ qn** (*guérir*) adfer iechyd rhn; **~ qn dans son emploi** adfer rhn i'w swydd; **~ qn dans ses droits** ailsefydlu hawliau rhn;
♦ **se ~** *vr* (*malade*) gwella; (*silence, calme*) dychwelyd; (*GYM*) eich tynnu'ch hun i fyny,

eich halio'ch hun i fyny.

rétablissement [Retablismɑ̃] *m* ailsefydliad *g*, ailsefydlu; (*du courant*) adferiad *g*, adfer, dychweliad *g*, dychwelyd; (*de la monarchie*) adferiad, ailorseddu; (*retour à la santé*) gwellhad *g*, adferiad; **faire un** ~ (GYM) eich halio'ch hun i fyny.

rétamer [Retame] (**1**) *vt* (*casserole*) aildunio; (*fig: fatiguer*) blino'n lân; (*battre*) llorio, trechu, curo'n llwyr; **se faire** ~ (*à un examen*) methu;

♦ **se** ~ *vr* (*tomber*) cael codwm, cwympo; (*en voiture*) bwrw yn erbyn.

rétameur [RetamœR] *m* tincer *g*.

retaper [R(ə)tape] (**1**) *vt* (*maison, voiture*) atgyweirio, ailwampio; (*fam: à nouveau*) ail-wneud; (*fam: malade*) bywiogi, gwneud lles (i rn); (*redactylographier*) aildeipio;

♦ **se** ~ *vr* (*guérir*) gwella, bod ar eich traed eto; **se** ~ **un verre*** arllwys *ou* tywallt diod arall i'ch hun.

retard [R(ə)taR] *m* (*d'une personne attendue*) hwyrder *g*; (*sur l'horaire, un programme*) oediad *g*, oedi; (*fig: scolaire, mental*) arafwch *g* meddwl; **arriver en** ~ cyrraedd yn hwyr; **être en** ~ (*pays*) bod ar ôl yr oes, bod ar ei hôl hi; (*dans paiement, travail*) bod yn hwyr; **être en** ~ **de 2 heures** bod ddwy awr yn hwyr; **avoir un** ~ **de 2 heures** (SPORT) bod ddwy awr ar ôl; **avoir un** ~ **de 2 km** (SPORT) bod ddau gilometr ar ôl; **rattraper son** ~ dal i fyny, dala lan; **avoir du** ~ bod yn hwyr; (*sur un programme*) rhedeg yn hwyr; **prendre du** ~ (*train, avion*) bod yn hwyr; (*montre*) colli amser; ~ **à l'allumage** (AUTO) taniad *g* araf; ~ **scolaire** arafwch dysgu; **combler son** ~ adennill amser a gollwyd; **être en** ~ **sur son temps** bod ar ôl yr oes; **après bien des** ~**s** ar ôl sawl oediad; **sans** ~ (*le plus tôt possible*) ar unwaith, heb oedi.

retardataire [R(ə)taRdateR] *adj* (*non ponctuel*) (sy'n cyrraedd yn) hwyr; (*idées*) ar ôl yr oes, henffasiwn;

♦*m/f* hwyrddyfodiad *g/b*.

retardé[1] (**-e**) [R(ə)taRde] *adj* (*enfant*) araf.

retardé[2] [R(ə)taRde] *m* un *g* araf ei feddwl.

retardée [R(ə)taRde] *f* un *b* araf ei meddwl.

retardement [R(ə)taRdəmɑ̃] *adj*: **à** ~ (*mine*) hwyrweithredol; (*mécanisme*) hunanamserol; **dispositif à** ~ (PHOT) caead *g* hwyrweithredol; **bombe à** ~ bom *g,b* wedi'i (h)amseru, bom hwyramserol; **des compliments à** ~ cyfarchion *ll* hwyr; **se fâcher à** ~ gwylltio drannoeth.

retarder [R(ə)taRde] (**1**) *vt* arafu, dal yn ôl; (*personne*) atal; (*programme*) gohirio; (*montre*) troi yn ôl; ~ **qch (de 3 mois)** gohirio rhth (am dri mis);

♦*vi* (*horloge, montre*) bod ar ôl; (*d'habitude*) colli; ~ **sur son époque** (*fig: personne*) bod ar ôl yr oes; **je retarde (d'une heure)** mae fy watsh (un awr) ar ôl *ou* ar ei hôl hi.

retendre [R(ə)tɑ̃dR] (**3**) *vt* (*câble*) ymestyn eto; (MUS: *cordes*) tynhau.

retenir [Rət(ə)niR] (**32**) *vt* (*empêcher de partir*) atal, cadw, dal; (*cheval*) ffrwyno, arafu; (*chien*) dal yn ôl; (*se rappeler: chanson, date*) cofio, cadw mewn cof; (*suggestion, proposition: accepter*) derbyn; (*réserver: place, chambre*) cadw, bwcio, sicrhau; (*humidité, chaleur*) cadw, dal; (*réprimer: larmes*) atal, cadw *ou* dal yn ôl; (*garder: salaire*) atal, stopio; (MATH) cario, dal; ~ **un rire** mygu'ch chwerthin; ~ **un sourire** cuddio gwên; ~ **qn de faire qch** atal rhn rhag gwneud rhth; ~ **qch sur** (*somme*) tynnu rhth o; ~ **son souffle,** ~ **son haleine** dal eich gwynt *ou* anadl; ~ **qn à dîner** gofyn i rn aros i ginio; **je pose 3 et je retiens 2** rhoi 3 i lawr a chario 2;

♦ **se** ~ *vr* (*se contenir*) ymatal, dal gafael; (*euphémisme: réprimer ses besoins naturels*) dal; **se** ~ **à qch** dal gafael yn rhth; **se** ~ **de faire qch** ymatal rhag gwneud rhth.

rétention [Retɑ̃sjɔ̃] *f*: ~ **d'urine** ataliad *g* dŵr, atal dŵr.

retentir [R(ə)tɑ̃tiR] (**2**) *vi* diasbedain, atseinio; ~ **de** (*salle*) atseinio â; ~ **en qn** (*fig*) canu cloch, taro tant; ~ **sur** (*fig*) cael effaith ar; (*évènement, situation*) cael sgil-effeithiau ar, effeithio ar.

retentissant (**-e**) [R(ə)tɑ̃tisɑ̃, ɑ̃t] *adj* (*voix*) atseiniol, soniarus; (*discours*) ysgubol, sy'n creu argraff gref; **un succès** ~ llwyddiant *g* ysgubol.

retentissement [R(ə)tɑ̃tismɑ̃] *m* (*répercussions*) effaith *b*, ôl-effeithiau *ll*; (*bruit: de voix*) atsain *b*; (*de canon*) taraniad *g*; (*succès*) cynnwrf *g*; **avoir un grand** ~ creu cyffro.

retenu (**-e**) [Rət(ə)ny] *pp de* **retenir**;

♦*adj* (*place*) wedi'i gadw *ou* fwcio; (*personne: empêché*) wedi'i ddal *ou* atal yn ei ôl; (*propos: contenu, discret*) cynnil.

retenue [Rət(ə)ny] *f* (*somme prélevée*) didyniad *g*; (MATH) rhif *g* i'w gario, gweddill *g*; (*modération*) ymatal, ymataliaeth *b*; (*réserve*) tawedogrwydd *g*, swildod *g*; (SCOL) cael eich cadw i mewn ar ôl ysgol; (AUTO) ciw *g*, tagfa *b*; **avoir de la** ~ bod yn ddywedwst, bod yn dawedog; **sans** ~ yn ddiatal;

♦*adj f voir* **retenu**.

réticence [Retisɑ̃s] *f* tawedogrwydd *g*, swildod *g*; **sans** ~ heb betruso, yn ddiymdroi.

réticent (**-e**) [Retisɑ̃, ɑ̃t] *adj* (*réservé*) tawedog, dywedwst; (*hésitant*) petrus.

retiendrai *etc* [Rətjɛ̃dRe] *vb voir* **retenir**.

retiens *etc* [Rətjɛ̃] *vb voir* **retenir**.

rétif (**rétive**) [Retif, Retiv] *adj* (*cheval*) ystyfnig; (*fig: personne*) anhydrin, gwrthryfelgar.

rétine [Retin] *f* retina *g*, rhwyden *b*.

retint [Rətɛ̃] *vb voir* **retenir**.

retiré (-**e**) [ʀ(ə)tiʀe] *adj* (*lieu*) anghysbell, diarffordd; (*vie*) o'r neilltu, unig.

retirer [ʀ(ə)tiʀe] (**1**) *vt* tynnu'n ôl; (*vêtements*) tynnu (dillad) oddi amdanoch; (*lunettes*) tynnu; (*faire sortir*) tynnu allan *ou* mas; (*bagages, billets réservés*) codi, casglu; (*extraire: minerai, huile*) tynnu, cael; ~ **qch à qn** mynd â rhth oddi ar rn; ~ **qch de** symud rhth ymaith; ~ **un bouchon** tynnu corcyn; ~ **un enfant à sa famille** mynd â phlentyn oddi ar ei deulu; ~ **un bénéfice/des avantages de** cael elw/mantais o;
♦ **se** ~ *vr* cilio, ymneilltuo; (*se coucher*) mynd i'r gwely; (*prendre sa retraite*) ymddeol.

retombées [ʀətɔ̃be] *fpl* (*radioactives*) llwch *g* ymbelydrol; (*fig*) ôl-effeithiau *ll*, canlyniadau *ll*; (*invention*) sgil-gynnyrch *g*.

retomber [ʀ(ə)tɔ̃be] (**1**) *vi* cwympo eilwaith, ailgwympo; (*atterrir: sauteur, cheval*) glanio; ~ **malade** ailwaelu, mynd yn wael eto; ~ **dans l'erreur** mynd ar gyfeiliorn eto; **c'est sur moi que retombe la responsabilité** arnaf fi y syrth y cyfrifoldeb.

retordre [ʀ(ə)tɔʀdʀ] (**3**) *vt*: **donner du fil à** ~ **à qn** gwneud bywyd yn galed i rn.

rétorquer [ʀetɔʀke] (**1**) *vt*: ~ **(à qn)** rhoi ateb parod (i rn).

retors (-**e**) [ʀətɔʀ, ɔʀs] *adj* cyfrwys, ystrywgar.

rétorsion [ʀetɔʀsjɔ̃] *f*: **mesures de** ~ dial *g*.

retouche [ʀ(ə)tuʃ] *f* (*à une peinture, photographie*) atgyffyrddiad *g*, atgyffwrdd; (*à un vêtement*) newid *g*; **faire une** ~ **à qch** ailwnïo rhth, ailwampio rhth.

retoucher [ʀ(ə)tuʃe] (**1**) *vt* (*photographie, tableau*) atgyffwrdd, ailgyffwrdd; (*vêtement*) ailwnïo.

retour [ʀ(ə)tuʀ] *m* (*d'un voyage*) dychweliad *g*, dychwelyd; (*tennis*) dychweliad; (*billet*) tocyn *g* dwyffordd; (*COMM, POSTES: renvoi*) dychweliad, dychwelyd; **au** ~ (*en route*) ar y ffordd yn ôl; **pendant le** ~ wrth ddychwelyd, ar y ffordd yn ôl; **à mon/ton** ~ ar ôl i mi/ti ddychwelyd; **être de** ~ **(de)** bod yn ôl (o); **de** ~ **chez moi** wrth imi ddychwelyd adref; **"de** ~ **dans 10 minutes"** "yn ôl mewn deng munud"; **par** ~ **du courrier** gyda throad y post; **il connaît maintenant le succès et c'est un juste** ~ **des choses** mae'n llwyddiannus nawr, a hynny'n hollol haeddiannol; **match** ~ gêm *b* yn ôl; ~ **en arrière** (*CINÉ, LITT, fig*) ôl-fflach *b*; (*mesure*) cam *g* yn ôl; ~ **à l'envoyeur** (*POSTES*) dychweler i'r anfonydd; ~ **(automatique) à la ligne** (*INFORM*) geirlap *g*; ~ **aux sources** (*fig*) dychweliad i'r hanfodion, dychweliad i lygad y ffynnon; ~ **de bâton** adlam *g*, adlach *b*, ôl-gic *b*, cic *b* yn ôl; ~ **de flamme** ôl-daniad *g*; ~ **de manivelle** adlach *b*; ~ **offensif** (*MIL*) gwrthymosodiad *g*; **un** ~ **offensif de la grippe** pwl *g ou* ymosodiad *g* arall o'r ffliw; **être sur le** ~ bod dros y gwaethaf; **en** ~ yn gyfnewid, yn eich tro, yn eu tro ayb; **sans** ~ am byth; **payer qn de** ~ talu'r pwyth yn ôl i rn.

retournement [ʀ(ə)tuʀnəmɑ̃] *m* gwrthdroad *g*; (*d'une personne*) newid *g* llwyr, tro *g* pedol; ~ **de la situation** newid, gwrthdroad sefyllfa, gwrthdroi'r sefyllfa.

retourner [ʀ(ə)tuʀne] (**1**) *vt (avec aux. avoir)* (*dans l'autre sens*) troi (rhth) rownd; (*caisse*) troi drosodd, troi a'i ben i lawr; (*terre, foin*) troi; (*vêtement*) troi y tu chwith allan; (*émouvoir: personne*) rhoi ysgytwad (i rn); (*renvoyer: marchandise, lettre*) dychwelyd; ~ **la situation** newid y sefyllfa, gwrthdroi'r sefyllfa; ~ **sa veste** troi'ch côt; ~ **qch dans sa tête** myfyrio dros rth; ~ **qch à qn** (*restituer*) dychwelyd rhth i rn;
♦*vi (avec aux. être)* dychwelyd, mynd yn ôl, dod yn ôl; ~ **en arrière**, ~ **sur ses pas** troi yn ôl, mynd yn ôl (ar yr un llwybr); ~ **à** (*état initial, activité*) dychwelyd i, mynd yn ôl at; ~ **aux sources** mynd yn ôl at yr hanfodion, mynd yn ôl at lygad y ffynnon; **savoir de quoi il retourne** gwybod beth sydd dan sylw;
♦ **se** ~ *vr* (*voiture*) troi drosodd; (*faire un demi-tour*) troi rownd; **partir sans se** ~ cychwyn heb edrych yn ôl; **se** ~ **dans son lit** troi a throsi yn y gwely; **il sait se** ~ fe ŵyr sut i ddod i ben; **avoir le temps de se** ~ cael amser i gael trefn arnoch eich hun; **se** ~ **contre qn/qch** (*fig*) troi yn erbyn rhn/rhth; **s'en** ~ mynd yn ôl, dychwelyd.

retracer [ʀ(ə)tʀase] (**9**) *vt* (*vie, histoire*) olrhain, adrodd, traethu; (*trait éffacé*) ail-lunio, ail-dynnu.

rétracter [ʀetʀakte] (**1**) *vt* (*parole, promesse*) tynnu'n ôl, dad-ddweud; (*griffe*) tynnu i mewn;
♦ **se** ~ *vr* tynnu'ch geiriau'n ôl; (*antenne, griffe*) tynnu i mewn.

retraduire [ʀ(ə)tʀadɥiʀ] (**52**) *vt* ailgyfieithu, aildrosi; (*dans la langue de départ*) cyfieithu yn ôl i'r iaith wreiddiol.

retrait [ʀ(ə)tʀɛ] *m* crebachiad *g*; (*eaux, glacier, troupes*) ciliad *g*, enciliad *g*, symudiad *g* yn ôl, symud yn ôl; (*somme d'argent*) codiad *g*, codi; (*bagages*) casgliad *g*, casglu; (*d'un tissu au lavage*) mynd yn llai, mynd i mewn, tynnu ato; ~ **du permis (de conduire)** gwaharddiad *g* rhag gyrru; **le** ~ **des eaux a révélé l'ampleur du désastre** pan aeth y dŵr i lawr gwelwyd maint y difrod; **en** ~ yn sefyll yn ôl; **une maison en** ~ **de la route** tŷ'n sefyll yn ôl o'r ffordd; **commencer en** ~ (*TYPO*) mewnoli; **rester en** ~ (*fig*) sefyll draw, sefyll o'r neilltu.

retraite [ʀ(ə)tʀɛt] *f* (*d'une armée*) ciliad *g*, enciliad *g*; (*d'un employé*) ymddeoliad *g*, ymddeol; (*revenu*) pensiwn *g* ymddeol; (*asile, refuge*) encilfan *g,b*, lloches *b*; (*animal*) gwâl *b*, ffau *b*; (*voleurs*) ogof *b*; (*REL*) enciliad *g*; **être à la** ~ bod wedi ymddeol;

mettre qn à la ~ diswyddo rhn ar bensiwn; **prendre sa** ~ ymddeol; ~ **anticipée** ymddeoliad cynnar; ~ **aux flambeaux** gorymdaith *b* wrth olau ffaglau.

retraité[1] (**-e**) [R(ə)tRete] *adj* wedi ymddeol, ymddeoledig.

retraité[2] [R(ə)tRete] *m* pensiynwr *g*.

retraitée [R(ə)tRete] *f* pensiynwraig *b*.

retraitement [R(ə)tRɛtmɑ̃] *m* ailbrosesu, ail-drin; **usine de** ~ **des déchets nucléaires** gwaith *g* ailbrosesu gwastraff niwclear.

retraiter [R(ə)tRete] (**1**) *vt* ailbrosesu, ail-drin.

retranchements [R(ə)tRɑ̃ʃmɑ̃] *mpl*: **poursuivre qn dans ses (derniers)** ~ gyrru rhn i gornel.

retrancher [R(ə)tRɑ̃ʃe] (**1**) *vt* (*passage, détails*) dileu, hepgor; ~ **qch de** (*nombre, somme*) tynnu rhth (ymaith) o;
♦ **se** ~ *vr*: **se** ~ **derrière/dans** (*MIL*) ymgloddio y tu ôl/yn; **se** ~ **dans** (*fig*) llochesu yn, cymryd lloches yn.

retranscrire [R(ə)tRɑ̃skRiR] (**53**) *vt* ailgopïo; (*MUS*) aildrawsgrifio.

retransmettre [R(ə)tRɑ̃smɛtR] (**72**) *vt* (*RADIO, TV*) darlledu.

retransmission [R(ə)tRɑ̃smisjɔ̃] *f* darllediad *g*; ~ **en direct/différé** darllediad byw/wedi'i recordio.

retravailler [R(ə)tRavaje] (**1**) *vt* ail-wneud, ailwampio, ailweithio;
♦*vi* ailddechrau gweithio; (*après vacances*) mynd yn ôl i'r gwaith.

retraverser [R(ə)tRavɛRse] (**1**) *vt* (*dans l'autre sens*) croesi'n ôl dros.

rétréci (**-e**) [RetResi] *adj* cul.

rétrécir [RetResiR] (**2**) *vt* (*vêtement*) tynnu i mewn, meinhau; (*rue*) culhau; (*bague*) tynhau;
♦*vi* (*tissu*) mynd i mewn, mynd yn llai, tynnu ato;
♦ **se** ~ *vr* mynd yn gulach; (*pupille*) cyfangu; (*cercle d'amis*) lleihau.

rétrécissement [RetResismɑ̃] *m* (*vêtement*) lleihad *g*, meinhad *g*; (*pupille*) cyfangiad *g*; (*vallée*) culhad *g*.

retremper [R(ə)tRɑ̃pe] (**1**): **se** ~ *vr*: **se** ~ **dans** (*fig*) ymgolli mewn (rhth) eto.

rétribuer [RetRibɥe] (**1**) *vt* (*travail*) talu; (*personnel*) talu i, cyflogi.

rétribution [RetRibysjɔ̃] *f* tâl *g*.

rétro [RetRo] *adj inv* henffasiwn, yr oes o'r blaen (*sy'n dynwared steil y cyfnod cynt*); **la mode** ~ ffasiwn *g,b* pethau'r oes o'r blaen;
♦*m* (*fam*)= **rétroviseur**.

rétroactif (**rétroactive**) [RetRoaktif, RetRoaktiv] *adj* (*JUR*) ôl-weithredol; (*augmentation*) ôl-ddyddiedig.

rétrocéder [RetRosede] (**14**) *vt* (*droit, don*) ailildio, dychwelyd.

rétrocession [RetRosesjɔ̃] *f* (*droit, don*) dychweliad *g*, dychwelyd.

rétrofusée [RetRofyze] *f* ôl-roced *b*, roced arafu.

rétrograde [RetRɔgRad] *adj* (*péj: idées, politique*) adweithiol; (*mouvement, sens*) at yn ôl.

rétrograder [RetRɔgRade] (**1**) *vt* (*MIL, ADMIN*) diraddio;
♦*vi* (*économie*) atchwelyd; (*élève*) llithro'n ôl; (*AUTO*) newid i gêr is.

rétroprojecteur [RetRopRɔʒɛktœR] *m* uwchdaflunydd *g*, taflunydd *g* dros ysgwydd.

rétrospectif (**rétrospective**) [RetRɔspɛktif, RetRɔspɛktiv] *adj* ôl-dremiol, ôl-syllol.

rétrospective [RetRɔspɛktiv] *f* trem *b* yn ôl; (*exposition*) *arddangosfa b sy'n cyflwyno gwaith cyfan arlunydd*; **la** ~ **des évènements de l'année** trem yn ôl dros ddigwyddiadau'r flwyddyn;
♦*adj f voir* **rétrospectif**

rétrospectivement [RetRɔspɛktivmɑ̃] *adv* wrth edrych yn ôl.

retroussé (**-e**) [R(ə)tRuse] *adj*: **nez** ~ trwyn *g* smwt.

retrousser [R(ə)tRuse] (**1**) *vt* (*pantalon, manches*) torchi; (*jupe*) codi; (*fig: lèvres, nez*) crychu.

retrouvailles [R(ə)tRuvɑj] *fpl*: **les** ~ (*d'amis*) aduniad *g*.

retrouver [R(ə)tRuve] (**1**) *vt* cael hyd i, dod o hyd i, ffeindio; (*reconnaître*) adnabod; (*santé*) adennill nerth, gwella; (*se rappeler: nom, air*) cofio; (*revoir*) gweld eto; (*rejoindre*) cyfarfod eto; **un(e) de perdu(e), dix de retrouvé(e)s** (*amoureux/amoureuses*) mae digon o bysgod eraill yn y môr;
♦ **se** ~ *vr*
1 (*se réunir*) cyfarfod, cwrdd; **on se retrouvera devant le cinéma** fe gwrddwn ni o flaen y sinema; **on se retrouvera l'an prochain** cawn ni gwrdd eto y flwyddyn nesaf.
2 (*être*) eich cael eich hun; **se** ~ **seul/sans argent** bod ar ben eich hun/heb arian; **se** ~ **quelque part** eich cael eich hun rywle.
3 (*s'orienter*) ffeindio'ch ffordd; **s'y** ~ (*rentrer dans ses frais*) talu'ch costau, bod heb ennill na cholli.
4 (*être présent*) bodoli, bod; **ce type de construction syntaxique se retrouve en français** mae'r math yma o gystrawen ar gael *ou* yn bod yn Ffrangeg.
5 (*calculs, dossiers, désordre*): **se** ~ **dans** deall, gwneud synnwyr o.
6 (*se reconnaître*): **se** ~ **dans ses enfants** eich gweld eich hun yn eich plant.

rétroviseur [RetRɔvizœR] *m* drych *g* ôl.

réunifier [Reynifje] (**16**) *vt* uno, ailuno.

réunion [Reynjɔ̃] *f* (*séance, congrès*) cyfarfod *g*; (*rencontre*) aduniad *g*, cyfarfod; (*retrouvailles: après une brouille*) cymodiad *g*; (*groupement: d'objets*) casgliad *g*; (*de routes*) cyffordd *b*; (*de fleuves*) cymer *g*; (*HIST, POL: fusion*) aduniad, ailuniad *g*, ailgyfuniad *g*;

(*ÉCON: de sociétés*) cyfuniad *g*; ~ **mondaine** cyfarfod cymdeithasol; ~ **hippique** cyfarfod rasio *ou* rasys.

réunionnais (-e) [ʀeynjɔnɛ, ɛz] *adj* o Ynys Réunion.

Réunionnais [ʀeynjɔnɛ] *m* un *g* o Ynys Réunion.

Réunionnaise [ʀeynjɔnɛz] *f* un *b* o Ynys Réunion.

réunir [ʀeyniʀ] (2) *vt* (*convoquer*) cynnull, galw at ei gilydd; (*rassembler*) casglu; (*cumuler*) cyfuno; (*rapprocher*) uno, dod â (phobl) at ei gilydd; (*fusionner*) cyfuno; (*inviter*) gwahodd; (*recueillir: fonds*) codi; (*œuvres, articles, papiers*) casglu at ei gilydd; (*rattacher, relier*) cysylltu; (*POL*) uno, aduno; ~ **qch à qch** uno rhth â rhth, dod â rhth a rhth arall at ei gilydd;
♦ **se** ~ *vr* ymgynnull; (*s'allier: états*) ymuno, ymgyfuno; (*chemins, cours d'eau*) dod at ei gilydd.

réussi (-e) [ʀeysi] *adj* llwyddiannus.

réussir [ʀeysiʀ] (2) *vt* cyflawni, gwireddu; (*examen*) pasio; (*pari*) ennill; **j'ai réussi le soufflé** mae fy soufflé wedi llwyddo; ~ **son coup*** mynd â'r maen i'r wal, llwyddo;
♦*vi* (*personne, tentative*) llwyddo, bod yn llwyddiannus; (*plante, culture*) ffynnu, prifio; ~ **à faire qch** llwyddo i wneud rhth; ~ **à un examen** pasio arholiad; **le travail/le mariage lui réussit** mae'r gwaith/bywyd priodasol yn dygymod â hi/ag ef.

réussite [ʀeysit] *f* (*d'une tentative, d'un projet*) llwyddiant *g*; (*CARTES*) amynedd *g*; **faire une** ~ chwarae amynedd.

réutiliser [ʀeytilize] (1) *vt* ailddefnyddio.

revaloir [ʀ(ə)valwaʀ] (41) *vt*: **je vous revaudrai cela** mi dalaf hwnna yn ôl i chi; (*en mal*) mi dala' i'r pwyth yn ôl i chi.

revalorisation [ʀ(ə)valɔʀizasjɔ̃] *f* (*augmentation*) codiad *g*, codi; (*amélioration*) gwelliant *g*, gwella.

revaloriser [ʀ(ə)valɔʀize] (1) *vt* (*monnaie*) ailbrisio, codi gwerth (rhth); (*salaires, pensions*) codi; (*institution, tradition*) ailwerthfawrogi (rhth), pwysleisio gwerth (rhth); (*méthode*) ailhyrwyddo; (*améliorer*) gwella; ~ **un bâtiment** (*remettre en état*) adnewyddu *ou* atgyweirio adeilad.

revanche [ʀ(ə)vɑ̃ʃ] *f* dial *g*, dialedd *g*; (*SPORT*) gêm *b* yn ôl; **prendre sa** ~ **sur qn** dial ar rn; **en** ~ (*par contre*) ar y llaw arall.

rêvasser [ʀɛvase] (1) *vi* synfyfyrio, breuddwydio liw dydd.

rêve [ʀɛv] *m* breuddwyd *g,b*, breuddwydio; **paysage de** ~ tirwedd *b* freuddwydiol; **ça, c'est le** ~* fe fyddai hynny yn berffaith; ~ **éveillé** synfyfyrdod *g*, breuddwyd liw dydd, synfyfyrio, breuddwydio liw dydd; **la voiture/maison de ses** ~**s** car/tŷ'ch breuddwydion; **faire des** ~**s** breuddwydio; **fais de beaux** ~**s!** cwsg yn dawel!

rêvé (-e) [ʀeve] *adj* perffaith, delfrydol.

revêche [ʀəvɛʃ] *adj* sarrug, crablyd; (*air, ton*) sur.

réveil [ʀevɛj] *m* deffroad *g*, deffro, dihuniad *g*, dihuno; (*pendule*) cloc *g* larwm; **au** ~**, je ...** ar ôl imi ddeffro, mi ...; **sonner le** ~ (*MIL*) seinio caniad *g* y bore.

réveille-matin [ʀevɛjmatɛ̃] *m inv* cloc *g* larwm.

réveiller [ʀeveje] (1) *vt* deffro, dihuno; (*fig*) adfywio;
♦ **se** ~ *vr* deffro, dihuno; (*personne évanouie*) dod at eich hun, dadebru; (*de torpeur*) ymysgwyd; (*souvenir*) dod yn ôl i'r cof; (*douleur*) dychwelyd, ailgychwyn; (*volcan*) dod yn fyw eto.

réveillon [ʀevɛjɔ̃] *m* Noswyl *b* Nadolig; (*de la Saint-Sylvestre*) Nos *b* Galan; (*fête*) *parti g Noswyl Nadolig/Nos Galan*; (*dîner*) *cinio g Noswyl Nadolig/Nos Galan.*

réveillonner [ʀevɛjɔne] (1) *vi dathlu Noswyl Nadolig/Nos Galan.*

révélateur[1] (**révelatrice**) [ʀevelatœʀ, ʀevelatʀis] *adj* dadlennol.

révélateur[2] [ʀevelatœʀ] *m* (*PHOT*) datblygydd *g*.

révélation [ʀevelasjɔ̃] *f* datguddiad *g*; (*œuvre, auteur*) darganfyddiad *g*; **faire des** ~**s** datgelu rhth; **ça a été une** ~ 'roedd yn agoriad *g* llygad.

révéler [ʀevele] (14) *vt* datguddio, dadlennu, datgelu; (*dénoter*) dangos;
♦ **se** ~ *vr*: **se** ~ **digne** (*personne*) eich dangos eich hun yn deilwng; **se** ~ **utile** (*objet*) bod yn ddefnyddiol.

revenant [ʀ(ə)vənɑ̃] *m* ysbryd *g*, rhith *g*; **tiens, un** ~***!** dyma inni ddyn dierth!

revenante [ʀ(ə)vənɑ̃t] *f* ysbryd *g*, rhith *g*; **tiens, une** ~***!** dyma inni wraig ddierth!

revendeur [ʀ(ə)vɑ̃dœʀ] *m* (*détaillant*) adwerthwr *g*; (*d'occasion*) gwerthwr *g* pethau ail-law.

revendeuse [ʀ(ə)vɑ̃døz] *f* (*détaillante*) adwerthwraig *b*; (*d'occasion*) gwerthwraig *b* pethau ail-law.

revendicatif (**revendicative**) [ʀ(ə)vɑ̃dikatif, ʀ(ə)vɑ̃dikativ] *adj* yn ymwneud â phrotest, protestiadol.

revendication [ʀ(ə)vɑ̃dikasjɔ̃] *f* hawliad *g*; (*action*) hawlio; **journée de** ~ diwrnod *g* o brotest *ou* brotestio.

revendiquer [ʀ(ə)vɑ̃dike] (1) *vt* (*droits*) hawlio; (*responsabilité*) ysgwyddo, cymryd arnoch;
♦*vi* (*POL*) galw am rth, protestio (o blaid hawliad).

revendre [ʀ(ə)vɑ̃dʀ] (3) *vt* (*d'occasion*) ailwerthu, adwerthu; (*détailler*) gwerthu; **à** ~ (*en abondance*) digonedd, llawer iawn; **avoir du talent/de l'énergie à** ~ bod â mwy na digon o dalent/egni.

revenir [ʀəv(ə)niʀ] (32) *vi (avec aux. être)*

1 (*fréquenter de nouveau*) dod yn ôl, mynd yn ôl, dychwelyd; **un client mal servi ne revient pas** ni ddaw cwsmer anfodlon yn ei ôl; **elle revient chaque année en France** mae hi'n dod yn ôl i Ffrainc bob blwyddyn; **nous fermons, revenez demain** 'rydym ar fin cau, dewch yn ôl yfory.
2 (*rentrer*) dod yn ôl, dychwelyd, mynd yn ôl; ~ **de l'Italie** dod yn ôl o'r Eidal; ~ **chez soi** mynd adref, dod adref; ~ **en avion** hedfan yn ôl; ~ **de loin** (*fig*) dod yn ôl o borth angau.
3 (*reprendre, retourner à*): ~ **à** mynd yn ôl i/at, dod yn ôl i/at, dychwelyd i/at; **ça revient à la mode** mae hynna'n dod yn ôl i'r ffasiwn; **revenons à nos moutons** (*fig*) down yn ôl at y pwnc dan sylw.
4 (*être recouvré: santé, appétit, courage*) dod yn ôl, dychwelyd; **sa mémoire ne reviendra jamais** ni ddaw ei gof *ou* ei chof fyth yn ôl.
5 (*être remémoré: souvenir, nom*) dod yn ôl i'r cof; **cette journée me revient en mémoire** mae'r diwrnod hwnnw'n dal yn y cof; **si le nom me revient** os cofia' i'r enw.
6 (*coûter*) costio; ~ **cher/à 100 francs** bod yn ddrud/costio 100 franc.
7 (*équivaloir à*) bod cystal â, dod i'r un peth; **cela revient au même** mae'n dod i'r un peth; **cela revient à dire que** mae hynny'n gystal â dweud ....
8: ~ **sur** (*question, sujet*) mynd dros, myfyrio ar; (*promesse, engagement*) torri; ~ **sur ses pas** cerdded yn ôl, aildroedio'r un llwybr.
9 (*sortir d'un état*): ~ **de** (*fig: maladie, étonnement*) dod dros; **elle revient de la maladie** mae hi'n dod dros y salwch; **je n'en reviens pas** (*surprise*) 'alla' i ddim dod dros y peth; ~ **à soi** dod atoch eich hun, dadebru.
10 (*être rapporté*): ~ **à** dod yn ôl i; **la rumeur m'est revenue que ...** daeth y si hwn i'm clustiau.
11 (*CULIN*): **faire** ~ brownio.

revente [ʀ(ə)vɑ̃t] *f* ailwerthiad *g*, ailwerthu.

revenu[1] (**-e**) [ʀəv(ə)ny] *pp de* **revenir**.

revenu[2] [ʀəv(ə)ny] *m* (*particulier*) incwm *g*; (*état*) cyllid *g*; (*investissement*) incwm, derbyniad *g*, cynnyrch *g*; ~ **intérieur brut** Cynnyrch Mewnwladol Crynswth; ~ **national brut** Cynnyrch Gwladol Crynswth; ~ **net d'impôts** incwm ar ôl talu'r dreth; ~**s** (*financiers*) derbyniadau *ll*.

rêver [ʀeve] (**1**) *vt* breuddwydio am (rth); ♦*vi* breuddwydio; (*rêvasser*) breuddwydio liw dydd, synfyfyrio; ~ **de** *neu* **à qch** breuddwydio am rth; ~ **de qn** breuddwydio am rn; ~ **de faire qch** breuddwydio am wneud rhth.

réverbération [ʀevɛʀbeʀasjɔ̃] *f* (*de lumière*) adlewyrchiad *g*; (*de son*) atsain *b*.

réverbère [ʀevɛʀbɛʀ] *m* lamp *b* stryd, golau *g* stryd.

réverbérer [ʀevɛʀbeʀe] (**14**) *vt* adlewyrchu.

reverdir [ʀ(ə)vɛʀdiʀ] (**2**) *vi* (*herbe*) glasu, gwyrddlasu.

révérence [ʀeveʀɑ̃s] *f* (*vénération*) parch *g*; (*salut d'homme*) moesymgrymiad *g*; (*salut de femme*) cyrtsi *g*; **faire une** ~ ymgrymu, gwneud cyrtsi; **tirer sa** ~ ymadael.

révérencieux (**révérencieuse**) [ʀeveʀɑ̃sjø, ʀeveʀɑ̃sjøz] *adj* parchus, llawn parch.

révérend (**-e**) [ʀeveʀɑ̃, ɑ̃d] *adj* parchedig; **le** ~ **père Pascal** y parchedig Dad Pascal.

révérer [ʀeveʀe] (**14**) *vt* parchu, anrhydeddu.

rêverie [ʀɛvʀi] *f* breuddwyd *g,b* liw dydd, synfyfyrdod *g*.

reverrai *etc* [ʀəvɛʀe] *vb voir* **revoir**.

revers [ʀ(ə)vɛʀ] *m* gwrthwyneb *g*; (*de la main*) cefn *g*; (*de feuille, médaille*) tu *g* ôl, tu chwith; (*d'étoffe*) tu chwith; (*d'un veston*) llabed *b*; (*de pantalon*) godre *g*; (*fig: échec*) rhwystr *g*, anhap *g,b*; (*TENNIS*) trawiad *g* gwrthlaw; **d'un** ~ **de main** â chefn y llaw; **le** ~ **de la médaille** (*fig*) yr ochr arall i'r geiniog; **prendre à** ~ (*MIL*) ymosod o'r tu ôl; ~ **de fortune** anffawd *b*, anlwc *g,b*, anhap.

reverser [ʀ(ə)vɛʀse] (**1**) *vt*: ~ **(dans)** (*liquide*) arllwys *ou* tywallt yn ôl (i); ~ **à boire à qn** arllwys diod arall i rn; ~ **sur** (*somme*) rhoi arian yn ôl yn, buddsoddi yn.

réversible [ʀevɛʀsibl] *adj* gwrthdroadwy; (*étoffe, manteau*) naill ochr, dwyffordd.

revêtement [ʀ(ə)vɛtmɑ̃] *m* (*de paroi*) arwyneb *g*; (*de sols*) lloriad *g*; (*de chaussée*) wyneb *g*; (*de tuyau*) gorchuddiad *g*.

revêtir [ʀ(ə)vetiʀ] (**30**) *vt* (*vêtement*) gwisgo, rhoi amdanoch; (*fig: forme, caractère*) cymryd arnoch; ~ **qn de** gwisgo rhn mewn; (*fig: autorité*) urddo rhn â; ~ **qch de** (*carreaux, boiserie, asphalte*) gorchuddio rhth â; (*fig: apparence*) cuddio rhth â, rhoi rhth dros; (*signature*) torri'ch enw (ar), llofnodi; (*visa*) atodi rhth wrth (rth); **des montagnes revêtues de neige** mynyddoedd dan orchudd o eira.

rêveur[1] (**rêveuse**) [ʀɛvœʀ, ʀɛvøz] *adj* (*personne*) breuddwydiol; **d'un air** ~ yn freuddwydiol, yn synfyfyriol.

rêveur[2] [ʀɛvœʀ] *m* breuddwydiwr *g*.

rêveuse [ʀɛvøz] *f* breuddwydwraig *b*; ♦*adj f voir* **rêveur**[1].

reviendrai *etc* [ʀəvjɛ̃dʀe] *vb voir* **revenir**.

revienne *etc* [ʀəvjɛn] *vb voir* **revenir**.

revient [ʀəvjɛ̃] *vb voir* **revenir**; ♦*m*: **prix de** ~ (*COMM*) pris *g* cost.

revigorer [ʀ(ə)vigɔʀe] (**1**) *vt* (*vent, air frais*) bywiogi, ailfywiogi; (*moralement*) sirioli, codi calon, llawenhau.

revint [ʀəvɛ̃] *vb voir* **revenir**.

revirement [ʀ(ə)viʀmɑ̃] *m* newid *g* meddwl; (*d'une situation*) newid *g*, gwrthdroad *g*.

revis [ʀəvi] *vb voir* **revoir**.

révisable [ʀevizabl] *adj* adolygadwy.

réviser [ʀevize] (**1**) *vt* adolygu, ailystyried;

(*comptes*) archwilio; (*machine, installation*) archwilio, atgyweirio; (*JUR, SCOL*) adolygu; **faire ~ sa voiture** cael trin eich car.
révision [ʀevizjɔ̃] *f* adolygiad *g*, archwiliad *g*; (*SCOL*) adolygiad; **la ~ des 10 000 km** (*AUTO*) triniaeth *b* 10 000 km; **conseil de ~** (*MIL*) bwrdd *g* recriwtio; **faire ses ~s** (*SCOL*) adolygu.
révisionnisme [ʀevizjɔnism] *m* adolygiadaeth *b*, glastwreiddio.
révisionniste [ʀevizjɔnist] *m/f* adolygiadwr *g*, adolygiadwraig *b*.
revisser [ʀ(ə)vise] (**1**) *vt* ailsgriwio.
revit [ʀəvi] *vb voir* **revoir**.
revitaliser [ʀ(ə)vitalize] (**1**) *vt* adfywio.
revivifier [ʀ(ə)vivifje] (**16**) *vt* adfywio.
revivre [ʀ(ə)vivʀ] (**61**) *vt* (*épreuve, moment*) ail-fyw, adfyw;
♦*vi* (*reprendre des forces*) adfywio; **faire ~** (*mode, institution*) ailgychwyn, ailsefydlu.
révocable [ʀevɔkabl] *adj* diddymadwy, dirymadwy.
révocation [ʀevɔkasjɔ̃] *f* (*contrat*) diddymiad *g*, diddymu, dirymiad *g*, dirymu; (*fonctionnaire*) diswyddiad *g*, diswyddo.
revoir [ʀ(ə)vwaʀ] (**44**) *vt* ail-weld, gweld eto *ou* eilwaith; (*SCOL*) adolygu;
♦ **se ~** *vr* eich gweld eich gilydd eto.
▶ **au revoir** hwyl, da bo ichi, da bo iti; **au ~ Monsieur/Madame** da bo ichi; **dire au ~ à qn** ffarwelio â rhn; **faire au ~ de la main** codi'ch llaw i ffarwelio â rhn.
révoltant (-e) [ʀevɔltɑ̃, ɑ̃t] *adj* ffiaidd, cyfoglyd, gwrthun.
révolte [ʀevɔlt] *f* (*soulèvement*) gwrthryfel *g*.
révolter [ʀevɔlte] (**1**) *vt* brawychu, codi arswyd (ar), ffieiddio (at);
♦ **se ~** *vr*: **se ~ contre qch** gwrthryfela yn erbyn rhth, codi yn erbyn rhth; **se ~ à** ffieiddio at.
révolu (-e) [ʀevɔly] *adj* cynt, o'r blaen; **âgé de 18 ans ~s** bod dros ddeunaw mlwydd oed; **après 3 ans ~s** ar ôl i dair blynedd fynd heibio; **des jours ~s** y dyddiau *ll* (a) fu, yr hen amser, dyddiau a aeth heibio; **cette époque-là était révolue** 'roedd y cyfnod hwnnw ar ben *ou* drosodd.
révolution [ʀevɔlysjɔ̃] *f* (*ASTRON*) cylchdro *g*; (*POL*) chwyldro *g*; **la ~ industrielle** y Chwyldro Diwydiannol; **la R~ française** y Chwyldro Ffrengig; **être en ~** (*ville*) bod mewn cynnwrf *g*.
révolutionnaire [ʀevɔlysjɔnɛʀ] *adj* chwyldroadol;
♦*m/f* chwyldroadwr *g*, chwyldröwr *g*, chwyldröwraig *b*.
révolutionner [ʀevɔlysjɔne] (**1**) *vt* chwyldrói; (*fig: personne*) cynhyrfu, cyffroi.
revolver [ʀevɔlvɛʀ] *m* (*à barillet*) rifolfer *g*.
révoquer [ʀevɔke] (**1**) *vt* (*fonctionnaire*) diswyddo; (*arrêt, contrat, donation*) diddymu, dirymu.
revoyais *etc* [ʀəvwajɛ] *vb voir* **revoir**.
revu (-e) [ʀəvy] *pp de* **revoir**.
revue [ʀ(ə)vy] *f* (*examen*) arolwg *g*, arolygiad *g*, adolygiad *g*; (*parade*) parêd *g*; (*magazine*) cylchgrawn *g*, cyfnodolyn *g*; (*MIL*) arolygiad; (*THÉÂTRE: satirique*) rifiw *b*; (*:de variétés*) sioe *b* adloniant; **passer en ~** (*aussi fig: régiment*) bwrw golwg dros; **~ de (la) presse** bwrw golwg dros y wasg.
révulsé (-e) [ʀevylse] *adj* (*visage*) dirdynedig; (*yeux*) yn rholio i fyny; (*indigné*) yn ffieiddio.
rez-de-chaussée [ʀed(ə)ʃose] *m inv* llawr *g* isaf; **habiter un ~-~-~** byw mewn fflat ar y llawr isaf; **au ~-~-~** ar y llawr isaf.
rez-de-jardin [ʀed(ə)ʒaʀdɛ̃] *m inv yr un lefel â'r ardd.*
RF [ɛʀɛf] *sigle f*(= *République française*) Gweriniaeth *b* Ffrainc.
RFA [ɛʀɛfa] *sigle f*(= *République fédérale d'Allemagne*) Gweriniaeth *b* Ffederal yr Almaen.
RG [ɛʀʒe] *sigle mpl*(= *renseignements généraux*) ≈ heddlu *g* cudd.
rhabiller [ʀabije] (**1**) *vt* ailwisgo (rhn);
♦ **se ~** *vr* gwisgo amdanoch eto, rhoi'ch dillad yn ôl amdanoch; **il peut aller se ~** (*athlète*) gwell iddo roi'r gorau iddi; **va te ~!*** dos *ou* cer i grafu!*.
rhapsodie [ʀapsɔdi] *f* rhapsodi *b*.
rhénan (-e) [ʀenɑ̃, an] *adj* o'r Rheindir.
rhéostat [ʀeɔsta] *m* rheostat *g*.
rhésus [ʀezys] *adj* rhesws;
♦*m* ffactor *g,b* Rh; **~ négatif/positif** rhesws negatif/rhesws positif.
rhétorique [ʀetɔʀik] *f* rhethreg *b*;
♦*adj* rhethregol
Rhin [ʀɛ̃] *prm*: **le ~** y Rhein *b*.
rhinite [ʀinit] *f* llid *g* y ffroenau, rhinitis *g*.
rhinocéros [ʀinɔseʀɔs] *m* rhinoseros *g*.
rhinopharyngite [ʀinofaʀɛ̃ʒit] *f* dolur *g* gwddf, gwddf *g* tost.
rhodanien (-ne) [ʀɔdanjɛ̃, jɛn] *adj* yn ymwneud â'r Rhôn.
Rhodes [ʀɔd] *prf*: **(l'île de) ~** (Ynys) *b* Rhodos.
rhododendron [ʀɔdɔdɛ̃dʀɔ̃] *m* rhododendron *b*, rhoswydden *b*.
Rhône [ʀon] *prm*: **le ~** y Rhôn *b*.
rhubarbe [ʀybaʀb] *f* rhiwbob *g*.
rhum [ʀɔm] *m* rỳm *g*.
rhumatisant[1] (-e) [ʀymatizɑ̃, ɑ̃t] *adj* gwynegol, crydcymalog.
rhumatisant[2] [ʀymatizɑ̃] *m* dioddefwr *g* gwynegon *ou* crydcymalau.
rhumatisante [ʀymatizɑ̃t] *f* dioddefwraig *b* gwynegon *ou* crydcymalau;
♦*adj f voir* **rhumatisant**[1].
rhumatismal (-e) (**rhumatismaux, rhumatismales**) [ʀymatismal, ʀymatismo] *adj* gwynegol, crydcymalog.

rhumatisme [Rymatism] *m* gwynegon *ll*, cryd *g* cymalau; **avoir des ~s** dioddef o wynegon *ou* grydcymalau.
rhumatologie [Rymatɔlɔʒi] *f* rhiwmatoleg *b*.
rhumatologue [Rymatɔlɔg] *m/f* rhiwmatolegydd *g*.
rhume [Rym] *m* annwyd *g*; **le ~ des foins** clefyd *g* y gwair; **~ de cerveau** annwyd yn y pen.
rhumerie [Rɔmʀi] *f* distyllfa *b* rỳm.
ri [Ri] *pp de* **rire**.
riant (**-e**) [R(i)jɑ̃, R(i)jɑ̃t] *vb voir* **rire**;
♦*adj* (*visage*) siriol, llawen; (*campagne, paysage*) hyfryd, siriol.
RIB [rib] *sigle m*(= *relevé d'identité bancaire*) manylion *ll* cyfrif banc.
ribambelle [Ribɑ̃bɛl] *f*: **une ~ d'enfants** haid *b* o blant, criw *g* o blant, llu *g* o blant; **une ~ de noms** enwau'n ribidirês.
ricain* (**-e**) [Rikɛ̃, ɛn] *adj* (*péj*) Iancïaidd.
ricanement [Rikanmɑ̃] *m* cilwen *b*, glaswen *b*; (*de gêne*) cecian chwerthin, cilchwerthiniad *g*.
ricaner [Rikane] (**1**) *vi* cilwenu, chwerthin yn wawdlyd; (*avec gêne*) cilchwerthin, cecian chwerthin.
riche [Riʃ] *adj* cyfoethog, cefnog; **les ~s** y cyfoethogion *ll*; **~ en** â chyfoeth o; **~ de** (*expérience, espérances*) llawn o.
richement [Riʃmɑ̃] *adv* yn doreithiog, yn helaeth; (*avec magnificence*) yn foethus.
richesse [Riʃɛs] *f* cyfoeth *g*, golud *g*, helaethrwydd *g*, digonedd *g*; **~ en vitamines** cynnwys *g* uchel o fitaminau; **vivre dans la ~** byw'n foethus; **~s** (*argent, possessions*) cyfoeth *g*.
richissime [Riʃisim] *adj* cyfoethog iawn.
ricin [Risɛ̃] *m*: **huile de ~** olew *g* (had) castor.
ricocher [Rikɔʃe] (**1**) *vi* adlamu, rhybedio; **faire ~ des cailloux sur l'eau** sglentio cerrig ar wyneb y dŵr, gwneud i gerrig neidio ar wyneb y dŵr, chwarae ceiliog y dŵr.
ricochet [Rikɔʃɛ] *m* adlam *g*, gwrthnaid *b*; **faire ~** adlamu; (*fig*) cael ôl-effeithiau; **faire des ~s sur l'eau** sglentio carreg ar wyneb y dŵr, gwneud i gerrig neidio ar wyneb y dŵr, chwarae ceiliog y dŵr; **par ~** ar adlam; (*fig*) yn anuniongyrchol.
rictus [Riktys] *m* (*moqueur*) crechwen *b*; (*animal*) rhythiad *g*, ysgyrnygiad *g*.
ride [Rid] *f* (*sur un visage*) rhych *g,b*; (*sur l'eau*) crych *g*.
ridé (**-e**) [Ride] *adj* (*visage*) rhychog; (*fruit*) gwystnog, wedi gwystno; (*lac*) crych, crychlyd.
rideau (**-x**) [Rido] *m* (*de fenêtre*) llen *b*; (*PHOT: d'obturateur*) caead *g*; (*THÉÂTRE*) llen; (*fig: d'arbres, de verdure*) sgrin *b*, llen; **~ de fer** (*d'une devanture*) caead haearn; (*POL*) y Llen Haearn; **fermer/ouvrir les ~x** cau/agor y llenni; **tirer les ~x** tynnu'r llenni.
ridelle [Ridɛl] *f* ochrau *ll* delltog (lorri).
rider [Ride] (**1**) *vt* (*visage*) rhychu; (*lac, surface*) crychu;
♦ **se ~** *vr* (*visage*) rhychu, mynd yn rhychog; (*lac, surface*) crychu.
ridicule [Ridikyl] *adj* chwerthinllyd, hurt;
♦*m* (*dérision*) gwawd *g*; (*absurdité*) hurtrwydd *g*; **tourner qn en ~** gwawdio rhn, chwerthin am ben rhn, gwneud rhn yn destun sbort.
ridiculement [Ridikylmɑ̃] *adv* yn chwerthinllyd, yn hurt.
ridiculiser [Ridikylize] (**1**) *vt* gwawdio;
♦ **se ~** *vr* eich gwneud eich hun yn destun sbort, gwneud ffŵl ohonoch eich hun.
ridule [Ridyl] *f* rhych *g,b* bach *ou* fach.
rie [Ri] *vb voir* **rire**.
rien [Rjɛ̃] *pron*; **qu'est-ce que vous avez? - ~** beth sy'n bod arnoch chi? - dim byd.
▶ **ne ... rien** ni(d), na(d) ... dim (byd); **elle n'a ~ dit** ni ddywedodd ddim; **elle n'a ~ fait** ni wnaeth ddim; **elle n'a ~** (*n'est pas blessée*) 'does dim yn bod arni; **ça ne fait ~** 'does dim gwahaniaeth, 'does dim ots; **cela ne lui fait ~** nid oes wahaniaeth ganddi/ganddo; **de ~!** croeso!, peidiwch â sôn; **n'avoir peur de ~** peidio ag ofni dim byd; **a-t-elle jamais ~ fait pour nous?** a wnaeth hi erioed rywbeth drosom?; **comme si de ~ n'était** fel pe na bai dim yn bod; **il n'y a ~ de tel que de la glace** 'does dim byd tebyg i hufen iâ; **~ de ~** dim oll, dim yw dim, dim o gwbl; **~ d'intéressant** dim byd diddorol; **~ d'autre** dim byd arall; **~ du tout** dim byd o gwbl; **~ que** dim ond; **~ que pour lui faire plaisir** dim ond er mwyn ei phlesio hi; **~ que la vérité** dim ond y gwir; **~ que cela** dim ond hynny; **~ qu'à la voir, j'ai compris** dim ond o'i gweld, mi ddeallais;
♦*m*: **un petit ~** (*cadeau*) anrheg *b* fechan; **un ~ de** awgrym *g* o, rhithyn *g* o, tipyn *g* lleiaf o; **en un ~ de temps** mewn dim o dro, cyn pen dim, mewn chwinciad; **des ~s** pethau *ll* dibwys; **c'est un ~ bruyant** mae hi braidd yn swnllyd.
rieur (**rieuse**) [R(i)jœR, R(i)jøz] *adj* siriol, llawen, llon.
rigide [Riʒid] *adj* (*personne, règle*) anhyblyg; (*discipline*) llym(llem)(llymion); (*carton*) caled; **livre à couverture ~** llyfr *g* clawr caled.
rigidité [Riʒidite] *f* anhyblygrwydd *g*, sythder *g*; (*fig*) llymder *g*, anystwythder *g*; **la ~ cadavérique** sythder angau.
rigolade [Rigɔlad] *f*: **la ~** hwyl *b*, sbort *g,b*; **c'est de la ~** (*ce n'est pas sérieux*) dwli yw hyn, lol ydi hyn; (*c'est facile*) mae'n hawdd fel baw, mae'n hollol syml.
rigole [Rigɔl] *f* (*conduit*) rhigol *b*, sianel *b*; (*filet d'eau*) nant *b*; (*AGR: sillon*) cwys *b*, rhych *g,b*.
rigoler [Rigɔle] (**1**) *vi* chwerthin; (*s'amuser*) cael hwyl; (*plaisanter*) jocan; **tu me fais ~** 'rwyt ti'n gwneud i mi chwerthin; **on a bien**

rigolé cawsom lawer o hwyl; **tu rigoles!*** 'dwyt ti ddim o ddifri!; **il n'y a pas de quoi** ~ nid yw'n beth i chwerthin amdano.
rigolo*[1] (**-te**) [rigɔlo, ɔt] *adj* (*marrant*) digrif, doniol; (*curieux, étrange*) rhyfedd, hynod.
rigolo*[2] [rigɔlo] *m* (*amusant*) dyn *g* digrif; (*péj: fumiste*) sgamiwr *g*, sgemiwr *g*.
rigolote* [rigɔlɔt] *f* (*amusante*) merch *b* ddigrif; (*péj: fumiste*) sgamwraig *b*, sgemwraig *b*;
♦*adj f voir* **rigolo***[1].
rigorisme [rigɔrism] *m* deddfoldeb *g*, llymder *g*.
rigoriste [rigɔrist] *adj* deddfol, llym(llem)(llymion).
rigoureusement [rigurøzmɑ̃] *adv* yn llym; ~ **interdit** gwaherddir yn llwyr *ou* yn gyfan gwbl; ~ **vrai** yn fanwl gywir.
rigoureux (**rigoureuse**) [rigurø, rigurøz] *adj* (*discipline, morale*) llym(llem)(llymion), caeth; (*climat*) garw, caled, gerwin; (*travail*) manwl; (*punition*) caled.
rigueur [rigœr] *f* (*discipline, punition*) llymder *g*; (*climat*) garwedd *g*, caledwch *g*, gerwindeb *g*; (*preuve, analyse, méthode*) manyldeb *g*; (*ÉCON, POL*) cynildeb *g*, llymder; **de** ~ (*terme, délai*) fel rheol, yn ofynnol; **"tenue de soirée de** ~**"** "mae gwisg hwyrol yn orfodol"; **être de** ~ bod yn arferol; **à la** ~ petai angen, ar y gwaethaf; (*peut-être*) o bosib, efallai; **à la** ~ **je peux te prêter 100 F** os daw hi i'r pen mi alla' i roi benthyg 100 ffranc i ti; **tenir** ~ **à qn de qch** dal dig yn erbyn rhn o achos rhth.
riions [rijɔ̃] *vb voir* **rire**.
rillettes [rijɛt] *fpl* (*CULIN*) ≈ past *g* cig.
rime [rim] *f* odl *b*; **n'avoir ni** ~ **ni raison** bod yn ddisynnwyr.
rimer [rime] (**1**) *vi* (*mot*) odli; (*poète*) barddoni; ~ **avec qch** odli â rhth; **ne** ~ **à rien** peidio â gwneud synnwyr, peidio â tharo deuddeg, bod yn afresymol.
rimmel® [rimɛl] *m* masgara *g*.
rinçage [rɛ̃saʒ] *m* streuliad *g*, tynnu (rhth) trwy ddŵr; (*action*) distreulio, streulio.
rince-doigts [rɛ̃sdwa] *m inv* dysgl *b* ddŵr.
rincer [rɛ̃se] (**9**) *vt* distreulio, streulio, tynnu trwy ddŵr; **se faire** ~* (*par la pluie*) gwlychu at eich croen; (*au jeu*) cael eich blingo, cael gwagio eich pocedi;
♦ **se** ~ *vr*: **se** ~ **la bouche** golchi'ch ceg.
ring [riŋ] *m* ring *b* baffio *ou* focsio; **monter sur le** ~ (*faire carrière de boxeur*) mynd yn baffiwr *ou* yn focsiwr; (*fig*) ymuno â'r ffrae, dechrau ymladd.
ringard (**-e**) [rɛ̃gar, ard] *adj* (*péj: vêtement*) henffasiwn; (*personne*) ar ôl yr oes; (*idée, politique*) wedi dyddio; **c'est** ~ mae'n henffasiwn; (*film*) mae'n dila.
rions [riɔ̃] *vb voir* **rire**.
ripaille [ripaj] *f*: **faire** ~ cael llond eich bol, gwledda, gloddesta, cael sgram.
riper [ripe] (**1**) *vi* (*déraper: pied*) llithro; (*bicyclette*) sglefrio; (*fam: partir*) gadael, ei throi hi.
ripoliné (**-e**) [ripɔline] *adj* wedi'i baentio ag enamel.
riposte [ripɔst] *f* (*réponse*) ateb *g* parod; (*contre-attaque*) gwrthymosodiad *g*.
riposter [ripɔste] (**1**) *vi* ateb (yn ôl); ~ **à qn** ateb rhn yn ôl; ~ **à une attaque** ymosod yn ôl.
rire [rir] (**49**) *vi* chwerthin; (*se divertir*) cael hwyl *ou* sbort; (*plaisanter*) jocan; **tu veux** ~! 'dwyt ti ddim o ddifri!; ~ **bruyamment** chwerthin yn uchel; ~ **jaune** glaschwerthin, chwerthin yn nerfus; ~ **aux éclats** rhuo chwerthin, chwerthin yn eich dyblau; ~ **aux larmes** chwerthin hyd at ddagrau; ~ **sous cape** chwerthin yn eich llawes *ou* dwrn; ~ **au nez de qn** chwerthin yn wyneb rhn; **c'est à mourir de** ~ mae'n ddigrif dros ben; **rira bien qui rira le dernier** a chwarddo olaf a chwardd orau; ~ **de qch** chwerthin am ben rhth; **se** ~ **de qch** trin rhth yn ysgafn; **pour** ~ o ran hwyl;
♦*m* (*éclat de rire*) pwl *g* o chwerthin; **le** ~ chwerthin; ~**s préenregistrés** *neu* **en boîte** (*RADIO, TV*) chwerthin ar dâp.
ris[1], *etc* [ri] *vb voir* **rire**.
ris[2] [ri] *m*: ~ **de veau** golwyth *g* melys llo.
risée [rize] *f*: **être la** ~ **de** bod yn gyff gwawd, bod yn destun sbort.
risette [rizɛt] *f*: **faire** ~ **(à)** gwenu yn braf (ar); **allons, fais** ~ **à mémé!** gwên fach neis i mam-gu *ou* nain!
risible [rizibl] *adj* chwerthinllyd.
risque [risk] *m* perygl *g*, menter *b*; **aimer le** ~ hoffi perygl; **l'attrait du** ~ atyniad *g* perygl; **prendre un** ~ ei mentro hi; **au** ~ **de qch** ar berygl rhth; ~ **d'incendie** perygl tân; **prendre des** ~**s** ei mentro hi, mynd i beryglon; **à ses** ~**s et périls** ar eich menter *ou* eich cyfrifoldeb eich hun.
risqué (**-e**) [riske] *adj* peryglus, mentrus; (*plaisanterie, histoire*) amheus.
risquer [riske] (**1**) *vt* (*réputation, vie*) mentro, peryglu; (*allusion, regard, question*) mentro; ~ **le tout pour le tout** mentro popeth; ~ **le coup*** ei mentro hi; **ça ne risque rien** mae'n gwbl ddiogel; **qui ne risque rien n'a rien** ni chewch chi ddim heb fentro; **il risque de se tuer** mae perygl iddo gael ei ladd, mae'n peryglu ei fywyd; **il ne risque pas de recommencer** 'does dim perygl iddo wneud yr un peth eto; **tu risques qu'on te renvoie** mae perygl iti gael dy ddiswyddo; **ce qui risque de se produire** yr hyn sy'n debygol o ddigwydd;
♦ **se** ~ *vr*: **se** ~ **dans** (*s'aventurer*) mentro i, anturio i; **se** ~ **à faire qch** (*tenter*) mentro gwneud rhth, beiddio gwneud rhth.
risque-tout [riskətu] *m/f inv* rhyfygwr *g*,

rhyfygwraig *b*.

rissoler [ʀisɔle] (1) *vi, vt:* **(faire) ~ de la viande/des légumes** brownio cig/llysiau.

ristourne [ʀistuʀn] *f* (*COMM: réduction*) gostyngiad *g*, disgownt *g*, ad-daliad *g*.

rit [ʀi] *vb voir* **rire**.

rite [ʀit] *m* defod *b*; (*fig: habitude*) hen arfer *g,b*; **~s d'initiation** defodau *ll* ynydu *ou* derbyn.

ritournelle [ʀituʀnɛl] *f* byrdwn *g*; **c'est toujours la même ~*** yr un hen gân *b* yw hi o hyd.

rituel[1] **(-le)** [ʀitɥɛl] *adj* defodol.

rituel[2] [ʀitɥɛl] *m* defod *b*, seremoni *b*.

rituellement [ʀitɥɛlmɑ̃] *adv* yn ddefodol, yn ôl defod; (*invariablement*) yn gyson, yn wastad.

rivage [ʀivaʒ] *m* glan *b*.

rival[1] **(-e) (rivaux, rivales)** [ʀival, ʀivo] *adj* cystadleuol, sydd mewn cystadleuaeth.

rival[2] **(rivaux)** [ʀival, ʀivo] *m* (*compétiteur*) cystadleuwr *g*; (*adversaire*) gwrthwynebydd *g*; **sans ~** digymar, heb ei ail, di-ail.

rivale [ʀival] *f* (*compétitrice*) cystadleuwraig *b*; (*adversaire*) gwrthwynebydd *g*; **sans ~** digymar, heb ei hail, di-ail;
♦*adj f voir* **rival**[1].

rivaliser [ʀivalize] (1) *vi:* **~ avec** (*personne*) cystadlu â, bod am y gorau â; (*chose*) dal ei dir, cymharu'n dda; **ils rivalisaient de politesse** 'roeddynt am y mwyaf cwrtais.

rivalité [ʀivalite] *f* cystadleuaeth *b*, cydymgeisiaeth *b*.

rive [ʀiv] *f* glan *b*.

river [ʀive] (1) *vt* (*clou, pointe*) clensio, gwrth-hoelio; (*plaques de métal*) rhybedio; **être rivé sur place** bod wedi'ch hoelio i'r fan, sefyll yn eich unfan, sefyll yn stond; **ses yeux étaient rivés sur elle** ni allai dynnu ei lygaid oddi arni; **être rivé à son travail** bod ynghlwm wrth eich gwaith; **être rivé à la télévision** bod ynghlwm i'r teledu, methu tynnu'ch llygaid oddi ar y teledu; **~ son clou à qn*** rhoi taw ar rn, cau ceg rhn.

riverain[1] **(-e)** [ʀiv(ə)ʀɛ̃, ɛn] *adj* (*de cours d'eau*) glan afon; (*de lac*) glan llyn; (*d'une route, rue: propriété*) sy'n ymylu ar y ffordd.

riverain[2] [ʀiv(ə)ʀɛ̃] *m* (*d'un fleuve, lac*) *un g sy'n byw ar lan afon neu ar lan llyn*; (*d'une route, rue*) trigolyn *g*; **"interdit sauf aux ~s"** "trigolion yn unig"

riveraine [ʀiv(ə)ʀɛn] *f* (*d'un fleuve, lac*) un *b* sy'n byw ar lan afon neu ar lan llyn; (*d'une route, rue*) trigolyn *g*;
♦*adj f voir* **riverain**[1].

rivet [ʀivɛ] *m* rhybed *g*.

riveter [ʀiv(ə)te] (12) *vt* rhybedio.

Riviera [ʀivjɛʀa] *prf:* **la ~ (italienne)** Y Rifiera *g,b* (Eidalaidd).

rivière [ʀivjɛʀ] *f* afon *b*; (*ÉQUITATION*) naid *b* dros ddŵr; **~ de diamants** cadwyn *b* ddiemyntau.

rixe [ʀiks] *f* ffrwgwd *g*, ymladdfa *b*.

riz [ʀi] *m* reis *g*; **~ au lait** pwdin *g* reis.

rizière [ʀizjɛʀ] *f* cae *g* reis

RMC [ɛʀɛmse] *sigle f*(= *Radio Monte Carlo*).

RMI [ɛʀɛmi] *sigle m*(= *revenu minimum d'insertion*) ≈ ategiad *g* incwm.

RN [ɛʀɛn] *sigle f*(= *route nationale*) priffordd *b*.

robe [ʀɔb] *f* gwisg *b*; (*vêtement féminin*) ffrog *b*; (*de moine, de juge, de professeur*) gŵn *g*; (*de prêtre*) casog *b*; (*d'un animal*) côt *b*, blew *ll*; (*vin*) lliw *g*; **~ de baptême** gŵn bedydd; **~ de chambre** côt nos; **~ de grossesse** ffrog *ou* gwisg i wraig feichiog; **~ de mariée** gwisg briodas; **~ de soirée** ffrog *ou* gwisg gyda'r nos.

robinet [ʀɔbinɛ] *m* tap *g*; **~ du gaz** tap nwy; **~ mélangeur** *tap sy'n cymysgu dŵr oer a dŵr poeth.*

robinetterie [ʀɔbinɛtʀi] *f* (*installations*) tapiau *ll*; (*usine*) ffatri *b* dapiau; (*COMM*) masnach *b* dapiau.

roboratif (roborative) [ʀɔbɔʀatif, ʀɔbɔʀativ] *adj* (*climat*) bywiocaol, iachus; (*remède*) atgyfnerthol.

robot [ʀɔbo] *m* robot *g*; **~ ménager** prosesydd *g* bwyd.

robotique [ʀɔbɔtik] *f* roboteg *b*.

robotiser [ʀɔbɔtize] (1) *vt* (*personne, travailleur*) troi (rhn) yn robot; (*monde, vie*) awtomeiddio.

robuste [ʀɔbyst] *adj* (*personne, voiture*) cryf(cref)(cryfion), cadarn; (*santé*) iach, cadarn; (*plante*) caled; (*foi*) diysgog, cadarn.

robustesse [ʀɔbystɛs] *f* cryfder *g*, cadernid *g*; (*plante*) caledwch *g*; (*foi*) cadernid.

roc [ʀɔk] *m* craig *b*; **elle est solide comme un ~** mae hi'n gadarn fel y graig.

rocade [ʀɔkad] *f* (*AUTO*) ffordd *b* osgoi; (*circulaire*) cylchffordd *b*.

rocaille [ʀɔkaj] *f* (*pierraille*) marian *g*, cerrig *ll* chwâl; (*terrain caillouteux*) marian, tir *g* caregog, mariandir *g*; (*jardin*) gardd *b* gerrig;
♦*adj* (*ART: style*) rocaille.

rocailleux (rocailleuse) [ʀɔkajø, ʀɔkajøz] *adj* (*chemin*) caregog, llawn cerrig; (*voix*) cras, cryg.

rocambolesque [ʀɔkɑ̃bɔlɛsk] *adj* (*aventure, affaire*) anhygoel, ffantastig.

roche [ʀɔʃ] *f* craig *b*; **~s calcaires** cerrig *ll* calch; **~s volcaniques** cerrig folcanig.

rocher [ʀɔʃe] *m* (*bloc*) carreg *b*; (*matière*) craig *b*.

rochet [ʀɔʃɛ] *m:* **roue à ~** olwyn *b* glicied.

rocheux (rocheuse) [ʀɔʃø, ʀɔʃøz] *adj* creigiog; (*chemin*) caregog; **les (montagnes) Rocheuses** y Mynyddoedd Creigiog.

rock(-and-roll) [ʀɔk(ɛnʀɔl)] *m* (*musique*) roc *g* a rôl; (*danse*) jeif *g,b*.

rocker [ʀɔkœʀ] *m* (*chanteur*) canwr *g* roc; (*musicien*) cerddor *g* roc; (*admirateur*)

edmygwr *g* roc.
rocking-chair (~-~**s**) [ʀɔkiŋ(t)ʃɛʀ] *m* cadair *b* siglo.
rococo [ʀɔkɔko] *m* rococo *g*;
♦*adj* rococo, henffasiwn.
rodage [ʀɔdaʒ] *m* rhedeg i mewn; **en** ~ (*AUTO*) yn rhedeg i mewn.
rodé (-**e**) [ʀɔde] *adj* wedi'i redeg i mewn; ~ **à qch** (*personne*) wedi arfer â rhth.
rodéo [ʀɔdeo] *m* rodeo *b*; **faire du** ~ **à la voiture volée** gyrru o gwmpas mewn car lladrad.
roder [ʀɔde] (**1**) *vt* (*AUTO*) rhedeg i mewn; (*spectacle*) cael gwared â'r trafferthion cychwynnol; (*soupape*) llifanu; **ils sont bien rodés** maen nhw wedi hen arfer, maen nhw'n gynefin.
rôder [ʀode] (**1**) *vi* crwydro, rhodio; (*péj: de façon suspecte*) prowla, rhodianna, llercian.
rôdeur [ʀodœʀ] *m* (*péj*) rhodiannwr *g*, prowliwr *g*.
rodomontades [ʀɔdɔmɔ̃tad] *fpl* brolio, ymffrostio.
rogatoire [ʀɔgatwaʀ] *adj*: **commission** ~ (*JUR*) Llythyrau *ll* Datganiadol.
rogne [ʀɔɲ] *f*: **être en** ~ bod wedi gwylltio; **mettre qn en** ~ gwylltio rhn, codi gwrychyn rhn; **se mettre en** ~ gwylltio, mynd o'ch cof, colli'ch tymer.
rogner [ʀɔɲe] (**1**) *vt* (*ongles*) torri; (*page*) torri, tocio; (*aile*) tocio; (*salaire*) cwtogi;
♦*vi*: ~ **sur** (*dépense*) cyfyngu ar; ~ **les ailes à qn** (*fig*) torri crib rhn.
rognons [ʀɔɲɔ̃] *mpl* (*CULIN*) elwlod *ll*.
rognures [ʀɔɲyʀ] *fpl* (*d'ongles*) tocion *ll*, torion *ll*; (*de papier*) toriadau *ll*.
rogue [ʀɔg] *adj* haerllug, trahaus.
roi [ʀwa] *m* brenin *g*; **les Rois mages** (*BIBLE*) y Doethion *ll* (o'r Dwyrain); **le jour** *neu* **la fête des Rois, les Rois** dydd *g* gŵyl Ystwyll; **tirer les** ~**s** bwyta teisen Ystwyll; ~ **de la presse** arglwydd *g* y wasg; **tu es le** ~ **des imbéciles*** ti yw'r twpsyn mwyaf ar wyneb y ddaear.
Roland [ʀɔlɑ̃] *prm* Rolant; **la chanson de** ~ cân *b* Rolant.
roitelet [ʀwat(ə)lɛ] *m* (*péj: roi*) brenin *g* bychan, brenhinyn *g*; (*fam*) dryw *g*; ~ **huppé** dryw melyn cribog.
rôle [ʀol] *m* rhan *b*, rôl *b*; **jouer un** ~ **important dans ...** chwarae rhan bwysig yn ...
rollmops [ʀɔlmɔps] *m* rholyn *g* pennog.
romain (-**e**) [ʀɔmɛ̃, ɛn] *adj* Rhufeinig, Rhufeinaidd; (*TYPO*) teip *g* Rhufeinig.
Romain [ʀɔmɛ̃] *m* Rhufeiniwr *g*, Rhufeiniad *g*; **les** ~**s** y Rhufeiniaid *ll*.
romaine [ʀɔmɛn] *f* (*légume*) letysen *b* gos;
♦*adj f voir* **romain**.
Romaine [ʀɔmɛn] *f* Rhufeines *b*, Rhufeinwraig *b*.
roman[1] (-**e**) [ʀɔmɑ̃, an] *adj* (*ARCHIT*) romanésg; (*LING*) Romawns.
roman[2] [ʀɔmɑ̃] *m* nofel *b*; ~ **d'amour** nofel *b* serch, rhamant *b*; ~ **de cape et d'épée** nofel ramantus a hanesyddol; ~ **d'épouvante** nofel arswyd; ~ **d'espionnage** nofel ysbïo; ~ **noir** nofel gyffrous; ~ **policier** nofel dditectif; ~ **de science-fiction** nofel ffuglen wyddonol.
romance [ʀɔmɑ̃s] *f* (*chanson*) cân *b* serch, baled *b*.
romancer [ʀɔmɑ̃se] (**9**) *vt* (*agrémenter*) rhamanteiddio; (*présenter sous forme de roman*) troi (rhth) yn nofel, ffuglenoli.
romanche [ʀɔmɑ̃ʃ] *adj* Rheto-Romaneg;
♦*m* (*LING*) Románsh *b,g*, Rhéto-Romaneg *b,g*.
romancier [ʀɔmɑ̃sje] *m* nofelydd *g*.
romancière [ʀɔmɑ̃sje] *m* nofelydd *g*.
romand (-**e**) [ʀɔmɑ̃, ɑ̃d] *adj* Swisaidd-Ffrengig.
Romand [ʀɔmɑ̃] *m* siaradwr *g* Ffrangeg o'r Swistir.
Romande [ʀɔmɑ̃d] *f* siaradwraig *b* Ffrangeg o'r Swistir.
romanesque [ʀɔmanɛsk] *adj* (*histoire*) anhygoel, hynod; (*sentimental, rêveur*) rhamantus; **la technique** ~ (*LITT*) techneg *b* y nofel.
roman-feuilleton (~**s**-~**s**) [ʀɔmɑ̃fœjtɔ̃] *m* stori *b* gyfres.
roman-fleuve (~**s**-~**s**) [ʀɔmɑ̃flœv] *m* nofel *b* saga, cyfres *b* o nofelau.
romanichel [ʀɔmaniʃɛl] *m* (*péj: tzigane*) sipsi *g*; (*péj: vagabond*) crwydryn *g*, trempyn *g*, tramp *g*.
romanichelle [ʀɔmaniʃɛl] *f* (*péj: tzigane*) sipsen *b*; (*péj: vagabonde*) crwydren *b*.
roman-photo (~**s**-~**s**) [ʀɔmɑ̃fɔto] *m* stori *b* luniau.
romantique [ʀɔmɑ̃tik] *adj* rhamantus.
romantisme [ʀɔmɑ̃tism] *m* rhamantiaeth *b*.
romarin [ʀɔmaʀɛ̃] *m* rhosmari *g*.
rombière [ʀɔ̃bjɛʀ] (*péj*) *f* gast *b*, ysguthan *b*; **une vieille** ~ hen ast, hen 'sguthan.
Rome [ʀɔm] *prf* Rhufain *b*.
rompre [ʀɔ̃pʀ] (**55**) *vt* torri; (*fiançailles*) torri; (*pourparlers*) rhoi'r gorau i; (*équilibre, harmonie*) torri, amharu ar; ~ **la glace** (*fig*) torri'r garw *neu* ias; **rompez (les rangs)!** (*MIL*) ffwrdd â chi!; ~ **des lances contre qn** gwrthdaro â rhn; ~ **qn à faire qch** hyfforddi rhn i wneud rhth, rhoi rhn ar ben y ffordd; **applaudir à tout** ~ codi'r to, cymeradwyo yn fyddarol;
♦*vi* (*se séparer: fiancés*) ymwahanu, gwahanu, gorffen; ~ **avec qn** torri cysylltiad â rhn;
♦ **se** ~ *vr* (*corde, branche*) torri'n glec; (*digue*) torri, byrstio; (*veine*) torri; **se** ~ **les os** *neu* **le cou** torri'ch gwddf.
rompu (-**e**) [ʀɔ̃py] *pp de* **rompre**;
♦*adj* (*fourbu*) wedi blino'n lân, wedi ymlâdd; ~ **à qch** (*art, discipline*) hyddysg yn rhth, cyfarwydd *ou* cynefin â rhth; ~ **aux affaires**

profiadol ym myd busnes; ~ **aux privations** hen gynefin â chaledfyd *ou* chaledi.
romsteck [ʀɔmstɛk] *m* stecen *b* ffolen.
ronce [ʀɔ̃s] *f* (*plante*) miaren *b*; ~ **de noyer** (*MENUISERIE*) cainc *b* mewn pren.
ronchonner* [ʀɔ̃ʃɔne] (1) *vi* grwgnach, achwyn, cwyno.
rond[1] (**-e**) [ʀɔ̃, ʀɔ̃d] *adj* (*forme*) crwn(cron)(crynion); (*gras*) crwn, tew, llond eich croen; (*fam: ivre*) meddw, wedi meddwi; (*sincère, décidé*) gonest, didwyll; **pour faire un compte** ~ i wneud swm crwn; **avoir le dos** ~ bod yn wargrwm;
♦*adv*: **en** ~ (*s'asseoir, danser*) yn gylch, mewn cylch; **tourner** ~ (*moteur*) mynd yn dda; **ça ne tourne pas** ~ (*fig*) mae rhywbeth o'i le.
rond[2] [ʀɔ̃] *m* cylch *g*; **je n'ai plus un** ~ 'does gen i 'run ddimai; ~ **de serviette** dolen *b* napcyn; **faire des** ~**s de jambe** (*fig*) cynffonna (i rn).
rond-de-cuir (~**s**-~-~) [ʀɔ̃dkɥiʀ] (*péj*) *m* clercyn *g*.
ronde [ʀɔ̃d] *f* cylchdaith *b*; (*danse*) dawns *b* gylch; (*MIL*) patrôl *g*, cylchrawd *b*; (*MUS*) hanner brîf *g*, nodyn *g* cyflawn; **à 10 km à la** ~ am 10 km o amgylch, am gylch o 10 km; **passer qch à la** ~ mynd â rhth o gwmpas, estyn rhth o amgylch;
♦*adj f voir* **rond**[1].
rondelet (**-te**) [ʀɔ̃dlɛ, ɛt] *adj* tew, llond eich croen; (*fig: somme*) sylweddol; (*bourse*) llawn, boliog.
rondelle [ʀɔ̃dɛl] *f* (*tranche*) tafell *b*, sleisen *b*, darn *g*; (*TECH*) wasier *b*.
rondement [ʀɔ̃dmɑ̃] *adv* (*efficacement*) yn ddi-lol, heb oedi, ar unwaith; (*franchement*) yn blwmp ac yn blaen, heb flewyn ar dafod.
rondeur [ʀɔ̃dœʀ] *f* (*d'un bras, des formes*) tewdra *g*; (*bonhomie*) rhadlondeb *g*, rhadlonrwydd *g*; (*de la terre*) crynder *g*, crynrwydd *g*; ~**s** (*d'un corps, d'une femme*) siâp *g*.
rondin [ʀɔ̃dɛ̃] *m* boncyff *g*; **une cabane en** ~**s** caban *g* pren.
rond-point (~**s**-~**s**) [ʀɔ̃pwɛ̃] *m* cylchfan *g,b*.
ronéoter [ʀɔneɔte] (1) *vt* dyblygu ar roneo.
ronéotyper [ʀɔneɔtipe] (1) *vt voir* **ronéoter**.
ronflant (**-e**) [ʀɔ̃flɑ̃, ɑ̃t] *adj* (*péj: style*) addurnol, crand, chwyddedig.
ronflement [ʀɔ̃fləmɑ̃] *m* chwyrniad *g*, chwyrnu; (*de moteur*) grŵn *g*, grwnan.
ronfler [ʀɔ̃fle] (1) *vi* (*personne*) chwyrnu; (*moteur*) grwnan.
ronger [ʀɔ̃ʒe] (10) *vt* cnoi; (*suj: rouille*) rhydu, erydu; (*suj: maladie*) blino; (*suj: pensée*) ysu; ~ **son frein** awchu am wneud rhth;
♦ **se** ~ *vr*: **se** ~ **d'inquiétude** *neu* **de souci** cael eich nychu â gofidiau; **se** ~ **les ongles** cnoi'ch ewinedd; **se** ~ **les sangs** poeni, pryderu.
rongeur [ʀɔ̃ʒœʀ] *m* cnofil *g*.
ronronnement [ʀɔ̃ʀɔnmɑ̃] *m* (*du chat*) grwndi *g*, canu grwndi; (*de moteur*) grŵn *g*, grwnan.
ronronner [ʀɔ̃ʀɔne] (1) *vi* (*chat*) canu grwndi; (*fig: moteur*) grwnan.
roque [ʀɔk] *m* (*ÉCHECS*) castellu.
roquefort [ʀɔkfɔʀ] *m* caws *g* Roquefort (*o Dde Ffrainc a wneir o laeth dafad*).
roquer [ʀɔke] (1) *vi* (*ÉCHECS*) castellu.
roquet [ʀɔkɛ] *m* (*péj*) ci *g* bach cleplyd; **c'est un** ~ (*personne*) mae mwy o dwrw nag o daro ynddo.
roquette [ʀɔkɛt] *f* (*MIL*) roced *b*, taflegryn *g*; ~ **antichar** roced atal tanciau.
rosace [ʀozas] *f* (*ARCHIT*) ffenestr *b* ros; (*motif de plafond*) rhosyn *g* nenfwd.
rosaire [ʀozɛʀ] *m* llinyn *g* paderau, rosari *b*.
rosbif [ʀɔsbif] *m*: **du** ~ (*roti*) eidion *g* rhost; (*à rôtir*) darn *g* o eidion i'w rostio; **un** ~ golwyth *g* eidion.
rose [ʀoz] *f* rhosyn *g*; (*vitrail*) ffenestr *b* ros; ~ **de Noël** rhosyn Nadolig; ~ **des sables** blodyn *g* gypswm *ou* calch; ~ **des vents** seren *b* wynt (*ar gwmpawd*);
♦*adj* pinc, rhosliw, gwridog; ~ **bonbon** pinc candi; **tout n'est pas** ~ nid yw bywyd yn fêl i gyd; **voir la vie en** ~ edrych yn obeithiol ar bopeth, edrych ar y byd trwy wydrau rhosliw;
♦*m* pinc *g*, rhosliw *g*, gwrid *g*.
rosé (**-e**) [ʀoze] *adj* gwridog, rhosliw; **vin** ~ gwin *g* rhosliw.
roseau (**-x**) [ʀozo] *m* corsen *b*, cawnen *b*.
rosée [ʀoze] *adj f voir* **rosé**;
♦*f* gwlith *g*; **une goutte de** ~ defnyn *g ou* diferyn *g* o wlith.
roseraie [ʀozʀɛ] *f* gardd *b* rosod *ou* rosynnau.
rosette [ʀozɛt] *f* rhosen *b*; ~ **de la Légion d'honneur** rhosen y Lleng Anrhydedd.
rosier [ʀozje] *m* llwyn *g* rhosod *ou* rhosynnau, rhoswydden *b*, coeden *b* rosod *ou* rosynnau.
rosir [ʀoziʀ] (2) *vi* mynd yn binc.
rosse [ʀɔs] *f* (*péj: cheval*) (hen) geffyl *g*, hen nag *g*;
♦*adj* cas, sbeitlyd.
rosser* [ʀɔse] (1) *vt* rhoi curfa i rn; (*vaincre*) curo.
rossignol [ʀɔsiɲɔl] *m* (*ZOOL*) eos *b*; (*clef*) bach *g* clo
rot [ʀo] *m* toriad *g* gwynt, bytheiriad *g*.
rotatif (**rotative**) [ʀɔtatif, ʀɔtativ] *adj* sy'n troi, tro, cylchdro.
rotative [ʀɔtativ] *f* (*IMPRIMERIE*) gwasg *b* gylchdro.
rotation [ʀɔtasjɔ̃] *f* cylchdro *g*; (*voyage*) taith *b* gron, taith mynd a dod; ~ **des cultures** (*AGR*) cylchdro cnydau; ~ **des stocks** (*COMM*) trosiant *g* stoc; **ce bateau effectue 2** ~**s par semaine** 'mae'r llong hon yn gwneud dwy daith gron yr wythnos; **par** ~ yn eich tro, yn

ôl y drefn.

rotatoire [ʀɔtatwaʀ] *adj* cylchdro, sy'n cylchdroi; **mouvement** ~ symudiad *g* cylchdro.

roter* [ʀɔte] (**1**) *vi* torri gwynt, bytheirio.

rôti [ʀoti] *m* (*cuit*) cig *g* rhost; **du** ~ cig i'w rostio; **un** ~ **de bœuf/porc** darn rhost *g* o gig eidion/porc.

rotin [ʀɔtɛ̃] *m* (*BOT*) coeden *b* ratan; (*partie de la tige*) cansen *b*; **un fauteuil en** ~ cadair *b* ratan.

rôtir [ʀotiʀ] (**2**) *vt* (*aussi:* **faire** ~) rhostio;
♦*vi* rhostio;
♦ **se** ~ *vr*: **se** ~ **au soleil** crasu yn llygad yr haul.

rôtisserie [ʀɔtisʀi] *f* (*restaurant*) stecdy *g*; (*comptoir, magasin*) siop *b* gig rhost, cownter *g* cig rhost.

rôtissoire [ʀɔtiswaʀ] *f* ffwrn *b* droell (*i rostio cig ar gigwain*).

rotonde [ʀɔtɔ̃d] *f* (*ARCHIT*) rotwnda *b*, neuadd *b* gron.

rotondité [ʀɔtɔ̃dite] *f* crynder *g*; (*de personne*) tewder *g*.

rotor [ʀɔtɔʀ] *m* rotor *g*, troell *b*.

rotule [ʀɔtyl] *f* padell *b* ben-glin; **être sur les** ~**s** * bod wedi blino'n lân, bod wedi ymlâdd.

roturier [ʀɔtyʀje] *m* dyn *g* cyffredin, gwerinwr *g*.

roturière [ʀɔtyʀjɛʀ] *f* gwraig *b* gyffredin, gwerinwraig *b*.

rouage [ʀwaʒ] *m* olwyn *b* gocos; (*de montre*) darn *g*, part *g*; **les** ~**s du gouvernement** peirianwaith *g* y llywodraeth.

roubaisien (**-ne**) [ʀubezjɛ̃, ɛn] *adj* o Roubaix.

Roubaisien [ʀubezjɛ̃] *m* un *g* o Roubaix.

Roubaisienne [ʀubezjɛn] *f* un *b* o Roubaix.

roublard (**-e**) [ʀublaʀ, aʀd] *adj* (*péj*) castiog, ystrywgar.

rouble [ʀubl] *m* rwbl *b*.

roucoulement [ʀukulmɑ̃] *m* (*bruit de pigeon*) cŵ *g*, cŵan.

roucouler [ʀukule] (**1**) *vi* (*pigeon*) cŵan; (*amoureux*) siarad yn dyner.

roue [ʀu] *f* olwyn *b*; **faire la** ~ (*GYM*) olwyndroi; (*paon*) agor *ou* castellu ei gynffon; (*personne: se pavaner*) torsythu, swagro; **descendre en** ~ **libre** (*AUTO*) ffriwilio, mynd i lawr heb fod mewn gêr; **pousser à la** ~ (*fig*) rhoi hwb; **grande** ~ (*à la foire*) olwyn fawr; ~ **à aubes** olwyn rodli *ou* badlo; ~ **de secours** olwyn sbâr; ~ **dentée** (*engrenage*) olwyn gocos.

roué (**-e**) [ʀwe] *adj* ystrywgar, cyfrwys.

rouennais (**-e**) [ʀwanɛ, ɛz] *adj* o Rouen.

rouer [ʀwe] (**1**) *vt*: ~ **qn de coups** rhoi curfa *b* i rn.

rouet [ʀwɛ] *m* (*à filer*) troell *b* nyddu.

rouge [ʀuʒ] *adj* coch(cochion); **devenir** ~ **comme une cerise** cochi, gwrido; **elle est** ~ **comme une pivoine** mae hi'n goch at ei chlustiau; **sur la liste** ~ (*TÉL*) heb fod yn y llyfr, heb eich rhestru; **devenir** ~ **de honte** cochi *ou* gwrido gan gywilydd; **devenir** ~ **de colère** gwylltio; **se fâcher tout** ~ gwylltio'n gandryll;
♦*m* coch *g*; (*fard*) powdr *g* coch *ou* gwrido, rouge *g*; (**vin**) ~ gwin *g* coch; ~ (**à lèvres**) minlliw *g*, lipstic *g*; **passer au** ~ (*signal*) troi'n goch; (*automobiliste*) mynd trwy'r golau coch; **porter au** ~ (*métal*) poethi (metel) nes ei fod yn eiriasgoch; **voir** ~ mynd yn lloerig;
♦*m/f* (*péj*) coch *g*, comiwnydd *g*; **voter** ~ pleidleisio dros y comiwnyddion.

rougeâtre [ʀuʒɑtʀ] *adj* cochlyd, cochaidd.

rougeaud (**-e**) [ʀuʒo, od] *adj* (*teint*) gwridog; (*personne*) ag wyneb coch.

rouge-gorge (~**s**-~**s**) [ʀuʒgɔʀʒ] *m* robin *g* goch.

rougeoiement [ʀuʒwamɑ̃] *m* cochni *g*.

rougeole [ʀuʒɔl] *f* y frech *b* goch.

rougeoyant (**-e**) [ʀuʒwajɑ̃, ɑ̃t] *adj* (*ciel*) yn cochi, sy'n troi'n goch; (*cendres*) eirias.

rougeoyer [ʀuʒwaje] (**17**) *vi* cochi, troi'n goch.

rouget [ʀuʒɛ] *m* (*poisson*): ~ **barbet** mingrwn *g* coch, hyrddyn *g* coch; ~ **grondin** penhaearn *g* coch, gyrnat *g* coch.

rougeur [ʀuʒœʀ] *f* (*du ciel, de l'incendie*) cochni *g*; (*du visage*) cochni, gwrid *g*; ~**s** (*MÉD*) cochni, blotiau *ll* cochion.

rougir [ʀuʒiʀ] (**2**) *vi* mynd yn goch, cochi; (*de honte*) gwrido.

rouille [ʀuj] *f* rhwd *g*; (*AGR, BOT*) y gawod *b* goch; (*CULIN*) *mayonnaise sy'n cynnwys garlleg a chilis*;
♦*adj inv* rhydliw, rhytgoch.

rouillé (**-e**) [ʀuje] *adj* rhydlyd, yn rhydu, wedi rhydu; (*mémoire*) rhydlyd, wedi rhydu; (*muscles*) wedi cyffio, cyfflyd, wedi stiffio.

rouiller [ʀuje] (**1**) *vt* (*métal*) rhydu;
♦*vi* rhydu, magu rhwd, mynd yn rhwd;
♦ **se** ~ *vr* rhydu; (*physiquement*) cyffio; (*mentalement*) rhydu, mynd yn rhydlyd.

roulade [ʀulad] *f* (*oiseau*) trydar *g*; (*CULIN*) rwlád *g* (*darn o gig neu bysgodyn wedi'i rolio*), rholyn *g* cig/pysgodyn; (*MUS*) crychnod *g*, tril *g*; (*SPORT*) rholiad *g*.

roulage [ʀulaʒ] *m* (*transport*) cludiant *g*, cludo, halio.

roulant (**-e**) [ʀulɑ̃, ɑ̃t] *adj* (*meuble*) ar olwynion; (*surface, trottoir*) symudol, sy'n symud; (*fam: très drôle*) doniol iawn, digrif dros ben; **matériel** ~ (*RAIL*) rholstoc *g*; **personnel** ~ (*RAIL*) gweithwyr *ll* ar dren.

roulante [ʀulɑ̃t] *f* (*MIL*) cegin *b* symudol *ou* faes;
♦*adj f voir* **roulant**.

roulé[1] (**-e**) [ʀule] *adj*: **bien** ~**e*** (*femme*) siapus.

roulé[2] [ʀule] *m* (*CULIN*) rholyn *g* jam, Swis-rôl *b*.

rouleau (-**x**) [Rulo] *m* rholyn *g*, rhôl *b*; (*de machine à écrire*) rholer *g*, platen *g*; (*de machine à peinture*) rholer; (*pour se coiffer*) cyrliwr *g*, teclyn *g* cyrlio; (*vague*) moryn *g*; (*SPORT*) rholiad *g*; ~ **à pâtisserie** rholbren *b*; ~ **compresseur** injan *b* ffordd, stêm-roler *g*; ~ **de pellicule** rholyn ffilm; **je suis au bout du** ~ (*fig*) 'rwyf wedi dod i ben fy nhennyn.

roulé-boulé (~**s**-~**s**) [Rulebule] *m* (*SPORT*) rholiad *g*.

roulement [Rulmɑ̃] *m* (*bruit: du tonnerre, de véhicule*) sŵn *g*, rhu *g*; (*rotation: d'ouvriers*) trosiant *g*; (*rotation: de capitaux*) trosiant, cylchrediad *g*; ~ **(à billes)** pelferyn *g*; ~ **d'yeux** rholio'ch llygaid; ~ **de tambour** sŵn *g* drwm, tabyrddiad *g*; **travailler par** ~ gweithio sifftiau *ou* stemiau *ou* daliadau.

rouler [Rule] (1) *vt*
1 (*faire tourner*) rholio; ~ **des boules sur la pelouse** rholio peli ar y lawnt.
2 (*pousser: brouette, chariot*) gwthio, powlio.
3 (*tissu, tapis, cigarette*) rholio; (*manches*) torchi; ~ **qch en boule** rholio rhth yn belen; **il a roulé son manteau en boule pour faire un oreiller** rholiodd ei got yn belen i wneud gobennydd.
4 (*mouvoir circulairement*): ~ **les épaules** rholio'ch ysgwyddau; ~ **les hanches** siglo'ch pen ôl.
4 (*aplanir: champ, gazon, terrain de tennis*) rholio, lefelu, gwastatáu; (*CULIN: pâte*) rholio.
6 (*LING*): ~ **les "r"** rholio'r "r".
7 (*fam: tromper, duper*) twyllo; **elle m'a roulé en me rendant la monnaie** fe'm twyllodd pan roddodd y newid yn ôl imi; ~ **qn dans la farine*** twyllo rhn.
8 (*voyager*): ~ **sa bosse*** teithio'n ddi-baid, crwydro'r byd;
♦*vi*
1 (*se déplacer en tournant sur soi-même: bille, boule, dé*) rholio, powlio; **le bouton a roulé sous le bureau** rholiodd y botwm dan y ddesg; ~ **dans la boue/l'herbe** rholio yn y mwd/y glaswellt; ~ **en bas de l'escalier** rholio i lawr y grisiau *ou* staer.
2 (*avancer sur des roues: voiture, train, bus, bicyclette*) mynd; **la voiture est accidentée mais elle roule encore** mae'r car wedi cael difrod ond mae'n dal i fynd; **les bus ne roulent pas le dimanche** nid yw'r bysiau yn mynd *ou* rhedeg ar ddydd Sul; **mon vélo roule mal** mae rhywbeth o'i le ar fy meic; ~ **à grande vitesse** mynd *ou* teithio'n gyflym iawn; ~ **à l'essence sans plomb** rhedeg ar betrol di-blwm; **ça roule mal sur l'autoroute** mae'r traffic yn drwm ar y draffordd.
3 (*conduire*) gyrru; **en Grande Bretagne on roule à gauche** ym Mhrydain maen nhw'n gyrru ar y chwith; ~ **toute la nuit** gyrru drwy'r nos; ~ **doucement/vite** gyrru'n araf/gyflym; ~ **au pas/à grande vitesse** gyrru'n araf iawn/gyflym iawn; ~ **en voiture** mynd mewn car, gyrru car; ~ **en** *neu* **à moto*/à bicyclette** reidio motor-beic/beic; ~ **à 20km/h** gwneud 20km yr awr.
4 (*bateau*) siglo, rholio.
5 (*tonnerre*) rhuo.
6: ~ **sur** (*suj: conversation*) troi o gwmpas rhth; ~ **sur l'or** bod yn graig o arian;
♦ **se** ~ *vr*: **se** ~ **dans** (*personne, animal: herbe, foin*) rholio yn; (*boue*) ymdrybaeddu yn, ymdreiglo yn; **se** ~ **par terre** (*enfant*) rholio ar y llawr; (*fig: rire beaucoup*) rholio chwerthin; **se** ~ **en boule** eich rholio'ch hun yn belen; **se** ~ **dans** (*couverture*) eich lapio'ch hun mewn.

roulette [Rulɛt] *f* castor *g*, olwyn *b* fach; (*jeu*) rwlét *g,b*; **la** ~ **russe** rwlét y Rwsiaid; **table/fauteuil à** ~**s** bwrdd neu gadair ar olwynion bach.

roulier [Rulje] *m* (*navire*) llong *b* gyrru mewn ac allan.

roulis [Ruli] *m* rholio, siglad *g*; **il y a du** ~ mae'r llong yn mynd o ochr i ochr.

roulotte [Rulɔt] *f* (*de bohémiens, forains*) carafán *b* (*sipsiwn ayb*).

roumain[1] (-**e**) [Rumɛ̃, ɛn] *adj* Romanaidd, o Romania.

roumain[2] [Rumɛ̃] *m* (*LING*) Romaneg *b,g*.

Roumain [Rumɛ̃] *m* Romaniad *g*.

Roumaine [Rumɛn] *f* Romaniad *b*.

Roumanie [Rumani] *prf*: **la** ~ Romania *b*.

roupiller* [Rupije] (1) *vi* cysgu.

rouquin [Rukɛ̃] (*péj*) *m* cochyn *g*.

rouquine [Rukin] (*péj*) *f* cochen *b*.

rouspéter* [Ruspete] (14) *vi* grwgnach, cwyno, achwyn.

rousse [Rus] *f* cochen *b*;
♦*adj voir* **roux**[1].

rousseur [RusœR] *f*: **tache de** ~ brychni *g* haul.

roussi [Rusi] *m*: **ça sent le** ~ (*plat etc*) mae 'na aroglau llosgi; (*fig*) mae rhyw ddrwg yn y caws.

roussir [RusiR] (2) *vt* (*linge*) rhuddo; (*herbe*) llosgi;
♦*vi* (*herbe*) llosgi; (*feuilles*) newid lliw; **faire** ~ **la viande/les oignons** brownio cig/nionod *ou* winwns.

routage [Rutaʒ] *m* (*de journaux, colis*) dosbarthu a phostio.

routard [RutaR] *m* teithiwr *g* ifanc, byd-grwydryn *g*, ffawdheglwr *g*.

routarde [RutaRd] *f* teithwraig *b* ifanc, byd-grwydren *b*, ffawdheglwraig *b*.

route [Rut] *f* ffordd *b*; **par (la)** ~ ar y ffordd; **il y a 3 heures de** ~ mae 'na dair awr o daith; **bonne** ~**!** siwrnai dda!; ~ **nationale** priffordd *b*; **un accident de la** ~ damwain *b* car, damwain ar y ffordd fawr; **faire** ~ **vers** anelu am, cyfeirio am; **faire fausse** ~ (*fig*) gwneud camgymeriad, mynd ar goll, mynd ar gyfeiliorn; **montrer la** ~ **à qn** dangos y

ffordd i rn, rhoi rhn ar ben y ffordd; **faire ~ avec qn** teithio gyda rhn; **faire de la ~** mynd cryn bellter; **être sur la bonne ~** bod ar y ffordd gywir *ou* iawn; (*dans un problème*) bod ar y trywydd iawn *ou* cywir; **en cours de ~** ar y ffordd; **mettre qch en ~** (*voiture, moteur*) cychwyn rhth; **se mettre en ~** cychwyn, ymadael;
♦*adv*: **en ~** ar y ffordd; **en ~!** i ffwrdd â ni!, bant â ni!

router [Rute] (**1**) *vt* (*journaux, magazines*) *dosbarthu cyn postio.*

routier[1] (**routière**) [Rutje, RutjɛR] *adj* ffordd; **carte routière** map *g* ffordd.

routier[2] [Rutje] *m* (*camionneur*) gyrrwr *g* lorri (teithiau hirion); (*restaurant*) caffi *g* gyrwyr lorïau, caffi pen ffordd; (*scout de plus de seize ans*) sgowt *g* hŷn; (*cycliste*) rasiwr *g* beiciau; (*NAUT: carte nautique*) map *g* môr; **vieux ~** hen law *b*.

routière [RutjɛR] *f* (*voiture*) car *g* teithio; **ma voiture n'est pas une bonne ~** 'dydy fy nghar i ddim yn un da iawn am siwrneiau hir;
♦*adj f voir* **routier**[1].

routine [Rutin] *f* gweithdrefn *b*, rheolwaith *g*, arfer *g,b*; **visite/contrôle de ~** ymweliad *g*/ymchwiliad *g* arferol *ou* rheolaidd.

routinier (**routinière**) [Rutinje, RutinjɛR] *adj* (*péj: travail, vie*) rheolaidd, undonog, diflas, digyfnewid; (*personne*) rheolaidd.

rouvert (**-e**) [RuvɛR, ɛRt] *pp de* **rouvrir**.

rouvrir [RuvRiR] (**28**) *vt, vi* ailagor, agor eto; (*hostilités, affaire*) ailddechrau, ailgychwyn; (*gaz, électricité*) troi ymlaen eto;
♦ **se ~** *vr* ailagor.

roux[1] (**rousse**) [Ru, Rus] *adj* (*personne*) pengoch; (*cheveux*) coch; (*feuilles*) rhytgoch.

roux[2] [Ru] *m* cochyn *g*; (*CULIN*) gwlych *g*, roux *g*.

royal (**-e**) (**royaux, royales**) [Rwajal, Rwajo] *adj* brenhinol; (*salaire*) sylweddol; (*fig: festin, cadeau*) ysblennydd; (*fig: indifférence, mépris*) llwyr; (*fig: paix*) dedwydd.

royalement [Rwajalmɑ̃] *adv* yn frenhinol, fel brenin neu frenhines; (*iron*) yn llwyr; **il se moque ~ de son travail** 'does dim gronyn o ots ganddo am ei waith.

royaliste [Rwajalist] *adj* brenhingar;
♦*m/f* breningarwr *g*, brenhinwr *g*, brenhinwraig *b*.

royaume [Rwajom] *m* teyrnas *b*; **le ~ des cieux** Teyrnas Nefoedd.

Royaume-Uni [Rwajomyni] *prm*: **le ~-~** y Deyrnas *b* Unedig *ou* Gyfunol.

royauté [Rwajote] *f* brenhiniaeth *b*.

RP [ɛRpe] *sigle f*
1 (= *recette principale*) *prif swyddfa'r b post.*
2 (= *région parisienne*) *rhanbarth Paris*;
♦*sigle fpl*(= *relations publiques*) cysylltiadau *ll* cyhoeddus.

RPR [ɛRpeɛR] *sigle m*(= *Rassemblement pour la République*) *plaid wleidyddol.*

R.S.V.P. [ɛRɛsvepe] *abr*(= *répondez s'il vous plaît*) RSVP, ateber os gweler yn dda.

RTB [ɛRtebe] *sigle f*(= *Radio-Télévision belge*) *Corfforaeth b ddarlledu gwlad Belg.*

Rte *abr*= **route**.

RTL [ɛRteɛl] *sigle f*(= *Radio-Télévision Luxembourg*) *Corfforaeth b ddarlledu Lwcsembwrg.*

RU [Ry] *sigle m*(= *restaurant universitaire*) ffreutur *g* prifysgol.

ruade [Rɥad] *f* (*de cheval*) cic *b* (*gyda'r ddwy goes ôl*).

ruban [Rybɑ̃] *m* rhuban *g*; (*pour ourlet, couture*) tâp *g*, beindin *g*, incil *g*; **~ d'acier** stribed *g* dur; **~ adhésif** tâp adlynol, tâp glynu *ou* gludiog; **~ de chapeau** band *g* het, rhuban het; **~ encreur** rhuban incio.

rubéole [Rybeɔl] *f* brech *b* goch yr Almaen, rwbela *g*.

rubicond (**-e**) [Rybikɔ̃, ɔ̃d] *adj* gwridog, gwritgoch.

rubis [Rybi] *m* rhuddem *b*, rhwbi *g*; **payer ~ sur l'ongle** talu arian parod, talu ar law.

rubrique [RybRik] *f* (*titre*) pennawd *g*; (*PRESSE*) colofn *b*.

ruche [Ryʃ] *f* cwch *g* gwenyn.

rucher [Ryʃe] *m* gwenynfa *b*.

rude [Ryd] *adj* (*barbe, toile*) garw; (*climat*) garw, gerwin; (*métier, tâche, épreuve,*) caled, garw, anodd; (*brosse*) caled, garw; (*montée*) serth; (*appétit*) mawr, awchus; (*voix*) cras, cryg, garw; (*coup*) creulon, enbyd, garw; (*bourru: manières*) garw, anwaraidd, anfoesgar; (*paysan, montagnard*) cydnerth, cadarn; **j'ai eu une ~ peur** mi gefais i fraw garw, mi ddychrynais i'n arw *ou* fawr; **être mis à ~ épreuve** cael eich rhoi trwy'r felin.

rudement [Rydmɑ̃] *adv* yn arw; (*frapper*) yn galed; (*traiter, reprocher*) yn llym, yn arw; (*fam: très*) iawn, dros ben, ofnadwy; **j'ai ~ faim** mae arnaf chwant bwyd ofnadwy; **elle est ~ belle** mae hi'n hardd dros ben.

rudesse [Rydɛs] *f* (*barbe, toile*) garwedd *g*; (*climat*) gerwinder *g*, garwedd; (*métier, tâche, épreuve*) garwedd, anhawster *g*; (*brosse*) garwedd, caledwch *g*; (*montée*) serthrwydd *g*; (*appétit*) awch *g*; (*voix*) craster *g*, garwedd; (*coup*) creulonder *g*; (*bourru: manières*) garwedd, llymder *g*; (*paysan, montagnard*) cryfder *g*, cadernid *g*.

rudimentaire [Rydimɑ̃tɛR] *adj* elfennol.

rudiments [Rydimɑ̃] *mpl* elfennau *ll*, gwybodaeth *b* sylfaenol.

rudoyer [Rydwaje] (**17**) *vt* cam-drin, trin yn llym.

rue [Ry] *f* stryd *b*; (*suivi de nom propre*) Stryd; **jeter qn à la ~** taflu rhn allan *ou* mas o'r tŷ; **être à la ~** bod yn ddigartref.

ruée [Rɥye] *f* rhuthr *g*; **la ~ vers l'or** y rhuthr

am aur.

ruelle [ʀɥɛl] *f* stryd *b* gefn, stryd fach

ruer [ʀɥe] (**1**) *vi* (*cheval*) cicio, gwingo; ~ **dans les brancards** cicio dros y tresi;
♦ **se** ~ *vr*: **se** ~ **sur qch** neidio *ou* rhuthro ar rth; **se** ~ **vers qch** rhuthro at rth; **se** ~ **dans qch** rhuthro i mewn i rth; **se** ~ **hors de** rhuthro allan o rth.

rugby [ʀygbi] *m* rygbi *g*; ~ **à quinze** Rygbi'r Undeb; ~ **à treize** Rygbi'r Gynghrair; **jouer au** ~ chwarae rygbi; **un joueur de** ~ chwaraewr *g* rygbi.

rugir [ʀyʒiʀ] (**2**) *vi* rhuo; (*fig*) bloeddio; (*klaxon*) seinio;
♦*vt* rhuo, bloeddio.

rugissement [ʀyʒismɑ̃] *m* (*fauve*) rhu *g*, rhuad *g*; (*personne*) rhuad, bloedd *b*; (*fig: vent*) rhu, rhuad, dolef *b*; **pousser un** ~ rhuo, rhoi bloedd, bloeddio.

rugosité [ʀygozite] *f* garwedd *g*.

rugueux (**rugueuse**) [ʀygø, ʀygøz] *adj* garw, bras; (*vin*) egr; (*sol*) anwastad, twmpathog.

ruine [ʀɥin] *f* (*restes d'un édifice*) adfail *g*, murddun *g*; (*d'un régime, d'une entreprise*) cwymp *g*, cwympiad *g*, dymchweliad *g*; (*d'espérances*) chwalfa *b*; (*péj: personne*) llanast *g*; **tomber en** ~ adfeilio, mynd a'i ben iddo; **être au bord de la** ~ (*fig*) bod ar fin distryw *g*; **l'entreprise menace** ~ mae perygl i'r cwmni fynd i'r wal; **c'est la** ~ (*fig*) mae'n ddrud iawn; ~**s** (*décombres*) adfeilion *ll*.

ruiner [ʀɥine] (**1**) *vt* difetha, dinistrio; **ça ne va pas le** ~ (ni) wnaiff hynny ddim o'i ddifetha;
♦ **se** ~ *vr* colli'ch arian; (*fig: dépenser trop*) gwario arian mawr; **se** ~ **à la Bourse** colli'r cwbl ar y Gyfnewidfa Stoc; **se** ~ **la santé** difetha'ch iechyd.

ruineux (**ruineuse**) [ʀɥinø, ʀɥinøz] *adj* drud ofnadwy; (*goût*) eithafol; **ce n'est pas** ~ (*prix*) mae'n eithaf rhesymol *ou* teg.

ruisseau (**-x**) [ʀɥiso] *m* (*cours d'eau*) afon *b*, nant *b*, ffrwd *b*; (*caniveau*) cwter *b*, cafn *g*; **tomber dans le** ~ dirywio, mynd i'r gwellt; ~**x de larmes** llif *g* o ddagrau; ~**x de sang** llif *ou* ffrwd o waed.

ruisselant (**-e**) [ʀɥis(ə)lɑ̃, ɑ̃t] *adj* llifeiriol, yn llifo; ~ **de larmes** llawn dagrau; ~ **d'eau** (*manteau etc*) yn diferu o ddŵr.

ruisseler [ʀɥis(ə)le] (**11**) *vi* (*eau, pluie, larmes*) llifo, ffrydio; (*mur, arbre, visage*) llifo; ~ **d'eau** llifo o ddŵr; ~ **de larmes** llifo o ddagrau, bod yn ddagrau i gyd; ~ **de sueur** diferu o chwys, bod yn chwys diferu; ~ **de lumière** tywynnu; **la fenêtre ruisselait de pluie** rhedai *ou* llifai glaw i lawr y ffenestr.

ruissellement [ʀɥisɛlmɑ̃] *m* ffrwd *b*, llif *g*; ~ **de lumière** ffrwd *ou* llif o oleuni.

rumeur [ʀymœʀ] *f* (*bruit confus*) stŵr *g*, twrw *g*; (*voix, mer, vent*) murmur *g*; (*nouvelle*) si *g*, sôn *g*; **faire taire une** ~ rhoi taw ar si.

ruminer [ʀymine] (**1**) *vt* cnoi (cil); (*fig*) myfyrio (dros rth *ou* uwchben rhth), meddwl (dros rth);
♦*vi* cnoi cil; (*personne*) myfyrio, trwmfyfyrio, pendroni.

rumsteck [ʀɔmstɛk] *m*= **romsteck**.

rupestre [ʀypɛstʀ] *adj* (*plante*) y cerrig; (*peinture, dessin*) murol; **art** ~ celfyddyd *b* yr ogofâu, lluniau *ll* ar fur ogof.

rupture [ʀyptyʀ] *f* torri, toriad *g*; (*de négociations*) toriad, pall *g*, methiant *g*; (*de contrat*) tor-cytundeb *g*; (*de couple, de groupe, d'amis*) rhwyg *b*, gwahaniad *g*; **être en** ~ **avec qn** anghytuno â rhn; **être en** ~ **de ban** (*fig*) bod yn benben â'r gymdeithas; **en** ~ **de stock** (*COMM*) heb fod ar gael, heb fod mewn stoc.

rural (**-e**) (**ruraux, rurales**) [ʀyʀal, ʀyʀo] *adj* gwledig, cefn gwlad; **l'espace** ~ cefn *g* gwlad.

ruraux [ʀyʀo] *mpl*: **les** ~ pobl *b* y wlad, gwerin *b* gwlad.

ruse [ʀyz] *f* (*pour gagner*) cyfrwystra *g*; (*pour tromper*) twyll *g*, dichell *b*, cast *g*, ystryw *g,b*; **par** ~ trwy dwyll; ~ **de guerre** tacteg *b*.

rusé (**-e**) [ʀyze] *adj* cyfrwys, ystrywgar.

russe [ʀys] *adj* Rwsiaidd, o Rwsia;
♦*m* (*LING*) Rwseg *b,g*.

Russe [ʀys] *m/f* Rwsiad *g/b*.

Russie [ʀysi] *prf*: **la** ~ Rwsia *b*; **la** ~ **blanche** Rwsia Wen; **la** ~ **Soviétique** Rwsia Sofietaidd.

rustine [ʀystin] *f* *darn o rwber a ddefnyddir i atgyweirio teiar beic*; **boîte de** ~**s** cit *g* atgyweirio tyllau.

rustique [ʀystik] *adj* gwladaidd, gwledig; (*plante*) caled; **meubles** ~**s** celfi *ll* gwladaidd *ou* rystig, dodrefn *ll* pren garw.

rustre [ʀystʀ] *m* llabwst *g*, rhn anfoesgar.

rut [ʀyt] *m* cyfnod *g* paru; **être en** ~ chwilio am gymar.

rutabaga [ʀytabaga] *m* (*légume*) swedsen *b*, swejen *b*, rwden *b*.

rutilant (**-e**) [ʀytilɑ̃, ɑ̃t] *adj* disglair, gloyw(gloywon).

RV, rv *sigle m*= **rendez-vous**.

rythme [ʀitm] *m* rhythm *g*; (*vitesse*) cyflymdra *g*; (*MUS: tempo*) tempo *g*, amseriad *g*; ~ **cardiaque** cyflymder *g* calon; ~ **respiratoire** cyflymder anadlu; **au** ~ **de 10 par jour** fesul deg y dydd; **suivre le** ~ **de qn** cadw'r un amser â rhn; **chanter en** ~ canu mewn amser; **danser en** ~ dawnsio i'r rhythm; **marquer le** ~ cadw *ou* curo amser.

rythmé (**-e**) [ʀitme] *adj* rhythmig.

rythmer [ʀitme] (**1**) *vt* rhoi rhythm (i rth).

rythmique [ʀitmik] *adj* rhythmig;
♦*f* rhythmeg *b*

S

S[1], **s** [ɛs] *abr*= **sud**.
S[2], **s** [ɛs] *abr*= **siècle**.
S[3], **s** [ɛs] *abr*= **seconde**.
s'[1] [s] *pron voir* **se**.
s'[2] [s] *conj voir* **si**[2].
s/ *abr*= **sur**[1].
SA[1] [ɛsa] *sigle f*(= *société anonyme*) Cyf.
SA[2] [ɛsa] *sigle f*(= *Son Altesse*) *voir* **Altesse**.
sa [se] *dét voir* **son**[1].
sabbatique [sabatik] *adj*: **année** ~ blwyddyn *b* rydd *ou* sabothol.
sable [sɑbl] *m* tywod *g*; ~**s mouvants** traeth *g* byw *ou* gwyllt, sugndraeth *g*.
sablé[1] (**-e**) [sɑble] *adj* (*allée etc*) tywodlyd, a thywod wedi'i daenu arno; **pâte** ~**e** (*CULIN*) crwst *g* brau.
sablé[2] [sɑble] *m* teisen *b* frau.
sabler [sɑble] (**1**) *vt* taenu tywod ar; (*façade*) sgwrio (rhth) â thywod; ~ **le champagne** (*fig*) dathlu gyda siampên.
sableux (**sableuse**) [sɑblø, sɑbløz] *adj* tywodlyd.
sablier [sɑblije] *m* awrwydr *g*; (*de cuisine*) peth *g* amseru berwi wy.
sablière [sɑblijɛʀ] *f* chwarel *b ou* cloddfa *b* dywod.
sablonneux (**sablonneuse**) [sɑblɔnø, sɑblɔnøz] *adj* tywodlyd.
saborder [sabɔʀde] (**1**) *vt* (*navire*) suddo; (*fig: entreprise*) tanseilio, cau, dirwyn (rhth) i ben; ♦ **se** ~ *vr* (*NAUT*) suddo eich llong eich hun; (*entreprise*) dod i ben, cau; (*candidat*) difetha'ch gobeithion eich hun.
sabot [sabo] *m* (*chaussure*) clocsen *b*; (*de cheval*) carn *g*; (*TECH*) gwadn *g,b*; ~ **(de Denver)** (*AUTO: police*) clamp *g*, dyfais *b* glampio; ~ **de frein** gwadn brêc.
sabotage [sabɔtaʒ] *m* difrod *g* (bwriadol), difrodi (bwriadol); (*fig*) tanseilio.
saboter [sabɔte] (**1**) *vt* (*machine, installation*) difrodi (rhth) yn fwriadol; (*négociation, plan*) tanseilio; (*travail*) bwnglera, gwneud cawl o, gwneud llanast *ou* smonach o.
saboteur [sabɔtœʀ] *m* (*machine, installation*) difrodwr *g*; (*négotiation, plan*) tanseiliwr *g*; (*travail*) bwnglerwr *g*.
saboteuse [sabɔtøz] *f* (*machine, installation*) difrodwraig *b*; (*négotiation, plan*) tanseilwraig *b*; (*travail*) bwnglerwraig *b*.
sabre [sɑbʀ] *m* sabr *g*.
sabrer [sɑbʀe] (**1**) *vt* (*ennemis*) cleddyfu, trywanu (rhn) â sabr *ou* â chleddyf; (*texte: raccourcir*) talfyrru, cwtogi; (*passage: biffer*) dileu.
sac[1] [sak] *m* (*gén*) bag *g*, cwd *g*, cwdyn *g*; (*grossier, à usage commercial*) sach *b*; ~ **à dos** ysgrepan *b*, bag canfas, cwdyn teithio; ~ **à main** bag llaw; ~ **à provisions** bag siopa; ~ **de couchage** sach gysgu, cwdyn cysgu; ~ **de plage** bag traeth; ~ **de voyage** bag teithio.
sac[2] [sak] *m* (*pillage*) anrhaith *b*, anrheithio; **mettre à** ~ (*ville etc*) anrheithio, ysbeilio.
saccade [sakad] *f* (*mouvement brusque*) herc *b*; **par** ~**s** yn herciog.
saccadé (**-e**) [sakade] *adj* (*mouvement, marche*) herciog; (*sommeil*) ysbeidiol; (*rythme*) stacato.
saccage [sakaʒ] *m* (*de région*) anrheithiad *g*, anrheithio; (*de bâtiment*) difrodiad *g*, difrodi.
saccager [sakaʒe] (**10**) *vt* (*piller*) anrheithio; (*dévaster*) difrodi, gwneud llanast o.
saccharine [sakaʀin] *f* sacarin *g*.
saccharose [sakaʀoz] *m* swcros *g*.
SACEM [sasɛm] *sigle f*(= *Société des auteurs, compositeurs et éditeurs de musique*) *corff sy'n gyfrifol am gasglu a dosbarthu breindaliadau cerddorion yn Ffrainc.*
sacerdoce [sasɛʀdɔs] *m* offeiriadaeth *b*; (*fig*) galwedigaeth *b*.
sacerdotal (**-e**) (**sacerdotaux, sacerdotales**) [sasɛʀdɔtal, sasɛʀdɔto] *adj* offeiriadol.
sachant [saʃɑ̃] *vb voir* **savoir**[1].
sache *etc* [saʃ] *vb voir* **savoir**[1].
sachet [saʃɛ] *m* bag *g* bach, cwdyn *g*, coden *b*; ~ **de thé** bag te.
sacoche [sakɔʃ] *f* (*gén*) bag *g*; (*d'écolier*) bag ysgol; (*de facteur*) bag post; (*de bicyclette*) bag beic; (*pour outils*) bag offer *ou* tŵls *ou* arfau.
sacquer* [sake] (**1**) *vt* (*candidat*) methu; (*employé*) diswyddo; (*noter sévèrement*) rhoi marc isel i, marcio (rhn) yn llym; **je ne peux pas le** ~ ni allaf mo'i ddioddef o gwbl.
sacraliser [sakʀalize] (**1**) *vt* (*rendre sacré*) gwneud (rhth) yn gysegredig, cysegru; (*considérer comme sacré*) ystyried (rhth) yn gysegredig.
sacre [sakʀ] *m* cysegriad *g*, cysegru; (*d'un souverain*) coroniad *g*, coroni.
sacré (**-e**) [sakʀe] *adj* cysegredig; (*fam: satané*) diawl!*, cythraul!*; (*:fameux*) diawl* *ou* cythraul* o, diawch *ou* cythgam *ou* andros o; ~ **nom!** uffern dân!*, diawl!*; **cette** ~**e voiture!** y car uffern ma!*.
sacrement [sakʀəmɑ̃] *m* sagrafen *b*, sacrament *g,b*; **administrer les derniers** ~**s** gweini'r sagrafennau olaf.
sacrer [sakʀe] (**1**) *vt* cysegru; (*souverain*) coroni;
♦*vi* (*jurer*) rhegi, diawlio*.
sacrifice [sakʀifis] *m* aberth *g,b*; **faire le** ~ **de qch** aberthu rhth.
sacrificiel (**-le**) [sakʀifisjɛl] *adj* aberthol.
sacrifier [sakʀifje] (**16**) *vt* (*gén*) aberthu; ~ **à** (*mode, tradition*) cydymffurfio â, dilyn; **articles sacrifiés** (*COMM*) nwyddau *ll* am y nesaf peth i ddim; **prix sacrifiés** (*COMM*) y

prisiau *ll* isaf posibl;
♦ **se** ~ *vr* eich aberthu'ch hun.
sacrilège [sakʀilɛʒ] *m* halogiad *g*, ysbeilio cysegr;
♦*adj* cysegr-ysbeiliol, halogol;
♦*m/f* halogwr *g*, halogwraig *b*, ysbeiliwr *g* cysegr, ysbeilwraig *b* cysegr.
sacristain [sakʀistɛ̃] *m* sacristan *g*.
sacristie [sakʀisti] *f* (*catholique*) sacristi *g*, cysegrfa *b*; (*protestante*) festri *b*.
sacro-saint (~-~**e**) (~-~**s**, ~-~**es**) [sakʀosɛ̃, sɛ̃t] *adj* sacrosanct, cysegredig, cysegr-lân.
sadique [sadik] *adj* sadistaidd, sadistig;
♦*m/f* sadist *g/b*, sadydd *g*.
sadisme [sadism] *m* sadistiaeth *b*, sadyddiaeth *b*.
sadomasochisme [sadomazɔʃism] *m* sadomasochiaeth *b*.
sadomasochiste [sadomazɔʃist] *adj* sadomasochistaidd, sadomasochistig;
♦*m/f* sadomasochydd *g*.
safari [safaʀi] *m* saffari *g,b*.
safari-photo (~**s**-~**s**) [safaʀifɔto] *m* saffari *g,b* tynnu lluniau.
SAFER [safɛʀ] *sigle f* (= *Société d'aménagement foncier et d'établissement rural*) *corff sydd â'r hawl i brynu tir at ddibenion amaethyddol.*
safran [safʀɑ̃] *m* saffrwm *g*.
saga [saga] *f* saga *b*.
sagace [sagas] *adj* craff, hirben, call.
sagacité [sagasite] *f* craffter *g*, callineb *g*.
sagaie [sagɛ] *f* asegai *g,b*, gwaywffon *b*.
sage [saʒ] *adj* doeth, call; (*enfant*) da, ufudd; (*modéré*) cymedrol; **soyez** ~**s** byddwch yn blant da;
♦*m* doeth *g*, gŵr *g* doeth.
sage-femme (~**s**-~**s**) [saʒfam] *f* bydwraig *b*; **un homme** ~-~ bydwr *g*.
sagement [saʒmɑ̃] *adv* (*avec bon sens*) yn ddoeth, yn gall; (*avec docilité*) yn ufudd, yn dda; (*sans excès*) yn gymedrol.
sagesse [saʒɛs] *f* doethineb *g,b*, callineb *g*; (*docilité: d'un enfant*) ufudd-dod *g*, tawelwch *g*; (*modération*) cymedroldeb *g*.
Sagittaire [saʒitɛʀ] *m* (ASTROL) y Saethydd *g*; **être (du)** ~ wedi'ch geni dan arwydd y Saethydd.
Sahara [saaʀa] *prm*: **le** ~ y Sahara *g*.
saharien (**-ne**) [saaʀjɛ̃, jɛn] *adj* Saharaidd, o'r Sahara.
Saharien [saaʀjɛ̃] *m* Sahariad *g*.
saharienne [saaʀjɛn] *f* (*veste*) siaced *b* saffari;
♦*adj f voir* **saharien**.
Saharienne [saaʀjɛn] *f* Sahariad *b*.
sahélien (**-ne**) [saeljɛ̃, jɛn] *adj* Sahelaidd, o'r Sahel.
Sahélien [saeljɛ̃] *m* Saheliad *g*.
Sahélienne [saeljɛn] *f* Saheliad *b*.
saignant (**-e**) [sɛɲɑ̃, ɑ̃t] *adj* gwaedlyd.
saignée [seɲe] *f* (MÉD: *épanchement*) gwaedu; (:*opération*) gwaediad *g*, gollwng *ou* tynnu gwaed; (*fig: pertes d'hommes*) colledion *ll* trwm; (:*dans un budget*) twll *g*; **la** ~ **du bras** plygiad *g* y fraich.
saignement [sɛɲmɑ̃] *m* gwaediad *g*, gwaedu; ~ **de nez** gwaedlif *g* o'r trwyn.
saigner [seɲe] (**1**) *vi* gwaedu; ~ **du nez** gwaedu o'ch trwyn; **je saigne du nez** mae fy nhrwyn yn gwaedu;
♦*vt* (*personne:* MÉD) gwaedu, gollwng *ou* tynnu gwaed (rhn); (*animal*) gwaedu (i farwolaeth); (*fig: pays: épuiser*) disbyddu; ~ **qn à blanc** (*fig*) gwaedu rhn yn wyn, gwaedu rhn hyd at y diferyn *ou* defnyn olaf.
saillant (**-e**) [sajɑ̃, ɑ̃t] *adj* sy'n sefyll *ou* ymwthio allan; (*fig: fait, évènements*) amlwg, trawiadol.
saillie [saji] *f* (*d'une construction*) bargodiad *g*; (*trait d'esprit*) ffraetheb *b*; (*accouplement*) cyfebriad *g*, cyfebru; **faire** ~ ymwthio, bargodi, estyn *ou* taflu allan; **en** ~, **formant** ~ sy'n taflu allan, bargodol.
saillir [sajiʀ] (**23**) *vi* (*balcon etc*) ymwthio, bargodi, estyn *ou* taflu allan; (*veines, muscles etc*) sefyll allan, chwyddo;
♦*vt* (ÉLEVAGE) cyfebru, cyplu â.
sain (**-e**) [sɛ̃, sɛn] *adj* iach; (*climat, habitation*) iach, iachus, llesol; (*non abimé: fruit*) perffaith, difrychni; (*affaire, entreprise*) cadarn, solet; ~ **et sauf** heb fod ddim gwaeth, yn iach ddianaf, heb anaf; ~ **d'esprit** yn eich iawn bwyll, call.
saindoux [sɛ̃du] *m* lard *g*, saim *g*.
sainement [sɛnmɑ̃] *adv* (*vivre*) yn iach; (*juger*) yn ddoeth, yn gall, yn synhwyrol.
saint[1] (**-e**) [sɛ̃, sɛ̃t] *adj* sanctaidd, cysegredig; (*pieux*) duwiol; **la Sainte Vierge** y Fendigaid Forwyn *b*.
saint[2] [sɛ̃] *m* sant *g*.
saint-bernard [sɛ̃bɛʀnaʀ] *m inv* (*chien*) ci *g* Sant Bernard.
sainte [sɛ̃t] *f* santes *b*;
♦*adj f voir* **saint**[1].
Sainte-Hélène [sɛ̃telɛn] *prf* Ynys *b* y Santes Helena.
Sainte-Lucie [sɛ̃tlysi] *prf* Ynys *b* y Santes Lwsia.
Saint-Esprit [sɛ̃tɛspʀi] *m*: **le** ~-~ yr Ysbryd *g* Glân.
sainteté [sɛ̃tte] *f* sancteiddrwydd *g*, cysegredigrwydd *g*; (*de personne*) seintioldeb *g*, duwioldeb *g*; **sa S**~ **le pape** Ei Sancteiddrwydd y Pab.
Saint-Laurent [sɛ̃lɔʀɑ̃] *prm*: **le** ~-~ afon *b* Sant Lawrens.
Saint-Marin [sɛ̃maʀɛ̃] *prm*: **le** ~ San Marino *b*.
Saint-Père (~**s**-~**s**) [sɛ̃pɛʀ] *m*: **le** ~-~ y Tad *g* Sanctaidd, y Pab *g*.
Saint-Pierre [sɛ̃pjɛʀ] *m inv* (*église*) Eglwys *b* Bedr.
Saint-Siège [sɛ̃sjɛʒ] *m*: **le** ~-~ yr Esgobaeth *b*

Sanctaidd, y Fatican *g,b*.
Saint-Sylvestre [sɛ̃silvɛstʀ] *f*: **la ~-~** Nos *b* Galan.
sais *etc* [sɛ] *vb voir* **savoir**[1].
saisie [sezi] *f* (*JUR*) atafaeliad *g*, atafaelu; **~ de données** (*INFORM*) casglu *ou* crynhoi data.
saisine [sezin] *f* (*JUR*) cyflwyniad *g* achos i lys.
saisir [seziʀ] (2) *vt* (*prendre*) gafael yn, cydio yn; (*s'emparer de*) cipio; (*fig: occasion*) achub, dal ar, manteisio ar; (*comprendre*) deall, dilyn; (*entendre*) deall, amgyffred; (*impressionner*) taro; (*suj: sensations, émotions*) meddiannu, cydio yn, dod dros (rn); (*INFORM*) casglu, crynhoi; (*CULIN*) serio, ffrio'n sydyn; (*JUR: biens, publication interdite*) atafaelu; **~ qn** (*JUR*) atafaelu eiddo rhn; **~ un tribunal d'une affaire** cyflwyno *ou* dwyn achos gerbron llys; **être saisi de** (*douleur etc*) cael eich llethu gan;
♦ **se ~** *vr*: **se ~ de** cydio yn, gafael yn; (*pouvoir*) cipio; (*ville, territoire*) cipio, meddiannu.
saisissant (**-e**) [sezisɑ̃, ɑ̃t] *adj* trawiadol, syfrdanol; (*spectacle*) gwefreiddiol; (*froid*) deifiol, sy'n gafael.
saisissement [sezismɑ̃] *m* (*frisson de froid*) ias *b*; **muet de ~** (*fig*) mud gan deimlad *ou* syndod.
saison [sɛzɔ̃] *f*
1 (*gén*) tymor *g*; **la belle/mauvaise ~** misoedd *ll* yr haf/y gaeaf; **de ~** tymhorol; **être de ~** (*fruits*) bod yn dymhorol, bod yn eu hadeg *ou* tymor; (*fig: opportun*) bod yn amserol; **la ~ des amours/des pluies** tymor paru/y glawogydd.
2 (*TOURISME*): **en/hors ~** yn ystod y/y tu allan i'r tymor *g*; **en haute/basse ~** yn ystod y tymor prysur/tawel; **morte ~** adeg *b* dawel o'r flwyddyn, tymor tawel.
saisonnier[1] (**saisonnière**) [sɛzɔnje, sezɔnjɛʀ] *adj* tymhorol.
saisonnier[2] [sɛzɔnje] *m* gweithiwr *g* tymhorol.
saisonnière [sɛzɔnjɛʀ] *f* gweithwraig *b* dymhorol;
♦*adj f voir* **saisonnier**[1]
sait [sɛ] *vb voir* **savoir**[1].
salace [salas] *adj* anllad, trythyll.
salade [salad] *f* (*plat*) salad *g*; (*plante: laitue*) letysen *b*; (:*scarole*) ysgellog *g* crych; (*fam: confusion*) dryswch *g*, llanast *g*, cawl *g*; **haricots en ~** salad ffa; **~ d'endives** salad endif; **~ de concombres** salad ciwcymerau; **~ de fruits** salad ffrwythau; **~ de laitues** salad letys; **~ de tomates** salad tomatos; **~ niçoise** salad *niçoise*; **~ russe** salad Rwsiaidd; **raconter des ~s*** dweud celwyddau *ou* anwireddau, eu dweud *ou* rhaffu nhw.
saladier [saladje] *m* dysgl *b* salad.
salaire [salɛʀ] *m* cyflog *g*; (*fig: récompense*) gwobr *b*, cydnabyddiaeth *b*; (:*châtiment*) cosb *b*; **un ~ de misère** cyflog llwgu *ou* clemio; **~ brut** cyflog gros *ou* crynswth; **~ de base** cyflog sylfaenol; **~ minimum interprofessionnel de croissance** isafswm *g* cyflog gwarantedig wedi ei fynegrifo; **~ net** cyflog clir, gwir gyflog.
salaison [salɛzɔ̃] *f* halltu; **~s** (*produits*) bwydydd *ll* hallt.
salamandre [salamɑ̃dʀ] *f* (*ZOOL*) salamandr *g*; (*poêle*) stof *b* fudlosgi.
salami [salami] *m* salami *g*.
salant [salɑ̃] *adj m*: **marais ~** morfa *g* heli, pantiau *ll* heli.
salarial (**-e**) (**salariaux, salariales**) [salaʀjal, salaʀjo] *adj* cyflogol.
salariat [salaʀja] *m* gweithwyr *ll* cyflogedig *ou* cyflog.
salarié[1] (**-e**) [salaʀje] *adj* cyflog, cyflogedig, dan *ou* ar gyflog.
salarié[2] [salaʀje] *m* gweithiwr *g* cyflogedig *ou* cyflog.
salariée [salaʀje] *f* gweithwraig *b* gyflogedig *ou* gyflog;
♦*adj f voir* **salarié**[1].
salaud** [salo] *m* diawl* *g*, cythraul* *g*.
sale [sal] *adj* budr(budron), brwnt(bront)(bryntion); (*fig: histoire, plaisanterie*) aflan, budr, brwnt, mochaidd, mochynnaidd; (:, *fam: avant le nom*) cas; (*temps*) gwael; **~ tour** tro *g* gwael *ou* sâl; **~ type** cythraul* *g*, diawl* *g*.
salé[1] (**-e**) [sale] *adj* (*liquide, saveur*) hallt; (*CULIN: conservé au sel*) hallt, wedi'i halltu; (*fig: punition*) trwm(trom)(trymion), llym(llem)(llymion), hallt; (:*facture*) uchel, hallt; (:*histoire, plaisanterie*) amheus, beiddgar.
salé[2] [sale] *m* (*porc salé*) porc *g* hallt; **petit ~** *darnau o borc bol wedi'i halltu.*
salement [salmɑ̃] *adv* (*manger etc*) yn fochynnaidd.
saler [sale] (1) *vt* halltu.
saleté [salte] *f* (*malpropreté*) budreddi *g*, bryntni *g*; (*crasse*) baw *g*; (*fig: chose sans valeur*) sothach *g*; (:*chose nuisible*) hen beth *g* cas; (:*action vile*) tro *g* gwael *ou* sâl; **dire des ~s** siarad yn fras *ou* yn fudr *ou* yn frwnt; **vivre dans la ~** byw mewn budreddi.
salière [saljɛʀ] *f* llestr *g ou* pot *g* halen.
saligaud* [saligo] *m* diawl* *g*, cythraul* *g*.
salin (**-e**) [salɛ̃, in] *adj* hallt, halenaidd; (*solution etc*) halwynog.
saline [salin] *f* (*entreprise*) gwaith *g* halen;
♦*adj f voir* **salin**.
salinité [salinite] *f* halltedd *g*, halltrwydd *g*.
salir [saliʀ] (2) *vt* baeddu, difwyno, dwyno; (*fig: personne, réputation*) pardduo, maeddu;
♦ **se ~** *vr* baeddu, dangos y baw; (*fig*) colli'ch enw da.
salissant (**-e**) [salisɑ̃, ɑ̃t] *adj* (*tissu, couleur*) sy'n dangos baw; (*métier*) budr, brwnt, aflan.
salissure [salisyʀ] *f* baw *g*; (*tache*) marc *g*

budr.

salive [saliv] *f* poer *g*.

saliver [salive] (**1**) *vi* glafoerio, driblo.

salle [sal] *f* (*dans une habitation privée*) ystafell *b*; (*dans un édifice public*) ystafell, neuadd *b*; (*d'hôpital*) ward *b*; **faire ~ comble** bod dan ei sang; **~ à manger** ystafell fwyta *ou* ginio; **~ commune** (*d'hôpital*) ward; **~ d'armes** ystafell arfau; **~ d'attente** ystafell aros *ou* ddisgwyl; **~ d'eau** ystafell gawod; **~ d'embarquement** (*à l'aéroport*) ystafell ymadawiadau; **~ d'exposition** ystafell arddangos; **~ d'opération** (*d'hôpital*) ystafell lawdriniaeth, llawdrinfa *b*; **~ de bain(s)** ystafell ymolchi; **~ de bal** ystafell ddawnsio, neuadd ddawns; **~ de cinéma** sinema *b*; **~ de classe** ystafell ddosbarth; **~ de concert** neuadd gyngerdd; **~ de conférences** darlithfa *b*; **~ de consultation** ystafell ymgynghori; **~ de danse** neuadd ddawns; **~ de douches** ystafell gawod; **~ d'étude(s)** astudfa *b*; **~ des fêtes** neuadd bentref; **~ de jeux** (*pour enfants*) ystafell chwarae; (*d'un casino*) ystafell gamblo; **~ des pas perdus** ystafell aros; **~ des professeurs** ystafell gyffredin yr athrawon; **~ de projection** ystafell daflunio; **~ de séjour** ystafell fyw; **~ de spectacle** (*THÉÂTRE*) theatr *b*; (*CINÉ*) sinema; **~ des machines** ystafell yr injan; **~ des ventes** ystafell arwerthu *ou* ocsiwn; **les ~s obscures** y sinemâu *ll*.

salmonellose [salmɔneloz] *f* salmonela *g*.

Salomon [salɔmɔ̃] *prm* Solomon; **les îles ~** Ynysoedd *ll* Solomon.

salon [salɔ̃] *m* (*maison, hôtel*) lolfa *b*; (*navire*) salŵn *g,b*; (*mobilier*) set *b* o ddodrefn *ou* o gelfi, swît *b* o ddodrefn *ou* o gelfi; (*exposition périodique*) arddangosfa *b*; (*mondain, littéraire*) salon *g,b*; **~ de coiffure** lle *g* trin gwallt; **~ de thé** ystafell *b* de.

salopard** [salɔpaʀ] *m* diawl* *g*, cythraul* *g*.

salope** [salɔp] *f* gast *b*, cnawes *b*, ysguthan *b*, jaden *b*; (*femme facile*) putain *b*, slwt *b*.

saloper** [salɔpe] (**1**) *vt* (*bâcler: travail*) gwneud cawl *ou* smonath *ou* llanast o; (*salir: pièce etc*) baeddu, gwneud llanast ofnadwy yn.

saloperie** [salɔpʀi] *f* baw *g*, budreddi *g*; (*chose sans valeur, mauvaise nourriture*) sothach *g*; (*chose nuisible*) hen beth *g* cas; (*action vile*) tro *g* gwael *ou* sâl, tro dan din; (*parole*) sylw *g* sbeitlyd *ou* cas; **dire des ~s** siarad yn fras *ou* yn fudr *ou* yn frwnt *ou* yn anweddus.

salopette [salɔpɛt] *f* (*pour protéger*) oferôl *g,b*; (*pour s'habiller*) dyngarîs *ll*; (*pour skier*) trowsus *g* sgio.

salpêtre [salpɛtʀ] *m* solpitar *g*.

salsifis [salsifi] *m* (*BOT*) salsiffi *g*.

saltimbanque [saltɛ̃bɑ̃k] *m/f* (*acrobate*) acrobat *g/b*; (*comédien*) diddanwr *g*, diddanwraig *b*.

salubre [salybʀ] *adj* iach, iachusol.

salubrité [salybʀite] *f* iachusrwydd *g*; **~ publique** iechyd *g* y cyhoedd, iechyd cyhoeddus.

saluer [salɥe] (**1**) *vt* (*fig: pour dire bonjour*) cyfarch; (*:pour dire au revoir*) ffarwelio â; (*MIL*) saliwtio, rhoi saliwt i; (*accueillir*) croesawu; **~ qn de la main** codi llaw ar rn; **~ qn d'un signe de tête** nodio ar rn; **saluez-le de ma part** cofiwch fi ato; **je vous salue Marie** Henffych Fair.

salut [saly] *m* (*sauvegarde*) diogelwch *g*, achubiaeth *b*; (*REL*) iachawdwriaeth *b*, gwaredigaeth *b*; (*salutation*) cyfarchiad *g*; (*MIL*) saliwt *b*; **~ public** diogelwch y wlad; **faire un ~ de la main à qn** codi llaw ar rn; **faire un ~ de la tête à qn** nodio ar rn; ♦*excl* (*fam: pour dire bonjour*) helô!, s'mae?, shw'mae?, pa hwyl?; (*:pour dire au revoir*) hwyl!, ta-ta!, da bo ti *ou* chi!; (*style relevé*) henffych (well)!, hawddamor!

salutaire [salytɛʀ] *adj* llesol; (*conseil*) buddiol.

salutations [salytasjɔ̃] *fpl* cyfarchion *ll*; **recevez mes ~ distinguées** *neu* **respectueuses** (*formule épistolaire*) yr eiddoch yn gywir.

salutiste [salytist] *m/f* iachawdwriaethwr *g*, iachawdwriaethwraig *b*, aelod *g* o Fyddin yr Iachawdwriaeth.

Salvador [salvadɔʀ] *prm*: **le ~** El Salvador *b*.

salve [salv] *f* (*MIL*) taniad *g*, hwrdd *g ou* rownd *b* o danio; **~ d'applaudissements** ton *b* o gymeradwyaeth.

Samarie [samaʀi] *prf*: **la ~** Samaria *b*.

samaritain [samaʀitɛ̃] *m*: **le bon S~** (*REL, fig*) y Samariad *g* Trugarog.

samedi [samdi] *m* dydd *g* Sadwrn *voir aussi* **lundi**.

SAMU [samy] *sigle m*(= *service d'assistance médicale d'urgence*) ≈ gwasanaeth *g* ambiwlans.

sanatorium [sanatɔʀjɔm] *m* sanatoriwm *g*.

sanctifier [sɑ̃ktifje] (**16**) *vt* sancteiddio, cysegru.

sanction [sɑ̃ksjɔ̃] *f* (*mesure répressive*) sancsiwn *g*, ataliad *g*, gwaharddiad *g*; (*SCOL, SPORT*) cosb *b*; (*approbation*) cefnogaeth *b*; (*ratification*) cadarnhad *g*; (*conséquence*) canlyniad *g*; **prendre des ~s contre** (*pays*) gosod gwaharddiadau ar; (*élève, sportif*) cosbi.

sanctionner [sɑ̃ksjɔne] (**1**) *vt* (*ratifier: loi*) cadarnhau; (*:décision*) cymeradwyo, cefnogi; (*punir*) cosbi.

sanctuaire [sɑ̃ktɥɛʀ] *m* seintwar *b*, cysegr *g*.

sandale [sɑ̃dal] *f* sandal *b*.

sandalette [sɑ̃dalɛt] *f* sandal *b* ysgafn.

sandow® [sɑ̃do] *m* strap *g,b* elastig (*ar gyfer bagiau*).

sandwich [sɑ̃dwi(t)ʃ] *m* brechdan *b*; **j'étais pris**

en ~ entre eux 'roeddwn wedi fy ngwasgu rhyngddynt.

sang [sɑ̃] *m* gwaed *g*; **être en ~** bod yn waed i gyd; **mordre/pincer qn jusqu'au ~** brathu/pinsio rhn nes iddo waedu; **se faire du mauvais ~** poeni'n enbyd; **~ bleu** gwaed brenhinol *ou* uchelwrol.

sang-froid [sɑ̃fʀwa] *m inv* hunanfeddiant *g*, pwyll *g*; **garder son ~-~** cadw'ch pen, peidio â chynhyrfu *ou* chyffroi, aros yn ddigyffro *ou* yn ddigynnwrf; **perdre son ~-~** cynhyrfu, colli'ch limpyn *ou* pen; **faire qch de ~-~** gwneud rhth mewn gwaed oer.

sanglant (**-e**) [sɑ̃glɑ̃, ɑ̃t] *adj* (*visage, mains, arme*) gwaedlyd, coch gan waed; (*bataille, combat*) gwaedlyd; (*fig: reproche, affront*) creulon.

sangle [sɑ̃gl] *f* (*gén*) strap *g,b*; (*de cheval*) cengl *b*; **~s** (*pour lit etc*) webin *g*.

sangler [sɑ̃gle] (**1**) *vt* (*animal*) cenglo, cenglu; (*colis*) strapio; **sanglé dans** (*fig: dans un vêtement ajusté*) wedi'ch gwasgu *ou* gwthio i.

sanglier [sɑ̃glije] *m* baedd *g* gwyllt.

sanglot [sɑ̃glo] *m* beichiad *g*, ig *g*.

sangloter [sɑ̃glɔte] (**1**) *vi* beichio crio *ou* wylo *ou* llefain, igian crio.

sangsue [sɑ̃sy] *f* gele *b*.

sanguin (**-e**) [sɑ̃gɛ̃, in] *adj* (*visage*) gwritgoch, gwridog; (*humeur, tempérament*) tanllyd, tanbaid, gwyllt; **circulation ~e** cylchrediad *g* y gwaed.

sanguinaire [sɑ̃ginɛʀ] *adj* (*personne*) gwaetgar; (*combat*) gwaedlyd.

sanguine [sɑ̃gin] *f* (*orange*) oren *g,b* gwaed *ou* waed; (*ART: dessin*) dyluniad *g* sialc coch; ♦*adj f voir* **sanguin**.

sanguinolent (**-e**) [sɑ̃ginɔlɑ̃, ɑ̃t] *adj* a gwaed ynddo *ou* arno, ag olion gwaed (ynddo *ou* arno); (*rouge: lèvres*) gwaetgoch.

sanisette [sanizɛt] *f* cyfleusterau *ll* cyhoeddus (*y mae'n rhaid talu i'w defnyddio*).

sanitaire [sanitɛʀ] *adj* (*MÉD: services, mesures*) iechyd; (*conditions*) glanweithiol, iechydol; **l'installation ~** plymwaith *g* yr ystafell ymolchi; **les ~s** (*salle de bain et W.-C.*) yr ystafell *b* ymolchi; (*appareils*) offer *ll* yr ystafell ymolchi; (*plomberie*) plymwaith yr ystafell ymolchi.

sans [sɑ̃] *prép* heb; (*cause négative*) oni bai am; **~ cela** *neu* **quoi** oni bai am hynny; **~ faute** yn ddi-ffael; **non ~ difficulté** nid heb anhawster; **~ être invité** heb gael eich gwahodd; **~ le sou** heb yr un ddimai goch; **~ les voir** heb eu gweld; **~ les avoir vu(e)s** heb fod wedi eu gweld; **~ scrupules** diegwyddor; **~ manches** dilewys, heb lewys; **être ~ abri/travail** bod yn ddigartref/yn ddi-waith; **marcher ~ chaussures/~ but** cerdded yn droednoeth/yn ddiamcan; **~ plus attendre** heb oedi rhagor; **il va ~ dire que** 'does dim rhaid *ou* angen dweud ....

▶ **~ que** (+ subj) heb i; **~ qu'il s'en aperçoive** heb iddo sylwi.

sans-abri [sɑ̃zabʀi] *mpl*: **les ~-~** y digartref *ll*.

sans-emploi [sɑ̃zɑ̃plwa] *mpl*: **les ~-~** y di-waith *ll*.

sans-façon [sɑ̃fasɔ̃] *adj* di-lol, diffwdan.

sans-gêne [sɑ̃ʒɛn] *adj inv* digywilydd, hy(f), haerllug;
♦*m inv* digywilydd-dra *g*, hyfdra *g*, haerllugrwydd *g*.

sans-logis [sɑ̃lɔʒi] *mpl*: **les ~-~** y digartref *ll*.

sans-souci [sɑ̃susi] *adj inv* ysgafnfryd, dibryder, ysgafala.

sans-travail [sɑ̃tʀavaj] *mpl*: **les ~-~** y di-waith *ll*.

santal [sɑ̃tal] *m* (*BOT*) sandalwydden *b*.

santé [sɑ̃te] *f* iechyd *g*; **avoir une ~ de fer** bod â chyfansoddiad cryf, bod cyn iached â'r gneuen; **avoir une ~ délicate** bod yn wan eich iechyd, bod yn wantan; **être en bonne ~** bod yn dda eich iechyd; **boire à la ~ de qn** yfed iechyd da rhn, cynnig iechyd da i rn; **"~!"** iechyd da!; **"à votre/ta ~!"** "iechyd da ichi/iti!"; **la ~** (*dans un port etc*) gwasanaeth *g* cwarantîn; **la ~ publique** iechyd cyhoeddus; **services de ~** gwasanaethau iechyd.

santon [sɑ̃tɔ̃] *m* ffiguryn *g* (*wrth y preseb adeg y Nadolig*).

saoudien (**-ne**) [saudjɛ̃, jɛn] *adj* Sawdïaidd, o Sawdi-Arabia.

Saoudien [saudjɛ̃] *m* Sawdïad *g*.

Saoudienne [saudjɛn] *f* Sawdïad *b*.

saoul (**-e**) [su, sul] *adj*= **soûl**[1].

sape [sap] *f* (*tranchée*) ffos *b*; (*action de saper*) tanseilio, tangloddio.

sapes* [sap] *fpl* dillad *ll*.

saper[1] [sape] (**1**) *vt* tanseilio, tangloddio; (*fig*) tanseilio, gwanhau.

saper*[2] [sape] (**1**): **se ~** *vr* gwisgo (amdanoch).

sapeur [sapœʀ] *m* (*MIL*) cloddiwr *g*.

sapeur-pompier (**~s-~s**) [sapœʀpɔ̃pje] *m* diffoddwr *g* tân, dyn *g* tân.

saphir [safiʀ] *m* (*pierre précieuse*) saffir *g*; (*d'électrophone*) nodwydd *b*.

sapin [sapɛ̃] *m* ffynidwydden *b*; **~ de Noël** coeden *b* Nadolig.

sapinière [sapinjɛʀ] *f* planhigfa *b ou* coedwig *b* ffynidwydd.

SAR [ɛsaɛʀ] *sigle f*(= *Son Altesse Royale*) Ei Uchelder Brenhinol.

sarabande [saʀabɑ̃d] *f* (*danse*) saraband *b*; (*tapage*) twrw *g*, stŵr *g*; **faire la ~** cadw sŵn *ou* reiat, codi twrw; **les chiffres qui dansent la ~ dans ma tête** y rhifau sy'n chwyrlïo yn fy mhen.

sarbacane [saʀbakan] *f* chwythbib *b*; (*jouet*) gwn *g* pys, chwythwr *g* pys

sarcasme [saʀkasm] *m* coegni *g*; (*remarque*) sylw *g* coeglyd *ou* sarcastig.

sarcastique [sarkastik] *adj* coeglyd, sarcastig.
sarcastiquement [sarkastikmɑ̃] *adv* yn goeglyd, yn sarcastig.
sarcelle [sarsɛl] *f* (*oiseau*) corhwyaden *b*.
sarclage [sarklaʒ] *m* chwynnu, hofio.
sarcler [sarkle] (**1**) *vt* chwynnu, hofio, chwynogli.
sarcloir [sarklwar] *m* hof *b*, chwynnogl *g*.
sarcophage [sarkɔfaʒ] *m* arch *b* garreg.
Sardaigne [sardɛɲ] *prf*: **la** ~ Sardinia *b*.
sarde [sard] *adj* Sardinaidd, o Sardinia.
Sarde [sard] *m/f* Sardiniad *g/b*.
sardine [sardin] *f* sardîn *g*; **~s à l'huile** sardîns *ll* mewn olew; **être serrés comme des ~s** bod fel penwaig yn yr halen.
sardinerie [sardinri] *f* gwaith *g* canio sardîns, ffatri *b* ganio sardîns.
sardinier[1] (**sardinière**) [sardinje, sardinjɛr] *adj* (*pêche, industrie*) sardîns.
sardinier[2] [sardinje] *m* cwch *g* *ou* bad *g* pysgota sardîns.
sardonique [sardɔnik] *adj* coeglyd, gwawdlyd; **rire** ~ glaschwerthin, glaschwerthiniad *g*.
sari [sari] *m* sari *g,b*.
SARL [ɛsaɛrɛl] *sigle f*(= *société à responsabilité limitée*) cwmni *g* cyfyngedig.
sarment [sarmɑ̃] *m*: ~ **(de vigne)** sbrigyn *g* gwinwydd.
sarrasin [sarazɛ̃] *m* (*BOT*) gwenith *g* yr hydd *ou* y bwch.
sarrau [saro] *m* smoc *b*.
Sarre [sar] *prf*: **la** ~ y Saar *b*.
sarriette [sarjɛt] *f* (*BOT*) safri *b*, sewyrllys *g*.
sarrois (-e) [sarwa, waz] *adj* o'r Saar.
Sarrois *m* Saariad *g*.
Sarroise *f* Saariad *b*.
sas [sɑs] *m* (*de sous-marin, d'engin spatial*) siambr *b* aerglos; (*d'une écluse*) loc *g,b*; (*tamis*) gogr *g*, rhidyll *g*.
satané (-e) [satane] *adj*: **ce** ~ **gosse!** y bachgen goblyn *ou* gynllwyn 'na!, y bachgen gythraul 'na!*, y crwt diawl 'na!*; ~ **temps!** am *ou* dyma dywydd cythreulig *ou* uffernol!
satanique [satanik] *adj* (*de Satan*) satanaidd; (*fig: rire, plaisir, ruse*) dieflig, cythreulig.
satelliser [satelize] (**1**) *vt* (*fusée*) lansio (rhth) i gylchdroi planed; ~ **un pays** (*fig*) gwneud gwlad yn wlad ddibynnol, darostwng gwlad.
satellite [satelit] *m* (*ASTRON*) lleuad *b* osgordd; ~ **(artificiel)** lloeren *b*; **transmission par** ~ (*RADIO*) darllediad *g* trwy loeren; (*TV*) telediad *g* trwy loeren; **pays** ~ (*POL*) gwlad *b* ddibynnol.
satellite-espion (~s-~s) [satelitɛspjɔ̃] *m* lloeren *b* ysbïo.
satellite-observatoire (~s-~s) [satelitɔpsɛrvatwar] *m* lloeren *b* arsyllu.
satellite-relais (~s-~) [satelitrəlɛ] *m* (*RADIO, TV*) lloeren *b* gyfathrebu.
satiété [sasjete] *f* syrffedig, syrffedigaeth *g*; **à** ~ (*répéter: jusqu'à saturation*) hyd at syrffed; **manger à** ~ (*jusqu'à satisfaction*) cael eich gwala, cael llond eich bol *ou* bola; **boire à** ~ cael digon i'w yfed.
satin [satɛ̃] *m* satin *g*, sidan *g* caerog *ou* gloyw.
satiné (-e) [satine] *adj* (*tissu etc*) sidanaidd; (*peau*) sidanaidd, llyfn(llefn)(llyfnion).
satinette [satinɛt] *f* (*en coton et soie*) satinét *g*; (*en coton*) satîn *g*.
satire [satir] *f* dychan *g*; **faire la** ~ **de** dychanu.
satirique [satirik] *adj* dychanol.
satiriste [satirist] *m/f* dychanwr *g*, dychanwraig *b*.
satisfaction [satisfaksjɔ̃] *f* (*contentement*) bodlonrwydd *g*, boddhad *g*; (*assouvissement: faim, passion etc*) diwalliad *g*, diwallu; (*réparation*) iawn *g*; **à ma grande** ~ er mawr foddhad imi; **obtenir** ~ cael boddhad; **donner** ~ **(à)** (*suj: employé, méthode*) rhoi boddhad (i); **donner** ~ **à** (*qn qui exige, pose des conditions*) rhoi iawn i, bodloni; **exiger** ~ **de qch** mynnu iawn am rth.
satisfaire [satisfɛr] (**8**) *vt* bodloni; (*désir, besoin*) diwallu;
♦*vi*: ~ **à** (*promesse*) cyflawni; (*condition*) bodloni, cyflawni;
♦ **se** ~ *vr*: **se** ~ **de** bodloni ar, bod yn fodlon ar.
satisfaisant (-e) [satisfəzɑ̃, ɑ̃t] *adj* boddhaol.
satisfait (-e) [satisfɛ, ɛt] *pp de* **satisfaire**;
♦*adj*: ~ **(de)** bodlon (ar).
satisfasse *etc* [satisfas] *vb voir* **satisfaire**.
satisferai *etc* [satisfre] *vb voir* **satisfaire**.
saturation [satyrasjɔ̃] *f* (*action*) trwythiad *g*, trwytho, dirlenwad *g*, dirlenwi; (*état*) dirlawnder *g*; **point de** ~ dirlawnbwynt *g*; **le marché est arrivé à** ~ (*fig*) mae'r farchnad wedi cyrraedd ei llawn *ou* wedi cymryd hynny a wnaiff hi.
saturer [satyre] (**1**) *vt* trwytho, dirlenwi; (*fig*) gorlenwi, gorlwytho; **être saturé de qch** cael digon ar rth *ou* o rth, cael llond bol ar rth *ou* o rth; **le réseau est saturé** (*TÉL*) mae'r llinellau i gyd yn brysur.
Saturn [satyrn] *m* (y blaned *b*) Sadwrn *g*.
saturnisme [satyrnism] *m* gwenwyn *g* plwm.
satyre [satir] *m* satyr *g*, gafrddyn *g*; (*individu lubrique*) dyn *g* trythyll *ou* tinboeth, trythyllwr *g*.
sauce [sos] *f* saws *g*; (*avec un rôti*) grefi *g*; **en** ~ mewn saws; ~ **à salade** dresin *g* salad; ~ **aux câpres** saws caprau; ~ **blanche** menyn *g* toddi; ~ **chasseur** *saws yn cynnwys madarch, sialóts a gwin gwyn*; ~ **mayonnaise** hufen *g* salad; ~ **piquante** *saws yn cynnwys mwstard, finegr a gercynau*; ~ **suprême** saws *suprême*; ~ **tomate** saws tomato, sôs *g* coch; ~ **vinaigrette** finegrét *g,b*.
saucer [sose] (**9**) *vt*: ~ **son assiette avec un morceau de pain** sychu'r saws oddi ar eich plât gyda darn o fara.
saucière [sosjɛr] *f* jwg *g,b* saws *ou* grefi.

saucisse [sosis] *f* (*à cuire*) sosej *b*, selsigen *b*.
saucisson [sosisɔ̃] *m* (*prêt à servir*) sosej *b*, selsigen *b*; ~ **à l'ail** sosej â garlleg; ~ **sec** ≈ salami *g*.
saucissonner [sosisɔne] (**1**) *vi*: ~ **sur l'herbe** cael picnic, picnicio;
♦*vt* torri (rhth) yn dafellau, sleisio, tafellu.
sauf[1] [sof] *prép* heblaw (am), ond am, ar wahân i, ac eithrio; ~ **si ...** (*à moins que*) oni bai ..., os na *ou* nad ...; ~ **avis contraire** os na chlywch i'r gwrthwyneb, os na chlywch fel arall *ou* yn wahanol; ~ **empêchement** oni bai bod anhawster yn codi; ~ **erreur de ma part** os nad wyf yn camgymryd; ~ **imprévu** oni bai bod rhywbeth annisgwyl yn digwydd.
▶ **sauf que ...** heblaw ..., ar wahân i'r ffaith ..., ac eithrio'r ffaith ...; **l'orthographe est bonne ~ que l'accent manque** mae'r syllafu'n gywir heblaw bod yr acen ar goll.
sauf[2] (**sauve**) [sof, sov] *adj* dianaf, heb gael anaf *ou* niwed; (*fig: honneur, réputation*) dilychwin; **laisser la vie sauve à qn** arbed bywyd rhn, gadael i rn fyw.
sauf-conduit (~-~**s**) [sofkɔ̃dɥi] *m* saffcwndid *g*, teithdrwydded *b*.
sauge [soʒ] *f* saets *g*.
saugrenu (**-e**) [sogʀəny] *adj* hurt, chwerthinllyd.
saule [sol] *m* helygen *b*; ~ **pleureur** helygen wylofus.
saumâtre [somɑtʀ] *adj* hallt; (*fig*) cas, annymunol.
saumon [somɔ̃] *m* eog *g*, samwn *g*, samon *g*;
♦*adj inv* (*couleur*) melynbinc, lliw samwn *ou* samon.
saumoné (**-e**) [somɔne] *adj*: **truite ~e** brithyll *g* môr, eogfrithyll *g*, sewin *g*.
saumure [somyʀ] *f* heli *g*, dŵr *g* halen *ou* hallt.
sauna [sona] *m* sawna *g*.
saupoudrer [sopudʀe] (**1**) *vt*: ~ **qch de sel/sucre** ysgeintio *ou* taenu halen/siwgr dros rth; ~ **un discours de citations** (*fig*) britho sgwrs â dyfyniadau.
saupoudreuse [sopudʀøz] *f* ysgeintiwr *g*.
saur [sɔʀ] *adj m*: **hareng ~** pennog *g ou* ysgadenyn *g* coch.
saurai *etc* [sɔʀe] *vb voir* **savoir**[1].
saut [so] *m*
1 (*gén*) naid *b*, llam *g*; **faire un ~** rhoi naid, neidio; **faire un ~ chez qn** (*fig*) picio draw i dŷ rhn, galw *ou* taro heibio i rn; **au ~ du lit** (*fig*) wrth godi o'r gwely, ar ôl codi o'r gwely; ~ **périlleux** tin-dros-ben *g*, trosben *g*.
2 (*SPORT: épreuve*) naid *b*; **le ~** (:*discipline*) neidio; ~ **en hauteur/en longueur/en parachute** naid uchel/hir/barasiwt; ~ **à l'élastique/à la perche/à ski** naid bynji/bolyn/sgio; **le ~ à la corde** sgipio; **le ~ à la perche** neidio â pholyn.
3 (*INFORM*): ~ **de page** toriad *g* tudalen.
4 (*GÉO: cascade*) rhaeadr *b*.
saute [sot] *f*: ~ **de vent** newid *g* sydyn yng nghyfeiriad y gwynt; ~ **de température** newid sydyn yn y tymheredd; **elle a des ~s d'humeur** mae hi'n oriog, mae hi'n cael hwyliau *ou* pyliau o dymer ddrwg.
sauté[1] (**-e**) [sote] *adj* (*CULIN*) wedi'i ffrio'n sydyn.
sauté[2] [sote] *m*: ~ **de veau** sauté *g* cig llo.
saute-mouton [sotmutɔ̃] *m inv*: **jouer à ~-~** chwarae naid llyffant.
sauter [sote] (**1**) *vi* neidio, llamu; (*exploser*) ffrwydro; (*fusibles*) chwythu; (*se rompre*) torri; (*se détacher*) dod yn rhydd, popian; (*clignoter: paupière*) smicio; (:*télévision*) crynu, fflachio; ~ **à pieds joints** cymryd *ou* rhoi naid stond; ~ **à cloche-pied** hopian; ~ **en parachute** parasiwtio; ~ **à la corde** sgipio; ~ **à la perche** neidio â pholyn; ~ **à bas du lit** neidio allan o'r gwely; ~ **de joie** neidio o lawenydd; ~ **de colère** cynddeiriogi, colli'ch tymer, gwylltio, gwylltu; ~ **au cou de qn** rhuthro i freichiau rhn; ~ **d'un sujet à l'autre** neidio *ou* gwibio o'r naill bwnc i'r llall; ~ **aux yeux** bod yn gwbl amlwg; ~ **au plafond** (*fig: de colère*) colli'ch limpyn *ou* tymer, mynd o'ch cof; (:*de joie*) neidio o lawenydd;
♦*vt*: ~ **qch** neidio *ou* llamu dros rth; (*fig: omettre*) gadael rhth allan, hepgor, neidio dros rth.
sauterelle [sotʀɛl] *f* ceiliog *g* rhedyn; (*criquet*) locust *g*.
sauterie [sotʀi] *f* parti *g*, hop *b*.
sauteur [sotœʀ] *m* neidiwr *g*; ~ **à la perche** neidiwr â pholyn; ~ **à skis** neidiwr sgio.
sauteuse [sotøz] *f*
1 (*personne*) neidwraig *b*; ~ **à la perche** neidwraig â pholyn; ~ **à skis** neidwraig sgio.
2 (*poêle à frire*) padell *b* ffrio ddofn.
sautillement [sotijmɑ̃] *m* hopian; (*enfant*) sgipio.
sautiller [sotije] (**1**) *vi* hopian; (*enfant*) sgipio.
sautoir [sotwaʀ] *m* (*chaîne, collier*) cadwyn *b*; (*SPORT: emplacement*) pydew *g* neidio; **porter qch en ~** gwisgo rhth ar gadwyn am eich gwddf; ~ **de perles** cadwyn *ou* cadwen *b* o berlau.
sauvage [sovaʒ] *adj* gwyllt; (*peuplade*) anwar; (*brutal*) ciaidd, milain, creulon; (*insociable*) anghymdeithasol; (*illégal*) anghyfreithlon, answyddogol, heb ganiatâd;
♦*m/f* (*indigène*) anwariad *g/b*; (*brute*) dyn *g* creulon, bwystfil *g*; (*solitaire*) meudwy *g*, un *g/b* anghymdeithasol, un sy'n hoffi bod ar ei ben *ou* phen ei hun, adyn *g* ar gyfeiliorn.
sauvagement [sovaʒmɑ̃] *adv* yn wyllt, yn giaidd, yn filain.
sauvageon [sovaʒɔ̃] *m* anwariad *g* bach, plentyn *g* gwyllt.
sauvageonne [sovaʒɔn] *f* anwariad *b* fach, plentyn *g* gwyllt.

sauvagerie [sovaʒʀi] *f* (*insociabilité*) anghymdeithasgarwch *g*; (*brutalité*) creulondeb *g*, mileindra *g*, cieiddiwch *g*.

sauve [sov] *adj f voir* **sauf**[2].

sauvegarde [sovgaʀd] *f* amddiffyniad *g*, diogelwch *g*; **sous la ~ de qch** dan amddiffyniad rhth; **disquette/fichier de ~** (*INFORM*) disg *g,b*/ffeil *b* wrth gefn.

sauvegarder [sovgaʀde] (**1**) *vt* amddiffyn, diogelu; (*INFORM: enregistrer*) cadw; (*:copier*) gwneud copi wrth gefn (o rth).

sauve-qui-peut [sovkipø] *m inv* rhuthr *g*; ♦*excl* rhedwch am eich bywyd!

sauver [sove] (**1**) *vt* achub, arbed; **~ qn de** (*naufrage, désespoir*) achub *ou* arbed rhn rhag; **~ la vie à qn** achub *ou* arbed bywyd rhn; **~ les apparences** cadw parch *ou* wyneb; ♦ **se ~** *vr* (*s'enfuir*) rhedeg i ffwrdd, dianc, ffoi; (*fam: partir*) ei bachu hi, ei throi hi, ei hel hi, hel eich traed, cymryd y goes.

sauvetage [sov(ə)taʒ] *m* achub, achubiaeth *b*; **ceinture de ~** gwregys *g* achub; **brassière** *neu* **gilet de ~** siaced *b* achub; **~ en montagne** achub *ou* achubiaeth (ar y) mynydd.

sauveteur [sov(ə)tœʀ] *m* achubwr *g*, achubydd *g*.

sauvette [sovɛt]: **à la ~** *adv* (*se marier etc*) ar frys *ou* hast; **vente à la ~** pedlera ar y stryd heb ganiatâd.

sauveur [sovœʀ] *m* gwaredwr *g*, iachawdwr *g*; **le S~** (*REL*) y Gwaredwr, yr Iachawdwr.

SAV [ɛsave] *sigle m*(= *service après vente*) gwasanaeth *g* wedi gwerthu.

savais *etc* [save] *vb voir* **savoir**[1].

savamment [savamɑ̃] *adv* (*avec érudition*) yn hyddysg, yn ddysgedig, yn wybodus, yn ysgolheigaidd; (*habilement*) yn fedrus, yn ddeheuig, yn gelfydd.

savane [savan] *f* safana *g*.

savant[1] (**-e**) [savɑ̃, ɑ̃t] *adj* (*personne*) dysgedig, gwybodus, ysgolheigaidd, hyddysg; (*édition, revue*) ysgolheigaidd; (*calé*) hyddysg, deallus; (*compliqué*) cymhleth, dyrys, astrus; (*habile*) medrus, deheuig, celfydd; **animal ~** anifail *g* perfformio, anifail gwneud campau.

savant[2] [savɑ̃] *m* (*scientifique*) gwyddonydd *g*.

savate [savat] *f* hen esgid *b ou* sliper *b* dreuliedig; (*SPORT*) bocsio cic, cicfocsio.

saveur [savœʀ] *f* blas *g*, sawr *g*.

Savoie [savwa] *prf*: **la ~** Safwy *b*.

savoir[1] [savwaʀ] (**46**) *vt* gwybod; (*être capable de*) medru, gwybod sut i; **~ nager** medru nofio; **il faut ~ que** rhaid ichi gofio ...; **tu ne peux pas ~!** 'does gen ti mo'r syniad lleiaf!; **vous n'êtes pas sans ~ que** gwyddoch yn iawn ..., nid ydych heb wybod ...; **je crois ~ que** mae gennyf le i gredu ...; **je n'en sais rien** 'wn i ddim, 'does gen i'r un syniad; **à ~** sef, hynny yw; **faire ~ qch à qn** rhoi gwybod i rn am rth, hysbysu rhn o rth; **elle n'a rien voulu ~** ni fynnai hi wybod dim; **pas que je sache** ddim i mi wybod, ddim hyd y gwn i; **sans le ~** yn ddiarwybod, heb (yn) wybod, heb sylweddoli; **en ~ long** gwybod llawer; ♦ **se ~** *vr* (*chose: être connu*) dod yn hysbys; **se ~ malade** gwybod eich bod yn wael *ou* yn dost.

savoir[2] [savwaʀ] *m* gwybodaeth *b*

savoir-faire [savwaʀfɛʀ] *m inv* deheurwydd *g*, medr *g*.

savoir-vivre [savwaʀvivʀ] *m inv* moesgarwch *g*.

savon [savɔ̃] *m* sebon *g*; (*morceau*) talp *g ou* bar *g* sebon; **passer un ~ à qn*** dweud y drefn wrth rn, rhoi pryd o dafod i rn.

savonner [savɔne] (**1**) *vt* seboni, golchi (rhth) â sebon; ♦ **se ~** *vr* ymolchi â sebon, eich seboni'ch hun; **se ~ les mains/pieds** golchi'ch dwylo/traed â sebon, seboni'ch dwylo/traed.

savonnerie [savɔnʀi] *f* ffatri *b* sebon.

savonnette [savɔnɛt] *f* talp *g ou* bar *g* sebon (ymolchi).

savonneux (**savonneuse**) [savɔnø, savɔnøz] *adj* sebonllyd.

savons [savɔ̃] *vb voir* **savoir**[1].

savourer [savuʀe] (**1**) *vt* blasu, sawru.

savoureux (**savoureuse**) [savuʀø, savuʀøz] *adj* (*plat*) blasus; (*anecdote*) blasus, amheuthun.

savoyard (**-e**) [savwajaʀ, aʀd] *adj* Safwyaidd, o Safwy.

sax [saks] *m* sacs *g*.

Saxe [saks] *prf*: **la ~** Sacsoni *b*.

saxo(phone) [saksɔfɔn] *m* sacsoffon *g*.

saxophoniste [saksɔfɔnist] *m/f* sacsoffonydd *g*.

saynète [sɛnɛt] *f* dramodig *b*.

sbire [sbiʀ] (*péj*) *m* dyn *g* caled (*sy'n defnyddio trais ar ran rhn*), hengsmon *g*.

scabreux (**scabreuse**) [skabʀø, skabʀøz] *adj* (*dangereux*) peryglus, mentrus; (*indécent*) anweddus, anllad.

scalpel [skalpɛl] *m* fflaim *b*.

scalper [skalpe] (**1**) *vt* blingo pen (rhn), tynnu croen pen (rhn), sgalpio.

scampi [skɑ̃pi] *mpl* sgampi *ll*.

scandale [skɑ̃dal] *m* sgandal *b*; **c'est un ~!** mae'n warth *ou* gywilydd o beth!; **provoquer un ~** achosi sgandal; **faire ~** tramgwyddo pobl; **au grand ~ de ...** er mawr ddicter *ou* anniddigrwydd i ...; **faire du ~** (*tapage*) creu helynt *ou* stŵr, codi helynt *ou* stŵr.

scandaleusement [skɑ̃daløzmɑ̃] *adv* yn gywilyddus, yn warthus; **~ laid/mauvais** dychrynllyd o hyll/wael.

scandaleux (**scandaleuse**) [skɑ̃dalø, skɑ̃daløz] *adj* cywilyddus, gwarthus.

scandaliser [skɑ̃dalize] (**1**) *vt* tramgwyddo; ♦ **se ~** *vr*: **se ~ (de)** gwaredu (at), ffieiddio (at), teimlo cywilydd (o).

scander [skɑ̃de] (**1**) *vt* (*vers*) corfannu; (*mots, phrases*) rhoi pwyslais ar, pwysleisio; (*slogan, nom*) llafarganu.

scandinave [skɑ̃dinav] *adj* Sgandinafaidd, o

Sgandinafia.

Scandinave [skɑ̃dinav] *m/f* Sgandinafiad *g/b*.

Scandinavie [skɑ̃dinavi] *prf*: **la** ~ Sgandinafia *b*.

scanner [skanɛʀ] *m* (*MÉD*) sganiwr *g*.

scanographie [skanɔgʀafi] *f* (*MÉD: technique*) sganio; (:*image*) sgan *g*, sganiad *g*.

scaphandre [skafɑ̃dʀ] *m* (*de plongeur*) siwt *b* blymio; (*de cosmonaute*) siwt ofod; ~ **autonome** offer *ll* anadlu tanddwr.

scaphandrier [skafɑ̃dʀije] *m* plymiwr *g* dyfnfor.

scarabée [skaʀabe] *m* chwilen *b*; (*bijou*) sgarab *g*.

scarlatine [skaʀlatin] *f*: **la** ~ y dwymyn *b* goch.

scarole [skaʀɔl] *f* ysgall *ll* y meirch, ysgellog *g*, endif *g,b*.

scatologique [skatɔlɔʒik] *adj* sgatolegol, geudyaidd.

sceau (-x) [so] *m* (*cachet officiel*) sêl *b*; (*fig: signe manifeste*) stamp *g*, marc *g*, nod *g,b*; **sous le** ~ **du secret** tan sêl cyfrinach.

scélérat[1] (-e) [seleʀa, at] *adj* drwg, cnafaidd, anfad, ysgeler.

scélérat[2] [seleʀa] *m* cnaf *g*, dihiryn *g*.

scélérate [seleʀat] *f* cnawes *b*, dihiren *b*; ♦*adj f voir* **scélérat**[1].

sceller [sele] (**1**) *vt* selio; (*barreau, chaîne etc*) gosod (rhth) yn gadarn *ou* solet.

scellés [sele] *mpl* (*JUR*): **mettre les** ~ **sur** selio.

scénario [senaʀjo] *m* (*CINÉ: script*) sgript *g,b* ffilm; (:*idée, plan*) senario *g,b*, amlinelliad *g*, braslun *g*; (*fig*) patrwm *g*, senario.

scénariste [senaʀist] *m/f* (*CINÉ*) sgriptiwr *g*, sgriptwraig *b*.

scène [sɛn] *f*

1 (*THÉÂTRE, CINÉ, estrade*) llwyfan *g,b*; **la** ~ (*le théâtre*) y llwyfan, y theatr *b*; **entrer en** ~ dod i'r *ou* ar y llwyfan; **par ordre d'entrée en** ~ yn nhrefn eu hymddangosiad ar y llwyfan; **porter une œuvre à la** ~ llwyfannu gwaith, rhoi gwaith ar lwyfan; **adapter un film pour la** ~ addasu ffilm ar gyfer y theatr *ou* llwyfan; **mettre qch en** ~ (*THÉÂTRE*) llwyfannu rhth; (*CINÉ*) cyfarwyddo rhth.

2 (*CINÉ, THÉÂTRE: division*) golygfa *b*; (:*décor*) golygfa, set *g,b*; (:*lieu de l'action*) lle *g*, lleoliad *g*.

3 (*spectacle, episode*) digwyddiad *g*.

4 (*fig: dispute bruyante*) ffrae *b*, gwrthdaro; **faire une** ~ creu helynt *ou* stŵr, codi helynt *ou* stŵr; ~ **de ménage** ffrae deuluol, gwrthdaro teuluol.

5 (*fig, actualité*): **la** ~ **politique** y byd *g* gwleidyddol; **sur le devant de la** ~ yn y newyddion; **mettre qch en** ~ cyflwyno rhth.

scénique [senik] *adj* (*relatif à la scène, au théâtre*) llwyfan, theatr; (*qui convient à la scène, au théâtre*) theatraidd, theatrig; **indications** ~**s** cyfarwyddiadau *ll* llwyfan.

scepticisme [sɛptisism] *m* amheuaeth *b*, sgeptigaeth *b*.

sceptique [sɛptik] *adj* amheugar, amheus, sgeptig; ♦*m/f* amheuwr *g*, amheuwraig *b*, sgeptig *g/b*.

sceptre [sɛptʀ] *m* teyrnwialen *b*.

schéma [ʃema] *m* (*diagramme*) diagram *g*; (*résumé*) amlinelliad *g*, braslun *g*.

schématique [ʃematik] *adj* diagramatig, diagramaidd, sgematig; (*péj*) gor-syml.

schématiquement [ʃematikmɑ̃] *adv* yn ddiagramaidd, ar ffurf diagram; **expliquer qch** ~ amlinellu rhth.

schématisation [ʃematizasjɔ̃] *f* diagramu, amlinellu; (*péj*) gorsymleiddio.

schématiser [ʃematize] (**1**) *vt* diagramu, amlinellu; (*péj*) gorsymleiddio.

schismatique [ʃismatik] *adj* sgismatig, hollt.

schisme [ʃism] *m* (*POL*) rhwyg *g*; (*REL*) sgism *g,b*, hollt *b*.

schiste [ʃist] *m* (*roche*) sgist *g*; ~ **bitumineux** siâl *g* olew.

schisteux (**schisteuse**) [ʃistø, ʃisøz] *adj* sgistaidd.

schizophrène [skizɔfʀɛn] *m/f* sgitsoffrenig *g/b*.

schizophrénie [skizɔfʀeni] *f* sgitsoffrenia *g*.

sciatique [sjatik] *adj*: **le nerf** ~ y nerf *g,b* siatig *ou* clunol, nerf y glun *ou* y forddwyd; ♦*f* (*MÉD*) clunwst *g*.

scie [si]

1 *f* (*outil*) llif *b*; ~ **à chantourner** *neu* **découper** llif ffret, ffretlif *b*; ~ **à métaux** llif fetel, haclif *b*; ~ **à ruban** cylchlif *b*; ~ **circulaire** llif gron; ~ **sauteuse** herclif *b*.

2 (*fam: péj: chanson, formule etc*) peth *g* diflas (*sy'n cael ei ailadrodd hyd syrffed*); (:*personne*) syrffed *g/b*; **quelle** ~! dyna ddiflas!

sciemment [sjamɑ̃] *adv* yn ymwybodol, gan wybod, yn fwriadol.

science [sjɑ̃s] *f*

1 (*domaine*) gwyddor *b*; **les** ~**s** (*SCOL*) gwyddoniaeth *b*; ~**s appliquées** gwyddorau cymhwysol; ~**s expérimentales** gwyddorau arbrofol; ~**s naturelles** gwyddorau naturiol, gwyddoniaeth; ~**s occultes** ocwltiaeth *b*; ~**s politiques** gwyddorau gwleidyddiaeth; ~**s pures** gwyddoniaeth bur, gwyddorau purion; ~**s sociales** gwyddorau cymdeithas.

2 (*art, habileté*) deheurwydd *g*, medr *g*, crefft *b*.

3 (*érudition*) gwybodaeth *b*.

science-fiction (~**s**-~**s**) [sjɑ̃sfiksjɔ̃] *f* ffuglen *b* wyddonol.

scientifique [sjɑ̃tifik] *adj* gwyddonol; ♦*m/f* gwyddonydd *g*.

scientifiquement [sjɑ̃tifikmɑ̃] *adv* yn wyddonol.

scier [sje] (**16**) *vt* llifio; (*fam: étonner*) syfrdanu, synnu.

scierie [siʀi] *f* melin *b* lifio.

scieur [sjœʀ] *m* llifiwr *g*.

Scilly [sili] *prfpl*: **les îles** ~ Ynysoedd *ll* Sili.
scinder [sẽde] (1) *vt* rhannu, hollti;
♦ **se** ~ *vr* hollti, ymrannu.
scintillant (-e) [sẽtijɑ̃, ɑ̃t] *adj* pefriol, pefriog.
scintillement [sẽtijmɑ̃] *m* pefriad *g*.
scintiller [sẽtije] (1) *vi* pefrio, serennu.
scission [sisjɔ̃] *f* hollt *b*, hollti, ymraniad *g*, ymrannu.
sciure [sjyʀ] *f*: ~ **(de bois)** blawd *g* llif, llwch *g* llif.
sclérose [skleʀoz] *f* (*MÉD*) sglerosis *g*, calediad *g*; (*fig*) ymgalediad *g*, ymgaregiad *g*, diffyg *g* hyblygrwydd; ~ **artérielle** arteriosglerosis *g*, caledu'r rhydwelïau; ~ **en plaques** sglerosis *ou* parlys *g* ymledol.
sclérosé (-e) [skleʀoze] *adj* (*MÉD*) sglerotig, caled; (*fig*) wedi ymgaledu *ou* ymgaregu.
scléroser [skleʀoze] (1): **se** ~ *vr* (*MÉD*) caledu; (*fig*) ymgaledu, ymgaregu.
scolaire [skɔlɛʀ] *adj* ysgol; **l'année** ~ blwyddyn *b* ysgol; (*à l'université*) blwyddyn academaidd; **âge** ~ oed *g* *ou* oedran *g* (mynd i'r) ysgol.
scolarisation [skɔlaʀizasjɔ̃] *f* (*d'un enfant*) ysgol *b*, addysg *b*; **la** ~ **d'une région** y ddarpariaeth *b* addysg *ou* ysgolion ar gyfer ardal; **le taux de** ~ y cyfartaledd *g* o blant sydd mewn addysg lawn amser.
scolariser [skɔlaʀize] (1) *vt* (*pays, région*) darparu addysg *ou* ysgolion ar gyfer; (*enfant*) anfon (rhn) i'r ysgol, rhoi addysg i.
scolarité [skɔlaʀite] *f* addysg *b*, ysgol *b*; **pendant mes années de** ~ yn ystod fy nyddiau ysgol; **frais de** ~ taliadau *ll* am wersi/addysg; ~ **obligatoire** presenoldeb *g* gorfodol yn yr ysgol, gorfodaeth *b* ysgol.
scolastique [skɔlastik] (*péj*) *adj* pedantaidd, sgolastig.
scoliose [skɔljoz] *f* cefnwyrni *g*, gwargrymedd *g*, sgoliosis *g*.
scoop [skup] *m* (*PRESSE*) sgŵp *g,b*.
scooter [skutœʀ] *m* sgwter *g,b*.
scorbut [skɔʀbyt] *m* (*maladie*) y llwg *g*, y clefri *g* poeth, y sgyrfi *g*.
scorbutique [skɔʀbytik] *adj* (*MÉD*) sgorbwtig, llyglyd, yn dioddef o'r llwg.
score [skɔʀ] *m* sgôr *g,b*; (*électoral*) canlyniad *g*.
scories [skɔʀi] *fpl* (*résidu*) sinidr *g*, sorod *ll*, sgoria *g*.
scorpion [skɔʀpjɔ̃] *m* sgorpion *g*; **S**~ (*ASTROL*) y Sgorpion; **être (du) S**~ bod yn Sgorpion.
scotch [skɔtʃ] *m* (*whisky*) wisgi *g*; **S**~® (*adhésif*) selotêp *g*.
scotcher [skɔtʃe] (1) *vt* selotepio.
scout[1] (-e) [skut] *adj* y Sgowtiaid, Sgowtaidd.
scout[2] [skut] *m* Sgowt *g*.
scoutisme [skutism] *m* (*mouvement*) mudiad *g* y Sgowtiaid; (*activité*) sgowtio.
scratcher [skʀatʃe] (1) *vt* (*SPORT*) tynnu enw (rhn) yn ôl, dileu enw (rhn).
scribe [skʀib] *m* ysgrifennydd *g*, copïydd *g*; (*péj*) clercyn *g*.
scribouillard [skʀibujaʀ] (*péj*) *m* clercyn *g*.
script [skʀipt] *m* (*type d'écriture à la main*) printio; (*CINÉ etc*) sgript *g,b*; **écrire en** ~ printio, ysgrifennu mewn llythrennau breision.
scripte [skʀipt] *f* cysonyddes *b*.
script-girl (~-~s) [skʀiptgœʀl] *f* cysonyddes *b*.
scriptural (-e) (**scripturaux, scripturales**) [skʀiptyʀal, skʀiptyʀo] *adj*: **monnaie** ~**e** arian *g* ar bapur (*sieciau ayb*)
scrofuleux (**scrofuleuse**) [skʀɔfylø, skʀɔfyløz] *adj* (*MÉD*) manwynnog, yn dioddef o glwy'r brenin *neu* o'r manwyn.
scrupule [skʀypyl] *m* poen *g,b* *ou* amheuon *ll* cydwybod, egwyddor *b*; **sans** ~**s** (*personne*) heb egwyddor *ou* egwyddorion, diegwyddor; (*agir*) yn anegwyddorol; **se faire** ~ **de faire qch** teimlo amheuon (cydwybod) ynghylch gwneud rhth, petruso rhag gwneud rhth (o ran cydwybod).
scrupuleusement [skʀypyløzmɑ̃] *adv* yn ofalus, yn fanwl, yn fanwl gywir.
scrupuleux (**scrupuleuse**) [skʀypylø, skʀypyløz] *adj* (*consciencieux*) egwyddorol, cydwybodol; (*méticuleux*) gofalus, manwl, manwl-gywir.
scrutateur[1] (**scrutatrice**) [skʀytatœʀ, skʀytatʀis] *adj* (*regard*) craff, treiddgar; (*nature*) ymchwilgar.
scrutateur[2] [skʀytatœʀ] *m* (*de vote*) archwiliwr *g*.
scrutatrice [skʀytatʀis] *f* (*de vote*) archwilwraig *b*;
♦*adj f voir* **scrutateur**[1].
scruter [skʀyte] (1) *vt* (*examiner avec attention*) archwilio; (*fouiller du regard*) llygadu (rhth) yn graff, craffu ar, syllu ar.
scrutin [skʀytẽ] *m* (*vote*) pleidlais *b*, pleidleisio; (*consultation électorale*) etholiad *g*; **jour de** ~ diwrnod *g* pleidleisio; **premier/deuxième tour de** ~ pleidlais gyntaf/ail bleidlais; ~ **de liste** pleidlais dros restr gyfan; ~ **majoritaire** pleidlais fwyafrifol; ~ **proportionnel** pleidlais gyfrannol; ~ **uninominal** pleidlais dros un ymgeisydd yn unig.
sculpter [skylte] (1) *vt* cerflunio, cerfio, naddu.
sculpteur [skyltœʀ] *m* cerflunydd *g*.
sculptural (-e) (**sculpturaux, sculpturales**) [skyltyʀal, skyltyʀo] *adj* cerfluniol, cerfluniaidd; (*fig*) lluniaidd, urddasol.
sculpture [skyltyʀ] *f* (*art*) cerfluniaeth *b*, cerflunio; (*œuvre*) cerflun *g*; ~ **sur bois** (*art*) naddu coed *ou* pren, cerfio coed *ou* pren; (*œuvre*) cerfiad *g* pren.
sdb. *abr*(= *salle de bain*) ystafell *b* ymolchi.
SDN [ɛsdeɛn] *sigle f*(= *Société des nations*) Cymdeithas *b* y Cenhedloedd.
SE *sigle f*(= *Son Excellence*) Ei Ardderchogrwydd.
se, s' [s] *pron*
1 (*emploi réfléchi: indéfini*) eich hun *ou*

hunan; (:*masculin, féminin*) ei hun *ou* hunan; (:*pluriel*) eu hunain; **s'habiller** gwisgo (amdanoch); **se laver** ymolchi; **se voir comme l'on est** eich gweld eich hun fel yr ydych; **elle se regarde dans la glace** mae hi'n edrych arni (hi) ei hun yn y drych.
2 (*réciproque*) ei gilydd; **ils s'aiment** maent yn caru ei gilydd.
3 (*passif*): **cela se répare facilement** gellir ei drwsio'n hawdd; **l'anglais se parle dans le monde entier** siaredir Saesneg trwy'r byd i gyd.
4 (*possessif*): **se casser la jambe** torri'ch coes; **se laver les mains** golchi'ch dwylo.
5 (*impersonnel*): **il se peut que** mae'n bosibl ...

séance [seɑ̃s] *f* (*d'assemblée, de tribunal*) cyfarfod *g*, eisteddiad *g*, sesiwn *g,b*; (*période*) sesiwn; (*THÉÂTRE etc*) perfformiad *g*; (*CINÉ*) dangosiad *g*; **ouvrir la** ~ agor y cyfarfod *ou* sesiwn; **lever la** ~ dod â'r cyfarfod *ou* sesiwn i ben; ~ **tenante** (*fig*) ar unwaith, yn ddiymdroi.

séant[1] **(-e)** [seɑ̃, ɑ̃t] *adj* addas, priodol.

séant[2] [seɑ̃] *m* (*postérieur*) pen-ôl *g*; **se mettre sur son** ~ codi ar eich eistedd, eistedd i fyny.

seau (-x) [so] *m* bwced *g,b*; ~ **à glace** bwced iâ, bwced rhew *ou* rew; ~ **à charbon** bwced glo; **un plein** ~ **de** bwcedaid *g,b* o.

sébum [sebɔm] *m* sebwm *g*.

sec[1] **(sèche)** [sɛk, sɛʃ] *adj* sych; (*maigre, décharné*) tenau, main; (*terrain*) sych, cras; (*ton, réponse*) swta; (*style etc*) moel, diaddurn; (*cœur, personne*) caled, oer; (*départ, démarrage*) sydyn; **un bruit** ~ clec *b*; **à pied** ~ heb wlychu'ch traed, yn droetsych; **une toux sèche** peswch *g* cras; **avoir la gorge sèche** bod yn sychedig iawn, bod bron â thagu gan syched; **je le prends** ~ (*sans eau: alcool*) 'rwy'n ei yfed ar ei ben ei hun; ♦*adv* (*frapper*) yn galed; (*démarrer*) yn sydyn; **boire** ~ (*beaucoup*) yfed yn drwm.

sec[2] [sɛk] *m*: **tenir qch au** ~ cadw rhth mewn lle sych; **à** ~ (*cours d'eau, source*) sych, hysb; (*à court d'argent: personne*) heb ddimai, heb yr un geiniog; (:*caisse*) gwag.

SECAM [sekam] *sigle m*(= *procédé séquentiel couleur à mémoire*) SECAM (*system ddarlledu ar gyfer teledu lliw*).

sécante [sekɑ̃t] *f* (*MATH*) secant *g*.

sécateur [sekatœʀ] *m* siswrn *g* tocio.

sécession [sesesjɔ̃] *f* gwrthgiliad *g*, ymwahaniad *g*; **faire** ~ (*d'un état*) ymwahanu; (*d'un groupe*) gwrthgilio, ymneilltuo; **la guerre de S**~ Rhyfel *g* yr Ymwahaniad, Rhyfel Cartref America.

sécessionniste [sesesjɔnist] *adj* ymwahanol, gwrthgiliol, ymneilltuol.

séchage [seʃaʒ] *m* (*du linge, bois*) sychu.

sèche [sɛʃ] *adj f voir* **sec**[1];
♦*f* (*fam*) sigarét *b*, ffag *b*.

sèche-cheveux [sɛʃʃəvø] *m inv* sychwr *g* gwallt, peiriant *g* sychu gwallt.

sèche-linge [sɛʃlɛ̃ʒ] *m inv* cwpwrdd *g* sychu *ou* crasu; (*machine*) peiriant *g* sychu dillad.

sèche-mains [sɛʃmɛ̃] *m inv* peiriant *g* sychu dwylo.

sèchement [sɛʃmɑ̃] *adv* (*frapper etc*) yn glep, yn glec, yn sydyn; (*répondre etc*) yn swta, yn sychlyd.

sécher [seʃe] **(14)** *vt* sychu; ~ **les cours*** (*SCOL*) colli ysgol *ou* gwersi, chwarae triwant;
♦*vi* sychu; **il a séché en physique*** (*candidat*) fe aeth yn nos arno yn yr arholiad ffiseg;
♦ **se** ~ *vr* (*après le bain*) eich sychu'ch hun.

sécheresse [sɛʃʀɛs] *f* (*climat, sol*) sychder *g*; (*absence de pluie*) sychdwr *g*, sychder; (*style etc*) moelni *g*; (*réponse*) cwteurwydd *g*, dull *g ou* tôn *b* swta; (*cœur*) caledwch *g*, oerni *g*.

séchoir [seʃwaʀ] *m* (*local*) sied *b ou* ystafell *b* sychu; (*appareil*) sychwr *g*; (*à linge*) hors *b* ddillad; (*à cheveux*) sychwr *g* gwallt, peiriant *g* sychu gwallt; ~ **à tambour** taflwr *g* sychu, peiriant sychu dillad.

second[1] **(-e)** [s(ə)gɔ̃, ɔ̃d] *adj* (*deuxième*) ail; **en** ~ (*en second rang*) yn ail; **en** ~ **lieu** yn ail, yn yr ail le; **trouver son** ~ **souffle** cael eich ail wynt; **être dans un état** ~ bod mewn llesmair *ou* breuddwyd; **doué de** ~**e vue** â'r gallu i weld y dyfodol, clirweledol; **de** ~**e main** (yn) ail-law; **ouvrages de** ~**e main** ffynonellau *ll* anuniongyrchol *ou* eilaidd.

second[2] [s(ə)gɔ̃] *m* (*adjoint, assistant*) dirprwy *g*, cynorthwy-ydd *g*; (*étage*) ail lawr *g*; (*NAUT*) is-gapten *g*.

secondaire [s(ə)gɔ̃dɛʀ] *adj* (*de moindre importance*) eilradd, llai pwysig; (*SCOL*) uwchradd; (*TECH, CHIM, GÉO etc*) eilaidd; **effets** ~**s** (*MÉD*) sgil-effeithiau *ll*.

seconde[1] [s(ə)gɔ̃d] *f* (*partie d'une minute*) eiliad *g,b*.

seconde[2] [s(ə)gɔ̃d] *f* (*SCOL*) blwyddyn *b* 11; (*AUTO*) yr ail gêr *g,b*; (*classe de transport*) ail ddosbarth *g*; (*billet*) tocyn *g* ail ddosbarth;
♦*adj f voir* **second**[1].

seconder [s(ə)gɔ̃de] **(1)** *vt* (*assister*) cynorthwyo; (*favoriser*) cefnogi, hyrwyddo, hybu, ategu.

secouer [s(ə)kwe] **(1)** *vt* ysgwyd, siglo; (*passagers*) ysgwyd, ysgytian; (*traumatiser*) ysgwyd, achosi *ou* peri ysgytiad i; (*fig*) cael gwared â, bwrw; ~ **la poussière d'un tapis** ysgwyd y llwch oddi ar garped; ~ **la tête** (*pour dire oui*) nodio'ch pen; (*pour dire non*) ysgwyd eich pen; **le vent secouait le bateau** 'roedd y gwynt yn taflu'r cwch yma a thraw;
♦ **se** ~ *vr* (*animal*) ei ysgwyd ei hun; (*personne: fam*) ymysgwyd.

secourable [s(ə)kuʀabl] *adj* parod eich cymwynas, gwasanaethgar, cymwynasgar.

secourir [s(ə)kuʀiʀ] **(21)** *vt* cynorthwyo, helpu; (*blessé, pauvre*) rhoi *ou* estyn cymorth i, rhoi ymgeledd i; (*personne en danger*) achub.

secourisme [s(ə)kuʀism] *m* (*premiers soins*) cymorth *g* cyntaf.

secouriste [s(ə)kuʀist] *m/f* un *g/b* sy'n rhoi cymorth cyntaf, cymhorthydd *g* cyntaf.

secourons [səkuʀɔ̃] *vb voir* **secourir**.

secours *etc* [s(ə)kuʀ] *vb voir* **secourir**; ♦*m* cymorth *g*, help *g*, cynhorthwy *g*; **cela lui a été d'un grand** ~ bu hyn o gymorth mawr iddo; **équipe de** ~ tîm *g* achub; **sortie de** ~ allanfa *b* frys; **au** ~! help!; **appeler au** ~ galw am gymorth *ou* help, gweiddi am gymorth *ou* help; **appeler qn à son** ~ galw ar rn i'ch helpu; **aller au** ~ **de qn** mynd i gynorthwyo *ou* helpu rhn; **porter** ~ **à qn** cynorthwyo rhn, helpu rhn; **le** ~ **en montagne** achub *ou* achubiaeth *b* (ar y) mynydd; ♦*mpl* achubwyr *ll*; (*renforts*) milwyr *ll* ychwanegol; **les premiers** ~ cymorth *g* cyntaf.

secouru (**-e**) [səkuʀy] *pp de* **secourir**.

secousse [s(ə)kus] *f* (*mouvement brusque*) ysgytiad *g*; (*traction*) plwc *g*; (*fig: choc psychologique*) sioc *b*, ysgytwad *g*; ~ **électrique** sioc drydanol; ~ **sismique** *neu* **tellurique** daeargryn *g,b*, dirgryniad *g* daear.

secret[1] (**secrète**) [səkʀɛ, səkʀɛt] *adj* cyfrinachol; (*caché*) cudd, dirgel; (*renfermé: personne*) tawedog, dywedwst.

secret[2] [səkʀɛ] *m* cyfrinach *b*; (*discrétion absolue*) cyfrinachedd *g*, cyfrinachgarwch *g*; (*mystère*) dirgelwch *g*, cyfrinach; **en** ~ (*sans témoins*) yn gyfrinachol, yn y dirgel; (*intérieurement*) yn nwfn eich calon, yn ddistaw bach, yn dawel fach; **au** ~ (*prisonnier*) mewn carchariad unigol, mewn cell ar ei ben ei hun; ~ **d'État** cyfrinach wladol; ~ **de fabrication** cyfrinach fasnachol; ~ **professionnel** cyfrinachedd proffesiynol.

secrétaire [s(ə)kʀetɛʀ] *m/f* ysgrifennydd *g*, ysgrifenyddes *b*; ~ **de direction** ysgrifennydd preifat *ou* personol (*i gyfarwyddwr*); ~ **d'État** (*POL: en France*) is-weinidog *g*; (:*en Grande-Bretagne*) ≈ gweinidog *g*; ~ **de mairie** ≈ clerc *g* tref; ~ **de rédaction** is-olygydd *g*; ~ **général** ysgrifennydd cyffredinol, prif ysgrifennydd; ~ **médical(e)** ysgrifennydd meddygol; ~ **particulier** ysgrifennydd preifat *ou* personol; ~ **de mairie** clerc cyngor tref; ♦*m* (*meuble*) desg *b* ysgrifennu.

secrétariat [s(ə)kʀetaʀja] *m* (*travail*) gwaith *g* ysgrifenyddol; (*bureau: d'entreprise, d'école etc*) swyddfa *b*; (*fonction*) ysgrifenyddiaeth *b*; (*personnel*) ysgrifenyddion *ll*, ysgrifenyddesau *ll*; ~ **général** swydd *b* ysgrifennydd cyffredinol *ou* prif ysgrifennydd, swyddfa ysgrifennydd cyffredinol *ou* prif ysgrifennydd.

secrète [səkʀɛt] *f*: **la (police)** ~ heddlu *g* cudd; ♦*adj f voir* **secret**[1].

secrètement [səkʀɛtmɑ̃] *adv* yn gyfrinachol, yn y dirgel; (*intérieurement*) yn nwfn eich calon, yn ddistaw bach, yn dawel fach.

sécréter [sekʀete] (**14**) *vt* secretu; (*fig*) nawsio, diferu.

sécrétion [sekʀesjɔ̃] *f* secretiad *g*, secretu.

sectaire [sɛktɛʀ] *adj* enwadol, sectyddol.

sectarisme [sɛktaʀism] *m* enwadaeth *b*, sectyddiaeth *b*.

secte [sɛkt] *f* enwad *g*, sect *b*.

secteur [sɛktœʀ] *m* sector *g,b*; (*d'une ville*) ardal *b*; (*fig: domaine*) maes *g*; (:*parti*) rhan *b*; **branché sur le** ~ (*ÉLEC*) wedi'i blygio i'r prif gyflenwad; **fonctionne sur pile et** ~ yn gweithio ar fatri neu drydan; ~ **géographique** *neu* **de recrutement scolaire** dalgylch *g*; **le** ~ **privé** y sector preifat *ou* breifat; **le** ~ **public** y sector cyhoeddus *ou* gyhoeddus; **le** ~ **primaire** y sector cyntafol *ou* gyntafol, y sector cynradd *ou* gynradd; **le** ~ **secondaire** y sector eilaidd, y sector datblygol *ou* ddatblygol; **le** ~ **tertiaire** y sector trydyddol *ou* drydyddol, y sector gwasanaethu *ou* wasanaethu.

section [sɛksjɔ̃] *f*
1 (*division*) rhan *b*, adran *b*; (*de parti, syndicat*) cangen *b*; (*d'une route, rivière*) darn *g*, hyd *g*; (*de parcours d'autobus*) rhan *ou* adran (o daith bws); (*d'une entreprise, université*) adran; (*MIL*) platŵn *g*; ~ **électorale** ward *b* etholiadol; ~ **rythmique/des cuivres** (*MUS*) adran rythmig/bres.
2 (*coupe*) toriad *g*, trychiad *g*; **tube de** ~ **6,5 mm** tiwb *g* sy'n 6,5 mm ar ei draws.

sectionner [sɛksjɔne] (**1**) *vt* (*diviser*) rhannu; (*couper net*) torri; ♦ **se** ~ *vr* (*câble*) torri.

sectionneur [sɛksjɔnœʀ] *m* (*ÉLEC*) switsh *g* ynysu.

sectoriel (**-le**) [sɛktɔʀjɛl] *adj* sectoraidd.

sectorisation [sɛktɔʀizasjɔ̃] *f*: ~ **(de qch)** rhannu (rhth) yn sectorau *ou* adrannau, sectoriad *g*.

sectoriser [sɛktɔʀize] (**1**) *vt* rhannu (rhth) yn sectorau *ou* adrannau, sectori.

sécu* [seky] *f* (= *sécurité sociale*) *voir* **sécurité**.

séculaire [sekylɛʀ] *adj* (*qui a lieu tous les cent ans*) canrifol, canmlwyddol; (*très vieux*) oesol, hynafol.

séculariser [sekylaʀize] (**1**) *vt* seciwlareiddio.

séculier (**séculière**) [sekylje, sekyljɛʀ] *adj* seciwlar, lleyg.

sécurisant (**-e**) [sekyʀizɑ̃, ɑ̃t] *adj* cysurol, cysurlon, sy'n gwneud ichi deimlo'n ddiogel.

sécuriser [sekyʀize] (**1**) *vt*: ~ **qn** gwneud i rn deimlo'n ddiogel, rhoi hyder *ou* sicrwydd i rn.

sécurité [sekyʀite] *f* diogelwch *g*; **la** ~ **internationale** diogelwch rhyngwladol; **être en** ~ bod yn ddiogel; **de** ~ (*dispositif*) diogelu, diogelwch; **mesures de** ~ mesurau *ll* diogelwch; **la** ~ **de l'emploi** sicrwydd *g* swydd; **la** ~ **routière** diogelwch (ar y) ffordd fawr; **la ~ sociale** *y gwasanaeth g iechyd a nawdd cymdeithasol.*

sédatif[1] (**sédative**) [sedatif, sedativ] *adj* tawelyddol.

sédatif[2] [sedatif] *m* tawelydd *g*.

sédentaire [sedɑ̃tɛʀ] *adj* (*travail*) eisteddog; (*population*) sefydlog, anghrwydr.

sédiment [sedimɑ̃] *m* gwaddod *g*, gwaelodion *ll*.

sédimentaire [sedimɑ̃tɛʀ] *adj* gwaddodol; **roches ~s** creigiau *ll* gwaddod.

sédimentation [sedimɑ̃tasjɔ̃] *f* gwaddodiad *g*, gwaddodi, gwaelodi.

séditieux (**séditieuse**) [sedisjø, sedisjøz] *adj* gwrthryfelgar; (*écrit etc*) anogol i wrthryfel.

sédition [sedisjɔ̃] *f* gwrthryfel *g*, cynnwrf *g*, terfysgiad *g*.

séducteur[1] (**séductrice**) [sedyktœʀ, sedyktʀis] *adj* hudol, dengar, llithiol.

séducteur[2] [sedyktœʀ] *m* hudwr *g*, denwr *g*, llithiwr *g*; (*péj*) merchetwr *g*.

séduction [sedyksjɔ̃] *f* (*sexuelle*) llithiad *g*, llithio, hudo, denu; (*charme naturel*) swyn *g*, hudoliaeth *b*, cyfaredd *b*, atyniad *g*, apêl *b*, dengarwch *g*.

séductrice [sedyktʀis] *f* hudoles *b*;
♦*adj f voir* **séducteur**[1].

séduire [sedɥiʀ] (**52**) *vt* (*attirer, gagner*) swyno, hudo, denu; (*plaire*) apelio at, plesio; (*sexuellement*) llithio, hudo, denu.

séduisant[1] [sedɥizɑ̃] *vb voir* **séduire**.

séduisant[2] (**-e**) [sedɥizɑ̃, ɑ̃t] *adj* hudolus, deniadol.

séduit (**-e**) [sedɥi, it] *pp de* **séduire**.

segment [sɛgmɑ̃] *m* segment *g*, cylchran *b*, darn *g*, rhan *b*; **~ (de piston)** (*AUTO*) cylch *g* piston; **~ de frein** gwadn *g,b ou* esgid *b* brêc.

segmenter [sɛgmɑ̃te] (**1**) *vt* cylchrannu, segmentu, rhannu (rhth) yn segmentau;
♦ **se ~** *vr* ymrannu (yn segmentau).

ségrégation [segʀegasjɔ̃] *f* gwahaniad *g*, gwahanu, arwahaniad *g*, arwahanu, didoliad *g*, didoli; **~ raciale** arwahanu hiliol.

ségrégationnisme [segʀegasjɔnism] *m* arwahanu hiliol.

ségrégationniste [segʀegasjɔnist] *adj* didoliadol, didolaidd; (*racial: manifestant*) o blaid arwahanu hiliol; (:*troubles*) yn codi o arwahanu hiliol.

seiche [sɛʃ] *f* (*ZOOL*) ystifflog *g*, pibwr *g* inc, twyllwr *g* du, sgwid *g*.

séide [seid] (*péj*) *m* cefnogwr *g* eithafol *ou* penboeth, hengsmon *g*.

seigle [sɛgl] *m* rhyg *g*.

seigneur [sɛɲœʀ] *m* arglwydd *g*; **le S~** (*REL*) yr Arglwydd.

seigneurial (**-e**) (**seigneuriaux, seigneuriales**) [sɛɲœʀjal, sɛɲœʀo] *adj* arglwyddiaethol, arglwyddol; (*digne d'un seigneur*) pendefigaidd, gwych.

sein [sɛ̃] *m* (*mamelle*) bron *b*; (*LITT: matrice*) croth *b*; (*fig*) mynwes *b*; **au ~ de qch** o fewn rhth, oddi mewn i rth; (*LITT*) yng nghanol rhth; **donner le ~ à** (*bébé*) rhoi'r fron i; **nourrir son enfant au ~** bwydo'ch baban ar y fron; **serrer qn/qch contre** *neu* **sur son ~** gwasgu rhn/rhth i'ch mynwes; **au ~ de la famille** ym mynwes y teulu.

Seine [sɛn] *prf*: **la ~** y Seine *b*.

séisme [seism] *m* daeargryn *g,b*; (*fig*) cyffro *g*, cynnwrf *g*.

séismique *etc* [seismik] *adj voir* **sismique** *etc.*

SEITA [seta] *sigle f* (= *Société d'exploitation industrielle des tabacs et allumettes*) *cymdeithas b dybaco a matsys.*

seize [sɛz] *adj inv* un ar bymtheg, un deg chwe; **~ hommes/chats** un dyn/gath ar bymtheg, un deg chwe dyn/chath, un deg chwech o ddynion/gathod; **~ ans** un mlynedd ar bymtheg, un deg chwe blynedd, un deg chwech o flynyddoedd; **j'ai ~ ans** 'rwy'n un ar bymtheg oed; **on est le ~ aujourd'hui** yr unfed ar bymtheg yw hi heddiw; **c'est à ~ kilomètres d'ici** mae un cilometr ar bymtheg oddi yma; **nous sommes ~** mae yna un ar bymtheg ohonom ni, mae yna un deg chwech ohonom ni;
♦*m inv* un *g* ar bymtheg, un deg chwech.

seizième [sɛzjɛm] *adj* unfed ar bymtheg, un deg (a) chweched;
♦*m/f* unfed *g/b* ar bymtheg, un deg (a) chweched *g/b*;
♦*m* (*fraction*) un rhan *b* o un ar bymtheg, un rhan o un deg (a) chwech.

séjour [seʒuʀ] *m* arhosiad *g*; (*pièce*) ystafell *b* fyw, lolfa *b*; (*LITT: demeure*) trigfan *b*, preswylfa *b*

séjourner [seʒuʀne] (**1**) *vi* aros.

sel [sɛl] *m* halen *g*; (*fig: humoristique*) ffraethineb *g*; (:*piquant*) blas *g*, awch *g*; **~ de cuisine** halen bras; **~ fin** *neu* **de table** halen cyffredin, halen gwyn; **~ gemme** halen craig; **~s de bain** halwynau *ll* ymolchi.

sélect (**-e**) [selɛkt] *adj* dethol; (*chic*) crand.

sélectif (**sélective**) [selɛktif, selɛktiv] *adj* dethol, detholus, detholiadol.

sélection [selɛksjɔ̃] *f* (*action*) dewis, dethol; (*choix*) dewis *g*, dewisiad *g*, detholiad *g*; **opérer une ~ parmi** gwneud dewis *ou* detholiad o blith; **épreuve de ~** (*SPORT*) treial *g*; **~ naturelle** dethol *ou* detholiad naturiol; **~ professionnelle** recriwtiad *g ou* recriwtio proffesiynol.

sélectionné (**-e**) [selɛksjɔne] *adj* a ddewiswyd *ou* ddetholwyd, dewisedig, detholedig; (*de bonne qualité*) dethol.

sélectionner [selɛksjɔne] (**1**) *vt* dewis, dethol.

sélectionneur [selɛksjɔnœʀ] *m* dewiswr *g*, detholwr *g*.

sélectionneuse [selɛksjɔnøz] *f* dewiswraig *b*, detholwraig *b*.

sélectivement [selɛktivmɑ̃] *adv* yn ddethol, yn

ddetholus, yn ddetholiadol.
sélectivité [selɛktivite] *f* detholedd *g*, detholusrwydd *g*.
sélénologie [selenɔlɔʒi] *f* lloereg *b*, lleuadeg *b*.
self* [sɛlf] *m* (*magasin*) siop *b* hunanwasanaeth *ou* hunanweini, siop helpu'ch hunan; (*restaurant*) caffi *g* hunanwasanaeth.
self-service [sɛlfsɛʀvis] (~-~**s**) *adj* hunanweini, hunanwasanaeth;
♦*m* (*magasin*) siop *b* hunanwasanaeth, siop helpu'ch hunan; (*restaurant*) caffi *g* hunanwasanaeth.
selle [sɛl] *f* (*de cheval*) cyfrwy *g*; (*de bicyclette, motocyclette*) sêt *b*, cyfrwy; (*CULIN: de mouton etc*) cefnddryll *g*; (*ART: sculpteur*) bwrdd *g* tro; **se mettre en** ~ mynd ar gefn ceffyl; **aller à la** ~ (*MÉD*) cael eich gweithio, cael eich corff i lawr; ~**s** (*MÉD*) carthion *ll*, ysgarthion *ll*.
seller [sele] (**1**) *vt* cyfrwyo.
sellette [sɛlɛt] *f*: **mettre qn sur la** ~ rhoi rhn yn y gadair boeth; **être sur la** ~ bod dani hi, bod yn y gadair boeth, dod dan y lach.
sellier [selje] *m* cyfrwywr *g*.
selon [s(ə)lɔ̃] *prép* (*conformément à*) yn unol â; (*en proportion de, en fonction de*) yn ôl, gan ddibynnu ar; (*suivant l'opinion de*) yn ôl; ~ **qu'il fera beau ou qu'il pleuvra** gan ddibynnu ar ba un a fydd yn braf neu'n lawog; ~ **lui** meddai ef, chwedl yntau, yn ei ôl ef; ~ **moi** yn fy marn i, i'm tyb i; ~ **toute apparence** yn ôl pob golwg; ~ **toute vraisemblance** yn ôl pob tebyg.
SEm [ɛsɛm] *sigle f* (= *Son Emminence*) Ei Arucheledd.
semailles [s(ə)mɑj] *fpl* (*opération*) heuad *g*, hau; (*période*) amser *g ou* tymor *g ou* adeg *b* hau; (*graine*) had *g*, hadyd *g*, hadau.
semaine [s(ə)mɛn] *f* wythnos *b*; (*salaire*) cyflog *g* wythnos *ou* wythnosol; **en** ~ yn ystod yr wythnos, ar ddyddiau gwaith; **la** ~ **de quarante heures** wythnos waith ddeugain awr; **la** ~ **du livre** (*COMM*) wythnos lyfrau; **la** ~ **sainte** yr Wythnos cyn y Pasg, yr Wythnos Gysegredig; **vivre à la petite** ~ byw o ddydd i ddydd.
semainier [s(ə)menje] *m* (*bracelet*) breichled *b* (*a saith cylch iddi*); (*agenda*) dyddiadur *g* desg; (*meuble*) cist *b* ddroriau (*a saith drôr iddi*).
sémantique [semɑ̃tik] *adj* semantig;
♦*f* semanteg *b*.
sémaphore [semafɔʀ] *m* semaffor *g*.
semblable [sɑ̃blabl] *adj*: ~ **(à)** tebyg (i), cyffelyb (i); **de** ~**s erreurs sont inacceptables** (*de ce genre*) mae'r fath wallau'n annerbyniol, mae gwallau o'r fath yn annerbyniol;
♦*m* cyd-ddyn *g*, eich tebyg *g*.
semblant [sɑ̃blɑ̃] *m*: **un** ~ **de qch** ymddangosiad *g* o rth, rhyw lun *g* o *ou* ar rth; **un** ~ **de réponse** rhyw lun ar ateb, rhyw fath o ateb; **un** ~ **de résistance** esgus *g* o wrthsafiad; **faire** ~ **(de faire qch)** cymryd arnoch (wneud rhth), cogio *ou* smalio (gwneud rhth).
sembler [sɑ̃ble] (**1**) *vi* ymddangos; ~ **(être) heureux** ymddangos yn hapus; **la maison leur semblait chère/pratique** 'roeddynt yn gweld y tŷ yn ddrud/ymarferol; **elle semblait triste** 'roedd golwg drist arni;
♦*vb impers*: **il semble que** (+ subj) mae'n ymddangos ..., ymddengys ...; **il semble (bien) que** mae'n edrych yn debyg ..., yn ôl pob golwg ...; **il ne semble pas que** nid yw'n edrych yn debyg ...; **il semble qu'elle soit partie** mae'n ymddangos ei bod hi wedi mynd; **il semble bon de** mae'n ymddangos yn syniad da ...; **il me semble que** (+ indic) mae'n ymddangos i mi ...; **il me semble (bien) que vous avez raison** mae'n ymddangos i mi eich bod chi'n iawn, 'rwy'n meddwl *ou* credu eich bod chi'n iawn; **il me semble le connaître** mae gen i syniad fy mod i'n ei adnabod; **faites comme bon vous semble** gwnewch fel y gwelwch orau; **il travaille quand bon lui semble** mae'n gweithio pryd y myn; **me semble-t-il** *neu* **à ce qu'il me semble** mae'n ymddangos i mi, yn fy marn i, i'm tyb i.
semelle [s(ə)mɛl] *f* (*de chaussure etc*) gwadn *g,b*; **battre la** ~ curo'ch traed, taro troed (*i gadw'n gynnes*); (*fig*) cicio'ch sodlau, aros (o gwmpas); ~ **compensée** gwadn blatfform.
semence [s(ə)mɑ̃s] *f* hedyn *g*, had *g*; (*sperme*) had gwryw, semen *g*; (*clou*) tac *g*, tacsen *b*.
semer [s(ə)me] (**13**) *vt* (*graines*) hau; (*éparpiller: fleurs, confettis etc*) gwasgaru, taenu; (*fig: poursuivants*) cael gwared â, lledaenu; ~ **la terreur** lledaenu *ou* codi ofn; ~ **la discorde parmi** lledaenu *ou* hau anghydfod ymhlith; **semé(e) de difficultés** yn berwi o anawsterau; **semé(e) d'erreurs** yn frith o gamgymeriadau.
semestre [s(ə)mɛstʀ] *m* (*dans l'année civile*) hanner *g* blwyddyn, (cyfnod *g* o) chwe mis *g*; (*UNIV*) tymor *g ou* sesiwn *g,b* hanner blwyddyn, semestr *g*; (*rente, pension*) taliad *g* chwemisol *ou* hanner blynyddol.
semestriel (-le) [s(ə)mɛstʀijɛl] *adj* chwemisol, hanner blynyddol.
semeur [s(ə)mœʀ] *f* heuwr *g*.
semeuse [s(ə)møz] *f* heuwraig *b*.
semi- [səmi] *préf* hanner(-), lled-.
semi-automatique (~-~**s**) [səmiɔtɔmatik] *adj* lled-awtomatig, hanner awtomatig.
semi-conducteur (~-~**s**) [səmikɔ̃dyktœʀ] *m* (*INFORM*) lled-ddargludydd *g*.
semi-conserve (~-~**s**) [səmikɔ̃sɛʀv(ə)] *f* *bwyd g sydd wedi'i led-sterileiddio.*
semi-fini (~-~**s**) [səmifini] *adj m* lled-orffenedig.
semi-liberté (~-~**s**) [səmilibɛʀte] *f* (*JUR*)

rhyddhad *g* rhannol.
sémillant (-**e**) [semijɑ̃, ɑ̃t] *adj* bywiog, llawn bywyd *ou* mynd *ou* asbri.
séminaire [seminɛʀ] *m* coleg *g* diwinyddol *ou* offeiriadol, athrofa *b*; (*UNIV, aussi réunion*) seminar *g,b*.
séminariste [seminaʀist] *m* seminarydd *g*.
sémiologie [semjɔlɔʒi] *f* semioleg *b*.
semi-public (~**-publique**) (~**-**~**s**, ~**-publiques**) [səmipyblik] *adj* (*JUR*) lled-gyhoeddus.
semi-remorque (~**-**~**s**) [səmiʀəmɔʀk] *f* (lled-)ôl-gerbyd *g*;
♦*m* (*camion*) lorri *b* gymalog.
semis [s(ə)mi] *m* (*terrain*) gwely *g* hadau, hadle *g*; (*plante*) eginblanhigyn *g*.
sémite, sémitique [semit, semitik] *adj* Semitaidd, Semitig.
semoir [səmwaʀ] *m* (*machine*) dril *g* hau; (*sac*) bag *g* hadau.
semonce [səmɔ̃s] *f* (*réprimande*) cerydd *g*; **coup de** ~ (*NAUT*) rhybudd *g ou* ergyd *g,b* ar draws blaen llong.
semoule [s(ə)mul] *f* (*farine*) semolina *g*; ~ **de maïs** blawd *g* (india) corn; ~ **de riz** blawd reis.
sempiternel (-**le**) [sɑ̃pitɛʀnɛl] *adj* tragwyddol, di-baid.
sénat [sena] *m* (*assemblée*) senedd *b*; (*lieu*) senedd-dy *g*.
sénateur [senatœʀ] *m* seneddwr *g*, seneddwraig *b*.
sénatorial (-**e**) (**sénatoriaux, sénatoriales**) [senatɔʀjal, senatɔʀjo] *adj* seneddol.
Sénégal [senegal] *prm*: **le** ~ Senegal *b*.
sénégalais (-**e**) [senegalɛ, ɛz] *adj* Senegalaidd, o Senegal.
Sénégalais [senegalɛ] *m* Senegaliad *g*.
Sénégalaise [senegalɛz] *f* Senegaliad *b*.
sénescence [senesɑ̃s] *f* heneiddiad *g*, heneiddio; (*CHIM*) heneiddedd *g*.
sénevé [sɛnve] *m* (*plante*) mwstard *g* gwyllt; (*graine*) hedyn *g ou* had *g* mwstard gwyllt.
sénile [senil] *adj* oedrannus, heneiddiol, hen a dryslyd *ou* ffwndrus, henwan.
sénilité [senilite] *f* heneidd-dra *g*, henwendid *g*.
senior [senjɔʀ] *m/f* (*SPORT*) cystadleuydd *g* hŷn (*hyd at 35 oed i ferched, 40 oed i ddynion*).
sens[1], *etc* [sɑ̃s] *vb voir* **sentir**.
sens[2] [sɑ̃s] *m*
1 (*PHYSIOL*) synnwyr *g*; **reprendre ses** ~ dod atoch eich hun, dadebru.
2 (*instinct*) synnwyr *g*; **le** ~ **des affaires/de l'orientation** synnwyr busnes/cyfeiriad; **avoir le** ~ **du rythme/de l'humour** bod â synnwyr rhythm/digrifwch; **bon** ~**,** ~ **commun** synnwyr cyffredin, doethineb *g*, callineb *g*; **faire qch en dépit du bon** ~ gwneud rhth yn groes i bob synnwyr.
3 (*signification*) ystyr *g,b*; **en** *neu* **dans un** ~ ar un olwg *ou* ystyr; **en ce** ~ **que** hynny yw ...; ~ **figuré/propre** ystyr ffigurol/lythrennol.
4 (*avis, raison*): **à mon** ~ yn fy marn i, i'm tyb i; **cela n'a pas de** ~ 'does dim synnwyr yn hynny, mae hynny'n afresymol.
5 (*direction*) cyfeiriad *g*, ffordd *b*; **dans le** ~ **des aiguilles d'une montre** yr un ffordd â'r cloc, gyda'r cloc; **dans le** ~ **de la longueur** yn *ou* ar ei hyd, gyda'r hyd; **dans le** ~ **de la largeur** ar draws; **dans le mauvais** ~ i'r cyfeiriad anghywir, y ffordd anghywir; ~ **dessus dessous** â'i wyneb i waered, â'i ben i lawr, â'i draed i fyny; ~ **interdit** *neu* **unique** stryd *b* unffordd.
6 (*locutions*): **tomber sous le** ~ bod yn hollol amlwg;
♦*mpl* (*sensualité*) synhwyrau *ll*.
sensass* [sɑ̃sas] *adj* gwych, anhygoel, ffantastig.
sensation [sɑ̃sasjɔ̃] *f* (*impression*) teimlad *g*, ymdeimlad *g*; (*impact*) cynnwrf *g*, cyffro *g*, syndod *g*; **faire** ~ creu cyffro *ou* cynnwrf, peri syndod; **la presse à** ~ (*péj*) gwasg *b* y gwter.
sensationnel (-**le**) [sɑ̃sasjɔnɛl] *adj* (*qui fait sensation*) syfrdanol, cyffrous; (*merveilleux: fam*) gwych, anhygoel, ffantastig.
sensé (-**e**) [sɑ̃se] *adj* synhwyrol, call, doeth.
sensibilisation [sɑ̃sibilizasjɔ̃] *f* (*MÉD*) sensiteiddiad *g*, sensiteiddio; **campagne de** ~ (*fig*) ymgyrch *g,b* i godi ymwybyddiaeth.
sensibiliser [sɑ̃sibilize] (**1**) *vt* (*MÉD*) sensiteiddio; ~ **qn (à)** codi ymwybyddiaeth rhn (o).
sensibilité [sɑ̃sibilite] *f* sensitifrwydd *g*, teimladrwydd *g*, hydeimledd *g*.
sensible [sɑ̃sibl] *adj* (*impressionnable*) teimladwy, sensitif; (*perceptible*) synwyradwy, canfyddadwy, hawdd ei ganfod; (*appréciable: progrès, différence*) cryn, sylweddol, amlwg; ~ **à** sensitif i; **être** ~ **au froid** bod yn driglyd *ou* rhynllyd, teimlo'r oerfel.
sensiblement [sɑ̃sibləmɑ̃] *adv* (*notablement*) gryn dipyn; (*à peu près*) fwy neu lai; **nous sommes** ~ **du même âge** 'rydym ni'r un oed fwy neu lai.
sensiblerie [sɑ̃sibləʀi] *f* gorsensitifrwydd *g*, dicräwch *g*.
sensitif (**sensitive**) [sɑ̃sitif, sɑ̃sitiv] *adj* (*ANAT*) synhwyraidd, synhwyro; (*LITT*) gorsensitif; **nerf** ~ nerf *b* synhwyraidd *ou* synhwyro.
sensitive [sɑ̃sitiv] *f* (*BOT*) munudlys *g*, mimosa *g*;
♦*adj f voir* **sensitif**.
sensoriel (-**le**) [sɑ̃sɔʀjɛl] *adj* synhwyraidd, synhwyro.
sensorimoteur (**sensorimotrice**) [sɑ̃sɔʀimɔtœʀ, sɑ̃sɔʀimɔtʀis] *adj* synhwyraidd-weithredol.
sensualité [sɑ̃sɥalite] *f* synwyrusrwydd *g*; (*sexuel*) cnawdolrwydd *g*, anlladrwydd *g*, blysigrwydd *g*.
sensuel (-**le**) [sɑ̃sɥɛl] *adj* synhwyrus;

(*sexuellement*) cnawdol, anllad, blysig.
sent [sɑ̃] *vb voir* **sentir**.
sente [sɑ̃t] *f* llwybr *g* (troed).
sentence [sɑ̃tɑ̃s] *f* (*jugement*) dedfryd *b*; (*adage*) gwireb *b*.
sentencieusement [sɑ̃tɑ̃sjøzmɑ̃] *adv* yn ddoethinebus, yn foesolgar.
sentencieux (**sentencieuse**) [sɑ̃tɑ̃sjø, sɑ̃tɑ̃sjøz] *adj* doethinebus, moesolgar.
senteur [sɑ̃tœʀ] *f* persawr *g*, peraroglau *g*, oglau *g ou* gwynt *g* melys.
senti (-**e**) [sɑ̃ti] *adj*: **bien** ~ (*sentiment, discours*) o'r galon, diffuant; (*mots*) dethol.
sentier [sɑ̃tje] *m* llwybr *g* (troed); **être sur le** ~ **de la guerre** bod am waed rhn.
sentiment [sɑ̃timɑ̃] *m*
1 (*gén*) teimlad *g*, ymdeimlad *g*; (*conscience*) ymwybyddiaeth *b*, ymdeimlad; (*avis, opinion*) teimlad, barn *b*; **avoir le** ~ **de** bod yn ymwybodol o; **j'ai le** ~ **de comprendre** 'rwy'n teimlo fy mod yn deall; **avoir le** ~ **que** bod â theimlad ..., teimlo ...; **faire du** ~ (*péj*) bod yn sentimental; **prendre qn par les** ~**s** tynnu ar linynnau calon rhn, apelio at deimladau rhn.
2 (*fomule épistolaire*): **recevez mes** ~**s respectueux** *neu* **dévoués** yr eiddoch yn gywir; **veuillez agréer l'expression de mes** ~**s distingués** yr eiddoch yn gywir.
sentimental (-**e**) (**sentimentaux, sentimentales**) [sɑ̃timɑ̃tal, sɑ̃timɑ̃to] *adj* sentimental, sentimentalaidd; (*péj*) dagreuol, gordeimladwy; **valeur** ~**e** gwerth *g* personol; **vie** ~**e** bywyd *g* carwriaethol.
sentimentalisme [sɑ̃timɑ̃talism] *m* sentimentaliaeth *b*.
sentimentalité [sɑ̃timɑ̃talite] *f* sentimentaliaeth *b*, sentimentaleiddiwch *g*.
sentinelle [sɑ̃tinɛl] *f* (*MIL*) gwarchodwr *g*, gwyliwr *g*, gwyliedydd *g*; **être en** ~ gwarchod, gwylio, bod ar wyliadwriaeth.
sentir [sɑ̃tiʀ] (**26**) *vt* (*percevoir: par l'odorat*) clywed oglau *ou* gwynt (rhth), arogleuo, ogleuo, gwynto; (:*au goût*) blasu, clywed blas (rhth); (:*au toucher, contact*) teimlo; (*dégager une certaine odeur*) bod ag oglau (rhth), bod â gwynt (rhth); (*avoir un certain goût*) bod â blas (rhth); (*avoir conscience de*) teimlo, synhwyro, clywed, bod yn ymwybodol o; (*apprécier*) gwerthfawrogi; (*fig: dénoter*) bod â blas (rhth), bod yn arwydd o, bod ag awgrym o; **ce thé sent le jasmin** (*goût*) mae blas jasmin ar y te 'ma; (*odeur*) mae oglau *ou* gwynt jasmin ar y te 'ma; **ça sent la pluie** mae golwg glaw arni; **faire** ~ **son autorité** peri teimlo'ch awdurdod; **je ne peux pas la** ~* (ni) alla' i mo'i dioddef hi, (ni) dda gen i mohoni;
♦*vi* (*exhaler une mauvaise odeur*) drewi, gwynto'n gas; ~ **bon** ogleuo *ou* gwynto'n dda, bod ag oglau *ou* â gwynt da arno/arni/arnynt;
♦ **se** ~ *vr*: **se** ~ **bien** teimlo'n dda *ou* iawn; **se** ~ **mal** (*être indisposé*) teimlo'n dost *ou* sâl *ou* wael; **se** ~ **le courage/la force de faire qch** teimlo'n ddigon dewr/cryf i wneud rhth; **je ne m'en sens pas capable** 'dwyf i ddim yn teimlo y medraf ei wneud, 'dwyf i ddim yn teimlo'n ddigon abl i'w wneud; **ne plus se** ~ **de joie** bod wrth eich bodd, bod wedi gwirioni gan lawenydd.
seoir [swaʀ] (**37**): ~ **à** *vt* (*convenir*) gweddu i;
♦*vb impers*: **il sied de faire** mae'n addas *ou* gymwys *ou* briodol gwneud; **il sied que** mae'n addas *ou* gymwys *ou* briodol ...
séparation [sepaʀasjɔ̃] *f* gwahaniad *g*, gwahanu, ymwahaniad *g*, ymwahanu; (*cloison*) rhaniad *g*, gwahanfur *g*, terfyn *g*; ~ **de biens** (*JUR*) *math o gytundeb priodas lle mae'r gŵr a'r wraig yn cadw eu heiddo ar wahân*; ~ **de corps** (*JUR*) ymwahaniad cyfreithiol; **ligne de** ~ llinell *b* derfyn.
séparatisme [sepaʀatism] *m* (*POL*) ymwahaniaeth *b*.
séparatiste [sepaʀatist] *adj* ymwahanol;
♦*m/f* ymwahanwr *g*, ymwahanwraig *b*.
séparé (-**e**) [sepaʀe] *adj* (*distinct*) ar wahân; (*époux*) wedi ymwahanu.
séparément [sepaʀemɑ̃] *adv* ar wahân.
séparer [sepaʀe] (**1**) *vt* gwahanu; (*détacher*) tynnu (rhth) ymaith, tynnu (rhth) yn rhydd; (*extraire*) didoli; (*diviser*) rhannu; (*différencier*) gwahaniaethu rhwng; ~ **une pièce en deux** rhannu ystafell yn ddwy ran;
♦ **se** ~ *vr* (*se quitter*) ymwahanu; (*se disperser*) chwalu; (*se diviser: branche, tige*) ymrannu; (:*route*) fforchio; (*se détacher*) dod yn rhydd, dod o'i le, dod i ffwrdd, dod bant; **se** ~ **de** (*époux*) ymwahanu â, ymadael â; (*objet personnel*) ymadael â.
sépia [sepja] *f* (*colorant*) sepia *g*; (*dessin*) llun *g* sepia.
sept [sɛt] *adj inv* saith; ~ **hommes/femmes** saith dyn/gwraig, saith o ddynion/wragedd; ~ **jours/ans** saith niwrnod/mlynedd; **il a** ~ **ans** mae'n saith (mlwydd) oed; **nous sommes** ~ mae yna saith ohonom ni; **on est le** ~ **aujourd'hui** y seithfed yw hi heddiw; ~ **livres** (*argent*) saith bunt;
♦*m inv* saith *g*.
septante [sɛptɑ̃t] *adj inv* (*Belgique, Suisse*) deg a thrigain, saith deg
septembre [sɛptɑ̃bʀ] *m* (mis *g*) Medi *g voir aussi* **juillet**.
septennal (-**e**) (**septennaux, septennales**) [sɛptenal, sɛpteno] *adj* seithmlwyddol, seithmlwydd, seithmlynyddol.
septennat [sɛptena] *m* cyfnod *g* o saith mlynedd (*mewn swydd*); **pendant son premier** ~ (*président*) yn ystod ei dymor cyntaf fel arlywydd.
septentrional (-**e**) (**septentrionaux,**

septentrionales) [sɛptɑ̃tʀijɔnal, sɛptɑ̃tʀijɔno] *adj* gogleddol.
septicémie [sɛptisemi] *f* gwenwyn *g* *ou* gwenwyniad *g* gwaed, septisemia *g*.
septième [sɛtjɛm] *adj* seithfed; ♦*m/f* seithfed *g/b*; ♦*m* (*fraction*) seithfed *g,b*, un rhan *b* o saith, seithfed ran; **être au ~ ciel** bod yn eich seithfed nef.
septique [sɛptik] *adj*: **fosse ~** tanc *g* carthion.
septuagénaire [sɛptɥaʒenɛʀ] *adj* seithdegol; ♦*m/f* dyn *g* dros ei ddeg a thrigain, gwraig *b* dros ei deg a thrigain, dyn yn ei saithdegau, gwraig yn ei saithdegau.
sépulcral (**-e**) (**sépulcraux, sépulcrales**) [sepylkʀal, sepylkʀo] *adj* angladdol.
sépulcre [sepylkʀ] *m* beddrod *g*.
sépulture [sepyltyʀ] *f* claddedigaeth *b*, angladd *g,b*; (*tombeau*) bedd *g*, beddrod *g*.
séquelles [sekɛl] *fpl* (*d'une maladie*) ôl-effeithiau *ll*; (*fig*) canlyniadau *ll*.
séquence [sekɑ̃s] *f* (*INFORM, MUS*) dilyniant *g*; (*CINÉ*) golygfa *b*; (*CARTES*) rhediad *g*.
séquenceur [sekɑ̃sœʀ] *m* (*INFORM*) dilyniannwr *g*.
séquentiel (**-le**) [sekɑ̃sjɛl] *adj* dilyniannol; **traitement ~** (*INFORM*) prosesu dilyniannol.
séquestration [sekɛstʀasjɔ̃] *f* caethiwed *g*, caethiwo; (*détention*) carchariad *g*, carcharu; (*JUR*) atafaeliad *g*, atafaelu.
séquestre [sekɛstʀ] *m* (*JUR*) atafaeliad *g*; **mettre sous ~** atafaelu.
séquestrer [sekɛstʀe] (**1**) *vt* (*interner*) caethiwo; (*détenir*) caethiwo *ou* carcharu (rhn) yn anghyfreithlon, dal *ou* cadw (rhn) yn garcharor; (*JUR: biens*) atafaelu.
serai *etc* [səʀe] *vb voir* **être**.
sérail [seʀaj] *m* gwreicty *g*, harîm *g*; (*fig*) cylch *g* dethol *ou* mewnol.
serbe [sɛʀb] *adj* Serbaidd, o Serbia; ♦*m* (*LING*) Serbeg *b,g*.
Serbe [sɛʀb] *m/f* Serbiad *g/b*.
Serbie [sɛʀbi] *prf*: **la ~** Serbia *b*.
serbo-croate [sɛʀbokʀɔat] *adj* Serbo-Croataidd; (*o ran iaith*) Serbo-Croateg; ♦*m* (*LING*) Serbo-Croateg *b,g*.
serein (**-e**) [səʀɛ̃, ɛn] *adj* tawel, digynnwrf, digyffro; (*ciel*) digwmwl; (*impartial*) diduedd, gwrthrychol.
sereinement [səʀɛnmɑ̃] *adv* yn dawel, yn ddigynnwrf, yn ddigyffro; (*impartialement*) yn ddiduedd, yn wrthrychol.
sérénade [seʀenad] *f* (*MUS*) serenâd *b*, hwyrgan *b*, nosgan *b*; (*fam: charivari*) stŵr *g*, helynt *g,b*; **donner une ~ à qn** canu serenâd *ou* hwyrgan *ou* nosgan i rn, serenadu rhn.
sérénité [seʀenite] *f* serenedd *g*, tawelwch *g*; (*d'un jugement*) didueddrwydd *g*.
serez [səʀe] *vb voir* **être**.
serf [sɛʀ(f)] *m* taeog *g*.
serfouette [sɛʀfwɛt] *f* chwynnogl *g,b*, hof *b*, fforch *b* chwynnu.
serge [sɛʀʒ] *f* sers *g*, brethyn *g* gwrymiog.
sergent [sɛʀʒɑ̃] *m* (*MIL*) sarsiant *g*, sarjant *g*, rhingyll *g*.
sergent-chef (**~s-~s**) [sɛʀʒɑ̃ʃɛf] *m* (*MIL: de terre*) staff-ringyll *g*; (*:de l'air*) awyr-ringyll *g*.
sergent-major (**~s-~s**) [sɛʀʒɑ̃maʒɔʀ] *m* ≈ dirprwy swyddog *g* cyflenwi.
sériciculture [seʀisikyltyʀ] *f* magu pryfed sidan, cynhyrchu sidan, sidaniaeth *b*.
série [seʀi] *f* (*suite*) cyfres *b*; (*collection: de clefs, casseroles, outils*) set *b*; (*catégorie*) dosbarth *g*; (*SPORT: épreuve*) rhagras *b*, rhagbrawf *g*, ras *b* *ou* gornest *b* arbrofol; **en ~** (*à la file*) yn un llinyn, yn syth ar ôl ei gilydd, y naill yn syth ar ôl y llall; **fabrication** *neu* **production en ~** masgynhyrchiad *g*, masgynhyrchu; **de ~** (*voiture, article*) safonol; **numéro de ~** (*de production*) rhif *g* cyfresol; **hors ~** (*COMM*) a wnaethpwyd ar archeb *ou* ar fesur *ou* ar ddewis cwsmer, a wnaethpwyd at chwaeth cwsmer; (*fig*) arbennig, eithriadol, neilltuol; **imprimante ~** (*INFORM*) argraffydd *g* cyfresol; **soldes de fin de ~s** (*COMM*) bargeinion *ll* diwedd rhediad, gweddillion *ll* i'w gwerthu'n rhad; **~ noire** (*roman policier*) nofel *b* dditectif; (*suite de malheurs*) cyfnod *g* anlwcus, cyfnod o anlwc; **~ (télévisée)** cyfres deledu.
sériel (**-le**) [seʀjɛl] *adj* (*INFORM*) cyfresol.
sérier [seʀje] (**16**) *vt* dosbarthu, trefnu, gosod trefn ar.
sérieusement [seʀjøzmɑ̃] *adv* o ddifrif; (*gravement*) yn ddifrifol, yn enbyd; (*avec application*) yn gydwybodol, gydag ymroddiad; **elle parle ~** mae hi o ddifrif; **~?** o ddifrif?, wir?
sérieux[1] (**sérieuse**) [seʀjø, seʀjøz] *adj* difrif, o ddifrif; (*situation, maladie*) difrifol, enbyd; (*travail*) trylwyr, gofalus; (*artisan, élève*) cydwybodol, ymroddgar; (*digne de confiance*) dibynadwy; (*de bonne foi*) dilys; (*intensif: raison*) da, cryf; (*:somme, différence*) sylweddol; **tu es ~?** wyt ti o ddifrif?; **alors c'est ~, vous partez?** 'rydych chi'n mynd o ddifrif, felly?, mae'n wir eich bod yn mynd, felly?; **ce n'est pas ~** (*idée de critique*) thâl hynny ddim, wnaiff hynny mo'r tro.
sérieux[2] [seʀjø] *m* difrifwch *g*; (*d'une situation*) difrifoldeb *g*, enbydrwydd *g*; (*application*) ymroddiad *g*; (*fiabilité*) dibynadwyedd *g*; **garder son ~** cadw wyneb syth; **elle manque de ~** 'does dim dal arni, mae hi'n anghyfrifol; **prendre qch/qn au ~** cymryd rhn/rhth o ddifrif; **se prendre au ~** eich cymryd eich hun ormod o ddifrif.
sérigraphie [seʀigʀafi] *f* (*procédé*) serigraffeg *b*, printio â sgrin sidan; (*ouvrage*) serigraff *g*, print *g* sidan.
serin [s(ə)ʀɛ̃] *m* caneri *g*.
seriner [s(ə)ʀine] (**1**) *vt*: **~ qch à qn** pwnio

rhth i ben rhn.

seringue [s(ə)ʀɛ̃g] *f* chwistrell *b*.

serions [səʀjɔ̃] *vb voir* **être**.

serment [sɛʀmɑ̃] *m* (*juré*) llw *g*; (*promesse*) addewid *g,b*, adduned *b*; **faire le** ~ **de** addunedu; **témoigner sous** ~ rhoi tystiolaeth ar lw.

sermon [sɛʀmɔ̃] *m* (*aussi péj*) pregeth *b*.

sermonner [sɛʀmɔne] (**1**) *vt* rhoi pregeth i.

SERNAM [sɛʀnam] *sigle m*(= *Service national des messageries*) *gwasanaeth dosbarthu parseli ar y trên.*

sérologie [seʀɔlɔʒi] *f* seroleg *b*.

séronégatif[1] (**séronégative**) [seʀonegatif, seʀonegativ] *adj* (*dans le cas du sida*) HIV-negyddol.

séronégatif[2] [seʀonegatif] *m* un *g* nad yw'n cario firws HIV.

séronégative [seʀonegativ] *f* un *b* nad yw'n cario firws HIV.

séropositif (**séropositive**) [seʀopozitif, seʀopozitiv] *adj* (*dans le cas du sida*) HIV-bositif.

séropositif [seʀopozitif] *m* un *g* sy'n cario firws HIV.

séropositive [seʀopozitiv] *f* un *b* sy'n cario firws HIV.

serpe [sɛʀp] *f* bilwg *g*.

serpent [sɛʀpɑ̃] *m* (*ZOOL*) neidr *b*, sarff *b*; (*MUS*) sarff; ~ **à lunettes** cobra *g,b*; ~ **à sonnettes** neidr ruglo *ou* gynffondrwst; ~ **monétaire (européen)** (*ÉCON*) neidr arian cyfred (Ewropeaidd) (*rhagflaenydd y System Ariannol Ewropeaidd*).

serpenter [sɛʀpɑ̃te] (**1**) *vi* ymddolennu, ymdroelli, troelli.

serpentin [sɛʀpɑ̃tɛ̃] *m* (*tube*) coil *g*; (*ruban*) rhuban *g* papur (*i'w daflu mewn parti ayb*).

serpillière [sɛʀpijɛʀ] *f* clwt *g ou* clwtyn *g ou* cadach *g ou* cerpyn *g* llawr.

serpolet [sɛʀpɔlɛ] *m* teim *g* gwyllt.

serrage [seʀaʒ] *m* (*vis, écrou, nœud*) tynhad *g*, tynhau; (*joint*) clampio; **collier de** ~ clamp *g*.

serre [sɛʀ] *f*
1 (*maison de verre*) tŷ *g* gwydr; ~ **chaude/froide** tŷ gwydr wedi'i wresogi/heb ei wresogi, tŷ gwydr â gwres/heb wres; **effet de** ~ effaith *b* tŷ gwydr.
2 (*griffe*) crafanc *b*.

serré (**-e**) [seʀe] *adj* (*vêtement, soulier*) tynn; (*passagers, spectateurs*) wedi'u pacio'n glòs; (*tissu*) o wead clòs *ou* dwys *ou* mân; (*herbe*) tew, trwchus; (*écriture*) mân; (*partie, match*) agos, clòs, tynn; (*café*) cryf; **il a le cœur** ~ mae'n teimlo rhth yn dirdynnu ei fron; **elle avait la gorge** ~**e** 'roedd ganddi lwmp yn ei gwddf;
♦*adv*: **jouer** ~ chwarae'n glòs *ou* dynn; **écrire** ~ ysgrifennu'n fân.

serre-livres [sɛʀlivʀ] *m inv* bwtres *g,b ou* pentan *g* llyfrau.

serrement [sɛʀmɑ̃] *m*: ~ **de main** ysgydwad *g ou* siglad *g* llaw; ~ **de cœur** gwayw *g* trwy eich calon, pigiad *g* dan eich bron.

serrer [seʀe] (**1**) *vt* (*tenir*) cydio *ou* gafael yn dynn yn; (*presser*) gwasgu; (*poings, mâchoires*) gwasgu, cau (rhth) yn dynn; (*suj: vêtement*) bod yn rhy dynn i; (*rapprocher: personnes, livres, lignes*) closio (rhn *ou* rhth) at ei gilydd, symud (rhn *ou* rhth) yn nes at ei gilydd; (*bloquer: vis, ceinture, nœud*) tynhau; (*joint*) clampio; ~ **la main à qn** ysgwyd *ou* siglo llaw (â) rhn; ~ **qn dans ses bras** cofleidio rhn, gwasgu rhn yn eich breichiau; ~ **qn contre son cœur** gwasgu rhn atoch *ou* at eich mynwes, dal rhn yn dynn, cydio'n dynn yn rhn; ~ **les dents** gwasgu'ch dannedd yn dynn; ~ **qn de près** dilyn wrth sodlau rhn, dilyn rhn yn agos; ~ **le trottoir** cadw at ymyl y palmant; ~ **la vis à qn** (*fig*) pwyso ar wynt rhn, dwyn pwysau ar rn, pwyso ar war rhn; ~ **les rangs** cau'r rhengoedd; **des images qui vous serrent le cœur** lluniau *ll* torcalonnus; **la peur me serrait la gorge** teimlwn fy ngwddf yn tynhau gan ofn;
♦*vi*: ~ **à droite/gauche** cadw *ou* symud i'r dde/i'r chwith;
♦ **se** ~ *vr* ymwasgu *ou* closio *ou* gwasgu at eich gilydd; **se** ~ **contre qn** ymwasgu at rn, swatio yn erbyn rhn, closio *ou* cwtsio at rn; **se** ~ **les coudes** sefyll gyda'ch gilydd, bod yn gefn i'ch gilydd; **se** ~ **la ceinture** (*fig*) codi'r rhesel, tynhau'ch gwregys, gwneud ar lai.

serre-tête [sɛʀtɛt] *m inv* (*bandeau*) penrwymyn *g*; (*bonnet*) cap *g* corun.

serrure [seʀyʀ] *f* clo *g*.

serrurerie [seʀyʀʀi] *f* (*métier*) gwneud cloeau; (*travail*) gwaith *g* haearn; ~ **d'art** gwaith haearn addurnol.

serrurier [seʀyʀje] *m* saer *g ou* gof *g* cloeau.

sers *etc* [sɛʀ] *vb voir* **servir**.

sert [sɛʀ] *vb voir* **servir**.

sertir [sɛʀtiʀ] (**2**) *vt* (*pierre précieuse*) gosod; (*deux pièces métalliques*) crimpio.

sérum [seʀɔm] *m* serwm *g*; ~ **antitétanique** serwm gwrthdetanig, serwm rhag tetanws; ~ **antivenimeux** gwrthwenwyn *g*; ~ **artificiel** *neu* **physiologique** heli *g* ffisiolegol; ~ **de vérité** cyffur *g* cyffesu, cyffur dweud y gwir; ~ **sanguin** serwm gwaed.

servage [sɛʀvaʒ] *m* taeogaeth *b*, caethwasanaeth *g*.

servant [sɛʀvɑ̃] *m* (*REL*) gwas *g* allor; (*MIL*) gynnwr *g*, magnelwr *g*.

servante [sɛʀvɑ̃t] *f* morwyn *b*.

serve[1], *etc* [sɛʀv] *vb voir* **servir**.

serve[2] [sɛʀv] *f* taeoges *b*.

serveur [sɛʀv[o]ʀ] *m* (*de restaurant*) gweinydd *g*; (*de bar*) barman *g*; (*CARTES*) deliwr *g*; (*TENNIS*) serfiwr *g*; ~ **(Minitel)** (*TÉL*) *gwasanaeth g gwybodaeth neu hysbysrwydd ar Minitel*; **centre** ~ (*INFORM*) canolfan *g,b* adalw *ou* adfer gwybodaeth; ~ **de données** (*INFORM*) gwasanaeth data ar-lein.

serveuse [sɛʀvøz] *f* (*de restaurant*) gweinyddes *b*; (*de bar*) barforwyn *b*, merch *b* tu ôl i'r bar; (*CARTES*) delwraig *b*; (*TENNIS*) serfwraig *b*.

servi (-e) [sɛʀvi] *adj*: **être bien** ~ (*au restaurant*) cael platiaid da, cael llond eich plât; **vous êtes** ~**?** a oes rhn yn gweini *ou* tendio arnoch?, a oes rhn yn eich helpu chi?

serviable [sɛʀvjabl] *adj* cymwynasgar, parod eich cymwynas, gwasanaethgar.

service [sɛʀvis] *m*

1 (*gén, transport*) gwasanaeth *g*; ~ **après-vente** gwasanaeth ôl-werthu; ~ **funèbre** gwasanaeth claddu *ou* angladdol; ~ **militaire** gwasanaeth milwrol *ou* cenedlaethol; ~ **public** gwasanaeth cyhoeddus; ~**s secrets** gwasanaethau cudd; ~**s sociaux** gwasanaethau cymdeithasol.

2 (*aide, faveur*) cymwynas *b*, cymorth *g*; **il aime rendre** ~ mae'n hoffi bod o gymorth; **rendre un** ~ **à qn** gwneud cymwynas â rhn; **rendre** ~ **(à qn)** bod o gymorth (i rn); (*suj: objet, outil*) bod yn ddefnyddiol (i rn), bod o ddefnydd *ou* o fudd (i rn); **être au** ~ **de qn** (*voiture etc*) bod at wasanaeth *ou* at ddefnydd rhn.

3 (*pourboire*) tâl *g* gwasanaeth; ~ **compris/non compris** tâl gwasanaeth yn gynwysedig/heb ei gynnwys.

4 (*action de servir*): **faire le** ~ gweini; **être au** ~ **de** (*patron, patrie*) bod yng ngwasanaeth, gwasanaethu; **être en** ~ **chez qn** gweini yn nhŷ rhn, bod yn was *ou* yn forwyn gyda rhn; **elle a 25 ans de** ~ mae hi wedi cwblhau pum mlynedd ar hugain o wasanaeth; **reprendre du** ~ (*MIL*) ail-listio.

5 (*vaisselle, linge*) set *b*; ~ **à thé** llestri *ll* te.

6 (*série de repas*) eisteddiad *g*; **premier/second** ~ eisteddiad cyntaf/ail eisteddiad.

7 (*travail, fonction*) dyletswydd *b*; **être de** ~ bod ar ddyletswydd; **il ne fume pas pendant les heures de** ~ nid yw'n ysmygu tra bo ar ddyletswydd; **en** ~ **commandé** ar genhadaeth swyddogol, dan orchymyn.

8 (*TENNIS*) serfiad *g*.

9 (*fonctionnement*): **hors** ~ wedi torri; **mettre qch en** ~ rhoi rhth ar waith.

10 (*locutions*): ~ **d'ordre** (*réunions, assemblées*) stiwardiaid *ll*; **porte de** ~ drws *g* cefn.

serviette [sɛʀvjɛt] *f*

1 (*de table*) napcyn *g*.

2 (*de toilette*) tywel *g*, lliain *g* sychu; ~ **éponge** tywel teri; ~ **hygiénique** tywel mislif.

3 (*porte-documents*) bag *g* dogfennau.

servile [sɛʀvil] *adj* gwasaidd, taeogaidd; (*traduction*) slafaidd.

servilement [sɛʀvilmɑ̃] *adv* yn wasaidd, yn daeogaidd; (*traduire*) yn slafaidd.

servilité [sɛʀvilite] *f* gwaseidd-dra *g*, taeogrwydd *g*.

servir [sɛʀviʀ] (**24**) *vt* gwasanaethu; (*au restaurant etc*) gweini ar *ou* i; (*rente, pension, intérêts*) talu; (*MIL: pièce d'artillerie*) porthi; (*TENNIS*) serfio; (*CARTES*) delio; ~ **la messe** gweini'r offeren; ~ **une cause** gweithio dros achos; ~ **les intérêts de qn** bod o fudd i rn, bod yn ddefnyddiol i rn; ~ **qch (à qn)** (*plat, boisson*) estyn rhth (i rn); ~ **le dîner à 18 h** arlwyo *ou* gweini cinio am chwech o'r gloch; ~ **qn** (*suj: mémoire, circonstances*) bod o gymorth i rn, cynorthwyo rhn; **qu'est-ce que je vous sers?** beth gaf i ei gynnig *ou* estyn ichi?; **est-ce que je peux vous** ~ **quelque chose?** a gaf i estyn rhywbeth ichi?, a gaf i'ch helpu chi?; **vous êtes servi?** a oes rhn yn gweini *ou* tendio arnoch?, a oes rhn yn eich helpu chi?;

♦*vi*: ~ **à qn** (*être utile à*) bod yn ddefnyddiol i rn; **ça m'a servi pour faire ...** fe'i defnyddiais i wneud ...; **le sonar sert à repérer les bateaux** defnyddir sonar i leoli llongau; **à quoi cela sert-il de parler?** pa ddiben *ou* werth sydd i siarad?; **cela ne sert à rien** (*objet*) nid yw'n dda i ddim, nid yw'n werth dim, nid oes defnydd iddo; **cela ne sert à rien de pleurer** ni waeth heb â chrio *ou* llefain; **gardez la malle, ça peut encore** ~ cadwch y gist, gall fod o ddefnydd, cadwch y gist, efallai y bydd yn dda ichi wrthi, cadwch y gist, efallai y byddwch yn falch ohoni; ~ **à manger/à dîner à qn** paratoi bwyd/cinio i rn; ~ **d'interprète à qn** gweithredu fel cyfieithydd i *ou* dros rn;

♦ **se** ~ *vr* (*prendre d'un plat*) estyn atoch, helpu'ch hun; **servez-vous** helpwch eich hun; **se** ~ **de** (*voiture, outil, relations etc*) defnyddio; **se** ~ **chez qn** (*s'approvisionner*) siopa yn siop rhn; **pour le fromage nous nous servons chez Rodier** 'rydym ni'n prynu caws yn siop Rodier.

serviteur [sɛʀvitœʀ] *m* gwas *g*.

servitude [sɛʀvityd] *f* (*esclavage*) caethiwed *g*, caethwasanaeth *g*; (*contrainte*) cyfyngiad *g*, gorfodaeth *b*; (*JUR*) hawddfraint *b*; ~ **de passage** hawl *b* tramwy.

servocommande [sɛʀvokɔmɑ̃d] *f* serfo-reolaeth *b*, serfo-mecanwaith *g*.

servofrein [sɛʀvofʀɛ̃] *m* serfo-brêc *g*.

servomécanisme [sɛʀvomekanism] *m* serfo-mecanwaith *g*, serfo-system *b*.

ses [se] *dét voir* **son**[1].

sésame [sezam] *m* (*CULIN*) sesame *g*.

session [sesjɔ̃] *f* eisteddiad *g*, sesiwn *b*.

set [sɛt] *m* (*TENNIS*) set *b*; ~ **de table** (*napperons*) set o fatiau bwrdd *ou* bord.

seuil [sœj] *m* trothwy *g*, rhiniog *g*, carreg *b* y drws; **recevoir qn sur le** ~ **(de sa maison)** cadw rhn ar garreg y drws; **au** ~ **de l'année nouvelle** (*fig*) ar drothwy'r Flwyddyn

Newydd; **au ~ de la mort** (*fig*) ar fin marw; **~ de pauvreté** llinell *b ou* ffin *b* dlodi; **~ de saturation** dirlawnbwynt *g*, pwynt *g* dirlawnder.

seul[1] (-e) [sœl] *adj* (*sans compagnie*) ar eich pen eich hun; (*isolé*) unig; **le ~ livre/homme** yr unig lyfr/ddyn; **~ ce livre/cet homme, ce livre/cet homme ~** dim ond y llyfr/dyn yma, y llyfr/dyn hwn yn unig; **elle ~e peut ...** hi'n unig a all ..., dim ond hi a all ..., ni all neb ond hi ...; **il l'a fait à lui (tout) ~** fe'i gwnaeth ar ei ben ei hun; **~ à ~** yn breifat; **d'un ~ coup** (*subitement*) yn sydyn, yn ddisymwth, ar amrantiad; (*en une seule fois*) ag un ergyd, ar un tro;
♦*adv*: **vivre ~** byw ar eich pen eich hun; **parler tout ~** siarad â chi eich hun; **faire qch (tout) ~** gwneud rhth ar eich pen eich hun.

seul[2] [sœl] *m*: **un ~** dim ond un *g,b*, un yn unig; **le ~** yr unig un; **pas un ~** dim un; **j'en veux un ~** 'does arna' i ond eisiau un; **il en reste un ~** dim ond un sydd ar ôl, un yn unig sydd ar ôl.

seule [sœl] *f*: **une ~** dim ond un *g,b*, un yn unig; **la ~e** yr unig un; **pas une ~** dim un; **pas une ~ n'a voté pour lui** ni phleidleisiodd yr un ferch drosto;
♦*adj f voir* **seul**[1].

seulement [sœlmɑ̃] *adv* dim ond, yn unig; **~ hier** ddoe ddiwethaf; **je connais un bon chirurgien, ~ il est cher** gwn am lawfeddyg da, ond mae'n ddrud; **non ~ ... mais aussi** *neu* **encore** nid yn unig ... ond hefyd.

sève [sɛv] *f* nodd *g*, sudd *g*; (*fig*) ynni *g*, egni *g*.

sévère [sevɛʀ] *adj* llym(llem)(llymion); (*climat*) gerwin, garw, caled; (*pertes, échec*) enbyd, difrifol; (*style etc*) moel, diaddurn, plaen.

sévèrement [sevɛʀmɑ̃] *adv* (*durement*) yn llym; (*gravement*) yn enbyd, yn ddifrifol

sévérité [seveʀite] *f* llymder *g*; (*du climat*) gerwinder *g*, caledi *g*; (*gravité*) difrifoldeb *g*, enbydrwydd *g*; (*d'une tenue, d'un style*) moelni *g*, plaender *g*, diffyg *g* addurn.

sévices [sevis] *mpl* camdriniaeth *b*, cam-drin.

sévir [seviʀ] (2) *vi* (*punir*): **~ (contre)** (*abus, pratiques*) defnyddio mesurau llymion (yn erbyn), cosbi'n llym; (*suj: fléau etc*) bod yn rhemp.

sevrage [səvʀaʒ] *m* diddyfniad *g*, diddyfnu.

sevrer [səvʀe] (13) *vt* diddyfnu, diddwyn; **~ qn de qch** (*fig*) amddifadu rhn o rth.

sexagénaire [sɛksaʒenɛʀ] *adj* trigeinmlwydd;
♦*m/f* dyn *g* dros ei drigain, gwraig *b* dros ei thrigain, trigeinmlwyddiad *g/b*.

sexe [sɛks] *m* rhyw *b*; (*organes génitaux*) organau *ll* rhywiol *ou* cenhedlu; **le ~ fort/faible** y rhyw gref/wannaf; **le beau ~** y rhyw deg.

sexisme [sɛksism] *m* rhagfarn *b* rhyw, rhywiaeth *b*.

sexiste [sɛksist] *adj* rhywiaethol;
♦*m/f* rhywiaethwr *g*, rhywiaethwraig *b*.

sexologie [sɛksɔlɔʒi] *f* rhywoleg *b*.

sexologue [sɛksɔlɔg] *m/f* rhywolegydd *g*.

sextant [sɛkstɑ̃] *m* (*instrument*) secstant *g*.

sexualité [sɛksɥalite] *f* rhywioldeb *g*.

sexué (-e) [sɛksɥe] *adj* rhywiol.

sexuel (-le) [sɛksɥɛl] *adj* rhywiol; **acte ~** gweithred *b* rywiol.

sexuellement [sɛksɥɛlmɑ̃] *adv* yn rhywiol.

seyait [sejɛ] *vb voir* **seoir**.

seyant[1] [sɛjɑ̃] *vb voir* **seoir**.

seyant[2] (-e) [sɛjɑ̃, ɑ̃t] *adj* (*vêtement*) sy'n gweddu'n dda.

SG [ɛsʒe] *sigle m*(= *secrétaire général*) ysgrifennydd *g* cyffredinol, prif ysgrifennydd.

shaker [ʃɛkœʀ] *m* cymysgwr *g* coctels.

shampooiner [ʃɑ̃pwine] (1) *vt* siampŵio, rhoi siampŵ i *ou* ar.

shampooineur [ʃɑ̃pwinœʀ] *m* siampŵiwr *g*, siampŵydd *g*.

shampooineuse [ʃɑ̃pwinøz] *f* (*femme*) siampŵ-wraig *b*, siampŵydd *g*; (*appareil*) glanhäwr *g* carpedi.

shampooing [ʃɑ̃pwɛ̃] *m* siampŵ *g*; **se faire un ~** siampŵio'ch gwallt, rhoi siampŵ i'ch gwallt, cael siampŵ; **~ colorant/traitant** siampŵ lliw/meddyginiaethol.

shimmy [ʃimi] *m* (*AUTO*) gwegian, siglad *g*, siglo.

shoot [ʃut] *m* cic *b*; (*fam: de drogue*) pigiad *g*, dôs *g,b*.

shooter [ʃute] (1) *vi* saethu;
♦*vt*: **~ un penalty** cymryd cic gosb;
♦ **se ~** *vr* (*drogué*) rhoi pigiad i chi'ch hun.

shopping [ʃɔpiŋ] *m*: **faire du ~** siopa, mynd i siopa.

short [ʃɔʀt] *m* trowsus *g* cwta *ou* bach *ou* byr, siorts *ll*.

SI [ɛsi] *sigle m*(= *syndicat d'initiative*) swyddfa *b* dwristiaeth.

si[1] *adv*

1 (*oui*) (on peut répondre avec les formes concises des verbes *bod*, *gwneud*, et *cael*) ie, oes, oedd (*ayb*), ydi (*ayb*), do, bydd (*ayb*); **vous ne venez pas? - ~!** 'dydych chi ddim am ddod? - ydw!; **il n'y a pas de pain? - ~!** 'does dim bara? - oes!; **elle n'est pas là - je suis sûr que ~** 'dydy hi ddim yna - 'rwy'n siwr ei bod hi.

2 (*tellement*): **~ rapidement** mor gyflym; **elle est ~ belle** mae hi mor brydferth; **~ rapide qu'il soit** er mor gyflym yw, pa mor gyflym bynnag y bo, (ni) waeth pa mor gyflym y bo; **~ bien que** ac felly; **tant et ~ bien que** cymaint felly fel *ou* nes ..., i'r fath raddau fel *ou* nes ....

3 (*dans une comparaison négative*) mor; **elle n'est pas ~ timide que vous croyez** nid yw mor swil ag y tybiwch; **rien n'est ~ beau**

qu'un coucher de soleil 'does dim cyn hardded â'r machlud.

si[2] *conj*

1 (*éventualité, condition*) os; (*hypothèse*) pe; ~ **tu veux** os mynni di; ~ **seulement je pouvais leur parler** petawn i ond yn medru siarad â hwy; ~ **seulement elle venait!** petai hi ond yn dod!; ~ **ce n'est** onid, os nad; (*excepté*) heblaw am, ar wahân i, ac eithrio; ~ **ce n'est que** ar wahân i'r ffaith ...; ~ **tant est que** a bwrw ..., hynny yw os ..., cyhyd â ...; ~ **nous allions nous promener?** beth am (inni) fynd am dro?, beth petaem ni'n mynd am dro?; ~ **ça ne répond pas, c'est qu'elle n'est pas là** os nad oes ateb, nid yw hi yno; ~ **elle est aimable, eux par contre ...** tra mae hi'n hawddgar, maen nhw ar y llaw arall ....

2 (*dans une interrogation indirecte*) a; **je me demande** ~ ys gwn i a ..., tybed a ...; **elle voulais savoir si je l'aimais** mynnai wybod a oeddwn yn ei charu; **j'ai demandé s'ils assisteraient** gofynnais a fyddent yno.

si[3] *m inv* (*MUS: note*) B; (*en solfiant*) ti *g,b*.

siamois (**-e**) [sjamwa, waz] *adj* Sïamaidd, o Sïam; **frères** ~, **sœurs** ~**es** gefeilliaid *ll* Sïamaidd.

Sibérie [sibeʀi] *prf*: **la** ~ Siberia *b*.

sibérien (**-ne**) [sibeʀjɛ̃, jɛn] *adj* Siberaidd, o Siberia.

Sibérien [sibeʀjɛ̃] *m* Siberiad *g*.

Sibérienne [sibeʀjɛn] *f* Siberiad *b*.

sibyllin (**-e**) [sibilɛ̃, in] *adj* (*fig*) proffwydol, daroganol.

SICAV [sikav] *sigle f*(= *société d'investissement à capital variable*) ymddiriedolaeth *b* fuddsoddi.

siccatif[1] (**siccative**) [sikatif, sikativ] *adj* sychol.

siccatif[2] [sikatif] *m* sychydd *g*.

Sicile [sisil] *prf*: **la** ~ Sisili *b*.

sicilien (**-ne**) [sisiljɛ̃, jɛn] *adj* Sisilaidd, o Sisili.

SIDA, sida [sida] *sigle m*(= *syndrome immunodéficitaire acquis*) AID (= afiechyd imiwnedd diffygiol), clefyd *g* AIDS.

sidéral (**-e**) (**sidéraux, sidérales**) [sideʀal, sideʀo] *adj* serol.

sidérant (**-e**) [sideʀɑ̃, ɑ̃t] *adj* syfrdanol.

sidéré (**-e**) [sideʀe] *adj* syfrdan, wedi'ch syfrdanu, syn.

sidérurgie [sideʀyʀʒi] *f* (*industrie*) diwydiant *g* haearn a dur.

sidérurgique [sideʀyʀʒik] *adj* haearn a dur.

sidérurgiste [sideʀyʀʒist] *m/f* gweithiwr *g* yn y diwydiant haearn a dur, gweithwraig *b* yn y diwydiant haearn a dur.

siècle [sjɛkl] *m* (*100 ans*) canrif *b*; (*période, époque*) oes *b*, cyfnod *g*; **le** ~ **de l'atome** oes yr atom, yr oes atomig; **le** ~ **des lumières** Oes y Goleuo.

sied [sje] *vb voir* **seoir**.

siège [sjɛʒ] *m*

1 (*pour s'asseoir*) sedd *b*, sêt *b*; (*dans une assemblée, d'un député*) sedd; ~ **arrière** (*AUTO*) sedd *ou* sêt gefn, sedd *ou* sêt ôl; ~ **avant/baquet** (*AUTO*) sedd *ou* sêt flaen/fwced; **présentation par le** ~ (*MÉD: nouveau-né*) cyflwyniad *g* o chwith.

2 (*d'une organisation*) pencadlys *g*; ~ **social** (*COMM*) prif swyddfa *b*.

3 (*MIL*) gwarchae *g*; **lever le** ~ codi gwarchae; (*fig*) ei throi hi; **mettre le** ~ **devant une ville** gwarchae ar dref.

siéger [sjeʒe] (**15**) *vi* (*député, assemblée, tribunal*) eistedd; (*organisme etc*) bod wedi'i leoli, bod â'i ganolfan *ou* bencadlys; (*fig: se trouver*) bod.

sien (**-ne**) [sjɛ̃, sjɛn] *pron*

1: **le(la)** ~**(ne)** ei un ef, ei hun hi; **les** ~**(ne)s** ei rai ef, ei rhai hi; (*sa famille*) ei deulu, ei theulu; (*ses amis*) ei gyfeillion *ou* ei bobl ei hun, ei chyfeillion *ou* ei phobl ei hun; **elle a encore fait des** ~**nes*** mae hi wedi bod wrthi eto, mae hi wedi bod yn dangos ei champau eto, mae hi wedi bod yn gwneud ei hen gastiau arferol.

2 (*indéfini*): **la(la)** ~**(ne)** eich un chi; **les** ~**(ne)s** eich rhai chi; (*sa famille*) eich teulu; (*ses amis*) eich cyfeillion *ou* eich pobl eich hun; **y mettre du** ~ tynnu'ch pwysau;

♦*adj*: **cette voiture est** ~**ne** mae'r car hwn yn perthyn iddo/iddi.

siérait *etc* [sjeʀɛ] *vb voir* **seoir**.

sieste [sjɛst] *f* cyntun *g*; **faire la** ~ cael cyntun.

sieur [sjœʀ] *m*: **le** ~ **Duval** Mr Duval; (*hum*) y cyfaill *ou* brawd Duval.

sifflant (**-e**) [siflɑ̃, ɑ̃t] *adj* (*son*) chwibanog, chwibanllyd, hislyd, sïol; (*toux*) gwichlyd, gwichiog; **(consonne)** ~**e** (cytsain *b*) sisiol *b*, sisiad *g*.

sifflement [sifləmɑ̃] *m* (*son*) chwibaniad *g*, chwibanu, hisiad *g*, hisian; (*:toux*) gwichiad *g*, gwichian; (*:serpent*) chwythad *g*, chwythu.

siffler [sifle] (**1**) *vi* chwibanu; (*vapeur, gaz etc*) hisian, sïo; (*respiration*) gwichian; (*serpent*) chwythu;

♦*vt* (*air, chanson*) chwibanu; (*animal, fille*) chwibanu ar; (*acteur, pièce*) hwtio, hwtian, hisian; (*fam: avaler*) llyncu, llowcio.

sifflet [siflɛ] *m* (*instrument*) chwiban *g,b*; (*sifflement*) chwibaniad *g*; ~**s** (*de mécontentement*) hwtiadau *ll*, hwtio, hwtian, bwio; **coup de** ~ chwibaniad.

siffloter [siflɔte] (**1**) *vi, vt* chwibanu.

sigle [sigl] *m* acronym *g*, blaenlythrennau *ll*.

signal (**signaux**) [siɲal, siɲo] *m* arwydd *g*, signal *g*; **donner le** ~ **du départ** rhoi arwydd cychwyn; ~ **d'alarme** rhybudd *g* perygl; (*dans le train*) botwm *g ou* cordyn *g* larwm; ~ **d'alerte** arwydd rhybudd *ou* rhybuddio; ~ **de détresse** arwydd cyfyngder; ~ **horaire** amsernod *g*; ~ **optique/sonore** arwydd gweladwy/clywadwy; **signaux (lumineux)**

(*AUTO*) goleuadau *ll* traffig *ou* trafnidiaeth; **signaux routiers** arwyddion *ll* ffyrdd.

signalement [siɲalmɑ̃] *m* manylion *ll*, disgrifiad *g*.

signaler [siɲale] (**1**) *vt* (*être l'indice de*) arwyddo, dangos, nodi, dynodi; (*avertir: AUTO etc*) rhoi arwydd; ~ **qch à qn** (*fait, vol*) dweud wrth rn am rth, hysbysu rhn o rth, rhoi gwybod am rth i rn; (*erreur, détail*) tynnu sylw rhn at rth; ~ **(à qn) que** tynnu sylw (rhn) at y ffaith ...; ~ **qn à la police** dwyn rhn i sylw'r heddlu;

♦ **se** ~ *vr*: **se** ~ **(par)** eich hynodi *ou* amlygu *ou* enwogi'ch hun (trwy); **se** ~ **à l'attention de qn** tynnu sylw rhn atoch chi'ch hun.

signalétique [siɲaletik] *adj* (*fiche etc*) disgrifiadol, adnabod.

signalisation [siɲalizasjɔ̃] *f* arwyddion *ll*; (*installation des signaux*) codi arwyddion; **panneau de** ~ arwydd *g* ffordd.

signaliser [siɲalize] (**1**) *vt* codi arwyddion ar.

signataire [siɲatɛʀ] *m/f* llofnodwr *g*, llofnodwraig *b*, arwyddwr *g*, arwyddwraig *b*.

signature [siɲatyʀ] *f* (*action*) llofnodi, arwyddo; (*marque, nom*) llofnod *g*.

signaux [siɲo] *mpl voir* **signal**.

signe [siɲ] *m* (*indice*) arwydd *g*; (*geste*) arwydd, amnaid *b*; **il ne donne pas** ~ **de vie** nid oes yr un golwg ei fod yn fyw; (*fig*) 'does dim golwg ohono, 'does dim sôn amdano; **c'est bon/mauvais** ~ mae'n argoeli'n dda/ddrwg; **c'est** ~ **que** mae hynny'n golygu ...; **faire un** ~ **de tête affirmatif/negatif** nodio/ysgwyd eich pen; **faire un** ~ **de la main à qn** gwneud arwydd ar rn, amneidio ar rn; (*pour saluer*) codi llaw ar rn; **faire** ~ **à qn** (*fig*) mynd *ou* dod i gysylltiad â rhn; **faire** ~ **à qn d'entrer** amneidio ar rn i ddod i mewn, gwneud amnaid ar rn i ddod i mewn; **en** ~ **de** fel arwydd o; **le** ~ **de la croix** arwydd y groes *ou* y grog; ~ **de ponctuation** atalnod *g*; ~ **du zodiaque** arwydd y sidydd; ~**s particuliers** arwyddion neilltuol.

signer [siɲe] (**1**) *vt* arwyddo, llofnodi; (*TECH*) dilysnodi;

♦ **se** ~ *vr* ymgroesi, gwneud arwydd y groes *ou* y grog.

signet [siɲɛ] *m* dalen-nodyn *g*, nod *g* tudalen.

significatif (**significative**) [siɲifikatif, siɲifikativ] *adj* (*expressif*) arwyddocaol, ystyrlon; (*important*) pwysig, sylweddol, o bwys; ~ **de qch** (*révélateur*) arwyddol *ou* mynegol o rth, yn arwydd o rth, yn dangos rhth.

signification [siɲifikasjɔ̃] *f* (*sens*) arwyddocâd *g*, ystyr *g,b*; (*importance*) pwysigrwydd *g*; (*JUR*) hysbysiad *g* (swyddogol).

signifier [siɲifje] (**16**) *vt* (*vouloir dire*) golygu, dynodi; ~ **qch (à qn)** (*faire connaître*) rhoi gwybod am rth (i rn), rhoi rhth ar ddeall (i rn); (*JUR*) hysbysu (rhn) o rth; **que signifie ce mot?** beth yw ystyr y gair hwn?

silence [silɑ̃s] *m* (*fait de se taire*) distawrwydd *g*; (*absence de bruit*) distawrwydd, tawelwch *g*; (*MUS*) curiad *g* gwag; (*:signe*) tawnod *g*; **garder le** ~ **sur qch** tewi am rth, cadw'n ddistaw am rth, peidio â sôn am rth, peidio â dweud dim am rth; **passer sous** ~ peidio â sôn am, gadael (rhth) allan, mynd heibio i; **réduire qn au** ~ peri i rn dewi, rhoi taw ar rn; **"~!"** "distawrwydd!"

silencieusement [silɑ̃sjøzmɑ̃] *adv* yn ddistaw, mewn distawrwydd; (*sans parler*) heb yngan gair, yn fud; (*en secret*) yn ddistaw bach, yn dawel fach, yn y dirgel.

silencieux (**silencieuse**) [silɑ̃sjø, silɑ̃sjøz] *adj* distaw; (*moteur, machine*) distaw, di-sŵn; (*qui ne parle pas*) tawedog, dywedwst; **la majorité silencieuse** y mwyafrif *g* mud.

silencieux [silɑ̃sjø] *m* distewydd *g*.

silex [silɛks] *m* fflint *g,b*.

silhouette [silwɛt] *f* amlinell *b*, silwét *g*; (*allure, figure*) ffigwr *g*.

silicate [silikat] *m* silicad *g*.

silice [silis] *f* silica *g*.

siliceux (**siliceuse**) [silisø, silisøz] *adj* silicaidd.

silicium [silisjɔm] *m* silicon *g*; **plaquette de** ~ sglodyn *g* silicon.

silicone [silikon] *f* silicôn *g*.

silicose [silikoz] *f* silicosis *g*, clefyd *g* y llwch.

sillage [sijaʒ] *m* (*bateau*) ôl *g* llong; (*avion*) llwybr *g* anwedd; (*fig*) ôl; **dans le** ~ **de** (*fig*) yn sgil, ar ôl, wedi; **marcher dans le** ~ **de qn** (*fig*) dilyn yng nghamau rhn, dilyn yn ôl rhn, dilyn y tu ôl i rn.

sillon [sijɔ̃] *m* (*d'un champ*) cwys *b*, rhych *g,b*; (*de disque*) rhigol *b*.

sillonner [sijɔne] (**1**) *vt* (*traverser: avion, bateau, routes*) croesi, cris-croesi; (*creuser: rides, crevasses*) rhychu.

silo [silo] *m* (*AGR*) seilo *g*; (*MIL: de lancement*) pydew *g*.

simagrées [simagʀe] *fpl* ystumiau *ll*; **faire des** ~ ystumio.

simiesque [simjɛsk] *adj* fel epa, epaol.

similaire [similɛʀ] *adj* tebyg.

similarité [similaʀite] *f* tebygrwydd *g*.

simili [simili] *m* copi *g*, efelychiad *g*; (*de photogravure*) ffoto-engrafiad *g* hanner-tôn;

♦*f* (*similigravure*) ffoto-engrafiad *ou* ffoto-engrafio hanner-tôn.

similicuir [similikɥiʀ] *m* ffug-ledr *g*.

similigravure [similigʀavyʀ] *f* (*cliché*) ffoto-engrafiad *g* hanner-tôn; (*procédé*) ffoto-engrafio hanner-tôn.

similitude [similityd] *f* tebygrwydd *g*.

simple [sɛ̃pl] *adj* syml; (*facile*) syml, hawdd, didrafferth; (*modeste*) syml, di-nod, plaen, dirodres; (*valeur restrictive*) cyffredin, dim ond ...; (*péj: naïf*) diniwed; **une** ~ **formalité** ffurfioldeb *g* syml, mater *g* o ffurf; **un** ~ **employé de bureau** (dim ond) clerc *g* cyffredin; **un ~ particulier** dinesydd *g* cyffredin; **cela varie du ~ au double** (*prix etc*) gall ddyblu; **dans le plus ~ appareil** yn noethlymun, yn borcyn; **réduit à sa plus ~ expression** wedi'i newid i'w ffurf symlaf, wedi'i ostwng i'r lleiaf posibl; **~ course** (*billet*) un ffordd; **~ d'esprit** araf ei feddwl, simpil; **~ soldat** milwr *g* cyffredin, preifat *g*; ♦*m*: **~ messieurs/dames** (*TENNIS*) senglau *ll* dynion/merched; **~s** (*MÉD: plantes médicinales*) planhigion *ll* meddyginiaethol, llysiau *ll* meddygol.

simplement [sɛ̃pləmɑ̃] *adv* yn syml; (*seulement*) dim ond; **j'ai ~ dit que** ni wneuthum ond dweud ..., dim ond dweud a wneuthum ...

simplet (**-te**) [sɛ̃plɛ, ɛt] *adj* (*personne*) diniwed, simpil; (*chose*) gor-syml, rhy syml.

simplicité [sɛ̃plisite] *f* symlrwydd *g*, symledd *g*; (*facilité*) hawster *g*, rhwyddineb *g*; (*naturel*) naturioldeb *g*; (*naïveté*) diniweidrwydd *g*; **en toute ~** yn syml iawn.

simplification [sɛ̃plifikasjɔ̃] *f* symleiddiad *g*, symleiddio.

simplifier [sɛ̃plifje] (**16**) *vt* symleiddio.

simpliste [sɛ̃plist] *adj* gor-syml, rhy syml.

simulacre [simylakʀ] *m* (*imitation*) dynwarediad *g*, efelychiad *g*; (*:pour tromper*) rhith *g*, esgus *g*.

simulateur [simylatœʀ, tʀis] *m* ffugiwr *g*, cogiwr *g*; (*qui se prétend malade*) ffug-glaf *g*; **~ de vol** dynwaredwr *g ou* efelychydd *g* hedfan.

simulatrice [simylatʀis] *f* ffugwraig *b*, cogwraig *b*; (*qui se prétend malade*) ffug-glaf *g*.

simulation [simylasjɔ̃] *f* ffugio, cogio; (*INFORM*) efelychiad *g*, efelychu.

simulé (**-e**) [simyle] *adj* ffug; (*INFORM*) efelychiadol.

simuler [simyle] (**1**) *vt* ffugio, cogio; (*suj: substance, revêtement*) bod â golwg debyg i; (*INFORM*) efelychu; **~ la maladie** (*employé*) cymryd arnoch fod yn dost *ou* sâl *ou* wael, cogio *ou* ffugio salwch *ou* gwaeledd.

simultané (**-e**) [simyltane] *adj* cydamserol, cyfamserol, ar yr un pryd; (*traduction*) ar y pryd.

simultanéité [simyltaneite] *f* cydamseroldeb *g*.

simultanément [simyltanemɑ̃] *adv* ar yr un pryd.

Sinaï [sinai] *prm*: **le ~** Sinai *g*.

sinapisme [sinapism] *m* plastr *g ou* powltis *g* mwstard.

sincère [sɛ̃sɛʀ] *adj* (*dont on ne peut douter*) diffuant, didwyll; (*ami*) gwir, cywir; (*non feint*) gwir, dilys; (*opinion, portrait*) gonest; **mes ~s condoléances** fy nghydymdeimlad llwyraf.

sincèrement [sɛ̃sɛʀmɑ̃] *adv* (*sans feindre*) yn ddiffuant, yn ddidwyll, o ddifrif; (*dire*) yn onest; (*pour parler franchement*) a bod yn onest, a dweud y gwir.

sincérité [sɛ̃seʀite] *f* diffuantrwydd *g*, didwylledd *g*, cywirdeb *g*, dilysrwydd *g*, gonestrwydd *g*; **en toute ~** a bod yn onest, yn gwbl onest.

sinécure [sinekyʀ] *f* swydd *b* segur, segurswydd *b*.

sine die [sinedje] *adv* (*remettre, ajourner etc*) am gyfnod amhenodol.

sine qua non [sinekwanɔn] *adj*: **condition ~ ~ ~** amod *g,b* anhepgor.

Singapour [sɛ̃gapuʀ] *prm* Singapôr *b*.

singe [sɛ̃ʒ] *m* mwnci *g*; (*de grande taille*) epa *g*.

singer [sɛ̃ʒe] (**10**) *vt* dynwared.

singerie [sɛ̃ʒʀi] *f* (*cage*) tŷ *g* mwncïod; **~s** ystumiau *ll*, castiau *ll*.

singulariser [sɛ̃gylaʀize] (**1**) *vt* neilltuoli, hynodi, gosod (rhth) ar wahân; ♦ **se ~** *vr* (*personne*) tynnu sylw (atoch eich hun), eich hynodi'ch hun.

singularité [sɛ̃gylaʀite] *f* (*caractère*) hynodrwydd *g*; (*exception, anomalie*) hynodwedd *b*.

singulier[1] (**singulière**) [sɛ̃gylje, sɛ̃gyljjɛʀ] *adj* hynod, rhyfeddol, nodedig; (*étrange*) rhyfedd, od; (*d'un seul*) unigol; **combat ~** gornest *b* rhwng deuddyn.

singulier[2] [sɛ̃gylje] *m* unigol *g*.

singulièrement [sɛ̃gyljɛʀmɑ̃] *adv* (*bizarrement*) yn rhyfedd, yn od; (*beaucoup*) yn rhyfeddol, yn aruthrol; (*très*) yn hynod (o), iawn, dros ben; (*notamment*) yn arbennig.

sinistre [sinistʀ] *adj* sinistr, bygythiol; (*soirée, invité*) diflas, anniddorol; (*lieu, paysage*) llwm; (*malfaisant: LITT*) anfad, drygionus; **c'est un ~ imbécile** (*intensif*) mae'n hollol dwp, mae'n dwpsyn hollol; ♦*m* (*catastrophe*) trychineb *g,b*; (*incendie*) tân *g* mawr; (*ASSURANCES*) difrod *g*, colled *b*.

sinistré (**-e**) [sinistʀe] *adj* difrodedig, sydd wedi dioddef trychineb.

sinistré(e)s [sinistʀe] *m/fpl* anffodusion *ll* trychineb.

sinistrose [sinistʀoz] *f* pesimistiaeth *b*.

sino... [sino] *préf*: **~-indien** Tsieino-Indiaidd, Sino-Indiaidd.

sinon [sinɔ̃] *conj* (*autrement*) neu; (*sauf*) ac eithrio, heblaw (am), ond (am), ar wahân i; (*si ce n'est*) onid, os nad.

sinueux (**sinueuse**) [sinɥø, sinɥøz] *adj* troellog, dolennog; (*fig: raisonnement*) trofaus.

sinuosités [sinɥozite] *fpl* doleniadau *ll*, troadau *ll*; (*fig*) troelliadau *ll*, trofauster *g*.

sinus [sinys] *m* (*ANAT*) sinws *g*; (*MATH*) sin *g*.

sinusite [sinyzit] *f* llid *g* y sinysau.

sinusoïdal (**-e**) (**sinusoïdaux, sinusoïdales**) [sinyzɔidal, sinyzɔido] *adj* sinwsoidaidd.

sinusoïde [sinyzɔid] *f* sinwsoid *g*.

sionisme [sjɔnism] *m* Seioniaeth *b*.

sioniste [sjɔnist] *adj* Seionaidd;

♦*m/f* Seioniad *g/b*.
siphon [sifɔ̃] *m* (*tube, d'eau gazeuse etc*) seiffon *g*; (*d'évier etc*) peipen *b ou* pibell *b* bedol, peipen *ou* pibell U.
siphonner [sifɔne] (**1**) *vt* seiffno.
sire [siʀ] *m*: **S**~ (*titre*) Syr *g*; **un triste** ~ creadur *g* amheus *ou* anghymeradwy.
sirène [siʀɛn] *f*
1 (*ambulance etc*) seiren *b*; (*usine*) corn *g*, seiren *b*; ~ **d'alarme** (*en temps de paix*) larwm *g,b* tân *ou* dân, rhybudd *g* tân, cloch *b* dân; (*en temps de guerre*) corn *ou* seiren cyrch awyr, rhybudd (rhag) cyrch awyr.
2 (*mythologique*) seiren *b*, môr-forwyn *b*; (*fig: femme séduisante*) hudoles *b*.
sirop [siʀo] *m* surop *g*; (*à diluer: de fruit etc*) diod *b*, cordial *g*; (*boisson*) diod ffrwythau; (*pharmaceutique*) cymysgedd *g*, ffisig *g*, moddion *g*; ~ **de framboise/de menthe** diod fafon/fintys; ~ **contre la toux** ffisig *ou* moddion peswch.
siroter [siʀɔte] (**1**) *vt* llymeitian, sipian.
sirupeux (**sirupeuse**) [siʀypø, siʀypøz] *adj* trioglyd; (*péj: musique*) siwgraidd, sentimentalaidd.
sis (**-e**) [si, siz] *adj*: ~ **rue de la Paix** wedi'i leoli yn y rue de la Paix, yn sefyll yn y rue de la Paix.
sisal [sizal] *m* (BOT) sisal *g*.
sismique [sismik] *adj* seismig, daeargrynfaol.
sismographe [sismɔgʀaf] *m* seismograff *g*.
sismologie [sismɔlɔʒi] *f* seismoleg *b*.
site [sit] *m* safle *g*, lleoliad *g*, mangre *b*; (*endroit pittoresque*) man *g* prydferth; ~ **classé** ardal *b* gadwraeth *ou* warchod; ~**s naturels/historiques** safleoedd naturiol/hanesyddol.
sitôt [sito] *adv*: ~ **rentrée, elle ...** cyn gynted ag y daw *ou* daeth hi yn ôl ...; ~ **après** yn syth wedyn; ~ **après qch** yn syth ar ôl rhth; **on ne le reverra pas de** ~ ni welwn ni mohono eto am hir; ~ **(après) que** cyn gynted ag y *ou* yr.
situation [sitɥasjɔ̃] *f* (*d'un édifice, d'une ville*) safle *g*, lleoliad *g*; (*d'une personne, circonstances*) sefyllfa *b*; (*emploi, place, poste*) swydd *b*, gwaith *g*; **être en** ~ **de faire qch** (*bien placé pour*) bod mewn lle *ou* sefyllfa i wneud rhth; ~ **de famille** statws *g* priodasol.
situé (**-e**) [sitɥe] *adj* wedi'i leoli, yn sefyll; **bien** ~ mewn safle *ou* lleoliad da, mewn lle da *ou* braf; **mal** ~ mewn lle gwael *ou* anghyfleus *ou* chwithig.
situer [sitɥe] (**1**) *vt* lleoli, gosod, rhoi, dodi; (*en pensée*) gosod;
♦ **se** ~ *vr* (*se dérouler*) bod wedi'i leoli *ou* wedi'i osod, digwydd; (*être*) bod, sefyll; (*emploi réfléchi*) eich rhoi *ou* gosod eich hun.
six [sis] *adj inv* chwe; ~ **chats/maisons/choses** chwe chath/thŷ/pheth, chwech o gathod/o dai/o bethau; ~ **jours/ans** chwe niwrnod/mlynedd; **il a** ~ **ans** mae'n chwe blwydd oed, mae'n chwech oed; **on est le** ~ **aujourd'hui** y chweched yw hi heddiw; **c'est à** ~ **kilomètres d'ici** mae chwe chilometr oddi yma;
♦*m inv* chwech *g*; **nous sommes** ~ **dans ma famille** mae yna chwech yn ein teulu ni.
sixième [sizjɛm] *adj* chweched;
♦*m/f* chweched *g/b*;
♦*m* (*fraction*) chweched *g,b*, chweched ran *b*, un rhan o chwech.
skaï® [skaj] *m* ffug-ledr *g*.
skate(board) [skɛt(bɔʀd)] *m* (*planche*) bwrdd *g* sglefrio.
sketch [skɛtʃ] *m* sgetsh *b*.
ski [ski] *m* (*objet*) sgi *g,b*; (*sport*) sgio; **faire du** ~ sgio; **aller faire du** ~ mynd i sgio; ~ **alpin** sgio alpaidd; ~ **de fond** sgio traws gwlad; ~ **de piste** sgio ar y llethr sgio; ~ **de randonnée** sgio traws gwlad; ~ **évolutif** (*technique*) sgio ar sgi byr *ou* fer; ~ **nautique** sgio dŵr, sgio ar ddŵr.
ski-bob (~-~**s**) [skibɔb] *m* sgi-bob *g*.
skier [skje] (**16**) *vi* sgio.
skieur [skjœʀ] *m* sgïwr *g*.
skieuse [skjøz] *f* sgïwraig *b*.
skif(f) [skif] *m* sgiff *g,b*.
slalom [slalɔm] *m* slalom *g,b*; **faire du** ~ **entre** (*fig*) mynd igam-ogam rhwng, gwibio *ou* gwau i mewn ac allan rhwng; ~ **géant/spécial** slalom mawr *ou* fawr/arbennig.
slalomer [slalɔme] (**1**) *vi* (*entre des obstacles*) mynd igam-ogam, gwibio *ou* gwau i mewn ac allan; (SKI) sgio slalom.
slalomeur [slalɔmœʀ] *m* sgïwr *g* slalom.
slalomeuse [slalɔmøz] *f* sgïwraig *b* slalom.
slave [slav] *adj* Slafaidd, Slafig, Slafonig;
♦*m* (LING) Slafoneg *b,g*.
Slave [slav] *m/f* Slafiad *g/b*.
slavisant [slavizɑ̃] *m* arbenigwr *g* yn yr ieithoedd Slafonaidd.
slavisante [slavizɑ̃t] *f* arbenigwraig *b* yn yr ieithoedd Slafonaidd.
slaviste [slavist] *m/f*= **slavisant, slavisante**.
slip [slip] *m* (*sous-vêtement: homme*) trôns *g*, clôs *g* bach, drafers *g*; (*sous-vêtement: femme*) nicer *g*, clôs bach, pantis *ll*; (*de bain: homme*) trowsus *g* nofio; (*de bain: femme*) gwaelod *g* bicini.
slogan [slɔgɑ̃] *m* slogan *g,b*.
slovaque [slɔvak] *adj* Slofacaidd, o Slofacia;
♦*m* (LING) Slofaceg *b,g*.
Slovaque [slɔvak] *m/f* Slofaciad *g/b*.
Slovaquie [slɔvaki] *prf*: **la** ~ Slofacia *b*.
slovène [slɔvɛn] *adj* Slofenaidd, o Slofenia.
Slovène [slɔvɛn] *m/f* Slofeniad *g/b*.
Slovénie [slɔveni] *prf*: **la** ~ Slofenia *b*.
slow [slo] *m* (*danse*) dawns *b* araf.
SMAG [smag] *sigle m*(= *salaire minimum agricole garanti*) *cyflog g amaethyddol isaf gwarantedig.*

smasher [sma(t)ʃe] (**1**) *vi* pwyo'r bêl; ♦*vt* (*balle*) pwyo.
SME [ɛsɛmə] *sigle m*(= *Système monétaire européen*) E.M.S. (= y System Ariannol Ewropeaidd).
SMIC [smik] *sigle m*(= *salaire minimum interprofessionnel de croissance*) isafswm cyflog gwarantedig (*wedi'i fynegrifo*).
smicard [smikaʀ] *m* gweithiwr *g* ar isafswm cyflog.
smicarde [smikaʀd] *f* gweithwraig *b* ar isafswm cyflog.
SMIG [smig] *sigle m*(= *salaire minimum interprofessionnel garanti*) isafswm *g* cyflog.
smocks [smɔk] *mpl* (*COUTURE*) crychwaith *g*, smocwaith *g*.
smoking [smɔkiŋ] *m* (*costume*) siwt *b* ginio *ou* giniawa; (*veston*) siaced *b* ginio *ou* giniawa.
SMUR [smyʀ] *sigle m*(= *service médical d'urgence et de réanimation*) *uned b feddygol arbenigol sy'n ateb galwadau brys.*
snack [snak] *m* bar *g* byrbryd, caffi *g*.
SNC *abr*(= *service non compris*) heb gynnwys tâl gwasanaeth.
SNCB [ɛsɛnsebe] *sigle f*(= *Société nationale des chemins de fer belges*) *cwmni g rheilffyrdd Gwlad Belg.*
SNCF [ɛsɛnseɛf] *sigle f*(= *Société nationale des chemins de fer français*) *cwmni g rheilffyrdd Ffrainc.*
snob [snɔb] *adj* snobyddlyd, crachaidd; ♦*m/f* snob *g/b*, snobyn *g*, snoben *b*.
snober [snɔbe] (**1**) *vt* anwybyddu, troi trwyn ar.
snobinard [snɔbinaʀ] (*péj*) *m* snob *g*, hen drwyn *g*.
snobinarde [snɔbinaʀd] (*péj*) *f* snob *b*, hen drwyn *g*.
snobisme [snɔbism] *m* snobyddiaeth *b*.
sobre [sɔbʀ] *adj* (*personne*) cymedrol, sobr; (*non ivre*) sobr; (*qui ne boit jamais d'alcool*) dirwestol; (*style etc*) cynnil, diwastraff, syml; ∼ **de ...** (*gestes, compliments*) prin eich ...; ∼ **comme un chameau** cyn sobred â sant.
sobrement [sɔbʀəmɑ̃] *adv* (*avec modération*) yn gymedrol; (*simplement*) yn gynnil, yn syml.
sobriété [sɔbʀijete] *f* cymedroldeb *g*, sobrwydd *g*; (*abstinence*) dirwest *g,b*; (*de style*) cynildeb *g*, symlrwydd *g*
sobriquet [sɔbʀikɛ] *m* llysenw *g*.
soc [sɔk] *m* swch *b* aradr.
sociabilité [sɔsjabilite] *f* cymdeithasoldeb *g*, cymdeithasgarwch *g*.
sociable [sɔsjabl] *adj* (*qui vit en groupe*) cymdeithasol; (*personne, caractère*) cymdeithasol, cymdeithasgar; (*milieu*) croesawus, croesawgar.
social (**-e**) (**sociaux, sociales**) [sɔsjal, sɔsjo] *adj* cymdeithasol.
socialement [sɔsjalmɑ̃] *adv* yn gymdeithasol.
socialisant (**-e**) [sɔsjalizɑ̃, ɑ̃t] *adj* â thueddiadau sosialaidd.
socialisation [sɔsjalizasjɔ̃] *f* (*personne*) cymdeithasoli; (*ÉCON, POL*) cyfunoli.
socialiser [sɔsjalize] (**1**) *vt* (*personne*) cymdeithasoli; (*ÉCON, POL*) cyfunoli.
socialisme [sɔsjalism] *m* sosialaeth *b*.
socialiste [sɔsjalist] *adj* sosialaidd; ♦*m/f* sosialydd *g*.
sociétaire [sɔsjetɛʀ] *m/f* aelod *g* (*o gymdeithas*).
société [sɔsjete] *f*
1 (*groupe, communauté*) cymdeithas *b*; **la ∼ d'abondance/de consommation** y gymdeithas gefnog/brynwriaethol; **la bonne ∼** pobl *b* wâr, y bobl ddiwylliedig; **la haute ∼** y cylchoedd *ll* uchaf, (byd *g*) y boneddigion *ll*, (byd) y bobl fawr.
2 (*de fourmis etc*) nythfa *b*.
3 (*club: littéraire etc*); ∼ **savante** cymdeithas *b* ddysgedig; (*sportive*) clwb *g*.
4 (*assemblée*): **la S∼ des Nations** Cynghrair *g,b* y Cenhedloedd.
5 (*COMM*) cwmni *g*; ∼ **à responsabilité limitée** ≈ cwmni cyfyngedig; ∼ **anonyme** ≈ cwmni cyfyngedig cyhoeddus; ∼ **d'investissement à capital variable** cwmni buddsoddi; ∼ **de services** cwmni gwasanaethu; ∼ **par actions** cwmni cydgyfalaf.
6 (*compagnie*) cwmni *g*, cwmnïaeth *b*; **rechercher la ∼ de qn** chwennych cwmni rhn; **se plaire dans la ∼ de qn** mwynhau cwmni rhn.
▶ **l'archipel de la Société** Ynysoedd *ll* y Gymdeithas.
socio... [sɔsjɔ] *préf* cymdeithasol-..., ...-gymdeithasol.
socioculturel (**-le**) [sɔsjokyltyʀɛl] *adj* cymdeithasol-ddiwylliannol.
socio-économique (∼-∼**s**) [sɔsjoekɔnɔmik] *adj* economaidd-gymdeithasol.
socio-éducatif (∼**-éducative**) (∼-∼**s**, ∼**-éducatives**) [sɔsjoedykatif, sɔsjoedykativ] *adj* addysgol-gymdeithasol.
sociolinguistique [sɔsjolɛ̃gɥistik] *adj* cymdeithasol-ieithyddol; ♦*f* ieithyddiaeth *b* gymdeithasol, cymdeithaseg *b* iaith.
sociologie [sɔsjɔlɔʒi] *f* cymdeithaseg *b*.
sociologique [sɔsjɔlɔʒik] *adj* cymdeithasegol.
sociologue [sɔsjɔlɔg] *m/f* cymdeithasegydd *g*.
socio-professionnel (∼**-professionnelle**) (∼-∼**s**, ∼**-professionnelles**) [sɔsjopʀɔfesjɔnɛl] *adj* proffesiynol-gymdeithasol.
socle [sɔkl] *m* (*d'une statue etc*) plinth *g*, pedestal *g*, gwadn *g,b*; (*d'un bâtiment*) godre *g*, gwaelod *g*; (*d'un mur*) gwadnau, sylfaen *b*.
socquette [sɔkɛt] *f* hosan *b* fach.
Socrate [sɔkʀat] *prm* Socrates.
socratique [sɔkʀatik] *adj* Socrataidd, Socratig.
soda [sɔda] *m* (*boisson*) diod *b* fyrlymog *ou*

bigog *ou* ffisiog; (*eau gazéifiée*) dŵr *g* soda.

sodium [sɔdjɔm] *m* sodiwm *g*.

sodomie [sɔdɔmi] *f* sodomiaeth *b*.

sodomiser [sɔdɔmize] (**1**) *vt* sodomeiddio.

sœur [sœʀ] *f* chwaer *b*; (*religieuse*) lleian *b*, chwaer; ~ **Élisabeth** (*REL*) y Chwaer Elisabeth; ~ **de lait** chwaer faeth.

sofa [sɔfa] *m* soffa *b*.

SOFRES [sɔfʀɛs] *sigle f* (= *Société française d'enquête par sondage*) *cwmni g sy'n cynnal arolygon barn.*

soi [swa] *pron* eich hun *ou* hunan; **être content de** ~ teimlo *ou* bod yn falch ohonoch eich hun; **il ne faut pas penser qu'à** ~ nid am eich hunan yn unig y dylech chi feddwl, ni ddylai neb feddwl ond amdano'i hun; **regarder devant** ~ edrych o'ch blaen; **rester chez** ~ aros gartref; **prendre sur** ~ **de faire qch** cymryd arnoch eich hun wneud rhth; **chacun pour soi** pawb drosto'i hun *ou* hunan; **en** ~ ynoch eich hun; (*objet, concept, idée*) ynddo'i hun, ynddi ei hun; **cela va de** ~ mae hynny'n amlwg *ou* synhwyrol, 'does dim rhaid ei ddweud;

♦*m*: **le** ~ yr hunan *g*.

soi-disant [swadizɑ̃] *adj inv* (*qu'on prétend tel: liberté, gratuité etc*) honedig, fel y'i gelwir, ys dywedir; (:*coupable, responsable*) honedig; (*qui se prétend tel*) chwedl yntau *ou* hithau *ou* hwythau, honedig;

♦*adv* yn ôl y dyb *ou* yr honiad, yn ôl pob sôn, fel y tybir *ou* tybid *ou* tybiwyd.

soie [swa] *f* sidan *g*; (*de porc, sanglier*) gwrychyn *g*; ~ **grège/sauvage** sidan crai/gwyllt.

soient [swa] *vb voir* **être**.

soierie [swaʀi] *f* (*industrie*) diwydiant *g* sidan; (*tissu*) sidan *g*.

soif [swaf] *f* syched *g*; (*fig*) ysfa *b*, blys *g*, chwant *g*; **j'ai** ~ mae syched arnaf, 'rwyf yn sychedig; **donner** ~ **(à qn)** codi syched (ar rn).

soigné (**-e**) [swaɲe] *adj* (*personne, tenue etc*) trwsiadus, taclus, graenus yr olwg; (*mains*) ac ôl gofal (arnynt); (*travail*) gofalus, manwl-gywir, trylwyr; (*fam: facture*) aruthrol; **la note était** ~**e!** 'roedd yn glamp o fil!, dyna fil gawsom ni!; **un rhume** ~ annwyd *g* ofnadwy, andros o annwyd.

soigner [swaɲe] (**1**) *vt* (*malade, maladie: suj: docteur*) trin; (*suj: infirmière, mère*) gofalu am, nyrsio, tendio; (*travail, détails*) mynd i drafferth ynghylch; (*jardin, invités*) gofalu am.

soigneur [swaɲœʀ] *m* (*CYCLISME, FOOTBALL*) hyfforddwr *g*; (*BOXE*) cynorthwy-ydd *g*.

soigneusement [swaɲøzmɑ̃] *adv* (*choisir, laver, fermer*) yn ofalus; (*ranger, plier, écrire*) yn ofalus, yn daclus; (*examiner etc*) yn ofalus, yn fanwl.

soigneux (**soigneuse**) [swaɲø, swaɲøz] *adj* (*propre, ordonné*) taclus, destlus, twt; (*méticuleux*) gofalus, manwl, trylwyr; ~ **de** gofalus o; **être** ~ **de sa personne** mynd i gryn drafferth i edrych yn dda; **être** ~ **de sa santé** cymryd gofal ohonoch eich hun, ymorol am eich iechyd.

soi-même [swamɛm] *pron* (chi) eich hun *ou* hunan; **rester fidèle à** ~-~ bod yn driw *ou* ffyddlon i chi'ch hun; **il faut tout faire** ~-~ **ici** mae'n rhaid ichi wneud popeth (drosoch) eich hun yma, mae'n rhaid i rywun wneud popeth (drosto) ei hun yma; **la connaissance de** ~-~ hunanadnabyddiaeth *b*; **le respect de** ~-~ hunan-barch *g*.

soin [swɛ̃] *m* gofal *g*; (*ordre et propreté*) taclusrwydd *g*, trefnusrwydd *g*; (*charge, responsabilité*) gofal, cyfrifoldeb *g*; **avoir** *neu* **prendre** ~ **de qch/qn** gofalu am rth/rn, cymryd gofal o rth/rn; **avoir** *neu* **prendre** ~ **de faire qch** gofalu gwneud rhth; ~**s** (*à un malade*) triniaeth *b*, gofal; (*attentions, prévenance*) gofal; ~**s de beauté** gofal harddwch; ~**s de la chevelure** gofal (y) gwallt; ~**s du corps** gofal y corff; **les** ~**s du ménage** gofal y cartref; **les premiers** ~**s** cymorth *g* cyntaf; **aux bons** ~**s de** drwy law; **être aux petits** ~**s pour qn** dawnsio tendans ar rn; **confier qn aux** ~**s de qn** rhoi rhn yng ngofal rhn; **sans** ~ (*adj: sans ordre et propreté*) aflêr, blêr, anniben; (*négligent*) diofal, esgeulus; (*adv: sans ordre*) yn flêr, yn anniben; (*négligemment*) yn ddiofal, yn esgeulus, heb ofal.

soir [swaʀ] *m* noswaith *b*, noson *b*, min *g* nos; **sept/dix heures du** ~ saith/deg o'r gloch y nos; **journal du** ~ papur *g* hwyrol, papur gyda'r nos; **repas du** ~ cinio *g ou* pryd *g* gyda'r nos, cinio nos; **dimanche** ~ nos Sul; **le** ~ fin nos, gyda'r nos *ou* hwyr; **ce** ~ heno; **"à ce** ~**!"** "'wela' i di *ou* chi heno!"; **la veille au** ~ y noson gynt; **demain** ~ nos yfory; **hier** ~ neithiwr.

soirée [swaʀe] *f* noswaith *b*, noson *b*, min *g* nos; (*réception*) derbyniad *g*, parti *g*; (*CINÉ, THÉÂTRE*) perfformiad *g* hwyrol; **la pièce sera jouée en** ~ bydd perfformiad hwyrol o'r ddrama; ~ **dansante** dawns *b* hwyrol.

soit [swa] *vb voir* **être**;

♦*adv* (*marque l'assentiment*) o'r gorau, iawn, purion;

♦*conj* (*à savoir*) sef, hynny yw; ~ **un triangle ABC** (*posons*) boed *ou* gadewch i ABC fod yn driongl; ~ **...**, ~ **...** (*marque une alternative*) naill ai ... neu *ou* ynteu ..., un ai ... neu *ou* ynteu ...; ~ **l'un,** ~ **l'autre** y naill neu'r llall; ~ **que ...,** ~ **que** *neu* **ou que ...** pa un a ... ai ynteu ...; ~ **qu'elle aille à l'école,** ~ **qu'elle reste ici** pa un a yw hi'n mynd i'r ysgol ai ynteu'n aros yma.

soixantaine [swasɑ̃tɛn] *f*: **une** ~ **(de)** tua thrigain (o), tua chwe deg (o), rhyw drigain (o), rhyw chwe deg (o); **avoir la** ~ bod dros eich trigain oed, bod yn eich trigeiniau.

soixante [swasɑ̃t] *adj inv* trigain, chwe deg *ou* deng; ~ **ans** trigain mlynedd, chwe deng mlynedd;
♦*m inv* trigain *g*, chwe deg *g*.

soixante-dix [swasɑ̃tdis] *adj inv* deg *ou* deng a thrigain, saith deg; ~-~ **ans** deng mlynedd a thrigain;
♦*m inv* deg *g* a thrigain, saith deg.

soixante-dixième [swasɑ̃tdizjɛm] *adj* degfed a thrigain, saith degfed;
♦*m/f* degfed *g/b* a thrigain, saith degfed;
♦*m* (*fraction*) un rhan *b* o saith deg.

soixante-huitard[1] (~-~**e**) (~-~**s**, ~-~**es**) [swasɑ̃tɥitaʀ, aʀd] *adj* (yn gysylltiedig â) gwrthdystiadau Mai 1968.

soixante-huitard[2] [swasɑ̃tɥitaʀ] *m* protestiwr *g* Mai 1968.

soixante-huitarde [swasɑ̃tɥitaʀd] *f* protestwraig *b* Mai 1968;
♦*adj f voir* **soixante-huitard**[1].

soixantième [swasɑ̃tjɛm] *adj* trigeinfed, chwe degfed;
♦*m/f* trigeinfed *g/b*, chwe degfed *g/b*;
♦*m* (*fraction*) trigeinfed ran *b*, un rhan o drigain.

soja [sɔʒa] *m* soia *g*; (*graines*) ffa *ll* soia; **germes de** ~ egin *ll* ffa.

sol[1] [sɔl] *m* (*gén*) daear *b*, llawr *g*; (*de logement*) llawr; (*territoire*) gwlad *b*, tir *g*; (*AGR, GÉO*) pridd *g*; **coucher sur le** ~ cysgu ar lawr *ou* ar y llawr.

sol[2] [sɔl] *m inv* (*MUS: note*) G; (*en solfiant*) so *g,b*.

sol-air [sɔlɛʀ] *adj inv* (*missile*) daear i awyren.

solaire [sɔlɛʀ] *adj* heulol, (yr) haul; (*énergie, panneaux*) solar, heulol; (*crème, filtre*) atal haul.

solarium [sɔlaʀjɔm] *m* solariwm *g*.

soldat [sɔlda] *m* milwr *g*, soldiwr *g*; **le S**~ **inconnu** y Milwr *ou* Gwron *g* Dienw; ~ **de plomb** milwr plwm.

solde[1] [sɔld] *f* (*de soldat, matelot*) cyflog *g*; **à la** ~ **de qn** (*péj*) a gyflogir gan rn, a delir gan rn.

solde[2] [sɔld] *m* (*FIN, gén*) gweddill *g*; (*reste à payer*) gweddill dyledus; ~ **à payer,** ~ **débiteur** gweddill *ou* arian *g* dyledus; ~ **créditeur** gweddill credyd, arian mewn llaw; ~ **(de marchandises)** (*COMM*) nwyddau *ll* i'w clirio, nwyddau am bris gostyngol; **en** ~ (*vendre, acheter*) am bris gostyngol, mewn sêl.
▶ **soldes** (parfois fpl) (*COMM*) sêls *ll*; (*articles*) nwyddau *ll* am bris gostyngol; **aux** ~**s** yn y sêls.

solder [sɔlde] (**1**) *vt* (*compte: arrêter*) cau; (*dette: acquitter*) clirio; (*marchandise*) gwerthu (rhth) am bris gostyngol, cael gwared â; **la conférence s'est soldée par un échec** methiant fu hanes y gynhadledd; **tout est soldé à 10 F** mae popeth wedi'i ostwng i ddeg ffranc.

soldeur [sɔldœʀ] *m* (*COMM*) perchennog *g* siop ddisgownt *ou* rad.

soldeuse [sɔldøz] *f* (*COMM*) perchenoges *b* siop ddisgownt *ou* rad.

sole [sɔl] *f* (*poisson*) lleden *b* chwithig.

soleil [sɔlɛj] *m* (*astre*) haul *g*; (*lumière*) heulwen *b*, (golau'r *g*) haul; (*feu d'artifice*) olwyn *b* Gatrin *ou* dân; (*acrobatie*) tro *g* crwn; (*BOT*) blodyn *g* (yr) haul; **il y a** ~, **il fait du** ~ mae'r haul yn disgleirio *ou* tywynnu, mae'n heulog; **un** ~ **de plomb** haul tanbaid; **au** ~ yn yr haul; **en plein** ~ yn llygad yr haul; **le** ~ **levant/couchant** codiad *g*/machlud *g* haul; **le** ~ **de minuit** haul hanner nos; **rien de nouveau sous le** ~ nid oes dim newydd dan yr haul.

solennel (**-le**) [sɔlanɛl] *adj* (*empreint de gravité*) dwys, difrifol, difrifddwys; (*promesse, déclaration etc*) ffurfiol, difrifol; (*séance*) defodol, seremonïol.

solennellement [sɔlanɛlmɑ̃] *adv* yn ddifrifol; (*inaugurer, déclarer, démentir*) yn ffurfiol; (*en grande pompe*) yn seremonïol, yn ddefodol.

solennité [sɔlanite] *f* difrifoldeb *g*; (*fête*) gŵyl *b ou* dathliad *g* seremonïol; ~**s** (*formalité*) ffurfioldeb *g*.

solénoïde [sɔlenɔid] *m* solenoid *g*.

solfège [sɔlfɛʒ] *m* (*théorie*) elfennau *ll* cerddoriaeth; (*notation*) sol-ffa *g*; (*livre*) gwerslyfr *g* sol-ffa.

solfier [sɔlfje] (**16**) *vt* canu (rhth) ar sol-ffa.

soli [sɔli] *mpl de* **solo**.

solidaire [sɔlidɛʀ] *adj* (*personnes*) cydgefnogol, yn dangos cydgefnogaeth *ou* cydsafiad; (*mécanismes, pièces, systèmes*) cyd-ddibynnol, yn ddibynnol ar ei gilydd; (*JUR: engagement, contrat*) cyfrwymol; (*:débiteurs*) cydatebol; **être** ~ **de** (*personnes*) cefnogi, cefnogol; **cette pièce est** ~ **de l'autre** mae'r darn hwn yn rhan annatod o'r llall.

solidairement [sɔlidɛʀmɑ̃] *adv* ar y cyd; (*JUR*) ar y cyd ac yn unigol.

solidariser [sɔlidaʀize] (**1**): **se** ~ **avec** *vr* cefnogi, dangos cydgefnogaeth â, dangos eich bod yn un â.

solidarité [sɔlidaʀite] *f* cydgefnogaeth *b*, cydsafiad *g*, cydlyniad *g*; (*de mécanismes, phénomènes*) cyd-ddibyniaeth *b*, ymddibyniaeth *b*; (*JUR*) atebolrwydd *g* cyd ac unigol; **par** ~ **(avec)** (*cesser le travail*) o ran cefnogaeth (i), mewn cydymdeimlad (â).

solide [sɔlid] *adj* soled, solet; (*meubles, construction*) solet, cryf, cadarn; (*estomac, raisons, argument*) da, cryf; (*amitié*) cadarn, diysgog; (*personne: robuste*) cryf, cydnerth, cadarn; (*:sérieux*) dibynadwy; (*intensif*) go iawn, andros o, eitha'; **avoir les reins** ~**s** (*fig*) bod â chefnogaeth ariannol gref, bod mewn

sefyllfa ariannol gref; **elle est ~ au poste** (*fig*) mae hi'n gwbl ddibynadwy yn ei gwaith, gellir dibynnu arni i wneud ei gwaith, mae hi'n gwneud ei gwaith, doed a ddelo;
♦*m* solid *g*.

solidement [sɔlidmɑ̃] *adv* yn solet, yn gadarn; (*attacher*) yn dynn, yn sownd; (*en intensif, fam: gronder, engueuler etc*) o ddifrif, yn hallt.

solidifier [sɔlidifje] (**16**) *vt* caledu;
♦ **se** ~ *vr* ymgaledu, ymsoledu, caledu; (*PHYS etc*) ymsoledu.

solidité [sɔlidite] *f* soletrwydd *g*; (*de raisonnement, d'une personne etc*) cadernid *g*, cryfder *g*.

soliloque [sɔlilɔk] *m* ymson *g*.

soliste [sɔlist] *m/f* unawdydd *g*, unawdwr *g*, unawdwraig *b*.

solitaire [sɔlitɛʀ] *adj* unig, ar eich pen eich hun; (*isolé: maison etc*) unig, ar ei ben ei hun;
♦*m/f* (*ermite*) meudwy *g*, meudwyes *b*; (*misanthrope*) dyn *g* sy'n hoffi bod ar ei ben ei hun, gwraig *b* sy'n hoffi bod ar ei phen ei hun;
♦*m* (*jeu*) solitaire *g*; (*diamant*) gem *b* unigol, solitaire.

solitude [sɔlityd] *f* unigedd *g*, unigrwydd *g*; (*lieu solitaire*) unigedd *g*; **vivre dans la** ~ byw ar eich pen eich hun, byw mewn unigrwydd.

solive [sɔliv] *f* (*MENUISERIE*) dist *g*, distyn *g*.

sollicitation [sɔlisitasjɔ̃] *f* (*requête*) erfyniad *g*, ymbil *g*, deisyfiad *g*; (*attraction*) atyniad *g*; (*impulsion donnée: à une machine*) cyffyrddiad *g*; (*à un cheval*) anogaeth *b*.

solliciter [sɔlisite] (**1**) *vt* (*personne*) apelio at, erfyn *ou* ymbil ar; (*faveur, audience*) gofyn (am); (*poste*) ceisio (am); (*attention*) denu, tynnu; (*curiosité*) cyffroi, ysgogi; (*cheval*) annog, hysio; ~ **qn (de faire qch)** gofyn i rn (wneud rhth), erfyn ar rn (i wneud rhth).

sollicitude [sɔlisityd] *f* gofal *g*.

solo (**soli**) [sɔlo] *m* (*MUS*) unawd *g,b*; **en** ~ solo, ar eich pen eich hun.

sol-sol [sɔlsɔl] *adj inv* (*missile*) daear i ddaear.

solstice [sɔlstis] *m* heuldro *g*; ~ **d'été/d'hiver** heuldro'r haf/gaeaf.

solubilisé (**-e**) [sɔlybilize] *adj* hydawdd, toddadwy.

solubilité [sɔlybilite] *f* hydoddedd *g*, toddadwyedd *g*; (*d'un problème*) natur *b* ddatrysadwy.

soluble [sɔlybl] *adj* hydawdd, toddadwy; (*problème etc*) datrysadwy; **café** ~ coffi *g* parod *ou* sydyn.

soluté [sɔlyte] *m*: ~ **physiologique** heli *g* ffisiolegol.

solution [sɔlysjɔ̃] *f* (*action de résoudre*) datrysiad *g*, datrys; (*réponse*) ateb *g*; (*CHIM*) toddiad *g*, toddiant *g*, hydoddiant *g*; ~ **de continuité** toriad *g*, bwlch *g*; ~ **de facilité** ateb hawdd *ou* rhwydd, dihangfa *b* hawdd *ou* rwydd, ffordd *b* hawdd *ou* rwydd allan ohoni.

solutionner [sɔlysjɔne] (**1**) *vt* (*problème*) datrys.

solvabilité [sɔlvabilite] *f* (*de débiteur*) diddyledrwydd *g*, y gallu *g* i dalu; (*d'emprunteur, de client*) teilyngdod *g* credyd.

solvable [sɔlvabl] *adj* (*débiteur*) ag arian, diddyled; (*emprunteur, client*) teilwng o gredyd *ou* o goel.

solvant [sɔlvɑ̃] *m* toddydd *g*.

Somalie [sɔmali] *prf*: **la** ~ Somalia *b*.

somalien (**-ne**) [sɔmaljɛ̃, jɛn] *adj* Somaliaidd, o Somalia.

Somalien [sɔmaljɛ̃] *m* Somali *g*, Somaliad *g*.

Somalienne [sɔmaljɛn] *f* Somali *b*, Somaliad *b*.

somatique [sɔmatik] *adj* somatig, corfforol.

somatiser [sɔmatize] (**1**) *vt* somateiddio, ymateb (i rth) yn seicosomatig; ~ **une angoisse** troi gwewyr meddwl yn anhwylder corfforol

sombre [sɔ̃bʀ] *adj* tywyll; (*fig: personne, visage, humeur*) prudd, digalon; (:*avenir*) tywyll, digalon; (*en intensif: idiot, brute etc*) o'r mwyaf, hollol, llwyr, ofnadwy.

sombrer [sɔ̃bʀe] (**1**) *vi* (*bateau*) suddo; (*entreprise etc*) methu; ~ **dans** (*misère, désespoir*) ymgolli mewn, suddo i, ymsuddo i; (*folie*) ymollwng i, llithro i, ymlithro i; ~ **corps et biens** suddo gyda'r holl griw.

sommaire [sɔmɛʀ] *adj* (*exposé*) cryno, byr(ber)(byrion); (*examen*) bras, arwynebol; (*instruction, réparation*) elfennol; (*repas*) cynnil, syml; (*justice*) diannod; **exécution** ~ dienyddiad *g* diannod;
♦*m* crynodeb *g*, crynhoad *g*; **faire le** ~ **de** crynhoi, gwneud crynodeb o.

sommairement [sɔmɛʀmɑ̃] *adv* (*exposer*) yn gryno, yn fyr, mewn byr eiriau; (*examiner*) yn fras; (*meubler etc*) yn syml; (*exécuter*) yn ddiannod.

sommation [sɔmasjɔ̃] *f* (*JUR*) gwŷs *b*; (*avant de faire feu*) rhybudd *g*.

somme[1] [sɔm] *f* (*MATH, d'argent*) swm *g*; (*total*) cyfanswm *g*; (*quantité*) maint *g*, swm, swmp *g*; **il a fourni une grosse** ~ **de travail** fe wnaeth lwyth *ou* lawer o waith; **faire la** ~ **de** adio, symio; **en** ~ (*tout bien considéré*) (a chymryd popeth) at ei gilydd, rhwng popeth; (*en résumé*) yn fyr, yn gryno, mewn gair; ~ **toute** wedi'r cwbl *ou* cyfan, yn y pen draw.

somme[2] [sɔm] *m* cyntun *g*, cwsg *g* (bach); **faire un** ~ cael cyntun.

sommeil [sɔmɛj] *m* cwsg *g*; **avoir** ~ bod yn *ou* teimlo'n gysglyd; **avoir le** ~ **léger** cysgu'n ysgafn, hepian cysgu; **en** ~ (*volcan*) cwsg, mud; (*affaire etc*) heb ei orffen, heb ei benderfynu; **mettre qch en** ~ gohirio rhth, rhoi rhth heibio, rhoi rhth i gadw.

sommeiller [sɔmeje] (**1**) *vi* pendwmpian, hepian cysgu; (*fig: passions etc*) bod o'r golwg, bod dan yr wyneb, ymguddio;

(:*nature, campagne*) cysgu.
sommelier [sɔmǝlje] *m* gweinydd *g* gwin.
sommelière [sɔmǝljɛʀ] *f* gweinyddes *b* gwin.
sommer [sɔme] (**1**) *vt*: ~ **qn de faire** gorchymyn i rn wneud; (*JUR*) gwysio rhn i wneud.
sommes[1] [sɔm] *vb voir* **être**.
sommes[2] [sɔm] *vb voir* **sommer**.
sommet [sɔmɛ] *m* pen *g*, top *g*; (*de montagne*) copa *g,b*, pen; (*d'arbre*) brig *g*, pen; (*de crâne*) corun *g*; (*MATH: de triangle, d'angle*) apig *b*; (:*de cône*) fertig *g*; (*de hiérarchie, d'organisation*) brig; (*de gloire, de réussite etc*) pinacl *g*, uchafbwynt *g*, brig; (*POL*) uwchgynhadledd *b*.
sommier [sɔmje] *m* (*d'un lit*) sbrings *ll* gwely; (*avec pieds*) gwaelod *g* gwely; (*registre*) cofrestr *b*, llyfr *g* cyfrifon; ~ **à lattes** gwaelod delltog; ~ **métallique** ffrâm *b* gwely weiars; ~ **à ressorts** gwaelod â sbrings mewnol.
sommité [sɔ(m)mite] *f* (*personnalité*) dyn *g* blaenllaw, gwraig *b* flaenllaw, un *g/b* o'r hoelion wyth, ceffyl *g* blaen.
somnambule [sɔmnɑ̃byl] *m/f* cerddwr *g* yn ei gwsg, cerddwraig *b* yn ei chwsg.
somnambulisme [sɔmnɑ̃bylism] *m* cerdded yn eich cwsg.
somnifère [sɔmnifɛʀ] *m* cyffur *g* cysgu; (*pilule*) pilsen *b* gysgu.
somnolence [sɔmnɔlɑ̃s] *f* cysgadrwydd *g*, syrthni *g*; (*fig*) diffyg *g* egni, syrthni, llesgedd *g*.
somnolent (**-e**) [sɔmnɔlɑ̃, ɑ̃t] *adj* cysglyd, swrth; (*inactif*) diegni, swrth, digychwyn; (*économie*) marwaidd; (*latent*) cudd, o'r golwg, dan yr wyneb.
somnoler [sɔmnɔle] (**1**) *vi* pendwmpian, hepian cysgu; (*fig*) bod o'r golwg, bod dan yr wyneb, ymguddio; (*économie*) bod yn farwaidd.
somptuaire [sɔ̃ptɥɛʀ] *adj* (*dépenses*) gormodol, eithafol, afresymol; **lois** ~**s** deddfau *ll* cyfyngu ar wario *ou* gwrthwariant.
somptueusement [sɔ̃ptɥøzmɑ̃] *adv* (*vivre*) yn foethus; (*vêtir*) yn odidog; (*recevoir*) yn hael.
somptueux (**somptueuse**) [sɔ̃ptɥø, sɔ̃ptɥøz] *adj* drudfawr, moethus, godidog, ysblennydd; (*cadeau*) gwych, hael, godidog; (*repas*) godidog.
somptuosité [sɔ̃ptɥozite] *f* moethusrwydd *g*, godidowgrwydd *g*, ysblander *g*.
son[1] (**sa**) (**ses**) [sɔ̃, sa, sɛ] *dét* (*masculin*) ei ... (ef *ou* fo *ou* o *ou* fe *ou* e), 'i, 'w; (*féminin*) ei ... (hi), 'i, 'w; (*valeur indéfinie*) eich ... (chi), 'ch; ~ **cœur** ei galon *ou* chalon; **sa tête** ei ben *ou* phen; **ses maisons** ei dai *ou* thai; ~ **jardin** ei ardd *ou* gardd; **sa table** ei fwrdd *ou* bwrdd; **ses dents** ei ddannedd *ou* dannedd; ~ **livre** ei lyfr *ou* llyfr; **ses parents** ei rieni *ou* rhieni; ~ **fils** ei fab *ou* mab; **sa chambre** ei ystafell *ou* hystafell; ~ **nom** ei enw *ou* henw; **et/à/avec/vers/de/ni** ~ **pays** a'i/i'w/gyda'i/tua'i/o'i/na'i wlad, a'i/i'w/gyda'i/tua'i/o'i/na'i gwlad; **une de ses amies** un o'i ffrindiau (ef *ou* fo *ou* fe *ou* hi), ffrind iddo *ou* iddi; **être satisfait de sa situation** (*indéfini*) bod yn fodlon ar eich sefyllfa *ou* byd; **chacun/chacune selon ses possibilités** pob un yn ôl ei allu/gallu.
son[2] [sɔ̃] *m* (*bruit*) sŵn *g*; (*RADIO, TV, MUS*) sain *b*;
♦*adj inv*: ~ **et lumière** sain a goleuni.
son[3] [sɔ̃] *m* (*résidu de mouture*) bran *g*, eisin *g* sil; (*sciure: pour bourrer*) blawd *g* llif.
sonar [sɔnaʀ] *m* sonar *g*.
sonate [sɔnat] *f* sonata *b*.
sondage [sɔ̃daʒ] *m* (*de terrain*) drilio, turio, tyllu; (*NAUT*) plymiad *g*, plymio; (*MÉD*) chwilio; (*pour évacuer*) cathetreiddio; (*fig*) arolwg *g*; ~ **(d'opinion)** arolwg (barn).
sonde [sɔ̃d] *f* (*MÉD: pour évacuer, introduire*) cathetr *g*; (:*pour examiner*) stiliwr *g*, chwiliedydd *g*; (:*d'alimentation*) tiwb *g* bwydo; (*NAUT: ligne*) llinyn *g* plymen *ou* plymio; (:*plomb*) plymen *b*; (*MÉTÉO*) sond *g,b*; (*TECH: de forage*) dril *g*, tyllwr *g*; (*de douanier: pour fouiller*) chwiliedydd; ~ **à avalanche** *polyn a ddefnyddir i gael hyd i bobl dan yr eira*; ~ **spatiale** chwiliedydd gofod.
sonder [sɔ̃de] (**1**) *vt* (*NAUT*) plymio, plymennu; (*TECH*) drilio, tyllu; (*MÉD*) chwilio, stilio; (:*vessie etc*) cathetreiddio; (*bagages*) chwilio (*gyda chwiliedydd*); (*fig: personne*) holi a stilio (rhn); ~ **le terrain** (*fig*) gweld pa ffordd y mae'r gwynt yn chwythu, gweld sut y mae pethau; ~ **l'opinion** holi barn y cyhoedd, cael gwybod barn y cyhoedd.
songe [sɔ̃ʒ] *m* breuddwyd *g,b*.
songer [sɔ̃ʒe] (**10**) *vi* breuddwydio, synfyfyrio; ~ **à** (*rêver à*) myfyrio *ou* synfyfyrio ynghylch; (*penser à, envisager*) meddwl am, ystyried; **vous me faites** ~ **à** 'rydych chi'n f'atgoffa o; ~ **que** meddwl ..., ystyried ...
songerie [sɔ̃ʒʀi] *f* synfyfyrdod *g*.
songeur (**songueuse**) [sɔ̃ʒœʀ, sɔ̃ʒøz] *adj* myfyriol, synfyfyriol, meddylgar; **ça me laisse** ~ mae hyn wedi gwneud imi feddwl.
sonnaille [sɔnɑj] *f* cloch *b* (*am wddf buwch ayb*); ~**s** (*son*) tincial, clincian.
sonnant (**-e**) [sɔnɑ̃, ɑ̃t] *adj*: **espèces** ~**es et trébuchantes** arian *g* sychion, arian parod; **horloge** ~**e** cloc *g* taro; **à huit heures** ~**es** am wyth o'r gloch ar ei ben, am wyth o'r gloch yn union.
sonné (**-e**) [sɔne] *adj* (*fam: fou*) hanner pan *ou* call, ddim llawn llathen, ddim yn gall; (:*assommé*) simsan, sigledig; **il est midi** ~ mae hi wedi (troi) hanner dydd; **elle a quarante ans bien** ~**s** mae hi'n bell dros ei deugain oed.
sonner [sɔne] (**1**) *vi* (*cloche, instrument en cuivre*) canu, seinio; (*clochette, clefs,*

monnaie) tincial; (*téléphone*) canu; (*pendule*) taro; (*voix, marteau*) atseinio; (*personne*) canu'r gloch; (*donner une impression*) swnio; ~ **bien** (*phrase, mot*) swnio'n dda; ~ **creux** swnio'n wag; ~ **faux** (*instrument*) swnio allan *ou* mas o diwn; (*rire*) swnio'n ffals; **minuit vient de** ~ mae hi newydd daro hanner nos; ~ **chez qn** canu cloch drws rhn;
♦*vt* (*cloche*) canu; (*tocsin, alarme*) seinio; (*domestique, infirmière*) galw (am); ~ **qn*** (*suj: nouvelle, choc*) llorio rhn, synnu rhn; ~ **l'heure** taro'r awr; ~ **du clairon** seinio'r utgorn.

sonnerie [sɔnʀi] *f* (*son*) sain *b*, caniad *g*, tinc *g*; (*de pendule*) trawiad *g*; (*sonnette*) cloch *b*; (*mécanisme d'horloge*) mecanwaith *g* *ou* peirianwaith *g* taro; ~ **d'alarme** cloch rybudd; ~ **de clairon** utganiad *g*, sain utgorn.

sonnet [sɔnɛ] *m* soned *b*.

sonnette [sɔnɛt] *f* cloch *b* fach; ~ **d'alarme** cloch rybudd; ~ **de nuit** cloch nos.

sono [sɔno] *f* *voir* **sonorisation**.

sonore [sɔnɔʀ] *adj* soniarus, atseiniol; (*ondes, film, signal*) sain; **effets** ~**s** effeithiau *ll* sain.

sonorisation [sɔnɔʀizasjɔ̃] *f* (*action*) gosod system sain; (*matériel, installations*) system *b* sain; **la** ~ **d'un film** ychwanegu'r trac sain at ffilm.

sonoriser [sɔnɔʀize] (1) *vt* (*film*) ychwanegu'r trac sain at; (*salle*) gosod system sain yn *ou* mewn.

sonorité [sɔnɔʀite] *f* soniarusrwydd *g*, soniaredd *g*; (*d'un instrument de musique*) tôn *g*; (*de la voix*) soniarusrwydd, tôn; (*d'une salle*) acwsteg *b*.

sonothèque [sɔnɔtɛk] *f* llyfrgell *b* effeithiau sain.

sont [sɔ̃] *vb* *voir* **être**.

sophisme [sɔfism] *m* soffyddiaeth *b*, twyllresymiad *g*.

sophiste [sɔfist] *m/f* soffydd *g*, twyllresymwr *g*, twyllresymwraig *b*.

sophistication [sɔfistikasjɔ̃] *f* soffistigedigrwydd *g*, soffistigeiddrwydd *g*; (*complexité*) cymhlethdod *g*.

sophistique [sɔfistik] *adj* soffyddol, twyllresymegol, gau.

sophistiqué (-e) [sɔfistike] *adj* soffistigedig; (*complexe*) tra chymhleth, soffistigedig.

Sophocle [sɔfɔkl] *prm* Soffocles.

soporifique [sɔpɔʀifik] *adj* soporiffig, sy'n achosi cwsg; (*ennuyeux*) syrffedus, diflas, anniddorol;
♦*m* cyffur *g* cysgu.

soprano [sɔpʀano] *m* llais *g* soprano;
♦*m/f* (*personne*) soprano *g/b*.

sorbet [sɔʀbɛ] *m* sorbed *g*.

sorbetière [sɔʀbətjɛʀ] *f* peiriant *g* gwneud hufen iâ.

sorbier [sɔʀbje] *m* cerddinen *b*, criafolen *b*.

sorcellerie [sɔʀsɛlʀi] *f* dewiniaeth *b*, hudoliaeth *b*, swyngyfaredd *b*.

sorcier[1] (**sorcière**) [sɔʀsje, sɔʀsjɛʀ] *adj*: **ce n'est pas** ~* nid yw'n gymhleth, mae'n hawdd fel dŵr *ou* baw.

sorcier[2] [sɔʀsje] *m* dewin *g*, swynwr *g*.

sorcière [sɔʀsjɛʀ] *f* dewines *b*, swynwraig *b*; (*vieille et laide*) gwrach *b*;
♦*adj f* *voir* **sorcier**[1].

sordide [sɔʀdid] *adj* (*habitation, rue*) aflan, bawaidd, budr(budron), brwnt(bront)(bryntion); (*conditions de vie*) gwael, truenus; (*crime*) ffiaidd.

Sorlingues [sɔʀlɛ̃g] *prfpl*: **les (îles)** ~ Ynysoedd *ll* Sili.

sornettes [sɔʀnɛt] (*péj*) *fpl* lol *b*, dwli *g*.

sort[1] [sɔʀ] *vb* *voir* **sortir**[2].

sort[2] [sɔʀ] *m* (*condition*) rhan *b*, tynged *b*; (*destin*) tynged, ffawd *b*; (*puissance surnaturelle*) ffawd; (*sorcellerie*) melltith *b*; **un coup du** ~ (*favorable*) tamaid *g* *ou* tipyn *g* *ou* strôc *b* o lwc; (*défavorable*) tamaid *ou* tipyn *ou* strôc o anlwc; **c'est un coup du** ~ fel'na mae hi, fel'na mae hi'n digwydd, fel'na y gwelwch chi hi; **ironie du** ~ eironi *g* bywyd *ou* ffawd, un *g* o gastiau bywyd *ou* ffawd; **le** ~ **en est jeté** 'does dim troi'n ôl; **tirer (qch) au** ~ tynnu blewyn cwta (am rth), tynnu tocyn *ou* cwtyn (am rth); **jeter un** ~ (*magique*) rheibio, witsio.

sortable [sɔʀtabl] *adj*: **tu n'es pas** ~ (*supportable*) (ni) wiw imi fynd â thi i unlle; **tu n'es pas** ~ **dans cet état!** (*présentable*) mae golwg (ofnadwy) arnat!, 'dwyt ti ddim yn ffit i gael dy weld!

sortant [sɔʀtɑ̃] *vb* *voir* **sortir**[2].

sortant (-e) [sɔʀtɑ̃, ɑ̃t] *adj* (*député, président*) ymadawol, sy'n ymadael; **les numéros** ~**s** (*JEUX*) y rhifau *ll* ennill, y rhifau a dynnir (o'r het).

sorte[1], *etc* [sɔʀt] *vb* *voir* **sortir**[2].

sorte[2] [sɔʀt] *f* math *g,b*; **une** ~ **de** rhyw fath o *ou* ar; (*péj*) rhyw lun o *ou* ar; **de la** ~ fel yna, felly; **il n'a rien fait de la** ~ ni wnaeth ddim o'r fath (beth); **en quelque** ~ fel petai, megis, mewn ffordd o siarad; **de** ~ **à** er mwyn; **de (telle)** ~ **que** (*de but*) fel ..., er mwyn i ...; (*de manière*) yn y fath fodd fel ..., i'r fath raddau fel *ou* nes ...; (*de conséquence*) ac o ganlyniad ...; **faire en** ~ **qu'il comprenne** gofalu *ou* sicrhau ei fod yn deall.

sortie [sɔʀti] *f* (*issue*) ffordd *b* allan *ou* mas, allanfa *b*; (*départ*) ymadawiad *g*; (*MIL*) cyrch *g*; (*fig: attaque verbale*) ymosodiad *g* (geiriol); (*fig: parole incongrue*) sylw *g* od *ou* rhyfedd; (*d'un gaz, de l'eau: processus*) gollyngiad *g*, arllwysiad *g*; (*emplacement*) allanfa, gollyngfa *b*, arllwysfa *b*; (*promenade, tour*) trip *g*, tro *g*; (*le soir: au restaurant etc*) noson *b* allan *ou* mas; (*de produits*) allforio; (*de capitaux*) all-lif *g*; (*INFORM*) allbwn *g*, allddarlleniad *g*; **les** ~**s** (*COMM: somme*) treuliau *ll*, taliadau *ll* allan; **faire une ~ à** *neu* **contre qn** ei rhoi hi i rn, ei dweud hi'n hallt wrth rn; **à sa ~ ...** wrth iddo *ou* iddi fynd allan ..., fel yr oedd yn mynd allan ...; **à la ~ de l'école/de l'usine** (*moment*) pan ddaw'r plant ysgol/gweithwyr allan; (*lieu*) y tu allan i'r ysgol/ffatri; **à la ~ de ce nouveau modèle** pan ymddengys *ou* ymddangosodd y model newydd hwn; **"~ de véhicules"** "allanfa cerbydau"; **~ de bain** (*vêtement*) gŵn *g* ymolchi; **~ de secours** allanfa frys *ou* argyfwng, drws *g* dianc; **~ papier** copi *g* caled; **~ sur imprimante** allbrint *g*.

sortilège [sɔʀtilɛʒ] *m* swyn *g*.

sortir[1] [sɔʀtiʀ] *m*: **au ~ de l'hiver** tua therfyn y gaeaf, fel y mae'r gaeaf yn tynnu tua'i derfyn.

sortir[2] [sɔʀtiʀ] (**26**) *vi (avec aux. être)* mynd allan *ou* mas, dod allan *ou* mas; (*plante*) tyfu, dod drwodd, dod i fyny; (*être fabriqué, publié etc*) bod *ou* mynd ar werth, ymddangos, cael ei lansio *ou* ddosbarthu *ou* ryddhau *ou* gyhoeddi; (*s'écarter de: rôle, cadre, compétence*) bod *ou* mynd y tu hwnt i; (*fig: famille*) dod *ou* hanu o; (*:université*) bod wedi graddio o; **~ du théâtre** mynd *ou* dod allan o'r theatr, gadael y theatr; **~ de l'hôpital/de prison** dod allan o'r ysbyty/carchar; **~ de la route** mynd *ou* dod oddi ar y ffordd, gadael y ffordd; **~ des rails** neidio *ou* mynd *ou* dod oddi ar y cledrau; **~ de maladie** bod ar wella; **~ de ses gonds** (*fig*) gwylltio'n gaclwm, mynd o'ch co', mynd yn ynfyd grac; **~ du système** (*INFORM*) allgofnodi; **~ de table** gadael y ford *ou* bwrdd, codi o'r ford *ou* bwrdd;
♦*vt (avec aux. avoir)* (*mener dehors: personne, chien*) mynd (â rhn *ou* rhth) allan *ou* mas; (*:pour se promener*) mynd (â rhn *ou* rhth) allan am dro; (*mettre dehors: vu de l'intérieur*) rhoi (rhth) allan, dodi (rhth) mas, mynd (â rhth) allan *ou* mas; (*:vu de l'extérieur*) dod (â rhth) allan *ou* mas; (*retirer*) tynnu (rhth) allan *ou* mas; (*produit, modèle*) rhoi (rhth) ar werth, lansio, cyflwyno; (*film etc*) rhyddhau, dosbarthu; (*livre*) cyhoeddi; (*fam: dire: boniments, incongruités*) dweud; (*:expulser: personne*) dangos y drws i, taflu (rhn) allan, hala; (*INFORM*) allbynnu; **~ les mains de ses poches** tynnu'ch dwylo o'ch pocedi; **~ qn d'affaire** *neu* **d'embarras** tynnu rhn o drafferth, cael rhn o drafferth;
♦ **se ~** *vr*: **se ~ de** (*situation difficile*) dod allan o; **s'en ~** dod allan ohoni; (*maladie*) dod trwyddi *ou* trosti, tynnu trwyddi; (*se débrouiller*) dod trwyddi, ymdopi, dod i ben.

SOS [ɛsoɛs] *sigle m*(= *Save Our Souls*) (galwad *b*) S.O.S. *g,b*.

sosie [sɔzi] *m* dwbl *g*.

sot[1] (**-te**) [so, sɔt] *adj* gwirion, hurt, dwl, twp.

sot[2] [so] *m* gwirionyn *g*, twpsyn *g*.

sotte [sɔt] *f* gwirionen *b*, twpsen *b*;
♦*adj f voir* **sot**[1].

sottement [sɔtmɑ̃] *adv* yn wirion, yn hurt, yn ddwl, yn dwp.

sottise [sɔtiz] *f* gwiriondeb *g*, hurtrwydd *g*, dylni *g*, twpdra *g*; **faire une ~** gwneud rhth gwirion *ou* hurt *ou* twp *ou* dwl; **dire des ~s** dweud pethau gwirion *ou* hurt *ou* twp *ou* dwl, siarad lol *ou* dwli; (*fam*) dweud pethau cas.

sou [su] *m* ceiniog *b*; **être près de ses ~s** bod yn gybyddlyd *ou* llawgaead *ou* dynn, edrych yn llygad y geiniog; **être sans le ~** bod heb yr un geiniog, bod heb ddimai goch y delyn; **économiser ~ à ~** cynilo fesul ceiniog; **il n'a pas un ~ de bon sens** 'does ganddo ddim rhithyn *ou* mymryn o synnwyr cyffredin; **de quatre ~s** (*sans valeur*) diwerth, ceiniog a dimai.

souahéli (**-e**) [swaeli] *adj* Swahili, Swahilïaidd.

Souahéli [swaeli] *m* (*LING*) Swahili *b,g*.

soubassement [subɑsmɑ̃] *m* (*d'une construction*) darn *g* gwaelod; (*GÉO*) creigwely *g*.

soubresaut [subʀəso] *m* (*de peur etc*) naid *b* fach, gwingiad *g*; (*d'un cheval*) rhusiad *g*; (*d'un véhicule*) ysgytwad *g*, jeriad *g*.

soubrette [subʀɛt] *f* morwyn *b* (*mewn comedi*).

souche [suʃ] *f* (*d'un arbre*) bonyn *g*, bôn *g*; (*d'un registre, carnet*) bonyn, gwrthddalen *b*; (*origine familiale*) tras *b*; **dormir comme une ~** cysgu fel twrch *ou* mochyn; **de vieille ~** o dras hynafol.

souci [susi] *m*
1 (*inquiétude*) pryder *g*, gofid *g*, poendod *g*; (*préoccupation*) gofal *g*, diddordeb *g*; **se faire du ~** poeni; **avoir (le) ~ de** ymboeni *ou* ymdrafferthu ynghylch; **~s financiers** trafferthion *ll ou* helyntion *ll* ariannol.
2 (*BOT*) gold *g* Mair, melyn *g* Mair.

soucier [susje] (**16**): **se ~ de** *vr* poeni am, hidio am, malio am; **je m'en soucie comme de l'an quarante** 'dydw i ddim yn malio ffeuen, 'dydw i ddim yn hidio botwm corn, 'dydw i ddim yn becso dam.

soucieux (**soucieuse**) [susjø, susjøz] *adj* pryderus, gofidus, anniddyg, anesmwyth; **être ~ de** (*apparence etc*) bod yn ymwybodol o, ymboeni ynghylch; **peu ~ de/que** heb falio fawr ddim ...; **être ~ que tout se passe bien** bod yn awyddus iawn i bopeth fynd yn dda.

soucoupe [sukup] *f* soser *b*; **~ volante** soser hedegog.

soudain (**-e**) [sudɛ̃, ɛn] *adj* sydyn, annisgwyl, dirybudd;
♦*adv* yn sydyn, chwap.

soudainement [sudɛnmɑ̃] *adv* yn sydyn, chwap.

soudaineté [sudɛnte] *f* sydynrwydd *g*.

Soudan [sudɑ̃] *prm*: **le ~** y Swdan *b*.

soudanais (-e) [sudanɛ, ɛz] *adj* Swdanaidd, o'r Swdan.
Soudanais [sudanɛ] *m* Swdaniad *g*.
Soudanaise [sudanɛz] *f* Swdaniad *b*.
soude [sud] *f* soda *g*; ~ **caustique** soda brwd *ou* costig.
soudé (-e) [sude] *adj* (*pétales, organes*) asiedig, wedi eu hasio; (*fig: personnes*) unedig.
souder [sude] (**1**) *vt* asio; (*avec fil à souder*) sodro; (*par soudure autogène*) asio, weldio; (*fig: unir*) uno;
♦ **se** ~ *vr* (*os*) asio.
soudeur [sudœʀ] *m* (*ouvrier*) sodrwr *g*, weldiwr *g*, asiwr *g*.
soudeuse [sudøz] *f* (*ouvrière*) sodrwraig *b*, weldwraig *b*; (*machine*) peiriant *g* weldio *ou* asio.
soudoyer [sudwaje] (**17**) (*péj*) *vt* llwgrwobrwyo.
soudure [sudyʀ] *f* (*opération*) sodro; (*opération: autogène*) asio, weldio; (*résultat*) sodrad *g*; (*résultat: autogène*) weld *g,b*, weldiad *g*, asiad *g*; (*substance*) sodr *g*; **faire la** ~ (*COMM*) llenwi *ou* llanw bwlch; (*fig: assurer une transition*) pontio *ou* rhychwantu bwlch.
souffert (-e) [sufɛʀ, ɛʀt] *pp de* **souffrir**.
soufflage [suflaʒ] *m*: ~ **du verre** chwythu gwydr.
souffle [sufl] *m* (*en expirant*) gwynt *g*, anadl *g,b*; (*en soufflant*) chwyth *g*, chwythiad *g*, pwff *g*; (*respiration*) anadliad *g*, anadlu; (*d'une explosion*) taniad *g*, ffrwydrad *g*; (*du vent*) chwa *b*, awel *b*; (*fig: créateur etc*) ysbrydoliaeth *b*; **retenir son** ~ dal eich gwynt *ou* anadl; **avoir du** ~ bod â digon o wynt *ou* anadl; **manquer de** ~ bod yn fyr eich gwynt *ou* anadl; **être à bout de** ~ bod allan o wynt, bod wedi colli'ch gwynt *ou* anadl; **avoir le** ~ **court** bod yn fyr eich gwynt, bod yn gaeth *ou* brin eich anadl; **un** ~ **d'air** *neu* **de vent** chwa, awel; **second** ~ (*fig: regain d'énergie, d'activité*) ail wynt; ~ **au cœur** (*MÉD*) murmur *g* yn y galon.
soufflé[1] (-e) [sufle] *adj* (*CULIN*) soufflé; (*fam: personne*) syfrdan, syn, wedi'ch syfrdanu, cegrwth.
soufflé[2] [sufle] *m* (*CULIN*) soufflé *g*
souffler [sufle] (**1**) *vi* (*vent*) chwythu; (*personne: haleter*) chwythu; (*se reposer*) cael eich gwynt atoch; ~ **sur** (*pour éteindre etc*) chwythu ar, diffodd; **laisser** ~ (*personne, animal*) gadael i (rn *ou* rth) gael ei wynt ato, rhoi hoe fach i;
♦*vt* chwythu; (*bougie*) diffodd, chwythu ar; (*TECH: verre*) chwythu; (*JEUX: aux dames*) chwythu ar, hyffio; (*détruire: suj: explosion*) dinistrio, chwalu; ~ **qch à qn** (*réponse, leçon*) sibrwd rhth wrth rn; ~ **qch à qn*** (*voler*) dwyn rhth oddi ar rn; ~ **son rôle** *neu* **la réplique à qn** (*THÉÂTRE*) procio cof rhn, cofweini ar rn; **ne pas** ~ **mot** (*ne rien dire*) peidio â dweud gair.
soufflerie [sufləʀi] *f* (*orgue, forge*) megin *b*; (*d'aération*) gwyntyll *b* awyru; (*AVIAT*) twnel *g* gwynt.
soufflet [suflɛ] *m* (*instrument*) megin *b*; (*entre wagons*) cyswllt *g* (crych); (*COUTURE*) cwysed *b*; (*gifle*) clusten *b*, clewten *b*.
souffleur [suflœʀ] *m* (*THÉÂTRE*) cofweinydd *g*; ~ **de verre** (*TECH*) chwythwr *g* gwydr.
souffleuse [sufløz] *f* (*THÉÂTRE*) cofweinyddes *b*.
souffrance [sufʀɑ̃s] *f* dioddefaint *g*, dioddef *g*; **en** ~ (*marchandise: non livré*) yn aros i'w (d)danfon; (:*non réclamé*) heb ei hawlio; (*affaire*) heb ei benderfynu *ou* phenderfynu.
souffrant (-e) [sufʀɑ̃, ɑ̃t] *adj* dioddefus; **elle est** ~**e** 'dyw hi ddim yn dda, mae hi'n dost *ou* sâl *ou* wael.
souffre-douleur [sufʀədulœʀ] *m inv* cocyn *g* hitio, cyff *g* gwawd.
souffreteux (**souffreteuse**) [sufʀətø, sufʀətøz] *adj* gwanllyd, nychlyd.
souffrir [sufʀiʀ] (**28**) *vi* dioddef; (*éprouver des douleurs*) bod mewn poen; ~ **de** (*maladie, froid*) dioddef gan; (*discrimination, racisme*) dioddef oherwydd; ~ **de rhumatismes** dioddef gan gryd cymalau; **il souffre des dents** mae'r ddannoedd arno, mae ei ddannedd yn ei boeni; **faire** ~ **qn** gwneud i rn ddioddef, achosi poen i rn; (*suj: dents, blessure etc*) brifo rhn, rhoi *ou* gwneud dolur i rn;
♦*vt* (*éprouver*) dioddef, cael, profi; (*supporter*) dioddef, goddef; (*permettre*) caniatáu, goddef; **je ne peux pas** ~ **la chaleur** ni allaf ddioddef y gwres.
soufre [sufʀ] *m* sylffwr *g*.
soufrer [sufʀe] (**1**) *vt* sylffyru; (*vignes*) trin (rhth) â sylffwr, sylffyru.
souhait [swɛ] *m* dymuniad *g*; **tous nos** ~**s pour la nouvelle année** ein dymuniadau gorau ar gyfer y flwyddyn newydd; **à** ~ i'r dim; **riche à** ~ anhygoel o gyfoethog; **"à vos** ~**s!"** (*ar ôl tisian*) "rhad arnoch chi!", "bendith arnoch!"
souhaitable [swɛtabl] *adj* dymunol.
souhaiter [swete] (**1**) *vt* (*formuler un vœu de*) dymuno; (*espérer*) gobeithio am; ~ **le bonjour/la bonne année à qn** dymuno bore da/blwyddyn newydd dda i rn; ~ **bon voyage** *neu* **bonne route à qn** dymuno siwrnai dda i rn; **il est à** ~ **que tout se passe bien** gobeithio yr aiff popeth yn iawn.
souiller [suje] (**1**) *vt* baeddu, difwyno; (*polluer*) llygru; (*fig: réputation, mémoire*) maeddu, halogi, difwyno.
souillure [sujyʀ] *f* (*saleté*) staen *g*; (*fig*) brycheuyn *g*, staen.
soûl[1] (-e) [su, sul] *adj* (*ivre*) meddw, wedi meddwi; ~ **de musique/plaisirs** meddw ar gerddoriaeth/bleser.
soûl[2] [su] *m*: **manger/boire tout son** ~ bwyta/yfed eich gwala.
soulagement [sulaʒmɑ̃] *m* rhyddhad *g*, gollyngdod *g*.

soulager [sulaʒe] (**10**) *vt* (*mal, douleur, peine*) lleddfu, lliniaru, esmwytho; (*apaiser, calmer*) tawelu, ysgafnu, cysuro; (*aider: les pauvres etc*) rhoi cymorth i; ~ **qn de rhth** (*fardeau*) mynd â rhth oddi ar rn; ~ **qn de son portefeuille** (*humoristique*) lladrata *ou* dwyn *ou* dwgyd waled rhn, lladrata *ou* dwyn *ou* dwgyd ei waled oddi ar rn.

soûler [sule] (**1**) *vt*: ~ **qn** (*aussi fig*) meddwi rhn; (*de paroles etc: fig*) gwneud i ben rhn droi, gwneud i rn deimlo'n feddw;
♦ **se** ~ *vr* (*aussi fig*) meddwi; ~ **de qch** meddwi ar rth.

soûlerie [sulʀi] (*péj*) *f* sbri *g,b*, sesiwn *b* fawr; **participer à une** ~ mynd ar y cwrw *ou* criws, mynd ar sbri *ou* am sesiwn fawr.

soulèvement [sulɛvmɑ̃] *m* gwrthryfel *g*, terfysg *g*; (*GÉO*) brigwth *g*.

soulever [sul(ə)ve] (**13**) *vt* codi; (*peuple*) cyffroi, cynhyrfu; (*enthousiasme*) ennyn, creu, ysgogi; **cela (me) soulève le cœur** mae'n codi cyfog *ou* pwys arnaf, mae'n troi arnaf;
♦ **se** ~ *vr* (*se révolter*) gwrthryfela; (*se redresser*) eich codi'ch hun *ou* hunan; (*couvercle etc*) codi; (*mer*) ymchwyddo; (*poitrine*) ymgodi.

soulier [sulje] *m* esgid *b*; **une paire de** ~**s** pâr *g* o esgidiau; ~**s bas** esgidiau *ll* sodlau isel; ~**s à talons** esgidiau sodlau uchel; ~**s plats** esgidiau gwadnau fflat.

souligner [suliɲe] (**1**) *vt* tanlinellu; (*fig*) pwysleisio, tanlinellu.

soumettre [sumɛtʀ] (**72**) *vt* (*pays, rebelles*) darostwng, gorchfygu, trechu; (*proposer*) cynnig, cyflwyno, dwyn (rhth) ger bron; ~ **la population à l'impôt** gosod treth ar y boblogaeth; ~ **qch à un examen** rhoi archwiliad i rth, rhoi *ou* dodi rhth dan archwiliad;
♦ **se** ~ *vr*: **se** ~ **(à)** (*se rendre, obéir*) ildio (i), ymostwng (i), ufuddhau (i); (*accepter*) derbyn, cydymffurfio â.

soumis (-e) [sumi, iz] *pp de* **soumettre**;
♦*adj* ufudd, gostyngedig; **revenus** ~ **à l'impôt** incwm *g* trethadwy.

soumission [sumisjɔ̃] *f* ymostyngiad *g*, ymostwng, ildiad *g*, ildio, ufudd-dod *g*, ufuddhau; (*COMM*) cynnig *g*, tendr *g*.

soumissionner [sumisjɔne] (**1**) *vt* (*COMM: travaux*) cyflwyno *ou* gwneud cynnig am, rhoi *ou* cyflwyno tendr am.

soupape [supap] *f* falf *b*; ~ **de sûreté** falf ddiogelu *ou* ddiogelwch.

soupçon [supsɔ̃] *m* amheuaeth *b*; **un** ~ **de** (*petite quantité*) awgrym *g* o, arlliw *g* o, mymryn *g* o; **il n'avait pas** ~ **que ce serait difficile** 'doedd ganddo ddim syniad y byddai'n anodd; **avoir des** ~**s sur** amau, drwgdybio, bod ag amheuaeth *ou* amheuon ynglŷn â; **au dessus de tout** ~ y tu hwnt i bob amheuaeth.

soupçonner [supsɔne] (**1**) *vt* amau, drwgdybio; ~ **qn de faire qch** amau rhn o wneud rhth; ~ **qn d'avoir fait qch** amau i rn wneud rhth.

soupçonneux (**soupçonneuse**) [supsɔnø, supsɔnøz] *adj* amheus, drwgdybus.

soupe [sup] *f* cawl *g*; ~ **à l'oignon** cawl nionod *ou* winwns; ~ **de légumes/poisson** cawl llysiau/pysgod; ~ **populaire** cegin *b* gawl; **être** ~ **au lait** (*fig*) bod yn wyllt eich tymer.

soupente [supɑ̃t] *f* (*sous un toit*) atig *b*; (*sous un escalier*) twll *g* dan grisiau, cwtsh *g* dan staer, sbensh *g*.

souper[1] [supe] (**1**) *vi* cael swper; **avoir soupé de qch*** bod wedi cael llond bol *ou* bola ar rth, bod wedi hen flino *ou* ddiflasu *ou* alaru ar rth.

souper[2] [supe] *m* swper *g*.

soupeser [supəze] (**13**) *vt* pwyso (rhth) yn eich llaw, swmpo; (*fig*) pwyso a mesur, ystyried, cloriannu.

soupière [supjɛʀ] *f* dysgl *b* gawl.

soupir [supiʀ] *m*
1 (*expiration*) ochenaid *b*; ~ **d'aise/de soulagement** ochenaid o foddhad/o ryddhad; **rendre le dernier** ~ tynnu'ch anadl olaf, rhoi'ch chwythiad olaf.
2 (*MUS*) tawnod *g* crosiet *ou* chwarter.

soupirail (**soupiraux**) [supiʀaj, supiʀo] *m* ffenestr *b* fach (*mewn seler ayb*).

soupirant [supiʀɑ̃] (*péj*) *m* carwr *g*, cariadfab *g*.

soupirer [supiʀe] (**1**) *vi* ochneidio; ~ **après qch** dyheu am rth; ~ **pour qn** hiraethu am rn, dihoeni am rn.

souple [supl] *adj* (*branche*) ystwyth, hyblyg, plygadwy; (*col, cuir*) meddal; (*membres, corps, personne*) ystwyth; (*fig: esprit, caractère, règlement*) hyblyg; (:*démarche, taille*) ystwyth, heini, gwisgi; (:*style*) llyfn(llefn)(llyfnion), llithrig, rhwydd; (:*voiture, suspension*) esmwyth; **disque(tte)** ~ (*INFORM*) disg *g* llipa.

souplement [supl(ə)mɑ̃] *adv* yn ystwyth, yn esmwyth.

souplesse [suplɛs] *f* (*branche*) ystwythder *g*, hyblygrwydd *g*; (*col, cuir*) meddalwch *g*; (*style*) llyfnder *g*, llithrigrwydd *g*, rhwyddineb *g*; (*voiture, suspension*) esmwythder *g*; **en** *neu* **avec** ~ yn ystwyth; (*atterrir etc*) yn esmwyth *voir aussi* **souple**.

source [suʀs] *f* (*point d'eau*) ffynnon *b*; (*de cours d'eau*) ffynhonnell *b*, tarddiad *g*, tarddle *g*; (*fig: origine*) ffynhonnell, tarddiad, tarddle, man *g,b* cychwyn, gwreiddyn *g*; ~**s** (*textes originaux*) ffynonellau *ll*; **prendre sa** ~ **à** *neu* **dans** (*suj: cours d'eau*) codi yn; **tenir qch de bonne** ~ *neu* **de** ~ **sûre** cael rhth o lygad y ffynnon *ou* o le da *ou* o le sicr; ~ **d'eau minérale** ffynnon fwynol; ~ **de chaleur** ffynhonnell gwres; ~ **lumineuse** ffynhonnell goleuni; ~ **thermale** ffynnon boeth *ou* dwym

ou frwd.
sourcier [suʀsje] *m* dewin *g* dŵr.
sourcière [suʀsjɛʀ] *f* dewines *b* ddŵr.
sourcil [suʀsi] *m* ael *b*.
sourcilière [suʀsiljɛʀ] *adj f*: **arcade** ~ (*ANAT*) ysgafell *b*.
sourciller [suʀsije] (**1**) *vi*: **sans** ~ heb gyffroi *ou* gynhyrfu dim, heb droi blewyn.
sourcilleux (**sourcilleuse**) [suʀsijø, suʀsiøz] *adj* (*hautain, sévère*) ffroenuchel, trwynsur; (*pointilleux*) cysetlyd, gorfanwl.
sourd[1] (**-e**) [suʀ, suʀd] *adj* byddar, trwm eich clyw; (*couleur*) pŵl, dwl; (*son*) aneglur, tawel, isel; (*douleur*) mud; (*colère, hostilité*) lled-guddiedig, dan yr wyneb; (*lutte*) cudd; **être** ~ **à** (*fig*) troi clust fyddar i.
sourd[2] [suʀ] *m* dyn *g* byddar.
sourde [suʀd] *f* gwraig *b ou* merch *b* fyddar; ♦*adj f voir* **sourd**[1].
sourdait [suʀdɛ] *vb voir* **sourdre**.
sourdement [suʀdəmɑ̃] *adv* (*avec un bruit assourdi*) yn aneglur; (*secrètement*) yn ddistaw bach, yn dawel fach, yn y dirgel.
sourdine [suʀdin] *f* (*MUS*) mudydd *g*; (*de piano*) pedal *g* chwith; **en** ~ yn dawel; **mettre une** ~ **à** (*fig*) lleddfu, lliniaru.
sourd-muet[1] (~**e**-~**te**) (~**s**-~**s**, ~**es**-~**tes**) [suʀmyɛ, suʀdmyɛt] *adj* mud a byddar.
sourd-muet[2] (~**s**-~**s**) [suʀmyɛ] *m* dyn *g* mud a byddar.
sourde-muette (~**s**-~**s**) [suʀdmyɛt] *f* gwraig *b ou* merch *b* fud a byddar; ♦*adj f voir* **sourd-muet**[1].
sourdre [suʀdʀ] (**3**) *vi* (*eau, fig*) codi.
souriant[1] [suʀjɑ̃] *vb voir* **sourire**.
souriant[2] (**-e**) [suʀjɑ̃, jɑ̃t] *adj* (*visage*) yn wên i gyd; (*personne*) siriol; (*fig*) dymunol.
souricière [suʀisjɛʀ] *f* trap *g* llygod; (*fig*) trap.
sourie *etc* [suʀi] *vb voir* **sourire**.
sourire[1] [suʀiʀ] *m* gwên *b*; **faire un** ~ **à qn** gwenu ar rn; **garder le** ~ dal i wenu.
sourire[2] [suʀiʀ] (**49**) *vi* gwenu; ~ **à qn** (*aussi fig*) gwenu ar rn; (*plaire à: fig*) apelio at rn.
souris *etc*[1] [suʀi] *vb voir* **sourire**.
souris[2] [suʀi] *f* llygoden *b* (fach); (*INFORM*) llygoden.
sournois (**-e**) [suʀnwa, waz] *adj* slei, twyllodrus, dichellgar; (*attaque*) llechwraidd.
sournoisement [suʀnwazmɑ̃] *adv* yn slei, yn dwyllodrus, trwy dwyll; (*s'approcher*) yn llechwraidd, yn slei bach.
sournoiserie [suʀnwazʀi] *f* dichellgarwch *g*, ystrywgarwch *g*.
sous[1] [su] *prép* tan, dan, o dan; ~ **la pluie/le soleil** yn y glaw/yr haul *ou* heulwen; **rien de nouveau** ~ **le soleil** nid oes dim newydd dan yr haul; **température** ~ **abri** tymheredd *g* yn y cysgod; ~ **mes yeux** o flaen fy llygaid; ~ **terre** dan ddaear, dan *ou* tan y ddaear; (**emballé**) ~ **vide** a baciwyd mewn gwactod, wedi'i bacio mewn gwactod; **elle est encore** ~ **le coup de l'émotion** mae hi'n dal mewn (cyflwr o) sioc; **être** ~ **le coup d'une forte émotion** bod dan bwysau teimlad cryf; ~ **l'influence/l'action de qch** dan ddylanwad/effaith rhth; ~ **les ordres/la protection de qn** dan orchymyn/nawdd rhn; ~ **telle rubrique/lettre** dan y pennawd a'r pennawd/y llythyren a'r llythyren; ~ **antibiotiques** ar wrthfiotigau; ~ **Charles X** adeg Siarl y Degfed; ~ **tous les angles** o bob safbwynt; ~ **ce rapport** yn hyn *ou* hynny o beth, o ran hyn *ou* hynny; ~ **peu** yn y man, gyda hyn, cyn hir, yn fuan.
sous...[2] [su] *préf* is-..., tan...
sous-alimentation (~-~**s**) [suzalimɑ̃tasjɔ̃] *f* diffyg *g* maeth.
sous-alimenté (~-~**e**) (~-~**s**, ~-~**es**) [suzalimɑ̃te] *adj* heb gael digon o faeth, heb ddigon o faeth, tanfaethedig.
sous-bois [subwa] *m inv* isdyfiant *g*, prysgwydd *ll*.
sous-catégorie (~-~**s**) [sukategɔʀi] *f* is-gategori *g*, is-ddosbarth *g*.
sous-chef (~-~**s**) [suʃɛf] *m* (*gén*) dirprwy *g*; (*dans un restaurant*) is-bencogydd *g*; ~-~ **de bureau** dirprwy brif glerc *g*.
sous-comité (~-~**s**) [sukɔmite] *m* is-bwyllgor *g*.
sous-commission (~-~**s**) [sukɔmisjɔ̃] *f* is-bwyllgor *g*.
sous-continent (~-~**s**) [sukɔ̃tinɑ̃] *m* is-gyfandir *g*.
sous-couche (~-~**s**) [sukuʃ] *f* (*de peinture*) côt *b* isaf *ou* gyntaf.
souscripteur [suskʀiptœʀ] *m* tanysgrifiwr *g*.
souscription [suskʀipsjɔ̃] *f* tanysgrifiad *g*.
souscriptrice [suskʀiptʀis] *f* tanysgrifwraig *b*.
souscrire [suskʀiʀ] (**53**): ~ **à** *vt* tanysgrifio i; (*fig*) cyd-fynd â, cefnogi, arddel.
sous-cutané (~-~**e**) (~-~**s**, ~-~**es**) [sukytane] *adj* isgroenol, tan y croen.
sous-développé (~-~**e**) (~-~**s**, ~-~**es**) [sudevlɔpe] *adj* tanddatblygedig, isddatblygedig, heb ei (d)datblygu.
sous-développement (~-~**s**) [sudevlɔpmɑ̃] *m* tanddatblygiad *g*, isddatblygiad *g*, diffyg *g* datblygiad.
sous-directeur (~-~**s**) [sudiʀɛktœʀ] *m* rheolwr *g* cynorthwyol, is-reolwr *g*.
sous-directrice (~-~**s**) [sudiʀɛktʀis] *f* rheolwraig *b* gynorthwyol, is-reolwraig *b*.
sous-emploi (~-~**s**) [suzɑ̃plwa] *m* tangyflogaeth *b*.
sous-employé (~-~**e**) (~-~**s**, ~-~**es**) [suzɑ̃plwaje] *adj* (*travailleur*) heb ddigon o waith; (*appareil*) heb ddigon o ddefnydd arno, nas defnyddir ddigon.
sous-ensemble (~-~**s**) [suzɑ̃sɑ̃bl] *m* is-set *b*.
sous-entendre [suzɑ̃tɑ̃dʀ] (**3**) *vt* awgrymu, lledawgrymu.

sous-entendu[1] (~-~e) (~-~s, ~-~es) [suzɑ̃tɑ̃dy] *adj* dealledig, ensyniedig.

sous-entendu[2] (~-~s) *m* ensyniad *g*.

sous-équipé (~-~e) (~-~s, ~-~es) [suzekipe] *adj* (*entreprise etc*) heb ddigon o gyfarpar *ou* offer, prin o gyfarpar *ou* offer; (*région*) tlawd o ran diwydiant *ou* adnoddau *ou* rhwydwaith mewnol.

sous-estimer [suzɛstime] (**1**) *vt* tanbrisio, synied *ou* meddwl yn rhy isel am.

sous-exploiter [suzɛksplwate] (**1**) *vt* peidio â manteisio *ou* defnyddio digon ar, tanecsbloetio.

sous-exposer [suzɛkspoze] (**1**) *vt* (*PHOT*) tanddinoethi, dinoethi (rhth) yn annigonol.

sous-fifre (~-~s) [sufifʀ] (*péj*) *m* gwas *g* bach.

sous-groupe (~-~s) [sugʀup] *m* is-grŵp *g*.

sous-homme (~-~s) [suzɔm] (*péj*) *m* isddyn *g*, is-greadur *g*.

sous-jacent (~-~e) (~-~s, ~-~es) [suʒasɑ̃, ɑ̃t] *adj* islaw; (*fig: idée, difficulté*) cudd, cuddiedig, dan yr wyneb.

sous-lieutenant (~-~s) [suljøtnɑ̃] *m* is-lefftenant *g*; (*dans l'aviation*) peilot-swyddog *g*.

sous-locataire (~-~s) [sulɔkatɛʀ] *m/f* is-denant *g*.

sous-location (~-~s) [sulɔkasjɔ̃] *f* (*action*) isosod; (*bail*) is-denantiaeth *b*; **en** ~-~ fel is-denant.

sous-louer [sulwe] (**1**) *vt* (*suj: locataire principal*) isosod; (*suj: sous-locataire*) rhentu (rhth) fel is-denant.

sous-main [sumɛ̃] *m inv* pad *g* blotio; **en** ~-~ yn gyfrinachol, yn ddistaw bach, yn dawel fach.

sous-marin[1] (~-~e) (~-~s, ~-~es) [sumaʀɛ̃, in] *adj* (*flore, volcan*) tanforol, tanfor; (*plongeur*) dyfnforol, (y) dyfnfor; (*pêcheur*) cefnforol, (y) cefnfor.

sous-marin[2] (~-~s) [sumaʀɛ̃] *m* llong *b* danfor

sous-médicalisé (~-~e) (~-~s, ~-~es) [sumedikalize] *adj* prin o wasanaethau meddygol, heb ddigon o feddygon.

sous-nappe (~-~s) [sunap] *f* ffelt *g* (*i'w roi dan liain bwrdd*).

sous-œuvre [suzœvʀ(ə)]: **reprendre en** ~-~ *adv* (*CONSTR*) tanategu.

sous-officier (~-~s) [suzɔfisje] *m* swyddog *g* digomisiwn.

sous-ordre (~-~s) [suzɔʀdʀ] *m* (*ZOOL*) is-urdd *b*; (*subordonné*) un *g* israddd, gwas *g* bach.

sous-payé (~-~e) (~-~s, ~-~es) [supeje] *adj* heb gyflog *ou* dâl digonol, rhy isel eich cyflog.

sous-préfecture (~-~s) [supʀefɛktyʀ] *f* is-raglawiaeth *b*; (*bâtiment*) swyddfa *b* is-raglaw.

sous-préfet (~-~s) [supʀefɛ] *m* is-raglaw *g*.

sous-production (~-~s) [supʀɔdyksjɔ̃] *f* cynnyrch *g ou* cynhyrchu annigonol.

sous-produit (~-~s) [supʀɔdɥi] *m* sgil-gynnyrch *g*, isgynnyrch *g*; (*fig*) copi *g* gwael.

sous-programme (~-~s) [supʀɔgʀam] *m* (*INFORM*) isreolwaith *g*.

sous-pull (~-~s) [supul] *m* jersi *b* ysgafn (*gyda gwddf polo*).

sous-secrétaire (~-~s) [susəkʀetɛʀ] *m*: ~-~ **d'État** is-ysgrifennydd *g* Gwladol.

soussigné[1] (-**e**) [susiɲe] *adj*: **je** ~ ... yr wyf fi sydd wedi arwyddo isod ..., myfi'r llofnodwr *ou* llofnodwraig ...

soussigné[2] [susiɲe] *m*: **le** ~ y llofnodwr *g*, yr un *g* sydd wedi arwyddo isod; **les** ~**s** y llofnodwyr isod, y rhai *ll* sydd wedi arwyddo isod.

soussignée [susiɲe] *f*: **la** ~ y llofnodwraig *b*, yr un *b* sydd wedi arwyddo isod;
♦*adj f voir* **soussigné**[1].

sous-sol (~-~s) [susɔl] *m* (*d'une construction*) islawr *g*; (*terre*) isbridd *g*.

sous-tasse (~-~s) [sutas] *f* soser *b*.

sous-tendre [sutɑ̃dʀ] (**3**) *vt* (*fig: raisonnement, politique*) bod yn sail *ou* yn gynhaliaeth i, bod wrth wraidd (rhth), gorwedd dan (rth); (*MATH*) cynnal.

sous-titre (~-~s) [sutitʀ] *m* is-deitl *g*.

sous-titré (~-~e) (~-~s, ~-~es) [sutitʀe] *adj* (*film*) gydag is-deitlau.

soustraction [sustʀaksjɔ̃] *f* (*MATH*) tyniad *g*, tynnu; (*JUR: vol*) lladrad *g*, lladrata.

soustraire [sustʀɛʀ] (**65**) *vt* (*MATH*) tynnu; ~ **qch à** (*voler*) mynd â *ou* dwyn rhth oddi ar; ~ **qn à** (*protéger*) amddiffyn rhn rhag, achub rhn rhag;
♦ **se** ~ *vr*: **se** ~ **à** (*s'affranchir de*) osgoi, dianc rhag, ymryddhau o; **se** ~ **à l'impôt** osgoi *ou* efadu treth.

sous-traitance (~-~s) [sutʀɛtɑ̃s] *f* is-gontractio; **travailler en** ~-~ gweithio fel is-gontractiwr.

sous-traitant (~-~s) [sutʀɛtɑ̃] *m* is-gontractiwr *g*.

sous-traiter [sutʀete] (**1**) *vt* (*donner en sous-traitance*) is-gontractio; (*exécuter à titre de sous-traitant*) gwneud (rhth) fel is-gontractiwr;
♦*vi* (*donner en sous-traitance*) is-gontractio gwaith; (*exécuter à titre de sous-traitant*) gweithio fel is-gontractiwr.

soustrayais [sustʀɛjɛ] *vb voir* **soustraire**.

sous-verre [suvɛʀ] *m inv* (*encadrement*) ffrâm *b*; (*image encadrée*) llun *g* mewn ffrâm, llun dan wydr; (*objet que l'on place sous un verre*) mat *g* diod.

sous-vêtement (~-~s) [suvɛtmɑ̃] *m* dilledyn *g* isaf; ~-~**s** dillad isaf.

sous-virer [suviʀe] (**1**) *vi* troi *ou* llywio'n llac, troi rhy ychydig, tanlywio.

soutane [sutan] *f* casog *g,b*.

soute [sut] *f* howld *b*; ~ **à bagages** howld

baciau.

soutenable [sut(ə)nabl] *adj* (*défendable*) amddiffynadwy, cynaliadwy, daliadwy; **pas** ~ (*insupportable*) annioddefol.

soutenance [sut(ə)nɑ̃s] *f*: ~ **de thèse** (*UNIV*) arholiad *g* llafar.

soutènement [sutɛnmɑ̃] *m*: **mur de** ~ mur *g* cynhaliol.

souteneur [sut(ə)nœʀ] *m* caffaelwr *g*, pimp* *g*, puteinfeistr *g*.

soutenir [sut(ə)niʀ] (**32**) *vt* (*servir d'appui à*) cynnal, dal; (*aider*) cefnogi, bod yn gefn i; (*faire durer: conversation, effort*) cynnal; (*résister à*) gwrthsefyll; (*affirmer: opinion, doctrine*) cefnogi; (*assurer*) dal, taeru, haeru; ~ **la comparaison avec** haeddu cael eich cymharu â; ~ **le regard de qn** syllu'n ôl yn ddiwyro ar rn, syllu'n ôl i lygad rhn; ♦ **se** ~ *vr* (*s'aider mutuellement*) sefyll gyda'ch gilydd, cefnogi'ch gilydd; (*être soutenable: point de vue*) bod yn amddiffynadwy *ou* yn gynaliadwy *ou* yn ddaliadwy; (*se tenir debout*) aros ar eich traed.

soutenu (**-e**) [sut(ə)ny] *pp de* **soutenir**; ♦*adj* (*attention*) astud, dyfal; (*effort*) cyson, diflino; (*style*) aruchel, dyrchafedig; (*couleur*) cryf, dwfn(dofn)(dyfnion).

souterrain[1] (**-e**) [suteʀɛ̃, ɛn] *adj* tanddaear, tanddaearol, dan (y) ddaear; (*fig*) cudd, cyfrinachol.

souterrain[2] [suteʀɛ̃] *m* tramwyfa *b* danddaearol.

soutien [sutjɛ̃] *m* cefnogaeth *b*, cynhaliaeth *b*; (*agent*) cynheiliad *g,b*, cynhaliwr *g*; (*de voûte, plate-forme*) cynhaliad *g*, ateg *b*; **cours de** ~ (*SCOL*) dosbarth *g* adfer; **apporter son** ~ **à** cefnogi; ~ **de famille** (*ADMIN*) enillydd *g* cyflog.

soutiendrai *etc* [sutjɛ̃dʀe] *vb voir* **soutenir**.

soutien-gorge (~**s**-~**(s)**) [sutjɛ̃gɔʀʒ] *m* bra *g*.

soutiens *etc* [sutjɛ̃] *vb voir* **soutenir**.

soutint [sutɛ̃] *vb voir* **soutenir**.

soutirer [sutiʀe] (**1**) *vt*: ~ **qch à qn** (*argent*) gwasgu rhth gan rn, cymell rhth oddi ar rn, cael rhth o groen rhn; (*promesse*) gwasgu rhth o rn, mynnu rhth gan rn.

souvenance [suv(ə)nɑ̃s] *f*: **avoir** ~ **de** cofio, bod â chof o.

souvenir[1] [suv(ə)niʀ] *m* (*réminiscence*) atgof *g*; (*mémoire*) cof *g*; (*cadeau, objet*) cofrodd *b*, swfenîr *g*; **garder un bon** ~ **de** bod ag atgofion melys o; **en** ~ **de** er cof *ou* coffa am, i gofio am; **affectueux** ~**s** (*formule de politesse*) cofion cynnes; **meilleurs** ~**s de Rome** cyfarchion *ll* o Rufain; **rappelez-moi au bon** ~ **de votre mère** cofiwch fi at eich mam.

souvenir[2] [suv(ə)niʀ] (**32**): **se** ~ *vr*: **se** ~ **de qch** cofio rhth, cofio am rth.

souvent [suvɑ̃] *adv* yn aml, yn fynych; **le plus** ~ gan *ou* ran amlaf, fynychaf, yn amlach na pheidio; **peu** ~ (yn) anaml, prin; **elle vient peu** ~ **nous voir** anaml y daw hi i'n gweld.

souvenu (**-e**) [suvəny] *pp de* **souvenir**[2].

souverain[1] (**-e**) [suv(ə)ʀɛ̃, ɛn] *adj* (*suprême*) pennaf, goruchaf, uchaf; (*POL: État, puissance*) sofran; (*fig: remède*) anffaeledig, di-ffael; (*:mépris*) llwyr, llwyraf, eithaf, mwyaf.

souverain[2] [suv(ə)ʀɛ̃] *m* brenin *g*; **le** ~ **pontife** y Pab *g*.

souveraine [suv(ə)ʀɛn] *f* brenhines *b*; ♦*adj f voir* **souverain**[1].

souverainement [suv(ə)ʀɛnmɑ̃] *adv* (*intensément*) yn angerddol; (*suprêmement*) yn hollol, yn llwyr, yn gyfan gwbl; (*sans appel*) â grym llwyr.

souveraineté [suv(ə)ʀɛnte] *f* sofraniaeth *b*.

souviendrai *etc* [suvjɛ̃dʀe] *vb voir* **souvenir**[2].

souviens *etc* [suvjɛ̃] *vb voir* **souvenir**[2].

souvint [suvɛ̃] *vb voir* **souvenir**[2].

soviétique [sɔvjetik] *adj* sofietaidd.

Soviétique [sɔvjetik] *m/f* Sofietiad *g/b*.

soviétiser [sɔvjetize] (**1**) *vt* sofieteiddio.

soviétologue [sɔvjetɔlɔg] *m/f* Cremlinegydd *g*.

soyeux (**soyeuse**) [swajø, swajøz] *adj* sidanaidd.

soyez [swaje] *vb voir* **être**.

soyons [swajɔ̃] *vb voir* **être**.

SPA [ɛspea] *sigle f* (= *Société protectrice des animaux*) ≈ R.S.P.C.A. (*y Gymdeithas Frenhinol er Atal Creulondeb i Anifeiliaid*).

spacieux (**spacieuse**) [spasjø, spasjøz] *adj* helaeth, eang, â digonedd o le.

spaghettis [spageti] *mpl* sbageti *g*.

sparadrap [spaʀadʀa] *m* plastr *g* (glynu).

Sparte [spaʀt] *pr* Sparta *b*.

spartiate [spaʀsjat] *adj* Spartaidd; ~**s** (*sandales*) sandalau *ll* Rhufeinig.

spasme [spasm] *m* gwingiad *g*, gwingfa *b*.

spasmodique [spasmɔdik] *adj* gwinglyd, gwingog.

spasmophilie [spasmɔfili] *f* (*MÉD*) sbasmoffilia *g*.

spatial (**-e**) (**spatiaux, spatiales**) [spasjal, spasjo] *adj* (*PSYCH, gén*) gofodol; (*AVIAT*) (y) gofod, gofodol.

spatule [spatyl] *f* (*ustensile*) sbatwla *g*, sbodol *b*; (*bout*) blaen *g*.

speaker [spikœʀ] *m* (*RADIO, TV*) cyflwynydd *g*, cyflwynwr *g*.

speakerine [spikʀin] *f* (*RADIO, TV*) cyflwynydd *g*, cyflwynwraig *b*.

spécial (**-e**) (**spéciaux, spéciales**) [spesjal, o] *adj* arbennig, neilltuol; (*bizarre*) rhyfedd, od.

spécialement [spesjalmɑ̃] *adv* yn arbennig, yn enwedig, yn neilltuol; (*tout exprès*) yn arbennig, yn unswydd; ~ **drôle** arbennig (o) ddoniol; **c'est très intéressant,** ~ **vers la fin** mae'n ddiddorol iawn, yn enwedig tua'r diwedd.

spécialisation [spesjalizasjɔ̃] *f* arbenigaeth *b*, arbenigo.

spécialisé (**-e**) [spesjalize] *adj* arbenigol; **ordinateur** ~ cyfrifiadur *g* un pwrpas.
spécialiser [spesjalize] (**1**) *vt*: **se** ~ **(en** *neu* **dans qch)** arbenigo (yn rhth).
spécialiste [spesjalist] *m/f* arbenigwr *g*, arbenigwraig *b*, arbenigydd *g*.
spécialité [spesjalite] *f* arbenigedd *g*, maes *g* arbennig; (*CULIN*) bwyd *g ou* pryd *g* arbennig (*a geir mewn bwyty/ardal/gwlad arbennig*); ~ **médicale** maes meddygol; ~ **pharmaceutique** ffisig *g ou* moddion *g* siop, ffisig *ou* moddion parod.
spécieux (**spécieuse**) [spesjø, spesjøz] *adj* cyfeiliornus, twyllodrus, gau.
spécification [spesifikasjɔ̃] *f* manyleb *b*; (*de produit*) manylion *ll*, rhagfanylion *ll*, rhagofynion *ll*; (*mentionner*) nodi, pennu.
spécificité [spesifisite] *f* penodoldeb *g*, penodolrwydd *g*.
spécifier [spesifje] (**16**) *vt* nodi, pennu, rhagnodi.
spécifique [spesifik] *adj* penodol, neilltuol; (*BOT, ZOOL*) rhywiogaethol, penodol, priod; (*PHYS, CHIM*) cymharol, sbesiffig, priod; (*propre à une chose seule*) arbennig, priodol; **remède** ~ priod feddyginiaeth *b*.
spécifiquement [spesifikmɑ̃] *adv* (*tout exprès*) yn benodol; (*typiquement*) yn nodweddiadol.
spécimen [spesimɛn] *m* esiampl *b*, enghraifft *b*; (*revue, manuel etc*) copi *g* prawf.
spectacle [spɛktakl] *m* (*tableau, scène*) golygfa *b*; (*représentation*) sioe *b*; (*industrie*) byd *g* adloniant; **se donner en** ~ (*péj*) gwneud sioe ohonoch eich hun, eich dangos eich hun, eich gwneud eich hun yn destun siarad *ou* sbort; **pièce à grand** ~ drama *b* ysblennydd; **au** ~ **de ...** wrth weld ...; **il s'évanouit au** ~ **de ...** llewygodd pan welodd ...
spectaculaire [spɛktakylɛʀ] *adj* aruthrol, trawiadol.
spectateur [spɛktatœʀ] *m* (*SPORT, curieux*) gwyliwr *g*; (*CINÉ, THÉÂTRE*) rhn o'r gynulleidfa *b*; **les** ~**s** (*CINÉ, THÉÂTRE*) y gynulleidfa.
spectatrice [spɛktatʀis] *f* (*SPORT, curieux*) gwylwraig *b*; (*CINÉ, THÉÂTRE*) rhn o'r gynulleidfa.
spectre [spɛktʀ] *m* (*fantôme, fig*) drychiolaeth *b*; (*PHYS*) sbectrwm *g*; ~ **solaire** sbectrwm yr haul.
spéculateur [spekylatœʀ] *m* (*FIN*) hapfasnachwr *g*.
spéculatif (**spéculative**) [spekylatif, spekylativ] *adj* damcaniaethol, dyfaliadol; (*FIN*) hapfasnachol.
spéculation [spekylasjɔ̃] *f* damcaniaeth *b*, damcaniaethu, dyfaliad *g*, dyfalu; (*FIN*) hapfasnach *b*, hapfasnachu.
spéculatrice [spekylatʀis] *f* (*FIN*) hapfasnachwraig *b*.
spéculer [spekyle] (**1**) *vi*: ~ **(sur)** dyfalu *ou* damcaniaethu (ynghylch); (*FIN*) hapfasnachu (mewn); ~ **sur** (*fig: tabler sur*) dibynnu ar.
spéléologie [speleɔlɔʒi] *f* (*science*) ogofeg *b*; (*activité*) ogofa.
spéléologique [speleɔlɔʒik] *adj* (*science*) ogofegol; (*activité*) ogofyddol.
spéléologue [speleɔlɔg] *m/f* (*scientifique*) ogofegydd *g*; (*sportif*) ogofwr *g*, ogofwraig *b*.
spéléonaute [speleonot] *m/f un g/b sy'n treulio cyfnodau hir dan ddaear at ddibenion gwyddonol.*
spermatozoïde [spɛʀmatɔzɔid] *m* sbermatosöon *g*.
sperme [spɛʀm] *m* sberm *g*.
spermicide [spɛʀmisid] *adj* sbermleiddiol; ♦*m* sbermleiddiad *g*.
sphère [sfɛʀ] *f* sffêr *g,b*; ~ **d'activité/d'influence** maes *g ou* cylch *g* gweithgaredd/dylanwad; **les hautes** ~**s de la politique** uchelfannau *ll* gwleidyddiaeth.
sphérique [sfeʀik] *adj* sfferig.
sphincter [sfɛ̃ktɛʀ] *m* sffincter *g*.
sphinx [sfɛ̃ks] *m* sffincs *g,b*; (*ZOOL*) gwalchwyfyn *g*
spiral (**spiraux**) [spiʀal, spiʀo] *m* (*de montre*) sbring *g* tro.
spirale [spiʀal] *f* troelliad *g*, troell *b*; (*MATH*) sbiral *b*; **à** ~ (*cahier*) â rhwymiad troellog; **en** ~ (*monter etc*) yn droellog; **escalier en** ~ grisiau *ll* troellog *ou* tro.
spire [spiʀ] *f* tro *g*, troell *b*, troellen *b*.
spiritisme [spiʀitism] *m* ysbrydegaeth *b*.
spirituel (**-le**) [spiʀitɥɛl] *adj* ysbrydol; (*fin, piquant*) ffraeth; (*musique, concert*) cysegredig.
spirituellement [spiʀitɥɛlmɑ̃] *adv* yn ysbrydol, o ran yr ysbryd; (*avec esprit*) yn ffraeth.
spiritueux [spiʀitɥø] *m* gwirod *g,b*.
splendeur [splɑ̃dœʀ] *f* gogoniant *g*, ysblander *g*, gwychder *g*.
splendide [splɑ̃did] *adj* gogoneddus, ysblennydd, gwych.
spolier [spɔlje] (**16**) *vt*: ~ **qn (de)** ysbeilio rhn (o).
spongieux (**spongieuse**) [spɔ̃ʒjø, spɔ̃ʒjøz] *adj* sbwngaidd, fel sbwng, meddal.
sponsor [spɔ̃sɔʀ] *m* noddwr *g*.
sponsoriser [spɔ̃sɔʀize] (**1**) *vt* noddi.
spontané (**-e**) [spɔ̃tane] *adj* digymell, naturiol; (*paroles*) o'r frest.
spontanéité [spɔ̃taneite] *f* natur *b* ddigymell, digymhellrwydd *g*, naturioldeb *g*.
spontanément [spɔ̃tanemɑ̃] *adv* yn ddigymell, ohono'i hun; (*naturellement*) yn naturiol; (*parler*) o'r frest.
sporadique [spɔʀadik] *adj* (*dans le temps*) achlysurol, ysbeidiol, anfynych; (*dans l'espace*) gwasgarog, gwasgaredig, prin.
sporadiquement [spɔʀadikmɑ̃] *adv* (*dans le temps*) yn achlysurol, yn ysbeidiol, o bryd

i'w gilydd; (*dans l'espace*) yn wasgarog, yma ac acw, hwnt ac yma.

sport [spɔʀ] *m* chwaraeon *ll*, mabolgampau *ll*; **faire du ~** cymryd rhan mewn chwaraeon *ou* mabolgampau; **~s individuels/d'équipe** chwaraeon i unigolion/i dimau; **~s d'hiver** mabolgampau'r gaeaf, chwaraeon (y) gaeaf; **~s de combat** chwaraeon ymosodol *ou* ymladdol;
♦*adj inv* (*vêtement*) hamdden, segura; (*fair-play*) teg.

sportif[1] (**sportive**) [spɔʀtif, spɔʀtiv] *adj* (*association, magazine etc*) chwaraeon; (*personne*) hoff o chwaraeon *ou* o fabolgampau; (*attitude, esprit*) teg, sbortsmonaidd; (*démarche, allure*) ystwyth, heini.

sportif[2] [spɔʀtif] *m* mabolgampwr *g*, rhn sy'n cymryd rhan mewn chwaraeon, un *g* sy'n hoff o chwaraeon *ou* o fabolgampau.

sportive [spɔʀtiv] *f* mabolgampwraig *b*, rhn sy'n cymryd rhan mewn chwaraeon, un *b* sy'n hoff o chwaraeon *ou* o fabolgampau;
♦*adj f voir* **sportif**[1].

sportivement [spɔʀtivmɑ̃] *adv* yn deg iawn.

sportivité [spɔʀtivite] *f* sbortsmonaeth *b*.

spot [spɔt] *m* (*lampe, THÉÂTRE etc*) sbot *g*; (*ÉLEC*) smotyn *g* chwilio; (*PHYS*) smotyn goleuni; **~ (publicitaire)** egwyl *g* (hysbysebion *ou* hysbysebu), toriad *g* (hysbysebion *ou* hysbysebu).

spray [spʀɛ] *m* chwistrell *b*; (*jet de liquide*) chwistrelliad *g*.

sprint [spʀint] *m* sbrint *g*, gwibiad *g*; **piquer un ~** cyflymu'ch cam, sbrintio.

sprinter[1] [spʀintœʀ] *m* sbrintiwr *g*, sbrintwraig *b*, gwibiwr *g*, gwibwraig *b*.

sprinter[2] [spʀinte] (**1**) *vi* sbrintio, gwibio.

squale [skwal] *m* siarc *g*, morgi *g*.

square [skwaʀ] *m* gardd *b* gyhoeddus (*ar ganol sgwâr*), parc *g* bychan.

squash [skwaʃ] *m* (*SPORT*) sboncen *b*.

squat [skwat] *m* (*occupation d'un immeuble*) sgwatiad *g*; (*logement*) sgwat *g*.

squatter[1] [skwatœʀ] *m* sgwatiwr *g*, sgwatwraig *b*.

squatter[2] [skwate] (**1**) *vt* sgwatio mewn *ou* yn.

squelette [skəlɛt] *m* ysgerbwd *g*.

squelettique [skəletik] *adj* esgyrnog; (*ANAT*) ysgerbydol; (*fig: exposé*) annigonol, ansylweddol; **elle est ~** nid yw hi ond croen ac asgwrn; **des effectifs ~s** staff *g* main, cnewyllyn *g* staff.

Sri Lanka [sʀilɑ̃ka] *prn* Sri Lanca *b*.

sri-lankais (**~-~e**) (**~-~, ~-~es**) [sʀilɑ̃kɛ, ɛz] *adj* Sri Lancaidd, o Sri Lanca.

SS [ɛsɛs] *sigle f*
1 (= *sécurité sociale*) nawdd *g* cymdeithasol.
2 (= *Sa Sainteté*) Ei Sancteiddrwydd *g*.

SSR [ɛsɛsɛʀ] *sigle f*(= *Société suisse romande de radiotélévision*) *y cwmni g darlledu Swisaidd-Ffrengig.*

St., st. *abr*(= *saint*) sant *g*.

stabilisateur[1] (**stabilisatrice**) [stabilizatœʀ, stabiliza tʀis] *adj* sadiol, sefydlogol.

stabilisateur[2] [stabilizatœʀ] *m* sadiwr *g*, sefydlogydd *g*.

stabiliser [stabilize] (**1**) *vt* sadio, sefydlogi; (*prix*) gwastatáu, sefydlogi.

stabilité [stabilite] *f* sefydlogrwydd *g*, sadrwydd *g*.

stable [stabl] *adj* sad, sefydlog, diysgog, di-sigl.

stade [stad] *m* (*SPORT*) stadiwm *g*; (*phase, étape*) cyfnod *g*, adeg *b*, cam *g*.

stage [staʒ] *m* (*cours*) cwrs *g* hyfforddi; (*période*) cyfnod *g* o hyfforddiant; (*d'avocat stagiaire*) erthyglau *ll*; **~ d'entreprise** (*expérience professionnelle*) profiad *g* gwaith *ou* yn y gweithle.

stagiaire [staʒjɛʀ] *m/f* un *g/b* dan hyfforddiant;
♦*adj*: **avocat ~** cyfreithiwr *g* dan hyfforddiant.

stagnant (**-e**) [stagnɑ̃, ɑ̃t] *adj* llonydd, marwaidd; (*fig: commerce etc*) marwaidd, disymud; **eau ~e** merddwr *g*.

stagnation [stagnasjɔ̃] *f* marweidd-dra *g*, llonyddwch *g*; (*fig: ÉCON*) marweidd-dra, annhyfiant *g*.

stagner [stagne] (**1**) *vi* sefyll, bod yn llonydd; (*fig*) marweiddio, bod yn farwaidd *ou* yn ddifywyd.

stalactite [stalaktit] *f* stalactid *g*.

stalagmite [stalagmit] *f* stalagmid *g*.

stalle [stal] *f* (*d'un cheval*) stâl *b*; (*REL*) côr *g*.

stand [stɑ̃d] *m* (*d'exposition, de foire*) stondin *b*; **~ de ravitaillement** (*AUTO*) safle *g* tanwydd, man *g,b* codi tanwydd *ou* ail-lenwi; **~ de tir** maes *g* tanio *ou* saethu.

standard [stɑ̃daʀ] *adj inv* safonol;
♦*m* (*type, norme*) safon *b*; (*téléphonique*) switsfwrdd *g*, cyfnewidfa *b*.

standardisation [stɑ̃daʀdizasjɔ̃] *f* safoniad *g*, safoni.

standardiser [stɑ̃daʀdize] (**1**) *vt* safoni.

standardiste [stɑ̃daʀdist] *m/f* cyfnewidydd *g*.

standing [stɑ̃diŋ] *m* safle *g*, statws *g*; (*confort, luxe*) moethusrwydd *g*; **de grand ~** (*appartement*) moethus.

star [staʀ] *f*: **~ (de cinéma)** seren *b* (ffilmiau).

starlette [staʀlɛt] *f* (*CINÉ*) seren *b* fechan.

starter [staʀtɛʀ] *m* (*AUTO*) tagydd *g*; (*SPORT*) cychwynnydd *g*; **mettre le ~** tynnu'r tagydd allan *ou* mas.

station [stasjɔ̃] *f*
1 (*poste, établissement*) gorsaf *b*; (*de bus*) arhosfan *g,b*; (*site*) safle *g*; **~ balnéaire** tref *b* lan môr; **~ de graissage** (*dans un garage*) cilfach *b* iro; **~ de lavage** (*dans un garage*) golchfa *b* geir, lle *g* golchi ceir; **~ de ski** cyrchfan *g,b* sgio; **~ de sports d'hiver** cyrchfan chwaraeon gaeaf; **~ de taxis** safle

tacsis; ~ **spatiale** gorsaf ofod; ~ **thermale** tref ffynhonnau, sba *g,b*; ~ **de travail** gweithfan *g,b*.
2 (*posture*) ystum *g,b*, safiad *g*; **la ~ debout me donne mal au dos** mae sefyll yn achosi poen yn fy nghefn.
stationnaire [stasjɔnɛʀ] *adj* sefydlog, llonydd, yn sefyll.
stationnement [stasjɔnmɑ̃] *m* parcio; **"~ interdit"** "dim parcio"; (*sur l'autoroute*) "ni chewch stopio"; ~ **alterné** parcio bob yn ail ochr i'r stryd (*bob yn ail bythefnos*).
stationner [stasjɔne] (**1**) *vi* (*être garé*) bod wedi'i barcio; (*se garer*) parcio; (*rester sur place: personne*) aros; (*MIL*) gorsafu.
station-service (~s-~) [stasjɔ̃sɛʀvis] *f* gorsaf *b* betrol.
statique [statik] *adj* llonydd, sefydlog, disymud; (*ÉLEC etc*) statig.
statisticien [statistisjɛ̃] *m* ystadegydd *g*.
statisticienne [statistisjɛn] *f* ystadegydd *g*.
statistique [statistik] *f* (*science*) ystadegaeth *b*; **des ~s** (*données*) ystadegau *ll*; **une ~** ystadegyn *g*;
♦*adj* ystadegol.
statistiquement [statistikmɑ̃] *adv* yn ystadegol.
statue [staty] *f* cerflun *g*, delw *b*.
statuer [statɥe] (**1**) *vi*: ~ **sur** rhoi dyfarniad ar.
statuette [statɥɛt] *f* cerflun *g* bach, delw *b* fechan.
statu quo [statykwo] *m*: **maintenir le ~ ~** cadw pethau fel ag y maent, cadw'r status quo.
stature [statyʀ] *f* taldra *g*, corffolaeth *b*; (*envergure*) statws *g*, safon *b*; **de haute ~** tal; **de grande ~** (*fig*) o'r ansawdd gorau, o safon uchel.
statut [staty] *m* (*position*) statws *g*, safle *g*; **~s** (*JUR, ADMIN: d'une association, société*) statudau *ll*.
statutaire [statytɛʀ] *adj* statudol.
statutairement [statytɛʀmɑ̃] *adv* yn statudol.
Ste, **ste** *abr*(= *sainte*) santes *b*.
steak [stɛk] *m* stêc *b*, stecen *b*.
stèle [stɛl] *f* maen *g* coffa, coflech *b*.
stellaire [stelɛʀ] *adj* serol;
♦*f* (*BOT*) botwm *g* crys, serenllys *g*.
stencil [stɛnsil] *m* stensil *g*.
sténodactylo [stenɔdaktilo] *m/f* teipydd *g* llaw-fer, teipyddes *b* law-fer; (*activité*) teipio llaw-fer.
sténodactylographie [stenɔdaktilɔgʀafi] *f* teipio llaw-fer.
sténo(graphe) [stenɔ(gʀaf)] *m/f* ysgrifennwr *g* llaw-fer, ysgrifenwraig *b* law-fer.
sténo(graphie) [stenɔ(gʀafi)] *f* llaw-fer *b*; **prendre qch en ~** ysgrifennu rhth mewn llaw-fer.
sténographier [stenɔgʀafje] (**16**) *vt* ysgrifennu (rhth) mewn llaw-fer.
sténographique [stenɔgʀafik] *adj* llaw-fer.
sténotype [stenɔtip] *f* stenoteipiadur *g*.
sténotypie [stenɔtipi] *f* stenoteipio.
sténotypiste [stenɔtipist] *m/f* stenoteipydd *g*, stenoteipyddes *b*.
stentor [stɑ̃tɔʀ] *m*: **voix de ~** llais *g* stentoraidd *ou* croch.
stéphanois (**-e**) [stefanwa, waz] *adj* o Saint-Étienne.
Stéphanois [stefanwa] *m* un *g* o Saint-Étienne.
Stéphanoise [stefanwaz] *f* un *b* o Saint-Étienne.
steppe [stɛp] *f* stepdir *g*, gwastatir *g* diffaith.
stère [stɛʀ] *m* stêr *g* (*metr ciwbig*).
stéréo(phonie) [steʀeɔ(fɔni)] *f* stereo *g*; **émission en ~** darllediad *g* stereo.
stéréo(phonique) [steʀeɔ(fɔnik)] *adj* stereo(ffonig).
stéréoscope [steʀeɔskɔp] *m* stereosgop *g*.
stéréoscopique [steʀeɔskɔpik] *adj* stereosgopig.
stéréotype [steʀeɔtip] *m* stereoteip *g*; (*banalité*) ystrydeb *b*
stéréotypé (**-e**) [steʀeɔtipe] *adj* stereoteipiedig; (*banal*) ystrydebol.
stérile [steʀil] *adj* (*homme, femme*) amhlantadwy; (*sol etc*) anffrwythlon, diffrwyth; (*MÉD*) aseptig, diheintiedig, di-haint, sterilaidd; (*fig: effort, discussion*) ofer, diwerth; (*:artiste, période*) anghynhyrchiol.
stérilement [steʀilmɑ̃] *adv* yn ddiffrwyth, yn anghynhyrchiol.
stérilet [steʀilɛ] *m* (*MÉD*) dolen *b* fewngrothol.
stérilisateur [steʀilizatœʀ] *m* diheintydd *g*, sterilydd *g*.
stérilisation [steʀilizasjɔ̃] *f* (*action de rendre infécond*) sterileiddiad *g*, sterileiddio, anffrwythloni, diffrwytho; (*désinfection*) diheintiad *g*, diheintio, sterileiddiad, sterileiddio.
stérilisé (**-e**) [steʀilize] *adj*: **lait ~** llaeth *g ou* llefrith *g* diheintiedig, llaeth *ou* llefrith wedi'i ddiheintio *ou* sterileiddio.
stériliser [steʀilize] (**1**) *vt* (*rendre infécond*) sterileiddio, anffrwythloni, diffrwytho; (*rendre aseptique*) diheintio, sterileiddio; (*fig: créativité*) mygu, atal.
stérilité [steʀilite] *f* (*d'un homme, d'une femme*) amhlantadrwydd *g*; (*de sol etc*) anffrwythlonder *g*, anffrwythlonedd *g*, diffrwythder *g*; (*MÉD: asepsie*) aseptigrwydd *g*, sterileiddiwch *g*; (*fig: d'effort*) oferedd *g*; (*:de l'esprit*) anghynyrchioldeb *g*, diffyg *g* creadigrwydd.
sternum [stɛʀnɔm] *m* sternwm *g*, asgwrn *g* y frest *ou* y fron.
stéthoscope [stetɔskɔp] *m* stethosgop *g*.
stick [stik] *m* ffon *b*.
stigmate [stigmat] *m*
1 (*sur la peau*) craith *b*, ôl *g*; **~s** (*REL*) archollnodau *ll*.
2 (*BOT*) stigma *g*.
stigmatiser [stigmatize] (**1**) *vt* condemnio.

stimulant[1] (-**e**) [stimylɑ̃, ɑ̃t] *adj* (*physiquement*) cyfnerthol, bywiocaol; (*mentalement*) cyffrous, symbylol, ysgogol; (*résultat*) calonogol.

stimulant[2] [stimylɑ̃] *m* (*fortifiant*) tonig *g*, cyfnerthydd *g*; (*MÉD*) symbylydd *g*; (*aiguillon*) swmbwl *g*, ysbardun *g,b*.

stimulateur [stimylatœʀ] *m*: ~ **cardiaque** rheoliadur *g* (calon).

stimulation [stimylasjɔ̃] *f* cyffroad *g*, symbyliad *g*, anogaeth *b*.

stimuler [stimyle] (**1**) *vt* symbylu, cyffroi, ysbarduno, ysgogi, annog; (*physiquement*) cyfnerthu, bywiogi; (*remonter*) adfywio, atgyfnerthu; ~ **l'appétit de qn** codi archwaeth ar rn, codi awydd *ou* chwant bwyd ar rn.

stimulus [stimylys] (**stimuli** *neu* ~) *m* stimwlws *g*, symbyliad *g*.

stipulation [stipylasjɔ̃] *f* amodiad *g*, amod *g,b*.

stipuler [stipyle] (**1**) *vt* (*énoncer*) amodi; (*préciser: détail*) nodi.

stock [stɔk] *m* stoc *b*, stôr *b*, cyflenwad *g*; (*FIN: d'or*) cronfa *b*; **en** ~ mewn stoc.

stockage [stɔkaʒ] *m* (*COMM*) stocio, storio; (*accumulation excessive*) pentyrru; (*INFORM*) storio.

stocker [stɔke] (**1**) *vt* (*s'approvisionner en*) cael stoc *ou* stôr *ou* cyflenwad o; (*avoir: en réserve*) cadw, stocio, storio; (*:en grande quantité*) pentyrru; (*INFORM*) storio.

stockiste [stɔkist] *m* (*COMM*) stociwr *g*.

stoïcisme [stɔisism] *m* stoiciaeth *b*.

stoïque [stɔik] *adj* stoicaidd.

stoïquement [stɔikmɑ̃] *adv* yn stoicaidd.

stomacal (-**e**) (**stomacaux, stomacales**) [stɔmakal, stɔmako] *adj* (y) stumog, gastrig, stumogol.

stomatologie [stɔmatɔlɔʒi] *f* stomatoleg *b*.

stomatologue [stɔmatɔlɔg] *m/f* stomatolegydd *g*.

stop [stɔp] *m* stop *g*; (*panneau*) arwydd *g* (i) stopio; (*feu arrière*) golau *g* brecio; (*auto-stop*) ffawdheglu, bodio;
♦*excl*: ~**!** stop!, stopia!, stopiwch!, dyna ddigon!

stoppage [stɔpaʒ] *m* trwsiad *g ou* trwsio cudd, cyweiriad *g ou* cyweirio cudd.

stopper [stɔpe] (**1**) *vt* stopio; (*COUTURE*) trwsio, cyweirio;
♦*vi* stopio.

store [stɔʀ] *m* (*en plastique, tissu*) bleind *g*, llen *b* roler; (*de magasin*) cysgodlen *b*.

strabisme [stʀabism] *m* llygad *g* croes *ou* cam, tro *g* yn y llygad.

strangulation [stʀɑ̃gylasjɔ̃] *f* tagiad *g*, tagu, llindagiad *g*, llindagu.

strapontin [stʀapɔ̃tɛ̃] *m* sedd *b ou* sêt *b* blygu; (*fig*) rhan *b* fechan *ou* ddibwys *ou* eilradd.

Strasbourg [stʀazbuʀ] *pr* Strasbwrg *b*.

strass [stʀas] *m* (*collier etc*) past *g*, gem *b* ffug.

stratagème [stʀataʒɛm] *m* ystryw *g,b*, dichell *b*, cast *g*.

strate [stʀat] *f* stratwm *g*, haen *b*.

stratège [stʀatɛʒ] *m* strategydd *g*.

stratégie [stʀateʒi] *f* strategaeth *b*.

stratégique [stʀateʒik] *adj* strategol.

stratégiquement [stʀateʒikmɑ̃] *adv* yn strategol.

stratifié (-**e**) [stʀatifje] *adj* haenedig, yn haenau; (*TECH*) haenedig, haenol.

stratosphère [stʀatɔsfɛʀ] *f* stratosffer *g*.

stratosphérique [stʀatɔsfeʀik] *adj* stratosfferig, stratosfferaidd.

stress [stʀɛs] *m* pwysau *ll*, straen *g*.

stressant (-**e**) [stʀesɑ̃, ɑ̃t] *adj* sy'n achosi straen; (*perspective*) sy'n peri gofid; (*vie*) cythryblus.

stresser [stʀese] (**1**) *vt* rhoi (rhn) dan bwysau *ou* straen, peri gofid i; **être stressé** bod dan bwysau *ou* straen.

strict (-**e**) [stʀikt] *adj* (*précis, exact*) manwl, manwl-gywir; (*discipline, maître*) llym(llem)(llymion), caled; (*décor, tenue*) moel, llwm, plaen; **son droit le plus** ~ ei hawl fwyaf sylfaenol; **dans la plus** ~**e intimité** yn gwbl breifat; **au sens** ~ **du mot** yng ngwir ystyr y gair; **le** ~ **minimum/nécessaire** y mymryn *g* lleiaf/angenrheidiol.

strictement [stʀiktəmɑ̃] *adv* (*rigoureusement*) yn llym; (*absolument*) yn gyfan gwbl, yn llwyr, yn hollol; (*d'une manière simple et sévère*) yn blaen; (*:vêtu*) mewn gwisg blaen a diaddurn; **observer** ~ **qch** ufuddhau i rth i'r llythyren.

strident (-**e**) [stʀidɑ̃, ɑ̃t] *adj* (*son, voix*) treiddgar, main.

stridulations [stʀidylasjɔ̃] *fpl* (*des cigales etc*) grillian.

strie [stʀi] *f* (*rayure*) rhesen *b*; (*sillon*) rhigol *b*, rhych *g,b*; (*ANAT, GÉO*) rhych.

strier [stʀije] (**16**) *vt* rhigoli, rhychu; (*de couleur*) britho.

strip-tease (~-~**s**) [stʀiptiz] *m* strip *g*, sioe *b* stripio; (*établissement*) clwb *g* stripio; **faire un** ~-~ stripio, strip-bryfocio.

strip-teaseur (~-~**s**) [stʀiptizœʀ] *m* stripiwr *g*.

strip-teaseuse (~-~**s**) [stʀiptizøz] *f* stripwraig *b*.

striures [stʀijyʀ] *fpl* rhychau *ll*, rhigolau *ll*.

strophe [stʀɔf] *f* pennill *g*.

structure [stʀyktyʀ] *f* strwythur *g*, adeiladwaith *g*, adeiledd *g*; ~**s d'accueil/touristiques** cyfleusterau *ll* derbyn/croeso.

structurer [stʀyktyʀe] (**1**) *vt* strwythuro, adeileddu; (*organiser*) rhoi trefn ar.

strychnine [stʀiknin] *f* strycnin *g*.

stuc [styk] *m* stwco *g*.

studieusement [stydjøzmɑ̃] *adv* yn fyfyrgar, yn ddyfal.

studieux (**studieuse**) [stydjø, stydjøz] *adj* (*élève* *etc*) myfyrgar, dyfal; (*vacances, retraite*) astudio.

studio [stydjo] *m* (*CINÉ, TV, d'artiste etc*) stiwdio *b*; (*logement*) fflat *b* stiwdio.

stupéfaction [stypefaksjɔ̃] *f* (*étonnement*) syndod *g*, syfrdandod *g*.

stupéfait (-**e**) [stypefɛ, ɛt] *adj* syn, syfrdan.

stupéfiant (-**e**) [stypefjɑ̃, jɑ̃t] *adj* (*étonnant*) syfrdanol; (*MÉD*) cysgbair, marweiddiol, narcotig.

stupéfiant [stypefjɑ̃] *m* (*MÉD*) cyffur *g* cysgbair *ou* narcotig.

stupéfier [stypefje] (**16**) *vt* (*étonner*) synnu, syfrdanu; (*MÉD*) gwneud (rhn) yn swrth *ou* yn gysglyd, marweiddio.

stupeur [stypœʀ] *f* (*étonnement*) syndod *g*, syfrdandod *g*; (*MÉD*) syrthni *g*, cysgadrwydd *g*.

stupide [stypid] *adj* (*inepte*) twp, hurt, gwirion; (*hébété*) syfrdan, syn.

stupidement [stypidmɑ̃] *adv* yn dwp, yn hurt, yn wirion.

stupidité [stypidite] *f* twpdra *g*, hurtrwydd *g*, gwiriondeb *g*; **dire/faire des ~s** dweud/gwneud pethau twp *ou* hurt *ou* gwirion.

style [stil] *m* steil *g*; **meuble de** ~ dodrefnyn *g ou* celficyn *g* cyfnod; ~ **administratif** biwrocratiaith *b*, swyddogeg *b*, iaith *b* swyddfeydd *ou* swyddogion; ~ **direct/indirect** araith *b* uniongyrchol/anuniongyrchol; ~ **journalistique** newyddiadureg *b*, iaith papur newydd; ~ **télégraphique** telegraffeg *b*, iaith telegram; ~ **de vie** ffordd *b ou* dull *g* o fyw, buchedd *b*.

stylé (-**e**) [stile] *adj* wedi'i hyfforddi'n dda, tra hyfforddedig.

stylet [stilɛ] *m* stileto *g*.

stylisé (-**e**) [stilize] *adj* arddulliedig, arddullaidd.

styliste [stilist] *m/f* (*de mode, dans l'industrie*) cynllunydd *g*; (*écrivain*) arddullwr *g*, arddullwraig *b*.

stylistique [stilistik] *f* arddulleg *b*; ♦*adj* arddulliol, arddulliadol, (o ran) arddull.

stylo [stilo] *m* pen *g ou* pin *g* ysgrifennu; ~ **à encre** pin llenwi *ou* llanw, pin dur; ~ **(à) bille** beiro *g*.

stylo-feutre (~**s**-~**s**) [stilɔføtʀ] *m* pin *g* ffelt.

su[1] (-**e**) [sy] *pp de* **savoir**[1].

su[2] [sy] *m*: **au vu et au ~ de tout le monde** ar goedd gwlad.

suaire [sɥɛʀ] *m* amdo *g*.

suant (-**e**) [sɥɑ̃, sɥɑ̃t] *adj* (*en sueur*) chwyslyd; (*fam: ennuyeux*) diflas, syrffedus, beichus.

suave [sɥav] *adj* hyfryd, mwyn; (*manières*) llyfndeg; (*parfum*) pêr, persawrus; (*musique, voix*) pêr, persain; (*contours*) llyfn(llefn)(llyfnion).

subalterne [sybaltɛʀn] *adj* isradd, israddol; **officier** ~ (*MIL*) is-swyddog *g*; ♦*m/f* un *g/b* isradd *ou* israddol, is-weithiwr *g*, is-weithwraig *b*, is-swyddog *g*.

subconscient [sypkɔ̃sjɑ̃] *m* isymwybod *g*.

subdiviser [sybdivize] (**1**) *vt* isddosbarthu, isrannu.

subdivision [sybdivizjɔ̃] *f* isddosbarthiad *g*, isddosbarthu, israniad *g*, isrannu.

subir [sybiʀ] (**2**) *vt* (*affront, dégâts, mauvais traitements*) (gorfod) dioddef; (*perte, défaite*) dioddef, cael; (*traitement, opération*) cael; (*influence, charme*) dod dan, bod dan; (*examen*) sefyll.

subit (-**e**) [sybi, it] *adj* sydyn.

subitement [sybitmɑ̃] *adv* yn sydyn, chwap.

subjectif (**subjective**) [sybʒɛktif, sybʒɛktiv] *adj* goddrychol.

subjectivement [sybʒɛktivmɑ̃] *adv* yn oddrychol.

subjectivité [sybʒɛktivite] *f* goddrychedd *g*.

subjonctif [sybʒɔ̃ktif] *m* (*LING*) modd *g* dibynnol

subjuguer [sybʒyge] (**1**) *vt* (*asservir*) darostwng, gorchfygu, trechu; (*suj: discours, éloquence*) hoelio sylw (rhn), gafael yn; (*suj: beauté, regard, charme*) swyno, hudo, cyfareddu.

sublime [syblim] *adj* aruchel, dyrchafedig, arddunol.

sublimer [syblime] (**1**) *vt* (*PSYCH*) arddunoli, trosgyfeirio, dyrchafu; (*CHIM*) sychdarthu.

submergé (-**e**) [sybmɛʀʒe] *adj* soddedig; (*bateau*) suddedig; (*rochers*) tanfor, tanddwr; (*champs*) gorlifedig, dan ddŵr; ~ **de travail** at eich ceseiliau *ou* clustiau mewn gwaith; ~ **par la douleur** wedi eich llethu gan ofid, a gofid yn eich llethu.

submerger [sybmɛʀʒe] (**10**) *vt* soddi; (*bateau*) suddo; (*champ*) boddi, gorlifo; (*fig: suj: foule*) llyncu; (*:ennemi*) goresgyn; (*fig: douleur*) llethu.

submersible [sybmɛʀsibl] *m* llong *b* ymsuddol, siambr *b* danddwr.

subordination [sybɔʀdinasjɔ̃] *f* darostyngiad *g*, ymddarostyngiad *g*; **refuser sa ~ à qn** gwrthod gweithio dan awdurdod rhn.

subordonné[1] (-**e**) [sybɔʀdɔne] *adj* isradd, israddol, darostyngedig, darostyngol; ~ **à** (*résultats etc*) dibynnol ar; **proposition ~e** (*LING*) is-gymal *g*, cymal *g* isradd.

subordonné[2] [sybɔʀdɔne] *m* un *g* isradd *ou* israddol, is-weithiwr *g*; (*MIL*) is-swyddog *g*.

subordonnée [sybɔʀdɔne] *f* un *b* isradd *ou* israddol, is-weithwraig *b*; (*MIL*) is-swyddog *g*; ♦*adj f voir* **subordonné**[1].

subordonner [sybɔʀdɔne] (**1**) *vt* israddio, israddoli, darostwng; ~ **qn à** rhoi rhn dan awdurdod (rhn), gwneud rhn yn atebol i; ~ **qch à** (*placer au second rang*) gosod rhth yn ail i; (*faire dépendre de*) gwneud rhth yn ddibynnol ar, darostwng rhth i.

subornation [sybɔʀnasjɔ̃] *f* llwgrwobr *b*,

llwgrwobrwy *g*, llwgrwobrwyo.
suborner [sybɔʀne] (**1**) *vt* (*témoin*) llwgrwobrwyo.
subrepticement [sybʀɛptismɑ̃] *adv* yn llechwraidd, yn lladradaidd.
subroger [sybʀɔʒe] (**10**) *vt* (*JUR*) amnewid.
subside [sybzid] *m* (*d'État, association*) cymhorthdal *g*, grant *g*; (*entre particuliers*) lwfans *g*.
subsidiaire [sybzidjɛʀ] *adj* cynorthwyol, atodol; **question** ~ cwestiwn *g* torri'r ddadl.
subsistance [sybzistɑ̃s] *f* cynhaliaeth *b*; **contribuer à la** ~ **de qn** cyfrannu at gynhaliaeth *ou* gadw rhn; **pourvoir à la** ~ **de qn** cynnal rhn, cadw rhn; **moyens de** ~ moddion *ll* byw.
subsister [sybziste] (**1**) *vi* (*durer: crainte, doute, trace*) aros, para, dal i fod; (*survivre: personne, coutume*) goroesi, dal yn fyw; (*subvenir à ses besoins: personne*) byw, ymgynnal.
subsonique [sybsɔnik] *adj* is-sonig.
substance [sypstɑ̃s] *f* sylwedd *g*; **voilà, en** ~, **ce qu'elle a dit** dyna swm a sylwedd yr hyn a ddywedodd.
substantiel (**-le**) [sypstɑ̃sjɛl] *adj* sylweddol.
substantiellement [sypstɑ̃sjɛlmɑ̃] *adv* yn sylweddol.
substantif [sypstɑ̃tif] *m* (*GRAM*) enw *g*.
substantiver [sypstɑ̃tive] (**1**) *vt* enwoli.
substituer [sypstitɥe] (**1**) *vt*: ~ **qch à qch** rhoi *ou* dodi rhth yn lle rhth, newid *ou* cyfnewid rhth am rth; (*MATH, CHIM*) amnewid rhth am rth; ~ **qn à qn** rhoi *ou* dodi rhn yn lle rhn; ♦ **se** ~ *vr*: **se** ~ **à qn** (*pour représenter*) cymryd lle rhn, dirprwyo dros rn; (*pour remplacer*) cymryd lle rhn, disodli rhn.
substitut [sypstity] *m* (*magistrat*) dirprwy erlynydd *g* cyhoeddus; (*remplacement: personne*) rhn yn lle rhn arall, dirprwy *g*; (*chose*) rhth yn lle rhth arall; (*produit*) amnewidyn *g*.
substitution [sypstitysjɔ̃] *f* cyfnewidiad *g*, cyfnewid; (*personne*) dirprwyad *g*, dirprwyo; (*CHIM, MATH*) amnewidiad *g*, amnewid.
subterfuge [sypteʀfyʒ] *m* ystryw *g,b*, dichell *b*, cast *g*.
subtil (**-e**) [syptil] *adj* (*personne, esprit*) cynnil, craff, deallus; (*manœuvre, négociateur*) cywrain, celfydd; (*réponse*) cynnil; (*distinction*) main; (*parfum*) ysgafn; (*charme*) cynnil, anniffiniol.
subtilement [syptilmɑ̃] *adv* (*avec finesse*) yn gynnil, yn gywrain, yn gelfydd, yn ysgafn.
subtiliser [syptilize] (**1**) *vt*: ~ **qch** (*dérober*) dwyn *ou* lladrata rhth; ~ **qch à qn** dwyn *ou* lladrata rhth oddi ar rn.
subtilité [syptilite] *f* cynildeb *g*, cywreinrwydd *g*, cywreindeb *g*, ysgafnder *g*, anniffinioldeb *g*.
subtropical (-e) (**subtropicaux, subtropicales**) [sybtʀɔpikal, sybtʀɔpiko] *adj* isdrofannol.
suburbain (**-e**) [sybyʀbɛ̃, ɛn] *adj* maestrefol, swbwrbaidd.
subvenir [sybvəniʀ] (**32**) *vi (avec aux. avoir)*: ~ **à** (*besoins*) gofalu am, ymorol am; (*dépenses*) talu, cwrdd â.
subvention [sybvɑ̃sjɔ̃] *f* cymhorthdal *g*, grant *g*.
subventionner [sybvɑ̃sjɔne] (**1**) *vt* rhoi cymhorthdal *ou* grant i.
subversif (**subversive**) [sybvɛʀsif, sybvɛʀsiv] *adj* tanseiliol, dymchwelol.
subversion [sybvɛʀsjɔ̃] *f* tanseiliad *g*, tanseilio, dymchweliad *g*, dymchwel.
suc [syk] *m* sudd *g*, nodd *g*; ~**s gastriques** suddion gastrig.
succédané [syksedane] (*péj*) *m* (*produit*) amnewidyn *g*; (*MÉD*) cyffur *g* dirprwyol; (*fig*) rhth yn lle rhth arall; **un** ~ **de café** amnewidyn coffi.
succéder [syksede] (**14**) *vi*: ~ **à** (*directeur, roi*) olynu, dod ar ôl, dod yn lle; (*hériter*) etifeddu; (*dans une série*) dod ar ôl, dilyn; ♦ **se** ~ *vr* dod y naill ar ôl y llall; **les jours se succèdent** daw un dydd ar ôl y llall, mae'r naill ddydd yn dilyn *ou* canlyn y llall.
succès [syksɛ] *m* llwyddiant *g*; **avec** ~ yn llwyddiannus; **sans** ~ heb lwyddiant *ou* lwyddo, yn aflwyddiannus, yn ofer; **avoir du** ~ bod yn llwyddiant *ou* llwyddiannus, llwyddo; **à** ~ llwyddiannus; ~ **de librairie** llyfr *g* a mynd arno, llyfr sy'n gwerthu fel pys *ou* slecs; ~ **(féminins)** llwyddiant â'r merched; ~ **fou** llwyddiant ysgubol.
successeur [syksesœʀ] *m* olynydd *g*.
successif (**successive**) [syksesif, syksesiv] *adj* olynol, yn dilyn ei gilydd; **des échecs** ~**s** y naill fethiant ar ôl y llall.
succession [syksesjɔ̃] *f* (*série*) cyfres *b*, rhes *b*; (*transmission de pouvoir*) olyniaeth *b*; (*JUR: transmission de biens*) etifeddiad *g*; (*:patrimoine*) etifeddiaeth *b*; **prendre la** ~ **de** (*ministre, directeur*) olynu.
successivement [syksesivmɑ̃] *adv* yn olynol, un ar ôl y llall, y naill ar ôl y llall.
succinct (**-e**) [syksɛ̃, ɛ̃t] *adj* (*écrit*) cryno, mewn byr eiriau; (*discours*) byr(ber)(byrion); (*repas*) cynnil, syml.
succinctement [syksɛ̃tmɑ̃] *adv* yn fyr, yn gryno, mewn byr *ou* ychydig eiriau; (*manger*) yn gynnil, yn syml.
succion [sy(k)sjɔ̃] *f* sugnad *g*; **bruit de** ~ sŵn *g* sugno.
succomber [sykɔ̃be] (**1**) *vi* marw; ~ **(à)** (*fig*) plygu (i), ildio (i); (*fatigue, désespoir, sommeil*) ymollwng (i).
succulent (**-e**) [sykylɑ̃, ɑ̃t] *adj* (*savoureux*) blasus, danteithiol; (*BOT*) suddlon; (*récit*) blasus, amheuthun.
succursale [sykyʀsal] *f* cangen *b*; **magasin à** ~**s multiples** siop *b* gadwyn.

sucer [syse] (**9**) *vt* (*liquide*) sugno; (*bonbon etc*) sugno, sipian; ~ **son pouce** sugno'ch bawd.
sucette [sysɛt] *f* (*bonbon*) lolipop *g*; (*de bébé*) dymi *g,b*.
suçoter [sysɔte] (**1**) *vt* sugno, sipian.
sucre [sykʀ] *m* siwgr *g*; **morceau de** ~ lwmp *g ou* lwmpyn *g* o siwgr; ~ **cristallisé** siwgr bras; ~ **d'orge** siwgr barlys; ~ **de betterave** siwgr betys; ~ **de canne** siwgr câns; ~ **en morceaux** siwgr lwmp; ~ **en poudre** siwgr mân; ~ **glace** siwgr eisin.
sucré (**-e**) [sykʀe] *adj* (*produit alimentaire*) gyda siwgr, a siwgr wedi'i ychwanegu ato; (*au goût: vin, fruits etc*) melys; (*péj: ton etc*) siwgraidd, gwên-deg, yn fêl i gyd.
sucrer [sykʀe] (**1**) *vt* rhoi *ou* dodi siwgr yn, siwgro, melysu; ~ **qn** rhoi siwgr yn nhe *ou* yng nghoffi rhn;
♦ **se** ~ *vr* cymryd siwgr, helpu'ch hun i siwgr; (*fam: faire des bénéfices*) pluo'ch nyth, llenwi'ch poced.
sucrerie [sykʀəʀi] *f* (*usine*) purfa *b* siwgr; ~**s** (*bonbons*) melysion *ll*, fferins *ll*, losin *ll*, da-da *ll*.
sucrier[1] (**sucrière**) [sykʀije, sykʀijɛʀ] *adj* (*industrie*) siwgr; (*région*) sy'n cynhyrchu siwgr.
sucrier[2] [sykʀije] *m* (*fabricant*) cynhyrchydd *g* siwgr; (*récipient*) dysgl *b ou* powlen *b* siwgr.
sud [syd] *m* de *g*; **au** ~ (*situation*) yn y de; (*direction*) tua'r de, i'r de; **au** ~ **de** i'r de o;
♦*adj inv* (*côte*) (y) de, deheuol; (*façade*) yn wynebu'r de.
sud-africain (~-~**e**) (~-~**s**, ~-~**es**) [sydafʀikɛ̃, ɛn] *adj* De-Affricanaidd, o Dde Affrica.
Sud-Africain (~-~**s**) [sydafʀikɛ̃] *m* De-Affricanwr *g*.
Sud-Africaine (~-~**s**) [sydafʀikɛn] *f* De-Affricanes *b*.
sud-américain (~-~**e**) (~-~**s**, ~-~**es**) [sydameʀikɛ̃, ɛn] *adj* De-Americanaidd, o Dde America.
Sud-Américain (~-~**s**) [sydameʀikɛ̃] *m* De-Americanwr *g*.
Sud-Américaine (~-~**s**) [sydameʀikɛn] *f* De-Americanes *b*.
sudation [sydasjɔ̃] *f* chwysu.
sud-coréen (~-~**ne**) (~-~**s**, ~-~**nes**) [sydkɔʀeɛ̃, ɛn] *adj* De-Coreaidd, o Dde Corea.
Sud-Coréen (~-~**s**) [sydkɔʀeɛ̃] *m* Coread *g* o'r De.
Sud-Coréenne (~-~**s**) [sydkɔʀeɛn] *f* Coread *b* o'r De.
sud-est [sydɛst] *m inv* de-ddwyrain *g*;
♦*adj inv* de-ddwyreiniol.
sud-ouest [sydwɛst] *m inv* de-orllewin *g*;
♦*adj inv* de-orllewinol.
sud-vietnamien (~-~**ne**) (~-~**s**, ~-~**nes**) [sydvjɛtnamjɛ̃, ɛn] *adj* De-Fietnamaidd, o Dde Fietnam.
Sud-Vietnamien (~-~**s**) [sydvjɛtnamjɛ̃] *m* Fietnamiad *g* o'r De.
Sud-Vietnamienne (~-~**s**) [sydvjɛtnamjɛn] *f* Fietnamiad *b* o'r De.
Suède [sɥɛd] *prf*: **la** ~ Sweden *b*.
suédois[1] (**-e**) [sɥedwa, waz] *adj* Swedaidd, o Sweden.
suédois[2] [sɥedwa] *m* (*LING*) Swedeg *b,g*.
Suédois [sɥedwa] *m* Swediad *g*.
suédoise [sɥedwaz] *f* matsien *b*;
♦*adj f voir* **suédois**[1].
Suédoise [sɥedwaz] *f* Swediad *b*.
suer [sɥe] (**1**) *vi* chwysu; (*mur, plâtre*) diferu, chwysu; ~ **à grosses gouttes** chwysu chwartiau, chwysu fel mochyn *ou* ceffyl;
♦*vt* chwysu, diferu; (*fig: exhaler*) nawsio, diferu.
sueur [sɥœʀ] *f* chwys *g*; (*le fait de suer*) chwysiad *g*, chwysfa *b*, chwysu; **être en** ~ chwysu; **être trempé de** ~ bod yn chwys domen *ou* diferol, bod yn foddfa o chwys; **avoir des** ~**s froides** bod yn chwys oer drosoch, bod mewn chwys oer; **donner à qn des** ~**s froides** gwneud i rn chwysu'n oer.
suffire [syfiʀ] (**51**) *vi* bod yn ddigon; ~ **à** (*besoins*) diwallu, cwrdd â; ~ **à qn** bod yn ddigon i rn, digoni rhn, bodloni rhn; ~ **pour qch/pour faire qch** bod yn ddigon i rth/i wneud rhth; **cela lui suffit** mae hynny'n ddigon iddo *ou* iddi, mae'n fodlon ar hynny; **il suffit d'une seule erreur pour que ...** 'does raid ond gwneud un camgymeriad i ...; **cela suffit pour les irriter/pour qu'ils se fâchent** mae hynny'n ddigon i'w gwylltio/i beri iddynt wylltio; **"ça suffit!"** "dyna ddigon!";
♦ **se** ~ *vr*: **se** ~ **(à soi-même)** (*matériellement*) bod yn hunan-gynhaliol; (*beauté*) bod yn ddigonol ynddo'i hun; **pas besoin d'explication, le film se suffit à lui-même** nid oes angen esboniad, mae'r ffilm yn siarad drosti ei hun.
suffisamment [syfizamɑ̃] *adv* digon, (yn) ddigon; ~ **riche/fort** digon cyfoethog/cryf; **nous avons** ~ **marché/mangé** 'rydyn ni wedi cerdded/bwyta digon; ~ **de nourriture/d'argent** digon o fwyd/arian.
suffisance [syfizɑ̃s] *f*
1 (*quantité adéquate*) digonedd *g*; **avoir qch en** ~ bod â digon o rth; **de l'argent en** ~ digon o arian.
2 (*vanité*) hunanbwysigrwydd *g*, hunan-dyb *g,b*.
suffisant (**-e**) [syfizɑ̃, ɑ̃t] *adj*
1 (*adéquat*) digon, digonol; (*SCOL: résultats*) boddhaol; **je n'ai pas la place** ~**e** nid oes gennyf ddigon o le.
2 (*prétentieux*) hunanbwysig, hunandybus, ymhongar.
suffisons [syfizɔ̃] *vb voir* **suffire**.
suffixe [syfiks] *m* ôl-ddodiad *g*.
suffocant (**-e**) [syfɔkɑ̃, ɑ̃t] *adj* (*étouffant*) myglyd; (*stupéfiant*) syfrdanol.

suffocation [syfɔkasjɔ̃] *f* mygu; (*sensation*) mygfa *b*, myctod *g*.
suffoquer [syfɔke] (**1**) *vt* mygu, tagu; (*étonner: nouvelle etc*) syfrdanu;
♦*vi* mygu, tagu.
suffrage [syfʀaʒ] *m* hawl *b* i bleidleisio, etholfraint *b*; (*voix*) pleidlais *b*; (*du public etc*) cymeradwyaeth *b*, sêl *b* bendith; ~ **universel/direct/indirect** pleidlais gyffredinol/uniongyrchol/anuniongyrchol; ~**s exprimés** pleidleisiau dilys.
suggérer [sygʒeʀe] (**14**) *vt* awgrymu, cynnig; ~ **qch à qn** awgrymu rhth i rn; ~ **(à qn) de faire** awgrymu (i rn) ei fod yn gwneud; **je suggère que nous partions tout de suite** 'rwy'n cynnig ein bod yn mynd ar unwaith.
suggestif (**suggestive**) [sygʒɛstif, sygʒɛstiv] *adj* (*poésie, musique*) atgofus; (*photos*) awgrymog; (*déshabillé*) pryfoclyd.
suggestion [sygʒɛstjɔ̃] *f* awgrym *g*, awgrymiad *g*.
suggestivité [sygʒɛstivite] *f* (*de texte, musique*) atgofusrwydd *g*; (*de pose, photo*) natur *b* awgrymog; (*de déshabillé*) golwg *b* bryfoclyd.
suicidaire [sɥisidɛʀ] *adj* hunanladdol, hunanleiddiol, hunanddinistriol.
suicide [sɥisid] *m* hunanladdiad *g*;
♦*adj*: **opération** ~ cyrch *g* hunanleiddiol.
suicidé [sɥiside] *m* hunanleiddiad *g*.
suicidée [sɥiside] *f* hunanleiddiad *b*.
suicider [sɥiside] (**1**): **se** ~ *vr* eich lladd eich hun, cyflawni hunanladdiad.
suie [sɥi] *f* huddygl *g*, parddu *g*.
suif [sɥif] *m* gwêr *g*.
suinter [sɥɛ̃te] (**1**) *vi* (*liquide*) diferu; (*mur*) diferu, chwysu, nawsio; (*plaie*) diferu.
suis[1], *etc* [sɥi] *vb voir* **être**.
suis[2], *etc* [sɥi] *vb voir* **suivre**.
suisse [sɥis] *adj* Swisaidd, Swistirol, o'r Swistir;
♦*m* (*bedeau*) ystlyswr *g*.
Suisse [sɥis] *prf*: **la S**~ y Swistir *g*;
♦*m/f* Swisiad *g/b*, Swistirwr *g*, Swistirwraig *b*.
suisse(-)allemand (**-e**) [sɥisalmɑ̃, ɑ̃d] *adj* Swisaidd-Almaeneg.
Suisse(-)Allemand [sɥisalmɑ̃] *m* Swis-Almaenwr *g*.
Suisse(-)Allemande [sɥisalmɑ̃d] *f*: **la** ~(-)~ *ou* **alémanique** y Swistir *g* Almaeneg; (*personne*) Swis-Almaenes *b*.
suisse romand (**-e**) [syisʀɔmɑ̃, ɑ̃d] *adj* Swisaidd-Ffrangeg.
Suisse romand [syisʀɔmɑ̃] *m* siaradwr *g* Ffrangeg y Swistir.
Suisse romande [syisʀɔmɑ̃d] *f*: **la** ~ ~ y Swistir *g* Ffrangeg; (*personne*) siaradwraig *b* Ffrangeg y Swistir.
Suissesse [sɥisɛs] *f* Swistirwraig *b*.
suit [sɥi] *vb voir* **suivre**.
suite [sɥit] *f* (*escorte*) gosgordd *b*; (*continuation: d'énumération etc*) gweddill *g*; (*de feuilleton*) parhad *g*; (*second roman, film*) dilyniant *g*; (*série*) cyfres *b*, rhes *b*; (*MATH*) dilyniant; (*conséquence, résultat*) canlyniad *g*, sgil-effaith *b*; (*ordre, liaison logique*) cysondeb *g*, cydlyniad *g*; (*MUS*) cyfres; (*dans un hôtel*) ystafelloedd *ll*, swît *b*; ~**s** (*d'une maladie, chute*) effeithiau *ll*, ôl-effeithiau *ll*; **prendre la** ~ **de** (*directeur etc*) olynu; **donner** ~ **à** (*requête*) gweithredu ar sail (rhth); (*projet*) bwrw ymlaen â; **faire** ~ **à** dilyn; **une pièce qui fait** ~ **à la cuisine** ystafell sydd am y pared â'r gegin, ystafell sydd nesaf at y gegin; **(faisant)** ~ **à votre lettre du ...** yn dilyn eich llythyr dyddiedig y ...; **sans** ~ (*incohérent*) digyswllt, ar chwâl; (*COMM: article*) nad yw ar gael mwyach; **de** ~ (*d'affilée*) y naill ar ôl y llall, ar ôl ei gilydd, yn olynol; (*immédiatement*) ar unwaith, yn syth; **par la** ~ wedyn, yn ddiweddarach; **à la** ~ (*en succession*) y naill ar ôl y llall; **un nom avec plusieurs chiffres inscrits à la** ~ (*après*) enw a rhes o rifau ar ei ôl; **à la** ~ **de** (*derrière*) y tu ôl i; (*en conséquence de, après*) ar ôl, yn dilyn; **par** ~ **de** o achos, oherwydd, o ganlyniad i; **avoir de la** ~ **dans les idées** bod yn unplyg *ou* yn ddiwyro *ou* yn benderfynol; **attendre la** ~ **des évènements** aros nes gweld beth a ddaw, aros nes gweld beth a ddigwydd *ou* beth sy'n mynd i ddigwydd; ~ **et fin** y bennod *b* olaf.
suivant[1] [sɥivɑ̃] *vb voir* **suivre**.
suivant[2] (**-e**) [sɥivɑ̃, ɑ̃t] *adj* dilynol, canlynol, nesaf, sy'n dilyn *ou* canlyn; **l'exercice** ~ (*ci-après*) yr ymarfer a ganlyn; **"au** ~**!"** "nesaf!"
suivant[3] [sɥivɑ̃] *prép* (*selon*) yn ôl; (*conformément à*) yn unol â; (*le long de: axe, pointillé*) ar hyd; ~ **qu'il est riche ou pauvre** gan ddibynnu ar ba un ai cyfoethog ai tlawd ydyw.
suive [sɥiv] *vb voir* **suivre**
suiveur [sɥivœʀ] *m* (*CYCLISME*) canlynydd *g ou* dilynydd *g* (swyddogol); (*imitateur*) efelychwr *g*; (*d'une femme*) plagiwr *g*.
suivi[1] (**-e**) [sɥivi] *pp de* **suivre**;
♦*adj* (*régulier*) rheolaidd, cyson; (*COMM: article*) sydd (yn) wastad ar gael; (*cohérent*) cydlynol, rhesymegol, cyson; **très/peu** ~ (*cours*) â nifer dda/ag ychydig iawn o bobl; (*feuilleton, match*) â chynulleidfa fawr/wael; (*grève*) â llawer/ag ychydig o gefnogaeth; (*mode*) poblogaidd/amhoblogaidd.
suivi[2] [sɥivi] *m* (*d'une affaire*) parhad *g*, dilyniant *g*.
suivre [sɥivʀ] (**54**) *vt* dilyn, canlyn; (*dans une série*) dod ar ôl, dilyn; (*longer*) dilyn, mynd ar hyd; (*COMM: article*) cadw; (*comprendre*) dilyn, deall; ~ **qn des yeux** canlyn rhn â'ch llygaid; **le bateau suit la côte** mae'r cwch yn mynd gyda'r glannau; ~ **son cours** (*suj:*

enquête) dilyn ei gwrs *ou* hynt; (*suj: maladie*) rhedeg ei gwrs; **"à ~"** "i'w barhau"; ♦*vi* dilyn, canlyn; (*élève: être attentif*) dal sylw, gwrando; (*:assimiler le programme*) llwyddo i ddilyn, dilyn; **faire ~ une lettre** anfon llythyr ymlaen; ♦ **se ~** *vr* (*personnes, voitures*) dilyn ei gilydd, mynd y naill ar ôl y llall; (*accidents*) digwydd un ar ôl y llall; (*être dans le bon ordre*) bod mewn trefn, bod yn y drefn gywir; (*être cohérent: raisonnement*) bod yn gyson *ou* yn gydlynol.

sujet[1] (**-te**) [syʒɛ, ɛt] *adj* tueddol, a thuedd; **être ~ à** bod yn dueddol i; **~ aux accidents** damweinlon, damweingar, drwg am gael damweiniau; **~ à caution** (*renseignement, nouvelle*) heb ei gadarnhau; (*moralité, honnêteté*) amheus.

sujet[2] [syʒɛ] *m*
1 (*matière, question*) pwnc *g*, testun *g*; **~ de conversation** pwnc *ou* testun trafod, testun sgwrs; **c'est à quel ~?** am beth y mae'n sôn?, beth sydd dan sylw?; **au ~ de** am, ynghylch, ynglŷn â.
2 (*SCOL*): **~ d'examen** cwestiwn *g* arholiad.
3 (*raison*) achos *g*; **un ~ de dispute/mécontentement** achos ffrae/anfodlonrwydd; **avoir ~ de se plaindre** bod â lle i gwyno, bod ag achos cwyno.
4 (*LING*) goddrych *g*.
5 (*BIOL etc: d'éxpérience*) gwrthrych *g*.
6 (*individu*): **un mauvais ~** (*enfant*) bachgen *g* drwg; (*jeune homme*) un *g* drwg, adyn *g*.
7 (*d'un souverain etc*) deiliad *g/b*.

sujette [syʒɛt] *f* (*d'un souverain etc*) deiliad *b*; ♦*adj f voir* **sujet**[1].

sujétion [syʒesjɔ̃] *f* darostyngiad *g*; (*fig: aux passions*) caethiwed *g*; (*contrainte*) cyfyngiad *g*.

sulfater [sylfate] (**1**) *vt* (*vignes*) chwistrellu (rhth) â sylffad copor.

sulfureux (**sulfureuse**) [sylfyʀø, sylfyʀøz] *adj* sylffyraidd; (*fig: démoniaque*) cythreulig, dieflig.

sulfurique [sylfyʀik] *adj*: **acide ~** asid *g* sylffwrig.

sulfurisé (**-e**) [sylfyʀize] *adj*: **papier ~** papur *g* gwrthsaim, papur menyn.

summum [sɔ(m)mɔm] *m*: **le ~ de** (*gloire, civilisation*) uchafbwynt *g*, anterth *g*, pinacl *g*; **le ~ de la bêtise** ffolineb *g* o'r mwyaf.

super*[1] *adj inv* gwych, ffantastig.

super...[2] [sypɛʀ] *préf*: **~ chic** tra steilus.

super[3] [sypɛʀ] *m voir* **super(caburant)**.

superbe [sypɛʀb] *adj* gwych, godidog, ysblennydd;
♦*f* (*orgueil*) balchder *g*, ffroenucheledd *g*, haerllugrwydd *g*.

superbement [sypɛʀbəmɑ̃] *adv* yn wych, yn odidog.

super(carburant) [sypɛʀ(kaʀbyʀɑ̃)] *m* petrol *g* pedair seren.

supercherie [sypɛʀʃəʀi] *f* ystryw *g,b*, twyll *g*, cast *g*.

supérette [sypeʀɛt] *f* archfarchnad *b* fechan.

superfétatoire [sypɛʀfetatwaʀ] *adj* diangen, dianghenraid.

superficie [sypɛʀfisi] *f* arwynebedd *g*; (*fig: aspect superficiel*) wyneb *g*.

superficiel (**-le**) [sypɛʀfisjɛl] *adj* arwynebol, ar yr wyneb.

superficiellement [sypɛʀfisjɛlmɑ̃] *adv* ar yr wyneb, yn arwynebol.

superflu[1] (**-e**) [sypɛʀfly] *adj* diangen, dianghenraid; (*inutile, vain*) ofer.

superflu[2] [sypɛʀfly] *m*: **le ~** yr hyn sydd yn ddiangen *ou* yn ddianghenraid.

superforme* [sypɛʀfɔʀm] *f*: **en ~** mewn hwyliau da, ar eich gorau.

super-grand (**~-~s**) [sypɛʀgʀɑ̃] *m* archbŵer *g*.

supérieur[1] (**-e**) [sypeʀjœʀ] *adj* uwch, uchaf; (*excellent*) rhagorol, neilltuol; (*hautain*) ffroenuchel, nawddoglyd; **~ à** (*plus élevé: température, niveau*) uwch na; (*meilleur: qualité*) gwell na; **à l'étage ~** ar y llawr uwchben; **ils sont ~s en nombre** mae mwy ohonynt, maent yn fwy niferus; **Mère ~e** (*REL*) Uchel Fam *b*.

supérieur[2] [sypeʀjœʀ] *m* pennaeth *g*.

supérieurement [sypeʀjœʀmɑ̃] *adv* (*exécuter qch*) yn eithriadol *ou* arbennig o dda; **~ doué** eithriadol *ou* arbennig o ddawnus.

supériorité [sypeʀjɔʀite] *f* rhagoriaeth *b*; (*condescendance*) ffroenucheledd *g*; **air/sourire de ~** golwg *b*/gwên *b* nawddoglyd; **~ numérique** mantais *b* o ran niferoedd.

superlatif [sypɛʀlatif] *m* (*LING*) y radd *b* eithaf; **il est paresseux au ~** mae'n eithriadol o ddiog, mae'n ddiog ofnadwy.

supermarché [sypɛʀmaʀʃe] *m* archfarchnad *b*.

supernova [sypɛʀnɔva] *f* (*ASTRON*) uwchnofa *b*.

superposable [sypɛʀpozabl] *adj* (*figures*) arosodadwy, y gellir eu harosod; (*éléments de mobilier*) pentyradwy, y gellir eu pentyrru.

superposer [sypɛʀpoze] (**1**) *vt* arosod; (*meubles, caisses*) pentyrru; **~ une chose à une autre** gosod *ou* rhoi *ou* dodi un peth ar ben y llall; **lits superposés** gwelyau *ll* bync;
♦ **se ~** *vr* pentyrru, dodi'r naill ar ben y llall; (*strates, images*) bod wedi eu harosod.

superposition [sypɛʀpozisjɔ̃] *f* arosodiad *g*, arosod; (*de plats etc*) pentyrru.

superpréfet [sypɛʀpʀefɛ] *m* goruwch raglaw *g* (*prif weithredwr sy'n bennaeth/rhaglaw ar ranbarth*).

superproduction [sypɛʀpʀɔdyksjɔ̃] *f* (*film*) ffilm *b* sydd wedi costio llawer.

superpuissance [sypɛʀpɥisɑ̃s] *f* archbŵer *g*.

supersonique [sypɛʀsɔnik] *adj* uwchsonig.

superstitieux (**superstitieuse**) [sypɛʀstisjø,

sypeRstisjøz] *adj* ofergoelus.
superstition [sypeRstisjɔ̃] *f* ofergoeledd *g*, ofergoeliaeth *b*; (*croyance, pratique*) ofergoel *b*.
superstructure [sypeRstRyktyR] *f* aradeiledd *g*; (*CONSTR*) rhan *b* uchaf, goruwchadeilad *g*.
supertanker [sypeRtɑ̃kœR] *m* archdancer *g,b*, tancer *g,b* anferth.
superviser [sypeRvize] (**1**) *vt* arolygu, goruchwylio.
superviseur [sypeRvizœR] *m* arolygydd *g*, goruchwyliwr *g*; (*INFORM*) rhaglen *b* oruchwylio.
supervision [sypeRvizjɔ̃] *f* arolygiaeth *b*, arolygiad *g*, arolygu, goruchwyliaeth *b*, goruchwyliad *g*, goruchwylio.
suppl. *abr=* **supplément**.
supplanter [syplɑ̃te] (**1**) *vt* cymryd lle (rhn *ou* rhth), disodli.
suppléance [sypleɑ̃s] *f* (*poste: gén*) swydd *b* dros dro; (: *SCOL*) swydd lanw; (*action*) llenwi lle (rhn) dros dro, cymryd lle (rhth).
suppléant[1] (**-e**) [sypleɑ̃, ɑ̃t] *adj* (*gén*) dirprwy; (*SCOL*) llanw; **médecin** ~ dirprwy feddyg *g*.
suppléant[2] [sypleɑ̃] *m* dirprwy *g*; (*SCOL*) athro *g* llanw.
suppléante [sypleɑ̃t] *f* dirprwy *g*; (*SCOL*) athrawes *b* lanw;
♦*adj f voir* **suppléant**[1].
suppléer [syplee] (**1**) *vt* (*ajouter*) ychwanegu; (*lacune*) llenwi, llanw; (*défaut*) gwneud iawn am; (*remplacer: gén*) disodli, cymryd lle (rhn *ou* rhth); (:*professeur*) llenwi lle (rhn); (:*juge*) dirprwyo dros;
♦*vi*: ~ **à** (*manque, défaut, qualité*) gwneud iawn am; (*chose manquante*) cymryd lle (rhth).
supplément [syplemɑ̃] *m* ychwanegiad *g*; (*à un livre etc*) atodiad *g*; **un** ~ **de travail** rhagor *g* o waith; **un** ~ **de frites** dogn *g* ychwanegol o sglodion; **un** ~ **de 100 F** (*à payer*) tâl *g* ychwanegol o gan ffranc; **en** ~ (*au menu etc*) yn ychwanegol; ~ **d'information** gwybodaeth *b* ychwanegol.
supplémentaire [syplemɑ̃teR] *adj* ychwanegol, atodol.
supplétif (**supplétive**) [sypletif, sypletiv] *adj* (*MIL*) cynorthwyol.
suppliant (**-e**) [syplijɑ̃, ijɑ̃t] *adj* ymbilgar, erfyniol.
supplication [syplikasjɔ̃] *f* erfyniad *g*, ymbil *g*.
supplice [syplis] *m* (*peine corporelle*) artaith *b*; (*souffrance*) ing *g*, gwewyr *ll*, artaith; **être au** ~ bod mewn artaith *ou* ing *ou* gwewyr.
supplier [syplije] (**16**) *vt* erfyn ar, ymbil ar, crefu ar.
supplique [syplik] *f* cais *g*, deisyfiad *g*.
support [sypɔR] *m* cynhaliad *g*; (*CONSTR*) cynhalbost *g*; (*base*) troed *g,b*, gwadn *g,b*; (*pour livre, outils etc*) stand *g,b*, ateg *b*; (*moyen*) cyfrwng *g*; (*aide*) cymorth *g*; ~ **audio-visuel** cymhorthion *ou* cyfarpar *g* clyweled; ~ **publicitaire** cyfrwng hysbysebu.
supportable [sypɔRtabl] *adj* dioddefadwy, goddefadwy; (*passable*) gweddol, eithaf, go lew.
supporter[1] [sypɔRtɛR] *m* cefnogwr *g*, cefnogwraig *b*.
supporter[2] [sypɔRte] (**1**) *vt* (*poids, édifice*) cynnal, dal; (*frais, dépenses*) dwyn, cwrdd â; (*conséquences, épreuve*) dioddef, goddef; (*personne, défauts*) dioddef, goddef, dygymod â; (*résister à*) gwrthsefyll, dal, goddef; (*SPORT*) cefnogi.
supposé (**-e**) [sypoze] *adj* tybiedig, honedig.
supposer [sypoze] (**1**) *vt* (*à titre d'hypothèse*) tybio, tybied, bwrw; (*penser, tenir pour probable*) credu, meddwl, tybio, cymryd; (*impliquer*) rhagdybio; **en supposant** *neu* **à** ~ **que** a bwrw *ou* thybied *ou* chymryd ...
supposition [sypozisjɔ̃] *f* tybiaeth *b*, tyb *b*.
suppositoire [sypozitwaR] *m* tawddgyffur *g*.
suppôt [sypo] (*péj*) *m* canlynwr *g ou* cefnogwr *g* (*dihiryn, gormeswr ayb*).
suppression [sypResjɔ̃] *f* (*de mot, clause*) dilead *g*, dileu; (*de loi, congés, services d'autobus etc*) diddymiad *g*, diddymu; (*de publication, article*) gwaharddiad *g*, gwahardd; (*d'emplois, privilèges*) gwarediad *g*, gwaredu; (*de douleur*) lladd.
supprimer [sypRime] (**1**) *vt* (*clause, mot*) dileu; (*loi, congés, service d'autobus etc*) diddymu; (*publication, article*) gwahardd; (*emplois, privilèges*) cael gwared â, cael ymadael â; (*cause, anxiété*) cael gwared â, dileu; (*témoin gênant, douleur*) cael gwared â, lladd; (*mur*) cael gwared â, chwalu, dymchwel; ~ **qch à qn** amddifadu rhn o rth, mynd â rhth oddi ar rn.
suppuration [sypyRasjɔ̃] *f* crawniad *g*, crawni, goriad *g*, gori.
suppurer [sypyRe] (**1**) *vi* crawni, gori.
supputation [sypytasjɔ̃] *f* amcangyfrif *g*.
supputer [sypyte] (**1**) *vt* (*dépenses, frais*) amcangyfrif; (*chances*) pwyso a mesur, cloriannu.
supranational (**-e**) (**supranationaux, supranationales**) [sypRanasjɔnal, sypRanasjɔno] *adj* goruwchgenedlaethol.
suprématie [sypRemasi] *f* goruchafiaeth *b*.
suprême [sypRɛm] *adj* (*le plus élevé*) prif, pennaf, uchaf, goruchaf; (*très grand*) aruthrol, neilltuol, eithriadol; (*dernier*) olaf, eithaf.
suprêmement [sypRɛmmɑ̃] *adv* dros ben, y tu hwnt, yn anad dim.
sur[1] [syR] *prép*
1 (*position*) ar; (*sur le haut de*) ar ben; (*par-dessus*) dros; (*au-dessus*) uwchben; **il y a un sac** ~ **la table** mae bag ar y bwrdd; **je n'ai pas d'argent** ~ **moi** 'does gen i ddim arian arna' i; **il grimpa** ~ **le toit** dringodd ar ben *ou* i ben y to; **il neige** ~ **toute l'Europe**

mae'n bwrw eira dros Ewrop gyfan.
2 (*direction*) i, am, tuag at, i gyfeiriad; **tourner ~ la droite** troi i'r dde; **aller ~ Rennes** mynd am Rennes, mynd i gyfeiriad Rennes.
3 (*temps*): **il est arrivé ~ les 2 heures** cyrhaeddodd tua dau o'r gloch; **elle va ~ la quarantaine** mae hi'n tynnu ymlaen at y deugain (oed); **~ ce** ac ar hyn *ou* hynny; **~ ce, il faut que je vous quitte** a rŵan *ou* nawr, rhaid imi fynd.
4 (*matière, sujet*) am, ar; **un livre ~ Balzac** llyfr ar *ou* am Balzac; **une conférence ~ Balzac** darlith ar Balzac.
5 (*proportion, mesures, accumulation*): **un homme ~ dix** un dyn o bob deg; **un ~ 10** (*note*) un allan o ddeg; **~ 20, 2 sont venus** allan o ugain, dau a ddaeth; **4 m ~ 2** pedwar metr wrth ddau; **un mardi ~ deux** bob yn ail ddydd Mawrth; **avoir accident ~ accident** cael un ddamwain ar ôl y llall.
6 (*cause*): **~ invitation/commande** ar wahoddiad/orchymyn; **~ les conseils de qn** ar gyngor rhn, yn unol â chyngor rhn.

sur[2] (**-e**) [syʀ] *adj* sur.

sûr (**-e**) [syʀ] *adj* (*convaincu*) siŵr, sicr; (*digne de confiance*) dibynadwy, diogel, sicr; (*sans danger*) diogel; (*garanti*) diogel, sicr, diamheuol; **~ de qch** (*personne*) siŵr *ou* sicr o rth; **peu ~** annibynadwy; (*dangereux*) peryglus; **être ~ de qn** bod â ffydd yn rhn, ymddiried yn rhn; **~ et certain** hollol siŵr *ou* sicr, perffaith siŵr *ou* sicr; **~ de soi** hunanhyderus; **le plus ~ est de cacher l'argent** y peth gorau *ou* callaf fyddai cuddio'r arian.

surabondance [syʀabɔ̃dɑ̃s] *f* gormodedd *g*, mwy *g* na digon; **avoir qch en ~** bod â gormodedd o rth.

surabondant (**-e**) [syʀabɔ̃dɑ̃, ɑ̃t] *adj* rhy niferus, gorhelaeth, gormodol.

surabonder [syʀabɔ̃de] (**1**) *vi* bod yn rhy niferus, bod yn orhelaeth; **~ de** *neu* **en** gorlifeirio o, bod yn orlawn o.

suractivité [syʀaktivite] *f* gorfywiogrwydd *g*.

suraigu (**-ë**) [syʀegy] *adj* (*son, voix*) main iawn, treiddgar iawn.

surajouter [syʀaʒute] (**1**) *vt*: **~ qch à** ychwanegu rhth at rth;
♦ **se ~** *vr*: **se ~ à qch** dod ar ben rhth.

suralimentation [syʀalimɑ̃tasjɔ̃] *f* gorfwydo.

suralimenté (**-e**) [syʀalimɑ̃te] *adj* (*personne*) sy'n cael gormod i'w fwyta.

suranné (**-e**) [syʀane] *adj* henffasiwn, ar ôl yr oes.

surarmement [syʀaʀməmɑ̃] *m* pentyrru arfau.

surbaissé (**-e**) [syʀbese] *adj* (*arc, voûte, plafond*) gorisel, wedi'i ostwng; (*carrosserie, auto*) isel.

surcapacité [syʀkapasite] *f* (*ÉCON*) gallu *g* cynhyrchu gormodol.

surcharge [syʀʃaʀʒ] *f* gorlwyth *g*, gorlwytho; (*de détails, d'ornements*) gormodedd *g*; (*correction*) newid *g*, cywiriad *g*; (*PHILATÉLIE*) trosbrint *g*; **prendre des passagers en ~** codi teithwyr ychwanegol; **~ de bagages** paciau *ll* dros ben; **~ de travail** gwaith *g* ychwanegol, rhagor *g* o waith.

surchargé (**-e**) [syʀʃaʀʒe] *adj* (*véhicule*) wedi'i orlwytho; (*décoration*) gormodol, gorfanwl, gorgywrain; **~ de travail** dan faich trwm o waith, at eich ceseiliau *ou* clustiau mewn gwaith; **un manuscrit ~ de corrections** llawysgrif *b* yn frith o gywiriadau.

surcharger [syʀʃaʀʒe] (**10**) *vt* gorlwytho; (*accabler*) gorlethu; (*timbre-poste*) trosbrintio; (*mot écrit*) newid, cywiro.

surchauffe [syʀʃof] *f* (*ÉCON*) gordwymo.

surchauffé (**-e**) [syʀʃofe] *adj* rhy boeth *ou* dwym, gor-dwym, gorgynnes; (*fig: imagination*) gorfywiog; (*fig: surexcité*) gorgynhyrfus; **les esprits étaient ~s** 'roedd teimladau'n gryf.

surchoix [syʀʃwa] *adj inv* o'r ansawdd gorau *ou* orau.

surclasser [syʀklɑse] (**1**) *vt* rhagori ar, bod yn drech na; **cette voiture surclasse les autres** 'dyw'r ceir eraill ddim yn yr un cae â hwn, mae'r car 'ma'n frenin wrth y lleill; **~ un billet de train** uwchraddio tocyn trên.

surconsommation [syʀkɔ̃sɔmasjɔ̃] *f* (*ÉCON*) gordreuliant *g*.

surcoté (**-e**) [syʀkɔte] *adj* wedi'i orbrisio, rhy ddrud *ou* brid.

surcouper [syʀkupe] (**1**) *vt*: **~ qn** (*CARTES*) gordrympio rhn, chwarae trymp uwch na rhn.

surcroît [syʀkʀwa] *m* cynnydd *g*; **un ~ de travail** gwaith *g* ychwanegol, rhagor *g* o waith; **par** *neu* **de ~** yn ogystal, ar ben hynny, at hynny; **en ~** yn ychwanegol.

surdi-mutité (**~-~s**) [syʀdimytite] *f* mudandod *g* a byddardod *g*; **atteint de ~-~** mud a byddar.

surdité [syʀdite] *f* byddardod *g*, trymder *g* clyw; **atteint de ~ totale** hollol fyddar

surdoué (**-e**) [syʀdwe] *adj* tra dawnus, tra galluog.

sureau (**-x**) [syʀo] *m* ysgawen *b*.

sureffectif [syʀefɛktif] *m* gorgyflogi, gorstaffio, gormod o staff.

surélever [syʀel(ə)ve] (**13**) *vt* codi, gwneud (rhth) yn uwch.

sûrement [syʀmɑ̃] *adv* (*progresser, fonctionner*) yn sicr, yn ddiogel; (*attacher*) yn dynn, yn sownd; (*certainement*) yn sicr; **il viendra ~** mae'n siŵr *ou* sicr o ddod; **viendra-t-elle? - ~!** a fydd hi'n dod? - wrth gwrs! *ou* bydd siŵr iawn!; **vous permettez? - ~ pas!** a gaf i? - na chewch (yn) wir!; **tu connais ~ sa sœur** (*très probablement*) mae'n siŵr dy fod yn adnabod ei chwaer.

suremploi [syrɑ̃plwa] *m* (*d'une ressource*) gorddefnydd *g* (ar); (*de la main-d'œuvre*) prinder *g* gweithwyr.
surenchère [syrɑ̃ʃɛr] *f* cynnig *g* uwch; (*fig*) gor-ddweud, addewidion *ll* chwyddedig; ~ **de violence** cynnydd *g* mewn trais; ~ **électorale** trechafiaeth *b* wleidyddol (*yn ystod etholiad*).
surenchérir [syrɑ̃ʃerir] (**2**) *vi* (*COMM*) cynnig mwy, cynnig yn uwch, gwneud cynnig mwy *ou* uwch; ~ **sur qn** (*fig*) ceisio rhagori ar rn, addo mwy na rhn, mynd gam ymhellach na rhn.
surendettement [syrɑ̃dɛtmɑ̃] *m* dyled *b* ormodol.
surent [syr] *vb voir* **savoir**[1].
surentraîné (-**e**) [syrɑ̃trene] *adj* (*animal*) wedi'i orhyfforddi; (*personne*) wedi gorymarfer.
suréquipé (-**e**) [syrekipe] *adj* â gormod o gyfarpar *ou* offer (*ayb*).
surestimer [syrɛstime] (**1**) *vt* (*tableau*) gorbrisio; (*importance, puissance*) goramcangyfrif; (*qualités, mérites*) meddwl gormod o, gorbrisio.
sûreté [syrte] *f* (*sécurité*) diogelwch *g*; (*fiabilité*) dibynadwyedd *g*, sicrwydd *g*; (*garantie*) gwarant *b*, sicrwydd; (*dispositif*) dyfais *b* ddiogelu; **être en** ~ bod yn ddiogel *ou* mewn lle diogel; **mettre en** ~ rhoi *ou* dodi (rhth) mewn lle diogel; **pour plus de** ~ er mwyn bod yn ddiogelach; **complot/crime contre la** ~ **de l'État** cynllwyn *g*/trosedd *g* yn erbyn diogelwch y wladwriaeth; **la S**~ **(nationale)** ≈ Adran *b* heddlu'r Swyddfa Gartref.
surexcité (-**e**) [syrɛksite] *adj* gorgynhyrfus, wedi gorgynhyrfu.
surexciter [syrɛksite] (**1**) *vt* gorgynhyrfu.
surexploiter [syrɛksplwate] (**1**) *vt* (*terre*) gorddatblygu; (*personne*) camddefnyddio, ecsbloetio.
surexposer [syrɛkspoze] (**1**) *vt* (*PHOT*) goroleuo.
surf [sœrf] *m* beistonna, brigdonni; **faire du** ~ beistonna, brigdonni, syrffio.
surface [syrfas] *f* wyneb *g*; (*MATH*) arwyneb *g*; (*aire*) arwynebedd *g*, arwyneb; **faire** ~ codi *ou* dod i'r wyneb; **en** ~ ar yr wyneb, yn agos i'r wyneb; (*fig*) yn arwynebol; ~ **de réparation** (*SPORT*) cwrt *g* cosbi; ~ **porteuse** *neu* **de sustentation** (*AVIAT*) aeroffoil *g*; ~ **plane/courbe** arwyneb gwastad/crwn; **la pièce fait 100 m de** ~ mae'r ystafell yn gan metr sgwâr.
surfait (-**e**) [syrfɛ, ɛt] *adj* (*auteur, ouvrage*) y mae *ou* bu gormod o ganmol arno.
surfeur [sœrfœr] *m* beistonnwr *g*, brigdonnwr *g*, syrffiwr *g*.
surfeuse [sœrføz] *f* beistonwraig *b*, brigdonwraig *b*, syrffwraig *b*.
surfiler [syrfile] (**1**) *vt* troswnïo, amylu, trawsbwytho.
surfin (-**e**) [syrfɛ̃, in] *adj* o'r math gorau, o'r ansawdd gorau *ou* orau.
surgélateur [syrʒelatœr] *m* rhewgell *b*.
surgélation [syrʒelasjɔ̃] *f* rhewi, dwysrewi.
surgelé (-**e**) [syrʒəle] *adj* wedi'i rewi *ou* ddwysrewi.
surgeler [syrʒəle] (**13**) *vt* rhewi, dwysrewi.
surgir [syrʒir] (**2**) *vi* (*personne, véhicule*) ymddangos yn annisgwyl, dod i'r golwg yn ddirybudd *ou* sydyn; (*plante*) tyfu, saethu i fyny *ou* lan; (*montagne, navire*) ymddangos, ymrithio, dod i'r golwg; (*fig: problème, dilemme*) codi.
surhomme [syrɔm] *m* goruwchddyn *g*.
surhumain (-**e**) [syrymɛ̃, ɛn] *adj* goruwchddynol.
surimposer [syrɛ̃poze] (**1**) *vt* gordrethu.
surimpression [syrɛ̃presjɔ̃] *f* (*PHOT*) dinoethiad *g ou* llun *g* dwbl; **en** ~ yn arosodedig.
surimprimer [syrɛ̃prime] (**1**) *vt* trosbrintio.
Surinam [syrinam] *prm*: **le** ~ Swrinam *b*.
surinfection [syrɛ̃fɛksjɔ̃] *f* (*MÉD*) haint *g,b* eilaidd.
surjet [syrʒɛ] *m* (*COUTURE*) gwnïad *g* trosbwythedig.
sur-le-champ [syrləʃɑ̃] *adv* ar unwaith, yn syth.
surlendemain [syrlɑ̃d(ə)mɛ̃] *m*: **le** ~ trennydd *g*, ail drannoeth *g*; **le** ~ **de ...** ddeuddydd ar ôl ...; **le** ~ **matin** ddeuddydd yn ddiweddarach yn y bore.
surligneur [syrliɲœr] *m* (*feutre*) aroleuydd *g*.
surmenage [syrmənaʒ] *m* gorweithio; **souffrir de** ~ (*MÉD*) dioddef o effeithiau gorweithio; **le** ~ **intellectuel** blinder *g* meddwl.
surmené (-**e**) [syrməne] *adj* wedi'ch llethu gan waith, wedi ymlâdd, wedi (eich) gorweithio.
surmener [syrməne] (**13**) *vt* gorweithio, llethu; ♦ **se** ~ *vr* eich lladd eich hun, ei gor-wneud hi, ymlâdd.
surmonter [syrmɔ̃te] (**1**) *vt* (*suj: coupole etc*) coroni; (*vaincre: difficulté, obstacle*) gorchfygu, goresgyn; (*vaincre: peur, colère*) meistroli, cael y gorau ar.
surmultiplié (-**e**) [syrmyltiplije] *adj*: **vitesse** ~**e** trosyriant *g*.
surmultipliée [syrmyltiplije] *f* trosyriant *g*; ♦*adj f voir* **surmultiplié**.
surnager [syrnaʒe] (**10**) *vi* arnofio, aros ar wyneb y dŵr; (*fig*) parhau, aros.
surnaturel[1] (-**le**) [syrnatyrɛl] *adj* goruwchnaturiol; (*beauté etc*) annaearol.
surnaturel[2] [syrnatyrɛl] *m*: **le** ~ y goruwchnaturiol *g*.
surnom [syrnɔ̃] *m* llysenw *g*.
surnombre [syrnɔ̃br] *m*: **être en** ~ bod yn rhy niferus; **nous étions en** ~ 'roedd gormod ohonom.
surnommer [syrnɔme] (**1**) *vt* llysenwi.
surnuméraire [syrnymerɛr] *adj* ychwanegol, dros ben (y rhif).

suroît [syrwa] *m* (*chapeau*) het *b* law, sowester *b*.
surpasser [syrpɑse] (**1**) *vt* (*l'emporter sur*) rhagori ar, bod ar y blaen i, bod yn drech *ou* yn well na; (*dépasser*) mynd *ou* bod y tu hwnt i, bod yn fwy na;
♦ **se** ~ *vr* rhagori arnoch eich hun.
surpayer [syrpeje] (**18**) *vt* (*personne*) gordalu, talu gormod i; (*marchandise*) talu gormod am.
surpeuplé (-**e**) [syrpœple] *adj* gorboblog, gorboblogedig.
surpeuplement [syrpœpləmɑ̃] *m* gorboblogaeth *b*.
surpiquer [syrpike] (**1**) *vt* (*COUTURE*) wyneb-bwytho.
surpiqûre [syrpikyr] *f* (*COUTURE*) wyneb-bwyth *g*, wyneb-bwytho.
surplace [syrplas] *m*: **faire du** ~ aros yn eich unfan, aros yn llonydd, peidio â symud.
surplis [syrpli] *m* (*REL*) gwenwisg *b*.
surplomb [syrplɔ̃] *m* gordo *g*, trosgrog *b*, bargodiad *g*; **en** ~ sy'n taflu allan, sy'n crogi drosodd, gordo; **falaise en** ~ craig *b* sy'n taflu dros ei throed *ou* sawdl, craig fargodol.
surplomber [syrplɔ̃be] (**1**) *vi* taflu allan, crogi *ou* hongian drosodd; (*TECH*) bod allan o blwm;
♦*vt*: ~ **qch** crogi uwchben rhth *ou* dros rth, hongian uwchben rhth *ou* dros rth, taflu allan uwchben rhth *ou* dros rth, bargodi dros rth; (*dominer*) ymgodi uwchben rhth.
surplus [syrply] *m* gormod *g*, gormodedd *g*; (*reste*) gwarged *g*; ~ **de bois/tissu** pren *g*/defnydd *g* sydd dros ben *ou* sy'n weddill; **au** ~ ar ben hynny, yn ogystal, at hynny, a pheth arall;
♦*mpl*: ~ **américains** *cyfarpar milwrol a adawyd gan yr Americanwyr ar ôl yr Ail Ryfel Byd ac a werthwyd yn rhad.*
surpopulation [syrpɔpylasjɔ̃] *f* gorboblogaeth *b*.
surprenant[1] [syrprənɑ̃] *vb voir* **surprendre**
surprenant[2] (-**e**) [syrprənɑ̃, ɑ̃t];
♦*adj* (*étonnnant*) syfrdanol, annisgwyl, rhyfedd; (*remarquable*) nodedig, hynod; **il est** ~ **de voir ...** mae'n syndod gweld ...
surprendre [syrprɑ̃dr] (**74**) *vt* (*prendre sur le fait*) dal *ou* dala (rhn) wrthi, dal (rhn) yn annisgwyl *ou* yn ddirybudd; (*découvrir: secret*) darganfod; (:*conversation*) digwydd clywed, clywed (rhth) ar ddamwain; (*apercevoir*) canfod, synhwyro; (*suj: pluie, nuit, orage*) dal; (*étonner*) synnu, syfrdanu; ~ **des amis chez eux** galw *ou* picio *ou* taro heibio i ffrindiau'n ddirybudd, galw i weld ffrindiau'n ddirybudd; ~ **la bonne foi de qn** torri ffydd â rhn;
♦ **se** ~ *vr*: **se** ~ **à faire qch** eich dal *ou* cael eich hun yn gwneud rhth.
surprime [syrprim] *f* (*ASSURANCES*) premiwm *g* ychwanegol.
surpris (-**e**) [syrpri, iz] *pp de* **surprendre**;
♦*adj* syn, syfrdan, wedi synnu, wedi'ch synnu *ou* syfrdanu; **je suis** ~ **de vous voir** 'rwy'n synnu eich gweld; **il est** ~ **que je sois encore là** mae'n synnu fy mod i'n dal yno.
surprise [syrpriz] *f* peth *g* annisgwyl, syrpreis* *g*; (*cadeau*) rhodd *b* annisgwyl; (*nouvelle*) newydd *g* annisgwyl; (*étonnement*) syndod *g*; **voyage sans** ~**s** taith *b* ddiddigwyddiad *ou* ddigyffro; **par** ~ yn annisgwyl, yn ddirybudd; **avoir la** ~ **de voir qn** synnu gweld rhn; **regarder qn avec** ~ edrych yn syn ar rn; **à ma grande** ~ er mawr syndod imi, er fy mawr syndod;
♦*adj f voir* **surpris**.
surprise-partie (~**s**-~**s**) [syrprizparti] *f* parti *g*.
surprit [syrpri] *vb voir* **surprendre**.
surproduction [syrprɔdyksjɔ̃] *f* gorgynnyrch *g*, gorgynhyrchu.
surréalisme [syrrealism] *m* swrrealaeth *b*.
surréaliste [syrrealist] *adj* swrrealaidd;
♦*m/f* swrrealydd *g*.
sursaut [syrso] *m* gwingiad *g*, cryndod *g*, naid *b* fach; (*fig: d'énergie, indignation*) hwrdd *g*, pwl *g*; **en** ~ (*se réveiller*) yn sydyn, yn ddisymwth.
sursauter [syrsote] (**1**) *vi* gwingo, rhoi naid fach.
surseoir [syrswar] (**37**) *vi*: ~ **à** gohirio, oedi.
sursis [syrsi] *m* oediad *g*, saib *g*, seibiant *g*; (*JUR*) gohiriad *g*, dedfryd *b* ohiriedig; **il a eu 5 mois (de prison) avec** ~ cafodd ddedfryd ohiriedig o bum mis, cafodd bum mis o garchar wedi'i ohirio; ~ **(d'appel** *neu* **d'incorporation)** (*MIL*) gohiriad (*galw rhn i'r fyddin*).
sursitaire [syrsitɛr] *m* (*MIL*) *milwr g gorfod sy'n cael gohirio'i alwad i'r fyddin.*
sursois *etc* [syrswa] *vb voir* **surseoir**.
sursoyais *etc* [syrswaje] *vb voir* **surseoir**.
surtaxe [syrtaks] *f* tâl *g ou* taliad *g* ychwanegol, gordal *g*, gordaliad *g*.
surtension [syrtɑ̃sjɔ̃] *f* (*ÉLEC*) gorfoltedd *g*.
surtout [syrtu] *adv* (*avant tout, d'abord*) uwchlaw popeth, yn anad dim; (*spécialement, particulièrement*) yn enwedig, yn arbennig; **il aime** ~ **le sport** mae'n hoff o chwaraeon yn anad dim; **il aime le sport,** ~ **le football** mae'n hoff o chwaraeon, yn enwedig pêl-droed; **dernièrement, j'ai** ~ **lu des romans** yn ddiweddar, 'rwyf wedi bod yn darllen nofelau yn bennaf; ~ **que** yn enwedig gan ...; ~**, dis au médecin que** gofala ddweud wrth y meddyg ...; ~**, ne dites rien!** cofiwch, peidiwch â dweud dim!; **je vais lui dire -** ~ **pas!** 'rwy'n mynd i ddweud wrthi - na wnei di (yn) wir! *ou* na wnei di ddim o'r fath beth!; ~ **pas moi!** unrhyw un ond fi!
survécu [syrveky] *pp de* **survivre**.

surveillance [syʀvɛjɑ̃s] *f* gwyliadwriaeth *b*; (*SCOL, MÉD etc*) goruchwyliaeth *b*, goruchwyliad *g*, arolygiaeth *b*, arolygiad *g*; **être sous la ~ de qn** bod dan wyliadwriaeth *ou* dan oruchwyliaeth rhn; **sous ~ médicale** tan oruchwyliad meddygol; **la ~ du territoire** y gwasanaeth *g* gwrthysbïo gwladol (*yn Ffrainc*).

surveillant [syʀvɛjɑ̃] *m* goruchwyliwr *g*, arolygwr *g*; (*de prison*) gwarchodwr *g*, gwarcheidwad *g*; **~ de baignade** achubydd *g* bywyd.

surveillante [syʀvɛjɑ̃t] *f* goruchwylwraig *b*, arolygwraig *b*; (*de prison*) gwarchodwraig *b*; **~ de baigande** achubydd *g* bywyd.

surveiller [syʀveje] (**1**) *vt* (*épier*) gwylio; (*enfant, élève, bagages, malade*) cadw llygad *ou* golwg ar, gwarchod, gwylio; (*prisonnier, suspect*) cadw (rhn) dan wyliadwriaeth; (*territoire, bâtiment*) gwarchod, gofalu am; (*travaux*) goruchwylio, arolygu; (*SCOL: examen*) arolygu, goruchwylio, gwylio; **~ qn de près** cadw llygad barcud ar rn; **~ son langage** gwylio'ch iaith; **~ sa ligne** gofalu am eich ffigwr;
♦ **se ~** *vr* gofalu beth yr ydych yn ei wneud, bod yn ofalus beth yr ydych yn ei wneud.

survenir [syʀvəniʀ] (**32**) *vi* (*difficulté, problème*) codi; (*évènement*) digwydd; (*personne*) ymddangos *ou* cyrraedd (yn annisgwyl).

survenu (**-e**) [syʀv(ə)ny] *pp de* **survenir**.

survêtement [syʀvɛtmɑ̃] *m* tracwisg *b*.

survie [syʀvi] *f* goroesiad *g*, goroesi; (*REL*) bywyd *g* tragwyddol; **équipement de ~** angenrheidiau *ll ou* cyfarpar *g* goroesi; **le médicament lui a donné quelques mois de ~** mae'r cyffur wedi rhoi rhai misoedd eto iddo.

surviens *etc* [syʀvjɛ̃] *vb voir* **survenir**.

survint [syʀvɛ̃] *vb voir* **survenir**.

survirer [syʀviʀe] (**1**) *vi* gorlywio, troi'n ormodol.

survit [suʀvi] *vb voir* **survivre**.

survitrage [syʀvitʀaʒ] *m* gwydriad *g ou* gwydro dwbl, ffenestri *ll* dwbl.

survivance [syʀvivɑ̃s] *f* goroesiad *g*, goroesi; **croire à la ~ de l'âme** credu yn y bywyd tragwyddol.

survivant[1] (**-e**) [syʀvivɑ̃, ɑ̃t] *adj* sy'n goroesi, eto'n fyw.

survivant[2] [syʀvivɑ̃] *m* goroeswr *g*; **il y avait trois ~s de l'incendie** achubwyd tri o bobl o'r tân.

survivante [syʀvivɑ̃t] *f* goroeswraig *b*;
♦*adj f voir* **survivant**[1].

survivre [syʀvivʀ] (**61**) *vi*: **~ à** goroesi; (*accident*) dod trwy, dianc yn fyw o; (*maladie*) dod trwy, trechu; (*blessure*) byw trwy, dod dros; **~ à qn** (*vivre plus longtemps que*) goroesi rhn, byw'n hwy na rhn, byw ar ôl rhn; **il a peu de chances de ~** nid oes fawr o obaith iddo ddod drwyddi.

survol [syʀvɔl] *m* (*d'une ville etc*) ehediad *g* dros, hedfan dros; (*fig*) darlleniad *g* brysiog, brasolwg *g,b*.

survoler [syʀvɔle] (**1**) *vt* hedfan dros; (*fig: livre, écrit*) brasddarllen, darllen (rhth) yn frysiog, bwrw golwg gyflym drwy; (*fig: question, problèmes*) crafu wyneb (rhth).

survolté (**-e**) [syʀvɔlte] *adj* (*ÉLEC: appareil*) grymusach; (*fig: personne*) gorgynhyrfus; (*ambiance*) cynhyrfus iawn

sus[1] [sy(s)] *adv*: **~ à l'ennemi!** ar ôl y gelyn!, ar eu holau!; **en ~** yn ychwanegol, yn ogystal; **en ~ de** ar ben (rhth), yn ychwanegol at (rth), yn ogystal â (rhth).

sus[2], *etc* [sy(s)] *vb voir* **savoir**[1].

susceptibilité [sysɛptibilite] *f* croendeneuwch *g*, croendeneurwydd *g*; (*PHYS*) derbynnedd *g*; (*à une maladie*) rhagdueddiad *g*; **pour ménager les ~s** rhag brifo teimladau neb, rhag tramgwyddo neb, rhag pechu yn erbyn neb.

susceptible [sysɛptibl] *adj* croendenau; **~ d'amélioration** *neu* **d'être amélioré** y gellir gwella arno, y gellir ei wella, y mae lle i'w wella; **être ~ de faire** (*capacité*) bod â'r gallu i wneud; (*probabilité*) bod yn debyg *ou* debygol o wneud.

susciter [sysite] (**1**) *vt* (*obstacles, ennuis*) creu; (*passions, jalousies*) cynhyrfu, cyffroi, ysgogi; (*intérêt etc*) codi, creu, ennyn.

susdit (**-e**) [sysdi, dit] *adj* a grybwyllwyd eisoes *ou* uchod, dywededig, rhagddywededig, uchod.

susmentionné (**-e**) [sysmɑ̃sjɔne] *adj* a grybwyllwyd eisoes *ou* uchod, dywededig, rhagddywededig, uchod.

susnommé (**-e**) [sysnɔme] *adj* a enwyd eisoes *ou* uchod, dywededig, rhagddywededig, uchod.

suspect[1] (**-e**) [syspɛ(kt), ɛkt] *adj* amheus; **être peu ~ de** bod yn annhebygol o gael eich amau o.

suspect[2] [syspɛ(kt)] *m* (*JUR*) un *g* dan amheuaeth, un a ddrwgdybir.

suspecte [syspɛkt] *f* (*JUR*) un *b* dan amheuaeth, un a ddrwgdybir;
♦*adj f voir* **suspect**[1].

suspecter [syspɛkte] (**1**) *vt* amau, drwgybio; **~ qn de faire qch** amau bod rhn yn gwneud rhth; **~ qn d'avoir fait qch** amau i rn wneud rhth.

suspendre [syspɑ̃dʀ] (**3**) *vt*
1 (*accrocher, fixer*) hongian, crogi; **~ qch au mur** hongian rhth ar y wal, rhoi rhth i fyny ar y wal; **~ qch au plafond** hongian rhth o'r nenfwd; **~ du linge** rhoi dillad ar y lein.
2 (*interrompre: récit*) rhoi pen ar, torri ar; (:*émission, publication*) atal (rhth) dros dro; (*destituer: fonctionnaire etc*) diarddel *ou* atal (rhn) dros dro; (*remettre*) gohirio, oedi;
♦ **se ~** *vr*: **se ~ à** (*s'accrocher à: branche, barre*) hongian o.

suspendu (**-e**) [syspɑ̃dy] *pp de* **suspendre**; ♦*adj* (*jardins, pont*) crog; (*séance*) gohiriedig, wedi'i ohirio; (*jugement*) gohiriedig; (*personne*) wedi'i ddiarddel *ou* atal dros dro; ~ **à** yn hongian ar *ou* o; ~ **au-dessus de** (*fig: bâtiment etc*) yn sefyll uwchben; **voiture bien/mal ~e** car *g* â hongiad da/gwael; **être ~ aux lèvres de qn** dal ar bob gair o enau rhn.

suspens [syspɑ̃]: **en** ~ *adv* (*en attente*) heb ei orffen *ou* benderfynu; **tenir qn en** ~ (*dans l'incertitude*) cadw rhn ar bigau'r drain, cadw rhn mewn gwewyr *ou* ing *ou* ansicrwydd.

suspense [syspɛns] *m* ansicrwydd *g*, gwewyr *g ou* ing *g* meddwl; **film/roman à** ~ ffilm *b*/nofel *b* ias a chyffro.

suspension [syspɑ̃sjɔ̃] *f* ataliad *g* dros dro, gohiriad *g*; (*personne*) diarddeliad *g ou* ataliad dros dro; (*AUTO*) hongiad *g*; (*luminaire*) golau *g* crog; (*CHIM*) daliant *g*; **en** ~ (*particules*) mewn daliant; (*poussière*) yn hongian; ~ **d'audience** gohiriad.

suspicieux (**suspicieuse**) [syspisjø, syspisjøz] *adj* amheus, drwgdybus.

suspicion [syspisjɔ̃] *f* amheuaeth *b*, amheuon *ll*, drwg-dyb *b*, drwgdybiaeth *b*.

sustentation [systɑ̃tasjɔ̃] *f* (*AVIAT*) codiant *g*; **base** *neu* **polygone de** ~ sail *b*, sylfaen *b*.

sustenter [systɑ̃te] (**1**): **se** ~ *vr* bwyta, ymborthi.

susurrer [sysyʀe] (**1**) *vt* sibrwd, sisial; ♦*vi* (*personne*) sibrwd, sisial; (*eau*) sisial, murmur.

sut [sy] *vb voir* **savoir**[1].

suture [sytyʀ] *f*: **point de** ~ (*MÉD*) pwyth *g*.

suturer [sytyʀe] (**1**) *vt* (*MÉD*) pwytho, gwnïo.

suzeraineté [syz(ə)ʀɛnte] *f* penarglwyddiaeth *b*.

svelte [svɛlt] *f* main, lluniaidd, gosgeiddig.

SVP [ɛsvepe] *sigle*(= *s'il vous plaît*) O.G.Dd (*os gwelwch yn dda*).

Swaziland [swazilɑ̃d] *prm*: **le** ~ Gwlad *b* y Swazi.

syllabaire [si(l)labɛʀ] *m* llyfr *g* sillafu.

syllabe [si(l)lab] *f* sillaf *b*, sill *b*.

sylphide [silfid] *f* sylffid *g,b*; **de** ~ (*fig: corps, taille*) main iawn, lluniaidd iawn.

sylvestre [silvɛstʀ] *adj*: **pin** ~ ffynidwydden *b*, pinwydden *b* wyllt *ou* yr Alban.

sylvicole [silvikɔl] *adj* coedwrol, coedwigaeth; (*plantes, oiseaux*) (sy'n byw yn) y goedwig.

sylviculteur [silvikyltœʀ] *m* coedwr *g*, coedwigwr *g*.

sylviculture [silvikyltyʀ] *f* coedwriaeth *b*, coedwigaeth *b*.

symbole [sɛ̃bɔl] *m* symbol *g*; ~ **graphique** (*INFORM*) eicon *g*.

symbolique [sɛ̃bɔlik] *adj* symbolaidd; ♦*f* (*d'une religion, culture*) symbolaeth *b*; (*science des symboles*) symboleg *b*.

symboliquement [sɛ̃bɔlikmɑ̃] *adv* yn symbolaidd.

symboliser [sɛ̃bɔlize] (**1**) *vt* symboleiddio.

symétrie [simetʀi] *f* cymesuredd *g*; **axe/centre de** ~ echelin *b*/canol *g* cymesuredd.

symétrique [simetʀik] *adj* cymesur, cymesurol.

symétriquement [simetʀikmɑ̃] *adv* yn gymesur, yn gymesurol.

sympa [sɛ̃pa] *adj inv voir* **sympathique**.

sympathie [sɛ̃pati] *f*
1 (*penchant*) hoffter *g*; (*affinité*) cydymdeimlad *g*, cyfeillgarwch *g*; **avoir de la ~ pour qn** hoffi rhn, bod yn hoff o rn; **accueillir avec** ~ (*projet etc*) derbyn (rhth) yn ffafriol, croesawu; **être en ~ avec** cydymdeimlo â.
2 (*condoléances*) cydymdeimlad *g*; **témoignages de** ~ (*lors d'un deuil*) arwyddion *ll* o gydymdeimlad; **croyez à toute ma** ~ derbyniwch fy nghydymdeimlad llwyraf.

sympathique [sɛ̃patik] *adj* (*personne*) hynaws, cyfeillgar, hoffus, clên, dymunol, hyfryd; (*chose*) dymunol, da, braf, hyfryd.

sympathisant [sɛ̃patizɑ̃] *m* (*POL*) cefnogwr *g*.

sympathisante [sɛ̃patizɑ̃t] *f* (*POL*) cefnogwraig *b*.

sympathiser [sɛ̃patize] (**1**) *vi* (*s'entendre*) cyd-dynnu *ou* cytuno *ou* cyd-fynd yn dda; (*se prendre d'amitié*) dod yn ffrindiau; (*se fréquenter*) cymdeithasu.

symphonie [sɛ̃fɔni] *f* symffoni *b*.

symphonique [sɛ̃fɔnik] *adj* (*orchestre, concert*) symffoni; (*musique*) symffonig.

symposium [sɛ̃pozjɔm] *m* symposiwm *g*.

symptomatique [sɛ̃ptɔmatik] *adj* symptomaidd, symptomatig; ~ **de qch** (*révélateur*) arwyddol *ou* mynegol o rth.

symptôme [sɛ̃ptom] *m* (*MÉD*) symptom *g*; (*signe, indice*) arwydd *g*.

synagogue [sinagɔg] *f* synagog *b*.

synchrone [sɛ̃kʀon] *adj* cydamserol, syncronaidd; (*INFORM*) cydamseredig, syncronaidd.

synchronique [sɛ̃kʀɔnik] *adj* cydamserol, cyfamserol, syncronaidd, syncronig; **tableau** ~ rhestr *b* o ddigwyddiadau cydamserol.

synchronisation [sɛ̃kʀɔnizasjɔ̃] *f* cydamseriad *g*, cydamseru; (*CINÉ, TV*) cysoni.

synchronisé (**-e**) [sɛ̃kʀɔnize] *adj* cydamseredig, cydamserol; (*CINÉ, TV*) cysain.

synchroniser [sɛ̃kʀɔnize] (**1**) *vt* cydamseru; (*CINÉ, TV*) cysoni.

syncope [sɛ̃kɔp] *f* (*MÉD*) llewyg *g*; (*MUS*) trawsaceniad *g*, trawsacennu; **tomber en** ~ llewygu.

syncopé (**-e**) [sɛ̃kɔpe] *adj* (*MUS*) trawsacennog.

syndic [sɛ̃dik] *m* (*d'immeuble*) cynrychiolydd *g* gweinyddol (*sy'n gofalu am gynnal a chadw bloc o fflatiau ar ran y perchnogion*); ~ **de faillite** (*JUR*) derbynnydd *g* swyddogol.

syndical (**-e**) (**syndicaux, syndiacales**) [sɛ̃dikal, sɛ̃diko] *adj* undebol, undeb; **centrale ~e** cydffederasiwn *g* undebau llafur.

syndicalisme [sɛ̃dikalism] *m* (*mouvement*) undebaeth *b* lafur; (*activités*) gweithgareddau *ll* undebol; (*doctrine politique*) syndicaliaeth *b*.

syndicaliste [sɛ̃dikalist] *m/f* swyddog *g* undeb llafur, undebwr *g*, undebwraig *b*; (*doctrinaire*) syndicalydd *g*.

syndicat [sɛ̃dika] *m* (*d'ouvriers, employés*) undeb *g* (llafur); (*autre association d'intérêts*) undeb, cymdeithas *b*; ~ **d'initiative** canolfan *g,b* croeso *ou* groeso; ~ **de producteurs** undeb cynhyrchwyr; ~ **de propriétaires** cymdeithas perchnogion tai; ~ **patronal** cymdeithas (y) cyflogwyr.

syndiqué (**-e**) [sɛ̃dike] *adj* (*ouvrier, employé*) yn perthyn i undeb; **non** ~ heb berthyn i undeb, diundeb.

syndiquer [sɛ̃dike] (**1**): **se** ~ *vr* (*se grouper*) ffurfio undeb (llafur); (*adhérer*) ymuno ag undeb (llafur).

syndrome [sɛ̃dʀom] *m* syndrom *g*; ~ **immunodéficitaire acquis** afiechyd *g* imiwnedd diffygiol; ~ **prémenstruel** tyndra *g* cyn mislif.

synergie [sinɛʀʒi] *f* synergedd *g*.

synode [sinɔd] *m* synod *g,b*.

synonyme [sinɔnim] *adj* cyfystyr; **être** ~ **de** bod yn gyfystyr â; (*fig*) bod yn symbol o; ♦*m* cyfystyr *g*.

synopsis [sinɔpsis] *m,f* crynodeb *g*.

synoptique [sinɔptik] *adj*: **tableau** ~ tabl *g ou* siart *g* synoptig.

synovie [sinɔvi] *f*: **épanchement de** ~ (*MÉD*) dŵr *g* ar y pen-glin, chwydd *g* gwyn.

syntactique [sɛ̃taktik] *adj* cystrawennol.

syntaxe[1] [sɛ̃taks] *f* cystrawen *b*.

syntaxe[2] [sɛ̃taksik] *adj* cystrawennol.

synthèse [sɛ̃tɛz] *f* synthesis *g*; **faire la** ~ **de qch** syntheseiddio rhth.

synthétique [sɛ̃tetik] *adj* synthetig, gwneud.

synthétiser [sɛ̃tetize] (**1**) *vt* syntheseiddio.

synthétiseur [sɛ̃tetizœʀ] *m* (*MUS*) syntheseisydd *g*, syntheseiddydd *g*.

syphilis [sifilis] *f* (*MÉD*) syffilis *g*.

syphilitique [sifilitik] *adj* syffilitig; ♦*m/f* un *g/b* sy'n dioddef o syffilis.

Syrie [siʀi] *prf*: **la** ~ Syria *b*.

syrien (**-ne**) [siʀjɛ̃, jɛn] *adj* Syriaidd, o Syria.

Syrien [siʀjɛ̃] *m* Syriad *g*.

Syrienne [siʀjɛn] *f* Syriad *b*.

systématique [sistematik] *adj* systematig, cyfundrefnol; (*méthodique*) systematig, trefnus; (*aide, soutien*) diamod; (*péj*) cul, dogmatig; **menteur** ~ celwyddgi *g* cyson.

systématiquement [sistematikmɑ̃] *adv* yn systematig.

systématiser [sistematize] (**1**) *vt* systemu, cyfundrefnu.

système [sistɛm] *m* system *b*, cyfundrefn *b*; **le** ~ **D** dyfeisgarwch *g*; ~ **décimal** system *ou* trefn *b* ddegol; ~ **expert** system arbenigol; ~ **d'exploitation à disques** (*INFORM*) system weithredu disg; ~ **métrique** system *ou* trefn fetrig; ~ **nerveux** system nerfol; ~ **solaire** cysawd *g* heulol *ou* yr haul

T

t' [t] *pron voir* **te.**

t. *abr*(= *tonne*) t (*tunnell fetrig*).

ta [tɔ̃] *dét voir* **ton**[1].

tabac [taba] *m* baco *g*, tybaco *g*; **passer qn à ~*** rhoi curfa i rn, rhoi cweir i rn; **faire un ~*** cael llwyddiant mawr, mynd â hi; **(débit** *neu* **bureau de)** ~ siop *b* faco; ~ **à priser** snisin *g*; ~ **blond/brun** baco golau/tywyll; ~ **gris** baco siag;
♦*adj inv*: **(couleur)** ~ (lliw) tybaco, melynllwyd, bwff.

tabagie [tabaʒi] *f* lle *g* llawn mwg.

tabagisme [tabaʒism] *m* dibyniaeth *b* ar nicotin; ~ **passif** ysmygu goddefol; **la lutte contre le** ~ y frwydr yn erbyn ysmygu.

tabasser* [tabase] (1) *vt* rhoi curfa i, rhoi cweir i.

tabatière [tabatjɛʀ] *f* blwch *g* snisin.

tabernacle [tabɛʀnakl] *m* tabernacl *g*.

table [tabl] *f*
1 (*meuble, fig*) bwrdd *g*, bord *b*; **à ~!** dewch at y bwrdd *ou* ford!, mae bwyd yn barod!; **se mettre à** ~ dod at y bwrdd *ou* ford; (*fig*) gollwng y gath o'r cwd, dweud y gwir; **mettre** *neu* **dresser la** ~ gosod y bwrdd *ou* ford; **desservir la** ~ clirio'r ford *ou* bwrdd; **faire** ~ **rase de qch** cael gwared â rhth yn gyfangwbl; ~ **à repasser** bwrdd *ou* bord smwddio; ~ **basse** bwrdd coffi *ou* bord goffi; ~ **de chevet** *neu* **de nuit** bwrdd *ou* bord wrth erchwyn y gwely; ~ **de toilette** bwrdd *ou* bord ymolchi; ~ **ronde** (*débat*) bord gron; ~ **roulante** troli *g*.
2 (*liste, numérique*) tabl *g*, rhestr *b*; ~ **de multiplication** tabl lluosi; ~ **des matières** (rhestr) cynnwys *g*.
3 (*invités*) gwesteion *ll*.
4 (*locutions*): ~ **d'écoute** set *b* i dapio ffôn; ~ **d'harmonie** seinfwrdd *g*; ~ **d'hôte** pryd *g* gosod; ~ **de cuisson** plât *g* twymo; ~ **de lecture** (*MUS*) trofwrdd *g*; ~ **traçante** (*INFORM*) plotiwr *g* graff.

tableau (-x) [tablo] *m* (*ART, reproduction, fig*) darlun *g*, llun *g*; (*panneau*) bwrdd *g*, bord *b*; (*schéma*) siart *b*, tabl *g*; ~ **chronologique** tabl cronolegol; ~ **d'affichage** hysbysfwrdd *g*; ~ **de bord** (*AVIAT, AUTO*) panel *g* deialau, borden *b* flaen; ~ **de chasse** rhestr *b* o'ch helfa; ~ **de contrôle** panel rheoli, consol *g*; ~ **de maître** campwaith *g*; ~ **noir** bwrdd du.

tablée [table] *f* (*personnes*) pobl *b* wrth y bwrdd *ou* ford, byrddaid *g*.

tabler [table] (1) *vi*: ~ **sur** dibynnu ar.

tablette [tablɛt] *f* (*planche*) silff *b*; ~ **de chocolat** bar *g* o siocled.

tableur [tablœʀ] *m* (*INFORM*) taenlen *b*.

tablier [tablije] *m* ffedog *b*, barclod *g*, brat *g*; (*de pont*) y ffordd *b* ar draws pont; (*de cheminée*) caead *g*.

tabou[1] (-e) [tabu] *adj* gwaharddedig.

tabou[2] [tabu] *m* tabŵ *g*, peth *g* gwaharddedig.

tabouret [tabuʀɛ] *m* stôl *b*.

tabulateur [tabylatœʀ] *m* (*TECH*) tablwr *g*.

tac [tak] *m*: **du** ~ **au** ~ cast am gast, dant am ddant.

tache [taʃ] *f* staen *g*; (*point*) smotyn *g*; **faire** ~ **d'huile** ymledu fel tân gwyllt; ~ **de rousseur** *neu* **de son** brychni *g* haul; ~ **de vin** (*sur la peau*) man *g* geni coch.

tâche [tɑʃ] *f* tasg *b*, gwaith *g*, gorchwyl *g,b*; **travailler à la** ~ gweithio ar dasg.

tacher [taʃe] (1) *vt* (*aussi fig*) staenio, marcio, gadael ôl ar;
♦ **se** ~ *vr* staenio, difwyno, dwyno; **les bananes se tachent de points noirs en mûrissant** mae brychau du yn dod ar y bananas wrth iddynt aeddfedu.

tâcher [tɑʃe] (1) *vi*: ~ **de faire** ceisio gwneud, gwneud ymdrech i, ymdrechu i.

tâcheron [tɑʃ(ə)ʀɔ̃] *m* gweithiwr *g* ar dasg; (*fig: qui travaille beaucoup*) un *g* gweithgar; (*péj: qui fait des tâches ingrates*) slaf *g*; **un** ~ **de la littérature** crachlenor *g*, ysgrifennwr *g* tâl.

tacheté (-e) [taʃte] *adj* smotiog, brith; ~ **(de)** yn frith o.

tachisme [taʃism] *m* (*ART*) paentio arweithiol, tasiaeth *g*.

tachiste [taʃist] *m* (*ART*) arlunydd *g* arweithiol.

tachygraphe [takigʀaf] *m* tacograff *g*.

tachymètre [takimɛtʀ] *m* tacomedr *g*.

tacite [tasit] *adj* distaw, tawel, digrybwyll.

tacitement [tasitmɑ̃] *adv* yn ddistaw, yn ddigrybwyll.

taciturne [tasityʀn] *adj* tawedog, distaw, di-sgwrs.

tacot [tako] (*péj*) *m* hen racsyn *g* (o gar), hen siandri *b* (o gar).

tact [takt] *m* tact *g*, pwyll *g*, doethineb *g*; **avoir du** ~ bod yn bwyllog.

tacticien [taktisjɛ̃] *m* tactegydd *g*.

tacticienne [taktisjɛn] *f* tactegydd *g*.

tactile [taktil] *adj* cyffyrddol.

tactique [taktik] *adj* tactegol;
♦*f* tacteg *b*, ystryw *g,b*.

Tadjikistan [tadʒikistɑ̃] *prm*: **le** ~ Tadzhikistan *b*.

taffetas [tafta] *m* taffeta *g*.

Tage [taʒ] *prm*: **le** ~ (afon *b*) Tagws.

Tahiti [taiti] *f* Tahiti *b*.

tahitien (-ne) [taisjɛ̃, jɛn] *adj* Tahitïaidd.

Tahitien [taisjɛ̃] *m* Tahitïad *g*.

Tahitienne [taisjɛn] *f* Tahitïad *b*.

taie [tɛ] *f*: ~ **(d'oreiller)** gorchudd *g* (gobennydd), cas *g* (gobennydd), tudded *b*.

taillader [tɑjade] (1) *vt* torri, slaesio, rhwygo;
♦ **se** ~ *vr*: **se** ~ **le menton en se rasant** cael

toriad ar eich gên wrth eillio.

taille [taj] *f*
1 (*mesure*) maint *g*, maintioli *g*; **quelle ~ faites-vous?** beth yw eich maint chi?.
2 (*milieu du corps, d'un vêtement*) canol *g*, gwasg *g,b*.
3 (*de plante*) tociad *g*, tocio.
4 (*hauteur*) taldra *g*.
5 (*grandeur, grosseur: d'une personne*) maint *g*, corffolaeth *b*; (*:d'un objet*) maint, maintioli, mesuriadau *ll*; (*fig: envergure*) lled *g*, rhychwant *g*; **être de ~ à faire qch** bod â'r gallu i wneud rhth; **de ~** (*important*) mawr, pwysig.

taillé (**-e**) [taje] *adj* (*moustache, ongle, arbre*) wedi'i docio *ou* thocio; **être ~ pour qn** gweddu'n berffaith i rn, ffitio rhn i'r dim; **~ en pointe** a blaen main arno/arni, â min da.

taille-crayon (**~-~s**) [tajkʀɛjɔ̃] *m* miniwr *g*, peth *g* gwneud min ar bensil.

tailler [taje] (**1**) *vt* (*pierre, diamant*) naddu, torri; (*arbre, plante*) tocio; (*crayon*) gwneud min ar; **~ qch dans la chair** torri i gnawd rhth; **~ qch dans le vif** torri rhth i'r byw; **~ grand/petit** (*suj: vêtement*) bod yn fawr/fach;
♦ **se ~** *vr* (*fam: s'enfuir*) ei gwadnu hi, ei baglu hi; **se ~ les ongles/la barbe** torri'ch ewinedd/barf; **se ~ une réputation** (*fig*) ennill enw da i chi'ch hun.

tailleur [tajœʀ] *m* (*couturier*) teiliwr *g*; (*vêtement de dames*) siwt *b*, costiwm *g,b*; **en ~** (*assis*) yn goesgroes, â'ch coesau wedi'u croesi; **~ de diamants** torrwr *g* diemyntau.

tailleur-pantalon (**~s-~s**) [tajœʀpɑ̃talɔ̃] *m* siwt *b* drowsus.

taillis [taji] *m* coedlan *b*, prysglwyn *g*.

tain [tɛ̃] *m* haen *b* arian; **glace sans ~** drych *g* dwyffordd.

taire [tɛʀ] (**70**) *vt* cadw'n dawel, celu;
♦*vi*: **faire ~ qn** tawelu rhn, distewi rhn; **faire ~ qch** (*fig*) cuddio rhth, celu rhth;
♦ **se ~** *vr* tewi, bod yn ddistaw; **tais-toi!** taw!, bydd ddistaw!, cau dy geg!

Taiwan [tajwan] *prm* Taiwan *b*.

talc [talk] *m* talc *g*.

talé (**-e**) [tale] *adj* (*fruit*) wedi ei gleisio/chleisio.

talent [talɑ̃] *m* talent *b*, dawn *b*; **de nouveaux ~s** (*personnes*) doniau newydd; **avoir du ~** bod yn dalentog, bod yn ddawnus.

talentueux (**talentueuse**) [talɑ̃tɥø, talɑ̃tɥøz] *adj* dawnus, talentog.

talion [taljɔ̃] *m*: **la loi du ~** llygad am lygad, dant am ddant.

talisman [talismɑ̃] *m* swynogl *b*, talisman *g*.

talkie-walkie (**~s-~s**) [tokiwoki] *m* set *b* radio symud a siarad.

taloche* [talɔʃ] *f* (*claque*) pelten *b*, clusten *b*; (*TECH*) trywel *g* llyfnu.

talon [talɔ̃] *m* sawdl *g,b*; (*de jambon*) rhan *b* isaf; (*pain*) crystyn *g*; (*de chèque, billet*) bonyn *g*; **être sur les ~s de qn** bod ar sodlau rhn; **tourner** *neu* **montrer les ~s** (*fig*) ei gwadnu hi, ffoi; **~s aiguilles** sodlau pigfain; **~s plats** sodlau isel.

talonner [talɔne] (**1**) *vt* bod yn dynn ar sodlau rhn; (*cheval*) sbarduno; (*fig: harceler*) erlid, ymlid.

talonnette [talɔnɛt] *f* (*de chaussure*) sawdl *g,b*; (*de pantalon*) gwarthol *b*.

talquer [talke] (**1**) *vt* rhoi powdr talc ar, talcio.

talus [taly] *m* (*GÉO*) arglawdd *g*; (*d'orchestre*) *lleoliad y gerddorfa o flaen y llwyfan*; **~ de déblai** llechwedd *b* cloddfa; **~ de remblai** llechwedd arglawdd.

tamarin [tamaʀɛ̃] *m* tamarind *g*, aeronen *b* yr India.

tambour [tɑ̃buʀ] *m* (*MUS, TECH, AUTO*) drwm *g*; (*musicien*) drymiwr *g*, tabyrddwr *g*; (*porte*) drws *g* troi; **sans ~ ni trompette** yn ddisylw, heb dynnu sylw.

tambourin [tɑ̃buʀɛ̃] *m* tambwrîn *g*.

tambouriner [tɑ̃buʀine] (**1**) *vi*: **~ contre** curo ar, drymio, tabyrddu.

tambour-major (**~s-~s**) [tɑ̃buʀmaʒɔʀ] *m* arweinydd *g* band; (*MIL*) prif dabyrddwr *g*.

tamis [tami] *m* gogr *g*, rhidyll *g*, hidl *b*.

Tamise [tamiz] *prf*: **la ~** Tafwys *b*.

tamisé (**-e**) [tamize] *adj* (*fig: lumière*) tyner, pŵl, gwannaidd; (*ambiance*) tawel.

tamiser [tamize] (**1**) *vt* hidlo, rhidyllu, gogrwn.

tampon [tɑ̃pɔ̃] *m* pad *g*; (*RAIL*) byffer *g*; (*INFORM aussi:* **mémoire ~**) cof *g* byffer; (*bouchon: de caoutchouc, bois*) plwg *g*, topyn *g*, caead *g*; (*cachet, timbre*) stamp *g*; (*aussi:* **~ hygiénique**) tampon *g*; **~ (à récurer)** pad *g* sgwrio; **~ buvard** blotiwr *g*; **~ encreur** pad incio (ar gyfer stampiau).

tamponné (**-e**) [tɑ̃pɔne] *adj*: **solution ~e** toddiant *g* byffer.

tamponner [tɑ̃pɔne] (**1**) *vt* (*essuyer*) sychu, mopio, glanhau, swabio; (*heurter*) bwrw *ou* taro yn erbyn; (*avec un timbre*) stampio;
♦ **se ~** *vr* (*voitures*) bwrw *ou* taro ei gilydd.

tamponneuse [tɑ̃pɔnøz] *adj*: **autos ~s** ceir *ll* taro, ceir clatsio.

tam-tam (**~-~s**) [tamtam] *m* tom-tom *g*.

tancer [tɑ̃se] (**9**) *vt* ceryddu, dweud y drefn wrth, rhoi llond pen i.

tanche [tɑ̃ʃ] *f* (*poisson*) ysgreten *b*, gwrachen *b*.

tandem [tɑ̃dɛm] *m* tandem *g*; (*fig: personnes*) pâr *g*; **en ~** fel pâr.

tandis [tɑ̃di]: **~ que** *conj* tra.

tangage [tɑ̃gaʒ] *m* (*de navire*); **il y a du ~** mae'r llong yn siglo i fyny ac i lawr.

tangent (**-e**) [tɑ̃ʒɑ̃, ɑ̃t] *adj* cyffyrddol, tangiadol; **il a réussi mais c'était à ~*** fe lwyddodd o drwch blewyn, fe lwyddodd ond cael a chael fu hi.

tangente [tɑ̃ʒɑ̃t] *f* tangiad *g*, cyffyrddlin *b*;

♦*adj f* *voir* **tangent**.
Tanger [tɑ̃ʒe] *pr* Tangier *b*.
tangible [tɑ̃ʒibl] *adj* cyffyrddadwy, sylweddol.
tango [tɑ̃go] *m* (*MUS*) tango *g,b*;
♦*adj inv* (*couleur*) oren tywyll, tanjerîn.
tanguer [tɑ̃ge] (**1**) *vi* bod yn ansefydlog *ou* sigledig, siglo i fyny ac i lawr, siglo lan a lawr.
tanière [tanjɛʀ] *f* (*aussi fig*) ffau *b*, gwâl *b*.
tanin [tanɛ̃] *m* tanin *g*.
tank [tɑ̃k] *m* (*char*) tanc *g*; (*citerne*) seston *g,b*, tanc dŵr.
tanker [tɑ̃kœʀ] *m* tancer *g,b*.
tannage [tanaʒ] *m* (*peaux*) barcio, trin.
tanné (**-e**) [tane] *adj* (*peau*) â lliw haul arno, curiedig gan y tywydd.
tanner [tane] (**1**) *vt* (*cuir, peaux*) trin, barcio, cyweirio; (*bronzer*) rhoi lliw haul.
tannerie [tanʀi] *f* barcdy *g*, tanerdy *g*, tanws *g*.
tanneur [tanœʀ] *m* barciwr *g*, cyweiriwr *g* crwyn.
tant [tɑ̃] *adv* cymaint; ~ **de** (*sable, eau etc*) cymaint o; (*gens, livres etc*) cynifer o; ~ **que** (*aussi longtemps*) cyhyd â; **je resterai** ~ **qu'il y aura du travail** mi arhosa' i cyhyd ag y bydd gwaith; **ce n'est pas** ~ **une question d'argent qu'une question de principe** nid mater o arian yw hwn yn gymaint ag o egwyddor; ~ **mieux** gorau oll; ~ **mieux pour elle** gorau oll iddi hi; ~ **pis** gwaetha'r modd; ~ **pis pour toi** gwaetha' oll i ti; **un** ~ **soit peu** ychydig bach, y mymryn lleiaf; **s'il avait un** ~ **soit peu d'imagination, il comprendrait** pe bai ganddo'r mymryn lleiaf o ddychymyg, fe fyddai'n deall; ~ **bien que mal** cystal ag y gellir ei ddisgwyl; ~ **s'en faut** dim o bell ffordd
tante [tɑ̃t] *f* modryb *b*.
tantinet [tɑ̃tinɛ]: **un** ~ *adv* ychydig bach, y nesaf peth i ddim.
tantôt [tɑ̃to] *adv*
1 (*parfois*): ~ **...** ~ weithiau ... weithiau.
2 (*cet après-midi*) y prynhawn yma.
Tanzanie [tɑ̃zani] *prf*: **la** ~ Tansanïa *b*.
tanzanien (**-ne**) [tɑ̃zanjɛ̃, jɛn] *adj* Tansanïaidd.
Tanzanien [tɑ̃zanjɛ̃] *m* Tansanïad *g*.
Tanzanienne [tɑ̃zanjɛn] *f* Tansanïad *b*.
TAO [teao] *sigle f*(= *traduction assistée par ordinateur*) cyfieithu gyda chymorth cyfrifiadur.
taon [tɑ̃] *m* cacynen *b* y meirch, cleren *b* lwyd, robin *g* y gyrrwr.
tapage [tapaʒ] *m* twrw *g*, stŵr *g*; (*fig*) helynt *g,b*; ~ **nocturne** (*JUR*) tarfu ar heddwch y nos.
tapageur (**tapageuse**) [tapaʒœʀ, tapaʒœøz] *adj* (*enfant*) swnllyd; (*vêtement*) llachar, gorliwgar; (*publicité*) ymwthiol, sy'n tarfu arnoch.
tape [tap] *f* pelten *b*, celpen *b*, clusten *b*.
tape-à-l'œil [tapalœj] *adj inv* crand, llachar.
taper [tape] (**1**) *vt* (*personne*) taro, dyrnu; (*porte*) cau yn glep; (*lettre, cours*) teipio; (*INFORM*) allweddu; ~ **qn de 10 francs*** benthyca 10 ffranc gan rn, mynd ar ofyn rhn am 10 ffranc;
♦*vi* (*soleil*) tywynnu'n danbaid; ~ **sur qn** dyrnu *ou* bwrw rhn; (*fig*) lladd ar rn, dilorni rhn; ~ **sur qch** (*clou, table etc*) dyrnu rhth; ~ **à** (*porte etc*) curo wrth; ~ **dans ses économies** (*se servir*) mynd i'ch cynilion; ~ **des mains/pieds** curo dwylo/traed; ~ **(à la machine)** teipio;
♦ **se** ~* *vr* (*travail*) gorfod gwneud rhth; (*boire, manger*) llyncu, llowcio.
tapi (**-e**) [tapi] *adj* ar eich cwrcwd; **être** ~ **dans/derrière** cyrcydu yn/y tu ôl i, ynghudd yn/y tu ôl i.
tapinois [tapinwa]: **en** ~ *adv* yn llechwraidd.
tapioca [tapjɔka] *m* tapioca *g*.
tapir [tapiʀ] (**2**): **se** ~ *vr* cuddio, ymguddio; (*fig*) aros o'r golwg.
tapis [tapi] *m* carped *g*; (*de table*) lliain *g*; (*fig: de neige*) mantell *b*; **être sur le** ~ (*fig*) bod yn destun sgwrs; **mettre qch sur le** ~ (*fig*) codi rhth i'w drafod; **envoyer qn au** ~ (*BOXE*) llorio rhn; **aller au** ~ (*BOXE*) syrthio i'r llawr; ~ **de sol** (*de tente*) *cynfas b lawr*; ~ **roulant** cludfelt *g*, belt *g* symudol.
tapis-brosse (~-~**s**) [tapibʀɔs] *m* mat *g* drws.
tapisser [tapise] (**1**) *vt* gorchuddio (â phapur), papuro.
tapisserie [tapisʀi] *f* tapestri *g*, gwaith *g* gwneud tapestri; (*papier peint*) papur *g* papuro; **faire** ~ (*fig: au bal*) bod ar eich pen eich hun.
tapissier [tapisje] *m*: ~**(-décorateur)** gorchuddiwr *g* dodrefn (ac addurnwr).
tapissière [tapisjɛʀ] *f*: ~**(-décoratrice)** gorchuddwraig *b* dodrefn (ac addurnwraig).
tapoter [tapɔte] (**1**) *vt* taro'n ysgafn, tapio, patio.
taquet [takɛ] *m* (*cale*) lletem *b*, cŷn *g*; (*cheville*) peg *g*.
taquin (**-e**) [takɛ̃, in] *adj* pryfoclyd, heriog, herllyd.
taquiner [takine] (**1**) *vt* herian, pryfocio, tynnu coes.
taquinerie [takinʀi] *f* pryfocio.
tarabiscoté (**-e**) [taʀabiskɔte] *adj* goraddurnol.
tarabuster [taʀabyste] (**1**) *vt* plagio, poenydio.
tarama [taʀama] *m* (*CULIN*) taramasalata *g*.
tarauder [taʀode] (**1**) *vt* (*TECH*) tapio, dodi edau ar (sgriw); (*fig: suj: remords*) arteithio, poenydio, dwysbigo, brathu.
tard [taʀ] *adv* yn hwyr; **au plus** ~ yn y man pellaf; **plus** ~ yn hwyrach;
♦*m*: **sur le** ~ yn hwyr yn y dydd; (*vers la fin de la vie*) yn hwyr (yn eich oes); **ils se sont mariés sur le** ~ 'roeddent yn tynnu ymlaen (mewn oedran) pan briodasant.

tarder [taʀde] (**1**) *vi* cymryd amser hir, oedi; **il me tarde d'être** mae'n hwyr gennyf fod; **sans (plus)** ~ heb oedi (mwy).

tardif (**tardive**) [taʀdif, taʀdiv] *adj* (*heure*) hwyr; (*talent, fruit*) hwyr yn aeddfedu.

tardivement [taʀdivmɑ̃] *adv* yn hwyr, yn ddiweddar.

tare [taʀ] *f* lwfans *g* am bwysau pacedu; (*perte de valeur*) colled *b*; (*fig: défaut*) diffyg *g*, nam *g*.

targette [taʀʒɛt] *f* bollt *b*, bollten *b*, powlten *b*.

targuer [taʀge] (**1**): **se** ~ *vr*: **se** ~ **de** ymffrostio ynghylch.

tarif [taʀif] *m* pris *g*, rhestr *b* brisiau; **voyager à plein** ~ teithio am y pris llawn; **voyager à** ~ **réduit** teithio am bris is.

tarifaire [taʀifɛʀ] *adj* sy'n ymwneud â phrisiau.

tarifé (**-e**) [taʀife] *adj*: ~ **10 F** am bris o 10 ffranc.

tarifer [taʀife] (**1**) *vt* pennu pris rhth.

tarification [taʀifikasjɔ̃] *f* pennu graddfa *b* brisiau.

tarir [taʀiʀ] (**2**) *vi* sychu, mynd yn sych, mynd yn hysb; (*fig*) darfod;
♦*vt* sychu; (*fig*) disbyddu.

tarot(s) [taʀo] *m* tarot *g*, cerdyn *g* tarot.

tartare [taʀtaʀ] *adj* (*CULIN: steak, sauce*) tartar.

tarte [taʀt] *f* tarten *b*; ~ **à la crème** teisen *b* wy, teisen gwstard; ~ **aux pommes** tarten afalau.

tartelette [taʀtəlɛt] *f* teisen *b* fach, tarten *b* fach.

tartine [taʀtin] *f* tafell *b* o fara, brechdan *b*; ~ **beurrée** bara *g* menyn; ~ **de miel** tafell o fara a mêl, brechdan fêl.

tartiner [taʀtine] (**1**) *vt* taenu; **fromage à** ~ past *g* caws, caws *g* taenu.

tartre [taʀtʀ] *m* (*des dents*) cen *g*; (*de chaudière*) calch *g*, cen.

tas [tɑ] *m* pentwr *g*, twr *g*, tomen *b*; **un** ~ **de** (*fig*) llawer o, llond gwlad o, llwyth o; **en** ~ yn bentwr; **des** ~ **de gens** heidiau o bobl; **dans le** ~ (*fig*) yn ddiwahân; **tirer dans le** ~ saethu i'r dyrfa; **être formé sur le** ~ cael hyfforddiant yn y swydd.

Tasmanie [tasmani] *prf*: **la** ~ Tasmania *b*.

tasmanien (**-ne**) [tasmanjɛ̃, jɛn] *adj* Tasmanaidd, o Dasmania.

Tasmanien [tasmanjɛ̃] *m* Tasmaniad *g*.

Tasmanienne [tasmanjɛn] *f* Tasmaniad *b*.

tasse [tɑs] *f* cwpan *g,b*, dysgl *b*; **boire la** ~ (*en se baignant*) llyncu llond ceg o ddŵr wrth nofio; ~ **à café** cwpan coffi *ou* goffi, dysgl goffi; ~ **à thé** cwpan te *ou* de, dysgl de.

tassé (**-e**) [tɑse] *adj*: **bien** ~ (*café etc*) cryf.

tasseau (**-x**) [tɑso] *m* astell *b* bren, estyllen *b*.

tassement [tɑsmɑ̃] *m* (*ÉCON, POL*) arafiad *g*, arafwch *g*; (*de vertèbres*) cywasgiad *g*.

tasser [tɑse] (**1**) *vt* (*terre, neige*) pacio, gwasgu; (*entasser: vêtements*); ~ **qch dans** gwthio rhth i;
♦ **se** ~ *vr* (*sol, terrain*) sadio; (*personne: avec l'âge*) crebachu, mynd yn llai; (*fig: problème*) dod i drefn, ymddatrys, ei (d)datrys ei hun.

tâter [tɑte] (**1**) *vt* teimlo, cyffwrdd; (*avec un objet*) cyffwrdd â; (*fig*) chwilota, holi barn; ~ **le terrain** (*fig*) gweld pa ffordd mae'r gwynt yn chwythu;
♦*vi* cael blas (o rth); ~ **de** (*prison etc*) profi;
♦ **se** ~ *vr* petruso, bod rhwng dau feddwl.

tatillon (**-ne**) [tatijɔ̃, ɔn] *adj* cysetlyd, anodd eich plesio.

tâtonnement [tɑtɔnmɑ̃] *m* ymbalfaliad *g*; **par** ~**s** (*fig*) trwy brofi a methu, trwy ymbalfalu.

tâtonner [tɑtɔne] (**1**) *vi* (*aussi fig*) palfalu'ch ffordd, teimlo'ch ffordd.

tâtons [tɑtɔ̃]: **à** ~ *adv*: **chercher qch à** ~ palfalu *ou* ymbalfalu am rth; **avancer à** ~ palfalu'ch ffordd ymlaen.

tatouage [tatwaʒ] *m* tatŵ *g*, tatwio.

tatouer [tatwe] (**1**) *vt* lliwio croen, rhoi tatŵ i, tatwio.

taudis [todi] *m* hofel *b*, twll *g* o le.

taule* [tol] *f* carchar *g*.

taupe [top] *f* gwadd *b*, twrch *g* daear.

taupinière [topinjɛʀ] *f* pridd *g* y wadd, twmpath *g* twrch daear.

taureau (**-x**) [tɔʀo] *m* tarw *g*; **T**~ (*ASTROL*) y Tarw; **être (du) T**~ bod wedi'ch geni dan arwydd y Tarw.

taurillon [tɔʀijɔ̃] *m* llo *g* tarw, llo gwryw.

tauromachie [tmaʃi] *f* ymladd teirw.

taux [to] *m* cyfradd *b*, graddfa *b*; ~ **d'escompte** cyfradd ddisgownt; ~ **d'intérêt** cyfradd llog; ~ **de mortalité** cyfradd marwolaethau.

tavelé (**-e**) [tav(ə)le] *adj* (*fruit*) wedi brychu.

taverne [tavɛʀn] *f* tafarn *g,b*.

taxable [taksabl] *adj* trethadwy.

taxation [taksasjɔ̃] *f* trethiad *g*, treth *b*, trethiant *g*.

taxe [taks] *f* treth *b*; (*douanière*) tolldal *g*; **toutes** ~**s comprises** gan gynnwys trethi; ~ **à** *neu* **sur la valeur ajoutée** treth ar werth; ~ **de base** (*TÉL*) pris *g* uned; ~ **de séjour** treth ar ymwelwyr.

taxer [takse] (**1**) *vt* trethu, codi treth ar; ~ **qn de** (*fig: qualifier de*) galw rhn yn; (*accuser de*) cyhuddo rhn o.

taxi [taksi] *m* tacsi *g*.

taxidermie [taksidɛʀmi] *f* tacsidermi *g*.

taxidermiste [taksidɛʀmist] *m/f* tacsidermydd *g*.

taximètre [taksimɛtʀ] *m* cloc *g* tacsi, tacsimedr *g*.

taxiphone [taksifɔn] *m* ffôn *g* talu.

TB [tebe] *abr*(= *très bien, très bon*) da iawn.

TCF [teceɛf] *sigle m*(= *Touring Club de France*) ≈ AA, ≈ RAC (*gwasanaeth ar gyfer ceir sydd wedi torri i lawr*).

Tchad [tʃad] *prm*: **le** ~ Tsiad *b*.

tchadien (**-ne**) [tʃadjɛ̃, jɛn] *adj* o Tsiad,

Tsiadaidd.
Tchadien [tʃadjɛ̃] *m* Tsiadiad *g*.
Tchadienne [tʃadjɛn] *f* Tsiadiad *b*.
tchao* [tʃao] *excl* hwyl!, ta-ta!
tchécoslovaque [tʃekɔslɔvak] *adj* Tsiecoslofacaidd.
Tchécoslovaque [tʃekɔslɔvak] *m* Tsiecoslofaciad *g*.
Tchécoslovaque [tʃekɔslɔvak] *f* Tsiecoslofaciad *b*.
Tchécoslovaquie [tʃekɔslɔvaki] *prf*: **la ~** Tsiecoslofacia *b*.
tchèque [tʃɛk] *adj* Tsiecaidd; **la République ~** y Weriniaeth *b* Dsiecaidd;
♦*m* (LING) Tsieceg *b,g*.
Tchèque [tʃɛk] *m/f* Tsieciad *g/b*.
TD [tede] *sigle mpl*(= *travaux dirigés*) (SCOL) gwaith *g* ymarferol.
TDF [tedeɛf] *sigle f*(= *Télévision de France*) *awdurdod g darlledu Ffrainc.*
te [tə] *pron*
1 (*complément direct, avec accord du participe passé*) ti, di, dy; **il t'a vu(e)** gwelodd di, fe'th welodd di, mae wedi dy weld di; **il ne t'a pas vu(e)** ni welodd mohonot ti, nid yw wedi dy weld di; **elle t'attend** mae hi'n disgwyl amdanat ti, mae hi'n d'aros *ou* dy ddisgwyl; **je vais t'accompagner** mi ddo' i gyda thi.
2 (*complément indirect, sans accord du participe passé*) i ti, gyda thi; **ils vont ~ parler** maen nhw'n mynd i siarad â thi; **il ~ le donne** mae'n ei roi i ti; **je ~ l'ai dit hier** mi ddywedais (hynny) wrthyt ti ddoe.
3 (*réfléchi*) ti dy hun(an); **est-ce que tu t'es bien amusé(e)s** a gefaist ti hwyl?; **tu ~ souviens** 'rwyt ti'n cofio; **tu ~ lèves** 'rwyt ti'n codi; **tu ~ laves** 'rwyt ti'n ymolchi; **tu devrais ~ féliciter de cela** dylet dy longyfarch dy hun ar hynna.
4 (*exclamation*): **~ voilà!** dacw ti!, dyna ti!
té [te] *m* (*de dessinateur*) sgwaryn *g* T.
technicien [tɛknisjɛ̃] *m* technegydd *g*.
technicienne [tɛknisjɛn] *f* technegydd *g*.
technicité [tɛknisite] *f* natur *b* dechnegol.
technico-commercial (~-~e) (~-**commerciaux**, ~-**commerciales**) [tɛknikokɔmɛʀsjal] *adj* masnachol-dechnegol; **agent ~** trafaeliwr *g* technegol.
technique [tɛknik] *adj* technegol;
♦*f* techneg *b*.
techniquement [tɛknikmɑ̃] *adv* yn dechnegol.
technocrate [tɛknɔkʀat] *m/f* technocrat *g*
technocratie [tɛknɔkʀasi] *f* technocratiaeth *b*.
technocratique [tɛknɔkʀatik] *adj* technocratig, technocrataidd.
technologie [tɛknɔlɔʒi] *f* technoleg *b*.
technologique [tɛknɔlɔʒik] *adj* technolegol.
technologue [tɛknɔlɔg] *m/f* technolegydd *g*.
teck [tɛk] *m* (*bois*) tîc *g*; (*arbre*) coeden *b* dîc.
teckel [tekɛl] *m* (*chien*) dachshund *g*, ci *g* llathaid.

TEE [teəə] *sigle m*(= *Trans-Europe Express*).
tee-shirt (~-~**s**) [tiʃœʀt] *m* crys *g* T.
Téhéran [teeʀɑ̃] *pr* Teh(e)ran.
teignais *etc* [teɲɛ] *vb voir* **teindre**.
teigne[1], *etc* [tɛɲ] *vb voir* **teindre**.
teigne[2] [tɛɲ] *f* (ZOOL) gwyfyn *g*; (MÉD) tarwden *b*.
teigneux (**teigneuse**) [tɛɲø, tɛɲøz] (*péj*) *adj* annymunol, cas.
teindre [tɛ̃dʀ] (**68**) *vt* lliwio;
♦ **se ~** *vr*: **se ~ les cheveux** lliwio'ch gwallt.
teint[1] (-**e**) [tɛ̃, tɛ̃t] *pp de* **teindre**;
♦*adj* wedi ei liwio, llifedig.
teint[2] [tɛ̃] *m* (*du visage: permanent*) pryd *g* a gwedd *b*, lliw *g* croen; (*momentané*) lliw; **grand ~** (*tissu*) o liw parhaol, lliwbarhaol; (*teinture, colorant*) anniflan; **bon ~** (*couleur*) parhaol; (*personne*) cadarn.
teinte [tɛ̃t] *f* arlliw *g*; **une ~ de** (*fig: petite dose*) arlliw o, awgrym *g* o;
♦*adj f voir* **teint**[1].
teinté (-**e**) [tɛ̃te] *adj* (*verres, lunettes*) arlliwiedig, gyda lliw ysgafn; (*bois*) wedi ei staenio; **~ acajou** a staen/lliw mahogani arno/arni; **~ de** (*aussi fig*) gydag arlliw o.
teinter [tɛ̃te] (**1**) *vt* (*aussi fig*) lliwio, arlliwio, tintio.
teinture [tɛ̃tyʀ] *f* lliw *g*, llifyn *g*; **~ d'iode** (MÉD) tintur *g ou* trwyth *g* ïodin; **~ d'arnica** tintur arnica.
teinturerie [tɛ̃tyʀʀi] *f* siop *b* lanhau dillad, siop sychlanhau.
teinturier [tɛ̃tyʀje] *m* glanhawr *g* dillad, sychlanhäwr *g*.
teinturière [tɛ̃tyʀjɛʀ] *f* glanhäwraig *b* dillad, sychlanhäwraig *b*.
tel (-**le**) [tɛl] *adj*
1 (*pareil*) tebyg, cyffelyb, y fath; **rien de ~** dim byd tebyg, dim o'r fath.
2 (*comme*): **~ un/des ...** fel ..., megis ..., tebyg i ....
3 (*intensif*): **un ~/de ~s ...** y fath ...; **il y avait un ~ bruit** 'roedd y fath sŵn.
▶ **tel(le) quel(le)** fel y mae, fel yr oedd; **laisser les choses ~les quelles** gadael pethau fel y maent; **manger le saumon ~ quel** bwyta'r eog fel y mae.
▶ **tel que** fel, o'r fath; **les bêtes féroces ~s que le lion, le léopard** anifeiliaid ffyrnig fel y llew, y llewpart; **un homme ~ que lui mérite d'être pendu** mae dyn o'r fath yn haeddu'i grogi;
♦*pron indéf*: **s'il rencontrait ~ ou ~ ...** pe bai'n cyfarfod hwn a hwn; **~ voulait la guerre, ~ voulait la paix** 'roedd ambell un o blaid rhyfel, ambell un arall o blaid heddwch; **si ~ outre vous dit que ...** os dywed rhywun neu'i gilydd wrthych ...
tél. *abr*(= *téléphone*) tel.
télé [tele] *f* (= *télévision*) teledu *g*; **à la ~** ar y teledu.

télé... [tele] *préf* tele ...
télébenne [telebɛn] *f* car *g* codi, car cebl.
télécabine [telekabin] *f* (*benne*) caban *g* cebl, caban codi.
télécarte [telekaʀt] *f* cerdyn *b* ffôn.
télécharger [teleʃaʀʒe] (**10**) *vt* (*INFORM*) llwytho i lawr, dadlwytho.
TELECOM [telekɔm] *abr*(= *télécommunications*) ≈ Telecom *g*.
télécommande [telekɔmɑ̃d] *f* rheolaeth *b* o bell; (*d'un téléviseur: pour zapper*) teclyn *g* newid sianelau.
télécommander [telekɔmɑ̃de] (**1**) *vt* rheoli o bell.
télécommunications [telekɔmynikasjɔ̃] *fpl* telathrebu.
télécopie [telekɔpi] *f* ffacs *g,b*, teleffacs *g*.
télécopieur [telekɔpjœʀ] *m* peiriant *g* ffacsio.
télédétection [teledetɛksjɔ̃] *f* synhwyro o bell, telesynhwyro.
télédiffuser [teledifyze] (**1**) *vt* darlledu.
télédiffusion [teledifyzjɔ̃] *f* darllediad *g*.
télédistribution [teledistʀibysjɔ̃] *f* teledu *g* cebl.
téléenseignement [teleɑ̃sɛɲmɑ̃] *m* addysg *b* drwy'r teledu, teleaddysg *b*, teleaddysgu.
téléférique [telefeʀik] *m*= **téléphérique**.
téléfilm [telefilm] *m* ffilm *b* deledu.
télégramme [telegʀam] *m* telegram *g*; ~ **téléphoné** *telegram dros y ffôn.*
télégraphe [telegʀaf] *m* telegraff *g*.
télégraphie [telegʀafi] *f* telegraffiaeth *b*.
télégraphier [telegʀafje] (**16**) *vt, vi* telegraffio.
télégraphique [telegʀafik] *adj* telegraffig; (*aussi fig*) cryno.
télégraphiste [telegʀafist] *m/f* telegraffydd *g*.
téléguider [telegide] (**1**) *vt* radio-reoli; (*fig*) rheoli o bell.
téléinformatique [teleɛ̃fɔʀmatik] *f* telebrosesu.
téléjournal (**téléjournaux**) [teleʒuʀnal, teleʒuʀno] *m* rhaglen *b* newyddion.
télématique [telematik] *f* telemateg *b* (*gwasanaethau sy'n cyfuno gwybodaeth gyfrifiadurol a thelathrebol*).
téléobjectif [teleɔbʒɛktif] *m* lens *b* deleffoto.
télépathie [telepati] *f* telepathi *g*.
téléphérique [telefeʀik] *m* car *g* codi, car cebl.
téléphone [telefɔn] *m* teleffon *g*, ffôn *g*; **avez-vous le** ~ ydych chi ar y ffôn?, oes gennych chi ffôn?; **au** ~ ar y ffôn; **je l'ai entendu au** ~ **arabe** mi glywais i gan aderyn bach, mi glywais i ryw si; ~ **manuel** system *b* ffonio â llaw; ~ **rouge** llinell *b* argyfwng, llinell boeth; ~ **à carte (magnétique)** ffôn cerdyn; ~ **cellulaire** ffôn cellol.
téléphoner [telefɔne] (**1**) *vt, vi* ffonio, gwneud galwad ffôn; ~ **à qn** ffonio rhn.
téléphonie [telefɔni] *f* teleffoni *g*.
téléphonique [telefɔnik] *adj* teleffon; **cabine** ~ caban *g* ffôn, ciosg *g* (ffôn); **conversation** ~ sgwrs ar *ou* dros y ffôn; **appel** ~ galwad *b* ffôn.
téléphoniste [telefɔnist] *m/f* teleffonydd *g*.
téléport [telepɔʀ] *m* telegludiad *g*.
téléprospection [telepʀɔspɛksjɔ̃] *f* *gwerthu dros y ffôn.*
téléreportage [teleʀepɔʀtaʒ] *m* adroddiad *g* newyddion (ar y teledu).
télescopage [telɛskɔpaʒ] *m* gwrthdrawiad *g*, gwrthdaro.
télescope [telɛskɔp] *m* telesgop *g*, ysbienddrych *g*.
télescoper [telɛskɔpe] (**1**) *vt* mathru, gwasgu (rhth) i'w gilydd;
♦ **se** ~ *vr* (*véhicules*) mynd yn erbyn ei gilydd, gwrthdaro.
télescopique [telɛskɔpik] *adj* telesgopig.
téléscripteur [teleskʀiptœʀ] *m* teledeipiadur *g*, telebrintiwr *g*.
télésiège [telesjɛʒ] *m* cadair *b* godi.
téléski [teleski] *m* lifft *b* sgio, haliwr *g* sgio.
téléspectateur [telespɛktatœʀ] *m* gwyliwr *g* (teledu).
téléspectatrice [telespɛktatʀis] *f* gwylwraig *b* (teledu).
télétexte [teletekst] *m* teledestun *g*.
télétraitement [teletʀɛtmɑ̃] *m* telebrosesu.
télétransmission [teletʀɑ̃smisjɔ̃] *f* darllediad *g* o bell, telediad *g*.
télétype [teletip] *m* teledeipiadur *g*, telebrintiwr *g*.
télévente [televɑ̃t] *f* gwerthu trwy'r teledu, gwerthiant *g* trwy'r teledu.
téléviser [televize] (**1**) *vt* teledu, darlledu ar y teledu, dangos ar y teledu.
téléviseur [televizœʀ] *m* set *b* deledu.
télévision [televizjɔ̃] *f* (*système*) teledu *g*; **(poste de)** ~ set *b* deledu; **à la** ~ ar y teledu; ~ **par câble** teledu *g* cebl.
télex [telɛks] *m* telecs *g*.
télexer [telɛkse] (**1**) *vt* gyrru telecs at, telecsio.
télexiste [telɛksist] *m/f* gweithredydd *g* telecs, telecsydd *g*.
telle [tɛl] *adj voir* **tel**.
tellement [tɛlmɑ̃] *adv* cymaint, gymaint, mor; ~ **plus grand (que)** cymaint mwy (na); ~ **plus cher (que)** cymaint drutach (na); ~ **d'eau** cymaint o ddŵr; **elle était** ~ **fatiguée qu'elle s'est endormie** 'roedd wedi blino gymaint nes iddi fynd i gysgu; **elle s'est endormie** ~ **elle était fatiguée** aeth i gysgu gan mor flinedig ydoedd; **pas** ~ dim cymaint â hynny; **pas** ~ **fort** dim mor gryf â hynny; **pas** ~ **lentement** dim mor araf â hynny; **il ne mange pas** ~ nid yw'n bwyta rhyw lawer.
tellurique [telyʀik] *adj*: **secousse** ~ daeargryniad *g*, daeargryndod *g*.
téméraire [temeʀɛʀ] *adj* byrbwyll, difeddwl.
témérairement [temeʀɛʀmɑ̃] *adv* yn fyrbwyll, yn ddifeddwl.
témérité [temeʀite] *f* byrbwylltra *g*, diystyrwch *g*.
témoignage [temwaɲaʒ] *m* (*JUR*) tystiolaeth *b*;

(*fig*) arwydd *g*.

témoigner [temwaɲe] (**1**) *vt* dangos, datgan; ♦*vi* (*JUR*) tystio, rhoi tystiolaeth, tystiolaethu; ~ **que** tystio ...; (*fig*) datgelu ...; ~ **de** (*confirmer*) bod yn dyst i, cadarnhau.

témoin [temwɛ̃] *m*
1 (*gén*) tyst *g*; (*fig: preuve*) tystiolaeth *b*; **être ~ de** bod yn dyst i, gweld; **prendre qn à ~** galw rhn yn dyst; **~ à charge** tyst dros yr erlyniad; **~ à décharge** tyst dros yr amddiffyniad; **T~ de Jéhovah** Tyst *g/b* Jehofa; **~ de moralité** geirda *g*, tystlythyr *g*; **~ oculaire** llygad-dyst *g*.
2 (*SPORT*) baton *g*;
♦*adj*: **groupe ~** (*dans une expérience*) grŵp *g* safonol, rheolydd *g*; **maison ~** tŷ *g* arddangos;
♦*adv*: **~ le fait que ...** fel a brofir gan ...

tempe [tɑ̃p] *f* arlais *b*.

tempérament [tɑ̃peʀamɑ̃] *m* (*caractère*) natur *b*, anian *g,b*, cymeriad *g*; (*santé*) cyfansoddiad *g*; **à ~** (*vente, achat*) drwy randaliad, drwy hurbryniant; **avoir du ~** bod yn nwydwyllt; (*propension à l'amour*) bod â natur nwydwyllt.

tempérance [tɑ̃peʀɑ̃s] *f* cymedroldeb *g*, sobrwydd *g*, dirwest *g,b*; **société de ~** cymdeithas *b* ddirwest.

tempérant (**-e**) [tɑ̃peʀɑ̃, ɑ̃t] *adj* cymedrol, sobr.

température [tɑ̃peʀatyʀ] *f* tymheredd *g*, gwres *g*; **prendre la ~ d'un malade** cymryd gwres claf; **prendre la ~ du public** (*fig*) holi barn y cyhoedd; **elle a de la** *neu* **elle fait de la ~** mae gwres arni; **feuille de** *neu* **courbe de ~** siart *b* dymheredd.

tempéré (**-e**) [tɑ̃peʀe] *adj* (*GÉO*) tymherus, tymheraidd; (*personne*) cymedrol.

tempérer [tɑ̃peʀe] (**14**) *vt* tymheru, cymedroli, lleddfu, lliniaru.

tempête [tɑ̃pɛt] *f* storm *b*; **vent de ~** gwynt *g* cryf; **~ d'injures** llif *g* o eiriau cas; **~ de mots** llif o eiriau; **~ de neige** storm eira; **~ de sable** storm dywod.

tempêter [tɑ̃pete] (**1**) *vi* arthio, rhefru.

temple [tɑ̃pl] *m* (*aussi fig*) teml *b*; (*protestant*) eglwys *b*, capel *g*.

tempo [tɛmpo] *m* (*MUS*) tempo *g*, amseriad *g*; (*gén*) rhythm *g*.

temporaire [tɑ̃pɔʀɛʀ] *adj* dros dro.

temporairement [tɑ̃pɔʀɛʀmɑ̃] *adv* dros dro, am y tro.

temporel (**-le**) [tɑ̃pɔʀɛl] *adj* tymhorol, amserol, bydol

temporisateur (**temporisatrice**) [tɑ̃pɔʀizatœʀ, tɑ̃pɔʀizatʀis] *adj* oediog, araf, bwriadol araf.

temporisation [tɑ̃pɔʀizasjɔ̃] *f* oediad *g*.

temporiser [tɑ̃pɔʀize] (**1**) *vi* llusgo traed, oedi, ymdroi.

temps [tɑ̃] *m*
1 (*MÉTÉO*) tywydd *g*; **~ chaud** tywydd poeth; **~ froid** tywydd oer; **il fait beau ~** mae'r tywydd yn braf; **il fait mauvais ~** mae'r tywydd yn wael.
2 (*durée, portion de temps*) amser *g*; **passer son ~ à faire qch** treulio'ch amser yn gwneud rhth; **employer son ~ à faire qch** defnyddio'ch amser yn gwneud rhth; **avoir le ~** bod ag amser; **avoir tout le ~** bod â llawer o amser; **avoir juste le ~** bod ag union ddigon o amser; **avoir du ~ libre** bod ag amser rhydd; **travailler à plein-~/à mi-~** gweithio llawn/rhan amser; **à ~ partiel** rhan amser; **de tout ~** bob amser; **du ~ que** pan; **pendant ce ~** yn y cyfamser; **à ~ perdu** (*fig*) yn eich oriau hamdden; **avoir fait son ~** (*fig*) bod wedi gweld dyddiau gwell.
3 (*époque*) adeg *b*, pryd *g*, oes *b*; **les ~ sont durs** mae'n adeg galed; **les ~ changent** mae'r oes yn newid; **en ~ de paix/guerre** adeg heddwch/rhyfel; **dans le ~** y pryd hynny, yr adeg honno; **dans le ~, on n'avait pas d'éléctricité** y pryd hynny *ou* ar y pryd, 'doedd dim trydan; **au ~ où, du ~ où, le ~ où** yn yr oes pan, ar yr adeg pan.
4 (*moment*) pryd *g*; **à ~** (*partir, arriver*) mewn pryd; **de ~ en ~, de ~ à autre** o bryd i'w gilydd, yn awr ac yn y man; **en même ~** ar yr un pryd; **en ~ utile** *neu* **voulu** yn ei bryd, pan ddaw ei dro, gyda'r rhawg.
5 (*INFORM*): **~ d'accès** amser *g* cyrchu, amser mynediad; **~ partagé** rhannu amser; **~ réel** amser real.
6 (*locutions*): **~ d'arrêt** seibiant *g*; **~ de pose** (*PHOT*) amser *g* datguddio; **~ mort** (*SPORT*) amser toriad; (*COMM*) amser segur.

tenable [t(ə)nabl] *adj* (*fig*) goddefadwy, dioddefadwy.

tenace [tənas] *adj* tynn, diollwng, cyndyn, dygn.

tenacement [tənasmɑ̃] *adv* yn dynn, yn gyndyn, heb ollwng gafael, yn ddygn.

ténacité [tenasite] *f* dycnwch *g*, taerni *g*, cyndynrwydd *g*.

tenailler [tənɑje] (**1**) *vt* (*fig*) poenydio, arteithio.

tenailles [tənɑj] *fpl* gefel *b*, pinsiwrn *g*.

tenais *etc* [t(ə)nɛ] *vb voir* **tenir**.

tenancier [tənɑ̃sje] *m* (*de ferme*) tenant *g*, deiliad *g*; (*d'hôtel*) rheolwr *g*.

tenancière [tənɑ̃sjɛʀ] *f* (*de ferme*) tenant *g*, deiliad *g*; (*d'hôtel*) rheolwraig *b*.

tenant[1] (**-e**) [tənɑ̃, ɑ̃t] *adj*: **séance ~e** (*fig*) ar unwaith, yn ddiymdroi.

tenant[2] [tənɑ̃, ɑ̃t] *m*: **~ du titre** (*SPORT*) deiliad *g* teitl, pencampwr *g*; **d'un seul ~** (*jardin, pièce de tissu*) yn un darn; **les ~s et les aboutissants** (*fig*) y manylion i gyd.

tenante [tənɑ̃t] *f*: **~ du titre** (*SPORT*) deiliad *g* teitl, pencampwraig *b*;
♦*adj f voir* **tenant**[1].

tendance [tɑ̃dɑ̃s] *f* tuedd *b*, tueddiad *g*; **avoir ~ à** bod â thuedd i; **~ à la hausse/baisse**

(*FIN, COMM*) argoelion *ll* ar i fyny/ar i lawr.
tendanciel (-**le**) [tɑ̃dɑ̃sjɛl] *adj* sy'n creu tuedd, tueddiadol, sy'n creu ffasiwn.
tendancieux (**tendancieuse**) [tɑ̃dɑ̃sjø, tɑ̃dɑ̃sjøz] *adj* tueddiadol, unochrog.
tendeur [tɑ̃dœʀ] *m* (*de vélo*) tynhäwr *g* cadwyni; (*de câble*) tynhäwr *g* gwifrau; (*de tente*) rhaff *b* dynhau.
tendineux (**tendineuse**) [tɑ̃dinø, tɑ̃dinøz] *adj* (*viande*) gwydn, gieuog.
tendinite [tɑ̃dinit] *f* tendinitis *g*.
tendon [tɑ̃dɔ̃] *m* gewyn *g*, tendon *g*; ~ **d'Achille** gwaëll *b* y ffêr *ou* migwrn.
tendre[1] [tɑ̃dʀ] *adj* tyner, meddal; (*viande*) brau; (*couleur, bleu*) golau.
tendre[2] [tɑ̃dʀ] (**3**) *vt* tynhau; (*donner, offrir*) rhoi, cynnig; **tendu de soie** (*tapisserie*) â llenni *ll* sidan; ~ **l'oreille** gwrando'n astud; ~ **le bras/la main** estyn braich/llaw; ~ **la perche à qn** (*fig*) rhoi help llaw i rn;
♦*vi* tueddu; ~ **à qch** tueddu at rth; ~ **à faire** bod â thuedd i wneud;
♦ **se** ~ *vr* (*corde*) tynhau; (*relations*) bod dan bwysau.
tendrement [tɑ̃dʀəmɑ̃] *adv* yn dyner.
tendresse [tɑ̃dʀɛs] *f* tynerwch *g*; ~**s** (*caresses etc*) addfwynder *g*, anwesu, mwythau *ll*.
tendu (-**e**) [tɑ̃dy] *pp de* **tendre**;
♦*adj* tynn, dan straen.
ténèbres [tenɛbʀ] *fpl* tywyllwch *g*.
ténébreux (**ténébreuse**) [tenebʀø, tenebʀøz] *adj* tywyll, aneglur.
teneur [tənœʀ] *f* cynnwys *g*; (*d'une lettre*) geiriad *g*, swm *g* a sylwedd *g*; ~ **en cuivre** cyfran *b* copor.
ténia [tenja] *m* llyngyren *b*.
tenir [t(ə)niʀ] (**32**) *vt*
1 (*avec la main, un objet*) dal, dala.
2 (*magasin, hôtel*) cadw.
3 (*promesse*) cadw.
4 (*considérer*): ~ **qn pour** ystyried rhn yn; ~ **qn pour responsable** dal rhn yn gyfrifol.
5 (*histoire*): ~ **qch de qn** cael hanes rhth gan rn; (*qualité, défaut*) etifeddu *ou* cael rhth gan rn.
6 (*occuper*): ~ **de la place** cymryd lle.
7 (*locutions*): ~ **une réunion/un débat** cynnal cyfarfod/trafodaeth; ~ **les comptes** cadw'r llyfrau, cadw'r cyfrifon; ~ **un rôle** chwarae rhan; ~ **l'alcool** dal eich diod;
♦*vi*
1 (*gén*) dal gafael.
2 (*neige, gel*) aros, parhau.
3 (*survivre*) goroesi; ~ **bon/ferme** (*personne*) sefyll *ou* dal eich tir; (*objet*) gwrthsefyll.
4 (*locutions*): ~ **3 jours/2 mois** dal eich tir am dridiau/ddeufis; ~ **qch au chaud** cadw rhth yn boeth; ~ **chaud** (*suj: manteau*) cadw gwres; (*café*) aros yn boeth *ou* dwym, cadw'i wres; ~ **prêt** cadw wrth law; ~ **la parole** cadw'ch gair, cadw'ch addewid; ~ **qn en respect** parchu rhn; ~ **sa langue** (*fig*) dal eich tafod; **ça ne tient qu'à elle** dim ond hi all benderfynu hynny; **tiens!** (*gén*) hwde!; **tenez** hwdiwch; **tiens?** (*surprise*) be?, beth?, does bosib?, sut?; **tiens/tenez, voilà mon porte-monnaie!** wel! dyna fy mhwrs!; **tiens, Pierre!** edrych, dyma Pierre!; **un tiens vaut mieux que deux tu l'auras** gwell un hwde na dau addo, gwell aderyn mewn llaw na dau mewn llwyn.
▶ **tenir à** (*personne, chose*) bod yn hoff o; (*dépendre de*) dibynnu ar; (*avoir pour cause*) deillio o, dod o ganlyniad i; ~ **à faire** mynnu gwneud; ~ **à ce que qn fasse qch** mynnu bod rhn yn gwneud rhth.
▶ **tenir de qn** (*ressembler à*) tynnu ar ôl rhn; **elle tient de son père** mae hi'n tynnu ar ôl ei thad;
♦ **se** ~ *vr* (*exposition, conférence*) cael ei gynnal/chynnal; (*personne, monument*) sefyll; **se** ~ **droit** (*debout*) sefyll yn syth; (*assis*) eistedd yn syth; **bien/mal se** ~ ymddwyn yn dda /ddrwg; **se** ~ **à qch** dal gafael yn rhth; **s'en** ~ **à qch** cyfyngu'ch hun i rth; **tiens-toi bien!** (*pour informer*) bydd yn barod!
tennis [tenis] *m* (*SPORT*) tennis *g*; (*aussi:* **court de** ~) cwrt *g* tennis; ~ **de table** tennis bwrdd;
♦*m ou fpl* (*aussi:* **chaussures de** ~) esgidiau *ll* tennis.
tennisman [tenisman] *m* chwaraewr *g* tennis.
ténor [tenɔʀ] *m* tenor *g*; (*fig: de la politique etc*) un o hoelion wyth, dyn *g* blaenllaw.
tension [tɑ̃sjɔ̃] *f* (*aussi fig*) tyndra *g*, tensiwn *g*; (*MÉD*) pwysedd *g*; (*TECH*) tyniant *g*; **faire** *neu* **avoir de la** ~ bod â phwysedd gwaed uchel; ~ **nerveuse/raciale** tensiwn *g* nerfus/hiliol.
tentaculaire [tɑ̃takylɛʀ] *adj* gwasgarog, gwasgaredig.
tentacule [tɑ̃takyl] *m* tentacl *g*.
tentant (-**e**) [tɑ̃tɑ̃, ɑ̃t] *adj* dengar, atyniadol.
tentateur[1] (**tentatrice**) [tɑ̃tatœʀ, tɑ̃tatʀis] *adj* dengar, sy'n eich temtio.
tentateur[2] [tɑ̃tatœʀ] *m* (*REL*) temtiwr *g*.
tentatrice [tɑ̃tatʀis] *f* (*REL*) temtwraig *b*;
♦*adj f voir* **tentateur**[1].
tentation [tɑ̃tasjɔ̃] *f* temtasiwn *g,b*; (*BIBLE*) profedigaeth *b*; **ne nous laissez pas succomber à la** ~ nac arwain ni i brofedigaeth.
tentative [tɑ̃tativ] *f* cais *g*, cynnig *g*, ymdrech *b*, ymgais *b*; ~ **d'évasion** ymgais i ddianc; ~ **de suicide** ymgais i'ch lladd eich hun.
tente [tɑ̃t] *f* pabell *b*; ~ **à oxygène** pabell ocsigen.
tenter [tɑ̃te] (**1**) *vt*
1 (*essayer*) ceisio, ymdrechu; ~ **de faire qch** ceisio gwneud rhth; ~ **sa chance** trio'ch lwc, ei mentro hi.
2 (*éprouver, attirer*) temtio; **être tenté(e) de penser/croire** cael eich temtio i feddwl/gredu.

tenture [tɑ̃tyʀ] *f* llenni *ll*, croglenni *ll*.

tenu (-e) [t(ə)ny] *pp de* **tenir**;
♦*adj*: **bien** ~ cymen, taclus; **mal** ~ anniben, anhrefnus; **être** ~ **de faire/de ne pas faire** bod â dyletswydd i wneud/i beidio â gwneud.

ténu (-e) [teny] *adj* (*voix*) main; (*fil, objet*) tenau, main; (*indice, nuance, raison, cause*) disylwedd, tenau, ansylweddol.

tenue [teny] *f*
1 (*action de tenir: maison*) cynhaliaeth *b*, cynnal; (*classe, magasin*) rheolaeth *b*.
2 (*vêtements*) dillad *ll*, gwisg *b*; **être en** ~ bod wedi'ch gwisgo mewn iwnifform *ou* ffurfwisg; **se mettre en** ~ gwisgo amdanoch; **en grande** ~ mewn iwnifform llawn *ou* ffurfwisg lawn; (*MIL*) mewn lifrai; **en petite** ~ hanner noeth, heb lawer amdanoch; ~ **de combat** gwisg ymladd; ~ **de jardinier** dillad garddio; ~ **de pompier** gwisg diffoddwr tân; ~ **de soirée** gwisg hwyrol; ~ **de sport** dillad chwaraeon; ~ **de ville** siwt (ar gyfer) y dref; ~ **de voyage** dillad teithio.
3 (*allure*) gwedd *b*, osgo *b*, ymddangosiad *g*, golwg *b*; **mauvaise** ~ osgo wael (*dull o sefyll/eistedd*).
4 (*comportement*) ymddygiad *g*; **allons! un peu de** ~! dewch ymlaen! bihafiwch!; **avoir de la** ~ (*personne*) bod yn foesgar, bod yn gwrtais.
5 (*qualité*): **avoir de la** ~ (*journal*) bod o safon; (*tissu*) bod o ansawdd da.
6 (*AUTO*): ~ **de route** sadrwydd *g* ar y ffordd.

ter [tɛʀ] *adj* (*adresse*): **16** ~ 16/3, 16C.

tératogène [teʀatɔʒɛn] *adj* (*MÉD*) teratogenig.

térébenthine [teʀebɑ̃tin] *f*: **(essence de)** ~ tyrpant *g*, tyrpentin *g*.

tergal® [tɛʀgal] *m* terylen *g*.

tergiversations [tɛʀʒivɛʀsasjɔ̃] *fpl* petruster *g*, chwitchwatrwydd *g*, anwadalwch *g*.

tergiverser [tɛʀʒivɛʀse] (1) *vi* petruso, oedi.

terme [tɛʀm] *m* term *g*, cyfnod *g*, terfyn *g*, pen *g*; **passé ce** ~ **vous paierez des intérêts** (*FIN*) ar ôl y dyddiad hwn byddwch yn talu llog; **payer son** ~ (*loyer*) talu'ch rhent; **être en bons/mauvais** ~**s avec qn** bod ar delerau da/drwg gyda rhn; **en d'autres** ~**s** mewn geiriau eraill; **vente/achat à** ~ (*COMM*) gwerthu/prynu o flaen pryd; **au** ~ **de** ar derfyn, ar ddiwedd; **à court/moyen/long** ~ tymor byr/canol/hir; **trouver un moyen** ~ cymryd y ffordd ganol, cyfaddawdu; **mettre un** ~ **à** rhoi terfyn *ou* pen ar; **toucher à son** ~ agosáu at y diwedd; **avant** ~ cyn pryd, cyn amser, cynamserol; **enfant né à** ~ baban a aned ar ôl cyfnod llawn.

terminaison [tɛʀminɛzɔ̃] *f* (*LING*) terfyniad *g*.

terminal[1] (-e) (**terminaux, terminales**) [tɛʀminal, tɛʀmino] *adj* terfynol.

terminal[2] (**terminaux**) [tɛʀminal, tɛʀmino] *m* (*INFORM*) terfynell *b*; (*pétrolier, gare, aérogare*) terminws *g*.

terminale [tɛʀminal] *f* (*SCOL*) *y flwyddyn olaf mewn ysgol uwchradd*;
♦*adj f voir* **terminal**[1].

terminer [tɛʀmine] (1) *vt* (*conclure*) diweddu, gorffen, cloi; (*travail*) gorffen, cwblhau, cwpla, rhoi pen ar; **il a terminé son discours sur une note optimiste** diweddod ei araith ar nodyn gobeithiol;
♦ **se** ~ *vr* gorffen, cwpla, diweddu, cloi, dod i ben; **l'été se termine** mae'r haf yn dod i ben; **le projet se termine** mae'r cynllun yn dod i'w derfyn; **se** ~ **par** *neu* **en** (*repas, chansons*) gorffen â; **la soirée se termine par un bal** mae'r noson yn gorffen *ou* diweddu â dawns; **tous les mots se terminant par "ment"** pob gair sy'n gorffen *ou* diweddu â "ment"

terminologie [tɛʀminɔlɔʒi] *f* ieithwedd *b*, geirfa *b*, terminoleg *b*, termau *ll*.

terminus [tɛʀminys] *m* terminws *g*, terfynfa *b*.

termite [tɛʀmit] *m* termit *g*, morgrugyn *g* gwyn.

termitière [tɛʀmitjɛʀ] *f* twmpath *g* morgrug.

ternaire [tɛʀnɛʀ] *adj* (*MATH, CHIM*) triaidd, teiran; (*MUS*) cyfansawdd.

terne [tɛʀn] *adj* (*couleur, teint*) pŵl, di-liw; (*fig: personne, style*) diflas, anniddorol; (*regard, œil*) difywyd, marwaidd, pŵl.

ternir [tɛʀniʀ] (2) *vt* pylu; (*fig: honneur, réputation*) llychwino, difwyno;
♦ **se** ~ *vr* colli sglein, pylu.

terrain [teʀɛ̃] *m* tir *g*, maes *g*, cae *g*; **sur le** ~ (*fig*) yn y fan a'r lle, ar y maes; **gagner/perdre du** ~ (*fig*) ennill/colli tir; ~ **d'atterrissage** maes glanio; ~ **d'aviation** maes awyr; ~ **d'entente** terfynau *ll* cytundeb; ~ **de camping** gwersyllfa *b*, maes pebyll; ~ **de football** cae pêl-droed; ~ **de golf** cwrs *g* golff; ~ **de jeu** lle *g* chwarae; (*SPORT*) maes chwaraeon; ~ **de rugby** cae rygbi; ~ **de sport** maes chwarae; ~ **vague** tir diffaith.

terrasse [teʀas] *f* teras *g*; (*d'un café*) teras, tu allan; **culture de riz en** ~**s** tyfu reis mewn terasau; **s'asseoir à la** ~ (*d'un café*) eistedd y tu allan (i gaffi).

terrassement [teʀasmɑ̃] *m*: **travaux de** ~ gwaith cloddio; ~**s** cloddwaith *g*; (*voie ferrée*) cloddiau *ll* pridd.

terrasser [teʀase] (1) *vt* (*fig: adversaire*) llorio, trechu; (*suj: maladie etc*) taro; (*TECH*) cloddio.

terrassier [teʀasje] *m* labrwr *g*, cloddiwr *g*.

terre [tɛʀ] *f* daear *b*; (*substance*) tir *g*, pridd *g*; ~**s** (*terrains, propriété*) tir, tiroedd *ll*; **travail de la** ~ gweithio ar y tir; **en** ~ (*pipe, poterie*) o bridd; **mettre en** ~ (*plante etc*) plannu; (*personne*) claddu; **à** *neu* **par** ~ (*mettre, être*) ar y llawr, ar lawr; **la T**~ **Adélie** Tir Adélie; ~ **cuite** terra cotta *g*; ~ **de bruyère** mawn *g*; **la T**~ **de Feu** Tierra del Fuego; **la** ~ **ferme** tir sych; ~ **glaise** clai *g*; **la T**~ **promise** Gwlad *b* yr Addewid; **la T~ Sainte** y Tir Sanctaidd, y Wlad Sanctaidd; ~ **à** ~ (*considération, personne*) elfennol, mater o ffaith.

terreau [teʀo] *m* gwrtaith *g*, achles *b*, compost *g*.

Terre-Neuve [tɛʀnœv] *prf*: **(île de) la** ~-~ y Tir *g* Newydd, Newfoundland.

terre-plein (~-~**s**) [tɛʀplɛ̃] *m* platfform *g*.

terrer [teʀe] (**1**): **se** ~ *vr* (*animal*) mynd i'r ddaear; (*personne*) ymguddio, mynd o'r golwg; **il se terre chez lui** mae'n ei gladdu ei hun yn ei gartref.

terrestre [teʀɛstʀ] *adj* daearol; (*REL, gén: choses, problèmes*) daearol, bydol.

terreur [teʀœʀ] *f* arswyd *g*, dychryn *g*, ofn *g*, braw *g*; **régime de la T~** Teyrnasiad *g* Braw.

terreux (**terreuse**) [teʀø, tʀøz] *adj* priddlyd, bawlyd, lleidiog; (*teint, couleur*) llwydaidd.

terrible [teʀibl] *adj* ofnadwy; **il n'est pas ~, le film** 'dyw'r ffilm yn fawr o beth.

terriblement [teʀibləmɑ̃] *adv* yn ofnadwy, dros ben.

terrien[1] (**-ne**) [tɛʀjɛ̃, jɛn] *adj* (*paysan*) gwledig; **propriétaire** ~ perchennog *g* tir.

terrien[2] [tɛʀjɛ̃] *m* (*non martien etc*) daearolyn *g*.

terrienne[2] [tɛʀjɛn] *f* (*non martienne etc*) daearolyn *g*;
♦*adj f voir* **terrien**[1].

terrier[1] [tɛʀje] *m* (*de lapin*) twll *g*; (*de lièvre*) gwâl *b*; (*de renard*) daear *b*.

terrier[2] [tɛʀje] *m* (*chien*) daeargi *g*.

terrifiant (**-e**) [teʀifjɑ̃, jɑ̃t] *adj* arswydus, dychrynllyd, brawychus; (*extraordinaire*) ofnadwy.

terrifier [teʀifje] (**16**) *vt* dychryn, arswydo, brawychu, codi ofn ar, codi braw ar.

terril [teʀi(l)] *m* tomen *b* slag, tomen lo, tomen lechi.

terrine [teʀin] *f* (*récipient*) dysgl *b* bridd; (*CULIN*) terîn *g*.

territoire [teʀitwaʀ] *m* (*POL*) tiriogaeth *b*, tir *g*.

territorial (**-e**) (**territoriaux, territoriales**) [teʀitɔʀjal, teʀitɔʀjo] *adj* tiriogaethol; **eaux ~es** dyfroedd *ll* tiriogaethol; **armée ~e** Byddin *b* y Tiriogaethwyr, y Fyddin Diriogaethol; **collectivités ~es** awdurdodau *ll* lleol a rhanbarthol.

terroir [tɛʀwaʀ] *m* (*AGR*) pridd *g*; (*région*) ardal *b*; **accent du** ~ acen *b* leol.

terroriser [teʀɔʀize] (**1**) *vt* brawychu, dychryn.

terrorisme [teʀɔʀism] *m* terfysgaeth *b*.

terroriste [teʀɔʀist] *m/f* terfysgwr *g*;
♦*adj* terfysgol.

tertiaire [tɛʀsjɛʀ] *adj* trydyddol;
♦*m* diwydiant *g* gwasanaethu.

tertiarisation [tɛʀsjaʀizasjɔ̃] *f* datblygu'r diwydiant gwasanaethu.

tertre [tɛʀtʀ] *m* twmpath *g*, cnwc *g*, ponc *b*.

tes [te] *dét voir* **ton**[1].

tesson [tesɔ̃] *m*: ~ **de bouteille** darn *g* o wydr.

test [tɛst] *m* (*MÉD, SCOL, PSYCH*) prawf *g*; ~ **de niveau** prawf deallusrwydd.

testament [tɛstamɑ̃] *m* (*JUR, fig*) ewyllys *g,b*; **T~** (*REL*) Testament *g*; **faire son** ~ gwneud eich ewyllys.

testamentaire [tɛstamɑ̃tɛʀ] *adj* ewyllysiol.

tester [tɛste] (**1**) *vt* profi (rhth), rhoi prawf (ar rth).

testicule [tɛstikyl] *m* caill *b*.

tétanie [tetani] *f* tetanedd *g*, dirdyndra *g*.

tétanos [tetanos] *m* tetanws *g*, genglo *g*

têtard [tɛtaʀ] *m* penbwl *g*.

tête [tɛt] *f* pen *g*; (*visage*) wyneb *g*; (*FOOTBALL*) peniad *g*; **il a une** ~ **sympathique** (*visage*) mae ganddo wyneb dymunol; **il a une** ~ **de plus qu'elle** mae ef yn dalach na hi o hyd pen; **gagner d'une courte** ~ ennill o drwch blewyn; **de la** ~ **aux pieds** o'ch pen i'ch traed; **de** ~ (*wagon, voiture*) blaen; **calculer de** ~ cyfrif yn y pen; **en** ~ ar y blaen; **en** ~ **à** ~ (*parler, entretien*) yn breifat, rhwng dau *ou* dwy; **dîner en** ~ **à** ~ cael cinio rhamantus; **par** ~ (*par personne*) y pen; **la** ~ **basse** yn benisel, yn wylaidd; **la** ~ **en bas** â'ch pen ucha'n isa', â'ch traed i fyny; **tomber la** ~ **la première** cwympo yn bendramwnwgl; **avoir la** ~ **dure** (*fig*) bod yn dwp; **être à la** ~ **de qch** arwain rhth; **prendre la** ~ **d'un mouvement** cymryd arweinyddiaeth mudiad; **elle est à la** ~ **de sa classe** hi sydd ar flaen *ou* frig y dosbarth; **faire une** ~ (*FOOTBALL*) penio'r bêl; **faire la** ~ (*fig: bouder*) pwdu; **se mettre en** ~ **de faire** cymryd yn eich pen i wneud; **perdre la** ~ (*fig: s'affoler*) gwirioni; (*devenir fou*) colli'ch synnwyr; **tenir** ~ **à qn** herio rhn; **ça ne va pas, la ~?*** wyt ti'n drysu?; ~ **brûlée** (*fig*) rhyfygwr *g*, penboethyn *g*; ~ **chercheuse** dyfais *b* dargedu; ~ **d'affiche** (*THÉÂTRE etc*) prif actor *ou* actores; ~ **d'enregistrement,** ~ **d'impression** pen recordio, pen printio; **30 ~s de bétail** 30 pen o wartheg; ~ **de lecture** pen ailrediad; ~ **de ligne** (*TRANSPORT*) blaen y rhes; ~ **de liste** (*POL*) prif ymgeisydd; ~ **de mort** penglog *b*, y benglog a'r esgyrn croes, y fflag *b* ddu; ~ **de pont** (*MIL, fig*) troedle *g*; ~ **de série** (*TENNIS*) chwaraewr *g* dosbarthedig; ~ **de taxi** safle *g* tacsis; ~ **de Turc** (*fig*) gwas *g* chwipio, bwch *g* dihangol; ~ **de veau** (*CULIN*) pen llo.

tête-à-queue [tɛtakø] *m inv*: **faire un** ~-~-~ troi yn ei hyd.

tête-à-tête [tɛtatɛt] *m inv* (*POL*) sgwrs *b* breifat, sgwrs gyfrinachol; (*service à petit-déjeuner*) *set b frecwast ar gyfer dau*; **en** ~-~-~ yn breifat, ar eich pennau eich hunain; **laissons ces amoureux en** ~-~-~ gadawn y ddau gariad ar eu pennau eu hunain.

tête-bêche [tɛtbɛʃ] *adv* (*dormir*) pen wrth droed; (*mettre deux choses*) pen wrth gynffon.

tête-de-loup (~s-~-~) [tɛtd(ə)lu] *f* (*brosse*) brwsh *g* nenfwd.
tête-de-nègre [tɛtd(ə)nɛgʀ(ə)] *adj inv* brown tywyll.
tétée [tete] *f* sugno, sugnad *g*; **l'heure de la** ~ amser bwydo.
téter [tete] (**14**) *vt*: ~ **(sa mère)** sugno bron.
tétine [tetin] *f* (*de vache*) teth *b*; (*de caoutchouc*) teth; (*sucette*) teth gysur, dymi *b,g*.
téton [tetɔ̃] (*fam*) *m* bron *b*, brest *b*.
têtu (**-e**) [tety] *adj* ystyfnig, pengaled.
texte [tɛkst] *m* testun *g*; (*SCOL: d'un devoir, examen*) pwnc *g*; ~**s choisis de Gide** (*passage*) detholiad *g* o waith Gide; **apprendre son** ~ (*THÉÂTRE, CINÉ*) dysgu'ch llinellau; **un** ~ **de loi** geiriad *g* deddf.
textile[1] [tɛkstil] *adj* gweadwy, gweol.
textile[2] [tɛkstil] *m* brethyn *g*, defnydd *g* gweol; **le** ~ diwydiant *g* gwehyddu.
textuel (**-le**) [tɛkstɥɛl] *adj* gair am air, llythrennol.
textuellement [tɛkstɥɛlmɑ̃] *adv* yn llythrennol.
texture [tɛkstyʀ] *f* (*de tissu, matériel*) gwead *g*, swmp *g*, ansawdd *g,b*.
TGV [teʒeve] *sigle m*(= *train à grande vitesse*) trên *g* cyflym iawn.
thaï[1] (**-e**) [taj] *adj* Thai, Sïamaidd.
thaï[2] [taj] *m* (*LING*) Thai *b,g*, Sïameg *b,g*.
thaïlandais (**-e**) [tajlɑ̃dɛ, ɛz] *adj* Thai, Sïamaidd.
Thaïlandais [tajlɑ̃dɛ] *m* Thai *g*, Sïamiad *g*.
Thaïlandaise [tajlɑ̃dɛz] *f* Thai *b*, Sïamiad *b*.
Thaïlande [tailɑ̃d] *prf* Gwlad *b* y Thai, Sïam *b*.
thalassothérapie [talasoteʀapi] *f* triniaeth *b* heli.
thé [te] *m* te *g*; **prendre le** ~ yfed te; ~ **au citron/au lait** te lemon/a llaeth.
théâtral (**-e**) (**théâtraux, théâtrales**) [teɑtʀal, teɑtʀo] *adj* theatrig; (*fig, péj*) theatraidd, histrionig.
théâtre [teɑtʀ] *m* theatr *b*; **pièce de** ~ drama *b*; **le** ~ **de Molière** dramau *ll* Molière; **coup de** ~ (*fig*) newid *g ou* tro *g* sydyn dramatig; **faire du** ~ actio, bod ar y llwyfan; ~ **filmé** *ffilm o berfformiad llwyfan*; **le** ~ **d'une lutte** mangre *b* brwydr.
thébain (**-e**) [tebɛ̃, ɛn] *adj* Thebaidd, Thebäig.
théière [tejɛʀ] *f* tebot *g*.
théine [tein] *f* theïn *g*.
théisme [teism] *m* theistiaeth *b*, duwiaeth *b*.
thématique [tematik] *adj* thematig.
thème [tɛm] *m* thema *b*; (*SCOL: traduction*) cyfieithiad *g* (*i'r iaith dramor*); ~ **astral** (*ASTROL*) siart genedigaeth (*yn ôl patrwm y sêr*).
théocratie [teɔkʀasi] *f* theocratiaeth *b*, duwlywodraeth *b*.
théocratique [teɔkʀatik] *adj* theocrataidd.
théologie [teɔlɔʒi] *f* diwinyddiaeth *b*.
théologien [teɔlɔʒjɛ̃] *m* diwinydd *g*.
théologique [teɔlɔʒik] *adj* diwinyddol.
théorème [teɔʀɛm] *m* theorem *b*, damcaneg *b*.
théoricien [teɔʀisjɛ̃] *m* damcaniaethwr *g*.
théoricienne [teɔʀisjɛn] *f* damcaniaethwraig *b*.
théorie [teɔʀi] *f* damcaniaeth *b*; **en** ~ mewn egwyddor; ~ **musicale** elfennau *ll* cerddoriaeth.
théorique [teɔʀik] *adj* damcaniaethol.
théoriquement [teɔʀikmɑ̃] *adv* mewn egwyddor.
théoriser [teɔʀize] (**1**) *vi* damcaniaethu.
thérapeutique [teʀapøtik] *adj* therapiwtig, gwellhaol;
♦*f* (*MÉD: branche*) therapiwteg *b*; (*traitement*) therapi *g*, triniaeth *b*.
thérapie [teʀapi] *f* therapi *g*, triniaeth *b*.
thermal (**-e**) (**thermaux, thermales**) [tɛʀmal, tɛʀmo] *adj* twym, gwresol, thermol; **eaux** ~**es** *neu* **source** ~**e** ffynnon *b* ddurol; **station** ~**e** sba *g*; **cure** ~**e** hydrotherapi *g*.
thermes [tɛʀm] *mpl* baddon *g* thermol.
thermique [tɛʀmik] *adj* gwresol, thermol.
thermodynamique [tɛʀmodinamik] *adj* thermodynamig.
thermoélectrique [tɛʀmoelɛktʀik] *adj* thermo-electrig, thermodrydanol.
thermomètre [tɛʀmɔmɛtʀ] *m* thermomedr *g*.
thermonucléaire [tɛʀmonykleɛʀ] *adj* thermoniwclear.
thermos® [tɛʀmos] *m,f*: **(bouteille)** ~ Thermos© *g,b*.
thermostat [tɛʀmɔsta] *m* thermostat *g*.
thésaurisation [tezɔʀizasjɔ̃] *f* celc *g*, celcio.
thésauriser [tezɔʀize] (**1**) *vi* celcio, cynilo.
thèse [tɛz] *f* traethawd *g* ymchwil; **pièce/roman à** ~ drama/nofel ag iddi neges.
thibaude [tibod] *f* isgarped *g*.
thon [tɔ̃] *m* tiwna *g*.
thonier [tɔnje] *m* (*bateau*) llong *b* bysgota tiwna.
thoracique [tɔʀasik] *adj* thorasig, afellaidd.
thorax [tɔʀaks] *m* thoracs *g*, dwyfron *b*, afell *b*.
thrombose [tʀɔ̃boz] *f* thrombosis *g*, ceulad *g*, tolcheniad *g*.
thym [tɛ̃] *m* teim *g*.
thyroïde [tiʀɔid] *f* chwarren *b* thyroid.
tiare [tjaʀ] *f* coronig *b*, tiara *g,b*.
Tibet [tibɛ] *prm* Tibet *b*.
tibétain (**-e**) [tibetɛ̃, ɛn] *adj* Tibetaidd, o Dibet.
Tibétain [tibetɛ̃] *m* Tibetiad *g*.
Tibétaine [tibetɛn] *f* Tibetiad *b*.
tibia [tibja] *m* crimog *b*; (*os*) asgwrn *g* crimog.
Tibre [tibʀ] *prm*: **le** ~ Tiber *g*.
tic [tik] *m* (*mouvement nerveux*) tic *g*, gwingiad *g*; (*de langage etc*) cast *g* ieithyddol (*defnydd anarferol o aml o air neu ymadrodd*).
ticket [tikɛ] *m* (*de bus, métro*) tocyn *g*; ~ **de caisse** derbynneb *b* til; ~ **de quai** tocyn platfform; ~ **de rationnement** cwpon *g* dogni; ~ **modérateur** (*quote-part de frais médicaux*)

cyfraniad *g* claf at gostau meddygol; ~ **repas** tocyn bwyd.

tic-tac [tiktak] *m inv* tic toc *g*.

tictaquer [tiktake] (**1**) *vi* tician, tipian.

tiède [tjɛd] *adj* claear, llugoer;
♦*adv*: **boire** ~ yfed rhth sy'n weddol gynnes.

tièdement [tjɛdmɑ̃] *adv* yn glaear, yn llugoer.

tiédeur [tjedœʀ] *f* (*indifférence*) claerineb *g*, llugoerni *g*; (*douceur ambiante*) mwynder *g*, tynerwch *g*.

tiédir [tjediʀ] (**2**) *vi* (*se réchauffer*) twymo, cynhesu; (*refroidir*) oeri.

tiédissement [tjedismɑ̃] *m* claearu, llugoeri.

tien (-**ne**) [tjɛ̃, tjɛn] *pron*: **le(la)** ~**(ne)** d'un di, d'un dithau; **un emploi comme le** ~ swydd fel d'un di; **les** ~**(ne)s** dy rai di, dy rai dithau; (*ta famille*) dy deulu; (*tes amis*) dy gyfeillion, dy ffrindiau; **j'ai mes soucis, tu as les** ~**s** mae gen i fy mhryderon, mae gen ti dy rai dithau; **à la** ~**ne!** iechyd da!;
♦*adj* dy; **un** ~ **parent** un o dy berthnasau.

tienne[1], *etc* [tjɛn] *vb voir* **tenir**.

tienne[2] [tjɛn] *pron voir* **tien**.

tiens [tjɛ̃] *vb, excl voir* **tenir**.

tierce [tjɛʀs] *adj f voir* **tiers**[1];
♦*f* (*MUS*): **intervalle de** ~ cyfwng *g* o dri nodyn; (*CARTES*) rhediad *g* o dri.

tiercé [tjɛʀse] *m* (*aux courses*) *system o fetio ar y tri cheffyl cyntaf.*

tiers[1] (**tierce**) [tjɛʀ, tjɛʀs] *adj* trydydd; **le** ~ **monde** y Trydydd Byd.

tiers[2] [tjɛʀ] *m* (*fraction*) traean *g*, un rhan *b* o dair; (*JUR: inconnu*) trydydd person *g*; **assurance au** ~ (*ASSURANCES*) yswiriant *g* trydydd person; ~ **payant** (*MÉD, PHARM*) *tâl yswiriant uniongyrchol am gostau meddygol*; ~ **provisionnel** (*FIN*) taliad treth dros dro.

tiers-mondisme [tjɛʀmɔ̃dism] *m* cymorth *g* i'r Trydydd Byd.

TIG [teiʒe] *sigle m*(= *travail d'intérêt général*) gwasanaeth *g* yn y gymuned.

tige [tiʒ] *f* (*de fleur, plante*) coes *b*, coesen *b*, coesyn *g*; (*petite branche d'arbre*) brigyn *g*; (*baguette*) ffon *b*.

tignasse [tiɲas] (*péj*) *f* mwng *g* o wallt.

tigre [tigʀ] *m* teigr *g*.

Tigre [tigʀ] *prm*: **le** ~ afon Tigris *b*.

tigré (-**e**) [tigʀe] *adj* rhesog, streipiog; (*peau, fruit*) brych, smotiog, mannog.

tigresse [tigʀɛs] *f* (*ZOOL*) teigres *b*.

tilleul [tijœl] *m* palalwyfen *b*, pisgwydden *b*, coeden *b* leim; (*boisson*) diod *b* blodau palalwyfen.

tilt [tilt] *m*: **faire** ~ (*fig: échouer*) methu'r nod; **ça m'a fait** ~ (*inspirer*) mae hynna'n taro tant *ou* canu cloch.

timbale [tɛ̃bal] *f* (*gobelet*) tymbler *g*; ~**s** (*MUS*) tympan *b*.

timbalier [tɛ̃balje] *m* (*MUS*) tympanwr *g*, tympanwraig *b*.

timbrage [tɛ̃bʀaʒ] *m* marc *g* post; **dispensé de** ~ post-daledig.

timbre [tɛ̃bʀ] *m* (*aussi:* ~**-poste**) stamp *g*; (*MUS*) ansawdd *g,b* tôn, soniaredd *g*; (*sonnette*) cloch *b*; ~ **dateur** stamp dyddiad; ~ **fiscal** stamp trethu (*ar ddogfen swyddogol e.e. pasbort*); ~ **tuberculinique** (*MÉD*) prawf *g* twbercwlin; ~ **anti-tabac** plastr *g* nicotin.

timbré (-**e**) [tɛ̃bʀe] *adj* (*enveloppe*) â stamp, stampiedig; (*fam: fou*) hanner call; **une voix bien** ~**e** llais *g* soniarus.

timbrer [tɛ̃bʀe] (**1**) *vt* stampio, rhoi stamp ar.

timide [timid] *adj* swil, gwylaidd.

timidement [timidmɑ̃] *adv* yn swil.

timidité [timidite] *f* swildod *g*, diffyg *g* hyder

timonerie [timɔnʀi] *f* caban *g* llywio.

timonier [timɔnje] *m* llywiwr *g*, peilot *g*.

timoré (-**e**) [timɔʀe] *adj* ofnus.

Timothé [timɔte] *prm* Timotheus.

tint [tɛ̃] *vb voir* **tenir**.

tintamarre [tɛ̃tamaʀ] *m* twrw *g*, stŵr *g*.

tintement [tɛ̃tmɑ̃] *m* (*de cloche*) canu, tincial *g*; ~ **d'oreilles** canu yn y glust.

tinter [tɛ̃te] (**1**) *vi* (*cloche*) canu, tincial; (*argent, clefs*) tincial.

Tipp-Ex® [tipɛks] *m* Tipp-Ex©.

tique [tik] *f* trogen *b*.

tiquer [tike] (**1**) *vi* gwingo.

tir [tiʀ] *m* saethu; ~ **à l'arc** saethu â bwa *g* saeth; ~ **au fusil** saethu â reiffl; ~ **aux pigeon (d'argile)** saethu colomennod (clai); ~ **d'obus** tanio gynnau mawr; ~ **de mitraillette** tanio dryll peiriannol; ~ **de barrage** tanio, saethu, bombardio.

TIR [tiʀ] *sigle mpl*(= *Transports internationaux routiers*) cludiant *g* ffyrdd rhyngwladol.

tirade [tiʀad] *f* araith *b* lem, ymosodiad *g* chwyrn.

tirage [tiʀaʒ] *m* argraffu, printio; (*PHOT, TYPO, INFORM*) print *g*; (*feuilles*) argraffiad *g*; (*d'un journal etc: nombre d'exemplaires*) cylchrediad *g*, nifer *g,b* y copïau; (*d'une cheminée, d'un poêle*) tynfa *b*; (*de loterie*) tynnu; (*fig: désaccord*) croesdynnu, drwgdeimlad *g*, cynnen *b*; ~ **au sort** tynnu blewyn cwta.

tiraillement [tiʀɑjmɑ̃] *m* poen *g*; (*fig*) gwewyr *g* ansicrwydd; (*conflits*) croesdynnu, cynnen *b*; ~ **d'estomac** cnofa *b* (*o chwant neu eisiau bwyd*).

tirailler [tiʀɑje] (**1**) *vt* tynnu, rhoi plwc i; (*fig: suj: remords, personnes*) cnoi, brathu; **tiraillé de faim** â newyn yn eich cnoi.

tirailleur [tiʀɑjœʀ] *m* (*MIL*) ysgarmeswr *g*.

tirant[1] [tiʀɑ̃] *m*: ~ **d'eau** (*NAUT*) dyfnder *g* llong, drafft *g* llong.

tirant[2] *vb voir* **tirer**.

tire [tiʀ] *f*: **voleur à la** ~ lleidr *g* pocedi; **vol à la** ~ lladrad *g* o boced(i).

tiré[1] (-**e**) [tiʀe] *adj* (*visage, traits*) curiedig, nychlyd; ~ **par les cheveux** anhygoel, anhebygol; ~ **à part** gwahanlith *b*.

tiré[2] [tiʀe] *m* (*COMM*) ardynedig *g*, derbynniwr *g* bil/siec.
tire-au-flanc [tiʀoflɑ̃] (*péj*) *m inv* stelciwr *g*, diogyn *g*, segurwr *g*, seguryn *g*.
tire-botte (~-~**s**) [tiʀbɔt] *m* teclyn *g* tynnu esgidiau.
tire-bouchon (~-~**s**) [tiʀbuʃɔ̃] *m* tynnwr *g* corcyn.
tire-bouchonner [tiʀbuʃɔne] (**1**) *vt* troelli, chwyrlïo.
tire-d'aile [tiʀdɛl]: **à** ~-~ *adv* ar frys.
tire-fesses [tiʀfɛs] *m inv* haliwr *g* sgio.
tire-lait [tiʀlɛ] *m inv* pwmp *g* brest.
tire-larigot* [tiʀlaʀigo]: **à** ~-~ *adv* faint a fynnoch, yn ddi-baid.
tirelire [tiʀliʀ] *f* cadw-mi-gei *g*, blwch *g* cynilo.
tirer [tiʀe] (**1**) *vt*
1 (*gén*) tynnu; ~ **qch de** (*extraire*) tynnu rhth o; (*un son d'un instrument*) cael rhth o; ~ **un stylo de sa poche** tynnu pen o'ch poced; ~ **de l'eau du puits** tynnu dŵr o'r ffynnon; ~ **la langue** tynnu'ch tafod.
2 (*fermer: porte, trappe, volet*) cau.
3 (*choisir: carte, lot*) tynnu, dewis; (*loterie*) tynnu; ~ **les cartes** (*dire la bonne aventure*) darllen cardiau.
4 (*COMM: chèque*) codi.
5 (*en faisant feu: balle, coup*) tanio; (*animal*) saethu.
6 (*journal, livre, PHOT*) argraffu, printio.
7 (*délivrer*): ~ **qn de** (*embarras, mauvaise affaire*) helpu rhn (allan) o; ~ **avantage de,** ~ **parti de** manteisio ar; ~ **conclusion** dod i gasgliad; **le mot est tiré de l'anglais** mae'r gair yn tarddu o'r Saesneg.
8 (*NAUT*): ~ **6 mètres** tynnu 6 metr o ddŵr;
♦*vi*
1 (*gén*) tynnu; ~ **sur** (*corde, poignée*) tynnu (ar); (*pipe, cigarette*) tynnu ar; (*fig: avoisiner, approcher de*) tynnu at, ymylu ar, bod ar fin; ~ **à sa fin** tynnu at y diwedd; ~ **en longueur** llusgo ymlaen.
2 (*faire feu*) tanio; ~ **sur** (*faire feu sur*) saethu at; ~ **à l'arc** saethu â bwa; ~ **à la carabine** saethu â reiffl.
3 (*avoir une nuance*): **tirant sur le gris** llwydaidd;
♦ **se** ~ *vr* dod dros, goresgyn; **se** ~ **de ses ennuis** dod dros eich problemau; **s'en** ~ dod i ben, ymdopi; **il s'en tire mal** mae'n ei chael hi'n anodd dod i ben.
tiret [tiʀɛ] *m* cyplysnod *b*, heiffen *b*.
tireur [tiʀœʀ] *m* (*MIL*) anelwr *g*, saethwr *g*; (*COMM*) codwr *g*; **bon** ~ saethwr da; ~ **d'élite** anelwr *g* da iawn.
tireuse [tiʀøz] *f* (*MIL*) anelwraig *b*, saethwraig *b*; ~ **de cartes** gwraig *b* ddweud ffortiwn.
tiroir [tiʀwaʀ] *m* drôr *g,b*.
tiroir-caisse (~**s**-~**s**) [tiʀwaʀkɛs] *m* drôr *g,b* arian, til *g*.

tisane [tizan] *f* trwyth *g*, te *g*.
tison [tizɔ̃] *m* pentewyn *g*, ffagl *b*.
tisonner [tizɔne] (**1**) *vt* procio.
tisonnier [tizɔnje] *m* procer *g*, pocer *g*.
tissage [tisaʒ] *m* gwehyddiaeth *b*.
tisser [tise] (**1**) *vt* gwehyddu.
tisserand [tisʀɑ̃] *m* gwehydd *g*.
tisserande [tisʀɑ̃d] *f* gwehyddes *b*.
tissu[1] [tisy] *m* (*aussi fig*) deunydd *g*, defnydd *g*; ~ **de mensonges** llwyth *g* o gelwyddau.
tissu[2] (**-e**) [tisy] *adj*: ~ **de** wedi ei wehyddu â.
tissu-éponge (~**s**-~**s**) [tisyepɔ̃ʒ] *m* defnydd *g* tyweli (teri).
titane [titan] *m* titaniwm *g*.
titanesque [titanɛsk] *adj* anferth, anferthol.
titiller [titije] (**1**) *vt* goglais, gogleisio.
titrage [titʀaʒ] *m* (*d'un film*) teitlo; (*d'un alcool*) titradiad *g*, titradu.
titre [titʀ] *m* (*gén: SPORT, COMM, CHIM*) teitl *g*, enw *g*; **en** ~ (*champion, responsable*) swyddogol, cydnabyddedig; **à juste** ~ yn deg, yn gyfiawn; **à quel** ~? ar ba sail?; **à aucun** ~ dim ar unrhyw gyfrif; **au même** ~ gyda'r un cymhwyster; **au même** ~ **que** yn yr un modd â; **à ce** ~ ar sail hyn, o'r herwydd; **au** ~ **de la coopération** er mwyn cydweithrediad; **à** ~ **d'exemple** er enghraifft, fel esiampl; **à** ~ **d'exercice** fel ymarfer; **à** ~ **exceptionnel** fel eithriad, yn eithriadol; **à** ~ **amical** fel ffrind; **à** ~ **d'information** er gwybodaeth; **à** ~ **d'essai** ar brawf; **à** ~ **gracieux** am ddim; **à** ~ **provisoire** dros dro, am y tro; **à** ~ **privé/consultatif** yn breifat/ymgynghorol; **participer à qch à** ~ **officiel** cymryd rhan yn rhth yn rhinwedd eich swydd; ~ **courant** pennawd *g* parhaol; ~ **de propriété** gweithredoedd *ll* (eiddo); ~ **de transport** tocyn *g*.
titré (**-e**) [titʀe] *adj* (*livre, film*) yn dwyn y teitl; (*personne*) â theitl.
titrer [titʀe] (**1**) *vt* (*CHIM*) titradu; (*PRESSE*); **le journal du dimanche titrait ...** pennawd y papur dydd Sul oedd ...: ~ **10°** (*suj: vin*) bod â chryfder o 10°.
titubant (**-e**) [titybɑ̃, ɑ̃t] *adj* sigledig, simsan, gweglyd.
tituber [titybe] (**1**) *vi* gwegian cerdded.
titulaire [titylɛʀ] *adj* a benodwyd, penodedig, apwyntiedig;
♦*m/f* (*ADMIN*) deiliad *g*; **il était** ~ **d'un poste** 'roedd wedi'i benodi i'r swydd.
titularisation [titylaʀizasjɔ̃] *f* penodiad *g* parhaol, rhoi deiliadaeth *g* swydd.
titulariser [titylaʀize] (**1**) *vt* cadarnhau parhad swydd, rhoi deiliadaeth swydd (i rn).
TNP [teɛnpe] *sigle m*(= *Théâtre national populaire*) theatr *b* genedlaethol.
TNT [teɛnte] *sigle m*(= *Trinitrotoluène*) TNT (trinitrotolwen *g*).
toast [tost] *m* (*pain grillé*) tost *g*; (*de*

bienvenue) llwncdestun *g*; **porter un ~ à qn** cynnig llwncdestun.
toasteur [tostœʀ] *m* tostiwr *g*.
toboggan [tɔbɔgɑ̃] *m* sled *b*, tobogan *g*; (*AUTO*) trosffordd *b*, pont *b* dros ffordd.
toc [tɔk] *m*: **en ~** ffug.
tocsin [tɔksɛ̃] *m* (cloch *b*) rybudd.
toge [tɔʒ] *f* toga *b*; (*de juge*) gŵn *g*.
Togo [tɔgo] *prm*: **le ~** Togo *b*.
togolais (-e) [tɔgɔlɛ, ɛz] *adj* Togoaidd, o Togo.
Togolais [tɔgɔlɛ] *m* Togoliad *g*.
Togolaise [tɔgɔlɛz] *f* Togoliad *b*.
tohu-bohu [tɔybɔy] *m inv* (*désordre*) tryblith *g*, anhrefn *g,b*; (*tumulte*) cynnwrf *g*, mwstwr *g*, trybestod *g*.
toi [twa] *pron* ti, tithau; **je veux partir avec ~** mi hoffwn fynd gyda thi; **sans ~** hebot ti; **vers ~** tuag atat; **à cause de ~** o'th achos di, o'th herwydd; **après ~** ar dy ôl (di); **lève-~!** cwyd!; **~ qui aime tant le chocolat** ti sydd mor hoff o siocled; **tes amis et ~ serez les bienvenus** bydd croeso i ti a dy ffrindiau; **c'est ~?** ai ti sydd yna?; **c'est ~ qui l'as fait?** ti a wnaeth hynna?; **elle est plus agée que ~** mae hi'n hynach na thi; **c'est à ~ de choisir** dy dro di yw hi i ddewis; **et ~, qu'en penses-tu?** a thithau, beth yw dy farn di?
toile [twal] *f* defnydd *g*; (*bâche*) cynfas *g*; **grosse ~** cynfas *g*; **tisser sa ~** (*araignée*) gweu gwe; **~ cirée** oelcloth *g*; **~ d'araignée** gwe *b* pryf copyn; **~ de fond** (*fig*) cefnlen *b*; **~ de jute** hesian *g*; **~ de lin** lliain *g*; **~ de tente** canfas; **~ émeri** clwt *g* emeri.
toilettage [twaletaʒ] *m* (*d'un animal*) brwsio; (*d'un texte*) twtio, tacluso.
toilette [twalɛt] *f*
1 (*habits*) gwisg *b*, dillad *ll*.
2 (*se laver*): **faire sa ~** ymolchi (a gwisgo); **faire la ~ de** (*animal*) trin, brwsio; (*texte*) twtio, tacluso; **articles de ~** taclau *ll* ymolchi; **~ intime** glanweithdra *g* personol.
3 (*W.-C.*): **~s** toiled *g*, tŷ *g* bach; **les ~s des dames/des messieurs** toiledau merched/dynion.
toi-même [twamɛm] *pron* ti, dy hunan, tithau.
toise [twaz] *f*: **passer à la ~** cael mesur eich taldra.
toiser [twaze] (**1**) *vt* llygadu (rhn) o'i ben i'w draed (*yn ddirmygus*).
toison [twazɔ̃] *f* (*de mouton*) cnu *g*; (*cheveux*) mwng *g*.
toit [twa] *m* to *g*; **~ ouvrant** to haul, to agor.
toiture [twatyʀ] *f* to *g*.
tôle [tol] *f* metel *g* dalennog, llenfetel *g*; **~s** (*carrosserie*) corff *g*, paneli *ou* panelau metel; **~ d'acier** llenddur *g*, dur *g* dalennog; **~ ondulée** haearn *g* rhychog *ou* gwrymiog.
tolérable [tɔleʀabl] *adj* dioddefadwy, goddefadwy.
tolérance [tɔleʀɑ̃s] *f* goddefgarwch *g*; (*hors taxe*) lwfans *g*.
tolérant (-e) [tɔleʀɑ̃, ɑ̃t] *adj* goddefgar.
tolérer [tɔleʀe] (**14**) *vt* goddef, caniatáu; (*hors taxe*) lwfio, rhoi lwfans.
tôlerie [tolʀi] *f* cynhyrchu llenfetel; (*atelier*) *gweithdy lle cynhyrchir llenfetel*; (*d'une voiture*) corff *g*, paneli *ou* panelau (metel).
tollé [tɔ(l)le] *m*: **un ~ (d'injures/de protestations)** llif *g* o enllibion *ou* brotestiadau.
TOM [ɯparfois[1] tɔm] *sigle m(pl)(= territoire(s) d'outre-mer)* tiriogaethau *ll* tramor.
tomate [tɔmat] *f* tomato *g*.
tombal (-e) (**tombaux, tombales**) [tɔ̃bal, tɔ̃bo] *adj*: **pierre ~e** carreg *b* fedd.
tombant (-e) [tɔ̃bɑ̃, ɑ̃t] *adj* (*fig*): **épaules ~es** ysgwyddau *ll* crwm; **à la nuit ~e** gyda'r nos, gyda'r hwyr, fel y mae'n tywyllu.
tombe [tɔ̃b] *f* bedd *g*, beddrod *g*.
tombeau (-x) [tɔ̃bo] *m* bedd *g*, bedddrod *g*; **(aller) à ~ ouvert** (*fig*) (mynd) fel cath i gythraul, taranu mynd.
tombée [tɔ̃be] *f*: **à la ~ du jour** *neu* **de la nuit** ar derfyn dydd, wrth iddi nosi.
tomber [tɔ̃be] (**1**) *vi (avec aux. être)*
1 (*gén*) cwympo, syrthio, disgyn.
2 (*prix, température*) gostwng, disgyn.
3 (*vêtement*): **~ bien/mal** hongian yn dda/wael; (*fig*) digwydd ar adeg gyfleus/anghyfleus; **il est bien/mal tombé** mae e'n lwcus/anlwcus.
4 (*rencontrer*): **~ sur** dod ar draws; (*attaquer*) ymosod ar.
5 (*locutions*): **mon anniversaire tombe le samedi** mae fy mhenblwydd ar ddydd Sadwrn; **~ à l'eau** (*fig*) methu, mynd i'r gwellt; **~ juste** (*opération, calcul*) gweithio allan yn gywir; **~ en panne** torri i lawr, gwrthod gweithio; **~ en ruine** dadfeilio; **il tombe de sommeil** mae'n cysgu ar ei draed.
▶ **laisser tomber** gollwng;
♦*vt (avec aux. avoir)*: **~ la veste** tynnu'ch siaced.
tombereau (-x) [tɔ̃bʀo] *m* cart *g* dadlwytho, lorri *b* ddadlwytho.
tombeur [tɔ̃bœʀ] (*péj*) *m* (*de femmes*) hudwr *g* merched, casanofa *g*.
tombola [tɔ̃bɔla] *f* tombola *g*.
Tombouctou [tɔ̃buktu] *pr* Timbyctw *b*.
tome [tɔm] *m* cyfrol *b*.
tom(m)ette [tɔmɛt] *f* teilsen *b* lawr (chweochrog).
ton[1] (**ta**) (**tes**) [tɔ̃, ta, tɛ] *dét* dy, 'th; **ton père** dy dad; **ta mère** dy fam; **tes parents** dy rieni; **ton père et ta mère** dy dad a'th fam; **et/à/avec/vers/de/ni ton pays** a'th/i'th/gyda'th/tua'th/o'th/na'th wlad.
ton[2] [tɔ̃] *m* tôn *b*, sain *b*, llais *g*; **élever** *neu* **hausser le ~** codi'ch llais; **donner le ~** taro'r nodyn; (*fig*) gosod y safon; **si vous le prenez sur ce ~** os mai dyna'ch agwedd chi; **de bon ~** chwaethus; **~ sur ~** lliwiau'n cydweddu

tonal (**-e**) [tɔnal] *adj* tonyddol, cyweiraidd.
tonalité [tɔnalite] *f* (*au téléphone*) sain *b* ddeialu; (*de couleur, MUS*) tonyddiaeth *b*, cyweiredd *g*; (*ton*) cywair *g*.
tondeuse [tɔ̃døz] *f* (*à gazon*) peiriant *g* torri glaswellt; (*de coiffeur*) siswrn *g*; (*pour la tonte*) gwellau *g*, gwellaif *g*.
tondre [tɔ̃dʀ] (**3**) *vt* torri; (*mouton*) cneifio; (*haie*) tocio.
tondu (**-e**) [tɔ̃dy] *pp de* **tondre**;
♦*adj* (*cheveux*) cwta, crop; (*crâne*) wedi ei (h)eillio; (*mouton*) wedi ei chneifio.
Tonga [tɔ̃ga]: **les îles** ~ *prfpl* ynysoedd *ll* Tonga.
tonicité [tɔnisite] *f* (*MÉD: des tissus*) ffyrfder *g*, tonedd *g*; (*fig: de l'air, la mer*) effaith *b* iachusol.
tonifiant (**-e**) [tɔnifjɑ̃, jɑ̃t] *adj* (*air, lotion*) iachusol, atgyfnerthol.
tonifier [tɔnifje] (**16**) *vi, vt* (*air, eau, peau, organisme*) cryfhau, bywiocáu.
tonique [tɔnik] *adj* (*médicament, lotion*) cryfhaol, atgyfnerthol, tonig; (*fig: air, froid*) iachusol; (*personne, idée*) ysgogol, cyffrous;
♦*m* tonig *g*;
♦*f* (*MUS*) tonydd *g*.
tonitruant (**-e**) [tɔnitʀyɑ̃, ɑ̃t] *adj*: **voix** ~**e** llais *g* diasbedol *ou* taranllyd.
Tonkin [tɔ̃kɛ̃] *prm* Toncin *b*.
tonkinois (**-e**) [tɔ̃kinwa, waz] *adj* Toncinaidd, o Toncin.
tonnage [tɔnaʒ] *m* tunelledd *g*.
tonnant (**-e**) [tɔnɑ̃, ɑ̃t] *adj* taranllyd, terfysgol.
tonne [tɔn] *f* tunnell *b* fetrig.
tonneau (**-x**) [tɔno] *m* (*à vin, cidre*) casgen *b*; **jauger 2000** ~**x** (*NAUT*) pwyso 2000 tunnell; **faire des** ~**x** (*voiture*) troi drosodd; (*avion*) rhôl *b* gasgen.
tonnelet [tɔnlɛ] *m* barilan *b*, casgen *b* fach.
tonnelier [tɔnəlje] *m* cowper *g*.
tonnelle [tɔnɛl] *f* deildy *g*.
tonner [tɔne] (**1**) *vi* taranu; ~ **contre qn/qch** taranu yn erbyn rhn/rhth; **il tonne** mae hi'n taranu.
tonnerre [tɔnɛʀ] *m* taran *b*; **coup de** ~ (*fig*) mellten *b*, taranfollt *b*; **la nouvelle fut un coup de** ~ **dans un ciel bleu** roedd y newydd yn hollol annisgwyl; ~ **d'applaudissements** cymeradwyaeth *b* fyddarol; **du** ~* campus, gwych.
tonsure [tɔ̃syʀ] *f* man *g* moel, corun *g* moel; (*de moine*) tonsur *g*.
tonte [tɔ̃t] *f* cneifio; (*laine tondue*) cnufiau *ll*; (*d'une pelouse*) toriad *g*, torri (glaswellt).
tonus [tɔnys] *m* (*des muscles*) ffyrfder *g*, tonedd *g*; (*d'une personne*) ynni *g*, egni *g*.
top[1] [tɔp] *m*: **au 3ème** ~ ar y trydydd trawiad.
top[2] [tɔp] *adj*: ~ **secret** tra chyfrinachol.
top[3] [tɔp] *excl* ffwrdd â chi!, bant â chi!
topaze [tɔpɑz] *f* topas *g*.
toper [tɔpe] (**1**) *vi*: **tope-là!, topez-là!** dyna fargen!, iawn!
topinambour [tɔpinɑ̃buʀ] *m* gellygen *b* y ddaear, artisiog *g* Jerwsalem.
topo [tɔpo] (*fam*) *m* (*plan, croquis*) braslun *g*; (*discours, exposé*) sgwrs *b*, truth *g*; **c'est toujours le même** ~ yr un hen gân *ou* druth yw hi.
topographie [tɔpɔgʀafi] *f* topograffeg *b*, topograffi *g*, tirwedd *b*.
topographique [tɔpɔgʀafik] *adj* topograffig, topograffaidd.
toponymie [tɔpɔnimi] *f* toponymeg *b*, astudiaeth *b* o enwau lleoedd.
toquade* [tɔkad] *f* ffasiwn *g,b*, chwiw *b*, mympwy *g*, chwilen *b*.
toque [tɔk] *f* (*de fourrure*) het *b* ffwr; ~ **de cuisinier** het cogydd; ~ **de jockey** cap *g* joci; ~ **de juge** cap barnwr.
toqué* (**-e**) [tɔke] *adj* hanner call, penwan.
torche [tɔʀʃ] *f* ffagl *b*; ~ **électrique** fflachlamp *b*, tortsh *g*; **se mettre en** ~ (*parachute*) methu agor yn llwyr.
torcher* [tɔʀʃe] (**1**) *vt* sychu; ~ **le plat** sychu'r plât â bara.
torchère [tɔʀʃɛʀ] *f* ffagliad *g*, fflach *b*.
torchon [tɔʀʃɔ̃] *m* clwtyn *g* tynnu llwch.
tordre [tɔʀdʀ] (**3**) *vt* (*chiffon*) gwasgu; (*barre*) plethu, troi; (*visage, fig*) crychu;
♦ **se** ~ *vr* (*barre, roue*) plygu, crymu; (*ver, serpent*) cordeddu, ymgordeddu; **se** ~ **le pied/bras** troi *ou* sigo'ch troed/braich; **se** ~ **de douleur** gwingo gan boen; **se** ~ **de rire** bod yn eich dyblau'n chwerthin.
tordu (**-e**) [tɔʀdy] *pp de* **tordre**;
♦*adj* (*déformé*) wedi camu; (*idée*) gwyrdroëdig, rhyfedd, afiach.
torero [tɔʀeʀo] *m* ymladdwr *g* teirw.
tornade [tɔʀnad] *f* tornado *g*, corwynt *g*.
toron [tɔʀɔ̃] *m* cainc *b* (o raff).
torpeur [tɔʀpœʀ] *f* syrthni *g*, cysgadrwydd *g*.
torpille [tɔʀpij] *f* torpido *g*.
torpiller [tɔʀpije] (**1**) *vt* torpidio, taro *ou* suddo (rhth) â thorpido.
torpilleur [tɔʀpijœʀ] *m* llong *b* dorpidos.
torréfaction [tɔʀefaksjɔ̃] *f* rhostio, rhostiad *g*, crasu, crasiad *g*.
torréfier [tɔʀefje] (**16**) *vt* rhostio, crasu.
torrent [tɔʀɑ̃] *m* ffrwd *b*, llifeiriant *g*, cenllif *g*; **il pleut à** ~**s** mae'n arllwys *ou* tywallt y glaw.
torrentiel (**-le**) [tɔʀɑ̃sjɛl] *adj* llifeiriol, ffrydwyllt.
torride [tɔʀid] *adj* cras, crasboeth.
tors (**-e, torte**) [tɔʀ, tɔʀs, tɔʀt] *adj* dirdro, dirdröedig, troellog.
torsade [tɔʀsad] *f* pleth *b*, plethen *b*, troellen *b*, torch *b*, cordeddiad *g*, cyfrodeddiad *g*.
torsader [tɔʀsade] (**1**) *vt* cyfrodeddu, cordeddu, plethu, crychu, troi, dirdroi.
torse[1] [tɔʀs] *m* corff *g*, torso *g*.
torse[2] [tɔʀs] *adj f voir* **tors**.
torsion [tɔʀsjɔ̃] *f* dirdro *g*, dirdroad *g*.

tort [tɔʀ] *m* bai *g*, diffyg *g*; **avoir** ~ bod yn anghywir; **être dans son** ~ bod ar fai; **donner** ~ **à qn** rhoi'r bai ar rn; **causer du** ~ **à** niweidio, gwneud niwed i; **en** ~ ar fai; **à** ~ ar gam; **à** ~ **ou à raison** yn gam neu'n gywir, yn gam neu'n gymwys; **à** ~ **et à travers** (*parler*) (siarad) yn eich cyfer, mwydro, paldaruo, siarad dwli *ou* lol; (*dépenser*) (gwario) yn afresymol; **aux** ~**s de** (*JUR*) yn erbyn; **le jugement a été prononcé à leurs** ~**s** aeth yr achos yn eu herbyn.

torte [tɔʀt] *adj f voir* **tors**.

torticolis [tɔʀtikɔli] *m* cric *g* yn y gwar.

tortiller [tɔʀtije] (**1**) *vt* troi;
♦ **se** ~ *vr* (*enfant*) gwingo, aflonyddu; (*ver*) cynhroni.

tortionnaire [tɔʀsjɔnɛʀ] *m/f* arteithiwr *g*, poenydiwr *g*.

tortue [tɔʀty] *f* (*ZOOL*) crwban *g*; **d'un pas de** ~ yn araf fel malwen.

tortueux (**tortueuse**) [tɔʀtɥø, øz] *adj* troellog; (*fig*) trofáus.

torture [tɔʀtyʀ] *f* artaith *b*, poenedigaeth *b*.

torturé (-**e**) [tɔʀtyʀe] *adj* arteithiedig; (*fig*) ingol, dioddefus, ystumiedig, annaturiol.

torturer [tɔʀtyʀe] (**1**) *vt* arteithio, poenydio.

torve [tɔʀv] *adj*: **regard** ~ golwg *b* fygythiol.

toscan (-**e**) [tɔskɑ̃, an] *adj* Tysganaidd, Tysgaidd.

Toscane [tɔskan] *prf*: **la** ~ Toscana *b*, Tysgani *b*.

tôt [to] *adv* yn gynnar, yn fuan; ~ **le matin** yn y bore bach, yn gynnar yn y bore; ~ **ou tard** yn hwyr neu'n hwyrach; **si** ~ mor gynnar; **au plus** ~ cyn gynted â phosibl; **plus** ~ cynt; **plus** ~ **que d'habitude** cynt nag arfer; **si je l'avais su plus** ~ pe bawn yn gwybod ynghynt; **il a appris à lire très** ~ dysgodd ddarllen yn gynnar iawn; **elle eut** ~ **fait de faire ...** ni fu hi fawr o dro yn gwneud ...

total[1] (-**e**) (**totaux, totales**) [tɔtal, tɔto] *adj* holl, cyfan, llwyr.

total[2] (**totaux**) [tɔtal, tɔto] *m* cyfanswm *g*, y cyfan *g*, y cwbl *g*; **au** ~ i gyd; (*fig*) at ei gilydd, rhwng popeth; **faire le** ~ adio, gwneud y cyfanswm.

totalement [tɔtalmɑ̃] *adv* yn hollol, yn gyfan gwbl, yn llwyr; **le village a été** ~ **détruit** llwyr ddinistriwyd y pentref, dinistriwyd y pentref yn llwyr.

totalisateur[1] (**totalisatrice**) [tɔtalizatœʀ, tɔtalizatʀis] *adj*: **appareil** ~, **machine totalisatrice** peiriant *g* adio.

totalisateur[2] [tɔtalizatœʀ] *m* cyfansymiwr *g*.

totaliser [tɔtalize] (**1**) *vt* adio.

totalitaire [tɔtalitɛʀ] *adj* totalitaraidd.

totalitarisme [tɔtalitaʀism] *m* totalitariaeth *b*.

totalité [tɔtalite] *f* cyfan *g*, cyfanrwydd *g*; **en** ~ yn ei gyfanrwydd, yn gyfan gwbl.

totem [tɔtɛm] *m* totem *g*.

toubib* [tubib] *m* meddyg *g*, doctor *g*; **elle est** ~ mae hi'n feddyg.

touchant (-**e**) [tuʃɑ̃, ɑ̃t] *adj* teimladwy.

touche [tuʃ] *f*
1 (*gén*) cyffyrddiad *g*, botwm *g*; (*de violon*) bysfwrdd *g*; (*de piano, de machine à écrire*) allwedd *b*.
2 (*INFORM: d'ordinateur*) bysell *b*; ~ **de commande** bysell reoli; ~ **de fonction** bysell swyddogaeth; ~ **de retour** dychwelwr *g*.
3 (*ART: peinture etc*) cyffyrddiad *g*, brwsiad *g*; (*fig: de couleur, nostalgie*) cyffyrddiad, awgrym *g*, arlliw *g*.
4 (*RUGBY, FOOTBALL*) llinell ystlys; **(remise en)** ~ tafliad *g* i mewn; **(ligne de)** ~ llinell ystlys; **en** ~ dros yr ystlys.
5 (*ESCRIME*) trawiad *g*.
6 (*allure*): **elle avait une drôle de** ~* dyna olwg oedd arni.

touche-à-tout [tuʃatu] (*péj*) *m inv* (*fig: chercheur, inventeur*) dablwr *g*, potsiwr *g*; **être** ~-~-~ (*enfant*) bod â'i fysedd ym mhob peth.

toucher[1] [tuʃe] *m* cyffyrddiad *g*; **au** ~ wrth ei deimlad, yn ôl ei deimlad, yn ôl y cyffyrddiad.

toucher[2] [tuʃe] (**1**) *vt*
1 (*gén*) cyffwrdd.
2 (*atteindre: d'un coup de feu etc*) taro.
3 (*affecter: pays, peuple*) effeithio ar; **la récession touche tout le monde** mae'r dirwasgiad yn effeithio ar bawb.
4 (*émouvoir*) cynhyrfu, cael argraff; **j'ai été très touché(e) de ta visite** gwnaeth d'ymweliad argraff fawr arnaf.
5 (*concerner*) ymwneud â.
6 (*contacter par téléphone, lettre*) cysylltu â; **il est difficile à** ~ **par téléphone** mae'n anodd cysylltu ag ef ar y ffôn.
7 (*recevoir*) derbyn, cael.
8 (*aborder: problème, sujet*) trafod.
9 (*salaire, conditions*) newid, ymyrryd.
10 (*vie privée, mode de vie*) ymyrryd â, tresmasu ar.
11 (*locutions*): ~ **au but** (*fig*) cael y maen i'r wal, dod o fewn cyrraedd i'r nod; **je vais lui en** ~ **un mot** mi ga' i air ag ef ynglŷn â'r mater;
♦*vi*: ~ **à qch** (*frôler*) cyffwrdd â rhth; **ne touchez à rien** peidiwch â chyffwrdd â dim; **on ne peut** ~ **aux coutumes** ni ellir ymyrryd â thraddodiad; ~ **à sa fin** tynnu at y diwedd;
♦ **se** ~ *vr* cyffwrdd; **les deux maisons se touchent** mae'r ddau dŷ y drws nesaf i'w gilydd.

touffe [tuf] *f* (*herbe*) twffyn *g*; (*fleurs*) clwstwr *g*; (*cheveux*) cudyn *g*.

touffu (-**e**) [tufy] *adj* (*haie, forêt*) trwchus; (*cheveux*) trwchus, ffluwch; (*fig: style, texte*) dyrys, astrus.

toujours [tuʒuʀ] *adv* bob amser, yn wastad; (*encore*) o hyd; ~ **plus** mwyfwy; **pour** ~ am

byth; **depuis** ~ erioed; ~ **est-il que** erys y ffaith ...; **essaie** ~ rhowch gynnig beth bynnag.
toulonnais (**-e**) [tulɔnɛ, ɛz] *adj* o Toulon.
Toulonnais [tulɔnɛ] *m* un o Toulon.
Toulonnaise [tulɔnɛz] *f* un o Toulon.
toulousain (**-e**) [tuluzɛ̃, ɛn] *adj* o Toulouse.
Toulousain [tuluzɛ̃] *m* un *g* o Toulouse.
Toulousaine [tuluzɛn] *f* un *b* o Toulouse.
toupet [tupɛ] *m* cudyn *g*; (*fam*) wyneb *g*, hyfdra *g*; **elle ne manque pas de** ~ **!** mae digon o wyneb ganddi!
toupie [tupi] *f* top *g*.
tour[1] [tuʀ] *f* tŵr *g*; (*immeuble*) blocdwr *g*; (*ÉCHECS*) castell *g*; ~ **de contrôle** tŵr rheoli; ~ **de lancement** tŵr lansio.
tour[2] [tuʀ] *m*
1 (*à pied*) tro *g*, wâc *b*; (*en voiture etc*) tro, taith *b*, reid *b*; **faire un** ~ mynd am dro; (*en voiture etc*) mynd am reid *ou* am dro.
2 (*de route etc*) tro *g*, troad *g*.
3 (*tournure: de la situation etc*) datblygiad *g*.
4 (*de prestidigitation, de cartes*) cast *g*, tric *g*; (*fig: ruse, stratagème*) cast, ystryw *g,b*; ~ **de force** gorchest *b*, camp *b* fawr; ~ **de main** medruswydd *g*; **en un** ~ **de main** (*fig*) mewn chwinciad; ~ **de passe-passe** deheurwydd *g*, consuriaeth *b*.
5 (*POL: de scrutin*) etholiad *g*.
6 (*SPORT: de piste*) lap *b*, cylchdro *g*.
7 (*parcours*): **faire le** ~ **de qch** mynd o amgylch rhth; **faire le** ~ **de l'Europe** crwydro Ewrop; **faire le** ~ **d'un problème** (*fig*) meddwl dros broblem.
8 (*mouvement rotatif*): **faire deux** ~**s** (*danseur etc*) gwneud dau dro; (*toupie, hélice*) troi *ou* cylchdroi ddwy waith; **fermer à double** ~ dwbwl gloi.
9 (*moment d'agir*): **c'est mon** ~ fy nhro i yw hi; **c'est au** ~ **de Philippe** tro Philippe yw hi; **à** ~ **de rôle,** ~ **à** ~ yn eich tro; ~ **de garde** cyfnod *g* ar wyliadwriaeth.
10 (*circonférence*): **de 3 m de** ~ 3 m o gylchedd, 3 m o amgylch; ~ **de taille** mesur *g* am y canol; ~ **de tête** mesur am y pen.
11 (*locutions*): **à** ~ **de bras** â'ch holl nerth; (*fig*) yn ddi-baid; ~ **de chant** datganiad *g*; **T**~ **de France** *ras b feiciau flynyddol yn Ffrainc*; ~ **de lit** falans *g,b*; **se donner un** ~ **de reins** sigo'ch cefn, straenio'ch cefn; ~ **d'horizon** (*fig*) arolwg *g* cyffredinol.
tour[3] [tuʀ] *m* (*TECH: à bois, métaux*) turn *g*, turnen *b*; (*de potier*) troell *b*.
tourangeau (**tourangelle**) [tuʀɑ̃ʒo, tuʀɑ̃ʒɛl] *adj* (*de la Touraine*) o Touraine; (*de Tours*) o Tours.
Tourangeau [tuʀɑ̃ʒo] *m* (*de la Touraine*) un o Touraine; (*de Tours*) un o Tours.
Tourangelle [tuʀɑ̃ʒɛl] *f* (*de la Touraine*) un o Touraine; (*de Tours*) un o Tours.
tourbe [tuʀb] *f* mawn *g*.
tourbeux (**tourbeuse**) [tuʀbø, tuʀbøz] *adj* mawnog.
tourbière [tuʀbjɛʀ] *f* mawnog *b*.
tourbillon [tuʀbijɔ̃] *m* corwynt *g*, chwyrlwynt *g*; (*dans l'eau*) trobwll *g*.
tourbillonner [tuʀbijɔne] (**1**) *vi* (*aussi fig*) chwyrlïo, troelli; (*idées*) chwildroi, chwyrlïo.
tourelle [tuʀɛl] *f* tyred *g*, tŵr *g* bychan
tourisme [tuʀism] *m* twristiaeth *b*; **office de** ~ canolfan *g,b* groeso, swyddfa *b* dwristiaeth; **agence de** ~ swyddfa deithiau; **avion de** ~ awyren *b* breifat; **voiture de** ~ car *g* preifat; **faire du** ~ teithio o amgylch.
touriste [tuʀist] *m/f* twrist *g/b*, ymwelydd *g*.
touristique [tuʀistik] *adj* twristaidd.
tourment [tuʀmɑ̃] *m* artaith *b*, poen *g*.
tourmente [tuʀmɑ̃t] *f* storm *b*; (*fig*) helynt *g,b*.
tourmenté (**-e**) [tuʀmɑ̃te] *adj* dan artaith, arteithiedig, dioddefus; (*mer*) terfysglyd.
tourmenter [tuʀmɑ̃te] (**1**) *vt* poenydio, plagio, pryfocio;
♦ **se** ~ *vr* poeni, gofidio, pryderu.
tournage [tuʀnaʒ] *m* (*d'un film*) ffilmio.
tournant[1] (**-e**) [tuʀnɑ̃, ɑ̃t] *adj* (*feu, scène*) sy'n troi, tro, cylchdröol; (*chemin*) troellog; (*escalier*) tro; (*mouvement*) sy'n troi mewn cylch.
tournant[2] [tuʀnɑ̃] *m* (*de route*) tro *g*, troad *g*; (*fig: dans la vie, politique*) troad, trobwynt *g*; **marquer un** ~ **historique** dynodi trobwynt hanesyddol; **au** ~ **du siècle** ar droad y ganrif; **prendre un** ~ (*orientation*) newid cyfeiriad; **grève** ~**e** streic *b* ysbeidiol; **plaque** ~**e** (*fig*) croesffordd *b*, canolbwynt *g*.
tourné (**-e**) [tuʀne] *adj*
1 (*lait, vin*) wedi suro, wedi troi.
2 (*bois*) turniedig.
3 (*personne*): **bien** ~ lluniaidd, gosgeiddig; **avoir l'esprit mal** ~ bod â meddwl aflan *ou* budr.
4 (*lettre, article*): **mal** ~ wedi'i fynegi'n wael; **expression bien** ~**e** mynegiant *g* cywrain, ymadrodd *g* cywrain.
▶ **tourné vers** yn wynebu; **porte** ~**e vers la mer** drws yn wynebu'r môr; ~ **vers le passé** yn edrych i'r gorffennol; ~ **vers l'avenir** yn edrych i'r dyfodol.
tournebroche [tuʀnəbʀɔʃ] *m* cigwain *b*.
tourne-disque (~-~**s**) [tuʀnədisk] *m* chwaraewr *g* recordiau.
tournedos [tuʀnədo] *m* (*CULIN*): ~ **steak** stecen *b* tournedos.
tournée [tuʀne] *f* (*du facteur, boucher*) rownd *b*; (*d'artiste, d'homme politique*) cylchdaith *b*, taith *b*; **payer une** ~ talu am rownd o ddiodydd; **faire la** ~ **de** mynd o amgylch, mynd o gwmpas; ~ **électorale** taith ymgyrch etholiad; ~ **musicale** taith gyngherddau;
♦*adj f voir* **tourné**.
tournemain [tuʀnəmɛ̃]: **en un** ~ *adv* mewn

chwinciad.

tourner [turne] (**1**) *vt* (*gén*) troi; (*sauce, mélange*) cymysgu; (*NAUT: cap*) hwylio rownd, rowndio; (*fig: difficulté, obstacle*) mynd heibio, dod dros, osgoi; ~ **qn en ridicule** gwawdio, gwneud testun sbort o rn, gwneud hwyl am ben rhn; ~ **le dos à** (*mouvement*) troi'ch cefn ar; (*position*) bod â'ch cefn at; ~ **la tête** edrych heibio, edrych draw, troi'ch pen; ~ **la tête vers** troi i edrych ar; **le succès lui a tourné la tête** (*fig*) mae llwyddiant wedi mynd i'w ben; ~ **la page** troi dalen;
♦*vi* (*gén*) troi; (*changer de direction: voiture, personne*) troi rownd; (*lait etc*) suro, troi; (*fig: chance, vent*) troi, newid; **bien/mal** ~ (*fig: chose*) troi allan yn dda/wael; ~ **autour de** mynd o amgylch; (*péj: fainéanter*) tin-droi, loetran, sefyllian; ~ **autour du pot** (*fig*) peidio â dod at y pwynt; ~ **à** *neu* **en** troi i *ou* yn; ~ **à la pluie** troi'n law; ~ **au rouge** troi'n goch; ~ **court** gorffen yn sydyn, stopio'n sydyn; ~ **de l'œil** llewygu;
♦ **se** ~ *vr* troi; **se** ~ **vers** troi at; **se** ~ **vers qn** troi i wynebu rhn; **tous les yeux se sont tournés vers elle** trodd pawb i edrych arni; **il se tourne vers les sciences** mae'n troi at wyddoniaeth; **se** ~ **les pouces** troi'ch bodiau.

tournesol [turnəsɔl] *m* (*BOT*) blodyn *g* yr haul.

tourneur [turnœr] *m* (*TECH*) turniwr *g*; ~ **sur bois** turniwr coed.

tournevis [turnəvis] *m* tyrnsgriw *g*, sgriwdreifer *g*.

tourniquer [turnike] (**1**) *vi* troi mewn cylchoedd.

tourniquet [turnikɛ] *m* (*pour arroser*) taenellwr *g*, ysgeintell *b*; (*portillon*) giât *b* dro, clwyd *b* dro; (*MÉD*) llindag *g*, rhwymyn *g* tynhau; (*présentoir*) stand *b* dro; ~ **à cartes postales** stand cardiau post.

tournis [turni] *m* pendro *g*, pensyfrdandod *g*; **avoir le** ~ teimlo'n benysgafn, teimlo'n benfeddw, cael y bendro; **donner le** ~ **à qn** pensyfrdanu rhn, codi'r bendro ar rn.

tournoi [turnwa] *m* twrnamaint *g*; ~ **de tennis** twrnamaint tennis; ~ **des 5 nations** (*RUGBY*) pencampwriaeth *b* y 5 gwlad.

tournoyer [turnwaje] (**17**) *vi* (*oiseau*) troelli, troi o gwmpas; (*fumée*) chwyrlïo.

tournure [turnyr] *f* (*LING: syntaxe*) priod-ddull *g*, tro *g* ymadrodd; (*d'une phrase*) geiriad *g*; **la** ~ **des évènements** digwyddiad *g*; **prendre bonne** ~ cymryd tro er gwell; **cela donne à l'affaire une toute autre** ~ mae hynny'n rhoi golwg hollol wahanol ar y mater; **la** ~ **de qch** (*évolution*) datblygiad *g* rhth; **prendre** ~ ymffurfio; ~ **d'esprit** agwedd *b* meddwl, meddylfryd *g*.

tour-opérateur (~-~**s**) [turɔperatœr] *m* trefnydd *g* teithiau.

tourte [turt] *f* (*CULIN*) pastai *b*; ~ **à la viande** pastai gig.

tourteau[1] (**-x**) [turto] *m* (*AGR*) cacen *b* oel, cacen linad (*bwyd gwartheg*).

tourteau[2] (**-x**) [turto] *m* (*ZOOL*) cranc *g* coch.

tourtereaux [turtəro] *mpl* (*amoureux*) adar *ll* cariadus, dau gariad *g*.

tourterelle [turtərɛl] *f* turtur *b*, colomen *b* Fair.

tourtière [turtjɛr] *f* dysgl *b* darten.

tous [tu] *dét, pron voir* **tout**.

Toussaint [tusɛ̃] *f*: **la** ~ Gŵyl *b* yr Holl Saint.

tousser [tuse] (**1**) *vi* pesychu, peswch.

toussoter [tusɔte] (**1**) *vi* pesychian.

tout (**-e**) (**tous, toutes**) [tu, tut] *adj*
1 (*avec article*) oll, i gyd, holl, pob; ~ **le lait** y llaeth *ou* y llefrith i gyd, y cyfan *ou* y cwbl o'r llaeth; ~ **un pain** torth gyfan; ~**e la semaine** drwy'r wythnos, drwy gydol yr wythnos; ~**es les deux semaines** bob yn ail wythnos, bob pythefnos; ~**es les trois semaines** bob tair wythnos; ~ **le temps** bob amser, drwy'r amser, yr holl amser, yn wastad; **c'est** ~ **le contraire** mae'n hollol i'r gwrthwyneb, mae'n gwbwl groes i hynny; **c'est toute autre chose** peth hollol wahanol yw hynny; ~ **un livre** llyfr *g* cyfan; ~**es sortes de ...** pob math o ...; **il en a fait** ~**e une histoire** fe wnaeth fôr a mynydd o'r peth; **toutes les nuits** bob nos; ~**es les fois que ...** bob tro ...; **nous irons tous les deux** bydd y ddau ohonom yn mynd, fe awn ill dau; **nous irons** ~**es les deux** bydd y ddwy ohonom yn mynd, fe awn ill dwy; ~**es les trois** (*nous*) y tair ohonom; (*vous*) y tair ohonoch; (*elles*) y tair ohonynt; ~ **Gallois** pob Cymro.
2 (*sans article*): **à** ~ **âge** o bob oed, ym mhob oed; **à** ~**e heure** ar unrhyw adeg; **pour** ~**e nourriture/**~ **vêtement, il avait ...** ei unig fwyd/ddillad oedd; **la voiture est passée à** ~**e vitesse** gwibiodd y car heibio; **de tous côtés** *neu* **de** ~**es parts** ar bob ochr, o bob cyfeiriad; **à** ~ **hasard** ar antur;
♦*pron* (*au singulier*) popeth *g*, y cwbl *g*, y cyfan *g*; (*au pluriel*) i gyd, pob un; **il a** ~ **fait** gwnaeth bopeth; **je les vois tous/**~**es** 'rwy'n eu gweld i gyd, 'rwy'n gweld pob un ohonynt; **nous y sommes tous allés** aeth pob un ohonom, fe aethom oll; **en** ~ i gyd; **ça fait 50F en** ~ mae'r cyfanswm yn 50F; ~ **ce qu'il sait** y cwbl a ŵyr; **en** ~ **et pour** ~ ar y cyfan, at ei gilydd, rhwng popeth, a chymryd popeth at ei gilydd; ~ **ou rien** y cyfan oll neu ddim o gwbl; **c'est** ~ dyna'r cyfan *ou* cwbl; ~ **ce qu'il y a de plus beau** popeth sydd fwyaf hardd;
♦*m* cyfan *g*, cwbl *g*; **du** ~ **au** ~ yn llwyr, yn gyfan gwbl, yn hollol; **le** ~ **est de ...** y prif beth yw ...; **pas du tout** dim o gwbl; **elle a** ~ **d'une mère** mae hi'n hollol famol;
♦*adv* (**toute** *avant adj f commençant par consonne ou h aspiré*) (*très, complètement*)

iawn, i gyd; **elle était ~ émue** 'roedd hi'n llawn cynnwrf; **elle était ~e petite** 'roedd hi'n fach iawn; **~ près** *neu* **à côté** gerllaw, yn agos iawn; **le ~ premier** y cyntaf oll; **~ seul** ar eich pen eich hun(an); **le livre ~ entier** y llyfr i gyd, y llyfr yn gyfangwbl; **~ en haut** ar y pen uchaf oll; **~ droit** yn syth ymlaen; **~ ouvert** yn hollol agored; **parler ~ bas** siarad yn dawel iawn; **~ simplement/doucement** yn hollol syml/dawel; **~ d'abord** yn gyntaf oll, yn y lle cyntaf; **~ à coup** yn sydyn; **~ à fait** (*complètement: fini, prêt*) yn gyfan gwbl, yn llwyr; (*exactement: vrai, juste, identique*) yn hollol; **c'est ~ à fait vrai** mae'n hollol wir; **"~ à fait!"** "yn hollol!", "yn gymwys!"; **~ à l'heure** (*passé*) ychydig yn ôl; (*futur*) ymhen ychydig; **à ~ à l'heure!** 'wela' i chi toc; **~ de même** er hynny, serch hynny; **~ de suite** ar unwaith; **~ terrain** *neu* **tous terrains** addas ar gyfer pob tirwedd; **vélo ~ terrain** beic *g* mynydd.

▶ **tout en** gan, dan, tra, ar yr un pryd; **~ en travaillant** tra boch yn gweithio; **il lisait ~ en marchant** 'roedd yn darllen tra 'roedd yn cerdded, 'roedd yn darllen wrth gerdded; **elle marchait ~ en chantant** cerddai dan ganu; **elle dansait ~ en agitant les bras** dawnsiai gan chwifio ei breichiau.

▶ **tout le monde** pawb *g*, pobun *g*; **~ le monde était content** 'roedd pawb yn hapus.

tout-à-l'égout [tutalegu] *m inv* system *b* garffosiaeth.

toutefois [tutfwa] *adv* sut bynnag, fodd bynnag, serch hynny.

toutes [tut] *dét, pron voir* **tout**.

toutou* [tutu] *m* ci *g* bach; **suivre qn comme un ~** dilyn rhn fel ci bach.

tout-petit (**~-~s**) [tup(ə)ti] *m* plentyn *g* bach.

tout-puissant (**~e-~e**) (**~-~s, ~es-~es**) [tupɥisɑ̃, tutpɥisɑ̃t] *adj* hollalluog.

tout-venant [tuv(ə)nɑ̃] *m inv* (*personnes*) pawb a phobun.

toux [tu] *f* peswch *g*, pesychiad *g*.

toxémie [tɔksemi] *f* gwenwyn *g* gwaed, tocsaemia *g*.

toxicité [tɔksisite] *f* gwenwyndra *g*.

toxicologie [tɔksikɔlɔʒi] *f* gwenwyneg *b*, tocsicoleg *b*.

toxicologique [tɔksikɔlɔʒik] *adj* gwenwynegol, tocsicolegol.

toxicomane [tɔksikɔman] *m/f* un *g/b* sy'n gaeth i gyffuriau.

toxicomanie [tɔksikɔmani] *f* caethiwed *g* i gyffuriau.

toxine [tɔksin] *f* gwenwyn *g*, tocsin *g*.

toxique [tɔksik] *adj* gwenwynig, gwenwynol.

TP[1] [tepe] *sigle mpl*(= *travaux pratiques*) gwaith *g* ymarferol.

TP[2] [tepe] *sigle mpl*(= *travaux publics*) gweithfeydd *ll* cyhoeddus.

TP[3] [tepe] *sigle m*(= *Trésor public*) y Cyllid *g* Cyhoeddus, pwrs *g* y wlad.

TPG [tepeʒe] *sigle m*(= *trésorier-payeur général*) *tâl-feistr g cyffredinol.*

trac [tʀak] *m* nerfau *ll*; (*THÉÂTRE*) ofn *g* y llwyfan; **avoir le ~** cael pwl o nerfau.

traçant (**-e**) [tʀasɑ̃, ɑ̃t] *adj*: **obus ~** ffrwydryn *g* tanllyd *voir aussi* **table**.

tracas [tʀaka] *m* helynt *g,b*, gofid *g*, trafferthion *ll*, trafferth *b,g*.

tracasser [tʀakase] (**1**) *vt* poenydio, peri gofid *ou* trafferth; **il n'a pas été tracassé par la police** ni chafodd ei erlid gan yr heddlu;
♦ **se ~** *vr* poeni, gofidio.

tracasseries [tʀakasʀi] *fpl* (*chicanes*) helynt *g,b*, helbul *g*, trafferth *b,g*.

tracassier (**tracassière**) [tʀakasje, tʀakasjɛʀ] *adj* trafferthus, blin, annifyr.

trace [tʀas] *f* trywydd *g*, ôl *g*; (*de doigts*) ôl bysedd; **suivre à la ~** dilyn trywydd; **~s de freinage** olion *ll* brecio; **~s de pas** olion traed; **~s de pneus** olion teiars.

tracé [tʀase] *m* amlinelliad *g*, cynllun *g*; (*contour*) amlinell *b*; (*plan*) cynllun.

tracer [tʀase] (**9**) *vt* tynnu llun (rhth); (*mot*) olrhain; (*piste*) arloesi, agor; (*fig: chemin*) dangos, olrhain.

traceur [tʀasœʀ] *m* (*INFORM*) plotydd *g*.

trachée(-artère) (**~s(-~s)**) [tʀaʃe(aʀtɛʀ)] *f* tracea *g*, pibell *b* wynt.

trachéite [tʀakeit] *f* breuanwst *g*, llid *g* ar y breuant.

tract [tʀakt] *m* pamffledyn *g*, traethodyn *g*.

tractations [tʀaktasjɔ̃] *fpl* trafodaethau *ll*, bargeinio.

tracter [tʀakte] (**1**) *vt* halio, llusgo.

tracteur [tʀaktœʀ] *m* tractor *g*.

traction [tʀaksjɔ̃] *f* tyniant *g*, tyniad *g*; **~ arrière** gyriant *g* olwyn ôl; **~ avant** gyriant olwyn flaen; **~ électrique/mécanique** tyniant trydanol/mecanyddol.

trad.[1] *abr*= **traduit**.

trad.[2] *abr*= **traduction**.

trad.[3] *abr*= **traducteur**.

tradition [tʀadisjɔ̃] *f* traddodiad *g*.

traditionalisme [tʀadisjɔnalism] *m* traddodiadaeth *b*.

traditionaliste [tʀadisjɔnalist] *adj* traddodiadol, traddodiadgarol;
♦*m/f* traddodiadwr *g*, traddodiadwraig *b*.

traditionnel (**-le**) [tʀadisjɔnɛl] *adj* traddodiadol.

traditionnellement [tʀadisjɔnɛlmɑ̃] *adv* yn draddodiadol, yn ôl traddodiad.

traducteur [tʀadyktœʀ] *m* cyfieithydd *g*, cyfieithwr *g*; (*INFORM*) peiriant *g* cyfieithu; **~ interprète** cyfieithydd *g* (ar y pryd).

traduction [tʀadyksjɔ̃] *f* cyfieithiad *g*, trosiad *g*; **~ simultanée** cyfieithu ar y pryd.

traductrice [tʀadyk tʀis] *f* cyfieithydd *g*, cyfieithwraig *b*.

traduire [tʀadɥiʀ] (**52**) *vt* cyfieithu, trosi;

(*émotion*) cyfleu; ~ **en/du français** cyfieithu i'r/o'r Ffrangeg; ~ **qn en justice** mynd â rhn o flaen y llys;
♦ **se** ~ *vr*: **se** ~ **par** (*joie, angoisse*) cael ei amlygu; (*crise, récession*) arwain at *ou* i; **se** ~ **par un échec** arwain at fethiant.
traduis *etc* [tʀadɥi] *vb voir* **traduire**.
traduisible [tʀadɥizibl] *adj* cyfieithadwy.
traduit (-**e**) [tʀadɥi, it] *pp de* **traduire** cyfieithedig, wedi ei drosi *ou* gyfieithu.
trafic [tʀafik] *m*
1 (*transport*) trafnidiaeth *b*; ~ **routier** trafnidiaeth ar y ffordd; ~ **aérien** trafnidiaeth awyr, awyrennau *ll*.
2 (*commerce*) masnach *b*; ~ **d'armes** masnach arfau; ~ **de drogue** masnach gyffuriau.
trafiquant [tʀafikɑ̃] *m* masnachwr *g*, deliwr *g*.
trafiquante [tʀafikɑ̃t] *f* masnachwraig *g*, delwraig *b*.
trafiquer [tʀafike] (**1**) *vi* masnachu, delio;
♦*vt* (*péj: moteur, voiture, vin*) doctora, ymyrryd â.
tragédie [tʀaʒedi] *f* trasiedi *b*; (*fig*) trychineb *g,b*.
tragédien [tʀaʒedjɛ̃] *m* trasiedydd *g*, actor *g* trasig.
tragédienne [tʀaʒedjɛn] *f* trasiedyddes *b*, actores *b* drasig.
tragi-comique (~-~**s**) [tʀaʒikɔmik] *adj* trasicomig, trasicomedïol.
tragique [tʀaʒik] *adj* trasig;
♦*m*: **prendre qch au** ~ gwneud trasiedi o rth, edrych ar ochr ddu rhth.
tragiquement [tʀaʒikmɑ̃] *adv* yn drasig, yn drychinebus.
trahir [tʀaiʀ] (**2**) *vt* bradychu; (*fig*) dangos;
♦ **se** ~ *vr* eich bradychu'ch hun.
trahison [tʀaizɔ̃] *f* brad *g*, bradychiad *g*, bradwriaeth *b*.
traie *etc* [tʀɛ] *vb voir* **traire**.
train [tʀɛ̃] *m*
1 (*RAIL*) trên *g*; ~ **à grande vitesse** trên cyflym iawn; ~ **électrique** (*jouet*) trên bach trydan.
2 (*allure*) cyflymdra *g*, cyflymder *g*; **accélérer/ralentir le** ~ cyflymu/arafu; **aller bon** ~ (*marcher*) cerdded yn gyflym; (*rumeurs*) hedfan o amgylch; (*ventes, affaires*) mynd yn dda.
3 (*fig: ensemble*) cyfres *b*.
4 (*locutions*): ~ **arrière/avant** echel *b* ôl/flaen; ~ **d'atterrissage** is-ffram *b*; ~ **de pneus** set *b* o deiars; ~ **de vie** ffordd *b* o fyw.
▶ **en train** wrthi; **être en** ~ **de faire qch** bod wrthi'n gwneud rhth; **je suis en** ~ **de corriger votre devoir** 'rwyf wrthi'n marcio'ch gwaith cartref; **mettre qch en** ~ cychwyn rhth, rhoi rhth ar waith; **mettre qn en** ~ rhoi rhn mewn hwyl dda; **se mettre en** ~ (*commencer*) cychwyn; (*faire de la gymnastique*) ymbaratoi, codi gwres; **se sentir en** ~ bod mewn cyflwr da, teimlo'n iach a heini.
traînailler [tʀɛnɑje] (**1**) *vi*= **traînasser**.
traînant (-**e**) [tʀɛnɑ̃, ɑ̃t] *adj* (*ton, voix*) araf, llaes, llusg.
traînard [tʀɛnaʀ] (*péj*) *m* un *g* araf, un oediog, malwen *b*, malwoden *b*.
traînarde [tʀɛnaʀd] (*péj*) *f* un *b* araf, un oediog, malwen *b*, malwoden *b*.
traînasser [tʀɛnase] (**1**) *vi* loetran, oedi, sefyllian.
traîne [tʀɛn] *f* (*de robe*) cynffon *b*, cwt *b*; **robe à** ~ ffrog â godre (*megis gwisg briodas*); **être à la** ~ (*en arrière*) llusgo'ch traed, llusgo (ar ôl); (*en désordre*) bod yn anniben *ou* aflêr.
traîneau (-**x**) [tʀɛno] *m* sled *b*, car *g* llusg.
traînée [tʀɛne] *f* (*de peinture*) ôl *g*; (*d'une comète etc*) ôl, cynffon *b*; (*péj*) slebog *b*, slwt *b*
traîner [tʀɛne] (**1**) *vt* (*remorque*) halio, tynnu, llusgo; (*enfant, chien*) llusgo, halio, tynnu ar eich ôl; (*durer*) llusgo ymlaen, rhygnu ymlaen; **elle traîne une heure dans la salle de bain** mae hi'n treulio hydoedd yn yr ystafell ymolchi; ~ **qn au cinéma** llusgo rhn i'r sinema; ~ **qch par terre** halio rhth ar hyd y llawr; **il traîne un rhume depuis l'hiver** mae'n methu cael gwared o annwyd ers y gaeaf;
♦*vi* (*papiers, vêtements*) bod ar hyd y lle; (*aller lentement*) oedi, llusgo traed; (*fainéanter*) sefyllian, segura, loetran; (*agir lentement*) oedi; **un manteau qui traîne sur une chaise** côt wedi ei gadael ar gefn cadair; ~ **les pieds** llusgo traed; ~ **par terre** (*robe, manteau*) llusgo ar hyd y llawr; **laisser** ~ **qch en longueur** gadael i rth fynd ymlaen am hir;
♦ **se** ~ *vr* (*ramper*) cropian, ymgropian; (*marcher avec difficulté*) ymlusgo; (*durer*) llusgo ymlaen; **se** ~ **par terre** ymlusgo ar hyd y llawr.
train-ferry (~**s-ferries**) [tʀɛ̃feʀi] *m* (*NAUT*) trên-fferi *g*.
training [tʀeniŋ] *m* (*pull*) top *g* tracwisg; (*chaussure*) esgid *b* ymarfer.
train-train [tʀɛ̃tʀɛ̃] *m inv* undonedd *g*, trefn *b* feunyddiol.
traire [tʀɛʀ] (**65**) *vt* godro.
trait[1] (-**e**) [tʀɛ, ɛt] *pp de* **traire**.
trait[2] [tʀɛ] *m*
1 (*ligne*) llinell *b*; ~ **pour** ~ fesul llinell; ~ **d'union** cyplysnod *g*; (*fig*) cyswllt *g*.
2 (*flèche*) saeth *b*; ~ **de génie** fflach *b* o ysbrydoliaeth; ~ **d'esprit** sylw *g* ffraeth, ffraethineb *b*.
3 (*caractéristique*): ~ **de caractère** nodwedd *b*.
4 (*du visage*): ~**s** pryd *g* a gwedd *b*, wynepryd *g*.
5 (*gorgée*): **d'un** ~ ar un llwnc *g*; **boire à longs** ~**s** drachtio'n ddwfn.
6 (*animal*): **de** ~ gwaith, gwedd; **cheval de** ~ ceffyl *g* gwaith.

7 (*rapport*): **avoir** ~ **à** ymwneud â; **documents ayant** ~ **à la sécurité** dogfennau'n ymwneud â diogelwch.

traitable [tRetabl] *adj* (*personne*) hynaws, hawdd eich trin; (*sujet*) hydrin, hawdd ei drin/thrin.

traitant [tRetɑ̃] *adj m*: **votre médecin** ~ eich meddyg *g* (teulu); **shampooing** ~ siampŵ *g* meddyginiaethol.

traite [tRɛt] *f*
1 (*COMM*) drafft *g*; **la** ~ **des noirs** masnach *b* gaethweision duon, caethfasnach *b*; **la** ~ **des blanches** masnach caethferched gwynion.
2 (*trajet*) siwrnai *b* heb aros; **d'une (seule)** ~ heb aros o gwbl; (*réciter*) heb gymryd gwynt.
3 (*AGR*) godro; **l'heure de la** ~ amser godro.

traité [tRete] *m* cytundeb *g*.

traitement [tRɛtmɑ̃] *m*
1 (*gén*) triniaeth *b*; **mauvais** ~**s** camdriniaeth *b*.
2 (*d'une affaire*) trafod.
3 (*INFORM*) prosesu; ~ **de données** *neu* **de l'information** prosesu data; ~ **de texte** prosesu geiriau; ~ **par lots** swp-brosesu; **machine de** ~ **de texte** prosesydd *g* geiriau.
4 (*salaire*) cyflog *b*.

traiter [tRete] (1) *vt* trin, trafod; (*maladie, malade*) trin; (*INFORM*) prosesu; ~ **qn de menteur** galw rhn yn gelwyddgi;
♦*vi* trafod, ymdrin â; ~ **de qch** ymdrin â rhth, trafod rhth.

traiteur [tRetœR] *m* arlwywr *g*, arlwywraig *b*.

traître[1] (**-sse**) [tRɛtR, tRetRɛs] *adj* bradwrus, dichellgar.

traître[2] [tRɛtR] *m* bradwr *g*, bradychwr *g*; **prendre qn en** ~ dal rhn yn ddiarwybod.

traîtresse [tRetRɛs] *f* bradwres *b*;
♦*adj f voir* **traître**[1].

traîtrise [tRetRiz] *f* brad *g*, bradwriaeth *b*.

trajectoire [tRaʒɛktwaR] *f* llwybr *g*, hynt *b*.

trajet [tRaʒɛ] *m* taith *b*, siwrnai *b*; (*d'un nerf, d'une artère*) cwrs *g*; (*d'un projectile*) llwybr *g*, hynt *b*.

tralala* [tRalala] *m* ffwdan *b*, ffwndwr *g* a ffair; **et tout le** ~ a'r holl drimins, a'r holl sioe; **faire du** ~ gwneud sioe fawr.

tram [tRam] *m voir* **tramway**.

trame [tRam] *f* (*de tissu*) anwe *b*, fframwaith *g*, gwead *g*; (*TYPO*) sgrin *b*.

tramer [tRame] (1) *vt*: ~ **un complot** cynllwynio, gwneud cynllwyn.

trampoline [tRɑ̃pɔlin] *m* trampolîn *g*; (*SPORT*) trampolinio.

tramway [tRamwɛ] *m* tramffordd *b*; (*voiture*) tram *g*.

tranchant[1] (**-e**) [tRɑ̃ʃɑ̃, ɑ̃t] *adj* miniog; (*fig: personne, remarque, ton*) miniog, egr, deifiol, plwmp a phlaen, di-flewyn-ar-dafod, swta, awdurdodol; (*couleurs*) llachar.

tranchant[2] [tRɑ̃ʃɑ̃] *m* (*de couteau, lame*) min *g*, awch *g*; (*de la main*) ochr *b*; **à double** ~ (*argument, procédé*) daufiniog, deufin.

tranche [tRɑ̃ʃ] *f* tafell *b*, haen *b*, sleisen *b*; (*arête*) rhimyn *g*, ymyl *b*; (*partie*) rhan *b*, darn *g*; (*COMM: d'actions, de bons*) cyfres *b*; (*de revenus, d'impôts*) categori *g*, dosbarth *g*; ~ **(d'émission)** cyfres; ~ **d'âge** dosbarth oedran; ~ **de salaires** dosbarth incwm; **couper en** ~**s** torri'n dafelli, sleisio.

tranché (**-e**) [tRɑ̃ʃe] *adj* (*couleurs*) eglur; (*opinions*) eglur, pendant, diamwys.

tranchée [tRɑ̃ʃe] *f* ffos *b*;
♦*adj f voir* **tranché**.

trancher [tRɑ̃ʃe] (1) *vt* torri; (*fig: question, débat*) datrys;
♦*vi*: ~ **avec** *neu* **sur** (*ton, attitude*) gwrthgyferbynnu'n gryf â; (*couleur*) cyferbynnu'n eglur, sefyll allan; **il est difficile de** ~ (*décider*) mae'n anodd penderfynu; ~ **entre deux choses** penderfynu rhwng dau beth.

tranchet [tRɑ̃ʃɛ] *m* cyllell *b* i dorri lledr.

tranchoir [tRɑ̃ʃwaR] *m* bwyell *b* gig, twca *g*.

tranquille [tRɑ̃kil] *adj* tawel, llonydd, heddychlon; (*mer*) llonydd, tawel; (*esprit*) tawel; **se tenir** ~ (*enfant*) aros yn dawel, aros yn llonydd; **avoir la conscience** ~ bod â chydwybod glir; **laisse-moi** ~**!** gad lonydd i mi!

tranquillement [tRɑ̃kilmɑ̃] *adv* yn dawel, yn llonydd, yn heddychlon.

tranquillisant[1] (**-e**) [tRɑ̃kilizɑ̃, ɑ̃t] *adj* cysurlon, sy'n tawelu'r meddwl.

tranquillisant[2] [tRɑ̃kilizɑ̃] *m* tawelydd *g*.

tranquilliser [tRɑ̃kilize] (1) *vt* tawelu meddwl (rhn);
♦ **se** ~ *vr* ymdawelu.

tranquillité [tRɑ̃kilite] *f* tawelwch *g*, llonyddwch *g*, heddwch *g*; **partez en toute** ~ gallwch adael â meddwl esmwyth; ~ **d'esprit** tawelwch meddwl.

transaction [tRɑ̃zaksjɔ̃] *f* trafodion *ll*, gweithrediad *g*.

transafricain (**-e**) [tRɑ̃zafRikɛ̃, ɛn] *adj* traws-Affricanaidd, ar draws Affrica.

transalpin (**-e**) [tRɑ̃zalpɛ̃, in] *adj* trawsalpaidd, dros yr Alpau.

transaméricain (**-e**) [tRɑ̃zameRikɛ̃, ɛn] *adj* traws-Americanaidd, ar draws America.

transat [tRɑ̃zat] *abr f* (= *course transatlantique de voiliers*) ras *b* gychod drawsatlantig;
♦*m* (*chaise longue*) cadair *b* gynfas.

transatlantique [tRɑ̃zatlɑ̃tik] *adj* trawsatlantig, trawsiwerydd;
♦*m* llong *b* drawsatlantig.

transbordement [tRɑ̃sbɔRdəmɑ̃] *m* trawslwytho.

transborder [tRɑ̃sbɔRde] (1) *vt* (*NAUT: marchandises*) trawslwytho; (*:passagers*) symud.

transbordeur [tRɑ̃sbɔRdœR] *m* pont *b* lwyfan, pont gludo.

transcendant (**-e**) [tʀɑ̃sɑ̃dɑ̃, ɑ̃t] *adj* (*supérieur*) rhagorol, tra-rhagorol; (*MATH, PHILO*) trosgynnol.
transcodeur [tʀɑ̃skɔdœʀ] *m* casglydd *g*, detholydd *g*.
transcontinental (**-e**) (**transcontinentaux, transcontinentales**) [tʀɑ̃skɔ̃tinɑ̃tal, tʀɑ̃skɔ̃tinɑ̃to] *adj* trawsgyfandirol.
transcription [tʀɑ̃skʀipsjɔ̃] *f* trawsgrifiad *g*, adysgrif *b*.
transcrire [tʀɑ̃skʀiʀ] (**53**) *vt* copïo, adysgrifio, trawsgrifio.
transe [tʀɑ̃s] *f*: **être** *neu* **entrer en** ~ mynd i lesmair; ~**s** (*vive anxiété*) artaith *b*, gwewyr *g*, ing *g*.
transférable [tʀɑ̃sfeʀabl] *adj* trosglwyddadwy.
transfèrement [tʀɑ̃sfɛʀmɑ̃] *m* trosglwyddiad *g*.
transférer [tʀɑ̃sfeʀe] (**14**) *vt* trosglwyddo, symud, adleoli.
transfert [tʀɑ̃sfɛʀ] *m* adleoliad *g*, symudiad *g* trosglwyddiad *g*; ~ **de fonds** symudiad arian, trosglwyddiad arian.
transfiguration [tʀɑ̃sfigyʀasjɔ̃] *f* gweddnewidiad *g*.
transfo [tʀɑ̃sfo] *m* newidydd *g*.
transformable [tʀɑ̃sfɔʀmabl] *adj* newidiadwy.
transformateur [tʀɑ̃sfɔʀmatœʀ] *m* newidydd *g*, trawsffurfiwr *g*.
transformation [tʀɑ̃sfɔʀmasjɔ̃] *f* trawsnewid *g*, trawsffurfiad *g*; (*RUGBY*) trosiad *g*; ~**s** (*travaux*) newidiadau *ll*; **industrie de** ~ diwydiant *g* prosesu.
transformer [tʀɑ̃sfɔʀme] (**1**) *vt* trawsnewid, gweddnewid, trawsffurfio, newid; (*RUGBY*) trosi; ~ **du plomb en or** troi plwm yn aur; ♦ **se** ~ *vr* newid.
transfuge [tʀɑ̃sfyʒ] *m/f* gwrthgiliwr *g*, gwrthgilwraig *b*.
transfuser [tʀɑ̃sfyze] (**1**) *vt* trallwyso, trosglwyddo.
transfusion [tʀɑ̃sfyzjɔ̃] *f*: ~ **sanguine** trallwysiad *g* gwaed.
transgresser [tʀɑ̃sgʀese] (**1**) *vt* tramgwyddo; (*loi, règle*) torri, mynd yn groes i.
transhumance [tʀɑ̃zymɑ̃s] *f* hafota a hendrefa, trawstrefa.
transhumer [tʀɑ̃zyme] (**1**) *vi* symud i diroedd pori'r haf, hafota.
transi (**-e**) [tʀɑ̃zi] *adj* wedi fferru.
transiger [tʀɑ̃ziʒe] (**10**) *vi* cyfaddawdu, cymodi; ~ **sur** *neu* **avec qch** cyfaddawdu ynglŷn â rhth; **on ne transige pas sur les principes** mae'r egwyddorion yn ddigyfaddawd.
transistor [tʀɑ̃zistɔʀ] *m* transistor *g*; (*poste*) transistor, set *b* dransistor.
transistorisé (**-e**) [tʀɑ̃zistɔʀize] *adj* transistoraidd, transistoreiddiedig.
transit [tʀɑ̃zit] *m* tramwy *g*, croesiad *g*; **de** ~ (*port, document*) tramwy; **salle de** ~ lolfa *b* dramwy; **en** ~ (*marchandises, personnes*) ar (y) daith, ar y ffordd.
transitaire [tʀɑ̃zitɛʀ] *m* (*COMM*) blaenyrrwr *g*.
transiter [tʀɑ̃zite] (**1**) *vi* mynd *ou* dod trwodd; **les pays font** ~ **le pétrole par ...** mae'r gwledydd yn anfon eu holew drwy ...; ♦*vt* anfon (rhth) trwy rth.
transitif (**transitive**) [tʀɑ̃zitif, tʀɑ̃zitiv] *adj* anghyflawn.
transition [tʀɑ̃zisjɔ̃] *f* newid *g*, newidiad *g*, trawsnewid, trawsnewidiad *g*, pontio; **période de** ~ cyfnod *g* o drawsnewid, cyfnod pontio.
transitoire [tʀɑ̃zitwaʀ] *adj* trawsnewidiol, dros dro.
translucide [tʀɑ̃slysid] *adj* tryleu, lled dryloyw.
transmet [tʀɑ̃smɛ] *vb voir* **transmettre**.
transmettais *etc* [tʀɑ̃smɛtɛ] *vb voir* **transmettre**.
transmetteur [tʀɑ̃smɛtœʀ] *m* trosglwyddydd *g*.
transmettre [tʀɑ̃smɛtʀ] (**72**) *vt* (*aussi MÉD*) trosglwyddo; (*RADIO*) darlledu; (*secret, recette*) trosglwyddo, traddodi; (*vœux, amitiés*) cyfleu; (*JUR: pouvoir, autorité*) trosglwyddo.
transmis (**-e**) [tʀɑ̃smi, iz] *pp de* **transmettre**.
transmissible [tʀɑ̃smisibl] *adj* trosglwyddadwy.
transmission [tʀɑ̃smisjɔ̃] *f* trosglwyddiad *g*; (*radio*) darllediad *g*; ~**s** (*MIL*) signalwyr *ll*; ~ **de données** trosglwyddo data; ~ **de pensée** trosglwyddo meddyliau, telepathi *g*.
transnational (**-e**) (**transnationaux, transnationales**) [tʀɑ̃snasjɔnal, tʀɑ̃snasjɔno] *adj* rhyngwladol.
transocéanien (**-ne**) [tʀɑ̃zɔseanjɛ̃, jɛn] *adj* trawsforol, trawsgefnforol.
transocéanique [tʀɑ̃zɔseanik] *adj* trawsforol, trawsgefnforol.
transparaître [tʀɑ̃spaʀɛtʀ] (**73**) *vi* dangos trwy; **laisser** ~ (*visage, propos*) datgelu, dangos.
transparence [tʀɑ̃spaʀɑ̃s] *f* tryloywder *g*, tryloywedd *g*; **regarder qch par** ~ edrych ar rth yn erbyn y golau; **voir qch par** ~ gweld rhth trwy rth arall.
transparent (**-e**) [tʀɑ̃spaʀɑ̃, ɑ̃t] *adj* tryloyw, clir.
transpercer [tʀɑ̃spɛʀse] (**9**) *vt* mynd trwy (rth), tyllu, gwanu; (*fig: froid*) treiddio (i rth); (*épée, lance, flèche*) gwanu, trywanu; ~ **qn du regard** edrych yn dreiddgar ar rn; ~ **un vêtement/mur** mynd trwy ddilledyn/wal.
transpiration [tʀɑ̃spiʀasjɔ̃] *f* chwys *g*, chwysu.
transpirer [tʀɑ̃spiʀe] (**1**) *vi* chwysu; (*être divulgé: information, nouvelle*) dod i'r golwg, dod yn hysbys, mynd ar led; ~ **à grosses gouttes** bod yn chwys domen, bod yn chwys diferol.
transplant [tʀɑ̃splɑ̃] *m* trawsblaniad *g*, impiad *g*, trawsblannu, impio.
transplantation [tʀɑ̃splɑ̃tasjɔ̃] *f* trawsblaniad *g*, impiad *g*.
transplanter [tʀɑ̃splɑ̃te] (**1**) *vt* trawsblannu, impio.
transport [tʀɑ̃spɔʀ] *m* cludiant *g*; (*émotions*) teimlad *g*; ~ **de colère** pwl *g* o gynddaredd;

~ **de joie** gorfoledd *g*; **avion de** ~ awyren *b* gludo; **bateau de** ~ cludlong *b*; ~ **aérien** cludiant awyr; ~ **de marchandises/de voyageurs** cludiant nwyddau/teithwyr; ~**s en commun** cludiant cyhoeddus; ~**s routiers** cludiant ffyrdd.

transportable [tʀɑ̃spɔʀtabl] *adj* cludadwy, hawdd ei gludo.

transporter [tʀɑ̃spɔʀte] (**1**) *vt* cludo, cario, mynd (â rhth); (*à la main, à dos*) cario, mynd (â rhth); ~ **qn à l'hôpital** mynd â rhn i'r ysbyty; ~ **qn de bonheur** gwneud i rn orfoleddu;
♦ **se** ~ *vr* mynd i rywle; **se** ~ **quelque part** (*fig*) eich dychmygu'ch hun yn rhywle; **transportez-vous à Venise** dychmygwch eich bod yn Fenis.

transporteur [tʀɑ̃spɔʀtœʀ] *m* cludwr *g*, cariwr *g*, haliwr *g*.

transposer [tʀɑ̃spoze] (**1**) *vt* (*aussi* MUS) trawsosod, trawsgyweirio, trawsnodi

transposition [tʀɑ̃spozisjɔ̃] *f* trawsddodiad *g*, trawsosodiad *g*; (MUS) trawsgyweiriad *g*, trawsnodiad *g*.

transrhénan (**-e**) [tʀɑ̃sʀenɑ̃, an] *adj* y tu draw i'r Rhein.

transsaharien (**-ne**) [tʀɑ̃(s)saaʀjɛ̃, jɛn] *adj* traws-Saharaidd, y tu hwnt i'r Sahara.

transsexuel[1] (**-le**) [tʀɑ̃(s)sɛksɥɛl] *adj* transrywiol.

transsexuel[2] [tʀɑ̃(s)sɛksɥɛl] *m* un *g* trawsrywiol.

transsexuelle [tʀɑ̃(s)sɛksɥɛl] *f* un *b* drawsrywiol;
♦*adj f voir* **transsexuel**[1].

transsibérien[1] (**-ne**) [tʀɑ̃(s)sibeʀjɛ̃, jɛn] *adj* traws-Siberaidd.

transsibérien[2] [tʀɑ̃(s)sibeʀjɛ̃] *m*: **le T**~ rheilffordd *b* traws-Siberia.

transvaser [tʀɑ̃svɑze] (**1**) *vt* arllwys, ardywallt.

transversal (**-e**) (**transversaux, transversales**) [tʀɑ̃svɛʀsal, tʀɑ̃svɛʀso] *adj* ardraws, croes, traws; **axe** ~ (AUTO) priffordd *b*.

transversalement [tʀɑ̃svɛʀsalmɑ̃] *adv* ar draws, yn groes.

trapèze [tʀapɛz] *m* (MATH: *forme*) trapesiwm *g*; (*au cirque*) trapîs *g*.

trapéziste [tʀapezist] *m/f* trapisydd *g*.

trappe [tʀap] *f* (*de cave, grenier*) trapddor *g,b*; (*piège*) magl *b*, trap *g*.

trappeur [tʀapœʀ] *m* maglwr *g*, trapiwr *g*.

trapu (**-e**) [tʀapy] *adj* (*personne*) byrdew, pwt; (*question, problème*) dyrys, anodd.

traquenard [tʀaknaʀ] *m* magl *b*, trap *g*.

traquer [tʀake] (**1**) *vt* (*animal, prisonnier*) dilyn trywydd, mynd ar ôl; (*harceler*) erlid, ymlid.

traumatisant (**-e**) [tʀomatizɑ̃, ɑ̃t] *adj* trawmatig, ysgytiol.

traumatiser [tʀomatize] (**1**) *vt* anafu, brifo, trawmateiddio.

traumatisme [tʀomatism] *m* sioc *b*, ysgytiad *g*, anaf *g*, anafiad *g*, trawmatedd *g*, anafusrwydd *g*; ~ **crânien** anafusrwydd creuanol, anaf i'r benglog.

traumatologie [tʀomatɔlɔʒi] *f* trawmatoleg *b*.

travail (**travaux**) [tʀavaj, tʀavo] *m*
1 (*gén*) gwaith *g*, llafur *g*; (*de la pierre, du bois*) gwaith; **être sans** ~ (*employé*) bod yn ddi-waith; ~ **(au) noir** gwaith answyddogol, nosweithio; ~ **d'intérêt général** gwasanaeth *g* cymunedol; ~ **forcé** llafur gorfodol; ~ **posté** gwaith ar shifft, gwaith ar stem, gwaith ar ddaliad; **travaux** (*de réparation, agricoles etc*) gwaith; **travaux des champs** gwaith fferm; **travaux dirigés** (SCOL) gwaith ymarferol; **travaux forcés** llafur caled; **travaux manuels** (SCOL) crefftau *ll*, gwaith llaw; **travaux ménagers** gwaith tŷ; **travaux pratiques** (*gén, en laboratoire*) gwaith ymarferol; **travaux publics** gweithfeydd *ll* cyhoeddus.
2 (MÉD) esgor *g*; **être** *neu* **entrer en** ~ bod yn *ou* bod ar fin rhoi genedigaeth.

travaillé (**-e**) [tʀavaje] *adj* (*style, texte*) caboledig; (*objet*) cywrain.

travailler [tʀavaje] (**1**) *vi* gweithio; (*bois*) camu, ystumio; **faire** ~ **l'argent** gwneud i arian weithio; ~ **à** gweithio ar; (*fig: contribuer à*) gweithio tuag at, ymgyrchu at; **il travaille quatre ans à sa thèse** mae'n gweithio ar ei draethawd ymchwil ers pedair blynedd; ~ **à faire qch** ymdrechu i wneud rhth; ~ **à rétablir la paix** ymdrechu i ail-sefydlu heddwch;
♦*vt* gweithio; (*discipline*) gweithio ar, ymarfer; (*fig: préoccuper qn*) mynd â bryd rhn; **cela le travaille** mae hynny'n ei boeni; ~ **la terre** trin y tir; ~ **son piano** ymarfer ar y piano.

travailleur[1] (**travailleuse**) [tʀavajœʀ, tʀavajøz] *adj* diwyd, gweithgar.

travailleur[2] [tʀavajœʀ] *m* gweithiwr *g*; ~ **de force** labrwr *g*; ~ **intellectuel** gweithiwr â'r meddwl; ~ **manuel** gweithiwr (â) llaw; ~ **social** gweithiwr cymdeithasol.

travailleuse[1] [tʀavajøz] *f* (COUTURE) blwch *g* gwnïo.

travailleuse[2] [tʀavajøz] *f* gweithwraig *b*; ~ **familiale** cynorthwy-ydd *g* cartref;
♦*adj f voir* **travailleur**[1].

travailliste [tʀavajist] *adj* llafur;
♦*m/f* aelod *g* o'r blaid Lafur.

travée [tʀave] *f* (*rangée*) rhes *b*; (ARCHIT) bwa *g*.

travelling [tʀavliŋ] *m* (*chariot*) doli *g,b*, trol *g*; (*technique*) tracio; ~ **optique** llun *g* clòs.

travelo* [tʀavlo] *m* trawswisgwr *g*.

travers [tʀavɛʀ] *m* gwendid *g*, man *g* gwan; **en** ~ **(de)** ar draws; **à** ~ trwy, drwy; **au** ~ **(de)** trwy, drwy; **de** ~ (*aussi fig*) yn gam, o chwith; **tout va de** ~ **aujourd'hui** mae popeth yn mynd o chwith heddiw; **regarder qch de** ~ (*fig*) edrych yn amheus ar rth, edrych yn gam ar rth, edrych o gil eich llygad ar rth.

traverse [tʀavɛʀs] *f* (*RAIL*) sliper *g,b*, trawst *g*; **chemin de** ~ llwybr *g* byrrach *ou* ffordd *b* fyrrach.

traversée [tʀavɛʀse] *f* taith *b* ar draws; (*en mer*) mordaith *b*; **faire la** ~ **de la Chine en voiture** moduro ar draws Tsieina; **évitez la** ~ **de Paris aux heures de pointe** osgowch groesi Paris adeg yr oriau prysur; **la** ~ **de la Manche était très orageuse** 'roedd hi'n stormus iawn yn croesi'r Sianel.

traverser [tʀavɛʀse] (1) *vt* croesi, mynd trwy, mynd ar draws; (*percer: suj: pluie, froid*) dod trwy; ~ **le lac à la nage** nofio ar draws y llyn; **l'eau traverse le toit** mae'r dŵr yn dod trwy'r to;
♦*vi*: **il a traversé sans regarder** croesodd y ffordd heb edrych.

traversin [tʀavɛʀsɛ̃] *m* gobennydd *g*.

travesti [tʀavɛsti] *m* (*costume*) gwisg *b* ffansi; (*artiste de cabaret*) dynwaredwr *g* merched; (*pervers*) trawswisgwr *g*.

travestir [tʀavɛstiʀ] (2) *vt* camgyfleu, gwyrdroi;
♦ **se** ~ *vr* (*prendre l'apparence du sexe opposé*) trawswisgo; (*se déguiser en*) gwisgo fel.

trayais *etc* [tʀɛjɛ] *vb voir* **traire**.

trayeuse [tʀɛjøz] *f* peiriant *g* godro.

trébucher [tʀebyʃe] (1) *vi*: ~ **sur** taro'ch troed ar; ~ **contre** taro'ch troed yn erbyn.

trèfle [tʀɛfl] *m* (*BOT*) meillionen *b*; (*CARTES*) clybiau *ll*, mwyar *ll* duon; ~ **à quatre feuilles** meillionen bedair deilen.

treillage [tʀɛjaʒ] *m* rhwyllwaith *g*, delltwaith *g*.

treille [tʀɛj] *f* (*vigne*) gwinwydden *b* ddringol; (*tonnelle*) deildy *g* (o winwydd).

treillis [tʀeji] *m* (*métallique*) rhwyll *b* wifrog; (*toile*) canfas *g*; (*uniforme: MIL*) gwisg *b* ryfel.

treize [tʀɛz] *adj inv* tri ar ddeg, tair ar ddeg, un deg tri, un deg tair; ~ **hommes** tri dyn ar ddeg, tri ar ddeg o ddynion, un deg tri o ddynion; ~ **femmes** tair gwraig ar ddeg, tair ar ddeg o wragedd, un deg tair o wragedd;
♦*m inv* tri *g* ar ddeg, tair *b* ar ddeg, un deg tri, un deg tair.

treizième [tʀɛzjɛm] *adj* trydydd ar ddeg, trydedd ar ddeg;
♦*m* trydydd *g* ar ddeg; (*MATH*) un rhan *b* o un deg tair, un rhan o dair ar ddeg; **le** ~ **mois** bonws *g* diwedd y flwyddyn;
♦*f* trydedd *b* ar ddeg.

tréma [tʀema] *m* didolnod *g*.

tremblant (-e) [tʀɑ̃blɑ̃, ɑ̃t] *adj* crynedig; (*lueur, image*) fflachiog.

tremble [tʀɑ̃bl] *m* (*BOT*) aethnen *b*.

tremblé (-e) [tʀɑ̃ble] *adj* sigledig, crynedig.

tremblement [tʀɑ̃bləmɑ̃] *m* cryndod *g*, rhyndod *g*; (*de voix*) cryndod; (*flamme*) cryndod, naid *b*, neidio, fflachiad *g*; (*de vitre*) clecian; ~ **de terre** daeargryn *g,b*; **son corps était agités de** ~**s** 'roedd ei holl gorff yn crynu.

trembler [tʀɑ̃ble] (1) *vi* (*voix*) crynu; (*flamme*) crynu, neidio, fflachio; (*terre, feuille*) crynu, ysgwyd; (*vitre*) clecian; ~ **de** (*froid, peur*) rhynnu gan, crynu gan; ~ **de fièvre** rhynnu o effaith twymyn; ~ **pour qn** crynu dros rn, ofni dros rn.

tremblotant (-e) [tʀɑ̃blɔtɑ̃, ɑ̃t] *adj* crynedig.

trembloter [tʀɑ̃blɔte] (1) *vi* crynu.

trémolo [tʀemɔlo] *m* (*MUS: d'un instrument*) tremolo *g*; (*de la voix*) cryndod *g*.

trémousser [tʀemuse] (1): **se** ~ *vr* (*s'agiter*) bod yn aflonydd, gwingo, cynrhoni; (*danser*) siglo'ch pen ôl.

trempage [tʀɑ̃paʒ] *m*: ~ **du linge** rhoi'r golch yng ngwlych *ou* i socian.

trempe [tʀɑ̃p] *f* calibr *g*; **avoir de la** ~ (*fig: personne*) bod o gymeriad cryf.

trempé (-e) [tʀɑ̃pe] *adj* gwlyb, yn socian; ~ **jusqu'aux os** gwlyb diferol, gwlyb domen, gwlyb at eich croen; **acier** ~ dur *g* wedi'i dymheru.

tremper [tʀɑ̃pe] (1) *vt* gwlychu, socian, trochi; ~ **qch dans** (*plonger*) trochi rhth mewn, rhoi rhth mewn, mwydo rhth mewn; ~ **son biscuit dans son thé** gwlychodd ei fisged yn ei de; **faire** ~ **du linge** rhoi'r dillad i socian; **faire** ~ **qch** rhoi rhth yng ngwlych, rhoi rhth i socian; **se faire** ~ cael trochfa, cael gwlychfa;
♦*vi* (*lessive, vaisselle*) trochi, socian, mwydo; ~ **dans** (*fig: affaire, crime*) bod ynghlwm yn rhywbeth; **mettre qch à** ~ rhoi rhth yng ngwlych, rhoi rhth i socian; **ne trempe pas dans l'affaire** cadw'n glir o'r mater, paid ag ymhel â'r peth;
♦ **se** ~ *vr* (*dans la mer, piscine etc*) ymdrochi.

trempette [tʀɑ̃pɛt] *f*: **faire** ~ trochi'ch traed, padlo; (*pain*) *gwlychu darn o fara mewn diod cyn ei fwyta.*

tremplin [tʀɑ̃plɛ̃] *m* (*de gymnase, piscine*) sbringfwrdd *g*; (*SKI*) naid *b* sgio.

trentaine [tʀɑ̃tɛn] *f*: **une** ~ **(de)** tua deg ar hugain, rhyw ddeg ar hugain, tua thri deg; **avoir la** ~ bod tua deg ar hugain oed, bod tua thri deg oed.

trente [tʀɑ̃t] *adj inv* deg ar hugain, tri deg; ~ **maisons** deg tŷ *g* ar hugain, deg ar hugain o dai; **voir** ~**-six chandelles** (*fig*) gweld sêr; ~**-trois tours** (*disque*) record *b* hir;
♦*m inv* deg *g* ar hugain, tri deg *g*; **elle était sur son** ~ **et un, elle se mettait sur son** ~ **et un** 'roedd hi'n grand o'i cho', 'roedd hi yn ei dillad crandiaf.

trentième [tʀɑ̃tjɛm] *adj, m/f* degfed ar hugain, tri degfed;
♦*m* degfed rhan *b* ar hugain, tri degfed rhan.

trépanation [tʀepanasjɔ̃] *f* (*MÉD*) tryffiniad *g*.

trépaner [tʀepane] (1) *vt* (*MÉD*) tryffinio.

trépasser [tʀepɑse] (1) *vi* marw.

trépidant (-e) [tʀepidɑ̃, ɑ̃t] *adj* (*fig: rythme*) sy'n curo; (*vie*) prysur, gwyllt.

trépidation [tʀepidasjɔ̃] *f* (*d'une machine, d'un*

moteur) dirgryniad *g*; (*fig: de la vie*) bwrlwm *g*, berw *g*.

trépider [tʀepide] (**1**) *vi* ysgwyd, dirgrynu, crynu.

trépied [tʀepje] *m* (*d'appareil, meuble*) trybedd *b*.

trépignement [tʀepiɲmɑ̃] *m* (*de pied*) curo, stampio.

trépigner [tʀepiɲe] (**1**) *vi*: ~ **(d'enthousiasme/d'impatience)** curo'ch traed, neidio i fyny ac i lawr; ♦*vt* sathru, damsang (ar rth).

très [tʀɛ] *adv* iawn, tra; ~ **beau** hardd iawn, tra hardd; ~ **bien** rhagorol, da iawn; ~ **critiqué** a feirniadwyd yn hallt; ~ **industrialisé** diwydiannol iawn; **j'ai** ~ **envie de** 'rwy'n dyheu am; **j'ai** ~ **soif** 'rwy'n sychedig iawn.

trésor [tʀezɔʀ] *m* (*aussi fig*) trysor *g*; (*d'une organisation*) cronfa *b* arian; **T~ (public)** y Cyllid *g* Cyhoeddus, pwrs *g* y wlad.

trésorerie [tʀezɔʀʀi] *f* trysorfa *b*; (*fonds*) cronfa *b* arian; (*bureaux*) adran *b* gyfrifon, trysorfa; (*poste*) trysoryddiaeth *b*; **difficultés de** ~ problemau *ll* ariannol; ~ **générale** swyddfa *b* gyllid llywodraeth leol.

trésorier [tʀezɔʀje] *m* trysorydd *g*.

trésorière [tʀezɔʀjɛʀ] *f* trysoryddes *b*.

trésorier-payeur (~s-~s) [tʀezɔʀjepɛjœʀ] *m*: ~-~ **général** *tâl-feistr g cyffredinol.*

tressaillement [tʀesajmɑ̃] *m* cryndod *g*, rhyndod *g*; ~ **de plaisir** ias *b* o bleser.

tressaillir [tʀesajiʀ] (**23**) *vi* crynu; (*de froid*) rhynnu; (*de peur*) crynu.

tressauter [tʀesote] (**1**) *vi* gwingo, rhoi naid fach, neidio; **un cri le fit** ~ rhoes y waedd fraw iddo, gwnaeth y waedd iddo neidio.

tresse [tʀɛs] *f* (*de cheveux*) pleth *b*, plethen *b*; (*de fil, tissu*) plethwaith *g*, brêd *g*, bredwaith *g*.

tresser [tʀese] (**1**) *vt* plethu.

tréteau (-**x**) [tʀeto] *m* trestl *g*; **monter sur les** ~**x** (*fig*) mynd ar y llwyfan.

treuil [tʀœj] *m* winsh *b*.

trêve [tʀɛv] *f* (*MIL, POL, fig*) cadoediad *g*; (*fig*) seibiant *g*, hoe *b*; ~ **de balivernes!** dyna ddigon o lol *ou* ddyli!; **sans** ~ yn ddi-baid; **les États de la T~** Gwladwriaethau'r Cadoediad.

tri [tʀi] *m* dosbarthu, didoli; (*INFORM*) trefnu; (*POSTES*) didoli.

triage [tʀijaʒ] *m* (*RAIL, gare*) iard *b* drefnu, iard gynnull; **procéder au** ~ **de qch** rhoi rhth mewn trefn.

trial [tʀijal] *m* (*SPORT*) motobeicio traws gwlad, sgrialu.

triangle [tʀijɑ̃gl] *m* triongl *g*; ~ **équilatéral/isocèle/rectangle** triongl hafalochrog/isosgeles/ongl sgwâr.

triangulaire [tʀijɑ̃gylɛʀ] *adj* trionglog.

tribal (-**e**) (**tribaux, tribales**) [tʀibal, tʀibo] *adj* llwythol.

tribord [tʀibɔʀ] *m* (*NAUT*) yr ochr *b* dde, starbord *g*; **à** ~ ar yr ochr dde.

tribu [tʀiby] *f* llwyth *g*.

tribulations [tʀibylasjɔ̃] *fpl* trallod *g*, caledi *g*, helyntion *ll*, trafferthion *ll*.

tribunal (**tribaux**) [tʀibynal, tʀibyno] *m* tribiwnlys *g*, brawdle *g*; ~ **d'instance,** ~ **de police** llys *g* ynadon; ~ **de commerce** *llys yn ymwneud ag achosion masnachol*; ~ **de grande instance** Uchel Lys; ~ **pour enfants** llys plant *ou* ieuenctid.

tribune [tʀibyn] *f* stand *g,b*; (*estrade*) llwyfan *g,b*; (*débat*) dadleufa *b*; ~ **libre** (*PRESSE*) colofn *b* sylwadau.

tribut [tʀiby] *m* teyrnged *b*; (*HIST*) treth *b*; **payer un lourd** ~ **à** (*fig*) talu'n ddrud am; **ils ont payé un lourd** ~ **à la guerre** mae'r rhyfel wedi achosi colledion mawr iddynt.

tributaire [tʀibytɛʀ] *adj*: **être** ~ **de** bod yn ddibynnol ar; (*GÉO*) bod yn rhagnant *ou* rhagafon (*i afon fwy*).

tricentenaire [tʀisɑ̃t(ə)nɛʀ] *m* trichanmlwyddiant *g*.

tricher [tʀiʃe] (**1**) *vi* twyllo; (*à un examen*) copïo, twyllo.

tricherie [tʀiʃʀi] *f* twyll *g*.

tricheur [tʀiʃœʀ] *m* twyllwr *g*.

tricheuse [tʀiʃøz] *f* twyllwraig *b*

trichromie [tʀikʀɔmi] *f* argraffu trilliw.

tricolore [tʀikɔlɔʀ] *adj* (*drapeau, papier*) trilliw; (*équipe*) Ffrengig; ♦*m*: **le** ~ baner *b* Ffrainc, y faner drilliw.

tricot [tʀiko] *m* gwau, gweu; (*ouvrage*) gwaith *g* gwau; (*vêtement*) siwmper *b*, siersi *b*; ~ **de corps** fest *b*.

tricotage [tʀikɔtaʒ] *m* gwau, gweu.

tricoter [tʀikɔte] (**1**) *vt* gwau, gweu; **machine à** ~ peiriant *g* gwau; **aiguille à** ~ gwäell *b*, gweillen *b*.

trictrac [tʀiktʀak] *m* (*jeu*) trictrac *g* (*hen enw ar bacgamon*).

tricycle [tʀisikl] *m* treisigl *g*, beic *g* tair olwyn.

tridimensionnel (-**le**) [tʀidimɑ̃sjɔnɛl] *adj* tri dimensiwn.

triennal (-**e**) (**triennaux, triennales**) [tʀijenal, tʀijeno] *adj* bob tair blynedd, teirblwydd, teirblynyddol.

trier [tʀije] (**16**) *vt* (*objets, documents*) didoli, dewis, dethol; (*POSTES*) didoli; (*visiteurs*) didoli, sgrinio; (*INFORM*) trefnu; (*fruits*) didoli; (*grains*) rhidyllu, gogrwn.

trieur [tʀijœʀ] *m* (*ouvrier*) didolwr *g*; (*machine*) peiriant *g* didoli.

trieuse [tʀijøz] *f* didolwraig *b*.

trigonométrie [tʀigɔnɔmetʀi] *f* trigonometreg *b*.

trigonométrique [tʀigɔnɔmetʀik] *adj* trigonometrig.

trilingue [tʀilɛ̃g] *adj* teirieithog.

trilogie [tʀilɔʒi] *f* cyfres *b* o dri *ou* dair,

triawd *g*.
trimaran [tʀimaʀɑ̃] *m* trimaran *b*.
trimbaler [tʀɛ̃bale] (1) *vt* halio, llusgo.
trimer [tʀime] (1) *vi* llafurio, bustachu gwneud, dygni arni.
trimestre [tʀimɛstʀ] *m* tymor *g*.
trimestriel (-le) [tʀimɛstʀijɛl] *adj* diwedd tymor; (*revue, numéro*) chwarterol, trimisol; **il a reçu son bulletin** ~ derbyniodd ei adroddiad pentymor.
trimoteur [tʀimɔtœʀ] *m* awyren *b* drimotor.
tringle [tʀɛ̃gl] *f* rhoden *b*, ffon *b*.
Trinité [tʀinite] *f*: **la** ~ y Drindod *b*.
Trinité et Tobago [tʀiniteetɔbago] *prf* Trinidad *b* a Thobago *b*.
trinquer [tʀɛ̃ke] (1) *vi* (*porter un toast*) codi gwydryn; (*fam*) diota, llymeitian; ~ **à qch** yfed i rth; **trinquons à ta réussite!** yfwn i'th lwyddiant!; ~ **à la santé de qn** cynnig iechyd da i rn.
trio [tʀijo] *m* triawd *g*.
triolet [tʀijɔlɛ] *m* (*MUS*) tripled *b*.
triomphal (-e) (**triomphaux, triomphales**) [tʀijɔ̃fal, tʀijɔ̃fo] *adj* gorfoleddus.
triomphalement [tʀijɔ̃falmɑ̃] *adv* mewn gorfoledd, yn orfoleddus.
triomphant (-e) [tʀijɔ̃fɑ̃, ɑ̃t] *adj* buddugoliaethus.
triomphateur [tʀijɔ̃fatœʀ] *m* buddugwr *g*.
triomphatrice [tʀijɔ̃fatʀis] *f* buddugwraig *b*.
triomphe [tʀijɔ̃f] *m* buddugoliaeth *b*; **être reçu en** ~ cael derbyniad buddugoliaethus; **être porté en** ~ cael eich cario mewn gorfoledd.
triompher [tʀijɔ̃fe] (1) *vi* gorchfygu; (*jubiler*) gorfoleddu; ~ **de qch** (*difficulté, résistance*) trechu rhth, gorchfygu rhth, meistroli rhth; ~ **de qn** ennill buddugoliaeth ar rn, trechu rhn, gorchfygu rhn.
triparti (-e) [tʀipaʀti] *adj* (*aussi:* **tripartite**) teiran, tridarn; **pacte** ~ (*entre pays*) cytundeb *g* rhwng tair gwlad, cytundeb tridarn; **gouvernement** ~ llywodraeth *b* dair plaid.
triperie [tʀipʀi] *f* siop *b* dreip.
tripes [tʀip] *fpl* (*CULIN*) treip *g*; (*fam*) perfedd *g*.
triphasé (-e) [tʀifɑze] *adj* teirgwedd.
triplace [tʀiplas] *adj* â thair sedd; **avion de tourisme** ~ awyren *b* dwristiaeth â thair sedd.
triple [tʀipl] *adj* triphlyg; **être** ~ **champion de France** bod yn bencampwr Ffrainc deirgwaith; **en** ~ **exemplaire** mewn tri chopi; ♦*m* teirgwaith *b*, tri *g* chymaint.
triplé [tʀiple] *m* (*SPORT*) ennill deirgwaith; (*RUGBY*) y goron *b* driphlyg.
triplés [tʀiple] *mpl* (*trois jumeaux*) tripledau *ll*, tri gefaill *g*.
triplées [tʀiple] *fpl* (*trois jumelles*) tripledau *ll*, tair gefeilles *b*.
triplement[1] [tʀipləmɑ̃] *adv* (*pour trois raisons*) ar dri chyfrif; (*à un degré triple*) teirgwaith; (*de trois façons*) mewn tair ffordd; **il s'est** ~ **trompé** 'roedd wedi camgymryd ar dri chyfrif; **il a** ~ **raison** mae ganddo bob rheswm yn y byd.
triplement[2] [tʀipləmɑ̃] *m* trebliad *g*, triphlygiad *g*.
tripler [tʀiple] (1) *vi, vt* treblu.
triporteur [tʀipɔʀtœʀ] *m* treisigl *g* cludo nwyddau.
tripot [tʀipo] (*péj*) *m* twll *g* o le.
tripotage [tʀipɔtaʒ] (*péj*) *m* drygioni *g*, castiau *ll* amheus, ystrywiau *ll* amheus.
tripoter [tʀipɔte] (1) *vt* ffidlo, ffidlan, stwna, piltran; (*fam*) byseddu, bodio; **cesse de te** ~ **le nez!** paid â phigo dy drwyn!; ♦*vi* (*fam*) tyrchu, chwilota.
trique [tʀik] *f* pastwn *g*.
trisannuel (-le) [tʀizanɥɛl] *adj* bob tair blynedd, teirblynyddol.
trisomie [tʀizomi] *f* syndrom *g* Down.
triste [tʀist] *adj* trist, digalon, prudd; **un** ~ **personnage** rhywun truenus; **une** ~ **affaire** sefyllfa druenus; **c'est pas** ~**!*** mae hynny'n dipyn o beth!
tristement [tʀistəmɑ̃] *adv* yn drist, yn brudd.
tristesse [tʀistɛs] *f* tristwch *g*, digalondid *g*, prudd-der *g*.
triton [tʀitɔ̃] *m* (*ZOOL*) madfall *g* y dŵr, triton *g*.
triturer [tʀityʀe] (1) *vt* (*pâte*) tylino; (*objets*) trafod, trin.
trivial (-e) (**triviaux, triviales**) [tʀivjal, tʀivjo] *adj* amrwd, cwrs, aflednais, anweddus; (*commun*) cyffredin, di-nod.
trivialité [tʀivjalite] *f* afledneisrwydd *g*, anwedduster *g*, cyffredinedd *g*.
troc [tʀɔk] *m* cyfnewid *g*; **faire du** ~ cyfnewid, ffeirio, trwco.
troène [tʀɔɛn] *m* (*BOT*) coeden *b* brifet.
troglodyte [tʀɔglɔdit] *m* un *g* sy'n byw mewn ogof, ogofwr *g*.
trognon [tʀɔɲɔ̃] *m* (*de fruit*) calon *b*, craidd *g*; (*de légume*) coesyn *g*.
Troie [tʀwɑ] *pr* Troia *b*, Caerdroia *b*.
trois [tʀwɑ] *adj* tri, tair; ~ **frères** tri brawd, tri o frodyr; ~ **sœurs** tair chwaer, tair o chwiorydd; **il a** ~ **ans** mae'n dair (blwydd) oed; **on sera** ~ bydd tri(tair) ohonom ni; **c'est à** ~ **kilomètres d'ici** mae dri chilometr oddi yma; ~ **fois** deirgwaith; ~ **livres** (*argent*) teirpunt *b*, tair punt; **j'en ai** ~ mae gen i dri(dair); **nous sommes le** ~ y trydydd yw hi heddiw; **je prends le** ~ mi gymera' i'r tri(tair);
♦*m* tri *g*.
trois-huit [tʀwɑɥit] *mpl inv*: **faire les** ~-~ gweithio shifftiau, gweithio ar stem, gweithio ar ddaliad.
troisième [tʀwɑzjɛm] *adj* trydydd, trydedd; ♦*m/f* trydydd *g*, trydedd *b*; **le** ~ **âge**

henoed *ll*.
troisièmement [tʀwazjɛmmɑ̃] *adv* yn drydydd.
trois-quarts [tʀwakaʀ] *mpl*: **les ~-~ de** tri chwarter *g*;
♦*m inv* (*manteau*) cot *b* dri-chwarter.
trolleybus [tʀɔlɛbys] *m* bws *g* trydan.
trombe [tʀɔ̃b] *f* colofn *b* ddŵr; **en** ~ (*arriver, passer*) fel corwynt; ~ **d'eau** curlaw *g*, cawod *b* drom o law.
trombone [tʀɔ̃bɔn] *m* (*MUS*) trombôn *g*; (*de bureau*) clip *g* papur; ~ **à coulisse** sleid-drombôn *g*.
tromboniste [tʀɔ̃bɔnist] *m/f* trombonydd *g*.
trompe [tʀɔ̃p] *f* (*d'éléphant*) trwnc *g*; (*MUS*) corn *g*; ~ **d'Eustache** tiwb *g* Eustachio; ~**s utérines** tiwbiau Fallopio.
trompe-l'œil [tʀɔ̃plœj] *m inv* (*peinture*) trompe-l'œil *g*; (*fig*) twyll *g*.
tromper [tʀɔ̃pe] (1) *vt* (*ami, client*) twyllo; (*femme, mari*) bod yn anffyddlon i; (*fig: espoir, attente*) siomi; (*vigilance, poursuivants*) osgoi, dianc rhag; (*suj: distance, ressemblance*) camarwain;
♦ **se** ~ *vr* bod yn anghywir, camgymryd, gwneud camgymeriad; **se ~ de date** camgymryd y dyddiad; **se ~ de manteau** cymryd y got anghywir; **se ~ de 3cm/20F** bod yn fyr o 3cm/20F.
tromperie [tʀɔ̃pʀi] *f* twyll *g*, ystryw *b*.
trompette [tʀɔ̃pɛt] *f* (*MUS*) trwmped *g*, corn *g* pres; **nez en** ~ trwyn *g* smwt.
trompettiste [tʀɔ̃petist] *m/f* trwmpedwr *g*, trwmpedwraig *b*.
trompeur[1] (**trompeuse**) [tʀɔ̃pœʀ, tʀɔ̃pøz] *adj* twyllodrus, camarweiniol.
trompeur[2] [tʀɔ̃pœʀ] *m* twyllwr *g*.
trompeuse [tʀɔ̃pøz] *f* twyllwraig *b*;
♦*adj f voir* **trompeur**[1].
trompeusement [tʀɔ̃pøzmɑ̃] *adv* yn dwyllodrus, yn gamarweiniol.
tronc [tʀɔ̃] *m* (*BOT, ANAT*) bongorff *g*, trwnc *g*; (*d'église*) blwch *g* casglu; ~ **commun** (*SCOL*) maes llafur craidd; ~ **d'arbre** boncyff *g*; ~ **de cône** côn *g* cwta.
tronche* [tʀɔ̃ʃ] *f* gwep *b*.
tronçon [tʀɔ̃sɔ̃] *m* darn *g*, rhan *b*, toriad *g*, trychiad *g*.
tronçonner [tʀɔ̃sɔne] (1) *vt* (*bois*) llifio; (*pierre*) torri'n ddarnau.
tronçonneuse [tʀɔ̃sɔnøz] *f* llif *b* gadwyn.
trône [tʀon] *m* gorsedd *b*; **monter sur le** ~ esgyn i'r orsedd.
trôner [tʀone] (1) *vi* (*fig*) cael y lle blaenaf, teyrnasu.
tronquer [tʀɔ̃ke] (1) *vt* (*aussi fig*) tocio, cwtogi.
trop [tʀo] *adv*
1 (*devant un adj ou un adv ou un p.p.*) rhy; ~ **(nombreux)** rhy niferus; ~ **peu (nombreux)** rhy ychydig, rhy brin; ~ **souvent** rhy aml; ~ **longtemps** rhy hir.
2 (*avec un verbe*) gormod, ormod; **elle l'aime** ~ mae hi'n ei garu ormod; **j'avais ~ bu** 'roeddwn wedi yfed gormod;
♦*m* gormod *g*, gormodedd *g*; ~ **de** (*nombre: quantité*) gormod o; **il y a ~ d'accidents** mae yna ormod o ddamweiniau; ~ **de fruits** gormod o ffrwythau; ~ **de monde** gormod o bobl; **de** *neu* **en** ~ yn ormod, dros ben; **des livres en** ~ gormod o lyfrau, llyfrau dros ben; **3 livres/5 F de** ~ 3 llyfr/5F yn ormod.
trophée [tʀɔfe] *m* troffi *g*, tlws *g*.
tropical (-e) (**tropicaux, tropicales**) [tʀɔpikal, tʀɔpiko] *adj* trofannol.
tropique [tʀɔpik] *m* trofan *g*; ~**s** (*régions tropicales*) trofannau *ll*; ~ **du Cancer** Trofan y Cranc; ~ **du Capricorne** Trofan Capricorn.
trop-plein (~-~**s**) [tʀoplɛ̃] *m* (*tuyau*) pibell *b* orlif; (*liquide*) gorlif *g* gorlifiad *g*; (*fig*) gormodedd *g*.
troquer [tʀɔke] (1) *vt*: ~ **qch contre qch** cyfnewid rhth am rth, ffeirio *ou* trwco rhth am rth.
trot [tʀo] *m* tuth *g*, trot *g*; **aller au** ~ trotian, tuthio, mynd ar duth; **partir au** ~ trotian ymaith.
trotter [tʀɔte] (1) *vi* tuthio, trotian; (*fig*) gwibio o gwmpas; **j'ai trotté toute la matinée** (*fig*) 'rydw i wedi bod ar wib drwy'r bore; ~ **dans la tête** (*fig*) mynd drwy'ch meddwl.
trotteuse [tʀɔtøz] *f* (*de montre*) bys *g* eiliadau.
trottiner [tʀɔtine] (1) *vi* (*fig*) mynd ar drot, trotian.
trottinette [tʀɔtinɛt] *f* sgwter *g* plentyn.
trottoir [tʀɔtwaʀ] *m* palmant *g*, pafin *g*; ~ **roulant** palmant symudol; **faire le** ~ (*péj*) cerdded y strydoedd, puteinio.
trou [tʀu] *m* twll *g*; (*fig COMM*) diffyg *g*; **un ~ de vingt millions** diffyg ariannol o ugain miliwn; ~ **d'aération** twll aer; ~ **d'air** (*en avion*) poced *b* awyr; ~ **de la serrure** twll y clo; ~ **de mémoire** bwlch *g* yn y cof, pall *g* ar y cof; ~ **noir** twll du.
troublant (-e) [tʀublɑ̃, ɑ̃t] *adj* (*ressemblance*) aflonyddol, sy'n peri pryder; (*beauté, regard*) cynhyrfus, cyffrous.
trouble [tʀubl] *adj* (*eau, liquide*) llwyd, aneglur; (*image, mémoire*) niwlog, aneglur, brith; (*fig: affaire, histoire*) amheus;
♦*adv*: **voir** ~ methu â gweld yn glir;
♦*m* (*désarroi*) gofid *g*; (*zizanie*) anghytgord *g*, cynnen *b*; (*émoi sensuel*) cynnwrf *g* mewnol, cynhyrfiad *g*; ~**s** (*POL*) cynnwrf, cythrwfl *g*; (*MÉD*) afiechyd *g*, anhwylder *g*; ~**s de la personnalité** problemau *ll* personoliaeth; ~**s de la vision** problemau golwg.
trouble-fête [tʀubləfɛt] *m/f inv* surbwch *g*, difethwr *g* hwyl.
troubler [tʀuble] (1) *vt* (*personne, sommeil*) aflonyddu ar; (*liquide, horizon*) cymylu; (*ordre, réunion*) tarfu ar, aflonyddu ar; ~ **l'ordre public** tarfu ar yr heddwch;
♦ **se** ~ *vr* (*personne*) drysu, cynhyrfu,

cyffroi, mynd yn ddryslyd, ffrwcsio'n lân.

troué (**-e**) [tRue] *adj* tyllog; **ta chemise est ~e** mae twll *ou* tyllau yn dy grys

trouée [tRue] *f* (*dans un mur, une haie*) bwlch *g*, adwy *b*, toriad *g*, twll *g*; (*GÉO, MIL*) bwlch;
♦*adj f voir* **troué**.

trouer [tRue] (**1**) *vt* tyllu, gwneud twll (yn rhth); (*fig: silence, nuit*) gwanu.

trouille* [tRuj] *f*: **avoir la ~** bod wedi dychryn am eich bywyd.

troupe [tRup] *f* (*MIL*) gosgordd *g*, llu *g*; (*d'écoliers, de manifestants*) grŵp *g*; **la ~** (*MIL: l'armée*) y fyddin *b*, y milwyr *ll* cyffredin; **~ (de théâtre)** cwmni *g* theatr; **~ de choc** milwyr ymosod.

troupeau (**-x**) [tRupo] *m* (*de moutons*) diadell *b*, praidd *g*, gyr *g*; (*de vaches*) gyr, buches *b*.

trousse [tRus] *f* (*étui*) cas *g*, blwch *g*; (*de docteur*) bag *g*, blwch offerynnau; (*d'écolier*) cas pensiliau, blwch pensiliau; **être aux ~s de qn** (*fig*) bod yn dynn ar sodlau rhn; **~ à outils** cist *b* offer *ou* arfau; **~ de premiers secours** bag cymorth cyntaf; **~ de toilette/de voyage** bag ymolchi/teithio.

trousseau (**-x**) [tRuso] *m* (*de jeune mariée*) cist *b* briodi; **~ de clefs** bwnsiaid *g* o allweddi *ou* agoriadau.

trouvaille [tRuvɑj] *f* caffaeliad *g*, darganfyddiad *g*; (*fig: idée etc*) ysbrydoliaeth *b*, fflach *b* o weledigaeth.

trouvé (**-e**) [tRuve] *adj*: **tout ~** parod.

trouver [tRuve] (**1**) *vt* darganfod, canfod, dod o hyd i, cael hyd i, dod ar draws, cael; **aller ~ qn** (*rendre visite*) mynd i weld rhn, ymweld â rhn; **venir ~ qn** dod i weld rhn, ymweld â rhn; **~ le loyer cher/le prix excessif** cael *ou* gweld y rhent yn uchel/y pris yn ormod; **je trouve que** ymddengys i mi ...; **~ à boire/critiquer** cael rhth i'w yfed/feirniadu;
♦ **se ~** *vr* (*être situé*) bod; **la ville se trouve au bord de la mer** mae'r dref ar lan y môr; **se ~ à Rome/dans l'avion** bod yn Rhufain/yn yr awyren; **elle se trouve être ...** mae hi'n digwydd bod ...; **elle se trouve être libre** mae hi'n digwydd bod yn rhydd, mae hi'n ei chael ei hun yn rhydd; **se ~ bien** (*se sentir*) teimlo'n dda; **se ~ bien (de qch)** teimlo'n fodlon (ar rth); **se ~ mal à l'aise** teimlo'n anghysurus *ou* annifyr; **se ~ mal** llewygu; **il se trouve que** fel mae'n digwydd ...; **il se trouve que je le connais** fel mae'n digwydd 'rwy'n ei adnabod.

troyen (**-ne**) [tRajɛ̃, jɛn] *adj* Troiaidd.

Troyen [tRajɛ̃] *prm* Troiad *g*.

Troyenne [tRajɛn] *prf* Troiad *b*.

truand [tRyɑ̃] *m* dihiryn *g*, dyn *g* drwg.

truander* [tRyɑ̃de] (**1**) *vt* twyllo.

trublion [tRyblijɔ̃] *m* codwr *g* twrw, achoswr *g* helynt.

truc [tRyk] *m* (*astuce*) ystryw *g,b*; (*CINÉ*) ffug-effaith *b*; (*chose, machin*) pethma *g*, bechingalw *g*; **il a le ~ pour gagner de l'argent** mae ganddo'r ddawn o wneud arian; **il y a un tas de ~s à faire dans la maison** mae 'na lwyth o bethau i'w gwneud yn y tŷ; **il y a un ~ qui ne va pas** mae rhywbeth o'i le; **le vélo, c'est pas mon ~*** 'dyw beicio ddim yn apelio ata' i.

truchement [tRyʃmɑ̃] *m*: **par le ~ de qn** drwy ymyrraeth rhn.

trucider* [tRyside] (**1**) *vt* lladd, cael gwared â.

truculence [tRykylɑ̃s] *f* lliwgarwch *g*.

truculent (**-e**) [tRykylɑ̃, ɑ̃t] *adj* lliwgar.

truelle [tRyɛl] *f* trywel *g*.

truffe [tRyf] *f* (*BOT*) cloronen *b* y moch; (*nez*) trwyn *g*.

truffer [tRyfe] (**1**) *vt* (*CULIN*) stwffio *ou* addurno â chloron; **truffé de** (*fig*) yn llawn, yn frith o; **il a truffé son discours de citations** 'roedd ei araith yn frith o ddyfyniadau; **truffé de pièges** llawn trapiau.

truie [tRɥi] *f* hwch *b*.

truite [tRɥit] *f* brithyll *g*.

truquage [tRykaʒ] *m* ffugio, ffugiad *g*; (*CINÉ*) effeithiau *ll* arbennig.

truquer [tRyke] (**1**) *vt* ffugio, trefnu (rhth) yn annheg; **~ un combat de boxe** trefnu canlyniad gornest focsio; **scène truquée** (*CINÉ*) effeithiau *ll* arbennig.

trust [tRœst] *m* (*COMM*) ymddiriedolaeth *b*.

truster [tRœste] (**1**) *vt* (*COMM*) monopoleiddio, llwyrfeddiannu.

tsar [dzaR] *m* tsar *g*.

tsé-tsé [tsetse] *f inv*: **mouche ~-~** pryf *g* tsetse.

TSF [teɛsɛf] *sigle f*(= *télégraphie sans fil*) radio *b*.

tsigane [tsigan] *adj, m/f*= **tzigane**.

TSVP [teɛsvepe] *abr*(= *tournez s'il vous plaît*) trowch y dudalen os gwelwch yn dda.

TTC [tetese] *abr*(= *toutes taxes comprises*) *voir* **taxe**.

tt.conf *abr*(= *tout confort*) gyda phob cysur.

TU [tey] *sigle m*(= *temps universel*) amser *g* cyffredinol.

tu[1] [ty] *pron* ti (il existe en gallois des formes concises du verbe, dont les terminaisons indiquent les personnes par ex.); **~ es allé** est ti, aethost ti; **~ sais** gwyddost, 'rwyt ti'n gwybod; **~ savais** 'roeddet ti'n gwybod;
♦*m*: **dire ~ à qn** dweud ti wrth rn.

tu[2] (**-e**) [ty] *pp de* **taire**.

tuant (**-e**) [tɥɑ̃, tɥɑ̃t] *adj* (*épuisant*) lluddedig, blinderus; (*énervant*) digon i'ch gwylltio.

tuba [tyba] *m* (*MUS*) tiwba *g*; (*SPORT*) snorcel *g*, pibell *b* anadlu.

tubage [tybaʒ] *m* (*MÉD*) rhoi tiwb (yn rhth), tiwbio.

tube [tyb] *m* tiwb *g*, pibell *b*; (*d'aspirine, de dentifrice etc*) tiwb; (*chanson*) cân *b* lwyddiannus; (*disque*) record *b* lwyddiannus; ~ **à essai** tiwb profi; ~ **de peinture** tiwb paent; ~ **digestif** pibell draul *ou* dreulio.

tuberculeuse [tybɛʀkyløz] *f* dioddefwraig *b* o'r diciâu, claf *g* twbercylaidd; ♦*adj f voir* **tuberculeux**[1].

tuberculeux[1] (**tuberculeuse**) [tybɛʀkylø, tybɛʀkyløz] *adj* twbercylaidd.

tuberculeux[2] [tybɛʀkylø] *m* dioddefwr *g* o'r diciâu, claf *g* twbercylaidd.

tuberculose [tybɛʀkyloz] *f* darfodedigaeth *g,b*, twbercwlosis *g*, diciâu *g*.

tubulaire [tybylɛʀ] *adj* tiwbaidd, pibellaidd.

tubulure [tybylyʀ] *f* pibellau *ll*; ~**s d'échappement/d'admission** (*AUTO*) maniffold *g* gwacáu/derbyn.

TUC [tyk] *sigle m*(= *travail d'utilité collective*) *cynllun gwaith cymunedol ar gyfer pobl ifanc ddi-waith.*

tuciste [tysist] *m/f rhywun ifanc sydd ar gynllun gwaith cymunedol.*

Tudor [tydɔʀ] *prm* Tudur; **les** ~ y Tuduriaid.

tudor [tydɔʀ] *adj* Tuduraidd.

tué [tɥe] *m* lladdedig *g*: **5** ~**s** 5 wedi'u lladd.

tuée [tɥe] *f* lladdedig *b*: **5** ~**s** 5 wedi'u lladd.

tue-mouche [tymuʃ] *adj*: **papier** ~-~**(s)** papur dal gwybed *ou* pryfed.

tuer [tɥe] (**1**) *vt* lladd; ♦ **se** ~ *vr* eich lladd eich hun; (*dans un accident*) marw; **se** ~ **au travail** (*fig*) eich lladd eich hun â gwaith.

tuerie [tyʀi] *f* lladdfa *b*.

tue-tête [tytɛt]: **à** ~-~ *adv* nerth eich pen.

tueur [tɥœʀ] *m* lleiddiad *g*, lladdwr *g*, llofrudd *g*; ~ **à gages** lladdwr cyflogedig.

tuile [tɥil] *f* teilsen *b*; (*fam: ennui, malchance*) ergyd *b,g*, anffawd *b*.

tulipe [tylip] *f* tiwlip *g*.

tulle [tyl] *m* tiwl *g*.

tuméfié (**-e**) [tymefje] *adj* chwyddedig.

tumeur [tymœʀ] *f* tiwmor *g*, tyfiant *g*.

tumulte [tymylt] *m* stŵr *g*, cynnwrf *g*, terfysg *g*.

tumultueux (**tumultueuse**) [tymyltɥø, tymyltɥøz] *adj* terfysglyd, afreolus.

tuner [tynɛʀ] *m* cyweiriwr *g*, tiwniwr *g*.

tungstène [tœ̃kstɛn] *m* tyngsten *g*.

tunique [tynik] *f* tiwnig *g,b*.

Tunis [tynis] *pr* Tiwnis *b*.

Tunisie [tynizi] *prf*: **la** ~ Tiwnisia *b*.

tunisien (**-ne**) [tynizjɛ̃, jɛn] *adj* Tiwnisaidd.

Tunisien [tynizjɛ̃] *m* Tiwnisiad *g*, un *g* o Tiwnisia.

Tunisienne [tynizjɛn] *f* Tiwnisiad *b*, un *b* o Tiwnisia.

tunisois (**-e**) [tynizwa, waz] *adj* o Tiwnis.

tunnel [tynɛl] *m* twnel *g*; **le** ~ **sous la Manche** Twnel y Sianel.

TUP [typ] *sigle m*(= *titre universel de paiement*) papur *g* cyflog.

turban [tyʀbɑ̃] *m* tyrban *g*.

turbin* [tyʀbɛ̃] *m* gwaith *g*.

turbine [tyʀbin] *f* (*TECH*) tyrbin *g*.

turbo [tyʀbo] *m* tyrbo *g*; **un moteur** ~ peiriant *g* tyrbo, injan *b* dyrbo, motor *g* tyrbo.

turbopropulseur [tyʀbopʀɔpylsœʀ] *m* tyrbobropelor *g*.

turboréacteur [tyʀboʀeaktœʀ] *m* tyrbo-jet *b*.

turbot [tyʀbo] *m* (*ZOOL*) lleden *b* chwith.

turbotrain [tyʀbotʀɛ̃] *m* tyrbo-drên *g,b*.

turbulences [tyʀbylɑ̃s] *fpl* (*AVIAT*) tyrfedd *g*.

turbulent (**-e**) [tyʀbylɑ̃, ɑ̃t] *adj* afreolus, anystywallt, cynhyrfus.

turc[1] (**turque**) [tyʀk] *adj* Twrcaidd, Tyrcaidd; **à la turque** (*assis*) â'ch coesau wedi'u croesi; **W.-C. à la turque** toiled *g* di-sedd.

turc[2] [tyʀk] *m* (*LING*) Tyrceg *b,g*.

Turc [tyʀk] *m* Twrc *g*.

turf [tyʀf] *m* (*activité: courses*) rasio ceffylau; (*terrain*) cae *g* rasio ceffylau.

turfiste [tyʀfist] *m/f* un sy'n mynychu rasys ceffylau.

turpitude [tyʀpityd] *f* ysgelerder *g*, gwarthusrwydd *g*.

turque [tyʀk] *adj f voir* **turc**[1].

Turque [tyʀk] *f* Twrc *b*.

Turquie [tyʀki] *prf*: **la** ~ Twrci *b*.

turquoise [tyʀkwaz] *f* glasfaen *g*; ♦*adj inv* glaswyrdd, gwyrddlas.

tut [ty] *vb voir* **taire**.

tutelle [tytɛl] *f* (*JUR, fig*) gwarcheidwadaeth *b*, gwarchodaeth *b*; **être** *neu* **mettre sous la** ~ **de** bod *ou* rhoi dan ofal gwarcheidwad.

tuteur [tytœʀ] *m* (*JUR*) gwarcheidwad *g*; (*de plante*) ateg *b*, coedyn *g* cynnal.

tutoiement [tytwamɑ̃] *m* galw "ti" ar rn, galw rhn yn "ti"

tutoyer [tytwaje] (**17**) *vt*: ~ **qn** galw "ti" ar rn, galw rhn yn "ti"

tutrice [tytʀis] *f* (*JUR*) gwarcheidwad *g*.

tutti quanti [tutikwɑ̃ti] *mpl*: **et** ~ ~ a'r lleill i gyd.

tutu [tyty] *m* twtw *g*.

Tuvalu [tyvaly] *prm* Twfalw *b*.

tuyau (**-x**) [tɥijo] *m*
1 (*gén*) pibell *b*, piben *b*, peipen *b*; ~ **d'arrosage** pibell ddŵr; ~ **d'échappement** pibell fwg, pibell wacáu; ~ **d'incendie** pibell ddiffodd tân.
2 (*fam: conseil*) awgrym *g*, tip *g*; **avoir de bons** ~**x sur qch** bod â syniadau da ynghylch rth.

tuyauté (**-e**) [tɥijote] *adj* crychlyd, ffliwtiog.

tuyauterie [tɥijɔtʀi] *f* pibellau *ll*.

tuyère [tyjɛʀ] *f* pig *b,g*, blaen *g*.

TV [teve] *sigle f* teledu *g*.

TVA [tevea] *sigle f*(= *taxe à ou sur la valeur ajoutée*) treth ar werth.

tweed [twid] *m* brethyn *g*, twîd *g*.

tympan [tɛ̃pɑ̃] *m* (*ANAT*) tympan *b* y glust, drwm *g* y glust

type [tip] *m*
1 (*espèce*) math *g*, siort *b*; **les emplois de ce ~ sont rares** mae gwaith o'r math hwn yn brin; **elle est le ~ même de la femme d'affaires** mae hi'n enghraifft berffaith o wraig fusnes; **avoir le ~ italien** edrych fel Eidalwr.
2 (*fam: homme*) boi* *g*, bachan* *g*, cono* *g*, pegor* *g*; **c'est un drôle de ~** hen foi rhyfedd yw e'; **c'est un chic ~** mae e'n fachan ffein, mae'n foi clên;
♦*adj* nodweddiadol, safonol.
typé (**-e**) [tipe] *adj* ethnig, cenhedlig.
typhique [tifik] *adj* (*du typhus*) teiffys; (*de la typhoïde*) teiffoidaidd.
typhoïde [tifɔid] *f* teiffoid *g*.
typhon [tifɔ̃] *m* gyrwynt *g*, corwynt *g*.
typhus [tifys] *m* teiffws *g*.
typique [tipik] *adj* nodweddiadol.
typiquement [tipikmɑ̃] *adv* yn nodweddiadol.
typographe [tipɔgʀaf] *m/f* argraffwr *g*, argraffydd *g*, argraffwraig *b*.
typographie [tipɔgʀafi] *f* argraffwaith *g*, argraffu, printio.
typographique [tipɔgʀafik] *adj* argraffyddol, teipograffaidd.
typologie [tipɔlɔʒi] *f* teipoleg *b*.
typologique [tipɔlɔʒik] *adj* teipolegol.
tyran [tiʀɑ̃] *m* gormeswr *g*, gorthrymwr *g*.
tyrannie [tiʀani] *f* gormes *g*, gorthrwm *g*.
tyrannique [tiʀanik] *adj* gormesol, gorthrymus.
tyranniser [tiʀanize] (**1**) *vt* gormesu, gorthrymu.
Tyrol [tiʀɔl] *prm*: **le ~** y Tyrol *g*.
tyrolien (**-ne**) [tiʀɔljɛ̃, jɛn] *adj* Tyrolaidd.
Tyrolien [tiʀɔljɛ̃] *m* Tyroliad *g*.
Tyrolienne [tiʀɔljɛn] *f* Tyroliad *b*.
tzar [dzaʀ] *m*= **tsar**.
tzigane [dzigan] *adj* sipsïaidd;
♦*m/f* sipsi *g/b*

U

U[1], **u** [y] *m inv* (*lettre*) U, u *b*; **en forme de U** ar ffurf U *ou* pedol.

U[2], **u** [y] *abr*(= *unité*) uned *b* (*10,000 ffranc*); **maison à vendre 50 U** tŷ ar werth am 500,000 ffranc.

ubiquité [ybikɥite] *f* hollbresenoldeb *g*; **avoir le don d'~** bod yn hollbresennol, bod (yn bresennol) ym mhobman.

UDF [ydeɛf] *sigle f*(= *Union pour la démocratie française*) Undeb *g* dros ddemocratiaeth Ffrengig (*plaid wleidyddol*).

UE [ye] *sigle f*(= *Union européenne*) UE, Undeb *g* Ewropeaidd.

UEFA [yefa] *sigle f*(= *Union of European Football Associations*) UEFA.

ufologie [yfɔlɔʒi] *f* iwffoleg *b* (*astudiaeth o bethau hedegog anhysbys*).

UFR [yɛfɛʀ] *sigle f*(= *unité de formation et de recherche*) ≈ adran *b* mewn prifysgol.

UHF [yaʃɛf] *sigle f*(= *ultra-haute fréquence*) UHF, amlder *g* tra uchel.

UHT [yaʃte] *sigle*(= *ultra-haute température*) UHT, gwres *g* tra uchel.

UIT [yite] *sigle f*(= *Union internationale des télécommunications*) *Undeb g telathrebu rhyngwladol.*

Ukraine [ykʀɛn] *prf*: **l'~** yr Wcráin *b*.

ukrainien (-ne) [ykʀɛnjɛ̃, jɛn] *adj* Wcreinaidd.

Ukrainien [ykʀɛnjɛ̃] *m* Wcreiniad *g*.

Ukrainienne [ykʀɛnjɛn] *f* Wcreiniad *b*.

ulcération [ylseʀasjɔ̃] *f* briw *g*, doluriad *g*, wlseriad *g*, briwio.

ulcère [ylsɛʀ] *m* briw *g*, dolur *g*, wlser *g*; **~ à l'estomac** briw ar yr ystumog.

ulcérer [ylseʀe] **(14)** *vt* briwio, dolurio; (*fig*) clwyfo, brifo, codi pwys ar; **je suis ulcéré par son attitude** mae ei agwedd yn codi pwys arna' i.

ulcéreux (**ulcéreuse**) [ylseʀø, ylseʀøz] *adj* dolurus, briwiog, wlserog, yn friwiau *ou* ddoluriau i gyd.

ULM [yɛlɛm] *sigle m*(= *ultra léger motorisé*) *awyren b ysgafn iawn sy'n cario un neu ddau o bobl.*

ultérieur (-e) [ylteʀjœʀ] *adj* diweddarach, hwyrach, dilynol, yn dilyn; (*GÉO*) pellaf, eithaf; **générations ultérieures** cenedlaethau'r *ll* dyfodol; **reporté à une date ~e** wedi'i ohirio tan yn ddiweddarach.

ultérieurement [ylteʀjœʀmɑ̃] *adv* yn ddiweddarach, wedyn, yn hwyrach, yn nes ymlaen.

ultimatum [yltimatɔm] *m* wltimatwm *g*, rhybudd *g* olaf, cynnig *g* olaf; **lancer** *neu* **envoyer un ~ à un pays/à qn** anfon wltimatwm i wlad/i rn.

ultime [yltim] *adj* terfynol, olaf; (*plaisir*) mwyaf posibl.

ultra- [yltʀa] *préf* tra.

ultra-court (**~-~e**) (**~-~s, ~-~es**) [yltʀakuʀ, t] *adj*: **ondes ~-~es** tonfeddi *ll* tra byr.

ultra-moderne (**~-~s**) [yltʀamɔdɛʀn(ə)] *adj* tra chyfoes, tra modern.

ultra-rapide (**~-~s**) [yltʀaʀapid] *adj* tra chwim, tra chyflym.

ultra-sensible (**~-~s**) [yltʀasɑ̃sibl] *adj* (*PHOT*) cyflym iawn; (*personne*) gorsensitif, gordeimladwy.

ultra(-)sons [yltʀasɔ̃] *mpl* uwchsain *g*.

ultra-violet (**~-~te**) (**~-~s, ~-~tes**) [yltʀavjɔlɛ, ɛt] *adj* uwchfioled.

ululer [ylyle] **(1)** *vi* (*crier: des oiseaux de nuit*) hwtian.

un, une [œ̃, yn] *art indéf* (il n'existe pas d'article indéfini en gallois. On emploie le nom sans article): **un garçon** bachgen *g*; **une fille** merch *b*; **une femme vous demande** mae gwraig yn gofyn amdanoch chi; **il n'y avait pas un arbre** nid oedd yr un goeden yno; **ce n'est pas un Picasso** nid Picasso mohono; **un jour, tu verras** ryw ddydd, fe gei di weld; ♦*pron* un; **l'un des meilleurs** un o'r goreuon; **l'un ..., l'autre ...** y naill ..., y llall ...; **les uns ..., les autres ...** rhai ..., eraill ...; **l'un et l'autre** y ddau ohonynt; **l'un ou l'autre** unrhyw un ohonynt, y naill neu'r llall ohonynt; **j'en ai une** mae gen i un ohonynt; ♦*adj* un; **un homme** un dyn; **une femme** un wraig; **un jour** un dydd; **il a un an** mae'n flwydd oed; **pas un seul** dim un; **je n'ai pas acheté un seul** ni phrynais i'r un; **un par un** fesul un, bob yn un; **un d'entre nous** un ohonom ni; **une fois** unwaith; **il y en a un** mae yno un; **il n'en reste qu'une** dim ond un sydd ar ôl; **il est une heure** mae hi'n un o'r gloch; ♦*m/f* un; **un, deux, trois, partez** un, dau, tri, i ffwrdd â chi; **page/scène un** tudalen/golygfa un; **et d'un!** (*de fait*) dyna wneud un arall!; **et d'une*** yn un peth; **la une** y tudalen *g* blaen *ou* y dudadlen *b* flaen (*papur newydd*); **être à la une** bod yn y papurau; **il n'a fait ni une ni deux, il a accepté** fe dderbyniodd heb betruso.

unanime [ynanim] *adj* unfryd, unfrydol; **ils sont ~s à penser que ...** maent i gyd yn gytûn ..., maent yn unfrydol o'r farn ...

unanimement [ynanimmɑ̃] *adv* (*par tous*) yn unfryd, yn unfrydol; (*d'un commun accord*) fel un gŵr, yn gytûn.

unanimité [ynanimite] *f* unfrydedd *g*; **à l'~** yn unfryd, yn unfrydol; **faire l'~** cymeradwyo fel un gŵr; **élire qn à l'~** ethol rhn yn unfrydol.

UNEF [ynɛf] *sigle f*(= *Union nationale des étudiants de France*) Undeb *g* cenedlaethol myfyrwyr Ffrainc.

UNESCO [ynɛsko] *sigle f*(= *United Nations*

Educational, Scientific and Cultural Organization) Corff *g* Addysgol, Gwyddonol a Diwylliannol y Cenhedloedd Unedig.

unetelle [yntɛl] *f* hon a hon *b*; **Madame U~** Mrs hon a hon.

uni[1] (-e) [yni] *adj* (*tissu, couleur*) plaen; (*surface, terrain*) gwastad; (*pays*) unedig; (*famille*) clòs; **présenter un front ~ contre** dangos ffrynt unedig i, sefyll ynghyd o flaen.

uni[2] [yni] *m* (*étoffe unie*) brethyn *g* plaen, defnydd *g* plaen.

UNICEF [ynisɛf] *sigle m ou f* (= *United Nations International Children's Emergency Fund*) Cronfa *b* Ryngwladol Plant Anghenus y Cenhedloedd Unedig.

unidirectionnel (-le) [ynidiʀɛksjɔnɛl] *adj* unffordd.

unième [ynjɛm] *adj*: **vingt et ~** unfed ar hugain; **cent ~** cant ac unfed; **mille et ~** mil ac unfed.

unificateur (**unificatrice**) [ynifikatœʀ, ynifikatʀis] *adj* sy'n uno, unol, cyfunol.

unification [ynifikasjɔ̃] *f* uniad *g*, uno.

unifier [ynifje] (**16**) *vt* uno; (*systèmes*) safoni, gwneud yn safonol;
♦ **s'~** *vr* ymuno, dod ynghyd, ymgyfuno.

uniforme [ynifɔʀm] *adj* (*uni*) unffurf; (*surface*) gwastad; (*fig: vie*) sefydlog, digyfnewid; (*progression*) cyson;
♦*m* lifrai *g*, gwisg *b* unffurf, iwnifform *b*; (*SCOL*) gwisg ysgol; **être sous l'~** (*MIL*) gwneud gwasanaeth milwrol; **en grand ~** mewn gwisg lawn.

uniformément [ynifɔʀmemɑ̃] *adv* yn unffurf, yn gyson.

uniformisation [ynifɔʀmizasjɔ̃] *f* safoniad *g*, safoni, unffurfio.

uniformiser [ynifɔʀmize] (**1**) *vt* unffurfio; (*systèmes*) safoni.

uniformité [ynifɔʀmite] *f* unffurfiaeth *b*, cysondeb *g*, gwastadrwydd *g*.

unijambiste [ynizɑ̃bist] *m/f* un *g/b* sydd ag un goes yn unig;
♦*adj* ungoes, ag un goes; **être ~** bod ag un goes.

unilatéral (-e) (**unilatéraux, unilatérales**) [ynilateʀal, ynilateʀo] *adj* unochrog; **stationnement ~** *parcio ar un ochr i'r stryd yn unig.*

unilatéralement [ynilateʀalmɑ̃] *adv* yn unochrog, ar un ochr.

uniment [ynimɑ̃] *adv* yn unffurf, yn wastad, yn gyson; (*franchement*) yn blwmp ac yn blaen.

uninominal (-e) (**uninominaux, uninominales**) [yninɔminal, yninɔmino] *adj* (*vote*) diwrthwynebiad.

union [ynjɔ̃] *f* uniad *g*, uno; (*mariage*) uniad, priodas *b*; (*groupe*) undeb *g*, cymdeithas *b*; (*couleurs, éléments*) cyfuniad *g*; **l'U~ des républiques socialistes soviétiques** Undeb y Gweriniaethau Sosialaidd Sofietaidd; **l'U~ soviétique** yr Undeb Sofietaidd; **~ sacrée** ffrynt *g,b* unedig; **~ de consommateurs** cymdeithas y defnyddwyr; **~ douanière** undeb tollau; **~ monétaire** undeb ariannol; **~ économique** undod economaidd; **~ libre** cariad *g* rhydd, cyd-fyw, byw tali; **l'~ fait la force** mewn undeb mae nerth.

unique [ynik] *adj* unig; (*exceptionnel*) unigryw; **ménage à salaire ~** teulu *g* ag un enillydd cyflog; **route à voie ~** ffordd *b* un lôn; **fils ~** unig fab *g*; **~ en France** yr unig un o'r fath yn Ffrainc; **~ au monde** cwbl unigryw; **"places: prix ~ 30 F"** "pris pob sedd: 30 ffranc"; **marché/monnaie ~** marchnad *b*/arian *g* sengl; **ce type est ~*** 'does neb yn debyg iddo, mae ar ei ben ei hun.

uniquement [ynikmɑ̃] *adv* (*exclusivement*) yn unig; (*simplement*) dim ond; **elle pense ~ à l'argent** dim ond am arian y mae hi'n meddwl; **en vente ~ par correspondance** ar werth drwy'r post yn unig.

unir [yniʀ] (**2**) *vt* uno; (*combiner: couleurs*) cyfuno; (*relier: villes*) cysylltu; **~ qch à qch** uno rhth â rhth, cyfuno rhth â rhth; **~ en mariage** priodi;
♦ **s'~** *vr* (*s'associer*) uno, ymgyfuno; (*se combiner*) ymgyfuno, ymdoddi; (*en mariage*) priodi, ymbriodi; **s'~ à** *neu* **avec** ymuno â.

unisexe [ynisɛks] *adj* neillryw, i'r ddau/ddwy ryw.

unisson [ynisɔ̃] *m* (*MUS*) unsain *b*; (*fig*) cytgord *g*; **chanter à l'~** canu unsain; **penser à l'~** cytgordio, meddwl yr un peth.

unitaire [yniteʀ] *adj* (*COMM: prix*) unedol; (*REL*) Undodaidd; (*POL*) cyfunol; **prix ~** pris *g* uned.

unité [ynite] *f* (*cohésion*) undod *g*; (*élément*) uned *b*; **~ centrale (de traitement)** (*INFORM*) uned brosesu ganolog; **~ de disque** (*INFORM*) disg-yrrwr *g*; **~ d'action/de temps/de lieu** (*THÉÂTRE*) undod gweithred/amser/lle; **~ monétaire** uned ariannol; **~ de valeur** (*à l'université*) uned o waith; **il y a ~ de vues entre les deux** mae'r ddau o'r un farn *ou* yn unfarn.

univers [ynivɛʀ] *m* bydysawd *g*.

universalisation [ynivɛʀsalizasjɔ̃] *f* cyffredinoli.

universaliser [ynivɛʀsalize] (**1**) *vt* cyffredinoli.

universalité [ynivɛʀsalite] *f* cyffredinolrwydd *g*.

universel (-le) [ynivɛʀsɛl] *adj* cyffredinol; **esprit ~** polimath *g/b*, un *g/b* hollddysgedig.

universellement [ynivɛʀsɛlmɑ̃] *adv* yn gyffredinol.

universitaire [ynivɛʀsitɛʀ] *adj* yn ymwneud â phrifysgol, prifysgol; (*diplôme*) academaidd;
♦*m/f* academydd *g*, academwr *g*, academwraig *b*.

université [ynivɛʀsite] *f* prifysgol *b*; **~ d'été** ysgol *b* haf.

univoque [ynivɔk] *adj* diamwys.

untel [œ̃tɛl] *m* hwn a hwn *g*; **Monsieur U~** Mr

hwn a hwn.

upériser [yperize] (1) *vt*: **lait upérisé** llaeth *g* gwres uchel.

uppercut [ypɛrkyt] *m* (*BOXE*) lempan *b* uchel, clatsien *b* uchel.

uranium [yranjɔm] *m* wraniwm *g*.

urbain (**-e**) [yrbɛ̃, ɛn] *adj* trefol, dinesig; (*poli*) soffistigedig, cwrtais.

urbanisation [yrbanizasjɔ̃] *f* trefoliad *g*, trefoli.

urbaniser [yrbanize] (1) *vt* trefoli, gwneud yn drefol;

♦ **s'**~ *vr* mynd *ou* dod yn drefol.

urbanisme [yrbanism] *m* cynllunio trefol.

urbaniste [yrbanist] *m/f* cynllunydd *g* trefi.

urbanité [yrbanite] *f* (*politesse*) cwrteisi *g*, boneddigeiddrwydd *g*, moesgarwch *g*; (*sophistication*) natur *b* soffistigedig.

urée [yre] *f* wrea *g*.

urémie [yremi] *f* (*MÉD*) wremia *g*.

urgence [yrʒɑ̃s] *f* brys *g*; (*MÉD*) argyfwng *g*, achos *g* brys; **on a eu 3 ~s ce matin** cafwyd tri achos brys y bore 'ma; **d'**~ brys, yn fater brys; **à envoyer d'**~ i'w anfon ar frys; **être appelé d'**~ derbyn galwad bwysig; (*médecin*) cael galwad frys; **transporter qn d'**~ **à l'hôpital** rhuthro â rhn i'r ysbyty, mynd â rhn ar frys i'r ysbyty; **en cas d'**~ mewn argyfwng; **service des ~s** (*MÉD*) gwasanaethau *ll* brys *ou* argyfwng; **salle des ~s** uned *b* achosion brys, uned ddamweiniau; **où sont les ~s?** ble mae'r uned ddamweiniau?

urgent (**-e**) [yrʒɑ̃, ɑ̃t] *adj* brys, pwysig.

urinaire [yrinɛr] *adj* troethol.

urinal (**urinaux**) [yrinal, yrino] *m* troethlestr *g*.

urine [yrin] *f* troeth *g*, dŵr *g*, wrin *g*.

uriner [yrine] (1) *vi* troethi, gwneud dŵr.

urinoir [yrinwar] *m* troethfa *b*, lle *g* gwneud dŵr.

urique [yrik] *adj*: **acide** ~ asid *g* wrig.

urne [yrn] *f* (*électorale*) cist *b* bleidleisio, blwch *g* pleidleisio; (*vase*) wrn *g*; ~ **funéraire** wrn claddu *ou* lludw; **aller aux ~s** (*voter*) pleidleisio, bwrw pleidlais.

urologie [yrɔlɔʒi] *f* wroleg *b*.

urologue [yrɔlɔg] *m/f* wrolegydd *g*, wrolegwr *g*, wrolegwraig *b*.

URSS [yrs] *sigle f*(= *Union des républiques socialistes soviétiques*) Undeb *g* Gweriniaethau Sosialaidd Sofietaidd.

URSSAF [yrsaf] *sigle f*(= *Union pour le recouvrement de la sécurité sociale et des allocations familiales*) ≈ Adran *b* Iechyd a Nawdd Cymdeithasol.

urticaire [yrtikɛr] *f* danad frech *b*, danadlwst *g*, llosg *g* danadl.

Uruguay [yrygwɛ] *prm*: **l'**~ Wrwgwái *b*.

uruguayen (**-ne**) [yrygwajɛ̃, ɛn] *adj* Wrwgwaiaidd.

Uruguayen [yrygwajɛ̃] *m* Wrwgwaiad *g*.

Uruguayenne [yrygwajɛn] *f* Wrwgwaiad *b*.

us [ys] *mpl*: ~ **et coutumes** moesau *ll* ac arferion *ll*.

US(A) [yɛs(a)] *sigle mpl*(= *United States (of America)*) yr Unol Daleithiau *ll* **usage** [yzaʒ]; ♦*m* (*utilisation*) defnydd *g*; (*coutume*) arfer *g,b*, arferiad *g*; (*éducation*) cwrteisi *g*, moesau *ll* da; **l'**~ (*LING*) defnydd *g*; **c'est l'**~ dyna'r arferiad, dyna sy'n arferol; **faire ~ de** defnyddio, gwneud defnydd o; **faire ~ de droit** arfer eich hawl; **avoir l'~ de qch** cael defnyddio rhth; **à l'**~ gyda defnydd, gydag arfer, wrth ei (d)defnyddio; **à l'~ de** (*pour*) ar gyfer; **en** ~ mewn defnydd; **hors d'**~ (*machine*) nid yw'n gweithio; (*porte*) nas defnyddir; (*vêtement*) anwisgadwy; **"à ~ externe"** (*MÉD*) "na lyncer"; **"à ~ interne"** "i'w lyncu"

usagé (**-e**) [yzaʒe] *adj* (*article: usé*) hen, wedi'i dreulio; (*d'occasion*) ail-law.

usager [yzaʒe] *m* defnyddiwr *g*; ~ **de la route** fforddolyn *g*.

usagère [yzaʒɛr] *f* defnyddwraig *b*

usé (**-e**) [yze] *adj* (*outil*) treuliedig; (*vêtement*) wedi treulio, wedi'i wisgo; (*corde*) treuliedig, rhaflyd; (*semelle*) wedi treulio; (*pneu*) wedi treulio'n llyfn; (*personne*) blinedig, wedi blino'n lân; (*banal, rebattu*) ystrydebol, cyffredin; ~ **jusqu'à la corde** wedi'i wisgo at yr edau; **eaux ~es** golchion *ll*, dŵr *g* brwnt *ou* budr.

user [yze] (1) *vt* (*outil, vêtement*) treulio; (*rocher*) erydu, treulio; (*consommer*) defnyddio; (*charbon*) llosgi; (*fig: personne*) blino; (*santé*) difetha; ~ **de** (*moyen*) defnyddio, gwneud defnydd o; (*droit*) arfer; (*mot*) defnyddio; ~ **bien de qch** gwneud defnydd da o rth; **en ~ bien avec qn** trin rhn yn dda; **en ~ mal avec qn** camdrin rhn, trin rhn yn wael;

♦ **s'**~ *vr* treulio; (*fig*) dirywio; **s'~ les yeux** blino'ch llygaid, gordrethu'ch llygaid; **s'~ à la tâche, s'~ au travail** gorweithio, gweithio gormod.

usine [yzin] *f* ffatri *b*, gwaith *g*; (*textiles*) melin *b*; ~ **à gaz** gwaith nwy; ~ **atomique** gorsaf *b* ynni niwclear, atomfa *b*; ~ **marémotrice** gorsaf egni llanw.

usiner [yzine] (1) *vt* (*TECH: traiter*) peiriannu, turnio, llunio; (*fabriquer*) gwneud, cynhyrchu.

usité (**-e**) [yzite] *adj* mewn defnydd cyffredin, cyffredin, arferol; **peu** ~ anghyffredin, anarferol.

ustensile [ystɑ̃sil] *m* offeryn *g*, teclyn *g*; ~ **de cuisine** offeryn cegin; **~s de jardinage** offer *ll* garddio.

usuel[1] (**-le**) [yzɥɛl] *adj* cyffredin, arferol.

usuel[2] [yzɥɛl] *m* (*livre*) cyfeirlyfr *g*.

usufruit [yzyfrɥi] *m*: **avoir l'~ de qch** bod â hawl meddiannu rhth dros gyfnod.

usuraire [yzyrɛr] *adj* usuriaidd.

usure [yzyʀ] *f* traul *b*; (*de l'usurier*) usuriaeth *b*; **avoir qn à l'~** blino rhn (*nes iddo ildio*); ~ **normale** traul normal *ou* dderbyniol.
usurier [yzyʀje] *m* usuriwr *g*.
usurière [yzyʀjɛʀ] *f* usurwraig *b*.
usurpateur [yzyʀpatœʀ] *m* trawsfeddiannwr *g*, camfeddiannwr *g*.
usurpation [yzyʀpasjɔ̃] *f* trawsfeddiant *g*, trawsfeddiannaeth *b*, camfeddiant *g*; (*action*) trawsfeddiannu, camfeddiannu.
usurpatrice [yzyʀpatʀis] *f* trawsfeddianwraig *b*, camfeddianwraig *b*.
usurper [yzyʀpe] (**1**) *vt* trawsfeddiannu, camfeddiannu; **elle a une réputation usurpée** nid yw hi'n deilwng o'i henw da.
ut [yt] *m* (*MUS*) C.
utérin (**-e**) [yteʀɛ̃, in] *adj* crothol.
utérus [yteʀys] *m* croth *b*; (*chez les animaux*) llestr *g*, croth.
utile [ytil] *adj* defnyddiol, llesol, buddiol; (*objet*) hwylus; ~ **à qn/qch** defnyddiol i rn/rth; **si cela peut vous être ~, ...** os bydd hwnna o ddefnydd i chi, ...; **puis-je vous être ~?** a gaf i'ch helpu?, a allaf fod o gymorth i chi?
utilement [ytilmɑ̃] *adv* yn ddefnyddiol, yn fuddiol.
utilisable [ytilizabl] *adj* defnyddiadwy.
utilisateur [ytilizatœʀ] *m* defnyddiwr *g*; ~ **final** (*INFORM*) defnyddiwr olaf.
utilisation [ytilizasjɔ̃] *f* defnydd *g*, defnyddio.
utilisatrice [ytilizatʀis] *f* defnyddwraig *b*.
utiliser [ytilize] (**1**) *vt* (*employer*) defnyddio; (*se servir de*) gwneud defnydd o; (*exploiter: personne*) camddefnyddio; (*CULIN: restes*) defnyddio'r cyfan; ~ **qch au mieux** gwneud yn fawr o rth, gwneud y defnydd gorau o rth.
utilitaire [ytilitɛʀ] *adj* iwtilitaraidd; (*objet*) ymarferol; (*véhicule*) masnachol;
♦*m* (*INFORM*) rhaglen *b* wasanaethu.
utilité [ytilite] *f* defnyddioldeb *g*, budd *g*; (*utilisation*) defnydd *g*; **reconnu d'~ publique** (*ADMIN, JUR*) o fudd i'r cyhoedd, er mantais i'r cyhoedd; **c'est d'une grande ~** mae'n ddefnyddiol tu hwnt; **cette fille est d'une grande ~** mae'r ferch hon yn barod ei chymwynas; **quelle est l'~ de ceci?** i beth y mae hwn yn dda?; **il n'y a aucune ~ à ...** 'does 'na ddim pwrpas i ...; **jouer les ~s** (*THÉÂTRE*) chwarae mân rannau.
utopie [ytɔpi] *f* iwtopia *b*.
utopique [ytɔpik] *adj* iwtopaidd.
utopiste [ytɔpist] *m/f* iwtopydd *g*.
UV [yve] *sigle f* (*SCOL*)(= *unité de valeur*) uned *b* o waith;
♦*sigle mpl*(= *ultra-violets*) uwchfioled.
uvule [yvyl] *f* wfwla *g*, tafod *g* bach

V

V[1], **v** [ve] *m inv* (*lettre*) V, v *b*, y llythyren V; **en V** ar ffurf V, ar siâp V; **encolure en V** â gwddf *g* V; **décolleté en V** â gwddf isel; **faire le V de la victoire** (*HIST*) gwneud arwydd *g* V.

V[2], **v** [ve] *abr*
1 (*voir*) gweler.
2 (*vers*) tuag at.
3 (*verset*) pennill *g*.
4 (*volt*) folt *b*.

va [va] *vb voir* **aller**.

vacance [vakɑ̃s] *f* (*d'un poste*) swydd *b* wag; **~s** gwyliau *ll*; **les grandes ~s** gwyliau'r haf; **pendant les ~s** yn ystod y gwyliau; **prendre des** *neu* **ses ~s (en juin)** mynd ar wyliau (ym mis Mehefin); **aller en ~s** mynd ar wyliau; **être en ~s** bod ar wyliau; **~s de Noël/de Pâques** gwyliau Nadolig/Pasg; **bonnes ~s!** mwynhewch eich gwyliau!

vacancier [vakɑ̃sje] *m* dyn *g* ar wyliau, twrist *g*, ymwelydd *g*.

vacancière [vakɑ̃sjɛʀ] *f* merch *b* ar wyliau, twrist *b*, ymwelydd *g*.

vacant (-e) [vakɑ̃, ɑ̃t] *adj* (*poste, chaire*) gwag, rhydd; (*appartement*) gwag, anghyfannedd; (*JUR: biens*) heb berchennog; **succession ~e** (*JUR*) olyniaeth *b* wag; **regarder d'un air ~** syllu'n ddifynegiant.

vacarme [vakaʀm] *m* twrw *g*, stŵr *g*; **faire du ~** gwneud twrw, cadw sŵn.

vacataire [vakatɛʀ] *m/f* gweithiwr *g* dros dro, gweithwraig *b* dros dro; (*SCOL*) athro *g* llanw, athrawes *b* lanw; (*UNIV*) darlithydd *g* dros dro.

vaccin [vaksɛ̃] *m* brechlyn *g*; **~ antidiphtérique** brechlyn rhag difftheria *ou* y clefyd coch; **~ contre la grippe** brechlyn rhag y ffliw; **faire un ~ à qn** brechu rhn.

vaccination [vaksinasjɔ̃] *f* brechiad *g*; **~ contre la polio/la variole** brechiad rhag polio/y frech wen.

vacciner [vaksine] (1) *vt* brechu; **~ qn contre qch** brechu rhn rhag rhth; (*fig*) diogelu rhn rhag rhth; **être vacciné** (*fig*) bod yn ddiogel *ou* rhydd (rhag rhth).

vache[1] [vaʃ] *f*
1 (*animal*) buwch *b*; **~ laitière** buwch odro; **des ~s** gwartheg *ll*, da *ll*; **maladie de la ~ folle** clefyd *g* y gwartheg gwallgof (*B.S.E.*).
2 (*cuir*) lledr *g*; **~ à eau** bag *g* dŵr cynfas.
3 (*locutions*): **manger de la ~ enragée** byw'n dlawd, byw mewn tlodi *ou* cyni; **période des ~s maigres** blynyddoedd *ll* main *ou* meinion, blynyddoedd o brinder, cyfnod *g* o gyni; **~ à lait** (*péj*) rhn sy'n hawdd manteisio arno (*yn enwedig i gael arian*); **faire un coup en ~ à qn** gwneud tro sâl â rhn; **parler français comme une ~ espagnole** siarad Ffrangeg yn wael iawn; **une ~ de surprise*** syndod *g* ofnadwy; **ah la ~!*** (*agacement*) daria!, damia!, diawl!

vache*[2] [vaʃ] *adj* cas; **elle est ~ avec moi** mae hi'n gas wrthyf, mae hi'n fy nhrin i'n gas; **une critique très ~** beirniadaeth *b* annheg.

vachement* [vaʃmɑ̃] *adv* (*très*) iawn, yn ofnadwy, yn wirioneddol.

vacher [vaʃe] *m* bugail *g* gwartheg, cowmon *g*.

vachère [vaʃɛʀ] *f* bugeiles *b* wartheg, cowmones *b*.

vacherie* [vaʃʀi] *f* mileindra *g*, atgasedd *g*; **une ~** (*action*) tro *g* sâl *ou* gwael; (*remarque*) sylw *g* cas *ou* sbeitlyd; **quelle ~ de temps** am dywydd ofnadwy.

vacherin [vaʃʀɛ̃] *m* caws (*a wneir yn Safwy*); **~ glacé** (*gâteau*) vacherin *g* (*meringue wedi'i garnisio â hufen, hufen iâ a ffrwythau*).

vachette [vaʃɛt] *f* croen *g* llo.

vacillant (-e) [vasijɑ̃, ɑ̃t] *adj* (*jambes*) sigledig; (*lumière*) crynedig, neidiol, fflachiog; (*courage*) diffygiol; (*démarche*) siglog, simsan, gweglyd, ansicr; (*santé*) wedi torri, simsan; (*opinions*) amhenderfynol, petrus.

vaciller [vasije] (1) *vi* (*ivrogne*) gwegian, simsanu; (*meuble*) siglo; (*lumière*) neidio, fflachio; (*santé*) torri; (*mémoire*) pallu, diffygio; (*dans ses réponses/résolutions*) petruso.

vacuité [vakɥite] *f* gwacter *g*.

vade-mecum [vademekɔm] *m inv* arweinlyfr *g*, llawlyfr *g*, cymorth *g* cof.

vadrouille [vadʀuj] *f*: **être en ~** crwydro, bod ar grwydr; **partir en ~** mynd ar grwydr.

vadrouiller [vadʀuje] (1) *vi* crwydro.

va-et-vient [vaevjɛ̃] *m inv* (*de pièce mobile*) *symudiad g i fyny ac i lawr neu yn ôl ac ymlaen*, siglad *g* (*yn ôl a blaen*); (*de personnes, véhicules*) mynd a dod; (*ÉLEC*) switsh *g* dwyffordd.

vagabond[1] **(-e)** [vagabɔ̃, ɔ̃d] *adj* crwydrol.

vagabond[2] [vagabɔ̃] *m* crwydryn *g*, trempyn *g*; (*voyageur*) teithiwr *g*.

vagabondage [vagabɔ̃daʒ] *m* crwydrad *g*, crwydro, crwydraeth *b*; (*JUR*) crwydreiaeth *b*, crwydraeth.

vagabonder [vagabɔ̃de] (1) *vi* crwydro.

vagin [vaʒɛ̃] *m* gwain *b*, fagina *b*.

vaginal (-e) (**vaginaux, vaginales**) [vaʒinal, vaʒino] *adj* gweiniol.

vagir [vaʒiʀ] (2) *vi* (*nouveau-né*) nadu.

vagissement [vaʒismɑ̃] *m* nâd *b*.

vague[1] [vag] *adj* (*imprécis*) amhendant, aneglur; (*regard*) pell; (*manteau, robe*) llaes; (*quelconque: cousin*) yn perthyn o bell, yn brith berthyn; **un ~ bureau** rhyw swyddfa neu'i gilydd;
♦*m*: **rester dans le ~** cadw pethau'n niwlog; **être dans le ~** bod yn y niwl, gwybod dim

am sefyllfa; **regarder dans le** ~ edrych i'r pellter, synfyfyrio, delwi; ~ **à l'âme** pruddglwyf *g*, iselder *g*, y felan *b*.

vague[2] [vag] *f* (*sur l'eau, d'une chevelure*) ton *b*; (*d'enthousiasme*) pwl *g*, hwrdd *g*, ton; (*de touristes*) llif *g*, mewnlifiad *g*; ~ **d'assaut** (*MIL*) ymosodiad *g*; ~ **de chaleur** poethdon *b*, tywydd *g* poeth; ~ **de froid** sbel *b* o dywydd oer; ~ **de fond** ymchwydd *g*.

vaguelette [vaglɛt] *f* (*petite vague*) ton *b* fechan, crychdon *b*; (*ride sur l'eau*) crychiad *g*.

vaguement [vagmɑ̃] *adv* yn amhendant, yn ansicr; **elle avait l'air** ~ **surpris(e)** 'roedd golwg syn braidd arni.

vaguer [vage] (**1**) *vi* crwydro.

vaillamment [vajamɑ̃] *adv* yn ddewr, yn wrol.

vaillant (**-e**) [vajɑ̃, ɑ̃t] *adj* dewr, gwrol; (*vigoureux*) cryf, heini, egnïol; **n'avoir plus** *neu* **pas un sou** ~ bod heb yr un geiniog.

vaille *etc* [vaj] *vb voir* **valoir**.

vain (**-e**) [vɛ̃, vɛn] *adj* ofer, gwag; (*tentative, attente*) di-fudd, diwerth; (*discussion*) anfuddiol, seithug; (*vaniteux: personne*) balch, ffroenuchel; **en** ~ yn ofer.

vaincre [vɛ̃kʀ] (**57**) *vt* gorchfygu, trechu, llorio; (*fig*) goresgyn, meistroli.

vaincu (**-e**) [vɛ̃ky] *pp de* **vaincre**.

vaincus [vɛ̃ky] *mpl*: **les** ~ (*MIL*) y rhai *ll* gorchfygedig; (*SPORT*) y collwyr *ll*.

vainement [vɛnmɑ̃] *adv* yn ofer.

vainquais *etc* [vɛ̃kɛ] *vb voir* **vaincre**.

vainqueur [vɛ̃kœʀ] *adj m* buddugol, gorchfygol;
♦*m* buddugwr *g*, gorchfygwr *g*; (*SPORT*) enillydd *g*.

vais *etc* [vɛ] *vb voir* **aller**.

vaisseau (**-x**) [vɛso] *m*
1 (*ANAT*): ~ **sanguin** pibell *b* waed, llestr *g* gwaed.
2 (*NAUT*) llong *b*, cwch *g*, bad *g*; **capitaine de** ~ capten *g* llong; ~ **spatial** llong ofod; **brûler ses** ~**x** llosgi'ch cychod *ou* badau.

vaisselier [vɛsəlje] *m* seld *b*, dresel *b*, dreser *b*.

vaisselle [vɛsɛl] *f* (*service*) llestri *ll*; (*plats etc à laver*) llestri budron *ou* brwnt; **faire la** ~ golchi'r llestri; **essuyer la** ~ sychu'r llestri.

val (**vaux** *ou* **-s**) [val, vo] *m* dyffryn *g*.

valable [valabl] *adj* dilys; (*acceptable*) gwerthfawr, boddhaol; (*argument*) ar sail dda, rhesymol.

valablement [valabləmɑ̃] *adv* yn ddilys; (*démontrer*) yn derfynol; (*de façon satisfaisante*) yn foddhaol.

Valence [valɑ̃s] *pr* (*en Espagne*) Valencia; (*en France*) Valence.

valent [val] *vb voir* **valoir**.

Valentin [valɑ̃tɛ̃] *prm*: **la saint-**~ Gŵyl *b* Sant Ffolant.

valet [valɛ] *m* gwas *g*; (*péj*) cynffonnwr *g*, crafwr *g*, gwas bach; (*cintre*) gwas, stand *g,b*, rhesel *b*; (*CARTES*) jac *g*, cnaf *g*; ~ **de chambre** gwas ystafell; ~ **de ferme** gwas fferm; ~ **de pied** gwas lifrai.

valeur [valœʀ] *f* (*prix*) gwerth *g*; (*mérite*) rhinwedd *g,b*, teilyngdod *g*; (*validité*) dilysrwydd *g*; (*COMM: titre*) gwarant *b*; ~**s morales** gwerthoedd *ll* moesol; **mettre en** ~ (*terrain, région*) datblygu, defnyddio; (*fig*) pwysleisio, dangos, amlygu, tynnu sylw at; **avoir de la** ~ bod yn werthfawr; **prendre de la** ~ codi mewn gwerth; **perdre de la** ~ colli gwerth, mynd yn llai ei werth; **sans** ~ diwerth; ~ **absolue** gwerth absoliwt; ~ **légale** dilysrwydd *g* cyfreithiol; ~ **d'échange** gwerth cyfnewid; ~ **nominale** wynebwerth *g*, gwerth enwol; **la Bourse de** ~**s** marchnad *b* stoc; ~**s mobilières** gwarannau *ll* trosglwyddo; ~**s boursières** gwarannau, stociau a chyfrannau; ~**s disponibles** asedau *ll* hylifol.

valeureux (**valeureuse**) [valœʀø, valœʀøz] *adj* dewr, gwrol.

validation [validasjɔ̃] *f* dilysiad *g*, dilysu.

valide [valid] *adj* (*passeport, billet*) dilys; (*en bonne santé*) heini, iach.

valider [valide] (**1**) *vt* dilysu, cadarnhau; (*document*) gwirio.

validité [validite] *f* dilysrwydd *g*; **quelle est la durée de** ~ **de votre passeport?** pryd mae'ch trwydded deithio yn dod i ben?

valions [valjɔ̃] *vb voir* **valoir**.

valise [valiz] *f* ces *g* dillad; **faire sa** ~ pacio; **la** ~ **(diplomatique)** y bag *g* diplomyddol.

vallée [vale] *f* dyffryn *g*.

vallon [valɔ̃] *m* cwm *g*, glyn *g*.

vallonné (**-e**) [valɔne] *adj* tonnog, bryniog, pantiog.

vallonnement [valɔnmɑ̃] *m* toniad *g*, pant *g* a bryn *g*.

valoir [valwaʀ] (**41**) *vt* (*causer, procurer*): ~ **qch à qn** dod â rhth i rn, ennill rhth i rn;
♦*vi*
1 (*être valable*) dal, sefyll, bod yn berthnasol, bod yn wir; **cela vaut pour sa fille aussi** mae hynny yn wir am ei merch hefyd.
2 (*qualitativement*): **que vaut ce candidat?** sut ymgeisydd yw hwn?, a yw'r ymgeisydd hwn yn un da?; **ce climat ne me vaut rien** nid yw'r hinsawdd yma yn cyd-fynd â mi; **cela ne me dit rien qui vaille** (*projet, annonce*) mae rhywbeth o'i le ar hwn, 'rwy'n amheus o hwn.
3 (*mériter*): ~ **la peine** bod yn werth y drafferth; **ça ne vaut rien** nid yw'n dda i ddim.
4 (*en termes monétaires*): ~ **cher** bod yn gostus *ou* yn ddrud; **ça vaut combien?** faint ydi hwn?; **ça vaut 5 F** mae'n costio pump ffranc.
5 (*COMM*): **à** ~ yn ernes; **à** ~ **sur** (*acompte*) i'w dynnu o.
6 (*avec faire*): **faire** ~ **que** tynnu sylw at y

ffaith ...; **faire** ~ (*ses droits*) mynnu; (*domaine, capitaux*) defnyddio; **se faire** ~ tynnu sylw atoch eich hun.
7 (*locutions*): **vaille que vaille** rhywsut neu'i gilydd, costied a gostio; **un tiens vaut mieux que deux tu l'auras** gwell un hwde na dau addo, gwell aderyn mewn llaw na dau mewn llwyn.
▶ **il vaut mieux ...** mae'n well ...; **il vaut mieux se taire** mae'n well tawelu, mae'n well cadw'n dawel; **il vaut mieux que je fasse comme ceci** mae'n well imi wneud fel hyn;
♦ **se** ~ *vr* bod yn gyfwerth; (*péj*) bod yr un fath â'i gilydd; **ça se vaut** i'r un man mae'n dod, brawd mogi yw tagu, chwaer i mam yw modryb.

valorisation [valɔʀizasjɔ̃] *f* datblygiad *g* economaidd, datblygu'r economi, codiad *g* gwerth, codi gwerth.

valoriser [valɔʀize] (**1**) *vt* (*ÉCON: région*) datblygu'r economi; (*produit*) hybu gwerthiant; (*recycler*) ailgylchu.

valse [vals] *f* wals *b*; **c'est la** ~ **des étiquettes** mae'r prisiau'n codi trwy gydol yr amser.

valser [valse] (**1**) *vi* walsio; **aller** ~ (*fig*) cwympo ar eich hyd.

valu (**-e**) [valy] *pp de* **valoir**.

valve [valv] *f* (*ANAT, ÉLEC, TECH*) falf *b*; (*ZOOL: de coquille*) clawr *g*, falf; (*BOT*) caead *g*, clawr.

vamp [vɑ̃p] *f* hudoles *b*, famp *b*, fflyrt *b*.

vampire [vɑ̃piʀ] *m* fampir *g/b*; (*fig*) cribddeiliwr *g* (*rhn sy'n gwasgu arian oddi ar eraill*); (*ZOOL*) ystlum *g* fampir.

van [vɑ̃] *m* fan *b* geffylau, men *b* geffylau.

vandale [vɑ̃dal] *m/f* fandal *g/b*, hwligan *g*; **V**~ (*HIST*) Fandal *g/b*.

vandalisme [vɑ̃dalism] *m* fandaliaeth *b*, hwliganiaeth *b*.

vanille [vanij] *f* fanila *g*; **glace/crème à la** ~ hufen iâ/hufen fanila; **gousse de** ~ coden *b* fanila.

vanillé (**-e**) [vanije] *adj* â blas fanila.

vanilline [vanilin] *f* (*CHIM*) fanilin *g*.

vanité [vanite] *f* (*amour-propre*) balchder *g*; (*futilité*) gwagedd *g*, oferedd *g*, gwacter *g*; **tirer** ~ **de** ymfalchïo yn, ymffrostio yn; **sans** ~ heb ymffrostio *ou* ymffrost.

vaniteux (**vaniteuse**) [vanitø, vanitøz] *adj* balch, hunanfodlon.

vanity-case (~-~**s**) [vaniti(e)kɛz] *m* ces *g* coluro.

vanne [van] *f* (*d'écluse*) llifddor *b*; (*fam*) sylw *g* cas *ou* sbeitlyd, pilsen *b*, weipen *b*; **lancer une** ~ **à qn** rhoi pwyth *g* i rn, rhoi pilsen *ou* weipen i rn, rhoi rhn dan y lach.

vanneau (**-x**) [vano] *m* (*oiseau*) cornicyll *g*, cornchwiglen *b*.

vanner [vane] (**1**) *vt* (*blé*) gwyntyllio, nithio; **être vanné*** bod yn hollol flinedig, bod wedi ymlâdd yn llwyr.

vannerie [vanʀi] *f* (*art*) gwneud basgedi, basgedwaith *g*; (*objets*) pethau *ll* gwiail, basgedi *ll*.

vannier [vanje] *m* basgedwr *g*, gwyntellwr *g*.

vantail (**vantaux**) [vɑ̃taj] *m* (*de porte*) dalen *b*, adain *b*.

vantard (**-e**) [vɑ̃taʀ, aʀd] *adj* ymffrostgar, brolgar.

vantardise [vɑ̃taʀdiz] *f* ymffrost *g*, brol *g*, brolio, ymffrostio.

vanter [vɑ̃te] (**1**) *vt* (*auteur, endroit*) canmol, canu clodydd;
♦ **se** ~ *vr* ymffrostio, brolio; **se** ~ **de qch** ymffrostio yn rhth, ymfalchïo yn rhth; **se** ~ **d'avoir fait qch** bod yn falch ichi wneud rhth; **se** ~ **de pouvoir faire qch** bod yn falch o allu gwneud rhth; **sans me** ~ heb ymffrost.

Vanuatu [vanwatu] *prm* Fanwatw *b*.

va-nu-pieds [vanypje] *m/f inv* (*péj*) trempyn *g*, cardotyn *g*, cardotes *b*.

vapeur [vapœʀ] *f*
1 (*d'eau*) ager *g*, stêm *g*; **machine à** ~ peiriant *g* ager; **locomotive à** ~ trên *g* stêm; **bateau à** ~ stemar *b*, agerfad *g*; **à toute** ~ (*fig*) ar garlam gwyllt, cyn gynted ag y gellir; **renverser la** ~ (*NAUT*) mynd yn ôl; (*fig*) newid cyfeiriad, gwneud tro pedol; **cuit à la** ~ (*CULIN*) wedi'i stemio.
2 (*brouillard*) tarth *g*, tawch *g*.
3 (*CHIM: émanation*) anwedd *g*; ~**s** (*nocives*) mwg *g*, drewdod *g*; **les** ~**s du vin** anwedd gwin.
4 (*MÉD*): **avoir ses** ~**s** (*bouffées de chaleur*) cael pyliau o wres; (*malaise*) bod yn isel eich ysbryd.

vapocuiseur [vapɔkyizœʀ] *m* sosban *b* bwysedd, sosban frys.

vaporeux (**vaporeuse**) [vapɔʀø, vapɔʀøz] *adj* (*atmosphère*) niwlog, tarthog; (*léger, transparent*) ysgafn, meinweol, fel gwawn.

vaporisateur [vapɔʀizatœʀ] *m* chwistrell *b*, atomadur *g*.

vaporiser [vapɔʀize] (**1**) *vt* (*CHIM*) anweddu; (*parfum etc*) chwistrellu.

vaquer [vake] (**1**) *vi* (*ADMIN*) bod ar wyliau, bod ar gau; ~ **à ses occupations** mynd o gwmpas eich pethau, gwneud eich gwaith.

varappe [vaʀap] *f* dringo creigiau; **faire de la** ~ dringo

varappeur [vaʀapœʀ] *m* dringwr *g* creigiau.

varappeuse [vaʀapøz] *f* dringwraig *b* creigiau.

varech [vaʀɛk] *m* gwymon *g*.

vareuse [vaʀøz] *f* (*blouson de marin*) côt *b* morwr, siwmper *b* morwr; (*d'uniforme*) tiwnig *b*.

variable[1] [vaʀjabl] *adj* amrywiol, newidiol; (*divers: résultats*) amrywiol, gwahanol; (*temps*) ansefydlog, cyfnewidiol; **le baromètre est au** ~ mae'r baromedr ar newidiol.

variable[2] [vaʀjabl] *f* (*MATH*) newidyn *g*.

variante [vaʀjɑ̃t] *f* amrywiolyn *g*.

variation [vaʀjasjɔ̃] *f* amrywiad *g*; (*différences*)

gwahaniaethau *ll*; **air avec ~s** (*MUS*) thema *b* ag amrywiadau.
varice [varis] *f* gwythiennau *ll* chwyddedig, gwythiennau geni; **bas à ~s** 'sanau *ll* at wythiennau geni *ou* chwyddedig.
varicelle [varisɛl] *f* brech *b* yr ieir.
varié (-e) [varje] *adj* amrywiol; (*divers: goûts, résultats*) amrywiol, gwahanol, amryfal; **hors d'œuvre ~s** detholiad *g* o hors-d'œuvre(s) *ou* gyrsiau cyntaf.
varier [varje] (**16**) *vt* newid, amrywio; ♦*vi* amrywio; (*changer d'avis*) newid eich meddwl.
variété [varjete] *f* amrywiaeth *b*; **spectacle de ~s** sioe *b* adloniant.
variole [varjɔl] *f* y frech *b* wen.
variqueux (**variqueuse**) [varikø, varikøz] *adj* chwyddedig.
Varsovie [varsɔvi] *pr* Warsaw.
vas [va] *vb voir* **aller**; **~-y!** dos yn dy flaen!, ffwrdd â thi!
vasculaire [vaskylɛr] *adj* (*ANAT*) gwaedbibellol, fasgwlar; (*BOT*) fasgwlaidd.
vascularisé (-e) [vaskylarize] *adj* gwaedbibellol.
vase[1] [vɑz] *m* fâs *b*, llestr *g*; **en ~ clos** ar eich pen eich hun, ar wahân, o'r neilltu; **~ de nuit** pot *g* dan y gwely; **~s communicants** (*PHYS*) llestri *ll* cysylltiedig.
vase[2] [vɑz] *f* llaid *g*, mwd *g*, silt *g*, slwtsh *g*.
vasectomie [vazɛktɔmi] *f* fasdoriad *g*, fasectomi *g*.
vaseline [vaz(ə)lin] *f* faselîn *g*, Vaseline©.
vaseux (**vaseuse**) [vɑzø, vɑzøz] *adj* lleidiog, mwdlyd, slwtshlyd; (*fig: confus: discours*) niwlog, gwlanog; (*:personne: fatigué*) di-hwyl, gwantan; (*:étourdi*) dryslyd, penwan.
vasistas [vazistɑs] *m* ffenestr *b* linter, ffenestr ddellt; (*dans un grenier*) ffenestr fach yn y to.
vasque [vask] *f* (*de fontaine*) basn *g*; (*coupe*) powlen *b*, cawg *g*.
vassal (**vassaux**) [vasal, vaso] *m* (*HIST*) deiliad *g*, gwas *g*.
vassale [vasal] *f* (*HIST*) deiliad *g*.
vaste [vast] *adj* anferth, enfawr.
Vatican [vatikɑ̃] *prm*: **le ~** y Fatican *b*.
vaticiner [vatisine] (**1**) *vi* (*péj*) darogan, proffwydo.
va-tout [vatu] *m inv*: **jouer son ~-~** mentro'r cyfan sydd gennych.
vaudeville [vod(ə)vil] *m* vaudeville *g*, fodfil *b*, comedi *b*; **ça tourne au ~** (*fig*) mae pethau'n mynd yn wirion bost, mae pethau'n troi'n ffarsaidd.
vaudrai *etc* [vodre] *vb voir* **valoir**.
vau-l'eau [volo]: **à ~-~** *adv* gyda'r llif; **s'en aller à ~-~** (*fig: projets*) mynd i'r gwellt, mynd rhwng y cŵn a'r brain.
vaurien [vorjɛ̃] *m* cenau *g*, llabwst *g*, cythraul *g* drwg.
vaurienne [vorjɛn] *f* cenawes *b*, merch *b* dda i ddim.
vaut [vo] *vb voir* **valoir**.
vautour [votur] *m* fwltur *g*; (*fig*) aderyn *g* corff.
vautrer [votre] (**1**): **se ~** *vr* (*dans la boue*) ymdreiglo, ymdrybaeddu; (*sur le lit*) gorweddian; (*fig: dans le vice*) ymdrybaeddu.
vaux[1] [vo] *mpl de* **val**.
vaux[2], *etc* [vo] *vb voir* **valoir**.
va-vite [vavit]: **à la ~-~** *adv* ar frys, ar garlam gwyllt.
VDQS [vedekyɛs] *abr*(= *vin délimité de qualité supérieure*) gwin *g* o safon uchel.
veau (-x) [vo] *m* llo *g*; (*peau*) croen *g* llo; (*CULIN*) cig *g* llo; **tuer le ~ gras** lladd y llo pasgedig.
vecteur [vɛktœr] *m* (*MATH*) fector *g*; (*BIOL, MIL*) cludwr *g*, cludydd *g*.
vécu (-e) [veky] *pp de* **vivre**; ♦*adj* (*aventure*) gwirioneddol, a brofwyd, go iawn.
vedettariat [vədetarja] *m* (*condition*) serendod *g*, enwogrwydd *g*, bri *g*; (*attitude*) ymddygiad *g* seren, ymddwyn fel seren.
vedette [vədɛt] *f* (*acteur, artiste*) seren *b*; (*fig: personnalité*) personoliaeth *b*, cymeriad *g*; (*canot*) cwch *g* modur; (*MIL*) bad *g ou* cwch pâtrol; **mettre qn en ~** (*CINÉ etc*) rhoi'r rhan bwysicaf i rn; (*fig*) rhoi rhn yng ngolwg y cyhoedd; **avoir la ~** bod ar ben y rhaglen; **voler la ~ à qn** dwyn *ou* cipio'r sioe oddi ar rn, dwyn y sylw oddi ar rn.
végétal[1] (-e) (**végétaux, végétales**) [veʒetal, veʒeto] *adj* llysieuol.
végétal[2] [veʒetal] *m* llysieuyn *g*.
végétalien[1] (-ne) [veʒetaljɛ̃, jɛn] *adj* figanaidd.
végétalien[2] [veʒetaljɛ̃] *m* figan *g*.
végétalienne [veʒetaljɛn] *f* figan *b*; ♦*adj f voir* **végétalien**[1].
végétalisme [veʒetalism] *m* figaniaeth *b*.
végétarien[1] (-ne) [veʒetarjɛ̃, jɛn] *adj* llysfwytäol.
végétarien[2] [veʒetarjɛ̃] *m* llysieuwr *g*, llysfwytäwr *g*.
végétarienne [veʒetarjɛn] *f* llysieuwraig *b*, llysfwytäwraig *g*; ♦*adj f voir* **végétarien**[1].
végétarisme [veʒetarism] *m* llysieuaeth *b*, bwydlysyddiaeth *b*.
végétatif (**végétative**) [veʒetatif, veʒetativ] *adj* (*BOT, BIOL*) llystyfol; (*péj: fig*) disymud, undonog; **une vie végétative** bywyd *g* disymud, bywyd cabatsien.
végétation [veʒetasjɔ̃] *f* planhigion *ll*, llystyfiant *g*; **~ arctique/tropicale** planhigion trofannol/arctig; **~s** (*MÉD*) adenoidau *ll*; **opérer qn des ~s** tynnu adenoidau rhn.
végéter [veʒete] (**14**) *vi* (*fig: personne*) lledfyw, pydru byw; (*:affaire, marché, projet*) marweiddio, aros yn ei unfan.
véhémence [veemɑ̃s] *f* angerdd *g*,

tanbeidrwydd *g*.

véhément (**-e**) [veemɑ̃, ɑ̃t] *adj* angerddol, tanbaid.

véhicule [veikyl] *m* cerbyd *g*; (*moyen*) cyfrwng *g*, cludydd *g*; ~ **blindé** car *g* durblatiog; ~ **utilitaire** cerbyd masnachol; ~ **sanitaire** ambiwlans *g*.

véhiculer [veikyle] (**1**) *vt* cludo, cario; (*fig: message, idée*) bod yn gyfrwng i; (*:virus, substance*) cario, bod yn gludydd i; ~ **des rumeurs** taenu sïon.

veille [vɛj] *f*
1 (*jour*): **la** ~ y diwrnod *g* cynt; **la** ~ **au soir** y noson *b* gynt; **à la** ~ **de qch** ar y diwrnod cyn rhth; (*fig*) ar drothwy rhth.
2 (*PHYSIOL: état normal*) effröwch *g*; (*:état forcé*) noswyl *b*; **être en état de** ~ bod yn effro.
3 (*garde*) gwylfa *b* (nos).

veillée [veje] *f* (*soirée*) noswaith *b*; (*auprès d'un malade*) noswyl *b*, gwylnos *b*; ~ **d'armes** (*HIST*) gwylfa *b* farchog (*ar y noson cyn y frwydr*); ~ **(mortuaire)** gwylnos.

veiller [veje] (**1**) *vt* (*malade, mort*) gwylio, gwarchod;
♦*vi* cadw gŵyl, aros ar eich traed; (*ne pas dormir*) bod yn effro; (*être de garde*) gwylio, bod ar wyliadwriaeth; (*être vigilant*) bod yn wyliadwrus; ~ **à** (*à l'ordre publique etc*) gofalu am; (*à l'approvisionnement etc*) ymorol am, rhoi sylw i; ~ **à ce que** sicrhau ..., ymorol ...; ~ **à faire** gwneud yn siwr ..., bod yn sicr *ou* ymorol ...; **veillez à ce que tout se passe bien** gwnewch yn siwr bod popeth yn iawn; ~ **sur** (*surveiller: enfants*) cadw llygad ar, gwarchod, carco.

veilleur [vɛjœʀ] *m*: ~ **de nuit** gwyliwr *g* nos.

veilleuse [vɛjøz] *f* (*lampe*) golau *g* nos; (*AUTO*) golau ystlys; (*flamme*) fflam *b* beilot; **mettre une lampe en** ~ gostwng golau; **mettre qch en** ~ (*fig: projet, entreprise*) gohirio rhth.

veinard* [vɛnaʀ] *m* un *g* lwcus.

veinarde* [vɛnaʀd] *f* un *b* lwcus.

veine [vɛn] *f*
1 (*ANAT*) gwythïen *b*; **ne pas avoir de sang dans les** ~**s** (*fig*) bod yn llwfr.
2 (*fig: inspiration*) ysbrydoliaeth *b*; **être en** ~ bod yn ysbrydoledig.
3 (*BOT: bois*): **les** ~**s** graen *g*.
4 (*minéraux: charbon*): **les** ~**s** haen *b*; (*:ardoise*) llygad *g*.
5 (*fam: chance*): **un coup de** ~ tro *g* lwcus; **avoir de la** ~ bod yn lwcus; **avoir une** ~ **de pendu** bod yn genau *ou* yn fachan lwcus.

veiné (**-e**) [vene] *adj* gwythiennog; (*bois*) llinog.

veineux (**veineuse**) [vɛnø, vɛnøz] *adj* (*ANAT*) gwythiennol; (*bois*) llinog.

vêler [vele] (**1**) *vi* bwrw llo, dod â llo.

vélin [velɛ̃] *adj m*: **(papier)** ~ papur *g* felwm.

véliplanchiste [veliplɑ̃ʃist] *m/f* bordhwyliwr *g*, bordhwylwraig *b*, hwylfyrddiwr *g*, hwylfyrddwraig *b*.

vélivole [velivɔl] *m/f* gleidiwr *g*, gleidwraig *b*.

velléitaire [veleitɛʀ] *adj* amhenderfynol, petrus.

velléités [veleite] *fpl* amhenderfyniad *g*, petruster *g*.

vélo [velo] *m* beic *g*; **faire du** ~ mynd ar gefn beic, beicio; **venir en** ~ dod ar gefn beic; **savoir faire du** ~ medru reidio beic; ~ **d'appartement** beic ymarfer; ~ **de course** beic rasio; ~ **tout terrain** beic mynydd.

véloce [velɔs] *adj* (*personne*) cyflymdroed, chwim eich troed; (*animal*) chwim; (*doigts*) ystwyth, chwim.

vélocité [velɔsite] *f* (*vitesse*) cyflymder *g*; (*MUS: doigts de musicien*) ystwythder *g*.

vélodrome [velodʀom] *m* trac *g* beiciau, felodrom *g*.

vélomoteur [velɔmɔtœʀ] *m* moped *g*.

véloski [veloski] *m* sgi-bob *g*.

velours [v(ə)luʀ] *m* melfed *g*, felôr *g*; ~ **côtelé** melfaréd *g*, rib *g*, cordyrói *g*; **peau de** ~ croen *g* melfedaidd.

velouté[1] (**-e**) [vəlute] *adj* (*au toucher, au goût*) llyfn(llefn)(llyfnion), melfedaidd; (*à la vue*) llyfn, meddal; (*voix*) mwyn, tyner, llyfn, melfedaidd.

velouté[2] [vəlute] *m* (*CULIN*): ~ **d'asperges/de tomates** cawl *g* hufen asbaragws/tomatos.

velouteux (**velouteuse**) [vəlutø, vəlutøz] *adj* melfedaidd.

velu (**-e**) [vəly] *adj* blewog; (*BOT*) manflewog.

vélum [velɔm] *m* (*ANAT, BOT*) pilen *b*; (*d'une terrasse de café*) cysgodlen *b*, canopi *g*.

venais *etc* [vənɛ] *vb voir* **venir**.

venaison [vənɛzɔ̃] *f* cig *g* carw, fenswn *g*.

vénal (**-e**) (**vénaux, vénales**) [venal, veno] *adj* prynadwy, hawdd eich prynu, llygradwy, llygredig; (*comportement*) ariangar.

vénalité [venalite] *f* prynadwyedd *g*, parodrwydd *g* i ymwerthu.

venant [v(ə)nɑ̃]: **à tout** ~ *adv* i bawb a phobun, i'r byd a'r betws.

vendable [vɑ̃dabl] *adj* gwerthadwy.

vendange [vɑ̃dɑ̃ʒ] *f* cynhaeaf *g* grawnwin; **faire la** ~ (*vigneron*) cynaeafu grawnwin; (*saisonnier*) casglu grawnwin; **pendant les** ~**s** yn ystod y cynhaeaf grawnwin.

vendanger [vɑ̃dɑ̃ʒe] (**10**) *vi, vt* (*vigneron*) cynaeafu grawnwin; (*saisonnier*) casglu grawnwin.

vendangeur [vɑ̃dɑ̃ʒœʀ] *m* casglwr *g* grawnwin.

vendangeuse [vɑ̃dɑ̃ʒøz] *f* casglwraig *b* grawnwin.

vendéen (**-ne**) [vɑ̃deɛ̃, ɛn] *adj* o'r Vendée.

Vendéen [vɑ̃deɛ̃] *m* un *g* o'r Vendée.

Vendéenne [vɑ̃deɛn] *f* un *b* o'r Vendée.

vendeur [vɑ̃dœʀ] *m* (*de magasin*) gwerthwr *g*, dyn *g* siop; (*COMM*) trafaeliwr *g*; (*JUR*) fendwr *g*; ~ **de journaux** gwerthwr *g* papurau newydd.

vendeuse [vɑ̃døz] *f* (*de magasin*) gwerthwraig *b*, merch *b* siop; (*COMM*) trafaelwraig *b*.

vendre [vɑ̃dʀ] (**3**) *vt* gwerthu; ~ **à la pièce** gwerthu fesul un; ~ **au poids** gwerthu wrth y pwysau; ~ **qch à qn** gwerthu rhth i rn; **"à ~"** "ar werth"; ~ **qch aux enchères** gwerthu rhth mewn ocsiwn; **elle m'a vendu sa voiture 20,000 francs** gwerthodd ei char i mi am 20,000 ffranc; ~ **la peau de l'ours avant de l'avoir tué** bwyta'r wy cyn ei ddodwy, cyfrif y cywion cyn iddyn nhw ddeor; ~ **la mèche*** gollwng y gath o'r cwd;
♦ **se** ~ *vr*: **cela se vend bien** (*marchandise*) mae mynd arno, mae'n gwerthu'n dda.

vendredi [vɑ̃dʀədi] *m* (dydd *g*) Gwener *g*; ~ **saint** Dydd Gwener y Groglith *voir aussi* **lundi**.

vendu (**-e**) [vɑ̃dy] *pp de* **vendre**;
♦*adj* (*péj*) llygredig, llwgr.

venelle [vənɛl] *f* stryd *b* gefn, stryd gul.

vénéneux (**vénéneuse**) [venenø, venenøz] *adj* gwenwynig, gwenwynllyd.

vénérable [veneʀabl] *adj* hybarch, hynafol.

vénération [veneʀasjɔ̃] *f* parch *g*, parchedig ofn *g*.

vénér(é)ologie [veneʀ(e)ɔlɔʒi] *f* gweneroleg *b*.

vénérer [veneʀe] (**14**) *vt* parchu, anrhydeddu.

vénerie [vɛnʀi] *f* hela (*ar gefn ceffyl gyda chŵn hela*)

vénérien (**-ne**) [veneʀjɛ̃, jɛn] *adj* (*MÉD*) gwenerol; **maladie ~ne** clefyd *g* gwenerol.

Venezuela [venezɥela] *prm*: **le** ~ Feneswela *b*.

vénézuélien (**-ne**) [venezɥeljɛ̃, jɛn] *adj* Feneswelaidd.

Vénézuélien [venezɥeljɛ̃] *m* Fenesweliad *g*.

Vénézuélienne [venezɥeljɛn] *f* Fenesweliad *b*.

vengeance [vɑ̃ʒɑ̃s] *f* dial *g*, dialedd *g*.

venger [vɑ̃ʒe] (**10**) *vt* dial;
♦ **se** ~ *vr* dial, talu'r pwyth yn ôl; **se** ~ **de qn** dial ar rn, talu'r pwyth yn ôl i rn; **se** ~ **de qch** dial am rth, talu'r pwyth yn ôl am rth.

vengeresse [vɑ̃ʒ(ə)ʀɛs] *f* dialwraig *b*;
♦*adj f voir* **vengeur**[1].

vengeur[1] (**vengeresse**) [vɑ̃ʒœʀ, vɑ̃ʒ(ə)ʀɛs] *adj* dialgar.

vengeur[2] [vɑ̃ʒœʀ] *m* dialwr *g*.

véniel (**-le**) [venjɛl] *adj* (*REL: péché*) bychan(bechan)(bychain), dibwys; (*faute*) maddeuadwy, esgusodol.

venimeux (**venimeuse**) [vənimø, vənimøz] *adj* gwenwynig, gwenwynol; (*fig*) gwenwynllyd, sbeitlyd.

venin [vənɛ̃] *m* gwenwyn *g*.

venir [v(ə)niʀ] (**32**) *vi (avec aux. être)*
1 (*gén*) dod.
2 (*saison*) dod, cyrraedd.
3 (*docteur, plombier*): **faire** ~ galw.
4 (*locutions*): **laisser** *neu* **voir** ~ **les choses** aros i weld sut mae pethau'n diweddu; **d'où vient que ...?** sut mae hi ...?; **il me vient des soupçons** 'rwy'n dechrau bod yn amheus; **je te vois** ~ 'rwy'n gweld beth sydd gen ti mewn golwg, 'rwy'n gwybod am beth 'rwyt ti'n chwilio; ~ **au monde** cael eich geni; **les années/générations à** ~ y blynyddoedd/cenedlaethau i ddod.
▶ **venir à** digwydd; **s'il vient à pleuvoir** os daw hi'n law, os bydd hi'n dechrau bwrw glaw; **si elle venait à échouer** petai hi'n methu, petai hi'n digwydd methu; **j'en viens à croire que** 'rwy'n dechrau credu ...; **il en est venu à mendier** bu'n rhaid iddo gardota, aeth mor dlawd nes gorfod cardota.
▶ **venir de**
1 (*lieu*) dod o; **elle vient de Londres** mae hi'n dod o Lundain.
2 (*le passé immédiat*): ~ **de (faire ...)** bod newydd (wneud ...); **je viens d'y aller** 'rwyf newydd fod yno *ou* yna; **je viens de la voir** 'rwyf newydd ei gweld hi.
▶ **en venir**: **où veux-tu en ~?** at beth 'rwyt ti'n cyfeirio?, beth sydd gen ti mewn golwg?; **en ~ aux mains** mynd yn daro, dechrau ymladd.

Venise [vəniz] *pr* Venezia, Fenis.

vénitien (**-ne**) [venisjɛ̃, jɛn] *adj* o Fenis, Fenisaidd.

Vénitien [venisjɛ̃] *m* un *g* o Fenis, Fenisiad *g*.

Vénitienne [venisjɛn] *f* un *b* o Fenis, Fenisiad *b*.

vent [vɑ̃] *m*
1 (*MÉTÉO*) gwynt *g*; **il y a** *neu* **il fait du** ~ mae hi'n wyntog; ~ **du nord** gwynt y gogledd.
2 (*fig: locutions*): **c'est du** ~ (*verbiage*) dim ond malu awyr yw; **contre ~s et marées** doed a ddelo, er gwaethaf popeth; **prendre le** ~ (*personne*) dod yn gyfarwydd, dod i arfer; **bon ~!** (*fichez le camp*) gwynt teg ar eich ôl chi!; **être dans le ~*** bod yn ffasiynol, bod ynddi hi.
3 (*NAUT*): **au** ~ tua'r gwynt; **sous le** ~ dan y gwynt, gyferbyn â'r gwynt; **avoir le ~ debout** *neu* **en face** bod â'r gwynt yn eich erbyn; **avoir le ~ en arrière** *neu* **en poupe** bod â gwynt wrth gefn; **bon ~!** (*bon voyage*) rhwydd hynt i chwi!.
4 (*chasse*): **prendre le** ~ (*chien*) codi'r trywydd; **avoir ~ de qch** (*personne*) synhwyro rhth, cael achlust o rth.
5 (*MÉD*): **avoir des ~s** bod â gwynt arnoch.

vente [vɑ̃t] *f* gwerthiant *g*, gwerthu; **service des ~s** adran *b* werthu; **être en** ~ bod ar werth; **mettre qch en** ~ rhoi rhth ar werth; (*maison*) rhoi rhth ar y farchnad; ~ **à domicile** gwerthu o ddrws i ddrws; ~ **à tempérament** hurbrynu, hurbryniant *g*, hurbwrcasu, hurbwrcas *g*; ~ **aux enchères** arwerthiant *g*; ~ **de charité** ffair *b* elusennol, ffair sborion; ~ **par correspondance** gwerthu trwy'r post.

venté (**-e**) [vɑ̃te] *adj* (*endroit*) gwyntog, yn nannedd y gwynt, agored i'r gwynt.
venter [vɑ̃te] *vb impers*: **il vente** mae hi'n wyntog, mae'r gwynt yn chwythu.
venteux (**venteuse**) [vɑ̃tø, vɑ̃tøz] *adj* (*journée*) gwyntog; (*endroit*) agored i'r gwynt, yn nannedd y gwynt.
ventilateur [vɑ̃tilatœʀ] *m* (*aérateur*) gwyntyll *b* awyru, awyriadur *g*, awyrydd *g*; (*extracteur*) ffan *b* echdynnu.
ventilation [vɑ̃tilasjɔ̃] *f* (*aérer*) awyru, awyriad *g*, gwyntyllu, gwyntylliad *g*; (*analyse*) dosraniad *g*, dadansoddiad *g*; (*travail*) dosbarthiad *g*, dosbarthu.
ventiler [vɑ̃tile] (**1**) *vt* (*aérer*) awyru, gwyntyllu; (*analyser*) dadansoddi, rhannu, dosrannu; (*travail*) dosbarthu, gosod; (*répartir: élèves*) rhannu mewn grwpiau.
ventouse [vɑ̃tuz] *f* (*pour déboucher*) cliriwr *g*, offeryn *g* sugno; (*d'adhésion*) pad *g* glynu; (*ZOOL*) sugnolyn *g*.
ventral (**-e**) (**ventraux, ventrales**) [vɑ̃tʀal, vɑ̃tʀo] *adj* torrol, fentrol.
ventre [vɑ̃tʀ] *m* (*ANAT*) bol *g*, bola *g*, stumog *b*, cylla *g*; (*d'animal*) bol, bola, tor *b*; (*fig: de bateau*) bol, bola; (*utérus*) croth *b*; **prendre du** ~ mynd yn foliog, magu bol *ou* bola; **avoir mal au** ~ bod â bola tost, bod â phoen yn y bol *ou* cylla; **elle n'a rien dans le** ~ (*fig*) 'does ganddi mo'r iau, nid yw hi'n ddigon dewr; **à plat** ~ ar eich bol *ou* bola; **avoir le** ~ **creux** bod â stumog wag; **faire** ~ (*mur*) bolio.
ventricule [vɑ̃tʀikyl] *m* fentrigl *g*.
ventriloque [vɑ̃tʀilɔk] *adj* tafleisiol;
♦*m/f* tafleisiwr *g*, tafleiswraig *b*.
ventripotent (**-e**) [vɑ̃tʀipɔtɑ̃, ɑ̃t] *adj* boliog, cestog.
ventru (**-e**) [vɑ̃tʀy] *adj* (*personne*) boliog, cestog; (*objet*) crwn(cron)(crynion).
venu (**-e**) [v(ə)ny] *pp de* **venir**;
♦*adj*: **être mal** ~ **à** *neu* **de faire qch** bod heb reswm dros wneud rhth; **bien** ~ amserol, addas, priodol; **une remarque bien** ~**e** gair *g* yn ei bryd; **mal** ~ anamserol, anaddas, amhriodol.
venue [vəny] *f* cyrhaeddiad *g*; **la** ~ **du ministre** ymweliad *g* y gweinidog;
♦*adj f voir* **venu**.
Vénus [venys] *prf* (*MYTH*) Fenws *b*, Gwener *b*; (*ASTRON*) Gwener.
vêpres [vɛpʀ] *fpl* (*REL*) y gosber *g*.
ver [vɛʀ] *m* (*de terre*) pryf *g* genwair, abwydyn *g*, mwydyn *g*; (*larve*) larfa *g*; (*viande*) cynrhonyn *g*; (*du bois*) pryf pren *ou* coed; (*MÉD*) llyngyren *b*; ~ **à soie** pryf sidan; ~ **blanc** cynrhonyn chwilen y dom *ou* chwilen Mai; ~ **luisant** pryf tân; ~ **solitaire** llyngyren ruban; **être nu comme un** ~ bod yn noethlymun; **tirer les** ~**s du nez à qn** gorfodi rhn i siarad *voir aussi* **vers**[2].
véracité [veʀasite] *f* (*d'une personne*) geirwiredd *g*, geirwirdeb *g*; (*témoignage*) cywirdeb *g*, gwirionedd *g*.
véranda [veʀɑ̃da] *f* feranda *b*.
verbal (**-e**) (**verbaux, verbales**) [vɛʀbal, vɛʀbo] *adj* llafar, geiriol.
verbalement [vɛʀbalmɑ̃] *adv* ar lafar, mewn geiriau.
verbaliser [vɛʀbalize] (**1**) *vt* (*PSYCH*) mynegi rhth mewn geiriau, llefaru rhth;
♦*vi* (*POLICE*) nodi enw rhn.
verbalisme [vɛʀbalism] (*péj*) *m* geiriogrwydd *g*.
verbe [vɛʀb] *m* (*LING*) berf *b*; (*langage*) lleferydd *g*; **le V**~ (*REL*) y Gair *g*.
verbeux (**verbeuse**) [vɛʀbø, vɛʀbøz] *adj* hirwyntog, goreiriog, amleiriog.
verbiage [vɛʀbjaʒ] *m* gwag eiriau *ll*.
verbosité [vɛʀbozite] *f* hirwyntogrwydd *g*, goreiriogrwydd *g*.
verdâtre [vɛʀdɑtʀ] *adj* lledwyrdd, gwyrddaidd, braidd yn wyrdd.
verdeur [vɛʀdœʀ] *f* (*vigueur*) hoen *b*, bywiogrwydd *g*, sioncrwydd *g*; (*crudité, âpreté: des propos*) plaender *g*, amrydedd *g*; (*acidité*) egrwch *g*, surni *g*.
verdict [vɛʀdik(t)] *m* (*JUR*) rheithfarn *b*; (*décision*) dyfarniad *g*, barn *b*.
verdir [vɛʀdiʀ] (**2**) *vt* gwneud yn wyrdd, glasu, gwyrddlasu;
♦*vi* gwyrddio; (*végétaux*) glasu, gwyrddlasu, troi'n wyrdd; (*cuivre*) colli disgleirdeb, mynd yn afloyw, troi'n wyrdd; (*pâlir*) gwelwi, troi'n welw.
verdoyant (**-e**) [vɛʀdwajɑ̃, ɑ̃t] *adj* gwyrddlas.
verdure [vɛʀdyʀ] *f* gwyrddlesni *g*; (*végétation*) gwyrdd-ddail *ll*, llystyfiant *g*; (*légumes verts*) llysiau *ll* gwyrdd (*a fwyteir fel salad*).
véreux (**véreuse**) [veʀø, veʀøz] *adj* (*contenant des vers*) yn dyllau pryfed i gyd; (*personne: malhonnête*) anonest; (*affaire*) llechwraidd.
verge [vɛʀʒ] *f* (*pour battre*) ffon *b*, cansen *b*, gwialen *b* fedw; (*ANAT*) pidyn *g*.
verger [vɛʀʒe] *m* perllan *b*.
vergeture [vɛʀʒətyʀ] *f* ôl *g* beichiogi, rhychau *ll* beichiogi.
verglacé (**-e**) [vɛʀglase] *adj* glasrewllyd, rhewllyd.
verglas [vɛʀglɑ] *m* glasrew *g*, rhew *g* du *ou* iâ *g* du (*ar y ffordd*).
vergogne [vɛʀgɔɲ]: **sans** ~ *adv* heb gywilydd, yn ddigywilydd.
véridique [veʀidik] *adj* (*détail, fait*) gwir; (*témoignage*) cywir.
vérifiable [veʀifjabl] *adj* profadwy, gwiriadwy.
vérificateur [veʀifikatœʀ] *m* gwireddwr *g*, gwiriwr *g*, arolygwr *g*; ~ **des comptes** (*FIN*) archwiliwr *g*.
vérification [veʀifikasjɔ̃] *f* gwiriad *g*, gwirio, archwiliad *g*, archwilio; (*confirmation*) cadarnhad *g*; ~ **d'identité** (*POLICE*) gwiriad enw.

vérificatrice [veʀifikatʀis] *f* gwireddwraig *b*, gwirwraig *b*, arolygydd *g* *voir aussi* **verificateur**.
vérifier [veʀifje] (**16**) *vt* gwirio; (*suj: chose: prouver*) cadarnhau;
♦ **se** ~ *vr* cael ei gadarnhau, cael ei wireddu.
vérin [veʀɛ̃] *m* (*AUTO: cric*) jac *g*.
véritable [veʀitabl] *adj* gwirioneddol, go iawn; **un** ~ **désastre** trychineb *g,b* l(l)wyr.
véritablement [veʀitabləmɑ̃] *adv* (*effectivement*) mewn gwirionedd, yn wir; (*absolument*) yn hollol; **c'est** ~ **un scandale** mae'n sgandal lwyr, mae'r peth yn hollol warthus.
vérité [veʀite] *f* gwir *g*, gwirionedd *g*; (*d'un portrait*) portread *g* da, fyddlondeb *g*; (*sincerité*) diffuantrwydd *g*; **en** *neu* **à la** ~ a dweud y gwir, y gwirionedd yw.
verlan [vɛʀlɑ̃] *m* *slang g a ffurfir drwy newid trefn llythrennau neu sillafau.*
vermeil (**-le**) [vɛʀmɛj] *adj* fflamgoch, purgoch.
vermicelles [vɛʀmisɛl] *mpl* vermicelli *ll*.
vermicide [vɛʀmisid] *m* peth *g* lladd llyngyr, llyngyrleiddiad *g*.
vermifuge [vɛʀmifyʒ] *adj* llyngyrleiddiol; **poudre** ~ powdr *g* lladd llyngyr;
♦*m* ffisig *g* lladd llyngyr.
vermillon [vɛʀmijɔ̃] *adj inv* gloywgoch, fermiliwn;
♦*m* gloywgoch *g*, fermiliwn *g*.
vermine [vɛʀmin] *f* pryfetach *g*, pryfed *ll*, parasitiaid *ll*; (*fig*) taclau *ll*.
vermoulu (**-e**) [vɛʀmuly] *adj* yn dyllau pryfed i gyd; (*idéologie, œuvre*) henffasiwn, hendraul.
vermout(h) [vɛʀmut] *m* fermwth *g*.
verni (**-e**) [vɛʀni] *adj* (*bois*) farneisiedig, wedi cael farnais; (*poterie*) gwydrog, gwydredig; (*luisant*) disglair, sgleiniog; (*fam: veinard*) lwcus; **cuir** ~ lledr *g* patent *ou* gloyw; **souliers** ~**s** esgidiau *ll* lledr patent.
vernir [vɛʀniʀ] (**2**) *vt* (*bois, tableau, ongle*) farneisio; (*poterie*) gwydro, gwydrolchi.
vernis [vɛʀni] *m* (*sur bois*) farnais *g*; (*sur poterie*) gwydredd *g*; (*apparence: de politesse*) haen *b*, arwyneb *g*; ~ **à ongles** paent *g* ewinedd, lliw *g* ewinedd, farnais ewinedd.
vernissage [vɛʀnisaʒ] *m* (*de bois*) farneisio; (*de poterie*) gwydro; (*d'une exposition*) arddangosiad *g* preifat, rhagarddangosfa *b*.
vernisser [vɛʀnise] (**1**) *vt* (*poterie, faïence*) gwydro, gwydrolchi.
vérole [veʀɔl] *f*: **la** ~ (*MÉD*) y frech *b* fawr; (*fam*) syffilis *g*; **la petite** ~ (*MÉD*) y frech *b* wen.
Vérone [veʀɔn] *pr* Verona, Ferona.
verrai *etc* [veʀe] *vb voir* **voir**.
verre [vɛʀ] *m*
1 (*substance*) gwydr *g*; **se casser comme du** ~ bod yn fregus iawn; ~ **armé** gwydr gwifrog; ~ **de lampe** gwydr lamp; ~ **de montre** gwydr watsh; ~ **dépoli** gwydr barugog; ~ **feuilleté** gwydr haenog; ~ **trempé** gwydr cyfnerthedig.
2 (*récipient*) gwydryn *g*, gwydr *g*; **un** ~ **à bière** gwydryn cwrw; ~ **à dents** mwg *g* glanhau dannedd, gwydryn glanhau dannedd; ~ **à liqueur** gwydryn liqueur, gwydryn bach; ~ **à pied** gwydryn coesog *ou* â choes; ~ **à vin** gwydryn gwin.
3 (*contenu*) gwydraid *g*; **un** ~ **de bière** gwydraid o gwrw; **boire** *neu* **prendre un** ~ cael diod; **un petit** ~***** diferyn *g* bach; **elle a bu un** ~ **de trop*** mae hi wedi cael diferyn yn ormod.
4 (*de lunettes*) lens *b*, gwydryn *g*; ~**s** (*lunettes*) sbectol *b*; **porter des** ~**s** gwisgo sbectol; ~**s de contact** lensys cyffwrdd; ~**s fumés** lensys arlliw *ou* tywyll.
verrerie [vɛʀʀi] *f* (*fabrique*) ffatri *b* wydr; (*activité*) gwaith *g* gwneud gwydr; (*objets*) pethau *ll* gwydr, gwydrach *ll*.
verrier [vɛʀje] *m* (*ouvrier*) gwydrwr *g*.
verrière [vɛʀjɛʀ] *f* ffenestr *b* fawr, pared *g* gwydr; (*toit vitré*) to *g* gwydr.
verrons [vɛʀɔ̃] *vb voir* **voir**.
verroterie [vɛʀɔtʀi] *f* gleiniau *ll* gwydr.
verrou [vɛʀu] *m* bollt *b*, bollten *b*, powlten *b*; (*MIL*) clo *g* dryll; **mettre le** ~ bolltio'r drws, rhoi bollt ar ddrws; **mettre qn sous les** ~**s** (*en prison*) carcharu rhn, rhoi rhn dan glo; **être sous les** ~**s** bod yn y carchar; **faire sauter le** ~ (*fig*) dod dros anhawster.
verrouillage [vɛʀujaʒ] *m* bolltio, cloi; ~ **central** (*AUTO*) system *b* gloi canolog.
verrouiller [vɛʀuje] (**1**) *vt* (*porte*) bolltio drws; (*arme*) cloi; (*quartier*) cylchynu, ynsyu.
verrue [vɛʀy] *f* dafaden *b*; (*fig*) rhywbeth hyll.
vers[1] [vɛʀ] *prép* (*direction*) tuag at, am; (*approximation: près de*) o gwmpas, o amgylch; (*temporal*) oddeutu, o gwmpas, tua.
vers[2] [vɛʀ] *m* llinell *b* (*o farddoniaeth*);
♦*mpl* (*poésie*) barddoniaeth *b*, cerddi *ll*.
versant [vɛʀsɑ̃] *m* (*vallée*) ochr *b*, llethr *b*; (*massif*) llethrau *ll*.
versatile [vɛʀsatil] *adj* gwamal, anwadal, anghyson.
verse [vɛʀs]: **à** ~ *adv*: **il pleut à** ~ mae hi'n tywallt y glaw, mae hi'n pistyllio bwrw, mae hi'n arllwys y glaw.
versé (**-e**) [vɛʀse] *adj*: **être** ~ **dans qch** (*science etc*) bod yn hyddysg yn rhth.
Verseau [vɛʀso] *m* (*ASTROL*) y Dyfrwr *g*, y Cariwr *g* Dŵr; **être du** ~ bod wedi'ch geni dan arwydd y Dyfrwr.
versement [vɛʀsəmɑ̃] *m* tâl *g*, taliad *g*; (*échelonné*) rhandal *g*; **payer en** ~**s** talu fesul rhandal; ~ **en espèces** taliad mewn arian parod *ou* sychion; ~ **à une œuvre** rhodd *b* i elusen; **faire un** ~ **sur son compte** talu arian i mewn i'ch cyfrif.
verser [vɛʀse] (**1**) *vt* (*liquide*) arllwys, tywallt;

(*larmes*) wylo, gollwng; (*sang*) arllwys, tywallt, colli; (*argent*) talu (i mewn); ~ **à un compte** talu i mewn i gyfrif banc; ~ **qn dans l'infanterie** (*soldat*) anfon rhn at y troedfilwyr;
♦*vi* (*véhicule*) troi drosodd, dymchwel; ~ **dans** (*fig*) llithro i.
verset [vɛʀsɛ] *m* (*de la Bible, du Coran*) adnod *b*; (*d'une prière*) gwersigl *b*.
verseur (**verseuse**) [vɛʀsœʀ, vɛʀsøz] *adj* arllwysol, tywalltol, da i arllwys *ou* i dywallt; **bec** ~ (*de théière*) pig *b,g*.
versification [vɛʀsifikasjɔ̃] *f* mydryddiaeth *b*, mydryddu, mydryddiad *g*.
versifier [vɛʀsifje] (**16**) *vt* rhoi rhth ar fydr, mydryddu;
♦*vi* (*souvent péj*) barddoni, mydryddu
version [vɛʀsjɔ̃] *f* fersiwn *g,b*, dehongliad *g*; (*traduction*) cyfeithiad *g* (*i'r famiaith*); **film en** ~ **originale** ffilm *b* yn yr iaith wreiddiol.
verso [vɛʀso] *m* y tu *g* chwith, y tu ôl; **voir au** ~ gweler drosodd.
vert[1] (-**e**) [vɛʀ, vɛʀt] *adj* gwyrdd(gwerdd)(gwyrddion), glas; (*personne: vigoureux*) bywiog, sionc; (*langage, propos*) plaen, amrwd; (*vin*) egr, sur; **en dire des** ~**es (et des pas mûres)** dweud pethau amheus, adrodd straeon cochion; **elle en a vu des** ~**es (et des pas mûres)** mae hi wedi gweld tipyn ar y byd, mae hi wedi cael tipyn o brofiad; **ceinture verte** tir *g* glas.
vert[2] [vɛʀ] *adj inv*: ~ **bouteille** gwyrdd tywyll; ~ **d'eau** gwyrdd môr, morlas; ~ **pomme** gwyrdd afal, melynwyrdd.
vert[3] [vɛʀ] *m* gwyrdd *g*; **se mettre au** ~ mynd i aros yn y wlad.
vert-de-gris [vɛʀdəgʀi] *adj inv* llwydwyrdd, gwyrddlas;
♦*m inv* rhwd *g* copr, ferdigris *g*.
vertébral (-**e**) (**vertébraux, vertébrales**) [vɛʀtebʀal, vɛʀtebʀo] *adj* fertebrol *voir aussi* **colonne**.
vertèbre [vɛʀtɛbʀ] *f* fertebra *g,b*.
vertébré[1] (-**e**) [vɛʀtebʀe] *adj* fertebraidd, ag asgwrn cefn.
vertébré[2] [vɛʀtebʀe] *m* anifail *g* ag asgwrn cefn; ~**s** fertebratau *ll*.
vertement [vɛʀtəmɑ̃] *adv* (*réprimander*) yn llym, yn hallt.
vertical (-**e**) (**verticaux, verticales**) [vɛʀtikal, vɛʀtiko] *adj* unionsyth; (*MATH*) sythlin, fertigol; (*position d'un objet*) syth, union, ar ei draed; **ce mur n'est pas** ~ mae'r wal hon allan o blwm, nid yw'r wal hon yn sefyll yn syth, nid yw'r wal 'ma'n syth ar ei thraed.
verticale [vɛʀtikal] *f* (*MATH*) sythlin *b*, llinell *b* fertigol; **à la** ~ yn unionsyth, yn fertigol; **mettre qch à la** ~ rhoi rhth yn syth, rhoi rhth yn syth ar ei draed; **falaise à la** ~ clogwyn *g* serth;
♦*adj f voir* **vertical**.
verticalement [vɛʀtikalmɑ̃] *adv* yn unionsyth, yn fertigol, yn sythlin.
verticalité [vɛʀtikalite] *f* unionsythder *g*, fertigoledd *g*.
vertige [vɛʀtiʒ] *m* (*sensation*) pendro *b*, penysgafnder *g*, pensyfrdandod *g*; (*fig*) dryswch *g*, gwallgofrwydd *g*, gorffwylltra *g*; **donner le** ~ **à qn** pensyfrdanu rhn; **ça me donne le** ~ mae'n gwneud i fy mhen droi; (*fig*) mae'n fy nrysu i; **avoir le** ~ teimlo'r bendro, teimlo'n chwil; (*habituellement*) cael pyliau o'r bendro.
vertigineux (**vertigineuse**) [vɛʀtiʒinø, vɛʀtiʒinøz] *adj* (*vitesse*) sy'n mynd â'ch gwynt, aruthrol; (*hauteur*) pensyfrdanol; (*somme, augmentation*) anhygoel, syfrdanol.
vertu [vɛʀty] *f* (*morale*) rhinwedd *b*; (*chasteté*) diweirdeb *g*; (*propriété, qualité: de personne, plante, remède*) nodwedd *b*, priodoledd *g*; **une** ~ model *g* o rinwedd berffaith; **c'est une** ~ mae hi'n berffaith, santes fach yw hi; **en** ~ **de** (*JUR*) yn rhinwedd; (*système*) yn unol â, yn gyson â.
vertueusement [vɛʀtɥøzmɑ̃] *adv* yn rhinweddol, yn ddaionus.
vertueux (**vertueuse**) [vɛʀtɥø, vɛʀtɥøz] *adj* rhinweddol, daionus.
verve [vɛʀv] *f* huodledd *g*; **être en** ~ bod mewn hwyliau ffraeth, bod yn hwyliog.
verveine [vɛʀvɛn] *f* ferfain *b*; (*infusion*) te *g* dail ferfain, trwyth *g* (o) ferfain.
vésicule [vezikyl] *f* pledren *b*, coden *b*; (*MÉD: cloque*) pothell *b*, chwysigen *b*; ~ **biliaire** coden y bustl.
vespasienne [vɛspazjɛn] *f* troethfa *b*, troethle *g*, lle *g* gwneud dŵr.
vespéral (-**e**) (**vespéraux, vespérales**) [vɛspeʀal, vɛspeʀo] *adj* hwyrol, cyfnosol.
vessie [vesi] *f* pledren *b*; ~ **natatoire** pledren nofio; **prendre des** ~**s pour des lanternes** coelio gwrach ar ôl bwyta uwd, bod yn hawdd eich twyllo *ou* yn ddiniwed iawn; **faire prendre à qn des** ~**s pour des lanternes** taflu llwch i lygaid rhn, twyllo rhn.
veste [vɛst] *f* siaced *b*; **retourner sa** ~ (*fig*) troi'ch côt, newid ochr; (*POL, fig*) newid eich plaid; **ramasser une** ~* methu; ~ **croisée** siaced groeslabedog, siaced â llabedi croes *ou* dwbl; ~ **droite** siaced â llabedi sengl.
vestiaire [vɛstjɛʀ] *m* (*au théâtre etc*) ystafell *b* gotiau; (*de stade etc*) ystafell newid; **(armoire)** ~ cwpwrdd *g* bach; **demander son** ~ gofyn am eich côt; **au** ~**!*** (*SPORT: péj*) dos o'r cae!
vestibule [vɛstibyl] *m* (*de maison, appartement, théâtre*) cyntedd *g*; (*d'église*) porth *g*; (*ANAT*) cyntedd.
vestige [vɛstiʒ] *m* ôl *g*, gweddill *g*, argoel *g*; ~**s** (*de ville, du passé*) gweddillion *ll*, olion *ll*.
vestimentaire [vɛstimɑ̃tɛʀ] *adj* (*élégance*) dilladol, teilwrol; **dépenses** ~**s** costau *ll*

dillad; **réglement** *neu* **code** ~ côd *g* gwisg; **tenue** ~ dull *g* o wisgo.

veston [vɛstɔ̃] *m* (*d'homme*) siaced *b* (fer *ou* fechan).

Vésuve [vezyv] *prm* Feswfiws *g*.

vêtais *etc* [vɛtɛ] *vb voir* **vêtir**.

vêtement [vɛtmɑ̃] *m* dilledyn *g*; **un** ~ **de pluie** côt *b* law; **le** ~ (*COMM*) y diwydiant *g* dillad; ~**s** (*habits*) dillad *ll*, gwisg *b*, gwisgoedd *ll*; ~**s de sport** dillad chwaraeon; ~**s de dessous** dillad isaf.

vétéran [veteʀɑ̃] *m* (*MIL*) cyn-filwr *g*, feteran *g*; (*fig*) hen law *g*, feteran.

vétérinaire [veteʀinɛʀ] *adj* milfeddygol; **médécine** ~ milfeddygaeth *f*;
♦*m/f* milfeddyg *g*.

vétille [vetij] *f* peth *g* dibwys, peth heb fawr o werth; **des** ~**s** manion *ll*, mân lwch y cloriannau.

vétilleux (**vétilleuse**) [vetijø, vetijøz] *adj* (*personne*) gorfanwl, sy'n hollti blew.

vêtir [vetiʀ] (**30**) *vt* gwisgo;
♦ **se** ~ *vr* gwisgo amdanoch, ymwisgo.

vêtit [veti] *vb voir* **vêtir**.

vétiver [vetivɛʀ] *m* (*BOT*) fetifer *g,b*.

véto [veto] *m* pleidlais *b* atal, feto *b*, gwaharddiad *g*, nacâd *g*; **droit de** ~ hawl *b* i wahardd, hawl nacáu; **mettre** *neu* **opposer un** ~ **à** gwahardd, nacáu, rhoi feto ar.

vêtu (-e) [vety] *pp de* **vêtir**;
♦*adj*: ~ **de** wedi'ch gwisgo, mewn dillad; **bien** ~ trwsiadus; **mal** ~ wedi'ch gwisgo'n wael; **chaudement** ~ wedi'ch gwisgo'n gynnes, wedi'ch gwisgo'n dwym.

vétuste [vetyst] *adj* (*bâtiment*) adfeiliedig; (*objet, mécanisme*) hynafol.

vétusté [vetyste] *f* cyflwr *g* adfeiliedig, hynafiaeth *b*, hynafoldeb *g*, hynafolrwydd *g*.

veuf[1] (**veuve**) [vœf, vœv] *adj* gweddw.

veuf[2] [vœf] *m* gŵr *g* gweddw.

veuille *etc* [vœj] *vb voir* **vouloir**[1].

veuillez [vœje] *vb voir* **vouloir**[1].

veule [vøl] *adj* di-asgwrn-cefn, llipa, gwan eich ewyllys, llwfr.

veulent [vœl] *vb voir* **vouloir**[1].

veulerie [vølʀi] *f* diffyg *g* asgwrn cefn, llwfrdra *g*.

veut [vø] *vb voir* **vouloir**[1].

veuvage [vœvaʒ] *m* gweddwdod *g*.

veuve [vœv] *f* gwraig *b* weddw, gweddw *b*; ~ **de guerre** gweddw milwr; ~ **noire** (*araignée*) gweddw ddu;
♦*adj f voir aussi* **veuf**[1].

veux *etc* [vø] *vb voir* **vouloir**[1].

vexant (-e) [vɛksɑ̃, ɑ̃t] *adj* (*contrariant*) plagus, annifyr, anhwylus, diflas, poenydiol; (*blessant*) cas, sarhaus.

vexations [vɛksasjɔ̃] *fpl* poendodau *ll*, plagiadau *ll*.

vexatoire [vɛksatwaʀ] *adj* plagus, poenydiol.

vexer [vɛkse] (**1**) *vt* (*blesser*) tramgwyddo, clwyfo, brifo teimladau rhn, plagio;
♦ **se** ~ *vr* cymryd atoch, cynhyrfu, digio.

VF [veɛf] *sigle f* (*CINÉ*)(= *version française*) *fersiwn g Ffrangeg*.

VHF [veaʃɛf] *sigle f*(= *Very High Frequency*) amledd *g* uchel iawn.

via [vja] *prép* (*en passant par*) trwy; **à Bordeaux** ~ **Poitiers** i Bordeaux trwy Poitiers; **apprendre qch** ~ **qn** (*par l'intermédiaire de*) clywed rhth gan rn.

viabiliser [vjabilize] (**1**) *vt* (*terrain*) darparu gwasanaethau cyhoeddus (*megis dŵr a thrydan*).

viabilité [vjabilite] *f* (*d'un fœtus*) hyfywdra *g*; (*d'une réforme*) dichonoldeb *g*; (*d'une route*) addasrwydd *g* (i gerbydau); **assurer la** ~ **d'un terrain** darparu gwasanaethau cyhoeddus ar lain o dir (*megis dŵr a thrydan*).

viable [vjabl] *adj* (*fœtus*) hyfyw; (*réforme*) dichonol, yn arferol posibl.

viaduc [vjadyk] *m* traphont *b*.

viager[1] (**viagère**) [vjaʒe, vjaʒɛʀ] *adj*: **rente viagère** blwydd-dal *g*; **à titre** ~ am weddill eich oes.

viager[2] [vjaʒe] *m* incwm *g* oes; **acheter qch en** ~ prynu rhth trwy dalu blwydd-dal *ou* incwm am oes; **vendre qch en** ~ gwerthu rhth yn gyfnewid am incwm am oes.

viande [vjɑ̃d] *f* (*CULIN*) cig *g*; (*fam: de l'homme*) cnawd *g*, corff *g*; ~ **blanche** cig golau *ou* gwyn; ~ **rouge** cig coch; ~ **noire** helgig *g*; ~ **hachée** briwgig *g*, cig manfriw; **amène ta** ~**!*** tyrd yma!; **de la** ~ **soûle*** pobl *b* wedi meddwi, meddwon *ll*.

viatique [vjatik] *m* (*REL*) cymun *g* angen, cymun claf; (*pour le voyage*) teithfwyd *g*; (*fig*) cefnogaeth *b*, cymorth *g*, cysur *g*.

vibrant (-e) [vibʀɑ̃, ɑ̃t] *adj* dirgrynol; (*voix*) soniarus, atseiniol; (*émouvant*) cynhyrfus.

vibraphone [vibʀafɔn] *m* fibraffon *g*.

vibraphoniste [vibʀafɔnist] *m/f* fibraffonydd *g*.

vibration [vibʀasjɔ̃] *f* (*voix*) cryndod *g*; (*PHYS*) dirgryniad *g*.

vibratoire [vibʀatwaʀ] *adj* dirgrynol.

vibrer [vibʀe] (**1**) *vi* (*MUS, PHYS*) dirgrynu; (*voix*) crynu; (*personne*) ymgynhyrfu, teimlo gwefr; **faire** ~ (*auditoire*) cynhyrfu, cyffroi, ysgogi.

vibromasseur [vibʀomasœʀ] *m* dirgrynwr *g*.

vicaire [vikɛʀ] *m* ciwrad *g*, curad *g*.

vice [vis] *m* drygioni *g*; (*défaut*) gwendid *g*, nam *g*; ~ **de fabrication** gwendid yn y gwneuthuriad; ~ **caché** (*COMM*) nam cudd; ~ **de forme** (*JUR*) gwall *g* cyfreithiol, afreoleidd-dra *g* cyfreithlon.

vice... [vis] *préf* is-, dirprwy-.

vice-consul (~-~**s**) [viskɔ̃syl] *m* is-gonswl *g*.

vice-présidence (~-~**s**) [vispʀezidɑ̃s] *f* (*d'une société*) is-lywyddiaeth *b*, is-gadeiryddiaeth *b*; (*d'un pays*) is-arlywyddiaeth *b*.

vice-président (~-~**s**) [visprezidɑ̃t] *m* (*d'une société*) is-lywydd *g*, is-gadeirydd *g*; (*d'un pays*) is-arlywydd *g*.
vice-présidente (~-~**s**) [visprezidɑ̃t] *f* (*d'une société*) is-lywydd *g*, is-gadeirydd *g*; (*d'un pays*) is-arlywydd *g*.
vice-roi (~-~**s**) [visrwa] *m* llywodraethwr *g*, rhaglaw *g*.
vice-versa [viseversa] *adv* i'r gwrthwyneb, fel arall, yn y drefn arall.
vichy [viʃi] *m* (*toile*) gingham *g*; (*eau minérale*) dŵr *g* (mwynol) Vichy; **carottes V~** moron *ll* wedi'u berwi.
vichyssois (**-e**) [viʃiswa, waz] *adj* o Vichy; **potage ~** (*soupe*) cawl *g* cennin a thatws.
Vichyssois [viʃiswa] *m* un *g* o Vichy.
Vichyssoise [viʃiswaz] *f* un *b* o Vichy.
vicié (**-e**) [visje] *adj* (*air*) llygredig; (*sang*) amhur, heintiedig; (*JUR*) wedi'i annilysu.
vicier [visje] (**16**) *vt* (*JUR*) annilysu.
vicieux (**vicieuse**) [visjø, visjøz] *adj* (*fautif*) anghywir; (*méchant*) cas; (*lubrique*) chwantus, anllad, blysig; (*sournois*) ystrywgar, slei; (*attaque*) wedi'i guddio/chuddio yn dda; (*cheval*) gwinglyd.
vicinal (**-e**) (**vicinaux, vicinales**) [visinal, visino] *adj* lleol, cyfagos; **chemin ~** cilffordd *b*, lôn *b* wledig.
vicissitudes [visisityd] *fpl* helyntion *ll*; **les ~ de la vie** troeon *ll* yr yrfa.
vicomte [vikɔ̃t] *m* is-iarll *g*, ficownt *g*.
vicomtesse [vikɔ̃tɛs] *f* is-iarlles *b*, ficowntes *b*.
victime [viktim] *f* dioddefwr *g*, dioddefwraig *b*; (*accident*) anafedig *g/b*, anafus *g/b*; (*JUR*) y dioddefwr; (*créature offerte en sacrifice*) aberth *g*; **être (la) ~ de qch** bod yn ddioddefwr *ou* yn ddioddefwraig rhth, bod yn ysglyfaeth *b* i rth; **les ~s d'un accident de la route** anafusion *ll* damwain ar y fordd fawr.
victoire [viktwar] *f* buddugoliaeth *b*.
victorieusement [viktɔrjøzmɑ̃] *adv* yn fuddugoliaethus.
victorieux (**victorieuse**) [viktɔrjø, viktɔrjøz] *adj* (*armée, équipe*) buddugol, gorchfygol; (*attitude, sourire*) buddugoliaethus.
victuailles [viktɥaj] *fpl* bwyd *g*, lluniaeth *g*, ymborth *g*.
vidange [vidɑ̃ʒ] *f* (*d'un fossé, réservoir*) gwagio, gwacâd *g*; (*AUTO*) newid olew; (*tuyau d'évacuation: de baignoire*) peipen *b* wagio *ou* wacáu, pibell *b* wagio *ou* wacáu; (*:de lave-linge*) peipen wagio *ou* wacáu, pibell wagio *ou* wacáu; **~s** (*matières*) carthion *ll*; (*ramassage d'ordures*) casgliad *g* sbwriel; **faire la ~** (*AUTO*) newid yr olew.
vidanger [vidɑ̃ʒe] (**10**) *vt* gwagio; (*fossé*) gwagio, gwacáu, draenio; **faire ~ la voiture** cael newid olew eich car.
vidangeur [vidɑ̃ʒœr] *m* (*d'égout*) dyn *g* sy'n gwagio carthbyllau.
vide [vid] *adj* gwag; (*maison*) gwag, anghyfannedd; **~ de** amddifad o, heb;
♦*m* (*espace*) lle *g* gwag, gwagle *g*; (*abîme: sous soi*) agendor *g,b*; (*futilité, néant*) gwacter *g*, lle gwag; (*PHYS*) gwactod *g*; **regarder dans le ~** syllu i'r gwagle; **parler dans le ~** (*personne n'écoute*) dweud wrth ddarn o bren, siarad â'r wal; **faire le ~** (*dans son esprit*) gwagio'ch meddwl; **faire le ~ autour de qn** ynysu rhn; **avoir peur du ~** cael y bendro mewn mannau uchel; **à ~** (*sans occupants*) gwag; (*sans charge*) heb lwyth, gweili; (*TECH*) heb fod mewn gêr; **tourner à ~** troi'n weili, troi heb gynhyrchu dim; **sous ~** dan wactod; **emballé sous ~** wedi'i bacio dan wactod.
vidé (**-e**) [vide] *adj* wedi ei (g)wagio, gwag; (*fig*) wedi blino'n lân, wedi ymlâdd
vidéo [video] *adj inv*: **disque ~** disg *g* fideo; **caméra/jeu ~** camera *g*/gêm *b* fideo;
♦*f* fideo *g*.
vidéocassette [videokasɛt] *f* casét *g* fideo, fideocasét *g*.
vidéoclub [videoklœb] *m* siop *b* fideo, clwb *g* fideo.
vidéodisque [videodisk] *m* disg *g* fideo.
vide-ordures [vidɔrdyr] *m inv* (*dans un appartement*) twll *g* ysbwriel.
vidéotex® [videɔtɛks] *m* teledestun *g*.
vide-poches [vidpɔʃ] *m inv basged b fach ou dysgl b fach lle rhoddir cynnwys eich pocedi*; (*AUTO*) silff *b* fenig, blwch *g* menig.
vide-pomme [vidpɔm] *m inv* digreiddiwr *g* afalau, peth *g* tynnu craidd *ou* calon afal.
vider [vide] (**1**) *vt* (*récipient*) gwagio, gwacáu; (*étang*) sychu, draenio; (*salle, lieu*) gadael; (*verre*) llyncu ar eich talcen; (*CULIN: volaille, poisson*) diberfeddu, gwagio, tynnu perfedd; (*pomme*) creiddio, tynnu craidd *ou* calon; (*fatiguer*) blino'n llwyr; (*l'eau d'une barque*) disbyddu; (*fam: expulser*) taflu allan *ou* mas, dangos y drws i rn; **~ les lieux** gadael yr adeilad, ymadael â'r fan; **~ une querelle** dod i gytundeb, torri dadl;
♦ **se ~** *vr* (*récipient*) gwagio, gwacáu, mynd yn wag.
videur [vidœr] *m* (*de boîte de nuit*) bownsar* *g*, taflwr *g* allan.
vie [vi] *f* bywyd *g*, oes *b*; **à ~** (*élu, membre*) am eich oes; **être en ~** bod yn fyw; **sans ~** (*mort*) marw; (*évanoui*) anymwybodol; **dans la ~ courante** ym mywyd pob dydd *ou* cyffredin; **avoir la ~ dure** (*résister*) byw'n hir, bod yn araf yn marw; **mener la ~ dure à qn** gwneud bywyd yn galed i rn.
vieil [vjɛj] *adj m voir* **vieux**[1].
vieillard [vjɛjar] *m* hen ŵr *g*; **les ~s** hen bobl *b*.
vieille [vjɛj] *f* hen wraig *b*; **ma ~*** yr hen goes;
♦*adj f voir aussi* **vieux**[1].
vieillerie [vjɛjri] *f* (*objet*) hen beth *g*; (*idée*) hen syniad *g*; (*fam: état*) henaint *g*.

vieillesse [vjɛjɛs] *f* henaint *g*, oed *g* mawr; **la** ~ (*ensemble des vieillards*) hen bobl *b*, yr henoed *ll*.
vieilli (**-e**) [vjeji] *adj* (*marqué par l'âge*) hen; (*suranné*) henffasiwn, ar ôl yr oes, dyddiedig, wedi dyddio.
vieillir [vjejiʀ] (2) *vi* heneiddio, mynd yn hen *ou* yn hŷn; (*vin*) aeddfedu; (*doctrine*) mynd yn henffasiwn; **elle a beaucoup vieilli** mae hi wedi heneiddio'n fawr;
♦ **se** ~ *vr* eich gwneud eich hun yn hŷn.
vieillissement [vjejismɑ̃] *m* heneiddio, heneiddiad *g*.
vieillot (**-te**) [vjɛjo, ɔt] *adj* hynafol, henffasiwn.
vielle [vjɛl] *f* (*MUS*) hyrdi-gyrdi *g*.
viendrai *etc* [vjɛ̃dʀe] *vb voir* **venir**.
Vienne [vjɛn] *pr* (*en Autriche*) Fienna *b*; (*en France*) Vienne *b*.
vienne *etc* [vjɛn] *vb voir* **venir**.
viennois (**-e**) [vjenwa, waz] *adj* o Fienna.
Viennois [vjenwa] *m* un *g* o Fienna.
Viennoise [vjenwaz] *f* un *b* o Fienna.
viennoiserie [vjenwazʀi] *f* (*gâteau*) teisen *b ou* cacen *b*; (*magasin*) siop *b* deisennau *ou* gacennau.
viens *etc* [vjɛ̃] *vb voir* **venir**.
vierge[1] [vjɛʀʒ] *adj* (*fille*) gwyryfol, gwyryf, pur; (*page*) gwag; (*film*) heb gael golau, nas defnyddiwyd; (*cire, mêl, huile*) gwyryf; (*forêt, terre*) digyffwrdd, gwyryfol; ~ **de** rhydd o, clir o.
vierge[2] [vjɛʀʒ] *f* gwyryf *b*, morwyn *b*; **La V**~ (*REL*) y Forwyn, Mair Forwyn; **la V**~ (*ASTROL*) y Forwyn, y Wyryf; **être (de la) V**~ bod yn Firgoad, bod yn Forwyniad.
Viêt-Nam, **Vietnam** [vjɛtnam] *prm*: **le** ~ Fiet-nam *b*, Vietnam *b*; ~ **du Nord/du Sud** Fiet-nam y Gogledd/y De.
vietnamien[1] (**-ne**) [vjɛtnamjɛ̃, jɛn] *adj* Fietnamaidd, o Fiet-nam.
vietnamien[2] [vjɛtnamjɛ̃] *m* (*LING*) Fietnameg *b,g*.
Vietnamien [vjɛtnamjɛ̃] *m* Fietnamiad *g*.
Vietnamienne [vjɛtnamjɛn] *f* Fietnamiad *b*.
vieux[1] [**vieil**] (**vieille**) (**vieux, vieilles**) [vjø, vjɛj] *adj* hen; ~ **garçon** hen lanc, dyn *g* dibriod; **vieille fille** hen ferch *b*, merch ddibriod; **se faire** ~ mynd yn hen;
♦*adj inv*: ~ **jeu** henffasiwn; ~ **rose** (*couleur*) hen rosyn; **vieil or** (*couleur*) hen aur.
vieux[2] [vjø] *m* hen ŵr *g*; **le** ~ **et le neuf** yr hen a'r newydd; **les** ~ hen bobl *b*; (*parents*) y rhieni *ll*; **un petit** ~ hen ŵr bach; **mon** ~* yr hen ddyn; **prendre un coup de** ~ heneiddio; **un** ~ **de la vieille** un *g* o'r hen griw.
vif[1] (**vive**) [vif, viv] *adj* (*personne*) bywiog, llawn mynd; (*animé, alerte*) effro, sionc; (*brusque*) swta, cwta, anserchus; (*agressif*) gwyllt eich tymer; (*air, vent, froid*) egr, main, llym(llem)(llymion); (*déception*) dwys; (*impression, imagination, souvenirs*) byw; (*critiques*) llym; (*couleur*) llachar, disglair, cryf; **brûlé** ~ wedi'i losgi'n fyw; **eau vive** dŵr *g* ffynnon; (*SPORT: kayak*) dŵr gwyn; **de vive voix** yn bersonol, yn y cnawd.
vif[2] [vif] *m*: **le** ~ y byw *g*; **toucher** *neu* **piquer qn au** ~ pigo *ou* anafu rhn i'r byw; **tailler** *neu* **couper dans le** ~ torri hyd at y byw; (*fig: réduire*) cwtogi ar wario'n eithafol; (:*décider*) penderfynu'n ddiamwys; **à** ~ (*plaie*) agored; **avoir les nerfs à** ~ bod ar bigau drain; **sur le** ~ (*ART*) o'r byw; **entrer dans le** ~ **du sujet** mynd i graidd y peth, mynd i wreiddyn y mater.
vif-argent [vifaʀʒɑ̃] *m inv* arian *g* byw.
vigie [viʒi] *f* (*matelot*) gwyliwr *g*; (*poste*) gwylfa *b*, nyth *g,b* cigfran.
vigilance [viʒilɑ̃s] *f* gwyliadwriaeth *b*, effrogarwch *g*; **échapper à la** ~ **de qn** sleifio ymaith heb dynnu sylw rhn; **bouton de** ~ botwm *g* rhybudd, cloch *b* rybudd.
vigilant (**-e**) [viʒilɑ̃, ɑ̃t] *adj* gwyliadwrus, effro.
vigile [viʒil] *m* (*veilleur de nuit*) gwyliwr *g* nos; (*police privée*) gwarchodwr *g*, vigilante *g*.
vigne [viɲ] *f* (*plante*) gwinwydden *b*; (*plantation*) gwinllan *b*; ~ **vierge** gwinwydden Virginia.
vigneron [viɲ(ə)ʀɔ̃] *m* gwinllannwr *g*.
vignette [viɲɛt] *f* (*motif*) portread *g* bychan, llun *g*; (*de marque*) label *g,b*; (*ADMIN: sur médicament*) *label ar feddyginiaethau i gael ad-daliad gan nawdd cymdeithasol*; **la** ~ (*AUTO*) disg *g* treth.
vignoble [viɲɔbl] *m* gwinllan *b*; **le** ~ **bulgare** gwinllannau *ll* Bwlgaria.
vigoureusement [viguʀøzmɑ̃] *adv* yn gryf, yn egnïol; (*peindre, exprimer*) yn gryf, yn gadarn, yn egnïol.
vigoureux (**vigoureuse**) [viguʀø, viguʀøz] *adj* cryf, egnïol, cadarn; (*bras, mains*) cryf, nerthol, grymus; (*opposition*) cryf, egnïol, di-ildio, cadarn; (*couleurs*) llachar, disglair, cryf.
vigueur [vigœʀ] *f*
1 (*gén*) grym *g*, cryfder *g*, egni *g*, cadernid *g*; **en** ~ mewn defnydd, ar arfer.
2 (*JUR*) mewn grym; **entrer en** ~ dod i rym; **être en** ~ bod mewn grym.
vil (**-e**) [vil] *adj* (*méprisable*) ffiaidd, dirmygadwy; **à** ~ **prix** ar bris isel iawn.
vilain[1] (**-e**) [vilɛ̃, ɛn] *adj* hyll, diolwg; (*pas sage: enfant*) drwg, drygionus; (*affaire*) cas, annifyr, annymunol; (*temps*) mawr, gwael, drwg; **être dans de** ~**s draps** bod mewn helynt *ou* trafferth; ~ **mot** gair *g* anweddus; **le** ~ **petit canard** (*aussi fig*) y hwyaden *b* fach hyll.
vilain[2] [vilɛ̃] bachgen *g* drwg; **ça va faire du** ~ bydd helynt cyn bo hir; **ça va tourner au** ~ mae'r peth yn mynd i droi'n gas *ou* chwerw.
vilain[3] [vilɛ̃] *m* (*HIST: paysan*) taeog *g*, bilain *g*.
vilainement [vilɛnmɑ̃] *adv* yn hyll, yn ddiolwg.

vilebrequin [vilbʀəkɛ̃] *m* (*outil*) carn *g* tro ac ebill *g*; (AUTO) crancsiafft *g,b*.
vilenie [vil(ə)ni] *f* anfadrwydd *g*; (*action vile*) tro *g* gwael, anfadwaith *g*.
vilipender [vilipɑ̃de] (1) *vt*: ~ **qn** lladd ar rn, difrïo rhn, difenwi rhn.
villa [villa] *f* tŷ *g* ar wahân, tŷ ar ei ben ei hun, fila *g,b*.
village [vilaʒ] *m* pentref *g*; ~ **de toile** pentref pebyll; ~ **de vacances** (*organisation*) pentref gwyliau.
villageois[1] (**-e**) [vilaʒwa, waz] *adj* pentrefol, pentref, yn ymwneud â phentref.
villageois[2] [vilaʒwa] *m* pentrefwr *g*.
villageoise [vilaʒwaz] *f* pentrefwraig *b*;
♦*adj f voir* **villageois**[1].
ville [vil] *f* tref *b*; (*de grande importance*) dinas *b*; **la** ~ (*administration*) yr awdurdod *g* lleol, y cyngor *g* trefol, y cyngor dinesig; **habiter en** ~ byw mewn tref; (*opposé à banlieue*) byw yng nghanol y dref *ou* y ddinas; **aller en** ~ mynd i'r dref; ~ **nouvelle** tref newydd.
ville-champignon (~**s**-~**s**) [vilʃɑ̃piɲɔ̃] *f* tref *b* ffyniannus.
ville-dortoir (~**s**-~**s**) [vildɔʀtwaʀ] *f* tref *b* noswylio.
villégiateur [vi(l)leʒjatœʀ] *m* twrist *g*, ymwelydd *g*, un *g* sydd ar wyliau.
villégiature [vi(l)leʒjatyʀ] *f* gwyliau *ll*; **aller en** ~ mynd ar wyliau; **lieu de** ~ lle *g* gwyliau, cyrchfan *g,b* gwyliau.
vin [vɛ̃] *m* gwin *g*; **avoir le** ~ **gai/triste** bod yn hapus/yn drist ar ôl yfed; ~ **blanc** gwin gwyn; ~ **chaud** gwin cynnes *ou* twym; ~ **d'honneur** (*réunion*) derbyniad *g* â gwin; ~ **de messe** gwin cymun; ~ **de pays** gwin lleol, gwin o'r ardal; ~ **de table** gwin bwrdd *ou* bord; ~ **nouveau** gwin newydd (*o'r cynhaeaf grawnwin diweddaraf*); ~ **ordinaire** gwin bwrdd *ou* bord; ~ **rosé** gwin rhosliw *ou* gwridog; ~ **rouge** gwin coch.
vinaigre [vinɛgʀ] *m* finegr *g*; **tourner au** ~ (*fig*) troi'n sur *ou* chwerw; ~ **d'alcool** finegr gwirod; ~ **de vin** finegr gwin.
vinaigrette [vinɛgʀɛt] *f* finegrét *g,b*.
vinaigrier [vinɛgʀije] *m rhn sy'n cynhyrchu neu'n gwerthu finegr*; (*flacon*) potel *b* finegr.
vinasse* [vinas] (*péj*) *f* gwin *g* rhad, plonc *g*.
vindicatif (**vindicative**) [vɛ̃dikatif, vɛ̃dikativ] *adj* dialgar.
vindicte [vɛ̃dikt] *f*: **désigner qn à la** ~ **publique** collfarnu rhn yn gyhoeddus.
vineux (**vineuse**) [vinø, vinøz] *adj* (*couleur*) fel gwin coch; (*odeur*) fel gwin; **haleine vineuse** anadl *g,b* ag oglau gwin arni *ou* arno.
vingt [vɛ̃] *adj inv* ugain, dau ddeg; **je te l'ai dit** ~ **fois** 'rwy wedi dweud wrthyt gant a mil o weithiau *ou* sawl gwaith;
♦*m inv* ugain *g*, dau-ddeg *g*; ~**-quatre heures sur** ~**-quatre** ddydd a nos, rownd y cloc; ~ **sur** ~ marciau *ll* llawn, ugain allan *ou* mas o ugain.
vingtaine [vɛ̃tɛn] *f*: **une** ~ **(de)** tua ugain (o), ugain fwy neu lai, rhyw ugain.
vingtième [vɛ̃tjɛm] *adj* ugeinfed; **le** ~ **siècle** yr ugeinfed ganrif *b*;
♦*m/f* ugeinfed *g,b*;
♦*m* (MATH) un rhan *b* o ugain.
vinicole [vinikɔl] *adj* (*production*) gwin; (*région*) lle cynhyrchir gwin, lle tyfir gwinwydd.
vinification [vinifikasjɔ̃] *f* gwneud gwin, cynhyrchu gwin.
vins *etc* [vɛ̃] *vb voir* **venir**.
vinyle [vinil] *m* finyl *g*.
viol [vjɔl] *m* (*d'une femme*) trais *g* (rhywiol); (*d'un lieu sacré*) halogiad *g*; (*des opinions d'autrui*) ymyrraeth *b*.
violacé (**-e**) [vjɔlase] *adj* piws.
violation [vjɔlasjɔ̃] *f* (*de la loi, d'une promesse*) toriad *g*; (*d'un droit*) ymyrraeth *b*; ~ **de sépulture** halogiad *g* bedd.
violemment [vjɔlamɑ̃] *adv* yn wyllt, yn ffyrnig.
violence [vjɔlɑ̃s] *f* trais *g*; (*du vent*) ffyrnigrwydd *g*, gwylltineb *g*, grym *g*; (*d'un sentiment*) angerdd *g*, tanbeidrwydd *g*; **faire** ~ **à qn** gorfodi rhn; **se faire** ~ eich gorfodi'ch hun; **commettre des** ~**s contre qn** defnyddio trais yn erbyn rhn, ymosod ar rn.
violent (**-e**) [vjɔlɑ̃, ɑ̃t] *adj* treisiol, treisgar; (*vent*) ffyrnig, gwyllt; (*personne*) treisgar, ffyrnig, ymladdgar; (*sentiment*) ffyrnig, gwyllt, angerddol; (*couleur*) tanbaid.
violenter [vjɔlɑ̃te] (1) *vt* ymosod yn rhywiol ar; (*violer*) treisio.
violer [vjɔle] (1) *vt* (*promesse, loi, règle*) torri; (*temple*) halogi; (*secret*) bradychu; (*femme*) treisio.
violet[1] (**-te**) [vjɔlɛ, ɛt] *adj* porffor, piws; (*pâle*) fioled.
violet[2] [vjɔlɛ] *m* (*couleur*) porffor *g*, piws *g*; (*pâle*) fioled *g*.
violette [vjɔlɛt] *f* (*fleur*) fioled *b*;
♦*adj f voir* **violet**[1].
violeur [vjɔlœʀ] *m* treisiwr *g*.
violine [vjɔlin] *f* porffor *g* tywyll.
violon [vjɔlɔ̃] *m* ffidil *b*, fiolin *b*; (*fam: prison*) carchar *g*; **premier** ~ (MUS) ffidler *g ou* fiolinydd *g* cyntaf; ~ **d'Ingres** hobi *b*; **jouer du** ~ canu'r ffidil *ou* fiolin.
violoncelle [vjɔlɔ̃sɛl] *m* sielo *g*.
violoncelliste [vjɔlɔ̃selist] *m/f* sielydd *g*.
violoniste [vjɔlɔnist] *m/f* ffidler *g*, ffidleres *b*, fiolinydd *g*, fiolinyddes *b*.
VIP [veipe] *sigle m*(= *Very Important Person*) Rhywun Pwysig Iawn.
vipère [vipɛʀ] *f* gwiber *b*, neidr *b* ddu; (*fig*) sarff *b*, sarffes *b*; **avoir** *neu* **être une langue de** ~ bod â thafod drwg, dweud pethau cas.
virage [viʀaʒ] *m* (*d'une route*) tro *g*, troad *g*, cornel *b*; (*changement de direction: véhicule,*

coureur) troad, troi, gŵyriad *g*; (*fig: POL*) newid *g* llwyr; (*CHIM*) newid lliw; (*PHOT*) tonyddu, arlliwio; (*SPORT: en ski*) troad, tro; (*de cuti-réaction*) adwaith *g* cadarnhaol (*i brawf ar y croen*); **prendre un ~** troi cornel, mynd rownd tro; **~ sans visibilité** (*AUTO*) cornel d(d)all; **~ à 180 degrés** tro pedol; **~ en épingle à cheveux** bachdro *g*; **faire un ~ sur l'aile** (*AVIAT*) gogwyddo, goleddfu.

virago [viʀago] (*péj*) *f* (*femme de manières rudes*) arthes *b*, cecren *b*; (*femme d'allure masculine*) gwrforwyn *b*, gwrferch *b*.

viral (-**e**) (**viraux, virales**) [viʀal, viʀo] *adj* firysol, firaol.

virée* [viʀe] *f* (*promenade: en voiture, en vélo, à pied*) tro *g*; (*voyage de plusieurs jours: en voiture, en vélo*) taith *b*; (*voyage de plusieurs jours: à pied*) crwydrad *g*; **faire une ~** mynd am dro, mynd am wibdaith; **faire une ~ dans les bars** crwydro tafarnau, mynd o dafarn i dafarn.

virement [viʀmɑ̃] *m* (*COMM*) trosglwyddiad *g*, trosglwyddo; **~ bancaire** trosglwyddiad credyd; **~ postal** trosglwyddiad arian Giro.

virent [viʀ] *vb voir* **voir**.

virer [viʀe] (**1**) *vt* (*fam: renvoyer*) diswyddo, rhoi ei gardiau i rn; (*fam: expulser*) lluchio allan *ou* mas, taflu allan *ou* mas, diarddel; (*fam: enlever*) cael gwared â; (*PHOT*) tonyddu, arlliwio; **~ qch sur** (*COMM: somme*) trosglwyddo rhth i;
♦*vi* troi o gwmpas; (*changer de direction*) troi, gŵyro; (*CHIM*) newid lliw; (*PHOT*) tonyddu; (*MÉD: cuti-réaction*) dangos adwaith cadarnhaol (*i brawf ar y croen*); **~ au bleu** troi'n las; **~ au rouge** troi'n goch; **~ de bord** (*NAUT*) hwntio, tacio; **~ sur l'aile** (*AVIAT*) gogwyddo, goleddfu.

virevolte [viʀvɔlt] *f* (*d'une danseuse*) chwyrlïad *g*, pirwét *g*; (*changement*) tro *g* pedol, newid *g* llwyr.

virevolter [viʀvɔlte] (**1**) *vi* chwyrlïo, pirwetio; (*fig*) gwneud tro pedol, newid yn llwyr.

Virgile [viʀʒil] *prn* Fyrsil.

virginal (-**e**) (**virginaux, virginales**) [viʀʒinal, viʀʒino] *adj* gwyryfol, morwynol; (*fig: blancheur*) glân, pur, gwyryf.

virginité [viʀʒinite] *f* gwyryfdod *g*, morwyndod *g*; (*fig*) purdeb *g*; **refaire une ~ à qn** ailsefydlu enw da rhn

virgule [viʀgyl] *f* coma *g*; (*MATH*) pwynt *g* degol; **4 ~ 2** pedwar pwynt dau; **~ flottante** pwynt symudol.

viril (-**e**) [viʀil] *adj* (*propre à l'homme*) gwrywaidd; (*attitude, traits*) gwrol.

viriliser [viʀilize] (**1**) *vt* gwneud yn wrywaidd.

virilité [viʀilite] *f* gwrywdod *g*; (*attitude*) gwroldeb *g*.

virologie [viʀɔlɔʒi] *f* firoleg *b*.

virologiste [viʀɔlɔʒist] *m/f* firolegwr *g*, firolegwraig *b*.

virtualité [viʀtɥalite] *f* (*PHILO*) hanfod *g*; (*possibilité*) dichonoldeb *g*, posibilrwydd *g*; (*aptitude*) grym *g* cudd, potensial *g*.

virtuel (-**le**) [viʀtɥɛl] *adj* posibl, dichonol.

virtuellement [viʀtɥɛlmɑ̃] *adv* (*presque*) bron, cystal â bod.

virtuose [viʀtɥoz] *adj* penigamp, meistrolgar, di-ail;
♦*m/f* un *g* penigamp, un *b* benigamp, meistr *g* ar ei grefft, meistres *b* ar ei chrefft.

virtuosité [viʀtɥozite] *f* (*habileté*) disgleirdeb *g*; (*MUS*) meistrolaeth *b*, dawn *b*; **exercices de ~** (*MUS*) darnau *ll* gorchestol *ou* brafwra.

virulence [viʀylɑ̃s] *f* gwenwyndra *g*; (*fig*) mileindra *g*.

virulent (-**e**) [viʀylɑ̃, ɑ̃t] *adj* gwenwynig, ffyrnig; (*fig*) maleisus, chwerw, milain, mileinig.

virus [viʀys] *m* firws *g*.

vis[1], *etc* [vi] *vb voir* **voir**.

vis[2], *etc* [vi] *vb voir* **vivre**.

vis[3] [vis] *f* sgriw *b*; **~ à tête plate** sgriw benfflat; **~ à tête ronde** sgriw bengron; **~ sans fin** sgriw ddiderfyn; **~ platinées** (*AUTO*) pwyntiau *ll* platinwm; **un escalier à ~** grisiau *ll* tro; **serrer une ~** tynhau sgriw.

visa [viza] *m* stamp *g*, marc *g* swyddogol; (*de passeport*) teitheb *b*, fisa *b*; **~ de censure** (*CINÉ*) tystysgrif *b* y sensor.

visage [vizaʒ] *m* wyneb *g*; (*expression*) golwg *b*; (*fig: aspect*) agwedd *b*; **à ~ découvert** (*franchement*) yn agored, yn ddidwyll; **faire bon ~ à qn** croesawu rhn yn gynnes, rhoi croeso cynnes i rn.

visagiste [vizaʒist] *m/f* harddwr *g*, harddwraig *b*, prydferthwr *g*, prydferthwraig *b*.

vis-à-vis [vizavi] *adv* gyferbyn, wyneb yn wyneb; **~-~-~ de** gyferbyn â; (*fig: à l'égard de*) mewn perthynas â, o ran; (*:en comparaison de*) mewn cymhariaeth â, o'i gymharu â, o'i chymaru â, o'u cymharu â;
♦*m inv* (*personne*) yr un *g* sydd gyferbyn â chi, yr un sydd ar eich cyfer; (*maison*) y tŷ *g* gyferbyn, y tŷ dros y ffordd; **en ~-~-~** yn wynebu ei gilydd, gyferbyn â'i gilydd; **sans ~-~-~** (*immeuble*) â wynebwedd agored, heb ddim gyferbyn ag ef.

viscéral (-**e**) (**viscéraux, viscérales**) [viseʀal, viseʀo] *adj* (*ANAT*) perfeddol; (*peur*) dwfn(dofn)(dyfnion), angerddol, greddfol.

viscères [visɛʀ] *mpl* coluddion *ll*, perfedd *g*.

viscose [viskoz] *f* fisgos *g*.

viscosité [viskozite] *f* gludiogrwydd *g*.

visée [vize] *f* (*avec une arme*) aneliad *g*; (*ARPENTAGE*) tremiad *g*; **~s** (*intentions*) bwriadau *ll*, amcanion *ll*; **avoir des ~s sur qn** bod â'ch llygad ar rn, bwriadu rhth ar gyfer rhn; **avoir des ~s sur qch** bwriadu cael rhth.

viser [vize] (**1**) *vt* anelu at; (*concerner*) cyfeirio at, bod yn berthnasol i, bod a wnelo â;

(*apposer un visa sur*) stampio, rhoi marc *ou* stamp ar rth;
♦*vi* anelu; ~ **à qch/faire qch** (*avoir pour but*) bwriadu rhth/bwriadu gwneud rhth.
viseur [vizœʀ] *m* (*d'arme*) twll *g* anelu, golygdwll *g*; (*PHOT*) ffenestr *b* fach.
visibilité [vizibilite] *f* amlygrwydd *g*, gweledigrwydd *g*, gwelededd *g*; **bonne/mauvaise** ~ gwelededd da/gwael; **sans** ~ (*pilotage, virage*) dall.
visible [vizibl] *adj* gweladwy; (*évident*) amlwg, eglur; **est-elle** ~**?** (*disponible*) a yw hi ar gael?, a yw hi'n rhydd?, a fydd hi'n gweld ymwelwyr?
visiblement [viziblәmɑ̃] *adv* yn weladwy, yn amlwg.
visière [vizjɛʀ] *f* (*casquette*) pig *b,g*, blaen *g*; (*en celluloïd*) cysgodlen *b*, cysgod *g* llygaid; (*casque*) fisor *g*; **mettre sa main en** ~ cysgodi'ch llygaid â'ch llaw.
vision [vizjɔ̃] *f* (*sens*) golwg *g*; (*spectacle*) golygfa *b*; (*image*) gweledigaeth *b*, breuddwyd *g,b*; **première** ~ (*CINÉ*) dangosiad *g* cyntaf.
visionnaire [vizjɔnɛʀ] *adj* gweledigaethol; ♦*m/f* gweledydd *g*.
visionner [vizjɔne] (**1**) *vt* gwylio.
visionneuse [vizjɔnøz] *f* (*PHOT, CINÉ*) syllwr *g*.
visiophone [vizjɔfɔn] *m* ffôn *g* fideo.
visite [vizit] *f* ymweliad *g*, tro *g*; (*touristique*) taith *b*; (*d'un musée, d'un château*) ymweliad *g*; (*inspection*) archwiliad *g*; (*visiteur*) ymwelydd *g*; (*de médecin, répresentant*) galwad *g*, ymweliad; **faire une** ~ **à qn, rendre** ~ **à qn** ymweld â rhn, galw heibio i rn, rhoi tro am rn, mynd i edrych am rn; **être en** ~ **chez qn** bod yn ymweld â rhn; **heures de** ~ oriau *ll* ymweld; **le droit de** ~ (*JUR: aux enfants d'un(e) divorcé(e)*) hawl *b* gweld plentyn; ~ **de douane** archwiliad y tollwyr; ~ **à domicile** ymweliad â chartref; ~ **domiciliaire** archwiliad tŷ; ~ **médicale** archwiliad meddygol; **nous attendons de la** ~ 'rydym yn disgwyl pobl ddieithr.
visiter [vizite] (**1**) *vt* (*pays, ville*) ymweld â lle; (*maison à vendre*) edrych dros; (*inspecteur*) chwilio, archwilio; (*médecin*) ymweld (â chlaf); (*représentant*) galw (ar gwsmer).
visiteur [vizitœʀ] *m* (*touriste*) ymwelydd *g*, twrist *g*; ~ **de prison** ymwelydd carchar; ~ **des douanes** arolygydd *g* tollau; ~ **médical** trafaeliwr *g* meddygol.
visiteuse [vizitøz] *f* (*touriste*) ymwelydd *g*, twrist *b* *voir aussi* **visiteur**.
vison [vizɔ̃] *m* minc *g*; **un (manteau de)** ~ côt *b* finc.
visqueux (**visqueuse**) [viskø, viskøz] *adj* gludiog; (*péj*) llysnafeddog.
visser [vise] (**1**) *vt* sgriwio; ~ **qch sur qch** sgriwio rhth i rth; ~ **qch à fond** sgriwio rhth yn dynn, tynhau rhth; **être vissé sur sa chaise** bod yn sownd yn eich cadair.
visu [vizy]: **de** ~ *adv* gyda'ch llygaid eich hun.
visualisation [vizɥalizasjɔ̃] *f* dychmygu, delweddu; **écran de** ~ uned *b* arddangos gweledol, sgrin *b*.
visualiser [vizɥalize] (**1**) *vt* dychmygu, delweddu; (*INFORM*) arddangos.
visuel[1] (**-le**) [vizɥɛl] *adj* gweledol.
visuel[2] [vizɥɛl] *m* (*INFORM*) uned *b* arddangos gweledol.
visuellement [vizɥɛlmɑ̃] *adv* yn weledol; (*au moyen de la vue*) gyda'ch llygaid eich hun.
vit[1] [vi] *vb voir* **voir**.
vit[2] [vi] *vb voir* **vivre**.
vital (**-e**) (**vitaux, vitales**) [vital, vito] *adj* (*BIOL*) bywydol; (*essentiel*) hanfodol.
vitalité [vitalite] *f* bywiogrwydd *g*, egni *g*, sioncrwydd *g*.
vitamine [vitamin] *f* fitamin *g*.
vitaminé (**-e**) [vitamine] *adj* â fitaminau ychwanegol, fitaminog.
vitaminique [vitaminik] *adj* fitaminaidd.
vite [vit] *adv* (*rapidement: passer, travailler*) yn gyflym, yn fuan, yn chwim; (*sans délai*) yn fuan, yn y man; **faire** ~ (*agir rapidement*) gweithredu'n gyflym; (*se dépêcher*) brysio; **ce sera** ~ **fini** ni fyddwn fawr o dro yn darfod *ou* diwedd hwn; **viens** ~**!** tyrd yn gyflym!; **eh, pas si** ~ aros di funud!, gan bwyll!; **et plus** ~ **que ça!*** brysia!, siapa hi!
vitesse [vitɛs] *f*
1 (*rapidité*) cyflymder *g*; **prendre qn de** ~ mynd heibio i rn, gwneud rhth yn gynt na rhn arall; **faire de la** ~ gyrru'n gyflym, mynd ar ras wyllt; **prendre de la** ~ cyflymu, mynd yn gynt; **à toute** ~ ar frys, ar ras wyllt; **en perte de** ~ (*avion*) sy'n colli uchder; (*fig*) sy'n arafu, sy'n colli nerth; ~ **acquise** ysgogrym *g*, momentwm *g*; ~ **de croisière** cyflymder criwsio *ou* canolig; ~ **de pointe** cyflymder uchaf; ~ **du son** cyflymder sain.
2 (*AUTO*) gêr *g*; **changer de** ~ newid gêr; **en première** ~ yn y gêr isaf *ou* cyntaf; **en deuxième** ~ yn yr ail gêr.
viticole [vitikɔl] *adj* (*industrie*) gwin; (*région*) gwinllannol, lle cynhyrchir gwin, lle tyfir gwinwydd.
viticulteur [vitikyltœʀ] *m* gwinllannwr *g*.
viticulture [vitikyltyʀ] *f* tyfu gwinwydd.
vitrage [vitʀaʒ] *m* ffenestri *ll*; (*toit*) to *g* gwydr; (*cloison*) pared *g* gwydr; **double** ~ gwydriad *g* dwbl, gwydro dwbl, ffenestri dwbl.
vitrail (**vitraux**) [vitʀaj, vitʀo] *m* ffenestr *b* liw; (*technique*) gwneud ffenestri lliw.
vitre [vitʀ] *f* gwydr *g* ffenestr, paen *g* ffenestr; (*de portière, voiture*) ffenestr *b*.
vitré (**-e**) [vitʀe] *adj* gwydrog, gwydr; **porte** ~**e** drws *g* gwydr.
vitrer [vitʀe] (**1**) *vt* gwydro (rhth), gosod gwydr (yn rhth).

vitreux (**vitreuse**) [vitʀø, vitʀøz] *adj* (*ANAT, GÉO*) gwydrog; (*terne: œil*) dwl, difywyd, pŵl.
vitrier [vitʀije] *m* gwydrwr *g*.
vitrifier [vitʀifje] (**16**) *vt* gwydroli, troi'n wydr; (*parquet*) farneisio.
vitrine [vitʀin] *f* (*devanture*) ffenestr *b* siop; (*étalage*) arddangosfa *b*; (*petite armoire*) cwpwrdd *g* arddangos; (*fig*) darn *g* arddangos, enghraifft *b* dda, model *g*; **en** ~ yn y ffenestr, yn yr arddangosfa; ~ **publicitaire** cwpwrdd gwydr; **faire les** ~**s** (*regarder*) crwydro siopau, gweld beth sydd mewn ffenestri siopau; (*décorer*) addurno ffenestri, gosod ffenestri.
vitriol [vitʀijɔl] *m* fitriol *g*; **au** ~ (*fig: critique*) brathog, hallt, miniog, deifiol.
vitupérations [vitypeʀasjɔ̃] *fpl* difrïaeth *b*, difenwad *g*.
vitupérer [vitypeʀe] (**14**) *vi* difrïo, difenwi, rhefru a rhuo; ~ **contre qn** lladd ar rn; ~ **contre qch** cwyno *ou* achwyn am rth.
vivable [vivabl] *adj* (*personne*) y gellir cyd-fyw ag ef/hi; (*endroit*) y gellir byw ynddo.
vivace[1] [vivas] *adj* (*arbres, plantes*) caled; (*eau*) bythol, sy'n llifo'n barhaol; (*fig: haine*) parhaol, cadarn; **plante** ~ (*BOT*) planhigyn *g* lluosflwydd, blodau *ll* parhaol caled.
vivace[2] [vivatʃe] *adv* (*MUS*) yn fywiog, yn sionc.
vivacité [vivasite] *f* bywiogrwydd *g*, sioncrwydd *g*; (*intelligence*) craffter *g*, miniogrwydd *g*; (*lumière*) disgleirdeb *g*, gloywder *g*; (*couleur*) tanbeidrwydd *g*, llachredd *g*; (*souvenir, impression*) bywiogrwydd, eglurder *g*; (*froid*) gerwinder *g*, egrwch *g*; (*douleur*) egrwch; (*émotion*) angerddoldeb *g*, dwyster *g*.
vivant[1] [vivɑ̃] *vb voir* **vivre**.
vivant[2] (**-e**) [vivɑ̃, ɑ̃t] *adj* (*en vie*) byw; (*animé: description, récit*) bywiog, eglur; (*:personne*) bywiog, sionc; (*portrait*) byw, naturiol; (*langue*) modern.
vivant[3] [vivɑ̃] *m* (*être vivant*) y byw *g*; (*vie*) bywyd *g*; (*période de vie*) bywyd, oes *b*; **les** ~**s et les morts** y byw a'r meirw *ou* meirwon; **du** ~ **de qn** yn ystod bywyd *ou* oes rhn; **du** ~ **de ton père** tra 'roedd dy dad yn fyw, yn ystod bywyd dy dad.
vivarium [vivaʀjɔm] *m* milodfa *b*, fifariwm *g*.
vivats [viva] *mpl* cymeradwyaeth *b*, bloeddiau *ll*, hwrê *b*.
vive[1] [viv] *adj f voir* **vif**[1].
vive[2] [viv] *vb voir* **vivre**[1];
♦*excl* hir oes i ..., ... am byth; ~ **la mariée** hir oes i'r briodferch!; ~ **la France!** Ffrainc am byth!; ~ **les vacances!** hwrê am y gwyliau!
vivement [vivmɑ̃] *adv* yn arw, yn angerddol; (*de façon brusque*) yn swta, yn glep, yn hallt; (*fortement*) yn gryf; (*éclairer*) yn ddisglair, yn loyw; (*rapidement*) yn gyflym, yn chwim; ♦*excl*: ~ **qu'elle s'en aille!** gwynt teg ar ei hôl hi!; ~ **les vacances!** brysied y gwyliau!
viveur [vivœʀ] (*péj*) *m* plesergarwr *g*.
vivier [vivje] *m* (*au restaurant*) tanc *g* pysgod; (*étang*) pysgodlyn *g*, pwll *g* pysgod.
vivifiant (**-e**) [vivifjɑ̃, jɑ̃t] *adj* (*air*) cryfhaol, atgyfnerthol; (*activité*) cynhyrfiol, symbylol.
vivifier [vivifje] (**16**) *vt* bywiogi, cryfhau; (*fig*) bywiogi, symbylu, ysbarduno.
vivions [vivjɔ̃] *vb voir* **vivre**.
vivipare [vivipaʀ] *adj* (*ZOOL, BOT*) bywesgorol.
vivisection [viviseksjɔ̃] *f* bywddyraniad *g*.
vivoter [vivɔte] (**1**) *vi* (*personne*) rhygnu byw, crafu bywoliaeth; (*affaire*) dod trwyddi, ymdopi.
vivre[1] [vivʀ] (**61**) *vi* byw; **la victime vit encore** mae'r dioddefydd yn dal yn fyw; **savoir** ~ gwybod sut i fyw; **se laisser** ~ derbyn bywyd fel y daw; **ne plus** ~ (*être anxieux*) bod ar bigau drain trwy'r amser; **il a vécu** (*eu une vie aventureuse*) mae wedi byw bywyd llawn, mae wedi gweld y byd; **ce régime a vécu** mae hi ar ben ar y llywodraeth hon, mae hi wedi darfod ar y llywodraeth hon; **elle est facile/difficile à** ~ mae hi'n hawdd/anodd cyd-dynnu â hi; **faire** ~ **qn** (*pourvoir à sa subsistance*) cynnal rhn, gofalu am anghenion rhn; ~ **bien** (*largement*) byw'n fras; ~ **mal** (*chichement*) byw'n fain; ~ **de** (*salaire etc*) byw ar;
♦*vt* byw; **c'est un peuple qui vit sa foi** cenedl sy'n byw ei chrefydd yw hi.
vivre[2] [vivʀ] *m*: **le** ~ **et le logement** bwyd *g* a llety *g*; ~**s** (*nourriture*) bwyd, bwydydd *ll*.
vivrier (**vivrière**) [vivʀije, vivʀijeʀ] *adj*: **cultures vivrières** cnydau *ll* cynnal.
vlan [vlɑ̃] *excl* clec!, chwap!
v.o. [veo] *sigle f* (= *version originale*) (*CINÉ*) yn yr iaith wreiddiol; ~.~. **sous-titrée** yn yr iaith wreiddiol gydag is-deitlau.
vocable [vɔkabl] *m* (*mot*) term *g*.
vocabulaire [vɔkabylɛʀ] *m* geirfa *b*.
vocal (**-e**) (**vocaux, vocales**) [vɔkal, vɔke] *adj* lleisiol, llafar.
vocalique [vɔkalik] *adj* llafarog.
vocalise [vɔkaliz] *f* ymarferiad *g* canu; **faire des** ~**s** gwneud ymarferiadau canu.
vocaliser [vɔkalize] (**1**) *vt* (*LING*) lleisioli, lleisio;
♦*vi* (*MUS*) gwneud ymarferiadau canu.
vocation [vɔkasjɔ̃] *f* (*REL*) galwad *b*; (*penchant pour une profession*) galwedigaeth *b*; **avoir la** ~ cael *ou* clywed yr alwad.
vociférations [vɔsifeʀasjɔ̃] *fpl* bloeddiadau *ll* croch.
vociférer [vɔsifeʀe] (**14**) *vi, vt* gweiddi'n groch (*gan wylltineb*).
vodka [vɔdka] *f* fodca *g*.
vœu (**-x**) [vø] *m*
1 (*souhait*) dymuniad *g*; **faire un** ~ dymuno, gwneud dymuniad; **faire le** ~ **que ...** dymuno ...; **avec (tous) nos meilleurs** ~**x** gyda'n dymuniadau gorau; ~**x de bonheur** gan

ddymuno pob dedwyddwch i chi; ~**x de bonne année** dymuniadau gorau am y flwyddyn newydd.
2 (*à Dieu*) diofryd *g*; **faire ~ de pauvreté** cymryd arnoch ddiofryd tlodi.
3 (*promesse*) adduned *b*, llw *g*; **faire (le) ~ de faire qch** rhoi'ch llw y gwnewch rhth, addunedu gwneud rhth.

vogue [vɔg] *f* ffasiwn *g,b*, bri *g*; **en ~** yn y ffasiwn, yn ffasiynol.

voguer [vɔge] (**1**) *vi* hwylio; (*fig: pensées*) crwydro

voici [vwasi] *prép* dyma; **les ~** dyma nhw; **en ~ un** dyma un; **me ~** dyma fi; **~ deux ans que ...** mae dwy flynedd ers ...; **elle est partie ~ 3 ans** mae tair blynedd ers iddi fynd; **~ une semaine que je l'ai vue** dyna wythnos ers imi ei gwled hi; **~ qu'arrivent les pompiers** dyma'r brigâd dân (yn cyrraedd).

voie[1], *etc* [vwa] *vb voir* **voir**.

voie[2] [vwa] *f*
1 (*gén: chemin, passage*) ffordd *b*, llwybr *g*; **montrer la ~** (*pays, entreprise*) arwain y ffordd, bod ar y blaen; **montrer la ~ à qn** dangos y ffordd i rn, rhoi rhn ar ben y ffordd; **ouvrir la ~** arloesi, paratoi'r ffordd; **être en bonne ~** datblygu'n dda, gwneud cynnydd, dod yn ei flaen yn dda; **mettre qn sur la ~** rhoi rhn ar y trywydd cywir, rhoi rhn ar ben y ffordd; **en ~ de** (*en cours de*) wrthi, yn ystod; **pays en ~ de développement** gwlad *g* sy'n datblygu; **par la ~ aérienne/maritime** mewn awyren/ar long; **suivre la ~ hiérarchique** mynd trwy'r sianelau swyddogol.
2 (*RAIL*) trac *g*, cledrau *ll*; **~ de garage** cilffordd *b*, seidin *g*; **mettre qn sur une ~ de garage** (*fig*) symud rhn o'r neilltu; **mettre qch sur une ~ de garage** (*fig*) gohirio rhth; **~ ferrée** trac, rheilffordd *b*; **par ~ ferrée** ar y trên.
3 (*AUTO*) lôn *b*; **route à 2/3 ~s** ffordd *b* â dwy/thair lôn, priffordd *b* ddwy/dair lôn; **~ à sens unique** (*en ville*) stryd *b* unffordd; (*à la campagne*) ffordd un lôn; **~ express** ≈ ffordd gyflym; **~ prioritaire** ffordd â blaenoriaeth arni; **~ privée** ffordd breifat; **la ~ publique** y briffordd, y ffordd fawr.
4 (*PHARM*): **par ~ buccale** *neu* **orale** trwy'r genau; **par ~ rectale** yn rhefrol, trwy'r rhefr *ou* rectwm.
5 (*NAUT*): **~ navigable** dyfrffordd *b*; **~ d'eau** (*entrée d'eau*) twll *g*; **le bateau a fait une ~ d'eau** mae'r llong yn gollwng dŵr.
6 (*locutions*): **~ de fait** (*JUR*) ymosodiad *g* a churo; **la V~ lactée** (*ASTRON*) y Llwybr *g* Llaethog.

voilà [vwala] *prép* (*en désignant*) dyna, dacw; **les ~** dyna *ou* dacw nhw; **en ~ un** dyna *ou* dacw un; **~ deux ans** dwy flynedd yn ôl; **~ deux ans que ...** mae hi'n ddwy flynedd ers ...; **et ~!** dyna ni!; **~ tout** dyna'r cwbl *ou* cyfan; **"~"** (*en offrant qch*) "dyna chi", "dyna ti"; **~ qui va bien!** campus!; **la ~ qui arrive** dyna *ou* dacw hi'n cyrraedd.

voilage [vwalaʒ] *m* (*rideau*) llenni *ll* net; (*tissu*) net *b*, meinwe *b*.

voile[1] [vwal] *m* fêl *b*; (*tissu léger*) voile *g,b*, net *g*; (*fig*) llen *b*, cochl *g,b*; (*PHOT*) niwlen *b*; **prendre le ~** (*REL*) mynd yn lleian; **~ au poumon** (*MÉD*) cysgod *g* ar yr ysgyfaint; **~ du palais** (*ANAT*) taflod *b* feddal; **sous le ~ de la nuit** dan lenni'r nos; **sous le ~ de la dévotion** dan gochl duwioldeb.

voile[2] [vwal] *f* (*SPORT: de bateau*) hwyl *b*; **mettre à la ~** (*NAUT*) mynd dan hwyliau; **faire ~ vers** hwylio tuag at.

voiler [vwale] (**1**) *vt* rhoi *ou* tynnu fêl dros rth; (*fig*) rhoi *ou* tynnu llen dros rth; (*fausser: roue*) ystumio, plygu; (*:bois*) camu, anffurfio; ♦ **se ~** *vr* (*ciel*) niwlio, mynd yn niwlog, mynd yn dawchlyd; (*TECH: roue, disque*) plygu; (*:planche*) mynd yn gam, ystumio; **se ~ la face** cuddio'ch wyneb.

voilette [vwalɛt] *f fêl b fach (ar het).*

voilier [vwalje] *m* (*bateau*) llong *b* hwyliau; (*bateau de plaisance*) cwch *g ou* bad *g* hwyliau, iot *b*.

voilure [vwalyʀ] *f* (*de voilier*) hwyliau *ll*; (*d'avion*) aerwyneb *g*, aeroffoil *g*; (*d'un parachute*) canopi *g*.

voir [vwaʀ] (**44**) *vt* gweld; (*se représenter*) gweld, dychmygu; (*étudier: dossier, circulaire*) darllen; (*:leçon*) mynd dros; (*:problème*) ystyried, edrych ar; **je te vois venir** mi wn i be' sy' gen ti dan sylw; **faire ~ qch à qn** dangos rhth i rn; (*fig*) bod yn graff; **ne pas pouvoir ~ qn** (*fig*) casáu rhn â chas perffaith, methu dioddef rhn; **c'est ce qu'on va ~!** cawn ni weld beth am hynny!, dyna beth welwn ni!;
♦*vi* gweld; (*comprendre*) gweld, deall; **je vois** 'rwy'n deall, 'wela' i; **regardez-~** edrychwch; **montrez-~** dangoswch e *ou* hi i mi; **dites-~** dywedwch i mi; **~ loin** gweld yn bell; **voyons!** gadewch *ou* 'dewch inni weld!; (*indignation*) dewch ymlaen!; **c'est à ~!** cawn ni weld!; **c'est à vous de ~** eich lle chi yw dewis, chi biau'r dewis; **~ à faire qch** gwneud yn siwr y gwneir rhth, sicrhau y gwneir rhth; **en faire ~ à qn** (*fig*) gwneud pethau yn galed i rn; **avoir quelque chose à ~ avec** bod a wnelo â; **cela n'a rien à ~ avec elle** nid ei busnes hi yw, 'does a wnelo hi ddim â'r peth;
♦ **se ~** *vr* eich gweld eich hun; **cela se voit** (*cela arrive*) mae'n digwydd; (*c'est évident*) mae'n amlwg.

voire [vwaʀ] *adv* felly, yn wir; (*et même*) hyd yn oed; (*marquant le doute*) (yn) wir?, o ddifrif?.

voirie [vwaʀi] *f* rhwydwaith *g* ffyrdd; (*entretien*) cynhaliaeth *b* a chadwraeth *b* y ffyrdd; (*administration*) adran *b* ffyrdd; **service de** ~ (*nettoyage des voies publiques*) *gwasanaeth g glanhau strydoedd.*

vois *etc* [vwa] *vb voir* **voir**.

voisin[1] (-e) [vwazɛ̃, in] *adj* cymdogol, agos; (*contigu*) nesaf at; (*ressemblant*) tebyg, o'r un natur â.

voisin[2] [vwazɛ̃] *m* cymydog *g*; ~ **de palier** (*dans un immeuble*) rhn sy'n byw ar yr un llawr; **nos** ~**s d'à-côté** y bobl drws nesaf, ein cymdogion drws nesaf; **mon** ~ **de table** yr un sydd *ou* oedd yn eistedd wrth fy ochr i; **venir en** ~ galw heibio i rn, rhoi tro am rn, dod i edrych am rn.

voisine [vwazin] *f* cymydoges *b*; ♦*adj f voir* **voisin**[1].

voisinage [vwazinaʒ] *m* (*proximité*) agosrwydd *g*; (*environs*) cymdogaeth *b*, bro *b*; (*quartier*) ardal *b*; (*voisins*) cymdogion *ll*; **être en bon** ~ **avec qn** byw'n gymdogol â rhn, bod yn gymwynasgar â rhn.

voisiner [vwazine] (**1**) *vi*: ~ **avec qn/qch** bod ochr yn ochr â rhn/rhth.

voit [vwa] *vb voir* **voir**.

voiture [vwatyʀ] *f* car *g*, modur *g*; (*RAIL: wagon*) cerbyd *g* trên; (*véhicule: pour voyageurs*) cerbyd; (*:pour marchandises*) cart *g*, trol *b*; **en** ~! (*RAIL*) pawb ar y trên!; ~ **à bras** berfa *b* drol, hancart *g*; ~ **d'enfant** pram *g*, coetsh *b* fach; ~ **d'infirme** cadair *b* olwyn; ~ **de sport** sbortscar *g*; ~ **piégée** car ffrwydrol.

voiture-lit (~s-~s) [vwatyʀli] *f* (*RAIL*) cerbyd *g* cysgu.

voiture-restaurant (~s-~s) [vwatyʀʀɛstɔʀɑ̃] *f* (*RAIL*) cerbyd *g* bwyta.

voix [vwɑ] *f* llais *g*; (*POL*) pleidlais *b*; **la** ~ **de la conscience/raison** llais cydwybod/rheswm; **à haute** ~ nerth eich pen; **à** ~ **basse** yn isel, mewn llais isel; **faire la grosse** ~ siarad yn gryg; **avoir de la** ~ bod â llais da; **rester sans** ~ aros yn fud; **à 2/4** ~ (*MUS*) i 2/4 llais; **avoir/ne pas avoir** ~ **au chapitre** bod â llais/heb lais yn y mater; **mettre qch aux** ~ gofyn pleidlais ar rth; ~ **de basse/de ténor** llais bas/tenor.

vol[1] [vɔl] *m* (*action*) hedfan; (*trajet*) ehediad *g*; (*groupe d'oiseaux*) haid *b*; **à** ~ **d'oiseau** fel yr hed y frân, fel mae'r frân yn hedfan; **au** ~ (*attraper qch*) yn yr awyr; (*saisir qch*) wrth iddo fynd heibio; **en** ~ yn hedfan; **prendre son** ~ hedfan ymaith; **de haut** ~ (*fig*) penigamp, di-ail; ~ **à voile** gleidio; ~ **de nuit** ehediad nos; ~ **en palier** (*AVIAT*) ehediad llorweddol; ~ **plané** (*AVIAT*) gleidio; ~ **sur aile delta,** ~ **libre** (*SPORT*) barcuta.

vol[2] [vɔl] *m*
1 (*gén: mode d'appropriation, larcin*) lladrad *g*, ysbeiliad *g*, lladrata, dwyn; ~ **à l'étalage** dwyn o siopau, siopladrad *g*; ~ **à la tire** lladrata pocedi, pocedladrad *g*; ~ **à main armée** ysbeiliad *ou* lladrad arfog.
2 (*JUR*): ~ **avec effraction** lladrad *g* gan dorri i mewn; ~ **qualifié** lladrad gwaethedig, byrgleriaeth *b* waethedig; ~ **simple** lladrad, dwyn.

vol. *abr*(= *volume*) cyfaint *g*.

volage [vɔlaʒ] *adj* gwamal, anwadal.

volaille [vɔlɑj] *f* dofednod *ll*; (*oiseau*) iâr *b*, ffowlyn *g*, aderyn *g*.

volailler [vɔlɑje] *m* dofednwr *g*, gwerthwr *g* dofednod.

volant[1] (-e) [vɔlɑ̃, ɑ̃t] *adj* sy'n hedfan; **personnel** ~ (*AVIAT*) criw *g* awyren.

volant[2] [vɔlɑ̃] *m* olwyn *b* lywio, llyw *g*; (*de badminton*) gwennol *b*; (*bande de tissu*) fflowns *b*; (*feuillet détachable*) bonyn *g*, darn *g* o bapur datodadwy; **les** ~**s** (*AVIAT*) criw *g* awyren; ~ **de sécurité** (*fig*) cronfa *b* gadw, cronfa wrth gefn.

volatil (-e) [vɔlatil] *adj* (*CHIM*) anweddol; (*fig*) diflanedig.

volatile [vɔlatil] *m* (*volaille*) iâr *b*, ffowlyn *g*; (*oiseau*) aderyn *g*; ♦*adj f voir* **volatil**.

volatiliser [vɔlatilize] (**1**): **se** ~ *vr* diflannu i'r gwynt; (*CHIM*) anweddu.

vol-au-vent [vɔlovɑ̃] *m inv* vol-au-vent *g*.

volcan [vɔlkɑ̃] *m* llosgfynydd *g*, folcano *g*; (*fig: personne*) cath *b* wyllt; ~ **éteint/en sommeil/en activité** llosgfynydd marw/mud/byw.

volcanique [vɔlkanik] *adj* folcanig; (*fig*) tanbaid.

volcanologie [vɔlkanɔlɔʒi] *f* fwlcanoleg *b*.

volcanologue [vɔlkanɔlɔg] *m/f* fwlcanolegwr *g*, fwlcanolegwraig *b*.

volée [vɔle] *f* (*d'oiseaux*) haid *b*; (*d'enfants*) llu *g*, haid; (*de coups, projectiles*) cawod *b*; (*d'escalier*) rhes *b*; (*TENNIS*) foli *b*; **à la** ~ yn yr awyr; **lancer à la** ~ lluchio; **semer à la** ~ hau had ar led; **à toute** ~ (*sonner les cloches*) yn gryf, yn egnïol; (*lancer un projectile*) yn rymus; **de haute** ~ (*fig: de haut rang*) o'r dosbarth uchaf, ym mysg y goreuon, ar y blaen; **un écrivain de haute** ~ (*de grande envergure*) awdur *g* mawr ei fri; **donner une bonne** ~ **à qn*** rhoi curfa *b* i rn; **prendre une** ~ (*SPORT, fig*) cael eich curo'n llwyr; **saisir la balle à la** ~ (*fig*) bachu ar y cyfle.

voler[1] [vɔle] (**1**) *vi* hedfan, ehedeg; ~ **de ses propres ailes** (*fig*) sefyll ar eich traed *ou* gwadnau eich hun; ~ **au vent** chwifio'n y gwynt; ~ **en éclats** (*vitre*) malu'n chwilfriw, torri'n yfflon; ~ **au secours de qn** rhuthro i helpu rhn; ~ **dans les plumes de qn*** ymosod ar rn.

voler[2] [vɔle] (**1**) *vt* (*objet*) dwyn, lladrata; (*personne*) ysbeilio (rhn), dwyn (oddi ar rn), lladrata (oddi ar rn); ~ **qch à qn** dwyn rhth oddi ar rn; **on lui a volé son vélo** mae rhywun wedi dwyn ei feic; **on n'est pas volé!** (*fig*) 'rydych yn cael gwerth eich arian!; **tu t'es fait** ~! (*fig*) 'rwyt ti wedi cael dy dwyllo!; ♦*vi* (*voleur*) dwyn, lladrata.

volet [vɔlɛ] *m* (*de fenêtre*) caead *g*; (*AVIAT*) fflap *g*; (*de feuillet, document*) rhan *b*, adran *b*; (*fig: d'un plan, d'une politique*) cyfansoddyn *g*, rhan hanfodol; **trié sur le** ~ detholedig, dethol; ~ **de freinage** (*AVIAT*) fflap brecio.

voleter [vɔl(ə)te] (**12**) *vi* gwibio o gwmpas; (*ruban*) chwifio.

voleur[1] (**voleuse**) [vɔlœʀ, vɔløz] *adj* lladronllyd; **être** ~ **comme une pie** bod â dwylo blewog, bod yn lladronllyd.

voleur[2] [vɔlœʀ] *m* lleidr *g*; ~ **à l'étalage** siopleidr *g*, lleidr mewn siop.

voleuse [vɔløz] *f* lladrones *b*; ~ **à l'étalage** siopladrones *b*, lladrones mewn siop; ♦*adj f voir* **voleur**[1].

volière [vɔljɛʀ] *f* tŷ *g* adar, sŵ *g,b* adar.

volley [vɔlɛ] *m*= **volley-ball**.

volley-ball (~-~**s**) [vɔlɛ(bol)] *m* (*SPORT*) pêl-foli *g*.

volleyeur [vɔlɛjœʀ] *m* chwaraewr *g* pêl-foli, folïwr *g*.

volleyeuse [vɔlɛjøz] *f* chwaraewraig *b* bêl-foli, folïwraig *b*.

volontaire [vɔlɔ̃tɛʀ] *adj* gwirfoddol; (*délibéré*) bwriadol; (*caractère, personne*) penderfynol, ystyfnig; ♦*m/f* gwirfoddolwr *g*, gwirfoddolwraig *b*; **se porter** ~ **pour faire qch** gwirfoddoli i wneud rhth, cynnig gwneud rhth o'ch gwirfodd.

volontairement [vɔlɔ̃tɛʀmɑ̃] *adv* yn wirfoddol, yn ddigymell; (*exprès*) yn fwriadol, o fwriad; (*d'une manière décidée*) yn benderfynol.

volontariat [vɔlɔ̃taʀja] *m* gwasanaeth *g* gwirfoddol.

volontarisme [vɔlɔ̃taʀism] *m* gwirfoddoliaeth *b*.

volontariste [vɔlɔ̃taʀist] *adj* gwirfoddoliaethol.

volonté [vɔlɔ̃te] *f* ewyllys *g,b*; (*énergie, fermeté*) (grym *g*) ewyllys; (*désir, souhait*) dymuniad *g*; **bonne** ~ ewyllys da; **mauvaise** ~ drwgewyllys *g*; **se servir à** ~ cymryd cymaint ag a fynnoch; **"sucrer à** ~**"** "melyser"; **les dernières** ~**s de qn** dymuniadau *ll ou* deisyfiadau *ll* olaf rhn.

volontiers [vɔlɔ̃tje] *adv* yn ewyllysgar, yn wirfoddol; (*avec plaisir*) "yn llawen", "wrth gwrs", "siwr iawn"; (*facilement*) yn rhwydd, yn hawdd.

volt [vɔlt] *m* folt *b*.

voltage [vɔltaʒ] *m* foltedd *g*.

volte-face [vɔltəfas] *f inv* tro *g* pedol; (*fig*) newid *g* llwyr, newid cyfeiriad; **faire** ~-~ gwneud tro pedol; (*fig*) newid yn llwyr.

voltige [vɔltiʒ] *f* (*au cirque*) campau *ll* acrobatig, acrobateg *b*; (*AVIAT*) campau hedfan, aerobateg *b*; (*ÉQUITATION*) campfarchogaeth *b*, campau ar gefn ceffyl; **un numéro de haute** ~ perfformiad *g* acrobatig; (*fig*) peth *g* mentrus, cryn fenter *b*.

voltiger [vɔltiʒe] (**10**) *vi* gwibio (o gwmpas).

voltigeur [vɔltiʒœʀ] *m* (*au cirque*) acrobat *g*; (*MIL*) troedfilwr *g* (*sy'n cario arfau ysgafn*).

voltmètre [vɔltmɛtʀ] *m* foltmedr *g*, foltfesurydd *g*.

volubile [vɔlybil] *adj* siaradus, huawdl; (*BOT*) gwdennog.

volubilis [vɔlybilis] *m* (*BOT*) tegwch *g* y bore, cwlwm *g* y cythraul.

volume [vɔlym] *m* (*MATH, etc*) cyfaint *g*; (*livre*) cyfrol *b*, llyfr *g*; (*intensité: son*) uchder *g*; **faire du** ~ (*gros objets*) cymryd llawer o le, bod yn swmpus ac yn anhwylus; **monter le** ~ codi'r sain, troi'r sain i fyny.

volumétrique [vɔlymetʀik] *adj* cyfeintiol.

volumineux (**volumineuse**) [vɔlyminø, vɔlyminøz] *adj* (*livre*) swmpus, trwchus; (*bagages*) anhwylus; (*seins*) mawr.

volupté [vɔlypte] *f* pleser *g* synhwyrus, pleser cnawdol.

voluptueusement [vɔlyptɥøzmɑ̃] *adv* yn synhwyrus.

voluptueux (**volupteuse**) [vɔlyptɥø, vɔlyptøz] *adj* synhwyrus.

volute [vɔlyt] *f* (*ARCHIT: de colonne*) troell *b*; (*de violon*) sgrôl *b*; ~ **de fumée** pluen *b* o fwg, chwiffiad *g* o fwg.

vomi* [vɔmi] *m* cyfog *g*, chŵyd *g*.

vomir [vɔmiʀ] (**2**) *vt* chwydu, cyfogi, taflu i fyny *ou* lan; (*fumées, vapeur*) chwydu *ou* poeri allan; (*abhorrer*) casáu, ffieiddio; ♦*vi* chwydu, cyfogi, taflu i fyny *ou* lan; **avoir envie de** ~ teimlo yn sâl; **donner envie de** ~ **à qn** (*fig*) codi cyfog *ou* pwys ar rn.

vomissement [vɔmismɑ̃] *m* chwydu, cyfogi; ~**s** cyfog *g*, chŵyd *g*.

vomissure [vɔmisyʀ] *f* cyfog *g*, chŵyd *g*.

vomitif [vɔmitif] *m* cyfoglyn *g*, emetig *g*.

vont [vɔ̃] *vb voir* **aller**.

vorace [vɔʀas] *adj* (*mangeur: appetit*) awchus, gwancus, barus; (*animal*) rheibus.

voracement [vɔʀasmɑ̃] *adv* yn farus, yn awchus, yn wancus, yn rheibus.

voracité [vɔʀasite] *f* awch *g*, gwancusrwydd *g*; (*d'un animal*) rheibusrwydd *g*.

Vortigern [vɔʀtiʒɛʀn] *prm* Gwrtheyrn.

vos [vo] *dét voir* **votre**.

Vosges [voʒ] *prfpl*: **les** ~ mynyddoedd *ll* y Vosges.

vosgien (**-ne**) [voʒjɛ̃, jɛn] *adj* o fynyddoedd y Vosges, o'r Vosges.

Vosgien [voʒjɛ̃] *m* un *g* o ardal y Vosges.

Vosgienne [voʒjɛn] *f* un *b* o ardal y Vosges.

votant [vɔtɑ̃] *m* etholwr *g*, pleidleisiwr *g*.

votante [vɔtɑ̃, ɑ̃t] *f* etholwraig *b*, pleidleiswraig *b*.

vote [vɔt] *m* (*action*) pleidleisio; (*suffrage*) pleidlais *b*; (*ensemble des votants*) etholwyr *ll*; (*consultation, élection*) etholiad *g*; (*de loi*) derbyn, derbyniad *g*; ~ **à**

bulletins secrets, ~ **secret** pleidlais gudd *ou* ddirgel; ~ **à main levée** pleidlais trwy godi dwylo; ~ **par correspondance** pleidlais trwy'r post; ~ **par procuration** pleidlais trwy ddirprwy; ~ **utile** pleidlais dactegol.

voter [vɔte] (**1**) *vt* (*loi, décision*) derbyn; (*projet de loi*) pleidleisio dros;
♦*vi* pleidleisio, bwrw pleidlais; ~ **à droite** pleidleisio dros y Dde; ~ **pour X** pleidleisio dros X; ~ **libéral** pleidleisio dros y Rhyddfrydwyr.

votre (**vos**) [vɔtʀ] *dét* eich; ~ **père et** ~ **mère** eich tad a'ch mam; **et/à/avec/vers/de/ni** ~ **pays** a'ch/i'ch/gyda'ch/tua'ch/o'ch/na'ch gwlad.

vôtre [votʀ] *pron*
1 (*gén*): **le** ~, **la** ~, **les** ~**s** eich, eich un chi, eich eiddo chi; **à la** ~ (*toast*) iechyd da!; **ce sac n'est pas le** ~ nid eich bag chi mo hwn; **nos enfants sont sortis avec les** ~**s** fe aeth ein plant ni allan gyda'ch plant chi *ou* gyda'ch rhai chi.
2 (*gens*): **les** ~**s** eich teulu chi, eich pobl chi, eich perthnasau chi.

voudrai *etc* [vudʀe] *vb voir* **vouloir**[1].

voué (**-e**) [vwe] *adj*: ~ **à** wedi'i dynghedu i, wedi'i arfaethu i, yn sicr o; ~ **à l'échec** yn sicr o fethu.

vouer [vwe] (**1**) *vt* (*temps, argent*) rhoi, neilltuo; (*amour, fidelité*) addunedu, addo; (*REL*) cysegru; ~ **sa vie** cysegru'ch bywyd, rhoi'ch bywyd; ~ **une amitié éternelle à qn** addunedu cyfeillgarwch bythol i rn;
♦ **se** ~ *vr*: **se** ~ **à qch** ymroi i rth, ymgysegru i rth.

vouloir[1] [vulwaʀ] (**45**) *vt* (vouloir que + subj)
1 (*exiger*) (bod ag) eisiau, mynnu, gofyn, (y)mofyn, moyn; **je veux que tu répondes** 'rwy'n mynnu dy fod yn ateb; **la tradition veut que ...** mae traddodiad yn mynnu ...; ~ **que qn fasse qch** mynnu bod rhn yn gwneud rhth; **je ne veux pas qu'elle parte** nid wyf yn fodlon iddi fynd; **le hasard a voulu que ...** mae wedi'i dynghedu ..., mynnodd ffawd ...; **que me veut-elle?** beth sydd arni hi ei eisiau gennyf?, beth a fyn hi gen i?; **elle vend son vélo, elle en veut 2 000 F** mae hi'n gwerthu ei beic, mae hi'n gofyn 2 000 ffranc amdano; **elle veut absolument venir** mae hi'n benderfynol o ddod.
2 (*désirer, souhaiter*) (bod ag) eisiau, hoffi, caru, dymuno, (y)mofyn, moyn; ~ **qch à qn** dymuno rhth i rn; **je voudrais un kilo de pommes de terre** ≈ ga' i ddau bwys o datws?; **elle voudrait être lexicographe** hoffai hi fod yn eiriadurwraig; **je veux de la paix** 'rwy'n dymuno llonydd; **voulez-vous du thé?** a gymerwch chi de?; **veux-tu venir?** a garet ti ddod?; **elle veut vous parler** mae arni eisiau siarad â chi; **veut-elle des chaussures neuves?** a yw hi am gael esgidiau newydd?; **sans le** ~ yn anfwriadol, yn ddamweiniol, heb fwriadu.
3 (*consentir*): **je veux bien** (*bonne volonté*) â chroeso, yn llawen; (*concession*) iawn, o'r gorau; **oui, si vous voulez** siwr iawn, os mynnwch chi; **veuillez attendre** arhoswch os gwelwch yn dda; **veuillez agréer ...** (*formule épistolaire*) yr eiddoch yn gywir; **veux-tu répéter ta question s'il te plaît** wnei di ailadrodd dy gwestiwn os gweli di'n dda; **voulez-vous bien d'elle comme membre de la société** a fuasech chi'n fodlon ei chael hi fel aelod o'r gymdeithas?; **comme vous voudrez** fel y mynnoch *ou* mynnwch; **comme vous voulez** beth bynnag a fynnoch chi, chi sydd i benderfynu.
4 (*s'attendre à*) disgwyl; **comment veux-tu que je sache?** sut wyt ti'n disgwyl i mi wybod?; **que veux-tu que j'y fasse?** beth wyt ti'n disgwyl imi ei wneud yn ei gylch?.
▶ **en vouloir à**: **en** ~ **à qn** dal dig yn erbyn rhn; **s'en** ~ **de qch** bod yn edifar am rth; **s'en** ~ **d'avoir fait qch** edifarhau ichi wneud rhth; **elle en veut à mon argent** ar ôl f'arian y mae hi.
▶ **vouloir de** dymuno; **je voudrais de ce fromage** mi garwn beth o'r caws hwn; **elle ne veut pas de son aide** nid oes arni angen ei gymorth; **l'entreprise ne veut plus d'elle** nid oes ar y cwmni ei hangen mwy; **elle ne veut pas de moi** does arni hi ddim o f'eisiau i.
▶ **vouloir dire (que)** (*signifier*) golygu, meddwl; **qu'est-ce que ça veut dire?** beth mae hynny yn ei feddwl?, beth ydi ystyr hynny?;
♦ **se** ~ *vr*
1 (*prétendre être*) bod i fod; **ce livre se veut à jour** mae'r llyfr hwn i fod yn gyfoes; **il se veut courageux** mae'n mynnu ei fod yn ddewr.
2 (*chercher à être*) ceisio bod, mynnu bod; **elle se veut aimable** mae hi'n ceisio bod yn garedig.

vouloir[2] [vulwaʀ] *m*: **le bon** ~ **de qn** ewyllys *g* da rhn; **dépendre du bon** ~ **de qn** dibynnu ar ewyllys da rhn.

voulu (**-e**) [vuly] *pp de* **vouloir**[1];
♦*adj* (*requis*) gofynnol, angenrheidiol; (*délibéré*) bwriadol.

vous[1] [vu] *pron*
1 (*sujet*) (il existe en gallois des formes concises du verbe dont la terminaison indique la personne par ex.) chi; (*forme littéraire*) chwi; ~ **êtes allé(e)s** aethoch chi; ~ **savez** chwi a wyddoch, gwyddoch; ~ **avez chanté** canasoch; ~ **étiez** oeddech, 'roeddech; ~ **avez été suivi(e)s** (*au passif*) dilynwyd chi; ~ **avez été sauvé(e)s** (*au passif*) fe'ch achubwyd chi; **c'est** ~ **qui avez vu le bateau?** (ai) chi a welodd y cwch?; ~ **trois** chi'ch tri *ou* tair.
2 (*complément direct, avec accord du participe passé*) chi, eich, 'ch; **il** ~ **a vu(es)** gwelodd chi, fe'ch gwelodd chi, mae wedi eich gweld

chi; **il ne ~ a pas vu(es)** ni welodd mohonoch, nid yw wedi'ch gweld chi; **elle ~ attend** mae hi'n disgwyl amdanoch, mae hi'n eich aros; **elle va ~ accompagner** mae hi'n mynd i ddod gyda chi, fe ddaw hi gyda chi.
3 (*complément indirect, sans accord du participe passé*) i chi; **je ~ l'ai dit hier** mi ddywedais i wrthych chi ddoe; **il ~ le donne** mae'n ei roi i chi; **elle ~ parlait** 'roedd hi'n siarad â chi.
4 (*réfléchi*) chi'ch hunan, chi'ch hunain; **allez ~ laver les mains** ewch i olchi eich dwylo; **~ pouvez ~ asseoir** cewch chi eistedd, gallwch chi eistedd; **~ pouvez ~ en aller** cewch chi fynd.
5 (*réciproque*) eich gilydd; **~ ~ détestez les un(e)s les autres** 'rydych yn casáu'ch gilydd.
6 (*après prép*) chi; **prenez soins de ~** cymerwch ofal ohonoch eich hun; **un cadeau pour ~** anrheg i chi; **elle s'est fiée à ~** ymddiriedodd hi ynoch chi; **à ~** eich tro chi yw hi, chi sydd i fynd.
7 (*dans une comparaison*) chi; **ils sont plus âgés que ~** maent yn hŷn na chi.

vous[2] [vu] *m*: **employer le ~** defnyddio chi; **dire ~ à qn** galw chi ar rn, galw rhn yn chi.

vous-même [vumɛm] *pron* chi eich hun, chi eich hunan; **~-~s** chi eich hunain.

voûte [vut] *f* (*ARCHIT*) bwa *g*, fowt *b*, cromen *b*; (*porche*) porth *g* bwaog; **la ~ céleste** entrych *g* nef; **~ du palais** (*ANAT*) taflod *b* y genau; **~ plantaire** (*ANAT*) pont *b* y troed *ou* droed.

voûté (**-e**) [vute] *adj* (*cave, pièce*) bwaog, cromennog; (*dos*) crwm(crom)(crymion); (*personne*) cefngrwm, yn eich cwman, yn cwmanu.

voûter [vute] (**1**) *vt* (*ARCHIT*) gordoi, pontio; ♦ **se ~** *vr* (*dos*) plygu, crymu; (*personne*) mynd i'ch cwman, cwmanu.

vouvoiement [vuvwamɑ̃] *m* galw chi ar rn, galw rhn yn chi.

vouvoyer [vuvwaje] (**17**) *vt*: **~ qn** galw chi ar rn, galw rhn yn chi.

voyage [vwajaʒ] *m* taith *b*, siwrnai *b*; (*par mer*) mordaith *b*; **être en ~** bod ar daith; **partir en ~** cychwyn *ou* mynd ar daith; **faire un ~** teithio; **bon ~!** siwrnai dda!; **elle aime le ~** mae hi'n hoffi teithio; **les gens du ~** (*de cirque*) pobl *b* y syrcas; **~ d'affaires** taith fusnes; **~ d'agrément** pleserdaith *b*; **~ de noces** mis *g* mêl; **~ organisé** gwyliau *ll* pecyn; **faire le grand ~** marw, huno.

voyager [vwajaʒe] (**10**) *vi* teithio.

voyageur[1] (**voyageuse**) [vwajaʒœʀ, vwajaʒøz] *adj* (*tempérament*) crwydrol, nomadaidd; **j'ai une sœur voyageuse** (*qui aime voyager*) mae gen i chwaer sy'n hoffi teithio; (*qui voyage beaucoup*) mae gen i chwaer sy'n teithio llawer; **elle est d'humeur voyageuse** mae ysfa crwydro ynddi.

voyageur[2] [vwajaʒœʀ] *m* teithiwr *g*; (*touriste etc*) twrist *g*, ymwelydd *g*; **un grand ~** fforiwr *g* mawr, arloeswr *g* mawr; **~ (de commerce)** trafaeliwr *g*.

voyageuse [vwajaʒøz] *f* teithwraig *b*; (*touriste etc*) twrist *b*, ymwelydd *g*; ♦*adj f voir* **voyageur**[1].

voyagiste [vwajaʒist] *m/f* trefnydd *g* teithiau.

voyais *etc* [vwajɛ] *vb voir* **voir**.

voyance [vwajɑ̃s] *f* clirwelediad *g*

voyant[1] (**-e**) [vwajɑ̃, ɑ̃t] *adj* (*couleur*) llachar, gorliwgar; (*fig*) rhodresgar, coegwych.

voyant[2] [vwajɑ̃] *m* (*personne*) un *g* sy'n gallu gweld; (*extralucide*) clirweledydd *g*; (*AUTO: signal lumineux*) golau *g* rhybuddio.

voyante [vwajɑ̃t] *f* (*personne*) un *b* sy'n gallu gweld; (*extralucide*) clirweledyddes *b*; ♦*adj f voir* **voyant**[1].

voyelle [vwajɛl] *f* llafariad *g*.

voyeur [vwajœʀ] *m* llygadwr *g*.

voyeurisme [vwajœʀism] *m* llygadu, llygadwriaeth *b*, sbecian.

voyeuse [vwajøz] *f* llygadwraig *b*.

voyons [vwajɔ̃] *vb voir* **voir**.

voyou [vwaju] *adj inv* llabystaidd, hwliganaidd; ♦*m* (*enfant*) gwalch *g* bach, cenau *g* bach; (*crapule*) llabwst *g*, hwligan *g*.

VPC [vepese] *sigle f* (= *vente par correspondance*) gwerthiant *g* trwy'r post.

vrac [vʀak]: **en ~** *adv* rywsut-rywsut, ar draws ei gilydd; (*COMM: non emballé*) rhydd; (:*en gros*) mewn crynswth.

vrai[1] (**-e**) [vʀɛ] *adj* gwir, cywir; (*réel*) gwirioneddol, go iawn; (*authentique*) dilys; **à dire ~, à ~ dire** a dweud y gwir; **il est ~ que** mae'n wir ...

vrai[2] [vʀɛ] *m*: **le ~** y gwir *g*, y gwirionedd *g*; **être dans le ~** bod yn gywir.

vraiment [vʀɛmɑ̃] *adv* yn wir, mewn gwirionedd; **"~?"** (*dubitatif*) "wir?", "o ddifrif?"; **il est ~ rapide** (*intensif*) mae'n wirioneddol gyflym.

vraisemblable [vʀɛsɑ̃blabl] *adj* (*plausible*) tebygol, credadwy; (*probable*) tebyg, tebygol; **peu ~** annhebygol.

vraisemblablement [vʀɛsɑ̃blabləmɑ̃] *adv* yn ôl pob tebyg, mwy na thebyg.

vraisemblance [vʀɛsɑ̃blɑ̃s] *f* tebygolrwydd *g*, credadwyedd *g*; (*d'explication*) hygrededd *g*; **selon toute ~** yn ôl pob tebyg, mwy na thebyg.

vraquier [vʀakje] *m* (*NAUT*) llong *b* gludo, llwythlong *b*.

vrille [vʀij] *f* (*d'une plante grimpante*) tendril *g*; (*outil*) gimbil *b*, gwimbled *b*, ebill *g*; (*hélice, spirale*) troell *b*; **descendre en ~** (*AVIAT*) troelli i lawr, gwneud disgynfa droellog; **escalier en ~** grisiau *ll* troellog.

vrillé (**-e**) [vʀije] *adj* (*fil*) cyfrodedd, dirdro, troellog; (*tige*) tendrilog.

vriller [vRije] (**1**) *vt* (*bois*) turio, ebillio, tyllu, rhwyllo;
♦*vi* (*fil*) troelli, cordeddu; (*avion*) troelli, ymdroelli.
vrombir [vRɔ̃biR] (**2**) *vi* (*avion, moteur*) grwnian, grwnan, dirgrynu; (*insecte*) suo.
vrombissant (**-e**) [vRɔ̃bisɑ̃, ɑ̃t] *adj* dirgrynol; (*insecte*) suol.
vrombissement [vRɔ̃bismɑ̃] *m* grŵn *g*, grwnian, dirgryniad *g*; (*d'insecte*) suo.
VRP [veɛRpe] *sigle m*(= *voyageur, représentant, placier*) cynrychiolydd *g*, trafaeliwr *g*.
VTT [vetete] *sigle m*(= *vélo tout terrain*) beic *g* mynydd.
vu[1] (**-e**) [vy] *pp de* **voir**;
♦*adj*: **bien** ~ (*fig: personne*) uchel eich parch; (:*conduite*) derbyniol, moesgar; **mal** ~ (*fig: personne*) di-barch, nas perchir; (:*conduite*) annerbyniol, croes i'r drefn; **ni** ~ **ni connu** yr hyn ni welo llygad ni ddoluria galon; **c'est tout** ~ mae'r peth yn anochel, mae'r diwedd yn amlwg o'r dechrau.
vu[2] [vy] *prép* (*en raison de*) o ystyried, gyda golwg ar; ~ **que** o gofio ..., o ystyried ...
vu[3] [vy] *m*: **au** ~ **et au su de tous** yn agored ac ar goedd gwlad.
vue [vy] *f* (*sens*) golwg *g*; (*panorama*) golygfa *b*; (*spectacle*) golwg *b*; ~**s** (*idées*) meddyliau *ll*, barnau *ll*; (*dessein*) bwriadau *ll*; **perdre la** ~ colli'ch golwg, mynd yn ddall; **perdre qn de** ~ colli golwg ar *ou* o rn; **à la** ~ **de tous** yng ngŵydd pawb; **hors de** ~ allan o'r golwg, anweladwy; **à première** ~ ar yr olwg gyntaf; **connaître qn de** ~ adnabod rhn o ran ei weld; **à** ~ (*COMM*) gyntaf y'i gwelir; **payable à** ~ taladwy ar alwad *ou* orchymyn; **tirer sur qn à** ~ saethu rhn gyntaf y gwelwch ef; **à** ~ **d'œil** yn weladwy; (*à première vue*) ar gipolwg; **avoir** ~ **sur la mer** (*suj: fenêtre, chambre*) bod â golygfa dros y môr; **chambre ayant** ~ **sur le jardin** ystafell sy'n edrych allan ar yr ardd; **en** ~ o fewn golwg, yn weladwy; **avoir qch en** ~ bod â rhth mewn golwg; **en** ~ **de la côte** o fewn golwg y tir; **en** ~ **de faire qch** gyda'r bwriad o wneud rhth, gyda golwg ar wneud rhth; ~ **d'ensemble** arolwg *g* dros y cyfan; ~ **de l'esprit** barn *b* ddamcaniaethol;
♦*adj f voir* **vu**[1].
vulcanisation [vylkanizasjɔ̃] *f* fwlcaneiddio.
vulcaniser [vylkanize] (**1**) *vt* fwlcaneiddio.
vulcanologie [vylkanɔlɔʒi] *f*= **volcanologie**.
vulcanologue [vylkanɔlɔg] *m/f*= **volcanologue**.
vulgaire [vylgɛR] *adj* (*grossier*) di-chwaeth, fwlgar, comon, cwrs, aflednais; (*commun*) cyffredin; (*trivial*) ystrydebol, di-nod; (*langue*) sathredig.
vulgairement [vylgɛRmɑ̃] *adv* yn gwrs, yn fwlgar, yn gyffredin.
vulgarisation [vylgaRizasjɔ̃] *f* poblogeiddio; **ouvrage de** ~ gwaith *g* sydd yn poblogeiddio.
vulgariser [vylgaRize] (**1**) *vt* (*connaissances*) poblogeiddio; (*rendre vulgaire*) gwneud yn aflednais.
vulgarité [vylgaRite] *f* fwlgareiddiwch *g*, aflednеisrwydd *g*.
vulnérabilité [vylneRabilite] *f* natur *b* hawdd eich brifo, hyglwyfedd *g*.
vulnérable [vylneRabl] *adj* hawdd eich brifo, clwyfadwy, archolladwy, hyglwyf.
vulve [vylv] *f* fwlfa *g*; (*de vache etc*) llawes *b* goch.
Vve, **vve** *abr*= **veuve**

W

W[1], **w** [dubləve] *m inv* (*lettre*) W, w *b*, y llythyren W.
W[2] [dubləve] *abr*(= *watt*) (*ÉLEC*) wat *g*.
wagon [vagɔ̃] *m* (*de voyageurs*) cerbyd *g* trên; (*de marchandises*) wagen *b* nwyddau, trỳc *g*; **monter en** ~ mynd *ou* esgyn i drên.
wagon-citerne (**~s-~s**) [vagɔ̃sitɛʀn] *m* (*RAIL*) tancer *g,b*.
wagon-lit (**~s-~s**) [vagɔ̃li] *m* (*RAIL*) cerbyd *g* cysgu.
wagonnet [vagɔnɛ] *m* (*MIN*) dram *b*, wagen *b*.
wagon-poste (**~s-~s**) [vagɔ̃pɔst] *m* (*RAIL*) fan *b* bost.
wagon-restaurant (**~s-~s**) [vagɔ̃ʀɛstɔʀɑ̃] *m* (*RAIL*) cerbyd *g* bwyta.
walkman® [wɔkman] *m* walkman©, stereo *b* bersonol.
wallon[1] (**-ne**) [walɔ̃, ɔn] *adj* Walwnaidd.
wallon[2] [walɔ̃] *m* (*LING*) Walwneg *b,g*.
Wallon [walɔ̃] *m* Walwniad *g*, Walŵn *g*.
Wallonie [walɔni] *prf ardal o Wlad Belg lle siaredir Ffrangeg.*
Wallonne [walɔn] *f* Walwniad *b*, Walŵn *b*.
water-polo [watɛʀpɔlo] *m* (*SPORT*) polo *g* dŵr.
waters [watɛʀ] *mpl* tŷ *g* bach, toiled *g*; **où sont les ~?** ble mae'r tŷ bach?
watt [wat] *m* (*ÉLEC*) wat *g*.
W.-C. [vese] *mpl* tŷ *g* bach.
week-end (**~-~s**) [wikɛnd] *m* penwythnos *g*; **partir en** ~ mynd i ffwrdd dros y Sul.
western [wɛstɛʀn] *m* ffilm *b* gowboi.
whisky (**whiskies**) [wiski] *m* wisgi *g*, chwisgi *g*.
white-spirit (**~-~s**) [wajtspiʀit] *m* gwirod *g,b* gwyn *ou* wen, sbirit *g* gwyn.
Winchester [winʃɛstɛʀ] *prm*: **disque** ~ (*INFORM*) disg *g* Winchester

X[1], **x** [iks] *m inv* (*lettre*) X, x *b*, y llythyren X; **plainte contre X** (*JUR*) achos *g* yn erbyn person neu bersonau anhysbys, achos yn erbyn rhywun neu rywrai anhysbys; **Monsieur X** Mister X; **film classé X** ffilm *b* bornograffaidd; **je te l'ai dit x fois** 'rwyf wedi dweud wrthyt ti gant a mil o weithiau.
X[2] [iks] *sigle m*(= *École Polytechnique*) *prifysgol sydd yn arbenigo mewn gwyddoniaeth a thechnoleg gydag arholiadau mynediad cystadleuol iawn.*
xénophobe [gzenɔfɔb] *m/f* estrongasäwr *g*, estrongasawraig *b*.
xénophobie [gzenɔfɔbi] *f* estrongasineb *g*, estrongasedd *g*, senoffobia *g*.
xérès [gzeʀɛs] *m* sieri *g*.
xylographie [gzilɔgʀafi] *f* engrafio ar bren; (*image*) engrafiad *g* ar bren.
xylophone [gzilɔfɔn] *m* (*MUS*) seiloffon *g*

Y

Y, **y** [igʀɛk] *m inv* (*lettre*) Y, y *b*, y llythyren Y.
y [i] *adv* (*à cet endroit, là*) yn y fan yna, yn y fan acw; (*dessus*) arno/arni/arnynt; (*dedans*) ynddo/ynddi/ynddynt; **nous ~ sommes** dyma ni, 'rydym wedi cyrraedd;
♦*pron* (*à ça*): **j'~ pense** 'rwy'n meddwl am y peth; **s'~ entendre, s'~ connaître** bod yn fedrus, medru gwneud rhth yn dda, gwybod eich pethau; **je n'~ suis pour rien** nid yw'n fusnes i mi, nid oes a wnelo hynny ddim â mi; **ça ~ est! c'est fait** dyna ni! mae wedi'i wneud *voir aussi* **aller**.
▶ **il y a ...** mae yna ...; **il ~ avait** 'roedd yna; **il ~ a trois voitures dans le parking** mae yna dri char yn y maes parcio; **du café? il n'~ en a plus** coffi? 'does 'na ddim ar ôl; **il n'~ a qu'à demander*** dim ond gofyn sydd angen *voir aussi* **avoir**.
yacht ['jɔt] *m* cwch *g* hwylio, iot *b*, pleserlong *b*.
yaourt ['jauʀt] *m* iogwrt *g*; ~ **nature/aromatisé/aux fruits** iogwrt plaen/â blas/ffrwythau.

yaourtière ['jauʀtjɛʀ] *f* peiriant *g* gwneud iogwrt.
YCF [igʀɛkseɛf] *sigle m*(= *Yacht Club de France*) *Clwb Hwylio Ffrainc.*
Yémen ['jemɛn] *prm*: **le** ~ Yemen *b*.
yéménite ['jemenit] *adj* Yemenaidd, o Yemen.
yeux ['jø] *mpl de* **œil**.
yoga ['jɔga] *m* ioga *g,b*; **faire du** ~ gwneud ioga.
yoghourt ['jɔguʀt] *m*= **yaourt**.
yole ['jɔl] *f* (*NAUT*) sgiff *g,b*.
yougoslave ['jugɔslav] *adj* Iwgoslafaidd.
Yougoslave ['jugɔslav] *m/f* Iwgoslafiad *g/b*.
Yougoslavie ['jugɔslavi] *prf*: **la** ~ Iwgoslafia *b*.
youyou ['juju] *m* bad *g ou* cwch *g* tendio, dingi *g*.
yo-yo [jojo] *m inv* io-io *g*.
yucca ['juka] *m* (*BOT*) iwca *g*

Z

Z, z [zɛd] *m inv* (*lettre*) Z, z *b*, y llythyren Z.
ZAC [zak] *sigle f*(= *zone d'aménagement concerté*) ardal *b* ddatblygu cyfunedig.
ZAD [zad] *sigle f*(= *zone d'aménagement différé*) ardal *b* wedi'i neilltuo ar gyfer datblygiad.
Zaïre [zaiʀ] *prm*: **le** ~ Saïr *b*.
zaïrois (**-e**) [zaiʀwa, waz] *adj* Saïraidd.
Zaïrois [zaiʀwa] *m* Saïriad *g*.
Zaïroise [zaiʀwaz] *f* Saïriad *b*.
Zambie [zɑ̃bi] *prf*: **la** ~ Sambia *b*.
zambien (**-ne**) [zɑ̃bjɛ̃, jɛn] *adj* Sambiaidd.
Zambien [zɑ̃bjɛ̃] *m* Sambiad *g*.
Zambienne [zɑ̃bjɛn] *f* Sambiad *b*.
zapper [zape] *vi* (*TV*) newid sianelau.
zèbre [zɛbʀə] *m* (*ZOOL*) sebra *g*; (*individu: fam*) bachgen *g*, boi *g*; **un drôle de** ~ dyn *g* od, bachgen rhyfedd; **courir comme un** ~ rhedeg fel milgi.
zébré (**-e**) [zebʀe] *adj* streipiog, rhesog.
zébrure [zebʀyʀ] *f* streipen *b*, rhesen *b*.
zélateur [zelatœʀ] *m* eithafwr *g*.
zélatrice [zelatʀis] *f* eithafwraig *b*.
zèle [zɛl] *m* brwdfrydedd *g*, sêl *b*; **faire du** ~ (*péj*) bod yn orselog.
zélé (**-e**) [zele] *adj* selog, brwdfrydig.
zénith [zenit] *m* anterth *g*; (*fig*) uchafbwynt *g*, brig *g*; **au** ~ **de leur gloire** ar anterth eu bri.
ZEP [zɛp] *sigle f*(= *zone d'éducation prioritaire*) ardal *b* sy'n derbyn cymorth addysg arbennig.
zéro [zeʀo] *adj* (*chiffre, nombre*) sero *g*, dim *g*; ~ **heure** hanner *g* nos;
♦*m* dim; **au-dessus/au-dessous de** ~ (*température*) uwch na sero/is na sero; **réduire à** ~ gostwng i ddim, dileu rhth yn llwyr; **partir de** ~ dechrau o'r dechrau, cychwyn o ddim; **gagner par trois buts à** ~ ennill o dair gôl i ddim; **avoir la boule à** ~* bod â phen wedi'i eillio.
zeste [zɛst] *m* (*CULIN: de citron*) croen *g*; **un** ~ **de citron** darn o groen lemwn; **un** ~ **de chance** (*fig*) tipyn *g* o lwc.
zézaiement [zezɛmɑ̃] *m* tafod *g* tew, bloesgni *g*, lisb *g,b*.
zézayer [zezeje] (**18**) *vi* bloesgi, siarad â thafod tew, lisbian.
ZI [ʒɛdi] *sigle f*(= *zone industrielle*) stad *b* ddiwydiannol.
zibeline [ziblin] *f* (*ZOOL*) bele *g*, sabl *g*; (*fourrure*) blew *g* bele *ou* sabl.
zigouiller* [ziguje] (**1**) *vt* lladd.
zigzag [zigzag] *m* igam-ogam *g*; (*point de machine à coudre*) pwyth *g* igam-ogam; **une route en** ~ ffordd *b* droellog.
zigzaguer [zigzage] (**1**) *vi* igam-ogamu, mynd igam-ogam.
Zimbabwe [zimbabwe] *prm*: **le** ~ Simbabwe *b*.
zimbabwéen (**-ne**) [zimbabweɛ̃, ɛn] *adj* Simbabweaidd.
Zimbabwéen [zimbabweɛ̃] *m* Simbabwead *g*.
Zimbabwéenne [zimbabweɛn] *f* Simbabwead *b*.
zinc [zɛ̃g] *m* (*CHIM*) sinc *g*; (*comptoir*) cownter *g*, bar *g*; (*avion: fam*) awyren *b*.
zinguer [zɛ̃ge] (**1**) *vt* (*toit*) sincio, gorchuddio â sinc.
zingueur [zɛ̃gœʀ] *m*: (**plombier**) ~ töwr *g*.
zinnia [zinja] *m* (*BOT*) zinnia *g*.
zircon [ziʀkɔ̃] *m* sircon *g*.
zizanie [zizani] *f*: **mettre** *neu* **semer la** ~ hau hadau anghytgord, codi cynnen, creu drwgdeimlad.
zizi* [zizi] *m* (*langage enfantin*) pidyn *g*.
zodiacal (**-e**) (**zodiacaux, zodiacales**) [zɔdjakal, zɔdjako] *adj* sidyddol.
zodiaque [zɔdjak] *m* sidydd *g*; **les signes du** ~ y sygnau *ll*, arwyddion *ll* y sidydd.
zona [zona] *m* (*MÉD*) yr eryr *g*, yr eryrod *ll*; **avoir un** ~ dioddef o'r eryr.
zonage [zonaʒ] *m* (*ADMIN*) dosbarthu yn gylchfaoedd, cylchfaeo.
zonard* [zonaʀ] *m* (*péj: marginal*) dropowt* *g* (*llanc sy'n gwrthod gwerthoedd cymdeithas*), llabwst *g*, hulpyn *g*.

zonarde* [zonaʀd] *f* (*péj: marginale*) dropowt* *g* (*merch ifanc sy'n gwrthod gwerthoedd cymdeithas*), llabystes *b*, hulpen *b*.

zone [zon] *f* (*POL, ADMIN: gén*) ardal *b*, rhanbarth *g*, parth *g*; (*GÉO*) cylchfa *b*; (*INFORM*) maes *g*; (*fig: domaine*) maes; **la** ~ (*quartiers*) y maestrefi *ll* tlawd (*o gwmpas Paris*); **de seconde** ~ (*fig*) eilradd, tila; ~ **bleue** *ardal parcio cyfyngedig*; ~ **d'action** (*MIL*) maes y gad; ~ **d'extension** *neu* **d'urbanisation** ardal ddatblygu (*adeiladu rhagor o dai*); ~ **franche** ardal ddi-doll; ~ **industrielle** stad *b* ddiwydiannol; ~ **piétonnière** parth cerddwyr; ~ **résidentielle** ardal breswyl; ~**s monétaires** ardaloedd *ll* ariannol; ~ **euro** Ewrodir *g*.

zoner* [zone] (**1**) *vt* tin-droi, loetran, cicio'ch sodlau.

zoo [zo(o)] *m* sŵ *g,b*.

zoologie [zɔɔlɔʒi] *f* sŵoleg *b*.

zoologique [zɔɔlɔʒik] *adj* sŵolegol.

zoologiste [zɔɔlɔʒist] *m/f* sŵolegydd *g*, sŵolegwr *g*, sŵolegwraig *b*.

zoom [zum] *m* (*PHOT: objectif*) lens *b* glosio; (*CINÉ*) closiad *g*, closio.

zootechnicien [zooteknisjɛ̃] *m* arbenigwr *g* mewn magu anifeiliaid.

zootechnicienne [zooteknisjɛn] *f* arbenigwraig *b* mewn magu anifeiliaid.

zootechnique [zooteknik] *adj* yn ymwneud â magu anifeiliad.

ZUP [zyp] *sigle f* (= *zone à urbaniser en priorité*) ardal *b* ddatblygu blaenoriaethol.

zut* [zyt] *excl* (*c'est embêtant*) twt!, daria!, daro!; (*tais-toi*) cau dy geg!, cau dy ben!, bydd ddistaw!

(1) chanter

MYNEGOL

Presennol
je chante
tu chantes
il/elle chante
nous chantons
vous chantez
ils/elles chantent

Amherffaith
je chantais
tu chantais
il/elle chantait
nous chantions
vous chantiez
ils/elles chantaient

Gorffennol
je chantai
tu chantas
il/elle chanta
nous chantâmes
vous chantâtes
ils/elles chantèrent

Dyfodol
je chanterai
tu chanteras
il/elle chantera
nous chanterons
vous chanterez
ils/elles chanteront

Perffaith
j'ai chanté
nous avons chanté

Gorberffaith
j'avais chanté

Blaenorol
j'eus chanté

Dyfodol Perffaith
j'aurai chanté

Rhangymeriadau
chantant
chanté(e)(s)
ayant chanté

Amodol Presennol
je chanterais
tu chanterais
il/elle chanterait
nous chanterions
vous chanteriez
ils/elles chanteraient

Amodol Gorffennol 1
j'aurais chanté

Amodol Gorffennol 2
j'eusse chanté

GORCHMYNNOL

Presennol
chante
chantons
chantez

Gorffennol
aie chanté
ayons chanté
ayez chanté

DIBYNNOL

Presennol
que je chante
que tu chantes
qu'il/elle chante
que nous chantions
que vous chantiez
qu'ils/elles chantent

Amherffaith
que je chantasse
que tu chantasses
qu'il/elle chantât
que nous chantassions
que vous chantassiez
qu'ils/elles chantassent

Gorffennol
que j'aie chanté

Gorberffaith
que j'eusse chanté

(2) finir

MYNEGOL

Presennol
je finis
tu finis
il/elle finit
nous finissons
vous finissez
ils/elles finissent

Amherffaith
je finissais
tu finissais
il/elle finissait
nous finissions
vous finissiez
ils/elles finissaient

Gorffennol
je finis
tu finis
il/elle finit
nous finîmes
vous finîtes
ils/elles finirent

Dyfodol
je finirai
tu finiras
il/elle finira
nous finirons
vous finirez
ils/elles finiront

Perffaith
j'ai fini
nous avons fini

Gorberffaith
j'avais fini

Blaenorol
j'eus fini

Dyfodol Perffaith
j'aurai fini

Rhangymeriadau
finissant
fini(e)(s)
ayant fini

Amodol Presennol
je finirais
tu finirais
il/elle finirait
nous finirions
vous finiriez
ils/elles finiraient

Amodol Gorffennol 1
j'aurais fini

Amodol Gorffennol 2
j'eusse fini

GORCHMYNNOL

Presennol
finis
finissons
finissez

Gorffennol
aie fini
ayons fini
ayez fini

DIBYNNOL

Presennol
que je finisse
que tu finisses
qu'il/elle finisse
que nous finissions
que vous finissiez
qu'ils/elles finissent

Amherffaith
que je finisse
que tu finisses
qu'il/elle finît
que nous finissions
que vous finissiez
qu'ils/elles finissent

Gorffennol
que j'aie fini

Gorberffaith
que j'eusse fini

(3) rendre

MYNEGOL

Presennol
je rends
tu rends
il/elle rend
nous rendons
vous rendez
ils/elles rendent

Amherffaith
je rendais
tu rendais
il/elle rendait
nous rendions
vous rendiez
ils/elles rendaient

Gorffennol
je rendis
tu rendis
il/elle rendit
nous rendîmes
vous rendîtes
ils/elles rendirent

Dyfodol
je rendrai
tu rendras
il/elle rendra
nous rendrons
vous rendrez
ils/elles rendront

Perffaith
j'ai rendu
nous avons rendu

Gorberffaith
j'avais rendu

Blaenorol
j'eus rendu

Dyfodol Perffaith
j'aurai rendu

Rhangymeriadau
rendant
rendu(e)(s)
ayant rendu

Amodol Presennol
je rendrais
tu rendrais
il/elle rendrait
nous rendrions
vous rendriez
ils/elles rendraient

Amodol Gorffennol 1
j'aurais rendu

Amodol Gorffennol 2
j'eusse rendu

GORCHMYNNOL

Presennol
rends
rendons
rendez

Gorffennol
aie rendu
ayons rendu
ayez rendu

DIBYNNOL

Presennol
que je rende
que tu rendes
qu'il/elle rende
que nous rendions
que vous rendiez
qu'ils/elles rendent

Amherffaith
que je rendisse
que tu rendisses
qu'il/elle rendît
que nous rendissions
que vous rendissiez
qu'ils/elles rendissent

Gorffennol
que j'aie rendu

Gorberffaith
que j'eusse rendu

(4) se laver

MYNEGOL

Presennol
je me lave
tu te laves
il/elle se lave
nous nous lavons
vous vous lavez
ils/elles se lavent

Amherffaith
je me lavais
tu te lavais
il/elle se lavait
nous nous lavions
vous vous laviez
ils/elles se lavaient

Gorffennol
je me lavai
tu te lavas
il/elle se lava
nous nous lavâmes
vous vous lavâtes
ils/elles se lavèrent

Dyfodol
je me laverai
tu te laveras
il/elle se lavera
nous nous laverons
vous vous laverez
ils/elles se laveront

Perffaith
je me suis lavé(e)
nous nous sommes lavé(e)s

Gorberffaith
je m'étais lavé(e)

Blaenorol
je me fus lavé(e)

Dyfodol Perffaith
je me serai lavé(e)

Rhangymeriadau
se lavant
lavé(e)(s)
s'étant lavé(e)(s)

Amodol Presennol
je me laverais
tu te laverais
il/elle se laverait
nous nous laverions
vous vous laveriez
ils/elles se laveraient

Amodol Gorffennol 1
je me serais lavé(e)

Amodol Gorffennol 2
je me fusse lavé(e)

GORCHMYNNOL

Presennol
lave-toi
lavons-nous
lavez-vous

Gorffennol
anarferedig

DIBYNNOL

Presennol
que je me lave
que tu te laves
qu'il/elle se lave
que nous nous lavions
que vous vous laviez
qu'ils/elles se lavent

Amherffaith
que je me lavasse
que tu te lavasses
qu'il/elle se lavât
que nous nous lavassions
que vous vous lavassiez
qu'ils/elles se lavassent

Gorffennol
que je me sois lavé(e)

Gorberffaith
que je me fusse lavé(e)

(5) aller

MYNEGOL

Presennol
je vais
tu vas
il/elle va
nous allons
vous allez
ils/elles vont

Amherffaith
j'allais
tu allais
il/elle allait
nous allions
vous alliez
ils/elles allaient

Gorffennol
j'allai
tu allas
il/elle alla
nous allâmes
vous allâtes
ils/elles allèrent

Dyfodol
j'irai
tu iras
il/elle ira
nous irons
vous irez
ils/elles iront

Perffaith
je suis allé(e)
nous sommes allé(e)s

Gorberffaith
j'étais allé(e)

Blaenorol
je fus allé(e)

Dyfodol Perffaith
je serai allé(e)

Rhangymeriadau
allant
allé(e)(s)
étant allé(e)(s)

Presennol
j'irais
tu irais
il/elle irait
nous irions
vous iriez
ils/elles iraient

Amodol Gorffennol 1
je serais allé(e)

Amodol Gorffennol 2
je fusse allé(e)

GORCHMYNNOL

Presennol
va
allons
allez

Gorffennol
sois allé(e)
soyons allé(e)s
soyez allé(e)s

DIBYNNOL

Presennol
que j'aille
que tu ailles
qu'il/elle aille
que nous allions
que vous alliez
qu'ils/elles aillent

Amherffaith
que j'allasse
que tu allasses
qu'il/elle allât
que nous allassions
que vous allassiez
qu'ils/elles allassent

Gorffennol
que je sois allé(e)

Gorberffaith
que je fusse allé(e)

(6) avoir

MYNEGOL

Presennol
j'ai
tu as
il/elle a
nous avons
vous avez
ils/elles ont

Amherffaith
j'avais
tu avais
il/elle avait
nous avions
vous aviez
ils/elles avaient

Gorffennol
j'eus
tu eus
il/elle eut
nous eûmes
vous eûtes
ils/elles eurent

Dyfodol
j'aurai
tu auras
il/elle aura
nous aurons
vous aurez
ils/elles auront

Perffaith
j'ai eu
nous avons eu

Gorberffaith
j'avais eu

Blaenorol
j'eus eu

Dyfodol Perffaith
j'aurai eu

Rhangymeriadau
ayant
eu(e)(s)
ayant eu

Presennol
j'aurais
tu aurais
il/elle aurait
nous aurions
vous auriez
ils/elles auraient

Amodol Gorffennol 1
j'aurais eu

Amodol Gorffennol 2
j'eusse eu

GORCHMYNNOL

Presennol
aie
ayons
ayez

Gorffennol
aie eu
ayons eu
ayez eu

DIBYNNOL

Presennol
que j'aie
que tu aies
qu'il/elle ait
que nous ayons
que vous ayez
qu'ils/elles aient

Amherffaith
que j'eusse
que tu eusses
qu'il/elle eût
que nous eussions
que vous eussiez
qu'ils/elles eussent

Gorffennol
que j'aie eu

Gorberffaith
que j'eusse eu

(7) être

MYNEGOL

Presennol
je suis
tu es
il/elle est
nous sommes
vous êtes
ils/elles sont

Amherffaith
j'étais
tu étais
il/elle était
nous étions
vous étiez
ils/elles étaient

Gorffennol
je fus
tu fus
il/elle fut
nous fûmes
vous fûtes
ils/elles furent

Dyfodol
je serai
tu seras
il/elle sera
nous serons
vous serez
ils/elles seront

Perffaith
j'ai été
nous avons été

Gorberffaith
j'avais été

Blaenorol
j'eus été

Dyfodol Perffaith
j'aurai été

Rhangymeriadau
étant
été
ayant été

Amodol Presennol
je serais
tu serais
il/elle serait
nous serions
vous seriez
ils/elles seraient

Amodol Gorffennol 1
j'aurais été

Amodol Gorffennol 2
j'eusse été

GORCHMYNNOL

Presennol
sois
soyons
soyez

Gorffennol
aie été
ayons été
ayez été

DIBYNNOL

Presennol
que je sois
que tu sois
qu'il/elle soit
que nous soyons
que vous soyez
qu'ils/elles soient

Amherffaith
que je fusse
que tu fusses
qu'il/elle fût
que nous fussions
que vous fussiez
qu'ils/elles fussent

Gorffennol
que j'aie été

Gorberffaith
que j'eusse été

(8) faire

MYNEGOL

Presennol
je fais
tu fais
il/elle fait
nous faisons
vous faites
ils/elles font

Amherffaith
je faisais
tu faisais
il/elle faisait
nous faisions
vous faisiez
ils/elles faisaient

Gorffennol
je fis
tu fis
il/elle fit
nous fîmes
vous fîtes
ils/elles firent

Dyfodol
je ferai
tu feras
il/elle fera
nous ferons
vous ferez
ils/elles feront

Perffaith
j'ai fait
nous avons fait

Gorberffaith
j'avais fait

Blaenorol
j'eus fait

Dyfodol Perffaith
j'aurai fait

Rhangymeriadau
faisant
fait(e)(s)
ayant fait

Amodol Presennol
je ferais
tu ferais
il/elle ferait
nous ferions
vous feriez
ils/elles feraient

Amodol Gorffennol 1
j'aurais fait

Amodol Gorffennol 2
j'eusse fait

GORCHMYNNOL

Presennol
fais
faisons
faites

Gorffennol
aie fait
ayons fait
ayez fait

DIBYNNOL

Presennol
que je fasse
que tu fasses
qu'il/elle fasse
que nous fassions
que vous fassiez
qu'ils/elles fassent

Amherffaith
que je fisse
que tu fisses
qu'il/elle fît
que nous fissions
que vous fissiez
qu'ils/elles fissent

Gorffennol
que j'aie fait

Gorberffaith
que j'eusse fait

	Berfenw	Patrwm	Mynegol					Dibynnol	Rhangymeriad	
			Presennol	**Amherffaith**	**Gorffennol Syml**	**Dyfodol**	**Amodol Presennol**	**Presennol**	**Presennol**	**Gorffennol**
9	**placer**	*c*	je place, -es, -e, -ez, -ent	nous placions, -iez	ils/elles placèrent	je placerai …	je placerais …	que je place …		placé, -e
		ç o flaen a ac o	nous plaçons	je plaçais, -ais, -ait, -aient	je plaçai, -as, -a, -âmes, -âtes				plaçant	
10	**manger**	*g*	je mange, -es, -e, -ez, -ent	nous mangions, -iez	ils/elles mangèrent	je mangerai …	je mangerais …	que je mange …		mangé, -e
		ge o flaen *a* ac *o*	nous mangeons	je mangeais, -eais, -eait, -eaient	je mangeai, -as, -a, -âmes, -âtes				mangeant	
11	**appeler**	*ll* o flaen *e* fud	j'appelle, -es, -e, -ent			j'appellerai …	j'appellerais …	que j'appelle, -es, -e, -ent		
		l	nous appelons, -ez	j'appelais …	j'appelai …			que nous appelions, -iez	appelant	appelé, -e
12	**jeter**	*tt* o flaen *e* fud	je jette, -es, -e, -ent			je jetterai …	je jetterais …	que je jette, -es, -e, -ent		
		t	nous jetons, -ez	je jetais …	je jetai …			que nous jetions, -iez	jetant	jeté, -e
13	**acheter**	*è* o flaen sillaf fud	j'achète, -es, -e, -ent			j'achèterai …	j'achèterais …	que j'achète, -es, -e, -ent		
		e	nous achetons, -ez	j'achetais …	j'achetai …			que nous achetions, -iez	achetant	acheté, -e
14	**céder**	*è* o flaen sillaf derfynol fud	je cède, -es, -e, -ent					que je cède, -es, -e, -ent		
		é	nous cédons, -ez	je cédais …	je cédai …	je céderai …	je céderais …	que nous cédions, -iez	cédant	cédé, -e

	Berfenw	Patrwm	Mynegol					Dibynnol	Rhangymeriad	
			Presennol	Amherffaith	Gorffennol Syml	Dyfodol	Amodol Presennol	Presennol	Presennol	Gorffennol
15	**assiéger**	*è* o flaen sillaf derfynol fud	j'assiège, -es, -e, -ent					que j'assiège ...		
		ge o flaen *a* ac o	nous assiégeons	j'assiégeais, -eais, -eait, -eaient	j'assiégeai ...					
		é o flaen sillaf fud				j'assiégerai ...	j'assiégerais ...	que nous assiégions, -iez	assiégeant	assiégé, -e
16	**plier**	*i*	je plie, -es, -e, nous plions, vous pliez, -ent	je pliais, -ais, ait, -aient	je pliai ...	je plierai ...	je plierais ...	que je plie, -es, -e, -ent	pliant	plié, -e
		ii		nous pliions, vous pliiez				que nous pliions, vous pliiez		
17	**employer**	*i* o flaen *e* fud	j'emploie, -es, -e, -ent			j'emploierai ...	j'emploierais ...	que j'emploie, -es, -e, -ent		
		y	nous employons, -ez	j'employais ...	j'employai ...			que nous employions, -iez	employant	employé, -e
18	**payer**	*i* o flaen *e* fud	je paie, -es, -e, -ent			je paierai ...	je paierais ...	que je paie, -es, -e, -ent		
		neu *y*	je paye, -es, -e, -ent			je payerai ...	je payerais ...	que je paye, -es, -e, -ent		
		y	nous payons, -ez	je payais ...	je payai ...			que nous payions, -iez	payant	payé, -e

	Berfenw	Patrwm	Mynegol					Dibynnol	Rhangymeriad	
			Presennol	Amherffaith	Gorffennol Syml	Dyfodol	Amodol Presennol	Presennol	Presennol	Gorffennol
19	**envoyer**	*i* o flaen *e* fud	j'envoie, -es, -e, -ent					que j'envoie, -es, -e, -ent		
		y	nous envoyons, -ez	j'envoyais ...	j'envoyai ...			que nous envoyions, -iez	envoyant	envoyé, -e
		err				j'enverrai ...	j'enverrais ...			
20	**haïr**	*i*	je hais, -s, -t							
		ï	nous haïssons, -ez, -ent	je haïssais ...	je haïs, nous haïmes, vous haïtes	je haïrai ...	je haïrais ...	que je haïsse, qu'il/elle haïsse	haïssant	haï, -e
21	**courir**	*r*	je cours ...	je courais ...	je courus ...			que je coure ...	courant	couru, -e
		rr				je courrai ...	je courrais ...			
22	**cueillir**		je cueille, -es, -e, nous cueillons, -ez, -ent	je cueillais ...	je cueillis ...	je cueillerai ...	je cueillerais ...	que je cueille ...	cueillant	cueilli, -e
23	**assaillir**		j'assaille, -es, -e, nous assaillons, -ez, -ent	j'assaillais ...	j'assaillis ...	j'assaillirai ...	j'assaillirais ...	que j'assaille ...	assaillant	assailli, -e
24	**servir**	heb *v*	je sers, tu sers, il/elle sert							
		v	nous servons, -ez, -ent	je servais ...	je servis ...	je servirai ...	je servirais ...	que je serve ...	servant	servi, -e

	Berfenw	Patrwm	Mynegol					Dibynnol	Rhangymeriad	
			Presennol	Amherffaith	Gorffennol Syml	Dyfodol	Amodol Presennol	Presennol	Presennol	Gorffennol
25	**bouillir**	*ou*	je bous, -s, -t							
		ouill	nous bouillons	je bouillais …	je bouillis …	je bouillirai …	je bouillirais …	que je bouille…	bouillant	bouilli, -e
26	**partir**	heb *t*	je pars, tu pars							
		t	il/elle part, nous partons, -ez, -ent	je partais …	je partis …	je partirai …	je partirais …	que je parte …	partant	parti, -e
27	**fuir**	*i* o flaen cytseiniaid ac *e*	je fuis, -s, -t, -ent		je fuis …	je fuirai …	je fuirais …	que je fuie, -es, -e, -ent		fui, -e
		y o flaen a, ez, i, o	nous fuyons, -ez	je fuyais …				que nous fuyions, -iez	fuyant	
28	**couvrir**		je couvre, -es, -e, nous couvrons …	je couvrais …	je couvris …	je couvrirai …	je couvrirais …	que je couvre, -es, -e, que nous couvrions …	couvrant	couvert, -e
29	**mourir**	*eur/or*	je meurs, -s, -t, -ent					que je meure …		mort, -e
		our	nous mourons, -ez	je mourais …	je mourus …				mourant	
		rr				je mourrai …	je mourrais …			
30	**vêtir**		je vêts, tu vêts, il/elle vêt, nous vêtons …	je vêtais …	je vêtis …	je vêtirai …	je vêtirais …	que je vête …	vêtant	vêtu, -e
31	**acquérir**	*quier*	j'acquiers, -s, -t, ils/elles acquièrent					que j'acquière, -es, -e, -ent		

	Berfenw	Patrwm	Mynegol					Dibynnol	Rhangymeriad	
			Presennol	Amherffaith	Gorffennol Syml	Dyfodol	Amodol Presennol	Presennol	Presennol	Gorffennol
		quér/querr	nous acquérons, -ez	j'acquérais ...		j'acquerrai ...	j'acquerrais ...	que nous acquérions, -iez	acquérant	
		qu			j'acquis					acquis, -e
32	**venir**	*i*	je viens, -s, -t, ils/elles viennent		je vins ..., ils/elles vinrent	je viendrai ...	je viendrais ...	que je vienne, -es, -e, -ent		
		e	nous venons, -ez	je venais ...				que nous venions, -iez	venant	venu, -e
33	**pleuvoir**	amhersonol	il pleut	il pleuvait	il plut	il pleuvra	il pleuvrait	qu'il pleuve	pleuvant	plu
34	**déchoir**	*oi/u*	je déchois, -s, -t, -ent		je déchus ...			que je déchoie, -es, -e, -ent	anarfedig	déchu
		y	nous déchoyons, -ez	je déchoyais ...				que nous déchoyions, -iez		
		rr				je décherrai ...	je décherrais ...			
	choir*	diffygiol	je chois, -s, -t		je chus, nous chûmes	je cherrai *neu* je choirai, nous cherrons *neu* nous choirons				chu
	échoir*	diffygiol	il/elle échoit, ils/elles échoient		il/elle échut	il/elle échoira	il/elle échoirait		échéant	échu
35	**prévoir**	*oi*	je prévois, -s -t, -ent			je prévoirai ...	je prévoirais ...	que je prévoie, -es, -e, -ent		

	Berfenw	Patrwm	Mynegol					Dibynnol	Rhangymeriad	
			Presennol	Amherffaith	Gorffennol Syml	Dyfodol	Amodol Presennol	Presennol	Presennol	Gorffennol
		oy	nous prévoyons, -ez	je prévoyais ...				que nous prévoyions, -iez	prévoyant	
		i/u			je prévis ...					prévu, -e
36	**pourvoir**	*i*	je pourvois, -s, -t, -ent			je pourvoirai ...	je pourvoirais ...	que je pourvoie, -es, -e, -ent		
		y	nous pourvoyons, -ez	je pourvoyais ...				que nous pourvoyions, -iez	pourvoyant	
		u			je pourvus ...					pourvu, -e
37	**asseoir (1)**	*ie*	j'assieds, -ds, -d			j'assiérai ...	j'assiérais ...			
		ey	nous asseyons, -ez, -ent	j'asseyais ...				que j'asseye ..., que nous asseyions ...	asseyant	
		i			j'assis ...					assis, -e
	asseoir (2)	*oi* yn lle *ie*	j'assois, -s, -t, -ent			j'assoirai ...	j'assoirais ...	que j'assoie, -es, -e, -ent		
		oy yn lle *ey*	nous assoyons, -ez	j'assoyais ...				que nous assoyions, -iez	assoyant	
	seoir*	amhersonol a diffygiol	il sied	il seyait		il siéra	il siérait		seyant	

	Berfenw	Patrwm	Mynegol					Dibynnol	Rhangymeriad	
			Presennol	Amherffaith	Gorffennol Syml	Dyfodol	Amodol Presennol	Presennol	Presennol	Gorffennol
38	**mouvoir**	*eu*	je meus, -s, -t, -vent					que je meuve, -es, -e, -ent		
		ou	nous mouvons, -ez	je mouvais ...		je mouvrai ...	je mouvrais ...	que nous mouvions, -iez	mouvant	
		u/û			je mus, -s, -t, -ûmes, -ûtes, -urent					mû, mue
	émouvoir*									ému, -e
	promouvoir*									promu, -e
39	**recevoir**	*ç*	je reçois, -s, -t, ils/elles reçoivent		je reçus ...			que je reçoive, -es, -e, -ent		reçu, -e
		ce	nous recevons, -ez	je recevais ...		je recevrai ...	je recevrais ...	que nous recevions, -iez	recevant	
40	**devoir**	*oi*	je dois, -s, -t, ils/elles doivent					que je doive, -es, -e, -ent		
		e	nous devons, -ez	je devais ...		je devrai ...	je devrais ...	que nous devions, -iez	devant	
		u/û			je dus ...					dû, due
41	**valoir**	*au/aille*	je vaux, -x, -t			je vaudrai ...	je vaudrais ...	que je vaille, -es, -e, -ent		
		al	nous valons, -ez, -ent	je valais ...	je valus ...			que nous valions, -iez	valant	valu, -e
	équivaloir*									équivalu

	Berfenw	Patrwm	Mynegol					Dibynnol	Rhangymeriad	
			Presennol	Amherffaith	Gorffennol Syml	Dyfodol	Amodol Presennol	Presennol	Presennol	Gorffennol
42	**prévaloir**	*au*	je prévaux, -x, -t			je prévaudrai ...	je prévaudrais ...			
		al	nous prévalons, -ez, -ent	je prévalais ...	je prévalus ...			que je prévale, -es, -e, que nous prévalions, -iez, -ent	prévalant	prévalu, -e
43	**falloir**	amhersonol	il faut	il fallait	il fallut	il faudra	il faudrait	qu'il faille	anarfedig	fallu
44	**voir**	*oi*	je vois, -s, -t, -ent					que je voie, -es, -e, -ent		
		oy	nous voyons, -ez	je voyais ...				que nous voyions, -iez	voyant	
		i/err/u			je vis ...	je verrai ...	je verrais ...			vu, -e
45	**vouloir**	veu/veuill	je veux, -x, -t, ils/elles veulent					que je veuille, -es, -e, -ent		
		voul/voudr	nous voulons, -ez	je voulais ...	je voulus ...	je voudrai ...	je voudrais ...	que nous voulions, -iez	voulant	voulu, -e
46	**savoir**		je sais, -s, -t, nous savons, -ez, ils/elles savent	je savais ...	je sus ...	je saurai ...	je saurais ...	que je sache ...	sachant	su, -e
47	**pouvoir**	eu/u	je peux,-x, -t, ils/elles peuvent		je pus ...					pu
		ui	puis-je?					que je puisse ...		

	Berfenw	Patrwm	Mynegol					Dibynnol	Rhangymeriad	
			Presennol	Amherffaith	Gorffennol Syml	Dyfodol	Amodol Presennol	Presennol	Presennol	Gorffennol
		ouv/ourr	nous pouvons, -ez	je pouvais ...		je pourrai ...	je pourrais ...		pouvant	
48	**conclure**		je conclus, -s, -t, nous concluons, -ez, -ent	je concluais ...	je conclus ...	je conclurai ...	je conclurais ...	que je conclue ...	concluant	conclu, -e
	inclure*									inclus, -e
49	**rire**	*i/î*	je ris, -s, -t, nous rions ...	je riais ...	je ris ..., nous rîmes ...	je rirai ...	je rirais ...	que je rie ...	riant	ri
		ii		nous riions, -iez				que nous riions, -iez		
50	**médire**		je médis, -s, -t, nous médisons, vous médisez	je médisais ...	je médis ...	je médirai ...	je médirais ...	que je médise ..., que nous médisions, -iez	médisant	médit
	dire*		vous dites							dit, -e
	redire*		vous redites							redit, -e
51	**suffire**		je suffis, -s, -t, nous suffisons ...	je suffisais ...	je suffis ...	je suffirai ...	je suffirais ...	que je suffise ...	suffisant	suffi
	confire*									confit, -e,
	circoncire*									circoncis, -e
	frire*	diffygiol	je fris, tu fris, il/elle frit			je frirai, tu friras, ils/elles friront	je frirais, tu frirais, ils/elles friraient			frit, -e
52	**conduire**		je conduis ...	je conduisais ...	je conduisis ...	je conduirai ...	je conduirais ...	que je conduise ...	conduisant	conduit, -e

	Berfenw	Patrwm	Mynegol					Dibynnol	Rhangymeriad	
			Presennol	Amherffaith	Gorffennol Syml	Dyfodol	Amodol Presennol	Presennol	Presennol	Gorffennol
	luire*									lui
	nuire*									nui
	reluire*									relui
53	**écrire**	*i*	j'écris, -s, -t			j'écrirai …	j'écrirais …			écrit, -e
		v	nous écrivons, -ez, -ent	j'écrivais …	j'écrivis …			que j'écrive …	écrivant	
54	**suivre**	*ui*	je suis, -s, -t							
		uiv	nous suivons …	je suivais …	je suivis …	je suivrai …	je suivrais …	que je suive …	suivant	suivi, -e
55	**rompre**		je romps, -ps, pt, nous rompons …	je rompais …	je rompis …	je romprai …	je romprais …	que je rompe …	rompant	rompu, -e
56	**battre**	*t*	je bats, -ts, -t							
		tt	nous battons …	je battais …	je battis …	je battrai …	je battrais …	que je batte …	battant	battu, -e
57	**vaincre**	*c*	je vaincs, -cs, -c			je vaincrai …	je vaincrais …			vaincu, -e
		qu	nous vainquons, -ez, -ent	je vainquais …	je vainquis …			que je vainque …	vainquant	
58	**lire**	*i*	je lis, -s, -t			je lirai …	je lirais …			
		is	nous lisons, -ez, -ent	je lisais …				que je lise …	lisant	
		u			je lus …					lu, -e
59	**croire**	*oi*	je crois, -s, -t, ils/elles croient			je croirai …	je croirais …	que je croie …		

	Berfenw	Patrwm	Mynegol					Dibynnol	Rhangymeriad	
			Presennol	Amherffaith	Gorffennol Syml	Dyfodol	Amodol Presennol	Presennol	Presennol	Gorffennol
		oy	nous croyons, -ez	je croyais ...					croyant	
		u			je crus ...					cru, -e
60	**clore**	diffygiol	je clos, -os, -ôt, ils/elles closent	anarferedig	anarferedig	je clorai ...	je clorais ...	que je close ...	closant	clos, -e
	éclore*		il/elle éclot							éclos
	enclore*		il/elle enclot							enclos, -e
61	**vivre**	vi/viv	je vis, -s, -t, nous vivons ...	je vivais ...		je vivrai ...	je vivrais ...	que je vive ...	vivant	
		véc			je vécus ...					vécu, -e
62	**moudre**	oud	je mouds, -ds, -d			je moudrai ...	je moudrais ...			
		oul	nous moulons, -ez, -ent	je moulais ...	je moulus ...			que je moule ...	moulant	moulu, -e
63	**coudre**	oud	je couds, -ds, -d			je coudrai ...	je coudrais ...			
		ous	nous cousons, -ez, -ent	je cousais ...	je cousis ...			que je couse ...	cousant	cousu, -e
64	**joindre**	oin/oind	je joins, -s, -t			je joindrai ...	je joindrais ...			joint, -e
		oign	nous joignons, -ez, -ent	je joignais ...	je joignis ...			que je joigne ...	joignant	
65	**traire**	i	je trais, -s, -t, -ent		anarfaredig	je trairai ...	je trairais ...	que je traie, -es, -e, -ent		trait, -e
		y	nous trayons, -ez	je trayais ...				que nous trayions, -iez	trayant	

	Berfenw	Patrwm	Mynegol					Dibynnol	Rhangymeriad	
			Presennol	Amherffaith	Gorffennol Syml	Dyfodol	Amodol Presennol	Presennol	Presennol	Gorffennol
66	**résoudre**	ou/oudr	je résous, -s, -t			je résoudrai …	je résoudrais …			
		olv	nous résolvons, -ez, -ent	je résolvais …				que je résolve …	résolvant	
		olu			je résolus …					résolu, -e
	absoudre*				anarfedig					absous, -oute,
	dissoudre*				anarfedig					dissous, -oute
67	**craindre**	ain/aind	je crains, -s, -t			je craindrai …	je craindrais …			craint, -e
		aign	nous craignons, -ez, -ent	je craignais …	je craignis …			que je craigne …	craignant	
68	**peindre**	*ein*	je peins, -s, -t			je peindrai …	je peindrais …			peint, -e
		eign	nous peignons, -ez, -ent	je peignais …	je peignis …			que je peigne …	peignant	
69	**boire**	*oi*	je bois, -s, -t, ils/elles boivent			je boirai …	je boirais …	que je boive, -es, -e, -ent		
		u/uv	nous buvons, -ez	je buvais …	je bus …			que nous buvions, -iez	buvant	bu, -e
70	**plaire**	*ai, aît*	je plais, tu plais, il plaît, nous plaisons …	je plaisais …		je plairai …	je plairais …	que je plaise …	plaisant	
		u			je plus …					plu
	taire*	*ai*	il/elle tait							tu, -e

	Berfenw	Patrwm	Mynegol					Dibynnol	Rhangymeriad	
			Presennol	Amherffaith	Gorffennol Syml	Dyfodol	Amodol Presennol	Presennol	Presennol	Gorffennol
71	**croître**	*oî*	je croîs, -s, -t			je croîtrai …	je croîtrais …			
		oiss	nous croissons, -ez, -ent	je croissais …				que je croisse …	croissant	
		û/u			je crûs …					crû, crue
	accroître*									accru, -e
	décroître*									décru
72	**mettre**	*et/ett*	je mets …, nous mettons …	je mettais …		je mettrai …	je mettrais …	que je mette …	mettant	
		i			je mis …					mis, -e
73	**connaître**		je connais, tu connais, nous connaissons, -ssez, -ssent	je connaissais …	je connus …			que je connaisse …	connaissant	connu, -e
		î o flaen *t*	il/elle connaît			je connaîtrai …	je connaîtrais …			
	repaître*				je repus …					repu, -e
74	**prendre**	*end*	je prends, -ds, -d			je prendrai …	je prendrais …			
		en	nous prenons, -ez, ils/elles prennent	je prenais …				que je prenne …	prenant	
		i			je pris …					pris, -e
75	**naître**	*î* o flaen *t*	je nais, tu nais, il naît			je naîtrai …	je naîtrais …			né, -e

	Berfenw	Patrwm	Mynegol					Dibynnol	Rhangymeriad	
			Presennol	Amherffaith	Gorffennol Syml	Dyfodol	Amodol Presennol	Presennol	Presennol	Gorffennol
		iss	nous naissons, -ez, -ent	je naissais ...				que je naisse ...	naissant	
		aqu			je naquis ...					
76	**maudire**		je maudis, -s, -t, nous maudissons, -ez, -ent	je maudissais ...	je maudis ...	je maudirai ...	je maudirais ...	que je maudisse, -s, qu'il/elle maudisse, que nous maudissions ...	maudissant	maudit, -e
77	**gésir**	diffygiol	je gis, tu gis, il/elle gît, nous gisons, -ez, -ent	je gisais ...					gisant	
78	**ouïr**	hynafol	j'ois ..., nous oyons ...	j'oyais ...	j'ouïs ...	j'ouïrai ...	j'ouïrais ...	que j'oie ..., nous oyions ...	oyant	ouï, -e

Ysgrifennu Llythyrau Anffurfiol
At Ffrindiau neu Aelodau o'r Teulu

Ymadroddion Defnyddiol

1 Agoriad

(Mon) cher/(Ma) chère/(Mes) chers ...
Chers amis,
Cher Alain,
Chère tante Marie,
Chers Nadia et Jean-Pierre,
Mon cher Jean,
Ma très chère Odile,
Chers grands-parents,
Mon cher cousin,
Ma chère cousine,

2 Mynegi Diolch

Merci (beaucoup) de ta/votre lettre.
Je te/vous remercie de ta/votre lettre.
J'ai bien reçu ta/votre lettre qui m'a fait beaucoup de plaisir.
J'ai été très content(e) d'avoir de tes/vos nouvelles.
Je suis vraiment désolé(e) de ne pas t'avoir/vous avoir écrit depuis si longtemps et j'espère que tu voudras bien/vous voudrez bien me pardonner; c'est que j'ai eu énormément de travail ces temps-ci, et que ...
Voici bien longtemps que je ne t'ai/vous ai pas donné de mes nouvelles. C'est pourquoi je vous envoie ce petit mot ...

3 Gwneud Sylwadau

Tu as dit que ...
Vous avez dit que ...
C'est très bien.
C'est fantastique.
C'est bien triste.
C'est vraiment affreux.
C'est difficile.
C'est (bien) dommage.
Félicitations.
Tu as de la chance.
Vous avez de la chance.

4 Tynnu at y Diwedd

Maintenant, je dois terminer ma lettre.
Je dois faire mes devoirs.
Je dois sortir.
J'espère bientôt te/vous lire.
En attendant de tes/vos nouvelles, ...
Écris/écrivez-moi bientôt!

5 Diweddglo

Amicalement, ...
(Meilleures) amitiés, ...
Bien cordialement, ...
Ton ami/e, ...
Ton/Ta correspondant/e, ...
Je t'embrasse, ...
(Bien) affectueusement, ...
Grosses bises, ...
Bien des choses à tous, ...
Bons baisers, ...
Bien à toi, ...
À bientôt, ...
Salut!

6 Ychydig yn fwy ffurfiol

Bien amicalement, ...
Cordialement, ...
Amitiés, ...

Ysgrifennu Llythyrau Ffurfiol

Ymadroddion Defnyddiol

1 Agoriad

Monsieur(Messieurs), ...
Madame/Mademoiselle, ...

Os yn gyfarwydd â'r unigolyn
Cher Monsieur, ...
Chère Madame, ...
Chère Mademoiselle, ...
Cher Monsieur, Chère Madame, ...
Chers amis, ...

2 Mynegi Diolch

Je vous remercie de votre lettre du 5 mai.
J'ai bien reçu votre lettre du 8 juin.
J'accuse réception de votre lettre du onze novembre.

3 Gofyn am Rywbeth

Je voudrais vous demander de ...
Je vous prie de ...
Je serais très reconnaissant(e) si vous pouviez ...
Vous seriez très aimable de me faire savoir ...
Je vous serais bien reconnaissant(e) de me faire savoir si vous avez ...
Je vous prie de m'envoyer ... et je joins à cette lettre un chèque au montant de 150 F.
Ayant effectué un séjour d'une semaine dans votre hôtel, je crains d'avoir oublié mon portefeuille en cuir noir. Je vous serais obligé(e) de bien vouloir me faire savoir s'il a été retrouvé après mon départ.
Ayant appris que vous organisez des stages de voile cet été, je vous serais reconnaissant(e) de me faire savoir s'il vous reste des places pour ...
Veuillez m'envoyer ...

4 Ymddiheuro

J'ai le regret de vous faire savoir que ...
Je vous prie d'accepter mes excuses.
Je ne sais pas par où commencer cette lettre et j'espère que vous comprendrez mon embarras.

5 Diweddglo

Os ydych yn gyfarwydd â'r unigolyn
Recevez, je vous prie, mes meilleures amitiés.
Je vous envoie mes bien amicales pensées.

6 Diweddglo

Os nad ydych yn gyfarwydd â'r unigolyn
Je vous prie de croire, (Monsieur/Madame/Mademoiselle), à l'assurance de mes sentiments distingués
Je vous prie de croire, (Monsieur/Madame/Mademoiselle), à l'assurance de mes salutations distinguées.
Veuillez agréer, (Monsieur/Madame/Mademoiselle), l'expression de mes sentiments les meilleurs.
Je vous prie d'accepter, (Madame/Mademoiselle), l'expression de mes respectueux hommages*.
* Pan fo dyn yn cyfarch menyw yn unig.

Expressions Temporelles	Ymadroddion Amser
aujourd'hui	heddiw
demain	yfory
après-demain	trennydd/drennydd
d'ici trois jours	tradwy/dradwy
hier	ddoe
avant-hier	echdoe
avant-hier au soir	echnos
la veille	y diwrnod cynt
le lendemain	drannoeth; y diwrnod canlynol
le surlendemain	ddeuddydd yn ddiweddarach
le matin	y bore
le soir	yr hwyr
la nuit	y nos
ce matin	bore 'ma; bore heddiw
ce soir	heno
cet après-midi	y prynhawn 'ma
hier matin	bore ddoe
hier soir	neithiwr
demain matin	bore yfory
demain soir	nos yfory
dans la nuit du samedi au dimanche	yn ystod nos Sadwrn
il viendra samedi	mae'n dod ddydd Sadwrn
le samedi	ar ddydd Sadwrn
tous les samedis	pob Sadwrn
samedi passé; samedi dernier	dydd Sadwrn diwethaf
samedi prochain	dydd Sadwrn nesaf
samedi en huit	wythnos i ddydd Sadwrn
samedi en quinze	pythefnos i ddydd Sadwrn
du lundi au samedi	o ddydd Llun i ddydd Sadwrn
tous les jours	pob dydd
une fois par semaine	unwaith yr wythnos
une fois par mois	unwaith y mis
deux fois par semaine	dwywaith yr wythnos
il y a une semaine; il y a huit jours	wythnos yn ôl
il y a quinze jours	pythefnos yn ôl
la semaine dernière	wythnos diwethaf
l'année passée; l'année dernière	y llynedd
cette année	eleni
dans deux jours	mewn deuddydd
dans trois jours	mewn tridiau
dans huit jours; dans une semaine	mewn wythnos
dans quinze jours	mewn pythefnos
le mois prochain	y mis nesaf
le mois suivant	y mis canlynol
l'année prochaine	y flwyddyn nesaf
l'année suivante	y flwyddyn ganlynol
quel jour sommes-nous aujourd'hui?	pa ddiwrnod yw hi heddiw?
quelle date sommes-nous aujourd'hui?	beth yw'r dyddiad heddiw?
le 1er/24 octobre, 2000	y 1af/24ain Hydref, 2000
en 1999	ym 1999
mille neuf cent quatre-vingt-dix-neuf	mil naw cant naw deg naw
44 av. J.-C.	44 C.C. (Cyn Crist)
14 apr. J.-C.	14 O.C. (Oed Crist)

au XIXe (siècle)	yn y 19eg ganrif
dans les années trente	yn y tridegau
il était une fois ...	un tro 'roedd yna ...

L'Heure	**Yr Amser**
quelle heure est-il?	faint o'r gloch yw hi?
il est ...	mae hi'n ...
quelle heure avez-vous?	faint o'r gloch yw hi gennych chi?
avez-vous l'heure exacte?	ydy'r amser iawn gennych chi?
avez-vous l'heure exacte?	oes gennych chi'r amser iawn?
d'après ma montre il est 3 h 20	yn ôl fy wats i, mae hi'n 3.20
il est 5 h 37 à ma montre	yn ôl fy wats i, mae hi'n 5.37
minuit	hanner nos
une heure (du matin)	un o'r gloch (y bore)
une heure cinq	pum munud wedi un
une heure dix	deng munud wedi un
une heure et quart	chwarter wedi un
une heure vingt	ugain munud wedi un
une heure vingt-cinq	pum munud ar hugain wedi un
une heure et demie	hanner awr wedi un
une heure trente	hanner awr wedi un
deux heures moins vingt-cinq	pum munud ar hugain i ddau
une heure trente-cinq	pum munud ar hugain i ddau
deux heures moins vingt	ugain munud i ddau
une heure quarante	ugain munud i ddau
deux heures moins le quart	chwarter i ddau
une heure quarante-cinq	chwarter i ddau
deux heures moins dix	deng munud i ddau
une heure cinquante	deng munud i ddau
deux heures moins cinq	pum munud i ddau
une heure cinquante-cinq	pum munud i ddau
midi	hanner dydd
deux heures (de l'après-midi)	dau o'r gloch y prynhawn
sept heures (du soir)	saith o'r gloch yr hwyr
neuf heures (du soir)	naw o'r gloch y nos
fermé(e) de 13h 30 à 16h 30	ar gau rhwng 1.30 a 4.30
jusqu'à huit heures	tan wyth o'r gloch
il était environ 9 heures	'roedd hi tua 9 o'r gloch
il devait être environ dix heures	mae'n rhaid ei bod hi tua deg o'r gloch
à quelle heure?	am faint o'r gloch?
à minuit	am hanner nos
à huit heures	am wyth o'r gloch
à une heure	am un o'r gloch
dans vingt minutes	mewn ugain munud
il y a dix minutes	deng munud yn ôl
à dix heures du matin	am ddeg o'r gloch y bore
à quatre heures de l'après-midi	am bedwar o'r gloch y prynhawn
à dix heures du soir	am ddeg o'r gloch y nos
à deux heures exactement	am ddau o'r gloch yn union
à deux heures précises	am ddau o'r gloch ar ei ben
le train part à dix-neuf heures trente	mae'r trên yn mynd am hanner awr wedi saith
à quelle heure est-ce que cela commence?	am faint o'r gloch mae'n dechrau?
il est trois heures passées	mae hi ychydig wedi tri (o'r gloch)
il est presque neuf heures	mae hi bron yn naw o'r gloch

aux environs de neuf heures	tua naw o'r gloch; oddeutu naw o'r gloch
à six heures au plus tard	erbyn chwech o'r gloch fan bellaf

Les Jours de la Semaine	***Dyddiau'r Wythnos***	***Abréviations***	***Talfyriadau***
lundi	Dydd Llun	lun	Llun/Ll.
mardi	Dydd Mawrth	mar	Maw.
mercredi	Dydd Mercher	mer	Mer.
jeudi	Dydd Iau	jeu	Iau
vendredi	Dydd Gwener	ven	Gwe.
samedi	Dydd Sadwrn	sam	Sad.
dimanche	Dydd Sul	dim	Sul

Les Mois de l'Année	**Misoedd y Flwyddyn**	***Abréviations***	***Talfyriadau***
janvier	Ionawr	jan	Ion.
février	Chwefror	fév	Chwef.
mars	Mawrth	mars	Maw.
avril	Ebrill	avr	Ebr.
mai	Mai	mai	Mai
juin	Mehefin	juin	Meh.
juillet	Gorffennaf	juill	Gorff.
août	Awst	août	Awst
septembre	Medi	sept	Medi
octobre	Hydref	oct	Hyd.
novembre	Tachwedd	nov	Tach.
décembre	Rhagfyr	déc	Rhag.

Les Saisons	**Y Tymhorau**
le printemps	y gwanwyn
l'été	yr haf
l'automne	yr hydref
l'hiver	y gaeaf
au printemps	yn y gwanwyn
en été	yn yr haf
en automne	yn yr hydref
en hiver	yn y gaeaf

Les Jours Fériés et les Fêtes de l'Année	**Gwyliau'r Flwyddyn**
le jour de l'an; le premier de l'an	Dydd Calan
la Fête des Rois	Dydd Gŵyl Ystwyll
la Sainte-Dwynwen	Dydd Gŵyl Santes Dwynwen
la Saint-David	Dydd Gŵyl D(d)ewi
la Fête des Mères	Sul y Mamau
le dimanche des Rameaux	Sul y Blodau
le Vendredi saint	Dydd Gwener y Groglith
Pâques	y Pasg
le lundi de Pâques	Dydd Llun y Pasg
la Fête du travail (le premier mai)	Dydd Gŵyl Calan Mai
la Pentecôte	Dydd Gŵyl y Sulgwyn

l'Ascension	y Dyrchafael
la Fête des Pères	Sul y Tadau
la Fête Nationale (le 14 juillet)	Gŵyl Genedlaethol Ffrainc
l'Assomption (le 15 août)	Gŵyl Fair
le jour férié du mois d'août	Dydd Gŵyl Banc Awst
la Toussaint	Calangaeaf; Gŵyl yr Holl Saint
la veille de Noël	Noswyl Nadolig
le jour de Noël	Dydd Nadolig
le lendemain de Noël	Dydd Gŵyl Sant Steffan

LES NOMBRES CARDINAUX

RHIFAU PRIFOL

		TRADDODIADOL	DEGOL
zéro	**0**	dim : sero	dim : sero
un/une	**1**	un	un
deux	**2**	dau/dwy	dau/dwy
trois	**3**	tri/tair	tri/tair
quatre	**4**	pedwar/pedair	pedwar/pedair
cinq	**5**	pump	pump
six	**6**	chwech	chwech
sept	**7**	saith	saith
huit	**8**	wyth	wyth
neuf	**9**	naw	naw
dix	**10**	deg	deg
onze	**11**	un ar ddeg	un deg un
douze	**12**	deuddeg	un deg dau/dwy
treize	**13**	tri/tair ar ddeg	un deg tri/tair
quatorze	**14**	pedwar/pedair ar ddeg	un deg pedwar/pedair
quinze	**15**	pymtheg	un deg pump
seize	**16**	un ar bymtheg	un deg chwech
dix-sept	**17**	dau/dwy ar bymtheg	un deg saith
dix-huit	**18**	deunaw	un deg wyth
dix-neuf	**19**	pedwar/pedair ar bymtheg	un deg naw
vingt	**20**	ugain	dau ddeg
vingt et un/une	**21**	un ar hugain	dau ddeg un
vingt-deux	**22**	dau/dwy ar hugain	dau ddeg dau/dwy
trente	**30**	deg ar hugain	tri deg
trente et un/une	**31**	un ar ddeg ar hugain	tri deg un
trente-deux	**32**	deuddeg ar hugain	tri deg dau/dwy
trente-cinq	**35**	pymtheg ar hugain	tri deg pump
trente-six	**36**	un ar bymtheg ar hugain	tri deg chwech
trente-huit	**38**	deunaw ar hugain	tri deg wyth
quarante	**40**	deugain	pedwar deg
quarante et un/une	**41**	un a deugain	pedwar deg un
quarante-deux	**42**	dau/dwy a deugain	pedwar deg dau/dwy
quarante-trois	**43**	tri/tair a deugain	pedwar deg tri/tair
quarante-quatre	**44**	pedwar/pedair a deugain	pedwar deg pedwar/pedair
quarante-cinq	**45**	pump a deugain	pedwar deg pump
cinquante	**50**	hanner cant : deg a deugain	pum deg
cinquante et un/une	**51**	hanner cant ac un	pum deg un
cinquante-deux	**52**	hanner cant a dau/dwy	pum deg dau/dwy
cinquante-trois	**53**	hanner cant a thri/thair	pum deg tri/tair
cinquante-quatre	**54**	hanner cant a phedwar/phedair	pum deg pedwar/pedair
soixante	**60**	trigain	chwe deg
soixante et un/une	**61**	un a thrigain	chwe deg un
soixante-deux	**62**	dau/dwy a thrigain	chwe deg dau/dwy
soixante-trois	**63**	tri/tair a thrigain	chwe deg tri/tair
soixante-quatre	**64**	pedwar/pedair a thrigain	chwe deg pedwar/pedair
soixante-dix : septante*	**70**	deg a thrigain	saith deg
soixante et onze	**71**	un ar ddeg a thrigain	saith deg un
soixante-douze	**72**	deuddeg a thrigain	saith deg dau
soixante-quinze	**75**	pymtheg a thrigain	saith deg pump
soixante-dix-neuf	**79**	pedwar/pedair ar bymtheg a thrigain	saith deg naw
quatre-vingts : octante*	**80**	pedwar ugain	wyth deg
quatre-vingt-un/une	**81**	un a phedwar ugain	wyth deg un
quatre-vingt-deux	**82**	dau/dwy a phedwar ugain	wyth deg dau
quatre-vingt-dix : nonante*	**90**	deg a phedwar ugain	naw deg
quatre-vingt-onze	**91**	un ar ddeg a phedwar ugain	naw deg un
quatre-vingt-quinze	**95**	pymtheg a phedwar ugain	naw deg pump
quatre-vingt-dix-neuf	**99**	cant namyn un : pedwar/ pedair ar bymtheg a phedwar ugain	naw deg naw
cent	**100**	cant	cant

cent un/une	**101**	cant ac un	cant ac un
cent deux	**102**	cant a dau/dwy	cant a dau/dwy
cent quinze	**115**	cant a phymtheg	cant un deg pump
cent dix-neuf	**119**	cant a phedwar/phedair ar bymtheg	cant un deg naw
cent vingt	**120**	cant ac ugain	cant dau ddeg
cent trente	**130**	cant a deg ar hugain	cant tri deg
cent trente-neuf	**139**	cant a phedwar/phedair ar bymtheg ar hugain	cant tri deg naw
cent quarante	**140**	cant a deugain	cant pedwar deg
cent quarante-deux	**142**	cant a dau/dwy a deugain	cant pedwar deg dau/dwy
cent cinquante	**150**	cant a hanner	cant pum deg
cent cinquante et un/une	**151**	cant a hanner cant ac un	cant pum deg un
deux cents	**200**	dau gant	dau gant
deux cent un/une	**201**	dau gant ac un	dau gant ac un
trois cents	**300**	tri chant	tri chant
cinq cents	**500**	pum cant	pum cant
mille	**1,000**	mil	mil
mille un	**1,001**	mil ac un	mil ac un
mille cent quatre-vingts	**1,180**	mil cant a phedwar ugain	mil cant wyth deg
deux mille	**2,000**	dwy fil	dwy fil
un million	**1,000,000**	miliwn	miliwn
un millard	**1,000,000,000**	biliwn : milfiliwn	biliwn

*mewn rhai gwledydd Ffrangeg eu hiaith megis Gwlad Belg a Lwcsembwrg

LES NOMBRES ORDINAUX — RHIFAU TREFNOL

		TRADDODIADOL		DEGOL	
premier/première	1er/ère	cyntaf	1af	cyntaf	1af
deuxième	2e	ail	2il	ail	2il
troisième	3e	trydydd/trydedd	3ydd/edd	trydydd/trydedd	3ydd/edd
quatrième	4e	pedwerydd/pedwaredd	4ydd/edd	pedwerydd/pedwaredd	4ydd/edd
cinquième	5e	pumed	5ed	pumed	5ed
sixième	6e	chweched	6ed	chweched	6ed
septième	7e	seithfed	7fed	seithfed	7fed
huitième	8e	wythfed	8fed	wythfed	8fed
neuvième	9e	nawfed	9fed	nawfed	9fed
dixième	10e	degfed	10fed	degfed	10fed
onzième	11e	unfed ar ddeg	11eg	un deg unfed	11fed
douzième	12e	deuddegfed	12fed	un deg eilfed	12fed
treizième	13e	trydydd/trydedd ar ddeg	13eg	un deg trydydd/trydedd	13ydd/edd
quatorzième	14e	pedwerydd/pedwaredd ar ddeg	14ydd/edd	un deg pedwerydd/pedwaredd	14ydd/edd
quinzième	15e	pymthegfed	15fed	un deg pumed	15ed
seizième	16e	unfed ar bymtheg	16eg	un deg chweched	16ed
dix-septième	17e	ail ar bymtheg	17eg	un deg seithfed	17fed
dix-huitième	18e	deunawfed	18fed	un deg wythfed	18fed
dix-neuvième	19e	pedwerydd/pedwaredd ar bymtheg	19eg	un deg nawfed	19fed
vingtième	20e	ugeinfed	20fed	dau ddegfed	20fed
vingt et unième	21e	unfed ar hugain	21ain	dau ddeg unfed	21fed
vingt-deuxième	22e	ail ar hugain	22ain	dau ddeg eilfed	22fed
vingt-troisième	23e	trydydd/trydedd ar hugain	23ain	dau ddeg trydydd/trydedd	23ydd/edd
vingt-quatrième	24e	pedwerydd/pedwaredd ar hugain	24ain	dau ddeg pedwerydd/ pedwaredd	24ydd/edd
vingt-cinquième	25e	pumed ar hugain	25ain	dau ddeg pumed	25ed
vingt-sixième	26e	chweched ar hugain	26ain	dau ddeg chweched	26ed
vingt-septième	27e	seithfed ar hugain	27ain	dau ddeg seithfed	27fed
vingt-huitième	28e	wythfed ar hugain	28ain	dau ddeg wythfed	28fed
vingt-neuvième	29e	nawfed ar hugain	29ain	dau ddeg nawfed	29fed
trentième	30e	degfed ar hugain	30ain	tri degfed	30fed
trente et unième	31e	unfed ar ddeg ar hugain	31ain	tri deg unfed	31fed
trente-deuxième	32e	deuddegfed ar hugain	32ain	tri deg eilfed	32fed
trente-troisième	33e	trydydd/trydedd ar ddeg ar hugain	33ain	tri deg trydydd/trydedd	33ydd/edd
trente-quatrième	34e	pedwerydd/pedwaredd ar ddeg ar hugain	34ain	tri deg pedwerydd/pedwaredd	34ydd/edd
trente-cinquième	35e	pymthegfed ar hugain	35ain	tri deg pumed	35ed
trente-sixième	36e	unfed ar bymtheg ar hugain	36ain	tri deg chweched	36ed
trente-septième	37e	ail ar bymtheg ar hugain	37ain	tri deg seithfed	37fed
trente-huitième	38e	deunawfed ar hugain	38ain	tri deg wythfed	38fed
trente-neuvième	39e	pedwerydd/pedwaredd ar bymtheg ar hugain	39ain	tri deg nawfed	39fed
quarantième	40e	deugeinfed	40fed	pedwar degfed	40fed
quarante et unième	41e	unfed a deugain	41fed	pedwar deg unfed	41fed
quarante-deuxième	42e	ail a deugain	42ain	pedwar deg eilfed	42fed
quarante-troisième	43e	trydydd/trydedd a deugain	43ain	pedwar deg trydydd/ trydedd	43ydd/edd
quarante-quatrième	44e	pedwerydd/pedwaredd a deugain	44ain	pedwar deg pedwerydd/ pedwaredd	44ydd/edd
quarante-cinquième	45e	pumed a deugain	45ain	pedwar deg pumed	45ed
quarante-sixième	46e	chweched a deugain	46ain	pedwar deg chweched	46ed
quarante-septième	47e	seithfed a deugain	47ain	pedwar deg seithfed	47fed
quarante-huitième	48e	wythfed a deugain	48ain	pedwar deg wythfed	48fed
quarante-neuvième	49e	nawfed a deugain	49ain	pedwar deg nawfed	49fed
cinquantième	50e	hanner canfed	50fed	pum degfed	50fed
cinquante et unième	51e	unfed ar ddeg a deugain	51ain	pum deg unfed	51fed
cinquante-deuxième	52e	deuddegfed a deugain	52ain	pum deg eilfed	52fed

cinquante-troisième	**53e**	trydydd/trydedd ar ddeg a deugain	**53ain**	pum deg trydydd/trydedd	**53ydd/edd**
cinquante-quatrième	**54e**	pedwerydd/pedwaredd ar ddeg a deugain	**54ain**	pum deg pedwerydd/ pedwaredd	**54ydd/edd**
cinquate-cinquième	**55e**	pymthegfed a deugain	**55ain**	pum deg pumed	**55ed**
cinquante-sixième	**56e**	unfed ar bymtheg a deugain	**56ain**	pum deg chweched	**56ed**
cinquante-septième	**57e**	ail ar bymtheg a deugain	**57ain**	pum deg seithfed	**57fed**
cinquante-huitième	**58e**	deunawfed a deugain	**58ain**	pum deg wythfed	**58fed**
cinquante-neuvième	**59e**	pedwerydd/pedwaredd ar bymtheg a deugain	**59ain**	pum deg nawfed	**59fed**
soixantième	**60e**	trigeinfed	**60fed**	chwe degfed	**60fed**
soixante et unième	**61e**	unfed a thrigain	**61ain**	chwe deg unfed	**61fed**
soixante-deuxième	**62e**	ail a thrigain	**62ain**	chwe deg eilfed	**62fed**
soixante-troisième	**63e**	trydydd/trydedd a thrigain	**63ain**	chwe deg trydydd/trydedd	**63ydd/edd**
soixante-quatrième	**64e**	pedwerydd/pedwaredd a thrigain	**64ain**	chwe deg pedwerydd/ pedwaredd	**64ydd/edd**
soixante-cinquième	**65e**	pumed a thrigain	**65ain**	chwe deg pumed	**65ed**
soixante-sixième	**66e**	chweched a thrigain	**66ain**	chwe deg chweched	**66ed**
soixante-septième	**67e**	seithfed a thrigain	**67ain**	chwe deg seithfed	**67fed**
soixante-huitième	**68e**	wythfed a thrigain	**68ain**	chwe deg wythfed	**68fed**
soixante-neuvième	**69e**	nawfed a thrigain	**69ain**	chwe deg nawfed	**69fed**
soixante-dixième	**70e**	degfed a thrigain	**70ain**	saith degfed	**70fed**
soixante et onzième	**71e**	unfed ar ddeg a thrigain	**71ain**	saith deg unfed	**71fed**
soixante-douzième	**72e**	deuddegfed a thrigain	**72ain**	saith deg eilfed	**72fed**
soixante-treizième	**73e**	trydydd/trydedd ar ddeg a thrigain	**73ain**	saith deg trydydd/trydedd	**73ydd/edd**
soixante-quatorzième	**74e**	pedwerydd/pedwaredd ar ddeg a thrigain	**74ain**	saith deg pedwerydd/ pedwaredd	**74ydd/edd**
soixante-quinzième	**75e**	pymthegfed a thrigain	**75ain**	saith deg pumed	**75ed**
soixante-seizième	**76e**	unfed ar bymtheg a thrigain	**76ain**	saith deg chweched	**76ed**
soixante-dix-septième	**77e**	ail ar bymtheg a thrigain	**77ain**	saith deg seithfed	**77fed**
soixante-dix-huitième	**78e**	deunawfed a thrigain	**78ain**	saith deg wythfed	**78fed**
soixante-dix-neuvième	**79e**	pedwerydd/pedwaredd ar bymtheg a thrigain	**79ain**	saith deg nawfed	**79fed**
quatre-vingtième	**80e**	pedwar ugeinfed	**80fed**	wyth degfed	**80fed**
quatre-vingt-unième	**81e**	unfed a phedwar ugain	**81ain**	wyth deg unfed	**81fed**
quatre-vingt-deuxième	**82e**	ail a phedwar ugain	**82ain**	wyth deg eilfed	**82fed**
quatre-vingt-troisième	**83e**	trydydd/trydedd a phedwar ugain	**83ain**	wyth deg trydydd/trydedd	**83ydd/edd**
quatre-vingt-quatrième	**84e**	pedwerydd/pedwaredd a phedwar ugain	**84ain**	wyth deg pedwerydd/ pedwaredd	**84ydd/edd**
quatre-vingt-cinquième	**85e**	pumed a phedwar ugain	**85ain**	wyth deg pumed	**85ed**
quatre-vingt-sixième	**86e**	chweched a phedwar ugain	**86ain**	wyth deg chweched	**86ed**
quatre-vingt-septième	**87e**	seithfed a phedwar ugain	**87ain**	wyth deg seithfed	**87fed**
quatre-vingt-huitième	**88e**	wythfed a phedwar ugain	**88ain**	wyth deg wythfed	**88fed**
quatre-vingt-neuvième	**89e**	nawfed a phedwar ugain	**89ain**	wyth deg nawfed	**89fed**
quatre-vingt-dixième	**90e**	degfed a phedwar ugain	**90ain**	naw degfed	**90fed**
quatre-vingt-onzième	**91e**	unfed ar ddeg a phedwar ugain	**91ain**	naw deg unfed	**91fed**
quatre-vingt-douzième	**92e**	deuddegfed a phedwar ugain	**92ain**	naw deg eilfed	**92fed**
quatre-vingt-treizième	**93e**	trydydd/trydedd ar ddeg a phedwar ugain	**93ain**	naw deg trydydd/trydedd	**93ydd/edd**
quatre-vingt-quatorzième	**94e**	pedwerydd/pedwaredd ar ddeg a phedwar ugain	**94ain**	naw deg pedwerydd/ pedwaredd	**94ydd/edd**
quatre-vingt-quinzième	**95e**	pymthegfed a phedwar ugain	**95ain**	naw deg pumed	**95ed**
quatre-vingt-seizième	**96e**	unfed ar bymtheg a phedwar ugain	**96ain**	naw deg chweched	**96ed**
quatre-vingt-dix-septième	**97e**	ail ar bymtheg a phedwar ugain	**97ain**	naw deg seithfed	**97fed**
quatre-vingt-dix-huitième	**98e**	deunawfed a phedwar ugain	**98ain**	naw deg wythfed	**98fed**
quatre-vingt-dix-neuvième	**99e**	pedwerydd/pedwaredd ar bymtheg a phedwar ugain	**99ain**	naw deg nawfed	**99fed**
centième	**100e**	canfed	**100fed**	canfed	**100fed**

cent et unième	**101e**	y cyntaf wedi'r cant	**101af**	cant ac unfed	**101fed**
cent dixième	**110e**	degfed wedi'r cant	**110fed**	cant a degfed	**110fed**
cent onzième	**111e**	unfed ar ddeg wedi'r cant	**111eg**	cant un deg unfed	**111fed**
deux centième	**200e**	dau ganfed	**200fed**	dau ganfed	**200fed**
trois centième	**300e**	tri chanfed	**300fed**	tri chanfed	**300fed**
quatre centième	**400e**	pedwar canfed	**400fed**	pedwar canfed	**400fed**
cinq centième	**500e**	pum canfed	**500fed**	pum canfed	**500fed**
six centième	**600e**	chwe chanfed	**600fed**	chwe chanfed	**600fed**
sept centième	**700e**	saith canfed	**700fed**	saith canfed	**700fed**
millième	**$1,000^{e}$**	milfed	**1,000fed**	milfed	**1,000fed**
mille et unième	**$1,001^{e}$**	cyntaf wedi'r mil	**1,001af**	mil ac unfed	**1,001fed**
millionième	**$1,000,000^{e}$**	miliynfed	**1,000,000fed**	miliynfed	**1,000,000fed**

LES FRACTIONS / FFRACSIYNAU

LES FRACTIONS		FFRACSIYNAU
un demi/une demie	$^{1}/_{2}$	hanner
un tiers	$^{1}/_{3}$	traean : un rhan o dair
deux tiers	$^{2}/_{3}$	dau draean : dwy ran o dair
un quart	$^{1}/_{4}$	chwarter
trois quarts	$^{3}/_{4}$	tri chwarter
un cinquième	$^{1}/_{5}$	pumed : un rhan o bump
deux cinquièmes	$^{2}/_{5}$	dau bumed : dwy ran o bump
un sixième	$^{1}/_{6}$	chweched : un rhan o chwech
un septième	$^{1}/_{7}$	seithfed : un rhan o saith
un huitième	$^{1}/_{8}$	wythfed : un rhan o wyth
un neuvième	$^{1}/_{9}$	nawfed : un rhan o naw
un dixième	$^{1}/_{10}$	degfed : un rhan o ddeg
sept douzièmes	$^{7}/_{12}$	saith deuddegfed : saith rhan o ddeuddeg
un centième	$^{1}/_{100}$	canfed : un rhan o gant
un millième	$^{1}/_{1000}$	milfed : un rhan o fil

A

a[1] *rhag perth*
1 (*goddrych*) qui; **y dyn ~ ddaeth** l'homme qui est venu.
2 (*gwrthrych*) que; **y dyn ~ welais** l'homme que j'ai vu; **y tŷ ~ brynais** la maison que j'ai achetée.
a[2] *geir gof*
1 (*ar ddechrau cwestiwn*) est-ce que; **~ ddaeth y dyn?** est-ce que l'homme est venu?, l'homme est-il venu?.
2 (*i gyflwyno cwestiwn anuniongyrchol*) si; **gofynnodd ~ oeddwn i wedi ei gweld** il a demandé si je l'avais vue; **tybed ~ ddaw hi** je me demande *neu* on se demande si elle viendra.
a[3] *ebych* ah!, eh!, alors!, eh bien!, tiens!
a[4], **ac** *cys*
1 (*i gysylltu geiriau neu gymalau*) et; **dyn a dynes** un homme et une femme; **cododd ei bapurau ac aeth allan** il a ramassé ses papiers et il est sorti.
2 (*disgrifiadol: gydag arddodiad*): **dynes a chanddi wallt golau** une femme aux cheveux blonds; **llyfr ac iddo glawr coch** un livre à couverture rouge; **dyn a llygaid gleision** un homme aux yeux bleus; **côt a choler ffwr** un manteau à col *neu* avec un col de fourrure.
3 (*mewn rhifau, ffracsiynau, prisiau*): **cant a deg** cent dix; **deg ~ thrigain** soixante-dix; **pump a thri chwarter** cinq trois quarts; **dwy bunt a hanner can ceiniog** deux livres cinquante.
4 (*mewn ailadroddiad: i ddynodi rhn neu rth penodol heb ei enwi*): **y dyn a'r dyn** Monsieur un tel; **yn y stryd a'r stryd** dans telle rue; (:*i fynegi parhad*): **am oriau ac oriau** pendant des heures; **bûm yn aros ac yn aros** j'ai attendu pendant des heures; **mae hi'n mynd ymlaen ac ymlaen!** elle n'en finit pas!, elle est intarissable!, quand elle commence, il n'y a plus moyen de l'arrêter!.
5 (*gyda gradd gymharol yr ans*): **yn anos ac yn anos** de plus en plus difficile.
6 (*gyda rhag cysylltiol*): **a hwythau newydd gyrraedd gartref, canodd cloch y drws** à peine furent-ils rentrés qu'on sonna à la porte; **a ninnau ar gychwyn** juste au moment où nous partions; **a hithau'n ddiwrnod braf o haf ...** par un beau jour d'été ....
7 (*mewn ymadroddion*): **bacwn ac wy** œufs *mpl* au bacon; **haf a gaeaf** été comme hiver; **ac felly?** et alors?; **ac felly** (*o ganlyniad*) donc, alors, par conséquent; **ac yn y blaen, ac ati** et ainsi de suite.
â[1] *be gw.* **mynd**.
â[2], **ag** *ardd*
1 (*gyda*) avec; **cytuno â rhn** être d'accord avec qn; **cymysgu'r coch â'r glas** mélanger le rouge avec le bleu; **llanwodd ei bocedi â chnau** il a bourré *neu* rempli ses poches de noisettes.
2 (*gan ddefnyddio*) à, avec, au moyen de, à l'aide de; **torrodd y cig â chyllell** il a coupé la viande au couteau *neu* au moyen d'un couteau; **ysgrifennu â phensil** écrire avec un crayon; **cerdded â ffon** marcher avec *neu* à l'aide d'une canne; **cymryd rhth â'ch dwy law** prendre qch à deux mains.
3 (*modd*) avec, de; **â phleser** avec plaisir; **â gofal mawr** avec un soin infini; **â gwên** souriant(e), avec un *neu* le sourire; **â'm holl galon** de tout mon cœur; **â dagrau yn ei llygaid** les larmes aux yeux; **fe'i gwelais hi â'm llygaid fy hun** je l'ai vue de mes propres yeux.
4 (*mewn ebychiadau*): **i ffwrdd â thi!** va-t'en!; **i lawr â'r bradwyr!** à bas les traîtres!; **yr hen ffŵl â thi!** imbécile que tu es!.
5 (*ar ôl berf*): **dod â rhth** apporter qch; **dod â rhn** amener qn; **mynd â rhth ymaith** emporter qch; **mynd â rhn ymaith** emmener qn; **cwrdd â rhn** rencontrer qn; **ymweld â rhn** rendre visite à qn.
â[3], **ag** *cys*
1 (*mewn cymhariaeth*) que; **yr un ... â** le même ... que, la même ... que, les mêmes ... que; **cyn ... â, mor ... â** aussi ... que; **'dydw' i ddim cyn daled â thi** je ne suis pas aussi *neu* si grand(e) que toi; **ydy hi mor anodd â hynny?** est-ce aussi difficile que ça?; **nid yw cystal â hynny** ce n'est pas si bon que cela; **cyn gynted ag y bo modd** aussitôt que possible; **fyddech chi mor garedig â'm helpu i?** auriez-vous la bonté *neu* gentillesse de m'aider?.
2 (*mewn cyffelybiaeth: fel ffigur ymadrodd*) comme; **cyn wynned â'r galchen** pâle comme un linge *neu* comme la mort; **cyn gryfed â cheffyl** fort(e) comme un bœuf.
A.A.Ll. *byrf* (= *Awdurdod Addysg Lleol*) office *m* régional de l'enseignement.
ab *g gw.* **ap**.
abacws (**abacysau**) *g* abaque *m*, boulier *m*.
abad (**-au**) *g* abbé *m*.
abadaeth (**-au**) *b* dignité *f* d'abbé, fonctions *fpl* d'abbé.
abades (**-au**) *b* abbesse *f*.
abadol *ans* abbatial(e)(abbatiaux, abbatiales).
abaty (**abatai**) *g* abbaye *f*; **pennaeth ~** abbé *m*, supérieur *m*.
A.B.Ch. *byrf* (= *Addysg Bersonol a Chymdeithasol*) l'éducation *f* d'ordre

personnelle et sociale.
abdomen (**-au**) *g* abdomen *m*; **ceudod yr** ~ cavité *f* abdominale; **cyhyrau'r** ~ les abdominaux *mpl*.
abdomenol *ans* abdominal(e)(abdominaux, abdominales).
aber (**-oedd**) *g,b* estuaire *m*, aber *m*; (*cymer*) confluent *m*.
aberth (**-au, ebyrth**) *g,b* (*CREF*) sacrifice *m*; (*dioddefwr*) proie *f*, victime *f*.
aberthged *b* oblation *f*, oblats *mpl*; (*yn seremoniau'r Orsedd*) gerbe *f* de blé; **cyflwyno'r** ~ remettre la gerbe.
aberthol *ans* sacrificiel(le), du sacrifice, sacrificatoire.
aberthu *ba* sacrifier, offrir (qch) en sacrifice, faire l'offrande de; (*gwneud heb*) se passer de, se priver de; (*rhoi'r gorau i*) abandonner, renoncer à; **eich ~'ch hun er mwyn** se sacrifier pour *neu* à.
aberthwr (**aberthwyr**) *g* sacrificateur *m*; (*offeiriad*) prêtre *m*.
aberthwraig (**aberthwragedd**) *b* sacrificatrice *f*; (*offeiriades*) prêtresse *f*.
aberu *bg*: ~ **yn** se jeter dans, se déverser dans; **afon sy'n** ~ **yn yr Iwerydd** fleuve *m* tributaire de l'Atlantique.
abid (**-au**) *g,b* habit *m*.
abiéc *g,b* alphabet *m*, abc *m*.
abl *ans* capable, compétent(e), habile; (*cryf, nerthol*) fort(e), puissant(e);
♦ **yn** ~ *adf* habilement, de façon très compétente.
abladol *ans* (*GRAM*) ablatif(ablative);
♦*g* ablatif *m*; **yn yr** ~ à l'ablatif.
abledd *g* capacité *f*, compétence *f*, habileté *f*.
abl-iach *ans* (*mewn iechyd*) en bonne santé, en pleine forme; (*â'r gallu o ran iechyd*) capable.
abnormal *ans* anormal(e)(anormaux, anormales);
♦ **yn** ~ *adf* anormalement.
abnormaledd (**-au**) *g* caractère *m* anormal *neu* exceptionnel; (*SEIC, BIOL*) anomalie *f*; (*MEDD*) difformité *f*, malformation *f*.
abo *g*: **drewi fel yr** ~ sentir à plein nez.
abseil (**-iau**) *g* (descente *f* en) rappel *m*.
abseilio *bg* descendre en rappel;
♦*g* (descente *f* en) rappel *m*.
absen (**-nau**) *g,b* (*absenoldeb*) absence *f*; (*enllib*) calomnie *f*, diffamation *f*, injure *f*.
absenair (**abseneiriau**) *g* calomnie *f*, diffamation *f*, injure *f*.
absennol *ans* absent(e); ~ **heb ganiatâd** absent sans permission; **un sydd wastad yn** ~ absentéiste *m/f*.
absennu *ba* (*lladd ar*) calomnier, dire du mal de, médire de; (*CYFR*) diffamer.
absennwr (**absenwyr**) *g* calomniateur *m*; (*CYFR*) diffamateur *m*.
absenoldeb (**-au**) *g* absence *f*; (*CYFR: peidio ag ymddangos*) non-comparution *f*, défaut *m*; (*diffyg*) manque *m*, défaut; **yn ystod** ~ **rhn** en *neu* pendant l'absence de qn; **wedi eich dedfrydu yn eich** ~ (*CYFR*) condamné(e) par contumace; **cennad** ~ congé *m* exceptionnel; (*MIL*) permission *f* spéciale.
absenoli *ba*: **eich ~'ch hun** s'absenter.
absenoliad (**-au**) *g* absence *f*.
absenoliaeth *b* absentéisme *m*.
absenolwr (**absenolwyr**) *g* absent *m*, manquant *m*; (*un sydd wastad yn absennol*) absentéiste *m*.
absenolwraig (**absenolwragedd**) *b* absente *f*, manquante *f*; (*un sydd wastad yn absennol*) absentéiste *f*.
absenolyn (**absenolion**) *g* absent *m*, absente *f*, manquant *m*, manquante *f*.
absenwraig (**absenwragedd**) *b* calomniatrice *f*; (*CYFR*) diffamatrice *f*.
absoliwt *ans* absolu(e), complet(complète), total(e)(totaux, totales); (*CEM: alcohol*) absolu, anhydre; (*diderfyn: pŵer*) absolu, illimité(e); (*teyrn*) absolu;
♦ **yn** ~ *adf* absolument, complètement, totalement.
absoliwtiaeth *b* absolutisme *m*.
abswrd *g*: **yr** ~ (*ATHRON*) l'absurde *m*.
abwyd (**-au, -ion, -od**) *g* amorce *f*, appât *m*; (*pryf genwair*) ver *m* de terre, lombric *m*; (*cynrhonyn*) asticot *m*; **codi at yr ~, llyncu'r** ~ (*llyth, ffig*) mordre à l'hameçon *m*.
abwydo *ba* amorcer, appâter.
abwydyn (**abwydod**) *g* amorce *f*, appât *m*; (*pryf genwair*) ver *m* de terre, lombric *m*; (*cynrhonyn*) asticot *m*.
Abysinia *prb* l'Abyssinie *f*; **yn** ~ en Abyssinie.
Abysiniad (**Abysiniaid**) *g/b* Abyssinien *m*, Abyssinienne *f*.
Abysiniaidd *ans* abyssinien(ne).
ac *cys gw.* **a**^{4}.
A.C. *byrf*(= *Aelod o'r Cynulliad*) membre *m* de l'Assemblée Nationale du pays de Galles.
academaidd *ans* académique, scolaire, universitaire; (*deallusol*) intellectuel(le); (*damcaniaethol*) théorique, spéculatif(spéculative); **blwyddyn** ~ année *f* scolaire *neu* universitaire; **gŵn** ~ toge *f* de professeur *neu* d'étudiant; **arddull** ~ style *m* intellectuel; **trafodaeth** ~ discussion *f* intellectuelle;
♦ **yn** ~ *adf* académiquement; (*o ran deall*) intellectuellement, sur le plan intellectuel.
academi (**academïau**) *b* académie *f*; (*ysgol, coleg*) école *f* privée, collège *m*; (*cymdeithas*) société *f*; ~ **ymneilltuol** séminaire *m*; **yr** ~ **Frenhinol** l'Académie Royale; **yr** ~ **Filwrol** l'école militaire; **yr** ~ **Ffrengig** l'Académie française.
academiaeth *b* académisme *m*.
academig *ans gw.* **academaidd**.
academydd (**-ion**) *g* académicien *m*,

académicienne *f*.
Acadia *b* l'Acadie *f*; **yn** ~ en Acadie.
acanthws (**acanthi**) *g* acanthe *f*.
acasia (**-s, acasiâu**) *b* acacia *m*.
ACCAC *byrf* (= *Awdurdod Cymwysterau, Cwricwlwm ac Asesu Cymru*) *administration f chargée des qualifications, des programmes d'études et de l'évaluation de niveau scolaire au pays de Galles.*
acen (**-ion, -nau**) *b* accent *m*; (*goslef*) intonation *f*; ~ **aflem,** ~ **ddisgynedig** accent grave; ~ **grom** accent circonflexe; ~ **lem,** ~ **ddyrchafedig** accent aigu; **siarad Ffrangeg heb unrhyw** ~ parler français sans aucun accent; **siarad Ffrangeg ag** ~ **drom** parler français avec un fort accent *neu* un accent (bien) prononcé.
acenedig *ans* accentué(e).
aceniad (**-au**) *g* (*pwyslais*) accentuation *f*; **rhoi** ~ **ar rth** accentuer qch.
acennair (**aceneiriau**) *g* mot *m* accentué.
acennod (**acenodau**) *g* accent *m*.
acennog, **acennol** *ans* accentué(e).
acennu *ba* accentuer.
acenyddiaeth *b* accentuation *f*.
acer (**-i**) *b* acre *f*, ≈ demi-hectare *m*; (*hanesyddol*) arpent *m*; **mae ganddo rai** ~**i o dir** il possède quelques hectares de terrain *neu* un terrain de quelques hectares; ~**i o ...** (*ffig*) des kilomètres et des kilomètres de ...
acesia (**-s**) *b gw.* **acasia**.
aciwbigo *bg* faire de l'acuponcture;
♦*g* acuponcture *f*.
aciwbigwr (**aciwbigwyr**) *g* acuponcteur *m*.
aciwbigwraig (**aciwbigwragedd**) *b* acuponctrice *f*.
acne *g* acné *f*.
acolâd (**acoladau**) *g* accolade *f*.
acordion (**-au, -s, acordiynau**) *g* accordéon *m*.
acordionydd (**acordionwyr**) *g* accordéoniste *m/f*.
acrobat (**-iaid**) *g/b* acrobate *m/f*.
acrobateg *b* acrobatie *f*; **gwneud** ~ faire de l'acrobatie.
acrobatig *ans* acrobatique;
♦ **yn** ~ *adf* acrobatiquement.
acromatig *ans* achromatique;
♦ **yn** ~ *adf* de façon achromatique.
acronym (**-au**) *g* sigle *m*, acronyme *m*.
acrostig *g* acrostiche *m*.
acrylig *ans* acrylique, en acrylique;
♦*g* acrylique *m*.
acsiom (**-au**) *g* axiome *m*.
acsiomatig *ans* axiomatique;
♦ **yn** ~ *adf* axiomatiquement.
acsiwn (**acsiynau**) *b gw.* **ocsiwn**.
act (**-au**) *b*
1 (*gweithred*) acte *m*, action *f*; **Actau'r Apostolion** les Actes *mpl* des Apôtres.
2 (*CYFR*) loi *f*, décret *m*, statut *m*.
3 (*byd adloniant: rhan o ddrama*) acte *m*; (*:perfformiad mewn syrcas ayb*) numéro *m*; ~ **ddwbl** double numéro, duo *m*.
actadwy *ans* jouable.
actifadu *ba* activer.
actifadydd (**-ion**) *g* activeur *m*.
actifydd (**-ion**) *g* activiste *m/f*
actio *ba* (*rhan*) jouer, tenir; (*ffantasi*) vivre, réaliser; ~ **rhan Siwan** jouer *neu* tenir le rôle de Siwan; ~ **sefyllfa** faire un récit mimé d'une situation;
♦*bg* (*gweithredu*) agir; (*perfformio*) jouer, faire du théâtre *neu* du cinéma; (*ffig*) jouer la comédie; **'rwy'n hoffi'r ffordd mae hi'n** ~ j'aime son jeu;
♦*g* jeu(-x) *m*, interprétation *f*, représentation *f*; **mae hi wedi gwneud tipyn o** ~ elle a fait du théâtre *neu* du cinéma.
actiwr (**actwyr**) *g gw.* **actor**.
actol *ans* joué(e), dramatisé(e).
actor (**-ion**) *g* acteur *m*, comédien *m*, artiste *m*; ~ **gwadd** artiste invité.
actores (**-au**) *b* actrice *f*, comédienne *f*, artiste *f*; ~ **wadd** artiste invitée.
acw *adf*
1 (*fan draw*) là, là-bas; **yma ac** ~ çà et là, par-ci par-là; **nid yw hynny nac yma nac** ~ (*ffig*) ce *neu* là n'est pas la question, cela n'a aucune importance; **mae'r orsaf (y) ffordd** ~ la gare est par là; **(y) fan** ~ là-bas; **ar ben fan** ~ là-dessus; **dan fan** ~ là-dessous; **draw fan** ~ là-bas; **hyd at fan** ~ jusque-là; **i fyny fan** ~ là-haut; **i lawr yn y fan** ~ là-bas, en bas; **i mewn yn y fan** ~ là-dedans; **o fan** ~ de là; **tua fan** ~ par là *neu* là-bas; **y bachgen** ~ ce garçon-là *neu* ce garçon que voilà; **y goeden** ~ cet arbre-là *neu* cet arbre que voilà; **y ferch** ~ cette fille-là *neu* cette fille que voilà; **y bechgyn** ~ ces garçons-là *neu* ces garçons que voilà; **y merched** ~ ces filles-là *neu* ces filles que voilà.
2 (*yn y tŷ, i'r tŷ*): **dewch** ~ **nos fory** (*i'n tŷ ni*) passez chez nous demain soir, venez nous voir demain soir; **byddaf** ~ **am saith o'r gloch** (*yn eich tŷ chi*) je serai là *neu* je passerai à sept heures; (*yn fy nhŷ i*) je serai chez moi *neu* à la maison à sept heures.
acwariwm (**acwaria**) *g* aquarium *m*.
acwatint (**-iau**) *g* aquatinte *f*.
acwitans *g* (*MASN, CYFR*) acquit *m*, acquittement *m*.
acwsteg *b* acoustique *f*.
acwstig *ans* acoustique.
ach[1] *ebych gw.* **ych**[1].
ach[2] (**-au**) *b* famille *f*, lignée *f*, ascendance *f*; **gall olrhain ei** ~**au i'r 15ed ganrif** il a retracé l'origine de sa famille depuis le 15ème siècle; **tabl** ~**au, cart** ~**au** arbre *m* généalogique.
ach[3] *b* fille *f* (de).
acha *ardd* sur, à cheval sur, à califourchon sur; ~ **wew,** ~ **slant** de travers, de guingois*, de traviole*.

achaidd *ans* généalogique.
acheuwr (**acheuwyr**) *g* généalogiste *m*.
acheuwraig (**acheuwragedd**) *b* généalogiste *f*.
achles (**-oedd**) *b* (*cysgod*) refuge *m*, abri *m*; (*amddiffyniad*) protection *f*; (*cymorth*) appui *m*; (*AMAETH: gwrtaith*) fumier *m*, engrais *m*, purin *m*.
achlesu *ba* abriter, protéger; (*AMAETH: gwrteithio*) fumer, répandre des engrais sur.
achleswr (**achleswyr**) *g* aide *m*, protecteur *m*, appui *m*.
achleswraig (**achleswragedd**) *b* aide *f*, protectrice *f*, appui *m*.
achlin (**-au**) *b* lignée *f*, ascendance *f*.
achlud, **achludedig** *ans* occlus(e).
achludiad (**-au**) *g* occlusion *f*.
achludo *ba* occlure.
achludol *ans gw.* **achlud**.
achlust *g* rumeur *f*, bruit *m* (qui court); **mae ~ ...** le bruit court que.
achlysur (**-on**) *g* (*adeg arbennig*) occasion *f*, circonstance *f*; (*digwyddiad arbennig*) occasion, évènement *m*; **ar gyfer yr ~** pour l'occasion; **ar ~ eich priodas** à l'occasion de votre mariage; **ar ~** (*yn anaml*) en de rares occasions, de temps en temps; **ar yr ~ hwnnw** à cette occasion, cette fois-là, à ce moment-là; **ar nifer o ~on, ar sawl ~** à plusieurs occasions *neu* reprises; **ar ba sawl ~ ...?** combien de fois ... ?; **~ mawr** un grand évènement; **'roedd yn eitha' ~** cela n'a pas été une petite affaire *neu* un petit évènement.
achlysuraeth *b* occasionnalisme *m*.
achlysurol *ans* intermittent(e), occasionnel(le); (*gwaith, ymweliadau*) espacé(e); (*digwyddiad*) qui a lieu *neu* qui se produit de temps en temps; (*cerddoriaeth, barddoniaeth*) de circonstance;
♦ **yn ~** *adf* occasionnellement, de temps en temps, de temps à autre, quelquefois, parfois; **yn ~ iawn** à intervalles très espacés, en de rares occasions; **dim ond yn ~ iawn** très peu souvent, rarement, presque jamais.
achlysuroliaeth *b gw.* **achlysuraeth**.
achofydd (**-ion**) *g* généalogiste *m/f*.
achos (**-ion**) *g*
1 (*rheswm*) cause *f*, raison *f*, motif *m*; **~ ac effaith** la cause et l'effet; **hi ydy'r ~** c'est elle qui l'a causé *neu* qui en est la cause; **nid oes gennyf ~ cwyno** je n'ai aucun sujet *neu* motif de plainte, je n'ai pas lieu de me plaindre; **'does dim ~ poeni** il n'y a pas lieu de *neu* de raison de s'inquiéter; **heb ~** sans raison *neu* cause *neu* motif valable.
2 (*mater*) cas *m*, affaire *f*; **yn ~ ei dad** en ce qui concerne son père, quant à son père.
3 (*CYFR*) affaire *f*, procès *m*, cause *f*.
4 (*MEDD*) cas *m*.
5 (*mudiad gwirfoddol, elusennol*) cause *f*; **~ da** bonne cause, œuvre *f* (charitable); **elw i ~ion da** les fonds recueillis sont versés à des œuvres.
6 (*CREF*): **yr ~** l'Église *f*; **~ gwan** congrégation *f* faible;
♦*ardd*: **o ~** (o'm hachos, o'th achos, o'i achos, o'i hachos, o'n hachos, o'ch achos, o'u hachos) à cause de; **'rwy'n aros gartref o ~ y glaw** je reste à la maison à cause de la pluie;
♦*cys* parce que; **cafodd ei gosbi ~ ei fod wedi dweud celwydd** il a été puni parce qu'il avait menti; **nid ~ ei fod yn wael ond ~ bod golwg wael arno** non qu'il fût *subj* malade mais parce qu'il avait l'air malade; **~ ei bod hi'n gadael** à cause de son départ.
achoseg *b* étiologie *f*.
achosegol *ans* étiologique.
achosi *ba* causer, produire, occasionner; **hi achosodd hynna** c'est elle qui en a été la cause; **~ difrod** faire *neu* causer des dégâts; **~ gofid i rn** causer du chagrin à qn; **~ helynt** semer la perturbation *neu* la discorde, créer des conflits; **~ trafferth** causer *neu* être la cause des ennuis; **~ trafferth i rn** déranger qn, gêner qn, créer des ennuis à qn; **~ i rn wneud rhth** faire faire qch à qn.
achosiaeth *b* causalité *f*.
achosiant *g* causalité *f*.
achosol *ans* causal(e)(causals/causaux, causales); (*GRAM*) causal, causatif(causative).
achosydd (**-ion**) *g* agent *m*, cause *f*; (*symbylydd*) instigateur *m*, instigatrice *f*; (*:cynllwyn, helynt*) auteur *m*.
achredu *ba* accréditer.
achub *ba* sauver; (*CREF*) délivrer; **eich ~ eich hunan** se sauver; **~ bywyd** (*cymorth cyntaf*) faire du secourisme; **~ bywyd rhn** sauver la vie à *neu* de qn; **dod i ~ rhn** venir à la rescousse de qn; **fe'i achubwyd rhag yr iard sgraps** il a échappé aux démolisseurs; **~ y blaen** prendre l'initiative; **~ y blaen ar rn** devancer qn, prendre les devants sur qn; **~ cam rhn** défendre qn, prendre la partie de qn; **~ y cyfle i wneud** saisir l'occasion de faire, sauter sur l'occasion de faire; **bad ~** bateau(-x) *m neu* canot *m* de sauvetage; (*ar long*) chaloupe *f* de sauvetage; **bwi ~** bouée *f* de sauvetage; **siaced ~** brassière *f neu* gilet *m* de sauvetage; **tîm ~** équipe *f* de secours;
♦*g* sauvetage *m*; **~ (ar y) mynydd** sauvetage en montagne; **~ awyr a môr** sauvetage en mer (*par hélicoptère*); **~ bywyd** (*cymorth cyntaf*) secourisme *m*.
achubiad (**-au**) *g* (*achub*) sauvetage *m*, délivrance *f*, libération *f*; (*CREF*) rédemption *f*.
achubiadaeth *b* sauvetage *m*; (*defnydd i'w ailddefnyddio*) récupération *f*.
achubiadu *ba* sauver, effectuer le sauvetage de; (*defnydd i'w ailddefnyddio*) récupérer;
♦*g* sauvetage *m*; (*i'w ailddefnyddio*)

récupération *f*.

achubiadwr (**achubiadwyr**) *g* sauveteur *m*.

achubiaeth (**-au**) *b* (*CREF*) salut *m*; (*cymorth*) secours *m*, sauvetage *m*; ~ **(ar y) mynydd** sauvetage en montagne; ~ **awyr a môr** sauvetage en mer (*par hélicoptère*).

achubol *ans* qui sauve, salvateur(salvatrice).

achubwr (**achubwyr**) *g gw.* **achubydd**.

achubwraig (**achubwragedd**) *b gw.* **achubydd**.

achubydd (**-ion, achubwyr**) *g* sauveur *m*, sauveteur *m*; (*ar fad achub*) sauveteur en mer; ~ **bywyd** surveillant *m* de baignade, surveillante *f* de baignade, maître *m* nageur; (*ar y traeth*) surveillant *neu* gardien *m* de plage, surveillante *neu* gardienne *f* de plage; (*mewn pwll nofio*) surveillant de piscine, surveillante de piscine.

achwyn *bg* se plaindre; (*am ddiffyg mewn gwasanaeth, nwyddau*) réclamer; ~ **am** se plaindre de; (*yn swyddogol*) se plaindre de, formuler une plainte *neu* réclamation contre; ~ **...** se plaindre que *neu* de ce que + *indic/subj*; **sut mae hi? - alla'i ddim** ~ comment vas-tu? - je ne peux pas me plaindre;
♦*g* (**-ion**) *gw.* **achwyniad**.

achwyngar *ans* (*rhn*) récriminateur(récriminatrice), qui se plaint, qui aime se plaindre, bougon(ne)*, ronchonneur(ronchonneuse)*, ronchon(ne)*; (*sylwadau*) récriminatoire, bougon*; (*llais*) plaintif(plaintive);
♦ **yn** ~ *adf* (*ymddwyn*) d'une manière récriminatoire *neu* récriminatrice; (*siarad*) d'un ton plaintif *neu* bougon* *neu* ronchon*.

achwyniad (**-au**) *g* plainte *f*, récrimination *f*, doléances *fpl*; (*MASN*) réclamation *f*; (*CYFR*) plainte.

achwynwr (**achwynwyr**) *g* réclamant *m*, mécontent *m*; (*un sy'n grwgnach*) rouspéteur* *m*, grognon* *m*, ronchon* *m*; (*CYFR*) demandeur *m*, plaignant *m*.

achwynwraig (**achwynwragedd**) *b* réclamante *f*, mécontente *f*; (*un sy'n grwgnach*) rouspéteuse* *f*, grognonne* *f*, ronchonne* *f*; (*CYFR*) demanderesse *f*, plaignante *f*.

achwynydd (**-ion**) *g* (*CYFR*) demandeur *m*, demanderesse *f*, plaignant *m*, plaignante *f*.

achydd (**-ion**) *g* généalogiste *m/f*.

achyddiaeth *b* généalogie *f*.

achyddol *ans* généalogique.

adagio (**-s**) *g* adagio *m*.

adain (**adenydd**) *b* (*aderyn, awyren, adeilad*) aile *f*; (*olwyn*) rayon *m*; (*drws*) battant *m*; **saethu aderyn ar yr** ~ tirer un oiseau au vol; **dan** ~ **rhn** (*ffig*) sous la protection de qn, protégé(e) par qn; **cymryd rhn dan eich** ~ prendre qn sous son aile; **yr** ~ **chwith/dde** (*GWLEID*) la gauche *f*/la droite *f*; **mae hi'n** ~ **chwith/dde ofnadwy** (*GWLEID*) elle est très à gauche/à droite; **papur newydd** ~ **chwith/dde** (*GWLEID*) journal(journaux) *m* de gauche/de droite.

adallforiad (**-au**) *g* réexportation *f*.

adallforio *ba* réexporter;
♦*g* réexportation *f*.

adaptor (**-au**) *g* adaptateur *m*; (*TRYD*) prise *f* *neu* fiche *f* multiple.

adar *ll gw.* **aderyn**.

adara *bg* chasser le gibier à plumes;
♦*g* chasse *f* au gibier à plumes.

adardy (**adardai**) *g* (*cwt, caets mawr*) volière *f*; (*caets bach*) cage *f*.

adareg *b* ornithologie *f*.

adaregydd (**adaregwyr**) *g* ornithologue *m/f*, ornithologiste *m/f*.

adarfogaeth *b* réarmement *m*.

adarfogi *ba, bg* réarmer;
♦*g* réarmement *m*.

adargi (**adargwn**) *g* retriever *m*, chien *m* d'arrêt.

adargraffiad (**-au**) *g* réimpression *f*.

adargraffu *ba* réimprimer; **mae'n cael ei** ~ il est en réimpression.

adarwerthwr (**adarwerthwyr**) *g* oiselier *m*.

adarwerthwraig (**adarwerthwragedd**) *b* oiselière *f*.

adarwr (**adarwyr**) *g* (*heliwr*) oiseleur *m*; (*adaregwr*) ornithologue *m*, ornithologiste *m*.

adarwyddiad (**-au**) *g* (*CYFR*) contreseing *m*.

adarwyddo *ba* contresigner.

adarydd (**-ion**) *g* ornithologue *m/f* amateur, ornithologiste *m/f* amateur.

adarydda *bg* observer les oiseaux.

adaryddiaeth *b* ornithologie *f*.

adbelydriad (**-au**) *g* reflet *m*.

adbelydrol *ans* réfléchissant(e), réflecteur(réflectrice); (*golau*) réfléchi(e), reflété(e).

adbelydru *ba* refléter, réfléchir.

adblaned (**-au**) *b* satellite *m*.

adborth *g* (*cyff*) feed-back *m inv*, réactions *fpl*; (*TRYD*) réaction *f*.

adborthi *ba* (*gwybodaeth, canlyniadau*) retransmettre, renvoyer.

adbrint (**-iau**) *g gw.* **adargraffiad**.

adbrintio *ba gw.* **adargraffu**.

adbrisiad (**-au**) *g* réévaluation *f*.

adbrisio *ba* réévaluer.

adbrofi *ba* refaire l'essai de, remettre (qch) à l'essai.

adbryn *ans* rachetable; (*bil, morgais*) remboursable.

adbryniad (**-au**) *g* rachat *m*; (*dyled*) remboursement *m*; (*CREF*) rédemption *f*.

adbrynu *ba* racheter; (*bil*) honorer; (*morgais*) purger; (*arian papur*) convertir (qch) en espèces; (*CREF*) rédimer, racheter, sauver.

adchwanegiad (**-au**) *g* additif *m*.

adchwanegyn (**adchwanegion**) *g* additif *m*.

ad-daladwy *ans* remboursable.

ad-daliad (~-~**au**) *g* (*arian*) remboursement *m*; (*iawndal*) indemnité *f*; (*ar dreth*) bonification *f* de trop-perçu; (*disgownt*) rabais *m*, remise *f*, ristourne *f*.
ad-daliadol *ans* qui rembourse.
ad-dalu *ba* (*arian*) rembourser; (*cymwynas*) rendre; ~-~ **dyled** rembourser une dette; (*ffig*) s'acquitter d'une dette; ~-~ **costau rhn** rembourser *neu* indemniser qn de ses frais
ad-drefniad (~-~**au**) *g* réorganisation *f*.
ad-drefniadol *ans* qui réorganise, réorganisateur(réorganisatrice).
ad-drefniant *g* réorganisation *f*, réarrangement *m*, nouvel arrangement *m*, nouvelle disposition *f*.
ad-drefnu *ba* réorganiser, réarranger, organiser *neu* disposer (qch) de nouveau; ♦*g* réorganisation *f*.
ad-drem (~-~**iau**) *b* examen *m* rétrospectif.
ad-ddosbarthiad (~-~**au**) *g* reclassement *m*.
ad-ddosbarthu *ba* reclasser.
adeg (-**au**) *b* (*cyfnod arbennig*) temps *m*, époque *f*; (*mwy penodol, manwl*) moment *m*, fois *f*, occasion *f*; ~ **o'r flwyddyn** période *f* *neu* époque *neu* saison *f* de l'année; **yr** ~ **hon o'r flwyddyn** à cette époque de l'année, à cette saison; **yr** ~ **honno** en ce temps-là, à cette époque-là, à ce moment-là; ~ **y Chwyldro** à l'époque de la Révolution; ~ **y Pasg/Nadolig** à Pâques/Noël; **ar un** ~ une fois, à un moment donné; **ar** ~**au** quelquefois, parfois, par moments; **ar** ~**au eraill** d'autres fois; **mae 'na** ~**au pan ...** il y a des moments où ...; **wyt ti'n cofio'r** ~ **yr aethom i'r Almaen?** tu te rappelles le moment où nous sommes allé(e)s en Allemagne?; **trwy'r** ~ tout le temps, constamment, sans cesse, continuellement; **gall ddod unrhyw** ~ il peut venir n'importe quand *neu* à tout moment *neu* d'un moment à l'autre; **gall ddod unrhyw** ~ **y myn** il peut venir quand il veut; **dod ar** ~ **anghyfleus** arriver à un moment tout à fait inopportun; **gwneud dau beth ar yr un** ~ faire deux choses à la fois *neu* en même temps *neu* simultanément; **cyrraedd yr un** ~ **â rhn** arriver en même temps que qn; **yr** ~ **yma 'fory** demain à cette heure-ci; **yr** ~ **yma yr wythnos diwethaf** il y a exactement 8 jours; **yr** ~ **yma y llynedd** il y a exactement un an, l'année dernière à cette époque-ci; **yr** ~ **yma y flwyddyn nesa'** l'année prochaine à la même date.
adegol *ans* irrégulier(irrégulière), intermittent(e); (MEDD) spasmodique; ♦ **yn** ~ *adf* irrégulièrement; (MEDD) spasmodiquement.
adeilad (-**au**) *g* bâtiment *m*, édifice *m*, construction *f*; (*bloc: fflatiau, swyddfeydd*) immeuble *m*.
adeiladaeth (-**au**) *b* construction *f*, structure *f*, architecture *f*.
adeiladfa (**adeiladfeydd**) *b* chantier *m* (de construction).
adeiladol *ans* constructif(constructive); (*ffig: beirniadaeth*) positif(positive); ♦ **yn** ~ *adf* d'une manière constructive; (*ffig*) d'une manière positive.
adeiladu *ba* construire, bâtir, édifier; (*ymerodraeth*) fonder, bâtir; (*busnes*) créer; (*theori*) échafauder; **cael** ~ **tŷ** faire construire une maison; **mae'r tŷ yn cael ei** ~ la maison est en construction, la maison se bâtit; ~ **cestyll yn yr awyr** (*ffig*) faire des châteaux en Espagne; **diwydiant** ~ (industrie *f* du) bâtiment *m*; **plot** ~, **tir** ~ terrain *m* à bâtir; **caniatâd** ~ permis *m* de construire; **safle** ~ chantier *m* (de construction); **cymdeithas** ~ ≈ société *f* de crédit immobilier; ♦*g* construction *f*, édification *f*.
adeiladwaith (**adeiladweithiau**) *g gw.* **adeiladaeth**.
adeiladwr (**adeiladwyr**) *g* entrepreneur *m* en bâtiment; (*gweithiwr, labrwr*) ouvrier *m* du bâtiment.
adeiladydd (-**ion**) *g gw.* **adeiladwr**.
adeilaeth (-**au**) *b gw.* **adeiladaeth**.
adeiledig *ans* construit(e), bâti(e), édifié(e); **ardal** ~ agglomération *f* urbaine.
adeiledd (-**au**) *g* structure *f*, composition *f*; (*fframwaith*) ossature *f*, carcasse *f*, armature *f*.
adeileddol *ans* structural(e)(structuraux, structurales), structurel(le); ♦ **yn** ~ *adf* structuralement.
adeileddu *ba* structurer.
adeinig (-**au**, -**ion**) *b* aileron *m*.
adeiniog *ans* ailé(e), aux ailes.
aden (-**ydd**) *b gw.* **adain**.
adenedigaeth (-**au**) *b* renaissance *f*.
adennill *ba* regagner, récupérer; (*nerth*) regagner, reprendre, récupérer; (*iechyd*) recouvrer, retrouver; (*tir: cyff*) reconquérir; (*:o'r goedwig*) défricher; (*:o'r môr*) assécher, conquérir (qch) par assèchement; ♦*g* récupération *f*; (*tir: o'r goedwig*) défrichement *m*; (*:o'r môr*) assèchement *m*.
adenoidau *ll* végétations *fpl* (adénoïdes).
aderyn (**adar**) *g* oiseau(-x) *m*; (*hela*) gibier *m*; ~ **bach, cyw** ~ petit oiseau, oisillon *m*; ~ **(y) môr** oiseau marin *neu* de mer; ~ **rhaib,** ~ **ysglyfaethus** oiseau de proie; **gwerthwr adar** oiselier *m*; **gwerthwraig adar** oiselière *f*; **siop gwerthu adar** oisellerie *f*; ~ **du** merle *m*; ~ **y bwn** butor *m*; ~ **y to** moineau(-x) *m*; ~ **drycin (y graig)** pétrel *m*, fulmar *m*; ~ **drycin Manaw** puffin *m* des Anglais; ~ **drycin** (*ffig: un sy'n hoff o greu helynt*) enfant *m* terrible, batailleur *m*, batailleuse *f*; ~ **dieithr** (*ffig*) étranger *m*, étrangère *f*, inconnu *m*, inconnue *f*; ~ **brith** (*ffig*) individu *m* louche; ~ **y nos** (*ffig: rhn sy'n hwyr yn mynd i'r gwely*) oiseau nocturne, couche-tard *m/f inv*,

noctambule *m/f*; (*rhn cyfrinachgar*) qn qui cache son jeu, une quantité *f* inconnue; ~ **corff** (*tylluan*) hibou(-x) *m*, chat-huant(~s-~s) *m*; (*ofergoel*) oiseau de mauvais augure; **fel ~ mewn llaw** nerveux(nerveuse), inquiet(inquiète), intimidé(e), troublé(e), agité(e); **gwell ~ mewn llaw na dau mewn llwyn** (*ffig*) un tiens vaut mieux que deux tu l'auras; **llond llygad ~** presque rien du tout; **lladd dau ~ ag un ergyd** (*ffig*) faire d'une pierre deux coups; **adar o'r unlliw ehedant i'r unlle** qui se ressemble s'assemble; **tipyn o dderyn** (*doniol*) un rigolo *m*, une rigolote *f*; (*cymeriad*) un numéro *m*; **dywedodd rhyw dderyn bach wrtha' i** mon petit doigt me l'a dit.

adethol *ba* réélire.

adetholiad (**-au**) *g* réélection *f*.

adfach (**-au**) *g* (*bachyn pysgota*) barbillon *m*; (*saeth*) barbelure *f*.

adfachog *ans* barbelé(e).

adfail (**adfeilion**) *g,b* ruine *f*, délabrement *m*; **mynd yn ~** tomber en ruines, se délabrer.

adfeddiad (**-au**) *g* appropriation *f*.

adfeddiannu *ba* récupérer, reprendre, rentrer en possession de, reprendre possession de;
♦*g* appropriation *f*, reprise *f*, récupération *f*.

adfeddiant (**adfeddiannau**) *g* appropriation *f*.

adfeddu *ba* s'approprier, s'attribuer, s'emparer de;
♦*g* appropriation *f*.

adfeiliad (**-au**) *g* (*tŷ ayb*) ruine *f*, délabrement *m*; (*dirywiad*) décadence *f*, dégénérescence *f*.

adfeiliedig *ans* en ruines, délabré(e).

adfeilio *bg* tomber en ruines, se délabrer.

Adfent *g* (*CREF*): **yr ~** l'Avent *m*.

adfer *ba* (*atgyweirio*) réparer; (*ailgodi*) relever; (*ailsefydlu*) rétablir; (*adeilad, darlun*) restaurer; (*testun, arysgrif*) restituer; (*sefyllfa*) redresser, remédier, porter remède à; (*rhn, arfer, ffasiwn*) faire revivre; (*nerth, iechyd*) refaire; (*ar ôl salwch*) se rétablir; **~ rhth i'w gyflwr blaenorol** remettre qch en état; **dosbarth ~** classe *f* de rattrapage; **triniaeth ~** traitement *m* curatif; (*i ddrwgweithredwr*) traitement correctif.

adferf (**-au**) *b* adverbe *m*.

adferfol *ans* adverbial(e)(adverbiaux, adverbiales);
♦ **yn ~** *adf* adverbialement.

adferiad (**-au**) *g* rétablissement *m*, restauration *f*; (*testun, arysgrif*) restitution *f*; (*adeilad*) restauration; (*rhn, sefydliad*) rétablissement, remise *f* en état; (*iechyd*) rétablissement, guérison *f*; (*car*) réparation *f*; **dymuniadau gorau am ~ buan** tous nos vœux de prompt rétablissement.

adferol *ans* (*gweithred*) réparateur(réparatrice); (*camau*) de redressement; (*dosbarth*) de rattrapage; (*MEDD*) curatif(curative), réconfortant(e), remontant(e), stimulant(e), tonique; **triniaeth ~** traitement *m* curatif; (*i ddrwgweithredwr*) traitement correctif.

adferwr (**adferwyr**) *g* restaurateur *m*.

adferwraig (**adferwragedd**) *b* restauratrice *f*.

adfilwr (**adfilwyr**) *g* recrue *f*.

adflas (**-au**) *g* arrière-goût(~-~s) *m*; (*blas drwg*) mauvais goût *m*.

adfocad (**-au**) *g* (*CYFR*) avocat *m*, avocate *f*; (*amddiffynnydd achos*) défenseur *m*, champion *m*, championne *f*, partisan *m*, partisane *f*.

adforio *ba* réexporter;
♦*g* réexportation *f*.

adfresychen (**adfresych**) *b* chou(-x) *m* de Bruxelles.

adfyd *g* adversité *f*, malheur *m*, affliction *f*, détresse *f*, misère *f*.

adfydus *ans* adverse, défavorable, malheureux(malheureuse), affligeant(e);
♦ **yn ~** *adf* défavorablement, malheureusement.

adfywiad (**-au**) *g* (*MEDD*) réanimation *f*, ranimation *f*, reprise *f*; (*ffig*) renouveau(-x) *m*, réveil *m*.

adfywio *ba* ranimer; (*MEDD*) ressusciter, réanimer; (*gyda diod, bwyd, cawod, cwsg*) revigorer, ravigoter*; (*gyda sgwrs, addewid*) revigorer;
♦*bg* se ranimer.

adfywiol *ans* rafraîchissant(e), stimulant(e), vivifiant(e), fortifiant(e), tonifiant(e).

adiad[1] (**adiaid**) *g* (*gwryw hwyaden*) canard *m* (mâle).

adiad[2] (**-au**) *g* (*swm*) addition *f*.

adio *ba* (*MATH*) additionner; (*ychwanegu*) ajouter, rajouter; **~ dau a thri** additionner deux avec trois;
♦*bg* (*MATH*) faire les additions; **peiriant ~** machine *f* à calculer; (*cyfrifiannell*) calculette *f*;
♦*g* addition *f*.

adiol *ans* additif(additive).

adiolyn (**adiolion**) *g* additif *m*.

adlach (**-au**) *b* (*TECH*) saccade *f*, secousse *f*; (*ffrwydrad*) contrecoup *m*, répercussion *f*; (*adwaith*) réaction *f* brutale.

adladd *g* (*AMAETH*) regain *m*; (*ffig*) conséquences *fpl*, séquelles *fpl*.

adlais (**adleisiau**) *g* écho *m*, répercussion *f*; (*ffig*) écho, rappel *m*.

adlam (**-au**) *g* recul *m*; (*pêl*) rebond *m*; (*bwled*) ricochet *m*; (*sbring*) détente *f*; **cic ~** (*CHWAR*) drop *m*, coup *m* tombé.

adlamol *ans* rebondissant(e), qui rebondit, élastique.

adlamu *bg* (*pêl*) rebondir; (*gwn*) reculer; (*sbring*) se détendre.

adlef (**-au**) *b* écho *m*, répercussion *f*.

adlefain *ba gw.* **adleisio**.

adleisio *ba* renvoyer, répercuter; ~ **syniadau rhn** (*ffig*) se faire l'écho de la pensée de qn; ♦*bg* retentir, résonner, se répercuter.
adlen (**-ni**) *b* auvent *m*.
adlenwad (**-au**) *g* recharge *f*; (*pin ysgrifennu*) cartouche *f*; (*beiro*) recharge; (*pensil*) mine *f* de rechange; (*nodiadur*) feuilles *fpl* de rechange.
adlenwi *ba* (*potel ayb*) remplir (qch) à nouveau; (*pin ysgrifennu ayb*) recharger.
adleoli *ba* (*cyff*) transférer; (*gweithwyr*) transférer, muter, reconvertir; (*swyddfeydd*) transférer; (*milwyr*) redéployer, détacher qn (à), affecter qn (à).
adleoliad (**-au**) *g* transfert *m*; (*cwmni*) déménagement *m*; (*gweithwyr*) mutation *f*, affectation *f*, détachement *m*, reconversion *f*; (*milwyr*) redéploiement *m*, affectation, détachement.
adlewyrch *g* reflet *m*.
adlewyrchedig *ans* reflété(e), réfléchi(e).
adlewyrchiad (**-au**) *g* (*golau*) lueur *f*; (*delwedd*) reflet *m*, image *f*, réflexion *f*; **fe welais ei ~ yn y drych** j'ai vu son image *neu* son reflet dans le miroir; **mae eich ymddygiad yn ~ gwael ar eich rhieni** votre conduite fait tort à vos parents.
adlewyrchiadol *ans* réflecteur(réflectrice).
adlewyrchol *ans* (*drych*) réfléchissant(e), réflecteur(réflectrice); (*golau*) réfléchi(e).
adlewyrchu *ba* refléter, réfléchir; (*gwres*) renvoyer; **mae'r lleuad yn cael ei hadlewyrchu yn y môr** la lune se reflète dans la mer; **mae'r adroddiad hwn yn ~ nifer o anawsterau** ce rapport reflète de nombreuses difficultés; ♦*bg* (*golau*) briller, luire; **~'n wael ar rn** faire (du) tort à qn, nuire à la réputation de qn; **~'n dda ar rn** faire honneur à qn.
adlewyrchydd (**-ion**) *g* réflecteur *m*; (*car*) cataphote *m*, réflecteur, catadioptre *m*.
ad-lib (**-iau**) *g* improvisation *f*; (*ffraetheb*) bon mot *m*, mot d'esprit.
adlibio *ba, bg* improviser; **wedi ei ~** spontané(e), improvisé(e), impromptu(e); ♦*g* improvisations *fpl*.
adlif (**-oedd**) *g* reflux *m*; (*trai*) reflux, jusant *m*.
adlifo *bg* refluer.
adlodd *g gw.* **adladd**.
adlog (**-au**) *g* intérêts *mpl* composés.
adloniadol *ans* (*stori, perfformiad ayb*) amusant(e), divertissant(e); (*difyrion oriau hamdden*) récréatif(récréative); ♦ **yn ~** *adf* de façon divertissante *neu* amusante *neu* récréative.
adloniant (**adloniannau**) *g* (*difyrrwch*) amusement *m*, divertissement *m*, distraction *f*; (*i ymlacio*) récréation *f*, détente *f*, délassement *m*; (*ar lwyfan*) spectacle *m*, attractions *fpl*.
adlonni *ba* (*difyrru*) amuser, divertir, distraire; (*peri i rn ymlacio*) détendre, délasser.
adluniad (**-au**) *g* reconstruction *f*; (*o adeilad*) reconstruction, réfection *f*; (*o drosedd*) reconstitution *f*.
adlunio *ba* reconstruire, rebâtir, remodeler, refaçonner; (*trosedd*) reconstituer.
adlyn (**-ion**) *g* adhésif *m*.
adlyniad (**-au**) *g* adhérence *f*, adhésion *f*.
adlynol *ans* adhésif(adhésive), collant(e).
adlynu *ba* adhérer, coller, attacher; ♦*bg* se coller, s'attacher, s'adhérer.
admiral (**-iaid**) *g* amiral(amiraux) *m*.
admiraliaeth *b* amirauté *f*; (*y Weinidogaeth*) ≈ ministère *m* de la Marine
adnabod *ba* connaître, reconnaître; (*gallu gwahaniaethu rhwng un ac arall*) distinguer, identifier; (*MEDD*) diagnostiquer; **'rwy'n ei hadnabod yn dda** je la connais bien; **ydw, 'rwy'n ei hadnabod** (*wedi cwrdd â hi*) oui, j'ai fait sa connaissance; ~ **rhn ar** *ou* **wrth ei gerddediad** reconnaître qn à sa démarche *neu* à son allure.
adnabyddiaeth *b* connaissance *f*; (*o droseddwr*) identification *f*; (*gwybodaeth o ffeithiau*) connaissances *fpl*, science *f*, savoir *m*.
adnabyddus *ans* (*cyfarwydd*) familier(familière); (*enwog*) bien connu(e), célèbre.
adnaid (**adneidiau**) *b* (*pêl*) rebond *m*; (*bwled*) ricochet *m*.
adnau (**adneuon**) *g* dépôt *m*; **cyfrif ~** compte *m* de dépôt; **ar ~** en dépôt.
adneuo *ba* déposer, laisser *neu* mettre (qch) en dépôt.
adneuydd (**-ion**) *g* déposant *m*, déposante *f*.
adnewid *ba* modifier.
adnewidiad (**-au**) *g* modification *f*.
adnewidiadol *ans* modificateur(modificatrice), modifiant(e).
adnewidiedig *ans* modifié(e).
adnewyddiad (**-au**) *g* renouvellement *m*, remplacement *m*; (*cytundeb, prydles*) reconduction *f*; (*nerth*) regain *m*; (*adferiad darlun, tŷ ayb*) remise *f* à neuf, rénovation *f*, restauration *f*; (*adfywiad*) renouveau(-x) *m*; (*CREF*) réveil *m*; (*gwneud yn iau*) rajeunissement *m*; ~ **tanysgrifiad** réabonnement *m*.
adnewyddedig *ans* renouvelé(e); (*tŷ*) rénové(e); (*darlun*) restauré(e); (*yn iau*) rajeuni(e).
adnewyddol *ans* (*y gellir ei adnewyddu*) renouvelable; (*sy'n adnewyddu*) rajeunissant(e).
adnewyddu *ba* renouveler, remplacer; (*cytundeb, prydles*) renouveler, reconduire; (*gwneud fel newydd*) remettre (qch) à neuf; (*tŷ*) rénover; (*darlun*) restaurer; (*gwneud yn iau*) rajeunir; **~'ch tanysgrifiad** renouveler son abonnement, se réabonner.

adnewyddwr (**adnewyddwyr**) *g* rénovateur *m*, restaurateur *m*.
adnewyddwraig (**adnewyddwragedd**) *b* rénovatrice *f*, restauratrice *f*.
adnod (**-au**) *b* verset *m*.
adnoddau *ll* ressources *fpl*; ~ **adnewyddol** ressources renouvelables.
adolesens *g* adolescence *f*.
adolesent *ans* adolescent(e);
♦*g/b* adolescent *m*, adolescente *f*.
adolwg (**adolygon**) *b* examen *m* rétrospectif, coup *m* d'œil rétrospectif.
adolygiad (**-au**) *g* révision *f*, revue *f*; (*ffilm, llyfr, drama*) critique *f*, compte *m* rendu; (*ar gyfer arholiad*) révisions *fpl*.
adolygu *ba* (*YSGOL*) revoir, repasser, réviser; (*newid*) réviser, modifier; (*testun*) corriger, revoir; (*llyfr, ffilm, drama*) faire la critique de, donner *neu* faire un compte rendu de;
♦*bg* (*YSGOL*) réviser, faire des révisions;
♦*g* (*YSGOL*) révisions *fpl*.
adolygydd (**adolygwyr**) *g* (*llyfrau*) critique *m/f* littéraire; (*testun*) réviseur *m*; (*proflenni*) correcteur *m*, correctrice *f*; ~ **drama/ffilm** critique dramatique/de cinéma.
adraddiad (**-au**) *g* reclassement *m*.
adraddoli *ba* reclasser.
adraddoliad (**-au**) *g* reclassement *m*.
adran (**-nau**) *b* section *f*, partie *f*, division *f*; (*dosbarth*) classe *f*, catégorie *f*; (*MASN: DIWYD*) service *m*; (*GWEIN*) département *m*; (*YSGOL*) section; (*prifysgol*) département, section; (*mewn siop fawr*) rayon *m*; (*mewn siop fach*) comptoir *m*; **A~ Addysg** ministère *m* de l'Éducation; **mewn ~nau** à sections, à départements.
adrannol *ans* d'une *neu* de la section, d'un *neu* du service, d'un *neu* du département, d'un *neu* du ministère; **siop** ~ grand magasin *m*.
adref *adf* (*i'ch tŷ*) chez soi, à la maison, au foyer; (*i'ch gwlad*) dans son pays, au pays natal; **mynd** ~ (*tŷ*) rentrer (chez soi *neu* à la maison *neu* au foyer); (*gwlad*) rentrer dans son pays, réintégrer son pays; **tuag** ~ (*tŷ*) vers la maison, vers le foyer; (*gwlad*) vers la patrie; **y daith** ~ voyage *m* de retour; **ar y ffordd** ~ sur le chemin du retour; **mynd â rhn** ~ accompagner qn jusque chez lui, raccompagner qn à la maison *neu* au foyer; **cerdded** ~ rentrer à pied; **rhedeg** ~ rentrer en courant.
adrenalin *g* adrénaline *f*.
Adriatig *b*: **yr** ~ la mer Adriatique *f*.
adrewi *ba, bg* regeler.
adrodd *ba* (*barddoniaeth*) réciter, déclamer; (*ffeithiau*) exposer, faire un exposé de *neu* un rapport sur; (*manylion*) rapporter, énumérer; (*stori*) raconter, relater, faire le récit de;
♦*bg* (*mewn cyngerdd ayb*) réciter, déclamer.
adroddgan (**-iadau**) *b* récitatif *m*.
adroddiad (**-au**) *g* récit *m*, rapport *m*; (*papur newydd, radio, teledu*) reportage *m*, communiqué *m*; (*manylion*) rapport, énumération *f*; (*cyfarfod*) compte *m* rendu; (*gan blismon*) procès-verbal(~-verbaux) *m*; (*stori*) narration *f*, récit; (*mewn cyngerdd ayb*) récitation *f*; ~ **ysgol** bulletin *m* scolaire; ~ **blynyddol** (*MASN*) rapport annuel; ~ **tywydd** bulletin météorologique, météo *f*.
adroddwr (**adroddwyr**) *g* narrateur *m*, récitant *m*.
adroddwraig (**adroddwragedd**) *b* narratrice *f*, récitante *f*.
adroddydd (**-ion**) *g* professeur *m* d'élocution *neu* de diction.
adroddyddiaeth *b* élocution *f*, diction *f*.
adsefydliad *g* réhabilitation *f*; (*y methedig*) rééducation *f*; (*ffoaduriaid*) réadaptation *f*; (*cyn-garcharor*) réinsertion *f*; (*rhn a gollodd ei swydd neu'i ddinasyddiaeth*) réintégration *f*.
adsefydlu *ba* réhabiliter; (*y methedig*) rééduquer; (*ffoaduriaid*) réadapter; (*cyn-garcharor*) réinsérer; (*rhn a gollodd ei swydd neu'i ddinasyddiaeth*) réintégrer.
adsymio *ba, bg* récapituler.
aduniad (**-au**) *g* réunion *f*; ~ **ysgol** réunion scolaire.
aduno *ba* réunir;
♦*bg* se réunir.
adwaith (**adweithiau**) *g* réaction *f*.
adweinyddiaeth (**-au**) *b* administration *f*.
adweinyddu *ba* administrer.
adweithio *bg* réagir.
adweithiol *ans* réactionnaire; (*CEM, FFIS*) réactif(réactive);
♦ **yn** ~ *adf* de façon réactionnaire.
adweithiwr (**adweithwyr**) *g* réactionnaire *m*.
adweithwraig (**adweithwragedd**) *b* réactionnaire *f*.
adweithydd (**-ion**) *g* réacteur *m*, réactif *m*; ~ **bridiol** surgénérateur *m*; ~ **niwclear** réacteur nucléaire, pile *f* atomique.
adwerthol *ans* au *neu* de détail; **masnach** ~ vente *f* au détail, commerce *m* de détail.
adwerthu *ba* vendre (qch) au détail, revendre qch;
♦*bg* (*nwyddau*) se vendre *neu* se revendre (au détail).
adwerthwr (**adwerthwyr**) *g* détaillant *m*, revendeur *m*.
adwerthwraig (**adwerthwragedd**) *b* détaillante *f*, revendeuse *f*.
adwthiad (**-au**) *g* répression *f*; (*SEIC*) refoulement *m*.
adwthio *ba* réprimer; (*emosiynau*) contenir; (*SEIC*) refouler.
adwy (**-au, -on**) *b* trou *m*, vide *m*, ouverture *f*, passage *m*; (*yn y mynyddoedd*) col *m*, défilé *m*; (*mewn mur*) brèche *f*, trouée *f*; **dod i'r** ~ (*ffig: cynorthwyo*) venir à la rescousse; (*:llenwi'r bwlch*) prendre la

place, faire un remplacement au pied levé.
adwybod *g* reconnaissance *f*; (*adnabod*) identification *f*.
adwybyddiad (**-au**) *g gw.* **adwybod**.
adwyo *ba* ouvrir une brèche dans, faire une trouée dans.
adŵyr *ans* courbé(e), crochu(e), tordu(e).
adwyth (**-au**) *g* malheur *m*, désastre *m*; (*MEDD*) malignité *f*.
adwythig *ans* nocif(nocive), funeste; (*MEDD*) malin(maligne).
adyn (**-od**) *g* scélérat *m*; (*plentyn*) canaille *f*; **mynd o gwmpas fel ~ ar gyfeiliorn** être solitaire.
Adda *prg* Adam; ~ **ac Efa** Adam et Ève.
addas *ans* (*gweithred, ateb, sylw, dewis*) convenable, approprié(e), pertinent(e); (*ymddygiad, dull o wisgo*) comme il faut; (*cywir*) juste, correct(e); (*hinsawdd*) qui convient; (*bwyd*) adapté(e); (*lle, amser*) propice; **ni allaf ddod o hyd i unrhyw beth ~** je ne trouve rien qui me convienne *subj*; **y dyn mwyaf ~ ar gyfer y swydd** l'homme le plus apte à occuper le poste, l'homme le plus indiqué pour le poste; **mae'r ystafell yn ~ iawn ar gyfer y math hwn o gyfarfod** la salle se prête bien à ce genre de réunion; **nid yw'r ffilm yn ~ ar gyfer plant** ce n'est pas un film pour les enfants; **nid yw'r anrheg yn ~ ar gyfer fy mrawd** le cadeau ne sera pas au goût de mon frère;
♦ **yn ~** *adf* d'une manière convenable; (*ymddwyn*) comme il faut, convenablement, correctement; (*ateb*) à propos; (*diolch, ymddiheuro*) comme il convient, comme il se doit.
addasadwy *ans* adaptable; (*y gellir ei gywiro*) qu'on peut ajuster, réglable.
addasiad (**-au**) *g* adaptation *f*; (*cywiriad*) réglage *m*, ajustage *m*, mise *f* au point, rajustement *m*.
addasrwydd *g* convenance *f*; (*gweithred, sylw, enghraifft, dewis*) pertinence *f*, à-propos *m inv*; (*cosb*) justesse *f*; (*ymgeisydd i swydd*) aptitude *f*.
addasu *ba* adapter, approprier; (*cywiro*) ajuster; ~ **nofel ar gyfer y teledu** adapter un roman pour la télévision.
addaswr (**addaswyr**) *g* (*rhn*) adaptateur *m*; (*dyfais*) adaptateur; (*dyfais drydan*) prise *f neu* fiche *f* multiple.
addaswraig (**addaswragedd**) *b* adaptatrice *f*.
addasydd (**-ion**) *g gw.* **addaswr, addaswraig**.
addaw *ba, bg gw.* **addo**.
addaweb (**-au**) *b* billet *m* à ordre.
addawedig *ans* promis(e).
addawol *ans* prometteur(prometteuse), qui promet, plein(e) de promesses; **mae'r dyfodol yn ~** l'avenir s'annonce bien; **mae hwnna'n ~!** ça promet!; **myfyriwr ~** un étudiant plein de promesses; **pianydd ~** un pianiste d'avenir;
♦ **yn ~** *adf* d'une manière pleine de promesses, d'une façon prometteuse.
addäwr (**addawyr**) *g* prometteur *m*.
addaw-wraig (**addaw-wragedd**) *b* prometteuse *f*.
addawydd (**-ion**) *g gw.* **addäwr, addaw-wraig**.
addef *ba* admettre, convenir de; (*trosedd*) avouer, confesser; (*camgymeriad*) reconnaître; (*bwriad, cyfrinach*) révéler, divulguer, mettre (qch) au jour.
addefiad (**-au**) *g* (*o drosedd*) aveu(-x) *m*, confession *f*; (*o gamgymeriad*) reconnaissance *f*; (*o gyfrinach*) révélation *f*, divulgation *f*; (*GRAM*); **cymal ~** clause concessive.
addewid (**-ion**) *g,b* promesse *f*.
addewidiol *ans gw.* **addawol** (*MASN*): **nodyn ~** billet *m* à ordre.
addfwyn *ans* doux(douce); (*tyner*) peu *neu* pas sévère; (*caredig*) gentil(le);
♦ **yn ~** *adf* doucement, peu *neu* pas sévèrement; (*yn garedig*) gentiment.
addfwynder *g* douceur *f*; (*caredigrwydd*) gentillesse *f*, bonté *f*.
addo *ba*
1 (*rhoi addewid*) promettre; ~ **rhth i rn** promettre qch à qn; ~ **rhth i chi'ch hunan** se promettre qch; ~ **gwneud** promettre de faire; **wnei di ~ (hynny)?** c'est promis?, c'est juré?.
2 (*rhag-ddweud*) promettre, annoncer; **maen nhw'n ~ glaw at 'fory** ils nous ont promis *neu* annoncé de la pluie pour demain; **sut dywydd maen nhw'n ei ~?** que dit la météo?;
♦*bg* promettre; (*addunedu*) jurer.
addod *g*: **ŵy ~** pécule *m*.
addoediad *g* prorogation *f*.
addoldy (**addoldai**) *g* édifice *m* consacré au culte, lieu(-x) *m* de culte; (*Protestannaidd*) temple *m*.
addolgar *ans* (*rhn*) dévot(e); (*gweddi*) pieux(pieuse), fervent(e);
♦ **yn ~** *adf* dévotement, pieusement.
addolgarwch *g* (*defosiwn*) dévotion *f*, piété *f*; (*dwysbarch*) vénération *f*.
addoli *ba* adorer, vénérer, rendre un culte à; **mae hi'n ei ~** (*ffig*) elle est folle de lui;
♦*bg* faire ses dévotions, pratiquer sa religion, être pratiquant(e).
addoliad (**-au**) *g* (*cwrdd, gwasanaeth*) office *m*, culte *m*; (*teimlad addolgar*) adoration *f*, vénération *f*.
addolwr (**addolwyr**) *g* (*cyff*) adorateur *m*; (*CREF*) fidèle *m*.
addolwraig (**addolwragedd**) *b* (*cyff*) adoratrice *f*; (*CREF*) fidèle *f*.
adduned (**-au**) *b* résolution *f*, vœu(-x) *m*.
addunedol *ans* votif(votive).
addunedu *ba* faire vœu de; (*addo*) promettre; ~ **gwneud** jurer de faire.
addurn (**-au**) *g* ornement *m*, décoration *f*; (*ar*

wisg) parure *f*.

addurnedig *ans* décoré(e), orné(e); (*gwisg*) paré(e); (*arddull*) orné(e), fleuri(e);
♦ **yn** ~ *adf* avec une profusion d'ornements; (*ysgrifennu*) dans un style très orné *neu* très fleuri.

addurniad (**-au**) *g* (*y weithred o addurno*) ornementation *f*, décoration *f*; (*addurn*) ornement *m*, décoration; (*ar wisg*) parure *f*.

addurno *ba* décorer, orner; (*gwisg*) parer.

addurnol *ans* décoratif(décorative), ornemental(e)(ornementaux, ornementales);
♦ **yn** ~ *adf* de manière décorative *neu* ornementale

addurnwaith (**addurnweithiau**) *g* ornement *m*; (*mewn theatr ayb*) décoration *f*, décor *m*.

addurnwr (**addurnwyr**) *g* décorateur *m*.

addurnwraig (**addurnwragedd**) *b* décoratrice *f*.

addysg *b* éducation *f*; (*dysgu*) instruction *f*, enseignement *m*; (*astudiaethau*) études *fpl*; (*hyfforddiant*) formation *f*; (*pwnc astudiaeth, pedagogeg*) pédagogie *f*; ~ **alwedigaethol** enseignement professionnel; ~ **bellach** enseignement postscolaire; ~ **breifat** enseignement privé; ~ **cyn oed ysgol** enseignement préscolaire; ~ **dechnegol** enseignement technique; ~ **drydyddol** enseignement tertiaire; ~ **elfennol** enseignement élémentaire; ~ **enwadol** enseignement libre; ~ **grefyddol** éducation religieuse; ~ **gorfforol** éducation physique; ~ **gymysg** enseignement mixte; ~ **gynradd** enseignement primaire *neu* du premier degré; ~ **(i) oedolion** enseignement pour adultes; ~ **raglenedig** enseignement programmé; ~ **trwy ohebiaeth** enseignement par correspondance; ~ **uwch** enseignement supérieur; ~ **uwchradd** enseignement secondaire; ~ **y wladwriaeth** instruction publique; **dilyn A~ fel pwnc** faire des études de pédagogie; **diploma mewn A~** diplôme *m* de pédagogie; **y Gweinidog A~** le ministre de l'Éducation nationale; **y Weinyddiaeth A~** le ministère de l'Éducation nationale; **y system** ~ le système d'éducation; **coleg** ~ établissement *m* de formation pédagogique; **cael** ~ **dda** avoir une bonne éducation; **yr** ~ **a gefais yn yr ysgol** l'instruction que j'ai reçue à l'école; **torrwyd ar ei (h)~** ses études ont été interrompues; **dyn praff ei** ~ homme qui a une solide culture.

addysgadwy *ans* éducable.

addysgedig *ans* instruit(e), cultivé(e).

addysgfa (**-oedd**) *b* séminaire *m*.

addysgiadol *ans* instructif(instructive), éducatif(éducative).

addysgiaethwr (**addysgiaethwyr**) *g gw.* **addysgwr**.

addysgiaethwraig (**addysgiaethwragedd**) *b gw.* **addysgwraig**.

addysgol *ans* (*dulliau*) pédagogique; (*sefydliad, cyfundrefn*) scolaire; (*ffilmiau, gemau*) éducatif(éducative); (*swyddogaeth*) éducateur(éducatrice);
♦ **yn** ~ *adf* pédagogiquement, de façon éducative *neu* éducatrice.

addysgu *ba* (*cyff*) instruire, donner de l'instruction à; **addysgwyd hi ym Mharis** elle a fait ses études *neu* son éducation à Paris.

addysgwr (**addysgwyr**) *g* éducateur *m*; (*yn arbenigo mewn addysg*) pédagogue *m*.

addysgwraig (**addysgwragedd**) *b* éducatrice *f*; (*yn arbenigo mewn addysg*) pédagogue *f*.

addysgydd (**-ion**) *g gw.* **addysgwr, addysgwraig**.

aeddfed *ans* mûr(e); (*gwin*) arrivé(e) à maturité; (*caws*) fait(e); (*dolur, tosyn, ploryn*) mûr; **mae hi'n** ~ **o'i hoed** elle est très mûre pour son âge;
♦ **yn** ~ *adf* avec maturité.

aeddfediad (**-au**) *g* maturation *f*; (*ffrwyth, gwin*) mûrissement *m*; (*deall, meddwl*) développement *m*.

aeddfedrwydd *g* maturité *f*.

aeddfedu *ba* faire mûrir; (*caws*) affiner; (*gwin*) faire vieillir;
♦*bg* mûrir; (*abses*) mûrir; (*gwin, caws*) se faire; (*arian*) venir à échéance, échoir; **dyddiad** ~ (*buddsoddiad*) échéance *f*.

Aegeus: **Môr** ~ la mer *f* Égée.

ael (**-iau**) *b*

1 (*uwchben y llygaid*) sourcil *m*; **pensil** ~**iau** crayon *m* à sourcils; **gefel** ~**iau** pince *f* à épiler; **codi'ch** ~**iau** lever les sourcils; (*ffig*) sourciller, tiquer; **gwnaeth hynny iddo godi'i** ~**iau** (*ffig*) cela l'a fait tiquer.

2 (*pen uchaf bryn*) sommet *m*.

aelod (**-au**) *g* (*o'r corff*) membre *m*; (*o deulu*) membre; (*o glwb, undeb ayb*) membre, adhérent *m*, adhérente *f*; **cafodd ei thrin fel** ~ **o'r teulu** on l'a traitée comme si elle était de la famille *neu* comme si elle faisait partie de la famille; **mae'n** ~ **o'r tîm** il fait partie de l'équipe, il est membre de l'équipe; **"~au yn unig"** "réservé aux adhérents"; ~ **o'r gynulleidfa** (*cyff*) membre de l'assistance; (*sy'n gwrando*) auditeur *m*, auditrice *f*; (*sy'n gwylio*) spectateur *m*, spectatrice *f*; **A~ o'r Cynulliad** membre de l'Assemblée Nationale du pays de Galles; **A~ Seneddol** ≈ député *m*; **etholwyd hi yn A~ Seneddol** elle a été élue député; **A~ o Senedd yr Alban** membre du parlement de l'Écosse; **A~ o Senedd Ewrop** eurodéputé *m*.

aelodaeth *b* adhésion *f*; **cerdyn** ~ carte *f* d'adhérent *neu* de membre; **amodau** ~ conditions *fpl* d'éligibilité; **tâl** ~ cotisation *f*, droits *mpl* d'inscription; **gwneud cais am** ~ **o ...** faire une demande d'adhésion à ...; **rhoi'r gorau i'ch** ~ **o ...** rendre sa carte de ...; **mae** ~ **yn rhoi hawliau arbennig** l'adhésion donne

droit à certains privilèges, les membres jouissent de certains privilèges.
aelwyd (**-ydd**) *b* foyer *m*, âtre *m*; **wrth yr** ~ au coin du feu; **ar yr** ~ à la maison, chez soi, au foyer; ~ **yr Urdd** *local m d'un groupe de la Jeunesse galloise.*
A.E.M. *byrf*(= *Arolygydd Ei Mawrhydi*) *gw.* **arolygydd**.
Aeneas *prg* Énée.
Aenëis *b*: **yr** ~ l'Énéide *f*.
aer[1] *g* (*awyr*) air *m*; **diffyg** ~ manque *m* d'air; **mae diffyg** ~ **yma** on manque d'air ici, il n'y a pas d'air ici; **newid** ~ un changement d'air; **rhaid imi gael** ~ j'ai besoin d'air; **mynd allan am ychydig o** ~ sortir prendre l'air *neu* le frais.
aer[2] (**-ion**) *g* héritier *m*.
aer-dynn *ans gw.* **aerglos**.
aeres (**-au**) *b* héritière *f*.
aerglo (**-eon**) *g* bouchon *m* d'air; (*gofod, môr*) sas *m*; (*mewn pibell*) bulle *f* d'air.
aerglos *ans* étanche à l'air, hermétique;
♦ **yn** ~ *adf* hermétiquement.
aerobateg *b* acrobatie *f* aérienne.
aerobeg *b* aérobic *f,m*; **gwneud** ~ faire de l'aérobic; **gwersi** ~ cours *mpl* d'aérobic.
aerodynameg *b* aérodynamique *f*.
aerofod *g* aérospatiale *f*.
aerofodol *ans* aérospatial(e)(aérospatiaux, aérospatiales).
aeroleg *b* aérologie *f*.
aeronen (**aeron**) *b* baie *f*.
aeronoteg *b* aéronautique *f*.
aeronotig *ans* aéronautique.
aerosol *g* (*cyff*) aérosol *m*; (*hefyd:* **can** ~) atomiseur *m*, bombe *f*; **diaroglydd/paent** ~ déodorant *m*/peinture *f* en aérosol.
aerwy (**-on**) *g* collier *m*.
Aeschylos *prg* Eschyle.
Aesop *prg* Ésope.
aeth *be gw.* **mynd**.
aethnen (**-nau**) *b* tremble *m*.
af *be gw.* **mynd**.
afagddu *b* obscurité *f* totale *neu* complète; **mae hi cyn ddued â'r** ~ il fait nuit noire, il fait noir comme dans un four.
afal (**-au**) *g* pomme *f*; ~ **breuant** pomme d'Adam; ~ **coginio** pomme à cuire; ~ **pîn** ananas *m*; ~**au surion** pommes *fpl* sauvages; **calon** ~ trognon *m* de pomme; **sudd** ~ jus *m* de pomme; **tarten** ~ tarte *f* aux pommes; **pren** ~**au, coeden** ~**au** pommier *m*.
afalans (**-au**) *g* avalanche *f*.
afallen (**-nau**) *b* pommier *m*.
afanc (**-od**) *g* (ANIF) castor *m*.
afanen (**afan**) *b* framboise *f*.
afiach, afiachus *ans* (*golwg, lliw*) maladif(maladive); (*awyr, lle*) malsain(e), insalubre, infect(e); (*diddordeb, syniadau*) morbide, malsain;
♦ **yn** ~ *adf* maladivement, de façon malsaine *neu* infecte.
afiaith *g* gaieté *f*, gaîté *f*; (*llawenydd*) joie *f*, allégresse *f*, rires *mpl*, hilarité *f*; **yn eich** ~ plein(e) de joie.
afiechyd (**-on**) *g* maladie *f*, affection *f*, mal(maux) *m*; ~ **meddwl** maladie mentale.
afieithus *ans* gai(e), joyeux(joyeuse), allègre, plein(e) d'allégresse;
♦ **yn** ~ *adf* gaiement, joyeusement, allègrement.
aflafar *ans* discordant(e); (*llais gwraig*) criard(e), aigre; (*llais dyn*) discordant;
♦ **yn** ~ *adf* de façon discordante.
aflan *ans* (*oglau*) infect(e), nauséabond(e), empesté(e), puant(e); (*dwylo*) malpropre; (*meddwl*) immonde, impur(e); (*iaith*) ordurier(ordurière), grossier(grossière); (*dŵr*) croupi(e);
♦ **yn** ~ *adf* de façon malpropre, grossièrement.
aflawen *ans* triste, chagrin(e), morne, sombre, morose, affligé(e), attristé(e);
♦ **yn** ~ *adf* tristement.
aflednais *ans* grossier(grossière), indélicat(e), impudique, indécent(e), immodeste;
♦ **yn** ~ *adf* grossièrement; (*yn anweddus*) impudiquement, indécemment, immodestement.
afledneisrwydd *g* (*anghoethder*) grossièreté *f*, indélicatesse *f*, manque *m* de délicatesse; (*anwedduster*) impudeur *f*, indécence *f*, immodestie *f*.
aflem *ans b gw.* **aflym**.
aflendid *g* (*cyflwr*) saleté *f*, malpropreté *f*; (*baw*) crasse *f*, ordure *f*, saleté.
afleoli *ba* déplacer; (*aelod corff rhn arall*) disloquer, démettre, luxer.
afleoliad (**-au**) *g* déplacement *m*; (*aelod*) dislocation *f*, luxation *f*.
aflêr *ans* en désordre; (*golwg*) négligé(e), désordonné(e), mal soigné(e); (*dillad*) débraillé(e), mal tenu(e); (*gwallt*) ébouriffé(e), mal peigné(e); (*rhn: anniben*) désordonné(e), brouillon(ne); (*:esgeulus*) négligent(e); (*gwaith, tudalen*) sale, brouillon; (*ysgrifen*) brouillon, en désordre, en pagaille* *neu* pagaïe*; (*ystafell*) en désordre, mal rangé(e), en pagaille* *neu* pagaïe*; (*desg*) mal rangé(e); (*gardd*) mal tenu(e), à l'abandon;
♦ **yn** ~ *adf* négligemment; (*gweithio*) sans méthode, sans ordre; (*ysgrifennu*) sans soin, de manière brouillonne; (*yn ddiofal*) négligemment, avec insouciance, par négligence; **gwisgo'n aflêr** être débraillé(e).
aflerwch *g* (*ystafell*) désordre *m*; (*gwisg*) manque *m* de soin, débraillé *m*; (*rhn: annibendod*) manque d'ordre; (*esgeulustod*) négligence *f*.
afles (**-au**) *g* désavantage *m*, inconvénient *m*; (*drwg*) mal(maux) *m*.

aflesol *ans* désavantageux(désavantageuse), défavorable;
♦ **yn** ~ *adf* défavorablement, désavantageusement.
afliwio *ba* décolorer, ternir;
♦*bg* se décolorer, passer, s'altérer, se ternir.
aflonydd *ans* agité(e), remuant(e); (*poenus, gofidus*) anxieux(anxieuse), angoissé(e), inquiet(inquiète), troublé(e), en émoi; **mynd yn** ~ s'agiter;
♦ **yn** ~ *adf* avec agitation, d'une manière agitée.
aflonyddu *bg* (*anesmwytho*) s'agiter, remuer; (*dosbarth*) s'impatienter, s'agiter, donner des signes d'agitation; ~ **ar** (*tarfu ar*) déranger; (*poeni*) troubler, inquiéter; (*molestu*) importuner, tracasser; (:*yn rhywiol*) agresser (qn) sexuellement, attenter à la pudeur de.
aflonyddwch *g* agitation *f*, trouble *m*, perturbation *f*; (*pryder*) émoi *m*, inquiétude *f*; (*cymdeithasol, gwleidyddol*) troubles *mpl*, agitation; (*yn y stryd ayb*) bruit *m*, tapage *m*; (*hylif*) agitation; (*awyrgylch*) perturbation.
aflonyddwr (**aflonyddwyr**) *g* perturbateur *m*; (*molestwr*) agresseur *m*.
aflonyddwraig (**aflonyddwragedd**) *b* perturbatrice *f*.
afloyw (**-on**) *ans* opaque; (*di-sglein*) terne.
afloywder *g* opacité *f*; (*diffyg sglein*) aspect *m* terne.
afluniad (**-au**) *g* déformation *f*, altération *f*.
afluniaidd *ans* (*cymal, corff*) difforme, déformé(e), dénaturé(e), estropié(e);
♦ **yn** ~ *adf* de façon déformée *neu* difforme.
aflunio *ba* déformer, défigurer, altérer, dénaturer, estropier.
aflwydd *g*
1 (*anffawd*) malheur *m*, malchance *f*, infortune *f*; (*mwy difrifol*) calamité *f*, désastre *m*.
2 (*gair llanw*): **ble/pam/sut** ~ **...?** où/pourquoi/comment diable ...?; **beth** ~ **sy'n bod arnat ti?** que diable est-ce que tu as?, mais qu'est-ce que tu peux avoir?; **'does** ~ **o ddim yn bod arno** il n'a absolument rien, il n'a rien du tout.
aflwyddiannus *ans* (*cynlluniau*) manqué(e), raté(e), qui a échoué, mal réussi(e); (*ymgeisydd*) malheureux(malheureuse), refusé(e), non élu(e); (*cais*) refusé, non retenu(e); (*cynnig*) infructueux(infructueuse), qui est un échec; (*awdur, ffilm*) qui n'a pas de succès, sans succès; **bod yn** ~ essuyer *neu* subir un échec, échouer; **'roedd y cyfan yn** ~ tout était en vain, tout a échoué; **bod yn** ~ **mewn arholiad** ne pas réussir à *neu* ne pas être reçu(e) à un examen, échouer à *neu* être collé(e) à un examen; **'roedd y ffilm yn** ~ le film a fait un vrai bide*.
aflwyddiant (**aflwyddiannau**) *g* (*mewn arholiad*) échec *m*; (*cynlluniau*) échec, insuccès *m*, avortement *m*; (*trafodaethau*) échec.
aflwyddo *bg* échouer, ne pas réussir; (*cynlluniau*) manquer, rater, échouer, subir un échec.
aflym (**aflem**) (**aflymion**) *ans* obtus(e); (*llafn*) émoussé(e), qui ne coupe plus, peu tranchant(e); **arf** ~, **erfyn** ~ instrument *m* contondant; **acen aflem** accent *m* grave; **ongl aflem** angle *m* obtus.
aflywodraeth *b* anarchie *f*; (*anhrefn*) désordre *m*.
aflywodraethus *ans* ingouvernable, incontrôlable, effréné(e);
♦ **yn** ~ *adf* de façon effrénée; **chwerthin yn** ~ se tordre de rire, rire comme un fou *neu* comme une baleine.
afon (**-ydd**) *b* rivière *f*, cours *m* d'eau; (*fawr yn llifo i'r môr*) fleuve *m*; **gwaered** ~ aval *m*; **gwrthwaered** ~ amont *m*; **ystum** ~ méandre *m*.
afonfarch (**afonfeirch**) *g* hippopotame *m*.
afonig (**-au**) *b* (petit) ruisseau(-x) *m*.
afonog *ans* plein(e) de rivières.
afonol *ans* fluvial(e)(fluviaux, fluviales).
afrad, **afradlon** *ans* dépensier(dépensière), prodigue, gaspilleur(gaspilleuse); **y mab afradlon** le fils prodigue;
♦ **yn** ~ *adf* de façon prodigue; **gwario'n** ~ dépenser bêtement.
afradlondeb, **afradlonedd** *g* prodigalité *f*.
afradloni, **afradu** *ba* gaspiller.
afradwr (**afradwyr**) *g* gaspilleur *m*.
afradwraig (**afradwragedd**) *b* gaspilleuse *f*.
afraid *ans* inutile, superflu(e), peu nécessaire; ~ **dweud ...** inutile de dire que; **cadw dy** ~ **ar gyfer dy raid** il faut garder une poire pour la soif.
afraslon, **afrasol** *ans* peu gracieux(gracieuse), bourru(e), incivil(e), peu aimable;
♦ **yn** ~ *adf* incivilement, de façon peu gracieuse, d'un air *neu* ton bourru.
afreal *ans* irréel(le), imaginaire;
♦ **yn** ~ *adf* de façon irréelle.
afrealistig *ans* peu réaliste, irréaliste;
♦ **yn** ~ *adf* de façon irréaliste.
afreidiol *ans* inutile, superflu(e), peu nécessaire;
♦ **yn** ~ *adf* inutilement, sans qu'il en soit *subj* besoin
afreolaeth *b* indiscipline *f*, désordre *m*, confusion *f*, manque *m* d'ordre *neu* de discipline.
afreolaidd *ans* irrégulier(irrégulière), peu régulier(peu régulière); (GRAM) irrégulier;
♦ **yn** ~ *adf* irrégulièrement.
afreoleidd-dra *g* irrégularité *f*.
afreoleiddio *ba* déranger.
afreolus *ans* indiscipliné(e), turbulent(e);

♦ **yn** ~ *adf* de façon indisciplinée.
afreolusrwydd *g* indiscipline *f*, désordre *m*.
afreswm *g* absurdité *f*; **theatr yr** ~ le théâtre de l'absurde *m*.
afresymegol *ans* illogique;
♦ **yn** ~ *adf* illogiquement, d'une manière illogique.
afresymol *ans* déraisonnable, qui n'est pas raisonnable, absurde; (*pris*) exorbitant(e), exagéré(e), immodéré(e);
♦ **yn** ~ *adf* absurdement, déraisonnablement; **mae'n** ~ **o ddrud** c'est excessivement *neu* exagérément cher.
afresymoldeb *g* (*rhn: agwedd*) attitude *f* déraisonnable; (:*cymeriad*) caractère *m* déraisonnable; (*gofynion, prisiau*) caractère exorbitant *neu* excessif.
afrifed *ans* innombrable, sans nombre, infini(e).
afrllad (**-au**) *b* (*CREF*) (pain *m* d')hostie *f*.
afrlladen (**-nau**) *b* *gw.* **afrllad.**
afrlladfa (**-oedd, afrlladfeydd**) *b* (*CREF*) ostensoir *m*.
afrosgo *ans* (*trwsgl*) gauche, maladroit(e); (*o ran golwg*) dégingandé(e), disgracieux(disgracieuse); (*arddull*) lourd(e), inélégant(e); (*offer*) peu maniable, peu commode, difficile à manier;
♦ **yn** ~ *adf* maladroitement, gauchement, lourdement, inélégamment.
afrwydd *ans* difficile, malaisé(e), dur(e), ardu(e); (*offer*) peu commode, peu maniable, mal conçu(e); (*ffordd*) difficile, malaisé(e), pénible; (*problem*) difficile, délicat(e); (*cwestiwn, sefyllfa*) difficile, gênant(e), embarrassant(e);
♦ **yn** ~ *adf* difficilement, malaisément.
afrwyddineb *g* difficulté *f*.
afrwyddo *ba* entraver, gêner, faire obstacle à.
afrywiog *ans* âpre, hargneux(hargneuse), bourru(e), revêche, acariâtre, grincheux(grincheuse), dur(e);
♦ **yn** ~ *adf* hargneusement, durement.
afrywiogrwydd *g* hargne *f*, dureté *f*.
afu (**-au**) *g,b* foie *m*; ~ **glas** gésier *m*; **llysiau'r** ~ hépatique *f*.
afwyn (**-au**) *b* rêne *f*.
affeithiol *ans* affectif(affective); (*cynorthwyol*) complice.
affeithiolrwydd *g* affectivité *f*.
affeithiwr (**affeithwyr**) *g* complice *m*.
affeithwraig (**affeithwragedd**) *b* complice *f*.
Affgan *ans* afghan(e); **ci** ~ lévrier *m* afghan.
Affganeg *b,g* afghan *m*;
♦*ans* afghan(e).
Affganiad (**Affganiaid**) *g/b* Afghan *m*, Afghane *f*.
Affganistan *prb* l'Afghanistan *m*; **yn** ~ en Afghanistan.
affidafid (**-iau, -ion**) *g* affidavit *m*.
affinedd (**-au**) *g* affinité *f*, ressemblance *f*; (*perthynas*) rapport *m*.
afflau *g* brassée *f*, prise *f*, étreinte *f*; **llond eich** ~ à pleins bras; **syrthio i** ~ **rhn** tomber sous les griffes de qn.
affliw *g* brin *m*, grain *m*, parcelle *f*, atome *m*, particule *f*; **heb** ~ **o synnwyr cyffredin** sans un grain de bon sens; **gweld** ~ **o ddim** n'y voir que dalle*, ne voir rien de rien*; **heb** ~ **o ddim** sans quoi que ce soit, sans absolument rien.
Affrica *prb* l'Afrique *f*; **yn** ~ en Afrique; **eliffant** ~ éléphant *m* d'Afrique.
Affricanaidd *ans* africain(e).
Affricanes (**-au**) *b* Africaine *f*.
Affricanwr (**Affricanwyr**) *g* Africain *m*.
Affro-Americanaidd *ans* afro-américain(e).
Affro-Americaniad (**~-Americaniaid**) *g/b* Afro-Américain *m*, Afro-Américaine *f*.
Affro-Asiad (**~-Asiaid**) *g/b* Afro-Asiatique *m/f*.
Affro-Asiaidd *ans* afro-asiatique.
Affro-Caribïad (**~-Caribïaid**) *g/b* Afro-Antillais *m*, Afro-Antillaise *f*.
Affro-Caribïaidd *ans* afro-antillais(e).
affrodisaidd *ans* aphrodisiaque.
affrodisiad (**affrodisiaid**) *g* aphrodisiaque *m*.
affwys (**-au**) *g* abîme *m*, gouffre *m*.
affwysedd *g* (*bathos*) chute *f* du sublime au ridicule; (*safon wael*) caractère *m* exécrable.
affwysol *ans* insondable, sans fond; (*o safon wael*) exécrable;
♦ **yn** ~ *adf* exécrablement.
ag[1] *ardd gw.* **â**[2].
ag[2] *cys gw.* **â**[3].
agalen (**-nau**) *b* pierre *f* à aiguiser.
agen (**-nau**) *b* fissure *f*, fente *f*, lézarde *f*; (*denau*) fêlure *f*.
agenda (**agendâu**) *g* ordre *m* du jour, programme *m*; **ar yr** ~ à l'ordre du jour, au programme.
agendor (**-au**) *g,b* gouffre *m*, abîme *m*, vide *m*.
agennog *ans* lézardé(e).
agennu *ba* fendre, ouvrir, fêler, lézarder;
♦*bg* se fendre, s'ouvrir, se fêler, se lézarder.
ager *g* vapeur *f*; (*ar ffenestr*) buée *f*; **peiriant** ~ locomotive *f* à vapeur.
agerfad (**-au**) *g* bateau(-x) *m* à vapeur; (*llong fawr*) paquebot *m*, navire *m* à vapeur.
agerlong (**-au**) *b* *gw.* **agerfad.**
ageru *bg* jeter *neu* exhaler de la vapeur, fumer; (*ffenestr*) s'embuer.
aget (**-au**) *g* agate *f*.
agnosticiaeth *b* agnosticisme *m*.
agnostig *ans* agnostique;
♦*g/b* (**-ion**) agnostique *m/f*.
agolch *g* pâtée *f* pour les porcs.
agor[1] *ba* ouvrir; (*llythyr*) décacheter; (*parsel*) défaire; (*potel o win*) déboucher, entamer; (*potel o lemonêd*) décapsuler; (*côt*) déboutonner, défaire; (*papur newydd*) déplier; (*coesau*) écarter; (*cyfarfod*)

commencer; ~ **llygaid rhn i rth** ouvrir *neu* dessiller les yeux à qn au sujet de qch; ~ **rhth yn llydan** ouvrir qch tout grand;
♦*bg* (*drws*) s'ouvrir; (*drws, siop: bod ar agor*) ouvrir; (*blodyn*) s'épanouir, éclore; (*stori*) commencer; **amser** ~ heure *f* d'ouverture; **ar** ~ ouvert(e); **'roedd y drws ar** ~ **led y pen** la porte était grand ouverte.

agor^2 (**-ydd**) *g* (*mewn chwarel*) chambre *f* souterraine.

agored *ans* ouvert(e); (*potel*) ouvert, débouché(e), entamé(e); (*crys*) déboutonné(e), ouvert; (*papur newydd, map*) déplié(e), ouvert; (*siec*) ouvert, non-barré(e); (*cynnig*) flexible; (*rhn*) franc(he); (*heb ffiniau*) sans limites, sans bornes; **mae'r swydd yn dal yn** ~ le poste est encore vacant; **bod yn** ~ **i ddirwy** être passible d'une amende; **croesawu â breichiau** ~ accueillir avec joie *neu* à bras ouverts; **â gwddf** ~ (*crys*) à col ouvert; **â meddwl** ~ à l'esprit ouvert *neu* large, sans parti pris, sans préjugés; **cadw meddwl** ~ **am rth** réserver son jugement *neu* opinion sur qch; **yr awyr** ~ le plein air; **yn yr awyr** ~ au grand air, en plein air; (*yn y wlad*) en plein champ; **cysgu yn yr awyr** ~ dormir à la belle étoile; **cyfarfod yn yr awyr** ~ réunion à ciel ouvert; **gweithgareddau awyr** ~ activités *fpl* de plein air; **pwll nofio awyr** ~ piscine *f* en plein air *neu* à ciel ouvert; **llecyn** ~ endroit *m* exposé *neu* ouvert *neu* découvert; **diwrnod** ~ journée *f* portes ouvertes; **rheithfarn** ~ verdict *m* de décès sans cause déterminée; **cynllun** ~ (*tŷ, ysgol*) à aire ouverte, sans cloisons, non cloisonné(e); **tir** ~ (*mewn coedwig*) clairière *f*; (*mewn tref*) terrain *m* vague; **cestiwn** ~ question *f* non résolue *neu* non tranchée.

agorell (**-au**) *b* alésoir *m*, aléseuse *f*.

agorfa (**-oedd**) *b* ouverture *f*; (*mewn coedwig*) percée *f*; (*i mewn i rth*) entrée *f*.

agoriad (**-au**) *g*
1 (*y weithred o agor*) ouverture *f*; ~ **swyddogol** inauguration *f*; **'roedd hynny'n** ~ **llygad iddo** cela lui a ouvert les yeux; **'roedd ei araith yn** ~ **llygad** son discours a été très révélateur.
2 (*dechreuad*) ouverture *f*, début *m*.
3 (*twll, bwlch: mewn wal*) brèche *f*; (:*rhwng coed*) échappée *f*, trouée *f*, percée *f*; (:*mewn to*) percée; (:*yn y cymylau*) éclaircie *f*; (:*i mewn i rth*) entrée *f*.
4 (*allwedd*) clé *f*, clef *f*.

agoriadol *ans* inaugural(e)(inauguraux, inaugurales), d'inauguration; (*pris*) d'ouverture; (*sylw*) préliminaire; **brawddeg** ~ phrase *f* de début.

agorwr (**agorwyr**) *g* (*rhn*) personne *f* qui ouvre; (*offer*) dispositif *m* qui ouvre; ~ **tuniau** ouvre-boîte(~-~s) *m*; ~ **poteli** ouvre-bouteille(~-~s) *m*, décapsuleur *m*; (*tynnwr corcyn*) tire-bouchon(~-~s) *m*.

agorwraig (**agorwragedd**) *b* personne *f* qui ouvre.

agorydd (**-ion**) *g gw.* **agorwr**.

agos *ans* proche; (*lleoliad*) voisin(e), proche; (*perthynas*) intime, proche; **cysylltiad** ~ rapport *m* étroit; **dyn** ~ **atoch** homme *m* sympathique, homme sans façons;
♦ **yn** ~ *adf* près, à côté, à proximité; **dilyn rhn yn** ~ suivre qn de près; **mae'n byw yn** ~ il habite tout près *neu* tout à côté; **dod yn** ~ s'approcher; **dod â'r gadair yn** ~**ach** rapprocher la chaise.
► **yn agos i** *ou* **at** (*ger*) près de, auprès de, dans le voisinage de, à proximité, jouxtant; (*amser*) vers, près de, à environ; **dod yn** ~ **i** *ou* **at** s'approcher de; **bu'n** ~ **imi lewygu** j'ai failli m'évanouir; **'roedd hi'n** ~ **i hanner nos** il était presque minuit *neu* près de minuit.

agosaol *ans* qui s'approche, imminent(e).

agosatrwydd *g* (*hynawsedd*) attitude *f* amicale, bienveillance *f*, amabilité *f*, affabilité *f*, gentillesse *f*, caractère *m* sympathique.

agosáu *bg* (*rhn, car*) (s')approcher; (*digwyddiad, dyddiad*) approcher, être proche; ~ **at** (s')approcher de, (s')avancer vers; **'roedd yn** ~ **at ei dridegau** il approchait de la trentaine, il allait sur ses trente ans, il frisait la trentaine; **'roedd hi'n** ~ **at wyth o'r gloch** il était près de *neu* presque huit heures, il était sur les huit heures.

agosrwydd *g* (*amser, lle*) proximité *f*; (*cyfeillgarwch, perthynas*) intimité *f*; (*cyfieithiad, tebygrwydd*) fidélité *f*.

agronomeg *b* agronomie *f*.

agronomegydd (**agronomegwyr**) *g* agronome *m/f*.

agwedd (**-au**) *g,b* aspect *m*; (*ymarweddiad*) attitude *f*.

agweddi (**agweddïau**) *g* (*gwaddol*) dot *f*.

angall *ans* imprudent(e), indiscret(indiscrète), malavisé(e), idiot(e), bête, insensé(e), ridicule, fou[fol](folle)(fous, folles), sot(te), étourdi(e);
♦ **yn** ~ *adf* imprudemment, follement, indiscrètement, étourdiment.

angau *g,b* mort *f*; **gwely** ~ lit *m* de mort; **dawns** ~ danse *f* macabre.

angel (**angylion**) *g* ange *m*; ~ **gwarcheidiol** ange gardien.

angen (**anghenion**) *g* besoin *m*; **os bydd** ~ s'il le faut, si besoin est, au besoin, en cas de besoin; **'does dim** ~ **iddo ddod** il n'est pas obligé de venir; **bod mewn** ~ **rhth** avoir besoin de qch; **mae** ~ **gorffwyso arna' i** j'ai besoin de me reposer; **mae** ~ **rhagor o amser arnaf** il me faut plus de temps; **'roedd arni** ~ **arian** l'argent lui manquait, elle manquait d'argent; **anghenion arbennig** (YSGOL) difficultés *fpl* d'apprentissage scolaire.

angenoctid *g* misère *f*.
angenrheidiol *ans* nécessaire, essentiel(le); **mae'n ~ ...** il est nécessaire que + *subj*, il faut que + *subj*, il est besoin que + *subj*; **gwneud yr hyn sy'n ~** faire le nécessaire.
angenrheidrwydd *g* nécessité *f*, besoin *m*; **ddim o ~** pas forcément, pas nécessairement.
angerdd *g* (*nwyd, traserch*) passion *f*, intensité *f*, force *f*; (*ffyrnigrwydd*) violence *f*; (*eiddgarwch*) ardeur *f*.
angerddol *ans* passionné(e), intense, véhément(e); (*ffyrnig*) violent(e); (*eiddgar*) ardent(e);
♦ **yn ~** *adf* passionnément, avec passion, véhémentement, avec véhémence; (*yn ffyrnig*) violemment, avec violence; (*yn eiddgar*) ardemment, avec ardeur.
angerddoldeb *g* véhémence *f*, ardeur *f*, intensité *f*; (*ffyrnigrwydd*) violence *f*.
angerddoli *ba* intensifier;
♦*bg* s'intensifier.
angeuol *ans gw.* **angheuol**.
anghaffael *g* (*anffawd*) mésaventure *f*, malheur *m*, empêchement *m*; (*cymhlethdod*) contretemps *m*; **cael ~** (*gyrrwr car*) tomber en panne; **mae rhyw ~ ar hwn** il y a quelque chose qui ne va pas.
anghallineb *g* imprudence *f*, étourderie *f*.
angharedig *ans* peu aimable, pas gentil(le); (*cas*) méchant(e), peu charitable;
♦ **yn ~** *adf* méchamment, de façon peu aimable, peu aimablement.
angharedigrwydd *g* manque *m* de gentillesse *neu* de bienveillance; (*casineb*) méchanceté *f*.
anghariadus, **angharuaidd** *ans* peu aimant(e), froid(e), peu affectueux(affectueuse);
♦ **yn ~** *adf* de façon peu affectueuse, peu affectueusement.
anghefnogaeth *b* découragement *m*.
anghefnogi *ba* décourager.
anghelfydd *ans* gauche, maladroit(e), malhabile, inexpert(e); (*cerfiad, llun*) grossier(grossière), maladroit, inélégant(e), mal fait(e);
♦ **yn ~** *adf* gauchement, maladroitement, malhabilement, de façon inexperte.
anghelfydd-dra *g* maladresse *f*.
anghenfil (**angenfilod**) *g* monstre *m*.
anghenraid (**angenrheidiau**) *g* nécessité *f*, besoin *m*; **o ~** nécessairement, forcément, inévitablement; **mae'n rhaid gadael yfory o ~** il faut nécessairement *neu* inévitablement partir demain; **'dydy hyn ddim yn wir o ~** ce n'est pas forcément *neu* nécessairement le cas; **'does dim eisiau iddo ei chredu o ~** il n'est pas obligé *neu* forcé de la croire.
anghenus *ans* nécessiteux(nécessiteuse), indigent(e), dans la misère, miséreux(miséreuse), misérable;
♦ **yn ~** *adf* dans la misère;
♦*ll*: **yr ~** les nécessiteux *mpl*, les indigents *mpl*.
angheuol *ans* mortel(le), meurtrier(meurtrière), fatal(e)(fatals, fatales);
♦ **yn ~** *adf* mortellement, fatalement.
anghlod *g* déshonneur *m*, infamie *f*, opprobre *m*.
anghlywadwy *ans* inaudible, imperceptible; (*llais*) inaudible, faible; **'roedd hi bron yn ~** on l'entendait à peine.
anghoelio *ba* ne pas croire.
anghoeth *ans* peu raffiné(e).
anghofiedig *ans* oublié(e), tombé(e) dans l'oubli.
anghofio *ba*
1 (*peidio â chofio*) oublier; **~ gwneud rhth** oublier *neu* omettre de faire qch; **~ rhoi gwybod i rn** manquer de prévenir qn; **paid ag ~!** n'oublie pas!; **anghofiwch amdano!** n'y pensez plus!, n'en parlons plus!; **'rwyt ti'n ~ â phwy 'rwyt ti'n siarad!** tu t'oublies - pense à qui tu parles!; **dario, 'dw i wedi ~'n llwyr!** zut, j'ai complètment oublié!.
2 (*gadael ar ôl*) oublier, laisser; **'rwyf wedi ~ fy mag teithio ar y trên** j'ai laissé ma valise dans le train.
anghofrwydd *g* manque *m* de mémoire, distraction *f*.
anghofus *ans* oublieux(oublieuse), distrait(e), étourdi(e); **mae'n ~ iawn** il a très mauvaise mémoire, il oublie tout;
♦ **yn ~** *adf* distraitement, étourdiment.
anghofusrwydd *g* caractère *m* oublieux *neu* distrait, manque *m* de mémoire; (*esgeulustra*) étourderie *f*, négligence *f*.
anghonfensiynol *ans* peu conventionnel(le);
♦ **yn ~** *adf* de façon peu conventionnelle.
anghredadun (**-ion**) *g* incrédule *m/f*, incroyant *m*, incroyante *f*, infidèle *m/f*.
anghredadwy *ans* incroyable;
♦ **yn ~** *adf* incroyablement.
anghrediniaeth *b* incrédulité *f*; (CREF) incrédulité, incroyance *f*, infidélité *f*.
anghrediniol *ans* incrédule;
♦ **yn ~** *adf* d'un air *neu* d'un ton incrédule, avec incrédulité.
anghrediniwr (**anghredinwyr**) *g gw.* **anghredadun**.
anghredinwraig (**anghredinwragedd**) *b gw.* **anghredadun**.
anghredu *ba* ne pas croire;
♦*bg*: **~ yn** ne pas croire à.
anghredwr (**anghredwyr**) *g gw.* **anghredadun**.
anghrefydd *b* irréligion *f*.
anghrefyddol *ans* irréligieux(irréligieuse);
♦ **yn ~** *adf* irréligieusement.
anghrisialaidd *ans* non-cristallin(e).
anghrist (**-iau**) *g* antéchrist *m*; **yr A~** l'Antéchrist.
anghristnogol *ans* peu chrétien(ne), contraire

à l'esprit chrétien; (*anffyddlon*) infidèle; (*paganaidd*) païen(ne);
♦ **yn** ∼ *adf* de façon peu chrétienne.
anghroesawgar *ans* inhospitalier(inhospitalière); (*agwedd*) inamical(e)(inamicaux, inamicales), désobligeant(e);
♦ **yn** ∼ *adf* de façon inhospitalière *neu* inamicale.
anghroesawgarwch *g* inhospitalité *f*.
anghroesawus *ans gw.* **anghroesawgar**.
anghronnol *ans* non-cumulatif(non-cumulative).
anghroyw *ans* indistinct(e);
♦ **yn** ∼ *adf* indistinctement.
anghryno *ans* peu concis(e); (*amleiriog*) verbeux(verbeuse), prolixe;
♦ **yn** ∼ *adf* prolixement, verbeusement
anghwrtais *ans* impoli(e), peu courtois(e), discourtois(e), mal élevé(e), inconvenant(e); ∼ **tuag at** peu courtois envers *neu* avec;
♦ **yn** ∼ *adf* d'une manière peu courtoise, de façon discourtoise; **ymddwyn yn** ∼ **tuag at rn** manquer de politesse envers qn, se montrer impoli *neu* discourtois avec qn.
anghwrteisi *g* incivilité *f*, manque *m* de courtoisie, impolitesse *f*.
anghydbwysedd *g* déséquilibre *m*.
anghydfod (**-au**) *g* dispute *f*; ∼ **diwydiannol** conflit *m* social; ∼ **ynglŷn â chyflog** conflit sur les salaires.
anghydffurfiaeth *b* non-conformisme *m*.
anghydffurfiol *ans* non-conformiste;
♦ **yn** ∼ *adf* de façon non-conformiste.
anghydffurfiwr (**anghydffurfwyr**) *g* non-conformiste *m*.
anghydffurfwraig (**anghydffurfwragedd**) *b* non-conformiste *f*.
anghydnabyddus *ans* peu familier(familière), inconnu(e).
anghydnaws *ans* (*rhn*) peu sympathique, antipathique; (*gwaith, amgylchiadau*) peu agréable;
♦ **yn** ∼ *adf* peu sympathiquement, peu agréablemnt.
anghydrif *ans* impair(e);
♦*g* (**-au**) (*rhif*) impair *m*.
anghydryw *ans* hétérogène.
anghydsyniad *g* désaccord *m*.
anghydsynio *bg*: ∼ (**â**) être *neu* se trouver en désaccord (avec), ne pas être *neu* tomber d'accord (avec), ne pas être du même avis (que).
anghydsyniol *ans* en désaccord (avec).
anghydweddol *ans* incompatible, inconciliable;
♦ **yn** ∼ *adf* de façon incompatible.
anghydweithredol *ans* peu coopératif(coopérative);
♦ **yn** ∼ *adf* de façon peu coopérative.
anghydweld *bg gw.* **anghydsynio**.
anghydwelediad (**-au**) *g* désaccord *m*.
anghydwybodol *ans* peu consciencieux(consciencieuse);
♦ **yn** ∼ *adf* de façon peu consciencieuse.
anghyfaddas *ans* peu convenable; (*hinsawdd, bwyd, lle*) qui ne convient pas; (*amser, ateb*) inopportun(e); (*dillad*) peu approprié(e), inadéquat(e); (*yn gymdeithasol*) non convenable; (*iaith, agwedd*) inconvenant(e);
♦ **yn** ∼ *adf* peu convenablement.
anghyfaddasu *ba* (CHWAR) disqualifier; ∼ **rhn ar gyfer rhth** rendre qn inapte à qch; (CYFR) rendre qn inhabile à qch.
anghyfamserol *ans* inopportun(e), mal à propos;
♦ **yn** ∼ *adf* inopportunément, mal à propos, contretemps.
anghyfan *ans* incomplet(incomplète), imparfait(e);
♦ **yn** ∼ *adf* incomplètement, imparfaitement.
anghyfanhedd-dra *g* aspect *m* désert; (*ar ôl rhyfel*) désolation *f*, dévastation *f*.
anghyfanheddle (**anghyfaneddleoedd**) *g* désert *m*, lieu(-x) *m* désert.
anghyfanheddol *ans gw.* **anghyfannedd**.
anghyfanheddu *ba* ravager, dévaster.
anghyfannedd *ans* (*heb neb yn byw ynddo*) inhabité(e); (*anial*) désert(e).
anghyfansoddiadol *ans* inconstitutionnel(le);
♦ **yn** ∼ *adf* inconstitutionnellement.
anghyfartal *ans* inégal(e)(inégaux, inégales), irrégulier(irrégulière);
♦ **yn** ∼ *adf* inégalement, irrégulièrement.
anghyfartaledd, **anghyfartalwch** *g* inégalité *f*, disparité *f*, écart *m*.
anghyfarwydd *ans* (*lle, golygfa*) peu familier(familière), étrange, inconnu(e); (*rhn*) peu familier, inconnu, mal connu(e); **bod yn** ∼ **â rhth** mal connaître qch, ne pas être au fait de qch, être mal renseigné(e) sur qch, ne pas être au courant de qch.
anghyfeb *ans* stérile.
anghyfeillgar *ans* froid(e), inamical(e)(inamicaux, inamicales); (*gelyniaethus*) hostile; (*anghymdeithasol*) insociable, peu amical(e)(amicaux, amicales), farouche;
♦ **yn** ∼ *adf* froidement, peu amicalement, farouchement.
anghyfeillgarwch *g* froideur *f*, inimitié *f*, insociabilité *f*, antipathie *f*, manque *m* d'amitié; (*gelyniaeth*) hostilité *f*.
anghyfiaith *ans* étranger(étrangère).
anghyfiawn *ans* injuste;
♦ **yn** ∼ *adf* injustement.
anghyfiawnder (**-au**) *g* injustice *f*.
anghyflawn *ans* incomplet(incomplète); (*gwaith*) imparfait(e), inachevé(e); **berf** ∼ (GRAM) verbe *m* transitif.
anghyfleus *ans* (*lle, amser*) inopportun(e), mal choisi(e); (*tŷ, offer*) incommode,

malcommode; (*ymwelydd*) importun(e), gênant(e);
♦ **yn** ~ *adf* incommodément; (*digwydd*) inopportunément, à contretemps, mal à propos.
anghyfleuster (**-au**) *g* (*anfantais*) inconvénient *m*, désagrément *m*, ennui *m*; (*trafferth*) dérangement *m*, gêne *f*; **achosi llawer o** ~ **i rn** causer *neu* donner beaucoup de dérangement à qn; **'dydw i ddim am achosi unrhyw** ~ **iddo** je ne veux surtout pas le déranger.
anghyfleustra *g gw.* **anghyfleuster**.
anghyflogadwy *ans* qui ne peut pas travailler, qui ne peut pas être embauché(e).
anghyflogaeth *b* chômage *m*.
anghyfnewidiol *ans* (*rhn*) constant(e); (*cymeriad*) inaltérable; (*arferion*) immuable, invariable;
♦ **yn** ~ *adf* constamment, immuablement, invariablement.
anghyfnewidioldeb *g* constance *f*, invariabilité *f*, immutabilité *f*.
anghyfochrog *ans* (*MATH*) scalène.
anghyfraith *b* (*gweithred*) illégalité *f*; (*rhn*) manque *m* de respect envers la loi; (*gwlad*) anarchie *f*.
anghyfreithiol *ans* illégal(e)(illégaux, illégales);
♦ **yn** ~ *adf* illégalement.
anghyfreithlon *ans* (*plentyn, teitl*) illégitime; (*anghyfreithiol*) illégal(e)(illégaux, illégales);
♦ **yn** ~ *adf* illégitimement; (*yn anghyfreithiol*) illégalement.
anghyfreithus *ans* illégitime;
♦ **yn** ~ *adf* illégitimement.
anghyfrifol *ans* irresponsable, irréfléchi(e), qui n'a pas le sens des responsabilités; (*gweithred, ateb*) inconsidéré(e), irréfléchi;
♦ **yn** ~ *adf* de façon irréfléchie *neu* irresponsable, inconsidérément.
anghyfyngedig *ans* illimité(e), sans limites, sans bornes.
anghyfystyr *ans* non synonyme.
anghyfforddus *ans* (*esgidiau, lle*) inconfortable, peu confortable; (*safle*) incommode; (*yn gorfforol*) qui n'est pas à l'aise; (*yn feddyliol*) mal à l'aise; (*digwyddiad*) gênant(e), désagréable, pénible;
♦ **yn** ~ *adf* inconfortablement, peu confortablement; (*yn anesmwyth*) avec gêne.
anghyffredin *ans* (*prin*) rare, peu commun(e), peu fréquent(e); (*eithriadol*) singulier(singulière), extraordinaire, exceptionnel(le), insolite;
♦ **yn** ~ *adf* singulièrement, extraordinairement, exceptionnellement, de façon peu commune *neu* insolite.
anghyffredinedd *g* (*hynodedd*) singularité *f*; (*dieithrwch*) étrangeté *f*; (*odrwydd*) bizarrerie *f*; (*newydd-deb*) nouveauté *f*.
anghyffwrdd *ans* intangible, impalpable;
♦ **yn** ~ *adf* intangiblement, impalpablement.
anghyffyrddus *ans gw.* **anghyfforddus**.
anghyhoedd *ans* (*preifat*) privé(e), intime; (*heb ei gyhoeddi*) inédit(e).
anghyhoeddedig *ans* (*heb ei gyhoeddi*) inédit(e).
anghymdeithasgar, **anghymdeithasol** *ans* insociable, peu sociable, farouche.
anghymdogol *ans* peu sociable, mesquin(e);
♦ **yn** ~ *adf* de façon peu sociable.
anghymedrol *ans* (*awydd, chwant*) immodéré(e), démesuré(e), intempéré(e); (*ymddygiad*) déréglé(e);
♦ **yn** ~ *adf* immodérément, démesurément, de façon déréglée *neu* intempérée.
anghymedroldeb *g* immodération *f*, excès *m*, extravagance *f*, démesure *f*.
anghymen *ans* en désordre; (*golwg*) négligé(e), désordonné(e); (*dillad*) débraillé(e), mal tenu(e); (*gwallt*) ébouriffé(e), mal peigné(e); (*rhn*) désordonné, brouillon(ne); (*gwaith ysgrifenedig*) brouillon; (*ystafell*) mal rangé(e), en désordre, en pagaille* *neu* pagaïe*;
♦ **yn** ~ *adf* de façon négligée *neu* désordonnée *neu* brouillonne, sans soin, en désordre.
anghymeradwy *ans* (*awgrym, cynnig*) inacceptable; (*gradd, maint*) inadmissible;
♦ **yn** ~ *adf* de façon inadmissible *neu* inacceptable.
anghymeradwyaeth *b* désapprobation *f*.
anghymeradwyo *ba* désapprouver.
anghymeradwyol *ans* désapprobateur(désapprobatrice);
♦ **yn** ~ *adf* de façon désapprobatrice.
anghymesur *ans* asymétrique;
♦ **yn** ~ *adf* de façon asymétrique.
anghymharol *ans* incomparable, inégalable, sans pareil(le), inégalé(e);
♦ **yn** ~ *adf* incomparablement, de façon inégalable *neu* inégalée.
anghymharus *ans* mal assorti(e), inassorti(e), disparate; (*CYFRIF*) incompatible.
anghymhendod *g* désordre *m*.
anghymhleth *ans* peu compliqué(e).
anghymhwyso *ba gw.* **anghyfaddasu**.
anghymhwyster (**anghymwysterau**) *g* inaptitude *f*, incapacité *f*, incompétence *f*; (*diffyg tystysgrifau ayb*) manque *m* de titres; (*CHWAR*) disqualification *f*, exclusion *f*; (*CYFR*) incapacité, incompétence.
anghymodlon *ans* implacable;
♦ **yn** ~ *adf* implacablement.
anghymreig *ans* peu gallois(e), non gallois(e).
anghymreigrwydd *g* caractère *m* peu gallois.
anghymwynas (**-au**) *b* méchanceté *f*, action *f* méchante, désobligeance *f*.
anghymwynasgar *ans* désobligeant(e);
♦ **yn** ~ *adf* désobligeamment.

anghymwynasgarwch *g* désobligeance *f*, méchanceté *f*.
anghymwys *ans* (*amser, trefniadau*) qui ne convient pas, inopportun(e), à contretemps; (*iaith, agwedd*) inconvenant(e); (*sylw*) déplacé(e), inopportun; (*rhn: analluog*) incompétent(e); (:*i swydd*) non qualifié(e), non diplômé(e), sans titres; ~ **ar gyfer rhth** (*rhn*) inapte à, peu fait(e) pour; (*peth*) impropre à, mal adapté(e) à;
♦ **yn** ~ *adf* de façon inconvenante, inopportunément, à contretemps, mal à propos, improprement.
anghynefin *ans* (*lle*) peu familier(familière), inconnu(e), étrange, insolite, peu connu(e); **bod yn** ~ **â rhth** ne pas être familiarisé(e) avec qch, ignorer qch.
anghynefindra *g* aspect *m* peu familier, caractère *m* insolite, étrangeté *f*.
anghynhyrchiol *ans* improductif(improductive);
♦ **yn** ~ *adf* de façon improductive.
anghynifer *ans* impair(e).
anghynnes *ans* (*oeraidd*) froid(e), glacé(e), glacial(e)(glacials *neu* glaciaux, glaciales); (*atgas*) odieux(odieuse), désagréable;
♦ **yn** ~ *adf* froidement; (*yn atgas*) odieusement, désagréablement.
anghynnil *ans* peu subtil(e);
♦ **yn** ~ *adf* peu subtilement.
anghyraeddadwy *ans* inaccessible;
♦ **yn** ~ *adf* de façon inaccessible.
anghysbell *ans* (*anhygyrch*) lointain(e), éloigné(e), écarté(e), isolé(e), inaccessible;
♦ **yn** ~ *adf*: **byw mewn lle** ~ habiter un endroit écarté, vivre à l'écart.
anghyson *ans* (*rhn*) inconséquent(e); ~ **â** (*yn croes-ddweud*) contradictoire à, en contradiction avec, incompatible avec;
♦ **yn** ~ *adf* incompatiblement.
anghysondeb, **anghysonder** (**-au**) *g* inconséquence *f*; (*croes-ddweud*) contradiction *f*; (*anghytuno*) incompatibilité *f*; (*afresymeg*) illogisme *m*.
anghysur (**-on**) *g* inconfort *m*, manque *m* de bien-être, manque de confort; (*teimlad*) malaise *m*, gêne *f*.
anghysuro *ba* rendre (qn) mal à l'aise, rendre (qn) gêné(e) *neu* inconfortable, gêner.
anghysurus *ans* inconfortable, peu confortable, incommode; (*rhn*) qui n'est pas à l'aise, qui est mal à l'aise; (*cyfnod*) désagréable, pénible;
♦ **yn** ~ *adf* mal à l'aise, inconfortablement, peu confortablement, désagréablement; (*yn anesmwyth*) avec gêne, péniblement.
anghyswllt, **anghysylltus** *ans* incohérent(e); (*arddull*) décousu(e);
♦ **yn** ~ *adf* de façon incohérente *neu* décousue.
anghytbwys *ans* mal équilibré(e); (*meddwl*) déséquilibré(e), dérangé(e);
♦ **yn** ~ *adf* de façon mal équilibrée.
anghytbwysedd *g gw.* **anghydbwysedd**.
anghytgord (**-iau**) *g* désaccord *m*, discorde *f*, dissension *f*; (*CERDD*) dissonance *f*; **creu** ~ semer la discorde *neu* la zizanie.
anghytsain *ans* dissonant(e), discordant(e);
♦ **yn** ~ *adf* de façon discordante *neu* dissonante.
anghytûn *ans* qui n'est pas d'accord, qui est en désaccord, discordant(e); (*pâr, teulu*) désuni(e), incompatible; (*sydd i'r gwrthwyneb*) opposé(e);
♦ **yn** ~ *adf* en désaccord.
anghytundeb (**-au**) *g* (*gwahaniaeth*) désaccord *m*, différence *f*, écart *m*; (*ffrae*) différend *m*, désaccord.
anghytuno *bg* (*ffigyrau, adroddiadau*) ne pas concorder; ~ **(â)** (*methu cyd-weld*) ne pas être d'accord (avec), être *neu* se trouver en désaccord (avec), ne pas être du même avis (que); **maen nhw wastad yn** ~ ils ne sont jamais du même avis, ils ne sont jamais d'accord; (*ffraeo*) ils sont incapables de s'entendre; **'rwy'n ~'n llwyr â chi!** je ne suis pas du tout d'accord avec vous!, je ne suis pas du tout de votre avis!; **'rwy'n** ~ **â'r hyn a wnaeth** je me trouve en désaccord avec ce qu'il a fait, je désappprouve ce qu'il a fait; ~ **â rhn** (*bwyd, tywydd*) ne pas convenir *neu* réussir à qn.
anghywair *ans* (*allan o diwn*) discordant(e); (*anhrefnus, diddarpar*) mal équipé(e); (*adfeiliedig*) en mauvais état.
anghywasg *ans* non comprimé(e).
anghyweirdeb *g* mauvais état *m*.
anghywir *ans* (*swm, cyfrif, rhif, ateb*) faux(fausse), inexact(e), incorrect(e), erroné(e), mauvais(e); **mae hynna'n hollol** ~! cela, c'est tout à fait faux!; **dyna'r ffordd** ~ **i Baris** ce n'est pas la bonne route pour Paris; **'rydych chi wedi deialu'r rhif** ~! vous avez fait un faux numéro!; **bod yn** ~ (*rhn: camgymryd*) se tromper, avoir tort, faire erreur;
♦ **yn** ~ *adf* incorrectement, inexactement, mal, de façon erronée.
anghywirdeb (**-au**) *g* inexactitude *f*, imprécision *f*, fausseté *f*, erreur *f*.
anghywiredd *g gw.* **anghywirdeb**.
anghywrain *ans* malhabile, inexpert(e);
♦ **yn** ~ *adf* malhabilement.
anghywreinrwydd *g* maladresse *f*, malhabileté *f*.
angladd (**-au**) *g,b* enterrement *m*; (*mwy ffurfiol*) obsèques *fpl*, funérailles *fpl*; ~ **gwladol** funérailles nationales; **trefnydd ~au** ordonnateur *m neu* entrepreneur *m* de pompes funèbres, ordonnatrice *f neu* entrepreneuse *f* de pompes funèbres.
angladdol *ans* funèbre; (*llais, golwg*) lugubre,

sépulcral(e)(sépulcraux, sépulcrales); **gwasanaeth** ~ office *m* des morts, service *m* funèbre.
angladdwr (**angladdwyr**) *g* ordonnateur *m* *neu* entrepreneur *m* de pompes funèbres.
angoel *g,b* incrédulité *f*, refus *m* de croire.
angof *g* oubli *m*; (*anghofrwydd*) distraction *f*, manque *m* de mémoire; **mynd yn** ~ être oublié(e), s'oublier, tomber dans l'oubli.
angor (**-au**) *g* ancre *f*; **bod wrth** ~ être à l'ancre; **gollwng** ~ jeter *neu* mouiller l'ancre; **codi** ~ lever l'ancre.
angorfa (**-oedd, angorfâu, angorfeydd**) *b* mouillage *m*, ancrage *m*.
angori *ba* ancrer, mettre (qch) à l'ancre;
♦*bg* jeter l'ancre, se mettre à l'ancre, mouiller.
angorle (**-oedd**) *g* rade *f*.
angylaidd *ans* angélique;
♦ **yn** ~ *adf* angéliquement.
angyles (**-au**) *b* ange *m*.
angylion *ll gw.* **angel**.
aha *ebych* ah, ah!
ai *geir gof*
1 (*ar ddechrau cwestiwn*) est-ce que; ~ **bachgen yw?** est-ce que c'est un garçon?.
2 (*i gyflwyno cwestiwn anuniongyrchol*) si; **gofynnwch** ~ **bachgen yw** demandez si c'est un garçon.
3 (*i gyflwyno dewis*): **mae hi naill** ~**'n dweud y gwir neu'n dweud celwydd** ou bien elle dit la vérité ou bien elle ment; **pa un** ~ **heddiw neu yfory** soit aujourd'hui soit demain; ~ **peidio** ou non; **a wyt ti'n dod** ~ **peidio?** tu viens ou tu ne viens pas?, tu viens, oui ou non?
AIDS *g*(= *Afiechyd Imiwnedd Diffygiol*) SIDA *m* (= Syndrome d'Immunodéficience Acquise); **mae** ~ **arni, mae hi'n dioddef o** ~ elle a le SIDA; **un ag** ~ **arno, un sy'n dioddef o** ~ sidéen *m*, malade *m* atteint du SIDA; **un ag** ~ **arni, un sy'n dioddef o** ~ sidéenne *f*, malade *f* atteinte du SIDA; **triniaeth ar gyfer** ~ traitement *m* du SIDA.
aidd *g gw.* **eiddgarwch**.
aiff *be gw.* **mynd**.
Aifft *prb*: **yr** ~ l'Égypte *f*; **yn yr** ~ en Égypte.
ail *ans* second(e), deuxième; ~ **ar bymtheg** dix-septième; ~ **ar hugain** vingt-deuxième; ~ **isradd** (*MATH*) racine *f* carrée; **bob yn** ~ **ddydd** tous les deux jours; **bob yn** ~ **ddydd Mercher** un mercredi sur deux; **mae hi'n wraig** ~ **i'w lle** c'est une brave femme; **mae hi'n** ~ **natur iddi** c'est une seconde nature chez elle; **gradd** ~ **ddosbarth** licence *f* avec mention bien; **mae hi yn ei hail blentyndod** elle retombe dans l'enfance; **fy siwt** ~ **orau** mon complet *m* numéro deux; **bu hi'n** ~ **fam i mi** elle a été pour moi comme ma mère; **nid yw hi'n** ~ **i neb** elle est sans égale *neu* rivale *neu* pareille, elle est incomparable *neu* inégalable;
♦ **yn** ~ *adf* deuxièmement, en second lieu; (*mewn ras, arholiad, cystadleuaeth*) deuxième, en seconde place *neu* position;
♦*g/b* second *m*, seconde *f*, deuxième *m/f*; **heb eich** ~ sans pareil(le); **bob yn** ~**, am yn** ~ alternativement, tour à tour, à tour de rôle; **cael** ~ (*siom*) être déçu(e); **yr** ~ **o Fawrth** le deux mars; **Elisabeth yr** ~ Élisabeth deux; **Louis yr** ~ **ar bymtheg** Louis XVII, Louis dix-sept.
ail- *rhagdd* re-, ré-, r-, encore, de *neu* à nouveau, encore une fois.
ailadeiladu *ba* reconstruire, rebâtir.
ailadrodd *ba* répéter, redire, réitérer;
♦*g* répétition *f*.
ailadroddiad (**-au**) *g* répétition *f*.
ailadroddus *ans* répétitif(répétitive), plein(e) de répétitions *neu* de redites.
ailafael *bg*: ~ **yn rhth** (*gwaith ayb*) reprendre qch, se remettre à qch.
ailagor *ba* rouvrir;
♦*bg* (*ysgol*) reprendre; (*siop, theatr*) rouvrir; (*clwyf*) se rouvrir.
ailarfogaeth *b* réarmement *m*.
ailarfogi *ba, bg, g* réarmer
ailargraffiad (**-au**) *g* réimpression *f*.
ailargraffu *ba* réimprimer.
ailarholi *ba* examiner (qn) de nouveau, réexaminer.
ailbaentio *ba* repeindre.
ailbrint (**-iau**) *g gw.* **adargraffiad**.
ailbrintio *ba gw.* **adargraffu**.
ailbriodi *bg* se remarier.
ailbrisiad (**-au**) *g gw.* **adbrisiad**.
ailbrisio *ba gw.* **adbrisio**.
ailbrofi *ba gw.* **adbrofi**.
ailchwarae *ba, bg* rejouer.
aildeipio *ba* retaper.
aildrefnu *ba* réarranger.
aildroseddu *bg* récidiver.
aildwymo *ba* réchauffer;
♦*bg* se réchauffer.
aildyfu *bg* repousser.
ailddarllediad (**-au**) *g* rediffusion *f*, reprise *f*.
ailddarlledu *ba* rediffuser.
ailddarllen *ba* relire.
ailddarlleniad (**-au**) *g* relecture *f*.
ailddatblygiad (**-au**) *g* rénovation *f*, réaménagement *m*.
ailddatblygu *ba* rénover, réaménager.
ailddechrau *ba, bg* reprendre, recommencer; **mae'r ysgol yn** ~ **cyn hir** les cours reprennent bientôt, c'est bientôt la rentrée.
ailddechreuad (**-au**) *g* recommencement *m*.
ailddiffinio *ba* redéfinir.
ailddigwydd *bg* se reproduire.
ailddiwygiad (**-au**) *g* réformation *f*, réforme *f*.
ailddiwygio *ba* réformer;
♦*bg* se réformer.
ailddosbarthu *ba* redistribuer; (*aildrefnu'n ddosbarthiadau*) reclasser.

ailddrafftio *ba* rédiger (qch) de nouveau.
ail-ddweud *ba* redire, répéter.
ailddyblu *ba* redoubler.
ailddychwelyd *ba* (*benthyciad*) rendre, restituer;
♦*bg* retourner *neu* rentrer *neu* revenir de nouveau.
ailddyfodiad *g*: **yr A∼** (CREF) le second avènement *m*.
ailenedigaeth (**-au**) *b* renaissance *f*.
aileni *ba* régénérer; **cael eich** ∼ renaître.
ailennill *ba* (*nerth*) récupérer; (*amser*) regagner, rattraper; (*golwg, iechyd*) recouvrer; (*tir*) reconquérir, réclamer; (*eiddo*) rentrer en possession de.
ailennyn *ba* ranimer, raviver.
ailenwi *ba* rebaptiser.
ailethol *ba* réélire.
ailetholiad (**-au**) *g* réélection *f*.
ailfedyddiaeth *b* anabaptisme *m*.
ailfedyddio *ba* rebaptiser.
ailfedyddiwr (**ailfedyddwyr**) *g* anabaptiste *m*.
ailfedyddwraig (**ailfedyddwragedd**) *b* anabaptiste *f*.
ailfeddiannu *ba gw.* **adfeddiannu**.
ailfeddwl *bg* reconsidérer la question; (*newid eich meddwl*) changer d'avis; ∼ **am** réfléchir de nouveau à, reconsidérer; **wedi** ∼ réflexion faite, en réfléchissant.
ail-fowld *ans*: **teiar** ∼-∼ pneu *m* rechapé.
ailfynegi *ba* répéter, énoncer *neu* exposer (qch) de nouveau.
ail-fyw *ba, bg* revivre.
ailfforestu *ba* reboiser;
♦*g* reboisement *m*.
ailfformadu, ailfformatio *ba* (CYFRIF) reformater.
ailffurfio *ba* reformer, refaire;
♦*bg* se reformer.
ailgartrefu *ba* reloger.
ailgasglu *ba* rassembler, réunir;
♦*bg* se rassembler, se réunir.
ailgenhedlu *ba* régénérer.
ailgodi *ba* (*adeilad*) reconstruire, rebâtir;
♦*bg* (*ar ôl disgyn*) se relever, se remettre debout.
ail-greu *ba* recréer.
ailgwympo *bg* retomber.
ailgychwyn *ba* (*gwaith, gweithgaredd*) reprendre, recommencer; (*injan, peiriant*) remettre (qch) en marche;
♦*bg* reprendre, recommencer; (*injan, peiriant*) se remettre en marche.
ailgydio *ba* réunir;
♦*bg*: ∼ **yn rhth** reprendre qch.
ailgyfansoddi *ba* recomposer.
ailgyfarparu *ba* (*ffatri*) rééquiper, équiper (qch) de nouveau, renouveler l'équipement de.
ailgyfeirio *ba* (*amlen*) réadresser, changer l'adresse sur; (*ffig: ymdrechion ayb*) réorienter.
ailgyflenwi *ba* (*siop*) réapprovisionner.
ailgyflogi *ba* réembaucher.
ailgyfodi *ba, bg gw.* **ailgodi**.
ailgyffwrdd *ba* (*llun*) retoucher, faire des retouches à.
ailgylchu *ba* recycler.
ailgymhwyso *ba* rajuster, réarranger, réadapter; (*cywiro*) rectifier.
ailgymodi *ba* réconcilier;
♦*bg* se réconcilier.
ailgynefino *ba* réhabituer;
♦*bg* se réhabituer.
ailgynhesu *ba* réchauffer;
♦*bg* se réchauffer.
ailgynnull *ba* rassembler, réunir;
♦*bg* se rassembler, se réunir.
ailgyrchu *ba* chercher (qch) de nouveau, repartir à la recherche de qch.
ailgyrraedd *ba,bg* arriver de nouveau à, retrouver.
ailgysodi *ba* recomposer.
ailgysylltu *ba* relier, rejoindre; (*ar y ffôn*) remettre (qn) en communication;
♦*bg* (*llinellau ayb*) se rejoindre; ∼ **â rhn** se remettre en contact avec qn.
ailgyweirio *ba* réparer; (*adeilad*) restaurer.
ailhongian *ba* raccrocher.
ailhyfforddi *ba* recycler.
ail-law *ans* (*nwyddau*) d'occasion; (*newyddion*) de seconde main; **gwerthwr llyfrau** ∼-∼ bouquiniste *m*, libraire *m* d'occasion; **gwerthwraig llyfrau** ∼-∼ bouquiniste *f*, libraire *f* d'occasion; **gwerthwr pethau** ∼-∼ marchand *m* d'occasion, brocanteur *m*; **gwerthwraig pethau** ∼-∼ marchande *f* d'occasion, brocanteuse *f*.
ail-lenwi *ba gw.* **adlenwi**.
ail-leoli *ba gw.* **adleoli**.
ail-listio *bg* se rengager.
ail-lunio *ba gw.* **adlunio**.
ailolygiad (**-au**) *g* révision *f*, texte *m* révisé.
ailoresgyn *ba* reconquérir.
ailosod *ba* reposer, replacer, remettre, remettre (qch) en place; (*gem*) remonter; (*oriawr*) remettre (qch) à l'heure; (MEDD: *coes*) remettre; ∼ **y bwrdd** (*mewn bwyty*) remettre le couvert; (*gartref*) remettre la table.
ailraddio *ba* reclasser.
ailrannu *ba* répartir, redistribuer; (*yn rhannau llai*) rediviser.
ailrwymo *ba* relier (qch) de nouveau.
ailsefydlu *ba* rétablir.
ailuno *ba* réunir; (*gwlad, plaid*) réunifier;
♦*bg* se réunir.
ailwampio *ba* refaire, changer, rafistoler*.
ailweirio *ba*: **rhaid** ∼**'r tŷ** il faut refaire l'installation électrique dans la maison.
ail-weld *ba* revoir.
ailwerthu *ba* revendre.

ailwisgo *ba* rhabiller;
♦*bg* se rhabiller.
ail-wneud *ba* refaire.
ailymafael, **ailymaflyd** *bg*: ~ **yn rhth** se remettre à qch.
ailymddangos *bg* réapparaître, reparaître.
ailymddangosiad (**-au**) *g* réapparition *f*.
ailymgnawdoliad (**-au**) *g* réincarnation *f*.
ailymosod *bg*: ~ **ar rn** attaquer qn de nouveau, agresser qn de nouveau.
ailymosodiad (**-au**) *g* nouvelle attaque *f*, nouvelle agression *f*.
ailymrwymo *bg* se rengager.
ailymrwymiad (**-au**) *g* rengagement *m*.
ailymuno *bg* se rejoindre; ~ **â** rejoindre; **mae'r ffordd yn** ~ **â'r draffordd** la route rejoint l'autoroute.
ailymweld *bg*: ~ **â** (*lle*) revisiter; (*rhn*) retourner voir.
ailysgrifennu *ba* récrire.
ailystyried *ba* reconsidérer, réexaminer.
ailyswirio *ba* réassurer.
ais *ll gw.* **asen**.
alabastr *g* albâtre *m*.
alaeth *g* (*llefain*) gémissement *m*, plainte *f*; (*galar*) chagrin *m*, douleur *f*, peine *f*; (*cryfach*) affliction *f*, désolation *f*, détresse *f*.
alaethu *bg* avoir de la peine, avoir du chagrin, s'affliger, se désoler; (*galaru*) pleurer, se lamenter.
alaethus *ans* mélancolique, triste, affligé(e), éploré(e); (*o safon ddifrifol*) exécrable;
♦ **yn** ~ *adf* exécrablement, mélancoliquement, tristement, déplorablement.
alarch (**elyrch**) *g* cygne *m*; **cyw** ~ jeune cygne; **iâr** ~ cygne femelle.
alarchen (**-nau**) *b* (*cyw alarch*) jeune cygne *m*.
alaru *bg*: ~ **(ar)** s'ennuyer (de), en avoir assez (de), se lasser (de), en avoir marre* (de), en avoir ras le bol* (de).
alaw (**-on**) *b* air *m*, mélodie *f*; ~ **werin** air folklorique.
alban *g* (*cyhydnos*) équinoxe *m*; (*canol gaeaf, canol haf*) solstice *m*.
Alban *prb*: **yr** ~ l'Écosse *f*; **yn yr** ~ en Écosse.
Albanaidd *ans* écossais(e).
Albanes (**-au**) *b* Écossaise *f*.
Albania *prb* l'Albanie *f*; **yn** ~ en Albanie.
Albaniad *g/b* Albanais *m*, Albanaise *f*.
Albaniaidd *ans* albanais(e).
Albanwr (**Albanwyr**) *g* Écossais *m*.
albatros (**-au, -iaid**) *g* albatros *m*.
albinedd *g* albinisme *m*.
albwm (**albymau**) *g* album *m*.
albwmen *g* albumen *m*, blanc *m* d'œuf.
alcali (**alcalïau**) *g* alcali *m*.
alcalïaidd, **alcalin**, **alcalinaidd** *ans* alcalin(e).
alcalinedd *g* alcalinité *f*.
alcam *g* étain *m*.
alcemeg *b* alchimie *f*.
alcemydd (**-ion**) *g* alchimiste *m/f*.
alcof (**-au**) *g* alcôve *f*, niche *f*.
alcohol *g* alcool *m*.
alcoholaidd *ans* alcoolisé(e).
alcoholiaeth *b* alcoolisme *m*.
alcoholig *ans* alcoolique;
♦*g/b* (**-ion**) alcoolique *m/f*.
ale (**-au**) *b* allée *f*; (*llong, awyren*) passerelle *f* de service.
Alecsander *prg* Alexandre.
Alecsandria *prb* Alexandrie.
alegori (**alegorïau**) *b* allégorie *f*.
alegorïaidd *ans* allégorique;
♦ **yn** ~ *adf* allégoriquement.
alergaidd *ans* allergique;
♦ **yn** ~ *adf* de façon allergique.
alergedd (**-au**) *g* allergie *f*; **mae ganddo** ~ **i** il est allergique à.
alergol *ans* allergique.
alfeolws (**alfeoli**) *g* alvéole *m*.
alga (**algâu**) *g* algue *f*.
algebra *g,b* algèbre *f*.
algebraidd *ans* algébrique.
algebreg *b* algèbre *f*.
Algeraidd *ans* algérien(ne).
Algeria *prb* l'Algérie *f*; **yn** ~ en Algérie.
Algeriad (**Algeriaid**) *g/b* Algérien *m*, Algérienne *f*.
Algiers *prb* Alger.
algorithm (**-au**) *g* algorithme *m*.
ali (**alïau**) *b* allée *f*, ruelle *f*; ~ **fowlio** bowling *m*.
alias *adf* alias;
♦*g* (**-au**) faux nom *m*.
alibi (**alibïau**) *g* alibi *m*.
alimoni (**alimonïau**) *g* pension *f* alimentaire.
aliniad (**-au**) *g* alignement *m*.
alinio *ba* aligner, mettre (qch) en ligne; (*TECH*) dégauchir;
♦*bg* s'aligner; (*gwrthrychau*) être aligné(e).
Alis *prb* Alice; ~ **yng ngwlad hud** Alice au pays des merveilles.
aliwn *ans* étranger(étrangère); (*o blaned arall*) extraterrestre;
♦*g* (**-s**) étranger *m*, étrangère *f*; (*o blaned arall*) extraterrestre *m/f*.
Almaen *prb*: **yr** ~ l'Allemagne *f*; **yn yr** ~ en Allemagne.
Almaenaidd *ans* allemand(e).
Almaeneg *b,g* allemand *m*;
♦*ans* allemand(e).
Almaenes (**-au**) *b* Allemande *f*.
Almaenig *ans* allemand(e).
Almaenwr (**Almaenwyr**) *g* Allemand *m*.
almanac (**-iau**) *g* almanach *m*, annuaire *m*.
almon (**-au**) *b* amande *f*; **coeden** ~ amandier *m*.
almonwr (**almonwyr**) *g* aumônier *m*.
almonwraig (**almonwragedd**) *b* aumônière *f*.
almonwydden (**almonwydd**) *b* amandier *m*.
aloi (**-au**) *g* alliage *m*.

alotiad (**-au**) *g* (*CYFR*) attribution *f*, partage *m*.
alotio *ba* (*CYFR*) attribuer, assigner.
alp (**-au**) *g* pic *m*, montagne *f*, alpe *f*; **yr Alpau** les Alpes *fpl*.
alpafr (**alpeifr**) *b* bouquetin *m*.
alpaidd *ans* alpin(e), des alpes; (*hinsawdd, golygfa*) alpestre.
Alsás *prb* Alsace *f*; **ci** ~ chien *m* loup, berger *m* allemand.
Alsasaidd *ans* alsacien(ne), d'Alsace.
Alsasiad (**Alsasiaid**) *g/b* Alsacien *m*, Alsacienne *f*.
altimedr (**-au**) *g* altimètre *m*.
alto (**-s**) *g,b* (*llais menyw*) contralto *m*; (*llais dyn: uwchdenor*) haut-contre(~s-~s) *m*; (*offeryn*) alto *m*.
altro *ba* changer, modifier; (*er gwell*) améliorer; (*er gwaeth*) altérer; (*dillad*) retoucher, faire une retouche *neu* des retouches à;
♦*bg* changer; (*er gwell: amgylchiadau*) s'améliorer; (*:rhn*) changer en mieux; (*er gwaeth: amgylchiadau*) s'aggraver, empirer, s'altérer; (*:rhn*) changer en mal.
alu *bg* (*dod â llo*) vêler.
alwm *g* alun *m*.
alwminiwm *g* aluminium *m*.
allafon (**-ydd**) *b* défluent *m*.
allan *adf*
1 dehors, au-dehors; **mae hi** ~ elle est sortie, elle n'est pas là; **maen nhw** ~ **yn aml** ils sortent beaucoup, ils ne sont pas souvent chez eux; **mae hi** ~ **yn yr ardd** elle est dans le jardin; **mae hi** ~ **yn siopa** elle est partie faire des courses; **maen nhw'n byw** ~ **yn y wlad** ils habitent en pleine campagne; **beth am gael noson** ~ **heno?** et si on sortait ce soir?; **mae fy mab** ~ **yn Awstralia** mon fils est en Australie; **y ffordd** ~ sortie *f*; **ar y ffordd** ~ **o Bordeaux** à la sortie de Bordeaux; **caewch y drws ar y ffordd** ~ fermez la porte en sortant; **pellach** ~ plus loin; ~ **yn y gofod** loin dans l'espace; **mae'r rheithgor** ~ le jury est en délibération; **mynd** ~, **cerdded** ~, **dod** ~ sortir; **mynd** ~ **trwy'r drws/am y diwrnod** sortir par la porte/pour la journée; **rhedeg** ~ sortir en courant; **aros** ~ **yn y glaw** rester dehors sous la pluie; **tynnu rhth** ~ retirer *neu* sortir qch.
2 (*gorchymyn*): ~**!** sortez!, dehors!; ~ **â chi!** sortez!, décampez!, filez!; ~ **â thi!** hors d'ici!, sors!, va-t'en !, file!; ~ **â ni!** sortons!, allons-y!; ~ **ag o!**, ~ **â fe!** (*dywed dy feddwl*) vas-y, parle!, dis-le donc!; ~ **o'r ffordd!** écartez-vous!, place! place!.
3 (*wedi ymddangos*): **mae'r haul** ~ il fait du soleil, le soleil brille.
4 (*wedi diffodd*): **mae'r tân wedi mynd** ~ le feu s'est éteint.
5 (*wedi ei gyhoeddi*): **bydd ei lyfr** ~ **yr wythnos nesaf** son livre sera publié la semaine prochaine.
6 (*CHWAR: cystadleuydd*) éliminé(e); (*:pêl*) sorti(e).
7 (*mewn ymadroddion*): **o hyn** ~ à partir de maintenant, dès maintenant, dorénavant; **o hynny** ~ (*yn y dyfodol*) à partir de ce moment-là, dorénavant, désormais; (*yn y gorffennol*) à partir de ce moment-là, dès lors, dès ce moment-là, depuis ce moment-là *neu* ce temps-là *neu* cette époque-là; **oddi** ~ (*y tu allan*) au dehors, à l'extérieur; (*o'r tu allan*) du dehors; **oddi** ~ **i** au dehors de; ~ **o'r dref** en dehors de la ville.
▶ **allan o**
1 (*o*): **neidio** ~ **o'r gwely** sauter à bas du lit; **cymryd rhth** ~ **o ddrôr** prendre qch dans un tiroir; **darllen darn** ~ **o lyfr** lire un extrait pris d'un livre; **yfed (~) o wydr** boire dans un verre; **darllen** ~ **o'r Beibl** lire dans la Bible.
2 (*i fynegi cyfrannedd*): **deg** ~ **o ddeg** dix sur dix.
3 (*mewn ymadroddion*): ~ **o brint** épuisé(e); ~ **o diwn** (*offeryn*) désaccordé(e); **canu** ~ **o diwn** (*rhn*) chanter faux; ~ **o waith** en *neu* au chômage, sans emploi; ~ **o drefn** en désordre, désordonné(e); ~ **o wynt** à bout de souffle, essoufflé(e), hors d'haleine; ~ **ohoni** (*ffasiwn ayb*) dépassé(e), démodé(e); **teimlo'ch hun** ~ **ohoni** (*yn ddieithr*) se sentir exclu(e) *neu* de trop; **'rwyt ti** ~ **ohoni o 10 cm** (*yn anghywir*) tu t'es trompé(e) de 10 cm, tu as fait une erreur de 10 cm;
♦*ans*: **y tai** ~ les dépendances *fpl*, les communs *mpl*; **cawell** ~ (*mewn swyddfa*) corbeille *f* départ *neu* sortie.
▶ **y tu allan** *gw*. **tu**
allanfa (**allanfeydd**) *b* sortie *f*; ~ **dân** sortie de secours.
allanol *ans* extérieur(e), externe, du dehors;
♦ **yn** ~ *adf* extérieurement, à l'extérieur.
allanoli *ba* extérioriser; (*SEIC*) projeter.
allanolion *ll* extérieur *m*, apparences *fpl*, dehors *mpl*.
allbelydru *ba* (*rhn*) irradier; (*gwres*) émettre, dégager, répandre;
♦*bg* rayonner.
allblyg *ans* extraverti(e), extroverti(e);
♦ **yn** ~ *adf* de façon extravertie *neu* extrovertie.
allblygiad *g* extraversion *f*, extroversion *f*.
allblygol *ans gw*. **allblyg**.
allblygwr (**allblygwyr**) *g* extraverti *m*, extroverti *m*.
allblygwraig (**allblygwragedd**) *b* extravertie *f*, extrovertie *f*.
allbost (**allbyst**) *g* avant-poste *m*.
allbrint (**-iau**) *g* (*CYFRIF*) listage *m*, sortie *f* sur imprimante *neu* sur papier.
allbwn (**allbynnau**) *g* rendement *m*, production *f*; (*CYFRIF*) sortie *f*; **mae** ~ **o 500**

car y dydd gan y ffatri yma cette usine débite 500 voitures par jour.
allbynnu *ba* (CYFRIF) sortir.
alldafliad (**-au**) *g* (FFISIOL) éjaculation *f*; (*glaw ayb*) retombées *fpl*; ~ **ymbelydrol** retombées radioactives.
alldaflu *bg* éjaculer.
alldaith (**alldeithiau**) *b* expédition *f*.
alldeithio *bg* faire une expédition, partir en expédition.
allddodi *ba* substituer (qch à qch).
allddodyn (**allddodion**) *g* produit *m* de remplacement, succédané *m*.
allddyfod *bg* émerger, sortir, apparaître.
allddyfodol *ans* qui émerge, émergent(e).
allfan (**-nau**) *g* alibi *m*.
allforio *ba, bg* exporter;
♦*g* exportation *f*.
allforiwr (**allforwyr**) *g* exportateur *m*.
allforwraig (**allforwragedd**) *b* exportatrice *f*.
allforyn (**allforion**) *g* (article *m* d')exportation *f*, article exporté.
allfrig *ans* aux heures creuses, en dehors des heures de pointe; **oriau** ~ heures *fpl* creuses; **toll oriau** ~ tarif *m* réduit (aux heures creuses).
allfudiad (**-au**) *g* émigration *f*.
allfudo *bg* émigrer.
allfudwr (**allfudwyr**) *g* émigrant *m*, émigré *m*.
allfudwraig (**allfudwragedd**) *b* émigrante *f*, émigrée *f*.
allfwriol *ans* centrifuge.
allfwriwr (**allfwrwyr**) *g* exorciste *m*.
allfwrw *ba* (*ysbrydion*) exorciser; (*allgyrchu*) centrifuger.
allfwrwraig (**allfwrwragedd**) *b* exorciste *f*.
allgaredd *g* altruisme *m*.
allgarol *ans* altruiste;
♦ **yn** ~ *adf* de façon altruiste.
allgarwch *g* altruisme *m*.
allgarwr (**allgarwyr**) *g* altruiste *m*.
allgarwraig (**allgarwragedd**) *b* altruiste *f*.
allgasaol *ans* xénophobe;
♦ **yn** ~ *adf* de façon xénophobe.
allgasedd *g* xénophobie *f*.
allgáu *ba* exclure.
allgynnyrch (**allgynhyrchion**) *g* rendement *m*, production *f*.
allgyrchol *ans* centrifuge; **grym** ~ force *f* centrifuge.
allgyrchu *ba* centrifuger.
allgyrchydd (**-ion**) *g* centrifugeuse *f*.
allgyrchyddol *ans* centrifuge.
allgyrsiol *ans* hors programme, en dehors du programme, en dehors des heures de cours; **gweithgareddau** ~ activités *fpl* périscolaires *neu* extrascolaires.
all-lifo *bg* s'écouler.
allor (**-au**) *b* autel *m*; **prif** ~, **uchel** ~ maître-autel *m*.
allosod *ba,bg* extrapoler.
allosodiad (**-au**) *g* extrapolation *f*.
allsugno *ba* (MEDD) aspirer.
allsynhwyraidd *ans* extrasensoriel(le); **canfyddiad** ~ perception *f* extrasensorielle;
♦ **yn** ~ *adf* de façon extrasensorielle.
allt (**elltydd**) *b* *gw.* **gallt**.
alltaith (**allteithiau**) *b* expédition *f*.
alltraeth *ans* proche du littoral, côtier(côtière), au large de la côte; (*gwynt*) de terre.
alltro *g* extraversion *f*, extroversion *f*.
alltroëdig *ans* extraverti(e), extroverti(e).
alltud *ans* exilé(e), en exil;
♦*g/b* (**-ion**) exilé *m*, exilée *f*; **mynd yn** ~ s'exiler.
alltudiad (**-au**) *g* bannissement *m*.
alltudiaeth (**-au**) *b* exil *m*.
alltudio *ba* exiler, bannir; **eich ~'ch hun** s'exiler.
allwedd (**-au, -i**) *b*
1 (*i gloi*) clé *f*, clef *f*; **prif** ~ passe-partout *m inv*; **cylch** ~ porte-clefs *m inv*; **pwrs ~i** étui *m* porte-clefs; **troi'r** ~ **yn y clo** donner un tour de clef (à la porte); **mae'r** ~ **yn y clo** la clef est sur la porte; **~au Mair** (*ffrwyth yr onnen*) samare *f* de frêne.
2 (*ar fap*) légende *f*.
3 (CERDD: *piano*) touche *f*; (:*offeryn chwyth*) clé *f*, clef *f*.
4 (*sbaner*) clé *f* *neu* clef *f* anglaise.
allweddair (**allweddeiriau**) *g* mot-clé(~s-~s) *m*.
allweddell (**-au**) *b* clavier *m*.
allweddol *ans* capital(e)(capitaux, capitales), clé, clef; **rhan/cwestiwn** ~ rôle *m*/question *f* clé *neu* clef; **swyddi/diwydiannau** ~ postes *mpl*/industries *fpl* clés *neu* clefs; **pwynt** ~ (*mewn dadl*) point *m* capital *neu* essentiel; **dyn ~, dynes** ~ pivot *m*, cheville *f* ouvrière.
allwthiad (**-au**) *g* extrusion *f*.
allwthio *ba* extruder.
allwyriad (**-au**) *g* déflexion *f*.
allwyro *ba, bg* défléchir.
allyriad (**-au**) *g* émission *f*, dégagement *m*.
allyrru *ba* émettre; (*nwy, oglau*) dégager.
allyrrwr (**allyrwyr**) *g* émetteur *m*.
am[1] *ardd* (amdanaf fi, amdanat ti, amdano ef, amdani hi, amdanom ni, amdanoch chi, amdanynt hwy/amdanyn nhw)
1 (*ar, o gwmpas*): ~ **ei ben** à sa tête; **'roedd het** ~ **ei phen** elle coiffait un chapeau, elle se coiffait d'un chapeau; **'roedd sandalau** ~ **ei thraed** elle chaussait des sandales; **'roedd modrwy** ~ **ei bys** elle avait une bague au doigt, elle portait une bague; ~ **ei wddf** autour de son cou; **gwisgai wregys** ~ **ei chanol** elle portait une ceinture autour de la taille; **rhoddodd ei fraich amdani** il a passé son bras autour d'elle; **'roedd y neidr wedi ei lapio** ~ **y goeden** le serpent s'était enroulé

autour de l'arbre.
2 (*ar adeg arbennig*): ~ **un o'r gloch** à une heure.
3 (*am hyd arbennig o amser neu bellter*): ~ **hanner awr** pendant une demi-heure; ~ **byth** pour toujours; ~ **oes** (*carchar*) à perpétuité; ~ **y tro** pour le moment; **cerddodd ~ 20 km** il a marché (pendant) 20 km, il a fait 20 km à pied.
4 (*yn gyfnewid am*): **gwneud rhth ~ bum punt** faire qch pour cinq livres; **fe'i gwerthwyd ~ gan ffranc** cela s'est vendu (pour) cent francs; **fe'i cewch ~ gan ffranc** vous l'aurez moyennant cent francs; **ni wnawn i mohono ~ bris yn y byd!** je ne le ferais pour rien au monde!; ~ **ddim** (*tocyn*) gratuit(e); (*teithio*) gratuitement, gratis; **llygad ~ lygad** œil pour œil; **gair ~ air** mot à mot; **newid rhth ~ rth arall** échanger une chose contre une autre, remplacer une chose par une autre.
5 (*tua, at*): **mynd ~ adref** partir chez soi *neu* à la maison, rentrer chez soi *neu* à la maison *neu* au foyer; **cychwyn ~ Ffrainc** partir pour la France.
6 (*ynghylch, ynglŷn â*) au sujet de, à propos de; **beth ~ Wil?** et à propos de Wil?; **pobl y dywedir amdanynt ...** des gens dont on dit que.
7 (*dyna*): ~ **syndod!** quelle surprise!; ~ **hyll!** que *neu* comme c'est laid!.
8 (*ar ôl berf*): **aros ~** attendre; **chwilio ~** chercher; **gofalu ~** soigner, s'occuper de; **meddwl ~** penser à; **sôn ~** parler de; **mynd ~ dro** faire un tour, faire une promenade; **dweud wrth rn ~ wneud rhth** dire à qn de faire qch.
9 (*mewn ymadroddion*): ~ **y gorau** à qui mieux mieux; ~ **yn ail** tour à tour, alternativement; **mae hi'n byw ~ y clawdd** *ou* **pared â ni** elle habite à côté de chez nous; ~ **(a) wn i** autant que je sache *subj*, je suppose; **nid ~ a wn i** pas autant que je sache, pas à ma connaissance; ~ **a wyddoch chi** (pour) autant que vous sachiez *subj*.

am[2] *ategydd berfol*
1 (*i ddynodi dymuniad*): **'roedd hi ~ ein gweld** elle voulait nous voir; **o! ~ ddiod o de!** je boirais bien une tasse de thé!; **o! ~ gael bod yn filiwnydd** si seulement j'étais milliardaire.
2 (*i ddynodi bwriad*): **'roedd hi ~ ddychwelyd gartref** elle avait l'intention de revenir chez elle, elle se proposait de revenir elle.

am[3] *cys* (*oherwydd*) parce que; ~ **ei fod yn ddewr** parce qu'il est courageux.

amaeth *g* agriculture *f*; **y Weinyddiaeth A~** le ministre *m* agricole.

amaethdy (**amaethdai**) *g* (maison *f* de) ferme *f*.

amaethol *ans* agraire, agricole.

amaethu *ba* (*tir*) cultiver;
♦*bg* (*bod yn ffermwr*) être fermier, être cultivateur; (*bod yn ffermwraig*) être fermière, être cultivatrice.

amaethwr (**amaethwyr**) *g* fermier *m*, cultivateur *m*, agriculteur *m*.

amaethwraig (**amaethwragedd**) *b* fermière *f*, cultivatrice *f*, agricultrice *f*.

amaethyddiaeth *b* agriculture *f*.

amaethyddol *ans* agricole;
♦ **yn ~** *adf* quant à l'agriculture, dans (le domaine de) l'agriculture.

amalgam (**-au**) *g* amalgame *m*.

Amason *prb*: **yr ~** l'Amazone *m*.

amarch *g* manque *m* de respect *neu* d'égards, irrespect *m*, irrévérence *f*; **dangos ~ tuag at** manquer de respect envers.

amatur *ans* amateur *inv au f*; **pencampwr/pencampwraig ~** champion *m*/championne *f* amateur; **rhedwyr/rhedwragedd ~** coureurs *mpl*/coureuses *fpl* amateurs; **theatr ~** théâtre *m* amateur;
♦*g/b* (**-iaid**) amateur *m*.

amaturaidd *ans* d'amateur, de dilettante; (*gwaith*) peu sérieux(sérieuse).

amaturiaeth *b* amateurisme *m*; (*dif*) dilettantisme *m*.

amau *ba*
1 (*drwgdybio*) soupçonner, suspecter.
2 (*bod yn ansicr o*) douter de, avoir des doutes sur, ne pas être sûr(e) de; ~ **gair rhn** douter de la parole de qn; **'rwy'n ~ hynny'n fawr!** j'en doute fort!, j'ai bien des doutes là-dessus!; **'rwy'n ~ a ddaw** je doute qu'il vienne *subj*.
3 (*tybio*) se douter de, se douter que + *indic/subj*; **'roeddwn i'n ~ hynny** je m'en doutais bien; **'roeddwn i'n ~ y byddwn yn cael fy holi** je me doutais bien que je serais interrogé(e);
♦*bg* douter, avoir des doutes;
♦*g* (**amheuon**) doute *m*, incertitude *f*.

ambarél (**-i**) *g,b* (*glaw*) parapluie *m*; (*haul*) parasol *m*.

ambell *ans* quelque, certain(e); ~ **ymweliad** des visites espacées, de rares visites; ~ **gawod** des averses intermittentes; **mae ~ un yn meddwl ...** certains(certaines)/quelques-uns(quelques-unes) pensent que; ~ **waith,** ~ **dro** quelquefois, de temps en temps, parfois, de temps à autre; **dim ond ~ waith** peu souvent, rarement, presque jamais.

ambiwlans (**-ys**) *g* ambulance *f*; **gyrrwr ~** ambulancier *m*; **gyrwraig ~** ambulancière *f*; **dyn ~** infirmier *m* d'ambulance; **dynes ~** infirmière *f* d'ambulance; **gwasanaeth ~ brys** SAMU *m* (= Service d'Aide Médicale d'Urgence).

ambr *ans* ambré(e); (*gemwaith*) d'ambre; **golau ~** (*TRAFN*) feu(-x) *m* orange;
♦*g* ambre *m*.

amcan (**-ion**) *g* (*nod*) but *m*, objet *m*;

(*bwriad*) visées *fpl*, intention *f*, dessein *m*, plan *m*; (*syniad*) idée *f*, notion *f*, concept *m*; **ar ~, ar fras ~** au hasard, approximativement, à vue de nez*; **'does gen i ddim ~** je n'ai aucune idée; **oes gen ti ~ faint o'r gloch yw hi?** est-ce que tu sais quelle heure il est?; (*fel ebychiad*) tu te rends compte de l'heure!, as-tu la moindre idée de l'heure qu'il est?
amcanbris (**-iau**) *g* devis *m*.
amcandyb (**-iau**) *b* conjecture *f*, hypothèse *f*.
amcangyfrif *ba* évaluer, estimer;
♦*g* (**-on**) évaluation *f*, estimation *f*; (*MASN*) devis *m*.
amcaniad (**-au**) *g* projection *f*.
amcanol *ans* notionnel(le), conjectural(e)(conjecturaux, conjecturales), hypothétique.
amcanu *ba* (*bwriadu*) avoir l'intention de, se proposer de, projeter de; (*dyfalu*) deviner, estimer, conjecturer.
amcanus *ans* habile;
♦ **yn ~** *adf* habilement.
amchwaraefa (**amchwaraefeydd**) *b* amphithéâtre *m*, cirque *m*.
amdaith (**amdeithiau**) *b* (*taith o gwmpas*) tour *m*, circuit *m*, itinéraire *m*; (*THEATR*) tournée *f*; (*ffordd osgoi*) déviation *f*, détour *m*.
amdeithiol *ans* itinérant(e).
amdo (**-eau**) *g* linceul *m*, suaire *m*; **rhoi corff mewn ~** envelopper un cadavre dans un linceul, ensevelir un cadavre.
amdoi *ba* envelopper (qn) dans un linceul, ensevelir.
amdorch (**-au**) *b* (*coronbleth*) guirlande *f*, couronne *f*.
amdorchi *ba* guirlander, enrouler;
♦*bg* s'enrouler.
amdoriad (**-au**) *g* fracture *f*.
amdro *ans* rotatif(rotative), rotatoire.
am-droi *ba* (*llinyn*) enrouler;
♦*bg* (*afon*) serpenter, faire des zigzags; (*yn eich unfan*) tourner, pivoter.
amddeheuig *ans* ambidextre.
amddeheurwydd *g* ambidextérité *f*.
amddifad (**amddifaid**) *ans* (*heb rieni*) orphelin(e); (*tlawd*) indigent(e), miséreux(miséreuse), pauvre; **~ o** (*anghenus o rth*) dénué(e) de, dépourvu(e) de;
♦*g/b* (*heb rieni*) orphelin *m*, orpheline *f*; (*tlotyn*) miséreux *m*, miséreuse *f*, indigent *m*, indigente *f*.
amddifadedd *g* privation *f*, dénuement *m*, misère *f* noire, indigence *f*.
amddifadiad *g* privation *f*, perte *f*.
amddifadrwydd *g gw.* **amddifadedd**.
amddifadu *ba* priver; **~ rhn o rth** priver qn de qch, ôter qch à qn, enlever qch à qn
amddifadus *ans* (*tlawd*) indigent(e), miséreux(miséreuse).
amddiffyn *ba* défendre, protéger; (*ffig*) prendre le parti de, faire l'apologie de; (*barn*) justifier; (*hawliau*) sauvegarder;
♦*g* (**-ion**) défense *f*, protection *f*.
amddiffynadwy *ans* défendable; (*ffig*) justifiable, soutenable, défendable.
amddiffynedig *ans* protégé(e).
amddiffynfa (**amddiffynfeydd**) *b* forteresse *f*.
amddiffyniad (**-au**) *g* défense *f*, protection *f*; (*barn*) justification *f*.
amddiffynnol *ans* défensif(défensive);
♦ **yn ~** *adf* de façon défensive, défensivement; (*ymddwyn, gweithredu*) sur la défensive.
amddiffynnwr (**amddiffynwyr**) *g* défenseur *m*, protecteur *m*.
amddiffynnydd (**amddiffynyddion**) *g* (*un sy'n amddiffyn*) défenseur *m*, protecteur *m*, protectrice *f*; (*CYFR: diffynnydd*) défendeur *m*, défenderesse *f*; (*mewn achos troseddol*) accusé *m*, accusée *f*, inculpé *m*, inculpée *f*; (*mewn llys apêl*) intimé *m*, intimée *f*.
amddiffynwraig (**amddiffynwragedd**) *b* défenseur *m*, protectrice *f*.
amedr (**-au**) *g* ampèremètre *m*.
amen (**-au**) *g* amen *m inv*; **~!** (*a bydded felly*) ainsi soit-il!; **dweud ~ wrth rth** dire amen à qch.
amenio *ba* dire amen à.
amenïwr (**ameniwyr**) *g* béni-oui-oui *m inv*; **mae'n ~** il dit amen à tout.
America *prb* l'Amérique *f*; **yn ~** en Amérique; **Gogledd/De ~** l'Amérique du Nord/du Sud; **~ Ladin** l'Amérique latine; **~ Ganol** l'Amérique centrale.
Americanaidd *ans* américain(e).
americaneiddiad (**-au**) *g* (*gwneud yn Americanaidd*) américanisation *f*; (*dan ddylanwad Americanaidd*) américanisme *m*.
americaneiddio *ba* américaniser.
Americanes (**-au**) *b* Américaine *f*.
Americaniad (**Americaniaid**) *g/b* Américain *m*, Américaine *f*.
Americanwr (**Americanwyr**) *g* Américain *m*.
Amerig *prb*: **yr ~** *gw.* **America**.
Amerindiad (**Amerindiaid**) *g/b* Indien *m* d'Amérique, Indienne *f* d'Amérique, Amérindien *m*, Amérindienne *f*.
Amerindiaidd *ans* amérindien(ne).
amethyst (**-au**) *g* améthyste *f*.
amfesur (**-au**) *g* périmètre *m*.
amffetamin (**-au**) *g* amphétamine *f*.
amffibiad (**amffibiaid**) *g* amphibie *m*, amphibien *m*.
amffibiaidd, **amffibus** *ans* amphibie;
♦ **yn ~** *adf* de façon amphibie.
amffitheatr (**-au**) *b* amphithéâtre *m*, cirque *m*.
amgaeedig *ans*
1 (*wedi ei gau i mewn: tir ayb*) enfermé(e), clôturé(e), clos(e); **man ~** un espace *m* clos

neu enfermé *neu* clôturé, une enceinte *f*, un enclos *m*.
2 (*wedi ei gynnwys gyda llythyr ayb*) ci-joint(e), ci-inclus(e); **y siec** ~ le chèque ci-joint *neu* sous ce pli *neu* ci-inclus; **fe gewch yn** ~ ... veuillez trouver ci-joint ...
amgaeedigion *ll* documents *mpl* ci-joints, pièces *fpl* jointes.
amgant (**-au**) *g* (*cylch*) périphérie *f*; (*goror*) limite *f*, borne *f*.
amgantol *ans* périphérique.
amgarn (**-au**) *g* virole *f*.
amgáu *ba*
1 (*amgylchu*) entourer, ceindre; (*gyda ffens, wal*) enclore, clôturer.
2 (*rhoi mewn amlen ayb*) joindre, inclure; ~ **rhth gyda llythyr** joindre qch à une lettre, inclure qch dans une lettre.
amgeledd *g gw.* **ymgeledd**.
amgeleddu *ba gw.* **ymgeleddu**.
amgeleddwr *g gw.* **ymgeleddwr**.
amgen *ans*
1 (*gwahanol*) autre, différent(e); **nid** ~ autrement dit, à savoir; **os** ~ si ce n'est pas le cas, s'il n'en est pas ainsi; **pe** ~ si c'était autrement, s'il n'en était pas ainsi; **nid oedd yn neb** ~ **na'r brenin** ce n'était autre que le roi.
2 (*gwell*) meilleur(e), supérieur(e), préférable, alternatif(alternative); **y dechnoleg** ~ la technologie *f* alternative;
♦ **yn** ~ *adf* (*yn wahanol*) autrement, différemment, d'une autre manière; (*yn well*) mieux.
amgenach *ans* (*gwahanol*) autre, différent(e); (*gwell*) meilleur(e), supérieur(e), préférable;
♦ **yn** ~ *adf* (*yn wahanol*) autrement, différemment, d'une autre manière; (*yn well*) mieux.
amgrwm (**amgrom**) (**amgrymion**) *ans* convexe.
amgrymedd (**-au**) *g* convexité *f*.
amguddiad (**-au**) *g* obscurcissement *m*.
amgueddfa (**amgueddfeydd**) *b* musée *m*; ~ **werin** musée folklorique; ~ **awyr agored** écomusée *m*.
amgwyn *g* (PLANH) estragon *m*.
amgyffred *ba* comprendre, saisir, s'imaginer; **mae'n fwy nag y galla' i ei** ~ cela dépasse mon imagination, c'est au-delà de ma compréhension;
♦*g* (**-ion**) compréhension *f*, entendement *m*; **'does gen ti ddim** ~ **o'r anawsterau** tu ne peux pas (t')imaginer *neu* te figurer combien c'est difficile, tu n'as pas la moindre idée des difficultés.
amgyffrediad (**-au**) *g* compréhension *f*, entendement *m*.
amgylch *adf, ardd*: **o** ~ (o'm hamgylch, o'th amgylch, o'i amgylch, o'i hamgylch, o'n hamgylch, o'ch amgylch, o'u hamgylch) (tout) autour, à la ronde, de tous côtés; **am filltiroedd o** ~ sur *neu* dans un rayon de plusieurs kilomètres; **o** ~ **y bwrdd** autour de la table; **o'n hamgylch** autour de nous; **mynd am dro o** ~ **y dref** faire un tour en ville, errer dans *neu* par toute la ville, se promener dans la ville;
♦*g*: ~**oedd** (*cyffiniau*) voisinage *m*, environs *mpl*, alentours *mpl*.
amgylchedd (**-au**) *g* environnement *m*, milieu(-x) *m*, ambiance *f*; (*cyffiniau*) voisinage *m*; (MATH) circonférence *f*; ~ **cynefin** voisinage immédiat, proche voisinage; ~ **diwylliannol** environnement *neu* milieu culturel.
amgylcheddol *ans* du milieu, de l'environnement, environnemental(e)(environnementaux, environnementales); (*ecolegol*) écologique.
amgylcheddwr (**amgylcheddwyr**) *g* (*ecolegwr*) écologiste *m*, environnementaliste *m*.
amgylcheddwraig (**amgylcheddwragedd**) *b* (*ecolegwraig*) écologiste *f*, environnementaliste *f*.
amgylchfyd (**-oedd**) *g* environnement *m*, milieu(-x) *m*, ambiance *f*.
amgylchfydol *ans gw.* **amgylcheddol**.
amgylchiad (**-au**) *g* circonstance *f*, état *m* des choses; (*achlysur*) occasion *f*; **ar** ~ **eich priodas** à l'occasion de votre mariage; **dan yr** ~**au presennol** vu l'état des choses, dans les circonstances actuelles; **nid dan unrhyw** ~**au** en aucun cas.
amgylchiadol *ans* de circonstance; **tystiolaeth** ~ preuve *f* indirecte.
amgylchol *ans* environnant(e).
amgylchu *ba* entourer, cerner, encercler; (*amsgrifo*) circonscrire.
amgylchyniad (**-au**) *g* encerclement *m*.
amgylchynol *ans* environnant(e).
amgylchynu *ba* entourer, cerner, encercler.
amharch *g gw.* **amarch**.
amharchu *ba* manquer de respect envers, se montrer irrespectueux(irrespectueuse) envers; (*dwyn gwarth ar*) déshonorer, porter atteinte à l'honneur de.
amharchus *ans* (*heb barch i eraill*) irrespectueux(irrespectueuse), irrévérencieux(irrévérencieuse); (*annheilwng o barch*) mal famé(e), de mauvaise réputation; **bod yn** ~ **o** manquer de respect envers, se montrer irrespectueux envers;
♦ **yn** ~ *adf* irrespectueusement, de manière irrespectueuse.
amhariad (**-au**) *g* (*niwed*) dommage *m*, endommagement *m*; (*lleihad*) diminution *f*; (*gwanhâd*) affaiblissement *m*, altération *f*.
amharod *ans* mal préparé(e), qui n'est pas prêt(e); **bod yn** ~ **i wneud rhth** (*anfodlon*) être peu disposé(e) à faire qch, ne pas vouloir faire qch; (*gwrthod*) refuser de faire qch;
♦ **yn** ~ *adf* de mauvais gré, contre son gré, à

contrecœur; **gwneud rhth yn** ~ faire qch de mauvais gré.
amharodrwydd *g* (*cyflwr o beidio â bod yn barod*) impréparation *f*, manque *m* de préparation; (*anewyllysgarwch*) mauvaise volonté *f*, mauvaise grâce *f*, mauvais gré *m*; ~ **i wneud rhth** (*anfodlonrwydd*) réticence *f* *neu* répugnance *f* à faire qch; (*gwrthodiad*) refus *m* de faire qch.
amhartïol *ans* impartial(e)(impartiaux, impartiales), neutre;
♦ **yn** ~ *adf* impartialement, sans biais.
amharu *bg*: ~ **ar** (*golwg*) affaiblir, abîmer; (*iechyd*) altérer, abîmer; (*nerth*) diminuer, détériorer; (*perthynas*) porter atteinte à; **'dydy' hynna ddim yn** ~ **arna' i yn bersonol** cela ne me touche pas personnellement.
amhendant *ans* indéfini(e), incertain(e), vague, mal défini(e), flou(e); (*cyfnod*) indéterminé(e), illimité(e); (*rhn, ateb*) hésitant(e), mal assuré(e), incertain; (*oed, dyddiad, tywydd, canlyniad*) incertain;
♦ **yn** ~ *adf* d'une manière hésitante, de façon incertaine, vaguement, indéfiniment.
amhendantrwydd *g* vague *m*, nature *f* indéfinie, imprécision *f*, flou *m*.
amhenderfynadwy *ans* indéterminable.
amhenderfynedig *ans* indécis(e), indéterminé(e), imprécis(e), vague, flou(e); (*cwestiwn*) non résolu(e), non décidé(e).
amhenderfyniad *g* indécision *f*, irrésolution *f*, hésitation *f*.
amhenderfynol *ans* irrésolu(e), indécis(e), hésitant(e);
♦ **yn** ~ *adf* irrésolument.
amhenodol *ans* indéfini(e), indéterminé(e), illimité(e), vague;
♦ **yn** ~ *adf* indéfiniment, vaguement.
amherffaith *ans* imparfait(e), défectueux(défectueuse); (*heb ei orffen*) incomplet(incomplète), inachevé(e); **yn yr amser** ~ (*GRAM*) à l'imparfait;
♦ **yn** ~ *adf* imparfaitement;
♦*g*: **yr** ~ (*GRAM*) l'imparfait *m*.
amherffeithrwydd *g* imperfection *f*, défectuosité *f*, état *m* défectueux *neu* imparfait *neu* inachevé.
amhersonol *ans* impersonnel(le); (*oeraidd*) froid(e); (*gwrthrychol*) objectif(objective); (*GRAM*) impersonnel;
♦ **yn** ~ *adf* impersonnellement, objectivement, froidement.
amherthnasol *ans* non pertinent(e), sans rapport, hors de propos, hors de contexte; **mae hynny'n** ~ cela n'a rien à voir avec la question;
♦ **yn** ~ *adf* hors de propos.
amherthynol *ans* sans rapport, non pertinent(e).
amheuaeth *b*
1 (*ansicrwydd*) doute *m*, incertitude *f*; **heb unrhyw** ~ sans aucun doute, sans le moindre doute; **does dim** ~ **...** il n'y a pas de doute que + *indic*.
2 (*drwgdybiaeth*) soupçon *m*, méfiance *f*; **bod dan** ~ être soupçonné(e), être considéré(e) comme suspect(e).
amheugar *ans* (*drwgdybus*) soupçonneux(soupçonneuse), méfiant(e); (*sgeptig*) sceptique; **bod yn** ~ **o rn/rth** (*drwgdybio*) avoir des soupçons à l'égard de qn/quant à qch, se méfier de qn/qch; (*yn sgeptig*) être sceptique sur qn/qch.
amheuon *ll* doutes *mpl*.
amheus *ans*
1 (*ansicr*) incertain(e), indécis(e), peu sûr(e); **bod yn** ~ **ynghylch rhn/rhth** douter de qn/qch, avoir des doutes sur *neu* au sujet de qn/qch; **'rwy'n** ~ **iawn, mae'n** ~ **iawn gen i** j'en doute fort; **mae'n** ~ **a** il est douteux que + *subj*, on ne sait pas si + *indic*, on se demande si + *indic*.
2 (*heb eich argyhoeddi*) peu convaincu(e); **edrych yn** ~ avoir l'air peu convaincu.
3 (*drwgdybus*) soupçonneux(soupçonneuse); **bod yn** ~ **o rn/rth** avoir des soupçons à l'égard de qn/quant à qch, se méfier de qn/qch, être soupçonneux de qn/qch.
4 (*yn codi amheuon*) suspect(e), louche.
5 (*jôc, stori*) douteux(douteuse).
6 (*cwestiwn*) douteux(douteuse), discutable;
♦ **yn** ~ *adf* (*heb eich argyhoeddi*) avec doute; (*yn ddrwgdybus*) de façon méfiante, avec méfiance; (*ymddwyn*) de façon suspecte.
amheuthun *ans* (*blasus*) de choix, délicat(e), savoureux(savoureuse), appétissant(e); (*anghyffredin*) rare;
♦*g* (**ameuthunion**) friandise *f*, mets *m* délicat.
amheuwr (**amheuwyr**) *g* incrédule *m*, sceptique *m*.
amheuwraig (**ameuwragedd**) *b* incrédule *f*, sceptique *f*.
amhlantadwy *ans* stérile.
amhleidgar *ans gw.* **amhleidiol**.
amhleidiaeth *b* neutralité *f*, impartialité *f*.
amhleidiol *ans* neutre, impartial(e)(impartiaux, impartiales); **bod yn** ~ rester neutre, garder la neutralité;
♦ **yn** ~ *adf* impartialement, sans parti pris.
amhleidioldeb *g* impartialité *f*, neutralité *f*.
amhleserus *ans* désagréable, déplaisant(e);
♦ **yn** ~ *adf* désagréablement, de façon déplaisante.
amhlymiadwy *ans* insondable.
amhoblog *ans*: **ardal** ~ (*prin ei phoblogaeth*) région *f* peu peuplée, région à la population clairsemée; (*heb bobl*) région inhabitée.
amhoblogaidd *ans* impopulaire;
♦ **yn** ~ *adf* de façon impopulaire.
amhoblogrwydd *g* impopularité *f*.
amholiticaidd *ans* non politique, apolitique;

♦ **yn** ~ *adf* de façon apolitique.

amhosibilrwydd *g* impossibilité *f*.

amhosibl *ans* impossible; **mae hyn yn** ~ ce n'est pas possible, c'est impossible; **mae'n** ~ **dweud** il est impossible de dire; **mae'n** ~ **ei ddweud** il est impossible à prononcer; **mae'n** ~ **dweud a yw'n wir ai peidio** il est impossible de dire si c'est vrai ou si c'est faux; **ei gwneud hi'n** ~ **i rn wneud rhth** mettre qn dans l'impossibilité de faire qch.

amhositif *ans* non-positif(non-positive), pas positif(positive).

amhreswyliadwy *ans* inhabitable.

amhriodol *ans* peu convenable, impropre, déplacé(e), malséant(e), inacceptable, de mauvais goût;
♦ **yn** ~ *adf* de façon peu convenable, improprement.

amhrisiadwy *ans* sans prix, hors de prix, inestimable, qui n'a pas de prix; (*jôc*) impayable.

amhrofiadol *ans* inexpérimenté(e), novice; **'rwy'n** ~ **iawn yn y pethau yma** j'ai très peu d'expérience en ces matières;
♦ **yn** ~ *adf* de façon inexpérimentée.

amhroffidiol *ans* (*busnes*) peu rentable; (*ymdrech*) inutile, vain(e);
♦ **yn** ~ *adf* sans profit, sans bénéfice, vainement, inutilement.

amhrydlon *ans* tardif(tardive);
♦ **yn** ~ *adf* tardivement, sur le tard, en retard.

amhur *ans* impur(e);
♦ **yn** ~ *adf* impurement.

amhurdeb, **amhuredd** (**-au**) *g* impureté *f*.

amhuriad (**-au**) *g* pollution *f*.

amhuro *ba* polluer.

amhwyllo *bg* s'affoler.

amhwyllog *ans* affolé(e), fou[fol](folle)(fous, folles), insensé(e), dérangé(e);
♦ **yn** ~ *adf* de façon insensée.

amhwysig *ans* peu important(e), sans importance.

amino-asid (**-au**) *g* amino-acide *m*, acide *m* aminé.

aml *ans* (*mynych*) fréquent(e); (*niferus*) nombreux(nombreuse), multiple;
♦ **yn** ~ *adf* souvent, fréquemment, à maintes reprises; **yn** ~ **iawn** très souvent, bien des fois; **gan** ~**af, yn** ~**ach na pheidio** la plupart du temps, le plus souvent; **pa mor** ~**?** combien de fois?; **pa mor** ~ **wyt ti'n golchi dy wallt?** tu te laves les cheveux tous les combien?

aml- *rhagdd* multi-, pluri-, poly-.

amlap (**-iau**) *g* (*parsel*) emballage *m*.

amlapio *ba* envelopper; (*parsel*) emballer, empaqueter.

amlbegynol *ans* multipolaire.

amlbrosesu *g* multitraitement *m*.

amlbrosesydd (**-ion**) *g* multiprocesseur *m*.

amlbwrpas *ans* polyvalent(e), à usages multiples.

amlder (**-au**) *g* fréquence *f*; (*helaethrwydd*) abondance *f*, multiplicité *f*, pléthore *f*, prolifération *f*.

amldrac *ans* multipiste, à plusieurs pistes.

amlddimensiynol *ans* multidimensionnel(le)

amlddisgyblaethol *ans* pluridisciplinaire, multidisciplinaire.

amlddiwylliannol *ans* multiculturel(le).

amlddiwylliant *g* multiculturisme *m*.

amldduwiaeth *b* polythéisme *m*.

amlediad (**-au**) *g* (*cyff*) expansion *f*, diffusion *f*; (*organau'r corff*) dilatation *f*.

amledd (**-au**) *g* fréquence *f*; ~ **uchel** haute fréquence; **dosraniad** ~ distribution *f* des fréquences.

amleiriaeth *b* prolixité *f*, verbosité *f*.

amleiriog *ans* prolixe, verbeux(verbeuse), diffus(e);
♦ **yn** ~ *adf* prolixement, verbeusement, diffusément.

amlen (**-ni**) *b* enveloppe *f*; **rhoi llythyr mewn** ~ mettre une lettre sous enveloppe.

amlfynediad *ans* (*CYFRIF*) à multivoie.

amlffurf *ans* multiforme, polymorphe.

amlffurfiaeth *b* polymorphie *f*, polymorphisme *m*.

amlgellog *ans* multicellulaire.

amlgorff *ans* (*llong*) multicoque.

amlgyfeiriol *ans* multidirectionnel(le).

amlgyfrwng, **amlgyfryngol** *ans* multimédia *f inv*.

amlhad *g* multiplication *f*, prolifération *f*, augmentation *f*, accroissement *m*, croissance *f*.

amlhau *ba* multiplier, proliférer;
♦*bg* se multiplier, se proliférer.

amlhiliaeth *b* multiracisme *m*.

amlhiliol *ans* multiracial(e)(multiraciaux, multiraciales), multiethnique;
♦ **yn** ~ *adf* de façon multiraciale *neu* multiethnique.

amlieithedd *g* multilinguisme *m*, plurilinguisme *m*.

amlieithog *ans* polyglotte, multilingue, plurilingue;
♦ **yn** ~ *adf* de façon polyglotte.

amlinell (**-au**) *b* contour *m*, configuration *f*, silhouette *f*, profil *m*.

amlinelliad (**-au**) *g* croquis *m*, esquisse *f*.

amlinellol *ans* (*llun*) au trait; **map** ~ carte *f* muette.

amlinellu *ba* (*tynnu llinell o amgylch*) tracer le contour de; (*tynnu braslun o*) faire un croquis *neu* une esquisse de; (*cynllunio'n fras: ffig*) ébaucher, esquisser; (*rhoi crynodeb o: damcaniaeth, cynllun*) exposer les grandes lignes de, exposer (qch) à grands traits; (*:llyfr, digwyddiad*) faire un bref compte rendu de, donner un aperçu de.

amliw *ans gw.* **aml-liw**.
amliwiog *ans* multicolore.
aml-lawr *ans* à plusieurs étages, à plusieurs niveaux.
aml-liw, **aml-liwiog** *ans* multicolore;
♦ **yn** ~-~ *adf* de façon multicolore.
aml-loriog *ans gw.* **aml-lawr**.
amlochredd *g* multilatéralisme *m*.
amlochrog *ans* multilatéral(e)(multilatéraux, multilatérales), qui a de nombreux côtés; (*ffig*) qui présente de nombreux aspects; (*rhn*) aux talents variés, doué(e) en tous genres; (*problem*) multiforme, complexe, qui a de nombreuses facettes;
♦ **yn** ~ *adf* de façon très douée, de façon multiforme.
amlosgfa (**amlosgfeydd**) *b* crématorium *m*.
amlosgi *ba* incinérer.
amlosgiad (**-au**) *g* crémation *f*, incinération *f*.
aml-risg *ans* multirisque.
amlsafon *ans* (*TECH*) multistandard *inv*.
amlsianel *ans* (*TELEDU*) à canaux multiples.
amlsillafog *ans* polysyllabe.
amlswyddogaethol *ans* multifonctionnel(le), polyvalent(e).
amlweddog *ans* multiforme;
♦ **yn** ~ *adf* de façon multiforme.
amlwg *ans* (*eglur*) évident(e), manifeste, patent(e); (*hawdd ei weld*) visible, frappant(e); (*enwog*) célèbre, connu(e), renommé(e); (*blaenllaw*) éminent(e), important(e);
♦ **yn** ~ *adf* évidemment, manifestement, visiblement.
amlwreiciaeth *b* polygamie *f*.
amlwreiciwr (**amlwreicwyr**) *g* polygame *m*.
aml-wriaeth *b* polygamie *f*, polyandrie *f*.
aml-wrwraig (**aml-wrwragedd**) *b* polygame *f*.
amlwyth (**-i**) *g* conteneur *m*.
amlwythiad, **amlwythiant** *g* conteneurisation *f*.
amlwytho *ba* conteneuriser; **depo** ~, **storfan** ~ entrepôt *m* de conteneurs.
amlygiad (**-au**) *g* manifestation *f*, expression *f*, révélation *f*.
amlygrwydd *g* évidence *f*, visibilité *f*; (*pwysigrwydd*) importance *f*; **chwennych** ~ chercher à être en vedette, chercher à être au premier plan; **dod i** ~ devenir connu(e) *neu* célèbre.
amlygu *ba* exposer, révéler, exprimer, faire voir, manifester; (*pwysleisio*) souligner, mettre (qch) en lumière; **eich** ~ **eich hun** se faire voir, se manifester, se révéler.
amnaid (**amneidiau**) *b* signe *m* de la tête *neu* de la main, geste *m*.
amneidio *bg*: ~ **ar** faire signe à; **amneidiais arno iddo ddod i mewn** je lui ai fait signe d'entrer.
amnesia *g* amnésie *f*.
amnest (**-au**) *g* amnistie *f*; **A**~ **Rhyngwladol** Amnesty International.
amnewid *ba* permuter; ~ **rhth am rth** substituer qch à qch;
♦*g* (**-iadau**) permutation *f*, substitution *f*.
amnewidiad (**-au**) *g* permutation *f*, substitution *f*.
amnewidyn (**amnewidion**) *g* produit *m* de substitution, succédané *m*.
amnifer *ans* impair(e);
♦*g* (**-oedd**) impair *m*.
amniosentesis *g* amniocentèse *f*.
amod (**-au**) *g,b* condition *f*; **ar yr** ~ **...** à condition que + *subj/fut indic*, à condition de + *infin*; ~**au** (*amgylchiadau*) circonstances *fpl*, conditions *fpl*; (*telerau*) termes *mpl*; **dan yr** ~**au presennol** dans les conditions actuelles; ~**au gwaith/byw** conditions de travail/de vie.
amodi *ba* convenir de, s'engager à; (*gosod telerau*) stipuler, modifier.
amodiad (**-au**) *g* stipulation *f*.
amodol *ans* conditionnel(le);
♦*g*: **yr** ~ (*GRAM*) le conditionnel *m*.
amoeba *g* amibe *f*.
amonia *g* (*nwy*) ammoniac *m*; (*dŵr*) ammoniaque *f*.
amoniac *ans* ammoniac(ammoniaque).
amoniwm *g* ammonium *m*.
amorffus *ans* amorphe, informe, sans forme.
amper (**-au**) *g* ampère *m*.
ampwl (**ampylau**) *g* ampoule *f* (*pour seringue*).
amrant (**amrannau**) *g* paupière *f*; **blewyn** ~ cil *m*.
amrantiad *g* clin *m* d'œil; (*amser*) instant *m*, moment *m*; **ar** ~ en un clin d'œil, dans un instant, instantanément.
amrantu *bg* cligner des yeux.
amranwen *b* (*PLANH*) camomille *f*.
amredeg *bg* s'étendre, aller.
amrediad (**-au**) *g* gamme *f*; (*tymheredd*) écarts *mpl*, variations *fpl*; (*llais, offeryn*) registre *m*, étendue *f*; (*cyflogau, prisiau*) éventail *m*, échelle *f*.
amrwd *ans* (*bwyd*) cru(e), non cuit(e); (*deunydd heb ei drin*) brut(e); (*darn o waith*) rudimentaire, qui manque de fini, à peine ébauché(e), mal fini(e), sommaire; (*iaith*) grossier(grossière); **stecen** ~ un steak *neu* bifteck saignant *neu* bleu; **llysiau** ~ crudités *fpl*;
♦ **yn** ~ *adf* (*yn anghelfydd*) de façon rudimentaire, sommairement; (*yn anweddus*) crûment, grossièrement.
amrwym (**-au**) *g* bandage *m*; (*am gorff mymi*) bandelette *f*.
amrwymo *ba* emmailloter, envelopper.
amrydyllog *ans* poreux(poreuse), perméable.
amryddawn *ans* aux talents variés, doué(e) en tous genres;
♦ **yn** ~ *adf* de façon douée.

amryfaen (**amryfeini**) *g* conglomérat *m*.
amryfal *ans* (*lluosog*) multiple; (*gwahanol*) divers(e), varié(e), différent(e).
amryfaliaeth *b* diversité *f*, variété *f*.
amryfalu *ba* diversifier, varier.
amryfath *ans* très varié(e), divers(e), d'une grande variété, hétérogène, hétéroclite, disparate.
amryfus *ans* (*cyfeiliornus*) erroné(e), faux(fausse); (*difeddwl*) distrait(e), négligent(e), étourdi(e);
♦ **yn** ~ *adf* par inadvertance.
amryfusedd (**-au**) *g* (*gwall*) erreur *f*, faute *f*; (*esgeulustod*) omission *f*, négligence *f*, inadvertance *f*, mégarde *f*; **trwy** ~ par mégarde *neu* inadvertance.
amryfuso *bg* se tromper, faire une erreur.
amrylawr *ans* à (plusieurs) étages.
amryliw *ans* multicolore, bigarré(e), diapré(e); (*blodyn*) panaché(e).
amrysill *ans* polysyllabe.
amryw *ans* (*gwahanol*) divers(e), varié(e), différent(e); (*llawer*) plusieurs, beaucoup de, bien de; ~ **byd o** plusieurs;
♦*rhag*: **mae** ~ **wedi dweud ...** bien des gens *neu* plusieurs personnes *neu* diverses personnes ont dit que.
amrywedd *ans* varié(e), divers(e), multiforme;
♦ **yn** ~ *adf* diversement.
amrywiad (**-au**) *g* variation *f*, fluctuation *f*; (*CERDD*) variation.
amrywiaeth (**-au**) *g,b* variété *f*, diversité *f*, gamme *f*; ~ **o ddefnyddiau** une gamme de tissus.
amrywiant (**amrywiannau**) *g* diversification *f*; (*gwahaniaeth*) différence *f*, divergence *f*; (*MATH, CEM*) variance *f*.
amrywio *ba* varier, changer, diversifier, modifier;
♦*bg* varier, changer, se modifier, être variable; (*gwahaniaethu*) différer, être différent(e).
amrywiol *ans* varié(e), divers(e).
amrywiolion *ll* variantes *fpl*.
amser (**-au**) *g*
1 (*cyff*) temps *m*; ~ **a ddengys** le temps le dira; **mae** ~ **yn hedfan** le temps passe vite; **cawn weld gydag** ~ **...** le temps dira si ..., on saura avec le temps si ...; **mewn** ~**, gydag** ~ avec le temps, à la longue; **mae'n cymryd** ~ **i bethau newid** (*rhai munudau*) ça ne change pas tout de suite; (*cyfnod hwy*) ça ne change pas du jour au lendemain; **fe'i gadawyd ar ôl gan dreigl** ~ il fut laissé en marge par le progrès.
2 (*mwy penodol*): **mae gen i ddigonedd o** ~ j'ai tout mon temps *m*; **'does gen i mo'r** ~ **i ...** je n'ai pas le temps de ...; **i arbed** ~ pour gagner du temps; **'rwy'n gwneud hyn i ladd** ~ je le fait pour tuer le temps; **dyna wastraff** ~**!** quelle perte de temps!, que de temps perdu!; **cymerwch eich** ~ prenez votre temps; **yn ei** ~ **da ei hun** quand il voudra, quand bon lui semblera; ~ **hamdden** loisir *m*, temps libre; ~ **rhydd** temps libre, congé *m*.
3 (*ysbaid*): ~ **hir,** ~ **maith,** ~ **mawr** longtemps; ~ **byr** peu de temps; **maen nhw wedi gadael ers** ~ il y a bien longtemps qu'ils sont partis; **o fewn** ~ **penodol** dans un certain délai; **heb derfyn** ~ sans limitation de temps.
4 (*cyfnod, oes*) époque *f*, temps *m*, période *f*; **yn** ~ **Owain Glyndŵr** du temps d'Owain Glyndŵr; **marw cyn eich** ~ mourir avant l'âge.
5 (*cyfnod o waith*): **gweithio** ~ **llawn** travailler à plein temps *neu* à temps plein; **gweithio rhan** ~ travailler à temps partiel *neu* à mi-temps.
6 (*profiad*): **cawsom** ~ **braf** on s'est bien amusé, on a passé un vraiment bon moment.
7 (*ar y cloc*) heure *f*; **bod ar** ~ être à l'heure; ~ **te** l'heure du thé; ~ **chwarae** récréation *f*; ~ **mynd** l'heure *neu* le moment *m* de partir.
8 (*GRAM*) temps *m*; **yn yr** ~ **presennol/amherffaith** au présent/à l'imparfait.
9 (*CHWAR*): **hanner** ~ mi-temps *f*; **chwarae** ~ **dros ben, chwarae dros yr** ~ jouer les prolongations.
10 (*mewn ymadroddion*): **yr** ~ **hynny** à ce temps-là, à ce moment-là, à cette heure-là, à cette époque-là; **bob** ~ toujours; **trwy'r** ~ continuellement; **unwaith yn y pedwar** ~ tous les trente-six du mois;
♦*cys* (*defnydd tafodieithol*) *gw.* **pan**[1].
amseriad (**-au**) *g* (*CERDD*) tempo *m*; (*THEATR*) minutage *m*; (*CHWAR*) chronométrage *m*; (*car*) réglage *m* de l'allumage; (*dyddio, dyddiad*) datation *f*; **'roedd** ~ **y datganiad yn anffodus** le moment choisi pour la déclaration était inopportun.
amseriadur (**-on**) *g* (*calon*) pacemaker *m*, stimulateur *m* cardiaque.
amserlen (**-ni**) *b* horaire *m*; (*ysgol*) emploi *m* du temps; (*RHEIL*) indicateur *m*.
amserlennu *ba* (*cwrs*) établir un emploi du temps pour; (*cyfarfod: amser*) fixer l'heure de; (*:dyddiad*) fixer la date de.
amsernod (**-au**) *g* signal(signaux) *m* horaire.
amserol *ans* opportun(e), à propos, bien calculé(e); (*cyfoes*) actuel(le), courant(e), d'actualité;
♦ **yn** ~ *adf* opportunément, à propos.
amseru *ba* calculer *neu* mesurer la durée de; (*rhaglen, wy*) minuter; (*gwaith*) pointer; (*CHWAR*) chronométrer; (*trefnu*) fixer, prévoir; (*dyddio*) dater;
♦*g* (*CHWAR*) chronométrage *m*.
amserwr (**amserwyr**) *g* (*CHWAR*) chronométreur *m*, pointeur *m*.
amserwraig (**amserwragedd**) *b* (*CHWAR*)

chronométreuse *f*, pointeuse *f*
amserydd (**-ion**) *g* (*CHWAR: rhn*) chronométreur *m*, chronométreuse *f*, pointeur *m*, pointeuse *f*; (*:oriawr*) chronomètre *m*; (*COG*) compte-minutes *m inv*; (*i ferwi ŵy*) sablier *m*; (*ar beiriant*) minuteur *m*; (*switsh golau*) minuteur, minuterie *f*.
amseryddiaeth *b* chronologie *f*.
amseryddol *ans* chronologique;
♦ **yn** ~ *adf* chronologiquement.
amsgrifo *ba* circonscrire, entourer (qch) d'une ligne.
amsugnad (**-au**) *g* absorption *f*.
amsugniant *g* (*CEM, FFIS*) absorptivité *f*, pouvoir *m* absorbant.
amsugno *ba* absorber.
amsugnol *ans* absorbant(e);
♦ **yn** ~ *adf* de façon absorbante.
amsugnydd (**-ion**) *g* absorbant *m*.
amwisg (**-oedd**) *b* (*amdo*) linceul *m*, suaire *m*; (*gorchudd*) couverture *f*.
amwisgo *ba* envelopper (qn) dans un linceul, ensevelir.
amwregysu *ba* ceindre.
amwyll *ans* affolé(e), fou[fol](folle)(fous, folles), furieux(furieuse), enragé(e), insensé(e), dément(e), dérangé(e);
♦ **yn** ~ *adf* de façon insensée.
amwynder (**-au**) *g* charme *m*, agrément *m*.
amwys *ans* ambigu(ambiguë), équivoque, obscur(e), vague, flou(e);
♦ **yn** ~ *adf* de façon ambiguë, obscurément.
amwysedd *g* ambiguïté *f*, équivoque *f*, obscurité *f*, vague *m*, flou *m*.
amynedd *g* patience *f*; **ymarfer** ~ **gyda rhn** patienter *neu* prendre patience avec qn; **colli** ~ s'impatienter, perdre patience; **'does dim** ~ **gen i gyda'r bobl hyn!** ces gens m'exaspèrent!
amyneddgar *ans* patient(e), endurant(e); **byddwch yn** ~! patientez!, un peu de patience!;
♦ **yn** ~ *adf* patiemment, avec patience.
an- *rhagdd* dé-, dés-, dis-, in-, mal-.
anabl *ans* (*methedig*) infirme, handicapé(e), invalide; (*wedi'ch anafu*) estropié(e), mutilé(e); (*analluog*) incapable;
♦ **yn** ~ *adf* de façon handicapée.
anabledd (**-au**) *g* infirmité *f*, invalidité *f*, incapacité *f*, impuissance *f*; **pensiwn** ~ pension *f* d'infirmité *neu* d'invalidité.
anablu *ba* (*damwain, salwch*) rendre infirme; (*brifo*) estropier, mutiler; (*tanc, gwn*) mettre hors de combat; (*llong*) avarier, mettre hors d'état.
anaconda (**-od**) *b* anaconda *m*.
anacroniaeth (**-au**) *b* anachronisme *m*.
anacronig *ans* anachronique;
♦ **yn** ~ *adf* de façon anachronique.
anad *ardd* avant; **yn** ~ **dim** avant tout, surtout.
anadferadwy *ans* irréparable, irrémédiable;
♦ **yn** ~ *adf* irréparablement, irrémédiablement.
anadl (**-au**) *g,b* respiration *f*, souffle *m*, haleine *f*; **â'ch** ~ **yn eich dwrn** hors d'haleine, à bout de souffle, essoufflé(e); **diffyg** ~ (*MEDD*) apnée *f*; (*asthma*) asthme *m*; **dal eich** ~ retenir sa respiration; **colli'ch** ~ s'essouffler, perdre son haleine; ~ **einioes** le souffle vital.
anadliad (**-au**) *g* (*cyff*) respiration *f*; (*i mewn*) inhalation *f*, aspiration *f*.
anadlu *ba* respirer; ~ **rhth (i mewn)** inhaler qch, aspirer qch; ~ **rhth allan** exhaler qch, expirer qch;
♦*bg* respirer, prendre haleine, prendre souffle; (*ar ôl rhedeg*) haleter, souffler; ~ **i mewn** inspirer, aspirer; ~ **allan** expirer; ~**'n ddwfn** respirer à fond;
♦*g* respiration *f*; ~ **adferol** respiration artificielle; **adfer** ~ **rhn** faire la respiration artificielle à qn.
anadnabyddadwy *ans* méconnaissable.
anadnabyddus *ans* inconnu(e), peu connu(e), peu célèbre.
anaddas *ans* non convenable, peu convenable, qui ne convient pas; (*amser*) inopportun(e); (*lliw*) qui ne va pas; (*dillad*) peu approprié(e), inadéquat(e); (*enw*) mal choisi(e); (*agwedd, iaith*) inconvenant(e); (*rhn*) inapte; (*:llwyr anfedrus*) sans compétences, incompétent(e); **"~ i blant"** "ne convient pas aux enfants"; **ffilm** ~ **i blant** un film réservé aux adultes;
♦ **yn** ~ *adf* de façon inconvenante, de manière peu convenable.
anaddasedd *g* inaptitude *f*.
anaddasu *ba* rendre (qn) inapte.
anaeddfed *ans* (*ffrwyth*) vert(e), (qui n'est) pas mûr(e), sans maturité; **bod yn** ~ (*bachgen, merch*) manquer de maturité, être inexpérimenté(e).
anaeddfedrwydd *g* immaturité *f*.
anaemaidd *ans* anémique.
anaemia *g* anémie *f*.
anaesthetegydd (**-ion**) *g* anesthésiste *m/f*.
anaestheteiddio *ba gw.* **anaesthetigo**.
anaesthetig *ans* anesthésique;
♦*g* (**-ion**) anesthésique *m*; **dan** ~ sous anesthésie.
anaesthetigo *ba* anesthésier, insensibiliser.
anaf, **anafiad** (**-au**) *g* blessure *f*, lésion *f*, plaie *f*; **cafodd** ~ **i'w ben** il s'est blessé la tête.
anafu *ba* blesser, faire mal à; **eich** ~ **eich hun** se blesser, se faire mal; **mae hi wedi** ~ **ei llaw** elle s'est blessée à la main; **cafodd ei** ~ **yn ei ben** il était blessé à la tête; **dyn wedi ei** ~ un blessé; **dynes wedi ei hanafu** une blessée;
♦*bg* faire mal.
anafus *ans* blessé(e).

anagram (**-au**) *g* anagramme *f*.
anair (**aneiriau**) *g* infamie *f*, calomnie *f*; (*CYFR*) diffamation *f*.
analgesia *g* analgésie *f*.
analog *ans* analogique;
♦*g* (**-au**) analogue *m*.
analogaidd *ans* analogue.
analysis *g* analyse *f*.
analytig *ans* analytique.
anallu *g* impuissance *f*, incapacité *f*; (*gwendid*) faiblesse *f*.
analluedd *g* impuissance *f*; (*gwendid*) faiblesse *f*.
analluog *ans* impuissant(e), incapable; (*gwan*) faible, impotent(e).
analluogi *ba* rendre (qn) incapable; (*o ran iechyd*) rendre (qn) infirme; ~ **rhn i wneud rhth** (*CYFR*) rendre qn inhabile à faire qch; ~ **rhn i weithio** mettre qn dans l'incapacité de travailler, rendre qn incapable de travailler.
analluogrwydd *g* incapacité *f*, impuissance *f*, impotence *f*.
anamddiffynadwy *ans* (*gweithred, ymddygiad*) indéfendable, injustifiable, inexcusable; (*trosedd*) injustifiable; (*achos, theori, dadl*) indéfendable, insoutenable; (*MIL*) indéfendable;
♦ **yn** ~ *adf* inexcusablement, de façon injustifiable *neu* indéfendable.
anamericanaidd *ans* peu américain(e).
anamheus *ans* qui n'a rien de suspect, qui n'éveille aucun soupçon.
anaml *ans* rare, peu fréquent(e);
♦ **yn** ~ *adf* rarement, peu souvent.
anamlder, **anamldra** *g* rareté *f*.
anamlwg *ans* obscur(e), peu évident(e), indistinct(e), vague, peu visible.
anamserol *ans* inopportun(e), mal choisi(e), mal à propos, mal calculé(e); (*ymddangosiad*) intempestif(intempestive); (*sylw*) déplacé(e);
♦ **yn** ~ *adf* inopportunément; (*ymddangos*) intempestivement, à contretemps, mal à propos.
anap (**anhapon, anhapiau**) *g,b* mésaventure *f*, malheur *m*, malchance *f*; (*bach*) contretemps *m*; **trwy** ~ par malheur.
anarchaidd *ans* anarchique;
♦ **yn** ~ *adf* anarchiquement.
anarchiaeth *b* anarchie *f*.
anarcholladwy *ans* invulnérable.
anarchydd (**anarchwyr**) *g* anarchiste *m/f*.
anarchyddol *ans* anarchique;
♦ **yn** ~ *adf* anarchiquement.
anarfer *g,b* désuétude *f*.
anarferedig *ans* suranné(e), dépassé(e), démodé(e), désuet(désuète).
anarferiant *g* désuétude *f*, obsolescence *f*.
anarferol *ans* inaccoutumé(e), exceptionnel(le), insolite, anormal(e)(anormaux, anormales); (*anghyffredin*) peu commun(e), peu ordinaire, inhabituel(le); (*rhyfedd*) insolite, étrange, bizarre; **mae'n** ~ **iddi gyrraedd yn gynnar** il est exceptionnel *neu* rare qu'elle arrive *subj* de bonne heure, elle n'arrive pas de bonne heure d'habitude; **dim byd** ~ rien d'anormal; **o ddiddordeb** ~ d'un intérêt exceptionnel;
♦ **yn** ~ de façon inaccoutumée *neu* exceptionnelle *neu* anormale; **yn** ~ **o ddawnus** (*o gymharu â phawb arall*) exceptionnellement *neu* extraordinairement doué(e); **yn** ~ **o dawel** (*o gymharu â'ch cyflwr arferol*) exceptionnellement *neu* anormalement silencieux(silencieuse).
anarfog *ans* sans armes.
anataliad *g* incontinence *f*.
anataliol *ans* incontinent(e).
anatebol *ans* (*problem*) insoluble; (*dadl*) irréfutable, incontestable; **cwestiwn** ~ une question à laquelle il est impossible de répondre;
♦ **yn** ~ *adf* incontestablement, irréfutablement.
anatomaidd *ans* anatomique.
anatomeg *b* (*pwnc*) anatomie *f*.
anatomegol *ans* anatomique.
anatomi (**anatomïau**) *g,b* structure *f*, anatomie *f*.
anathraidd *ans* imperméable; (*to, wal*) étanche;
♦ **yn** ~ *adf* de façon imperméable.
anawdurdodedig *ans* non autorisé(e), fait(e) sans autorisation.
anchwaethus *ans gw.* **di-chwaeth**.
Andes *prll*: **yr** ~ les Andes *fpl*.
Andorra *prb* Andorre *f*; **yn** ~ en Andorre.
Andoraidd *ans* andorran(e).
Andoriad (**Andoriaid**) *g/b* Andorran *m*, Andorrane *f*.
Andreas *prg* André.
Andromache *prb* Andromaque.
Andromeda *prb* Andromède.
andros *g, ebych*: **o'r** ~**!** mon Dieu!, bon sang!; ~ **o fawr** vraiment énorme; ~ **o dda** vachement* bien, très bien, plutôt génial; ~ **o sŵn** un bruit épouvantable.
andwyo *ba* nuire à; (*rhn*) faire du mal à; (*enw da*) salir, souiller; (*distrywio*) endommager, abîmer; (*difetha*) ruiner, gâter, gâcher.
andwyol *ans* nuisible, nocif(nocive); (*rhn*) malfaisant(e), nuisible;
♦ **yn** ~ *adf* de façon nuisible.
aneconomaidd *ans* peu rentable;
♦ **yn** ~ *adf* de façon peu rentable.
anecsploitiedig *ans* inexploité(e).
anedifeiriol *ans* impénitent(e);
♦ **yn** ~ *adf* de façon impénitente.
anedifeirwch *g* impénitence *f*.
aneddfa *b gw.* **anheddfa**.
aneffeithiol *ans* inefficace, sans effet, sans résultat; (*rhn*) incapable, incompétent(e);
♦ **yn** ~ *adf* inefficacement, sans effet.

aneglur *ans* obscur(e), vague, indistinct(e), peu clair(e), flou(e);
♦ **yn** ~ *adf* obscurément, indistinctement.
anegni *g* inertie *f*, apathie *f*.
anegwyddorol *ans* (*rhn*) sans scrupules; (*gweithred*) peu scrupuleux(scrupuleuse);
♦ **yn** ~ *adf* peu scrupuleusement.
aneirif *ans* innombrable, sans nombre, infini(e).
aneliad (-**au**) *g*: **cymryd** ~ viser; **mae'n un da/gwael ei** ~ il vise bien/mal.
anelu *ba* (*gwn*) braquer; (*pêl, carreg*) lancer; (*taflegryn*) pointer; (*sylw*) diriger; ~ **bwa saeth** tendre un arc;
♦*bg* viser; ~**'n uchel** viser haut; ~ **at rn** viser qn; ~ **am well swydd** aspirer à monter en grade; ~ **am rywle** se diriger vers un endroit; **llyfr wedi'i** ~ **at blant** un livre adressé aux enfants.
anelwig, **anelwigrwydd** *g gw.* **annelwig, annelwigrwydd**.
anenwadol *ans* non confessionnel(le).
anenwog *ans* inconnu(e), peu célèbre; **nid** ~ assez célèbre, assez connu(e).
anerchiad (-**au**) *g* (*araith*) discours *m*, allocution *f*; (*cyfarchiad*) salut *m*, salutation *f*.
anesboniadwy *ans* inexplicable;
♦ **yn** ~ *adf* inexplicablement.
anesgusodol *ans* inexcusable;
♦ **yn** ~ *adf* inexcusablement.
anesmwyth *ans* (*rhn*) mal à l'aise, gêné(e); (*pryderus*) troublé(e), inquiet(inquiète), anxieux(anxieuse); (*aflonydd*) agité(e), remuant(e); (*tawelwch*) gêné; (*noson, môr*) agité; (*cydwybod*) peu tranquille;
♦ **yn** ~ *adf* mal à l'aise, avec inquiétude, avec gêne, d'un air gêné *neu* inquiet *neu* anxieux; **cysgu'n** ~ dormir mal, dormir d'un sommeil agité.
anesmwythder, **anesmwythdra** *g* (*teimlad anesmwyth*) malaise *m*, gêne *f*; (*pryder*) inquiétude *f*, anxiété *f*; (*aflonyddwch*) agitation *f*; (*nerfusrwydd*) nervosité *f*, gêne *f*.
anesmwytho *ba* troubler, inquiéter, déranger;
♦*bg* (commencer à) s'inquiéter, se sentir gêné(e) *neu* mal à l'aise; (*colli amynedd*) s'impatienter; (*cynhyrfu*) s'agiter, se troubler, donner des signes d'agitation, se faire du mauvais sang.
anesmwythyd *g* malaise *m*, gêne *f*, inquiétude *f*, trouble *m*, agitation *f*, émoi *m*.
anesthetaidd *ans* (*peilon, ffatri*) inesthétique, peu esthétique; (*diolwg*) disgracieux(disgracieuse); (*rhn*) qui manque de sens esthétique;
♦ **yn** ~ *adf* de façon peu esthétique, disgracieusement.
anewyllysgar *ans* peu enthousiaste;
♦ **yn** ~ *adf* à contrecœur, de mauvaise grâce, contre son gré, de mauvais gré.
anewyllysgarwch *g* mauvaise volonté *f*, mauvaise grâce *f*, mauvais gré *m*.
anfad *ans* vilain(e), mauvais(e), méchant(e), malfaisant(e); (*ysgeler*) ignoble, infâme, atroce;
♦ **yn** ~ *adf* vilainement, atrocement.
anfadrwydd *g* méchanceté *f*, vilenie *f*; (*ysgelerder*) infamie *f*, bassesse *f*, atrocité *f*
anfadwaith *g* infamie *f*, bassesse *f*, crime *m*, forfait *m*, atrocité *f*.
anfadwr (**anfadwyr**) *g* vaurien *m*, gredin *m*, délinquant *m*, méchant *m*.
anfaddeugar *ans* impitoyable, implacable;
♦ **yn** ~ *adf* impitoyablement, implacablement.
anfaddeuol *ans* impardonnable, inexcusable; **mae hynna'n** ~ **yn fy marn i** je trouve cela impardonnable, à mon avis il n'y a pas d'excuses pour cela;
♦ **yn** ~ *adf* impardonnablement, inexcusablement.
anfantais (**anfanteision**) *b* désavantage *m*, inconvénient *m*, handicap *m*; **dan** ~ (*cyff*) dans une position désavantageuse; (*plant, teulu*) défavorisé(e); **dan** ~ **gorfforol/feddyliol** handicapé(e) physiquement/mentalement.
anfanteisio *ba* désavantager, défavoriser.
anfanteisiol *ans* désavantageux(désavantageuse), défavorable;
♦ **yn** ~ *adf* désavantageusement, défavorablement.
anfanwl *ans* imprécis(e);
♦ **yn** ~ *adf* sans précision.
anfanylder *g* imprécision *f*.
anfarchnatadwy *ans* invendable.
anfarddonol *ans* peu poétique, prosaïque;
♦ **yn** ~ *adf* peu poétiquement, prosaïquement.
anfarwol *ans* immortel(le), éternel(le); (*diddarfod*) impérissable; (*bythgofiadwy*) inoubliable; (*jôc*) impayable;
♦ **yn** ~ *adf* éternellement, impérissablement, de façon inoubliable.
anfarwoldeb *g* immortalité *f*.
anfarwoli *ba* immortaliser; **eich** ~**'ch hun** s'immortaliser.
anfarwoliad[1] (**anfarwoliaid**) *g/b* immortel *m*, immortelle *f*.
anfarwoliad[2] (-**au**) *g* fait *m* d'immortaliser, action *f* d'immortaliser.
anfedrus *ans* maladroit(e), gauche, malhabile, inexpert(e);
♦ **yn** ~ *adf* maladroitement, gauchement, malhabilement, de façon inexperte.
anfedrusrwydd *g* maladresse *f*, inhabileté *f*, manque *m* d'habileté *neu* de savoir-faire.
anfeddylgar *ans* irréfléchi(e), étourdi(e);
♦ **yn** ~ *adf* de façon irréfléchie, sans y penser, étourdiment.
anfeddylgarwch *g* irréflexion *f*, étourderie *f*.
anfeidraidd *ans* infini(e), illimité(e), sans

bornes;
♦ **yn** ~ *adf* infiniment, à l'infini, sans bornes.
anfeidredd *g* (*MATH*) infini *m*.
anfeidrol *ans* infini(e), illimité(e), sans bornes;
♦ **yn** ~ *adf* infiniment, à l'infini.
anfeidroldeb *g* infinité *f*, infini *m*.
anfeirniadol *ans* (*rhn*) dépourvu(e) d'esprit critique; (*agwedd, adroddiad*) peu critique;
♦ **yn** ~ *adf* sans faire preuve d'esprit critique, de façon peu critique.
anfelys *ans* désagréable, déplaisant(e);
♦ **yn** ~ *adf* désagréablement, de façon déplaisante.
anferth *ans* immense, gigantesque, colossal(e)(colossaux, colossales), énorme, vaste; (*aruthrol*) prodigieux(prodigieuse), extraordinaire;
♦ **yn** ~ *adf* immensément, énormément, vastement, gigantesquement, colossalement, prodigieusement, extraordinairement.
anferthedd *g* immensité *f*, monstruosité *f*.
anferthol *ans gw.* **anferth**.
anferthu *ba* déformer, défigurer, estropier.
anferthwch *g gw.* **anferthedd**.
anfesuradwy, **anfesurol** *ans* (*maint, taldra, uchder, gofod*) incommensurable, démesuré(e); (*llawenydd*) incommensurable, infini(e); (*amser*) immense;
♦ **yn** ~ *adf* infiniment, démesurément, outre mesure.
anfetel (**-au**) *g* métalloïde *m*.
anflasus *ans* fade, sans goût, sans saveur;
♦ **yn** ~ *adf* fadement, sans goût, sans saveur.
anfodlon *ans* mécontent(e); **bod yn** ~ **ar, bod yn** ~ **gyda** être mécontent de; **bod yn** ~ **gwneud rhth** (*amharod*) ne pas vouloir faire qch, ne pas être disposé(e) à faire qch, être peu disposé à faire qch;
♦ **yn** ~ *adf* de façon mécontente, avec mécontentement; (*yn anewyllysgar*) à contrecœur, de mauvaise grâce, contre son gré, de mauvais gré.
anfodloni *ba* mécontenter, ne pas satisfaire, contrarier, offenser, déplaire à;
♦*bg*: ~ **ar rth** être mécontent(e) de qch.
anfodlonrwydd *g* mécontentement *m*; ~ **i wneud rhth** (*amharodrwydd*) réticence *f* *neu* répugnance *f* à faire qch.
anfodd *g* mauvaise volonté *f*, mauvaise grâce *f*, mauvais gré *m*; (*amharodrwydd*) manque *m* d'enthousiasme; **gwneud rhth rhwng bodd ac** ~ faire qch avec tiédeur *neu* sans enthousiasme *neu* sans conviction; **mae hi'n ei wneud o'i h**~ elle le fait à contrecœur *neu* contre son gré *neu* de mauvais gré.
anfoddhaol *ans* peu satisfaisant(e), qui laisse à désirer;
♦ **yn** ~ *adf* de façon peu satisfaisante.
anfoddog *ans* mécontent(e), peu satisfait(e), insatisfait(e) (de qch);
♦ **yn** ~ *adf* de façon mécontente, avec mécontentement.
anfoddogrwydd *g* mécontentement *m*, insatisfaction *f*.
anfoes *b* immoralité *f*, inconvenance *f*, manque *m* de bienséance, indécence *f*, grossièreté *f*; (*anghwrteisi*) *gw.* **anfoesgarwch**.
anfoesgar *ans* (*anghwrtais*) mal élevé(e), impoli(e), discourtois(e); (*haerllug*) insolent(e);
♦ **yn** ~ *adf* impoliment.
anfoesgarwch *g* mauvaises manières *fpl*, impolitesse *f*, manque *m* de politesse, incivilité *f*.
anfoesol *ans* immoral(e)(immoraux, immorales); (*rhn*) dissolu(e), corrompu(e), dépravé(e), débauché(e), licencieux(licencieuse);
♦ **yn** ~ *adf* immoralement.
anfoesoldeb *g* immoralité *f*, dépravation *f*, licence *f*.
anfon *ba* envoyer; (*llythyr ayb*) envoyer, expédier; ~ **rhn adref** renvoyer qn chez lui; ~ **rhn allan** faire sortir qn, mettre qn à la porte; ~ **rhn/rhth i lawr** faire descendre qn/qch, envoyer qn/qch en bas; ~ **rhn i mewn** faire entrer qn; ~ **rhn ymaith** faire partir qn, envoyer qn; ~ **pêl-droediwr ymaith o'r cae** expulser *neu* renvoyer un joueur du terrain; ~ **rhth ymlaen** faire suivre qch; ~ **rhth yn ei ôl** renvoyer qch; ~ **roced i'r gofod** envoyer *neu* lancer une fusée dans l'espace; **gofynnodd iddynt** ~ **ei frecwast i'w ystafell** il a fait servir *neu* monter le petit déjeuner dans sa chambre;
♦*bg*: ~ **am** (*meddyg, tacsi*) appeler, faire venir; (*trwy'r post*) se faire envoyer, commander (qch) par correspondance.
anfonadwy *ans* expédiable, transmissible.
anfoneb (**-au**) *b* facture *f*.
anfonebu *ba* facturer.
anfonedig *ans* envoyé(e), expédié(e), transmis(e).
anfoneddigaidd *ans* peu *neu* guère galant(e), discourtois(e), indélicat(e), incivil(e), impoli(e), mal élevé(e);
♦ **yn** ~ *adf* incivilement, impoliment.
anfoneddigrwydd *g* incivilité *f*, impolitesse *f*.
anfonheddig *ans* ignoble, infâme, indigne, vil(e); (*anghwrtais*) discourtois(e), incivil(e), mal élevé(e);
♦ **yn** ~ *adf* ignoblement; (*yn anghwrtais*) incivilement, impoliment.
anfoniad (**-au**) *g* envoi *m*, expédition *f*.
anfonog (**-ion**) *g* délégué *m*, déléguée *f*.
anfonwr (**anfonwyr**) *g* expéditeur *m*, envoyeur *m*.
anfonwraig (**anfonwragedd**) *b* expéditrice *f*, envoyeuse *f*.
anfreiniog, **anfreiniol** *ans* défavorisé(e), non privilégié(e), sans privilège.

anfri (**anfrïau**) *g* (*gwarth*) honte *f*, déshonneur *m*, infamie *f*, opprobre *m*, disgrâce *f*; (*dirmyg at rn*) manque *m* d'égards *neu* de respect, irrespect *m*, irrévérence *f*; **dwyn ~ ar rn** déshonorer qn.

anfrwdfrydig *ans* peu enthousiaste;
♦ **yn** ~ *adf* sans enthousiasme.

anfucheddol *ans* immoral(e)(immoraux, immorales);
♦ **yn** ~ *adf* immoralement.

anfuddiol *ans* peu rentable, sans profit; (*diwerth*) inutile, vain(e); (*di-les*) peu lucratif(lucrative);
♦ **yn** ~ *adf* inutilement, vainement, sans profit.

anfuddioldeb *g* inutilité *f*.

anfwriadol *ans* involontaire, non intentionnel(le), inconscient(e);
♦ **yn** ~ *adf* sans le vouloir, involontairement, inconsciemment.

anfwyn *ans* désagréable, peu aimable, peu gentil(le), peu bienveillant(e), bourru(e), hargneux(hargneuse); (*cas*) méchant(e), cruel(le);
♦ **yn** ~ *adf* hargneusement, peu aimablement, désagréablement.

anfwynder *g* manque *m* de bienveillance, hargne *f*, caractère *m* hargneux *neu* bourru.

anfwytadwy *ans* (*nad oes modd ei fwyta*) non comestible; (*nad yw'n dda i'w fwyta*) immangeable.

anfynych *ans* rare, peu fréquent(e);
♦ **yn** ~ *adf* rarement, peu souvent.

anfyw *ans* inanimé(e).

anffaeledig *ans* infaillible;
♦ **yn** ~ *adf* infailliblement, de façon infaillible.

anffaeledigrwydd *g* infaillibilité *f*.

anffafrio *ba* défavoriser, desservir, désavantager.

anffafriol *ans* défavorable; (*telerau*) désavantageux(désavantageuse); (*amser*) inopportun(e), peu propice;
♦ **yn** ~ *adf* défavorablement, désavantageusement.

anffafrioldeb *g* nature *f* défavorable.

anffasiynol *ans* (*dillad*) démodé(e), suranné(e), qui n'est pas à la mode; (*ardal*) peu chic *inv*; **mae'n ~ sôn am ...** ça ne se fait plus de parler de ...;
♦ **yn** ~ *adf* de façon démodée, sans être à la mode.

anffawd (**anffodion**) *b* malheur *m*, malchance *f*, infortune *f*; **trwy** ~ par malheur, par malchance, malheureusement.

anffit *ans* (*o ran iechyd*) qui n'est pas en forme.

anffitrwydd *g* inaptitude *f*; (*iechyd*) incapacité *f*, manque *m* de forme.

anfflamadwy *ans* ininflammable, incombustible.

anffodus *ans* (*rhn*) malheureux(malheureuse), malchanceux(malchanceuse); (*digwyddiad*) triste, fâcheux(fâcheuse), malencontreux(malencontreuse), regrettable; **mi fûm yn ~ iawn** je n'ai pas eu beaucoup de chance, j'ai été très malheureux; **dyna ~!** quel dommage!, quel malheur!;
♦ **yn** ~ *adf* malheureusement, par malheur.

anffodusyn (**anffodusion**) *g* malheureux *m*, malheureuse *f*.

anffortunus *ans gw.* **anffodus**.

anffrengig *ans* peu français(e).

anffrwythlon *ans* infructueux(infructueuse), infertile, stérile;
♦ **yn** ~ *adf* infructueusement, infertilement, stérilement.

anffrwythlondeb, **anffrwythlonedd**, **anffrwythlonrwydd** *g* infertilité *f*, stérilité *f*.

anffurfiad (**-au**) *g* déformation *f*, défigurement *m*, difformité *f*.

anffurfiant (**anffurfiannau**) *g* (*corfforol*) difformité *f*; (*meddyliol*) déformation *f*.

anffurfiedig *ans* difforme, déformé(e), estropié(e).

anffurfio *ba* déformer, défigurer; (*llurgunio*) mutiler, estropier.

anffurfiol *ans* informel(le), dénué(e) de formalité *neu* de cérémonie; (*answyddogol: cytundeb, datganiad*) officieux(officieuse); (*:ymweliad*) non-officiel(le), officieux; (*syml*) simple, familier(familière), sans façons;
♦ **yn** ~ *adf* informellement, sans cérémonie; (*yn answyddogol*) officieusement; (*yn syml*) sans façons.

anffurfioldeb *g* (*rhn*) simplicité *f*; (*croeso*) absence *f* de formalité *neu* de cérémonie; (*cytundeb*) caractère *m* officieux.

anffyddiaeth *b* athéisme *m*, incrédulité *f*, incroyance *f*.

anffyddiwr (**anffyddwyr**) *g* athée *m*, incroyant *m*, incrédule *m*.

anffyddlon *ans* infidèle; **bod yn ~ i'ch priod** tromper son époux *neu* épouse;
♦ **yn** ~ *adf* infidèlement.

anffyddlondeb *g* infidélité *f*.

anffyddwraig (**anffyddwragedd**) *b* athée *f*, incroyante *f*, incrédule *f*.

Angliad (**Angliaid**) *g/b* Angle *m/f*.

Anglïaidd *ans* anglais(e).

Anglicanaidd *ans* anglican(e).

Anglicaniaeth *b* anglicanisme *m*.

Anglo-Sacson (**-iaid**) *g/b gw.* **Eingl-Sacson**.

Anglo-Sacsonaidd *ans gw.* **Eingl-Sacsonaidd**.

Anglo-Sacsoneg *b,g, ans gw.* **Eingl-Sacsoneg**.

Angola *prb* l'Angola *m*; **yn** ~ en Angola.

Angolaidd *ans* angolais(e).

Angoliad (**Angoliaid**) *g/b* Angolais *m*, Angolaise *f*.

anhaeddiannol *ans* (*cosb*) imméríté(e);
♦ **yn** ~ *adf* de façon imméritée.

anhaeddiant *g* manque *m* de mérite.
anhael *ans* avare, pingre, mesquin(e), chiche, avaricieux(avaricieuse);
♦ **yn** ~ *adf* mesquinement, chichement, de façon avaricieuse.
anhafal *ans* inégal(e)(inégaux, inégales);
♦ **yn** ~ *adf* inégalement.
anhafaledd (**-au**) *g* inégalité *f*.
anhanesyddol *ans* peu historique;
♦ **yn** ~ *adf* peu historiquement.
anhap (**-on**) *g,b gw.* **anap**.
anhapus *ans* malheureux(malheureuse), triste; (*anfodlon*) mécontent(e); (*anffodus*) malheureux, malchanceux(malchanceuse);
♦ **yn** ~ *adf* tristement; (*yn anffodus*) malheureusement.
anhapusrwydd *g* mécontentement *m*, malheur *m*, infélicité *f*.
anhardd *ans* laid(e), vilain(e), peu joli(e), qui ne paye pas de mine, disgracieux(disgracieuse), disgracié(e) de la nature;
♦ **yn** ~ *adf* laidement, vilainement, disgracieusement.
anharddu *ba* défigurer, dégrader, déparer.
anharddwch *g* laideur *f*.
anhawdd *ans gw.* **anodd**.
anhawddgar *ans* peu aimable, déplaisant(e), désagréable;
♦ **yn** ~ *adf* désagréablement, de façon déplaisante.
anhawster (**anawsterau**) *g*
1 (*natur anodd*) difficulté *f*; ~ **y gerdd hon** la difficulté de cette poésie.
2 (*trafferth*) difficulté *f*, mal *m*; **mae'n cael ~ cerdded** il marche difficilement *neu* avec difficulté, il a *neu* il éprouve de la difficulté à marcher, il a du mal à marcher; **'rwy'n cael ychydig o ~ anadlu** j'ai un peu de mal à respirer.
3 (*sefyllfa anodd*) difficulté *f*, embarras *m*, ennuis *mpl*; **eich cael eich hunan mewn** ~ se trouver en difficulté; **eich cael eich hunan allan o** ~ se tirer d'affaire *neu* d'embarras; **bod mewn anawsterau ariannol** avoir des ennuis d'argent, être dans l'embarras; **creu anawsterau i rn** créer des difficultés à qn.
4 (*rhwystr*) obstacle *m*, difficulté *f*, inconvénient *m*, accroc *m*; **heb gwrdd ag unrhyw** ~ sans rencontrer d'obstacles *neu* la moindre difficulté, sans accrocs; **ni wela' i 'run ~ yn yr hyn 'rwyt ti'n ei awgrymu** je ne vois aucun obstacle à *neu* je ne vois pas d'inconvénient à ce que tu suggères; **gweithio dan anawsterau mawr** travailler dans des conditions très difficiles.
5 (*problem, peth anodd*) problème *m*, difficulté *f*; **yr ~ mwyaf yw cael y staff** le plus difficile c'est de trouver le personnel.
anheddau *ll gw.* **annedd**.
anheddfa (**aneddfeydd**) *b* habitation *f*, résidence *f*, domicile *m*, demeure *f*; (*cyff*) lieu(-x) *m*, local(locaux) *m*.
anheddiad (**aneddiadau**) *g* (*tŷ*) occupation *f*; (*gwladfa*) colonisation *f*.
anheddle (**aneddleoedd**) *g gw.* **anheddfa**.
anheddol *ans* habitable.
anheddu *ba* (*rhn*) loger, héberger; (*gwlad*) coloniser; (*tŷ*) habiter, résider dans, s'installer dans.
anheddwr (**anheddwyr**) *g* habitant *m*, résident *m*; (*gwladychwr*) colonisateur *m*, colon *m*.
anheddwraig (**aneddwragedd**) *b* habitante *f*, résidente *f*; (*gwladychwraig*) colonisatrice *f*.
anheini *ans* sans énergie, indolent(e), apathique; (*heb fod yn ffit*) qui n'est pas en forme;
♦ **yn** ~ *adf* indolemment, apathiquement.
anheintiol, **anheintus** *ans* stérile, non infectieux(infectieuse), non contagieux(contagieuse).
anhepgor, **anhepgorol** *ans* indispensable, essentiel(le), nécessaire, requis(e);
♦ **yn** ~ *adf* indispensablement, nécessairement;
♦*g* (**-ion**) necessité *f*, essentiel *m*, objet *m* indispensable, chose *f* nécessaire *neu* indispensable, qualité *f* indispensable.
anhoff, **anhoffus** *ans* désagréable, déplaisant(e), peu aimable;
♦ **yn** ~ *adf* désagréablement, peu aimablement.
anhraethadwy, **anhraethol** *ans* indicible, ineffable, inexprimable, indescriptible, innommable;
♦ **yn** ~ *adf* indiciblement, ineffablement.
anhrefn *b* désordre *m*, confusion *f*, chaos *m*, dérangement *m*.
anhrefnu *ba* désorganiser, déranger.
anhrefnus *ans* en désordre, sans ordre, désordonné(e), dérangé(e), déplacé(e), chaotique; (*bywyd*) déréglé(e); (*tyrfa*) tumultueux(tumultueuse);
♦ **yn** ~ *adf* en désordre, de façon désordonnée, tumultueusement.
anhreiddiadwy *ans* impénétrable; (*cyfrinach*) insondable;
♦ **yn** ~ *adf* impénétrablement, insondablement.
anhreiddiol *ans* impénétrable, imperméable; (*wal, to*) étanche.
anhreuliadwy *ans* indigeste.
anhreuliedig *ans* (*bwyd, syniad*) non digéré(e), non consommé(e); (*diwrnod*) pas encore passé(e).
anhringar *ans* (*anifail*) insoumis(e), indocile, régimbeur(régimbeuse); (*plentyn*) impossible, difficile, intraitable, récalcitrant(e), réfractaire;
♦ **yn** ~ *adf* difficilement, indocilement, de façon intraitable *neu* récalcitrante *neu*

réfractaire
anhrosglwyddadwy *ans* non transmissible; (*ar docyn ayb*) strictement personnel(le).
anhrugarog *ans* impitoyable, implacable, sans pitié, sans merci;
♦ **yn** ~ *adf* impitoyablement, implacablement.
anhrwsiadus *ans* inélégant(e), négligé(e), débraillé(e);
♦ **yn** ~ *adf* inélégamment, de façon négligée *neu* débraillée.
anhuddo *ba* couvrir.
anhun *b* insomnie *f*.
anhunanol *ans* (*rhn*) non égoïste, sans égoïsme, généreux(généreuse); (*gweithred*) désintéressé(e), altruiste;
♦ **yn** ~ *adf* sans penser à soi, de façon désintéressée, de façon altruiste.
anhunedd *g* insomnie *f*; (*gofid*) inquiétude *f*, chagrin *m*, trouble *m*.
anhunog, **anhunol** *ans* (*rhn*) qui ne dort pas, éveillé(e); **bod yn** ~ (*trwy'r nos*) ne pas dormir de la nuit, passer une nuit blanche; **oriau** ~ des heures *fpl* sans sommeil.
anhwyl (**-iau**) *g* malaise *m*, maladie *f*, mal(maux) *m*, troubles *mpl*.
anhwyldeb, **anhwylder** (**-au**) *g gw.* **anhwyl**.
anhwylus *ans*
1 (*sâl*) indisposé(e), souffrant(e); **teimlo'n** ~ ne pas se sentir très bien, se sentir mal, se sentir un peu patraque*, ne pas être dans son assiette.
2 (*anghyfleus: amser*) inopportun(e), mal choisi(e); (*:lleoliad*) incommode; (*:cegin, offer*) peu pratique, incommode, malcommode;
♦ **yn** ~ *adf* incommodément; (*cyrraedd*) inopportunément, à contretemps.
anhwylustod *g* (*anghyfleustra*) inconvénient *m*, désagrément *m*, incommodité *f*; (*trafferth*) dérangement *m*, gêne *f*.
anhyblyg *ans* rigide, raide, inflexible, inélastique, qui manque de flexibilité; (*rhn*) qui ne se plie pas, obstiné(e), têtu(e), entêté(e);
♦ **yn** ~ *adf* rigidement, inflexiblement, obstinément.
anhyblygedd, **anhyblygrwydd** *g* rigidité *f*, raideur *f*, inflexibilité *f*, manque *m* de flexibilité, obstination *f*, entêtement *m*.
anhyboen *ans* impassible, insensible;
♦ **yn** ~ *adf* impassiblement, insensiblement.
anhydawdd *ans* insoluble; **natur** ~ insolubilité *f*.
anhyderus *ans* timide, peu confiant(e), qui se défie de soi, qui manque de confiance *neu* d'assurance; (*gwên*) embarrassé(e), gêné(e); **bod yn** ~ **ynghylch gwneud rhth** hésiter à faire qch par modéstie *neu* timidité;
♦ **yn** ~ *adf* timidement, avec peu de confiance.
anhydor *ans* infrangible, incassable, solide, résistant(e).
anhydraidd *ans* imperméable, impénétrable, étanche;
♦ **yn** ~ *adf* imperméablement.
anhydrid (**-au**) *g* anhydride *m*.
anhydraul *ans* indigeste.
anhydrin *ans* (*car, cwch*) difficile à manœuvrer, peu maniable; (*anifail*) indocile, insoumis(e), régimbeur(régimbeuse); (*rhn, plentyn*) difficile, impossible, rebelle, intraitable, récalcitrant(e), réfractaire, insoumis;
♦ **yn** ~ *adf* difficilement, indocilement, de façon intraitable *neu* récalcitrante.
anhydwyth *ans* rigide, raide, inflexible, sans souplesse, sans élasticité, inélastique;
♦ **yn** ~ *adf* inflexiblement, rigidement.
anhydyn *ans* obstiné(e), entêté(e), opiniâtre, intraitable;
♦ **yn** ~ *adf* obstinément, intraitablement.
anhydynrwydd *g* obstination *f*, entêtement *m*, opiniâtreté *f*.
anhyddysg *ans* ignare, ignorant(e), illettré(e), inculte;
♦ **yn** ~ *adf* de façon ignorante.
anhyfedr *ans* maladroit(e), gauche, malhabile, inexpert(e);
♦ **yn** ~ *adf* maladroitement, malhabilement, de façon inexperte.
anhyfryd *ans* désagréable, déplaisant(e);
♦ **yn** ~ *adf* désagréablement, de façon déplaisante.
anhyfrydwch *g* nature *f* désagréable *neu* fâcheuse, caractère *m* désagréable.
anhygar *ans* désagréable, peu aimable, déplaisant(e);
♦ **yn** ~ *adf* de façon peu aimable, désagréablement.
anhyglwyf *ans* invulnérable.
anhyglyw *ans* imperceptible, inaudible, faible;
♦ **yn** ~ *adf* imperceptiblement.
anhygoel, **anhygred** *ans* incroyable; **mae hynna'n** ~! ce n'est pas croyable!;
♦ **yn** ~ *adf* incroyablement.
anhygyrch *ans* inaccessible, d'accès difficile; **byw'n** ~ vivre dans un endroit inaccessible.
anhygyrchedd *g* inaccessibilité *f*.
anhylaw *ans* (*rhn*) inexpert(e), malhabile; (*peth*) difficile à manier *neu* manœuvrer;
♦ **yn** ~ *adf* malhabilement, difficilement.
anhylosg *ans* incombustible.
anhysbys *ans* inconnu(e); **awdur** ~ auteur *m* inconnu *neu* anonyme.
anhysbysrwydd *g* anonymat *m*.
anhywaith *ans* intraitable, indocile, réfractaire, désobéissant(e), insoumis(e), rebelle; (*gwyllt*) sauvage.
anhywasg *ans* incompressible.
anial *ans* désert(e), sauvage, désolé(e); (*heb ei*

amaethu) inculte, en friche;
♦*g* (**-oedd**) désert *m*, étendue *f* déserte, région *f* sauvage.
anialdir (**-oedd**) *g* désert *m*, étendue *f* déserte, région *f* sauvage, terrain *m* inculte.
anialwch *g*
1 (*lle anial*) désert *m*, étendue *f* déserte, région *f* sauvage; **A∼ y Sahara** le désert du Sahara.
2 (*trugareddau*) bric-à-brac *m inv*, vieilleries *fpl*.
anian (**-au**) *b* (*cyff*) nature *f*, caractère *m*; (*rhn*) tempérament *m*, disposition *f*, naturel *m*.
anianawd (**anianodau**) *g* tempérament *m*, disposition *f*, naturel *m*.
anianeg *b* physique *f*.
anianol *ans* naturel(le);
♦ **yn** ∼ *adf* naturellement.
anifail (**anifeiliaid**) *g* animal(animaux) *m*, bête *f*; ∼ **anwes** animal de compagnie, animal domestique; ∼ **swci** animal familier; **bwyd anifeiliaid** aliments *mpl* pour chiens et chats *neu* pour les animaux; **lles anifeiliaid** bien-être *m* des animaux; **ymddygiad anifeiliaid** comportement *m* animal; **siop anifeiliaid** animalerie *f*; **arlunydd anifeiliaid** peintre *m* animalier; **oes gen ti** ∼ **anwes?** as-tu un animal chez toi *neu* à la maison?; **ymddwyn fel** ∼ se conduire comme une brute.
anifeilaidd *ans* (*ymddygiad*) animal(e)(animaux, animales); (*dif*) bestial(e)(bestiaux, bestiales);
♦ **yn** ∼ *adf* comme une bête *neu* un animal; (*dif*) bestialement.
animeiddio *bg* faire des dessins animés;
♦*ba* (*cartŵn*) animer;
♦*g* animation *m*.
animeiddydd, **animeiddiwr** (**animeiddwyr**) *g* animateur *m*, animatrice *f*.
animistiaeth *b* (*CREF*) animisme *m*.
anis *g* anis *m*; **had** ∼ anis.
anlwc *g,b* malheur *m*, malchance *f*, infortune *f*; **wel dyna** ∼! quel malheur!
anlwcus *ans* (*rhn*) qui n'a pas de chance, infortuné(e), malheureux(malheureuse), malchanceux(malchanceuse); (*digwyddiad*) malencontreux(malencontreuse); (*lliw, rhif*) qui porte malheur; (*argoel*) funeste, néfaste; **bod yn** ∼ jouer de malheur;
♦ **yn** ∼ *adf* malheureusement, par malheur.
anllad *ans* obscène, impudique, lubrique, débauché(e), luxurieux(luxurieuse); (*menyw*) dévergondée;
♦ **yn** ∼ *adf* obscènement, impudiquement, lubriquement, luxurieusement.
anlladrwydd *g* obscénité *f*, lubricité *f*, impudeur *f*, luxure *f*; (*menyw*) dévergondage *m*.
anlladwr (**anlladwyr**) *g* débauché *m*.
anlladwraig (**anlladwragedd**) *b* débauchée *f*.
anllathraidd *ans* rugueux(rugueuse).
anllosgadwy *ans* incombustible, ignifuge.
anllygredig *ans* pur(e), incorruptible;
♦ **yn** ∼ *adf* incorruptiblement.
anllygredigaeth *b* pureté *f*, incorruptibilité *f*.
anllythrennedd *g* analphabétisme *m*.
anllythrennog *ans* analphabète, illettré(e);
♦ **yn** ∼ *adf* de façon illettrée.
anllywodraeth *b* anarchie *f*, désordre *m*.
annaearol *ans* surnaturel(le); (*rhyfedd*) mystérieux(mystérieuse) bizarre, étrange, curieux(curieuse), singulier(singulière), insolite.
annarbodaeth *b* imprévoyance *f*, manque *m* de prévoyance.
annarbodus *ans* imprévoyant(e).
annarfodedig *ans* impérissable.
annarluniadwy *ans* indescriptible;
♦ **yn** ∼ *adf* indescriptiblement.
annarllenadwy *ans* illisible;
♦ **yn** ∼ *adf* illisiblement.
annarogan *ans* imprévisible, impossible à prévoir; (*tywydd*) incertain(e).
annatblygedig *ans* (*tir*) non exploité(e); (*ffilm*) non développé(e).
annatod *ans* inséparable, indissoluble, indivisé(e), intégrant(e), constituant(e); **bod yn rhan** ∼ **o rth** faire corps avec qch, faire partie intégrante de qch;
♦ **yn** ∼ *adf* inséparablement, indissolublement.
annatodadwy *ans* (*cwlwm*) difficile *neu* impossible à dénouer; (*dryswch*) inextricable; (*dirgelwch*) insoluble, inexplicable.
annatodol *ans gw.* **annatod**.
annatrys *ans* inexpliqué(e); (*problem*) non résolu(e); (*llofruddiaeth, dirgelwch*) non éclairci(e), inexpliqué.
annatureiddiad (**-au**) *g* dénaturation *f*.
annatureiddio *ba* dénaturer.
annaturiol *ans* anormal(e)(anormaux, anormales), peu naturel(le), denaturé(e); (*cyfathrach*) contre nature; (*arddull*) affecté(e), forcé(e), qui manque de naturel; **mae hynna'n hollol** ∼ ce n'est pas du tout normal *neu* naturel;
♦ **yn** ∼ *adf* de façon peu naturelle, étrangement, contre nature, d'une manière dénaturée, avec affectation.
annaturioldeb *g* caractère *m* anormal, étrangeté *f*, manque *m* de naturel.
annealladwy *ans* inintelligible, incompréhensible; (*ysgrifen*) indéchiffrable;
♦ **yn** ∼ *adf* inintelligiblement.
anneallus *ans* inintelligent(e), peu intelligent(e), ignare;
♦ **yn** ∼ *adf* de façon peu intelligente.
annedwydd *ans* malheureux(malheureuse), inconsolable, triste; (*anfodlon*) mécontent(e);
♦ **yn** ∼ *adf* tristement, inconsolablement; (*yn anfodlon*) de façon mécontente, avec

mécontentement.
annedwyddwch *g* (*tristwch*) tristesse *f*, chagrin *m*; (*anfodlonrwydd*) mécontentement *m*.
annedd (**anheddau**) *b,g* habitation *f*, résidence *f*, domicile *m*, demeure *f*; (*cyff*) lieu(-x) *m*, local(locaux) *m*; **anheddau teuluol** appartements *mpl* pour familles.
anneddfol *ans* (*gweithgareddau*) illégitime, illégal(e)(illégaux, illégales), contraire à la loi; (*gwlad*) sans loi, anarchique; (*rhn*) qui ne respecte aucune loi;
♦ **yn** ~ *adf* de façon illégale, contrairement à la loi.
annefnyddiadwy *ans* inutilisable.
annefnyddiol *ans* bon(ne) à rien, inutile;
♦ **yn** ~ *adf* inutilement.
annefnyddioldeb *g* inutilité *f*.
annehau, **anneheuig** *ans* malhabile, maladroit(e);
♦ **yn** ~ *adf* malhabilement, maladroitement.
anneheurwydd *g* inhabileté *f*, maladresse *f*.
annel (**anelau, anelion**) *g,b*
1 (*dyfais i anelu*) viseur *m*; ~ **blaen** guidon *m*; ~ **ôl** hausse *f*.
2 (*magl*) piège *m*.
3 (*bwriad, amcan*) but *m*.
4 (*ystum anelu*): **ar** ~ (*bwa saeth*) tendu(e); **rhoi bwa ar** ~ tendre un arc.
annelwig *ans* indistinct(e), vague, imprécis(e), informe, sans forme, flou(e).
annemocrataidd *ans* peu démocratique.
annengar, **anneniadol** *ans* peu attrayant(e).
anner (**aneiri, aneirod**) *b* génisse *f*.
annerbyniadwy *ans* inadmissible, inacceptable.
annerbyniadwyaeth *b* inadmissibilité *f*, irrecevabilité *f*.
annerbyniol *ans* inacceptable, inadmissible.
annerch *ba* s'adresser à; (*tyrfa*) haranguer; (*cyfarch*) saluer;
♦*bg* faire un discours *neu* une allocution, prendre la parole;
♦*g* (**anerchion**) (*araith*) discours *m*, allocution *f*; (*cyfarchiad*) salutation *f*, salut *m*.
annethau *ans gw.* **annehau**.
annethol, **annetholiadol** *ans* non-sélectif(non-sélective).
annhaclus *ans gw.* **anniben**.
annhebyg *ans* (*yn wahanol y naill i'r llall*) dissemblable, différent(e); (*annhebygol: o ddigwydd*) improbable, peu probable; (*:o fod yn wir*) invraisemblable, peu plausible; **mae'n** ~ **y daw hi** il est peu probable qu'elle vienne *subj*;
♦ **yn** ~ *adf* (*yn wahanol*) différemment.
annhebygol *ans* (*yn annhebyg o ddigwydd*) improbable, peu probable; (*yn annhebyg o fod yn wir*) invraisemblable, peu plausible; **mae hi'n** ~ **o ddod** il est improbable *neu* peu probable qu'elle vienne *subj*, il y a peu de chances pour qu'elle vienne *subj*; **mae hynny'n** ~ **o ddigwydd** cela ne risque guère d'arriver; **mae hi'n** ~ **o lwyddo** elle a peu de chances de réussir.
annhebygolrwydd *g* (*digwyddiad*) improbabilité *f*; (*stori*) invraisemblance *f*.
annhebygrwydd *g* dissemblance *f*, disparité *f*.
annheg *ans* injuste; (*penderfyniad*) inéquitable; (*cystadleuaeth*) déloyal(e)(déloyaux, déloyales); **bod yn** ~ **â rhn** se montrer injuste envers qn; **mae hynna'n** ~! ce n'est pas juste!, c'est tout à fait injuste!;
♦ **yn** ~ *adf* injustement.
annhegwch *g* injustice *f*; (*cystadleuaeth*) déloyauté *f*.
annheilwng *ans* indigne; (*gwaith*) peu méritoire; **bod yn** ~ **o** être indigne de, ne pas mériter;
♦ **yn** ~ *adf* indignement.
annheilyngdod *g* manque *m* de mérite.
annheimladrwydd *g* insensibilité *f*, indifférence *f*.
annherfynol *ans* interminable, sans fin, sans bornes, infini(e), illimité(e), à n'en plus finir;
♦ **yn** ~ *adf* interminablement, à l'infini, à n'en plus finir.
annheyrngar *ans* déloyal(e)(déloyaux, déloyales), infidèle;
♦ **yn** ~ *adf* déloyalement.
annhirion *ans* peu gentil(le), peu aimable; (*creulon*) cruel(le);
♦ **yn** ~ *adf* peu aimablement.
annhoddadwy *ans* (*CEM*) insoluble.
annhoradwy *ans* incassable.
annhosturiol *ans* impitoyable;
♦ **yn** ~ *adf* impitoyablement, sans merci, sans pitié.
annhueddol *ans* (*diduedd*) sans parti pris, impartial(e)(impartiaux, impartiales), désintéressé(e); **bod yn** ~ **o** (*amharod*) être peu disposé(e) *neu* peu porté(e) *neu* peu enclin(e) à.
annhymig *ans* (*adeg*) inopportun(e), mal choisi(e); (*cyrhaeddiad*) inopportun, intempestif(intempestive); (*gwanwyn, tywydd*) précoce, prématuré(e);
♦ **yn** ~ *adf* inopportunément; (*cyrraedd*) intempestivement; (*blaguro ayb*) prématurément, précocement.
anniben *ans* (*golwg*) négligé(e), désordonné(e); (*ystafell*) en désordre, en pagaille* *neu* pagaïe*; (*desg*) mal rangé(e); (*gwallt*) ébouriffé(e), mal peigné(e); (*dillad*) négligé, débraillé(e), mal tenu(e); (*ysgrifen*) brouillon(ne);
♦ **yn** ~ *adf* en désordre; (*gweithio*) sans méthode, sans ordre; (*ysgrifennu*) sans soin, de manière brouillonne; (*gwisgo*) sans soin.
annibendod *g* (*cyff, ystafell*) désordre *m*;

(*dillad*) manque *m* de soin, débraillé *m*; (*arferion*) manque d'ordre.
annibynadwy *ans* (*rhn*) sur qui on ne peut compter, à qui on ne peut se fier; (*gwybodaeth*) peu sûr(e); (*peiriant*) peu fiable.
annibyniaeth *b* indépendance *f*, autonomie *f*.
annibynnol *ans* indépendant(e), autonome; **A**~ (*CREF*) congrégationaliste;
♦ **yn** ~ *adf* de façon indépendante.
annibynnwr (**annibynwyr**) *g* indépendant *m*; **A**~ (*CREF*) Congrégationaliste *m*.
annibynwraig (**annibynwragedd**) *b* indépendante *f*; **A**~ (*CREF*) Congrégationaliste *f*.
annichon *ans* impossible.
annidor *ans* discontinu(e)
annidoriant (**annidoriannau**) *g* discontinuité *f*.
annidwyll *ans* peu sincère, hypocrite, de mauvaise foi;
♦ **yn** ~ *adf* sans sincérité.
annidwylledd *g* manque *m* de sincérité, mauvaise foi *f*, hypocrisie *f*.
anniddan *ans* mal à l'aise, mécontent(e), chagrin(e), morose.
anniddig *ans* (*anesmwyth*) mal à l'aise, agité(e), énervé(e); (*croes*) acariâtre, irritable, irascible, de mauvaise humeur, grincheux(grincheuse), maussade;
♦ **yn** ~ *adf* (*yn anesmwyth*) mal à l'aise, avec agitation *neu* énervement; (*yn groes*) massaudement, avec humeur.
anniddigrwydd *g* (*anesmwythyd*) énervement *m*, agitation *f*, nervosité *f*; (*tymer ddrwg*) mauvaise humeur *f*, irritabilité *f*, irascibilité *f*.
anniddorol *ans* (*llyfr, adroddiad, gweithgaredd*) dépourvu(e) d'intérêt, inintéressant(e), dépourvu(e) d'intérêt; (*rhn*) ennuyeux(ennuyeuse);
♦ **yn** ~ *adf* ennuyeusement.
anniddos *ans* (*heb gysgod*) inabrité(e); (*nad yw'n dal dŵr*) peu étanche;
♦ **yn** ~ *adf* sans abri.
annieithr *ans* inaliénable.
anniflan, **anniflanedig, anniflannol** *ans* impérissable, ineffaçable;
♦ **yn** ~ *adf* impérissablement, ineffaçablement.
annifyr *ans* désagréable, déplaisant(e), incommodant(e), incommode, gênant(e); (*anffodus*) malheureux(malheureuse); (*sylw*) désobligeant(e); (*profiad*) fâcheux(fâcheuse), gênant(e); (*distawrwydd*) gêné(e), embarrassé(e); **teimlo'n** ~ se sentir gêné, se sentir mal à l'aise;
♦ **yn** ~ *adf* désagréablement, de façon déplaisante, fâcheusement.
annifyrru *ba* incommoder, ennuyer, agacer, importuner.
annifyrrwch *g* caractère *m* *neu* nature *f* désagréable, incommodité *f*, misère *f*; (*teimlad annifyr*) malaise *m*, gêne *f*, trouble *m*.
anniffiniadwy *ans* indéfinissable, vague;
♦ **yn** ~ *adf* vaguement, de façon indéfinissable.
anniffiniedig *ans* non défini(e), indéterminé(e), vague, indéfini(e), flou(e).
anniffiniol *ans gw.* **anniffiniadwy**.
anniffodd, **anniffoddadwy** *ans* inextinguible.
anniffygiol *ans* inépuisable; (*ffynnon*) vivace, intarissable, inépuisable;
♦ **yn** ~ *adf* inépuisablement, intarissablement.
annigonedd *g* insuffisance *f*, manque *m*.
annigonol *ans* insuffisant(e);
♦ **yn** ~ *adf* insuffisamment.
annigonoldeb, **annigonolrwydd** *g* insuffisance *f*; (*gwaith*) insuffisance, médiocrité *f*.
annileadwy *ans* (*staen*) indélébile, ineffaçable; (*atgof*) inoubliable;
♦ **yn** ~ *adf* ineffaçablement.
annilynol *ans* inconséquent(e).
annilys *ans* non valable, non valide, inauthentique; (*tocyn*) périmé(e); (*ffug*) faux(fausse).
annilysrwydd *g* inauthenticité *f*, invalidité *f*, fausseté *f*.
annilysu *ba* invalider, annuler.
annioddefol *ans* insupportable;
♦ **yn** ~ *adf* insupportablement.
anniogel *ans* (*peryglus*) dangereux(dangereuse), risqué(e), périlleux(périlleuse), hasardeux(hasardeuse); (*ansicr*) peu sûr(e), aventuré(e), mal assuré(e), aléatoire; (*ysgol*) instable; (*pont*) instable, peu solide, branlant(e);
♦ **yn** ~ *adf* dangereusement.
anniogelwch *g* danger *m*, insécurité *f*, péril *m*.
anniolchgar *ans* ingrat(e), peu reconnaissant(e); **paid â bod mor** ~**!** ne sois pas si ingrat!; **bod yn** ~ **i rn** manquer de reconnaissance envers qn;
♦ **yn** ~ *adf* avec ingratitude.
anniolchgarwch *g* ingratitude *f*.
anniplomataidd, **anniplomyddol** *ans* (*rhn*) peu diplomate; (*ateb, gweithred*) peu diplomatique;
♦ **yn** ~ *adf* de façon peu diplomatique.
annirfodol *ans* non-existentiel(le).
annirnad, **annirnadwy** *ans* incompréhensible;
♦ **yn** ~ *adf* incompréhensiblement.
annisgrifiadwy *ans* indescriptible, inexprimable, indicible;
♦ **yn** ~ *adf* indescriptiblement, indiciblement, de façon inexprimable.
annisgwyl, **annisgwyliadwy** *ans* inattendu(e), inopiné(e), imprévu(e), inespéré(e); (*llwyddiant*) inespéré; **'roedd hyn**

yn hollol ~ on ne s'y attendait pas du tout, c'était tout à fait inattendu;
♦ **yn** ~ *adf* inopinément, de façon imprévue, à l'improviste.
anniwair *ans* peu chaste, impudique, lascif(lascive);
♦ **yn** ~ *adf* impudiquement, lascivement.
anniwall *ans* insatiable, inassouvi(e);
♦ **yn** ~ *adf* insatiablement.
anniweirdeb *g* luxure *f*, lasciveté *f neu* lascivité *f*, incontinence *f*.
anniwygiadwy *ans* incorrigible;
♦ **yn** ~ *adf* incorrigiblement.
anniwylliedig *ans* inculte, peu raffiné(e);
♦ **yn** ~ *adf* de façon inculte.
annodweddiadol *ans* peu caractéristique, peu typique, atypique;
♦ **yn** ~ *adf* de façon peu caractéristique *neu* peu typique *neu* atypique.
annoeth *ans* (*rhn*) imprudent(e), malavisé(e), étourdi(e), indiscret(indiscrète); (*penderfyniad*) peu judicieux(judicieuse), irréfléchi(e);
♦ **yn** ~ *adf* imprudemment, de façon malavisée, indiscrètement, de façon irréfléchie, étourdiment.
annoethineb *g* imprudence *f*, indiscrétion *f*, manque *m* de discrétion *neu* de bon sens, irréflexion *f*, étourderie *f*.
annog *ba* encourager; ~ **rhn i wneud** conseiller vivement à qn de faire, persuader (à) qn de faire; (*cryfach*) pousser *neu* exhorter *neu* inciter qn à faire.
annormal *ans* anormal(e)(anormaux, anormales), exceptionnel(le), pas *neu* peu normal(e)(normaux, normales), insolite; **rhn** ~ un anormal *m*, une anormale *f*;
♦ **yn** ~ *adf* anormalement.
annormaledd (**-au**) *g* caractère *m* anormal *neu* exceptionnel; (*MEDD*) difformité *f*, malformation *f*.
annos *ba* (*hysio: ci*) lâcher, lancer.
annosbarthedig *ans* non classé(e), non classifié(e).
annosbarthus *ans* en désordre, sans ordre, désordonné(e), déréglé(e); (*heb reolaeth*) indiscipliné(e), turbulent(e); (*tyrfa*) tumultueux(tumultueuse).
annrylliadwy *ans* incassable, infrangible: **gwydr** ~ verre *m* securit©.
annuwiad (**annuwiaid**) *g/b* athée *m/f*, impie *m/f*.
annuwiaeth *b* athéisme *m*.
annuwiol *ans* impie, irréligieux(irréligieuse);
♦ **yn** ~ *adf* de façon impie, irréligieusement.
annuwioldeb, **annuwiolder** *g* impiété *f*.
annwfn, **annwn** *g* l'autre monde *m*; **cŵn A**~ chiens *mpl* spectraux; **plant A**~ les fées *fpl*.
annwyd (**anwydau**) *g* rhume *m*; ~ **pen** rhume de cerveau; **mae** ~ **arnaf** je suis enrhumé(e), j'ai un rhume; **cael** ~ s'enrhumer, attraper un rhume; **dolur** ~ bouton *m* de fièvre.
annwyl *ans* cher(chère), chéri(e), adoré(e), (bien) aimé(e); (*mewn llythyr*) cher; (*hoffus*) gentil(le), aimable, sympathique; (*baban, cath fach ayb*) adorable, mignon(ne); **o'r** ~! (*ebych*) oh là là!, oh mon Dieu!
annychwel, **annychweladwy** *ans* irréversible, irrévocable.
annychweledig *ans* (*CREF*) non converti(e).
annyledus *ans* immérité(e), injuste.
annymunol *ans* (*natur*) désagréable, déplaisant(e); (*sylw*) désobligeant(e); (*profiad*) fâcheux(fâcheuse);
♦ **yn** ~ *adf* désagréablement, de façon déplaisante.
annymunoldeb *g* caractère *m* désagréable *neu* déplaisant, aspect *m* désagréable *neu* déplaisant.
annynol *ans* inhumain(e), cruel(le), brutal(e)(brutaux, brutales);
♦ **yn** ~ *adf* inhumainement, cruellement, brutalement.
annynoldeb, **annynolrwydd** *g* inhumanité *f*, brutalité *f*, cruauté *f*.
annysgedig *ans* ignorant(e), illettré(e), inculte, ignare;
♦ **yn** ~ *adf* de façon ignorante.
annywedadwy *ans* imprononçable, impossible à prononcer.
anobaith *g* désespoir *m*, manque *m* d'espoir; **bod mewn** ~ être au désespoir, être désespéré(e); **Cors A**~ l'abîme *m* du désespoir; **mewn** ~ **llwyr** en désespoir de cause.
anobeithio *bg* (se) désespérer, perdre espoir; **paid ag** ~! ne te désespère pas!
anobeithiol *ans* (*rhn*) désespérant(e), désespéré(e), sans espoir; (*sefyllfa*) désespéré, qui ne laisse aucun espoir, irrémédiable; **mae'r plentyn yma yn** ~! cet enfant est impossible!; **mae'r athro yma yn** ~! ce professeur est nul!, il est nul comme professeur!; **mae hyn yn** ~! c'est impossible *neu* désespérant!;
♦ **yn** ~ *adf* sans espoir, désespérément, en désespoir de cause, de façon désespérante, avec désespoir.
anochel, **anocheladwy** *ans* inévitable, inéluctable, fatal(e)(fatals, fatales), qu'on ne peut pas prévenir;
♦ **yn** ~ *adf* inévitablement, fatalement.
anodi *ba* annoter.
anodd *ans* difficile; (*llafurus*) malaisé(e), laborieux(laborieuse), dur(e), ardu(e), pénible; (*cymhleth*) compliqué(e), complexe; (*cymeriad*) difficile, intraitable, peu commode; ~ **eich plesio** difficile à contenter *neu* à satisfaire; **mae'r gwaith yma yn** ~ **ei wneud** ce travail est difficile à faire, ce travail est ardu; **mae'n** ~ **gwybod** il est difficile de savoir; **mae'n** ~ **gwadu'r ffaith ...** on ne peut

guère nier que + *indic/subj*; **mae'n ~ gennyf gredu ...** j'ai du mal à croire que + *subj*, j'ai de la peine à croire que + *subj*;
♦ **yn ~** *adf* difficilement.
anoddefgar *ans* intolérant(e), impatient(e);
♦ **yn ~** *adf* de façon intolérante, impatiemment.
anoddefgarwch *g* intolérance *f*, impatience *f*.
anogaeth (**-au**) *b* encouragement *m*; **~ i wneud** incitation *f* à faire, exhortation *f* à faire; **gwneud rhth ar ~ rhn** faire qch à l'incitation de qn.
anogiad (**-au**) *g gw.* **anogaeth**.
anogol *ans* encourageant(e);
♦ **yn ~** *adf* d'une manière encourageante.
anogoneddus *ans* inglorieux(inglorieuse);
♦ **yn ~** *adf* inglorieusement.
anogwr (**anogwyr**) *g* incitateur *m*.
anogwraig (**anogwragedd**) *b* incitatrice *f*.
anolygus *ans* disgracieux(disgracieuse), laid(e), vilain(e), disgracié(e) par la nature;
♦ **yn ~** *adf* laidement, vilainement, disgracieusement.
anomaledd (**-au**) *g* anomalie *f*.
anomalus *ans* anormal(e)(anormaux, anormales), irrégulier(irrégulière);
♦ **yn ~** *adf* anormalement.
anonest *ans* malhonnête; (*annidwyll*) déloyal(e)(déloyaux, déloyales), de mauvaise foi; **bod yn ~ gyda rhn** être déloyal envers qn, être de mauvaise foi avec qn;
♦ **yn ~** *adf* malhonnêtement; (*yn annidwyll*) déloyalement.
anonestrwydd *g* malhonnêteté *f*; (*annidwylledd*) déloyauté *f*, mauvaise foi *f*.
anorac (**-iau, -s**) *g,b* anorak *m*.
anorchfygedig *ans* non conquis(e), insoumis(e), indompté(e).
anorchfygol *ans* invincible, insurmontable, indomptable;
♦ **yn ~** *adf* invinciblement, insurmontablement, indomptablement.
anorecsia *g* (*MEDD*) anorexie *f*; **~ nerfol** anorexie mentale.
anorecsig *ans* anorexique.
anorfod *ans* inévitable, inéluctable, fatal(e)(fatals, fatales);
♦ **yn ~** *adf* inévitablement, inéluctablement, fatalement.
anorffen *ans* (*diddiwedd*) interminable, infini(e), sans fin, qui n'en finit plus; (*anorffenedig*) incomplet(incomplète), inachevé(e).
anorffenedig *ans* incomplet(incomplète), inachevé(e).
anorffwys *ans* agité(e), remuant(e); (*dibaid*) incessant(e);
♦ **yn ~** *adf* de façon agitée *neu* remuante, sans cesse.
anorthrech *ans* invincible, irrépressible, indomptable;
♦ **yn ~** *adf* invinciblement, irrépressiblement, indomptablement.
anos *ans* (*gradd gymharol 'anodd'*) plus difficile; **mae'r gwaith hwn yn ~ na'r llall** ce travail est plus difficile que l'autre *gw. hefyd* **anodd**.
anostyngadwy *ans* irréductible, indomptable, insoumis(e);
♦ **yn ~** *adf* irréductiblement, indomptablement.
anostyngedig, **anostyngol** *ans* insoumis(e), arrogant(e);
♦ **yn ~** *adf* arrogamment.
anraddedig *ans* non licencié(e), non diplômé(e), sans licence, sans diplôme.
anramadegol *ans* incorrect(e);
♦ **yn ~** *adf* incorrectement.
anraslon, **anrasol** *ans* peu gracieux(gracieuse), peu civil(e); (*drygionus*) méchant(e), impie;
♦ **yn ~** *adf* peu gracieusement, peu civilement, méchamment, de façon impie, avec impiété.
anrhagweladwy *ans* imprévisible;
♦ **yn ~** *adf* imprévisiblement.
anrhagweledig *ans* imprévu(e);
♦ **yn ~** *adf* de façon imprévue, à l'improviste.
anrhaith (**anrheithiau**) *b* (*ysbeiliad*) pillage *m*; (*ysbail*) butin *m*, dépouilles *fpl*; (*difrod*) destruction *f*.
anrhanadwy *ans* indivisible;
♦ **yn ~** *adf* indivisiblement.
anrhanedig *ans* indivis(e).
anrheg (**-ion**) *b* cadeau(-x) *m*, don *m*; **~ penblwydd** cadeau d'anniversaire; **rhoi rhth yn ~ i rn** faire cadeau de qch à qn; **'rwy'n ei roi yn ~ iti** je t'en fais cadeau; **rhoddodd hi lyfr yn ~ imi** elle m'a offert un livre; **ai ~ i rn yw e?** c'est pour offrir?
anrhegiad (**-au**) *g* donation *f*; (*cyflwyniad*) remise *f* (*d'un prix, d'une médaille etc*).
anrhegu *ba* offrir un cadeau à; **~ rhn â rhth** (*gwobr, medal*) remettre qch à qn.
anrhegwr (**anrhegwyr**) *g* donateur *m*.
anrhegwraig (**anrhegwragedd**) *b* donatrice *f*.
anrheithgar *ans* pillard(e), ravageur(ravageuse);
♦ **yn ~** *adf* en pillant, en ravageant.
anrheithio *ba* piller, ravager, saccager; (*bedd*) violer.
anrheithiwr (**anrheithwyr**) *g* pillard *m*, saccageur *m*.
anrheithwraig (**anrheithwragedd**) *b* pillarde *f*, saccageuse *f*.
anrheolaidd *ans* irrégulier(irrégulière), anormal(e)(anormaux, anormales).
anrhifedig *ans* innombrable, infini(e).
anrhydedd (**-au**) *g,b* honneur *m*; **gradd ~** ≈ licence *f*.
anrhydeddu *ba* honorer, faire honneur à.

anrhydeddus *ans* honorable; (*aelod*) honoraire;
♦ **yn** ~ *adf* honorablement.
anrhydeddwr (**anrhydeddwyr**) *g* personne *f* qui honore.
anrhydeddwraig (**anrhydeddwragedd**) *b* personne *f* qui honore.
anrhywiol *ans* asexué(e).
ansad *ans* instable, peu stable, peu solide; (*bwrdd ayb*) instable, branlant(e), peu solide;
♦ **yn** ~ *adf* de façon instable.
ansadio *ba* déstabiliser.
ansadiol *ans* (*effaith, dylanwad*) déstabilisateur(déstabilisatrice).
ansadrwydd *g* instabilité *f*.
ansafadwy *ans gw.* **ansad**.
ansafonol *ans* non standard, incorrect(e);
♦ **yn** ~ *adf* incorrectement.
ansathredig *ans* (*llwybr*) non frayé(e); (*ardal*) inexploré(e), peu fréquenté(e); (*ymadrodd, gair*) rare, peu commun(e), peu fréquent(e).
ansawdd (**ansoddau, ansoddion**) *g,b* qualité *f*, nature *f*; **o** ~ de bonne qualité; **o'r** ~ **gorau** de première qualité, de premier ordre *neu* choix.
ansefydlog *ans* (*tywydd ayb*) instable, incertain(e), variable; (*heb ymgartrefu*) dépaysé(e), sans domicile fixe.
ansefydlogi *ba* perturber, troubler, ébranler.
ansefydlogrwydd *g* instabilité *f*.
anseisnigaidd *ans* peu anglais(e), non anglais(e).
ansensitif *ans* insensible, indifférent(e), froid(e), sans tact, indélicat(e);
♦ **yn** ~ *adf* froidement, sans tact, indélicatement.
ansensitifrwydd *g* insensibilité *f*, froideur *f*.
anserchog *ans* désagréable, peu aimable, peu obligeant(e), peu avenant(e), désobligeant(e);
♦ **yn** ~ *adf* désagréablement, de façon désobligeante.
ansiawns *b* malchance *f*, malheur *m*.
ansicr *ans* incertain(e), qui n'est pas sûr(e) *neu* certain(e); (*cerddediad*) mal assuré(e), hésitant(e); (*cyfnod*) indéterminé(e); (*cwestiwn*) douteux(douteuse), discutable; (*canlyniadau*) indécis(e), incertain; (*iechyd*) vacillant(e);
♦ **yn** ~ *adf* d'une façon incertaine, avec hésitation.
ansicredig *ans* (*arian*) à découvert, sans garantie.
ansicrwydd *g* doute *m*, incertitude *f*.
ansigladwy *ans* inébranlable, solide.
ansiofi (**-s**) *g* anchois *m*.
ansoddair (**ansoddeiriau**) *g* adjectif *m*.
ansoddeiriol *ans* adjectif(adjective), adjectival(e)(adjectivaux, adjectivales);
♦ **yn** ~ *adf* adjectivement.
ansoddol *ans* qualitatif(qualitative).
ansoddyn (**ansoddau**) *g* élément *m* constitutif, composant *m*.
ansoniarus *ans* discordant(e), peu mélodieux(mélodieuse);
♦ **yn** ~ *adf* de façon discordante, peu mélodieusement.
answyddogol *ans* (*adroddiad, gwybodaeth, newyddion*) non officiel(le); (*ymweliad*) privé(e), officieux(officieuse); **streic** ~ grève *f* sauvage;
♦ **yn** ~ *adf* à titre privé *neu* personnel *neu* non officiel *neu* officieux, officieusement.
ansyber *ans* indécent(e), inconvenant(e).
ansylweddol *ans* insubstantiel(le).
ansymudol *ans* immobile, fixe;
♦ **yn** ~ *adf* fixement.
ansymudoldeb, ansymudoledd *g* immobilité *f*.
ansynhwyrol *ans* insensé(e);
♦ **yn** ~ *adf* insensément.
ansystematig *ans* peu systématique, peu méthodique;
♦ **yn** ~ *adf* sans méthode, peu méthodiquement.
ânt *be gw.* **mynd**.
Antarctig *ans* antarctique;
♦*b*: **yr** ~ l'Antarctique *m*, les régions *fpl* antarctiques *neu* australes.
antelop (**-iaid**) *g* antilope *f*.
antena (**antenâu**) *g* antenne *f*
anterliwd, anterliwt (**-iau**) *b* (*THEATR*) intermède *m*, interlude *m*.
anterth *g* apogée *m*, point *m* culminant, sommet *m*, faîte *m*, zénith *m*; **yn eich** ~ dans *neu* à la fleur de l'âge; **yn** ~ **yr haf** au cœur de l'été; **ar** ~ **y storm** au plus fort de l'orage.
antibiotig *ans* antibiotique;
♦*g* (**-ion**) antibiotique *m*.
anticlimacs *g* (*LLEN*) chute *f* (dans le trivial); (*siom*) déception *f*; **dyna iti** ~**!** quelle retombée!, quelle douche froide!
antiseiclon (**-au**) *g* anticyclone *m*.
antiseiclonig *ans* anticyclonique.
antiseptig *ans* antiseptique;
♦*g* (**-ion**) antiseptique *m*.
antur (**-iau**) *b*
1 aventure *f*; **ffilm** ~ film *m* d'aventures; **dewis rhth ar** ~ choisir qch au *neu* par hasard.
2 (*cynllun ardal e.e. A~ Teifi*) initiative *f* locale.
anturiaeth (**-au**) *b* aventure *f*.
anturiaethus *ans* plein(e) d'initiative, entreprenant(e), hardi(e), audacieux(audacieuse), aventureux(aventureuse);
♦ **yn** ~ *adf* hardiment, de façon aventureuse, audacieusement.
anturiaethwr (**anturiaethwyr**) *g* aventurier *m*.
anturiaethwraig (**anturiaethwragedd**) *b* aventurière *f*.
anturio *bg* s'aventurer, se risquer, se hasarder,

prendre l'initiative.
anturiwr (**anturwyr**) *g* aventurier *m*.
anturus *ans* aventureux(aventureuse), audacieux(audacieuse), hardi(e), entreprenant(e);
♦ **yn** ~ *adf* hardiment, audacieusement.
anturwraig (**anturwragedd**) *b* aventurière *f*.
anthem (-**au**) *b* motet *m*; ~ **genedlaethol** hymne *m* national.
anthracs *g* (*clefyd*) charbon *m*; (*dolur a achosir gan y clefyd*) anthrax *m*.
anthropoid (-**au**) *g* anthropoïde *m*.
anthropoleg *b* anthropologie *f*.
anthropolegol *ans* anthropologique.
anthropolegwr (**anthropolegwyr**) *g* anthropologue *m*, anthropologiste *m*.
anthropolegwraig (**anthropolegwragedd**) *b* anthropologue *f*, anthropologiste *f*.
anthropolegydd (**anthropolegwyr**) *g gw*. **anthropolegwr, anthropolegwraig**.
anthropomorffaidd, **anthropomorffig** *ans* anthropomorphique.
anudon (-**au**) *g* parjure *m*, faux serment *m*; **tyngu** ~ se parjurer, faire un faux serment.
anudoniaeth *b* parjure *m*.
anudonwr (**anudonwyr**) *g* parjure *m*.
anudonwraig (**anudonwragedd**) *b* parjure *f*.
anufudd *ans* (*plentyn*) désobéissant(e); (*milwr*) indiscipliné(e), insubordonné(e), insoumis(e); **bod yn** ~ **i rn** désobéir à qn;
♦ **yn** ~ *adf* de façon désobéissante *neu* insoumise.
anufudd-dod *g* désobéissance *f*, insoumission *f*.
anufuddhau *bg*: ~ **i** désobéir à, s'opposer à; (*cyfraith*) enfreindre, violer.
anundeb *g* désunion *f*.
anunfaint *ans* inégal(e)(inégaux, inégales).
anunion *ans* (*cam*) chancelant(e); (*llwybr*) sinueux(sinueuse), tortueux(tortueuse); (*anuniongyrchol*) indirect(e), oblique;
♦ **yn** ~ *adf* obliquement, indirectement.
anuniondeb *g* (*anghyfiawnder*) injustice *f*, iniquité *f*; (*ffordd ayb*) obliquité *f*, sinuosité *f*.
anuniongyrchol *ans* (*ffordd, dull*) indirect(e), oblique, détourné(e); (*cyfeiriad, canlyniad*) indirect; (*GRAM: gwrthrych*) indirect; **trethiad** ~ impôts *mpl* indirects, imposition *f* indirecte; **trethi** ~ contributions *fpl* indirectes;
♦ **yn** ~ *adf* indirectement, obliquement.
anuno *ba* désunir.
anurddasol *ans* ignominieux(ignominieuse), peu digne, qui manque de dignité;
♦ **yn** ~ *adf* sans dignité.
anurddo *ba* gâter, gâcher, déparer, défigurer.
anwadadwy *ans* indéniable, incontestable;
♦ **yn** ~ *adf* incontestablement, indiscutablement, sans conteste, sans aucun doute.
anwadal *ans* (*ansefydlog*) inconstant(e), changeant(e); (*ansad*) instable; (*cymeriad*) changeant, inconstant, versatile; (*amgylchiadau*) instable, incertain(e), variable, changeant;
♦ **yn** ~ *adf* de façon inconstante *neu* changeante.
anwadaliad (-**au**) *g* fluctuation *f*, variation *f*, vacillation *f*, balancement *m*; (*cymeriad*) inconstance *f*, versatilité *f*; (*ansadrwydd*) instabilité *f*, incertitude *f*.
anwadalu *bg* (*petruso, simsanu*) vaciller, osciller, hésiter, balancer, lâcher pied, flancher*; (*amrywio, codi a gostwng*) varier, fluctuer.
anwadalwch *g* inconstance *f*, versatilité *f*, instabilité *f*.
anwahanadwy *ans* inséparable; (*na ellir ei rannu*) indivisible;
♦ **yn** ~ *adf* inséparablement, indivisiblement.
anwahanedig *ans* indivisé(e); (*CYFR*) indivis(e).
anwahanol *ans* inséparable, indivisible.
anwar *ans gw*. **anwaraidd**;
♦*g* (-**iaid**) *gw*. **anwariad**.
anwaraidd *ans* sauvage, barbare, inculte; (*ymddygiad: ffig*) barbare, grossier(grossière);
♦ **yn** ~ *adf* sauvagement, brutalement; (*ymddwyn*) grossièrement.
anwareidd-dra *g* barbarie *f*; (*ymddygiad*) grossièreté *f*.
anwariad (**anwariaid**) *g/b* barbare *m/f*, sauvage *m/f*.
anwastad *ans* (*garw*) inégal(e)(inégaux, inégales), accidenté(e); (*llwybr*) inégal, raboteux(raboteuse); (*ansawdd*) inégal, irrégulier(irrégulière); (*oriog*) inconstant(e), changeant(e), versatile; (*rhif*) impair(e);
♦ **yn** ~ *adf* irrégulièrement, inégalement.
anwastadrwydd *g* (*ffordd*) inégalité *f*; (*ansawdd*) irrégularité *f*; (*cymeriad oriog*) inconstance *f*, versatilité *f*.
anwe (-**oedd**) *b* trame *f*.
anwedd (-**au**) *g* (*ager*) vapeur *f*; (*ar ffenest*) buée *f*; ~ **dŵr** vapeur d'eau; **troi'n** ~ s'évaporer.
anweddaidd *ans* indécent(e), peu décent(e); (*amhriodol*) inconvenant(e), malséant(e);
♦ **yn** ~ *adf* indécemment, de façon inconvenante *neu* malséante.
anweddeidd-dra *g* indécence *f*; (*amhriodoldeb*) inconvenance *f*.
anweddiad *g* vaporisation *f*, évaporation *f*.
anweddog *ans* célibataire.
anweddol *ans* (*CEM*) volatil(e).
anweddolrwydd *g* (*CEM*) volatilité *f*.
anweddu *ba* vaporiser, faire évaporer;
♦*bg* se vaporiser, s'évaporer.
anweddus *ans* indécent(e), peu décent(e); (*amhriodol*) inconvenant(e), malséant(e); (*gwisg*) inconvenant, indécent; (*iaith*)

inconvenant, grossier(grossière); **ymosodiad ~ ar rn** (*CYFR*) attentat *m* à la pudeur contre qn; **dinoethiad ~** (*CYFR*) outrage *m* public à la pudeur;
♦ **yn ~** *adf* indécemment; (*yn amhriodol*) de façon inconvenante; **siarad yn ~** parler grossièrement *neu* de façon grossière.

anwedduster (**-au**) *g* indécence *f*; (*amhriodoldeb*) inconvenance *f*; (*o ran iaith*) grossièreté *f*; ~ **dybryd** (*CYFR*) outrage *m* à la pudeur.

anweddydd (**-ion**) *g* évaporateur *m*; (*berwedydd*) bouilleur *m*.

anwel, **anweladwy** *ans* invisible;
♦ **yn ~** *adf* invisiblement.

anweledig *ans* invisible;
♦ **yn ~** *adf* invisiblement; (*heb eich gweld*) sans être vu(e).

anweledigrwydd *g* invisibilité *f*.

anwelladwy *ans* inguérissable, incurable.

anwenwynig *ans* atoxique.

anwerthadwy *ans* invendable.

anwes (**-au**) *g* caresse *f*, câlins *mpl*, mamours *mpl*; **anifail ~** animal(animaux) *m* familier *neu* domestique; **mae gen i ddau anifail ~** j'ai deux animaux chez moi; **"ni chaniateir anifeiliaid ~"** "les animaux sont interdits"; **capel ~** église *f* succursale.

anwesog *ans* (*sy'n cael gormod o anwes*) choyé(e), dorloté(e).

anwesu *ba* caresser, câliner, dorloter.

anwir *ans* faux(fausse), inexact(e), erroné(e), qui n'est pas juste *neu* bon(ne); (*celwyddog*) menteur(menteuse); (*camarweiniol, twyllodrus*) trompeur(trompeuse);
♦*g/b* (~**iaid**) méchant *m*, méchante *f*, menteur *m*, menteuse *f*.

anwiredd (**-au**) *g* (*anghywirdeb*) fausseté *f*, erreur *f*; (*celwydd*) mensonge *m*, contrevérité *f*; **dweud ~** mentir, dire des mensonges.

anwireddu *ba* (*dogfen*) falsifier; (*cyfrifon*) truquer; (*tystiolaeth*) maquiller; (*cambortreadu, camliwio*) dénaturer.

anwireddus *ans* mensonger(mensongère), menteur(menteuse), trompeur(trompeuse), qui ne dit pas la vérité;
♦ **yn ~** *adf* mensongèrement, trompeusement.

anwirfoddol *ans* involontaire, non intentionnel(le), fait(e) sans intention; **'roedd hynna'n hollol ~** ce n'était pas fait exprès;
♦ **yn ~** *adf* involontairement, sans intention; **fe wnaeth hynny'n hollol ~** il ne l'a pas fait exprès.

anwiriad (**-au**) *g* falsification *f*.

anwirio *ba gw.* **anwireddu**.

anwiw *ans* indigne, peu méritoire;
♦ **yn ~** *adf* indignement, de façon peu méritoire.

anwleidyddol *ans* apolitique;
♦ **yn ~** *adf* de façon apolitique.

anwr (**anwyr**) *g* (*dyn llwfr*) lâche *m*, poltron *m*; (*adyn*) scélérat *m*.

anwraidd, **anwrol** *ans* lâche, poltron(ne);
♦ **yn ~** *adf* lâchement.

anwroldeb, **anwrolder** *g* lâcheté *f*, poltronnerie *f*.

anwrthbrawf, **anwrthbrofadwy** *ans* irréfutable, irrécusable, incontestable;
♦ **yn ~** *adf* irrécusablement, irréfutablement, sans conteste, incontestablement.

anwrthdroadwy *ans* irréversible; (*penderfyniad*) irrévocable;
♦ **yn ~** *adf* irrévocablement.

anwrthsafadwy *ans* irrésistible;
♦ **yn ~** *adf* irrésistiblement.

anwrthwynebadwy *ans* indiscutable, incontestable, irrécusable;
♦ **yn ~** *adf* sans contredit, indiscutablement, irrécusablement, incontestablement, sans conteste.

anwrthwynebol *ans* qui ne résiste pas, soumis(e), obéissant(e);
♦ **yn ~** *adf* sans résister, sans résistance, de façon soumise *neu* obéissante.

anws (**-au**) *g* anus *m*.

anwybod (**-au**) *g* ignorance *f*.

anwybodadwy *ans* inconnaissable.

anwybodaeth *b* ignorance *f*.

anwybodus *ans* ignorant(e), ignare; **bod yn ~ o'r ffeithiau** ignorer les faits, être ignorant des faits;
♦ **yn ~** *adf* par ignorance.

anwybodusyn (**anwybodusion**) *g* ignare *m/f*, ignorant *m*, ignorante *f*.

anwybyddu *ba* méconnaître, ne tenir aucun compte de, passer (qch) sous silence; ~ **rhn** faire semblant de ne pas reconnaître qn, bouder qn; ~ **llythyr** ne pas répondre à une lettre.

anwybyddus *ans* inconnu(e).

anwydog *ans* enrhumé(e); (*yn teimlo'r oerfel*) frileux(frileuse).

anwydus *ans* frileux(frileuse), qui s'enrhume facilement.

anwyddonol *ans* (*dull*) peu scientifique; (*rhn*) qui manque d'esprit scientifique;
♦ **yn ~** *adf* de façon peu scientifique.

anwyldeb *g* amabilité *f*, gentillesse *f*, caractère *m* sympathique *neu* aimable *neu* avenant.

anwyliadwriaeth *b* inattention *f*.

anwyliadwrus *ans* imprudent(e), inattentif(inattentive), distrait(e), étourdi(e);
♦ **yn ~** *adf* imprudemment, sans prêter attention, étourdiment.

anwyliaid *ll* bien-aimés *mpl*, bien-aimées *fpl*.

anwylo *ba* chérir, aimer; (*anwesu*) caresser.

anwylyd (**anwyliaid**) *g/b* chéri *m*, chérie *f*, bien-aimé *m*, bien-aimée *f*; **f'~** mon chéri, ma chérie.

anwylyn (**anwyliaid**) *g* favori *m*, favorite *f*, chouchou* *m*, chouchoute* *f*.
anwythiad (**-au**) *g* induction *f*.
anwytho *ba* induire.
anwythol *ans* (*rhesymu*) inductif(inductive); (*cerrynt*) inducteur(inductrice);
♦ **yn** ~ *adf* de façon inductive.
anwyw *ans* à feuilles persistantes.
anyfadwy *ans* (*na ddylid ei yfed*) non potable; (*nad yw'n dda i'w yfed*) imbuvable.
anymadroddus *ans* taciturne, peu loquace;
♦ **yn** ~ *adf* de façon taciturne.
anymadweithiol *ans* non-réactif(non-réactive), qui ne réagit pas.
anymarferol *ans* (*rhn*) qui manque d'esprit pratique; (*cynllun, syniad*) peu réaliste *neu* pratique *neu* rentable;
♦ **yn** ~ *adf* de façon peu pratique.
anymatal *g* incontinence *f*.
anymddiried *bg*: ~ **yn** se méfier de, se défier de; (*gallu*) douter de, ne pas avoir confiance en, manquer de confiance en;
♦*g* méfiance *f*, défiance *f*; ~ **yn rhn/rhth** méfiance *neu* défiance à l'égard de qn/qch.
anymddiriedaeth *b gw.* **anymddiried**.
anymladdgar *ans* peu agressif(agressive).
anymochredd *g* non-alignement *m*.
anymochrol *ans* non-aligné(e).
anymosodedd *g* non-agression *f*.
anymwthgar *ans* discret(discrète), réservé(e), qui s'efface;
♦ **yn** ~ *adf* discrètement.
anymwybod *g* inconscience *f*; (*MEDD*) perte *f* de connaissance, évanouissement *m*; **yr** ~ (*SEIC*) l'inconscient *m*.
anymwybodol *ans*
1 (*heb wybod*) inconscient(e); **bod yn** ~ **o rth** ignorer qch, ne pas avoir conscience de qch, être inconscient de qch.
2 (*MEDD: wedi colli ymwybyddiaeth*) sans connaissance, évanoui(e); **mynd yn** ~ (*llewygu*) perdre connaissance *neu* conscience, s'évanouir;
♦ **yn** ~ *adf* inconsciemment, sans s'en rendre compte.
anymwybyddiaeth *b* inconscience *f*; (*MEDD*) perte *f* de connaissance, évanouissement *m*.
anymyrgar *ans* non *neu* peu importun(e), discret(discrète);
♦ **yn** ~ *adf* discrètement.
anymyrraeth *b* non-intervention *f*, laisser-faire *m inv*.
anymyrrol, **anymyrrus** *ans gw.* **anymyrgar**.
anynad *ans* (*piwis*) irritable, grincheux(grincheuse), maussade, grognon(ne);
♦ **yn** ~ *adf* maussadement, avec mauvaise humeur.
anynadrwydd *g* irritabilité *f*, maussaderie *f*, humeur *f* grincheuse *neu* grognonne.
anysbrydol *ans* peu spirituel(le).
anysbrydoledig *ans* qui n'est pas inspiré(e), qui manque d'inspiration, banal(e)(banals, banales);
♦ **yn** ~ *adf* sans inspiration, de façon peu inspirée.
anysgrifenedig *ans* non écrit(e).
anystwyth *ans* rigide, raide, inflexible; (*cymal*) ankylosé(e);
♦ **yn** ~ *adf* rigidement, raidement, inflexiblement.
anystwythder *g* rigidité *f*, raideur *f*, inflexibilité *f*.
anystwytho *bg* devenir raide *neu* rigide; (*aelod*) se raidir; (*cymal*) s'ankyloser.
anystyriaeth *b* (*diffyg meddwl*) étourderie *f*, irréflexion *f*; (*dihidrwydd*) insouciance *f*; ~ **o rth** inattention *f* à qch, insouciance de qch.
anystyriol *ans* (*difeddwl*) étourdi(e), irréfléchi(e); (*di-hid*) insouciant(e), inattentif(inattentive), peu soucieux(soucieuse); **bod yn** ~ **o'r peryglon** ne pas se soucier du danger; **bod yn** ~ **o rn** manquer d'égards envers qn;
♦ **yn** ~ *adf* étourdiment, à la légère, sans (y) réfléchir, de façon irréfléchie, avec insouciance, sans (faire) attention.
anystywallt *ans* indocile, indiscipliné(e), turbulent(e), insoumis(e), rebelle, impossible, difficile;
♦ **yn** ~ *adf* indocilement, de façon indisciplinée *neu* insoumise.
aorta (**aortâu**) *b* aorte *f*
ap, **ab** *g* fils *m* de.
aparatws *g* appareil *m*.
apartment (**-au**) *g* appartement *m*, logement *m*.
apartheid *g* apartheid *m*.
apathi *g* apathie *f*, indifférence *f*.
apêl (**apeliau**) *b,g* (*galwad*) appel *m*; (*atyniad*) attrait *m*, charme *m*, intérêt *m*; (*CYFR*) appel, pourvoi *m*; **Llys A**~ Cour *f* d'appel, Cour de cassation.
apeliad (**-au**) *g* appel *m*.
apelio *bg*
1 (*gofyn*) demander, faire (un) appel; ~ **am arian** demander de l'argent; ~ **am dawelwch** demander le silence, faire un appel au calme; ~ **am dystion** faire appel à témoins; ~ **at haelioni rhn** faire appel à la générosité de qn; ~ **at rn am rth** demander qch à qn.
2 (*CYFR*) interjeter appel, se pourvoir en appel; ~ **yn erbyn dyfarniad** en appeler d'un jugement.
3 (*denu, swyno*) plaire à, attirer; ~ **at** plaire à, attirer, tenter; **'dydy' hynny ddim yn** ~ **ata' i** cela ne m'intéresse pas, cela ne me dit rien; **petai mynd i'r theatr yn** ~ **atoch** si cela vous chantait *neu* disait d'aller au théâtre.
apeliwr (**apelwyr**) *g* partie *f* appelante, appelant *m*.
apelwraig (**apelwragedd**) *b* partie *f* appelante,

appelante *f*.
apelydd (-**ion**) *g gw.* **apeliwr, apelwraig**.
apendics (-**iau**) *g* appendice *m gw. hefyd* **pendics**.
Apeninnau *ll* l'Apennin *m*, les Apennins *mpl*.
aperitiff (-**s**) *g* apéritif *m*.
apig (-**au**) *b* sommet *m*, point *m* culminant.
apocalyptaidd *ans* apocalyptique;
♦ **yn** ~ *adf* dans un style apocalyptique.
Apocryffa *g*: **yr** ~ les apocryphes *mpl*.
Apolo *prg* Apollon.
apostol (-**ion**) *g* apôtre *m*.
apostolaidd *ans* apostolique;
♦ **yn** ~ *adf* apostoliquement.
apostoliaeth (-**au**) *b* apostolat *m*.
apostolig *ans gw.* **apostolaidd**.
Appalachia *b*: **Mynyddoedd** ~ les monts Appalaches *mpl*.
apricot (-**au**) *g* abricot *m*; **coeden** ~ abricotier *m*.
aps (-**iau**) *b,g* abside *f*.
aptus *ans* enclin(e) à.
apwyntiad (-**au**) *g* (*penodiad*) nomination *f*, désignation *f*; (*gyda'r meddyg ayb*) rendez-vous *m inv*.
apwyntio *ba* (*penodi*) nommer, désigner; (*trefnu: amser, dyddiad ayb*) fixer.
ar *ardd* (arnaf fi, arnat ti, arno ef, arni hi, arnom ni, arnoch chi, arnynt hwy/arnyn nhw)
1 (*i ddangos lleoliad*) sur, à; ~ **y bwrdd**, ~ **y ford** sur la table; **mae bwrdd wrth y drws - rhowch eich het arno** il y a une table près de la porte - mettez votre chapeau dessus; **oddi** ~ **y bwrdd** de dessus *neu* de sur la table; **taro rhn** ~ **ei ben** frapper qn à la tête; ~ **y dde/chwith** à droite/gauche; ~ **y môr mawr** en pleine mer; **a oes gen ti arian arnat?** est-ce que tu as de l'argent sur toi?.
2 (*i ddynodi cyfrwng*): ~ **y radio/teledu** à la radio/télé; **beth sydd** ~ **y sianel arall?** qu'est-ce qu'il y a sur l'autre chaîne?; ~ **gasét/fideo** en cassette/vidéo; ~ **ddisg/gyfrifiadur** sur disquette/ordinateur; **chwarae rhth** ~ **y piano** jouer qch au piano.
3 (*i ddynodi ffordd o deithio*): **mynd** ~ **y bws/trên** aller en autobus/train; ~ **gefn beic** à bicyclette *neu* vélo; ~ **gefn ceffyl** à cheval; ~ **gefn mul/camel** à dos d'âne/de chameau; ~ **eich dwydroed** à pied.
4 (*i gyfleu pryd y bydd rhywbeth yn digwydd*): ~ **y pumed o Ebrill** le 5 avril; ~ **ddydd Llun** le lundi; ~ **ddiwedd Mawrth** fin mars; ~ **unwaith** tout de suite, directement.
5 (*gyda rhifolion*): **un** ~ **bymtheg** seize; **pump** ~ **hugain** vingt-cinq.
6 (*mewn llw*): ~ **fy llw!** je le jure!, parole d'honneur!; ~ **fy ngair** je vous en donne ma parole.
7 (*bron â*): **bod** ~ **gychwyn/gyrraedd** être sur le point de partir/d'arriver.
8 (*i ddangos sefyllfa rhywun*): **mae'n braf arni** elle est bien heureuse; **mae'n o fain arnom** nous n'avons pas beaucoup de ressources *neu* de moyens; **fe fydd hi'n ddeg o'r gloch arnynt yn cyrraedd** ils n'arriveront pas avant 10 heures.
9 (*i gyfleu cyflwr*): ~ **agor** ouvert(e); ~ **fenthyg** (*mewn amgueddfa*) prêté(e); (*llyfr*) sorti(e); ~ **gau** fermé(e); ~ **gynnydd** en progression, en hausse; ~ **streic** en grève.
10 (*ar ôl y ferf 'bod': i ddangos dyled*): **mae arnaf arian iddi** je lui dois de l'argent; (:*i ddangos cyflwr*): **beth sy'n bod arnat ti?** qu'est-ce que tu as?; **beth sy'n bod** ~ **dy fraich?** qu'est-ce que tu as au bras?.
11 (*ar ôl rhai berfau*): **gwrando/edrych** ~ **rn** écouter/regarder qn; **ymosod/galw** ~ **rn** attaquer/appeler qn; **blino** ~ **rth** se fatiguer *neu* s'ennuyer de qch; **gwenu** ~ **rn** sourire à qn.
12 (*gyda gradd eithaf ansoddair*): ~ **y gorau** au mieux; ~ **y gwaethaf** au pis aller.
▶ **ar i fyny** vers le haut; **mae'r cwmni** ~ **i fyny** (*ffig*) ça marche très bien pour l'entreprise.
▶ **ar i waered, ar i lawr** vers le bas.
âr[1] *ans* arable; **tir** ~ (terre *f* de) labour *m*, terre arable, labours *mpl*.
âr[2] *g,b* (*mesur*) are *m*.
arab *ans* (*ffraeth*) spirituel(le), plein(e) d'esprit; (*gwirion*) bouffon(ne), facétieux(facétieuse), amusant(e), drôle.
Arab (-**iaid**) *g* Arabe *m*; (*o ogledd-orllewin Affrica*) Maghrébin *m*.
Arabaidd *ans* arabe, d'Arabie; (*o ogledd-orllewin Affrica*) maghrébin(e).
arabedd *g* esprit *m*.
Arabeg *b,g* arabe *m*;
♦*ans* arabe.
Arabes (-**au**) *b* Arabe *f*; (*o ogledd-orllewin Affrica*) Maghrébine *f*.
arabésg (**arabesgau**) *g* arabesque *f*.
Arabia *prb* l'Arabie *f*; **yn** ~ en Arabie; **Anialwch** ~ le désert *m* d'Arabie.
arabus *ans* spirituel(le), plein(e) d'esprit;
♦ **yn** ~ *adf* spirituellement, avec beaucoup d'esprit.
aradeiledd (-**au**) *g* superstructure *f*.
aradr (**erydr**) *g,b* charrue *f*.
aradrwr (**aradrwyr**) *g* laboureur *m*.
arae (-**au**) *g,b* rang *m*, ordre *m*; (*CYFRIF*) tableau(-x) *m*.
araf *ans* lent(e); (*SEIC*) retardé(e), arriéré(e); (*busnes, masnach*) trop calme, stagnant(e); (*parti anniddorol*) ennuyeux(ennuyeuse), qui manque d'entrain; (*nofel, drama*) ennuyeux, qui avance lentement; (*rhn difywyd*) flegmatique, à l'allure posée; (*twp, analluog*) lent, lourd(e), endormi(e); **mae bywyd yn** ~ **yma** ici on vit au ralenti, la vie s'écoule lentement ici; **gwaith** ~ un travail qui avance lentement; **mae'n weithiwr/ddysgwr** ~ il travaille/apprend lentement;

♦ **yn** ~ *adf* lentement; (*cerbyd ayb*) à petite vitesse; (*yn ofalus*) doucement; ~ **bach!**/~ **deg!** attention!, (tout) doucement!, (tout) lentement!

arafaidd *ans gw.* **araf**.

arafiad, **arafiant** *g* ralentissement *m*, décélération *f*, freinage *m*.

arafu *ba* (faire) ralentir, retarder; (*cerbyd ayb*) freiner;
♦*bg* ralentir; (*brecio*) freiner; (*storm*) se modérer, s'apaiser; **"arafwch"** "ralentir"

arafwch *g* (*rhn, cerbyd, symudiad*) lenteur *f*; (*parti*) manque *m* d'entrain *neu* d'intérêt; (*nofel, drama*) lenteur, manque de mouvement *neu* d'action; (*twpdra*) lenteur d'esprit, stupidité *f*; (*SEIC*) arriération *f* mentale.

araith (**areithiau**) *b* discours *m*, allocution *f*; **rhoi** ~ faire un discours, prendre la parole; ~ **(ddrwg)** langage *m* grossier.

arall (**eraill**) *ans*
1 (*sydd yn weddill*) autre; **y tri** ~ les trois autres; **y plant eraill** les autres enfants; **rhywun** ~ quelqu'un(e) d'autre; **rhywrai eraill** d'autres.
2 (*gwahanol*) autre; **y byd** ~ l'au-delà *m*, l'autre monde *m*; **y dewis** ~ **fyddai ...** l'alternative *f* serait de ...; **'does dim dewis** ~ il n'y a pas d'alternative *neu* d'autre choix; **mae'n rhaid bod ffordd** ~ **o'i wneud** on doit pouvoir le faire d'une autre manière *neu* façon; **sut** ~ **allwn ni weithredu?** comment pouvons-nous agir autrement?.
3 (*ychwanegol*) autre; **mae ganddynt ddwy ferch** ~ ils ont deux autres filles; **darn** ~ **o gacen?** encore du gâteau?; **nifer o bobl eraill** plusieurs autres, beaucoup d'autres; **neb** ~ personne d'autre; **neb** ~ **ond fi** personne d'autre mis à part moi; **dim byd** ~ **i'w wneud/ddweud** rien d'autre à faire/dire;
♦*rhag* d'autres; (*ar ôl arddodiad yn unig*) autrui; **eiddo eraill** la propriété d'autrui; **mae eraill wedi ei wneud** d'autres l'ont fait; **fe ddigwyddodd i eraill** cela est arrivé à d'autres *neu* aux autres; **nid wy'n hoffi brifo eraill** je n'aime pas faire mal aux autres *neu* à autrui; **mae hynny'n dibynnu ar eraill** cela dépend des autres; **mae rhai yn hoffi te ac eraill yn hoffi coffi** certains aiment le thé et d'autres préfèrent le café; **ym mysg eraill** parmi d'autres; **mae eraill** il y en a d'autres.
► **fel arall** *gw.* **fel**.

aralleiriad (**-au**) *g* paraphrase *f*.

aralleirio *ba* paraphraser.

arallenw (**-au**) *g* faux nom *m*, nom d'emprunt; (*awdur*) pseudonyme *m*, nom de guerre.

arallenwad (**-au**) *g* antonomase *f*.

arallfydol *ans* détaché(e) des contingences; (*rhn*) détaché du monde.

arallgyfeirio *bg* diversifier.

arallu *ba* aliéner.

araul *ans* (*heulog*) ensoleillé(e), exposé(e) au soleil; (*tawel*) serein(e), tranquille, calme.

arbed *ba* (*achub*) sauver; (*trafferth, ymdrech*) épargner, éviter; (*dillad ayb*) ménager; (*CHWAR: pêl*) arrêter; ~ **amser** gagner du temps; ~ **amser i rn** faire gagner du temps à qn; ~ **arian** économiser de l'argent, faire des économies; ~ **arian i rn** faire économiser de l'argent à qn; ~ **bywyd rhn** (*achub*) sauver la vie à qn; (*peidio â lladd*) épargner la vie de qn; ~ **teimladau rhn** ménager les sentiments de qn.

arbediad (**-au**) *g* économie *f*; (*achubiad*) sauvetage *m*.

arbedol *ans* (*achubol*) salvateur(salvatrice); (*arian*) économe, ménager(ménagère).

arbedu *ba* sauver, effectuer le sauvetage de; (*i'w ailddefnyddio*) récupérer.

arbedus *ans gw.* **arbedol**.

arbedwr (**arbedwyr**) *g* sauveur *m*.

arbelydriad (**-au**) *g* irradiation *f*.

arbelydru *ba* irradier.

arbenigaeth (**-au**) *b* spécialisation *f*; (*rhagoriaeth*) compétence *f*.

arbenigedd (**-au**) *g* spécialité *f*, spécialisation *f*.

arbenigiad (**-au**) *g gw.* **arbenigaeth**.

arbenigo *bg* se spécialiser.

arbenigol *ans* (*rhn sy'n arbenigo*) spécialiste, spécialisé(e), expert(e); (*gwybodaeth ayb*) de spécialiste, d'expert; (*geiriadur*) spécial(e)(spéciaux, spéciales);
♦ **yn** ~ *adf* de façon spécialisée.

arbenigrwydd *g* spécialité *f*, particularité *f*; (*rhagoriaeth*) distinction *f*, mérite *m*.

arbenigwr (**arbenigwyr**) *g* spécialiste *m*, expert *m*.

arbenigwraig (**arbenigwragedd**) *b* spécialiste *f*, expert *m*.

arbennig *ans* spécial(e)(spéciaux, spéciales), particulier(particulière), extraordinaire, exceptionnel(le); **athro** ~ **o dda** un excellent professeur; **llyfr** ~ **o ddrud** un livre exceptionnellement *neu* extrêmement cher;
♦ **yn** ~ *adf* surtout, en particulier; **mae hi'n canu'n** ~ **o dda heno** elle chante particulièrement bien ce soir.

arbor (**-au**) *g* tonnelle *f*.

arbrawf (**arbrofion**) *g* expérience *f*.

arbrisiad *g* hausse *f*, augmentation *f*, valorisation *f*.

arbrofi *bg* expérimenter, faire des expériences.

arbrofol *ans* expérimental(e)(expérimentaux, expérimentales);
♦ **yn** ~ *adf* expérimentalement.

arbrofwr (**arbrofwyr**) *g* expérimentateur *m*.

arbrofwraig (**arbrofwragedd**) *b* expérimentatrice *f*.

arc (**-au**) *g,b* arc *m*.

Arcadia *b* Arcadie *f*; **yn** ~ en Arcadie.

arcêd (**arcedau**) *b* arcade *f*, galerie *f*; ~ **siopau**

galerie marchande; ~ **ddifyrion**, ~ **chwaraeon** galerie de jeux.
arctig *ans* arctique; **y Cylch A~** le cercle *m* polaire arctique;
♦*prg*: **yr A~** l'Arctique *m*.
arch[1] (**eirch**) *b* cercueil *m*, bière *f*; (*BEIBL*) arche *f*; **A~ y Cyfamod** l'Arche d'alliance; ~ **Noa** l'Arche de Noé.
arch[2] (**eirchion, eirchiau**) *b* demande *f*, requête *f*, instances *fpl*; **ar** ~ **rhn** à la demande de qn, sur les instances de qn.
arch- *rhagdd* grand(e), par excellence; (*prif*) chef, en chef, principal(e)(principaux, principales).
archaeoleg *b* archéologie *f*.
archaeolegol *ans* archéologique;
♦ **yn** ~ *adf* de façon archéologique.
archaeolegydd (**archaeolegwyr**) *g* archéologue *m/f*.
archangel (**archangylion**) *g* archange *m*.
archdeip (**-iau**) *g* archétype *m*.
archdeipaidd *ans* archétypal(e)(archétypaux, archétypales).
archdderwydd (**-on**) *g* archidruide *m*.
archddiacon (**-iaid**) *g* archidiacre *m*.
archddug (**-iaid**) *g* archiduc *m*.
archdduges (**-au**) *b* archiduchesse *f*.
archddugiaeth (**-au**) *b* archiduché *m*.
archddyfarniad (**-au**) *g* (*GWLEID, CREF*) décret *m*; (*CYFR*) jugement *m*, arrêt *m*.
archeb (**-ion**) *b* commande *f*; ~ **arian** mandat *m*; ~ **bost** mandat postal; ~ **sefydlog** virement *m* automatique.
archebu *ba* commander; (*bwcio*) réserver;
♦*bg* (*mewn tŷ bwyta*) passer sa commande, commander.
archelyn (**-ion**) *g* ennemi *m* par excellence, ennemie *f* par excellence, pire ennemi, pire ennemie, ennemi juré, ennemie jurée.
Archentaidd *ans* argentin(e).
Archentwr (**Archentwyr**) *g* Argentin *m*.
Archentwraig (**Archentwragedd**) *b* Argentine *f*.
archeo... *rhagdd* (*archeoleg ayb*) *gw.* **archaeo...**
archesgob (**-ion**) *g* archevêque *m*.
archesgobaeth (**-au**) *b* archevêché *m*.
archfarchnad (**-oedd**) *b* hypermarché *m*
archiad (**-au**) *g* ordre *m*, commandement *m*; **ar** ~ **rhn** sur l'ordre de qn.
archif (**-au**) *g* archives *fpl*.
archifdy (**archifdai**) *g* archives *fpl*.
archifol *ans* d'archives.
archifydd (**-ion**) *g* archiviste *m/f*.
Archimedes *prg* Archimède.
architraf (**-au**) *g* architrave *f*; (*ffenestr, drws*) encadrement *m*.
archmain *g* (*PLANH: clustog Fair*) gazon *m* d'Olympe.
archoffeiriad (**archoffeiriaid**) *g* grand prêtre *m*, archiprêtre *m*.
archoll (**-ion**) *b* blessure *f*, plaie *f*.
archolli *ba* (*clwyfo*) blesser.
archseren (**arch-sêr**) *b* superstar *f*.
archwaeth *g* (*chwant bwyd*) appétit *m*; (*blas*) goût *m*, saveur *f*.
archwaethu *ba* goûter, savourer.
archwaethus *ans* savoureux(savoureuse);
♦ **yn** ~ *adf* savoureusement.
archwaethwr (**archwaethwyr**) *g* gourmet *m*.
archwaethwraig (**archwaethwragedd**) *b* femme *f* gourmet.
archwiliad (**-au**) *g* examen *m*, inspection *f*, étude *f*; (*ymchwiliad manwl*) scrutin *m*; ~ **meddygol** (*mewn ysgol, yn y fyddin, er mwyn cael swydd ayb*) visite *f* médicale; (*preifat*) examen médical.
archwilio *ba* examiner, inspecter, étudier, vérifier; (*ymchwilio*) explorer; (*chwilio'n fanwl*) scruter, fouiller.
archwiliwr (**archwilwyr**) *g* inspecteur *m*, examinateur *m*; (*MASN*) vérificateur *m* de comptes, expert-comptable(~s-~s) *m*; (*GWLEID*) scrutateur *m*.
archwilwraig (**archwilwragedd**) *b* inspectrice *f*, examinatrice *f*; (*MASN*) vérificatrice *f* de comptes, experte-comptable(~s-~s) *f*; (*GWLEID*) scrutatrice *f*.
ardal (**-oedd**) *b* région *f*, pays *m*; (*mewn tref*) quartier *m*; (*GWEIN*) district *m*, arrondissement *m*; ~ **adeiledig** agglomération *f* urbaine; **pobl yr** ~ les gens du pays *neu* du quartier *neu* du coin.
ardalydd (**-ion**) *g* marquis *m*.
ardalyddes (**-au**) *b* marquise *f*.
ardaro *bg*: ~ **ar** (*effeithio*) affecter, toucher; (*taro*) frapper.
ardoll (**-au**) *b* impôt *m*, taxe *f*.
ardonydd (**-ion**) *g* (*CERDD*) sus-tonique *f*.
ardrawiad (**-au**) *g* impact *m*, choc *m*.
ardraws *ans* transversal(e)(transversaux, transversales);
♦ **yn** ~ *adf* transversalement.
ardrawslin (**-iau**) *b* transversale *f*.
ardreth (**-i**) *b* impôts *mpl* locaux; **tŷ ag** ~ **o £100 y flwyddyn** maison *f* dont le loyer matriciel *neu* la valeur locative imposable est de 100 livres par an.
ardrethol *ans* imposable; **gwerth** ~ valeur *f* locative imposable.
ardrethu *ba* fixer la valeur locative imposable *neu* le loyer matriciel de; (*trethu*) imposer, taxer.
ardymheru *ba* tempérer, aérer.
ardymherus *ans* tempéré(e), aéré(e).
ardystiad (**-au**) *g* (*ar siec*) endossement *m*, aval(-s) *m*; (*tystiolaeth*) attestation *f*, témoignage *m*; (*ymrwymiad, addewid*) engagement *m*, promesse *f*, gage *m*.
ardystiedig *ans* attesté(e), certifié(e); (*siec*) endossé(e), avalisé(e).
ardystio *ba* attester, assurer, certifier; (*siec*) endosser, avaliser.

arddangos *ba* démontrer, exposer, exhiber, montrer; (*nwyddau, cyfoeth*) étaler; (*cymeriad, dewrder, teimladau*) montrer, faire preuve *neu* montre de; **nwyddau a arddangosir** articles en montre.
arddangosfa (**arddangosfeydd**) *b* (*mewn amgueddfa ayb*) exposition *f*; (*nwyddau, cyfoeth*) étalage *m*; (*sut i wneud rhth*) démonstration *f*.
arddangosiad (**-au**) *g* (*MASN*) démonstration *f*, exposition *f*; (*nwyddau*) étalage *m*; (*o deimlad neu ddewrder*) manifestation *f*; (*o nerth*) déploiement *m*; (*ffilm*) présentation *f*.
arddangosiaeth *b* exhibitionnisme *m*.
arddangoswr (**arddangoswyr**) *g* exposant *m*.
arddangoswraig (**arddangoswragedd**) *b* exposante *f*.
arddangosyn (**arddangosion**) *g* objet *m* exposé; (*CYFR*) pièce *f* à conviction.
arddedig *ans* labouré(e), cultivé(e).
arddegau *ll* jeunesse *f*, adolescence *f*; **rhn yn ei ~** adolescent *m*, adolescente *f*.
arddegen (**arddegion**) *b* jeune *f*, adolescente *f*.
arddegol *ans* jeune, adolescent(e), d'adolescence.
arddegyn (**arddegion**) *g* jeune *m*, adolescent *m*.
arddel *ba* revendiquer, réclamer, avouer; (*rhn*) reconnaître.
arddeliad (**-au**) *g* (*argyhoeddiad*) conviction *f*; (*brwdfrydedd*) enthousiasme *m*, zèle *m*; (*cymeradwyaeth*) approbation *f*, assentiment *m*; **gydag ~** avec enthousiasme *neu* élan.
arddelw (**-au**) *b* effigie *f*.
ardderchog *ans* excellent(e), splendide, magnifique, parfait(e); **~!** formidable!, parfait!;
♦ **yn ~** *adf* de façon excellente, splendidement, magnifiquement, parfaitement.
arddercho(w)grwydd *g* excellence *f*, qualité *f* excellente, splendeur *f*, magnificence *f*; **Eich A~** Votre Excellence.
arddodi *ba* poser, mettre; (*GRAM*) préfixer.
arddodiad[1] *g* pose *f*.
arddodiad[2] (**arddodiaid**) *g* (*GRAM*) préposition *f*.
arddu *ba* labourer.
arddull (**-iau**) *g,b* style *m*.
arddulleg *b* stylistique *f*.
arddulliaeth *b* stylisation *f*.
arddulliwr (**arddullwyr**) *g* styliste *m*.
arddullwraig (**arddullwragedd**) *b* styliste *f*.
arddunedd, arddduniant *g* sublimité *f*.
arddunol *ans* sublime; (*urddasol*) majestueux(majestueuse), imposant(e), grandiose;
♦ **yn ~** *adf* sublimement; (*yn urddasol*) majestueusement.
arddunoli *ba* sublimer.
arddweud *ba* dicter.
arddwr (**arddwyr**) *g* laboureur *m*.
arddwrn (**arddyrnau**) *g* poignet *m*; **watsh ~** montre-bracelet(~s-~s) *f*.
arddwys *ans* intensif(intensive); (*cwrs*) intensif, accéléré(e);
♦ **yn ~** *adf* intensivement.
arddwysedd (**-au**) *g* intensité *f*, force *f*, puissance *f*.
arddyd *ba, bg* labourer.
arddywediad (**-au**) *g* dictée *f*.
arddywedyd *ba* dicter.
aredig *ba* labourer.
areitheg *b* rhétorique *f*, éloquence *f*.
areithio *bg* parler, discourir, disserter, faire un discours *neu* une allocution, prendre la parole.
areithiwr (**areithwyr**) *g* orateur *m*.
areithwraig (**areithwragedd**) *b* femme *f* orateur, oratrice *f*.
areithydd (**-ion**) *g* professeur *m* d'élocution *neu* de diction.
areithyddiaeth *b* élocution *f*, diction *f*; (*rhethreg*) rhétorique *f*, éloquence *f*; (*y gallu i draethu*) art *m* oratoire.
arel *g* laurier *m*.
aren (**-nau**) *b* rein *m*.
arena (**arenâu**) *b* arène *f*.
arenfaen *g* jade *m*.
arennol *ans* rénal, de(s) reins.
aresgid (**-iau**) *b* galoche *f*; **~iau rwber** caoutchoucs *mpl*.
arestiad (**-au**) *g* arrestation *f*.
arestio *ba* arrêter, appréhender; **wedi eich ~** en état d'arrestation.
arf (**-au**) *g,b* arme *f*; (*teclyn*) outil *m*; **~ bygythiol, ~ ymosodol** arme offensive; **~ tanio** arme à feu; **cist arfau** boîte *f* à outils; **pais arfau** *gw.* **arfbais**.
arfaeth (**-au**) *b* (*bwriad*) but *m*, objet *m*, intention *f*; (*cynllun*) dessein *m*; **~ Duw** la Providence *f* de Dieu; **mae ysgol newydd yn yr ~** on propose *neu* envisage une nouvelle école; **ni wyddom yr hyn sydd yn yr ~ inni** nous ignorons ce que la Providence nous réserve *neu* ce qui nous attend.
arfaethedig *ans* envisagé(e), proposé(e), projeté(e).
arfaethu *ba* projeter; **~ gwneud rhth** projeter de faire qch, se proposer de faire qch, avoir l'intention de faire qch, envisager de faire qch.
arfbais (**arfbeisiau**) *b* blason *m*, armoiries *fpl*, écusson *m*.
arfdy (**arfdai**) *g* dépôt *m* d'armes, arsenal(arsenaux) *m*.
arfer[1] *ba*
1 (*ymarfer: hawl, doethineb ayb*) faire preuve de, exercer.
2 (*gwneud rhth yn rheolaidd*) avoir l'habitude de; **'roedd hi'n ~ mynd am dro yn y**

prynhawn elle avait l'habitude de sortir *neu* elle sortait se promener l'après-midi; **'rwy'n ~ gweithio tan 6 o'r gloch** d'habitude, je travaille jusqu'à 6 heures.
3 (*i gyfleu gweithred yn y gorffennol*) (yr amser amherffaith + *arfer* yn Gymraeg = yr amser amherffaith yn Ffrangeg): **'roeddem yn ~ byw ym Mharis** avant *neu* auparavant nous habitions Paris; **nid oeddech yn ~ ysmygu** vous ne fumiez pas avant *neu* auparavant;
♦*bg* (*ymgynefino*): **dod i ~ â rhth/â gwneud rhth** s'habituer *neu* s'accoutumer à qch/à faire qch; **bod wedi ~ gwneud rhth** être habitué(e) à faire qch.
arfer[2] (**-ion**) *g,b* coutume *f*, habitude *f*; (*defod*) coutume, usage *m*; **~ gwlad** pratique *f* courante, usage; **~ion gwlad** us *mpl* et coutumes d'un pays; **~ da** bonne pratique; **mae'n ddrutach nag ~** c'est plus cher que d'habitude.
▶ **fel arfer** *gw.* **fel**.
arferedig *ans* accoutumé(e), usité(e).
arferiad (**-au**) *g* coutume *f*, habitude *f*; (*defod*) coutume, usage *m*; (*yr hyn sy'n arferol*) pratique *f* courante.
arferiadol *ans* (*GRAM*): **berf ~** verbe *m* fréquentatif.
arferol *ans* habituel(le), accoutumé(e), normal(e)(normaux, normales), coutumier(coutumière), ordinaire; (*pris*) courant(e); **mae'n ~ tynnu eich het** il est d'usage d'ôter son chapeau;
♦ **yn ~** *adf* (*fel arfer*) d'habitude, habituellement, généralement, normalement, d'ordinaire, à l'accoutumée, ordinairement, à l'ordinaire.
arfilyn (**arfilod**) *g* parasite *m*.
arfod (**-au**) *b* coup *m* de faux; **yn eich ~** (*o fewn gafael*) à sa portée.
arfog *ans* armé(e); (*cerbyd*) blindé(e); **lluoedd ~** forces *fpl* armées.
arfogaeth *b* armement *m*, armure *f*.
arfogi *ba* armer;
♦*bg* s'armer, prendre les armes.
arfogion *ll* gens *mpl* armés.
arfor *ans* maritime.
arfordir (**-oedd**) *g* côte *f*, littoral(littoraux) *m*.
arfordirol *ans* côtier(côtière).
arforol *ans* maritime.
arfwisg (**-oedd**) *b* armure *f*
arffed (**-au**) *b* genoux *mpl*; **ar ~ mam** sur les genoux de maman.
arffedaid (**arffedeidiau**) *b* plein tablier *m*.
arffedog (**-au**) *b* tablier *m*.
argadw *g*: **tâl ~** arrhes *fpl*, avance *f*, acompte *m*; (*CYFR*) provision *f*.
argae (**-au**) *g* barrage *m*; (*i arbed gorlifo*) digue *f*.
argaeledd *g* disponibilité *f*.
argaen (**-au**) *b* enduit *m*, vernis *m*.
argaeniad (**-au**) *g* placage *m*.
argaenu *ba* plaquer, enduire.
argaenwaith (**argaenweithiau**) *g* marqueterie *f*.
argaffaeledd *g* disponibilité *f*.
argáu *ba* construire un barrage sur; (*i arbed gorlifo*) endiguer.
argeg (**-au**) *b* pharynx *m*.
argeisio *ba* chercher, rechercher.
argel *ans* caché(e), secret(secrète); (*ocwlt*) occulte;
♦*g* (**-ion**) lieu(-x) *m* secret, refuge *m*.
argian *ebych* mon Dieu!, ça alors!
arglawdd (**argloddiau**) *g* chaussée *f* de retenue, digue *f*.
arglwydd (**-i**) *g* seigneur *m*; (*GWLEID*) pair *m*; (*teitl*) lord *m*; **yr A~** (*CREF*) le Seigneur; **yr A~ Iesu** le Seigneur Jésus; **gweddi'r A~** le Notre Père *m*; **Tŷ'r Arglwyddi** (*GWLEID*) la Chambre *f* des lords; **A~ Raglaw** intendant *m* royal (*représentant de la couronne dans un comté*).
arglwyddaidd *ans* de grand seigneur; (*adeilad*) seigneurial(e)(seigneuriaux, seigneuriales); (*mawreddog*) noble, majestueux(majestueuse), magnifique, somptueux(somptueuse).
arglwyddes (**-au**) *b* (grande) dame *f*; (*GWLEID*) pairesse *f*; (*teitl*) lady *f*.
arglwyddiaeth (**-au**) *b* (*awdurdod*) autorité *f*; (*tir*) seigneurie *f*; (*llywodraeth*) suzeraineté *f*; **~ etifeddol/am oes** (*GWLEID*) pairie *f* héréditaire/à vie.
arglwyddiaethol *ans* dominant(e), prédominant(e).
arglwyddiaethu *bg*: **~ dros** gouverner, dominer, commander.
argoel (**-ion**) *b* (*rhagarwydd*) présage *m*, augure *m*; (*arwydd*) signe *m*; **'r ~!** mon Dieu!; **'does dim ~ ohoni** il n'y a aucune trace d'elle, on ne la voit pas du tout.
argoeli *ba* présager, annoncer, prévoir, laisser pressentir, laisser augurer;
♦*bg*: **~'n ddrwg/dda** être de mauvais/bon augure; **mae hyn yn ~'n dda!** c'est prometteur!
argoelus *ans* de mauvais augure, de sinistre présage, sinistre.
argraff (**-au, -ion, -iadau**) *b*
1 (*effaith*) impression *f*; **gwneud ~ ar rn** impressionner qn, faire impression sur qn; **gwneud ~ dda/ddrwg ar rn** faire une bonne/mauvaise impression à qn; **yr ~ gyntaf sy'n bwysig!** ce sont les premières impressions qui comptent (le plus)!; **'roedd yn rhoi'r ~ ei fod yn ddewr** il donnait une impression de courage, il donnait l'impression d'être courageux.
2 (*syniad*) impression *f*; **'rwyf fi dan yr ~ ...** moi, j'ai l'impression que; **nid dyna'r ~ ges i!** ce n'est pas l'impression que j'ai eue!.
3 (*ôl sêl ayb*) empreinte *f*.

argraffdy (**argraffdai**) *g* imprimerie *f*.
argraffedig *ans* imprimé(e); **"deunydd ~"** (*ar amlen*) "imprimés"
argraffiad (**-au**) *g*
1 édition *f*; (*nifer*) tirage *m*; ~ **diwygiedig** édition revue et corrigée.
2 *gw.* **argraff**.
argraffiadaeth *b* impressionnisme *m*; **neo-~** néo-impressionnisme *m*; **ôl-~** post-impressionnisme *m*.
argraffiadol, **argraffiadus** *ans* impressionniste;
♦ **yn** ~ *adf* dans le style impressionniste.
argraffiadydd (**argraffiadwyr**) *g* impressionniste *m/f*.
argraffiaeth *b* impressionnisme *m*.
argraffiaethol *ans* impressionniste;
♦ **yn** ~ *adf* dans le style impressionniste.
argrafflen (**-ni**) *b* feuille *f* imprimée, gravure *f*, estampe *f*; (*engrafiad*) feuille volante; (*prospectws*) prospectus *m*.
argraffu *ba* imprimer; ~ **rhth ar feddwl rhn** faire bien comprendre qch à qn, inculquer qch à qn.
argraffwaith *g* typographie *f*.
argraffwasg (**argraffweisg**) *b* presse *f* typographique.
argraffwr (**argraffwyr**) *g* (*rhn sy'n argraffu*) imprimeur *m*.
argraffydd (**-ion**) *g* (*peiriant*) imprimante *f*; ~ **laser** imprimante à laser.
argrwm (**argrom**) (**argrymion**) *ans* convexe.
argrwn (**argron**) (**argrynion**) *ans* convexe.
arguddiad (**-au**) *g* occlusion *f*, occultation *f*.
argyfwng (**argyfyngau**) *g* cas *m* urgent, cas imprévu, crise *f*, urgence *f*; **mewn** ~ en cas d'urgence, en cas d'imprévu, en cas de nécessité; **yn yr** ~ **hwn** dans cette situation critique, dans ces circonstances critiques; **mae'n** ~ **arnom!** on est dans une situation critique *neu* dans des circonstances critiques!
argyfyngol, **argyfyngus** *ans* critique, urgent(e), crucial(e)(cruciaux, cruciales).
argyhoeddedig *ans* convaincu(e), persuadé(e); (*o argyhoeddiad*) de conviction; **'rwy'n hollol** ~ **...** je suis tout à fait convaincu *neu* persuadé que.
argyhoeddi *ba* convaincre, persuader.
argyhoeddiad (**-au**) *g* conviction *f*.
argyhoeddiadol *ans* persuasif(persuasive), convaincant(e);
♦ **yn** ~ *adf* persuasivement, de façon convaincante.
argyhuddo *ba* accuser, récuser, mettre (qn) en accusation.
argymell *ba, bg* préconiser, prôner, recommander; ~ **bod rhn yn gwneud rhth** conseiller *neu* recommander vivement à qn de faire qch; (*cryfach*) inciter qn à faire qch.
argymhelliad (**-au, argymhellion**) *g* incitation *f*, recommandation *f*.
argymhellion *ll* recommandations *fpl*.
argyweirio *ba* (*peiriant, cerbyd*) réviser; (*llong*) radouber.
arholi *ba* faire passer un examen à, examiner, interroger;
♦*bg* être examinateur(examinatrice); **bwrdd** ~ comité *m* responsable de l'organisation des examens nationaux.
arholiad (**-au**) *g* examen *m*; (*prawf*) interrogation *f*; ~ **Ffrangeg** examen de français; **~au diwedd tymor** examens de fin de trimestre; **~au terfynol, ~au gradd** examens de dernière année, examens de fin d'études universitaires; ~ **sirol** examen religieux de comté; **sefyll** ~ passer un examen; **llwyddo mewn** ~ réussir à un examen, être reçu(e) à un examen; **methu** ~ échouer à un examen, rater un examen, être collé(e) à un examen.
arholwr (**arholwyr**) *g* examinateur *m*; (*arholiad gradd*) membre *m* du jury; **bwrdd arholwyr gradd** le jury *m*.
arholwraig (**arholwragedd**) *b* examinatrice *f*; (*arholiad gradd*) membre *m* du jury.
arhosfa (**arosfaoedd**) *b* arrêt *m*.
arhosfan (**arosfannau**) *g,b* arrêt *m*; (*man aros*) point *m* d'arrêt; (*bws, trên*) arrêt; (*tacsi*) station *f*; (*llong, awyren*) escale *f*; (*ffordd fawr*) aire *f* de stationnement.
arhosiad (**arosiadau**) *g* (*ar ymweliad*) séjour *m*; (*saib*) halte *f*, pause *f*, arrêt *m*.
arhosol *ans* durable, permanent(e);
♦ **yn** ~ *adf* de façon permanente.
aria (**ariâu**) *b* aria *f*.
Ariad (**Ariaid**) *g/b* Aryen *m*, Aryenne *f*.
Ariaidd *ans* aryen(ne).
arial *g,b* vigueur *f*, énergie *f*, élan *m*.
arian *g*
1 (*metel*) argent *m*; ~ **byw** mercure *m*.
2 (*ceiniog, punt ayb*) argent *m*, monnaie *f*; ~ **annisgwyl** aubaine *f*; ~ **caled** espèces *fpl*; ~ **cyfreithiol** monnaie légale; ~ **cymorth** subvention *f*; ~ **drwg,** ~ **llwgr** fausse pièce *f*, fausse monnaie; ~ **gleision,** ~ **gwynion** monnaie en pièces d'argent; ~ **mân** (petite) monnaie; ~ **papur** billets *mpl* de banque; ~ **parod** (argent) liquide *m*, argent comptant; ~ **poced** argent de poche; ~ **sychion** espèces, (argent) liquide; ~ **tocyn** jeton *m*;
♦*ans* (*wedi ei wneud o arian*) d'argent, en argent; (*o liw arian*) argenté(e).
ariandwyll *g* détournement *m* de fonds.
ariandy (**ariandai**) *g* banque *f*.
ariangar *ans* cupide, avaricieux(avaricieuse), avare, qui aime l'argent, âpre au gain;
♦ **yn** ~ *adf* cupidement, avec avidité.
ariangarwch *g* avarice *f*, cupidité *f*, âpreté *f* au gain *neu* à l'argent.
arianllais *ans* argentin(e).
arianlliw *ans* argenté(e).
ariannaid, **ariannaidd** *ans* argenté(e),

plaqué(e) d'argent; (*wedi ei wneud o arian*) d'argent; (*llais*) argentin(e).
arianneg *b* finance *f*.
Ariannin *prb*: **yr** ~ l'Argentine *f*; **yn yr** ~ en Argentine.
ariannog *ans* riche, cossu(e), fortuné(e), nanti(e), aisé(e), argenté(e)*.
ariannol *ans* financier(financière), monétaire; **y flwyddyn** ~ (*GWLEID*) l'année *f* budgétaire; (*MASN*) l'exercice *m* financier.
ariannu *ba* (*lliwio, gorchuddio ag arian*) argenter; (*rhoi arian i*) financer, commanditer, trouver des fonds *neu* finances pour.
ariannydd (**arianyddion**) *g* (*mewn banc*) caissier *m*, caissière *f*; (*cyllidydd*) financier *m*.
Arianrhod *prb*: **Caer** ~ la Voie *f* lactée.
arianyddiaeth *b* monétarisme *m*.
arianyddwr (**arianyddwyr**) *g* monétariste *m*.
arianyddwraig (**arianyddwragedd**) *b* monétariste *f*.
Arieg *b,g* aryen *m*.
arien *g* gelée *f* blanche, givre *m*, frimas *m*.
Arimathea *prb* Arimathie *f*.
aristocrat (**-iaid**) *g/b* aristocrate *m/f*.
aristocrataidd *ans* aristocratique; ♦ **yn** ~ *adf* aristocratiquement.
aristocratiaeth (**-au**) *b* aristocratie *f*.
Aristoffanes *prg* Aristophane.
Aristotelaidd *ans* aristotélien(ne).
Aristotl, **Aristotlys** *prg* Aristote.
arlais (**arleisiau**) *b* tempe *f*.
ar-lein *ans* (*CYFRIF*) en ligne.
arliw (**-iau**) *g* teinte *f*.
arliwio *ba* teinter.
arloesi *bg* innover, faire œuvre de pionnier(pionnière); (*agor y ffordd i eraill*) déblayer *neu* défricher le terrain; ~ **yn rhth** être à l'avant-garde de qch; ~ **yn y defnydd/yn yr astudiaeth o rth** être l'un des premiers(l'une des premières) à utiliser/à étudier qch.
arloesol *ans* novateur(novatrice); (*gwaith*) complètement nouveau[nouvel](nouvelle)(nouveaux, nouvelles), complètement original(e)(originaux, originales); ♦ **yn** ~ *adf* de façon novatrice.
arloeswr (**arloeswyr**) *g* défricheur *m*, pionnier *m*; (*ffig*) pionnier, novateur *m*.
arloeswraig (**arloeswragedd**) *b* défricheuse *f*, pionnière *f*; (*ffig*) pionnière, novatrice *f*.
arlog (**-au**) *g* intérêts *mpl* composés.
arluniaeth *b* art *m* du portrait.
arlunio *ba* peindre, faire le portrait de; (*darlunio*) dépeindre, représenter, dessiner, portraiturer; ♦*bg* peindre, faire de la peinture.
arluniwr (**arlunwyr**) *g gw.* **arlunydd**.
arlunwraig (**arlunwragedd**) *b gw.* **arlunydd**.
arlunydd (**-ion, arlunwyr**) *g* peintre *m*, artiste *m/f*.
arlunyddiaeth *b gw.* **arluniaeth**.
arlwy (**-au, -on**) *g,b* (*gwledd*) festin *m*, banquet *m*; (*darpariaeth*) provision *f*.
arlwyaeth *b* (*y fasnach fwyd, cwrs coleg*) restauration *f*; (*paratoad bwyd*) préparation *f*; (*darpariaeth bwyd*) provision *f*, approvisionnement *m*, ravitaillement *m*.
ar-lwyfan *ans, adf* en scène; **ger** ~-~ dans les coulisses.
arlwyngig *g* aloyau *m*; (*stecen*) bifteck *m* dans l'aloyau, bifteck d'aloyau.
arlwyo *ba* (*darparu*) préparer, fournir; ~ **bwyd** (*gofalu am*) s'occuper de la nourriture; (*paratoi*) préparer un *neu* des repas.
arlwywr (**arlwywyr**) *g* traiteur *m*, fournisseur *m* en alimentation.
arlwywraig (**arlwywragedd**) *b* femme *f* traiteur, fournisseuse *f* en alimentation.
arlywydd (**-ion**) *g* président *m*.
arlywyddiaeth (**-au**) *b* présidence *f*.
arlywyddol *ans* présidentiel(le); ♦ **yn** ~ *adf* de façon présidentielle.
arlliw (**-iau**) *g* (*naws*) teinte *f*, ton *m*, nuance *f*; (*ôl*) trace *f*; **'does dim** ~ **ohono yn unman** il n'y a aucune trace de lui, on ne le trouve nulle part; **ni welson ni ddim** ~ **ohono** nous n'avons pas trouvé la moindre trace de son passage.
arlliwio *ba* nuancer, teinter, colorer.
arllwys *ba* verser; **ga' i** ~ **y te?** je sers le thé?; **mae hi'n** ~ **y glaw** il pleut à verse *neu* à torrents *neu* à seaux, il pleut *neu* il tombe des cordes; ~ **eich cwd** (*ffig*) décharger sa bile, épancher sa colère; ~ **dirmyg ar rn** (*ffig*) déverser le mépris sur qn; ♦*bg*: **'roedd dŵr yn** ~ **i mewn i'r 'stafell** l'eau entrait à flots dans la pièce; **'roedd chwys yn** ~ **oddi ar ei wyneb** il ruisselait de sueur; **'roedd yr ymwelwyr yn** ~ **i mewn** les visiteurs entraient en foule.
arllwysfa (**arllwysfeydd**) *b* (*afon*) embouchure *f*; (*llyn, camlas*) déversoir *m*, dégorgeoir *m*; (*carthffos*) déversoir.
arllwysiad (**-au**) *g* (*llwyth*) déchargement *m*; (*hylif*) écoulement *m*; (*ffig*) déversement *m*.
armadilo (**-s**) *g* tatou *m*.
armatwr (**armatyrau**) *g* (*TRYD, FFIS*) armature *f*.
Armenaidd *ans* arménien(ne).
Armeneg *b,g* arménien *m*; ♦*ans* arménien(ne).
Armenia *prb* l'Arménie *f*; **yn** ~ en Arménie.
Armeniad (**Armeniaid**) *g/b* Arménien *m*, Arménienne *f*.
arnaf, **arnat** *ardd gw.* **ar**.
arnawf *ans* flottant(e), qui flotte
arni, **arno**, **arnoch** *ardd gw.* **ar**.
arnodedig *ans* endossé(e).
arnodi *ba* endosser.
arnodd *adf*: **dodi dillad** ~ s'habiller; **troi'r**

radio/teledu ~ allumer la radio/télévision.
arnofiant (**arnofiannau**) *g* (*cwch*) action *f* de flotter; (*boncyff*) flottage *m*.
arnofio *ba* (*coed*) faire flotter;
♦*bg* flotter.
arnofiol *ans* flottant(e).
arnom, **arnynt** *ardd gw.* **ar**.
arobryn *ans* primé(e), qui remporte le prix, gagnant(e).
arofal (**-on**) *g* entretien *m*.
arofun *ba* projeter; ~ **gwneud rhth** projeter de faire qch, se proposer de faire qch, avoir l'intention de faire qch.
arogl (**-au**) *g gw.* **aroglau**.
aroglau (**arogleuon**) *g* (*cyff*) odeur *f*; (*dymunol*) parfum *m*; ~ **drwg** mauvaise odeur, relent *m*; **mae** ~ **drwg yma!** ça pue ici!; **mae** ~ **da ar hwnna** ça sent bon; ~ **llosgi** odeur de brulé; **mae** ~ **llosgi ar hwnna** ça sent le roussi *neu* le brulé; **'does dim** ~ **arno** ça ne sent rien, ça n'a pas d'odeur.
aroglbêr *ans* odorant(e).
arogldarth *g* encens *m*.
arogldarthu *ba* encenser.
arogleuo *ba* (*clywed oglau neu wynt rhth*) sentir; (*rhoi'ch trwyn wrth rth*) sentir, renifler; (*anifail*) flairer; **synnwyr** ~ l'odorat *m*;
♦*bg* (*cyff*) sentir; (*drewi*) sentir mauvais, puer; **mae'n** ~ **o garlleg** ça sent l'ail, on dirait de l'ail; **mae ei anadl yn** ~ il a mauvaise haleine, il a l'haleine forte.
arogleuog *ans* odorant(e), parfumé(e).
arogleuol *ans* odorant(e), parfumé(e);
synnwyr ~ odorat *m*.
arogli *ba* (*clywed oglau neu wynt rhth*) sentir; (*rhoi'ch trwyn wrth rth*) sentir, renifler; (*anifail*) flairer;
♦*bg* (*cyff*) sentir; **mae dy gôt yn** ~ **o fwg** ton manteau sent la fumée.
arogliad *g* (*synnwyr arogleuo*) odorat *m*; (*anifail*) flair *m*.
aroglog, **aroglus** *ans gw.* **arogleuog**.
aroledd (**-au**) *g* inclinaison *f*, pente *f*, plan *m* incliné.
aroleddu *ba* incliner, pencher;
♦*bg* s'incliner, aller en pente, dévaler.
aroleuo *ba*: **cael** ~**'ch gwallt** se faire faire des mèches *neu* des reflets; ~ **gair** (*ag aroleuydd*) surligner un mot.
aroleuydd (**aroleuwyr**) *g* (*pin ffelt*) surligneur *m*.
arolwg (**arolygon**) *g* vue *f* d'ensemble, vue générale; (*ymchwiliad, astudiaeth*) enquête *f*, étude *f*; (*tir*) levé *m*, relèvement *m*; (*o ysgol gan arolygwyr ei Mawrhydi*) inspection *f* générale; ~ **awyr** levé aérien; ~ **barn** sondage *m* d'opinion; **gwneud** ~ **o rth** enquêter sur qch, faire une étude de qch; **gwneud** ~ **o farn y cyhoedd** faire un sondage d'opinion.
arolygiad (**-au**) *g* inspection *f*, examen *m*, étude *f*, enquête *f*.
arolygiaeth *b* surveillance *f*; (*rheolaeth*) contrôle *m*; (*corff arolygu*) inspectorat *m*; **cadw rhn dan** ~ garder qn à vue; **dan** ~ **gyson** sous surveillance continue, gardé(e) à vue.
arolygu *ba* (*arholiad*) surveiller; (*tŷ*) inspecter, examiner; (*tir*) arpenter, faire le levé de, relever; (*rheoli*) contrôler.
arolygwr (**arolygwyr**) *g* surveillant *m*; (*archwiliwr*) inspecteur *m*; (*rheolwr*) contrôleur *m*.
arolygwraig (**arolygwragedd**) *b* surveillante *f*; (*archwilwraig*) inspectrice *f*; (*rheolwraig*) contrôleuse *f*.
arolygydd (**-ion**) *g* surveillant *m*, surveillante *f*; (*archwiliwr, archwilwraig*) inspecteur *m*, inspectrice *f*; (*rheolwr, rheolwraig*) contrôleur *m*, contrôleuse *f*; (*heddlu*) inspecteur de police, inspectrice de police; **A~ Ei Mawrhydi, A~ Ei Fawrhydi** ≈ inspecteur général des lycées et collèges, inspectrice générale des lycées et collèges.
aromatig *ans* aromatique;
♦ **yn** ~ *adf* aromatiquement.
arorwt *g* (*COG*) arrow-root *m*.
aros *bg*
1 (*disgwyl*) attendre; ~ **am rn/rth** attendre qn/qch; ~ **i rn wneud rhth** attendre que qn fasse *subj* qch; **'alla i ddim** ~ **tan nos Wener!** je meurs d'impatience d'en être à vendredi soir!; **'alla i ddim** ~ **nes dy weld di eto!** je meurs d'envie de te revoir!.
2 (*peidio â mynd*) rester; ~ **gartref,** ~ **i mewn** rester à la maison.
3 (*parhau*) rester; ~ **yn fud** se taire, rester silencieux(silencieuse) *neu* muet(te), garder le silence; ~ **yn llonydd** ne pas bouger; ~ **ar eich eistedd** rester assis(e).
4 (*byw dros dro*) loger; **mae hi'n** ~ **gyda ffrindiau** elle séjourne chez des amis; **'rydym bob amser yn** ~ **yn yr un gwesty** nous descendons toujours au même hôtel; ~ **dros nos gyda rhn** passer la nuit chez qn.
5 (*stopio*) s'arrêter; **a yw'r bws yn** ~ **wrth yr eglwys?** le bus s'arrête-t-il près de l'église?.
▶ **aros ar eich traed** (*llyth*) rester debout; (*peidio â mynd i'r gwely*) veiller, ne pas se coucher;
♦*ba* (*disgwyl*): ~ **eich tro** attendre son tour;
♦*g* attente *f*; **mae'r** ~ **'ma'n lladdfa!** ce qu'on attend!, dire qu'il faut attendre si longtemps!; **"dim** ~**"** "stationnement strictement interdit"
arosgedd (**-au**) *g* obliquité *f*.
arosgo *ans* oblique.
arosod *ba* superposer; **wedi'i** ~ en surimpression, superposé(e).
arosodiad (**-au**) *g* superposition *f*.
arseddog *ans* sédentaire.
arsenal (**-au**) *g* arsenal(arsenaux) *m*.

arsenig *g* arsenic *m*; **gwenwyno rhn gydag ~** empoisonner qn à l'arsenic.
arsgrifio *ba gw.* **arysgrifennu**.
arsugniad (-**au**) *g* adsorption *f*.
arsugno *ba* adsorber.
arswn *g* incendie *m* volontaire *neu* criminel.
arswnydd (-**ion**) *g* incendiaire *m/f*.
arswyd (-**au**, -**ion**) *g* terreur *f*, effroi *m*, épouvante *f*, crainte *f*, horreur *f*; **mae nadroedd yn codi ~ arno** il a horreur des serpents; **stori ~** histoire *f* d'épouvante; **'r ~!** quelle horreur!; **~ y byd!** bon sang!
arswydo *ba* terrifier, épouvanter;
♦*bg* être terrifié(e); (*crynu*) frissonner, frémir; **~ rhag rhth** redouter qch, appréhender qch, craindre qch, être terrifié *neu* épouvanté(e) par qch; **'rwy'n ~ rhag cathod** j'ai horreur des chats; **~ rhag gwneud rhth** redouter *neu* appréhender *neu* avoir peur *neu* craindre de faire qch.
arswydus *ans* effrayant(e), affreux(affreuse), terrible, redoutable, terrifiant(e), épouvantable, atroce;
♦ **yn ~** *adf* affreusement, terriblement, de façon terrifiante, atrocement, épouvantablement.
arsylwad (-**au**) *g* observation *f*.
arsylwi *bg*: **~ (ar rth)** observer (qch).
arsyllfa (**arsyllfeydd**) *b* observatoire *m*.
arsylliad (-**au**) *g* observation *f*.
arsyllog *ans* observateur(observatrice), perspicace.
arsyllu *ba* observer.
arsyllydd (-**ion**) *g* (ASTRON) observateur *m*, observartice *f*.
artaith (**arteithiau**) *b* (*poen enbyd*) douleur *f* atroce; (*a achosir yn fwriadol*) torture *f*, supplice *m*; (*gwewyr meddwl*) angoisse *f*, supplice.
arteffact (-**au**) *g* objet *m* fabriqué.
arteithglwyd (-**i**) *b* chevalet *m*.
arteithio *ba* torturer, supplicier, faire subir des tortures *neu* supplices à; (*ffig*) tourmenter, mettre (qn) au supplice *neu* à la torture.
arteithiol *ans* atroce, épouvantable, déchirant(e), insupportable;
♦ **yn ~** *adf* atrocement, insupportablement.
arteithiwr (**arteithwyr**) *g* bourreau(-x) *m*, tortionnaire *m*.
arteithwraig (**arteithwragedd**) *b* tortionnaire *f*.
arteri (**arterïau**) *b* artère *f*.
arteriosglerosis *g* artériosclérose *f*.
artesaidd *ans* artésien(ne); **ffynnon ~** puits *m* artésien.
artiffisial *ans* artificiel(le); (*synthetig*) synthétique; (*ffug, ffals*) faux(fausse);
♦ **yn ~** *adf* artificiellement.
artileri (**artilerïau**) *g* artillerie *f*.
artisan (-**iaid**) *g* artisan *m*, artisane *f*.
artisiog *g* (COG) artichaut *m*.
artist (-**iaid**) *g/b* artiste *m/f*; (*arlunydd*) peintre *m*.
artistig *ans* artistique; (*anian*) artiste;
♦ **yn ~** *adf* artistiquement.
arth (**eirth**) *b* ours *m*; **~ wen** ours *m* blanc *neu* polaire.
arthes (-**au**) *b* ourse *f*.
arthio *bg* grogner, gronder; **~ ar rn** (*ffig: gweiddi*) aboyer après qn; (*:dweud y drefn*) gronder qn, réprimander qn.
arthog *ans* brusque, revêche, rude, maussade, renfrogné(e), rébarbatif(rébarbative), bourru(e);
♦ **yn ~** *adf* rudement, d'un air renfrogné.
arthritis *g* arthrite *f*.
Arthur *prg* Arthur; **y Brenin ~** le roi *m* Arthur; **chwedl ~** la légende *f* du roi Arthur, le cycle de Bretagne.
Arthuraidd *ans* du roi Arthur.
aruchel *ans* (*dyrchafedig*) élevé(e), sublime; (*mawreddog*) majestueux(majestueuse), noble, grandiose, superbe;
♦ **yn ~** *adf* sublimement; (*yn fawreddog*) majestueusement, noblement, superbement.
arucheledd *g* sublimité *f*; (*mawredd*) grandeur *f*, noblesse *f*, majesté *f*, hauteur *f*.
aruniad (-**au**) *g* unification *f*; (*metel*) amalgamation *f*, fusion *f*, fusionnement *m*.
arunig *ans* isolé(e), écarté(e).
arunigedd *g* isolement *m*, solitude *f*; (GWLEID) isolationnisme *m*.
arunigo *ba* isoler.
arunigwr (**arunigwyr**) *g* (GWLEID) isolationniste *m*.
arunigwraig (**arunigwragedd**) *b* (GWLEID) isolationniste *f*.
arunigyn (**arunigion**) *g* isolé *m*, isolée *f*.
aruno *ba* unifier, fusionner; (*metel*) amalgamer, mélanger;
♦*bg* s'unifier; (*metel*) s'amalgamer, se mélanger.
aruthr *ans gw.* **aruthrol**.
aruthredd *g* énormité *f*.
aruthrol *ans* énorme, immense, formidable, colossal(e)(colossaux, colossales), vaste;
♦ **yn ~** *adf* énormément, immensément, grandement, formidablement; **yn ~ o ddrud** extrêmement cher(chère).
arwahanadwy *ans* séparable.
arwahanol *ans* séparé(e); (MATH) discret(discrète);
♦ **yn ~** *adf* séparément.
arwahanrwydd *g* individualité *f*; (*ymwahaniaeth*) séparatisme *m*.
arwain *ba* mener, emmener, conduire; (*plaid*) être à la tête de; (*cerddorfa*) diriger; **~ y ffordd** (*mynd yn gyntaf*) passer devant; (*dangos y ffordd i eraill*) montrer le chemin; (*bod ar y blaen*) être en tête;
♦*bg* conduire, mener, être en tête.

arwaith (**arweithiau**) *g* action *f*.
arwead (**-au**) *g* (*brethyn*) texture *f*; (*mwynau, pridd*) texture, structure *f*; (*croen, papur*) grain *m*.
arweinbost (**arweinbyst**) *g* poteau(-x) *m* indicateur.
arweingerdd (**-i**) *b* ouverture *f*.
arweingi (**arweingwn**) *g* chien *m* d'aveugle.
arweiniad (**-au**) *g* direction *f*; (*cyngor*) conseils *mpl*; (*cyflwyniad*) introduction *f*; **dan** ~ sous la conduite *f* de.
arweiniol *ans* dirigeant(e), directeur(directrice); (*cyflwynol*) d'introduction.
arweinlyfr (**-au**) *g* guide *m*.
arweinydd (**-ion, arweinwyr**) *g* (*clwb ayb*) dirigeant *m*, dirigeante *f*; (*tywysydd*) guide *m*; (GWLEID) leader *m*, chef *m*; (*streic, helynt*) meneur *m*, meneuse *f*; ~ **cerddorfa** chef d'orchestre.
arweinyddiaeth *b* direction *f*; **yr** ~ (*arweinwyr plaid, gwladwriaeth ayb*) les dirigeants *mpl*, la direction.
arwerthiant (**arwerthiannau**) *g* (vente *f* aux) enchères *fpl*, (vente à la) criée *f*; (MASN) soldes *fpl*; ~ **cist car** braderie *f*, vide-grenier(~-~s) *m*.
arwerthu *ba* vendre (qch) aux enchères *neu* à la criée.
arwerthwr (**arwerthwyr**) *g* commissaire-priseur(~s-~s) *m*.
arwisgiad (**-au**) *g* investiture *f*.
arwisgo *ba* investir, revêtir;
♦*g* investiture *f*
arwr (**arwyr**) *g* héros *m*; **yr** ~ le héros.
arwres (**-au**) *b* héroïne *f*; **yr** ~ l'héroïne.
arwrgerdd (**-i**) *b* épopée *f*, poème *m* épique.
arwriaeth *b* héroïsme *m*; **yr** ~ l'héroïsme.
arwrol *ans* héroïque, épique;
♦ **yn** ~ *adf* héroïquement.
arwybod (**-au**) *g* conscience *f*; (*ymwybyddiaeth*) prise *f* de conscience.
arwydd (**-ion**) *g,b*
1 (*amnaid*) signe *m*; (*:â'r llaw*) signe de la main, geste *m*; (*:â'r pen*) signe de la tête.
2 (*symbol*) signe *m*, symbole *m*; ~**ion y Sidydd** les signes du zodiaque.
3 (*prawf*) preuve *f*, indication *f*, signe *m*.
4 (*ôl*) signe *m*, trace *f*, marque *f*; **nid oedd yr un** ~ **ohoni** il n'y avait nulle trace d'elle.
5 (*sy'n rhoi gwybodaeth*) panneau(-x) *m*; (*ar wal*) affiche *f*; (*uwchben siop*) enseigne *f*; ~ **ffordd** signal(signaux) *m* routier, panneau de signalisation, poteau(-x) *m* indicateur; ~ **rhybudd** panneau avertisseur; ~ **traffig,** ~ **trafnidiaeth** panneau de signalisation, poteau indicateur.
▶ **rhoi arwydd** faire signe; (*gyrrwr car*) mettre son clignotant.
arwyddair (**arwyddeiriau**) *g* devise *f*.
arwyddbost (**arwyddbyst**) *g* poteau(-x) *m* indicateur.
arwyddlun (**-iau**) *g* emblème *m*, symbole *m*.
arwyddluniol *ans* symbolique, emblématique;
♦ **yn** ~ *adf* symboliquement.
arwyddnod (**-au**) *g* marque *f*, signe *m*; (*llofnod*) signature *f*.
arwyddo *ba* (*llofnodi*) signer; (*dynodi, dangos*) indiquer, signaler.
arwyddocâd *g* signification *f*, sens *m*; (*pwysigrwydd*) importance *f*.
arwyddocaol *ans* significatif(significative), révélateur(révélatrice); (*pwysig*) important(e), considérable;
♦ **yn** ~ *adf* d'une façon significative.
arwyddocáu *ba* signifier, indiquer.
arwyddwr (**arwyddwyr**) *g* signataire *m*.
arwyddwraig (**arwyddwragedd**) *b* signataire *f*.
arwyl (**-ion**) *b* enterrement *m*; (*mwy ffurfiol*) obsèques *fpl*, funérailles *fpl*.
arwyneb (**-au**) *g* surface *f*, plan *m*; (*arwynebedd*) superficie *f*; (*ochr*) côté *m*, face *f*; **tensiwn** ~ tension *f* superficielle.
arwynebedd (**-au**) *g* superficie *f*, aire *f*.
arwynebol *ans* superficiel(le);
♦ **yn** ~ *adf* superficiellement.
arwynebolrwydd *g* caractère *m* superficiel, manque *m* de profondeur.
aryneilio *ba* faire alterner, employer (qch) alternativement *neu* tour à tour;
♦*bg* alterner, se succéder (tour à tour).
arysgrif (**-au**) *b* inscription *f*.
arysgrifen (**-nau**) *b* *gw.* **arysgrif.**
arysgrifennu, **arysgrifo** *ba* (*ar gofeb ayb*) inscrire, graver; (*mewn llyfr*) inscrire; (*ar wyneb rhth*) marquer, graver.
A.S. *byrf* (= *Aelod Seneddol*) *gw.* **aelod.**
A.S.A. *byrf* (= *Aelod o Senedd yr Alban*) *gw.* **aelod.**
as (**-au**) *g,b* (*cerdyn*) as *m*.
asb (**-iaid**) *b* aspic *m*.
asbaragws *g* asperge *f*; **blaenau** ~, **blagur** ~ pointes *fpl* d'asperges.
asbestos *g* amiante *m*, asbeste *m*.
asbig *g* gelée *f*; **cyw mewn** ~ aspic *m* de volaille.
asbri *g* animation *f*, entrain *m*, brio *m*, vivacité *f*, pétulance *f*, allant *m*; **gydag** ~ avec entrain *neu* vivacité *neu* animation *neu* brio.
asbrin (**-s**) *g* (*sylwedd*) aspirine *f*; (*pilsen*) comprimé *m* d'aspirine.
asbrïol *ans* animé(e), plein(e) d'entrain *neu* d'allant *neu* de brio.
A.S.E. *byrf* (= *Aelod o Senedd Ewrop*) *gw.* **aelod.**
ased (**-au, -ion**) *g* biens *mpl*, avoir *m*, capital(capitaux) *m*; (MASN) actif *m*.
aseiniad (**-au**) *g* (*tasg*) mission *f*; (YSGOL) devoir *m*; (*traethawd*) dissertation *f*.
asen[1] (**-nau, ais**) *b*
1 (CORFF) côte *f*; ~ **fras,** ~ **(y) frân**

côtelette *f* dans l'échine.
2 (*rhan o ambarél*) baleine *f*.
asen[2] (**-nod**) *b* (*ANIF*) ânesse *f*.
asennog *ans* à côtes, en côtes; (*cragen*) strié(e); (*nenfwd*) à nervures.
asennol *ans* costal(e)(costaux, costales).
aseptig *ans* aseptique;
♦ **yn** ~ *adf* de façon aseptique.
asesiad (**-au**) *g* (*barn*) évaluation *f*, estimation *f*; (*YSGOL*) contrôle *m*; (*o ymgeisydd*) jugement *m*; (*o werth rhth*) évaluation, détermination *f*; (*o dreth*) calcul *m*; ~ **parhaus** (*YSGOL*) contrôle continu.
asesu *ba* (*barnu gwerth rhn*) estimer, évaluer; (*YSGOL*) contrôler; (*ymgeisydd*) déterminer la valeur de; (*gosod gwerth ar rth*) fixer *neu* déterminer la valeur de; (*trethi*) évaluer, calculer.
aseswr (**aseswyr**) *g* (*yswiriant*) expert *m*; (*CYFR*) assesseur *m*; (*trethi ayb*) contrôleur *m*.
aseswraig (**aseswragedd**) *b* (*yswiriant*) expert *m*; (*CYFR*) assesseur *m*; (*trethi ayb*) contrôleuse *f*.
asetad (**-au**) *g* acétate *m*.
asetig *ans* acétique.
aseton *g* acétone *f*.
asetylen *g* acétylène *m*; **lamp** ~ lampe *f* à acétylène; **weldio** ~ soudure *f* autogène.
asetyn (**asetion**) *g* acétate *m*.
asffalt *g* asphalte *m*.
asffaltio *ba* asphalter.
asffycsia *g* asphyxie *f*, étouffement *m*.
asgell (**esgyll**) *b* aile *f*; (*pysgodyn*) nageoire *f*; ~ **arian**, ~ **fraith** (*ADAR*) pinson *m*; ~ **aur** (*ADAR*) chardonneret *m*.
asgell-gomander (**-iaid**) *g* lieutenant-colonel(~s-~s) *m*.
asgellog *ans* ailé(e).
asgellwr (**asgellwyr**) *g* ailier *m*; ~ **chwith/de** ailier gauche/droit.
asgetiaeth *b* ascétisme *m*, ascèse *f*.
asgetig *ans* ascétique;
♦ **yn** ~ *adf* d'une façon ascétique, en ascète;
♦*g/b* (**-ion**) ascète *m/f*.
asgetigiaeth *b gw.* **asgetiaeth**.
asglodyn (**asglodion**) *g* (*o goed*) copeau(-x) *m*, éclat *m gw. hefyd* **sglodyn**.
asgwrn (**esgyrn**) *g* os *m*; (*pysgodyn*) arête *f*; **esgyrn meirwon** ossements *mpl*; ~ **cefn** colonne *f* vertébrale, épine *f* dorsale; (*pysgodyn*) grande arête; (*cymdeithas, gwlad: ffig*) pivot *m*; ~ **tynnu** bréchet *m*; ~ **y ddwyfron** sternum *m*; (*aderyn*) bréchet; ~ **y pen** crâne *m*; ~ **y goes** tibia *m*; ~ **yr ysgwydd** omoplate *f*; ~ **cynnen** (*ffig*) pomme *f* de discorde.
asgwrneiddiad (**-au**) *g* ossification *f*.
asgwrneiddio *ba* ossifier;
♦*bg* s'ossifier.
asgyrnog *ans gw.* **esgyrnog**.
Asia *prb* l'Asie *f*; **yn** ~ en Asie; ~ **Leiaf** Asie Mineure.
asiad (**-au**) *g* joint *m*, jointure *f*; (*wedi ei sodro*) soudure *f*.
Asiad (**Asiaid**) *g/b* Asiatique *m/f*.
Asiaidd *ans* asiatique.
asiant (**-iaid**) *g* agent *m*; (*cynrychiolydd*) représentant *m*, représentante *f*.
asiantaeth (**-au**) *b* agence *f*; (*swyddfa, adeilad*) bureau(-x) *m*.
asid (**-au**) *g* acide *m*; (*cyffur*) acide; ~ **amino** acide aminé.
asidaidd *ans* acide, acidulé(e).
asidedd (**-au**) *g* acidité *f*.
asideiddio *ba* acidifier;
♦*bg* s'acidifier.
asidig *ans gw.* **asidaidd**.
asidrwydd *g* acidité *f*.
asiedydd (**-ion**) *g* menuisier *m*, menuisière *f*; (*sodrwr, sodwraig*) soudeur *m*, soudeuse *f*.
asio *ba* (*cydio*) fusionner, joindre, unir; (*cymysgu*) mélanger, mêler; (*toddi*) fondre;
♦*bg* (*cydio wrth ei gilydd*) se joindre, s'unir; (*ymgymysgu*) se mélanger, se mêler; (*ymdoddi*) se fondre.
Astec *ans* aztèque;
♦*b,g* aztèque *m*;
♦*g/b* (**-iaid**) Aztèque *m/f*.
Astecaidd *ans* aztèque.
astell (**estyll**) *b* (*planc*) planche *f*; (*silff*) rayon *m*, tablette *f*.
asteroid (**-au**) *g,b* asteroïde *m*.
astigmatedd *g* astigmatisme *m*.
astigmataidd, **astigmatig** *ans* astigmate.
astroffiseg *b* astrophysique *f*.
astroffisegydd (**astroffisegwyr**) *g* astrophysicien *m*, astrophysicienne *f*.
astroleg *b* astrologie *f*.
astrolegol *ans* astrologique;
♦ **yn** ~ *adf* astrologiquement.
astrolegydd (**astrolegwyr**) *g* astrologue *m/f*.
astronomaidd *ans gw.* **astronomegol**.
astronomeg *b* astronomie *f*.
astronomegol *ans* astronomique;
♦ **yn** ~ *adf* astronomiquement.
astronomegydd (**-ion**) *g* astronome *m/f*.
astronot (**-iaid**) *g/b* astronaute *m/f*.
astronoteg *b* astronautique *f*.
astrus *ans* compliqué(e), complexe, difficile, abstrus(e), impénétrable;
♦ **yn** ~ *adf* de façon compliquée.
astrusi *g* complexité *f*, difficulté *f*, caractère *m* abstrus.
astud *ans* attentif(attentive), assidu(e), appliqué(e);
♦ **yn** ~ *adf* attentivement, avec une vive attention.
astudiaeth (**-au**) *b* étude *f*; ~**au cyfrifiadurol** informatique *f*.
astudio *ba* étudier, examiner; **mae hi'n** ~ **hanes** elle fait des études d'histoire, elle est étudiante en histoire;

♦*bg* étudier, faire ses études; ~**'n galed** travailler dur; ~ **ar gyfer arholiad** préparer un examen; ~ **i fod yn feddyg** faire des études pour devenir médecin, faire des études de médecine.

astudiwr (**astudwyr**) *g* personne *f* qui étudie (qch), personne qui s'intéresse (à qch).

astudrwydd *g* attention *f*.

astudwraig (**astudwragedd**) *b* personne *f* qui étudie (qch), personne qui s'intéresse (à qch).

asthma *g* asthme *m*; **cael pwl o** ~ avoir une crise d'asthme; **dioddef o** ~ souffrir de l'asthme.

asthmatig *ans* asthmatique;
♦*g/b* (**-ion**) asthmatique *m/f*.

asur *ans* azuré(e), d'azur, bleu ciel *inv*.

aswiriant (**aswiriannau**) *g* assurance *f*; ~ **bywyd** assurance-vie(~s-~) *f*.

aswy *ans* gauche;
♦*g*: **yr** ~ la gauche *f*; **ar yr** ~ à gauche, sur la gauche.

asyn (**-nod**) *g* âne *m*; **ar gefn** ~ à dos d'âne.

asynnaidd *ans* sot(te), stupide, idiot(e), bête;
♦ **yn** ~ *adf* sottement, bêtement, stupidement.

Asyria *b* l'Assyrie *f*; **yn** ~ en Assyrie.

at *ardd* (ataf fi, atat ti, ato ef, ati hi, atom ni, atoch chi, atynt hwy/atyn nhw)
1 (*i*) à; **ysgrifennu** ~ **rn** écrire à qn; **anfon rhth** ~ **rn** envoyer qch à qn; **mynd** ~ **y meddyg** aller chez le docteur, aller consulter le médecin.
2 (*i gyfeiriad, tua*) vers; **rhedodd ato** elle a couru vers lui; **'roedd hi'n eistedd a'i chefn ataf** elle était assise le dos tourné vers moi; **tuag** ~ vers, du côté de, dans la direction de; (*agwedd*) envers; **plentyn** ~ **f'oes i** un enfant de mon âge; **bydd yn brafiach** ~ **y prynhawn** il fera beau cet après-midi.
3 (*er mwyn, ar gyfer*) pour; **ffisig** ~ **annwyd** médicament *m* pour un rhume; **casglu** ~ **achos da** faire une collecte pour une œuvre charitable; **prynu presantau** ~ **y Nadolig** acheter des cadeaux en vue de Noël.
4 (*cyfuwch â, cyn belled â*) jusqu'à; **hyd** ~ jusqu'à; **cyfrif hyd** ~ **ddeg** compter jusqu'à dix; **'roedd yr eira** ~ **ei phengliniau** la neige lui arrivait aux genoux; **gwlychu hyd** ~ **y croen** être trempé(e) jusqu'aux os; **llawn hyd** ~ **yr ymyl** (*gwydr ayb*) rempli(e) à ras bord.
5 (*mewn ymadroddion*): **ac ati (hi)** et cetera, et ainsi de suite; ~ **hynny** qui plus est, de plus, en outre; ~ **ei gilydd** en moyenne, à tout prendre, dans l'ensemble, grosso modo; **dod atoch eich hun** revenir à soi, reprendre connaissance; **cael eich cefn atoch** être rétabli(e), être remis(e) sur pied; **mynd ati i wneud rhth** se mettre à faire qch; **ati, bois bach!** allez-y les gars!; **mae'r plentyn 'ma'n gwneud ati i fod yn swnllyd** cet enfant s'efforce de faire du bruit, cet enfant fait du bruit délibérément.

ataf *ardd gw.* **at**.

atafael *ba* confisquer; ~ **eiddo rhn** saisir les biens de qn, opérer la saisie des biens de qn;
♦*g* (**-au, -ion**) confiscation *f*, saisie *f*; (*dodrefn, celfi*) saisie-exécution(~s-~s) *f*, saisie mobilière.

atafaeliad (**-au**) *g gw.* **atafael**.

atafaelu *ba gw.* **atafael**.

atafiaeth *g* atavisme *m*.

atafiaethol *ans* atavique

atal *ba*
1 (*rhwystro*) empêcher, entraver, gêner; ~ **rhn rhag gwneud rhth** empêcher qn de faire qch; ~ **llaw rhn** retenir qn; ~ **eich llaw** se retenir.
2 (*stopio: traffig ayb*) arrêter.
3 (*cadw'n ôl: cyflog*) retenir; (:*budd-dal*) supprimer; (:*siec*) faire opposition à; (:*trydan ayb*) couper; **ataliwyd pob rhyddhad** (*MIL*) toutes les permissions ont été suspendues;
♦*g* (**-ion**) gêne *f*, entrave *f*, obstacle *m*, empêchement *m*; ~ **cenhedlu** contraception *f*; ~ **dweud** défaut *m* d'élocution, bégaiement *m*; **dioddef o** ~ **dweud** bégayer; **mae** ~ **dweud arno** il bégaie.

ataleb (**-au**) *b* injonction *f*.

atalfa (**atalfeydd**) *b* (*rhwystr*) empêchement *m*, obstruction *f*, obstacle *m*; (*toriad, rhwystriad*) arrêt *m*, interruption *f*, suspension *f*; (*gwrthglawdd*) barricade *f*; ~ **wynt** abat-vent(~-~s) *m*; (*ar y traeth*) pare-vent *m inv*; **gofal,** ~**feydd cyflymder!** attention, ralentisseurs!

ataliad (**-au**) *g* (*rhwystr*) obstruction *f*, obstacle *m*, empêchement *m*; (*llesteiriant*) contrainte *f*, entrave *f*, frein *m*; (*gwaharddiad*) prévention *f*; (*cyfyngiad*) restriction *f*; (*toriad, rhwystrad*) arrêt *m*, interruption *f*; (*i droi rhn oddi wrth ei fwriad: GWLEID*) sanction *f*; (:*MIL*) force *f* de dissuasion.

ataliol *ans* préventif(préventive), de dissuasion; **meddygaeth** ~ médecine *f* préventive;
♦ **yn** ~ *adf* préventivement.

atalnod (**-au**) *g* virgule *f*; ~ **llawn** point *m*.

atalnodi *ba* ponctuer;
♦*g* ponctuation *f*; **symbol** ~ signe *m* de ponctuation.

atalnodiad (**-au**) *g* ponctuation *f*.

atalnwyd (**-au**) *b* complexe *m*, inhibition *f*.

atalwats(h) (**-ys**) *b* chronomètre *m*.

atat *ardd gw.* **at**.

atblyg (**-ion**) *g* réflexe *m*.

atblygol *ans* (*SEIC*) réflexe; (*GRAM*) réfléchi(e); **berf** ~ verbe *m* réfléchi.

atbor (**-ion**) *g* (*gweddillion*) reste *m*, restant *m*.

atborth *g gw.* **adborth**.

atchweliad (**-au**) *g* retour *m* en arrière, recul *m*; (*BIOL, SEIC*) régression *f*.

atchwipiad (**-au**) *g* (*MEDD*) coup *m* du lapin,

traumatisme *m* cervical.

ateb *ba* répondre à; (*beirniadaeth*) répliquer à; (*gofynion*) répondre à, correspondre à; (*problem*) résoudre; (*anghenion*) répondre à, résoudre; ~ **cyhuddiad** (*CYFR*) répondre à une accusation, réfuter une accusation; **wnei di ~ y drws?** veux-tu aller ouvrir la porte?, veux-tu aller voir qui est à la porte *neu* qui est là?; **nid atebais i 'run gair** je n'ai rien répondu, je n'ai pas soufflé mot; **mae hynna'n ~ y diben** cela fait l'affaire; ~ **(rhn) yn ôl** répondre avec insolence (à qn); **paid â'm hateb i yn ôl!** ne me réponds pas!; ♦*bg* répondre, donner une réponse; ~ **dros rn** (*bod yn gyfrifol am*) répondre de qn, être responsable de qn, se porter garant(e) de qn; ♦*g* (**-ion**) réponse *f*; (*brathog*) riposte *f*, réplique *f*; (*i broblem*) solution *f*; (*i feirniadaeth*) réponse, réfutation *f*; **cael ~** obtenir une réponse; **rhoi ~** répondre, donner une réponse; **'does dim ~!** (*ffôn*) ça ne répond pas!; **cenais y gloch ond 'doedd dim ~** j'ai sonné mais sans réponse, j'ai sonné mais personne n'a répondu *neu* n'a ouvert; **mewn ~ i'ch llythyr ...** (*MASN*) suite à votre lettre ..., en réponse à votre lettre ...; **mae ganddo ~ i bopeth** il a réponse à tout; **'does dim ~ i hynna!** que voulez-vous répondre à ça?; **'does dim ~ hawdd i hynna** c'est un problème difficile à résoudre; **mae'n rhaid bod ~ i hynna** il doit y avoir une explication *neu* solution, cela doit pouvoir s'expliquer.

atebol *ans*
1 responsable; **bod yn ~ i rn am rth** être responsable devant *neu* à qn de qch; (*CYFR*) être *neu* se porter garant(e) envers qn de qch; **'dw i ddim yn ~ i neb** je n'ai de comptes à rendre à personne.
2 (*cryf, iach*) bien portant(e), en pleine forme, en bonne santé; ~ **i deithio** en état de voyager.

atebolrwydd *g* responsabilité *f*.

atebwr (**atebwyr**) *g* personne *f* qui répond; (*holiadur ayb*) personne interrogée; (*CYFR*) défendeur *m*.

atebwraig (**atebwragedd**) *b* personne *f* qui répond; (*holiadur ayb*) personne interrogée; (*CYFR*) défenderesse *f*.

ateg (**-ion**) *b* appui *m*, support *m*, soutien *m*, étai *m*.

ategiad (**-au**) *g* affirmation *f*, assertion *f*.

ategol *ans* auxiliaire; (*atodol*) subsidiaire, subordonné(e), accessoire; (*cadarnhaol*) d'appui, de soutènement, de soutien, qui confirme, qui corrobore.

ategolion *ll* accessoires *mpl*.

ategu *ba* soutenir, appuyer; (*cefnogi*) supporter; (*tanlinellu*) souligner; (*cadarnhau*) confirmer, corroborer; (*cais ymgeisydd*) être partisan(e) de; (*mur, adeilad*) étayer.

ategwaith (**ategweithiau**) *g* (*PENS: cyff*) contrefort *m*, piedroit *m*; (*:ar bont*) butée *f*.

ategwr (**ategwyr**) *g* personne *f* qui appuie; (*ymgeisydd*) deuxième parrain *m*.

ategwraig (**ategwragedd**) *b* personne *f* qui appuie.

atfor *ans* vers le large, vers la mer.

atgan (**-au**) *b* coda *f*.

atgas *ans* haïssable, odieux(odieuse), détestable, dégoûtant(e); (*gwrthun*) pervers(e); (*drwg*) mauvais(e); (*llawn casineb*) haineux(haineuse); ♦ **yn ~** *adf* odieusement, détestablement; (*mewn atgasedd*) haineusement, avec détestation.

atgasedd, **atgasrwydd** *g* haine *f*, détestation *f*, réprobation *f*; **mewn ~** avec dégoût, haineusement, avec détestation.

atgenhedliad (**-au**) *g* reproduction *f*, régénération *f*.

atgenhedlu *ba* reproduire, régénérer; ♦*bg* se reproduire, se régénérer.

atglafychiad (**-au**) *g* (*MEDD*) rechute *f*.

atglafychu *bg* (*MEDD*) rechuter, faire une rechute.

atgno (**-au**) *g* remords *m*.

atgof (**-ion**) *g* souvenir *m*, réminiscence *f*; **~ion** (*hunangofiannol*) mémoires *fpl*.

atgofiannol *ans* évocateur(évocatrice); ♦ **yn ~** *adf* de façon évocatrice.

atgofio *ba* (*cofio*) se remémorer, se rappeler, se souvenir de; (*atgoffa*) rappeler; ♦*bg* (*myfyrio*) se recueillir.

atgofus *ans* évocateur(évocatrice); ♦ **yn ~** *adf* de façon évocatrice.

atgoffa *ba* rappeler; ~ **rhn ...** rappeler à qn que; ~ **rhn i wneud** rappeler à qn de faire, faire penser à qn à faire; ~ **rhn o rth** rappeler qch à qn; **mae hi'n f'~ o'm chwaer** elle me rappelle ma sœur.

atgraffiad (**-au**) *g* offset *m*.

atgwymp (**-au**) *g* rechute *f*.

atgwympo *bg* retomber.

atgyd (**-au**) *g* adjoint *m*.

atgydio *ba* rejoindre, réunir.

atgydiol *ans* adjoint(e).

atgyfannu *ba* réintégrer.

atgyfeiriad (**-au**) *g* relèvement *m*, position *f*.

atgyflyru *ba* remettre (qch) à neuf, remettre (qch) en état, rénover; (*peiriant*) réviser.

atgyfnerthiad (**-au**) *g* (*gweithred*) renforcement *m*; (*peth, concrid*) armature *f*; **~au** (*MIL*) renforts *mpl*.

atgyfnerthol *ans* qui renforce; **pigiad ~** piqûre *f* de rappel.

atgyfnerthu *ba* renforcer; (*seiliau*) consolider.

atgyfnerthydd (**-ion**) *g* (*TRYD*) survolteur *m*; (*RADIO*) amplificateur *m*.

atgyfnerthyn (**atgyfnerthion**) *g* renfort *m*.

atgyfodi *ba* (*meirw*) ressusciter; (*syniadau*) faire revivre; (*atgofion*) réveiller; ♦*bg* ressusciter.

atgyfodiad *g* résurrection *f*.
atgyffwrdd *ba* retoucher, faire des retouches à.
atgynhyrchiad (**atgynyrchiadau**) *g* reproduction *f*; (*cnawd ayb*) régénération *f*.
atgynhyrchiol *ans* reproducteur(reproductrice), régénérateur(régénératrice);
♦ **yn** ~ *adf* de façon reproductrice *neu* régénératrice.
atgynhyrchu *ba* reproduire, régénérer;
♦*bg* se reproduire, se régénérer.
atgynhyrchydd (**atgynyrchyddion**) *g* reproducteur *m*; (*TECH*) régénérateur *m*.
atgynnull *ba* rassembler;
♦*bg* se rassembler.
atgyrch (**-ion**) *g* réflexe *m*; **~ion cyflyredig** réflexes conditionnés.
atgyrchol *ans* réflexe.
atgyweirdy (**atgyweirdai**) *g* atelier *m* de réparations.
atgyweiriad (**-au**) *g* réparation *f*; (*adnewyddiad*) rénovation *f*, remise *f* à neuf; (*peiriant*) révision *f*; (*darlun, adeilad*) restauration *f*; (*dilledyn*) raccommodage *m*.
atgyweirio *ba* réparer; (*adnewyddu*) rénover, remettre (qch) à neuf; (*peiriant*) réviser; (*darlun, adeilad*) restaurer; (*dillad*) raccommoder.
atgyweiriwr (**atgyweirwyr**) *g* réparateur *m*, restaurateur *m*, rénovateur *m*.
atgyweirwraig (**atgyweirwragedd**) *b* réparatrice *f*, restauratrice *f*, rénovatrice *f*.
ati *ardd gw.* **at**.
atig (**-au**) *g,b* grenier *m*; **ystafell yn yr ~** mansarde *f*.
atir *ans* du côté de la terre;
♦*adf* vers la terre, en direction de la terre, vers l'intérieur.
Atlantaidd *ans* atlantique.
Atlantig *ans* atlantique;
♦*prg*: **yr** ~ l'Atlantique *m*.
atlas (**-au**) *g* atlas *m*.
atmosffer (**-au**) *g* atmosphère *f*.
atmosfferaidd, **atmosfferig** *ans* atmosphérique.
ato, **atoch** *ardd gw.* **at**.
atod (**-ion**) *g* accessoire *m*, appendice *m*.
atodedig *ans* annexé(e), joint(e).
atodeg (**-au**) *b* ajout *m*; (*dogfen*) annexe *f*.
atodi *ba* ajouter, joindre; (*dogfen*) annexer.
atodiad (**-au**) *g* (*llyfr*) appendice *m*; (*cylchgrawn, pamffled*) supplément *m*; (*dogfen*) annexe *f*.
atodlen (**-ni**) *b* annexe *f*.
atodol *ans* supplémentaire, additionnel(le);
♦ **yn** ~ *adf* en sus, en outre.
atodyn (**atodion**) *g* accessoire *m*.
atol (**-au**) *b* atoll *m*.
atolwg *ebych* je vous prie, je vous le demande.
atom[1] *ardd gw.* **at**.
atom[2] (**-au**) *g,b* atome *m*.
atomadur (**-on**) *g* atomiseur *m*.
atomaidd *ans* atomique.
atomeg *b* sciences *fpl* atomiques.
atomegydd (**atomegwyr**) *g* atomiste *m/f*.
atomeiddio *ba* atomiser.
atomfa (**atomfeydd**) *b* centrale *f* nucléaire.
atomiaeth *b* atomisme *m*.
atomig *ans* atomique; **bom** ~ bombe *f* atomique; **oes** ~ ère *f* atomique; **ynni** ~ énergie *f* atomique; **rhyfel** ~ guerre *f* nucléaire *neu* atomique; **pwysau** ~ poids *m* nucléaire; **màs** ~ masse *f* nucléaire.
atomigedd *g* atomicité *f*, valence *f*.
atrefnu *ba* arranger (qch) *neu* disposer (qch) de nouveau, remettre (qch) en ordre.
atroffi *g* atrophie *f*.
atrói *bg* retourner, revenir.
atsain (**atseiniau**) *b* écho *m*, rappel *m*; (*datsain*) retentissement *m*.
atseinio *ba* renvoyer, répercuter;
♦*bg* retentir, résonner, faire écho, se répercuter.
atseiniol *ans* retentissant(e), résonnant(e), répercutant(e);
♦ **yn** ~ *adf* de façon retentissante.
atsugno *ba* absorber.
atwynt *ans* qui est au vent, qui est contre le vent, qui est du côté du vent;
♦*adf* du côté du vent, au vent, contre le vent.
atyfiant *g* germination *f*.
atynfa (**atynfeydd**) *b* attrait *m*, attraction *f*; (*swyn*) séduction *f*; **prif** ~ attrait principal.
atyniad (**-au**) *g gw.* **atynfa**
atyniadaeth (**-au**) *b* polarité *f*.
atyniadol *ans* attirant(e), attrayant(e), charmant(e), séduisant(e), affriolant(e); (*bwyd*) alléchant(e), appétissant(e);
♦ **yn** ~ *adf* d'une manière attrayante.
atynnu *ba* attirer; (*llithio*) séduire.
atynt *ardd gw.* **at**.
atheist (**-iaid**) *g/b* athée *m/f*.
atheistiaeth *b* athéisme *m*.
Athen *prb* Athènes.
athlet (**-iaid**) *g* athlète *m/f*.
athletaidd *ans* (*rhn*) athlétique, sportif(sportive); (*achlysur*) d'athlétisme, sportif; **mae golwg** ~ **arno** il a l'air vigoureux *neu* solide *neu* bien taillé *neu* sportif;
♦ **yn** ~ *adf* athlétiquement.
athletau *ll* athlétisme *m*.
athletiaeth *b* athlétisme *m*.
athletig *ans gw.* **athletaidd**.
athletwr (**athletwyr**) *g* athlète *m*, sportif *m*; **mae'n** ~ **da** il est très sportif, c'est un sportif.
athletwraig (**athletwragedd**) *b* athlète *f*, sportive *f*.
athraidd *ans* perméable, pénétrable.
athrawes (**-au**) *b* (*cyff*) enseignante *f*;

(*uwchradd*) (femme *f*) professeur *m*; (*cynradd*) institutrice *f*, maîtresse *f* d'école; ~ **Ffrangeg yw hi** elle est professeur de français; ~ **lanw** suppléante *f*, remplaçante *f*.

athrawiaeth (-au) *b* doctrine *f*.

athrawiaethol *ans* doctrinal(e)(doctrinaux, doctrinales);
♦ **yn** ~ *adf* doctrinalement.

athrawiaethu *ba* endoctriner, inculquer des doctrines à; (*dysgu*) instruire.

athrawiaethus *ans* doctrinaire.

athreiddedd *g* perméabilité *f*.

athreuliad *g* usure *f*.

athreuliol *ans*: **rhyfel** ~ guerre *f* d'usure.

athrist *ans* chagriné(e), triste, attristé(e), affligé(e), désolé(e), mélancolique;
♦ **yn** ~ *adf* tristement, avec chagrin, mélancoliquement, d'un air triste *neu* désolé; (*dweud*) d'un ton triste *neu* désolé.

athro (**athrawon**) *g* (*cyff*) enseignant *m*; (*uwchradd*) professeur *m*; (*cynradd*) instituteur *m*, maître *m* d'école; ~ **yw e** il est professeur; **mae'n** ~ **da** c'est un bon professeur; ~ **llanw** suppléant *m*, remplaçant *m*.

athrod (**-ion**) *g* calomnie *f*; (*CYFR*) diffamation *f*.

athrodgar *ans gw.* **athrodus**.

athrodi *ba* calomnier, dire du mal de; (*CYFR*) diffamer.

athrodus *ans* calomnieux(calomnieuse), calomniateur(calomniatrice); (*CYFR*) diffamateur(diffamatrice);
♦ **yn** ~ *adf* calomnieusement, de façon diffamatoire.

athrodwr (**athrodwyr**) *g* calomniateur *m*; (*CYFR*) diffamateur *m*.

athrodwraig (**athrodwragedd**) *b* calomniatrice *f*; (*CYFR*) diffamatrice *f*.

athrofa (**athrofeydd, athrofâu**) *b* collège *m*, école *f*; (*prifysgol*) université *f*; (*academi*) académie *f*; (*sefydliad*) institut *m*.

athrofaol *ans* de collège, académique, universitaire.

athroniaeth (-au) *b* philosophie *f*.

athronydd (**athronwyr**) *g* philosophe *m/f*.

athronyddol *ans* (*testun*) philosophique; (*rhn*) philosophe;
♦ **yn** ~ *adf* philosophiquement, avec philosophie.

athronyddu *bg* philosopher.

athrylith (-oedd) *b* (*rhn*) homme *m* de génie, femme *f* de génie; (*medr*) génie *m*, ingéniosité *f*; (*dawn*) talent *m*, don *m* extraordinaire.

athrylithgar *ans* génial(e)(géniaux, géniales), de génie, ingénieux(ingénieuse); (*talentog*) talentueux(talentueuse), doué(e), plein(e) de talent;
♦ **yn** ~ *adf* génialement, ingénieusement.

athyriad (-au) *g* agglomérat *m*.

athyrru *ba* agglomérer;
♦*bg* s'agglomérer.

aur *g* or *m*; ~ **coeth** or pur; **nid** ~ **popeth melyn** tout ce qui brille n'est pas d'or;
♦*ans* (*wedi ei wneud o aur*) d'or, en or; (*o liw aur*) doré(e), (couleur) d'or; **priodas** ~ noces *fpl* d'or; **pysgodyn** ~ poisson *m* rouge.

awch (-au) *g*
1 (*min*) tranchant *m*, fil *m*; **llafn ag** ~ **arni** lame *f* bien affilée; **rhoi** ~ **ar** aiguiser, affiler, affûter.
2 (*eiddgarwch, awydd*) ardeur *f*, entrain *m*, enthousiasme *m*, élan *m*; ~ **bwyd** appétit *m*.

awchlym (**awchlem**) (**awchlymion**) *ans* (bien) affilé(e), (bien) affûté(e), aiguisé(e), aigu(aiguë).

awchlymu *ba* aiguiser, affûter, affiler; (*ymholgarwch*) stimuler, exciter.

awchu *ba* (*rhoi min ar*) aiguiser, affûter, affiler;
♦*bg*: ~ **am rth** (*dyheu*) désirer *neu* souhaiter (ardemment) qch, avoir très envie de qch.

awchus *ans* (*miniog*) affilé(e), affûté(e), aiguisé(e); (*eiddgar*) ardent(e), avide, passionné(e), violent(e);
♦ **yn** ~ *adf* ardemment, avidement, passionnément, violemment.

awdiomedr (-au) *g* audiomètre *m*.

awditoriwm (**awditoria**) *g* salle *f*; (*RADIO, TELEDU: ar gyfer cyngherddau*) auditorium *m*.

awdl (-au) *b* ode *f*.

awdur (-on) *g* auteur *m*, écrivain *m*.

awdurdod (-au) *g*
1 (*grym*) autorité *f*, pouvoir *m*; **bod ag** ~ **dros rn** avoir autorité sur qn; **fi yw'r** ~ **yma** c'est moi qui commande ici; **y rhai mewn** ~ ceux qui nous gouvernent.
2 (*argyhoeddiad, sicrwydd*) autorité *f*; **siarad ag** ~ parler avec compétence *f neu* autorité.
3 (*caniatâd, hawl*) autorisation *f*.
4 (*corff gweinyddol*) administration *f*; ~ **iechyd** administration régionale de la santé publique; ~ **lleol** (*tref*) administration communale; (*sir*) administration départementale; ~ **addysg lleol** office *m* régional de l'enseignement; **yr** ~**au** les autorités *fpl*.
5 (*rhn sy'n arbenigo yn ei faes*) autorité *f*, expert *m*; ~ **ar rth** autorité en matière de qch, expert en qch; **bod yn** ~ **ar rth** faire autorité en matière de qch.

awdurdodaeth (-au) *b* juridiction *f*.

awdurdodedig *ans* autorisé(e).

awdurdodi *ba* (*rhn*) autoriser, donner pouvoir à; (*rhth*) autoriser, permettre (qch à qch).

awdurdodiad (-au) *g* autorisation *f*; (*hawl gyfreithiol*) pouvoir *m*, mandat *m*.

awdurdodol *ans* (*rhn*) autoritaire, impérieux(impérieuse); (*tôn*) d'autorité; (*barn, ffynhonnell, datganiad*) autorisé(e); (*argraffiad*) qui fait autorité;
♦ **yn** ~ *adf* autoritairement, avec autorité,

impérieusement.

awdurdodus *ans* autoritaire;
♦ **yn** ~ *adf* impérieusement.

awdurdodusrwydd *g* autoritarisme *m*, caractère *m* autoritaire.

awdures (**-au**) *b* femme *f* auteur, femme écrivain.

awdur-gyfansoddwr (**~-gyfansoddwyr**) *g* auteur-compositeur(~s-~s) *m*.

awel (**-on**) *b* brise *f*; (*chwa o wynt*) souffle *m* de vent.

awelog *ans* (*tywydd, diwrnod*) frais(fraîche); (*llecyn*) éventé(e).

awen[1] (**-au**) *b* (*ffrwyn*) rêne *f*; **cymryd yr ~au** (*ffig*) prendre *neu* assurer la direction, assumer la responsabilité.

awen[2] (**-au**) *b* (*barddoniaeth*) muse *f*.

awenydd (**-ion**) *g* poète *m*.

awenyddiaeth *b* poésie *f*.

awenyddol *ans* poétique;
♦ **yn** ~ *adf* poétiquement.

awff(t) (**-iaid**) *g* butor *m*, rustre *m*, balourd *m*, malotru *m*; **mae'n ~ am felysion** il est très friand de sucreries.

awgrym (**-iadau**) *g* suggestion *f*, proposition *f*; (*ensyniad*) allusion *f*, insinuation *f*; (*arlliw*) soupçon *m*, trace *f*; (*:o acen*) pointe *f*.

awgrymadwy *ans* suggestible.

awgrymiad (**-au**) *g* suggestion *f*, proposition *f*; (*ensyniad*) allusion *f*, insinuation *f*.

awgrymiadol, **awgrymog** *ans* suggestif(suggestive);
♦ **yn** ~ *adf* de façon suggestive.

awgrymu *ba* (*cynnig*) suggérer, proposer; (*peri meddwl am*) évoquer, faire penser à; (*lledgyfeirio at*) insinuer, laisser supposer *neu* entendre, sembler indiquer; **beth ydych chi'n ei ~?** que voulez-vous dire par là?, qu'est-ce que vous entendez par là?

awgrymus *ans gw.* **awgrymiadol**.

awgrymusrwydd, **awgrymusedd** *g* caractère *m* suggestif, suggestivité *f*.

Awgwstws *g* Auguste.

awn *be gw.* **mynd**.

awr (**oriau**) *b* heure *f*; **chwarter ~** un quart *m* d'heure; **hanner ~** une demi-heure *f*; **~ a hanner** une heure et demie; **bob ~** toutes les heures; **50 milltir yr ~** ≈ 80 kilomètres à l'heure; **tâl wrth yr ~** taux *m* horaire; **mae'n cael ei dalu wrth yr ~** il est payé à l'heure; **o'r naill ~ i'r llall** d'heure en heure; **~ frys** heure de pointe, heure d'affluence; **mae gwaith ~ o Lyon i Valence** de Lyon à Valence c'est une heure de voyage; **ar ~ wan** par un moment de fatigue *neu* de faiblesse *neu* de défaillance; **treulio oriau yn gwneud rhth** passer des heures à faire qch; **gweithio oriau hir** faire de longues journées de travail; **yn oriau mân y bore** au petit matin, au petit jour;
♦ **yn** ~ *adf* maintenant, à présent, actuellement, en ce moment, à l'instant même; **yn ~ ac yn y man** de temps en temps, de temps à autre, par moments.

awran *b*: **(rhyw)** ~ environ une heure.

awrdal (**-iadau**) *g* taux *m* horaire.

awrlais (**awrleisiau**) *g* pendule *f*, horloge *f*.

awrlestr (**-i**) *g* sablier *m*.

awrora (**awrorâu**) *g,b* aurore *f*.

awrwydr (**-au**) *g* sablier *m*.

Awst *g* août *m*; **Calan ~** le 1er août; **tri llif ~** les grosses averses du mois d'août *gw. hefyd* **Mai**.

Awstin *g* Augustin.

Awstralaidd *ans* australien(ne).

Awstralasia *prb* l'Australasie *f*; **yn ~** en Australasie.

Awstralasiaidd *ans* australasien(ne).

Awstralasiad *g/b* Australasien *m*, Australasienne *f*.

Awstralia *prb* l'Australie *f*; **yn ~** en Australie.

Awstraliad (**Awstraliaid**) *g/b* Australien *m*, Australienne *f*.

Awstria *prb* l'Autriche *f*; **yn ~** en Autriche.

Awstriad (**Awstriaid**) *g/b* Autrichien *m*, Autrichienne *f*.

Awstriaidd *ans* autrichien(ne).

awtarchiaeth (**-au**) *b* autarcie *f*.

awtistig *ans* autistique, autiste; **rhn ~** autiste *m/f*;
♦ **yn** ~ *adf* de façon autistique.

awtistiaeth *b* autisme *m*.

awtociw (**-iau**) *g* prompteur *m*.

awtocrat (**-iaid**) *g* autocrate *m*.

awtocrataidd *ans gw.* **awtocratig**.

awtocratiaeth (**-au**) *b* autocratie *f*.

awtocratig *ans* autocratique;
♦ **yn** ~ *adf* autocratiquement.

awtomasiwn *g* (*techneg, gweithred*) automatisation *f*; (*cyflwr*) automation *f*.

awtomataidd *ans* automatisé(e).

awtomatedd *b* automatisme *m*.

awtomatiaeth (**-au**) *b* (*techneg, gweithred*) automatisation *f*; (*cyflwr*) automation *f*; (*awtomatedd*) automatisme *m*.

awtomatig *ans* automatique;
♦ **yn** ~ *adf* automatiquement.

awtomeiddio *ba* automatiser.

awtonomaidd *ans* autonome;
♦ **yn** ~ *adf* de façon autonome.

awtonomiaeth *b* autonomie *f*.

awtonomig *ans* autonome; **cyfundrefn nerfol ~** système *m* nerveux autonome.

awtopeilot (**-iaid**) *g* pilote *m* automatique.

awtopsi (**awtopsïau**) *g* autopsie *f*.

awydd (**-au**) *g* envie *f*, désir *m*; (*angerdd*) avidité *f*, ferveur *f*, ardeur *f*; **~ gwneud** (*dyhead*) désir ardent de faire, impatience *f* de faire, empressement *m* à faire; **bod ag ~ gwneud rhth** désirer faire qch, avoir envie de faire qch; **mae gen i ~ mynd i'r sinema** j'ai envie d'aller au cinéma; **os oes arnoch ~** si le cœur vous en dit; **'does arna' i ddim ~ mynd allan heno** ça ne me chante pas de sortir ce soir; **'does gen i ddim tamaid o ~ mynd yno** je n'ai aucune *neu* nullement envie d'y aller; **~ bwyd** faim *m*; **~ cysgu** envie de dormir.

awyddfryd *g* ardeur *f*, zèle *m*, ferveur *f*, empressement *m*, impatience *f*.

awyddfrydig *ans* désireux(désireuse), avide, impatient(e), pressé(e); (*awchus*) passionné(e), ardent(e);
♦ **yn ~** *adf* avidement, avec impatience, avec empressement; (*yn awchus*) passionnément, ardemment.

awyddu *ba* désirer, vouloir, avoir envie de, souhaiter.

awyddus *ans* désireux(désireuse), avide, pressé(e), impatient(e); (*cariadon*) passionné(e), ardent(e); **bod yn ~ i wneud rhth** avoir envie *neu* hâte de faire qch, désirer vivement faire qch, souhaiter faire qch; **'roeddwn i'n ~ iawn i'w gweld hi** j'avais hâte de la voir, j'étais pressé de la voir.

awyr *b*
1 (*a anedlir*) air *m*; **~ gywasgedig** air comprimé; **~ iach** air frais; **yn yr ~ agored** en plein air, à la belle étoile; **cysgu yn yr ~ agored** dormir à la belle étoile.
2 (*wybren*) ciel(ciels) *m*; (*BARDD, ffig*) ciel(cieux); **~ draeth** ciel pommelé; **~ goprog, ~ benddu** ciel couvert.
▶ **ar yr awyr** (*RADIO*) à la radio, sur les ondes, à l'antenne; (*TELEDU*) à l'antenne; **bod ar yr ~** être à l'antenne; (*gorsaf*) émettre; **'rydych chi ar yr ~** vous avez l'antenne.
▶ **yn yr awyr** en l'air; (*yn y nen*) dans le ciel.
▶ **malu awyr** *gw.* **malu.**

awyrbwysedd *g* pression *f* atmosphérique.

awyrell (**-au**) *b* (*mewn adeilad*) soupirail(soupiraux) *m*; (*twll*) orifice *m*; (*pibell*) conduit *m*; (*mewn simnai*) tuyau(-x) *m*.

awyren (**-nau**) *b* avion *m*; **~ jet** jet *m*, avion à réaction; **~ ymladd** avion de chasse, chasseur *m*; **~ ymladd a bomio** chasseur-bombardier(~s-~s) *m*; **mynd mewn ~** aller en avion; **anfon rhth gydag ~** (*llythyr ayb*) expédier qch par avion; **diwydiant ~nau** industrie *f* aéronautique.

awyrendy (**awyrendai**) *g* hangar *m*.

awyrenfa (**awyrenfeydd**) *b* (petit) aérodrome *m*, terrain *m* d'aviation

awyrennaeth *b* aéronautique *f*, aviation *f*.

awyrennwr (**awyrenwyr**) *g* aviateur *m*; (*yn y llu awyr*) soldat *m* (de l'armée de l'air).

awyrenwraig (**awyrenwragedd**) *b* aviatrice *f*; (*yn y llu awyr*) femme *f* auxiliaire (de l'armée de l'air).

awyrfaen (**awyrfeini**) *g* météorite *m,f*.

awyrfesurydd (**-ion**) *g* aéromètre *m*.

awyrgorff (**awyrgyrff**) *g* masse *f* d'air.

awyrgylch (**-oedd**) *g* atmosphère *f*; (*naws, cwmni*) ambiance *f*.

awyrgylchol *ans* atmosphérique.

awyriad *g* ventilation *f*, aération *f*, aérage *m*.

awyriadur (**-on**) *g* ventilateur *m*, climatiseur *m*; (*simnai*) ventouse *f*; (*seler*) soupirail(soupiraux) *m*, entrée *f* *neu* prise *f* d'air.

awyrladrad (**-au**) *g* piraterie *f* aérienne.

awyr-lefftenant (**~-~iaid**) *g* capitaine *m* (de l'armée de l'air).

awyrleidr (**awyrladron**) *g* pirate *m* de l'air.

awyrlong (**-au**) *b* (ballon *m*) dirigeable *m*.

awyrlu (**-oedd**) *g* armée *f* de l'air.

awyrlun (**-iau**) *g* photographie *f* aérienne.

awyrlywydd (**-ion**) *g* général(généraux) *m* de corps aérien.

awyrofodeg *b* aérospatiale *f*.

awyrog *ans* bien aéré(e), ouvert(e) à l'air, ventilé(e), climatisé(e); (*lle yn y wlad*) exposé(e) au vent.

awyrol *ans* éthéré(e), aérien(ne), impalpable.

awyru *ba* (*ystafell*) aérer, ventiler, climatiser; (*gwaed, dŵr*) oxygéner; (*pridd*) retourner; (*hylif*) gazéifier; **dŵr wedi'i ~** eau(-x) *f* gazeuse; **siafft ~** conduit *m* *neu* bouche *f* d'aération.

awyrydd (**-ion**) *g* *gw.* **awyriadur.**

ayb *byrf*(= *ac yn y blaen*) etc (=et cetera), et ainsi de suite, et patati* et patata*.

Azores *ll*: **Ynysoedd yr ~** les Açores *fpl*

B

B.A. *byrf* (*gradd: bagloriaeth*) diplôme *m* universitaire en lettres et sciences humaines, ≈ licence *f* de *neu* ès lettres; (*rhn graddedig: baglor*) licencié *m*, licenciée *f* *gw. hefyd* **baglor, bagloriaeth**.

B.Add. *byrf* (*gradd*) diplôme *m* universitaire de pédagogie; (*rhn graddedig*) licencié *m*, licenciée *f*.

baban (**-od**) *g* bébé *m*, enfant *m/f*; ~ **newydd ei eni** nouveau-né(~-~s) *m*, nouveau-née(~-~s) *f*; (*ar y fron*) nourrisson *m*, nourrissonne *f*; **cael** ~ avoir un bébé; **y B~ Iesu** le petit Jésus; (*mewn paentiad*) l'enfant Jésus; **afiechyd ~od** maladie *f* infantile; **camdrin ~od, curo ~od** mauvais traitements *mpl* infligés aux enfants; **cipiwr ~od** ravisseur *m* d'enfants, ravisseuse *f* d'enfants; **curwr ~od** bourreau(-x) *m* d'enfants; **dillad ~od** vêtements *mpl* de bébé; **dillad a chlytiau ar gyfer** ~ layette *f*; **dosbarthiadau ~od** les classes *fpl* enfantines, les petites classes, cours *mpl* préparatoires; **gofalu am fabanod** garder les bébés *neu* enfants, avoir la garde des enfants; **gwarchodwraig ~od** garde *f* d'enfants, nourrice *f*; **llofrudd ~od** infanticide *m/f*; **llofruddiaeth ~od** infanticide *m*; **marwolaeth ~od** mortalité *f* infantile; ~ **tiwb profi** bébé-éprouvette(~s-~) *m* *gw. hefyd* **babi, gwarchod, ysgol**[1].

babanaidd *ans* enfantin(e), puéril(e), d'enfant, bébé *inv*; (*dillad*) de bébé; (*afiechyd*) infantile;
♦ **yn fabanaidd** *adf* comme un enfant, puérilement.

babandod *g* (toute) petite enfance *f*, bas âge *m*; (CYFR) minorité *f*; (*ffig*) enfance, débuts *mpl*.

babaneiddiwch *g* infantilisme *m*, enfantillage *m*, puérilité *f*.

babanladdiad (**-au**) *g* infanticide *m*.

babanleiddiad (**babanleiddiaid**) *g* infanticide *m/f*.

babanu *ba* (*rhoi mwythau, cariad i*) faire des câlins à, câliner, chouchouter, dorloter, cajoler;
♦*bg* faire l'enfant; (*ymddangos yn fabanaidd*) se montrer très puéril(e).

Babel *prg* Babel.

babi (**-s**) *g* bébé *m*; **wyneb** ~ visage *m* poupin; **siarad** ~ langage *m* enfantin, langage de bébé; **~'r teulu** (*olaf anedig*) le petit dernier *m*, la petite dernière *f*, benjamin *m*, benjamine *f*; ~ **mam** fils *m* à maman, poule *f* mouillée*; **am fabi mam!** quel bébé!, quel enfant!, quelle poule mouillée!*; **hen fabi wyt ti!** tu n'es qu'un grand enfant!, tu es vraiment enfantin(e)!; **paid â bod yn gymaint o fabi!** ne fais pas l'enfant! *gw. hefyd* **baban**.

babïaidd *ans* enfantin(e), puéril(e);
♦ **yn fabïaidd** *adf* comme un enfant, puérilement.

babïeiddiwch *g gw.* **babaneiddiwch**.

Babilon *prb* Babylone.

babïo *ba* gâter, pourrir.

bablan, bablo *bg* bredouiller, bafouiller; (*babi*) gazouiller, babiller.

babŵn (**-s, babwniaid**) *g* babouin *m*.

bacas (**bacsau**) *b* bas *m* sans pied; (*blew ar egwyd ceffyl*) fanons *mpl*.

bacilws *g* bacille *m*.

bacio *ba*
1 (*car ayb*) faire reculer; ~ **car i mewn/allan** entrer/sortir une voiture en marche arrière.
2 (*cefnogi*) soutenir.
3 (*ceffyl: betio ar*) parier sur, miser sur, jouer;
♦*bg* faire marche arrière, reculer; ~ **i mewn/allan** (*rhn*) entrer/sortir à reculons.

baciwr (**bacwyr**) *g* (*ceffylau*) parieur *m*.

baco *g* tabac *m*; **siop faco** un tabac, bureau(-x) *m* *neu* débit *m* de tabac.

bacsen (**bacsau**) *b gw.* **bacas**.

bacsiog *ans* (*ceffyl, coesau*) à fanons; **iâr facsiog** poule *f* (de) brahmapoutre.

bacteria *ll* bactéries *fpl*.

bacterioleg *b* bactériologie *f*.

bacteriolegydd (**bacteriolegwyr**) *g* bactériologiste *m/f*.

bacteriwm (**bacteria**) *g* bactérie *f*.

bacwn *g* bacon *m*; (*heb ei sleisio*) lard *m*; ~ **ac wy** œufs *mpl* au bacon; **sleisen o facwn** tranche *f* de bacon; **peiriant sleisio** ~ coupe-jambon *m inv*; ~ **brith** bacon pas trop maigre, bacon entrelardé; ~ **mwg** bacon fumé; **stribed o facwn** lardon *m*.

bacwraig (**bacwragedd**) *b* (*ceffylau*) parieuse *f*.

bacws *g* four *m* banal.

bach[1] (**-au**) *g* crochet *m*; (*i ddal cotiau*) patère *f*; (*ar wisg*) agrafe *f*; (*pysgota*) hameçon *m*; (*drws*) gond *m*, charnière *f*, pivot *m*; ~ **a dolen** agrafes; **~au sgwâr** (TEIP) crochets.

bach[2] *ans* petit(e), de petite taille; (*annwyl*) cher(chère); (*heb fod yn niferus*) peu nombreux(nombreuse); (*cyflog*) modeste; (*pryd bwyd*) léger(légère); (*heb fod yn bwysig*) insignifiant(e), mineur(e); (*cul*) étroit(e); (*byr*) court(e); (*ifanc*) jeune; **mae gen i rywbeth ~ iti** j'ai un petit quelque chose pour toi; **Cymru fach!** le *neu* notre pays de Galles bien aimé; **bod â meddwl** ~ avoir l'esprit étroit;
♦*g*: **sut mae hi, ~!** salut, mon chou!; **fy mach annwyl i!** mon petit chou *neu* ange!, mon enfant adoré!; **rhoi "o, ~" i gi** caresser un

chien;
♦*adf*: **yn ddistaw ~, yn slei ~** à la dérobée, en cachette.
bachan* *g* mec* *m*, type* *m*.
bachell (-**au**) *b* (*cornel, cilfach*) coin *m*, recoin *m*; (*magl*) piège *m*, traquenard *m*; (*gafael*) étreinte *f*, prise *f*.
bachgen (**bechgyn**) *g* garçon *m*, enfant *m*; (*llanc*) gars* *m*, adolescent *m*; (*mab*) fils *m*; ~ **bychan** petit garçon *m*, garçonnet *m*; ~ **drwg!** vilain!; ~ **ifanc** jeune (homme) *m*; **tyrd yma, 'machgen i!** viens ici mon petit *neu* mon grand!; **'roeddwn i'n arfer byw yma pan oeddwn yn fachgen** j'habitais ici quand j'étais jeune *neu* petit *neu* enfant; **dewch fechgyn!** allons-y les gars!
bachgendod *g* enfance *f*, adolescence *f*.
bachgennaidd *ans* (*ymddygiad*) d'enfant, de garçon; (*gwên*) gamin(e); (*pej*) enfantin(e), puéril(e); (*ymddygiad merch*) garçonnier(garçonnière), de garçon; **mae golwg fachgennaidd arno** il fait très gamin;
♦ **yn fachgennaidd** *adf* comme un enfant, puérilement; (*ymddwyn*) en enfant.
bachgennes (**bachgenesau**) *b* fille *f*; (*ifanc*) petite fille, fillette *f*.
bachgennyn (**bechgynnos**) *g* petit garçon *m*, garçonnet *m*, petit *m*.
bachiad (-**au**) *g* (*gafael*) prise *f*; **cael** ~ (*wrth bysgota*) avoir une touche; (*cael swydd*) décrocher un poste; (*cael cariad*) ramasser une fille *neu* un garçon.
bachigol *ans* (GRAM) diminutif(diminutive).
bachigyn (**bachigion**) *g* (GRAM) diminutif *m*.
bachog *ans* muni(e) de crochets *neu* d'agrafes *neu* d'hameçons; (*trwyn*) busqué(e), crochu(e), recourbé(e); (*sylw*) tranchant(e), mordant(e), pénétrant(e).
bachu *ba* accrocher; (*pysgota*) prendre; (*gwisg*) agrafer; (*lladrata*) chiper*, piquer*, faucher*; (CHWAR: GOLFF) hooker; (:RYGBI) talonner; **ei ~ hi** (*mynd*) filer, décamper; **bacha hi o'ma!*** fous le camp!*, file!, va-t'en d'ici!; ~ **merch*** ramasser une fille.
bachwr (**bachwyr**) *g* (CHWAR) talonneur *m*; (TECH) grappin *m*.
bachyn (**bachau**) *g* crochet *m*; (*i ddal cotiau*) patère *f*; (*ar wisg*) agrafe *f*; (*pysgota*) hameçon *m*.
bad (-**au**) *g* (*cwch*) bateau(-x) *m*; (*llong*) navire *m*, vaisseau(-x) *m*, bâtiment *m*; (*rhwyfo*) barque *f*, canot *m*; (*hwylio*) voilier *m*; (*ar gyfer teithwyr*) paquebot *m*; (*tynfad*) remorqueur *m*; ~ **achub** bateau *neu* canot de sauvetage; (*ar long*) chaloupe *f* de sauvetage; ~ **camlas** (*ysgraff*) chaland *m*, péniche *f*; ~ **cyflym** vedette *f*; ~ **modur** hors-bord *m inv*; **dal y** ~ prendre le bateau; **mynd am dro ar y** ~ faire une excursion en bateau; **mynd mewn** ~ aller en bateau, faire du bateau, faire du canotage, canoter; **llond** ~ (*o bobl*) plein bateau; (*o nwyddau*) cargaison *f*; **ras fadau** course *f* de bateaux.
badminton *g* badminton *m*; **chwarae** ~ jouer au badminton; **chwaraewr** ~ joueur *m* de badminton; **chwaraewraig** ~ joueuse *f* de badminton.
badwr (**badwyr**) *g* batelier *m*, canotier *m*; (*ar fferi*) passeur *m*; (*huriwr badau*) loueur *m* de canots.
baddo *ba* donner un bain à, baigner;
♦*bg* (se) baigner, prendre un bain.
baddon (-**au**) *g* bain *m*; (*twb*) baignoire *f*; ~ **sawna** sauna *m*; ~ **traed** bain de pieds; ~ **Twrcaidd** bain turc, hammam *m*; ~ **thermol** thermes *mpl*.
baddondy (**baddondai**) *g* établissement *m* de bains *neu* de douches.
bae[1] (-**au**) *g* (DAEAR) baie *f*; (*bach*) anse *f*; (*mawr*) golfe *m*; **B~ Viscaya, B~ Gwasgwyn** le Golfe de Gascogne.
bae[2] (-**au**) *g* (PLANH) laurier *m*; **deilen** ~ feuille *f* de laurier.
bae[3] *ans*: **ffenestr fae** fenêtre *f* en saillie.
baeas *g* (*defnydd*) serge *f*, reps *m*.
baedd (-**od**) *g* (*gwyllt*) sanglier *m*; (*ifanc*) marcassin *m*; (*gwryw mochyn*) verrat *m*; **pen** ~ (COG) hure *f* de sanglier; **hela** ~ chasser le sanglier, chasse *f* au sanglier.
baeddu *ba* salir; (*enw da*) souiller, salir; (*curo*) battre, vaincre;
♦*bg* se salir; **mae'r ffrog yma'n ~'n hawdd** cette robe se salit vite.
baetio *ba* (*poenydio*) harceler.
Bafaraidd *ans* bavarois(e).
Bafaria *prb* la Bavière *f*.
Bafariad (**Bafariaid**) *g/b* Bavarois *m*, Bavaroise *f*.
bag (-**iau**) *g* sac *m*; **~iau** (*cyff*) bagages *mpl*, valises *fpl*; **pacio'ch ~iau** plier bagage; ~ **awyr** (*mewn car*) airbag *m*; ~ **dal popeth** fourre-tout *m inv*; ~ **dillad,** ~ **teithio** valise *f*; ~ **dogfennau,** ~ **llyfrau** serviette *f*, porte-documents *m inv*; ~ **dyffl** sac de paquetage, sac marin; ~ **ffa** (*sedd*) fauteuil *m* poire; (*i'w daflu*) sac de haricots; ~ **llaw** sac à main; ~ **llwch** sac à poussière; ~ **papur** sac en papier, sachet *m*; ~ **plastig** sachet en plastique; ~ **postmon** sacoche *f* du facteur *neu* de distribution; ~ **rhew** vessie *f* à glace; ~ **ysgol** cartable *m*.
bagad (-**au**) *g* rassemblement *m*, troupe *f*, troupeau(-x) *m*, foule *f*.
bagaid (**bageidiau**) *g* sac *m* plein, plein sac; ~ **o jips** un sachet (plein) de frites.
bagatél *g* bagatelle *f*.
bagio[1] *ba* mettre (qch) en sac, ensacher.
bagio[2] *ba, bg gw.* **bacio**.
bagiog *ans* trop ample, trop grand(e), bouffant(e).
bagl (-**au**) *b* béquille *f*; (*esgob*) crosse *f*; (*bugail*) houlette *f*; (CORFF) jambe *f*; **cerdded**

â ~**au, cerdded ar faglau** marcher à l'aide de béquilles, marcher au moyen de béquilles; ~ **o bobtu** (*ar gefn ceffyl*) à califourchon; ~**au brain** (*ffig*) gribouillage *m*, griffonnage *m*.

baglan *bg gw.* **baglu**.

baglor (**-ion**) *g* (*prifysgol*) licencié *m*, licenciée *f*; ~ **yn y celfyddydau** licencié ès lettres, licenciée ès lettres.

bagloriaeth (**-au**) *b* baccalauréat *m*; (*prifysgol*) licence *f*; ~ **yn y celfyddydau/gwyddorau** licence ès lettres/sciences.

baglu *bg* trébucher, buter, faire un faux pas; **baglais dros y carped** j'ai trébuché sur le tapis; ~ **dros eich geiriau** parler d'une voix hésitante *neu* trébuchante;
♦*ba*: ~ **rhn** faire trébucher qn, faire un croche-pied à qn, faire un croc-en-jambe à qn; **ei** ~ **hi*** (*rhedeg ymaith*) filer, s'enfuir (à toutes jambes), partir en courant.

bang (**-s**) *g* (*sŵn: gwn, ffrwydron*) détonation *f*, boum *m*, fracas *m*, pan *m*; (*:awyren*) bang *m* (supersonique); (*:drws*) claquement *m*; (*ergyd*) coup *m* (violent); ~**!** (*gwn ayb*) pan!, vlan!; (*ffrwydriad*) boum!; **a** ~**! yn ei wyneb** et vlan! dans sa figure.

bangio *ba* (*taro*) frapper (qch) violemment; ~**'r drws** (faire) claquer la porte; ~**'r caead ar rth** rabattre violemment le couvercle sur qch; **gallwn i fod wedi** ~ **eu pennau gyda'i gilydd** j'en aurais pris un pour taper sur l'autre;
♦*bg* (*drws*) claquer, battre; (*gwn*) détoner; (*gynnau*) tonner; (*gwneud sŵn*) faire du bruit *neu* potin*.

Bahamaidd *ans* des Bahamas.

Bahamas *prll*: **(Ynysoedd) y** ~ les Bahamas *fpl*; **yn y** ~ aux Bahamas.

Bahamiad (**Bahamiaid**) *g/b* insulaire *m/f* des Bahamas.

bai[1] (**beiau**) *g* (*nam, diffyg: cyff*) défaut *m*, travers *m*, imperfection *f*; (*:gwall*) erreur *f*, faute *f*; (*:TECH*) défaut; (*cyfrifoldeb*) responsabilité *f*, faute; **er gwaethaf ei holl feiau** malgré tous ses travers *neu* défauts; **gweld** ~ **ar rn** trouver à redire à qn, condamner *neu* blâmer *neu* critiquer qn; **cymryd y** ~ supporter *neu* assumer la responsabilité; **ar bwy mae'r** ~**?** qui est fautif?, à qui la faute?; **ar bwy mae'r** ~ **am y ddamwain hon?** à qui attribuer cet accident?; **nid arna' i mae'r** ~**!** ce n'est pas (de) ma faute!; **arno fe mae'r** ~ c'est de sa faute, c'est lui le responsable; **arnat ti dy hun mae'r** ~ tu ne peux t'en prendre qu'à toi-même; **rhoi'r** ~ **ar rn am rth** reprocher qch à qn, accuser qn de qch; (*cyfrifoldeb*) rejeter la responsabilité de qch sur qn; **cael** ~ **ar gam** être accusé(e) injustement *neu* sans raison.
▶ **ar fai** blâmable; **bod ar fai** être fautif(fautive) *neu* coupable; (*bod yn anghywir*) avoir tort; **hi sydd ar fai yn hyn o beth** c'est elle la fautive en cette affaire; **pwy sydd ar fai?** qui est fautif?, à qui la faute?; **'roeddet ti ar fai yn dweud hynny wrthi** tu as eu tort de le lui dire.

bai[2] *be gw.* **pe, bod**[1].

baich (**beichiau**) *g* charge *f*, fardeau(-x) *m*; (*llwyth*) chargement *m*; (*pwysau*) gros poids *m*; (*straen meddyliol*) poids; **mae hynna'n ormod o faich i mi** c'est trop de charge pour moi, cela; **bod yn faich ar rn** être à charge à qn; ~ **dyn diog** un chargement de paresseux.

bal *ans* (*ceffyl*) *qui a une tache blanche au front.*

balaclafa (**-s**) *g* passe-montagne *m*.

balans (**-au**) *g*
1 (*MASN: arian sydd ar ôl*) solde *m*, restant *m*, reste *m*; (*:arian dyledus*) solde débiteur; ~ **masnach** balance *f* commerciale; ~ **taliadau** balance des paiements; ~ **mewn llaw** solde créditeur; **talu'r** ~ solder un compte.
2 (*taflen, adroddiad*) bilan *m*, compte *m*.
3 (*cydbwysedd*) équilibre *m*; **cadw/colli'ch** ~ garder/perdre son équilibre; ~ **pŵer** la balance *neu* l'équilibre des forces.
4 (*cloc*) régulateur *m*, balancier *m*.

balansio* *ba* (*cadw cydbwysedd rhth*) tenir *neu* mettre (qch) en équilibre, équilibrer, compenser; (*cydbwyso*) équilibrer, compenser, contrebalancer; (*CYFRIF, MASN*) balancer, solder; ~**'r llyfrau** dresser le bilan, clôturer les comptes;
♦*bg* (*bod yn gytbwys*) se faire contrepoids; (*clorian*) être en équilibre; (*cyfrifon*) s'équilibrer, être en équilibre; ~ **ar un droed** se tenir en équilibre sur un (seul) pied; (*acrobat*) se maintenir en équilibre;
♦*g*: ~**'r cyfrifon** règlement *m neu* solde *m* des comptes; ~**'r llyfrau** balances *fpl* mensuelles.

balast *g* (*llong*) lest *m*; (*cerrig*) pierraille *f*; (*rheilffordd*) ballast *m*.

balc (**-iau**) *g* (*AMAETH*) terre *f* non labourée, terre inculte.

Balcanau *prll*: **y** ~ les Balkans *mpl*; **yn y** ~ dans les Balkans.

balconi (**balconïau**) *g* balcon *m*; (*THEATR*) fauteuils *mpl*, stalles *fpl* de deuxième balcon.

balch *ans*
1 (*bodlon*) fier(fière), heureux(heureuse), content(e), bien aise; **bod yn falch o** être fier de; **'rwy'n falch iawn o'ch gweld chi** je suis très content de vous voir; **byddaf yn falch o'ch helpu** ce sera un plaisir pour moi de vous aider.
2 (*rhodresgar*) fier(fière), orgueilleux(orgueilleuse), hautain(e);
♦ **yn falch** *adf* (*yn fodlon*) avec plaisir, avec joie; (*yn rhodresgar*) fièrement, avec fierté, orgueilleusement.

balchder *g*
1 (*bodlonrwydd*) fierté *f*; **hi yw testun** ~ **ei thad** elle est la fierté de son père.

2 (*rhodres, trahauster*) orgueil *m*, arrogance *f*, hauteur *f*, vanité *f*, gloire *f*. 3 (*PLANH*): ~ **Llundain** saxifrage *f* ombreuse, désespoir *m* des peintres.

baldordd *g* (*lleisiau*) rumeur *f*, clameur *f*; (*mân siarad*) papotage *m*, jacassement* *m*; (*babi*) babil *m*, babillage *m*.

baldorddi *bg* (*clebran*) papoter, jacasser; (*babi*) gazouiller, babiller.

baldorddus *ans* loquace, volubile, bavard(e), papoteur(papoteuse); (*tyrfa*) vociférant(e), bruyant(e);
♦ **yn faldorddus** *adf* avec volubilité.

baldorddwr (**baldorddwyr**) *g* (*un sy'n siarad fel melin*) bavard *m*, moulin *m* à paroles.

baldorddwraig (**baldorddwragedd**) *b* (*un sy'n siarad fel melin*) bavarde *f*, moulin *m* à paroles.

bale *g* ballet *m*; **dawnsiwr** ~ danseur *m* de ballet; **dawnswraig fale** danseuse *f* de ballet, ballerine *f*; **esgid fale** chausson *m* de danse; **sgert fale** tutu *m*.

Baleares *prll*: **(Ynysoedd) y** ~ les (îles *fpl*) Baléares *fpl*.

baled (-i) *b* ballade *f*; (*CERDD*) romance *f*.

baledol *ans* de ballade, de romance.

baledwr (**baledwyr**) *g* chanteur *m* de ballades, compositeur *m* de ballades *neu* romances.

balerina (-s) *b* ballerine *f*.

balisteg *b* balistique *f*.

balistig *ans* balistique; **taflegryn** ~ missile *m* balistique; **saethell falistig** engin *m* balistique.

balm *g* baume *m*.

balmaidd *ans* (*persawrus*) embaumé(e), parfumé(e); (*tyner*) doux(douce); (*sy'n lleddfu*) adoucissant(e); (*PLANH*) balsamique.

balog (-au) *b* braguette *f*.

balsa *g* balsa *m*.

balsam (-au) *g* baume *m*; **coeden falsam** sapin *m* baumier.

Baltiad (**Baltiaid**) *g/b* Balte *m/f*.

Baltig *ans* balte.

balŵn (-au) *g,b* ballon *m*; (*i'w chwythu*) ballon gonflable; (*tywydd*) ballon-sonde(~s-~s) *m*; (*i deithio ynddi*) montgolfière *f*; (*mewn cartŵn*) bulle *f*.

balwnydd (-ion) *g* aéronaute *m/f*.

balwstr (-au) *g* balustre *m*.

balwstrâd (-au) *g* balustrade *f*.

ballasg (-od) *g* porc-épic(~s-~s) *m*.

bambŵ (-au) *g* bambou *m*.

ban (-nau) *g,b* (*pen mynydd*) pic *m*, sommet *m*, cime *f*, crête *f*, haut *m*, faîte *m*; (*bryn*) mont *m*, colline *f*; **Bannau Brycheiniog** les monts du Brecknock; **o bedwar** ~ **byd** des quatre parties du globe, des quatre coins du monde; ~**nau ffydd** articles *mpl* de foi.

banadl *ll gw.* **banhadlen**.

banana (-s) *g,b* banane *f*; **coeden fananas** bananier *m*; **llong fananas** bananier *m*.

banc[1] (-iau) *g* 1 (*arian*) banque *f*; **B~ Lloegr** la Banque d'Angleterre; **B~ y Byd** la Banque Mondiale; ~ **clirio** banque appartenant à une chambre de compensation; ~ **cynilo** caisse *f* d'épargne; ~ **masnachol** banque de commerce *neu* d'affaires, banque commerciale; **archeb** ~ ordre *m* de virement bancaire; **cerdyn** ~ carte *f* d'identité bancaire; **codiannau** ~ frais *mpl* de banque; **cyfrif** ~ compte *m* bancaire; **cyfriflen** ~ relevé *m* de compte; **gŵyl y** ~ jour *m* férié; **llyfr** ~ livret *m* de banque.
2 (*cronfa: gwaed, data ayb*) banque *f*.
3 (*ar gyfer ailgylchu*): ~ **papur** conteneur *m* (*de collecte neu de récupération de vieux papiers*); ~ **poteli** conteneur (*de collecte du verre usagé*).

banc[2] (-iau, **bencydd**) (*bryn*) tertre *m*, butte *f*, petite colline *f*; (*llechwedd*) talus *m*, banc *m*; (*RHEIL*) remblai *m*.

bancer (-iaid) *g* banquier *m*, femme *f* banquier.

bancio *ba* (*arian*) mettre *neu* déposer (qch) en banque;
♦*bg*: **ble rwyt ti'n** ~? tu es à quelle banque?

bancwr (**bancwyr**) *g* banquier *m*.

band[1] (-iau) *g* (*CERDD*) orchestre *m*; (*mewn pentref*) fanfare *f*; (*milwrol*) clique *f*, fanfare, musique *f*; **arweinydd y** ~ chef *m* d'orchestre *neu* de fanfare; ~ **arian** fanfare; ~ **dawns** orchestre de danse; ~ **jas,** ~ **jazz** jazz-band *m*; ~ **pres** fanfare, orchestre de cuivres; ~ **un dyn** homme *m* orchestre.

band[2] (*rhwymyn: cyff*) bande *f*, bandelette *f*, bandage *m*; (*:lledr*) lanière *f*; ~ **elastig** élastique *m*; ~ **gwallt** bandeau(-x) *m*, serre-tête *m*.

bandit (-iaid) *g* bandit *m*, brigand *m*.

baner (-i) *b* (*cyff*) drapeau(-x) *m*; (*llong*) pavillon *m*; (*byddin*) bannière *f*, étendard *m*.

banerog *ans* à bannières, couvert(e) de drapeaux.

banerwr (**banerwyr**) *g* porte-étendard *m inv*.

Bangladesh *prb* le Bangladesh *m*; **yn** ~ au Bangladesh.

Bangladeshaidd *ans* bangladais(e).

Bangladesiad (**Bangladesiaid**) *g/b* Bangladais *m*, Bangladaise *f*.

bangor (-au) *b* (*ffon, swmbwl*) pique-bœuf *m*, aiguillon *m*; (*perth blethedig*) clayonnage *m*; (*mynachlog*) monastère *m*.

bangori *ba* clayonner.

bangorwaith *g* clayonnage *m*.

banhadlen (**banadl**) *b* genêt *m*.

banhadlog *ans* couvert(e) de genêts.

banister (-i) *g* rampe *f* d'escalier; **llithro i lawr y** ~ descendre sur la rampe.

banjo (-s) *g* banjo *m*.

banllef (-au) *b* grand cri *m*, hurlement *m*; ~ **o gymeradwyaeth** hourra *m*; **rhoi ~au o gymeradwyaeth** pousser des hourras.

bannig (**banigion**) *g* (*CERDD*) ronde *f*.
bannod (**banodau**) *b*: **y fannod bendant/amhendant** l'article *m* défini/indéfini.
bannog *ans* (*anifail*) à cornes.
bant *adf*
1 (*ymhell*) au loin, loin; **5 milltir** ~ à 5 milles de distance, à 5 milles d'ici, à une distance de 5 milles; **rowliodd y bêl** ~ la balle a roulé plus loin; **pobl o** ~ étrangers *mpl*.
2 (*absennol*): **bod** ~ être absent(e), être parti(e), ne pas être là; **mae hi** ~ **yr wythnos yma** elle est absente cette semaine, elle n'est pas là cette semaine; (*ar fusnes*) elle est en déplacement cette semaine; **mae hi** ~ **yng Nghaerdydd** elle est partie à Cardiff; ~ **o'r gwaith** absent; **rhaid imi fynd** ~ **am rai dyddiau** je dois m'absenter pendant quelques jours.
3 (*i'r cyfeiriad arall*): **edrych** ~ détourner les yeux; **mynd** ~ partir, s'en aller; **cerdded/gyrru** ~ s'éloigner (à pied)/(en voiture); **rhedeg** ~ partir en courant; (*dianc*) s'enfuir, s'évader; ~ **â chi!** allez-vous-en!, hors d'ici!; ~ **â thi!** va-t'en!, sauve-toi!, file!; ~ **â ni!** allons!, partons!, allons-y!; **a** ~ **â ni!** et nous voilà parti(e)s!; ~ **â'r cert!** allons!, partons!.
4 (*CHWAR: oddi cartref*) à l'extérieur; **mae'r tîm yn chwarae** ~ **ddydd Sadwrn** l'équipe joue à l'extérieur *neu* en déplacement samedi.
bantam (**-au, -s**) *g*
1 (*ANIF: ceiliog*) coq *m* nain; (:*iâr*) poule *f* naine; **cadw** ~**s** élever des poules naines.
2 (*BOCSIO*): **pwysau** ~ poids *m* coq.
banw *ans* femelle; **cath fanw** chatte *f*; **eliffant** ~ éléphant *m* femelle;
♦*b* (**beinw**) femelle *f*.
bar (**-iau, -rau**) *g*
1 (*darn hir trwm o fetel neu bren: cyff*) barre *f*; (:*i gau drws o'r tu mewn*) barre, bâcle *f*.
2 (*darn o ddeunydd solet*) barre *f*; ~ **aur** lingot *m* d'or; ~ **o sebon** savonnette *f*, pain *m* de savon; ~ **o siocled** tablette *f* de chocolat.
3 (*ar gawell, ar gell ayb*) barreau(-x) *m*; **y tu ôl i'r** ~**rau** (*carchar*) sous les verrous; **ffenestr a** ~**rau arni** fenêtre *f* grillée.
4 (*GYM, PÊL-DROED*) barre *f*; ~**rau cyflin** barres parallèles; ~**rau llorwedd** barres fixes.
5 (*TEIP*): ~ **gofod** barre *f* d'espace.
6 (*lle i yfed: cyff*) bar *m*, café *m*, bistrot *m*; (:*yn yr awyr agored*) buvette *f*; ~ **tamaid a llwnc**, ~ **byrbryd** snack(-bar)(~-(~s)) *m*.
7 (*cownter*) bar *m*, comptoir *m*, zinc* *m*; **dyn y tu ôl i'r** ~ barman(~s *neu* barmen) *m*; **merch y tu ôl i'r** ~ serveuse *f* de bar.
8 (*CYFR*): **y** ~ (*galwedigaeth*) le barreau; (*mewn llys*) la barre.
9 (*wrth geg afon neu harbwr*) barre *f*.
10 (*CERDD*) mesure *f*; **llinell** ~ barre *f* de mesure.
11 (*METEO*) bar *m*.
bara *g*
1 (*bwyd*) pain *m*; **gwneud** ~ (*pobi*) faire du pain; ~ **menyn** tartine *f* beurrée; **pwdin** ~ **menyn** ≈ pudding *m* au pain; **dyna fy mara menyn** (*bywoliaeth*) voilà mon gagne-pain; **ennill eich** ~ **menyn** gagner sa vie, gagner sa croûte*; **torth o fara** pain, miche *f*; **torth hir o fara Ffrengig** baguette *f*; ~ **brith** pain aux raisins; ~ **brown** pain bis; ~ **can** pain blanc; ~ **ceirch** biscuit *m neu* galette *f* d'avoine; ~ **crai**, ~ **croyw** pain sans levain, pain azyme; ~ **cras** pain grillé; ~ **garlleg** *pain chaud tartiné de beurre et d'ail*; ~ **gwenith cyflawn** pain complet; ~ **henbob** pain rassis, pain dur; ~ **lawr**, ~ **lafwr** *mets m traditionnel et propre au pays de Galles à base d'algues comestibles*; ~ **wedi'i sleisio** pain en tranches; **ein** ~ **beunyddiol** (*ffig*) notre pain quotidien; **Gwŷl y B**~ **Croyw** la Pâque *f*.
2 (*PLANH*): ~ **can y gog** oseille *f*; ~ **can a llaeth** stellaire *f*; ~**'r cythraul** scabieuse *f*.
baratri *g* baraterie *f*.
Barbadaidd *ans* de la Barbade.
Barbadiad (**Barbadiaid**) *g/b* Barbadien *m*, Barbadienne *f*.
Barbados *prll* la Barbade *f*; **yn** ~ à la Barbade.
barbaraidd *ans* barbare, brutal(e)(brutaux, brutales), cruel(le);
♦ **yn farbaraidd** *adf* de façon barbare, cruellement.
barbareiddio *ba* (*pobl*) ramener (qn) à l'état barbare; (*iaith*) corrompre.
barbareiddiwch *g* barbarie *f*.
barbariad (**barbariaid**) *g/b* barbare *m/f*.
barbariaeth *b* barbarie *f*.
barbeciw (**-s**) *g* barbecue *m*; **bwyd** ~ grillade *f*.
barbeciwio *ba* faire griller (qch) au barbecue.
barbican (**-au**) *g* barbacane *f*.
barbitwrad (**-au**) *g* barbiturique *m*.
barbwr (**barbwyr**) *g* (*gwallt*) coiffeur *m* (pour hommes); (*barf*) barbier *m*; **mynd at y** ~, **mynd i siop y** ~ aller *neu* passer chez le coiffeur.
Barcelona *prb* Barcelone.
barcer (**-iaid**) *g* tanneur *m*.
barcio *ba* tanner.
barclod (**-iau**) *g* tablier *m*; **trimins** ~ (ce qui est) tout à fait superflu.
barcty (**barctai**) *g* tannerie *f*.
barcud, barcut (**barcutiaid**) *g*
1 (*ADAR*) milan *m*; ~ **coch** milan royal; ~ **du** milan noir; **bod â llygad** ~ avoir des yeux de lynx.
2 (*tegan*): ~ **(papur)** cerf-volant(~s-~s) *m*
barcuta *bg* (*hedfan barcutan papur*) lancer *neu* faire voler un cerf-volant; (*hedfan*) faire du

vol libre en deltaplane;
♦*g* (*hedfan dynol*) (sport *m* du) deltaplane *m*, vol *m* libre en deltaplane.
barcutan (**-od**) *g* (*ADAR*) milan *m*; ~ **papur** (*tegan*) cerf-volant(~s-~s) *m*.
barcutwr (**barcutwyr**) *g* (*sy'n hedfan barcutan papur*) lanceur *m* d'un cerf-volant; (*sy'n hedfan*) deltaplaneur *m*.
barcutwraig (**barcutwragedd**) *b* (*sy'n hedfan barcutan papur*) lanceuse *f* d'un cerf-volant; (*sy'n hedfan*) deltaplaneuse *f*.
bardd (**beirdd**) *g* poète *m*, barde *m*; ~ **y Gadair/Goron** *poète qui gagne un prix dans un eisteddfod*, lauréat *m*, lauréate *f*; ~ **cocos** versificateur *m*, versificatrice *f*, rimeur *m*, rimeuse *f*.
barddas *b,g* bardisme *m*.
barddol *ans* poétique, de poète; (*Celtaidd*) de barde;
♦ **yn farddol** *adf* poétiquement, d'une manière poétique.
barddoni *bg* écrire *neu* faire de la poésie, faire *neu* écrire des vers.
barddoniaeth *b* poésie *f*; ~ **delynegol** poésie lyrique.
barddonol *ans* poétique, de poète;
♦ **yn farddonol** *adf* poétiquement, d'une manière poétique.
bared (**-au**) *g* barrage *m*.
barf (**-au**) *b* barbe *f*; (*fach bigog*) barbiche *f*; **a chanddo farf** à la barbe, qui porte une barbe; **mefl ar ei farf!** maudit soit-il!; ~ **yr hen ŵr** (*PLANH*) clématite *f*.
barfog *ans* barbu(e), à la barbe; **dyn** ~ barbu *m*.
barforwyn (**-ion**) *b* serveuse *f* de bar.
barfwr (**barfwyr**) *g gw.* **barbwr**.
bargeinio *bg* (*trafod telerau ayb*) négocier, traiter; (*trafod pris: marchander*); ~ **â rhn am rth** négocier qch avec qn, marchander qch avec qn; **'doeddwn i ddim wedi** ~ **am orfod talu cymaint** (*disgwyl*) je ne m'attendais pas à payer autant.
bargen (**bargeinion**) *b*
1 (*cytundeb*) marché *m*, affaire *f*; **taro** ~ conclure une affaire *neu* un marché.
2 (*rhth a geir am bris da*) occasion *f*, affaire *f*; **cael** ~ faire une bonne affaire; **mae'n fargen!** c'est une bonne affaire!, c'est une occasion!.
2 (*mewn chwarel*) contrat *m*.
bargenna *ba*: ~ **rhth â rhn** marchander qch avec qn, négocier qch avec qn.
bargod (**-ion**) *g* (*PENS*) avant-toit *m*, avancée *f* (du toit); **dant** ~ dent *f* proéminente.
bargodfaen (**bargodfeini**) *g* (*PENS*) capucine *f*, larmier *m*.
bargodi *bg* être en surplomb, faire saillie; ~ **dros rth** surplomber qch, faire saillie au-dessus de qch.
bargodol *ans* en saillie, en surplomb; (*dent*) proéminent(e).
bargyfreithiwr (**bargyfreithwyr**) *g* avocat *m*.
bargyfreithwraig (**bargyfreithwragedd**) *b* avocate *f*, avocat *m*.
barics *ll* caserne *f*, quartier *m*.
baril (**-au**) *g,b* (*gwin*) tonneau(-x) *m*, barrique *f*, fût *m*; (*seidr*) futaille *f*; (*pysgod*) caque *f*; (*olew*) baril *m*; (*pwmp*) corps *m*; (*gwn*) canon *m*; **gwn dau faril** fusil *m* à deux coups *gw. hefyd* **casgen**.
bario *ba* (*drws*) mettre la barre à, barrer; (*gwahardd*) défendre; (*eithrio*) exclure; ~**'r ffordd i rn** barrer le passage à qn, couper la route à qn; **maen nhw wedi ei** ~ **hi rhag dod i mewn** on lui a défendu d'entrer.
bariton (**-au**) *g* (*rhn*) baryton *m*; **llais** ~ une voix de baryton.
bariwm *g* baryum *m*; **uwd** ~ (*MEDD*) bouillie *f* de sulfate *neu* de baryum.
bariwns *g* (*clwyd symudol*) barrière *f* mobile; (*camfa*) échalier *m*.
barlad, **barlat** (**-au**) *g* (*ADAR*) col-vert *m*, canard *m* sauvage.
barlys *g* orge *f*.
barn (**-au**) *b* avis *m*, opinion *f*; (*dyfarniad*) jugement *m*; **bod o'r farn ...** estimer que, être d'avis que; **yn fy marn i** à mon avis, pour moi, d'après moi; **ym marn rhn** d'après qn, selon qn, à l'avis de qn; **gofyn** ~ **rhn** se référer à qn, consulter qn; **Dydd y Farn** le jour du Jugement dernier; **bod yn gywir eich** ~ avoir l'esprit juste.
Barnabas *prg* Barnabé.
barnedigaeth (**-au**) *b* jugement *m*; (*cosb*) punition *f*.
barnu *ba* (*tybio*) juger, estimer, être d'avis, considérer;
♦*bg* (*mewn llys*) juger, rendre *neu* prononcer un jugement.
barnwr (**barnwyr**) *g* juge *m*.
barnwriaeth *b* organisation *f* judiciaire; (*corff o farnwyr*) magistrature *f*.
barnwrol *ans* judiciaire, juridique;
♦ **yn farnwrol** *adf* judiciairement, juridiquement.
baróc *ans* baroque.
barograff (**-au**) *g* barographe *m*.
baromedr (**-au**) *g* baromètre *m*.
baromedrig *ans* barométrique.
barriff (**-iau**) *g* barrière *f* (*de corail etc*); **y B~ Mawr** la Grande Barrière (d'Australie).
barrug *g* gelée *f* blanche, givre *m*, frimas *m*.
Bartholomeus *prg* Barthélemy.
barugo *bg*: **mae hi'n** ~ il y a de la gelée blanche; **mae hi'n** ~ **ar y ffenest** il y a du givre à la fenêtre.
barugog *ans* givré(e), couvert(e) de gelée, blanc(he) de givre.
barus *ans*
1 (*am fwyd*) vorace, glouton(ne), gourmand(e); **paid â bod mor farus!** ne sois pas si gourmand!; **dyn** ~ glouton *m*,

gourmand *m*; **merch farus** gloutonne *f*, gourmande *f*.
2 (*am arian ayb*) avide, rapace, cupide.
3 (*am ryw*) insatiable, inassouvi(e);
♦ **yn farus** *adf* avidement, avec avidité, cupidement; (*bwyta*) voracement, goulûment, gloutonnement, avec gourmandise.
barwn (**-iaid**) *g* baron *m*.
barwnes (**-au**) *b* baronne *f*.
barwniaeth (**-au**) *b* baronnie *f*.
barwnig *g* baronnet *m*.
barwnol *ans* de baron, seigneurial(e)(seigneuriaux, seigneuriales).
bas[1] (**beision**) *ans* peu profond(e); **dyfroedd beision** bas-fond *m*, haut-fond(~s-~s) *m*.
bas[2] (**-au**) *g* (*llais*) (voix *f* de) basse *f*; (*ar stereo*) basses, graves *mpl*; **cleff y** ~ clef *f* de fa; ~ **dwbl** (*offeryn*) contrebasse *f*.
bas[3] (**-au**) *g*: ~ **data** base *f* de données.
bas[4] *ans gw.* **pêl-fas.**
basaidd *ans* peu profond(e).
basalt *g* basalte *m*.
basâr (**basarau**) *g* bazar *m*; (*ffair sborion*) vente *f* de charité.
basddwr (**basddyfroedd**) *g* haut-fond(~s-~s) *m*.
basg (**-au**) *b* filet *m* à mailles.
Basg (**-iaid**) *g/b* Basque *m/f*; **Gwlad y** ~ le Pays *m* basque.
Basgaidd *ans* basque.
basged (**-i**) *b* (*cyff*) corbeille *f*; (*un handlen*) panier *m*; (*dwy handlen*) cabas *m*; ~ **bicnic/ddillad (budron)/siopa** panier à pique-nique/à linge/à provisions; ~ **fara/ffrwythau/sbwriel** corbeille à pain/à fruits/à papier; ~ **wnïo** corbeille nécessaire à ouvrage *gw. hefyd* **pêl-fasged.**
basgedaid (**basgedeidiau**) *b* plein panier *m*, panerée *f*, corbeillée *f*.
basgedwaith *g* vannerie *f*; **o fasgedwaith, mewn** ~ en osier, d'osier.
basgedwr (**basgedwyr**) *g* (*gwneuthurwr basgedi*) vannier *m*.
basgedwraig (**basgedwragedd**) *b* (*gwneuthurwraig basgedi*) vannière *f*.
Basgeg *b,g* basque *m*, la langue basque; ♦*ans* basque.
basgerfiad (**-au**) *g* bas-relief *m*.
basgerflun (**-iau**) *g* bas-relief *m*.
Basges (**-au**) *b* Basque *f*, Basquaise *f*.
Basgiad (**Basgiaid**) *g/b* Basque *m/f*.
basgrwth (**basgrythau**) *g* contrebasse *f*.
basgwch (**basgychod**) *g* bachot *m*, bateau(-x) *m* à fond plat.
basig *ans* (CEM) basique.
basigrwydd *g* (CEM) basicité *f*.
basil *g* basilic *m*.
basilica (**basilicâu**) *g* basilique *f*.
basilws (**basili**) *g* bacille *m*.
basle (**-oedd**) *g* bas-fond *m*, haut-fond(~s-~s) *m*; (*tywod*) banc *m* de sable, écueil *m*.
baslun (**-iau**) *g* bas-relief *m*.
baslyn (**-noedd**) *g* lagune *f*; (*cwrel*) lagon *m*.
basment* (**-au**) *g* sous-sol *m*; (*dif*) rez-de-jardin *m inv*; **yn y** ~ au sous-sol; **fflat yn y** ~ appartement *m* en sous-sol.
basn (**-au**) *g*
1 (*dal bwyd*) bol *m*, écuelle *f*; ~ **siwgr** sucrier *m*.
2 (*golchi llestri ayb*) cuvette *f*.
3 (*yn yr ystafell ymolchi*) lavabo *m*.
4 (DAEAR: *afon*) bassin *m*.
basnaid (**basneidiau**) *g* pleine cuvette *f*.
basrwydd *g* basicité *f*.
bastard (**-iaid**) *g* (*plentyn gordderch*) bâtard *m*, bâtarde *f*, enfant naturel *m*, enfant naturelle *f*; (*cythraul, diawl*) salaud** *m*.
bastardiaeth *b* bâtardise *f*.
baster *g* manque *m* de profondeur.
bastiwn (**bastiynau**) *g* bastion *m*.
baswca (**-s**) *g* bazooka *m*, lance-roquettes *m inv* antichar.
baswn (**baswnau**) *g* basson *m*.
baswr (**baswyr**) *g* basse *f*; **llais** ~ une voix de basse.
bat (**-iau**) *g* (*criced*) batte *f*; (*tennis*) raquette *f*; (*tennis bwrdd*) palette *f*.
bataliwn (**bataliynau**) *g* bataillon *m*.
bater *g gw.* **cytew.**
batiad (**-au**) *g* tour *m* de batte.
batio *bg* manier la batte; (*criced*) être à la batte;
♦*ba* (*taro â bat*) frapper (qch) avec une batte; **~'r bêl** envoyer *neu* frapper la balle.
batiwr (**batwyr**) *g* batteur *m*.
batog (**-au**) *b* pioche *f*.
baton (**-au**) *g gw.* **batwn.**
batri (**-s**) *g* (*radio, tortsh*) pile *f*; (*cerbyd*) batterie *f*, accumulateur *m*, accu* *m*.
batwn (**batynau**) *g* (CERDD, MIL) bâton *m*; (*plismon*) matraque *f*; (*ras gyfnewid*) témoin *m*.
bath[1] (**-s**) *g* (*twb, twba*) baignoire *f*; (*y weithred o ymolchi mewn twba*) bain *m*; **cael** ~ prendre un bain; **rhoi** ~ **i rn** donner un bain à qn, faire baigner qn, faire prendre un bain à qn.
bath[2] *g gw.* **math.**
bath[3] *ans* (*arian*) frappé(e).
bathdy (**bathdai**) *g*: **y** ~ l'hôtel *m* des Monnaies *neu* de la Monnaie, la Monnaie.
bathiad *g* (*cyff*) création *f*, invention *f*; (*arian*) frappe *f*; (*gair newydd*) néologisme *m*, invention.
bathio *ba* donner un bain à, faire baigner, faire prendre un bain à.
bathodyn (**-nau**) *g* (*pin*) pin's *m inv*, épinglette *f*; (*wedi'i wnïo ar ddilledyn*) badge *m*; (*tîm*) insigne *m*; (*ysgol*) écusson *m*; (*medal*) médaille *f*.

bathol *ans* (*arian*) frappé(e).

bathos (**-au**) *g* bathos *m*, chute *f* du sublime au ridicule.

bathrwm (**-s**) *g* salle *f* de bain, salle d'eau.

bathu *ba* (*arian*) battre, frapper, modeler; (*arian ffug*) fabriquer; (*geiriau, termau*) inventer.

bathysffer (**-au**) *g* bathysphère *f*.

baw *g* (*budreddi*) saleté *f*, crasse *f*, ordure *f*; (*llaid*) boue *f*; (*tail*) crotte *f*, ordure, excrément *m*; ~ **ci** crotte de chien; ~ **ceffyl** crottin *m* de cheval.

bawa *bg* (*ci*) souiller.

bawach *ll gw.* **bawiach**.

bawaidd *ans* sale, malpropre, crasseux(crasseuse), couvert(e) de boue; (*ymddygiad*) bas(se); (*gwaith*) salissant(e); ♦ **yn fawaidd** *adf* salement, malproprement; (*ymddwyn*) bassement.

bawd (**bodiau**) *b,g* pouce *m*; **bodiau troed** orteils *mpl*; **cadw eich bodiau i chi'ch hun** ne rien toucher, ne toucher à rien; **mae'n fodiau i gyd** il est très maladroit de ses mains, il est très gauche; **rhoi clec ar eich** ~ faire claquer ses doigts; **clecian** ~ **yn wyneb rhn** faire la nique à qn, montrer son mépris de qn; **bod dan fawd rhn** être sous la coupe de qn; **mae ef o dan ei** ~ **hi** elle le mène par le bout du nez; **defnyddio synnwyr y fawd i fesur** mesurer approximativement, calculer à peu près; **byw o'r** ~ **i'r genau** vivre au jour le jour; **pin** ~ punaise *f*; **nid aiff byth uwch** ~ **sawdl** il ne fera jamais parler de lui, il ne sera jamais grand-chose; **'dydyn ni ddim uwch** ~ **sawdl ar ôl yr holl waith 'ma** tout ce travail ne nous a pas avancé(e)s du tout.

bawddyn (**-ion**) *g* misérable *m*.

baweidd-dra *g* mesquinerie *f*, méchanceté *f*.

bawiach *ll* (*pobl ddiwerth*) racaille *f*; (*baw*) ordures *fpl*.

bawlyd *ans* (*budr*) sale, malpropre, crasseux(crasseuse); (*gwaith*) salissant(e).

be' *rhag gof gw.* **beth**.

becso *bg* s'inquiéter, se faire du souci, s'en faire*, se tracasser; ~ **am** s'inquiéter au sujet de *neu* pour, se faire du souci au sujet de *neu* pour, s'en faire* pour; **paid â** ~ ne t'inquiète pas, ne t'en fais pas, sois tranquille; ♦*ba* inquiéter, tracasser, gêner.

becwêdd (**becweddau**) *g* legs *m*.

becweddu *ba* léguer.

becws (**becysau**) *g* boulangerie *f*.

bechan *ans b gw.* **bychan**; ♦*b* chérie *f*, petite *f*; **mae'r fechan acw'n sâl** ma *neu* notre petite fille est malade; **s'mae** ~! salut ma petite!

bechingalw *g* machin *m*, truc *m*, bidule *m*.

bedlam *g* confusion *f*, désordre *m*.

bedwen (**bedw**) *b* (PLANH) bouleau(-x) *m*; ~ **arian** bouleau argenté; ~ **fai** ≈ (arbre *m* de) mai *m*, mât *m* enrubanné (*autour duquel on danse*); **gosod** ~ **fai** ≈ planter un mai; **gwialen fedw** verge *f* fouet.

Bedwin (**-iaid**) *g/b* Bédouin *m*, Bédouine *f*; ♦*ans* bédouin(e).

bedydd (**-iadau**) *g* baptême *m*.

bedyddfa (**bedyddfâu**) *b* fonts *mpl* baptismaux; (*adeilad*) baptistère *m*.

bedyddfaen (**bedyddfeini**) *g* fonts *mpl* baptismaux.

bedyddfan (**-nau**) *g,b* (*adeilad*) baptistère *m*.

bedyddiad (**-au**) *g* baptême *m*.

bedyddiedig *ans* baptisé(e).

bedyddio *ba* baptiser; **diwrnod ei fedyddio** le jour de son baptême; **cafodd ei fedyddio ar y 6ed o Ionawr** son baptême a eu lieu le 6 janvier.

bedyddiol *ans* de baptême, baptismal(e)(baptismaux, baptismales); (*cofrestr*) baptistaire; **yr eglwys Fedyddiol** l'Église *f* baptiste croyante.

bedyddiwr (**bedyddwyr**) *g* baptiste *m/f*; **Ioan Fedyddiwr** saint Jean-Baptiste.

Bedyddiwr (**Bedyddwyr**) *g* (*aelod o enwad*) baptiste *m*.

Bedyddwraig (**Bedyddwragedd**) *b* baptiste *f*.

bedd (**-au**) *g* tombe *f*, fosse *f*; (*mwy urddasol*) tombeau(-x) *m*, sépulcre *m*; **o'r tu hwnt i'r** ~ d'outre-tombe; **torrwr** ~**au** fossoyeur *m*.

beddargraff (**-iadau**) *g* épitaphe *f*.

beddfaen (**beddfeini**) *g* pierre *f* tombale.

beddgell (**-oedd**) *b* caveau(-x) *m*; (*catacwmau*) catacombes *fpl*.

beddrod (**-au**) *g* tombe *f*, tombeau(-x) *m*, sépulcre *m*.

befer (**-od**) *g* (*afanc*) castor *m*; **het** ~ chapeau(-x) *m* (en poil) de castor.

began *ba, bg gw.* **begian**.

begegyr (**-on**) *g* faux bourdon *m*, abeille *f* mâle.

beger (**-iaid**) *g* mendiant *m*.

begera *bg* mendier.

begeraidd *ans* misérable, indigent(e), pauvre, miséreux(miséreuse).

begeres (**-au**) *b* mendiante *f*.

begian, **begio** *ba*
1 (*gofyn am: elusen*) mendier; (*:ffafr*) solliciter, implorer, quémander.
2 (*erfyn ar*): ~ **rhn (i wneud rth)** supplier *neu* implorer qn (de faire qch), demander à qn (de faire qch);
♦*bg*
1 (*rhn*) mendier, demander la charité, être mendiant(e); **byw trwy fegian** vivre de charité, vivre d'aumône.
2 (*ci*) faire le beau; **sut wyt ti'n** ~? allez, fais le beau!

Beibl (**-au**) *g* Bible *f*; (*ffig*) évangile *m*; **storïau o'r** ~ histoires *fpl* tirées de la Bible; **darllen o'r** ~ lire dans la Bible; **mae'n olau yn ei Feibl** il connaît la Bible à fond.

Beiblaidd *ans* biblique.

beic (**-iau**) *g* bicyclette *f*, vélo *m*; ~ **modur** moto* *f*, motocyclette *f*; (*ysgafn: moped*) vélomoteur *m*, cyclomoteur *m*, mobylette *f*; ~ **mynydd** vélo tout-terrain, VTT *m*; ~ **rasio** vélo de course; ~ **ymarfer** (*yn y tŷ*) vélo d'appartement; (*yn y gampfa*) vélo d'entraînement; **cloch** ~ timbre *m neu* sonnette *f* de bicyclette; **ras feiciau** course *f* de vélos; **mynd ar gefn** ~ aller à bicyclette, aller à *neu* en vélo; **mynd am dro ar gefn** ~ faire un tour à vélo *neu* bicyclette.

beicio *bg* (*CHWAR*) faire de la bicyclette, faire du vélo; (*mynd ar gefn beic*) aller à bicyclette, aller en *neu* à vélo; ♦*g* cyclisme *m*; **dillad** ~ tenue *f* cycliste; **gwyliau** ~ randonnée *f* de vacances à bicyclette; **llwybr** ~ piste *f* cyclable; **trac** ~ vélodrome *m*; **'rwyf yn hoffi** ~ j'aime le cyclisme.

beiciwr (**beicwyr**) *g* cycliste *m*; **dillad** ~ tenue *f* cycliste.

beicwraig (**beicwragedd**) cycliste *f*.

beichiad (**-au**) *g* (*gwartheg*) meuglement *m*, beuglement *m*, mugissement *m*.

beichio[1] *bg*
1 (*rhn*) brailler, hurler, crier; ~ **crio** fondre en larmes, sangloter; **dan feichio crio** en sanglotant.
2 (*anifail*) mugir, beugler, meugler.

beichio[2] *ba* (*rhoi baich ar*) charger *neu* accabler (qn) de; **eich ~'ch hunan** se surcharger.

beichiog *ans*
1 (*gwraig*) enceinte; (*anifail*) pleine, gravide; **bod yn feichiog ers 3 mis** être enceinte de 3 mois; **gwneud rhn yn feichiog** mettre qn enceinte.
2 (*llwythog*) chargé(e), accablé(e), surchargé(e).

beichiogaeth (**-au**) *b* (*benyw*) grossesse *f*; (*anifail*) gestation *f*; **prawf** ~ test *m* de grossesse.

beichiogi *bg* concevoir, devenir enceinte; ♦*g* conception *f*.

beichiogiad (**-au**) *g* conception *f*.

beichiogrwydd *g gw.* **beichiogaeth**.

beichus *ans* lourd(e), pesant(e); (*maint*) encombrant(e), embarrassant(e); (*darlith, tasg*) pénible;
♦ **yn feichus** *adf* péniblement.

beiddgar *ans* (*mentrus*) audacieux(audacieuse), hardi(e), osé(e); (*eofn*) effronté(e), présomptueux(présomptueuse), impudent(e);
♦ **yn feiddgar** *adf* (*yn fentrus*) audacieusement, avec audace; (*yn eofn*) présomptueusement, effrontément, avec impudence.

beiddgarwch *g* hardiesse *f*, audace *f*; (*haerllugrwydd, digywilydd-dra*) impudence *f*, effronterie *f*, présomption *f*.

beiddio *ba* oser.

beili[1] (**beilïaid**) *g* (*CYFR*) huissier *m*; (*tir*) régisseur *m*, intendant *m*; (*HAN*) bailli *m*, gouverneur *m*.

beili[2] (**beilïau**) (*iard*) cour *f*.

beio *ba* accuser, reprocher, condamner, blâmer, reprendre; ~ **rhn am rth** reprocher qch à qn, rejeter la responsabilité de qch sur qn; ~ **rhn am wneud rhth** reprocher à qn d'avoir fait qch; **pwy sydd i'w feio?** à qui la faute?, c'est la faute de qui?; **pwy sydd i'w feio am y ddamwain yma?** à qui attribuer cet accident?; **eich** ~ **chi'ch hunan am wneud rhth** se reprocher de faire *neu* d'avoir fait qch; **ni elli di ond dy feio dy hunan** tu ne peux t'en prendre qu'à toi-même.

beirniad (**beirniaid**) *g* critique *m/f*; (*mewn cystadleuaeth*) juge *m*.

beirniadaeth (**-au**) *b* jugement *m*, critique *f*.

beirniadol *ans* (de) critique, sévère;
♦ **yn feirniadol** *adf* en critique, d'un œil critique, sévèrement.

beirniadu *ba* juger, critiquer; (*rhoi beirniadaeth ar*) faire la critique de; ~ **rhn yn llym** critiquer qn sévèrement; ~ **rhth yn hallt** (*traethawd ayb*) descendre qch en flammes.

beiro (**-s**) *b* stylo *m* à bille, bic *m*.

Beirwt *prb* Beyrouth.

beisfa (**beisfeydd**) *b* bas-fond *m*, haut-fond(~s-~s) *m*.

beisgawn (**-au**) *b* meule *f* de foin.

beisgawnu *ba* mettre (qch) en meule.

beisicl (**-au**) *g gw.* **beic**.

beisio *ba* (*dyfroedd*) sonder; (*rhydio*) passer *neu* traverser (qch) à gué, guéer.

beison (**-au**) *g gw.* **bual**.

beiston (**-nau**) *b* (*traeth*) plage *f*, rivage *m*, bord *m* de la mer; (*traethell*) grève *f*, rive *f*; (*ton fawr*) brisant *m*, vague *f* déferlante.

beistonna *bg* (*CHWAR: syrffio*) faire du surf.

beistonnwr (**beistonwyr**) *g* (*CHWAR*) surfeur *m*.

beistonwraig (**beistonwragedd**) *b* (*CHWAR*) surfeuse *f*.

beit (**-iau**) *g* (*CYFRIF*) octet *m*.

beius *ans* fautif(fautive), coupable, en tort.

beiusrwydd *g* culpabilité *f*.

Belarws *prb* la Biélorussie *f*; **yn** ~ en Biélorussie.

Belarwsiad (**Belarwsiaid**) *g/b* Biélorusse *m/f*.

Belarwsiaidd *ans* biélorusse.

bele (**-od, belaod**) *g*: **~'r graig** martre *f* commune.

Belg *prb*: **Gwlad** ~ la Belgique *f*; **yng Ngwlad** ~ en Belgique; **Gwlad** ~ **Ffrangeg ei hiaith** la Belgique wallonne.

Belgaidd *ans* belge, de Belgique.

Belgiad (**Belgiaid**) *g/b* Belge *m/f*.

Belizaidd *ans* bélizien(ne).

Belize *prb* le Belize *m*; **yn** ~ au Belize.

Beliziad (**Beliziaid**) *g/b* Bélizien *m*, Bélizienne *f*.

belt (**-iau**) *g,b*
1 (*gwregys*) ceinture *f*; (*trowsus dyn*) ceinturon *m*.
2 (*DAEAR*) région *f*, zone *f*.
bellach *adf*
1 (*nawr*) maintenant, actuellement, à présent, en ce moment; **ni(d) ...** ~ ne ... plus; **nid yw'n gweithio yma** ~ il ne travaille plus ici.
2 (*eisoes*) déjà, alors.
bendigaid *ans* (*CREF*) saint(e), sanctifié(e), bienheureux(bienheureuse).
bendigedig *ans* (*CREF*) béni(e), saint(e), sanctifié(e), bienheureux(bienheureuse); (*addoladwy*) adorable; (*ardderchog, gwych*) merveilleux(merveilleuse), magnifique, splendide, sensationnel(le); ~**!** excellent!, super!, chouette*!, fantastique*!
bendith (**-ion**) *b*
1 (*dwyfol*) grâce *f*, faveur *f*; ~ **y Nefoedd!** de grâce!, pour l'amour de Dieu!; ~ **Duw arnoch chi!** que Dieu vous bénisse!.
2 (*gweddi: cyff*) bénédiction *f*; (*:cyn bwyd*) bénédicité *m*; **dweud** *ou* **adrodd** ~ **cyn pryd o fwyd** dire le bénédicité.
3 (*lles, daioni*) bienfait *m*, bénédiction *f*; **mae'r glaw 'ma'n fendith** cette pluie est une bénédiction; **bu'r wobr yn fendith** le prix a été une aubaine; **'roedd yn fendith gudd** c'était une bonne chose en fin de compte.
4 (*cymeradwyaeth*) bénédiction *f*, approbation *f*; **rhoi'ch** ~ **i rn** donner sa bénédiction à qn; **rhoi sêl** ~ **ar rth** approuver qch, donner son approbation à qch.
5 (*rhyddhad*) soulagement *m*; **wel, dyna fendith!** quel soulagement!; **dyna fendith imi dy weld yma!** j'ai été vraiment soulagé(e) de te voir ici!, quelle chance que je t'aie *subj* vu(e) ici!
bendithio *ba* bénir; (*mawrygu*) glorifier, louer, faire l'éloge de;
♦*bg* (*rhoi'r fendith*) donner la bénédiction.
bendithiol *ans* (*tywydd*) propice; (*iachus*) salutaire, bon(ne) (pour la santé); (*manteisiol*) avantageux(avantageuse); (*defnyddiol*) utile; **'roedd yr anrheg yn fendithiol dros ben** j'ai trouvé utile ce cadeau;
♦ **yn fendithiol** *adf* avantageusement, utilement.
bendithiwr (**bendithwyr**) *g* bénisseur *m*.
bendithwraig (**bendithwragedd**) *b* bénisseuse *f*.
Benelwcs *prb* le Bénélux *m*; **yng ngwledydd** ~ au Bénélux.
Bengâl *prb* le Bengale *m*.
Bengalaidd *ans* bengalais(e).
Bengaleg *b,g* bengalais *m*;
♦*ans* bengalais(e).
Bengaliad (**Bengaliaid**) *g/b* Bengalais *m*, Bengalaise *f*.
'bennu *ba, bg gw.* **dibennu**.
bensen *g* benzène *m*.
benthyca *ba*: ~ **rhth gan rn** (*cael*) emprunter qch à qn; ~ **rhth i rn** (*rhoi*) prêter qch à qn;
♦*bg* (*cael benthyg*) faire un emprunt.
benthyciad (**-au**) *g* (*i rn*) prêt *m*; (*gan rn*) emprunt *m*; (*arian*) avance *f*; ~ **i fyfyrwyr** *prêt bancaire pour étudiants*; ~ **pontio** prêt relais; **ga' i ofyn am fenthyciad?** pouvez-vous m'accorder un prêt?
benthycio *ba, bg gw.* **benthyca**.
benthyciwr (**benthycwyr**) *g* (*gan rn*) emprunteur *m*; (*i rn*) prêteur *m*.
benthycwraig (**benthycwragedd**) *b* (*gan rn*) emprunteuse *f*; (*i rn*) prêteuse *f*.
benthyg *ba, bg gw.* **benthyca**;
♦*ans* emprunté(e); **gwên fenthyg** sourire *m* flatteur;
♦*g* (**benthycion**): **cael** ~ **rhth gan rn** emprunter qch à qn; **rhoi** ~ **rhth i rn** prêter qch à qn; **mae'r llun ar fenthyg o amgueddfa'r ddinas** ce tableau a été prêté par le musée municipal, ce tableau est un prêt du musée municipal.
benyw *ans*: **cath fenyw** chatte *gw. hefyd* **benywaidd**;
♦*b* (**-od**) femme *f*; (*anifail*) femelle *f*.
benywaeth *b* féminité *f*.
benywaidd *ans* (*o ran rhyw*) femelle; (*yn ymwneud â benywod*) féminin(e), des femmes;
♦ **yn fenywaidd** *adf* en femme, comme une femme, de façon féminine.
benyweiddiwch *g* féminité *f*.
benyweta *bg* courir les femmes, courir le jupon; (*dif*) se débaucher.
ber[1] (**-rau**) *b* (*coes*) jambe *f*.
ber[2] *ans b gw.* **byr**.
bera (**-on**) *g,b* meule *f* de foin.
Berber (**-iaid**) *g/b* Berbère *m/f*.
Berberaidd *ans* berbère.
Berbereg *b,g* berbère *m*;
♦*ans* berbère.
berdasen (**berdas**) *b* crevette *f* grise.
berdysyn (**berdys**) *g* crevette *f* grise.
bere (**-s**) *g* béret *m*.
berem (**-au**) *g* levure *f*.
beret (**-i, -s**) *g* béret *m*.
berf (**-au**) *b* verbe *m*; ~ **afreolaidd** verbe irrégulier; ~ **anghyflawn/gyflawn** verbe transitif/intransitif; ~ **atblygol** verbe réfléchi; ~ **gynorthwyol** verbe auxilliaire; **rhedeg** ~ conjuguer un verbe.
berfa (**berfâu**) *b* brouette *f*.
berfâid (**berfeidiau**) *b* brouettée *f*.
berfenw (**-au**) *g* infinitif *m*.
berfenwol *ans* infinitif(infinitive).
berfol *ans* verbal(e)(verbaux, verbales);
♦ **yn ferfol** *adf* verbalement.
beriberi *g* (*MEDD*) béribéri *m*.
beril *g* béryl *m*.
berllysg (**-au**) *g* (*gwialen*) sceptre *m*.
Bermwda *prb* les Bermudes *fpl*; **yn** ~ aux

Bermudes; **trowsus** ~ bermuda *m*.
Bermwdaidd *ans* bermudien(ne).
Bermwdiad (**Bermwdiaid**) *g/b* Bermudien *m*, Bermudienne *f*.
berw[1] *g* bouillonnement *m*, ébullition *f*; (*helynt*) trouble *m*, agitation *f*; (*terfysg*) tumulte *m*.
berw[2] (*ans*) bouillant(e); **yn ferw boeth** tout(e) bouillant(e); **dŵr** ~ eau(-x) *f* bouillante.
berwad (**-au**) *g* bouillonnement *m*, ébullition *f*; **rhoi** ~ **i rth** faire bouillir qch.
berwbwynt (**-iau**) *g* point *m* d'ébullition; **wedi cyrraedd** ~ à ébullition.
berwedig *ans* (*dŵr*) bouillant(e); ~ **(o) boeth** tout(e) bouillant(e), tout(e) chaud(e); **dŵr** ~ eau(-x) *f* bouillante.
berwedydd (**-ion**) *g* (*i olchi dillad*) lessiveuse *f*; (*i gael dŵr poeth*) chaudière *f*.
berwi *ba* faire bouillir, amener (qch) à ébullition; (*bwyd*) faire cuire (qch) à l'eau, faire bouillir; **tatws wedi'u** ~ pommes *fpl* de terre à l'eau *neu* à l'anglaise; **ham wedi'i ferwi** jambon *m* cuit à l'eau; **wy wedi'i ferwi** œuf *m* à la coque;
♦*bg*
1 (*hylif*) bouillir; **mae'r dŵr yn** ~ l'eau bout; **dechrau** ~ se mettre à bouillir; **gadael i'r tegell ferwi'n sych** laisser s'évaporer complètement l'eau dans la bouilloire; **pwynt** ~ point *m* d'ébullition.
2 (*môr*) bouillonner.
3 (*rhn: bod yn ddig*) bouillir; ~ **o ddicter** être fou(folle) de colère, être furieux(furieuse) *neu* furibond(e), bouillir de colère.
4 (*bod yn gyforiog*) grouiller; **'roedd y strydoedd yn** ~ **o bobl** les rues grouillaient de monde; **mae'r gwaith yn** ~ **o wallau** le travail est parsemé de fautes.
berwr *g* (*PLANH: dŵr*) cresson *m* de fontaine; (*:gardd*) cresson de jardin; ~ **yr ieir** renouée *f* des oiseaux, herbe *f* aux cent nœuds.
beryliwm *g* béryllium *m*.
Besarabia *prb* la Bessarabie *f*.
bet (**-iau**) *b* pari *m*; **rhoi** ~ **ar** faire un pari sur; **ennill** ~ gagner un pari; **rhoi** ~ **ar geffyl** parier *neu* miser sur un cheval; **wyt ti eisiau gwneud** ~**?** on fait un pari?; **faint o fet na ddaw hi ddim?** combien veux-tu parier qu'elle ne viendra pas?
betgwn (**betgynau**) *g* (*coban*) chemise *f* de nuit; (*rhan o'r wisg draddodiadol Gymreig*) *sorte de tablier qui fait partie du costume national du pays de Galles.*
betingalw *g gw.* **bechingalw**.
betio *ba* parier, miser; **betia i di 10 punt** je te parie 10 livres;
♦*bg* parier, miser; **fydda' i byth yn** ~ je ne fais jamais de paris, je ne joue jamais; ~ **ar** faire un pari sur; ~ **ar geffylau** parier aux courses, jouer; **siop fetio** bureau(-x) *m* de paris.
betiwr (**betwyr**) *g* parieur *m*, joueur *m*; (*rasys ceffylau*) turfiste *m*.
Betsan *prb*: ~ **brysur** (*PLANH*) impatiente *f*, balsamine *f*.
betwraig (**betwragedd**) *b* parieuse *f*, joueuse *f*; (*rasys ceffylau*) turfiste *f*.
betws (**betysau**) *g* oratoire *m*; (*lle gweddïo*) lieu(-x) *m* de prière; **y byd a'r** ~ tout le monde sans exception, absolument tout le monde.
betysen (**betys**) *b* betterave *f*; **betys coch** betteraves potagères; **siwgr betys** sucre *m* de betterave.
beth *rhag gof* (= *pa beth*)
1 (*nad yw'n cyflwyno cymal*) quoi; **fe ofynnodd - ~?** il a demandé - quoi?; ~ **eto?** quoi encore?; **a** ~ **arall?** et quoi d'autre?; **taith i Dwrci? - be' nesa'!** un voyage en Turquie? et puis quoi encore!.
2 (*gydag arddodiad*) quoi; **am (ba)** ~ **oeddech chi'n sôn?** de quoi parliez-vous?; **ar ba** ~ **y seiliwch chi eich barn?** sur quoi basez-vous votre opinion?.
3 (*i gyflwyno cwestiwn uniongyrchol: goddrychol*) qu'est-ce qui; (*:gwrthrychol*) que, qu'est-ce que; ~ **sy'n bod?** qu'est-ce qui ne va pas?, qu'est-ce que tu as?, qu'est-ce que vous avez?; ~ **ydych chi'n ei wneud?** qu'est-ce que vous faites?, que faites-vous?; ~ **ydi hwnna?** qu'est-ce que c'est que ça?; ~ **wyt ti'n ei wneud yn d'amser hamdden?** qu'est-ce que tu fais pendant ton temps libre?; ~ **yw 2 a 2?** combien font 2 et 2?; ~ **yw'r gair Ffrangeg am ...?** comment dit-on ... en français?; ~ **yw dy enw di?** comment t'appelles-tu?; ~ **yw dy gyfeiriad?** quelle est ton adresse?; ~ **yw dy hoff ffilm?** quel est ton film préféré?.
4 (*i gyflwyno cwestiwn anuniongyrchol: goddrychol*) ce qui; (*:gwrthrychol*) ce que; **'rwy'n gwybod** ~ **a ddigwyddodd** je sais ce qui s'est passé; **gofynnais** ~ **oedd Glyn am ei wneud** j'ai demandé ce que Glyn voulait faire; ~ **sydd arna' i ei eisiau ydi paned o de** ce dont j'ai besoin, c'est une tasse de thé.
▶ **beth am**
1 (*wrth dynnu sylw at rn/rth*): **a** ~ **am Alun?** et Alun?, et Alun dans tout ça?; ~ **am y llythyr a anfonodd?** et la lettre qu'il a envoyée alors?; ~ **am dy chwaer? -** ~ **amdani?** et ta sœur? - quoi ma sœur?.
2 (*wrth awgrymu rhth*): ~ **am fynd i'r traeth?** et si on allait à la plage?.
▶ **beth bynnag**
1 (*dim ots beth*) quoi que + *subj*; ~ **bynnag a ddaw** quoi qu'il arrive; ~ **bynnag y bo** quoi que ce soit; ~ **bynnag a ddywed o** quoi qu'il dise; **prŷn nhw** ~ **bynnag y bo'r pris** achète-les quel qu'en soit le prix; ~ **bynnag y bo'r gwall a wnaeth** quelque faute qu'il ait commise, quelle que soit la faute qu'il ait

commise; ~ **bynnag y mae hynny'n ei feddwl** quel que soit ce que cela veut dire; **mi aiff hi ~ bynnag a ddywedi di** peu importe ce que tu dis, elle y ira (quand même).
2 (*yr hyn: goddrychol*) ce qui; (:*gwrthrychol*) ce que; **fe wnawn ni ~ bynnag sydd raid** nous ferons (tout) ce qui est nécessaire, nous ferons (tout) le nécessaire.
3 (*unrhyw beth, popeth: goddrychol*) tout ce qui; (:*gwrthrychol*) tout ce que; **gwnewch ~ bynnag a fynnoch** faites tout ce que vous voulez.
4 (*pethau tebyg*): **cathod, cŵn neu ~ bynnag y bo** des chats, des chiens ou que sais-je encore.
5 (*pa un bynnag, sut bynnag*) de toute façon, en tout cas, quand même; **'roeddwn i'n bwriadu gwneud hynny ~ bynnag** j'avais l'intention de le faire de toute façon; **ni allwn ni fynd allan, ddim eto ~ bynnag** nous ne pouvons pas sortir, pas pour l'instant en tout cas; **'roedd hi'n bwrw glaw ond fe aeth hi ~ bynnag** il pleuvait mais elle y est allée quand même.
▶ **beth pe** et si; ~ **pe bai hi'n bwrw glaw?** et s'il pleuvait?
Bethania *prb* Béthanie.
Bethlehem *prb* Bethléem.
bethma *g* machin* *m*, truc *m*, bidule* *m*; **'rwy'n teimlo'n ddigon ~ heddiw*** je ne suis pas en forme, je ne suis pas dans mon assiette*.
beudag (**-au**) *b* larynx *m inv*.
beudy (**beudai**) *g* étable *f*.
beunos *adf* tous les soirs, chaque soir, chaque nuit; ~ **beunydd** constamment, toujours, continuellement.
beunydd *adf* (*pob dydd*) tous les jours, quotidiennement, journellement; (*o hyd*) toujours, constamment, continuellement; **mae'n cwyno byth a ~** il grogne sans cesse.
beunyddiol *ans* journalier(journalière), quotidien(ne); **bara ~** pain *m* quotidien; ♦ **yn feunyddiol** *adf* tous les jours, quotidiennement, journellement; (*o hyd*) toujours, constamment, continuellement.
Bhwtan *prb* le Bhoutan *m*; **yn ~** au Bhoutan.
Biaffra *prb* le Biafra *m*; **yn ~** au Biafra.
Biaffraidd *ans* biafrais(e).
Biaffriad (**Biaffriaid**) *g/b* Biafrais *m*, Biafraise *f*.
bias (**-au**) *g* tendance *f*, inclination *f*, penchant *m*; (*rhagfarn*) préjugé *m*, prévention *f*, parti *m* pris; **bod â ~ (o blaid/yn erbyn rhn)** être prévenu(e) (pour/contre qn).
biau *be gw.* **piau**.
bib (**-iau**) *g,b* (*babi*) bavoir *m*; (*ffedog*) bavette *f*.
bicarbonad (**-au**) *g* bicarbonate *m*.
bicer (**-i**) *g* (*mwg*) gobelet *m*, coupe *f*; (*CEM*) vase *m* à bec.
bicini (**-s**) *g* bikini *m*; **mewn ~** en bikini.
bid[1] (**-iau**) *g gw.* **cynnig**[1].
bid[2] *be* (*gorchymyn amhersonol*) *gw.* **bod**[1].
bîd (**-s**) *b gw.* **glain**.
bide (**-s**) *g* bidet *m*.
bidio* *bg*: ~ **(am)** (*gwneud cynnig*) faire une enchère *neu* une offre (de).
bidiwr (**bidwyr**) *g* enchérisseur *m*.
bidog (**-au**) *g,b* baïonnette *f*.
bidogi *ba* blesser *neu* tuer (qn) à coups de baïonnette.
bidoglys *g* (*PLANH*) lobélie *f*.
bidwraig (**bidwragedd**) *b* enchérisseuse *f*.
bifalent *ans* bivalent(e).
biff *g* (*eidion*) bœuf *m*; ~ **rhost** rôti *m* de bœuf, rosbif *m*.
bigamedd, bigamiaeth *b* bigamie *f*.
bigamydd (**-ion**) *g* bigame *m/f*.
bigitian *ba gw.* **pryfocio**.
bigot* (**-iaid**) *g gw.* **dallbleidiwr**.
bigotri *g gw.* **dallbleidiaeth**.
bing *g couloir m dans une étable.*
bihafio *bg*
1 (*ymddwyn*) se conduire, se comporter; ~ **yn dda/ddrwg** se conduire bien/mal, se comporter bien/mal.
2 (*bod yn dda*) être sage; **bihafia!** sois-sage!, tiens-toi bien!, pas de bêtises!
bil (**-iau**) *g*
1 (*am wasanaeth: tŷ bwyta*) addition *f*; (:*gwesty*) note *f*; (:*trydan, nwy*) facture *f*.
2 (*mesur seneddol*) projet *m* de loi.
bilain (**bileiniaid**) *g* (*HAN*) vilain *m*, serf *m*.
biled (**-au**) *g* (*llety milwr*) billet *m* de logement.
biledu *ba*: ~ **milwyr gyda rhn** loger des troupes chez qn.
bileines (**-au**) *b* (*HAN*) vilaine *f*, serve *f*.
biliards *ll* jeu(-x) *m* de billard; **chwarae gêm o filiards** faire une partie de billard.
bilidowcar *g* (*ADAR*) cormoran *m*.
bili-ffŵl* *g*: **chwarae ~-~** faire le clown.
bilio *ba*: ~ **rhn** faire *neu* envoyer une facture à qn; ~ **rhn am rth** facturer qch à qn.
biliwn (**biliynau**) *g* (*miliwn o filiynau*) billion *m*; (*mil o filiynau*) milliard *m*.
biliwnydd (**-ion**) *g* milliardaire *m*.
biliwnyddes (**-au**) *b* milliardaire *f*.
bilwg (**bilygau**) *g* (*i dorri coed*) serpette *f*; (*un fwy*) serpe *f*.
bin (**-iau**) *g* (*lludw, ysbwriel*) poubelle *f*, boîte *f* à ordures; (*glo*) coffre *m* à charbon; (*gwinoedd*) casier *m* à bouteilles; ~ **bara** huche *f neu* boîte à pain; **taflu rhth i'r ~** jeter qch à la poubelle; **gwinoedd diwedd y ~** fin *f* de série.
bingo *g* jeu(-x) *m* de loto; **chwarae ~** jouer au loto; **neuadd fingo** salle *f* de jeu *neu* loto.
binocwlars *ll* jumelles *fpl*.
binomaidd *ans* (*MATH*) binôme; **theorem ~**

Newton le théorème (de binôme) de Newton.
binomial (**-au**) *g* binôme *m*.
biocemeg *b* biochimie *f*.
biocemegydd (**biocemegwyr**) *g* biochimiste *m/f*.
bioffiseg *b* biophysique *f*.
biogenesis *g* biogénèse *f*.
biohinsoddeg *b* bioclimatologie *f*.
bioleg *b* biologie *f*.
biolegol *ans* biologique;
♦ **yn fiolegol** *adf* biologiquement.
biolegydd (**biolegwyr, biolegyddion**) *g* biologiste *m/f*.
biomecaneg *b* biomécanique *f*.
biosffer (**-au**) *g* biosphère *f*.
biotechnoleg *b* biotechnologie *f*.
biotig *ans* biotique.
bioymoleuedd *b* bioluminescence *f*.
biro (**-au, -s**) *g* *gw.* **beiro**.
bisged, **bisgeden** (**bisgedi**) *b* (*felys*) biscuit *m*; (*sych*) biscotte *f*; ~ **ci** biscuit pour chien.
bisgïen (**bisgis**) *b* *gw.* **bisged**.
bisi* *ans* (*prysur*) occupé(e), affairé(e); (*bywiog*) actif(active).
bismwth *g* bismuth *m*.
bistro (**-s, -au**) *g* ≈ bistrot *m*.
biswail *g* (*gwartheg*) bouse *f*.
bit (**-iau**) *g* (*CYFRIF*) bit *m*, élément *m* binaire.
bitrwden (**bitrwd**) *b* betterave *f*.
biwbo (**-au**) *g* guimbarde *f*.
biwgl (**-au**) *g* clairon *m*.
biwréd (**-au**) *g* éprouvette *f*.
biwro (**-au**) *g* (*swyddfa*) bureau(-x) *m*.
biwrô (**biwroau**) *g* (*dodrefnyn*) bureau(-x) *m*, secrétaire *m*.
biwrocrat (**-iaid**) *g* bureaucrate *m/f*; (*dif*) rond-de-cuir(~s-~-~) *m*.
biwrocrataidd *ans* bureaucratique;
♦ **yn fiwrocratig** *adf* de façon bureaucratique.
biwrocratiaeth (**-au**) *b* bureaucratie *f*.
biwrocratiaith (**biwrocratieithoedd**) *b* (*iaith fiwrocrataidd*) style *m* administratif.
biwrocratig *ans* *gw.* **biwrocrataidd**.
biwtan *g* butane *m*, butagaz *m*.
blacin *g* (*esgidiau*) cirage *m* noir; (*stôf*) pâte *f* à noircir.
blacmel *g* chantage *m*.
blacmelio *ba* faire chanter, faire du chantage auprès de; ~ **rhn i wneud rhth** forcer qn par le chantage à faire qch.
blacmeliwr (**blacmelwyr**) *g* maître chanteur *m*.
blaen (**-au**) *g*
1 (*y rhan sy'n wynebu tuag ymlaen: tŷ*) façade *f*, front *m*, devant *m*; (*:siop*) devanture *f*, façade; (*:cwpwrdd, bocs*) devant; (*:ffrog*) devant; (*:crys*) plastron *m*; (*:llyfr*) début *m*, partie *f* antérieure.
2 (*rhan arweiniol: cerbyd*) avant *m*; (*:trên*) tête *f*; (*:tyrfa, cynulleidfa, dosbarth*) premier rang *m*; **yn y** ~ à l'avant; **eistedd ym mlaen y trên** s'asseoir en tête du train; **eistedd ym mlaen y car** s'asseoir à l'avant de la voiture; **ym mlaen y dosbarth** au premier rang de la classe; **gwthio'ch ffordd i'r** ~ se frayer un chemin jusqu'au premier rang; **anfon rhn i'r** ~ envoyer qn en avant; **cerdded ar y** ~ marcher devant; **bod ar y** ~ mener, être en tête; **mae ar y** ~ (*CHWAR*) il prend la tête, il tient la tête.
3 (*pen rhth*) bout *m*; **cerdded ar flaenau'ch traed** marcher sur la pointe des pieds.
4 (*DAEAR*): ~**au'r cymoedd** les têtes *fpl* des vallées; ~ **afon** source *f* d'une rivière.
5 (*mewn ymadroddion*): **ac yn y** ~ et ainsi de suite, et cetera; **cael y** ~ **ar rn** prendre les devants sur qn, anticiper qn; **dod i'r** ~ se faire connaître, se faire remarquer; **sut wyt ti'n dod yn dy flaen?** comment ça marche?* *gw. hefyd* **ymlaen**.
▶ **o flaen** (o'm blaen, o'th flaen, o'i flaen, o'i blaen, o'n blaenau, o'ch blaen(au), o'u blaenau) (*lleoliad*) devant; (*amser*) avant; **y tudalen hwn a'r un o'i flaen** cette page et la précédente *neu* et celle d'avant; **o flaen llaw** d'avance, à l'avance, par avance, avant; **rhaid ichi ddweud wrthyf i o flaen llaw** il faut me le dire à l'avance, il faut me prévenir avant; **paratoi ymhell o flaen llaw** faire des préparatifs bien à l'avance.
▶ **o'r blaen** (*amser*) auparavant, avant; **y diwrnod o'r** ~ l'autre jour *m*; **yr oes o'r** ~ autrefois; **mynd ymlaen fel o'r** ~ faire comme par le passé; **'rwyf wedi darllen y llyfr o'r** ~ j'ai déjà lu le livre, j'ai lu le livre auparavant; **nid yw ef erioed wedi ei gweld hi o'r** ~ c'est la première fois qu'il la rencontre, il ne l'a jamais rencontrée auparavant; **nid oedd erioed wedi digwydd o'r** ~ cela n'était jamais arrivé jusqu'alors;
♦*ans* premier(première), principal(e)(principaux, principales), (en) avant, de devant; **y blaenaf** le/la/les plus à l'avant, le plus avancé, la plus avancée, les plus avancé(e)s; **dant** ~ dent *f* de devant; **drws** ~ porte *f* d'entrée, porte principale; **drws** ~ **car** portière *f* avant; **ffenest flaen siop** vitrine *f*; **gardd flaen** jardin *m* de devant; **ystafell flaen** pièce *f* de devant (*donnant sur la rue*); **yn y rhes flaen** au premier rang; **cael sedd yn y rhes flaen** procurer une place assise au premier rang; **ar y tudalen** ~ à la première page, à la une; **newyddion ar y tudalen** ~ gros titres *mpl*, manchettes *fpl* *gw. hefyd* **gyriant**.
▶ **tu blaen** *gw.* **tu**
blaenafiaeth *b* antériorité *f*.
blaenasgellwr (**blaenasgellwyr**) *g* ailier *m*.
blaenberfformiad (**-au**) *g* première *f*.
blaenbrawf (**blaenbrofion**) *g* avant-goût *m*.
blaenbwl *ans* (*llafn*) émoussé(e), peu tranchant(e), qui ne coupe plus; (*nodwydd*) épointé(e); (*pensil*) mal taillé(e).
blaendal, **blaendaliad** (**blaendaliadau**) *g* (*tâl*

ymlaen llaw) paiement *m* d'avance, premier versement *m*; (*ernes*) arrhes *fpl*, acompte *m*; (*tâl a gedwir yn erbyn difrod wrth osod fflat*) caution *f*, cautionnement *m*; **rhoi ~ o ddecpunt ar rth** verser dix livres d'arrhes *neu* d'acompte sur qch.
blaendarddu *bg* germer, pousser.
blaendir (**-oedd**) *g* (*llun*) premier plan *m*.
blaendorri *ba* (*trychu*) tronquer, tailler.
blaendraeth (**-au**) *g* laisse *f* de mer, plage *f*.
blaenddalen (**-nau**) *b* la une, première page *f*, page de titre.
blaenddant (**blaenddannedd**) *g* incisive *f*.
blaenddodiad (**blaenddodiaid**) *g gw.* **rhagddodiad**.
blaenddŵr (**blaenddyfroedd**) *g* source *f*.
blaeneudir (**-oedd**) *g* hauteur *f*, haute terre *f*.
blaenffrwyth (**-au**) *g* premier fruit *m*, prémices *fpl*.
blaen-gantores (**~-~au**) *b* prima donna *f inv*.
blaengar *ans* ambitieux(ambitieuse), progressiste.
blaengaredd, **blaengarwch** *g* initiative *f*; (*cynnydd*) progressivité *f*.
blaengroen (**blaengrwyn**) *g* prépuce *m*.
blaen-gwrt (**~-gyrtiau**) *g* (*siop*) parking *m*; (*garej*) aire *f* de stationnement.
blaengyfrannau *ll* (*MASN*) actions *fpl* privilégiées.
blaengynllun (**-iau**) *g* bleu *m*.
blaenhwyl (**-iau**) *b* voile *f* de misaine, misaine *f*.
blaenhwylbren (**-nau**) *g* mât *m* de misaine.
blaenlanc (**-iau**) *g* adolescent *m*, jeune *m*.
blaenlances (**-i**) *b* adolescente *f*, jeune *f*.
blaenlencyndod *g* puberté *f*, adolescence *f*.
blaenllaw *ans* (*rhn*) important(e), éminent(e), bien en vue; (*trawiadol*) frappant(e), marquant(e); (*ar y blaen*) progressif(progressive), progressiste.
blaenllym (**blaenllem**) (**blaenllymion**) *ans* tranchant(e), bien aiguisé(e), aigu(aiguë), pointu(e); (*pensil*) bien taillé(e).
blaenllymu *ba* aiguiser, affûter, affiler.
blaenolwg (**blaenolygon**) *g* façade *f*.
blaenor (**-iaid**) *g membre du conseil d'un temple presbytérien*; **~ y gân** premier chantre *m*.
blaenores (**-au**) *b femme membre du conseil d'un temple presbytérien.*
blaenori *ba* (*dod o flaen*) précéder, anticiper, avoir la priorité sur; (*bod yn well na*) surpasser, primer;
♦*bg* (*dod yn flaenaf*) être prioritaire, passer en priorité; (*rhagori*) briller, exceller, se distinguer; (*arwain*) être à la tête.
blaenoriaeth (**-au**) *b* priorité *f*, préséance *f*, préférence *f*; (*rhagoriaeth*) suprématie *f*; **y flaenoriaeth flaenaf** la priorité absolue; **rhoi'r flaenoriaeth i** donner la priorité absolue à; **cael y flaenoriaeth ar** avoir la priorité sur; **eich ~au** ce qui compte le plus pour vous; **trefn y ~au** liste *f* des priorités.
blaenorol *ans* précédent(e), antérieur(e), d'avant; (*cyn-*) ancien(ne);
♦ **yn flaenorol** *adf* (*o'r blaen*) antérieurement, précédemment, auparavant.
blaenrhes (**-au, -i**) *b* premier rang *m*, première rangée *f*.
blaenswm (**blaensymiau**) *g* avance *f*, acompte *m*, premier versement *m*.
blaensymu *ba* avancer, faire une avance de.
blaensymud *bg* avancer.
blaensymudiad (**-au**) *g* avance *f*, avancement *m*.
blaenu *ba* (*arwain*) mener, être en tête de;
♦*bg* prendre la première place.
blaenweddi (**blaenweddïau**) *b* invocation *f*.
blaenweled *ba* (*ffilm ayb*) voir (qch) en avant-première.
blaenwelediad (**-au**) *g* prévision *f*.
blaenwr (**blaenwyr**) *g* (*CHWAR*) avant *m*; (*mewn cerddorfa*) premier violon *m*.
blagur *ll gw.* **blaguryn**.
blaguro *bg* (*coeden*) bourgeonner, se couvrir de bourgeons; (*blodyn*) (commencer à) éclore; (*egino*) germer, pousser; (*ffynnu*) fleurir, être fleurissant(e).
blaguryn (**blagur**) *g* bourgeon *m*, œil(yeux) *m*, pousse *f*; (*o hedyn*) germe *m*.
blaidd (**bleiddiaid**) *g* loup *m*; **cnud o fleiddiaid** bande *f* de loups; **~ mewn croen dafad** un loup déguisé en brebis; **~ dŵr** (*PYSG: penhwyad*) brochet *m*.
blanc *ans* blanc(he), vide;
♦*g* (**-iau**) blanc *m*, espace *m* vide; **gadael llawer o flanciau yn eich ateb** laisser plusieurs de ses réponses en blanc.
blanced (**-i**) *g,b* couverture *f*; (*eira*) couche *f*; (*niwl*) nappe *f*; **~ drydan** couverture chauffante.
blansio *ba* (*COG*) blanchir.
blas (**-au**) *g* goût *m*, saveur *f*; **~ chwerw** goût amer *neu* âpre; **~ drwg** goût déplaisant; **~ hallt** goût salé; **~ melys** goût sucré; **'does dim ~ arno!** cela n'a aucun goût!; **bod â ~ da** avoir bon goût; **mae ~ sebon ar hwn** ceci a un goût de savon; **mae ~ rhyfedd arno!** cela a un drôle de goût!; **clywch flas hwn** goûtez à ceci; **rhoddais flas o'r gwin iddi** je lui ai fait goûter le vin; **a hoffech chi flas ohono?** voulez-vous y goûter?; **cael ~ ar rth** savourer qch; **colli ~ ar rth** se désintéresser de qch; **cafodd hi flas o fywyd tramor** elle a fait l'expérience de la vie à l'étranger; **cawsom flas o'i dymer** on a eu un échantillon de sa mauvaise humeur; **~ tafod** gronderie *f*; **cael ~ tafod** se faire gronder.
blasbwynt (**-iau**) *g* papille *f* gustative.
blasenw (**-au**) *g gw.* **llysenw**.
blaslyn (**-nau**) *g* sauce *f*.
blast (**-iau**) *g*: **ffwrnais flast**

haut-fourneau(~s-~x) *m gw. hefyd* **ffrwydriad**.
blastio *ba gw.* **ffrwydro**.
blasu *ba*
1 (*bwyd, diod: clywed blas*) goûter, sentir; (:*mwynhau blas*) savourer; **ni alla' i ddim ~'r garlleg** je ne sens *neu* goûte pas l'ail.
2 (*profi bwyd, diod: cyff*) goûter à; (:*am y tro cyntaf*) goûter de; (:*o ran ansawdd*) goûter; **~'r gwin** (*mewn bwyty*) goûter le vin; (*yn y winllan ayb*) déguster le vin.
3 (*ffig: pŵer, rhyddid, llwyddiant*) goûter à, connaître;
♦*bg* avoir un goût; **~'n dda** avoir bon goût; **mae'n ~'n iawn i mi** d'après moi cela a un goût normal.
blasus *ans* savoureux(savoureuse), délicieux(délicieuse), succulent(e); (*â digon o halen ayb*) relevé(e), bien assaisonné(e); **bod yn flasus** avoir du goût, être délicieux.
blasusau *ll* canapés *mpl*.
blasusfwyd (**-ydd**) *g* (*saig*) mets *m* non sucré; (*tameidyn*) canapé *m*.
blasyn (**-nau**) *g* (*bwyd*) amuse-gueule *m*; (*diod*) apéritif *m*; (*blas bach*) petit goût *m*, soupçon *m*.
blawd (**blodiau**) *g*
1 (*wedi ei wneud o rawn*): **~ (plaen)** farine *f*; **~ codi** farine à levure; **~ ceirch** farine d'avoine; **~ corn** farine de maïs, maïzena© *f*; **~ gwenith cyflawn** farine brute; **melin flawd** minoterie *f*; **tun ~** boîte *f* à farine; **'roedd ei dwylo'n flawd i gyd** elle avait les mains enfarinées.
2 (*wedi ei wneud o ddefnyddiau eraill*): **~ esgyrn** engrais *m* phosphaté (*de cendres d'os*); **~ pysgod** guano *m* de poisson.
3 (*paill*) pollen *m*.
4 (*pren: llwch*): **~ llif** sciure *f* de bois.
blawdio *ba* fariner, saupoudrer (qch) de farine.
blawdiog *ans gw.* **blodiog**.
ble(= *pa le*) *rhag gof* (*mewn cwestiwn uniongyrchol ac anuniongyrchol: hefyd:* **ymhle, ym mha le, lle, yn lle, pa le**) où; **~ ydych chi'n byw?** où habitez-vous?; **~ buost ti ddoe?** où es-tu allé(e) hier?; **~ mae'r ffordd allan?** par où est-ce qu'on sort?; **o ~ ydych chi'n dod?** vous êtes d'où?, d'où venez-vous?; **~ yn union?** où exactement?; **tybed i ~ mae hi'n mynd** je me demande où elle va;
♦*adf* (*y lle*) où; **dyna ~ 'rydw i'n byw** c'est là où j'habite; **dyna ~ y gwelais i hi** c'est là que je l'ai vue; **dyna ~ 'rydych yn anghywir** c'est là que vous vous trompez, voilà où vous vous trompez; **dywedais wrtho ~ i fynd** je lui ai dit où aller; **ni wn i ddim ~ i gychwyn** je ne sais pas par où commencer.
▶ **ble bynnag**
1 (*ni waeth i ble*) où que + *subj*; **nid anghofia' i ddim, ~ bynnag y byddaf** *ou* **byddwyf** où que je sois, je n'oublierai jamais.
2 (*ym mhob man*) partout où; **~ bynnag yr ei di, mi af innau hefyd** partout où tu iras, j'irai aussi; **~ bynnag y gwelwch chi'r arwydd hwn** partout où vous voyez ce signe.
3 (*yn unrhyw fan*) (là) où; **eisteddwch ~ bynnag y mynnoch** asseyez-vous (là) où vous voulez; **ewch i ~ bynnag y dymunwch** allez où bon vous semble *neu* semblera; **mae'n dod o Aix, ~ bynnag y mae hynny** il vient d'un endroit qui s'appellerait Aix.
bleiddan (**-od**) *g* louveteau(-x) *m*.
bleiddast (**bleiddeist**) *b* louve *f*.
bleidd-dag *g* (PLANH) aconit *m*.
bleidd-drem *g* (PLANH) buglosse *f*.
bleiddgi (**bleiddgwn**) *g* chien-loup(~s-~s) *m*, lévrier *m* d'Irlande; (*i hela blaidd*) chien *m* de berger.
bleiddian (**-od**) *g* louveteau(-x) *m*.
bleiddiast (**bleiddieist**) *b* louve *f*.
bleind (**-iau**) *g*: **~ (rolio)** store *m*.
blendio *ba*: **~ (rhth â rhth)** mélanger (qch à qch), mêler (qch avec qch), faire un mélange (de qch avec qch);
♦*bg* se mêler, se mélanger, se confondre; (*lliwiau*) s'allier, se marier, aller (bien) ensemble.
blêr *ans* (*golwg*) négligé(e), désordonné(e), mal soigné(e); (*dillad*) débraillé(e), mal tenu(e); (*gwallt*) ébouriffé(e), mal peigné(e); (*rhn: anniben*) désordonné, brouillon(ne); (:*esgeulus*) négligent(e); (*gwaith, tudalen*) sale, brouillon; (*ysgrifen*) brouillon, en désordre, en pagaille* *neu* pagaïe*; (*ystafell*) en désordre, mal rangé(e), en pagaïe*; (*desg*) mal rangé(e); (*gardd*) mal tenu, à l'abandon;
♦ **yn flêr** *adf* négligemment; (*gweithio*) sans méthode, sans ordre; (*ysgrifennu*) sans soin, de manière brouillonne; (*yn ddiofal*) négligemment, avec insouciance, par négligence; **gwisgo'n flêr** être débraillé(e).
blerwch *g* (*ystafell*) désordre *m*; (*gwisg*) manque *m* de soin, débraillé *m*; (*rhn: annibendod*) manque d'ordre; (:*esgeulustod*) négligence *f*.
blesyn *g* petit goût *m*, soupçon *m*.
blew *ll gw.* **blewyn**.
blewog *ans* (*corff dynol*) poilu(e); (*pen*) chevelu(e); (*aeliau*) hérissé(e), velu(e); (*anifail*) à longs poils; (*deilen ayb*) velu; **siani flewog** chenille *f*; **bod â dwylo ~** (*ffig*) être une pie voleuse.
blewyn (**blew**) *g*
1 (*ar gorff: cyff*) poil *m*; (:*o wallt y pen*) cheveu(-x) *m*; **siarad heb flewyn ar dafod** ne pas mâcher ses mots; **tynnu ~ o drwyn rhn** irriter qn, agacer qn; **i'r ~** exactement, à la perfection.
2 (*gweiryn*) brin *m*; **~ glas, ~ o laswellt** brin d'herbe.
3 (*asgwrn main pysgodyn*) arête *f* fine.
blingo *ba* dépouiller, écorcher; (*twyllo'n*

ariannol) escroquer.
blingwr (**blingwyr**) *g* peaussier *m*, écorcheur *m*, celui qui dépouille *neu* écorche.
blin *ans*
1 (*drwg eich hwyliau*) grincheux(grincheuse), de mauvaise humeur, irritable.
2 (*edifeiriol*) désolé(e), navré(e), peiné(e); **mae'n flin gen i 'mod i'n hwyr!** excusez-moi *neu* je suis désolé d'être en retard!; **dywed ei bod hi'n flin gen ti!** dis *neu* demande pardon!; **o, mae'n flin gen i!** oh pardon!, excusez-moi!, je suis vraiment désolé!; **mae'n flin gen i am y cwpan 'na!** désolé pour la tasse!, excuse-moi pour la tasse!; **mae'n flin gennyf orfod dweud wrthych chi ...** je regrette d'avoir à vous dire que; **mae'n flin gennyf na allaf ddod** je regrette *neu* je suis désolé de ne pas pouvoir venir; **'rwy'n flin am y sŵn 'na ddoe** je regrette beaucoup qu'il y ait *subj* eu tellement de bruit hier; **methu wnaeth e, mae'n flin gen i ddweud!** il a échoué hélas *neu* malheureusement!.
3 (*tosturiol*): **teimlo'n flin dros rn** plaindre qn; **mae'n flin gen i drosti hi** elle me fait pitié; **mae'n flin gen i drosot ti** je te plains, je suis désolé(e) pour toi; **'does dim angen teimlo'n flin drosto!** il n'est pas à plaindre, il est inutile de le plaindre; **teimlo'n flin drosoch eich hunan** se plaindre de son sort, s'apitoyer sur soi-même *neu* sur son propre sort.
4 (*lluddedig*) fatigué(e), las(se), épuisé(e), éreinté(e).
5 (*blinderus: diwrnod*) pénible, fatigant(e); (:*llafur*) fatigant, lassant(e); **tasg flin** corvée *f*;
♦ **yn flin** *adf* (*siarad*) d'un ton sec, avec mauvaise humeur, maussadement.
blinder (**-au**) *g* fatigue *f*, lassitude *f*, épuisement *m*; (*gwendid, iselder*) abattement *m*; (*anhawster*) adversité *f*, difficulté *f*, affliction *f*.
blinderog *ans* (*blinedig*) fatigué(e), las(se); (*wedi ymlâdd*) épuisé(e), éreinté(e).
blinderus *ans* fatigant(e), épuisant(e), pénible; (*sy'n gwylltio*) agaçant(e), ennuyeux(ennuyeuse);
♦ **yn flinderus** *adf* péniblement.
blinedig *ans* (*rhn*) fatigué(e); (*lluddedig*) las(se); (*symudiad, llais*) las; (*diflas*) agaçant(e), ennuyeux(ennuyeuse), assommant(e);
♦ **yn flinedig** *adf* (*ateb*) d'une voix fatiguée; (*cerdded*) d'un pas lourd, avec une démarche fatiguée.
blinfyd *g* adversité *f*, affliction *f*.
blino *ba* fatiguer, lasser; (*salwch*) faire mal à, incommoder; ~ **rhn yn llwyr** épuiser qn, éreinter qn;
♦*bg* se fatiguer, se lasser; **~'n hawdd** se fatiguer vite, être vite fatigué(e); ~ **ar rn/rth** en avoir assez de qn/qch, se lasser de qn/qch; **nid yw byth yn ~ ar fynd yno** il ne se lasse jamais d'y aller; **bod wedi ~** être fatigué; **bod wedi ~'n lân** *ou* **llwyr** être tout à fait épuisé(e), être tout à fait éreinté(e), ne plus tenir debout; **'rwyf wedi ~** (*lluddedig*) je suis las(se); **'rwyf wedi ~ aros** je suis las *neu* fatigué d'attendre, j'en ai assez d'attendre; **'rwyf wedi ~ dweud a dweud wrthyt ti!** je me tue à te le répéter!
Blitz *g*: **y** ~ le Blitz.
blith[1] *g*: **yn ~ draphlith** à la débandade, à la six-quatre-deux, pêle-mêle, les un(e)s sur les autres, dessus-dessous *gw. hefyd* **plith**.
blith[2] (**-ion**) *ans*: **buwch flith** vache *f* laitière; **da ~ion, gwartheg ~ion** vaches laitières.
bliw *g*: ~ **golchi** bleu *m* de lessive.
bloc[1] (**-iau**) *g*
1 (*talp: carreg*) bloc *m*; (:*pren*) bûche *f*, billot *m*, bille *f*, cube *m*; ~ **cigydd** billot de boucher; **marw ar y ~** périr sur le billot *neu* l'échafaud; **~iau adeiladu** (*teganau*) (jeu(-x) *m* de) cubes *mpl*, jeu de construction.
2 (*ADEIL*): ~ **o dai** pâté *m* de maisons; ~ **o fflatiau** immeuble *m*; **mynd am dro rownd y ~** faire le tour du pâté de maisons, faire un tour dans le coin; **dos rownd y ~!** tourne le coin!; **byw 3 ~ i ffwrdd** habiter 3 rues plus loin.
3 (*papur*): ~ **ysgrifennu** bloc-notes(~s-~) *m*.
4 (*CAR*): ~ **brêc** patin *m* de frein.
5 (*GWLEID: clymblaid*) bloc *m*; **pleidlais floc** vote *m* groupé.
bloc[2] (**-iau**) *g* (*mewn piben*) obstruction *f*; (*yn y meddwl*) blocage *m*.
blocêd (**blocedau**) *g* blocus *m*.
blocedio *ba* bloquer, faire le blocus de, obstruer.
blocio *ba* (*piben*) boucher, obstruer, bloquer; (*traffig*) entraver, gêner; **~'r ffordd** bloquer *neu* barrer la route; (*yn ddamweiniol*) obstruer la route; **~'r olygfa** boucher la vue;
♦*bg* (*olwyn*) se bloquer; **mae'r olwyn wedi ~** la roue s'est bloquée, la roue est (restée) bloquée.
bloc-nodiadau *g* bloc-notes(~s-~) *m*.
blocws (**blocysau**) *g* blockhaus *m*.
blocyn (**blociau**) *g* (*carreg*) bloc *m*; (*pren*) bûche *f*, billot *m*, bille *f*, cube *m*; ~ **cigydd** billot de boucher; **marw ar y ~** périr sur le billot *neu* l'échafaud; **~iau adeiladu** (*teganau*) (jeu(-x) *m* de) cubes *mpl*, jeu de construction.
blodamlen (**-ni**) *b* (*PLANH*) calice *m*.
blodau *ll gw.* **blodyn**.
blodeugerdd (**-i**) *b* anthologie *f*.
blodeuglwm (**blodeuglymau**) *g* bouquet *m*, botte *f*.
blodeuo *bg* fleurir, être en fleurs, se mettre en fleurs, se couvrir de fleurs; (*busnes*) être florissant(e), prospérer, avoir du succès; (*rhn*) s'épanouir.

blodeuog *ans* fleuri(e), couvert(e) de fleurs, à fleurs, en fleur(s); (*araith, iaith*) fleuri.
blodeuol *ans* fleuri(e), en fleur(s).
blodeuwr (**blodeuwyr**) *g* fleuriste *m*.
blodeuwraig (**blodeuwragedd**) *b* fleuriste *f*.
blodfresychen (**blodfresych**) *b* chou-fleur(~x-~s) *m*; ~ **galed,** ~ **y gaeaf** brocoli *m*.
blodio *ba gw.* **blawdio**.
blodiog *ans* (*â blawd*) fariné(e), saupoudré(e) de farine; (*dwylo, wyneb*) enfariné(e); (*tatws*) farineux(farineuse).
blodyn (**blodau**) *g*
1 (*PLANH: cyff*) fleur *f*; ~ **anwyw** immortelle *f*; ~ **cleddyf** glaïeul *m*; ~ **gardd** fleur de jardin; ~ **Gorffennaf** gazon *m* d'Olympe; ~ **gwyllt** fleur sauvage, fleur des champs; ~ **llyffant** pédiculaire *f*, herbe *f* aux poux; ~ **mam-gu,** ~ **y mur** giroflée *f* jaune, giroflée des murailles, ravenelle *f*; ~ **Mawrth** jonquille *f*, narcisse *m*; ~ **menyn** renoncule *f* des champs, bouton *m* d'or; ~ **Mihangel** chrysanthème *m*; ~ **piso yn y gwely** pissenlit *m*; ~ **y brain** lychnide *f* des prés; ~ **y brenin** pivoine *f*; ~ **yr eira** perce-neige(~-~(s)) *m,f*; ~ **y gwynt** anémone *f*, adonis *m*; ~ **yr haul** tournesol *m*, hélianthe *m* annuel; **blodau'r gog, blodau'r gwcw,** ~ **llaeth** cardamine *f* des prés, cresson *m* élégant, cresson des prés; **dydd Sul y blodau** le dimanche des Rameaux.
2 (*i gyfarch: cariad, anwylyd, plentyn: hefyd:* ~ **tatws**): **sut mae,** ~! salut mon chou!; (*i gyfarch menyw*) salut ma petite dame *neu* demoiselle!; (*i gyfarch dyn*) salut mon petit monsieur!.
3 (*ffig: anterth*); **mae hi ym mlodau ei dyddiau** elle est dans *neu* à la fleur de l'âge; **yr oedd ym mlodau ei ddyddiau yn y bymthegfed ganrif** il fleurissait au XVe siècle.
bloedd (**-iau, -iadau**) *b* cri *m*, hurlement *m*; **rhoi** ~ pousser un cri; **bloeddiadau** (*sŵn*) clameur *f*; (*cymeradwyaeth*) acclamations *fpl*; (*protestiadau*) protestations *fpl* bruyantes; **bloeddiadau o chwerthin** éclats *mpl* de rire; **clywid bloeddiadau "Cymru am byth!"** on entendait crier "vive le pays de Galles!"
bloeddio *bg* crier, pousser des cris, hurler, brailler, gueuler*, beugler*; ~ **am** réclamer; ~ **crio** éclater en sanglots, sangloter; ~ **chwerthin** éclater de rire; ~ **am help** crier *neu* appeler au secours;
♦*ba* (*cân*) brailler, hurler, beugler*;
♦*g* cris *mpl*, hurlements *mpl*, vociférations *fpl*.
bloeddiwr (**bloeddwyr**) *g* celui qui crie *neu* hurle.
bloeddwraig (**bloeddwragedd**) *b* celle qui crie *neu* hurle.
bloesg *ans* (*llais*) enroué(e), rauque, voilé(e), indistinct(e); (*â nam lleferydd*) incapable de s'exprimer, qui parle *neu* s'exprime avec difficulté;
♦ **yn floesg** *adf* (*yn gryg*) d'une voix rauque *neu* voilée; (*ag atal-dweud*) en bégayant; **siarad yn floesg** (*yn gryg*) parler d'une voix rauque *neu* voilée; (*lisbian*) zézayer, zozoter*.
bloesgedd *g* (*llais cryg*) voix *f* rauque *neu* voilée *neu* enrouée; (*nam lleferydd*) élocution *f* indistincte, mauvaise prononciation *f*; (*lisbian*) zézaiement *m*.
bloesgi *bg* (*siarad yn gryg*) parler d'une voix rauque *neu* voilée; (*lisbian*) zézayer, zozoter.
bloesgni *g gw.* **bloesgedd**.
blond *ans* blond(e).
blonden (**blondiaid**) *b* blonde *f*.
blondyn (**blondiaid**) *g* blond *m*.
bloneg (**-au**) *g* saindoux *m*, graisse *f*, matière *f* grasse; **magu** ~ grossir, prendre du poids; **colli** ~ maigrir, perdre du poids; **byw ar eich** ~ (*ffig*) vivre de ses propres biens.
blonegen *b* couche *f* de saindoux *neu* graisse *neu* matière grasse.
blonegog *ans* gras(se), graisseux(graisseuse), bien en chair.
blot (**-iau**) *g* tache *f*, pâté *m*.
blotio *ba* (*rhoi inc ar*) tacher (qch) d'encre; (*sychu*) sécher; (*cael gwared â*) effacer, rayer, barrer
blotiog *ans* taché(e), souillé(e), couvert(e) de taches *neu* de pâtés.
blows (**-ys**) *g,b* (*benyw*) corsage *m*, chemisier *m*; (*arlunydd*) blouse *f*, sarrau *m*.
blwch (**blychau**) *g* boîte *f*; (*mawr*) caisse *f*; (*bach*) coffret *m*; ~ **arian** (*cadw-mi-gei*) tirelire *f*; ~ **cardbord** (boîte en) carton *m*; ~ **colur** boîte nécessaire de maquillage; ~ **llwch** cendrier *m*; ~ **llythyrau** boîte à lettres; ~ **matsys** boîte d'allumettes; ~ **paent** boîte de couleurs; ~ **pleidleisio** urne *f* (électorale).
blwff *g* bluff *m*.
blwydd (**-i**) *b*: **plentyn** ~ **oed** enfant qui a un an, enfant âgé(e) d'un an; **bod yn bum mlwydd oed** avoir cinq ans;
♦*ans*: **'rwyt ti fel babi** ~ **!** tu es vraiment enfantin(e)!, tu es vraiment puéril(e)!
blwydd-dal (**~-~iadau**) *g* (*cyson*) rente *f* annuelle, pension *f*; (*buddsoddiad*) viager *m*, rente viagère.
blwyddiad (**blwyddiaid**) *g* animal(animaux) *m* d'un an.
blwyddiadur (**-on**) *g* annuaire *m*.
blwyddlyfr (**-au**) *g* annuaire *m*.
blwyddnod (**-au**) *g* annales *fpl*.
blwyddol *ans* annuel(le);
♦ **yn flwyddol** *adf* annuellement, tous les ans.
blwyddyn (**blynyddoedd**) *b*
1 (*cyfnod o amser*) an *m*, année *f*; ~ **ariannol** année fiscale; ~ **brawf** année de probation, année probatoire; ~ **gyllidol** année d'exercice; ~ **naid** année bissextile; **B**~ **Newydd Dda** Bonne Année; ~ **oleuni**

année-lumière(~s-~); ~ **ar ôl** ~ année après année; ~ **i Ionawr nesaf** il y aura un an en janvier prochain; ~ **i fis Mai diwethaf** il y a eu un an au mois de mai dernier; **y flwyddyn ddiwethaf** l'an dernier, l'année dernière; **y flwyddyn olaf** la dernière année; **y flwyddyn nesaf** l'an prochain, l'année prochaine, l'année qui vient; **y flwyddyn ganlynol** l'année suivante, l'année d'après; **yn y flwyddyn 2000** en l'an 2000; **bob** ~ chaque année, tous les ans; **talu bob** ~ payer à l'année; **bob yn ail flwyddyn** tous les deux ans; **bedair gwaith y flwyddyn** quatre fois l'an; **o flwyddyn i flwyddyn** d'année en année; **o'r naill flwyddyn i'r llall** d'une année à l'autre; **trwy gydol y flwyddyn** d'un bout de l'année à l'autre; **ers blynyddoedd** depuis des années; **flynyddoedd yn ôl** il y a bien des années; **yn ystod y blynyddoedd, dros y blynyddoedd** au fil *neu* au cours des années; **am flynyddoedd yn olynol** pendant plusieurs années de suite.
2 (*oed*): **o'i flynyddoedd cynharaf** dès son âge le plus tendre.
3 (YSGOL) année *f*; **'roedd yn yr un flwyddyn â mi yn yr ysgol** il était de mon anneé à l'école; **ym mlwyddyn 7/8/11/13** en sixième/cinquième/seconde/terminale.

blychaid (**blycheidiau**) *g*: ~ **o** pleine boîte *f* de.

blydi* *ans* foutu(e)*, sacré(e), fichu(e), satané(e); **'wnaiff y** ~ **car 'ma ddim cychwyn!** cette sacrée bon Dieu de voiture *neu* bagnole* ne veut pas démarrer!, cette foutue* voiture *neu* bagnole* ne veut pas démarrer!; **cau'r** ~ **ffenest!** nom de Dieu, veux-tu fermer la fenêtre!; **mae hynna'n** ~ **niwsans!** ce que c'est emmerdant*!; **y** ~ **ffŵl!** espèce *f* d'imbécile *neu* de con**!

blyffio *ba* bluffer*;
♦*bg* bluffer*, faire du bluff.

blynedd *ll* ans *mpl*, années *fpl*; **mewn dwy flynedd** (*ymhen dwy flynedd*) dans deux ans; (*yn ystod cyfnod o ddwy flynedd*) en deux ans; **ers tair blynedd** depuis trois ans.

blynyddol *ans* annuel(le);
♦ **yn flynyddol** *adf* annuellement, tous les ans.

blys (**-iau**) *g* envie *f*, désir *m*, soif *f*; **codi** ~ **rhth ar rn** donner envie de qch à qn; ~ **crwydro** envie de voyager.

blysig *ans* (*barus: cyff*) avide, cupide; (*:am fwyd*) gourmand(e), glouton(ne); (*chwantus*) lascif(lascive);
♦ **yn flysig** *adf* avidement, cupidement, gloutonnement, lascivement.

blysigrwydd *g* avidité *f*; (*awch am fwyd*) gloutonnerie *f*, gourmandise *f*; (*anlladrwydd*) luxure *f*, lubricité *f*, lasciveté *f*.

blysio *ba* désirer (qch) ardemment.

Bnr *byrf* (= *bonwr*) M.

Bns *byrf* (= *bones*) Mme, Mlle.

bo *be gw.* **bod**[1].

boa (**-od**) *b* (*neidr*) boa *m*.

bob[1] *adf gw.* **pob**[1].

bob[2] *g* (*steil gwallt*) coupe *f* au carré.

boba* *b* tante *f*; (*iaith plentyn*) tata *f*.

bobin (**-iau**) *g* bobine *f*; (*les*) fuseau(-x) *m*.

bo-bo *g* (*bwbach, bwgan*) croque-mitaine *m*, le Père Fouettard.

bocs[1] (**-ys**) *g* boîte *f*; (*mawr*) caisse *f*; (*bach*) coffret *m*; (*cardbord*) carton *m*; (*i hel arian*) tronc *m*; (THEATR) loge *f*; **y** ~ (*teledu*) la télé; ~ **llythyrau** boîte à *neu* aux lettres; ~ **o fatsys** boîte d'allumettes *gw. hefyd* **blwch**.

bocs[2] *b*: **coeden** ~ (PLANH) buis *m*.

bocsach *g* (*ymffrost*) vantardise *f*, fanfaronnade *f*.

bocsachu *bg* (*ymffrostio*) se vanter, fanfaronner.

bocsachus *ans* vantard(e), fanfaron(ne);
♦ **yn focsachus** *adf* en se vantant, avec vanterie, avec jactance.

bocsaid (**bocseidiau**) *g*: ~ **o** pleine boîte *f* de.

bocser (**-s**) *g*: (**ci**) ~ boxer *m*.

bocsio *bg* boxer, faire de la boxe;
♦*g* la boxe; ~ **â'r traed** la savate; **gornest focsio** un match de boxe; **menig** ~ gants *mpl* de boxe.

bocsit *g* bauxite *f*.

bocsiwr (**bocswyr**) *g* (*paffiwr*) boxeur *m*.

bocys *g* (PLANH) buis *m*.

bocysen, **bocyswydden** (**bocyswydd**) *b* (PLANH) buis *m*.

boch (**-au**) *b* joue *f*; **foch ym moch** joue contre joue; **twll yn y foch** fossette *f*; **troi'r foch arall** tendre l'autre joue; ~ **tin** fesse *f*.

bochdew[1] (**-ion**) *g* (ANIF) hamster *m*.

bochdew[2] *ans* joufflu(e), aux joues rebondies.

bochdwll (**bochdyllau**) *g* fossette *f*.

bochgern (**-au**) *b* joue *f*.

bochgoch *ans* aux joues roses *neu* vermeilles.

bochio *bg* se renfler, bomber; (*bod wedi chwyddo*) être gonflé(e); ~ **dros rth** faire saillie sur qch;
♦*ba* (*llowcio*) avaler.

bochog *ans* joufflu(e), aux joues rondes *neu* pleines *neu* bombées.

bod[1] *bg*
1 (*cyff*) être; ~ **yn hapus** être heureux(heureuse); ~ **yn iawn/anghywir** (*rhn*) avoir raison/tort; **Cymraes yw hi** c'est une Galloise, elle est galloise; **sut wyt ti? - 'rwy'n well** comment vas-tu? - je vais mieux; **faint ydi d'oed di? - 'rwy'n bymtheg oed** quel âge as-tu? - j'ai quinze ans; **faint yw'r afalau?** (*costio*) combien coûtent les pommes?; **gall hynny fod** cela se peut, peut-être; **boed hynny fel y bo, bid a fo am hynny** quoi qu'il en soit *subj*; **gadewch imi fod!** laissez-moi tranquille!; **gadewch iddo fod fel y mae!** laissez-le tel quel!; **peidiwch â** ~ **yn hir cyn dod!** ne tardez pas trop à venir!;

'rwyf wedi ~ ym Mharis j'ai déjà été à Paris, je suis déjà allé(e) à Paris; **mae'r postmon wedi ~** le facteur est passé; **oes rhn wedi ~ tra oeddwn i allan?** il est venu quelqu'un *neu* il n'est venu personne pendant que je n'étais pas là?; **a ~ yn deg** pour être juste; **a ~ yn fanwl** pour être exact, pour être précis.
2 (*defnydd cyfyngedig i 3ydd person y ferf 'bod' o flaen enw amhendant*) y avoir; **mae llyfr ar y bwrdd** il y a un livre sur la table; **a oes dŵr yn y tegell?** est-ce qu'il y a de l'eau dans la bouilloire?; **'roedd llawer o bobl yno** il y avait beaucoup de monde; **onid oedd coffi yn y cwpwrdd?** n'y avait-il pas de café dans le placard?; **bydd yno wres** il y aura du chauffage.
3 (*mewn atebion*): **ydw** oui; (*yn gadarnhaol i gwestiwn neu honiad negyddol*) si; **nac ydw** non; **oes/nac oes** oui/non; **a ydi hi'n braf? - ydi/nac ydi** est-ce qu'il fait beau? - oui/non; **'dydi hi ddim yn braf - ydi!** il ne fait pas beau - (mais) si! *neu* si fait!; **'dwyt ti ddim yn hapus? - ydw!** tu n'es pas heureux(heureuse)? - si!; **a ydym ni'n swnllyd? - ydych/nac ydych** est-ce que nous faisons du bruit? - oui/non.
4 (*mewn gorchmynion amhersonol*): **bydded goleuni!** que la lumière soit! *subj*; **bydded felly!** ainsi soit-il! *subj*; **boed!** soit! *subj*, que ce soit! *subj*; **bid!** soit! *subj*; **a fo ben bid bont** qui veut être chef, qu'il se fasse *subj* pont; **bid sicr** certainement, bien sûr.
5 (*o'i le, i boeni amdano*): **beth sy'n ~?** qu'est-ce qu'il y a?, qu'y a-t-il?; **mae rhywbeth yn ~!** il y a quelque chose!; **'does dim byd yn ~** il n'y a rien du tout, il n'y a absolument rien; **fel pe na bai dim byd yn ~** comme si de rien n'était; **beth sy'n ~ arnat ti?** qu'est-ce que tu as?, qu'est-ce qui te prend?; **beth sy'n ~ ar dy lygad di?** qu'est-ce que tu as à l'œil?; **mae rhywbeth yn ~ ar yr injan** il y a quelque chose qui cloche* dans le moteur, il y a quelque chose qui ne va pas dans le moteur; **'does dim byd yn ~ arna' i** moi, je vais tout à fait bien, moi, je n'ai rien du tout; **'does dim byd yn ~ ar y syniad yna** il n'y a rien à redire à cette idée.
▶ **bod i fod**
1 (*i fynegi disgwyliad, dyletswydd, rheidrwydd*) être censé(e), devoir; **'rwyt ti i (fod i) ffonio pan gyrhaeddi di** tu dois téléphoner quand tu arrives; **'roedd hi i fod i fynd yno bore 'ma** elle était censée y aller ce matin, elle devait y aller ce matin; **mae'r car i fod i gael ei werthu** la voiture doit être vendue; **'dydw i ddim i fod i wybod** je ne suis pas censé(e) le savoir, je suis censé(e) ne pas le savoir.
2 (*i fynegi gwaharddiad*): **nid wyf i (fod i) sôn amdano** on m'a défendu d'en parler; **'dwyt ti ddim i fod i wneud hynna** il ne t'est pas permis de faire cela; **'dydi'r drws ddim i fod i gael ei agor** il est défendu d'ouvrir la porte.
3 (*i fynegi tybiaeth neu honiad*): **mae hi i fod yn gyfoethog** elle est censée être riche, on la suppose riche.
4 (*i fynegi bwriad neu amcan*): **i'r plant 'roedd y llyfr i fod** le livre était destiné aux enfants, le livre était à l'intention des enfants; **'roedd y llythyr i fod i'w rhybuddio** la lettre était pour les avertir;
♦*be gyn* (cofier: ni ddefnyddir *être* i gyfleu ffurfiau arferiadol): **~ yn canu** chanter; **'rwy'n canu** je chante; **mae hi wedi ~ yn glanhau drwy'r dydd** elle a fait le ménage pendant toute la journée; **'roedd hi'n gweithio yn y ffatri** elle travaillait dans l'usine; **mi fydda' i yn siopa yn Aberystwyth** je fais mes courses à Aberystwyth; **fe fydd hi'n gadael Cymru y mis nesaf** elle quittera le pays de Galles le mois prochain; **mi fuaswn yn dod petai hi'n braf** je viendrais s'il faisait beau; **mi fydda' i wedi gorffen y gwaith cyn iti ddod yn ôl** j'aurai fini le travail avant que tu reviennes *subj*; **buaset wedi mwynhau petaet wedi dod** tu te serais amusé(e) si tu étais venu(e);
♦*cys* (*i gyflwyno is-gymal*) que; **dweud ~ rhth yn wir** dire que qch est vrai; **dywedir ~ ...** on dit que ...; **dywedodd ei fod wedi ei gweld** il a dit qu'il l'avait vue, il dit l'avoir vue; **er ~** bien que + *subj*, quoi que + *subj*, malgré que + *subj*; **er ei fod yn sâl** bien qu'il soit malade; **am fod** parce que; **es i'r gwely am fy mod i wedi blino** je me suis couché(e) parce que j'étais fatigué(e);
♦*g* (-au) être *m*; (*bodolaeth*) existence *f*; **~ dynol** être humain; **y B~ Mawr** Dieu.
bod[2] (-ion) *g,b* (ADAR) buse *f* (variable); **~ y gwerni** busard *m* des roseaux *gw. hefyd* **boda**.
boda (-od) *g,b* (ADAR) buse *f* (variable); **~ coes arw** buse pattue; **~ chwiw, ~ gwennol** milan *m* royal; **~'r gwerni, ~'r gors** busard *m* des roseaux; **~'r mêl** bondrée *f* apivore; **~'r waun** busard cendré; **~ tinwyn, ~ dinwen** busard St-Martin.
bodan* (**bodins**) *b* nana* *f*, poule* *f*; (*cariad*) petite amie *f*, copine* *f*.
bodiad (-au) *g* maniement *m*.
bodiaid (**bodieidiau**) *b,g* (*mymryn*) pincée *f*, soupçon *m*.
bodio *ba* toucher; (*dif*) tripoter; **~ llyfr** feuilleter un livre;
♦*bg* (*ar y ffordd*) faire du stop*, faire de l'auto-stop; **bodiodd i Baris** il est allé à Paris en stop* *neu* auto-stop.
bodis (-iau) *g* corsage *m*.
bodiwr (**bodwyr**) *g* auto-stoppeur *m*.
bodlon *ans* heureux(heureuse), content(e), satisfait(e); (*parod i*) prêt(e); **bod yn fodlon ar** se contenter de; **mae hi'n fodlon iawn aros** elle ne demande pas mieux que de rester;
♦ **yn fodlon** *adf* avec contentement.
bodlondeb *g* satisfaction *f*, contentement *m*.

bodloni *ba* satisfaire;
♦*bg*: ~ **ar** se contenter de.
bodlonrwydd *g* satisfaction *f*, contentement *m*; (*ewyllys da*) bonne volonté *f*; (*parodrwydd i wneud rhth*) empressement *m*.
bodo* *b* (*modryb*) tante *f*.
bodolaeth *b* existence *f*; **bod mewn** ~ exister; **yr unig un mewn** ~ le seul(la seule) qui existe *subj*; **dod i fodolaeth** (*syniad*) prendre naissance; (*cymdeithas*) être créé(e), naître.
bodoli *bg* exister.
bodwraig (**bodwragedd**) *b* auto-stoppeuse *f*.
bodd *g* volonté *f*, gré *m*; (*pleser*) plaisir *m*; (*cytundeb*) consentement *m*, accord *m*; **rhyngu** ~ **rhn** plaire à qn; **o'ch** ~ volontaire; (*yn ddi-dâl*) bénévole; **gwneud rhth o'ch** ~ faire qch volontairement, faire qch de son plein gré; (*yn ddi-dâl*) faire qch bénévolement.
▶ **bod wrth eich bodd**: **bod wrth eich** ~ **gyda rhth** se délecter de qch; **bod wrth eich** ~ **yn gwneud rhth** se délecter à faire qch; **mae ef wrth ei fodd yn teithio** il aime vraiment les voyages, il est ravi de voyager, il adore les voyages, il est très content de voyager; **mae hi wrth ei** ~ **yn y wlad** elle se plaît à la campagne, elle est contente d'être à la campagne; **a ydyw wrth dy** ~ **di?** est-ce que celui-là te plaît?, tu es content(e) de celui-là?, est-il à ton gré?; **buaswn wrth fy modd yn gwneud hynny** j'adorerais faire cela.
boddedig *ans* (*rhn*) noyé(e); (*tir*) inondé(e), submergé(e).
boddfa (**boddfeydd**) *b* inondation *f*, déluge *m*; (*glaw*) pluie *f* torrentielle, chute *f* *neu* averse *f* de pluie torrentielle; **'roeddwn yn foddfa o chwys** j'étais tout(e) en sueur.
boddhad *g* satisfaction *f*, contentement *m*, plaisir *m*; **gyda** ~ d'un air content *neu* satisfait; **rhoi** ~ **i rn** plaire à qn, donner du plaisir à qn.
boddhaol *ans* satisfaisant(e).
boddhau *ba* (*bodloni*) satisfaire; (*rhoi pleser i*) faire plaisir à, plaire à.
boddhaus *ans* (*pleserus*) sympathique, agréable, satisfaisant(e), acceptable, qui plaît, qui fait plaisir;
♦ **yn foddhaus** *adf* agréablement, d'une façon agréable *neu* acceptable *neu* satisfaisante.
boddi *ba* (*rhn, anifail*) noyer; (*tir*) inonder, submerger; (*llais*) couvrir, noyer, étouffer;
♦*bg* se noyer, être noyé(e).
boddiad (**-au**) *g* noyade *f*.
boddiant *g* satisfaction *f*, contentement *m*, plaisir *m*.
boddio *ba* satisfaire, contenter; (*plesio*) plaire à, faire plaisir à.
boddran*, **boddro*** *ba* (*blino*) fatiguer, ennuyer, embêter*, raser*, harceler; (*aflonyddu ar*) déranger; (*poeni, gofidio*) inquiéter, ennuyer; **peidiwch â'i foddro fe** ne l'ennuyez pas, ne l'embêtez-pas; **mae'n ddrwg gen i'ch** ~ **chi** je m'excuse de vous déranger, je suis désolé(e) de vous déranger;
♦*bg* (*mynd i drafferth*) se donner la peine; **peidiwch â** ~! ne vous donnez pas la peine!, ce n'est pas la peine!; ~ **am** (*poeni*) se tracasser de, s'en faire de.
boed *be* (*gorchymyn amhersonol*) *gw.* **bod**[1].
boeler (**-i**) *g* chaudière *f*; (*golchi dillad*) lessiveuse *f*; **siwt foeler** (*oferôl*) bleu *m* de travail *neu* de chauffe.
bogail (**bogeiliau**) *g,b*
1 (*CORFF*) nombril *m*, ombilic *m*; **llinyn** ~ cordon *m* ombilical; **syllu ar eich** ~ ne se mêler que de ses propres affaires, ne s'occuper que de soi-même, ne s'intéresser qu'à soi-même *neu* qu'à ses propres affaires; **mae rhagrith yn nhoriad ei fogail** c'est un hypocrite né; **mae hi yr un** ~ **â'i thad** elle ressemble à son père tout craché, elle est le portrait craché de son père, son père et elle, ils se ressemblent comme deux gouttes d'eau.
2 (*darn canol: olwyn*) moyeu(-x) *m*; (*:tarian*) ombon *m*.
bogel (**-au**) *g* *gw.* **bogail**.
bogelyn *g* *gw.* **boglyn**.
bogi (**bogïau**) *g* (*GOLFF*) bogey *m*, bogée *m*; (*RHEIL*) bogie *m*.
boglwm (**boglymau**) *g* *gw.* **boglyn**.
boglyn (**-nau**) *g* bosse *f*, protubérance *f*, bossage *m*.
boglynnog *ans* estampé(e), travaillé(e) en relief; (*papur wal*) gaufré(e); (*papur ysgrifennu*) à en-tête en relief.
boglynnon *g* (*PLANH*) chardon *m* bleu des sables.
boglynnu *ba* (*metel*) estamper, repousser; (*lledr, lliain, papur*) frapper, gaufrer.
boglynwaith (**boglynweithiau**) *g* (*metel*) bosselage *m*, repoussage *m*, estampage *m*; (*lledr*) repoussage, gaufrage *m*.
bohemaidd *ans* bohémien(ne), bohème; (*bywyd*) de bohème.
Bohemiad (**Bohemiaid**) *g/b* Bohémien *m*, Bohémienne *f*; **b**~ (*arlunydd, awdur*) bohème *m/f*.
boi* (**-s**) *g* mec* *m*, type* *m*.
boicot (**-iau**) *g* boycottage *m*.
boicotio *ba* boycotter.
bol (**-iau**) *g* ventre *m*, estomac *m*; (*mawr*) panse* *f*, bedaine* *f*; ~ **cwrw** brioche *f*, bide *m*, embonpoint *m*; **poen yn y** ~ mal *m* de *neu* au ventre; **bod â phoen yn eich** ~ avoir mal au ventre; **llond** ~ **o fwyd** ventre plein de nourriture; **bwyta llond eich** ~ faire une ventrée; **cael llond** ~ **ar** en avoir assez de, en avoir une gavée de, en avoir tout son soûl de, en avoir ras le bol* de, en avoir plein le dos* de, en avoir marre* de; **mae ei lygaid yn fwy na'i fol!** il a les yeux plus grands que

le ventre!; **magu** ~ grossir, devenir ventru(e); **tywyll fel** ~ **buwch** noir(e) comme dans un four; **ysgol** ~ **clawdd** école *f* rustique *neu* non-autorisée.

bola (**bolâu**) *g gw. hefyd* **bol**: ~ **coes** (*CORFF*) mollet *m*; **bwrw eich** ~ **berfedd** raconter *neu* avouer tous vos ennuis, dire ce que vous avez sur le cœur.

bolaheulo *bg* se faire bronzer, prendre un bain *neu* des bains de soleil, se dorer au soleil.

bolaid (**boleidiau**) *g* ventre *m* plein, ventrée *f*.

bolard (**-au**) *g* (*ffordd*) borne *f* lumineuse; (*cei*) bollard *m*.

bolddawns (**-iau**) *b* danse *f* du ventre.

bolddawnsio *bg* danser du ventre;
♦*g* danse *f* du ventre.

bolddawnswraig (**bolddawnswragedd**) *b* danseuse *f* du ventre.

bolera *bg* se gorger, se bourrer, s'assouvir, se rassasier de; (*dif*) se gaver, s'empiffrer.

bolero (**-au**) *g,b* boléro *m*.

bolerwr (**bolerwyr**) *g* (*bolgi*) glouton *m*, gourmand *m*.

bolerwraig (**bolerwragedd**) *b* gloutonne *f*, gourmande *f*.

bolgar *ans* glouton(ne), gourmand(e), goulu(e), goinfre, vorace.

bolgarwch *g* glouttonnerie *f*.

bolgi (**bolgwn**) *g* gourmand *m*, glouton *m*, goinfre *m*.

bolgno *g* coliques *fpl*; **achosi** ~ donner des coliques.

bolgodog *ans* marsupial(e)(marsupiaux, marsupiales).

bolheulo *bg gw.* **bolaheulo**.

boliaid (**boleidiau**) *g gw.* **bolaid**.

Bolifia *prb* la Bolivie *f*; **ym Molifia** en Bolivie.

Bolifiad (**Bolifiaid**) *g/b* Bolivien *m*, Bolivienne *f*.

Bolifiaidd *ans* bolivien(ne).

boliog *ans* corpulent(e), ventru(e); **mynd yn foliog** grossir, engraisser, prendre de l'embonpoint.

bolól *g* épouvantail *m*, croque-mitaine *m*.

bolrwth *ans* vorace, glouton(ne), goulu(e);
♦ **yn folrwth** *adf* voracement, goulûment, gloutonnement.

bolrwym *ans* constipé(e).

bolrwymedd, **bolrwymiad** *g* constipation *f*.

bolrwymyn (**-nau**) *g* sous-ventrière *f*.

bolrythu *bg gw.* **bolera**.

Bolsiefic (**-iaid**) *g/b* bolchevik *m*, bolchevique *f*.

Bolsieficaidd *ans* bolchevique.

Bolsieficiaeth *b* bolchevisme *m*.

bolster (**-i**) *g* traversin *m*.

bollt, **bollten** (**bolltiau**) *b*
1 (*i gau: drws, ffenest*) verrou *m*; (:*mewn clo*) pêne *m*.
2 (*TECH*) boulon *m*; **nytiau a bolltiau** boulonnerie *f*.
3 (*rhan o arf: reiffl*) culasse *f* mobile; (:*bwa croes*) carreau(-x) *m*.
4 (*mellten*) éclair *m*.

bolltid (**-au**) *g* pivot *m*, tourillon *m*; **ar folltid** pivotant, tournant, sur pivot; **troi ar folltid** tourner, pivoter.

bolltio *ba* (*drws, ffenest*) verrouiller, fermer (qch) au verrou, bâcler; (*TECH*) boulonner; **bolltiwch y drws!** mettez *neu* poussez le verrou!

bom (**-iau**) *g,b*
1 (*ffrwydryn: cyff*) bombe *f*; (:*mewn llythyr, parsel*) lettre *f* piégée, paquet *m* *neu* colis *m* piégé; ~ **atomig** bombe atomique; ~ **car** bombe dissimulée dans une voiture; ~ **dagrau** bombe lacrymogène; ~ **hydrogen/niwtron** bombe à hydrogène/à neutrons; ~ **mwg** bombe fumigène; ~ **tân** bombe incendiaire; **gwneuthurwr ~iau** fabriquant *m* d'armes, plastiqueur *m*; **difa ~iau, clirio ~iau** déminage *m*, désamorçage *m*; **carfan ddifa ~iau** équipe *f* de déminage *neu* désamorçage; **cerbyd diogel rhag ~iau** voiture *f* blindée.
2 (*ffig*): **aeth popeth fel ~*** tout a été un succès fou *neu* un succès du tonnerre*; **mae'r car yn mynd fel ~*** elle fonce, cette voiture; **costio ~*** coûter les yeux de la tête.

bôm *g* baume *m*.

bomio *ba* bombarder, lancer des bombes sur; **wedi ei fomio** sinistré(e); **teuluoedd wedi cael eu** ~ familles *fpl* sinistrées par bombardement;
♦*g* bombardement *m*; **awyren fomio** avion *m* de bombardement, bombardier *m*; **peilot** ~ pilote *m* de bombardier; **cysgodfa fomio** abri *m* anti-aérien; **cyrch** ~ raid *m* de bombardement.

bomiwr (**bomwyr**) *g* (*gwneuthurwr bomiau*) plastiqueur *m*; (*milwr*) grenadier *m*; (*peilot*) pilote *m* de bombardier.

bôn (**bonau, bonion**) *g* (*rhan isaf coeden*) base *f*, souche *f*, pied *m*; (*GRAM: berf*) racine *f*; (*gwaelod*) fond *m*; (*man cychwyn*) point *m* de départ; **yn y** ~ au fond, fondamentalement; **o'r** ~ **i'r brig** de fond en comble.
▶ **bôn braich** biceps *m*; **nerth** ~ **braich** la force physique.

bonblu *ll* duvet *m*.

boncath (**-au, -od**) *g* (*ADAR*) buse *f*.

bonclust (**-au**) *g* claque *f*, gifle *f*, coup *m* de poing; **rhoi** ~ **i rn** envoyer une claque à qn, flanquer* une gifle à qn.

bonclustio *ba* donner un coup de poing à, envoyer une claque à, flanquer* une gifle à.

boncyff (**-iau**) *g* tronc *m* d'arbre; (*ar gyfer y tân*) rondin *m*, bûche *f*; ~ **Nadolig** bûche de Noël.

boncyswllt (**boncysylltau**) *g* bielle *f*, barre *f* d'attelage; (*RHEIL*) bielle d'accouplement.

bond (**-iau**) *g* bon *m*, titre *m*; **~iau premiwm**

bons à lots.
bondigrybwyll *ans* fameux(fameuse), soi-disant *inv*.
bondo (**-(e)au**) *g* avant-toit *m*, avancée *f* du toit; **gwennol y** ~ martinet *f*.
bondrwm *ans*: **ffracsiwn** ~ fraction *f* inférieure à l'unité.
boned (**-i**) *b,g gw.* **bonet**.
bonedd *g* noblesse *f*; **ysgol fonedd** lycée *m* *neu* collège *m* privé.
boneddigaidd *ans* (*rhn*) bien élevé(e), poli(e), courtois(e); (*llais, golwg*) distingué(e), élégant(e), (de) gentleman *inv*.
boneddigeiddrwydd *g* politesse *f*.
boneddiges (**-au**) *b* dame *f*.
boneddigion *ll* (*dynion*) messieurs *mpl*; **foneddigion a boneddigesau** Mesdames, Messieurs.
boneddigrwydd *g* politesse *f*.
bonesig *b* dame *f*, demoiselle *f*.
bonet (**-i**) *b,g*
1 (*ar eich pen: cyff*) bonnet *m*, chapeau(-x) *m* à brides; (*:plentyn*) bonnet, béguin *m*; **y fonet yr oedd hi'n ei gwisgo** le bonnet qui la coiffait *neu* dont elle se coiffait.
2 (*CAR*) capot *m*.
bongam *ans* (*rhn*) bancal(e)(bancals, bancales); **bod yn fongam** avoir les jambes arquées, être bancal.
bongamu *bg* marcher en canard, marcher comme un canard, marcher les jambes écartées.
bongorff (**bongyrff**) *g* tronc *m*.
bonheddig *ans* (*llinach*) noble; (*llais, golwg*) distingué(e), élégant(e); **gŵr** ~ monsieur(messieurs) *m*.
bonheddwr (**bonheddwyr**) *g* monsieur(messieurs) *m*, gentleman(-s, gentlemen) *m*.
bonllef (**-au**) *b* applaudissement *m*, cri *m*.
bontin *g,b* (*CORFF: boch tin*) fesse *f*; (*pen-ôl anifail*) croupe *f*.
bonwr *g* monsieur(messieurs) *m*.
bonws (**bonysau**) *g* prime *f*, gratification *f*; ~ **Nadolig** prime de Noël
bonyn (**bonion**) *g* (*tocyn, siec*) talon *m*, souche *f* *gw. hefyd* **bôn**.
bopa* *b* tante *f*.
bôr* (**boriaid**) *g* (*rhn diflas*) raseur *m*, raseuse *f*, casse-pieds* *m/f inv*, importun *m*, importune *f*.
boracs *g* borax *m*.
bord (**-ydd**) *b* table *f*; **y Ford Gron** la Table ronde *gw. hefyd* **bwrdd**.
bordaid (**bordeidiau**) *b* tablée *f*.
borden (**-ni**) *b* planche *f*; (*arwydd*) écriteau(-x) *m*; ~ **wal** plinthe *f*.
border, **bordor** (**-au, borderi**) *g* (*gwisg*) bord *m*; (*gardd*) bordure *f*, plate-bande(~s-~s) *f*.
bore (**-au**) *g*
1 (*llyth*) matin *m*, matinée *f*; (*gwawr*) aube *f*; ~ **da!** bonjour; **mi gyrhaeddais i yn ystod y** ~ je suis arrivé(e) dans la matinée; **fe'i gwnaf yn y** ~ je le ferai le matin *neu* dans la matinée; **fe'i gwelais ben** ~ je l'ai vu(e) tout au début de la matinée; **fe'i gwnaf y peth cyntaf** ~ **fory** je le ferai demain à la première heure; **mae hi'n gweithio yn y boreau** elle travaille le matin; ~ **cyfan o waith** une matinée de travail; **cael** ~ **rhydd bob wythnos** avoir un matin *neu* une matinée de libre par semaine; **mae** ~ **rhydd gen i fory** j'ai congé demain matin; **trwy'r** ~ toute la matinée; **yn ystod y** ~ pendant la matinée; **yn y** ~ **bach** au petit matin, au point du jour, à l'aube; ~ **ddoe** hier matin; ~ **echdoe** avant-hier matin; ~ **heddiw** ce matin; ~ **drannoeth** le lendemain matin, le matin suivant; ~ **fory** demain matin; **y** ~ **cynt** la veille au matin; **ar fore'r 1af o Ragfyr** le 1er décembre au matin; **dyma fore braf!** quelle belle matinée!; **am 5 o'r gloch y** ~ à 5 heures du matin; **codi'n gynnar iawn yn y** ~ se lever très tôt *neu* de très bonne heure le matin; **bob** ~ **Sadwrn** tous les samedi matins; **un** ~ **o haf** (par) un matin d'été; ~ **coffi** *réunion f pour recueillir de l'argent pour une œuvre de charité*; **o fore gwyn tan nos** du matin au soir.
2 (*ffig: dechrau*): ~ **oes** enfance *f*; **cyfaill** ~ **oes** ami *m* d'enfance, amie *f* d'enfance;
♦*ans*: **mae'n rhy fore i godi** il est trop tôt pour se lever; **yr Eglwys Fore** l'Église primitive;
♦ **yn fore** *adf* (*yn gynnar*) tôt, de bonne heure.
borebryd (**-au**) *g* petit déjeuner *m*.
boreddydd (**-iau**) *g* point *m* du jour, aube *f*, aurore *f*; **ar foreddydd** au point du jour, à l'aube, à l'aurore.
borefwyd (**-ydd**) *g* petit déjeuner *m*.
boregodwr (**boregodwyr**) *g* lève-tôt *m inv*.
boregodwraig (**boregodwragedd**) *b* lève-tôt *f inv*.
boregwaith *b* un jour *m*, un matin *m*.
boreol *ans* du matin, matinal(e)(matinaux, matinales); **salwch** ~ nausée *f* du matin, nausées matinales;
♦ **yn foreol** *adf* de bonne heure, tôt.
boreuo *bg* faire jour, poindre.
bos (**-ys**) *g* patron *m*, chef *m*; (*gang*) caïd *m*; **hi ydy'r** ~ **yn y tŷ** c'est elle qui porte la culotte*.
Bosniad (**Bosniaid**) *g/b* Bosniaque *m/f*.
Bosnia-Hertsegofina *prb* la Bosnie-Herzégovine *f*; **yn** ~-~ en Bosnie-Herzégovine.
Bosniaidd *ans* bosniaque.
bost (**-iau**) *b* (*ymffrost*) vantardise *f*; **ein** ~ **yw** ... ce dont nous nous vantons, c'est ...
bostfawr *ans* fanfaron(ne), vantard(e), hâbleur(hâbleuse).

bostio *bg* se vanter;
♦*g* vantardise *f*, fanfaronnades *fpl*.
bostiwr (**bostwyr**) *g* vantard *m*, fanfaron *m*, hâbleur *m*.
bostus *ans* vantard(e), fanfaron(ne);
♦ **yn fostus** *adf* en se vantant, avec forfanterie, avec vanterie.
bostwraig (**bostwragedd**) *b* vantarde *f*, fanfaronne *f*, hâbleuse *f*.
boswn (**-s**) *g* maître *m* d'équipage.
botaneg *b* botanique *f*.
botanegol *ans* botanique; **gardd fotanegol** jardin *m* botanique.
botanegydd (**botanegwyr**) *g* botaniste *m/f*.
botasen (**botasau, botias**) *b* botte *f*; (*milwr*) brodequin *m*.
botgin (**-au**) *g* passe-lacet *m*, passe-cordon *m*; (*gwniadwaith*) poinçon *m*.
Botswana *prb* le Botswana *m*; **yn** ~ au Botswana.
botwliaeth *b* botulisme *m*.
botwm (**botymau**) *g* bouton *m*; **twll** ~ boutonnière *f*; ~ **bol** nombril *m*, ombilic *m*; **nid yw'n malio 'run** ~ **corn** il s'en fiche (comme de l'an quarante); ~ **gŵr ifanc,** ~ **Llundain** (*PLANH*) stellaire *f* holostée; ~ **gwyn** (*melysyn*) menthe *f* poivrée.
botymog *ans* boutonné(e).
botymu *ba* boutonner;
♦*bg* se boutonner.
both (**-au**) *b* (*olwyn*) moyeu(-x) *m*; (*tarian*) ombon *m*.
bowlen (**-ni**) *b gw.* **powlen**.
bowlennaid (**bowleneidiau**) *b gw.* **powlaid**.
bowler (**-i**) *b* (*hefyd:* **het fowler**) chapeau(-x) *m* melon.
bowliad (**-au**) *g* lancée *f* de la balle *neu* boule.
bowlin (**-iau**) *g* (*cwlwm*) nœud *m* de chaise; (*rhaff*) bouline *f*.
bowlio *ba* (*bowls*) lancer, faire rouler, envoyer; ~ **rhn allan** (*criced*) mettre qn hors jeu;
♦*bg* (*criced*) servir, lancer la balle;
♦*g* (*bowls*) jeu(-x) *m* de boules; (*yn Provence*) pétanque *f*; (*criced*) service *f*; ~ **deg** bowling *m* à dix quilles; **ale fowlio** bowling; **cystadleuaeth fowlio** concours *m* de boules *neu* de pétanque; **lawnt fowlio** terrain *m* de boules; **maes** ~ boulodrome *m*.
bowliwr (**bowlwyr**) *g* (*criced*) lanceur *m* (de la balle); (*bowls*) joueur *m* de boules *neu* de bowling; (*yn Provence*) joueur de pétanque, bouliste *m*, pétanquiste *m*.
bowls *b* (*gêm, set*) boules *fpl*, jeu(-x) *m* de boules; (*yn Provence*) pétanque *f*; **chwarae** ~ jouer aux boules *neu* à la pétanque.
bowlwraig (**bowlwragedd**) *b* (*criced*) lanceuse *f* (de la balle); (*bowls*) joueuse *f* de boules *neu* de bowling; (*yn Provence*) joueuse de pétanque, bouliste *f*, pétanquiste *f*.
bownd[1] (**-iadau**) *g* (*naid*) bond *m*, saut *m*, rebond *m*.
bownd*[2] *ans*: **mae hi'n** ~ **o ddod** elle viendra sûrement *neu* sans doute, elle ne manquera pas de venir; **'roedd yn** ~ **o ddigwydd** c'était à prévoir, cela devait arriver.
bowndio *bg* (*rhn*) bondir, sauter; (*ceffyl*) bondir, faire un bond *neu* des bonds; (*pêl*) rebondir.
bownsar* (**-s**) *g* videur *m*.
bow-wow (**-s**) *g* (*iaith plentyn*) toutou *m*;
♦*ebych* ouah! ouah!
bra (**-s**) *g* soutien-gorge(~s-~(s)) *m*; (*heb strap*) bustier *m*.
brac *ans*: **mae'n frac ei dafod** il a le débit facile, il a de la faconde, il a la langue bien pendue.
braced (**-i**) *b*
1 (*i ddal rhth: silff*) tasseau(-x) *m*, gousset *m*, potence *f*; (:*PENS*) support *m*, console *f*, corbeau(-x) *m*; (:*lamp*) fixation *f*.
2 (*cromfach: crwn*) parenthèse *f*; (:*sgwâr*) crochet *m*; (:*cyrliog*) accolade *f*; **mewn** ~**i** entre parenthèses *neu* crochets; **cysylltu rhth â** ~ réunir qch par une accolade.
bracedu *ba* mettre (qch) entre parenthèses; (*cysylltu*) accoler.
bracsan, bracso *bg* (*cerdded trwy ddŵr neu laid*) patauger; (*yslotian mewn dŵr*) barboter, faire trempette.
bracty (**bractai**) *g gw.* **bragdy**.
brad (**-au**) *g* trahison *m*, perfidie *f*; **B**~ **y Cyllyll Hirion** la nuit des longs couteaux; **B**~ **y Llyfrau Gleision** la perfidie des livres bleus; **B**~ **y Powdr Gwn** la Conspiration des poudres.
bradlofrudd (**-ion**) *g* assassin *m*.
bradlofruddiaeth (**-au**) *b* assassinat *m*.
bradlofruddio *ba* assassiner.
bradu[1] *ba gw.* **bradychu**.
bradu[2] *ba gw.* **afradloni**.
bradwr (**bradwyr**) *g* traître *m*; (*GWLEID: streic*) jaune *m*, briseur *m* de grève.
bradwraidd *ans* déloyal(e)(déloyaux, déloyales), perfide, traître(sse);
♦ **yn fradwraidd** *adf* en traître(sse), perfidement, traîtreusement.
bradwres (**-au**) *b* traîtresse *f*; (*GWLEID: streic*) jaune *f*, briseuse *f* de grève.
bradwriaeth (**-au**) *b* trahison *f*, traîtrise *f*, déloyauté *f*.
bradwriaethol, **bradwriaethus** *ans gw.* **bradwraidd**.
bradwrol, **bradwrus** *ans gw.* **bradwraidd**.
bradychiad (**-au**) *g* perfidie *f*, trahison *f*, traîtrise *f*, déloyauté *f*, acte *m* déloyal *neu* perfide.
bradychu *ba* (*gwlad*) trahir, être traître(sse) *neu* déloyal(e)(déloyaux, déloyales) à; (*cariad*) tromper, trahir; (*gwir, ofnau*) révéler, trahir.
bradychwr (**bradychwyr**) *g* traître *m*; (*ffrind*) dénonciateur *m*.

bradychwraig (**bradychwragedd**) *b* traîtresse *f*; (*ffrind*) dénonciatrice *f*.

braenar (**-au**) *g* jachère *f*, friche *f*; **gorwedd yn fraenar** (*tir*) être en jachère.

braenaru *ba*
1 (*tir: ei adael yn fraenar*) laisser (qch) en jachère; (*ei droi*) cultiver.
2 (*ffig*): **~'r tir** (*paratoi'r ffordd*) déblayer *neu* défricher le terrain; **~'r tir yn y defnydd/yr astudiaeth o rth** (*arloesi*) être l'un des premiers(l'une des premières) à utiliser/étudier qch.

braenllyd *ans* (*pwdr, pydredig*) pourri(e), décomposé(e), putréfié(e), putride, pourrissant(e).

braenu *bg* pourrir, se décomposer, putréfier.

braf *ans*
1 (*teg*) beau[bel](belle)(beaux, belles); **mae hi'n ~** il fait beau; **'roedd hi'n ddiwrnod ~** il faisait beau; **un diwrnod ~** (*ffig*) un beau jour; **gobeithio'n wir y cewch chi dywydd ~** je vous souhaite du beau temps; **tywydd hynod o ~** un temps splendide *neu* formidable *neu* magnifique *neu* merveilleux.
2 (*dymunol*) agréable, charmant(e), plaisant(e); **cael amser ~** s'amuser bien, se plaire, passer un temps agréable, passer du bon temps, passer un bon moment; **mae dyfodol ~ o dy flaen di** un bel avenir t'attend; **mae'n ~ helpu eraill** c'est beau d'aider autrui *neu* les autres.
3 (*cyfforddus*) confortable; **lle ~** un joli coin, un coin agréable; **treulio noson ~** passer une soirée agréable *neu* une belle soirée.
4 (*mawr, digonol*) grand(e), large; **coeden ~** un grand arbre.
5 (*ffodus*): **mae hi'n ~ arnaf** j'ai de la chance; ♦ **yn ~** *adf* agréablement, plaisamment, d'une façon agréable; **mae'r neuadd yn dal mil o bobl yn ~** (*yn hawdd*) la salle contient bien mille personnes.

brafio *bg* (*tywydd*): **mae hi'n ~** cela se lève.

brafwra *g* bravoure *f*.

brag *ans* malté(e); **diod frag** *boisson f fermentée à partir de moût de bière*; ♦*g* (**-au**) malt *m*; **wisgi ~** whisky *m* pur malt.

bragaldian, **bragaldio** *bg* (*dif*) jaser, babiller, bavarder, jacasser; **~ yn ddi-baid am rth** parler à n'en plus finir de qch; **~ yn erbyn rhth, ~ am rth** tempêter *neu* fulminer contre qch.

bragdy (**bragdai**) *g* brasserie *f*.

bragu *ba* brasser; **~ cwrw** brasser de la bière; ♦*bg* (*eplesu*) fermenter.

bragwr (**bragwyr**) *g* brasseur *m*.

bragwraig (**bragwragedd**) *b* brasseuse *f*.

braich (**breichiau**) *g,b*
1 (*CORFF*) bras *m*; **fraich ym mraich** bras dessus bras dessous; **rhoi eich ~ am rn** passer son bras autour (des épaules) de qn; **rhoi eich breichiau am rn** prendre qn dans ses bras; **dal rhn/rhth yn eich breichiau** tenir qn/qch dans ses bras; **plethu'ch breichiau** se croiser les bras; **â breichiau agored** à bras ouverts; **cynnal breichiau rhn** aider qn, soutenir qn; **cadw rhn hyd ~** tenir qn à distance; **cynnig rhth o hyd ~** proposer qch à contrecœur *neu* de mauvaise grâce; **â nerth bôn ~** par la force.
2 (*peth: cadair*) bras *m*, accoudoir *m*; **cadair freichiau** fauteuil *m*; **~ olwyn** rayon *m* d'une roue; **~ trol, ~ cart** brancard *m neu* limon *m* de charrette.
3 (*DAEAR: penrhyn*) promontoire *m*.

braidd *adf*: **'roeddwn i'n meddwl ~** je m'en doutais bien; **o'r ~** à peine, ne ... guère; **~ yn** assez, plutôt, relativement, quelque peu; (*ychydig*) un peu, légèrement.

braille *g* braille *m*; **mewn ~** en braille.

brain *ll gw.* **brân**.

braint (**breintiau**) *b* privilège *m*, honneur *m*; **mae'n fraint gen i ...** j'ai l'honneur de ...; **cael y fraint o wneud rhth** avoir le privilège de faire qch, jouir du privilège de faire qch.

braisg *ans* gros(se); (*tew*) gras(se), corpulent(e); (*cadarn*) robuste, solide, fort(e); (*beichiog*) enceinte.

braith *ans b gw.* **brith**.

bral (**-au**) *g* lambeau(-x) *m*, loque *f*.

bralgi (**bralgwn**) *g* déguenillé *m*, loqueteux *m*.

bran *g* son *m* de blé, bran *m*.

brân (**brain**) *b* corneille *f* noire; **~ Arthur, ~ Gernyw, ~ gochbig, ~ goesgoch** crave *m* à bec rouge; **~ bigwen** corbeau(-x) *m* freux; **~ dyddyn, ~ syddyn** corneille noire; **~ fawr** corbeau; **~ lwyd, ~ Iwerddon** corneille mantelée; **fel yr hed y frân** à vol d'oiseau, en ligne droite; **llais fel ~** voix *f* rauque; **du fel y frân** noir comme du jais, noir comme poix, noir ébène; **dywedodd ~ wen wrthyf** mon petit doigt me l'a dit; **mae ~ i frân yn rhywle** à chacun(e) son partenaire; **byddwn yn ei adnabod ym mhig y frân** je le reconnaîtrais n'importe où; **ysgrifen sydd fel traed brain** brouillon *m*; **bod ag ysgrifen fel traed brain** écrire sans soin *neu* de manière brouillonne, écrire comme un chat, avoir une écriture de cochon; **mynd rhwng y cŵn a'r brain** (*adeilad, busnes, rhn*) se délabrer, tomber en ruines, aller à vau-l'eau, aller à la ruine; **mae hi'n ddigon oer i rewi brain** il fait un froid de canard* *neu* un froid sibérien; **wel myn brain i!** tiens!, dis donc!, ça alors!, eh bien!, zut alors!, par exemple!

brancia, **branciae** *ll* branchies *fpl*, ouïes *fpl*; **agen ~** fentes *fpl* branchiales; **clawr ~** opercule *m* branchial.

brandi (**-s**) *g* eau-de-vie(~x-~-~) *f*, cognac *m*; **gwirodlyn ~** fine *f* champagne; **~ a soda** fine à l'eau; **crimpen frandi** ≈ cigarette *f* russe; **~ eirin** eau-de-vie de prunes *neu* de quetsches.

bras *ans*

1 (*lled-gywir, fwy neu lai*) approximatif(approximative); (*cyffredinol*) général(e)(généraux, générales), d'ensemble; **syniad** ~ aperçu *m*, idée *f* générale.
2 (*mawr*) gros(se), grand(e); **camau breision** (de) grandes enjambées *fpl*; (*ffig*) de grands progrès *mpl*; **mewn llythrennau** ~ en majuscules, en lettres d'imprimerie; **mewn print** ~ en gros caractères; **siwgr** ~ sucre *m* cristallisé; **dafnau** ~ **o law** de grosses gouttes de pluie.
3 (*moethus*) luxueux(luxueuse), riche, fortuné(e), nanti(e); **bywyd** ~ vie *f* luxueuse; **daear fras** terre *f* fertile.
4 (*garw: defnydd*) grossier(grossière); (*:brethyn*) rêche, rugueux(rugueuse); **ffedog fras, barclod** ~ tablier *m* en grosse toile.
5 (*seimllyd, brasterog*) gras(se), graisseux(graisseuse); **cig** ~ viande *f* grasse; ♦ **yn fras** *adf* en général, généralement, d'une manière générale, approximativement, plus ou moins, à peu près, environ; (*siarad: yn gyffredinol*) en règle générale; (*:yn aflednais*) grossièrement; **byw yn fras** mener une vie de grand seigneur, vivre en grand seigneur; ♦*g* (ADAR): ~ **bach** bruant *m* nain; ~ **y coed,** ~ **Ffrainc** bruant zizi; ~ **yr eira** bruant des neiges; ~ **yr eithin,** ~ **melyn** bruant jaune; ~ **yr ŷd penwyrdd** bruant ortolan.

brasamcan (**-ion**) *g* approximation *f*, estimation *f neu* évaluation *f* approximative; **fel** ~ à vu d'œil, approximativement; **i roi** ~ **ichi** pour vous donner une idée approximative; ~ **o'r costau** devis *m*.

brasamcanu *ba* estimer, juger, calculer.

brasáu *ba* (*pesgi*) engraisser, grossir; (*gwyddau*) gaver.

brasbwytho *ba* bâtir, faufiler, baguer.

brasgamu *bg* marcher à grands pas *neu* à grandes enjambées; ~ **i mewn/i ffwrdd/ymlaen** entrer/s'éloigner/avancer à grands pas *neu* à grandes enjambées; ~ **heibio** passer devant à grands pas *neu* à grandes enjambées.

brasgynllun (**-iau**) *g* brouillon *m*.

brasgywir *ans* approximatif(approximative).

Brasil *prb* le Brésil *m*; **ym Mrasil** au Brésil; **cneuen** ~ noix *f* du Brésil.

Brasilaidd *ans* brésilien(ne).

Brasiliad (**Brasiliaid**) *g/b* Brésilien *m*, Brésilienne *f*.

brasliain (**braslieiniau**) *g* grosse toile *f*, toile à sac.

braslun (**-iau**) *g* (*syniad*) esquisse *f*, idée *f*; (*prif nodweddion*) grandes lignes *fpl*, grands traits *mpl*; **rhoi** ~ **o rth** décrire *neu* esquisser qch à grands traits, dire *neu* expliquer qch en gros *neu* dans ses grandes lignes, donner un aperçu de qch.

braslunio *ba* esquisser, donner une idée générale de, décrire *neu* esquisser (qch) à grands traits, dire *neu* expliquer (qch) en gros *neu* dans ses grandes lignes, donner un aperçu de; (*dweud yn fras*) dire (qch) en gros.

braster (**-au**) *g* (*cig*) gras *m*; (*saim*) graisse *f*; (*mochyn*) saindoux *m*.

brasterog *ans* (*bwyd: seimllyd*) gras(se), graisseux(graisseuse); (*meinwe*) adipeux(adipeuse); **asid** ~ acide *m* gras; **dirywiad** ~ dégénérescence *f* graisseuse.

brasteru *ba* arroser.

brat (**-iau**) *g* (*ffedog*) tablier *m*; (*cerpyn, rhecsyn*) chiffon *m*; (*dillad*) lambeau(-x) *m*, loque *f*.

bratffrog (**-iau**) *b* robe-chasuble(~s-~s) *f*.

bratiaith (**bratieithoedd**) *b* charabia* *m*, baragouinage* *m*, baragouin* *m*, patois *m*.

bratiog *ans* (*gwallus*) mauvais(e), imparfait(e), incomplet(incomplète); **defnyddio iaith fratiog** parler mal, s'exprimer mal, s'exprimer dans un baragouin*; **siarad Ffrangeg** ~ baragouiner* le français, parler français comme une vache espagnole; ♦ **yn fratiog** *adf* (*siarad*) mal.

brath (**-au**) *g* morsure *f*.

brathiad (**-au**) *g* (*ci*) morsure *f*; (*neidr*) piqûre *f*; (*briw, poen, dolur*) brûlure *f*, élancement *m*, douleur *f* lancinante.

brathog *ans*
1 (*llyth*) mordant(e); **ci** ~ chien *m* méchant.
2 (*ffig: beirniadaeth*) mordant(e), pénétrant(e); (*:hiwmor*) mordant, corrosif(corrosive).

brathu *ba* mordre; (*neidr*) piquer, mordre; (*briw, dolur, poen*) brûler; ~**'ch tafod** (*llyth*) se mordre la langue; (*ffig*) se retenir de parler; ~ **rhth i ffwrdd** arracher qch d'un coup de dents; ~ **rhth yn ddau** couper qch en deux d'un coup de dents; ♦*bg* mordre; (*oerfel, gwynt*) pincer, couper, mordre; ~ **trwy rth** (*tafod, gwefus*) mordre qch de part en part; **'does 'run pysgodyn wedi** ~ **trwy'r dydd** je n'ai pas eu une seule touche aujourd'hui; **'dydy'r pysgod ddim yn** ~ ça ne mord pas; **mae'r saws yma yn** ~ cette sauce est piquante; **mae ei beirniadaeth yn** ~ sa critique est mordante.

brau *ans* fragile, cassant(e); (*rhn*) frêle, fragile; (*iechyd*) délicat(e), fragile; (*llawenydd*) fragile, éphémère, précaire; (*cig*) tendre; (*crwst*) brisé(e).

braw (**-iau**) *g* (*syndod*) surprise *f*, étonnement *m*, ébahissement *m*; (*ofn*) peur *f*, effroi *m*; (*arswyd*) terreur *f*, épouvante *f*; **cael** ~ (*syndod*) avoir une surprise; (*ofn*) avoir peur, prendre peur, s'effrayer; **cefais fraw o'i gweld hi yma** j'ai été surpris(e) *neu* étonné(e) de la voir ici; **cefais gymaint o fraw** ça m'a fait une de ces peurs*, j'ai eu tellement peur; **rhoi** ~ **i** (*codi ofn ar*) effrayer, faire peur à; **mewn** ~ peureusement, craintivement; ~ **ofnadwy** une peur bleue, la trouille*.

brawd[1] (**brodyr**) *g*
1 (*perthynas*) frère *m*; ~ **ieuengaf/hynaf** frère cadet/aîné; ~ **yng nghyfraith** beau-frère(~x-~s) *m*; ~ **maeth** frère adoptif (*dans une famille de placement*); ~ **mygu yw tagu** c'est bonnet blanc et blanc bonnet.
2 (*CREF*) frère *m*; **B~ Du** frère dominicain; **B~ Gwyn** carme *m*; **B~ Llwyd** frère franciscain.
3 (*mewn undeb*) camarade *m*.

brawd[2] (**brodiau**) *b* (*barn*) jugement *m*; **Dydd B~** le jour du Jugement dernier.

brawdgarol *ans* fraternel(le);
♦ **yn frawdgarol** *adf* fraternellement.

brawdgarwch *g* amour *m* fraternel, fraternité *f*.

brawdladdiad *g* fratricide *m*.

brawdle (-**oedd**) *g* cour *f*, tribunal(tribunaux) *m*.

brawdleiddiad (**brawdleiddiaid**) *g* fratricide *m*.

brawdlys (-**oedd**) *g* cour *f*, tribunal(tribunaux) *m*, assises *fpl*.

brawdol *ans* fraternel(le);
♦ **yn frawdol** *adf* fraternellement.

brawdoliaeth (-**au**) *b* fraternité *f*, confraternité *f*; (*cymdeithas*) confrérie *f*.

brawddeg (-**au**) *b* phrase *f*.

brawddegol *ans* de la phrase, qui appartient à la phrase.

brawddegu *bg* former *neu* construire une phrase *neu* des phrases.

brawychiaeth *b* terrorisme *m*.

brawychu *ba* (*codi ofn ar, rhoi braw i*) effrayer, faire peur à, terrifier, épouvanter; (*dychryn gyda bomiau ayb*) terroriser;
♦*bg* (*cael braw*) avoir peur, prendre peur, s'effrayer.

brawychus *ans* épouvantable, affreux(affreuse), effroyable, terrible, terrifiant(e), qui fait peur; (*yn peri gofid*) alarmant(e), angoissant(e);
♦ **yn frawychus** *adf* affreusement, effroyablement, terriblement.

brawychwr (**brawychwyr**) *g* terroriste *m*.

brawychwraig (**brawychwragedd**) *b* terroriste *f*.

brebwl (**brebyliaid**) *g* idiot *m*, imbécile *m*; (*clebrwr*) bavard *m*.

brêc[1] (**breciau**) *g* frein *m*; ~ **llaw** (*car ayb*) frein à main; ~**iau disg** freins à disque; ~ **argyfwng** frein de secours.

brêc[2] (**breciau**) *g* (*math o gerbyd: fan*) break *m*.

brêc[3] (**breciau**) *g gw.* **egwyl**.

breci (**brecïau**) *g* (*cwrw newydd*) moût *m*; **te** ~ (*te cryf*) thé *m* fort.

brecinio (**breciniawau**) *g* brunch *m*.

brecio *bg* freiner; ~**'n galed** freiner à mort; ~**'n sydyn** freiner brusquement.

brecwast (-**au**) *g* petit déjeuner *m*; **ystafell frecwast** petite salle *f* à manger; **cael** ~ déjeuner, prendre le petit déjeuner.

brecwasta *bg* déjeuner, prendre le petit déjeuner.

brech[1] (-**au**) *b* (*plorod, tosau*) éruption *f*, poussée *f*; (*salwch*) vérole *f*; ~ **fawr** vérole, syphilis *f*; ~ **goch** rougeole *f*; ~ **wen** variole *f*, petite vérole; ~ **goch yr Almaen** rubéole *f*; ~ **sgarlad** scarlatine *f*; ~ **yr ieir** varicelle *f*; **y frech ddu** (*y pla du*) la peste (*bubonique ou noire*).

brech[2] *ans b gw.* **brych**

brechdan (-**au**) *b* (*bara menyn*) tranche *f* de pain beurré, tartine *f* beurrée; (*rhth rhwng dau ddarn o fara*) sandwich(~s, ~es) *m*; ~ **gig/ham/gaws** sandwich à la viande/au jambon/au fromage; **bod fel** ~* être mou(molle), faible, flasque; **hen frechdan ydy o!*** il est mou comme une chiffe molle!, c'est une vraie lavette!

brechedig *ans* vacciné(e), inoculé(e).

brechiad (-**au**) *g* vaccination *f*, inoculation *f*.

brechlyn (-**nau**) *g* vaccin *m*; ~ **geneuol** vaccin par voie orale.

brechu *ba* vacciner, inoculer; ~ **rhn â rhth** vacciner *neu* inoculer qch à qn; ~ **rhn rhag rhth** vacciner qn contre qch.

brêd (**brediau**) *g* (*gwallt*) tresse *f*, natte *f*; (*ar wisg*) galon *m*, ganse *f*, soutache *f*.

bref (-**au**) *b* (*dafad*) bêlement *m*; (*gafr*) chevrotement *m*, bêlement; (*buwch*) mugissement *m*, meuglement *m*, beuglement *m*; (*asyn*) braiment *m*.

breferad *bg gw.* **brefu**.

brefiad (-**au**) *g gw.* **bref**.

brefiari (**brefiarïau**) *g* bréviaire *m*.

breflys (*PLANH*) *g* pouliot *m*.

brefu *bg* (*cyff*) mugir; (*buwch, tarw*) beugler, meugler; (*dafad*) bêler; (*gafr*) chevroter, bêler; (*asyn*) braire.

breg (-**iau**) *g* (*toriad daearegol*) faille *f*, cassure *f*.

bregedd *g* plaisanterie *f*; **o fregedd** en plaisantant, pour rire.

bregliach *bg* (*dweud rhth yn aneglur*) bafouiller*, bredouiller; (*clebran*) jacasser, papoter;
♦*g* (*iaith aneglur*) baragouin* *m*, charabia* *m*; (*clebran*) jacasserie *f*, papotage *m*, bavardage *m*, babil *m*, babillage *m*.

bregus *ans* (*rhn*) frêle, fragile; (*iechyd*) délicat(e), fragile; (*llawenydd*) éphémère, fragile, précaire; (*crwst*) friable; (*dodrefn, celfi*) branlant(e), bancal(e), boiteux(boiteuse).

breichio *ba* (*dawnsio gwerin*) donner *neu* passer le bras à, prendre le bras de;
♦*bg*: ~ **i'r chwith/dde** prendre le bras de votre partenaire de gauche/droite.

breichled (-**au**) *b* bracelet *m*; (*rhwymyn*)

brassard *m*.
breichydd (**-ion**) *g* brassard *m*.
breindal (**-iadau**) *g* droit *m* d'auteur.
breinhawliau *ll* droits *mpl* exclusifs d'exploitation.
breinio *ba gw.* **breintio**.
breiniog, **breiniol** *ans* privilégié(e).
breinlen (**-ni**) *b* (*tref*) charte *f*; (*cymdeithas*) statut *m*; (*trwydded ar ddyfais*) brevet *m* d'invention.
breinlythyr (**-au**) *g* brevet *m* d'invention; **cael ~ ar gyfer dyfais** faire breveter une invention, prendre un brevet; **cais wedi ei anfon am freinlythyr** demande *f* de brevet déposée.
breintiedig *ans* privilégié(e).
breintio *ba* (*anrhydeddu*) privilégier.
breisgáu *bg* devenir gros(se).
brelyn (**bralau**) *g gw.* **bral**.
brêm *g* (**bremiaid**) (*PYSG*) brème *f*.
Bremen *prb* Brême.
brenhinaidd *ans gw.* **brenhinol**.
brenhines (**breninesau**) *b* reine *f*; (*gwenynen*) reine des abeilles; (*gwyddbwyll*) dame *f*, reine; (*CARDIAU*) dame; **y frenhines Elisabeth** la reine Elisabeth.
brenhinfainc (**breninfeinciau**) *b* trône *m*.
brenhiniaeth (**breniniaethau**) *b* monarchie *f*.
brenhinllin (**breninlliniau**) *b* dynastie *f*.
brenhinllys *g* (*PLANH*) basilic *m*.
brenhinol *ans* royal(e)(royaux, royales); **y teulu ~** la famille royale;
♦ **yn frenhinol** *adf* royalement.
brenhinwr (**brenhinwyr**) *g* royaliste *m*, monarchiste *m*.
brenhinwraig (**breninwragedd**) *b* royaliste *f*, monarchiste *f*.
brenhinyn (**brenhinos**) *g* roitelet *m*.
brenigen (**brennig**) *b* (*molwsg*) patelle *f*.
brenin (**brenhinoedd**) *g* roi *m*; (*drafftiau*) dame *f*; **Dafydd Frenin** le roi David; **B~!** (*ebych*) mon Dieu!, Seigneur!, ciel!; **y B~ Mawr** Dieu *m* Tout-Puissant; **diwrnod i'r ~** journée *f* de paresse *neu* à ne rien faire; **mae hyn yn frenin o'i gymharu â ...** c'est bien meilleur(e) que ..., c'est infiniment préférable à ...
breninyddiaeth *b* royalisme *m*.
brensiach *ebych*: **~ y brain!**, **~ y bratiau!** juste ciel!, bonté divine!, zut alors!
bres (**-i**) *g* attache *f*, agrafe *f*; (*dannedd*) appareil *m* dentaire; (*PENS ayb*) entretoise *f*, étrésillon *m*; (*TECH*) vilebrequin *m* (à main).
brest (**-iau**) *b*
1 (*CORFF*) poitrine *f*, sein *m*; (:*gwraig*) sein, mamelle *f*; (:*y tu mewn*) bronches *fpl*; **bod â phoen yn eich ~** avoir mal à la poitrine; **bod ag annwyd ar y frest** avoir un rhume de poitrine; **bod â ~ wan** avoir les bronches délicates; **lledu ~** crâner*, plastronner, se vanter, être bouffi(e) d'orgueil.
2 (*anifail*) poitrail *m*; **~ cyw iâr** (*cig*) blanc *m*.
3 (*ffig*): **~ mynydd** versant *m*, flanc *m*, coteau(-x) *m*.
▶ **o'r frest**: **gweddïo o'r frest** improviser une prière, prier sans préparation; **siarad o'r frest** improviser, parler sans préparation, parler impromptu.
brestio *bg* crâner*, plastronner.
bresu *ba* (*PENS*) ancrer, amarrer; (*trawst*) armer; (*fframwaith*) entretoiser, étrésillonner.
bresychen (**bresych**) *b* chou(-x) *m*; **bwyta bresych** manger du chou; **~ wen** chou-fleur(~x-~s) *m*; **~ goch** chou rouge; **~ y cŵn** mercuriale *f*; **~ ddeiliog** chou frisé; **bresych Brwsel** choux de Bruxelles; **bresych picl** chou au vinaigre.
bresys *ll* bretelles *fpl*.
bretyn (**bratiau**) *g* chiffon *m*, loque *f*.
brethyn (**-nau**) *g* tissu *m*, étoffe *f*; (*gwlân*) drap *m*; (*lliain, cotwm*) toile *f*; **~ cartref** tissu filé à la maison; **bod yn llathen o'r un ~** se ressembler comme deux gouttes d'eau.
brethynnwr (**brethynwyr**) *g* marchand *m* de tissus *neu* de nouveautés, drapier *m*; **siop ~** magasin *m* de nouveautés, mercerie *f*.
brethynwraig (**brethynwragedd**) *b* marchande *f* de tissus *neu* de nouveautés, drapière *f*.
breuan (**-au**) *b* (*melin law*) moulin *m* à bras (*pour le grain*).
breuant (**breuannau**) *g,b* (*MEDD*) gosier *m*, trachée *f*.
breuder *g* (*rhn, iechyd, hapusrwydd*) fragilité *f*; (*crwst*) friabilité *f*.
breuddwyd (**-ion**) *g,b* (*tra'n cysgu*) rêve *m*, songe *m*; (*tra'n effro*) rêverie *f*, rêve, songerie *f*; (*ffantasi*) rêve, vision *f*; **~ gwrach** un château en Espagne (*le fait de prendre ses désirs pour des réalités*); **cael ~ am rth** rêver de qch, faire un rêve sur qch; **cael ~ cas** faire un mauvais rêve *neu* un cauchemar; **mae'n byw mewn ~** il plane complètement; **gweld rhth fel petai mewn ~** voir qch en rêve; **~ yw bywyd!** la vie n'est qu'un songe!; **gwireddwyd ei holl freuddwydion** tous ses rêves se sont réalisés.
breuddwydio *bg* (*tra'n cysgu*) rêver, faire un rêve; (*tra'n effro*) rêvasser, se perdre en rêveries; **~ (am)** rêver (de/à), faire un rêve (de); (*dychmygu*) songer (à), penser (à), avoir l'idée (de); **maddeuwch imi, 'roeddwn i'n ~** excusez-moi, j'étais dans la lune; **ni fuaswn i erioed wedi ~ gwneud y fath beth** je n'aurais jamais songé *neu* pensé à faire une chose pareille.
breuddwydiol *ans* (*natur*) rêveur(rêveuse), romanesque, songeur(songeuse); (*anghofus, difater*) rêveur, distrait(e), dans la lune *neu* les nuages; (*cerdd*) langoureux(langoureuse);
♦ **yn freuddwydiol** *adf* d'un air rêveur *neu* songeur, d'un ton rêveur *neu* songeur,

rêveusement, d'une manière distraite.
breuddwydiwr (**breuddwydwyr**) *g* rêveur *m*; (*ffig*) rêveur *m*, songe-creux *m inv*.
breuddwydwraig (**breuddwydwragedd**) *b* rêveuse *f*.
breuo *bg* (*mynd yn frau*) devenir fragile *neu* cassable; (*brethyn*) s'user, s'épuiser, être râpé(e), être usé(e).
breuwydden (**breuwydd**) *b* (*PLANH*) nerprun *m*, bourdaine *f*.
brewlan[1] *bg* (*bwrw glaw mân*) bruiner.
brewlan[2] *bg* (*baldorddi*) disputailler, papoter, jacasser, se chamailler.
bri *g* (*enwogrwydd*) renommée *f*, renom *m*; (*anrhydedd*) honneur *m*; (*arbenigrwydd*) distinction *f*, mérite *m*; **dod i fri** se faire une renommée *neu* un grand nom, devenir célèbre; **o fri** célèbre, renommé(e), bien connu(e); **mewn** ~ en vogue, à la mode; **dyn mawr ei fri** homme *m* très célèbre, une célébrité.
briallen (**briallu**) *b* (*PLANH*) primevère *f* à grandes fleurs; **briallu amryliw, briallu cochion** primevère des jardins; **briallu gwyn** marguerite *f*; **briallu Mair** primevère, coucou *m*.
bribsyn (**bribys**) *g* fragment *m*, morceau(-x) *m*, miette *f*.
bricen (**briciau, brics**) *b gw.* **bricsen**.
bricio *ba* briqueter; ~ **ffenestr** murer une fenêtre.
briciwr (**bricwyr**) *g* maçon *m*, briqueteur *m*.
bricsen (**brics**) *b*
1 (*ADEIL*) brique *f*; **tŷ brics** une maison en briques; **gosod briciau** briquetage *m*; **gosodwr briciau** maçon *m*, briqueteur *m*; **gwneuthurwr briciau** briquetier *m*; ~ **dân** brique réfractaire.
2 (*i blant*) cube *m* de construction; **bocs o friciau** jeu(-x) *m neu* boîte *f* de construction.
bricwaith *g* briquetage *m*, brique *f*.
bricyllen (**bricyll**) *b* (*ffrwyth*) abricot *m*; **coeden fricyll** abricotier *m*; **jam bricyll** confiture *f* d'abricots; **tarten fricyll** tarte *f* aux abricots.
bricyllwydden (**bricyllwydd**) *b* (*PLANH*) abricotier *m*.
brid (**-iau**) *g* race *f*, espèce *f*; (*llinach*) lignée *f*; (*o fewn yr hil*) type *m*; **ceffyl/ci o frid** cheval(chevaux) *m*/chien *m* de race; **hanner** ~ (*wedi ei groesi: ceffyl*) demi-sang *m*; (*:ci*) hybride *m*; **mae cyw o frid yn well na phrentis** un artisan né vaut mieux qu'un apprenti.
bridfa (**bridfeydd**) *b* centre *m* de reproduction *neu* d'élevage; (*ceffylau*) haras *m* pour les chevaux.
bridio *ba* élever, faire l'élevage de; **mae hi'n** ~ **ceffylau** elle fait l'élevage des chevaux; ~ **nodwedd i mewn/allan** faire acquérir/perdre une caractéristique par la sélection;
♦*bg* (*ymysg ei gilydd*) se reproduire, se multiplier; **maent yn** ~ **fel cwningod** ils se multiplient comme des lapins;
♦*g*: **cyfnod ~, tymor** ~ saison *f* des accouplements; (*caseg, buwch, ayb*) monte *f*; (*adar*) saison des nids *neu* des amours, couvaison *f*; ~ **mewnol** croisement *m* d'animaux de la même souche.
bridiwr (**bridwyr**) *g* (*rhn sy'n bridio*) éleveur *m* d'animaux; (*anifail sy'n atgynhyrchu*) reproducteur *m*, reproductrice *f*.
bridwraig (**bridwragedd**) *b* (*rhn sy'n bridio*) éleveuse *f* d'animaux; (*anifail sy'n atgynhyrchu*) reproducteur *m*, reproductrice *f*.
brîf (**brifiau**) *g* (*CERDD*) double ronde *f*; **hanner** ~ ronde.
brifo *ba* (*clwyfo, niweidio*) faire du mal à, blesser; (*yn feddyliol, yn emosiynol*) faire de la peine à, blesser, froisser, offenser, peiner les sentiments de; ~**'ch braich** se blesser au bras; **cael eich** ~ être blessé(e), recevoir une blessure; **fe gaiff rhywun ei frifo** quelqu'un va se faire mal, il va y avoir quelqu'un de blessé; **nid yw erioed wedi** ~ **neb** il n'a jamais fait de mal à personne; **yr hyn sy'n fy mrifo fwyaf yw ...** ce qui me blesse *neu* me fait mal le plus, c'est que;
♦*bg* faire (du) mal; **mae'n** ~ ça fait mal; **mae fy mraich yn** ~ mon bras me fait mal; **ble mae'n** ~**?** où avez-vous mal?, où cela vous fait-il mal?; **nid yw'n** ~ **llawer** ça ne fait pas très mal; **mae'n** ~ **i glywed hynna!** comme c'est méchant *neu* cruel d'entendre dire cela!
briff[1] (**-iau**) *g* (*CYFR*) dossier *m* d'une procédure; (*MIL: cyfarwyddiadau*) briefing *m*; (*ffig*) tâche *f*.
briff[2] (**-s**) *g*: ~**s** (*dillad*) slip *m*.
briffces (**-ys**) *g* serviette *f*, porte-documents *m inv*.
briffio *ba* (*CYFR*) confier une cause à; (*milwyr, peilotiaid*) donner des instructions à; (*rhn*) mettre (qn) au fait; **cafodd y milwyr eu** ~ les militaires ont reçu leurs instructions.
brig (**-au**) *g* (*coeden, mynydd*) haut *m*, sommet *m*, cime *f*, faîte *m*; (*ton*) crête *f*; (*DAEAR*) affleurement *m*; **ar frig** en haut de, au sommet *neu* à la cime de; **ar frig y don** à la crête de la vague; **bod ar y** ~ être en haut *neu* au sommet *neu* au premier rang, avoir le dessus, tenir le haut du pavé, être au haut de l'échelle; ~ **y wawr** aube *f*, aurore *f*; ~ **y nos** crépuscule *m*, semi-obscurité *f*; **ar frig yr hwyr** au crépuscule, entre chien et loup, à la brune, à la nuit tombante; **brigau** (*THEATR*) cintres *mpl* dessus; **gwaith glo** ~ houillère *f* à ciel ouvert.
brigâd (**brigadau**) *b* brigade *f* (de cavalerie *neu* d'artillerie); ~ **dân** sapeurs-pompiers *mpl*.
brigadydd (**-ion**) *g* général(généraux) *m* de brigade.
brigantîn (**brigantinau**) *b* (*llong hwylio*)

brigantin *m*.
brigbori *bg* (*anifail*) brouter, paître.
brigdonni *bg* surfer, pratiquer le surf, faire du surfing; (*y tu ôl i gwch modur*) faire de l'aquaplane; **bwrdd** ~ planche *f* de surf *neu* d'aquaplane;
♦*g* (*CHWAR*) sport *m* de l'aquaplane.
brigdonnwr (**brigdonwyr**) surfeur *m*.
brigdonwraig (**brigdonwragedd**) *b* surfeuse *f*.
brigdorri *ba* (*coeden rosod*) tailler; (*cangen*) élaguer; (*coeden*) émonder.
brigdrawst (**-iau**) *g* passerelle *f*.
briger (**-au**) *g* (*PLANH*) étamine *f*; ~ **Gwener** capillaire *m*, cheveu-de-Vénus *m*.
brigerog *ans* (*PLANH*) staminé(e).
brigeryn (**briger**) *g* (*PLANH*) étamine *f*.
briglofft (**-ydd**) *b* passerelle *f* de service.
briglwyd *ans* (*gwallt*) chenu(e), blanchi(e); (*rhn*) aux cheveux gris *neu* grisonnants.
brigo *bg* (*coed*) se ramifier, pousser des branches; (*PLANH*) pousser, germer; (*DAEAR*) affleurer; ~ **i'r wyneb** surgir, apparaître, affleurer, faire surface;
♦*ba*: ~ **tonnau** surfer, pratiquer le surf, faire du surfing.
brigog *ans* branchu(e), rameux(rameuse).
brigwerth (**-oedd**) *g* valeur *f* maximale.
brigwn (**brigynau**) *g* (*dal coed tân*) chenet *m*.
brigwr (**brigwyr**) *g*: ~ **tonnau** surfeur *m*.
brigwraig (**brigwragedd**) *b*: ~ **tonnau** surfeuse *f*.
brigwth (**-iadau**) *g* (*DAEAR*) soulèvement *m*.
brigwyn (**brigwen**) (**brigwynion**) *ans* (*ton*) à crête blanche;
♦*g* écume *f*.
brigyn (**brigau**) *g* brindille *f*, petite branche *f*, ramille *f*; **brigau'r twyni** (*PLANH*) gaillet *m*.
bripsyn (**bribys**) *g gw.* **bribsyn**.
brisged *b* poitrine *f* de bœuf.
brith (**braith**) (**brithion**) *ans*
1 (*o ran golwg: brych*) tacheté(e), diapré(e), moucheté(e), tiqueté(e), truité(e); (*:amryliw*) bigarré(e), bariolé(e), panaché(e); (*:plu*) grivelé(e); (*:gwallt*) gris(e), grisonnant(e), poivre et sel *inv*; **ceffyl** ~ cheval(chevaux) *m* pie, cheval pommelé; **y siaced fraith** le manteau bariolé; **bara** ~ pain *m* aux raisins.
2 (*aneglur*) vague, imprécis(e); ~ **gof** souvenir *m* vague; **bod yn** ~ **berthyn** être d'une parenté éloignée.
3 (*amheus: cyff*) louche; (*:rhn*) véreux(véreuse); **aderyn** ~ brebis *f* galeuse, drôle *m* de type*.
4 (*niferus*): **yn frith** nombreux(nombreuse); **yn frith o** parsemé(e) de, émaillé(e) de; **yn frith o sêr** constellé(e), parsemé *neu* piqueté(e) *neu* criblé(e) d'étoiles;
♦*g*: ~ **y fuches** (*ADAR*) hochequeue *m*, bergeronnette *f*, lavandière *f*.
brithedd *g* bigarrure *f*, diversité *f* de couleurs; (*PLANH*) panachure *f*, diaprure *f*.
brithfyd *g* (*trallod*) adversité *f*, misère *f*.
brithlaw *g* bruine *f*, crachin *m*.
brithlawio *bg* bruiner.
brithlen (**-ni**) *b* tapisserie *f*.
brithliw *ans gw.* **brith**.
brithlwyd *ans* (*ceffyl*) gris pommelé *inv*; **mynd yn frithlwyd** grisonner.
britho *bg*
1 (*gwallt*) grisonner; **wedi** ~ grisonnant(e); (*rhn*) aux cheveux gris.
2 (*brychu*) tacheter;
♦*ba*: **traethawd wedi ei fritho â gwallau** composition *f* parsemée d'erreurs *neu* fourmillant d'erreurs.
brithryw *ans* hétérogène.
brithwaith (**brithweithiau**) *g* mosaïque *f*; **mewn** ~ en mosaïque; **llawr** ~ dallage *m* en mosaïque.
Brithwr (**Brithwyr**) *g* Picte *m*.
brithyll (**-od, -iaid**) *g* (*PYSG*) truite *f*; ~ **y dom** épinoche *f*; **pysgota** ~ pêche *f* à la truite; **mor llon â** ~ gai comme un pinson.
briw (**-iau**) *g* blessure *f*, plaie *f*; (*ar foch*) balafre *f*; ~ **annwyd** bouton *m* de fièvre; ~ **gorwedd** escarre *f*; **agor hen friwiau** rouvrir *neu* raviver d'anciennes blessures; **rhoi halen ar y** ~ retourner le couteau dans la plaie; ~**'r march** (*PLANH*) verveine *f*.
briwdda *g* hachis *m* de fruits secs; **teisen friwdda, cacen friwdda** tarte *f* aux fruits secs.
briwedig *ans* (*clwyfedig*) blessé(e); (*wedi cleisio*) meurtri(e), contusionné(e); (*wedi chwyddo*) irrité(e), enflammé(e); (*wedi torri*) cassé(e), fracturé(e); (*asen*) enfoncé(e); (*calon*) brisé(e).
briweg *g* (*PLANH*) orpin *m*.
briwell (**-au**) *b* hachoir *m* à viande *neu* à légumes.
briwfwyd *g* (*briwsion*) miettes *fpl*; (*cig mân*) hachis *m*, haché *m*.
briwgig *g* bifteck *m* haché, hachis *m* de viande.
briwio *ba* (*cig, llysiau*) hacher.
briwlan[1] *bg* (*bwrw glaw mân*) bruiner; **mae hi'n** ~ il y a du crachin.
briwlan[2], **briwlio** *ba* (*COG*) *gw.* **brwylio**.
briwlys *g* (*PLANH*) stachys *m*, vulnéraire *f*.
briws *g* (*bragdy*) brasserie *f*; (*cegin gefn*) arrière-cuisine *f*; (*llaethdy*) laiterie *f*.
briwsiongrwst *g dessert m à la compote (pommes, rhubarbe etc)*.
briwsioni *ba* (*bara*) émietter; (*plastr*) effriter; (*cig*) paner;
♦*bg* s'émietter, s'effriter.
briwsionllyd *ans* friable, couvert(e) de miettes, pané(e).
briwsionyn (**briwsion**) *g* (*crwst*) miette *f*; (*ar gig, ar bysgodyn*) chapelure *f*; (*darn*) fragment *m*, morceau(-x) *m*; **yn friwsion** en miettes, en morceaux.
briwydd[1] *b* (*PLANH*) gaillet *m*; ~ **y cerrig**

orpin *m*.
briwydd[2] *ll* (*tanwydd*) petit bois *m*.
briwydd[3] (**-ion**) *g* (*i friwio cig ayb*) hachoir *m*.
bro (**-ydd**) *b* (*ardal*) région *f*; (*gwlad*) pays *m*; (*gwlad enedigol, mamwlad*) pays natal, patrie *f*; (*cefn gwlad*) campagne *f*; (*tir isel*) plaine *f*; **B~ Morgannwg** la plaine du Glamorgan, les basses terres *fpl* du Glamorgan; **y Fro Gymraeg** les régions galloisantes; **papur ~** journal(journaux) *m* local; **athro ~/athrawes fro** professeur *m* itinérant (*qui enseigne dans plusieurs établissements scolaires*).
broc *g* bois *m* flotté, bois flottants; **darnau ~ môr** débris *m*;
♦*ans*: **ceffyl ~** cheval(chevaux) *m* rouan; **caseg froc** jument *f* rouanne; **bachan ~*** un type* louche.
brocâd (**brocadau**) *g* brocart *m*;
♦*ans* de brocart.
brocer (**-iaid**) *g* (*MASN*) courtier *m* de commerce; (*cyfnewidfa stoc*) agent *m* de change; **~ yswiriant** courtier d'assurance.
broceriaeth *b* courtage *m*.
brocoli *g* brocoli *m*.
broch (**-od**) *g* (*ANIF: mochyn daear*) blaireau(-x) *m*.
brochgi (**brochgwn**) *g* (*ANIF: dachsund*) teckel *m*.
brochi *bg* (*gwylltio*) être en colère; (*ewynnu: rhn*) écumer de rage, avoir de l'écume aux lèvres; (*:anifail*) baver, écumer de rage; (*rhuo*) hurler de rage.
brochlyd, **brochus** *ans* furibond(e), furieux(furieuse).
brodiad (**-au**) *g* broderie *f*.
brodiau *ll gw.* **brawd**[2].
brodio *bg* broder, faire de la broderie;
♦*ba* (*cyweirio: sanau*) repriser; (*:dillad*) raccommoder; (*ffig: stori*) broder sur, enjoliver;
♦*g* broderie *f*; **ffrâm frodio** métier *m* *neu* tambour *m* à broder.
brodiog *ans* brodé(e); (*wedi eu cyweirio: sanau*) reprisé(e); (*dillad*) raccommodé(e).
brodir (**-oedd**) *g,b* région *f*, pays *m*.
brodor (**-ion**) *g*
1 (*cyff*) natif *m*, autochtone *m*; **y ~ion** les habitants *mpl*, les gens *mpl* du pays; **bod yn frodor o** être originaire *neu* natif de; **mae'n frodor o'r ardal** il est du pays *neu* du coin *neu* du quartier; **~ o Gymru ydw i** je suis gallois de naissance.
2 (*yn anthropolegol*) indigène *m*.
brodordy (**brodordai**) *g* monastère *m*, couvent *m* de moines.
brodoredig *ans* naturalisé(e).
brodores (**-au**) *b*
1 (*cyff*) native *f*, autochtone *f*; **bod yn frodores o** être originaire *neu* native de.
2 (*yn anthropolegol*) indigène *f* *gw. hefyd* **brodor**.
brodori *ba* naturaliser;
♦*bg* se faire naturaliser;
♦*g* naturalisation *f*; **papurau ~** déclaration *f* de naturalisation.
brodoriaeth (**-au**) *b* confrérie *f*, fraternité *f*, communauté *f*; (*urdd*) ordre *m*.
brodorol *ans* natif(native), indigène, autochthone; (*rhn*) originaire, natif; (*arferion*) du pays; (*hawliau*) du pays, des autochtones; (*adnoddau, cynnyrch*) naturel(le) du pays, de la région.
brodwaith (**brodweithiau**) *g* broderie *f*.
brodyr *ll gw.* **brawd**[1].
broets(h) (**-ys**) *g* broche *f*.
broetsio *ba* (*agor*) percer, mettre (qch) en perce.
broga (**-od**) *g* grenouille *f*; **~ dringol** grenouille arboricole; **coesau brogaod** cuisses *fpl* de grenouille.
brogarol *ans* attaché(e) à son patelin*.
brogarwch *g* patriotisme *m* local; (*dif*) esprit *m* de clocher; (*LLEN*) régionalisme *m*.
broglau, **brogle** *ans* (*ceffyl: brych*) rouan(ne).
brol (**-iau**) *g,b* fanfaronnade *f*, vantardise *f*, gasconnade *f*, vanterie *f*.
brolgar *ans* vantard(e).
brolgarwch *g* vantardise *f*.
brolgi (**brolgwn**) *g* (*ymffrostiwr*) vantard *m*, fanfaron *m*, hâbleur *m*.
brolian *ba, bg gw.* **brolio**.
broliant (**broliannau**) *g* (*cyff*) descriptif *m* promotionnel, réclame *m*; (*ar glawr llyfr*) texte *m* de présentation (*sur la jaquette*), baratin* *m* publicitaire.
brolio *ba* vanter; **eich ~'ch hun** (*ymffrostio*) se vanter;
♦*bg* fanfaronner, se vanter.
broliog *ans* vantard(e);
♦ **yn froliog** *adf* de façon vantarde.
broliwr (**brolwyr**) *g gw.* **brolgi**.
brolwraig (**brolwragedd**) *b* vantarde *f*, fanfaronne *f*, hâbleuse *f*.
bromid (**-au**) *g* bromure *m*
bron[1] (**-nau**) *b*
1 (*CORFF: un o ddwy fron merch*) sein *m*, mamelle *f*; (*:brest dyn neu ferch*) poitrine *f*; **rhoi'r fron i fabi** allaiter un bébé; **baban ar** *ou* **wrth y fron** un enfant au sein, un enfant à la mamelle; **bwydo babi ar y fron** nourrir un bébé au sein; **~ y llaw** partie *f* charnue de la main *neu* du pouce.
2 (*ceffyl*) poitrail *m*.
bron[2] (**-nydd**) *b* (*bryn*) coteau(-x) *m*.
bron[3] *adf* presque, à peu près; **mae hi ~ yn hanner nos** il est presque *neu* bientôt minuit; **~ bob amser** presque *neu* à peu près toujours; **mae hi ~ yno** elle y est presque arrivée; **'rwyf ~ yn gallu ei wneud** j'arrive presque à le faire; **bu ~ imi lewygu** j'ai failli m'évanouir; **mae'r goeden ~ â disgyn** l'arbre

est sur le point de tomber, l'arbre menace de tomber; ~ **â llwgu** affamé(e); **'rwyf** ~ **â llwgu** je meurs de faim, j'ai une faim de loup; **mae golwg** ~ **â llwgu arni** elle a l'aspect famélique; **o'r** ~ (*yn gyfangwbl*) intégralement; **tair gwaith o'r** ~ (*ar ôl ei gilydd*) trois fois de suite.

brôn *g* (*cig*) pâté *m* *neu* fromage *m* de tête.

bronci *ll* *gw.* **broncws**.

bronciaidd, **bronciol** *ans* bronchique, bronchitique, des bronches.

broncitis *g* (*MEDD*) bronchite *f*; **bod â** ~ avoir une bronchite.

bronco-niwmonia *g* (*MEDD*) broncho-pneumonie *f*.

broncws (**bronci**) *g* bronche *f*; **llid y bronci** bronchite *f*.

bronddu (**-od**) *b* (*ADAR*) pluvier *m*.

bronfraith (**bronfreithod**) *b* grive *f*; ~ **fach** grive musicienne; ~ **fawr** grive draine.

bronglwm (**bronglymau**) *g* soutien-gorge(~s-~(s)) *m*; (*heb strap*) bustier *m*.

brongoch (**-iaid**) *g,b* (*ADAR*) rouge-gorge(~s-~s) *m*.

bronneg (**bronegau**) *b* (*milwr*) cuirasse *f*, plastron *m*.

bronnoeth *ans* aux seins nus.

bronnog *ans* mamelu(e), fort(e) de poitrine, qui a de la poitrine bien fournie.

bront *ans* *b* *gw.* **brwnt**.

bronten *b* (*budr*) femme *f* mal propre, souillon *m*; (*anfoesol*) salope** *f*.

bronrhuddyn (**bronrhuddion**) *g* (*ADAR*) rouge-gorge(~s-~s) *m*; ~ **y mynydd** pinson *m* des monts, pinson du nord.

bronwen *ans* (*â bron wen*) à la poitrine blanche;

♦*b* (**-nod**) (*ANIF: gwenci*) belette *f*.

bronwerth *b* (*PLANH*) bourrache *f*.

brown *ans* brun(e), marron *inv*; (*esgidiau, lledr*) marron; **gwallt** ~ cheveux *mpl* châtains; **gwallt** ~ **golau** cheveux châtain clair; **bara** ~ pain *m* bis; **siwgr** ~ sucre *m* brun, cassonade *f*; **mynd yn frown** (*lliw haul*) (se) bronzer, brunir; **â chroen** ~ brun de peau, bronzé(e), hâlé(e), bruni(e);

♦*g* brun *m*.

brownaidd *ans* brunâtre.

browngoch (**-ion**) *ans* roux brun; **troi'n frowngoch** (*dail*) roussir.

browni (**-s**) *b* jeannette *f*.

brownin *g* (*COG*) *produit m préparé pour roux brun.*

brownio *ba* (*COG: cig*) dorer;

♦*bg* (*cael lliw haul*) se bronzer; (*cig*) dorer.

bru (**-oedd**) *g* matrice *f*, ventre *m*.

brud (**-iau**) *g* (*cronicl*) chronique *f*; (*darogan*) prophétie *f*.

brudio *ba* (*proffwydo*) prédire, prophétiser;

♦*bg* prophétiser, faire des prophéties.

brudiwr (**brudwyr**) *g* (*croniclydd*) chroniqueur *m*.

brwchan *g* (*llymru*) bouillie *f* d'avoine, tisane *f* de gruau.

brwd *ans* (*selog*) fervent(e), ardent(e), zélé(e), passionné(e), chaleureux(chaleureuse); (*awyddus*) enthousiaste; **rhn** ~ enthousiaste *m/f*; **edmygydd** ~ un fervent admirateur; **pêl-droediwr** ~ un passionné *neu* un fana* du football; **bod yn frwd dros y syniad o** être enthousiasmé(e) par l'idée de;

♦ **yn frwd** *adf* avec ardeur, ardemment, avec ferveur, avec enthousiasme *neu* passion *neu* zèle, chaleureusement, passionnément.

brwdfrydedd *g* enthousiasme *m*, ferveur *f*, ardeur *f*, passion *f*, zèle *m*.

brwdfrydig *ans* enthousiaste, fervent(e), passionné(e), zélé(e);

♦ **yn frwdfrydig** *adf* avec enthousiasme, avec passion, ardemment, passionnément.

brwgaets *g* broussaille *f*.

brwmstan *g* soufre *m*.

brwnt (**bront**) (**bryntion**) *ans*
1 *gw.* **budr**.
2 *gw.* **creulon**.

brws (**-ys**) *g* brosse *f*; (*ysgubell*) balai *m*; (*ar gyfer lle tân*) balayette *f*; ~ **crwst** pinceau(-x) *m* à pâtisserie; ~ **dannedd** brosse à dents; ~ **dillad** brosse à habits; ~ **eillio** blaireau(-x) *m*; ~ **esgidiau** brosse à chaussures; ~ **ewinedd** brosse à ongles; ~ **golchi poteli** rince-bouteilles *m inv*, écouvillon *m*, goupillon *m*; ~ **gwallt** brosse à cheveux; ~ **gwifrau** brosse métallique; ~ **paent** pinceau; ~ **sgwrio** brosse dure *neu* en chiendent; ~ **siafio** blaireau; **gwerthwr** ~**ys** brossier *m*; **gwerthwraig** ~**ys** brossière *f*.

Brwsel *prb* Bruxelles.

brwsh (**-ys**) *g* *gw.* **brws**.

brwsiad (**-au**) *g* (*i'r llawr ayb*): **rhoi** ~ **i rth** donner un coup de balai à qch; (*i'r gwallt ayb*) donner un coup de brosse à.

brwsio *ba* (*carped*) balayer; (*gwallt, dillad*) brosser, donner un coup de brosse à; (*gwlân*) gratter; ~**'ch dannedd** se brosser *neu* se laver les dents; ~**'ch gwallt** se brosser les cheveux; **gwallt wedi ei frwsio yn ôl** cheveux *mpl* ramenés *neu* rejetés en arrière; **mae'r mwd yn dod i ffwrdd yn hawdd wrth ei frwsio** la boue s'enlève facilement avec un coup de brosse; ~ **rhth ymaith** (*oddi ar ddilledyn ayb*) enlever qch (*à la brosse ou à la main*).

brwswaith *g* facture *f*.

brwydo *bg* broder, faire de la broderie.

brwydr (**-au**) *b* (*ymladdfa*) bataille *f*, combat *m*; (*ymryson*) conflit *m*, lutte *f*; **mynd i'r frwydr** aller à la bataille; **wedi ei ladd mewn** ~ tué à l'ennemi; **mae bywyd yn frwydr** la vie est un combat; **y frwydr yn erbyn newyn** la lutte contre la famine.

brwydro *bg* se battre, lutter, batailler; ~ **i**

wneud rhth se battre pour faire qch; ~ **dros rth** (*o blaid*) se battre pour qch; **mae'r cŵn yn** ~ **dros asgwrn** les chiens se disputent un os; ~ **yn erbyn cwsg** lutter contre le sommeil; ~ **yn erbyn afiechydon** lutter contre *neu* combattre les maladies; ~ **am ei fywyd** lutter pour la *neu* sa vie.

brwydrwr (**brwydrwyr**) *g* (*cyff*) lutteur *m*; (*milwr*) combattant *m*.

brwydrwraig (**brwydrwragedd**) *b* lutteuse *f*.

brwydwaith *g* broderie *f*; **gwneud** ~ broder, faire de la broderie.

brwyliad (**brwyliaid**) *g* poulet *m* à rôtir.

brwylio *ba* (COG) griller, faire cuire (qch) sur le gril.

brwyna *bg* cueillir des joncs.

brwynen (**brwyn**) *b* (PLANH) jonc *m*; (*ar sedd cadair*) jonc, paille *f*; **cannwyll frwyn** chandelle *f* à mèche de jonc; **cors o frwyn** jonchaie *f*.

brwyniad (**brwyniaid**) *g* (PYSG: *ansiofi*) anchois *m*; (:*morfrithyll*) éperlan *m*.

brwynog *ans* couvert(e) de joncs, à joncs.

brwysg *ans* (*meddw*) ivre, soûl(e), enivré(e).

brwysged *b* poitrine *f* de bœuf.

brwysgedlys *g* (PLANH) coriandre *f*.

brwysgedd *g* (*meddwdod*) ivresse *f*, ébriété *f*.

brwysio *ba* (COG) braiser.

brych[1] (**-au**) *g*

1 (*smotyn*) macule *f*, tache *f*, point *m*; (:*ar ffrwyth*) tache, tavelure *f*; (:*mân*) grain *m*; (:*ar anifail*) tache, moucheture *f*, tacheture *f*; ~**au haul** taches de rousseur; ~ **y cae** (ADAR) traine-buisson *m*, fauvette *f* des haies *neu* d'hiver, mouchet *m*.

2 (MEDD: *y garw*) délivre *m*, arrière-faix *m inv*; (*plasenta*) placenta *m*.

brych[2] (**brech**) (**brychion**) *ans* (*brith: anifail*) tacheté(e), moucheté(e), diapré(e), pommelé(e); (*ffrwyth*) taché(e), tavelé(e); (*amryliw*) bigarré(e), bariolé(e), panaché(e).

brycheulyd *ans gw.* **brych**[2].

brycheuyn (**brychau**) *g* (*nam: smotyn*) macule *f*, tache *f*, point *m*; (*smotyn bach iawn*) grain *m*; **y** ~ **yn llygad dy frawd** (BEIBL) la paille dans l'œil du voisin.

brychiad, **brychiedyn** (**brychiaid**) *g* (PYSG) truite *f* saumonée.

brychlyd *ans gw.* **brych**[2].

brychni *g*: ~ **haul** taches *fpl* de rousseur *neu* de son; **â** ~ **haul** taché(e) de son, couvert(e) de *neu* plein(e) de taches de rousseur; **cael** ~ **haul** se couvrir de taches de rousseur.

brychu *ba* tacher, tacheter, moucheter; ♦*bg* se couvrir de taches de rousseur; **wedi** ~ taché(e) de son, couvert(e) de *neu* plein(e) de taches de rousseur.

bryd (**-iau**) *g* intention *f*, dessein *m*, projet *m*; **rhoi'ch** ~ **ar wneud rhth** se proposer de faire qch, être résolu(e) *neu* bien décidé(e) à faire qch, avoir la ferme intention de faire qch, entendre faire qch; **mae hi wedi rhoi ei** ~ **ar gar newydd** elle a jeté son dévolu sur une voiture neuve; **mae yn fy mryd maddau iddi** je suis porté(e) *neu* enclin(e) à lui pardonner; **gyda'r** ~ **o wneud rhth** dans l'intention *neu* le dessin *neu* le but de faire qch; **o un fryd, yn un fryd** d'un commun accord, unanimement; **'roeddent yn un fryd** ils étaient unanimes.

brygowthan *bg* déclamer, parler avec emphase, tempêter, fulminer, divaguer.

brygowthwr (**brygowthwyr**) *g* déclamateur *m*, énergumène *m*.

brygowthwraig (**brygowthwragedd**) *b* déclamatrice *f*.

bryn (**-iau**) *g* colline *f*; (*is*) coteau(-x) *m*; (*gallt, rhiw: cyff*) pente *f*, côte *f*; (:*ar i fyny*) montée *f*; (:*ar i lawr*) descente *f*; ~**iau godre** contreforts *mpl*; **dringo** ~ monter une colline; **dros bant a** ~**, dros fryn a dôl** par monts et par vaux; **ar ochr y** ~ à flanc de coteau; **ar ben y** ~ en haut *neu* au sommet de la colline.

bryncyn (**-nau**) *g* petite colline *f*, tertre *m*, butte *f*, monticule *m*; (*crwn*) mamelon *m*.

bryndir (**-oedd**) *g* région *f* montagneuse; (*ucheldiroedd*) hautes terres *fpl*; **pentref yn y** ~ village *m* des montagnes.

bryngaer (**-au**) *b* forteresse *f* de montagne.

bryniog *ans* vallonné(e), montueux(montueuse).

bryntni *g*

1 *gw.* **budreddi**.

2 *gw.* **creulondeb**.

brys *g* hâte *f*; **mwya'r** ~ **mwya'r rhwystr** hâte-toi lentement; **ar frys** à la hâte, hativement, en toute hâte, précipitamment; ♦*ans*: **achos** ~ cas *m* d'urgence *gw. hefyd* **brysiog**.

brysgennad (**brysgenhadon**) *g* courrier *m*.

brysgyll (**-au**) *g* (*teyrnwialen*) sceptre *m*; (*pastwn, ffon*) masse *f*, massue *f*.

brysio *bg*: ~ **(i wneud rhth)** se dépêcher (de faire qch), se presser (de faire qch), se hâter (de faire qch), s'empresser (de faire qch), se précipiter (pour faire qch); **brysiwch!** dépêchez-vous!; **peidiwch â** ~**!** ne vous pressez *neu* dépêchez pas!; **gadewch inni frysio** pressons le pas!; **brysiwch wella!** rétablissez-vous vite!, remettez-vous vite!; ~ **i rywle** se rendre en toute hâte à un endroit; **brysiodd adref** elle s'est dépêchée de rentrer, elle est rentrée en hâte *neu* à la hâte; ~ **i mewn/allan/ar draws** entrer/sortir/traverser à la hâte *neu* précipitamment *neu* en toute hâte; ~ **i fyny/i lawr y grisiau** monter/descendre l'escalier précipitamment *neu* en toute hâte *neu* quatre à quatre; **brysiodd tuag ataf fi** elle s'est précipitée vers moi; **brysiodd ar ei hôl hi** il a couru pour la rattraper; ~ **i ffwrdd** *ou* **ymaith** partir précipitamment, détaler, décamper, filer, se sauver.

▶ **brysio ymlaen** continuer à la hâte, se dépêcher; **fe frysiodd hi ymlaen at y cwestiwn nesaf** elle est vite passée à la question suivante; **brysiwch ymlaen os gwelwch yn dda!** pressons un peu *neu* activons* s'il vous plaît!.
▶ **brysio yn ôl** se presser de revenir; **brysiwch yn ôl atom ni!** revenez-nous bientôt!; **paid â ~ yn ôl!** ne te presse pas de revenir!;
♦*ba* faire presser, bousculer, faire se dépêcher; **gwaith na ellir mo'i frysio** travail(travaux) *m* qui demande du temps; **peidiwch â ~'r gwaith** prenez votre temps pour faire ce travail, ne faites pas ce travail à la va-vite.

brysiog *ans* hâtif(hâtive), précipité(e), rapide; ♦ **yn frysiog** *adf* à la hâte, en toute hâte, précipitamment; (*cerdded*) d'un pas pressé.

brysneges (**-euon**) *b* télégramme *m*; (*gwasg, diplomyddiaeth*) dépêche *f*.

Brython (**-iaid**) *g* (HAN) Breton *m* (de Grande-Bretagne); (*Cymro*) Gallois *m*.

Brythonaidd *ans* brittonique.

Brythoneg *b,g* brittonique *m*; (*y Gymraeg*) gallois *m*, langue *f* galloise;
♦*ans* brittonique.

Brythones (**-au**) *b* (HAN) Bretonne *f* (de Grande-Bretagne); (*Cymraes*) Galloise *f*.

brywes (**-au**) *g pain ou biscuit d'avoine trempé dans du bouillon ou du lait chaud.*

B.Sc *byrf* (*gradd*) diplôme *m* universitaire en sciences, ≈ licencié(e) ès sciences; (*rhn graddedig*) licencié *m*, licenciée *f*.

B.S.E. *byrf* (MILF: *Clefyd y Gwartheg Gwallgof*) ESB *f*, encéphalite *f* spongiforme bovine.

bual (**buail**) *g* (ANIF) buffle *m*, bufflesse *f*, bison *m*.

buan *ans* (*ymateb, adwaith*) prompt(e), rapide; (*siwrnai, cerbyd*) rapide; (*symudiad*) vif(vive), leste; **mae ef yn weithiwr ~** il va vite en besogne;
♦ **buan, yn fuan** *adf*
1 (*cyn bo hir*) bientôt, vite; **~ y sylweddolais ...** je me suis vite *neu* bientôt rendu compte que; **byddwn ym Mharis yn fuan** nous serons bientôt à Paris, nous serons à Paris sous peu *neu* dans peu de temps; **newidiodd ei feddwl yn fuan** il a vite changé d'avis, il n'a pas mis longtemps *neu* il n'a pas tardé à changer d'avis; **mi'ch gwela' i chi'n fuan!** à bientôt!; **yn eithaf ~** dans assez peu de temps; **yn fuan iawn** très bientôt; **yn fuan wedyn** peu après; **yn eithaf ~ wedyn** assez peu de temps après.
2 (*yn gynnar*) tôt; **mor fuan** si tôt; **pa mor fuan y gellwch chi ddod?** quand est-ce que vous pouvez venir au plus tôt?, dans combien de temps au plus tôt est-ce que vous pouvez venir?; **pa mor fuan y bydd yn barod?** quand *neu* dans combien de temps est-ce que ce sera prêt?; **mae dydd Gwener yn rhy fuan** vendredi, c'est trop tôt; **ni ddaeth eiliad yn rhy fuan** il est arrivé juste à temps, il était temps qu'il arrive *subj*; **oes r(h)aid ichi fynd mor fuan?** faut-il que vous partiez *subj* déjà *neu* si tôt?; **mor fuan â phosibl** dès que possible, aussitôt que possible.
3 (*yn sydyn*) vite; **gweithredu'n fuan** être prompt(e) à agir, agir sans tarder; **cyrhaeddodd y plismyn yn fuan** la police est arrivée promptement *neu* sans tarder sur les lieux; **mae'r cloc bum munud yn fuan** la pendule avance de cinq minutes; **gallu meddwl yn fuan** avoir l'esprit très rapide, savoir réfléchir vite; **gyrru car yn fuan** conduire à toute vitesse *neu* allure.

buanedd (**-au**) *g* rapidité *f*, vitesse *f*; (*meddwl*) vivacité *f*, promptitude *f*.

buarth (**-au**) *g* (*fferm*) cour *f* de ferme, basse-cour(~s-~s) *f*; (*ysgol*) cour.

buchedd (**-au**) *b*
1 (*ffordd o fyw*) comportement *m*, mœurs *fpl*, façon *f* de mener sa vie, style *m* de vie; **~ dda** bonnes mœurs, bon comportement; **yr oedd ei ~ hi'n ddilychwin** elle a mené une vie irréprochable.
2 (*bywgraffiad*) biographie *f*; **B~ Dewi** la vie de saint David.

bucheddol *ans* comme il faut, vertueux(vertueuse), honnête; (*duwiol*) pieux(pieuse).

buches (**-au**) *b* troupeau(-x) *m* de vaches.

buchod *ll gw.* **buwch**.

budr (**-on**) *ans*
1 (*heb fod yn lân, bawlyd: cyff*) sale, malpropre, crasseux(crasseuse); (*:esgidiau*) couvert(e) de boue, crotté(e); (*:peiriant*) encrassé(e); (*:llwybr, ffordd*) fangueux(fangueuse); (*:dŵr*) croupi(e); (*:gwaith*) salissant(e); (*:lliw*) sale; (*:aer, awyr*) vicié(e), pollué(e); (*:aroglau*) infect(e), nauséabond(e), fétide.
2 (*iaith ayb: anweddus*) sale, grossier(grossière), ordurier(ordurière), cochon(ne); (*:anllad*) obscène; **gweithred fudr** obscénité *f*; **bod â meddwl ~** avoir l'esprit cochon.
3 (*cas: ymddygiad*) vil(e), infâme; **gwneud tro ~ â rhn** jouer un vilain tour à qn.
4 (*chwarae: annheg*) déloyal(e)(déloyaux, déloyales), irrégulier(irrégulière); **chwarae ~** (*twyllo*) tricherie *f*.
5 (*garw, stormus: tywydd*) mauvais(e); **mae'n gwneud hen dywydd ~!** il fait un temps de chien!.
6 (*hynod*) remarquable, extraordinaire;
♦ **yn fudr** *adf* salement, malproprement; (*ymddwyn*) bassement; **chwarae'n fudr** tricher.

budreddi *g*
1 (*aflendid: cyff*) saleté *f*, crasse *f*, ordure *f*, malpropreté *F*; (*:geiriol*) grossièreté *f*; (*:tom*) crotte *f*, ordure, excrément *m*.

2 (*ffig*): **y ~ a welir ar y teledu** les saletés *neu* les grossièretés que l'on montre à la télévision.

budr-elw *g* lucre *m*.

budr-elwa *bg*: **~-~ ar rth** profiter de qch (*par l'amour du gain ou lucre*), exploiter qch.

budd (**-iau**, **-ion**) *g*
1 (*lles*) bien *m*, intérêt *m*, bien-être *m*; **er ~** dans l'intérêt de, pour le bien de; **er ei fudd** dans son intérêt, pour son bien; **er ~ pawb** pour le bien public; **fe fydd o fudd mawr i chwi** cela vous sera très utile *neu* très avantageux; **ni chewch chi unrhyw fudd ohono** cela ne vous vaudra rien, vous n'y gagnerez rien.
2 (*elw*) bénéfice *m*, profit *m*, gain *m*.

buddai (**buddeiau**) *b* (*corddwr menyn*) baratte *f*.

budd-dal (**~-~iadau**) *g* allocation *f*, prestation *f*; **~-~ diweithdra** allocations de chômage; **~-~ nawdd cymdeithasol** prestations sociales; **~-~ mamolaeth** allocation de maternité; **~-~ salwch** prestations de l'assurance maladie; **~-~ tai** allocations de logement; **~-~ teuluol** allocations familiales; **mae hi'n derbyn ~-~** elle touche des allocations*.

buddiant (**buddiannau**) *g* (*lles*) bien *m*, bien-être *m*, intérêt *m*; **cyfrifol am fuddiannau rhn** responsable des intérêts *neu* des biens de qn.

buddiog *ans* rémunérateur(rémunératrice), lucratif(lucrative).

buddiol *ans*
1 (*defnyddiol, llesol*) utile, avantageux(avantageuse), salutaire, favorable; **bydd y newid hwn yn fuddiol iawn i chi** ce changement vous fera du bien *neu* vous sera salutaire; **~ i iechyd** bon(ne) pour la santé.
2 (*yn dwyn elw: llyth*) rentable, lucratif(lucrative), profitable, payant(e); (:*cyfarfod, trafodaeth, ymweliad*) fructueux(fructueuse), rentable, payant.
3 (*cymwys, addas*) opportun(e), expédient(e), indiqué(e).
4 (*ymarferol*) pratique, profitable;
♦ **yn fuddiol** *adf* avec profit, avec fruit, utilement, fructueusement, profitablement.

buddioldeb *g* (*lles*) utilité *f*, avantage *m*, nature *f* avantageuse *neu* favorable *neu* salutaire *neu* fructueuse, bien *m*; (*elw*) rentabilité *f*.

buddran (**-nau**) *b* dividende *m*.

buddsoddi *ba*: **~ rhth yn** (*arian*) placer qch en *neu* dans, investir qch dans *neu* en;
♦*bg* faire un placement.

buddsoddiad (**-au**) *g* (*arian*) investissement *m*, placement *m*; **~ mewn cyfranddaliadau** placement en valeurs; **~ mewn eiddo** placement *neu* investissement immobilier.

buddsoddion *ll* investissements *mpl*, placements *mpl*.

buddsoddwr (**buddsoddwyr**) *g* actionnaire *m*; **y buddsoddwyr mawrion** les gros actionnaires; **y buddsoddwyr bychain** les petits actionnaires, la petite épargne, les petits rentiers.

buddsoddwraig (**buddsoddwragedd**) *b* actionnaire *f gw. hefyd* **buddsoddwr**.

Buddug *prb* Boadicée.

buddugol *ans* (*mewn ras ayb*) gagnant(e); (*byddin*) victorieux(victorieuse), vainqueur *inv*, triomphal(e)(triomphaux, triomphales); (*ergyd ayb*) décisif(décisive) de la victoire; **y tîm ~** l'équipe *f* gagnante; **y gôl fuddugol** le but qui a décidé de la victoire; **bod yn fuddugol dros** remporter une victoire sur, triompher de, gagner la victoire sur, l'emporter sur

buddugoliaeth (**-au**) *b* victoire *f*, triomphe *m*; **mewn ~** victorieux(victorieuse), triomphal(e)(triomphaux, triomphales), en triomphe.

buddugoliaethus *ans* (*enillydd*) gagnant(e); (*byddin*) victorieux(victorieuse), vainqueur, triomphal(e)(triomphaux, triomphales); (*gwên ayb*) triomphant(e);
♦ **yn fuddugoliaethus** *adf* triomphalement, victorieusement, en triomphe.

buddugwr (**buddugwyr**) *g* (*CHWAR, cystadleuaeth*) gagnant *m*; (*MIL ayb*) vainqueur *m*.

buddugwraig (**buddugwragedd**) *b* (*CHWAR, cystadleuaeth*) gagnante *f*.

bugail (**bugeiliaid**) *g*
1 (*defaid*) berger *m*, pâtre *m*; **ci ~** chien *m* de berger; **ffon fugail** houlette *f*.
2 (*CREF*) pasteur *m*; **y B~ Da** le Bon Pasteur; **yr Arglwydd yw fy mugail** l'Éternel est mon berger.

bugeilaidd *ans gw.* **bugeiliol**.

bugeileg (**-ion**) *b* églogue *f*.

bugeiles (**-au**) *b* bergère *f*.

bugeilffon (**bugeilffyn**) *b* houlette *f*.

bugeilgerdd (**-i**) *b* églogue *f*.

bugeilgi (**bugeilgwn**) *g* chien *m* de berger.

bugeiliaeth (**-au**) *b* pastorat *m*.

bugeilio *ba*: **~ defaid** surveiller *neu* garder des moutons; **~ eglwys** être le pasteur d'un temple;
♦*bg* être berger; (*CREF*) être pasteur.

bugeiliol *ans* de pasteur, pastoral(e)(pastoraux, pastorales).

bugeiliwr (**bugeilwyr**) *g* berger *m*.

bugunad *bg* (*rhuo*) rugir, mugir; (*tarw, buwch*) beugler, meugler;
♦*g* mugissement *m*, rugissement *m*; (*buwch, tarw*) beuglement *m*, meuglement *m*.

bulwg *g* (*PLANH*) nielle *f* des champs *neu* blés, coquelicot *m*.

bûm *be gw.* **bod**[1].

bun *b* (*merch ifanc*) jeune fille *f*, demoiselle *f*; (*morwyn*) vierge *f*, pucelle *f*; (*cariad*) bien-aimée *f*.
Bunsen *prg*: **llosgwr** ~ bec *m* Bunsen.
burgyn (**-ion**) *g* charogne *f*; **drewi fel** ~ puer, empester.
Burma *prb gw.* **Bwrma**.
burman *g* levure *f*.
burum *g* levure *f*; (*ewyn*) mousse *f*.
busnes (**-au**) *g*
1 (*MASN*) affaires *fpl*; **bod mewn** ~ être dans les affaires; **rhedeg** ~ **cig** être dans la boucherie; **dechrau** ~ **yn gigydd** s'établir boucher; **gwneud** ~ **gyda rhn** faire des affaires avec qn, travailler avec qn; ~ **yw** ~ les affaires sont les affaires; **mynd i ffwrdd ar fusnes** être en déplacement pour affaires; **adnabod eich** ~ connaître son affaire, s'y connaître; **cadw gwartheg ydy ei fusnes** il a une affaire d'élevage de bestiaux; **cymysgu** ~ **a phleser** joindre l'utile à l'agréable; **colli** ~ perdre la clientèle; **mae** ~ **yn dechrau gwella** les affaires reprennent; **mae ein** ~ **wedi dyblu ers y llynedd** notre chiffre d'affaires a doublé par rapport à l'année dernière; **mae** ~ **yn ffynnu** le commerce marche très bien *neu* est en plein essor, les affaires marchent; **mae'n cael llawer o fusnes gan yr ymwelwyr** il travaille beaucoup pour les touristes; **fy nghyfeiriad** ~ **i** l'adresse *f* de mon travail *neu* bureau; **cinio** ~ repas *m* d'affaires; **costau** ~ frais *mpl* généraux; **dyn** ~ homme *m* d'affaires; **dyn** ~ **mawr** brasseur *m* d'affaires; **mae ef yn ddyn** ~ **da** il est très homme d'affaires; **gwraig fusnes** femme *f* d'affaires.
2 (*cwmni*) entreprise *f*; **rhedeg eich** ~ **eich hun** travailler pour son propre compte; **mae ganddo fusnes bach allan yn y wlad** il tient un petit commerce à la campagne, il a une petite affaire *neu* entreprise à la campagne.
3 (*tasg, dyletswydd*) affaire *f*, devoir *m*; **ei gwneud yn rhan o'ch** ~ **i wneud rhth** se charger de faire qch; **nid yw'n ddim o'ch** ~ **chi** ce n'est pas votre affaire, cela ne vous regarde pas; **'does dim** ~ **gennych chi i wneud hynna** ce n'est pas à vous de faire cela; **fy musnes i ydy hynna, nid eich un chi** c'est mon affaire et non la vôtre; **hen robin y** ~ **ydyw!** il est toujours à fourrer son nez partout!; **meindiwch eich** ~***** mêlez-vous de vos affaires *neu* de ce qui vous regarde; **mae'n fusnes anodd dod o hyd i fflat** c'est toute une affaire de trouver un appartement; **hen fusnes gwael ydyw!** c'est une sale affaire *neu* histoire; **'rydw i wedi hen flino ar y** ~ **protestio yma** j'en ai assez de cette histoire de contestation; **mae yna ryw fusnes rhyfedd iawn yn mynd ymlaen** il se passe quelque chose de louche *neu* de pas catholique*.
busnesa *bg*: ~ **(yn)** se mêler (de), s'occuper (de); (*ymyrryd yn*) s'ingérer (dans); (*cyffwrdd â*) toucher (à); **peidiwch â** ~! cessez de vous mêler *neu* de vous occuper de ce qui ne vous regarde pas!; ~ **mewn ffrae** s'interposer dans une dispute; **mae hi wastad yn** ~ elle se mêle toujours de tout, elle met *neu* fourre* son nez partout, elle met partout son grain de sel.
busnesgar, **busneslyd** *ans* indiscret(indiscrète), qui fourre son nez partout; (*sy'n ymyrryd â*) importun(e); (*rhn sy'n cyffwrdd â phopeth*) qui touche à tout; ♦ **yn fusneslyd** *adf* indiscrètement, de façon indiscrète *neu* importune.
busnesu *bg gw.* **busnesa**.
busneswr (**busneswyr**) *g* indiscret *m*, importun *m*, mouche *f* du coche, officieux *m*, fâcheux *m*; (*rhn sy'n cyffwrdd â phopeth*) touche-à-tout *m inv*.
busneswraig (**busneswragedd**) *b* indiscrète *f*, importune *f*, mouche *f* du coche, officieuse *f*, fâcheuse *f*; (*rhn sy'n cyffwrdd â phopeth*) touche-à-tout *f inv*.
bustach (**bustych**) *g* bouvillon *m*; (*ych*) (jeune) bœuf *m*; **hen fustach o ddyn ydy o** c'est un gros malotru.
bustachu *bg*: ~ **gwneud rhth** se fatiguer à faire qch, se donner du mal à faire qch, s'efforcer de faire qch, peiner de faire qch, labourer péniblement pour faire qch; (*ymgeisydd*) cafouiller; (*mewn llaid*) patauger péniblement, patouiller*, barboter; ♦*bg* (*gwneud cawl o bethau, bwnglera*) gâcher, saboter.
bustl (**-au**) *g* (*hylif*) bile *f*; **carreg/coden y** ~ (*MEDD*) calcul *m*/vésicule *f* biliaire; ~ **y ddaear** (*PLANH*) centaurée *f*.
bustlaidd *ans* bilieux(bilieuse), amer(amère).
bustledd *g* fiel *m*, amertume *f*.
buwch (**buchod**) *b*
1 (*ar y fferm*) vache *f*; **buchod** vaches, bétail *m*; **gofalwr buchod** vacher *m*, bouvier *m*, gardien *m* de troupeau; **gofalwraig buchod** vachère *f*, bouvière *f*, gardienne *f* de troupeau; ~ **flith,** ~ **odro** vache laitière; ~ **hesb** vache stérile; **croen** ~ peau(-x) *f* de vache; **hen fuwch** (*am fenyw*) rosse* *f*, vache*, chameau(-x)* *m*; **rhoi llyfiad** ~ faire un petit brin de toilette; **rhoi cic i'r post i'r fuwch gael clywed** faire une allusion transparente *neu* à peine voilée; **mae hi'n dywyll fel bol** ~ **ddu** il fait noir comme dans un four, il fait nuit noire; **maent fel** ~ **a llo bach** ils se font des mamours, ils se donnent une fricassée de museau; **bod fel** ~ **wrth bost** être claquemuré(e) *neu* cloîtré(e), être enfermé(e) comme un oiseau dans une cage; **fel cynffon** ~ versatile, inconstant(e), changeant(e), incertain(e).
2 (*anifeiliaid eraill: benyw eliffant*) éléphant *m* femelle; ~ **fôr,** ~ **y môr** vache *f* marine, sirénien *m*, vache lamantin.
3 (*PRYF*): ~ **(fach) goch gota,** ~ **Adda**

coccinelle *f*, bête *f* à bon Dieu.

bw *ebych* hou; **na ~ na be** pas un seul mot.

bwa (**bwâu**) *g*
1 (*gyda saeth*) arc *m*; **llinyn ~** corde *f*; **saethu gyda ~** tirer à l'arc.
2 (*PENS: cyff*) arc *m*, cintre *m*, voûte *f*; (:*pont*) arche *f*; (:*mynedfa*) voûte d'entrée, porche *m*; **~ maen** voûte en pierres; **ffurfio ~** former voûte, être en forme d'arche, s'arquer; **~'r Drindod, ~'r arch, ~'r cyfamod, ~'r glaw** (*enfys*) arc-en-ciel(~s-~-~) *m*.
3 (*CERDD*) archet *m*.

bwaog *ans* voûté(e), en voûte; (*cefn*) arqué(e), cambré(e); (*wedi plygu*) courbé(e); **ffenest fwaog** fenêtre *f* cintrée, fenêtre en arc brisé; **trwyn ~** nez *m* aquilin, nez en bec d'aigle.

bwäwr (**bwawyr**) *g* archer *m*.

bwbach (**-od**) *g* (*rhn sy'n gas gennych*) bête *f* noire; (*dyn sy'n codi ofn*) croque-mitaine *m*, le Père Fouettard; (*bwgan*) spectre *m*, démon *m*, fantôme *m*, revenant *m*; (*bwgan brain*) épouvantail *m*; **~ dallan** (*gêm*) colin-maillard *m*; **y ~ bach!** petit filou!

Bwcarest *prb* Bucarest.

bwced (**-i**) *g,b* seau(-x) *m*; (*TECH*) godet *m*.

bwcedaid (**bwceidiau**) *b* plein seau(-x) *m*; **~ o ddŵr** seau d'eau.

bwci[1] (**-s**) *g* (*ceffylau*) bookmaker *m*.

bwci[2] (**bwcïod**) *g* fantôme *m*, spectre *m*, revenant *m*.

bwci-bo (**-s**) *g gw.* **bwci**[2].

bwcio *ba*
1 (*cadw, llogi*) réserver, retenir; (*sedd*) louer (qch) d'avance *neu* à l'avance; (*tocyn*) prendre; **mae pob sedd wedi ei ~ ar gyfer heno** on joue à bureaux fermés *neu* à guichets fermés ce soir; **mae'r gwesty wedi ei fwcio tan fis Medi** l'hôtel est complet jusqu'en septembre.
2 (*heddlu: ar y ffordd fawr*) donner *neu* mettre un procès-verbal à; **cael eich ~ am yrru'n rhy gyflym** avoir *neu* attraper une contravention *neu* une contredanse* pour excès de vitesse; **~ pêl-droediwr** prendre le nom d'un joueur.

bwcl (**byclau**) *g* boucle *f*; **cau'r ~** boucler, attacher; **cau'r ~ amdanoch eich hunan** se boucler, s'attacher; **dod i fwcl** arriver à une conclusion satisfaisante; **dod â rhth i fwcl** mener qch à bien.

bwcled (**-i**) *g,b* (*tarian*) bouclier *m*, écu *m*.

bwclo *ba gw.* **byclu**.

bwcram *g* bougran *m*.

bwch (**bychod**) *g*
1 (*gwryw: cyff*) mâle *m*; (:*carw*) cerf *m*; (:*gafr*) bouc *m*; **~ danas** cerf; **~ dihangol** bouc émissaire.
2 (*rhn sarrug*) personne *f* renfrognée *neu* bourrue *neu* maussade *neu* revêche.
3 (*stacan o ŷd, ysgubau*) moyette *f*.

bwchadanas *g* cerf *m*.

Bwda *g* Bouddha; **b~** (*delw*) bouddha *m*.

Bwdapest *prb* Budapest.

Bwdist (**-iaid**) *g* bouddhiste *m/f*.

Bwdistaidd *ans* (*mynach*) bouddhiste; (*credo*) bouddhique.

Bwdistiaeth *b* bouddhisme *m*.

bwdram, **bwdran** *g* (*grual, griwel*) gruau *m*; (*llymru tenau*) bouillie *f*.

bwff *g* (*lledr*) peau(-x) *f* de buffle; (*lliw*) couleur *f* chamois; **lledr ~** peau de chamois.

bwgan (**-od**) *g* (*ysbryd*) fantôme *m*, revenant *m*, spectre *m*; **nid wyf yn credu mewn ~od** je ne crois pas aux fantômes; **codi ~od** alarmisme *m*; **codwr ~od** alarmiste *m/f*; **~ brain** épouvantail *m*; **tenau fel ~ brain** maigre comme un squelette; **~ o ddyn** croque-mitaine *m*; **~ dall** (*gêm*) colin-maillard *m*.

bwganllyd *ans* effrayant(e), spectral(e)(spectraux, spectrales), fantomatique.

bwgi-wgi *g* boogie-woogie *m*.

bwng (**byngau**) *g gw.* **byng**.

bwhwman *bg* (*symud yn ôl ac ymlaen*) aller et venir; (*anwadalu*) vaciller, osciller, hésiter.

bwi (**bwïau**) *g* bouée *f*, balise *f* flottante; **gollwng ~** mouiller une bouée.

bwian, **bwio** *bg* (*actorion*) huer, siffler, conspuer; **cael eich ~ oddi ar y llwyfan** sortir de scène sous les sifflets *neu* huées; ♦*g* sifflets *mpl*, huées *fpl*.

bwji (**-s**) *g* perruche *f*.

bŵl (**bylau**) *g* (*bwlyn drws*) poignée *f neu* bouton *m* de porte; (*ar ffon gerdded*) pommeau(-x) *m*; (*ar olwyn*) moyeu(-x) *m*.

bwlaets, **bwlas** *g* (*eirin duon bach*) prunelles *fpl*.

bwlb (**bylbiau**) *g*
1 (*TRYD*) ampoule *f*; **mae'r ~ wedi llosgi** l'ampoule a sauté *neu* grillé.
2 (*PLANH: cyff*) bulbe *m*, oignon *m*; (:*garlleg*) tête *f* d'ail.
3 (*thermomedr*) cuvette *f*.

bwlch (**bylchau**) *g* (*twll*) trou *m*, vide *m*; (*mewn mur*) trou, brèche *f*, ouverture *f*; (*mewn llwyn*) trou, ouverture; (*mewn print, stori*) vide, intervalle *m*, blanc *m*; (*rhwng trawstiau, llenni*) interstice *m*, jour *m*; (*ceunant mynydd*) trouée *f*, col *m*, défilé *m*; (*rhwng dannedd*) trou; (*mewn meddwl, testun*) lacune *f*; (*mewn addysg, cyfres o bethau*) vide, lacune; (*amser*) intervalle; (*saib*) pause *f*, interruption *f*, vide; **llenwi ~** boucher un trou, boucher une brèche, combler un vide; **gadael ~ ar gyfer enw** laisser un blanc pour mettre le nom; **fe fydd hi'n anodd llenwi'r ~ ar ei ôl** il a laissé un vide qu'il sera difficile de combler; **lleihau'r ~ rhwng ...** réduire l'écart entre ...; **pontio'r ~ rhwng ...** établir un contact *neu* des contacts entre ...; **y ~ rhwng y cenedlaethau** l'écart *m*

neu le conflit entre les générations, le fossé *m* des générations; **sefyll yn y** ~ faire un remplacement au pied levé; ~ **yn y wefus** bec-de-lièvre(~s-~-~) *m*.
bwldagu *ba* (*hanner dagu*) étouffer *neu* suffoquer (qn) à moitié;
♦*bg* étouffer *neu* suffoquer à moitié.
bwled (**-i**) *b* balle *f*; ~ **rwber** balle de caoutchouc; **twll** ~ trou *m* de balle; **lladd/brifo rhn â** ~ tuer/blesser qn par balle; **dryllio rhth â** ~**i** percer *neu* cribler qch de balles.
bwlefard (**-(i)au**) *g* boulevard *m*.
bwletin (**-au**) *g* bulletin *m*; (*newyddion radio*) bulletin d'informations; (*newyddion teledu*) actualités *fpl* télévisées; (*tywydd*) bulletin météorologique, la météo*.
Bwlgaraidd *ans* bulgare.
Bwlgareg *b,g* bulgare *m*;
♦*ans* bulgare.
Bwlgaria *prb* la Bulgarie *f*; **ym Mwlgaria** en Bulgarie.
Bwlgariad (**Bwlgariaid**) *g/b* Bulgare *m/f*.
bwli (**bwlïaid**) *g* tyran *m*; (*yn yr ysgol*) petite brute *f*, brutal(brutaux) *m*; **bod yn fwli** être une brute, faire le fendant, brimer.
bwlïaidd *ans* fendant(e).
bwlian *ba* tyranniser, persécuter, malmener, brutaliser; (*codi ofn ar*) intimider; (*yn yr ysgol*) brutaliser, brimer; **cael eich** ~ être tyrannisé(e), être persécuté(e), être brimé(e); ~ **rhn i wneud rhth** contraindre qn par la menace à faire qch, faire faire qch à qn à force de menaces;
♦*g* intimidation *f*, brimade *f*, brutalité *f*.
bwlimia *g* (*MEDD*) boulimie *f*.
bwlio *ba, g gw.* **bwlian**.
bwliwn *g* (*aur*) encaisse *f* d'or, or *m* en barre, or en lingot; (*arian*) argent *m* en lingot; (*cronfa*) réserve *f neu* encaisse métallique; **fan sy'n cludo** ~ fourgon *m* bancaire.
bwlwg *g* (*PLANH: pabi coch yr ŷd*) coquelicot *m*.
bwlyn (**-nau**) *g* (*drws*) poignée *f* de porte; (*ffon gerdded*) pommeau(-x) *m*; (*chwydd*) bosse *f*, protubérance *f*.
bŵm (**bwmau**) *g*
1 (*sŵn*) grondement *m*; (*organ*) ronflement *m*; ~ **sonig** bang *m* supersonique.
2 (*ECON*) boom *m*, période *f* de forte expansion, essor *m*.
bwmbeili (**bwmbeilïaid**) *g* recors *m*.
bwmerang (**-au, -s**) *g* boomerang *m*.
bwmper (**-i**) *g gw.* **bymper**.
bwn *g*: **aderyn y** ~ (*ADAR*) grand butor *m*.
bwnc (**bynciau**) *g gw.* **bync**.
bwncath (**-au**) *g* (*ADAR*) buse *f* (variable).
bwncer (**-i**) *g gw.* **byncer**.
bwndel (**-i**) *g* (*dillad*) paquet *m*, ballot *m*, balluchon* *m*; (*nwyddau*) paquet, ballot; (*gwair*) botte *f*; (*llythyrau, papurau*) liasse *f*; (*coed tân*) fagot *m*; (*gwiail, brigau*) faisceau(-x) *m*, poignée *f*.
bwndelu *ba* empaqueter, mettre (qch) en paquet; (*dillad*) faire un ballot de; (*gwair*) botteler; (*papurau, arian*) mettre (qch) en liasse; (*llythyrau*) mettre (qch) en paquet; (*gwiail, brigau*) mettre (qch) en faisceau.
bwngler (**-iaid**) *g gw.* **bwnglerwr**.
bwnglera *ba* bousiller*, gâcher, bâcler*, saboter, rater;
♦*bg* (*bod yn lletchwith*) être incompétent(e), faire une gaffe *neu* des gaffes, faire un gâchis.
bwnglerwaith *g* bousillage *m*, gâchis *m*.
bwnglerwch *g* gaucherie *f*, maladresse *f*.
bwnglerwr (**bwnglerwyr**) *g* (*chwithig*) maladroit *m*, gaffeur *m*; (*sy'n difetha*) bousilleur *m* (de travail), gâcheur *m*.
bwnglerwraig (**bwnglerwragedd**) *b* (*chwithig*) maladroite *f*, gaffeuse *f*; (*sy'n difetha*) bousilleuse *f* (de travail), gâcheuse *f*.
Bwrcina Ffaso *prb* le Burkina-Faso *m*; **yn** ~ ~ au Burkina Faso.
bwrdais (**bwrdeisiaid**) *g* (*dinesydd*) bourgeois *m* citoyen *m*, citoyenne *f*; (*cynghorydd lleol*) conseiller *m* municipial.
bwrdeisaidd *ans* bourgeois(e).
bwrdeisiaeth *b* (*dinasfraint*) citoyenneté *f*; (*bwrdeistref*) municipalité *f*.
bwrdeisiol *ans* municipal(e)(municipaux, municipales).
bwrdeisiwr (**bwrdeiswyr**) *g* bourgeois *m*, citoyen *m*.
bwrdeistref (**-i**) *b* municipalité *f*; (*yn Llundain, Paris*) arrondissement *m*; (*seneddol*) circonscription *f* électorale urbaine.
bwrdeistrefol *ans* municipal(e)(municipaux, municipales).
bwrdeiswraig (**bwrdeiswragedd**) *b* bourgeoise *f*, citoyenne *f*.
bwrdd (**byrddau**) *g*
1 (*dodrefnyn*) table *f*; ~ **coffi** table basse; ~ **diferu** (*i sychu llestri*) égouttoir *m*; ~ **du** tableau(-x) *m* (noir); ~ **gwyddbwyll** échiquier *m*; ~ **gwyn** tableau blanc; ~ **smwddio** planche *f* à repasser; ~ **snwcer/pŵl** table de snooker/de billard américain; ~ **yr Arglwydd** autel *m*.
2 (*llong*) bord *m*; **ar y** ~ à bord.
3 (*GWEIN*) conseil *m*; ~ **arholi** *comité m responsable de l'organisation des examens nationaux*; ~ **cyfarwyddwyr** conseil d'administration; ~ **llywodraethwyr** (*YSGOL*) comité de gestion d'une école; **B**~ **Croeso Cymru** Office *m* de Tourisme du pays de Galles; **B**~ **Gwybodau Celtaidd** Centre *m* d'Études Celtiques; **B**~ **yr Iaith Gymraeg, y B**~ **Iaith** Conseil pour la langue galloise.
bwrglari, **bwrglariaeth** *b* cambriolage *m*.
bwrgler (**-iaid**) *g* cambrioleur *m*, cambrioleuse *f*.
bwrglera *ba* cambrioler, dévaliser;

♦*g* cambriolage *m*.
bwrgleriaeth (**-au**) *b* cambriolage *m*.
Bwrgwyn *prg* la Bourgogne *f*; **gwin o Fwrgwyn** le bourgogne, le vin de Bourgogne.
Bwrgwynaidd *ans* bourguignon(ne).
Bwrgwyniad (**Bwrgwyniaid**) *g/b* Bourguignon *m*, Bourguignonne *f*.
bwriad (**-au**) *g*
1 (*amcan*) intention *f*, but *m*, objet *m*, dessein *m*; **bod heb unrhyw fwriad o wneud rhth** n'avoir aucune intention de faire qch; **'does gen i mo'r ~ lleiaf i ...** je n'ai pas la moindre intention de ..., il n'est nullement dans mes intentions de ...; **gyda'r ~ o wneud** dans l'intention *neu* le but *neu* le dessein de faire; **mae hi yn fy mwriad i fynd i Ffrainc** j'ai l'intention *neu* je me propose d'aller en France; **gyda'r ~ hwn** à cette intention, à cette fin; **gyda phob ~ da** avec les meilleures intentions du monde; **beth yw'ch ~?** que comptez-vous faire?, quelles sont vos intentions?.
2 (*penderfyniad*) résolution *f*.
bwriadol *ans* intentionnel(le), voulu(e), délibéré(e); **'doedd y peth ddim yn fwriadol** ce n'était pas fait exprès; **oedd hynna'n fwriadol?** est-ce que vous avez fait cela exprès *neu* à dessein *neu* avec intention?; ♦ **yn fwriadol** *adf* intentionnellement, exprès; **gwneud rhth yn fwriadol** faire qch exprès; **'roedd y geirio'n fwriadol amwys** l'imprécision de l'énoncé était voulue *neu* intentionnelle.
bwriadu *ba* entendre, avoir l'intention de, projeter de, se proposer de; (*meddwl*) penser à; **llwyr fwriadu** avoir l'intention ferme de, être résolu(e) à, être décidé(e) à; **'rwy'n ~ iddo ddod gyda mi** j'ai bien l'intention qu'il m'accompagne *subj* bien; **nid oeddwn wedi ~ unrhyw ddrwg** je l'ai fait sans mauvaise intention; **anrheg wedi ei ~ ar gyfer** un cadeau destiné à; **'rydym ni'n ~ iddo fod yn feddyg** nous le destinons à la médecine.
bwriadus *ans* intentionnel(le), voulu(e), délibéré(e).
bwrlésg *ans* burlesque, caricatural(e)(caricaturaux, caricaturales); ♦*g* (**-au**) (*cyff*) genre *m* burlesque; (*parodi: llyfr, barddoniaeth*) parodie *f*; (*llun o'r gymdeithas, llun o ffordd o fyw*) caricature *f*; **pennill ~** poème *m* burlesque; **disgrifiad ~** description *f* caricaturale.
bwrlwm (**byrlymau**) *g* (*sŵn dŵr*) glouglou *m*, gargouillis *m*, gargouillement *m*; (*ffrwd*) bouillonnement *m*; (*prysurdeb, miri*) affairement *m*, remue-ménage *m inv*, animation *f*, activité *f* grouillante, entrain *m*.
Bwrma *prb* la Birmanie *f*; **yn ~** en Birmanie.
Bwrmanaidd *ans* birman(e).
Bwrmaneg *b,g* birman *m*;
♦*ans* birman(e).
Bwrmaniad (**Bwrmaniaid**) *g/b* Birman *m*, Birmane *f*.
bwrn (**byrnau**) *g* (*baich*) fardeau(-x) *m*, charge *f*, faix *m*; (*trethi, blynyddoedd*) poids *m*; (*dyled*) fardeau; (*sypyn*) balle *f*, botte *f*; (*bwndel*) ballot *m*, paquet *m*, balluchon* *m*; **mynd yn fwrn** devenir une charge; **bod yn fwrn i rn** être un fardeau pour qn; **gwneud bywyd rhn yn fwrn** rendre la vie intenable à qn.
bwrnais (**bwrneisiau**) *g* brunissage *m*, lissage *m*.
bwrneisio *ba* brunir, polir.
bwrsar (**-iaid**) *g/b* intendant *m*, intendante *f*
bwrw *ba*
1 (*taflu*) jeter, lancer, envoyer; **~ angor** jeter *neu* mouiller l'ancre; **~ rhth ar draws yr ystafell** projeter qch à l'autre bout de la pièce; **~ rhth heibio** *ou* **o'r neilltu** jeter qch de côté, rejeter qch, repousser qch; **~ rhth i'r awyr** projeter qch en l'air; **~ rhth i lawr** jeter qch par terre; **~ rhth i'r llawr** envoyer qch au sol; **~ rhn i'r llawr** terrasser qn; **~ rhth drosodd** renverser qch; **~ rhn oddi ar gefn ceffyl** démonter qn, désarçonner qn; **~ golwg ar** (*cipolwg*) jeter un regard sur, jeter un coup d'œil sur; **~ golwg dros rth** (*archwilio*) examiner qch; **~'ch golwg i gyfeiriad rhth** porter ses regards du côté de qch; **~ golwg o gwmpas ystafell** promener ses yeux *neu* regards sur une pièce, balayer une pièce du regard.
2 (*taro*) cogner, frapper; **~ rhn yn** *ou* **ar ei ben** frapper qn à la tête; **~'ch pen/braich yn erbyn rhth** se cogner la tête/le bras contre qch; **~'ch pen yn erbyn wal** (*ffig*) se heurter à un mur; **~ hoelen i mewn** enfoncer un clou.
3 (*curo*) battre.
4 (*cael gwared â: hualau*) se débarrasser de, se libérer de; (:*dillad*) enlever, ôter; **~ arfau** déposer les armes; **~ blew** perdre ses poils; **~ croen** (*neidr*) muer; **~ plu** muer; **~ rhn allan** renvoyer qn, chasser qn, expulser qn; **~ allan gythreuliaid** exorciser des démons; **~ rhth ymaith** (*baich*) rejeter qch, se libérer de qch, se débarrasser de qch.
5 (*geni anifail*) mettre bas; **~ llo** vêler; **~ oen** agneler.
6 (*METEO*): **~ (glaw)** pleuvoir; **mae hi'n ~ (glaw)** il pleut; **mae hi'n ~ glaw yn drwm** il pleut à torrents; **mae hi'n ~ hen wragedd a ffyn** il pleut à seaux, il tombe des cordes; **mae hi'n ~ glaw mân** il crachine, il y a du crachin, il y a une pluie fine; **mae hi'n ~ cenllysg** *ou* **cesair** il grêle; **mae hi'n ~ eira** il neige.
7 (*treulio*) passer; **~'r Sul** passer le week-end, passer la fin de semaine.
8 (*moldio*) couler, fondre.
9 (*tybied*) supposer; **a ~ ei fod yn gwrthod** et s'il dit non?, en supposant *neu* supposons *neu* supposez qu'il dise *subj* non?; **a ~ eich**

bod yn iawn admettons *neu* mettons que vous ayez *subj* raison.
10 (*mewn ymadroddion*): ~ **amcan** estimer, évaluer, deviner; **~'r bai ar rn** accuser qn, attribuer la responsabilité à qn; ~ **coelbren** tirer au sort; **~'ch coelbren gyda rhn** s'allier avec qn, se mettre à côté de qn; ~ **ewyn** écumer; ~ **ffrwyth** (*te ayb*) infuser; ~ **pleidlais** voter; **ei** ~ **hi am ...** se diriger vers ...;
♦*bg*: ~ **i mewn i rn/rth** heurter qn/qch; ~ **i mewn i'w gilydd** (*ceir*) entrer en collision, se heurter, se cogner, se rentrer dedans*; ~ **yn erbyn rhn/rhth** se cogner *neu* se heurter contre qn/qch, heurter qn/qch; ~ **arni,** ~ **iddi** s'y mettre; ~ **'mlaen** continuer.

Bwrwndaidd *ans* burundais(e).

Bwrwndi *prb* le Burundi *m*; **yn** ~ au Burundi.

Bwrwndiad (**Bwrwndiaid**) *g/b* Burundais *m*, Burundaise *f*.

bws (**bysiau**) *g* autobus *m*, bus* *m*; (*dros bellter*) autocar *m*, car *m*; ~ **mini** minibus *m*; ~ **unllawr** autobus; ~ **deulawr** autobus à impériale; ~ **ysgol** car scolaire.

bwsiel (**-i**) *g gw.* **bwysel**.

bwtîc (**-s**) *g* boutique *f* (de mode).

bwtler (**-iaid**) *g* maître *m* d'hôtel, majordome *m*.

bwtres (**-i**) *g,b* (*PENS*) contrefort *m*, éperon *m*; (*ffurf fwaog*) arc-boutant(~s-~s) *m*.

bwtresu *ba* arc-bouter, étayer, soutenir.

bwtri (**bwtrïau**) *g* laiterie *f*, beurrerie *f*; (*pantri*) garde-manger *m inv*; (*mewn gwesty*) office *m*.

bwtsiasen (**bwtsias**) *b* (*esgid uchel*) botte *f*; ~ **y gog** (*PLANH: cyff*) clochette *f*; (*:clychau'r gog*) jacinthe *f* des bois.

bwtsier (**-iaid**) *g* boucher *m*; **siop** ~ boucherie *m*.

bwtwm (**bytymau**) *g gw.* **botwm**.

bwth (**bythod**) *g* cabine *f*; (*mewn ffair*) baraque *f*, tente *f*; (*pleidleisio*) isoloir *m*; (*ffôn*) cabine téléphonique; ~ **cofweinydd** (*THEATR*) trou *m* du souffleur; ~ **signal** (*RHEIL*) cabine d'aiguillage; ~ **taflunydd** cabine de projection; ~ **tocynnau** (*swyddfa, ffenestr*) bureau(-x) *m neu* guichet *m* de location.

bwthyn (**bythynnod**) *g* petite maison *f* à la campagne, cottage *m*; (*mewn gwersyll gwyliau*) villa *f*; ~ **bach to gwellt** chaumière *f*; ~ **haf** chalet *m neu* maison d'été.

bwyall (**bwyeill**) *b gw.* **bwyell**.

bwyd (**-ydd**) *g* (*cyff*) nourriture *f*, bouffe* *f*; (*penodol*) aliments *mpl*, comestibles *mpl*, denrées *fpl* alimentaires, vivres *mpl*; (*ar gyfer anifeiliaid*) pâtée *f*; ~ **a dillad** la nourriture et les vêtements; ~ **a diod** le boire et le manger; ~ **a llety** le gîte et le couvert; ~ **babi** aliments pour bébé; ~ **eildwym** plat *m* réchauffé; ~ **Ffrengig** la cuisine française; ~ **môr** fruits *mpl* de mer; ~ **tun** nourriture en boîte, conserves *fpl*; ~ **tyfu,** ~ **twf** aliment énergétique; ~ **wedi'i frysrewi** aliments surgelés; ~ **wedi'i rewi** aliments congelés; **~ydd ennyd, prydau** ~ **sydyn** aliments à préparation rapide; **~ydd iachus** aliments naturels; **siop ~ydd iachus** magasin *m* diététique; **adchwanegyn** ~ additif *m*; **cadwyn fwyd** (*BIOL*) chaîne *f* alimentaire; **costau** ~ le prix des denrées alimentaires; **cyffeithio** ~ conservation *f* alimentaire; **cyffeithydd** ~ agent *m* de conservation; **cymysgydd** ~ mixeur *m*, mixer *m*, batteur *m* électrique; **cymysgydd** ~ **llaw** batteur à main; **defnydd lapio** ~ emballage *m*; **dogn** ~ ration *f*, vivres rationnés; **dogni** ~ rationner les vivres; **gwenwyn** ~ intoxication *f* alimentaire; **preserfio** ~ conserver les aliments; **prosesydd** ~ robot *m* ménager *neu* cuisine, robot-chef* *m*, robot-marie* *m*; **prynu** ~ acheter à manger, acheter de la nourriture, faire des provisions; **cyflenwad o fwyd** vivres; ~ **yn barod!** à table!; **bod ag eisiau** ~ avoir faim, être affamé(e); **mae arna' i eisiau bwyd** j'ai faim; **bod heb eisiau** ~ n'avoir plus d'appétit, avoir perdu l'appétit; **heb ddigon o fwyd** sous-alimenté(e); **'doedd dim** ~ **yn y tŷ** il n'y avait rien à manger, il n'y avait pas de nourriture à la maison; **mae** ~ **da yma** on mange très bien ici, la cuisine est excellente ici; **'rwy'n hoffi** ~ **plaen** j'aime la cuisine simple, j'aime me nourrir simplement; ~ **y barcud,** ~ **y boda** (*PLANH*) champignon *m*; ~ **yr hwyad** (*PLANH*) lentille *f* d'eau, lenticule *f*.

bwyda *ba gw.* **bwydo**.

bwydgadwraeth *b* conservation *f* alimentaire.

bwydgell (**-oedd**) *b* (*tŷ*) garde-manger *m inv*; (*mewn gwesty*) office *m*.

bwydlen (**-ni**) *b* menu *m*, carte *f*; **ga' i weld y fwydlen os gwelwch yn dda?** je voudrais voir la carte s'il vous plaît.

bwydo *ba*
1 (*cyff*) nourrir, donner à manger à; (*byddin*) ravitailler; (*aderyn: cyw*) donner la becquée à; ~ **rhn ar** nourrir qn de; ~ **babi o'r fron** allaiter un bébé; ~ **babi o'r botel** donner le biberon à; **mae'n rhaid** ~ **chwech yn y tŷ yma** il y a six personnes *neu* bouches à nourrir dans cette maison; **mae'r plentyn yn gallu ei fwydo ei hun bellach** l'enfant sait manger tout seul maintenant.
2 (*CYFRIF: mewnbynnu*): ~ **rhth i mewn i beiriant** mettre *neu* introduire qch dans une machine; ~ **data i mewn i gyfrifiadur** alimenter un ordinateur en données;
♦*bg*: ~ **ar** manger, se nourrir de.

bwydwenwyniad *g* intoxication *f* alimentaire.

bwydwr (**bwydwyr**) *g* nourrisseur *m*; (*darparwr*) pourvoyeur *m*; (*MASN*) fournisseur *m*.

bwydwraig (**bwydwragedd**) *b* (*darparwraig*) pourvoyeuse *f*; (*MASN*) fournisseuse *f*.

bwyell (**bwyeill**) *b*
1 (*llyth*) hache *f*; (*fach*) hachette *f*; ~ **ryfel** hache de guerre; ~ **rew** piolet *m*.
2 (*ffig: ar wariant ayb*) coupe *f* sombre; **pan ddisgynnodd y fwyell** quand le couperet est tombé, quand le coup fut porté.
bwyellan (-**au**) *b* hachette *f*.
bwyellgaib (**bwyellgeibiau**) *b* pioche *f*; (*mwyngloddio*) hoyau *m*.
bwyellig (-**au**) *b* hachette *f*.
bwyellwr (**bwyellwyr**) *g* bûcheron *m*.
bwyellwraig (**bwyellwragedd**) *b* bûcheronne *f*.
bwygilydd *adf gw.* **gilydd**.
bwyler (-**i**, -**ydd**) *g gw.* **boeler**.
bwylltid (-**au**) *g gw.* **bolltid**.
bwys *g*: **ar** ~ *gw.* **pwys**[1].
bwysel (-**i**) *g* boisseau(-x) *m*.
bwystfil (-**od**) *g* bête *f*, animal(animaux) *m* sauvage; **y B**~ (*CREF*) l'antéchrist *m*, la grande bête de l'apocalypse.
bwystfilaidd *ans* (*fel anifail*) brute, animal(e)(animaux, animales), bestial(e)(bestiaux, bestiales); (*dideimlad*) brutal(e)(brutaux, brutales), grossier(grossière); (*creulon*) cruel(le).
bwystfileiddiwch *g* (*ymddygiad, cymeriad*) bestialité *f*; (*gweithred*) acte *m* bestial.
bwyta *ba* (*bwyd*)
1 (*llyth: cyff*) manger; (:*traflyncu*) dévorer; ~ **brecwast** déjeuner, prendre son petit déjeuner; ~ **cinio** déjeuner; ~ **cinio nos** dîner; ~ **pryd** prendre un repas; **bod heb ddim i'w fwyta** n'avoir rien à manger, n'avoir rien à se mettre sous la dent; ~ **cymaint ag y mynnoch** manger à sa faim; ~ **fel ceffyl** manger comme quatre, manger comme un ogre; **cael rhth i'w fwyta** casser la croûte* *neu* la graine*; **da i'w fwyta** mangeable, bon à manger; **afalau** ~ pommes *fpl* de dessert *neu* à couteau; **siocled** ~ chocolat *m* à croquer; **neuadd fwyta** réfectoire *m*; **tŷ** ~ restaurant *m*; ~**'ch geiriau** (*ffig: tynnu'n ôl*) se rétracter, ravaler ses paroles; (:*siarad yn aneglur*) avaler ses mots, parler indistinctement.
2 (*erydu: gan y môr ayb*) saper, éroder; (:*gan asid ayb*) ronger; ~ **pren** ronger le bois.
3 (*lleihau: cynilion ayb*) entamer, écorner;
♦*bg* manger; ~**'n harti** manger bien, manger de bon cœur, manger avec appétit, avoir un solide appetit; ~**'n iach** manger sainement; **mynd allan i fwyta** aller au restaurant, déjeuner *neu* dîner en ville; **sy'n codi chwant** ~ appétisant(e), alléchant(e).
bwytadwy *ans* (*bwyd*) bon à manger, mangeable; (*planhigyn, anifail*) comestible.
bwytäwr (**bwytawyr**) *g* mangeur *m*; **bod yn fwytäwr mawr** être un grand *neu* gros mangeur.
bwytawraig (**bwytawragedd**) *b* mangeuse *f*.
bwytéig *ans* (*gwancus*) vorace, glouton(ne), goulu(e); **bod yn fwytéig** être très gourmand(e); **dyn** ~ goinfre *m*, glouton *m*;
♦ **yn fwytéig** *adf* voracement, gloutonnement.
bwytgyn (-**nau**) *g* (*ar gyfer tâp*) passe-lacet *m*; (*ar gyfer lledr*) poinçon *m*.
bwyty (**bwytai**) *g* restaurant *m*; (*caffi*) café *m*.
bybl (-**au**, -**s**) *g* (*sebon*) bulle *f*; (*mewn hylif*) bouillon *m*; (*mewn gwydr*) bulle, soufflure *f*; (*o awyr, aer*) bulle d'air; **bath** ~**au** bain *m* moussant; **chwythu** ~**au** faire des bulles.
byblo *bg* (*hylif*) bouillonner, dégager des bulles; (*gwin*) pétiller; (*nwy*) barboter; (*bath*) mousser; (*gwneud sŵn*) glouglouter, faire glouglou; **sydd yn** ~ pétillant(e), plein(e) de bulles;
♦*g* ébullition *f*, bouillonnement *m*.
byclo *bg* (*metel*) gauchir, se déformer, se gondoler; (*olwyn*) se voiler;
♦*ba* déformer.
byclu *ba* (*gwregys, esgid*) boucler, attacher.
bychan (**bechan**) (**bychain**) *ans* petit(e); (*hyd cortyn, pren*) petit, court(e); (*gwyliau*) court, bref(brève); (*ifanc*) petit, jeune; (*sŵn*) petit, faible; (*heb fod yn bwysig*) insignifiant(e), sans importance; **hen wreigan fechan** une petite vieille; **babi** ~ un tout petit bébé; **meddwl** ~ esprit *m* mesquin;
♦*g*: **s'mae** ~**!** salut mon petit *m*;
♦*adf*: ~ **y gwyddai hi** elle savait peu, à peine savait-elle, c'est à peine si elle savait.
bychander, **bychandra** *g* petite taille *f*; (*llaw, troed*) petitesse *f*; (*moesol*) petitesse d'esprit, mesquinerie *f*; (*cyflog, swm, cyfraniad*) modicité *f*.
bychanig (**bechanig**) *ans* minuscule, tout petit(toute petite); (*GRAM*) diminutif(dimunitive).
bychanigyn (**bychanigion**) *g* (*GRAM*) diminutif *m*.
bychanol *ans* désobligeant(e), peu flatteur(flatteuse);
♦ **yn fychanol** *adf* de façon désobligeante.
bychanu *ba* rabaisser, dénigrer, décrier, déprécier, amoindrir, amoindrir le mérite de; **eich** ~**'ch hunan** se déprécier; **nid yw hyn ddim yn ei fychanu yn unrhyw ffordd** ceci n'enlève rien à son mérite;
♦*g* dénigrement *m*.
bychanus *ans* peu flatteur(flatteuse), désobligeant(e), (un peu) méprisant(e); **bod yn fychanus o rn** faire des remarques désobligeantes *neu* peu flatteuses sur qn;
♦ **yn fychanus** *adf* de façon désobligeante *neu* peu flatteuse.
bychanwr (**bychanwyr**) *g* détracteur *m*, critique *m*.
bychanwraig (**bychanwragedd**) *b* détractrice *f*, critique *f*.
byd (-**oedd**) *g*
1 (*cyff: llyth, ffig*) monde *m*; **y** ~ **a'r betws** tout le monde; **y** ~ **sydd ohoni** l'état actuel

des choses; **er y** ~ pour tout l'or du monde; **meddwl y** ~ **o rn** penser le plus grand bien de qn; **rhoi'r** ~ **yn ei le** tout mettre en règle; **gwyn eich** ~! comme je vous envie!; **gorau yn y** ~ tant mieux; **mwyaf yn y** ~ *gw.* **mwyaf**.
2 (*maes*) vie *f*; ~ **busnes** la vie commerciale; ~ **addysg** la vie scolaire.
3 (*helynt*): **mae yna fyd efo hi*** avec elle il y a toujours des tracasseries; **cael** ~ **i wneud rhth** avoir du mal à faire qch.
▶ **dim byd** *gw.* **dim**.

byd-eang, **byd-lydan** *ans* mondial(e)(mondiaux, mondiales), universel(le).

byd-enwog *ans* de renommée mondiale.

bydio *bg* (*byw*) vivre, exister.

bydol *ans* (*pleserau, materion*) mondain(e), du monde, de ce monde; (*agwedd*) matérialiste; (*CREF*) mondain(e), temporel(le), de ce monde, d'ici-bas; **eiddo** ~ fortune *f*, biens *mpl* temporels; **meddwl** ~ esprit *m* attaché aux biens de ce monde; **doethineb** ~ expérience *f* du monde, savoir-faire *m*.

bydoldeb *g gw.* **bydolrwydd**.

bydol-ddoeth *ans* qui a l'expérience du monde, expérimenté(e).

bydolddyn (**-ion**) *g* mondain *m*.

bydolrwydd *g* (*rhn*) attachement *m* aux biens de ce monde; (*CREF*) mondanité *f*.

bydwr (**bydwyr**) *g* obstétricien *m*, (médecin *m*) accoucheur *m*.

bydwraig (**bydwragedd**) *b* sage-femme(~s-~s) *f*.

bydwreigiaeth *b* obstétrique *f*.

bydysawd (**-au**) *g* univers *m*; (*macrocosm*) macrocosme *m*.

bydd *be gw.* **bod**[1].

byddar *ans* sourd(e); (*sy'n gwrthod gwrando*) sourd, insensible; **bod yn fyddar yn un glust** être sourd d'une oreille; **mae hi'n hollol fyddar** elle est sourde comme un pot; **troi clust fyddar i rth** faire la sourde oreille à qch; **mud a** ~ sourd et muet(te); **gwyddor y mud a** ~ alphabet *m* des sourds et muets; **cymorth** *ou* **teclyn clywed i'r** ~ appareil *m* acoustique; ♦*g/b* (**-iaid**) sourd *m*, sourde *f*.

byddardod *g* surdité *f*.

byddarol *ans* assourdissant(e); (*yn syfrdanu*) assommant(e), étourdissant(e);
♦ **yn fyddarol** *adf* de façon assourdissante.

byddaru *ba* rendre (qn) sourd(e); (*ffig*) assourdir, rendre (qn) sourd, casser les oreilles à*; (*syfrdanu*) assommer, étourdir.

byddarwch *g* surdité *f*

bydded *be* (*gorchymyn amhersonol*) *gw.* **bod**[1].

byddin (**-oedd**) *b* armée *f* (de terre); (*milwyr*) troupes *fpl*; **bod yn y fyddin** être sous les drapeaux, être dans l'armée, être militaire; **ymuno â'r fyddin** s'engager, passer sous les drapeaux; **mynd i'r fyddin** (*o ran proffesiwn*) devenir militaire de carrière; **cael eich galw i'r fyddin** être mobilisé(e), être appelé(e) sous les drapeaux, partir au service; **swyddog yn y fyddin** officier *m* de l'armée (de terre); **corfflu'r fyddin** corps *m* d'armée; **B~ Weriniaethol Iwerddon** l'I.R.A.; **B~ yr Iachawdwriaeth** l'armée du Salut; **B~ Rhyddid Cymru** l'Armée de libération galloise.

byddiniad (**-au**) *g* mobilisation *f*.

byddino *ba* mobiliser, rassembler.

byddinog *ans* (*byddin*) rangé(e) *neu* formé(e) en bataille.

byff *g gw.* **bwff**.

byffer (**byffrau**) *g* (*RHEIL: ar y trên*) tampon *m*; (:*yn y derfynfa*) butoir *m*; (*ceir*) pare-chocs *m inv*.

byfflo (**-s**) *g* buffle *m*; (*yn America*) bison *m*.

bygwth *ba* menacer; ~ **gwneud rhth** menacer de faire qch; ~ **trais** proférer des menaces de violence; **mae hi'n** ~ **glaw** la pluie menace; ~ **rhn am arian** (*blacmel*) faire chanter qn, faire du chantage auprès de qn; **cael eich** ~ **gan rn** être menacé(e) par qn.

bygythiad (**-au**) *g* menace *f*; **dan fygythiad** menacé(e); **mae hynna'n fygythiad i wareiddiad** cela constitue une menace pour la civilisation, cela menace sérieusement la civilisation; **teimlo** ~ **rhn** se sentir menacé(e) par qn; **y** ~ **i Ffrainc** la menace sur la France; ~ **bom** alerte *f* à la bombe.

bygythio *ba gw.* **bygwth**.

bygythiol *ans* de menace, menaçant(e); (*newyddion*) de mauvais augure; **bod â golwg fygythiol** avoir l'air menaçant;
♦ **yn fygythiol** *adf* d'une manière menaçante; **dweud rhth yn fygythiol** dire qch d'un ton menaçant *neu* avec des menaces dans la voix.

bygythiwr (**bygythwyr**) *g* personne *f* menaçante *neu* qui menace, agresseur *m*; (*am arian*) maître chanteur(~s ~s) *m*.

bygythwraig (**bygythwragedd**) *b* personne *f* menaçante *neu* qui menace, agresseuse *f*.

byng (**-au**) *g* (*agoriad casgen*) bondon *m*, bonde *f*; (*corcyn*) tampon *m* de liège; **twll** ~ bonde *f*.

byhafio *bg gw.* **bihafio, ymddwyn**.

byl *b* rebord *m*; **llawn at y fyl** plein(e) à déborder.

bỳlb (**-iau**) *g gw.* **bwlb**.

bylchfur (**-iau**) *g* rempart *m neu* parapet *m* à créneaux.

bylchgaer (**-au**) *b gw.* **bylchfur**.

bylchog *ans* (*mur*) en brèche, troué(e), ébréché(e); (*ymyl*) dentelé(e), découpé(e); **mae'r adroddiad yn fylchog** il y a des lacunes *neu* des trous dans ce récit.

bylchu *ba* faire un trou *neu* vide dans; (*torri twll mewn mur ayb*) ouvrir une brèche dans, faire une trouée dans; ~ **llinellau'r gelyn** percer les lignes ennemies.

bylchus *ans* lacunaire.

bymper (**-i**) *g* (*ar flaen car*) pare-chocs *m inv*; (*car mewn ffair*) auto *f* tamponneuse.
bympiog *ans* (*anwastad*) défoncé(e), inégal(e)(inégaux, inégales), déformé(e); (*ysgytwol: taith ayb*) cahoteux(cahoteuse).
bync (**-iau**) *g* (*gwely ar drên, ar gwch*) couchette *f*; (*gwely dros dro*) lit-placard(~s-~) *m*, lit *m* de fortune; (*gwely sy'n cau yn erbyn y wal*) couchette pliante *neu* rabattable; **gwelyau** ~ lits superposés.
byncer (**-i**) *g* (*MIL*) abri *m*; (*GOLFF*) bunker *m*.
byncio* *bg* (*cysgu*) coucher *neu* camper dans un lit de fortune.
byngalo (**-au, -s**) *g* pavillon *m* (*sans étage*); (*yn yr India*) bungalow *m*.
bynglo* *ba* bousiller*, gâcher, bâcler*, saboter, rater; **mae hi wedi ~'r gwaith yna** c'est du travail bâclé*;
♦*bg* être incompétent(e); (*gwneud rhth yn flêr, rhywsut-rywsut*) s'y prendre mal, faire les choses n'importe comment.
bynji *ans*: **naid** ~ saut *m* à l'élastique.
bynnag *ans*: **pa ... bynnag**
1 (*ni waeth pa: goddrychol*) quel(le) que soit le(la) ... qui + *subj*, quels(quelles) que soient les ... qui + *subj*; (*:gwrthrychol*) quel(le) que soit le(la) ... que + *subj*, quels(quelles) que soient les ... que + *subj*; **pa lyfr ~ sydd ar ôl** quel que soit le livre qui reste; **pa gar ~ a ddewiswch** quelle que soit la voiture que vous choisissiez.
2 (*yr un, y rhai: goddrychol*) le(la)(les) ... qui; (*:gwrthrychol*) le(la)(les) ... que; **dewis ba gôt ~ sydd rataf** choisis le manteau qui est *neu* soit *subj* le moins cher; **cymerwch ba ffrog ~ y mynnwch** prenez la robe que vous préférez (peu importe laquelle), prenez n'importe quelle robe selon votre préférence.
3 (*gydag ansoddair*): **pa mor ... ~** quelque *neu* si ... que + *subj*; **pa mor dal ~ yw hi** quelque *neu* si grande qu'elle soit.
▶ **(pa) beth bynnag** *gw.* **beth**.
▶ **pa bryd** *ou* **pryd bynnag** *gw.* **pryd**[1].
▶ **(pa) faint bynnag** *gw.* **faint**.
▶ **(pa) ffordd bynnag** *gw.* **ffordd**.
▶ **(pa) fodd bynnag** *gw.* **modd**.
▶ **pa le** *ou* **ble** *ou* **lle bynnag** *gw.* **ble**.
▶ **pa mor bynnag** *gw.* **mor**.
▶ **pa rai bynnag** *gw.* **rhai**.
▶ **pa un** *ou* **p'run** *ou* **p'un bynnag** *gw.* **un**.
▶ **pwy bynnag** *gw.* **pwy**.
▶ **sut bynnag** *gw.* **sut**.
bynnen, bynsen (**byns**) *b* (*COG*) petit pain *m* au lait.
byr (**ber**) (**byrion**) *ans*
1 (*o ran hyd: gwallt, dillad, braich*) court(e); (*:rhn*) petit(e), de petite taille; (*:camau*) petit; **blew** ~ (*anifail*) poil ras; **gwallt** ~ cheveux courts; **llewys** ~ manches courtes *fpl*; **trowsus** ~ culottes *fpl* courtes; (*siorts*) un short; **braidd yn fyr** (*taldra*) assez petit(e); **y ffordd fyrraf** le chemin le plus court; **mae coesau ~ion ganddo** il est plutôt court de jambes; **mae coesau'r trowsus hwn yn fyrion** ce pantalon est court de jambes; **gwneud sgert yn fyrrach** raccourcir une jupe; **cylched fer** court-circuit(~s-~s) *m*; **achosi cylched fer** court-circuiter; **stori fer** conte *m*; **ysgrifennydd storiau ~ion** nouvelliste *m/f*, conteur *m*, conteuse *f*; **torri rhth yn fyr** couper court à qch, abréger qch; (*gwyliau, ymweliad, dosbarth*) écourter, abréger; **disgyn yn fyr** (*pêl*) ne pas tomber assez loin; **gwneud (rhth) yn fyrrach** *gw.* **byrhau**.
2 (*o ran amser: neges, ymweliad, sgwrs*) bref(brève); **blwyddyn fer o hapusrwydd** une petite *neu* brève année de bonheur; ~ **amser yn ôl** naguère, il y a peu de temps; **mewn ~ amser, mewn ~ o dro** dans peu de temps, bientôt, sous peu; **mae amser yn mynd yn fyr** il ne reste plus beaucoup de temps; **mae'r dyddiau'n mynd yn fyrrach** les jours raccourcissent; **yr ateb yn fyr yw** la réponse tout simplement est; ~ **a chryno** bref et précis; **oriau byrrach a gwell cyflog** une réduction des heures de travail et une augmentation de salaire; **mae arnyn nhw eisiau wythnos fyrrach o waith** on veut réduire la semaine de travail; **gweithio oriau** ~ (*diweithdra*) être en chômage partiel; **cyfnod** ~ (*benthyciad*) à court terme; **ar fyr rybudd** dans un court *neu* bref délai.
3 (*prin*): **'rydw' i ychydig yn fyr (o arian) y mis hwn** je suis un peu fauché* ce mois-ci, je suis à court ce mois-ci; **'rydym ni'n fyr o 3, 'rydym ni 3 yn fyr** il nous en manque 3, il s'en faut de 3; **bod yn fyr eich tymer** être coléreux(coléreuse), s'emporter facilement; ~ **eich amynedd** impatient(e), qui manque de patience; **bod yn fyr eich gwynt** être essoufflé(e) *neu* à bout de souffle; **bod yn fyr eich anadl** avoir le souffle court; ~ **eich golwg, â golwg** ~ myope.
4 (*wedi'i gwtogi/chwtogi*): **rhestr fer** liste *f* de candidats sélectionnés; **llaw fer** sténographie *f*; **nodi rhth mewn llaw fer** prendre qch en sténo, sténographier qch; **gair ~ am ficroffon ydy meic** micro est l'abréviation de microphone; **fersiwn fer o Dafydd ydy Dai** Dai est le diminutif de Dafydd.
5 (*swta*) brusque, sec(sèche); **fe fu'n fyr iawn â mi** il m'a répondu assez sèchement *neu* brusquement, il m'a parlé assez sèchement *neu* brusquement, il s'est montré assez brusque *neu* sec à mon égard.
6 (*llafariad, sill*) bref(brève).
7 (*alcohol*): **diodydd byrion** alcool *m* fort;
♦ **yn fyr** *adf* enfin, bref, en un mot; (*yn swta*) sèchement, brusquement; **siarad yn fyr** parler brièvement.
byrbryd (**-au**) *g* casse-croûte *m inv*; **cael** ~

casser la croûte, manger un petit quelque chose, manger sur le pouce; **bar ~** snack-bar *m*, snack *m*.

byrbwyll *ans* (*rhn*) impulsif(impulsive), imprudent(e), impétueux(impétueuse), irréfléchi(e), qui agit à la légère; (*addewid, geiriau, teimladau, beirniadaeth*) hâtif(hâtive), irréfléchi(e), imprudent, inconsidéré(e); **bu ef yn fyrbwyll iawn yn gwneud hynna** il s'est montré très imprudent en faisant cela;
♦ **yn fyrbwyll** *adf* imprudemment, sans réfléchir, trop hâtivement, par *neu* sur impulsion, de façon irréfléchie.

byrbwylltra *g* imprudence *f*, impétuosité *f*, irréflexion *f*.

byrder *g* (*rhn*) petite taille *f*, petitesse *f*; (*gwallt, breichiau, gwair, sgert, ffon*) peu *neu* manque *m* de longueur; (*ymweliad, neges, sgwrs, rhaglen*) brièveté *f*, courte durée *f*; (*llafariad, sill*) brévité *f*; (*agwedd swta*) brusquerie *f*, sécheresse *f*; **ar fyrder** dans peu de temps.

byrdew *ans* petit(e) et rondelet(te), rondouillard(e), trapu(e).

byrdra *g gw.* **byrder**.

byrdwn (**byrdynau**) *g* (*cytgan*) refrain *m*; (*prif ystyr, sylwedd*) substance *f*, fond *m*, essentiel *m*.

byrddaid (**byrddeidiau**) *g* tablée *f*.

byrddiad *g* (*mynediad ar long*) embarquement *m*; (*ymosodiad ar long*) abordage *m*; (*i archwilio llong*) arraisonnement *m*.

byrddio *ba* (*dodi estyll, planciau*) couvrir (qch) de planches, garnir (qch) de planches, planchéier; (*llong: cyff*) aller à bord de, monter à bord de; (:*er mwyn ymosod arni*) monter à l'abordage de, prendre (qch) à l'abordage; (:*i'w harchwilio*) arraisonner; **~ llong** s'embarquer; **cerdyn ~ llong** carte *f* d'embarquement.

byrflew *ll* duvet *m*.

byrfodd (**-au**) *g* abréviation *f*.

byrfyfyr *ans* impromptu(e); **rhoi araith fyrfyfyr** faire un discours impromptu *neu* au pied levé *neu* à l'improviste, improviser une allocution;
♦ **yn fyrfyfyr** *adf* à l'improviste, au pied levé.

byrgoed *ll* broussaille *f*.

byrgorn *ans* (*brid o wartheg*) (race *f*) shorthorn.

byrgrwn *ans* aplati(e) aux pôles.

byrgyfnod *ans* à court terme.

byrgyr (**-s**) *g* hamburger *m*; **~ caws** hamburger au fromage.

byrhad (**-au**) *g* raccourcissement *m*, abrègement *m*.

byrhau *ba* raccourcir, abréger;
♦*bg*: **mae'r dyddiau'n ~** les jours diminuent *neu* raccourcissent.

byrhoedledd *g* courte durée *f*.

byrhoedlog *ans* bref(brève), de courte durée, éphémère, passager(passagère); (*bwyd*) périssable; **hapusrwydd ~** bonheur *m* de courte durée;
♦ **yn fyrhoedlog** *adf* de manière éphémère.

byrlymu *bg* (*dŵr*) bouillonner, glouglouter, gargouiller, pétiller; (*ffrwd*) bouillonner, murmurer; **~ o chwys** ruisseler de sueur, être en nage, suer à grosses gouttes; **~ o ddicter** être fou(folle) de colère, être fou furieux(folle furieuse); **~ o bobl** grouiller de monde.

byrllysg (**-au**) *g* (*pastwn*) massue *f*; (*teyrnwialen*) sceptre *m*.

Byrma *prb gw.* **Bwrma**.

byrnaid (**byrneidiau**) *g* paquet *m*, ballot *m*; (*cotwm*) balle *f*; (*gwair*) botte *f*.

byrnio, **byrnu** *ba* (*gwair*) botteler, emballer; (*bwndelu*) empaqueter, mettre (qch) en paquet, emballer; (*dillad*) faire un ballot de.

byrnwr (**byrnwyr**) *g* presse *f* à paille.

byrst*, **byrstiad*** (**-au**) *g* (*ffrwydriad*) explosion *f*, éclatement *m*; **~ o ddŵr** jaillissement *m* d'eau, jet *m* d'eau; **~ mewn teiar** pneu *m* éclaté, crevaison *f*.

byrstio *bg* (*balŵn, bybl*) crever; (*bom*) éclater, faire explosion; (*boeler, berwedydd*) sauter, éclater; (*teiar*) crever, éclater; **~'n agored** s'éventrer; **bod bron â ~** (*yn orlawn*) plein(e) à craquer; **bod bron â ~ o eisiau mynd i'r tŷ bach** mourir d'envie d'aller aux toilettes; **~ i mewn i** entrer en trombe dans *neu* en coup de vent dans, se précipiter dans, se jeter dans; **~ allan o rywle** se précipiter *neu* se jeter hors de; **mae hi'n ~ allan o'r ffrog 'na** elle éclate de partout *neu* elle est très boudinée dans cette robe;
♦*ba*: **~ rhth** faire crever *neu* sauter *neu* éclater qch; **~ gwythïen** se faire éclater une veine, faire éclater une veine, se rompre un vaisseau.

byrwelediad *g* myopie *f*.

bys (**-edd**) *g*
1 (CORFF) doigt *m*; **y ~ bach** auriculaire *m*, petit doigt; **~ bach troed** petit orteil *m*; **~ bawd** pouce *m*; **~ bawd troed** gros orteil; **~ blaen, ~ yr uwd** (*indecs*) index *m*; **~ canol, ~ y cogwrn** médius *m*, majeur *m*; **~ y fodrwy, ~ y gyfaredd** annulaire *m*; **~ troed** orteil, doigt de pied; **blaen ~** bout *m* du doigt; **ar flaenau eich ~edd** sur le bout du doigt; **ôl** *ou* **print** *ou* **marc** *ou* **argraff ~** empreinte *f* digitale; **olion ~edd** traces *fpl neu* empreintes de doigts; **dod o hyd i ôl ~edd ar rth** relever des empreintes digitales sur qch; **arbenigwr mewn olion ~edd** expert *m* en dactyloscopie; **rhwng ~ a bawd** entre le pouce et l'index; **maen nhw mor agos â ~ yr uwd a'r bawd** ils sont très proches, ils sont inséparables; **bod yn fêl ar fysedd rhn** être doux(douce) à l'oreille de qn; **bod â'ch ~ ym mhopeth** *ou* **ym mhob brywes** se mêler de tout, être mêlé(e) à tout; **pawb â'i fys lle bo'i ddolur** à

chacun(e) ses propres soucis; **codi** ~ indiquer *neu* faire signe du doigt; **codi** ~ **bach** (*goryfed*) lever le coude, picoler*; **ni wnaiff godi** ~ **bach i'm helpu i** il ne lèverait pas le petit doigt pour m'aider; **nid yw hyd yn oed yn codi** ~ (*yn yr ysgol*) il ne fait aucun *neu* pas le moindre effort, il ne s'applique pas; **croesi'ch** ~**edd dros rn** dire une petite prière pour qn; **croesa dy fysedd!** dis une petite prière!, touchons du bois!; **cyffwrdd** ~ **â rhn** toucher *neu* lever *neu* porter la main sur qn; **estyn** ~ **at rn** pointer un doigt accusateur sur qn, accuser qn, montrer *neu* indiquer qn du doigt; **llosgi'ch** ~ se brûler le doigt; **llosgi'ch** ~**edd** (*ffig*) se brûler les doigts; **llyfu** ~**edd** (*cymryd pleser mewn anffawd rhn arall*) s'en lécher les doigts; **pwyntio** ~ **at rn** montrer qn du doigt; **rhoi eich** ~ **ar y broblem** mettre le doigt sur la difficulté; **mae rhywbeth o'i le, ond 'alla' i ddim rhoi 'mys arno** il y a quelque chose qui cloche*, mais je ne peux pas mettre le doigt dessus; **rhoi** ~ **ar gig noeth, rhoi** ~ **yn llygad rhn** toucher un point sensible *neu* délicat; **troi rhn o gwmpas eich** ~ **bach** faire de qn ce que l'on veut, mener qn par le bout du nez; **tynnu'ch** ~ **allan*** (*gwneud ymdrech*) faire un effort, se décarcasser*.
2 (*cloc*) aiguille *f*; ~ **bach/mawr** petite/grande aiguille; ~ **eiliadau** trotteuse *f*.
3 (*COG*): ~**edd pysgod** bâtonnets *mpl* de poisson.
4 (*PLANH*): ~**edd y blaidd** lupin *m*; ~**edd y cŵn** digitale *f*.
5 (*DAEAR*): ~ **calch** stalactite *f*.
bỳs (**bysys**) *g gw.* **bws**
Bysantaidd *ans* byzantin(e), de Byzance.
Bysantiwm *prb* Byzance *f*.
bysbrint (**-iau**) *g* empreinte *f* digitale.
byseddiad (**-au**) *g* (*nwyddau mewn siop*) maniement *m*; (*CERDD*) doigté *m*.
byseddu *ba* toucher, manier (qch) des doigts; (*yn anweddus*) tripoter; (*arian*) palper; (*allweddi, agoriadau, allweddell*) toucher.
bysell (**-au**) *b* (*piano, teipiadur*) touche *f*.
bysellfwrdd (**bysellfyrddau**) *g* (*piano, teipiadur*) clavier *m*.
byser* (**-i**) *g* (*ysgol, trydanol*) sonnette *f*, sonnerie *f*; (*ffôn mewnol*) interphone *m*.
byslen (**-ni**) *b* doigtier *m*.
bystwn *g* (*MEDD: ewinor, ffelwm*) panaris *m*.
byth *adf*
1 (*ystyr gryfhaol*): **mae hi'n oerach** ~ **heddiw** il fait encore plus froid aujourd'hui; **yn fwy gofalus** ~ avec encore plus de prudence, encore plus prudemment; **gwaeth fyth** encore pire, pire que jamais; **cyn gynted fyth ag y gellwch** aussi vite que vous pourrez; **cyn gynted fyth ag y daw hi** aussitôt *neu* dès qu'elle sera là; **eto fyth** encore, toujours; ~ **ers hynny** à partir de ce jour-là, depuis *neu* dès ce jour-là; ~ **ers imi fyw yma** depuis que j'habite ici; ~ **ers imi fod yn blentyn** depuis mon enfance; ~ **er pan gyrhaeddodd** depuis son arrivée, depuis qu'il est arrivé; **buont fyw'n hapus** ~ **oddi ar hynny** ils vécurent toujours heureux.
2 (*o gwbl*) (ne ...) jamais; ~ **eto!** jamais plus!, plus jamais!; **nid yw** ~ **yn gwrando** il n'écoute jamais; **paid** ~ **â dweud hynna eto!** ne répète jamais ça!; **ni wela' i mohoni** ~ **eto** *ou* **mwy** je ne la reverrai plus jamais; **ni welais mohono** ~ **wedyn** je ne l'ai jamais plus revu.
3 (*o hyd*) toujours, encore; **wyt ti yma** ~**?** tu es toujours *neu* encore là?; **nid yw hi** ~ **wedi cyrraedd** elle n'est toujours pas arrivée;
♦*g* (**-oedd**) éternité *f*; **hyd** ~**, dros** ~ pour toujours, éternellement.
▶ **am byth** pour toujours, éternellement; **fe fydd hynna yn para am** ~ cela durera à tout jamais; **mae ef wedi mynd am** ~ il est parti pour toujours *neu* sans retour; **Cymru am** ~**!** vive le pays de Galles!.
▶ **byth a beunydd, byth a hefyd** sans cesse, continuellement, à tout bout de champ, éternellement, constamment, sans arrêt; **maent** ~ **a beunydd yn ffraeo** ils ne font que se disputer, ils ne cessent de se disputer.
▶ **byth bythoedd** (*am byth*) pour toujours, éternellement; (*ebychiad negyddol*) jamais de la vie!
bytheiad (**bytheiaid**) *g* chien *m* courant *neu* de meute, fox-hound *m*; **cnud o fytheiaid** meute *f*; ~ **Ffrengig** limier *m*.
bytheiriad (**-au**) *g* (*codiad gwynt*) renvoi *m*, rot* *m*.
bytheirio *bg* (*torri gwynt*) faire un renvoi, roter*; (*chwythu bygythion*) proférer des insultes *neu* des menaces.
bythgofiadwy *ans* mémorable, inoubliable;
♦ **yn fythgofiadwy** *adf* mémorablement, de façon inoubliable.
bythol *ans* éternel(le); (*clod, enwogrwydd*) éternel, immortel(le); (*a gaiff ei ailadrodd*) perpétuel(le), éternel; (*dif*) sempiternel(le);
♦ **yn fythol** *adf* éternellement, sans cesse; (*dif*) sempiternellement.
bytholi *ba* perpétuer, éterniser, immortaliser.
bytholwerni *ll* terres *fpl* marécageuses.
byth(ol)wyrdd *ans* (*coed, planhigion*) à feuilles persistantes, vert(e); (*testun sgwrs*) éternel(le), qui revient toujours; (*cân*) qui ne vieillit pas; **derwen fytholwyrdd** yeuse *f*, chêne *m* vert.
bythynnwr (**bythynwyr**) *g* paysan *m*, paysanne *f*; (*perchennog tŷ haf*) propriétaire *m/f* d'une maison de vacances.
bythynwraig (**bythynwragedd**) *b* paysanne *f*.
byw *bg*
1 (*trigo*) vivre, habiter, résider, demeurer; **ble wyt ti'n** ~**?** où est-ce que tu habites?; **'rwy'n** ~ **yng Nghaerdydd** j'habite Cardiff; ~

mewn fflat vivre en appartement, habiter un appartement; **mae hi'n ~ yn ffordd yr orsaf** elle habite rue de la gare; **nid yw'r tŷ yma yn ffit i fyw ynddo** cette maison n'est pas habitable, cette maison est inhabitable; **mae'n lle braf i fyw ynddo** il fait bon vivre ici; **mae'n ~ gyda'i fam** (*yn ei thŷ*) il vit chez sa mère; **~ tali** cohabiter, vivre ensemble, vivre en concubinage; **~ gyda'ch gilydd** vivre ensemble; **~ i mewn** (*gwas, morwyn*) être logé(e) et nourri(e); (*doctor, myfyriwr*) être interne; **~ allan** (*gwas, morwyn*) ne pas être logé; (*doctor*) être externe; (*myfyriwr*) habiter *neu* vivre en pension, habiter *neu* vivre dans un studio; **mae ef yn ~ ac yn bod yno** il est toujours *neu* continuellement *neu* constamment là; **anheddau ~** logements *mpl*; **lle ~** espace *m* vital.
2 (*parhau'n fyw: cyff*) vivre; (:*goroesi*) survivre; (:*atgof, traddodiad*) rester, survivre; **tra byddaf ~** tant que je vivrai, jusqu'à mon dernier jour, de mon vivant; **~ yn 90 oed** vivre jusqu'à l'âge de 90 ans; **~ i fod yn 100** atteindre la centaine; **byddwch chi'n ~ yn 100 oed** vous serez centenaire; **petawn i'n ~ yn ganmlwydd oed** dussé-je vivre cent ans; **ni fydda' i ddim yn ~ i weld hynny** je ne vivrai pas assez longtemps pour le voir, je mourrai avant de le voir; **'does ganddi ond 6 mis i fyw** il ne lui reste plus que 6 mois à vivre; **ni fu iddo fyw yn hir ar ôl ei wraig** il n'a pas survécu longtemps à sa femme; **ni fydd hi ddim yn ~ trwy'r gaeaf/tan ddiwedd y flwyddyn** elle ne passera pas l'hiver/l'année; **dywedodd y meddyg y byddai hi'n ~** le docteur a dit qu'elle s'en sortirait; **'does gen i 'run rheswm i fyw** je n'ai plus de raison de vivre; **rhaid imi weithio er mwyn ~** je dois travailler pour vivre.
3 (*treulio bywyd*) vivre; **~ yn ôl eich egwyddorion** vivre en accord avec *neu* selon ses principes; **~ 'n fras** *ou* **fel gŵr bonheddig** mener grand train, vivre sur un grand pied; **'doedd hi ddim yn hawdd ~ yr adeg hynny** la vie n'était pas facile en ce temps-là; **rhaid iti ddysgu ~ gyda hynny** il faut que tu t'y fasses *subj neu* que tu t'en accommodes *subj*; **dull** *ou* **steil o fyw** style *m* de vie; **amodau ~** conditions *fpl* de vie; **safon ~** niveau(-x) *m* de vie.
▶ **byw ar** vivre de; **~ ar eich arian** vivre de ses moyens; **~ ar gynnyrch y tir** vivre des ressources naturelles, vivre du pays; **~ ar ffrwythau** se nourrir de fruits; **mae hi'n ~ ar siocled** elle se nourrit exclusivement de chocolat; **~ ar obaith** vivre d'espérance; **~ ar 6,000 punt y flwyddyn** vivre avec 6000 livres par an; **ar beth mae e'n ~?** de quoi vit-il?, qu'est-ce qu'il a pour vivre?; **~ ar eich cyflog** vivre de son salaire; **~ ar gefn rhn** vivre aux dépens *neu* aux crochets de qn; **'roedden nhw'n gofyn am gyflog digonol i fyw arno** ils demandaient un salaire leur permettant de vivre décemment; **nid yw 20 punt yr wythnos yn ddigon i fyw arno** on ne peut pas vivre avec 20 livres par semaine.
▶ **byw i fyny i***: **~ i fyny i rn/rth** (*bod yn deilwng o*) répondre à qn/qch, se montrer digne de qn/qch; **~ i fyny i obeithion rhn** être *neu* se montrer à la hauteur des espérances de qn, réaliser les espérances de qn.
▶ **byw trwy** vivre, voir, connaître; **mae hi wedi ~ trwy ddau ryfel byd** elle a vu deux guerres mondiales; **y blynyddoedd anodd y mae wedi ~ trwyddynt** les années difficiles qu'il a vécues;
♦*ba* vivre, mener; **~ bywyd iach** mener une vie saine; **~ bywyd moethus** vivre dans le luxe; **~'r rhan** (*THEATR*) entrer dans la peau du personnage;
♦*ans*
1 (*llyth: ar dir y byw*) vivant(e), en vie; (:*llawn bywyd*) vif(vive); **y rhai ~** (*pobl*) les vivants *mpl*; **mae'n dda cael bod yn fyw** il fait bon vivre; **tra oedd ei ewythr yn fyw** du vivant de son oncle; **tra'n fyw, 'roedd ef ...** de son vivant, il était ...; **'roedd yn dal yn fyw** il était encore *neu* toujours en vie *neu* vivant; **parhau yn fyw** rester en vie, survivre; **cadw rhn yn fyw** maintenir qn en vie; **yn fyw neu'n farw** mort(e) ou vif; **nid oedd yr un enaid ~ yno** il n'y avait pas âme qui vive; **ni allai'r un enaid ~ wneud yn well** personne au monde ne pourrait mieux faire; **abwyd ~** vif *m*; **corff ~, ysgerbwd ~** un cadavre ambulant; **da ~** bétail *m*, béstiaux *mpl*, cheptel *m*.
2 (*ffig: llawn bywyd*) dynamique, énergique; (:*effro*) alerte, vif(vive); (:*dychymyg, lliw, diddordeb*) vif; (:*disgrifiad, adroddiad, arddull*) vivant(e); (:*sgwrs, trafodaeth*) animé(e), plein(e) d'entrain; (:*enghraifft, perfformiad, ymadrodd*) frappant(e), percutant(e), vigoureux(vigoureuse); **mae'r awdur yn creu cymeriadau ~** l'auteur donne de la vie à *neu* fait vivre ses personnages; **cadw traddodiadau'n fyw** conserver les traditions; **cadw cof yn fyw** garder un souvenir vif; **bod yn fyw o bryfed** être grouillant(e) d'insectes.
3 (*RADIO, TELEDU: rhaglen, darllediad*) transmis(e) *neu* diffusé(e) en direct.
4 (*TRYD: sy'n dargludo trydan*) conducteur(conductrice); **gwifren fyw** fil *m* sous tension; **'roedd y switsh yn fyw** l'interrupteur *m* était mal isolé et dangereux; **mae hwnna'n fyw!** c'est branché!.
5 (*gynnau, ffrwydron ayb: gwirioneddol*) de combat, réel(le); (:*heb ffrwydro*) non explosé(e).
6 (*yn llosgi: glöyn*) ardent(e); (:*ffig*): **mae hon yn broblem fyw iawn heddiw** c'est un problème brûlant aujourd'hui;
♦ **yn fyw** *adf* (*darlledu*) en direct; **mae'r gêm**

bêl-droed yn cael ei darlledu i chi yn fyw o Efrog Newydd le match vous est transmis en direct depuis New York; **ac yn awr, yn fyw o Baris, dyma ein gohebydd ...** voici, en direct de Paris, notre envoyé(e) spécial(e) ...; **actio'n fyw** (*o flaen cynulleidfa*) jouer en public; **cael eich llosgi'n fyw** être brûlé vif(brûlée vive);
♦*g*
1 (*cnawd*) vif *m*, chair *f* vive; **cnoi eich ewinedd i'r** ~ se ronger les ongles jusqu'au sang *neu* au vif; **brifo rhn i'r** ~ blesser qn au vif; **cael eich brifo i'r** ~ être blessé(e) au vif.
2 (*y rhai sy'n fyw*): **y** ~ les vivants *mpl*; **bod ar dir y** ~ être encore de ce monde.
3 (*bywyd*): **ni wna'i mohono fe yn fy myw!** pas question que je le fasse! *subj*, je veux être pendu(e) si je le fais!*; **ni allaf yn fy myw ddeall** je n'arrive absolument pas à comprendre; **wel yn fy myw!** ça alors!*!.
▶ **byw llygad** pupille *f*; **edrych ym myw llygaid rhn** regarder qn droit dans les yeux, regarder qn bien en face, regarder dans le blanc des yeux.
bywadwy *ans* viable.
bywddarluniau *ll* dessin *m* animé.
bywddyraniad (**-au**) *g* vivisection *f*.
bywgraffiad (**-au**) *g* biographie *f*.
bywgraffiadol *ans* biographique.
bywgraffiadur (**-on**) *g* ≈ Bottin *m* mondain.
bywgraffydd (**-ion**) *g* biographe *m/f*.
bywgraffyddol *ans* biographique.
bywhau *ba, bg gw.* **bywiogi**.
bywi *ll* (*cnau daear*) arachides *fpl*.
bywiocau *ba, bg gw.* **bywiogi**.
bywiog *ans* (*person, cymeriad*) vif(vive), plein(e) d'entrain, plein d'allant, animé(e), pétulant(e); (*ffig*) dynamique, énergique; (*parti, sgwrs, trafodaeth*) animé, plein d'entrain; (*ymgyrch*) percutant(e), vigoureux(vigoureuse); (*tôn*) entraînant(e), allègre, gai(e); **mae e'n fywiog iawn** il est plein d'entrain *neu* de vie; **mi dreuliais i wythnos fywiog** j'ai passé une semaine mouvementée; **mae pethau'n dechrau mynd yn rhy fywiog i mi** le rythme s'accélère un peu trop pour moi, les choses vont un peu trop vite; (*dif*) ça commence à barder; **byddai ychydig o baent yn gwneud yr ystafell yn fwy** ~* un peu de peinture égayerait la piece;
♦ **yn fywiog** *adf* vivement, de façon animée, avec animation, avec vivacité, avec verve; **yn fywiog iawn** à vive allure, à toute vitesse.
bywiogi *ba* égayer, réjouir; (*parti, sgwrs*) animer, activer, rendre (qch) vivant(e), aviver;
♦*bg* s'animer, s'activer; (*tref*) s'animer, s'éveiller; **mae pethau'n dechrau** ~ ça commence à animer.
bywiogol *ans* vivifiant(e), tonifiant(e), activant(e); (*araith*) stimulant(e);
♦ **yn fywiogol** *adf* de façon vivifiante.
bywiogrwydd *g* vivacité *f*, entrain *m*, allant *m*, pétulance *f*, vie *f*, animation *f*, vigueur *f*, gaieté *f*; (*nerth*) vitalité *f*, énergie *f*, dynamisme *m*.
bywiol *ans* (*sy'n fyw*) vivant(e), animé(e); (*sy'n rhoi bywyd*) vital(e)(vitaux, vitales).
bywoliaeth (**-au**) *b* moyens *mpl* d'existence *neu* de vie, gagne-pain *m inv*; **ennill eich** ~ gagner sa vie; **mae ei fywoliaeth yn dibynnu ar ...** son gagne-pain dépend de ...; **mae'n dibynnu ar dwristiaeth am ei fywoliaeth** il vit du tourisme.
bywyd (**-au**) *g*
1 (*cyff*) vie *f*, existence *f*; ~ **teuluol** vie de famille; ~ **carwriaethol/rhywiol** vie amoureuse/sexuelle; ~ **tragwyddol** la vie éternelle, l'au-delà *m*, l'immortalité *f*; **a oes** ~ **ar ôl marwolaeth?** y a-t-il une vie après la mort?; **sy'n rhoi** ~ vivifiant(e); **a adawodd y** ~ **hwn** (*ar garreg fedd*) décédé(e), qui a été enlevé(e) des siens; **dyma'r** ~***!** voilà comment je comprends la vie!, voilà ce qui s'appelle vivre!; **am weddill eich** ~ pour le restant de vos jours; **yn gynnar yn ei fywyd** tôt *neu* de bonne heure dans la vie; **yn hwyrach yn ei fywyd** plus tard dans la vie; **ni welais i erioed yn fy mywyd beth mor hurt!** jamais de ma vie je n'ai vu une telle stupidité!; **aberthu eich** ~ se sacrifier, donner sa vie; **byw eich** ~ vivre sa vie; **cael** ~ **hawdd** avoir *neu* mener une vie facile; **colli'ch** ~ périr, perdre la vie; **faint o fywydau a gollwyd?** combien de vies cela a-t-il coûté?; **collodd llawer eu** ~ beaucoup ont péri *neu* ont trouvé la mort; **ni chollodd neb ei fywyd** il n'y a eu aucun mort *neu* aucune victime; **rhedwch am eich** ~**!** sauve qui peut!, sauvez-vous!; **rhedodd am ei fywyd** il a pris ses jambes à son cou, il a foncé à bride abattue; **achub** ~ sauvetage *m*; (*cymorth cyntaf*) secourisme *m*; **achubwr** ~ (*bad achub*) sauveteur *m* en mer; (*ar draeth*) surveillant *m* de plage *neu* de baignade; **cylchred** ~ cycle *m* de la vie; **diffyg** ~ (*llyth*) absence *f* de vie; **gwarchodwr** ~ garde *m* du corps; **hanes** ~**, stori** ~ biographie *f*; **rhychwant** ~ durée *f neu* espérance *f* de vie; **yswiriant** ~ assurance-vie(~s-~) *f*.
2 (*asbri*): **bod yn llawn** ~ avoir un dynamisme fou, être plein(e) de vie *neu* d'entrain; **mae hynna wedi rhoi** ~ **newydd ynof** ça m'a fait revivre, ça m'a ragaillardi *neu* revigoré; **'does dim llawer o fywyd yn ein pentref** notre village n'est pas très vivant, notre village est plutôt mort; **heb fywyd** (*arddull*) sans vie *neu* vigueur, mou[mol](molle)(mous, molles); **diffyg** ~ (*ffig*) manque *m* de vigueur *neu* d'entrain.
bywydeg *b* biologie *f*.
bywydegydd (**bywydegwyr**) *g* biologiste *m/f*.

bywydfa (**bywydfeydd**) *b* (*ar gyfer nadroedd, pryfed, llygod ayb*) vivarium *m*; (*ar gyfer pysgod*) vivier *m*.

bywydol *ans* animé(e), vivant(e); (*sy'n rhoi bywyd*) vital(e)(vitaux, vitales), qui donne la vie, qui anime, qui vivifie, vivifiant(e); **nerth** ~ force *f* vitale.

bywydolion *ll* (*creaduriaid byw*) créatures *fpl* vivantes.

bywyn (**-nau**) *g* (*rhan meddal asgwrn, planhigyn*) moelle *f*; (*ffrwyth*) pulpe *f*, chair *f*; (*rhan meddal oren*) peau(-x) *f* blanche; (*craidd ffrwyth*) trognon *m*, cœur *m*; ~ **gwenith** germes *mpl* de blé; ~ **bara** mie *f* de pain, miette *f*; ~ **carn ceffyl** fourchette *f*

C

C[1] *byrf* (= *canrif*) (= siècle *m*).
C[2] *byrf* (= *canradd*) C (= centigrade *m*).
c[1] *byrf* (= *ceiniog*) penny(pence, pennies) *m*.
c[2] *byrf* (= *circa*) vers; ~ **1890** vers 1890.
c[3] *g* (*CERDD*) do *m*, ut *m*.
cab (**-iau**) *g*
1 (*tacsi*) taxi *m*; (*â cheffyl*) fiacre *m*; **mewn** ~ en taxi, en fiacre; **gyrrwr** ~ chauffeur *m* de taxi, taxi *m*; **gyrwraig** ~ chauffeur de taxi; **gyrrwr** ~ **a cheffyl** cocher *m*; **safle ~iau** station *f* de taxis.
2 (*safle'r gyrrwr mewn lorri, trên*) cabine *f*.
cabaetsen (**cabaets**) *b gw.* **cabatsien**.
cabal (**-iau**) *g* (*clymblaid*) cabale *f*.
caban (**-au**) *g* (*cwt*) cabane *f*, cabanon *m*, hutte *f*; (*tŷ syml*) hutte, case *f gw. hefyd* **cabin**.
cabarddulio *bg* dire *neu* débiter des absurdités *neu* des inepties; ~ **yw hynna i gyd!** tout ça ce sont des absurdités *neu* des inepties *neu* des sottises *neu* des idioties.
cabare, **cabaret** *g* cabaret *m*.
cabarlatsio *bg gw.* **cabarddulio**.
cabatsien (**cabaets**) *b* chou(-x) *m*; **mae hi fel hen gabatsien** (*dif*) elle végète *gw. hefyd* **bresychen**.
cabi *g* (*soda pobi*) bicarbonate *m* de soude.
cabidyldy (**cabidyldai**) *g* salle *f* du chapitre.
cabin (**-au**) *g* (*ar long*) cabine *f*; (*ar awyren: i'r peilot*) carlingue *f*; (:*i'r teithwyr*) compartiment *m*, cabine; (*i yrrwr lorri*) cabine; (*i yrrwr trên*) loge *f* de conduite, poste *m* de conduite; ~ **signalwr,** ~ **signalau** cabine d'aiguillage *neu* de signaux, vigie *f*, guérite *f*; ~ **ffonio** cabine téléphonique.
cabinet (**-au**) *g*
1 (*cwpwrdd*) meuble *m* de rangement; (*â droriau*) meuble à tiroirs; (*â blaen gwydr*) vitrine *f*; (*cwpwrdd ffeilio*) classeur *m*; (*cwpwrdd cerddoriaeth*) casier *m* à musique; **llun maint** ~ format *m* album.
2 (*GWLEID: llywodraeth*) cabinet *m*; **argyfwng** ~ crise *f* ministérielle; ~ **yr Wrthblaid** cabinet fantôme de l'opposition; **gweinidog yn y** ~ ministre *m* d'État, membre *m* du Cabinet.
cabl (**-au**) *g* (*enllib*) opprobre *m*; **bod tan gabl** être dans l'opprobre, être mal vu(e), être méprisé(e).
cabledd (**-au**) *g,b* blasphème *m*; ~ **yw hynna** c'est blasphémer que de dire cela.
cableddu *bg gw.* **cablu**.
cableddus *ans* (*rhn*) blasphémateur(blasphématrice), impie; (*geiriau*) blasphématoire, impie;
♦ **yn gableddus** *adf* d'une façon impie, avec impiété; **siarad yn gableddus** blasphémer, dire des blasphèmes.
cableddwr (**cableddwyr**) *g* blasphémateur *m*, blasphématrice *f*.
cablu *ba, bg* blasphémer.
cablwr (**cablwyr**) *g gw.* **cableddwr**.
cablyd *ans*: **Dydd Iau C**~ jeudi *m* saint.
caboledig *ans* raffiné(e), poli(e), perfectionné(e), bien fini(e).
caboledd *g* polissage *m*, finition *f*, lustre *m*.
caboli *ba* polir, lustrer; (*gorffen yn dda*) bien finir, raffiner.
caca *g* caca *m*.
cacamwci *g* (*PLANH*) bardane *f*.
cacen (**-ni, -nau**) *b* (*fawr*) gâteau(-x) *m*; (*fach*) pâtisserie *f*, gâteau; (*sbwng*) génoise *f*, gâteau de Savoie; ~ **benblwydd** gâteau d'anniversaire; ~ **fraith** *ou* **gneifio** cake *m*; ~ **garwe** gâteau au carvi; ~ **gri** galette *f* à la galloise, *petit pain m aux raisins (spécialité galloise)*; ~ **Nadolig** gâteau de Noël; **~nau pysgod** croquettes *fpl* de poisson; **siop gacennau** pâtisserie *f*.
caclwm *g*: **gwylltio'n gaclwm** devenir fou(folle) de rage, s'emporter.
cacoffoni *g* cacophonie *f*.
cacoffonig *ans* cacophonique, discordant(e);
♦ **yn gacoffonig** *adf* de façon cacophonique *neu* discordante.
cactws (**cacti**) *g* cactus *m*.
cacynen (**cacwn**) *b* (*gwenynen fêl*) bourdon *m*; ~ **(ffyrnig)** frelon *m*; ~ **feirch** *ou* **felen** guêpe *f*; **nyth cacwn** guêpier *m*; **tynnu nyth cacwn am eich pen, cicio nyth cacwn** mettre le feu aux poudres; **bod yn wyllt gacwn** être furieux(furieuse) *neu* furibond(e) *neu* fou furieux(folle furieuse).
cachgi* (**cachgwn**) *g* (*llwfr*) lâche *m*, poltron *m*, froussard* *m*, trouillard* *m*; (*rhn sy'n gwneud tro dan din*) mouchard* *m*, rapporteur *m*; ~ **bwm** (*PRYF*) bourdon *m*.
cachgïaidd* *ans* (*rhn*) lâche, poltron(ne), couard(e), peureux(peureuse), pleutre; (*gweithred*) lâche, bas(se), méprisable, vil(e), sournois(e);
♦ **yn gachgïaidd** *adf* d'une manière lâche, lâchement, bassement, vilement, en sous main, sournoisement.
cachgïo* *bg* avoir la frousse* *neu* la trouille*, se dégonfler.
cachiad* *g* merde* *f*, défécation *f*; **mynd am gachiad** aller chier*; **mewn** ~ (*ysbaid fer*) en moins de deux, en un rien de temps, en deux fois rien.
cachlyd *ans* merdeux(merdeuse)*.
cachu* *ba, bg* déféquer, chier*; ~ **brics** faire dans son froc;
♦*g* merde* *f*; ~ **rwtsh** foutaises* *fpl*;
♦*ans* merdeux(merdeuse)*;

♦ **yn gachu** *ans*: **meddwi'n gachu** se soûler la gueule*.

cachwr* (**cachwyr**) *g*
1 chieur* *m*.
2 *gw*. **cachgi**.

cad (**-au**) *b* (*brwydr*) bataille *f*, combat *m*; **i'r gad!** au combat!; **maes y gad** champ *m* de bataille; **bod ar flaen y gad** être à l'avant-garde *f*.

cadach (**-au**) *g* (*clwtyn*) chiffon *m*; (*bandais*) bandage *m*, pansement *m*; (*baban*) couche *f*; ~ **llawr** chiffon pour essuyer le plancher; ~ **golchi llestri** lavette *f*; ~ **sychu llestri** torchon *m* à vaisselle; ~ **poced** mouchoir *m*; ~ **gwddf** foulard *m*; ~ **misglwyf** serviette *f* hygénique *neu* périodique; ~**au untro** (*babanod*) couches *f* jetables *neu* de cellulose; ~ **ymolchi** gant *m* de toilette; **teimlo fel** ~ (*yn emosiynol*) se sentir mou(molle) comme une chiffe; (*yn gorfforol*) se sentir avachi(e), se sentir ramollo* *inv*; ~ **o ddyn** mauviette *f*, poule *f* mouillée; **mae'n hen gadach o ddyn** il est mou comme une chiffe, c'est une chiffe molle; **fel** ~ **coch i darw** comme le rouge pour les taureaux.

cadachaid *g*: ~ **o arian** fichu *m* plein d'argent.

cadair (**cadeiriau**) *b*
1 (*dodrefnyn*) chaise *f*, siège *m*; ~ **blyg** chaise pliante; ~ **clwb** fauteuil *m* club; ~ **deintydd** fauteuil de dentiste; ~ **droi** fauteuil tournant; ~ **drydan** chaise électrique; ~ **esmwyth** *ou* **freichiau** fauteuil; ~ **glustiog** bergère *f* à oreillettes; ~ **godi** (*i sgïwr*) télésiège *m*; ~ **gynfas** chaise longue, transat *m*, transatlantique *m*, fauteuil de jardin; ~ **olwyn(ion)** fauteuil roulant; ~ **sedan** chaise à porteurs; ~ **siglo** fauteuil à bascule, berceuse *f*, chaise berçante; ~ **uchel** chaise haute (pour enfants); ~ **wely** fauteuil-lit *m*; ~ **wiail** fauteuil en rotin; ~ **wthio** poussette *f* pour enfants; ~ **ymlacio** fauteuil relax; ~ **ysgol** escabeau(x) *m*; **cadeiriau tas** chaises empilables; **cerbyd cadeiriau** (*RHEIL*) voiture *f* salon; **gorchudd cefn** ~ dossier *m* de chaise; **saer cadeiriau** chaisier *m*, fabricant *m* de chaises; **atgyweiriwr cadeiriau** rempailleur *m* de chaises; **chwarae newid cadeiriau** jouer aux chaises musicales, changer tout le temps de place, faire le jeu *neu* la polka des chaises.
2 (*llywyddu*): **bod yn y gadair** prendre la présidence, présider; **annerch y gadair** s'adresser au président; **a wnewch chi annerch y gadair?** adressez vos remarques au président, s'il vous plaît!; **gadael y gadair** lever la séance; **y gadair gadeiryddol** le fauteuil présidentiel, la présidence *f*.
3 (*prifysgol*) chaire *f*; **pwy sydd â'r gadair Ffrangeg yn y Brifysgol?** qui est titulaire de français?, qui a la chaire de français?.
4 (*eisteddfod*): **y Gadair** la chaise (*sculptée et offerte en prix dans un eisteddfod*).
5 (*TECH*): ~ **cledren** *ou* **cledrau** coussinet *m*, chaise *f* de rail.
6 (*buwch: pwrs*) pis *m*, mamelle *f*.

cadarn *ans* (*adeilad*) solide, robuste, résistant(e), ferme; (*cyfeillgarwch, ffydd*) constant(e), solide; (*cymeriad*) solide, résolu(e), déterminé(e); (*llais*) ferme, assuré(e), puissant(e); (*pendant*) ferme, sûr(e); (*diysgog: castell*) imprenable, puissant; (:*credo*) ferme, profond(e); **mae ganddo gorff** ~ il a une carrure puissante, il est fortement bâti;
♦ **yn gadarn** *adf* fortement, puissamment, solidement, fermement, profondément, assurément.

cadarnhad (**-au**) *g* (*sicrhad*) affirmation *f*, confirmation *f*; (*cryfhad*) affermissement *m*, raffermissement *m*, consolidation *f*; (*tystiolaeth*) corroboration *f*; (*adeilad*) renforcement *m*, consolidation *f*; ~ **o awdurdod rhn** raffermissement *neu* affermissement *m* de l'autorité de qn.

cadarnhaol *ans* (*pendant*) affirmatif(affirmitive), positif(positive); (*araith*) catégorique, énergique; (*cryfhaol*) fortifiant(e), remontant(e), tonifiant(e); **cael effaith gadarnhaol ar rth** avoir l'effet de consolider *neu* de renforcer qch;
♦ **yn gadarnhaol** *adf* affirmativement, positivement, catégoriquement, énergiquement, carrément.

cadarnhau *ba* (*ategu*) affirmer, soutenir; (*manylion, newyddion, amheuaeth*) confirmer, corroborer; (*awdurdod*) raffermir, affermir, consolider; (*penderfyniad, bwriad*) fortifier, raffermir; (*penodiad*) ratifier; (*adeilad*) fortifier, consolider.

cadarnle (**-oedd**) *g* (*llyth*) forteresse *f*; (*ffig*) bastion *m*.

cad-drefniad (**~-~au**) *g* manœuvre *f*.

cad-drefnu *bg* faire des manœuvres, être en manœuvres, manœuvrer.

cadeirfardd (**cadeirfeirdd**) *g* barde *m* lauréat.

cadeirio *ba* (*cyfarfod*) présider une séance; (*bardd*) introniser;
♦*bg* (*bod yn y gadair*) présider (à qch), occuper le fauteuil présidentiel; (*bôn coeden*) taller, pousser des rejetons, rejetonner.

cadeiriog *ans* (*wedi ennill cadair*) lauréat(e); (*coeden*) à rejetons, à talles.

cadeiriol *ans*: **eglwys gadeiriol** cathédrale *f*; **dinas gadeiriol** ville *f* épiscopale, évêché *m*; **eisteddfod gadeiriol** *eisteddfod (festival culturel gallois) pendant lequel une chaise sculptée est offerte en prix.*

cadeirlan (**-nau**) *b* cathédrale *f*.

cadeirydd (**-ion**) *g* président *m*, présidente *f*; (*MASN*) président-directeur *m* général d'une maison; **Mr C~** Monsieur le Président; **Madam Gadeirydd** Madame la Présidente.

cadeiryddes (**-au**) *b* présidente *f*.

cadeiryddiaeth *b* présidence *f*; **dan gadeiryddiaeth** sous la présidence de.
cadeiryddol *ans* présidentiel(e).
cadernid *g* résistance *f*, force *f*, puissance *f*; (*adeilad, dodrefnyn*) solidité *f*, robustesse *f*; (*cred, barn*) force, fermeté *f*; (*dadl, rhesymau*) force, solidité; (*protestiadau*) force, vigueur *f*.
cadfaes (**cadfeysydd**) *g* champ *m* de bataille.
cadfarch (**cadfeirch**) *g* cheval(chevaux) *m* de bataille.
cadfarchog (**-ion**) *g* cavalier *m*.
cadfridog (**-ion**) *g* général *m*.
cadfwyell (**cadfwyeill**) *b* hache *f* d'armes.
cadgamlan *b* pétaudière *f*.
cadi[1] (**cadïaid**) *g* (*golff*) caddie *m*.
cadi[2] (**cadïaid**) *g*: ~ **haf** danseur *m* du mai, danseuse *f* du mai.
cadi-ffan, **cadi-ffanni** (**~-ffaniaid**) *g* homme *m* *neu* garçon *m* efféminé; **hen gadi-ffan ydi o!** c'est une poule mouillée!, il est un peu efféminé!, il fait un peu tapette*!
cadis (**-au**) *g* ruban *m*.
cadlanc (**-iau**) *g* élève *m* officier (*d'une école militaire ou navale*).
cadlas (**-au, cadlesydd**) *b* (*buarth*) cour *f* de ferme, pailler *m*; (*tir amgaeedig*) enceinte *f*, clôture *f*, enclos *m*, clos *m*.
cadlong (**-au**) *b* navire *m* *neu* vaisseau(-x) *m* de guerre.
cadlys (**-oedd**) *b* (*gwersyll*) camp *m*, campement *m*; (*pencadlys*) quartier *m* général.
cadnawes (**-au**) *b* *gw.* **cadnoës**.
cadno (**cadnawon, cadnoaid, cadnoid**) *g* renard *m*; (*ffig*) rusé *m*, malin *m*, fin renard.
cadnoaidd *ans* rusé(e), cauteleux(cauteleuse); ♦ **yn gadnoaidd** *adf* cauteleusement, comme un vieux renard.
cadnöes (**-au**) *b* renarde *f*; (*ffig*) mégère *f*, garce *f*.
cadoediad (**-au**) *g* (*seibiant mewn rhyfel*) armistice *f*; (*diwedd rhyfel*) trêve *f*; **cafwyd** ~ on a fait trêve.
cadofydd (**-ion**) *g* stratège *m*.
cadoffer *ll* armements *mpl* *neu* matériel *m* de guerre.
cadw *ba*
1 (*dal gafael ar: cyff*) garder, conserver; **cadwch y newid!** gardez la monnaie!; **rhaid iti gadw'r dderbynneb** tu dois garder *neu* conserver le reçu; **~'ch pen, ~'ch pwyll** (*ffig*) rester calme.
2 (*rhoi o'r neilltu: cyff*) garder; (:*mewn cwpwrdd ayb*) mettre, ranger; (:*sedd*) réserver; **rhoi rhth i'w gadw** garder qch, mettre qch de côté, mettre qch en réserve; **'rwy'n ~ canhwyllau, rhag ofn ...** j'ai des bougies en réserve, de peur que + *subj*; **dylech ei gadw mewn lle oer** vous devriez le garder *neu* conserver au froid; **ble wyt ti'n ~ dy bethau?** où est-ce que tu ranges tes affaires?; **ble ydych chi'n ~'r siwgr?** (*mewn archfarchnad*) où est-ce que vous mettez le sucre?.
3 (*achosi i barhau*) tenir, garder; ~ **rhth yn lân** tenir *neu* garder qch propre; **eich ~'ch hun yn lân** être toujours propre; ~ **rhth yn daclus** tenir qch en (bon) état; ~ **gardd yn daclus** bien tenir *neu* entretenir un jardin; **"cadwch Gymru'n daclus"** "pour un pays de Galles propre"; ~ **rhn yn gynnes** protéger qn du froid; ~ **rhth yn gynnes** garder qch au chaud; **"cadwer yn oer"** "garder au frais"; (*mewn oergell*) "à conserver au frais"; ~ **prisiau'n uchel** maintenir les prix; ~ **rhn ar ddi-hun** empêcher qn de dormir; ~ **rhn yn aros** faire attendre qn; ~ **rhn wrthi** faire travailler qn sans répit; **~'r injan ar fynd** *ou* **i redeg** ne pas arrêter le moteur, laisser le moteur en marche; **llwyddo i gadw'r sgwrs i fynd** réussir à entretenir la conversation; ~ **tân i fynd** entretenir le feu; **~'ch het am eich pen** garder son chapeau; **cadwch hyn yn gyfrinach** gardez-le pour vous, ne le dites à personne.
4 (*dal yn ôl, gwrthod rhyddhau*) retenir, garder; **wna' i mo'ch ~ chi** je ne veux pas vous retarder *neu* retenir; ~ **rhn yn y ddalfa** placer qn en garde à vue; ~ **rhn yn yr ysbyty** garder qn à l'hôpital.
5 (*gofalu am: siop*) tenir, avoir; (:*defaid ayb*) élever, faire l'élevage de; ~ **tŷ (i rn)** tenir la maison (de qn); **cynnal a chadw** (*adeilad ayb*) maintenir.
6 (*cynnal: arferiad*) conserver; (:*cyfraith*) respecter, observer; (:*gŵyl*) célébrer; ~ **dyletswydd (deuluaidd)** prier en famille; **~'r Sul** observer le sabbat *neu* le dimanche; ~ **trefn** (*heddlu, llywodraeth*) maintenir l'ordre; (*athro*) maintenir la discipline; ~ **trefn ar** tenir; **~'ch Ffrangeg** entretenir son français.
7 (*cynnal yn ariannol*) faire vivre, entretenir, subvenir aux besoins de; (*gwas*) avoir; **'rwy'n ennill digon i'm ~ fy hun** je gagne assez pour vivre *neu* pour subvenir à mes propres besoins; **mae gen i bedwar plentyn i'w ~** j'ai quatre enfants à ma charge *neu* à entretenir *neu* à nourrir; **mae'n ~ meistres** il entretient une maîtresse.
8 (*cofnodi, ysgrifennu: dyddiadur, cyfrif*) tenir; ~ **nodyn o rth** prendre note de qch, noter qch.
9 (*cyflawni: addewid*) tenir; (:*adduned*) rester fidèle à; (:*apwyntiad, oed*) se rendre à, venir à; **~'ch gair** tenir sa parole *neu* sa promesse.
10 (*atal*): ~ **rhn rhag gwneud rhth** empêcher qn de faire qch; **eich ~'ch hun rhag gwneud rhth** s'empêcher *neu* se retenir de faire qch; ~ **plentyn o'r ysgol** ne pas envoyer un enfant à l'école; ~ **rhn rhag digalonni** sauver *neu* garder qn du désespoir; ~ **dy ddwylo** *ou* **dy fachau!** (ne) touche pas!*, bas les pattes!*.

11 (*cuddio*): ~ **rhth rhag rhn** cacher qch à qn;
♦*bg*
1 (*o ran iechyd*) aller, se porter; **sut wyt ti'n ~?** comment vas-tu?, comment ça va?, comment te portes-tu?; **~'n iawn, ~'n iach** aller bien; **~'n heini** *gw.* **heini**.
2 (*bwyd ayb*) se conserver, se garder, garder sa fraîcheur; **mae'r afalau hyn yn ~ drwy'r gaeaf** ces pommes se gardent *neu* se conservent tout l'hiver; **fe geidw'r cig yma tan fory** cette viande gardera sa fraîcheur jusqu'à demain.
3 (*aros*) rester, se tenir; **~ ar wahân i bawb arall** faire bande à part; **"cadwch oddi ar y glaswellt"** "défense de marcher sur les pelouses", "ne marchez pas sur les pelouses"; **mynd i gadw** (*i'r gwely*) aller se coucher.
▶ **cadw rhn/rhth allan (o)**: **~ rhn allan (o)** empêcher qn d'entrer (dans), ne pas laisser entrer qn (dans); **~'r glaw allan (o)** (*adeilad ayb*) empêcher la pluie d'entrer (dans); **gwisgais got fawr er mwyn ~'r glaw allan** j'ai mis un pardessus pour me protéger de la pluie.
▶ **cadw draw**: **~ draw (oddi wrth)** ne pas s'approcher (de); **~ draw oddi wrth rn** se tenir éloigné(e) de qn, bouder* qn; **~ rhn draw (oddi wrth)** empêcher qn de s'approcher (de).
▶ **cadw gyda'i gilydd** rester ensemble, ne pas se séparer; **~'r bobl gyda'i gilydd** ne pas séparer les gens, garder les gens ensemble.
▶ **cadw rhth i lawr** (*bwyd yn y stumog*) garder qch; (*peidio â chodi*) ne pas lever qch; **cadwodd ei phen i lawr** elle n'a pas levé la tête; (*cyfyngu ar: cyflymder, gwariant*) limiter qch; **~ prisiau i lawr** empêcher les prix d'augmenter, maintenir les prix bas.
▶ **cadw rhn i mewn** empêcher qn de sortir; **~ disgybl i mewn** garder un(e) élève en retenue, consigner un(e) élève.
▶ **cadw rhth yn ôl** retenir qch; **maent yn ~ 25% yn ôl o'm cyflog ar gyfer trethi** on me retient 25% de mon salaire pour les impôts;
♦*g* maintien *m*; **'dydi hi ddim yn werth ei chadw** (*cyflogi*) elle ne vaut pas ce qu'on dépense pour elle *neu* pour l'entretenir, elle ne vaut pas la dépense; **'roedd yn ennill £20 yr wythnos a'i gadw** il gagnait 20 livres par semaine logé et nourri; **yr unig lawysgrif ar gadw** le seul manuscrit (qui ait *subj* été) conservé; **mae'r cof ar gadw** on s'en souvient toujours, on en garde la mémoire *neu* le souvenir; **ar gof a chadw** bien attesté(e), bien enregistré(e); **rhoi rhth ar gof a chadw** consigner qch par écrit.

cadwedig *ans* (*wedi ei gadw*) gardé(e), conservé(e); (*wedi ei ddiogelu*) préservé(e), conservé(e), protégé(e); (CREF) rédimé(e), racheté(e), sauvé(e).

cadwedigaeth *b* (*iachawdwriaeth*) salut *m*, rédemption *f*; (*gwarchodaeth*) préservation *f*, conservation *f*, protection *f*.

cadwedigol *ans* rédempteur(rédemptrice).

cadweinydd (**-ion**) *g* aide *m* de camp.

cadwen (**cadwyni**) *b* collier *m*, chaîne *f*.

cadw-mi-gei (**~-~-~s**) *g* tirelire *f*.

cadwraeth (**-au**) *b* conservation *f*, préservation *f*; (*cynhaliaeth*) maintien *m*; **ardal gadwraeth** zone *f* protégée.

cadwraethwr (**cadwraethwyr**) *g* défenseur *m* de l'environnement.

cadwraethwraig (**cadwraethwragedd**) *b* (femme *f*) défenseur *m* de l'environnement.

cadwrol *ans* conservateur(conservatrice), de conservation.

cadwrus *ans* bien conservé(e), en bon état; (*porthiannus*) bien en chair, corpulent(e).

cadwyn (**-au, -i**) *b* chaîne *f*; (*fechan ar gyfer tlws*) chaînette *f*; (*llyffetheiriau*) chaînes; (*maer, swyddogol*) chaîne; **rhoi ci ar gadwyn** tenir un chien à l'attache; **mewn ~au** enchaîné(e); **tynnu ~ tŷ bach** tirer la chasse d'eau; **~ o fynyddoedd** chaîne de montagnes; **~ o syniadau** enchaînement *m* d'idées; **ymateb ~** réaction *f* en chaîne; **criw ~** chaîne de forçats; **llythyr ~** lettre *f* faisant partie d'une chaîne; **llythyrau ~** chaîne de lettres; **pwyth ~** point *m* de chaînette; **~ ddiogelwch** (*ar ddrws*) chaîne de sûreté; (*ar freichled*) chaînette de sûreté; **~au eira** (*ar olwynion car*) chaînes (à neige); **llif gadwyn** tronçonneuse *f*; **~ angori** chaîne d'ancrage; **~ gyriant** chaîne de transmission; **gwaith ~** travail *m* à la chaîne; **~ o ddigwyddiadau** suite *f* *neu* série *f* d'évènements.

cadwyno *ba* attacher (*qch avec une chaîne*).

cadwynog *ans* enchaîné(e), attaché(e); (*caethwas*) enchaîné.

cadwynwaith *g* travail *m* à la chaîne.

caddug (**-au**) *g* (*tywyllwch*) obscurité *f*, ténèbres *fpl*; (*tarth*) brume *f*; (*niwl*) brouillard *m*.

caddugo *bg* s'assombrir, s'obscurcir; (*niwlo*) se couvrir de brume, s'embrumer, devenir brumeux(brumeuse);
♦*ba* assombrir, obscurcir.

caddugol *ans* assombri(e), obscur(e); (*niwlog*) brumeux(brumeuse), embrumé(e)

cae (**-au**) *g* champ *m*; (CHWAR) terrain *m*; **yn y ~au** dans les champs, aux champs; **~ pêl-droed** terrain de football; **~ chwarae** terrain de jeux; (*ysgol*) cour *f* de récréation; (*mewn parc*) aire *f* de jeux; **~ reis** rizière *f*; **~au tro** *ou* **troi** les labours *mpl*; **~au ŷd** *ou* **gwenith** champs de blé; **~ ras** *ou* **rasio** champ de courses; **'dydyn nhw ddim yn yr un ~ â ni** (*ffig*) ils ne sont pas comparables à nous; **'rwyt ti mewn ~ arall** (*camddealltwriaeth*) il y a un malentendu, nous nous sommes mal compris; **'does dim ond lled ~ rhyngom** nous sommes proches voisins.

caead (**-au**) *g* couvercle *m*; (*potel*) capsule *f*; (*ar ffenestr*) volet *m*; (*FFOT*) obturateur *m*.
caeadle (**-oedd**) *g* enclos *m*, clos *m*.
caeedig *ans* (*drws*) fermé(e), clos(e); (*lle*) enfermé(e), clos(e).
cael *ba*
1 (*derbyn*) avoir, recevoir; ~ **anrheg** recevoir un cadeau; **cawsom groeso brwd** on a reçu un bon accueil, nous avons été bien accueilli(e)s; **caf y canlyniadau yfory** j'aurai les résultats demain; ~ **yr hawl i ...** gagner le droit de ....
2 (*treulio*) passer; **cawsom wyliau gwych** nous avons passé des vacances magnifiques; **cafwyd amser bendigedig** on s'est très bien amusé; **'rwy'n** ~ **amser gwych** je m'amuse très bien.
3 (*bwyta*) avoir, prendre; ~ **brecwast** prendre le petit déjeuner; ~ **cinio** (*canol dydd*) déjeuner; (*min nos*) dîner; **cafodd wyau i'w frecwast** il a eu *neu* mangé des œufs au petit déjeuner.
4 (*cael profiad o, dioddef*) avoir; ~ **ofn** avoir peur; ~ **breuddwyd/hunllef** faire un rêve/cauchemar; ~ **annwyd** s'enrhumer, attraper un rhume; ~ **damwain/trawiad ar y galon** avoir un accident/une crise cardiaque; ~ **sioc/llawdriniaeth** subir un choc/une opération; **ei chael hi** souffrir, en voir de rudes *neu* de dures*.
5 (*canfod, darganfod*) trouver; **ei chael hi'n anodd gwneud rhth** le trouver difficile de faire qch; **mae hi'n** ~ **y gwaith yn anodd** elle a du mal à faire le travail, elle trouve le travail difficile à faire; ~ **trafferth** *ou* **anhawster i wneud rhth** avoir du mal à faire qch; **cefais drafferth i ddeall y cwestiwn** j'ai eu du mal à comprendre la question; **nid yw'n hawdd** ~ **gwaith** il n'est pas facile de trouver un emploi *neu* un poste *neu* du travail; **mae'n anodd** ~ **lle i barcio** on a du mal à se garer.
6 (*rhoi genedigaeth i: plentyn*) avoir; (*:anifail*) mettre bas, avoir.
7 (*cymryd rhan yn: gwers, bath*) prendre; (*:cyfarfod*) avoir; ~ **parti** (*trefnu*) organiser une fête; (*dathlu*) faire la fête; ~ **sgwrs** bavarder.
8 (*bod, bodoli: defnydd amhersonol*) y avoir, se trouver, se rencontrer; **ceir siop ym mhob pentref bron** il y a un magasin dans presque tous les villages; **fe geir yr un camgymeriad ddywywaith yn y llythyr** la même erreur se trouve deux fois dans la lettre; **os ceir anawsterau** si des difficultés se présentent.
9 (*gofyn/rhoi caniatâd*) pouvoir; **ga' i ddod? - cei** *ou* **cewch** je peux venir? - oui, puis-je venir? - oui; **gaiff hi fynd? - na chaiff** elle peut partir? - non, peut-elle partir? - non; **cha' i ddim ddod i mewn? - cei** *ou* **cewch** je ne peux pas entrer? - mais si; **a gawn ni aros?** est-ce que nous pouvons rester?, pouvons-nous rester?; **a gaf i ddefnyddio'ch ffôn chi?** puis-je me servir de votre téléphone?; **cânt fynd adref pryd bynnag y mynnant** ils peuvent rentrer quand ils veulent; **chawsom ni ddim mynd i mewn** on ne nous a pas permis d'entrer.
10 (*i fynegi rheidrwydd*): **os yw hi am wybod y gweddill, fe gaiff ddod yma i ofyn imi ei hun!** si elle veut savoir le reste, elle peut venir me demander elle-même!; **fe gei di fynd i ganu!** tu peux toujours courir!.
11 (*i fynegi rhth sy'n mynd i ddigwydd*): **fe gei di dalu'n ddrud am hyn!** tu me le payeras cher!; **fe'i cei di hi!** tu l'attraperas!; **fe gawn ni weld** on verra (ça), on va voir; **ble gawn ni fynd?** où est-ce qu'on va aller?;
♦*be gyn*
1 (*cyflwr goddefol*) être; ~ **eich lladd** être tué(e); **cafodd ei ladd mewn damwain car** il a été tué dans un accident de voiture; **cafodd y tŷ ei werthu** la maison a été vendue; **nid yw hi wedi** ~ **ei thalu** elle n'a pas été payée; **cawn ein curo gan y tîm nesaf** on sera battu par la prochaine équipe; **caiff y cyfarfod ei gynnal heno am saith o'r gloch** la réunion aura lieu ce soir à 19h00; ~ **eich geni** naître; **cefais fy ngeni yng Nghymru** je suis né(e) au pays de Galles.
2 (*peri i rth ddigwydd*): ~ **gwneud rhth** faire faire qch; ~ **paentio'r tŷ** faire peindre la maison; ~ **torri'ch gwallt** se faire couper les cheveux; ~ **tynnu'ch tonsiliau** se faire opérer des amygdales, être opéré(e) des amygdales.
▶ **ar gael** disponible; **nid yw ar gael i drafod y mater** il se refuse à tout commentaire.
▶ **cael a chael** de justesse; ~ **a chael fu inni ddal y trên** nous avons eu le train de justesse, c'est tout juste si nous avons eu le train.
caenen (**-nau**) *b* (*haen*) couche *f*, pellicule *f*.
caer (**-au, ceyrydd**) *b* fort *m*, forteresse *f*, château-fort(~x-~s) *m*; (*mur*) rempart *m*.
Caer *prb*: ~ **Arianrhod,** ~ **Gwydion** (*y Llwybr Llaethog*) la Voie lactée.
Caerdroea *prb* Troie.
Caeredin *prb* Édimbourg.
Caergaint *prb* Cantorbéry.
Caergystennin *prb* Constantinople.
caerog *ans* (*tref*) fortifié(e); (*brethyn*) en côtes à côtes; **defnydd** ~ calicot *m*.
Caersalem *prb* Jérusalem.
caeru *ba* fortifier.
caets(h) (**-ys**) *g* cage *f*; **mewn** ~ en cage.
caeth *ans* captif(captive); **dal rhn yn gaeth** garder qn en captivité; **mae hi'n gaeth i'r tŷ** elle est confinée chez elle; **bod yn gaeth i gyffuriau** être adonné(e) à la drogue, être toxicomane; **mae ei brest hi'n gaeth** elle a de l'asthme, elle a du mal à respirer, elle a la poitrine oppressée; ~ **i'r gwely** alité(e);
♦ **yn gaeth** *adf*: **anadlu'n gaeth** respirer de façon asthmatique;
♦*g* (**-ion**) captif *m*, captive *f*, esclave *m/f*, serf *m*, serve *f*.

caethes (**-au**) *b* captive *f*, esclave *f*, serve *f*.
caethfasnach *b* commerce *m* des esclaves; ~ **yr Affricanwyr** la traite des noirs.
caethferch (**-ed**) *b* captive *f*, esclave *f*, serve *f*.
caethglud *b* captivité *f*.
caethgludiad (**-au**) *g* captivité *f*.
caethgludo *ba* emmener (qn) en captivité.
caethiwed *g* captivité *f*, oppression *f*, servitude *f*; ~ **i gyffuriau** toxicomanie *f*.
caethiwo *ba* (*cenedl*) opprimer; (*carcharor*) confiner, enfermer; (*gwneud caethwas neu gaethferch o rn*) asservir, réduire (qn) en esclavage.
caethiwol *ans gw.* **caethiwus**.
caethiwus *ans* oppressif(oppressive), oppressant(e), restrictif(restictive), strict(e); (*cyfyng*) resserré(e), restreint(e); ♦ **yn gaethiwus** *adf* de façon oppressive, de façon oppressante, de façon restrictive, strictement.
caethlong (**-au**) *b* vaisseau(-x) *m* négrier.
caethni *g* (*diffyg anadl*) asthme *m*, essoufflement *m*.
caethwas (**caethweision**) *g* esclave *m*.
caethwasanaeth *g* esclavage *m*.
caethwasiaeth *b* esclavage *m*.
caethwraig (**caethwragedd**) *b* esclave *f*.
caewr (**caewyr**) celui *m* qui ferme.
cafalîr (**cafaliriaid**) *g* cavalier *m*.
cafaliraidd *ans* cavalier(cavalière); ♦ **yn gafaliraidd** *adf* de façon cavalière.
cafeat (**-au**) *g* (*rhybudd*) mise *f* en garde.
cafiâr *g* caviar *m*.
cafn (**-au**) *g* (*bwyd*) auge *f*, mangeoire *f*; (*dŵr*) abreuvoir *m*.
cafndra, **cafnedd** *g* concavité *f*.
cafnio *ba* (*tyllu*) creuser un trou dans; (*tyllu mewn pren*) évider le centre de.
cafod (**-ydd**) *b gw.* **cawod**.
caff[1] (**-iau**) *g* prise *f*; **cael ~ gwag** revenir les mains vides, être déçu(e).
caff[2] (**-iau**) *g* (*fforch dail*) fourche *f* à fumier.
caffael *ba* (*cael*) avoir, obtenir, acquérir; (*derbyn*) recevoir; ~ **merched** (*i fod yn buteiniaid*) le proxénétisme *m*.
caffaeliad (**-au**) *g* atout *m*, aubaine *f*; (*ennill*) acquisition *f*.
caffe (**-s**) *g gw.* **caffi**.
caffein *g* caféine *f*; **gyda chaffein** caféiné(e); **heb gaffein** sans caféine, décaféiné(e).
caffeteria (**-s**) *g* cafétéria *f*.
caffi (**-s**) *g* café-restaurant(~s-~s) *m* (*sans alcool*), snack *m*.
caffio[1] *bg* (*defnyddio caff*) fourcher.
caffio[2] *ba* (*cipio*) arracher, empoigner, saisir; (*ymbalfalu*) chercher (qch) à tâtons *neu* a l'aveuglette.
cafflo *ba gw.* **twyllo**.
cafflwr (**cafflwyr**) *g gw.* **twyllwr**.
cafftan (**-au**) *g* caftan *m*.
cagl (**-au**) *g* crotte *f*, crottin *m*.
caglo *ba* crotter.
caglog *ans* crotté(e).
caglu *ba* crotter.
cangell (**canghellau**) *b* chœur *m*, sanctuaire *m*.
cangelloriaeth (**-au**) *b* direction *f* des finances.
cangen (**cangau, canghennau**) *b* branche *f*; (*MASN*) succursale *f*; (*banc*) agence *f*, succursale; (*afon*) branche, bras *m*; (*cymdeithas, mudiad*) section *f* locale; (*rheilffordd*) embranchement *m*; (*sefydliad*) division *f*, secteur *m*; (*undeb*) section; (*llyfrgell*) antenne *f*; (*teulu*) ramification *f*, branche; (*pwnc*) branche; ~ **haf** mât *m* de mai; **tyfu canghennau** se ramifier.
canghellor (**cangellorion**) *g* chancelier *m*; **C~ y Trysorlys** chancelier de l'Échiquier; (*yn Ffrainc*) ministre *m* des Finances.
canghennog *ans* à branches, branchu(e).
canghennu *bg* (*planhigion, coed*) se ramifier.
caiac (**-au**) *g* kayak *m*; **mynd mewn ~** faire du kayak.
caib (**ceibiau**) *b* pioche *f*, pic *m*; **gwaith ~ a rhaw** travail *m* physique; **yn feddw gaib** ivre mort.
caill (**ceilliau**) *b* testicule *m*, couille* *f*; **ceilliau ci** (*PLANH*) orchis *m*, orchidée *f*.
caiman (**-od**) *g* caïman *m*.
cain *ans* raffiné(e), fin(e), élégant(e), délicat(e), beau[bel](belle)(beaux, belles); **celfyddydau ~** beaux-arts *mpl*; ♦ **yn gain** *adf* élégamment, délicatement, à merveille, merveilleusement.
Cain *prg* Caïn.
cainc (**ceinciau**) *b* branche *f*; (*mewn darn o bren*) nœud *m*; (*alaw gerdd dant*) air *m*; **Pedair ~ y Mabinogi** les quatre branches du Mabinogi (*des contes du Moyen Âge*).
Cairo *prb* le Caire *m*; **yng Nghairo** au Caire.
cais[1] (**ceisiadau**) *g*
1 (*cyff*) demande *f*; (*ymgais*) tentative *f*, essai *m*; **ar gais rhn** sur la demande de qn; **gwneud ~ am swydd** poser sa candidature pour un travail, faire une demande d'emploi.
2 (*RYGBI*) essai *m*.
cais[2] *be gw.* **ceisio**.
cal, **cala** (**caliau**) *b* pénis *m*; **cala'r mynach** (*PLANH*) arum *m*, pied-de-veau(~s-~-~) *m*.
Calabria *prb* la Calabre *f*; **yng Nghalabria** en Calabre.
calamin *g* calamine *f*.
calan (**-nau**) *g* le premier jour *m*; **dydd C~** le jour de l'An *m*; **nos Galan** la Saint-Sylvestre; **C~ Mai** le premier mai; **nos Galan Gaeaf** la veille *f* de la Toussaint.
calcio *ba* calfater.
calcwlws (**calcwli**) *g* calcul *m*.
calch *g* chaux *f*; **carreg galch** pierre *f* à chaux, calcaire *m*; ~ **brwd** *ou* **poeth** chaux vive.

calchaidd *ans* calcaire.
calchbibonwy *g* stalactite *f*.
calchbost (**calchbyst**) *g* stalagmite *m*.
calchen *b* pierre *f* à chaux; **gwyn fel y galchen** pâle comme un linge, pâle comme la mort.
calchfaen *g gw.* **calchen**.
calchu *ba* (*gwyngalchu*) blanchir (qch) à la chaux; (*gwrteithio tir*) chauler.
caldrist *b* (PLANH) elléborine *f*; ~ **y banadl** orobanche *f*.
caled (**celyd**) *ans* dur(e); (*mwd, eira*) durci(e); (*cyhyr*) ferme; (*dewis*) dur(e), difficile à faire; (*penderfyniad*) dur, difficile à prendre; (*bargen*) serré(e); (*llym, creulon, garw, anodd ei ddioddef*) sévère, dur; (*anodd*) difficile, dur; (*dideimlad*) dur, insensible, endurci(e); **dyn** ~ homme *m* dur *neu* endurci *neu* robuste, un *m* dur, un costaud; **copi** ~ (CYFRIF) copie *f* papier; **disg** ~ disque *m* dur; **het galed** casque *m*; **het gron galed** chapeau(-x) *m* melon; (*ar gyfer marchogaeth*) bombe *f*; **llain** *ou* **ysgwydd galed** accotement *m* stabilisé; **mynd yn galetach** durcir; **bod yn weithiwr** ~ (*disgybl, myfyriwr*) être travailleur(travailleuse); (*gweithiwr, gweithwraig*) être dur(e) à la tâche; **mae hi'n galed arni hi** la vie est dure pour elle; **gaeaf** ~ hiver *m* rude *neu* rigoureux; **llyfr clawr** ~ livre *m* relié;
♦ **yn galed** *adf* (*gweithio*) dur; (*meddwl*) sérieusement; **mae'n rhewi'n galed** il gèle fort *neu* ferme *neu* à pierre fendre; **taro'n galed** frapper dur *neu* fort, cogner dur; **trio'n galed** faire *neu* fournir un gros effort, faire de son mieux.
caleden (**-nau**) *b* callosité *f*, cal *m*, callus *m*.
Caledfwlch *g* Escalibor *m*.
caledfwrdd *g* aggloméré *m*;
♦*ans* en aggloméré; (*dalen*) d'aggloméré.
caledi *g* (*tlodi*) pauvreté *f*, misère *f*, épreuves *fpl*, privations *fpl*.
caledlym *ans* aigu(aiguë), acéré(e), perçant(e), tranchant(e);
♦ **yn galedlym** *adf* de façon aiguë, de façon perçante *neu* tranchante.
Caledonia Newydd *prg* la Nouvelle-Calédonie *f*.
caledrwydd *g gw.* **caledwch**.
caledu *ba* (*cyff*) durcir; (*rhn*) endurcir;
♦*bg* durcir; (*sylwedd*) s'endurcir; (*llais*) se faire dur; **a yw'r jeli wedi** ~ **eto?** la gelée a-t-elle déjà pris?; **wedi** ~ (*cyff*) durci(e).
caledwaith *g* travail *m* dur, corvée *f*.
caledwch *g* (*sylwedd, gwrthrych, llais*) dureté *f*; (*anhawster*) difficulté *f*, dureté; (*hinsawdd*) rudesse *f*; (*dyn*) dureté, insensibilité *f*.
caledwedd *g,b* (CYFRIF) matériel *m*.
caleidosgop (**-au**) *g* kaléidoscope *m*.
calen (**-nau, ni**) *b* (*maen hogi*) pierre *f* à aiguiser; (*bar o sebon*) pain *m* de savon.
calendr (**-au**) *g* calendrier *m*.
calennig *g* étrennes *fpl*; **hel(a)** *ou* **casglu** ~ faire les étrennes.
caletrwm (**caletrom**) (**caletrymion**) *ans* lourd(e);
♦ **yn galetrwm** *adf* lourdement.
Calfaria *prb* le Calvaire *m*.
Calfin *g*: **John** ~ Jean Calvin *gw. hefyd* **Calfiniad**.
Calfinaidd *ans* calviniste.
Calfiniad (**Calfiniaid**) *g/b* calviniste *m/f*.
Calfiniaeth *b* calvinisme *m*.
Calfinydd (**Calfinyddion**) *g gw.* **Calfiniad**.
calibr (**-au**) *g* calibre *m*.
calibro *ba* calibrer.
Califfornia *prb* la Californie *f*; **yng Nghaliffornia** en Californie.
Califforniad (**Califforniaid**) *g/b* Californien *m*, Californienne *f*.
Califforniaidd *ans* californien(ne).
caligraffeg *b* calligraphie *f*; **ysgrifennu (mewn)** ~ calligraphier.
caliper (**-au**) *g* (MEDD) appareil *m* orthopédique.
calon (**-nau**) *b* cœur *m*; (CARDIAU) cœur; (*afal*) trognon *m*; (*gwroldeb, dewrder, hyder*) courage *m*; **mae wedi torri'i galon** il a le cœur brisé, il est navré, il a beaucoup de chagrin; **nid oedd gen i mo'r galon i ddweud wrtho** je n'ai pas eu le courage *neu* le cœur de lui dire; **codi** ~ **rhn** encourager *neu* réconforter qn, remonter le moral à qn; **'roedd yn ddigon i dorri'ch** ~ c'était déchirant *ou* navrant; **mae'n ei charu â'i holl galon** il l'aime de tout son cœur *neu* de toute son âme; **dyna galon y gwir** c'est la vérité même; **pwll y galon** le creux *m* de l'estomac; **peiriant ~-ysgyfaint** cœur-poumon *m* artificiel; **fy nghalon bach i!, fy nghalon annwyl!** mon petit chou!, mon chéri!, ma chérie!; **o ddifrif** ~ vraiment, tout de bon, pour de bon, sérieusement; **o waelod fy nghalon** du fond de mon cœur, profondément; **mae'n ddrwg** ~ **gennyf drosti** je suis navré(e) *neu* désolé(e) pour elle, je la plains du fond de mon cœur; **cod dy galon!, codwch eich ~nau** courage!; **codi'ch** ~ prendre courage, reprendre espoir; **dewch os clywch chi ar eich** ~ venez si cela vous chante; **a'ch** ~ **yn eich esgidiau** avoir une peur bleue, avoir vachement la trouille*.
calondid *g* encouragement *m*.
calon-dyner *ans* au cœur tendre;
♦ **yn galon-dyner** *adf* tendrement.
calon-dynerwch *g* sensibilité *f*, tendresse *f*.
calon-galed *ans* au cœur insensible, impitoyable, au cœur dur, au cœur de pierre;
♦ **yn galon-galed** *adf* impitoyablement, de façon insensible.
calon-galedwch *g* insensibilité *f*, dureté *f* de cœur, manque *m* de cœur.
calon-gynnes *ans* chaleureux(chaleureuse),

affectueux(affectueuse), cordial(e)(cordiaux, cordiales);
♦ **yn galon-gynnes** chaleureusement, affectueusement, cordialement.

calonnog *ans* cordial(e)(cordiaux, cordiales), chaleureux(chaleureuse), qui vient du cœur; (*siriol*) jovial(e)(joviaux, joviales); **dyn** ~ (*hwyliog*) bon vivant *m*; **llongyfarchiadau** ~ sincères félicitations *fpl*;
♦ **yn galonnog** *adf* cordialement, chaleureusement, jovialement.

calonogi *ba* encourager, réconforter, remonter le moral à; ~ **rhn i wneud rhth** encourager qn à faire qch.

calonogol *ans* encourageant(e);
♦ **yn galonogol** *adf* de façon encourageante.

calonogrwydd *g* cordialité *f*, jovialité *f*.

calori (**caloriau**) *g* calorie *f*; **isel mewn caloriau** pauvre en calories.

calsiwm *g* calcium *m*.

call *ans* (*rhn*) sensé(e), raisonnable, sage, discret(discrète), prudent(e); (*penderfyniad*) sage; **'dwyt ti ddim hanner** ~**!** tu es fou(folle)!; **nid wyf finnau fawr callach** je ne suis pas plus avancé(e) pour autant; **'rwyf yn amau pa mor gall yw hi i wneud hynny** je doute qu'elle soit *subj* sage de faire cela;
♦ **yn gall** *adf* raisonnablement, sagement, discrètement, sensément.

callineb *g* sagesse *f*, prudence *f*, prudences *fpl*.

callio *bg* devenir plus raisonnable, revenir à la raison; **callia!** ne sois pas si enfant!

cam[1] (**-au**) *g* (*cerdded*) pas *m*; (*sŵn troed*) bruit *m* de pas; (*ôl troed*) empreinte *f* de pied; (*graddfa datblygiad*) étape *f*; **mynd fesul** ~ aller par étapes; **bob** ~ jusqu'au bout du chemin; **'rydw i efo ti bob** ~**!** je suis entièrement d'accord avec toi!; ~ **a cham, o gam i gam** pas à pas; (*ffig*) petit à petit; ~ **gwag** faux pas; **gwneud** ~**au breision** faire de grands progrès *mpl*; **cymryd** ~ **ymlaen/yn ôl** faire un pas en avant/en arrière.

cam[2] (**-au**) *g* (*anghyfiawnder*) mal *m*, tort *m*; **achub** ~ **rhn** défendre qn, venir à la défense de qn; **ar gam** injustement; **mae wedi cael bai ar gam** on a été injuste envers lui; **gwneud** ~ **â rhn** être injuste envers qn, faire tort à qn, faire du mal à qn, nuire à qn; **gwneud** ~ **â'r gwirionedd** fausser *neu* défigurer la vérite.

cam[3] (**ceimion**) *ans* (*ffon*) courbé(e), crochu(e), tordu(e); **llwybr** ~ sentier *m* tortueux; **mae'r llun yn gam** le tableau est de travers;
♦ **yn gam** *adf* (*cerdded, sefyll*) de travers; (*gwenu*) en grimaçant; **yn gam neu'n gymwys** à tort ou à raison.

camamseriad (**-au**) *g* anachronisme *m*, moment *m* mal choisi; (*dyddiad anghywir*) erreur *f* de date.

camamserol *ans* inopportun(e); (*dyddiad*) erroné(e).

camamseru *ba* faire (qch) à contretemps, choisir le mauvais moment (de faire qch); (*dyddio'n anghywir*) mal dater.

camarfer *ba* abuser (de), mal employer, employer (qch) improprement *neu* abusivement;
♦*g,b* (**-ion**) abus *m*, mauvais emploi *m*, usage *m* impropre *neu* abusif.

camargraff (**-iadau**) *b* mauvaise impression *f*, impression erronée.

camargraffiad (**-au**) *g* faute *f* d'impression, coquille *f*.

camarwain *ba* tromper, induire (qn) en erreur.

camarweiniol *ans* trompeur(trompeuse);
♦ **yn gamarweiniol** *adf* trompeusement.

Cambodia *prb* le Cambodge *m*; **yng Nghambodia** au Cambodge.

Cambodiad (**Cambodiaid**) *g/b* Cambodgien *m*, Cambodgienne *f*.

Cambodiaidd *ans* cambodgien(ne).

cambren (**-ni**) *g* cintre *m*.

cambrig *g* batiste *f*.

camchwarae *g* déloyauté *f*, sale tour *m*.

camder, **camdra** *g* courbure *f*; (*llwybr*) sinuosité *f*; (*piler*) déjettement *m*.

cam-drefn *b* désordre *m*.

camdrefnu *ba* mal ordonner, mal disposer, mal arranger.

camdreiglo *bg, ba* (GRAM) altérer (qch) incorrectement.

camdreiglad (**-au**) *g* fausse altération *f*.

camdreuliad *g* (*diffyg traul*) indigestion *f*, mauvaise digestion *f*.

camdreulio *ba* (*bwyd*) mal digérer; (*amser*) perdre.

cam-drin *ba* maltraiter; (*yn gorfforol*) brutaliser; (*yn arw*) rudoyer.

camdriniaeth (**-au**) *b* mauvais traitement *m*.

camdro *g* contorsion *f*.

camdroi *ba* défigurer, tordre, contourner.

cam-dyb (~-~**iau**) *b* erreur *f*.

camdybio *bg* se méprendre, se tromper, faire (une) erreur.

camdyngu *bg* prêter un faux serment.

camdyngwr (**camdyngwyr**) *g* parjure *m*.

camdystiolaeth (**-au**) *b* faux témoignage *m*.

camdystiolaethu *bg* (CYFR) faire un faux témoignage.

camdda *b* *gw.* **camfa**.

camddarluniad (**-au**) *g* déformation *f*, présentation *f* déformée.

camddarlunio *ba* mal dépeindre, décrire mal, donner une impression incorrecte de.

camddeall *ba* mal comprendre, ne pas comprendre; **peidiwch â fy nghamddeall i** comprenez-moi bien.

camddealltwriaeth (**-au**) *b* mauvaise interprétation *f*; (*rhwng pobl*) malentendu *m*, méprise *f*.

camddefnydd *g* (*offer*) mauvais usage *m*; (*gair*) usage impropre; (*talentau*) mauvais emploi *m*, abus *m*; (*awdurdod, cyffuriau, alcohol*) abus.
camddefnyddio *ba* mal employer; (*offer*) faire mauvais usage de; (*awdurdod, cyffuriau, alcohol*) abuser de.
camddweud *ba* prononcer mal.
camddywediad (**-au**) *g* déclaration *f* inexacte.
camedd (**-au**) *g* courbature *f*; **mae ~ troed uchel ganddo** il a le pied cambré; **~ y gar** le creux *m* du genou.
camel (**-od**) *g* chameau(-x) *m*; **~ benyw** chamelle *f*; **gyrrwr ~** chamelier *m*.
cameleon (**-od**) *g* caméléon *m*.
camelia (**-s, cameliâu**) *g* camélia *m*.
camelion (**-od**) *g* caméléon *m*.
Camelod *prg* (*MYTH*) *capitale légendaire du Roi Arthur*.
camenw (**-au**) *g* appellation *f* impropre.
camenwi *bg* mal nommer.
cameo (**-s**) *g* camée *m*.
camera (**camerâu**) *g* (*i dynnu llun*) appareil-photo *m*; (*ar gyfer ffilmio*) caméra *f*; **~ fideo** caméra vidéo; **~ cyflymder** (*HEDDLU*) ≈ cinémomètre *m*; **dyn ~, dynes gamera** cameraman(cameramen) *m*, caméraman(~s) *m*.
Camerŵn *prb* le Cameroun *m*; **yn y ~** au Cameroun.
Camerwnaidd *ans* camerounais(e).
Camerwniad (**Camerwniaid**) *g/b* Camerounais *m*, Camerounaise *f*.
camesboniad (**-au**) *g* mauvaise interprétation *f*, contresens *m*.
camesbonio *ba* mal interpréter.
camesgor *bg* faire une fausse couche.
camesgoriad (**-au**) *g* fausse couche *f*.
camfa (**camfeydd**) *b* échalier *m*.
camfarn (**-au**) *b* jugement *m* erroné, erreur *f*.
camfarnu *ba* méjuger (de).
camfihafio *bg* (*plentyn*) se tenir mal; (*oedolyn*) se conduire mal, se comporter mal.
camgarchariad (**-au**) *g* détention *f* illégale, séquestration *f*.
camgoel (**-ion**) *b* fausse croyance *f*.
camgoelio *ba, bg* croire faussement.
camgofio *ba* se rappeler mal.
cam-gred (**~-~au**) *b* croyance *f* erronée.
camgyfrif *ba* mal calculer, mal dénombrer, mal énumérer.
camgyhuddiad (**-au**) *g* fausse accusation *f*.
camgyhuddo *ba* accuser (qn) faussement.
camgyhuddwr (**camgyhuddwyr**) *g* faux accusateur *m*.
camgymeriad (**-au**) *g* erreur *f*, faute *f*; **gwneud ~** (*moesol*) faire une faute; (*wrth gyfrif*) faire une erreur; **gwneud ~ ynglŷn â rhn/rhth** se tromper *neu* se méprendre sur le compte de qn/qch.
camgymryd *ba*
1 se tromper de, se méprendre sur; **~ rhn am rn** confondre qn avec qn; **~ rhth am rth arall** prendre qch pour qch d'autre; **mae'n amhosibl ~ y llais yna** il est impossible de ne pas reconnaître cette voix.
2 (*camddehongli ystyr*) mal interpréter;
♦*bg* se tromper, se méprendre, faire erreur; **os nad wyf yn ~** si je ne me trompe pas.
camhysbysu *ba* mal renseigner.
camisol (**-au**) *g* caraco *m*.
camlas (**camlesi, camlesydd**) *b* canal *m*.
Camlod *prg gw.* **Camelod.**
camleoli *ba* mal placer.
camliwio *ba* déformer, mal dépeindre, donner une fausse impression de.
camochri *bg* (*CHWAR*) être hors jeu.
camomil *g,b* camomille *f*; **te ~** infusion *f* de camomille.
camosod *ba* mal ranger, mal placer.
camosodiad (**-au**) *g* mauvais positionnement *m*, déplacement *m*.
camp[1] (**-au**) *b*
1 (*llwyddiant eithriadol*) exploit *m*; **dyna gamp!** quel exploit!; **~ iti wneud yn well!** chiche* que tu fasses *subj* mieux!, je te parie que tu fasses *subj* mieux!; **y Gamp Lawn** le grand chlem *m*; **tan gamp** formidable, excellent(e), admirable.
2 (*CHWAR*) épreuve *f*; **gwneud ~au** faire des acrobaties.
camp[2] (**-iau**) *g gw.* **gwersyll.**
campfa (**campfeydd**) *b* gymnase *m*.
campio[1] *bg* (*prancio*) folâtrer, gambader.
campio[2] *bg gw.* **gwersylla.**
campus *ans* magistral(e)(magistraux, magistrales), génial(e)(géniaux, géniales), accompli(e), parfait(e), splendide, formidable, excellent(e); **~!** bravo!;
♦ **yn gampus** *adf* magistralement, génialement, parfaitement, splendidement, formidablement, admirablement.
campwaith (**campweithiau**) *g* chef-d'œuvre(~s-~) *m*.
campwr (**campwyr**) *g* (*cystadleuydd*) concurrent *m*, concurrente *f*; (*arwr*) champion *m*, championne *f*; **y prif gampwyr** les principaux concurrents, les principaux challengeurs *mpl*.
campwraig (**campwragedd**) *b* (*cystadleuydd*) concurrente *f*; (*arwres*) championne *f*.
campws (**campysau**) *g* campus *m*.
camre *g* (*cerddediad*) allure *f*; (*camau*) pas *mpl*; **prysuro ~** hâter le pas; **cyfeirio'ch ~ i rywle** se diriger vers un endroit.
camri *g* (*PLANH*) camomille *f*; **~'r cŵn** camomille puante, maroute *f*.
camsefyll *bg* (*CHWAR*) être hors-jeu.
camsyniad (**-au**) *g gw.* **camgymeriad.**
camsynied, camsynio *bg gw.* **camgymryd.**
camsyniol *ans* erroné(e); **mae hynny'n gamsyniol** on se trompe là-dessus, ça c'est

une erreur;
♦ **yn gamsyniol** *adf* erronément, en erreur.
camu *bg* faire un pas; ~ **ymlaen/yn ôl** faire un pas en avant/en arrière; ~ **i ganol rhth** pénétrer à grands pas dans qch; ~ **oddi ar rth** descendre de qch; ~ **dros rth** enjamber qch; ~ **allan o** sortir de; **camodd i mewn i'r ystafell** il est entré dans la salle (à grands pas).
camwedd (**-au**) *g* (*CYFR*) injustice *f*; (*CREF*) transgression *f*, péché *m*, iniquité *f*.
camweddog *ans gw.* **camweddus**.
camweddu *bg* (*CYFR*) faire une injustice, commettre une infraction, transgresser; (*CREF*) commettre un péché *neu* une iniquité.
camweddus *ans* inique;
♦ **yn gamweddus** *adf* iniquement.
camweddwr (**camweddwyr**) *g* (*CREF*) pécheur *m*.
camweddwraig (**camweddwragedd**) *b* (*CREF*) pécheresse *f*.
camweithio *bg* fonctionner mal.
camwri *g* tort *m*, injustice *f*.
camymddwyn *bg* (*plentyn*) se tenir mal; (*oedolyn*) se conduire mal, se comporter mal.
camymddygiad *g* mauvaise conduite *f*, mauvais comportement *m*, écarts *mpl* de conduite.
camystum (**-iau**) *g* posture *f* inconfortable.
camystyr (**-on**) *b* contresens *m*.
can[1] *g* (*blawd*) farine *f*.
can[2] (**-iau**) *g* (*i ddal dŵr, olew, llaeth*) bidon *m*; ~ **o gwrw** canette *f* de bière; **banc ~iau** benne *f* de dépôt de canettes.
can[3] *ans* cent; ~ **diolch** merci mille fois, un grand merci *gw. hefyd* **cant**.
cân[1] (**caneuon**) *b* chanson *f*; (*aderyn*) chant *m*; (*LLEN*) poème *m*, poésie *f*, chant; ~ **serch** chanson d'amour; **rho gân i ni!** chante-nous qch!; **llyfr caneuon** chansonnier *m*; **taro** ~ se mettre à chanter; **dawns a chân** chanson dansée; **cyfansoddwr caneuon** auteur *m* de chansons, compositeur *m* de chansons; **cyfansoddwraig caneuon** compositrice *f* de chansons; **aderyn** ~ oiseau(-x) *m* chanteur; ~ **werin** chanson folklorique; **diwedd y gân yw'r geiniog** ça revient à une question d'argent.
cân[2] *be gw.* **canu**.
Canaan *prb* Chanaan *m*; **yng Nghanaan** au Chanaan.
Canaanead (**Canaaneaid**) *g/b* Chananéen *m*, Chananéenne *f*.
Canaaneaidd *ans* chananéen(ne).
canabis *g* cannabis *m*; **resin** ~ résine *f* de cannabis.
Canada *prb* le Canada *m*; **o Ganada** du Canada, canadien(ne); **yng Nghanada** au Canada.
Canadaidd *ans* canadien(ne).
Canadiad (**Canadiaid**) *g/b* Canadien *m*, Canadienne *f*.
Canarïas *prll*: **Ynysoedd y** ~ les îles *fpl* Canaries; **yn Ynysoedd y** ~ aux Canaries.
canclwm *g* (*PLANH*) renouée *f*.
canclwyf *b* (*PLANH*) nummulaire *f*, herbe *f* aux écus.
cancr (**-au**) *g*
1 (*dolur*) ulcère *m*, chancre *m*; (*rhwd*) rouille *f*, corrosion *f*.
2 *gw.* **canser**.
cancro *ba* corroder, ronger;
♦*bg* se corroder; **wedi** ~ corrodé(e).
candi (**-s**) *g* bonbon *m*; ~**-fflos** barbe *f* à papa.
candryll *ans* (*yn dipiau mân*) en éclats, en mille morceaux;
♦ **yn gandryll** *adf*: **gwylltio'n gandryll** s'emporter, devenir fou furieux(folle furieuse), enrager.
caneidrwydd *g* éclat *m*, splendeur *f*, brillant *m*.
caneitio *bg* briller.
caneri (**-s**) *g* canari *m*, serein *m*; **'does dim gobaith ~ ganddo*** il n'a pas la moindre chance.
caneuon *ll gw.* **cân**[1].
canewin *b* (*PLANH*) orpin *m*.
canfas (**-au**) *g* (*CELF, llong, pabell*) toile *f*; (*brodio*) canevas *m*; **dan ganfas** sous la tente; (*llong*) sous voiles; **esgidiau** ~ chaussures *fpl* de toile, espadrilles *fpl gw. hefyd* **cynfas**.
canfasio *ba* (*lle*) faire du démarchage électoral, faire du porte à porte électoral; (*rhn*) solliciter le suffrage de;
♦*bg* solliciter des suffrages; ~ **o dŷ i dŷ** faire du porte à porte politique.
canfasiwr (**canfaswyr**) *g* agent *m* électoral, démarcheur *m* électoral.
canfaswraig (**canfaswragedd**) *b* agent *m* électoral, démarcheuse *f* électorale.
canfed *g* centième *m*;
♦*ans* centième.
canfod *ba* percevoir, s'apercevoir de; (*sylwi*) remarquer.
canfyddadwy *ans* perceptible, apparent(e), sensible, visible;
♦ **yn ganfyddadwy** *adf* perceptiblement, sensiblement, visiblement.
canfyddiad (**-au**) *g* perception *f*.
canfyddol *ans* perceptif(perceptive);
♦ **yn ganfyddol** *adf* perceptivement.
cangarŵ (**-od**) *g* kangourou *m*.
canhwyllarn (**canwyllerni**) *g,b gw.* **canhwyllbren**.
canhwyllau *ll gw.* **cannwyll**.
canhwyllbren (**canwyllbrennau, canwyllbrenni**) *g,b* bougeoir *m*; (*mwy addurnol*) chandelier *m*.
canhwyllwr (**canhwyllwyr**) *g* fabricant *m* de chandelles.
caniad (**-au**) *g* (*ffôn*) coup *m* de téléphone *neu* de fil; (*sŵn corn: mewn chwarel, ffatri*) bruit *m* de sirène; ~ **ceiliog** le chant *m* du coq; ~ **corn** (*car*) coup de Klaxon; **C~**

Solomon le cantique *m* de Salomon.
caniadaeth *b* psalmodie *f*.
caniatâd *g* permission *f*, autorisation *f*; **rhoi ~ i rn wneud rhth** donner à qn la permission de faire qch, permettre à qn de faire qch; **~ cynllunio** permis *m* de construire.
caniataol *ans* avéré(e); **cymryd rhth yn ganiataol** considérer qch comme avéré *neu* acquis, considérer qch comme allant de soi; **mae'n cymryd gormod o bethau yn ganiataol** il croit que tout lui est dû, il se croit tout permis.
caniatáu *ba* permettre, autoriser; **~ i rn wneud rhth** permettre à qn de faire qch; **ni chaniateir ysmygu** il est interdit de fumer; **os bydd amser yn ~** s'il y a assez de temps; **~ rhth i rn** permettre qch à qn.
canibal (**-iaid**) *g/b* cannibale *m/f*, anthropophage *m/f*.
canibalaidd *ans* de cannibale, anthropophage.
canibales (**-au**) *b* cannibale *f*, anthropophage *f*.
canibaliaeth *b* cannibalisme *m*, anthropophagie *f*.
caniedydd (**-ion**) *g* chantre *m*, chanteur *m*.
canig (**-ion**) *b* chansonnette *f*.
canio *ba* mettre (qch) en conserve.
canlyn *ba* suivre; (*caru*) courtiser, faire la cour à (qn);
♦*bg* (*cariadon*) sortir ensemble; **maen nhw'n ~** ils sortent ensemble; **wyt ti'n ~?** est-ce que tu as un petit ami(une petite amie)? *gw. hefyd* **dilyn**.
canlyniad (**-au**) *g* résultat *m*, conséquence *f*; **o ganlyniad** en conséquence, par conséquent; **o ganlyniad i rth** à la suite de qch.
canlyniadol *ans* résultant(e).
canlynol *ans* suivant(e); **y dydd ~** le lendemain *m*; **y bore ~** le lendemain matin, le matin suivant.
canlynwr (**canlynwyr**) *g* (*CREF*) fidèle *m/f*, disciple *m*; (*CHWAR*) amateur *m*; (*tîm*) supporter *m*.
canlynwraig (**canlynwragedd**) *b* (*CREF*) fidèle *f* *gw. hefyd* **canlynwr**.
canllath *ll* cent yards *m*, ≈ cent mètres;
♦ **ganllath** *adf* ≈ à cent mètres.
canllaw (**-iau**) *g,b* (*ar risiau*) rampe *f*; (*dull o ddefnyddio*) mode *m* d'emploi, conseils *mpl*; **~iau** (*ffig*) instructions *f* générales.
canmil *rhifol* cent mille; **~ gwell** mille fois mieux *neu* meilleure.
canmlwydd *ans*: **~ oed** centenaire.
canmlwyddiant (**canmlwyddiannau**) *g* centenaire *m*.
canmol *ba* louer, faire l'éloge de; **~ rhn am ei waith** complimenter qn sur son travail; **~ rhn i'r cymylau** porter qn aux nues; **eich ~ eich hun** se vanter.
canmoladwy *ans* digne d'éloges, louable, à complimenter;
♦ **yn ganmoladwy** *adf* louablement.
canmoliaeth (**-au**) *b* éloges *mpl*, louanges *fpl*, compliments *mpl*.
canmoliaethus *ans* flatteur(flatteuse), élogieux(élogieuse);
♦ **yn ganmoliaethus** *adf* flatteusement, élogieusement.
cannaid *ans* d'une blancheur éclatante.
cannu *ba* (*gwynnu*) blanchir.
cannwr (**cannwyr**) *g* eau(-x) *f* de Javel, décolorant *m*.
cannwyll (**canhwyllau**) *b*
1 (*o gŵyr*) bougie *f*; (*o wêr*) chandelle *f*; (*mewn eglwys*) cierge *m*; **yng ngolau ~** à la lueur d'une bougie; (*swper*) aux chandelles; **~ llygad** pupille *f*, prunelle *f*; **hi yw ~ fy llygad** (*ffig*) j'y tiens comme à la prunelle de mes yeux; **ni all ddal ~ iddi** (*methu bod cystal â rhn*) il n'arrive pas à sa cheville; **llosgi'r gannwyll yn y ddau ben** brûler la chandelle par les deux bouts.
2 (*jac y lantarn*): **~ corff** feu(-x) *m* follet (des cimetières).
3 (*PLANH*): **~ yr adar** molène *f* commune, cierge *m* de Notre-Dame.
cannwyr (**-au**) *g,b* rabot *m*.
cannydd (**canyddion**) *g* eau(-x) *f* de Javel, décolorant *m*.
canol (**-au**) *g*
1 (*cyff*) centre *m*, milieu(-x) *m*; **~ dydd** midi *m*; **~ nos** (*hanner nos*) minuit *m*; **ganol nos** (*tua 3 neu 4 o'r gloch y.b.*) au milieu de la nuit; **~ oed** un certain âge; **gwraig ganol oed** une femme d'un certain âge, une femme d'entre deux âges; **~ y ffordd** (*GWLEID*) modéré(e); (*cerddoriaeth*) neutre; **y ~ teg** le juste milieu; **ganol fis Mai** à la mi-mai; **~ llonydd** point *m* mort; **~ tref** centre-ville(~s-~s) *m*; **~ cae** milieu du terrain; **yng nghanol ...** au centre de, au milieu de; **'rwyf yn ei chanol hi** (*ffig*) je suis submergé(e) de mon travail; **'rwyf ar ganol fy ngwaith** je suis en train de travailler, je suis au plein milieu de mon travail.
2 (*CORFF: gwasg*) taille *f*; **gwisgai wregys am ei chanol** elle portait une ceinture autour de la taille; **mae hi'n mesur 70cm am ei chanol** elle fait 70cm de tour de taille; **rhoes fraich am ei chanol** il l'a prise par la taille;
♦*ans* (*drws, silff, tŷ*) du milieu; (*maint, taldra, anhawster*) moyen(ne); **dosbarth ~** bourgeois(e); **y dosbarth ~** les classes *fpl* moyennes, la bourgeoisie *f*; **yr Oesoedd C~** le Moyen Âge; **yn y C~ Oesoedd** au Moyen Âge; **y Dwyrain C~** le Proche-Orient, le Moyen-Orient; **pwysau ~** (*BOCSIO*) poids *m* moyen; **bod yn eich 30au ~** avoir environ 35 ans, avoir dépassé une trentaine d'années; **y plentyn ~** (*o dri phlentyn*) le deuxième *neu* second enfant.
canolbarth (**-au**) *g* centre *m*; **C~ Cymru** la

région *f* centrale du pays de Galles; **C~ America** l'Amérique *f* centrale; ~ **Lloegr** la région des Midlands (*au centre de l'Angleterre*).
canolbris (**-iau, -oedd**) *g* prix *m* moyen.
canolbwynt (**-iau**) *g* (*man canol*) centre *m*; ~ **y ddadl** l'essentiel *m* de l'argument.
canolbwyntio *bg*: ~ **ar** (*talu sylw*) se concentrer (sur); ~ **ar wneud** s'appliquer à faire; **rhaid imi ganolbwyntio fwy ar fy sillafu** il faut que je me concentre *subj* plus sur l'orthographe;
♦*ba* concentrer.
canoldir (**-oedd**) *g* région *f* intérieure; **Môr y C~** la (mer) Méditerranée *f*.
canoldirol *ans* méditerranéen(ne).
canolddydd *g* midi *m*.
canolfain *ans* à la taille fine *neu* fluette.
canolfan (**-nau**) *g,b* centre *m*; ~ **ddydd** centre d'accueil; ~ **gadw** centre d'éducation surveillée; ~ **groeso** Office *m* de Tourisme, Syndicat *m* d'initiative; ~ **gwaith** agence *f* pour l'emploi; **Canolfan Gynghori** *Bureau d'aide sociale*; ~ **gymuned** centre de loisirs; ~ **hamdden** centre sportif *neu* de loisirs; ~ **siopa** centre commercial.
canolfur (**-iau**) *g* mur *m* de séparation.
canolfys (**-edd**) *g* médius *m*, doigt *m* du milieu, doigt majeur.
canolffo *ans* centrifuge.
canolgyrch *ans* centripète.
canoli *ba* centraliser.
canolig *ans* moyen(ne); (*gweddol*) modéré(e), médiocre, indifférent(e); **mae e'n ganolig iawn** (*sâl*) il est très souffrant; **o faint** ~ de taille moyenne;
♦ **yn ganolig** *adf* moyennement, médiocrement, modérément *gw. hefyd* **canol**.
canoloesol *ans* médiéval(e)(médiévaux, médiévales), moyenageux(moyenageuse).
canolog *ans* central(e)(centraux, centrales);
♦ **yn ganolog** *adf* centralement.
canolradd, **canolraddol** *ans* intermédiaire; (*cyrsiau ysgol*) de niveau moyen.
canolrif (**-au**) *g* (*MATH*) médiane *f*.
canolwr (**canolwyr**) *g* (*pêl-droed*) demi-centre *m*; (*ar gyfer ffurflen gais*) répondant *m*, répondante *f*; (*cymodwr*) intermédiaire *m/f* (entre), médiateur *m*, médiatrice *f*; (*MASN*) intermédiaire.
canon[1] (**-iaid**) *g* (*CREF*) chanoine *m*.
canon[2] (**-au**) *g* (*gwn*) canon *m*.
canon[3] (**-au**) *g* (*cân*) canon *m*.
canonaidd *ans* canonique, canonial(e)(canoniaux, canoniales);
♦ **yn ganonaidd** *adf* canoniquement, canonialement.
canoneiddiad (**-au**) *g* canonisation *f*.
canoneiddio *ba* canoniser.
canopi (**canopïau**) *g* baldaquin *m*, dais *m*.
canplyg *ans* centuple.
canpunt *ll* cent livres *fpl* (sterling).
canpwys (**-au, -i**) *g* = 50.8kg, cent livres *fpl*.
canradd *ans* centigrade.
canraddol *ans* par pourcentage.
canran (**-nau**) *b* pourcentage *m*; **yn ôl y ganran** au pourcentage.
canrannol *ans* par pourcentage.
canri *b gw.* **canrhi**.
canrif (**-oedd**) *b* siècle *m*; **yn yr ugeinfed ganrif** au vingtième siècle; **ers ~oedd** depuis des siècles.
canrhi *b* (*PLANH*) centaurée *f*.
cans *cys gw.* **canys**.
cansen (**-ni, câns**) *b*
1 (*gwialen*) trique *f*, verge *f*, baguette *f*; **rhoi'r gansen i rn** (*mewn ysgol*) fouetter qn.
2 (*bambŵ*) canne *f*; ~ **siwgr** canne à sucre; **siwgr câns** sucre *m* de canne.
canser (**-au**) *g* cancer *m*; ~ **y fron/yr ysgyfaint** cancer du sein/du poumon.
canserachosol *ans* cancérigène.
canseraidd, **canserus** *ans* cancéreux(cancéreuse).
canslad (**-au**) *g* annulation *f*; (*trenau*) suppression *f*; (*twristiaeth*) réservation *f* annulée, client *m* qui s'est décommandé.
canslo *ba* (*cyff*) annuler; (*rhaglen deledu*) déprogrammer; (*apwyntiad*) décommander; (*trên*) supprimer.
cant (**cannoedd**) *rhifol*
1 cent *m*; **dau gant** deux cents; **dau gant ac un** deux cent un; **tri chant o ddynion** trois cents hommes; **tri chant a hanner o ddynion** trois cent cinquante hommes; ~ **o lyfrau** cent livres; **hanner cant** cinquante, une cinquantaine *f*; **rhyw gant o bobl** une centaine de personnes; **cannoedd o bobl** des centaines de gens *neu* de personnes; **y** ~ pour cent; **gostyngiad o 20 y** ~ une réduction de 20 pour cent; **maent yn dod yn eu cannoedd** ils viennent par centaines; ~ **y** ~ cent pour cent; **'rwyf gant y ~ yn sicr** je suis absolument certain(e); **cafodd gant allan o gant** il a eu cent sur cent; **bod yn gywir gant y** ~ avoir raison à cent pour cent; **mae ~ ac un o ffyrdd o wneud hynna** il y a mille façons de faire cela; **hen gant*** (*hen ddyn*) vieillard *m*, croulant *m*.
2 (*pwysau*) = 50.8kg, cent livres *fpl*;
♦*ans*: **can punt** cent livres (sterling); **bod yn gant oed** être centenaire.
cantafod *g* (*PLANH*) pariétaire *f*.
cantel (**-au**) *g*: ~ **het** rebord *m* d'un chapeau; ~ **cwch** virure *f*, lisse *f*.
cantigl (**-au**) *b* cantique *m*.
cantîn (**cantinau**) *g* cantine *f*, réfectoire *m*.
canton (**-au**) *g* (*GWEIN*) canton *m*.
cantor (**-ion**) *g* chanteur *m*; (*mewn cabare ayb*) chansonnier *m*.
cantores (**-au**) *b* chanteuse *f*; (*mewn cabare ayb*) chansonnière *f*.

cantref (-i) *g* canton *m*.
cantro *ans* centuple.
cantroed *g, ans* (*hefyd:* **neidr gantroed**) mille-pattes *m inv*.
cantwr (**cantorion**) *g gw.* **canwr**.
canu *ba* chanter; (*cloch*) sonner; (*offeryn cerdd*) jouer de, chanter; ~ **piano** jouer du piano; ~ **telyn** pincer de la harpe; ~ **corn** klaxonner; ~ **grwndi** ronronner; ~ **clod i rn** faire les louanges de qn; **cân di bennill mwyn i'th nain, fe gân dy nain i tithau** un petit service en vaut un autre; **mae hynna'n ~ cloch** ça me rappelle qch, ça me dit qch; ~ **offeren** dire la messe;
♦*bg* chanter; (*cloch*) tinter, sonner, retentir, carillonner; (*cloch drws, ffôn*) sonner; (*tegell*) siffler; (*barddoni*) faire de la poésie; **mae fy nghlustiau'n** ~ les oreilles me tintent *neu* me bourdonnent; **mae hi wedi ~ arnom ni** c'en est fait de nous, nous sommes fichu(e)s; **~'n iach i** dire au revoir *neu* adieu à;
♦*g* le chant *m*; **cythraul** ~ la discorde *f*; ~ **gwlad** musique *f* country; ~ **pop** musique pop; ~ **Aneirin** la poésie d'Aneirin; **'roedd y ~'n dda** on chantait bien.
canŵ (-au) *g* canoë *m*; (*yn Affrica*) pirogue *f*; (CHWAR) canoë-kayac *m*; **mynd mewn** ~ aller en canoë *neu* canoë-kayac; (*yn Affrica*) aller en pirogue; **aethant i lawr yr afon mewn** ~ ils ont descendu la rivière en canoë.
canwaith: **ganwaith** *adf* cent fois, mille fois, maintes fois, plusieurs fois.
canŵio *bg* faire du canoë-kayac.
canŵiwr (**canŵ-wyr**) *g* canoéiste *m/f*.
canwr (**canwyr, cantorion**) *g* chanteur *m*; (*mewn cabare*) chansonneur *m*; (*offeryn*) joueur *m*; ~ **opera** chanteur d'opéra.
canwraidd *b* (PLANH) centinode *f*, sanguinaire *f*, renouée *f*.
canwriad (**canwriaid**) *g* centurion *m*.
canwyllbrennau, **canwyllbrenni** *ll gw.* **canhwyllbren**.
canys *cys* car.
caolin *g* kaolin *m*.
caos *g* chaos *m*.
cap (-iau) *g*
1 (*am eich pen*) casquette *f*; (*nofio*) bonnet *m* de bain.
2 (*caead, top: pin ysgrifennu*) capuchon *m*; (*potel*) capsule *f*.
3 (*gwn*) amorce *f*.
4 (CHWAR): **cael ~ dros eich gwlad** être sélectionné(e) pour l'équipe nationale.
capan (-au) *g*
1 *gw.* **cap**.
2: ~ **drws** linteau(-x) *m* d'une porte.
capel (-i, -au) *g* (*Protestannaidd*) temple *m*; (*Catholig*) chapelle *f*; **mynd i'r** ~ aller à l'office, aller à la chapelle *neu* au temple; **wyt ti'n mynd i'r ~ ynteu i'r eglwys?** tu es nonconformiste ou anglican(e)?
capela *bg* aller au temple, aller à l'office.
capelwr (**capelwyr**) *g* pratiquant *m*, membre *m* d'un temple.
capelwraig (**capelwragedd**) *b* pratiquante *f*.
capio *ba*
1 (*rhoi caead ar: potel*) capsuler.
2 (*dewis*) selectionner; **mae hi wedi cael ei chapio i chwarae dros Gymru** elle a été sélectionnée pour jouer pour le pays de Galles.
caplan (-iaid) *g* aumônier *m*.
caplandy (**caplandai**) *g* aumônerie *f*.
caplaniaeth (-au) *b* aumônerie *f*.
caprysen (**caprys**) *b* (PLANH, COG) câpre *f*.
capsen (**caps**) *b* amorce *f*.
capsiwl (-au) *g* capsule *f*.
capsiwn (**capsiynau**) *g* (*mewn papur newydd*) légende *f*.
capstan (-au) *g* cabestan *m*; (*turn*) tour *f* revolver.
capteinio *ba* commander, être le capitaine de.
capten (-iaid, **capteiniaid**) *g* capitaine *m*.
capwllt (**capylltiaid**) *g* chapon *m*.
capwrn (**capyrniaid**) *g* chapon *m*.
car (**ceir**) *g* voiture *f*, auto *f*; **mynd mewn** ~ aller en voiture *neu* en auto; ~ **rasio** voiture de course; ~ **llusg** traîneau(-x) *m*, luge *f*; ~ **codi** *ou* **cebl** téléphérique *m*; ~ **codi to** voiture décapotable; ~ **stad** break *m*; ~ **tair olwyn** voiture à trois roues; ~ **clatsio** auto tamponneuse.
câr[1] (**ceraint**) *g* (*perthynas*) (proche) parent *m*, (proche) parente *f*; (*cyfaill*) ami *m*, amie *f*.
câr[2] *be gw.* **caru**.
carafán (**carafanau**) *b* caravane *f*; (*sipsiwn*) roulotte *f*; **maes carafanau** camping *m* pour caravanes.
carafanio *bg* faire du caravaning *neu* caravanage.
carafaniwr (**carafanwyr**) *g* caravanier *m*, caravanière *f*.
caráff (**caraffau**) *g* carafe *f*; (*bychan*) carafon *m*.
caramel *g* (COG) caramel *m*.
carameleiddio *ba* (COG) caraméliser;
♦*bg* se caraméliser.
caraoce *g* karaoke *m*.
carat (-au) *g*: **aur 18** ~ or *m* à 18 carats.
carate *g* karaté *m*.
carbohydrad (-au) *g* hydrate *m* de carbone.
carbon *g* carbone *m*; ~ **deuocsid** dioxyde *m* de carbone, gaz *m* carbonique; **copi** ~ carbone *m*; (*ffig*) réplique *f*; **papur** ~ (papier *m*) carbone; **rhuban** ~ ruban *m* de carbone; ~ **14** datation *f* au carbone 14.
carbonedig *ans* (*diod*) gazeux(gazeuse).
carbwl *ans* confus(e), incompréhensible, embrouillé(e); (*iaith*) mauvais(e); **mewn Ffrangeg** ~ en mauvais français; **siarad Ffrangeg** ~ parler français comme une vache

espagnole;
♦ **yn garbwl** *adf* de façon incompréhensible, de façon confuse.
carbwradur (**-on**) *g* carburateur *m*.
carco *bg* (*bod yn ofalus*) veiller, faire attention;
♦*ba* (*gofalu am*) garder.
carcus *ans gw.* **gofalus**.
carchar (**-au**) *g*
1 prison *f*; **yn y** ~ en prison; **cael** ~ **am oes** être condamné(e) à la réclusion criminelle à perpétuité.
2: ~ **defaid** entraves *fpl* de moutons.
3: ~ **dŵr** (*MEDD*) dysurie *f*; **mae** ~ **dŵr arnaf** je suis dysurique.
carchardy (**carchardai**) prison *f*.
carchariad (**-au**) *g* emprisonnement *m*, détention *f*, réclusion *f*.
carcharor (**-ion**) *g* prisonnier *m*; **y** ~ **dan siars** l'accusé *m*, l'accusée *f*; **cymryd rhn yn garcharor** faire qn prisonnier(prisonnière); ~ **rhyfel** prisonnier de guerre; **gwersyll** ~**ion** camp *m* de prisonniers.
carcharores (**-au**) *b* prisonnière *f*.
carcharu *ba* mettre (qn) en prison.
carcharwisg (**-oedd**) *b* vêtement *m* de prisonnier.
cardbord *g* carton *m*;
♦*ans*: **bocs** ~ boîte *f* en carton.
carden (**cardiau**) *b gw.* **cerdyn**.
Cardi (**-s**) *g* natif(native) *m/f* du Ceredigion.
cardigan (**-au**) *b* cardigan *m*.
cardinal (**-iaid**) *g* cardinal(cardinaux) *m*;
♦*ans* cardinal(e)(cardinaux, cardinales).
cardio *ba* carder.
cardiofasgwlaidd *ans* cardio-vasculaire.
cardioleg *b* cardiologie *f*.
cardiolegydd (**cardiolegwyr**) *g* cardiologue *m/f*.
cardod (**-au**) *b* aumône *f*; **rhoi** ~ **i rn** faire l'aumône à qn; **gofyn** ~ mendier.
cardota *bg, ba* mendier; **trwy gardota** en mendiant.
cardoteïaeth *b* mendicité *f*.
cardotes (**-i, -au**) *b* mendiante *f*.
cardotyn (**cardotwyr**) *g* mendiant *m*.
cardyn (**cardiau**) *g gw.* **cerdyn**.
caredig *ans* gentil(le), aimable, généreux(généreuse), bon(ne); **bod yn garedig wrth anifeiliaid** bien traiter les animaux; **calon garedig** un bon cœur *m*; **bod yn garedig tuag at** *ou* **wrth rn** être gentil(le) avec qn *neu* envers qn; **a fyddech garediced â?** auriez-vous la gentillesse *neu* l'amabilité *neu* l'obligeance de?; **mae hynny'n garedig iawn ar eich rhan** c'est très aimable à vous;
♦ **yn garedig** *adf* aimablement, avec bonté, avec gentillesse.
caredigrwydd *g* bonté *f*, gentillesse *f*, amabilité *f*.
caregan (**caregos**) *b* caillou(-x) *m*.
caregl (**-au**) *g* calice *m*.
caregog *ans* pierreux(pierreuse), rocailleux(rocailleuse), caillouteux(caillouteuse).
caregos *ll* cailloux *mpl*.
caregu *ba* pétrifier;
♦*bg* se pétrifier.
carennydd *g* parenté *f*;
♦*ll* parents *mpl*.
carfan (**-au**) *b* (*GWLEID*) faction *f*; (*CHWAR*) contingent *m*.
carfil (**-odd**) *g* (*ADAR*) pingouin *m*.
cargo (**-au**) *g* (*llong*) cargaison *f*; (*lorri*) chargement *m*.
cariad[1] *g* (*teimlad*) amour *m*; ~ **tuag at** amour pour; **bod/syrthio mewn** ~ **â rhn** être/tomber amoureux(amoureuse) de qn, s'éprendre de qn; ~ **ar yr olwg gyntaf** coup *m* de foudre; **llawer o gariad at y plant** (*mewn llythyr*) bons baisers *mpl* aux enfants; **ffilm gariad** film *m* d'amour; **anfon eich** ~ **at rn** adresser ses amitiés à qn; **perthynas cas a chariad** rapport *m* ambigu; **llafur** ~ travail *m* fait par plaisir; **mae mam yn anfon ei chariad** maman t'embrasse.
cariad[2] (**-on**) *g/b* (*rhn a gerir*) amoureux *m*, amoureuse *f*, amant *m*, amante *f*, petit ami *m*, petite amie *f*; (*wrth gyfarch gŵr, gwraig, cariad*) mon amour *m*, mon chéri *m*, ma chérie *f*.
cariadfab (**cariadfeibion**) *g gw.* **cariadlanc**.
cariadferch (**-ed**) *b* amoureuse *f*, amante *f*, petite amie *f*.
cariadlanc (**-iau**) *g* amoureux *m*, amant *m*, petit ami *m*.
cariadlawn, **cariadlon** *ans* plein(e) d'amour, affectueux(affectueuse);
♦ **yn gariadlon** *adf* affectueusement.
cariadol *ans* d'amour, amoureux(amoureuse); **bywyd** ~ vie *f* sentimentale, vie d'amour, vie amoureuse, vie affective.
cariadus *ans* affectueux(affectueuse), affectionné(e);
♦ **yn gariadus** *adf* affectueusement.
cariadwraig (**cariadwragedd**) *b* amante *f*, maîtresse *f*.
Caribî *prg*: **Môr y** ~ la mer *f* des Antilles *neu* des Caraïbes; **yn y** ~ aux Antilles; **Ynysoedd y** ~ les Antilles, les îles Caraïbes.
Caribïad (**Caribïaid**) *g/b* Antillais *m*, Antillaise *f*.
Caribïaidd *ans* antillais(e).
caridym* (**-s**) *g* canaille *f*, habitant *m* des bas quartiers, habitante *f* des bas quartiers; ~**s** racaille *f*.
cario *ba* porter; (*cludo*) transporter; (*clecs, straeon*) rapporter; ~**'r dydd** l'emporter, gagner la victoire;
♦*bg* (*sŵn*) porter.
carioci *g* Karaoke *m*.
carisma *g* charisme *m*.
carismatig *ans* charismatique, séduisant(e),

plein(e) de magnétisme;
♦ **yn garismatig** *adf* de façon charismatique *neu* séduisante.
cariwr (**-s, cariwyr**) *g* transporteur *m*; (*lorri*) camionneur *m*; (*MEDD: haint*) porteur *m*, porteuse *f*; **C~ Dŵr** (*ASTROL*) le Verseau *m*.
carlam (**-au**) *g* galop *m*; **mynd ar garlam** galoper, aller à toute vitesse, aller au grand galop.
carlamu *bg* galoper.
carlamus *ans* (*ceffyl*) au galop; (*ffig*) galopant(e).
carlwm (**carlymiaid, carlymod**) *g* hermine *f*.
carllyd *ans* amoureux(amoureuse);
♦ **yn garllyd** *adf* amoureusement.
carmon (**carmyn**) *g* amoureux *m*, amant *m*.
carn[1] (**-au**) *g* (*troed ceffyl*) sabot *m*; (*ar gyllell*) manche *m*; **~ yr ebol** (*PLANH*) tussilage *m*, pas-d'âne *m inv*; **~ tro** vilebrequin *m*; **mae'n Gymro i'r ~** il est gallois jusqu'au bout des ongles; **'does dim ~ i'w stori** son histoire est sans fondement; **troi yn eich ~** se dédire; **cymryd y ~au** s'enfuir, décamper, filer, détaler; **fe aeth nerth ei garnau** il est parti à toute vitesse.
carn[2] (**au**) *b*: **~au o bobl** une foule *f neu* une multitude *f* de gens *gw. hefyd* **carnedd**.
carnasiwn (**carnasiynau**) *g* (*PLANH*) œillet *m*.
carn-butain (**~-buteiniaid**) *b* prostituée *f* éhontée.
carnedd (**-au, -i**) *b* tumulus *m inv*, monticule *m*; **mae'n garnedd o arian** il roule sur l'or.
carneddog *ans* couvert(e) de monticules, rocailleux(rocailleuse).
carn-fradwr (**~-fradwyr**) *g* traître *m* fieffé.
carnifal (**-au**) *g* carnaval *m*.
carn-l(l)eidr (**~-l(l)adron**) *g* maître filou *m*, scélérat *m* achevé, parfait scélérat.
carnog, **carnol** *ans* à sabots.
carol (**-au**) *b,g* chant *m* de Noël.
caroli *bg* chanter.
Carolina *prb* la Caroline *f*; **yng Ngharolina** dans la Caroline.
carolwr (**carolwyr**) *g* chanteur *m*.
carolwraig (**carolwragedd**) *b* chanteuse *f*.
carp[1] (**-iau**) *g* haillon *m*.
carp[2] (**-iaid**) *g* (*PYSG*) carpe *f*; **~ ifanc** carpillon *m*.
Carpathau *prll*: **y ~** les Carpathes *mpl*.
carped (**-i**) *g* tapis *m*; (*o'r naill fur i'r llall*) moquette *f*.
carpedu *ba* recouvrir (qch) d'un tapis, moquetter; (*â blodau ayb*) tapisser.
carpiau *ll* (*dillad wedi treulio*) haillons *mpl*.
carpiog *ans* (*dillad*) en lambeaux, en loques; (*rhn*) en haillons, déguenillé(e).
carrai (**careiau**) *b* lacet *m*; **clymu careiau eich esgidiau** faire ses lacets; **mae dy garrai wedi datod** ton lacet est défait; **tynnu rhth yn gareiau** mettre qch en lambeaux; (*dadl*) démolir qch entièrement.
carreg (**cerrig**) *b* pierre *f*; (*mewn ffrwyth*) noyau(-x) *m*; (*MEDD*) calcul *m*; (*caill*) testicule *m*; **~ fach** caillou(-x) *m*; **cerrig mân** cailloux; **~ fedd** pierre tombale; **~ y drws** seuil *m* de la porte; **tafliad ~** jet *m* de pierre; **o fewn tafliad ~ i** à deux pas de, à un jet de pierre de; **Oes y Cerrig** l'Âge *m* de pierre; **~ yr aelwyd** pierre de la cheminée, sous-âtre(~-~s) *m*; **~ ateb** *ou* **lafar** echo *m*, rappel *m*; **~ filltir** borne *f*; (*ffig*) jalon *m*; **~ galch** pierre à chaux, calcaire *m*; **~ las** ardoise *f*; **~ lorio** dalle *f*; **~ nadd** pierre de taille, grès *m* à bâtir; **tynnu ~ allan o ffrwyth** dénoyauter un fruit; **tŷ cerrig** maison *f* de *neu* en pierre; **wal gerrig** mur de *neu* en pierre, mur en moellon, mur en pierre sèche.
carsinogenig *ans* cancérigène.
cart[1] (**certi, ceirt**) *g* charrette *f*; **bant â'r ~!** allons-y!, en avant!
cart[2] (**-iau**) *b*: **~ achau** arbre *m* généalogique.
cartel (**-au**) *g* cartel *m*.
cartilag (**-au**) *g* (*CORFF*) cartilage *m*.
cartio *ba* transporter, charrier.
cartiwr (**cartwyr**) *g* charretier *m*.
cartograffeg *b* cartographie *f*.
cartograffydd (**cartograffwyr**) *g* cartographe *m*.
carton (**-au**) *g* carton *m*; (*iogwrt*) pot *m* (*en carton*); (*o sigaréts*) cartouche *f*.
cartref (**-i**) *g* foyer *m*, maison *f*, logis *m*, chez soi *m*; (*gwlad*) pays *m* natal, patrie *f*; **cyfeiriad ~** domicile *m* permanent; **dychweliad gartref** retour *m* au bercail; **cyfrifiadur ~** ordinateur *m* domestique; **jam ~** confiture *f* (faite à la) maison; **gwin/cwrw ~** vin *m*/bière *f* maison; **gwaith ~** devoir *m*; **tîm ~** l'équipe *f* qui reçoit; **Ysgrifennydd C~** ministre *m* de l'Intérieur; **Swyddfa Gartref** ministère *m* de l'Intérieur; **~ plant** foyer d'accueil; **~ hen bobl** maison de retraite, foyer *neu* asile *m* de personnes âgées;
♦ **gartref** *adf* chez soi, à la maison; **mi fydda' i gartref drwy'r dydd yfory** je serai chez moi *neu* à la maison toute la journée demain *gw. hefyd* **adref**.
cartrefle (**-oedd**) *g* demeure *f*, domicile *m*; (*hen bobl*) asile *m*.
cartrefol *ans* accueillant(e); (*rhn*) casanier(casanière), simple, peu prétentieux(prétentieuse); (*bwyd, dodrefn*) simple, sans prétention; **gwnewch eich hun yn gartrefol** faites comme chez vous;
♦ **yn gartrefol** *adf* de façon accueillante, de façon peu prétentieuse.
cartrefoldeb *g* simplicité *f* accueillante.
cartrefu *bg* s'installer, se fixer, s'établir;
♦*ba* loger, héberger, installer.
cartŵn (**cartwnau**) *g* (*bywyddarluniau*) dessin *m* animé, film *m* d'animation; (*mewn papur newydd*) dessin humoristique; (*mewn comic*)

bande *f* dessinée; (*dychanol*) caricature *f*.
cartwnydd (**-ion, cartwnwyr**) *g* (*bywddarluniau*) auteur *m* de dessins animés, dessinateur(dessinatrice) *m/f* de films d'animation; (*mewn papur newydd*) dessinateur(dessinatrice) humoristique; (*mewn comic*) auteur de bandes dessinées; (*dychanol*) caricaturiste *m/f*.
Carthago *prb* Carthage.
carthbair (**carthbeiriau**) *g* laxatif *m*.
carthbwll (**carthbyllau**) *g* fosse *f* d'aisance.
carthen (**-ni**) *b* couverture *f*.
carthffos (**-ydd**) *b* égout *m*.
carthffosiaeth *b* système *m* d'égouts.
carthiad (**-au**) *g* purgation *f*; (*GWLEID*) purge *f*.
carthion *ll* vidanges *fpl*.
carthu *ba* purger; ~ **gwddf** s'éclaircir la voix *neu* le gosier, se râcler la gorge.
carthwr (**carthwyr**) *g* vidangeur *m*.
caru *ba* adorer, aimer beaucoup, aimer d'amour; **maen nhw'n ~'i gilydd** ils s'aiment d'amour, ils s'entraiment l'un(e) l'autre; ~ **gwneud rhth** aimer beaucoup qch, adorer faire qch; **maent yn ~ a chasáu ei gilydd yr un pryd** ils s'aiment et se détestent à la fois; ~ **rhn dros eich pen a'ch clustiau** aimer qn follement *neu* à la folie *neu* passionnément; **'roeddwn yn ~'r ffordd y dywedaist ti hynna** j'ai bien aimé la façon dont tu as dit ça;
♦*bg*: **ers pryd maen nhw'n ~?** depuis quand est-ce qu'ils sortent ensemble?; ~ **â rhn** (*yn rhywiol*) faire l'amour à qn.
caruaidd *ans* amoureux(amoureuse), aimant(e), sentimental(e)(sentimentaux, sentimentales); **mynd yn garuaidd** se mettre à roucouler;
♦ **yn garuaidd** *adf* amoureusement.
carw (**ceirw**) *g* cerf *m*; ~ **Llychlyn** renne *m*; ~ **dŵr** (*PRYF*) araignée *f* d'eau.
carwe *g* carvi *m*.
carwr (**carwyr**) *g* amant *m*, amoureux *m*; (*natur, llyfrau, dysg, rhyddid*) amateur *m*, ami *m*; ~ **eich gwlad** patriote *m/f*; ~ **llyfrau** bibliophile *m/f*; ~ **miwsig** mélomane *m/f*.
carwriaeth (**-au**) *b* liaison *f* amoureuse, amour *m*.
carwriaethau *ll* amours *fpl*.
carwriaethol *ans* amoureux(amoureuse); **bywyd** ~ vie *f* sentimentale.
carwsél (**-au**) *g* manège *m*.
cas[1] *ans*
1 (*rhn*) méchant(e); (*gwrthun*) désagréable, déplaisant(e); (*yn peri casineb*) odieux(odieuse), détestable; (*aroglau*) dégoûtant(e), désagréable, écœurant(e); (*briw, anaf*) mauvais(e), vilain(e); (*tywydd*) affreux(affreuse); **troi'n gas** (*sefyllfa*) mal tourner; (*tywydd*) se gâter; (*rhn*) devenir méchant(e); **mae hynny'n fusnes** ~ c'est une sale affaire.
2 (*heb fod yn hoffi*): **bod yn gas gennych rth** détester qch; **mae'n gas gen i ...** je déteste ...; **mae'n gas gen i gaws** j'ai horreur du fromage; **'roedd yn gas ganddi feddwl am y peth** il lui répugnait d'y penser.
3 (*edifeiriol*): **mae'n gas gen i ddweud, ond ...** je regrette *neu* je suis désolé(e) d'avoir à dire, mais ....
4 (*anodd*) difficile;
♦ **yn gas** *adf* méchamment; (*ymddwyn, siarad, chwerthin*) d'une façon désagréable; **edrychodd yn gas arnaf** elle m'a regardé d'une manière désagréable;
♦*g* haine *f*, détestation *f* (de qch), aversion *f* (pour qch); **rhoi ~ ar rn** prendre qn en aversion.
cas[2], **câs** (**casys**) *g* (*mawr*) caisse *f*, boîte *f*; (*sbectol, ffidil, sigârs*) étui *m*; (*camera, oriawr*) boîtier *m*; ~ **sbectol/sigaréts** étui à lunettes/à cigarettes; ~ **llyfr** couverture *f* d'un livre; ~ **pensiliau** trousse *f* (d'écolier), trousse (à crayons); ~ **gobennydd** taie *f* d'oreiller; **'roedd hi mewn ~ cadw da** elle avait bonne mine.
Casacstan *prb* le Kazakhstan *m*.
casáu *ba* détester, haïr, abhorrer; **maen nhw'n ~ ei gilydd** ils se détestent; ~ **rhn am wneud rhth** en vouloir à qn de qch *neu* d'avoir fait qch; ~ **gwneud rhth** avoir horreur de faire qch, détester (de) faire qch; **mae hi'n ~ cael ei chywiro** elle a horreur qu'on la corrige *subj*; **byddwn yn ~ iddo gael ei anwybyddu** je n'aimerais pas du tout qu'il se sente *subj* exclu; **ymgyrch** ~ campagne *f* d'incitation à la haine.
casäwr (**casawyr**) *g* ennemi *m*, celui qui déteste ...
casawraig (**casawragedd**) *b* ennemie *f*, celle qui déteste ...
casbeth (**-au**) *g* bête *f* noire.
caseg (**cesig**) *b* jument *f*; ~ **eira** grosse boule *f* de neige; ~ **fagu** (jument) poulinière *f*; ~ **forter** (*teclyn i gario morter neu friciau*) oiseau(-x) *m*, auge *f*, hotte *f*; ~ **y (d)drycin** *ou* **yr eira** (*ADAR*) litorne *f*.
caserol (**-au**) *g* (*llestr*) cocotte *f*; (*y bwyd*) ragoût *m* en cocotte.
caserolio *ba* faire cuire (qch) en cocotte *neu* à la cocotte.
casét (**-iau**) *g* cassette *f*; (*CERDD*) musicassette *f*; ~ **fideo** vidéo (cassette) *f*; **dec ~iau** platine *f* à cassettes; **chwaraewr ~iau** lecteur *m* de cassettes; **recordydd ~iau** magnétophone *m* à cassettes; ~ **sain** audiocassette *f*; **recordio rhth ar gasét** enregistrer qch sur cassette; **bod ar werth/gael ar gasét** être vendu(e)/disponible en cassette.
casged (**-au**) *b* coffret *m*, boîte *f*.
casgen (**-ni, casgiau**) *b* tonneau(-x) *m*, fût *m*; (*fawr*) barrique *f*; (*fechan*) baril *m*,

tonnelet *m*.

casgennaid (**casgeneidiau**) *b* plein tonneau(-x) *m*, pleine barrique *f*.

casgliad (**-au**) *g*
1 (*o stampiau ayb*) collection *f*.
2 (*gwybodaeth, ffeithiau*) rassemblement *m*; ~ **post** levée *f* du courrier.
3 (*mewn capel ayb*) collecte *f*, quête *f*.
4 (*MEDD*) abcès *m*.
5 (*detholiad: o farddoniaeth ayb*) recueil *m*.
6 (*ar ôl ystyried ffeithiau, dadleuon*) conclusion *f*; **dod i'r** ~ ... conclure que ...

casgliadol *ans* déductif(déductive);
♦ **yn gasgliadol** *adf* de façon déductive.

casglu *ba*
1 (*hel, tynnu ynghyd*) rassembler, recueillir, réunir; ~ **pethau at ei gilydd** assembler des objets; ~ **(arian) at achos da** faire une collecte *neu* une quête pour une bonne œuvre; **mae'n eitem werth ei chasglu** c'est une pièce de collection.
2 (*fel hobi ayb: gwybodaeth*) accumuler, rassembler; (*:llofnodion, enwau*) recueillir; (*:stampiau*) collectionner, faire collection de, faire de la philatelie *f*.
3 (*mynd i nôl, mofyn*) prendre; (*sbwriel*) ramasser; **~'r post, ~'r llythyrau** lever le courrier; **daw'r bws i gasglu'r plant** le bus viendra prendre les enfants;
♦*bg*
1 (*MEDD: crawni*) suppurer.
2 (*dod i benderfyniad*) conclure.

casglwr (**casglwyr**) *g* collectionneur *m*, collectionneuse *f*; (*trethi*) percepteur *m*; (*rhent, arian*) encaisseur *m*, encaisseuse *f*; ~ **sbwriel** éboueur *m*.

cashiw *ans*: **cneuen gashiw** noix *f* de cajou.

Cashmir *prb* le Cachemire *m*; **yng Nghashmir** au Cachemire; **gwlanen c~** cachemire *m*.

casin (**-au**) *g* revêtement *m*, protecteur *m*, protectrice *f*; (*teiar*) enveloppe *f*; (*teleffon, camera*) boîtier *m*; (*gerflwch*) carter *m*; (*drws, ffenestr*) chambranle *m*.

casineb (**-au**) *g* (*ffyrnig*) haine *f* (de), détestation *f* (de), aversion *f* (pour), horreur *f* (de); **trwy gasineb** par haine; **llythyrau** ~ lettres *fpl* d'injures.

casino (**-s**) *g* casino *m*.

casio *ba* relier.

casnach *g* peluches *fpl*, duvet *m* d'étoffe.

casog (**-au**) *b* soutane *f*.

Caspia *prb*: **Môr** ~ la mer Caspienne.

cast[1] (**-iau**) *g* (*tric*) farce *f*, attrape *f*, ruse *f*, astuce *f*, tour *m*, blague *f*; (*twyll*) mystification *f*, canular *m*; (*consuriwr*) tour de passe-passe; (*arferiad*) habitude *f*, manie *f*, tic *m*; **chwarae ~ ar rn** faire une farce à qn, mystifier qn; **anodd tynnu ~ o hen geffyl** ce n'est pas à son âge que l'on apprend de nouveaux trucs.

cast[2] *g* (*THEATR*) distribution *f*; **aelodau o'r** ~ les acteurs *mpl*, les comédiens *mpl*.

cast[3] (**-au**) *g* (*dosbarth*) classe *f* sociale, caste *f*.

castan (**-au**) *b* châtaigne *f*; (*lliw*) châtain *m*; **gwallt lliw** ~ cheveux *mpl* châtains; **gwallt lliw ~ golau** cheveux châtain-clair *inv*; **coeden gastan** châtaignier *m*; **cneuen gastan** châtaigne.

castanet (**-s, -au**) *g,b* castagnettes *fpl*.

castanwydden (**castanwydd**) *b* (*coeden gastan*) châtaignier *m*.

castell (**cestyll**) *g* château(-x) *m*, château fort(~-~s), forteresse *f*; (*gwyddbwyll*) tour *f*; ~ **gwynt** château gonflable (*pour enfants*).

castellog *ans* (*mur*) crénelé(e); (*gwlad*) plein(e) de châteaux.

Castîl *prb* la Castille *f*; **yng Nghastîl** en Castille; **sebon** ~ savon *m* blanc.

Castilaidd *ans* castillan(e).

Castileg *b,g* castillan *m*;
♦*ans* castillan(e).

Castiliad (**Castiliaid**) *g/b* Castillan *m*, Castillane *f*.

castin (**-au**) *g* pièce *f* fondue.

castio[1] *ba* (*THEATR*) distribuer les rôles de; **castiwyd hi i chwarae rhan Siwan** on lui a donné le rôle de Siwan, elle a été choisie pour jouer le rôle de Siwan.

castio[2] *ba* (*metel*) couler.

castiog *ans* (*ceffyl ayb*) fantasque, capricieux(capricieuse); (*rhn*) plaisantin(e), blagueur(blagueuse), rusé(e), fin(e), retors(e), astucieux(astucieuse), malin(maligne)(maline*); **un bach ~ ydyw!** c'est un petit plaisantin *neu* blagueur!

castor[1] (**-au**) *g* (*olwyn*) roulette *f*.

castor[2] *g* ricin *m*; **olew** ~ huile *f* de ricin.

caswir *g*: **dweud y ~ wrth rn** dire à qn ses quatre vérités.

cat (**-au**) *g* morceau(-x) *m*.

cataid (**cateidiau**) *g* pleine pipe *f* de tabac.

Catalanaidd *ans* catalan(e).

Catalaneg *b,g* catalan *m*;
♦*ans* catalan(e).

Catalaniad (**Catalaniaid**) *g/b* Catalan *m*, Catalane *f*.

catalog (**-au**) *g* catalogue *m*.

catalogio *ba* cataloguer.

catalogydd (**-ion**) *g* cataloguiste *m/f*.

Catalwnia *prb* la Catalogne *f*; **yng Nghatalwnia** en Catalogne.

catalydd (**-ion**) *g* catalyseur *m*.

catalytig *ans* catalytique.

catamarán (**catamaranau**) *g,b* catamaran *m*.

catapwlt (**catapyltiau**) *g* catapulte *f*.

catâr *g* rhume *m* chronique, catarrhe *m*.

Catâr *prb* le Qatar *m*; **yng Nghatâr** au Qatar.

cataract (**-au**) *g* cataracte *f*.

Cataraidd *ans* qatarien(ne).

Catariad (**Catariaid**) *g/b* Qatarien *m*, Qatarienne *f*.

cateceisio *ba* catéchiser.
cateceisiwr (**cateceiswyr**) *g* catéchiste *m*.
catecism (**-au**) *g* catéchisme *m*.
categoreiddiad (**-au**) *g* catégorisation *f*.
categoreiddio *ba* classer (qch) par catégories.
categori (**categorïau**) *g* catégorie *f*.
catel *g* bétail *m*, bestiaux *mpl*.
catffwl (**catffyliaid**) *g* idiot *m*, imbécile *m*.
catod (**-au**) *g* (*FFIS*) cathode *f*.
catodig *ans* (*FFIS*) cathodique.
catrawd (**catrodau**) *b* régiment *m*.
Catrin *prb* Catherine *f*; ~ **Fawr** La Grande Catherine; **olwyn Gatrin** soleil *m* (*feu d'artifice*).
catrodol *ans* régimentaire, d'un *neu* du régiment.
catwad (**-au**) *g* chutney *m*.
cath (**-od**) *b* chat *m*, chatte *f*; ~ **frech** chat tigré; ~ **fach** chaton *m*, petit chat; ~ **fôr** raie *f*; **mynd fel ~ i gythraul** aller à un train d'enfer; **gollwng y gath o'r cwd** vendre la mèche; **llygad** ~ (*ar ffordd*) cataphote *m*; **teulu'r ~od** les félins *mpl*.
cathaidd *ans* félin(e).
cathderica *bg* miauler.
cathl (**-au**) *b* air *m*, mélodie *f*.
cathlu *bg* chanter, gazouiller.
Catholig (**-ion**) *g/b* (*CREF*) catholique *m/f*; ♦*ans* catholique.
Catholigiaeth *b* catholicisme *m*.
catholigrwydd *g* catholicité *f*.
cau[1] *ba* fermer; (*gwregys, mwclis*) boutonner; (*twll*) boucher; **~'r drws/siop** fermer la porte/le magasin; ~ **careiau eich esgidiau** faire ses lacets; ~ **pen y mwdwl** conclure, terminer; **~'ch ceg** (*tewi*) se taire; ~ **dy geg!** tais-toi!;
♦*bg* (*caead, drws*) se fermer; (*siop*) fermer; (*gwregys, mwclis, sgert*) s'attacher; **mae'r siop yn ~ am 5** le magasin ferme à 5 heures; **mae'r siop wedi** ~ le magasin est fermé; **mae'r ffatri'n ~ ar ôl y Nadolig** (*am byth*) l'usine ferme définitivement après Noël.
cau[2] *ans* (*gwag oddi mewn*) creux(creuse); (*ffig: ffug*) faux(fausse); ~ **broffwyd** faux prophète *m*.
'cau *ba gw.* **nacáu, gwrthod**.
Cawcasaidd *ans* caucasien(ne).
Cawcasws *prg*: **y** ~ le Caucase *m*.
cawci (**cawcïod**) *g* choucas *m*.
cawdel *g* salmigondis *m*, fatras *m*, méli-mélo(~s-~s) *m*.
cawell (**cewyll**) *g* (*basged*) panier *m*; (*ffrwythau*) corbeille *f*; (*ar gyfer adar*) cage *f*; (*ar gyfer saethau*) carquois *m*; (*ar gyfer cimychiaid*) casier *m*; ~ **baban** berceau(-x) *m*; **cael** ~ (*cael siom*) être déçu(e); **cael ~ gan eich cariad** (*ffig*) être planté(e) là, être laissé(e) en plan (par votre ami(e)).
cawg (**-iau**) *g* cruche *f*.
cawio *ba*: ~ **pluen** (*PYSG*) monter une mouche.
cawl (**-iau**) *g* (*cyff*) soupe *f*, potage *m*; (*mwy penodol: lobsgows*) bouillon *m* de viande et de légumes; **cegin gawl** soupe populaire; **llwy gawl** cuiller *f neu* cuillère *f* à soupe; **bod yn y** ~ être dans le pétrin*; **gwneud ~ o rth** saboter qch, bousiller qch*.
cawlach *g* salmigondis *m*, fatras *m*, méli-mélo(~s-~s) *m*; **gwneud ~ o rth** saboter qch, bousiller* qch.
cawlio* *bg* (*hefyd:* ~ **lan**: *drysu*) s'embrouiller.
cawnen (**cawn**) *b* (*PLANH*) roseau(-x) *m*.
cawod (**-ydd**) *b* (*o law*) averse *f*; (*o wynt*) rafale *f*; (*ar gyfer ymolchi*) douche *f*; **~ydd Ebrill** ≈ les giboulées *fpl* de mars; **cael** ~ prendre une douche, se doucher.
cawodi *bg*: **'roedd hi'n** ~ il tombait des averses.
cawodlyd, **cawodog** *ans* pluvieux(pluvieuse).
cawr (**cewri**) *g* géant *m*.
cawraidd *ans* gigantesque, énorme.
cawres (**-au**) *b* géante *f*.
caws (**-iau**) *g* fromage *m*; ~ **colfran** fromage blanc (*lait caillé égoutté*); ~ **llwyd** *ou* **glas** fromage bleu; ~ **hufen** fromage à la crème; ~ **wedi'i drin** *ou* **brosesu** fromage fondu en tranches; ~ **ar dost** fromage sur canapé; ~ **llyffant** champignon *m*; ~ **pob** (*ar dost*) fondue *f* au fromage sur canapé; **bwrdd** ~ plateau(-x) *m* à fromages; (*â chaws arno*) plateau de fromages; **teisen** *ou* **cacen gaws** tarte *f* au fromage; **mae rhyw ddrwg yn y** ~ (*ffig*) il y a anguille sous roche.
cawsai[1] (**cawseiau**) *g,b* (*sarn*) chaussée *f* surélevée.
cawsai[2] *be gw.* **cael**.
cawsiog *ans* caillé(e).
cawsionyn (**-nau**) *g* cheeseburger *m*.
cawsu *bg* se cailler.
C.B.A.C. *byrf* (= *Cyd-bwyllgor Addysg Cymru*) *administration f qui gère les affaires scolaires au pays de Galles.*
C.C. *byrf* (= *Cyn Crist*) av. J.-C. (= avant Jésus-Christ).
ccc *byrf* (= *cwmni cyhoeddus cyfyngedig*) société *f* à responsabilité limitée.
CCC *byrf* (= *Cyngor Celfyddydau Cymru*) *organisme m encourageant les activités culturelles au pays de Galles.*
C.D. *byrf* (= *Cryno-Ddisg*) (disque *m*) compact *m*, CD *m*; **chwaraewr** ~ platine *f* laser.
CD-ROM *byrf* CD-ROM *m*, disque *m* optique compact.
C.D.T. *byrf* (= *Crefft, Dylunio a Thechnoleg*) EMT (= Enseignement *m* manuel et pratique).
cebab (**-s**) *g* kébab *m*.
cebl (**-au**) *g* câble *m*; **teledu** ~ télévision *f* par câble; **anfon** ~ câbler, télégraphier; **car** ~ téléphérique *m*; **rheilffordd** ~ funiculaire *m*.
cebystr (**-au**) *g* laisse *f*, attache *f*; **be'**

gebyst'! que diable!, que diantre!
cêc *g* (AMAETH) tourteau(-x) *m*.
cecian *bg* balbutier.
cecran, **cecru** *bg* (*ffraeo, cweryla*) se chamailler, se disputer.
cecrus *ans* querelleur(querelleuse);
♦ **yn gecrus** *adf* de façon querelleuse.
cedoren (**cedor**) *b* (*hefyd:* **blew cedor**) poils *mpl* pubiques.
cedorfa *b* pubis *m*.
cedrwydden (**cedrwydd**) *b* cèdre *m*.
cedyrn *ll* géants *mpl*.
cefn (**-au**) *g* (*rhn, anifail*) dos *m*; (*llaw*) dos, revers *m*; (*tŷ*) derrière *m*, arrière *m*; (*car, trên*) arrière; (*cadair*) dossier *m*; ~ **gwlad** campagne *f*; ~ **gwlad Ffrainc** la France profonde; ~ **llwyfan** coulisses *fpl*; **tu** ~ derrière; **wrth gefn** en réserve; **asgwrn** ~ colonne *f* vertébrale, épine *f* dorsale; **hi yw asgwrn** ~ **y mudiad** c'est sur elle que repose l'organisation; **stryd gefn** rue *f* écartée; **drws** ~ porte *f* de derrière; **bod yn gefn i rn** soutenir qn; **troi** ~ **ar rth/rn** déserter *neu* abandonner qch/qn; **fe fydd yn dda gennyf weld ei chefn hi** je serai content(e) d'être débarrassé(e) d'elle *neu* de la voir partir; **torri** ~ **gwaith** faire le gros d'un travail; **cael eich** ~ **atoch** recharger ses accus; **mae'r tŷ â'i gefn at y ffordd** la maison donne par derrière sur la route, l'arrière de la maison donne sur la route; **poen yn y** ~ maux *mpl* de reins; **enllibion yng nghefn rhn** médisances *fpl*; **gyrrwr sedd gefn** passager(passagère) *m/f* qui donne des conseils au conducteur; **nofio ar y** ~ dos *m* crawlé; **mae hi'n nofio ar ei chefn** elle nage le dos crawlé, elle nage sur le dos; **yng nghefn eich meddwl** au fond de soi, dans son for intérieur; **gefn nos** au milieu *neu* au plus profond de la nuit; **gefn dydd golau** en plein jour.
cefndedyn *g* mésentère *m*.
cefnder (**cefndryd**) *g* cousin *m*.
cefndeuddwr (**cefndeuddyfroedd**) *g* ligne *f* de partage des eaux.
cefndir (**-oedd**) *g* arrière-plan *m*, fond *m*; **yn y** ~ à l'arrière-plan *m*, au fond; **cerddoriaeth gefndir** musique *f* de fond; **darllen am gefndir testun** faire de la lecture générale sur un sujet.
cefndirol *ans* de fond.
cefnen (**-nau**) *b* crête *f*, arête *f*.
cefnfor (**-oedd**) *g* océan *m*.
cefnforol *ans* océanique.
cefnffordd (**cefnffyrdd**) *b* grand-route *f*, route *f* nationale.
cefngam *ans* bossu(e).
cefngefn: **(yn) gefngefn** *adf* dos à dos.
cefngrwba, cefngrwca, cefngrwm (**cefngrom**) (**cefngrymion**) *ans* bossu(e)
cefnlen (**-ni**) *b* toile *f* de fond.
cefnlu (**-oedd**) *g* réservistes *mpl*.
cefnog *ans* cossu(e), riche, dans l'aisance;
♦ **yn gefnog** dans l'aisance.
cefnogaeth *b* soutien *m*, appui *m*, encouragement *m*; (MASN) soutien financier; ~ **gref** ferme soutien; **diffyg** ~ manque *m* de soutien; **mae cryn gefnogaeth i'r streicwyr** les grévistes bénéficient du soutien d'une grande partie de la population; **nid oes llawer o gefnogaeth i'r cam hwn** il y a peu de gens favorables à cette mesure; **mae** ~ **i'r blaid yn cynyddu** le parti a de plus en plus de partisans.
cefnogi *ba* soutenir; (*dull, ymarfer*) encourager, être partisan(e) de; (CHWAR: *tîm ayb*) être pour; ~ **rhn trwy wneud rhth** aider *neu* soutenir qn en faisant qch; **pa dîm wyt ti'n ei gefnogi?** tu es supporter de quelle équipe?, quelle équipe supportes-tu?
cefnogol *ans* encourageant(e), favorable; (*ffrind, teulu*) qui est d'un grand soutien; (*agwedd*) positif(positive);
♦ **yn gefnogol** *adf* (*ymddwyn*) de façon très positive *neu* encourageante; **siaradodd yn gefnogol am yr argymhelliad** il a parlé en faveur de la recommandation.
cefnogwr (**cefnogwyr**) *g* partisan *m*; (GWLEID) sympathisant *m*; (CHWAR) supporter *m*; (*edmygydd*) fan* *m*, fana* *m*, admirateur *m*; (*noddwr*) sponsor *m*.
cefnogwraig (**cefnogwragedd**) *b* partisane *f*; (GWLEID) sympathisante *f*; (CHWAR) supporter *m*; (*edmygwraig*) fan* *m*, fana* *f*, admiratrice *f*; (*noddwraig*) sponsor *m*.
cefnu *bg*: ~ **ar** abandonner, déserter.
cefnwlad *b* arrière-pays *m inv*.
cefnwr (**cefnwyr**) *g* (CHWAR: *rygbi, pêl-droed*) arrière *m*.
cefnysgrifio *ba* (*siec*) endosser.
ceffyl (**-au**) *g* cheval(chevaux) *m*; ~ **broc** (cheval) rouan *m*; ~ **gwedd** cheval de trait; ~ **gwinau** (cheval) alezan *m*; ~ **pwn** cheval de charge; ~ **rasio** cheval à course; ~ **siglo** cheval à bascule; ~**au bach (ffair)** manège *m* de chevaux de bois; **mynd ar gefn** ~ monter à cheval; **mae arni wastad eisiau bod yn geffyl blaen** (*yn bwysig*) elle veut toujours être le chef.
ceffylaidd *ans* chevalin(e).
ceg (**-au**) *b* bouche *f*; (*safn: anifail*) gueule *f*; (*potel*) goulot *m*; (*agoriad: ogof ayb*) orifice *m*, entrée *f*; (*aber*) estuaire *f*; ~ **fawr** grande gueule; **hen geg** bavard *m*, bavarde *f*; **cau dy geg!*** ferme la bouche!*, tais-toi!, ferme-la!*, tu vas la fermer!*; **agor** ~ (*dylyfu gên: wedi blino*) bâiller.
cega *bg* gueuler*, se disputer, se chamailler; ~ **ar rn** crier après qn, engueuler* qn; **maen nhw'n** ~ **pob munud** ils sont toujours en train de se disputer *neu* de se chamailler.
cegaid (**cegeidiau**) *b* bouchée *f*.
cegddu *g* (PYSG) colin *m*, merlu *m*,

merluche *f*.
cegfawr *ans* (*cegrwth*) bouche bée *f inv*; (*cegog*) fort(e) en gueule*, braillard(e)*.
cegiden (**cegid**) *b* (*PLANH*) ciguë *f*.
cegin (**-au**) *b* cuisine *f*; ~ **gefn** *ou* **fach** arrière-cuisine *f*; ~ **orau** salon *m*; ~ **gawl** soupe *f* populaire; ~ **osod** cuisine intégrée; **sinc** ~ évier *m*; **uned gegin** élément *m* de cuisine; **llestri** ~ vaisselle *f*; **offer** ~ ustensiles *mpl* de cuisine, batterie *f* de cuisine.
cegoer *ans*: **yn gelain gegoer** raide mort(e).
cegog *ans* fort(e) en gueule*, braillard(e)*;
♦ **yn gegog** *adf* bruyamment.
cegolch *g* eau *f* dentifrice.
cegrwth *ans* bouche bée *f inv*, hébété(e);
♦ **yn gegrwth** *adf* bouche bée, d'un air hébété.
cegrythu *bg* rester bouche bée; ~ **ar rn** regarder qn bouche bée *neu* d'un air hébété.
cegyr *ll gw.* **cegiden**.
cengl (**-au**) *b* sangle *f*; (*rholyn o edafedd*) écheveau(-x) *m*.
cenglog *ans* (*ceffyl*) sanglé(e); (*edafedd*) en écheveaux.
cenglu *ba* (*ceffyl*) sangler; (*edafedd*) torcher.
cei[1] (**-au, -oedd**) *g* quai *m*.
cei[2] *be gw.* **cael**.
ceian (**-au**) *b* (*PLANH*) œillet *m*.
ceibio *ba* piocher.
ceibiwr (**ceibwyr**) *g* piocheur *m*, terrasseur *m*.
ceibren (**-ni**) *b* poutre *f*.
ceidwad (**ceidwaid**) *g*
1 gardien *m*, gardienne *f*; **y C~** (*CREF*) le Sauveur *m*.
2 (*PLANH*) sauge *f*.
ceidwadaeth *b* (*GWLEID*) conservatisme *m*.
ceidwadol *ans* conservateur(conservatrice); **y Blaid Geidwadol** le Parti conservateur;
♦ **yn** ~ *adf* de façon conservatrice.
Ceidwadwr (**Ceidwadwyr**) *g* conservateur *m*.
Ceidwadwraig (**Ceidwadwragedd**) *b* conservatrice *f*.
ceifn (**-aint**) *g* arrière-cousin *m*.
ceifnes (**-au**) *b* arrière-cousine *f*.
ceiliagwydd (**-au**) *g* jars *m*.
ceiliog (**-od**) *g* coq *m*; (*aderyn gwryw*) mâle *m*; ~ **ffesant** faisan *m*; ~ **hwyaden** canard *m* (mâle); ~ **y gwynt** girouette *f*; ~ **y rhedyn** sauterelle *f*; ~ **ar ei domen ei hun** roi *m* de la basse-cour.
ceiliogi *ba* côcher, couvrir.
ceiliogyn (**ceiliogod**) *g* jeune coq *m*.
ceilysen (**ceilys**) *b gw.* **ceilysyn**.
ceilysyn (**ceilys**) *g* quille *f*; **chwarae ceilys** jouer aux quilles.
ceillgwd (**ceillgydau**) *g* scrotum *m*.
ceilliau *ll gw.* **caill**.
ceimion *ll gw.* **cam**[3].
ceinciau *ll gw.* **cainc**.
ceincio *bg* se ramifier.
ceinciog *ans* (*coeden*) ramifié(e), bronchu(e); (*darn o goed*) noueux(noueuse).
ceindeg *ans* élégant(e), beau[bel](belle)(beaux, belles);
♦ **yn geindeg** *adf* élégamment.
ceinder *g* élégance *f*, beauté *f*.
ceiniog (**-au**) *b* penny(pence, pennies) *m*; **syrthiodd y geiniog** ça a fait tilt*; **fe gostiodd hynny geiniog a dimai** ça a coûté une jolie somme; **rhyw syniad** ~ **a dimai** quelque idée de quatre sous; **yr ochr arall i'r geiniog** le revers de la médaille.
ceinioglys *g* herbe *f* aux écus.
ceiniogwerth *b* la valeur *f* d'un penny.
ceinion *ll* beautés *fpl*.
ceintachlyd *ans* ronchon(ne), grognon(ne);
♦ **yn geintachlyd** *adf* en ronchonnant.
ceintachu *bg* rouspéter, ronchonner, grognonner, grognasser.
ceintachwr (**ceintachwyr**) *g* rouspéteur *m*, ronchonneur *m*, grognon *m*.
ceintachwraig (**ceintachwragedd**) *b* rouspéteuse *f*, ronchonneuse *f*, grognonne *f*.
ceinwych *ans* élégant(e), splendide, superbe, magnifique;
♦ **yn geinwych** *adf* élégamment, magnifiquement, splendidement, superbement.
ceir[1] *be gw.* **cael**.
ceir[2] *ll gw.* **car**.
ceirchen (**ceirch**) *b* avoine *f*; **bara ceirch** galette *f* d'avoine; **blawd ceirch** farine *f* d'avoine; **hau eich ceirch gwyllt** jeter sa gourme; **y geirchen goch** montbrétie *f*, tritonie *f*.
ceirchwellt *g* folle avoine *f*.
ceiriosen (**ceirios**) *b* cerise *f*; **coeden geirios** cerisier *m*; ~ **y waun** canneberge *f*.
ceiropractydd (**-ion**) *g* (*meddyg esgyrn*) chiropracticien *m*, chiropracticienne *f*.
ceisiadau *ll gw.* **cais**[1].
ceisio *ba*
1 (*trio*) tâcher de, essayer de, tenter de; ~ **gwneud eich gorau** essayer de faire de son mieux.
2 (*chwilio am, gofyn*): ~ **rhth gan rywun** demander qch à qn; ~ **ateb** chercher une réponse; ~ **cysgod** chercher refuge; **ceisiwch a chwi a gewch** cherchez et vous trouverez;
♦*bg* (*am swydd*) faire une demande d'emploi.
ceisiwr (**ceiswyr**) *g* chercheur *m*, demandeur *m*.
ceiswraig (**ceiswragedd**) *b* chercheuse *f*.
cêl[1] (**celiau**) *g* (*MOR*) quille *f*.
cêl[2] *ans* (*cudd*) caché(e); (*dirgel*) secret(secrète);
♦ **yn gêl** *adf* secrètement.
celain (**celanedd**) *b* cadavre *m*; **yn farw gelain** mort(e) et bien mort(e), raide mort(e); **'roeddwn yn gelain** (*yn chwerthin*) j'étais mort(e) de rire.

celc (**-iau**) *g* (*arian*) magot *m*, trésor *m*, accumulation *f*, argent *m* de réserve, économies *fpl*.
celcio *ba*: ~ **arian** amasser de l'argent.
celf *b* art *m*; ~ **a chrefft** artisanat *m* d'art.
celficyn (**celfi**) *g* (*dodrefnyn*) meuble *m*; (*offeryn*) outil *m*; **celfi llwyfan** (*THEATR*) accessoires *mpl*.
celfydd *ans* (*medrus*) habile, adroit(e); (*hyfedr*) ingénieux(ingénieuse); (*artistig*) artistique;
♦ **yn gelfydd** *adf* habilement, adroitement, ingénieusement; (*yn artistig*) artistiquement.
celfyddgar *ans* artistique;
♦ **yn gelfyddgar** *adf* artistiquement.
celfyddwaith (**celfyddweithiau**) *g gw.* **celfyddydwaith**.
celfyddyd (**-au**) *b* art *m*; **y ~au cain** les beaux-arts *mpl*; **y Celfyddydau** les lettres *fpl*; **myfyriwr yn y Celfyddydau** étudiant *m* en lettres; **myfyrwraig yn y Celfyddydau** étudiante *f* en lettres; **Baglor yn y Celfyddydau** (*gradd*) diplôme *m* universitaire de lettres; (*rhn graddedig*) ≈ licencié(e) *m/f* ès lettres; **y gelfyddyd ddu** la science *f* occulte.
celfyddydol *ans* artistique;
♦ **yn gelfyddydol** *adf* artistiquement.
celfyddydwaith (**celfyddydweithiau**) *g* œuvre *f* d'art, ouvrage *m* artistique, œuvre artistique, objet *m* d'art.
celgar *ans* secret(secrète), cachottier(cachottière);
♦ **yn gelgar** *adf* secrètement, de façon cachottière.
celpan *b* claque *f*.
Celt (**-iaid**) *g* Celte *m*.
Celtaidd *ans* celte, celtique; **iaith Geltaidd** langue *f* celtique.
Celteg *b,g* celtique *m*;
♦*ans* celtique.
Celtes (**-au, -i**) *b* Celte *f*.
celu *ba*: ~ **rhth rhag rhn** cacher qch à qn.
celwydd (**-au**) *g* mensonge *m*; **dweud ~au** mentir; ~ **golau** pieux mensonge; ~ **noeth** pur mensonge; **mae'n palu ~au** il ment comme il respire.
celwyddast (**celwyddeist**) *b* menteuse *f*.
celwyddgar *ans* menteur(menteuse).
celwyddgast (**celwyddgeist**) *b gw.* **celwyddast**.
celwyddgi (**celwyddgwn**) *g* menteur *m*.
celwyddog *ans* (*rhn*) menteur(menteuse); (*ffeithiau*) mensonger(mensongère), faux(fausse);
♦ **yn gelwyddog** *adf* mensongèrement, faussement.
celwyddwr (**celwyddwyr**) *g gw.* **celwyddgi**.
celyd *ans ll gw.* **caled**.
celynnen (**celyn**) *b* houx *m*.
celynnog *adf* couvert(e) de houx.
cell (**-oedd**) *b* (*cyff*) cellule *f*; (*TRYD, CEM*) élément *m*; ~ **wedi'i phadio** cellule capitonnée, cabanon *m*; ~ **y grog** cellule des condamnés.
celli (**cellïau**) *b* bosquet *m*.
cello (**-s**) *g* (*soddgrwth*) violoncelle *m*.
cellog *ans* cellulaire.
cellraniad (**-au**) *g* (*BIOL*) division *f* cellulaire.
cellwair (**cellweiriau**) *g* badinage *m*, plaisanterie *f*, blague *f*;
♦*bg* plaisanter, badiner.
cellweiriwr (**cellweirwyr**) *g* plaisantin *m*, farceur *m*.
cellweirus *ans* badin(e), farceur(farceuse);
♦ **yn gellweirus** *adf* en plaisantant.
cemeg (**-au**) *b* chimie *f*.
cemegol *ans* chimique;
♦ **yn gemegol** *adf* chimiquement.
cemegydd (**-ion**) *g* (*gwyddonydd*) chimiste *m/f*.
cemegyn (**cemegion**) *g* produit *m* chimique.
cemist (**-iaid**) *g gw.* **fferyllydd, fferyllfa**.
cemotherapi *g* chimiothérapie *f*.
cen (**-nau**) *g* (*ar bysgodyn*) écaille *f*; (*yn y gwallt*) pellicules *fpl*; ~ **y cerrig** *ou* **y coed** lichen *m*.
cenadwri (**cenadwrïau**) *b* message *m*, nouvelle *f*.
cenau (**cenawon**) *g* (*anifail ifanc*) petit *m*; (*dyn drygionus*) escroc *m*, gredin *m*; (*bachgen drygionus*) coquin *m*, petit vaurien *m*, garnement *m*; **y ~ lwcus!** sacré veinard!*.
cenawes (**-au**) *b* (*anifail ifanc*) petite *f*; (*merch ddrwg*) salope** *f*, garce** *f*, vaurienne *f*; ~ **fach** (*annwyl*) petite coquine *f*; **y genawes lwcus** sacrée veinarde!*.
cenedl (**cenhedloedd**) *b*
1 nation *f*; **o ba genedl ydych chi?** de quelle nationalité êtes-vous?; **y Cenhedloedd Unedig** les Nations unies; **Corff y Cenhedloedd Unedig** l'Organisation des Nations unies (l'O.N.U.).
2 (*GRAM*) genre *m*.
cenedlaethol *ans* national(e)(nationaux, nationales); **anthem genedlaethol** hymne *m* national; **Cwricwlwm C~** programme *m* d'enseignement obligatoire (en GB); **gwasanaeth cenedlaethol** (*MIL*) service *m* militaire; **gwasg genedlaethol** presse *f* nationale; **gwisg genedlaethol** costume *m* national; **llyfrgell genedlaethol** bibliothèque *f* nationale; **parc** ~ parc *m* national; **y Gwarchodlu C~** milice *f* de volontaires; **y Gwasanaeth Iechyd C~** service *m* national de santé; **Yswiriant C~** ≈ Securité *f* Sociale;
♦ **yn genedlaethol** *adf* du point de vue national; (*ar draws y wlad*) dans le pays tout entier, partout dans le pays.
cenedlaetholdeb *g* nationalisme *m*.
cenedlaetholgar *ans* patriotique, nationaliste;
♦ **yn genedlaetholgar** *adf* patriotiquement, du point de vue nationaliste.

cenedlaetholi *ba* nationaliser;
♦*g* nationalisation *f*.
cenedlaetholwr (**cenedlaetholwyr**) *g* nationaliste *m*.
cenedlaetholwraig (**cenedlaetholwragedd**) *b* nationaliste *f*.
cenedl-ddyn (~-~**ion**) *g* gentil *m*.
cenedlgarol *ans* patriotique;
♦ **yn genedlgarol** *adf* patriotiquement.
cenedlgarwch *g* patriotisme *m*.
cenedligrwydd *g* statut *m* national.
cenel (**-au**) *g* (*cwt*) niche *f*; (*llety cŵn*) chenil *m*.
cenfaint (**cenfeintiau**) *b*: ~ **o foch** un troupeau(-x) *m* de cochons, une troupe *f* de cochons.
cenfigen (**-nau**) *b* jalousie *f*; (*eiddigedd*) envie *f*; **â chenfigen** jalousement, avec envie.
cenfigennu *bg*: ~ **wrth rn** être jaloux(jalouse) *neu* envieux(envieuse) de qn; ~ **wrth gyfoeth rhn** jalouser *neu* envier les richesses de qn.
cenfigennus *ans* jaloux(jalouse), envieux(envieuse); **gwneud rhn yn genfigennus** rendre qn jaloux(jalouse); **bod yn genfigennus o rn** envier (qch) à qn, jalouser qn;
♦ **yn genfigennus** *adf* jalousement, avec envie, envieusement.
cenhadaeth (**cenadaethau**) *b* mission *f*.
cenhades (**cenadesau**) *b* missionnaire *f*.
cenhadol *ans* missionnaire;
♦ **yn genhadol** *adf* en missionnaire, en mission.
cenhadu *bg* (CREF) aller en mission (*auprès de qn*).
cenhadwr (**cenhadwyr, cenhadon**) *g* missionnaire *m*.
cenhedlaeth (**cenedlaethau**) *b* génération *f*.
cenhedliad (**cenedliadau**) *g* conception *f*.
cenhedlig *ans* éthnique;
♦ **yn genhedlig** *adf* éthniquement.
cenhedloedd *ll gw.* **cenedl**.
cenhedlu *ba* (*plentyn*) concevoir, procréer, engendrer; (*teimladau*) susciter, provoquer, engendrer.
cenhinen (**cennin**) *g* poireau(-x) *m*; ~ **Bedr** jonquille *f*; ~ **syfi** ciboulette *f*, civette *f*, cive *f*; ~ **y brain** jacinthe *f* des bois.
Cenia *prb* le Kenya *m*; **yng Nghenia** au Kenya.
Ceniad (**Ceniaid**) *g/b* Kenyen *m*, Kenyenne *f*.
Ceniaidd *adf* kenyen(ne).
cenllif (**-oedd**) *g* déluge *m*.
cenllysgen (**cenllysg**) *b* grêlon *m*; **cenllysg** grêle *f*; **mae hi'n bwrw cenllysg** il grêle.
cennad[1] (**cenhadau, cenhadon**) *g/b* (*negesydd*) messager *m*, messagère *f*.
cennad[2] (**cenhadau**) *b* (*neges*) message *m*; (*caniatâd*) autorisation *f*, permission *f*; **gyda'ch** ~ avec votre permission.
cennin *ll gw.* **cenhinen**.
cennog *ans* (*pysgodyn*) écailleux(écailleuse); (*carreg*) couvert(e) de lichen; (*gwallt*) pleins de pellicules.
cennyn (**cennau**) *g* (*pysgodyn*) écaille *f*.
centilitr (**-au**) *g* centilitre *m*.
centimetr (**-au**) *g* centimètre *m*.
cer *be gw.* **mynd**.
cêr *g,b gw.* **gêr**.
ceraint *ll* (*teulu*) parents *mpl*; (*cyfeillion*) amis *mpl*, amies *fpl*.
cerameg *b* céramique *f*.
ceramig *ans* céramique.
cerbyd (**-au**) *g* véhicule *m*; (*enfawr*) engin *m*; (*car*) voiture *f*; (*bws*) autocar *m*, car *m*; (*â cheffyl*) diligence *f*, coche *m*; ~ **trên** wagon *m*, voiture; ~ **bwyta** wagon-restaurant *m*; ~ **cysgu** couchette *f*; ~ **hacni** fiacre *m*; ~ **lansio** fusée *f* de lancement; **i mewn i'r** ~**!** en voiture!; **llond** ~ **o ymwelwyr** un car entier *neu* plein de touristes; ~ **nwyddau trwm** poids *m* lourd (P.L.); **"dim** ~**au"** "interdit à la circulation", "circulation interdite"
cerbydol *ans* de véhicules, de voitures.
cerbydwr (**cerbydwyr**) *g* cocher *m*.
cerdinen (**cerdin**) *b* sorbier *m*.
cerdyn (**cardiau**) *g*
1 (*cyff*) carte *f*; ~ **adnabod** carte d'identité; ~ **agor** (*allwedd*) carte magnétique; ~ **cofnodi** fiche *f*; ~ **crafu** jeu(-x) *m* de grattage; ~ **credyd** carte de crédit; ~ **electronig** carte à puce; ~ **ffôn** télécarte *f*; ~ **Nadolig** carte de Noël; ~ **penblwydd** carte d'anniversaire; ~ **post** carte postale; **ffôn cardiau** téléphone *m* à cartes; **tyllydd cardiau** perforatrice *f* de cartes; **cardiau chwarae** cartes à jouer; **chwarae** ~**iau** jouer aux cartes; **gêm gardiau** jeu de cartes; **chwarae gêm o gardiau** faire une partie de cartes; **bwrdd chwarae cardiau** table *f* de jeu; **tric cardiau** tour *m* de cartes; **mynegai ar gardiau** fichier *m*; **cael eich** ~**iau** (*diswyddo*) être renvoyé(e) *neu* licencié(e), être mis(e) à la porte; **rhoi eich** ~**iau ar y bwrdd** (*dweud yn agored*) jouer cartes sur la table, annoncer ses couleurs.
2 (*cymeriad gwreiddiol*) original(originaux) *m*.
cerdd (**-i**) *b* (*barddoniaeth*) poésie *f*, poème *m*; (*cerddoriaeth*) musique *f*; ~ **dant** *contre-chant m en gallois à l'accompagnement de la harpe*; ~ **dafod** poésie, l'art *m* poétique.
cerdded *bg* aller à pied, marcher; (*mynd am dro*) se promener, faire un tour; ~ **adref** rentrer à pied; **mae'n waith 10 munud o gerdded o'r fan yma** c'est à 10 minutes de marche d'ici, c'est à 10 minutes à pied; ~ **ar draws rhth** traverser qch; ~ **yn gyflym** marcher d'un pas rapide; ~ **ymlaen yn gyflym** s'avancer rapidement; ~ **heb redeg** aller au pas, ne pas courir; **ni allaf gerdded**

fel y gallaswn je n'ai plus les jambes d'autrefois; **rhaid dysgu ~ cyn rhedeg** il ne faut pas brûler les étapes, on apprend petit à petit; **mae hi'n ~ yn ei chwsg** elle est somnambule; **~ i lawr y stryd** descendre la rue à pied; **~ i fyny'r stryd** monter *neu* remonter la rue à pied; **cerddai yn ôl ac ymlaen** il marchait *neu* se promenait de long en large, il faisait les cent pas; **beth am i ni fynd i gerdded ychydig?** si nous faisions quelques pas?, si nous marchions un peu?; ♦*ba*: **mae'n cerdded 5km pob dydd** il fait 5km (de marche) à pied chaque jour.

cerddediad *g* (*dull o gerdded*) allure *f*, démarche *f*, façon *f* de marcher; (*cam*) pas *m*; **'roeddwn yn ei adnabod ar ei gerddediad** je l'ai reconnu à sa démarche *neu* à sa façon de marcher *neu* à son allure.

cerddgar *ans* mélomane.

cerddinen (**cerddin**) *b* sorbier *m*.

cerddor (**-ion**) *g* musicien *m*.

cerddores (**-au**) *b* musicienne *f*.

cerddorfa (**cerddorfeydd**) *b* orchestre *m*; ~ **symffoni** orchestre symphonique; **trefnu cerddoriaeth ar gyfer** ~ orchestrer un morceau de musique.

cerddorfaol *ans* (*cyngerdd, cerddoriaeth*) orchestral(e)(orchestraux, orchestrales), symphonique; (*offeryn, offerynnwr*) d'orchestre.

cerddoriaeth *b* musique *f*; ~ **bop** musique pop; ~ **siambr** musique de chambre.

cerddorol *ans* musical(e)(musicaux, musicales); (*rhn*) musicien(ne), mélomane; (*melodaidd*) mélodieux(mélodieuse); ♦ **yn gerddorol** *adf* musicalement, mélodieusement.

cerddwr (**cerddwyr**) *g* (*cyff*) marcheur *m*; (*mewn tref*) piéton *m*; (*un sy'n mynd heibio*) passant *m*; **ardal cerddwyr** zone *f* piétonne *neu* piétonnière; **stryd cerddwyr** rue *f* piétonne *neu* piétonnière.

cerddwraig (**cerddwragedd**) *b* marcheuse *f*; (*mewn tref*) piétonne *f*; (*un sy'n mynd heibio*) passante *f*.

cerfddelw (**-au**) *b gw.* **cerflun**.

cerfiad (**-au**) *g* gravure *f*; ~ **ar bren** gravure en bois.

cerfiadaeth *b* sculpture *f*.

cerfiedig *ans* taillé(e).

cerfiedydd (**-ion**) *g* sculpteur *m*.

cerfio *ba* (*pren, carreg*) tailler, sculpter; (*cig*) découper; **cyllell gerfio** couteau(-x) *m* à découper.

cerfiwr (**cerfwyr**) *g* sculpteur *m*.

cerflun (**-iau**) *g* statue *f* (o rn), sculpture *f*.

cerfluniaeth *b* sculpture *f*.

cerflunio *bg* sculpter.

cerflunydd (**cerflunwyr**) *g* sculpteur *m*.

cerfwedd (**-au**) *b* relief *m*.

ceriach *ll gw.* **geriach**.

cerigos *ll* cailloux *mpl*.

ceriwb (**-iaid**) *g* chérubin *m*.

cern (**-au**) *b* bajoue *f*.

cernen (**-au**) *b* gifle *f*, claque *f*.

cernod (**-iau**) *b* gifle *f*, claque *f*.

cernodio *ba* gifler, donner une gifle *neu* une claque à.

Cernyw *prb* la Cornouailles *f* (anglaise); **o Gernyw** de Cornouailles, cornouaillais(e); **yng Nghernyw** en Cornouailles.

Cernywaidd *ans gw.* **Cernywig**.

Cernyweg *b,g* cornique *m*; ♦*ans* cornique.

Cernywiad (**Cernywiaid**) *g/b* Cornouaillais *m*, Cornouaillaise *f*.

Cernywig *ans* cornouaillais(e).

cerosin *g* kérosène *m*.

cerpyn (**carpiau**) *g* (*clwt*) chiffon *m*; (*dilledyn*) vêtement *m*.

cerrig *ll gw.* **carreg**.

cerrynt (**cerhyntau**) *g* (*llif*) courant *m*; ~ **eiledol** courant altérnatif; ~ **union** courant continu.

cert (**-i, ceirt**) *g gw.* **cart**[1].

certiwr (**certwyr**) *g gw.* **cartiwr**.

certwain (**certweiniau**) *b gw.* **cart**[1].

cerwyn (**-i**) *b* cuve *f*, bac *m*.

cerydd (**-on**) *g* reproche *m*, réprimande *f*.

ceryddu *ba* réprimander.

ces[1] *be*(= *cefais*) *gw.* **cael**.

ces[2], **cês** (**cesys**) *g* (*bag teithio*) valise *f*.

ces[3], **cês** (**cesys**) *g* (*cymeriad*) numéro *m*, original(originaux) *m*.

cesail (**ceseiliau**) *b* aisselle *f*; ~ **morddwyd** aine *f*; **cario rhth dan eich** ~ porter qch sous le bras; **fferm yng nghesail y mynydd** ferme nichée *neu* blottie au sein de la montagne.

cesair *ll* grêle *f*; **mae hi'n bwrw** ~ il grêle.

Cesar (**-iaid**) *prg* César *m*; **Iŵl** ~ Jules César.

Cesaraidd *ans*: **toriad** ~ (MEDD) césarienne *f*.

ceseilaid (**ceseileidiau**) *b* brassée *f*.

ceseiren (**cesair**) *b* grêlon *m*.

ceseirio *bg* grêler.

cesig *ll gw.* **caseg**.

cest (**-au**) *b* panse *f*.

cestog *ans* corpulent(e), pansu(e).

cestyll *ll gw.* **castell**.

cetrisen (**cetris**) *b* cartouche *f*.

cetshyp *g* ketchup *m*.

cetyn (**cetynnau**) *g* (*pibell: ysmygu*) pipe *f*; (*darn ceg offeryn*) bec *m*, embouchure *f*.

cethin *ans* vilain(e), sévère; ♦ **yn gethin** *adf* vilainement, sévèrement.

ceubal (**-au**) *g* (*bol*) ventre *m*.

ceubren (**-ni, -nau**) *g* arbre *m* creux.

ceubwll (**ceubyllau**) *g* puits *m*.

ceudod (**-au**) *g* creux *m*, cavité *f*.

ceudwll (**ceudyllau**) *g* caverne *f*.

ceudyllog *ans* plein(e) de cavernes.

ceufad (**-au**) *g* canoë *m*, pirogue *f*.

ceuffordd (**ceuffyrdd**) *b* souterrain *m*,

tunnel *m*.

ceugrwm (**ceugrom**) (**ceugrymion**) *ans* concave.

ceulad (**-au**) *g* coagulation *f*, caillement *m*.

ceulan (**-nau, ceulennydd**) *b* rive *f* cavée.

ceuled *g* (*rennet*) présure *f*; (*llaeth wedi ceulo*) caillot *m*, grumeau(-x) *m*, lait *m* caillé, caillebotte *f*; ~ **lemon** crème *f* de citron.

ceuleden *b* lait *m* caillé.

ceulfraen *g* fromage *m* blanc (*lait caillé égoutté*).

ceulo *ba* cailler;
♦*bg* se cailler.

ceunant (**ceunentydd**) *g* gorge *f*, ravin *m*.

ceuol *ans* creux(creuse), tubulaire, tubulé(e), tubuleux(tubuleuse).

cewc* (**-iau**) *g* (*cipolwg*) coup *m* d'œil, regard *m*; **'does 'da fi fawr o gewc arni** je n'ai pas une très haute opinion d'elle.

cewco *bg* jeter un coup d'œil *neu* un regard (sur).

cewri *ll gw.* **cawr**.

cewyn (**-nau, cawiau**) *g* (*clwt babi*) couche *f*; ~ **papur** couche à jeter, couche-culotte(~s-~s) *f*.

Ceylon *prb* Ceylan *m*; **yn** ~ à Ceylan.

Ceyloniad (**Ceyloniaid**) *g/b* Ceylanais *m*, Ceylanaise *f*, Sri Lankais *m*, Sri Lankaise *f*.

ceyrydd *ll gw.* **caer**.

CFC *byrf*(= *clorofflworocarbon*) CFC (chlorofluorocarbone *m*).

CGC *byrf*(= *Cymhwyster Galwedigaethol Cenedlaethol*) qualification *f* nationale professionnelle (*obtenue par formation continue ou initiale*).

Chile *prb gw.* **Tsile**.

Chilead (**Chileaid**) *g/b gw.* **Tsilead**.

Chileaidd *ans gw.* **Tsileaidd**.

China *prb gw.* **Tsieina**.

Chinead (**Chineaid**) *g/b gw.* **Tsinead**.

ci (**cŵn**) *g*
1 (*ANIF*) chien *m*; ~ **bach** chiot *m*, petit chien; ~ **defaid** chien de berger, colley *m*; ~ **dŵr** (*dyfrgi*) loutre *m*; ~ **gwarchod** chien de garde; ~ **hela** chien courant, chien de meute, chien de chasse, braque *m*; ~ **synhwyro** *chien dressé pour détecter les explosifs et les stupéfiants*; ~ **tarw** bouledogue *m*; ~ **trywydd** (*heddlu*) *chien entraîné à la recherche de personnes*; ~ **tywys** chien d'aveugle.
2 (*dyn anfoesol*): **hen gi budr** canaille *f*, vieillard *m* lubrique; **mae'n rêl ~*** (*merchetwr*) c'est un coureur de jupes.
3 (*COG*): ~ **poeth** hot-dog *m*.
4 (*PYSG*): ~ **coeg** *ou* **môr** chien de mer.
5 (*mewn ymadroddion*): **byw fel ~ a hwch** se disputer constamment; **mynd rhwng y cŵn a'r brain** (*adeilad*) tomber en ruines; (*busnes*) péricliter; **mynd i'r cŵn** aller à vau-l'eau; **cymryd blewyn y ~ a'ch brathodd** (*ffig*) prendre un petit verre pour faire passer la gueule de bois*; **cyn codi cŵn Caer** de très bon matin; **cŵn Annwn** chiens de l'enfer, chiens spectraux, chiens fantômes; **dyddiau'r cŵn** la canicule *f*; ~ **haul** par(h)élie *m*.

ciaidd *ans* brutal(e)(brutaux, brutales), inhumain(e), cruel(le);
♦ **yn giaidd** *adf* brutalement, cruellement, inhumainement.

ciami* *ans* (*sâl*) malade, patraque*.

ciando* *g* (*gwely*) lit *m*, pieu(-x)* *m*.

cib (**-au, -ion**) *g* enveloppe *f*, balle *f*.

cibddall *ans* aveugle;
♦ **yn gibddall** *adf* aveuglément.

cibddallineb *g* aveuglement *m*.

cibo *bg* se renfrogner, froncer les sourcils, faire la grimace.

cibog *ans* renfrogné(e), maussade;
♦ **yn gibog** *adf* d'un air renfrogné, maussadement.

cibwst *b* engelure *f*.

cibwts (**-im, -au**) *g* kibboutz(-im) *m*.

cibyn (**cibion**) *g gw.* **cib**.

cic (**-iau, -iadau**) *b* coup *m* de pied; (*gan geffyl ayb*) ruade *f*; ~ **adlam** coup de pied tombé, drop *m*; **y gic gyntaf** (*pêl-droed*) le coup d'envoi; ~ **gôl** coup (de pied) de but; ~ **gornel** corner *m*; ~ **gosb** penalty *m*; ~ **rydd** coup franc; **mae 'na gic yn y gwin 'ma** ce vin est assez costaud.

Cicero *prg* Ciceron.

cicio *ba* botter, donner un coup de pied à; ~ **sodlau** attendre, faire le pied de grue*, faire le poireau*; ~ **rhn allan** chasser qn à coups de pied, flanquer qn dehors*, mettre qn à la porte; ~ **rhn i lawr/i fyny'r grisiau** faire descendre/monter qn à coups de pied dans le derrière; **~'r bwced** casser sa pipe; **ceffyl yn ~ rhn** cheval qui lance une ruade à qn; ~ **pen ôl rhn** botter le derrière à qn;
♦*bg* (*ceffyl*) ruer; (*gwn*) reculer.

ciciwr (**cicwyr**) *g* (*RYGBI*) batteur *m*; (*ceffyl*) rueur *m*; (*caseg*) rueuse *f*.

ciconia *g* (*ADAR*) cigogne *f*.

C.I.D. *byrf*(= *yr Adran Ymholiadau i Droseddau*) police *f* criminelle.

cidnapiad* (**-au**) *g* (*llathruddiad*) enlèvement *m*, rapt *m*, kidnapping *m*.

cidnapio* *ba* (*llathruddo*) enlever, ravir, kidnapper.

cidnapiwr* (**cidnapwyr**) *g* (*llathruddwr*) ravisseur *m*, kidnappeur *m*.

cidnapwraig* (**cidnapwragedd**) *b* (*llathruddwraig*) ravisseuse *f*, kidnappeuse *f*.

cieidd-dra *g* (*creulondeb*) brutalité *f*, cruauté *f*, inhumanité *f*.

cig (**-oedd**) *g* viande *f*; (*cnawd dynol*) chair *f*; ~ **eidion** bœuf *m*; ~ **moch** *ou* **mochyn** (*porc*) porc *m*; (*bacwn*) bacon *m*, lard *m*; (*ham*) jambon *m*; (*gamwn*) jambon fumé; ~ **llo** veau(-x) *m*; ~ **oen** agneau(-x) *m*; ~ **carw** venaison *f*; ~ **dafad** *ou* **gwedder** mouton *m*;

siop gig boucherie *f*; **gweddillion** ~ abats *mpl*; **pelenni** ~ boulettes *fpl* de viande; ~**oedd oer** charcuterie *f*; ~ **wedi'i rostio** rôti *m*; ~ **bras** *ou* **tew** gras *m*; ~ **coch** maigre *m*; ~ **gwyn** le gras *m*; ~ **y dannedd** gencive *f*; ~ **a gwaed** chair et sang *m*.
cigfach (**-au**) *g* croc *m*.
cigfran (**cigfrain**) *b* corbeau(-x) *m*.
cigliw *ans* (de couleur) chair *inv*.
ciglyd *ans* charnu(e).
cignoeth *ans* (*briw*) à vif; (*sensitif*) sensible; (*darluniad*) franc(he), impitoyable, direct(e), cru(e), mordant(e);
♦ **yn gignoeth** *adf* franchement, impitoyablement, sans merci, de façon mordante.
cigog *ans* charnu(e), bien en chair.
cigwain (**cigweiniau**) *b* croc *m*, crochet *m*.
cigwrthodaeth *b* végétarisme *m*.
cigwrthodwr (**cigwrthodwyr**) *g* végétarien *m*.
cigwrthodwraig (**cigwrthodwragedd**) *b* végétarienne *f*.
cigydd (**-ion**) *g* boucher *m*; **siop y** ~ boucherie *f*.
cigyddes (**-au**) *b* bouchère *f*.
cigyddiaeth *b* boucherie *f*.
cigyddio *ba* abattre.
cigysol *ans* carnivore, carnassier(carnassière).
cigysydd (**-ion**) *g* carnivore *m*.
cil (**-iau**) *g* (*cornel*) coin *m*; (*llygad*) coin de l'œil; (*encil, ffo*) retraite *f*; (*lloches*) recoin *m*; **edrych trwy gil y drws** regarder par la porte entrouverte *neu* entrebâillée; **ar gil** en retraite; ~ **haul** recoin *m* sans soleil; **cnoi'ch** ~ ruminer; **cnöwr** ~ ruminant *m*.
cilagor *ba* entrebâiller, entrouvrir;
♦*bg* s'entrouvrir.
cilagored *ans* entrouvert(e), entrebâillé(e).
cilan (**-au**) *b* petite baie *f*, anse *f*.
cilbost (**cilbyst**) *g* poteau(-x) *m* d'angle, montant *m*.
cilbren (**-nau**) *g* (*MOR*) quille *f*.
cilcyn (**-ion**) *g* reste *m*, dernier morceau(-x) *m*; ~ **o gaws** croûte *f* de fromage.
cilchwarren (**cilchwarennau**) *b* amygdale *f*.
cildraeth (**-au**) *g* petite baie *f*, anse *f*.
cildrem (**-iau**) *b* regard *m* de travers.
cildremio *bg* regarder de travers.
cildro *g* demi-tour *m*.
cildroi *bg* se retourner, faire demi-tour.
cildwrn (**cildyrnau**) *g*
1 (*tip, arian i weinydd ayb*) pourboire *m*; **rhoi** ~ **i rn** donner un pourboire à qn.
2 (*llwgrwyobrwy*) pot-de-vin *m*; **rhoi** ~ **i rn** graisser la patte à qn.
cildyn *ans* obstiné(e), opiniâtre, entêté(e).
cildynnu *bg* s'obstiner, s'opiniâtrer, s'entêter.
cildynrwydd *g* obstination *f*, entêtement *m*.
cilddant (**cilddannedd**) *g* molaire *f*.
ciledrych *bg* jeter un coup d'œil.
ciledrychiad *g* coup *m* d'œil, regard *m*.
cilfach (**-au**) *b* (*cornel*) coin *m*, recoin *m*; (*i addurniadau ayb*) niche *f*, alcôve *f*; (*o fôr*) crique *f*, petite baie *f*, anse *f*.
cilffordd (**cilffyrdd**) *b* chemin *m* détourné, chemin de traverse, ruelle *f*; (*lôn wledig*) petit chemin, petite route *f*, chemin vicinal.
cilgant (**-au**) *g* croissant *m*.
cilgnoi *bg* ruminer.
cilgnöwr (**cilgnowyr**) *g* ruminant *m*.
cilio *bg* (*encilio*) se retirer; (*byddin*) battre en retraite; (*llifogydd*) reculer; (*gydag amser*) passer, disparaître.
cilo (**-s**) *g* kilo *m*.
cilobeit (**-iau**) *g* kilo-octet *m*.
cilogram (**-au**) *g* kilogramme *m*.
cilometr (**-au**) *g* kilomètre *m*; **5** ~ **i ffwrdd** à 5 kilomètres d'ici; **100** ~ **yr awr** cent kilomètres à l'heure.
cilometrig *ans* kilométrique.
cilowat (**-au**) *g* kilowatt *m*.
cilt (**-iau**) *g* kilt *m*.
cilwen (**-au**) *b* (*hunanfodlon*) petit sourire *m* satisfait *neu* suffisant; (*wrth wybod rhth*) petit sourire narquois; (*mursennaidd*) petit sourire affecté.
cilwenu *bg* (*yn hunanfodlon*) sourire d'un air satisfait *neu* suffisant; (*wrth wybod rhth*) sourire d'un air narquois; (*yn fursennaidd*) sourire d'un air affecté.
cilwg (**cilygon**) *g* air *m* de mauvaise humeur, mine *f* renfrognée.
cilydd *g* partenaire *m/f* *gw. hefyd* **gilydd**.
cilyddol *ans* réciproque, mutuel(le); (*GRAM: berf*) réciproque.
cimwch (**cimychiaid, cimychod**) *g* homard *m*; ~ **Mair** *ou* **coch** *ou* **yr afon** écrevisse *f*; ~ **coch** langoustine *f*.
cineteg *b* (*FFIS*) cinétique *f*.
cinetig *ans* (*FFIS*) cinétique;
♦ **yn ginetig** *adf* cinétiquement.
cingroen *b* (*ffwng*) phallus *m* impudique *neu* de chien; **drewi fel y gingroen** empester, puer; **hen gingroen o ddyn** une peau(-x) *f* de vache.
ciniawa *bg* (*ganol dydd*) déjeuner; (*gyda'r nos*) dîner.
cinio (**ciniawau**) *g,b* (*ganol dydd*) déjeuner *m*; (*gyda'r hwyr*) dîner *m*; **amser** ~ l'heure *f* du déjeuner; **tocyn** ~ chèque-repas(~s-~) *m*, ticket-repas(~s-~) *m*.
cinnyn (**cinhynnau, cinhynion**) *g* lambeau(-x) *m*.
cïol *ans* canin(e).
ciosg (**-au**) *g* kiosque *m*; (*ffôn*) cabine *f* téléphonique; (*papurau newydd*) kiosque à journaux.
cip (**-ion**) *g* (*edrychiad ar rth*) regard *m*, coup *m* d'œil (sur); (*gweld rhth*) aperçu *m*; **cael** ~ **ar rth** (*edrych ar*) jeter un coup d'œil *neu* un regard sur qch; (*gweld rhth*) entrevoir qch *neu* entr'apercevoir qch; **cefais gip ar y papur newydd** j'ai jeté un coup d'œil rapide

sur le journal; **mae ~ ar y nofel newydd** (*mae galw amdani*) on s'arrache le nouveau roman, le nouveau roman se vend très bien.
cipdrem (**-iau**) *b* coup *m* d'œil.
ciper (**-iaid**) *g* garde-chasse(~s-~(s)) *m*.
cipio *ba* saisir (qch) d'un geste vif; (*gwobr*) remporter; ~ **rhth oddi ar rn** arracher qch à qn *neu* des mains de qn.
cipiwr (**cipwyr**) *g* kidnappeur *m*, ravisseur *m*.
cipolwg (**cipolygon**) *g* coup *m* d'œil rapide (sur); **a gaf i gipolwg ar dy bapur newydd di?** est-ce que je peux jeter un coup d'œil rapide sur ton journal?
ciprys *bg*: ~ **am rth** se battre pour avoir qch, s'arracher qch l'un à l'autre.
ciropodydd (**-ion**) *g* pédicure *m/f*.
cisen (**cisys**) *b* (*losinen, da-da*) bonbon *m*.
cist (**-iau**) *b* (*car*) coffre *m*; (*i deithio*) coffre, malle *f*; **sêl** ~ **car** braderie *f*, vente *f* vide-grenier; ~ **arfau** coffre à outils; ~ **de** caisse *f* à thé; ~ **ddillad** coffre à linge; ~ **ddroriau** commode *f*; ~ **fôr** coffre de marin; ~ **goed** coffre à bois; ~ **lythyrau** boîte *f* aux lettres; ~ **rew** congélateur *m*.
cistaid (**cisteidiau**) *b* plein coffre *m*, pleine caisse *f*, pleine malle *f*.
cistan (**-au**) *b* coffret *m*.
cistfaen (**cistfeini**) *b* dolmen *m*.
citrig *ans* citrique.
ciw[1] (**-iau**) *g* (*rhes*) queue *f*, file *f*; **sefyll mewn** ~ faire la queue; **neidio'r** ~ passer avant son tour, resquiller*; **neidiwr** ~ resquilleur* *m*, resquilleuse* *f*.
ciw[2] (**-iau**) *g* (*THEATR*) signal *m*.
ciw[3] (**-iau**) *g*: ~ **snwcer** queue *f* de billard.
ciwb (**-iau**) *g* cube *m*; ~ **iâ** glaçon *m*; ~ **stoc** bouillon-cube© *m*.
Ciwba *prb* Cuba *m*; **o Giwba** cubain(e); **yng Nghiwba** à Cuba.
Ciwbaidd *ans* cubain(e), de Cuba.
Ciwbanes (**-au**) *b* Cubaine *f*.
Ciwbaniad (**Ciwbaniaid**) *g/b* Cubain *m*, Cubaine *f*.
Ciwbäwr (**Ciwbawyr**) *g* Cubain *m*.
ciwbiaeth *b* cubisme *m*.
ciwbicl (**-au**) *g* (*mewn siop ddillad*) cabine *f* (d'essayage); (*toiled*) cabinet *m*; (*ysbyty*) box *m*, alcôve *f*.
ciwbig *ans* cubique; **metr** ~ mètre *m* cubique.
ciwbio *ba* (*MATH*) élever (qch) au cube.
ciwbydd (**-ion**) *g* cubiste *m*.
ciwcymber (**ciwcymerau**) *g* concombre *m*.
ciwed (**ciweidiau**) *b* racaille *f*, canaille *f*.
ciwi (**ciwïod**) *g* (*aderyn*) kiwi *m*; (*hefyd:* **ffrwyth** ~) kiwi.
ciwio[1] *bg* (*sefyll mewn rhes*) faire la queue.
ciwio[2] *ba* (*THEATR*) donner le signal à.
Ciwpid *prg* Cupidon.
ciwrad (**-iaid**) *g* vicaire *m*.
ciwrio[1] *ba* (*gwella*) guérir.
ciwrio[2] *ba* (*pysgod*) mariner; (*cig*) saler.
ciwt *ans* (*del*) mignon(ne), adorable; (*clyfar, slei*) rusé(e), astucieux(astucieuse), malin(maligne)(maline*);
♦ **yn giwt** *adf* (*yn ddel*) adorablement, mignonnement; (*yn slei*) astucieusement.
clacwydd (**-au**) *g* jars *m*.
cladd (**-au**) *g*: ~ **tatws** *ou* **tato** tas *m* de pommes de terre; **tan gladd** enseveli(e), enterré(e); ~ **pysgod** frayère *f*.
claddedigaeth (**-au**) *b* enterrement *m*; (*mwy ffurfiol*) obsèques *fpl*.
claddedigol *ans* funéraire, funèbre;
♦ **yn gladdedigol** *adf* funèbrement.
claddfa (**claddfeydd**) *b* cimetière *m*.
claddgell (**-oedd**) *b* crypte *f*.
claddogof (**-au**) *b* catacombes *fpl*.
claddu *ba* (*mewn angladd*) enterrer, ensevelir, inhumer; (*bwyd*) engloutir; **fe'i claddwyd yn y môr** son corps fut immergé (en haute mer).
claear *ans* (*gweddol gynnes, canolig o ran gwres*) tiède; (*didaro*) tiède, indifférent(e), peu enthousiaste;
♦ **yn glaear** *adf* tièdement, avec indifférence.
claearaidd *ans* assez tiède, plutôt tiède.
claearineb, claearder, claearedd *g* tiédeur *f*, indifférence *f*.
claearu *ba* attiédir;
♦*bg* s'attiédir.
claerder *g* clarté *f*.
claerllys *g* (*PLANH*) pimpernelle *f* aquatique.
claerwyn (**claerwen**) (**claerwynion**) *ans* blanc(he) comme neige; (*eira*) d'une blancheur éblouissante.
claf *ans* malade, souffrant(e); ~ **o gariad** amoureux(amoureuse), qui languit d'amour; ~ **o'r parlys** paralytique;
♦*g* (**cleifion**) patient *m*, patiente *f*; (*mewn ysbyty*) malade *m/f*; ~ **allanol** malade en consultation externe.
clafr, **clafri** *g* (*MEDD*) gale *f*; **y** ~ **poeth** scorbut *m*.
clafrllyd *ans* galeux(galeuse).
clafrllys *g* (*PLANH*) scabieuse *f*.
clafychu *bg* devenir malade.
clai (**cleiau**) *g* argile *f*; (*chwarae*) pâte *f* à modeler.
clais (**cleisiau**) *g* contusion *f*, bleu *m*, ecchymose *f*, meurtrissure *f*; (*ar ffrwyth*) tache *f*, talure *f*; **cael** ~ se faire un bleu.
clamp[1] (**-iau**) *g* (*teclyn*) étau *m* à mains, agrafe *f*, crampon *m*; ~ **olwynion** sabot *m* de Denver.
clamp[2] (**-iau**) *g* (*peth mawr*) monstre *m*, chose *f* énorme; **mae'n glamp o ddyn** il est énorme, c'est un géant.
clampio *ba* (*gwasgu*) serrer; (*olwyn car*) mettre un sabot de Denver à.
clan (**-iau**) *g* clan *m*.
clandro *bg, ba* calculer.
clap[1] (**-iau**) *g* (*sŵn sydyn*) claquement *m*,

tape *f*; (*dwylo*) applaudissement *m*.
clap[2] *g* morceau(-x) *m*; ~ **o lo** morceau de charbon; ~ **o aur** pépite *f* d'or.
clapgi (**clapgwn**) *g* rapporteur *m*, cafardeur *m*.
clapian *ba* (*drws*) claquer;
♦*bg* (*clebran*) faire des commérages, cancaner; (*cario straeon*) cafarder, rapporter.
clapio *bg* (*curo dwylo*) applaudir.
clapiog *ans* mauvais(e); **mewn Cymraeg/Ffrangeg** ~ dans un gallois/français approximatif *neu* hésitant; **siarad Ffrangeg** ~ parler français comme une vache espagnole, baragouiner* le français;
♦ **yn glapiog** *adf*: **siarad Cymraeg yn glapiog** parler un mauvais gallois, baragouiner* le gallois.
clarc (**-od**) *g* employé *m* de bureau, employée *f* de bureau, commis *m*.
clarcio *bg* être employé(e) (de bureau), être commis, servir de secrétaire.
clared *g* (vin *m* de) bordeaux *m* rouge.
clarinét (**clarinetau**) *g* clarinette *f*.
clarinetydd (**clarinetwyr**) *g* clarinettiste *m/f*.
clas (**-au**) *g* cloître *m*.
clasb (**-iau**) *g* fermoir *m*.
clasur (**-on**) *g* (*llyfr ayb*) classique *m*; **Y Clasuron** les lettres *fpl* classiques.
clasurol *ans* classique;
♦ **yn glasurol** *adf* classiquement.
clatsien (**clatsys**) *b* claque *f*, coup *m*.
clatsio *ba* frapper; ~ **bant** s'y mettre; **ceir** ~ autos *fpl* tamponneuses.
clau *ans gw.* **cyflym**.
clawdd (**cloddiau**) *g* (*wal fechan*) murette *f*; (*gwrych*) haie *f*; **C~ Offa** le mur d'Offa.
clawr (**cloriau**) *g*
1 (*llyfr*) couverture *f*; **llyfr** ~ **caled** livre *m* cartonné *ou* relié; **llyfr** ~ **meddal** livre de poche; **ar glawr** noté(e), connu(e), reconnu(e), existant(e); **dod ar glawr** apparaître, se révéler.
2 (*caead*) couvercle *m*.
3: ~ **gwyddbwyll** échiquier *m*.
clawstroffobia *g* claustrophobie *f*.
clawstroffobig *ans* (*rhn*) claustrophobe; (*lle*) claustrophobique.
clebar *g,b* jaserie *f*, cancans *mpl*, potins *mpl*.
clebran *bg* cancaner, jaser.
clebren *b* commère *f*, rapporteuse *f*, cafardeuse *f*.
clec (**-s, -iadau**) *b* (*drws, chwip*) claquement *m*; (*sŵn sodlau*) clic *m*, petit bruit *m* sec; (*ffrwydrad*) explosion *f*, détonation *f*, éclatement *m*; (*sŵn gwn*) détonation, bruit, coup *m*, boum *m*; ~ **taran** coup de tonnerre; ~**s** (*cleber, straeon*) ragots *mpl*; **cario** ~**s** rapporter, cafarder; **hel** ~**s** cancaner, faire des commérages; **coes glec** jambe *m* de bois, pilon *m*; **rhoi** ~ **i botel*** (*ei hyfed yn sydyn*) s'envoyer une bouteille*; **rhoi** ~ **i rn** (*dyrnu*) donner un coup de poing à qn.
clecar (**-s**) *g,b* (*tân gwyllt; cracer Nadolig*) pétard *m*.
clecian *ba* faire claquer; ~ **eich bysedd** faire claquer ses doigts;
♦*bg* claquer, cliqueter; (*tân*) coed yn llosgi, crépiter, grésiller; (*drws*) claquer; (*tân gwyllt*) éclater; (*gwn*) détoner, faire boum; (*peiriant, gwydrau, llestri*) cliqueter; **'roedd ei dannedd yn** ~ elle claquait des dents;
♦*g* (*drws*) claquement *m*; (*gwydrau, llestri, cleddyfau, peiriant*) cliquetis *m*.
cledr[1] (**-au**) *b*: ~ **llaw** paume *f*; ~ **y ddwyfron** sternum *m*.
cledr[2], **cledren** (**cledrau**) *b* rail *m*.
cledro *ba*: ~ **rhn** flanquer une raclée à qn*, cogner qn, frapper qn (du poing).
cledd (**-au**) *g gw.* **cleddyf**.
cleddbysgodyn (**cleddbysgod**) *g* espadon *m*.
cleddyf (**-au**) *g* épée *f*; **croesi** ~**au gyda rhn** croiser le fer avec qn.
cleddyfa *bg* (CHWAR) faire de l'escrime;
♦*g* escrime *f*.
cleddyfaeth *b* l'escrime *f*.
cleddyfog *ans* armé(e) d'une épée, portant une épée.
cleddyfwr (**cleddyfwyr**) *g* épéiste *m*; (CHWAR) escrimeur *m*.
cleddyfwraig (**cleddyfwragedd**) *b* épéiste *f*; (CHWAR) escrimeuse *f*.
clefri *g* (MEDD) *gw.* **clafr, clafri**.
clefyd (**-au**) *g* (*afiechyd, haint*) maladie *f*; ~ **siwgr, y** ~ **melys** diabète *m*; **mae** ~ **siwgr arno** il est diabétique, il a du diabète; ~ **y gwair** rhume *m* des foins; ~ **coch** scarlatine *f*; **y** ~ **melyn** jaunisse *f*; ~ **y dwst** silicose *f*; ~ **y galon** maladie de cœur; ~ **y gwartheg gwallgof** encéphalite *f* spongiforme bovine, ESB *f*, maladie de la vache folle.
cleff (**-iau**) *g* (CERDD) clé *f*; ~ **y bas/trebl** clé de fa/sol.
clegar *bg* caqueter;
♦*g* caquet *m*.
clegyr (**-au**) *g* roche *f*, rocher *m*; (*clogwyn*) face *f* de rocher.
cleibwll (**cleibyllau**) *g* glaisière *f*.
cleient (**-iaid**) *g* client *m*, cliente *f*; ~**iaid** clientèle *f*.
cleifion *ll gw.* **claf**.
cleilyd *ans* argileux(argileuse).
cleinsio *ba gw.* **clensio**.
cleiog *ans* argileux(argileuse).
cleisio *ba* contusionner, meurtrir; (*afal*) taler, fouler, meurtrir; ~**'ch braich** se faire un bleu au bras;
♦*bg* (*afal*) se taler, se meurtrir.
cleisiog *ans* couvert(e) de bleus, meurtri(e); (*afal*) talé(e), meurtri(e).
clem[1] *b* idée *f*; **'does ganddo ddim** ~ il n'en a pas la moindre idée.
clem[2] (**-au**) *b*: **gwneud** ~**au** faire des manières.
clemio *bg* crever* de faim.

clên *ans* sympathique, agréable, charmant(e), sympa*;
♦ **yn glên** *adf* sympathiquement, agréablement.
clenc (**-iau**) *g* tranche *f*.
clensio *ba* (*dwrn*) serrer; (*hoelen*) river; (*bargen*) conclure.
Cleopatra *prb* Cléopâtre.
clep *b* (*sŵn*) claquement *m*; (*chwedleua*) commérages *mpl*; **cau (rhth) yn glep** claquer (qch).
clepian *ba* (*drws*) claquer;
♦*bg* (*clebran*) faire des commérages, cancaner; (*cario straeon*) cafarder, rapporter.
clepgi (**clepgwn**) *g* bavard *m*; (*dif*) rapporteur *m*, cafardeur *m*.
cleptomania *g* kleptomanie *f*.
cleptomaniad (**cleptomaniaid**) *g/b* kleptomane *m/f*.
clepwraig (**clepwragedd**) *b* bavarde *f*; (*dif*) commère *f*, rapporteuse *f*, cafardeuse *f*.
clepyn (**clapiau**) *g* morceau(-x) *m*.
clêr[1] *ll gw.* **cleren**[1].
clêr[2] *ll gw.* **clerwr**.
clera *bg* circuler.
clerc (**-iaid, -od**) *g* employé *m* de bureau, employée *f* de bureau, commis *m*; ~ **llys** greffier *m* de tribunal.
clercaidd *ans* de bureau, d'employé de bureau.
clercio *bg gw.* **clarcio**.
cleren[1] (**clêr**) *b* (*pryf*) mouche *f*; ~ **fawr** *ou* **las** mouche à viande; ~ **lwyd** taon *m*.
cleren[2] *b* (*dyrnod*) coup *m* de poing.
clerigol *ans* (CREF) clérical(e)(cléricaux, cléricales), du clergé.
clerigwr (**clerigwyr**) *g* ecclésiastique *m*; **y clerigwyr** le clergé *m*, les ecclésiastiques *mpl*.
clertian *bg* paresser, traînasser.
clerwr (**clêr**) *g* trouvère *m*, ménestrel *m* ambulant, jongleur *m*.
clewten (**clewtiau**) *b* gifle *f*, claque *f*.
clewtio *ba* donner une gifle *neu* une claque à.
clewyn (**-nau**) *g* (*ploryn*) pustule *f*; (*llefrithen*) orgelet *m*.
clic[1] (**-iau**) *g* (*sŵn*) déclic *m*, petit bruit *m* sec, clic *m*, cliquetis *m*.
clic[2] (**-iau**) *g* (*criw bach*) clique *f*, coterie *f*.
clician *bg* faire un déclic; ~ **ar** (CYFRIF) cliquer sur.
clicied (**-au, -i**) *b* loquet *m*; (*ar wn*) gâchette *f*.
clindarddach *bg* crépiter, grésiller;
♦*g* (*brigyn, tân, radio*) crépitement *m*; (*saim poeth, coed ar dân*) grésillement *m*.
clinig (**-au**) *g* centre *m* médical; ~ **cynllunio teulu** centre de planning familial.
clinigol *ans* clinique; (*agwedd*) froid(e), détaché(e);
♦ **yn glinigol** *adf* cliniquement, froidement.
clip[1] (**-iau**) *g* pince *f*; (*broetsh*) clip *m*; ~ **gwallt** barrette *f*; ~ **papur** trombone *m*.
clip[2] (**-iau**) *g* (*gallt serth*) raidillon *m*, pente *f* rapide, montée *f*, cote *f*, rampe *f*.
clipen *b* tape *f*; (*ar wyneb*) gifle *f*, claque *f*; **rhoi** ~ **i rn** donner une tape à qn, gifler qn.
clipfwrdd (**clipfyrddau**) *g* écriture *f* à pince.
clipio[1] *ba* (*clymu*) attacher.
clipio[2] *ba* (*torri: gwallt, ewinedd*) couper; (*llwyn*) tailler.
clir *ans* clair(e), limpide; (*ffordd*) libre, dégagé(e); (*elw, pwysau*) net(te); (*dieuog*) disculpé(e), innocenté(e), lavé(e) de tout soupçon; (*amlwg*) évident(e), clair(e), manifeste; (*tryloyw*) transparent(e); (*dŵr*) clair, limpide, transparent; (*awyr*) clair, sans nuages; (*sŵn*) clair, distinct(e), qui s'entend nettement; (*esboniad, rhesymeg*) clair, intelligible, lucide; **'roedd ei eiriau'n hollol glir** ses paroles étaient tout à fait distinctes; **mae meddwl** ~ **ganddi** elle a l'esprit lucide *neu* manifeste; **mae hi'n hollol glir ynglŷn â beth yw'r gwaith** elle sait exactement en quoi consiste le travail; **cadw'r ffordd yn glir** dégager la route, vérifier qu'il n'y ait *subj* pas d'obstacles sur la route;
♦ **yn glir** *adf* (*gweld, mynegi*) clairement, nettement, lucidement; (*clywed*) distinctement, nettement; (*deall*) bien, clairement; (*yn amlwg*) manifestement, évidemment; **cadw'n glir o rn** ne pas s'approcher de qn, éviter qn, bouder qn*; **cadw'n glir o rth** ne pas s'approcher de qch, éviter qch, se tenir à distance de qch; (*bwyd, diod ayb*) s'abstenir de qch; **mae'n cadw'n glir o'r ddiod** il s'abstient de boire, il ne boit pas.
clirffordd (**clirffyrdd**) *b* route *f* à stationnement interdit.
cliriad (**-au**)
1 (*o hen sbwriel ayb*) rangement *m*; **cael** ~ **da** faire du rangement.
2 (MASN) liquidation *f*.
clirio *ba* (*tacluso*) ranger; (*bwrdd*) débarrasser, desservir; (*hylif*) clarifier; (*gwin*) coller, clarifier; (*gwaed*) dépurer, purifier; (*symud pethau oddi ar lwybr, ffordd, rheilffordd*) débarrasser, dégager, déblayer; (*pibell*) déboucher; (*tir*) défricher; (*sgrîn, cof cyfrifiadur*) effacer; (ECON) solder, liquider; (*dyled*) s'acquitter de; (*benthyciad*) rembourser; (*morgais*) purger; (*siec mewn banc*) compenser; (*cydwybod*) décharger; (*amheuon*) dissiper; (*cael gwared â*) enlever, ôter, emporter; (*neidio dros*) franchir; ~ **ystafell** (*symud pethau allan*) débarrasser une salle; ~**'r eira oddi ar y ffordd** dégager la neige de la route; **cael eich** ~ **o bob amheuaeth** être lavé(e) de tout soupçon, être disculpé(e), être innocenté(e); ~**'ch gwddf** se râcler la gorge; ~**'r awyr** détendre l'atmosphère; (*sefyllfa: ffig*) éclaircir, clarifier; ~**'r deciau i ymladd** se mettre en branle-bas (de combat);

♦*bg* (*tywydd*) s'éclaircir, se lever; (*awyr*) se dégager; (*salwch*) disparaître; (*niwl*) se dissiper; **cliriodd ei wyneb** son visage s'est éclairé.

clirwelediad *g* voyance *f*, don *m* de seconde vue *f*.

clirweledydd (**-ion**) *g* voyant *m*, extralucide *m*.

clirweledyddes (**-au**) *b* voyante *f*, extralucide *f*.

clitoris (**-au**) *g* (CORFF) clitoris *m*.

cliw (**-iau**) *g* indice *m*; (*croesair*) définition *f*; **'does gen i ddim** ~ je n'ai pas la moindre idée.

clo (**-eon, -eau**) *g* serrure *f*; (*diweddglo*) conclusion *f*; (*ar feic*) antivol *m*; **ar glo** fermé(e) à clé; **rhoi rhth dan glo** (*peth gwerthfawr*) mettre qch sous clé; **rhoi rhn dan glo** mettre qn sous les verrous, enfermer qn; ~ **clap** *ou* **clwt** cadenas *m*; **rhoi** ~ **clap ar rth** cadenasser qch; ~ **cyfunrhif** serrure à combinaison.

cloadwy *ans* qu'on peut fermer à clé.

cloben *b*: ~ **o wraig** une grosse bonne femme; **mae hi'n globen o ferch** c'est une jeune fille solide.

clobyn *g* (*lwmpyn*) gros morceau(-x) *m*; **mae'n globyn o ddyn** c'est un gros gaillard.

cloc (**-iau**) *g* (*bychan*) pendule *f*; ~ **mawr**, ~ **wyth niwrnod** horloge *f* (de parquet); ~ **larwm** réveille-matin *m inv*, réveil *m*; ~ **tywydd** (*baromedr*) baromètre *m*; ~ **cwcw** (pendule à) coucou *m*; ~ **cyflymder** indicateur *m* de vitesse; **fel** ~ bien réglé(e); (*ar amser*) à l'heure; **troi'r** ~ **awr yn ôl/ymlaen** avancer/reculer la pendule d'une heure; **gweithio rownd y** ~ travailler 24 heures sur 24; **cysgu rownd y** ~ faire le tour du cadran; **mae popeth yn mynd fel** ~ tout va comme sur des roulettes; **yn null y** ~ dans le sens des aiguilles d'une montre; **yn groes i'r** ~ dans le sens inverse des aiguilles d'une montre; **30,000 milltir ar y** ~ (*car*) 30 000 milles au compteur; **gweithio yn erbyn y** ~ faire la course contre la montre *neu* dans le temps limite.

clocian *bg* glousser;

♦*g* gloussement *m*.

clocio *ba*

1 (*gyrrwr, car: milltiroedd*) faire.

2 (*gweithiwr*) travailler; ~ **i mewn** (*wrth gyrraedd y gwaith*) pointer (en arrivant au travail); ~ **allan** (*wrth adael y gwaith*) pointer (en partant du travail).

3 (*cyflymder rhedwr, car*) chronométrer.

clociwr (**clocwyr**) *g* horloger *m*, horlogère *f*.

clocsen (**clocsiau, clocs**) *b* sabot *m*; **dawns y glocsen** danse *f* à claquettes (*danse folklorique qu'on fait chaussé de sabots*).

clocsio *bg* marcher d'un pas lourd.

clocsiwr (**clocswyr**) *g* sabotier *m*, sabotière *f*.

clocwaith (**clocweithiau**) *g* (*symudiad*) mouvement *m* d'horlogerie; (*mecanwaith*) rouages *mpl*, mécanisme *m*.

clocwedd *ans* dans le sens des aiguilles d'une montre.

cloch (**clychau**) *b*

1 (*cyff*) cloche *f*; (*bach*) clochette *f*, grelot *m*; (*ar ddrws*) sonnette *f*; (*trydan*) sonnerie *f*; ~ **dân** avertisseur *m* d'incendie; ~ **ddŵr** bulle *f*, bouillon *m*; **mae hyn yn canu** ~ cela me rappelle qch; ~ **fach yn y glust** tintement *m* d'oreilles; **uchel eich** ~ bruyant(e), braillard(e)*, fort(e) en gueule*; **sownd fel y gloch** en parfaite santé.

2 (PLANH): **clychau'r gog** jacinthe *f* des bois; ~ **yr eos, clychau'r bugail** campanule *f*.

▶ **o'r gloch**: **faint o'r gloch yw hi?** quelle heure est-il?; **mae hi'n un o'r gloch** il est une heure; **mae hi'n dri o'r gloch** il est trois heures.

clochdar, **clochdran** *bg* caqueter; (*ceiliog*) chanter;

♦*g* caquet *m*; ~ **y cerrig** (ADAR) traquet *m* rupicole.

clochdwr (**clochdyrau**) *g* beffroi *m*, clocher *m*.

clochdy (**clochdai**) *g gw.* **clochdwr**.

clochi *bg* bouillonner; (*gwin*) pétiller.

clochiog *ans* retentissant(e), bruyant(e).

clochydd (**-ion**) *g* sacristain *m*.

clod (**-ydd**) *g* (*canmoliaeth*) éloges *mpl*, louanges *fpl*; (*enwogrwydd*) renommée *f*, renom *m*; **canu ~ydd rhn** louer qn, faire l'éloge de qn; ~ **i Dduw** que Dieu soit *subj* loué; **pob** ~ **iddi** rendons-lui cette justice.

clodfawr *ans* célèbre, renommé(e).

clodfori *ba* louer, faire l'éloge de.

clodforus *ans* louable, renommé(e), méritoire;

♦ **yn glodforus** *adf* de façon méritoire.

clodwiw *ans* digne de louanges, louable, méritoire;

♦ **yn glodwiw** *adf* de façon méritoire.

cloddedig *ans* creusé(e).

cloddfa (**cloddfeydd**) *b* (*mwynglawdd*) mine *f*; (*chwarel*) carrière *f*.

cloddiad (**-au**) *g* fouille *f*, tranchée *f*, excavation *f*.

cloddiedig *ans* creusé(e), fouillé(e).

cloddio *ba* creuser; (*â rhaw*) fouiller, bêcher;

♦*bg* faire des fouilles, bêcher, piocher, creuser la terre.

cloddiog *ans* endigué(e), remblayé(e).

cloddiwr (**cloddwyr**) *g* (*labrwr*) terrassier *m*; (*chwarel*) ouvrier *m* mineur; (ARCHAEOL) fouilleur *m*.

cloddwraig (**cloddwragedd**) *b* (ARCHAEOL) fouilleuse *f*.

cloëdig *ans* fermé(e) à clé.

cloer (**-au, -iau**) *g* casier *m*.

cloestr (**-au**) *g* cloître *m*.

clof (**-s**) *g* (COG) clou *m* de girofle.

clofer (**-s**) *g* trèfle *m*, mélilot *m*; **bod mewn** ~

être comme un coq en pâte.
cloferog *ans* couvert(e) de trèfles.
cloff *ans* boiteux(boiteuse);
♦ **yn gloff** *adf* en boitant, en clochant ;
♦*g* (**-ion**) boiteux *m*, boiteuse *f*.
cloffi *bg* boiter, clocher, boitiller; ~ **rhwng dau feddwl** (*ynglŷn â rhth*) être irrésolu(e) pour ce qui est de qch, hésiter, être indécis(e).
cloffni *g* claudication *f*, boitillement *m*.
cloffrwym (**-au**) *g* chaînes *fpl*, fers *mpl*, entraves *fpl*; ~ **y cythraul** (*PLANH*) liseron *m*.
cloffrwymo *ba* entraver, enchaîner.
clog[1] (**-au**) *g,b* manteau(-x) *m*, cape *f*.
clog[2] (**-au**) *b gw.* **clogwyn**.
clogfaen (**clogfeini**) *g* gros rocher *m*.
clogwyn (**-i**) *g* (*ar lan y môr*) falaise *f*; (*yn y tir*) escarpement *m*, à-pic *m inv*, varappe *f*, face *f* de rocher, paroi *f* rocheuse.
clogyn (**-nau**) *b* cape *f*.
clogyrnaidd *ans* gauche, maladroit(e), malhabile, rude;
♦ **yn glogyrnaidd** *adf* gauchement, mal, maladroitement, malhabilement, rudement, avec maladresse.
clogyrnog *ans* raboteux(raboteuse), rocailleux(rocailleuse).
cloi *ba* fermer (qch) à clé; (*llythyr, traethawd*) conclure; ~ **rhn allan** fermer la porte à qn; ~ **rhth mewn drôr** serrer *neu* enfermer qch dans un tiroir; **mae'r drws wedi ei gloi** la porte est fermée à clé;
♦*bg* se fermer à clé; (*olwyn, nyten*) se bloquer; (*lifer*) s'enclencher.
clompen *b* (*peth*) chose *f* énorme *neu* gigantesque; (*merch*) femme *f* énorme, grosse bonne femme.
clompyn *g* (*peth*) chose *f* énorme *neu* gigantesque; (*dyn*) homme *m* énorme, gros gaillard *m*.
clôn (**clonau**) *g* clone *m*.
clonc[1] (**-iau**) *b* (*sgwrsio*) bavardages *mpl*; (*tolc*) bosse *f*; (*tonc*) bruit *m*, fracas *m* métallique; **cael** ~ (*clebran*) bavarder, faire des cancans *neu* des commérages.
clonc[2] (**-iau**) *g* (*ysgytwad*) choc *m*, heurt *m*, cahot *m*.
clonc[3] *ans*: **wy** ~ (*drwg*) œuf *m* pourri.
cloncian, **cloncio** *bg* (*clebran*) jaser, bavarder, cancaner, faire des commérages; (*toncio*) faire *neu* émettre un bruit *neu* un fracas métallique; (*jerian*) cahoter.
clonciog *ans* agité(e), cahoté(e), cahotant(e); (*swnllyd*) bruyant(e).
clonio *ba* cloner;
♦*g* clonage *m*.
clopa (**clopâu**) *b* tête *f*, caboche* *f*.
cloren[1] (**clôr**) *b* (*PLANH*) gland *m* de terre; ~ **y brain** saxifrage *f* blanche; ~ **y moch** truffe *f*.
cloren[2] (**-nau**) *b* (*pen ôl*) croupe *f*.
clorian (**-nau**) *b* balance *f*; (*mewn ystafell ymolchi*) pèse-personne *m*; (*i bwyso babanod*) pèse-bébé *m*.
cloriannu *ba* fixer *neu* déterminer la valeur de, peser le pour et le contre de, évaluer.
cloriannwr, **cloriannydd** (**clorianwyr**) *g* expert *m*, assesseur *m*, arbitre *m*.
clorid (**-iau**) *g* chlorure *m*.
clorig *ans* chlorique.
clorin *g* chlore *m*.
clorinadu, **clorineiddio** *ba* chlorer;
♦*g* javellisation *f*.
clorio *ba*: ~ **llyfr** relier un livre.
clorofflworocarbon *g* chlorofluorocarbone *m*.
cloroffyl *g* chlorophylle *m*.
cloronen (**cloron**) *b* tubercule *m*, pomme *f* de terre, patate* *f*.
clos[1] (**-au**) *g* (*trowsus*) pantalon *m*; ~ **pen-glin** haut-de-chausses(~s-~-~s) *m*, culotte *f* courte; **mynd i droi** ~ aller à la selle, aller faire ses besoins.
clos[2] (**-ydd**) *g* (*buarth*) cour *f* de ferme, basse cour; (*stryd*) impasse *f*; (*wrth gadeirlan*) enceinte *f*.
clòs *ans* (*agos i*) près (de), proche de; (*ffig*) proche, intime; (*ysgrifen*) serré(e); (*mwll: tywydd*) lourd(e), étouffant(e), suffocant(e); (*:ystafell*) mal aéré(e); (*archwiliad*) attentif(attentive), minutieux(minutieuse); **cyfeillgarwch** ~ une amitié intime;
♦ **yn glòs** *adf* (*agos*) près, à proximité, de façon serrée.
closed (**-au, -i**) *g* (*toiled*) toilettes *fpl*, cabinets *mpl*, waters *mpl*.
closio *bg*: ~ **at rn** (*ymwasgu*) s'approcher de qn, se rapprocher de qn, se serrer contre qn, se blottir contre qn; (*ffig*) se pelotonner contre qn; **closiwch!** serrez-vous!
clown (**-iaid, -s**) *g* clown *m*, pitre *m*; (*hurtyn*) idiot *m*.
clownio *bg* faire le clown *neu* le pitre *neu* l'idiot, faire des clowneries *neu* des pitreries;
♦*g* pitrerie *f*.
clowten (**clowtiau**) *b* gifle *f*, claque *f*.
clowtio *ba* flanquer une gifle *neu* une claque à, gifler, claquer.
clud *g* transport *m*; **pryd ar glud** service *m* de repas à domicile.
cludadwy *ans* portatif(portative), portable.
cludair (**cludeiriau**) *b* (*tomen*) monceau(-x) *m*; (*rafft*) radeau(-x) *m*.
cludfelt (**-iau**) *g* convoyeur *m*, tapis *m* roulant.
cludiad *g* port *m*; ~ **yn rhad ac am ddim** port payé.
cludiant (**cludiannau**) *g* transport *m*; (*ar lorri*) transport routier, charriage *m*, camionnage *m*; **costau** ~ frais *mpl* de transport, charriage, camionnage.
cludo *ba* transporter; (*cario*) porter; (*mewn trol*) charrier; (*mewn lorri*) camionner; ~ **rhth ymaith** emporter qch; ~ **rhn ymaith** emmener qn; (*gwynt, afon*) charrier qn, emporter qn; **afon yn** ~ **boncyffion coed** fleuve *m* *neu*

rivière *f* qui charrie des troncs d'arbres; **dail a gludir gan y gwynt/afon** feuilles charriées par le vent/la rivière.
cludwr (**cludwyr**) *g* (*dyn*) porteur *m*; (*mewn cerbyd*) transporteur *m*; (*mewn lorri*) camionneur *m*.
cludydd (-ion) *g gw.* **cludwr**.
clugiar (**clugieir**) *b* perdrix *f*.
clun (**-iau**) *b* cuisse *f*; (*y rhan uchaf*) hanche *f*.
clunhercian *bg* boiter, clocher.
cluro *ba* barbouiller.
clust (**-iau**) *b*
1 (*CORFF*) oreille *f*; **bod dros eich pen a'ch ~iau mewn dyled** être endetté(e) jusqu'au cou; **mae hi dros ei phen a'i chlustiau mewn cariad** elle est follement amoureuse; **mae gen i bigyn yn fy nghlust** j'ai mal à l'oreille *neu* aux oreilles; **canu'r piano yn ôl y glust** jouer du piano à l'oreille; **'rwy'n glustiau i gyd!** je suis tout(e) oreilles *neu* ouïe!; **mae ganddi glust fain** elle a l'oreille *neu* l'ouïe fine; **troi ~ fyddar i rn** faire la sourde oreille à qn; **tynnu ~(iau) rhn** casser les oreilles à qn; **sŵn cloch fach yn y glust** tintement *m* d'oreilles.
2 (*cwpan*) anse *f*.
clustdlws (**clustdlysau**) *g* boucle *f* d'oreille.
clusten (**-nau, -ni**) *b*
1 (*CORFF*) oreillette *f*, lobe *m* de l'oreille; **~ y galon** oreillette du cœur.
2 (*bonclust*) gifle *f*, claque *f*.
clustfain *ans* attentif(attentive), à l'oreille fine, à l'ouïe fine.
clustfeinio *bg* écouter avec une vive attention; **~ ar sgwrs rhn** écouter la conversation de qn (de façon indiscrète).
clustfodrwy (**-au**) *b* boucle *f* d'oreille.
clustfyddar *ans* sourd(e).
clustffon (**-au**) *g,b* écouteurs *mpl*, casque *m*.
clustiog *ans* à oreilles longues; **pryf ~** perce-oreille *m*.
clustlipa *ans* aux oreilles tombantes.
clustnod (**-au**) *g* marque *f* à l'oreille.
clustnodi *ba* (*dafad*) marquer (un mouton) à l'oreille; (*neilltuo*) réserver, destiner; **~ rhth ar gyfer rhth** réserver *neu* destiner qch à qch.
clustog (**-au**) *b* coussin *m*; (*gobennydd: ar wely*) oreiller *m*; **~ Fair** (*PLANH*) gazon *m* d'Olympe.
clustrwm *ans* sourd(e).
clwb[1] (**clybiau**) *g*
1 (*cymdeithas*) club *m*; **~ pêl-droed** association *f* de football; **bod yn aelod o glwb** être membre d'une association, être cotisant(e).
2 (*adeilad*) club *m*; **~ ieuenctid** foyer *m* de jeunes, centre *m* de jeunes; **~ nos** boîte *f* de nuit.
clwb[2] (**clybiau**) *g* (*CARDIAU*) trèfle *m*.
clwb[3] (**clybiau**) *g* (*pastwn*) matraque *f*, massue *f*; (*golff*) crosse *f* (de golfe).
clwb[4] *ans*: **troed ~** pied *m* bot.
clwbio *bg gw.* **clybio**.
clwc[1] *ans*: **wy ~** œuf *m* pourri; **'rwy'n teimlo'n glwc** (*yn wael*) je ne suis pas dans mon assiette*, je me sens un peu patraque*.
clwc[2] *g* (*sŵn iâr*) gloussement *m*.
clwcian *bg* glousser.
clwff (**clyffiau**) *g* gros morceau(-x) *m*.
clwm (**clymau**) *g* nœud *m*.
clwpa (**clwpâu, -od**) *g* (*pastwn*) massue *f*, trique *f*.
clwstwr (**clystyrau**) *g* (*o bobl*) petit groupe *m*, rassemblement *m*; (*o rawnwin*) grappe *f*; (*o flodau*) touffe *f*, grappe; (*o sêr*) amas *m*; (*o dai*) groupe, ensemble *m*; (*o goed*) bouquet *m*, groupe; (*o emau*) entourage *m*; (*o ynysoedd, pryfed*) groupe.
clwt, **clwtyn** (**clytiau**) *g* chiffon *m*; (*babi*) couche *f*; (*darn o ddefnydd*) pièce *f*; **ar y clwt** (*tlawd*) indigent(e), sans abri, sans logement, dans le dénuement; (*heb waith*) sans emploi, au chômage; **gadael rhn ar y clwt** laisser qn en plant*, poser un lapin à qn*.
clwy (**-fau**) *g gw.* **clwyf**.
clwyd (**-i, -au, -ydd**) *b* (*giât: gardd*) portail *m*; (*:fferm*) barrière *f*; (*CHWAR*) haie *f*; (*ar gyfer adar*) juchoir *m*, perchoir *m*; **ras glwydi** course *f* de haies.
clwyden (**-ni**) *b* (*o eira*) couche *f*.
clwydo *bg* (*adar*) se percher, se jucher; **mynd i glwydo** (*ffig*) aller se coucher.
clwyf (**-au**) *g* (*briw*) blessure *f*; (*clefyd*) maladie *f*; **~ melyn** jaunisse *f*; **~ y marchogion** hémorroïdes *fpl*; **~ (y) pennau** oreillons *mpl*; **~ y traed a'r genau** fièvre *f* aphteuse; **ailagor hen glwyfau** rouvrir de vieilles blessures.
clwyfedig *ans* blessé(e);
♦*g/b* (**-ion**) blessé *m*, blessée *f*.
clwyfo *ba* blesser; **~ rhn yn ei goes** blesser qn à la jambe.
clwyfog, **clwyfus** *ans* blessé(e);
♦*ll*: **y ~** les blessés *mpl*, les blessées *fpl*.
clybio[1] *bg* (*mynd i glybiau nos*) faire la tournée des boîtes.
clybio[2] *bg*: **~ at eich gilydd** cotiser.
clychau *ll gw.* **cloch**.
clyd *ans* (*gwely, ystafell*) confortable, douillet(te); **bod yn glyd (yn eich gwely)** être bien *neu* confortablement installé(e) (dans son lit); **'rydym ni'n glyd yma** on est bien ici; **y tu clytaf i'r clawdd** le côté abrité du vent (d'une murette);
♦ **yn glyd** *adf* confortablement, douillettement.
clydwch *g* (*cynhesrwydd: ystafell*) atmosphère *f* douillette, confort *m*.
clyfar *ans* (*galluog*) doué(e), intelligent(e), astucieux(astucieuse), malin(maligne, maline*); (*medrus*) habile, adroit(e); (*dyfais*) ingénieux(ingénieuse), génial(e)(géniaux, géniales); **~-~** (*ateb ayb*) effronté(e),

impudent(e);
♦ **yn glyfar** *adf* astucieusement, intelligemment, habilement, adroitement, ingénieusement.
clyfrwch *g* habileté *f*, adresse *f*, ingéniosité *f*, intelligence *f*.
clymau *ll gw.* **cwlwm**.
clymblaid (**clymbleidiau**) *b* coalition *f*.
clymbleidio *bg* former une coalition, se coaliser.
clymbleidiol *ans* de coalition, coalisé(e).
clymhercyn *ans* boiteux(boiteuse), boitillant(e).
clymlys *g* (*PLANH*) renouée *f*.
clymog *g* (*PLANH*) renouée *f*;
♦*ans* noueux(noueuse);
♦ **yn glymog** *adf* de façon noueuse.
clymu *ba* (*rhoi cwlwm yn rhth*) nouer; (*parsel, cig*) ficeler; (*careiau esgidiau, tei, sgarff*) nouer, attacher; (*sach*) fermer; (*cwch*) amarrer; (*carcharor*) attacher, ligoter; ~ **rhth wrth rth** *ou* **yn rhth** attacher qch à qch; ~ **rhth am rth** enrouler qch autour de qch; ~ **dwylo** ligoter les mains; **clyma dy ffedog!** attache-toi le tablier autour de la taille!; ~**'ch careiau** faire ses lacets; **mae fy nwylo wedi'u** ~ (*ffig*) j'ai les mains liées; ~ **rhuban yn y gwallt** mettre un ruban dans les cheveux.
clystyru *bg* (*pobl*) se grouper; (*pethau*) former un groupe.
clytio *ba* rapiécer.
clyts(h) (**-ys**) *g* (*cydiwr: car*) embrayage *m*.
clytwaith (**clytweithiau**) *g* (*gwnïo*) patchwork *m*; (*ffig*) mosaïque *f*.
clyw[1] *g* (*synnwyr*) ouïe *f*; **o fewn** ~ **rhn** à portée de voix de qn; **bod yn drwm eich** ~ être dur(e) d'oreille; **nid yw ei chlyw hi'n dda iawn** elle n'a pas l'oreille très fine.
clyw[2] *be gw.* **clywed**.
clywadwy *ans* perceptible à l'oreille, distinct(e), audible;
♦ **yn glywadwy** *adf* perceptiblement, distinctement.
clywdeipydd (**-ion**) *g* audiotypiste *m*.
clywdeipyddes (**-au**) *b* audiotypiste *f*.
clywed *ba* (*sŵn*) entendre; (*stori, newydd*) apprendre; (*aroglau, cyffyrddiad*) sentir; (*blas*) goûter; (*rhn mewn llys*) juger; **os clywch chi ar eich calon fynd yno** si vous désirez y aller, si cela vous chante d'y aller; **ni chlywais i erioed (sôn) am y llyfr** je n'ai jamais entendu parler de ce livre; **'roedd ei dalcen i'w glywed yn boeth** son front était brûlant au toucher, on sentait la chaleur de son front; **'roedd y gwin i'w glywed yn felys** le vin avait le goût sucré; **clywch!, clywch!** bravo!;
♦*bg*: ~ **am rth** (*h.y. clywed sôn*) entendre parler de qch; **a glywaist ti am ...?** (*newydd, hanes*) es-tu au courant de ...?; ~ **oddi wrth** *ou* **gan rn** (*llythyr*) recevoir des nouvelles *neu* une lettre de qn; **cymorth** ~ appareil *m* acoustique.
clywedol *ans* auditif(auditive);
♦ **yn glywedol** *adf* de façon auditive.
clywedydd (**-ion**) *g* auditeur *m*.
clyweled *ans* audiovisuel(le); **cyfarpar** ~ support *m* *neu* moyen *m* audiovisuel.
clywelediad, **clyweliad** (**-au**) *g* (*THEATR*) audition *f*.
cm *byrf*(= *centimetr*) cm (= centimètre *m*).
cnaf (**-on**) *g* (*dihiryn*) escroc *m*, filou *m*, canaille *f*, vaurien *m*; (*CARDIAU*) valet *m*; ~ **bach** (*plentyn direidus*) coquin *m*, polisson *m*.
cnafaidd *ans* de filou, de coquin, de fripon, de canaille;
♦ **yn gnafaidd** *adf* malhonnêtement.
cnaif (**cneifion**) *g* tonte *f*, toison *f*.
cnap (**-iau**) *g* grumeau(-x) *m*, bosse *f*; (*cainc mewn pren*) nœud *m*.
cnapan[1] (**-au**) *g* (*lwmp*) morceau(-x) *m*, grumeau(-x) *m*.
cnapan[2] *g* (*pêl bren*) boule *f*, palet *m*; (*gêm*) le hockey *m* gallois.
cnapio *bg* former des bosses *neu* des grumeaux.
cnapiog *ans* noueux(noueuse), couvert(e) de bosses.
cnau *ll gw.* **cneuen**.
cnawd *g* chair *f*; **yn y** ~ en chair et en os.
cnawdol *ans* charnel(le), sensuel(le);
♦ **yn gnawdol** *adf* charnellement, sensuellement.
cnawdoli *ba* incarner.
cnawdolrwydd *g* sensualité *f*.
cnawes *b gw.* **cenawes**.
cnec (**-iau, -ion, -s**) *g* (*rhech*) pet* *m*; **codi** ~**s** (*ffig: codi hen grachen*) rouvrir de vieilles blessures, remuer de vieilles histoires; (*creu helynt*) faire des histoires.
cnecian, **cnecio** *bg* (*rhechain*) péter; (*pesychu*) tousser.
cneifio *ba* tondre; **adeg** ~ la saison *f* de la tonte, tondaison *f*.
cneifion *ll* laine *f* tondue.
cneifiwr (**cneifwyr**) *g* tondeur *m*.
cneifwraig (**cneifwragedd**) *b* tondeuse *f*.
cnepyn (**cnapiau**) *g* petit morceau(-x) *m*.
cneua *bg* cueillir des noix.
cneuen (**cnau**) *b*: ~ **Ffrengig** noix *f*; ~ **ddaear** gland *m* de terre; ~ **fwnci** cacahuète *f*; ~ **gastan** marron *m*, châtaigne *f*; ~ **goco** noix de coco; ~ **goeg** noisette *f* creuse *neu* vide; ~ **gollen** noisette; **coeden gnau** noisetier *m*; **cyn iached â'r gneuen** en pleine forme, frais comme un gardon, en parfaite santé.
cnewyllyn (**cnewyll**) *g* (*ffrwyth, eirinen ayb*) noyau(-x) *m*; (*afal*) trognon *m*; (*ffig: dadl, problem*) cœur *m*, essentiel *m*, noyau; (*niwclews*) noyau.
cnith (**-ion**) *g* effleurement *m*, petite tape *f*.

cnithio *ba* taper légèrement, effleurer.
cno (**-eon**) *g gw.* **cnoad**.
cnoad (**-au**) *g* (*y weithred o gnoi*) mastication *f*; (*brathiad gan gi*) morsure *f*; (*poen*) douleur *f* lancinante; ~ **o faco** chique *f* de tabac.
cnoc[1] (**-iau, -iadau**) *b* (*ergyd*) coup *m*; (*wrth y drws*) un coup à la porte; **daeth ~ ar y drws** on a frappé à la porte; ~! ~! toc! toc!; **ni wnaeth yr un gnoc o waith** il n'a rien fait; **bu hyn yn dipyn o gnoc iddo** cela a été un coup rude *neu* dur pour lui, il a eu du mal à encaisser cela; **dyfal** *ou* **aml gnoc a dyrr y garreg** qui essuie un échec, qu'il essaie de nouveau.
cnoc[2] (**-iau**) *g/b* (*ffŵl*) idiot *m*, idiote *f*.
cnocell[1] (**au**) *b* (ADAR): ~ **y coed** pic *m*; ~ **werdd** pivert *m*.
cnocell[2] *b*: ~ **o dywydd oer** période *f* de temps froid.
cnocio *ba* frapper, cogner; ~ **hoelen** (*i mewn i*) enfoncer un clou (dans); ~ **â morthwyl** marteler;
♦*bg* frapper, cogner, marteler; (*calon, injan*) cogner; **'rwy'n clywed sŵn** ~ j'entends frapper *neu* cogner;
♦*g* des coups *mpl.*
cnodiog *ans* (CORFF) charnu(e), rebondi(e); (*rhn*) bien en chair, corpulent(e).
cnodiogrwydd *g* état *m* charnu, embonpoint *m*, corpulence *f*.
cnofa (**cnofeydd**) *b* colique *f*, rongement *m*; ~ **cydwybod** remords *m*.
cnofil (**-od**) *g* rongeur *m*.
cnoi *ba* mâcher, mastiquer; (*brathu*) mordre; ~**'ch ewinedd** se ronger les ongles; ~ **cil** ruminer; (*ffig*) réfléchir;
♦*bg* (*cenfigen ayb*) ronger;
♦*g* colique *f*, tranchées *fpl.*
cnot (**-iau**) *g* nœud *m*; ~**iau'r ysgaw** baies *fpl* de sureau.
cnotiog *ans* noueux(noueuse).
cnotyn (**cnotiau**) *g* nœud *m*; (*mewn gardd*) parterre *m* en broderie.
cnu (**-oedd**) *g* toison *f*.
cnuch** (**-iau**) *g* copulation *f*, accouplement *m*, baise** *f*.
cnuchiad** (**-au**) *g gw.* **cnuch**.
cnuchio** *ba* copuler avec, baiser**;
♦*bg* s'accoupler.
cnuchiwr** (**cnuchwyr**) *g* baiseur** *m*, fornicateur *m*.
cnuchwraig** (**cnuchwragedd**) *b* baiseuse** *f*.
cnud (**-oedd**) *g,b* meute *f* de loups.
cnuf (**-iau**) *g* toison *f*.
cnul (**-iau**) *g* glas *m*.
cnulio *ba, bg* sonner le glas (de).
cnuwch *g* (*o wallt*) tignasse *f*.
cnwc (**cnyciau**) *g* (*lwmp*) bosse *f*; (*bryncyn*) butte *f*, monticule *m*, tertre *m*.
cnwd (**cnydau**) *g* récolte *f*.
cnwff (**cnyffiau**) *g* gros morceau(-x) *m*.
cnyciog *ans* raboteux(raboteuse), irrégulier(irrégulière).
cnydfawr *ans* fécond(e), fertile.
cnydio *bg* donner *neu* fournir une récolte.
cnydiog *ans* fécond(e), fertile.
coala (**-od, coaläid**) *g* koala *m*.
cob[1] (**-iau**) *g* (*clawdd*) digue *f*.
cob[2] (**-iau**) *g* (*ceffyl*) cob *m*.
cob[3] (**-iau, -s**) *g* (*cybydd*) avare *m/f*; (*llanc direidus*) farceur *m*.
cobalt *g* cobalt *m*.
coban (**-au**) *b* chemise *f* de nuit.
cobio *ba* cogner.
cobler (**-iaid**) *g*
1 (*crydd*) cordonnier *m*.
2 (ADAR): ~ **y coed** pivert *m*.
coblo[1] *ba* (*ffordd*) paver.
coblo[2] *ba* (*trwsio: esgid*) réparer; (:*dilledyn*) raccommoder; (:*â chlwt*) rapiécer.
coblo[3] *bg* (*chwarae concers*) jouer au jeu de marrons.
coblog *ans* pavé(e).
coblyn (**-nod**) *g* lutin *m*; **mynd fel y** ~ aller à fond de train; **myn ~ i!** mince alors!; **mae'n goblyn o fachgen!** c'est un vrai diable!; **beth goblyn wyt ti'n ei feddwl?** que diable veux-tu dire?; ~ **y coed** (ADAR) pivert *m*.
cobra (**-od**) *g,b* cobra *m*.
cobyn (**-nau**) *g* (*blew, glaswellt*) touffe *f*; (*o blu*) huppe *f*, aigrette *f*.
coc[1] (**-iau**) *g,b* (*tap*) robinet *m*.
coc**[2] (**-iau**) *g,b* (*pidyn*) bitte** *f*, pine** *f*; ~ **oen** prétentieux *m*, fat *m*.
côc *g* (*glo llosg*) coke *m*; (*diod*) coca *m*, coca-cola *m*; (*cocên*) coke* *f*.
coc-a-dwdl-dw *ebych* cocorico *m*.
cocatŵ (**-od, -aid**) *g* cacatoès *m*.
cocên *g* cocaïne *f*.
cocian *bg* caqueter, glousser.
coco *g* (*powdr*) cacao *m*.
coconyt* (**-s**) *g,b* (*cneuen goco*) *gw.* **cneuen**.
cocrotsien* (**cocrotsys**) *b* cafard *m*.
cocsen (**cocos**) *b* (*cragen*) coque *f*; (*ar olwyn*) dent *f* d'engrenage; **olwyn gocos** roue *f* dentée.
coctel (**-s**) *g* cocktail *m*; **parti** ~ cocktail.
cocwyllt** *ans* dévergondé(e), concupiscent(e), lascif(lascive);
♦ **yn gocwyllt** *adf* lascivement.
cocwyo *bg* côcher, couvrir (la poule).
cocyn[1] *g* prétentieux *m*, fat *m*, crâneur *m*; ~ **hitio** tête *f* de Turc; ~ **annêl** *ou* **saethu** but *m*.
cocyn[2] (**-nau**) *g* (*mwdwl o wair*) meulon *m* de foin.
coch (**-ion**) *ans* rouge; (*gwallt*) roux(rousse);
♦*g* rouge *m*; **yn y** ~ (*cyfrif banc*) à découvert, dans le rouge*; (*busnes*) en

déficit; ~ **y berllan** (ADAR) bouvreuil *m*; ~ **yr adain** mauvis *m*.
cochder *g* rougeur *f*.
cochddu (**-on**) *ans* roussâtre.
cochen (**-nod**) *b* rousse *f*.
cochfelyn (**cochfelen**) (**cochfelynion**) *ans* cuivré(e).
cochgangen *b* (PYSG) chevesne *m*, chevaine *m*, chevenne *m*, meunier *m*.
cochi *ba* (*pysgodyn, cig*) fumer; ~ **penwaig** fumer des harengs; ~ **tir** labourer le sol *neu* la terre;
♦*bg* (*gwrido*) rougir.
cochl (**-au**) *g,b* manteau(-x) *m*; (*ffig*) voile *m*; **dan gochl duwioldeb** sous le voile de la piété.
cochlas (**cochleision**) *ans* violacé(e), violet(te).
cochlwyd (**-ion**) *ans* roussâtre.
cochni *g* rougeur *f*.
cochwraidd *ll* (PLANH) garance *f*.
cochyn (**cochion, cochiaid**) *g* roux *m*.
cod[1] (**-au**) *b* sac *m*; (*arian*) bourse *f*; (*anifail*) poche *f*.
cod[2] *be gw.* **codi**.
còd *g* (PYSG) *gw.* **penfras**.
côd (**codau**) *g* code *m*; (*rheolau*) règles *fpl*; ~ **ymddygiad meddygon** règles de conduite médicale; ~ **Morse** morse *m*; **mewn** ~ **Morse** en morse; ~ **bar** code *m* à barres; ~ **post** code postal.
codaid (**codeidiau**) *b* sachée *f*, sac *m* plein; ~ **eira** (PLANH) vesse-de-loup(~s-~-~s) *f*.
codeiddio *ba* codifier.
codeiddiwr (**codeiddwyr**) *g* codificateur *m*.
coden (**-nau, codau**) *b* (*pysen, ffeuen*) cosse *f*; (*bag bychan*) bourse *f*; ~ **eira** *ou* **euraidd** *ou* **eurych** (PLANH) vesse-de-loup(~s-~-~s) *f*.
codennog *ans* à cosses, en cosses.
codennu *bg* (*ffurfio codennau*) s'élever en ampoules.
codi *ba*
1 (*rhth o fan isel i safle uwch: cyff*) lever; (:*baich, bocs, caead*) soulever; (:*baner*) hisser; (:*llong suddedig*) renflouer.
2 (*rhth oddi ar y llawr: i dacluso*) ramasser.
3 (*rhn: ar ei draed*) faire lever; (:*o'r gwely*) lever, réveiller; (:*o farw'n fyw*) ressusciter; **'roeddynt yn cadw digon o sŵn i godi'r meirw** ils faisaient un bruit à réveiller les morts.
4 (*rhan o'r corff*) lever; ~**'ch pen/llaw** lever la tête/main; ~**'ch dwylo uwch eich pen** lever les mains au-dessus de la tête; ~ **llaw** (*cyfarch*) faire un signe *neu* un geste de la main; ~ **llaw ar rn** (*wrth gyfarfod*) faire bonjour de la main à qn; (*wrth ffarwelio*) faire au revoir de la main à qn; (*wrth fynd heibio*) saluer qn de la main; (*i dynnu sylw*) faire signe de la main à qn; ~ **bys ar rn i wneud rhth** faire signe à qn de faire qch.
5 (*tynnu allan: cyff*) sortir, prendre; (:*staen*) ôter, enlever; (:*tatws, moron ayb o'r pridd*) arracher; ~ **rhth o'r bocs** sortir qch de la boîte; ~ **arian o'r banc** retirer de l'argent à la banque; **darn a godwyd o lyfr** un passage extrait d'un livre; **codais yr ystadegau hyn o adroddiad y llywodraeth** j'ai tiré ces statistiques du rapport gouvernemental; ~ **bron** (MEDD) mammectomie *f*, mastectomie *f*; **mae hi wedi cael** ~ **ei bron** elle a subi une mammectomie.
6 (*adeiladu: neuadd ayb*) construire, bâtir; (:*cofgolofn ayb*) ériger, élever.
7 (*magu: teulu, plentyn*) élever.
8 (*tyfu: llysiau*) cultiver.
9 (*hawlio, gofyn: pris, tâl*) prendre, demander; (:*comisiwn*) prélever; **faint ydych chi'n ei godi am hwn?** combien demandez-vous pour ceci?; **codais ddwybunt arno am y bwrdd 'ma** je lui ai fait payer cette table deux livres; ~ **pris postio ar y cwsmer** facturer les frais d'envoi au client.
10 (*casglu, hel at ei gilydd: byddin*) lever; (:*arian at achos da*) recueillir, collecter; (:*arian i'ch dibenion eich hun*) trouver; **mae'n rhaid imi godi tair mil o bunnoedd erbyn dydd Gwener** il faut que je trouve *subj* trois mille livres d'ici vendredi.
11 (*prynu, sicrhau: polisi yswiriant*) souscrire à, prendre; (:*trwydded*) se procurer; ~ **morgais** faire un emprunt-logement; ~ **tocyn** prendre un ticket, réserver *neu* retenir un billet.
12 (*cynyddu, gwneud yn uwch: prisiau*) augmenter; ~**'ch llais** (*i rn glywed*) parler plus fort; (*yn ddig*) élever la voix.
13 (*gwella, rhoi hwb i: safon ayb*) élever; (:*ysbryd rhn*) remonter; ~ **calon rhn** remonter le moral à qn, encourager qn.
14 (*cyflwyno, crybwyll: gwrthwynebiad ayb*) soulever; ~ **cwestiwn** poser une question.
15 (*achosi, creu*) soulever, provoquer; ~ **amheuon** soulever des doutes; ~ **blys ar rn** donner envie de manger à qn; ~ **cyfog ar rn** donner envie de vomir à qn; ~ **cywilydd ar rn** faire honte à qn; ~ **helynt** *ou* **twrw** causer des querelles; ~ **ofn ar rn** faire peur à qn.
16 (*achosi i symud: wrth hela*) faire sortir, lever; ~ **ysgyfarnog** (*llyth, ffig*) lever un lièvre.
17 (*achosi i orffen, dirwyn i ben: gwaharddiad, gwarchae*) lever.
18 (*mewn ymadroddion*): ~**'r bys bach** (*diota*) siroter; ~ **crachen** rouvrir de vieilles blessures; ~ **gwrychyn rhn** irriter qn; ~ **llais rhn** (*recordio*) enregistrer qn; ~ **pac** s'en aller, plier bagage;
♦*bg*
1 (*o'r gwely*) se lever; **cod!, cwyd!** sors du lit!, lève-toi!, debout!; ~ **o farw'n fyw** (CREF) ressusciter d'entre les morts.
2 (*sefyll i fyny: ar ôl eistedd*) se lever, se mettre debout; (:*ar ôl syrthio*) se relever; ~

oddi wrth y bwrdd sortir *neu* se lever de table; **cod** *ou* **cwyd oddi ar y llawr!** relève-toi!.
3 (*mynd yn uwch: dŵr*) monter; (*:prisiau*) augmenter; (*:llais*) devenir plus fort, monter.
4 (*mynd ar i fyny: tir, ffordd*) monter; (*mynydd*) s'élever.
5 (*o fan isel i safle uwch: cyff*) se lever; (*:awyren*) décoller, s'envoler; (*:aderyn*) s'envoler, prendre son vol; (*:balŵn, stêm*) monter; (*:haul, lleuad, niwl*) se lever; ~ **i'r wyneb** (*nofiwr ayb*) remonter à la surface; **beth gododd yn dy ben di i wneud y fath beth?** qu'est-ce qui t'a pris de faire une chose pareille?.
6 (*adeilad ayb*) s'ériger, se dresser.
7 (*COG: toes, cacen*) lever.
8 (*ymddangos: problem, anhawster*) apparaître, survenir, se présenter; (*:yn sydyn*) surgir.
9 (*tarddu: nant*) prendre sa source; **problem sy'n ~ o'r penderfyniad hwn** (*ffig*) un problème qui résulte *neu* découle de cette décision.
10 (*METEO: storm*) se préparer; **mae'r gwynt yn ~** le vent se lève; **mae hi'n ~'n braf** il s'éclaircit.
11 (*gwrthryfela*): ~ **dani*** se révolter, se rebeller, s'insurger.
12 (*hawlio arian*): ~ **ar rn am rth** faire payer qch à qn; **ni chodais arni am y coffi** je ne lui ai pas fait payer le café.

codiad (**-au**) *g* (*cyflog*) augmentation *f*; (*prisiau*) augmentation, élévation *f*, hausse *f*, essor *m*; (*ar ffordd*) montée *f*, côte *f*; (*gwres*) relèvement *m*; (*FFISIOL*) érection *f*; (*balŵn, stêm*) ascension *f*; (*awyren*) envol *m*, décollage *m*; (*aderyn*) envol; ~ **haul** lever *m* du *neu* de soleil; ~ **tir** hauteur *f*, éminence *f*, petite colline *f*, butte *f*; **ar godiad y wawr** à l'aube, au lever du jour, au point du jour; ~ **llanw** flot *m*, flux *m*, montée

codio *ba* coder.

codisil (**-iau**) *g* codicille *m*.

codlysiau *ll* graines *fpl* de légumineuses.

codog *ans* cossu(e), légumineux(légumineuse); (*anifail*) marsupial(e)(marsupiaux, marsupiales); (*cyfoethog*) cossu;
♦*g* (*PLANH*) criste-marine(~s-~s) *f*, crithme *m*, perce-pierre(~-~s) *f*; (*cybydd*) avare *m*, pingre *m*.

codwm (**codymau**) *g* (*cwymp*) chute *f*, culbute *f*; **cael** ~ tomber, dégringoler, se casser la figure; **ymaflyd** ~ (*CHWAR*) faire du catch.

codwr (**codwyr**) *g*: ~ **pwysau** haltérophile *m*; ~ **canu** maître *m* de chapelle; ~ **cynnar** lève-tôt *m/f*.

codydd (**-ion**) *g* agent *m* de levage.

codymu *bg*: ~ **(â rhn)** lutter (avec qn).

codyn (**còd**) *g* (*PYSG*) *gw.* **penfras.**

coed (**-ydd**) *g* (*coedwig*) bois *m*, forêt *f*; (*pren ar gyfer saer*) bois de construction; **yn y** ~ dans les bois; ~ **tân** bois de chauffage; **dod at eich** ~ revenir à la raison; **torrwr** ~ bûcheron *m*; **ni ellwch weld y ~ gan brennau** les arbres empêchent de voir la forêt; **cath goed** chat *m* sauvage; **baedd** *ou* **mochyn** ~ sanglier *m*.

coeden (**coed**) *b* arbre *m*; ~ **dderw** chêne *m*; ~ **eirin** prunier *m*; ~ **ellyg** poirier *m*; ~ **geirios** cerisier *m*; ~ **Nadolig** sapin *m* de Noël.

coediog *ans* boisé(e).

coedlan (**-nau**) *b* taillis *m*, boqueteau(-x) *m*.

coedwal (**-au**) *b* taillis *m*, fourré *m*.

coedwig (**-oedd**) *b* forêt *f*.

coedwigaeth *b* sylviculture *f*; **y Comisiwn C~** *l'office m britannique des forêts.*

coedwigo *ba* boiser.

coedwigwr (**coedwigwyr**) *g* (*torrwr coed*) bûcheron *m*, bûcheronne *f*; (*gofalwr am goedwig*) forestier *m*, forestière *f*.

coedyn (**coed**) *g* morceau(-x) *m* de bois, bâton *m*.

coedd *ans* public(publique); **ar goedd** en public.

coeg *ans* (*gwag*) vide; (*diwerth*) vain(e), stérile, sans valeur, faux(fausse); **cneuen goeg** noix *m* vide; **genau-goeg** lézard *m*.

coegbeth (**-au**) *g* chose *f* vaine, frivolité *f*, bagatelle *f*.

coeg-ddigrif *ans* frivole;
♦ **yn goeg-ddigrif** *adf* frivolement.

coeg-ddigrifwch *g* frivolité *f*.

coegddyn (**-ion**) *g* fat *m*, prétentieux *m*.

coegddysg *b* pédantisme *m*, pédanterie *f*.

coegfalch *ans* vaniteux(vaniteuse).

coegfeddyg (**-on**) *g* charlatan *m*.

coegio *bg gw.* **cogio.**

coeglyd *ans* sarcastique, railleur(railleuse);
♦ **yn goeglyd** *adf* d'un ton sarcastique *neu* railleur.

coegni *g* sarcasme *m*, raillerie *f*.

coegwych (**-ion**) *ans* voyant(e), fastueux(fastueuse), de mauvais goût;
♦ **yn goegwych** *adf* de facon voyante, fastueusement.

coegylfinir (**-od**) *g* (*ADAR*) petit courlis *m*.

coegyn (**-od**) *g* prétentieux *m*, fat *m*.

coegynnaidd *ans* affecté(e), prétentieux(prétentieuse), vaniteux(vaniteuse).

coel (**-ion**) *b* (*CREF*) croyance *f*; (*ymddiriedaeth*) confiance *f*; ~ **gwrach** superstition *f*, conte *m* de bonne femme; **rhoi ~ ar rth** ajouter foi à qch, croire qch; **ar goel** à crédit.

coelbren (**-nau**) *g* sort *m*; **bwrw** ~ tirer au sort.

coelcerth (**-i, -au**) *b* feu(-x) *m* de joie; (*i losgi sbwriel*) feu.

coelgrefydd (**-au**) *b* superstition *f*.

coelgrefyddol *ans* superstitieux(superstitieuse).
coelio *ba* croire; (*ymddiried*) faire confiance (à qn); **choelia' i byth!** ce n'est pas vrai! *gw. hefyd* **credu**.
coes (-**au**) *b* (CORFF) jambe *f*; ~ **cyw iâr** cuisse *f* de poulet; ~ **trowsus** jambe de pantalon; ~ **bren** jambe de bois; **tynnu** ~ **rhn** taquiner qn; ~**au brogaod** *ou* **llyffantod** cuisses de grenouille;
♦*g* (*dodrefn*) pied *m*; (*brwsh, bwyell*) manche *m*; (*sosban*) queue *f*; (PLANH) tige *f*.
coesgam *ans* arqué(e); **mae hi'n goesgam** elle a les jambes arquées.
coesgen *b* jambe *f*.
coesgoch (-**ion**, -**iaid**) *g* (ADAR) chevalier *m*, gambette *f*; (PLANH) géranium *m* robertin.
coesgyn *g* jambe *f*.
coesnoeth *ans* nu-jambes, les jambes nues.
coesog *ans* (*rhn*) aux longues jambes; (*planhigyn*) haut(e) et dégarni(e).
coesyn (-**nau**) *g* (PLANH) tige *f*; ~ **cotwm** (*i lanhau'r clustiau*) Coton-Tige© *m*.
coetan (**coetennau, coetiau, coets**) *b gw.* **coeten**.
coeten (-**nau, coetiau, coets**) *b* palet *m*; **gêm o goetiau** jeu(-x) *m* du palet; ~ **Arthur** dolmen *m*.
coetgae (-**au**) *g* parc *m*, enclos *m*, clos *m*, enceinte *f*.
coetio *bg* jouer au palet.
coetir (-**oedd**) *g* forêt *f*, région *f* boisée, boisage *m*.
coetref (-**i**) *b* cabine *f*, chaumière *f*.
coets(h) (-**ys**) *b* (*babi*) landau *m*, voiture *f* d'enfant; (*bws*) car *m*; ~ **fawr** diligence *f*.
coeth *ans* pur(e); (*aur ayb*) affiné(e); (*chwaeth*) raffiné(e); (*iaith*) élégant(e);
♦ **yn goeth** *adf* élégamment, de façon raffinée, avec raffinement.
coethder (-**au**) *g* élégance *f*.
coethi[1] *b* (*aur: puro*) raffiner, purifier, affiner.
coethi[2] *bg* (*cyfarth*) aboyer; ~ **ar rn** aboyer après qn;
♦*g* aboiement *m*.
cof (-**ion**) *g*
1 (*cyff*) mémoire *f*; **mae ganddo gof da/gwael** il a (une) bonne/mauvaise mémoire; **dwyn rhth i gof** se rappeler qch, se souvenir de qch, se remémorer qch; **cadw rhth mewn** ~ penser à qch, ne pas oublier qch; **cadw** ~ **am rth** garder la mémoire de qch; **ar gof a chadw** attesté(e), noté(e); **dysgu rhth ar eich** ~ apprendre qch par cœur; **mynd o'ch** ~ (*drysu*) devenir fou(folle); (*gwylltio*) se mettre en colère; **er** ~ **am** en mémoire de.
2 (*atgof*) souvenir *m*; **ni ddarfu'r** ~ **am ein gwyliau** le souvenir de nos vacances persiste; **'does gen i ddim** ~ **o fynd yno** je ne me souviens pas d'y être allé(e).
cofadail (**cofadeiliau**) *g,b* monument *m*.
cofeb (-**ion**) *b* monument *m*.
cofgar *ans* ayant bonne mémoire, qui retient bien.
cofgolofn (-**au**) *b* monument *m*; (*coffa*) mémorial *m*; (*dros fedd*) monument funéraire.
cofiadur (-**on**, -**iaid**) *g* (*archifydd, clerc*) archiviste *m/f*, greffier *m*; (*barnwr*) juge *m* suppléant.
cofiadwy *ans* mémorable;
♦ **yn gofiadwy** *adf* d'une manière mémorable.
cofiannol *ans* biographique;
♦ **yn gofiannol** *adf* de façon biographique.
cofiannu *ba* écrire une biographie de.
cofiannydd (**cofianwyr**) *g* biographe *m/f*.
cofiant (**cofiannau**) *g* biographie *f*.
cofiedydd (-**ion**) *g* greffier *m*, archiviste *m/f*.
cofio *ba*
1 (*cyff*) se rappeler (qch), se souvenir de (qch), se remémorer (qch), retenir (qch); ~ **bod ...** se rappeler que ...; **'rwy'n** ~ **ei weld** je me rappelle l'avoir vu, je me rappelle que je l'ai vu; **cofiwch fi at eich gwraig** donnez le bonjour de ma part à votre femme, rappelez-moi au bon souvenir de votre femme; **'dwyt ti ddim yn fy nghofio?** (*wyneb yn wyneb*) tu ne me reconnais pas?, tu ne me remets pas?; **cofia wneud dy waith!** n'oublie pas de faire ton travail!.
2 (*atgoffa*) rappeler (qch) à; **cofia imi fod yn rhaid imi godi'n fore** n'oublie pas de me rappeler que je devrai me lever de bonne heure;
♦*bg* se souvenir; **nid wyf yn** ~ je ne me souviens pas, je ne sais plus; **cyn belled ag 'rwyf yn** ~ autant que je m'en souvienne *subj*; **nid hyd y cofiaf i** pas à ma connaissance, pas que je m'en souvienne *subj*; **os ydw i'n** ~**'n iawn** si j'ai bonne mémoire, si je m'en souviens bien; **'roedd yn ddyn pwysig, fel y cofiwch chi** il était, comme vous le savez, un homme important; **mae'n** ~ **atoch chi** il vous envoie son meilleur souvenir.
cofiwr (**cofwyr**) *g* homme *m* qui a (une) bonne mémoire *neu* qui retient bien.
cofl (-**au**) *b gw.* **côl**.
coflaid (**cofleidiau**) *b* brassée *f*.
coflech (-**i**) *b* plaque *f* commémorative.
cofleidiad (-**au**) *g* étreinte *f*.
cofleidio *ba* serrer (qn) dans ses bras, embrasser, étreindre; (*ffig: credo, ffydd*) embrasser;
♦*bg* s'embrasser, s'étreindre.
cofleidiwr (**cofleidwyr**) *g* (*sy'n glynu wrth: ideoleg*) partisan *m*, partisane *f*; (*:blaid wleidyddol*) adhérent *m*, adhérente *f*.
coflyfr (-**au**) *g* registre *m*.
cofnod (-**ion**) *g* rapport *m*, récit *m*; (*o gyfarfod*) procès-verbal(~-verbaux) *m*; **gwneud** ~ **o rth** noter qch; **ar gofnod** attesté(e), noté(e); **llyfr** ~**ion** registre *m* des

délibérations *neu* des procès-verbaux.
cofnodedig *ans* attesté(e), noté(e), inscrit(e), enregistré(e), déclaré(e).
cofnodi *ba* noter, enregistrer, inscrire; (*genedigaeth, marwolaeth*) déclarer.
cofrestr (**-au, -i**) *b* registre *m*; (*hefyd:* ~ **etholiad**) liste *f* électorale.
cofrestrad (**-au**) *g* enregistrement *m*; (*myfyrwyr ayb*) inscription *f*; (*cerbyd*) immatriculation *f*.
cofrestredig *ans* (*myfyrwr, pleidleisiwr*) inscrit(e); (*cerbyd*) immatriculé(e); (*elusen*) reconnu(e) par les autorités; **nyrs gofrestredig** infirmière *f* diplômée d'État; **nyrsiwr** ~ infirmier *m* diplômé d'État.
cofrestrfa (**cofrestrfeydd**) *b* bureau(-x) *m* de l'état civil; (*coleg*) secrétariat *m*; **priodi yn y gofrestrfa** ≈ se marier à la mairie.
cofrestriad (**-au**) *g* enregistrement *m*, inscription *f*; (*cerbyd*) immatriculation *f*.
cofrestru *ba* enregistrer; (*myfyriwr*) inscrire; (*genedigaeth, marwolaeth*) déclarer; (*car*) immatriculer;
♦*bg* s'inscrire, se faire inscrire; (*athro mewn ysgol*) faire l'appel; ~ **ar gyfer cwrs** s'inscrire à un cours; **rhif** ~ (*car*) numéro *m* d'immatriculation; **swyddfa gofrestru** bureau(-x) *m* de l'état civil; **cyfnod** ~ (*yn yr ysgol*) l'appel *m*.
cofrestrydd (**-ion**) *g* officier *m* de l'état civil; (*prifysgol*) secrétaire *m/f*; (*derbyn myfyrwyr*) chef *m* de la division de la scolarité; (*mewn ysbyty*) adjoint *m*; (*CYFR*) greffier *m* en chef, greffière *f* en chef; **y C~ Cyffredinol** (*GWLEID*) le Conservateur des actes de l'état civil.
cofrodd (**-ion**) *b* souvenir *m*.
cofus *ans* ayant bonne mémoire, qui retient bien; **mae'n gofus gen i bod ...** je me souviens que.
cofweini *bg*: ~ **ar actor** souffler (qch) à un acteur.
cofweinydd (**-ion**) *g* souffleur *m*, souffleuse *f*.
coffa *ba* commémorer;
♦*g* souvenir *m*; **gwasanaeth** ~ cérémonie *f* commémorative; **fy nhad,** ~ **da amdano** mon père, paix à son âme.
coffadwriaeth (**-au**) *b* commémoration *f*.
coffadwriaethol *ans* commémoratif(commémorative);
♦ **yn goffadwriaethol** *adf* en souvenir (de qch), de façon commémorative.
coffadwy *ans* mémorable, commémorable.
coffáu *ba* commémorer.
coffi (**coffïau**) *g* café *m*; ~ **du** café noir; ~ **gwyn** café au lait; **pot** ~ cafetière *f*; **peiriant gwneud** ~ cafetière.
coffr (**-au**) *g* coffre *m*, caisse *f*, malle *f*.
coffryn *g* coffret *m*.
cofftio *ba* avaler.
cog (**-au**) *b* (*hefyd:* **y gog**) coucou *m*; **mor hapus â'r gog, fel y gog** heureux(heureuse) comme un poisson dans l'eau; **bwtsias y gog, clychau'r gog** (*PLANH*) jacinthe *f* des bois.
còg (**cogiau**) *g* (*llanc*) jeune homme *m*, gars *m*.
cogail (**cogeiliau**) *g* quenouille *f*.
coges (**-au**) *b* cuisinière *f*.
cogfran (**cogfrain**) *b* choucas *m*, corneille *f* des clochers.
coginio *ba* faire cuire;
♦*bg* cuire; **mae'r bwyd yn** ~ le repas est en train de cuire; **'rwy'n hoff o goginio** j'aime faire la cuisine; **llyfr** ~ livre *m* de cuisine; **afal** ~ pomme *f* à cuire;
♦*g* cuisine *f*.
coginiol *ans* culinaire.
cogio *ba* feindre, simuler; ~ **gwneud rhth** faire semblant de faire qch;
♦*bg* faire semblant, feindre.
cogiwr (**cogwyr**) *g* simulateur *m*.
coglofft (**-ydd**) *b* galetas *m*.
cogor *bg* jaser, caqueter, pépier; (*brain*) croasser;
♦*g* jaserie *f*, caquetage *m*, pépiement *m*; (*brain*) croassement *m*.
cogr-droi *ba* faire tourner;
♦*bg* tourner; (*sefyllian*) traîner, hésiter, traînasser*.
cogwrn (**cogyrnau**) *g* (*cragen*) coquille *f*, coquillage *m*; **troi yn eich** ~ se dédire.
cogydd (**-ion**) *g* cuisinier *m*; **pen** ~ chef *m* de cuisine.
cogyddes (**-au**) *b* cuisinière *f*.
cogyddiaeth *b* cuisine *f*.
congl (**-au**) *b* coin *m*; (*ar ffordd*) tournant *m*, virage *m*; (*ongl*) angle *m*; **ar gongl y stryd** au coin *neu* à l'angle de la rue; **ym mhob twll a chongl** dans tous les coins et recoins.
conglfaen (**conglfeini**) *g* pierre *f* angulaire.
conglog *ans* angulaire, angulé(e).
congren (**congrod**) *b* anguille *f* de mer.
cohl *g* khôl *m*.
coil (**-iau**) *g* (*TRYD: mewn injan car*) bobine *f*; (*atal cenhedlu*) stérilet *m*.
col (**-ion**) *g* arête *f*, barbe *f*.
côl (**colau**) *b* (*mynwes*) poitrine *f*; (*ffig*) sein *m*, giron *m*; **eistedd yng nghôl rhn** être assis(e) sur les genoux de qn.
cola[1] (**colion**) *g* arête *f*, barbe *f*.
cola[2] *g* (*diod*) coca *m*.
coladiad (**-au**) *g* collation *f*.
coladu *ba* collationner.
colagen *g* collagène *m*.
colandr (**-au**) *g* passoire *f* à légumes.
colbio *ba* cogner, frapper, donner un coup de poing à; (*curo*) battre, rouer (qn) de coups, donner une correction à; (*gorchfygu*) vaincre, battre (à plate(s) couture(s)).
colbiwr (**colbwyr**) *g* cogneur *m*.
colect (**-au**) *g* collecte *f*.
coleddu *ba* (*syniad*) embrasser.
coleddwr (**coleddwyr**) *g* (*sy'n glynu wrth: ideoleg*) partisan *m*, partisane *f*; (*:blaid*

wleidyddol) adhérent *m*, adhérente *f*.
coleg (**-au**) *g* collège *m*; (*prifysgol*) collège universitaire, faculté *f*; (*amaethyddol ayb*) institut *m*; ~ **normal** *ou* **addysg** centre *m* de formation pédagogique, ≈ école *f* normale; ~ **technegol** ≈ C.E.T *m* (= collège d'enseignement technique); **darlithydd yn y** ~ professeur en faculté *neu* à la faculté; **mynd i'r** ~ (*h.y. mynd i addysg uwch*) faire des études supérieures, aller à la *neu* en faculté, entrer en faculté, entrer à l'université *neu* à l'institut.
colegol *ans* de collège, collégial(e)(collégiaux, collégiales).
coler (**-i**) *g,b* col *m*, collet *m*; (*i ferch*) col, collerette *f*; (*i gi*) collier *m*; ~ **gron** col romain; **gweithiwr** ~ **las** ouvrier *m* col bleu, ouvrière *f* col bleu; **gweithiwr** ~ **wen** employé *m* de bureau, employée *f* de bureau; **botwm** *ou* **styden** ~ bouton *m* de col; **cydio yn rhn gerfydd ei goler** prendre *neu* saisir qn au collet.
colera *g* choléra *m*.
colerog *ans* à col, à collet, à collier, colleté(e).
coleru *ba* (*rhoi coler ar*) mettre un collier à; (*cydio yn rhn*) colleter, prendre *neu* saisir (qn) au collet.
colesterol *g* cholestérol *m*.
colfach (**-au**) *g* (*drws*) charnière *f*, gond *m*; (*blwch*) charnière.
colfachu *ba* (*drws*) munir (qch) de gonds *neu* charnières.
colfen (**-ni, -nau**) *b* branche *f*, arbre *m*, tronc *m* d'arbre; (*mewn coedyn*) nœud *m*.
colifflŵar (**-s**) *g* (*blodfresychen*) chou-fleur(~x-~s) *m*.
colig *g* coliques *f(pl)*.
coliog *ans* (*pryf*) à aiguillon; (*barlys ayb*) à barbes.
colma, **colmio** *bg* se balader, errer ça et là, faire une petite excursion *neu* promenade.
colofn (**-au**) *b* colonne *f*; (*piler*) pilier *m*; (*mewn papur newydd*) rubrique *f*; ~ **y golygydd** l'éditorial *m*; ~ **y darllenwyr** le courrier *m* des lecteurs.
colofnydd (**colofnwyr**) *g* rédacteur(rédactrice) *m/f* d'une rubrique, journaliste *m/f*.
Colombia *prb* la Colombie *f*; **yng Ngholombia** en Colombie.
Colombiad (**Colombiaid**) *g/b* Colombien *m*, Colombienne *f*.
Colombiaidd *ans* colombien(ne).
colomen (**-nod**) *b* colombe *f*, pigeon *m*; **twll** ~ casier *m*; ~ **ddychwel** pigeon voyageur.
colomendy (**colomendai**) *g* pigeonnier *m*, colombier *m*.
colomennaidd *ans* de colombe, de pigeon, semblable à un pigeon *neu* une colombe.
colon[1] (**-au**) *g* (MEDD) côlon *m*.
colon[2] (**-au**) *g* (TEIP) deux-points *m*; **hanner** ~ point-virgule(~s-~s) *m*.
colslo *g une salade f à base de chou cru.*
colsyn (**cols**) *g* cendre *f*; **llosgi rhth yn golsyn** réduire qch en cendres, carboniser qch; **mae'r swper wedi llosgi'n golsyn** le dîner est réduit en cendres *neu* est carbonisé; **uffern gols!**, **uffach gols!** nom de Dieu!, nom d'une pipe!
col-tar *g* coaltar *m*, goudron *m* de houille.
coltario *ba* goudronner.
coludd, **coluddyn** (**coluddion**) *g* intestin *m*, boyau(-x) *m*; ~ **mawr** côlon *m*; ~ **crog** appendix *m*.
Columbus *prg* Christophe Colomb.
colur (**-on**) *g* maquillage *m*; **rhoi** ~ **ar eich wyneb** se maquiller, se farder.
coluro *ba* maquiller, farder;
♦*bg* se maquiller, se farder.
colyn (**-nau**) *g* (*pigyn*) aiguillon *m*, dard *m*; (*colfach: drws*) charnière *f*, gond *f*; (*blwch*) charnière; **ar golyn** pivoté(e), sur pivot *m*.
coll (**-iadau**) *g* (*colled*) perte *f*; **mae** ~ **arno** il est fou; **ar goll** perdu(e); **mynd ar goll** se perdre, s'égarer.
colladwy *ans* périssable.
collddail *ans* à feuilles caduques.
colled (**-ion**) *b* perte *f*; **mae'n ddrwg gen i glywed am eich** ~ (*profedigaeth*) mes sincères condoléances; **mae** ~ **arni** elle est folle; **fe fyddwch ar eich** ~ vous y perdrez, vous en serez de votre poche.
colledig *ans* perdu(e); (*wrth grwydro*) égaré(e); **y ddafad golledig** la brebis égarée; ♦*g*: **y** ~**ion** (*damnedig*) les damnés *mpl*.
colledigaeth (**-au**) *b* perte *f*.
colledu *ba* endommager.
colledus *ans* endommagé(e), perdant(e).
colledwr (**colledwyr**) *g* perdant *m*.
collen (**cyll**) *b* noisetier *m*, coudrier *m*; ~ **Ffrengig** noyer *m*; **cneuen gollen** noisette *f*.
collfarn (**-au**) *b* condamnation *f*.
collfarnu *ba* condamner.
colli *ba*
1 (*cyff*) perdre; ~ **arian** perdre de l'argent.
2 (*tasgu, sarnu*): ~ **halen ar y bwrdd** renverser le sel sur la table.
3 (*peidio â llwyddo i ddal*): ~**'r trên** rater *neu* manquer le train; ~ **dechrau ffilm** manquer le début d'un film.
4 (*hiraethu am*): **gweld** ~ **rhn/rhth** regretter (l'absence de) qn/qch; **'rwy'n dy golli di** tu me manques.
5 (*mewn ymadroddion*): ~ **cysylltiad (â rhn)** perdre contact (avec qn); ~ **adnabod ar rn** perdre toute connaissance de qn, perdre tout souvenir de qn; ~**'ch ffordd** perdre son chemin, se perdre; (*ffig*) s'égarer; ~**'ch bywyd** mourir; **'roedd llawer wedi** ~ **eu bywyd** il y en avait de nombreuses victimes; ~**'ch gwynt** être à court d'haleine, s'essouffler, être essoufflé(e), être à bout de souffle; ~ **diddordeb yn rhth** se désintéresser de qch;

'does gen ti ddim i'w golli trwy wneud cais tu ne risques rien en posant ta candidature; **mae gen i ormod i'w golli!** je n'ose pas, c'est trop risqué!; **'does dim amser** *ou* **eiliad i'w golli** il n'y a pas de temps *neu* un instant à perdre; ~ **blas** ne plus avoir de goût (pour); ~ **dagrau** pleurer; ~**'r dydd** se faire battre, perdre; ~ **lliw** se décolorer, passer; (*blodau*) se faner; ~**'ch pen,** ~**'ch tymer** s'énerver, se fâcher, se mettre en colère; ~ **synnwyr** perdre la tête *neu* la raison, délirer;

♦*bg*

1 (*CHWAR*) se faire battre.

2 (*tasgu, sarnu*): **mae dŵr wedi** ~ **ar hyd y bwrdd** l'eau s'est répandue sur la table.

3 (*mynd yn angof*): **hen arfer sy'n mynd i golli** une vieille coutume en voie de disparition *neu* en train de disparaître.

4 (*mewn ymadroddion*): ~ **arni,** ~ **arnoch eich hun** être hors de soi, sortir de ses gonds, devenir fou(folle) furieux(furieuse).

colliant (**colliannau**) *g* perte *f*.

collnod (**-au**) *g* (*TEIP*) apostrophe *f*.

collwr (**collwyr**) *g* perdant *m*, perdante *f*; **mae'n gollwr gwael** c'est un mauvais perdant, c'est un mauvais joueur

côm *ans* calme, imperturbable;

♦ **yn gôm** *adf* calmement, imperturbablement.

coma[1] (**comâu**) *g* (*MEDD*) coma *m*; **mewn** ~ dans le coma.

coma[2] (**-s**) *g* (*TEIP*) virgule *f*.

comander (**-iaid**) *g* commandant *m*.

comando (**-s**) *g* commando *m*.

comed (**-au**) *b* (*ASTRON*) comète *f*.

comedi (**comedïau**) *b* comédie *f*.

comic (**-s**) *g* illustré *m*; (*llyfr*) magazine *m* de bandes dessinées; (*dyn*) (acteur) comique *m*.

comig *ans* (*rhn*) comique, amusant(e), drôle, rigolo(te); **stribed** ~ bande *f* dessinée; **opera gomig** opéra *f* comique; **ysgafnhad** ~ (*THEATR*) intervalle *m* comique;

♦ **yn gomig** *adf* drôlement, comiquement, de façon amusante.

comin (**-s**) *g, ans* (*hefyd:* **tir** ~) terrain *m* communal.

comisiwn (**comisiynau**) *g*

1 (*pwyllgor*) commission *f*; **y C~ Coedwigaeth** *l'office m britannique des fôrets*; **y C~ Ewropeaidd** la Commission européenne.

2 (*archeb am waith*) commande *f*; **rhoi** ~ **(gwaith) i arlunydd** passer une commande à un peintre.

3 (*tâl*) commission *f*; **'rwy'n cael 10% o gomisiwn** je reçois une commission de 10%.

comisiynu *ba* commander.

comisiynydd (**comisiynwyr**) *g* membre *m* d'une commision, commissaire *m*; (*heddlu*) préfet *m* (de police).

comiwnydd (**-ion**) *g* communiste *m/f*.

comiwnyddiaeth *b* communisme *m*.

comiwnyddol *ans* communiste.

comôd (**comodau**) *g* chaise *f* percée.

Comoro *prll*: **Ynysoedd y** ~ les Comores *fpl*.

compiwter *g gw.* **cyfrifiadur**.

compiwtereiddio *ba gw.* **cyfrifiaduro**.

compost (**-au**) *g* compost *m*.

côn (**conau**) *g* cône *m*.

conach, **conan** *bg* se plaindre.

concer (**-s**) *g* marron *m*; **gêm o goncers** jeu(-x) *m* de marrons; **chwarae** ~**s** jouer au jeu de marrons.

concerto (**-s**) *g gw.* **consierto**.

conclaf (**-au**) *g* conclave *m*.

concrid *g* béton *m*; **cymysgwr** ~ bétonnière *f*;

♦*ans* en *neu* de béton; (*ffig*) concret(concrète), réel(le).

concridio *ba* bétonner.

concrit *g gw.* **concrid**.

concro *ba* conquérir; (*ofn ayb*) vaincre, surmonter.

concwerwr (**concwerwyr**) *g* conquérant *m*, vainqueur *m*; **Gwilym G~** Guillaume le conquérant.

concwest (**-au**) *b* conquête *f*.

concyr (**-s**) *g gw.* **concer**.

condemniad (**-au**) *g* condamnation *f*.

condemniedig *ans* condamné(e);

♦*g/b* condamné *m*, condamnée *f*.

condemnio *ba* condamner; ~ **rhn i farwolaeth** condamner qn à mort.

condemniwr (**condemnwyr**) *g* dénonciateur *m*.

condemnwraig (**condemnwragedd**) *b* dénonciatrice *f*.

condom (**-au**) *g* préservatif *m*.

condor (**-iaid**) *g* (*ADAR*) condor *m*.

conen (**-ni**) *b* rouspéteuse *f*, ronchonneuse *f*.

confensiwn (**confensiynau**) *g* convention *f*.

confensiynol *ans* conventionnel(le);

♦ **yn gonfensiynol** *adf* (*gwisgo, ymddwyn*) de façon conventionnelle.

confoi (**-s, -au**) *g* convoi *m*.

confylsiwn (**confylsiynau**) *g* (*MEDD*) convulsion *f*.

conffederasiwn (**conffederasiynau**) *g* confédération *f*.

conffeti *ll* conffetis *mpl*.

Conffiwsaidd *ans* confucianiste, confucéen(ne).

Conffiwsiad (**Conffiwsiaid**) *g/b* confucianiste *m/f*, confucéen *m*, confucéenne *f*.

Conffiwsiaeth *b* confucianisme *m*.

conffyrmasiwn *g* (*CREF*) confirmation *f*.

conffyrmio *ba* (*CREF*) confirmer.

Congo *pr* le Congo *m*; **yn y** ~ au Congo.

Congoaidd *ans* congolais(e).

Congoliad (**Congoliaid**) *g/b* Congolais *m*, Congolaise *f*.

coniac *g* cognac *m*.

coniffer (**-au**) *g* conifère *m*.

conifferaidd *ans* de conifères.
conig, **conigol** *ans* conique.
conio *bg*: ~ **arni** engloutir, manger gloutonnement.
cono (**-s**) *g*: **hen gono** un drôle de vieux bonhomme *m*, une vieille baderne *f*.
consensws *g* consensus *m*.
consentrig *ans* concentrique;
♦ **yn gonsentrig** *adf* de façon concentrique.
consertina (**-s**) *g* concertina *m*; **plygu fel** ~ se plier en accordéon; **aeth y ceir i mewn i'w gilydd fel** ~ les voitures se sont télescopées *neu* se sont tamponnées.
consesiwn (**consesiynau**) *g* concession *f*.
consêt *g gw.* **cysêt**.
conshi* (**-s**) *g* objecteur *m* de conscience.
consierto (**-s**) *g* concerto *m*.
consol (**-au**) *g* console *f*.
consortiwm (**consortia**) *g* consortium *m*.
consuriaeth *g* prestidigitation *f*, tours *mpl* de passe-passe.
consurio *ba* faire apparaître (*par la prestidigitation*); (*atgofion*) évoquer;
♦*bg* faire des cours de passe-passe; **tric** ~ tour *m* de prestidigitation.
consuriwr (**consurwyr**) *g* prestidigitateur *m*, illusionniste *m/f*.
conswl (**consyliaid**) *g* consul *m*; **swyddfa** ~ consulat *m*.
conswliaeth (**consyliaethau**) *b* consulat *m*.
cont**, **conten**** (**contiau**) *b* (*CORFF: gwain*) con** *m*, chatte** *f*;
♦*g/b* (**contiaid**) (*rhn, ebychiad o sarhad*) con**, conne** *f*, connard* *m*, connasse* *f*.
contio** *bg* jurer, dire des gros mots;
♦*bg*: ~ **rhn/rhth** maudire qn/qch.
contractwr (**contractwyr**) *g* entrepreneur *m*; ~ **adeiladu** entrepreneur en bâtiment.
contralto (**-s**) *g,b* contralto *m*;
♦*ans* (*llais*) de contralto.
conwydden (**conwydd**) *b* conifère *m*.
conyn[1] (**-nod**) *g* (*cwynwr*) rouspéteur *m*, ronchonneur *m*.
conyn[2] (**-nau**) *g* (*coesyn*) tige *f*.
cop *g* (*hefyd:* **pryf** ~) araignée *f*; **gwe pryf** ~ toile *f* d'araignée.
copa (**copâu, -on**) *g,b* sommet *m*; (*crib, pigyn*) pic *m*, cime *f*, faîte *m*; **pob** ~ **walltog** tout le monde, chacun *m*, chacune *f*.
Copenhagen *prb* Copenhague.
copi (**copïau**) *g* copie *f*; (*llyfr*) exemplaire *m*; (*o ddarlun*) reproduction *f*; (*FFOT*) épreuve *f*; ~ **caled** (*CYFRIF*) tirage *m*; ~ **teg** *ou* **glân** version *f* définitive *neu* propre; ~ **bras** brouillon *m*; **ysgrifennwr** ~ rédacteur *m* publicitaire, rédactrice *f* publicitaire; **llyfr** ~ cahier *m*.
copideipydd (**-ion**) *g* dactylo *m*.
copideipyddes (**-au**) *b* dactylo *f*.
copïo *ba* copier; (*dynwared*) copier, imiter, singer; **peiriant** ~ copieur *m*; **dim** ~! on ne copie pas!
copis(h) (**-iau**) *g* (*balog*) braguette *f*.
copïwr (**copiwyr**) *g* (*dynwaredwr*) imitateur *m*, imitatrice *f*, copieur *m*, copieuse *f*; (*llungopïwr*) photocopieuse *f*.
copog *ans* huppé, à aigrette;
♦*g* (*ADAR*) huppe *f*.
cop(o)r *g* cuivre *m*; (*ceiniogau*) petite monnaie *f*, sous *mpl*;
♦*ans* en *neu* de cuivre.
copyn (**-nod**) *g* (*hefyd:* **pryf** ~) araignée *f*.
cor (**-rod**) *g* araignée *f*.
côr[1] (**corau**) *g* chœur *m*, chorale *f*; **canu yn y** ~ faire partie du chœur *neu* de la chorale; (*mewn ysgol gôr*) chanter dans la maîtrise; ~ **meibion** chœur d'hommes; ~ **merched** chœur de femmes; ~ **cymysg** chœur mixte; ~ **eglwys** chœur, maîtrise *f*; **C**~ **y Cewri** Stonehenge *m*; ~ **y wig** oiseaux *mpl* sauvages.
côr[2] (**corau**) *g* (*mewn stabl, beudy*) stalle *f*.
côr[3] (**corau**) *g* (*sêt mewn capel, eglwys*) banc *m* (d'église).
corach (**-od**) *g* nain *m*, nabot *m*.
corachaidd *ans* de nain(e), de taille très petite, nabot(e).
coraches (**-au**) *b* naine *f*, nabote *f*.
corâl (**coralau**) *g* choral *m*.
Corân *g*: **y** ~ le Coran *m*.
corawd (**-au**) *g,b* (*corws*) chœur *m*; (*dawnswyr*) troupe *f*.
corawl *ans* choral(e)(choraux, chorales).
corbenfras (**corbenfreisiaid**) *g* églefin *m*, aiglefin *m*.
corbwmpen (**-ni**) *b* courgette *f*.
corbysen (**corbys**) *b* lentille *f*.
corc *g* liège *m*;
♦*ans* en liège.
corcio *ba* (*potel*) boucher.
corciog *ans* (*gwin*) qui sent le bouchon.
corco *bg* (*llamu*) sauter, bondir, faire des bonds.
corcyn (**cyrc**) *g* (*mewn potel*) bouchon *m*; **tynnu** ~ **o botel** déboucher une bouteille; **rhoi** ~ **mewn potel** boucher une bouteille; **tynnwr** ~ tire-bouchon(~-~s) *m*.
cord (**-iau**) *g* (*CERDD*) accord *m*; (*MATH*) corde *f*.
cordeddog *ans* entortillé(e); (*afon, ffordd*) sinueux(sinueuse), qui serpente.
cordeddu *ba* (*cydblethu*) entortiller, tresser;
♦*bg* s'entortiller; (*afon, ffordd*) serpenter.
corden (**-ni**) *b gw.* **cortyn**.
cordial (**-au**) *g* sirop *m* (*de fruit*).
cordyn (**cordiau, cyrd**) *g gw.* **cortyn**.
corddi *ba* (*menyn*) baratter; (*gwylltio*) contrarier, irriter, agacer; ~**'r dyfroedd** essayer de causer des problèmes *neu* de mettre la pagaille*;
♦*bg*: **'roedd hi'n** ~ (*gwylltio*) elle bouillait intérieurement, elle bouillait de colère, elle était furibonde.

corddwr (**corddwyr**) *g* baratte *f*.
Corea *prb* la Corée *f*; **yng Nghorea** en Corée.
Coread (**Coreaid**) *g/b* Coréen *m*, Coréenne *f*.
Coreaidd *ans* coréen(ne).
cored (**-au**) *b* barrage *m*.
Coreeg *b,g* coréen *m*;
♦*ans* coréen(ne).
coreograffeg *b*, **coreograffi**;
♦*g* chorégraphie *f*.
coreograffig *ans* chorégraphique.
coreograffydd (**coreograffwyr**) *g* chorégraphe *m/f*.
côr-feistr (~-~**i**, ~-~**iaid**) *g* chef *m* de chœur *neu* de chorale *neu* de maîtrise.
corfran (**corfrain**) *b* choucas *m*.
corff (**cyrff**) *g*
1 (*cyff*) corps *m*; ~ **marw** cadavre *m*; **yn gorff** (*marw*) mort(e); **bach o ran** ~ de petite taille, petit(e); **cael eich** ~ **i lawr** (*MEDD*) aller à la selle; **aderyn** ~ oiseau *m* de mauvaise augure; **cannwyll** ~ feu(-x) *m* follet des cimetières; **diweddu** *ou* **diwarthu** *ou* **ymgeleddu** ~ faire la toilette (d'un mort).
2 (*cymdeithas*) organisme *m*, organisation *f*; ~ **llywodraethol** organe *m* directeur; **Yr Hen Gorff** (*CREF*) l'Église *f* presbytérienne galloise.
3 (*ffig: car*) carrosserie *f*; (*awyren*) fuselage *m*; (*eglwys*) nef *f*; ~ **o waith llenyddol** ensemble *m* d'œuvres littéraires; **yng nghorff y diwrnod** au cours de la journée.
corffilyn (**corffilod**) *g* corpuscule *m*.
corffio *bg* (*rhynnu*) grelotter de froid, geler;
♦*ba* (*bwyta*) manger, goûter.
corfflosgi *ba* incinérer.
corfflu (**-oedd**) *g* corps *m*.
corffog *ans* corpulent(e).
corffolaeth *b* stature *f*, taille *f*; (*ffig*) envergure *f*; **bychan o gorffolaeth** de petite taille.
corffoledd *g* physique *m*, taille *f*.
corfforaeth (**-au**) *b* société *f*; **y Gorfforaeth Ddarlledu Brydeinig** la BBC *f* (*l'office de la radiodiffusion et télévision britannique*).
corfforaethol *ans* (*MASN*) constitué(e) (en corporation).
corfforedig *ans* incorporé(e).
corffori *ba* incorporer; (*cynnwys*) contenir, consister en *neu* de.
corfforol *ans* corporel(le); (*poen ayb*) physique;
♦ **yn gorfforol** *adf* physiquement.
corffyn *g* corps *m*.
corgan (**-au**) *b* psalmodie *f*.
corganu *bg* psalmodier.
corgi (**corgwn**) *g* corgi *m*.
corgimwch (**corgimychiaid**) *g* crevette *f* rose.
corhedydd (**-ion**) *g* alouette *f* des prés, farlouse *f*.
corhwyad, **corhwyaden** (**corhwyaid**) *b* sarcelle *f*.
coriandr *g* (*COG*) coriandre *f*.
coridor (**-au**) *g* couloir *m*, corridor *m*.
Corinth *prb* Corinthe.
corlan (**-nau**) *b* parc *m* à moutons; (*ffig*) bercail *m*; ~ **chwarae** parc *m* (pour bébé).
corlannu *ba* parquer.
corn[1] (**cyrn**) *g* corne *f*; (*carw*) bois *mpl*, ramure *f*; (*CERDD*) cor *m*, clairon *m*; (*ar droed*) cor; (*simnai*) tuyau(-x) *m* de cheminée; (*car*) klaxon *m*; (*ffatri, llong, chwarel*) sirène *f*; (*stethosgop*) stéthoscope *m*; **canu** ~ (*car*) klaxonner; ~ **gwddf** gosier *m*; ~ **gwynt** trachée *f*; ~ **siarad** haut-parleur *m*; **sathru ar gyrn rhn** marcher sur les pieds de qn; **ar ei gorn ei hun** à ses frais; **ar gorn ei gyfraniad** à cause de sa contribution; ~ **Ffrengig** cor d'harmonie; ~ **tenor** cor ténor.
corn[2] *ans* entier(entière), complet(complète), absolu(e); **meistr** ~ maître *m* absolu;
♦ **yn gorn** *adf*: **rhewi'n gorn** geler dur; **yn feddw gorn** complètement *neu* totalement ivre, ivre-mort(e).
cornaid (**corneidiau**) *g* cor *m* plein, plein cor.
cornaidd *ans* de corne, cailleux(cailleuse).
cornant (**cornentydd**) *b* petit ruisseau(-x) *m*, torrent *m*.
corn-bîff *g* corned-beef *m*.
cornbig (**-au**) *g* (*PYSG*) orphie *f*; (*ADAR*) calao *m*.
cornbilen (**-nau**) *b* cornée *f*.
cornchwiglen (**cornchwiglod**) *b* pluvier *m*.
corndagu *bg* graillonner.
corned (**-i**, **-au**) *g* (*CERDD*) cornet *m* à pistons; (*hufen iâ*) cornet de glace.
cornel (**-i**, **-au**) *b,g* coin *m*; (*tro*) tournant *m*, virage *m*; **gwthio rhn i gornel** coincer qn; **ym mhob twll a chornel** dans tous les coins et recoins.
cornelu *ba* (*ffig*) coincer, mettre (qn) au pied de mur; (*anifail*) acculer; ~**'r farchnad** accaparer le marché;
♦*bg* (*mynd rownd tro*) prendre un virage.
cornelyn (**corneli**) *g* niche *f*, coin *m*, recoin *m*.
cornio *ba* (*twlcio*) encorner, donner un coup de tête (à); (*â stethosgop*) ausculter.
corniog *ans* à cornes, cornu(e).
cornis (**-iau**) *g* corniche *f*.
cornor (**-ion**) *g* joueur *m* de clairon.
cornwyd (**-ydd**) *g* furoncle *m*, abcès *m*.
cornwydlyd *ans* furonculeux(furonculeuse).
corola (**corolâu**) *g* corolle *f*.
coron (**-au**) *b*
1 couronne *f*; **y Goron** (*CYFR*) la Couronne; (*mewn eisteddfod*) *couronne offerte en prix dans un eisteddfod*; **tlysau'r Goron** joyaux *mpl* de la Couronne; **y goron driphlyg** (*CHWAR: rygbi*) la triple couronne.
2 (*pum swllt*) couronne *f* (de cinq shillings); **hanner** ~ demi-couronne *f*.
coronaidd *ans* coronaire; **thrombosis** ~ infarctus *m* (du myocarde), thrombose *f*

coronaire.
coronbleth (**-au**) *b* diadème *m*.
corongylch (**-au**) *g* (*CREF*) auréole *f*; (*yr haul*) halo *m*.
coroni *ba* couronner; **ac i goroni'r cwbl** et pour couronner le tout, et pour comble;
♦*g* couronnement *m*.
coroniad (**-au**) *g* couronnement *m*.
coronig (**-au**) *b* (*PLANH*) corolle *f*; (*coron fechan*) petite couronne *f*, diadème *m*, bandeau(-x) *m*.
coronllys (**-iau**) *g* pivoine *f*.
coronog *ans* couronné(e); (*tywysog neu dywysoges*) héritier(héritière).
coronol *ans gw.* **coronaidd**.
corp(o)ral (**-iaid**) *g* caporal *m*, brigadier *m*.
corpws *g* (*o ysgrifeniadau*) corpus *m*, recueil *m*; (*corff*) corps *m*.
corrach (**corachod**) *g* nain *m*.
corres (**coresau**) *b* naine *f*.
corryn (**corynnod, corrod**) *g* araignée *f*.
cors (**-ydd**) *b* marais *m*, marécage *m*; **bod yng nghors anobaith** toucher le fond *m* du désespoir; **mynd i'r gors** (*drysu*) s'embourber; **mae fy mrest yn gors gan annwyd** je suis très catarrheux(catarrheuse).
Corsaidd *ans* corse.
corsed (**-au, -i**) *g* corset *m*.
Corseg *b,g* le corse *m*;
♦*ans* corse.
corsen (**-nau, cyrs**) *b* roseau(-x) *m*; (*CERDD*) anche *f*.
corsennog *ans* plein(e) de roseaux, couvert(e) de roseaux.
Corsiad (**Corsiaid**) *g/b* Corse *m/f*.
corsiar (**corsieir**) *b* poule *f* d'eau.
Corsica *prb* Corse *f*; **yng Nghorsica** en Corse.
Corsicaidd *ans* corse, de Corse.
corsiog, **corslyd** *ans* marécageux(marécageuse).
corstir (**-oedd**) *g* marais *m*, marécage *m*.
corswigen (**corswig**) *b* (*PLANH*) boule *f* de neige, obier *m*, caillebot *m*.
cortison *g* cortisone *f*.
cortyn (**-nau, cyrt**) *g* corde *f*; ~ **beindar** (*AMAETH*) ficelle *f* à lier; ~ **sgipio** corde à sauter; **cath mewn** ~ (*gêm*) jeu *m* du berceau.
corun (**-au**) *g* sommet *m* de la tête, calotte *f* crânienne; **o'ch** ~ **i'ch sawdl** de la tête aux pieds.
corwalch (**corweilch**) *g* épervier *m*.
corwgl *g gw.* **cwrwgl**.
corws (**corysau**) *g* chœur *m*.
corwynt (**-oedd**) *g* tornade *f*, ouragan *m*.
corydd (**-ion**) *g* choriste *m/f*.
cosb (**-au**) *b* punition *f*, châtiment *m*; **y gosb eithaf** la peine *f* capitale, la peine de mort; ~ **gorfforol** châtiment corporel.
cosbadwy *ans* punissable.
cosbedigaeth (**-au**) *b gw.* **cosb**.
cosbedigol *ans* pénal(e)(pénaux, pénales), punitif(punitive).
cosbi *ba* punir, châtier; ~ **rhn am wneud rhth** punir qn de qch *neu* d'avoir fait qch.
cosbol *ans* pénal(e)(pénaux, pénales).
cosbwr (**cosbwyr**) *g* punisseur *m*.
cosbwraig (**cosbwragedd**) *b* punisseuse *f*.
cosfa (**cosfâu, cosfeydd**) *b* (*crafu*) démangeaison *f*; (*goglais*) chatouillement *m*; (*ffig: crasfa, cweir*) raclée *f*, correction *f*; **rhoi** ~ **dda i rn** donner une bonne raclée à qn; (*mewn chwaraeon*) battre qn à plate(s) couture(s).
cosher *ans* casher *inv*.
cosi *ba* (*crafu*) gratter; (*gogleisio*) chatouiller;
♦*bg* (*teimlo rhth yn crafu*) éprouver des démangeaisons; (*gogleisio*) chatouiller; **mae fy nghefn i'n** ~ j'ai le dos qui me démange;
♦*g* démangeaison *f*.
cosmetig (**-ion, -au**) *g* produit *m* de beauté cosmétique;
♦*ans* cosmétique; (*llawfeddygaeth*) esthétique.
cosmig *ans* cosmique.
cosmoleg (**-au**) *b* cosmologie *f*.
cosmolegol *ans* cosmologique.
cosmopolitaidd *ans* cosmopolite.
cosmos (**-au**) *g* cosmos *m*.
cost (**-au**) *b* coût *m*, prix *m*; (*CYFR*) dépens *m*, frais *mpl*; ~**au byw** le coût de la vie; **lwfans** ~**au byw** indemnité *f* de vie chère; ~**au cyfreithiol** dépens *mpl*; ~**au cynhyrchu** coûts de production; ~**au dosbarthu** coûts de distribution; ~**-effeithiol** rentable; ~**-effeithiolrwydd** rentabilité *f*; ~**-reolaeth** contrôle *m* des coûts; ~**au teithio** frais de voyage *neu* de déplacement; ~ **uned** coût unitaire; **mae'r gost gyfan yn dod i 500 F** le coût total revient à 500 F; **ni waeth beth fo'r gost** coûte que coûte, vaille que vaille, à tout prix; **am y gost** au prix coûtant; **ystyried y gost** (*llifogydd, daeargryn*) estimer le coût des dégâts; (*penderfyniad*) mesurer les conséquences.
costio *ba* coûter; (*cyfrif faint fydd yn rhaid ei dalu*) établir *neu* calculer le prix de revient de; **faint mae'n ei gostio?** combien est-ce que ça coûte?; **mae'n** ~ **pumpunt/gormod** cela coûte 5 livres/trop cher; **fe gostiodd hynny ei fywyd iddo** ça lui a coûté la vie; **mae gwin da yn** ~**'n ddrud** un bon vin coûte cher; **mae arian yn** ~ **llai nag aur** l'argent coûte moins cher que l'or; **costied a gostio** coûte que coûte, vaille que vaille, à tout prix.
costog (**-ion**) *g* mâtin *m*, chien *m* de garde;
♦*ans* massaude.
costrel (**-au, -i**) *b* bouteille *f*.
costrelaid (**costreleidiau**) *b* une bouteille *f* pleine.
costrelu *ba* mettre (qch) en bouteille.
costus *ans* coûteux(coûteuse), cher(chère);

mae'n gostus ça coûte cher;
♦ **yn gostus** *adf*: **ystafell wedi'i haddurno'n gostus** salle *f* coûteusement ornée.
cosyn (**-nau**) *g* fromage *m*.
cot[1] (**-iau**) *g* lit *m* d'enfant, petit lit; ~ **cario** porte-bébé *m*.
cot[2], **côt** (**cotiau**) *b* manteau(-x) *m*; (*blew*) pelage *m*, poil *m*; (*o baent*) couche *f*; ~ **fawr** *ou* **uchaf** pardessus *m*; ~ **law** imperméable *m*; ~ **ddyffl** dufflecoat *m*.
cota *ans b gw.* **cwta**: **buwch goch gota** coccinelle *f*.
coten *b* (*cweir*) raclée *f*, correction *f*.
cotiar (**cotieir**) *b* (*ADAR*) foulque *f*.
cotwm (**cotymau**) *g* coton *m*;
♦*ans*: **ffrog gotwm** robe *f* en *neu* de coton; **coesyn** ~ (*i lanhau'r clustiau*) Coton-Tige(~s-~s)© *m*.
cotymaidd *ans* cotonneux(cotonneuse).
cotymog *ans* cotonné(e).
cowboi (**-s**) *g* cow-boy *m*.
Coweit *prb* le Koweit *m*.
Coweitaidd *ans* koweitien(ne).
Coweitiad (**Coweitiaid**) *g/b* Koweitien *m*, Koweitienne *f*.
cowlaid (**cowleidiau**) *b* brassée *f*.
cowlas (**-au**) *g* baie *f*.
cownt[1] (**-iau**) *g gw.* **cyfrif**[1].
cownt[2] (**-iaid**) *g* (*uchelwr*) comte *m*.
cownter (**-i**) *g* comptoir *m*; (*mewn caffi*) zinc* *m*; (*mewn banc ayb*) guichet *m*; **dan y** ~ (*ar y slei*) sous le manteau, en sous-main.
cowntes (**-au, -i**) *b* comtesse *f*.
cowper (**-iaid**) *g* tonnelier *m*.
cowpog *g,b* vaccin *m*.
cowrt (**-iau**) *g* cour *f*, petit jardin *m*.
crac[1] (**-iau**) *g* fente *f*, fissure *f*; (*mewn asgwrn, plât*) fêlure *f*; (*yn y ddaear*) crevasse *f*; (*mewn wal*) lézarde *f*; (*yn y croen*) gerçure *f*, crevasse; (*sŵn: clec*) craquement *m*, coup *m* sec.
crac[2] *ans* (*blin*) en colère, furieux(furieuse), irrité(e), agacé(e).
crac[3] *g* (*cyffur*) crack *m*.
cracer (**-s**) *g* (*bisged*) cracker *m*, biscuit *m* salé; (*tegan Nadolig*) diablotin *m*.
craciedig *ans gw.* **craciog**.
cracio *ba* (*hollti*) fendre, fissurer; (*asgwrn, plât*) fêler; (*wal*) lézarder; (*daear*) crevasser; ~ **asgwrn eich coes** se fracturer la jambe, se casser la jambe; ~**'ch pen** se cogner la tête;
♦*bg* (*hollti*) se fendre, se fissurer; (*wal*) se lézarder.
craciog *ans* lézardé(e); (*pridd, croen*) crevassé(e); (*llestri*) craquelé(e).
Cracow *prb* Cracovie.
crach[1], **crachach** *ll* snobs *m/fpl*.
crach[2] *ll gw.* **crachen**.
crachaidd *ans* snob *inv*.
crachboer *b* flegme *m*, crachat *m*.
crachboeri *ba* graillonner, cracher.
crachen (**crachod, crach**) *b* croûte *f*; ~ **annwyd** bouton *m* de fièvre.
crachfardd (**crachfeirdd**) *g* mauvais poète *m*.
crachfeddyg (**-on**) *g* charlatan *m*, toubib* *m*.
crachfonheddig *ans* snob *inv*.
crachfonheddwr (**crachfonheddwyr**) *g* snob *m*.
crachlyd *ans* (*gyda chrachen*) croûteux(croûteuse); (*ci, anifail*) gâteux(gâteuse); (*crachaidd*) snob(inv).
crachod[1] *ll gw.* **crach**[1].
crachod[2] *ll gw.* **crachen**.
craen (**-iau**) *g* grue *f*.
crafangu *ba* (*cripio, crafu*) griffer; ~**'ch ffordd i fyny clogwyn** escalader un rocher à quatre pattes;
♦*bg* se cramponner (à qch), s'agripper (à qch).
crafanc (**crafangau**) *b* (*cath, llew, aderyn bach*) griffe *f*; (*aderyn ysglyfaethus*) serre *f*; (*cimwch, cranc*) pince *f*; ~ **y frân** (*PLANH*) renoncule *f* des champs; **syrthio i grafangau rhn** passer sous la patte de qn, tomber dans les griffes de qn.
crafat (**-iau**) *g,b* foulard *m* (*noué autour du cou*).
crafell (**-au, -i**) *b* grattoir *m*, racloir *m*.
crafellu *ba* râper, gratter, érafler.
crafiad (**-au**) *g* (*arwynebol*) égratignure *f*; (*ar record*) rayure *f*; (*ar ddodrefn*) éraflure *f*; (*cripiad*) coup *m* de griffe, griffure *f*.
crafion *ll* (*tatws ayb*) épluchures *fpl*.
crafog *ans* sarcastique, mordant(e), ironique;
♦ **yn grafog** *adf* sarcastiquement, de façon mordante.
crafu *ba* (*ag ewin*) griffer, gratter; (*â draenen*) égratigner; (*record*) rayer; (*paent, pren*) râper, érafler; (*tatws ayb*) éplucher, peler; (*i lanhau rhth*) gratter, racler, décrotter; **mae'r record wedi ei chrafu** le disque est rayé; **cael eich** ~ **gan** (*anifail ayb*) se faire griffer par; (*draenen ayb*) être égratigné(e) par; **crafodd ei llaw ar hoelen** elle s'est éraflée *neu* écorchée la main sur un clou; ~ **byw** s'en sortir à peine; ~ **hen anaf** gratter une vieille blessure; ~ **tin rhn*** lécher le cul à qn*;
♦*bg* (*i gael gwared â chosfa*) se gratter; ~ **drwodd** (*mewn arholiad*) réussir de justesse (à un examen *neu* une épreuve).
crafwr (**crafwyr**) *g* (*teclyn i grafu paent, coed ayb*) racloir *m*, grattoir *m*; (*rhn*) lèche-botte* *f*; ~ **tin*** lèche-cul* *m*; ~ **awyr** gratte-ciel *m inv*.
craff[1] *ans* fin(e), perspicace, observateur(observatrice), pénétrant(e);
♦ **yn graff** *adf* finement, astucieusement.
craff[2] (**-au**) *g* crampon *m*.
craffter *g* perspicacité *f*.
craffu *bg*: ~ **ar** (*syllu ar*) regarder (qch) fixement, scruter.

cragen (**cregyn**) *b* coquille *f*, coquillage *m*; (*cranc, cimwch*) carapace *f*; (*tŷ*) carcasse *f*; ~ **Berffro** palourde *f*; ~ **las** moule *f*; ~ **long** anatife *m*, bernache *f*; **pysgodyn** ~ coquillage; **dod allan o'ch** ~ sortir de sa coquille.
crangen (**-nau**) *b* loupe *f*.
crai *ans* brut(e), non raffiné(e); **olew** ~ pétrole *m* brut; **bara** ~ pain *m* sans levain, pain azyme.
craidd (**creiddiau**) *g* noyau(-x) *m*; ~ **y broblem** le cœur *m* *neu* l'essentiel *m* du problème.
craig (**creigiau**) *b* (*y sylwedd*) roche *f*, roc *m*; (*darn*) rocher *m*; **dringo creigiau** (faire de l')alpinisme *f*; ~ **yr oesoedd** Jésus-Christ *m*, le Sauveur *m*; **caled fel y graig** dur(e) comme pierre; **mor gadarn â'r graig** inébranlable.
crair (**creiriau**) *g* (*CREF*) relique *f*.
craith (**creithiau**) *b* cicatrice *f*; **hen werin y graith** les prolétaires *neu* les ouvriers aux mains calleuses.
cramen (**-nau**) *b* croûte *f*, escarre *f*; ~ **y ddaear** croûte terrestre.
cramennog *ans* croûteux(croûteuse), scabieux(scabieuse); (*fel cimwch*) crustacé(e).
cramennu *bg* (*anaf*) se cicatriser, former une croûte.
cramenogion *ll* crustacés *mpl*.
cramp (**-iau**) *g* (*MEDD: cwlwm gwythi*) crampe *f*.
cramwyth, **cramwythen** (**cramwythau**) *b* crêpe *f*.
cranc[1] (**-od**) *g* crabe *m*; **y C~** (*ASTROL*) Cancer *m*; **bod wedi'ch geni dan arwydd y C~** être du Cancer.
cranc[2] (**-iau**) *g* (*echel, gwerthyd*) manivelle *f*.
cranc[3] (**-iau, -iaid**) *g* (*rhn*) excentrique *m/f*, original(originaux) *m*, originale *f*.
crand *ans* chic *inv*, élégant(e); (*adeilad*) imposant(e), majestueux(majestueuse), grandiose, superbe, impressionnant(e);
♦ **yn grand** *adf* élégamment, de façon imposante, majestueusement; **bod wedi gwisgo'n grand o'ch co'** être sur son trente et un, se mettre sur son trente et un.
crandrwydd *g* élégance *f*, parure *f*, majesté *f*.
crap *g* (*syniad*) notion *f*; **mae ganddo grap ar** il a quelques notions de.
cras *ans* (*llais*) rauque, rude; (*sŵn*) discordant(e); (*dillad: sych*) aéré(e), sec(sèche); (*bara: wedi'i dostio*) grillé(e); (*:wedi'i bobi*) cuit(e) au four;
♦ **yn gras** *adf* d'une voix rauque.
crasboeth *ans* brûlant(e); (*daear*) desséché(e); (*gwres*) brûlant, torride; **mae hi'n grasboeth!** (*tywydd*) c'est la canicule!;
♦ **yn grasboeth** *adf* de façon brûlante.
crasfa (**crasfeydd**) *b* raclée *f*; **rhoi ~ i rn** donner une raclée à qn.
crasgnoi *ba* croquer.
crasiad (**-au**) *g* cuisson *m*.
craster *g* sécheresse *f*, aridité *f*.
crastir (**-oedd**) *g* terrain *m* desséché.
crasu *ba* (*dillad*) aérer, sécher; (*bara: grilio*) faire griller; (*:pobi*) faire cuire (qch) au four, cuire (qch) au four; **cwpwrdd** ~ placard *m* chauffé où l'on range le linge;
♦*bg* (*dillad*) se sécher; (*bara*) cuire au four.
crât (**-s, cratiau**) *g* (*ar gyfer poteli*) caisse *f*; (*ar gyfer llysiau, ffrwythau*) cageot *m*.
crater (**-au, -i**) *g* cratère *m*.
crau (**creuau**) *g* (*twll nodwydd*) trou *m*, chas *m*.
crawc (**-iau**) *g* (*llyffant, broga*) coassement *m*; (*brân*) croassement *m*.
crawcian *bg* (*llyffant, broga*) coasser; (*brân*) croasser; (*rhn*) parler d'une voix rauque.
crawcwellt *g* chiendent *m*.
crawen (**-nau**) *b* croûte *f*, escarre *f*; (*ar gaws*) croûte *f*; (*ar facwn*) couenne *f*.
crawennog *ans* croûteux(croûteuse), couvert(e) de croûtes, scabieux(scabieuse).
crawennu *bg* former des croûtes.
crawn *g* pus *m*.
crawni *bg* suppurer.
crawniad (**-au**) *g* abcès *m*.
crawnllyd *ans* purulent(e).
cread *g* création *f*.
creadigaeth (**-au**) *b* création *f*.
creadigedd *g* créativité *f*.
creadigol *ans* créateur(créatrice); (*artistig*) créatif(créative); (*dyfeisgar*) ingénieux(ingénieuse);
♦ **yn greadigol** *adf* de façon créatrice.
creadur (**-iaid**) *g* (*anifail*) créature *f*, bête *f*; ~ **bychan** bestiole *f*; **y ~ bach!** le pauvre!
creadures (**-au**) *b* créature *f*; **y greadures fach!** la pauvre!
creawdwr (**creawdwyr**) *g* créateur *m*.
crebachlyd *ans* ratatiné(e), rabougri(e), ridé(e), plissé(e).
crebachu *ba* ratatiner, flétrir, rabougrir;
♦*bg* se ratatiner, se flétrir, se rabougrir.
crebwyll *g* imagination *f*, fantaisie *f*.
crec, **creciad** (**creciau, creciadau**) *g* crépitement *m*.
crecian *bg* crépiter.
creciar (**crecieir**) *g* râle *m* des genêts.
crech *ans* *gw.* **crych**[2].
crechwen (**-au**) *b* ricanement *m*.
crechwenu *bg* ricaner.
crechyn (**crach, crachach, crachod**) *g* snob *m*.
cred (**-au**) *b* croyance *f*; (*barn*) conviction *f*; (*ymddiriedaeth, ffydd*) foi *f*; **gwledydd** ~ la chrétienté *f*.
credadun (**-ion, credinwyr**) *g* croyant *m*, croyante *f*.
credadwy *ans* croyable, crédible, digne de foi;
♦ **yn gredadwy** *adf* d'une manière digne de foi, plausiblement.
credadwyedd *g* crédibilité *f*.
crediniaeth *b* croyance *f*.

crediniol *ans* convaincu(e), croyant.
crediniwr (**credinwyr**) *g* croyant *m*.
credlythyrau *ll* (*dogfennau*) références *fpl*; (*llythyrau*) pièces *fpl* justificatives.
credo (-**au**) *g,b* croyance *f*, credo *m*; (*CREF: rhan o'r litwrgi*) credo.
credu *ba* croire; **'rwy'n dy gredu** je t'en crois; ♦*bg* croire; ~ **yn Nuw** croire en Dieu; ~ **mewn ysbrydion** croire aux fantômes.
credwr (**credwyr**) *g* croyant *m*.
credwraig (**credwragedd**) *b* croyante *f*.
credyd (-**au**) *g* crédit *m*; **cerdyn** ~ carte *f* de crédit.
credydu *ba* (*MASN*) créditer.
credydwr (**credydwyr**) *g* créancier *m*.
credydwraig (**credydwragedd**) *b* créancière *f*.
cref *ans b gw.* **cryf**.
crefás (-**au**) *g* crevasse *f*.
crefu *bg*: ~ **ar** supplier; ~ **ar rn i wneud rhth** supplier qn de faire qch; **'rwy'n** ~ **arnat!** je t'en supplie!
crefydd (-**au**) *b* religion *f*.
crefydda *bg* pratiquer une religion.
crefyddgar *ans* religieux(religieuse), pieux(pieuse), pratiquant(e); ♦ **yn grefyddgar** *adf* pieusement, religieusement.
crefyddol *ans* religieux(religieuse); (*yn ymwneud â chrefydd*) de piété; **addysg grefyddol** instruction *f* religieuse; ♦ **yn grefyddol** *adf* religieusement.
crefyddoldeb, **crefyddolder** *g* piété *f*.
crefyddwr (**crefyddwyr**) *g* religieux *m*.
crefyddwraig (**crefyddwragedd**) *b* religieuse *f*.
crefft (-**au**) *b* métier *m* artisanal; (*medr*) techniques *fpl*, compétences *fpl*; (*gwaith llaw*) (travail *m* d')artisanat *m*; ~**au** objets *mpl* artisanaux.
crefftus *ans gw.* **medrus**.
crefftwaith *g* (*gwaith crefftwr*) artisanat *m*, travail *m* artisanal, connaissance *f* d'un métier; (*ansawdd*) qualité *f* (superbe) d'un métier *neu* d'un travail.
crefftwr (**crefftwyr**) *g* artisan *m*, ouvrier *m* qualifié.
crefftwraig (**crefftwrageddd**) *b* artisane *f*, ouvrière *f* qualifiée.
creffyn (-**nau**) *g* agrafe *f*, crampon *m*.
cregyn *ll gw.* **cragen**.
cregyna *bg* cueillir des coquilles *neu* des coquillages.
cregynnem (-**au**) *b* nacre *f*.
cregynog *ans* testacé(e).
crehyryn (**crehyrod**) *g* taon *m*.
creider *g* fraîcheur *f*.
creifion *ll* épluchures *fpl*.
creigafr (**creigeifr**) *b* bouquetin *m*, chamois *m*.
creigfa (-**oedd**) *b* rocaille *f*, jardin *m* de rocaille.
creigiau *ll gw.* **craig**.
creigiog *ans* rocheux(rocheuse), escarpé(e); **y Mynyddoedd C**~ les montagnes *fpl* Rocheuses.
creigiwr (**creigwyr**) *g* (*chwarelwr*) (ouvrier *m*) carrier *m*, ardoisier *m*.
creigle (-**oedd**) *g* endroit *m* rocheux.
creigol *ans* de roche, rocheux(rocheuse).
creigolew *g* pétrole *m*.
creigwely *g* soubassement *m*, couche *f*, lit *m*, gisement *m*.
creinsian, **creinsio** *ba* croquer.
creirfa (-**oedd**) *b* reliquaire *m*.
creision *ll* (*hefyd:* ~ **tatws**) pommes chips *fpl*; (*hefyd:* ~ **ŷd**) corn-flakes *mpl*, flocons *mpl* de maïs.
creithiau *ll gw.* **craith**.
creithio[1] *ba* laisser une cicatrice *neu* une marque à, marquer (qn) d'une cicatrice; (*â chyllell*) balafrer; ♦*bg* se cicatriser.
creithio[2] *ba*: ~ **rhedyn** brûler les fougères.
creithio[3] (*trwsio: sanau ayb*) repriser, raccommoder; **nodwydd greithio** aiguille *f* à repriser.
creithiog *ans* cicatrisé(e), balafré(e), marqué(e) d'une cicatrice.
crematoriwm (**crematoria**) *g* crématorium *m*, crématoire *m*; (*ffwrn*) four *m* crématoire.
Cremlin *prg* le Kremlin *m*; **yn y** ~ au Kremlin.
Cremona *prb* Crémone *f*.
crempog (-**au**) *b* crêpe *f*; **Dydd Mawrth** ~ mardi *m* gras.
crencyn (**crancod, crangod**) *g* petit crabe *m*.
crensian, **crensio** *ba* croquer; ~ **dannedd** grincer des dents; ♦*bg* craquer, crisser; **'roedd y graean yn** ~ **dan ei thraed** le gravier crissait sous ses pas.
creolaidd *ans* créole.
creoles (-**au**) *b* créole *f*, femme *f* créole.
creoliad (**creoliaid**) *g/b* créole *m/f*.
creoliaith (**creolieithoedd**) *b* créole *m*.
creon (-**au**) *g* crayon *m* de couleur.
crêp *g* (*TECS*) crêpe *m*.
crepach *ans* engourdi(e), gourd(e); ♦*b* engourdissement *m*; **mae'r grepach ar fy nwylo** mes mains sont engourdies.
crepian *bg gw.* **cropian**.
crêt (-**s, cretiau**) *g* (*ar gyfer poteli*) caisse *f*; (*ar gyfer llysiau, ffrwythau*) cageot *m*.
Creta *prb* Crète *f*; **yng Nghreta** en Crète.
Cretaidd *ans* crétois(e).
Cretiad (**Cretiaid**) *g/b* Crétois *m*, Crétoise *f*.
cretin (-**iaid**) *g* crétin *m/f*.
creu *ba* créer; ~ **helynt** faire des histoires.
creulon *ans* cruel(le), brutal(e)(brutaux, brutales), inhumain(e); ♦ **yn greulon** *adf* cruellement, brutalement, inhumainement.
creulondeb, **creulonder** (-**au**) *g* cruauté *f*, brutalité *f*.
creulys *b* séneçon *m*.
crewcian *bg, ba gw.* **crawcian**.

crëwr (**crewyr**) *g* créateur *m*.
crëwraig (**crëwragedd**) *b* créatrice *f*.
crewtian, **crewtio** *bg* criailler.
crewyn (**-nau**) *g*: ~ **tatws** silo *m* de pommes de terre.
crëyr (**crehyrod**) *g*: ~ **glas** héron *m*.
cri[1] (**crïau**) *g,b* (*gwaedd*) cri *m*; (*dolefain*) lamentation *f*.
cri[2] *ans* sans levain; **cacen gri** galette *f* à la galloise, *petit pain aux raisins (spécialité galloise)*.
criafolen (**criafol**) *b* sorbe *f*; **coeden griafol** sorbier *m*.
crib (**-au**) *g,b*
1 (*i gribo gwallt*) peigne *m*; **mynd trwy rth â chrib mân** *ou* **fân** passer qch au peigne fin *neu* au crible.
2 (*ceiliog, ton, mynydd*) arête *f*, crête *f*.
3 (*ar fiolin ayb*) chevalet *m*.
4 (PLANH): **~au'r bleiddiau** bardane *f*; **~au Sant Ffraid** bétoine *f*; **~au Mair** épurge *f*, réveille-matin *m inv*; **~au'r pannwr** chardon *m* à foulon *neu* à carder.
cribddail *g* extorsion *f*.
cribddeilio *ba*: ~ **rhth gan rn** extorquer qch à qn.
cribddeiliwr (**cribddeilwyr**) *g* extorqueur *m* (de fonds).
cribddeilwraig (**cribddeilwragedd**) *b* extorqueuse *f* (de fonds).
cribin (**-iau**) *b* râteau(-x) *m*.
cribinio *ba* ratisser.
cribinion *ll* râtelées *fpl*.
cribiniwr (**cribinwyr**) *g* râteleur *m*.
cribinwraig (**cribinwragedd**) *b* râteleuse *f*.
cribo *ba* peigner; **~'ch gwallt** se peigner; **criba dy wallt!** donne-toi un coup de peigne!
cribog *ans* (*aderyn*) huppé(e); (*serth*) escarpé(e).
cribwr (**cribwyr**) *g* (TECS: *dyn*) cardeur *m*.
cribwraig (**cribwragedd**) *b* (TECS: *merch*) cardeuse *f*.
cric (**-iau**) *g*: ~ **yn y gwddf** torticolis *m*; ~ **yn y cefn** tour *m* de reins.
criced *g* cricket *m*; **chwarae** ~ jouer au cricket.
cricedwr (**cricedwyr**) *g* joueur *m* de cricket.
cricedwraig (**cricedwragedd**) *b* joueuse *f* de cricket.
cricedyn, **cricsyn** (**criciaid**) *g* (PRYF) grillon *m*, cri-cri *m inv*.
Crimea *prg* la Crimée *f*.
crimog (**-au**) *b* tibia *m*, devant *m* de la jambe.
crimp[1] *ans*: **sych grimp** tout(e) sec(sèche).
crimp[2] (**-iau**) *g* déclivité *f*.
crimpen (**crimpiau**) *b* (COG: *tatws, cig ayb mewn briwsion bara*) croquette *f*; ~ **frandi** ≈ cigarette *f* russe.
crimpio *bg* (*bwyd*) se brûler;
♦*ba*: ~ **dillad** mettre du linge à l'air.
crin *ans* (*deilen*) fané(e), ratatiné(e), flétri(e); (*wedi sychu*) desséché(e).
cringoch *ans* roussâtre; (*anifail*) fauve.
crinllys *g* (PLANH) violette *f*.
crino *bg* se faner, se flétrir; (*sychu*) se dessécher;
♦*ba* faner, flétrir, dessécher.
crinsych *ans* desséché(e).
crintach, **crintachlyd** *ans* avare, ladre, mesquin(e), avaricieux(avaricieuse);
♦ **yn grintachlyd** *adf* chichement, mesquinement, avaricieusement.
crintachrwydd *g* avarice *f*, ladrerie *f*.
crintachu *bg* lésiner (sur).
crinwydd *ll* broussaille *f* sèche.
crio *bg* pleurer; **mae'r babi yn ~ am ei fam** le bébé réclame sa mère en pleurant; **chwerthin nes eich bod yn** ~ rire aux larmes; ~ **nes torri'ch calon** pleurer à chaudes larmes.
cripiad (**-au**) *g* coup *m* de griffe *neu* d'ongle.
cripian[1] *ba* (*cath ayb*) griffer.
cripian[2] *bg gw.* **cropian**.
cripil[1] (**cripliaid**) *g* handicapé *m*, handicapée *f*, infirme *m/f*, estropié *m*, estropiée *f*; (*rhn cloff*) boiteux *m*, boiteuse *f*; ~ **emosiynol** personne *f* bloquée *neu* handicapée sur le plan émotionnel.
cripil[2] *ans* handicapé(e), infirme, estropié(e); (*cloff*) boiteux(boiteuse).
cripio[1] *gw.* **cripian**[1].
cripio[2] *gw.* **cropian**.
cripledig *ans gw.* **cripil**[2].
criples (**-au**) *b* handicapée *f*, infirme *f*, estropiée *f*; ~ **emosiynol** femme *f* bloquée sur le plan émotionnel.
criplo *ba* (*rhn*) estropier, paralyser, handicaper, rendre (qn) infirme; (DIWYD) paralyser; **bod wedi'ch ~ gan wynegon** être perclus(e) de rhumatismes.
cris-croes *ebych*: **~-~ tân poeth** croix de bois croix de fer, si je mens je vais en enfer.
cris-croesi *ba* sillonner.
cris-groes *ans* entrecroisé(e), en croisillons.
crisial (**-au**) *g* cristal(cristaux) *m*.
crisialaidd *ans* cristallin(e); (*clir*) limpide, clair(e) comme le cristal, pur(e) comme le cristal;
♦ **yn risialaidd** *adf* de façon limpide.
crisialeg *b* cristallographie *f*.
crisialu *ba* (*hylif*) cristalliser; (*syniad*) concrétiser;
♦*bg* (*caledu'n grisial*) se cristalliser; (*syniad*) se concrétiser.
Crist (**-iau**) *g* le Christ; **Iesu Grist** Jésus-Christ.
Cristion (**-ogion, Cristnogion**) *g* chrétien *m*, chrétienne *f*; **dod yn Gristion** se faire chrétien, se convertir au christianisme.
Cristionogaeth *b gw.* **Cristnogaeth**.
Cristionoges (**-au**) *b gw.* **Cristnoges**.
Cristionogol *ans gw.* **Cristnogol**.
Cristnogaeth *b* le christianisme *m*; (*y byd Cristnogol*) la chrétienté *f*.
Cristnoges (**-au**) *b* chrétienne *f*.

Cristnogol *ans* chrétien(ne);
♦ **yn Gristnogol** *adf* en chrétien, d'une manière chrétienne.
critig (**-iaid, -yddion**) *g gw.* **beirniad**.
critigol *ans*
1 *gw.* **beirniadol**.
2 (*hollbwysig*) critique.
criw (**-iau**) *g* équipe *f*, bande *f*, groupe *m*; (*ar long, awyren*) équipage *m*; ~ **o ffrindiau** une bande de copains; ~ **ffilmio** équipe de tournage.
crïwr (**criwyr**) *g* crieur *m*.
criws[1] (**-iau**) *g* croisière *f*.
criws[2] *g*: **mynd ar y** ~ (*diota*) faire la bringue.
Croat (**-iaid**) *g/b gw.* **Croatiad**.
Croataidd *ans* croate.
Croatia *prb* Croatie *f*; **yng Nghroatia** en Croatie.
Croatiad (**Croatiaid**) *g/b* Croate *m/f*.
crocbont (**-ydd**) *b* pont *m* suspendu.
crocbren (**-nau, -ni**) *g* potence *f*, gibet *m*.
crocbris (**-iau**) *g* prix *m* exorbitant.
croce *g* (CHWAR) croquet *m*; **chwarae** ~ jouer au croquet.
crocod(e)il (**-iaid, -od**) *g* crocodile *m*.
crocodilaidd *ans* de crocodile.
crocws (**crocysau**) *g* crocus *m*.
croch *ans* strident(e); **gwaedd groch** hurlement *m*;
♦ **yn groch** *adf*: **gweiddi'n groch** hurler, crier fort *neu* à tue-tête *neu* à grands cris.
crochan (**-au**) *g* chaudron *m*.
crochanaid (**crochaneidiau**) *g* chaudronnée *f*.
crochendy (**crochendai**) *g* atelier *m* de poterie.
crochennydd (**crochenyddion, crochenwyr**) *g* potier *m*; **troell** ~ tour *m* de potier; **clai** ~ argile *f* plastique.
crochenwaith *g* poterie *f*.
crochlais (**crochleisiau**) *g* voix *f* forte *neu* rauque *neu* stridente.
croen (**crwyn**) *g* peau(-x) *f*, épiderme *m*; (*tatws: heb eu plicio*) peau; (:*wedi'u plicio*) épluchures *fpl*; (*nionod, winwns*) pelure *f*; (*lledr*) cuir *m*; (*ar laeth, pwdin reis*) pellicule *f*; **tynnu** ~ (*afal*) éplucher; (*blingo: anifail*) écorcher; **achub eich** ~ sauver sa peau; **dim ond** ~ **ac asgwrn yw hi** elle n'a que la peau sur ses os; **tatws trwy'u crwyn** pommes *fpl* de terre en robe des champs; **bod yn llond eich** ~ avoir l'air très bien nourri, être bien en chair, être dodu(e); ~ **pen** cuir chevelu; **bod yn groen gwyddau i gyd** avoir la chair de poule; **bod yn dân ar groen rhn** taper sur les nerfs à qn; **dianc â chroen eich dannedd** l'échapper belle, échapper de justesse; **mae** ~ **ei din ar ei dalcen*** il s'est levé du pied gauche, il est de mauvaise humeur; **bod yn wlyb at eich** ~ être trempé(e) jusqu'aux os.
croendenau *ans* susceptible, qui se vexe facilement, trop sensible;
♦ **yn groendenau** *adf* trop sensiblement.
croenddu *ans* noir(e), à la peau noire.
croenen (**-nau**) *b* cuticule *f*, petite peau(-x) *f*.
croengaled *ans* peu sensible, indifférent(e);
♦ **yn groengaled** *adf* peu sensiblement, avec indifférence.
croeniach *ans* indemne, sain(e) et sauf(sauve);
♦ **yn groeniach** *adf*: **dianc yn groeniach** sortir indemne, sortir sain(e) et sauf(sauve), sortir sans blessure(s).
croenlan *ans* au teint clair.
croenol *ans* cutané(e).
croenyn *g* membrane *f*, cuticule *f*.
croes[1] (**-au**) *b* croix *f*; (*Gristnogol*) croix, crucifix *m*; **y Groes Goch** la Croix Rouge; **rhoi** ~ (*gyferbyn ag enw, blwch ayb*) cocher; **gwneud arwydd y groes** se signer.
croes[2] *ans*
1 (*o chwith*) contraire; **'does yr un gair** ~ **wedi bod rhyngom ers 20 mlynedd** nous ne nous sommes jamais disputé(e)s en 20 ans; **llygad** ~ strabisme *m*; **mae ganddi lygad** ~ elle louche; **gwynt** ~ vent *m* contraire; **mae'n groes i'r graen, ond mi'ch helpa' i** je vous aiderai, mais ce n'est pas de bon cœur; **mae'n groes i'r arfer** ce n'est pas habituel *neu* normal; **mae'n groes i'r gyfraith** il est interdit par la loi, c'est contraire à la loi.
2 (*blin eich tymer*) fâché(e), de mauvaise humeur.
3 (*drosodd*): **'roedd y daith groes ar y llong yn hir** la traversée était longue;
♦ **yn groes** *adf* contrairement (à), à l'encontre (de); (*yn flin*) d'une manière fâchée, avec mauvaise humeur; **yn groes i'r disgwyl** contrairement à toute attente, contre toute attente; **tynnu'n groes i rn** aller à l'encontre de qn; **siarad yn hollol groes i'ch gilydd** ne pas parler de la même chose; **mynd yn groes i** contrarier; **mynd yn groes i ewyllys rhn** aller contre les désirs de qn *gw. hefyd* **mynd**.
croesair (**croeseiriau**) *g* mots *mpl* croisés.
croesawgar *ans* accueillant(e), hospitalier(hospitalière);
♦ **yn groesawgar** *adf* de façon accueillante.
croesawgarwch *g* hospitalité *f*, bon accueil *m*.
croesawiad (**-au**) *g* accueil *m*.
croesawu *ba* accueillir, faire bon accueil à.
croesawus *ans gw.* **croesawgar**.
croes-ddweud *ba* contredire; (*bod y gwrthwyneb i*) démentir, aller à l'encontre de, être en contradiction avec; **eich** ~-~ **eich hun** se contredire.
croesddywediad (**-au**) *g* contradiction *f*, démenti *m*.
croesddywedol *ans* contradictoire;
♦ **yn groesddywedol** *adf* contradictoirement

(à).

croeseiriwr (**croeseirwyr**) *g* cruciverbiste *m*.

croesfan (**-nau**) *g,b* (*stryd, ffordd*) croisement *m*; (*i gerddwyr*) passage *m* clouté; (*man croesi rhwng dwy wlad*) poste *m* frontalier; ~ **reilffordd** passage à niveau.

croesfar (**-au**) *g* barre *f* transversale *neu* diagonale.

croesfrid *ans* hybride, métis(se);
♦*g* (**-iau**) hybride *m*, métis *m*, métisse *f*.

croesfwa (**croesfwâu**) *g* arbalète *f*.

croesffordd (**croesffyrdd**) *b* carrefour *m*; **wrth** *ou* **ar y groesffordd** au carrefour.

croesgad (**-au**) *b* croisade *f*.

croesgadu *bg*: ~ **dros/yn erbyn** partir en croisade pour/contre, mener une campagne pour/contre, lutter pour/contre.

croesgadwr (**croesgadwyr**) *g* croisé *m*; (*GWLEID*) lutteur *m* (dans une campagne).

croesgyfeiriad (**-au**) *g* renvoi *m*, référence *f*.

croesgyfeirio *ba, bg*: ~ **at** renvoyer à.

croeshoeliad (**-au**) *g* crucifiement *m*, crucifixion *f*; **Y C~** la mise *f* en croix.

croeshoeliedig *ans* crucifié(e).

croeshoelio *ba* crucifier.

croeshoeliwr (**croeshoelwyr**) *g* crucifiant *m*.

croesholi *ba* (*cyff*) faire subir un interrogatoire à; (*CYFR*) faire subir un examen contradictoire à.

croesholiad (**-au**) *g* (*CYFR*) examen *m* contradictoire d'un témoin, contre-interrogatoire *m*.

croesholwr (**croesholwyr**) *g* interrogateur *m*, interrogatrice *f*.

croesi *ba*
1 (*mynd ar draws: ffordd, môr*) traverser, passer à travers; (*trothwy, drws, ffin, mynyddoedd, pont*) franchir; (*ffig: mynd heibio, y tu hwnt i*) dépasser; (*gosod yn groes: breichiau, coesau*) croiser; (*siec*) barrer; ~ **rhth allan** *ou* **mas** rayer qch, barrer qch, biffer qch; **croesodd ei feddwl bod ...** il lui est venu à l'esprit que ...; **'roedd y syniad wedi ~ fy meddwl** l'idée m'avait traversé l'esprit; ~ **ei gilydd** se croiser.
2 (*BIOL: anifeiliaid, planhigion*) croiser.
3 (*gwrthwynebu*): ~ **rhn** contrarier qn, aller à l'encontre de qn;
♦*bg*: ~ **o Dover i Calais** (*MOR*) faire la traversée de Douvres à Calais;
♦*bg* (*cyfarfod: ffordd, llwybr, afon*) croiser.

croesiad (**-au**) *g* (*ANIF*) croisement *m*.

croesineb *g* contrariété *f*, perversité *f*.

croeslath (**-au**) *b* panne *f*, traverse *f*.

croeslin (**-au**) *b* diagonale *f*.

croeslinol *ans* diagonal(e)(diagonaux, diagonales), transversal(e)(transversaux, transversales);
♦ **yn groeslinol** *adf* diagonalement, transversalement.

croesni *g* contrariété *f*, perversité *f*.

croeso *g* accueil *m*; **rhoi ~ i rn** accueillir qn, faire bon accueil à qn; **cael ~** être bien accueilli(e); **"C~ i Gymru"** "Bienvenue au Pays de Galles"; **can ~ ichi!** soyez les bienvenu(e)s; **diolch - ~!** merci - de rien! *neu* il n'y a pas de quoi!; **mae ~ ichi ddod** vous pouvez venir si vous voulez, libre à vous de venir.

croestaniad (**-au**) *g* feux *mpl* croisés.

croestoriad (**-au**) *g* (*TRAFN*) intersection *f*; (*poblogaeth*) échantillon *m*; (*BIOL*) coupe *f* transversale.

croestorri *ba* couper, croiser; (*MATH*) intersecter;
♦*bg* se croiser, se couper, s'intersecter.

croeswynt (**-oedd**) *g* vent *m* contraire.

croesymgroes *ans* (*yn gorwedd ar draws ei gilydd*) entrecroisé(e), en croisillons;
♦ **yn groesymgroes** *adf* en croisillons.

crofen (**-nau**) *b gw.* **crawen**.

crofft (**-ydd, -au**) *b* (*fferm*) petite ferme *f*; (*cae*) petit champ *m*.

crofftwr (**crofftwyr**) *g* fermier *m*.

crog[1] (**-au**) *b* (*croes*) croix *f*.

crog[2] *ans* (*yn hongian*) suspendu(e).

crogedau *b* (*PLANH*) filipendule *f*.

crogedig *ans* suspendu(e) (à), accroché(e) (à); (*llofrudd, ayb*) pendu(e).

crogedyf *b* (*PLANH*) filipendule *f*.

crogen (**cregyn**) *b gw.* **cragen**.

crogi *ba* pendre, suspendre, accrocher (qch à qch); (*dienyddio*) pendre, faire pendre;
♦*bg* pendre, être suspendu(e) *neu* accroché(e) (à);
♦*g* pendaison *f*; **nid af fi ddim yno dros fy nghrogi** il n'est pas question que j'y aille *subj*, je veux bien être pendu(e) si j'y vais.

crogiad (**-au**) *g* pendaison *f*.

crogiant (**crogiannau**) *g* (*TRAFN*) suspension *f*.

croglath (**-au**) *b* lacet *m*, collet *m*, piège *m*.

croglith *b*: **Dydd Gwener y Groglith** vendredi *m* saint.

croglofft (**-ydd**) *b* grenier *m*.

crogwely (**-au**) *g* hamac *m*.

crogwr (**crogwyr**) *g* bourreau(-x) *m*.

cronglwyd (**-i**) *b* toit *m*; **tan gronglwyd rhn** chez qn.

crom *ans b gw.* **crwm**.

cromatig *ans* chromatique.

crombil (**-iau**) *g,b* (*aderyn*) jabot *m*; ~ **y ddaear** entrailles *fpl* de la terre.

cromen (**-ni, -nau**) *b* dôme *m*; (*bwa*) voûte *f*.

cromfach (**-au**) *b* parenthèse *f*; **mewn ~au** entre parenthèses; ~ **sgwâr** crochet *m*.

cromiwm *g* chrome *m*.

cromlech (**-au, -i**) *b* cromlech *m*.

cromlin (**-au**) *b* courbe *f*.

cromosom (**-au**) *g* chromosome *m*.

cron *ans b gw.* **crwn**.

crondoddaid *b* cotylédon *m*.

cronfa (**cronfeydd**) *b* (*arian*) caisse *f*, fonds *m*;

~ **bensiwn** caisse de retraite; ~ **ddata** base *f* de données; ~ **ddŵr** réservoir *m*.
croniant (**croniannau**) *g* accumulation *f*.
cronicl (**-au**) *g* chronique *f*.
croniclo *ba* faire la chronique de; (*dyddiadur*) noter les évènements (au jour le jour).
croniclydd (**croniclwyr**) *g* chroniqueur *m*.
cronig *ans* chronique; (*difrifol*) grave, sérieux(sérieuse); (*ffig: ysmygwr, celwyddgi*) invétéré(e);
♦ **yn gronig** *adf* chroniquement, gravement, sérieusement.
cronnell (**cronellau**) *b* sphère *f*, globule *m*, globe *m*.
cronni *ba* amasser, accumuler; (*afon, camlas ayb*) barrer; (*milwyr*) masser;
♦*bg* s'accumuler; (*pobl*) se masser; (*cymylau*) s'amonceler; **bod â dagrau'n ~ yn eich llygaid** être au bord des larmes.
cronnus *ans* cumulatif(cumulative);
♦ **yn gronnus** *adf* cumulativement.
cronoleg *b* chronologie *f*.
cronolegol *ans* chronologique;
♦ **yn gronolegol** *adf* chronologiquement, par ordre chronologique.
crop[1] (**-iau**) *g* récolte *f*.
crop[2] (**-iau**) *g* (*steil gwallt*) coupe *f* courte.
cropa (**cropâu**) *b* jabot *m*.
cropian *bg* (*plentyn*) aller à quatre pattes; (*symud ymlaen yn araf*) avancer lentement; **rhaid ~ cyn cerdded** il faut savoir marcher avant de courir.
cropio *ba* (*gwrych*) tailler, tondre; ~ **gwallt** tondre *neu* couper les cheveux ras;
♦*bg* (*ŷd*) donner *neu* fournir une récolte.
croquet *g* (*CHWAR*) croquet *m*.
crosiet (**-au, -i**) *g* (*CERDD*) noire *f*.
crosio *ba* faire (qch) au crochet;
♦*bg* faire du crochet;
♦*g* crochet *m*.
croten (**-ni**) *b gw.* **geneth**.
crotes (**-i, -au**) *b gw.* **geneth**.
crotyn (**-nod**) *g gw.* **bachgen**.
croth (**-au**) *b* utérus *m*; ~ **coes** mollet *m*; **gwddf y groth** col *m* de l'utérus.
crothell (**crythyll, crethyll**) *b* épinoche *f*.
croyw *ans* (*dŵr*) doux(douce); (*eglur*) clair(e); **bara ~** pain *m* sans levain, pain azyme.
croywber *ans* doux(douce), mélodieux(mélodieuse);
♦ **yn groywber** *adf* mélodieusement, doucement.
croywder *g* (*ffresni*) fraîcheur *f*; (*eglurder*) clarté *f*, lucidité *f*.
croywi *ba* rafraîchir, purifier.
crud (**-iau**) *g* berceau(-x) *m*; **marwolaeth yn y ~** mort *f* subite du nourrisson.
crug (**-iau**) *g* (*bryncyn*) petite colline *f*, butte *f*, monceau(-x) *m*, tas *m*, monticule *m*.
cruglwyth (**-i**) *g* tas *m*, monceau *m*.
cruglwytho *ba* entasser, amonceler.
crugyn (**-nau**) *g gw.* **crug**.
crupl (**-iaid**) *g gw.* **cripil**[1].
crwb (**crybiau**) *g* bosse *f*.
crwban (**-od**) *g* tortue *f*; ~ **môr** tortue marine.
crwbi (**crwbïod**) *g* bosse *f*;
♦*ans* bossu(e); **trwyn ~** nez *m* aquilin.
crwc (**cryciau**) *g* (*bwced*) seau(-x) *m*; **bwrw fel o grwc** pleuvoir des hallebardes, pleuvoir à verse.
crwca *ans* courbé(e), tordu(e).
crwm (**crom**) (**crymion**) *ans* courbé(e); **acen grom** (*TEIP*) accent *m* circonflexe.
crwmp *g gw.* **crwper**.
crwn (**cron**) (**crynion**) *ans* rond(e); (*llawn*) complet(complète), entier(entière); **dros y byd yn grwn** dans le monde entier; **blwyddyn gron** une année *f* entière; **wythnos gron** huit jours entiers, une huitaine entière; **y Ford Gron** la Table ronde.
crwner (**-iaid**) *g* coroner *m* (*officiel chargé de déterminer les causes d'un décès*); **cwest ~** enquête *f* judiciaire.
crwper (**-au**) *g* (*ANIF*) croupe *f*, arrière-train *m*.
crwpier (**-iaid**) *g* croupier *m*.
crwsâd (**crwsadau**) *g* croisade *f*.
crwsadwr (**crwsadwyr**) *g* croisé *m*.
crwsibl (**-au**) *g* creuset *m*.
crwst (**crystiau**) *g* croûte *f*; (*bara*) croûte, croûton *m*; ~ **pwff** pâte *f* feuilletée; ~ **brau** pâte brisée; **ennill eich ~** gagner son pain.
crwt, crwtyn (**crots, cryts**) *g gw.* **bachgen, hogyn**.
crwth (**crythau**)
1 (*offeryn cerdd*) *ancien instrument ressemblant à un violon.*
2 (*cawell pysgota*) panier *m* de pêche, bourriche *f*.
crwybr (**-au**) *g* rayon *m* de miel.
crwydr *g* vagabondage *m*; **mynd ar grwydr** errer, vagabonder, faire des vagabondages, rouler sa bosse;
♦*ans* (*cath, ci*) perdu(e), errant(e); (*buwch, dafad*) égaré(e).
crwydro *bg* (*teithiwr*) errer, vagabonder; (*rhn, anifail, llaw*) s'égarer; (*llygad, meddwl*) errer; (*meddyliau*) vagabonder; ~ **oddi ar y ffordd** s'écarter de la route; ~ **ymhell oddi wrth y tŷ** s'éloigner de la maison; ~ **ar y ffordd fawr** (*anifail*) draguer *neu* errer sur la route; ~ **o'r pwynt** (*rhn*) s'écarter du sujet; **gadael i'ch meddyliau grwydro** laisser errer ses pensées;
♦*ba* parcourir; **~'r strydoedd** traîner dans les rues; **~'r byd** courir le monde, rouler sa bosse.
crwydrol *ans* errant(e), vagabond(e), nomade, ambulant(e), itinérant(e); (*llygaid, meddwl*) errant; (*meddwl*) qui vagabonde; (*sy'n crwydro o'r pwynt*) qui s'écarte du sujet.
crwydryn (**crwydriaid**) *g* vagabond *m*, clochard *m*; (*nomad*) nomade *m*.

crwyn *ll gw.* **croen**.
crwynfa (**crwynfeydd**) *b* tannerie *f*.
crwynllys (**-iau**) *g* gentiane *f*.
crwynwr (**crwynwyr**) *g* tanneur *m*, tanneuse *f*; (*ffwr*) pelletier *m*, pelletière *f*.
crybachu *bg gw.* **crebachu**.
crybion *ll* mille morceaux *mpl*.
crybwyll *ba* mentionner, faire mention de, parler de, faire allusion à; ~ **rhth wrth rn** mentionner qch à qn.
crybwylledig *ans* ledit(ladite)(lesdits, lesdites), déjà cité(e), précité(e), sus-mentionné(e).
crybwylliad (**-au**) *g* mention *f*, référence *f*, allusion *f*.
crych[1] (**-(i)au, -(i)on**) *g* (*ar ddŵr*) ride *f*, ondulation *f*; (*mewn dillad*) pli *m*; (*ar wyneb*) ride.
crych[2] (**crech**) (**crychion**) *ans* (*dŵr*) ridé(e), ondulé(e); (*dillad*) plissé(e), froissé(e); (*wyneb, croen*) ridé.
crychdon (**-nau**) *b* ride *f*, ondulation *f*.
crychdonni *bg* se rider, onduler.
crychiad (**-au**) *g* froissement *m*, froissure *f*.
crychias *ans*: **berwi'n grychias** bouillonner.
crychlais (**crychleisiau**) *g* (CERDD) trémolo *m*.
crychlam (**-au**) *g* bond *m*, entrechat *m*.
crychlamu *bg* bondir.
crychlyd *ans* (*dŵr*) ridé(e), ondulé(e); (*dillad*) plissé(e), froissé(e); (*wyneb, croen*) ridé.
crychnaid (**crychneidiau**) *b gw.* **crychlam**.
crychneidio *bg* bondir.
crychni *g gw.* **crych**[1].
crychu *bg* (*dŵr*) se rider, onduler; (*dillad*) se froisser, se chiffonner; (*croen*) se rider; (*defnydd*) froisser;
♦*ba* (*dillad*) chiffonner; (*dŵr*) rider; ~**'ch talcen** plisser le front; ~**'ch trwyn (ar)** faire la grimace (à); ~**'ch aeliau** froncer les sourcils.
crychydd (**-ion**) *g* (ADAR) héron *m*.
crychyn (**-nau**) *g* (CERDD) croche *f*.
cryd (**-iau**) *g* fièvre *f*; ~ **cymalau** rhumatisme *m*; ~ **cymalau esgyrnol** ostéoarthrite *f*; **mae meddwl am y peth yn hala'r ~ arna' i** j'en ai des frissons rien que d'y penser.
crydcymalau *g* rhumatisme *m*.
crydd (**-ion**) *g* cordonnier *m*, cordonnière *f*; **siop ~** cordonnerie *f*.
crydda *bg* rapetasser*.
cryf (**cref**) (**cryfion**) *ans*
1 (*cyff: nerthol: rhn, arf*) fort(e), énergique, vigoureux(vigoureuse); (*byddin, gwlad, rhedwr, nofiwr*) puissant(e); (*cadarn: rhaff, bwrdd, deunydd*) robuste, solide, résistant(e); (*dadl*) bon(ne); (*gwirod*) alcoolisé(e); (*aroglau*) fort, prononcé(e); (*lliw*) foncé; (*teimladau*) ferme, fort, profond(e); (*awydd*) profond; (*credwr*) convaincu(e), acharné(e); (*barn*) arrêté(e); (*beirniadaeth, ymateb*) vif(vive); ~ **fel ceffyl** fort comme un cheval; **dyn ~** homme bien trempé; (*e.e. mewn syrcas*) hercule *m*; **tystiolaeth gref** fortes preuves *fpl*; **bod â theimladau ~ am rth** avoir des opinions tranchées sur qch; **bod â theimladau ~ am rn** (*cariad*) éprouver de la tendresse pour qn; (*casineb*) éprouver de la haine pour qn.
2 (*defnydd enwol*): **y ~ (a'r gwan)** les fortes *mpl* (et les faibles *mpl*);
♦ **yn gryf** *adf* fortement, avec force, vigoureusement, solidement, énergiquement, fermement, puissamment, intensément, profondément; **'rwy'n teimlo'n gryf am y peth** c'est une question qui me tient particulièrement à cœur; (*yn erbyn*) j'y suis profondément opposé(e).
cryfder (**-au**) *g* point *m* fort; (*grym*) force *f*, forces *fpl*, puissance *f*; (*gallu, llais*) puissance; (*adnoddau, adeilad*) solidité *f*; (*deunydd, sylwedd*) résistance *f*; (*diod feddwol*) teneur *f* en alcool; (*cadernid*) solidité *f*, fermeté *f*.
cryfhaol *ans* (*ffisig, moddion*) fortifiant(e), remontant(e), tonifiant(e);
♦ **yn gryfhaol** *adf* de façon fortifiante *neu* remontante *neu* tonifiante.
cryfhau *ba* (*adeilad, wal, cyfeillgarwch*) renforcer; (*rhn, cyhyrau*) fortifier, raffermir; (*pwysedd, goleuni*) intensifier; (*gafael*) resserrer;
♦*bg* (*rhn*) se fortifier; (*ar ôl gwaeledd*) se remettre, reprendre *neu* recouvrer ses forces; (*goleuni*) s'intensifier; (*gafael*) se resserrer; (*llais*) devenir plus fort(e).
cryg *ans* rauque, enroué(e);
♦ **yn gryg** *adf* d'une voix enrouée.
cryglyd *ans gw.* **cryg**.
crygni *g* (*llais*) enrouement *m*.
crygu *bg* s'enrouer.
cryman (**-au**) *g* faucille *f*.
crymanu *bg* faucher, moissonner.
crymanwr (**crymanwyr**) *g* faucheur *m*.
crymbl (**-au**) *g* (COG) crumble *m*.
crymedd, **crymder** (**-au**) *g* (*ar gefn rhn*) courbature *f*.
crymffast (**-iau**) *g* gros gaillard *m*, loubard* *m*.
crymion *ans ll gw.* **crwm**.
crymu *bg* s'incliner, se courber; ~ **ymlaen** se pencher;
♦*ba* incliner, courber.
cryn *ans* considérable, appréciable; ~ **nifer,** ~ **dipyn (o)** un bon nombre (de); ~ **amser** un assez long temps; ~ **ddeugain o bobl** quelque quarante personnes; **cafodd hyn gryn effaith** ceci a eu un effet considérable.
crynder (**-au**) *g* rondeur *f*.
cryndo (**-eon, -eau**) *g* dôme *m*.
cryndod (**-au**) *g* tremblement *m*, frisson *m*.
crynedig *ans* tremblant(e); **â llais ~** d'une voix tremblante;
♦ **yn grynedig** *adf* de façon tremblante.

crynfa (**crynfeydd**) *b* tremblement *m*, frisson *m*.
crynhoad (**crynoadau**) *g* (*crynodeb*) résumé *m*, abrégé *m*; (*casgliad*) rassemblement *m*; (:*o gerddi, dramâu, ayb*) recueil *m*.
crynhofa (**crynofâu**) *b* abcès *m*.
crynhói *ba* résumer; (*casglu*) assembler, rassembler, réunir.
crynion *ans ll gw.* **crwn**.
cryno *ans* concis(e), net(te); (*berf*) concis;
♦ **yn gryno** *adf* de façon concise, nettement.
crynodeb (**-au**) *g* résumé *m*, abrégé *m*.
crynodebu *ba* résumer, abréger, faire un résumé de
crynodedig *ans* concentré(e).
crynodiad (**-au**) *g* concentration *f*.
cryno-ddisg (**~-~iau**) *g* disque *m* compact, C.D. *m*.
crynswth *g* totalité *f*; **yn ei grynswth** dans sa totalité, en gros.
crynu *bg* trembler, frissonner.
Crynwr (**Crynwyr**) *g* quaker *m*.
Crynwraig (**Crynwragedd**) *b* quakeresse *f*.
Crynwres (**-au**) *b* quakeresse *f*.
Crynwriaeth *b* quakerisme *m*.
crypt (**-au**) *g* crypte *f*.
cryptig *ans* secret(secrète), énigmatique.
cryptograffeg *b* cryptographie *f*.
cryptograffig *ans* cryptographique.
cryptogram (**-au**) *g* cryptogramme *m*.
crys (**-au**) *g* chemise *f*; (*blows*) chemisier *m*; ~ **T** tee-shirt *m*; ~ **chwys** sweat-shirt *m*; ~ **nos** chemise de nuit; ~ **â llewys byr/hir** chemise à manches courtes/longues; ~ **â gwddf agored** chemise à col ouvert; **yn llewys eich** ~ en bras de chemise.
crysalis (**-au**) *g* chrysalide *f*.
crysbais (**crysbeisiau**) *b* veste *f*.
crystyn (**crystiau**) *g* croûte *f*, croûton *m*.
crythau *ll gw.* **crwth**.
cu, **cuaidd** *ans gw.* **annwyl, mam-gu, tad-cu**.
cucumer (**-au**) *g* concombre *m*.
cuchiau *ll gw.* **cuwch**[1].
cuchio *bg* prendre un air renfrogné; **cuchiodd arna' i** il m'a regardé d'un air renfrogné.
cuchiog *ans* renfrogné(e);
♦ **yn guchiog** *adf* d'un air renfrogné.
cudyll (**-od**) *g* (*ADAR*) épervier *f*; ~ **bach** émerillon *m*; ~ **coch** (faucon *m*) crécerelle *f*.
cudyn (**-nau**) *g* (*o wallt*) mèche *f*, boucle *f*.
cudd *ans* caché(e); (*cyfrinachol*) secret(secrète).
cuddfan (**-nau**) *g,b* cachette *f*.
cuddiad (**-au**) *g* (*CYFR*) recel *m*, recèlement *m*.
cuddiedig *ans gw.* **cudd**.
cuddio *ba* cacher; (*CYFR*) receler; (*teimladau ayb*) dissimuler; ~ **rhth rhag rhn** cacher qch à qn;
♦*bg* se cacher, se tenir caché(e); ~ **rhag rhn** se cacher de qn; **chwarae** ~ jouer à cache-cache.
cuddiwr (**cuddwyr**) *g* (*CYFR*) receleur *m*, receleuse *f*.
cuddliw (**-iau**) *g* camouflage *m*.
cuddliwiedig *ans* camouflé(e).
cuddliwio *ba* camoufler; **eich ~'ch hun** se camoufler.
cuddswyddog (**-ion**) *g* agent *m* secret, détective *m*.
cul (**-ion**) *ans* étroit(e), étréci(e); (*ffig*) borné(e), restreint(e), limité(e); ~ **eich meddwl** à l'esprit étroit *neu* borné.
culder *g* étroitesse *f*.
culdir (**-oedd**) *g* isthme *m*.
culfor (**-oedd**) *g* (*DAEAR*) détroit *m*.
culffordd (**culffyrdd**) *g* défilé *m*.
culhau *ba* rétrécir;
♦*bg* devenir plus étroit(e), se rétrécir.
culni *g* étroitesse *f*.
cunnog (**cunogau**) *b* seau(-x) *m* à lait.
cur *g* mal *m*, douleur *f*; **mae gen i gur yn fy mhen** j'ai mal à la tête.
curad (**-iaid**) *g* vicaire *m*.
curadiaeth (**-au**) *b* vicariat *m*.
curadur (**-on, -iaid**) *g* conservateur *m* (*d'un musée*).
curfa (**curfâu, curfeydd**) *b* raclée* *f*, correction *f*; (*gorchfygiad*) défaite *f*; **rhoi** ~ **i rn** flanquer une correction *neu* une raclée* à qn.
curiad (**-au**) *g* (*calon*) battement *m*, palpitation *f*; (*adenydd*) battement; (*cerddoriaeth, peiriant*) vibration *f*; (*gwaed*) pouls *m*; (*CERDD*) temps *m*, mesure *f*; **teimlo** ~ **calon rhn** prendre *neu* tâter le pouls à qn; ~ **gwag** (*CERDD*) silence *m*.
curiedig *ans* dépérissant(e), rongé(e) de soucis.
curio *bg* dépérir, languir.
curlaw *g* pluie *f* battante.
curo *ba* battre; ~ **dwylo** battre des mains, applaudir; ~ **amser gyda'ch troed** rythmer la musique avec les pieds; **cael eich ~'n chwarae cardiau** se faire battre aux cartes; **'does dim i guro cwpanaid o de!** rien ne vaut une bonne tasse de thé!; ~ **traed** frapper *neu* taper du pied; ~ **adenydd** battre des ailes;
♦*bg* (*adenydd*) battre, s'agiter; (*calon*) battre, palpiter; ~ **ar y drws** frapper à la porte.
curriculum vitae *g* curriculum vitæ *m inv*.
curwr (**curwyr**) *g* batteur *m*.
curyll (**-od**) *g gw.* **cudyll**.
cusan (**-au**) *g,b* baiser *m*, bise *f*, bisou* *m*; **rhoi** ~ **i rn** donner un baiser à qn, embrasser qn; **rho gusan imi** embrasse-moi; (*plentyn*) fais-moi une bise *neu* un bisou*; ~ **bywyd,** ~ **adfer** bouche-à-bouche *m inv*; ~ **bwbach,** ~ **bopo** bouton *m* de fièvre.
cusanu *ba* embrasser;
♦*bg* s'embrasser.
cut (**-iau**) *g gw.* **cwt**[1].
cuwch[1] (**cuchiau**) *g* grimace *f*.

cuwch[2] *ans gw.* **cyfuwch**.
CV *byrf(= curriculum vitae)* CV *m.*
cwac[1] (**-iadau**) *g* (*sŵn hwyaden*) coin-coin *m inv.*
cwac[2] (**-iaid**) *g* (*meddyg*) charlatan *m.*
cwacian, **cwacio** *bg* faire coin-coin.
cwafer (**-i**) *g* (*CERDD*) croche *f*; (*cryndod llais*) trémolo *m.*
cwafrio *bg* trembler.
cwango (**-s, -au**) *g commission f nommée par le gouvernement.*
cwar (**-rau**) *g* carrière *f gw. hefyd* **chwarel**.
cwarantin (**-au**) *g* quarantaine *f*; **mewn** ~ en quarantaine.
cwarel (**-au, -i**) *g* (*paen*) carreau(-x) *m*, vitre *f.*
cwart (**-au**) *g* ≈ litre *m.*
cwarter (**-i**) *g gw.* **chwarter**.
cwato *ba* cacher;
♦*bg* se cacher; **chwarae** ~ jouer à cache-cache.
cwb[1] (**cybiau**) *g* (*ci*) niche *f*; (*ieir*) cage *f*; (*carchar*) taule* *f*, prison *f*; **yn y** ~* (*yn y carchar*) en taule*.
cwb[2] (**cybiau**) *g* (*cenau*) petit *m*, petit chien *m*, chiot *m*; (*llwynog, cadno*) renardeau(-x) *m*; (*llew*) lionceau(-x) *m.*
cwbl *g* tout *m*, totalité *f*; **wedi'r** ~ après tout; **o gwbl** du tout; **dim o gwbl** pas du tout;
♦*ans* total(e)(totaux, totales), entier(entière); **peth** ~ **ddieithr** qch de tout à fait étranger;
♦ **yn gwbl** *adf* complètement, tout à fait, vraiment, entièrement.
cwblhad *g* achèvement *m.*
cwblhau *ba* achever, compléter, finir.
cwblhäwr (**cwblhawyr**) *g* celui *m* qui achève.
cwcer (**-i, -au**) *g gw.* **ffwrn, popty**.
cwcio *ba, bg gw.* **coginio**.
cwcw (**cwcŵod**) *b* coucou *m*; **cloc** ~ (pendule *f* à) coucou.
cwcwallt (**-iau**) *g* cocu *m.*
cwcwalltu *ba* cocufier.
cwcwll (**cycyllau**) *g* capuchon *m.*
cwch (**cychod**) *g* bateau(-x) *m*, barque *f*; ~ **bach** canot *m*; ~ **camlas** péniche *f*, pénichette *f*; ~ **cyflym** vedette *f*, hors-bord *m inv*; ~ **gwenyn** ruche *f*; ~ **hwylio** bateau à voiles, voilier *m*; ~ **rhwyfo** canot à rames; **mynd mewn** ~ aller en bateau; **mynd i gwch** (s')embarquer, monter à bord d'un bateau; **bod yn yr un** ~ **â rhn** (*ffig*) être logé(e) à la même enseigne que qn *gw. hefyd* **bâd**.
cwd (**cydau**) *g* sac *m*; (*bag bach*) sachet *m*; (*o gwmpas ceilliau*) scrotum *m*; (*ebychiad o sarhad, cythraul*) salaud** *m*, crétin* *m*, con** *m*; **gollwng y gath o'r** ~ vendre la mèche; **prynu cath mewn** ~ acheter chat en poche; **cuwch** ~ **a ffetan** monsieur vaut bien madame, c'est blanc bonnet et bonnet blanc; **arllwys eich** ~ s'épancher, épancher son cœur; **mynd i'r** ~ (*swilio*) rentrer dans sa coquille; ~ **mwg** vesse-de-loup(~s-~-~) *f.*
cwdyn (**cydau**) *g* sac *m*; (*papur*) sachet *m* (en papier); ~ **papur** sac en papier; ~ **plastig** sac *neu* sachet en plastique.
Cwebéc *prb* (*talaith*) le Québec *m*; (*tref*) Québec.
Cwebecaidd *ans* québécois(e).
Cwebeceg *b,g* (*IEITH*) québécois *m.*
Cwebeciad (**Cwebeciaid**) *g/b* Québécois *m*, Québécoise *f.*
cweir (**-iau**) *g* raclée* *f*, correction *f*; (*gorchfygiad*) défaite *f*; **rhoi** ~ **i rn** flanquer une correction *neu* une raclée* à qn; (*CHWAR*) battre qn; **cael** ~ recevoir une correction *neu* une raclée*; (*CHWAR*) se faire battre à plate(s) couture(s), se faire piler*.
cweirio *ba gw.* **cyweirio**.
cweryl (**-on, -au**) *g* querelle *f*, dispute *f*, rixe *f.*
cweryla *bg* se disputer (avec), se quereller (avec), se chamailler* (avec); **nid oes gennyf unrhyw achos i gweryla gydag ef** je n'ai rien contre lui.
cwerylgar *ans* querelleur(querelleuse), chamailleur(chamailleuse);
♦ **yn gwerylgar** *adf* de façon querelleuse.
cwerylu *bg gw.* **cweryla**.
cwêst (**cwestau**) *g* enquête *f* judiciaire.
cwestiwn (**cwestiynau**) *g* question *f*; (*amheuaeth*) doute *m*; **gofyn** ~ **i rn** poser une question à qn; **y** ~ **yw pam** la question est de savoir pourquoi; **mae'n gwestiwn gen i** j'en doute, je me le demande; **dyna gwestiwn ffôl!** quelle question!; **marc** ~ (*TEIP*) point *m* d'interrogation; **atebwch y** ~! répondez à la question!; **gofyn y** ~ (*gofyn i rn eich priodi*) faire sa demande en mariage.
cwestiynu *ba*: ~ **rhn** poser des questions à qn.
cwestiynwr (**cwestiynwyr**) *g* interrogateur *m.*
cwestiynwraig (**cwestiynwragedd**) *b* interrogatrice *f.*
cwfaint (**cwfeinoedd, cwfeiniau**) *g* couvent *m*; **ysgol gwfaint** couvent.
cwfl (**cyflau**) *g* capuchon *m.*
cwfwr* *g*: **mynd i gwfwr rhn** (*mynd i nôl rhn*) aller chercher qn; (*mynd tuag at rhn*) aller vers qn, aller sur qn.
cwffas(t) *g* bagarre *f.*
cwffio *bg* se battre *gw. hefyd* **ymladd**.
cwffiwr (**cwffwyr**) *g* (*paffiwr*) boxeur *m*; (*cyff: ymladdwr*) combattant *m*; (*ffig*) lutteur *m.*
cwgn (**cygnau**) *g* (*cymal y llaw*) jointure *f*, articulation *f*, osselet *m.*
cwhwfan *ba, bg gw.* **cyhwfan**.
cwicio *ba* gaufrer.
Cwicsot *prg*: **Don** ~ Don Quichotte.
Cwicsotaidd *ans* extravagant(e), idéaliste, chimérique;
♦ **yn Gwicsotaidd** *adf* de façon extravagante

neu idéaliste *neu* chimérique.
cwilsyn (**cwils**) *g* plume *f* (d'oie); **pobl y cwils** les hommes de loi; **aderyn y cwils** serpentaire *m*.
cwilt (**-iau**) *g* couette *f*; (*cwrlid plu*) édredon *m*.
cwiltio *ba* matelasser.
cwiltiog *ans* matelassé(e).
cwins, **cwinsyn** (**cwinsiau**) *g* coing *m*; **coeden gwins** cognassier *m*.
cwir (**-oedd**) *g* ≈ main *f* (de papier).
cwirc (**-iau**) *g* bizarrerie *f*, caprice *m*.
cwis (**-iau**) *g* (*ar y teledu*) jeu-concours(~x-~) *m*; (*mewn cylchgrawn ayb*) test *m* de connaissance.
cwla *ans*: **teimlo'n gwla** se sentir un peu mal fichu(e) *neu* patraque*, ne plus être dans son assiette *gw. hefyd* **sâl**.
cwlbren (**-ni**) *g* massue *f*, matraque *f*, bâton *m*.
cwlff, **cwlffyn** (**cylffau**) *g* gros morceau(-x) *m*; (*o fara*) quignon *m*.
cwlt (**cyltiau**) *g* culte *m*.
cwlwm (**clymau**) *g* nœud *m*; (*mewn gwallt*) enchevêtrement; (*o flodau, cnau*) grappe *f*; **cau** *ou* **clymu** ~ faire un nœud; **datod** ~ défaire un nœud; ~ **rhedeg** nœud coulant; ~ **gwythi**, ~ **chwithig** crampe *f*.
cwm (**cymoedd**) *g* vallon *m*.
cwman *g*: **yn eich** ~ penché(e), courbé(e).
cwmanu *bg* se pencher, se courber.
cwmffri *g* consoude *f*.
cwmin *g* cumin *m*.
cwmni (**cwmnïau, cwmnïoedd**) *g*
1 (*busnes*) entreprise *f*, compagnie *f*, société *f*; ~ **awyrennau** compagnie aérienne; **Evans a'i gwmni** Evans et compagnie; ~ **cyfyngedig** ≈ société anonyme, S.A.; ~ **cyhoeddus cyfyngedig** société à responsabilité limitée; ~ **cydweithredol** coopérative *f*; **car** ~ voiture *f* de fonction; **rheolwr** ~ administrateur *m*; **rheolwraig** ~ administratrice *f*.
2 (*cwmnïaeth*) compagnie *f*; **mae hi'n gwmni da** c'est une compagnie agréable, elle est d'une compagnie agréable; **mynd yng nghwmni rhn** aller de compagnie avec qn; **cadw** ~ **i rn** tenir compagnie à qn; **cadw** ~ **drwg** fréquenter la mauvaise compagnie.
3 (*cymdogion, cyfeillion*) compagnons *mpl*, compagnes *fpl*.
4 (*THEATR*) troupe *f* théâtrale, compagnie *f* théâtrale.
cwmnïaeth *b* compagnie *f*; (*cyfeillgarwch*) camaraderie *f*.
cwmnïwr, **cwmnïydd** (**cwmnïwyr**) *g* compagnon *m*, compagne *f*.
cwmpas (**-au**) *g* (*ffig: graddau*) étendue *f*; (*cyrhaeddiad*) portée *f*; (*MATH*) compas *m*; ~ **mesur** (*MATH*) compas à pointes sèches.
▶ **o gwmpas** (o'm cwmpas, o'th gwmpas, o'i gwmpas, o'i chwmpas, o'n cwmpas, o'ch cwmpas, o'u cwmpas)
1 (*o amgylch*) autour de; **o gwmpas y tân** autour du feu; **o gwmpas y lle** par ici, par là, dans le coin; **o'n** ~ autour de nous; **crwydro o gwmpas y dref** errer dans la ville; **bod o gwmpas eich pethau** être vif(vive), être éveillé(e); **ni wn i ddim sut i fynd o'i chwmpas hi** je ne sais pas comment m'y mettre.
2 (*tua, oddeutu*) environ, vers; **o gwmpas 7 o'r gloch** vers 7 heures, à 7 heures environ, sur les 7 heures.
cwmpasoedd *ll* environs *mpl*, alentours *mpl*.
cwmpasog *ans* indirect(e), détourné(e); **ffurfiau** ~ **berf** formes *fpl* périphrastiques d'un verbe;
♦ **yn gwmpasog** *adf* de façon indirecte.
cwmpasu *ba* contenir, inclure, comprendre, couvrir, consister de *neu* en.
cwmpawd (**cwmpodau**) *g* boussole *f*.
cwmpeini, **cwmpni** *g gw.* **cwmni, cwmnïaeth**.
cwmpnïo *ba* accompagner.
cwmwl (**cymylau**) *g* nuage *m*, nuée *f*; (*pryfed, saethau*) nuée; (*nwy*) nappe *f*; (*ar ddrych, ffenestr*) buée *f*; **dan gwmwl** en disgrâce; (*dan amheuaeth*) en butte aux soupçons.
cwmws *ans gw.* **cymwys**.
cŵn *ll gw.* **ci**.
cwningar (**-oedd**) *b* terriers *mpl*, garenne *f*.
cwningen (**cwningod**) *b* lapin *m*; **cwt** *ou* **cut** ~ clapier *m*; **twll** ~ terrier *m* de lapin.
cwnnu *ba, bg gw.* **codi**.
cwnsler (**-iaid**) *g* (*CYFR*) avocat *m*, avocate *f*.
cwnstabl (**-iaid**) *g* agent *m* de police, gendarme *m*; **prif gwnstabl** ≈ préfet *m* de police.
cwota (**cwotâu**) *g* quota *m*, quote-part(~s-~s) *f*.
cwpan (**-au**) *b,g* tasse *f*; ~ **te** *ou* **de** tasse à thé; ~ **cymun** calice *m*; **C**~ **y Byd** la Coupe du monde; ~ **wy** coquetier *m*.
cwpanaid (**cwpaneidiau**) *g,b* tasse *f*; ~ **o de** une tasse de thé.
cwpanu *ba* (*MEDD*) appliquer des ventouses sur; ~ **dwylo** mettre les mains en coupe.
cwpl (**cyplau**) *g*
1 (*dau, dwy*) couple *m*; (*ychydig*) quelque(s), très peu (de); **byddaf gyda chi mewn** ~ **o eiliadau** je serai avec vous *neu* à vous dans quelques instants.
2 (*o bobl*) couple *m*, paire *m*.
3 (*PENS*) longrine *f*.
cwpla *ba, bg gw.* **cwblhau, gorffen**.
cwplâd *g gw.* **cwblhad**.
cwpled (**-i, -au**) *g* distique *m*.
cwplws (**cyplysau**) *g* (*PENS*) chevron *m*; (*tennyn*) laisse *f* double.
cwpon (**-au**) *g* (*i arbed arian ar rth*) bon *m* de réduction; (*ffurflen mewn papur newydd*) bulletin-réponse(~s-~s) *m*.
cwpsau *ll* bouderie *f*; **gwneud** ~ bouder.

cwpsog *ans* boudeur(boudeuse);
♦ **yn gwpsog** *adf* de façon boudeuse.
cwpwl (**cyplau**) *g*= **cwpl**.
cwpwrdd (**cypyrddau**) *g* armoire *f*; (*yn y wal*) placard *m*; ~ **bwyd** armoire à provisions; ~ **cornel** encoignure *f*, placard de coin; ~ **crasu** placard-séchoir(~s-~s) *m*; ~ **dillad** armoire *f*, garde-robe *f*; ~ **deuddarn** vaisselier *m*, étagère *f* à deux étages; ~ **gwydr** vitrine *f*, armoire vitrée; ~ **oer** réfrigérateur *m*, frigidaire *m*, frigo* *m*; ~ **tridarn** vaisselier, étagère à trois étages.
cwr (**cyrion**, **cyrrau**) *g* bord *m*; **ar gwr y goedwig** à la lisière *f neu* l'orée *f* du bois; **cyrion y ddinas** périphérie *f* de la ville; ~ **tudalen** marge *f* d'une feuille; **gwneud rhth o'r** ~ faire qch méthodiquement; **cyrrau'r ddaear** les extrémités de la terre; **casglu** *ou* **tynnu eich cyrrau ynghyd** se secouer les puces, se grouiller, se ressaisir, faire un effort.
cwrb, **cwrbyn** (**cyrbau**) *g* bordure *f* du trottoir.
cwrcath (**-od**) *g* matou *m*.
cwrcatha *bg* miauler, crier comme un chat.
cwrci (**cwrcïod**) *g* matou *m*.
cwrcwd (**cyrcydau**) *g* accroupissement *m*; **ar** *ou* **yn eich** ~ accroupi(e).
cwrcydu *bg gw.* **cyrcydu**.
cwrcyn (**-nod**, **cwrcod**) *g* matou *m*.
Cwrd (**-iaid**) *g/b* Kurde *m/f*.
Cwrdaidd *ans* kurde.
Cwrdeg *b,g* kurde *m*.
Cwrdistan *prb* Kurdistan *m*.
cwrdd[1] *ba* rencontrer; (*ar ôl trefnu*) retrouver, rejoindre; (*ar y stryd*) croiser, tomber sur; (*am y tro cyntaf*) faire la connaissance de; **mae'n dda gen i gwrdd â chi** enchanté(e) de faire votre connaissance;
♦*bg* se rencontrer, se retrouver, se rejoindre; (*cynulleidfa*) s'assembler, se réunir.
cwrdd[2] (**cyrddau**) *g* (*clwb, grŵp o bobl*) réunion *f*; (*annisgwyl*) rencontre *f*; (*a drefnwyd gyda cariad, ffrind*) rendez-vous *m inv*; (*mawr, ffurfiol*) assemblée *f*; (GWLEID, CHWAR) meeting *m*; (*busnes, masnach*) réunion (d'affaires); (*oedfa grefyddol Brotestannaidd*) office *m*; **tŷ** ~ temple *m*.
cwrel (**-au**) *g* corail(coraux) *m*.
cwrensen (**cwrens**, **cyrens**, **cyrains**) *b* raisin *m* de Corinthe; ~ **goch** groseille *f* (rouge); ~ **ddu** cassis *m*; **coeden gyrens** groseiller *m*.
cwricwlwm (**cwricwla**) *g* (*maes llafur*) programme *m* d'études; **y C~ Cenedlaethol** programme d'enseignement obligatoire (en GB).
cwrier (**-iaid**) *g* courrier *m*.
cwrlen (**cwrls**) *b* (*modrwy o wallt*) boucle *f*; (*o fwg*) volute *f*.
cwrlid (**-au**) *g* (*gwely*) couvre-lit(~-~s) *m*.
cwrlo *g* menu charbon *m*.
cwrs[1] (**cyrsiau**) *g*
1 (*hynt*) cours *m*; (*llong*) route *f*; **dilyn eich** ~ suivre son chemin; **mae'n rhaid i'r dwymyn redeg ei chwrs** la fièvre doit suivre son cours; ~ **o beswch** quinte *f* de toux; **wrth gwrs** bien sûr; **yng nghwrs rhth** au cours de qch, pendant qch.
2 (*gwersi, astudiaeth*) cours *m*; (*cyfnod o astudiaeth*) stage *m*; ~ **carlam** cours intensif; ~ **brechdan** *cours de formation professionnelle.*
3 (*golff*) terrain *m*.
4 (*rhan o bryd*) plat *m*; ~ **cyntaf** entrée *f*.
cwrs[2] *ans* (*aflednais*) grossier(grossière), rude, mal élevé(e);
♦ **yn gwrs** *adf* grossièrement.
cwrso *ba* poursuivre; ~ **menywod** courir les jupons.
cwrt (**cyrtiau**) *g* (*llys barn*) cour *f*, tribunal(tribunaux) *m*; (*tennis*) court *m*; (*iard*) cour; (*plasty*) manoir *m*.
cwrtais *ans* courtois(e), poli(e);
♦ **yn gwrtais** *adf* poliment, courtoisement.
cwrteisi *g* courtoisie *f*, politesse *f*.
cwrtiwr (**cwrtwyr**) *g* courtisan *m*.
cwrt-marsial *g* cour *f* martiale, conseil *m* de guerre; **dod o flaen** ~-~ passer en conseil de guerre; **rhoi** ~-~ **ar rn** faire passer qn en conseil de guerre.
cwrw (**-au**, **cyrfau**) *g* bière *f*; ~ **cartref** bière maison; ~ **casgen** bière à la pression; ~ **coch** bière brune; ~ **golau** *ou* **lager** bière blonde; ~ **sinsir** *boisson gazeuse au gingembre.*
cwrwgl (**cwryglau**, **cyryglau**) *g* coracle *m*, canot *m* d'osier.
cwsberen (**cwsberins**) *b gw.* **gwsberen**.
cwscws *g* (COG) couscous *m*.
cwsg[1] *be gw.* **cysgu**.
cwsg[2] *g* sommeil *m*, somme *m*; ~ **bach** (*cyntun*) petit somme; (*yn y prynhawn*) sieste *f*; **cael noson dda o gwsg** passer une bonne nuit, dormir sur ses deux oreilles; **cael noson ddi-gwsg** passer une nuit blanche; **cerdded yn eich** ~ marcher en dormant; **cerddwr yn ei gwsg** somnambule *m*; **cerddwraig yn ei chwsg** somnambule *f*; **bod yng nghwsg** être endormi(e), dormir, sommeiller.
cwshin* (**-s**) *g gw.* **clustog**.
cwsmer (**-iaid**) *g* (*prynwr*) client *m*; (*prynwraig*) cliente *f*; (*defnyddiwr*) consommateur *m*; (*defnyddwraig*) consommatrice *f*; (*trydan ayb*) usager *m*, usagère *f*; **credyd ~iaid** crédit *m* aux consommateurs.
cwsmeriaeth *b* clientèle *f*.
cwstard *g* crème *f* anglaise; ~ **wy** ≈ crème *f* renversée.
cwt[1] (**cytiau**) *g* (*sied*) hutte *f*; (*yn yr ardd*) resserre *f*, remise *f*, cabane *f*; ~ **ci** niche *f*, chenil *m*; ~ **cwningen** clapier *m*, lapinière *f*; ~ **glo** remise à charbon; ~ **ieir** cage *f* à

poules; ~ **mochyn** porcherie *f*.
cwt[2] (**cytau, cwtau**) *g* (*cynffon*) queue *f*; (*crys*) pan *m*; **bod wrth gwt rhn** suivre qn partout; (*dilyn yn agos iawn*) suivre qn de très près.
cwt[3] (**cytau**) *g* (*anaf*) coupure *f*; (*dyfnach*) entaille *f*; **cafodd hi gwt cas ar ei choes** elle s'est fait une vilaine entaille à la jambe.
cwta (**cota**) (**cwteuon**) *ans* court(e), abrégé(e), raccourci(e); (*swta*) brusque, sec(sèche); **gwallt** ~ cheveux *mpl* courts; **sgert gota** mini jupe *f*; **trowsus** ~ culottes *fpl* courtes; **buwch goch gota** coccinelle *f*;
♦ **yn gwta** *adf* brusquement, brièvement, sèchement, d'un ton sec.
cwtanu *ba* raccourcir.
cwter (**-i, -ydd**) *b gw.* **gwter**.
cwteuo *ba* raccourcir.
cwtfys (**-edd**) *g* annulaire *m*.
cwtiad (**cwtiaid**) *g*: ~ **aur** (*ADAR*) pluvier *m* doré.
cwtiar (**cwtieir**) *b* (*ADAR*) foulque *f*.
cwtio *bg* se raccourcir.
cwtogi *ba* (*lleihau*) réduire; (*gwneud yn fyrrach*) raccourcir; (*testun, ymweliad*) abréger;
♦*bg* (*mynd yn llai*) rétrécir; (*ffig*) se réduire; (*cywasgu*) se contracter.
cwtogwr (**cwtogwyr**) *g* abréviateur *m*.
cwtsh *g*
1 (*cuddfan, congl fechan, cwt*) niche *f*; (*llai*) recoin *m*; ~ **dan staer** fourre-tout *m inv*; ~ **glo** rémise *f* à charbon; ~ **tatws** tas *m* de pommes de terre.
2 (*magad, anwes*) étreinte *f*; **rhoi** ~ **i rn** serrer qn dans ses bras.
cwtsied, **cwtsio** *ba* serrer (qn) dans ses bras; (*cuddio*) cacher; ~ **tatws** entasser des pommes de terre;
♦*bg* (*ymguddio*) se cacher; ~ **at rn** se serrer contre qn.
cwtyn *g* (*ADAR*) pluvier *m*.
cwymp (**-au, -iau**) *g* chute *f*; (*mewn prisiau ayb*) baisse *f*; (*o ran gwerth*) dépréciation *f*; (*dymchweliad: e.e. llywodraeth*) chute; (*tŷ, pont, ayb*) effondrement *m*, écroulement *m*; (*eira*) chutes; (*brenhiniaeth*) renversement *m*, chute; **y C**~ (*CREF*) la chute.
cwympedig *ans* tombé(e), abattu(e).
cwympiad (**-au**) *g* chute *f*; (*coed*) abattage *m*.
cwympo *bg* tomber; (*tŷ, pont, ayb*) s'effondre, s'écrouler; ~ **10 metr** tomber de 10 mètres; **cwympodd 5 centimetr o eira** il est tombé 5 centimètres de neige; ~ **oddi ar** tomber de (sur); ~ **ar y llawr** tomber par terre; ~ **i gysgu** s'endormir; ~ **ar eich bai** avouer son tort; ~ **mas*** (*ffraeo*) se disputer, se quereller; ~ **mewn cariad (â)** tomber amoureux(amoureuse) (de), s'enamourer (de), s'éprendre (de) *gw. hefyd* **disgyn, syrthio**;
♦*ba*: ~ **coeden** abattre un arbre.
cwyn (**-ion**) *g,b*
1 (*achwyniad*) grief *m*, plainte *f*, doléances *fpl*, récrimination *f*; (*mewn siop ayb*) réclamation *f*; **dweud eich** ~ exposer ses griefs.
2 (*MEDD*) affection *f*.
cwynfan *bg* se plaindre;
♦*g,b* plainte *f*.
cwynfanllyd, **cwynfanus** *ans* plaintif(plaintive);
♦ **yn gwynfanllyd, yn gwynfanus** *adf* plaintivement, d'un ton plaintif.
cwyno *bg* se plaindre; (*mewn siop ayb*) réclamer, faire une réclamation; (*dolefain, galaru*) pleurer, se lamenter; ~ **wrth rn am rth** se plaindre de qch à qn; (*mewn siop ayb*) réclamer qch à qn; **mae hi'n** ~ (*yn wael*) elle se porte mal, elle est souffrante; **mae'n** ~ **a'i galon** il a une maladie du cœur.
cwynwr (**cwynwyr**) *g* (*CYFR*) plaignant *m*, demandeur *m*; (*sy'n hoff o gwyno*) rouspéteur *m*, ronchonneur *m*.
cwynwraig *b* (*CYFR*) plaignante *f*, demanderesse *f*; (*sy'n hoff o gwyno*) rouspéteuse *f*, ronchonneuse *f*.
cwyr (**-au**) *g* cire *f*; ~ **gwenyn** cire d'abeille; **rhoi** ~ **ar rth** cirer qch.
cwyraidd *ans* cireux(cireuse), comme de la cire.
cwyrdeb (**-au**) *g* présure *f*.
cwys (**-i, -au**) *b* sillon *m*; **torri** ~ creuser un sillon; **dan y gwys** enseveli(e).
cybôl *g* (*lol*) sottises *fpl*, baragouin* *m*; **heb yr holl gybôl** sans tant d'histoires.
cybolfa *b* fatras *m*; **melys gybolfa** (*COG*) ≈ diplomate *m*.
cyboli *bg* (*siarad lol*) baragouiner*; (*ymdrafferthu*) se donner la peine (de faire qch); **paid â chyboli â hi** ne va pas perdre ton temps avec elle.
cybolwr (**cybolwyr**) *g* (*un sy'n siarad lol*) baragouineur* *m*.
cybydd (**-ion**) *g* avare *m*.
cybydd-dod, **cybydd-dra** *g* avarice *f*.
cybyddes (**-au**) *b* avare *f*.
cybyddlyd *ans* avare, avaricieux(avaricieuse);
♦ **yn gybyddlyd** *adf* avaricieusement.
cybyddus *ans gw.* **cydnabyddus**.
cycyllog *ans* à capuchon.
cychaid (**cycheidiau**) *g*: ~ **(o wenyn)** ruchée *f*.
cychod *ll gw.* **cwch**.
cychwr (**cychwyr**) *g* batelier *m*, marinier *m*.
cychwyn *ba* commencer; (*trafodaeth*) commencer, ouvrir; (*ffrae, dadl*) faire naître; (*ymosodiad, mudiad, rhyfel, digwyddiadau*) déclencher; (*sefydliad*) donner naissance à, fonder; (*llyfr, llythyr: darllen*) commencer à lire; (*:ysgrifennu*) commencer à écrire; (*injan, cerbyd*) démarrer, mettre en marche; (*ffasiwn*) lancer; (*arferiad, polisi*) inaugurer; (*rhyfel*) causer; (*si*) faire naître; ~ **gwneud**

rhth commencer *neu* se mettre à faire qch; ~ **trwy wneud rhth** commencer *neu* débuter par faire qch; ~ **sgwrs** entamer *neu* amorcer *neu* engager une conversation; **ni alla' i ddim ~ y car yma** je n'arrive pas à faire démarrer cette voiture;
♦*bg* (*mynd*) partir, se mettre en route, aller; (*gyrfa*) débuter; **nid yw'r car yn ~** la voiture ne démarre pas; ~ **ar antur** se lancer dans une entreprise; **mae'r llwybr yn ~ wrth yr eglwys** le sentier part de l'église; ~ **ar dasg** entreprendre une tâche; ~ **ar daith** partir en voyage; ~ **mewn busnes** se lancer dans les affaires; **i gychwyn** d'abord, pour commencer; **gan gychwyn ddydd Llun** à partir de lundi;
♦*g* début *m*, départ *m*; **ar y ~** au début, au départ, tout d'abord; **ar gychwyn** sur le point de départ; **o'r ~** dès le début *neu* le commencement; **mae'r lle 'ma ar gychwyn!** quel fouillis il y a ici!, quelle pagaïe il y a ici!; **man ~** point *m* de départ; ~ **y ffilm** le début du film; **rhoi ~ i rth** initier qch.

cychwynfa *b* (*dechrau*) début *m*, commencement *m*; (*man cychwyn*) point *m* de départ.

cychwyniad (**-au**) *g* commencement *m*, début *m*; (*ar daith*) départ *m*.

cychwynnol *ans* d'origine, initial(e)(initiaux, initiales), premier(première), originel(le); **pris ~** prix initial.

cychwynnwr (**cychwynwyr**) *g* initiateur *m*, auteur *m*, fondateur *m*.

cychwynwraig (**cychwynwragedd**) *b* initiatrice *f*, auteur *m*, fondatrice *f*.

cyd[1] *g*: **ar y ~** ensemble, en commun; **gweithredu ar y ~** agir collectivement, action *f* collective; **datganiad ar y ~** déclaration *f* jointe.
▶ **i gyd**: **y(r) ... i gyd** tout le ..., toute la ..., tous les ..., toutes les ..., le ... entier, la ... entière; **y gwaith i gyd** tout le travail; **y bwyd i gyd** toute la nourriture; **y dynion i gyd** tous les hommes; **y gwragedd i gyd** toutes les femmes; **aethom ni i gyd yno** nous y sommes tous allés *neu* toutes allées; **y byd i gyd** le monde entier; **llosgwyd y coed i gyd** le bois tout entier a été brûlé; **maen nhw i gyd yn mynd ar wyliau** chacun d'eux va en vacances, ils vont tous *neu* elles vont toutes en vacances.

cyd[2] *adf gw.* **cyhyd**.

C.Y.D. *byrf*(= *Cyngor y Dysgwyr*) *association f des apprenants en gallois.*

cydadrodd *bg, ba* réciter (qch) ensemble *neu* en chœur.

cydaddoli *bg, ba* adorer (qch) ensemble, aller à l'office ensemble, pratiquer le culte ensemble.

cydaddysg *b* éducation *f* mixte.

cydaddysgol *ans* mixte.

cydaelod (**-au**) *g* confrère *m*.

cydaid (**cydeidiau**) *g* plein sac *m*.

cydalaru *bg* lamenter ensemble.

cydamseriad (**-au**) *g* synchronisation *f*.

cydamserol *ans* synchronisé(e).

cydamseru *ba* synchroniser;
♦*bg* se produire *neu* arriver *neu* se faire en même temps (que).

cydau *ll gw.* **cwd, cwdyn**.

cydawdur (**-on**) *g* coauteur *m*.

cydawdures (**-au**) *b* coauteur *m*.

cydberchnogaeth *b* copropriété *f*, collectivisme *m*.

cydberthyn *bg* être apparenté(e).

cydberthynas (**cydberthnasau**) *b* corrélation *f*.

cydblethu *ba* entrelacer;
♦*bg* s'entrelacer.

cydbriodi *bg* (*rhwng teuluoedd a'i gilydd*) former des alliances entre familles; (*rhwng llwythau a'i gilydd*) fomer des alliances entre tribus; (*o fewn yr un teulu*) pratiquer l'endogamie.

cyd-bwyllgor (**~-~au**) *g*: **C~-~ Addysg Cymru** *administration qui gère les affaires scolaires au pays de Galles.*

cydbwysedd *g* équilibre *m*.

cydbwyso *ba* équilibrer, contrebalancer, faire contrepoids à.

cyd-daro *bg* aller de pair (avec).

cyd-deimlad *g* sympathie *f*, compassion *f*.

cyd-deimladwy *ans* plein(e) de sympathie, compatissant(e).

cyd-deimlo *bg* sympathiser, compatir.

cyd-deithio *bg* voyager ensemble.

cyd-destun (**~-~au**) *g* contexte *m*; **mewn ~-~** dans le contexte; **allan o'r ~-~** hors contexte.

cyd-droseddwr (**~-droseddwyr**) *g* complice *m*.

cyd-droseddwraig (**~-droseddwragedd**) *b* complice *f*.

cyd-dyfu *bg* (*planhigion*) pousser ensemble; (*plant*) grandir ensemble.

cyd-dynnu *bg* s'entendre bien; ~ **â rhn** s'entendre bien avec qn.

cyd-ddealltwriaeth *b* entente *f* (réciproque).

cyd-ddigwydd *bg* coïncider.

cyd-ddigwyddiad (**~-~au**) *g* coïncidence *f*.

cyd-ddinesydd (**~-ddinasyddion**) *g* concitoyen *m*, concitoyenne *f*.

cyd-ddioddef *ba, bg* souffrir (qch) ensemble.

cyd-ddisgybl (**~-~ion**) *g* condisciple *m*.

cyd-ddwyn *ba, bg* tolérer.

cyd-ddyn (**~-~ion**) *g* semblable *m*.

cydefrydydd (**cydefrydwyr**) *g* camarade *m* d'études, condisciple *m*.

cydeistedd *bg* rester assis(e) ensemble.

cydetifedd (**-ion**) *g* cohéritier *m*.

cydfagu *ba* éduquer ensemble.

cydfarnu *bg* être du même avis.

cydfeddiannu *ba* être copropriétaire(s) de.

cydfilwr (**cydfilwyr**) *g* compagnon *m* d'armes.

cydfod *g* accord *m*, agrément *m*, harmonie *f*.

cydfodolaeth *b* coexistence *f*.

cydfodoli *bg* coexister.
cydfrad, **cydfradwriaeth** (**-au**) *g* complot *m*, conspiration *f*.
cydfrawd (**cydfrodyr**) *g* confrère *m*.
cydfrawdoliaeth (**-au**) *b* confraternité *f*.
cydfuddiannol *ans*: **cymdeithas gydfuddiannol** société *f* mutualiste, (société d'assurance) mutuelle *f*, mutualité *f*.
cydfwriad (**-au**) *g* conspiration *f*, complot *m*.
cydfwriadu *bg* conspirer.
cydfwriadwr (**cydfwriadwyr**) *g* conspirateur *m*.
cyd-fynd *bg*
1 (*gweddu i'w gilydd*) aller de pair.
2 *gw.* **cytuno**.
cydfynedol *ans* concomitant(e).
cydfyw *bg* vivre ensemble, cohabiter; ♦*g* cohabitation *f*.
cydffederasiwn (**cydffederasiynau**) *g* confédération *f*.
cyd-Ffrances (~-~**au**) *b* compatriote *f* française.
cyd-Ffrancwr (~-**Ffrancwyr**) *g* compatriote *m* français.
cydffurfiad *g* conformité *f*.
cydffurfio *bg* se conformer (à).
cydffurfiol *ans* conforme (à); ♦ **yn gydffurfiol â** conformément à.
cydffurfiwr (**cydffurfwyr**) *g* conformiste *m/f*.
cydganlyn *ba* accompagner, suivre.
cydganu *ba, bg* chanter (qch) en chœur.
cydgasglu *ba* assembler, rassembler, réunir; ♦*bg* s'assembler, se rassembler, se réunir.
cydgerdded *bg*: ~ **â rhn** accompagner qn; ♦*ba*: ~ **yr un llwybr** suivre ensemble le même sentier.
cydglosiad *g* détente *f*.
cydgordiad (**-au**) *g* accord *m*, entente *f*, harmonisation *f*.
cydgordio *bg* s'harmoniser, être d'accord.
cydgrynhoi *ba* assembler, rassembler, réunir; ♦*bg* s'assembler, se rassembler, se réunir.
cydgwmni (**cydgwmnïau**) *g* consortium *m*.
cydgydio *ba* accoupler, s'accoupler.
cydgyfarfod *bg* se réunir.
cydgyfarfyddiad (**-au**) *g* coïncidence *f*.
cydgyfrannog *ans* participant(e).
cydgyfranogi *bg*: ~ **yn** participer à.
cydgyfrifoldeb (**-au**) *g* coresponsabilité *f*.
cydgyffwrdd *bg* se toucher.
cydgyngor *g* conseil *m* commun, consultation *f* commune, accord *m*.
cyd-Gymraes (~-~**au**) *b* compatriote *f* galloise.
cyd-Gymro (~-**Gymry**) *g* compatriote *m* gallois.
cydgymysgu *ba* mêler, mélanger, entremêler; ♦*bg* se mêler, se mélanger, s'entremêler.
cydgynnull *ba* rassembler; ♦*bg* se rassembler.
cydgynulliad (**-au**) *g* assemblée *f*, rassemblement *m*.
cydgysylltiad (**-au**) *g* lien *m*.
cydgysylltu *ba* relier, mettre (qn) en rapport *neu* relation.
cydgysylltwr, **cydgysylltydd** (**cydgysylltwyr**) *g* agent *m* de liaison.
cydiad (**-au**) *g* joint *m*; (*TECH*) jointure *f*.
cydio *bg* (*syniad, ffasiwn ayb*) prendre; (*pysgodyn*) mordre; (*asio*) se joindre; **ni wnaeth y tân ddim** ~ le feu n'a pas pris. ▶ **cydio yn** tenir; (*gafael yn*) saisir, s'agripper à, s'accrocher à, prendre (qch) en main; ~**'n dynn** tenir ferme.
cydiol *ans* conjonctif(conjonctive), de connexion.
cydiwr (**cydwyr**) *g* embrayage *m*.
cydlafurio *bg* travailler ensemble.
cydlafurwr (**cydlafurwyr**) *g* camarade *m* de travail, collègue *m* de travail.
cydlawenhau *bg* se réjouir ensemble.
cydletÿa *bg* loger ensemble.
cydletÿwr (**cydletywyr**) *g* copensionnaire *m*.
cydlyniad *g* cohésion *f*, liaison *f*.
cydlynol *ans* cohésif(cohésive); (*dadl*) cohérent(e); ♦ **yn gydlynol** *adf* cohésivement, de façon cohérente.
cydlynu *bg* (*dadl*) être cohérent(e); (*sylwedd*) adhérer.
cydlynwr, **cydlynydd** (**cydlynwyr**) *g* officier *m* de liaison.
cydlywodraeth (**-au**) *b* condominium *m*.
cydnabod[1] (**cydnabyddion**) *g* connaissance *f*, relations *fpl*; **mae hi'n gydnabod imi** c'est une de mes relations.
cydnabod[2] *ba* (*ffaith*) reconnaître; (*cyfaddef*) admettre; ~ **derbyn rhth** accuser réception de qch.
cydnabyddedig *ans* reconnu(e).
cydnabyddiaeth *b* (*o ffaith, o awdurdod*) reconnaissance *f*; (*bai*) aveu(~x) *m*; (*derbyn rhth*) accusé *m* de réception; (*perfformiad*) applaudissements *mpl*; (*tâl*) récompense *f*, dédommagement *m*.
cydnabyddus *ans* (*hysbys*) bien connu(e), familier(familière); (*yn adnabod*) familier (avec), instruit(e) (de).
cydnaws *ans* (*sy'n gweddu, cyd-fynd*) compatible; (*hoffus*) sympathique, agréable.
cydnerth *ans* de forte carrure, costaud(e)*, bien bâti(e), solide, robuste; (*cryf*) fort(e), vigoureux(vigoureuse); **dyn** ~ un costaud *m*, homme bien bâti, un gros gaillard *m*.
cydoesi *bg*: ~ **(â)** être contemporain(e) (de).
cydoesol *ans* contemporain(e).
cydoeswr (**cydoeswyr**) *g* contemporain *m*.
cydoeswraig (**cydoeswragedd**) *b* contemporaine *f*.
cydofidio *bg* pleurer ensemble, lamenter ensemble.
cydol *g,b* tout *m*; **trwy gydol y flwyddyn** durant toute l'année, tout au long de l'année.

cydolygu *ba* coéditer.
cydolygydd (**-ion**) *g* co-rédacteur *m*, coéditeur *m*.
cydorwedd *bg* coucher ensemble.
cydosod *ba* assembler
cydradd *ans* égal(e)(égaux, égales); ~ **gyntaf** premier(première) ex æquo; ~ **ail** deuxième ex æquo;
♦ **yn gydradd** *adf* ex æquo, également; **dod yn gydradd gyntaf mewn ras** terminer un cours ex æquo.
cydraddol *ans* égalitaire;
♦ **yn gydraddol** *adf* de façon égalitaire.
cydraddoldeb *g* égalité *f*.
cydraddolwr (**cydraddolwyr**) *g* égalitariste *m/f*.
cydran (**-nau**) *b* composant *m*, élément *m*; (*ar gyfer car ayb*) pièce *f* de rechange.
cydrannol *ans* composant(e), constituant(e).
cydrannu *ba* partager.
cydredeg *ba* diriger (qch) ensemble, gérer;
♦*bg* être concurrent(e).
cydredol *ans* concurrent(e).
cydryw *ans* homogène;
♦ **yn gydryw** *adf* de façon homogène.
cydrywiaeth *b* homogénéité *f*.
cydrhwng *ardd* entre.
cydsafiad (**-au**) *g* action *f* solitaire, acte *m* solitaire.
cydsefyll *bg*: ~ **(â rhn)** se tenir aux côtés (de qn), être solidaire (de qn).
cyd-seren (~**-sêr**) *b* partenaire *m/f*; **hi yw ei gyd-seren** elle partage l'affiche avec lui.
cyd-serennu *bg*: ~-~ **â** partager la vedette *neu* l'affiche avec; **ffilm gydag A a B yn** ~-~ un film avec A et B (en vedette).
cydsyniad (**-au**) *g* accord *m*, agrément *m*, consentement *m*.
cydsynied, **cydsynio** *bg* consentir; **oedran cydsynio** âge *m* légal.
cydwaed *ans* consanguin(e).
cydwastad *ans* au même niveau (que), plat(e), plan(e), uni(e); (*CHWAR*) à l'égalité; **dod yn gydwastad â rhn** (*mewn ras*) arriver à la même hauteur que qn, rattraper qn, rejoindre qn.
cydweddiad *g* concorde *f*, concordance *f*, harmonie *f*, analogie *f*; **trwy gydweddiad** par analogie, analogiquement.
cydweddol *ans* compatible, concordant(e), analogique, analogue;
♦ **yn gydweddol** *adf* de façon concordante *neu* analogue, par analogie, analogiquement.
cydweithio *bg* (*cyff*) travailler ensemble, coopérer; (*ar gynllun*) collaborer.
cydweithiwr (**cydweithwyr**) *g* (*cyff*) collègue *m*, camarade *m* de travail; (*ar gynllun*) collaborateur *m*, associé *m*.
cydweithrediad *g* (*cyff*) coopération *f*; (*ar gynllun*) collaboration *f*.
cydweithredol *ans* coopératif(coopérative);
♦ **yn gydweithredol** *adf* coopérativement, en collaboration.
cydweithredu *bg* (*cyff*) coopérer; (*ar gynllun*) collaborer.
cydweithredwr (**cydweithredwyr**) *g* collaborateur *m*.
cydweithwraig (**cydweithwragedd**) *b* (*cyff*) collègue *f*, compagne *f* de travail; (*ar gynllun*) collaboratrice *f*, associée *f*.
cyd-weld *bg* être d'accord (avec) *gw. hefyd* **cytuno**.
cydweledìad (**-au**) *g* accord *m*, agrément *m*, consentement *m*.
cydwerth *ans* de la même valeur (que).
cyd-weu *ba* entrelacer;
♦*bg* s'entrelacer.
cydwladol *ans* international(e)(internationaux, internationales); **yr Eisteddfod Gydwladol** l'eisteddfod *m* international (*festival culturel au pays de Galles*) *gw. hefyd* **rhyngwladol**.
cydwladwr (**cydwladwyr**) *g* compatriote *m/f*.
cydwybod (**-au**) *b* conscience *f*.
cydwybodol *ans* consciencieux(consciencieuse); **gwrthwynebydd** ~ objecteur *m* de conscience;
♦ **yn gydwybodol** *adf* consciencieusement.
cydwybodoldeb, **cydwybodolrwydd** *g* application *f*, soin *m*.
cydwybodus *ans gw.* **cydwybodol**.
cydymaith (**cymdeithion**) *g* compagnon *m*, compagne *f*.
cydymdeimlad (**-au**) *g* compassion *f*.
cydymdeimlo *bg* sympathiser (avec), compâtir (avec); ~ **â** (*achos, sefydliad*) être solidaire de; (*mewn galar*) être de tout cœur avec, compatir à la douleur de; (*mewn trafferth*) partager les sentiments de.
cydymdrafod *bg* négocier (avec).
cydymdrech *g* effort *m* commun.
cydymdrechu *bg* faire des efforts communs, travailler ensemble.
cydymddiddan *bg* causer, converser, dialoguer.
cydymffurfiad *g* conformité *f*.
cydymffurfio *bg*: ~ **â rhth** se conformer à qch.
cydymgais *g* concurrence *f*, rivalité *f*.
cydymgeisio *bg* concourir, rivaliser (avec).
cydymgeisiol *ans* concurrent(e), rival(e)(rivaux, rivales).
cydymgeisydd (**cydymgeiswyr**) *g* concurrent *m*, concurrente *f*, rival(rivaux) *m*, rivale *f*.
cydyn (**-nau**) *g* (*bag bychan*) sachet *m*, petit sac *m*.
cyddwysiad (**-au**) *g* condensation *f*.
cyddwysydd (**-ion**) *g* condenseur *m*.
cyf *byrf* (*cyfrol*) volume *m*; (*MASN: cyfyngedig*) SA; (*cyfeiriad*) réf.
cyfadeilad (**-au**) *g* complexe *m*.
cyfadran (**-nau**) *b* faculté *f*; ~ **y Gwyddorau/y**

Celfyddydau faculté des Sciences/des Lettres.
cyfaddasiad (**-au**) *g* adaption *f*.
cyfaddasu *ba* adapter.
cyfaddawd (**-au**) *g* compromis *m*.
cyfaddawdu *bg* transiger, accepter un compromis, compromettre.
cyfaddef *ba* confesser, avouer; (*cydnabod*) reconnaître, admettre.
cyfaddefiad (**-au**) *g* confession *f*, aveu *m*.
cyfagos *ans* proche, avoisinant(e), voisin(e); ♦ **yn gyfagos** *adf* (tout) près, à proximité (de).
cyfangiad (**-au**) *g* contraction *f*, resserrement *m*.
cyfangu *bg* se contracter, se resserrer.
cyfaill (**cyfeillion**) *g* ami *m*; **Cyfeillion y Ddaear** Amis de la Terre.
cyfaint (**cyfeintiau**) *g* volume *m*.
cyfair (**cyfeiriau**) *g gw.* **cyfer**[1].
cyfalaf *g* capital(capitaux) *m*.
cyfalafiaeth *b* capitalisme *m*.
cyfalafol *ans* capitaliste; ♦ **yn gyfalafol** *adf* de façon capitaliste.
cyfalafwr (**cyfalafwyr**) *g* capitaliste *m*.
cyfalafwraig (**cyfalafwragedd**) *b* capitaliste *f*.
cyfalaw (**-on**) *g,b* contre-chant(~-~s) *m*.
cyfamod (**-au**) *g* engagement *m*, contract *m*; **Arch y C~** l'Arche *f* d'alliance.
cyfamodi *bg* (*cytuno*) convenir (de faire); ♦*ba* (CYFR): ~ **arian** s'engager à verser de l'argent à.
cyfamser *g*: **yn y** ~ pendant ce temps, dans *neu* sur ces entrefaites; (*tan hynny*) en attendant; (*ers hynny*) entre-temps.
cyfamserol *ans* contemporain(e) (de), de la même époque (que); (*modern, cyfoes*) contemporain, moderne; (*presennol*) actuel(le).
cyfan *ans* (tout) entier(entière); (*heb ei dorri, heb niwed*) intact(e), indemne; (*cyflawn*) complet(complète), intégral(e)(intégraux, intégrales); **mae'r car yn gyfan o hyd** la voiture reste intacte; **testun** ~ texte intégral; **fe fwytaodd hi deisen gyfan** elle a mangé un gâteau tout entier; **blwyddyn gyfan** une année tout entière, toute une année; ♦ **yn gyfan** *adf*: **yn gyfan gwbl** totalement, entièrement, complètement, tout à fait; ♦*g*: **y** ~ le tout *m*, la totalité *f*, l'ensemble *m*; **mae'r** ~ **yn barod** tout est prêt; **ar y** ~ dans l'ensemble; **wedi'r** ~ après tout.
cyfanbeth (**-au**) *g* un entier *m*, bloc *m*, ensemble *m*, un tout *m*.
cyfander *g* totalité *f*, ensemble *m*.
cyfandir (**-oedd**) *g* continent *m*; **y C~** (*Ewrop*) l'Europe *f* continentale; **ar y** ~ sur le continent.
cyfandirol *ans* continental(e)(continentaux, continentales).
cyfanfyd *g* univers *m*.
cyfanheddol *ans* habitable.
cyfanheddu *ba* habiter.
cyfanheddwr (**cyfanheddwyr**) *g* habitant *m*, habitante *f*.
cyfannedd[1] (**cyfanheddau**) *g* habitation *f*, demeure *f*.
cyfannedd[2] *ans* habité(e).
cyfannu *ba* (*uno*) unir; (*cwblhau*) compléter.
cyfanrif (**-au**) *g* nombre *m* entier.
cyfanrwydd *g* totalité *f*; **yn ei gyfanrwydd** dans sa totalité.
cyfansawdd *ans* composé(e); **gair** ~ (GRAM) mot *m* composé; ♦*g* composé *m gw. hefyd* **cyfansoddyn**.
cyfansoddi *ba* composer, constituer.
cyfansoddiad (**-au**) *g* (GWLEID) constitution *f*; (CERDD) composition *f*.
cyfansoddiadol *ans* constitutionnel(le); ♦ **yn gyfansoddiadol** constitutionnellement.
cyfansoddol *ans* composant(e), constituant(e).
cyfansoddwr (**cyfansoddwyr**) *g* compositeur *m*.
cyfansoddwraig (**cyfansoddwragedd**) *b* compositrice *f*.
cyfansoddyn (**cyfansoddion**) *g* composant *m*, élément *m*.
cyfanswm (**cyfansymiau**) *g* total *m*, somme *f* totale, somme globale; ~ **cost** coût *m* total.
cyfanwaith (**cyfanweithiau**) *g* ensemble *m*, tout *m*.
cyfanwerth *g* vente *f* en gros.
cyfanwerthol *ans* (*pris ayb*) de gros.
cyfanwerthu *ba* vendre (qch) en gros.
cyfanwerthwr (**cyfanwerthwyr**) *g* grossiste *m*, marchand *m* en gros.
cyfanwerthwraig (**cyfanwerthwragedd**) *b* grossiste *f*, marchande *f* en gros.
cyfarch *ba* saluer; (*annerch*) adresser.
cyfarchiad (**-au, cyfarchion**) *g* salutation *f*; **llawer o gyfarchion** (*ar gerdyn*) meilleurs vœux *mpl*.
cyfaredd (**-ion**) *b* charme *m*, envoûtement *m*, enchantement *m*, fascination *f*.
cyfareddol *ans* enchanteur(enchanteresse), charmant(e), fascinant(e), séduisant(e), absorbant(e), envoûtant(e); ♦ **yn gyfareddol** *adf* de façon enchanteresse *neu* charmante, de façon envoûtante *neu* fascinante.
cyfareddu *ba* enchanter, charmer, fasciner, envoûter.
cyfarfod[1] *ba* rencontrer; (*ar ôl trefnu*) retrouver, rejoindre; (*am y tro cyntaf*) faire la connaissance de; ~ **rhn am y tro cyntaf** tomber sur qn dans la rue; ♦*bg* se rencontrer, se retrouver, se rejoindre.
cyfarfod[2] (**-ydd**) *g* (*a drefnwyd*) réunion *f*; (*mawr, ffurfiol*) assemblée *f*; (CHWAR, GWLEID) meeting *m*; (*annisgwyl*) rencontre *f*; (*cariadon, ffrindiau*) rendez-vous *m inv*; ~ **busnes** réunion d'affaires.

cyfarfyddiad (**-au**) *g* rencontre *f*.
cyfarpar *g* (*offer*) équipement *m*; (*teclyn*) appareil *m*, dispositif *m*; (*trydanol*) appareillage *m*, installation *f*; (*mewn campfa*) agrès *mpl*.
cyfarparu *ba* équiper.
cyfartal *ans* égal(e)(égaux, égales); **rhannu'n gyfartal** distribuer en parts égales; **trin rhn yn gyfartal** traiter qn en égal; **cyfleoedd** ~ égalité *f* des chances; **gêm gyfartal** match *m* nul; **gorffen y gêm yn gyfartal** finir le match à égalité.
cyfartalaidd *ans* moyen(ne).
cyfartaledd (**-au**) *g* moyenne *f*; (*tegwch, cydraddoldeb*) égalité *f*; **ar gyfartaledd** en moyenne.
cyfartalog *ans* moyen(ne).
cyfartalwch *g* égalité *f*.
cyfarth *bg* aboyer; ~ **ar rn** aboyer après qn;
♦*g* aboiement *m*.
cyfarthiad (**-au**) *g* aboiement *m*.
cyfarwydd[1] *ans* familier(familière); (*llais, wyneb, enw, stori*) bien connu(e); **bod yn gyfarwydd â rhn/rhth** connaître qn/qch; **'roedd ei wyneb yn gyfarwydd imi** il me semblait que je l'avais déjà vu quelque part; **bod ar dir** ~ être en terrain connu; **dod yn gyfarwydd â** s'habituer à, s'accoutumer à, se familiariser avec.
cyfarwydd[2] (**-iaid**) *g* (*storïwr*) conteur *m*.
cyfarwyddiadur (**-on**) *g* (*cyfeirlyfr*) ouvrage *m* de référence.
cyfarwyddiadau *ll gw.* **cyfarwyddyd**.
cyfarwyddo *ba* (*dysgu*) guider, instruire (qn à faire qch); (*THEATR*) mettre (qch) en scène; (*ffilm*) réaliser; (*traffig*) régler;
♦*bg* (*cynefino*): ~ **â** s'habituer à, s'accoutumer à, se familiariser avec;
♦*g* (*THEATR*) mise *f* en scène; (*ffilm*) réalisation *f*.
cyfarwyddwr (**cyfarwyddwyr**) *g* directeur *m*; (*cwmni*) administrateur *m*; (*THEATR*) metteur *m* en scène; (*ffilm*) réalisateur *m*; ~ **rheoli** directeur général.
cyfarwyddwraig (**cyfarwyddwragedd**) *b* directrice *f*; (*THEATR*) metteur *m* en scène; (*ffilm*) réalisatrice *f*.
cyfarwyddyd (**cyfarwyddiadau**) *g* (*TECH*) indications *fpl*; (*cyngor*) conseil *m*; (*GWEIN*) directive *f*; (*hyfforddiant*) instruction *f*; **darllenwch y cyfarwyddiadau** lisez le mode d'emploi.
cyfateb *bg* correspondre; ~ **i rth** correspondre à qch.
cyfatebiaeth (**-au**) *b* correspondance *f* à qch, analogie *f* avec qch.
cyfatebol *ans* correspondant(e), proportionnel(le);
♦ **yn gyfatebol** *adf* proportionnellement, de façon correspondante.
cyfath *ans* (*MATH*) congru(e); (*triongl*) isométrique.
cyfathrach *b* rapports *mpl*; ~ **rywiol** rapports sexuels.
cyfathrachu *bg* (*cyfeillachu*) être sociable; **~'n rhywiol** avoir des rapports *mpl* sexuels.
cyfathreb (**-au**) *b* communication *f*.
cyfathrebu *bg* communiquer; ~ **â rhn** communiquer avec qn;
♦*g* communication *f*.
cyfathrebwr (**cyfathrebwyr**) *g*: **bod yn gyfathrebwr da** s'exprimer bien *neu* clairement, avoir un bon sens de la communication.
cyfddydd *g* aube *f*, point *m* du jour.
cyfeb *ans* (*dafad, caseg*) pleine.
cyfeddach *bg* faire la noce;
♦*b* noce *f*.
cyfeddiannu *ba* s'annexer.
cyfeiliant (**cyfeiliannau**) *g* accompagnement *m*.
cyfeilio *bg* accompagner; ~ **i rn ar y piano** accompagner qn au piano.
cyfeiliorn *g* égarement *m*; **mynd ar gyfeiliorn** s'égarer (de route), quitter le droit chemin.
cyfeiliorni *bg* se tromper.
cyfeiliornus *ans* erroné(e);
♦ **yn gyfeiliornus** *adf* erronément, d'une façon erronée.
cyfeilydd (**-ion**) *g* accompagnateur *m*.
cyfeillach *b* (*cyfeillgarwch*) amitié *f*; (*cwmnïaeth*) camaraderie *f*; (*cymdeithas*) association *f*; (*CREF*) confrérie *f*.
cyfeillachu *bg*: ~ **â rhn** fréquenter qn, rencontrer qn, s'associer avec qn, frayer avec qn.
cyfeilles (**-au**) *b* amie *f*.
cyfeillgar *ans* amical(e)(amicaux, amicales); (*cymdeithasol*) sociable; (*caredig*) sympathique, gentil(le); **bod yn gyfeillgar tuag at rn** montrer de la gentillesse envers qn, être bien disposé(e) à l'égard de qn; **gêm gyfeillgar** (*CHWAR*) match *m* amical;
♦ **yn gyfeillgar** *adf* amicalement.
cyfeillgarwch *g* amitié *f*.
cyfeilyddes (**-au**) *b* accompagnatrice *f*.
cyfeirbwynt (**-iau**) *g* relèvement *m* au compas.
cyfeiriad (**-au**) *g* (*cartref*) adresse *f*; (*ffordd*) direction *f*; (*sylw*) allusion *f*, mention *f*; (*crybwyll*) référence *f*; **mynd i gyfeiriad** aller dans la direction de, aller vers, se diriger vers, s'acheminer vers; **llyfr ~au** carnet *m* d'adresses.
cyfeiriadur (**-on**) *g* ouvrage *m* de référence; (*teleffon*) annuaire *m*; (*strydoedd*) répertoire *m* des rues; (*MASN*) répertoire des adresses.
cyfeiriannu *ba* orienter;
♦*g* course *f* d'orientation.
cyfeirio *ba* diriger, orienter; (*crybwyll*) faire référence à; (*tynnu sylw at*) faire allusion à, mentionner; (*llythyr*) adresser; **~'ch camre** se

diriger vers un endroit.
cyfeirlyfr (-**au**) *g* ouvrage *m* de référence.
cyfeirnod (-**au**) *g* numéro *m* de référence.
cyfenw (-**au**) *g* nom *m* de famille.
cyfer[1] (**cyfeiriau**) *g* acre *f*, ≈ demi-hectare *m*.
cyfer[2] *g*: **ar gyfer** (ar fy nghyfer, ar dy gyfer, ar ei gyfer, ar ei chyfer, ar ein cyfer, ar eich cyfer, ar eu cyfer) (*er mwyn*) pour; (*gyferbyn*) en face de; (*ynglŷn â*) en ce qui concerne, à propos de; (*ar ran*) de la part de; **siarad ar** *ou* **yn eich** ~ parler sans réfléchir.
cyferbyn: **gyferbyn** *adf* (*yn wynebu*) d'en face; **y tŷ gyferbyn** la maison d'en face; **gweler y map gyferbyn** voir le plan ci-contre;
♦*ardd*: ~ (**â**) en face (de); **mae'r tŷ gyferbyn â'r ysgol** la maison est en face de l'école; **mae'r tŷ a'r ysgol gyferbyn â'i gilydd** la maison et l'école sont en vis-à-vis; **eisteddent gyferbyn â'i gilydd** ils étaient assis face à face *neu* vis-à-vis; **'rydym ni'n byw gyferbyn â nhw** nous habitons en face de chez eux.
cyferbyniad (-**au**) *g* contraste *m*; **mewn** ~ par contraste.
cyferbyniol *ans* opposé(e), contrasté(e);
♦ **yn gyferbyniol** *adf* de façon opposée *neu* contrastée, par contraste (avec).
cyferbynnu *ba* mettre (qch) en contraste, contraster;
♦*bg* se contraster.
cyfergyd (-**ion**) *g,b* (MEDD) commotion *f* cérébrale.
cyfethol *ba*: ~ **rhn ar bwyllgor** coopter qn pour faire partie d'un comité.
cyfetholedig *ans* coopté(e).
cyfiawn *ans* droit(e), vertueux(vertueuse), juste, intègre;
♦ **yn gyfiawn** *adf* vertueusement, justement, avec intégrité, avec justice.
cyfiawnder (-**au**) *g* (CYFR) justice *f*; (*moesol*) intégrité *f*, droiture *f*; **gwneud** ~ **â rhn** rendre justice à qn; **'dyw'r llun 'ma ddim yn gwneud** ~ **â chi** cette photo ne vous avantage pas.
cyfiawnhad (-**au**) *g* justification *f*.
cyfiawnhau *ba* justifier.
cyfieithiad (-**au**) *g* traduction *f*; (*o'r famiaith*) version *f*.
cyfieithu *ba* traduire; (*lladmeru, dehongli*) interpréter; ~ **o'r Gymraeg i'r Ffrangeg** traduire du gallois en français.
cyfieithydd (**cyfieithwyr**) *g* traducteur *m*, traductrice *f*; (*lladmerydd, dehonglwr*) interprète *m/f*.
cyflafan (-**au**) *b* massacre *m*; ~ **Bartlemi** la Saint Barthélémy.
cyflafareddiad *g* arbitrage *m*.
cyflafareddu *bg* arbitrer, servir d'arbitre.
cyflafareddwr (**cyflafareddwyr**) *g* arbitre *m*, médiateur *m*.
cyflaith *g* caramel *m*; ~ **melyn** caramel dur.
cyflawn *ans* complet(complète), entier(entière), intégral(e); (*llawn*) plein(e); **berf gyflawn** verbe *m* intransitif; **bwyd** ~ aliment *m* complet; **siop fwyd** ~ magasin *m* diététique; **testun** ~ texte *m* intégral;
♦ **yn gyflawn** *adf* pleinement, intégralement, entièrement, complètement, en (son) entier.
cyflawnder (-**au**) *g* abondance *f*, profusion *f*; **yng nghyflawnder yr amser** quand les temps seront révolus.
cyflawnhad *g* (*ymdrechion*) aboutissement *m*, achèvement *m*, réalisation *f*; (*awydd*) accomplissement *m*.
cyflawni *ba* accomplir, achever; (*gwireddu: nod*) réaliser; ~ **hunanladdiad** se suicider.
cyfle (-**oedd**) *g* occasion *f*; **dal ar y** ~ **i wneud rhth** sauter sur l'occasion, profiter de l'occasion pour faire qch; **dyma dy gyfle!** vas-y, saute sur l'occasion!; **rho gyfle arall iddo** laisse-lui encore sa chance; **rhowch gyfle imi ddangos ichi** donnez-moi la possibilité de vous montrer.
cyfled *ans* (*gradd gyfartal 'llydan'*): ~ **â** aussi large que, de la même largeur que.
cyfledol *ans* de (la) même étendue que.
cyflenwad (-**au**) *g* provision *f*, réserve *f*; ~ **trydan** alimentation *f* en électricité; ~ **a galw** l'offre *f* et la demande.
cyflenwi *ba* fournir; ~ **rhn â rhth** approvisionner *neu* ravitailler qn en qch, pourvoir qn en qch, fournir qch à qn; **athro** ~ suppléant *m*, remplaçant *m*; **athrawes gyflenwi** suppléante *f*, remplaçante *f*.
cyflenwol *ans* complémentaire; (*athro, athrawes*) de suppléance, de remplacement.
cyfleu *ba* communiquer, transmettre; (*mynegi*) exprimer; (*cynrychioli*) représenter; (*meddwl*) vouloir dire; **beth mae'r gerddoriaeth yma'n ei gyfleu ichi?** qu'est-ce que cette musique évoque pour vous?
cyfleus *ans* commode, convénient(e); (*ymarferol*) pratique; **os ydy hynny'n gyfleus i chi** si cela ne vous dérange pas, si cela vous arrange;
♦ **yn gyfleus** *adf* commodément.
cyfleuster (-**au**) *g* commodité *f*; ~**au cyhoeddus** toilettes *fpl* publiques.
cyfleustod (-**au**) *g* commodité *f*, service *m* public.
cyflin *ans* aligné(e), parallèle; **bod yn gyflin â rhn/rhth** être aligné avec qn/qch, être parallèle à qn/qch;
♦*b* (-**iau**) parallèle *f*.
cyflinell (-**au**) *b* parallèle *f*.
cyfliniad (-**au**) *g* alignement *m*.
cyflo *ans* (*buwch ayb*) pleine.
cyflog (-**au**) *g* salaire *m*; (*wythnosol*) paie *f*; ~ **cyn trethi** salaire brut; ~ **ar ôl trethi** salaire net; ~ **misol/blynyddol** salaire mensuel/annuel; **gwas** ~ employé *m*.
cyflogaeth *b* emploi *m*, travail *m*; **swyddfa gyflogaeth** bureau(-x) *m* de recrutement *gw*.

hefyd **gwaith**[1].
cyflogedig *ans* employé(e); (*yn derbyn cyflog*) salarié(e).
cyflogi *ba* employer; (*rhoi swydd i rn*) embaucher.
cyflogwr (**cyflogwyr**) *g* patron *m*; (CYFR) employeur *m*.
cyflogwraig (**cyflogwragedd**) *b* patronne *f*; (CYFR) employeuse *f*.
cyflogwyr *ll* le patronat *m*.
cyflwr *g*
1 (*cyff*) condition *f*, état *m*; **mewn ~ da/gwael** en bon/mauvais état; **~ y ddynoliaeth** la condition humaine.
2 (GRAM) cas *m*.
cyflwyniad (-au) *g* (*medal ayb*) présentation *f*; (*rhagarweiniad: mewn llyfr ayb*) introduction *f*; (*perfformiad*) représentation *f*; (*gan fyfyriwr, gan ddisgybl, gan weithiwr*) exposé *m*.
cyflwyno *ba*
1 (*estyn rhth i rn*) présenter; (*gwobr, medal*) remettre.
2 (*dangos rhn i rn arall*) présenter; **alla' i gyflwyno ... ichi?** puis-je vous présenter ...?.
3 (*gosod rhth gerbron rhn*): **~ achos gerbron rhn** soumettre une charge devant qn.
4 (*llyfr ayb i rn*) dédier.
cyflwynydd (-ion, **cyflwynwyr**) *g* présentateur *m*, présentatrice *f*; (*teledu*) speaker *m*, speakerine *f*, annonceur *m*, annonceuse *f*.
cyflym *ans* (*buan, chwim*) rapide; (*deallus*) intelligent(e), vif(vive), dégourdi(e), astucieux(astucieuse);
♦ **yn gyflym** *adf* vite, rapidement, vivement.
cyflymder (-au), **cyflymdra** *g* vitesse *f*; **ar gyflymder o 60 milltir yr awr** ≈ à une vitesse de 100 kilomètres à l'heure; **magu ~** prendre la vitesse; **~ calon** rythme *m* cardiaque.
cyflymedig *ans* accéléré(e).
cyflymiad (-au) *g* accélération *f*.
cyflymiadur (-on) *g* (CEM, FFIS) accélérateur *m*.
cyflymu *ba* accélérer;
♦*bg* aller plus vite, prendre la vitesse, accélérer.
cyflymydd (-ion) *g gw.* **cyflymiadur, sbardun**.
cyflyru *ba* conditionner; **~ rhn i wneud rhth** conditionner qn à faire qch.
cyflythreniad (-au) *g* allitération *f*.
cyflythrennog *ans* allitératif(allitérative).
cyfnerthu *ba gw.* **atgyfnerthu, cryfhau**.
cyfnewid *ba* échanger; **~ rhth am rth** échanger qch contre qch;
♦*g*: **~ ysgol** échange *m* scolaire; **taith gyfnewid** visite-échange scolaire; **ras gyfnewid** (CHWAR) course *f* de relais.
cyfnewidfa (**cyfnewidfeydd**) *b*: **~ ffôn** central *m* téléphonique; **~ stoc** Bourse *f*.
cyfnewidiol *ans* variable, changeable, inégal(e)(inégaux, inégales), changeant(e);
♦ **yn gyfnewidiol** *adf* inégalement, variablement, de façon changeable *neu* changeante.
cyfnither (**-oedd, -od**) *b* cousine *f*.
cyfnod (-au) *g* période *f*; (HAN) époque *f*; **~ allweddol** (ADDYSG) étape *f* primordiale; **am gyfnod pendant** pendant quelque temps; **~ cario** (*beichiogrwydd gwraig*) période de grossesse; **~ cyfebru** (*beichiogrwydd anifail*) période de gestation.
cyfnodol *ans* périodique;
♦ **yn gyfnodol** *adf* périodiquement.
cyfnodolyn (**cyfnodolion**) *g* périodique *m*.
cyfnos (-au) *g* crépuscule *m* (du soir).
cyfochrog *ans* parallèle; (*ochr yn ochr*) côte à côte;
♦ **yn gyfochrog** *adf* côte à côte, parallèlement.
cyfodi *bg* se lever, se dresser.
cyfoedion *ll* contemporains *mpl*, contemporaines *fpl*.
cyfoes *ans* contemporain(e), actuel(le); (*modern*) moderne;
♦ **yn gyfoes** *adf* en même temps que, à une époque contemporaine de, dans un style contemporain.
cyfoesi *bg*: **~ â rhn** être contemporain(e) de qn.
cyfoeswr (**cyfoeswyr**) *g* contemporain *m*.
cyfoeswraig (**cyfoeswragedd**) *b* contemporaine *f*.
cyfoeth *g* richesses *fpl*, affluence *f*; (*helaethrwydd*) profusion *f*; (*digonedd*) abondance *f*; **bod â chyfoeth o brofiad** avoir énormément d'expérience.
cyfoethog *ans* riche;
♦ **yn gyfoethog** *adf* richement, abondamment;
♦*g*: **y ~ion** les riches *mpl*.
cyfoethogi *ba* enrichir;
♦*bg* s'enrichir.
cyfog *g* (*chŵyd*) vomissure *f*; (*chwydu*) vomissement *m*; (*teimlad cyfoglyd*) nausée *f*; **codi ~ ar rn** écœurer qn, donner la nausée à qn, donner envie de rendre *neu* de vomir à qn; **~ gwag** renvoi *m*, haut-le-cœur *m inv*, nausée.
cyfogi *bg* vomir, rendre.
cyfoglyd *ans* écœurant(e), dégoutant(e), répugnant(e);
♦ **yn gyfoglyd** *adf* de façon écœurante *neu* dégoutante *neu* répugnante.
cyforiog *ans*: **~ o** abondant(e) en.
cyfosod *ba* mettre (deux choses) côte à côte, juxtaposer (deux choses);
♦*ans* juxtaposé(e).
cyfradd[1] (-au) *b* taux *m*; **~ genedigaethau** (taux de) natalité *f*; **~ llog** taux d'intérêt; **~ gyfnewid arian** taux de change, cours *m*; **~ forgais** taux de l'emprunt-logement.
cyfradd[2] *ans* égal(e)(égaux, égales).

cyfraith (**cyfreithiau**) *b* loi *f*; (*pwnc*) droit *m*; **astudio'r gyfraith** faire du droit; ~ **a threfn** l'ordre *m* public; ~ **gwlad** législation *f* du pays; ~ **trosedd** droit pénal; **llys y gyfraith** cour *f* de justice, tribunal(tribunaux) *m*; **mynd â rhn i gyfraith** intenter un procès à qn; **cadw'r gyfraith** respecter la loi; **torri'r gyfraith** enfreindre la loi; **yn erbyn y gyfraith** contraire à la loi; (*gwneud rhth*) contrairement à la loi; **cymryd y gyfraith i'ch dwylo'ch hun** faire justice soi-même; ~ **yn erbyn ...** une loi interdisant ...; **newid** ~ modifier une loi; **C~ Hywel Dda** le code *m* du roi Hywel *gw. hefyd* **tad, mam, mab, merch, brawd, chwaer**.
cyfran (**-nau**) *b* portion *f*, part *f*; (*ffig*) sort *m*, destin *m*, destinée *f*; (*cyniferydd*) quotient *m*.
cyfranddaliad (**-au**) *g* action *f*.
cyfranddaliwr (**cyfranddalwyr**) *g gw.* **cyfranddeiliad**.
cyfranddeiliad (**cyfranddeiliaid**) *g,b* actionnaire *m/f*.
cyfraniad (**-au**) *g* contribution *f*.
cyfrannog, **cyfrannol** *ans* (*i lwyddiant, fethiant*) qui contribue (à); (*sy'n achos am*) qui est partiellement responsable (de).
cyfrannu *ba* contribuer; ~ **£10 at rth** donner 10 livres à qch; ~ **erthygl i gylchgrawn** donner un article à un magazine;
♦*bg*: ~ **at** *ou* **i** (*lwyddiant, fethiant ayb*) contribuer à; (*bod yn achos rhth*) être partiellement responsable de; ~ **i** prendre part à, participer à.
cyfrannwr (**cyfranwyr**) *g* donateur *m*, donatrice *f*; (*mewn sgwrs*) participant *m*, participante *f*; (*i bapur newydd*) collaborateur *m*, collaboratrice *f*.
cyfranogi *bg* participer, prendre part; ~ **o rth** participer à qch, prendre part à qch.
cyfrediad (**-au**) *g* (*MEDD*) syndrome *m*.
cyfredol *ans* simultané(e); (*MATH*) concourant(e); **cyfrif** ~ compte *m* courant; **rhifyn** ~ (*cylchgrawn*) dernier numéro *m*;
♦ **yn gyfredol** *adf* simultanément.
cyfreithiol *ans* judiciaire; (*a gydnabyddir gan y gyfraith*) légal(e)(légaux, légales); **achos** ~ poursuite *f* judiciaire;
♦ **yn gyfreithiol** *adf* judiciairement, légalement.
cyfreithiwr (**cyfreithwyr**) *g* homme *m* de loi; (*mewn llys*) ≈ avocat *m*; (*ar gyfer ewyllysiau ayb*) ≈ notaire *m*; (*i gwmni*) juriste *m*.
cyfreithlon *ans* légal(e)(légaux, légales); (*plentyn*) légitime;
♦ **yn gyfreithlon** *adf* légalement, légitimement.
cyfreithloni *ba* légaliser; (*cyfiawnhau*) justifier.
cyfreithlonrwydd *g* légalité *f*.
cyfres (**-i**) *b* série *f*; (*o lyfrau*) collection *f*; (*rhestr*) liste *f*; ~ **deledu** série à la télévision, feuilleton *m* télévisé.
cyfresol *ans* de série;
♦ **yn gyfresol** *adf* en série.
cyfrif[1] (**-on**) *g* compte *m*; (*adroddiad*) compte rendu, récit *m*; ~ **banc** compte en banque, compte bancaire; ~ **ar y cyd** compte joint; ~ **cadw** compte de dépôt; ~ **cyfredol** compte courant; ~ **cynilion** compte d'épargne; ~ **treuliau** note *f* de frais; **ar bob** ~ certainement, sûrement; (*â chroeso!*) je vous en prie!; **ar unrhyw gyfrif** en tout cas; **nid ar unrhyw gyfrif** en aucun cas; **rhoi** ~ **am** *ou* **o rth** expliquer qch, rendre compte de qch.
cyfrif[2] *ba* compter, calculer; ~ **y gost** (*ffig*) faire le bilan;
♦*bg* compter; **'dydy hynna ddim yn** ~ **o gwbl** cela n'a aucune importance.
cyfrifeg *b* comptabilité *f*.
cyfrifiad (**-au**) *g* recensement *m*.
cyfrifiadur (**-on**) *g* ordinateur *m*; **gêm gyfrifiadur** jeu(-x) *m* vidéo; **rhaglen gyfrifiadur** programme *m* informatique; **rhaglennu ~on** programmation *f*; **rhaglennydd ~on** programmeur *m*, programmeuse *f*; **defnyddio** ~ travailler sur ordinateur.
cyfrifiadureg *b* informatique *f*.
cyfrifiaduro *bg* informatiser, traiter *neu* automatiser par ordinateur.
cyfrifiadurol *ans* (*gwybodaeth*) informatisé(e); (*system*) automatisé(e);
♦ **yn gyfrifiadurol** *adf* par ordinateur.
cyfrifiadurwr (**cyfrifiadurwyr**) *g* informaticien *m*.
cyfrifiadurwraig (**cyfrifiadurwragedd**) *b* informaticienne *f*.
cyfrifiannell (**cyfrifianellau**) *b* calculatrice *f*, machine *f* à calculer; ~ **boced** calculette *f*.
cyfriflen (**-ni**) *b* relevé *m* de compte.
cyfriflyfr (**-au**) *g* registre *m* (de comptabilité).
cyfrifo *ba* calculer.
cyfrifol *ans* responsable (de); (*rhn*) digne de confiance; **swydd gyfrifol** travail *m* qui comporte des responsabilités;
♦ **yn gyfrifol** *adf* de façon responsable.
cyfrifoldeb (**-au**) *g* responsabilité *f*.
cyfrifydd (**-ion, cyfrifwyr**) *g* agent *m*, comptable *m*; ~ **costau** analyste *m/f* de coûts; ~ **breiniol** *ou* **siartredig** expert-comptable(~s-~s) *m*.
cyfrifyddiaeth *b* comptabilité *f*.
cyfrin *ans* mystérieux(mystérieuse);
♦ **yn gyfrin** *adf* mystérieusement.
cyfrinach (**-au**) *b* secret *m*; **cadw rhth yn gyfrinach** cacher qch, ne pas révéler qch; **cadw hyn yn gyfrinach!** n'en parle à personne!; **nid** ~ **mo'r peth** on n'en fait pas un mystère, il n'y a rien de secret à cela.
cyfrinachedd *g* secret *m*; **mewn** ~ en secret.
cyfrinachgar *ans* cachottier(cachottière);
♦ **yn gyfrinachgar** *adf* de façon cachottière.
cyfrinachol *ans* confidentiel(le);
♦ **yn gyfrinachol** *adf* en secret, dans le secret, secrètement, en cachette, en confidence,

confidentiellement.
cyfrinair (**cyfrineiriau**) *g* mot *m* de passe.
cyfrinfa (**cyfrinfeydd**) *b* (*seiri rhyddion*) loge *f*.
cyfriniaeth *b* mysticisme *m*.
cyfriniol *ans* mystique;
♦ **yn gyfriniol** *adf* mystiquement.
cyfrinrif (**-au**) *g* code *m* confidentiel.
cyfrinydd (**cyfrinwyr**) *g* mystique *m/f*.
cyfrodedd *ans* entortillé(e), entrelacé(e); **edau gyfrodedd** fil *m* retors.
cyfrodeddu *ba* entortiller, entrelacer;
♦*bg* s'entrelacer.
cyfrol (**-au**) *b* volume *m*, tome *m*.
cyfrwng (**cyfryngau**) *g* moyen *m*, véhicule *m*, intermédiaire *m*; **y cyfryngau** les médias *mpl*; **cyfryngau torfol** les mass média; **trwy gyfrwng rhn/rhth** par l'intermédiaire de qn/qch; **addysg trwy gyfrwng y Gymraeg** l'enseignement en gallois.
cyfrwy (**-au**) *g* selle *f*; **bag** ~ sacoche *f*.
cyfrwyo *ba* seller.
cyfrwys *ans* rusé(e), malin(maligne, maline*), futé(e), astucieux(astucieuse);
♦ **yn gyfrwys** *adf* astucieusement.
cyfrwysddrwg *ans* malin(maligne, maline*), malveillant(e).
cyfrwysgall *ans gw.* **cyfrwys**.
cyfrwystra *g* ruse *f*, astuce *f*.
cyfryngau *ll gw.* **cyfrwng**.
cyfryngu *ba* négocier;
♦*bg* arbitrer, servir de médiateur(médiatrice) (dans/entre), servir d'arbitre.
cyfryngwr (**cyfryngwyr**) *g* médiateur *m*.
cyfryngwraig (**cyfryngwragedd**) *b* médiatrice *f*.
cyfryw *ans* tel(le), pareil(le); **y gyfryw ferch** une telle fille, une fille pareille; ~ **â/ag** tel(le) que; **fel y** ~ tel quel(telle quelle); **mae'r** ~ **bethau'n brin** (de) pareilles choses sont rares; **nid oedd y llyfr yn gyfryw ag y gallwn ei gymeradwyo** le livre n'était pas tel que je pourrais le recommander.
cyfun *ans* uni(e), complet(complète) *gw. hefyd* **ysgol**[1].
cyfundeb (**-au**) *g* union *f*.
cyfundrefn (**-au**) *b* système *m*; **C~ Cytundeb Gogledd Iwerydd** Organisation *f* du traité de l'Atlantique Nord; **C~ Iechyd y Byd** Organisation Mondiale de la Santé.
cyfundrefnu *ba* systématiser.
cyfunffurf (**-ion**) *g* (*hefyd:* **gair** ~) homonyme *m*.
cyfuniad (**-au**) *g* combinaison *f*, mélange *m*; (GWLEID) intégration *f*.
cyfunion *ans gw.* **cyflin**.
cyfuno *ba* combiner; ~ **busnes â phleser** joindre l'utile à l'agréable;
♦*bg* se joindre, s'unir.
cyfunol *ans*: **y Deyrnas Gyfunol** le Royaume Uni.
cyfunrhif *ans*: **clo** ~ serrure *f* à combinaison.
cyfunrhywiaeth *b* homosexualité *f*.
cyfunrhywiol *ans* homosexuel(le).
cyfurdd *ans* du même rang.
cyfuwch *ans* (*gradd gyfartal 'uchel'*): ~ **(â)** aussi haut(e) (que); **gyfuwch â** aussi haut que, à la même hauteur que.
cyf-weld *ba* interviewer, avoir une entrevue *neu* un entretien avec.
cyfweledig (**-ion**) *g/b* (*ar gyfer swydd*) candidat(e) *m/f* qui passe un entretien.
cyfweliad (**-au**) *g* (*radio, teledu*) interview *f*, entretien *m*; (*swydd*) entrevue *f*; **cael** ~ **â rhn** avoir une entrevue avec qn; **cynhelir y ~au yr wythnos nesaf** les entrevues auront lieu la semaine prochaine.
cyfwelydd (**cyfwelwyr**) *g* personne *f* qui fait passer une entrevue, interviewer *m*.
cyfwerth *ans* équivalent(e); **bod yn gyfwerth â rhth** équivaloir à qch, être équivalent à qch; **mae hynny'n gyfwerth â ...** cela équivaut à ...
cyfwng (**cyfyngau**) *g* (CERDD) intervalle *m*.
cyfwisg (**-oedd**) *b* accessoire *m*.
cyfwydydd *ll* (COG) accompagnement *m*, garniture *f*.
cyfwyneb *ans*: ~ **â** au même niveau que, au *neu* à ras de, tout contre; **yn gyfwyneb â'r dŵr** à fleur d'eau.
cyfyng *ans* étroit(e);
♦ **yn gyfyng** *adf* étroitement.
cyfyngder *g gw.* **anhawster, perygl**.
cyfyngdra *g* limitation *f*, restriction *f*.
cyfyngedig *ans* (*lle*) restreint(e), réduit(e), limité(e); **cwmni** ~ ≈ société *f* anonyme; **argraffiad** ~ édition *f* à tirage limité; **ardal gyfyngedig** (TRAFN) zone *f* à vitesse limitée.
cyfyng-gyngor *g* dilemme *m*; **bod mewn ~-~** être dans un dilemme.
cyfyngiad (**-au**) *g* limitation *f*; ~ **amser** limite *f* de temps, restriction *f*.
cyfyngu *ba* limiter, restreindre, borner;
♦*bg* se limiter, se borner; **eich** ~ **eich hun i rth** se limiter à qch.
cyfyl (**-ion**) *g* proximité *f*.
▶ **ar gyfyl** (ar fy nghyfyl, ar dy gyfyl, ar ei gyfyl, ar ei chyfyl, ar ein cyfyl, ar eich cyfyl, ar eu cyfyl): **mynd ar gyfyl** s'approcher de; **paid â mynd ar ei gyfyl!** ne t'approche pas de lui!; **paid â mynd ar gyfyl y tân** ne t'approche pas trop du feu!; **'does neb ar gyfyl y lle** il n'y a personne à proximité du lieu.
cyfyrder (**-on**) *g* petit cousin *m*.
cyfyrderes (**-au**) *b* petite cousine *f*.
cyfystyr (**-on**) *g* synonyme *m*;
♦*ans*: **bod yn gyfystyr â** être synonyme de.
cyff (**-ion**) *g* (*darn o goed*) souche *f*, bûche *f*; (*llinach*) lignée *f*, origine *f*; ~ **Nadolig** bûche de Noël; **bod yn gyff gwawd** se couvrir de ridicule, être la risée; **mynd yn gyff** se raidir, s'ankyloser.
cỳff (**cyffiau**) *g* (*ar grys*) poignet *f*; (*ar gôt*) manchette *f*, parement *m*.

cyffaith *g* (*jam*) confiture *f*; (*ffrwythau*) fruits *mpl* en conserve.
cyffeithio *ba* (COG) mettre (qch) en conserve.
cyffeithydd (**-ion**) *g* (COG) agent *m* de conservation.
cyffelyb *ans* semblable, pareil(le), du même genre, analogue.
cyffelybiaeth (-au) *b* (LLEN) comparaison *f*; **'does dim ~ rhwng ...** il n'y est rien de comparable entre ..., il n'y a rien à voir entre ...
cyffelybu *bg* (LLEN): **~ rhth i rth** comparer qch à qch *gw.* *hefyd* **cymharu**.
cyffes (**-ion**) *b* confession *f*; **mynd i'r gyffes** (CREF) aller se confesser, aller à confesse.
cyffesgell (**-oedd**) *b* confessional *m*.
cyffesu *ba* confesser; (*cyfaddef*) avouer, admettre;
♦*bg* se confesser.
cyffeswr, **cyffesydd** (**cyffeswyr**, **cyffesyddion**) *g* confesseur *m*.
cyffiniau *ll* environs *mpl*, alentours *mpl*; **yng nghyffiniau Caernarfon** aux environs *neu* alentours de Caernarfon.
cyffinwlad (**cyffinwledydd**) *b* pays *m* voisin.
cyffio *ba* raidir, ankyloser;
♦*bg* se raidir, s'ankyloser.
cyffordd (**cyffyrdd**) *b* (*ffordd*) carrefour *m*; (RHEIL) embranchement *m*; (*gorsaf*) gare *f* d'embranchement *neu* de bifurcation.
cyfforddus *ans* confortable, agréable; **'rwy'n gyfforddus yn y gadair yma** je suis bien dans cette chaise; **eich gwneud eich hun yn gyfforddus** (*mewn cadair ayb*) s'installer confortablement; (*yn gartrefol*) se mettre à son aise;
♦ **yn gyfforddus** *adf* confortablement, à son aise.
cyfforddusrwydd *g* confort *m*
cyffredin *ans* commun(e); (*arferol*) ordinaire, courant(e), normal(e)(normaux, normales), habituel(le), coutumier(coutumière), général(e)(généraux, générales); (*gweddol, canolig*) médiocre; (*ystrydebol*) banal(e), ordinaire; **beth sydd gennych chi yn gyffredin?** qu'est-ce que vous avez en commun?; **y dyn ~** l'homme de la rue; **synnwyr ~** bon sens *m*; **ystafell gyffredin** salle *f* commune; **y Farchnad Gyffredin** le Marché *m* commun;
♦ **yn gyffredin** *adf* communément, couramment, ordinairement, généralement, habituellement, en commun;
♦*g*: **Tŷ'r C~** la Chambre *f* des communes; **y tu hwnt i'r ~, allan o'r ~** hors du commun, extraordinaire.
cyffredinedd *g* (*dadl*) platitude *f*; (*cyflwr*) médiocrité *f*.
cyffredinol *ans* général(e)(généraux, générales); (*ar draws y byd*) universel(le); **etholiad ~** élections *f* législatives; **streic gyffredinol** grève *f* générale; **anaesthetig ~** anesthésique *f* générale, anesthésie *f* générale;
♦ **yn gyffredinol** *adf* généralement, en général, en règle générale, communément; (*fel arfer*) d'habitude, normalement.
cyffredinoldeb *g* caractère *m* commun *neu* ordinaire, généralité *f*, universalité *f*, fréquence *f*.
cyffredinoli *ba, bg* généraliser.
cyffredinoliad (**-au**) *g* généralisation *f*.
cyffredinrwydd, **cyffredinwch** *g* *gw.* **cyffredinoldeb**.
cyffredinwr (**cyffredinwyr**) *g* roturier *m*.
cyffro (**-adau**) *g* (*cynnwrf*) excitation *f*, agitation *f*, fièvre *f*; (*stŵr*) désordre *m*, tumulte *m*; (*llawenydd*) vive émotion *f*, exaltation *f*.
cyffroi *ba* (*cyff*) exciter; (*brwdfrydedd*) passionner; (*emosiwn*) provoquer; **~ rhn** (*cynhyrfu*) agiter qn, émouvoir qn, emballer qn*; (*achosi gofid*) rendre qn inquiet(inquiète); (*achosi hapusrwydd*) rendre qn joyeux(joyeuse) *neu* gai(e); (*codi ofn*) rendre qn peureux(peureuse);
♦*bg* s'exciter, s'agiter, s'emballer*, s'émouvoir; (*symud*) bouger; **wedi ~** excité(e), ému(e), passionné(e), agité(e).
cyffrous *ans* passionnant(e), emballant(e)*, saisissant(e);
♦ **yn gyffrous** *adf* de façon saisissante *neu* passionnante.
cyffröwr (**cyffrowyr**) *g* (GWLEID) agitateur *m*.
cyffrowraig (**cyffrowragedd**) *b* (GWLEID) agitatrice *f*.
cyffsen (**cyffs**) *b* (*crys*) poignet *m*; (*côt*) manchette *f*, parement *m*.
cyffug *g* caramel *m* (*au beurre*).
cyffur (**-iau**) *g* (MEDD) médicament *m*, drogue *f*; (*narcotig*) drogue, stupéfiant *m*, narcotique *f*; **~ caled/meddal/rhithweledigaethol** drogue dure/douce/hallucinogène; **caeth i gyffuriau** toxicomane, drogué(e); **caethiwed i gyffuriau** toxicomanie *f*; **rhn sy'n gaeth i gyffuriau** toxicomane *m/f*, drogué *m*, droguée *f*, intoxiqué *m*, intoxiquée *f*; **rhn sy'n cymryd ~iau** consommateur *m* de drogue, consommatrice *f* de drogue; **cynefindra â chyffuriau** accoutumance *f* à la drogue; **cymryd ~iau** se droguer; **bod ar gyffuriau** (MEDD) être sous médication; **gwerthwr ~iau** revendeur *m* de drogue, trafiquant *m* de drogue; **gwerthwraig ~iau** revendeuse *f* de drogue, trafiquante *f* de drogue; **masnach gyffuriau** trafic *m* de drogue; **rhoi ~ i rn** droguer qn; **camddefnyddio ~iau** usage *m* *neu* abus *m* de la drogue; **mae cyffuriau'n broblem** la drogue est un problème.
cyffuriwr (**cyffurwyr**) *g* *gw.* **fferyllydd**.
cyffwrdd *ba* toucher; **~ rhth** toucher (à) qch;

∼ **(â) rhth yn ysgafn** effleurer qch;
♦*bg*: ∼ **yn rhth** toucher (à) qch; ∼ **â phwnc** aborder *neu* effleurer un sujet; **paid â chyffwrdd!** ne touche pas à ça!; **dim** ∼ (*mewn siop*) ne pas toucher; ∼ **(â'i gilydd)** se toucher.
cyffylog (**-od, -iaid**) *g* (*ADAR*) bécasse *f*; **nid wrth ei big y mae prynu** ∼ il ne faut pas juger sur les apparences.
cyffyrddiad (**-au**) *g* contact *m*; (*ysgafn*) effleurement *m*; (*synnwyr*) toucher *m*.
cyffyrddus *ans gw.* **cyfforddus**.
cygnog *ans gw.* **cnotiog**.
cynganeddol *ans* allitératif(allitérative);
♦ **yn gynganeddol** *adf* de façon allitérative.
cynganeddu *bg* (*bardd*) *composer des poésies selon la métrique stricte ou allitérative*; (*llinell o farddoniaeth*) être en cynghanedd, suivre un mètre strict.
cynganeddwr (**cynganeddwyr**) *g poète m composant selon la métrique stricte, auteur m de poésies allitératives.*
cyngerdd (**cyngherddau**) *g,b* concert *m*; **neuadd gyngerdd** salle *f* de concert.
cynghafan *g* (*PLANH*) grateron *m*.
cynghanedd (**cynganeddion**) *b* cynghanedd *m*, mètre *m* strict, ≈ allitération *f*, ≈ métrique *f* allitérative.
cynghori *ba* conseiller; ∼ **rhn i wneud rhth** conseiller à qn de faire qch.
cynghorol *ans* consultatif(consultative);
♦ **yn gynghorol** *adf* de façon consultative.
cynghorwr (**cynghorwyr**) *g* (*rhn sy'n cynghori*) conseiller *m*.
cynghorwraig (**cynghorwragedd**) *b* (*rhn sy'n cynghori*) conseillère *f*.
cynghorydd *g* (*GWLEID, GWEIN*) conseiller *m*, conseillère *f*.
cynghrair (**cynghreiriau**) *g,b* alliance *f*, ligue *f*; ∼ **bêl-droed** championnat *m*; **ffurfio** ∼ **(â)** s'allier (avec), se liguer (avec).
cynghreiriad (**cynghreiriaid**) *g/b* allié *m*, alliée *f*.
cynghreirio *bg* s'allier, former une alliance, se liguer.
cynghreiriol *ans* confédéré(e), allié(e).
cyngor[1] (**cynghorion**) *g* conseil *m*; **gofyn** ∼ **rhn** demander conseil à qn.
cyngor[2] (**cynghorau**) *g* conseil *m*; ∼ **plwyf** conseil municipal, conseil paroissial; ∼ **tref,** ∼ **bwrdeistref,** ∼ **dinas** conseil municipal; ∼ **sir** conseil général; ∼ **rhanbarthol** *conseil régional*; **C**∼ **Ewrop** Conseil de l'Europe; **ystafell gyngor** salle *f* du conseil; **fflat** ∼ appartement *m* à loyer modéré; **tŷ** ∼ habitation *f* à loyer modéré; **tai** ∼**, cartrefi** ∼ logements *mpl* sociaux; **treth y** ∼ impôts *mpl* locaux; **C**∼ **Celfyddydau Cymru** *organisme m encourageant les activités culturelles au pays de Galles*; **C**∼ **Chwaraeon Cymru** *organisme encourageant les activités sportives au pays de Galles*; **C**∼ **Llyfrau Cymraeg** *conseil du livre gallois*; **C**∼ **y Dysgwyr** *association des apprenants en gallois.*
cyngres (**-au**) *b* congrès *m*; **C**∼ **Undebau Llafur** confédération *f* des syndicats britanniques.
cyngreswr (**cyngreswyr**) *g* membre *m* d'un congrès.
cyngreswraig (**cyngreswragedd**) *b* membre *f* d'un congrès.
cyngresydd (**-ion**) *g* membre *m* d'un congrès.
cyhoedd *g* public *m*; **lles y** ∼ l'intérêt *m* général *neu* commun; **mae'n gweithredu er lles y** ∼ il/elle agit dans l'intérêt général *neu* public.
cyhoeddedig *ans* publié(e), édité(e).
cyhoeddi *ba* (*datgan*) publier, annoncer, déclarer, proclamer, rendre (qch) au public, porter (qch) à la connaissance du public; (*llyfrau*) publier, faire paraître; (*stampiau, papurau arian*) émettre, mettre (qch) en circulation;
♦*g* édition *f*; **gyrfa mewn** ∼ une carrière dans l'édition.
cyhoeddiad (**-au**) *g* (*llyfr*) publication *f*, parution *f*; (*stampiau, papurau arian*) émission *f*; (*datganiad*) annonce *f*; (*trefniad i bregethu ayb*) engagement *m*.
cyhoeddus *ans* public(publique); **cyfleusterau** ∼ toilettes *fpl* publiques;
♦ **yn gyhoeddus** *adf* publiquement, en public.
cyhoeddusrwydd *g* publicité *f*.
cyhoeddwr (**cyhoeddwyr**) *g* (*llyfrau*) éditeur *m*; (*cwmni*) maison *f* d'édition; (*TELEDU*) speaker *m*, annonceur *m*; (*RADIO*) présentateur *m*; (*gorsaf reilffordd*) annonceur.
cyhoeddwraig (**cyhoeddwragedd**) *b* (*llyfrau*) éditrice *f*; (*TELEDU*) speakerine *f*, annonceuse *f*; (*RADIO*) présentatrice *f*; (*gorsaf reilffordd*) annonceuse.
cyhuddedig *ans* accusé(e);
♦*g/b* (**-ion**): **y** ∼ (*CYFR*) l'accusé *m*, l'inculpé *m*; **y gyhuddedig** l'accusée *f*, l'inculpée *f*.
cyhuddiad (**-au**) *g* accusation *f*; (*CYFR*) inculpation *f*.
cyhuddiadol *ans* accusateur(accusatrice); (*CYFR*) accusatoire;
♦ **yn gyhuddiadol** *adf* de façon accusatrice; (*CYFR*) de façon accusatoire.
cyhuddo *ba* accuser; (*CYFR*) inculper; ∼ **rhn o rth** inculper qn de qch.
cyhuddol *ans gw.* **cyhuddiadol**.
cyhuddwr (**cyhuddwyr**) *g* accusateur *m*.
cyhuddwraig (**cyhuddwragedd**) *b* accusatrice *f*.
cyhwfan *bg* (*baner*) se déployer, flotter au vent;
♦*ba*: ∼ **baner** arborer un drapeau.
cyhyd *ans* (*gradd gyfartal 'hir', o'r un hyd*) de la même longueur.
► **cyhyd â**

1 (*o'r un hyd â*) aussi long(ue) que.
2 (*cymaint o amser â*) aussi longtemps que; **cei aros** ~ **â phosibl** tu peux rester aussi longtemps que possible.
3 (*os, a bod*) pourvu que + *subj*, à condition que + *subj*; ~ **â'i fod yn mynd** à condition qu'il s'en aille; **mi arhosaf** ~ **ag y bydd gwaith** je resterai tant qu'il y aura du travail.
4 (*am*) autant que + *subj*; ~ **ag y gwn i** autant que je sache;
♦*adf* si longtemps; **pam y bu raid imi ddisgwyl** ~? pourquoi est-ce que j'ai dû attendre si longtemps?

cyhydedd (**-au**) *g* équateur *m*.
cyhydeddol *ans* équatorial(e)(équatoriaux, équatoriales).
cyhydnos (**-au**) *b* équinoxe *m*.
cyhyr (**-au**) *g* muscle *m*; **tynnu** ~ se claquer un muscle.
cyhyraeth *g* spectre *m*.
cyhyrog *ans* (*rhn*) musclé(e), musculeux(musculeuse); (*sy'n ymwneud â'r cyhyrau*) musculaire; (*arddull*) nerveux(nerveuse), vigoureux(vigoureuse).
cyhyrwch *g* musculature *f*.
cyhyryn (**cyhyrau**) *g gw.* **cyhyr**.
cylch (**-au, -oedd**) *g*
1 (*cyff*) cercle *m*; ~ **o wellt** couronne *f* de paille; ~ **o amgylch y lleuad** cercle lumineux autour de la lune; **troi mewn** ~ tourner en rond; **dawnsio mewn** ~ danser en rond.
2 (*THEATR*) balcon *m*.
3 (*tegan plentyn*) cerceau(-x) *m*.
4 (*grŵp o bobl*) cercle *m*, groupe *m*.
5 (*ar faril*) cercle *m*.
6 (*ardal, talaith*) zone *f*; **Bangor a'r** ~ Bangor et ses alentours *neu* ses environs.
7 (*cylchdaith*) tournée *f*.
8 (*maes*) milieu(-x) *m*; **yng nghylch addysg** en milieu scolaire; **y** ~ **teuluol** le milieu familial.
9: **bwrw eich** ~**au** piquer une crise de rage.
▶ **o gylch** (*tua*) environ *gw. hefyd* **ynghylch**.

cylchdaith (**cylchdeithiau**) *b* (*taith o gwmpas*) tour *m*, tournée *f*, circuit *m*; (*llwybr planed*) orbite *f*; (*taith barnwr, llysoedd*) tournée; **barnwr** ~ juge *m* itinérant.
cylchdeithiol *ans* itinérant(e).
cylchdro, **crylchdroad** (**cylchdroeon, cylchdroadau**) *g* circuit *m*; (*planed*) orbite *f*; (*olwyn*) tour *m*, révolution *f*; (*cnydau*) rotation *f*.
cylchdroi *ba* faire tourner; (*AMAETH*) alterner; (*gwaith mewn swyddfa*) faire (qch) à tour de rôle;
♦*bg* (*troi*) tourner (en rond), circuler; (*planed*) décrire une orbite.
cylched (**-au**) *b* circuit *m*; **torrwr** ~ (*TRYD*) disjoncteur *m*; ~ **fer** court-circuit(~s-~s) *m*.
cylchedd (**-au**) *g* (*MATH*) circonférence *f*.
cylchfa (**-oedd, cylchfâu, cylchfeydd**) *b* zone *f*.
cylchfan (**-nau**) *g,b* rond-point(~s-~s) *m*; (*ar arwydd*) sens *m* giratoire.
cylchfordwyo *ba*: ~**'r byd** naviguer autour du globe.
cylchffordd (**cylchffyrdd**) *b* route *f* de ceinture; (*traffordd*) (boulevard) périphérique *m*.
cylchgrawn (**cylchgronau**) *g* périodique *m*, magazine *m*, revue *f*; ~ **wythnosol** hebdomadaire *m*; **rhaglen gylchgrawn** magazine; ~ **i ferched** magazine féminin.
cylchlythyr (**-au, -on**) *g* bulletin *m*, circulaire *f*.
cylchlythyru *ba* envoyer une circulaire à.
cylchog *ans* (*casgen*) cerclé(e).
cylchol *ans* cyclique; (*MATH*) périodique; (*sy'n ailddigwydd yn gyson*) récurrent(e);
♦ **yn gylchol** *adf* périodiquement, de façon cyclique.
cylchred (**-au**) *g,b* cycle *m*; ~ **bywyd** cycle de la vie; ~ **y misglwyf** (*MEDD*) cycle menstruel, menstruation *f*.
cylchredeg *ba* faire circuler;
♦*bg* circuler.
cylchrediad (**-au**) *g* circulation *f*; (*papurau newydd*) tirage *m*; ~ **y gwaed** circulation sanguine.
cylchredol *ans* circulaire.
cylchres (**-i**) *b* roulement *m*, tableau(-x) *m* de service.
cylchu *ba* faire le tour de, tourner autour de; ~ **casgen** cercler un tonneau; ~ **olwyn** garnir une roue de jantes;
♦*bg* faire *neu* décrire des cercles, circuler.
cylchwr (**cylchwyr**) *g* tonnelier *m*.
cylchwyl (**-iau**) *b* festival(-s) *m*, anniversaire *m*.
cylchyn (**-au, cylchau**) *g* (*metel, pren*) cerceau(-x) *m*; (*DAEAR*) cercle *m*.
cylchyniad (**-au**) *g* circulation *f*.
cylchynol *ans* (*symudol*) itinérant(e); (*peripatetig: athro, athrawes*) affecté(e) à plusieurs établissements scolaires.
cylchynu *ba* (*amgylchynu*) encercler, entourer, cerner, enceindre;
♦*bg* (*teithio o gwmpas*) circuler, faire une tournée.
cylionen (**cylion**) *b* mouche *f*.
cylionyn (**cylion**) *g* mouche *f*.
cyltiau *ll gw.* **cwlt**.
cyll *ll gw.* **collen**.
cylla (**-on, cyllâu**) *g* estomac *m*; **poen yn y** ~ mal *m* à l'estomac.
cyllell (**cyllyll**) *b* couteau(-x) *m*; ~ **boced** canif *m*; ~ **glec** couteau à cran d'arrêt; **bod â'ch** ~ **yn rhn** (*ffig*) avoir une dent contre qn; **cyllyll a ffyrc** couverts *mpl*; ~ **fôr** (*cragen*) couteau.
cyllid (**-au**) *g* revenus *mpl*, finance *f*; **C**~ **y Wlad** fisc *m* (*service des impôts britannique*).
cyllideb (**-au**) *b* budget *m*; **y Gyllideb** le Budget; **Diwrnod y Gyllideb** jour *m* de la présentation du Budget.

cyllidebol *ans* budgétaire.
cyllido *ba* financer.
cyllidol *ans* financier(financière), fiscal(e)(fiscaux, fiscales);
♦ **yn gyllidol** *adf* financièrement.
cyllidydd (**cyllidwyr**) *g* financier *m*.
cymaint *ans*
1 (gradd gyfartal 'mawr', Wrth gyfieithu dylid cyfeirio at y gwahanol ystyron sydd dan 'mawr') aussi grand(e), aussi gros(se); **bod** ~ **â rhn/rhth** être aussi grand que qn/qch; ~ **arall** encore autant.
2 (*defnydd enwol*): **er** ~ **ei gallu, ni wyddai hi pam** malgré son savoir, elle ne savait pas pourquoi; ~ **oedd fy siom, mi wylais** ma déception était telle que j'ai pleuré; **nid mater o arian yw hwn yn gymaint ag o egwyddor** ce n'est pas tant une question d'argent qu'une question de principe.
▶ **cymaint o**: **rhyw gymaint (o)** un petit peu (de); **'roedd yno gymaint o fwyd!** il y avait tant à manger!; **mae gen i gymaint o bethau i'w gwneud** j'ai tellement *neu* tant de choses à faire; **dau gymaint o bobl** deux fois autant de gens; **'does dim** ~ **o amser â hynny** il n'y a pas si longtemps;
♦*adf* tant, autant; **'rwyf wedi blino gymaint** je suis si *neu* tellement fatigué(e); ~ **mwy** d'autant plus; **'roeddwn i'n ei garu gymaint** je l'aimais tant; **mae hi gymaint harddach erbyn hyn** elle est d'autant plus belle maintenant; **'roedd y corff wedi llosgi gymaint fel ...** le cadavre était brûlé à un point tel que ...; **fe weithiodd hi gymaint fyth ag a allai** elle a fait de son mieux.
cymal (**-au**) *g*
1 (*CORFF*) articulation *f*, jointure *f*; ~ **bys** jointure *neu* articulation du doigt; **cryd** ~**au** rhumatisme *m*.
2 (*GRAM*) proposition *f*.
3 (*CYFR: deddf*) clause *f*; ~ **cosb** clause pénale.
cymalog *ans* articulé(e).
cymalwst *b* (*MEDD: llid y cymalau*) arthrite *f*; (:*cryd cymalau*) rhumatisme *m*; (:*gowt*) goutte *f*.
cymanfa (**-oedd**) *b* assemblée *f*; ~ **ganu** assemblée chorale (*fête religieuse, surtout au pays de Galles, où l'on se rassemble au temple pour chanter des cantiques*).
cymanwlad *b* commonwealth *m*.
cymar (**cymheiriaid**) *g* (*priod*) époux *m*, épouse *f*, conjoint *m*, conjointe *f*; (*cariad*) ami *m*, amie *f*; (*ANIF: gwrywaidd*) mâle *m*; (:*benywaidd*) femelle *f*; (*un cyffelyb, o'r un radd*) égal *m*, égale *f* *gw.* *hefyd* **partner, cymhares**.
cymariaethol *ans* figuré(e), figuratif(figurative), allégorique, métaphorique;
♦ **yn gymariaethol** *adf* au figuré, figurativement, allégoriquement, métaphoriquement.
cymathiad (**cymathiadau**) *g* *gw.* **cymhathiad**.
cymathu *ba* *gw.* **cymhathu**.
cymdeithas (**-au**) *b* société *f*; (*clwb*) société *f*, association *f*; (*sefydliad*) organisation *f*; ~ **adeiladu** société de crédit immobilier; ~ **dai** fondation *f* charitable fournissant des logements; **C**~ **yr Iaith Gymraeg** Société de la langue galloise.
cymdeithaseg *b* sociologie *f*; ~ **iaith** sociolinguistique *f*.
cymdeithasegol *ans* sociologique;
♦ **yn gymdeithasegol** *adf* sociologiquement.
cymdeithasegydd (**cymdeithasegwyr**) *g* sociologue *m/f*.
cymdeithasfa (**-oedd**) *b* association *f*.
cymdeithasgar *ans* sociable, amical(e)(amicaux, amicales), mondain(e);
♦ **yn gymdeithasgar** *adf* sociablement, amicalement.
cymdeithasgarwch *g* sociabilité *f*.
cymdeithasol *ans* social(e)(sociaux, sociales); **gweithiwr** ~ assistant *m* social, assistante *f* sociale; **nawdd** ~ sécurité *f* sociale; **bywyd** ~ vie *f* sociale; **canolfan** ~ *ou* **gymdeithasol** foyer *m* socio-éducatif, centre *m* de loisirs;
♦ **yn gymdeithasol** *adf* socialement, en société.
cymdeithasu *bg* aller dans le monde, voir *neu* rencontrer des gens, se faire des amis, sortir beaucoup; ~ **gyda rhn** fréquenter qn, lier connaissance avec qn, frayer avec qn; (*mewn parti ayb*) parler avec qn.
cymdeithaswr (**cymdeithaswyr**) *g* mondain *m*.
cymdeithaswraig (**cymdeithaswragedd**) *b* mondaine *f*.
cymdeithion *ll* *gw.* **cydymaith**.
cymdogaeth (**-au**) *b* quartier *m*, voisinage *m*; **mae hi'n byw yn y gymdogaeth** elle habite dans le coin.
cymdoges (**-au**) *b* voisine *f*.
cymdogion *ll* *gw.* **cymydog**.
cymdogol *ans* (*gweithrediad*) obligeant(e), amical(e)(amicaux, amicales); **ysbryd** ~ esprit *m* communautaire; **Gwarchod C**~ *surveillance f par les gens du quartier*;
♦ **yn gymdogol** *adf* amicalement; **gweithredu'n gymdogol iawn** agir en bon voisin, agir en bonne voisine.
cymdogolrwydd *g* bons rapports *mpl* de voisinage.
cymedr (**-au**) *g* (*MATH*) moyenne *f*.
cymedrol *ans* (*cymeriad ayb*) modéré(e), raisonnable, sobre; (*safon gwaith*) moyen(ne); (*tywydd*) tempéré(e);
♦ **yn gymedrol** *adf* avec modération, modérément.
cymedroldeb *g* modération *f*, mesure *f*.
cymedroli *ba* modérer.
cymedrolwr (**cymedrolwyr**) *g* (*GWLEID*)

modéré *m*; (*arholiadau*) arbitre *m*, médiateur *m*, médiatrice *f*.
cymell *ba* (*gorfodi*) contraindre, forcer, obliger; ~ **rhn i wneud rhth** persuader qn de faire qch, exhorter *neu* pousser *neu* inciter *neu* stimuler qn à faire qch, recommander vivement à qn de faire qch.
cymelliadol *ans* compulsif(compulsive), coercitif(coercitive), irrésistible;
♦ **yn gymelliadol** *adf* d'une façon compulsive.
cymen *ans gw.* **taclus, trefnus**.
cymer[1] (**-au**) *g* confluent *m*.
cymer[2] *be gw.* **cymryd**.
cymêr* (**-s**) *g* numéro *m*, phénomène *m*, drôle *m* de paroissien.
cymeradwy *ans* (*clodwiw*) recommandable, méritoire; (*a gymeradwyir*) conseillé(e); (*derbyniol*) convenable, acceptable; **natur gymeradwy rhth** acceptabilité *f* de qch;
♦ **yn gymeradwy** *adf* convenablement, assez, de façon acceptable.
cymeradwyaeth *b* (*curo dwylo*) applaudissements *mpl*; (*canmoliaeth*) approbation *f*, éloge *m*, louange *f*; (*ar gyfer swydd*) recommandation *f*.
cymeradwyo *ba* (*curo dwylo*) applaudir; (*caniatáu*) approuver; (*ar gyfer swydd*) recommander; (*cynghori*) conseiller.
cymeradwyol *ans* approbateur(approbatrice);
♦ **yn gymeradwyol** *adf* de façon approbatrice.
cymeradwywr (**cymeradwywyr**) *g* approbateur *m*, approbatrice *f*; (*THEATR*) celui/celle qui applaudit; (*ar gyfer swydd*) répondant *m*, répondante *f*.
cymeriad (**-au**) *g*
1 (*cyff*) caractère *m*; **mae yna gymeriad arbennig i'r adeilad yma** ce bâtiment a son caractère propre.
2 (*mewn nofel, ffilm ayb*) personnage *m*.
3 (*enw da*) renommée *f*.
4 (*cymêr, cês*): **mae'n dipyn o gymeriad!** c'est un numéro *neu* un phénomène!, c'est un drôle de paroissien!
cymeriadaeth (**-au**) *b* (*mewn drama*) représentation *f* des personnages; (*nofel*) peinture *f* des personnages.
cymeriadu *ba* (*LLEN*) dépeindre.
cymerwr (**cymerwyr**) *g* accepteur *m*; (*chwarelwr*) preneur *m*.
cymesur *ans* proportionnel(le), symétrique; **bod yn gymesur â rhth** être proportionné(e) à qch; **mae ei chorff hi'n gymesur** elle est bien proportionnée;
♦ **yn gymesur** *adf* proportionnellement, symétriquement.
cymesuredd (**-au**) *g* proportion *f*, symétrie *f*.
cymesurol *ans gw.* **cymesur**.
cymhareb (**cymarebau**) *b* proportion *f*; **mewn ~ o dri i ddau** dans la proportion de trois contre deux.
cymhares (**cymaresau**) *b* compagne *f*; (*gwraig*) épouse *f*.
cymhariaeth (**cymariaethau**) *b* comparaison *f*; **mewn ~ â ...** en comparaison avec ..., par rapport à ...; **'does 'run ~!** il n'y a aucune comparaison!
cymharol *ans* comparatif(comparative), relatif(relative); (*ieitheg, llenyddiaeth*) comparé(e); ~ **hawdd** relativement facile; **y radd gymharol** (*GRAM*) le comparatif *m*;
♦ **yn gymharol** *adf* comparativement, relativement.
cymharu[1] *ba* comparer; ~ **rhth â rhth** comparer qch à *neu* avec qch; **mae hwn yn well o'i gymharu â'r llall** celui-ci est meilleur par rapport à celui-là, celle-ci est meilleure par rapport à celle-là;
♦*bg* se comparer (à); **ni all hi byth gymharu â thi** elle ne pourra jamais se comparer à toi; **o gymharu â rhth** en comparaison de qch; **sut mae'r prisiau'n ~?** comment sont les prix?, est-ce que les prix sont comparables?
cymharu[2] *bg* (*paru: adar ayb*) s'accoupler.
cymhathiad (**cymathiadau**) *g* assimilation *f*.
cymhathu *ba* assimiler.
cymheiriad (**cymheiriaid**) *g* pair *m*; (*mewn galwedigaeth*) collègue *m/f*, collaborateur *m*, collaboratrice *f*.
cymhelliad (**cymelliadau, cymhellion**) *g* motivation *f*, motif *m*, stimulant *m*; (*anogaeth*) encouragement *m*.
cymhelliant (**cymelliannau**) *g gw.* **cymhelliad**.
cymhendod *g gw.* **taclusrwydd, trefn**.
cymhenllyd, **cymhennaidd** *ans* (*mursennaidd*) précieux(précieuse), affecté(e); (*manwl-gywir*) pointilleux(pointilleuse), méticuleux(méticuleuse);
♦ **yn gymhenllyd, yn gymhennaidd** *adf* de façon affectée *neu* méticuleuse.
cymhennu[1] *ba gw.* **tacluso**.
cymhennu[2] *ba* (*dweud y drefn wrth*) gronder, passer un savon à*.
cymhleth[1] *ans* compliqué(e), complexe;
♦ **yn gymhleth** de façon complexe *neu* compliquée.
cymhleth[2] (**-au**) *g,b* complexe *m*; ~ **y taeog** complexe d'infériorité.
cymhlethdod (**-au**) *g* complication *f*, complexité *f*.
cymhlethu *ba* compliquer;
♦*bg* se compliquer.
cymhlyg (**-au**) *g gw.* **cyfadeilad**.
cymhortha *bg* mendier.
cymhorthdal (**cymorthdaliadau**) *g* subvention *f*, subsides *mpl*; (*i fyfyrwyr*) bourse *f*.
cymhwysedd *g* faculté *f* d'adaptation.
cymhwysiad (**cymwysiadau**) *g* (*defnydd ymarferol a wneir o egwyddor*) application *f*; (*cywiro*) ajustage *m*, réglage *m*; (*prisiau, cyflogau*) rajustement *m*.
cymhwyso *ba* (*addasu*) adapter, ajuster,

régler; (*ar gyfer swydd*) qualifier; (*CYFR*) habiliter.
cymhwysol *ans* appliqué(e).
cymhwyster (**cymwysterau**) *g* (*tystysgrif*) diplôme *m*, titre *m*; (*dawn, profiad*) titres, qualifications *fpl*; (*y gallu i gyflawni*) compétences *fpl*; (*addasrwydd*) aptitude *f*; **C~ Galwedigaethol Cenedlaethol** (*NVQ*) qualification *f* nationale professionnelle (*obtenue par formation continue ou initiale*).
cymod *g* conciliation *f*, apaisement *m*, réconciliation *f*.
cymodi *ba* réconcilier;
♦*bg* se réconcilier.
cymodiad *g gw.* **cymod**.
cymodlon, **cymodol** *ans* (*rhn*) conciliant(e), conciliateur(conciliatrice); (*geiriau, ymddygiad*) conciliant; (*CYFR*) conciliatoire; **mewn ysbryd ~** dans un esprit de conciliation.
cymodwr (**cymodwyr**) *g* conciliateur *m*.
cymodwraig (**cymodwragedd**) *b* conciliatrice *f*.
cymorth (**cymhorthion, cymhorthau**) *g* aide *f*, assistance *f*, secours *m*; **â chymorth rhn** avec l'aide de qn; **â chymorth rhth** à l'aide de qch; **bod o gymorth i rn** être utile à qn, aider qn; **rhoi ~ i rn** aider qn, secourir qn, assister qn, venir en aide à qn; **~ cartref** aide-ménagère *f*; **C~ Cyfraith** aide juridique; **~ cyntaf** premiers secours *mpl*, premiers soins *mpl*; **offer ~ cyntaf** trousse *f* à pharmacie; **~ clywed** appareil *m* acoustique; **cymhorthion dysgu** outils *mpl* pédagogiques.
Cymraeg *b,g* gallois *m*; **wyt ti'n siarad ~?** est-ce que tu parles (le) gallois?; **yn (y) Gymraeg** en gallois; **does dim ~ rhyngddynt** ils ne se parlent plus;
♦*ans* gallois(e); (*yn siarad Cymraeg*) galloisant(e).
Cymraes (**-au**) *b* Galloise *f*; **~ yw hi** c'est une Galloise, elle est galloise; **~ Gymraeg** Galloise galloisante; **~ ddi-Gymraeg** Galloise non-galloisante.
cymrawd (**cymrodyr**) *g* camarade *m*, compagnon *m*; (*mewn coleg*) professeur *m*; (*ymchwil*) étudiant(e) *m/f* de troisième cycle.
Cymreictod *g* identité *f* galloise, caractère *m* gallois.
Cymreig *ans* gallois(e); **y Swyddfa Gymreig** le ministère des Affaires galloises.
Cymreigaidd *ans* gallois(e);
♦ **yn Gymreigaidd** *adf* à la galloise.
Cymreigio *ba* traduire (qch) en gallois; (*ardal, cymdeithas*) rendre galloisant(e).
Cymreigrwydd *g* caractère *m* gallois, identité *f* galloise.
Cymro (**Cymry**) *g* Gallois *m*; **~ ydyw** c'est un Gallois, il est gallois; **~ Cymraeg** Gallois galloisant; **~ di-Gymraeg** un Gallois non-galloisant; **mae'n Gymro i'r carn** il est gallois jusqu'au bout des ongles.
Cymroaidd *ans gw.* **Cymreigaidd**.
cymrodeddu *bg gw.* **cyfaddawdu, cymodi**.
cymrodor (**-ion**) *g* sociétaire *m*.
Cymru *prb* le pays *m* de Galles; **yng Nghymru** au pays de Galles; **~ fach** le *neu* notre pays de Galles bien aimé, notre patrie bien-aimée; **~ am byth!** vive le pays de Galles; **De ~ Newydd** la Nouvelle-Galles du sud.
Cymry *ll gw.* **Cymro**.
cymryd *ba*
1 (*gafael yn*) prendre; **gadewch imi gymryd eich côt** donnez-moi votre manteau; **~ rhn dan eich adain** (*ffig*) prendre qn sous son aile.
2 (*cipio: tref*) prendre, s'emparer de; **~ rhn yn garcharor** faire prisonnier(prisonnière) de qn.
3 (*symud rhth o rywle: cyff*) prendre, enlever; (*:heb ganiatâd*) prendre, voler; **cymerais siocled o'r bocs** j'ai pris un chocolat dans la boîte; **~ rhth oddi ar rn** prendre qch à qn.
4 (*defnyddio rhth i symud o un lle i'r llall: bws, trên, awyren ayb*) prendre.
5 (*dilyn, dewis: ffordd*) prendre, suivre; **cymerwch yr heol gyntaf ar y dde** prenez la première à droite; **~ y ffordd anghywir** se tromper de route.
6 (*dewis cael*) prendre; **'rydyn ni'n ~ dau beint o laeth y dydd** nous prenons deux pintes de lait tous les jours; **~ gwyliau** prendre des vacances; **~ gwraig** se marier; **mi gymera' i bwys o afalau os gwelwch yn dda** donnez-moi une livre de pommes s'il vous plaît; **gymerwch chi de neu goffi?** vous voulez du thé ou du café?; **~ siwgr** prendre du sucre.
7 (*derbyn: cyff*) accepter; (*:llwgrwobr*) accepter, recevoir; (*:swydd*) prendre; (*:cyngor*) suivre; (*:cyfrifoldeb*) prendre.
8 (*ymateb i*) prendre; **~ rhth o ddifrif/yn ysgafn** prendre qch au sérieux/à la légère; **~ rhth yn iawn** *ou* **dda** bien prendre qch; **~ rhth o chwith** se vexer de qch, s'offenser de qch.
9 (*dioddef*) supporter; **ni chymera' i ddim rhagor o ddwli!** j'en ai assez de ces histoires *neu* idioties!.
10 (*ystyried fel enghraifft*) prendre; **cymerwch Baudelaire ...** prenez Baudelaire ....
11 (*tybio*) supposer; **'rwy'n ~ ...** je suppose que; **mi gymerais mai Sais oeddech chi** je vous ai pris pour un Anglais.
12 (*gofyn: gweithgaredd ayb*) demander, exiger; **mae'n ~ amser** cela prend *neu* demande du temps; **mae'n ~ amser i ddysgu iaith** il faut du temps pour apprendre une langue; **mae'r daith yn ~ wythnos** le voyage prend *neu* demande une semaine; **cymerodd hanner awr i ddod** il a mis une demi-heure à *neu* pour venir.
13 (*gwisgo: o ran maint*): **~ maint ...** (*mewwn dillad*) faire du ...; (*mewn esgidiau*) faire *neu* chausser du ...; **pa faint esgidiau**

fyddi di'n ei gymryd? quelle pointure fais-tu?, tu chausses du combien?.
14 (*ysgrifennu, nodi: rhif ffôn ayb*) noter, prendre.
15 (*dal: neuadd, bws*) avoir une capacité de, pouvoir contenir; (:*cynhwysydd*) pouvoir contenir; **mae'r tanc yn ~ 40 litr** le réservoir peut contenir 40 litres.
16 (*astudio: pwnc*) prendre, faire, étudier; (:*cwrs*) prendre, suivre; ~ **Ffrangeg** étudier le français.
17 (*dysgu: dosbarth*) faire cours à.
18 (*CREF: gweinyddu: gwasanaeth*) célébrer; (:*offeren*) dire.
19 (*mewn ymadroddion*): ~ **diddordeb yn rhth** s'intéresser à qch; ~ **gofal o rth** veiller à qch, faire très attention à qch; **cymerwch ofal!** faites bien attention à vous!, attention!; ~ **lle rhn** remplacer qn, prendre la relève de qn; ~ **llw** prêter serment; ~ **mantais ar rn** exploiter qn; ~ **pwyll** prendre garde, y aller doucement; ~ **rhan yn rhth** participer à qch, prendre part à qch;
♦*bg*: ~ **at rn** se prendre d'amitié pour qn, prendre qn en amitié; ~ **at rth** prendre goût à qch, prendre l'habitude de faire qch.
▶ **cymryd arnoch** faire semblant; ~ **arnoch wneud rhth** faire semblant de faire qch, feindre de faire qch.
▶ **cymryd drosodd** (*cipio rheolaeth: mewn gwlad, plaid ayb*) prendre le pouvoir; (*bod yn olynydd*) prendre la suite; ~ **drosodd ar ôl rhn** remplacer qn, succéder à qn; ~ **rhth drosodd** (*tref, gwlad*) prendre le contrôle de qch; (*busnes*) reprendre qch.

cymudo *bg* faire la navette.
cymudwr (**cymudwyr**) *g* banlieusard *m*.
cymudwraig (**cymudwragedd**) *b* banlieusarde *f*.
cymun *g* communion *f*; **cymryd y** ~ communier.
cymundeb (**-au**) *g* communion *f*.
cymuned (**-au**) *b* communauté *f*; **y Gymuned Ewropeaidd** Communauté (Économique) Européenne, C.E.E. *f*; ~**-wasanaeth** travail *m* d'intérêt général, T.I.G *m*; **gofal yn y gymuned** soins *mpl* en dehors du milieu hospitalier; **canolfan iechyd** ~ centre *m* médico-social.
cymunedol *ans* communautaire; **canolfan gymunedol** foyer *m* municipal, centre *m* de loisirs; **cartref** ~ établissement *m* d'éducation surveillée; **gwasanaeth** ~ travail *m* d'intérêt public; **gweithiwr** ~ animateur *m* socio-culturel; **gweithwraig gymunedol** animatrice *f* socio-culturelle.
cymuno *bg* communier.
cymunwr (**cymunwyr**) *g* communiant *m*.
cymunwraig (**cymunwragedd**) *b* communiante *f*
cymwynas (**-au**) *b* service *m*; **gwneud** ~ **â rhn** rendre un service à qn.
cymwynasgar *ans* serviable, obligeant(e); (*caredig*) gentil(le), aimable;
♦ **yn gymwynasgar** *adf* serviablement.
cymwynasgarwch *g* gentillesse *f*, bienveillance *f*; **dangos** ~ **tuag at rn** témoigner de la gentillesse à l'égard de qn *neu* envers qn *neu* à qn.
cymwynaswr (**cymwynaswyr**) *g* bienfaiteur *m*.
cymwynaswraig (**cymwynaswragedd**) *b* bienfaitrice *f*.
cymwys *ans* (*sy'n gweddu*) approprié(e); (*union*) exact(e), précis(e); (*addas o ran cymwysterau, fel ymgeisydd*) qualifié(e), habilité(e), ayant des titres *neu* un diplôme, diplômé(e);
♦ **yn gymwys** *adf* exactement, parfaitement, précisément.
cymwysedig *ans* (*egwyddor*) appliqué(e) *gw. hefyd* **cymwys**.
cymwysterau *ll gw.* **cymhwyster**.
cymydog (**cymdogion**) *g* voisin *m*.
cymydogaeth *b gw.* **cymdogaeth**.
cymydogol *ans gw.* **cymdogol**.
cymylog *ans* nuageux(nuageuse), couvert(e); **mae hi'n gymylog** (*tywydd*) il fait gris.
cymylu *bg* se couvrir (de nuages); (*ffig*) s'assombrir, s'obscurir.
cymyn (**-nau, -ion**) *g* legs *m*.
cymynnu *ba* léguer; ~ **rhth i rn** léguer qch à qn.
cymynnwr (**cymynnwyr**) *g* testateur *m*.
cymynrodd (**-ion**) *b* legs *m*.
cymynroddi *ba gw.* **cymynnu**.
cymynu *ba* (*coed*) couper; ~ **coeden** abattre un arbre.
cymynwr (**cymynwyr**) *g* bûcheron *m*.
cymysg *ans* assorti(e), mélangé(e), hétéroclite; (*amrywiol*) varié(e); (*ysgol*) mixte; (*teimladau*) contradictoire; (*salad*) composé(e); (*o ran oedran, cymdeithas*) mélangé, mêlé(e), hétérogène; (*o ran hil*) d'origines diverses; (*sy'n cyferbynnu o ran derbyniad, ymateb*) mitigé(e); **dosbarth gallu** ~ classe *f* sans groupes de niveaux; **mae hi'n fendith gymysg** cela a du bon et du mauvais; **parau** ~ (*CHWAR*) double *m* mixte; **priodas gymysg** mariage mixte; **addysg gymysg** mixité *f*; **ysgol gymysg** école mixte; **o dras gymysg, o waed** ~ de sang mêlé; **bod â theimladau** ~ **ynghylch rhth** éprouver des sentiments mêlés *neu* contradictoires *neu* mitigés à propos de qch.
cymysgedig *ans* mêlé(e), mélangé(e), assorti(e).
cymysgedd (**-au**) *b,g* assortiment *m*, mélange *m*; (*cawdel*) fouillis *m*, méli-mélo(~s-~s) *m*; (*FFIS, MEDD*) préparation *f*; (*FFERYLL*) mixture *f*.
cymysgfa (**cymysgfeydd**) *b* mélange *m*, fouillis *m*.

cymysgiad (**-au**) *g* mélange *m*.
cymysgliw *ans* multicolore, bariolé(e).
cymysglyd *ans* confus(e); (*meddwl: wedi drysu*) confus(e), désorienté(e); (*argraff aneglur*) confus, vague, brouillé(e), flou(e); ♦ **yn gymysglyd** *adf* confusément.
cymysgryw *ans* hybride.
cymysgu *ba* mélanger, mêler, combiner; (*diod*) préparer; (*toes, past*) malaxer; (*drysu*) confondre; ~ **cardiau** battre les cartes; ♦*bg* (*pethau*) aller ensemble, se mélanger; **nid yw'n ~'n dda** (*rhn: cymdeithasu*) il est peu sociable.
cymysgwch *g* mélange *m*, méli-mélo(~s-~s) *m*, fouillis *m*; (*dryswch*) confusion *f*.
cymysgwy (**-au**) *g* œufs *mpl* brouillés.
cymysgydd (**cymysgwyr**) *g* (COG) batteur *m* (éléctrique), mixeur *m*.
cyn[1] *ardd* (*o flaen*) avant; ~ **brecwast** avant le petit déjeuner; **C~ Crist** avant Jésus-Christ; ~ **pryd** prématuré(e); (*gwneud rhth*) prématurément.
▶ **cyn pen** (*o fewn*) en moins de; ~ **pen (yr) awr 'roedd hi wedi gorffen** en moins d'une heure elle avait fini; **dychwelodd ~ pen yr wythnos** il est revenu avant la fin de la semaine; ~ **pen dim** sous peu, en un rien de temps, bientôt;
♦*cys*: ~ **(i, y(r))**
1 (*pan fo'r un goddrych yn y ddau gymal*) avant de; **mi af ~ imi fynd i'r gwely** j'irai avant de me coucher; ~ **cael bwyd, mi wyliais y teledu** avant de manger, j'ai regardé la télé; ~ **iddo fynd i gysgu, darllenodd lyfr** avant de dormir il a lu un livre; **ffoniais ~ cyrraedd** j'ai téléphoné avant mon arrivée.
2 (*pa fo goddrych gwahanol yn y ddau gymal*) avant que (+ *ne*) + *subj*; **byddai'n well iti fynd ~ iddi nosi** il serait mieux que tu partes *subj* avant qu'il ne fasse nuit.
3 (*yn hytrach na*) plutôt que de; **byddaf farw ~ y datgelaf y gyfrinach** je mourrai plutôt que de révéler ce secret.
4 (*onid e, neu fel arall*): **ewch o'ma ~ imi alw'r heddlu** sortez d'ici ou j'appelle la police.
5 (*er mwyn*) pour que + *subj*; **mae'n rhaid iti ddangos dy docyn ~ iddynt dy adael i mewn** il faut que tu montres *subj* ton ticket pour qu'ils te laissent entrer.
▶ **cyn bo hir** (+ *dyfodol*) avant peu, dans peu de temps, bientôt; (+ *gorffennol*) peu de temps après.
cyn[2] *geir adf* (*mor*): ~ ... **â** *ou* **ag** aussi ... que; ~ **goched â gwaed** rouge comme une tomate *neu* un coq *neu* une pivoine; ~ **wynned â'r eira** blanc(he) comme la neige.
▶ **cyn gynted â** *ou* **ag**
1 (*mor gyflym â*) aussi rapidement que.
2 (*mor fuan â*): ~ **gynted ag y bo modd** dès que possible; **mi ysgrifennaf ~ gynted fyth ag y gallaf** j'écrirai au plus tôt *neu* dès que possible.
3 (*gydag, unwaith*) aussitôt que, dès que, sitôt que; ~ **gynted ag y cyrhaeddodd hi** aussitôt qu'elle est arrivée *neu* dès son arrivée; ~ **gynted ag y'i gwelais hi** dès que je l'ai vue, au moment où je l'ai vue.
▶ **cyn belled â** *ou* **ag**
1 (*mor bell â*) aussi loin que.
2 (*hyd at*) jusqu'à; **mi a' i â chi ~ belled â Dolgellau** je vous emmènerai jusqu'à Dolgellau.
3 (*cyhyd â, os, a bod*) pourvu que + *subj*, à condition que + *subj*; ~ **belled â'i fod yn mynd** à condition qu'il s'en aille.
4 (*am, hyd*) autant que; ~ **belled ag y gwn i** autant que je sache *subj*.
cyn- *rhagdd* (*blaenorol*) ancien(ne); ~**-ddisgybl** ancien élève *m*, ancienne élève *f*.
cŷn (**cynion**) *g* ciseau(-x) *m*.
cynadledda *bg* (*cynnal cynhadledd*) tenir un colloque; (*cymryd rhan mewn cynhadledd*) participer à un colloque.
cynadleddfa (**cynadleddfeydd**) *b* salle *f* de colloque, amphithéâtre *m*.
cynadleddol *ans* de colloque.
cynadleddwr (**cynadleddwyr**) *g* participant *m* à un colloque.
cynadleddwraig (**cynadleddwragedd**) *b* participante *f* à un colloque.
cynaeafu *ba* (*gwenith*) moissonner; (*llysiau*) récolter; (*ffrwythau*) cueillir; (*grawnwin*) vendanger.
cynaeafwr (**cynaeafwyr**) *g* moissonneur *m*; (*grawnwin*) vendangeur *m*.
cynaeafwraig (**cynaeafwragedd**) *b* moissonneuse *f*; (*grawnwin*) vendangeuse *f*.
cynaeafydd (**-ion**) *g* (*peiriant*) moisonneuse-batteuse(~s-~s) *f*.
cynamserol *ans* prématuré(e), inopportun(e); ♦ **yn gynamserol** *adf* prématurément, inopportunément, trop tôt.
cynaniad (**-au**) *g* prononciation *f*.
cynaniadol *ans* de prononciation.
cynanu *ba, bg* prononcer.
cyndadau *ll* aïeux *mpl*, ancêtres *mpl*.
cynderfynol *ans* (*olaf ond un*) avant-dernier(~-dernière), pénultième; **gêm gynderfynol** (CHWAR) demi-finale *f*.
cyndrigolion *ll* premiers habitants *mpl*, indigènes *mpl*.
cyndyn *ans* (*ystyfnig*) têtu(e), opiniâtre, obstiné(e), entêté(e); **bod yn gyndyn o wneud rhth** être peu disposé(e) à faire qch, rechigner *neu* regimber à faire qch; ♦ **yn gyndyn** *adf* d'une façon têtue, opinâtrement, obstinément, avec obstination.
cyndynrwydd *g* obstination *f*, opinâtreté *f*, entêtement *m*.
cynddaredd *b* (*ffyrnigrwydd*) colère *f*, rage *f*, fureur *f*, emportement *m*; **y gynddaredd**

(*MILF*) la rage.
cynddeiriog *ans* furieux(furieuse), fou furieux(folle furieuse); (*MILF*) enragé(e);
♦ **yn gynddeiriog** *adf* furieusement, en colère.
cynddeiriogi *ba* mettre (qn) en fureur, mettre (qn) en rage, rendre (qn) furieux(furieuse), faire enrager;
♦*bg* être en fureur *neu* en rage, être furieux(furieuse), enrager, devenir fou furieux(folle furieuse), s'irriter, s'emporter, être furibond(e), entrer en fureur, s'emporter.
cynddeiriogrwydd *g gw.* **cynddaredd**.
cynddelw (**-au**) *b* (*archdeip*) archétype *m*; (*prototeip*) prototype *m*.
cynddrwg *ans* (gradd gyfartal 'drwg'. Wrth gyfieithu dylid cyfeirio at y gwahanol ystyron sydd dan 'drwg'.): ~ **â** aussi mauvais(e) que; (*mor ddrygionus â*) aussi méchant(e) que; **nid yw ~ â hynny** ce n'est pas si mal que ça.
cyneddfol *ans* naturel(le), inné(e).
cynefin[1] *ans* familier(familière) habituel(le), ordinaire; (*wyneb, enw, hanes, llais, ffigur*) bien connu(e); **dod yn gynefin â rhth** se familiariser avec qch; **bod yn gynefin â** (*lle, pwnc, rhywun*) connaître; (*sefyllfa*) être au courant de.
cynefin[2] (**-oedd**) *g* lieu *m* de prédilection; (*cartref*) habitat *m*; **bod yn eich ~** être en terrain connu.
cynefinder, **cynefindra** *g* familiarité *f*.
cynefino *ba* (*BIOL*) naturaliser; ~ **rhn â rhth** habituer qn à qch, accoutumer qn à qch, familiariser qn avec qch;
♦*bg*: ~ **(â)** s'habituer (à), s'accoutumer (à), se familiariser (avec).
cynefinol *ans* habituel(le), ordinaire, accoutumé(e).
cynel (**-au**) *g gw.* **cenel**.
Cynfeirdd *ll*: **y** ~ les premiers poètes gallois (*du sixième au onzième siècle*).
cynfas (**-au**) *b,g* (*ar wely*) drap *m*; (*defnydd arlunydd*) toile *f*; **dan gynfas** (*mewn pabell*) sous la tente; (*MOR*) sous voiles, toutes voiles dehors; ~ **ffitiedig** drap-housse *m*.
cynflas *g* avant-goût *m*.
cynfrodor (**-ion**) *g* aborigène *m/f*, indigène *m/f*.
cynfrodorol *ans* aborigène, indigène.
cynfyd *g*: **y** ~ (*HAN*) l'Antiquité *f*, le monde *m* primitif.
cynffon (**-nau**) *b*
1 (*anifail*) queue *f*; **codi** ~ partir à fond de train, détaler.
2 (*crys*) pan *m*; **côt gynffon fain** habit *m* à queue, queue *f* de pie.
3 (*ar seren gynffon*) chevelure *f*; **seren gynffon** comète *f*.
4 (*PLANH*): ~ **y gath** queue *f* de cheval; ~**nau ŵyn bach** (*ar goeden*) chatons *mpl*.
cynffongar *ans* flagorneur(flagorneuse), servil(e), flatteur(flatteuse);
♦ **yn gynffongar** *adf* d'une façon flagorneuse, servilement.
cynffongi (**cynffongwn**) *g gw.* **cynffonnwr**.
cynffonllyd *ans gw.* **cynffongar**.
cynffonna, **cynffonni** *ba, bg* (*seboni*) flagorner, flatter servilement; (*crefu ffafr*) chercher à gagner la faveur (de qn).
cynffonnog *ans* à queue.
cynffonnwr (**cynffonwyr**) *g* flagorneur *m*, flatteur *m*.
cynffonwraig (**cynffonwragedd**) *b* flagorneuse *f*, flatteuse *f*
cynffurf *ans* cunéiforme.
cynhadledd (**cynadleddau**) *b* congrès *m*, colloque *m*, conférence *f*; (*GWLEID*) congrès, assemblée *f*, conférence; **bod mewn** ~ participer à un colloque; ~ **i'r wasg** conférence de presse; ~ **fideo** visioconférence *f*, vidéoconférence *f*.
cynhaeaf (**cynaeafau**) *g* (*grawn*) moisson *f*; (*gwair*) fenaison *f*; (*ffrwythau*) récolte *f*; (*grawnwin*) vendange *f*.
cynhaig *ans* en chaleur, en rut.
cynhaliaeth (**cynaliaethau**) *b* (*ariannol*) soutien *m*, appui *m*; (*bwyd a diod*) moyens *mpl* de subsistance.
cynhaliol *ans* d'appui, de soutien; (*lluniaeth*) fortifiant(e), nourissant(e).
cynhaliwr (**cynhalwyr**) *g* patron *m*, défenseur *m*.
cynhalydd (**cynhalwyr**) *g* (*rhn sy'n gofalu am rn methedig*) *personne f ayant un parent handicapé ou malade à charge*.
cynhanesol, **cynhanesyddol** *ans* préhistorique;
♦ **yn gynhanesol, yn gynhanesyddol** *adf* préhistoriquement.
cynharach *ans* (*gradd gymharol 'cynnar'*) *gw.* **cynnar**.
cynharwch *g* (*yn y bore*) heure *f* peu avancée; (*marwolaeth*) heure prématurée; (*ffrwythau*) précocité *f*.
cynhebrwng (**cynebryngau**) *g* enterrement *m*; (*seremoni*) obsèques *fpl*, funérailles *fpl*.
cynheiliad (**cynheiliaid**) *g* (*cynhaliwr*) patron *m*; (*cynhaliaeth*) soutien *m*.
cynhemlad (**-au**) *g* (*CREF*) contemplation *f*.
cynhemlu *bg* (*CREF*) contempler.
cynhengar *ans gw.* **cynhennus**.
cynhenid *ans* inhérent(e), propre, inné(e), naturel(le); **bod yn gynhenid i** être inhérent *neu* propre à.
cynhennu *bg* se disputer, se quereller.
cynhennus *ans* querelleur(querelleuse), acariâtre; (*CYFR*) contentieux(contentieuse);
♦ **yn gynhennus** *adf* d'une façon querelleuse, d'une manière acariâtre.
cynhennwr (**cynhenwyr**) *g* querelleur *m*.
cynhesol *ans* réchauffant(e).
cynhesrwydd *g* chaleur *f*.

cynhesu *ba* chauffer; (*bwyd ayb*) réchauffer; ♦*bg* se chauffer; (*bwyd ayb*) se réchauffer.
cynhinio *ba* mettre (qch) en lambeaux, déchirer, lacérer.
cynhiniog *ans* en lambeaux, déchiré(e), lacéré(e).
cynhorthwy *g gw.* **cymorth**.
cynhwynol *ans* inné(e), naturel(le), congénital(e)(congénitaux, congénitales); ♦ **yn gynhwynol** *adf* congénitalement.
cynhwysfawr *ans* compréhensif(compréhensive), vaste, étendu(e); ♦ **yn gynhwysfawr** *adf* compréhensivement.
cynhwysiad *g gw.* **cynnwys**[2].
cynhwyswr *g gw.* **cynhwysydd**.
cynhwysion *ll* ingrédients *mpl*.
cynhwysol *ans* inclusif(inclusive), inclus(e), compris(e); **prisiau** ~ (*mewn gwesty*) prix *m* tout compris; (*yn cynnwys llawer mewn lle bychan*) compact(e); ♦ **yn gynhwysol** *adf* inclusivement.
cynhwyster *g* compacité *f*.
cynhwysydd (**cynwysyddion, cynhwyswyr**) *g* récipient *m*.
cynhwysyn (**cynhwysion**) *g* ingrédient *m*.
cynhyrchiad (**cynyrchiadau**) *g* (*THEATR*) mise *f* en scène; (*DIWYD*) production *f*.
cynhyrchiant *g* productivité *f*.
cynhyrchiol *ans* productif(productive); (*system, dull*) efficace; (*ymdrechion, gwaith*) fructueux(fructueuse); ♦ **yn gynhyrchiol** *adf* d'une façon productive, utilement, fructueusement.
cynhyrchu *ba* (*creu*) produire, fabriquer, créer; (*THEATR*) mettre (qch) en scène, monter; (*rhoi*) rendre.
cynhyrchydd (**cynhyrchwyr**) *g* (*cyff*) producteur *m*, productrice *f*; (*THEATR, SINEMA*) metteur *m* en scène, metteuse *f* en scène; (*trydan*) générateur *m*.
cynhyrfawr *ans* excitable, nerveux(nerveuse); ♦ **yn gynhyrfawr** *adf* d'une façon excitable, nerveusement.
cynhyrfiad (**cynyrfiadau**) *g* impulsion *f*; **ar gynhyrfiad** impulsivement, sur un coup de tête; **cynyrfiadau** (*anhrefn*) désordre *m*, troubles *mpl*, agitation *f*.
cynhyrflyd *ans* agité(e), excitable, nerveux(nerveuse); ♦ **yn gynhyrflyd** *adf* nerveusement, avec agitation.
cynhyrfol *ans* excitant(e), emballant(e)*, émouvant(e), passionnant(e); ♦ **yn gynhyrfol** *adf* de façon passionnante.
cynhyrfu *ba* exciter, troubler, agiter; ♦*bg* s'exciter, s'agiter, s'énerver, s'émouvoir; **paid â chynhyrfu!** calme-toi!; **mae hi wedi** ~**'n lân!** elle est toute agitée *neu* excitée, elle est dans tous ses états.
cynhyrfus *ans* excitant(e), passionnant(e), emballant(e)*; (*rhn*) ému(e), agité(e), énervé(e), excité(e).
cynhyrfwr (**cynhyrfwyr**) *g* (*GWLEID*) agitateur *m*.
cynhyrfwraig (**cynyrfwragedd**) *b* (*GWLEID*) agitatrice *f*.
cynhysgaeth (**cynysgaethau**) *b* dotation *f*; (*i briodferch*) dot *f*; **â chryn gynhysgaeth** gratifié(e), doté(e), nanti(e).
cyni *g* (*ariannol*) détresse *f*, gêne *f*, misère *f*; (*caledi*) adversité *f*, privations *fpl*; **bod mewn** ~ être dans une situation désespérée.
cynifer *ans*: ~ **o** autant de, tant de.
cyniferydd (**-ion**) *g* (*MATH*) quotient *m*; ~ **deallusrwydd (C.D.)** quotient intellectuel (Q.I.).
cynigiad (**-au**) *g* proposition *f*, offre *f*.
cynigiwr, **cynigydd** (**cynigwyr**) *g* (*mewn cyfarfod*) auteur *m* (d'une proposition); (*mewn arwerthiant*) enchérisseur *m*, offrant *m*.
cynildeb *g* économie *f*, frugalité *f*.
cynilion *ll* économies *fpl*; **cyfrif** ~ compte *m* d'épargne; **banc** ~ caisse *f* d'épargne.
cynilo *ba* économiser, mettre (qch) de côté; ♦*bg* mettre de l'argent de côté, faire des économies, économiser.
cynilwr (**cynilwyr**) *g* épargnant *m*.
cynilwraig (**cynilwragedd**) *b* épargnante *f*.
cynio *ba* ciseler.
cyniwair, **cyniweirio** *bg* (*mynd yn aml i le*) fréquenter un endroit; (*ymgasglu*) s'assembler.
cynllun (**-iau**) *g* plan *m*, projet *m*; (*llun*) plan; (*mewn drama, stori*) intrigue *f*; ~ **lliwiau** combinaison *f* de(s) couleurs; ~ **wrth gefn** (*at raid*) plan d'urgence; ~ **gwaith** plan de travail.
cynlluniedig *ans* dessiné(e), conçu(e), planifié(e).
cynllunio *ba* planifier, dessiner, concevoir; ♦*bg* faire des projets; ~ **i wneud rhth** projeter de faire qch, se proposer de faire qch.
cynlluniwr (**cynllunwyr**) *g gw.* **cynllunydd**.
cynllunydd (**cynllunwyr**) *g* planificateur *m*, planificatrice *f*; (*DIWYD*) concepteur *m*, conceptrice *f*; (*PENS*) dessinateur *m*, dessinatrice *f*; ~ **dillad** modéliste *m/f*; ~ **gwallt** coiffeur *m*, coiffeuse *f*; ~ **trefol** urbaniste *m/f*.
cynllunwraig (**cynllunwragedd**) *b gw.* **cynllunydd**.
cynllwyn (**-ion**) *g* complot *m*, conspiration *f*, intrigue *f*.
cynllwynfa (**cynllwynfeydd**) *b* embuscade *f*.
cynllwynio *ba* conspirer, comploter, intriguer.
cynllwynwr (**cynllwynwyr**) *g* conspirateur *m*, intrigant *m*, comploteur *m*.
cynllyfan (**-au**) *g* laisse *f*; **ar gynllyfan** en laisse.
cynnal *ba* (*dal*) soutenir, supporter; (*rhoi*

cynhaliaeth i) sustenter, subvenir aux besoins de; (*diddori: e.e. cynulleidfa*) animer; ~ **sgwrs â rhn** bavarder *neu* parler *neu* causer avec qn; ~ **breichiau** aider, soutenir; ~ **cyfarfod** tenir une réunion *neu* une séance *neu* une assemblée; ~ **etholiad** procéder à une élection; ~ **trafodaeth** être en pourparlers; ~ **gwasanaeth** célébrer l'office; **cynhelir dosbarthiadau gyda'r nos** les cours ont lieu le soir; ~ **a chadw** entretenir;
♦*g*: ~ **a chadw** entretien *m*.

cynnar *ans* premier(première), précoce, qui se fait tôt, qui se manifeste de bonne heure; (*cyn pryd*) en avance; **yn y gwanwyn** ~ au début du printemps; **y Cristnogion** ~ les premiers Chrétiens; **'rydych chi'n gynnar heddiw** vous êtes en avance aujourd'hui; **cynharach** (*dyddiad*) plus rapproché(e);
♦ **yn gynnar** *adf* tôt, de bonne heure; **yn gynnar yn y bore** tôt le matin; **yn gynnar ym Mai** dans les premiers jours de mai, au début du mois de mai; **ewch i'r gwely yn gynnar!** couchez-vous de bonne heure!

cynnau[1] *ba* allumer;
♦*bg* s'allumer.

cynnau[2] *adf gw.* **gynnau**.

cynneddf (**cyneddfau**) *b* qualité *f*, attribut *m*; (*gallu meddyliol*) faculté *f*.

cynnen (**cynhennau**) *b* dispute *f*, contestation *f* conflit *m*, discorde *f*, désaccord *m*, dissension *f*; **asgwrn y gynnen** sujet *m* de discorde.

cynnes *ans* chaud(e); (*croeso*) chaleureux(chaleureuse); **mae hi'n gynnes** (*tywydd*) il fait chaud; **bod yn gynnes** (*rhn*) avoir chaud; **cadw rhth yn gynnes** tenir qch au chaud; **â gwaed** ~ (*ANIF*) à sang chaud; **calon-gynnes** affectueux(affectueuse); ~ **fel pathew** chaud(e) comme une caille;
♦ **yn gynnes** *adf* chaleureusement.

cynnig[1] (**cynigion**) *g* offre *f*, proposition *f*; (*cais*) tentative *f*; (*mewn cyfarfod*) motion *f*, résolution *f*, proposition *f*; (*mewn arwerthiant*) enchère *f*; (*mewn gêm o bridge*) demande *f*; **rhoi** ~ **ar wneud rhth** tenter *neu* essayer de faire qch; **rhoi** ~ **arni** tenter le coup; ~ **cyntaf** coup *m* d'essai; **bod yn llwyddiannus ar y** ~ **cyntaf** réussir du premier coup; **gwneud** ~ **am** faire une offre pour; (*am swydd*) poser sa candidature pour; **ar gynnig** (*MASN*) en promotion; ~ **priodi,** ~ **priodas** demande en mariage; **nid oes gennyf gynnig iddo** (*ni allaf mo'i oddef*) je ne peux pas le supporter.

cynnig[2] *ba* offrir, proposer; (*awgrymu*) proposer, suggérer; ~ **rhth i rn** offrir qch à qn; ~ **llwnc destun i rn** porter un toast à la santé de qn; **fe wnaeth fy nghynnig i** (*bygwth*) il m'a menacé(e); ~ **gwneud rhth** proposer de faire qch; ~ **priodi rhn** demander qn en mariage;
♦*bg*: ~ **(am)** (*mewn arwerthiant*) faire une enchère *neu* une offre (de); ~ **am swydd** poser sa candidature pour un emploi, faire une demande d'emploi.

cynnil *ans* économe, frugal(e)(frugaux, frugales); (*awgrymog*) subtil(e);
♦ **yn gynnil** *adf* frugalement, avec modération, chichement, avec parcimonie; (*yn awgrymog*) subtilement, avec subtilité.

cynnud *g* bois *m* de chauffage.

cynnull *ba* rassembler, réunir, assembler, convoquer.

cynnwrf (**cynhyrfau, cynhyrfoedd**) *g* agitation *f*, émoi *m*; (*stŵr*) remue-ménage *m inv* vacarme *m*, brouhaha *m*; **creu** ~ faire sensation *f*; **achosi** ~ **mawr** causer un grand émoi.

cynnwys[1] *ba*
1 (*bod â*) comprendre, contenir, inclure; (*gwybodaeth, gwallau*) comprendre, contenir, comporter; **yn** ~**, gan gynnwys** y compris; **gan gynnwys tâl gwasanaeth** service *m* compris.
2 (*calonogi*) encourager; **paid â'i chynnwys hi i'r tŷ 'ma** ne l'encourage pas à nous fréquenter.

cynnwys[2] (**cynhwysion**) *g* contenu *m*; (*llyfr*) table *f* des matières; **cynhwysion** (*COG*) ingrédients *mpl*.

cynnydd *g* progrès *m*; (*twf*) croissance *f*, développement *m*; **gwneud** ~ faire du progrès *neu* des progrès; **bod ar gynnydd** se multiplier, croître, être en progression, se faire plus nombreux *neu* plus fréquents.

cynnyrch (**cynhyrchion**) *g* (*DIWYD*) produit *m*; **C~ Gwladol Crynswth** produit national brut; **C~ Mewnwladol Crynswth** produit intérieur brut.

cynodiad (**-au**) *g* connotation *f*.

cynoesol *ans* primitif(primitive), primordial(e)(primordiaux, primordiales).

cynoeswr (**cynoeswyr**) *g* homme *m* primitif.

cynol *ans* (*yn ymwneud â chŵn*) canin(e).

cynorthwyedig *ans* assisté(e).

cynorthwyo *ba* aider, assister; (*rhn anafus*) secourir, venir en aide à; ~ **rhn i wneud rhth** aider qn à faire qch; ~ **ac ategu** (*CYFR*) se faire le complice (de).

cynorthwyol *ans* auxiliaire, adjoint(e); **berf gynorthwyol** verbe *m* auxiliaire; **llyfrgellydd** ~ bibliothécaire *m* adjoint, bibliothécaire *f* adjointe; **pregethwr** ~ prédicateur *m* laïque;
♦ **yn gynorthwyol** *adf* d'une manière auxiliaire, auxiliairement.

cynorthwywr (**cynorthwywyr**) *g gw.* **cynorthwy-ydd**.

cynorthwywraig (**cynorthwywragedd**) *b gw.* **cynorthwy-ydd**.

cynorthwy-ydd (**cynorthwywyr**) *g* assistant *m*, assistante *f*, adjoint *m*, adjointe *f*, aide *m/f*, auxiliaire *m/f*.

cynosod *ba* postuler, présupposer.
cynradd *ans* primaire; **lliw** ~ couleur *f* fondamentale; **ysgol gynradd** école *f* primaire.
cynrychiadol *ans* représentatif(représentative) (de);
♦ **yn gynrychiadol** *adf* représentativement.
cynrychiolaeth (-au) *b* (GWLEID) représéntation *f*; ~ **gyfrannol** représentation proportionnelle.
cynrychiolaidd *ans* représentatif(représentative);
♦ **yn gynrychiolaidd** *adf* de façon représentative.
cynrychioli *ba* représenter.
cynrychioliad (-au) *g* représentation *f*.
cynrychiolydd (**cynrychiolwyr**) *g* (MASN) représentant *m*, représentante *f* de commerce, commis *m* voyageur; (GWLEID) député *m*.
cynrhoni *bg* (*caws*) grouiller de vers *neu* d'asticots; (*plentyn*) gigoter, se trémousser.
cynrhonllyd *ans* véreux(véreuse).
cynrhonyn (**cynrhon**) *g* ver *m*, asticot *m*.
cynsail (**cynseiliau**) *b* fondement *m*, rudiments *mpl*; (*rhagosodiad*) prémise *f*; (CYFR) précedent *m*; **gosod** ~ créer un précedent.
cynt *ans* (*gradd gymharol 'cynnar', 'buan'*)
1 (*cyflymach*) plus rapide; **mae trenau** ~ **i'w cael yn Ffrainc** il y a des trains plus rapides en France.
2 (*agosach at nawr: dyddiad ayb*) plus rapproché(e); **'rwy'n siwr y gallwn gael trên** ~ **na'r un 10 o'r gloch** je suis certain(e) qu'il y a un train qui part avant celui de 10 heures.
3 (*blaenorol*) d'avant, précedent(e); **y flwyddyn** ~ l'année d'avant, l'année précédente; **yr wythnos** ~ la semaine précédente; **y diwrnod** ~ la veille *f*; **y noson** ~ la veille au soir.
4 (*a fu*) passé(e); **y dyddiau gynt** le passé *m*, le vieux temps *m*, les temps passés *mpl*; **yn y dyddiau gynt** autrefois.
5 (*defnydd enwol*): **megis** ~ comme par le passé; **fel** ~ comme avant.
▶ **na chynt na chwedyn**: **ni welais mohoni na chynt na chwedyn** je ne l'avais pas vue auparavant, et ne l'ai pas (re)vue depuis;
♦ **yn gynt** *adf*
1 (*yn gyflymach*) plus rapidement; **rhedeg yn gynt** courir plus vite.
2 (*yn gynharach*) plus tôt; **codais yn gynt heddiw** je me suis levé(e) plus tôt aujourd-hui;
♦ **gynt** *adf* (*ers talwm*) jadis, autrefois; **credid gynt ...** autrefois on croyait que ...; **yr oedd gynt ferch fach ...** il était une petite fille ...
cyntaf *ans*
1: **y ...** ~ le premier(la première ...) ...; **yn y lle** ~ d'abord, en tout premier lieu; **cymorth** ~ premiers secours *mpl*, soins *mpl*; (*fel pwnc*) secourisme *m*; **cymhorthydd** ~ secouriste *m/f*; **offer cymorth** ~ trousse *f* à pharmacie; **llythyrau dosbarth** ~ courrier *m* rapide; **noson gyntaf** (THEATR) première *f*; **y tair blynedd** ~ les trois premières années; **argraffiad** ~ édition *f* princeps *neu* originale.
2 (*defnydd enwol*): **y** ~ le premier, la première; (*y cyflymaf*) le plus rapide, la plus rapide; **Elisabeth y gyntaf** Elisabeth 1ère; **Siarl y** ~ Charles 1er; **y** ~ **o Ebrill** le premier avril; **y** ~ **i'r felin gaiff falu** les premiers venus sont les premiers servis;
♦ **yn gyntaf** *adf* (*ar restr, ar ôl ras*) en premier lieu, premièrement; **yn gyntaf oll** tout premièrement, primo, tout d'abord.
cyntaf-anedig *ans* premier-né(première-née).
cynted *ans* (*gradd gyfartal 'cynnar'*) aussi rapide.
▶ **cyn gynted â** *gw.* **cyn**[2].
cyntedd (-au, -oedd) *g* entrée *f*, vestibule *m*, hall *m*; (*porth*) porche *m*.
cyntefig *ans* primitif(primitive);
♦ **yn gyntefig** *adf* de façon primitive, dans un style primitif.
cyntun *g* sieste *f*, (petit) somme *m*; **cael** ~ faire un somme, faire une sieste.
cynulleidfa (-oedd) *b* (*mewn capel, eglwys*) assemblée *f* (des fidèles); (*mewn theatr*) public *m*, spectateurs *mpl*; (*mewn cyfarfod*) assistance *f*; (*mewn darlith*) auditoire *m*.
cynulleidfaol *ans* (*gweddi, canu*) des fidèles, de congrégation; **yr Eglwys Gynulleidfaol** l'Église congrégationaliste.
Cynulleidfaolwr (**Cynulleidfaolwyr**) *g* Congrégationaliste *m/f*.
cynulliad (-au) *g* assemblée *f*, réunion *f*, rassemblement *m*; **C~ Cenedlaethol Cymru** l'Assemblée nationale du pays de Galles.
cynullwr, cynullydd (**cynullwyr**) *g* convocateur *m*.
cynuta *bg* ramasser du bois (mort).
cynwys(i)edig *ans* compris(e).
cynydd (-ion) *g* (*heliwr*) chasseur *m*.
cynyddol *ans* croissant(e), accumulatif(accumulative), progressif(progressive);
♦ **yn gynyddol** *adf* de plus en plus, de plus en plus fréquemment.
cynyddu *ba, bg* augmenter.
cynyrfadwy *ans* excitable, nerveux(nerveuse);
♦ **yn gynyrfadwy** *adf* nerveusement.
cynysgaeddu *ba* douer, doter, nantir.
cyplu *ba* accoupler qch (à);
♦*bg* copuler, s'accoupler (à).
cyplysnod (-au) *b* (TEIP) trait *m* d'union.
cyplysu *ba* joindre, relier, coupler; (*enwau, syniadau*) associer; (TECH) coupler, atteler.
Cypraidd *ans* chypriote.
cypreswydden (**cypreswydd**) *b* cyprès *m*.
Cypriad (**Cypriaid**) *g/b* Chypriote *m/f*.
Cyprus *prb* Chypre *f*; **yng Nghyprus** à Chypre.

cyraeddadwy *ans* (*cynllun*) réalisable; (*lle, copa*) accessible, d'accès facile.
cyraeddiadau *ll* réussite *f*.
cyransen (**cyrens, cyrains**) *b gw.* **cwrensen**.
cyrawel *ll gw.* **criafolen**.
cyrbibion: **yn gyrbibion** *adf* (en) mille morceaux *mpl*.
cyrc *ll gw.* **corcyn**.
cyrcydu *bg* (*mynd i'ch cwrcwd*) s'accroupir; (*bod yn eich cwrcwd*) être accroupi(e).
cyrch (**-oedd**) *g* attaque *f*; (*MIL*) assaut *m*, raid *m*; (*gan yr heddlu*) razzia *f*; **dwyn ~ ar rn** lancer une attaque contre qn.
cyrchfa, cyrchfan (**-oedd, cyrchfeydd, cyrchfâu, cyrchfannau**) *b* (*man ymgynnull*) rendez-vous *m inv*; (*pen taith*) destination *f*; **~ wyliau** (*tref*) station *f* (de vacances) *neu* de villégiature, lieu *m* (de séjour); (*ar lan y môr*) station balnéaire; (*chwaraeon gaeaf*) station de sports d'hiver; **prif gyrchfan ymwelwyr** principale attraction *f* touristique.
cyrchu *ba* aller chercher, aller obtenir, procurer, se procurer;
♦*bg* se diriger (vers).
cyrchwr (**cyrchwyr**) *g* (*CYFRIF*) curseur *m*.
cyrddau *ll gw.* **cwrdd**[2].
cyrensen (**cyrens**) *b gw.* **cwrensen**.
cyrfau *ll gw.* **cwrw**.
cyrff *ll gw.* **corff**.
cyrhaeddbell, cyrhaeddfawr *ans* d'une portée considérable.
cyrhaeddgar *ans* (*llym, treiddgar*) incisif(incisive), mordant(e), pénétrant(e);
♦ **yn gyrhaeddgar** *adf* incisivement, d'une façon mordante *neu* pénétrante.
cyrhaeddiad (**cyraeddiadau**) *g* arrivée *f*; (*nod*) réalisation *f*; (*llwyddiant*) réussite *f*, exploit *m*.
cyrion *ll gw.* **cwr**.
cyrlen (**cyrls**) *b* (*modrwy o wallt*) boucle *f*.
cyrler (**-s**) *g* rouleau(-x) *m*, bigoudi *m*.
cyrlio *bg* (*gwallt*) friser, boucler; (*mwg*) monter en spirale, tourbillonner; (*papur, deilen*) se racornir, se recroqueviller;
♦*ba* (*gwallt*) friser, faire boucler; (*papur*) enrouler.
cyrliog *ans* (*gwallt*) bouclé(e), frisé(e).
cyrn *ll gw.* **corn**[1].
cyrnadu *bg* crier, brailler, gueuler*.
cyrnen (**-nau**) *b* meule *f*.
cyrnennu *ba* entasser.
cyrnewian *bg* pleurnicher.
cyrnol (**-iaid**) *g* colonel *m*.
cyrraedd *ba* atteindre, parvenir à, arriver à; (*trwy ymestyn*) atteindre; (*cyffwrdd*) toucher; **~ copa mynydd** parvenir au sommet d'une montagne; **~ oedran** atteindre l'âge (de); **'dyw ei thraed ddim yn ~ y pedalau** ses pieds ne touchent pas les pédales; **'rwyf wedi ~ Paris yn ddiogel** je suis bien arrivé(e) à Paris; **hawdd ei gyrraedd** facilement accessible, d'accès facile; **y rhai cyntaf i gyrraedd** les premiers arrivés *mpl*, les premières arrivées *fpl*;
♦*bg* arriver; **~ yn ddiogel** bien arriver;
♦*g* portée *f*; **o fewn ~** accessible; (*rhywle*) à proximité de; **allan o gyrraedd** hors de portée.
cyrrau *ll gw.* **cwr**.
cyrri (**cyrïau**) *g* (*COG*) curry *m*; **powdr ~** poudre *f* de curry; **~ cyw iâr** curry de poulet, poulet au curry.
cyrs *ll gw.* **corsen**.
cyrsiau *ll gw.* **cwrs**[1].
cyrt *ll gw.* **cortyn**.
cyrten (**-ni**) *g gw.* **llen**.
cyrtiau *ll gw.* **cwrt**.
cyrtsi (**cyrtsïau**) *g* révérence *f*; **gwneud ~** faire une révérence.
cyrydiad *g* corrosion *f*.
cyrydol *ans* corrosif(corrosive);
♦ **yn gyrydol** *adf* de façon corrosive.
cyrydu *ba* ronger; (*TECH*) corroder;
♦*bg* se corroder.
cyryglau *ll gw.* **cwrwgl**.
cysáct *ans gw.* **manwl, cywir**.
cysain *ans* consonant(e), harmonieux(harmonieuse).
cysawd (**cysodau**) *g* système *m*; **~ yr haul** le système solaire.
cysefin *ans* originel(le), d'origine, primitif(primitive); (*ffurf ansoddair ayb*) positif(positive);
♦ **yn gysefin** *adf* à l'origine, primitivement, originellement.
cysegr (**-au, -oedd**) *g* sanctuaire *m*.
cysegredig *ans* sacré(e); **~ i goffadwriaeth rhn** consacré(e) à la mémoire de qn; **man ~** lieu saint *neu* béni.
cysegriad (**-au**) *g* consécration *f*.
cysegrladrad (**-au**) *g* sacrilège *m*.
cysegr-lân *ans* saint(e); **y Beibl ~-~** la Sainte Bible.
cysegrol *ans* consacré(e), sacramental(le)(sacramentaux, sacramentales).
cysegru *ba* consacrer; (*cyflwyno: bywyd, amser*) dédier, consacrer.
cysegrwr (**cysegrwyr**) *g* consacrant *m*.
cyseinedd *g* (*cyflythreniad*) allitération *f*; (*nodau*) harmonie *f*, consonance *f*.
cyseiniant (**cyseiniannau**) *g* consonance *f*, harmonie *f*.
cyseinio *bg* harmoniser, être en harmonie avec.
cysêt *g* goût *m* difficile.
cysetlyd *ans* difficile; (*hawdd eich diflasu*) délicat(e), vite dégoûté(e), dédaigneux(dédaigneuse);
♦ **yn gysetlyd** *adf* d'un air de dégoût, dédaigneusement.
cysgadrwydd *g* assoupissement *m*.
cysgadur (**-iaid**) *g* dormeur *m*.

cysgadures (**-au**) *b* dormeuse *f*.
cysgbair *ans* soporifique, somnifère.
cysglyd *ans* (*llais, pentref*) endormi(e), somnolent(e), assoupi(e); **bod yn gysglyd** avoir sommeil *m*; **'rwy'n gysglyd** j'ai sommeil, j'ai envie de dormir; **gwneud rhn yn gysglyd** (*awyr y môr*) donner envie de dormir à qn; (*alcohol*) endormir qn, assoupir qn;
♦ **yn gysglyd** *adf* d'un air *neu* ton endormi.
cysglys *g* coquelicot *m*.
cysgod (**-ion**) *g*
1 (*amlinelliad tywyll a achosir gan rwystr i olau*) ombre *f*; **40° yn y** ~ 40° à l'ombre; **yng nghysgod y goeden** à l'ombre de l'arbre; **byw yng nghysgod rhn** (*ffig*) vivre à l'ombre de qn; **rhoi rhn yn y** ~ (*ffig*) éclipser qn.
2 (*lloches rhag y tywydd*) abri *m*; **cael** ~ **coeden** se mettre à l'abri d'un arbre.
3 (*adlewyrchiad*) reflet *m*, image *f*.
cysgodfa (**cysgodfeydd**) *b* abri *m*, refuge *m*.
cysgodi *ba* abriter, donner de l'ombre à; ~ **rhth rhag yr haul** abriter qch du soleil;
♦*bg* s'abriter; ~ **rhag** (*pobl, perygl*) se mettre à l'abri de; (*tywydd*) s'abriter de.
cysgodlen (**-ni**) *b* abat-jour *m inv*.
cysgodlun (**-iau**) *g* silhouette *f*.
cysgodol *ans* (*rhag y tywydd, gwynt*) abrité(e); (*rhag yr haul*) ombragé(e).
cysgu *bg* dormir; (*treulio'r nos*) dormir, coucher; **mynd i gysgu** s'endormir; **~'n sownd**, ~ **fel twrch**, ~ **fel mochyn** dormir comme une souche; **cysgwch yn dawel!** dormez bien!, faites de beaux rêves!; **~'n drwm** dormir profondément; **~'n dda** dormir sur ses deux oreilles; **roedd hi'n** ~ **uwchben ei thraed** elle tombait de sommeil; **~'n hwyr** se réveiller tard; **cysgu ymlaen yn fwriadol** faire la grasse matinée; **sach gysgu** sac *m* de couchage; **pilsen gysgu** somnifère *m*; **cerbyd** ~ (*mewn trên*) wagon-lit(~s-~s) *m*, voiture-lit(~s-~s) *f*; **yn** ~ endormi(e); **methu** ~ être insomniaque, passer une nuit blanche; **bod yn hanner** ~ être à moitié endormi(e); ~ **llwynog** faire semblant de dormir; **ni chysgodd hi'r un winc drwy'r nos** elle n'a pas fermé l'œil de la nuit.
cysgwr (**cysgwyr**) *g* dormeur *m*; **mae'n gysgwr gwael** il dort mal.
cysgwraig (**cysgwragedd**) *b* dormeuse *f*.
cysidro *ba gw.* **ystyried**.
cysodi *ba* composer.
cysodydd (**cysodwyr**) *g* compositeur *m*, compositrice *f*.
cyson *ans* (*aml*) fréquent(e); (*tyfiant, ansawdd, chwaraewr*) régulier(régulière); (*caredigrwydd, cymorth, sylwadau*) constant(e); (*perfformiad*) homogène, invariable; (*ymdrechion, gofynion*) répété(e); (*synhwyrol: dadleuon, safbwynt*) cohérent(e), logique; (*dull, sail*) systématique;
♦ **yn gyson** *adf* (*yn aml*) fréquemment; (*yn ddieithriad*) systématiquement, invariablement; (*a ailadroddir*) à maintes reprises.
cysondeb (**-au**) *g* (*ansawdd*) consistence *f*; (*dadleuon*) cohérence *f*; (*chwaraeon*) régularité *f*; (*cydnawsedd*) compatibilité *f*; (*llwyddiant*) qualité *f* suivie.
cysoni *ba* concilier, accorder.
cystadleuaeth (**-au, cystadlaethau, cystadleuthau**) *b* (*cyff,* MASN) concurrence *f*, compétition *f*; (*ar gyfer gwobr, swydd*) compétition *f*, concours *m*; (*rhwng dau berson*) rivalité *f*; **bod mewn** ~ **â rhn** être en compétition avec qn.
cystadleuol *ans* (*rhn*) qui a l'esprit de compétition; (*awyrgylch*) compétitif(compétitive); (MASN: *cwmni, pris, cynnyrch, marchnad*) compétitif; (*mantais, anfantais*) concurrentiel(le); **trwy arholiad cystadleuol** sur concours; **am brisiau** ~ à des prix compétitifs; **tennis** ~ tennis *m* de compétition;
♦ **yn gystadleuol** *adf* (*chwarae, ymddwyn*) dans un esprit de compétition, à qui mieux mieux; (MASN: *gweithredu*) compétitivement.
cystadleuwr, **cystadleuydd** (**cystadleuwyr**) *g* concurrent *m*, concurrente *f*, rival(rivaux) *m*, rivale *f*, compétiteur *m*, compétitrice *f*.
cystadlu *bg* (*am swydd, am wobr*) rivaliser (avec); (CHWAR) concourir (avec); (MASN) se faire concurrence, entrer en concurrence (avec); ~ **â rhn am rth** concourir avec qn pour obtenir qch; **ni alla' i ddim** ~ **â hi!** je ne peux pas lui faire concurrence!; ~ **yn y Gêmau Olympaidd** participer aux jeux Olympiques.
cystal *ans* (gradd gyfartal 'da'. Wrth gyfieithu dylid cyfeirio at y gwahanol ystyron sydd dan 'da'.): ~ **â** aussi bon(ne) que; **a fyddech** ~ **â ...?** auriez-vous la gentillesse *neu* l'obligeance de ...?; ~ **inni ddweud** il vaut autant *neu* autant vaut qu'on dise *subj*; ~ **ag y gellir ei ddisgwyl** tant bein que mal;
♦*adf*: **(gwneud rhth)** ~ **â** (faire qch) aussi bien que.
Cystenin *prg* Constantin.
cystrawen (**-nau**) *b* syntaxe *f*, construction *f*.
cystrawennol *ans* syntactique;
♦ **yn gystrawennol** *adf* syntactiquement.
cystudd (**-iau**) *g* affliction *f*, souffrance *f*.
cystuddiedig *ans* affligé(e), souffrant(e).
cystuddio *ba* affliger.
cystuddiol *ans* affligeant(e).
cystwyad (**-au**) punition *f*, correction *f*.
cystwyo *ba* châtier, punir, corriger, gronder.
cystwywr (**cystwywyr**) *g* celui qui châtie *neu* punit *neu* corrige *neu* gronde.
cysur (**-on**) *g* consolation *f*; (*meddyliol, corfforol*) réconfort *m*; (*moethusrwydd*) confort *m*; (*cyfoeth*) aisance *f*.
cysurfawr *ans* consolant(e), consolateur(consolatrice).

cysurlon *ans* réconfortant(e), consolateur(consolatrice);
♦ **yn gysurlon** *adf* de façon consolatrice.
cysuro *ba* consoler, réconforter; **eich ~'ch hun** se consoler, se réconforter.
cysurus *ans* (*cadair*) confortable; (*rhn*) à l'aise; (*claf*) dont l'état est stationnaire; **gwnewch eich hun yn gysurus** mettez-vous à votre aise;
♦ **yn gysurus** *adf* confortablement, à l'aise; **byw'n gysurus** vivre dans l'aisance.
cysurwr (**cysurwyr**) *g* consolateur *m*.
cysurwraig (**cysurwragedd**) *b* consolatrice *f*.
cyswllt (**cysylltau**) *g* (*cyd-destun*) rapport *m*, connexion *f*, contexte *m*; **dolen gyswllt** lien *m*, liaison *f*.
cysylltair (**cysyllteiriau**) *g* (*GRAM*) conjonction *f*.
cysylltiad (**-au**) *g* rapport *m*, liaison *f*, prise *f*, raccord *m*, relation *f*, lien *m*; (*TRYD*) connexion *f*, branchement *m*; (*gwifrau*) câblage *m*; (*ffôn*) raccordement *m*; (*trên*) correspondance *f*; **bod â chysylltiad** avoir un rapport *neu* des rapports avec qn, être en relation avec qn; ~ **gwael** (*ffôn*) mauvaise ligne *f* *neu* communication *f* *neu* connection *f*, mauvais contact *m*; **mewn ~ â** (*ar y cyd â*) conjointement avec; **bod mewn ~ â rhn** être *neu* se tenir en contact avec qn; **Cysylltiadau Cyhoeddus** relations publiques; **Swyddog Cysylltiadau Cyhoeddus** responsable *m* des relations publiques.
cysylltiedig *ans* (*perthnasol*) lié(e) (à), ayant quelque rapport (avec); (*teulu*) apparenté(e) (à); (*ffordd, tref*) relié(e); (*trydanol*) branché(e).
cysylltnod (**-au**) *g* (*TEIP*) trait *m* d'union.
cysylltu *ba* raccorder, joindre, relier; (*ffôn*) mettre en connection avec; (*pobl*) mettre (qn) en contact *neu* en rapport *neu* en relation; (*TRYD*) brancher, raccorder; ~ **rhth â rhth** joindre qch à qch;
♦*bg*: ~ **â** se mettre en contact avec, se mettre en rapport avec, prendre contact avec; (*trên*) assurer la correspondance avec.
cysyniad (**-au**) *g* concept *m*.
cysyniadol *ans* conceptuel(le).
cŷt *g*: **torri ~** se pavaner.
cytbwys *ans* équilibré(e), égal(e)(égaux, égales), en équilibre; (*diduedd*) impartial(e)(impartiaux, impartiales);
♦ **yn gytbwys** impartialement, sans préventions.
cytbwysedd *g* *gw.* **cydbwysedd**.
cytew *g* (*pysgod*) pâte *f* à frire; (*crempog*) pâte à crêpes; **mewn ~** (*pysgod*) frit(e) *neu* enrobé(e) de pâte à frire.
cytgan (**-au**) *b* refrain *m*.
cytgord *g* (*CERDD*) harmonie *f*; **byw mewn ~** vivre en harmonie.
cytir (**-oedd**) *g* terrain *m* communal(~s communaux).
cytled (**-au, -i**) *g,b* côtelette *f*.
cytleri *g* (*cyllyll a ffyrc*) couverts *mpl*.
cytras *ans* apparenté(e).
cytrasedd *g* affinité *f*, parenté *f*.
cytref (**-i**) *b* conurbation *f*.
cytsain (**cytseiniaid**) *b* consonne *f*.
cytseinedd *g* allitération *f*.
cytser (**-au**) *g* constellation *f*.
cytûn *ans* d'accord (avec), conforme; **bod yn gytûn â rhn** être d'accord avec qn; **'rydym yn gytûn** nous sommes d'accord;
♦ **yn gytûn** *adf*: **yn gytûn â** conformément avec; **byw'n gytûn** vivre en harmonie *neu* harmonieusement.
cytundeb (**-au**) *g* accord *m*; (*dogfen gyfreithiol*) contrat *m*; (*GRAM*) accord; **trwy gytundeb o'r ddeutu** d'un commun accord; **gyda chytundeb pawb** avec le consentement de tous.
cytuniad (**-au**) *g* *gw.* **cytundeb**.
cytuno *bg*
1 (*cyff*) tomber d'accord, acquiescer; ~ **â rhn** être d'accord avec qn, souscrire à l'avis de qn; ~ **i wneud rhth** accepter de faire qch, consentir à faire qch; ~ **â rhth** consentir à qch; ~ **ar rth** convenir de qch; **~'n dda â rhn** s'entendre bien avec qn; **~!** d'accord!, entendu!; **"o'r gorau," cytunodd** "d'accord," acquiesça-t-il.
2 (*GRAM*) s'accorder.
cythgam* *g*: ~ **o** (*andros o, ofnadwy o*) très, diablement*; **mae'r gwaith 'ma'n gythgam o anodd** ce travail est diablement difficile.
cythlwng *g*: **bod ar eich ~** crever de faim*, être affamé(e).
cythraul (**cythreuliaid**) *g* diable *m*, démon *m*; (*rhn cas*) salaud** *m*; **mae hi'n oer ar y ~!** il fait diablement froid, il fait un froid de tous les diables; ~ **canu** discorde *f* entre musiciens *neu* chanteurs; ~ **y wasg** apprenti *m* imprimeur; **bu ~ y wasg wrthi** il y a des coquilles partout; ~ **gyrru** violence *f* au volant; ~ **Tasmania** (*ANIF*) diable de Tasmanie.
cythreuldeb *b* diablerie *f*.
cythreules (**-au**) *b* furie *f*, mégère *f*.
cythreulig *ans* diabolique;
♦ **yn gythreulig** *adf* diaboliquement, diablement; **mae hi'n gythreulig o oer** il fait diablement froid.
cythreuligrwydd *g* méchancété *f* infernale.
cythru *ba* saisir (qch) d'un geste vif, se précipiter sur;
♦*bg*: ~ **allan** sortir en coup de vent.
cythrudd (**-ion**) *g* (*dicter*) irritation *f*, agacement *m*; (*pryfociad*) provocation *f*.
cythruddgar *ans* irritable, irascible;
♦ **yn gythruddgar** *adf* avec agacement, de façon irritable *neu* irascible.
cythruddo *ba* (*gwylltio*) agacer, ennuyer,

contrarier, irriter, provoquer, exaspérer, énerver;
♦*bg* s'irriter, s'exaspérer, s'énerver, s'emporter.
cythruddol *ans* énervant(e), irritant(e), exaspérant(e), agaçant(e).
cythrwbl (**cythryblau**) *g gw.* **cythrwfl**.
cythrwfl (**cythryflon**) *g* désordre *m*, tumulte *m*, trouble *m*, agitation *f*, bouleversement *m*.
cythryblu *ba* troubler, provoquer, exciter, ameuter.
cythryblus *ans* (*pobl*) troublé(e), tumultueux(tumultueuse), turbulent(e), mouvementé(e).
cythryblwr (**cythryblwyr**) *g* perturbateur *m*, agitateur *m*.
cyw (**-ion**) *g* (*iâr*) poussin *m*; (*adar eraill*) oisillon *m*; ~ **iâr** (*COG*) poulet *m*; **sut wyt ti ~?** ça va, mon chou?
cywair (**cyweiriau**) *g* (*CERDD*) ton *m*; (*llais*) registre *m*, tessiture *f*; (*ieithyddol*) registre, niveau(-x) *m* de langue; **y ~ llon, y ~ mwyaf** le ton majeur; **y ~ lleddf, y ~ lleiaf** le ton mineur.
cywair-bur *ans* haute fidélité.
cywaith (**cyweithiau**) *g* (*ymchwil*) étude *f*; (*YSGOL*) dossier *m*; **gwneud ~ ar rth** faire un dossier sur qch.
cywarch *g* chanvre *m*.
cywasgedig *ans* comprimé(e), condensé(e), concentré(e);
♦ **yn gywasgedig** *adf* sous une forme comprimée *neu* condensée *neu* concentrée.
cywasgiad (**-au**) *g* compression *f*.
cywasgu *ba* comprimer; (*gwybodaeth*) condenser, concentrer, résumer.
cywasgydd (**-ion**) *g* compresseur *m*.
cyweiraidd *ans* tonal(e)(tonaux, tonales);
♦ **yn gyweiraidd** *adf* tonalement.
cyweirdeb *g* (*COG: renet*) présure *f*.
cyweirio *ba* (*cywiro*) corriger; (*paratoi*) préparer; (*trefnu*) ordonner, ranger; (*trwsio*) réparer; (*ysbaddu*) châtrer; ~ **gwely** faire un lit; ~ **sanau** repriser *neu* raccommoder des bas; ~ **lledr** tanner le cuir.
cyweirnod (**-au**) *g* (*CERDD*) tonique *f*.
cywely *g* camarade *m* de lit.
cywen (**-nod**) *b* poulette *f*, jeune poule *f*; (*merch ifanc*) nana* *f*.
cywerth *ans* équivalent(e) (à).
cywilydd *g* honte *f*; **codi ~ ar rn** faire honte à qn, mettre qn dans l'embarras, embarrasser qn; **rhag dy gywilydd di!** quelle honte!; **'does gen ti ddim ~?** tu n'as pas de honte?; **teimlo ~ o rth** avoir honte de qch, se sentir gêné(e) de qch, être embarrassé(e) de qch; **er mawr ~ imi** à ma grande honte, à mon grand embarras; **mewn ~** honteux(honteuse), embarrassé(e), gêné(e).
cywilyddgar *ans* embarrassé(e), gêné(e), modeste, farouche.
cywilyddgarwch *g* modestie *f*, embarras *m*, gêne *f*.
cywilyddio *ba* faire honte à;
♦*bg* avoir honte, se sentir gêné(e), être embarrassé(e); ~ **wrth rth** avoir honte de qch.
cywilyddus *ans* honteux(honteuse), scandaleux(scandaleuse); **mae'n gywilyddus!** c'est honteux!, c'est scandaleux!, quelle honte!
cywir *ans* correct(e); (*union*) juste, exact(e); (*gwir*) vrai(e), véridique; (*priodol*) approprié(e); (*addas*) bon(ne), convenable, juste; (*diffuant, gonest*) loyal(e)(loyaux, loyales) honnête, fidèle, intègre; **y ffordd gywir** la bonne route; **y teclyn ~** l'outil qu'il faut, l'outil nécessaire *neu* convenable;
♦ **yn gywir** *adf* exactement, précisément; (*yn ffyddlon*) loyalement, fidèlement; **yr eiddoch yn gywir** (*ar ddiwedd llythyr*) veuillez agréer, Monsieur/Madame, mes *neu* nos sincères salutations.
cywirdeb[1] *g gw.* **cyweirdeb**.
cywirdeb[2], **cywirder** *g* (*manylder*) exactitude *f*, précision *f*, justesse *f*, correction *f*; (*gonestrwydd*) honnêteté *f*, intégrité *f*, loyauté *f*, bon ordre *m*.
cywiriad (**-au**) *g* correction *f*.
cywiro *ba*
1 (*cyff*) corriger.
2 (*bod yn driw i*): ~ **addewid** tenir une promesse.
cywirwr (**cywirwyr**) *g* correcteur *m*.
cywrain *ans* (*galluog*) ingénieux(ingénieuse); (*medrus*) habile, adroit(e); **gwaith ~** ouvrage *m* artistement fait, ouvrage travaillé avec art, ouvrage élégant;
♦ **yn gywrain** *adf* artistement, avec art, élégamment *gw. hefyd* **chwilfrydig**.
cywreinbeth (**-au**) *g* bibelot *m*, curiosité *f*, objet *m* rare.
cywreinion *ll* bric-à-brac *mpl inv*, curiosités *fpl*.
cywreinrwydd *g*
1 art *m*.
2 (*ystyr anghywir*) *gw.* **chwilfrydedd**.
cywydd (**-au**) *g* poème *m* allitératif, ode *f* allitérative.
cywyddwr (**cywyddwyr**) *g* auteur *m* de poèmes allitératifs *neu* d'odes allitératives

CH

'ch *rhag blaen clwm gw.* **eich**.
chdi *rhag syml gw.* **ti**[1].
chi *rhag syml*
1 (*goddrych*) vous; **'rydych ~'n gweithio** vous travaillez; (*pwysleisiol*) vous, vous travaillez; **'rydych ~'n brysur** vous êtes occupé(e)(s); **~ sy'n gywir** c'est vous qui avez raison; **~ Ffrancwyr** vous autres Français.
2 (*gwrthrych*) vous; **gwelodd ~** il vous a vu(e)(s); **mae hi'n eich casáu ~** elle vous déteste.
3 (*ar ôl arddodiad neu gysylltair*) vous; **gyda ~** avec vous; **'rwyf yn meddwl amdanoch ~** je pense à vous; **rhoddais anrheg i ~** je vous ai offert un cadeau; **a ~** et vous, vous aussi.
4 (*ar ei ben ei hun*) vous; **pwy? - ~** qui? - vous.
5 (*i ategu 'eich'*): **eich llyfr ~** votre livre (à vous).
▶ **galw 'chi' ar rn** vouvoyer qn, voussoyer qn.
Chile *prb gw.* **Tsile**.
China *prb gw.* **Tsieina**.
chithau *rhag cysylltiol*
1 (*goddrych*): **'rydych ~'n mynd ar y trên** (*hefyd*) vous aussi, vous prenez le train; (*ar y llaw arall*) vous, vous prenez le train; **'dydych ~ ddim yn ei glywed** (*chwaith*) vous ne l'entendez pas non plus; (*ar y llaw arall*) vous, vous ne l'entendez pas.
2 (*gwrthrych*): **mi welais i ~ yn y sinema** (*hefyd*) je vous ai vu(e)(s) vous aussi au cinéma; (*ar y llaw arall*) vous, je vous ai vu(e)(s) au cinéma.
3 (*ar ôl arddodiad*): **o'ch blaen ~** (*hefyd*) devant vous aussi; (*ar y llaw arall*) devant vous.
4 (*i ategu 'eich'*): **'roedd eich côt ~ ar y gadair** (*hefyd*) votre manteau à vous aussi était sur la chaise; (*ar y llaw arall*) votre manteau à vous était sur la chaise.
▶ **a chithau** (*hefyd*) vous aussi; **eich brawd a ~** votre frère et vous; **'rwyf fi'n gweithio a ~'n cysgu!** (*gwrthgyferbyniol*) moi, je travaille et vous, vous dormez!; **digwyddodd y ddamwain a ~ ar eich gwyliau** (*tra, pan*) l'accident est arrivé pendant que vous étiez en vacances.
▶ **na chithau** (*chwaith*) ni vous non plus.
▶ **dweud 'chi' a 'chithau' wrth rn** vouvoyer qn, voussoyer qn.
chwa (**-on**) *b* (*awel*) brise *f*; (*ysgafn*) petite brise, souffle *m* de vent, bouffée *f*; (*oer*) vent *m* frais; (*gref iawn*) coup *m* de vent, rafale *f*, bourrasque *f*; **~ o awyr iach** (*ffig*) une vraie bouffée de fraîcheur.
chwaden* (**chwyaid**) *b gw.* **hwyaden**.
chwaer (**chwiorydd**) *b*
1 (*aelod o'r teulu*) sœur *f*; **ei ~ hŷn** sa sœur ainée; **ei ~ ieuengaf** sa sœur cadette, sa petite sœur; **hanner ~** demi-sœur *f*; **~ yng nghyfraith** belle-sœur(~s-~s) *f*.
2 (*lleian*) religieuse *f*, (bonne) sœur *f*.
3 (*mewn ysbyty*) infirmière *f* en chef;
♦*ans* (*cwmni*) sœur; (*papur newydd*) apparenté(e).
chwaerfaeth (**-od**) *b* sœur *f* adoptive (*dans une famille de placement*).
chwaer-genedl (**~-genhedloedd**) *b* nation *f* sœur.
chwaer-iaith (**~-ieithoedd**) *b* langue *f* sœur.
chwaerlong (**-au**) *b* sistership *m*.
chwaerol *ans* de sœur, en sœur, comme une sœur.
chwaeroliaeth (**-au**) *b* (*CREF*) communauté *f* de sœurs *neu* de religieuses.
chwaeth (**-au**) *b,g* goût *m*; **bod â ~** avoir du goût, avoir bon goût; **pobl a chanddynt ~** les gens de goût; **mae ganddi ~ dda mewn dillad** elle s'habille avec un goût exquis, elle a bon goût en matière de vêtements.
chwaethach *adf* (*heb sôn am*) sans compter, sans parler de, encore moins.
chwaethu *ba* savourer, goûter, sentir; (*blasu, profi: bwyd, diod*) savourer, goûter à; (*:am y tro cyntaf un*) goûter de; **ni allaf ~'r halen** je ne sens pas le sel, je ne sens pas le goût du sel.
chwaethus *ans* (*blasus*) de bon goût, agréable au goût; (*o chwaeth dda*) de bon goût, qui a du goût.
chwain *ll gw.* **chwannen**.
chwaith *adf*: **na(c) ... ~** ni ... non plus; **nid wyf i am fynd yno - na minnau ~** je n'irai pas - ni moi non plus; **nid hi a'i gwnaeth, nac yntau ~** ce n'est pas elle qui l'a fait, ni lui non plus *neu* ni lui.
chwâl *ans* (*brau: pridd*) friable; **ar ~** (*tai*) dispersé(e)s, éparpillé(e)s; (*poblogaeth*) dispersé(e), disséminé(e).
chwalfa (**chwalfeydd**) *b* (*distrywiad*) démolition *f*, destruction *f*, ruine *f*; (*gwasgariad*) dispersion *f*; (*newid sydyn*) bouleversement *m*.
chwalu *ba* (*dymchwel*) démolir; (*distrywio*) détruire, abîmer, ruiner; (*dad-wneud*) défaire; (*gwasgaru*) éparpiller; (*lledaenu*) répandre; (*tyrfa, cymylau*) disperser;
♦*bg* (*adeilad*) s'affaisser, s'écrouler, s'effondrer; (*cymylau ayb*) se disperser; **~ a chwilio** fouiller (partout).
chwalwr (**chwalwyr**) *g* (*distrywiwr: cyff*) destructeur *m*; (*:adeiladau*) démolisseur *m*; (*gwasgarwr*) celui qui éparpille *neu* répand *neu* disperse; **~ tail** (*peiriant*) épandeur *m* (d'engrais).
chwalwraig (**chwalwragedd**) *b* (*sy'n dinistrio:*

cyff) destructrice *f*; (:*adeiladau*) démolisseuse *f*; (*gwasgarwraig*) celle qui éparpille *neu* répand *neu* disperse.
chwaneg (**-ion**) *g gw.* **ychwaneg.**
chwanegiad (**-au**) *g gw.* **ychwanegiad.**
chwanegol *ans gw.* **ychwanegol.**
chwanegu *ba gw.* **ychwanegu.**
chwannen (**chwain**) *b* puce *f*.
chwannog *ans*
1 (*awyddus*) désireux(désireuse), avide; (*barus: am arian, pŵer*) avide, rapace, cupide; (:*am fwyd*) vorace, glouton(ne), goulu(e).
2 (*tueddol*): **bod yn ~ am** incliner à, avoir tendance à, être enclin(e) *neu* porté(e) *neu* disposé(e) à.
chwant (**-au**) *g*
1 (*awydd*) désir *m*, envie *f*; (*archwaeth*) appétit *m*.
2 (*trachwant: am ryw*) luxure *f*, lubricité *f*; (:*am enwogrwydd, pŵer*) soif *f*; **mae'n llawn ~** (*am ryw*) il est lascif *neu* luxurieux.
▶ **bod â chwant** (*eisiau*) avoir envie de, vouloir; **mae ~ arnaf ...** j'ai envie de ..., je voudrais bien ...; **oes ~ dod i'r sinema arnat?** est-ce que tu aimerais venir au cinéma?; **bod â ~ bwyd** avoir faim *gw. hefyd* **eisiau.**
chwantu *ba* (*awyddu*) souhaiter, désirer, vouloir; (*trachwantu: merch*) désirer, convoiter, avoir envie de; (:*pŵer, dial*) avoir soif de; (:*cyfoeth*) convoiter.
chwantus *ans* (*trachwantus*) lascif(lascive), luxurieux(luxurieuse); (*cnawdol, trythyll*) sensuel(le);
♦ **yn ~** *adf* lascivement, luxurieusement, sensuellement.
chwap (**-iau**) *g* (*ergyd sydyn*) coup *m* (inattendu); (*eiliad*) moment *m*, instant *m*;
♦*adf* tout d'un coup, instantanément, du coup, sur le coup, illico*, en un clin d'œil; **byddaf yno ~** une seconde et je suis là, j'y serai en un clin d'œil, un moment et je suis à vous.
chwarae *ba*
1 (CHWAR) jouer; **~ pêl-droed/cardiau/deis** jouer au football/aux cartes/aux dés; **mae Cymru yn ~ Lloegr** le pays de Galles joue contre l'Angleterre, le pays de Galles rencontre l'Angleterre; **a hoffet ti ~ tennis yn f'erbyn?** veux-tu faire une partie de tennis avec moi?; **caiff y gêm ei ~ ddydd Sadwrn** le match aura lieu samedi.
2 (CERDD): **~ piano** jouer du piano; **~ gitar** jouer de la guitare; **~'r drwm** jouer de la batterie.
3 (THEATR) jouer, interpréter; **~ rhan yn rhth** jouer un rôle dans qch; **~ rhan y gŵr** jouer le mari.
4 (*tâp, record ayb*): **~ casét** mettre une cassette; **~ CD** faire passer un CD; **~ tâp yn ôl** repasser une bande.
5 (*mewn ymadroddion*): **'roedd y plant wedi bod yn ~ bili-ffŵl trwy'r dydd** les enfants ont été insupportables *neu* ont fait des leurs toute la journée*; **~ cuddio** *ou* **cwato** *ou* **mig** jouer à cache-cache; **~ bod yn filwyr bach** jouer aux soldats; **~'r ffon ddwybig** jouer un double jeu; **~'r ffŵl** faire l'imbécile; **~'r gêm** (*yn deg*) jouer franc jeu, jouer selon les règles; **~ meddyliau** (*poeni*) ruminer, broyer du noir; **~ rhan yn rhth** (*ffig*) prendre part à qch, contribuer à qch; **~ triciau ar rn** jouer des tours à qn; **~ triwant** faire l'école buissonnière.
▶ **chwarae'r diawl**: **~'r diawl â rhn** (*dweud y drefn*) engueuler* qn, passer un savon* à qn; **'rwy'n ~'r diawl gyda hi!** (*wedi gwylltio*) je suis vraiment en colère après elle!, je suis fâché(e) tout(e) rouge avec elle; **mae hynna wedi ~'r diawl â'n cynlluniau ni!** (*gwneud llanast o*) ça a chamboulé *neu* flanqué en l'air nos projets!;
♦*bg* jouer; **a yw Wil yn dod allan i ~?** est-ce que Wil vient jouer?; **tro pwy yw hi i ~?** c'est à qui de jouer?, c'est le tour de qui de jouer?; **beth ydych chi'n ei wneud? - dim ond ~** qu'est-ce que vous faites ?- rien, on s'amuse; **~'n deg** jouer franc jeu; **~'n frwnt** *ou* **fudr** ne pas jouer selon les règles; **mae'n ~'n saff** (*peidio â mentro*) il ne prend pas de risques; **~'n wirion** faire l'imbécile *neu* l'idiot; **~ â thân** (*ffig*) jouer avec le feu; **~ am amser** (*ffig*) essayer de gagner du temps; **~ ar eiriau** jouer sur les mots, faire des calembours; **~ ar feddwl rhn** préoccuper qn, inquiéter qn; **~ gyda syniad** caresser une idée; **~ i ddwylo rhn** faire le jeu de qn, se faire avoir par qn*; **~ o gwmpas** folâtrer, jouer, s'amuser; **paid â ~ o gwmpas â'r gwn 'na!** arrête de tripoter ce fusil!, laisse ce fusil tranquille!; **dos i ~**** fous le camp*;
♦*g* jeu(-x) *m*; **~ ar eiriau** jeu(-x) *m* de mots, calembour *m*; **~ plant yw hynna!** c'est enfantin!, c'est un jeu d'enfant!; **~ teg** le fair-play *m inv*; **~ teg iddo wir!** bravo pour lui!, il a très bien fait!; **amser ~** (*mewn ysgol*) récréation *f*; **corlan ~** parc *m* pour petits enfants; **ffrind ~** copain *m* de jeu, copine *f* de jeu; **grŵp ~** garderie *f*; **ystafell ~** salle *f* de jeux; **bydd y ~'n troi'n chwerw** ça finira par des pleurs, ça se terminera mal; **nid ar ~ bach mae gwneud hynny** ce n'est pas simple de faire cela.
▶ **chwaraeon** sport *m*; **canolfan ~on** centre *m* sportif; **hoff o ~on** sportif(sportive).
chwaraedy (**chwaraedai**) *g* (*theatr*) théâtre *m*.
chwaraefa (**chwaraefeydd**) *b* (*mewn ysgol*) cour *f* de récréation; (CHWAR) terrain *m* de sport, stade *m*.
chwaraegar *ans* folâtre, enjoué(e), joueur(joueuse), taquin(e).
chwaraewr (**chwaraewyr**) *g*
1 (*pêl-droed ayb*) joueur *m*, joueuse *f*; **mae'n**

~ **ardderchog** il joue très bien, c'est un excellent joueur; ~ **wrth gefn** remplaçant *m*, remplaçante *f*.
2 (*THEATR*) acteur *m*, actrice *f*.
3 (*peiriant*): ~ **casetiau** lecteur *m* de cassettes; ~ **cryno-ddisgiau** platine *f* laser; ~ **recordiau** tourne-disque *m*.
chwaraewraig (**chwaraewragedd**) *b* joueuse *f* *gw. hefyd* **chwaraewr**.
chwarddiad (-**au**) *g gw.* **chwerthiniad**.
chwarddwr (**chwarddwyr**) *g* rieur *m*.
chwarddwraig (**chwarddwragedd**) *b* rieuse *f*.
chwarel[1] (-**i**) *b* (*cyff*) carrière *f*; (*hefyd:* ~ **lechi**) ardoisière *f*; (*marmor*) marbrière *f*; (*tywod*) sablière *f*; ~ **agored** carrière à ciel ouvert; ~ **dan ddaear** carrière souterraine, mine *f*.
chwarel[2] (-**i**, -**au**) *b* (*paen*) *gw.* **cwarel**.
chwarela *ba* extraire;
♦*bg*: ~ **am** exploiter une carrière de; **maent yn** ~ **am lechi** ils exploitent une carrière d'ardoise *neu* une ardoisière.
chwarelwr (**chwarelwyr**) *g* (*cyff*) (ouvrier *m*) carrier *m*; (*llechi*) ardoisier *m*; (*dan ddaear*) mineur *m*.
chwarelyddiaeth *b* (*cyff*) exploitation *f* de carrière; (*llechi*) exploitation ardoisière.
chwarelyddol *ans* minier(minière).
chwarenglwyf *g* (*MEDD*) mononucléose *f* infectieuse.
chwarenlif (-**oedd**) *g* sécrétion *f*.
chwarennol *ans* glandulaire; **twymyn** *ou* **clefyd** ~ mononucléose *f* infectieuse.
chwareus *ans* (*rhn*) folâtre, enjoué(e), espiègle, taquin(e); (*anifail*) joueur(joueuse), espiègle; (*natur, sylwad*) badin(e), enjoué;
♦ **yn** ~ *adf* en badinant, en jouant; **gwenu'n** ~ sourire d'une manière taquine; **dweud rhth yn** ~ dire qch en badinant *neu* d'un ton taquin *neu* badin.
chwarren (**chwarennau**) *b* glande *f*; ~ **brostad** prostate *f*; ~ **thyroid** thyroïde *f*; ~ **chwys** glande sudoripare *neu* sudorifère; **twymyn y chwarennau** (*MEDD*) mononucléose *f* infectieuse.
chwart (-**iau**) *g* (*dau beint*) ≈ litre *m* (= 1,136 litres); **chwysu** ~**iau** ruisseler de sueur, être tout(e) en nage.
chwarter (-**i**) *g*
1 (*un rhan o bedair: cyff*) quart *m*; **rhannu rhth yn** ~**i** diviser qch en quatre parties égales; **mae ei** ~ **wedi mynd yn barod** il y en a déjà un quart de parti; **fe'i prynais am** ~ **y pris** je l'ai acheté au quart du prix *neu* pour le quart de son prix; ~ **pwys** un quart de livre; **yn** ~ **llawn/gwag** au quart plein/vide; **bod yn** ~ **call** (*ffig*) ne pas avoir toute sa tête.
2 (*o ran amser*) quart *m*; ~ **awr** quart d'heure; **am** ~ **wedi dau** à deux heures et quart; **erbyn** ~ **i saith** pour *neu* avant sept heures moins le quart; **mae'r cloc yn taro bob** ~ **awr** l'horloge sonne les quarts.
3 (*tymor: 3 mis*) trimestre *m*; **talu bob** ~ payer par trimestre, payer tous les trois mois; **rhent am** ~ un terme de loyer.
chwarterol *ans* (*taliad, cylchgrawn*) trimestriel(le); **cyfnodolyn** ~ publication *f* trimestrielle, périodique *m* trimestriel;
♦ **yn** ~ *adf* tous les trois mois, trimestriellement, une fois par trimestre.
chwarterolyn (**chwarterolion**) *g* (*cyfnodolyn chwarterol*) revue *f* *neu* publication *f* trimestrielle, périodique *m* trimestriel.
chwarteru *ba* (*torri, rhannu'n bedwar*) couper *neu* diviser (qch) en quatre parties égales *neu* en quartiers; ~ **bradwr** écarteler un traître.
chwarthor (-**ion**, -**au**) *g* (*COG: cig oen ayb*) quartier *m*.
chwe *ans* six.
chweban (-**nau**) *g* hexamètre *m*.
chwech (-**au**) *rhifol* six *m*; ~ **o'r gloch** six heures; **lle** ~ (*tŷ bach*) toilettes *fpl*, cabinets *mpl*, vécés* *mpl*; **mynd i'r lle** ~ aller au petit coin; **mae hi wedi 'wech arno fe*** il en est fichu, c'en est fait de lui;
♦*ans*: **chwe phunt** six livres *fpl* (Sterling); **mae hi'n** ~ **oed** elle a six ans;
♦*rhag*: **mae yna** ~ **ohonom** on est six, nous sommes six; **gwelais** ~ **ohonynt** j'en ai vu six; **mae ganddi** ~ elle en a six.
chwechawd (-**au**) *b,g* sextuor *m*.
chweched *ans*
1 (*cyff*) sixième; **y** ~ **dosbarth** (*YSGOL: isaf (Blwyddyn 12)*) ≈ classes *fpl* de premières; (*:uchaf (Blwyddyn 13)*) ≈ classes terminales.
2 (*defnydd enwol*): **y** ~ le/la sixième; **y** ~ **o Ionawr** le six janvier; **Harri'r Ch**~ Henri VI;
♦ **yn** ~ *adf* sixièmement, en sixième lieu.
chwecheiniog (-**au**) *g* pièce *f* de six pence.
chwe deg *ans* soixante;
♦*rhifol* (**chwedegau**) soixante *m*; **mae hi yn ei chwedegau** elle a passé soixante ans; **(yn) y chwedegau** (dans) les années soixante.
chwedl (-**au**) *b*
1 (*stori*) conte *m*, histoire *f*, légende *f*; (*adroddiad*) récit *m*; **yn ôl y** ~ d'après la légende, selon l'histoire, comme on dit; ~**au'r Brenin Arthur** la légende du roi Arthur; **adroddodd ei** ~**au i ni** il nous a fait le récit de ses aventures; **'rwyf wedi clywed y** ~ **yna o'r blaen yn rhywle** j'ai déjà entendu cette histoire-là quelque part; **beth yw'r** ~**au y bûm i'n eu clywed amdanat ti?** qu'est-ce que c'est que ces histoires qu'on m'a racontées sur toi?; **hen** ~ **ydyw bellach!** c'est déjà une vieille histoire, ça!; **llawen** ~ bonne nouvelle *f*; **Chwedlau Aesop** les fables *fpl* d'Ésope.
2 (*ys, yn ôl*): ~ **hwythau** comme on dit; ~ **Sartre** comme dit *neu* disait Sartre, au dire de Sartre.
chwedleua *bg* (*adrodd hanes, chwedl*) raconter

une histoire *neu* des histoires, raconter une légende *neu* des légendes; (*siarad*) parler; (*hel straeon*) bavarder, papoter, faire la pipelette*; (*cario straeon drwg*) cancaner; ~ **am rn** faire des commérages sur qn.
chwedleugar *ans* (*siaradus*) bavard(e), loquace, volubile, cancanier(cancanière).
chwedleuwr (**chwedleuwyr**) *g* conteur *m*, raconteur *m*.
chwedleuwraig (**chwedleuwragedd**) *b* conteuse *f*, raconteuse *f*.
chwedloniaeth *b* mythologie *f*.
chwedlonol *ans* mythique, mythologique, légendaire, fabuleux(fabuleuse);
♦ **yn** ~ *adf* selon la légende.
chwedlonydd (**-ion**) *g* mythologue *m/f*.
Chwefror *g* février *m* *gw. hefyd* **Mai**.
chwegr (**-au**) *b* belle-mère(~s-~s) *f*.
chwegrwn (**chwegryniaid**) *g* beau-père(~x-~s) *m*.
chweil *g*: **gwerth** ~ très valable, intéressant(e), qui vaut le coup; **byddai'n werth** ~ **ichi fynd** vous feriez bien d'y aller.
chweinllyd *ans* pouilleux(pouilleuse).
chweinllys *g* (PLANH) pulicaire *f*.
chwemisol *ans* tous les six mois, semestriel(le).
chwennych *ba* (*dymuno*) désirer; (*chwantu*) convoiter, souhaiter.
chwenychiad (**-au**) *g* désir *m*, souhait *m*.
chwenychu *ba gw.* **chwennych**.
chweochrog *ans* à six côtés, à six faces, à six pans, hexagonal(e)(hexagonaux, hexagonales).
chweongl (**-au**) *g* hexagone *m*.
chweonglog *ans* hexagonal(e)(hexagonaux, hexagonales).
chwephunt *b* six livres *fpl* (sterling).
chwerfan (**-nau**) *b* poulie *f*.
chwerthin *bg* rire; ~ **am ben rhn** se moquer de qn, rire de qn; ~ **am ben stori ddoniol** rire d'une plaisanterie; ~ **nes eich bod yn sâl,** ~ **nes bod dagrau yn powlio** rire aux larmes, pleurer de rire; ~ **nes bod eich ochrau'n brifo** rire à se tenir les côtes, rire à en crever*; ~ **yn eich dyblau** se tordre de rire; ~ **yn uchel** rire tout haut, rire ouvertement; ~ **ynoch eich hun,** ~ **yn isel** rire intérieurement; ~ **yn eich llawes** *ou* **dwrn** rire dans sa barbe, rire en soi-même; ~ **yn wyneb rhn** rire au nez de qn; **nid oes dim i** ~ **amdano!** il n'y a pas de quoi rire!; **cawn weld pwy fydd yn** ~ **yn y diwedd** on verra bien qui rira le dernier.
chwerthiniad (**-au**) *g* (*hir*) rire *m*; (*byr*) éclat *m* de rire.
chwerthinllyd *ans* (*awgrym*) ridicule, sot(te); (*swm*) dérisoire; (*agwedd*) risible; **mae hi'n** ~ **meddwl ...** il est ridicule de penser *neu* croire que; **gweld ochr** ~ **rhth** voir le ridicule de qch, voir le côté risible de qch;
♦ **yn** ~ *adf* ridiculement, sottement, de façon ridicule *neu* bouffonne.
chwerthwr (**chwerthwyr**) *g* rieur *m*.
chwerthwraig (**chwerthwragedd**) *b* rieuse *f*.
chwerw *ans* (*blas*) amer(amère), âpre; (*rhn, dagrau*) amer; (*beirniadaeth*) acerbe; (*tynged, tristwch*) pénible, cruel(le); (*casineb*) acharné(e), profond(e); (*gwrthwynebiad, protest*) violent(e); (*atgno*) cuisant(e); (*golwg*) amer, plein(e) d'amertume; (*dioddefaint*) âpre, cruel; (*llais*) âpre, amer, dur(e); (*siomedigaeth*) cruel, amer;
♦ **yn** ~ *adf* amèrement, avec amertume; (*beirniadu*) âprement; (*gwrthwynebu*) avec acharnement; (*siomi*) cruellement;
♦*g* (*hefyd:* **cwrw** ~) bière *f* anglaise, bière pression.
chwerwder, **chwerwdod** *g* (*cyff*) amertume *f*, âpreté *f*; (*gwrthwynebiad*) violence *f*.
chwerwdost *ans* très amer(amère).
chwerwedd *g gw.* **chwerwder**.
chwerwi *ba* (*rhn*) aigrir, remplir (qn) d'amertume; (*perthynas, anghydfod, teimladau*) envenimer;
♦*bg* (*rhn*) s'aigrir, se remplir d'amertume; (*anghydfod, teimladau*) s'envenimer.
chwerwlys *g* (PLANH: *wermod*) absinthe *f*; ~ **yr eithin** sauge *f* des bois.
chwerwyn *g* (PLANH) pyrèthre *m*, matricaire *f*.
chweugain (**chweugeiniau**) *g* dix shillings *mpl*, cinquante pence *mpl*.
chwi *rhag syml gw.* **chi**.
chwiban[1] (**-au**) *b* sifflet *m*.
chwiban[2] *ba, bg gw.* **chwibanu**.
chwibaniad (**-au**) *g* sifflement *m*.
chwibanogl (**-au**) *b* sifflet *m*; ~ **y mynydd** (ADAR: *gylfinir*) courlis *m*.
chwibanu *bg* (*heb chwibanogl*) siffler; (*â chwibanogl*) donner un coup de sifflet; ~ **ar eich ci** siffler votre chien;
♦*ba*: ~ **tiwn** siffler *neu* siffloter une mélodie.
chwibanwr (**chwibanwyr**) *g* siffleur *m*.
chwifiad (**-au**) *g* geste *m*, signe *m* de la main; (*hances*) agitation *f*.
chwifio *ba* (*baner*) agiter, faire claquer, brandir; (*hances*) agiter; (*cleddyf*) brandir; ~ **rhth i bob cyfeiriad** agiter qch dans tous les sens; ~**'ch breichiau dros bob man** gesticuler *neu* agiter les bras dans tous les sens; ~ **rhn ymaith** faire signe à qn de s'éloigner, écarter *neu* éloigner qn d'un geste;
♦*bg* (*baner*) flotter; (*coeden, cangen*) être agité(e); ~ **ar gar iddo stopio** faire signe à une voiture de s'arrêter; **chwifiodd ar inni fynd yn ein blaenau** il nous a fait signe d'avancer.
chwiff (**-iau**) *b* (*mwg, aer*) bouffée *f*; (*aroglau*) odeur *f*.
Chwig (**-iaid**) *g/b* (GWLEID) whig *m/f*.
chwil *ans*
1 (*penysgafn*) pris(e) de vertige, pris d'étourdissement; **'rwy'n teimlo'n** ~ j'ai la

tête qui tourne; **mae meddwl am y peth yn fy ngwneud i'n** ~ rien que d'y penser c'est à donner le vertige.
2 (*meddw*) ivre, enivré(e), grisé(e), soûl(e); **mynd yn** ~ s'enivrer, se griser, se soûler*; **bod yn** ~ être soûl comme une grive*; ~ **gaib**, ~ **ulw** bourré(e)*, bituré(e)*, complètement rond(e)*.
chwilbawa *bg* lambiner, lanterner, se baguenauder.
chwilboeth *ans* (*bwyd*) brûlant(e); (*te ayb*) brûlant, bouillant(e); (*tywydd*) très chaud(e), brûlant; **'roedd hi'n ddiwrnod** ~ il faisait une de ces chaleurs*.
chwildroi *ba* faire tourbillonner, faire tournoyer; **'roedd y gwynt yn ~'r tywod** le vent faisait tourbillonner le sable;
♦*bg* tourbillonner, tournoyer; **'roedd y dail yn** ~ **yn y gwynt** les feuilles tourbillonnaient dans le vent.
chwilen (**chwilod**) *b*
1 (*PRYF*) scarabée *m*, coléoptère *m*; ~ **ddu** cafard *m*, blatte *f*; ~ **glustiog** perce-oreille *m*.
2 (*ffig: mympwy*) idée *f* fixe, folie *f*; (*personol*) lubie *f*, marotte *f*, manie *f*; **bod â** ~ **yn eich pen** avoir une idée fixe, avoir une marotte.
3 (*CYFRIF*) bogue *m,f*, bug *m*.
chwilenna *bg gw.* **chwilota**.
chwiler (**-od**) *g* chrysalide *f*, pupe *f*.
chwilfriw: **yn** ~ *adf* fracassé(e), brisé(e) en éclats, brisé en mille morceaux.
chwilfriwio *ba* (*torri'n yfflon, deilchion*) briser (qch) en mille morceaux *neu* en éclats, fracasser.
chwilfrydedd *g* curiosité *f*; **o ran** ~ par curiosité.
chwilfrydig *ans* (*awyddus i wybod*) curieux(curieuse); (*dif*) indiscret(indiscrète), inquisiteur(inquisitrice);
♦ **yn** ~ *adf* avec curiosité.
chwilffatha *bg* fouiller, farfouiller.
chwilgar *ans* curieux(curieuse);
♦ **yn** ~ *adf* avec curiosité.
chwilgarwch *g* curiosité *f* (indiscrète); (*pej*) indiscrétion *f*.
chwiliad (**-au**) *g* (*am rth sydd ar goll*) recherche *f*, recherches; (*mewn drôr, poced, ardal*) fouille *f*; (*mewn bagiau teithio gan swyddog tollau*) visite *f*; (*gan yr heddlu mewn adeilad*) perquisition *f*; (*archwiliad manwl*) examen *m* minutieux *neu* rigoureux; ~ **corff** fouille personnelle.
chwiliedydd (**-ion**) *g* sonde *f*; ~ **gofod** sonde spatiale.
chwilio *ba* chercher; (*tyrchu*) fouiller, chercher dans; (*archwilio'n fanwl*) examiner (qch) en détail; ~ **tŷ** (*CYFR*) perquisitionner; **maent wedi ~'r goedwig am y plentyn** ils ont fouillé les bois *neu* ils ont passé les bois au peigne fin à la recherche de l'enfant;
♦*bg* chercher; ~ **ym mhobman** chercher *neu* fouiller partout; ~ **am rn sydd ar goll** partir à la recherche de qn; **mynd i** ~ **am rn** partir à la recherche de qn; **mynd i** ~ **am rth** se mettre à la recherche de qch; (*mewn poced, drôr, bag teithio ayb*) chercher qch; **gwarant** ~ mandat *m* de perquisition.
chwiliwr (**chwilwyr**) *g* chercheur *m*, fouilleur *m*; (*ymchwiliwr, ymholwr*) investigateur *m*; (*archwiliwr*) examinateur *m*.
chwilmanta *bg* (*busnesa*) fourrer son nez dans les affaires des autres, s'occuper de ce qui ne vous regarde pas.
chwilolau (**chwiloleuadau**) *g* projecteur *m* pour éclairer.
chwilota *ba* fouiller, chercher;
♦*bg* fouiller, chercher; (*busnesa*) fourrer son nez, farfouiller.
chwilotwr (**chwilotwyr**) *g* chercheur *m*.
chwilotwraig (**chwilotwragedd**) *b* chercheuse *f*.
chwilwraig (**chwilwragedd**) *b* chercheuse *f*, fouilleuse *f*; (*ymchwilwraig, ymholwraig*) investigatrice *f*; (*archwilwraig*) examinatrice *f*.
chwilys (**-oedd**) *g*: **y Ch~** l'Inquisition *f*.
chwilyswr (**chwilyswyr**) *g* inquisiteur *m*.
chwim *ans* (*cyff*) rapide; (*sionc*) agile, leste, preste; (*meddwl*) prompt(e); (*symudiad*) vif(vive), leste;
♦ **yn** ~ *adf* rapidement, agilement, lestement, prestement
chwimder, **chwimdra** *g* (*cyflymder*) rapidité *f*, vitesse *f*, promptitude *f*; (*sioncrwydd*) agilité *f*, souplesse *f*; (*meddwl*) vivacité *f*.
chwimiad *g* mouvement *m*.
chwimio *bg* bouger, se déplacer.
chwimwth *ans gw.* **chwim**.
chwinciad (**-au**) *g* (*amrantiad*) clin *m* d'œil; (*eiliad*) instant *m*, moment *m*, seconde *f*; (*munudyn*) minute *f*; **mewn** ~ en moins de deux*, en deux temps trois mouvements, en un clin d'œil, en un rien de temps; **ni fydda' i ddim** ~ j'en ai pour une seconde.
chwiorydd *ll gw.* **chwaer**.
chwip[1] (**-iau**) *b* fouet *m*; (*marchog*) cravache *f*; (*COG*) fouet de cuisine; ~ **din** fessée *f*; **rhoi** ~ **din i rn** donner une fessée à qn; **cael** ~ **din** avoir une fessée; ~ **o weithiwr** ouvrier *m* qui travaille vite; **fel** ~ sur le coup, tout d'un coup.
chwip[2] *g/b* (*GWLEID*) *député m/députée f chargé*(e) *d'assurer la discipline de vote des membres de son parti.*
chwipiad (**-au**) *g* coup *m* de fouet; (*cweir, cerydd*) correction *f*; ~ **gwlyb** (*ADEIL*) crépi *m*.
chwipio *ba* (*rhn, anifail*) fouetter; (*COG*) fouetter, battre (qch) au fouet; (*gwynwy wy*) battre (qch) en neige; **'roedd y glaw yn** ~ **fy wyneb** la pluie me cinglait *neu* fouettait la

figure; ~ **rhth o ddwylo rhn** arracher qch des mains de qn; **chwipiodd wn allan o'i boced** il a brusquement sorti un revolver de sa poche; **chwipiodd y llythyr oddi ar y bwrdd** elle ramassa vivement la lettre de sur la table; **'roedd hi'n ~ rhewi** il gelait à pierre fendre.
chwipiwr (**chwipwyr**) *g* celui qui fouette *neu* donne des coups de fouet, flagellateur *m*.
chwipwraig (**chwipwragedd**) *b* celle qui fouette *neu* donne des coups de fouet, flagellatrice *f*.
chwipyn *adf* en un clin d'œil, tout d'un coup, sur le coup.
chwirligwgan (**-od**) *g* (*top*) toupie *f*; (*mewn cae chwarae*) tourniquet *m*; (*mewn ffair*) manège *m*.
chwisg (**-iau**) *g,b* (*COG*) fouet *m*; **curo rhth gyda ~** fouetter qch.
chwisgi (**chwisgïau**) *g gw.* **wisgi**.
chwisgio *ba* (*COG*) fouetter, battre (qch) au fouet; (*gwynwy wy*) battre (qch) en neige.
chwisl (**-au**) *b* (*chwibanogl*) sifflet *m*.
chwislo *bg, ba gw.* **chwibanu**.
chwist *g* whist *m*; **gyrfa ~** tournament *m* de whist.
chwistl, **chwistlen** (**chwistlod**) *b* (*llyg*) musaraigne *f*.
chwistrell (**-au**) *b* (*gardd, blodau*) pulvérisateur *m*; (*MEDD*) seringue *f*; (*persawr*) atomiseur *m*, vaporisateur *m*, spray *m*, bombe *f* d'aérosol.
chwistrelliad (**-au**) *g* injection *f*; (*persawr ayb*) coup *m* d'atomiseur; (*llif o ddŵr, hylif*) jet *m*, giclée *f*; (*dafnau mân*) nuage *m* de gouttelettes; (*o biben*) pluie *f*; (*o aerosol*) pulvérisation *f*, spray *m*; (*MEDD*) injection, piqûre *f*; ~ **atgyfnerthu** (piqûre de) rappel *m*.
chwistrellu *ba* (*hylif, nwy i mewn i rth*) injecter; (*gardd, rhosod*) faire des pulvérisations sur; (*rhoi dŵr ar rth*) vaporiser, pulvériser; (*persawr*) vaporiser.
chwit-chwat *ans* versatile, inconstant(e), volage, changeant(e);
♦ **yn ~-~** *adf* de façon versatile.
chwitchwatrwydd *g* inconstance *f*, versatilité *f*.
chwith *ans*
1 (*llygad, llaw, esgid ayb*) gauche.
2 (*GWLEID*): **adain ~** (*papur newydd, syniadau ayb*) de gauche; **adain ~ y blaid** l'aile *f* gauche du parti.
3 (*trist, dieithr, rhyfedd*): **'roedd yn ~ iawn gen i glywed ...** j'étais désolé(e) *neu* navré(e) *neu* très peiné(e) d'apprendre que; **mae'n ~ iawn gen i ar ei hôl hi** elle me manque beaucoup, je regrette beaucoup son absence.
▶ **o chwith** (*y tu ôl ymlaen: dilledyn ayb*) à l'envers, devant derrière; **cymryd rhth o ~** (*digio wrth*) s'offenser de qch.
▶ **tu chwith (allan)** *gw.* **tu**;
♦*g*
1 (*ochr chwith*) gauche *f*; **ar y ~** à gauche, sur la gauche; **ar eich ~** à *neu* sur votre gauche; **y drws ar y ~** la porte de gauche; **gyrru ar y ~** conduire à gauche; **trowch i'r ~ wrth yr eglwys** tournez *neu* prenez à gauche à l'église; **troad i'r ~** virage *m* *neu* tournant *m* à gauche; **edrychwch i'r ~!** (*MIL*) tête *f* gauche!.
2 (*GWLEID*): **y ~** la gauche.
chwithau *rhag cysylltiol gw.* **chithau**.
chwithdod, **chwithdra** *g* regret *m*; **teimlo ~ ar ôl rhn** regretter l'absence de qn.
chwithig *ans* (*trwsgl, lletchwith*) gauche, maladroit(e), empoté(e)*; (*symudiad*) maladroit(e), inélégant(e); (*arddull*) lourd(e), peu élégant(e); (*sy'n codi cywilydd*) gênant(e), embarrassant(e).
▶ **tu chwithig (allan)** *gw.* **tu**;
♦ **yn ~** *adf* gauchement, maladroitement, peu élégamment.
chwithigrwydd *g* (*lletchwithdod*) gaucherie *f*, maladresse *f*; (*cywilyddusrwydd sefyllfa*) côté *m* gênant *neu* embarrassant; (*anghyfforddusrwydd*) embarras *m*, gêne *f*.
chwitho *bg* s'offenser, être déconcerté(e).
chwiw[1] (**-iau**) *b*
1 (*mympwy*) caprice *m*, manie *f*, fantaisie *f*, lubie *f*.
2 (*ffasiwn*) mode *f*; **y ~ ddiweddaraf** le dernier cri.
3 (*salwch*) maladie *f*;
♦*adf* rapidement, en un clin d'œil, tout d'un coup, sur le coup.
chwiw[2] (**-iaid**) *b* (*hwyaden*) canard *m* siffleur.
chwiwgi (**chwiwgwn**) *g* (*celgi, llechgi, rhn ffals*) faux jeton *m*, pleutre *m*; (*mewn ysgol*) cafard *m/f*, mouchard *f*, rapporteur *m*, rapporteuse *f*.
chwiwladrad (**-au**) *g* maraude *f*.
chwiwladrata *ba* chaparder*, marauder;
♦*bg* se livrer au chapardage*.
chwiwleidr (**chwiwladron**) *g* chapardeur *m*, chapardeuse *f*, maraudeur *m*, maraudeuse *f*.
chwrligwgan (**-od**) *g gw.* **chwirligwgan**.
chwychwi *rhag dwbl gw.* **chi**.
chŵyd (**chwydion**) *g* vomissure *f*, vomi *m*, dégueulis* *m*.
chwydfa (**-oedd, chwydfeydd**) *b* vomissure *f*, vomissement *m*.
chwydiad (**-au**) *g* vomissement *m*.
chwydlyd *ans* (*MEDD*) nauséeux(nauséeuse), nauséabond(e); (*ffig*) nauséabond, dégoûtant(e), écœurant(e); **teimlo'n ~** avoir envie de rendre *neu* vomir *neu* dégueuler* *neu* dégobiller**;
♦ **yn ~** *adf* de façon nauséabonde.
chwydu *ba* vomir, rendre, dégueuler*; **ceisio ~** avoir un haut-le-cœur.
chwydd (**-au**) *g* gonflement *m*, enflure *f*, tuméfaction *f*; (*lwmp*) bosse *f*, grosseur *f*; (*ar deiar*) hernie *f*; **mae gen i ~ ar fy ffêr** j'ai

la cheville enflée.
chwyddedig *ans* enflé(e), tuméfié(e), gonflé(e); (*mawreddog, ffroenuchel*) suffisant(e), plein(e) de suffisance, arrogant(e).
chwyddhad *g* (*cyff*) amplification *f*; (*llun*) grossissement *m*.
chwyddi *g gw.* **chwydd**.
chwyddiant (**chwyddiannau**) *g* (*ECON*) inflation *f*; (*prisiau*) hausse *f*; (*MEDD*) enflure *f*, tuméfaction *f*.
chwyddleisio *ba* amplifier, renforcer, intensifier.
chwyddleisydd (**-ion**) *g* amplificateur *m*, ampli* *m*.
chwyddo *ba* (*balŵn, teiar, hwyliau*) gonfler; (*llun, afon*) grossir; (*sŵn*) amplifier; (*rhifau, poblogaeth*) grossir, augmenter;
♦*bg* (*balŵn, hwyliau, teiar*) se gonfler; (*rhan o'r corff*) enfler; (*pren*) gonfler; (*mynd yn falch*) devenir orgueilleux(orgueilleuse), devenir rempli(e) d'orgueil.
chwyddwydr (**-au**) *g* loupe *f*, verre *m* grossissant; (*microsgop*) microscope *m*; **darllen rhth gyda** ~ lire qch à la loupe.
chwyldro (**-adau**) *g* révolution *f*; **Y Ch~ Diwydiannol** la révolution industrielle; **Y Ch~ Ffrengig** la Révolution (française).
chwyldroad (**-au**) *g* révolution *f*.
chwyldroadol *ans* révolutionnaire;
♦ **yn** ~ *adf* de façon révolutionnaire.
chwyldroadwr (**chwyldroadwyr**) *g* révolutionnaire *m*.
chwyldroadwraig (**chwyldroadwragedd**) *b* révolutionnaire *f*.
chwyldrói *ba* (*peri newid*) révolutionner, transformer (qch) radicalement; (*troi*) faire tourner.
chwyn *ll gw.* **chwynnyn**.
chwynladdwr (**chwynladdwyr**) *g* désherbant *m*, herbicide *m*.
chwynleiddiad (**chwynleiddiaid**) *g gw.* **chwynladdwr**.
chwynnog *ans* couvert(e) *neu* plein(e) de mauvaises herbes.
chwynnogl (**chwynoglau**) *b* houe *f*, binette *f*.
chwynnu *ba, bg* désherber.
chwynnyn (**chwyn**) *g* mauvaise herbe *f*.
chwyrlïad (**-au**) *g* tourbillon *m*, tourbillonnement *m*, giration *f*.
chwyrlïant (**chwyrliannau**) *g* giration *f*.
chwyrligwgan (**-od**) *g gw.* **chwirligwgan**.
chwyrlïo *bg* (*dail, papurau, mwg, dawnswyr*) tourbillonner, tournoyer, décrire des girations; (*top*) tourner.
chwyrlwynt (**-oedd**) *g* tornade *f*, trombe *f*.
chwyrn *ans* (*buan*) rapide; (*llym*) sévère, dur(e); (*garw*) rigoureux(rigoureuse); (*rhybudd*) grave;
♦ **yn** ~ *adf* (*yn fuan*) rapidement; (*yn llym, yn arw*) sévèrement, durement, rigoureusement, gravement.
chwyrnell (**-au**) *b* (*tegan*) toupie *f*.
chwyrnellu *bg gw.* **chwyrlïo**.
chwyrniad (**-au**) *g* (*wrth gysgu*) ronflement *m*; (*sŵn cas anifail*) grondement *m* féroce.
chwyrnu *bg* (*wrth gysgu*) ronfler; (*ci: gwneud sŵn cas*) gronder férocement, gronder en montrant les dents;
♦*g gw.* **chwyrniad**.
chwyrnwr (**chwyrnwyr**) *g* ronfleur *m*.
chwyrnwraig (**chwyrnwragedd**) *b* ronfleuse *f*.
chwys *g* sueur *f*, transpiration *f*; **bod yn ~ diferol** *ou* **domen** *ou* **drabŵd** ruisseler de sueur, être tout(e) en nage *neu* en sueur; **crys** ~ sweat-shirt *m*; ~ **Arthur** (*PLANH*) reine *f* des prés.
chwysfa (**chwysfeydd**) *b* transpiration *f*; (*MEDD*) sudation *f*.
chwysiad (**-au**) *g gw.* **chwysfa**.
chwysigen (**chwysigod**) *b* (*ar y croen*) ampoule *f*, cloque *f*; (*ar baent*) cloque, boursouflure *f*; (*mewn gwydr*) bulle *f*; ~ **waed** pinçon *m*; **codi'n ~/chwysigod** (*croen*) cloquer, former une ampoule/se couvrir d'ampoules; (*paent*) se boursoufler, cloquer *gw. hefyd* **swigen**.
chwysigennog *ans* (*croen*) couvert(e) d'ampoules; (*paent*) boursouflé(e).
chwyslyd *ans* (*corff*) en sueur; (*traed*) qui suent, qui transpirent; (*llaw*) moite de sueur *neu* de transpiration; (*aroglau: crys, sanau*) qui sent *neu* sentent la sueur, mouillé(e) *neu* maculé(e) de sueur; (*gwaith*) travail(travaux) *m* qui fait suer *neu* transpirer.
chwysu *bg*
1 (*rhn, anifail*) transpirer, suer, être en sueur; **mae hynna yn gwneud imi** ~ cela me fait transpirer *neu* suer.
2 (*gweithio'n galed*) travailler dur.
3 (*poeni*) s'inquiéter, se tracasser.
4 (*wal ayb*) suer, suinter;
♦*ba* faire suer *neu* transpirer; **'roedd yn ~ chwartiau** il suait à grosses gouttes, il suait comme un bœuf.
chwyth *g* (*anadl*) respiration *f*; (*gwynt wrth anadlu*) souffle *m*, haleine *f*; (*pwff o wynt*) souffle de vent, bouffée *f* de vent; (*hisiad cath, neidr*) sifflement *m*; **ei holaf** ~ son dernier soupir *m*; **offeryn** ~ instrument *m* à vent.
chwythad (**-au**) *g* (*anadl*) souffle *m*; (*ffrwydriad*) explosion *f*; (*cath, neidr*) sifflement *m*.
chwythbib (**-au**) *b* (*arf*) sarbacane *f*; (*CEM*) chalumeau(-x) *m*; (*i wneud gwydr*) canne *f* de souffleur, tube *m* de soufflage.
chwythbren (**-nau**) *g* (*CERDD*) bois *m*; **adran y ~nau** les bois.
chwythdwll (**chwythdyllau**) *g* (*morfil*) évent *m*; (*TECH*) bouche *f* d'aération; (*gwaith*

metel) soufflure *f*.

chwythell (-**i**) *b* (*nwy, aer*) jet *m*; (*hylif, dŵr*) jet, giclée *f*.

chwythiad (-**au**) *g gw.* **chwythad**.

chwythlamp (-**au**) *b* lampe *f* à souder, chalumeau(-x) *m*.

chwythu *bg*

1 (*gwynt*) souffler; **'roedd y gwynt yn ~'n gryf** le vent soufflait très fort, il faisait grand vent; **mae hi'n ~** il y a du vent.

2 (*symud yn y gwynt: dail, dillad*) voler au vent; **chwythodd ei het allan drwy'r ffenestr** son chapeau s'est envolé par la fenêtre.

3 (*rhn, anifail*) souffler; (:*allan o wynt*) haleter.

4 (*neidr, cath: hisian*) siffler.

5 (*morfil*) souffler.

6 (*pryf: dodwy wyau*): **mae pryf wedi ~ ar y cig 'ma** une mouche a pondu ses œufs sur cette viande.

7 (*nwy, ager*) chuinter, siffler.

8 (*torri, ffrwydro: ffiws*) sauter; (:*bwlb*) griller; (:*teiar*) éclater;

♦*ba*

1 (*gwynt: llong*) pousser; (:*dail*) charrier, chasser, faire voler; **chwythodd y gwynt y llong oddi ar ei chwrs** le vent a fait dévier le navire de sa route *neu* a dérouté le navire; **chwythodd y gwynt y drws yn agored/ynghau** un coup de vent a ouvert/fermé la porte; **fe chwythodd y gwynt fy het!** un coup de vent a fait s'envoler mon chapeau!.

2 (*rhn: cyff*) souffler; **~'ch trwyn** se moucher le nez; **~ cusan** envoyer un baiser; **~ wy** vider un œuf (*en soufflant dedans*); **~ bygythion** menacer.

3 (*gyrru aer i mewn i: teiar, balŵn ayb*) gonfler; (*megin*) faire marcher.

4 (*torri, ffrwydro: ffiws*) faire sauter; (:*bwlb*) griller; (:*teiar*) faire éclater.

▶ **chwythu i fyny**

1 (*ffrwydro: adeilad ayb*) sauter; (:*bom ayb*) exploser; **~ rhth i fyny** (*adeilad ayb*) faire sauter qch; (*bom ayb*) faire exploser qch.

2 (*llenwi ag aer: teiar ayb*) gonfler.

▶ **chwythu i lawr**: **~ simnai i lawr** faire tomber *neu* renverser une cheminée; **cael ei ~ i lawr** (*coeden ayb*) être abattu(e) par le vent, se renverser, tomber à cause du vent.

▶ **chwythu i mewn** (*eira ayb*) entrer; **~ rhth i mewn** (*mewn ffrwydrad: drws ayb*) enfoncer qch; (*mewn storm: eira ayb*) faire entrer qch.

▶ **chwythu plwc**: **'roedd y storm wedi ~ ei phlwc** la tempête s'était calmée; **mae'r ffasiwn wedi ~ ei blwc** cette mode est surannée; **mae'r mudiad wedi ~ ei blwc** ce mouvement n'a plus le pouvoir *neu* l'influence qu'il avait.

chwythwm (**chwythymau**) *g*: **~ o wynt** coup *m* de vent, rafale *f*.

chwythwr (**chwythwyr**) *g* (*dyn*) souffleur *m*; (*peiriant*) soufflante *f*.

chwythwraig (**chwythwragedd**) *b* souffleuse *f*.

chwythydd (-**ion**) *g gw.* **chwythwr, chwythwraig**

D

D[1] *byrf*(= *De*) S (sud *m*).
D[2] *byrf*(= *dysgwr*) (*ar gar*) élève *m* conducteur accompagné.
d' *rhag blaen gw.* **dy**.
da[1] *ans*
1 (*cyff*) bon(ne), bien; (*plentyn: ufudd*) sage; (*caredig*) bon, gentil(le), bienveillant(e), généreux(généreuse), charitable; **mae'n ddyn** ~ c'est un homme bien *neu* vertueux, c'est qn de bien; **mae'n ddyn ~, ond ...** c'est un brave homme, mais ...; **mae'n rhy dda i fod yn wir** c'est trop beau pour être vrai, c'est parfait!; **mae hi'n fam dda** c'est une bonne mère; **bu'n wraig dda iddo** elle a été pour lui une épouse dévouée; **'roedd hi'n ddynes dda** c'était une femme vertueuse; **nid oedd yr un peth yn rhy dda iddi** rien n'était trop beau pour elle; **nid yw hynny'n ddigon** ~ cela ne va pas, cela ne suffit pas, cela laisse beaucoup à désirer; **mae hynny'n ddigon ~ i mi** cela me suffit; **mae honna'n stori dda** elle est (bien) bonne cette histoire-là; **newyddion** ~ de bonnes *neu* d'heureuses nouvelles; **tymer dda** bon caractère *m*, bonne humeur *f*; **bod mewn tymer dda** être de bonne humeur, avoir bon caractère; **ni ddaw dim ~ o hyn** cela finira *neu* tournera mal; **bod yn dda i ddim** (*rhth*) ne rien valoir, être inutile; (*rhn*) être bon *neu* propre à rien, être un vaurien, être une vaurienne; ~ **iawn (ti/chi)!** très bien!, bravo!; **go dda!** très bien!, splendide!, formidable!; **mae'r gwaith yn eithaf ~ ar y cyfan** le travail est assez bien dans l'ensemble.
2 (*llesol, iachus*) bon(ne) (pour), salutaire (à); **mae llaeth yn dda i blant** le lait est bon pour les enfants; **mae'n dda iti** c'est bon pour toi, c'est bon pour la santé, cela te fait du bien, c'est salutaire; **mae hyn yn dda at annwyd** ceci est efficace pour les rhumes; **mae'n dda i'r enaid!** ça forme le caractère!; **gwybod beth sy'n dda i chi** (*ffig*) savoir profiter des bonnes occasions; (*am fwyd, ayb*) savoir apprécier les bonnes choses.
3 (*effeithlon, abl*) bon(ne), compétent(e), expert(e); **athro** ~ un bon professeur; **dyn busnes** ~ un excellent homme d'affaires; **bod yn dda yn Ffrangeg** être bon(ne) *neu* fort(e) en français, être doué(e) pour le français; **bod yn dda ym mhopeth** être bon en tout, briller en tout; **bod yn dda gyda phlant** savoir s'y prendre avec les enfants; **bod yn un ~ am ddweud straeon** savoir bien raconter les histoires; **nid yw'n ddigon ~ i wneud hynny ar ei ben ei hun** il n'est pas assez expert *neu* il ne s'y connaît pas assez pour le faire tout seul.
4 (*braf, pleserus*) bon(ne), agréable, bien, plaisant(e); **cael amser** ~ s'amuser bien; **cawsant amser** ~ ils se sont bien amusés.
5 (*blasus*) bon(ne); **peth** ~ (*da-da, losin*) bonbon *m*, sucrerie *f*.
6 (*manteisiol, ffafriol*) avantageux(avantageuse), favorable, bon(ne); **'roedd yn beth ~ fy mod i yno** heureusement que j'étais là; **rhoi gair ~ dros rn** glisser un mot en faveur de qn.
7 (*cyfforddus, cefnog*): ~ **eich byd** aisé(e).
8 (*digon cynnar*): **mewn ~ bryd** assez tôt.
9 (*hoff*): **mae'n dda gennyf iddi lwyddo** je suis content(e) de ce qu'elle ait *subj* réussi, je suis content(e) de sa réussite; **mae'n dda gennyf gwrdd â chi** (je suis) enchanté(e) de faire votre connaissance; **(ni) dda gennyf mo'r gwin 'ma** je n'aime pas ce vin; **(ni) dda gennyf mohoni** elle me déplaît, je la déteste, je ne peux pas la tolérer *neu* supporter.
10 (*heb fod yn llai na*): **nifer (go) dda (o)** beaucoup (de), bon nombre *m* (de); **pellter** ~ une bonne distance; **fe gymer hi awr (go) dda i chi** il vous faudra une bonne heure; **5 milltir dda** ≈ 8 bons kilomètres, ≈ 8 kilomètres pour le moins; **mae deng mlynedd ~ ers hynny** il y a bien dix ans de cela.
11 (*i'w ddefnyddio*): **i beth mae hwnna'n dda** à quoi sert cela.
12 (*mewn ymadroddion*): **bore** ~ bonjour; **prynhawn** ~ bonjour; **noswaith dda** bonsoir; **nos** ~ bonne nuit; **pob dymuniad** ~ (*ar lythyr, cerdyn ayb*) tous mes meilleurs vœux; **anfon dymuniadau** ~ envoyer ses amitiés; **ewch ~ chi!** allez-vous-en!, sortez, je vous en prie!; ~ **bo chi,** ~ **bo ti** au revoir; **nid ~ lle gellir gwell** cela laisse beaucoup à désirer, cela est susceptible d'amélioration;
♦ **yn dda** *adf* bien; **ymddwyn yn dda** se comporter sagement; **gwneud eich gwaith yn dda** bien réussir dans son travail; **gwneud yn dda yn yr ysgol** être bon(ne) élève, bien réussir à l'école; **mynd yn dda** aller bien, se passer bien; (*car*) rouler bien; (*peiriant, cynllun*) marcher bien; **mae popeth yn mynd yn dda** tout va bien; **aeth y noson yn dda iawn** la soirée s'est très bien passée; **mae'n canu'n dda** il chante bien; **os gwelwch yn dda** s'il vous plaît; **os gweli di'n dda** s'il te plaît;
♦*g*: **y ~ a'r drwg** (*pobl*) les bons et les méchants; (*daioni a drygioni*) le Bien *m* et le Mal *m*; **mae ~ a drwg ym mhawb** il y a du bon et du mauvais dans chacun de nous.
da[2] *g* (*eiddo*) biens *mpl*; ~ **byw** (*gwartheg*) bétail *m*, bestiaux *mpl*, cheptel *m*; ~ **pluog** volaille *f*.
da[3] *g*: **rhoi ~ i gath** (*anwes, moethau*) caresser un chat.
'da *cys gw.* **gyda**.
dab (**-iadau**) *g*: ~ **(o baent)** tache *f* (de

peinture).
dabiad (**-au**) *g gw.* **dab**.
dabio *ba* toucher (qch) légèrement, tapoter; (*sychu*) éponger (qch) à petits coups; (*â phaent*) tacher (qch) de peinture.
dacron *g* tergal *m*.
dacw *adf* voilà; ~ **fy chwaer!** voilà ma sœur!; ~ **nhw'n mynd!** les voilà parti(e)s!, les voilà qui partent!; ~ **nhw eto!** les revoilà!
dad *g* papa *m*.
dad- *rhagdd* dé-.
da-da *g* bonbon *m*;
♦*ll* bonbons *mpl*, sucreries *fpl*, confiseries *fpl*.
dadafael *ba* céder;
♦*g* cession *f*.
dadafaeliad (**-au**) *g* cession *f*.
Dadaiaeth *b* dadaïsme *m*.
dadansoddi *ba* analyser, faire l'analyse de;
♦*g* analyse *f*.
dadansoddiad (**-au**) *g* analyse *f*; (*SEIC*) psychanalyse *f*.
dadansoddol *ans* analytique; **seicoleg ddadansoddol** psychologie *f* analytique *neu* des profondeurs;
♦ **yn ddadansoddol** *adf* analytiquement, par l'analyse.
dadansoddwr (**dadansoddwyr**) *g* analyste *m/f*; (*SEIC*) psychanalyste *m/f*; ~ **systemau** analyste-programmeur(~s-~s) *m*.
dadbacio *ba* (*nwyddau*) déballer, dépaqueter; (*cist, bag*) défaire.
dadblygu *ba* déplier.
dadbwytho *ba* découdre, défaire.
dad-drefedigaethu *ba* décoloniser;
♦*g* décolonisation *f*.
dad-ddaearu *ba* déterrer.
dad-ddifwyniad *g* décontamination *f*, désinfection *f*.
dad-ddifwyno *ba* décontaminer, désinfecter.
dad-ddweud *ba* retirer, revenir sur, se dédire de.
dad-ddyfrio *ba* déshydrater;
♦*g* déshydratation *f*.
dad-ddynodi *ba* déchiffrer, traduire (qch) en clair, décoder;
♦*g* décodage *m*.
dad-ddysgu *ba* désapprendre.
dadebriad *g* réanimation *f*, réveil *m*, ressuscitation *f*.
dadebru *ba* ranimer, réanimer, réveiller, ressusciter;
♦*bg* reprendre connaissance, reprendre ses sens, se réveiller.
dadelfeniad (**-au**) *g* décomposition *f*.
dadelfennu *ba* décomposer;
♦*bg* se décomposer.
dadeni *ba* régénérer;
♦*bg* se régénérer;
♦*g* renaissance *f*; **Y D~ (Dysg)** La Renaissance.
dadfachu *ba* (*rhaff, bachyn*) décrocher, détacher; (*llun*) décrocher, descendre; (*datod: dilledyn*) dégrafer, défaire; (*ceffyl gwedd ayb*) dételer; (*drws*) enlever (qch) de ses gonds;
♦*g* décrochage *m*; (*ceffyl gwedd ayb*) dételage *m*.
dadfathiad (**-au**) *g* (*IEITH*) dissimilation *f*.
dadfeddiannu *ba* déposséder.
dadfeiliad *g* ruine *f*, délabrement *m*.
dadfeiliedig *ans* en ruines, délabré(e).
dadfeilio *bg* tomber en ruines, se délabrer.
dadfilwroledig *ans* démilitarisé(e).
dadfilwroli *ba* démilitariser.
dadflino *ba* rafraîchir, délasser, détendre;
♦*bg* (*gorffwys*) se reposer, se délasser;
♦*g* repos *m*, délassement *m*.
dadflocio *ba* déboucher.
dadfotymu *ba* déboutonner.
dadfreintio *ba* priver (qn) du droit électoral.
dadfyddino *ba* (*milwyr*) démobiliser.
dadfygio *ba* (*CYFRIF*) déboguer.
dadhydradiad *g* déshydratation *f*.
dadhydradu *ba* déshydrater;
♦*bg* se déshydrater.
dadhydredig *ans* déshydraté(e).
dadi *g* papa *m*.
dadl (**-euon**) *b*
1 (*trafodaeth*) discussion *f*, controverse *f*, débat *m*, contestation *f*; **dim ond un ochr i'r ddadl yr wyt ti wedi'i chlywed** tu n'as entendu qu'une seule version de l'affaire *neu* de l'histoire.
2 (*anghydfod*) dispute *f*, discussion *f*; **cael ~ (â rhn ynglŷn â rhth)** se disputer (avec qn à propos de qch); **torri ~** régler un argument.
3 (*rhesymau a roddir*) argument *m*; **ei ddadl yw ...** il soutient que, son argument est que; **mae ~ gref dros wneud** il y a de bonnes raisons pour faire.
dadlaith *ba* (*iâ*) faire dégeler, faire fondre; (*eira, bwyd*) décongeler, dégeler;
♦*bg* (*iâ, eira, rhew*) fondre, dégeler; (*bwyd*) décongeler, dégeler; **dechrau ~** commencer à se dégeler; **mae hi'n ~** (*METEO*) il dégèle, le temps est au dégel, il se met à dégeler;
♦*g* dégel *m*.
dadlamu *bg* rebondir.
dadlapio *ba* déballer.
dadlau *bg*
1 (*ffraeo*) se disputer; ~ **â rhn** se disputer avec qn; ~ **am rth** se disputer au sujet *neu* à propos de qch; **maen nhw'n wastad yn ~** ils se disputent tout le temps; **paid â ~!** pas de discussion!; **peidiwch â ~ (â'ch gilydd)!** arrêtez de vous disputer!; **ar ôl ~ am amser hir** après de longues discussions; ~ **gyda chi'ch hun pa un ai derbyn ai peidio** se demander d'accepter ou non.
2 (*cyflwyno dadl*): ~ **dros wneud rhth** argumenter sur qch; ~ **yn erbyn gwneud rhth** argumenter contre qch; ~ **yn erbyn mynd** donner les raisons qu'on a de ne pas vouloir

y aller;
♦*ba* (*cefnogi, pleidio*) soutenir, affirmer, prôner; ~ **pwnc** discuter *neu* débattre une question.
dadleniad (**-au**) *g* divulgation *f*, révélation *f*, dénonciation *f*; (THEATR) dénouement *m*.
dadlennol *ans* révélateur(révélatrice);
♦ **yn ddadlennol** *adf* de façon révélatrice.
dadlennu *ba* révéler, découvrir, exposer, mettre (qch) au jour; (*arddangos*) étaler, exposer; (*cyfrinach*) divulguer.
dadlennwr (**dadlenwyr**) *g* révélateur *m*.
dadlenwraig (**dadlenwragedd**) *b* révélatrice *f*.
dadleoli *ba* disloquer; (*rhan o'r corff*) luxer, déboîter; **~'ch pen-glin** se luxer le genou;
♦*bg* (*rhan o'r corff*) se disloquer, se démettre, se luxer.
dadleoliad (**-au**) *g* dislocation *f*; (*aelod o'r corff*) luxation *f*, déboîtement *m*.
dadleth *ba, bg gw.* **dadlaith**.
dadleugar *ans* ergoteur(ergoteuse), chicanier(chicanière), disposé(e) à argumenter;
♦ **yn ddadleugar** *adf* de façon ergoteuse.
dadleuol *ans* discutable, controversé(e), discuté(e), contestable;
♦ **yn ddadleuol** *adf* de manière contestable.
dadleuwr (**dadleuwyr**) *g* débatteur *m*, argumentateur *m*, dialecticien *m*, maître *m* dans l'art de la discussion; (*dros rth*) défenseur *m*, partisan *m* (de); (*yn erbyn rhth*) adversaire *m*, antagoniste *m*.
dadleuwraig (**dadleuwragedd**) *b* argumentatrice *f*, dialecticienne *f*; (*dros rth*) partisane *f* (de); (*yn erbyn rhth*) adversaire *f*, antagoniste *f*.
dadlewygu *bg* se remettre, se réveiller (*après s'être évanoui*).
dadluddedu *ba, bg gw.* **dadflino**.
dadlwytho *ba* décharger.
dadlwythwr (**dadlwythwyr**) *g* déchargeur *m*.
dadlygru *ba* décontaminer;
♦*g* décontamination *f*.
dadmer *ba, bg gw.* **dadlaith**.
dadnitreiddiad *g* dénitrification *f*, désazotation *f*.
dado (**au**) *g* (*ar wal*) lambris *m* d'appui; (*rhan o bedestal*) dé *m*.
dadorchuddiad (**-au**) *g* (*cerflun, cyfrinach*) dévoilement *m*; (*plac, cofeb*) inauguration *f*.
dadorchuddio *ba* (*cerflun, cyfrinach*) dévoiler, découvrir; (*plac, cofeb*) inaugurer.
dadreolaeth *b* (GWLEID) libération *f* des contrôles gouvernementaux.
dadreoli *ba* (GWLEID) libérer (qch) des contrôles gouvernementaux.
dadrewi *ba* (*bwyd*) décongeler; (*oergell*) dégivrer;
♦*bg* (*bwyd*) se décongeler; (*oergell*) se dégivrer.
dadrewydd (**-ion**) *g* dégivreur *m*.
dadrithiad (**-au**) *g* désillusion *f*, désenchantement *m*, désabusement *m*, déception *f*; **cael** ~ être désillusionné(e) *neu* désabusé(e) *neu* désenchanté(e).
dadrithio *ba* désillusionner, désabuser; **cael eich** ~ être désillusionné(e) *neu* désabusé(e) *neu* désenchanté(e).
dadrithiol *ans* décevant(e);
♦ **yn ddadrithiol** *adf* de façon décevante.
dadrolio *ba* dérouler.
dadsgriwio *ba* dévisser;
♦*bg* se dévisser.
daduniad (**-au**) *g* dissociation *f*, désunion *f*, séparation *f*.
daduno *ba* dissocier, séparer, désunir.
dadwaddoli *ba* priver (qch) de ses dotations *neu* de ses biens; (*eglwys*) séculariser.
dadwaddoliad (**-au**) *g* sécularisation *f* des biens et des dotations.
dadwefriad (**-au**) *g* (TRYD) décharge *f*.
dadwefru *ba* (TRYD) décharger.
dadweindio *ba* dérouler;
♦*bg* se dérouler; (*ymlacio*) se détendre.
dadweinio *ba* dégainer.
dadwenwyniad *g* désintoxication *f*.
dadwenwyno *ba* désintoxiquer.
dadwisgo *ba* déshabiller;
♦*bg* se déshabiller.
dadwladoli *ba* dénationaliser.
dadwleidyddoli *ba* dépolitiser.
dad-wneud *ba* (*datod*) défaire; (*distrywio*) détruire, annuler; (*drygioni*) réparer.
dadwneuthur *ba gw.* **dad-wneud**.
dadwrdd (**dadyrddau**) *g* rumeur *f*, tapage *m*, vacarme *m*, brouhaha *m*;
♦*bg* faire du vacarme, vociférer, faire du bruit, faire du tapage.
dadwreiddio *ba* déraciner, arracher.
dadymafael *b* désengagement *m*.
dadymchwel, **dadymchwelyd** *ba* renverser; (*cwch*) faire chavirer, faire capoter;
♦*bg* se renverser, se chavirer, capoter;
♦*g* renversement *m*, chavirement *m*, chavirage *m*, capotage *m*.
daear[1] (**-oedd**) *b* terre *f*; (*llawr*) terre, sol *m*; (*pridd*) sol, terre; **y Ddaear** la Terre; **ar y ddaear** sur terre; **yma ar y ddaear** ici bas, en ce bas monde; **bod yn nefoedd ar y ddaear** être le paradis sur terre; **ble/pam/sut ar y ddaear?** où/pourquoi/comment diable?; **cwympo i'r ddaear** tomber à terre *neu* par terre *neu* au sol; **bod â'ch traed ar y ddaear** avoir les pieds sur terre.
daear[2] (**deyerydd**) *g* (*llwynog, cadno*) terrier *m*, tanière *f*.
daearast (**daeareist**) *b* chienne *f* terrier.
daeardor (**-rau**) *g,b* éboulement *m*.
daeardy (**daeardai**) *g* cachot *m* souterrain.
daeareg *b* géologie *f*.
daearegol *ans* géologique;
♦ **yn ddaearegol** *adf* géologiquement.

daearegydd (**daearegwyr**) *g* géologue *m/f*.
daearen *b*: **y ddaearen** (*BEIBL*) la Terre *f*.
daearfochyn (**daearfoch**) *g* blaireau(-x) *m*.
daeargell (**-oedd**) *b* (*man claddu*) caveau(-x) *m*; (*carchar*) cachot *m*.
daeargi (**daeargwn**) *g* terrier *m*.
daeargryd (**-iau**) *g* secousse *f* sismique.
daeargryn (**-fâu, -feydd**) *g,b* tremblement *m* de terre, séisme *m*.
daeargrynfaol *ans* sismique.
daearol *ans* de terre, terrestre.
daearu *ba* enterrer, ensevelir; ~**'r bêl** marquer un essai;
♦*g* enterrement *m*.
daearyddiaeth *b* géographie *f*.
daearyddol *ans* géographique;
♦ **yn ddaearyddol** *adf* géographiquement.
daearyddwr (**daearyddwyr**) *g* géographe *m/f*.
dafad[1] (**defaid**) *b* (*ANIF*) mouton *m*, brebis *f*; **dilyn rhn fel** ~ suivre qn comme un mouton; ~ **ddu'r teulu** la brebis galeuse de la famille; ~ **gorniog** mouton à cornes; **defaid cadw** *ou* **tac** moutons confiés à charge; **ci defaid** chien *m* de berger; **fferm ddefaid** ferme *f* d'élevage de moutons; **ffermwr defaid** éleveur *m* de moutons; **corlan ddefaid** parc *m* à moutons, bergerie *f*; **llwybr defaid** piste *f* à moutons; **rhaid didoli'r defaid a'r geifr** (*ffig*) il ne faut pas mélanger les torchons et les serviettes.
dafad[2], **dafaden** (**dafadennau**) *b* (*MEDD*) verrue *f*; ~ **wyllt** cancer *m*.
dafadennog *ans* couvert(e) de verrues, verruqueux(verruqueuse); **llyffant (du)** ~ crapaud *m*.
dafn (**-au, defni**) *g* goutte *f*; (*deigryn*) larme *f*.
dafnu *bg* (*cwympo'n araf*) couler *neu* tomber goutte à goutte; (*llifo'n araf*) dégoutter, dégouliner, couler en un filet;
♦*g* dégouttement *m*, écoulement *m* goutte à goutte.
Dafydd *prg* David.
daffodil (**-iau**) *g* jonquille *f*.
dagr (**-au**) *g* poignard *m*, dague *f*.
dagrau[1] *ll gw.* **deigryn**.
dagrau[2] *ll gw.* **dagr**.
dagreuol *ans* (*sy'n wylo*) éploré(e), qui pleure, en larmes; (*llais, hanes, ffilm ayb*) larmoyant(e); **'roedd hi'n ddagreuol iawn** elle a beaucoup pleuré; **mewn llais** ~ avec des larmes dans la voix;
♦ **yn ddagreuol** *adf* les larmes aux yeux, en pleurant.
dangos *ba, bg gw. ar ôl* **danfoniad**.
dail *ll gw.* **deilen**.
daint (**dannedd**) *g gw.* **dant**.
daioni *g*
1 (*rhinwedd*) bonté *f*, bien *m*; **gwneud** ~ (*gweithredoedd da*) faire du bien; **bod yn enwog am eich** ~ être connu(e) pour sa bonté; **mae rhyw ddaioni ynddo** il a du bien *neu* du bon en lui.
2 (*lles*) bien *m*; **mae hynny'n gwneud** ~ **iti** cela te fait du bien; **nid yw rhedeg fel hyn yn gwneud dim** ~ **imi** ce n'est pas bon pour moi de courir comme ça; **er** ~ **i'ch iechyd** en vue de votre santé.
daionus *ans*
1 (*rhinweddol*) vertueux(vertueuse), charitable, généreux(généreuse), bienfaisant(e).
2 (*llesol*) salutaire, avantageux(avantageuse);
♦ **yn ddaionus** *adf* (*yn rhinweddol*) charitablement, vertueusement, de façon bienfaisante.
dal *ba*
1 (*pêl ayb*) attraper; (*pysgod, llygod, lleidr*) prendre, attraper; ~ **llygoden a'i bwyta** (*ffig*) vivre au jour le jour.
2 (*gafael yn, cydio'n dynn yn, peidio â gollwng*): ~ **gafael yn rhth** tenir qch, s'agripper à qch; ~ **llyfr yn eich llaw** tenir un livre à la main; ~ **hwn am funud** tiens *neu* prends ça un moment; ~ **llaw eich mam** tenir la main de sa mère; ~ **rhth mewn cof** garder qch en mémoire; ~ **rhn yn dynn** serrer qn très fort; ~ **y slac yn dynn** (*ffig*) faire semblant de travailler; ~ **gafael yn sylw rhn** retenir l'attention *neu* l'intérêt de qn *gw. hefyd* **dŵr**.
3 (*cynnal, atal rhag cwympo*) supporter; **ni wna'r ysgol ddim** ~ **dy bwysau** l'échelle ne supportera pas ton poids; **mae'r hoelion yn** ~ **y pren yn ei le** les clous maintiennent le bois en place; ~ **y ddysgl yn wastad** rester équitable *neu* impartial(e)(impartiaux, impartiales) entre deux personnes.
4 (*yn annisgwyl*) surprendre, prendre, attraper; ~ **rhn yn gwneud rhth** surprendre qn à faire qch; **os dalia' i nhw wrthi*** si je les y prends; **os dalia' i chi yn gwneud hyn eto!*** que je vous y reprenne *subj* !; **cael eich** ~ **mewn storm** être pris(e) dans *neu* surpris(e) par un orage; **cael eich** ~ **gan rn** se faire *neu* se laisser attraper par qn.
5 (*bws, trên ayb: cyff*) attraper, prendre; **mae hi'n** ~ **y bws wrth yr eglwys** elle prend le bus près de l'église.
6 (*bod mewn pryd i*): **ni lwyddodd i ddal y bws** il a manqué *neu* raté* le bus; **mae'n rhaid imi ddal y trên** il ne faut pas que je manque *subj* le train; ~ **y post** arriver à temps pour la levée.
7 (*llwyddo: i weld: rhaglen ayb*) réussir à voir; (*:i glywed*) réussir à entendre.
8 (*MEDD: salwch*) attraper.
9 (*cael*): ~ **sylw** attirer l'attention de.
10 (*cael rhth yn sownd*): ~ **eich troed yn rhth** se prendre le pied dans qch.
11 (*honni, credu*) tenir, soutenir; ~ **rhn yn gyfrifol am rth** tenir qn pour responsable de qch, considérer qn responsable de qch.
12 (*cynnwys*) contenir; **mae'r bocs yma'n** ~

fy llyfrau i gyd cette boîte contient tous mes livres; **mae'r botel yn ~ dau litr** la bouteille contient 2 litres; **mae'r ystafell yn ~ 100 o bobl** 100 personnes peuvent tenir dans cette salle, il y a de la place pour 100 personnes dans cette salle.
13 (*meddu ar: record*) détenir; (*swydd*) occuper.
14 (*mewn ystum arbennig*): ~ **eich pen yn uchel** porter la tête haute; ~ **dy fol i mewn!** rentre ton ventre!; ~ **breichiau'n agored** ouvrir *neu* étendre les bras.
15 (*mewn ymadroddion*): ~ **eich tir** tenir bon, tenir ferme; **daliwch y lein!** (*ar ffôn*) ne quittez pas!; **mae'n gallu ~ ei ddiod** il sait boire; ~ **dy dafod!*** tais-toi!; (*paid â sôn wrth neb*) motus!; ~ **pen rheswm â rhn** s'entretenir avec qn; ~ **eich gwynt** retenir son souffle; ~ **rhth yn ei ôl** retenir qch; ~ **bet** faire un pari, parier; **bod wedi'i ~ hi*** (*wedi meddwi*) être soûl(e)*, être bourré(e)*; **trio'i ~ hi ym mhob pen** (*ceisio gwneud gormod*) s'occuper à trop de choses;
♦*bg*
1 (*parhau: tywydd*) continuer, se maintenir; **gobeithio y bydd hi'n ~ yn braf yfory** j'espère qu'il continuera à faire beau demain.
2 (*mynd yn sownd*): **fe ddaliodd fy nghôt ar y gangen** mon manteau s'est accroché à la branche; **daliodd fy llawes yn y drws** ma manche s'est prise dans la porte.
▶ **dal ar**: ~ **ar y cyfle (i wneud rhth)** saisir l'occasion (de faire qch), sauter sur l'occasion (de faire qch).
▶ **dal i** (*parhau*) continuer; ~ **i weithio'n galed** continuer à bien travailler; ~ **i fod yma** être toujours là; ~ **i fod yn eich gwely** être encore *neu* toujours au lit; ~ **i fynd** (*rhn*) se maintenir, continuer (ses activités); (*busnes*) se maintenir à flot; (*peiriant*) continuer à marcher, marcher toujours; **nid yw'n iach ond mae'n ~ i fynd** il n'est pas en bonne santé mais il se maintient; **mae angen y tabledi arno er mwyn ~ i fynd** il a besoin de ces pilules pour tenir le coup; ~ **i gofio** s'en souvenir encore; **mae'n ~ i fod heb gyrraedd** il n'est pas encore arrivé, il n'est toujours pas arrivé; **mae hi'n ~ i fod mor brydferth ag erioed** elle est toujours aussi belle; **mae'n ~ i fod yn dad iti** il n'en est pas moins ton père.
▶ **dal yn** (*gafael yn*) tenir; ~ **ym mraich rhn** tenir qn par le bras; ~ **yn dynn neu fe fyddi di'n cwympo** tiens bien pour que tu ne tombes *subj* pas.
▶ **dal yn ôl** (*aros*) rester en arrière; (*ffig*) se retenir; **nid oes yr un modd o'i ddal yn ôl** il n'y a pas moyen de le retenir;
♦*g*: **does dim ~** (*mae'n dibynnu*) ça dépend; **does dim ~ arno o gwbl** (*mae'n annibynadwy*) on ne peut vraiment pas compter sur lui *neu* se fier à lui *neu* avoir confiance en lui.

dala *ba, bg gw.* **dal**.
Dalai Lama *prg* dalaï-lama *m*.
dalen (**-nau**) *b* (*tudalen*) feuillet *m*, page *f*; (*taflen*) brochure *f*, dépliant *m*, prospectus *m*; ~ **rydd** feuille *f* volante; **troi ~ newydd** (*ffig*) changer de conduite.
dalfa (**dalfeydd**) *b*
1 (*carchar*) garde *f* à vue, emprisonnement *m*, captivité *f*; **cael eich cadw yn y ddalfa** être mis(e) en garde à vue; **mynd â rhn i'r ddalfa** mettre qn en état d'arrestation; **rhoi rhn yn y ddalfa** remettre qn aux mains de la police.
2: ~ **(o bysgod)** prise *f neu* pêche *f* (de poissons).
dalfod *g* endurance *f*, résistance *f*.
dalgylch (**-oedd**) *g* (*ysgol*) secteur *m* de recrutement scolaire; (*ysbyty*) circonscription *f* hospitalière.
daliad (**-au**) *g*
1 (*cred*) croyance *f*; **bod â ~au cryf (ynghylch rhth)** croire fermement *neu* profondément (en qch).
2 (*rhth a ddaliwyd*) prise *f*.
3 (*stem, shifft: cyfnod o waith*) heures *fpl* de travail, journée *f* de travail, période *f* de travail; (:*gweithwyr*) équipe *f*; **gweithio fesul ~** travailler par équipes.
daliadaeth (**-au**) *b* (*mewn prifysgol ayb*) fait *m* d'être titulaire; (*tir, eiddo*) bail *m*; **bod â ~** être titulaire.
daliadwy *ans* soutenable;
♦ **yn ddaliadwy** *adf* de façon soutenable.
daliant (**daliannau**) *g* (*CEM*) suspension *f*; (*CERDD*) pause *f*.
daliedydd (**-ion**) *g gw.* **deiliad**^{2}
daliwr (**dalwyr**) *g* (*un sy'n dal*) attrapeur *m*.
Dalmataidd *ans* dalmate.
Dalmatia *prb* la Dalmatie *f*.
Dalmatiad (**Dalmatiaid**) *g/b* Dalmate *m/f*.
dall *ans* aveugle; **dyn ~** un aveugle *m*; **gwraig ddall** une aveugle *f*; ~ **i liw** daltonien(ne); **bod yn ddall o'ch genedigaeth** être aveugle de naissance; ~ **yn un llygad** borgne; **bod yn ddall bost** être myope comme une taupe; **bod yn ddall i feiau rhn** ne pas voir les défauts de qn;
♦ **yn ddall** *adf* en aveugle, comme un aveugle; (*ffig*) aveuglément, à l'aveuglette;
♦*g* (**deillion**): **y ~ yn arwain y ~** c'est comme l'aveugle qui conduit l'aveugle; **y deillion** les aveugles *mpl*.
dallbleidiaeth *b* (*CREF*) bigoterie *f*; (*ATHRON, GWLEID*) fanatisme *m*, sectarisme *m*.
dallbleidiol *ans* (*CREF*) bigot(e); (*ATHRON, GWLEID*) fanatique, sectaire.
dallbleidiwr (**dallbleidwyr**) *g* (*CREF*) bigot *m*, bigote *f*; (*ATHRON, GWLEID*) fanatique *m/f*, sectaire *m/f*.
dallbwynt (**-iau**) *g* (*yn y llygad*) point *m* aveugle; (*mewn car*) angle *m* mort.

dallgeibio *bg* parler au hasard, deviner à tout hasard.

dallineb *g* (*llyth*) cécité *f*; (*ffig*) aveuglement *m*; (*dros dro*) éblouissement *m*; ~ **lliw** daltonisme *m*.

dallol *ans* (*sy'n dallu*) aveuglant(e); (*dros dro*) éblouissant(e).

dallt* *ba, bg gw.* **deall**.

dallu *ba* aveugler, rendre aveugle; (*haul, golau: dros dro*) aveugler, éblouir; (*ffig*) aveugler, éblouir, empêcher de voir.

dam* *ebych*: ~! bon sang!, merde!*; **nid yw'n malio** ~! il s'en fiche pas mal.

Damascus *prb* Damas; **y ffordd i Ddamascus** le chemin de Damas.

damasg *g* damas *m*.

damcaneb (**-au**) *b* théorème *m*.

damcaniaeth (**-au**) *b* supposition *f*, hypothèse *f*, théorie *f*; **gan ddilyn y ddamcaniaeth hon** dans cette hypothèse; ~ **(y) cwantwm** théorie des quanta; ~ **esblygiad** théorie évolutionniste; ~ **perthnasedd** théorie de la relativité.

damcaniaethol *ans* théorique, hypothétique;
♦ **yn ddamcaniaethol** *adf* théoriquement, hypothétiquement, en principe.

damcaniaethu *bg* (*tybio*) supposer; (*gwneud damcaniaeth*) formuler une hypothèse, élaborer une théorie; (*gwneud damcaniaethau*) élaborer des théories; ~ **am rth** élaborer une théorie sur qch.

damcaniaethydd (**damcaniaethwyr**) *g* théoriste *m/f*.

dameg (**damhegion**) *b* parabole *f*; **siarad mewn damhegion** parler par paraboles; **D~ yr Heuwr** Parabole du Semeur.

damhegol *ans* parabolique, allégorique;
♦ **yn ddamhegol** *adf* sous forme d'allégorie, allégoriquement.

damhegwr (**damhegwyr**) *g* allégoriste *m*.

damia* *ebych*: ~! bon sang!; ~ **fo!** qu'il aille *subj* au diable!, le diable l'emporte *subj*!

damnedig *ans* damné(e), maudit(e);
♦*g*: **y ~ion** les damnés *mpl*.

damnedigaeth *b* damnation *f*.

damnio *ba* damner, condamner; (*rhegi*) pester contre, maudire.

damniol *ans* (*tystiolaeth ayb*) accablant(e), condamnatoire; **'roedd y feirniadaeth yn ddamniol** c'était un éreintement;
♦ **yn ddamniol** *adf* de façon condamnatoire.

damo* *ebych*: ~! bon sang!; ~ **fe!** qu'il aille *subj* au diable!, le diable l'emporte *subj*!

damp *ans* (*llaith*) humide; (*croen, dwylo*) moite.

damper (**-au, -s**) *g* (*mewn stof*) registre *m*; **rhoi ~ ar rth** (*ffig*) jeter un froid sur qch.

damprwydd *g* (*lleithder*) humidité *f*; (*dwylo*) moiteur *f*.

damsang, **damsgen, damsiel** *ba* mettre le pied sur, marcher sur; (*yn fwriadol*) écraser (qch) du pied, piétiner, fouler (qch) aux pieds.

damwain (**damweiniau**) *b*
1 (*anhap*) accident *m*, malheur *m*, sinistre *m*; ~ **ar y ffordd** accident de la route *neu* de la circulation; ~ **yn y cartref** accident domestique.
2 (*digwyddiad annisgwyl*) évènement *m* fortuit, accident *m*, aléa *m*.
3 (*siawns*) hasard *m*, chance *f*; **ar ddamwain, trwy ddamwain** par hasard, aléatoirement.

damweinio *bg* (*digwydd*) survenir, arriver (à qn); ~ **ar rth** tomber sur qch, trouver qch par hasard.

damweiniol *ans* accidentel(le), fortuit(e), aléatoire;
♦ **yn ddamweiniol** *adf* par hasard, accidentellement, aléatoirement.

dan *ardd gw.* **tan**[1].

danadl *ll gw.* **danhadlen**.

Danaidd *ans* danois(e).

danas *g* cerf *m*.

dandi (**-s**) *g* dandy *m*, élégant *m*.

dandïaidd *ans* vêtu(e) en dandy, qui a une allure de dandy.

dandwn *ba* choyer, dorloter, gâter.

Daneg *b,g* danois *m*;
♦*ans* danois(e).

danfon *ba*
1 (*mynd gyda rhn*) accompagner; ~ **rhn at y drws** accompagner qn à la porte; ~ **rhn yn ôl** *ou* **adref** (*mewn car*) reconduire qn.
2 (*llythyr, pecyn: â llaw*) livrer; ~ **rhth i dŷ rhn** livrer qch à la maison de qn.
3 (*defnydd anghywir*) *gw.* **anfon**.

danfoniad (**-au**) *g* expédition *f*; ~ **brys** livraison *f* rapide *neu* exprès; ~ **cofnodedig** recommandé *m*.

dangos *ba* montrer, faire voir; (*tocyn*) montrer, présenter; (*dynodi*) indiquer, marquer; ~ **ef imi!** fais voir!, montre-le moi!; ~ **ffilm** passer un film; **nid oes ganddo ddim i'w ddangos amdano** il n'en a rien tiré, ça ne lui a rien donné *neu* apporté; **nid oes yr un dim i'w ddangos am yr holl ymdrech a wneuthum** les efforts que j'y ai consacrés n'ont rien donné; ~ **eich wyneb** faire acte de présence; **ni wna feiddio ~ ei wyneb yno eto** il n'osera plus s'y montrer là-bas; ~ **y drws i rn** mettre qn à la porte; ~ **colled/elw** indiquer une perte/un bénéfice; ~ **diddordeb/syndod** faire voir son intérêt/sa surprise, manifester *neu* montrer son intérêt/sa surprise; ~ **ffyddlondeb i rn** se montrer loyal(e)(loyaux, loyales) envers qn; **mae'r trowsus yma'n ~ y baw** ce pantalon est salissant; ~ **arwyddion o flinder** montrer des signes de fatigue; **dechrau ~ eich oedran** commencer à faire son âge; ~ **y ffordd i rn** montrer *neu* indiquer le chemin à qn; **mi ddangosaf i'r ffordd i chi** suivez-moi, je vais vous montrer le chemin; ~ **rhn i'w sedd** placer qn; ~ **y tŷ i rn** faire visiter la maison à qn; **mi ddangosa' i iddo!*** je lui apprendrai!; ♦*bg* (*teimladau*) être visible; (*staen, craith*) se voir; (*pais*) dépasser; **mae ei phais yn** ~ **dan ei ffrog** sa combinaison dépasse sa robe; **mae ei dillad isaf yn** ~ **dan y ffrog yna** cette robe laisse voir sa lingerie; **'roedd y tŵr yn** ~ **yn glir yn erbyn yr awyr** la tour se détachait *neu* se silhouettait nettement sur le ciel.

dangosbeth (**-au**) *g* objet *m* exposé, pièce *f* exposée.

dangoseg (**-au**) *b* index *m*, table *f* alphabétique; (*mewn llyfrgell*) catalogue *m*, répertoire *m*.

dangosol *ans* démonstratif(démonstrative); **rhagenw** ~ (*GRAM*) adjéctif *m* démonstratif.

dangoswr (**dangoswyr**) *g* (*mewn arddangosfa*) exposant *m*; (*er mwyn gwerthu pethau*) démonstrateur *m*.

dangoswraig (**dangoswragedd**) *b* (*mewn arddangosfa*) exposante *f*; (*er mwyn gwerthu pethau*) démonstratrice *f*.

dangosydd (**-ion**) *g* indicateur *m*; (*ar gar*) clignotant *m*.

danhadlen (**danadl, dynad**) *b* (*PLANH*) ortie *f*; ~ **boeth** ortie brûlante *neu* romaine.

danheddiad (**daneddiadau**) *g* dentition *f*; (*ar stamp*) dentelure *f*.

danheddog *ans* (*anifail, olwyn*) denté(e); (*cyllell*) à dents de scie; (*ymyl, twll*) irrégulier(irrégulière), déchiqueté(e), dentelé(e); (*deilen*) dentelé.

danheddol *ans* dentaire.

danheddu *ba* denteler.

Daniad (**Daniaid**) *g/b* Danois *m*, Danoise *f*.

dannod *ba*: ~ **rhth i rn** (*edliw*) reprocher qch à qn.

dannoedd *b*: **y ddannoedd** mal *m* de dents, rage *f* de dents; **bod â'r ddannoedd** avoir mal aux dents.

danodiad (**-au**) *g* reproche *m*.

danodd[1] *adf gw.* **tanodd**.

danodd[1] *b gw.* **dannoedd**.

dansial, **dansiel** *ba gw.* **damsang**.

dant (**dannedd**) *g*

1 (*CORFF*) dent *f*; ~ **blaen** dent de devant; ~ **ôl**, ~ **malu** molaire *f*; ~ **gofid**, ~ **helbul** dent de sagesse; ~ **sugno** dent de lait; ~ **torri** (dent) incisive *f*; ~ **llygad** canine *f* supérieure; **cael tynnu** ~ se faire arracher une dent; **bod â** ~ **tost** (*bod â'r ddannoedd*) avoir mal aux dents; **brwsh dannedd** brosse *f* à dents; **past dannedd** pâte *f* dentifrice, dentifrice *m*; **torri dannedd** faire *neu* percer ses dents; **dannedd gosod** *ou* **dodi** fausses dents, dentier *m*, râtelier *m*; **cnocio** ~ **o geg rhn** faire sauter une dent à qn; **dangos eich dannedd** montrer les dents.

2 (*ymadroddion ffigurol*): **dianc â chroen eich dannedd** l'échapper belle; **mwmial rhth dan eich dannedd** grommeler qch entre ses dents; **tynnu dŵr o ddannedd rhn** faire venir l'eau à la bouche; **yn nannedd rhn** en dépit de qn, malgré qn, malgré l'opposition de qn; **bod at ddant rhn** plaire à qn; **mae hynny at fy nant** ça me plaît, ça correspond à mon goût *neu* mes goûts; **mae gennyf ddant iddi** je lui en veux, j'ai une dent contre elle; **bwrw rhth i ddannedd rhn** (*edliw*) jeter qch à la tête de qn, reprocher qch à qn; **fe'i cafodd hi ar draws ei dannedd** on le lui a jeté au nez, on le lui a reproché, elle en a essuyé des reproches; **mae'n mynd trwy fy nannedd, mae'n codi deincod ar fy nannedd i** cela m'agace les dents, cela me fait mal aux dents, cela me fait grincer des dents; **gwraig â'i gwallt am ei dannedd** une femme décoiffée *neu* déchevelée; **celwydd yn dy ddannedd!** ça c'est un mensonge pur!; **cael eich dannedd i mewn i rth** (*ffig*) se mettre à fond à qch, se mettre à faire qch pour de bon; **bod â** ~ **melys** aimer les sucreries, être friand(e) de sucreries.

3 (*TECH: ar olwyn gocos*) dent *f* d'engrenage.

4 (*PLANH*): ~ **y llew** pissenlit *m*.

danteithfwyd (**-ydd**) *g* mets *m* délicat.

danteithiol *ans* délicieux(délicieuse), exquis(e), de choix, délicat(e);
♦ **yn ddanteithiol** *adf* délicieusement.

danteithion *ll* mets *mpl* délicats, friandises *fpl*.

danto* *bg* en avoir assez, en avoir marre*, être las(se), être fatigué(e); **bod wedi ~'n llwyr** en avoir ras le bol*; **'roedd wedi ~'n aros amdani** il en a eu assez de l'attendre; ♦*ba* décourager, lasser.

darbod *ba* préparer, apprêter.

darbodaeth *b* provision *f*; (*cynildeb*) économie *f*, frugalité *f*.

darbodus *ans* prudent(e), prévoyant(e), économe, frugal(e)(frugaux, frugales);
♦ **yn ddarbodus** *adf* prudemment, avec prévoyance, frugalement.

darbwyllo *ba*: ~ **rhn** (*peri i rn gredu rhth*) persuader qn, convaincre qn; ~ **rhn o rth** persuader qn de qch; ~ **rhn i wneud rhth** persuader qn de faire qch, amener qn à faire qch, déterminer *neu* décider qn à faire qch; ~ **rhn i beidio â gwneud rhth** persuader qn de ne pas faire qch, dissuader qn de faire qch; **mae'n hawdd ei ddarbwyllo** il se laisse facilement persuader *neu* convaincre.

darfod *ba* (*gorffen*) finir, achever, terminer, mettre fin à; ~ **gwneud rhth** achever *neu* finir de faire qch;
♦*bg*

1 (*gorffen*) finir, se terminer, prendre fin, tirer à la fin; **darfuwyd trwy ganu'r anthem genedlaethol** on a fini par chanter l'hymne national; **'roedd y dydd yn** ~ le jour tirait à sa fin; **mae hi wedi** ~ **arno** il est fichu*.

2 (*marw*) mourir, décéder, périr; (*anifail*)

crever, mourir; **mae hi wedi ~ amdani** (*wedi marw*) c'en est fait d'elle, elle a péri; **~ o'r tir** (*arfer ayb*) disparaître, s'éteindre.
▶ **bod ar ddarfod** (*ar fin gorffen*) être sur le point de finir; (*ar fin marw*) être près de la mort, être à (l'article de) la mort; **bod ar ddarfod amdanoch** être près de la mort, être à (l'article de) la mort.

darfodadwy *ans* transitoire, éphémère, passager(passagère), périssable;
♦ **yn ddarfodadwy** *adf* transitoirement, passagèrement, de façon éphémère.

darfodedig *ans* (*byrhoedlog*) transitoire, éphémère, passager(passagère); (*ar farw*) moribond(e); (*ar ddiflannu*) en voie de disparition, qui tombe en désuétude.

darfodedigaeth *b*: **y ddarfodedigaeth** (*MEDD*) la tuberculose *f*, la consomption *f* pulmonaire, la phtisie *f*.

darfodiad (**-au**) *g* fin *f*, conclusion *f*, terme *m*, achèvement *m*.

darfodus *ans* périssable.

darfu *be gw.* **darfod**;
♦*be ddiffyg*: **~ i** (*i gyfleu amser gorffennol berf*) il est arrivé à; **~ iddi lwyddo** il lui est arrivé de réussir, elle a réussi.

darfudiad (**-au**) *g* convection *f*.

darfudol *ans* de convection; **twymwr ~** radiateur *m* à convection, convecteur *m*.

darfyddiad *g gw.* **darfodiad**.

dargadw *ba* conserver.

darganfod *ba* découvrir, trouver; (*sylwi, sylweddoli*) s'apercevoir de, se rendre compte de; (*dysgu*) apprendre.

darganfyddiad (**-au**) *g* découverte *f*.

darganfyddwr (**darganfyddwyr**) *g* celui *m* qui a découvert qch, découvreur *m*.

darganfyddwraig (**darganfyddwragedd**) *b* celle *f* qui a découvert qch, découvreuse *f*.

dargludedd *g* conductivité *f*.

dargludiad *g* conduction *f*.

dargludiant *g* conductance *f*, conductivité *f* spécifique.

dargludo *ba* être conducteur(conductrice) de.

dargludydd (**-ion**) *g* conducteur *m*.

dargopi (**dargopïau**) *g* calque *m*.

dargopïad (**-au**) *g* calquage *m*.

dargopïo *ba* tracer, esquisser, dessiner; (*â phapur tenau*) calquer.

dargyfeiredd *g* divergence *f*.

dargyfeiriad (**-au**) *g* (*TRAFN*) déviation *f*.

dargyfeirio *ba* (*traffig*) détourner, dévier;
♦*bg* se séparer, diverger.

darheulad (**-au**) *g* insolation *f*.

daria*, **dario*** *ebych*: **~!** bon sang!

darlith (**-iau, -oedd**) *b* conférence *f*; (*mewn coleg ayb*) cours *m*; **rhoi ~ (ar rth)** faire *neu* donner une conférence (sur qch); (*mewn coleg*) faire un cours (sur qch).

darlithfa (**darlithfeydd**) *b* salle *f* de conférences; (*mewn prifysgol*) amphithéâtre *m*.

darlithio *bg* faire *neu* donner une conférence; (*mewn coleg*) faire un cours; **mae'n ~ yng Nghaerdydd** il est professeur à Cardiff; **mae'n ~ yn y gyfraith** il est professeur de droit; **mae'n ~ ar y Chwyldro Ffrengig** il fait cours sur la Révolution française.

darlithydd (**darlithwyr**) *g* (*mewn cynhadledd ayb*) conférencier *m*, conférencière *f*; (*mewn coleg*) professeur *m*, maître *m* assistant; **~ hŷn** chargé(e) *m/f* d'enseignement; **is-ddarlithydd** assistant *m*, assistante *f*; **uwch-ddarlithydd** maître *m* de conférences.

darlithyddiaeth (**-au**) *b* poste *m* d'assistant.

darlosgi *ba* incinérer;
♦*g* crémation *f*, incinération *f*.

darlun (**-iau**) *g* image *f*, illustration *f*; (*FFOT*) photographie *f*; (*ar y wal ayb*) tableau(-x) *m*, peinture *f*; (*atgynhyrchiad*) reproduction *f*; (*engrafiad*) gravure *f*; (*lluniad*) dessin *m*; (*portread*) portrait *m*; (*gludwaith*) collage *m*; (*disgrifiad*) description *f*, tableau, image *f*, représentation *f*; **bod â ~ clir o rth yn eich meddwl** revoir qch clairement, se souvenir très bien de qch, se faire une image nette de qch.

darluniad (**-au**) *g* peinture *f*, portrait *m*, représentation *f*, description *f*.

darluniadol *ans* illustré(e), en images, de peinture;
♦ **yn ddarluniadol** *adf* en images, au moyen d'images, à l'aide d'images.

darluniaeth *b* images *fpl*; **iaith/arddull yn llawn ~** langage *m*/style *m* imagé.

darlunio *ba* faire un portrait *neu* un tableau de; (*disgrifio*) décrire, représenter; (*ar gyfer llyfr, stori ayb*) illustrer.

darluniol *ans gw.* **darluniadol**.

darlunydd (**darlunwyr**) *g* illustrateur *m*, illustratice *f*.

darllaw *ba* brasser;
♦*bg* faire de la bière;
♦*g* brassage *m*.

darllawdy (**darllawdai**) *g* brasserie *f*.

darllawydd (**-ion**) *g* brasseur *m*.

darllediad (**-au**) *g* émission *f*; (*radio*) radiodiffusion *f*; (*teledu*) télévision *f*; **~ byw** émission en direct; **dyna ddiwedd y ~au am heno** ainsi prennent fin nos émissions de la journée; **torri ar draws y ~au** interrompre les émissions.

darlledu *ba* (*radio*) diffuser, émettre; (*teledu*) téléviser, émettre;
♦*g* (*radio*) radiodiffusion *f*; (*teledu*) télévision *f*.

darlledwr (**darlledwyr**) *g* (*ar y radio*) personnalité *f* de la radio; (*ar y teledu*) personnalité de la télévision.

darlledwraig (**darlledwragedd**) *b* (*ar y radio*) personnalité *f* de la radio; (*ar y teledu*) personnalité de la télévision.

darllen *ba* lire; (*rhth aneglur, cerddoriaeth*) déchiffrer, lire; (*proflenni*) corriger; ~ **rhth i rn** lire qch à qn; **'rwyf wedi dod â rhywbeth iti ei ddarllen** je t'ai apporté de la lecture; ~ **dwylo rhn** lire les lignes de la main de *neu* à qn; ~ **gwefusau** lire sur les lèvres; ~ **gormod i mewn i rth** attacher trop d'importance à qch; ~ **meddwl rhn** lire dans la pensée de qn; ~ **offeryn** lire un instrument, relever les indications d'un instrument; **noson ddarllen cerddi** séance *f* de lecture de poésie;
♦*bg* lire; ~ **rhwng y llinellau** lire entre les lignes; **fyddi di'n hoffi rhn yn ~ i ti?** aimes-tu qu'on te fasse *subj* la lecture?; **mae'r llythyr yn ~ fel erthygl papur newydd** la lettre se lit comme un article de journal, la lettre a l'allure d'un article de journal; ~ **yn uchel** lire à haute voix; ~ **trwy rth,** ~ **dros rth** parcourir qch; (*yn drwyadl*) lire qch en entier, lire qch d'un bout à l'autre; **mi ddarllenais iddi nes iddi gysgu** je lui ai fait la lecture jusqu'à ce qu'elle s'endorme *subj*, je lui ai fait la lecture jusqu'à ce qu'elle se soit *subj* endormie;
♦*g* lecture *f*; ~ **gwefusau** lecture sur les lèvres; **oed** ~ le niveau de lecture; **llyfr** ~ livre *m* de lecture; **desg ddarllen** (*mewn ysgol*) pupitre *m*; (*mewn eglwys*) lutrin *m*; **golau ~, lamp ddarllen** lampe *f* de lecture, lampe de travail *neu* de bureau; (*mewn trên*) liseuse *f*; **rhestr ddarllen** bibliographie *f*, liste *f* d'ouvrages recommandés; **ystafell ddarllen** salle *f* de lecture *neu* de travail.

darllenadwy *ans* (*llawysgrifen*) lisible; (*llyfr*) agréable *neu* facile à lire; **nad yw'n ddarllenadwy** (*annarllenadwy*) difficile à lire, illisible; **mae'n ddarllenadwy iawn** ça se lit facilement;
♦ **yn ddarllenadwy** *adf* lisiblement.

darllenawd (**-au**) *g* dictée *f*.

darllenfa (**darllenfeydd**) *b* (*ystafell*) salle *f* de lecture *neu* de travail; (*swyddfa*) bureau(-x) *m*, cabinet *m* de travail; (*desg ddarllen*) pupitre *m*; (*mewn eglwys*) lutrin *m*.

darllenfwrdd (**darllenfyrddau**) *g* pupitre *m*; (*mewn eglwys*) lutrin *m*.

darllengar *ans* qui aime la lecture, studieux(studieuse), adonné(e) à la lecture;
♦ **yn ddarllengar** *adf* studieusement.

darllengarwch *g* attachement *m* à la lecture, amour *m* des livres *neu* de la lecture.

darlleniad (**-au**) *g* lecture *f*; (*dehongliad*) interprétation *f*, explication *f*; **daw'r ~ o lyfr Job** la leçon est prise du livre de Job; ~ **y mesurydd yw ...** l'instrument indique ...; **cafwyd ~ cyntaf y mesur** (*CYFR*) la première lecture du projet de loi a été examinée.

darllenwr, darllenydd (**darllenwyr**) *g* lecteur *m*, lectrice *f*; (*darlithydd*) maître *m* de conférences; **mae'n ddarllenwr mawr** il aime beaucoup lire, c'est un grand liseur.

darn (**-au**) *g*
1 (*tamaid*) morceau(-x) *m*, bout *m*; (*tafell: teisen, bara ayb*) tranche *f*, morceau; (*stecen: o bysgodyn*) darne *f*; ~ **o bapur** bout *neu* morceau de papier; ~ **mawr o bren** pièce *f* de bois; ~ **o dir** (*i ffermio*) une pièce *neu* une parcelle de terre; (*i adeiladu*) un lotissement; ~ **wedi torri** morceau, fragment *m*; **mae wedi ei wneud yn un** ~ c'est fait d'une seule pièce *neu* tout d'une pièce; **mae'r plât yn dal yn un** ~ l'assiette ne s'est pas cassée *neu* est intacte; **fesul** ~ pièce à pièce, morceau par morceau; **mae ~ ar goll** (*o jig-so*) il y a une pièce qui manque; **datrys y dirgelwch trwy roi'r ~au at ei gilydd** résoudre un mystère en rassemblant les éléments; **yn ddarnau** (*wedi torri*) en pièces, en morceaux, en fragments; (*heb eu rhoi at ei gilydd*) en pièces détachées; **cwympo'n ddarnau** tomber en morceaux; **torri'n ddarnau mân** briser en miettes *neu* en mille morceaux.
2 (*mewn gêmau: gwyddbwyll, drafftiau*) pion *m*; (*mewn gêmau eraill*) jeton *m*.
3 (*gwaith: o lyfr*) passage *m*, extrait *m*; ~ **da o waith** du bon travail; **mae ~ yn y papur am ...** il y a un article sur ..., on parle dans le journal de ...; ~ **o wybodaeth** un renseignement; ~ **o gerddoriaeth** un morceau de musique; ~ **o farddoniaeth** poème *m*, poésie *f*, une pièce de vers *neu* de poésie; ~ **i'r piano** un morceau pour piano; **dim ond ~ o'r nofel sy'n dda** il n'y a qu'une partie du roman qui soit *subj* bonne.
4 (*o arian*) pièce *f*; ~ **2 ffranc** une pièce de 2F.

darnio[1] *ba* (*malu*) déchirer, mettre (qch) en morceaux *neu* pièces.

darnio[2] *ba* (*trwsio: sanau*) repriser, raccommoder.

darniog *ans* fragmentaire.

darn-ladd *ba*: ~-~ **rhn** rouer qn de coups, rosser qn.

darnodi *ba* prescrire.

darnodiad (**-au**) *g* (*MEDD*) ordonnance *f*.

darnu *ba* (*trwsio: sanau*) repriser, raccommoder.

daro* *ebych*: ~**!** bon sang!

darofun *ba* projeter; ~ **gwneud rhth** projeter de faire qch, se proposer de faire qch, avoir l'intention de faire qch, envisager de faire qch.

darogan *ba* prédire, prévoir, prophétiser.

daroganwr (**daroganwyr**) *g* prophète *m*.

darostwng *ba* assujettir, soumettre, subjuguer, humilier.

darostyngedig *ans* assujetti(e), soumis(e), subjugué(e), humilié(e); **cyflwr** ~ sujétion *f*.

darostyngiad (**-au**) *g* assujettissement *m*, sujétion *f*, soumission *f*, subjugation *f*.

darostyngol *ans* humiliant(e), dégradant(e), abaissant(e).

darpar *ans*: ~ **ŵr** futur mari *m*; ~ **wraig** future femme *f*; **y** ~ **lywydd** le futur président, le président désigné.
darparu *ba* (*arlwyo*) fournir, munir, pourvoir; (*paratoi*) préparer, apprêter; **hi fyddai'n** ~ **bwyd i bawb** c'est elle qui fournissait la nourriture pour tout le monde;
♦*g* préparation *f*, approvisionnement *m*.
darpariadau *ll* préparatifs *mpl*.
darpariaeth (**-au**) *b* préparation *f*, provision *f*, fourniture *f*, approvisionnement *m*; (*paratoadau*) préparatifs *mpl*.
darparwr (**darparwyr**) *g* pourvoyeur *m*, préparateur *m*, fournisseur *m*.
darparwraig (**darparwragedd**) *b* pourvoyeuse *f*, préparatrice *f*, fournisseuse *f*.
darseinydd (**-ion**) *g* haut-parleur *m*.
dart (**-iau**) *g* (*CHWAR*) fléchette *f*; (*gwnïo*) pince *f*.
daru* *be ddiffyg* (*i gyfleu amser gorffennol berf*): **ddaru o weithio am drigain mlynedd** il a travaillé pendant soixante ans; **ddaru chi brynu'r llyfr?** est-ce que vous avez acheté le livre?
darwden *b* teigne *f*.
Darwinaidd *ans* darwinien(ne).
Darwiniaeth *b* darwinisme *m*.
das (**-au**) *b gw.* **tas**.
dasu *ba gw.* **tasu**.
dat- *rhagdd* dé-.
dât (**datau**) *g gw.* **datysen**.
data *ll* données *fpl*, information *f* brute; **cronfa ddata, bas** ~ base *f* de données.
datblygedig *ans* développé(e), évolué(e).
datblygiad (**-au**) *g* développement *m*, évolution *f*; (*y meddwl*) formation *f*; (*syniadau*) développement, évolution, progrès *m*; (*stori*) déroulement *m*, développement; (*ardal*) exploitation *f*, aménagement *m*; (*diwydiant*) développement, expansion *f*; **aros am ddatblygiadau** attendre la suite des évènements; ~ **annisgwyl** un rebondissement *m*; **ni fu** ~**au** il n'y pas eu de changements, il n'y a rien de nouveau.
datblygol *ans* évolutif(évolutive), progressif(progressive), qui se prépare; (*gwlad*) en voie de développement; (*diwydiant*) en expansion;
♦ **yn ddatblygol** *adf* progressivement.
datblygu *ba* développer, évoluer, former; (*dadl*) exposer (en détail), développer, expliquer; (*ardal*) exploiter, mettre (qch) en valeur; (*arferiad*) contracter; (*ffilm*) développer; ~ **talent am rth** faire preuve de talent pour qch; ~ **tueddiad at rth** manifester une tendance à qch;
♦*bg* évoluer, se développer; (*salwch, tueddiad*) se manifester, se déclarer, progresser; (*teimlad*) se former; (*FFOT*) se développer; ~ **yn rhn/rhth** devenir qn/qch.
datblygus *ans* évolutif(évolutive).
datblygydd (**-ion**) *g* promoteur *m*; (*FFOT*) révélateur *m*, développateur *m*.
datbrofi *ba* réfuter.
datbroffes (**-au**) *b* rétraction *f*, reniement *m*; (*CREF*) abjuration *f*.
datbroffesu *ba* rétracter, désavouer; (*CREF*) abjurer.
datchwyddiant *g* (*ECON*) déflation *f*.
datchwyddo *ba* (*teiar*) dégonfler; ~ **arian** provoquer la déflation monétaire.
datchwyddol *ans* déflationniste.
datchwythad (**-au**) *g* dégonflement *m*.
datchwythu *bg* dégonfler.
daten (**dêts**) *b gw.* **datysen**.
datfforestu *ba* déboiser.
datgan *ba* déclarer, proclamer; (*adrodd*) réciter, déclamer; ~ **gogoniant i Dduw** rendre gloire à Dieu.
datganedig *ans* déclaré(e), avoué(e).
datganiad (**-au**) *g* déclaration *f*; (*cyhoeddus*) proclamation *f*; (*barddoniaeth*) récitation *f*, récital *m*; (*CERDD*) récital, interprétation *f*.
datganoli *ba* décentraliser;
♦*g* décentralisation *f*, dévolution *f*.
datganoliad (**-au**) *g* décentralisation *f*, dévolution *f*.
datgeiniad (**datgeiniaid**) *g* (*CERDD*) récitant *m*, récitante *f*, chanteur *m*, chanteuse *f*.
datgeliad (**-au**) *g* découverte *f*, détection *f*, révélation *f*.
datgelu *ba* détecter, découvrir, révéler.
datgladdu *ba* exhumer.
datgload (**-au**) *g* ouverture *f*.
datgloi *ba* ouvrir.
datglymu *ba* dénouer, défaire, détacher; (*ceffyl*) dételer.
datgodio *ba* décoder;
♦*g* décodage *m*.
datgodiwr (**datgodwyr**) *g* décodeur *m*.
datgoedwigo *ba* déboiser.
datgorffori *ba* dissoudre.
datgorfforiad (**-au**) *g* dissolution *f*.
datguddiad (**-au**) *g* divulgation *f*, révélation *f*; **llyfr y D**~ (*BEIBL*) l'Apocalypse *f*.
datguddiedig *ans* révélé(e).
datguddio *ba* (*gwneud yn hysbys*) divulguer, dévoiler; (*dangos*) montrer; (*cyfrinach*) révéler, divulguer.
datgyflymiad *g* ralentissement *m*.
datgyflymu *bg* ralentir.
datgyffesiad (**-au**) *g* rétraction *f*, désaveu *m*, reniement *m*; (*CREF*) abjuration *f*, reniement.
datgyffesu *ba* rétracter, désavouer, renier; (*CREF*) abjurer, renier.
datgymalu *bg* se désagréger;
♦*ba* démembrer, désagréger, démonter.
datgyplad (**-au**) *g* (*ceffyl ayb*) dételage *m*.
datgyplu *ba* déboîter; (*injan*) découpler; (*ceffyl: cerbyd*) dételer; (*cert, ôl-gerbyd*) détacher.

datgysylltiad (**-au**) *g* séparation *f*, dissociation *f*, désunion *f*, décrochage *m*; ~ **yr Eglwys** séparation *f* de l'Église de l'État.
datgysylltu *ba* détacher, séparer, disjoindre; (*cerbydau rheilffordd*) décrocher; (*pibell, teledu ayb*) débrancher; (*trydan, nwy, dŵr, llinell ffôn*) couper; (*galwad ffôn*) couper, interrompre; ~**'r Eglwys** séparer l'Église de l'État.
datgysylltwr (**datgysylltwyr**) *g* rupteur *m*; ~ **yr Eglwys** partisan *m* de la séparation de l'Église de l'État.
datod *ba* défaire, délier, dénouer; (*sgriw*) dévisser; ~ **eich botymau** se déboutonner;
♦*bg* se défaire; (*sgriw*) se dévisser.
datodiad (**-au**) *g* action *f* de dénouer *neu* de délier *neu* de défaire.
datraniad (**-au**) *g* dissection *f*.
datrannu *ba* disséquer.
datrys *ba* résoudre, élucider, trouver la solution de; (*pos croeseiriau*) réussir; (*dirgelwch*) élucider, éclaircir, débrouiller.
datrysiad (**-au**) *g* résolution *f*, solution *f*, élucidation *f*.
datsain (**datseiniau**) *b* écho *m*, répercussion *f*, retentissement *m*, résonnement *m*.
datseiniad (**-au**) *g* répercussion *f*, retentissement *m*, résonnement *m*.
datseinio *bg* retentir, résonner, (se) répercuter, faire écho.
datseiniol *ans* retentissant(e).
datsgriwio *ba* dévisser;
♦*bg* se dévisser.
datwm (**data**) *g* (*darn o wybodaeth*) fait *m*, un renseignement, une information.
datysen (**datys**) *b* (*ffrwyth*) datte *f*; **coeden ddatys** dattier *m*.
dathliad (**-au**) *g* fête *f*, festivités *fpl*; (*digwyddiad cyhoeddus*) cérémonies *fpl*, fêtes; (*er cof am rth*) commémoration *f*.
dathlu *ba* célébrer, commémorer, glorifier, fêter;
♦*bg*: **rhaid i ni ddathlu!** il faut fêter ça!; (*gyda diod*) il faut arroser ça!;
♦*g* célébration *f*, commémoration *f*.
dau (**deuoedd**) *rhifol* deux; **bob yn ddau** deux par deux, deux à deux; **rhoi ~ a ~ at ei gilydd** faire le rapprochement; **'does dim ~** c'est absolument clair;
♦*ans*: **darn dwy geiniog** pièce *f* de deux pence; **y ddau frawd** les deux frères; **bod rhwng ~ feddwl** être partagé(e) au sujet de qch; ~ **faril** (*gwn*) à deux coups;
♦*rhag*: **mae gen i ddau** j'en ai deux; **ni'n ~** nous deux; **hwy ill ~, hwy ill deuoedd** eux deux, elles deux.
dau- *rhagdd* bi-.
dau ddeg *ans* vingt;
♦*rhifol* (**dauddegau**) vingt; **(yn) y dauddegau** (dans) les années vingt.
dauddyblyg *ans* double;
♦ **yn ddauddyblyg** *adf* doublement.
daufiniog *ans* à double tranchant, à deux tranchants.
dauwynebog *ans* hypocrite; **dyn ~** hypocrite *m*; **dynes ddauwynebog** hypocrite *f*;
♦ **yn ddauwynebog** *adf* hypocritement.
dauwynebogrwydd *g* hypocrisie *f*.
daw[1] *be gw.* **dod**.
daw[2] (**dofion**) *g* (*mab yng nghyfraith*) gendre *m*, beau-fils(~x-~) *m*.
dawn (**doniau**) *b* don *m*, talent *m*; **bod â ~ ar gyfer rhth** être doué(e) pour qch, avoir un don *neu* du talent pour qch.
dawns[1] (**-iau**) *b* danse *f*; ~ **werin** danse folklorique.
dawns[2] (**-feydd**) *b* (*digwyddiad cymdeithasol*) bal *m*, soirée *f* dansante; **cynnal ~** donner un bal; **mynd i'r ddawns** aller au bal; **twmpath ~** soirée *f* de danses folkloriques; (*yn Llydaw*) Fest *m* Noz.
dawnsfa (**dawnsfeydd**) *b* salle *f* de danse, salle de bal; (*neuadd*) dancing *m*.
dawnsio *bg* danser; **dawnsiodd gyda hi** il l'a fait danser; **dawnsiodd hi gyda nhw** elle a dansé avec eux; ~ **o gwmpas** gambader, sautiller; ~ **o lawenydd** sauter de joie; ~ **tendans ar rn** être aux petits soins pour qn.
dawnsiwr (**dawnswyr**) *g* danseur *m*.
dawnswraig (**dawnswragedd**) *b* danseuse *f*.
dawnus *ans* talentueux(talentueuse), doué(e);
♦ **yn ddawnus** *adf* avec talent, talentueusement.
D Ddn *byrf* (= *De Ddwyrain*) SE (Sud Est *m*).
de[1] (**-au**) *g* (*gwrthwyneb i'r gogledd*) sud *m*; **arfordir y ~** la côte sud; **i'r ~, tua'r ~** au sud, vers le sud, en direction du nord; ~ **Ffrainc** le Sud de la France, le Midi; **yn Ne Cymru** dans le sud du pays de Galles; ~ **Affrica** l'Afrique *f* du sud; ~ **America** l'Amérique *f* du sud; ~ **Awstralia** l'Australie *f* méridionale; **i'r ~ o** au sud de; **yn wynebu'r ~** exposé(e) au sud *neu* au midi; **Pegwn y De** le Pôle Sud; **yn bellach i'r ~** plus au sud; ~**-ddwyrain** sud-est *m*; ~**-orllewin** sud-ouest *m*.
de[2] *ans*
1 (*gwrthwyneb i'r chwith: llygad, llaw, esgid ayb*) droit(e).
2 (*GWLEID*): **adain dde** (*papur newydd, syniadau ayb*) de droite; **adain dde'r blaid** l'aile *f* droite du parti;
♦*b*
1 (*ochr dde*) droite *f*; **ar y dde** à droite; **y drws ar y dde** la porte de droite; **gyrru ar y dde** conduire à droite; **trowch i'r dde ar ôl yr eglwys** tournez *neu* prenez à droite à l'église; **ar y dde i'r swyddfa bost** à droite de la Poste.
2 (*GWLEID*): **y dde** la droite *f*.
'de* *talf* (= *onid e*) n'est-ce pas.
De-Affricanaidd *ans* sud-africain(e).
De-Affricanes (**~-~au**) *b* Sud-Africaine *f*.

De-Affricanwr (~**-Affricanwyr**) *g* Sud-Africain *m*.

deall *ba* comprendre; (*tybio, cytuno*) sousentendre, entendre; **gellir** ~ **hyn mewn nifer o ffyrdd** cela peut se comprendre de plusieurs façons; **mae'n hawdd** ~ **hynny** c'est facile à comprendre, cela se comprend facilement; **'dw i ddim yn** ~ **gair** je n'y comprends rien; **deellir ei fod wedi marw** (*credir*) il paraît *neu* on pense *neu* on croit qu'il est mort; **'rwy'n** ~ **dy fod yn gadael heddiw** (*cael gwybod*) il paraît que tu pars aujourd'hui, si je comprends bien tu pars aujourd'hui;
♦*bg* comprendre; **nawr 'rwy'n** ~**!** je comprends!, j'y suis maintenant!; **dim sŵn, wyt ti'n** ~**!** pas de bruit, c'est bien compris, pas de bruit, tu entends!; **'rwy'n** ~ **mai ei brawd ydoedd** c'était son frère, si j'ai bien compris *neu* si je ne me trompe pas; **deellid mai fe fyddai'n talu** il était entendu que ce serait lui qui payerait;
♦*g*
1 (*deallusrwydd*) intelligence *f*; **prawf** ~ test *m* d'aptitude intellectuelle.
2 (*dealltwriaeth*) compréhension *f*; **cawsom ar ddeall ...** on nous a donné à entendre que..., on nous a fait comprendre que ...; **'roeddwn i ar ddeall y byddem yn cael ein talu** j'ai cru comprendre que nous devions être payés; **rhoi rhth ar ddeall** faire savoir qch.

dealladwy *ans* compréhensible, intelligible; (*ymddygiad*) naturel(le), normal(e)(normaux, normales), compréhensible; **mae hynny'n ddealladwy** ça se comprend;
♦ **yn ddealladwy** *adf* d'une façon compréhensible, naturellement, intelligiblement.

dealledig *ans* implicite.

deallgar *ans* intelligent(e);
♦ **yn ddeallgar** *adf* intelligemment, avec intelligence.

deallgarwch *g* intelligence *f*, entendement *m*.

deallol *ans gw.* **deallusol**.

dealltwriaeth (**-au**) *b*
1 (*o rth*) compréhension *f*; **mae ganddo ddealltwriaeth dda o'r sefyllfa** il comprend bien la situation; **ei ddealltwriaeth o blant** sa compréhension des enfants, sa faculté de comprendre les enfants.
2 (*cytundeb rhwng pobl a'i gilydd*) entendement *m*; **dod i ddealltwriaeth gyda rhn** s'entendre *neu* s'arranger avec qn; **mae yna ddealltwriaeth rhyngom ni fod ...** il est entendu entre nous que ...; **ar y ddealltwriaeth fod ...** à condition que + *subj*; **mae y tu hwnt i bob** ~ cela dépasse l'entendement.
3 (*deallusrwydd*) intelligence *f*.

deallus *ans* intelligent(e);
♦ **yn ddeallus** *adf* intelligemment, avec intelligence.

deallusion *ll gw.* **deallusyn**.

deallusol *ans* intellectuel(le);
♦ **yn ddeallusol** *adf* intellectuellement.

deallusrwydd *g* intelligence *f*; **mae'n dangos** ~ il fait preuve d'intelligence; **prawf** ~ test *m* d'aptitude intellectuelle.

deallusyn (**deallusion**) *g* intellectuel *m*, intellectuelle *f*, cérébral *m*, célébrale *f*; **y deallusion** l'intelligentsia *f*, les intellectuels *mpl*; **Brad y Deallusion** la Trahison des Clercs.

deau *ll gw.* **de**[1].

debentur (**-on**) *g* obligation *f*, bon *m*.

debyd (**-au**) *g* débit *m*; ~ **uniongyrchol** prélèvement *m* automatique.

debydu *ba* débiter; ~ **swm o arian o gyfrif rhn** porter une somme au débit du compte de qn.

dec (**-iau**) *g*
1 (*llong*) pont *m*; **mynd i fyny ar y** ~ monter sur le pont; **dan y** ~ sous le pont, en bas.
2 (*chwaraewr recordiau*) table *f* de lecture, platine *f*.

decathlon (**-au**) *g* décathlon *m*.

decibel (**-au**) *g gw.* **desibel**.

decini* *be* je suppose

decilitr (**-au**) *g* décilitre *m*.

decimetr (**-au**) *g* décimètre *m*.

decor *g* décoration *f*, décor *m*.

De-Coread (~**-Coreaid**) *g/b* Sud-Coréen *m*, Sud-Coréenne *f*.

De-Coreaidd *ans* sud-coréen(~-~ne)(~-~s, ~-~nes).

decplyg *ans* décuple;
♦ **yn ddecplyg** *adf* au décuple.

decpunt (**decpunnoedd**) *b* dix livres *fpl* (sterling).

decstros *g* dextrose *m*.

dechau *ans gw.* **dethau**.

dechrau *ba* commencer; (*ymgymryd â*) entreprendre; (*dadl, ffrae*) provoquer; (*ffasiwn*) lancer; (*polisi, arferiad*) inaugurer; (*rhyfel*) causer, déclenchir; (*si*) faire naître; (*agor: paced o fisgedi, teisen, darn o gaws ayb*) entamer, commencer; (*wythnos, blwyddyn, araith, cyfarfod*) débuter; ~ **taith** partir en voyage; **dechreuais y dydd gyda phaned o goffi** j'ai bu une tasse de café pour bien commencer la journée; **dechreuodd fwrw glaw cyn hir** il n'a pas tardé à pleuvoir; ~ **sgwrs â rhn** engager la conversation avec qn; ~ **gwneud rhth** commencer à faire qch, se mettre à faire qch; **dechreuwch dudalen newydd** prenez une nouvelle page;
♦*bg* commencer, s'y mettre, débuter; **gadewch i ni ddechrau!** commençons!, allons-y!, on s'y met!*; **wel, i ddechrau yn y** ~ eh bien, pour commencer par le commencement; **mae'n** ~ **braidd yn wael** cela s'annonce plutôt mal; ~ **mewn busnes** se lancer dans les affaires; **mae'r gwersi yn** ~ **ar y dydd Llun** les cours commencent *neu*

reprennent lundi; **gan ddechrau ar ddydd Mawrth** à partir de mardi; **i ddechrau nid oedd ond dau ohonynt** (tout) d'abord, ils n'étaient que deux; ~ **trwy wneud rhth** commencer *neu* débuter par faire qch; ♦*g* commencement *m*, début *m*; **yn y** ~ initialement, au commencement, au début, d'abord, à l'origine; ~ **blwyddyn yn yr ysgol** la rentrée scolaire; ~**'r byd** le commencement du monde, l'origine *f* du monde; **o'r** ~ **i'r diwedd** du début *neu* du commencement à la fin, de bout en bout, d'un bout à l'autre; **o'r** ~ dès le début, dès le commencement, dès l'abord; ~ **o'r** ~ commencer au commencement.

dechreuad (**-au**) *g* commencement *m*, début *m*; **ers y** ~ depuis le commencement du monde, depuis que le monde est monde.

dechreunos *b* crépuscule *m* du soir, (semi-)obscurité *f*; **gyda'r** ~ à la nuit tombante.

dechreuol *ans* initial(e)(initiaux, initiales), premier(première), du début; (*gwreiddiol*) originel(le).

dechreuwr (**dechreuwyr**) *g* (*dysgwr*) débutant *m*, novice *m*; (*nofio*) apprenti *m*, novice; (*arferiad*) initiateur *m*.

dechreuwraig (**dechreuwragedd**) *b* (*dysgwraig*) débutante *f*, novice *f*; (*nofio*) apprentie *f*, novice; (*arferiad*) initiatrice *f*.

dedfryd (**-au**) *b* verdict *m*, condamnation *f*, sentence *f*, peine *f*, jugement *m*; ~ **o euog/ddieuog** verdict *m* de culpabilité/non-culpabilité; ~ **o farwolaeth** arrêt *m* de mort, condamnation à mort, la peine de mort; **cafodd ddedfryd o 10 mlynedd o garchar** il a été condamné à 10 ans de prison; ~ **hir** une longue peine.

dedfrydu *ba* prononcer une condamnation *neu* une sentence contre; ~ **rhn i farwolaeth** condamner qn à mort.

dedwydd *ans* heureux(heureuse), content(e), satisfait(e), béat(e); **y pâr** ~ les mariés *mpl*; **yr Ynysoedd D**~ les (îles) Canaries *fpl*; ♦ **yn ddedwydd** *adf* heureusement, avec contentement, avec satisfaction, béatement.

dedwyddwch, **dedwyddyd** *g* contentement *m*, bonheur *m*, satisfaction *f*, félicité *f*.

deddf (**-au**) *b* loi *f*; **dyna'r ddeddf** c'est la loi; **mae yn erbyn y ddeddf** c'est contraire à la loi, c'est illégal; ~ **gwlad** la législation *f*, les lois du pays; **maen nhw'n ceisio newid y ddeddf** ils essaient de changer la loi *neu* la législation; **yn unol â'r ddeddf** conformément à la loi; ~**au natur** les lois de la nature; ~ **leol** arrêté *m* municipal; **gosod y ddeddf i lawr** faire la loi; **fel** ~ **y Mediaid a'r Persiaid** invariable, immuable; **y Ddeddf Uno** (HAN) *législation de 1536 qui unit politiquement le pays de Galles à l'Angleterre*; ~ **addysg** loi sur l'éducation; ~ **disgyrchiant** loi de la pesanteur; **D**~ **Iaith** *législation sur la langue galloise.*

deddfeg *b* jurisprudence *f*.

deddfegwr (**deddfegwyr**) *g* juriste *m*, légiste *m*.

deddflyfr (**-au**) *g* code *m* (légal).

deddfol *ans* (*cyfreithlon*) légal(e)(légaux, légales), légitime; (*yn ymwneud â'r gyfraith*) judiciaire, juridique; (*gorfanwl, cysáct*) méticuleux(méticuleuse), scrupuleux(scrupuleuse); ♦ **yn ddeddfol** *adf* légalement, juridiquement, scrupuleusement, méticuleusement.

deddfoliaeth *b* argutie *f* juridique, légalisme *m*, formalisme *m*.

deddfu *bg* légiférer, faire des lois.

deddfwr (**deddfwyr**) *g* législateur *m*.

deddfwraig (**deddfwragedd**) *b* législatrice *f*.

deddfwriaeth (**-au**) *b* législation *f*.

deddfwriaethol *ans* législatif(législative); ♦ **yn ddeddfwriaethol** *adf* législativement.

de-ddwyrain *g* sud-est *m*.

de-ddwyreiniol *ans* sud-est *inv*.

defaid *ll gw.* **dafad**[1].

defni[1] *bg gw.* **diferu**.

defni[2] *ll gw.* **dafn**.

defnydd (**-iau**) *g*
1 (*yr hyn y gwneir pethau ohono*) substance *f*, matière *f*, matériel *m*; ~**iau adeiladu** matériaux *mpl* de construction; ~**iau crai** matières premières; ~**iau rhyfela** matériel de guerre.
2 (TECS) tissu *m*, étoffe *f*.
3 (*gwybodaeth ar gyfer llyfr ayb*) documentation *f*, matériaux *mpl*.
4 (*y weithred o ddefnyddio*) usage *m*, emploi *m*, utilisation *f*; **cadw rhth at eich** ~ **eich hun** réserver qch à son usage personnel; **ar gyfer** ~ **allanol yn unig** (MEDD) à usage externe; **allan o ddefnydd** hors d'usage, qui n'est plus utilisé(e), qui ne s'emploie plus; **prin ei ddefnydd** (*gair, ymadrodd*) inusité(e), sorti(e) d'usage; **gwneud** ~ **o rth** se servir de qch, faire usage de qch, utiliser qch; **gwneud** ~ **da o rth** faire un bon emploi de qch, tirer parti de qch; **cael gwneud** ~ **o'r pwll nofio** avoir l'usage de la piscine, pouvoir se servir de la piscine.
5 (*defnyddioldeb*) utilité *f*; **bod o ddefnydd** servir, être utile; **a all hwn fod o ddefnydd i ti?** est-ce que cela peut t'être utile *neu* te servir?; **a fedra' i fod o ddefnydd?** puis-je être *neu* me rendre utile?

defnyddiadwy *ans* utilisable.

defnyddio *ba* se servir de, utiliser, employer, user de; (*cyfle*) profiter de; **defnyddiais gyllell i'w agor** je me suis servi d'un couteau pour l'ouvrir, j'ai utilisé un couteau pour l'ouvrir, j'ai pris un couteau pour l'ouvrir; **wyt ti'n** ~ **hwn?** te sers-tu de ceci?, as-tu besoin de ceci?; **'rwy'n ~ hwnna fel llwy** cela me sert de cuillère; **nid yw'n dymuno ~'r car** il ne veut pas prendre la voiture; **'rwy'n teimlo fel petawn i'n cael fy nefnyddio** j'ai l'impression qu'on se sert tout bonnement de moi; **mae'r car yma'n ~ gormod o betrol** cette voiture use *neu* consomme trop d'essence; **cyfarwyddiadau ~** mode *m* d'emploi; **i'w ddefnyddio mewn argyfwng** à utiliser en cas d'urgence; **mae'n cael ei ddefnyddio'n feunyddiol** *ou* **bob dydd** on s'en sert tous les jours.

defnyddiol *ans* utile; (*buddiol*) profitable; **eich gwneud eich hun yn ddefnyddiol** se rendre utile, donner un coup de main*; **bod yn ddefnyddiol i rn** rendre service à qn;
♦ **yn ddefnyddiol** *adf* utilement.

defnyddioldeb *g* utilité *f*.

defnyddioliaeth *b* (*iwtilitariaeth*) utilitarisme *m*.

defnyddiwr (**defnyddwyr**) *g* usager *m*, utilisateur *m*; (*prynwr, bwytäwr ayb*) consommateur *m*.

defnyddwraig (**defnyddwragedd**) *b* utilisatrice *f*; (*prynwraig, bwytawraig ayb*) consommatrice *f*.

defnyn (**-nau, dafnau**) *g gw.* **diferyn**.

defnynnu *bg gw.* **diferu**.

defod (**-au**) *b* (*seremoni*) cérémonie *f*, rituel *m*, rite *m*; (*arferiad*) coutume *f*, usage *m*, pratique *f* courante, habitude *f*; **aeth trwy'r ddefod** il a fait les gestes rituels, il s'est conformé aux rites; **yn ôl y ddefod** selon la coutume, selon les usages et coutumes; **'roedd yn ddefod ganddo i orffwys bob bore** il avait l'habitude de se reposer chaque matin.

defodaeth *b* ritualisme *m*.

defodi *ba* décréter, prescrire + *que* + *subj*, ordonner + *que* + *subj*.

defodol *ans* rituel(le), cérémoniel(le), solennel(le); (*arferol*) habituel(le), coutumier(coutumière), accoutumé(e); (*rhn*) ritualiste, cérémonieux(cérémonieuse);
♦ **yn ddefodol** *adf* rituellement, solennellement, cérémonieusement.

defosiwn (**defosiynau**) *g* (*hoffter mawr at rn*) profond attachement *m* (pour qn), dévouement *m* (à *neu* envers qn); (*CREF*) piété *f*, dévotion *f*; **defosiynau** (*gweddïau*) dévotions *fpl*, prières *fpl*.

defosiynol *ans* (*llyfr ayb*) de dévotion, de piété; (*rhn: agwedd*) pieux(pieuse), dévot(e);
♦ **yn ddefosiynol** *adf* pieusement, avec dévotion, avec dévouement.

deffro *bg* se réveiller, s'éveiller; **~ o gwsg** sortir du sommeil, s'éveiller, se réveiller; **wrth ddeffro** en se réveillant *neu* à son réveil; **~ i rth** (*ffig*) prendre conscience de qch, se rendre compte de qch, s'apercevoir de qch;
♦*ba* éveiller, réveiller; (*chwantau*) éveiller, provoquer, exciter.

deffroad (**-au**) *g* réveil *m*.

deg (**-au**) *rhifol* dix; **cyfrif fesul ~** compter par dizaines; **~au ac unedau** les dizaines et les unités;
♦*rhag*: **'roedd ~ ohonom** nous étions dix; **'roedd yno ddeg** il y en avait dix; **'roedd tua ~ yno** il y en avait une dizaine.

degawd (**-au**) *g,b* décennie *f*.

degfed *ans*
1 (*cyff*) dixième.
2 (*defnydd enwol*): **y ~** le dixième; **y ddegfed** (*merch*) la dixième (fille); **~ ran** dixième *m*; **naw ~ ran o rth** les neuf dixièmes de qch; **y ~ o Fawrth** le dix mars;
♦ **yn ddegfed** *adf* dixièmement, en dixième lieu.

degol *ans* décimal(e)(décimaux, décimales); **pwynt ~** virgule *f*; **hyd at dri phwynt ~** jusqu'à la troisième décimale; **~ion** calcul *m* décimal, notation *f* décimale.

degoli *ba* décimaliser.

degoliad *g* décimalisation *f*.

degolyn (**degolion**) *g* décimale *f*.

degwm (**degymau**) *g* dîme *f*; **tref ddegwm** commune *f*.

degymiad (**-au**) *g* (*y tâl*) paiement *m* de la dîme; (*codi'r degwm*) paiement *m* de la dîme, prélèvement *m* de la dîme, levée *f* de la dîme.

degymu *ba*: **~ rhn** dîmer sur qn; **~ rhth** soumettre qch à la dîme.

deng *ans* dix.

dengair *g*: **y ~ deddf** les dix commandements *mpl*, le décalogue *m*.

dengmlwyddol *ans* (*bob deng mlynedd*) décennal(e)(décennaux, décennales).

deheubarth (**-au**) *g* sud *m*, région *f* méridionale.

Deheubarth *prg*: **y ~** (*HAN*) le Deheubarth *m* (*ancien royaume au pays de Galles*).

deheudir (**-oedd**) *g* sud *m*, région *f* méridionale.

deheuig *ans* habile, adroit(e);
♦ **yn ddeheuig** *adf* habilement, adroitement, avec adresse.

deheulaw *b* main *f* droite.

deheuol *ans* (du) sud; **yr ochr ddeheuol** le côté sud.

deheurwydd *g* habileté *f*, adresse *f*, dextérité *f*; (*mewn crefft*) technique *f*.

deheuwr (**deheuwyr**) *g* homme *m* du Sud, habitant *m* du Sud; (*yn Ffrainc*) Méridional *m*; **y Deheuwyr** les gens *mpl* du Sud; (*yn Ffrainc*) les Méridionaux *mpl*.

deheuwraig (**deheuwragedd**) *b* femme *f* du Sud, habitante *f* du Sud; (*yn Ffrainc*) Méridionale *f*, femme *f* du Midi.

deheuwynt (**-oedd**) *g* le vent *m* du sud.

dehongli *ba* interpréter.

dehongliad (**-au**) *g* interprétation *f*.

dehonglwr (**dehonglwyr**) *g* interprète *m*.

dehonglwraig (**dehonglwragedd**) *b* interprète *f*.
dehydrad (**-au**) *g gw.* **dadhydradiad**.
dehydru *ba gw.* **dadhydradu**.
deial (**-au**) *g* cadran *m*; ~ **haul** cadran solaire; ~ **petrol** jauge *f* d'essence; ~ **cyflymder** indicateur *m* de vitesse, tachymètre *m*.
deialog (**-au**) *g,b* dialogue *m*.
deialu *ba* (*rhif ffôn*) faire, composer; **rhaid** ~ **01222 yn gyntaf** il faut faire le 01222 d'abord; ~ **999** appeler police secours; ~ **rhif anghywir** faire un faux *neu* mauvais numéro; **sŵn** ~ tonalité *f*; **côd** ~ indicatif *m*.
deiamwnt (**diemyntiau**) *g gw.* **diemwnt**.
deiet *g gw.* **diet**.
deieteg *b gw.* **dieteg**.
deif *g gw.* **plymiad**.
deifio[1] *bg gw.* **plymio**[1].
deifio[2] *ba* roussir, brûler (qch) légèrement.
deifiol *ans* acerbe, caustique, cinglant(e);
♦ **yn ddeifiol** *adf* d'une manière acerbe *neu* cinglante, avec acerbité.
deifiwr (**deifwyr**) *g gw.* **plymiwr**.
deigryn (**dagrau**) *g* larme *f*; **mewn dagrau** en larmes, en pleurs; **'roedd dagrau yn ei lygaid** il avait les larmes aux yeux; **'roedd dagrau o lawenydd yn ei lygaid** il pleurait de joie; **'roedd meddwl amdano yn dod â dagrau i'w llygaid** à cette pensée, elle eut les larmes aux yeux; **daeth y ffilm â dagrau i'w llygaid** le film lui a fait venir les larmes aux yeux; **nwy dagrau** gaz *m* lacrymogène; **colli dagrau** verser des larmes; **a dyna oedd dagrau pethau** et voilà l'aspect triste de l'affaire.
deilbridd *g* humus *m*.
deildy (**deildai**) *g* berceau(-x) *m* de verdure, tonnelle *f*, retraite *f* ombragée.
deilen (**dail**) *b* feuille *f*; **y dail** les feuilles, le feuillage; **crynu fel** ~ trembler comme une feuille; **dail tafol** feuilles de patience; **dail nodwydd** aiguilles *fpl* (*de pin etc*).
deilgoll *ans* (*coeden*) à feuilles caduques.
deiliad[1] (**-au**) (*coed yn deilio*) feuillaison *f*, foliation *f*.
deiliad[2] (**deiliaid**) *g* (*mewn tŷ, fflat*) locataire *m/f*; (*dan awdurdod brenin, gwladwriaeth ayb*) sujet *m*, sujette *f*; (*pasbort, gradd*) titulaire *m/f*.
deiliadaeth (**-au**) *b* location *f*; **cymryd** ~ **ar dŷ** prendre une maison en location, louer une maison.
deilio *bg* se couvrir de feuilles, porter des feuilles.
deiliog *ans* (*coeden*) feuillu(e).
deilliad (**-au**) *g* dérivation *f*, émanation *f*; (*MATH, IEITH*) dérivé *m*.
deilliant (**deilliannau**) *g* dérivation *f*.
deillio *bg*: ~ **o** dériver de, provenir de, venir de, émaner de; **syniad yn** ~ **o rywle** une idée qui a sa source *neu* ses origines dans qch.
deillion *ll gw.* **dall**.
deimwnt (**deimyntau**) *g gw.* **diemwnt**.
dein (**-iau**) *g* dyne *f*.
deinam... *rhagdd* (*deinameg, deinameit ayb*) *gw.* **dynam...**
deincod *g,b*: **mae'n codi** ~ **ar fy nannedd** cela m'agace les dents, cela me fait grincer des dents, cela me fait mal aux dents.
deincodyn (**deincod**) *g* (*carreg ffrwyth: afal, gellygen*) pépin *m*; (:*ceiriosen, bricyll*) amande *f*.
deincryd *g* grincement *m* des dents.
deinosor (**-iaid, -od**) *g* dinosaure *m*.
deinosoraidd *ans* dinosaurien(ne).
deintbig (**-au**) *g* cure-dent *m*.
deintiad (**-au**) *g* (*cnoad*) grignotement *m*, grignotage *m*, mordillage *m*; (*magu dannedd*) dentition *f*.
deintio *ba* (*cnoi*) grignoter, mordiller; (*meiddio mynd*) oser aller.
deintlwch *g* dentifrice *f*.
deintrod (**-au**) *b* roue *f* d'engrenage.
deintydd (**-ion**) *g* dentiste *m/f*; **mynd at y** ~ aller chez le dentiste; **cadair** ~ fauteuil *m* de dentiste.
deintyddfa (**deintyddfâu**) *b* cabinet *m* dentaire *neu* de dentiste.
deintyddiaeth *b* dentisterie *f*; **astudio** ~ faire des études dentaires, faire l'école dentaire
deintyddol *ans* dentaire; **ysgol ddeintyddol** école *f* dentaire; **edau ddeintyddol** fil *m* dentaire.
deiol (**-au**) *g gw.* **deial**.
deir *ans* (*araf*) lent(e); (*diflas*) ennuyeux(ennuyeuse);
♦ **yn ddeir** *adf* lentement, d'une façon ennuyeuse.
deis (**-iau**) *g* dé *m*; **chwarae** ~ jouer aux dés.
deiseb (**-au**) *b* pétition *f*.
deisebu *ba* adresser une pétition à, pétitionner.
deisebwr (**deisebwyr**) *g* pétitionnaire *m*.
deisebwraig (**deisebwragedd**) *b* pétitionnaire *f*.
deisio *bg* (*chwarae â deis*) jouer aux dés;
♦*ba* (*COG*) couper (qch) en dés *neu* en cubes.
deisiog *ans* coupé(e) en dés *neu* en cubes.
deisiwr (**deiswyr**) *g* joueur *m* aux dés.
dëist(i)aeth *b* déisme *m*.
deisyfiad (**-au**) *g* demande *f*, requête *f*; (*dymuniad*) désir *m*, souhait *m*; (*deiseb*) pétition *f*.
deisyfu *ba* (*ymbil*) supplier, implorer, conjurer; (*dymuno*) désirer, souhaiter, vouloir, avoir envie de.
del *ans* joli(e);
♦ **yn ddel** *adf* joliment, d'une manière jolie.
dêl[1] *be gw.* **dod**.
dêl[2] (**-s**) *b* (*bargen*) affaire *f*; (*gyda ffrind*) marché *m*; (*CARDIAU*) donne *f*.
dêl[3] *g* (*pren*) bois *m* blanc, bois de sapin.
delfryd (**-au**) *g* idéal(idéaux) *m*.

delfrydgar *ans* idéaliste.
delfrydiaeth *b* idéalisme *m*.
delfrydol *ans* idéal(e)(idéaux, idéales), parfait(e); **mae'n ddelfrydol!** c'est (l')idéal!; ♦ **yn ddelfrydol** *adf* idéalement.
delfrydwr (**delfrydwyr**) *g* idéaliste *m*.
delfrydwraig (**delfrydwragedd**) *b* idéaliste *f*.
delfrydyddol *ans* idéaliste.
delff *g* idiot *m*, imbécile *m*, rustre *m*, malotru *m*.
delffaidd *ans* stupide, imbécile, idiot(e).
Delffi *prg* Delphes.
deliad *b* (*MASN*) opération *f*, transaction *f*; (*CARDIAU*) donne *f*.
delicatesen (**-s**) *g* épicerie *f* fine.
delicet *ans* délicat(e); ♦ **yn ddelicet** *adf* délicatement.
Delila *prb* Dalila.
delincwent *g gw.* **drygwr**.
delio *bg*
1: ~ **â** (*phobl*) avoir affaire à, traiter avec; **pobl sy'n ~ â phlant ifanc** les gens qui ont affaire à de jeunes enfants; **pobl sy'n ~ â'r cyhoedd** les gens qui sont en contact avec le public, les gens qui ont affaire au public; **mi wrthodais i ddelio â hi** j'ai refusé de traiter avec elle, j'ai refusé d'avoir affaire à elle; **nid yw hi'n un hawdd ~ â hi** elle n'est pas commode, elle n'est pas facile; **gwybod sut i ddelio â rhn** savoir s'y prendre avec qn; **fe ddelion nhw'n deg iawn â mi** ils ont été très corrects avec moi.
2: ~ **â** (*bod yn gyfrifol am*) s'occuper de, se charger de; **mi ddelia' i â hynna** je me charge de cela, je veillerai à cela; **fe elli di ddelio â hynny ar dy ben dy hun** tu peux t'en occuper tout(e) seul(e); **fe ddeliodd hi'n dda iawn â'r broblem** elle a très bien résolu le problème; **mi ddelia' i â thi yn nes ymlaen** tu vas avoir affaire à moi, tu vas avoir de mes nouvelles tout à l'heure; **mae'r busnes yn ~ â channoedd o archebion bob wythnos** l'entreprise traite des centaines de commandes par semaine.
3: ~ **mewn cotwm** (*MASN*) être dans le commerce du coton, être marchand *neu* commerçant de coton;
♦*ba* (*cardiau*) donner, distribuer.
deliriwm *g* délire *m*.
deliwr (**delwyr**) *g* marchand *m*, négociant *m*; (*CARDIAU*) donneur *m*.
delor (**-ion**) *g* (*ADAR*) pivert *m*, pic *m*, pic-vert *m*; ~ **y cnau** sittelle *f*, pic-maçon *m*.
delta (**deltâu**) *g* delta *m*.
delw (**-au**) *b* image *f*; (*cerflun*) statue *f*; (*eilun*) idole *f*; **creodd Duw ddyn ar ei ddelw ei hun** Dieu créa l'homme à son image; **sefyll fel ~** rester planté(e) comme une borne; **addoli ~au** idolâtrie *f*; **dryllio ~au** iconoclasme *m*; **drylliwr ~au** iconoclaste *m/f*.
delw-addoliad *g* idolatrie *f*.
delw-addoliaeth *b* idolatrie *f*.
delw-addolwr (**~-addolwyr**) *g* idolâtre *m/f*.
delwedd (**-au**) *b* image *f* de marque; **rhaid iddo feddwl am ei ddelwedd** il faut qu'il prenne *subj* en considération son image de marque.
delweddaeth *b* images *fpl*; **iaith yn llawn ~** langage *m* imagé.
delweddiad (**-au**) *g* portrait *m*, image *f*, représentation *f*, évocation *f*.
delweddu *ba* évoquer, s'imaginer, se faire une image de, se représenter.
delwi *bg* (*synfyfyrio*) être dans les nuages, rêvasser; (*ag ofn*) être paralysé(e) *neu* transi(e) de peur; (*gwelwi*) pâlir, devenir blême.
dellni *g* (*corfforol*) cécité *f*; (*ffig*) aveuglement *m*.
dellten (**dellt**) *b* (*darn o bren*) latte *f*.
delltwaith (**delltweithiau**) *g* treillis *m*, treillage *m*.
demên (**demenau**) *g* domaine *m*, terres *fpl*.
democrat (**-iaid**) *g* démocrate *m/f*; **y Democratiaid Cymdeithasol** le Parti *m* social-démocrate; **y Democratiaid Rhyddfrydol** le Parti libéral-démocrate.
democrataidd *ans* démocratique; **y Blaid Ddemocrataidd** (*yn yr Unol Daleithiau*) le Parti démocrate.
democrateiddio *ba* démocratiser.
democratiaeth (**-au**) *b* démocratie *f*.
democratig *ans* (*sefydliad, dulliau*) démocratique; (*meddwl, ysbryd*) démocrate; ♦ **yn ddemocratig** *adf* démocratiquement.
demograffeg *b* démographie *f*.
demograffig *ans* démographique; ♦ **yn ddemograffig** *adf* démographiquement.
demon (**-iaid**) *g* démon *m*.
demoniaeth *b* démonisme *m*.
dengar *ans* attrayant(e), séduisant(e), attirant(e), alléchant(e); ♦ **yn ddengar** *adf* d'une manière attrayante *neu* séduisante.
dengarwch *g* attrait *m*, charme *m*, attraction *f*, agrément *m*.
dengys *be gw.* **dangos**.
deniadau *ll* attraits *mpl*, séductions *fpl*, charmes *mpl*, attirance *f*; **un o ddeniadau byw yn y wlad** un des charmes de la vie à la campagne.
deniadol *ans* attrayant(e), séduisant(e), attirant(e), alléchant(e); (*pris, bargen*) intéressant(e); ♦ **yn ddeniadol** *adf* d'une manière attrayante *neu* séduisante.
denim (**-s**) *g* toile *f* de jean, toile de coton; ♦*ans* en jean, en toile de coton; **trowsus ~** blue-jean *m*, jean *m*; (*gwisg gweithiwr*) bleu *m* de travail.
Denmarc *prb* le Danemark *m*; **yn Nenmarc** au Danemark.
denu *ba* attirer, allécher, séduire, exercer une

attraction sur; ~ **sylw/diddordeb rhn** éveiller *neu* attirer l'attention/l'intérêt de qn.
denwr *g* séducteur *m*.
deon (**-iaid**) *g* doyen *m*.
deondy (**deondai**) *g* (*prifysgol*) demeure *f* du doyen, résidence *f* du doyen; (*CREF*) doyenné *m*, demeure du doyen.
deoniaeth (**-au**) *b* décanat *m*.
deor *bg* (*wy*) couver, faire éclore; (*cynllwyn*) ourdir, tramer, couver.
deorfa (**deorfâu**) *b* (*cywion*) couvoir *m*, incubateur *m*; (*pysgod*) appareil *m* à éclosion.
deori *bg gw.* **deor**.
de-orllewin *g* sud-ouest *m*.
de-orllewinol *ans* sud-ouest *inv*.
deorydd (**-ion**) *b* couveuse *f*, incubateur *m*.
depo(t) (**-au**) *g* dépôt *m*, entrepôt *m*.
dera *b*: **y ddera** (*salwch ceffylau*) vertigo *m*.
derbyn *ba*
1 (*cael*) recevoir; ~ **3 blynedd o garchar** être condamné(e) à 3 ans de prison; **fe dderbyniasom ni eich cais ddoe** (*MASN*) votre demande nous est parvenue hier.
2 (*croesawu rhn: i barti, i dderbyniad*) recevoir, accueillir; **cael eich ~ mewn capel** être reçu membre *neu* adulte dans un temple; **dosbarth ~** (*mewn ysgol*) ≈ cours *m* préparatoire.
3 (*cymryd*) accepter; (*nwyddau*) accepter, prendre livraison de; (*esgus, ffaith ayb*) admettre, accepter; (*eich tynged*) accepter, se résigner à; (*tasg*) se charger de, accepter.
4 (*cytuno, cyfaddef*) admettre, accepter, reconnaître; **'rwy'n ~ fy mod i ar fai** je reconnais que j'ai tort, j'ai tort, j'en conviens.
5 (*RADIO, TELEDU*) recevoir; (*rhaglen, darllediad*) capter.
derbynfa (**derbynfeydd**) *b* (bureau(-x) *m* de) réception *f*.
derbyniad (**-au**) *g*
1 (*croeso*) accueil *m*; **cael ~ ffafriol** être bien accueilli(e) *neu* reçu(e); **rhoi ~ cynnes/oer i rn** faire un accueil chaleureux/froid à qn.
2 (*parti ayb*) réception *f*.
3 (*RADIO, TELEDU*) réception *f*.
derbyniadwy *ans* acceptable, admissible, recevable;
♦ **yn dderbyniadwy** *adf* acceptablement, d'une manière acceptable.
derbyniedig *ans* reçu(e), accepté(e).
derbyniol *ans*
1 (*boddhaol*) acceptable, bienvenu(e), opportun(e); **gobeithio y bydd hwn yn dderbyniol ichi** j'espère que ceci vous conviendra; **os yw'r cynnig yma'n dderbyniol** si la présente offre est à votre convenance; **anrheg dderbyniol** un cadeau qui fait plaisir; **'roedd yr arian yn dderbyniol iawn** l'argent était vraiment le bienvenu.
2 (*parod i dderbyn*) réceptif(réceptive);
♦ **yn dderbyniol** *adf* acceptablement, d'une manière acceptable.
derbyniwr (**derbynwyr**) *g* accepteur *m*, récepteur *m*.
derbynneb (**derbynebau**) *b* reçu *m*, quittance *f*, récépissé *m*.
derbynnedd (**derbyneddau**) *g* admission *f*, adduction *f*, prise *f*.
derbynnydd (**derbynyddion**) *g*
1 (*rhn sy'n derbyn*) receveur *m*, receveuse *f*; (*llythyr*) destinataire *m/f*; (*cwmni wedi torri*) administrateur *m* judiciaire, syndic *m* de faillite; (*mewn gwesty*) réceptionniste *m/f*.
2 (*ffôn*) récepteur *m*, combiné *m*; **codi'r ~** décrocher; **gosod y ~ yn ôl** raccrocher.
derbynwest (**-i**) *b* lunch *m* de mariage, repas *m* de noce.
derbynwraig (**derbynwragedd**) *b* réceptrice *f*; (*mewn gwesty*) réceptionniste *f*.
dere *be gw.* **dod**.
derfis *g* derviche *m*.
derfydd *be gw.* **darfod**.
deri *ll gw.* **derwen**.
deric (**-iau**) *g* (*craen*) mât *m* de charge; (*uwchben ffynnon olew*) derrick *m*.
dermatitis *g* dermatite *f*, dermite *f*.
dermatoleg *b* dermatologie *f*.
dermatolegydd (**dermatolegwyr**) *g* dermatologue *m/f*.
dernyn (**-nau**) *g* (petit) morceau(-x) *m*, bout *m*, fragment *m*.
derw *ans* de *neu* en bois de chêne;
♦*ll gw.* **derwen**.
derwen (**derw, deri**) *b* chêne *m*; **coed derw** (des) chênes.
derwreinyn (**derwraint**) *g* teigne *f*; ~ **y traed** mycose *f*, champignons *mpl* aux pieds.
derwydd (**-on**) *g* druide *m*.
derwyddiaeth *b* druidisme *m*.
derwyddol *ans* druidique.
'deryn (**adar**) *g gw.* **aderyn**.
des *be gw.* **dod**.
desbrad *ans* désespéré(e), frénétique; (*parod i wneud unrhywbeth*) capable de tout, prêt(e) à tout;
♦ **yn ddesbrad** *adf* désespérément, frénétiquement.
desg (**-iau**) *b* (*i ddisgybl*) pupitre *m*; (*i athro*) bureau(-x) *m*, chaire *f*; (*mewn swyddfa*) bureau; (*mewn gwesty, maes awyr ayb*) (bureau de) réception *f*; ~ **dalu** caisse *f*.
desgant (**-au**) *g* déchant *m*; **canu rhan ~** chanter une partie du déchant.
desibel (**-au**) *g* décibel *m*.
despot (**-iaid**) *g gw.* **unben**.
despotiaeth *b gw.* **unbennaeth**.
destlus *ans* soigné(e), propre, net(te), bien ordonné(e), bien tenu(e); **mae ei gwallt hi bob amser yn ddestlus** elle est toujours bien coiffée; **mae'n weithiwr ~** il est soigneux dans

son travail; **mae ei gwaith bob amser yn ddestlus** son travail est toujours très soigné; **llawysgrifen ddestlus** une écriture nette;
♦ **yn ddestlus** *adf* soigneusement, avec ordre, d'une manière ordonnée *neu* soignée; **mae hi wedi ei gwisgo'n ddestlus** elle est bien mise.
destlusrwydd *g* netteté *f*, propreté *f*, belle ordonnance *f*.
dêt* (-s) *g* rendez-vous *m inv*; **mynd ar ddêt gyda rhn** sortir avec qn.
detector (-au) *g* détecteur *m*.
deten (dêts) *b gw.* **datysen**.
determinant (-au) *g* (*MATH*) déterminant *m*.
detritws *g* (*DAEAR*) roches *fpl* détritiques, pierraille *f*; (*ffig*) détritus *m*.
dethau *ans* (*medrus*) habile, adroit(e); (*taclus*) bien rangé(e), bien ordonné(e), en ordre, net(te);
♦ **yn ddethau** *adf* habilement, adroitement, d'une manière ordonnée.
dethol *ba* sélectionner, choisir;
♦*ans* choisi(e), d'élite.
detholedig *ans* choisi(e), d'élite.
detholedd *g* sélectivité *f*.
detholgar *ans* sélectif(sélective);
♦ **yn ddetholgar** *adf* sélectivement.
detholiad (-au) *g* sélection *f*, choix *m*; (*LLEN, CERDD, ayb*) morceaux *mpl* choisis, œuvres *fpl* choisies; ~ **o farddoniaeth** poèmes *mpl* choisis, anthologie *f* de poèmes.
detholus *ans* sélectif(sélective);
♦ **yn ddetholus** *adf* sélectivement.
deu- *rhagdd* bi-.
deuaidd *ans* binaire.
deuawd (-au) *g,b* duo *m*; **canu** ~ chanter *neu* jouer en duo; ~ **piano** morceau(-x) *m* à quatre mains.
deuawdwr (**deuawdwyr**) *g* duettiste *m*.
deuawdwraig (**deuawdwragedd**) *b* duettiste *f*.
deubar *g* paire *f*, couple *m*.
deubarthiad *g* dichotomie *f*.
deubarthol *ans* dichotome.
deuben *ans* bicephale, à deux têtes.
deublyg *ans* double;
♦ **yn ddeublyg** *adf* doublement.
deudroed *ll* les (deux) pieds *mpl*; **ar ddeudroed** à pied.
deuddeg *rhifol* douze *m*; **mae hi'n ddeuddeg o'r gloch** (*hanner dydd*) il est midi; (*hanner nos*) il est minuit; **mae'n taro** ~ (*ffig*) ça sonne juste; **nid yw'n taro** ~ cela ne sonne pas juste; **rhyw** ~ une douzaine *f*;
♦*ans* douze; **'rwy'n ddeuddeng mlwydd oed** j'ai douze ans;
♦*rhag*: **'roedd yno ddeuddeg** il y en avait douze; **'roedd** ~ **ohonom** nous étions douze
deuddegfed *ans*
1 (*cyff*) douzième.
2 (*defnydd enwol*): **y** ~ le douzième; **y** ~ **o Fai** le douze mai.
deuddegol *ans* duodécimal(e)(duodécimaux, duodécimales).
deuddeng *ans* douze.
deuddeheuig *ans* ambidextre.
deuddydd *g* deux jours *mpl*.
deuddyn *g* couple *m*.
deufin *ans* à double tranchant.
deufis *g* deux mois *mpl*.
deufisol *ans* bimensuel(le).
deuffocal *ans* bifocal(e)(bifocaux, bifocales), à double foyer.
deugain *rhifol* quarante *m*; **tua** ~ une quarantaine *f*; **mae hi dros ei** ~ elle a dépassé la quarantaine;
♦*ans* quarante; **mae hi'n ddeugain mlwydd oed** elle a quarante ans.
deugeinfed *ans* (*cyff*) quarantième; (*defnydd enwol*): **y** ~ le quarantième *m*.
deulais *ans* à deux voix.
deulawr *ans* à deux étages; **bws** ~ autobus *m* à impériale.
deulin *g* les genoux *mpl*.
deuliw *ans* bicolore.
deunaw *rhifol* dix-huit *m*;
♦*ans* dix-huit; **'rwy'n ddeunaw mlwydd oed** j'ai dix-huit ans;
♦*rhag*: **'roedd** ~ **ohonom** nous étions dix-huit.
deunawfed *ans*
1 (*cyff*) dix-huitième.
2 (*defnydd enwol*): **y** ~ le dix-huitième; **y** ~ **o Ebrill** le dix-huit avril.
deunydd (-iau) *g*
1 (*yr hyn y gwneir pethau ohono*) substance *f*, matière *f*; ~**iau adeiladu** matériaux *mpl* de construction; ~ **crai** matière première.
2 (*a baratowyd ar gyfer gweithgaredd arbennig*) matériel *m*; ~**iau addysgol** matériel pédagogique, supports *mpl* pédagogiques; ~ **darllen** lecture *f*.
3 (*TECS*) tissu *m*, étoffe *f*.
4 (*gwybodaeth ar gyfer llyfr ayb*) documentation *f*, matériaux *mpl*.
5 (*cynnwys: sgwrs, araith, llyfr*) contenu *m*.
6 (*y weithred o ddefnyddio*) usage *m*, emploi *m*, utilisation *f*; **gwneud** ~ **o rth** se servir de qch, faire usage de qch, utiliser qch.
7 (*defnyddioldeb*) utilité *f*; **bod o ddeunydd** servir, être utile *gw. hefyd* **defnydd**.
deuocsid *g* bioxyde *m*, déoxyde *m*.
deuod (-au) *g* diode *f*.
deuoedd *ll gw.* **dau**.
deuol *ans* double, à deux; (*deuaidd*) binaire; **ffordd ddeuol** route *f* à quatre voies.
deuoldeb *g* dualité *f*.
deuoliaeth *b* dualisme *m*.
deuparth *g* les deux tiers *m*; ~ **gwaith ei ddechrau** commencer est les deux tiers, commencer est la plupart du travail.
deurannol *ans* (*BIOL*) biparti(e), bipartite.
deuris *ans* à deux étages.
deurudd *ll* les deux joues *fpl*.

deuryw *ans* (*BIOL, MILF*) bisexué(e);
♦*g* hermaphrodite *m*.
deurywiad (**deurywion**) *g/b* bisexuel *m*, bisexuelle *f*.
deurywiog, **deurywiol** *ans* (*SEIC*) sexuellement ambivalent(e), bisexuel(e).
deusain (**deuseiniau**) *b* (*GRAM*) diphtongue *f*.
deuswllt (**deusylltau**) *g* (ancienne pièce *f* de) deux shillings *mpl*.
Deuteronomium *prg* Deutéronome *m*.
Dewi *prg* David; ~ **Sant** saint David; **Dygwyl** ~, **Dydd Gŵyl D(d)ewi** la Saint-David.
dewin (**-iaid**) *g* magicien *m*, enchanteur *m*, sorcier *m*, devin *m*; ~ **dŵr** sourcier *m*.
dewina *ba gw.* **dewinio**.
dewindabaeth *b* divination *f*, magie *f*, enchantement *m*.
dewines (**-au**) *b* sorcière *f*, ensorceleuse *f*, magicienne *f*, devineresse *f*; ~ **ddŵr** sourcière *f*; ~ **garedig** bonne fée *f*.
dewiniaeth *b* divination *f*, magie *f*, sorcellerie *f*, envoûtement *m*.
dewinio *ba, bg* (*rhag-ddweud*) présager, prédire; (*consurio*) conjurer; (*swyno*) envoûter.
dewin(i)ol *ans* enchanteur(enchanteresse).
dewis *ba* choisir, faire choix de; **cafodd ei ddewis yn arweinydd** ils l'ont pris pour chef; **'does dim i'w ddewis rhyngddynt** ils se valent, c'est blanc bonnet et bonnet blanc;
♦*bg*: ~ **rhwng ...** choisir entre ..., faire un choix entre ...; **fel 'rydych chi'n** ~ comme vous voulez, selon votre choix, à votre gré; **os wyt ti'n** ~ si cela te dit; **fe'i gwnaf pan fydda i'n** ~ je le ferai quand je voudrai *neu* quand ça me plaira;
♦*g* (**-iadau**) choix *m*; **nid oes gennyf ddewis** je n'ai pas le choix; **cael** ~ **eang** avoir l'embarras du choix; **cael gormod o ddewis** avoir trop de choix; **nid oedd ganddo ddewis ond ufuddhau** il ne pouvait qu'obéir; **o ddewis** de préférence; **fe'i gwnaeth o'i ddewis ei hun** il l'a fait de son propre choix *neu* de son propre gré, il a choisi de le faire; **nid oes lawer o ddewis** il n'y a pas tellement de choix.
dewisbeth (**-au**) *g* chose *f* préférée.
dewisddyn (**-ion**) *g* favori *m*.
dewisiad (**-au**) *g* choix *m*, sélection *f*, option *f*.
dewislen (**-ni**) *b* (*CYFRIF*) menu *m*.
dewisol *ans* de choix, sélectionné(e), désirable, enviable.
dewr *ans* courageux(courageuse), intrépide, vaillant(e), brave; **bod mor ddewr â llew** être courageux comme un lion, être intrépide; **bydd yn ddewr!** (du) courage!; **bydd yn ddewr ac ymaith â thi i ddweud wrtho** prends ton courage à deux mains et va lui dire;
♦ **yn ddewr** *adf* courageusement, vaillamment, intrépidement, bravement;
♦*g* (**-ion**) courageux *m*, courageuse *f*; **y** ~**ion** les héros *mpl*.
dewrder *g* courage *m*, vaillance *f*, bravoure *f*, intrépidité *f*.
dewrion *ll gw.* **dewr**.
dewyrth (**-od**) *g* (*ewythr*) oncle *m*; (*iaith plentyn*) tonton *m*.
D.G. *byrf* (= *y Deyrnas Gyfunol*) le Royaume-Uni *m*.
di *rhag syml gw.* **ti**[1].
di- *rhagdd* dé-, dés-, dis-, in-, mal-, non-.
diabetes *g* le diabète *m*.
diabetig *ans* diabétique;
♦*g/b* diabétique *m/f*.
diacen *ans* (*sillaf*) non accentué(e), atone; (*llais, iaith*) sans accent.
diacon (**-iaid**) *g* diacre *m*.
diaconaidd *ans* diaconal(e)(diaconaux, diaconales).
diacones (**-au**) *b* diaconesse *f*.
diachos *ans* sans cause, injustifié(e), sans prétexte; **ymosod ar rn yn ddiachos** s'attaquer à qn sans provocation.
diadell (**-oedd**) *b* troupeau(-x) *m*.
diadlam *ans* infranchissable, insurmontable.
diaddurn *ans* sans ornement, tout(e) simple; (*gwirionedd*) pur(e), tout(e) nu(e).
diaddysg *ans* sans éducation, ignorant(e), ignare.
diaelodi *ba* (*danfon neu dorri allan: o aelodaeth*) expulser, exclure; (:*o ysgol*) renvoyer; (:*o eglwys*) excommunier; (*torri aelodau'r corff*) démembrer.
diafael *ans* (*diog*) paresseux(paresseuse), indolent(e); (*diofal*) peu sérieux(sérieuse), négligent(e); (*araith, nofel ayb*) peu solide, peu substantiel(le), peu intéressant(e);
♦ **yn ddiafael** *adf* (*yn ddiofal*) négligemment, sans faire attention, de façon paresseuse.
diafol (**-iaid**) *g* diable *m*, démon *m*; **y D**~ le Diable, Satan *m*.
diaffram (**-au**) *g* diaphragme *m*.
diagnosio *ba* diagnostiquer.
diagnosis (**-au**) *g* (*MEDD*) diagnostic *m*; (*BIOL*) diagnose *f*.
diagram (**-au**) *g* diagramme *m*, schéma *m*; (*MATH*) diagramme, figure *f*.
diangen *ans* inutile, superflu(e); **mae'r holl ffwdan yn ddiangen** c'est faire beaucoup d'histoires pour rien;
♦ **yn ddiangen** *adf* inutilement, pour rien, sans qu'il en soit *subj* besoin.
dianghenraid *ans* inutile, peu nécessaire;
♦ **yn ddianghenraid** *adf* inutilement, pour rien.
di-ail *ans* sans égal(e), sans concurrence, incomparable, sans pareil;
♦ **yn ddi-ail** *adf* incomparablement.
diain*, **diaist*** *ebych* (*hefyd:* **myn** ~ **i**) mon dieu!, zut!, mince alors!, ça alors!
dial *ba* venger; ~ **cam** venger un tort *neu* une injustice;

♦*bg* se venger, prendre sa revanche; ~ **ar rn** se venger de qn;
♦*g* vengeance *f*, revanche *f*.
dialectegol *ans* dialectique.
dialedd (**-au**) *g* vengeance *f*.
dialgar *ans* (*rhn*) vindicatif(vindicative); (*gweithred*) vengeur(vengeresse);
♦ **yn ddialgar** *adf* vindicativement, par esprit de vengeance.
dialgarwch *g* esprit *m* de vengeance.
di-alw-amdano, **~-~-amdani, ~-~-amdanynt** *ans* injustifié(e), peu nécessaire, déplacé(e); **'roedd hynny'n gwbl ddi-alw-amdano** vous n'aviez nullement besoin de faire *neu* dire ça;
♦ **yn ddi-alw-amdano** *adf* sans qu'il en soit *subj* besoin.
dialwr (**dialwyr**) *g* vengeur *m*.
dialwraig (**dialwragedd**) *b* vengeresse *f*.
di-alw-yn-ôl *ans* irrévocable;
♦ **yn ddi-alw-yn-ôl** *adf* irrévocablement.
diallu *ans* impuissant(e);
♦ **yn ddiallu** *adf* de façon *neu* de manière impuissante.
diamau *ans* indubitable, certain(e), sûr(e);
♦ **yn ddiamau** *adf* indubitablement, sans aucun doute, certainement, sûrement.
diamcan *ans* sans but, désœuvré(e), sans objet, futile; (*rhn*) qui manque de résolution, qui n'a pas de but, indécis(e), irrésolu(e);
♦ **yn ddiamcan** *adf* sans but, sans trop savoir que faire.
diamddiffyn *ans* sans défense, vulnérable.
diamedr (**-au**) *g* diamètre *m*.
diamedral *ans* diamétral(e)(diamétraux, diamétrales).
diamgyffred *ans* incompréhensible, inintelligible.
diamheuol, **diamheus** *ans* indubitable, certain(e), indiscutable;
♦ **yn ddiamheuol** *adf* indubitablement, sans aucun doute, indiscutablement.
diamod *ans* inconditionnel(le), sans condition, sans réserve, absolu(e), total(e)(totaux, totales);
♦ **yn ddiamod** *adf* inconditionnellement, absolument.
diamodaeth *b* (*GWLEID*) absolutisme *m*.
diamodol *ans gw.* **diamod**.
diamwnt (**diamyntau**) *g gw.* **diemwnt**.
diamwys *ans* non ambigu(ë), non équivoque, clair(e);
♦ **yn ddiamwys** *adf* sans ambiguïté, sans équivoque.
diamynedd *ans* impatient(e); **mynd yn ddiamynedd** s'impatienter;
♦ **yn ddiamynedd** *adf* avec impatience, impatiemment.
dianaf *ans* indemne, sain et sauf(saine et sauve).
dianc *bg* échapper, s'échapper; (*carcharor*) s'évader; ~ **o ddwylo rhn** s'échapper à qn *neu* des mains de qn; **carcharor wedi** ~ un évadé *m*; ~ **i wlad niwtral** s'enfuir dans *neu* gagner un pays neutre; **ceisio** ~ **o'r byd** fuir le monde; ~ **rhagoch eich hunan** se fuir; **fe ddihangodd hi'n fyw** elle a survécu; ~ **am eich bywyd** se sauver, prendre ses jambes à son cou.
diannod *ans* sans délai, rapide;
♦ **yn ddiannod** *adf* rapidement.
dianrhydedd *ans* sans honneur, déshonorant(e);
♦ **yn ddianrhydedd** *adf* de façon déshonorante.
dianrhydeddu *ba* déshonorer.
dianwadal *ans* inébranlable, loyal(e)(loyaux, loyale) à toute épreuve, solide.
diapason *g* diapason *m*.
diar* *ebych* oh là là!
diarbed *ans* (*didrugaredd*) impitoyable, implacable; (*hael*) généreux(généreuse), prodigue;
♦ **yn ddiarbed** *adf* (*yn ddidrugaredd*) implacablement, impitoyablement, sans merci; (*yn hael*) généreusement, de façon prodigue.
diarddel *ba* (*gwrthod cydnabod*) désavouer, renier, nier; (*torri allan: o gystadleuaeth, ayb*) rendre inapte, disqualifier; (*taflu allan: o ysgol*) renvoyer; (*:o gymdeithas*) expulser, bannir, mettre au ban de la société; (*:o'r eglwys*) excommunier.
diarddeliad (**-au**) *g* disqualification *f*, exclusion *f*, expulsion *f*, bannissement *m*; (*o ysgol*) renvoi *m*, exclusion définitive; (*o'r eglwys*) excommunication *f*; (*o gymdeithas*) mise *f* au ban, exclusion.
di-arf, **diarfau, diarfog** *ans* (*rhn*) non armé(e); (*ymladdfa*) sans armes.
diarfogi *ba* désarmer;
♦*g* désarmement *m*; ~ **niwclear** désarmement nucléaire.
diarfogiad *g* désarmement *m*.
diarffordd *ans* inaccessible, écarté(e), peu fréquenté(e), perdu(e); **byw mewn lle** ~ vivre à l'écart.
diargyhoedd *ans* irréprochable, impeccable, sans reproche, exempt(e) de blâme.
diarhebion *ll gw.* **dihareb**.
diarhebol *ans* proverbial(e)(proverbiaux, proverbiales);
♦ **yn ddiarhebol** *adf* proverbialement.
diarhebwr (**diarhebwyr**) *g* diseur *m* de proverbes.
diaroglydd (**-ion**) *g* déodorant *m*, désodorisant *m*.
diaros *ans* immédiat(e);
♦ **yn ddiaros** *adf* immédiatement.
diarswyd *ans* sans peur, intrépide;
♦ **yn ddiarswyd** *adf* intrépidement.
diarth* *ans gw.* **dieithr**.

diarwybod *ans* inconscient(e);
♦ **yn ddiarwybod** *adf* à l'improviste, au dépourvu; (*heb sylweddoli*) inconsciemment, par mégarde; **dal rhn yn ddiarwybod iddo** prendre qn à l'improviste *neu* au dépourvu; **gwneud rhth yn ddiarwybod i chi'ch hun** faire qch inconsciemment *neu* par mégarde; **yn ddiarwybod imi** à mon insu *m*; **yn ddiarwybod i bawb** à l'insu de tout le monde.
diasbedain *bg* retentir, résonner, vibrer; **'roedd yr ystafell yn ~ gyda'u gweiddi** la pièce résonnait de leurs cris; **mae ei eiriau yn dal i ddiasbedain yn fy nghlustiau** ses mots retentissent encore à mes oreilles.
di-asgwrn-cefn *ans* (*anifail*) invertébré(e); (*ffig*) mou[mol](molle)(mous, molles), flasque, sans caractère, lâche;
♦ **yn ddi-asgwrn-cefn** *adf* lâchement, mollement
diatal *ans* incessant(e);
♦ **yn ddiatal** *adf* incessamment, sans cesse.
diau *ans* très probable, sûr(e), indubitable, certain(e); **~ ei bod hi'n gywir** elle a sans doute raison;
♦ **yn ddiau** *adf* certainement, assurément, sans aucun doute, très probablement, indubitablement.
diawch* *ebych* (*hefyd:* **~ erioed!**) mon dieu!, zut!, mince alors!, ça alors!
diawdurdod *ans* non autorisé(e), sans autorité.
diawen *ans* peu inspiré(e), prosaïque;
♦ **yn ddiawen** *adf* prosaïquement, sans inspiration.
diawl (-**iaid**) *g* diable *m*, démon *m*; **y D~** (*y Diafol*) le Diable *m*, Satan *m*; **y ~ bach!** le petit diable!; **~ o ddyn oedd e** c'était un vrai salaud*; **'roedd yno wynt y ~ yn chwythu*** il faisait un sacré vent, il y avait un vent du diable *neu* de tous les diables; **pam ddiawl na ddywedaist ti hynny?*** pourquoi diable ne l'as-tu pas dit?; **sut ddiawl y dylwn i wybod?*** comment diable veux-tu que je le sache *subj*?; **beth ddiawl wyt ti'n ei wneud?*** mais enfin que diable est-ce que tu fabriques?*; **fel y ~*** (*rhedeg, gweithio, gweiddi*) comme un fou; **dos i'r ~!*** va te faire voir!*, va te faire foutre!**, fiche-moi le camp!*, fous le camp!**; **mae hi fel ~ bach heddiw*** elle a le diable au corps aujourd' hui; **~!*** bon sang!*, merde!*, sacré nom!**, nom de Dieu!**; **mae wedi dwyn fy arian, y ~!*** il a fauché mon argent, le salaud!*; **wel ~ erioed!*** mon dieu!, zut!, mince alors!, ça alors!; **nid oes ~ o ddim i'w yfed yn y tŷ*** il n'y a pas une sacrée goutte à boire dans la maison; **mae'r busnes 'ma wedi mynd i'r ~** cette entreprise est fichue.
diawledig* *ans* infernal(e)(infernaux, infernales), satané*(e), du diable, maudit*(e), sacré*(e), fichu*(e);
♦ **yn ddiawledig** *adf* rudement*, diablement, vachement*, sacrément, bigrement; **mae hi'n ddiawledig o oer** il fait un froid de canard* *neu* de loup*.
diawles *b* furie *f*, mégère *f*.
diawlineb *g* malice *f*.
diawlio *bg* (*rhegi*) jurer, proférer de gros mots;
♦*ba* (*melltithio rhn*) maudire, pester contre.
diawydd *ans* sans envie (de faire qch), peu enclin(e) (à faire qch).
di-baid *ans* incessant(e), continu(e), continuel(le), perpétuel(le);
♦ **yn ddi-baid** *adf* sans cesse, continuellement, constamment, sans arrêt.
di-ball *ans* inépuisable, intarissable;
♦ **yn ddi-ball** *adf* intarissablement, sans cesse, à n'en plus finir.
dibarch *ans* sans respect, peu respectueux(respectueuse).
dibechod *ans* sans péché, innocent(e), pur(e).
diben (-**ion**) *g* but *m*, objectif *m*, objet *m*, fin *f*; **gyda'r ~ yma mewn golwg** dans ce but, à cette fin; **beth yw ~ gwneud hynny?, pa ddiben sydd i wneud hynny?** à quoi bon faire cela?; **nid oes yr un ~ mewn aros** cela ne sert à rien d'attendre; **i ddim ~** en vain.
di-ben *ans* sans tête, acéphale.
dibenderfyniad *ans* irrésolu(e);
♦ **yn ddibenderfyniad** *adf* irrésolument.
di-ben-draw *ans* interminable, sans fin; (*gwastadedd*) interminable, sans bornes, infini(e); (*araith*) interminable, qui n'en finit plus, sans fin; (*pethau amhosibl eu cyfrif*) infini, innombrable, sans nombre; (*sgwrs*) interminable, sans fin; (*amynedd*) infini; **mae'r gwaith yma'n ddi-ben-draw** c'est à n'en plus finir, on n'en voit pas la fin;
♦ **yn ddi-ben-draw** *adf* interminablement, sans fin, à perte de vue.
dibeniad (-**au**) *g* achèvement *m*, accomplissement *m*, conclusion *f*, fin *f*, terme *m*.
dibennu *ba* achever, conclure, finir, terminer; **dibenna dy gawl!** finis *neu* mange ta soupe!; **~ darllen llyfr** finir (de lire) un livre; **~ ysgrifennu llyfr** finir *neu* terminer *neu* achever un livre;
♦*bg* finir, terminer, conclure; **'rwyf wedi 'bennu gyda'r papur newydd** je n'ai plus besoin du journal; **mae wedi 'bennu gyda hi** (*wedi darfod*) il a rompu avec elle; **dibennwyd trwy ganu emyn** on a fini par chanter un hymne.
dibenyddiaeth *b* téléologie *f*.
dibenyddol *ans* téléologique.
diberfeddu *ba* éventrer, éviscérer; (*anifail*) vider, étriper.
diberthynas *ans* (*heb neb yn perthyn, heb deulu*) sans parents, non apparenté(e); (*digyswllt*) sans rapport.
diberygl *ans* sans risque, sans danger.

dibetrus *ans* immédiat(e), prompt(e); (*rhn*) résolu(e), ferme, qui n'hésite pas;
♦ **yn ddibetrus** *adf* immédiatement, sans hésitation.
di-blant *ans* sans enfants.
diblo *bg* (*bod yn fudr*) être crotté(e), être dépenaillé(e), être éclaboussé(e).
diblog *ans* crotté(e).
dibluo *ba* plumer.
di-blwm *ans* sans plomb.
diboblogaeth *b* dépopulation *f*, dépeuplement *m*.
diboblogi *ba* dépeupler;
♦*g* dépeuplement *m*.
di-boen *ans* indolore, sans douleur;
♦ **yn ddi-boen** *adf* sans douleur.
dibrin *ans* riche, abondant(e); (*hael*) généreux(généreuse), prodigue;
♦ **yn ddibrin** *adf* abondamment; (*yn hael*) généreusement, à profusion.
dibrinder *ans* abondant(e);
♦ **yn ddibrinder** *adf* à profusion, abondamment.
dibriod *ans* célibataire, qui n'est pas marié(e); **mam ddibriod** mère *f* célibataire; (*dif*) fille-mère(~s-~s) *f*; **tad** ~ père *m* célibataire.
dibris *ans* (*di-hid, diofal*) insouciant(e), imprudent(e), négligent(e); (*dirmygus*) dédaigneux(dédaigneuse), méprisant(e); (*diwerth, dibwys*) sans valeur;
♦ **yn ddibris** *adf* (*yn ddirmygus*) avec mépris, dédaigneusement; (*yn ddi-hid*) négligemment, imprudemment.
dibrisiad *g* (*dirmyg*) mépris *m*; (ECON) dépréciation *f*.
dibrisiant *g* (ECON) dépréciation *f*.
dibrisio *ba* mépriser, déprécier, dénigrer; (*ECON: colli gwerth*) déprécier, dévaloriser, sous-estimer.
dibristod *g* (*dihidrwydd, diofalwch*) négligence *f*, imprudence *f*, manque *m* de soins *neu* de précautions; (*dirmyg*) mépris *m*.
dibrofiad *ans* inexpérimenté(e).
dibroffes *ans* sans foi, incroyant(e).
dibryder *ans* insouciant(e), sans souci;
♦ **yn ddibryder** *adf* avec insouciance.
dibwrpas *ans* (*peth*) sans but, inutile; (*rhn*) irrésolu(e);
♦ **yn ddibwrpas** *adf* sans but, inutilement, irrésolument.
dibwys *ans* peu important(e), sans importance, insignifiant(e), dérisoire.
dibyn (**-nau**) *g* à-pic *m inv*, précipice *m*; **cwympo dros ddibyn** tomber dans un précipice.
dibynadwy *ans* (*rhn*) sérieux(sérieuse), digne de confiance, sûr(e), sur qui l'on peut compter; (*peiriant*) bon(ne), solide, fiable; (*gwybodaeth*) sérieux(sérieuse), sûr; **mae'n ddibynadwy iawn** il est très sérieux, on peut toujours compter sur lui;
♦ **yn ddibynadwy** *adf* sérieusement.
dibynadwyedd *g* (*rhn*) esprit *m* sérieux; (*cof, disgrifiad*) sûreté *f*, précision *f*; (*peiriant*) robustesse *f*, solidité *f*, fiabilité *f*.
dibyn-dobyn *adf* sens dessus dessous.
dibyniad (**-au**) *g* dépendance *f*.
dibyniaeth *b* dépendance *f* (de qch); ~ **ar gyffuriau** toxicomanie *f*.
dibynnol *ans*
1 (*cyff*) dépendant(e); **bod ~ ar rth** être dépendant de qch, dépendre de qch; (*â gofal rhth*) être à charge; **bod yn ddibynnol ar rn yn ariannol** vivre aux frais de qn, être à la charge de qn, dépendre de qn financièrement; **bod yn ddibynnol ar eich gilydd** dépendre l'un(e) de l'autre; **bod yn ddibynnol ar gyffuriau** être adonné(e) à la drogue, être toxicomane *m/f*; **gwlad ddibynnol** dépendance *f*.
2 (GRAM): **y (modd)** ~ le (mode) subjonctif *m*.
dibynnu *bg*: ~ **ar**
1 (*cyff*) dépendre de; **mae'n** ~ cela dépend; **mae'n ~ arnat ti p'un a ddaw hi ai peidio** cela dépend de toi qu'elle vienne *subj* ou non, il ne tient qu'à toi qu'elle vienne *subj* ou non; **mae'n ~ a oes arnat ti eisiau ei wneud** cela dépend si tu veux le faire; **mae'n ~ beth wyt ti'n ei olygu** cela dépend de ce que tu veux dire; **gan ddibynnu ar beth a ddigwydd fory** selon ce qui se passera demain; **mae'n ~ ar ei dad am ei arian** il dépend de son père pour son argent, il compte sur son père pour son argent; **'rwy'n ~ arnoch chi am gefnogaeth** votre appui m'est indispensable, je compte sur votre appui.
2 (*bod yn siwr o rth neu rn*) compter sur, se fier à, se reposer sur; **mi fedrwch chi ddibynnu arno bob amser** on peut toujours compter sur lui *neu* se fier à lui.
dibynnydd (**dibynyddion, dibynwyr**) *g* personne *f* à charge.
dibynwlad (**dibynwledydd**) *b* (GWLEID) dépendance *f*, colonie *f*.
dicach *ans* (*gradd gymharol*) *gw.* **dig**.
dicaf *ans* (*gradd eithaf*) *gw.* **dig**.
diced *ans* (*gradd gyfartal*) *gw.* **dig**.
dicen (**-nod**) *b* poule *f*.
diciâu *g* tuberculose *f*, consomption *f*, phtisie *f*.
dici-bô (**-s**) *g* nœud *m* papillon.
dicllon *ans* en colère, fâché(e), furieux(furieuse), courroucé(e);
♦ **yn ddicllon** *adf* en *neu* avec colère, avec emportement, avec courroux.
dicllonrwydd *g* colère *f*, courroux *m*.
dicotomi (**dictomïau**) *g* dichotomie *f*.
dicra *ans* difficile (à contenter), tatillon(ne), méticuleux(méticuleuse); **mae'n ddicra ynghylch ei fwyd** il est difficile pour ce qui est de la nourriture.
dicräwch *g* méticulosité *f*, goût *m* difficile à

contenter, délicatesse *f* exagérée.
dictaffon (-**au**) *g* dictaphone *m*.
dicter (-**au**) *g* colère *f*, fureur *f*, courroux *m*.
dichell (-**ion**) *b* (*twyll*) tromperie *f*, duperie *f*, ruse *f*, astuce *f*; (*jôc*) tour *m*, farce *f*.
dichelldro (-**eon**) *g* stratagème *m*, astuce *f*, ruse *f*.
dichellddrwg *ans* intrigant(e), rusé(e), fourbe;
♦ **yn ddichellddrwg** *adf* avec ruse, avec fourberie.
dichelledd *g gw.* **dichellwaith**.
dichellgar *ans* rusé(e), astucieux(astucieuse), malin(maligne);
♦ **yn ddichellgar** *adf* avec astuce, finement, astucieusement.
dichellwaith *g* tromperie *f*, duperie *f*, fraude *f*.
dichon *be ddiffyg* (se) pouvoir; **fe ddichon ...** il se peut que + *subj*; **nid oes dim** ~ **...** il n'y a aucune possibilité que + *subj*; ~ **yr af i** je pourrai y aller, il se peut que j'y aille.
dichonadwy *ans* possible, concevable, imaginable, faisable, rentable.
dichonol *ans* potentiel(le), possible, éventuel(le).
di-chwaeth *ans* de mauvais goût;
♦ **yn ddi-chwaeth** *adf* sans goût.
did[1] (-**au**) *g* (CYFR) bit *m*, élément *m* binaire.
did[2] (-**au**) *b gw.* **diden**.
di-dact *ans* peu délicat(e), qui manque de tact, indiscret(indiscrète);
♦ **yn ddi-dact** *adf* sans délicatesse, sans tact, indiscrètement.
didactig *ans* didactique;
♦ **yn ddidactig** *adf* didactiquement.
di-dâl *ans* gratuit(e), non rétribué(e), à titre bénévole;
♦ **yn ddi-dâl** *adf* gratuitement, à titre bénévole, bénévolement.
didalent *ans* peu doué(e), sans talent, peu talentueux(talentueuse).
didaro *ans* indifférent(e), insouciant(e), négligent(e), nonchalant(e);
♦ **yn ddidaro** *adf* avec indifférence, avec insouciance, négligemment, nonchalamment.
di-daw *ans* intarissable, incessant(e), continuel(le);
♦ **yn ddi-daw** *adf* sans cesse, sans arrêt, continuellement.
dideimlad *ans* insensible;
♦ **yn ddideimlad** *adf* insensiblement.
dideimladrwydd *g* insensibilité *f*.
di-deitl *ans* sans titre.
diden (-**nau**) *b* (*ar fenyw*) mamelon *m*, bout *m* de sein; (*ar anifail*) tétine *f*, tette *f*, trayon *m*; (*ar botel babi*) tétine; (*dymi*) tétine, sucette *f*.
diderfyn *ans* interminable, sans fin, infini(e); (*gwastadedd*) sans bornes, infini(e), sans fins; (*siarad*) incessant(e), intarissable, interminable; (*posibiliadau*) illimité(e), sans limites, infini;
♦ **yn ddiderfyn** *adf* interminablement, sans fin, à perte de vue; (*siarad*) continuellement, à n'en plus finir.
diderfysg *ans* tranquille;
♦ **yn ddiderfysg** *adf* tranquillement.
didol *ba gw.* **didoli**.
di-dolc *ans* sans bosse.
didoli *ba* (*dosbarthu mewn categorïau*) trier, séparer, classer; **swyddfa ddidoli llythyrau** centre *m* de tri.
didoliad (-**au**) *g* tri *m*, triage *m*, classement *m*, séparation *f*.
didolnod (-**au**) *g,b* (*uwchben llythyren*) diérèse *f*, tréma *m*.
didolwr (**didolwyr**) *g* trieur *m*.
didolwraig (**didolwragedd**) *b* trieuse *f*.
di-doll *ans* hors taxe, exempt(e) de taxe.
didolli *ba* détaxer.
didonni *bg* enlever le gazon.
di-dor *ans* ininterrompu(e), continu(e);
♦ **yn ddi-dor** *adf* sans interruption, sans cesse.
didoreth *ans* fainéant(e), paresseux(paresseuse), flemmard(e)*, apathique;
♦ **yn ddidoreth** *adf* de manière fainéante, apathiquement.
didoriad *ans* (*di-dor*) ininterrompu(e), sans cesse, continu(e); (*garw*) farouche, grossier(grossière), fruste, mal dégrossi(e); (*afreolus*) indiscipliné(e); **dyn** ~ un ours mal léché;
♦ **yn ddidoriad** *adf* (*yn ddi-dor*) sans cesse, continuellement; (*yn arw*) farouchement, de façon mal dégrossie.
didoriant *g* continuité *f*.
didostur, **didosturi** *ans* impitoyable, implacable, sans pitié, sans merci;
♦ **yn ddidostur** *adf* impitoyablement, implacablement, sans pitié, sans merci.
didrafferth *ans* facile, aisé(e);
♦ **yn ddidrafferth** *adf* facilement, aisément, à l'aise.
di-drai *ans* inépuisable(e), intarrissable;
♦ **yn ddi-drai** *adf* inépuisablement, intarrissablement.
di-draidd *ans* opaque.
di-drais *ans* non-violent(e);
♦ **yn ddi-drais** *adf* sans violence.
didramgwydd *ans* inoffensif(inoffensive), anodin(e);
♦ **yn ddidramgwydd** *adf* de façon inoffensive *neu* anodine.
di-draul *ans* (*heb dreulio*) sans usure; (*heb gost*) gratuit(e);
♦ **yn ddi-draul** *adf* (*yn rhad ac am ddim*) gratuitement.
di-drefn *ans* (*ystafell*) en désordre, sans ordre, désordonné(e); (*gwaith, gweithiwr*) peu méthodique, désorganisé(e).

di-dreth *ans* exempt(e) d'impôt, hors taxe.
di-droi'n-ôl *ans* (*rhn*) résolu(e); (*penderfyniad*) irrévocable;
♦ **yn ddi-droi'n-ôl** résolument, irrévocablement.
didrugaredd *ans gw.* **didostur**.
di-drwst *ans* silencieux(silencieuse), sans bruit;
♦ **yn ddi-drwst** *adf* sans bruit.
diduedd *ans* impartial(e)(impartiaux, impartiales), objectif(objective), équitable;
♦ **yn ddiduedd** *adf* impartialement, objectivement.
didwrw *ans gw.* **di-drwst**.
didwyll *ans* sincère, candide, franc(he), ingénu(e);
♦ **yn ddidwyll** *adf* sincèrement, franchement, candidement, ingénument.
didwylledd *g* sincérité *f*, candeur *f*, ingénuité *f*.
didynnu *ba* soustraire, déduire
di-dyst *ans* sans témoins, inobservé(e).
di-dda *ans* sans valeur *gw. hefyd* **di-ddrwg**.
di-ddadl *ans* incontestable, indiscutable, certain(e);
♦ **yn ddi-ddadl** *adf* indiscutablement, certainement, sans aucun doute.
di-ddal *ans* (*annibynadwy*) peu sérieux(sérieuse), sur qui on ne peut pas compter; (*anghyson, anwadal*) versatile.
diddan *ans* amusant(e), drôle, divertissant(e), intéressant(e);
♦ **yn ddiddan** *adf* d'une manière amusante, drôlement, de façon divertissante *neu* intéressante.
diddanion *ll* plaisanteries *fpl*, mots *mpl* d'esprit.
di-ddannedd *ans* édenté(e).
diddanu *ba* amuser, divertir, faire rire, distraire; (*cysuro*) consoler, soulager, réconforter.
diddanwch *g* divertissement *m*, amusement *m*, distraction *f*; (*cysur*) consolation *f*, soulagement *m*, réconfort *m*.
diddanwr (**diddanwyr**) *g* artiste *m*, fantaisiste *m*, amuseur *m*; (*cysurwr*) consolateur *m*.
diddanwraig (**diddanwragedd**) *b* artiste *f*, fantaisiste *f*; (*cysurwraig*) consolatrice *f*.
diddarbod *ans* imprévoyant(e);
♦ **yn ddiddarbod** *adf* de façon imprévoyante.
diddarfod *ans* interminable, sans fin;
♦ **yn ddiddarfod** *adf* interminablement, sans fin, à n'en plus finir.
di-ddawn *ans* peu doué(e), peu talentueux(talentueuse);
♦ **yn ddi-ddawn** *adf* de façon peu talentueuse *neu* peu douée.
diddeall *ans* inintelligent(e);
♦ **yn ddiddeall** de façon inintelligente.
diddefnydd *ans* inutile;
♦ **yn ddiddefnydd** *adf* inutilement.
di-dderbyn-wyneb *ans* franc(he), carré(e); **bod yn ddi-dderbyn-wyneb** avoir son franc-parler, ne pas mâcher ses mots; **mae hi'n ddi-dderbyn-wyneb** elle ne fait acception de personne;
♦ **yn ddi-dderbyn-wyneb** *adf* franchement, carrément.
diddiben *ans* sans but, inutile;
♦ **yn ddiddiben** *adf* inutilement, sans but.
diddichell *ans* candide, sans astuce, sincère, ingénu(e);
♦ **yn ddiddichell** *adf* candidement, sincèrement, ingénument.
diddidol *ans* inséparable;
♦ **yn ddiddidol** *adf* inséparablement.
diddiffyg *ans* inépuisable, intarissable;
♦ **yn ddiddiffyg** *adf* inépuisablement, intarissablement.
diddig *ans* content(e), satisfait(e) (de), placide, heureux(heureuse);
♦ **yn ddiddig** *adf* avec contentement, placidement.
diddigio *ba* calmer, apaiser, pacifier.
diddim, **di-ddim** *ans* (*dibwys: sylw ayb*) sans valeur, qui ne vaut rien; (*rhn: anniddorol*) quelconque, peu remarquable;
♦*g* vide *m*, néant *m*.
diddiolch *ans* ingrat(e); **gwaith** ~ corvée *f*;
♦ **yn ddiddiolch** *adf* (*heb gael diolch*) sans récompense, sans être remercié(e).
diddisgybledig *ans* indiscipliné(e);
♦ **yn ddiddisgybledig** *adf* de façon indisciplinée.
diddiwedd *ans* interminable, sans fin, infini(e); (*siarad*) intarissable; (*cyflenwad*) intarissable, inépuisable;
♦ **yn ddiddiwedd** *adf* (*ymestyn*) interminablement, sans fin, à perte de vue; (*siarad*) sans cesse, continuellement, intarissablement, à n'en plus finir.
diddordeb (**-au**) *g* intérêt *m*; (*hobi*) passe-temps *m inv*, hobby(hobbies) *m*; **cymryd ~ yn rhn/rhth** s'intéresser à qn/qch; **nid oes ganddo ddiddordeb ynddo mwyach** il ne s'y intéresse plus; **dangos** ~ manifester *neu* montrer de l'intérêt; (*yn fawr*) s'intéresser vivement à qch; **mae hynny o ddiddordeb mawr imi** ceci m'intéresse beaucoup, ceci a beaucoup d'intérêt pour moi; **'rwy'n ei wneud o ran ~ yn unig** je le fais seulement parce que cela m'intéresse; **nid oes gennyf ddiddordeb mewn criced** le cricket ne m'intéresse pas, je ne m'intéresse pas au cricket; **mae gen i ddiddordeb mewn mynd yno** ça m'intéresse d'y aller; **beth yw dy ddiddordebau?** quelles sont les choses qui t'intéressent?, à quoi t'intéresses-tu?; **fy hoff ddiddordeb yw canu'r piano** ce qui m'intéresse le plus, c'est jouer du piano.
diddori *ba* intéresser.

diddorol *ans* intéressant(e);
♦ **yn ddiddorol** *adf* de façon intéressante.
diddos *ans* (*clyd*) confortable, douillet(te), bien chaud(e); (*cysgodol*) abrité(e); (*yn dal dŵr*) étanche.
diddosi *ba* (*cysgodi*) abriter (de); (*gwneud yn ddiddos rhag y tywydd*) rendre (qch) étanche, étancher; ~ **rhth rhag** protéger qch (de); **wedi eich** ~ **rhag y gwynt** à l'abri du vent.
diddosrwydd *g* (*cysgod*) abri *m*, couvert *m*; (*yn dal dŵr*) étanchéité *f*.
di-ddrwg *ans* innocent(e); ~ **di-dda** indifférent(e), fade, moyen(ne).
di-dduw *ans* (*anghrefyddol*) impie; (*anffyddiol*) athée.
didduwiaeth *b* impiété *f*, athéisme *m*.
di-ddweud *ans* (*ystyfnig*) entêté(e), têtu(e), obstiné(e), opiniâtre; (*tawedog*) taciturne;
♦ **yn ddi-dweud** *adf* (*yn ystyfnig*) obstinément, opiniâtrement; (*yn dawedog*) d'une manière taciturne.
diddwythiad (**-au**) *g* déduction *f*, raisonnement *m* déductif.
diddwytho *ba* déduire, inférer, conclure.
diddychymyg *ans* peu inspiré(e), sans imagination;
♦ **yn ddiddychymyg** *adf* sans imagination.
diddyddiad *ans* (*llythyr*) non daté(e).
diddyfniad (**-au**) *g* sevrage *m*.
diddyfnu *ba* sevrer.
diddyled *ans* solvable.
diddyledrwydd *g* solvabilité *f*.
diddymdra *g* néant *m*.
diddymedig *ans* annulé(e), aboli(e).
diddymiad (**-au**) *g* annulation *f*, abolissement *m*.
diddymu *ba* annuler, abolir.
diddysg *ans* ignorant(e), illettré(e), ignare;
♦ **yn ddiddysg** *adf* de façon illettrée.
diedifar *ans* impénitent(e);
♦ **yn ddiedifar** *adf* de façon impénitente.
dieflig *ans* diabolique, démoniaque, infernal(e)(infernaux, infernales); **tywydd** ~ sale temps *m*, un temps de tous les diables;
♦ **yn ddieflig** *adf* diaboliquement.
dieffaith *ans* sans effet, inefficace, inopérant(e);
♦ **yn ddieffaith** *adf* inefficacement, sans effet, à vide, en vain.
diegni *ans* sans énergie, peu énergique, apathique, indolent(e), mou[mol](molle)(mous, molles);
♦ **yn ddiegni** *adf* sans énergie, apathiquement, indolemment, mollement.
diegwyddor *ans* sans scrupules, peu scrupuleux(scrupuleuse);
♦ **yn ddiegwyddor** sans scrupules, de façon peu scrupuleuse.
diengyd* *bg gw.* **dianc**.
dieisiau *ans* peu nécessaire, superflu(e);
♦ **yn ddieisiau** *adf* inutilement, pour rien, sans qu'il en soit *subj* besoin.
dieithr *ans* inconnu(e), peu familier(familière), étrange; (*estron*) étranger(étrangère); **'roedd yno nifer o bobl ddieithr** il y avait plusieurs personnes que je ne connaissais pas; **paid â siarad â dynion** ~ n'adresse pas la parole à des inconnus; **cysgu mewn gwely** ~ dormir dans un lit autre que le sien; **dod o wlad ddieithr** venir de l'étranger; **'rwyt ti'n ddieithr!** tu deviens rare, on ne te voit plus; **peidiwch â bod yn ddieithr** n'hésitez pas à revenir;
♦ **yn ddieithr** *adf* étrangement.
dieithriad *ans* sans exception;
♦ **yn ddieithriad** *adf* sans exception.
dieithrio *ba* détacher; ~ **rhn o rn** éloigner qn de qn.
dieithrwch *g* étrangeté *f*, aspect *m* étrange *neu* inconnu.
dieithryn (**dieithriaid**) *g* (*anadnabyddus*) inconnu *m*, inconnue *f*; (*o rywle arall*) étranger *m*, étrangère *f*; **'rwy'n ddieithryn yma** je ne suis pas d'ici, je ne suis pas du coin.
dielw *ans* sans profit, sans bénéfice.
diemwnt (**diemyntau**) *g* diamant *m*; (CARDIAU) carreau(-x) *m*; **chwech o ddiemyntau** le six de carreau.
dienaid *ans* (*difywyd*) inanimé(e), sans vie; (*disynnwyr*) irraisonné(e), insensé(e), insensible;
♦ **yn ddienaid** *adf* de façon insensée *neu* insensible.
dienw *ans* anonyme;
♦ **yn ddienw** *adf* anonymement, sans nom d'auteur.
dienwaededig *ans* incirconcis(e).
dienyddiad (**-au**) *g* exécution *f*.
dienyddio *ba* exécuter.
dienyddiwr (**dienyddwyr**) *g* bourreau(-x) *m*.
diepil *ans* sans enfants.
diesel *g*: **cerbyd** ~ diesel *m*; **olew** ~ gas-oil *m*, gasoil *m*, gazole *m*; **modur** ~ (*car*) moteur *m* diesel; (*trên*) motrice *f*; **trên** ~ autorail *m*.
diet *g* (*bwyd arferol*) alimentation *f*, nourriture *f*; (*bwyd arbennig*) régime *m*; **bod ar ddiet** être au régime, suivre un régime; **mynd ar ddiet** se mettre au régime; **bod ar ddiet llwgu** être à la diète; ~ **llaeth** diète *f* lactée.
dietegydd (**dietegwyr**) *g* diététicien *m*, diététicienne *f*.
dieteteg *b* diététique *f*.
dietifedd *ans* sans héritier.
dietifeddu *ba* désheriter.
dieuog *ans* innocent(e), non coupable; **plediodd hi'n ddieuog** elle a plaidé non coupable; **cafwyd hi'n ddieuog** elle a été innocentée *neu* disculpée;
♦ **yn ddieuog** *adf* innocemment.
dieuogi *ba* disculper, innocenter, acquitter,

décharger.

difa *ba* ravager, dévaster, détruire; (*â thân*) consumer, dévorer; ~ **anifail** faire piquer un animal.

difaddau *ans* implacable;
♦ **yn ddifaddau** *adf* implacablement.

di-fai, **difai** *ans* irréprochable, sans réproche, exempt(e) de blâme; (*gweddol dda*) assez bien, passable, moyen(ne);
♦ **yn ddi-fai** *adf* irréprochablement, d'une manière irréprochable; (*yn weddol dda*) assez bien, passablement, médiocrement, comme ci comme ça.

difalch *ans* humble, modeste;
♦ **yn ddifalch** *adf* humblement, modestement.

difalio *ans* insouciant(e);
♦ **yn ddifalio** *adf* avec insouciance.

difancoll *b* perte *f* totale, disparition *f*, extinction *f*; **mynd ar ddifancoll** disparaître, périr.

difaners *ans* impoli(e), mal élevé(e);
♦ **yn ddifaners** *adf* impoliment.

difantais *ans* sans profit, peu avantageux(avantageuse), peu lucratif(lucrative), peu rentable;
♦ **yn ddifantais** *adf* sans profit, peu avantageusement, peu lucrativement.

difaol *ans* (*yn distrywio*) destructeur(destructrice); (*â'r gallu i ddistrywio*) destructif(destructive); (*chwant, nwyd*) dévorant(e), brûlant(e);
♦ **yn ddifaol** *adf* de façon destructrice.

di-farf *ans* imberbe, sans barbe; **llencyn** ~-~ petit jeunet *m*.

difaru* *ba* regretter.

difater *ans* (*nad yw'n poeni*) imperturbable, nonchalant(e), qui ne s'inquiète pas, indifférent(e) (à), insouciant(e) (de); (*diofal*) négligent(e), peu soigneux(soigneuse), qui manque de soin;
♦ **yn ddifater** *adf* (*heb boeni*) avec insouciance, avec indifférence; (*yn ddiofal*) sans attention, négligemment, imperturbablement, nonchalamment.

difaterwch *g* indifférence *f*, nonchalance *f*, manque *m* d'intérêt, apathie *f*; ~ **tuag at** indifférence envers.

difäwr (**difawyr**) *g* destructeur *m*.

di-fedr *ans* incompétent(e);
♦ **yn ddi-fedr** *adf* de façon incompétente.

difedydd *ans* non baptisé(e).

difeddiannu *ba* déposséder, priver; (*CYFR*) exproprier.

difeddiant *g* dépossession *f*, privation *f*; (*CYFR*) expropriation *f*.

difeddwl *ans* irréfléchi(e);
♦ **yn ddifeddwl** *adf* de façon irréfléchie.

di-feddwl-ddrwg *ans* ingénu(e), candide, sans astuce.

di-fefl *ans* (*di-fai*) irréprochable, sans reproche, exempt(e) de blâme; (*perffaith*) impeccable, parfait(e), sans défaut, sans faille, immaculé(e);
♦ **yn ddi-fefl** *adf* (*yn ddi-fai*) irréprochablement; (*yn berffaith*) parfaitement, impeccablement, de façon immaculée.

di-feind *ans* irréfléchi(e), étourdi(e), insouciant(e); **bod yn ddi-feind o'r hyn sydd yn mynd ymlaen** être inattentif(inattentive) à ce qui se passe;
♦ **yn ddi-feind** *adf* étourdiment, sans faire attention, de façon irréfléchie; **yn ddi-feind o berygl** sans se soucier du danger.

difeio *ba* disculper, innocenter.

difeius *ans* irréprochable, impeccable;
♦ **yn ddifeius** *adf* irréprochablement, impeccablement.

difenwad (**-au**) *g* diffamation *f*, injure *f*.

difenwi *ba* injurier, insulter, diffamer.

difenwol *ans* injurieux(injurieuse), offensant(e), diffamatoire, diffamant(e);
♦ **yn ddifenwol** *adf* de façon injurieuse *neu* diffamante.

diferiad (**-au**) *g* égouttement *m*, égouttage *m*.

diferlif *g* (*MEDD*) suintement *m*, suppuration *f*; ~ **gwaed** hémorragie *f*.

diferol *ans* (*tap*) qui goutte, qui dégoutte, qui s'égoutte, qui fuit; (*coeden*) ruisselant(e), qui dégoutte; (*dillad*) trempé(e); **bod yn wlyb** ~ être trempé(e) jusqu'aux os.

diferu *bg* tomber goutte à goutte, dégoutter, dégouliner; (*tap*) couler, goutter; (*dillad gwlyb*) s'égoutter; **bod â'ch talcen yn** ~ **â chwys** avoir le front ruisselant de sueur; **'roedd ei dwylo'n** ~ **â gwaed** elle avait les mains dégoulinantes de sang; **'roedd y waliau yn** ~ les murs suintaient;
♦*ba*: ~ **dŵr/paent** laisser tomber de l'eau/de la peinture goutte à goutte; **'roedd ei dwylo'n** ~ **gwaed** ses mains dégoulinaient de sang.

diferwr (**diferwyr**) *g* (*MEDD: drip*) goutte-à-goutte *m inv*; **bod ar ddiferwr** être sous perfusion.

diferyn (**-nau, diferion**) *g* goutte *f*, larme *f*; **fesul** ~ goutte à goutte; **diferion** (*MEDD*) gouttes; **dim ond** ~**!** juste une goutte *neu* une larme!; ~ **yn y môr ydyw** c'est une goutte d'eau dans la mer; **cael** ~ **bach yn ormod** avoir un verre dans le nez*.

diferynnu *bg* tomber goutte à goutte, dégouliner, s'égoutter.

difesur *ans* incommensurable, infini(e), énorme, immense, vaste;
♦ **yn ddifesur** *adf* incommensurablement, infiniment, énormément.

di-feth *ans* (*byth yn methu*) infaillible;
♦ **yn ddi-feth** *adf* infailliblement, sans faille.

difetha *ba* ruiner, abîmer; (*lleihau: mwynhad*) gâter, gâcher; (*plentyn*) gâter; (*gwastraffu*) gaspiller; (*tawelwch meddwl rhn*) perturber, empoisonner; ~ **eich llygaid** s'abîmer la vue;

mae'r ffrwythau wedi eu ~ les fruits ont été abîmés; **paid â** ~ **dy fywyd trwy wneud hynny** ne gâche pas ta vie en faisant cela; **mae'r chwyn yn** ~**'r ardd** les mauvaises herbes enlaidissent *neu* défigurent le jardin; **difethwyd ein gwyliau gan y tywydd** le temps nous a gâté *neu* gâché nos vacances; **plentyn wedi ei ddifetha** enfant *m/f* gâté(e);
♦*bg* (*bwyd, cnydau*) s'abîmer, s'avarier.

difethdod *g* (*gwastraff*) gaspillage *m*.

difethgar *ans* gaspilleur(gaspilleuse), prodigue;
♦ **yn ddifethgar** *adf* en pure perte, avec prodigalité.

difethiad (**-au**) *g* destruction *f*, gaspillage *m*.

difethwr (**difethwyr**) *g* destructeur *m*; (*gwastraffwr*) gaspilleur *m*.

difethwraig (**difethwragedd**) *b* destructrice *f*; (*gwastraffwraig*) gaspilleuse *f*.

Difiau *g* jeudi *m*; ~ **Cablyd** le jeudi saint; ~ **Dyrchafael** le jeudi *neu* jour *m* de l'Ascension.

difidend (**-au**) *g* dividende *m*.

diflanedig *ans* (*wedi diflannu*) disparu(e); (*yn diflannu'n gyflym*) fugitif(fugitive), transitoire, éphémère, passager(passagère); (*arferiad*) tombé(e) en désuétude, d'autrefois.

diflaniad *g* disparition *f*.

diflannol *ans* éphémère, transistoire, passager(passagère), qui disparaît, en voie de disparition.

diflannu *bg* disparaître; **fe ddiflannodd o'r golwg** on l'a perdu de vue; **gwneud i rth ddiflannu** faire disparaître qch.

diflas *ans*
1 (*annymunol*) déplaisant(e), désagréable; **mae'r tywydd yn ddiflas heddiw** aujourd'hui, il ne fait pas beau du tout.
2 (*anniddorol: llyfr ayb*) ennuyeux(ennuyeuse), fade, dépourvu(e) d'intérêt; (*:arddull*) terne; (*:rhn*) terne, insignifiant(e);
♦ **yn ddiflas** *adf*: **siarad yn ddiflas** parler d'une façon ennuyeuse.

di-flas *ans* fade, insipide, sans saveur, fadasse;
♦ **yn ddi-flas** *adf* sans goût, fadement.

diflastod *g*
1 (*annifyrwch*) misère *f*; **peri** ~ **i rn** faire des misères à qn.
2 (*natur anniddorol, blinder*) ennui *m*.

diflasu *ba*
1 (*peri annifyrwch i*) faire des misères à, ennuyer.
2 (*syrffedu*) ennuyer;
♦*bg* (*syrffedu*): ~ **ar rth** (*cael digon ar rth*) en avoir assez de qch, en avoir marre* de qch; **'rydw i wedi** ~ je m'ennuie.

di-flewyn-ar-dafod *ans* qui a son franc-parler, qui appelle les choses par leur nom, qui ne mâche pas ses mots;
♦ **yn ddi-flewyn-ar-dafod** *adf* sans mâcher ses mots.

diflino *ans* infatigable, inlassable;
♦ **yn ddiflino** *adf* infatigablement, inlassablement.

diflodeuo *ba* déflorer.

difodi *ba* (*pobl*) exterminer, anéantir; (*haint*) détruire; (*syniadau, credoau*) supprimer, annihiler, anéantir.

difodiad (**-au**) *g* (*o bobl*) anéantissement *m*, extermination *f*; (*o haint*) destruction *f*; (*o syniadau*) suppression *f*, annihilation *f*, anéantissement.

difodwr (**difodwyr**) *g* destructeur *m*.

di-foes *ans* impoli(e), mal élevé(e), insolent(e);
♦ **yn ddifoes** *adf* impoliment, insolemment.

diforwyno *ba* déflorer.

difraster *ans* sans matières grasses.

difraw, **di-fraw** *ans* indifférent(e), nonchalant(e), apathique, insouciant(e);
♦ **yn ddifraw, yn ddi-fraw** *adf* nonchalemment, apathiquement, avec insouciance, indolemment.

difrawder *g* indifférence *f*, nonchalance *f*, apathie *f*, insouciance *f*, indolence *f*.

di-freg *ans* (*cyfan*) entier(entière); (*di-dor*) ininterrompu(e).

difreiniad (**-au**) *g* privation *f* d'un droit, dépossession *f* d'un droit.

difreinio *ba* priver, déposséder; ~ **rhn o'r hawl i bleidleisio** priver qn du droit électoral.

difreintiedig *ans* défavorisé(e);
♦*g*: **y** ~ les défavorisés *mpl*.

difrïaeth (**-au**) *b* injure *f*, calomnie *f*.

difrif *ans* solennel(le), sérieux(sérieuse), grave;
♦*g*: **mewn** ~ sérieusement, avec sérieux, sans plaisanter; **mewn** ~ **calon, beth wyt ti'n ei wneud?** mais enfin, pour de bon, qu'est-ce que tu fabriques?*; **rhwng** ~ **a chwarae** en plaisantant à moitié, à moitié sérieux.
▶ **o ddifrif** pour de bon, tout de bon, en toute sincérité, sérieusement; **bod o ddifrif** être sérieux, parler sérieusement, ne pas plaisanter; **meddwl o ddifrif am rth** bien réfléchir à qch, songer sérieusement à (faire) qch; **bod o ddifrif ynglŷn â'ch gwaith** être sérieux dans son travail; **o ddifrif calon** sérieusement, pour de bon, tout de bon.

difrifddwys *ans* sérieux(sérieuse), grave; (*defod*) solennel(le);
♦ **yn ddifrifddwys** *adf* gravement, sérieusement, avec sérieux, solennellement.

difrifol *ans* sérieux(sérieuse), grave; (*niwed*) grave, important(e), considérable; (*colled*) grave, lourd(e); **mae cyflwr y claf yn ddifrifol** le malade est dans un état grave;
♦ **yn ddifrifol** *adf* sérieusement, avec sérieux; (*yn beryglus*) gravement, sérieusement, dangereusement; **wedi ei (h)anafu'n ddifrifol** grièvement blessé(e).

difrifoldeb *g* (*rhn, ymarweddiad*) sérieux *m*,

gravité *f*; (*pwysigrwydd: damwain ayb*) gravité *f*; (*defod*) solennité *f*.

difrifoli *bg* se calmer, devenir sérieux(sérieuse), s'assagir; ♦*ba* calmer, rendre (qn) sérieux(sérieuse) *neu* grave.

difrifwch *g gw.* **difrifoldeb**.

difrïo *ba* injurier, insulter, calomnier, diffamer.

difrïol *ans* injurieux(injurieuse), offensant(e), insolent(e), calomnieux(calomnieuse), insultant(e); ♦ **yn ddifrïol** *adf* insolemment, injurieusement, de façon insultante.

difrod (**-au**) *g* dommages *mpl*, dégâts *mpl*, dévastation *f*; **gwnaethpwyd llawer o ddifrod i'r tŷ** la maison a beaucoup souffert; **ni wnaethpwyd unrhyw ddifrod, ni fu unrhyw ddifrod** il n'y a pas eu de mal.

difrodi *ba* détruire, ravager, endommager, causer des dommages *neu* dégâts à.

difrodol *ans* (*rhth sy'n creu difrod*) destructeur(destructrice), dévastateur(dévastatrice); (*a allai greu difrod*) destructif(destructive); ♦ **yn ddifrodol** *adf* de façon destructrice.

difrodwr (**difrodwyr**) *g* destructeur *m*, dévastateur *m*.

difrodwraig (**difrodwragedd**) *g* destructrice *f*, dévastatrice *f*.

difrycheulyd *ans* immaculé(e), impeccable, pur(e), sans tache; ♦ **yn ddifrycheulyd** *adf* de façon immaculée, impeccablement.

di-fudd *ans* inutile, qui ne vaut rien, peu rentable, peu profitable, futile, vain(e); ♦ **yn ddi-fudd** *adf* inutilement, sans profit, pour rien, en vain.

di-fwlch *ans* ininterrompu(e), continuel(le), continu(e), de suite; ♦ **yn ddi-fwlch** *adf* sans interruption, continûment, continuellement, sans arrêt, d'arrache-pied; **gweithio am 5 awr yn ddi-fwlch** travailler 5 heures de suite *neu* sans interruption.

difwriad *ans gw.* **anfwriadol**.

difwyniad (**-au**) *g* pollution *f*, contamination *f*, souillure *f*.

difwyniant *g gw.* **difwyniad**.

difwyno *ba* (*halogi*) contaminer; (*baeddu*) souiller, salir

difwynydd (**-ion**) *g* polluant *m*.

difyfyr *ans* spontané(e), impromptu(e), à l'improviste; ♦ **yn ddifyfyr** *adf* à l'improviste, spontanément.

di-fynd *ans* (*llesg, diynni*) sans énergie, amorphe, apathique, inerte.

difynegiant *ans* (*llygaid, wyneb, golwg*) sans expression, inexpressif(inexpressive); (*llais*) monotone, monocorde; (*dull o ganu, chwarae*) plat(e).

difyniad (**-au**) *g* dissection *f*.

difynio *ba* disséquer.

difyr *ans* divertissant(e), intéressant(e), agréable, charmant(e); (*doniol*) amusant(e), drôle; ♦ **yn ddifyr** *adf* agréablement, d'une manière amusante *neu* divertissante, drôlement.

difyrion *ll* amusements *mpl*, divertissements *mpl*, distractions *fpl*.

difyrru *ba* amuser, divertir, distraire; **eich ~'ch hun** s'amuser, se divertir; **~'r amser** (faire) passer le temps.

difyrrus *ans gw.* **difyr**.

difyrrwch *g* (*teimlad difyr*) amusement *m*; (*adloniant*) récréation *f*, divertissement *m*; **er mawr ddifyrrwch imi** à mon grand amusement.

difyrrwr (**difyrwyr**) *g* artiste *m*, fantaisiste *m*, amuseur *m*.

difyrwaith (**difyrweithiau**) *g* passe-temps *m inv*, hobby(hobbies) *m*.

difyrwraig (**difyrwragedd**) *b* artiste *f*, fantaisiste *f*, amuseuse *f*.

difywyd *ans* (*corff*) inerte, inanimé(e), sans vie; (*anialdir*) sans vie; (*tref*) sans animation, mort(e); (*arddull*) sans énergie; (*parti*) sans ambiance; ♦ **yn ddifywyd** *adf* sans animation.

di-ffael *ans* infaillible; ♦ **yn ddi-ffael** *adf* infailliblement, sans faille.

diffaith *ans*
1 (*tir*) inculte, en friche; (*ardal*) à l'abandon, désolé(e); **tir ~** (*mewn tref*) terrain *m* vague.
2 (*rhn: drwg*) méchant(e), malfaisant(e), mauvais(e); **dyn ~** un sale type*, un vilain coco*, un raté*, un propre à rien.
3 (*rhn: diog*) indolent(e), fainéant(e).
4 (*diffrwyth, wedi'i barlysu*) paralysé(e).

diffeithdra *g* état *m* d'abandon, l'abandon *m*.

diffeithiad (**-au**) *g* dévastation *f*.

diffeithio *ba* ravager, dévaster.

diffeithwch *g* étendue *f* déserte, région *f* reculée *neu* sauvage, désert *m*; **~ diwylliannol** désert culturel.

differiad (**-au**) *g* (MATH) différentiation *f*.

differol *ans* différentiel(le); ♦ **yn ddifferol** *adf* par action différentielle.

differyn (**-nau**) *g* (MATH) différentielle *f*.

diffiniad (**-au**) *g* définition *f*; (*ffiniau*) délimitation *f*; **trwy ddiffiniad** par définition.

diffiniedig *ans* défini(e), déterminé(e), délimité(e); **ffiniau ~** limites *fpl* déterminées.

diffinio *ba* (*gair, teimlad*) définir; (*agwedd*) préciser, définir; (*amodau*) définir, déterminer; (*ffiniau, dyletswyddau*) délimiter, définir.

diffiwsio *ba* désamorcer.

diffodd *ba* (*tân, golau, radio, teledu*) éteindre; (*cannwyll*) éteindre, souffler; (*gobeithion*) anéantir, mettre fin à, étouffer; (*injan*) arrêter;

♦*bg* s'éteindre; (*injan*) s'arrêter.
diffoddiad *g* (*tân ayb*) extinction *f*; (*gobeithion*) anéantissement *m*.
diffoddwr (**diffoddwyr**) *g* (*hefyd:* ~ **tân**: *dyn*) pompier *m*, sapeur-pompier(~s-~s) *m*; (:*teclyn*) extincteur *m*.
diffoddydd (**-ion**) *g* (*teclyn i ddiffodd tân*) extincteur *m*.
difforestu *ba* déboiser.
diffreithiant (**diffreithiannau**) *g* diffraction *f*.
di-ffrind *ans* seul(e), isolé(e), sans amis.
di-ffrwt *ans* sans énergie, mou[mol](molle)(mous, molles), apathique, inerte; **teimlo'n ddi-ffrwt** se sentir sans énergie *neu* sans ressort.
diffrwyth *ans* (*tir*) stérile, improductif(improductive); (*merch, coeden*) stérile; (*rhan o'r corff: oherwydd oerfel*) engourdi(e), gourd(e); (:*gan anaesthetig*) anesthésié(e), gourd(e); (*offer: ymgais, taith*) inutile, vain(e); **braich ddiffrwyth** bras atrophié; **coes ddiffrwyth** jambe atrophiée;
♦ **yn ddiffrwyth** *adf* (*yn offer*) vainement, inutilement.
diffrwythder, **diffrwythdra** *g* stérilité *f*; (*diffyg teimlad oherwydd oerfel neu anaesthetig*) engourdissement *m*; (*braich, coes*) atrophie *f*.
diffrwytho *ba* rendre stérile; (*gydag oerfel, anaesthetig*) engourdir; (*braich, coes*) atrophier.
difftheria *g* diphtérie *f*; **brechlyn** ~ vaccin *m* antidiphtérique.
diffuant *ans* sincère, candide, franc(he), de bonne foi; **bod yn ddiffuant iawn** être très simple et direct(e);
♦ **yn ddiffuant** *adf* sincèrement, avec sincérité, en toute sincérité; (*ar ddiwedd llythyr*) Je vous prie d'agréer, Monsieur/Madame, l'expression de mes sentiments les meilleurs; **credu'n ddiffuant ...** croire sincèrement que.
diffuantrwydd *g* sincérité *f*, bonne foi *f*, candeur *f*.
di-ffurf *ans* amorphe, sans forme, informe.
diffwdan *ans* sans façons;
♦ **yn ddiffwdan** *adf* sans façons.
di-ffydd *ans* impie, incroyant(e).
diffyg (**-ion**) *g*
1 (*cyff*) manque *m*; (*nam, bai*) défaut *m*, imperfection *f*, faute *f*, faille *f*; (*prinder: bara ayb*) disette *f*; (MEDD) insuffisance *f*; ~ **amynedd** impatience *f*; ~ **anadl** manque d'haleine, essoufflement *m*; ~ **gofal** négligence *f*; ~ **gwaed** anémie *f*; **D~ Imiwnedd Caffaeledig** (*AIDS*) sida *m* (Syndrome *m* d'Immunodéficience Acquise); ~ **synnwyr** folie *f*; ~ **traul** *ou* **treuliad** indigestion *f*; ~ **ynni** *ou* **nerth** faiblesse *f*, inertie *f*; ~**ion cymeriad** défauts de caractère, insuffisances de caractère; **yn niffyg dim gwell** faute de mieux; **oherwydd** ~ **diddordeb**, **o ddiffyg diddordeb** par manque d'intérêt; **mae yna ddiffyg arian** l'argent manque, l'argent fait défaut; **yn niffyg unrhyw dystiolaeth** dans l'absence de toute preuve.
2 (*eclips*): ~ **ar yr haul/y lleuad** éclipse *f* du soleil/de la lune.
diffygdalu *b* défaillance *f*, manquement *m*.
diffygdalwr (**diffygdalwyr**) *g* défaillant *m*, défaillante *f*, débiteur *m*, débitrice *f*.
diffygiad (**-au**) *g* défaillance *f*.
diffygiedig *ans* épuisé(e), défaillant(e).
diffygio *bg* défaillir, s'affaiblir, faire défaut.
diffygiol *ans* défectueux(défectueuse), épuisé(e), défaillant(e); (*rhesymu*) mauvais(e); (MEDD) déficient(e); (*amherffaith*) imparfait(e); (GRAM: *berf*) défectif(défective); ~ **mewn synnwyr** qui manque de bon sens; **mae rhai tudalennau'n ddiffygiol** il manque quelques pages, quelques pages manquent.
diffyndoll (**-au**) *b* tarif *m*.
diffyndollaeth *b* protectionnisme *m*.
diffyniad (**-au**) *g* défense *f*, protection *f*.
diffynnol *ans* protecteur(protectrice), défensif(défensive).
diffynnwr (**diffynwyr**) *g* protecteur *m*, défenseur *m*.
diffynnydd (**diffynyddion**) *g* (CYFR: *mewn achos sifil*) défendeur *m*, défenderesse *f*; (:*mewn achos troseddol*) accusé *m*, accusée *f*.
diffynyddes (**-au**) *b* (CYFR: *mewn achos sifil*) défenderesse *f*; (:*mewn achos troseddol*) accusée *f*.
dig *ans* en colère, fâché(e), furieux(furieuse), courroucé(e); **ni fyddaf ddim dicach** je ne t'en voudrai pas;
♦ **yn ddig** *adf* en *neu* avec colère, avec emportement, avec courroux;
♦*g* colère *f*, fureur *f*, courroux *m*; **dal** ~ **(yn erbyn rhn)** rester fâché(e) (contre qn), garder rancune (à qn), en vouloir (à qn), avoir une dent (contre qn).
digaffein *ans* décaféiné(e).
digalon *ans*
1 (*trist, anhapus*) triste, déprimé(e), mélancolique, abattu(e), découragé(e); **teimlo'n ddigalon** se sentir déprimé(e) *neu* démoralisé(e), avoir le cafard*; **mynd yn ddigalon** se décourager, se laisser abattre.
2 (*torcalonnus*) déchirant(e), navrant(e), qui fend le cœur; (*gwaith*) désespérant(e), rebutant(e).
3 (*tywyll*) lugubre, sombre, morne; (*tywydd*) maussade, morne;
♦ **yn ddigalon** *adf* (*yn drist*) tristement, mélancoliquement; (*yn dywyll*) sombrement, lugubrement, mornement.
digalondid *g* découragement *m*, mélancolie *f*, tristesse *f*, abattement *m*, écœurement *m*; (MEDD) dépression *f*, état *m* dépressif; (*llwfrdra*) lâcheté *f*.

digalonni *ba* attrister, assombrir, décourager, abattre, démoraliser;
♦*bg* perdre courage, se laisser décourager, se décourager, être démoralisé(e) *neu* découragé(e).
digamsyniol *ans* indubitable, indiscutable, dont on ne peut douter, hors de doute, qu'on ne peut mettre en doute;
♦ **yn ddigamsyniol** *adf* manifestement, sans aucun doute, à n'en pas douter, indubitablement, indiscutablement, sans le moindre doute.
digaregu *ba*: ~ **(cae)** débarrasser *neu* déblayer (un champ de pierres).
digariad *ans* sans amour; (*rhn*) qui n'est pas aimé(e).
digartref *ans* sans foyer, sans abri;
♦*g*: **y** ~ les SDF *mpl* (= sans domicile fixe).
di-gefn *ans* (*tlawd*) pauvre.
di-gêl *ans* non caché(e), non dissimulé(e).
digellwair *ans* sincère, sérieux(sérieuse).
digenfigen *ans* peu jaloux(jalouse), peu envieux(envieuse);
♦ **yn ddigenfigen** *adf* sans envie, sans jalousie.
digennu *ba* (*pysgodyn*) limoner;
♦*bg* (*MEDD: croen*) se desquamer.
digerydd *ans* impuni(e);
♦ **yn ddigerydd** *adf* impunément.
digid (**-au**) *g* chiffre *m*.
digideiddio *ba* numériser;
♦*g* numérisation *f*.
digidol *ans* (*recordiad, teledu*) numérique; (*cloc, oriawr*) à affichage numérique.
digio *ba* vexer, froisser, offenser, mettre (qn) en colère, irriter; **cael eich** ~ **(gan)** se vexer (de), se froisser (de), s'offenser (de); **fe'i digiwyd hi gan fy sylw** mon observation l'a froissée *neu* offensée;
♦*bg*: ~ **wrth rn** se fâcher contre qn; **paid â** ~ **os dyweda' i ...** sans vouloir te vexer, je dois dire ...
diglefyd *ans* en parfait état de santé; **y claf** ~ le malade imaginaire.
di-glem *ans* inepte, stupide; **mae'n hollol ddi-glem** il n'a pas la moindre idée, il ne sait rien de rien!*;
♦ **yn ddi-glem** *adf* ineptement.
di-glod *ans* sans éloges;
♦ **yn ddi-glod** *adf* sans éloges.
digoedwigo *ba* déboiser.
digofaint *g* colère *f*, fureur *f*, courroux *m*, indignation *f*.
digofus *ans* en colère, indigné(e);
♦ **yn ddigofus** *adf* de façon indignée, en colère.
digolled *ans* indemne.
digollediad (**-au**) *g* indemnité *f*, dédommagement *m*.
digolledu *ba* dédommager, indemniser, rémunérer.
digon *g* assez *m*, suffisance *f*, nombre *m* suffisant, quantité *f* suffisante; ~ **o lyfrau** assez de livres; ~ **o arian** assez *neu* suffisamment d'argent; ~ **o fwyd,** ~ **i'w fwyta** assez à manger; **mae'n ennill** ~ **i fyw** il gagne de quoi vivre; **'rwyf wedi cael** ~ **i fwyta** j'ai assez mangé; **'rwyf wedi cael** ~ **ar y gwaith yma** j'en ai assez de ce travail; **mae'n ddigon i ni wybod fod ...** il nous suffit de savoir que ...; **dyna ddigon, diolch** cela suffit *neu* c'est assez, merci; **dyna ddigon o hynny!** ça suffit comme ça!; **mae'r sŵn yma yn ddigon i'ch drysu** ce bruit est à vous rendre fou; **'rwyf wedi cael mwy na** ~ **o win** j'ai bu plus de vin que je n'aurais dû, j'ai bu un peu trop de vin; **mae mwy na** ~ **i bawb** il y en a largement (assez) *neu* plus qu'assez pour tous; **bod ar ben eich** ~ être comme un coq en pâte; ~ **o waith y digwydd hynny** cela ne risque guère d'arriver; **o ddigon** (*o lawer*) de loin;
♦*adf* assez, suffisamment; **wyt ti'n ddigon cynnes?** as-tu assez chaud?; **mae wedi cysgu'n ddigon hir** il a suffisamment dormi; **mae dy waith yn ddigon da** ton travail est assez bon *neu* est honorable; **mae hynny'n esgus** ~ **da** c'est une excuse assez satisfaisante; **mae hi'n ddigon hardd** elle est assez jolie, elle n'est pas mal; **mae'n ddigon da o'i fath** ce n'est pas (si) mal dans son genre*.
digonedd *g* abondance *f*, profusion *f*, suffisance *f*; **mae ganddo ddigonedd o ffrindiau** il ne manque pas d'amis; **mae ganddi ddigonedd o arian** elle n'est pas pauvre, l'argent ne lui manque pas.
digoni *ba*
1 (*bodloni*) satisfaire, contenter, suffire à; **a gawsoch eich** ~**?** en êtes-vous content(e)(s)?, en avez-vous eu assez?.
2 (*coginio*) faire cuire à fond;
♦*bg* (*bod wedi'i goginio'n llwyr*) être bien cuit(e).
digonol *ans*
1 suffisant(e).
2 (*boddhaol*) satisfaisant(e);
♦ **yn ddigonol** *adf* assez, suffisamment; (*yn foddhaol*) de façon satisfaisante.
digonoldeb, **digonolrwydd** *g* abondance *f*, profusion *f*, quantité *f* suffisante, nombre *m* suffisant.
di-gosb *ans* impuni(e);
♦ **yn ddi-gosb** *adf* impunément.
di-gost *ans* gratuit(e);
♦ **yn ddi-gost** *adf* gratuitement.
digotwm *ans* (*dillad, defnydd*) usé(e) jusqu' à la corde.
di-gred, **digrefydd** *ans* incroyant(e), impie.
di-grefft *ans* (*gweithiwr*) inexpérimenté(e), inexpert(e); (*gwaith: anghelfydd*) maladroit(e); (*:heb angen cymhwyster proffesiynol*) de manœuvre, ne nécessitant pas de connaissances professionnelles

spéciales; **gweithiwr ~** manœuvre *m*, ouvrier *m* non-spécialisé; **gweithwraig ddi-grefft** ouvrière *f* non-spécialisée.
digrif *ans* amusant(e), drôle, comique; (*stori, ffilm*) humoristique, divertissant(e); **awdur ~** humoriste *m*;
♦ **yn ddigrif** drôlement, de façon amusante *neu* drôle, de manière humoristique *neu* divertissante.
digriflun (**-iau**) *g* caricature *f*, dessin *m* humoristique; (*cartŵn*) dessin animé.
digriflunio *ba* caricaturer.
digrifwas (**digrifweision**) *g* clown *m*, bouffon *m*, paillasse *m*, pitre *m*.
digrifwch *g* humour *m*, comique *m*, hilarité *f*, gaieté *f*, rires *mpl*, amusement *m*, divertissement *m*; **~ y sefyllfa/yr olygfa** le comique de la situation/scène.
digrifwr (**digrifwyr**) *g* (*sy'n dweud jôcs*) comique *m*; (*mewn drama*) acteur *m* comique; (*awdur*) auteur *m* de comédies.
digrifwraig (**digrifwragedd**) *b* (*sy'n dweud jôcs*) comique *f*; (*mewn drama*) actrice *f* comique; (*awdures*) auteur *m* de comédies.
di-griw *ans* sans équipage.
digroeni *ba* (*plicio: ffrwyth ayb*) éplucher; (*blingo*) dépouiller, écorcher.
digroeso *ans* peu accueillant(e), inhospitalier(inhospitalière); (*agwedd, sylw*) froid(e), inamical(e)(inamicaux, inamicales), désobligeant(e);
♦ **yn ddigroeso** *adf* froidement, de façon inamicale *neu* désobligeante.
diguro *ans* imbattable; (*anorchfygol*) insurmontable;
♦ **yn ddiguro** *adf* imbattablement.
digwmwl *ans* sans nuages, clair(e).
di-gwsg *ans* sans sommeil; **noson ddi-gwsg** nuit *f* blanche.
digwydd *bg*
1 (*cael ei gyflawni*) arriver, se passer, se produire, advenir; **digwyddodd rhywbeth** il est arrivé *neu* il s'est passé quelque chose; **beth a ddigwyddodd?** qu'est-ce qui s'est passé?, qu'est-ce qui est arrivé?, qu'est-ce qu'il y a eu?; **fel pe na bai dim wedi ~** tout comme s'il n'était rien arrivé, comme si de rien n'était; **beth bynnag sy'n ~** quoi qu'il arrive *subj*, quoi qu'il advienne *subj*; **paid â gadael i hynny ddigwydd eto!** et que ça ne se reproduise *subj* pas!; **gadewch inni esgus na ddigwyddodd dim (byd)** faisons comme si ça n'était pas arrivé; **mae'r pethau yma'n ~** ce sont des choses qui arrivent, ça peut arriver.
2 (*dod i ran rhn neu rth*): **~ i** arriver à; **mae rhywbeth wedi ~ iddi** il lui est arrivé quelque chose; **digwyddodd rhywbeth rhyfedd imi ddoe** il m'est arrivé quelque chose de bizarre hier; **beth sydd wedi ~ iddo?** qu'est-ce qui lui est arrivé?; (*ble mae ef?*) qu'est-ce qu'il est devenu?; **pe bai unrhyw beth yn ~ i mi** s'il m'arrivait quelque chose.
3 (*trwy ddamwain neu gyd-ddigwyddiad*): **digwyddais ei weld, digwyddodd imi ei weld** il s'est trouvé que je l'ai vu, il m'est arrivé de le voir; **'rwy'n ~ gwybod ei fod yn gyfoethog** il se trouve que je sais qu'il est riche; **os wyt ti'n ~ ei gweld hi** s'il t'arrive de la voir, si par hasard tu la vois; **a yw ei rif ffôn yn ~ bod gen ti?** aurais-tu par hasard son numéro de téléphone?; **sut y digwyddaist ti fynd yno?** comment se fait-il que tu y sois *subj* allé(e)?; **fel mae'n ~ mae'n mynd yno heddiw** il se trouve qu'il y va aujourd'hui; **fel y digwyddodd hi** dans l'occasion, comme cela advint *neu* est advenu;
♦*g* (*cyffro*) action *f*; **stori llawn ~** histoire *f* pleine d'action, histoire mouvementée.
digwyddiad (**-au**) *g* évènement *m*, incident *m*.
digwyddiadol *ans* fortuit(e), imprévu(e), accidentel(le), casuel(le), contingent(e);
♦ **yn ddigwyddiadol** *adf* fortuitement, par hasard.
digwyddlon *ans* plein(e) d'action, mouvementé(e).
di-gŵyn, digwyno *ans* qui ne se plaint pas, patient(e), résigné(e);
♦ **yn ddigwyno** *adf* sans se plaindre, patiemment.
digychwyn *ans* inerte, apathique, indolent(e), paresseux(paresseuse), propre à rien;
♦ **yn ddigychwyn** *adf* apathiquement, indolemment.
digydwybod *ans* sans scrupules, peu scrupuleux(scrupuleuse);
♦ **yn ddigydwybod** *adf* sans scrupules, de façon peu scrupuleuse.
digydymdeimlad *ans* peu compatissant(e), froid(e), insensible;
♦ **yn ddigydymdeimlad** *adf* sans sympathie.
digyfaddawd *ans* intransigeant(e), inflexible;
♦ **yn ddigyfaddawd** de façon intransigeante, inflexiblement.
digyfeiliant *ans* sans accompagnement, a cappella;
♦ **yn ddigyfeiliant** *adf* sans accompagnement, a cappella.
digyfeiliorn *ans* infaillible, sûr(e);
♦ **yn ddigyfeiliorn** *adf* infailliblement.
digyfeillach *ans* insociable, farouche;
♦ **yn ddigyfeillach** *adf* insociablement, farouchement.
digyfeillion *ans* sans ami(s).
digyfnewid *ans* invariable, immuable;
♦ **yn ddigyfnewid** *adf* invariablement, immuablement.
digyfraith *ans* sans loi.
digyfrif *ans* peu important(e).
digyfrwng *ans* direct(e), immédiat(e);
♦ **yn ddigyfrwng** *adf* directement.
digyffelyb *ans* incomparable, inégalable, sans pareil(le);

♦ **yn ddigyffelyb** *adf* incomparablement.
digyffro *ans* (*llonydd*) immobile, calme, tranquille, paisible; (*heb ddiddordeb*) apathique, indifférent(e);
♦ **yn ddigyffro** *adf* calmement, tranquillement, en toute tranquillité; (*heb ddiddordeb*) apathiquement, avec indifférence.
digymar *ans* sans égal(e), incomparable, sans pareil(le), inégalable;
♦ **yn ddigymar** *adf* incomparablement.
digymell *ans* spontané(e);
♦ **yn ddigymell** *adf* spontanément, de bon gré.
digymeriad *ans* (*ag enw drwg*) de mauvaise réputation, mal famé(e), notoire; (*anniddorol*) peu remarquable, peu intéressant(e).
digymhellrwydd *g* spontanéité *f*.
digymorth *ans* sans secours.
di-Gymraeg *ans* non-galloisant(e), qui ne parle pas gallois.
digymwynas *ans* désobligeant(e);
♦ **yn ddigymwynas** *adf* de façon désobligeante.
digymysg *ans* pur(e), sans mélange.
digynhorthwy *ans* sans secours.
digynnig *ans* peu enthousiaste, apathique;
♦ **yn ddigynnig** *adf* apathiquement; **mae'n dda** ~ il est extrêmement bon.
digynnwrf *ans* calme, tranquille, paisible;
♦ **yn ddigynnwrf** *adf* calmement, tranquillement, paisiblement.
digynnydd *ans* qui ne fait pas de progrès, arriéré(e).
digynnyrch *ans* improductif(improductive); (*tir*) stérile.
digyrraedd *ans* stupide, bête;
♦ **yn ddigyrraedd** *adf* stupidement, bêtement.
digysegru *ba* profaner.
digysgod *ans* sans abri, mal abrité(e), battu(e) par les vents.
digysur *ans* (*ystafell, lle*) sans confort; (*rhn*) inconsolable, désolé(e), triste; (*syniad*) désolant(e), peu rassurant(e), triste;
♦ **yn ddigysur** *adf* sans confort, inconsolablement.
digyswllt, **digysylltiad** *ans* (*ffilm, darlith, arddull, syniadau*) décousu(e), incohérent(e); (*heb berthynas, gysylltiad*) sans rapport;
♦ **yn ddigyswllt** *adf* de façon incohérente; **siarad/sgwrsio'n ddigyswllt** parler/causer à bâtons rompus.
digytundeb *ans* sans accord.
digywair *ans* atonal(e)(atonaux, atonales).
digywilydd *ans* effronté(e), éhonté(e), impudent(e), insolent(e); **mae'n hollol ddigywilydd** il n'a pas du tout honte;
♦ **yn ddigywilydd** *adf* effrontément, sans honte, sans vergogne, de façon effrontée *neu* éhontée.
digywilydd-dra *g* impudence *f*, effronterie *f*, insolence *f*.
dihafal *ans* sans pareil, sans égal, inégalé(e), incomparable;
♦ **yn ddihafal** *adf* incomparablement.
dihangfa (**diangfâu**) *b* fuite *f*, évasion *f*; (*ystryw i osgoi neu ddianc: mewn cyfraith, dadl, rheolau*) point *m* faible, lacune *f*; **mi gefais ddihangfa ffodus** je l'ai échappé belle; ~ **dân** sortie *f* de secours; ~ **o garchar** évasion.
dihangiad (**-au**) *g* (*o garchar*) fuite *f*, évasion *f*; (*nwy, stêm: o beiriant*) échappement *m*; **cynllwynio** ~ combiner un plan d'évasion.
dihangol *ans* évadé(e), rescapé(e), hors de danger, en sécurité; **bwch** ~ bouc *m* émissaire.
dihangwr (**dihangwyr**) *g* évadé *m*; (*o'r fyddin*) déserteur *m*.
dihangwraig (**dihangwragedd**) *b* évadée *f*.
di-haint *ans* stérile.
dihalog *ans* pur(e), sans tache, immaculé(e), non pollué(e), non contaminé(e);
♦ **yn ddihalog** *adf* purement, de façon immaculée.
dihamdden *ans* sans loisir.
dihanes *ans* sans histoire, inconnu(e) à l'histoire.
dihareb (**diarhebion**) *b* proverbe *m*; (*dywediad*) adage *m*; **Y Diarhebion** (*BEIBL*) le livre des Proverbes.
dihatru *ba* déshabiller;
♦*bg* se déshabiller
dihefelydd *ans* inégalé(e), sans égal, qui n'a pas son égal, incomparable, sans pareil;
♦ **yn ddihefelydd** *adf* de façon inégalée, incomparablement.
diheintiad (**-au**) *g* désinfection *f*.
diheintiedig *ans* désinfecté(e), stérilisé(e).
diheintio *ba* désinfecter.
diheintiol *ans* désinfectant(e).
diheintydd (**-ion**) *g* désinfectant *m*, stérilisateur *m*.
dihelbul *ans* sans difficultés, sans ennuis, tranquille.
dihenydd *ans*: **hen ddihenydd** très vieux[vieil](vieille)(vieux, vieilles).
diheur(i)ad (**-au**) *g* disculpation *f*, acquittement *m*.
diheuro *ba* disculper, acquitter (de), décharger (de), excuser.
di-hid, **dihidans**, **dihidio** *ans* (*difeddwl*) étourdi(e); (*heb boeni*) insouciant(e), insoucieux(insoucieuse); (*dideimlad, heb ddiddordeb*) indifférent(e); (*ffôl, annoeth*) imprudent(e); ~ **o'r hyn sy'n mynd ymlaen** inattentif(inattentive) à ce qui se passe;
♦ **yn ddi-hid** *adf* (*heb feddwl*) étourdiment, à la légère, sans (faire) attention; (*heb boeni*) avec insouciance; (*yn ddideimlad, heb*

ddiddordeb) indifféremment, comme si de rien n'était; (*yn ffôl, yn annoeth*) imprudemment; **yn ddi-hid o berygl** sans se soucier du danger; **yn ddi-hid o gwynion** sans tenir compte des réclamations.

dihidlo *ba* (*diferu'n araf*) distiller (qch), laisser couler (qch) goutte à goutte;
♦*bg* couler *neu* tomber goutte à goutte, dégouliner.

dihidrwydd *g* (*diffyg diddordeb*) indifférence *f*, manque *m* d'intérêt; (*diffyg meddwl, gofal*) insouciance *f*, imprudence *f*, manque de prudence.

dihiryn (**dihirod**) *g* fripouille *f*, vaurien *m*, crapule *f*; (*mewn drama, nofel*) méchant *m*.

dihoced *ans* sincère, ingénu(e), sans astuce;
♦ **yn ddihoced** *adf* sincèrement, ingénument.

di-hoen *ans* découragé(e), abattu(e), alangui(e), apathique;
♦ **yn ddi-hoen** *adf* apathiquement.

dihoeni *bg* (se) languir, se morfondre; (*mewn carchar*) dépérir, (se) languir; ~ **am rn** se languir après qn, se languir d'amour pour qn.

di-hun *ans*: **ar ddi-hun** éveillé(e), réveillé(e); **bod ar ddi-hun** être éveillé(e) *neu* réveillé(e); **'roedd hi'n dal i fod ar ddi-hun** elle n(e s)'était pas encore endormie; **aros ar ddi-hun drwy'r nos** (*yn fwriadol*) veiller toute la nuit; (*heb eisiau*) passer une nuit blanche; **cadw rhn ar ddi-hun** empêcher qn de dormir.

dihuno *bg* se réveiller, s'éveiller; **dihuna!** réveille-toi!; ~ **o hunllef** (*llyth*) se réveiller d'un cauchemar; (*ffig*) sortir d'un cauchemar; **dihunodd a darganfod eu bod wedi mynd** en se réveillant *neu* à son réveil il s'est aperçu qu'ils étaient partis; **dihunodd yn sydyn a sylweddoli ...** tout à coup, ses yeux se sont ouverts et il s'est rendu compte que ...;
♦*ba* réveiller, tirer (qn) du sommeil; (*ffig: atgofion*) réveiller, ranimer; (*chwantau*) éveiller, provoquer, exciter; **sŵn i ddihuno'r meirw** un bruit à réveiller les morts; **mae angen rhth i'w ddihuno** il a besoin d'être secoué.

di-hwb *ans* apathique;
♦ **yn ddi-hwb** *ans* apathiquement.

di-hwyl *ans* apathique, découragé(e), abattu(e); **bod yn ddi-hwyl** ne pas être dans son assiette; (*anhapus*) avoir le cafard*, avoir des idées noires; (*heb fod yn teimlo'n iach*) être *neu* se sentir mal fichu(e)*, ne pas se sentir bien du tout.

dihydradu *ba* déshydrater.

dihyfforddiant *ans* (*gweithiwr: heb brofiad*) sans expérience; (:*heb gymwysterau*) non qualifié(e).

dihysbydd[1] *ans* (*diddiwedd*) inépuisable, intarissable;
♦ **yn ddihysbydd** *adf* inépuisablement, intarissablement.

dihysbydd[2] *ans* (*wedi sychu*) épuisé(e), à sec.

dihysbyddu *ba* épuiser, tarir; ~ **cwch** *ou* **bad** écoper un bateau, vider l'eau d'un bateau.

dihysbyddwr (**dihysbyddwyr**) *g* vidangeur *m*.

di-ildio *ans* inflexible, irréductible, rigide, qui ne cède pas;
♦ **yn ddi-ildio** *adf* inflexiblement, irréductiblement.

dijeridŵ (-s) *g* (*CERDD*) didsheridou *m*.

dil (-iau) *g*: ~ **mêl** rayon *m* de miel.

dilafar *ans* silencieux(silencieuese), muet(te);
♦ **yn ddilafar** *adf* silencieusement.

di-lais *ans* sans voix, muet(te); (*seineg*) non voisé(e), sourd(e);
♦ **yn ddi-lais** *adf* en silence.

dilawes *ans* sans manches.

dilead (-au) *g* (*arfer*) suppression *f*, abolition *f*, abrogation *f*, révocation *f*, effacement *m*, annulation *f*, résiliation *f*, levée *f*; (*ar stamp, amlen*) cachet *m* de la poste, oblitération *f*.

dileadwy *ans* effaçable, résiliable, révocable; (*print, ar bapur*) effaçable.

dilechdid *g* dialectique *f*.

dilediaith *ans* sans accent.

diledryw *ans* pur(e), sans mélange, véritable, authentique.

diléit *g* plaisir *m*, délices *fpl*; **cymryd** ~ **mewn gwneud rhth** prendre plaisir à faire qch.

dilema (**dilemâu**) *g* dilemme *m*.

diles, **di-les** *ans* inutile, vain(e);
♦ **yn ddi-les** inutilement, vainement.

dilestair *ans* sans empêchement.

diletant (-iaid) *g* dilettante *m/f*.

dilety *ans* sans abri.

dileu *ba* effacer; (*croesi allan*) barrer, rayer, biffer; (*diddymu*) abolir, supprimer; (*stamp, amlen*) oblitérer; **"dileer lle bo angen"** (*ar ffurflen*) "rayer les mentions inutiles"

dilëwr (**dilëwyr**) *g* (*rwber*) gomme *f*.

dilewyrch *ans* sombre, triste, mélancolique, morne, lugubre, sans éclat; (*aflwyddiannus*) improspère, peu florissant(e);
♦ **yn ddilewyrch** *adf* tristement, mélancoliquement, sans éclat, sans succès.

dilëydd (-ion) *g* (*rwber*) gomme *f*.

dilin *ans* raffiné(e), fin(e).

di-liw *ans* incolore, fade, éteint(e); (*llwydaidd*) terne, morne; (*dillad: wedi colli eu lliw*) décoloré(e); **mynd yn ddi-liw** (*dillad*) se décolorer; (*arian*) se ternir.

diliwio *ba* décolorer, ternir.

di-loes *ans* sans souffrances, sans douleur.

di-log *ans* sans intérêt.

di-lol *ans* sans façon; (*syml*) simple; (*naturiol, diymhongar*) naturel(le);
♦ **yn ddi-lol** *adf* sans façon.

dilorni *ba* injurier, insulter.

dilornus *ans* injurieux(injurieuse), grossier(grossière), insultant(e);
♦ **yn ddilornus** *adf* injurieusement, grossièrement, de façon insultante.

dilornwr (**dilornwyr**) *g* insulteur *m*.
diludded *ans* infatigable;
♦ **yn ddiludded** *adf* infatigablement.
di-lun *ans* (*afluniaidd*) informe, sans forme; (*aflêr*) en désordre, négligé(e);
♦ **yn ddi-lun** *adf* sans forme, négligemment, avec négligence.
dilunwch *g* désordre *m*, laisser-aller *m inv*.
di-lwgr *ans* non corrompu(e), pur(e), intègre, authentique.
di-lwybr *ans* sans chemins, non frayé(e).
dilychwin *ans* impeccable, immaculé(e), reluisant(e) de propreté; (*ffig*) sans tache;
♦ **yn ddilychwin** *adf* impeccablement.
dilyffethair *ans* non encombré(e), sans entrave, sans empêchement, affranchi(e).
dilyn *ba*
1 (*dod neu fynd ar ôl rhn neu rth*) suivre; ~ **rhn i mewn i ystafell** entrer dans une pièce derrière qn; ~ **rhn allan o ystafell** sortir d'une pièce derrière qn; **mae rhn yn ein** ~ on nous suit; **dilynwch y car yna!** suivez cette voiture-là!; **dilynwch fi** suivez moi; ~ **rhn i bobman** être toujours sur les talons de qn, suivre qn partout; **fe ddilynodd yr heddlu ef am wythnos** la police l'a filé pendant une semaine; **mae gwarchodwr personol yr arlywydd yn ei ddilyn i bobman** le garde du corps accompagne le président partout; ~ **eich trwyn** se fier à son instinct.
2 (*canlyn, olynu*): **bydd cyngerdd yn** ~ **y cinio** le dîner sera suivi d'un concert; **beth sydd i ddilyn?** (*bwyd*) qu'est-ce qu'il y a après?, qu'est-ce qui suit?; **bydd yn anodd ei ddilyn** (*ffig: rhn*) il sera difficile de lui succéder *neu* de le remplacer; **yr hyn sy'n** ~ la suite *f*; **rhaglen sy'n** ~ **rhaglen ddoe** une émission faisant suite à celle d'hier; **yn** ~ **y ddamwain** à la suite de l'accident; **yn eu** ~ **deuai'r band** à leur suite venait la fanfare; **yn** ~ **fy llythyr/ein sgwrs** suite à ma lettre/notre conversation.
3 (*gwneud yr un modd: e.e. wrth chwarae cardiau*) en faire autant, faire de même.
4 (*bod â diddordeb yn rhth*) suivre; **wyt ti'n** ~ **pêl-droed?** tu suis le football?; ~ **ffasiwn** suivre la mode, se conformer à la mode.
5 (*galwedigaeth*) exercer, suivre; (*gyrfa*) poursuivre; ~ **gyrfa mewn addysg** poursuivre une carrière dans l'enseignement; ~ **gyrfa fel newyddiadurwr** poursuivre une carrière de journaliste.
6 (*efelychu, dynwared*) ressembler (à), tenir (de); **mae'n** ~ **ei fam o ran ei ddiddordeb mewn cerddoriaeth** il tient de sa mère dans la mesure où il s'intéresse à la musique; ~ **yng nghamau rhn,** ~ **yng nghamre rhn,** ~ **yn ôl traed rhn** suivre les traces de qn, marcher sur les traces de qn.
7 (*deall, amgyffred*) suivre, comprendre; **nid wyf yn eich** ~ **yn iawn** je ne vous suis pas bien, je ne vous suis pas tout à fait.
8 (*bod yn*) s'ensuivre, résulter; **mae'n** ~ **bod ...** il s'ensuit que ...; **nid yw'n** ~ **bod ...** il ne s'ensuit pas nécessairement que + *subj/indic*, cela ne veut pas forcément dire que + *subj/indic*; **nid yw hynny'n** ~ (*o reidrwydd*) pas forcément, les deux choses n'ont rien à voir (l'une avec l'autre); **mae hynny'n** ~ **o'r hyn a ddywedodd** cela découle de ce qu'il a dit.
dilyniad (-**au**) *g* poursuite *f*; (*MATH, CERDD*) progression *f*; (*dilynwyr syniadau ayb*) partisans *mpl*, disciples *mpl*; **bod â** ~ **helaeth** avoir de nombreux partisans *neu* disciples *neu* fidèles.
dilyniaeth (-**au**) *b* succession *f*, série *f*, suite *f*, progression *f*.
dilyniannol *ans* séquentiel(le).
dilyniant (**dilyniannau**) *g* (*trefn*) ordre *m*, suite *f*; (*CERDD, MATH*) progression *f*; **mewn** ~ par ordre, les un(e)s à la suite des autres; **yn ôl** ~ **rhifyddol** selon une progression arithmétique; **mae'n ddilyniant rhesymegol** c'est une suite logique.
dilynol *ans* consécutif(consécutive), suivant(e); **yn ystod y dyddiau** ~ au cours des jours suivants *neu* d'après.
dilynwr (**dilynwyr**) *g* adhérent *m*, partisan *m*, disciple *m*; **dilynwyr ffasiwn** ceux qui suivent la mode; **fel y gŵyr holl ddilynwyr pêl-droed** comme le savent tous ceux qui s'intéressent au football *neu* tous les fanas* *mpl* du football.
dilynwraig (**dilynwragedd**) *b* adhérente *f*, partisane *f*.
dilys *ans* (*pasbort ayb*) valide, valable, authentique; (*rheswm, dadl*) solide, valable, bien fondé(e), authentique;
♦ **yn ddilys** *adf* authentiquement.
dilysiant (**dilysiannau**) *g* validation *f*.
dilysnod (-**au**) *g* (*aur, arian*) poinçon *m*.
dilysnodi *ba* poinçonner.
dilysrwydd *g* authenticité *f*, validité *f*; (*dadl*) justesse *f*.
dilysu *ba* valider; (*damcaniaeth, dadl*) prouver la justesse de, établir l'authenticité de; (*llofnod*) légaliser, assurer, attester; (*arian: siec*) certifier.
di-lyth *ans* infatigable, inlassable, inépuisable;
♦ **yn ddi-lyth** *adf* infatigablement, inlassablement.
dilyw *g* inondation *f*; **Y D**~ (*BEIBL*) le déluge *m*.
dillad *ll gw.* **dilledyn**.
dilladog *ans* vêtu(e), habillé(e).
dilladu *ba* habiller, vêtir; (*ffig*) revêtir, couvrir.
dilledydd (-**ion**) *g* (*gwerthwr*) marchand *m* de nouveautés; (*teiliwr*) tailleur *m*.
dilledyn (**dillad**) *g* vêtement *m*; **dillad** vêtements, habits *mpl*; **dillad babi** layette *f*;

dillad chwaraeon vêtements de sport; **dillad ffansi** travesti *m*, déguisement *m*; **dillad gorau** habits du dimanche; **gwisgo'ch dillad gorau** être endimanché(e); **dillad gwaith** vêtement de travail; **dillad gwely** draps *mpl* et couvertures *fpl*; **dillad isaf** (*cyff*) sous-vêtements *mpl*; (*i ferched yn unig*) dessous *mpl*, lingerie *f*; ~ **nofio** maillot *m* de bain; (*i ddynion*) maillot de bain, caleçon *m* de bain, slip *m* de bain; **dillad nos** vêtements de nuit; **dillad parod** vêtements de confection *neu* de prêt à porter; **dillad ysgol** uniforme *m* scolaire; **basged ddillad** panier *m* à linge; **brwsh dillad** brosse *f* à habits; **hanger dillad** cintre *m*; **hors ddillad** séchoir *m* (à linge); **lein ddillad** corde *f* (à linge); **peg dillad** pince *f* à linge; **polyn lein ddillad** perche *f* *neu* support *m* pour corde à linge; **rac** *ou* **rhestl ddillad** (*mewn siop*) portant *m* de vêtements; **siop ddillad** magasin *m* de confection; **sychwr dillad** séchoir, sèche-linge *m inv*; **rhoi'ch dillad amdanoch** s'habiller; **tynnu'ch dillad** se déshabiller.

dillyn *ans* exquis(e), élégant(e), soigné(e), propre, net(te), raffiné(e), cultivé(e), beau[bel](belle)(beaux, belles);
♦ **yn ddillyn** *adf* exquisément, élégamment, avec élégance, d'une manière ordonneé *neu* soigneé, proprement.

dillynder *g* élégance *f*, chic *m*, distinction *f*, grâce *f*, raffinement *m*, délicatesse *f*, exquisité *f*.

dillynion *ll* beautés *fpl*, charmes *mpl*, joyaux *m pl*, ornements *mpl*.

dim *g*
1 (*MATH*) zéro *m*.
2 (*dim byd*) rien *m*; (:*mewn brawddeg negyddol*) ne ... rien, rien ne ...; ~ **byd** rien (au monde); **beth sy'n digwydd? - ~** qu'est-ce qui se passe? - rien; **heb ddim** sans rien, sans quoi que ce soit *subj*; **heb awydd gwneud** ~ sans envie de faire quoi que ce soit *subj*; **'rwy'n hoffi caws yn well na** ~ je préfère le fromage à tout *neu* à quoi que ce soit *subj*; **'does ~ yn digwydd** rien ne se passe, il ne se passe rien; **peidio â bwyta** ~ ne rien manger; **'does gen i ddim i'w fwyta** je n'ai rien à manger; **fel pe na bai ~ yn bod** comme si de rien n'était; **nid yw hi'n golygu ~ iddo** elle n'est rien pour lui; **'does ~ byd tebyg i hufen iâ** il n'y a rien de tel que de la glace; **'does gen i ddim yn erbyn y syniad** je n'ai rien contre cette idée; **peidio â meddwl ~ o wneud rhth** (*ei wneud yn awtomatig*) trouver naturel de faire qch, n'attacher aucune importance à faire qch; (*ei wneud yn ddiegwyddor*) n'avoir aucun scrupule à faire qch; **'doedd ~ o'r olygfa i'w weld** aucune partie du panorama n'était visible, le panorama n'était aucunement visible.
3 (*mewn gwaharddiad swyddogol*): **"~ mynediad"** "entrée interdite", "défense d'entrer"; **"~ parcio"** "stationnement interdit"; **"~ poeri"** "défense de cracher"; **"~ ysmygu"** "défense de fumer".
4 (*o flaen enw*) pas de; ~ **lwc/gobaith** pas de chance/d'espoir; ~ **lol!** pas d'histoires!, pas de blagues!; **'does ~ bara** il n'y a pas de pain; **'does ganddi ddim arian** elle n'a pas d'argent; **'does gennych chi ddim?** (*gan gyfeirio'n ôl at enw*) vous n'en avez pas?.
5 (*nid*): **pwy wnaeth y sŵn? - ~ fi** qui a fait le bruit? - pas moi.
6 (*yn lle cymal negyddol*): **gobeithio ddim** j'espère que non.
7 (*pwysleisiol*): **naddo ddim!** mais non!.
8 (*mewn ymadroddion*): ~ **yw** ~ rien du tout, rien au monde; **y nesaf peth i ddim** presque rien; **fe'i cefais am y nesaf peth i ddim** je l'ai eu(e) pour quasiment rien; **da i ddim** (*rhth*) inutile, qui ne vaut rien; (*rhn*) incompétent(e), propre *neu* bon(ne) à rien; **yn anad ~, yn fwy na ~, uwchlaw pob ~** surtout, sur toutes choses, sur tout et avant tout, par-dessus tout, au dessus de toutes choses; **am ddim** (*mynediad ayb*) gratuit(e); (*gweithio ayb*) gratuitement, bénévolement, sans se faire payer; **i'r ~** parfaitement, à merveille; **mewn ~** en un moment, en un clin d'œil; **bu hi o fewn ~ i** *ou* **bu ond y ~ iddi golli'r trên** elle a failli rater le train; **yr un peth yw, ond y ~** c'est presque la même chose; **'does ~ amdani ond ailgychwyn** il n'y a plus qu'à recommencer.
▶ **ni(d) ... ddim** ne ... pas; **'doedd hi ddim yn hapus** elle n'était pas heureuse; **'dydi hi ddim yn gweithio** elle ne travaille pas.
▶ **ni(d) ... dim mwy** ne ... plus; **'does ~ mwy o fara** il n'y a plus de pain; **ni alla' i ddim gwneud ~ mwy** je ne peux rien faire de plus; **ni wela' i mohoni ~ mwy** je ne la reverrai jamais plus *neu* plus jamais.
▶ **(ni(d) ...) dim ond** ne ... que, seulement; **nid yw'n gwneud ~ ond yfed** il ne fait que boire; **'doeddwn i ddim ond yn smalio, ~ ond smalio oeddwn i** je ne faisais que plaisanter; **ni chefais ddim ond cip arni, ~ ond cip gefais i arni** je n'ai pu que l'entrevoir; **~ ond plentyn yw hi, nid yw hi'n ddim ond plentyn** ce n'est qu'une enfant; **~ ond un siop sydd yn y pentref** il n'y a qu'un magasin au village; **~ ond hynny sydd?** voilà tout?, il n'y a que ça?, c'est tout ce qu'il y a?; **~ ond ychydig sydd ers iddo adael** il n'y a que quelques minutes qu'il est parti; **~ ond dau ohonom ni oedd** nous étions seulement deux; **dim ~ fi sy'n gwybod** personne sauf moi ne le sait, je suis le seul(la seule) à le savoir, je suis le seul qui le sache *subj*; **~ ond gwyrth all ein hachub** seul un miracle peut nous sauver.
▶ **nid dim ond** ne ... pas seulement, ne ... pas que; **nid ~ ond breuddwyd oedd** ce

n'était pas seulement un rêve, ce n'était pas qu'un rêve; **nid ~ ond clerc oedd ef** ce n'était pas un simple employé.
▶ **ni(d) ... dim un** ne ... aucun(e), aucun(e) ... ne; **'does ~ un afal ar ôl** il ne reste aucune pomme *neu* pas une seule pomme; **sawl llyfr sydd yno?** - **~ un** combien de livres y a-t-il? - pas un seul; **'does ~ un o'r tai hyn yn ddigon mawr** aucune de ces maisons n'est assez grande.
▶ **dim o gwbl** pas du tout; **~ (byd) o gwbl** rien du tout, rien au monde.
▶ **dim ots** *gw.* **ots**.
▶ **pob dim** *gw.* **popeth, pob**[1].
▶ **yr un dim**: **mae cig gafr cystal â'r un ~** la chair de la chèvre vaut bien toute autre viande; **nid oedd ganddi'r un ~ ar ôl** il ne lui restait absolument rien.

dimai (**dimeiau**) *b* demi-penny(~-pence, ~-pennies) *m*, sou *m*; **nid oes ganddo'r un ddimai goch (y delyn)** il n'a pas un sou *neu* le sou.

dimensiwn (**dimensiynau**) *g* dimension *f*; (*hyd a lled problem*) étendue *f*; **tri ~** à trois dimensions.

dinab-man *ans gw.* **dinad-man**.

dinacâd *ans* libéral(e)(libéraux, libérales); (*na ellir mo'i wrthod*) qui ne se refuse pas;
♦ **yn ddi-nacâd** *adf* libéralement, à profusion, sans contrainte.

dinad-man *ans* éloigné(e), peu fréquenté(e).

di-nam *ans* irréprochable, impeccable, parfait(e), immaculé(e);
♦ **yn ddi-nam** *adf* irréprochablement, impeccablement, parfaitement.

dinas (**-oedd**) *b* (grande) ville *f*, cité *f*; **~oedd mawr fel Sheffield** les grandes villes comme Sheffield; **~ Llundain/Paris/Rhufain** la Cité (de) Londres/Paris/Rome; **canol y ddinas** centre-ville *m*; **~ gadeiriol** évêché *m*, ville épiscopale.

dinasaidd *ans* municipal(e)(municipaux, municipales), de (grande) ville.

dinasfraint (**dinasfreintiau**) *b* droit *m* de cité, droit civique.

dinasyddiaeth *b* citoyenneté *f*.

dinaturio *ba* dénaturer.

dincod *g,b gw.* **deincod**.

dincodyn *g gw.* **deincodyn**.

dinerth *ans* faible, impuissant(e).

dinerthedd *g* faiblesse *f*, impuissance *f*.

dinerthu *ba* affaiblir.

dinesig *ans* civique, municipal(e)(municipaux, municipales), urbain(e); **canolfan ddinesig** centre *m* administratif (municipal).

dinesydd (**dinasyddion**) *g* (*tref*) habitant *m*, habitante *f*; (*gwladwriaeth*) citoyen *m*, citoyenne *f*; (*rhn sy'n byw mewn dinas*) citadin *m*, citadine *f*; **dinasyddion Paris** les habitants *mpl* de Paris, les Parisiens *mpl*.

dinewid *ans* inchangé(e), invariable, constant(e), immuable;
♦ **yn ddinewid** *adf* invariablement, immuablement.

dingi *g* youyou *m*, petit canot *m*; **~ pwmpiadwy** (*cwch gwynt*) canot pneumatique; **~ hwylio** dériveur *m*.

dingo (**-s**) *g* dingo *m*.

dinistr, **dinistr(i)ad** *g* destruction *f*, dévastation *f*; (*pobl*) anéantissement *m*, extermination *f*, massacre *m*; (*enw da, gobaith*) destruction, ruine *f*, perte *f*; (*yn dilyn tân, rhyfel ayb*) destruction, dégâts *mpl*, dommages *mpl*.

dinistrio *ba* (*difetha'n llwyr: tref, adeilad ayb*) détruire, dévaster, ravager; (*tegan ayb*) casser; (*dogfen*) détruire; (*lladd*) détruire, massacrer, anéantir, exterminer, décimer; (*enw da, gobaith*) ruiner; **wedi ei (d)dinistrio gan fomiau** détruit(e) par bombardement; **dinistriwyd y pentref gan dân** un incendie a ravagé le village.

dinistriol *ans* (*yn creu dinistr*) destructeur(destructrice), dévastateur(dévastatrice); (*â'r gallu i ddinistrio*) destructif(destructive); **arfau ~** armes *fpl* de destruction; **mae'n ddinistriol iawn** (*plentyn*) c'est un brise-fer *m/f inv*, il casse tout; **cael effaith ddinistriol ar rth** avoir un effet destructeur sur qch;
♦ **yn ddinistriol** *adf* de façon destructive *neu* destructrice, de manière dévastatrice.

dinistrioldeb *g* nature *f* destructive *neu* dévastatrice, caractère *m* destructeur *neu* dévastateur.

dinistriwr (**dinistrwyr**) *g* destructeur *m*, dévastateur *m*.

dinistrwraig (**dinistrwragedd**) *b* destructrice *f*, dévastatrice *f*.

diniwed *ans* innocent(e), ingénu(e), naïf(naïve), inoffensif(inoffensive), pas méchant(e), sans malice; (*geiriau, archoll*) anodin(e); **ymddangos yn ddiniwed** faire l'innocent(e), faire l'ingénu(e);
♦ **yn ddiniwed** *adf* innocemment, naïvement, ingénument.

diniweidrwydd *g* innocence *f*, naïveté *f*, ingénuité *f*; **yn ei ddiniweidrwydd credai ...** naïf comme il l'était *neu* dans son innocence il croyait ...

diniweityn *g* innocent *m*, naïf *m*.

diniwliwr (**diniwlwyr**) *g* (*CAR*) dispositif *m* antibuée.

di-nod *ans* insignifiant(e), sans importance; (*tai ayb*) humble, modeste;
♦ **yn ddi-nod** de façon insignifiante, humblement, modestement.

dinodedd *g* insignifiance *f*, modestie *f*.

dinoethi *ba* mettre (qch) à nu, découvrir, révéler, dénuder, dépouiller, exposer, mettre (qch) au jour; (*ffilm*) exposer.

dinoethiad (**-au**) *g* découverte *f*, mise *f* à nu;

(*ffilm*) pose *f*.
dinoethiant (**dinoethiannau**) *g* dénudation *f*.
dinosor *g gw.* **deinosor**.
diobaith *ans* désespéré(e), découragé(e), abattu(e), sans espoir;
♦ **yn ddiobaith** *adf* en désespoir (de cause), désespérément.
diod (**-ydd**) *b*
1 (*cyff*) boisson *f*; ~ **ysgafn** boisson non-alcoolisée; ~ **oren/lemon** sirop *m* d'orange/de citron; ~ **o de** une tasse *f* de thé; ~ **dail** *ou* **ddail** bière *f* aux herbes; **oes arnat ti eisiau** ~? est-ce que tu veux à boire?; **oes arnat ti eisiau** ~ **o ddŵr?** est-ce que tu veux de l'eau?; **oes gen ti ddiodydd i'r plant?** as-tu des boissons pour les enfants?; **mae bwyd a** ~ **yn y gegin** il y a de quoi boire et manger à la cuisine; **mae digon o fwyd a** ~ **yn y tŷ** il y a tout ce qu'il faut à boire et à manger dans la maison; **a gaf i ddiod?** est-ce que je peux boire qch?; **rhoi** ~ **i rn** donner à boire à qn.
2 (*h.y. alcohol*) boisson *f* (alcoolisée); (*cyn pryd o fwyd*) apéritif *m*; (*ar ôl pryd o fwyd*) digestif *m*; **y ddiod feddwol, y ddiod gadarn** la boisson, l'alcool; **mae'n hoffi** ~ **fach** il aime bien boire un verre *neu* un coup*; **gymeri di ddiod?** tu prendras bien un verre?; **gwahodd ffrindiau draw am ddiod** inviter des amis à venir prendre un verre *neu* un pot*; **prynu** ~ **i rn** offrir un verre *neu* un pot* à qn, offrir à boire à qn; **bod dan ddylanwad y ddiod** être en état d'ébriété; **cymryd at y ddiod, hel** ~ s'adonner à la boisson; **drewi o ddiod** sentir l'alcool; **bod yn eich** ~ être dans les vignes du Seigneur, avoir un verre dans le nez; **problem y ddiod** (le problème *m* de) l'alcoolisme *m*.
diodlen (**-ni**) *b* (*mewn caffi*) liste *f* de boissons; (*gwinoedd*) carte *f* des vins.
diodoffrwm (**diodoffrymau**) *g* libation *f*.
dioddef *ba, bg*
1 (*cyff*) souffrir; **dioddefodd yn ofnadwy yn ystod y rhyfel** il a beaucoup souffert pendant la guerre.
2 (*goddef*) supporter; **'alla' i ddim** ~ **daearyddiaeth** je ne peux pas supporter la géographie;
♦*g* (**-iadau**) souffrance *f*.
dioddefadwy *ans* (*goddefadwy*) supportable, tolérable, acceptable.
dioddefaint *g* souffrance *f*, souffrances *fpl*; **y D**~ (CREF, CERDD) la Passion *f*; **y D**~ **yn ôl Sant Mathew** la Passion selon Saint Matthieu; **drama'r D**~ mystère *m* de la Passion; **Sul y D**~ dimanche *m* d'avant les Rameaux; **Wythnos y D**~ semaine *f* de la Passion; **blodyn y D**~ passiflore *f*, fleur *f* de la passion.
dioddefgar *ans* patient(e), endurant(e), tolérant(e);
♦ **yn ddioddefgar** *adf* patiemment, avec patience.
dioddefgarwch *g* patience *f*, tolérance *f*.
dioddefiadau *ll* souffrances *fpl*.
dioddefol *ans* tolérable, supportable;
♦ **yn ddioddefol** *adf* tolérablement.
dioddefus *ans* souffrant(e); (*goddefgar*) passif(passive);
♦ **yn ddioddefus** *adf* de façon souffrante; (*yn oddefgar*) passivement.
dioddefusrwydd *g* mauvaise santé *f*; (*goddefgarwch*) passivité *f*.
dioddefwr (**dioddefwyr**) *g* malade *m*, victime *f*; (*ar ôl damwain*) accidenté *m*, victime, sinistré *m*.
dioddefwraig (**dioddefwragedd**) *b* malade *f*, victime *f*; (*ar ôl damwain*) accidentée *f*, victime, sinistrée *f*.
di-oed *ans* immédiat(e), subit(e);
♦ **yn ddi-oed** *adf* immédiatement, sans délai, tout de suite, sans plus tarder, subitement.
diofal *ans* (*esgeulus*) négligent(e), qui manque de soin; (*dibryder*) insouciant(e) (de), insoucieux(insouciance); (*difeddwl*) inconsidéré(e), irréfléchi(e); (*gwaith*) peu soigné(e); **gyrrwr** ~ conducteur *m* négligent, conductrice *f* négligente; **camgymeriad** ~ faute *f* d'inattention; **mae'r gwaith yma'n ddiofal** ce travail n'est pas assez soigné;
♦ **yn ddiofal** *adf* (*yn esgeulus*) négligemment, sans faire attention; (*yn ddibryder*) avec insouciance.
diofalwch *g* négligence *f*, manque *m* de soin, manque d'attention; (*difaterwch*) insouciance *f*, indifférence *f*, manque d'intérêt.
di-ofn *ans* sans peur, qui n'a pas de peur, intrépide;
♦ **yn ddi-ofn** sans peur, intrépidement, avec intrépidité.
diofryd (**-au**) *g* (*adduned*) vœu(-x) *m*; (*llw*) serment *m*.
diofrydbeth (**-au**) *g* (*tabŵ*) tabou *m*.
diofrydu *ba* (*addunedu*) jurer, faire vœu *neu* serment de; (*ymwadu â*) renoncer à, abandonner; (*gwahardd*) interdire.
diofrydwr (**diofrydwyr**) *g* adepte *m*.
diofrydwraig (**diofrydwragedd**) *b* adepte *f*.
diofyn *ans* non demandé(e), non requis(e).
diog *ans* (*rhn*) paresseux(paresseuse), indolent(e), oisif(oisive), fainéant(e); (*agwedd, gwên ayb*) nonchalant(e), paresseux; (*ffig: afon ayb*) paresseux, lent(e); **awr ddiog** heure *f* de paresse, heure oisive; **cawsom wyliau** ~ nous avons passé les vacances à ne rien faire; **pobl ddiog** paresseux *mpl*, oisifs *mpl*;
♦ **yn ddiog** *adf* paresseusement, nonchalamment, avec indolence.
diogel *ans*
1 (*dianaf, heb niwed: rhn*) sain et sauf(saine

et sauve), indemne; (:*rhth*) intact(e).
2 (*nad yw mewn perygl*): **bod yn ddiogel** (*rhn*) être en sécurité, être hors de danger; (*dogfen, trysor ayb*) être en lieu sûr; (*cwmni, swydd, enw da*) ne pas être menacé(e); **bod yn ddiogel rhag rhth** être à l'abri de qch; **'rwyt ti'n ddiogel yma** tu es en sécurité ici, tu ne cours aucun danger ici; **'does yr un ferch yn ddiogel yn ei gwmni** les filles courent toujours un risque avec lui; **'dydy'r plant ddim yn ddiogel gyda'r ci** il ne faut pas laisser les enfants s'approcher du chien; **cadw rhth yn ddiogel, cadw rhth mewn man** ~ garder qch en lieu sûr; **fe'i cadwaf yn ddiogel iti** je vais te le garder en lieu sûr; **mae dy gyfrinach yn ddiogel gyda mi** avec moi ton secret ne risque rien.
3 (*nad yw'n beryglus: car, peiriant*) sûr(e); (:*adeilad ayb*) solide; (:*traeth*) pas dangereux(dangereuse); (:*gweithred*) sans risque, sans danger; (:*cyflymdra*) raisonnable; **ydy hi'n ddiogel i ddod allan?** est-ce qu'on peut sortir sans danger?; **gwneud rhth yn ddiogel** (*adeilad, traeth*) rendre qch (plus) sûr; (*bom*) rendre qch inoffensif(inoffensive); **gwneud stadiwm yn ddiogel ar gyfer y cyhoedd** assurer la sécurité du public dans un stade; **siwrnai ddiogel!** bon voyage!.
4 (*sicr, dibynadwy: buddsoddiad*) sûr(e); **mewn dwylo** ~ en mains sûres; **sedd ddiogel** (*GWLEID*) un siège assuré *neu* imperdable; **mae'n ddiogel gennyf mai dyna a ddigwyddodd** je suis sûr *neu* convaincu(e) que voilà ce qui est arrivé.
5 (*gochelgar, gofalus: dewis, tacteg ayb*) prudent(e).
6 (*sylweddol*) important(e);
♦ **yn ddiogel** *adf* (*heb helynt*) sans incident, sans encombre, sans problème; (*heb anffawd*) sans accident; (*heb fod mewn perygl*) sans risque, sans danger; (*heb boeni, yn dawel eich meddwl*) en toute tranquillité; (*yn ddidifrod: parsel ayb*) sans dommage; (*cadw, cloi, cuddio ayb*) en sécurité, en sûreté, sûrement, à l'abri; (*yn ofalus*) prudemment; **cyrraedd yn ddiogel** bien arriver, arriver à bon port.

diogelu *ba* (*amddiffyn*) sauvegarder, protéger; (*rhoi rhth mewn lle diogel*) mettre (qch) en sécurité.

diogelwch *g* sécurité *f*; **er mwyn** ~ pour plus de sûreté, par mesure de sécurité; ~ **ar y ffyrdd/yn y ffatrïoedd** la sécurité sur les routes/dans les usines; **gwregys** ~ (*mewn car ayb*) ceinture *f* de sécurité; **llen** ~ (*THEATR*) rideau(-x) *m* de fer.

diogell (**-oedd**) *b* (*ar gyfer arian ayb*) coffre-fort(~s-~s) *m*.

diogi *bg* (*gwneud dim*) paresser, ne rien faire, traînasser; (*ymlacio*) se reposer; **fe wnaethom ni ddiogi yn yr haul am wythnos** nous avons passé une semaine au soleil à ne rien faire, nous avons eu une semaine de farniente au soleil; **paid â** ~, **- gwna ychydig o waith!** cesse de perdre ton temps (à ne rien faire), - mets-toi au travail!;
♦*g* paresse *f*, oisiveté *f*.

dioglyd *ans* paresseux(paresseuse), oisif(oisive), indolent(e), fainéant(e);
♦ **yn ddioglyd** *adf* paresseusement, oisivement, indolemment.

diogyn *g* oisif *m*, oisive *f*, désœuvré *m*, désœuvrée *f*, paresseux *m*, paresseuse *f*, fainéant *m*, fainéante *f*.

diolch (**-iadau**) *g* remerciements *mpl*; ~ **(yn fawr)!** merci *m* (beaucoup)!; **llawer o ddiolch** merci beaucoup; **bod yn llawn** ~ **i rn** avoir une dette de reconnaissance envers qn; ~ **i Dduw!**, ~ **i'r drefn**, ~ **i'r Nefoedd!**, ~ **byth** Dieu merci!, Dieu soit remercié!; ~ **o galon** merci mille fois; **na, dim** ~ (non,) merci; ~ **byth, dacw'r bws yn dod** heureusement, voilà le bus qui arrive; **rhoi** ~ **i rn** remercier qn; ~ **bach a gefais** j'ai eu peu de remerciements;
♦*bg* remercier; ~ **i rn am wneud rhth** remercier qn d'avoir fait qch; ~ **i chi** je vous remercie; ~ **am ddod** merci d'être venu(e); ~ **i Mam, gallwn fynd yno** grâce à Maman, on peut y aller; ~ **i Dduw** rendre grâce(s) à Dieu; **fe lwyddasom ni, dim** ~ **i ti!** on a réussi, mais tu n'y étais pour rien!, on a réussi, tu n'y as été pour rien!;
♦*ans*: **ni fyddan nhw'n fawr diolchach** ils n'en seront guère plus reconnaissants.

diolchgar *ans* reconnaissant(e); **bod yn ddiolchgar i rn am rth** être reconnaissant(e) à qn de qch, savoir gré à qn de qch; **'rwyf yn ddiolchgar am eich cefnogaeth** je vous suis reconnaissant(e) de votre soutien, je vous sais gré de votre soutien; **byddwn yn ddiolchgar pe baech yn dod** je vous serais reconnaissant(e) de venir; **'roedd yn ddiolchgar am gael eistedd** il s'est assis avec soulagement; **'roeddem yn ddiolchgar am gael ambarél!** nous avons vraiment béni le parapluie!; **'roeddwn yn ddiolchgar na welodd mohonof i** j'ai été bien content(e) *neu* je me suis félicité(e) qu'il ne m'ait *subj* pas vu;
♦ **yn ddiolchgar** *adf* avec reconnaissance; (*gyda rhyddhad*) avec soulagement.

diolchgarwch *g* (*bod yn ddiolchgar*) gratitude *f*, reconnaissance *f*; (*CREF*) action *f* de grâces; **Diwrnod D**~ jour *m* de l'action de grâces; (*yng Nghymru*) la fête des moissons; **pleidlais o ddiolchgarwch** discours *m* de remerciements.

diolchiadau *ll* remerciements *mpl gw. hefyd* **diolch**.

diolchwr (**diolchwyr**) *g* celui/celle qui remercie, motionnaire *m/f* de remerciements.

diolwg *ans* laid(e), vilain(e), disgracieux(disgracieuse);
♦ **yn ddiolwg** *adf* laidement, vilainement,

disgracieusement.

diomedd *ans* prodigue, généreux(généreuse), libéral(e)(libéraux, libérales);
♦ **yn ddiomedd** *adf* libéralement, prodigalement.

diorchwyl *ans* sans travail, inoccupé(e), inactif(inactive), oisif(oisive).

diorffen *ans* interminable, sans fin, perpetuel(le);
♦ **yn ddiorffen** *adf* interminablement, à n'en plus finir, perpétuellement.

diorffwys *ans* sans repos, agité(e);
♦ **yn ddiorffwys** *adf* de façon agitée.

diorseddiad (**-au**) *g* déposition *f*.

diorseddu *ba* déposer, détrôner.

di-os *ans* indubitable, indiscutable, incontestable, certain(e), sûr(e);
♦ **yn ddi-os** *adf* sans aucun doute, sûrement, indubitablement, à coup sûr, incontestablement, indiscutablement.

diosg *ba*: ~ **eich dillad** enlever *neu* ôter ses vêtements, se déshabiller.

diosgoi *ans* inévitable, inéluctable.

diosgwr (**diosgwyr**) *g* strip-teaseur *m*.

diosgwraig (**diosgwragedd**) *b* strip-teaseuse *f*.

diota *bg* boire (de l'alcool), pinter*, picoler*.

diotgar, **diotlyd** *ans* qui aime boire, buveur(buveuse).

diotwr (**diotwyr**) *g* buveur *m*, picoleur* *m*.

diotwraig (**diotwragedd**) *b* buveuse *f*, picoleuse* *f*.

dioty (**diotai**) *g* pub *m*, bistrot *m*, cabaret *m*, brasserie *f*.

dip *g*
1 (*COG*) sauce *f* froide (*pour crudités*).
2 (*trochfa*): ~ **defaid** bain *m* parasiticide.

dipio *ba*
1 (*bwyd*) tremper (qch) dans de la sauce etc.
2 (*trochi*): ~ **defaid** baigner les moutons.

diploma (**-âu**) *g,b* diplôme *m*; **deiliad** ~ diplômé *m*, diplômée *f*.

diplomataidd *ans gw.* **diplomyddol**.

diplomateg *b* diplomatie *f*; **defnyddio** ~ (*ffig*) user de diplomatie.

diplomydd (**-ion**) *g* diplomate *m*, femme *f* diplomate.

diplomyddol *ans* diplomatique; (*ymddygiad*) diplomatique, plein(e) de tact; (*ateb*) diplomatique, habile; **rhn** ~ diplomate *m*; **bod yn ddiplomyddol wrth ddelio gyda rhth** s'occuper de qch avec tact *neu* en usant de diplomatie;
♦ **yn ddiplomyddol** *adf* diplomatiquement, avec diplomatie, avec tact.

di-radd *ans* (*israddol*) ignoble, inférieur(e), de basse extraction.

diraddiad (**-au**) *g* (*gweithred*) abaissement *m*, avilissement *m*, humiliation *f*; (*CEM, DAEAR, FFIS, MIL*) dégradation *f*.

diraddiedig *ans* dégradé(e), humilié(e), avili(e); (*CEM, DAEAR, FFIS, MIL*) dégradé; **cyflwr** ~ déchéance *f*, abaissement *m*.

diraddio *ba* dégrader, humilier, avilir; **teimlais fel pe bawn wedi fy niraddio** je me sentais humilié(e) *neu* avili(e) *neu* dégradé(e); **eich ~'ch hun** se dégrader; **ni fyddai hi byth yn ~ ei hun i wneud hynny** elle n'irait pas s'abaisser *neu* s'avilir à faire cela.

diraddiol *ans* dégradant(e), humiliant(e), avilissant(e).

di-raen *ans* (*dilledyn*) râpé(e), usé(e), élimé(e), minable; (*celfi*) pauvre, minable; (*ardal, tŷ*) minable, miteux(miteuse); (*rhn*) minable, miteux, pauvrement vêtu(e), pauvrement mis(e);
♦ **yn ddi-raen** *adf* pauvrement, minablement.

diragfarn *ans* sans préjugé(s).

diragfyfyr *ans* impromptu(e), spontané(e);
♦ **yn ddiragfyfyr** *adf* spontanément.

diragrith *ans* sincère, candide;
♦ **yn ddiragrith** *adf* sincèrement, candidement.

diramant *ans* peu romantique, prosaïque;
♦ **yn ddiramant** *adf* de façon peu romantique, prosaïquement.

di-ras *ans* méchant(e), débauché(e), dissolu(e), dévergondé(e);
♦ **yn ddi-ras** *adf* de façon débauchée *neu* dissolue.

dirdro (**-eon**) *g* torsion *f*.

dirdyniad (**-au**) *g* torture *f*, supplice *m*, tourment *m*.

dirdynnol *ans* atroce, déchirant(e).

dirdynnu *ba* torturer, mettre (qn) à la torture *neu* au supplice, tourmenter.

direidi *g* (*ffraeth*) malice *f*; (*chwareus*) espièglerie *f*; (*gweithred ddrygionus plentyn*) bêtise *f*; **llawn** ~ espiègle, plein(e) de malice, pétillant(e) de malice, méchant(e).

direidus *ans* (*plentyn: chwareus*) espiègle, coquin(e), joueur(joueuse), taquin(e); (*ffraeth*) malicieux(malicieuse); (*oedolyn*) farceur(farceuse); (*golwg*) malicieux, espiègle; **mae'n fwnci bach ~*** c'est un vrai petit diable, il fait toujours des bêtises;
♦ **yn ddireidus** *adf* malicieusement, par espièglerie, pour s'amuser.

direiliad (**-au**) *g* déraillement *m*.

direilio *bg* dérailler;
♦*ba* faire dérailler.

direol *ans* (*gwyllt*) indiscipliné(e), turbulent(e), désordonné(e), en désordre, déréglé(e), fougueux(fougueuse); (*gwrthryfelgar*) mutin(e), insoumis(e);
♦ **yn ddireol** *adf* de façon déréglée, fougueusement.

direswm *ans* (*rhn*) qui n'est pas rationnel(le); (*cred*) déraisonnable, absurde; (*ymddygiad*) irrationnel(le); **creadur** ~ bête *f* brute;
♦ **yn ddireswm** *adf* déraisonnablement, irrationnellement.

dirfawr *ans* énorme, immense, vaste;

♦ **yn ddirfawr** *adf* énormément, immensément; **mae'n poeni'n ddirfawr am ei iechyd** il s'inquiète énormément pour sa santé.
dirfawredd *g* immensité *f*, énormité *f*.
dirfod *g* existence *f*.
dirfodaeth *b* existentialisme *m*.
dirfodol *ans* existentiel(le);
♦ **yn ddirfodol** *adf* de façon existentielle.
dirfodwr (**dirfodwyr**) *g* existentialiste *m*.
dirfodwraig (**dirfodwragedd**) *b* existentialiste *f*.
dirgel *ans* secret(secrète), caché(e), dérobé(e); (*cyfrinachol*) confidentiel(le), intime; **cadw cynlluniau'n ddirgel** ne pas révéler ses plans, cacher ses plans;
♦*g* (**-ion**) secret *m*, mystère *m*; **yn y ~** secrètement, en secret, en cachette.
dirgelu *ba* cacher.
dirgelwch (**dirgelion**) *g* mystère *m*; (*cyfrinach*) secret *m*; **nid oes ~ ynglŷn â'r peth** ça n'a rien de mystérieux *neu* de secret; **mae'n ddirgelwch i mi sut y gwnaeth hi hynny** je n'arrive pas à comprendre comment elle l'a fait; **gwneud ~ mawr o rth** faire grand mystère de qch.
dirgroes *ans* opposé(e), contraire.
dirgryniad (**-au**) *g* vibration *f*, tremblement *m*.
dirgrynol *ans* vibrant(e), vibratoire.
dirgrynu *bg* vibrer, trembler;
♦*ba* faire vibrer.
dirgymell *ba* contraindre, obliger.
diriaeth (**-au**) *b* objet *m* concret.
diriaethol *ans* concret(concrète), réel(le), matériel(e).
diriant (**diriannau**) *g* (*TECH*) effort *m*.
di-rif, **dirifedi** *ans* innombrable, sans nombre.
dirisglo *ba* écorcer.
dirlawn *ans* saturé(e).
dirlawnder (**-au**) *g* saturation *f*.
dirlenwi *ba* saturer.
dirmyg (**-au**) *g* mépris *m*, dédain *m*; **bod yn llawn ~ tuag at rn** éprouver un grand mépris pour qn, n'avoir que du mépris pour qn, mépriser qn, dédaigner qn.
dirmygadwy *ans* méprisable, ignoble;
♦ **yn ddirmygadwy** *adf* de façon méprisable, ignoblement.
dirmygedig *ans* méprisé(e), dédaigné(e).
dirmygu *ba* (*rhn*) dédaigner, mépriser; (*cyngor rhn*) faire fi de, négliger, faire bon marché de.
dirmygus *ans* dédaigneux(dédaigneuse), méprisant(e);
♦ **yn ddirmygus** *adf* avec mépris, dédaigneusement, de façon méprisante.
dirmygwr (**dirmygwyr**) *g* contempteur *m*.
dirmygwraig (**dirmygwragedd**) *b* contemptrice *f*.
dirnad *ba* comprendre, saisir, percevoir.
dirnadaeth *b* compréhension *f*, entendement *m*, perception *f*; **mae hynny y tu hwnt i bob ~** cela dépasse toute compréhension *neu* tout entendement.
dirnadol *ans* perceptif(perceptive);
♦ **yn ddirnadol** *adf* perceptivement.
dirnadwy *ans* visible, perceptible, sensible, intelligible;
♦ **yn ddirnadwy** *adf* visiblement, perceptiblement, sensiblement, intelligiblement.
dirodres *ans* (*rhn*) peu fastueux(fastueuse), sans façons, modeste, simple; (*gweithred*) sans ostentation, sans faste;
♦ **yn ddirodres** *adf* sans faste, sans façons, modestement, avec modestie.
dirprwy (**-on**) *g*
1 (*cynorthwy-ydd*) adjoint *m*, adjointe *f*; (*mewn busnes*) fondé *m* de pouvoir; **~ brifathrawes** directrice *f* adjointe; (*mewn lycée*) censeur *m*, proviseur *m* adjoint; **~ brifathro** directeur *m* adjoint; (*mewn lycée*) censeur *m*, proviseur *m* adjoint; **~ faer** maire *m* adjoint; **~ reolwr** sous-directeur *m*, sous-directrice *f*.
2 (*aelod o ddirprwyaeth*) délégué *m*, déléguée *f*.
3 (*i gymryd lle rhn*) remplaçant *m*, remplaçante *f*, suppléant *m*, suppléante *f*; (*procsi*) mandataire *m/f*; **pleidleisio trwy ddirprwy** voter par procuration.
dirprwyad (**-au**) *g* substitution *f*, remplacement *m*; (*CYFR*) procuration *f*.
dirprwyaeth (**-au**) *b* délégation *f*, députation *f*, commission *f*.
dirprwyo *bg* assurer l'intérim;
♦*ba* députer; **~ rhn (i wneud rhth)** déléguer qn *neu* se faire représenter par qn (pour faire qch); **~ cyfrifoldebau** déléguer les responsabilités.
dirprwyol *ans* délégué(e); (*dioddefaint ayb*) pour un(e) autre;
♦ **yn ddirprwyol** *adf* par procuration.
dirprwywr (**dirprwywyr**) *g* agent *m*, député *m*, commissionnaire *m*.
dirwasgiad (**-au**) *g* (*ECON*) crise *f*, dépression *f*, récession *f*, marasme *m*; (*METEO*) dépression atmosphérique; **D~ 1929** (*HAN*) la Crise de 1929.
dirwasgu *ba* comprimer, presser, serrer.
dirwedd (**-au**) *b* réalité *f*; **~ rithwir** réalité virtuelle.
dirweddaeth *b* réalisme *m*.
dirweddol *ans* réel(le), vrai(e), véritable.
dirweddwr (**dirweddwyr**) *g* réaliste *m/f*.
dirwest (**-au**) *g,b* abstinence *f* de toute boisson alcoolisée, tempérance *f*.
dirwestol *ans* de tempérance, modéré(e), tempérant(e), sobre, qui fait preuve de tempérance, qui ne boit pas; (*mudiad, ymgyrch*) antialcoolique.
dirwestwr (**dirwestwyr**) *g* homme *m* qui

s'abstient de l'alcool.
dirwestwraig (**dirwestwragedd**) *b* femme *f* qui s'abstient de l'alcool.
dirwgnach *ans* résigné(e), qui ne se plaint pas, stoïque;
♦ **yn ddirwgnach** *adf* sans se plaindre, sans plainte, stoïquement.
dirwy (**-on**) *b* amende *f*; (*am drosedd gyrru*) contravention *f*, procès-verbal(~-verbaux) *m*, PV *m*; **cael ~ o £10** avoir *neu* recevoir une amende de 10 livres, avoir 10 livres d'amende; **cafodd hi ddirwy** on lui a infligé une amende; **cafodd ddirwy am yrru trwy olau coch** il a attrapé une contravention pour avoir brûlé un feu rouge.
dirwyn *bg* serpenter, faire des zigzags; **'roedd y ffordd yn ~ trwy'r dyffryn** la route serpentait le long de la vallée, la route descendait la vallée en serpentant; **~ i ben** finir, prendre fin, tirer à sa fin; **'roedd y cyfarfod yn ~ i ben** la réunion allait finir *neu* tirait à sa fin;
♦*ba*: **~ cyfarfod i ben** terminer une réunion; **~ edafedd** dévider la laine.
dirwyo *ba* condamner (qn) à une amende; (*am drosedd gyrru*) donner une contravention à; **cefais fy nirwyo £10** j'ai eu une amende de 10 livres, j'ai eu 10 livres d'amende; **cafodd hi ei ~'n drwm** on l'a condamnée à une grosse amende, on lui a infligé une grosse amende.
dirwystr *ans* (*cynnydd*) sans obstacles, sans encombre; (*symudiad*) libre, sans encombre, sans entraves; **mynd yn ddirwystr** passer sans rencontrer d'obstacles, passer sans encombre *neu* sans entraves.
dirybydd *ans* inattendu(e), imprévu(e), inopiné(e);
♦ **yn ddirybydd** *adf* de façon inattendue, à l'improviste; **cyrraedd yn ddirybydd** arriver sans crier gare.
di-rym, **dirym** *ans* impuissant(e), sans vigueur, nul(le); (*trwydded, pasbort ayb*) invalide, nul(le) et non avenu(e);
♦ **yn ddi-rym** *adf* d'une manière impuissante, faiblement.
dirymdra *g* nullité *f*, invalidité *f*.
dirymiad (**-au**) *g* invalidation *f*, abolissement *m*, annulation *f*, révocation *f*.
dirymu *ba* infirmer, invalider, abolir.
di-ryw *ans* neutre.
dirywiad (**-au**) *g* (*sefyllfa*) détérioration *f*, altération *f*, dégradation *f*; (*mewn moesoldeb*) dégénérescence *f*; (*mewn chwaeth, celf*) déchéance *f*, décadence *f*.
dirywiaeth *b* dégénérescence *f*.
dirywiedig *ans* dégénéré(e).
dirywio *ba* détériorer, abîmer, faire empirer, altérer;
♦*bg* empirer, se détériorer, s'altérer, s'abîmer; (*moesau*) dégénérer; (*tywydd, iechyd, perthynas*) se détériorer; (*sefyllfa*) se dégrader; **mae ei waith ysgol yn ~** il y a un fléchissement dans son travail scolaire.
dirywiol *ans* en décadence, décadent(e), qui empire, qui se détériore.
dîs (**disiau**) *g gw.* **deis**.
di-sail *ans* sans fondement, mal fondé(e), sans motif; (*cred*) dénué(e) de tout fondement; (*beirniadaeth*) injustifié(e).
disbaddu *ba* (*dyn, anifail*) châtrer, castrer, émasculer; (*ceffyl*) hongrer.
disbaddwr (**disbaddwyr**) *g* châtreur *m*.
disbaidd *ans* châtré(e), castré(e), émasculé(e); (*ceffyl*) hongre.
disbeinio *ba* (*ŷd, reis*) décortiquer; (*cnau*) écaler; (*grawn*) vanner; (*ffa, pys*) écosser; (*barlys, ceirch*) monder.
disberod *ans* errant(e), vagabond(e); **mynd ar ddisberod** s'égarer; **arwain rhn ar ddisberod** égarer qn, détourner qn du droit chemin.
disbyddedig *ans* épuisé(e), tari(e), à sec.
disbyddu *ba gw.* **dihysbyddu**.
disco (**-s**) *g gw.* **disgo**.
disel *g gw.* **diesel**.
diserch *ans* (*rhn, golwg*) maussade, renfrogné(e); (*pwdlyd*) boudeur(boudeuse);
♦ **yn ddiserch** *adf* (*dweud, ateb*) d'un ton maussade; (*addo, cytuno*) de mauvaise grâce; (*yn pwdu*) en boudant.
disg (**-iau**) *b,g* disque *m*; **~ fideo** vidéodisque *m*; **~ hyblyg** disquette *f*; **~ treth** vignette *f* (automobile).
disgen (**disgiau**) *b* (*CHWAR*) disque *m*; **taflwr ~** lanceur *m* du disque
disglair *ans* (*llygaid, sêr, gem*) brillant(e), vif(vive); (*golau*) vif; (*tân*) vif, clair(e); (*haul*) éclatant(e); (*lliw*) vif, éclatant(e), lumineux(lumineuse); (*metel*) poli(e), luisant(e); (*dyfodol, rhagolygon*) brillant, splendide; (*galluog*) intelligent(e), doué(e), brillant, éveillé(e).
disgled (**disgleidiau**) *b gw.* **dysglaid**.
disgleirdeb, **disgleirder** *g* éclat *m*, brillant *m*; (*golau*) éclat, intensité *f*; (*gallu*) intelligence *f*; **~ ei dysg** l'éclat de son érudition.
disgleirio *bg* briller, reluire; (*gemwaith*) chatoyer, rutiler, scintiller, étinceler; (*dŵr*) miroiter, scintiller; **mae'r haul yn ~** il fait du soleil, il y a du soleil, le soleil brille; **mae'r lleuad yn ~** il y a clair de lune; **~ ar rth** éclairer *neu* illuminer qch; **bod â golau'n ~ yn eich llygaid** avoir la lumière dans les yeux; **'roedd ei wyneb yn ~ gan hapusrwydd** son visage rayonnait de bonheur; **~ mewn mathemateg** briller *neu* faire des étincelles en mathématiques.
disgo (**-s**) *g* discothèque *f*; **dawnsio ~** disco *m*.
disgownt (**-iau**) *g* escompte *m*, remise *f*, rabais *m*; **rhoi ~** faire une remise; **prynu ar ddisgownt** acheter au rabais; **~ am arian parod** escompte au comptant.

disgrifiad (-**au**) *g* (*o rn, o olygfa, o sefyllfa*) description *f*, portrait *m*; (*gan yr heddlu*) signalement *m*; (*o ddigwyddiad*) exposé *m*, récit *m*; **y tu hwnt i bob** ~ indescriptible, qu'on ne saurait décrire.

disgrifiadol *ans* descriptif(descriptive); ♦ **yn ddisgrifiadol** *adf* de façon descriptive.

disgrifio *ba* décrire, faire la description de, dépeindre; ~ **sut fath o beth ydyw** raconter *neu* dire comment c'est; **disgrifia ef i ni** décris-le nous; **na ellid ei ddisgrifio** indescriptible, qu'on ne saurait décrire.

di-sgwrs *ans* peu bavard(e), taciturne.

disgwyl *ba*
1 (*aros i rn/rth ddod*) attendre; **mae hi'n** ~ **y bws** elle attend le bus; **'rwy'n** ~ **fy chwaer/y llythyr yfory** j'attends ma sœur/la lettre demain.
2 (*rhagweld*) s'attendre à; ~ **y gwaethaf** s'attendre au pire, prévoir le pire; **'roeddem ni'n** ~ **glaw** nous nous attendions à de la pluie; **'roeddwn yn** ~ **hynny** je m'y attendais; **'roedd hynny i'w ddisgwyl** c'était prévisible, c'était à prévoir, il fallait s'y attendre; **'rwy'n gwybod beth i'w ddisgwyl** je sais à quoi m'attendre *neu* m'en tenir; **ni chafodd y llwyddiant a ddisgwyliai** il n'a pas eu le succès qu'il escomptait; ~ **y bydd rhth yn digwydd** s'attendre à ce que qch se produise *subj*; ~ **y bydd rhn yn gwneud rhth** s'attendre à ce que qn fasse *subj* qch; **fe ddisgwylir ...** il est vraisemblable que, il y a des chances pour que + *subj*, il faut s'attendre à ce que + *subj*; **prin y gellir** ~ **...** il ne faut pas *neu* on ne peut guère s'attendre à ce que + *subj*, il y a peu de chances pour que + *subj*; **fel y disgwylid** comme on s'y attendait, comme prévu.
3 (*gobeithio*) espérer; ~ **gwneud** penser *neu* compter *neu* espérer faire, s'attendre à faire.
4 (*gofyn, mynnu*) exiger, attendre, demander; **ni fedrwch chi ddisgwyl gormod ganddo** il ne faut pas trop lui en demander, on ne peut pas trop exiger de lui; **mae'n** ~ **ufudd-dod llwyr** il demande une obéissance totale.
5 (*baban*) attendre;
♦*bg*
1 (*bod yn feichiog*) être enceinte, attendre un bébé; **mae hi'n** ~ elle est enceinte, elle attend un bébé.
2 (*ymddangos, edrych yn*) sembler, paraître, avoir l'air; **mae'n** ~ **yn dost** il a l'air malade, il semble *neu* paraît (être) malade *gw. hefyd* **edrych**.
3 (*edrych ar*): ~ **ar** regarder; ~ **ar yr annibendod yma!** regarde un peu ce fouillis!*; ~ **arnat ti dy hunan!** regarde de quoi tu as l'air!; ~ **i ble 'rwyt ti'n mynd!** fais attention où tu vas! *gw. hefyd* **edrych**.
4 (*gofalu am*): ~ **ar ôl** *gw.* **gofalu**.
▶ **disgwyl am** attendre; **'rydym ni'n** ~ **am y trên** nous attendons le train.
▶ **disgwyl i**
1 (*aros am*) attendre; **'rwy'n** ~ **i'r tacsi ddod** j'attends le taxi.
2 (*rhagweld*) s'attendre à ce que + *subj*; **'rydw i'n** ~ **iddyn nhw orffen y gwaith yfory** je m'attends à ce qu'ils finissent le travail demain.
3 (*gofyn, mynnu*): ~ **i rn wneud rhth** exiger *neu* vouloir *neu* demander que qn fasse *subj* qch; **wyt ti'n** ~ **imi gario'r y bocs mawr yna?** est-ce que tu veut que je porte cette boîte-là?; **'rwy'n** ~ **iti dacluso d'ystafell dy hun** tu es censé(e) ranger ta chambre toi-même, je compte que tu rangeras ta chambre toi-même; **oes** ~ **inni adael nawr?** est-ce qu'on doit partir tout de suite?; **nid yw'r llyfr yma mor drwm ag y disgwyliwn iddo fod** ce livre n'est pas aussi lourd que je le croyais.

disgwylfa (**disgwylfeydd**) *b* tour *f* de guet, poste *m* de guet.

disgwylgar *ans* (*gofalus*) attentif(attentive), vigilant(e); (*yn aros am rth*) qui attend qch; (*agwedd*) d'expectative;
♦ **yn ddisgwylgar** *adf* avec l'air d'attendre qch; **aros yn ddisgwylgar** être dans l'expectative, attendre avec espoir.

disgwyliad (-**au**) *g* prévision *f*, attente *f*, espoir *m*, espérance *f*; **yn groes i bob** ~ contre toute attente *neu* espérance.

disgwyliadwy *ans* prévisible; **'roedd ei ymateb yn ddisgwyliadwy** sa réaction était prévisible;
♦ **yn ddisgwyliadwy** *adf* comme c'était prévisible, comme l'on pouvait prévoir.

disgwyliedig *ans* attendu(e); (*diweddglo: stori, ffilm*) sans surprise.

disgybl (-**ion**) *g* (*mewn ysgol*) élève *m/f*; (*CREF: Crist ayb*) disciple *m/f*.

disgyblaeth (-**au**) *b* discipline *f*; **cadw** ~ maintenir la discipline.

disgyblaethol *ans* disciplinaire.

disgybledig *ans* discipliné(e);
♦ **yn ddisgybledig** *adf* de façon disciplinée.

disgyblu *ba* discipliner; (*cosbi*) punir; (*hyfforddi*) instruire.

disgyblwr (**disgyblwyr**) *g* personne *f* stricte en matière de discipline.

disgyn *bg*
1 (*cwympo*) tomber; (*ymosod yn sydyn*) s'abattre, se jeter, tomber (sur); (*tarddu o rn*) descendre (de qn), être issu(e) (de qn); ~ **i mewn i afon** tomber dans une rivière; ~ **ar wastad eich bol** tomber face contre terre *neu* à plat ventre; ~ **ar eich traed** (*llyth, ffig*) retomber sur ses pieds; **mae'r cyfrifoldeb yn** ~ **arnat ti** la responsabilité retombe sur toi.
2 (*mynd i lawr*) descendre; ~ **o'r bws** descendre de l'autobus; ~ **yn serth** (*stryd*) être *neu* aller très en pente, descendre en pente très raide; **disgynnai ei gwallt at ei**

hysgwyddau les cheveux lui tombaient sur les épaules.
3 (*digwydd*) tomber; **mae dydd Nadolig yn ~ ar ddydd Sul** Noël tombe un dimanche;
♦*ba* (*gollwng: ar ddamwain*) laisser tomber; (*yn fwriadol*) lâcher.
disgynedig *ans* descendu(e); (*o ran tras*) issu(e); **acen ddisgynedig** accent *m* grave.
disgynfa (**disgynfeydd**) *b* descente *f*; (*ar gyfer llong*) débarcadère *m*, appontement *m*; (*ar gyfer awyrennau*) piste *f* d'atterrissage.
disgyniad (**-au**) *g* descente *f*; (*cwymp*) chute *f*.
disgynnol *ans* descendant(e).
disgynnydd (**disgynyddion**) *g* descendant *m*, descendante *f*.
disgyrchedd *g* gravitation *f*.
disgyrchiad, **disgyrchiant** *g* pesanteur *f*; **deddf ~** la loi *f* de la pesanteur; **craidd ~** centre *m* de gravité.
disgyrchu *ba* graviter.
disgyrrwr (**disgyrwyr**) *g* lecteur *m* de disquette.
di-siâp *ans* informe, difforme.
di-sigl *ans* ferme, résolu(e), inébranlable; (*cyson, ffyddlon*) constant(e), loyal(e)(loyaux, loyales).
disio *ba, bg gw.* **deisio**.
disiog *ans gw.* **deisiog**.
di-siwgr *ans* sans sucre.
disiwr (**diswyr**) *g gw.* **deisiwr**.
disodli *ba* (*symud*) déplacer; (*cymryd lle*) remplacer, supplanter.
disodliad (**-au**) *g* déplacement *m*; (*cymryd lle*) remplacement *m*.
di-sôn-amdani, **di-sôn-amdano, di-sôn-amdanynt** *ans* dont on ne parle pas, peu connu(e), obscur(e), insignifiant(e).
dist (**-iau**) *g* poutre *f*, solive *f*.
distadl *ans* (*dibwys*) insignifiant(e), sans grande importance, humble; (*dirmygedig*) bas(se), méprisable, indigne;
♦ **yn ddistadl** *adf*: **byw'n ddistadl** vivre humblement.
distadledd *g* insignifiance *f*, modestie *f*, obscurité *f*.
di-staen *ans* sans tache, pur(e), impeccable, immaculé(e).
distain (**disteiniaid**) *g* intendant *m*, régisseur *m*, économe *m*.
distaw *ans* (*tawel: rhn*) silencieux(silencieuse), taciturne, muet(te); (*môr, stryd, noson*) tranquille; (*natur rhn*) doux; (*ci, ceffyl*) docile; (*plentyn*) calme, facile, doux; (*heddychlon, llonydd*) calme, paisible, tranquille; **bod yn ddistaw am amser hir** (*tawel*) rester longtemps sans rien dire, se taire pendant longtemps; (*llonydd*) rester longtemps sans bouger; **'rwyt ti'n ddistaw iawn heddiw** tu ne dis rien *neu* pas grand-chose aujourd'hui; **bydd ddistaw!** tais-toi!; **byddwch ddistaw!** taisez-vous!; **~ fel y bedd** muet(te) comme la tombe; **'roedd mor ddistaw â'r bedd, roedd yn ddistaw fel y bedd** il y avait un silence de mort; **ceisio bod ychydig yn ddistawach** essayer de ne pas faire tant de bruit; **mae hi'n ferch ddistaw** c'est une fille silencieuse *neu* taciturne, ce n'est pas une fille expansive; **mae'r dref yn ddistaw iawn** la ville est très endormie, la ville manque d'animation; **aros yn ddistaw** (*peidio â dweud dim*) rester muet(e) garder le silence, se tenir coi(te);
♦ **yn ddistaw** *adf* silencieusement, sans faire de bruit; (*yn addfwyn*) doucement, calmement; (*heb greu trafferth*) paisiblement, sobrement, discrètement, simplement; **yn ddistaw bach** à la dérobée, en cachette.
distawrwydd *g* silence *m*, tranquillité *f*, calme *m*; **~ llethol** un silence de mort, un silence total *neu* absolu; **bu ~** il s'est fait un silence; **torri'r ~** rompre le silence; **~!** (du) silence!; **yn nistawrwydd y nos** dans le silence de la nuit; **galw am ddistawrwydd** demander *neu* réclamer le silence; **a gawn ni ddistawrwydd perffaith am ychydig o funudau** faisons silence complet pendant quelques minutes; **wedi iddo orffen siarad bu ~** quand il a fini de parler, le silence a regné *neu* on a gardé le silence *neu* personne n'a soufflé mot.
distemper (**distemprau**) *g* (*paent*) détrempe *f*, badigeon *m*; (*MILF: clefyd ar gŵn*) maladie *f* de Carré.
distewi *ba* réduire (qn) au silence, imposer silence à, faire taire; (*sŵn, si ayb*) étouffer;
♦*bg* (*rhn*) se taire, garder le silence; (*sŵn, peiriant*) cesser; **distawodd y gwynt/peiriant** le bruit du vent/de la machine cessa.
distewydd (**-ion**) *g* (*gwn*) silencieux *m*.
di-stop *ans* incessant(e), interminable;
♦ **yn ddi-stop** *adf* sans cesse.
distryw *g* destruction *f*, anéantissement *m*, extermination *f*; (*moesol, ariannol*) perte *f*, ruine *f*; (*difrod*) destruction, dégâts *mpl*, dommages *mpl*.
distrywgar *ans* (*yn creu distryw*) destructeur(destructrice); (*â'r gallu i ddistrywio*) destructif(destructive);
♦ **yn ddistrywgar** *adf* de façon destructrice.
distrywgarwch *g* effet *m neu* pouvoir *m* destructeur; (*plentyn*) penchant *m* à détruire.
distrywiad *g* destruction *f*.
distrywio *ba* détruire, ravager, démolir; **cafodd y dref ei ~ gan fomiau** la ville a été détruite par bombardement; **distrywiwyd yr adeilad gan dân** un incendie a ravagé le bâtiment.
distrywiol *ans gw.* **distrywgar**.
distrywiwr (**distryw-wyr**) *g* destructeur *m*, destructrice *f*.
distrywus *ans gw.* **distrywgar**.
di-stŵr *ans* (*tawel*) calme; (*diffwdan*) sans façon;
♦ **yn ddi-stŵr** *adf* (*yn dawel*) calmement; (*yn

ddiffwdan) sans façon.
distyll (**-ion**) *g* marée *f* basse, jusant *m*.
distyllfa (**-oedd, distyllfeydd**) *b* distillerie *f*.
distylliad (**-au**) *g* distillation *f*.
distylliedig *ans* distillé(e).
distyllu *ba* distiller, laisser couler (qch) goutte à goutte;
♦*bg* se distiller, couler goutte à goutte.
distyllwr (**distyllwyr**) *g* distillateur *m*.
di-sut *ans* (*eiddil*) faible, maladif(maladive), chétif(chétive), malingre, frêle, piteux(piteuse); (*di-drefn*) inepte, désorganisé(e), incompétent(e);
♦ **yn ddi-sut** *adf*: **gweithio'n ddi-sut** travailler n'importe comment *neu* à la va-vite, travailler de façon incompétente.
diswta *ans* (*ymadawiad*) soudain(e), brusque, précipité(e); (*rhn*) bourru(e), brusque; (*arddull*) heurté(e);
♦ **yn ddiswta** *adf* brusquement, tout à coup; (*siarad*) brusquement, avec brusquerie, sans cérémonie, abruptement.
di-swydd *ans* inoccupé(e), sans emploi *neu* poste; **dyn** ~-~ chômeur *m*; **bod yn ddi-swydd** chômer, être chômeur(chômeuse), être au *neu* en chômage.
diswyddiad (**-au**) *g* licenciement *m*, renvoi *m*, congédiement *m*.
diswyddo *ba* renvoyer, congédier, licencier.
di-swyn *ans* peu ravissant(e), sans charme.
disyched *ans* sans soif.
disychedu *bg* se désaltérer;
♦*ba* désaltérer.
di-syfl, **disyflyd** *ans* ferme, résolu(e), inébranlable;
♦ **yn ddi-syfl, yn ddisyflyd** fermement, sans bouger, inébranlablement, résolument.
disyfyd *ans* instantané(e), soudain(e), subit(e), abrupt(e), brusque;
♦ **yn ddisyfyd** *adf* instantanément, soudainement, tout d'un coup, sur le coup.
disylfaen *ans* sans fondement.
disylw *ans* (*nad yw'n sylwi*) inattentif(inattentive), distrait(e); (*esgeulus*) peu attentionné(e), négligent(e); (*dibwys*) insignifiant(e), inaperçu(e);
♦ **yn ddisylw** *adf* (*yn esgeulus*) négligemment; (*yn ddi-nod*) de façon insignifiante.
disylwedd *ans* insubstantiel(le), irréel(le).
disyml *ans* sans artifice, simple, ingénu(e), sincère, candide;
♦ **yn ddisyml** *adf* sincèrement, candidement, sans artifice, avec candeur.
disymud *ans* immobile.
disymwth *ans* (*ymadawiad ayb*) soudain(e), subit(e), brusque, précipité(e); (*annisgwyl*) inattendu(e);
♦ **yn ddisymwth** *adf* soudainement, brusquement, tout d'un coup.
disynnwyr *ans* absurde, insensé(e), stupide; (*rhn*) qui n'a pas le sens commun;
♦ **yn ddisynnwyr** *adf* stupidement, d'une façon insensée.
ditectif (**-s**) *g* policier *m* en civil; ~ **preifat** détective *m* privé; **nofel dditectif** roman *m* policier.
ditiad (**-iau**) *g* mise *f* en accusation.
ditiadwy *ans* (CYFR) tombant sous le coup de la loi; **trosedd ditiadwy** délit *m* pénal, délit punissable par la loi.
ditio *ba* (CYFR) accuser, mettre (qn) en accusation, inculper.
ditiol *ans gw.* **ditiadwy**.
ditment (**-au**) *g* (CYFR) inculpation *f*, acte *m* d'accusation; (*proses*) mise *f* en accusation.
dithau *rhag cysylltiol gw.* **tithau**.
diurddas *ans* qui manque de dignité, sans dignité;
♦ **yn ddiurddas** *adf* sans dignité.
diurddo *ba* défroquer.
di-wad *ans* indéniable;
♦ **yn ddi-wad** *adf* indéniablement.
diwaelod *ans* sans fond, insondable.
diwaelodi *ba* purifier, purger.
diwahân *ans* inséparable, indivisible, indissollluble;
♦ **yn ddiwahân** *adf* indissolublement, inséparablement, indivisiblement; **daeth pawb yn ddiwahân** tout le monde est venu sans exception.
diwahaniaeth *ans* sans discernement, au hasard, manquant de discernement;
♦ **yn ddiwahaniaeth** *adf* sans discernement, au hasard, à tort et à travers.
diwahardd *ans* non contenu(e), sans restriction, illimité(e), libéral(e)(libéraux, libérales); (*afreolus*) indiscipliné(e);
♦ **yn ddiwahardd** *adf* sans restriction, libéralement; (*yn afreolus*) de façon indisciplinée.
diwahoddiad *ans* sans invitation;
♦ **yn ddiwahoddiad** *adf* sans invitation.
diwair *ans* chaste, pur(e), pudique;
♦ **yn ddiwair** *adf* chastement, pudiquement.
di-waith *ans* en *neu* au chômage, sans travail *neu* emploi; (*heb ddim i'w wneud*) sans occupation, inoccupé(e), désœuvré(e); **dyn** ~ chômeur *m*; (GWEIN) demandeur *m* d'emploi; **merch ddi-waith** chômeuse *f*; (GWEIN) demandeuse *f* d'emploi;
♦*g* (*pobl ddi-waith*) chômeurs *mpl*, les gens *mpl* au chômage; **nifer y** ~ (GWEIN) les inactifs *mpl*.
diwala *ans* insatiable, vorace;
♦ **yn ddiwala** *adf* voracement, avec voracité.
diwall *ans* (*digonol*) abondant(e), suffisant(e), copieux(copieuse); (*wedi eich bodloni*) satisfait(e), content(e);
♦ **yn ddiwall** *adf* abondamment, copieusement, suffisamment.
diwalliad *g* satisfaction *f*, contentement *m*.
diwallu *ba* (*bodloni: angen*) satisfaire,

contenter; (*cyflenwi*) fournir, approvisionner, alimenter.

diwarafun *ans* (*hael*) généreux(généreuse), libéral(e)(libéraux, libérales), donné(e) sans compter; (*nas gwaherddir*) permis(e), non interdit(e).

di-wardd *ans gw.* **diwahardd**.

diwarthu *ba*: ~ **corff** faire la toilette d'un cadavre.

diwasanaeth *ans* inutile, qui ne sert à rien.

diwasgedd (**-au**) *g* (*METEO*) dépression *f* atmosphérique.

diwastraff *ans* (*rhn*) économe; (*defnydd*) modéré(e); (*arddull*) sobre, concis(e);
♦ **yn ddiwastraff** *adf* avec modération.

diwedydd (**-iau**) *g* soir *m*, tombée *f* du jour, tombée du soir; (*ar ei hyd*) soirée *f*.

diwedd *g*
1 (*y terfyn*) fin *f*; **ni chlywn ni mo'i ~ hi** on ne finira jamais d'en entendre parler; **darllen llyfr o'r dechrau i'r ~** lire un livre d'un bout à l'autre, lire un livre de A à Z *neu* jusqu'à la dernière page; **llwyddodd yn y ~** il a réussi à la fin *neu* finalement *neu* en fin de compte; **yn y ~ deuthum i arfer gydag ef** j'ai fini par m'y habituer; **yn y ~ fe benderfynasant ddefnyddio ...** ils ont décidé en définitive *neu* ils ont fini par décider d'employer ...; **ar ddiwedd** à la fin de, au terme de; **ar ddiwedd y dydd** à la fin de la journée; (*ffig*) en fin de compte; **ar ddiwedd mis Ionawr** à la fin de janvier, fin janvier; **ar ddiwedd y ganrif** à *neu* vers la fin du siècle; **ar ddiwedd y gaeaf** à la fin *neu* au sortir de l'hiver; ~ **y byd** la fin du monde; (*ffig*) une catastrophe, la fin du monde; **a dyna ddiwedd ar hynny** on n'en a plus reparlé; **a dyna ddiwedd arni hi** (*rhn*) on n'a plus reparlé d'elle, on ne l'a plus revue; **nid oes dim ~ i'r peth** cela n'en finit plus; **dod i'w ddiwedd** (*gweithred*) être terminé(e) *neu* fini(e); (*amser*) être écoulé(e); (*defnyddiau*) être épuisé(e); (*cyfarfod, dydd*) tirer à sa fin; **dod i ddiwedd** prendre fin, se terminer, arriver à son terme; (*bwyd*) finir; (*gwaith*) venir à bout; (*gwyliau*) arriver à la fin.
2 (*cwblhad: gwaith*) achèvement *m*; (*ymdrechion*) fin *f*, aboutissement *m*.
3 (*pen pellaf rhth*) bout *m*, éxtrémité *f*.
4 (*marwolaeth, tranc*) mort *f*, fin *f*; **nesáu at y ~** (*marw*) être moribond(e) *neu* agonisant(e), agoniser, être à l'article de la mort, se mourir.
▶ **o'r diwedd** enfin, à la fin, finalement, en fin de compte;
♦*ba, bg gw.* **darfod, gorffen**.

diweddar *ans*
1 (*newydd ddigwydd*) récent(e), nouveau[nouvel](nouvelle)(nouveaux, nouvelles).
2 (*cyfoes*) moderne; **yn y blynyddoedd ~** au cours de ces dernières années; **wythnos yn ddiweddarach** une semaine plus tard; **Cymraeg ~** le gallois vivant; **mae'n adeilad ~** c'est un bâtiment moderne.
3 (*hwyr*) en retard; **bod yn ddiweddar** être en retard; **'rwy'n ddiweddar** je suis en retard; **mae'r trên yn ddiweddar** le train est en retard *neu* a du retard.
4 (*wedi marw*) feu(e), regretté(e), pauvre; **y ~ Mr Jones** (*wedi marw*) feu M. Jones; **ein ~ gyfaill** notre défunt *neu* pauvre *neu* regretté ami; **y ~ ŵr** le défunt; **y ddiweddar wraig** la défunte;
♦ **yn ddiweddar** *adf* récemment, dernièrement, tout à l'heure; **fe'i gwelais yn ddiweddar** je l'ai vue récemment; **mor ddiweddar â** pas plus tard que; **tan yn gymharol ddiweddar** jusqu'à ces derniers temps.

diweddariad (**-au**) *g* modernisation *f*, mise *f* à point.

diweddaru *ba* moderniser; (*newid: cyfrifiadur ayb*) mettre (qch) à jour;
♦*g* mise *f* au jour; (*cyfrifiadur*) actualisation *f*, update *m*.

diweddarwch *g* (*hwyrfrydigrwydd*) retard *m*; (*arafwch*) lenteur *f*.

diweddeb (**-au**) *b* (*CERDD*) cadence *f*.

diweddglo (**-eon**) *g* conclusion *f*, fin *f*; (*CERDD*) finale *m*; (*drama*) dénouement *m*.

diweddiad (**-au**) *g* achèvement *m*, fin *f*, conclusion *f*, terme *m*, terminaison *f*.

diweddnod (**-au**) *g* point *m*.

diweddu *ba* finir, achever, terminer, conclure, mettre fin à, mettre un terme à; ~ **corff** faire la toilette d'un cadavre;
♦*bg* finir, s'achever, se terminer, prendre fin, conclure; ~ **gan ddweud rhth** conclure par dire *neu* en disant qch.

diweirdeb *g* chasteté *f*, pudicité *f*.

diweithdra *g* chômage *m*; **mae ~'n cynyddu** le chômage *neu* le nombre des chômeurs augmente.

diwel *ba* (*arllwys*) verser; (*dymchwel, troi drosodd: cert*) renverser, retourner; (*:cwch*) faire chavirer, faire capoter; **mae hi'n ~ y glaw** il pleut à verse *neu* à flots;
♦*bg* (*cert ayb*) se retourner, capoter; (*cwch*) chavirer, capoter.

diwelfa (**diwelfeydd**) *b* ligne *f* de partage des eaux.

diweniaith *ans* sans flatterie, franc(he), sincère, candide;
♦ **yn ddiweniaith** *adf* franchement, sincèrement, candidement, avec rondeur.

diwenwyn *ans* peu envieux(envieuse), peu rancunier(rancunière), sans rancœur, de bon cœur, sans rancune;
♦ **yn ddiwenwyn** *adf* de bon cœur, sans rancune.

diwerth *ans* sans valeur, qui ne vaut rien; (*da*

i ddim) inutile; **mae'n ddiwerth** c'est de la camelote* *neu* de la pacotille.

diwethaf *ans*
1: **y ...** ~ le dernier(la dernière) ...; (*olaf un*) le(la) ... ultime; ~ **ond un** avant-dernier(avant-dernière), pénultième; **y tro** ~ la dernière fois; **y tro** ~ **ond un** l'avant-dernière fois; **yr wythnos ddiwethaf** la semaine dernière; **yr wythnos cyn ddiwethaf** l'avant-dernière semaine; **dydd Sul** ~ dimanche dernier; **ddoe ddiwethaf yn y byd** pas plus tard qu'hier; **yn ystod y dyddiau** ~ ces derniers jours, ces jours-ci, dernièrement; **am y ddwy flynedd** ~, **ers y ddwy flynedd** ~ depuis deux ans.
2 (*defnydd enwol*): **y** ~ le dernier, la dernière; **dyma'r** ~ **o'r afalau** voici la dernière pomme; (*nifer*) voici les dernières pommes, voici le reste des pommes; **dyma'r** ~ **o'r gwin** voici le reste du vin, voici tout ce qui reste du *neu* comme vin;
♦ **(yn) ddiwethaf** *adf* en dernier; **cyrhaeddodd hi yn ddiwethaf** elle est arrivée en dernier *neu* la dernière; **pan welais i ef ddiwethaf** quand je l'ai vu la dernière fois, la dernière fois que je l'ai vu.

diwinydd (**-ion**) *g* théologien *m*.

diwinyddiaeth *b* théologie *f*.

diwinyddol *ans* théologique; **coleg** ~ seminaire *m*;
♦ **yn ddiwinyddol** *adf* théologiquement.

diwnïad *ans* sans couture.

di-wraidd *ans* sans racines.

diwreiddiedig *ans* déraciné(e).

diwreiddio *ba* déraciner.

diwretig *ans* diurétique.

diwrnod (**-au, -iau**) *g* jour *m*; (*ar ei hyd*) journée *f*; **pa ddiwrnod yw hi heddiw?** quel jour sommes-nous aujourd'hui?; **pa ddiwrnod o'r mis yw hi?** nous sommes le combien *neu* le quantième?; **ar y** ~ **hwnnw** ce jour-là; **ar ddiwrnod fel heddiw** (par) un jour comme aujourd'hui; **o'r** ~ **hwn ymlaen** désormais, dorénavant; **o'r** ~ **hwnnw ymlaen** dès lors, à partir *neu* à dater de ce jour-là; **y** ~ **canlynol** le lendemain; **y** ~ **cyn eich penblwydd** la veille de votre anniversaire; **dau ddiwrnod cyn eich penblwydd** l'avant-veille de votre anniversaire; **dau ddiwrnod ar ôl eich penblwydd** le surlendemain de votre anniversaire, deux jours après votre anniversaire; **blwyddyn yn ôl i'r** ~ il y a un an jour pour jour, il y a un an exactement; **mae'n ddiwrnod braf heddiw** il fait beau aujourd'hui; **un** ~ **o haf** un jour d'été; **ar ddiwrnod gwlyb** par une journée pluvieuse *neu* de pluie; **cael eich talu fesul** ~ être payé(e) à la journée; **cymryd** ~ **yn rhydd** *ou* **o'r gwaith** *ou* **i'r brenin** prendre un jour de congé; **fy niwrnod rhydd i yw hwn** c'est mon jour de congé *neu* mon jour libre; ~ **o orffwys** jour de repos; **gweithio** ~ **8 awr** travailler 8 heures par jour, faire une journée de 8 heures; **mynd ar daith** ~ **i Calais** faire une excursion d'une journée à Calais; ~ **golchi** jour de lessive; ~ **gwaith** journée de travail; ~ **gŵyl** jour de congé, jour de fête; ~ **i'r brenin** journée de paresse *neu* à ne rien faire; ~ **lladd mochyn** (*ffig*) journée animée; ~ **marchnad** jour de *neu* du marché; ~ **mawr** jour *neu* journée mémorable, jour *neu* journée à marquer d'une pierre blanche; **y** ~ **o'r blaen** l'autre jour.

diwrnodol *ans* journalier(journalière);
♦ **yn ddiwrnodol** *adf* au jour le jour.

diwrthbrawf *ans* irréfutable; (*tyst ayb*) irrécusable;
♦ **yn ddiwrthbrawf** *adf* irréfutablement, irrécusablement.

diwrthdro *ans* inexorable;
♦ **yn ddiwrthdro** *adf* inexorablement.

diwrthwynebiad *ans* sans opposition.

diws (-**iau**) *g* (*CHWAR: tennis*) égalité *f*.

diwyd *ans* appliqué(e), assidu(e), zélé(e); **dyn** ~ un zélé; **merch ddiwyd** une zélée;
♦ **yn ddiwyd** *adf* avec soin *neu* application, assidûment, avec assiduité; **gwneud rhth yn ddiwyd** mettre du zèle à faire qch, faire qch avec assiduité *neu* zèle.

diwydianeiddio *ba* industrialiser.

diwydiannaeth *b* industrialisme *m*.

diwydiannol *ans* industriel(le), de l'industrie; **gweithredu** ~ action *f* revendicative; (*streic*) mouvement *m* de grève; **anghydfod** ~ conflit *m* social *neu* ouvrier; **stad ddiwydiannol** zone *f* industrielle; **y Chwyldro D**~ (*HAN*) la révolution *f* industrielle; **gwastraff** ~ déchets *mpl* industriels.

diwydiannu *ba* industrialiser.

diwydiannwr (**diwydianwyr**) *g* industriel *m*.

diwydiant (**diwydiannau**) *g* industrie *f*; ~ **trwm** industrie lourde; ~ **twristiaeth** tourisme *m*, industrie touristique; ~ **glo** industrie houillère.

diwydrwydd *g* soins *mpl* assidus *neu* attentifs, zèle *m*, assiduité *f*; **ei ddiwydrwydd yn ei waith** le zèle *neu* l'assiduité qu'il apporte à son travail.

diwyg *g* forme *f*, format *m*, présentation *f*; (*ffordd o wisgo*) tenue *f*, costume *m*, mise *f*.

diwygiad (**-au**) *g* réforme *f*; (*adnewyddiad*) reprise *f*, renaissance *f*; (*CREF*) renouveau(-x) *m*, réveil *m*; **Y D**~ **Protestannaidd** (*HAN*) la Réforme; **y D**~ **Methodistaidd** la réforme méthodiste.

diwygiadol *ans* de réforme, réformateur(réformatrice), revivaliste.

diwygiedig *ans* amendé(e), réformé(e), révisé(e), modifié(e); (*CREF: eglwys*) réformé(e).

diwygio *ba* réformer, corriger, amender, modifier

diwygiol *ans gw.* **diwygiadol**.
diwygiwr (**diwygwyr**) *g* réformateur *m*, réformatrice *f*; (*CREF*) revivaliste *m/f*.
diwylliadol, **diwylliannol** *ans* culturel(le);
♦ **yn ddiwylliadol, yn ddiwylliannol** *adf* culturellement.
diwylliant (**diwylliannau**) *g* culture *f*.
diwylliedig *ans* cultivé(e);
♦ **yn ddiwylliedig** *adf* de façon cultivée.
diwyllio *ba* cultiver; **~'r meddwl** se cultiver l'esprit.
diwyno *ba, bg gw.* **difwyno**.
diwyrni, **diwyro** *ans* droit(e), direct(e), sans déviation, qui ne dévie pas, qui ne s'écarte pas.
diymadferth *ans*
1 (*yn gorfforol*) faible, impotent(e); **gadawyd hi'n ddiymadferth gan ei salwch** sa maladie l'a laissée impotente; **mae hi'n glaf ~** elle est complètment impotente.
2 (*ffig*) sans ressource, sans recours, sans appui, faible, impuissant(e), sans force, sans vigueur; **teimlo'n ddiymadferth** se sentir impuissant, se sentir incapable de rien faire;
♦ **yn ddiymadferth** *adf*: **gorweddai yno'n ddiymadferth** il était allongé là sans pouvoir bouger.
diymadferthedd *g* impuissance *f*, incapacité *f* à s'en sortir, impotence *f*.
diymarbed *ans* (*diflino*) infatigable, inlassable; **bod yn ddiymarbed yn eich ymdrechion i wneud rhth** ne pas ménager ses efforts pour faire qch;
♦ **yn ddiymarbed** *adf* infatigablement, inlassablement.
diymatal *ans* déchaîné(e), implacable, infatigable;
♦ **yn ddiymatal** *adf* de façon déchaînée, implacablement, infatigablement.
diymdrech *ans* sans effort, aisé(e), facile;
♦ **yn ddiymdrech** *adf* sans effort, aisément, à l'aise.
diymdroi *ans* sans délai, immédiat(e);
♦ **yn ddiymdroi** *adf* immédiatement, sans délai, sans plus tarder.
diymddiried *ans* peu fiable;
♦ **yn ddiymddiried** *adf* de façon peu fiable.
diymffrost *ans* modeste, sans prétentions;
♦ **yn ddiymffrost** *adf* modestement.
diymgais *ans* aisé(e), sans effort;
♦ **yn ddiymgais** *adf* sans faire d'efforts, aisément, à l'aise.
diymgeledd *ans* sans secours, sans appui, sans moyens.
diymhongar *ans* sans prétentions, modeste, peu prétentieux(prétentieuse);
♦ **yn ddiymhongar** *adf* modestement.
diymhongarwch *g* modestie *f*.
diymod *ans* ferme, résolu(e), inébranlable, inflexible;
♦ **yn ddiymod** *adf* fermement, résolument, inébranlablement, inflexiblement.
diymodrwydd *g* fermeté *f*, résolution *f*, inflexibilité *f*.
diymwad *ans* indéniable, incontestable, indiscutable;
♦ **yn ddiymwad** *adf* indéniablement, incontestablement, indiscutablement.
diymwared *ans* inévitable, inéluctable;
♦ **yn ddiymwared** *adf* inévitablement, inéluctablement.
diymwybod *ans gw.* **diarwybod**.
diynni *ans* faible, inerte;
♦ **yn ddiynni** *adf* faiblement.
diysbryd *ans* sans vigueur, sans ardeur, sans force, abattu(e), découragé(e), déprimé(e).
diysbyddu *ba gw.* **dihysbyddu**.
diysbyddwr (**diysbyddwyr**) *g* vidangeur *m*.
diysgog *ans* ferme, inébranlable, stable, solide, résolu(e), déterminé(e);
♦ **yn ddiysgog** *adf* fermement, résolument, inébranlablement, avec détermination.
diysgogrwydd *g* fermeté *f*, résolution *f*, stabilité *f*, solidité *f*.
diystyr *ans* dénué(e) de sens, sans signification, insensé(e);
♦ **yn ddiystyr** *adf* insensément, à tort et à travers.
diystyriaeth *ans* (*rhn*) qui manque d'égards *neu* de considération; (*ateb, gweithred*) inconsidéré(e), irréfléchi(e).
diystyriol *ans gw.* **anystyriol**.
diystyrllyd *ans* (*rhn*) dédaigneux(dédaigneuse); (*dull, ffordd*) méprisant(e), altier(e);
♦ **yn ddiystyrllyd** *adf* avec mépris, avec dédain.
diystyru *ba* faire peu de cas de, ne tenir aucun compte de, ne pas s'occuper de, passer (qch) sous silence; (*perygl*) mépriser, ne pas faire attention à; (*teimladau*) négliger, faire peu de cas de; (*rheolau, awdurdod*) méconnaître, passer outre à.
diystyrwch *g* indifférence *f*, mépris *m*, dédain *m*; (*o ddiogelwch*) négligence *f*; (*o reolau*) désobéissance *f* (à), non-observation *f* (de).
Dn *byrf*(= *Dwyrain*) E (= Est *m*).
DNA *byrf*(= *asid diocsiriboniwclëig*) ADN, acide *m* désoxyribonucléique; **prawf ~** analyse *f* de l'empreinte génétique.
do[1] *g* (*CERDD*) do *m*, ut *m*.
do[2] *adf*
1 (*ar ôl cwestiwn neu osodiad cadarnhaol*) oui; **aeth hi i'r dref ddoe?** - **~** est-elle allée en ville hier? - oui; **wyt ti wedi gorffen dy waith cartref?** - **~** as-tu fini tes devoirs? - oui.
2 (*ar ôl cwestiwn neu ddatganiad negyddol*) si; **nid yw hi wedi cyrraedd eto - ~, mae hi'n dy ddisgwyl yn y lolfa** elle n'est pas encore arrivée - si, elle t'attend dans le salon.
▶ **do fe? do wir?** (*mynegi diddordeb*) ah

bon?; (*mewn syndod*) vraiment?

d/o *byrf* (= *dan ofal*) (*ar lythyr*) aux bons soins de, chez.

doberman (**-iaid**) *g* (*ci*) doberman *m*.

dobio* *ba* frapper, battre, cogner.

doc (**-iau**) *g* bassin *m*, dock *m*; ~ **sych** cale *f* sèche, bassin de radoub, cale de radoub.

docio[1] *bg* (*llong ayb*) entrer au bassin *neu* aux docks, arriver *neu* se mettre à quai; ♦*ba* mettre (un bateau) à quai.

docio[2] *ba gw.* **tocio**.

dociwr (**docwyr**) *g* docker *m*, débardeur *m*; **streic y docwyr** la grève des dockers.

doctor (**-iaid**) *g*
1 (*MEDD*) docteur *m*, médecin *m*, toubib* *m*; (*menyw*) une femme docteur, une femme médecin; **mynd at y** ~ aller chez le médecin, aller consulter le médecin; **pwy yw'ch** ~ **chi?** qui est votre docteur?, qui est votre médecin traitant?; **D**~ **Jones** le docteur Jones; (*yn ffurfiol*) Monsieur *neu* Madame le docteur Jones; **anfon am y** ~ appeler *neu* faire venir le médecin *neu* docteur; ~ **yw ef/hi** il/elle est médecin *neu* docteur; **bod dan law y** ~ être suivi(e) par le docteur, être entre les mains du docteur; ~ **cwac***, ~ **pen clawdd*** charlatan *m*.
2 (*doethur*) docteur *m*.

doctora *ba* (*trin claf*) soigner; (*ymhel â*) toucher à (qch) (*sans permission*); (*ffugio*) falsifier; (*disbaddu*) châtrer.

doctoraidd *ans* doctoral(e)(doctoraux, doctorales).

doctores (**-au**) *b* femme *f* médecin *neu* docteur, doctoresse *f*.

dod *bg*
1 (*cyff*) venir; (*cyrraedd*) arriver; **dere!** viens!; **dewch yma** venez ici; **o ble wyt ti'n** ~? d'où viens-tu?; **doed a ddelo** quoi qu'il arrive *subj*; **doed a ddêl** advienne *subj* que pourra; **pan ddaw yn fater o ddewis ...** quand il faut choisir ...; **ni ddaeth dim byd ohono** il n'en est rien résulté; **ni ddaw dim da o hyn** il n'en sortira rien de bon; ~ **i'r llwyfan** entrer en scène; **ar ddod** sur le point de venir; ~ **ar glawr** se révéler, se montrer.
2 (cofir gellir defnyddio ffurfiau megis *dof* i ateb): **ddoi di i 'ngweld i?** - **dof** est-ce que tu viendras me voir? - oui.

▶ **dod â** (*rhn*) amener; (*peth*) apporter; (*geni*) mettre bas; **daeth â blodau imi** il m'a apporté des fleurs; **beth ddaeth â chi yma?** qu'est-ce qui vous amène ici?; ~ **ag achos yn erbyn rhn** intenter un procès contre qn; ~ **â rhn yn ei ôl** ramener qn; (*hebrwng*) raccompagner qn; ~ **â rhth yn ei ôl** rapporter qch; ~ **â rhth adref** rapporter qch (à la maison); ~ **â rhn adref** ramener qn (à la maison); ~ **â rhth/rhn allan** sortir qch/qn; ~ **â llyfr allan** publier un livre; ~ **â rhth draw** apporter qch; ~ **â rhth i ben** finir qch, mettre fin à qch, conclure qch, terminer qch; ~ **â rhth i fyny** monter qch; ~ **â rhn i fyny** faire monter qn; ~ **â rhth i lawr** descendre qch; ~ **â rhn i lawr** faire descendre qn; ~ **â rhth i'r lan** (*llong*) faire venir qch au rivage; (*nwyddau*) débarquer qch; ~ **â rhth i'r wyneb** remonter qch à la surface; ~ **â phobl at ei gilydd** *ou* **ynghyd** rassembler *neu* réunir les gens; ~ **â rhth i mewn** faire entrer qch; ~ **â rhth i'r golwg** révéler qch, rendre qch visible, faire voir qch, déterrer qch.

▶ **dod adref** rentrer (à la maison *neu* chez soi).

▶ **dod allan** sortir; (*haul, sêr*) paraître, se montrer; (*blodau*) pousser, sortir; (*cyfrinach, newyddion*) s'annoncer, être révélé(e); (*gwirionedd*) se faire jour; (*llyfr, ffilm*) paraître, sortir; (*rhinweddau*) se manifester, se révéler; (*staen*) s'en aller, partir; ~ **allan yn dda** (*llun*) être réussi(e); ~ **allan ar streic** faire grève, se mettre en grève.

▶ **dod ar**: ~ **ar draws** (*taro ar: rth*) tomber sur; (*:rn*) rencontrer, croiser; ~ **ar ôl** (*dilyn*) suivre, venir après; (*lleidr*) poursuivre.

▶ **dod at** (*agosáu at*) s'approcher de; ~ **at eich coed** revenir à la raison; ~ **â rhn at ei goed** ramener qn à la raison; ~ **at eich gilydd** se rassembler, se réunir; (*cyfarfod*) se rencontrer; ~ **atoch eich hun** revenir à soi, reprendre connaissance.

▶ **dod bant** *gw.* **dod i ffwrdd**.

▶ **dod dan** (*awdurdod, dylanwad*) tomber sous; (*pennawd*) être classé(e) sous, se trouver sous; **mae hyn yn** ~ **dan adran wahanol** c'est du ressort d'un autre service.

▶ **dod draw** venir; **daeth draw i Gymru am flwyddyn** il est venu passer une année au pays de Galles; **tyrd draw i'n gweld heno** passe nous voir ce soir.

▶ **dod dros** (*afon ayb*) traverser; (*salwch*) guérir de, se remettre de; (*colled*) se consoler de, se remettre de; (*syndod, problem*) en revenir de; **daeth teimlad o swildod drosto** la timidité l'a saisi; **beth sydd wedi** ~ **drosot ti?** qu'est-ce qui te prend?; ~ **drosodd yn dda** (*creu argraff*) faire bonne impression.

▶ **dod heibio** passer; ~ **heibio rhth** passer devant qch *neu* à côté de qch *neu* près de qch, longer qch.

▶ **dod i** venir à; **daeth fy ffrind i Gymru** mon ami est venu au pays de Galles; ~ **i weld** venir voir; **mae'n** ~ **i atgyweirio'r peiriant** il vient réparer la machine; ~ **i benderfyniad** prendre une décision; ~ **i ddim** ne mener à rien; ~ **i ddiwedd rhth** toucher à la fin de qch; ~ **i gof** venir à l'esprit; **daeth hynny i'm cof** cela m'est venu à l'esprit; ~ **i law** parvenir; **daeth eich llythyr i law ddoe** votre lettre m'est parvenue hier; **cydiodd yn y peth cyntaf a ddaeth i law** il s'est emparé de la première chose venue; ~ **i mofyn** *ou* **i nôl** venir chercher; ~ **i'r fei** *ou* **i'r golwg** apparaître, devenir visible, se révéler; ~ **i'r lan** (*llong*) arriver au rivage; (*nwyddau, teithwyr*) débarquer, descendre à terre; (*ffig*) se débrouiller, réussir; ~ **i'r wyneb** remonter à la surface.

▶ **dod i ben** finir, prendre fin, venir à son terme, terminer; ~ **i ben â (gwneud) rhth** (*llwyddo*) réussir à (faire) qch, arriver à (faire) qch, se débrouiller.

▶ **dod i fyny** monter; (*PLANH*) sortir; **daeth y dŵr i fyny at ei bennau gliniau** l'eau lui est montée jusqu'aux genoux; **mae hi'n** ~ **i fyny at f'ysgwydd** elle m'arrive à l'épaule; **daeth y mater i fyny mewn cyfarfod** l'affaire a été mise sur le tapis, la matière *neu* la question s'est posée dans une réunion, le sujet s'est posé dans une réunion.

▶ **dod i ffwrdd** (*botwm*) se détacher, se découdre; (*rhaff*) se détacher; (*staen ayb*) s'enlever, partir.

▶ **dod i lawr** descendre; (*prisiau*) baisser; (*adeilad*) s'écrouler; ~ **i lawr yn y byd** déroger, descendre dans l'échelle sociale; **dewch i lawr o'r fan yna ar unwaith** descendez de là tout de suite.

▶ **dod i mewn** entrer; (*mewn ras, trenau*) arriver; (*llanw*) monter; (*ffasiwn*) faire son entrée, faire son apparition.

▶ **dod lan** *gw.* **dod i fyny**.

▶ **dod mas** *gw.* **dod allan**.

▶ **dod o** venir de; (*bod wedi'ch magu yn*) être natif(native) de, être originaire de; (*trên*) provenir de, être en provenance de; ~ **oddi ar** (*beic ayb*) descendre de; ~ **o flaen**, ~ **cyn** venir avant, précéder; ~ **o flaen eich gwell** comparaître devant un tribunal; ~ **o hyd i** (*darganfod*) trouver, découvrir.

▶ **dod trwodd** pénétrer, filtrer à travers, s'infiltrer.

▶ **dod trwy** venir par; ~ **trwy waeledd** se remettre d'une maladie; ~ **trwyddi'n groeniach** survivre sain et sauf *neu* indemne.

▶ **dod ynghyd** se rassembler, se réunir.

▶ **dod ymaith** *gw.* **dod i ffwrdd**.

▶ **dod ymlaen** s'avancer; (*datblygu*) avancer, faire des progrès, se débrouiller bien; (*golau, teledu*) s'allumer; ~ **ymlaen yn dda â rhn** s'entendre bien avec qn.

▶ **dod yn** (*troi yn*) devenir; **daeth hi'n enwog oherwydd hynny** elle est devenue célèbre à cause de cela; **daeth popeth yn iawn ar y diwedd** tout s'est arrangé à la fin; ~ **yn agos i wneud rhth** faillir faire qch, être à deux doigts de faire qch; ~ **yn amlwg** se révéler; ~ **yn gyntaf** arriver premier(première); ~ **yn olaf** arriver dernier(dernière); ~ **yn rhydd** (*datod*) se défaire, se dénouer; ~ **yn wir** se réaliser.

▶ **dod yn ôl** revenir; ~ **yn ôl y ffordd y daethoch** rebrousser chemin; ~ **yn ôl adref** rentrer à la maison; **gofynnais iddi ddod yn ôl gyda mi** je lui ai demandé de me raccompagner; **i ddod yn ôl at yr hyn a ddywedwn** pour en revenir à ce que je disais; ~ **yn ôl at eich gilydd** se regrouper, se réunir, se rassembler; (*ffrindiau wedi ffraeo*) se réconcilier.

dodi *ba*

1 (*rhoi, gosod: cyff*) mettre, poser, placer; (:*trydan, nwy*) installer; **doda nhw ar y ford draw fan'na** mets-les *neu* pose-les *neu* place-les sur la table là-bas; **dododd ragor o lo ar y tân** il a remis *neu* rajouté du charbon sur le feu; ~ **rhth i gadw** (*o'r neilltu*) mettre qch de côté; (*tacluso*) ranger qch; ~ **plentyn yn ei wely** mettre un enfant au lit, coucher un enfant; ~ **arian ar geffyl** miser sur un cheval; ~ **colur (arnoch eich hunan)** se maquiller; ~**'r golau** allumer (la lumière).

2 (*rhan o'r corff*): **dododd ei freichiau o'i chwmpas** il l'a prise dans ses bras, il l'a entourée de ses bras; **dododd ei phen drwy'r ffenestr** elle a passé la tête par la fenêtre; ~**'ch dwrn drwy'r ffenestr** casser la fenêtre d'un coup de poing; **dododd ei llaw dros ei cheg** elle s'est mis la main devant la bouche.

3 (*gwisgo*): ~ **dillad amdanoch** s'habiller, mettre des vêtements; ~ **esgidiau am eich traed** chausser des souliers, se chausser; ~ **het am eich pen** se coiffer.

4 (*plannu*) planter.

5 (*mewn ymadroddion*): ~ **bys ar** mettre le doigt sur; ~ **coel ar** ajouter foi à; ~ **rhth ar ddeall** faire savoir qch; ~ **rhn/rhth ar waith** mettre qn/qch au travail.

▶ **dodi bryd ar** vouloir (qch) à tout prix, désirer *neu* souhaiter (qch) ardemment, jeter son dévolu sur; **mae wedi** ~ **ei fryd ar gael cyfrifiadur** il veut à tout prix un ordinateur, il a jeté son dévolu sur un ordinateur; **'rwyf wedi** ~ **fy mryd ar fynd i Gaeredin** je veux à tout prix *neu* je désire absolument aller à Édimbourg.

▶ **dodi meddwl ar** (*dymuno'n daer*) vouloir fermement; (*canolbwyntio ar*) s'appliquer à; ~ **meddwl ar broblem** s'attaquer à un problème; **fe elli di ei wneud os dodi di dy feddwl arno** tu peux le faire si tu t'y appliques.

▶ **dodi i lawr** (*parsel ayb*) déposer; (*ar bapur*) mettre (qch) par écrit, inscrire; **dodwch fi i lawr wrth y gornel** laissez-moi *neu* déposez-moi au coin.

▶ **dodi rhth yn ei ôl** (*remettre qch*) replacer qch; **dod y llyfr yn ôl yn ei le** remets le livre à sa place.

dodiad (**-au**) *g* pose *f*, placement *m*.

dodo (**-s, -iaid**) *g* (*ADAR*) dronte *m*, dodo *m*.

dodrefnu *ba* meubler; **fflat wedi ei** ~ appartement *m* meublé.

dodrefnwr (**dodrefnwyr**) *g* décorateur *m*.

dodrefnyn (**dodrefn**) *g* meuble *m*; **'roedd y dodrefn yn hen iawn** les meubles étaient très vieux, le mobilier *neu* l'ameublement *m* était très vieux; **tair cadair esmwyth oedd yr unig ddodrefn yno** trois fauteuils constituaient tout l'ameublement *neu* le mobilier; **mae'n ei thrin fel rhan o'r dodrefn** il la traite comme si elle faisait partie du décor; **siop ddodrefn** magasin *m* d'ameublement; **fan ddodrefn** camion *m* de déménagement.

dodwy *ba, bg* pondre.

doe (**-au**) *g* hier *m*;
♦*adf*: **ddoe** hier; **trwy'r dydd ddoe** toute la journée d'hier; **wythnos i ddoe** (*yn y dyfodol*) d'hier en huit; (*yn y gorffennol*) il y a eu hier huit jours; **dydd Llun oedd hi ddoe** c'était hier lundi; **'roedd hi'n wlyb iawn ddoe** il a beaucoup plu hier; **echdoe** avant-hier *m*; **papur (d)doe** journal(journaux) *m* d'hier; **prynhawn (d)doe** hier après-midi; **bore (d)doe** hier matin; **ddoe ddiwethaf yn y byd** pas plus tard qu'hier.

'doedd[1] *talf*= **nid oedd**.

'doedd[2] *talf*(= *onid oedd*) n'est-ce pas.

'does[1] *talf*= **nid oes**.

'does[2] *talf*(= *onid oes*) n'est-ce pas.

doeth (**-ion**) *ans* (*rhn*) sage; (*gwybodus*) savant(e); (*gweithred*) prudent(e), judicieux(judicieuse), sensé(e); **gŵr** ~ un sage *m*; **mynd yn ddoethach** s'assagir; **nid oedd hynny yn beth** ~ **i'w wneud** ce n'était pas très judicieux *neu* prudent de faire cela; **y peth doethaf i'w wneud fyddai ...** ce qu'il y a de plus sage à faire serait ...;
♦ **yn ddoeth** *adf* sagement, prudemment, judicieusement.

doethineb (**-au**) *g,b* sagesse *f*; (*gweithred, sylw*) prudence *f*, discretion *f*.

doethinebu *bg* discourir sagement, pontifier.

doethion *ll*: **y D~ (o'r Dwyrain)** les Rois *mpl* mages.

doethur (**-iaid**) *g* docteur *m*; ~ **yn y gyfraith/mewn gwyddoniaeth** docteur en droit/ès sciences; ~ **mewn athroniaeth** titulaire *m* d'un doctorat d'État.

doethuriaeth (**-au**) *b* doctorat *m*; ~ **mewn gwyddoniaeth/athroniaeth** doctorat ès sciences/en philosophie.

doethwr (**doethwyr**) *g* sage *m*.

doethyn (**doethion**) *g* sage *m*, puits *m* de science; **y Doethion (o'r Dwyrain)** les Rois *mpl* mages.

dof[1] (**-ion**) *ans* (*anifail*) docile, apprivoisé(e), domestiqué(e); (*anniddorol*) fade, insipide, anodin(e), banal(e); **mynd yn ddof, mynd yn ddofach** s'apprivoiser;
♦ **yn ddof** *adf* (*cytuno*) docilement; (*terfynu*) insipidement, banalement, de façon anodine, fadement.

dof[2] *be gw.* **dod**.

dofednod *ll* volaille *f*, volailles *fpl*; **ffermwr** ~ volailleur *m*, volailleuse *f*.

dofi *ba* apprivoiser, domestiquer; (*teigr, llew*) dompter; (*rhn*) mater, soumettre; (*tawelu*) apaiser, calmer.

dofn *ans b gw.* **dwfn**.

Dofr *prb* Douvres; **Culfor** ~ le pas *m* de Calais.

dofrwydd *g* apprivoisement *m*, docilité *f*; (*arddull ayb*) faiblesse *f*, fadeur *f*.

dofwr (**dofwyr**) *g* apprivoiseur *m*, dompteur *m*.

dogfen (**-nau**) *b* document *m*; **~nau'n cyfeirio at achos** dossier *m* d'une affaire.

dogfeniad (**-au**) *g* documentation *f*.

dogfennol *ans* documentaire; **prawf** ~ (*CYFR*) preuve *f* documentaire *neu* authentique *neu* par écrit.

dogfennu *ba* documenter.

dogma (**dogmâu**) *g* dogme *m*.

dogmataidd, **dogmatig** *ans* dogmatique; **bod yn ddogmatig iawn ynglŷn â rhth** être très dogmatique sur qch;
♦ **yn ddogmatig** *adf* dogmatiquement.

dogn (**-au**) *g* ration *f*; (*rhan, siâr*) part *f*; ~ **bwyd** vivres *mpl*; ~ **o foddion** une dose *f* de médicament.

dogni *ba* rationner.

doili *g* (*dan blât*) napperon *m*; (*ar blât*) dessus *m* d'assiette.

dol (**-iau**) *b* poupée *f*; **chwarae gyda ~iau** jouer à la poupée; **tŷ** ~ maison *f* de poupée; ~ **glwt** poupée de chiffon.

dôl[1] (**dolydd**) *b* pré *m*, prairie *f*; (*dyffryn*) vallée *f*, vallon *m*.

dôl[2] *g* (*budd-dal diweithdra*) allocation *f neu* indemnité *f* de chômage; **bod ar y** ~ s'inscrire au chômage *neu* en chômage, être au chômage *neu* en chômage.

dolbridd (**-oedd**) *g* alluvion *f*.

doldir (**-oedd**) *g* pré *m*, prairie *f*.

dolef (**-au**) *b* plainte *f*, gémissement *m*.

dolefain *bg* se plaindre, gémir.

dolefus *ans* plaintif(plaintive), gémissant(e);
♦ **yn ddolefus** *adf* plaintivement, d'un ton plaintif.

dolen (**-nau**) *b* (*mewn rhaff*) boucle *f*, nœud *m* coulant; (*basged, bwced*) anse *f*; (*sosban*) queue *f*; (*pwmp, berfa*) bras *m*; (*cadwyn*) maillon *m*, chaînon *m*, anneau(-x) *m*; ~ **gyswllt** *ou* **gydiol** lien *m*, liaison *f*.

doleniad (**-au**) *g* (*afon ayb*) méandre *m*, sinuosité *f*, ondulation *f*.

dolennog *ans* (*afon, ffordd*) sinueux(sinueuse), tortueux(tortueuse), onduleux(onduleuse), qui serpente.

dolennu *bg* (*afon*) serpenter, faire des méandres; (*neidr*) se tortiller; (*rhaff*) s'enrouler.

doler (**-i**) *b* dollar *m*.

dolffin (**-iaid**) *g* dauphin *m*.

doli (**doliau**) *b gw.* **dol**.

dolur (**-iau**) *g* (*man dolurus*) plaie *f*, écorchure *f*; (*wlser*) ulcère *m*; (*anaf*) blessure *f*; (*poen*) douleur *f*, souffrance *f*; (*meddwl*) peine *f*; **rhoi ~ i** blesser; **mae'n rhoi ~** cela fait mal; **cael ~** se faire mal, se blesser; **mae fy mraich yn gwneud ~** j'ai mal au bras, mon bras me fait mal, j'ai une douleur au bras; **ble mae'n rhoi ~?** où avez-vous mal?; **gobeithio nad ydw i wedi rhoi ~ i ti?** j'espère que je ne t'ai pas blessé(e)?; **mae rhywun yn siŵr o gael ~** il va y avoir quelqu'un de blessé, quelqu'un va se faire du mal; **nid yw yn rhoi llawer o ddolur** ça ne fait pas très mal; **~ annwyd** bouton *m* de fièvre; **~ gwddf** mal *m* à la gorge, angine *f*; **~ gwely** escarre *f*; **~ rhydd** diarrhée *f*.

dolurio *ba* faire du mal à, blesser;
♦*bg* faire mal, être douloureux(douloureuse).

dolurus *ans* douloureux(douloureuse);
♦ **yn ddolurus** *adf* douloureusement.

Dominica *prb* la Dominique *f*; **Gweriniaeth ~** la République *f* dominicaine.

Dominicaidd *ans* dominicain(e).

Dominiciad (**Dominiciaid**) *g/b* Dominicain *m*, Dominicaine *f*.

dominiwn (**dominiynau**) *g* (GWLEID) dominion *m*.

domino (**-s**) *g* domino *m*; **chwarae ~s** jouer aux dominos; **mae hi'n ddomino arnaf fi!** je suis fichu(e)!

dominyddiaeth *b* domination *f*.

dominyddu *ba* dominer;
♦*bg* dominer, prédominer.

D On *byrf* (= *De Orllewin*) SO (sud-ouest *m*).

Donaw *prb* Danube *m*.

dondio *ba, bg* réprimander, gronder.

doniau *ll gw.* **dawn**.

donio *ba* doter de; **bod wedi'ch ~ â phrydferthwch** être doté(e) de beauté.

doniog *ans* doué(e), talentueux(talentueuse).

doniol *ans* drôle, amusant(e), comique; (*arddull, llyfr*) humoristique; (*rhn*) drôle, plein(e) d'humour, amusant(e); **'roedd bob amser yn ceisio bod yn ddoniol** il cherchait toujours à faire de l'esprit; **nid yw hynna'n ddoniol** ça n'a rien de drôle; **nid wyf yn gweld beth sy'n ddoniol yn hynny** je ne vois pas où en est l'humour;
♦ **yn ddoniol** *adf* drôlement, de façon amusante.

donioldeb, **doniolwch** *g* comique *m*, humour *m*; (*ffraethineb*) esprit *m*; **synnwyr ~** sens *m* de l'humour; **~ y sefyllfa** le comique de la situation.

Donwy *prb* Danube *m*.

dôr (**dorau**) *b* (*drws*) porte *f*; (*llidiart*) barrière *f*.

dorglwyd (**-i**) *b* barrière *f*; (*clwyd fawr o fetel*) grille *f* d'entrée.

dormach *g* fardeau(-x) *m*.

dormer (**-au**) *g* (*ffenestr*) lucarne *f*.

dortur (**-iau**) *g* dortoir *m*.

dos[1] *be gw.* **mynd**.

dos[2] (**-ys**) *g,b* dose *f*; **rho ddos o foddion iddo** donne-lui son médicament; **~ bach/mawr** à faible/haute dose; **~ o salwch** attaque *f* d'une maladie; **cael ~ o ffliw** avoir une bonne grippe.

dosbarth (**-au, -iadau**) *g*
1 (*mewn ysgol*) classe *f*; **~ allanol** (*prifysgol*) cours *m* hors faculté.
2 (*rhaniad*) catégorie *f*; **maen nhw mewn ~ ar wahân** ils sont tout à fait à part.
3 (PLANH, ANIF) classe *f*.
4 (GWEIN) ≈ district *m*; **cyngor ~ trefol** conseil *m* de district urbain.
5 (CYMDEITH): **y ~ gweithiol** la classe ouvrière; **y ~ canol** la classe moyenne, la bourgeoisie.
6 (*gradd*): **gradd ddosbarth cyntaf** (*prifysgol*) licence *f* avec mention très bien; **gradd ail ddosbarth** licence avec mention bien; **gradd drydydd ~** licence avec mention passable.

dosbarthiad (**-au**) *g*
1 (*rhaniad*) classification *f*, catégorie *f*.
2 (*y weithred o rannu pethau allan: cyff*) distribution *f*, répartition *f*; (*llythyrau, papurau newydd ayb*) livraison *f*.

dosbarthol *ans* distributif(distributive).

dosbarthu *ba*
1 (*gosod mewn rhaniadau*) classer, classifier, catégoriser.
2 (*rhannu allan: cyff*) distribuer, répartir, partager; (*llythyrau ayb*) livrer.

dosbarthus *ans* ordonné(e), en ordre; (*meddwl*) méthodique; (*bywyd*) rangé(e), réglé(e); (*rhn*) qui a de l'ordre *neu* de la méthode, méthodique;
♦ **yn ddosbarthus** *adf* avec ordre, méthodiquement, d'une façon méthodique.

dosbarthwr, **dosbarthydd** (**dosbarthwyr**) *g* (*nwyddau*) concessionnaire *m/f*; (*ffilmiau*) distributeur *m*; (*papurau newydd ayb*) livreur *m*, livreuse *f*.

dosio *ba* administrer un médicament à.

dosran (**-nau**) *b* division *f*, section *f*.

dosraniad (**-au**) *g* (*dadansoddiad*) analyse *f*; (*rhaniad*) distribution *f*, répartition *f*.

dosrannu *ba* (*rhannu*) distribuer; (*gwahanu*) séparer, diviser, partager; (*dadansoddi*) analyser.

dot[1] *b* (*y bendro*) vertige *m*, étourdissement *m*; **mae'r ddot arna' i** j'ai le vertige.

dot[2] (**-iau**) *g* point *m*; (*ar ddefnydd*) pois *m*; **~, ~, ~** (TEIP) points de suspension; **ar y ~*** (*ffig: amser*) à l'heure pile* *neu* tapante; **rhoi ~iau ar rth** marquer qch avec des points, pointiller qch.

dotio[1] *bg*: **~ ar** aimer (qn) à la folie, être fou(folle) de, raffoler de.

dotio[2] *ba* (*rhoi dot ar*) mettre un point sur; (*rhoi dotiau ar*) mettre des points sur,

marquer (qch) avec des points, pointiller.
dotwaith (**dotweithiau**) *g* pointillage *m*.
dowcfa (**dowcfâu, dowcfeydd**) *b* plongeon *m*.
dowcio *ba* plonger; ~ **rhn o dan y dŵr** plonger qn dans l'eau; ~'**r pen** baisser la tête; ♦*bg* (*osgoi*) se baisser vivement *neu* subitement; (*wrth ymladd*) esquiver un coup.
dowciwr (**dowcwyr**) *g* plongeur *m*.
dow-dow *adf* lentement, doucement, tranquillement; **mynd** ~-~ **at y drws** se diriger vers la porte sans se presser; **gweithio** ~-~ travailler sans se dépenser *neu* sans faire de gros efforts *neu* sans se fouler.
Down *prg*: **syndrom** ~ trisomie *f* 21.
Dr *byrf* Dr (*docteur*).
drab (**-iau**) *g* (*darn*) morceau(-x) *m*, fragment *m*.
drabio *ba* (*rhwygo*) déchirer, mettre (qch) en morceaux, mutiler.
drachefn *adf gw.* **trachefn**.
drachma (**drachmâu**) *b* drachme *f*.
dracht (**-iau**) *g* (*diod*) coup *m*; (*moddion*) potion *f*, breuvage *m*; ~ **o win** un coup de vin; **yfed** ~**iau** boire (qch) à longs traits, avaler.
drachtio *ba* boire (qch) à longs traits, avaler.
draen (**-iau**) *g* (*mewn tref*) égout *m*; (*mewn stryd, a grid drosto*) bouche *f* d'égout; (*mewn tŷ*) canalisation *f* sanitaire, tuyau(-x) *m* d'écoulement; (*ar beiriant golchi*) tuyau d'écoulement; (AMAETH, MEDD) drain *m*; ~ **agored** canal *m neu* fossé *neu* égout à ciel ouvert; **taflu'ch arian i lawr y** ~ (*ffig*) jeter son argent par les fenêtres; **mae ei holl obeithion wedi mynd i lawr y** ~* voilà tous ses espoirs fichus* *neu* à l'eau*.
draenen (**drain**) *b* épine *f*; ~ **wen** aubépine *f*; **bod yn ddraenen yn ystlys rhn** être une source d'irritation constante pour qn; **dyna oedd y ddraenen yn ei ystlys** c'était sa bête noire; **'roedd golwg fel pe bai wedi bod trwy'r drain arno** il avait l'air très échevelé *neu* ébouriffé; **bod ar bigau'r drain** être sur des charbons ardents.
draeniad (**-au**) *g* drainage *m*, assèchement *m*.
draenio *ba* drainer, assécher; (*llestri, llysiau*) égoutter; (*mwynglawdd*) vider, drainer; (*cronfa*) mettre (qch) à sec, vider; (MEDD) drainer; ♦*bg* (*hylif, nant*) s'écouler dans; (*llestri, llysiau*) s'égoutter; **system ddraenio** (*ar dir*) système *m* de fossés *neu* de tuyaux de drainage; (*mewn tref*) système d'égouts; (*mewn tŷ*) système d'écoulement des eaux.
draenog (**-od**) *g* hérisson *m*; ~ **môr** oursin *m*.
draenogyn (**draenogiaid**) *g* perche *f*.
drafft[1] (**-iau**) *g,b* (*amlinelliad bras*) ébauche *f*, avant-projet *m*; (*llythyr*) brouillon *m*; (*nofel*) premier jet *m*, ébauche.
drafft[2] (**-iau**) *g* (*awel oer*) courant *m* d'air; (*ar gyfer tân*) tirage *m*.
drafft[3] *g*: **cwrw** ~ bière *f* à la pression.
drafftiau *ll* (*gêm*) jeu(-x) *m* de dames; **bwrdd** *ou* **bord** ~ damier *m*.
drafftiog *ans* (*ystafell*) plein(e) de courants d'air; (*cornel stryd*) exposé(e) à tous les vents.
draffts *ll gw.* **drafftiau**.
drafftsmon (**drafftsmyn**) *g* dessinateur *m* industriel.
drafftsmonaeth *b* art *m* du dessin industriel.
drafftsmones (**-au**) *b* dessinatrice *f* industrielle.
drag (**-iau**) *g* (*darn*) morceau(-x) *m*, fragment *m*.
dragio *ba* (*rhwygo*) déchirer, mettre (qch) en morceaux, mutiler.
draig (**dreigiau**) *b* dragon *m*; **dreigiau mellt** éclairs *mpl* en nappe(s); **goleuo dreigiau** faire des éclairs en nappe(s); **Y Ddraig Goch** *le drapeau du pays de Galles, le drapeau gallois.*
drain *ll gw.* **draenen**.
drama (**dramâu**) *b* (*mewn theatr*) pièce *f* de théâtre; (*fel pwnc*) le théâtre; (*ffig*) drame *m*; ~'**r Geni** miracle *m neu* mystère *m* de la Nativité.
dramateiddio *ba* dramatiser, rendre dramatique *neu* émouvant(e); (*gor-ddweud*) dramatiser, faire un drame de; (*addasu nofel ayb: ar gyfer y theatr*) adapter (qch) pour la scène; (*:ar gyfer y sinema*) adapter (qch) pour l'écran; (*:ar gyfer y teledu*) adapter (qch) pour la télévision.
dramatig *ans* dramatique, théâtral(e)(théâtraux, théâtrales); (*newid*) spectaculaire;
♦ **yn ddramatig** *adf* de manière théâtrale, dramatiquement, de manière dramatique; (*newid*) de manière spectaculaire.
dramodiad (**-au**) *g* adaptation *f* pour la scène, dramatisation *f*.
dramodig (**-au**) *b* saynète *f*.
dramodydd (**dramodwyr**) *g* auteur *m* dramatique, dramaturge *m*.
drannoeth *adf gw.* **trannoeth**.
drastig *ans* (*deddf ayb*) sévère, rigoureux(rigoureuse), drastique, draconien(ne); (*sylweddol*) considérable; (*effaith*) catastrophique; (*llawdriniaeth, newid, gwelliant*) radical(e)(radicaux, radicales);
♦ **yn ddrastig** *adf* sévèrement, catastrophiquement, radicalement.
dratia: **go** ~!* *ebych* zut alors!, mince!
draw *adf*
1 (*fan acw*) là-bas; **ble mae hi? - mae hi** ~ **yn fan'na** où est-elle? - elle est là-bas; **yma a thraw** çà et là, par-ci par-là.
2 (*yn y tŷ, i'r tŷ*): **dewch** ~ **nos fory** passez chez nous demain soir, venez nous voir demain soir; **byddaf** ~ **am saith o'r gloch** je serai là *neu* je passerai à sept heures *gw. hefyd* **tu**.

drecsiwn (**drecsiynau**) *g* adresse *f*.
drefl (**-au**) *g* bave *f*.
dreflan, **dreflu** *bg* baver; **dreflai'r llaeth i lawr ei ên** le lait lui dégoulinait le long du menton.
dreng *ans* morose, sombre, maussade, renfrogné(e);
♦ **yn ddreng** *adf* morosement, sombrement, maussadement, de façon renfrognée.
dreif (**-iau**) *g*
1 (*mewn car*) promenade *f* en voiture, trajet *m* en voiture; **mynd am ddreif yn y car** faire une promenade *neu* une balade en voiture.
2 (*ffordd breifat: o flaen tŷ*) allée *f*; (*:o flaen plas*) avenue *f*.
dreifio *bg* (*gyrru*) conduire; (*mynd mewn car*) aller en voiture;
♦*ba* conduire.
dreifiwr (**dreifwyr**) *g* (*gyrrwr*) conducteur *m*, conductrice *m*.
dreigiau *ll gw.* **draig**.
dreigio *bg* faire des éclairs en nappe(s).
dreiniog[1] *ans* épineux(épineuse).
dreiniog[2] (**-od**) *b* (ADAR) tarin *m*.
drennydd *adf gw.* **trennydd**.
dresel, **dreser** (**-au**, **-ydd**) *b* vaisselier *m*, buffet *m*.
dresin (**-au**) *g*
1 (COG) assaisonnement *m*, sauce *f*; ~ **Ffrengig** vinaigrette *f*; ~ **salad** sauce pour salade.
2 (MEDD) pansement *m*.
drewdod *g* puanteur *f*, odeur *f* infecte, relent *m*, fétidité *f*; **dyna ddrewdod!** ce que ça pue!
drewgi (**drewgwn**) *g* (ANIF) mouf(f)ette *f*.
drewi *bg*: ~ **o rth** puer; **mae'n** ~ **o bysgod fan yma** cela pue *neu* empeste le poisson ici; **mae'n** ~ **o lygredigaeth** (*ffig*) cela pue la corruption, cela sent la corruption à plein nez; **mae'r holl fusnes yn** ~ (*ffig*) toute l'affaire pue *neu* est infecte *neu* est ignoble; **maen nhw'n** ~ **o arian*** ils sont bourrés de fric*.
drewllyd *ans* puant(e), fétide, infect(e), empesté(e), malodorant(e);
♦ **yn ddrewllyd** *adf* de façon fétide.
drib-drab *adf* goutte-à-goutte, au compte-gouttes, petit à petit, peu à peu.
dribl (**-au**) *g* (CHWAR) dribble *m*.
driblan, **driblo** *ba, bg*
1 (CHWAR) dribbler.
2 (*glafoeri*) baver.
driblwr (**driblwyr**) *g* (CHWAR) dribbleur *m*.
drifft (**-iau**) *g* (DAEAR) dérive *f*; ~ **cyfandirol** dérive des continents.
drifftio *bg* (*ar y môr, afon*) aller à la dérive, dériver; ~ **gyda'r gwynt** être poussé(e) *neu* emporté(e) par le vent.
dringad *bg, ba gw.* **dringo**.
dringfa (**dringfeydd**) *b* (*mynydd*) ascension *f*; (*tŵr*) montée *f*; (*bryn, clogwyn*) escalade *f*; (*rhiw serth*) pente *f* raide, montée raide, raidillon *m*.
dringhedydd (**dringedyddion**) *g* (ADAR) grimpereau(-x) *m*, échelette *f*.
dringo *ba* (*grisiau*) monter, grimper; (*bryn, clogwyn, wal*) grimper, escalader; (*coeden*) monter sur *neu* à un arbre; (*mynydd*) gravir, faire l'ascension de; ~ **ysgol** grimper à l'échelle;
♦*bg* (*awyren*) monter, prendre de l'altitude; (*haul*) se lever; (*ffordd*) monter; ~ **dros wal** escalader un mur; ~ **dros gamfa** enjamber un échalier; ~ **i lawr rhth** descendre qch; ~ **i'r gwely** se mettre au lit; **mynd i ddringo** faire de l'alpinisme, faire de l'escalade; (*ar greigiau, glogwyni*) faire de la varappe; **ffa** ~ haricots *mpl* grimpants;
♦*g* (*mynydda*) alpinisme *m*, escalade *f*; (*ar greigiau, clogwyni*) varappe *f*, grimpe *f*; (*ymarffer corff*) grimper *m*.
dringwr (**dringwyr**) *g* grimpeur *m*, grimpeuse *f*; (PLANH) plante *f* grimpante *neu* rampante; ~ **cymdeithasol** arriviste *m/f*; ~ **mynyddoedd** alpiniste *m/f*, ascensionniste *m/f*; ~ **clogwyni** *ou* **creigiau** varappeur *m*.
dril[1] (**-iau**) *g* (*ar gyfer metel neu bren*) foret *m*, mèche *f*; (*ar gyfer olew*) trépan *m*; (*yr offer*) porte-foret *m*, perceuse *f*; (*mwyngloddio*) perforatrice *f*, foreuse *f*; (*deintydd*) roulette *f*, fraise *f* de dentiste; ~ **niwmatig** (*ar gyfer ffordd*) marteau-piqueur(~x-~s) *m*; ~ **llaw trydan** perceuse électrique.
dril[2] *g* (*ymarferion milwrol*) exercices *mpl*, manœuvres *fpl*
drilio[1] *ba* (*metel, pren*) perforer, forer, percer; (*dant*) fraiser; (*twll*) percer; ~ **ffynnon olew** forer un puits de pétrole; **rig ddrilio** derrick *m*; (*ar y môr*) plate-forme(~s-~s) *f*;
♦*g* (*metel, pren*) perçage *m*; (*i gael olew, nwy*) forage *m*; (*deintydd*) fraisage *m*.
drilio[2] *bg* (MIL) faire l'exercice, manœuvrer; (YSGOL) faire des exercices de grammaire;
♦*g* (MIL) exercices *mpl*, manœuvres *fpl*.
drip (**-iau**) *g* (MEDD: *diferwr*) goutte-à-goutte *m inv*.
dripian* *bg gw.* **diferu**.
dripin *g* (COG) graisse *f*.
dripsych *ans* qui ne nécessite aucun repassage; (*ar label dilledyn*) "ne pas repasser"
driphlith draphlith *adf* pêle-mêle *inv*, en désordre, n'importe comment.
dro (**-s**) *g* (*taliad o flaen llaw*) avance *f* (*sur le salaire*).
dromedari (**dromedarïaid**) *g* dromadaire *m*.
dropsi *g* hydropisie *f*.
drôr (**-s**, **droriau**) *g* tiroir *m*; **cist ddroriau** commode *f*.
dros *ardd gw.* **tros**.
drosodd *adf gw.* **trosodd**.

drud *ans* cher(chère), coûteux(coûteuse); (*arferion, chwaeth*) dispendieux(dispendieuse); **pethau ~** objets *mpl* de luxe; **bod yn ddrud** coûter cher *inv*, valoir cher *inv*; **bod yn ddrud iawn** être hors de prix, coûter les yeux de la tête*; ♦ **yn ddrud** *adf* cher, chèrement.

drudfawr *ans* cher(chère), coûteux(coûteuse), dispendieux(dispendieuse), de luxe; (*gwerthfawr*) de grande valeur, précieux(précieuse); ♦ **yn ddrudfawr** cher, chèrement, dispendieusement, coûteusement.

drudwen (**drudwy**) *b* étourneau(-x) *m*, sansonnet *m*.

drudwy (**-od, drudwys**) *g gw.* **drudwen**.

drwg[1] *ans*
1 (*cyff: arferiad, gweithred*) mauvais(e); **nid yw cynddrwg â hynny** ce n'est pas si mal que ça; **nid yw'n ddrwg o gwbl** ce n'est pas mal du tout; **sut mae hi? - 'dydy hi ddim yn rhy ddrwg** comment va-t-elle - (elle ne va) pas trop mal; **mae pethau'n mynd o ddrwg i waeth** tout va *neu* les choses vont de mal en pis, tout s'empire; **bod mewn tymer ddrwg** être de mauvaise humeur; **cael enw ~** avoir une mauvaise réputation; **ni fyddai hynny yn beth ~ i'w wneud** ça ne ferait pas de mal de le faire, ça ne serait pas une mauvaise idée de le faire; **ni ddaw dim ~ o'r peth** cela ne fera pas de mal.
2 (*rhn: cas*) méchant(e); (*ymddygiad*) mauvais, détestable; **bachgen ~!** vilain!, méchant!, vilain garnement!; **ci ~!** vilain chien!.
3 (*newyddion, tywydd, aroglau*) mauvais(e).
4 (*niweidiol*) nuisible; **mae hwnna'n ddrwg i dy iechyd/dy lygaid** cela ne vaut rien *neu* c'est mauvais pour la santé/les yeux.
5 (*pwdr: bwyd ayb*) mauvais(e); **mynd yn ddrwg** (*bwyd*) se gâter, pourrir; (*llaeth*) tourner; (*bara*) moisir; (*dannedd*) se gâter, se carier.
6 (*ymddiheurgar*): **mae'n ddrwg gennyf** je regrette, pardon; **'roedd yn ddrwg ganddi na allai fynd** elle regrettait de ne pas pouvoir y aller; **'roedd yn ddrwg ganddi drosto** elle avait pitié de lui, elle le plaignait.
7 (*tueddol*): **~ am gael damweiniau** sujet(te) aux accidents;
♦ **yn ddrwg** *adf* mal; **mae'n swnio'n ddrwg** cela sonne mal; **mae pethau'n mynd yn ddrwg** les choses vont mal.

drwg[2] (**drygau**) *g*
1 (*cyff*) mal(maux) *m*; **gwneud ~ i rn** faire du mal à qn, nuire à qn; **gwneud drygau** faire des bêtises *neu* sottises; **mae rhyw ddrwg yn y caws** il y a anguille sous roche, il y a quelque chose qui ne va pas, il y a quelque chose qui cloche.
2 (*problem, trafferth*): **y ~ yw ...** la difficulté, c'est que ....
3 (*cerydd*): **fe gei di ddrwg am fod yn hwyr** tu seras grondé(e) *neu* réprimandé(e) *neu* puni(e) d'être en retard.

drwgarferiad (**-au**) *g* mauvaise habitude *f*.

drwgargoelus *ans* (*arwydd, datblygiad, digwyddiad*) de mauvais augure; (*rhybudd, tôn*) menaçant(e); (*sŵn*) sinistre, inquiétant(e).

drwgdeimlad (**-au**) *g* hostilité *f*, rancune *f*, ressentiment *m*, rancœur *f*.

drwgdybiaeth (**-au**) *b* soupçon *m*, méfiance *f*.

drwgdybiedig *ans* soupçonné(e).

drwgdybio *ba* soupçonner, se méfier de, douter de; **nid yw'n ~ dim** il ne se doute de rien.

drwgdybus *ans* soupçonneux(soupçonneuse), méfiant(e); **bod yn ddrwgdybus ynglŷn â rhth/rhn** avoir des soupçons à l'égard de qn/qch *neu* quant à qn/qch, tenir qn/qch pour suspect; **bod yn ddrwgdybus o rth/rn** se méfier de qn/qch; **'rwy'n ddrwgdybus iawn ynglŷn â'r peth** j'ai des doutes là-dessus, cela me semble suspect.

drwgenwog *ans* notoire.

drwgleicio *ba* détester, abhorrer.

drwglosgiad *g* incendie *m* volontaire *neu* criminel.

drwgweithred (**-oedd**) *b* méfait *m*.

drwgweithredwr (**drwgweithredwyr**) *g* malfaiteur *m*; (*troseddwr*) criminel *m*.

drwgweithredwraig (**drwgweithredwragedd**) *b* malfaitrice *f*; (*troseddwraig*) criminelle *f*.

drwm (**drymiau**) *g* tambour *m*; **drymiau** la batterie; **curo'r ~** battre le *neu* du tambour; **~ olew** tonnelet *m*, bidon *m*; **~ y glust** tympan *m*.

drwodd *adf gw.* **trwodd**.

drws (**drysau**) *g* porte *f*; (*ar gar, fws, drên*) portière *f*; **caeodd y ~ yn fy wyneb** il m'a fermé la porte au nez; **dod trwy'r ~** passer *neu* entrer par la porte; **ar ben y ~, wrth y ~, yn y ~** dans l'embrasure de la porte, à la porte; (*y tu allan*) sous le porche; **mae rhywun wrth y ~** il y a quelqu'un à la porte; **"talwch wrth y ~"** (*mewn theatr ayb*) "billets à l'entrée"; **mynd o ddrws i ddrws** (*cyff*) aller de porte en porte; (*gwerthwr*) faire du porte à porte; **ateb y ~** répondre à la porte; **~ (y) ffrynt** (*tŷ*) porte d'entrée, porte principale; (*car*) portière avant; **~ cefn, ~ y bac** porte de derrière; **y ~ nesaf** la maison d'à côté, la maison voisine; **dyma'r dyn ~ nesaf** c'est le monsieur d'à côté *neu* qui habite à côté, c'est mon voisin; **maen nhw'n byw'r ~ nesaf i ni** ils habitent la maison voisine (de la nôtre), ils habitent à côté de chez nous, ce sont nos voisins; **'rydym ni'n byw'r ~ nesaf i'n gilydd** nous habitons porte à porte; **y bobl ~ nesaf** les gens *neu* les voisins d'à côté; **mae'n byw y ~ nesaf ond un** il habite 2 portes plus loin; ~

tân sortie *f* de secours.
drwy *ardd gw.* **trwy**.
drycin (**-oedd**) *b* tempête *f*, orage *m*.
drycinllyd, **drycinog** *ans* orageux(orageuse).
drycsawr *g* mauvaise odeur *f*, puanteur *f*, relent *m*.
drycsawrus *ans* fétide, infect(e), qui sent mauvais, malodorant(e), puant(e).
drych (**-au**) *g* miroir *m*, glace *f*; (*ffig: adlewyrchiad*) reflet *m*, image *f*; ~ **ôl** (*mewn car ayb*) rétroviseur *m*; ~ **adain** *ou* **ystlys** rétroviseur latéral; **edrych arnoch eich hunan yn y** ~ se regarder dans le miroir *neu* dans la glace.
drychfeddwl (**drychfeddyliau**) *g* idée *f*.
drychiolaeth (**-au**) *b* apparition *f*, fantôme *m*, spectre *m*.
drychiolaethol *ans* spectral(e)(spectraux, spectrales), fantomatique.
drỳg (**-iau**) *g* (*cyffur*) drogue *f*, stupéfiant *m*, narcotique *m*; (*MEDD*) drogue, médicament *m*.
drygau *ll gw.* **drwg**[2].
drygfyd *g* adversité *f*.
drygioni *g* (*natur ddrygionus, gweithred ddrygionus*) méchanceté *f*, cruauté *f*, vilenie *f*; (*gwannach*) malice *f*, espièglerie *f*; (*castiau plentyn*) bêtises *fpl*, sottises *fpl*, polissonnerie *f*; **mae bob amser yn gwneud rhyw ddrygioni** il trouve toujours une sottise *neu* niche à faire; **cadw rhn allan o ddrygioni** empêcher qn de faire des sottises *neu* des bêtises, garder qn sur le droit chemin; **llwyddodd y plant i beidio â gwneud** ~ les enfants sont arrivés à ne pas faire de sottises, les enfants ont même été sages; **llawn** ~ pétillant(e) de malice, malicieux(malicieuse).
drygionus *ans* mauvais(e), méchant(e), malfaisant(e), vilain(e); (*gwannach*) espiègle, malicieux(malicieuse), coquin(e); **mae'n fwnci bach** ~* c'est un vrai petit diable, c'est un vilain garnement, c'est un petit coquin;
♦ **yn ddrygionus** *adf* malicieusement, par espièglerie; (*yn niweidiol*) méchamment, avec malveillance.
drygwr (**drygwyr**) *g* (*CYFR*) délinquant *m*.
dryll (**-iau**) *g*
1 (*darn*) morceau(-x) *m*, bout *m*, fragment *m*; ~**iau llong ddrylliedig** épave *f* d'un navire naufragé.
2 (*gwn llaw*) revolver *m*, pistolet *m*; (*reiffl*) fusil *m*; (*magnel*) canon *m*; **mae ganddo ddryll** il est armé, il a un revolver; **'roedd** ~ **gan y lleidr** le voleur avait une arme à feu.
drylliad (**-au**) *g* rupture *f*, brisement *m*, cassure *f*; (*llongddrylliad*) naufrage *m*.
drylliedig *ans* cassé(e), brisé(e), rompu(e); (*llong*) naufragé(e).
dryllio *ba* mettre (qch) en morceaux, briser, écraser, détruire, démolir; (*llong*) provoquer le naufrage de; **drylliwyd ei fywyd** sa vie a été brisée; **drylliwyd ei obeithion** ses espoirs ont été anéantis; **drylliwyd y llong** le navire a fait naufrage;
♦*bg* se briser, voler en éclats, se casser; (*llong*) faire naufrage.
drylliog *ans* (*gwydr ayb*) cassé(e), brisé(e), fracassé(e); (*gan alar ayb*) anéanti(e), consterné(e).
drylliwr (**dryllwyr**) *g* briseur *m*, casseur *m*; ~ **delwau** iconoclaste *m*.
drymian, **drymio** *bg* battre le *neu* du tambour; (*gyda bysedd*) tambouriner, pianoter, tapoter (sur une table);
♦*g* bruit *m* du tambour.
drymiwr (**drymwyr**) *g* joueur *m* de tambour; (*jazz, pop, roc*) batteur *m*; (*mewn band milwrol*) tambour *m*.
drymlin (**-au**) *b* drumlin *m*.
dryntol (**-au**) *b* (*cwpan*) anse *f*; (*drws*) poignée *f*.
drysfa (**drysfeydd**) *b* labyrinthe *m*, dédale *m*.
drysgoed *ll* fourré *m*, hallier *m*.
drysïen (**drysi**) *b* ronce *f*.
drysle (**-oedd**) *g gw.* **drysfa**.
dryslwyn (**-i**) *g* fourré *m*, hallier *m*.
dryslyd *ans* (*rhn: cymysglyd*) désorienté(e); (*:syn*) déconcerté(e); (*:mewn cywilydd*) confus(e), embarrassé(e); (*meddwl, syniadau*) embrouillé(e), confus; (*synau, lleisiau*) confus, indistinct(e); (*atgofion*) confus, brouillé(e), vague; (*problem, dirgelwch*) surprenant(e), impénétrable; **bod â rhyw syniad** ~ avoir une vague idée; **bod yn ddryslyd** ne plus savoir où on est, s'y perdre, être désorienté(e);
♦ **yn ddryslyd** *adf* de façon confuse, confusément.
drysni *g* (*prysglwyn*) hallier *m*; (*ffig: cymhlethdod*) complication *f*, complexité *f*.
drysor (**-ion**) *g* portier *m*; (*mewn fflatiau*) concierge *m*; (*clwb nos*) videur *m*; **ystafell** ~, **fflat** ~ conciergerie *f*.
drysores (**-au**) *b* portière *f*, concierge *f*.
drysu *ba* confondre, brouiller; (*cynlluniau*) semer le désordre dans, troubler, bouleverser, jeter (qch) dans la perplexité; (*creu embaras*) embarrasser; (*cymysgu*) embrouiller; (*syniadau, cof*) embrouiller, brouiller; **'rwyt ti'n fy nrysu i'n llwyr** tu ne fais que m'embrouiller; ~ **dau beth** confondre deux choses;
♦*bg*: **'roedd hi wedi** ~**'n lân** la confusion régnait dans son esprit, elle avait l'esprit troublé; **wyt ti'n** ~**?** tu es fou(folle) ou quoi?; **dyn wedi** ~ un fou *m*; **merch wedi** ~ une folle *f*
dryswch *g* confusion *f*, désordre *m*, embrouillement *m*; (*embaras*) confusion *f*, trouble *m*.
dryw (**-od**) *g,b* (*ADAR*) roitelet *m*; ~**'r ddaear**, ~ **wen** pouillot *m* fitis; ~**'r coed** pouillot siffleur, fauvette *f* des bois.

D.S. *byrf* (= *dalier sylw*) NB (= nota bene).
du (-on) *ans*
1 (*lliw*) noir(e); **mynd yn ddu** se noircir; **gwneud yn ddu/dduach** noircir qch; **llygaid cyn ddued â'r frân** des yeux noirs comme du jais, des yeux de jais; **'roedd ei dwylo hi'n ddu** elle avait les mains noires; **llygad (d)du** œil *m* poché *neu* au beurre noir*; **rhoi llygad (d)du i rn** pocher l'œil à qn.
2 (*croenddu, tywyll eich croen*): **dyn** ~ noir *m*; **merch groenddu** noire *f*.
3 (*tywyll*) noir, obscur, sans lumière; **mae hi'n ddu bitsh** il fait noir comme dans un four.
4 (*ffig: golwg*) furieux(furieuse), menaçant(e); **'roedd golwg ddu ar ei wyneb** il avait le visage tout congestionné; **edrych yn ddu ar rn** jeter un regard noir à qn, regarder qn d'un air mauvais; **'roedd ei wyneb yn ddu (gan ddicter)** il était noir *neu* violet de fureur.
5 (*anobeithiol*): **mae pethau'n edrych yn ddu iawn** les choses se présentent très mal; **mae pethau'n ddu arno** ses affaires se présentent très mal; **diwrnod** ~ **i Gymru** un jour bien triste *neu* sombre pour le pays de Galles; (*cryfach*) un jour de deuil pour le pays de Galles.
6 (*anghyfreithlon*): **y farchnad ddu** le marché noir;
♦*g* noir *m*; (*galar*) noir, deuil *m*; **wedi gwisgo mewn** ~ habillé(e) de noir; **gwisgo** ~ **er cof am rn** porter le deuil de qn; **mae wedi ei ysgrifennu ar ddu a gwyn** c'est écrit noir sur blanc; **taeru bod** ~ **yn wyn** (*yn ystyfnig*) se refuser à l'évidence, nier l'évidence; (*dweud celwydd*) mentir effrontément.
D.U. *byrf* (= *y Deyrnas Unedig*) le Royaume-Uni *m*.
dudew *ans* noir(e) et épais(e).
dueg (-au) *b* rate *f*.
dug (-iaid) *g* duc *m*.
duges (-au) *b* duchesse *f*.
dugiaeth (-au) *b* duché *m*.
dugoch *ans* rouge foncé *inv*.
dulas (**duleision**) *ans* bleu noir *inv*; (*yn llawn cleisiau*) couvert(e) de bleus; **curo rhn yn ddulas** battre qn comme plâtre, rouer qn de coups.
dulio *ba* cogner.
duloyw *ans* noir(e) et brillant(e), noir et luisant(e).
dull (-iau) *g* manière *f*, façon *f*; (*cynllun*) méthode *m*; **yn yr un** ~ **â** de la même façon *neu* manière que; ~ **o fyw** façon *neu* manière de vivre, mode *m* de vie; **yn y** ~ **hwn** ainsi; **ymhob** ~ **a modd** par tous les moyens; **yn y** ~ **FFrengig, yn null y FFrancwyr** à la française.
duo *ba* noircir, salir; (*pardduo*) calomnier, diffamer;
♦*bg* se noircir, s'assombrir.
dur *g* acier *m*; **nerfau o ddur** nerfs *mpl* d'acier; **gweithiwr** ~ sidérurgiste *m/f*, ouvrier *m* métallurgiste; **diwydiant** ~ sidérurgie *f*, industrie *f* sidérurgique; **gwaith** ~ aciérie *f*; **â chalon o ddur** au cœur d'acier *neu* de bronze; **caled fel y** ~ dur(e) comme le fer;
♦*ans* d'acier.
duraidd *ans* (*defnydd*) dur(e) comme l'acier; (*ymddangosiad*) d'acier, dur; (*lliw*) acier *inv*; (*ffig: rhn*) dur, insensible; (:*llygaid*) dur; (:*agwedd*) inflexible, inébranlable.
duredig *ans* revêtu(e) d'acier.
durio *ba* durcir.
duw (-iau) *g* dieu(-x) *m*, divinité *f*; (*ffig*) dieu, idole *f*; **D**~ Dieu *m*; **D~'r Tad** Dieu le Père; **er mwyn D~!** (*gan ymbil*) pour l'amour du Ciel!; (*yn ddiamynedd*) nom d'un chien!*; **D~ D~*** mon Dieu*; **D~ mawr!** grands dieux!; **D~ a ŵyr*** Dieu sait*; **D~ a ŵyr ble mae hi wedi mynd*** où est-elle passée, ça Dieu seul le sait; **D~ a ŵyr ble aeth hi** elle est partie Dieu sait où; **D~ a'm gwaredo!** à Dieu ne plaise!, Dieu m'en garde!; **gobeithio i Dduw ...** plût à Dieu + *que* + *subj*.
düwch *g* (*lliw*) couleur *f* *neu* teinte *f* noire, noir *m*; (*tywyllwch*) obscurité *f*, ténèbres *fpl*; (*baw*) saleté *f*; (*trosedd*) atrocité *f*, noirceur *f*; (*cymeriad*) noirceur.
duwdod (-au) *g* divinité *f*.
duwies (-au) *b* déesse *f*; (*ffig*) idole *f*.
duwiol *ans* dévot(e), pieux(pieuse);
♦ **yn dduwiol** *adf* dévotement, pieusement.
duwioldeb *g* dévotion *f*, piété *f*.
dŵad *bg*= **dod**: **dyn** ~ (*rhn sydd wedi symud i'r ardal i fyw*) nouveau venu *m*; **pobl ddŵad** (*twristiaid*) visiteurs *mpl*; (:*sy'n dod yn yr haf*) estivants *mpl*.
dwbin *g* dégras *m*, graisse *f* pour les chaussures.
dwbio *ba* barbouiller, enduire.
dwbl *ans* double, en deux, doublé(e); **bas** ~ (CERDD) contrebasse *f*; **gwely** ~ grand lit *m*, lit de deux personnes, lit à deux places, lit conjugal; **hufen** ~ crème *f* fraîche épaisse; **drws** ~ porte *f* à deux battants; **clo** ~ serrure *f* de sécurité, serrure à double tour; **ystafell ddwbl** chambre *f* pour deux personnes;
♦*g* (**dyblau**) double *m*; (*dwywaith*) deux fois; (*SINEMA: dirprwy actor, actores*) doublure *f*; **ennill** ~ **ar y dydd Sul** être payé(e) (au tarif) double le dimanche; **mae'n costio** ~ **pris llynedd** cela coûte deux fois plus que l'année dernière, cela a doublé de prix depuis l'année dernière; **mae gen i ddwbl yr hyn sydd gen ti** j'en ai deux fois plus que toi, j'ai le double de ce que tu as; **gweld** ~ voir double; **bod yn eich dyblau** (*chwerthin*) se tenir les côtes, rire à s'en tenir les côtes; **'roeddem yn ein dyblau yn gwrando ar ei straeon** ses anecdotes nous ont fait rire aux larmes, ses anecdotes étaient tordantes; **eich** ~ votre sosie *m*, votre double.

dwblbarcio *ba* garer (qch) en double file;
♦*bg* se garer en double file;
♦*g* stationnement *m* en double file.

dwbled (**-au**) *b* pourpoint *m*, justaucorps *m*.

dwblo *ba gw.* **dyblu**.

dweud *ba*

1 (*rhoi mewn geiriau, mynegi: cyff*) dire; (*:stori ayb*) raconter; ~ **rhth wrth rn** dire qch à qn; **'does dim rhaid** ~ **...** il va sans dire que, il va de soi que; **gellir ei ddweud i gyd mewn un frawddeg** tout cela tient en une phrase; ~ **rhth drosodd a throsodd** répéter qch; **dywedwch ar f'ôl i ...** répétez après moi ...; **dywed faint** (*wrth dywallt diod*) dis-moi stop, dis-moi d'arrêter; **dywedwch a fynnoch chi ...** dites ce qu'il vous plaira, quoi que vous disiez *subj*; **hoffwn ofyn i'r maer ddweud ychydig eiriau** je voudrais prier M. le maire de prendre la parole; **'does gen i ddim i'w ddweud** je n'ai rien à dire; (*wrth yr heddlu ayb*) je n'ai pas de déclaration à faire; (*wrth y wasg*) pas de commentaire, je n'ai rien à dire; **'does gen i ddim mwy i'w ddweud** je n'ai rien à ajouter; **mae ganddo bob amser ddigon i'w ddweud** il parle toujours beaucoup, il a toujours son mot à dire; **'does ganddo ddim llawer i'w ddweud drosto'i hun** il n'a jamais grand-chose à dire; **beth sy' gen ti i'w ddweud drosot dy hun?** qu'as-tu comme excuse?; **'doedd ganddi ddim byd da i'w ddweud amdano** elle n'a rien trouvé à dire en sa faveur; **mae rhth i'w ddweud o blaid hynny** cela a des mérites *neu* du bon *neu* des avantages; **mae rhth i'w ddweud dros aros** il y aurait peut-être intérêt à attendre, on ferait peut-être mieux d'attendre; **'does dim ots ganddo beth mae neb yn ei ddweud amdano** il se moque du qu'en-dira-t-on; ~ **celwydd/y gwir** dire un mensonge/la vérité; ~ **diolch** dire merci; ~ **ffarwel wrth rn,** ~ **da bo wrth rn** dire au revoir à qn; (*mwy ffurfiol*) faire ses adieux à qn; ~ **ffortiwn rhn** dire la bonne aventure à qn; ~ **gweddi** faire *neu* dire *neu* réciter une prière; ~ **offeren** dire *neu* célébrer la messe.

2 (*hysbysu, egluro*) dire, expliquer; **dywed i mi, ble mae dy chwaer?** dis-moi, où est ta sœur?; **dywedwch eich enw wrthyf** dites-moi votre nom; **dywedais wrthi mor falch yr oeddwn** je lui ai dit combien *neu* à quel point j'étais content(e); **'rwy'n falch iawn o fedru** ~ **wrthych ...** je suis heureux(heureuse) de pouvoir vous dire *neu* annoncer que; **cystal iti ddweud bod y byd yn fflat!** autant dire que la terre est plate!; **paid â** ~ **dy fod wedi anghofio!** tu ne vas pas me dire que tu as oublié!, ne me dis pas que tu as oublié!; **maen nhw'n** ~ **ar y radio y daw hi'n eira** la radio annonce de la neige; **mi ddywedais wrtho sut i gyrraedd Caerdydd** je lui ai expliqué comment aller à Cardiff; **mi ddyweda' i wrthyt ti beth, mi awn ni i nofio!** tiens, si on allait se baigner!.

3 (*honni*) dire, prétendre; **mae hi'n** ~ **iddi gyrraedd adre am ddeg** elle est rentrée à dix heures à ce qu'elle dit *neu* prétend; **dywedir ..., maen nhw'n** ~ **...** on dit que; **dyna beth wyt ti'n ei ddweud!** (*gan fynegi amheuaeth*) que tu dis*!, c'est ce que tu dis!, c'est toi qui le dis!.

4 (*meddwl, tybio*) dire, penser; **'rydw i'n** ~ **y dylet ti ei gymryd** je suis d'avis que tu le prennes *subj*; **mi ddywedwn i ei bod hi tua 20 mlwydd oed** je lui donnerais 20 ans.

5 (*awgrymu*) dire, mettre; **dywedwn er enghraifft ...** mettons à titre d'exemple que; **os deui di am 7 o'r gloch dyweder** si tu viens disons *neu* mettons à 7 heures; **ddywedwn ni dydd Llun?** disons *neu* mettons lundi?.

6 (*cyfaddef*) dire, reconnaître; **rhaid imi ddweud ei fod yn alluog** il est intelligent je dois le dire, il est intelligent, je l'avoue; **mae'n annhebygol iawn rhaid imi ddweud** cela ne me paraît guère probable, je l'avoue.

7 (*dangos: cloc, arwydd ayb*) indiquer, marquer; **mae'r arwydd yn** ~ **50km** le panneau indique 50km.

8 (*sicrhau*) dire, assurer; **(ni) wna' i mohono, 'rwy'n** ~ **wrthyt ti nawr!** je ne le ferai pas, te dis-je!, puisque je te dis que je ne le ferai pas!; **'roedd yna ffwdan ofnadwy, alla' i ddweud wrthyt ti!** il y a eu des tas d'histoires, c'est moi qui te le dis*!.

9 (*gwybod, casglu*) savoir; **sut y galla' i ddweud beth fydd yn digwydd?** comment puis-je savoir ce qui va arriver?; **'rydych chi'n gallu** ~ **mai dysgwraig yw hi o'r ffordd mae hi'n siarad** on voit bien qu'elle a appris la langue à la façon dont elle la parle.

10 (*mewn ymadroddion*): **a** ~ **y gwir** à vrai dire; ~ **y drefn wrth rn** gronder qn; ~ **eich meddwl** dire ce que l'on pense; ~ **rhth dan eich dannedd** marmotter qch;

♦*bg*

1 (*cyff*) dire; **mi ddywedais i on'd do?** je l'avais bien dit n'est-ce pas?; **'rwyf wedi** ~ **a** ~ j'ai dit maintes et maintes fois; ~ **yn dew ac yn denau** parler imprudemment, pérorer.

2 (*gwybod*) savoir; **alla' i ddim** ~ je n'en sais rien; **pwy all ddweud?** qui sait?; **ni fedrwch chi byth ddweud** on ne sait jamais.

3 (*gorchymyn*): ~ **wrth rn am wneud rhth** dire à qn de faire qch; **mi ddywedais i wrtho am beidio â'i wneud** je lui ai dit de ne pas le faire, je lui ai défendu de le faire.

▸ **a dweud y lleia'** c'est le moins qu'on puisse *subj* dire; **'doedd hi ddim yn ddoeth iawn a** ~ **y lleia'** elle était pour le moins imprudente; **'doedd y bwyd ddim yn dda iawn a** ~ **y lleia'** c'était un repas assez médiocre pour ne pas dire plus.

▸ **dweud ar** (*cael effaith ar*) affliger, se faire

sentir sur; **mae straen bywyd y ddinas yn ~ arno** la tension de la vie urbaine se fait sentir sur lui.

▶ **dweud faint yw hi o'r gloch** (*cloc*) indiquer *neu* marquer l'heure; (*plentyn*) lire l'heure; **wyt ti'n medru ~ faint yw hi o'r gloch?** sais-tu lire l'heure?; **elli di ddweud wrtha' i faint yw hi o'r gloch?** peux-tu me dire l'heure (qu'il est)?.

▶ **dweud y gwahaniaeth** distinguer; **~ y gwahaniaeth rhwng da a drwg** distinguer le bien du mal; **ydych chi'n gallu ~ y gwahaniaeth rhwng ...?** est-ce que vous voyez la différence entre ...?; **~ y gwahaniaeth rhwng dau beth** distinguer entre deux choses; **'dydw i ddim yn gallu ~ y gwahaniaeth rhyngddyn nhw** je ne peux pas les distinguer l'un(e) de l'autre; (*os oes mwy na dau neu ddwy*) je ne peux pas les distinguer les un(e)s des autres.

▶ **dweud llawer**: **mae hi'n bertach na'i chwaer, ond 'dyw hynny ddim yn ~ llawer** elle est plus jolie que sa sœur, mais ça ne veut pas dire grand-chose; **'dyw hynny ddim yn ~ llawer am ei allu** cela ne dénote pas beaucoup d'intelligence de sa part, cela en dit long sur son intelligence.

▶ **ei dweud hi** parler avec volubilité et indignation; **ei ~ hi wrth rn** gronder qn, réprimander qn;

♦*g*: **~ eich ~** dire ce qu'on a à dire; **mae hynny'n ddweud mawr** ce n'est pas peu dire.

dwfn (**dofn**) (**dyfnion**) *ans* profond(e); (*eira*) épais(se); (*llais*) grave, profond; (*CERDD: nodyn, llais*) bas(se), grave; (*teimladau*) profond, intense; (*lliw*) foncé(e); (*tywyllwch*) profond, total(e)(totaux, totales); (*cwsg, llenor, meddyliwr, anadlu*) profond; (*astudiaeth, ymchwil*) approfondi(e); **y pen ~** (*mewn pwll nofio*) le grand bain; **'roedd yr eira'n ddwfn** il y avait une épaisse couche de neige; **mae'r afon yn mynd yn ddyfnach** la rivière s'approfondit; **bod mewn dyfroedd dyfnion** (*ffig*) avoir de gros ennuis, être en mauvaise posture, être dans de vilains draps; **mae ei bocedi'n ddwfn** (*ffig*) il est plutôt avare *neu* radin*; **gofod ~** espace *m* interstellaire;

♦ **yn ddwfn** *adf* profondément; **paid â mynd i mewn yn rhy ddwfn os nad wyt ti'n gallu nofio** ne va pas trop loin si tu ne sais pas nager; **anadlu'n ddwfn** respirer profondément *neu* à pleins poumons; **gwthio'ch dwylo'n ddwfn i mewn i'ch pocedi** enfoncer ses mains dans ses poches; **mynd yn ddyfnach i bwnc** approfondir une question;

♦*g*: **plymio'r ~** se plonger dans les grandes profondeurs.

dwfr (**dyfroedd**) *g gw.* **dŵr**.

dwgyd *ba gw.* **dwyn**.

dwl *ans*

1 (*twp*) idiot(e), bête, insensé(e); (*hurt, gwirion*) ridicule; **paid â bod mor ddwl** ne fais pas l'idiot(e), ne sois pas bête; **'roedd hynny'n beth ~ iawn i'w wneud** ça n'a pas été très malin de ta part; (*mwy ffurfiol*) vous avez vraiment été imprudent(e); **'roeddwn i'n teimlo'n ddwl iawn** je me suis senti plutôt idiot(e) *neu* bête; **fe wnaeth hi rth ~ iawn** elle a fait une grosse bêtise.

2 (*lliw: llygaid heb fod yn llachar*) sans éclat, terne; (*tywydd*) couvert(e), gris(e), sombre, maussade;

♦ **yn ddwl** *adf* sottement, bêtement.

dwli *g* absurdité *f*, ineptie *f*, sottise *f*, idiotie *f*, bêtise *f*, non-sens *m inv*; **siarad ~** dire *neu* débiter des absurdités *neu* des inepties; **mae hynny'n ddwli!** tout ça ce sont des absurdités *neu* des inepties *neu* des sottises *neu* des idioties, c'est absurde!; **~ yw dweud ...** il est absurde *neu* idiot de dire ..., c'est un non-sens de dire ...; **ni wnaiff hi ddim dioddef unrhyw ddwli gan neb** elle ne se laissera pas faire par qui que ce soit, elle ne se laissera pas marcher sur les pieds par personne; **ni wnaiff hi ddim dioddef unrhyw ddwli ynglŷn â'r peth** elle ne plaisante pas là-dessus; **'rwyf wedi cael digon o'r ~ yma** j'en ai assez de ces histoires *neu* idioties!; **stopia'r ~ yma!** cesse ces idioties!

dwlu *bg*: **~ ar** aimer (qn/qch) à la folie, être fou(folle) de, raffoler de.

dwmbwr-dambar *adf* à la débandade, à la six-quatre-deux.

dwmi (**-s, dymïau**) *g gw.* **dymi**.

dwmpian *bg* somnoler.

dwmplen (**-ni**) *b* boulette *f* de pâte.

dwndro *bg* jacasser.

dwndwr *g* brouhaha *m*, vacarme *m*; **~ y traffig** le bruit *neu* le grondement *neu* le roulement de la circulation.

dwnsiwn (**dwnsiynau**) *g* cachot *m* souterrain; (*tŵr castell*) donjon *m*; (*dibyn*) précipice *m*, gouffre *m*, abîme *m*.

dwodenwm (**duodena**) *g* duodénum *m*.

dŵr (**dyfroedd**) *g*

1 (*cyff*) eau(-x) *f*; **~ barlys** *ou* **haidd** boisson *f* orgée, orgeat *m*; **~ berw** eau bouillante; **~ croyw** eau douce; **~ glaw** eau de pluie; **~ golchi llestri** eau de vaisselle; **mae'r te 'ma fel ~ golchi llestri** ce thé c'est de la lavasse; **~ meddal** eau douce, eau qui n'est pas dure *neu* calcaire; **~ oer** eau froide; **arllwys ~ oer am ben rhth** (*ffig*) décrier qch, se montrer peu enthousiaste pour qch; **taflu ~ oer ar rth** doucher qch, démolir qch; **~ poeth** eau chaude; **potel ddŵr poeth** bouillotte *f*; **bod mewn ~ poeth** (*ffig*) être dans une mauvaise passe *neu* dans le pétrin; **~ soda** eau de Seltz; **~ swyn** eau bénite; **cyflenwad ~** (*i dref*) approvisionnement *m* en eau, distribution *f* des eaux; (*i dai*)

alimentation *f* en eau; (*i deithiwr*) provision *f* d'eau; **torrwyd y cyflenwad** ~ on a coupé l'eau; **gwely** ~ matelas *m* d'eau; **gwn** ~ pistolet *m* à eau; **lili'r** ~ nénuphar *m*; **melon** ~ pastèque *f*, melon *m* d'eau; **mesurydd** ~ compteur *m* d'eau; **olwyn ddŵr** roue *f* hydraulique; **planhigyn** ~ plante *f* aquatique; **prif bibell ddŵr** conduite *f* principale d'eau; **purwr** ~ épurateur *m* d'eau; (*tabled*) cachet *m* pour purifier l'eau; **pŵer** ~ énergie *f* hydraulique, houille *f* blanche; **sgio** ~ ski *m* nautique; **tanc** ~ réservoir *m* d'eau, citerne *f*; **treth ddŵr** taxe *f* sur l'eau; **tŵr** ~ château(-x) *m* d'eau; **hoffwn ddiod o ddŵr** je voudrais de l'eau *neu* un verre d'eau; **troi'r** ~ **ymlaen** (*wrth y brif bibell*) ouvrir l'eau; (*o'r tap*) ouvrir le robinet; ~ **twym ac oer ym mhob ystafell** eau courante chaude et froide dans toutes les chambres; **mae'r** ~ **yn 5 metr o ddyfnder yma** ici l'eau est profonde de 5 mètres, il y a ici 5 mètres de profondeur d'eau, il y a ici 5 mètres de fond; **mae llawer o ddŵr wedi mynd dan y bont ers hynny** il est passé beaucoup d'eau sous les ponts depuis ce temps-là; **yfed y** ~, **yfed y dyfroedd** (*mewn sba ayb*) prendre les eaux, faire une cure thermale; **yn llawn** ~ (*pren*) imprégné(e) d'eau; (*esgidiau*) imbibé(e) d'eau; (*tir*) détrempé(e); **mae'r ffordd o dan ddŵr** la route est inondée, la route est recouverte par les eaux; **nofio dan ddŵr** nager sous l'eau.
2 (*troeth, wrin*) urine *f*; **carchar** ~ (*MEDD: tostedd*) dysurie *f*; **gwneud** ~ uriner; **torrodd ei** ~ (*wrth esgor*) la poche des eaux s'est rompue.
3 (*MEDD*): ~ **ar y pen-glin** épanchement *m* de synovie; ~ **ar yr ymennydd** hydrocéphalie *f*; ~ **poeth** (*llosg cylla*) brûlures *fpl* d'estomac.
4 (*mewn ymadroddion*): **mae hi'n gwario arian fel** ~ elle jette l'argent par les fenêtres, l'argent lui fond entre les mains; **mae fel** ~ **oddi ar gefn hwyaden** (*ffig*) c'est comme si on chantait, c'est comme de l'eau sur le dos d'un canard; **trwy ddŵr a thân** à travers toutes les épreuves, contre vents et marées; **mae'n tynnu** ~ **o fy nannedd** l'eau m'en vient à la bouche.
▶ **dal dŵr** (*bod yn ddiddos: côt, paent*) être imperméable; (*tŷ, oriawr ayb*) être étanche; **nid yw'n dal** ~ (*bwced ayb*) cela n'est pas étanche, l'eau va fuir; (*ffig: esgus, ayb*) cela ne tient pas debout, cela ne vaut rien; **nid yw'r ddadl hon yn dal** ~ cette objection n'est pas valable; **dal dy ddŵr*** attends!, patience!, minute*.

dwrdio *ba* réprimander, attraper, gronder, passer un savon à*; **cafodd ei ddwrdio** il s'est fait attraper, on lui a passé un savon;
♦*bg* grogner, rouspéter*, ronchonner.

dwrdiwr *g* grondeur *m*, ronchonneur *m*.

dwrgi (**dwrgwn**) *g* (*ANIF*) loutre *f*.

dwrglos *ans* imperméable, étanche.

dwrlawn *ans* (*tir*) détrempé(e); (*pren*) imprégné(e) d'eau; (*esgidiau*) imbibé(e) d'eau.

dwrn (**dyrnau**) *g*
1 (*CORFF*) poing *m*; **fe'm trawodd i â'i ddwrn** il m'a donné un coup de poing; **cododd ei ddwrn arna' i** il m'a menacé du poing; **a'ch gwynt yn eich** ~ à bout de souffle, essoufflé(e), hors d'haleine; **chwerthin yn eich** ~ rire sous cape.
2 (*bwlyn*): ~ **drws** poignée *f* de porte, bouton *m* de porte.
3 *gw.* **dyrnod**.

dwsin (**-au**) *g* douzaine *f*; **dau ddwsin** deux douzaines; **hanner** ~ une demi-douzaine; **50 ceiniog y** ~ 50 pence la douzaine; **~au o weithiau** des dizaines *neu* douzaines de fois; **mae yna ddwsinau'n debyg i hwnna** des choses comme cela, on en trouve à la douzaine; **mae e'n siarad pymtheg y** ~ c'est un vrai moulin à paroles *neu* une vraie pie; **'roedden nhw'n siarad pymtheg y** ~ ils jacassaient à qui mieux mieux.

dwsmel (**-au**) *b* tympanon *m*.

dwst *g gw.* **llwch**.

dwster (**-i**) *g* chiffon *m* à poussière; ~ **bwrdd du** chiffon à effacer; ~ **plu** plumeau(-x) *m*.

dwstio *ba* (*dodrefn, celfi*) épousseter, essuyer; (*ystafell*) essuyer la poussière dans.

dwthwn *g* jour *m*; **y** ~ **hwn** aujourd'hui; **(ar) y** ~ **hwnnw** ce jour-là.

dwy *ans b, rhag gw.* **dau**.

dwyadeiniog *ans* à deux ailes.

dwyael *ll* sourcils *mpl*.

dwyawr *b* deux heures.

dwybig *ans* fourchu(e).

dwyblaid *ll* deux partis *mpl*.

dwybleidiol *ans* biparti(e), bipartite; **gwleidyddiaeth ddwybleidiol** politique *f* qui fait l'unanimité.

dwybunt *b* deux livres *fpl* (sterling).

dwyen *ll* mâchoires *fpl*.

dwyflwydd *ans* qui a deux ans, âgé(e) de deux ans; **mae hi'n ddwyflwydd** elle a deux ans.

dwyfol *ans* divin(e);
♦ **yn ddwyfol** *adf* divinement.

dwyfoldeb *g* divinité *f*.

dwyfoli *ba* déifier, diviniser.

dwyfoliad *g* déification *f*.

dwyfron (**-nau**) *b* (*cyff*) poitrine *f*; (*merch, gwraig*) seins *mpl*.

dwyfronneg (**dwyfronegau**) *b* plastron *m* de cuirasse.

dwyffordd *ans* (*tocyn trên ayb*) aller et retour.

dwyieithedd *g* bilinguisme *m*.

dwyieithog *ans* bilingue;
♦ **yn ddwyieithog** *adf* de façon bilingue.

dwyieithrwydd *g* bilinguisme *m*.

dwylo, dwylaw *ll gw.* **llaw**[1].

dwyn *ba*

1 (*lladrata*) voler (à), dérober (à); **mae wedi ~ llyfr o'r llyfrgell** il a volé un livre à la bibliothèque; ~ **y clod am rth** s'attribuer tout le mérite de qch.
2 (*cludo, dod â*) porter, apporter; (*cynnal*) supporter; ~ **rhth ymaith** emporter qch; ~ **rhn ymaith** emmener qn; ~ **rhth oddi ar rn** prendre *neu* retirer *neu* enlever qch à qn; **fe ddygodd ei phlant ymaith o'r ysgol** elle a retiré ses enfants de l'école; ~ **rhth i sylw rhn** signaler qch à qn, porter qch à la connaissance de qn; ~ **rhth i gof** se rappeler qch, évoquer qch; ~ **pwysau rhth** supporter le poids de qch; ~ **y cyfrifoldeb am rth** assumer la responsabilité de qch; ~ **enw** porter un nom; ~ **achos yn erbyn rhn** (CYFR) intenter un procès à qn; ~ **tystiolaeth** (*gweithred*) témoigner de qch; (*rhn*) attester qch.
3 (*cynhyrchu*) porter, produire, rapporter; ~ **ffrwyth** porter des fruits; ~ **llog o 5 y cant** porter intérêt à 5 pour cent; ~ **i fyny** élever.

dwyno *ba gw.* **difwyno**.

Dwynwen *pr*: **Dydd Santes** ~ la sainte-Dwynwen (*le 25 janvier, jour des amoureux aux pays de Galles*).

dwyochredd *g* réciprocité *f*.

dwyochrog, **dwyochrol** *ans* bilatéral(e)(bilatéraux, bilatérales).

dwyradd *ans* à deux étages; (MATH) quadratique; **hafaliad** ~ équation *f* du second degré.

dwyrain *g* est *m*; **y de-ddwyrain** le sud-est; **gwynt y** ~ vent *m* d'est; **arfordir y** ~ côte *f* est *neu* orientale; ~ **Affrica** l'Afrique orientale, l'Est de l'Afrique; ~ **Berlin** Berlin-Est; ~ **Ffrainc** l'Est de la France; ~ **yr Almaen** Allemagne *f* de l'Est; **y D~** l'Est, l'Orient *m*; **y D~ Canol** le Moyen-Orient; **y D~ Pell** l'Extrême-Orient; **i gyfeiriad y ~, tua'r** ~ en direction de l'est, vers l'est.

dwyraniad *g* dichotomie *f*, division *f* en deux.

dwyrannu *ba* couper *neu* diviser (qch) en deux; (MATH) couper (qch) en deux parties égales.

dwyrannydd (**dwyranyddion**) *g* (MATH) bissectrice *f*.

dwyreinfyd *g*: **y** ~ l'Orient *m*.

dwyreiniol *ans* oriental(e)(orientaux, orientales); (*gwynt*) d'est; (*sefyllfa*) à l'est, à l'orient; **ar yr ochr ddwyreiniol** du côté est.

dwyreiniwr (**dwyreinwyr**) *g* homme *m* de l'Est *neu* de l'Orient, Oriental *m*; **dwyreinwyr** les gens *mpl* de l'Est, les Orientaux *mpl*.

dwyreinwraig (**dwyreinwragedd**) *b* femme *f* de l'Est *neu* de l'Orient, Orientale *f*.

dwyreinwynt (**-oedd**) *g* vent *m* d'est.

dwys *ans* intense; (*teimladau*) intense, violent(e), profond(e), véhément(e); (*rhn*) grave, sérieux(sérieuse), solennel(le); (*golwg*) sérieux; (*trwchus*) dense, épais(se); (*cwrs*) intensif(intensive);
♦ **yn ddwys** *adf* intensément, avec intensité; (*teimlo*) profondément; (*gweithio*) sérieusement.

dwysâd *g* (*gwres, golau, poen, gweithgaredd, brwydr*) intensification *f*; (*cynnyrch*) accéleration *f*, intensification; (*trais*) escalade *f*.

dwysáu *ba* intensifier, augmenter; (*dyfnhau*) approfondir; (*lliw*) foncer; (*gwneud yn fwy trwchus*) épaissir;
♦*bg* devenir plus intense *neu* grave *neu* sérieux(sérieuse), s'intensifier, s'épaissir, se foncer.

dwysbigo *ba* piquer.

dwysedd (**-au**) *g* densité *f*, épaisseur *f*.

dwyster *g* gravité *f*, sérieux *m*, intensité *f*.

dwythell (**-au**) *b* (CORFF) canal *m*, conduit *m*; (PLANH) trachée *f*; ~ **ddagrau** conduit lacrymal; ~ **wyau** oviducte *m*; ~ **y bustl** canal biliaire.

dwywaith *adf* deux fois, à deux reprises; ~ **cymaint** deux fois plus; ~ **cymaint o laeth** deux fois plus de lait; ~ **yn hwy na** deux fois plus long(ue) que; **mae hi ddwywaith dy oedran** elle a deux fois ton âge, elle a le double de ton âge; **ddwywaith yr wythnos** deux fois la *neu* par semaine; **'doedd dim angen gofyn** ~ il ne s'est pas fait prier; **'does dim ~ ...** il n'y a pas de doute que + *subj*; **'does dim ~ gen i** je n'en doute pas.

dwyweddog *ans* (*â mwy nag un gŵr/wraig*) bigame.

dwywreigiaeth *b* bigamie *f*.

dwywreigiol *ans* bigame.

dwywreigydd (**-ion**) *g* bigame *m/f*.

dy, **d'**, **'th** *rhag blaen*
1 (*o flaen enw*) (cofier: yn Ffrangeg mae'r rhain yn cytuno â chenedl a rhif yr enw sy'n dilyn) ton *m*, ta *f*, tes *m/f pl*; **dy lyfr** ton livre *m*; **dy lyfr di** (*pwysleisiol*) ton livre à toi; **dy lyfr di yw hwn** ce livre est à toi; **dy ffrind** ton ami *m*, ton amie *f*; **dy gadair** ta chaise *f*; **dy lyfrau** tes livres; **dy ffrindiau** tes ami(e)s; **dy gadeiriau** tes chaises; **d'annwyl fab/ferch** ton cher fils *m*/ta chère fille *f*; **estyn dy law i mi** donne-moi la main; **'rwyt ti wedi torri dy fraich** tu t'es cassé le bras.
2 (*o flaen enw: lle defnyddir yr enw eilwaith*) (cofier: yn Ffrangeg mae'r rhain yn cytuno â'r enw hwnnw) le tien *m*, la tienne *f*, les tiens *mpl*, les tiennes *fpl*; **swydd fel dy swydd di** *ou* **fel d'un di** un métier comme le tien; **'rwyf wedi sychu fy nghwpan i a'th gwpan di** *ou* **a'th un di** j'ai essuyé ma tasse et la tienne; **mae fy magiau i yn drymach na'th fagiau di** *ou* **na'th rai di** mes bagages sont plus lourds que les tiens.
3 (*o flaen berfenw neu ferf*) te; **a yw hi'n dy weld?** est-ce qu'elle te voit?; **mae hi'n d'adnabod yn dda** elle te connaît bien; **fe'th welais** je t'ai vu(e); **cefaist d'anafu mewn**

damwain tu as été blessé(e) dans un accident; **cefaist d'eni ar ...** tu es né(e) le ...
dybio *ba* (*trosleisio*) doubler; (*ychwanegu sain*) post-synchroniser.
dyblu *ba* doubler, augmenter du double, redoubler; ~**'n ddau** plier en deux, replier, doubler; ~ **cytgan** répéter un refain; ~ **rhan** (*mewn drama*) tenir deux rôles;
♦*bg* doubler, redoubler;
♦*g* doublage *m*.
dyblyg *ans* double, en double, doublé(e);
♦*g* (**-ion**) double *m*, duplicata *m*; ~**ion** (*mwy nag un copi*) doubles *mpl*, plusieurs exemplaires *mpl*.
dyblygiad (**-au**) *g* duplication *f*; (*llungopi*) photocopier; (*ar beiriant*) polycopie *f*, reproduction *f* au duplicateur.
dyblygu *ba* faire un double de; (*llungopïo*) photocopier; (*ffilm*) faire un contretype de; (*ar beiriant*) polycopier; **peiriant** ~ machine *f* à polycopier, duplicateur *m*.
dyblygydd (**-ion**) *g* duplicateur *m*; (*peiraint llungopïo*) photocopieur *m*, photocopieuse *f*.
dybryd *ans* terrible, affreux(affreuse), abominable, atroce; (*perygl*) extrême, intense; (*tlodi*) extrême; **angen** ~ dure nécessité *f*, besoin *m* urgent; **camsyniad** ~ une grosse erreur; **anwybodaeth ddybryd** ignorance *f* crasse *neu* grossière; **diofalwch** ~ négligence *f* extrême.
dycnwch *g gw.* **dygnwch**.
dychan (**-au**) *b* satire *f*
dychangerdd (**-i**) *b* poème *m* satirique.
dychanol *ans* satirique;
♦ **yn ddychanol** *adf* d'une manière satirique, de façon satirique.
dychanu *ba* faire la satire de, railler, tourner (qch) en dérision; (*ar gân*) chansonner.
dychanwr (**dychanwyr**) *g* écrivain *m* satirique; (*cartwnydd*) caricaturiste *m*; (*ar gân*) chansonnier *m*.
dychanwraig (**dychanwragedd**) *b* écrivain *m* satirique; (*cartwnydd*) caricaturiste *f*; (*ar gân*) chansonnière *f*.
dychlamiad (**-au**) *g* palpitation *f*, pulsation *f*.
dychlamol *ans* palpitant(e), pulsatoire, pulsatif(pulsative);
♦ **yn ddychlamol** de façon palpitante.
dychlamu *bg* palpiter, pulser; (*llamu*) sauter, bondir.
dychmygadwy *ans* imaginable.
dychmygfawr *ans* imaginatif(imaginative), plein(e) d'imagination.
dychmygol *ans* imaginaire; (*lle, cymeriad*) imaginaire, fictif(fictive);
♦ **yn ddychmygol** de façon imaginaire.
dychmygu *ba* s'imaginer, se figurer, se représenter; (*dyfalu, credu*) supposer, imaginer, croire, penser; **dychmyga dy fod ar lan y môr** imagine que tu sois *subj* au bord de la mer; **(ni) fedra' i ddim fy nychmygu fy hun yn 80** je ne m'imagine pas *neu* je ne me vois pas du tout à 80 ans; **dychmyga, wir!** tu t'imagines!; **fe ellwch ddychmygu sut oeddwn i'n teimlo** vous pouvez imaginer ce que j'ai pu ressentir!; **mi alla' i ddychmygu!** je m'en doute!; **gelli di ddychmygu pa mor falch oeddwn i!** tu penses si j'étais content(e)!; **(ni) fedri di ddim** ~ **pa mor anodd yw hi!** tu ne peux pas t'imaginer *neu* te figurer combien c'est difficile; **wnest ti ddychmygu erioed y byddet yn ei chyfarfod un dydd?** est-ce que tu t'étais jamais douté(e) que tu la rencontrerais un jour?; **mi alla' i ddychmygu ei fod yn falch iawn** qu'il soit *subj* content, je m'en doute; **mae hi bob amser yn** ~ **pethau** elle se fait toujours des idées; **'doeddwn i ddim yn** ~ **y byddai'n dod** je ne pensais pas qu'il vienne *subj*; **dychmygais imi glywed rhn yn siarad** j'ai cru entendre qn parler.
dychmygus *ans* imaginatif(imaginative), plein(e) d'imagination;
♦ **yn ddychmygus** *adf* de façon imaginaire.
dychmygwr (**dychmygwyr**) *g* imaginateur *m*.
dychryn *bg* prendre peur, s'effrayer, avoir peur; **cefais fy nychryn yn ofnadwy** ça m'a fait une de ces peurs* *neu* une belle peur; **peidiwch â** ~ n'ayez pas peur, ne vous effrayez pas;
♦*ba* effrayer, faire peur à qn; **a wnaeth e dy ddychryn di?** est-ce qu'il t'a fait peur?; **mae'n hawdd ei** ~ **hi** elle prend peur facilement, elle est peureuse; ~ **ymaith** (*adar*) effaroucher; (*plant*) chasser (qn) en leur faisant peur;
♦*g* (**-iadau**) peur *f*, terreur *f*, panique *f*.
dychryndod (**-au**) *g gw.* **dychryn**.
dychrynfa (**dychrynfâu, dychrynfeydd**) *b* terreur *f*.
dychrynllyd *ans* épouvantable, affreux(affreuse), effroyable, horrible, atroce; **dyna i chi beth** ~ quelle horreur!;
♦ **yn ddychrynllyd** *adf* terriblement, affreusement, horriblement, effroyablement, atrocement; **mae'n ddychrynllyd o ddrud** c'est extrêmement *neu* excessivement cher.
dychrynu *ba gw.* **dychryn**.
dychwel *bg gw.* **dychwelyd**.
dychweledigion *ll* convertis *mpl*, converties *fpl*.
dychweliad (**-au**) *g* retour *m*; (*CREF*) conversion *f*.
dychwelwr (**dychwelwyr**) *g* (*teipiadur*) retour *m* (du) chariot.
dychwelyd *bg* (*dod yn ôl*) revenir; (*mynd yn ôl*) retourner; ~ **adref** rentrer; **ydyn nhw wedi** ~**?** sont-ils revenus *neu* rentrés *neu* de retour?; ~ **at eich gwaith** reprendre *neu* se remettre à son travail; **i ddychwelyd at y mater ...** pour en revenir à la question ...; ~ **at arferion gwael** reprendre ses mauvaises habitudes; **cyn gynted ag y dychwelais** dès mon retour; ~ **i'r ysgol** rentrer (en classe); **ar**

ôl ~ **i'r ysgol** après la rentrée (des classes); ♦*ba* (*rhoi yn ôl*) rendre, remettre; (*:rhth a ddygwyd*) rendre, restituer; (*dod â rhth yn ôl*) rapporter; (*anfon yn ôl*) renvoyer, retourner; ~ **llyfr i'r llyfrgell** rapporter *neu* rendre un livre à la bibliothèque; ~ **llyfr i'r silff** remettre un livre sur le rayon.

dychymyg (**dychmygion**) *g* imagination *f*; **bod â** ~ **byw** avoir l'imagination fertile; **mae ganddi ddychymyg** elle a de l'imagination; **mae'n gadael i'w ddychymyg fynd yn rhemp** il se laisse emporter *neu* entraîner par son imagination; **gwelodd yn ei ddychymyg** en imagination *neu* en idée il a vu; **dy ddychymyg di ydyw!** tu te fais des idées!, tu rêves!; **defnyddia dy ddychymyg!** aie donc un peu d'imagination!

'dydi[1], **'dydy** *talf*= **nid ydi**.

'dydi[2], **'dydy** *talf*(= *onid ydi*) n'est-ce pas.

dydd (**-iau**) *g*

1 (*cyff*) jour *m*; (*ar ei hyd*) journée *f*; ~ **Sul** dimanche *m*; ~ **Llun** lundi *m*; ~ **Mawrth** mardi *m*; ~ **Mercher** mercredi *m*; ~ **Iau** jeudi *m*; ~ **Gwener** vendredi *m*; ~ **Sadwrn** samedi *m*; **pa ddydd yw hi heddiw?** quel jour sommes-nous aujourd'hui?; **(ar) y** ~ **hwnnw** ce jour-là; **ar ddydd fel heddiw** par un jour comme aujourd'hui; **y** ~ **canlynol** le lendemain; **o'r** ~ **hwnnw ymlaen** à partir de ce jour, dès lors; **ddwywaith y** ~ deux fois par jour; **y** ~ **cyn ei benblwydd** la veille de son anniversaire; **deuddydd ar ôl ei benblwydd** le surlendemain de son anniversaire, deux jours après son anniversaire; **mae'n dod ymhen deuddydd** il vient dans deux jours; **y** ~ **ar ôl fory** après-demain; **o'r** ~ **hwn ymlaen** désormais, dorénavant; **fe ddaw hi unrhyw ddydd nawr** elle va venir d'un jour à l'autre; **bob** ~ tous les jours; **bob yn ail ddydd** tous les deux jours; **fe ddaw rhyw ddydd** un jour (ou l'autre) il viendra; **ddydd ar ôl** ~ jour après jour; **trwy'r** ~ **(gwyn)** pendant toute la journée; **am ddyddiau ar eu hyd** pendant des jours et des jours, pendant des jours entiers; **byw o ddydd i ddydd** vivre au jour le jour; **y** ~ **o'r blaen** l'autre jour, il y a quelques jours; **heddiw o bob** ~ ce jour entre tous; **D**~ **y Farn, D**~ **Brawd** le jour du jugement dernier; ~ **gŵyl** jour de fête; ~ **Nadolig** le jour de Noël; **yn ystod y** ~ pendant la journée; **gweithio trwy'r** ~ travailler toute la journée; **teithio yn ystod y** ~ voyager de jour; **gweithio ddydd a nos** travailler jour et nuit; **mae'r** ~ **ar ben** le jour baisse, le jour tire à sa fin; **un** ~ **o haf** un jour d'été; **cario'r** ~ remporter la victoire, l'emporter (sur qn); **colli'r** ~ perdre la bataille; **(gefn)** ~ **golau** en plein jour, au grand jour; **ers llawer** ~ il y a longtemps; ~ **da!** bonjour!; **talu fesul** ~ payer à la journée; ~ **o orffwys** jour de repos; **gweithio 8 awr y** ~ travailler 8 heures par jour, faire une journée de 8 heures; **toriad** ~ point *m* du jour, lever *m* du jour, aube *f*; **canol** ~ midi *m*.

2 (*cyfnod o amser*) époque *f*, temps *m*; **y** ~**iau hyn** à l'heure actuelle, de nos jours, actuellement; **mewn** ~**iau i ddod** à l'avenir, dans l'avenir, dans les jours à venir; **yn nyddiau'r Brenin Siarl** du temps de *neu* sous le règne du roi Charles; **yn fy nyddiau i** à mon époque, de mon temps; **yn yr hen ddyddiau** autrefois, jadis; **yn ei hen ddyddiau** dans sa vieillesse, sur ses vieux jours; **mae'r car 'ma wedi gweld ei ddyddiau gorau** cette voiture n'est plus de la première fraîcheur; **mae hi wedi gweld** ~**iau gwell** elle a connu des jours meilleurs; **mae hwn wedi gweld** ~**iau gwell** cela a fait son temps; **enwog yn ei ddydd** célèbre à son époque; ~**iau hapusaf fy mywyd** les jours les plus heureux, la période la plus heureuse de ma vie; **yn ystod** ~**iau cynnar y rhyfel** tout au début *neu* pendant les premiers jours de la guerre; **fe ddaw ei** ~ **hithau** son jour viendra.

dyddhau *bg* (*gwawrio*) poindre, se lever; **mae hi'n** ~ c'est l'aube, le jour point, le soleil se lève.

dyddiad (**-au**) *g* date *f*; ~ **geni** date de naissance; **beth yw'r** ~ **heddiw?** quelle est la date aujourd'hui?, nous sommes le combien *neu* le quantième aujourd'hui?; **beth yw** ~ **y llythyr?** de quand est cette lettre?; **trefnu** ~ **ar gyfer cyfarfod** prendre date *neu* convenir d'une date pour un rendez-vous.

dyddiadur (**-on**) *g* (*record o ddigwyddiadau*) journal *m* (intime); (*i gadw oedau*) agenda *m*; **cadw** ~ tenir un journal; **mae yn fy nyddiadur** je l'ai noté sur mon agenda.

dyddiadurwr (**dyddiadurwyr**) *g* (*digwyddiadau personol*) auteur *m* d'un journal intime; (*digwyddiadau cyfredol*) mémorialiste *m*, chroniqueur *m*.

dyddiedig *ans* daté(e); **llythyr** ~ lettre *f* datée.

dyddio *bg*

1 (*gwawrio*) poindre, se lever; **dyddiodd yn braf a chlir** l'aube parut, lumineuse et claire; **dyddiodd yn wlyb** le jour a commencé dans la pluie, il pleuvait au lever du jour.

2 (*mynd yn henffasiwn*) dater, devenir suranné(e) *neu* démodé(e).

3 (*adeilad ayb*): ~ **o** dater de, remonter à; ♦*ba*: ~ **llythyr** (*rhoi dyddiad ar*) dater une lettre.

dyddiol *ans* (*bob dydd*) quotidien(ne), de tous les jours; (*cyflog*) journalier(journalière); **papur** ~ quotidien *m*;
♦ **yn ddyddiol** *adf* quotidiennement, tous les jours, journellement.

dyddiwr (**dyddwyr**) *g* (*eiriolwr*) médiateur *m*, médiatrice *f*.

dyddlyfr (**-au**) *g gw.* **dyddiadur**.

dyddodi *ba* (DAEAR) déposer, former un dépôt

de.

dyddodyn (**dyddodion**) *g* (*DAEAR*) dépôt *m*; (*mwyn*) gisement *m*.

dyfais (**dyfeisiau**) *b* dispositif *m*, appareil *m*, engin *m*, mécanisme *m*, invention *f*, truc* *m*, machin* *m*; (*cynllwyn, ystryw*) stratagème *m*; (*mewn herodraeth*) devise *f*; ~ **glyfar** une invention astucieuse.

dyfal *ans* appliqué(e), assidu(e); **bod yn ddyfal yn gwneud rhth** mettre du zèle à faire qch, faire qch avec assiduité *neu* zèle; ~ **donc a dyrr y garreg** il faut persévérer;
♦ **yn ddyfal** *adf* avec soin *neu* application *neu* assiduité, assidûment.

dyfalbarhad *g* persévérance *f*, ténacité *f*, assiduité *f*.

dyfalbarhau *bg* persévérer, persister.

dyfalbarhaus *ans* appliqué(e), assidu(e);
♦ **yn ddyfalbarhaus** *adf* avec soin *neu* application *neu* assiduité, assidûment.

dyfaliad (**-au**) *g* supposition *f*, conjecture *f*, hypothèse *f*.

dyfalu *ba* deviner; ~ **oedran rhn** deviner l'âge de qn; ~ **oedran rhn yn fras** évaluer l'âge de qn; **fedri di ddyfalu beth yw ei ystyr?** peux-tu arriver à deviner ce que cela veut dire?; **wnei di byth ddyfalu pwy sy'n dod i'n gweld ni!** tu ne devineras jamais qui va venir nous voir!; **ceisia ddyfalu!** essaie de deviner!, devine un peu!; ~**'n fras** deviner à vue de nez, évaluer approximativement; **buaswn i'n ~ ei fod e wedi gwrthod** d'après moi il aura *neu* aurait refusé; ~**'n gywir** deviner juste; **'rwyt ti wedi ~'n gywir** tu as deviné juste!, c'est ça!; ~**'n anghywir** tomber à côté*, deviner mal.

dyfalwch[1] *g* persévérance *f*, ténacité *f*, assiduité *f*.

dyfalwch[2] *be gw.* **dyfalu**.

dyfarndal (**-iadau**) *g* dommages-intérêts *mpl*.

dyfarniad (**-au**) *g* (*CYFR*) verdict *m*, jugement *m*; (*penderfyniad*) décision *f*; **rhoi ~ ar** prononcer *neu* rendre un jugement sur.

dyfarnu *ba* déclarer; (*CYFR*) prononcer, déclarer; **cafodd ei ddyfarnu'n enillydd** il a été déclaré gagnant.

dyfarnwr (**dyfarnwyr**) *g* arbitre *m*, juge *m*; **bod yn ddyfarnwr** servir d'arbitre, être l'arbitre.

Dyfedeg *b,g* le gallois *m* du Dyfed.

dyfeisgar *ans* ingénieux(ingénieuse);
♦ **yn ddyfeisgar** *adf* ingénieusement.

dyfeisgarwch *g* esprit *m* inventif, esprit à invention.

dyfeisio *ba* inventer, imaginer, concevoir.

dyfeisiwr, **dyfeisydd** (**dyfeiswyr**) *g* inventeur *m*, inventrice *f*.

dyfnder (**-au, -oedd**) *g* profondeur *f*; (*llais*) registre *m* grave; (*teimlad*) profondeur *f*, intensité *f*; **ar ddyfnder o 5 metr** à 5 mètres de profondeur, il y a 5 mètres de fond; **mynd allan o'ch ~** perdre pied; **paid â mynd allan o dy ddyfnder** ne va pas là où tu n'as pas pied; **'rwyf allan o'm ~** (*ffig*) je nage complètement*, je suis complètement dépassé(e)*; **o ddyfnder calon** du fond du cœur; ~**oedd y moroedd** les profondeurs océaniques; **o ddyfnderoedd y ddaear** des profondeurs *fpl neu* des entrailles *fpl* de la terre; **bod yn nyfnderoedd anobaith** toucher le fond du désespoir; **yn nyfnder y gaeaf** au plus fort *neu* au cœur de l'hiver; **yn nyfnder y nos** au milieu *neu* au plus profond de la nuit; **yn nyfnder y goedwig** au plus profond *neu* au cœur de la forêt.

dyfnddwys *ans* très profond(e), très intense, extrême;
♦ **yn ddyfnddwys** *adf* profondément, intensément, extrêmement.

dyfnddysg *ans* érudit(e).

dyfnfor (**-oedd**) *g* abysse *m*, le fond *m* de l'océan, les profondeurs *fpl* de l'océan.

dyfnhad *g* approfondissement *m*, intensification *f*.

dyfnhau *ba* approfondir; (*teimladau, diddordeb*) intensifier, rendre plus intense *neu* vif, augmenter; (*tywyllwch*) épaissir, approfondir; (*sŵn*) rendre plus grave; (*lliw*) foncer;
♦*bg* s'approfondir, devenir *neu* se faire plus profond(e) *neu* plus foncé(e), foncer; (*nos*) s'épaissir; (*llais*) se faire plus profond(e) *neu* plus grave.

dyfnion *ans ll gw.* **dwfn**.

dyfnjwn *g gw.* **dwnsiwn**.

dyfod *bg gw.* **dod**.

dyfodfa (**dyfodfeydd**) *b* accès *m*, entrée *f*.

dyfodiad[1] (**-au**) *g* (*cyrhaeddiad*) arrivée *f*; (*i'r orsedd*) avènement *m*.

dyfodiad[2] (**dyfodiaid**) *g*: **newydd ddyfodiad** nouveau venu *m*, nouvelle venue *f*, nouvel arrivant *m*, nouvelle arrivante *f*; (*baban*) nouveau-né *m*.

dyfodol *g*
1 (*cyff*) avenir *m*; **yn y ~** à l'avenir; **yn y ~ agos** bientôt; (*mwy ffurfiol*) dans le *neu* un proche avenir; **yr hyn sydd gan y ~ i'w gynnig** ce que l'avenir nous réserve; **mae'r ~ yn ddiogel** l'avenir est assuré; **'does dim ~ yn y math yma o waith** ce type de travail n'a aucun avenir.
2 (*GRAM*): **y ~** le futur *m*; ~ **perffaith** futur antérieur.

dyfodoliaeth *b* futurisme *m*.

dyfradwy *ans* irrigable.

dyfrast *b* loutre *f* femelle.

dyfrddor (**-au**) *b* vanne *f*, porte *f* d'écluse.

dyfredig *ans* irrigué(e).

dyfrfan (**-nau**) *g,b* (*lle yfed i anifeiliaid*) point *m* d'eau; (*sba*) station *f* thermale, ville *f* d'eau.

dyfrfarch (**dyfrfeirch**) *g* hippopotame *m*.

dyfrffos (**-ydd**) *b* canal *m*.

dyfrgi (**dyfrgwn**) *g* loutre *f*.

dyfrgist (**-iau**) *b* réservoir *m*, citerne *f*.

dyfrglawdd (**dyfrgloddiau**) *g* barrage *m*.
dyfrglwyf *g* hydropisie *f*.
dyfrhad *g* irrigation *f*.
dyfrhau *ba, bg gw.* **dyfrio**.
dyfriar (**dyfrieir**) *b* foulque *f*.
dyfrio *ba* irriguer, arroser;
♦*bg* (*llygaid*) larmoyer, pleurer.
dyfriog *ans gw.* **dyfrllyd**.
dyfrlliw *g, ans* (*hefyd:* **llun** ~) aquarelle *f*; **paent** ~ couleur *f* à l'eau *neu* pour aquarelle.
dyfrllyd *ans* aqueux(aqueuse), qui contient de l'eau, plein(e) d'eau; (*llygaid*) larmoyant(e), humide; (*tir*) détrempé(e), saturé(e) d'eau, marécageux(marécageuse); (*cawl*) trop liquide; (*lliw*) délavé(e), pâle.
dyfrllydrwydd *g* humidité *f*.
dyfrllys *g* potamot *m* luisant, épi *m* d'eau.
dyfrnod (**-au**) *g* (*ar bapur*) filigrane *m*.
dyfroedd *ll gw.* **dŵr**.
dyfrog *ans gw.* **dyfrllyd**.
dyfrol *ans* aquatique.
dyfrwr (**dyfrwyr**) *g* buveur *m* d'eau; **y D**~ (ASTROL) Verseau *m*; **bod wedi'ch geni dan arwydd y D**~ être du Verseau; **Dewi Ddyfrwr** Saint *m* David buveur d'eau.
dyfyniad (**-au**) *g* citation *f*.
dyfynnod (**dyfynodau**) *g* guillemets *mpl*; **mewn dyfynodau** entre guillemets; **agor/cau'r dyfynodau** ouvrir/fermer les guillemets.
dyfynnu *ba* citer; (*geiriau*) rapporter, citer; ~ **rhn fel enghraifft** citer *neu* donner qn en exemple; **gellwch fy nyfynnu i** vous pouvez me citer, vous pouvez citer ce que j'ai dit; ~ **o'r Beibl** citer la Bible.
dyffl *g*: **bag** ~ sac *m* de paquetage, sac *m* marin; **cot ddyffl** duffel-coat *m*.
dyffryn (**-noedd**) *g* vallée *f*; ~ **y Rhône/y Loire** la vallée du Rhône/de la Loire.
dyffryndir (**-oedd**) *g* vallée *f*.
dygiedydd (**-ion**) *g* porteur *m*, porteuse *f*.
dygn *ans* (*dyfal*) assidu(e), persévérant(e), zélé(e), tenace; (*dybryd*) dur(e), sévère; (*arswydus*) affreux(affreuse), cruel(le); ~ **dlodi** la misère *f*;
♦ **yn ddygn** *adf*: **gweithio'n ddygn** travailler dur, travailler d'arrache-pied, travailler assidûment.
dygnu *bg*: ~ **ymlaen** *ou* **arni** s'efforcer (de), faire son possible (pour), faire de son mieux, s'évertuer (à), persévérer, persister (de).
dygnwch *g* persévérance *f*, ténacité *f*; **trwy ddygnwch** à force de persévérance *neu* de persévérer.
dygwr (**dygwyr**) *g* porteur *m*.
dygwraig (**dygwragedd**) *b* porteuse *f*.
dygwyl *g* jour *m* de fête, festival *m*; **D**~ **Dewi** la saint-David.
dygyfor *bg* s'enfler, déferler, monter.
dygymod *bg*: ~ **â** tolérer, supporter, encaisser*; **mae ganddo lawer i ddygymod ag e** il a beaucoup de problèmes, il n'a pas la vie facile; **mae'n anodd** ~ **â hynny** c'est difficile à supporter, c'est difficilement supportable.
dyhead (**-au**) *g* désir *m* ardent *neu* vif (de), envie *f* (de), aspiration *f* (vers *neu* à), souhait *m*.
dyheu *bg*: ~ **am** languir après, aspirer à; ~ **am rn** se languir de qn; ~ **am rth** désirer *neu* souhaiter ardemment qch, avoir très envie de qch; ~ **am gartref** avoir la nostalgie de chez soi *neu* du pays, avoir le mal du pays; ~ **am wneud rhth** avoir très envie *neu* mourir d'envie de faire qch, aspirer à faire qch; **'rwy'n** ~ **am dy weld** j'ai hâte *neu* il me tarde de te voir; ~ **am i rn wneud rhth** mourir d'envie que qn fasse *subj* qch.
dyhuddgloch (**dyhuddglychau**) *b* cloche *f* du couvre-feu.
dyhuddiant *g* propitiation *f*, réconciliation *f*, conciliation *f*.
dyhuddo *ba* calmer, apaiser.
dyhuddol *ans* conciliateur(conciliatrice), conciliant(e), calmant(e);
♦ **yn ddyhuddol** *adf* de façon conciliatrice.
dyladwy *ans* convenable, qui convient, approprié(e).
dylai *be ddiffyg gw.* **dylwn**.
dylanwad (**-au**) *g* influence *f* (sur); **dan ei ddylanwad** sous son influence; **dan ddylanwad cyffuriau** sous l'effet *neu* l'empire des drogues; **dan ddylanwad y ddiod** sous l'effet *neu* l'empire de la boisson, en état d'ébriété; **cafodd ei weithiau lawer o ddylanwad arno** ses œuvres ont eu *neu* exercé beaucoup d'influence sur lui, ses œuvres l'ont beaucoup influencé, ses œuvres ont influé sur lui; **defnyddio'ch** ~ **ar rn i gael rhth** tirer les ficelles *neu* user de son influence auprès de qn pour obtenir qch; **mi geisia' i ddefnyddio fy holl ddylanwad drosti hi** j'essayerai d'exercer toute mon influence sur elle; **bod â** ~ avoir de l'influence *neu* de l'autorité *neu* de l'importance *neu* du crédit, avoir le bras long; **mae hi'n ddylanwad da ar y plant** elle a *neu* exerce une bonne influence sur les enfants.
dylanwadol *ans* influent(e); **bod yn ddylanwadol** avoir de l'influence *neu* du crédit *neu* de l'autorité *neu* de l'importance, avoir le bras long; **ffrindiau** ~ amis *mpl* influents *neu* haut placés.
dylanwadu *bg*: ~ **ar** influencer, influer sur, agir sur; **paid â gadael iddo ddylanwadu arnat** ne le laisse pas t'influencer; **dylanwadwyd arno gan ei frawd** il a été influencé par son frère, il a subi l'influence de son frère, son frère a influé sur lui.
dylaswn *be ddiffyg* (amser gorberffaith: dylaswn, dylaset, dylasai, dylasem, dylasech, dylasent) j'aurais dû, tu aurais dû, il/elle aurait dû, nous aurions dû, vous auriez dû, ils/elles auraient dû *gw. hefyd* **dylwn**.

dyleb (**-ion**) *b* facture *f*.
dylech *be ddiffyg gw.* **dylwn**.
dyled (**-ion**) *b* dette *f*, créance *f*; **mewn ~** endetté(e); **~ion gwael** créances irrécouvrables; **~ion heb eu talu** créances à recouvrer; **mae hi mewn ~ i bawb** elle doit à tout le monde; **'rwyf mewn ~ o £10** je dois 10 livres; **mynd i ddyled** faire ses dettes, s'endetter; **dod allan o ddyled, clirio'ch ~ion** s'acquitter de ses dettes.
dyledeb (**-au**) *b* obligation *f*, bon *m*.
dylednod (**-au**) *g* écriture *f* au débit.
dyledogaeth *b* allégeance *f* (à).
dyledus *ans* (*swm*) dû(due); (*rhn*) endetté(e); **y swm sy'n ddyledus iddo** la somme qui lui est due *neu* qui lui revient; **mae ein diolch yn ddyledus i ...** nous tenons à remercier ..., nous sommes endettés envers ..., nous aimerions remercier ..., notre gratitude va à ...; **yn ddyledus ar y 5ed** payable le 5; **pa bryd mae'r rhent yn ddyledus?** quand faut-il payer le loyer?; **mae wythnos o wyliau yn ddyledus imi** on me doit une semaine de congé; **â phob ~ barch credaf ...** sauf votre respect, je crois ..., sans vouloir vous contredire, je crois ...
dyledwr (**dyledwyr**) *g* débiteur *m*.
dyledwraig (**dyledwragedd**) *b* débitrice *f*.
dylem, **dylent**, **dylet** *be ddiffyg gw.* **dylwn**.
dyletswydd (**-au**) *b*
1 (*yr hyn y dylid ei wneud*) devoir *m*, obligation *f*; **cyflawni'ch ~, gwneud eich ~** s'acquitter de son devoir, faire son devoir; **mae'n ddyletswydd arna' i ddweud ...** il est de mon devoir de faire remarquer que ...; **~ tuag at rieni** le respect dû à ses parents, son devoir envers ses parents; **cymryd ei bod yn ddyletswydd gwneud ...** prendre à tâche de faire ....
2 (*cyfrifoldeb*) fonction *f*, responsabilité *f*; **esgeuluso eich ~au** négliger vos fonctions; **fy nyletswyddau yw ...** mes fonctions consistent à (faire); **bod ar ddyletswydd** être de service; (*MEDD*) être en garde; (*GWEIN, YSGOL*) être de jour *neu* de service; **peidio â bod ar ddyletswydd** être libre, ne pas être de service *neu* de garde *neu* de jour; (*MIL*) avoir quartier libre; **mynd ar/dod oddi ar ddyletswydd** prendre/quitter le service *neu* la garde; **~ deuluaidd** service *m* de prière familiale, la prière en commun, la prière familiale.
dyli *g gw.* **dwli**.
dylif (**-au, -ion**) *g* inondation *f*, déluge *m*.
dylifiad (**-au**) *g gw.* **dylif**.
dylifo *bg* couler; **~ allan (o)** s'écouler (de), sortir (de); **mae'r arian yn ~ i mewn** l'argent rentre bien; **dylifodd y dŵr dros y caeau** l'eau s'est répandue dans les champs; **mae'r gerddoriaeth yn ~ drosof i** la musique m'envahit; **mae'r afon yn ~ i mewn i'r môr** le fleuve se jette dans la mer; **'roedd yr haul yn ~ i mewn** le soleil entrait à flots; **'roedd y bobl yn ~ i mewn** les gens entraient en foule, les gens affluaient.
dylni *g* stupidité *f*, sottise *f*, bêtise *f*, imbécillité *f*, folie *f*.
dylu *bg* s'assombrir, s'obscurcir, se couvrir de nuages.
dyluniad (**-au**) *g* plan *m*, dessin *m*; (*siâp*) forme *f*; (*cynllun ar gyfer masnachu*) design *m*.
dylunio *ba* dessiner, concevoir, faire le plan de.
dylunydd (**-ion**) *g* dessinateur *m*, dessinatrice *f*, créateur *m*, créatrice *f*.
dylwn *be ddiffyg* (amser amhenodol: dylwn, dylet, dylai, dylem, dylech, dylent) je devrais, tu devrais, il/elle devrait, nous devrions, vous devriez, ils/elles devraient *gw. hefyd* **dylaswn**.
dylyfu *ba*: **~ gên** bâiller.
dylyn *g* imbécile *m*.
dylluan (**-od**) *b gw.* **tylluan**.
dyma *be ddangosol*
1 (*i gyflwyno neu egluro*) voici; **~ fy chwaer** voici ma sœur; **~'r lleill** voici les autres; **~ sut/pam** voici comment/pourquoi; **~ (beth) a roddodd imi** voici ce qu'il m'a donné.
2 (*i dynnu sylw: ebychiadol*) quel(le)(quels, quelles), que, comme; **~ le!** quel endroit!; **~ gadair gyfforddus!** quelle chaise confortable!, que *neu* comme cette chaise est confortable!; **~ hyfryd!** que c'est agréable (ici)!.
3 (*o flaen rhagenw personol*) voici; **~ fi/nhw!** me/les voici!; **~ ni!** nous voici!; (*gan ddod â rhth*) voici!; **~ ni eto!** nous revoici!; **~ ti/chi!** te/vous voici!; (*gan roi rhth*) tiens/tenez!.
4 (*i ddweud hanes mewn ffordd ddramatig*): **~ fi'n agor y drws a ~'r ci yn rhuthro amdanaf** j'ouvre la porte et le chien se lance sur moi, j'ai ouvert la porte et le chien s'est lancé sur moi; **~ gau'r ffenest** on ferme la fenêtre, on a fermé la fenêtre; **~ hi ato a gafael yn ei law** elle s'approche de lui et elle le prend par la main, elle s'est approchée de lui et elle l'a pris par la main.
5 (*i gyfleu'r gorffennol*): **a ~ fi'n mynd** et voilà que je suis parti(e).
dymbel (**-i, -au**) *g* haltère *m*.
dymchwel *ba* (*llywodraeth, system*) renverser; (*cadair*) renverser; (*cwch*) faire chavirer, faire capoter; (*adeilad*) démolir; **mae hi'n ~ y glaw** il pleut à verse;
♦*bg* (*adeilad*) s'écrouler, s'éffondrer.
dymchweliad (**-au**) *g* (*llywodraeth ayb*) chute *f*, renversement *m*, subversion *f*; (*adeilad ayb*) démolition *f*, écroulement *m*, effondrement *m*.
dymchwelol *ans* subversif(subversive).
dymi (**-s, dymïau**) *g* (*i faban*) tétine *f*; (*manecwin*) mannequin *m*; **~ tafleisydd** pantin *m* de ventriloque.
dymuniad (**-au**) *g* désir *m*, envie *f*, souhait *m*; (*awydd penodol*) vœu(-x) *m*; **~ am heddwch**

un désir (ardent) de paix; **fy nymuniad yw bod ...** c'est mon désir que + *subj*; **mynd yn groes i ddymuniadau rhn** contrecarrer les désirs de qn; **fe wnaeth hynny yn groes i'm ~** il l'a fait contre mon gré; **rhoddodd y dylwythen deg dri ~ iddo** la fée lui a accordé trois souhaits; **fe wireddwyd ei ddymuniad** son vœu *neu* son souhait s'est réalisé; **mi gei di dy ddymuniad** ton souhait sera réalisé, ton souhait te sera accordé; **gwneud ~** faire un vœu.

▶ **dymuniadau: rho fy nymuniadau gorau iddo** (*mewn sgwrs*) fais-lui mes amitiés; **mae hi'n anfon ei ~au gorau** (*mewn sgwrs*) elle te fait ses amitiés; (*mewn llythyr*) elle t'envoie ses meilleurs pensées; **~au gorau ar eich penblwydd** tous mes *neu* nos vœux pour votre anniversaire; **~au gorau am wellhad buan** tous mes *neu* nos vœux de prompt rétablissement; **~au gorau am y Nadolig a'r Flwyddyn Newydd** meilleurs vœux pour Noël et la nouvelle année; **~au gorau i'r ddau ohonoch ar achlysur eich dyweddïad** meilleurs vœux (de bonheur) à tous deux à l'occasion de vos fiançailles; **~au gorau oddi wrth** (*ar ddiwedd llythyr*) bien amicalement.

dymuno *ba* souhaiter, désirer, vouloir; **'rwy'n ~ bod ar fy mhen fy hun** je souhaite *neu* désire *neu* voudrais être seul(e); **beth wyt ti'n ~ iddo ei wneud?** que souhaites-tu qu'il fasse *subj*?, qu'est-ce que tu veux qu'il fasse *subj*?; **'rwy'n ~'n dda ichi, 'rwy'n ~ pob llwyddiant ichi** je vous souhaite de réussir dans ce que vous voulez faire; **dymuna lwc dda imi!** souhaite-moi bonne chance!; **'rwy'n ~ pob hapusrwydd iti yn y dyfodol** je te souhaite d'être très heureux(heureuse) dans l'avenir; **ni fuaswn i ddim yn ~ i hynny ddigwydd i neb** c'est quelque chose que je ne souhaiterais pas à mon pire ennemi; **dymunais i hyn ddigwydd** j'ai souhaité que cela se produise *subj*; **mae ganddi bopeth y gallai hi ei ddymuno** elle a tout ce qu'elle pourrait désirer; **beth mwy y gallech chi ei ddymuno?** que pourriez-vous souhaiter de plus?

dymunol *ans* (*rhn*) sympathique, agréable, charmant(e), aimable; (*tŷ, tref ayb*) agréable, attrayant(e), plaisant(e), charmant(e); (*aroglau, blas*) agréable, bon(ne); (*tywydd*) agréable, beau[bel](belle)(beaux, belles); (*gweithred, cynnydd, canlyniadau*) souhaitable; **cawsant amser ~** ils ont passé un bon moment, ils se sont bien amusé(e)s; **mae'n ddymunol iawn yma** on est bien ici, il fait bon ici; **bu'n ddymunol iawn gyda ni** il s'est montré très aimable *neu* charmant avec nous;

♦ **yn ddymunol** *adf* agréablement, aimablement, de façon agréable.

dymunoldeb, dymunolrwydd *g* amabilité *f*, agrément *m*, attrait *m*, charme *m*; (*mantais*) avantage *m*, caractère *m* souhaitable.

dyn (**-ion**) *g*

1 (*cyff*) homme *m*, bonhomme(bonshommes) *m*; **~ busnes** homme d'affaires; **~ dall** aveugle *m*; **~ dieithr** étranger *m*, inconnu *m*; **~ dŵad** nouveau venu *m*; **~ eira** bonhomme de neige; **~ hysbys** sorcier *m*; **~ ifanc** jeune homme(jeunes gens), adolescent *m*; **~ llaeth** *ou* **llefrith** laitier *m*; **~ mawr** (*corfforol*) homme bien bâti, gros bonhomme; (*enwog, pwysig*) un grand homme; **~ mewn oed** adulte *m*; **~ sengl** célibataire *m*; **~ tân** sapeur-pompier(~s-~s) *m*; **hen ddyn** un vieillard *m*; **yr hen ddyn*** (*tad*) mon paternel*; **"~ion"** (*toiled*) "hommes", "messieurs"; **y ~ yn y lleuad** le visage de la lune; **fel un ~** comme un seul homme; **fe wnai hynny ddyn ohono** cela fera de lui un homme; **bydd yn ddyn!** sois un homme!; **bod yn ddigon o ddyn i ...** (*dewr*) avoir le courage de ...; **dyma'r ~ ar gyfer y gwaith** voici l'homme qu'il faut pour le travail; **brysia ddyn!** grouille-toi!*; (*ffrind*) dépêche-toi mon vieux!; **y ~ eira dychrynllyd** l'abominable homme des neiges; **~ a ŵyr** Dieu sait, qui sait.

2 (*rhywun*) on; **beth arall y gallai ~ ei wneud?** qu'est-ce qu'on aurait pu faire d'autre?; **mae ~ yn blino ar glywed yr un peth dro ar ôl tro** on se lasse d'entendre la même chose maintes fois; **weithiau mae ~ yn meddwl tybed ...** on se demande parfois ...

dyna *be ddangosol*

1 (*i gyflwyno neu egluro*) voilà; **~ fy chwaer** voilà ma sœur; **~'r broblem** voilà le problème, là est le problème; **~ fy nhad yn galw** il y a *neu* voilà mon père qui appelle; **~ sut/pam** voilà comment/pourquoi; **~ (beth) sy'n digwydd pan ...** voilà ce qui arrive *neu* se passe quand ...; **~ ben arni, ~'i diwedd hi** un point c'est tout.

2 (*i dynnu sylw: ebychiadol*) quel(le)(quels, quelles), que, comme; **~ drueni/ddyn!** quel dommage/homme!; **~ ffŵl ydy hi!** comme elle est bête!, qu'elle est bête!; **~ falch ydw i o'ch gweld!** que *neu* comme je suis content(e) de vous voir!; **~ beth rhyfedd!** c'est bizarre!.

3 (*o flaen rhagenw personol*) voilà; **~ hi!** la voilà!; **~ ni eto** nous revoilà; **~ ni, beth ddywedais i?** alors, qu'est-ce que je t'avais dit?; **~ ni, paid â chrio** allons, allons, ne pleure pas; **ond ~ ni, beth yw'r pwynt?** (mais) enfin à quoi bon?; **'rydych chi'n gwasgu'r botwm, a ~ ni!** vous appuyez sur le bouton, et voilà!; **~ ti, mi ddywedais i y byddai hynny'n digwydd** voilà *neu* tiens, je t'avais dit que cela allait arriver; **~ ti'n cwyno eto!** ça y est, tu recommences à te plaindre encore!; **~ hi'n cwyno eto!** la revoilà qui se plaint.

4 (*i ddweud hanes mewn ffordd ddramatig*): ~'**r bachgen yn mynd nerth ei draed** le garçon se sauve à toutes jambes, le garçon s'est sauvé à toutes jambes; ~ **hi ato a gafael yn ei law** elle s'approche de lui et elle le prend par la main, elle s'est approchée de lui et elle l'a pris par la main.
dynad *ll gw.* **danhadlen**.
dynameg *b* dynamique *f*.
dynameit *g* dynamite *f*.
dynamig *ans* dynamique;
♦ **yn ddynamig** *adf* dynamiquement.
dynamo (**-s**) *g* dynamo *f*.
dynan *g* petit bonhomme *m*, nain *m*, nabot *m*.
dyndod *g* âge *m* d'homme, âge viril.
dyndwll (**dyndyllau**) *g* bouche *f* d'égout, trou *m* (d'homme), regard *m*.
dyneddon *ll* pygmées *mpl*.
dyneiddiad *g* humanisation *f*.
dyneiddiaeth *b* humanisme *m*.
dyneiddiol *ans* humaniste.
dyneiddiwr (**dyneiddwyr**) *g* humaniste *m/f*.
dynes (cofier lluosog: gwragedd, merched, menywod.) *b* femme *f*, bonne femme *f*; ~ **fusnes** femme d'affaires; ~ **ddieithr** étrangère *f*; ~ **ifanc** jeune femme, adolescente *f*; (*yn fwy cwrtais*) jeune dame *f*; ~ **trin gwallt** coiffeuse *f gw. hefyd* **menyw, gwraig**.
dynesiad (**-au**) *g* approche *f*, abord *m*, voie *f* d'accès.
dynesu *bg*: ~ **(at)** s'approcher (de), s'avancer (vers); **gwelais ei fod yn ~ ataf** j'ai vu qu'il venait vers moi *neu* s'approchait de moi; **wrth i mi ddynesu** à mon approche
dynfarch (**dynfeirch**) *g* centaure *m*.
dyngarîs *ll* (*gweithiwr*) bleu *m* (*de travail*); (*plentyn, merch*) salopette *f*.
dyngarol *ans* philanthropique, plein(e) d'humanité;
♦ **yn ddyngarol** *adf* de façon philanthropique.
dyngarwch *g* philanthropie *f*.
dyngarwr (**dyngarwyr**) *g* philanthrope *m/f*.
dyngasäwr (**dyngasawyr**) *g* misanthrope *m/f*.
dyngasedd *g* misanthropie *f*.
dyniaethau *ll* (*ADDYSG*): **y** ~ les humanités *fpl*, les sciences *fpl* humaines.
dyniawed (**dyniewaid**) *g,b* (*bustach*) bouvillon *m*; (*heffer*) génisse *f*.
dynladdiad (**-au**) *g* (*CYFR: trosedd*) homicide *m*; (*oherwydd esgeulustod*) homicide involontaire.
dynleiddiad (**dynleiddiaid**) *g* (*troseddwr*) homicide *m* (involontaire).
dynodi *ba* dénoter, marquer, indiquer; (*golygu*) signifier.
dynodiad (**-au**) *g* dénotation *f*; (*ystyr*) signification *f*.
dynodiadol *ans* significatif(significative).
dynol *ans* humain(e); **bod** ~ être *m* humain; **natur ddynol** nature *f* humaine; **hawliau** ~ droits *mpl* de l'homme.
dynoldeb, **dynolder** *g* humanité *f*.
dynoli *ba* humaniser.
dynoliaeth, **dynolryw** *b*: **y ddynoliaeth, y ddynolryw** l'humanité *f*, l'homme *m*, le genre *m* humain, la race *f* humaine.
dynwared *ba* imiter; (*yn ddoniol*) imiter, contrefaire; **gan ddynwared ...** à l'imitation de ..., en imitant ..., sur le modèle de ...
dynwarediad (**-au**) *g* imitation *f*.
dynwaredol *ans* (*sŵn, gweithred*) imitatif(imitative); (*rhn*) imitateur(imitatrice).
dynwaredwr (**dynwaredwyr**) *g* imitateur *m*.
dynwaredwraig (**dynwaredwragedd**) *b* imitatrice *f*.
dynyn *g gw.* **dynan**.
dyraddiant *g* déchéance *f*; (*cymeriad*) avilissement *m*.
dyraniad (**-au**) *g* affectation *f*, allocation *f*; (*i unigolyn*) attribution *f*; (*rhannu*) répartition *f*, distribution *f*.
dyrannu *ba* répartir, affecter, distribuer.
dyrchafael *ba gw.* **dyrchafu**;
♦*g*: **Dydd Iau'r D~** jour *m neu* fête *f* de l'Ascension.
dyrchafedig *ans* élevé(e), exalté(e); **acen ddyrchafedig** accent *m* aigu.
dyrchafiad (**-au**) *g* (*mewn swydd*) promotion *f*, avancement *m*; **cael** ~ obtenir de l'avancement, être promu(e); ~ **i Dŷ'r Arglwyddi** anoblissement *m*, élévation *f* à la pairie.
dyrchafol *ans* qui élève l'esprit, moralement tonique; (*iaith, tôn*) élevé(e); (*rheilffordd*) surélevé(e).
dyrchafu *ba* élever, exalter; (*cyflog*) augmenter, relever; (*rhn*) promouvoir (à); **cael eich ~** être promu(e), monter en grade; **maen nhw wedi cael eu ~ i'r gynghrair gyntaf** (*pêl-droed ayb*) ils sont montés en première division.
dyri (**dyrïau**) *g* poème *m*, ballade *f*.
dyrnaid (**dyrneidiau**) *g* poignée *f*; **dim ond ~ o bobl oedd yn y cyngerdd** il n'y avait qu'une poignée de gens au concert, il n'y avait pas quatre pelés et un tondu au concert*.
dyrnddol (**-au**) *b* (*cwpan*) anse *f*; (*drws*) poignée *f*.
dyrnfedd (**-i**) *b* paume *f*.
dyrnfol (**-au**) *b* mitaine *f*, moufle *f*.
dyrnod (**-iau**) *g,b* coup *m* de poing, taloche* *f*; **rhoi ~ i rn** donner un coup de poing à qn, flanquer une taloche à qn.
dyrnodio *ba* taper sur, cogner sur, talocher*.
dyrnu *ba*
1 (*taro*) donner un coup de poing à, rouer (qch) de coups, rosser, taper; (*pêl, drws*) frapper (qch) d'un coup de poing; ~ **wyneb rhn** donner un coup de poing sur la figure de

qn; ~ **rhth â morthwyl** marteler qch.
2 (*ŷd*) battre.
3 (*anw*) baiser**;
♦*bg* frapper (dur), cogner, marteler; (*ŷd*) battre le blé; **llawr** ~ aire *f* de battage; **mae'n** ~**'n dda** (*BOCSIO*) il sait frapper, il a du punch.

dyrnwr (**dyrnwyr**) *g* (*rhn*) batteur *m* (en grange), batteuse *f* (en grange); (*peiriant*) batteuse; ~ **medi** moisonneuse-batteuse(~s-~s) *f*; **mae'n ddyrnwr caled** (*bocsiwr ayb*) il sait frapper *neu* taper dur, il a du punch.

dyro *be gw.* **rhoi**.

dyrys *ans* (*cymhleth*) compliqué(e), complexe; (*anodd*) difficile, dur(e), impénétrable; **yr holl fanylion** ~ tous les détails dans leur complexité;
♦ **yn ddyrys** *adf* de façon complexe *neu* compliquée.

dyrysbwnc (**dyrysbynciau**) *g* problème *m*.

dysentri *g* dysenterie *f*.

dysg *g,b* érudition *f*, savoir *m*, science *f*; **mae** ~ **i'w chael o'r crud i'r bedd** on apprend toujours qch de nouveau.

dysgadwy *ans* (*pwnc: gan athrawon*) enseignable, susceptible d'être enseigné(e); (*:gan ddysgwyr*) facile à apprendre, qui peut être appris(e); (*disgybl*) facile à instruire.

dysgawdr (**dysgodron**) *g* professeur *m*, mentor *m*.

dysgedig *ans* érudit(e), savant(e);
♦ **yn ddysgedig** *adf* avec érudition, savamment.

dysgeidiaeth (**-au**) *b* (*athrawiaeth*) enseignements *mpl*; (*CREF*) doctrine *f*.

dysgl (**-au**) *b* plat *m*, récipient *m*; (*te, coffi*) tasse *f*; ~ **lysiau** plat à légumes, légumier *m*; ~ **siwgr** sucrier *m*; ~ **ffrwythau** coupe *f*; **cadw'r ddysgl yn wastad** maintenir l'équilibre (entre deux partis), maintenir l'impartialité.

dysglaid (**dysgleidiau**) *b* assiettée *f*, assiette *f*; ~ **o de** tasse *f* de thé.

dysgu *ba*
1 (*astudio*) apprendre; ~ **rhth ar eich cof** apprendre qch par cœur; ~ **ysgrifennu/gyrru** apprendre à écrire/à conduire; ~ **Ffrangeg** apprendre le français; ~ **rhth am rth** apprendre qch sur qch; ~ **rhth gan rn** apprendre qch par qn.
2 (*addysgu: pwnc*) enseigner; ~ **Ffrangeg** (*bod yn athro Ffrangeg*) enseigner le français; **mae hi'n** ~ **nofio** elle est professeur de natation; ~ **rhth i rn** enseigner *neu* apprendre qch à qn; ~ **gwers i rn** enseigner cours à qn; (*ffig*) servir de leçon à qn, donner une bonne leçon à qn; ~ **trwy gymorth cyfrifiadur** enseignement *m* assisté par ordinateur; **pwy sy'n** ~ **hanes iti?** qui te fait cours en histoire?; ~ **i rn sut i wneud rhth** apprendre à qn à faire qch, instruire qn à faire qch; ~ **pader i berson** apprendre à un vieux singe à faire des grimaces, en remontrer à son curé; ~ **dosbarth** (*addysgu grŵp o bobl*) enseigner à une classe *neu* à des élèves;
♦*bg*
1 (*dod i wybod*) apprendre; ~ **o brofiad** apprendre à force d'expérience; ~ **o wneud camgymeriadau** tirer la leçon de ses erreurs; **mae** ~ **yn gwella'r cof** apprendre développe la mémoire; **'dydych chi byth yn rhy hen i ddysgu** il n'est jamais trop tard pour apprendre, on apprend à tout âge; **'rydym yn** ~ **am y Rhyfel Byd Cyntaf yn yr ysgol** en classe on étudie la Première Guerre mondiale.
2 (*bod yn athro, athrawes*) enseigner; ~ **mewn ysgol uwchradd/gynradd** enseigner dans un lycée/une école primaire; **mae hi wedi bod yn** ~ **trwy'r bore** ella a fait cours toute la matinée.

dysgwr (**dysgwyr**) *g* (*cyff*) apprenant *m*; (*o'r dechrau*) débutant *m*; (*gyrru car*) apprenti conducteur *m*; **mae'n ddysgwr Cymraeg** il apprend à parler le gallois; **geiriadur i ddysgwyr** dictionnaire *m* pour apprenants; ~ **ieithoedd** étudiant *m* en langues.

dysgwraig (**dysgwragedd**) *b* (*cyff*) apprenante *f*; (*o'r dechrau*) débutante *f*; (*gyrru car*) apprentie conductrice *f*; ~ **ieithoedd** étudiante *f* en langues *gw. hefyd* **dysgwr**.

dyslecsia *g* dyslexie *f*.

dyslecsig *ans* dyslexique;
♦*g/b* (**-ion**) dyslexiqe *m/f*.

dyspepsia *g* dyspepsie *f*.

dysychu *ba* dessécher;
♦*bg* se dessécher.

'dyw *talf=* **nid yw**.

dywedadwy *ans* prononçable.

dywededig *ans* ledit(ladite)(lesdits, lesdites); **i'r** ~ audit(à ladite)(auxdits, auxdites); **o'r** ~ dudit(de ladite)(desdits, desdites).

dywediad (**-au**) *g* mot *m*, dicton *m*, proverbe *m*, adage *m*; **yn ôl yr hen ddywediad** comme dit le proverbe, comme on dit; ~**au'r wythnos** les mots *mpl* de la semaine, les citations *fpl* de la semaine.

dywedwr (**dywedwyr**) *g* diseur *m*.

dywedwst *ans* taciturne;
♦ **yn ddywedwst** *adf* sans mot dire, de façon taciturne.

dywedyd *ba gw.* **dweud**.

dyweddi (**dyweddïau**) *g/b* fiancé *m*, fiancée *f*.

dyweddïad *g* fiançailles *fpl*; **torri** ~ rompre les fiançailles.

dyweddïedig *ans* fiancé(e); ~ **â** fiancé à *neu* avec; **y pâr** ~ les fiancés.

dyweddïo *bg* se fiancer; ~ **â** se fiancer à *neu* avec;
♦*g* fiançailles *fpl*; **modrwy ddyweddïo** bague *f* de fiançailles.

dywenydd *g* joie *f*.

dywyddu *bg*: **buwch yn** ~ vache *f* qui s'apprête à vêler

E

e *rhag syml gw.* **ef**.

eang *ans* (*llydan*) ample, large, grand(e); (*môr, anialwch*) immense, vaste; (*ffig*) vaste, grand, très étendu(e); (*archwiliad, astudiaeth*) compréhensif(compréhensive), de grande envergure; (*adeilad*) spacieux(spacieuse), immense, vaste;
♦ **yn** ~ *adf* largement, immensément, vastement, spacieusement.

eangder *g gw.* **ehangder**.

eangfrydedd *g* (*meddwl agored*) largeur *f* d'esprit, tolérance *f*; (*mawrfrydedd*) magnanimité *f*, libéralité *f*.

eangfrydig *ans* (*â meddwl agored*) qui a les idées *fpl* (très) larges *neu* tolérantes *neu* libérales; (*mawrfrydig*) magnanime;
♦ **yn** ~ *adf* magnanimement, libéralement.

EAU *prll*(= *Emiradau Arabaidd Unedig*) Émirats *mpl* arabes unis.

eb *be ddiffyg gw.* **ebe**.

ebargofi *ba* oublier.

ebargofiant *g* (état *m* d')oubli *m*; **mae popeth wedi mynd i** ~ tout est tombé dans l'oubli.

ebargofus *ans* (*anghofus*) oublieux(oublieuse);
♦ **yn** ~ *adf* oublieusement.

ebe *be ddiffyg*: ~ **ef** dit-il, fit-il, disait-il, faisait-il; ~ **hi** dit-elle, fit-elle, disait-elle, faisait-elle; ~ **hwynt** *ou* **nhw** disent-ils/elles, disaient-ils/elles, dirent-ils/elles, firent-ils/elles *gw. hefyd* **dweud**.

ebill (**-ion**) *g* (*carn tro*) mèche *f* (de vilebrequin); (*dril*) foret *m*; (*gwimbled*) vrille *f*; (*taradr*) tarière *f*; (*ar delyn*) cheville *f*.

ebilliad (**-au**) *g* forage *m*, perçage *m*; (*pegiad*) chevillage *m*.

ebillio *ba* (*agor ag ebill*) forer, percer (un trou); (*tapio*) tarauder; (*pegio*) cheviller; ~ **casgen** mettre un tonneau en perce.

ebol (**-ion**) *g* poulain *m*; ~ **asyn** ânon *m*; **mae'r gaseg yn disgwyl** ~ la jument est pleine.

eboles (**-au**) *b* pouliche *f*.

ebolfarch (**ebolfeirch**) *g* poulain *m*, jeune étalon *m*.

eboni *g* ébène *f*; **coeden** ~ ébénier *m*;
♦*ans* en ébène, d'ébène.

e-bost *g* courrier *m* électronique; **anfon neges** ~-~ **at rn** envoyer un message électronique à qn.

e-bostio *ba*: ~-~ **rhth at rn** envoyer qch à qn par courrier électronique;
♦*bg*: ~-~ **at rn** envoyer un message électronique à qn.

ebr *be ddiffyg gw.* **ebe**.

ebran (**-nau**) *g* (*bwyd sych i anifeiliaid*) fourrage *m*.

ebrannu *ba* (*porthi*) donner le fourrage à.

Ebrill *g* avril *m*; **ffŵl** ~ (*yr un y gwneir hwyl am ei ben*) victime *f* d'un poisson d'avril; **chwarae ffŵl** ~ **ar rn** faire un poisson d'avril à qn; **ha ha, ffŵl** ~! hi hi, poisson *m* d'avril!; **cawodydd** ~ ≈ les giboulées *fpl* de mars *gw. hefyd* **Mai**.

ebrwydd *ans* (*cyflym*) rapide; (*parod*) prompt(e); (*symudiad*) vif(vive), leste; (*di-oed*) immédiat(e);
♦ **yn** ~ *adf* immédiatement, tout de suite; (*yn gyflym, sydyn*) rapidement.

ebwch (**ebychau, ebychion**) *g gw.* **ebychiad**.

ebychair (**ebycheiriau**) *g* exclamation *f*.

ebychiad (**-au**) *g* halètement *m*; (*ochenaid*) soupir *m*; (*gwaedd uchel*) exclamation *f*, cri *m*; (*GRAM*) exclamation; **hyd at yr** ~ **olaf** jusqu'au dernier souffle *m*.

ebychnod (**-au**) *g* point *m* d'exclamation.

ebychol *ans* exclamatif(exclamative);
♦ **yn** ~ *adf* de façon exclamative.

ebychu *bg* (*ochneidio*) soupirer, pousser un soupir; (*o fraw*) avoir le souffle coupé; (*gweiddi'n uchel*) s'exclamer, s'écrier; **gwneud i rn** ~ couper le souffle à qn.

ebyrth *ll gw.* **aberth**.

ECG *byrf*(= *electrocardiogram*) ECG (= électrocardiogramme *m*).

eciwmenaidd *ans* œcuménique;
♦ **yn** ~ *adf* œcuméniquement.

eciwmeniaeth *b* œcuménisme *m*.

eciwmenydd (**-ion**) *g* œcuméniste *m/f*.

eclectaidd *ans* éclectique;
♦ **yn** ~ *adf* éclectiquement.

eclectiaeth *b* éclectisme *m*.

eclectig *ans* éclectique;
♦ **yn** ~ *adf* éclectiquement.

eclips (**-au**) *g* éclipse *f*; **bod mewn** ~ être éclipsé(e); ~ **rhannol/llwyr** éclipse partielle/totale; ~ **haul** éclipse solaire; ~ **lleuad** éclipse de lune.

eclipsio *ba* éclipser;
♦*bg* être éclipsé(e), s'éclipser.

ecliptig *g* écliptique *m*;
♦*ans* écliptique.

eclog (**-au**) *g,b* églogue *f*.

eco (**-au**) *g* écho *m*; (*ffig*) écho, rappel *m*.

ecoleg *b* écologie *f*.

ecolegol *ans* écologique;
♦ **yn** ~ *adf* écologiquement.

ecolegydd (**ecolegwyr**) *g* écologiste *m/f*.

economaidd *ans* économique; (*rhn*) économe, frugal(e)(frugaux, frugales); (*yn dod ag elw*) rentable, qui rapporte; **nid yw hyn yn** ~ **mwyach** ceci n'est plus rentable;
♦ **yn** ~ *adf* économiquement, avec économie, frugalement; **defnyddio rhth yn** ~ économiser (sur) qch, ménager qch.

economeg *b* (science *f*) économique *f*, économie *f* politique; (*agwedd ariannol*)

côté *m* économique; (*cyfundrefn y wlad*) économie du pays; ~ **y cartref** économie domestique.
economegol *ans* économique;
♦ **yn** ~ *adf* économiquement.
economegydd (**economegwyr**) *g* économiste *m/f*, spécialiste *m/f* d'économie politique.
econometreg *b* économétrie *f*.
economi (**economïau**) *b,g* économie *f*; (*cyfundrefn*) économie, système *m* économique; ~**'r byd** l'économie du monde; ~ **cynlluniedig** économie planifiée; ~ **marchnad** économie de marché; ~ **gwladol** l'économie du pays.
economydd (**-ion**) *g gw.* **economegydd**.
ecoseiniwr (**ecoseinwyr**) *g* sondeur *m* à ultrasons.
ecosystem (**-au**) *b* écosystème *m*.
ecrwch *g gw.* **egrwch**.
ecsbloetiaeth *b* exploitation *f*.
ecsbloetio *ba* exploiter, profiter de, tirer parti *neu* profit de;
♦*g* exploitation *f*.
ecsbloetiwr (**ecsbloetwyr**) *g* celui *m* qui exploite, profiteur *m*; (*amaethyddol, mwyngloddiol*) exploitant *m*.
ecsbloetwraig (**ecsbloetwragedd**) *b* celle *f* qui exploite, profiteuse *f*; (*amaethyddol, mwyngloddiol*) exploitante *f*.
ecseis *g* (*toll*) douane *f*, taxe *f* (sur); (*ym Mhrydain*) la Régie; (*yn Ffrainc*) la Douane.
ecseismon (**ecseismyn**) *g* douanier *m*, employé *m* de la Régie.
ecsema *g* eczéma *m*.
ecsentredd (**-au**) *g* (*MATH*) excentricité *f*.
ecsentrig *ans* (*MATH*) excentrique; (*rhn, dillad*) excentrique, bizarre, original(e)(originaux, originales);
♦ **yn** ~ *adf* excentriquement, bizarrement, originalement, comme personne d'autre.
ecsgliwsif* (**-s**) *g* exclusivité *m*.
ecsodus *g* exode *f*; **E**~ (*BEIBL*) l'Exode.
ecsôst (**-s**) *g,b* tuyau(-x) *m* d'échappement.
ecsotig *ans* exotique; (*lliwgar*) aux couleurs vives;
♦ **yn** ~ *adf* exotiquement, vivement.
ecstasi *g*
1 (*perlewyg*) extase *f*, ravissement *m*, transport *m* (de joie); **mewn** ~ avec ravissement, en extase, extasié(e), ravi(e).
2 (*cyffur*) ecstasy *m*.
ecstatig *ans* extatique, extasié(e), ravi(e);
♦ **yn** ~ *adf* avec extase, avec ravissement, d'un air extasié, en extase.
ecstra *ans* supplémentaire, de plus;
♦*g* supplément *m*; (*mewn drama*) figurant *m*, figurante *f*.
ecu (**-s**) *g* (*arian*) écu *m*.
Ecwador *prb* (la République de) l'Équateur *m*; **yn** ~ en Équateur.
Ecwadoraidd *ans* équatorien(ne).
Ecwadoriad (**Ecwadoriaid**) *g/b* Équatorien *m*, Équatorienne *f*.
ecwiti (**ecwitïau**) *g* (*cyfnewidfa stoc*) actions *fpl* cotées en bourse.
echblyg *ans* (*eglur*) explicite;
♦ **yn** ~ *adf* explicitement.
echdoe (**-au**) *g, adf* avant hier *m*; **bore** ~ avant hier matin.
echdoriad (**-au**) *g* éruption *f*.
echdorri *b* entrer en éruption.
echdygol *ans* efférent(e).
echdyniad (**-au**) *g* extrait *m*; (*proses*) extraction *f*.
echdynnu *ba* extraire.
echdynnwr (**echdynwyr**) *g* extracteur *m*.
echel (**-au**) *b* (*olwyn*) axe *m*; (*ceir*) essieu *m*; ~ **flaen** essieu avant; ~ **ôl** essieu arrière; **taflu rhn oddi ar ei** ~ déconcerter qn, bouleverser qn.
echelin (**-au**) *b* axe *m*; ~ **cymesuredd** axe de symétrie; ~ **y ddaear** l'axe du monde; ~ **X** axe des X.
echelinol *ans* axial(e).
echelog *ans* axé(e).
echelu *ba* (*rhoi ar echel*) mettre (qch) sur un axe; (*troi*) faire tourner, pivoter.
echnos *b, adf* avant hier soir *m*.
echreiddiad (**-au**) *g* excentricité *f*.
echreiddig *ans* excentrique;
♦ **yn** ~ *adf* de façon *neu* d'une manière excentrique.
echryd *g* (*cryndod*) tremblement *m*, frisson *m*, frissonnement *m*, frémissement *m*; (*braw*) horreur *f*, terreur *f*; (*ofn*) peur *f*, épouvante *f*, panique *f*.
echrydus *ans* (*arswydus*) horrible, terrifiant(e), horrifique, épouvantable, choquant(e), affreux(affreuse), atroce;
♦ **yn** ~ *adf* horriblement, affreusement, atrocement, épouvantablement.
echryslon *ans* atroce, horrible, épouvantable, horrifique, terrifiant(e), choquant(e); (*gwrthun*) monstrueux(monstrueuse);
♦ **yn** ~ *adf* atrocement, horriblement, épouvantablement, horrifiquement.
echryslonder (**-au**) *g* horreur *f*, atrocité *f*.
echwthiol *ans* extrusif(extrusive).
echwyn (**-ion**) *g* avance *f*; (*benthyciad*) prêt *m*.
echwynna *ba* (*rhoi benthyg*) prêter (de l'argent) à, faire un prêt *neu* une avance à; (*cael benthyg*) emprunter.
echwynnwr (**echwynwyr**) *g* prêteur *m* sur gages, prêteuse *f* sur gages; (*credydwr*) créancier *m*, créancière *f*.
edafedd *ll* fils *mpl*; (*ar gyfer gweu*) laine *f* à tricoter; (*ar gyfer gwehyddu*) filé *m*.
edafog *ans* fibreux(fibreuse), filamenteux(filamenteuse).
edau (**edeifion, edafedd**) *b* fil *m*; (*ar gyfer*

gwehyddu) filé *m*; (*sgriw*) filetage *m*; ~ **ddeintyddol** fil dentaire; **rhoi ~ ar nodwydd** enfiler une aiguille.

edefyn (**edeifion**) *g gw.* **edau**.

edema (**edemata**) *g* œdème *m*.

Eden *prb* Éden *m*; **gardd ~** le jardin *m* d'Éden.

edfryd *ba* (*adfer: adeilad*) restaurer, rénover; (*rhoi'n ôl*) rendre, restituer (à).

edifar *ans* désolé(e), navré(e); (*am bechod*) pénitent(e); **bod yn ~ iawn am rth** être vraiment désolé(e) *neu* navré(e) de qch, regretter qch infiniment; **'rwy'n ~ iawn am y ddamwain** je regrette beaucoup qu'il y ait *subj* eu cet accident; **fe fydd yn ~ gennyt** tu le regretteras;

♦ **yn ~** *adf* d'un air désolé *neu* navré *neu* pénitent.

edifarhau *bg* se repentir, être repentant(e), regretter.

edifarhaus *ans* repentant(e), pénitent(e), repenti(e);

♦ **yn ~** *adf* avec pénitence.

edifaru *bg gw.* **edifarhau**.

edifeiriol *ans gw.* **edifarhaus**.

edifeirwch *g* repentir *m*, pénitence *f*, regret *m*.

edliw *ba*: **~ rhth i rn** reprocher qch à qn; **ni waeth i ti heb ag ~ hynna** ce n'est pas la peine de revenir là-dessus, ce n'est pas la peine de ramener ça sur le tapis;

♦*bg*: **~ i rn** faire des reproches à qn.

edliwgar *ans* de reproche;

♦ **yn ~** *adf* avec reproche, d'un air *neu* ton de reproche.

edliwiad (**-au**) *g* reproche *m*, réprobation *f*.

edliwio *ba gw.* **edliw**.

edlych (**-od**) *g* (*corfforol*) gringalet *m*, mauviette *f*; (*moesol ayb*) faible *m/f*, poule *f* mouillée.

edmygedd *g* admiration *f*; **bod yn llawn ~ o rth** éprouver une admiration profonde pour qch.

edmygol *ans* admiratif(admirative);

♦ **yn ~** *adf* avec admiration.

edmygu *ba* admirer.

edmygydd (**edmygwyr**) *g* admirateur *m*, admiratrice *f*.

edn (**-od**) *g gw.* **aderyn**.

ednogyn (**ednog**) *g* (*pryf*) mouche *f*

edrych *bg*

1 (*sbio*) regarder; **edrychwch!, edrychwch chi yma!** dites-donc!, écoutez!; **~ o'ch blaen** regarder devant soi; **~ draw** regarder ailleurs, détourner ses yeux *neu* son regard, regarder de l'autre côté; **~ dros ysgwyddau rhn** regarder par-dessus les épaules de qn; **~ i fyny** (*codi llygaid*) lever les yeux *neu* le regard; (*codi'ch pen*) lever la tête; **~ i lawr** (*gostwng llygaid*) baisser les yeux *neu* le regard; **~ i lawr eich trwyn ar rn** regarder qn de haut; **~ mewn geiriadur** consulter un dictionnaire; **~ ym myw llygad rhn** regarder qn droit dans les yeux; **~ yn gas ar rn** regarder qn en fronçant les sourcils.

2 (*ymddangos*) sembler, paraître, avoir l'air; **~ yn drist/wedi blino** avoir l'air triste/fatigué(e), sembler triste/fatigué; **mae'n ~ fel plismon** il a l'air d'un policier, on dirait un policier; **sut mae fy ngwallt yn ~?** comment sont mes cheveux?; **mae'r gacen yn ~ yn dda** le gâteau a l'air bon; **mae'r crys yn ~ yn dda arnat ti** la chemise te va bien; **mae'r ffrog 'na yn gwneud iddi ~ yn hen** cette robe la vieillit; **mae hi'n ~ yn dda** (*o ran iechyd*) elle a bonne mine; **mae hynny'n ~ yn dda iawn ar bapur** cela fait très bien sur papier *neu* en principe; **'dydy hi ddim yn ~ fel pe baen nhw'n mynd i ddod** on a l'impression qu'ils ne vont pas venir, ils n'ont pas l'air de venir; **mae hi'n ~ fel glaw** on a l'impression qu'il va pleuvoir, on dirait qu'il va pleuvoir; **mae hi'n ~ tua 60 oed** elle a l'air d'avoir 60 ans, on lui donnerait 60 ans; **~ eich oed** faire son âge; **~ ar eich gorau** être à son avantage; **paid ag ~ fel 'na!** (*yn gas, trist ayb*) ne fais pas cette tête-là!; (*mewn syndod, braw*) ne me fais pas des yeux comme ça!; **mae pethau'n ~ yn dda** les choses se présentent bien.

▶ **edrych allan** (*trwy ffenest*) regarder à l'extérieur; **~ allan am** (*peth*) être à l'affût de; (*rhn*) guetter.

▶ **edrych am** (*mynd i weld*) aller voir, faire une visite à; (*chwilio am*) chercher.

▶ **edrych ar**

1 (*gwylio*) regarder; (*cael cip ar*) jeter un coup d'œil sur *neu* à; **wel edrychwch ar hynna!** regardez-moi ça, regardez un peu ça; **o ~ arni, 'fyddech chi byth yn gwybod!** à la voir, on ne le devinerait pas!.

2 (*meddwl am*) voir; **dyna un ffordd o ~ ar y peth** c'est une façon de voir *neu* de envisager la chose; **~ ar yr ochr orau i rth** voir les bons côtés de qch.

3 (*archwilio*) vérifier; **wnewch chi ~ ar y teiars?** pouvez-vous vérifier les pneus?.

4 (*ystyried*): **gadewch inni ~ ar y ffeithiau** considérons les faits; **'rwy'n ~ arni fel nain** je la considère comme une grand-mère.

▶ **edrych ar ôl** *gw.* **gofalu am**.

▶ **edrych i mewn** (*trwy ffenestr*) regarder à l'intérieur; (*i bosiblrwydd, problem*) étudier.

▶ **edrych mas** *gw.* **edrych allan**.

▶ **edrych o gwmpas** *ou* **amgylch** (*cael cipolwg*) jeter un coup d'œil; **~ o'ch cwmpas** regarder autour de soi; (*castell, tref ayb*) visiter, faire un tour dans; **~ o gwmpas siopau** faire les magasins.

▶ **edrych trwy** (*adolygu*) réviser, repasser; (*ailddarllen*) revoir, relire; **~ trwy'r ffenestr** regarder par la fenêtre; **~ trwy restr**

parcourir une liste; ~ **trwy'r papurau** examiner *neu* feuilleter les journaux.
▶ **edrych ymlaen at** (*yn ddiamynedd*) attendre (qch) avec impatience; ~ **ymlaen at y dyfodol** se tourner vers l'avenir, considérer l'avenir; ~ **ymlaen at weld rhn** être impatient(e) de voir qn; **'rwy'n** ~ **ymlaen at hyn ers wythnosau!** j'y pense avec impatience depuis des semaines!; **gan** ~ **ymlaen at glywed gennych** (*mewn llythyr*) dans l'attente de votre réponse.
▶ **edrych yn ôl** (*troi yn ôl i edrych*) regarder derrière soi; (*cofio*) regarder en arrière, revenir sur le passé; **o** ~ **yn ôl, 'rwy'n meddwl** rétrospectivement, je crois; **ar ôl hynny, nid edrychais i byth yn ôl** après, ça n'a fait qu'aller de mieux en mieux pour moi;
♦*ba*: ~ **rhth** vérifier qch, contrôler qch.
edrychiad (**-au**) *g* regard *m*; (*ymddangosiad*) aspect *m*, air *m*, allure *f*, apparence *f*, mine *f*; ~ **cas** regard *m* méchant.
edrychwr (**edrychwyr**) *g* observateur *m*, observatrice *f*; (*gwyliwr*) spectateur *m*, spectatrice *f*.
Edward, **Edwart** *prg* Édouard.
edwino *bg* (*dirywio*) s'altérer, se déteriorer, dépérir; (*gwanhau*) s'affaiblir, diminuer, dépérir; (*crino*) se flétrir, se fâner, s'étioler, dépérir; (*colli lliw*) passer, perdre son éclat, se décolorer.
eddi *ll* frange *f*.
e.e. *byrf*(= *er enghraifft*) par ex.
EEG *byrf*(= *electroenseffalogram*) EEG (= électroencéphalogramme *m*).
ef *rhag syml*
1 (*goddrych: dyn*) il; (*:peth, anifail ayb*) il, elle, ce; **mae** ~ **yn fawr** il est grand; (*peth, anifail ayb*) il est grand, elle est grande, c'est grand; **mae** ~ **wedi diflannu** il a disparu; (*peth, anifail ayb*) il *neu* elle a disparu; **ble mae'r llyfr? - mae** ~ **ar y bwrdd** où est le livre? - il est sur la table; **ble mae'r llun? - mae** ~ **yn y drôr** où est la photo? - elle est dans le tiroir; **mae** ~ **yn gweithio** (*pwysleisiol*) lui, il travaille; ~ **sy'n gywir** c'est lui qui a raison; **ond fynnai** ~ **mo hynny** mais lui n'en voulait pas.
2 (*gwrthrych: dyn*) le; (*:peth, anifail ayb*) le, la; **gwelaf** ~ je le vois; (*peth, anifail ayb*) je le *neu* la vois; **mae hi'n ei ysgwyd** ~ elle le secoue; (*peth, anifail ayb*) elle le *neu* la secoue; **'roedd y parsel yn drwm - rhoddais** ~ **ar y bwrdd** le colis était lourd - je l'ai mis sur la table; **'roedd y bocs yn drwm - rhoddais** ~ **ar y bwrdd** la boîte était lourde - je l'ai mise sur la table.
3 (*ar ôl arddodiad neu gysylltair: dyn*) lui; (*:peth, anifail ayb: lui*) elle; **hebddo** ~ sans lui, sans elle; **'rwyf yn meddwl amdano** ~ je pense à lui; **rhoddais anrheg iddo** ~ je lui ai offert un cadeau; **dacw'r bwrdd ond 'does dim byd arno** ~**/oddi tano** ~ voilà la table mais il n'y a rien dessus/en dessous; **ac** ~ et lui, et elle.
4 (*ar ei ben ei hun*) lui; **pwy? -** ~ qui? - lui.
5 (*i ategu 'ei'*): **ei gamera** ~ son appareil photo (à lui).
Efa *prb* Eve.
efallai *adf* peut-être; ~! (*mae'n bosibl*) ça se peut!, c'est possible!; ~ **wir** peut-être que oui; ~ **ddim**, ~ **na** peut-être que non; ~ **y daw hi** peut-être viendra-t-elle, elle viendra peut-être, peut-être qu'elle viendra; ~ **eu bod nhw eisoes wedi mynd** il se peut qu'ils soient *subj* déjà partis.
efe *rhag dwbl gw.* **ef**.
efengyl (**-au**) *b* évangile *m*; **mae'n** ~ **iti!** (*yn wir*) c'est parole d'évangile, c'est la vérité pure; **yr E**~ **yn ôl Ioan** l'Évangile selon St Jean.
efengylaidd *ans* évangélique.
efengyleiddiad *g* évangélisation *f*.
efengyleiddio, **efengylu** *bg* évangéliser, prêcher l'évangile;
♦*ba* évangéliser.
efengylwr (**efengylwyr**) *g* (*BEIBL, teithiol*) évangéliste *m*; (*pregethwr*) évangélisateur *m*, évangélisatrice *f*.
efeilliaid *ll gw.* **gefell**.
efelychiad (**-au**) *g* imitation *f*; **fel** ~ **o** à l'imitation de, en imitant, sur le modèle de.
efelychiadol *ans* (*gair, celf*) imitatif(imitative); (*rhn*) imitateur *m*, imitatrice *f*;
♦ **yn** ~ *adf* imitativement.
efelychiant (**efelychiannau**) *g* imitation *f*.
efelychu *ba* imiter.
efelychwr (**efelychwyr**) *g* imitateur *m*, imitatrice *f*.
efelychydd (**-ion**) *g* simulateur *m*.
eferwad (**-au**) *g* effervescence *f*, pétillement *m*; (*ffig*) excitation *f*.
eferwi *bg* (*hylif*) être *neu* entrer en effervescence; (*diod*) pétiller, mousser; (*ffig*) déborder de, être excité(e).
eflyn *g* (petite) brise *f*, souffle *m* de vent, zéphyr *m*.
efo *ardd gw.* **gyda**.
efô *rhag dwbl gw.* **ef**.
efryd (**-iau**) *g* (*astudiaeth*) étude *f*; **cyrsiau** ~**iau allanol** cours *mpl* hors faculté *neu* ouverts au public.
efrydfa (**efrydfeydd**) *b* bureau(-x) *m* de travail, cabinet *m* de travail.
efrydiaeth (**-au**) *b* étude *f*.
efrydiau *ll gw.* **efryd**.
efrydu *ba, bg* étudier.
efrydydd (**efrydwyr**) *g* étudiant *m*, étudiante *f*.
efrydd (**-ion**) *ans* (*anabl*) infirme, handicapé(e), impotent(e); (*cloff*) boiteux(boiteuse); (*na all weithio*) invalide;

(*anafedig*) estropié(e);
♦*g/b* impotent *m*, impotente *f*; (*cloff*) boiteux *m*, boiteuse *f*.

efryddu *ba* rendre infirme; (*anafu*) estropier, mutiler.

efryn (**efrau**) *g* (*chwyn*) ivraie *f*.

efwr *g* (*PLANH*) berce *f* commune.

efydd (**-au**) *g* bronze *m*, airain *m*; (*pres*) cuivre *m* jaune, laiton *m*; (*copr*) cuivre *m*;
♦*ans* en *neu* de bronze, en *neu* de cuivre (jaune); **yr Oes E~** l'âge *m* du bronze.

efyddu *ba* souder (*au laiton*).

efyntau *rhag gw.* **yntau**.

effaith (**effeithiau**) *b* (*canlyniad*) effet *m*, action *f*; (*dylanwad*) influence *f*; **cael ~ ar** produire un effet sur, influer sur, avoir une incidence sur; **peidio â chael ~ ar** ne produire aucun effet sur; **teimlo ~ rhth** ressentir les effets de qch; **cymryd ~** (*cyffur*) produire *neu* faire son effet, agir; **cael effaith ~ ddrwg ar rn** exercer une mauvaise influence sur qn; **~ tŷ gwydr** effet de serre.

effeithio *bg*: **~ ar** affecter, avoir un effet sur, toucher, avoir une incidence sur; (*afiechyd*) affecter, attaquer, agir sur; (*cyffur*) agir sur; **~ ar deimladau rhn** émouvoir qn, affecter qn, toucher les sentiments de qn; **nid yw hynny yn ~ arna' i yn bersonol** cela ne me touche pas personnellement.

effeithiol *ans* (*gwellhad*) efficace, qui produit de l'effet; (*sylw, gair*) qui porte, qui a de l'effet; **mae'r gyfundrefn yn ~** le système fonctionne bien; **ffordd ~ o wneud rhth** une bonne façon *neu* une façon efficace de faire qch;
♦ **yn ~** *adf* efficacement, d'une manière efficace.

effeithioli *ba* rendre efficace.

effeithiolrwydd *g* efficacité *f*.

effeithlon *and* (*rhn*) capable, compétent(e), efficace; (*dull*) efficace, opérant(e); (*peiriant*) efficace, à haut rendement, qui fonctionne bien, performant(e);
♦ **yn ~** *adf* avec compétence, efficacement, de façon compétente.

effeithlonedd *g* bon *neu* haut rendement *m*, bon fonctionnement *m*.

effeithlonrwydd *g* compétence *f*, efficacité *f*.

effemeris (**-au**) *g* éphémérides *fpl*.

effro *ans* éveillé(e), réveillé(e); (*gwyliadwrus*) en éveil, vigilant(e); **aros yn ~ trwy'r nos** (*yn fwriadol*) veiller toute la nuit; (*methu â chysgu*) passer une nuit blanche; **cadwodd hynny fi'n ~** cela m'a empêché de dormir; **bod yn ~ i rth** être conscient(e) de qch, avoir conscience de qch; **mae ganddo feddwl ~** il a l'esprit éveillé, il est très éveillé.

egalitaraidd *ans* (*GWLEID: rhn*) égalitariste; (*egwyddor*) égalitaire.

eger (**egrau**) *g* mascaret *m*.

egin *ll gw.* **eginyn**.

egin-fardd (**~-feirdd**) *g* poète *m* en herbe.

eginiad (**-au**) *g* germination *f*, pousse *f*, bourgeonnement *m*.

egino *bg* germer, pousser; (*blaguro*) bourgeonner.

eginol *ans* qui germe, qui pousse, qui bourgeonne.

eginyn (**egin**) *g* pousse *f*; (*hadau*) germe *m*; (*blagur*) bourgeon *m*, œil *m*.

eglur *ans* (*amlwg*) évident(e), clair(e), manifeste, patent(e), net(te); (*ysgrifen*) clair, net; (*eglurhad, adroddiad*) explicite, clair, intelligible; (*rhesymeg*) clair, lucide; (*hawdd ei glywed: sŵn*) clair, distinct(e); **ydy hynna yn ~?** est-ce que c'est bien clair?; **'rwyf am iddi fod yn ~ fod ...** je tiens à préciser que ...; **mae'n ~ fod ...** il est évident que ...; **mae'n ~ i mi fod ...** il me paraît hors de doute que ...;
♦ **yn ~** *adf* clairement, nettement, distinctement, manifestement, évidemment, explicitement; **siarada yn fwy ~** parle plus clairement *neu* distinctement.

eglurdeb, **eglurder** *g* clarté *f*, netteté *f*, évidence *f*.

eglureb (**-au**) *b* illustration *f*; **fel ~** à titre d'exemple *m*.

eglurhad (**-au**) *g* explication *f*; (*gweithred, gosodiad*) explication *f*, éclaircissement *m*; **dod o hyd i ~ o rth** trouver l'explication de qch, s'expliquer qch.

eglurhaol *ans* explicatif(explicative);
♦ **yn ~** *adf* en explication.

egluro *ba* (*gwneud yn eglur*) expliquer, donner l'explication de; (*dirgelwch*) résoudre, élucider, éclaircir; (*rhesymau, syniadau*) expliquer, éclairer; **mae'n hawdd ~ hynna** cela s'explique facilement; **mi wna' i f'~ fy hunan** je m'explique donc.

eglwys (**-i**) *b* église *f*; (*capel Protestannaidd*) temple *m*; **yr E~ yng Nghymru** l'Église anglicane au pays de Galles; **yr E~ Gatholig** l'Église (catholique); **E~ Loegr** l'Église anglicane; **yr E~ Fore** l'Église primitive; **neuadd ~** salle *f* paroissiale; **~ gadeiriol** cathédrale *f*; **yr E~ Uniongred Roegaidd** l'Église orthodoxe grecque; **~ y plwyf** l'église paroissiale.

eglwysig *ans* ecclésiastique.

eglwyswr (**eglwyswyr**) *g* anglican *m*.

eglwyswraig (**eglwyswragedd**) *b* anglicane *f*.

eglyn *g* (*PLANH*) saxifrage *f* jaune.

egni (**egnïon**) *g* (*ynni*) énergie *f*, vigueur *f*, dynamisme *m*; (*grym*) puissance *f*, force(s) *f(pl)*; (*ymroddiad*) effort *m*; **gyda'i holl ~** de toutes ses forces; **mae ganddo lawer o ~** il a beaucoup d'énergie, il est très dynamique *neu* énergique *neu* agissant; **~ cinetig** énergie cinétique; **mae fel pe bai heb ~ y dyddiau hyn** il semble sans énergie ces jours-ci, il semble à plat ces jours-ci*; **peidiwch â gwastraffu'ch ~** ne vous fatiguez

pas, ne vous donnez pas du mal pour rien.
egnïo *bg* s'efforcer.
egnïol *ans* (*rhn*) énergique, plein(e) d'énergie, actif(active), agissant(e), vigoureux(vigoureuse); **plant** ~ enfants *mpl* pleins d'énergie *neu* débordants d'activité;
♦ **yn** ~ *adf* énergiquement, vigoureusement, avec énergie, avec vigueur; (*siarad*) avec force, avec vigueur.
ego *g*: **yr** ~ l'ego *m*, le moi *m*.
egoist égoïste *m/f*, égocentrique *m/f*, égotiste *m/f*.
egoistaidd *ans* égoïste;
♦ **yn** ~ *adf* égoïstement.
egoistiaeth *b* égoïsme *m*, égotisme *m*.
egosentrig *ans* égocentrique;
♦ **yn** ~ *adf* de façon égocentrique, égoïstement.
egr *ans* (*sur*) acerbe, revêche, aigre; (*llym*) sévère, âpre, dur(e); (*tywydd*) rude, sévère, sale; (*eofn, digywilydd*) effronté(e), impudent(e), insolent(e); **tywydd** ~ intempéries *fpl*, mauvais *neu* sale temps *m*;
♦ **yn** ~ *adf* aigrement, avec aigreur.
egroesen (**egroes**) *b* fruit *m* d'églantier *neu* de rosier, gratte-cul *m*, cynorrhodon *m inv*.
egru *bg* (*suro, chwerwi*) s'aigrir; (*gwylltio*) se rendre furieux(furieuse), se mettre en fureur *neu* en colère; (*llaeth*) tourner, devenir aigre;
♦*ba* (*suro, chwerwi*) aigrir; (*gwylltio*) terrifier, provoquer, agacer; (*llaeth*) tourner; (*sefyllfa, pethau*) aggraver, exacerber.
egrwch *g* aspérité *f*, dureté *f*, rudesse *f*.
egwan *ans* (*eiddil*) faible, débile, frêle, qui manque de forces; (*moesol*) faible, mou[mol](molle)(mous, molles); (*ar lewygu*) défaillant(e), prêt(e) à s'évanouir; (*llais, cri*) faible;
♦ **yn** ~ *adf* faiblement, débilement;
♦*ll*: **yr** ~ les faibles *mpl*.
egwyd (**-ydd**) *b* (*cymal*) boulet *m*; (*blew*) fanon *m*.
egwyddor (**-ion**) *b* (*gwirionedd sylfaenol*) principe *m*; **mewn** ~ en principe; **mae'n erbyn f'**~ **i ddweud celwydd** j'ai pour principe de ne jamais mentir; **mae hynna yn hollol yn erbyn f'**~ cela va à l'encontre de tous mes principes; **mae hwn yn ddyn ag** ~**ion ganddo** c'est un homme qui a des principes; **maen nhw i gyd yn gweithio yn ôl yr un** ~ ils marchent tous sur *neu* selon le même principe *gw. hefyd* **gwyddor**.
egwyddorol *ans* qui a des principes élevés, intègre, scrupuleux(scrupuleuse);
♦ **yn** ~ *adf* scrupuleusement.
egwyl (**-ion**) *b* pause *f*; (*ysgol*) récréation *f*; (*saib*) répit *m*, relâche *m*, intervalle *m*; (*CHWAR*) mi-temps *f*, pause; (*THEATR*) entracte *m*; **heb** ~ sans répit, sans relâche.
egwyriad (**-au**) *g* aberration *f*.
egwyriant (**egwyriannau**) *g gw.* **egwyriad**.
egyllt (**-iaid**) *g* (*PLANH*) renoncule *f*; ~ **yr afon** *ou* **y dŵr** renoncule aquatique; ~ **y gweunydd** renoncule des prés; ~ **ymlusgol** renoncule terrestre.
enghraifft (**enghreifftiau**) *b* exemple *m*; (*sampl*) spécimen *m*, échantillon *m*; **er** ~ par exemple; **bod yn** ~ **dda** donner l'exemple, être un modèle.
enghreifftio *ba* donner un exemple de, illustrer (qch) par un exemple.
enghreifftiol *ans* exemplaire; (*darluniadol*) explicatif(explicative), servant d'explication, qui illustre *neu* explique;
♦ **yn** ~ *adf* à titre d'exemple.
englyn (**-ion**) *g* strophe *f* allitérative.
englynwr (**englynwyr**) *g* auteur *m* de strophes allitératives.
englynwraig (**englynwragedd**) *b* femme *f* auteur de strophes allitératives.
ehangder (**eangderau**) *g* étendue *f*, immensité *f*.
ehangiad (**eangiadau**) *g* (*busnes*) extension *f*, agrandissement *m*; (*datblygiad*) développement *m*; (*cynnyrch*) accroissement *m*, augmentation *f*; (*tir*) expansion *f*; (*syniad, pwnc*) développement *m*; (*ychwanegiad at led*) élargissement *m*.
ehangle (**eangleoedd**) *g* bâtisse *f*.
ehangol *ans* (*grym*) expansif(expansive);
♦ **yn** ~ *adf* expansivement.
ehangu *ba* (*busnes, syniadau*) développer; (*cynnyrch*) accroître, augmenter; (*gorwelion, astudiaethau*) élargir; (*dylanwad, gwybodaeth, tir*) étendre; (*tŷ*) agrandir;
♦*bg* se développer, s'accroître, augmenter, s'élargir, s'étendre; **mae'r farchnad yn** ~ les débouchés se multiplient; **diwydiant sy'n prysur** ~ une industrie en pleine expansion *neu* en plein essor.
ehedbysgodyn (**ehedbysg, ehedbysgod**) *g* poisson *m* volant.
ehedeg *ba, bg*
1 voler *gw. hefyd* **hedfan**.
2 (*planhigyn*) monter en graine.
ehedfa (**ehedfeydd**) *b* vol *m*; (*pêl, bwled*) trajectoire *f*; ~ **rhif 720 i Baris** le vol numéro 720 à destination de Paris; ~ **rhif 720 o Baris** le vol numéro 720 en provenance de Paris.
ehedfan *ba, bg gw.* **hedfan**.
ehediad[1] (**-au**) *g* vol *m*; (*gwib y meddwl, ffansi*) élan *m*, envolée *f*.
ehediad[2] (**ehediaid**) *g gw.* **aderyn**.
ehedlam (**-au**) *g* saut *m* avec élan.
ehednaid (**ehedneidiau**) *b gw.* **ehedlam**.
ehedog, ehedol *ans* volant(e).
ehedwr (**ehedwyr**) *g* (*rhn*) aviateur *m*, aviatrice *f*.
ehedydd (**-ion**) *g* (*ADAR*) alouette *f*; **canu fel** ~ chanter comme un rossignol; ~ **y coed** alouette des bois.

ehofndra *g* (*hyfdra*) audace *f*, hardiesse *f*, intrépidité *f*; (*digywilydd-dra*) audace *f*, effronterie *f*, insolence *f*, impudence *f*
ehud *ans* (*byrbwyll*) imprudent(e), impétueux(impétueuse), qui manque de réflexion, qui agit à la légère.
ehudrwydd *g* (*byrbwylltra*) imprudence *f*, impétuosité *f*, irréflexion *f*, folie *f*.
ei[1], **'i**, **'w** *rhag blaen*
1 (*o flaen enw*) (cofier: yn Ffrangeg mae'r rhain yn cytuno â chenedl yr enw sy'n dilyn) son *m*, sa *f*, ses *m/fpl*; **ei lyfr, ei llyfr** son livre *m*; **ei lyfr ef/ei llyfr hi** (*pwysleisiol*) son livre à lui/à elle; **ei lyfr ef/ei llyfr hi yw hwn** ce livre est à lui/à elle; **ei ffrind** son ami *m*, son amie *f*; **ei gadair, ei chadair** sa chaise *f*; **ei lyfrau, ei llyfrau** ses livres; **ei ffrindiau** ses ami(e)s; **ei gadeiriau, ei chadeiriau** ses chaises; **anfonodd anrheg i'w fam/i'w mam** il/elle a envoyé un cadeau à sa mère; **estynnodd ei law/ei llaw** il/elle a tendu la main; **mae ef wedi torri ei fraich** il s'est cassé le bras; **mae hi wedi torri ei braich** elle s'est cassé le bras.
2 (*o flaen enw: lle defnyddir yr enw eilwaith*) (cofier: yn Ffrangeg mae'r rhain yn cytuno â chenedl yr enw hwnnw) le sien *m*, la sienne *f*, les siens *mpl*, les siennes *fpl*; **swydd fel ei swydd ef** *ou* **fel ei un ef** un métier comme le sien; **swydd fel ei swydd hi** *ou* **fel ei hun hi** un métier comme le sien; **'rwyf wedi sychu fy nghwpan i a'i gwpan ef** *ou* **a'i un ef** j'ai essuyé ma tasse et la sienne; **'rwyf wedi sychu fy nghwpan i a'i chwpan hi** *ou* **a'i hun hi** j'ai essuyé ma tasse et la sienne; **mae fy magiau i yn drymach na'i fagiau ef** *ou* **na'i rai ef** mes bagages sont plus lourds que les siens; **mae fy magiau i yn drymach na'i bagiau hi** *ou* **na'i rhai hi** mes bagages sont plus lourds que les siens.
3 (*o flaen berfenw neu ferf*) le, la; **'rwy'n ei weld** (*dyn*) je le vois; (*peth, anifail ayb*) je le vois, je la vois; **'rwy'n ei gweld** (*merch*) je la vois; (*peth, anifail ayb*) je le vois, je la vois; **aeth yr athro i'w weld/i'w gweld yn yr ysbyty** le professeur est allé le/la voir à l'hôpital; **fe'i gwelais** je l'ai vu(e); **cafodd y dyn ei ladd** l'homme a été tué; **cafodd y wraig ei lladd** la femme a été tuée; **cafodd ei eni/ei geni ar ...** il est né/elle est née le ...
ei[2] *be gw.* **mynd**.
eicon (**-au**) *g* icône *f*.
eich, **'ch** *rhag blaen*
1 (*o flaen enw*) (cofier: yn Ffrangeg mae'r rhain yn cytuno â chenedl yr enw sy'n dilyn) votre *m/f*, vos *m/fpl*; **eich llyfr** votre livre *m*; **eich llyfr chi** (*pwysleisiol*) votre livre à vous; **eich llyfr chi yw hwn** ce livre est à vous; **eich cadair** votre chaise *f*; **eich llyfrau** vos livres; **eich cadeiriau** vos chaises; **estynnwch eich llaw i mi** donnez-moi la main; **'rydych chi wedi torri'ch braich** vous vous êtes cassé le bras.
2 (*o flaen enw: lle defnyddir yr enw eilwaith*) (cofier: yn Ffrangeg mae'r rhain yn cytuno â chenedl yr enw hwnnw) le vôtre *m*, la vôtre *f*, les vôtres *m/fpl*; **swydd fel eich swydd chi** *ou* **fel eich un chi** un métier comme le vôtre; **dyma fy nghwpan i a dyna'ch cwpan chi** *ou* **dyna'ch un chi** voici ma tasse et voilà la vôtre; **mae fy magiau i yn drymach na'ch bagiau chi** *ou* **na'ch rhai chi** mes bagages sont plus lourds que les vôtres.
3 (*o flaen berfenw neu ferf*) vous; **'rwy'n eich gweld** je vous vois; **fe'ch gwelais** je vous ai vu(e)(s); **cawsoch eich anafu mewn damwain** vous avez été blessé(e)(s) dans un accident; **cawsoch eich geni ar ...** vous êtes né(e)(s) le ...
Eidal *prb*: **yr** ~ l'Italie *f*; **yn yr** ~ en Italie.
Eidalaidd *ans* italien(ne), d'Italie; **yn y dull** ~ à l'italienne; **gwinoedd** ~ les vins d'Italie.
Eidaleg *g,b* italien *m*;
♦*ans* italien(ne).
Eidales (**-au**) *b* Italienne *f*.
Eidalwr (**Eidalwyr**) *g* Italien *m*.
eidion (**-nau**) *g* (*bustach, ych*) bœuf *m*; (*bustach ifanc*) bouvillon *m*; **cig** ~ bœuf; **cig** ~ **rhost** rôti *m* de bœuf, rosbif *m*; **golwyth** ~ bifteck *m*, steak *m*; **te** ~ bouillon *m* (de viande).
eidionyn (**eidionod**) *g* hamburger *m*.
eiddew *g* lierre *m*; ~**'r ddaear** lierre terrestre.
eiddgar *ans* (*brwdfrydig*) enthousiaste, zélé(e), plein(e) de zèle *neu* d'ardeur *neu* d'enthousiasme (pour); (*awyddus*) ardent(e), passionné(e), fervent(e);
♦ **yn** ~ *adf* avec zèle, avec ferveur, avec ardeur, avec empressement, ardemment, passionnément, enthousiastement.
eiddgarwch *g* (*brwdfrydedd*) enthousiasme *m* (pour), zèle *m*, ardeur *f* (pour), empressement *m* (à); (*awydd*) ardeur *f*, ferveur *f*.
eiddi *enw rhag* le sien, la sienne, les siens, les siennes.
eiddigedd *g* jalousie *f*, envie *f*.
eiddigeddu *bg*: ~ **wrth rn** envier qn, être jaloux(jalouse) de qn; ~ **rhth wrth rn** envier qch à qn, jalouser qch à qn; **maen nhw'n** ~ **wrth ei gilydd** ils *neu* elles se jalousent.
eiddigeddus *ans* jaloux(jalouse), envieux(envieuse); **bod yn** ~ **o** être jaloux de;
♦ **yn** ~ *adf* jalousement, avec anvie.
eiddil, eiddilaidd *ans* faible, débile, frêle; (*main*) grêle, gracile; **llais** ~ voix *f* faible *neu* grêle;
♦ **yn** ~ *adf* faiblement.
eiddilwch *g* (*gwendid*) faiblesse *f*, fragilité *f*.
eiddiorwg *g* lierre *m*.
eiddo[1] *g* biens *mpl*, propriété *f*; (*tir*) propriété; (*adeilad*) immeuble *m*; (*ystad*)

domaine *m*; (*pethau personol*) objets *mpl* personnels; (*pethau*) affaires *fpl*, possessions *fpl*; ~ **personol** biens personnels *neu* mobiliers; ~ **coll** objets trouvés; **rhestr** ~ inventaire *m*; **ai'ch** ~ **chi yw hwn?** est-ce à vous?, cela vous appartient?
eiddo[2] *enw rhag* le sien, la sienne, les siens, les siennes; ~ **ef yw'r llyfr** le livre est à lui, le livre lui appartient; ~ **ef ydyw** (*llyfr*) c'est le sien.
eiddoch *enw rhag* le vôtre, la vôtre, les vôtres; **yr** ~ **yn gywir** veuillez agréer, Monsieur/Madame, mes *neu* nos sincères salutations; **y pethau sydd** ~ les affaires qui sont à vous *neu* qui sont les vôtres *neu* qui vous appartiennent.
eiddof *enw rhag* le mien, la mienne, les miens, les miennes.
eiddom *enw rhag* le nôtre, la nôtre, les nôtres.
eiddot *enw rhag* le tien, la tienne, les tiens, les tiennes; ~ **ti yw y deyrnas** c'est à toi qu'appartient le règne.
eidduno *ba* (*dymuno*) souhaiter, désirer, vouloir, avoir envie de; ~ **blwyddyn newydd dda i rn** souhaiter bonne année à qn.
eiddunol *ans* optatif(optative);
♦ **yn** ~ *adf* optativement.
eiddynt *enw rhag* leur, leurs; ~ **hwy yw teyrnas Nefoedd** le royaume des cieux est à eux.
Eifftaidd *ans* égyptien(ne), d'Égypte.
Eifftes (**-au**) *b* Égyptienne *f*.
Eifftiad (**Eifftiaid, Eifftwyr**) *g/b* Égyptien *m*, Égyptienne *f*.
Eifftoleg *b* égyptologie *f*.
Eifftolegydd (**Eifftolegwyr**) *g* égyptologue *m/f*.
eigion *g*: **yr** ~ (*dyfnfor*) (les grands fonds *mpl* de) l'océan *m*, les grandes profondeurs *fpl*; **teimlo rhth o** ~ **calon** ressentir qch du fond de son cœur, ressentir qch profondément.
eigioneg *b* océanographie *f*.
eigionegol *ans* océanographique.
eigionegydd (**eigionegwyr**) *g* océanographe *m/f*.
eigionol *ans* pélagique.
eingion (**-au**) *b* enclume *f*.
Eingl *ll* Angles *mpl*.
Eingl-Gymraes (~-~**au**) *b* Galloise *f* non-galloisante.
Eingl-Gymreig *ans*: **llenyddiaeth** ~-~ littérature *f* galloise d'expression anglaise.
Eingl-Gymro (~-**Gymry**) *g* Gallois *m* non-galloisant.
Eingl-Norman (~-~**iaid**) *g* Anglo-normand *m*.
Eingl-Normanaidd *ans* anglo-normand(e).
Eingl-Normanes (~-~**au**) *b* Anglo-normande *f*.
Eingl-Sacson (~-~**iaid**) *g/b* Anglo-Saxon *m*, Anglo-Saxonne *f*.
Eingl-Sacsonaidd *ans* anglo-saxon(ne).
Eingl-Sacsoneg *b,g* anglo-saxon *m*.
eil- *rhagdd* re-, deuxième, second.
eil[1] (**-iau**) *b* (*llwybr mewn eglwys, awyren, sinema ayb*) nef *f* latérale.
eil[2] (**-ion**) *g* (*cwt, sied*) remise *f*, resserre *f*, appentis *m*; **yr** ~**ion** (*cytiau fferm*) les communs *mpl*.
eilaidd *ans* secondaire, qui se répète, répété(e).
eilbeth (**-au**) *g* chose *f* d'importance secondaire.
eilchwyl *adf* de nouveau, encore une fois, une fois de plus.
eildro *g* la seconde fois *f*.
eildwym *ans* réchauffé(e).
eilddydd *g*: **bob yn** ~ tous les deux jours.
eiledydd *g* alternance *f*.
eiledol *adf* alternant(e);
♦ **yn** ~ *adf* alternativement, en alternance.
eiledu *ba* faire alterner, employer (qch) alternativement *neu* tour à tour *neu* en alternance;
♦*bg* alterner, se succéder (tour à tour); (*trydan*) alterner; ~ **â rhth** alterner avec qch.
eilfed *ans* deuxième; **yr** ~ **o Fai** le deux mai.
eilflwydd, **eilflwyddol** *ans* biennal(e)(biennaux, biennales), bisannuel(le);
♦ **yn** ~ *adf* tous les deux ans.
eiliad (**-au**) *g,b* seconde *f*; (*ffig*) seconde, instant *m*, moment *m*; **yr** ~ **honno** à cet instant même *neu* précis; **mi fydda' i yna mewn** ~ j'arrive tout de suite *neu* dans une seconde; **bys** ~**au** (*ar gloc*) trotteuse *f*.
eiliadur (**-on**) *g* alternateur *m*.
eilio *ba* (*cefnogi*) appuyer; **'rwy'n** ~! je suis pour*.
eiliw (**-iau**) *g* teinte *f*, nuance *f*.
eiliwr (**eilwyr**) *g* (*cynigiad*) personne *f* qui appuie une motion; (*ymgeisydd*) deuxième parrain *m*.
eilradd, **eilraddol** *ans* secondaire; (*addysg*) secondaire, du second degré; (*o ran pwysigrwydd*) secondaire, peu important(e); (*israddol*) inférieur(e); (*cynnyrch*) de qualité inférieure *neu* de second choix.
eilrif (**-au**) *g* nombre *m* pair.
eilun (**-od**) *g* idole *f*.
eilunaddolgar *ans* idolâtre;
♦ **yn** ~ *adf* de façon idolâtre.
eilunaddoli *ba* idolâtrer;
♦*bg* adorer les idoles.
eilunaddoliad *g* idolâtrie *f*.
eilunaddoliaeth *b* idolâtrie *f*.
eilunaddolwr (**eilunaddolwyr**) *g* idolâtre *m/f*.
eilwaith *adf* de nouveau, encore une fois, une fois de plus; **ni wnaf mohono** ~ je ne le referai plus; **yn awr ac** ~ de temps en temps, de temps à autre.
eilwers *adf*: **bob yn** ~ alternativement, tour à

tour.
eilydd (-ion) *g gw.* **eiliwr**.
eilliad (-au) *g* (*siafiad*) rasage *m*, coup *m* de rasoir.
eillio *ba* raser; **~'ch barf** se raser la barbe; **brwsh ~** blaireau(-x) *m*; **hufen ~** crème *f* à raser; **sebon ~** savon *m* à barbe, bâton *m* de savon à barbe;
♦*bg* se raser, se faire la barbe;
♦*g* rasage *m*; **mae ~'n ddiflas!** c'est ennuyeux *neu* embêtant* de se raser.
eilliwr (**eillwyr**) *g* raseur *m*, coiffeur *m*.
ein, **'n** *rhag blaen*
1 (*o flaen enw*) (cofier: yn Ffrangeg mae'r rhain yn cytuno â'r enw sy'n dilyn) notre *m/f*, nos *m/fpl*; **ein llyfr** notre livre *m*; **ein llyfr ni** (*pwysleisiol*) notre livre à nous; **ein llyfr ni yw hwn** ce livre est à nous; **ein cadair** notre chaise *f*; **ein llyfrau** nos livres; **ein cadeiriau** nos chaises; **'rydyn ni'n mynd i olchi'n dwylo** nous allons nous laver les mains; **'rydyn ni wedi glanhau'n dannedd** nous nous sommes brossé les dents.
2 (*o flaen enw: lle defnyddir yr enw eilwaith*) (cofier: yn Ffrangeg mae'r rhain yn cytuno â'r enw hwnnw) le nôtre *m*, la nôtre *f*, les nôtres *m/fpl*; **swydd fel ein swydd ni** *ou* **fel ein hun ni** un métier comme le nôtre; **dyma'ch bwrdd chi a dyna'n bwrdd ni** *ou* **dyna'n hun ni** voici votre table et voilà la nôtre; **mae'ch bagiau chi yn drymach na'n bagiau ni** *ou* **na'n rhai ni** vos bagages sont plus lourds que les nôtres.
3 (*o flaen berfenw neu ferf*) nous; **mae hi'n ein gweld** elle nous voit; **fe'n gwelaist** tu nous as vu(e)s; **cawsom ein hanafu mewn damwain** nous avons été blessé(e)s dans un accident; **cawsom ein geni ar ...** nous sommes né(e)s le ...
einioes *b* vie *f*; **ffoi am eich ~** se sauver.
einion (-au) *b* enclume *f*.
eira *g* neige *f*; **bwrw ~** neiger; **mae hi'n bwrw ~** il neige; **caseg ~** grosse boule *f* de neige; **dyn ~** bonhomme *m* de neige; **llosg ~** gelure *f*; **lluwch ~** congère *f* de neige, amoncellement *m* de neige; **pelen ~** boule de neige; **pentref dan ~** village *m* complètement enneigé; **pluen ~** flocon *m* de neige; **storm ~** tempête *f* de neige; **taflu peli ~ at rn, pledu rhn â pheli ~** lancer des boules de neige à qn, bombarder qn de boules de neige; **wedi ei gau dan ~, wedi ei chau dan ~** enneigé(e), bloqué(e) par la neige; **lorri i glirio ~** chasse-neige *m inv*; **E~ Wen** Blanche-Neige *f*.
eirafyrddio *bg* faire du surf des neiges;
♦*g* surf *m* des neiges.
eiraog *ans gw.* **eirllyd**.
eirch *ll gw.* **arch**[1].
eirchion *ll gw.* **arch**[2].
eirïaidd *ans* neigeux(neigeuse);
♦*g* (*PLANH*) nivéole *f*.
eirias, **eiriasboeth** *ans* chauffé(e) au rouge, brûlant(e), incandescent(e);
♦ **yn ~** *adf*: **llosgi'n ~** brûler avec intensité.
eiriasedd *g* incandescence *f*.
eiriasol *ans* ardent(e), fervent(e);
♦ **yn ~** *adf* ardemment, avec ferveur.
eirinen (**eirin**) *b* prune *f*; **~ dagu** prunelle *f*; **~ ddu** prune de Damas; **~ ddu fach** prunelle *f*; **~ Ffrengig** pruneau(-x) *m*; **~ Mair** groseille *f* à maquereau; **~ sych** pruneau; **~ wlanog** pêche *f*; **~ y perthi** prunelle; **~ werdd** reine-claude(~s-~s) *f*; **~ ysgawen** baie *f* de sureau; **coeden eirin** prunier *m*; **coeden eirin tagu** prunellier *m*.
eirio *ba* (*crasu: dillad*) aérer, faire sécher; **dydi'r crys 'na ddim wedi'i ~** cette chemise n'est pas encore sèche;
♦*bg* sécher.
eiriog *ans gw.* **eirllyd**.
eiriol *bg*: **~ ar** supplier, implorer; **~ ar rn dros rn** intercéder auprès de qn pour qn.
eiriolaeth *b* supplication *f*, prière *f*, intercession *f*.
eiriolwr (**eiriolwyr**) *g* suppliant *m*; (*cyfryngwr*) médiateur *m*, intercesseur *m*.
eiriolwraig (**eiriolwragedd**) *b* suppliante *f*; (*cyfryngwraig*) médiatrice *f*.
eirlaw *g* neige *f* fondue; **mae hi'n bwrw ~** il tombe de la neige fondue.
eirlin (-(i)au) *b* limite *f* des neiges (éternelles).
eirlithrad (-au) *g* avalanche *f*.
eirlys (-iau) *g* (*PLANH*) perce-neige(~-~(s)) *m,f*.
eirllyd *ans* (*tywydd, hinsawdd, ardal*) neigeux(neigeuse); (*bryniau, to, gwlad*) enneigé(e), couvert(e) de neige.
eironi *g* ironie *f*.
eironig *ans* ironique;
♦ **yn ~** *adf* ironiquement.
eisglwyf *g* (*MEDD*) pleurésie *f*.
eisiau *g*
1 (*awydd*) envie *f*; **bod ag ~** vouloir; **mae arna' i ~ iti fynd** je veux que tu t'en ailles *subj*; **mae arna' i ei ~** je veux en avoir, j'en veux; **'does arna' mo'i ~!** je n'en veux pas!; **'does arni mo f'~ i** elle ne veut pas de moi; **beth sydd arnat ti ei ~?** que veux-tu?; **beth sydd arnoch chi ei ~ gyda fi?** qu'est-ce que vous me voulez?; **beth sydd arnat ti ~ ei wneud yfory?** qu'est-ce que tu as envie de faire demain?; **y cyfan y mae arno ~ ei wneud yw cysgu!** tout ce qu'il veut, c'est dormir!; **mae arna' i ~ bwyd** j'ai faim; **mae arna' i ~ diod** j'ai soif; **mae arna' i ~ cysgu** j'ai sommeil; **mae ar rn dy ~ di ar y ffôn** on te demande au téléphone.
2 (*defnydd berfol*) vouloir; **'rydw i ~ iti fynd** je veux que tu t'en ailles *subj gw. hefyd uchod*.
3 (*angen*) besoin *m*; **mae d'~ di** on a besoin

de toi; **mae gen i'r cyfan sydd arna' i ei ~** j'ai tout ce qu'il me faut; **mae ~ iti wneud ...** il faut que tu fasses *subj* ...; **gwneud rhth heb ~** faire qch pour rien; **mae ~ gofal** il faut prendre soin; **'roedd ~ ailfeddwl** il fallait y repenser, il était besoin d'y repenser, il était nécessaire d'y repenser.
4 (*tlodi mawr*): **bod mewn ~** être dans le besoin.
5 (*colli, hiraeth*): **'rwy'n gweld ei ~ trwy'r amser** il me manque tout le temps; **'roedd f'~ arni** je lui manquais.
6 (*gofyn*) exiger, réclamer; **mae ~ cymwysterau ar gyfer y swydd hon** on exige des qualifications pour ce poste.
▶ **yn eisiau**
1 (*mewn hysbysebion*): **"yn ~: gofalwr"** "on recherche concierge"; **"yn ~: fflat"** "cherche appartement".
2 (*ar goll*): **bod yn ~** manquer; **mae tudalen yn ~ o'r llyfr 'ma** il manque une page à ce livre.
eisin *g* glace *f*, glaçage *m*; **siwgr ~** sucre *m* glacé.
eisinglas *g* colle *f* de poisson.
eisinyn (**eisin**) *g* cosse *f*, gousse *f*; (*gwenith*) balle *f*; (*bran*) son *m* (de blé).
eisio *ba* (*cacen*) glacer.
eis(i)oes *adf* déjà.
eistedd *bg* s'asseoir; (*aderyn*) se poser, se percher; (*pwyllgor*) être en séance, siéger; **bod ar eich ~** être assis(e), être sur son séant; **~ yn llonydd** rester assis(e) sans bouger; **~ yn syth** *ou* **i fyny** se redresser sur son séant; **~ ar wyau** couver; **~ mewn cadair freichiau** s'installer dans un fauteuil; **~ yn ôl mewn cadair freichiau** s'enfoncer *neu* se carrer *neu* se caler dans un fauteuil; **rhoi rhn/rhth i ~** asseoir *neu* installer qn/qch; **ar eich ~, yn ~** assis(e); **~ i gael tynnu'ch llun** poser pour son portrait.
eisteddfa (**-oedd**) *b* siège *m*; (*theatr, sinema*) place *f*, fauteuil *m*; (*bws, trên*) banquette *f*; (*lle*) place.
eisteddfainc (**eisteddfeinciau**) *b* trône *m*.
eisteddfod (**-au**) *b* eisteddfod *m* (*festival culturel gallois*); **yr E~ Genedlaethol** l'eisteddfod national; **E~ yr Urdd** l'eisteddfod national de la jeunesse galloise; **~ daleithiol** eisteddfod régional; **~ gadeiriol** *eisteddfod pendant lequel une chaise sculptée est donnée en prix.*
eisteddfodol *ans* qui appartient à l'Eisteddfod, d'eisteddfod.
eisteddfodwr (**eisteddfodwyr**) *g* fervent *m* des eisteddfodau.
eisteddfodwraig (**eisteddfodwragedd**) *b* fervente *f* des eisteddfodau.
eisteddfota *bg* fréquenter les eisteddfodau.
eisteddiad (**-au**) *g* séance *f*; (*mewn ffreutur*) service *m*.
eisteddle (**-oedd**) *g gw.* **eisteddfa**.
eisteddol *ans* (*swydd, bywyd*) sédentaire; (*ar eich eistedd*) assis(e), sur son séant.
eitem (**-au**) *b* (*ar restr, cyfarfod*) question *f*, point *m*; (*ar raglen*) numéro *m*; (*mewn papur newydd, catalog, rhestr*) article *m*; **~ gyntaf y rhaglen** le premier numéro du programme; **~au ar yr agenda** questions *fpl* à l'ordre du jour; **prif ~ y newyddion** le titre *m* principal des informations, la grosse nouvelle *f*, le fait *m* du jour.
eithaf[1] *ans*: **y(r) ... ~** le(la) ... extrême, le(la) ... le plus éloigné(la plus éloignée); (*terfynol, olaf*) le(la) ... suprême, le(la) ... ultime; **y gosb ~** la peine de mort, la peine capitale; **y pen ~** l'extrémité *f*; **y radd ~** (GRAM) le superlatif *m*; **~ gwaith iddo!** il l'a voulu!, c'est bien fait pour lui!; **byddai'n ~ peth** ce serait une bonne chose;
♦*g* (**-ion, -oedd**) extrémité *f*, bout *m* *neu* point *m* le plus éloigné; (*tristwch, hapusrwydd*) extrême *neu* dernier degré *m*; **hyd ~oedd y ddaear** jusqu'au bout du monde; **i'r ~** au plus haut degré, au plus haut point; **mynd i ~ion** pousser les choses à l'extrême; **'roedd yr ymladd ar ei ~** la violence était à son comble.
eithaf[2] *adf* plutôt, assez; **'roedd y traethawd yn ~ da** la dissertation n'était pas mal *neu* pas mauvaise du tout; **mae'n athro ~ da** c'est un assez bon professeur; **~ gwir!** c'est bien vrai!
eithafbwynt (**-iau**) *g* extrémité *f*; (*uchafbwynt*) apogée *m*, zénith *m*, point *m* culminant, faîte *m*
eithafiaeth *b* extrémisme *m*.
eithafol *ans* extrême; (*gormodol*) outré(e), excessif(excessive); (*llym*) extrême, rigoureux(rigoureuse), très sévère; **mewn perygl ~** en très grand danger; **o bwysigrwydd ~** de toute importance; **tlodi ~** la plus grande misère, l'extrême misère; **achos ~** un cas extrême; **~ yn eich syniadau** *ou* **yn eich barn** d'opinions extrêmes, extrémiste;
♦ **yn ~** *adf* extrêmement, à l'extrême, au plus haut degré, au plus haut point, excessivement; **mae hi'n ~ (o) oer** il fait vraiment *neu* particulièrement froid.
eithafwr (**eithafwyr**) *g* extrémiste *m*.
eithafwraig (**eithafwragedd**) *b* extrémiste *f*.
eithinen (**eithin**) *b* ajonc *m*; **~ bêr** genièvre *m*, genévrier *m*.
eithinfyw *b* sabine *f*.
eithinog *ans* plein(e) d'ajoncs, couvert(e) d'ajoncs.
eithr *cys* (*ond*) mais, pourtant, cependant, néanmoins, toutefois;
♦*ardd* (*ar wahân i*) sauf, excepté, à l'exception de, exception faite de, hormis.
eithriad (**-au**) *g* exception *f*; **heb ~** sans (aucune) exception; **gyda'r ~ hwn** à cette

exception près, à ceci près; **ar wahân i ambell** ~ à part quelques exceptions, à de rares exceptions près; **mae hyn yn ~ i'r rheol** ce cas est une exception à la règle, ce cas constitue une exception à la règle.

eithriadol *ans* (*anarferol*) exceptionnel(le), extraordinaire, peu commun(e), hors ligne; ♦ **yn** ~ *adf* exceptionnellement, extraordinairement, par exception; **bod yn ~ o ddawnus** être doué(e) d'un talent exceptionnel; **mae'n ~ o barod i helpu** il est on ne peut plus serviable.

eithrio *ba* excepter, exclure, faire exception de; **ac** ~ sauf, excepté, hormis, mis à part, à l'exception de, exception faite de; **ac ~'r ferch hynaf** tous *neu* toutes excepté la fille aînée, la fille aînée exceptée; **ac ~'r ffaith ...** mis à part le fait que, sauf que, excepté que, sinon que, si ce n'est que, à cela près que; **ac ~ os/pe ...** sauf si ...; **ac ~ pan** sauf quand, excepté quand.

êl *be gw.* **mynd**.

elain (**elanedd**) *b* (ANIF) faon *m*.

elastig *g* élastique *m*, caoutchouc *m*; ♦*ans* élastique; **sanau** ~ bas *mpl* à varices.

elastigedd *g* élasticité *f*.

elc (**-iaid, -od**) *g* (ANIF) élan *m*.

electrig *ans gw.* **trydan, trydanol**.

electrocardiogram *g* électrocardiogramme *m*.

electrod (**-au**) *g* électrode *f*.

electrolysis *g* électrolyse *f*.

electromagnet (**-au**) *g* électro-aimant *m*.

electromagneteg *b* électromagnétisme *m*.

electromagnetig *ans* électromagnétique; ♦ **yn** ~ *adf* de façon électromagnétique.

electron (**-au**) *g* électron *m*.

electronaidd *ans* électronique.

electroneg *b* l'électronique *f*.

electronig *ans* électronique; ♦ **yn** ~ *adf* électroniquement, par voie électronique.

electroplatio *ba* plaquer par galvanoplastie; (*ag aur*) dorer par galvanoplastie; (*ag arian*) argenter par galvanoplastie; ♦*g* galvanoplastie *f*.

electrosgop (**-au**) *g* électroscope *m*.

electrostateg *b* électrostatique *f*.

electrostatig *ans* électrostatique; ♦ **yn** ~ *adf* de façon électrostatique.

Elen *prb* Hélène; ~ **Benfelen** Boucles d'or.

eleni *adf* cette année *f*; **cynhaeaf** ~ la moisson *f* de cette année.

elfen (**-nau**) *b* élément *m*; (*mewn tegell, gwresogydd*) résistance *f*; **~nau mathemateg** les éléments *neu* rudiments *mpl* des mathématiques; ~ **o wirionedd** une part de vérité; **yr ~ o lwc** le facteur chance; **bod yn eich** ~ être dans son élément.

elfennol *ans* élémentaire; (*sylfaenol*) fondamental(e)(fondamentaux, fondamentales); (*syml*) simple, rudimentaire; **gwyddoniaeth** ~ les rudiments *mpl* de la science; **ysgol/addysg** ~ école *f*/enseignement *m* primaire; **mae hyn yn ~ iawn!** c'est plutôt simpliste!, c'est d'une simplicité!; **Ffrangeg** ~ le français fondamental *neu* de base; ♦ **yn** ~ *adf* de façon élémentaire *neu* rudimentaire.

elfennu *ba* analyser.

eli (**elïau**) *g* (*ennaint*) onguent *m*, pommade *f*; (*hufen*) crème *f*; (*balm*) baume *m*; ~ **wyneb** crème pour le visage; ~ **at bob briw** un remède miracle pour tous les maux; ~ **penelin** huile *f* de coude; **~'r galon** délice *m*, baume.

Elias *prg* Élie.

elicsir (**-au**) *g* élixir *m*.

elifiant (**elifiannau**) *g* émanation *f*, effluence *f*.

elifyn (**elifion**) *g* effluent *m*.

eliffant (**-od**) *g* (*gwryw*) éléphant *m* (mâle); (*benyw*) éléphant femelle; ~ **ifanc** éléphanteau(-x) *m*; ~ **gwyn** un objet *m* inutile *neu* encombrant; ~ **môr** éléphant de mer.

eliffantaidd *ans* (*anferth*) énorme, éléphantesque; (*chwithig*) gauche; (*trwm*) lourd(e); ♦ **yn** ~ *adf* de façon éléphantesque.

elin (**-au, -oedd**) *b* (*penelin*) coude *m*; **pwyso ar eich ~ (ar)** s'accouder (à *neu* sur), être accoudé(e) (à); **rhoi ergyd gyda'ch ~ i rn** coudoyer qn, donner un coup *m* de coude à qn.

elino *ba* coudoyer, donner un coup de coude à.

elinog *ans* (*onglog*) anguleux(anguleuse); ♦*b* (PLANH) douce-amère(~s-~s) *f*.

elïo *ba* oindre; (*bendithio*) consacrer *neu* bénir par onction; (*balm*) embaumer; **~'ch dwylo â hufen** s'enduire les mains de crème.

elips (**-au**) *g* (*hirgylch*) ellipse *f*.

elipsoid (**-au**) *g* ellipsoïde *m*.

eliptig *ans* elliptique; ♦ **yn** ~ *adf* elliptiquement.

Elisabethaidd *ans* élisabéthain(e).

Eliséus *prg* Élisée.

elît (**elitau**) *g,b* élite *f*.

elitaidd *ans* élitiste; ♦ **yn** ~ *adf* de façon élitiste.

elitiaeth *b* élitisme *m*.

elitydd (**-ion**) *g* élitiste *m/f*.

elor (**-au**) *b* (MEDD: *stretsier*) brancard *m*, civière *f*; (*i gludo arch*) brancards (de cercueil); (*i gludo corff marw*) bière *f*; ~ **feirch** (*ar gyfer boneddigion*) litière *f*.

elorgerbyd (**-au**) *g* (*hers*) corbillard *m*, fourgon *m* mortuaire.

elusen (**-nau**) *b*
1 (*cardod*) aumône *f*; (*caredigrwydd*) charité *f*; **rhoi** ~ faire l'aumône *neu* la charité; **blwch** ~ tronc *m* des pauvres.
2 (*cymdeithas elusennol*) œuvre *f* de

bienfaisance.
elusendy (**elusendai**) *g* hospice *m*.
elusengar *ans* (*rhn*) charitable; (*gweithred*) de charité, charitable, bienfaisant(e), de bienfaisance;
♦ **yn** ~ *adf* charitablement.
elusengarwch *g* charité *f*.
elusennol *ans* charitable; (*corff, mudiad*) caritatif(caritative).
elusennwr (**elusenwyr**) *g* aumônier *m*; (*cysylltiedig ag ysbyty*) assistant *m* social, assistante *f* sociale (*d'un hôpital*).
elw (**-au**) *g* (*MASN*) profit *m*, bénefice *m*; (*ffig*) profit, avantage *m*; ~ **a cholled** profits et pertes; ~ **clir** *ou* **net** bénéfice net; ~ **gros** bénéfice brut; ~ **annisgwyl** aubaine *f*, manne *f* tombée du ciel; **gydag** ~ avec profit, avec fruit; **gwneud** ~ **wrth werthu rhth** vendre qch à profit; **gwneud** ~ **o ddecpunt (ar rth)** faire du bénéfice *neu* un bénéfice de dix livres (sur qch); **dwyn** ~ rapporter (un bénéfice); **byddwch ar eich** ~ **yn ei wneud** vous y gagnerez à y faire; **can ffranc oedd ganddi ar ei helw** elle n'avait que cent francs; **'does gennyf ddim ar f'**~ je suis sans sou *neu* sans le sou, je suis fauché(e)*.
elwa *bg* (*ffig*): ~ **(ar rth)** tirer un profit *neu* avantage (de qch), bien profiter de qch; (*ennill*) gagner; **ni wn i ddim sut mae hi'n mynd i** ~ **ar hyn** je ne vois pas ce qu'elle espère en retirer *neu* y gagner; **ni wnei di ddim** ~ **o gwbl ar hynna!** cela ne te profitera en rien!;
♦*ans*: **ni fyddwch chi ddim elwach arno** vous n'en serez pas mieux, cela ne vous vaudra rien, vous n'y gagnerez rien.
elwlen (**elwlod**) *b* rognon *m*; **pastai elwlod** tourte *f* aux rognons.
ella* *adf gw.* **efallai**.
Ellmyn *ll* Allemands *mpl*.
Ellmynaidd *ans* allemand(e).
Ellmyneg *b,g* allemand *m*;
♦*ans* allemand(e).
ellyll (**-on**) *g* (*ysbryd*) esprit *m*; (*ysbryd drwg*) démon *m*, esprit malin; (*coblyn*) lutin *m*, farfadet *m*; (*bwbach, bwgan*) fantôme *m*, spectre *m*; **yr** ~ **bach!** petit fripon *neu* coquin que tu es!, petite friponne *neu* coquine que tu es!, petite fripouille *f*!
ellyllaidd *ans* (*aflan*) démoniaque, diabolique; (*coblynnaidd*) lutin(e), des elfes, de lutin; (*lledrithiol*) spectral(e)(spectraux, spectrales), fantomatique;
♦ **yn** ~ *adf* diaboliquement.
ellylles (**-au**) *b* furie *f*, mégère *f*.
ellyn (**-au**) *g* (*rasel*) rasoir *m*.
embaras* *g* embarras *m*, confusion *f*, gêne *f*.
embargo (**-au**) *g* (*gwaharddiad*) embargo *m*; **rhoi** ~ **ar** mettre l'embargo sur; **codi** ~ lever l'embargo.
embeslad (**-au**) *g* détournement *m* de fonds.
embeslo *ba* détourner *neu* escroquer (*des fonds*).
embeslwr (**embeslwyr**) *g* escroc *m*.
emblem (**-au**) *b* emblème *m*.
emboliaeth (**-au**) *b* embolie *f*.
embryo (**-nau**) *g* embryon *m*.
embryoleg *b* embryologie *f*.
emeri *g* émeri *m*;
♦*ans*: **papur** ~ papier *m* d'émeri, papier de verre; **clwt** ~ toile *f* d'émeri.
emffysema *g* (*MEDD*) emphysème *m*.
Emiradau Arabaidd Unedig *prll* Émirats *mpl* arabes unis.
emosiwn (**emosiynau**) *g* émotion *f*, sentiment *m*; **bod yn llawn** ~ être tout ému(e); **di-**~ insensible, impassible, qui ne montre aucune emotion; **rhn di-**~ une personne indifférente.
emosiynol *ans* (*rhn*) émotionnel(le), sensible; (*ymateb i ergyd, newydd drwg*) émotif(émotive), émotionnel; (*adeg, cyfnod*) d'émotion profonde *neu* intense; (*stori, ffilm*) qui fait appel aux sentiments *neu* à l'émotion; **'rwy'n ferch** ~ **iawn** je suis facilement émue *neu* très sensible; **'roedd hi'n** ~ **iawn ynglŷn â'r peth** elle prenait cela très à cœur, elle laissait paraître son émotion *neu* ses sentiments à ce sujet; **fy nghyflwr** ~ mon état émotionnel;
♦ **yn** ~ *adf* avec émotion, de façon émue.
empathi *g* communauté *f* d'âme, communion *f* d'idées *neu* de sentiments.
empeiraeth *b* empirisme *m*.
empeiraidd, **empeirig** *ans* empirique;
♦ **yn** ~ *adf* empiriquement.
emrallt (**-au**) *g* (*carreg*) émeraude *f*; (*lliw*) émeraude *m*.
emwlsio *ba* émulsionner.
emwlsiwn (**emylsiynau**) *g* émulsion *f*; (*paent*) peinture *f* mate *neu* à émulsion.
emyn (**-au**) *g* cantique *m*, hymne *m*; **llyfr** ~**au** livre *m* de cantiques; **ledio** ~ annoncer un cantique.
emyn-dôn (~**-**~**au**) *g* air *m* de cantique.
emyniadur (**-on**) *g* livre *m* de cantiques.
emynydd (**emynwyr**) *g* compositeur *m* de cantiques.
emynyddes (**-au**) *b* compositrice *f* de cantiques.
enaid (**eneidiau**) *g* âme *f*; (*bywyd*) vie *f*; **â'ch holl** ~ de toute son âme, de tout son cœur; **ni welais i 'run** ~ **byw** je n'ai vu personne, je n'ai pas vu âme qui vive *subj*; **rhoi eich** ~ **dros rth** se sacrifier pour qch, donner sa vie pour qch; ~ **hoff cytûn** âme sœur.
enamel (**-au**) *g* émail *m*; (*paent ewinedd*) vernis *m* à ongles (laqué);
♦*ans* en émail; **paent** ~ peinture *f* laquée, ripolin *m*.
enamlo *ba* émailler.
enbyd *ans* (*peryglus*) dangereux(dangereuse),

périlleux(périlleuse); (*garw*) grave; (*ofnadwy*) terrible, affreux(affreuse), atroce;
♦ **yn** ~ *adf* extrêmement; **mae hi'n** ~ **o brydferth** elle est extrêmement jolie.
enbydrwydd *g* (*perygl*) danger *m*, péril *m*; (*trallod*) détresse *f*; (*erchylltra*) horreur *f*; ~ **y peth** ce qu'il y a d'affreux *neu* de terrible *neu* d'épouvantable *neu* d'atroce dans cette affaire.
enbydu *ba* (*peryglu*) mettre (qn/qch) en danger *neu* en péril, exposer, risquer, hasarder; (*dyfodol, gobaith, iechyd*) compromettre.
enbydus *ans gw.* **enbyd**.
encil (**-ion**) *g* (*lloches*) asile *m*, refuge *m*, retraite *f*; (*cuddfan*) cachette *f*; (*cornel fach*) recoin *m*, niche *f*; **ar** ~ en fuite, en retraite; **caru'r** ~**ion** fuir l'attention du monde.
encilfa (**encilfeydd**) *b* asile *m*, refuge *m*, retraite *f*, lieu *m* retiré; (*ar y ffordd*) petite aire *f* de stationnement (sur bas-côté), aire de repos *gw. hefyd* **encil**.
encilgar *ans* (*rhn*) réservé(e);
♦ **yn** ~ *adf* de façon réservée.
enciliad (**-au**) *g* retraite *f*; (*o'r fyddin*) désertion *f*, défection *f*; (*clogwyn*) recul *m*, reculade *f*, régression *f*; (*GWLEID*) sécession *f*; (*o blaid*) défection.
encilio *bg* (*mynd i encil*) se retirer; (*cilio*) reculer; (*MIL*) battre la retraite; (*dianc o'r fyddin*) déserter, faire défection; (*o'r naill wlad i'r llall*) passer, faire défection; (*GWLEID*) passer à un autre parti; (*i mewn i chi'ch hunan*) se replier sur soi-même.
enciliol *ans* rétrograde; (*talcen, gen*) fuyant(e).
enciliwr (**encilwyr**) *g* déserteur *m*; (*GWLEID: ymwahanwr*) sécessionniste *m/f*; (*o'r naill blaid/wlad i'r llall*) transfuge *m/f*.
encôr *g* bis *m*; ~**!** bis!; **galw am** ~ bisser, crier "bis"; **rhoi** ~ chanter un bis *neu* un morceau en bis.
encyd *g gw.* **ennyd**
enchwythu *ba* gonfler.
endemig *ans* endémique; **bod yn** ~ sévir.
endid (**-au**) *g* entité *f*.
endif (**-au**) *g* (*llyfn*) endive *f*; (*cyrliog*) chicorée *f*.
endoriad (**-au**) *g* (*MEDD*) incision *f*.
endorri *ba* inciser, faire une incision dans; (*CELF*) graver.
endothermig *ans* endothermique.
eneideg *b* psychologie *f*.
eneidydd (**-ion**) *g* animiste *m/f*.
eneiniad (**-au**) *g* onction *f*; (*cysegriad*) sacre *m*; **yr** ~ **olaf** l'extrême-onction *f*.
eneinio *ba* oindre, consacrer *neu* bénir (qn) par l'onction; (*cysegru*) sacrer.
eneiniog *ans* consacré(e) *neu* béni(e) par l'onction; **yr E**~ (*BEIBL*) le Messie *m*.
eneiniwr (**eneinwyr**) *g* celui *m* qui consacre *neu* sacre.
eneinwraig (**eneinwragedd**) *b* celle *f* qui consacre *neu* sacre.
enema (**-s, enemâu**) *g,b* (*MEDD*) lavement *m*; **rhoi** ~ **i rn** faire un lavement à qn.
enfawr *ans* énorme, immense, colossal(e); (*eang*) vaste; **gwybodaeth** ~ de vastes connaissances;
♦ **yn** ~ *adf* énormément, extrêmement, infiniment, immensément.
enfys (**-au**) *b* arc-en-ciel(~s-~-~) *m*; **o liwiau'r** ~ de toutes les couleurs de l'arc-en-ciel, nacré(e).
engrafiad (**-au**) *g* gravure *f*.
engrafu *ba* graver; (*ffig*) graver, empreindre.
engrafwr (**engrafwyr**) *g* graveur *m*.
enigma (**enigmâu**) *g* énigme *f*.
enigmataidd, enigmatig *ans* énigmatique;
♦ **yn** ~ *adf* énigmatiquement.
enillfawr *ans* lucratif(lucrative), rentable; (*gwaith, swydd*) lucratif, qui paie bien, bien rémunéré(e);
♦ **yn** ~ *adf* de façon lucrative.
enillgar *ans* (*atyniadol*) engageant(e), avenant(e), aimable, charmant(e);
♦ **yn** ~ *adf* d façon avenante *neu* engageante *neu* charmante, aimablement.
enillion *ll gw.* **ennill**[2].
enillydd (**enillwyr**) *g* vainqueur *m*; (*CHWAR*) gagnant *m*, gagnante *f*.
enllib (**-iau, -ion**) *g* calomnie *f*; (*CYFR*) diffamation *f*; (*dogfen*) libelle *m*, écrit *m* diffamatoire.
enllibio *ba* calomnier, dire du mal de, médire; (*CYFR*) diffamer.
enllibiwr (**enllibwyr**) *g* calomniateur *m*; (*CYFR*) diffamateur *m*.
enllibus *ans* calomnieux(calomnieuse), calomniateur(calomniatrice); (*CYFR*) diffamatoire;
♦ **yn** ~ *adf* calomnieusement, de façon diffamatoire.
enllibwraig (**enllibwragedd**) *b* calomniatrice *f*; (*CYFR*) diffamatrice *f*.
enllyn *g* assaisonnement *m*, mets *m* piquant *neu* salé; ~ **caws** toast *m* au fromage, canapé *m* au fromage; ~ **gwyn** produits *mpl* laitiers.
ennaint (**eneiniau**) *g* onguent *m*, pommade *f*.
ennill[1] *ba* gagner; (*gwobr*) gagner, enlever, remporter, décrocher; (*ysgoloriaeth*) obtenir; (*buddugoliaeth*) remporter; ~ **hyder** prendre de l'assurance; ~ **y dydd** remporter la victoire, l'emporter;
♦*bg* gagner, être gagnant(e), l'emporter; **mae'r cloc yn** ~ **o 5 munud** la pendule avance de 5 minutes.
ennill[2] (**enillion**) *g* gain *m*; **bod ar eich** ~ être gagnant(e), ne pas être perdant(e), faire du bénéfice; **enillion** (*cyflog*) gains *mpl*, salaire *m*; (*elw*) profits *mpl*, bénéfices *mpl*; **enillion ar fuddsoddiad** rendement *m* d'un

investissement; **enillion crynswth** revenu *m* brut, salaire brut; **enillion clir** revenu net, salaire net; **enillion cyfalaf** revenus des capitaux.
ennyd *g,b* moment *m*, instant *m*, espace *m* de temps, quelque temps *m*; **ar ôl** ~ au bout de quelque temps, quelque temps après.
ennyn *ba* (*tanio*) allumer, enflammer; (*cynhyrfu*) exciter; (*symbylu*) éveiller, motiver, stimuler, provoquer, inciter, pousser; ~ **diddordeb rhn** intéresser qn, éveiller l'intérêt de qn.
enosod *ba* incruster; (*bwrdd, blwch*) marqueter; (*llawr*) parqueter.
enosodiad (**-au**) *g* incrustation *f*; (*bwrdd, blwch*) marqueterie *f*; (*llawr*) parqueterie *f*.
enrhif (**-au**) *g* valeur *f*.
enrhifo *ba* évaluer, déterminer la valeur de.
ensemble (**-s**) *g* (*CERDD ayb*) ensemble *m*.
ensym (**-au**) *g* enzyme *m*, diastase *f*.
ensyniad (**-au**) *g* insinuation *f*, allusion *f*, sous-entendu *m*.
ensynio *ba* laisser entendre, insinuer, sous-entendre; **beth oeddet ti yn ei ~?** qu'est-ce que tu voulais dire *neu* insinuer par là?
entomoleg *b* entomologie *f*.
entomolegydd (**entomolegwyr**) *g* entomologiste *m/f*.
entrepreneur (**-iaid**) *g* entrepreneur *m*, entrepreneuse *f*.
entri (**-oedd**) *b* (*ale*) ruelle *f*, allée *f*, impasse *f*; (*mewn llyfr cyfrifon*) article *m*, écriture *f*.
entro *ba* (*mewn llyfr, ar restr*) écrire, inscrire, noter, mettre.
entropi *g* entropie *f*.
entrych (**-oedd**) *g* zénith *m*.
entrychdy (**entrychdai**) *g* gratte-ciel *m inv*.
enw (**-au**) *g*
1 (*cyff*) nom *m*; **beth ydi'ch ~ chi?** comment vous appelez-vous?, quel est votre nom?; **beth ydi dy ~ di?** comment t'appelles-tu?; **Geraint yw f'~ i** je m'appelle Geraint; **dyn o'r ~ Wil** un homme qui répond au nom de Wil; **wnewch chi ysgrifennu eich ~ a'ch cyfeiriad os gwelwch yn dda** prière d'inscrire vos noms, prénoms et adresses; **rhoi eich ~ i lawr mewn cystadleuaeth** s'incrire à une compétition; **brenin mewn ~** roi *m* nominal; **mewn ~ yn unig** nominalement, de nom seulement; **yn ~ Duw** au nom de Dieu, pour l'amour de Dieu; **~ da** réputation *f*, renom *m*; **mae ganddi ~ da am fod yn onest** elle est réputée honnête, elle a la réputation *neu* elle est censée d'être honnête; **~ drwg** mauvaise réputation, mauvais renom *m*; **cael ~ drwg** se faire une mauvaise réputation *neu* un mauvais renom; **di-~** sans nom, inconnu(e); **heb roi eich ~** anonyme; **gwneud ~ i chi'ch hun** (*dod yn enwog*) bâtir sa renommée; **~ anwes** petit nom; **~ barddol** pseudonyme *m*, nom de guerre; **~ bedydd** nom de baptême, petit nom; **~ brand** marque *f* déposée; **~ cyn priodi** nom de jeune fille; **~ ffeil** nom de fichier; **~ ffug** faux nom, nom d'emprunt, pseudonyme *m*; **~ llwyfan** nom de théâtre; **~ teuluol** (*cyfenw*) nom de famille.
2 (*GRAM*) nom *m*, substantif *m*; **~ priod** nom propre; **~ cyfansawdd** nom composé; **~ cyffredin** nom commun; **~ torfol** (nom) collectif *m*.
enwad (**-au**) *g* (*CREF*) secte *f*, confession *f*.
enwadaeth *b* sectarisme *m*.
enwadol *ans* sectaire; (*CREF*) confessionnel(le), appartenant(e) à une secte *neu* à une confession.
enwadur (**-on**) *g* (*MATH*) dénominateur *m*; (*rhestr enwau*) nomenclature *f*.
enwadwr (**enwadwyr**) *g* sectaire *m/f*.
enwaededig *ans* circoncis(e).
enwaediad (**-au**) *g* circoncision *f*.
enwaedu *ba* circoncire.
enwebedig (**-ion**) *g* (*am swydd*) personne *f* désignée *neu* nommée, candidat *m* agréé, candidate *f* agréée.
enwebiad (**-au**) *g* (*cynnig enw*) proposition *f* de candidat; **"~au i mewn erbyn ..."** "toutes propositions de candidats doivent être reçues avant ..."
enwebu *ba* (*cynnig*) proposer, présenter.
enwebydd (**-ion**) *g* présentateur *m*.
enwedig *ans* particulier(particulière), exceptionnel(le), spécifique, spécial(e)(spéciaux, spéciales);
♦ **yn ~** *adf* surtout, en particulier, particulièrement, spécialement, avant tout.
enwi *ba* (*rhestru*) nommer, citer (le nom de); (*dynodi*) nommer, désigner (par son nom *neu* nominalement); **~ dyddiad** fixer la date; **cafodd ei ~'n brifathro** il a été nommé directeur; **y Mr Jones a enwyd** le M. Jones en question, ledit *neu* le susdit Mr Jones; **a enwyd uchod** susdit(e), susmentionné(e), précité(e).
enwog *ans* célèbre, (bien) connu(e), renommé(e) (pour qch); **'roedd arno eisiau bod yn ~** il voulait se faire une renommée, il voulait se rendre célèbre;
♦*g*: **~ion** célébrités *fpl*.
enwogi *ba* (*gwneud yn enwog*) rendre célèbre.
enwogrwydd *g* renommée *f*, renom *m*; **ei ~ fel actor** sa renommée d'acteur; **dod i ~** devenir célèbre.
enwol *ans* nominal(e)(nominaux, nominales); (*GRAM*) nominatif(nominative);
♦ **yn ~** *adf* nominalement, de nom.
enwyn *g*: **llaeth ~** babeurre *m*, petit-lait(~s-~s) *m*.
enynfa (**-oedd**) *b* (*llid*) inflammation *f*, irritation *f*.
enyniad (**enyniadau**) *g gw.* **enynfa**.

enynnol *ans* inflammatoire;
♦ **yn** ~ *adf* de façon inflammatoire.

eofn *ans* (*di-ofn*) hardi(e), audacieux(audacieuse), intrépide; (*digywilydd*) hardi(e), effronté(e), impudent(e), insolent(e); (*mentrus*) osé(e); **bod yn ddigon** ~ **i wneud rhth** avoir l'audace de faire qch, oser faire qch; **os ca' i fod mor** ~ **â** si je peux me permettre de;
♦ **yn** ~ *adf* hardiment, audacieusement, effrontément, avec impudence.

eog (**-iaid**) *g* (PYSG) saumon *m*; (*hwyfell*) saumon femelle; (*gleisiad*) saumoneau(-x) *m*; ~ **wedi'i gochi** saumon fumé; **pysgota am** ~ aller à la pêche au saumon, pêcher le saumon; **stecen** ~ darne *f* de saumon.

eog-frithyll (~-~**od**) *g* truite *f* de mer.

eolithig *ans* éolithique.

eos (**-iaid**) *b* rossignol *m*; **canu fel** ~ chanter comme un rossignol.

epa (**-od**) *g* grand singe *m*, anthropoïde *m*.

epicwraidd *ans* épucurien(e).

epicwriaeth *b* épicurisme *m*.

Epicwrws *prg* Épicure.

epidemig *g* épidémie *f*;
♦*ans* épidémique.

epidermaidd *ans* épidermique.

epidermis *g* épiderme *m*, peau(-x) *f*.

epig (**-au**) *b* poème *m* épique, récit *m* épique, épopée *f*; (*ffilm*) film *m* à grand spectacle;
♦*ans* épique; (*ffig*) héroïque, épique.

epiglotis (**-au**) *g* épiglotte *f*.

epigram (**-au**) *g* épigramme *f*.

epil (**-oedd**) *g* progéniture *f*; (*hiliogaeth*) lignée *f*, descendants *mpl*; (*dif*) engeance *f*.

epilepsi *g* épilepsie *f*.

epileptig *ans* épileptique; **ffit** ~ crise *f* d'épilepsie;
♦*g* (**-ion**) épileptique *m/f*.

epilgar *ans* (*ffrwythlon*) prolifique, fécond(e), fertile;
♦ **yn** ~ *adf* abondamment, de manière prolifique *neu* profonde *neu* fertile.

epiliad (**-au**) *g* reproduction *f*, procréation *f*.

epilio *ba* reproduire, procréer, engendrer, faire naître, donner naissance à;
♦*bg* se reproduire.

epiliog *ans* prolifique, fécond(e), fertile;
♦ **yn** ~ *adf* abondamment, de manière prolifique *neu* profonde *neu* fertile.

epilog (**-au**) *g* épilogue *m*.

episod (**-au**) *g* épisode *m*.

epistemeg *b* épistémologie *f*.

epistol (**-au**) *g* épître *f*.

epistolaidd *ans* épistolaire.

eples (**-au**) *g* levain *m*, ferment *m*.

eplesiad (**-au**) *g* fermentation *f*.

eplesu *ba* (*lefeinio: bara*) faire lever; (*gweithio: cwrw, gwin*) faire fermenter;
♦*bg* lever, fermenter.

epoc (**-au**) *g* époque *f*, période *f*.

epoled (**-au**) *b* épaulette *f*.

Ephesus *prb* Ephèse.

er *ardd* (erof fi, erot ti, erddo ef, erddi hi, erom ni, eroch chi, erddynt hwy)
1 (*i gyfleu pwrpas neu ganlyniad*) pour; ~ **cof am** en souvenir de, à la mémoire de; ~ **enghraifft** par exemple; ~ **gwell neu** ~ **gwaeth** pour le meilleur ou pour le pire; ~ **gwybodaeth** pour information, à titre de renseignement; ~ **lles rhn** dans l'intérêt de qn; ~ **ei les ef** pour son bien; ~ **mawr gywilydd/syndod imi** à ma très grande honte/surprise.
2 (*er gwaethaf, serch*) malgré, en dépit de; **penderfynodd ei chroesawu** ~ **ei amheuon** il a décidé de l'accueillir malgré ses doutes; ~ **hynny** pourtant, néanmoins.
3 (*ni waeth pa: o flaen gradd gyfartal ansoddair*) quelque *neu* si ... que + *subj*; ~ **mor fawr ydyw** quelque *neu* si grand(e) qu'il(elle) soit; ~ **(cyn) lleied** si peu *neu* petit que ce soit, si petit qu'il soit, si petite qu'elle soit; ~ **cymaint f'awydd i'w gweld hi** autant que j'aie *subj* envie de la voir; ~ **lleied ei diddordeb mewn chwaraeon** si peu qu'elle s'intéresse *neu* s'intéressât *subj* aux sports.
4 (*ers*) depuis; **mae hi'n aros** ~ **deg o'r gloch** elle attend depuis dix heures;
♦*cys* (*serch*) bien que + *subj*, malgré le fait que + *subj*; (*hyd yn oed os*) même si; ~ **ei fod yn wael** bien qu'il fût malade, tout en étant malade; ~ **iti fod yn ffrind i mi** même si tu es mon ami(e), malgré le fait que *neu* bien que tu sois mon ami(e); ~ **ein bod ni wedi blino** bien que *neu* quoique nous soyons fatigué(e)s, même si nous sommes fatigué(e)s; ~ **nad oedd yn hapus** bien qu'il ne fût pas content.
► **er gwaethaf** malgré, en dépit de; ~ **gwaethaf y rhyfel** malgré la guerre; ~ **gwaethaf pawb** envers et contre tous; ~ **gwaethaf ei gyfoeth** tout riche qu'il soit *neu* fût *subj*; ~ **gwaethaf y ffaith fy mod wedi ei weld** bien que *neu* quoique je l'aie *subj* vu, malgré le fait que je l'aie *subj* vu.
► **er mwyn** (er fy mwyn, er dy fwyn, er ei fwyn, er ei mwyn, er ein mwyn, er eich mwyn, er eu mwyn).
1 (*i gyfleu pwrpas*) pour, afin de; **'rydw i wedi dod** ~ **mwyn dy helpu di** je suis venu(e) afin de t'aider *neu* pour t'aider; **siarad** ~ **mwyn siarad** parler pour ne rien dire; **lladd** ~ **mwyn lladd** tuer pour le plaisir de tuer; ~ **mwyn i** afin que + *subj*, pour que + *subj*; **cymryd mesurau** ~ **mwyn i'r ifainc gael gwaith** prendre des mesures afin que les jeunes trouvent *subj* du travail.
2 (*er lles, er mantais*) pour, par égard pour; ~ **fy mwyn i** pour moi, par égard pour moi; ~ **dy fwyn dy hun** pour ton bien.
3 (*o achos*): ~ **mwyn yr hen ddyddiau** en

souvenir du passé.
4 (*mewn ebychiad, llw*): ~ **mwyn Duw** *ou* **dyn** *ou* **y nefoedd!** (*ymbilgar*) pour l'amour de Dieu!, pour l'amour du ciel!; (*mewn tymer*) nom d'un chien!; ~ **mwyn popeth!** (*ymbilgar*) par pitié!, de grâce!; (*diamynedd*) zut alors!, mince!.
▶ **er pan** depuis que, dès; ~ **pan oeddwn i'n blentyn** depuis que j'étais enfant, depuis mon enfance; **mae wythnos** ~ **pan welais i hi** cela fait une semaine que je ne l'ai pas vue, je ne l'ai pas vue depuis une semaine

era (**erâu**) *g,b* (*cyff*) époque *f*, temps *m*; (DAEAR) ère *f*.

eraill *ans gw.* **arall**.

erbyn *ardd*
1 (*cyn, heb fod yn ddiweddarach na*) avant, pour, pas plus tard que; ~ **hanner nos** avant minuit; **byddaf yn ôl** ~ **9 o'r gloch** je serai de retour à *neu* pour *neu* avant 9 heures; ~ **yfory, byddaf wedi gorffen y gwaith** d'ici demain, j'aurai fini le travail; ~ **ddoe, 'roeddwn wedi sylweddoli ...** dès hier je m'étais rendu(e) compte que; ~ **hyn** (dès) maintenant, en ce moment; **dylai fod yma** ~ **hyn** il devrait être déjà ici; ~ **hynny fe wyddwn ...** à ce moment-là je savais déjà que ....
2 (*ar gyfer*) en vue de, en prévision de, pour; **trwsio'r to** ~ **y tywydd glawog** (faire) réparer le toit en vue de la saison des pluies.
▶ **yn erbyn** (yn f'erbyn, yn d'erbyn, yn ei erbyn, yn ei herbyn, yn ein herbyn, yn eich erbyn, yn eu herbyn).
1 (*i gyfleu safle*) contre; **pwyso yn** ~ **y wal** s'appuyer au mur *neu* contre le mur.
2 (*i gyfleu gwrthdrawiad*) contre, sur; **bwrw'ch pen yn** ~ **rhth** se cogner la tête contre qch; **aeth y car yn** ~ **postyn** la voiture s'est jetée sur un poteau, la voiture a percuté *neu* a heurté un poteau; **aeth y trên yn** ~ **trên arall** le train est entré en collision avec un autre train.
3 (*i gyfleu cyferbyniad*) contre, sur; **yn** ~ **y golau** à contre-jour; **sefyll allan yn** ~ **cefndir** se détacher *neu* se découper *neu* se silhouetter sur un fond.
4 (*i gyfleu gwrthwynebiad*): **bod yn** ~ **rhth** être contre qch, être en opposition à qch, s'opposer à qch; **bod yn hollol yn** ~ **rhth** s'opposer absolument à qch; **'rwyf yn** ~ **ei helpu** je ne suis pas d'avis qu'on l'aide *subj*; **mae pawb yn ei** ~ tout le monde est contre lui.
5 (*i gyfleu cystadleuaeth*) contre; **sefyll yn** ~ **rhn** (*mewn etholiad*) se présenter contre qn; **gweithio yn** ~ **y cloc** travailler contre la montre, faire la course contre la montre.
6 (*yn groes i: llif, graen ayb*) contre; (*rheolau, egwyddorion*) à l'encontre de; **yn** ~ **y gyfraith** (*gweithred*) contraire à la loi; (*gweithredu*) contrairement à la loi; **yn** ~ **fy ewyllys** malgré moi, à contre-cœur, contre ma volonté.
7 (*yn anffafriol i*): **mae'r amgylchiadau yn eich** ~ les conditions vous sont défavorables, les conditions sont contre vous; **aeth y dyfarniad yn ein herbyn** le verdict ne nous a pas été favorable *gw. hefyd* **mynd**;
♦*cys* lorsque; **'roedd y plant wedi ymlâdd** ~ **cyrraedd y copa** les enfants étaient éreintés lorsqu'ils sont arrivés au sommet; ~ **imi gyrraedd 'roedd hi wedi mynd** lorsque je suis arrivé(e) elle était partie, le temps que j'arrive *subj* elle était partie; **rhaid paratoi swper** ~ **iddo ddod yn ôl** il faut préparer le souper pour son retour; ~ **y darlleni'r llythyr hwn byddaf yn Ffrainc** lorsque tu liras cette lettre je serai en France; ~ **meddwl ...** maintenant que j'y pense ...

Ercwlff *prg* Hercule.

Erch *prg*: **Ynysoedd** ~ les Orcades *fpl*; **yn Ynysoedd** ~ dans les Orcades.

erchi *ba* (*gofyn*) demander; (*hawlio*) exiger; (*gorchymyn*) ordonner.

erchwyn (**-ion**) *g,b* chevet *m*; **wrth** ~ **gwely rhn** au chevet de qn; **wrth ei** ~ à son chevet; **lamp** ~ **gwely** lampe *f* de chevet; **bwrdd wrth** ~ **gwely** table *f* de chevet.

erchyll *ans* horrible, affreux(affreuse), atroce, abominable, terrible, hideux(hideuse); **yr hyn sy'n** ~ **yw'r ffaith fod** ce qu'il y a d'affreux *neu* de terrible *neu* d'atroce dans cette affaire c'est que;
♦ **yn** ~ *adf* horriblement, affreusement, atrocement, abominablement, terriblement, hideusement.

erchyllter, **erchylltod** (**-au**) *g* atrocité *f*.

erchylltra *g gw.* **erchyllter**.

erchyllu *ba* rendre horrible *neu* affreux(affreuse) *neu* atroce *neu* hideux(hideuse) *neu* terrible.

erddi, **erddo, erddynt** *ardd gw.* **er**.

erfinen (**erfin**) *b* (*meipen*) navet *m*; (*rwden, swedsen*) rutabaga *m*; ~ **wyllt** colza *m*.

erfyn[1] *bg*: ~ **ar** (*ymbil*) supplier; ~ **ar rn i wneud rhth** supplier qn de faire qch; **'rwy'n** ~ **arnat ti!** je t'en supplie!, de grâce!; ~ **am gymorth** demander de l'aide; **erfynnir arnoch i beidio â cherdded ar y lawnt** prière de ne pas marcher sur la pelouse.

erfyn[2] (**arfau**) *g* (*i ymladd*) arme *f*; (*i weithio*) outil *m*.

erfyniad (**-au**) *g* demande *f*, requête *f*, prière *f*; (*ymbiliad*) prière, supplication *f*.

erfyniwr (**erfynwyr**) *g* suppliant *m*.

erfynwraig (**erfynwragedd**) *b* suppliante *f*.

erg (**-iau**) *g* erg *m*.

ergonomaidd *ans* ergonomiste.

ergonomeg *b* ergonomie *f*.

ergonomegydd (**ergonomegwyr**) *g* ergonomiste *m/f*.

ergonomig *ans* ergonomiste.

ergot *g* ergot *m*.
ergyd (**-ion**) *g,b*
1 (*cyff*) coup *m*; (*gwn*) coup de fusil; (*â'r dwrn*) coup de poing; ~ **farwol** coup de grâce; **ar yr** ~ **cyntaf** du premier coup; ~ **jôc** la chute finale d'une plaisanterie; **fel** ~ **o wn** (*yn syth*) comme une flèche; (*ar unwaith*) sans hésiter; **rhoi** ~ **â'ch penelin (i rn)** donner un coup de coude (à qn), coudoyer (qn).
2 (*ffig: anhap*) coup *m*, malheur *m*; **'roedd hynna'n** ~ **ofnadwy iti** cela a été un coup terrible pour toi.
ergydiant (**ergydiannau**) *g* impulsion *f*.
ergydio *ba* frapper, donner un coup *neu* des coups (à);
♦*bg*: ~ **at** (*anelu at, cyfeirio at*) viser, faire allusion à.
ergydiol *ans* frappant(e), qui frappe, puissant(e).
ergydiwr (**ergydwyr**) *g* frappeur *m*, batteur *m*; (*ar wn*) percuteur *m*.
ergydwst *g* (*MEDD*) commotion *f* (cérébrale).
erial (**-au**) *g,b* antenne *f*.
erioed *adf*
1 (*negyddol*): **ni ...** ~ ne ... jamais; **'doeddwn i** ~ **wedi ei gweld hi o'r blaen** je ne l'avais jamais vue auparavant; **ni fuasai** ~ **drychineb o'r fath** jamais on n'avait connu un tel désastre; **ni chlywais i** ~ **stori debyg yn fy myw!** je n'ai jamais de ma vie entendu une histoire pareille!; ~**!, 'dwyt ti** ~ **yn dweud!** sans blague!, pas possible!; **wyt ti wedi ei gweld?** - ~**!** l'as-tu vue? - jamais!.
2 (*cadarnhaol*): **'roedd hi wedi ei gredu** ~ elle l'avait toujours cru; **dyna a fu'r arfer** ~ cela a toujours été la coutume.
Eritrea *prb* l'Érithrée *f*.
Eritread (**Eritreaid**) *g/b* Érythréen *m*, Érythréenne *f*.
Eritreaidd *ans* érythréen(ne).
erledigaeth (**-au**) *b* persécution *f*.
erlid *ba* persécuter; (*poeni rhn*) harceler, tourmenter; (*dilyn*) poursuivre, pourchasser, chasser.
erlidiwr (**erlidwyr**) *g* persécuteur *m*, poursuivant *m*.
erlidwraig (**erlidwragedd**) *b* persécutrice *f*, poursuivante *f*.
erlyn *ba* poursuivre (qn) en justice, intenter un procès à (qn); **cael eich** ~ **am oryrru** être poursuivi(e) pour excès de vitesse.
erlyniad (**-au**) *g* (*achos*) accusation *f*; (*gweithred*) poursuites *fpl* judiciaires; **Cyfarwyddwr Erlyniadau Cyhoeddus** procureur *m* général.
erlyniaeth *b* (*erlyniad*) accusation *f*, poursuite *f* secondaire, procès *m* criminel; (*adran swyddogol wladol*) ministère *m* public; **tyst dros yr** ~ témoin *m* à charge.
erlynydd (**-ion, erlynwyr**) *g* (*cyhoeddus*) procureur *m* (de la République); **E**~ **Gwladol** adjoint *m* du procureur général.
ermin *g* hermine *f*.
ernes (**-au**) *b* (*blaendal*) arrhes *fpl*; (*gwarant*) garantie *f*, gage *m*; (*blaenbrawf*) avant-goût *m*; **fel** ~ **o rth** en gage de qch.
eroch, **erof, erom** *ardd gw.* **er**.
erogenaidd *ans* érogène.
eronoteg *b gw.* **aeronoteg**.
eroplen (**-au**) *b gw.* **awyren**.
erot *ardd gw.* **er**.
erotig *ans* érotique;
♦ **yn** ~ *adf* érotiquement.
erotigrwydd *g* érotisme *m*.
ers *ardd* depuis; **'rwy'n aros** *ou* **wedi bod yn aros** ~ **3 o'r gloch** j'attends depuis 3 heures; ~ **amser maith** depuis (très) longtemps; ~ **tro** depuis quelque temps; ~ **meitin** depuis des heures; ~ **cyn cof** depuis des siècles; ~ **pryd?** depuis quand?; ~ **talwm** depuis longtemps, il y a longtemps, autrefois, jadis; **ni welais i mohonot ti** ~ **oesoedd*!** cela fait des siècles qu'on ne s'est pas vu(e)s*; ~ **hynny, mi fûm i'n ofni ...** depuis lors, j'ai constamment craint que + *subj*.
► **ers i** depuis que; ~ **iddo adael** depuis son départ, depuis qu'il est parti; ~ **imi ddod yma** depuis mon arrivée ici; ~ **imi gwrdd â thi** depuis que je t'ai rencontré(e) *neu* depuis le jour où je t'ai rencontré(e); **mae blynyddoedd** ~ **imi ei weld** cela fait des années que je ne l'ai (pas) vu, je ne l'ai pas vu depuis des années; ~ **i hynny ddigwydd** depuis que cela s'est produit.
ertrai (**ertreiau**) *g* marée *f* de morte-eau.
erthygl (**-au**) *b* article *m*; **prif** ~, ~ **arweiniol,** ~ **flaen** éditorial *m*, éditoriaux *mpl*; ~**au'r ffydd** articles de foi.
erthyglu *ba* (*CYFR*) stipuler.
erthyl (**-od**) *g* avorton *m*.
erthylaidd *ans* abortif(abortive), avorté(e).
erthylfeddyg (**-on**) *g* avorteur *m*, avorteuse *f*; (*stryd gefn*) faiseuse *f* d'anges.
erthyliad (**-au**) *g* (*bwriadol*) avortement *m*, interruption *f* (volontaire) de grossesse; ~ **naturiol** (*camesgoriad*) fausse couche *f*; **cael** ~ (*bwriadol*) se faire avorter; (*camesgor*) faire une fausse couche.
erthylog *ans* abortif(abortive), avorté(e), qui avorte.
erthylu *bg* avorter;
♦*ba* faire avorter.
erthylydd (**-ion**) *g* avorteur *m*, avorteuse *f*.
erw (**-au**) *b* ≈ demi-hectare *m*, acre *f*, ≈ arpent *m*; **mae ganddo** ~**au o dir** il possède quelques hectares (de terrain) *neu* un terrain de quelques hectares; ~ **Duw** cimetière *m*.
erwain(t) *ll* (*blodau'r mêl, brenhines y weirglodd*) reine *f* des prés.
erwydd (**-i**) *g* (*CERDD*) portée *f*.
erydiad (**-au**) *g* érosion *f*; (*asid, rhwd*) corrosion *f*.

erydog *ans* érodé(e), rongé(e).
erydol *ans* érosif(érosive); (*asid, rhwd*) corrosif(corrosive);
♦ **yn** ~ *adf* de façon érosif *neu* corrosif.
erydr *ll gw.* **aradr**.
erydu *ba* (*dŵr, gwynt, môr*) éroder, ronger; (*asid, rhwd*) ronger, corroder; (*ffig*) ronger, miner, corroder.
erydydd (**-ion**) *g* agent *m* érosif.
eryr[1] (**-od**) *g* (*ADAR*) aigle *m*; ~ **aur** *ou* **melyn** aigle royal; ~ **cynffonwen** pygargue *m* à queue blanche; ~ **y môr** *ou* **y pysgod** orfraie *f*.
eryr[2] (**eryrod**) *g* (*MEDD: llid y croen*) zona *m*; **dail** ~ (*PLANH*) orpin *m* âcre.
eryraidd *ans* aquilin(e), en bec d'aigle.
eryri (**eryrod**) *b* (*MEDD: llid y croen*) zona *m*.
Eryri *b* le massif *m* du Snowdon, le Snowdonia *m*.
esblygiad (**-au**) *g* évolution *f*.
esblygiadaeth *b* évolutionnisme *m*.
esblygiadol *ans* évolutionniste;
♦ **yn** ~ *adf* de façon évolutionniste.
esblygiadwr (**esblygiadwyr**) *g* évolutionniste *m/f*.
esblygol *ans* qui émerge; (*OPT, ATHRON*) émergent(e); **gwledydd** ~ pays *mpl* en voie de développement.
esblygu *bg* évoluer.
esboniad (**-au**) *g* (*gweithred, gosodiad*) explication *f*, éclaircissement *m*; (*BEIBL*) commentaire *m*; **dod o hyd i** ~ **ar rth** trouver l'explication de qch, s'expliquer qch; **mae ar hyn angen ychydig o** ~ ceci demande quelques éclaircissements.
esboniadaeth *b* exégèse *f*.
esboniadol *ans* explicatif(explicative), exégétique;
♦ **yn** ~ *adf* de façon explicative, en guise d'explication.
esboniadwy *ans* explicable; **mae hynna'n** ~ **iawn** cela s'explique facilement.
esbonio *ba* (*ystyr, gair, sefyllfa*) expliquer; (*dirgelwch*) élucider, éclaircir; (*cymhelliant, syniadau*) expliquer, éclairer; (*rhesymau, safbwynt*) exposer; (*rhoi cyfrif am ffenomenau*) expliquer, donner l'explication de; **esbonia pa beth wyt ti'n mynd i'w wneud** explique ce que tu veux faire; **mae hynna'n hawdd ei** ~ cela s'explique facilement; **esbonia dy hun!** explique-toi!; **felly, mi f'esbonia' i fy hunan** je m'explique donc; ~ **sut/pam** expliquer comment/pourquoi; **beth sydd ganddo i'w ddweud i** ~ **ei ymddygiad?** qu'est-ce qu'il peut fournir pour expliquer sa conduite?; **beth sydd gen ti i'w ddweud i'th** ~ **dy hunan?** qu'as-tu à dire pour ta justification?
esboniwr (**esbonwyr**) *g* celui qui explique; (*testunau*) commentateur *m*, exégète *m*.
esbonwraig (**esbonwragedd**) *b* celle qui explique; (*testunau*) commentatrice *f*, exégète *f*.
esbonydd (**-ion**) *g* (*damcaniaeth*) interprète *m*; (*MATH*) exposant *m*.
esbonyddol *ans* exponentiel(le);
♦ **yn** ~ *adf* exponentiellement.
esburdaladwy *ans* expiable.
esburdaliad (**-au**) *g* expiation *f*.
esburdaliadol *ans* expiatoire.
esburdalu *ba* expier.
Eseciel *prg* Ézéchiel.
Eseia *prg* Isaïe.
esel (**-au**) *g* chevalet *m*.
esgair (**esgeiriau**) *b* (*trum, cefnen o fynydd*) (ligne *f* de) faîte *m*; (*cadwyn o fynyddoedd*) chaîne *f*.
esgaladur (**-on**) *g* escalier *m* roulant *neu* mécanique, escalator *m*.
esgatoleg *b* eschatologie *f*.
esgatolegol *ans* eschatologique;
♦ **yn** ~ *adf* de façon eschatologique.
esgeirlwm (**esgeirlom**) (**esgeirlymion**) *ans* découvert(e), battu(e) par les vents, mal abrité(e).
esgeulus *ans* (*diofal*) négligent(e), qui manque de soin, peu soucieux(soucieuse) de; (*difater, didaro*) inattentif(inattentive) (à), insouciant(e) (de), insoucieux(insoucieuse); (*heb ystyried digon*) inconsidéré(e), irréfléchi(e); (*gwaith*) peu soigné(e), peu soucieux; **gyrrwr** ~ conducteur *m* négligent; **gwallau** ~ lapsus *m*, fautes *fpl* d'inattention; **mae'r gwaith hwn yn rhy** ~**!** ce travail n'est pas assez soigné;
♦ **yn** ~ *adf* négligemment, sans faire attention, avec négligence.
esgeulusedig *ans* (*ymddangosiad*) négligé(e), peu soigné(e); (*gwraig, teulu*) abandonné(e), délaissé(e); (*tŷ*) mal tenu(e); (*gardd ayb*) mal tenu, laissé(e) à l'abandon.
esgeuluso *ba* (*plentyn*) négliger, laisser à l'abandon, délaisser; (*anifail, rhn anabl*) négliger, ne pas s'occuper de; (*gwraig, ffrindiau*) négliger, délaisser; (*gardd*) négliger, laisser à l'abandon, ne pas s'occuper de, ne prendre aucun soin de; (*busnes, gwaith*) négliger, délaisser, se désintéresser de; (*gadael allan yn anfwriadol*) omettre, oublier; (*gadael allan yn fwriadol*) omettre, négliger (de faire); **eich** ~**'ch hun** (*ymddangosiad*) se négliger, ne pas s'occuper de son apparence; **'roedd yr ardd wedi ei hesgeluso'n llwyr** le jardin était mal tenu *neu* était à l'abandon; **wedi ei** ~ (*golwg*) négligé(e), peu soigné(e); **eich teimlo'ch hun yn cael eich** ~ se sentir abandonné(e) *neu* oublié(e) *neu* délaissé(e); ~**'ch dyletswydd** manquer à son devoir.
esgeulustod *g* (*gwaith*) négligence *f*, manque *m* de soin, manque d'attention, insouciance *f*; (*diffyg rhagwelediad*) manque de précautions; (*anwybyddu rhn*) manque de soins *neu* d'egards *neu* d'attention (envers

qn); (*dyletswydd*) manquement *m* (à); (*anwybyddu gwaith*) désintérêt *m* (pour); (*y weithred o esgeuluso*) omission *f*; **trwy** ~ par négligence; **digwyddodd y tân trwy** ~ l'incendie était *neu* a été dû à la négligence; ~ **dybryd** négligence criminelle; ~ **ar dy ran di oedd hynna!** c'était un oubli de ta part!

esgeuluswr (**esgeuluswyr**) *g* celui *m* qui néglige.

esgeuluswraig (**esgeuluswragedd**) *b* celle *f* qui néglige.

esgid (**-iau**) *b* chaussure *f*, soulier *m*; ~**iau cerdded** chaussures de marche; ~**iau cryfion** brodequins *mpl*, grosses chaussures; ~**iau dal adar** chaussures trop légères *neu* peu solides; ~**iau hyd at y ffêr** bottillons *mpl*; ~**iau hyfforddi** chaussures d'entraînement; ~**iau marchogaeth** bottes *fpl* à l'écuyère; ~**iau sodlau uchel** chaussures à hauts talons; ~**iau sgio** chaussures de ski; ~**iau sglefrio** patins *mpl* à glace; ~**iau sglefrolio** patins à roulettes; ~**iau uchel** bottes; **brwsh** ~**iau** brosse *f* à chaussures; **carrai** ~ lacet *m* de soulier; **cwyr** ~**iau** crème *f* pour chaussures; **glanhäwr** ~**iau** cireur *m* de chaussures; **gwneuthurwr** ~**iau** fabricant *m* de chaussures; **lledr** ~**iau** cuir *m* pour chaussures; **pren** ~**iau** embauchoir *m*; **siop** ~**iau** magasin *m* de chaussures; **rhoi eich** ~**iau am eich traed** mettre ses chaussures, se chausser; **tynnu eich** ~**iau** enlever ses chaussures, se déchausser; **glanhau** ~**iau** (*h.y. polisio*) cirer les chaussures, mettre du cirage sur les chaussures; **ydych chi'n trwsio** ~**iau?** est-ce que vous faites des réparations de chaussures?; **ni hoffwn i ddim bod yn ei** ~**iau!** je n'aimerais pas être à sa place!; **crynu yn eich** ~**iau** avoir une peur bleue; (*llai cryf*) être dans ses petits souliers*; **mae'r** ~ **fach yn gwasgu** je me trouve serré(e) *neu* à court; **mae'r** ~ **ar y droed arall nawr!** c'est le monde à l'envers; **bod â'ch calon yn eich** ~**iau** avoir la mort dans l'âme.

Esgimo (**-s, -aid**) *g/b* Esquimau(-x) *m*, Esquimaude *f*.

esgob (**-ion**) *g* (*CREF*) évêque *m*; (*gwyddbwyll*) fou *m*; ~ **annwyl!** mon Dieu!

esgobaeth (**-au**) *b* (*ardal*) évêché *m*, diocèse *m*; (*swyddogaeth*) épiscopat *m*.

esgobaethol *ans* diocésain(e).

esgobaidd, **esgobol** *ans* épiscopal(e)(épiscopaux, épiscopales).

esgobwr (**esgobwyr**) *g* (*aelod o eglwys esgobol*) membre *m* de l'église épiscopale

esgoli *bg* (*ymladd, ffrwydro, trais*) s'intensifier; (*costau, prisiau*) monter en flèche.

esgor *bg*: ~ **ar** (*gwraig*) donner naissance à, mettre au monde; (*anifail*) mettre bas; **esgorodd ar fab** elle a donné naissance à un fils;
♦*g* accouchement *m*, couches *fpl*; (*anifail*) mise *f* bas.

esgoriad (**-au**) *g* (*gwraig*) accouchement *m*, couches *fpl*; (*anifail*) mise *f* bas.

esgud *ans* (*heini*) preste; (*craff*) alerte, prompt(e), éveillé(e); (*'sgut*) friand(e);
♦ **yn** ~ *adf* prestement, promptement, alertement.

esgudrwydd *g* promptitude *f*, prestesse *f*; (*meddwl*) vivacité *f*.

esgus[1] (**-ion, -odion**) *g*
1 (*ymddiheuriad, cyfiawnhad dros rth sydd wedi digwydd neu yn digwydd*) excuse *f*; **'does dim** ~ **dros hynna** cela est inexcusable *neu* sans excuse; **'does gen ti 'run** ~ **dros adael mor gynnar** cela ne t'excuse pas d'être parti(e) si tôt; **fel** ~ pour excuser; **heb** ~ sans excuse, sans raison, sans motif valable; ~ **gwael** faible excuse; ~ **gwan** excuse boiteuse; **dod o hyd i** ~ **dros rth** trouver une excuse à qch; **beth ydy dy** ~ **di y tro yma?** qu'est-ce que tu as comme excuse cette fois-ci?.
2 (*rheswm honedig dros wneud rhth yn y dyfodol*) prétexte (pour faire qch); **gydag** ~ sous prétexte (de faire qch); **gwneud** ~**odion wyt ti!** tu cherches tout simplement des prétextes *neu* de bonnes raisons!; **mae hi'n wastad yn chwilio am** ~**ion i fod yn absennol** elle invente *neu* trouve toujours des excuses *neu* des prétextes pour s'absenter; **defnyddiodd ei salwch fel** ~ **dros beidio â dod** il a prétexté *neu* allégué sa mauvaise santé pour ne pas venir; **'roedd hynna'n** ~ **da dros gael parti!** cela a servi de prétexte à une fête.
3 (*ymddangosiad ffug*) faux-semblant *m*; **cawsom** ~ **o groeso** on a feint de nous accueillir; **cefais** ~ **o bryd bwyd** on m'a servi un piètre repas.

esgus[2] *ba* feindre de, faire semblant de; **'roedd hi'n** ~ **gweithio** elle faisait semblant de travailler, elle feignait de travailler.

esgusadwy *ans gw.* **esgusodol**.

esgusodi *ba*
1 (*cyfiawnhau, maddau*) excuser; **'does dim i** ~**'r fath ddigywilydd-dra** rien n'excuse une telle impolitesse, une telle impolitesse est sans excuse *neu* est inexcusable; **eich** ~**'ch hunan am wneud rhth** s'excuser de faire qch *neu* d'avoir fait qch, présenter ses excuses; ~ **rhn am wneud rhth** excuser qn d'avoir fait qch; ~ **rhn am ei haerllugrwydd** excuser à qn son insolence, excuser l'insolence de qn; **gellir eich** ~ **am beidio â deall yr hyn y mae'n ei feddwl** on est excusable de ne pas comprendre ce qu'il veut dire; **os gwnewch chi** ~**'r ymadrodd** (*hiwmor*) passez-moi l'expression; **esgusoda fi am ofyn** permets-moi de me demander si; **wel, esgusodwch fi!** excusez-moi!, je vous demande pardon!; **esgusodwch fi, ond 'dydw i ddim yn meddwl bod hyn yn gywir** excusez-moi *neu* permettez, mais je ne crois

pas que ce soit *subj* vrai.
2 (*rhyddhau, eithrio*): ~ **rhn o rth** exempter qn de qch, dispenser qn de qch; **ac nawr, os gwnewch chi f'~, mae gen i waith i'w wneud** maintenant si vous (le) permettez j'ai à travailler; ~ **rhn rhag gwneud rhth** dispenser qn de faire qch; **gofyn am gael eich** ~ se faire excuser; **cafodd ei** ~ **o sesiwn y prynhawn** on l'a dispensé d'assister à la séance de l'après-midi; ~ **rhn o'i ddyletswyddau** faire grâce à qn *neu* exempter qn de ses obligations.

esgusodol *ans* excusable, pardonnable; **'dyw hynna ddim yn** ~ cela est inexcusable *neu* impardonnable;
♦ **yn** ~ *adf* excusablement.

esgusodwr (**esgusodwyr**) *g* apologiste *m*.

esgusodwraig (**esgusodwragedd**) *b* apologiste *f*.

esgyll *ll gw.* **asgell**.

esgymun *ans gw.* **ysgymun**.

esgymundod *g gw.* **ysgymundod**.

esgymunedig *ans gw.* **ysgymunedig**.

esgymuno *ba gw.* **ysgymuno**.

esgyn *ba* monter à; ~ **mynydd** gravir une montagne, faire l'ascension d'une montagne; ~ **coeden** grimper dans un arbre;
♦*bg* monter, s'élever; (*tir*) monter (en pente); (*awyren*) décoller; (*prisiau*) augmenter, monter; (*mewn statws, safle*) s'élever, monter (en grade); ~ **i rym** venir au pouvoir; ~ **i'r orsedd** monter sur le trône; **'roedd y mynyddoedd yn** ~ **o'm blaen** les montagnes se dressaient *neu* s'élevaient devant moi.

esgynbren (**-nau**) *g* (*clwyd*) perchoir *m*, juchoir *m*; **clwydo ar** ~ se percher, se jucher.

esgynfa (**esgynfeydd**) *b* (*codiad tir*) côte *f*, pente *f*, montée *f* (en pente); (*dringfa*) ascension *f*; (*er mwyn dringo ar long*) embarcadère *m*; (*mynediad i long*) embarquement *m*; (*codiad awyren*) décollage *m*.

esgynfaen (**esgynfeini**) *g* (*carreg farch*) montoir *m*.

esgyniad (**-au**) *g* (*mynydd*) ascension *f*; (*statws, safle*) montée *f* (en grade), avancement *m*; (*codiad awyren*) décollage *m*.

esgynlawr (**esgynloriau**) *g* (*bws, sgaffald*) plate-forme(~s-~s) *f*; (*gorsaf reilffordd*) quai *m*; (*seindorf, neuadd*) estrade *f*; (*mewn cyfarfod*) tribune *f*.

esgynnol *ans* (*ASTRON*) ascendant(e); (*PLANH*) montant(e); (*cynyddol*) progressif(progressive); **ymarferion** ~ exercises *mpl* par degrés *neu* étapes;
♦ **yn** ~ *adf* progressivement.

esgynnydd (**esgynyddion**) *g* ascendant *m*.

esgyrn *ll gw.* **asgwrn**.

esgyrndy (**esgyrndai**) *g* ossuaire *m*.

esgyrnog *ans* (*CORFF*) osseux(osseuse); (*ffig: rhn, pen-glin*) anguleux(anguleuse), maigre, décharné(e); (*pysgodyn*) plein(e) d'arêtes; (*cig*) plein d'os.

esgytsiwn (**esgytsiynau**) *g* (*herodraeth*) écu *m*, écusson *m*.

esiampl (**-au**) *b* (*model*) exemple *m*, modèle *m*; (*sampl*) exemple, spécimen *m*, échantillon *m*; **yn** *ou* **fel** ~ par exemple; **rhoi** ~ **dda** donner l'exemple; **bod yn** ~ **(i rn)** être un modèle (pour qn); **dilyn** ~ **rhn** prendre exemple sur qn, suivre l'exemple de qn; **mae'r disgybl hwn yn** ~ c'est un élève modèle; **defnyddio rhn fel** ~ proposer qn en exemple; **yn ôl** ~ **rhn** à l'exemple de qn; **cosbi rhn fel** ~ **i eraill** punir qn pour l'exemple; **gwneud** ~ **o rn trwy ei gosbi** faire un exemple en punissant qn; **dyfynnu rhn fel** ~ citer l'exemple *neu* le cas de qn; **dyma** ~ **o'r gwaith** voici un spécimen du travail.

esiamplaidd *ans* (*ymddygiad, cosb*) exemplaire; (*disgybl*) modèle;
♦ **yn** ~ *adf* de façon exemplaire.

esmwyth *ans* (*cysurus*) confortable; (*dymunol, hawdd, hamddenol*) agréable; (*llyfn*) lisse, doux(douce); (*bywyd*) aisé(e), facile, aisé; (*taith*) calme; **cadair** ~ fauteuil *m* (rembourré); **nid yw'n** ~ **yn ein cwmni** il est mal à l'aise *neu* mal à son aise dans notre compagnie; **teimlad** ~ sensation *f* de bien-être;
♦ **yn** ~ *adf* doucement, confortablement, agréablement; (*yn ddidrafferth*) à l'aise, sans à-coups; **byw yn** ~ vivre à l'aise, vivre dans l'aisance, passer une vie aisée; **rhedeg yn** ~ (*peiriant, busnes*) marcher bien; (*digwyddiad*) se passer bien.

esmwythâd *g* (*gollyngdod o boen*) soulagement *m*; **dod ag** ~ **i** apporter *neu* procurer du soulagement à; **cael** ~ **mawr** éprouver un grand *neu* vif soulagement; **dyna** ~**!** quel soulagement!

esmwytháu *ba gw.* **esmwytho**.

esmwythder, **esmwythdra** *g* (*meddwl*) tranquillité *f*, calme *m*; (*corfforol*) bien-être *m*, confort *m*; (*rhwyddineb*) aisance *f*, facilité *f*; (*llyfnder*) douceur *f*, moelleux *m*, sensation *f* lisse; (*cysur*) confort *m*, aisance; **gydag** ~ facilement, à l'aise, aisément, calmement.

esmwythglyd *ans* confortable.

esmwytho *ba* (*lliniaru*) calmer, apaiser, adoucir; (*rhn*) soulager; (*meddwl*) calmer, rassurer, tranquilliser; (*poen*) atténuer, soulager; ~ **ofnau rhn** calmer *neu* apaiser les craintes de qn; ~**'r ffordd,** ~**'r daith** aplanir le terrain; ~ **cosb** adoucir une peine.

esmwythyd *g* (*moethusrwydd*) luxe *m*, aisance *f*; **byw mewn** ~ vivre dans le luxe, vivre dans l'aisance.

Esop *prg* Ésope; **Chwedlau** ~ les fables *fpl* d'Ésope.

esoteraidd *ans* ésoterique.

esoteriaeth *b* ésotérisme.
esoterig *ans* ésoterique.
Esperanto *b,g* espéranto *m*.
Estonaidd *ans* estonien(ne).
Estoneg *b,g* Estonien *m*;
♦*ans* estonien(ne).
Estonia *prb* l'Estonie *f*; **yn** ~ en Estonie.
Estoniad (**Estoniaid**) *g/b* Estonien *m*, Estonienne *f*.
estraddodadwy *ans* (*trosedd*) qui peut donner lieu à l'extradition; (*troseddwr*) passible *neu* susceptible d'extradition.
estraddodi *ba* extrader.
estraddodiad (**-au**) *g* extradition *f*.
estrogen (**-nau**) *b gw.* **oestrogen**.
estron *ans* (*tramor*) étranger(étrangère); (*GWLEID, MASN*) extérieur(e); (*dieithr*) étranger (à qch); **dod o wlad** ~ venir de l'étranger; ♦*g* (**-iaid**) étranger *m*, étrangère *f*.
estronaidd *ans* étranger(étrangère).
estrones (**-au**) *b* étrangère *f*.
estrongasineb *g* xénophobie *f*.
estroniaethu *ba* aliéner.
estroniaith (**estronieithoedd**) *b* langue *f* étrangère.
estronol *ans* étranger(étrangère), différent(e); (*anghyfarwydd*) étrange, peu familier(familière), inconnu(e) *gw. hefyd* **estron**.
estronwr (**estronwyr**) *g* étranger *m*.
estrys (**-iaid**) *g,b* autruche *f*.
estyllen (**estyll**) *b* (*planc*) planche *f*; ~ **golchi** planche à laver; **tenau fel 'styllen** maigre comme un clou.
estyn *ba* (*rhoi, pasio rhth i rn*) passer, tendre; (*ehangu tŷ*) agrandir (une maison); (*ymchwil*) porter *neu* pousser plus loin; (*pŵer*) augmenter, étendre; (*busnes*) étendre, accroître; (*gwybodaeth*) élargir, accroître; (*ffiniau, gorwelion*) étendre; (*geirfa*) enrichir, élargir; (*cynnig*) offrir; (*cymorth*) apporter; (*diolch*) présenter; **wnei di** ~ **yr halen i mi?** veux-tu me passer le sel?; ~ **eich llaw i rn** tendre la main à qn; ~ **eich braich i nôl rhth** étendre le bras pour prendre qch; **wnei di** ~ **y llyfr 'na i mi?** (*o le uwch*) veux-tu me descendre ce livre?, veux-tu me passer le livre qui est là-haut?; **estynnodd ei law am y cwpan** il a étendu le bras pour prendre la tasse; ~ **croeso i rn** souhaiter la bienvenue à qn; ~ **gwahoddiad** faire *neu* lancer une invitation;
♦*bg* (*ymestyn*) s'étendre.
estynadwy *ans* extensible; **ysgol** ~ échelle *f* coulissante.
estynedig *ans* étendu(e), vaste; (*llaw*) tendu(e); (*braich*) étendu; (*cynlluniau, adolygiadau, busnes*) de grande envergure; (*defnydd*) répandu(e), fréquent(e); (*cyrsiau yn y Brifysgol*) cours *mpl* publics du soir (organisés par l'Université); **ymchwil** ~ recherches *fpl* approfondies;
♦ **yn** ~ *adf* (*dros un man, lle*) sur un large espace; (*o ran nifer*) largement, considérablement.
estyniad (**-au**) *g* (*parhad*) prolongation *f*; (*gwneud yn fwy*) agrandissement *m*; (*gwneud yn hwy*) extension *f*; (*ychwanegiad at*) augmentation *f*; (*i ffordd, i linell*) prolongement *m*; (*i fwrdd, ffurflen, gwifren drydan*) rallonge *f*; (*i wyliau*) prolongation *f*; (*ffôn ychwanegol: mewn tŷ*) appareil *m* supplémentaire; (*:mewn swyddfa*) poste *m*; **cael** ~ **amser i dalu** obtenir un délai; **adeiladu** ~ **i'r tŷ** faire agrandir la maison; **mae yna** ~ **wrth gefn y tŷ** la maison a été agrandie par derrière; **'rwyf wedi dod i weld eich** ~ je suis venu(e) voir vos agrandissements; **pa** ~ **ffôn ydyw?** c'est quel poste?
estynnell (**estynellau**) *b* brancard *m*, civière *f*.
estynnol *ans* extenseur; **cyhyr** ~ muscle *m* extenseur.
estynnwr (**estynwyr**) *g* (*menig*) ouvre-gants *m inv*; (*esgidiau*) forme *f*; (*cynfas arlunydd*) cadre *m*, châssis *m*; (*ar ambarél*) baleine *f*.
esthetaidd *ans* esthétique.
estheteg *b* esthétique *f*.
esthetig *ans* esthétique;
♦ **yn** ~ *adf* esthétiquement.
Esyllt *prb* Yseult.
etifedd (**-ion**) *g* héritier *m*, légataire *m*; ~ **eglur** *ou* **tebygol** héritier présomptif; **bod yn** ~ **i ystad** être le légataire d'une propriété *gw.* **etifeddes**.
etifeddadwy *ans* dont on peut hériter.
etifeddedig *ans* héréditaire; (*eiddo*) dont on a hérité.
etifeddeg *b* hérédité *f*.
etifeddes (**-au**) *b* héritière *f gw. hefyd* **etifedd**.
etifeddiaeth (**-au**) *b* héritage *m*; (*CYFR*) droit *m* de succession; (*treftadaeth*) patrimoine *m*; ~ **ein gwlad** notre patrimoine national; **mae hi wedi gwastraffu ei holl** ~ elle a dilapidé tout son héritage; ~ **ddiwydiannol** patrimoine industriel; ~ **ddiwylliannol** patrimoine culturel.
etifeddiant *g gw.* **etifeddiaeth.**
etifeddol *ans* héréditaire; **eiddo** ~ héritage *m*;
♦ **yn** ~ *adf* héréditairement.
etifeddu *ba* hériter de; ~ **tŷ ar ôl rhn** hériter d'une maison de qn; **mae hi'n mynd i** ~ **ffortiwn** elle héritera d'une fortune; **fe etifeddodd yr ystad ar ôl ei dad** il a succédé à son père à la tête du domaine, il a hérité du domaine de son père; ~ **teitl** succéder à un titre; **mae hi i fod i** ~ **ar ôl marwolaeth ei modryb** elle doit hériter à la mort de sa tante.
Etna *b* l'Etna *m*, le mont Etna.
eto *adf*
1 (*drachefn*) encore (une fois), de nouveau, à nouveau; **dyma ni** ~**!** nous revoilà!; **dechrau**

~ recommencer; **gweld rhn** ~ revoir qn; **elli di ddweud hynna** ~**?** peux-tu répéter ça?; **ti sydd yma** ~**?** c'est encore toi?; **beth ydy'ch enw chi** ~**?** comment vous appelez-vous déjà?; **ddim** ~***** (*yn eironig*) encore!; **byth** ~**!** jamais plus!, plus jamais!, c'est bien la dernière fois!; **ni wna' i byth mohono** ~ je ne le ferai plus; **nid af i yno byth** ~ je n'y retournerai jamais.
2 (*yn rhagor*) encore, de plus; **unwaith** ~ encore une fois, une fois de plus; **un arall ac un arall** ~ un(e) autre et encore un(e) autre; **mwy/llai** ~ encore plus/moins; **cymaint** ~ deux fois autant.
3 (*hyd yn hyn: mewn brawddeg negyddol*) encore, jusqu'à présent; (*:mewn cwestiwn*) déjà; (*:ar ôl gradd eithaf ansoddair*) jusqu'ici; **nid yw'n barod** ~ ce n'est pas encore prêt; **'dydy hi ddim wedi cyrraedd** ~ elle n'est pas encore arrivée; **ydy hi wedi cyrraedd** ~**?** est-elle déjà arrivée?; **nac ydy, dim** ~ non, pas encore; **y ffilm orau** ~ le plus beau film (tourné) jusqu'ici.
4 (*nawr, yn syth*) tout de suite, encore; **'does dim rhaid imi fynd** ~ je n'ai pas besoin de partir tout de suite *neu* encore; **peidiwch â dod i mewn** ~ n'entrez pas tout de suite *neu* pas encore *neu* pas pour l'instant; **ni wnaiff hynna ddim digwydd am ychydig** ~ ça n'est pas pour tout de suite.
5 (*yn dal (i fod)*) encore, toujours; **'rwyt ti'n ifanc** ~ tu es encore jeune; **mae gennym ni ychydig o bunnoedd** ~ nous avons toujours *neu* il nous reste encore quelques livres (sterling); **lleoedd sydd** ~ **i'w gweld** des endroits qui restent (encore) à voir; **gall ddod** ~ il peut encore *neu* toujours venir.
▶ **ac eto (i gyd)** (*er hynny*) pourtant, néanmoins; (*er gwaethaf popeth*) malgré tout, quand même; (*ond wedyn*) de plus, d'ailleurs, en outre; **dyn mor gryf ac** ~ **mor dyner** un homme si fort et pourtant si doux; **ac** ~ **i gyd aeth pawb yno** et pourtant *neu* néanmoins tout le monde y est allé, mais tout le monde y est allé quand même; **ac** ~ **nid wyf yn siŵr ...** et encore *neu* et d'ailleurs je ne suis pas certain(e).

Etrwria *prb* l'Étrurie *f*.
etymoleg *b* étymologie *f*.
etheg *b* éthique *f*, morale *f*.
ether *g* éther *m*.
etheraidd *ans* éthéré(e), aérien(ne); (*ysbrydol*) éthéré, sublime.
Ethiop *g* Éthiopien *m*.
Ethiopaidd *ans* éthiopien(ne).
Ethiopes (**-au**) *b* Éthiopienne *f*.
Ethiopia *prb* l'Éthiopie *f*; **yn** ~ en Éthiopie.
Ethiopiad (**Ethiopiaid**) *g/b* Éthiopien *m*, Éthiopienne *f*.
ethnegydd (**ethnegwyr**) *g* ethnologue *m*.
ethnig *ans* ethnique; **grŵp** ~ ethnie *f*, groupe *m* ethnique;
♦ **yn** ~ *adf* sur le plan ethnique.
ethnograffeg *b* ethnographie *f*.
ethnograffig *ans* ethnographique.
ethnograffydd (**ethnograffwyr**) *g* ethnographe *m/f*.
ethnoleg *b* ethnologie *f*.
ethnolegol *ans* ethnologique;
♦ **yn** ~ *adf* ethnologiquement.
ethnolegydd (**ethnolegwyr**) *g* ethnologue *m/f*.
ethol *ba* (*trwy bleidlais*) élire; (*dewis*) choisir, opter; (*dethol*) choisir, sélectionner; **cafodd ei** ~ **yn gadeirydd** il a été élu président; ~ **rhn i'r senedd** élire qn au sénat.
etholadwy *ans* éligible (à).
etholaeth (**-au**) *b* (*yr etholwyr*) électorat *m*, électeurs *mpl* d'une circonscription; (*yr ardal*) circonscription *f* électorale.
etholedig *ans* élu(e);
♦*g*: **yr** ~**ion** les élus *mpl*.
etholedigaeth *b* élection *f*.
etholfraint (**etholfreintiau**) *b* (*hawl i bleidleisio*) droit *m* de suffrage *neu* de vote.
etholfreiniad (**-au**) *g* admission *f* au suffrage.
etholfreinio *ba* (*rhoi'r hawl i bleidleisio*) accorder le droit de vote à, admettre (qn) au suffrage.
etholiad (**-au**) *g* élection *f*, scrutin *m*; **cynnal** ~ procéder à une élection; **sefyll fel ymgeisydd mewn** ~ **i'r senedd** se porter candidat *neu* se présenter aux élections législatives; ~ **cyffredinol** élections législatives *neu* générales; **is-**~ élection (législative) partielle; ~ **lleol** élection municipale; **dydd** ~ jour *m* des élections, jour du scrutin; ~ **trwy fwyafrif** scrutin majoritaire.
etholiadol *ans* électoral(e)(électoraux, électorales); **ymgyrch** ~ campagne *f* électorale; **cefnogaeth** ~ soutien *m* électoral.
etholwr (**etholwyr**) *g* électeur *m*; **yr etholwyr** l'électorat *m*, les électeurs *mpl*.
etholwraig (**etholwragedd**) *b* électrice *f*.
ethos *g* génie *m*.
ethyl *g* éthyl *m*.
eu, 'u, 'w *rhag blaen*
1 (*o flaen enw*) (cofier: yn Ffrangeg mae'r rhain yn cytuno â'r enw sy'n dilyn) leur *m/f*, leurs *m/fpl*; **eu gardd** leur jardin *m*; **eu gardd hwy** (*pwysleisiol*) leur jardin à eux *neu* à elles; **eu gardd hwy yw hon** ce jardin est à eux *neu* à elles; **eu tŷ** leur maison *f*; **eu gerddi** leurs jardins; **eu tai** leurs maisons; **anfonasant anrheg i'w mam** ils *neu* elles ont envoyé un cadeau à leur mère; **maen nhw'n mynd i olchi'u dwylo** ils *neu* elles vont se laver les mains; **maen nhw wedi glanhau'u dannedd** ils se sont brossé les dents, elles se sont brossé les dents.
2 (*o flaen enw: lle defnyddir yr enw eilwaith*) (cofier: yn Ffrangeg mae'r rhain yn cytuno â'r

enw hwnnw) le leur *m*, la leur *f*, les leurs *m/fpl*; **gardd fel eu gardd hwy** *ou* **fel eu hun hwy** un jardin comme le leur; **dyma'ch bwrdd chi a dyna'u bwrdd hwy** *ou* **dyna'u hun hwy** voici votre table et voilà la leur; **mae fy magiau i yn drymach na'u bagiau hwy** *ou* **na'u rhai hwy** mes bagages sont plus lourds que les leurs.
3 (*o flaen berfenw neu ferf*) les; **'rwy'n eu gweld** je les vois; **aeth yr athro i'w gweld yn yr ysbyty** le professeur est allé les voir à l'hôpital; **fe'u gwelais** je les ai vu(e)s; **cawsant eu lladd** ils ont été tués, elles ont été tuées; **cawsant eu geni ar ...** ils sont nés le ..., elles sont nées le ...
euddonyn (**euddon**) *g* mite *f*; (*mewn caws*) mite de fromage.
eunuch (**-iaid**) *g* eunuque *m*.
euodyn (**euod**) *g* (*MILF*) douve *f* du foie.
euog *ans* coupable; ~ **o ddwyn** coupable de vol; **pledio'n** ~**/ddi**~ plaider coupable/non coupable; **dyfarnu rhn yn** ~**/ddi**~ déclarer qn coupable/non coupable; **dyfarniad o fod yn** ~ verdict *m* de culpabilité; **dyfarniad o fod yn ddi**~ verdict d'acquittement; **"di-~"** - **atebodd** "non coupable" - répondit-il; **cyfaddef eich bod yn** ~ reconnaître sa culpabilité; **'roedd hi'n** ~ **o fynd â'r car heb ganiatâd** elle s'est rendue coupable de prendre la voiture sans permission; **'rwyf wedi bod yn** ~ **o hynna fy hunan sawl tro** j'ai moi-même commis la même erreur maintes fois; **'rwy'n teimlo'n** ~ **nad ydw' i wedi ysgrifennu'n gynt** j'ai des remords *neu* je suis plein(e) de remords de ne pas avoir écrit plus tôt; **cydwybod** ~ conscience *f* lourde *neu* chargée *neu* coupable, mauvaise conscience; **nid ef yw'r unig un sy'n** ~ il n'y a pas que lui de coupable; **bod â golwg** ~ **arnoch** avoir le regard coupable; **teimlo'n** ~ **am rth** se sentir coupable *neu* avoir des sentiments de culpabilité vis-à-vis de qch;
♦ **yn** ~ *adf* coupablement, d'un air coupable;
♦*g* (**-ion**) coupable *m/f*.
euogfarn (**-au**) *b* (*dedfryd*) condamnation *f*, sentence *f*; (*cosb*) peine *f*.
euogfarnu *ba* déclarer *neu* reconnaître (qn) coupable (d'un crime); **cael eich** ~ **o lofruddio** être reconnu(e) coupable de meurtre; **fe gafodd ei** ~ **ddwywaith yn barod** il a déjà deux condamnations.
euogrwydd *g* culpabilité *f*; **'roedd** ~ **yn ei ladd** il était torturé par un sentiment de culpabilité.
euraid, **euraidd** *ans* (*lliw*) d'or, doré(e), (couleur d')or; (*wedi ei wneud o aur*) en or, d'or; **yr oes** ~ l'âge *m* d'or; **eryr** ~ aigle *m* royal; **rheol** ~ règle *f* d'or; **cyfle** ~ occasion *f* magnifique *neu* sensationnelle*.
eurbinc (**-od**) *g* chardonneret *m*.
eurfanhadlen (**eurfanadl**) *b* gaude *f*; ~ **werdd** réséda *m* gaude.
eurfrown *ans* auburn *inv*; **mae ei gwallt yn** ~ elle a les cheveux châtain roux.
eurgefn (**-au**) *g* (*PYSG*) dorée *f*, saint-pierre *m*.
eurgylch (**-oedd**) *g* auréole *f*, nimbe *m*; (*ASTRON*) halo *m*.
euro *ba* dorer
eurof (**-aint**) *g* orfèvre *m*; **gwaith** ~ orfèvrerie *f*; **gweithdy** ~ magasin *m neu* atelier *m* d'orfèvre, orfèvrerie.
eurwallt *g* cheveux *mpl* d'or *neu* dorés; **gydag** ~ aux cheveux d'or *neu* dorés.
eurwialen (**eurwiail**) *b* (*PLANH*) solidago *m*, verge *f* d'or.
eurweithdy (**eurweithdai**) *g* (*gweithdy eurof*) magasin *m neu* atelier *m* d'orfèvre, orfèvrerie *f*.
eurych (**-od**) *g* orfèvre *m*.
eurych(i)aeth *b* orfèvrerie *f*.
euthum *be gw.* **mynd**.
Everest *prg* le mont Everest, l'Everest.
ew *ebych* oh!, flûte!, mince (alors)!, ça alors!
ewa *g* (*ewythr, wncwl*) oncle *m*; (*iaith plentyn*) tonton* *m*.
ewach (**-od**) *g* (*rhn gwan: yn gorfforol*) gringalet *m*, mauviette* *f*, faible *m*, mou *m*.
ewcalyptws *g* eucalyptus *m*.
Ewclid *prg* Euclide.
Ewclidaidd *ans* d'Euclide, euclidien(ne).
ewch *be gw.* **mynd**.
ewffoniwm (**ewffonia**) *g* saxhorn *m*.
ewgeneg *b* eugénique *f*, eugénisme *m*.
ewig (**-od**) *b* biche *f*.
ewin (**-edd**) *g,b* ongle *m*; (*crafanc: anifail*) griffe *f*; (*:aderyn ysglyfaethus*) serre *f*; ~ **yn tyfu i'r byw** ongle incarné; **mae'n cnoi ei** ~**edd** il a l'habitude de se ronger les ongles; **brwsh** ~**edd** brosse *f* à ongles; **torrwr** ~**edd** pince *f* à ongles; **ffeil** ~**edd** lime *f* à ongles; **farnais** ~**edd** vernis *m* à ongles; **toddwr farnais** ~**edd** dissolvant *m*; **siswrn** ~**edd** ciseaux *mpl* à ongles; ~ **garlleg** gousse *f* d'ail; **tynnu'r** ~**edd o'r blew** se coller au boulot, y aller pour de bon; **â nerth deng** ~ de toutes ses forces.
ewinbil *g* (*croen wedi torri*) envie *f*.
ewinfedd *b* petit morceau *m*, fragment *m*, un petit peu.
ewingas *g* (*croen wedi torri*) envie *f*.
ewino *ba* (*anifail*) griffer; (*rhwygo*) déchirer *neu* labourer avec ses griffes *neu* ses serres.
ewinog *ans* armé(e) de griffes *neu* d'ongles; (*anifail*) unguifère.
ewinor *b* (*bystwn, ffelwm, dolur rhwng y bys a'r ewin*) panaris *m*.
ewinrhew *g* gelure *f*.
ewlychiad (**-au**) *g* (*CEM*) efflorescence *f*.
ewlychol *ans* (*CEM*) efflorescent.
ewlychu *bg* (*CEM*) effleurir.
ewn *ans gw.* **eofn**.
Ewphrates *b* l'Euphrate *m*.
Ewrasia *prb* l'Eurasie *f*; **yn** ~ en Eurasie.

Ewrasiad (**Ewrasiaid**) *g/b* Eurasien *m*, Eurasienne *f*.

Ewrasiaidd *ans* (DAEAR) eurasiatique; (*pobl*) eurasien(ne).

Ewripides *prg* Euripide.

ewro (**-s**) *g* (*arian*) euro *m*.

Ewrodir *g* zone *f* euro, l'Eurozone *f*.

Ewrop *prb* l'Europe *f*; **yn** ~ en Europe; **Cyngor** ~ Conseil *m* de l'Europe; **ymuno ag** ~ adhérer à l'Union Européenne; **Senedd** ~ Parlement *m* européen.

Ewropead (**Ewropeaid**) *g/b* Européen *m*, Européenne *f*.

Ewropeaidd *ans* européen(ne); **Y Gymuned Economaidd** ~ la Communauté *f* économique européenne, la C.E.E. *f*; **yr Undeb** ~ l'Union *f* européenne; **y Farchnad** ~ le Marché *m* européen.

Ewropeiddio *ba* européaniser.

ewrhythmeg *b* gymnastique *f* rythmique.

ewstatig *ans* eustatique.

ewthanasia *g* euthanasie *f*.

ewyllys[1] (**-iau**) *g,b* (*llythyr cymun, cyn marwolaeth*) testament *m*; **gadawodd y tŷ imi yn ei** ~ il m'a légué la maison par testament *neu* dans son testament.

ewyllys[2] (**-iau**) *g,b* (*dymuniad*) volonté *f*, désir *m*; (*penderfyniad*) volonté *f*; (*parodrwydd i weithio*) empressement *m*, zèle *m*; ~ **olaf rhn** les dernières volontés *fpl* de qn; **mae ganddo** ~ **gref** il est très volontaire, il a une volonté de fer; **bod yn wan eich** ~ manquer de volonté; **yr** ~ **i fyw** la volonté de survivre; ~ **Duw** la volonté de Dieu, la volonté divine; **Gwneler Dy** ~ que Ta volonté soit faite; **gyda'r** ~ **gorau yn y byd** avec la meilleure volonté du monde; ~ **da** bonne volonté, bon vouloir *m*, bienveillance *f*; ~ **rhydd** libre arbitre *m*; **mi wnes i hyn yn erbyn f'**~ j'ai fait ceci à contre-cœur *neu* contre mon gré; **grym** ~ volonté, vouloir, fermeté *f*, résolution *f*, détermination *f*; **ceffyl da yw** ~ vouloir c'est pouvoir; **ennill** ~ **da rhn** se faire bien voir de qn.

ewyllysgar *ans* prêt(e), disposé(e), prompt(e); (*gweithiwr*) enthousiaste, zélé(e), bien disposé(e), de bonne volonté; **rhai dynion** ~ quelques hommes de bonne volonté; ♦ **yn** ~ *adf* volontiers, de bon cœur, de bon gré; (*yn wirfoddol*) volontairement, spontanément, bénévolement.

ewyllysgarwch *g* bonne volonté *f*, bon vouloir *m*, bienveillance *f*; (*brwdfrydedd*) ardeur *f*, empressement *m*; (*parodrwydd i weithio*) zèle *m*, bon cœur *m*.

ewyllysiad *g* volition *f*, volonté *f*; **o'ch** ~ **eich hunan** de votre propre gré *m*.

ewyllysiadol *ans* volitif(volitive).

ewyllysio[1] *ba* (*gadael mewn ewyllys*) léguer.

ewyllysio[2] *ba* (*dymuno*) vouloir que + *subj*; (*mynnu*) exercer sa volonté; **felly yr ewyllysiodd Duw** Dieu a voulu qu'il en soit *subj* ainsi.

ewyllysiol[1] *ans* (*cymmynol*) testamentaire.

ewyllysiol[2] *ans* (*gwirfoddol, bodlon*) volitif(volitive).

ewyllysiwr[1] (**ewyllyswyr**) *g* (*gwneuthurwr ewyllys*) testateur *m*, testatrice *f*.

ewyllysiwr[2] (**ewyllyswyr**) *g*: ~ **da** ami *m*; (*noddwr*) patron *m*.

ewyn *g* écume *f*; (*sebon*) mousse *f* (de savon); (*ar gwrw*) mousse; (*i ymladd tân*) mousse carbonique; (*glafoer*) écume; ~ **eillio** mousse à raser; **tynnu'r** ~ **oddi ar rth** écumer qch; **malu** ~ (*glafoeri: anifail*) baver, écumer.

ewynnog, **ewynnol** *ans* (*môr*) écumeux(écumeuse), couvert(e) d'écume; (*cwrw*) mousseux(mousseuse).

ewynnu *bg* écumer, mousser; **'roedd y cwrw yn** ~ **dros ymyl y gwydr** la mousse débordait du verre; **'roedd ceg y ci'n** ~ le chien avait de l'écume à la gueule.

ewythr (**-edd**) *g* oncle *m*; (*iaith plentyn*) tonton* *m*

F

f' *rhag blaen gw.* **fy**.
faciwî (**-s**) *g/b* évacué *m*, évacuée *f*.
faciwol (**-ion**) *g* vacuole *f*.
fagddu *b* obscurité *f* totale *neu* complète, noir *m*; **mae'n ddu** *ou* **dywyll fel y** ~ il fait noir comme dans un four; (*noson*) il fait nuit noire.
fagina (**-e, faginâu**) *g,b* vagin *m*.
faint *rhag gof*: **(pa)** ~ combien; ~ **ydi d'oed di?** quel âge as-tu?; ~ **o'r gloch yw hi?** quelle heure est-il?; ~ **o blant sydd gennych chi?** combien d'enfants avez-vous?; **edrychwch** ~ **o bysgod ddeliais i!** regardez combien de poissons que j'ai attrapés!; ~ **sydd arnoch chi ei eisiau?** combien en voulez-vous?, en quelle quantité en voulez-vous?; **ni wn i ddim** ~ **o weithiau 'rwyf wedi dweud wrthyt ti** je ne sais pas combien de fois je te l'ai dit.
► **(pa) faint bynnag**
1 (*ni waeth faint: goddrychol*) quelque ... qui + *subj*, quel(le) que soit *subj* ... qui; (*:gwrthrychol*) quelque ... que + *subj*, quel(le) que soit *subj* ... que; **pa** ~ **bynnag o bobl a ddaw** quel que soit le nombre de ceux qui viendront, quelque nombreux que soient ceux qui viendront; ~ **bynnag o arian sydd ganddo** quelque argent qu'il ait.
2 (*yr hyn: goddrychol*) ce qui; (*:gwrthrychol*) ce que; **mi dala' i** ~ **bynnag y mae'n ei gostio** je paierai ce que ça coûtera.
falans (**-iau**) *g* (*o gwmpas ffrâm gwely*) frange *f neu* tour *m* de lit; (*o gwmpas canopi gwely*) lambrequin *m*; (*uwchben ffenestr*) cantonnière *f*, lambrequin.
falant (**-s, -au**) *b gw.* **ffolant**.
falensi (**falensïau**) *g,b* (CEM) valence *f*; (BIOL) atomicité *f*.
falf (**-iau**) *b* (*peiriant*) soupape *f*, valve *f*; (*teiar, pêl*) valve; (CORFF) valvule *f*; (RADIO, TRYD) lampe *f*; (CERDD: *offeryn*) piston *m*; ~ **diogelwch** soupape de sûreté.
falle* *adf gw.* **efallai**.
fampir (**-od, -iaid**) *g/b* vampire *m*;
♦*g* (*ystlum*) vampire.
fan (**-iau**) *b* (*fach*) camionnette *f*, fourgonnette *f*; (*fawr*) fourgon *m*; (RHEIL) fourgon; ~ **ddosbarthu** camionnette *neu* fourgon de livraison; ~ **fudo** fourgon de déménagement; ~ **lyfrau** bibliothèque *f* ambulante; **y** ~ **bost** la fourgonnette *neu* la voiture du facteur, la fourgonnette *neu* la voiture des postes; **y** ~ **fara** la fourgonnette du boulanger; **y** ~ **laeth, y** ~ **lefrith** la camionnette du laitier.
fan'co, fan'cw *adf gw.* **man**[1].
fandal (**-iaid**) *g/b* vandale *m/f*.
fandalaidd *ans* destructeur(destructrice), de vandale.
fandaleiddio *ba* vandaliser, saccager.
fandaliaeth *b* vandalisme *m*.
fandalwaith *g* vandalisme *m*.
fanila *g* vanille *f*; **hufen iâ** ~ glace *f* à la vanille.
fan'ma, fan'na *adf gw.* **man**[1].
Fanwatw *prb* le Vanuatu *m*; **yn** ~ au Vanuatu.
farnais (**farneisiau**) *g* vernis *m*; ~ **caled** laque *f*; ~ **ewinedd** vernis à ongles; **rhoi** ~ **ar eich ewinedd** se vernir les ongles.
farneisio *ba* vernir; (*crochenwaith*) vernisser; ~**'ch ewinedd** se vernir les ongles;
♦*g* vernissage *m*.
fâs (**fasys**) *b* vase *m*.
fasal (**-iaid**) *g* (*taeog*) vassal(vassaux) *m*, vassale *f*.
fasalaeth *b* vassalité *f*, vasselage *m*.
fasectomi (**fasectomïau**) *g* vasectomie *f*.
faselin *g* vaseline *f*; **rhoi** ~ **ar rth** enduire qch de vaseline, vaseliner qch.
fasgwlar *ans* vasculaire.
Fatican *prb*: **y** ~ le Vatican *m*; **yn y** ~ au Vatican.
fe *rhag syml gw.* **ef**;
♦*geir rhagferfol* (cofier: nid oes cyfieithiad yn Ffrangeg): ~ **ddaeth fy nghefnder** mon cousin est venu; ~**'i gwelsant hi yn yr ysbyty** ils l'ont vue à l'hôpital; ~ **allai** *gw.* **efallai**.
fecsio *ba* (*bod yn edifar*) regretter; **'rydw i'n** ~ **fy mod wedi dweud hynny** je regrette d'avoir dit cela.
fector (**-au**) *g* (BIOL, MATH) vecteur *m*; (AWYR) direction *f*, trajectoire *f*.
fectoraidd *ans* vectoriel(le).
fectoru *ba* (AWYR) radioguider.
fei *g* vue *f*; **dod i'r** ~ apparaître, s'amener*, se présenter.
feinyl *g gw.* **finyl**.
feiol *ayb* (**-au**) *b gw.* **fiol** *ayb*.
feirws (**feirysau**) *g gw.* **firws**.
feis (**-iau**) *b* étau(-x) *m*; (*tap*) robinet *m*.
fel *cys*
1 (*pan, wrth, tra*) comme, au moment où, alors que, tandis que, pendant que, à mesure que; ~ **yr oedd hi'n gadael y tŷ, gwelodd y lleidr** comme *neu* au moment où *neu* alors qu'elle quittait la maison, elle a vu le voleur; ~ **yr heneiddiai, collai ei olwg** (au fur et) à mesure qu'il vieillissait, il perdait la vue, en vieillissant, il perdait la vue.
2 (*yn yr un dull â*) comme, ainsi que; **gwnewch** ~ **y mynnwch** faites comme vous voulez *neu* voudrez, faites à votre gré, faites comme bon vous semble *neu* semblera; **gadwch iddo fod** ~ **y mae** laissez-le tel qu'il est *neu* tel quel; ~ **y gwna'r rhieni y gwna'r plant** tel font les parents, tel feront les enfants; ~ **y gwna'r fam y gwna'r ferch** telle

mère telle fille, de même que fait la mère, ainsi fera la fille; ~ **y mae'r dydd yn dilyn y nos, felly y mae'r gwanwyn yn dilyn y gaeaf** de même que le jour suit la nuit, de même le printemps suit l'hiver; **mae'n cerdded ~ pe bai wedi bod yn yfed** il marche comme s'il avait bu *neu* comme quelqu'un qui aurait bu; ~ **sy'n digwydd yn aml** comme c'est bien souvent le cas, comme *neu* ainsi qu'il arrive souvent.
3 (*er mwyn: pan fo'r un goddrych yn y ddau gymal*) pour, afin de; (:*pan fo goddrych gwahanol yn y ddau gymal*) afin que + *subj*, pour que + *subj*; **cododd ar ei draed ~ y gallai weld yn well** il s'est levé afin de *neu* pour mieux voir; **bu farw ~ y câi eraill fyw** il est mort pour que *neu* afin que d'autres puissent vivre;
♦*ardd*
1 (*mewn cyffelybiaeth*) comme; **gwyn ~ yr eira** blanc(he) comme (la) neige.
2 (*yn yr un dull â*) comme, en; **mae'n ymddwyn ~ ffŵl** il se conduit *neu* se comporte comme un imbécile; **'roedd wedi ei wisgo ~ morwr** il était habillé comme un marin *neu* en marin; ~ **hyn,** ~ **hynny** ainsi, de même, comme ceci *neu* ça, de cette façon *neu* manière.
3 (*yn debyg i*) comme, du même genre que, semblable à; **edrych ~ rhn/rhth** ressembler à qn/qch; **mae e'n union ~ ei dad** il est exactement comme son père, c'est son père tout craché; **'does dim byd ~ siampên!** il n'y a rien de tel que le champagne!; ~ **yna mae hi!** c'est comme ça!; **haf a gaeaf ~ ei gilydd** été comme hiver; **'dyw hi ddim ~ hi i fod yn hwyr** ce n'est pas son genre *neu* ça ne lui ressemble pas d'être en retard; **mae hwn wedi costio rhywbeth ~ ...** cela a coûté dans les ... *neu* quelque chose comme ....
4 (*megis*) comme, tel(le) que; **dinasoedd ~ Paris a Llundain** des villes telles que *neu* comme Paris et Londres.
5 (*dangos swyddogaeth, swydd*) comme, en tant que; **mae'n gweithio ~ peilot** il travaille comme pilote; **'rwyf yn siarad ~ tad** je parle en tant que père.
▶ **fel arall**
1 (*ar wahân i hynny*) autrement, à part cela; ~ **arall mae'n gar da iawn** autrement *neu* à part ça, c'est une excellente voiture.
2 (*yn wahanol*) autrement, différemment, d'une autre façon *neu* manière; **deddfodd ffawd ~ arall** le sort en a décidé autrement; **os mai ~ arall y bydd hi** dans le cas contraire; **ac eithrio lle dywedir ~ arall** sauf indication contraire; **Tomos a elwir ~ arall yn Tom** Tomos autrement dit *neu* appelé Tom.
▶ **fel arfer**
1 (*yr un fath ag arfer*) comme d'habitude, comme à l'accoutumée; **maen nhw yn y dafarn, fel ~!** il sont au pub, comme d'habitude!; **busnes fel ~** la vente continue, les affaires continuent.
2 (*fel rheol*) d'habitude, d'ordinaire, de coutume, normalement; **nos Iau maen nhw'n mynd i'r dafarn fel ~** normalement, c'est jeudi soir qu'ils vont au pub.
▶ **fel a'r fel**: **gwneud ~ a'r ~** faire telle ou telle chose; **gwneud rhth ~ a'r ~** faire qch de telle ou telle façon.

fêl (**-s, feliau**) *b* voile *m*, voilette *f*; **gwisgo ~** être voilé(e); **gorchuddio rhth â ~** voiler qch, couvrir qch d'un voile.
felar *ans* vélaire.
felfed *g* velours *m*;
♦*ans* en *neu* de velours.
felwm *g* vélin *m*.
felly *adf*
1 (*o'r herwydd*) ainsi, alors, donc, par conséquent, pour cette raison; **'roedd hi'n hwyr ac ~ collodd y trên** elle est arrivée en retard, donc *neu* par conséquent elle a manqué le train; **mae llawer o draffig, ~ byddwch yn ofalus** il y a beaucoup de circulation, alors faites bien attention.
2 (*fel hyn*) ainsi, comme ceci, de cette façon, de cette manière; ~ **'rwy'n deall** c'est ce que j'ai compris; **ac ~ ymlaen** et cetera, et ainsi de suite; ~ **eto** idem, aussi; **~'n wir?** c'est vrai?, ah bon?, vraiment?, tiens tiens!, sans blague?, vrai de vrai?, pour de bon?, dis donc!; ~ **y bo!, bydded ~!** soit!.
3 (*o'r fath*): **nid wy'n darllen llyfrau ~** je ne lis pas de tels *neu* de pareils livres, je ne lis pas de livres de cette sorte *neu* de cette espèce *neu* de ce genre.
fendeta (**fendetâu**) *g,b* vendetta *f*.
Feneswela *prb* le Venezuela *m*; **yn ~** au Venezuela.
Feneswelaidd *ans* vénézuélien(ne).
Feneswelиad (**Feneswelиaid**) *g/b* Vénézuélien *m*, Vénézuélienne *f*.
Fenis *prb* Venise.
Fenisaidd *ans* vénitien(ne), de Venise.
Fenisiad (**Fenisiaid**) *g/b* Vénitien *m*, Vénitienne *f*.
fenswn *g* venaison *f*.
fent (**-iau**) *b* orifice *m*, évent *m*, bouche *f* d'aération; (*mewn simnai*) tuyau(-x) *m*; (*mewn casgen*) trou *m* de fausset.
fentrigl (**-au**) *g* ventricule *m*.
fentrol *ans* ventral(e)(ventraux, ventrales), du ventre.
Fenws *prb* Vénus.
Fenwsaidd *ans* vénusien(ne).
feranda (**-s**) *g,b* véranda *f*.
ferdigris *g* vert-de-gris *m inv*.
ferfaen, ferfain *b*: **y ~** (*PLANH*) verveine *f*.
fermiliwn *ans* vermillon *inv*;
♦*g* vermillon *m*.
fermin *ll* vermine *f*, parasites *mpl*.

ferminog *ans* (*rhn, dillad*) pouilleux(pouilleuse), couvert(e) de vermine; (*afiechyd*) vermineux(vermineuse).
fermwth *g,b* vermouth *m*.
fersiwn (**fersiynau**) *g,b* version *f*; (*car*) modèle *m*; (*cyfieithiad*) version, traduction *f*.
fertebra (**fertebrâu**) *g,b* vertèbre *f*.
fertebraidd *ans* vertébré(e).
fertebriad (**fertebriaid**) *g/b* vertébré *m*.
fertebrol *ans* vertébral(e)(vertébraux, vertébrales).
fertig (**-au**) *g* (*MATH*) sommet *m*; (*CORFF*) vertex *m*.
fertigo *g* (*y bendro*) vertige *m*; **dioddef o ~** avoir des vertiges, être sujet(te) à des vertiges.
fertigol *ans* vertical(e)(verticaux, verticales), à plomb, d'aplomb; **clogwyn ~** à-pic *m*; (*ar lan môr*) falaise *f* qui tombe à pic; **esgyniad ~** décollage *m* vertical;
♦ **yn ~** *adf* verticalement; **awyren sy'n codi'n ~** avion *m* à décollage vertical;
♦*g* verticale *f*; **ychydig oddi ar y ~** décalé(e) par rapport à la verticale, écarté(e) de la verticale.
fesigl (**-au**) *g* vésicule *f*; **~ semen** vésicule séminale.
fest (**-iau**) *b* (*i ddynion*) maillot *m* de corps, tricot *m* de corps *neu* de peau, gilet *m* de corps *neu* de peau; (*i ferched*) chemise *f* américaine.
festri (**festrïoedd, festrïau**) *b* (*mewn eglwys*) sacristie *f*; (*mewn capel*) annexe *f*; (*cyfarfod plwyf*) assemblée *f* paroissiale, conseil *m* paroissial.
fesul *ardd* à; **~ un** un à un *neu* un par un, une à une *neu* une par une; **~ dwsin** à la douzaine; **~ tipyn** petit à petit, peu à peu.
fet (**-iaid, -s**) *g* vétérinaire *m/f*; **mynd â'r ci at y ~** envoyer *neu* amener le chien chez le vétérinaire.
feteran (**-iaid, -s**) *g* vétéran *m*; (*rhyfel*) ancien combattant *m*.
feto (**-au**) *g,b* veto *m*; **rhoi ~ ar** mettre *neu* opposer son veto à.
fi *rhag syml*
1 (*goddrych*) je; **'rwyf ~'n gweithio** je travaille; (*pwysleisiol*) moi, je travaille; **'rwyf ~'n brysur** je suis occupé(e); **~ sy'n gywir** c'est moi qui ai raison.
2 (*gwrthrych*) me; (:*yn y gorchmynnol*) moi; **gwelodd ~** il m'a vu(e); **anghofiwch ~** oubliez-moi.
3 (*ar ôl arddodiad neu gysylltair*) moi; **hebof ~** sans moi; **rhyngof ~ a hi** entre moi et elle; **'rwyt ti'n meddwl amdanaf ~** tu penses à moi; **dywedaist wrthyf ~ ...** tu m'as dit que; **a ~** et moi.
4 (*ar ei ben ei hun*) moi; **pwy? - ~** qui? - moi.
▶ **fi fawr** égoïste *m/f*, égotiste *m/f*; **bod yn ~ fawr** être imbu(e) de soi-même, être plein(e) de soi; **y ~ fawr** égoïsme *m*, égotisme *m*.
ficer (**-iaid**) *g* pasteur *m*.
ficerdy (**ficerdai**) *g* presbytère *m*.
fictor(i)aidd *ans* victorien(ne).
fideo *ans* vidéo *inv*; **casét ~** vidéocassette *f*; **disg ~** vidéodisque *m*; **chwaraewr disgiau ~** lecteur *m* de vidéodisques; **ffôn ~** vidéophone *m*; **recordiad ~** vidéo *f*, enregistrement *m* sur magnétoscope, enregistrement en vidéo; **recordydd ~** magnétoscope *m*; **tâp ~** bande *f* vidéo; **gêm ~** jeu(-x) *m* vidéo; **arcêd ~** salle *f* de jeu vidéo; **camera ~** caméra *f* vidéo; **cynhadledd ~** visioconférence *f*, vidéoconférence *f*;
♦*g* (**-s**) (*cyfrwng*) vidéo *f*; (*recordydd*) magnétoscope *m*; (*casét*) vidéocassette *f*; (*tâp*) bande *f* vidéo; (*ffilm*) vidéo; **llyfrgell ~s** vidéothèque *f*; **siop ~s** magasin *m* (de) vidéo, vidéoclub *m*.
fideorecordydd (**-ion**) *g* magnétoscope *m*.
Fieniad (**Fieniaid**) *g/b* Viennois *m*, Viennoise *f*.
Fienna *prb* Vienne.
Fiennaidd *ans* viennois(e).
Fiet-nam *prb* le Viêt-nam *m*; **yn ~-~** au Viêt-nam.
Fietnamaidd *ans* vietnamien(ne).
Fietnameg *b,g* vietnamien *m*;
♦*ans* vietnamien(ne).
Fietnamiad (**Fietnamiaid**) *g/b* Vietnamien *m*, Vietnamienne *f*.
fifariwm (**fifaria**) *g* (*caets gwydr: ar gyfer nadroedd, pryfed, llygod ayb*) vivarium *m*; (*ar gyfer pysgod*) vivier *m*.
figan (**-iaid**) *g/b* végétalien *m*, végétalienne *f*.
figanaidd *ans* végétalien(ne).
figaniaeth *b* végétalisme *m*.
fila (**filâu**) *g,b* (*mewn tref*) pavillon *m* de banlieue; (*yn y wlad*) maison *f* de campagne; (*ger y môr*) villa *f*.
finegr *g* vinaigre *m*; **~ brag** vinaigre de malt.
finegrét *g,b* vinaigrette *f*.
finnau *rhag cysylltiol gw.* **minnau**.
finyl *g* vinyle *m*;
♦*ans* de *neu* en vinyle.
fiol (**-au**) *b* viole *f*.
fiola[1] (**fiolâu**) *b* (*CERDD*) (violon *m*) alto *m*; **un sy'n canu'r ~** altiste *m/f*.
fiola[2] (**fiolâu**) *b* (*PLANH: rhywogaeth*) violacée *f*; (:*blodyn*) pensée *f*.
fioled *ans* violet(te), violacé(e);
♦*g* (*lliw*) violet *m*, violacé *m*;
♦*b* (**-au**) (*PLANH*) violette *f*.
fiolin (**-au**) *b* violon *m*.
fiolinydd (**-ion**) *g* violoniste *m*.
fiolinyddes (**-au**) *b* violoniste *f*.
fiolydd (**-ion**) *g* violiste *m*.
fiolyddes (**-au**) *b* violiste *f*.
firaol, **firol** *ans* viral(e)(viraux, virales), à virus.
firoleg *b* virologie *f*.

firws (**firysau**) *g* virus *m*.
firysaidd, **firysol** *ans gw.* **firaol**.
fisa (**fisâu**) *b* visa *m*.
fisgos *g* viscose *f*.
Fisigoth (**-iaid**) *g/b* Wisigoth *m*, Wisigothe *f*.
fitamin (**-au**) *g* vitamine *f*; **â ~au** vitaminé(e); **cynnwys ~au** contenu *m* en vitamines; **diffyg ~au** carence *f* en vitamines; **rhoi ~au yn rhth** incorporer *neu* ajouter des vitamines dans qch.
fitriol *g* vitriol *m*; **~ glas/gwyn/gwyrdd** sulfate *m* de cuivre/de zinc/de fer; **olew ~** acide *m* sulfurique.
fitriolaidd, **fitriolig** *ans* (*CEM*) de vitriol; (*ffig*) au vitriol, venimeux(venimeuse), mordant(e).
fiw *ans*: **~ imi fynd yno!** je n'ose pas y aller!; **~ imi fod yn hwyr** je n'ose même pas *neu* surtout pas arriver en retard; **~ ichi fynd heb gôt!** n'allez surtout pas sans votre manteau!
fo *rhag syml gw.* **ef**.
fodca *g* vodka *f*.
fodfil (**-iau**) *g,b* spectacle *m* de variétés *neu* de music-hall.
folant (**-au**) *b gw.* **ffolant**.
Folant *prg gw.* **Ffolant**.
folcanaidd, **folcanig** *ans* volcanique.
folcano (**-au, -s**) *g gw.* **llosgfynydd**.
foli (**folïau**) *b* (*CHWAR*) volée *f*; **hanner ~** demi-volée *f gw. hefyd* **pêl-foli**.
folian *ba* (*CHWAR*) reprendre (qch) de volée; ♦*bg* (*CHWAR*) jouer à la volée, renvoyer une volée.
foliwm (**-au**) *g* (*maint*) volume *m*; (*sŵn*) volume, puissance *f*.
folt (**-iau**) *g,b* volt *m*.
foltamedr (**-au**) *g* voltamètre *m*.
foltedd (**-au**) *g* voltage *m*, tension *f*; **~ uchel/isel** haute/basse tension.
fory *adf gw.* **yfory**.
fôt (**fotiau**) *b gw.* **pleidlais**.
fotio *bg gw.* **pleidleisio**.
fotiwr (**fotwyr**) *g gw.* **pleidleisiwr**.
fotwraig (**fotwragedd**) *b gw.* **pleidleiswraig**.
foty (**hafotai**) *g gw.* **hafoty**.
fowt (**-iau**) *b* voûte *f*; **~ faril** voûte en berceau.
fowtio *ba* voûter.
fowtiog *ans* voûté(e), en voûte.
fry *adf* au dessus, en haut, en l'air; **oddi ~** d'en haut, au ciel.
fwdw *g* vaudou *m*.
fwlcaneiddio *ba* vulcaniser.
fwlcanoleg *b* volcanologie *f*.
fwlgar *ans* vulgaire, grossier(grossière); ♦ **yn ~** *adf* vulgairement, grossièrement.
fwlgareiddio *ba* rendre (qch) vulgaire.
fwlgareiddiwch *g gw.* **fwlgariaeth**.
fwlgariaeth *b* vulgarité *f*, grossièreté *f*; (*rheg*) gros mot *m*, grossièreté; (*ymadrodd annysgedig*) vulgarisme *m*.
Fwlgat *g*: **y ~** la Vulgate *f*.
fwltur (**-iaid**) *g* vautour *m*.
fwyfwy *adf gw.* **mwyfwy**.
fy, **f'**, **'m** *rhag blaen*
1 (*o flaen enw*) (cofier: yn Ffrangeg mae'r rhain yn cytuno â'r enw sy'n dilyn) mon *m*, ma *f*, mes *m/fpl*; **fy llyfr** mon livre *m*; **fy llyfr i** (*pwysleisiol*) mon livre à moi; **fy llyfr i yw hwn** ce livre est à moi; **fy ffrind** mon ami *m*, mon amie *f*; **fy nghadair** ma chaise *f*; **fy llyfrau** mes livres; **fy ffrindiau** mes ami(e)s; **fy nghadeiriau** mes chaises; **f'annwyl fab/ferch** mon cher fils *m*/ma chère fille *f*; **estynnais fy llaw** j'ai tendu la main; **'rwyf fi wedi torri fy mraich** je me suis cassé le bras.
2 (*o flaen enw: lle defnyddir yr enw eilwaith*) (cofier: yn Ffrangeg mae'r rhain yn cytuno â'r enw hwnnw) le mien *m*, la mienne *f*, les miens *mpl*, les miennes *fpl*; **swydd fel fy swydd i** *ou* **fel fy un i** un métier comme le mien; **'rwyf wedi sychu'ch cwpan chi a'm cwpan i** *ou* **a f'un i** j'ai essuyé votre tasse et la mienne; **mae dy fagiau di yn drymach na'm bagiau i** *ou* **na'm rhai i** tes bagages sont plus lourds que les miens.
3 (*o flaen berfenw neu ffurf ferfol*) me; **a yw hi'n fy ngweld?** est-ce qu'elle me voit?; **mae hi'n f'adnabod yn dda** elle me connaît bien; **fe'm gwelodd** il m'a vu(e); **cefais f'anafu mewn damwain** j'ai été blessé(e) dans un accident; **cefais fy ngeni ar ...** je suis né(e) le ...
fyny *adf*: **i ~**
1 (*ar lefel uwch*) haut, en haut, au-dessus, en contre-haut; **i ~ yn fan'na** là-haut; **i ~ yn yr awyr** (là-haut) dans le ciel; **i ~ yn y mynyddoedd** dans les montagnes; **maen nhw'n byw 2 lawr i ~** ils habitent au deuxième étage; (*o fan'ma*) ils habitent 2 étages au-dessus; **ychydig bach yn uwch i ~** un peu plus haut; **dal rhth i ~'n uchel** tenir qch bien haut; **hanner ffordd i ~** (*allt*) à mi-côte, à mi-chemin; (*coeden, grisiau*) à mi-hauteur; **'roedd y tymheredd i ~ yn y 40au** la température dépassait quarante degrés.
2 (*tuag at safle uwch*) en haut; **mynd i ~, dod i ~** monter; **taflu rhth i ~** jeter *neu* lancer qch en l'air; **dwylo i ~!** (*o flaen dryll*) haut les mains!; (*yn y dosbarth*) levez la main!; **fe'i gwelais i hi ar fy ffordd i ~** je l'ai vue *neu* rencontrée en montant; **yr holl ffordd i ~** jusqu'en haut, jusqu'au sommet.
3 (*dangos cyfeiriad*): **mynd i ~ i'r gogledd** aller au nord.
4 (*wedi codi*): **mae pris llysiau i ~ eto** le prix des légumes a encore augmenté.
5 (*wedi ei osod neu ei godi*): **mae'r canlyniadau i ~** les résultats sont affichés; **mae'r baneri i ~** les drapeaux sont hissés.
6 (*i safle o eistedd neu sefyll*): **eistedd i ~** se redresser (sur son séant); **rhoi rhth i sefyll i ~** mettre qch debout, dresser qch;

♦*ardd*
1 (*mewn rhan uwch o*) en haut de; **bod i ~ coeden/ysgol** être dans un arbre/sur une échelle; **i ~'r grisiau** en haut, à l'étage; **y bobl yn y fflat i ~'r grisiau** les gens du dessus.
2 (*tuag at safle uwch*): **mynd i ~'r grisiau** monter l'escalier; **rhedeg i ~'r allt** monter la colline en courant; **mynd i ~ clogwyn** escalader une falaise *neu* un à-pic; **dringo i ~ coeden** grimper dans *neu* sur un arbre.
3 (*dangos cyfeiriad*): **i ~'r afon** en amont; **mynd i ~'r afon** aller vers l'amont, remonter la rivière; **maen nhw'n byw i ~'r stryd** ils habitent plus haut *neu* plus loin dans la rue; **cerddais i ~ ac i lawr y stryd** j'ai fait les cent pas dans la rue, j'ai arpenté la rue.
Fyrsil *prg* Virgile.
Fyrsilaidd *ans* de Virgile

FF

ffa[1] *b* (*CERDD*) fa *m*.
ffa[2] *ll gw.* **ffeuen**.
ffabrig (**-au**) *g* tissu *m*, étoffe *f*; ~ **dodrefnu** tissu d'ameublement.
ffacbysen (**ffacbys**) *b* lentille *f*.
ffacir (**-iaid**) *g* fakir *m*.
ffacs (**-iau**) *g,b* télécopie *f*, fax *m*; **peiriant** ~ télécopieur *m*, fax; **anfon** ~ **at rn** envoyer une télécopie *neu* un fax à qn.
ffacsimili (**ffacsimilïau**) *g* fac-similé *m*.
ffacsio *ba* télécopier, faxer;
♦*bg*: ~ **at rn** envoyer une télécopie *neu* un fax à qn.
ffactor (**-au**) *g,b*
1 (*elfen*) facteur *m*, élément *m*; ~ **dynol** élément humain.
2 (*BIOL, MATH*) facteur *m*; ~ **cysefin** facteur premier, diviseur *m* premier; ~ **cyffredin** dénominateur *m*, facteur commun; **y** ~ **cyffredin mwyaf** le plus grand commun diviseur.
ffactoradwy *ans* qu'on peut décomposer en facteurs.
ffactoraidd *ans* factoriel(le).
ffactorio *ba* décomposer (qch) en facteurs.
ffactri (**-s, ffactrïoedd**) *b gw.* **ffatri**.
ffad (**-iau**) *b* marotte *f*, manie *f*, folie *f*.
ffaeledig *ans* faillible.
ffaeledigaeth (**-au**) *b* défaut *m*, faiblesse *f*.
ffaeledigrwydd *g* faillibilité *f*.
ffaeledd (**-au**) *g* défaut *m*.
ffaeleddus *ans* (*gwaith*) défectueux(défectueuse).
ffaelu *bg* (*aflwyddo*) échouer, ne pas réussir; (*mewn arholiad*) échouer, être collé(e)* *neu* recalé(e)*; (*trafodaeth*) échouer, ne pas aboutir; (*drama*) faire *neu* être un four; (*busnes*) faire faillite; (*clyw, golwg: dirywio*) faiblir, baisser; (*llais*) s'affaiblir; (*golau*) baisser; (*nwy, trydan: peidio â llifo*) faire défaut, manquer; (*peidio â gweithio: peiriant*) tomber en panne, flancher*; (*:brêcs*) lâcher; ~ **â gwneud rhth** (*peidio â*) ne pas faire qch, manquer *neu* négliger *neu* omettre de faire qch; **'rwy'n** ~ **â deall** je n'arrive pas à comprendre, je ne réussis pas à comprendre, je ne comprends pas.
ffäen, **ffafen** (**ffa**) *b gw.* **ffeuen**.
ffafr (**-au**) *b*
1 (*cymwynas*) service *m*, faveur *f*, grâce *f*; **gwneud** ~ **â rhn** rendre un service à qn, obliger qn; **gofyn** ~ **gan rn** demander un service à qn, solliciter une faveur *neu* grâce de qn; **gwnewch** ~ **â mi a chau'r drws, os gwelwch yn dda** soyez assez gentil(le) pour fermer la porte, ayez l'obligeance de fermer la porte si'il vous plaît.
2 (*cymeradwyaeth*) bonnes grâces *fpl*, faveur *f*, approbation *f*; **bod mewn** ~ être bien en cour, avoir la cote; **bod allan o** ~ ne pas avoir la cote, ne pas être bien en cour; **bod yn** ~ **rhn** être bien vu(e) de qn, jouir des bonnes grâces de qn; **ennill** ~ **rhn** s'attirer les bonnes grâces de qn; (*awgrym*) gagner l'approbation de qn; **dod yn ôl i** ~ **rhn** rentrer dans les bonnes grâces de qn.
ffafr(i)aeth *b* (*annheg*) favoritisme *m*; (*ffafr*) faveur *f*, indulgence *f*; **dangos** ~ **tuag at rn** montrer un préjugé *neu* des préjugés en faveur de qn, montrer une préférence pour qn, être indulgent(e) envers qn.
ffafrio *ba* (*bod o blaid*) être partisan(e) de, favoriser, appuyer, approuver; (*bod yn well gennych*) préférer; (*dangos ffafriaeth tuag at*) montrer une préférence pour; (*tîm, ceffyl*) être pour, être partisan(e) de.
ffafriol *ans* favorable; (*tywydd*) propice; **eich dangos eich hunan yn** ~ **tuag at rn** montrer un préjugé *neu* des préjugés en faveur de qn, montrer une préférence pour qn; **mae golwg** ~ **ar hyn** ceci est très encourageant, ceci est très prometteur;
♦ **yn** ~ *adf* (*siarad, ysgrifennu*) en termes favorables; (*ystyried*) d'un œil favorable, d'un bon œil; (*ymateb, cymharu*) favorablement; **edrych yn** ~ **ar rn** bien considérer qn.
ffag* (**-s**) *b* cigarette *f*, sèche* *f*, clope* *m,f*.
ffagau* *ll*: **hen** ~ (*hen esgidiau*) souliers *mpl* éculés.
ffagio *ba* (*rhn: blino*) épuiser, éreinter, claquer*, crever*; (*rhth: sathru ar*) fouler (qch) aux pieds;
♦*bg* (*gweithio'n galed ar gyfer arholiad*) bûcher*, bosser*, bachoter; (*blino'n lân*) se lasser, se fatiguer, s'éreinter; **bod wedi** ~ (*blino*) être épuisé(e) *neu* éreinté(e) *neu* claqué(e)* *neu* crevé(e)*, ne plus tenir debout.
ffagiwr (**ffagwyr**) *g* (*un sy'n gweithio'n galed ar gyfer arholiad*) bûcheur* *m*, bûcheuse* *f*, bosseur* *m*, bosseuse* *f*.
ffagl (**-au**) *b* torche *f*, flambeau(-x) *m*; (*fflêr, fflach*) feu(-x) *m*, signal(signaux) *m* lumineux; (*MIL*) fusée *f* éclairante, fusée parachute.
ffaglen (**-nau**) *b gw.* **ffagl**.
ffaglog *ans* en flammes, enflammé(e), embrasé(e).
ffaglu *ba* (*cynnau: tân*) allumer; **ffagla hi o'ma!*** décampe*!, file*!, fiche-moi le camp!*, fous-moi le camp!*;
♦*bg* s'enflammer brusquement, s'embraser, prendre feu (tout à coup); (*ffig: dicter*) éclater, exploser.
ffaglwr (**ffaglwyr**) *g* incendiaire *m/f*.
ffagod, **ffagoden** (**-au**) *b* fagot *m* de bois.

ffagodi *ba* fagoter.

ffagotsen (**ffagots**) *b* boulette *f* de viande, ≈ crépinette *f*.

ffair (**ffeiriau**) *b* foire *f*; (*i hel arian at achos da*) fête *f*, kermesse *f*; ~ **anifeiliaid** foire *neu* marché *m* aux bestiaux; ~ **lyfrau** foire du livre; ~ **sborion** vide-grenier *m*, vente *f* de charité (*d'objets d'occasion*); **Ff~ y byd** Exposition *f* universelle; **cae** ~ champ *m* de foire; **ffŵl pen** ~ bouffon *m*, fou *m*; **mae hi fel** ~ **yma!** ça n'arrête pas ici!

ffaith (**ffeithiau**) *b* fait *m*; (*gwirionedd, realiti*) faits *mpl*, réalité *f*; **bod yn** ~ être de fait; **a yw'n** ~? est-il vrai?; **y** ~ **yw ...** le fait est que ..., la réalité, c'est que ...; **fel mater o** ~ en fait; **mae hynna'n** ~ ça, c'est un fait, c'est véridique; **mi wn fod hynna'n** ~ c'est un fait certain, je le sais de source sûre; **'rwy'n derbyn fel** ~ **yr hyn y mae'n ei ddweud** j'accepte la vérité de ce qu'il dit; **wynebu'r ffeithiau** regarder les choses en face, se rendre à l'évidence, voir les choses telles qu'elles sont; **ni all hi ddim wynebu'r** ~ **na ddaw yn ôl** elle ne veut pas se rendre à l'évidence et admettre qu'il ne reviendra pas; **mae'n bryd iddo wynebu ffeithiau bywyd** il est temps qu'on le mette *subj* devant les réalités de la vie.

ffalang (-**au**) *g* phalange *f*.

ffald (-**au**) *b* (*defaid*) parc *m* à moutons, enclos *m*; (*cŵn*) fourrière *f* pour animaux errants.

ffaldio *ba* parquer, enfermer.

ffaldirál (-**s**) *g* (*tegan*) bagatelle *f*, babiole *f*, colifichet *m*; (*lol*) absurdités *fpl*, inepties *fpl*, sottises *fpl*, idioties *fpl*, non-sens *m*; **rhyw** ~ **ydy hynna i gyd!** tout ça ce sont des absurdités *neu* idioties!

ffalig *ans* phallique.

ffal-lal *b gw.* **ffol-lal**.

ffals (**ffeilsion**) *ans* (*twyllodrus*) faux(fausse), perfide, déloyal(e)(déloyaux, déloyales), mensonger(mensongère); (*gwenieithus*) flatteur(flatteuse); **addewidion** ~ promesses *fpl* mensongères, fausses promesses; **tyst** ~ faux témoin *m*;
♦ **yn** ~ *adf* (*ymddwyn*) déloyalement; (*gyda gweniaith*) flatteusement.

ffalsedd *g* fausseté *f*, duplicité *f*, perfidie *f*, déloyauté *f*; (*celwydd*) mensonge *m*, fausseté.

ffalseddu *ba* (*dogfen*) falsifier; (*tystiolaeth*) maquiller; (*gwyrdroi: ffeithiau*) dénaturer.

ffalseto *ans* (*llais, tôn*) de fausset, de tête;
♦*g* (**ffalseti**) (*CERDD*) fausset *m*.

ffalsio *bg*: ~ **ar rn** (*gwenieithio*) flatter qn, encenser qn, lécher les bottes* de qn, flagorner qn;
♦*g* flagornerie *f*.

ffalsiwr (**ffalswyr**) *g* flatteur *m*, lèche-bottes *m inv*, flagorneur *m*.

ffalst *ans gw.* **ffals**.

ffalstedd, **ffalster**, **ffalstra** *g* fausseté *f*, duplicité *f*, déloyauté *f*, perfidie *f*; (*celwydd*) mensonge *m*, fausseté; (*cyfrwystra*) ruse *f*, fourberie *f*; (*gweniaith*) flatterie *f*, flagornerie *f*.

ffalswraig (**ffalswragedd**) *b* flatteuse *f*, lèche-bottes *f inv*, flagorneuse *f*.

ffaltwng (**ffaltyngau**) *g* circonvolution *f*.

ffalwm *g* (*MEDD: bystwn, ewinor*) panaris *m*.

ffan[1] (-**iau**) *b* (*gwyntyll*) éventail *m*; (*peiriannol*) ventilateur *m*; ~ **drydan** ventilateur électrique; **gwresogydd** ~ radiateur *m* soufflant; **ar siâp** ~, **ar ffurf** ~ en éventail.

ffan[2] (-**s**) *g* (*cefnogwr*) enthousiaste *m/f*, supporter *m*, partisan *m*, partisane *f*; (*sêr, byd pop*) fan* *m/f*, fana* *m/f*, admirateur *m*, admiratrice *f*; **mae fy mrawd yn** ~ **pêl-droed** mon frère est un acharné *neu* passionné *neu* mordu* du foot, mon frère se passionne pour le football; **y** ~**s pêl-droed 'ma i gyd** tous ces enragés *neu* mordus* *neu* fanas* de football; ~ **i Vivaldi** un fervent *m* de Vivaldi, une fervente *f* de Vivaldi; **nid wyf yn** ~ **iddo o gwbl** je suis loin d'être un(e) de ses admirateurs(admiratrices), je ne suis pas parmi ses partisans; **clwb** ~**s** cercle *m neu* club *m* de fans.

ffanaticaidd *ans* fanatique;
♦ **yn** ~ *adf* fanatiquement.

ffanaticiaeth *b* fanatisme *m*.

ffanatig (-**iaid**) *g/b* fanatique *m/f*.

ffanbelt (-**iau**) *g* (*CAR*) courroie *f* de ventilateur.

ffanfowt (-**iau**) *b* voûte *f* en éventail.

ffanffer (-**au**) *b* fanfare *f*.

ffanio *ba* (*rhn, wyneb*) éventer; (*tân*) attiser, aviver; ~**'r marwydos** souffler sur la braise; **eich** ~ **eich hunan** s'éventer; ~ **cardiau** étaler (qch) en éventail.

ffansi *ans* (*llenni, addurnau gemwaith ayb*) de fantaisie; (*rhagorol*) sophistiqué(e), recherché(e), raffiné(e), de qualité supérieure; (*dif*) snobinard(e)*; **gwisg** ~ travesti *m*, déguisement *m*; **mewn gwisg** ~ déguisé(e), travesti(e); **dawns wisg** ~ bal *m* masqué *neu* costumé; **gwaith** ~ (*GWNÏO*) ouvrages *mpl* d'agrément; **nwyddau** ~ nouveautés *fpl*, articles *mpl* de fantaisie;
♦*b* (**ffansïau**)
1 (*mympwy*) caprice *m*, fantaisie *f*, lubie *f*; **yn ôl fy** ~ à mon gré.
2 (*blas, hoffter*) goût *m*, envie *f*; **cymryd** ~ **at rn** se prendre d'affection pour qn; **cymryd** ~ **at rth** se mettre à aimer qch; **mae'r het wedi cymryd fy** ~ **i** le chapeau m'a fait envie *neu* m'a tapé dans l'œil*; **bu ganddo** ~ **ceir cyflym** il a eu une toquade* *neu* un engouement pour les voitures de sport, il s'est engoué pour les voitures de sport.
3 (*dychymyg*) imagination *f*, fantaisie *f*.

ffansïo *ba*
1 (*dymuno*) avoir envie de; **wyt ti'n ~ mynd am dro?** as-tu envie d'aller faire une promenade *neu* un tour?, ça te dit* d'aller faire une promenade *neu* un tour?; **ffansïodd (yn sydyn) fynd i nofio** il a eu tout à coup envie d'aller nager, il lui a pris l'envie d'aller nager.
2 (*hoffi*) aimer; **'dw i ddim yn ~'r syniad yma** cette idée ne me dit rien; **mae'n ei ~ hi** il la trouve pas mal du tout*, elle lui plaît, il a un petit béguin* pour elle, il a une toquade* pour elle.
▶ **eich ffansïo eich hun**: **mae hi'n ei ~'i hun** elle ne se prend pas pour rien*; **mae hi'n ei ~'i hun yn dipyn o actores** elle ne se prend pas pour une moitié d'actrice.
ffansïol *ans* (*mympwyol*) capricieux(capricieuse), fantasque; (*syniad*) fantasque, extravagant(e), chimérique, bizarre; (*cynllun*) chimérique; (*gwaith*) fantaisiste, de fantaisie; (*llawn dychymyg*) plein(e) d'imagination, imaginatif(imaginative); (*dychmygol: stori, adroddiad*) imaginaire.
ffansïwr (**ffansïwyr**) *g* amateur *m*.
ffantasi (**ffantasïau**) *g,b* (*dychymyg*) imagination *f*, fantaisie *f*; (*syniad*) idée *f* fantastique; (LLEN, CERDD) fantaisie.
ffantasïol *ans* fantasque, bizarre, extravagant(e); (*stori, adroddiad*) chimérique, imaginaire;
♦ **yn** ~ *adf* fantasquement, bizarrement, de façon extravagante.
ffantastig *ans* (*gwych*) sensationnel(le), fantastique, extraordinaire, extra*, chouette*; (*llwyddiant*) inouï(e)*, fabuleux(fabuleuse), fantastique, terrible*; (*stori*) fantastique, bizarre; (*syniad*) invraisemblable, impossible, farfelu(e);
♦ **yn** ~ *adf* fantastiquement, extraordinairement, bizarrement, impossiblement.
ffâr *g* (*bwyd*) chère *f*, manger *m*, nourriture *f*.
ffarad (**-au**) *g* farad *m*.
ffarddin *b,g gw.* **ffyrling**.
ffariaeth *b* (*pedoli*) maréchalerie *f*; (*milfeddygaeth*) art *m* de vétérinaire.
ffarier (**-s**) *g* (*pedolwr*) maréchal-ferrant(maréchaux-~s) *m*; (*milfeddyg*) vétérinaire *m*.
ffario *bg* être maréchal-ferrant, être vétérinaire.
ffarm (**ffermydd**) *b gw.* **fferm**.
ffarmacoleg *b* pharmacologie *f*.
ffarmdy (**ffarmdai**) *g gw.* **ffermdy**.
ffarmio *ba, bg, g gw.* **ffermio**.
ffarmwr (**ffarmwyr**) *g gw.* **ffermwr**.
ffarmwraig (**ffarmwragedd**) *b gw.* **ffermwraig**.
Ffaro (**-aid**) *g gw.* **Pharo**.
Ffaröe *prg*: **Ynysoedd** ~ les îles *fpl* Féroé; **yn Ynysoedd** ~ aux îles Féroé.
ffars (**-au**) *b* (THEATR, *ffig*) farce *f*.
ffarsaidd *ans* ridicule, risible;
♦ **yn ffarsaidd** *adf* ridiculement, risiblement.
ffarswr (**ffarswyr**) *g* farceur *m*.
ffarwél (**-au**) *g,b* adieu(-x) *m*; ~! au revoir!; (*am byth*) adieu!; **dweud ~ wrth rn** dire au revoir *neu* adieu à qn; **dweud ~, canu ~** faire ses adieux; ~ **haf** (PLANH) aster *m* d'automne.
ffarwelio *bg* faire ses adieux; ~ **â** dire adieu à, dire au revoir à; ~ **â'ch gilydd** faire ses adieux; **cinio ~, swper ~** dîner *m* d'adieu.
ffaryncs (**-au**) *g* pharynx *m*; **llid y** ~ pharyngite *f*.
ffaryngitis, ffaryngwst *g* pharyngite *f*.
ffas (**-ys**) *b*: ~ **lo** front *m* de taille.
ffasâd (**ffasadau**) *g* façade *f*, devant *m*, front *m*; (*ffig*) façade.
ffased (**-au**) *g* facette *f*.
ffasedog *ans* à facettes.
ffasedu *ba* facetter.
Ffasgaeth *b* fascisme *m*.
Ffasgaidd *ans* fasciste; **gweddol** ~ fascisant(e);
♦ **yn** ~ *adf* de façon fasciste
ffasgia (**ffasgiâu**) *g* tableau(-x) *m* de bord.
Ffasgiad (**Ffasgiaid**) *g/b* fasciste *m/f*.
Ffasgiaeth *b* fascisme *m*.
Ffasgydd (**-ion**) *g* fasciste *m/f*.
ffasiwn (**ffasiynau**) *g,b*
1 (*dillad ayb*) mode *f*, vogue *f*; **yn y ~, mewn** ~ à la mode, en vogue; **hen** ~ démodé(e), dépassé(e), passé(e) de mode; ~ **newydd** à la nouvelle mode; **dyna'r ~ diweddaraf** c'est la dernière mode, c'est le dernier cri; **gwisgo yn ôl y ~ diweddaraf** s'habiller à la dernière mode; **creu'r** ~ donner le ton, lancer la mode; **ffasiynau Paris** les collections *fpl* (de mode) parisiennes; **arddangosfa ffasiynau, sioe** ~ présentation *f* de modèles *neu* de collections, défilé *m* de mannequins; **cylchgrawn** ~ journal(journaux) *m* de mode; **cynllunydd** ~ (*cyff*) modéliste *m/f*; (*mawr*) grand couturier *m*; **golygydd** ~ rédacteur *m* de mode, rédactrice *f* de mode; **model** ~ mannequin *m*; **tŷ** ~ maison *f* de couture.
2 (*y fath*): **glywsoch chi erioed y ~ beth?** avez-vous jamais entendu une chose pareille?; **'does dim ~ beth** ça n'existe pas; **ni ddywedais i ddim ~ beth** je n'ai rien dit de la sorte, je n'ai pas dit cela; **y ~ bobl** de telles gens, des gens pareils, de pareilles gens, des gens de cet acabit, cette espèce de gens.
ffasiynol *ans* (*dillad*) à la mode; (*ardal, siop*) chic *inv*; (*barn, pwnc*) en vogue; **y byd** ~ les gens à la mode; **mae hi'n ~ dweud ...** il est bien porté *neu* de bon ton de dire ...;
♦ **yn** ~ *adf* à la mode, élégamment.
ffasner (**-i**) *g* attache *f*, fermeture *f*; (*bag, llyfr, cadwyn*) fermoir *m*; (*dilledyn: cyff*) fermeture; (:*botwm*) bouton *m*; (:*bachyn*)

agrafe *f*; (:*stŷd*) pression *f*; (*sip*) fermeture éclair, fermeture à glissière.

ffasnydd (**-ion**) *g gw.* **ffasner**.

ffast *ans*
1 (*lliw*) bon teint *inv*, grand teint *inv*; **ydy'r llifyn yn ~?** est-ce que ça déteindra?, est-ce que la teinture s'en ira?.
2 (*cortyn, rhaff, cwlwm*) solide *gw. hefyd* **buan, cyflym**.

ffaten (**ffatiau**) *b* coup *m* léger, petite tape *f*; (*slap*) claque *f*; (*ar yr wyneb*) gifle *f*; (*ar y cefn*) grande tape.

ffatio *ba* donner une tape à; (*cryfach*) donner une claque à.

ffatri (**ffatrïoedd**) *b* usine *f*; (*llai*) fabrique *f*; **~ arfau/dybaco** manufacture *f* d'armes/de tabac; **~ gotwm** filature *f* de coton; **~ laeth** laiterie *f*, coopérative *f* laitière; **~ wlân** filature de laine; **gwaith ~** travail(travaux) *m* en *neu* d'usine; **gweithiwr ~** ouvrier *m* d'usine; **gweithwraig ~** ouvrière *f* d'usine; **llong ~** navire-usine(~s-~s) *m*; **nwyddau ~** produits *mpl* manufacturés.

ffau (**ffeuau**) *b* (*llew, teigr*) tanière *f*, antre *m*, repaire *m*; (*lladron*) repaire; **Daniel yn ~'r llewod** Daniel dans la fosse aux lions.

ffawd (**ffodion**) *b*
1 (*tynged*) destin *m*, sort *m*; **beth bynnag a fo fy ~** quel que soit *subj* le sort qui m'est réservé; **mynnodd ~ iddo lwyddo** le sort *neu* la fortune a voulu qu'il réussisse *subj*.
2 (*hap, digwyddiad*) fortune *f*, chance *f*, hasard *m*; **trwy ~** par hasard; (*lwc*) par bonheur; (*anlwc*) par malheur; **mentro'ch ~** tenter sa chance; **'roedd ~ o'i blaid** la chance *neu* fortune lui a souri.

ffawdheglu *bg* faire du stop* *neu* de l'auto-stop; **maen nhw wedi ~ i Baris** ils sont allés à Paris en stop*, ils ont fait du stop* *neu* de l'auto-stop jusqu'à Paris;
♦*g* stop* *m*, auto-stop *m*.

ffawdheglwr (**ffawdheglwyr**) *g* auto-stoppeur *m*, stoppeur* *m*.

ffawdheglwraig (**ffawdheglwragedd**) *b* auto-stoppeuse *f*, stoppeuse* *f*.

ffawna (**ffawnâu**) *b* faune *f*.

ffawt (**-iau**) *g* (DAEAR) faille *f*; (TENNIS) faute *f*.

ffawydden (**ffawydd**) *b* hêtre *m*; **~ goprog** hêtre rouge; **llwyn o ffawydd** hêtraie *f*, bois *m* de hêtres; **pren ffawydd** (bois de) hêtre; **o bren ffawydd** de hêtre, (en bois de) hêtre; **bwrdd ~** (*dêl*) table en bois blanc.

ffederal, **ffederalaidd** *ans* fédéral(e)(fédéraux, fédérales).

ffederaliaeth *b* fédéralisme *m*.

ffederalydd (**ffederalwyr**) *g* fédéraliste *m/f*.

ffederasiwn (**ffederasiynau**) *g* fédération *f*.

ffedereiddio *ba* fédérer;
♦*bg* se fédérer.

ffederu *ba* fédérer.

ffedog (**-au**) *b*
1 (*dilledyn*) tablier *m*; **~ goginio** tablier de cuisine; **wrth ~ ei fam** (pendu) aux jupes de sa mère.
2 (THEATR) avant-scène *f*.

ffefryn (**-nau**) *g* favori *m*, favorite *f*, préféré *m*, préférée *f*; (*llys, rasio*) favori; **fe yw ~ ei fam** c'est le préféré *neu* le favori *neu* le chouchou* *neu* l'enfant chéri de sa mère; **mae'n ~ gan bawb** tout le monde l'adore; **mae'r gân yna yn un o'm ~nau i** cette chanson est une de mes préférées; **gadewch inni wrando ar rai o'r hen ~nau** écoutons de vieilles chansons à succès.

ffei *ebych* fi (donc)!

ffeibr (**-au**) *g gw.* **ffibr**.

ffeiff (**-s**) *g* (*offeryn*) fifre *m*.

ffeil[1] (**-iau**) *b* (*ffolder*) dossier *m*, chemise *f*; (*ar golfachau*) classeur *m*; (*ar gyfer lluniau, mewn drôr*) carton *m*; (*mynegai cardiau*) fichier *m*; (*mewn cabinet*) classeur; (CYFRIF) fichier; **oes gennym ni ~ arni hi?** est-ce que nous avons un dossier sur elle?; **~ ddata** fichier de données; **cau'r ~ ar fater** (*ffig*) classer une affaire.

ffeil[2] (**-iau**) *b* (*durlif*) lime *f*; **~ ewinedd** lime à ongles; **~ frasddant** lime bâtarde; **~ fflat** lime plate; **~ hanner cron** lime demi-ronde; **~ lefn** lime mi-douce; **~ orlefn** lime douce.

ffeilio[1] *ba* (*llythyrau*) ranger, classer; (*ychwanegu at ffeil*) joindre (qch) au dossier; (*ar sbigyn*) enfiler; (*ar gardiau*) ficher; **clerc ~** documentaliste *m/f*, archiviste *m/f*; **cwpwrdd ~** classeur *m*.

ffeilio[2] *ba* (*llyfnu â ffeil*) limer; **~'ch ewinedd** se limer les ongles.

ffeilion *ll* limaille *f*.

ffein[1] *ans*
1 (*caredig, clên*) gentil(le), bon(ne), aimable, agréable, charmant(e), sympathique, sympa*, bienveillant(e); **'roedden nhw'n bobl ~ iawn** c'étaient de braves gens.
2 (*braf, hardd*) beau[bel](belle)(beaux, belles); **mae hi'n mynd i fod yn ~ y prynhawn 'ma** il va faire beau cet après-midi; **mae'r tywydd yn mynd i fod yn ~ am gyfnod** le temps est au beau (fixe); **dillad ~** de beaux vêtements; **mae dyfodol ~ o'ch blaen** un bel avenir vous attend; **mae helpu eraill yn beth ~** c'est beau d'aider autrui; **mae hynna'n ~, ond ...** tout cela c'est bien beau *neu* joli, mais ....
3 (*ardderchog*) excellent(e); (*bwyd*) délicieux(délicieuse), très bon(ne); **cig ~** viande *f* de première qualité.
4 (*ystyr eironig*): **wel, dyna beth ~!** ça c'est du beau *neu* du propre*!;
♦ **yn ~** *adf* (*yn garedig*) avec bonté, avec gentillesse; (*yn ardderchog*) admirablement, magnifiquement, très bien.

ffein[2] (**-iau**) *b gw.* **dirwy**.

ffeind *ans* (*caredig, clên*) gentil(le), bon(ne),

aimable, agréable, charmant(e), sympathique, sympa*, bienveillant(e) *gw. hefyd* **caredig**.

ffeindio *ba* trouver, découvrir, retrouver; ~ **rhn yn euog** prononcer qn coupable; ~ **allan am*** se renseigner sur; **bydd dy fam yn ~ allan*** ta mère le saura; **mae hwn wedi ~'i ffordd i'n tŷ ni** ça s'est retrouvé chez nous, ça a atterri* chez nous; ~**'ch lle mewn llyfr** retrouver sa page dans un livre; **ffeindiais i yn union sut ferch oedd hi** j'ai découvert son vrai caractère; ~**'ch traed** s'adapter, s'acclimater; **ei ~ hi'n anodd gwneud rhth** éprouver une certaine difficulté à faire qch, avoir du mal à faire qch.

ffeindrwydd *g* bonté *f*, gentillesse *f*, amabilité *f*.

ffeinio* *ba gw.* **dirwyo**.

ffeintio* *bg gw.* **llewygu**.

ffeirio *ba* échanger, troquer; ~ **rhth am rth** échanger *neu* troquer qch contre qch; ♦*bg* faire l'échange; ♦*g* échange *m*, troc *m*.

ffeit* (-s) *b* bagarre *f*; (*BOCSIO*) combat *m*; **mae 'na ~ ar y teledu heno** il y a un match de boxe à la télé ce soir.

ffeithiol *ans* (*tystiolaeth, gwybodaeth*) factuel(le), basé(e) sur les *neu* des faits; (*digwyddiad*) réel(le); **gwall ~** erreur *f* de fait *neu* sur les faits; **a chymryd enghraifft ~** pour prendre un exemple concret; **mae hynna'n ~ gywir** c'est un fait positif, c'est véridique.

ffel *ans* (*annwyl*) cher(chère), chéri(e), bien aimé(e), adorable; (*craff*) astucieux(astucieuse), rusé(e), fourbe, dissimulé(e); (*craff a direidus*) espiègle, fin(e), malin(e*, maligne); (*llechwraidd*) sournois(e); ♦ **yn ~** *adf* astucieusement, avec astuce, avec espièglerie, finement, sournoisement.

ffeld (-iau) *g* veld *m neu* veldt *m*.

ffelder *g* (*craffter*) sagacité *f*; (*cyfrwystra*) ruse *f*, finesse *f*, astuce *f*, fourberie *f*, duplicité *f*.

ffelon (-iaid) *g* criminel *m*, criminelle *f*.

ffelonaidd *ans* criminel(le).

ffeloniaeth (-au) *b* crime *m*.

ffelsbar (-au) *g* feldspath *m*.

ffelt *g* feutre *m*; (*teneuach*) feutrine *f*; ♦*ans* feutre, de *neu* en feutre; **het ~** feutre *m*, chapeau(-x) *m* en feutre; **pen ~, ysgrifbin ~** feutre, stylo-feutre(~s-~s) *m*, marqueur *m*.

ffeltin *g* feutrage *m*.

ffeltio *ba* feutrer; ~ **to** couvrir un toit de feutre bitumé.

ffelwm *g* (*MEDD: ewinor, bystwn*) panaris *m*.

ffelwn (-iaid) *g gw.* **ffelon**.

ffeministaidd *ans* féministe.

ffeministiaeth *b* féminisme *m*.

ffeminydd (-ion) *g* féministe *m*.

ffeminyddes (-au) *b* féministe *f*.

ffeminyddiaeth *b* féminisme *m*.

ffemwr (**ffemora**) *g* fémur *m*.

ffen (-iau) *g* marais *m*, marécage *m*; **y ~iau** les plaines *fpl* marécageuses du Norfolk.

ffender (-i,-ydd) *b* (*tân*) garde-feu *m inv*; (*CAR*) pare-chocs *m inv*; (*RHEIL*) chasse-pierres *m inv*; (*MOR*) défense *f*, pare-battage *m inv*.

ffendir (-oedd) *g gw.* **ffen**.

ffenestr (-i) *b*

1 (*mewn tŷ, ystafell*) fenêtre *f*; ~ **adeiniog,** ~ **gasment** fenêtre à battants, croisée *f*; ~ **do,** ~ **ddormer** lucarne *f*, fenêtre en mansarde; ~ **dywyll,** ~ **ffug** fenêtre aveugle; ~ **ddalennog,** ~ **sash** fenêtre à guillotine; ~ **ddellt,** ~ **rwyllog** fenêtre à croisillons, fenêtre treillissée; ~ **fae** fenêtre en saillie; ~ **fwa,** ~ **grom** bow-window *m*; ~ **Ffrengig** porte-fenêtre(~s-~s) *f*; ~ **gron,** ~ **ros** rosace *f*, rose *f*; ~ **liw,** ~ **liwiedig** vitrail(vitraux) *m*; ~ **oriel** oriel *m*, fenêtre en encorbellement; ~**i dwbl** double vitrage *m*; **ffrâm** ~ châssis *m* de fenêtre; **lintar** ~**, sil** ~ (*y tu mewn*) appui *m* de fenêtre; (*y tu allan*) rebord *m* de fenêtre; **glanhäwr** ~**i** laveur *m* de vitres *neu* carreaux; **glanheuwraig** ~**i** laveuse *f* de vitres *neu* carreaux; **glanhau'r** ~**i** faire les vitres *neu* carreaux; **torri** ~ casser une vitre *neu* un carreau; **edrych trwy'r** ~ regarder par la fenêtre; **neidio allan o'r** ~ sauter par la fenêtre; **pwyso allan o'r** ~ se pencher par la fenêtre; **fe'i gwelais i hi yn y** ~ je l'ai vue à la fenêtre; **mae'r** ~ **yn edrych dros y caeau** la fenêtre donne sur *neu* a vue sur les champs; **'rwyt ti'n well drws na** ~**!** tu n'es pas transparent(e)!, ton père n'était pas vitrier!.

2 (*mewn car, trên*) vitre *f*, glace *f*; **agor/cau'r** ~ baisser/remonter la glace; **"Peidiwch â phwyso allan o'r** ~**"** "ne pas se pencher en dehors"; ~ **flaen car** pare-brise *m inv*; ~ **ôl car** glace *f* arrière.

3 (*mewn siop*) vitrine *f*, devanture *f*; **ym mlaen y** ~ sur le devant de la vitrine; **gosod rhth yn y** ~ mettre qch en vitrine *neu* à la devanture; ~ **arddangos** étalage *m*; **addurnwr** ~**i** étalagiste *m*; **addurnwraig** ~**i** étalagiste *f*.

4 (*mewn swyddfa bost, swyddfa docynnau ayb*) guichet *m*.

ffenestriad (-au) *g* (*PENS*) fenêtrage *m*, fenestration *f*; (*MEDD*) fenestration.

ffenestrog *ans* fenêtré(e), à fenêtres.

ffenestru *ba* fenêtrer, pourvoir (qch) de fenêtres, mettre *neu* installer des fenêtres dans.

ffenestrwr (**ffenestrwyr**) *g* (*gosodwr gwydr*) vitrier *m*; (*addurnwr ffenestr siop*) étalagiste *m*.

ffenics *g,b* phénix *m*.

ffenigl *g* fenouil *m*.

ffenomen (-au) *b* phénomène *m*.

ffenomenaidd *ans*

phénoménal(e)(phénoménaux, phénoménales);
♦ **yn** ~ *adf* phénoménalement.

ffenomenoleg *b* phénoménologie *f*.

ffens (**-ys**) *b* barrière *f*, palissade *f*, clôture *f*; (*rasio ceffylau*) obstacle *m*; ~ **bigog** haie *f* barbelée *neu* de barbelés; **aros ar y** ~, **eistedd ar y** ~ (*ffig*) ménager la chèvre et le chou, s'abstenir de prendre position.

ffensio[1] *ba* (*rhoi ffens o amgylch*) clôturer, entourer (qch) d'une clôture.

ffensio[2] *bg* (CHWAR) faire de l'escrime; ~ **â chleddyf** tirer à l'épée;
♦*g* l'escrime *f*.

ffensiwr (**ffenswyr**) *g* escrimeur *m*.

ffenswraig (**ffenswragedd**) *b* escrimeuse *f*.

ffêr (**fferau**) *b* cheville *f*; **asgwrn y** ~ l'astragale *m*; **troi eich** ~ se tordre *neu* se fouler la cheville; **'roedd hi mewn dŵr hyd at ei fferau** l'eau lui montait (jusqu') à la cheville.

fferdod *g* engourdissement *m*.

fferedig *ans* glacé(e), engourdi(e).

fferen (**fferins**) *b* bonbon *m*; **fferins** sucreries *fpl*, confiseries *fpl*; **siop fferins** confiserie *f*.

fferf *ans b gw.* **ffyrf**.

fferfaen (**fferfeini**) *g* stalactite *f*.

fferi (**fferïau**) *b* (*fach*) bac *m*; (*fawr*) ferry(ferrys, ferries) *m*, ferry-boat *m*; (*rhwng cwch a'r cei*) va-et-vient *m inv*; **dyn** ~ passeur *m*.

fferiad *g* (*y gwaed*) glacement *m*; (*y corff*) engourdissement *m*.

fferins *ll gw.* **fferen**.

fferled (**-au**) *b* (*breichled o gwmpas y ffêr*) bracelet *m neu* anneau(-x) *m* de cheville.

fferllyd *ans* très frais(fraîche) *neu* froid(e); (*edrychiad, gwên*) froid, glacial(e)(glacials *neu* glaciaux, glaciales); (*wedi merwino*) transi(e) de froid, engourdi(e) par le froid; (*yn teimlo'r oerfel*) frileux(frileuse);
♦ **yn** ~ *adf* froidement, glacialement, frileusement.

fferm (**-ydd**) *b* ferme *f*; (*ar rent*) métairie *f*; ~ **bysgod** centre *m* de pisciculture, centre *neu* établissement *m* piscicole; ~ **ddefaid** ferme d'élevage de moutons; ~ **iechyd** *établissement pour cures d'amaigrissement, de rajeunissement etc*; ~ **laeth** exploitation *f* laitière; ~ **stoc** ferme d'élevage; ~ **y faenor**, ~ **y plas** ferme attachée au domaine; **cynnyrch** ~ produits *mpl* agricoles *neu* de ferme; **gwas** ~, **gweithiwr** ~ ouvrier *m neu* travailleur *m* agricole, valet *m* de ferme; **buarth** ~ cour *f* de ferme, basse-cour *f*; **morwyn** ~ fille *f* de ferme; **tir** ~ terres *fpl* cultivées *neu* arables, terre de culture; **tŷ** ~ (maison *f* de) ferme; **gweithio ar** ~ travailler dans une ferme.

ffermdy (**ffermdai**) *g* (maison *f* de) ferme *f*; (*ar rent*) métairie *f*.

ffermio *ba* (*defaid ayb*) élever; (*tir*) cultiver;
♦*bg* être fermier, être fermière;
♦*g* agriculture *f*, exploitation *f* agricole; ~ **tir âr** culture *f*, agriculture; ~ **da byw** élevage *m* de bétail; ~ **pysgod** élevage de poissons, pisciculture *f*; **cymunedau** ~ collectivités *fpl* rurales; **offer** ~ outils *mpl* de ferme.

ffermwr (**ffermwyr**) *g* fermier *m*, cultivateur *m*, agriculteur *m*; (*tenant*) métayer *m*.

ffermwraig (**ffermwragedd**) *b* fermière *f*, cultivatrice *f*, agricultrice *f*; (*tenant*) métayère *f*.

fferoconcrit *g* béton *m* armé.

fferomagnetedd *g* ferromagnétisme *m*

fferrig *ans* ferrique.

fferru *ba* (*gwneud yn oer*) glacer; (*gwneud yn ddideimlad*) engourdir; **wedi eich** ~ **gan oerfel/ofn** transi(e) de froid/peur;
♦*bg* (*bod yn oer*) être gelé(e), être glacé(e), être frigorifié(e)*, crever* de froid, avoir très froid; (*mynd yn ddideimlad*) s'engourdir; **mae fy nwylo yn** ~ j'ai les mains glacées *neu* gelées; **wedi** ~ (*bysedd ayb*) engourdi(e), gourd(e).

fferrus *ans* ferreux(ferreuse).

ffertileiddiad (**-au**) *g* fertilisation *f*.

ffertileiddio *ba* (*tir*) fertiliser, amender; (*anifail, ŵy*) féconder.

ffertileiddydd (**ffertileiddion**) *g* engrais *m*.

fferwl (**-au**) *g,b* virole *f*, bout *m* de canne.

Fferyll *prg gw.* **Fyrsil**.

fferyllfa (**fferyllfeydd**) *b* (*siop fferyllydd*) pharmacie *f*; (*adran mewn siop*) officine *f*.

fferylliaeth *b* pharmacie *f*.

fferyllol *ans* pharmaceutique.

fferyllydd (**-ion, fferyllwyr**) *g* pharmacien *m*, pharmacienne *f*.

ffesant (**-od, ffesynt**) *g,b* (*ceiliog*) faisan *m*; (*iâr*) faisane *f*; (*ifanc*) faisandeau(-x) *m*.

ffesin (**-au**) *g* (ADEIL) revêtement *m*; (GWNÏO) revers *m*; ~ **cudd** entoilage *m*.

ffest (**-au**) *g* (*gwledd*) festin *m*, banquet *m*.

ffestu *bg* se presser, se dépêcher, se hâter.

ffeta *g* (COG) feta *f*.

ffetan (**-au**) *b* sac *m*.

ffetis (**-iau**) *g* fétiche *m*.

ffetisiaeth *b* fétichisme *m*.

ffetisydd (**-ion**) *g* fétichiste *m/f*.

ffetws (**ffetysau**) *g gw.* **ffoetws**.

ffeuen (**ffa**) *b* haricot *m*; ~ **ddringo** haricot d'Espagne; ~ **Ffrengig** haricot vert; ~ **goffi** grain *m* de café; ~ **lydan** fève *f*; **ffa pob** haricots blancs à la sauce tomate.

ffi (**-oedd**) *b* (*doctor, twrnai*) honoraires *mpl*; (*arlunydd, pêl-droediwr*) cachet *m*; (*cyfarwyddwr*) jeton *m*, honoraires; (*tiwtor preifat*) appointements *mpl*; (*am addysg*) frais *mpl* de scolarité, rétribution *f* scolaire;

(*i sefyll arholiad*) droits *mpl*; (*i gofrestru*) droits d'inscription; (*i ymaelodi*) cotisation *f*; ~ **argadw** provision *f*; ~ **fechan** (*i fenthyca llyfrau ayb*) une somme modique.

ffiaidd *ans* (*atgas*) détestable, répugnant(e), écœurant(e), odieux(odieuse), dégoûtant(e), infect(e); (*lle*) immonde, crasseux(crasseuse); (*aroglau*) infect, nauséabond(e), fétide, empesté(e); (*anadl*) fétide; (*ymddygiad*) vil(e), infâme; (*iaith*) ordurier(ordurière), grossier(grossière); (*syniadau*) immonde, impur(e); **mae hynny yn ~ imi** cela me répugne *neu* dégoûte;
♦ **yn ~** *adf* de façon dégoûtante *neu* répugnante.

ffiars: **dim ~*** *ebych* jamais de la vie!, pas de danger*!

ffibr (**-au**) *g* fibre *f*; ~ **coed** laine *f* de bois; ~ **gwydrog** fibre de verre, laine de verre; **bwrdd ~** panneau(-x) *m* fibreux; **bwyd uchel mewn ~** aliments riches en fibre(s).

ffibrin *g* fibrine *f*.

ffibrinogen *g* fibrinogène *m*.

ffibrog *ans* fibreux(fibreuse).

ffibwla (**ffibwlâu**) *g* péroné *m*.

Ffichteg *b,g* picte *m*;
♦*ans* picte.

Ffichtiad (**Ffichtiaid**) *g/b* Picte *m/f*.

ffîd (**ffidiau**) *b* (*i anifail*) alimentation *f*, nourriture *f*; (*gwair ayb*) fourrage *m*; (*i fabi: o'r fron*) tétée *f*; (*:o'r botel*) biberon *m*.

ffidan*, **ffiden*** *b* gueuleton* *m*; **cael ~** gueuletonner*, bâfrer*.

ffid(i)l (**ffidlau**) *b* violon *m*; **canu'r ~** jouer du violon, violoner*; **rhoi'r ~ yn y to** abandonner, renoncer, laisser tomber*, ne pas tenir le coup; **'rwy'n rhoi'r ~ yn y to** (*mewn gêm*) je donne ma langue au chat*; **wyneb ~** une tête *f* d'enterrement, une mine *f* de dix pieds de long.

ffidlan *ba* (*ffigyrau, llyfrau*) truquer;
♦*bg*
1 (*twyllo*) faire de la fraude, traficoter*.
2 (*tincera*) tripoter, bricoler; **mae Dad wrthi'n ~ yn y garej** Papa est en train de bricoler dans le garage; **paid â ~ - bydd lonydd!** tiens-toi donc tranquille!; **~ â rhth** tripoter qch; **'roedd yn ~ efo'r car** il bricolait la voiture; **paid â ~ efo'r peiriant!** laisse la machine tranquille!.
3 (*gwastraffu amser*) perdre son temps, tournicoter.

ffidler (**-iaid**) *g* joueur *m* de violon, joueuse *f* de violon, violoniste *m/f*; (*cerddor crwydrol*) ménétrier *m*, violoneux* *m*.

ffieiddbeth (**-au**) *g* abomination *f*, objet *m* d'horreur, bête *f* noire; (*gweithred*) acte *m* abominable.

ffieidd-dod, **ffieidd-dra** *g* (*atgasedd*) dégoût *m*, aversion *f*, répugnance *f*, haine *f*, répulsion *f*; (*natur ffiaidd*) nature *f* dégoûtante *neu* écœurante.

ffieiddiad *g* (*y weithred o fieiddio*) détestation *f* (de qch), aversion *f* (pour qch), répulsion *f* (pour qch).

ffieiddio *ba* détester, haïr, avoir horreur de, avoir (qch) en horreur, abhorrer.

ffieiddiwch, **ffieiddrwydd** *g* caractère *m* répugnant, nature *f* détestable *neu* écœurante.

ffigur (**ffigyrau**) *g,b*
1 (*symbol rhif ysgrifenedig*) chiffre *m*; **mewn ffigyrau llawn** en chiffres ronds; **y ~ cywir** *ou* **iawn** le chiffre exact; **mae'n dda gyda ffigyrau** il est doué pour le calcul; **mae yna wall yn y ffigyrau** il y a une erreur de calcul; **gweithio'r ffigyrau** effectuer les calculs; **cyrraedd ffigyrau dwbl** atteindre la dizaine; **cyrraedd tri ~** atteindre la centaine; **gwerthu rhth am ~ uchel** vendre qch cher *neu* à prix élevé.
2 (*llun*) figure *f*, image *f*; **llunio ~ ar y bwrdd du** tracer une figure au tableau noir; **llunio ~ wyth** tracer un huit.
3 (*LLEN, IEITH*): ~ **ymadrodd** figure *f* de rhétorique; **dim ond ~ ymadrodd yw hwnna** ce n'est qu'une façon de parler.

ffigurol *ans* (*iaith*) figuré(e), métaphorique; (*arlunio*) figuratif(figurative);
♦ **yn ~** *adf* au sens figuré.

ffiguryn (**-nau**) *g* figurine *f*.

ffigwr (**ffigyrau**) *g,b*
1 (*corff dynol*) forme *f*, silhouette *f*; (*siâp y corff*) ligne *f*; **mae ~ da ganddi** elle est bien faite *neu* bien tournée; **cadw'ch ~** garder la ligne; **meddwl am dy ~!** pense à ta ligne!.
2 (*rhn pwysig*) figure *f*, personnage *m*, haute personnalité *f*; **y prif ~** (*mewn drama*) le pivot *m* de l'action, le protagoniste *m*; ~ **doniol** guignol *m* *gw. hefyd* **ffigur**.

ffigysbren (**-nau**) *g* figuier *m*.

ffigysen (**ffigys**) *b* figue *f*; **deilen ffigys** feuille *f* de figuier; (*ar gerflun, mewn darlun*) feuille de vigne.

Ffiji *prb* les îles *fpl* Fidji *neu* Fiji; **yn ~** aux îles Fidji *neu* Fiji.

Ffijïad (**Ffijïaid**) *g/b* Fidjien *m*, Fidjienne *f*.

Ffijiaidd *ans* fidjien(ne).

ffilament (**-au**) *g* filament *m*.

ffilamentus *ans* filamenteux(filamenteuse).

ffildio *bg* (*criced, pêl-fas*) tenir le champ (*pour relancer la balle*), être joueur de champ; (*dal*) attraper.

ffildiwr (**ffildwyr**) *g* (*criced, pêl-fas*) joueur *m* de champ.

ffiled (**-au, -i**) *b* filet *m*; ~ **cig llo** escalope *f* de veau; **stecen ~** filet de bœuf, tournedos *m*.

ffiledu *ba* (*cig*) désosser; (*pysgodyn*) enlever les arêtes de; (*torri'n ffiledau*) découper (qch) en filets.

ffilharmonig *ans* philharmonique.

ffiligri *g* filigrane *m* en métal;
♦*ans* en filigrane.

ffilm (**-iau**) *b* (*sinema*) film *m*; (*ar gyfer camera*) pellicule *f* (photographique); ~ **ddu a gwyn** pellicule *neu* film (en) noir et blanc; ~ **frawychus** film d'épouvante; ~ **gomedi** comédie *f*, film comique; ~ **hir** long métrage *m*; ~ **lafar,** ~ **sain** film parlant; ~ **liw** pellicule *neu* film (en) couleurs; ~ **newyddion** actualités *fpl* filmées; **gwneud** ~ tourner un film; **gwneud** ~ **o nofel** adapter un roman pour le cinéma; **seren** ~ vedette *f* de cinéma, star *f*; **sgript** ~ scénario *m*; **stiwdio** ~ studio *m* (de cinéma); **stribed** ~ film (pour projection) fixe; **ffan** ~**iau** cinéphile *m/f*, amateur *m* de cinéma; **maen nhw'n dangos y** ~ **yn ...** le film passe actuellement à ...

ffilmio *ba* (*cyff*) filmer; (*golygfa: cyfarwyddwr*) filmer, tourner; (*:camera*) enregistrer; **ble cafodd ei** ~**?** où est-ce qu'on a tourné le film?;
♦*bg* filmer, tourner; (*gwneud ffilm*) faire un film; **mae hi'n** ~**'n dda iawn** elle est très photogénique; **stori sydd yn** ~**'n dda** une histoire qui rend bien en film *neu* au cinéma; **prawf** ~ bout *m* d'essai; **rhoi prawf** ~ **i rn** faire tourner un bout d'essai à qn.

ffilmstribed (**-i**) *b* film *m* (pour projection) fixe.

ffiloleg *b* philologie *f*.

ffilolegol *ans* philologique;
♦ **yn** ~ *adf* philologiquement.

ffiloreg *b* bêtises *fpl*, balivernes *fpl*, idioties *fpl*, fadaises *fpl*; (*llafar*) galimatias *m*, charabia* *m*, fadaises, sornettes *fpl*.

ffilosoffydd (**-ion**) *g* philosophe *m/f*.

ffilter (**ffiltrau**) *g* filtre *m*; (*TRAFN: arwydd*) flèche *f* (verte); ~ **aer** filtre à air; ~ **lliw** filtre coloré; **blaen** ~ (*sigarét*) bout *m* filtre; **papur** ~ papier *m* filtre.

ffiltro *ba* filtrer; (*coffi*) filtrer, faire passer; (*cael gwared â*) éliminer (qch) par filtrage; **gwely** ~ gravier *m* filtrant;
♦*bg*
1 (*hylif, golau*) filtrer; **'roedd y golau yn** ~ **trwy ...** la lumière filtrait à travers ....
2 (*TRAFN*) suivre la voie de dégagement; ~ **i'r chwith** suivre la voie de dégagement vers la gauche, tourner à gauche à la flèche, passer sur la voie de gauche pour tourner.
3 (*pobl*): ~ **yn ôl/i mewn/allan** revenir/entrer/sortir par petits groupes;
♦*g* filtrage *m*.

ffin (**-iau**) *b* frontière *f*, limite *f*; (*terfyn*) limite(s), bornes *fpl*; **carreg** ~ borne *f*, pierre *f* de bornage; **llinell i ddynodi'r** ~ limite, ligne *f* de démarcation; **o fewn y -iau** dans les limites *neu* frontières, à l'intérieur des frontières; **y tu hwnt i'r** ~ (*lle*) au-delà de la frontière; (*CHWAR*) hors du terrain, sorti(e); **ffoi dros y** ~ s'enfuir en passant la frontière; **achos ar y** ~ (*ffig*) cas *m* limite; **mae hi ar y** ~ (*rhwng dau ddosbarth mewn arholiad*) elle est juste à la moyenne.

ffindir (**-oedd**) *g* pays *m* limitrophe *neu* frontalier, région *f* limitrophe *neu* frontalière, marche *f*.

Ffindir *prb*: **y** ~ la Finlande *f*; **yn y** ~ en Finlande.

ffiniedig *ans* délimité(e).

Ffiniad (**Ffiniaid**) *g/b* Finlandais *m*, Finlandaise *f*; (*sy'n siarad Ffinneg*) Finnois *m*, Finnoise *f*.

ffinial (**-au**) *g* fleuron *m*, épi *m* (de faîtage).

ffinio *bg*: ~ **â,** ~ **ar** être limitrophe de, toucher à, avoisiner, confiner à, être contigu(contiguë) à; **mae'r ddwy wlad yn** ~ **â'i gilydd** les deux pays se touchent *neu* ont une frontière commune, les deux pays sont limitrophes; **mae Cymru yn** ~ **ar Loegr** le pays de Galles touche à l'Angleterre; **lliw sy'n** ~ **ar y coch** couleur *f* qui tire sur le rouge *neu* qui s'approche du rouge; **datganiad sy'n** ~ **â'r gwir/â chelwydd** déclaration *f* qui côtoie la vérité/qui frise le mensonge.

ffiniol *ans* (*yn cyffwrdd*) contigu(contiguë), touchant(e), aboutissant(e), voisin(e); (*ar y ffin*) frontalier(frontalière), limitrophe.

Ffinnaidd *ans* finlandais(e), finnois(e).

Ffinneg *b,g* finnois *m*;
♦*ans* finnois(e).

ffiol (**-au**) *b* fiole *f*, coupe *f*; **fy** ~ **sydd lawn** ma coupe est remplie; ~ **gardod** sébile *f*.

ffiord (**-au**) *g* fjord *m* *neu* fiord *m*.

ffircyn (**-nau**) *g* tonnelet *m*, barillet *m*.

ffiseg *b* physique *f*.

ffisegol *ans* physique;
♦ **yn** ~ *adf* physiquement.

ffisegwr (**ffisegwyr**) *g* *gw.* **ffisegydd**.

ffisegydd (**ffisegwyr**) *g* physicien *m*, physicienne *f*.

ffisig (**-au**) *g* médicament *m*, remède *m*; (*sudd mewn potel*) sirop *m*; (*at beswch*) sirop antitussif, sirop pour la toux; **mae'n cymryd gormod o** ~ il se drogue trop, il prend trop de médicaments; ~ **parod,** ~ **siop** spécialité *f* pharmaceutique.

ffisigol *ans* médicinal(e)(médicinaux, médicinales), médical(e)(médicaux, médicales).

ffisigwr (**ffisigwyr**) *g* médecin *m*.

ffisigwriaeth (**-au**) *b* (*meddygaeth*) médecine *f*; (*meddyginiaeth*) médicament *m*.

ffisioleg *b* physiologie *f*;
♦ **yn** ~ *adf* physiologiquement.

ffisiolegol *ans* physiologique.

ffisiolegydd (**-ion, ffisiolegwyr**) *g* physiologiste *m/f*.

ffisiotherapi *g* kinésithérapie *f*; (*ar ôl damwain neu salwch*) rééducation *f*; **canolfan** ~ centre *m* de rééducation; **mynd am** ~ faire des séances de kinésithérapie, faire de la rééducation.

ffisiotherapydd (**-ion**) *g* kinésithérapeute *m/f*.
ffistwla (**ffistwlâu**) *g* fistule *f*.
ffit[1] (**-iau**) *b*
1 (*MEDD*) crise *f*, attaque *f*; ~ **epileptig** crise d'épilepsie; **cael** ~ avoir une attaque *neu* une crise; (*epileptig*) avoir une crise d'épilepsie; ~ **lewygu** syncope *f*, évanouissement *m*; **disgyn mewn** ~ tomber en convulsions.
2 (*pwl*) accès *m*; ~ **o besychu** quinte *f* de toux; ~ **o grio** crise *f* de larmes; **cael** ~ **o chwerthin** avoir le fou rire; **mewn** ~ **o ddicter** dans un mouvement *m neu* un accès de colère; **ateb mewn** ~ **o dymer** répondre sous le coup de la colère; **cael** ~ (*ffig*) piquer* une crise; **fe gaiff hi** ~ **pan glyw hi** (*ffig*) cela lui donnera un coup de sang quand elle le saura.
ffit[2] *ans*
1 (*abl, 'tebol iach*) en bonne santé, en pleine forme; **bod yn** ~ **yn feddygol** être dispos(e); **cadw'n** ~ se maintenir en forme, s'entretenir; ~ **i weithio** (*ar ôl salwch*) en état de reprendre le travail; **nid yw'n** ~ **i deithio** il/elle n'est pas encore en état de voyager *gw. hefyd* **heini**.
2 (*addas, gweddus: rhn*) capable; (*amser, achlysur*) propice; (*teilwng*) digne; (*iawn a chywir*) convenable, correct(e); ~ **i'w fwyta** (*diogel*) comestible, bon(ne) à manger; (*derbyniol*) mangeable; ~ **i'w yfed** (*diogel*) potable; (*derbyniol*) buvable; ~ **i'w wisgo** mettable; ~ **i fyw ynddo** (*tŷ*) habitable; **'dwyt ti ddim yn** ~ **i'th weld** tu n'es pas présentable *neu* sortable*; **nid yw'n** ~ **i redeg y wlad** il/elle n'est pas capable *neu* digne de gouverner; **'dyw'r tywydd ddim yn** ~ **i gi** il fait un temps abominable *neu* de chien.
ffiter (**-iaid**) *g* (*peiriannau*) monteur *m*, monteuse *f*; (*carpedi*) poseur *m*, poseuse *f*; (*dillad*) essayeur *m*, essayeuse *f*.
ffitiad (**-au**) *g* (*trio dillad*) essayage *m*; (*newid*) ajustement *m*; (*yn y tŷ*) installations *fpl*.
ffitiedig *ans* ajusté(e); **carped** ~ moquette *f*.
ffitio *ba*
1 (*bod y maint iawn i*) aller à, être à la taille de; **mae'r gôt yn eich** ~ **chi'n dda** ce manteau vous va bien, ce manteau est bien à votre taille; **nid yw'r allwedd yn** ~**'r clo** la clef ne correspond pas à la serrure, la clef ne va pas avec la serrure; **nid yw'r caead yn** ~**'r sosban mwyach** le couvercle ne va plus sur la casserole.
2 (*addasu*) adapter, accommoder; ~ **dilledyn ar rn** ajuster un vêtement sur qn.
3 (*cyfateb i*) correspondre à, répondre à; ~**'r disgrifiad** correspondre à la description.
4 (*gosod, rhoi*) attacher, fixer, poser; ~ **coes ar frwsh** emmancher un balai; ~ **darnau at ei gilydd** assembler *neu* monter des pièces; ~ **dau beth at ei gilydd** ajuster deux objets; ~**'r agoriad yn y clo** engager *neu* introduire la clef dans la serrure; ~ **carped** poser une moquette.
5 (*cyfarparu*) équiper; ~ **allan** (*llong*) armer; **maen nhw wedi** ~ **eu tŷ â phob cyfleustra modern** ils ont pourvu leur maison de tout le confort moderne;
♦*bg*
1 (*dillad ayb*) aller, être à sa taille; **esgidiau sy'n** ~**'n dda** des souliers *mpl* qui chaussent bien; ~ **fel maneg** aller (à qn) comme un gant; **nid yw'r ffrog yn** ~**'n rhy dda** la robe n'est pas très bien ajustée; **mae'n** ~ **braidd yn dynn!** c'est un peu juste!, c'est un peu étriqué!.
2 (*allwedd ayb*) entrer, aller; **'dyw'r allwedd 'ma ddim yn** ~ cette clef n'entre pas, ce n'est pas la bonne clef; **'dyw'r llyfr ddim yn** ~ **ar y silff** le livre n'entre pas sur le rayon.
3 (*ffeithiau*) s'accorder, cadrer; **os yw'r disgrifiad yn** ~ **...** si la description est la bonne ...; **mae popeth yn** ~ tout concorde.
▶ **ffitio i mewn** (*mewn gofod penodol*) tenir; (*mewn cwmni, grŵp ayb*) s'intégrer; **mae wedi ein gadael oherwydd nad yw'n** ~ **i mewn** il nous a quittés parce qu'il n'arrivait pas à s'intégrer; **nid yw hi'n** ~ **i mewn i'n grŵp ni** elle n'est pas au diapason de notre groupe; ~ **rhn/rhth i mewn** faire entrer qn/qch, caser* qn/qch; **ellwch chi** ~ **un arall i mewn?** est-ce que vous pouvez en faire entrer encore un(e)?, est-ce qu'il y a de la place pour encore un(e); **fe all y deintydd eich** ~ **chi i mewn am 5.00 yfory** le dentiste peut vous prendre *neu* caser* demain à 17h.
ffitiwr (**ffitwyr**) *g* (*dillad*) essayeur *m*, essayeuse *f*; (*TECH*) monteur *m*, monteuse *f*; (*llong*) arrimeur *m*; ~ **carpedi** poseur *m* de moquette, poseuse *f* de moquette.
ffitrwydd *g* (*iechyd*) bonne santé *f*, bonne forme *f*; (*gweddusrwydd: sylw*) à-propos *m*, justesse *f*; (*addaster*) aptitude *f*.
ffiwdalaidd *ans* (*HAN*) féodal(e)(féodaux, féodales);
♦ **yn** ~ *adf* féodalement.
ffiwdaliaeth *b* (*HAN*) féodalité *f*; (*cymdeithas, sefydliad*) féodalisme *m*
ffiwg (**-iau**) *b* fugue *f*.
ffiws (**ffiwsiau**) *g,b* (*TRYD*) plomb *m*, fusible *m*; (*bom*) amorce *f*, détonateur *m*; (*chwarel*) cordeau(-x) *m*; **chwythu** ~ faire sauter un plomb *neu* un fusible; **mae 'na** ~ **wedi chwythu yn rhywle** il y a un plomb de sauté quelque part, les plombs ont sauté quelque part; **blwch** ~**iau** boîte *f* à fusibles; **gwifren** ~ fusible; **plwg â** ~ prise *f* avec fusible incorporé.
ffiwsen (**ffiwsiau**) *b gw.* **ffiws**.
ffiwsia (**ffiwsiâu**) *b* fuchsia *m*.
ffiwsiliwr (**ffiwsilwyr**) *g* fusilier *m*.
ffiwsio *ba*
1 (*TRYD*) faire sauter; ~**'r goleuadau** (*ayb*) faire sauter les plombs.

2 (*bom: rhoi ffiws i mewn*) amorcer.
3 (*METEL: uno*) fondre, mettre en fusion;
♦*bg*
1 (*TRYD*): **mae rhywbeth wedi** ~ il y a un plomb de sauté quelque part, les plombs ont sauté quelque part.
2 (*METEL*) fondre.

fflacsen (**fflacs**) *b*
1 (*pluen huddygl*) flocon *m* de suie.
2 (*carreg*) *gw.* **fflag(s)en**.

fflach (**-iau**) *b*
1 (*goleuni byr sydyn*) lueur *f* soudaine; (*fflam, gem*) éclat *m*; ~ **diemwnt** éclat *neu* étincellement *m* d'un diamant; ~ **mellten** éclair *m*; ~ **tân** flamboiement *m* du feu; **llosg** ~ brûlure *f* de la peau (*causée par un éclat très violent et brûlant comme celui d'une bombe*).
2 (*FFOTO*) flash *m*; **bwlb** ~ ampoule *f* de flash; **ciwb** ~ flash *m* (cube).
3 (*MIL: ar iwnifform*) écusson *m*.
4 (*bwletin*): ~ **newyddion** flash *m* d'information; **'rydym newydd dderbyn** ~ **yn dweud ...** nous venons de recevoir une dépêche indiquant que ....
5 (*pelydryn sydyn: ffig*) éclair *m*; ~ **o ffraethineb** saillie *f*, boutade *f*; ~ **o ysbrydoliaeth** éclair de génie.
6 (*amrantiad*): **digwydd mewn** ~ arriver *neu* se produire en un clin d'œil *neu* en un rien de temps; **daeth y syniad iddo mewn** ~ l'idée lui est venue tout d'un coup; **aeth y newydd o gwmpas fel** ~ la nouvelle s'est répandue comme un éclair; **cerdyn** ~ (*ADDYSG*) carte *f* (de support visuel).

fflachbwynt (**-iau**) *g* (*CEM*) point *m* d'ignition *neu* d'éclair.

fflachiad (**-au**) *g* éclat *m*, étincellement *m*; ~ **mellten** éclair *m*; **mewn** ~ en un clin d'œil, d'un seul coup, en un rien de temps.

fflachio *ba* (*golau*) projeter; ~ **golau lamp ar rn** diriger une lampe (de poche) sur qn; ~ **goleuadau car ar rn** faire un appel de phares à qn;
♦*bg*
1 (*disgleirio: gemau*) étinceler, briller, miroiter, lancer des reflets; (:*goleuadau traffig ayb*) clignoter; (:*llygaid*) lancer des éclairs; **'roedd y mellt yn** ~ il y avait des éclairs.
2 (*symud yn gyflym*): ~ **i mewn/allan/heibio** entrer/sortir/passer comme un éclair; ~ **heibio** (*amser*) passer à toute vitesse; **fflachiodd syniad trwy ei feddwl** une pensée lui a traversé l'esprit.
3 (*mynd ar dân yn sydyn*) s'embraser, prendre feu (brusquement); (*ffig: dicter, ymladd, chwyldro*) éclater.
4 (*ymddwyn yn anweddus*) faire l'exhibitionnisme, s'exhiber.

fflachiog, fflachiol *ans* (*golau*) clignotant(e); (*gem*) éclatant(e), flamboyant(e); **golau** ~ (*CAR*) feu(~x ~s) clignotant *m*; (*ar gar yr heddlu ayb*) gyrophare *m*;
♦ **yn** ~ *adf* en lançant des reflets, en jetant des lueurs.

fflachiwr (**fflachwyr**) *g* (*golau, dyfais*) clignotant *m*; (*dyn sy'n ymddwyn yn anweddus*) exhibitionniste *m*.

fflachlamp (**-au**) *b* lampe *f* de poche, lampe électrique; (*golau ar oleudy*) fanal(fanaux) *m* *neu* lanterne *f* de signalisation.

fflachlif (**-ogydd**) *g* crue *f* subite *neu* éclair.

fflacholau (**fflacholeuadau**) *g* (*chwilolau*) projecteur *m* pour éclairer; **cyfeirio'r** *ou* **rhoi'r** ~ **ar rn** donner un coup de projecteur sur qn.

fflag (**-iau**) *b*
1 (*baner*) drapeau(-x) *m*, bannière *f*; (*MOR*) pavillon *m*; (:*i addurno llong*) pavois *m*; ~ **goch** drapeau *m* rouge; **chwifio** ~ arborer un drapeau; **polyn** ~ mât *m*; **addurno rhth â** ~**iau** orner *neu* garnir qch de drapeaux; (*adeilad, stryd, llong*) pavoiser qch; **y** ~ **ddu** (*môrladron*) le pavillon noir; **codi** *ou* **chwifio** ~ **Ffrengig** battre pavillon français; **suddo gyda'r** ~**iau'n chwifio** couler pavillon haut.
2 (*a werthir at achos da*) insigne *m*; **diwrnod gwerthu** ~**iau** jour *m* de vente d'insignes, jour de quête pour une œuvre charitable.

fflag(s)en (**fflags**) *b* (*carreg*) dalle *f*; (*carreg pafin*) carreau(-x) *m* (en pierre); **gosodwr fflags** dalleur *m*; **llawr fflags** dallage *m*, carrelage *m*.

fflagio *ba* (*addurno â fflagiau*) orner *neu* garnir (qch) de drapeaux; (*stryd, adeilad, llong*) pavoiser.

fflagon (**-au**) *b* flacon *m*.

fflangell (**-au**) *b* fouet *m*.

fflangelliad (**-au**) *g* flagellation *f*, fustigation *f*; (*disgybliad*) discipline *f*, fouet *m*; (*eglwys*) discipline; **rhoi** ~ **i rn** fouetter qn, donner le fouet à qn, donner des coups de fouet à qn.

fflangellu *ba* fustiger, flageller, fouetter, donner des coups de fouet à; **eich** ~ **eich hunan** se donner la discipline.

fflangellwr (**fflangellwyr**) *g* celui qui donne le fouet *neu* qui fouette.

fflaim (**ffleimiau**) *b* lancette *f*, bistouri *m*.

fflam (**-au**) *b* flamme *f*; (*brwdfrydedd, angerdd*) flamme, feu(-x) *m*, ardeur *f*; **mewn** ~**au** en flamme, en feu; **mynd yn** ~**au** s'enflammer brusquement, prendre feu tout à coup; **taflwr** ~**au** lance-flammes *m inv*; **newydd** ~ tout neuf(toute neuve), flambant neuf(neuve); **car newydd** ~ une voiture flambant neuve.

fflamadwy *ans* inflammable.

fflamboeth *ans* brûlant(e), ardent(e), flamboyant(e);
♦ **yn** ~ *adf* de façon brûlante *neu* flamboyante.

fflamboethi *ba* (*COG*) flamber.

fflamenco (**-s**) *b* flamenco *m*.

fflamgoch *ans* (*gwallt*) rouge feu *inv*; (*defnydd*) couleur de feu.
fflamgoed *b* euphorbe *f*.
fflamingo (**-s**) *g* flamant *m* (rose).
fflamio *ba* (*melltithio*) maudire, envoyer (qn) au diable *neu* à tous les diables; ~ **di!** (que) tu es embêtant(e)* *neu* empoisonnant(e)*!; ~ **pob athro!** au diable tous les profs!;
♦*bg*
1 (*tân*) flamber; (*haul*) flamboyer, darder ses rayons; (*golau*) resplendir, jeter un vif rayon; (*nef, awyr*) s'embraser; (*angerdd*) brûler; (*dicter*) exploser; (*rhn*) exploser*, se mettre en colère, s'emporter; **bod yn** ~ (*ar dân*) être en feu *neu* en flammes, être embrasé(e); (*ffagl*) être enflammé(e); (*tanllyd, tanbaid: tân*) être ardent(e) *neu* flamboyant(e); (:*haul*) être éclatant(e) *neu* ardent.
2 (*melltithio*) jurer; **o,** ~**!** oh zut*!, la barbe*!, mince!
fflamllyd *ans* (*ar dân*) en feu, en flammes, enflammé(e), embrasé(e); (*tanllyd, tanbaid*) ardent(e), flamboyant(e).
fflamwydden *b* (*MEDD*) érysipèle *m*.
fflamychu *bg* (*tân*) flamber, jeter de la flamme; (*dicter*) exploser, éclater; (*rhn*) se mettre en colère.
fflan (**-iau**) *b* tarte *f*.
Fflandrys *prb* Flandre *f* *neu* Flandres *fpl*.
Fflandrysiad (**Fflandrysiaid**) *g/b* Flamand *m*, Flamande *f*.
fflans (**-ys**) *g,b* (*olwyn*) boudin *m*; (*pibell*) ailette *f*, collerette *f*, bride *f*, collet *m*; (*rheilen*) patin *m*.
fflap (**-iau**) *g* (*amlen, poced*) rabat *m*; (*bwrdd*) abattant *m*; (*drws*) battant *m*; (*awyren*) volet *m*.
fflapiad *g* battement *m*, claquement *m*.
fflapio *ba* (*adenydd*) battre; (*llenni, hwyliau*) claquer.
fflapjac (**-s**) *b* biscuit *f* aux céréales et à la mélasse raffinée.
fflasg (**-iau**) *b* (*te, coffi, ayb*) thermos *m,f*; (*fferyllydd*) fiole *f*; (*CEM*) ballon *m*; (*potel*) bouteille *f*; ~ **boced** flacon *m*; ~ **ddillad/lestri** (*basged*) panier *m* à linge/à vaisselle.
fflat[1] (**-iau**) *b* (*i fyw ynddi*) appartement *m*; ~ **gyflawn** appartement indépendant *neu* avec entrée particulière; ~ **fach** studio *m*.
fflat[2] (**-iau**) *g* (*haearn smwddio*) fer *m* à repasser.
fflat[3] *ans*
1 (*gwastad*) plat(e); (*tirwedd*) tout plat; (:*ar ôl bomio*) complètement rasé(e); (*bol, brest*) plat; **dysgl** ~ plat *m* creux; **to** ~ toit *m* plat *neu* en terrasse; **cwch â gwaelod** ~ bateau(-x) *m* à fond plat; **trwyn** ~ nez *m* épaté *neu* camus; **bod â thraed** ~ avoir les pieds plats.
2 (*heb wynt ynddo: pêl, teiar*) dégonflé(e); **teiar** ~ (*twll*) crevaison *f*, pneu *m* crevé.
3 (*diod*) éventé(e); **mae'r cwrw yn** ~ la bière a un goût fade *neu* d'éventé; **mynd yn** ~ s'éventer.
4 (*batri*) à plat.
5 (*undonog, difywyd*) plat(e), monotone; (*lliw*) terne, mat(e); **teimlo braidd yn** ~ se sentir à plat* *neu* plutôt vidé(e)* *neu* sans ressort.
6 (*CERDD: nodyn*) en dessous du ton; (:*llais, offeryn*) faux(fausse); **nodyn** ~ (*meddalnod*) bémol *m*.
7 (*gwadiad, atebiad*) net(te), catégorique.
8 (*MASN: cyfradd, tâl*) fixe.
9 (*araf: busnes*): **cyfnod** ~ période *f* creuse, marasme *m*; **mae busnes yn** ~ **yr wythnos hon!** les affaires marchent au ralenti cette semaine, les affaires ne vont pas fort* cette semaine!;
♦ **yn** ~ *adf* (*yn bendant*) carrément, nettement, sans ambages; (*ar ei wastad*) à plat; **gorwedd yn** ~ être couché(e) à plat; **agor rhth yn** ~ (*papur*) ouvrir qch à plat; **disgyn yn** ~ **ar eich wyneb** tomber à plat ventre *neu* sur le nez; **canu'n** ~ chanter faux.
fflatio *ba* (*llwybr, ffordd*) aplanir; (*metel*) aplatir; (*cnwd: gan wynt ayb*) coucher, écraser.
fflatrwydd *g* (*arwyneb*) égalité *f*, aspect *m* plat *neu* aplati, manque *m* de relief; (*teimlad fflat*) dépression *f*.
fflat-wadn *ans* aux pieds plats; **bod yn** ~-~ avoir les pieds plats.
fflawen (**fflawiau**) *b* *gw.* **fflewyn**.
fflawiog *ans* effrité(e), écaillé(e).
fflawntio *ba* faire montre *neu* étalage de; ♦*bg* se pavaner, s'afficher.
fflebitis *g* phlébite *f*.
fflecs (**-ys**) *g* (*haearn smwddio ayb*) fil *m*; (*teleffon*) cordon *m*; (*trwm*) câble *m*.
fflegmatig *ans* flegmatique;
♦ **yn** ~ *adf* flegmatiquement.
ffleimio *ba* (*MEDD*) percer, inciser, ouvrir.
fflem *b* (*MEDD*) mucosité *f*, glaire *m*.
Fflemeg, **Fflemineg** *b,g* flamand *m*; ♦*ans* flamand(e).
Ffleminaidd *ans* flamand(e).
Ffleminiad (**Ffleminiaid**) *g/b* Flamand *m*, Flamande *f*.
Flemisaidd *ans* flamand(e).
Fflemiseg *b,g, ans* *gw.* **Fflemeg**.
Fflemisiad (**Fflemisiaid**) *g/b* *gw.* **Ffleminiad**.
fflêr[1] (**fflerau**) *g,b* (*arwydd*) feu(-x) *m*, signal(signaux) *m* lumineux; (*MIL: ar darged*) fusée *f* éclairante, fusée-parachute(~s-~s) *f*; (*ar redfa awyren*) balise *f*.
fflêr[2] *g,b* (*ar ffrog ayb*) évasement *m*.
fflêr[3] *g,b* *gw.* **dawn**.
fflewyn (**fflawiau**) *g* (*asgwrn*) esquille *f*; (*pren*) éclat *m*; (*yn y bys*) écharde *f*.
fflic (**-iau**) *g* (*bys*) chiquenaude *f*, pichenette *f*;

(*arddwrn*) petit mouvement *m* rapide.
fflic-fflac (~-~**iau**) *g* culbute *f* en arrière. *ba* donner un petit coup à; (*tudalennau llyfr*) feuilleter.
fflic-neiff* *b* (*cyllell glec*) couteau(-x) *m* à cran d'arrêt.
fflich (**-iau**) *b*: **rhoi** ~ **i rth** balancer* qch.
ffling* *b*
1 (*tafliad*) lancer *m*; **rhoi** ~ **i rth** balancer* qch.
2 (*sbri*) bon temps *m*; **cael** ~ s'en payer, se payer du bon temps, s'en donner à cœur joie, aller faire la noce *neu* la foire *neu* la fête.
fflint (**-iau**) *g,b* silex *m*; (*mewn taniwr sigarets*) pierre *f* à briquet.
fflip *g* (*diod*) flip *m*.
fflipen (**-ni**) *b* claque *f*, taloche* *f*.
ffliperi *ll* (*i nofiwr*) palmes *fpl*.
fflip-fflops* *ll* tongs *fpl*.
ffliw[1] *g* (*y dwymyn annwyd*) grippe *f*; **dal y** ~ attraper la grippe; **mae'r** ~ **arno** il a la grippe.
ffliw[2] (**-iau**) *b* (*twll y mwg: mewn simnai*) conduit *m*; (:*ar stof*) tuyau(-x) *m*.
ffliwc*, **ffliwcen*** (**ffliwciau**) *b* coup *m* de chance *neu* de veine extraordinaire, hasard *m* extraordinaire; **trwy** ~ par raccroc, par un hasard extraordinaire.
ffliwcio* *ba* faire (qch) par raccroc *neu* par un hasard extraordinaire, gagner (qch) à la chance; **ei** ~ **hi** avoir un coup de chance *neu* de veine extraordinaire.
ffliwt (**-iau**) *b* flûte *f*.
ffliwtio *bg* jouer de la flûte.
ffliwtydd (**-ion**) *g* flûtiste *m/f*.
fflocs[1] *ll* (*gwlân*) bourre *f* de laine; (*cotwm*) bourre de coton.
fflocs[2] *g* (PLANH) phlox *m inv*.
ffloch (**-au**) *g* banquise *f*, glace *f* flottante.
fflochen (**fflochiau**) *b* (*pluen eira*) flocon *m* de neige.
fflodiard, **fflodiart** (**fflodiardau**) *b* vanne *f*, porte *f* d'écluse.
fflonsh *ans* (*heini, bywiog*) gaillard(e), vif(vive), plein(e) d'entrain, plein d'allant, pétulant(e); (*siriol*) joyeux(joyeuse), gai(e), enjoué(e);
♦ **yn** ~ *adf* gaillardement, gaiement, avec enjouement.
fflonsio *bg* se ragaillardir.
fflop *g,b* (*methiant*) fiasco* *m*; **bod yn** ~ (*drama, ffilm*) faire un four*; (*menter, cynllun*) faire fiasco*, être un fiasco*; **fe fu hi'n** ~ **ofnadwy** elle s'est payée un échec monumental*, elle a échoué dans les grandes largeurs*.
fflora *g* flore *f*.
Fflorens *prb* Florence.
Fflorensaidd *ans* florentin(e).
Fflorensiad (**Fflorensiaid**) *g/b* Florentin *m*, Florentine *f*.
Fflorida *prb* la Floride *f*; **yn** ~ en Floride.
fflorin (**-au**) *b* florin *m*.
fflòs *g* (*deintyddol*) fil *m* dentaire, soie *f* dentaire.
fflosio *ba, bg* nettoyer les dents au fil dentaire *neu* à la soie dentaire.
fflôt (**fflotiau**) *b*
1 (*arnofyn: mewn tanc dŵr, carbwradur ayb*) flotteur *m*; (:*mewn pwll nofio*) planche *f*.
2 (*cerbyd: mewn carnifal ayb*) char *m*, charrette *f*.
fflotsam *g*: ~ **a jetsam** épaves *fpl* flottantes.
fflowns (**-iau, -ys**) *b* volant *m*.
fflownsio *bg*: ~ **i mewn/allan** entrer dans/sortir d'une pièce de façon très théâtrale.
fflur *ll* fleurs *fpl*.
fflurddail *ll* périanthe *m*.
fflurgainc (**fflurgeinciau**) *b* inflorescence *f*.
fflurol *ans* floral(e)(floraux, florales).
ffluwch (**-iau**) *g* (*o wallt*) tignasse *f*.
fflwcs *ll* (*llwch dan ddodrefn*) moutons *mpl*; (*sbwriel*) camelote* *f*.
fflwff *g* (*manblu, manflew*) duvet *m*; (*llwch dan ddodrefn*) moutons *mpl*.
fflworeiddiad *g* traitement *m* au fluor.
fflworeiddio *ba* traiter (qch) au fluor.
fflworid *g* fluorure *m*; **past dannedd gyda** ~ dentifrice *m* fluoré *neu* au fluor.
fflworideiddiad *g gw.* **fflworeiddiad**.
fflworideiddio *ba gw.* **fflworeiddio**.
fflworin *g* fluor *m*.
fflworolau (**fflworoleuadau**) *g* éclairage *m* fluorescent *neu* au néon.
fflworoleuedd *g* fluorescence *f*.
fflworoleuol *ans* fluorescent(e).
fflŵr *g* (*blawd*) farine *f*; ~ **codi** farine à levure; ~ **gwenith** farine de blé *neu* de froment.
fflŵr-dy-lis *g,b* fleur *f* de lis.
fflwrolau (**fflwroleuadau**) *g* éclairage *m* fluorescent *neu* au néon.
fflwroleuedd *g* fluorescence *f*.
fflwroleuol *ans* fluorescent(e)
fflycs (**-iau**) *g* (METEL) fondant *m*.
fflyd (**-oedd**) *b* (*llynges*) flotte *f*; (*torf*) foule *f*; (*haid*) bande *f*, horde *f*.
fflyrt (**-s**) *g/b* (*dyn*) flirteur *m*, coureur *m* de jupons; (*merch*) flirteuse *f*, coquette *f*; **mae'n goblyn o** ~ il adore flirter, il est très flirteur.
fflyrtian, **fflyrtio** *bg* flirter.
fflyrtiwr (**fflyrtwyr**) *g* flirteur *m*.
fflyrtlyd *ans* flirteur(flirteuse).
ffo *g* fuite *f*; **mynd ar** ~ prendre la fuite, s'enfuir, se sauver; **gyrru rhn ar** ~ mettre qn en fuite, refouler qn.
ffoadur (**-iaid**) *g* fugitif *m*, fuyard *m*; (*rhyfel*) réfugié *m*.
ffoadures (**-au**) *b* fugitive *f*, fuyarde *f*; (*rhyfel*) réfugiée *f*.
ffobia (**ffobiâu**) *g* phobie *f*.
ffocal *ans* focal(e)(focaux, focales); **pwynt** ~

foyer *m*.
ffocws (**ffocysau**) *g* (*MATH, FFIS*) foyer *m*; (*FFOT*) le point *m*; **mewn** ~ au point; **mae'r llun allan o** ~ l'image n'est pas au point.
ffocysio, **ffocysu** *ba* (*camera ayb*) mettre (qch) au point; (*pelydrau*) faire converger; ~ **camera** *ou* **lens ar rth** faire la mise au point sur qch; ~**'ch llygaid ar rth** fixer les yeux sur qch;
♦*bg*: ~ **ar** (*camera ayb*) faire la mise au point sur; (*pelydrau*) converger; **ni alla' i** ~**'n iawn** je n'arrive pas à accommoder *neu* me concentrer.
ffodus *ans* (*rhn, peth*) heureux(heureuse); (*rhn*) chanceux(chanceuse), qui a de la chance, favorisé(e) par la chance *neu* fortune, veinard(e)*; (*amgylchiadau*) heureux, favorable, propice; **bod yn** ~ avoir de la chance; **wel dyna** ~**!** quelle chance!;
♦ **yn** ~ *adf* heureusement, par bonheur; **yn** ~ **i mi** heureusement pour moi.
ffoëdig *ans* fugitif(fugitive), (qui est) en fuite.
ffŏedigaeth *b* fuite *f*.
ffŏedigion *ll* fuyards *mpl*, fuyardes *fpl*; (*rhyfel*) réfugiés *mpl*, réfugiées *fpl*.
ffoetws (**ffoetysau**) *g* fœtus *m*.
ffoglyd *ans* (*wyneb*) bouffi(e), joufflu(e).
ffoi *bg* fuir, s'enfuir, prendre la fuite, se sauver; (*milwyr*) battre en retraite; ~ **oddi wrth rth,** ~ **rhag rhth** s'enfuir de qch, fuir devant qch; ~ **rhag temtasiwn** fuir la tentation; **ffowch am eich einioes!** sauve qui peut!
ffoil (**-iau**) *g* (*haenen o fetel*) feuille *f* *neu* lame *f* de métal; (*COG*) papier *m* d'aluminium *neu* d'alu*.
ffôl *ans* imbécile, stupide, idiot(e), bête, insensé(e), ridicule, sot(te); (*annoeth*) imprudent(e), malavisé(e), peu judicieux(judicieuse); **paid â bod mor** ~**!** ne fais pas l'idiot *neu* l'idiote!, ne sois pas stupide!; **gwneud rhywbeth** ~ faire une bêtise *neu* imbécillité; **'roeddet ti'n** ~ **iawn yn gwneud hynna!** ça n'a pas été très malin de ta part!;
♦ **yn** ~ *adf* stupidement, bêtement, sottement; (*yn annoeth*) imprudemment.
ffolant (**-au**) *b*: **(cerdyn)** ~ carte *f* de la Saint-Valentin.
Ffolant *prg*: **dydd Sain** ~ la Saint-Valentin *f*.
ffolder (**-i**) *g* (*i gadw papurau*) dossier *m*; (*ffeil*) chemise *f*; (*gyda cholfachau*) classeur *m*; (*ar gyfer lluniau*) carton *m*.
ffoldiról (**-s**) *g* *gw.* **ffaldirál**.
ffoledd (**-au**) *g* *gw.* **ffolineb**.
ffolen (**-nau, -ni**) *b* (*boch pen ôl*) fesse *f*.
ffoli *bg* (*ynfydu*) faire l'imbécile, faire l'idiot *neu* l'idiote; ~ **ar rth** (*dotio*) raffoler de qch, aimer qch à la folie, être fou(folle) de qch; (:*ar syniad*) avoir la tête pleine de qch, être engoué(e) de qch; ~ **ar rn** être entiché(e) de qn, avoir le béguin* pour qn.
ffolicl (**-au**) *g* follicule *m*.
ffolineb (**-au**) *g* bêtise *f*, sottise *f*, folie *f*, stupidité *f*.
ffolio (**-s**) *g* (*taflen*) folio *m*, feuillet *m*; (*cyfrol*) volume *m*, in-folio *m*.
ffol-lal, **ffol-lol** *b* (*lol*) absurdités *fpl*, inepties *fpl*, sottises *fpl*, fadaises *fpl*, idioties *fpl*, balivernes *fpl*.
ffolog (**-od**) *b* idiote *f*, folle *f*.
ffon (**ffyn**) *b* (*darn o bren*) bâton *m*; (*i gynnal planhigion*) bâton, tuteur *m*, rame *f*; (*sy'n gymorth i gerdded*) canne *f*; (*MIL, CERDD*) baguette *f*; (*hoci*) crosse *f*; (*croquet*) maillet *m*; (*pastwn*) bâton, gourdin *m*, trique *f*; (*adain olwyn*) rayon *m*; (*ar ysgol*) barreau(-x) *m*, échelon *m*, traverse *f*; ~ **dafl** lance-pierres *m inv*, fronde *f*; ~ **fagl** béquille *f*; ~ **fesur** règle *f*; ~ **fugail** houlette *f*; ~ **grât** barreau *m* de grille (de foyer); **taro rhth â** ~ frapper qch à coups de bâton, bâtonner qch; **chwarae'r** ~ **ddwybig** jouer double jeu.
ffôn (**ffonau**) *g* téléphone *m*; ~ **cludadwy** téléphone sans fil; ~ **clust** écouteur *m*; ~ **symudol** portable *m*, téléphone portatif; **bwth** ~ cabine *f* téléphonique; **derbynnydd** ~ récepteur *m*; **dros y** ~ par téléphone; **galwad** ~ coup *m* de téléphone *neu* de fil*; **llyfr** ~ annuaire *m*, bottin *m*; **rhaglen** ~ (*TELEDU, RADIO*) programme *m* à ligne ouverte; **rhif** ~ numéro *m* de téléphone; **tapio** ~ mise *f* sur écoute; **tapio** ~ **rhn** mettre qn sur écoute; **deialu rhif** ~ composer un numéro; **ateb y** ~ répondre au téléphone; **codi'r** ~ décrocher le récepteur; **rhoi'r** ~ **i lawr** raccrocher; **mae'r** ~ **yn canu** le téléphone sonne; **mae rhn ar y** ~ **ichi** on vous demande au téléphone; **gwerthu ar y** ~ télévente *f*; **bod ar y** ~ (*tanysgrifio*) être abonné(e) au téléphone; **ydych chi ar y** ~**?** vous avez le téléphone chez vous?; (*wrthi'n siarad ar y ffôn*) vous êtes au téléphone?; **mae mam ar y** ~ (*yn siarad yn y pen arall*) j'ai maman au bout du fil*.
ffond *ans* *gw.* **hoff**.
ffondorio *ba* frapper (qn) à coups de trique.
ffondrwydd *g* (*hoffter*) prédilection *f*, penchant *m*; (*o bobl*) affection *f*, tendresse *f*.
ffoneg *b* phonique *f*.
ffonegol *ans* phonique.
ffonem (**-au**) *b* phonème *m*.
ffonetig *ans* phonétique;
♦ **yn** ~ *adf* phonétiquement.
ffoniad (**-au**) *b* coup *m* de bâton; **cael** ~ recevoir une correction *f* *neu* raclée* *f* *neu* rossée* *f*.
ffonig *ans* phonique.
ffonio[1] *ba* téléphoner à, donner *neu* passer un coup de fil* à; **ffoniais i hi neithiwr** je lui ai téléphoné hier soir;
♦*bg* téléphoner.
ffonio[2] *ba* *gw.* **ffonodio**.

ffonnad (**ffonadau**) *b gw.* **ffoniad.**
ffonnod (**ffonodiau**) *b gw.* **ffoniad.**
ffonodio *ba* frapper (qn) à coups de trique, battre, donner des coups de bâton à.
ffont[1] (**-au**) *b gw.* **bedyddfaen.**
ffont[2] (**-iau**) *b* (*TEIP*) fonte *f*.
ffontanel (**-au**) *g* fontanelle *f*.
fforc, **fforcen** (**ffyrc, ffyrcs**) *b* fourchette *f*; **cyllyll a ffyrc** couverts *mpl*; ~ **diwnio** diapason *m*.
fforch (**ffyrch**) *b*
1 (*erfyn*) fourche *f*; ~ **ganu** diapason *m*; ~ **wair** fourche à foin; ~ **dom,** ~ **dail** fourche à fumier.
2 (*ymraniad: beic*) fourche *f*; (:*ffordd*) bifurcation *f*.
fforchaid (**fforcheidiau**) *b* fourchée *f*.
fforchi *ba* fourcher, enlever (qch) avec une fourche.
fforchiad (**-au**) *g* (*ymraniad yn ddau*) bifurcation *f*; (*gwyddbwyll*) fourchette *f*.
fforchio *ba* (*codi â fforch*) fourcher; ♦*bg* (*ymrannu'n ddau*) bifurquer.
fforchog *ans* fourchu(e); (*afon, ffordd*) à bifurcation; **carn** ~ (*anifail*) sabot *m* fendu; (*diafol*) pied *m* fourchu.
ffordd (**ffyrdd**) *b*
1 (*heol, lôn*) route *f*, voie *f*, chemin *m*; (*mewn tref*) rue *f*; (*yn y wlad*) route de campagne, petite route, route départementale; (:*ar draws y caeau*) chemin de traverse; (*llwybr*) sentier *m*; (*ffig*) chemin, voie; ~ **dram** voie de tramway, ligne *f* de tramway; ~ **drol** chemin rural, chemin de terre; ~ **fawr** grande route, route nationale, route principale; **rheolau'r** ~ **fawr** code *m* de la route; ~ **fer** raccourci *m*; ~ **fynediad** route d'accès; ~ **fynediad i draffordd** bretelle *f* d'accès *neu* de raccordement; **mae yna** ~ **fynediad i Gaerdydd o'r draffordd** Cardiff est raccordé à l'autoroute; ~ **gefn** petite rue écartée; ~ **gyhoeddus** voie publique, passage *m* public pour piétons; ~ **gysylltu** route nationale; ~ **haearn** (*rheilffordd*) chemin de fer; ~ **osgoi** route *neu* bretelle de contournement; (*oherwydd gwaith ar y ffordd*) déviation *f*; ~ **osgoi Paris** le boulevard *m* périphérique; **ar y** ~ **i Lundain** en route pour Londres; **ai dyma'r** ~ **i Baris?** c'est bien la route de Paris?; **cymryd y** ~ **anghywir** se tromper de route; **mae hi'n byw dros y** ~ **i ni** elle habite en face de chez nous; **mae banc dros y** ~ il y a une banque juste en face; **y** ~ **ganol** (*ffig*) le juste milieu *m*; **mae wedi dilyn yr un** ~ **â'i frodyr** (*ffig*) il a fait comme ses frères.
2 (*siwrnai, hynt*) chemin *m*; **ar hyd y** ~ tout le long du chemin; **fe fu hi'n glawio yr holl** ~ il a plu pendant tout le chemin *neu* tout au long de la route; **ar y** ~ **gwelsom gardotyn** en chemin *neu* chemin faisant nous avons vu un vagabond; **gwthio'ch** ~ **trwy dyrfa** se frayer un chemin à travers une foule.
3 (*i le neu gyfeiriad penodol*) chemin *m*, route *f*; **holi'r** ~ **i ..., gofyn y** ~ **i ...** demander son chemin pour aller à ...; **colli'ch** ~ **wrth fynd i ...** perdre son chemin en allant à ...; **mi wn y** ~ **i'r orsaf** je connais le chemin de la gare, je sais comment aller à la gare; **ar y** ~ **i Baris** en route pour Paris; **mae'r gwesty ar y** ~ **i'r orsaf** l'hôtel est sur le chemin de la gare; **ar fy** ~ **yma gwelais ...** en venant ici j'ai vu ...; ~ **allan** sortie *f*; **mae hynna ar y** ~ **allan** (*ffig: ffasiwn*) ça ce n'est plus à la mode; **"dim** ~ **drwodd"** "voie sans issue"; ~ **i fyny** chemin pour monter, montée *f*; **ni wn y** ~ **i fyny** je ne sais pas par où on monte; ~ **i lawr** chemin pour descendre, descente *f*; ~ **i mewn** entrée *f*; **a wyddoch chi'r** ~ **i mewn i'r adeilad?** vous savez par où on entre dans ce bâtiment?; **y** ~ **yn ôl** chemin *neu* route du retour; **y** ~ **yn ôl i'r orsaf** chemin pour retourner à la gare; **ar y** ~ **yn ôl mi gwrddais â ...** au retour *neu* sur le chemin du retour *neu* en revenant j'ai rencontré ...; **gwneud eich** ~ **yn ôl at ...** retourner *neu* revenir vers ...; **gwneud eich** ~ **tua ...** se diriger vers ....
4 (*cyfeiriad*) sens *m*, direction *f*; **bob** ~ par-ci, par-là *neu* de-ci, de-là, en tous sens, partout; ~ **yma!** par ici!; **trowch y** ~ **yma am eiliad** tournez-vous par ici un instant; **edrychodd hi y** ~ **arall** elle a détourné les yeux; **ni wyddwn i ddim ba** ~ **i edrych** je ne savais pas par où regarder; **aethon nhw y** ~ **yna** ils sont partis par là; **os byddwch chi'n dod y** ~ **acw, galwch heibio** si jamais vous êtes près de chez nous, passez nous voir; **aeth pob un i'w** ~ **ei hunan** ils sont partis chacun de leur côté, chacun a suivi son chemin.
5 (*ochr*) sens *m*; **y** ~ **iawn** *ou* **gywir i fyny** dans le bon sens; **y** ~ **anghywir i fyny** sens dessus dessous; **tro'r bocs y** ~ **arall** tourne la boîte dans l'autre sens.
6 (*pellter*) distance *f*; ~ **bell i ffwrdd** loin; **ychydig o** ~ pas très loin, à une courte distance; **mae Caerdydd dipyn o** ~ **oddi yma** Cardiff est bien loin d'ici, cela fait loin d'ici à Cardiff; **mae** ~ **bell i fynd eto** nous avons encore une grande distance à parcourir, nous avons un grand bout de chemin à faire; (*ffig*) nous ne sommes pas au bout de nos peines.
7 (*dull, modd*) façon *f*, méthode *f*, manière *f*, moyen *m*; **mae 'na wahanol ffyrdd o'i wneud** il y a différents moyens *neu* diverses façons de le faire; **fe ddown ni o hyd i** ~ **o'i wneud** nous trouverons un moyen *neu* une façon de le faire; **dyna'r** ~**!** c'est comme ça qu'il faut le faire!, c'est bien comme ça!; **'does 'run** ~ **o osgoi'r anhawster hwn** il n'y a pas moyen de contourner cette difficulté; **gwneud rhth y** ~ **iawn/anghywir** faire qch bien/mal; **y** ~ **iawn/anghywir o wneud rhth**

la bonne/mauvaise façon de faire qch; **o'r ~ y dywedodd hi hynna ...** elle l'a dit d'un tel ton que ..., elle l'a dit d'une telle façon *neu* manière que ...; **y naill ~ neu'i gilydd, rhaid i chi ...** d'une façon ou d'une autre, vous devez ...; **ni chewch chi mohoni bob ~** il faut choisir.
8 (*arferiad rhn, dull o ymddwyn*) coutume *f*, habitude *f*, manière *f*, façon *f*; **mae ganddo ~ ryfedd o ...** il a une drôle de façon *neu* de manière de ...; **mae'n ddoniol yn ei ~ ei hun** il est amusant à sa façon; **gwna fe dy ~ dy hun** fais-le comme tu veux, fais-le à ta façon; **dyna'i ~ hi!** elle est comme ça!, voilà comment elle est!.
9 (*cyswllt*) égard *m*, point *m*; **mewn llawer ~, mewn sawl ~** à bien des égards; **mewn rhai ffyrdd** à certains égards; **mewn un ~ mae'n iawn** il a raison dans un certain sens; **nid yw i'w feio mewn unrhyw ~** ce n'est vraiment pas sa faute, ce n'est aucunement sa faute; **heb fynnu beirniadu mewn unrhyw ~** sans vouloir le moins du monde critiquer; **alla' i eich helpu chi mewn unrhyw ~?** puis-je vous aider en quoi que ce soit *subj*?, puis-je faire quelque chose pour vous aider?.
▶ **bod ar** *ou* **yn y ffordd** bloquer *neu* barrer le passage; (*ffig*) gêner; **ydw' i ar dy ~ di?** est-ce que je t'empêche de passer?; (*ffig*) est-ce que je te gêne?.
▶ **cael eich ffordd eich hun** faire exactement ce que l'on veut, obtenir ce que l'on désire, arriver à ses fins, pouvoir agir à son gré; **bod eisiau cael eich ~ eich hun** ne vouloir en faire qu'à sa tête, vouloir imposer sa volonté; **mynnodd gael ei ~ ei hunan** il a fait à son idée, il a fait à sa guise, il n'en a fait qu'à sa tête; **ni chaiff mo'i ~ ei hun gen i!** je ne veux pas faire ses quatre volontés*!, je ne veux pas lui passer tous ses caprices!.
▶ **o'r ffordd**: **symud o'r ~** s'écarter (du chemin); **o'r ~!** pousse-toi!, écarte-toi!; **mynd o ~ rhn** laisser passer qn, céder le pas à qn; **aros o ~ rhn** éviter qn; **aros o'i ~ y bore 'ma!** ne te frotte pas à lui ce matin!; **cyn gynted ag y bydd fy arholiad o'r ~** dès que je serai débarrassé(e) de l'examen; **mae'r pentref yma yn wirioneddol allan o'r ~** ce village est vraiment à l'écart, ce village est vraiment isolé; **os nad yw allan o'm ~, mi af â chi adref** je vous ramènerai si c'est sur mon chemin, je vous ramènerai si cela ne me fait pas faire un détour; **mynd allan o'ch ~ i wneud rhth** (*ffig*) se déranger *neu* se donner du mal pour faire qch, faire un effort particulier pour faire qch; **peidiwch â mynd allan o'ch ~ i'w wneud** (*ffig*) ne vous dérangez pas pour le faire.
▶ **pa ffordd**
1 (*pa lôn, pa gyfeiriad*): **pa ~ i'r post, os gwelwch yn dda?** pour aller à la poste, s'il vous plaît?; **pa ~ awn ni adref?** par où est-ce qu'on va rentrer?, quelle route est-ce qu'on va prendre pour rentrer?; **pa ~ aethon nhw?** par où sont-ils allés?, dans quelle direction sont-ils partis?; **o ba ~ mae'r gwynt yn chwythu?** d'où vient le vent?.
2 (*sut*): **(pa) ~** comment, de quelle manière *neu* façon; **(pa) ~ wnest ti hynna?** comment as-tu fait cela?.
▶ **pa ffordd bynnag**
1 (*cyfeiriad*): **pa ~ bynnag y troaf fy mhen** de quelque côté que je tourne *subj* la tête, j'ai beau tourner la tête de tous les côtés.
2 (*dull*) de quelque manière *neu* façon que + *subj*; **pa ~ bynnag yr edrychwch chi ar y peth** de quelque façon que vous envisagiez *subj* la chose.

fforddiadwy *ans* abordable.

fforddio *ba*: **gallu ~ (prynu) rhth** avoir les moyens d'acheter qch; **fe all yn sicr ~ car newydd** il a tout à fait les moyens de s'acheter une voiture neuve; **ni alla' i ddim ~ crys newydd** je ne peux pas me payer *neu* m'offrir une chemise neuve; **ni alla' i ddim ~ gwneud gwall** je ne peux pas me permettre de faire une erreur; **ni alla' i ddim ~'r amser** je n'ai pas le temps.

fforddiol *ans* économe, frugal(e)(frugaux, frugales), peu dépensier(dépensière);
♦ **yn ~** *adf* frugalement, avec économie.

fforddolyn (**fforddolion**) *g* (*teithiwr*) voyageur *m*, voyageuse *f*, usager *m* de la route.

fforensig *ans* médico-légal(e)(médico-légaux, médico-légales); **arbenigwr ~** expert *m* en médecine légale.

fforest (**-ydd**) *b* forêt *f*.

fforestiad (**-au**) *g* boisement *m*.

fforestu *ba* boiser.

fforestwr (**fforestwyr**) *g* forestier *m*.

fforestwraig (**fforestwragedd**) *b* forestière *f*.

fforffed (**-ion**) *g,b* (*mewn gêm*) gage *m*; **chwarae ~** jouer aux gages; **mae hi wedi mynd yn ~** elle a pris le chemin de l'hôpital.

fforffedu *ba* perdre, être privé(e) de; (*o'ch gwirfodd*) renoncer à; (*CYFR*) perdre (par confiscation).

fforiad (**-au**) *g* exploration *f*.

fforio *ba* (*gwlad ayb*) explorer; (*chwilota*) fouiller;
♦*bg* faire une exploration; (*chwilota*) fourrager, fouiller.

fforiwr (**fforwyr**) *g* explorateur *m*.

fformadu *ba* formater.

fforman (**ffformyn**) *g* contremaître *m*, chef *m* d'équipe.

fformat (**-iau**) *g* format *m*.

fformatio *ba* formater.

fformica *g* formica *m*.

fformiwla (**fformiwlâu**) *b* formule *f*.

Fformosa *b* (*HAN*) Formose *f*; **yn ~** à Formose.

ffortiwn (**ffortiynau**) *b*

1 (*arian mawr, cyfoeth*) fortune *f*; **costio/gwario** ~ coûter/dépenser une fortune, coûter/dépenser un argent fou*; **gwneud eich** ~ faire fortune; **etifeddu** ~ hériter d'une fortune, faire un gros héritage; **mynd ar ôl** ~ aller chercher fortune; **priodi** ~ épouser une grosse fortune, épouser un sac*; **un sy'n rhedeg ar ôl** ~ **merch** coureur *m* de dot.
2 (*dyfodol*) destin *m*; **beth fydd fy** ~ **i?** quel sera mon destin?; **dweud** ~ **(rhn)** dire la bonne aventure (à qn); **dyn dweud** ~ diseur *m* de bonne aventure; (*â chardiau*) tireur *m* de cartes, cartomancien *m*; **dynes dweud** ~ diseuse *f* de bonne aventure; (*â chardiau*) tireuse *f* de cartes, cartomancienne *f*.
ffortunus *ans gw.* **ffodus**.
fforwm (**fforymau**) *g* forum *m*; (*ffig*) tribune *f*.
fforwraig (**fforwragedd**) *b* exploratrice *f*.
ffos (**-ydd**) *b* (*ar ochr ffordd*) fossé *m*; (*ar gyfer dyfrhau*) rigole *f*; (*o gwmpas castell*) douve *f*; (*MIL*) tranchée *f*; **ymladd yn y** ~**ydd** faire la guerre des tranchées, être dans les tranchées.
ffosffad (**-au**) *g* (*CEM*) phosphate *m*; ~**au** (*AMAETH*) phosphates, engrais *mpl* phosphatés.
ffosffor *g* phosphore *m*.
ffosfforaidd *ans* phosphoreux(phosphoreuse).
ffosfforedd, **ffosfforesgedd** *g* phosphorescence *f*.
ffosfforeddol, **ffosfforesgol** *ans* phosphorescent(e).
ffosfforig *ans* phosphorique.
ffosfforws *g* phosphore *m*.
ffosil (**-iau**) *g* fossile *m*.
ffosilaidd, **ffosiledig** *ans* fossilisé(e); (*ffig*) fossilisé, figé(e).
ffosio *ba* creuser un fossé *neu* des fossés dans, creuser une tranchée *neu* des tranchées dans; ♦*bg* creuser un fossé *neu* des fossés, creuser une tranchée *neu* des tranchées.
ffotogopi (**ffotogopïau**) *g* photocopie *f*.
ffotogopïo *ba* photocopier, faire une photocopie de.
ffotograff (**-au**) *g* photo *f*, photographie *f*; ~ **o'r awyr** photo aérienne.
ffotograffaidd *ans* photographique.
ffotograffiaeth *b* photographie *f*.
ffotograffig *ans* photographique;
♦ **yn** ~ *adf* photographiquement.
ffotograffydd (**ffotograffwyr**) *g* photographe *m/f*; **mae hi'n** ~ **frwd** elle est passionnée de photo.
ffotostat (**-iau**) *g* photocopie *f*.
ffotosynthesis *g* photosynthèse *f*.
ffowl (**-iau**) *b* (*trosedd: CHWAR*) coup *m* défendu *neu* interdit *neu* irrégulier; (*:PÊL-DROED*) faute *f*; (*:BOCSIO*) coup bas
ffowlio *ba* (*PÊL-DROED*) commettre une faute contre;
♦*bg* commettre une faute.
ffowlyn (**ffowls**) *g* volatile *m*, volaille *f*; **ffowls** volaille, oiseaux *mpl* de basse-cour; ~ **wedi'i rostio** volaille rôtie, poulet *m* rôti.
ffowndri (**ffowndrïau**) *b* fonderie *f*.
ffownten (**-s**) *b* fontaine *f*, jet *m* d'eau; ~ **yfed** jet d'eau potable; ~ **pen** stylo *m* à encre.
ffracsiwn (**ffracsiynau**) *g* (*MATH*) fraction *f*; (*ffig*) fraction, partie *f*; ~ **bondrwm** fraction inférieure à l'unité, fraction proprement dite; ~ **pendrwm** expression *f* fractionnaire.
ffracsiynol *ans* (*MATH*) fractionnaire; (*ffig*) infime, minuscule, tout(e) petit(e);
♦ **yn** ~ *adf* un tout petit peu.
ffradach *g* pagaille* *f*.
ffrae (**-au, -on**) *b* (*cweryl*) dispute *f*, querelle *f*, rixe *f*; **chwilio am** ~ chercher querelle à qn; **cychwyn** ~ provoquer *neu* susciter une querelle.
ffraegar, **ffraellyd** *ans* querelleur(querelleuse), batailleur(batailleuse), chamailleur(chamailleuse)*, mauvais coucheur(mauvaise coucheuse)*;
♦ **yn** ~ *adf* d'une manière querelleuse.
ffraeo *bg* se disputer, se quereller, se chamailler*; (*peidio â bod yn ffrindiau*) se brouiller; ~ **â rhn am rth** se disputer avec qn à propos de qch.
ffraeth *ans* spirituel(le), plein(e) d'esprit, à l'esprit vif *neu* prompt;
♦ **yn** ~ *adf* spirituellement, avec beaucoup d'esprit.
ffraetheb (**-ion**) *b* bon mot *m*, mot *neu* trait *m* d'esprit; (*jôc*) plaisanterie *f*, blague* *f*.
ffraethineb *g* esprit *m*.
Ffrangeg *b,g* français *m*; **athro** ~**/athrawes** ~ professeur *m/f* de français; **y gwledydd** ~ **eu hiaith** la francophonie *f*; **siaradwr** ~**/siaradwraig** ~ francophone *m/f*;
♦*ans* français(e); (*sy'n siarad yr iaith*) francophone.
Ffrainc *prb* la France *f*; **yn** ~ en France; **brenin** ~ roi *m* de France; **dod yn ôl o** ~ rentrer de France; **mynd i** ~ aller en France.
ffrâm (**fframiau**) *b*
1 (*ymyl: drws*) encadrement *m*, chambranle *m*; (*:ffenestr*) châssis *m*, chambranle; (*:llun*) cadre *m*, encadrement; (*:sbectol*) monture *f*.
2 (*ysgerbwd: adeilad*) charpente *f*; (*:beic*) cadre *m*; (*:car*) châssis *m*; (*:cwch*) carcasse *f*; (*:raced*) armature *f*, cadre.
3 (*corffolaeth*) charpente *f*, ossature *f*, corps *m*.
4 (*GARDD*) châssis *m*, cloche *f*.
5 (*rhan o ffilm*) image *f*, photogramme *m*.
6 (*CHWAR*) manche *f*.
fframio *ba* encadrer.
fframwaith (**fframweithiau**) *g* structure *f*, cadre *m*; (*PENS*) charpente *f*; (*ffig: nofel*) structure, ossature *f*; (*:cymdeithas*)

structure, cadre, ossature; **o fewn ~ cymdeithas gyfalafol** dans le cadre d'une société capitaliste.
ffranc (**-iau**) *g* franc *m*.
Ffrances (**-au**) *b* Française *f*; **~ yw hi** c'est une Française, elle est française.
Ffrancwr (**Ffrancwyr, Ffrancod**) *g* Français *m*; **~ ydyw** c'est un Français, il est français.
ffransis *g* (*hawl fasnachol*) autorisation *f*, permis *m*.
Ffransis *prg* Francis, François; **~ o Assisi** saint François d'Assise.
Ffransisgaidd *ans* franciscain(e).
Ffransisgiad (**Ffransisgiaid**) *g* Franciscain *m*.
ffregod (**-au**) *b* (*clebr*) bavardage *m*, papotage *m*.
Ffrengig *ans* français(e); **Yr Academi ~** l'Académie *f* française; **bara ~** baguette *f*; **coginio ~** cuisine *f* française; **cneuen ~** noix *f*; **Y Chwyldro ~** la Révolution *f* française; **dresin ~** vinaigrette *f*; **y dull ~ o fyw** la vie *f* française; **yn y dull ~** à la française; **ffeuen ~** haricot *m* vert; **llygoden ~** rat *m*; **Y Swistir ~** la Suisse *f* romande.
Ffrengigeiddio, Ffrengigo *ba* franciser.
ffrenoleg *b* phrénologie *f*.
ffrenolegydd (**-ion**) *g* phrénologue *m/f*, phrénologiste *m/f*.
ffres(h) *ans* (*bwyd ayb*) frais(fraîche); (*arall, newydd*) nouveau[nouvel](nouvelle)(nouveaux, nouvelles); **llaeth ~ o'r fuwch** lait *m* fraîchement trait;
♦ **yn ~** *adf* fraîchement.
ffresgo (**-s**) *g* fresque *f*.
ffresni *g* fraîcheur *f*; (*ffordd rhn*) franchise *f*, spontanéité *f*, naturel *m*.
ffret (**-iau**) *g* (*gitâr*) touchette *f*.
ffretwaith *g* chantournement *m*.
ffreutur (**-iau**) *g* réfectoire *m*; **yn y ~** au réfectoire; **~ y brifysgol** restaurant *m* universitaire, restau-U* *m*, RU* *m*.
ffrewyll (**-au**) *b* (*chwip*) fouet *m*, discipline *f*; (*ffig*) fléau(-x) *m*.
ffrewyllio, ffrewyllu *ba* (*chwipio*) fouetter; **eich ~'ch hunan** se flageller.
ffri *ans gw.* **hael**.
ffridd (**-oedd**) *b* pâturage *m*.
ffrigad (**-au**) *b* frégate *f*.
ffril (**-iau**) *g* (*gwisg*) ruche *f*, volant *m*; (*crys*) jabot *m*; **heb ~iau** simple, sans manières, sans façons, sans présentation compliquée.
ffrimpan (**-au**) *b* poêle *f* à frire.
ffrind (**-iau**) *g/b* ami *m*, amie *f*; (*ysgol, gwaith*) camarade *m/f*, copain* *m*, copine* *f*; **mae'r bachgen yn ~ i'w brawd** le garçon est un ami *neu* camarade *neu* copain de son frère; **bod yn ~ i rn** être ami *neu* lié(e) avec qn; **mae hi wedi bod yn ~ rhagorol i ni** elle a fait preuve d'une véritable amitié envers nous; **~iau i ni** des amis à nous; **nid yw'n un o'm ~iau i** il n'est pas de mes amis; **dod yn ~iau â rhn** devenir ami avec qn, se lier d'amitié avec qn; **bod yn ~iau pennaf** être les meilleurs amis du monde; **gawn ni fod yn ~iau eto?** on fait la paix?; **'rydym ni'n ~iau da, dyna'r cyfan** nous sommes simplement bons amis; **'rydym ni i gyd yn ~iau yma** nous sommes entre amis.
ffrio *ba* (*cig, pysgod*) faire frire, frire; **~ wyau** faire des œufs sur le plat; **wyau wedi'u ~** œufs *mpl* sur le plat; **pysgodyn wedi'i ~** poisson *m* frit; **tatws wedi'u ~** pommes *fpl* de terre frites, frites *fpl*; **bwyd wedi ei ~** friture *f*;
♦*bg* frire.
ffris (**-iau**) *g* (*PENS*) frise *f*, bordure *f*; (*brethyn*) ratine *f*.
ffrisbi (**-s**) *g* frisbee© *m*.
Ffriseg *g,b* le frison *m*.
Ffrisia *prb*: **Ynysoedd ~** l'archipel *m* Frison; **buwch ~** frisonne *f*.
Ffrisiad *g/b* Frison *m*, Frisonne *f*.
Ffristir *prg*: **y ~** la Frise *f*; **yn y ~** en Frise.
ffriter (**-i**) *g* beignet *m*.
ffrith (**-oedd**) *b gw.* **ffridd**.
ffrithiant (**ffrithiannau**) *g* friction *f*, frottement *m*.
ffrithiol *ans* (*cytsain*) fricatif(fricative).
ffriwhilio* *bg* (*beiciwr*) se mettre en roue libre, être en roue libre; (*gyrrwr*) rouler au point mort, rouler en roue libre.
ffrochwyllt *ans* furieux(furieuse), violent(e), déchaîné(e), furibond(e);
♦ **yn ~** *adf* furieusement, violemment, de façon déchaînée.
ffroen (**-au**) *b* (*dyn, ci*) narine *f*; (*ceffyl, tarw*) naseau(-x) *m*.
ffroenell (**-au**) *b* (*chwistrell*) canule *f*; (*megin*) bec *m*; (*hwfer, glanhäwr*) suceur *m*; (*gwn*) bouche *f*, gueule *f*.
ffroeni *ba* (*synhwyro, ogleuo*) renifler, flairer, sentir l'odeur de;
♦*bg* (*ceffyl*) s'ébrouer.
ffroenuchel *ans* hautain(e), plein(e) de morgue, arrogant(e), dédaigneux(dédaigneuse);
♦ **yn ~** *adf* avec hauteur, avec arrogance, arrogamment.
ffroenucheledd *g* hauteur *f*, morgue *f*, arrogance *f*.
ffroesen (**ffroes**) *b* crêpe *f*; (*dewach*) galette *f*.
ffrog (**-iau**) *b* robe *f*; **~ briodas** robe de mariée; **~ haf** robe d'été.
ffroga (**-od, -id**) *g* grenouille *f*.
ffrom *ans* (*dicllon*) indigné(e), irrité(e), coléreux(coléreuse), colérique, courroucé(e), en colère, furieux(furieuse);
♦ **yn** *adf* en colère, colériquement, furieusement, avec indignation.
ffromder *g* indignation *f*, colère *f*, fureur *f*, courroux *m*.

ffromi *bg* s'indigner, se courroucer, s'irriter, être furieux(furieuse).
ffromllyd, **ffromwyllt** *ans gw.* **ffrom**.
ffrond (**-au**) *g* (*rhedynen*) fronde *f*; (*palmwydd*) feuille *f*.
ffroth *g* (*ewyn*) écume *f*, mousse *f*; (*cwrw*) mousse; **yn llawn** ~ mousseux(mousseuse), écumeux(écumeuse).
ffrothio *bg* (*ewynnu*) écumer, mousser; **'roedd y ci yn** ~ le chien avait de l'écume à la gueule.
ffrothlyd, **ffrothog** *ans* (*dŵr*) mousseux(mousseuse), écumeux(écumeuse); (*cwrw*) mousseux.
ffrwcs *ll* camelote* *f*, ordures *fpl*.
ffrwcsio *bg* perdre la tête, s'affoler, se paniquer.
ffrwcslyd *ans* affolé(e), paniqué(e).
ffrwd (**ffrydiau**) *b*
1 (*nant*) ruisseau(-x) *m*; (*nant mynydd*) torrent *m*.
2 (*cerrynt*) courant *m*.
3 (*llif: dŵr*) flot *m*, jet *m*; (:*dagrau*) torrent *m*, ruisseau(-x) *m*; (:*esgusodion*) flot, torrent, déluge *m*; (:*ceir, loriau*) flot, succession *f*, défilé *m* ininterrompu, série *f*; **'roedd** ~ **o waed yn rhedeg** *ou* **llifo** le sang ruisselait; ~ **o bobl** des flots de gens.
4 (YSGOL) classe *f neu* groupe *m* de niveau; **ysgol wedi'i rhannu yn dair** ~ une école répartie en trois classes de niveau.
ffrwgwd (**ffrygydau**) *g* rixe *f*, échauffourée *f*, bagarre *f*.
ffrwmpen *b* (*gwraig falch*) faraude *f*.
ffrwmpyn *g* (*dyn balch*) vaniteux *m*, faraud *m*; **wel dyna** ~! ce qu'il peut se prendre au sérieux!
ffrwst *g* (*brys*) hâte *f*; **ar** ~ à la hâte, en toute hâte.
ffrwtian *bg* (*poeri siarad*) bredouiller, bafouiller; (*poeri*) crachoter, postillonner; (*uwd*) bouillonner.
ffrwydrad (**-au**) *g gw.* **ffrwydriad**.
ffrwydrbelen (**-nau**) *b* (*bom llaw*) grenade *f* à la main; (*siel*) obus *m*; (*bom*) bombe *f*; (*ffrwydryn yn y ddaear*) mine *f* terrestre; (*ffrwydryn yn y môr*) mine marine *neu* flottante.
ffrwydriad (**-au**) *g* explosion *f*, éclatement *m*.
ffrwydro *ba* (*bom ayb*) faire exploser, faire détoner; (*adeilad ayb*) faire sauter *neu* exploser;
♦*bg* (*bom ayb*) exploser, détoner, éclater; (*adeilad ayb*) exploser, sauter; (*dicter*) éclater, exploser; **sŵn** ~ détonation *f*.
ffrwydrol *ans* (*nwy*) explosible; (*sŵn*) éclatant(e); (*arfau, ynni*) explosif(explosive); (*cymysgedd*) détonant(e); (*sefyllfa, tymer*) explosif;
♦ **yn** ~ *adf* de façon explosive.
ffrwydrydd (**-ion**) *g* explosif *m*.
ffrwydryn (**ffrwydron**) *g* (*cyff*) explosif *m*; (*bom llaw*) grenade *f* à la main; (*siel*) obus *m*; (*bom*) bombe *f*; (*yn y ddaear*) mine *f* terrestre; (*yn y môr*) mine marine *neu* flottante; **maes ffrwydron** champ *m* de mines; **gosod ffrwydron** poser des mines; (*yn y môr*) mouiller des mines; **llong osod ffrwydron** mouilleur *m* de mines; **llong ysgubo ffrwydron** dragueur *m* de mines; **cael gwared â ffrwydron ar draeth** déminer une plage.
ffrwyn (**-au**) *b* (*ceffyl*) bride *f*; (*ffig*) frein *m*, contrainte *f*; ~ **ddall,** ~ **dywyll** bride aux œillères.
ffrwynglymu *ba* attacher.
ffrwyno *ba* (*ceffyl*) brider; (*emosiwn*) freiner, refréner *neu* réfréner, mettre la bride à.
ffrwyth (**-au**) *g*
1 (*ar goeden ayb*) fruit *m*; **dwyn** ~ porter fruit; **basged ~au** corbeille *f* à fruits; **coeden ~au** arbre *m* fruitier; **dysgl ~au** (*fawr*) coupe *f* à fruits, compotier *m*; (*fach*) petite coupe, coupelle *f* à fruits; **gwerthwr ~au** marchand *m* de fruits, fruitier *m*; **gwerthwraig ~au** marchande *f* de fruits, fruitière *f*; **salad ~au** salade *f neu* macédoine *f* de fruits; **siop ~au** fruiterie *f*; **wrth eu ~au yr adnabyddwch hwynt** vous les reconnaîtrez à leurs fruits.
2 (*ffig: canlyniad*) fruit *m*, résultat *m*; ~ **llafur caled** le fruit d'un long travail.
ffrwythlon *ans* (*planhigyn*) fécond(e); (*tir*) fertile, fécond; (*gyrfa, ymgais*) fructueux(fructueuse); (*trafodaeth, ymchwiliad*) fructueux, utile;
♦ **yn** ~ *adf* fructueusement, avec profit; (*cnydio*) de façon féconde.
ffrwythlondeb, **ffrwythlonder** *g* (*tir*) fertilité *f*, fécondité *f*; (*planhigyn*) fécondité; (*trafodaeth*) caractère *m* fructueux *neu* profitable, profit *m*, utilité *f*.
ffrwythlonedd *g* fécondité *f*.
ffrwythloni *ba* (*tir*) fertiliser, amender; (*anifail, ŵy*) féconder.
ffrwythloniad (**-au**) *g* fécondation *f*, imprégnation *f*.
ffrwythlonrwydd *g gw.* **ffrwythlondeb**.
ffrwytho *bg* donner des fruits, porter fruit.
ffrwythus *ans* fruité(e), de fruit.
ffrydio *ba*
1 (*gwaed ayb*) ruisseler de.
2 (YSGOL: *rhannu, dosbarthu*) répartir (qn/qch) en classes *neu* groupes de niveau, répartir (qn/qch) par niveau; **~'r disgyblion ar gyfer Ffrangeg** répartir les élèves par niveau en français;
♦*bg*
1 (*pistyllio*) jaillir, gicler.
2 (*llifo: afon*) couler; (:*dŵr, dagrau*) ruisseler, couler; (:*gwaed*) couler, ruisseler, dégouliner; ~ **i mewn/allan/heibio** (*pobl ayb*) entrer/sortir/passer à flots.

ffrydlif (**-oedd**) *g,b* (*llif*) flot *m*, torrent *m*; (*dilyw*) déluge *m*, inondation *f*.

ffrynt (**-iau**) *g*
1 (*rhan flaen: cyff*) devant *m*; (*:adeilad*) façade *f*, front *m*, devant; (*:ffrog, gwisg*) devant; **yn y** ~ devant, en avant; **gwthio'ch ffordd i'r** ~ se frayer un chemin jusqu'au premier rang; **colli rhth i lawr** ~ **eich ffrog** renverser qch sur le devant de sa robe.
2 (*GWLEID, METEO, MIL*) front *m*; **y Ff~ Cenedlaethol** (*GWLEID*) le Front national; ~ **oer/cynnes** (*METEO*) front froid/chaud; **Ff~ y Dwyrain/Gorllewin** (*MIL*) le front Est/Ouest;
♦*ans* de devant, (en) avant, premier(première); **drws (y)** ~ (*tŷ*) porte *f* d'entrée, porte principale; **gardd** ~ jardin *m* de devant.

ffryntio *ba*: ~ **rhaglen** (*cylwyno*) présenter une émission; ~ **mudiad** (*arwain*) être à la tête d'un mouvement.

ffrystio *bg* se hâter, se dépêcher, se presser, s'empresser

ffuantus *ans* insincère; (*ffug*) faux(fausse); (*rhagrithiol*) hypocrite; (*twyllodrus*) trompeur(trompeuse); (*dichellgar*) perfide, faux, mensonger(mensongère);
♦ **yn** ~ *adf* insincèrement, trompeusement, perfidement.

ffug *ans* faux(fausse); (*annilys: arian*) faux; (*artiffisial*) artificiel(le), factice; (*rhan o'r corff*) postiche; ~ **arholiad** examen *m* blanc; ~ **dyst** faux témoin *m*; **addewidion** ~ promesses *fpl* mensongères, fausses promesses; **amrannau** ~ faux cils *mpl*, cils postiches; **aur** ~ similor *m*; **bocs a gwaelod** ~ **iddo** une boîte à double fond; **barf** ~ barbe *f* postiche; **dogfen** ~, **stamp** ~ **ayb** un faux *m*; **gemau** ~ faux bijoux *mpl*, strass *m*; **lledr** ~ imitation *f* cuir, similicuir *m*; **marmor** ~ imitation marbre, faux marbre *m*, similimarbre *m*; **perl** ~ perle *f* artificielle *neu* d'imitation, fausse perle;
♦*g* (**-ion**) (*twyll*) tromperie *f*, duperie *f*; (*peth ffug*) faux *m*.

ffug- *rhagdd* pseudo-.

ffug-bas (**~-~iau**) *g* feinte *f*.

ffugbasio *bg* feinter, faire une feinte.

ffugchwedl (**-au**) *b* histoire *f* inventée, fiction *f*; (*nofel*) roman *m*, nouvelle *f*.

ffugenw (**-au**) *g* pseudonyme *m*, nom *m* de guerre.

ffugiad (**-au**) *g*
1 (*gweithred: arian papur, llofnod*) contrefaçon *f*; (*:dogfen, ewyllys*) falsification *f*; (*:stori*) invention *f*; (*:CYFR*) contrefaçon frauduleuse.
2 (*peth ffug*) faux *m*, contrefaçon *f*.

ffugiant (**ffugiannau**) *g gw.* **ffugiad**.

ffugio *ba* feindre, simuler; (*efelychu'n dwyllodrus*) faire un faux de, contrefaire; (*newid y gwreiddiol*) maquiller, falsifier; (*dodrefn*) imiter; (*llun, tâp, sŵn, etholiad, prawf*) truquer; (*cyfweliad ar y teledu*) truquer, monter (qch) d'avance; ~ **marwolaeth** faire semblant d'être mort(e), faire le mort;
♦*bg* faire semblant; **dim ond** ~ **oeddwn i!** c'était pour rire!, je plaisantais!

ffugiol *ans* faux(fausse), factice, inventé(e), contrefait(e).

ffugiwr (**ffugwyr**) *g* faussaire *m*, falsificateur *m*; (*arian*) faux-monnayeur(faux-monnayeurs) *m*; (*CYFR*) contrefacteur *m*; (*twyllwr*) imposteur *m*.

ffuglais (**ffugleisiau**) *g* fausset *m*, voix *f* de tête.

ffuglen *b* fiction *f*, ouvrages *mpl* d'imagination, romans *mpl*, nouvelles *fpl*; ~ **ramantus** romans d'amour, romans à l'eau-de-rose; ~ **wyddonol** science-fiction *f*, romans d'anticipation.

ffuglennol *ans* fictif(fictive);
♦ **yn** ~ *adf* fictivement.

ffugliw (**-iau**) *g* camouflage *m*.

ffugliwio *ba* camoufler.

ffugwaith (**ffugweithiau**) *g* article *m* *neu* objet *m* truqué; (*llun, stamp, arian*) faux *m*; (*dogfen*) document *m* maquillé *neu* falsifié *neu* faux; **gwneud** ~ faire un faux.

ffugwallt (**-iau**) *g* perruque *f*.

ffugwraig (**ffugwragedd**) *b* faussaire *f*, falsificatrice *f*; (*CYFR*) contrefacteur *m*; (*twyllwraig*) imposteur *m*.

ffunen (**-nau**) *b* (*rhwymyn*) bande *f*; (*sgarff am y pen*) fanchon *f*, fichu *m*; (*tywel*) serviette *f* de toilette; ~ **boced** mouchoir *m*; ~ **bysgota** ligne *f* de pêche; ~ **wyneb** gant *m* de toilette.

ffunud *g*: **bod yr un** ~ **â** ressembler de près à, ressembler beaucoup à, être le portrait craché de; **mae e' yr un** ~ **â'i dad** c'est le portrait vivant de son père, c'est son père tout craché*.

ffured (**-au**) *b* furet *m*.

ffureta *bg* (*hela â ffured*) chasser au furet; (*chwilota*) fouiller, fureter.

ffurf (**-iau**) *b*
1 (*siâp*) forme *f*; **y** ~ **ddynol** la forme humaine; **ar** ~ **calon** en forme de cœur.
2 (*math*) forme *f*, genre *m*, espèce *f*; ~ **arall o fywyd** une autre forme de vie, un autre genre de vie.
3 (*gwedd, modd*) forme *f*; **yr un peth mewn** ~ **newydd** la même chose sous un aspect nouveau; **ar** *ou* **yn** ~ **tabledi** sous forme de comprimés.
4 (*CERDD, CELF, LLEN*) forme *f*; **y** ~ **a'r sylwedd** la forme et le fond.
5 (*GRAM, IEITH*) forme *f*; ~ **y lluosog** la forme du pluriel.
6 (*mowld*) forme *f*, moule *f*.

ffurfafen (**-nau**) *b* firmament *m*, ciel(-s) *m*; (*CREF*) ciel(cieux).

ffurfdro (**-eon**) *g* flexion *f*, désinence *f*.
ffurfdroad (**-au**) *g* *gw.* **ffurfdro**.
ffurfdroadol *ans* désinentiel(le), flexionnel(le).
ffurfdroi *ba* (*berf*) conjuguer; (*gair*) décliner.
ffurfiad (**-au**) *g* formation *f*.
ffurfiant (**ffurfiannau**) *g* formation *f*.
ffurfio *ba*
1 (*llunio*) former, construire; ~ **rhth o ddarn o bren** façonner *neu* fabriquer *neu* sculpter qch dans un morceau de bois; **mae hi'n ~ ei brawddegau'n dda** elle construit bien ses phrases.
2 (*mowldio: plentyn*) former, éduquer; (*:cymeriad rhn*) former, façonner.
3 (*magu*) se former, se faire; ~ **barn** se faire *neu* se former une opinion.
4 (*creu, sefydlu: cwmni*) fonder, former, créer; (*:dosbarthiadau*) organiser, instituer; (*:llywodraeth*) former.
5 (*bod yn rhan o*) composer, former, constituer, faire partie de; ~ **sail i** former *neu* constituer la base de, servir de base à.
6 (*gwneud siâp*) former, faire, dessiner; ~ **cylch** se mettre en cercle, former un cercle; ~ **llinell** se mettre en ligne, s'aligner; ~ **ciw** se mettre en file, former une queue;
♦*bg* se former.
ffurfiol *ans*
1 (*swyddogol*) officiel(le), formel(le); **cyfarwyddiadau ~** instructions *fpl* formelles *neu* explicites; **cytundeb ~** accord *m* en bonne et due forme; **gwadiad ~** démenti *m* formel; **ni chafodd lawer o addysg ~** il a reçu une éducation scolaire *neu* une scolarité très réduite.
2 (*defodol: croeso ayb*) cérémonieux(cérémonieuse), solennel(le); (*:achlysur*) officiel(le), protocolaire; **cinio ~** un grand dîner, un dîner officiel *neu* formel; **gwisg ~** tenue *f* de soirée; (*MIL, ayb*) tenue de cérémonie.
3 (*rhn*) formaliste, compassé(e), guindé(e); **mae'n ~ dros ben** il est très à cheval sur les convenances; **paid â bod mor ~!** sois donc un peu plus naturel(le) *neu* détendu(e)!, ne fais pas tant de cérémonies!.
4 (*dull, arddull, agwedd*) raide, compassé(e), guindé(e).
5 (*iaith*) soutenu(e), soigné(e), formel(le), guindé(e);
♦ **yn ~** *adf* formellement, avec formalité; (*yn swyddogol*) officiellement, en bonne et due forme, dans les règles; (*yn ddefodol*) cérémonieusement; **gwisgo'n ~** être en tenue de soirée; (*MIL, ayb*) être en tenue de cérémonie.
ffurfiolaeth *b* formalisme *m*.
ffurfioldeb (**-au**) *g* formalité *f*; (*oerni, pellter*) raideur *f*, froideur *f*; (*defodoldeb*) cérémonie *f*.
ffurfiolwr (**ffurfiolwyr**) *g* formaliste *m*.
ffurflen (**-ni**) *b* formulaire *m*; (*ar gyfer telegram ayb*) formule *f*; (*cerdyn*) fiche *f*; ~ **brintiedig** imprimé *m*; ~ **dreth incwm** feuille *f* d'impôts; ~ **gais** formulaire de demande; **llenwi ~** remplir un formulaire.
ffurfwasanaeth (**-au**) *g* liturgie *f*.
ffurfwasanaethol *ans* liturgique.
ffurfwedd (**-au**) *b* configuration *f*.
ffurfwisg (**-oedd**) *b* uniforme *m*; **mewn ~** en uniforme; **heb fod mewn ~** en civil.
ffurfymadrodd (**-ion**) *g* figure *f* de rhétorique.
ffust (**-iau**) *b* fléau(-x) *m*.
ffust(i)o *ba* (*AMAETH*) battre (qch) au fléau; (*curo*) cogner, frapper, bourrer (qn) de coups; (*trechu*) vaincre; **~'r perthi** tourner autour du pot*, y aller par quatre chemins.
ffustiwr (**ffustwyr**) *g* (*AMAETH*) batteur *m* (en grange), cogneur *m*.
ffustwraig (**ffustwragedd**) *b* (*AMAETH*) batteuse *f* (en grange).
ffwdan (**-au**) *b*
1 (*stŵr*) histoires *fpl*, façons *fpl*, embarras *m*; **achosi ~** faire un tas d'histoires*; **paid ag achosi cymaint o ~!** ne fais pas tant d'embarras *neu* de manières!; **gwneud ~ am rth** faire des histoires pour qch, faire tout un plat de qch*; **'roeddet ti'n iawn yn achosi ~ ynghylch y peth** tu as eu raison de protester, tu as eu raison de ne pas laisser passer ça; **wel am ~ dim ond i gael trwydded!** que d'histoires rien que pour obtenir un permis!; **gwneud ~ ynghylch rhn** être aux petits soins pour qn.
2 (*cyffro, prysurdeb*) agitation *f*, affairement *m*, remue-ménage *m inv*.
3 (*hast*) hâte *f*.
4 (*trafferthion*) ennuis *mpl*, embêtements *mpl*; **bod mewn ~ gyda rhn** avoir des ennuis avec qn, être en difficulté avec qn; **mae hi mewn ychydig o ~ ar hyn o bryd** elle a des ennuis *neu* des embêtements en ce moment; **wel dyna hen ~!** quel ennui *neu* quelle barbe que tout cela!; **o'r ~!** (*ebych*) zut!, flûte!, la barbe!
ffwdanllyd *ans* tatillon(ne), méticuleux(méticuleuse), tracassier(tracassière), pointilleux(pointilleuse); (*prysur*) actif(active), affairé(e), empressé(e), agité(e); **mae hi'n ~ iawn ynghylch yr hyn mae hi'n ei wisgo** elle fait très attention à ce qu'elle porte, elle est très tatillonne sur ce qu'elle porte;
♦ **yn ~** *adf* de façon tatillonne *neu* méticuleuse, activement, avec empressement, de façon agitée.
ffwdanu *bg* (*cysetlyd, misi: cynhyrfu*) s'agiter, s'affairer, faire l'affairé(e); (*poeni, gofidio*) se tracasser, s'en faire; **peidiwch â ~ ynghylch y peth!** ne vous en faites pas!; ~ **ynghylch rhn** être aux petits soins pour qn.

ffwdanus *ans gw.* **ffwdanllyd**.

ffwete (**-au**) *g* fouetté *m.*

ffwng (**ffyngoedd**) *g* champignon *m*; (*llwydni*) moisissure *f*; (*MEDD*) fongus *m*; ~ **y moch** truffe *f*.

ffwngleiddiad (**ffwngleiddiaid**) *g* fongicide *m.*

ffŵl (**ffyliaid**) *g* (*twpsyn, hurtyn*) imbécile *m/f*, idiot *m*, idiote *f*, sot *m*, sotte *f*; (*cellweiriwr*) bouffon *m*, fou *m*; (*clown*) pitre *m*, paillasse *m*, baladin *m*; (*un a dwyllir*) dupe *f*; **y ~!** espèce d'imbécile!, espèce d'idiot!, espèce d'abruti!*; **actio'r ~, chwarae'r ~** faire la bête, faire l'imbécile, faire le pitre; **paid â bod yn ~!** ne sois pas stupide!, ne fais pas l'idiot(e)!; **rhyw ~ o ddoctor** un imbécile *neu* abruti* de médecin; **mae fy nghefnder yn fwy o ~ nag yr oeddwn yn ei feddwl** mon cousin est encore plus idiot que je ne le pensais; **'roeddwn i'n ddigon o ~ i dderbyn** j'ai été assez stupide pour accepter, j'ai eu la bêtise d'accepter; **mae unrhyw ~ yn gwybod hynna** le premier imbécile venu sait cela; **gwneud ~ ohonoch eich hunan o flaen pawb** se couvrir de ridicule, se rendre ridicule devant tout le monde; **gwneud ~ o rn** (*gwawdio*) ridiculiser qn, se payer la tête* de qn; (*chwarae tric ar*) avoir* qn, duper qn; **~ Ebrill** poisson *m* d'avril; (*yr un a dwyllir*) victime *f* d'un poisson d'avril, dupe *f* d'un poisson d'avril.

ffwlbart (**-iaid**) *g* putois *m*; **diog fel ~** paresseux(paresseuse) comme tout; **drewi fel ~** puer, empester.

ffwlbri *g* absurdités *fpl*, inepties *fpl*, sottises *fpl*, idioties *fpl*, bêtises *fpl*, foutaises* *fpl*, fadaises *fpl*; **mae'n siarad llawer o ~** il ne raconte que des inepties, ce qu'il dit, c'est de la blague*; **~ ydy'r nofel hon!** ce roman ne vaut rien!

ffwlcen (**-nod**) *b* sotte *f*, nouille* *f*, imbécile *f*, cloche* *f*.

ffwlcrwm (**ffwlcrymau**) *g* pivot *m*, point *m* d'appui (*de levier*).

ffwlcyn (**-nod**) *g* imbécile *m*, idiot *m*, cornichon* *m*, gourde* *f*, cloche* *f*.

ffwlian *bg* (*gwastraffu amser*) perdre son temps; **~ gyda rhth** faire l'imbécile avec qch.

ffwlsgap *g* (*papur*) papier *m* ministre.

ffwndamentalaidd *ans* fondamentaliste.

ffwndamentaliad (**ffwndamentaliaid**) *g* fondamentaliste *m/f*.

ffwndamentaliaeth *b* fondamentalisme *m.*

ffwndamentalydd (**ffwndamentalwyr**) *g gw.* **ffwndamentaliad**.

ffwndro *ba*

1 (*drysu*) dérouter, déconcerter, ahurir; **'rwyt ti'n fy ~ i!** tu ne fais que m'embrouiller les idées!.

2 (*tarfu ar*) déranger;

♦*bg* se confondre, s'embrouiller, se troubler, être confus(e); (*drysu'n llwyr*) ne plus savoir où on en est, s'y perdre.

ffwndrus *ans* (*rhn, meddwl*) confus(e), déconcerté(e), embrouillé(e), désorienté(e), dérouté(e); (*atgofion*) confus, brouillé(e), vague; (*lleferydd*) incohérent(e);

♦ **yn ~** *adf* confusément, de façon incohérente.

ffwndwr *g* confusion *f*, désordre *m*, affairement *m*, remue-ménage *m inv*.

ffwnicwlar *ans* funiculaire; **trên ~** funiculaire *m.*

ffwr (**ffyrrau**) *g* (*ar anifail*) poil *m*, pelage *m*, fourrure *f*; (*ar ddilledyn*) fourrure; **côt ~** manteau(-x) *m* de fourrure; **â leinin ~** (*côt*) doublé(e) de fourrure; (*maneg*) fourré(e); **'roedd hi'n gwisgo ~** elle portait des fourrures, elle portait de la fourrure.

ffwrch (**ffyrch**) *b* fourche *f*.

ffwrdd *adf*: **i ~**

1 (*ymhell*) au loin, loin; **yn bell i ~** au loin, très loin; **5 milltir i ~** à 5 milles de distance, à 5 milles d'ici, à une distance de 5 milles; **rowliodd y bêl i ~** la balle a roulé plus loin.

2 (*absennol*): **bod i ~** être absent(e), être parti(e), ne pas être là; **mae hi i ~ yr wythnos yma** elle est absente cette semaine, elle n'est pas là cette semaine; (*ar fusnes*) elle est en déplacement cette semaine; **mae hi i ~ yng Nghaerdydd** elle est partie à Cardiff; **i ~ o'r gwaith** absent; **rhaid imi fynd i ~ am rai dyddiau** je dois m'absenter pendant quelques jours.

3 (*i'r cyfeiriad arall*): **mynd i ~** partir, s'en aller; **cerdded/gyrru i ~** s'éloigner (à pied)/(en voiture); **rhedeg i ~** partir en courant; (*dianc*) s'enfuir, s'évader; **i ~ â chi!** allez-vous-en!, hors d'ici!; **i ~ â thi!** va-t'en!, sauve-toi!, file!; **ac i ~ â ni!** et nous voilà parti(e)s!.

4 (*CHWAR: oddi cartref*) à l'extérieur; **mae'r tîm yn chwarae i ~ ddydd Sadwrn** l'équipe joue à l'extérieur *neu* en déplacement samedi.

ffwrdd-â-hi *ans* (*rhn*) sans façons, insouciant(e), négligent(e); (*gwaith*) bâclé(e)*, fait(e) sans soin *neu* n'importe comment *neu* à la va-vite.

ffwriwr (**ffwrwyr**) *g* fourreur *m.*

ffwrn (**ffyrnau**) *b* four *m*; **yn y ~** au four; **mewn ~ dwym** à four vif *neu* chaud; **mewn ~ gynnes** à four doux; **addas ar gyfer y ~** (*llestri*) allant au four; **parod i'r ~** (*bwyd*) prêt(e) à cuire au four; **mae hi fel ~ yma** c'est une fournaise ici.

ffwrnais (**ffwrneisi**) *b* fourneau(-x) *m*, four *m*; **~ chwyth** haut fourneau; **mae hi fel ~ yn yr ystafell 'ma** cette pièce est une vraie fournaise.

ffwrwm (**ffyrymau**) *b* banc *m*, banquette *f*.

ffws *g gw.* **ffŷs**.

ffwtbol* *g gw.* **pêl-droed**.

ffwt-ffwtian *bg gw.* **ffrwtian**.

ffwtmon (**ffwtmyn**) *g* valet *m* de pied.
ffwythiannol *ans* fonctionnel(le);
♦ **yn** ~ *adf* fonctionnellement.
ffwythiant (**ffwythiannau**) *g* fonction *f*.
ffydd (**-iau**) *b*
1 (*ymddiriedaeth*) confiance *f*; **bod â ~ yn rhn** avoir confiance en qn; **'does gen ti ddim ~ ynof?** tu n'as pas confiance en moi?; **'rwyf wedi colli fy ~ ynddyn nhw** je ne leur fais plus confiance; **rhoi eich holl ~ yn rhn** accorder toute sa confiance à qn.
2 (*CREF*) foi *f*, croyance *f*, religion *f*; **~, gobaith, cariad** la foi, l'espérance et la charité; **~ yn Nuw** foi en Dieu; **y Ff~ Gristnogol** la foi chrétienne; **iachâd trwy ~** guérison *f* par la foi; **iacháu trwy ~** guérir par la foi; **iachäwr trwy ~** guérisseur *m* (*mystique*); **iachawraig trwy ~** guérisseuse *f* (*mystique*).
ffyddiog *ans* optimiste, confiant(e); (*sicr*) assuré(e), sûr(e), persuadé(e); **'rwy'n ~ y daw** je suis sûr(e) *neu* persuadé(e) qu'il viendra;
♦ **yn** ~ *adf* de façon optimiste *neu* confiante.
ffyddlon *ans* fidèle, loyal(e)(loyaux, loyales); **bod yn ~ i** être fidèle à, être loyal(e) envers;
♦ **yn** ~ *adf* fidèlement, loyalement.
ffyddlondeb, **ffyddlonder** *g* fidélité *f*, loyauté *f*.
ffyddloniaid *ll* fidèles *m/fpl*; (*rhai sy'n credu*) croyants *mpl*, croyantes *fpl*.
ffyn *ll gw.* **ffon**.
ffynhonnell (**ffynonellau**) *b* (*tarddle: afon*) source *f*; (*:ffig*) source, origine *f*; **o ba ~ y daw y wybodaeth hon?** quelle est l'origine *neu* la provenance de cette information?; **cael gwybod rhth o ~ sicr** tenir qch de source sûre *neu* de bonne source.
ffyniannus *ans* (*llwyddiannus*) prospère, florissant(e), qui réussit; (*golwg*) prospère, de prospérité; **bod yn ~** (*busnes*) bien marcher, prospérer, fleurir;
♦ **yn** ~ *adf* de façon prospère *neu* florissante, avec succès.
ffyniant (**ffyniannau**) *g* prospérité *f*; (*llwyddiant*) succès *m*, réussite *f*.
ffynidwydden (**ffynidwydd**) *b* sapin *m*; (*pinwydden*) pin *m*.
ffynnon (**ffynhonnau**) *b* (*dŵr*) fontaine *f*, source *f*; (*sy'n pistyllio i fyny*) fontaine, jet *m* d'eau; (*pydew*) puits *m*; **~ artesiaidd** puits artésien; **~ ofuned** fontaine des désirs, puits aux vœux; **~ olew** puits de pétrole; **llygad ~** source; **mynd at** *ou* **i lygad y ~** (*ffig*) aller directement à la source, retourner aux sources; **~ o ddŵr yfed** fontaine d'eau potable.
ffynnu *bg* (*dyn, anifail*) se développer, être florissant(e) de santé; (*planhigyn*) pousser; (*busnes*) prospérer, bien marcher; (*dyn busnes*) prospérer, réussir.
ffŷr (**-rau**) *g gw.* **ffwr**.
ffyrdd *ll gw.* **ffordd**.
ffyrf (**fferf**) (**ffyrfion**) *ans* (*cadarn*) ferme, solide, résistant(e); (*trwchus*) épais(se), gros(se).
ffyrfder *g* (*cadernid*) fermeté *f*, solidité *f*, résistance *f*; (*trwch*) épaisseur *f*, grosseur *f*.
ffyrfhau *ba* (*cryfhau*) fortifier, renforcer, raffermir;
♦*bg* (*mynd yn fwy solet*) se raffermir
ffyrling (**-au, -od**) *b pièce de monnaie qui valait le quart d'un ancien penny*; **'does gen i'r un ~** je n'ai pas le sou, je n'ai pas un rond*.
ffyrm (**-iau**) *b* entreprise *f*, compagnie *f*, firme *f*, maison *f* (de commerce), société *f* (anonyme).
ffyrnig *ans* féroce, violent(e), acharné(e); (*gwynt*) furieux(furieuse), déchaîné(e), violent, orageux(orageuse), tempêtueux(tempêtueuse); (*awydd, dymuniad*) passionné(e), ardent(e), véhément(e); (*ymosodiad*) violent; (*:ffig*) virulent(e), violent; (*casineb*) implacable; (*cystadleuaeth, ymladd*) serré(e), acharné(e); (*gwyllt*) furieux, furibond(e); (*creulon*) cruel(le);
♦ **yn** ~ *adf* férocement, violemment, avec acharnement; **siarad yn ~** parler d'un ton féroce; **edrych yn ~ ar rn** regarder qn d'un air féroce *neu* farouche.
ffyrnigo *ba* (*gwylltio*) rendre (qn) furieux(furieuse), faire enrager, mettre (qn) en rage *neu* fureur; (*MEDD: briw*) enflammer;
♦*bg* enrager; **'rwy'n ~ wrth feddwl ...** j'enrage *neu* je rage de penser que.
ffyrnigrwydd *g* (*anifail*) férocité *f*; (*dyn*) violence *f*, véhémence *f*; (*tân*) ardeur *f*; (*brwydr*) acharnement *m*; (*gwynt*) fureur *f*, violence.
ffyrrwr (**ffyrwyr**) *g* fourreur *m*.
ffŷs *g gw.* **ffwdan**.
ffysian, **ffysio** *bg* faire de l'embarras, faire des façons; **~ ynghylch rhn** être aux petits soins pour qn.
ffyslyd *ans*
1 (*rhn*) tatillon(ne), méticuleux(méticuleuse), tracassier(tracassière), pointilleux(pointilleuse); **mae hi'n ~ iawn ynghylch yr hyn mae hi'n ei wisgo** elle fait très attention à ce qu'elle porte, elle est très tatillonne sur ce qu'elle porte; **paid â bod mor ~ wnei di!** ne fais pas tant d'histoires!, arrête d'enquiquiner tout le monde!.
2 (*gorgywrain: dillad*) surchargé(e) de fanfreluches; (*:arddull*) trop orné(e), tarabiscoté(e)

G

G *byrf* (= *Gogledd*) N (= nord *m*).
g *byrf* (= *gram*) g (= gramme *m*).
Gabon *prb* le Gabon *m*; **yn** ~ au Gabon.
Gabonaidd *ans* gabonais(e).
Gaboniad (**Gaboniaid**) *g/b* Gabonais *m*, Gabonaise *f*.
gadael *ba*
1 (*mynd o*) quitter, partir de, sortir de; **gadawodd ei waith y llynedd** il a quitté son travail l'année dernière; **gadawodd ei waith am 5 o'r gloch** il est parti de son travail à 5 heures, il a quitté son travail à 5 heures; **gadawodd ei gartref ym 1997** il est parti de la maison en 1997; **gadewais y tŷ am 7 o'r gloch** je suis sorti(e) de chez moi *neu* j'ai quitté la maison à 7 heures; ~ **y carchar** sortir de prison; ~ **yr ysbyty** sortir de *neu* quitter l'hôpital; ~ **yr ystafell** sortir de la pièce; ~ **y ford,** ~ **y bwrdd** se lever de table, quitter la table.
2 (*cefnu ar*) quitter, abandonner; ~ **eich gŵr** quitter *neu* abandonner son mari; **fe'u gadawyd i farw** ils ont été abandonnés à la mort; **mae'n rhaid imi eich** ~ il faut que je vous quitte *subj*.
3 (*anghofio*) laisser, oublier; **gadewais fy nghôt ar y bws** j'ai laissé *neu* oublié mon pardessus dans l'autobus.
4 (*dodi*) laisser; **ydi'r postmon wedi** ~ **rhth?** est-ce que le facteur a laissé qch?; ~ **neges i rn** laisser un message à qn.
5 (*ymddiried*) laisser, confier; ~ **rhth i rn** charger qn de qch; **ga' i adael fy mhwrs gyda chi?** puis-je vous confier mon porte-monnaie?; **gadawodd hi'r plant gyda chymydog** elle a laissé *neu* confié les enfants à un voisin; **gadawodd neges gyda mi i ddweud wrth ei chwaer am fynd i'r ysbyty** il m'a chargé de dire à sa sœur d'aller à l'hôpital; **'rwy'n** ~ **y mater yn eich dwylo chi** je vous laisse vous occuper de l'affaire, je vous laisse le soin d'arranger cela; ~ **rhn i ofalu am y siop** laisser à qn la garde du magasin; **mae'r pennaeth allan, mae wedi fy ngadael i'n gyfrifol** le patron est sorti et m'a laissé la charge de tout.
6 (*caniatáu i barhau*) laisser; ~ **y ffôn oddi ar y bachyn** laisser le téléphone décroché; ~ **y drws ar agor** laisser la porte ouverte; ~ **un dudalen yn wag** laisser une page en blanc; ~ **bwlch** (*TEIP*) laisser un blanc *neu* un espace; **gadewais i'r llyfr yn gorwedd ar y llawr** j'ai laissé le livre par terre; **paid â** ~ **yr arian yna yn gorwedd o gwmpas** ne laisse pas traîner cet argent; ~ **rhn ar ei ben ei hun** laisser qn tout seul; **gadewais hi ar ei phen ei hun** je l'ai laissée toute seule; ~ **llonydd i rn** laisser qn tranquille; **gad e fod!, gad lonydd iddo!** (*peth*) n'y touche pas!, laisse ça tranquille*!; **gad hwnna ble mae o!** laisse-le là où il est!.
7 (*ewyllysio*) laisser, léguer; **gadawodd ei hewythr y tŷ iddi** son oncle lui a légué la maison.
8 (*bod yn weddill*) laisser, rester; **mae tynnu 3 o 5 yn** ~ **2** (*MATH*) 3 ôté de 5 égale *neu* reste 2;
♦*bg* (*ymadael, mynd i ffwrdd, mynd ymaith*) partir, s'en aller; **mae'n bryd inni adael** il est l'heure de partir, il est temps que nous partions *subj*; **mae hi newydd adael** elle vient de partir; **gadawodd yn gynnar** il s'en est allé de bonne heure; **mae'r awyren yn** ~ **am 9 o'r gloch y nos** l'avion part *neu* décolle à 21 heures; **fe gewch chi adael** (*bwrdd bwyd ayb*) vous pouvez vous retirer.
▶ **gadael i**
1 (*caniatáu*) laisser, permettre à; ~ **i rn wneud rhth** laisser qn faire qch; ~ **i rth ddigwydd** laisser se produire qch; **'dydy ei thad ddim yn** ~ **iddi werthu ei thŷ** son père ne lui permet pas de *neu* ne l'autorise pas à vendre la maison; ~ **i rn eich perswadio** se laisser persuader; **paid â** ~ **imi anghofio ysgrifennu'r llythyr** rappelle-moi d'écrire la lettre, fais-moi penser à écrire la lettre; **paid â** ~ **i'r tân ddiffodd** ne laisse pas s'éteindre le feu; **gad imi weld** laisse-moi regarder *neu* voir, fais voir; **gadewch imi eich helpu** laissez-moi vous aider, attendez que je vous aide *subj*; **mi adawa' i iti benderfynu** je te laisse le soin de décider.
2 (*mewn awgrymiadau*): **gad inni fynd!** allons-y!; **gadewch inni fynd am dro** allons nous promener; **gadewch inni ei adael ar hynny** tenons-nous-en là.
3 (*yn herfeiddiol, yn feirniadol*) que + *subj*; **os yw hi am gael te, gad iddi ei wneud ei hun!** si elle veut du thé, qu'elle le fasse elle-même!.
▶ **gadael allan, gadael mas**
1 (*hepgor*) oublier, omettre.
2 (*anwybyddu*): **fe adawson nhw fe allan** ils ne l'ont pas inclus; **teimlai fel pe bai wedi cael ei** ~ **allan** elle avait l'impression d'être délaissée *neu* exclue *neu* tenue à l'écart.
3 (*rhyddhau*) libérer.
▶ **gadael i lawr**
1 (*rhth: hem*) lâcher; (:*teiar*) dégonfler.
2 (*rhn: siomi*) faire faux bond à, décevoir; **'rwy'n dy ddisgwyl di heno, paid â'm** ~ **i lawr** je t'attends ce soir, ne me fais pas faux bond *neu* je compte sur toi; **mae hi wedi ei adael i lawr sawl tro** elle l'a déçu plusieurs fois *neu* à plusieurs reprises; **mae hi wedi** ~ **y tîm i lawr** sa façon de jouer a beaucoup déçu *neu* desservi l'équipe.
▶ **gadael i mewn** faire entrer, laisser entrer,

ouvrir la porte à; **a wnewch chi ei adael i mewn?** pouvez-vous lui ouvrir la porte?; **gadawodd y forwyn ef i mewn** la bonne lui a ouvert la porte *neu* l'a fait entrer; ~ **rhn i mewn i gyfrinach** faire entrer qn dans un secret, mettre qn au courant d'un secret.

gadawedig *ans* abandonné(e), délaissé(e), laissé(e) à l'abandon.

gadawiad (**-au**) *g* abandonnement *m*, délaissement *m*.

gaddo *ba gw.* **addo**.

gaeaf (**-au**) *g* hiver *m*; **yn y** ~ en hiver; **yn ystod** ~ **1982** pendant l'hiver de 1982; **dillad** ~ vêtements *mpl* d'hiver; **Gêmau Olympaidd y** ~ les Jeux olympiques d'hiver; **gefn** ~, **ym mhwll y** ~ au cœur *neu* au plus profond *neu* au plus fort de l'hiver.

gaeafaidd *ans* d'hiver, hivernal(e)(hivernaux, hivernales); **mewn tywydd** ~ par un temps hivernal; **mae'r tywydd yn aeafaidd heddiw** il fait un temps hivernal aujourd'hui.

gaeafgwsg (**gaeafgysgau**) *g* hibernation *f*, sommeil *m* hibernal.

gaeafgysgu *bg* hiberner.

gaeafnos (**-au**) *b* nuit *f* d'hiver.

gaeafol *ans gw.* **gaeafaidd**.

gaeafu *bg* hiverner, passer l'hiver.

Gaelaidd *ans* gaélique.

Gaeleg *b,g* gaélique *m*; ~ **Iwerddon/yr Alban** gaélique irlandais/écossais;
♦*ans* gaélique.

gafael[1] *bg*
1 (*dal*) tenir; **'roedden nhw'n** ~ **yn nwylo ei gilydd** ils se tenaient par la main, ils s'étaient donné la main; ~ **yn dynn yn rhn** (*cofleidio*) serrer qn contre soi; **gafaelwch yn dynn ynddo** (*peth*) tenez-le bien.
2 (*ymaflyd yn*) saisir, empoigner; ~ **yn llaw rhn** saisir *neu* empoigner *neu* prendre la main de qn; **gafaelodd yn ei waith** (*mynd ati*) il s'est mis au travail.
3 (*peidio â llithro: teiars ayb*) adhérer, mordre.
4 (*ffig*): **mae'r gwynt yma'n** ~ ce vent est piquant *neu* cinglant, il fait un vent âpre; **mae'r nofel yma'n** ~ ce roman est saisissant *neu* emballant.

gafael[2] (**-ion**) *b* prise *f*; (*ffig*) prise, empire *m*, influence *f*; **cael** *ou* **cymryd** ~ **ar** empoigner, saisir, se saisir de, s'emparer de; **cymerodd afael ar ei braich** il lui a saisi le bras; **a fedrwch chi gael** ~ **ar ddarn o bren?** est-ce que vous pouvez trouver *neu* obtenir un morceau de bois?; **'rwy'n ceisio cael** ~ **arno** (*ffig*) j'essaie de le trouver *neu* contacter *neu* joindre; **o ble cefaist ti afael ar y syniad yna?** où est-ce que tu as été pêcher cette idée?; **rhaid dal** ~ **ar hen arferion** il ne faut pas lâcher les vieilles coutumes; **dal d'afael*!** (*aros*) ne quitte pas!, attends!, deux minutes!; **yng ngafael yr heddlu** entre les mains de la police; **mae hi yng ngafael twymyn** la fièvre la tient; **mae hi yng ngafael obsesiwn** elle est en proie à une obsession; **'roedd wedi colli ei afael ar y gynulleidfa** il ne tenait plus son auditoire; **mae ganddo afael dda ar ei bwnc** il possède bien son sujet; **bob** ~ chaque fois.
▶ **mynd i'r afael â** s'attaquer à, aborder; **aeth i'r afael â'r lleidr** il a saisi *neu* empoigné le voleur; **rhaid mynd i'r afael â'r broblem** il faut s'attaquer au problème; **penderfynais fynd i'r afael ag ef ar y mater** j'ai décidé de lui en parler *neu* de lui en dire deux mots.

gafaelfach (**-au**) *g* grappin *m*.

gafaelgar *ans* (*drama, llyfr ayb*) passionnant(e), palpitant(e); (*yn gafael*) tenace;
♦ **yn afaelgar** *adf* de façon passionnante, avec ténacité.

gafaelgi (**gafaelgwn**) *g* mâtin *m*.

gafaeliad (**-au**) *g* prise *f*; **mae** ~ **da ganddo** il a la poigne forte.

gafaelyd *bg gw.* **gafael**[1].

gafaelydd (**-ion**) *g* support *m*.

gafl (**-au**) *b* (*fforch*) fourche *f*; **hollti'r afl** (*GYM*) faire le grand écart.

gaflio *bg* écarter les jambes, être à califourchon.

gaflog *ans* fourchu(e).

gafr (**geifr**) *b* chèvre *f*; **bwch** ~ bouc *m*; **myn** ~ chevreau(-x) *m*, chevrette *f*; **bod fel** ~ **ar daranau** être sur des charbons ardents; **yr Afr** (*ASTROL*) Capricorne *m*; **bod wedi'ch geni dan arwydd yr Afr** être du Capricorne.

gafrewig (**-od**) *b* antilope *f*, gazelle *f*.

gafrio[1] *bg* (*prancio*) gambader.

gafrio[2] *ba* (*clymu ysgubau*) mettre (qch) en meule.

gaffer (**-s**) *g* contremaître *m*, chef *m* d'équipe; (*y pennaeth*) patron *m*, chef.

gag *g* bâillon *m*.

gagendor (**-au**) *g,b gw.* **agendor**.

gagio *ba* bâillonner.

gang (**-iau**) *b* (*gweithwyr*) équipe *f*; (*drwgweithredwyr*) bande *f*, gang *m*; (*ffrindiau*) bande, clique *f*; (*carcharorion*) convoi *m*; **'roedd y bachgen bach eisiau bod fel gweddill y** ~ le petit garçon voulait être comme le reste de sa bande; **mae'n un o'r** ~ **nawr** il fait partie de la bande maintenant.

gangio* *bg*: ~ **i fyny** se mettre à plusieurs; ~ **i fyny yn erbyn rhn** se liguer contre qn, se mettre à plusieurs contre qn.

gangster (**-s, -iaid**) *g* gangster *m*, bandit *m*, truand *m*.

Gaiana *prb* la Guyana *f*; **yn** ~ en Guyana.

Gaianad (**Gaianaid**) *g/b* Guyanien *m*, Guyanienne *f*.

Gaianaidd *ans* guyanien(ne).

gaing (**geingiau**) *b* (*saer coed, cerflunydd*) ciseau(-x) *m*; (*saer maen*) burin *m*; ~ **galed** ciseau à froid; ~ **gau** gouge *f*; ~ **fortais**

bédane *m.*

gair (**geiriau**) *g*

1 (*cyff*) mot *m*; (*ar lafar*) mot, parole *f*; **geiriau** (*cân, pennill ayb*) paroles; **y ~ ysgrifenedig/llafar** ce qui est écrit/dit; **dyn o ychydig eiriau** un homme peu loquace; **yng ngeiriau'r bardd** comme dit le poète, selon les mots du poète; **dywed wrtho yn dy eiriau dy hun** dis-le-lui à ta façon; **a fedri di roi dy deimladau mewn geiriau?** peux-tu trouver les mots pour exprimer ce que tu ressens?; **'does gen i ddim geiriau i ddisgrifio sut ...** je ne saurais dire comment ...; **'rwy'n cofio pob ~ a ddywedodd hi** je me souviens de ce qu'elle a dit mot pour mot; **dyna oedd ei union eiriau** ce sont là ses propres paroles, c'est ce qu'il a dit mot pour mot; **~ am air** (*ailadrodd*) mot pour mot, textuellement; (*cyfieithu*) mot à mot, littéralement, au pied de la lettre; **beth yw'r ~ Cymraeg am ...?** comment dit-on ... en gallois?; **mae ~ gan y Saeson amdano** les Anglais ont un mot pour dire cela; **nid 'araf' yw'r ~ amdano!** 'lent' est trop peu dire!; **byddai 'gwyllt' yn well ~ amdano** 'sauvage' serait plus juste, 'sauvage' serait un mot plus convenable *neu* plus près de la vérité; **'does gan neb air da i'w ddweud amdano** personne n'a trouvé la moindre chose à dire en sa faveur, il est mal vu par tout le monde; **rhoi ~ da dros rn** dire *neu* glisser un mot en faveur de qn; **'dyw hi ddim yn fodlon clywed ~ yn ei erbyn** elle n'admet absolument pas qu'on le critique *subj*; **heb yr un ~ gadewais yr ystafell** j'ai quitté la pièce sans dire un mot *neu* sans mot dire; **ni wnes i ddim yngan ~** je n'ai pas soufflé mot; **ni ddywedais i 'run ~** je n'ai rien dit du tout, je n'ai pas ouvert la bouche; **ni ddywedodd hi 'run ~ am y peth** elle n'en a absolument pas parlé; **'fedra i ddim cael ~ allan ohoni** je ne peux rien en tirer, elle reste muette; **ar y ~** ce disant, à ce mot, tout de suite, sur ce, là-dessus, immédiatement; **sonier am y diawl, ac fe ddaw ar y ~!** quand on parle du loup on en voit la queue!; **ar y geiriau hynny eisteddodd** sur ces mots il s'est assis; **wel ar fy ngair!** (*ebych*) ma parole!; **mewn ~** en un mot; **mewn ~ a gweithred** en parole et en fait; **mewn geiriau eraill** autrement dit; **~ mwys** jeu(-x) *m* de mots; **~ teg** euphémisme *m*; **hen air** proverbe *m*; **torri ~** (*siarad*) parler; **~ yn ei bryd** un mot dit au moment opportun; **~ o ddiolch** un mot de remerciement; **mi rodda' i air o rybudd ichi** je voudrais juste vous mettre en garde; **~ i gall, ~ o gyngor** un petit conseil, quelques conseils; **hanner ~ i gall** le sage entend à demi-mot; **un ~ am gant** en résumé, pour récapituler; **'waeth un ~ na chant** je te le dirai une fois pour toutes, un point c'est tout.

2 (*sgwrs, anerchiad*): **mae Mr Jones am ddweud ~ bach** M. Jones va maintenant prendre la parole; **mae arna' i eisiau ~ â thi** j'ai à te parler; **mi ga' i air â hi am y peth** je lui en toucherai un mot, je vais lui en parler; **'rwyf wedi cael ~ â hi** je lui en ai parlé brièvement.

3 (*neges*): **daeth ~ i ddweud ...** on a appris que, on a entendu la nouvelle que; **fe aeth y ~ ar led** la nouvelle s'est répandue; **danfon ~ ...** faire savoir *neu* dire que; **'does dim ~ wedi dod oddi wrthi** on n'a rien entendu de sa part.

4 (*addewid*) parole *f*, promesse *f*; **cadw'ch ~, bod cystal â'ch ~, sefyll at eich ~** tenir sa parole; **dyn sy'n cadw ei air** un homme de parole; **mae hi gystal â'i ~** on peut la croire sur parole; **bu hi gystal â'i ~** elle a tenu sa parole; **rhoi eich ~ i rn** donner sa parole (d'honneur) à qn; **cadw rhn at ei air** contraindre qn à tenir sa promesse; **cymryd rhn ar ei air** prendre qn au mot; **bydd yn rhaid iti gymryd fy ngair** il te faudra me croire sur parole; **cymerwch fy ngair, mae hi'n fenyw dda** croyez-m'en, c'est une brave femme; **torri'ch ~** manquer à sa parole; **mynd yn ôl ar eich ~** retirer *neu* rendre *neu* reprendre sa parole; **ei ~ hi yn erbyn fy un i ydoedd** c'était sa parole contre la mienne; **dim ond ei ~ hi sydd gen i** c'est elle qui le dit, je n'en ai aucune preuve; **ar fy ngair!** parole d'honneur!.

5 (*CREF*): **G~ Duw** le Verbe de Dieu, la parole de Dieu.

Gâl *prb* la Gaule *f*; **yng Ngâl** en Gaule.

gala (**galâu**) *g* fête *f*, gala *m*.

galaeth (**-au**) *g,b* galaxie *f*.

galaethol *ans* galactique.

Galaidd *ans* gaulois(e).

galanas (**-au**) *b* carnage *m*, massacre *m*.

galanastra *g gw.* **galanas**.

galar *g* chagrin *m*, douleur *f*, peine *f*, affliction *f*, désolation *f*; **mewn ~** en deuil *m*; **dillad ~** vêtements *mpl* de deuil.

galargan (**-au**) *b* élégie *f*, complainte *f*, chant *m* funèbre.

galargerdd (**-i**) *b gw.* **galargan**.

galarnad (**-au**) *b* lamentation *f*; (*CERDD*) élégie *f*; (*cân*) complainte *f*; (*mewn angladd*) chant *m* funèbre.

galarnadu *bg* pleurer, se lamenter;
♦*ba* lamenter.

galaru *bg* être en deuil, porter le deuil; **~ am rn** lamenter la mort de qn, être en deuil de qn, s'affliger de qn, porter le deuil de qn; **~ am rth** pleurer la perte *neu* la disparition de qch, s'affliger de qch.

galarus *ans* endeuillé(e), éploré(e), mélancolique, triste, affligé(e);
♦ **yn alarus** *adf* mélancoliquement.

galarwr (**galarwyr**) *g* (*un o'r teulu*) parent *m* du défunt/de la défunte; (*un o'r teulu yng* nghyfraith) allié *m* du défunt/de la défunte; (*cyfaill*) ami *m* du défunt/de la défunte; **y galarwyr** le convoi *neu* le cortège funèbre; **bod yn un o'r galarwyr** suivre le deuil, être du convoi.

galarwraig (**galarwragedd**) *b* (*un o'r teulu*) parente *f* du défunt/de la défunte; (*un o'r teulu yng nghyfraith*) alliée *f* du défunt/de la défunte; (*cyfeilles*) amie *f* du défunt/de la défunte.

galeri (**galerïau**) *g* (*tu allan*) galerie *f*; (*tu mewn*) tribune *f*; (*yn y theatr*) dernier balcon *m*, poulailler* *m*.

galfaneiddio *ba gw.* **galfanu**.

galfanomedr (**-au**) *g* galvanomètre *m*.

galfanu *ba* galvaniser.

gali (**galïau**) *g* (*llong*) galère *f*; (*cegin llong*) coquerie *f*.

Galiad (**Galiaid**) *g/b* Gaulois *m*, Gauloise *f*.

galifantio, **galifantian** *bg* se balader.

Galilea *prb* la Galilée *f*; **yng Ngalilea** en Galilée.

Galisia *prb* (*yn Sbaen*) Galice *f*; (*yng Ngwlad Pwyl*) Galicie *f*.

galiwn (**galiynau**) *g* galion *m*.

galosis *ll* bretelles *fpl*.

galw *ba*

1 (*gweiddi, bloeddio: cyff*) appeler; (*:o bell*) héler.

2 (*deffro*) réveiller.

3 (*enwi*) nommer, appeler; **beth maen nhw wedi ~'r babi?** quel nom ont-ils donné au bébé?; **galwyd hi'n Mair** on l'a appelée *neu* nommée Marie; **sut y gelwir hwn?** comment est-ce que ceci s'appelle?.

4 (*ymhonni*): **eich ~'ch hun** se prétendre; **mae'n ei alw ei hun yn feddyg** il se prétend médecin.

5 (*disgrifio*) traiter; **~ rhn yn ffŵl** traiter qn d'imbécile.

6 (*gwysio*) appeler, convoquer; **~ doctor** appeler *neu* faire venir un médecin; **galwyd y frigâd dân** on a appelé les pompiers; **~ rhn yn ôl** rappeler qn; **cafodd ei alw ymaith ar fusnes** il a été obligé de s'absenter pour affaires.

7 (*trefnu*): **~ cyfarfod** convoquer une assemblée;

♦*bg*

1 (*gweiddi, bloeddio: cyff*) appeler; (*:yn uwch*) crier; **'rwyf wedi bod yn ~ ers 5 munud** j'appelle depuis 5 minutes, cela fait 5 minutes que j'appelle; **~ ar rn i ddod i mewn/allan** crier à qn d'entrer/de sortir; **does dim byd yn ~** (*ffig*) il n'y a rien de très pressant *neu* urgent.

2 (*anifail, aderyn*) crier, pousser un cri.

3 (*ar y ffôn*): **pwy sy'n ~?** qui est à l'appareil?.

4 (*ar ymweliad*) passer; **'roeddet ti allan pan elwais i** tu n'étais pas là quand je suis passé(e) chez toi; **a wnei di alw yn y siop fara?** veux-tu passer *neu* t'arrêter à la boulangerie?; **~ i weld rhn, ~ heibio rhn** passer voir qn.

5 (*stopio: trên, bws*) s'arrêter; (*:llong*) faire escale.

6 (*mewn dawns werin*) être meneur/meneuse de jeu.

▶ **galw am**

1 (*gweiddi, bloeddio am*) appeler; **~ am gymorth** appeler au secours *neu* à l'aide.

2 (*gofyn am: rhn*) appeler; (*:bwyd, diod ayb*) demander; (*:dewrder, medr ayb*) exiger.

3 (*mynd i nôl, dod i nôl: rhn*) passer prendre; (*:rhth*) passer chercher; **mi alwa' i amdanoch chi am un o'r gloch** je passerai vous prendre à une heure; **galwodd am y llyfrau** il est passé chercher les livres.

4 (*trefnu*): **~ am streic** lancer un ordre de grève.

5 (*gwysio*) appeler; **galwch am dacsi!** (*ffonio*) appelez *neu* faites venir un taxi!; (*â'r llais*) hélez un taxi!;

♦*g,b*

1 (*angen*) demande *f*, besoin *m*; **'does dim llawer o alw am bethau felly** des choses pareilles ne sont pas très demandées; **'does dim ~ amdano** (*MASN*) il n'y a pas de demande pour cet article; **'doedd dim ~ am y fath anghwrteisi** une telle grossièreté n'était pas justifiée; **'doedd dim ~ iddo ddweud y fath beth** il n'aurait pas dû dire cela, il n'avait aucune raison de dire cela, il n'avait pas à dire cela; **os bydd ~** en cas de besoin; **yn ôl y ~** au besoin.

2 (*cri, gwaedd*) appel *m*, cri *m*; **o fewn ~** à portée de la voix.

galwad (**-au**) *b*

1 (*gwaedd, bloedd*) appel *m*, cri *m*; **~ am gymorth** un appel au secours.

2 (*ffig*): **~ y môr** l'appel *m* du large; **~ dyletswydd** l'appel du devoir; **~ natur** la voix de la nature.

3 (*ymweliad*) visite *f*; **mae gen i nifer o alwadau i'w gwneud** j'ai plusieurs visites à faire.

4 (*ffôn*) coup *m* de téléphone, coup de fil; **~ frys** appel *m* d'urgence; **gwneud ~ ffôn** téléphoner, donner *neu* passer un coup de fil*; **bu ~ ffôn i ti** on t'a demandé au téléphone, il y a eu un coup de téléphone *neu* un coup de fil pour toi; **hoffwn dalu am y ~au ffôn a wnes i** je voudrais régler mes communications téléphoniques.

5 (*dyletswydd*): **mae nifer o alwadau ariannol arno** il a beaucoup de dépenses *neu* de frais; **mae ganddo nifer o alwadau ar ei amser** il est très pris *neu* très occupé *neu* très demandé.

6 (*CREF*) nomination *f* de pasteur; **derbyn ~ i** être nommé pasteur à.

7 (*gwŷs*) citation *f*.

8 (*trwmped*) sonnerie *f*.

galwedigaeth (**-au**) *b* métier *m*, vocation *f*, profession *f*; **meddyg yw yn ôl ei alwedigaeth** il est médecin de profession.

galwedigaethol *ans* professionnel(le); **perygl** ~ risque *m* du métier; **therapi** ~ thérapeutique *f* occupationnelle, ergothérapie *f*.

galwr (**galwyr**) *g* (*ymwelydd*) visiteur *m*; (*ar y ffôn*) demandeur *m*; (*mewn dawns werin*) meneur *m* de jeu.

galwraig (**galwragedd**) *b* (*ymwelydd*) visiteuse *f*; (*ar y ffôn*) demandeuse *f*; (*mewn dawns werin*) meneuse *f* de jeu.

galwyn (**-i**) *g* gallon *m*.

gallt (**gelltydd**) *b* (*bryn*) colline *f*; (*llethr*) coteau(-x) *m*, flanc *m* de colline, butte *f*, côte *f*, pente *f*; (*llethr ar y ffordd fawr*) côte, pente; (*i fyny*) montée *f*; (*i lawr*) descente *f*; (*coedwig fechan*) bois *m*; **mae'n mynd i fyny'r allt** il monte la colline; **ar ben** ~ en haut *neu* au sommet d'une colline; **ar waelod** ~ au bas d'une colline; **'dyw'r car 'ma ddim yn rhy dda ar elltydd** cette voiture ne grimpe pas bien; **mae llawer o elltydd ar y ffordd hon** c'est une route accidentée *neu* montueuse *neu* à fortes côtes.

gallu[1] *ba*
1 (*bod yn alluog, bod yn abl*) pouvoir, être capable de; **alla' i'ch helpu chi?** puis-je vous aider?; **allwch chi fy helpu i?** pouvez-vous m'aider?; **a elli di ddod allan heno?** tu peux sortir ce soir?.
2 (*gwybod sut: medru*) savoir; **'rwy'n** ~ **nofio** je sais nager; **mae'n** ~ **darllen** il sait lire.

gallu[2] (**-oedd**) *g*
1 (*i wneud rhth*) capacité *f*, compétence *f*, pouvoir *m*; **nid yw o fewn fy ngallu i'ch helpu** il n'est pas en mon pouvoir de vous aider; **gwnaeth bopeth yn ei allu i'n helpu** il a fait tout son possible *neu* tout ce qui était en son pouvoir pour nous aider; **mae y tu hwnt i'm** ~ **i'w achub** je suis tout à fait impuissant(e) à le sauver, il n'est pas en mon pouvoir de le sauver, je suis incapable de le sauver.
2 (*dawn*) habileté *f*, talent *m*, don *m*, aptitude *f*; **llenor o allu aruthrol** un écrivain de grand talent; **mae ganddi rywfaint o allu artistig** elle a un certain don *neu* talent artistique; ~ **ymenyddol** don intellectuel.

galluog *ans* capable, compétent(e), habile, de talent; **bod yn alluog i wneud rhth** être capable *neu* en état *neu* en mesure de faire qch;
♦ **yn alluog** *adf* habilement, avec compétence.

galluogi *ba*: ~ **rhn i wneud rhth** (*caniatáu i*) permettre à qn de faire qch, donner à qn la possibilité de faire qch; (*rhoi'r modd i*) rendre qn capable de faire qch, donner à qn le moyen de faire qch.

Gambia *prb* la Gambie *f*; **yn** ~ en Gambie.

Gambiad (**Gambiaid**) *g/b* Gambien *m*, Gambienne *f*.

Gambiaidd *ans* gambien(ne).

gambl *g,b* pari *m*, gageure *f*.

gamblo *bg* jouer, miser, parier, faire un pari; ~ **ar y farchnad stoc** jouer à la Bourse;
♦*ba*: ~ **decpunt** parier *neu* miser dix livres;
♦*g* jeu(-x) *m* (d'argent); **distrywiwyd ei deulu gan ei** ~ sa passion du jeu a entraîné la ruine de sa famille; **dyledion** ~ dettes *fpl* de jeu; **colledion** ~ pertes *fpl* au jeu.

gamblwr (**gamblwyr**) *g* joueur *m*, joueuse *f*, parieur *m*, parieuse *f*.

gambo (**-s, -au**) *g,b* charrette *f*.

gamon, **gamwn** (**-au**) *g* quartier *m* de lard fumé; (*ham*) jambon *m* fumé; **stêc** ~ (épaisse) tranche *f* de jambon fumé.

gan *ardd* (gennyf fi/gen i, gennyt ti/gen ti, ganddo ef, ganddi hi, gennym ni, gennych chi, ganddyn nhw/ganddynt hwy)
1 (*â*): **bod** ~ avoir; **mae gen i ddau frawd** j'ai deux frères; **mae gen i syniad** j'ai une idée; **mae ganddi lygaid glas** elle a les yeux bleus; **mae ganddo drwyn mawr** il a un grand nez; **mae gennym ni ddigon o arian** nous avons assez d'argent; **oes gen ti frawd neu chwaer?** as-tu un frère ou une sœur?; **oes gwaith cartref gen ti heno?** as-tu des devoirs ce soir?; **oes gennych chi rywbeth i'w ddarllen?** avez-vous quelque chose à lire?; **'does ganddyn nhw ddim amser i wneud hynny** ils n'ont pas le temps de faire cela; **'does ganddi hi ddim i'w wneud** elle n'a rien à faire; **'does ganddi hi ddim i'w wneud â'r peth** elle n'y est pour rien; **'does dim Cymraeg ganddo o gwbl** il ne parle pas un mot de gallois; **'roedd ganddo bum punt yn weddill** il lui restait cinq livres; **mae ei chamera ganddi'n barod** elle a son appareil tout prêt; **bydd popeth gen i'n barod** je veillerai à ce que tout soit *subj* prêt.
2 (*i ddangos pwy neu beth sy'n gyfrifol*) par; **fe'i lladdwyd** ~ **fellten** il a été tué par la foudre; **fe'i rhybuddiwyd** ~ **ei feddyg** il a été prévenu par son médecin; **darlun** ~ **Monet** un tableau de Monet; **llyfr** ~ **Daniel Owen** un livre de Daniel Owen; **wedi ei orchuddio** ~ **eira** couvert(e) de neige.
3 (*oddi wrth*) de, de la part de; **llythyr** ~ **fy mam** une lettre de ma mère.
4 (*mewn ymadroddion*): ~ **amlaf** en général, le plus souvent, la plupart du temps; **mae hi'n dod ar ddydd Mawrth** ~ **amlaf** en général elle vient le mardi; ~ **bwyll** doucement, prudemment, avec soin; ~ **hynny** donc, par conséquent, pour cette raison; ~ **mwyaf** (*bron i gyd*) pour la plupart; (*yn bennaf*) principalement, surtout; **dynion ydyn nhw** ~ **mwyaf** ce sont surtout des hommes, pour la plupart ce sont des hommes;
♦*cys*
1 (*oherwydd*) puisque, comme, vu que, étant

donné que; **cau'r ffenest ~ dy fod ti'n oer** ferme la fenêtre puisque tu as froid; **gall ei wneud drosom ni ~ ei fod yma** il pourra nous le faire vu qu'il est là; **pryn e dy hunan ~ dy fod mor gyfoethog!** achète-le donc toi qui es si riche!.
2 (*o, wrth*) en; ~ **wybod** en sachant que; **aeth ymaith ~ ddawnsio** elle est partie en dansant; ~ **gychwyn â** en commençant par, à commencer par.
gân *b* (*MEDD*) muguet *m*.
ganddi, ganddo, ganddynt *ardd gw.* **gan**.
ganed *be gw.* **geni**.
ganedig *ans* né(e).
gar (**-rau**) *g,b* jambe *f*, cuisse *f*; (*anifail*) jarret *m*; **ar ei arrau** (*rhn*) accroupi(e); (*ci ayb*) assis(e) sur son derrière; **afal y ~** rotule *f*; **camedd y ~** la fosse du genou; **llinyn y ~** tendon *m* du jarret.
garan (**-od**) *b* (*ADAR*) grue *f*, héron *m*.
Garawys *g gw.* **Grawys**.
gard (**-iau**) *g* (*mewn gorsaf, ar drên*) chef *m* de train; ~ **tân** garde-feu *m inv*, pare-étincelles *m inv*; ~ **watsh** chaîne *f* de montre.
gardas, gardys (**gardysau**) *g,b* jarretière *f*; (*i ddynion*) fixe-chaussette *m inv*.
gardd (**gerddi**) *b* jardin *m*; ~ **Eden** le jardin d'Eden, le Paradis terrestre; ~ **flodau** jardin d'agrément; ~ **gefn** jardin de derrière; ~ **lysiau** jardin potager; **gerddi cyhoeddus** parc *m*, jardin public; **cynnyrch yr ardd** produits *mpl* maraîchers.
gardd-ddinas (~-~**oedd**) *b* cité-jardin(~s-~s) *f*.
garddio *bg* jardiner, faire du jardinage; **'rwy'n hoffi ~** j'aime le jardinage, j'aime jardiner; ♦*g* jardinage *m*; **canolfan arddio** jardinerie *f*; **offer ~** outils *mpl* de jardinage.
garddwest (**-au**) *b* garden-party(~-~s, ~-parties) *f*.
garddwr (**garddwyr**) *g* jardinier *m*; ~ **masnachol** maraîcher *m*; **nid yw'n arddwr** il ne connaît rien au jardinage; **mae'n arddwr da** il est très bon jardinier.
garddwraig (**garddwragedd**) *b* jardinière *f*; ~ **fasnachol** maraîchère *f*.
garddwriaeth *b* horticulture *f*; ~ **fasnachol** culture *f* maraîchère.
garddwrn (**garddyrnau**) *g gw.* **arddwrn**.
garej (**-ys**) *g,b* (*i gadw car, i drwsio car*) garage *m*; (*yn gwerthu petrol*) station-service(~s-~(s)) *f*, station *f neu* poste *m* d'essence; ~ **cloi** (*preifat*) box *m*; **dyn y ~** garagiste *m*; (*peiriannydd*) mécanicien *m*.
garet (**-i**) *g,b* mansarde *f*, grenier *m*.
gargam *ans* aux genoux cagneux *neu* rentrants.
garglo *bg* se gargariser.
gargoel (**-iau**) *g* gargouille *f*.
garlant (**-au**) *g* guirlande *f*, couronne *f* de fleurs.
garllaes *ans* boiteux(boiteuse).
garllegen (**garlleg**) *b*
1 (*PLANH, COG*) ail *m*; **ewin o arlleg** gousse *f* d'ail; **bara garlleg** *pain m chaud tartiné de beurre et d'ail*; **blas garlleg** goût *m* d'ail, goût aillé; **gwasgydd garlleg** presse-ail *m inv*; **halen garlleg** sel *m* d'ail; **saws garlleg** sauce *f* à l'ail, ailloli *m*, aillade *f*; **selsig garlleg** saucisson *m* à l'ail.
2 (*yn anghywir*) *gw.* **gellygen**.
garnais *g* garniture *f*.
garned (**-i, -au**) *g* (*gem*) grenat *m*.
garneisio *ba* (*COG*) garnir.
garsiwn (**garsiynau**) *g* (*MIL*) garnison *f*; (*ciwed*) canaille *f*, racaille *f*.
gartref *adf gw.* **cartref**.
garth[1] (**-au**) *b* (*penrhyn*) promontoire *m*.
garth[2] (**-au**) *g,b* (*lle caeedig*) clôture *f*.
garw (**geirwon**) *ans*
1 (*heb fod yn llyfn: croen, defnydd*) rêche, rude, rugueux(rugueuse); (:*wyneb rhth*) rugueux; (:*llwybr, ffordd*) raboteux(raboteuse), rocailleux(rocailleuse); **croen ~** peau(-x) *f* rude; ~ **i'w gyffwrdd** rude *neu* rêche *neu* rugueux au toucher.
2 (*cwrs*) rude, grossier(grossière).
3 (*anghwrtais*) mal élevé(e), peu poli(e), mal dégrossi(e), rude, fruste.
4 (*caled: bywyd*) dur, rude.
5 (*stormus*): **tywydd ~** gros temps *m*, mauvais temps; **môr ~** mer *f* agitée *neu* houleuse, grosse mer; **'roedd y tonnau'n arw** il y avait de très grosses vagues.
6 (*ciaidd*) brutal(e)(brutaux, brutales); **chwarae ~** jeu brutal; **mae'n gêm arw** c'est un jeu brutal; **mae'r bechgyn yma'n arw iawn** ces garçons sont des brutes *neu* sont très durs; **bod yn arw gyda rhn** malmener qn; (*ffig*) être dur(e) avec qn, en faire voir de toutes les couleurs à qn.
7 (*medrus, cyflym i weld cyfle*): **un ~ am fusnes yw Mr. Jones** M. Jones a le sens des affaires; **un ~ am ferched yw Tomos** Tomos aime toujours courir les filles; **un arw am siarad yw Siân** Jeanne est toujours très bavarde; **mae o'n un ~ (am arian)** (*cybyddlyd*) il est avare *neu* cupide *neu* avide *neu* âpre au gain; **un ~ yw mab hynaf Gareth** (*galluog*) le fils aîné de Gareth est astucieux *neu* malin.
8 (*mawr*) énorme, grand(e); **mae'n welliant ~** c'est nettement mieux, c'est une énorme amélioration.
9 (*edifeiriol, tosturiol*): **bod yn arw gennych** être désolé(e); **mae'n arw gen i drosot ti** je te plains, je suis désolé pour toi *gw. hefyd* **blin, drwg**[1].
10 (*mewn ymadroddion*): **piti ~!** quel dommage!; ~ **o beth** quel dommage, c'est

dommage;
♦ **yn arw** *adf* rudement; (*yn fawr*) énormément, terriblement, rudement, bigrement*; **byw'n arw** vivre à la dure; **trin rhth yn arw** manquer de soin envers qch;
♦*g* (*brych*) arrière-faix *m inv*; (*CHWAR: GOLFF*) rough *m*; **torri'r** ~ (*paratoi'r ffordd: cyff*) ouvrir la voie, préparer le terrain *neu* la voie; (*:i dorri newyddion drwg*) annoncer la nouvelle avec douceur; (*cychwyn sgwrs â dieithryn*) rompre la glace.

garwder, **garwedd** *g* rugosité *f*, rudesse *f*, brutalité *f*, dureté *f*.

garwhau *ba* rendre (qn) rude *neu* rugueux(rugueuse) *neu* rêche;
♦*bg* devenir rude *neu* rugueux(rugueuse).

gasged (**-i**) *g* (*TECH*) garniture *f*, joint *m*.

gast (**geist**) *b* chienne *f*; (*dif: benyw*): **hen ast yw hi**** elle est rosse*, c'est une garce**.

gastrig *ans* gastrique; **ffliw** ~ grippe *f* gastro-intestinale; **wlser** ~ ulcère *m* de l'estomac.

gastronomeg *b* gastronomie *f*.

gastronomegol *ans* gastronomique.

gasympio *ba en immobilier, action de revenir sur un accord pour vendre à plus offrant.*

gât (**gatiau**) *b* (*castell, tref*) porte *f*; (*cae, rheilffordd*) barrière *f*; (*gardd*) porte, portail *m*; (*fawr o fetel*) grille *f* d'entrée; (*isel*) portillon *m*; (*uchel*) porte cochère; (*rheilffordd: dan ddaear*) portillon; (*camlas*) vanne *f*, porte d'écluse; (*mynedfa: ar faes*) entrée *f*; **wrth** ~ **y ffatri** à l'entrée de l'usine; ~ **4** (*mewn maes awyr*) porte 4; **gwenu fel** ~ sourire largement.

gatws (**gatysau**) *g* (*parc*) loge *f*; (*castell*) corps *m* de garde.

gau *ans* faux(fausse); (*twyllodrus, celwyddog*) perfide, mensonger(mensongère).

G Ddn *byrf* (= *Gogledd Ddwyrain*) NE (= nord-est *m*).

gefail (**gefeiliau**) *b* forge *f*.

gefeilen (**gefeiliau**) *b* pince *f*, tenaille *f*.

gefeilio *ba* pincer.

gefeilldref (**-i**) *b* ville *f* jumelée.

gefeilles (**-au**) *b* jumelle *f*.

gefeillio *ba* jumeler.

gefel (**gefeiliau**) *b* pinces *fpl*; (*glo*) pincettes *fpl*; (*siwgr*) pince *f* à sucre; (*gwallt*) fer *m* (à friser); (*pinsiwrn*) tenailles *fpl*; (*fach*) pince fine, pince à épiler; ~ **bedoli** tenailles; ~ **blygu** pinces; ~ **dân** pincettes; ~ **gnau** casse-noix *m inv*, casse-noisettes *m inv*.

gefell (**gefeilliaid**) *g/b* jumeau(-x) *m*, jumelle *f*; **gefeilliaid unfath** vrais jumeaux(vraies jumelles); **gefeilliaid anunfath** faux jumeaux(fausses jumelles); **yr Efeilliaid** (*ASTROL*) Gémeaux *mpl*; **bod wedi'ch geni dan arwydd yr Efeilliaid** être (des) Gémeaux.

gefyn (**-nau**) *g* fers *mpl*, entraves *fpl*; ~**nau (llaw)** (*HEDDLU*) menottes *fpl*.

gefynnu *ba* entraver, mettre (qn) aux fers; (*HEDDLU*) mettre *neu* passer les menottes à.

geingio *ba* gouger, ciseler, buriner.

geilwad (**geilwaid**) *g* bouvier *m*.

geirda *g* recommandation *f*, certificat *m*.

geirdarddeg *b* étymologie *f*.

geirdarddiad (**-au**) *g* étymologie *f*.

geirdarddiadol *ans* étymologique.

geirddall *ans* dyslexique.

geirddallineb *g* dyslexie *f*.

geirfa (**-oedd**) *b* vocabulaire *m*, phraséologie *f*; **rhestr eirfa** lexique *m*, vocabulaire, glossaire *m*.

geiriad *g* (*llythyr, araith ayb*) termes *mpl*, formulation *f*; (*CYFR, GWEIN*) rédaction *f*; (*dogfen swyddogol*) libellé *m*; **mae** ~ **y frawddeg gyntaf yn glogyrnaidd** la première phrase est maladroitement exprimée *neu* formulée; **mae'r** ~ **yn hynod o bwysig** le choix des termes est extrêmement important; **newidiwch ychydig ar y** ~ changez quelques mots ici et là; **byddai** ~ **gwahanol yn ei wneud yn llai amwys** ce serait moins ambigu si on l'exprimait autrement.

geiriadur (**-on**) *g* dictionnaire *m*; ~ **Ffrangeg** dictionnaire de français; **chwilio am air yn y** ~ chercher un mot dans le dictionnaire.

geiriaduraeth *b* lexicographie *f*.

geiriadurol *ans* lexicographique.

geiriadurwr (**geiriadurwyr**) *g* lexicographe *m*.

geiriadurwraig (**geiriadurwragedd**) *b* lexicographe *f*.

geirio *ba*
1 (*llythyr*) rédiger, formuler, libeller; **'alla i ei eirio'n wahanol?** est-ce que je peux l'exprimer différemment *neu* en d'autres termes?; **'roedd wedi** ~**'r llythyr yn ofalus iawn** il avait choisi les termes de la lettre avec le plus grand soin.
2 (*ynganu*) prononcer, articuler;
♦*bg* (*ynganu*): ~**'n glir** bien articuler.

geiriog *ans* verbeux(verbeuse), prolixe.

geiriogrwydd *g* verbiage *m*, prolixité *f*.

geiriol *ans* verbal(e)(verbaux, verbales), oral(e)(oraux, orales);
♦ **yn eiriol** *adf* verbalement.

geirwir *ans* (*didwyll*) sincère, qui dit la vérité, qui dit vrai.

geirwiredd *g* véracité *f*, sincérité *f*.

geiryn (**-nau**) *g* (*GRAM*) particule *f*.

geiser (**-au, -i**) *g gw.* **geyser**.

gel *g* (*CEM*) colloïde *m*; (*gwallt ayb*) gel *m*.

gelatin *g* gélatine *f*.

gele(n) (**gelod, gelennod**) *b* sangsue *f*; **glynu fel** ~ **wrth rn** coller à qn comme une sangsue, se cramponner à qn.

gelyn (**-ion**) *g* ennemi *m*, ennemie *f*, adversaire *m/f*; **gwneud** ~**ion** se faire *neu* s'attirer des ennemis; **gwneud** ~ **o rn** se faire un ennemi de qn; **ef ei hun yw ei elyn pennaf** il est son pire ennemi, il n'a de pire ennemi que lui-même; **maen nhw'n elynion pennaf** ils

sont à couteaux tirés, ils sont ennemis jurés.
gelyniaeth *b* inimitié *f*, hostilité *f*.
gelyniaethol, **gelyniaethus** *ans* hostile; ♦ **yn elyniaethus** hostilement, avec hostilité.
gellesgen (**gellesg**) *b* iris *m*, glaïeul *m*.
gellygen (**gellyg**) *b* poire *f*; **coeden ellyg** poirier *m*; **ar ffurf** ~ en forme de poire, piriforme.
gem (**-au**) *b* bijou(-x) *m*, joyau(-x) *m*, pierre *f* précieuse; (*ffig*) bijou, trésor *m*, perle *f*; **blwch** ~**au** coffret *m* à bijoux, étui *m*; **siop emau** bijouterie *f*, joaillerie *f*; **taflu** ~**au o flaen moch** jeter des perles aux pourceaux, donner de la confiture aux cochons.
gêm (**gêmau**) *b* jeu(-x) *m*; (*gornest: PÊL-DROED, RYGBI ayb*) match *m*; (*:TENNIS, gwyddbwyll*) partie *f*; ~ **o gardiau** partie de cartes; ~ **gardiau** jeu de cartes; **cael** ~ **o** (*cardiau ayb*) faire une partie de; (*PÊL-DROED ayb*) jouer un match de; **un** ~ **yr un** (*TENNIS*) un jeu partout; ~**, set a gornest** (*TENNIS*) jeu, set et match; ~ **brawf** (*RYGBI, CRICED*) ≈ match international; **nid** ~ **yw hyn!** on n'est pas en train de jouer!, c'est sérieux!
gemog *ans* orné(e) de bijoux *neu* de pierreries, paré(e) de bijoux *neu* de pierreries; (*oriawr*) monté(e) sur rubis.
gemwaith (**gemweithiau**) *g* bijoux *mpl*, joyaux *mpl*, bijouterie *f*.
gemydd (**-ion**) *g* bijoutier *m*, bijoutière *f*, joaillier *m*, joaillière *f*.
gen *ardd gw.* **gan**.
gên (**genau**) *b* (*rhan o'r wyneb*) menton *m*; (*asgwrn yn y geg*) mâchoire *f*; **dylyfu** ~ bâiller.
genau (**geneuau**) *g* bouche *f*; (*anifail*) gueule *f*; (*agoriad: cyff*) ouverture *f*, orifice *f*; (*:ogof, twnel*) entrée *f*, ouverture.
genau-goeg (~**-**~**ion**, ~**-**~**iaid**) *b* (*ANIF*) triton *m*, lézard *m*.
genedigaeth (**-au**) *b* naissance *f*; (*esgoriad*) accouchement *m*, couches *fpl*; (*anifail*) mise *f* bas; **rhoi** ~ (*menyw*) accoucher; (*anifail*) mettre bas; **yn ystod yr enedigaeth** pendant l'accouchement; **bod yn ddall o'ch** ~ être aveugle de naissance.
genedigaeth-fraint *b* droit *m* d'aînesse.
genedigol *ans* natal(e)(natals, natales), né(e), natif(native); **bod yn enedigol o Baris** être né à Paris; **eich tref enedigol** la ville où on est né, sa ville natale.
Genefa *prb* Genève; **Llyn** ~ le lac Léman.
generadu *ba* produire.
generadur (**-on**) *g* groupe *m* électrogène, génératrice *f*; (*ager*) générateur *m*, chaudière *f*; (*nwy*) gazogène *m*; (*goleuo*) dynamo *f* d'éclairage.
generig *ans* générique.
Genesis *g* la Genèse.
geneteg *b* génétique *f*.
genetegydd (**genetegwyr**) *g* généticien *m*, généticienne *f*.
genetig *ans* génétique, génique; **addasiad** ~ modification *f* génétique.
geneth (**-od**) *b* (*merch*) fille *f*, jeune fille; ~ **fach** une petite fille, une fillette *f*; ~ **ifanc** une jeune fille.
genethaidd *ans* de jeune fille.
genethig *b* fillette *f*, petite fille *f*.
geneufor (**-oedd**) *g* golfe *m*; **G**~ **Persia** le golfe Persique.
geneuol *ans* oral(e)(oraux, orales).
genfa (**genfâu**) *b* mors *m*.
genglo, **gengload** *g* tétanos *m*.
geni *ba* naître; **fe'i ganed yn Llundain** il est né à Londres; **y dref lle y'm ganed** la ville où je suis né(e), ma ville natale; **ganwyd Siôn yn y flwyddyn 1980** Jean naquit *neu* est né en 1980; **pob baban a enir i'r byd** tout enfant qui vient au monde; **mae wedi ei eni a'i fagu yn Gymro** c'est un Gallois de souche; **'ches i mo 'ngeni ddoe!** je ne suis pas né d'hier *neu* de la dernière pluie!;
♦*g* naissance *f*; **y G**~ (*CREF*) la Nativité; **cyfradd** ~ taux *m* de natalité; **man** ~ (*marc*) tache *f* de vin, nævus *m*, angiome *m*; (*lle*) lieu(-x) *m* de naissance; (*tŷ*) maison *f* natale; **tystysgrif eni** acte *m* *neu* extrait *m* de naissance; **ni ŵyr hi mo'i** ~ elle ne se rend pas compte combien elle est heureuse.
gennych, **gennyf, gennym, gennyt** *ardd gw.* **gan**.
Genoa *prb* Gênes.
Genoad (**Genoaid**) *g/b* Génois *m*, Génoise *f*.
Genoaidd *ans* génois(e).
genwair (**genweiriau**) *b* canne *f* à pêche; **pryf** ~ ver *m* de terre.
genweirio *bg* pêcher (à la ligne).
genweiriwr (**genweirwyr**) *g* pêcheur *m* à la ligne.
genweirwraig (**genweirwragedd**) *b* pêcheuse *f* à la ligne.
genws (**genysau**) *g* genre *m*.
genyn (**-nau**) *g* gène *m*.
genynnol *ans* génétique.
geocemeg *b* géochimie *f*.
geocemegol *ans* géochimique.
geodeseg *b* géodésie *f*.
geodesig *ans* géodésique.
geoffiseg *b* géophysique *f*.
geoffisegol *ans* géophysique.
geometreg *b* géométrie *f*.
geometrig *ans* géométrique.
geomorffoleg *b* géomorphologie *f*.
geomorffolegol *ans* géomorphologique.
Georgaidd *ans* géorgien(ne).
Georgeg *b,g* géorgien *m*;
♦*ans* géorgien(ne).
Georgia *prb* la Géorgie *f*; **yn** ~ en Géorgie.
Georgiad (**Georgiaid**) *g/b* Géorgien *m*, Géorgienne *f*.
geotropedd *g* géotropisme *m*.

ger *ardd* à côté de, près de, auprès de, dans le voisinage de, à proximité de; **y tŷ ~ yr ysgol** la maison à côté de *neu* près de *neu* dans le voisinage de l'école; **mae'n byw ~ y môr** il habite au bord de la mer.

gêr (**gerau**) *g,b*
1 (*CAR*) embrayage *m*, vitesse *f*; **mewn ~** en prise; **heb fod mewn ~** au point mort; **rhoddodd y car mewn ~** il a mis la voiture en prise; **neidiodd y car allan o ~** la vitesse a sauté; **newid ~** changer de vitesse; **yn yr ail ~** en second; **newid i'r trydydd ~** passer en troisième vitesse.
2 (*offer*) équipement *m*, matériel *m*.
3 (*eiddo, trugareddau*) affaires *fpl*.

gerain *bg* pleurnicher.

gerbil (**-iaid, -od**) *g* gerbille *f*.

gerbocs (**-ys**) *g gw.* **gerflwch**.

gerbron *ardd* (ger fy mron, ger dy fron, ger ei fron, ger ei bron, ger ein bron, ger eich bron, ger eu bron) en présence de, devant; (*CYFR*) par-devant; **ymddangos ~ y llys** comparaître devant un tribunal; **~ y barnwr** par-devant le juge; **ger fy mron** devant moi.

gercin (**-au**) *g* cornichon *m*.

gerflwch (**gerflychau**) *g* boîte *f* de vitesses.

gerfydd *ardd* par; **llusgai'r ddol ~ ei gwallt** elle traînait la poupée par ses cheveux; **cydio yn rhn ~ ei war** prendre qn au collet.

geri *g* bile *f*; **~ marwol** choléra *m*.

geriach *ll* affaires *fpl*, choses *fpl*, trucs* *mpl*; **hen ~** (*diwerth*) bric-à-brac *m inv*, vieilleries *fpl* camelote *f*, pacotille *f*.

geriatreg *b* gériatrie *f*.

gerila *g*: **milwr ~** guérillero *m*; **rhyfel ~** guérilla *f*.

gerllaw *ardd* près de, auprès de; **arhoswch ~'r car!** restez près de la voiture!; **'rwy'n byw ~'r eglwys** j'habite près de l'église;
♦*adf* à portée de la main, sous la main; **cadw rhth ~** garder qch à portée de la main; **'roedd rhywun yn nofio ~** quelqu'un nageait tout près; **mae'r gaeaf ~** l'hiver est tout proche; **mae'r Nadolig ~** Noël approche, on est à l'approche *neu* aux approches de Noël.

germ (**-au**) *g* germe *m*, microbe *m*.

germleiddiad (**germleiddiaid**) *g* antiseptique *m*, germicide *m*.

gerontoleg *b* (*MEDD*) gérontologie *f*.

gerontolegydd (**gerontolegwyr**) *g* gérontologue *m/f*.

gerwin *ans* (*tywydd*) âpre, rigoureux(rigoureuse), rude, sévère, dur(e);
♦ **yn erwin** *adf* sévèrement, rudement, âprement.

gerwindeb, **gerwinder** *g* rudesse *f*, âpreté *f*, sévérité *f*, dureté *f*.

gerwino *bg* (*tywydd*) devenir mauvais(e); (*môr*) devenir agité(e) *neu* sévère.

Gestapo *g*: **y ~** la Gestapo.

geto (**-au**) *g* ghetto *m*.

geudeb *g* fausseté *f*.

geudy (**geudai**) *g* toilettes *fpl*, cabinets *mpl*, waters* *mpl*.

gewin (**-edd**) *g gw.* **ewin**.

gewyn (**-nau, gïau**) *g* tendon *m*, nerf *m*.

gewynnog *ans* musclé(e), nerveux(nerveuse); (*cig*) tendineux(tendineuse).

geyser (**-au, -i**) *g* geyser *m*; (*mewn tŷ*) chauffe-eau *m inv*.

Ghana *prb* le Ghana *m*; **yn ~** au Ghana.

Ghanaiad (**Ghanaiaid**) *g/b* Ghanéen *m*, Ghanéenne *f*.

Ghanaidd *ans* ghanéen(ne).

Ghent *prb* Gand.

gïach (**giachod**) *g,b* (*ADAR*) bécassine *f*.

giang (**-iau**) *b gw.* **gang**.

giamocs *ll* cabrioles *fpl*, gambades *fpl*, bouffonneries *fpl*, pitreries *fpl*, âneries *fpl*; **golff ~** minigolf *m*.

giard (**-iau**) *g gw.* **gard**.

giât (**giatiau**) *b gw.* **gât**.

giatws (**giatysau**) *g gw.* **gatws**.

gïau *ll gw.* **gewyn**.

gieulyd, **gieuog** *ans* tendineux(tendineuse), nerveux(nerveuse).

giewyn (**gïau**) *g gw.* **gewyn**.

gig (**-iau**) *g* (*perfformiad*) concert *m* (de rock).

gigabeit (**-iau**) *g* (*CYFRIF*) gigaoctet *m*.

gigio *bg* donner des concerts.

gild (**-iau**) *g* guilde *f*.

gildiad (**-au**) *g* cession *f*.

gildio *ba, bg gw.* **ildio**.

gilotîn (**gilotinau**) *g,b* guillotine *f*; (*ar gyfer papur*) massicot *m*.

gilydd *rhag*: **ei ~, eich ~, ein ~** l'un(e) l'autre, les un(e)s les autres; **maen nhw'n casáu ei ~** ils se détestent (l'un l'autre), elles se détestent (l'une l'autre); (*os oes mwy na dau neu ddwy*) ils se détestent (les uns les autres), elles se détestent (les unes les autres); **maen nhw'n ysgrifennu at ei ~ yn aml** ils *neu* elles s'écrivent souvent; **'rydym ni'n parchu ein ~** nous avons du respect l'un(e) pour l'autre *neu* les un(e)s pour les autres, nous nous respectons mutuellement; **'roedden nhw'n teimlo'n flin dros ei ~** ils avaient pitié l'un de l'autre *neu* les uns des autres, elles avaient pitié l'une de l'autre *neu* les unes des autres; **rhaid i chi helpu'ch ~** il faut vous entraider; **wedi eu gwahanu oddi wrth ei ~** séparés l'un de l'autre *neu* les uns des autres, séparées l'une de l'autre *neu* les unes des autres; **mae rhai'n gallu ysgrifennu â'r ddwy law fel ei ~** quelques-uns savent écrire d'une main ou de l'autre indifféremment; **dwy noson ar ôl ei ~** deux nuits *neu* soirées de suite; **nid yw pawb mor gall â'i ~** les gens ne sont pas également sages.
▶ **at ei** *ou* **eich** *ou* **ein gilydd**: **rhoi rhth at ei ~** assembler qch; **casglu pobl at ei ~** réunir

neu assembler les gens; **dod at eich** ~ se réunir, se rassembler; **ceisiodd ddod â'r ddwy ochr at ei** ~ elle a essayé de rapprocher les deux camps; **cael dau ben llinyn at ei** ~ joindre les deux bouts; **at ei** ~ (*ar y cyfan*) dans l'ensemble, largement; (*rhwng popeth*) à tout prendre, en moyenne.

▶ **gyda'ch gilydd, gyda'i gilydd, gyda'n gilydd**
1 (*heb fod ar wahân*) ensemble, l'un(e) avec l'autre, les un(e)s avec les autres; **'rwyf wedi eu gweld nhw gyda'i** ~ je les ai vu(e)s ensemble; **rhaid i chi aros gyda'ch** ~ vous devez rester ensemble, vous ne devez pas vous séparer; **maen nhw'n mynd/byw gyda'i** ~ ils vont/vivent ensemble.
2 (*ar yr un pryd*) en même temps, à la fois, simultanément; **codasant ar eu traed gyda'i** ~ ils se sont tous levés en même temps; **peidiwch â siarad i gyd gyda'ch** ~ ne parlez pas tous à la fois; **gyda'ch** *ou* **gyda'n** ~ **nawr!** (*gweiddi ayb*) tous ensemble!, tous en chœur maintenant!; (*tynnu*) oh hisse!.
3 (*canu, adrodd*) à l'unisson; **nid ydych gyda'ch** ~ (*CERDD*) vous n'êtes pas à l'unisson.

▶ **mynd i'w gilydd** (*crebachu*) se contracter, se rétrécir, se rapetisser.

▶ **neu'i gilydd: rhyw ... neu'i** ~ un(e) ... quelconque; **rhyw actores neu'i** ~ une actrice quelconque; **darllenais hynny mewn rhyw lyfr neu'i** ~ j'ai lu ça dans un livre, je ne sais plus lequel; **rhywbeth neu'i** ~ quelque chose, on ne sait quoi; **mae e'n rhywbeth neu'i** ~ **yn y fyddin** il est je ne sais quoi dans l'armée; **bydd yn rhaid ei wneud rywbryd neu'i** ~ il faudra bien le faire un jour ou l'autre; **rywfodd neu'i** ~**, rywsut neu'i** ~ (*yn y dyfodol*) d'une manière ou d'une autre; (*yn y gorffennol*) je ne sais comment; **(yn) rhywle neu'i** ~ **yn Ffrainc** quelque part en France; **dywedodd rhywun neu'i** ~ **...** quelqu'un, je ne sais plus qui, a dit que.

▶ **o bryd i'w gilydd** de temps en temps.

▶ **pwy gilydd** à l'autre; **o ben bwy** ~ d'un bout à l'autre, de bout à bout.

▶ **trwy'i gilydd: 'roedd y pysgod yn gweu trwy'i** ~ les poissons se croisaient *neu* s'entrecroisaient; **fe wnawn ni hynna drwy'n** ~ nous ferons cela à nous deux (trois etc), nous allons coopérer à cela.

gimbill (**-ion**) *b* vrille *f*.

gimig (**-au**) *g* truc* *m*, trouvaille *f*, gadget *m*; ~ **hysbysebu** trouvaille *neu* truc* *neu* gadget publicitaire; **dim ond** ~ **i helpu gwerthiant ydyw** c'est simplement un gadget promotionnel *neu* une astuce promotionnelle.

gini (**-s**) *b* (*hen arian*) guinée *f*.

Gini *prb* la Guinée *f*; **yn** ~ en Guinée; **Gini Gyhydeddol** la Guinée équatoriale; **Gini Newydd** la Nouvelle-Guinée.

Giniäd (**Giniäid**) *g/b* Guinéen *m* Guinéenne *f*.

Giniäidd *ans* guinéen(ne).

gitâr (**gitarau**) *g,b* guitare *f*; **canu'r** ~ jouer de la guitare; ~ **glasurol/drydan/acwstig** guitare classique/électrique/acoustique.

gitarydd (**-ion, gitarwyr**) *g* guitariste *m/f*.

glafoeri *bg* baver.

glafoerion *ll* bave *f*.

glain (**gleiniau**) *g* (*addurniadol*) bijou(-x) *m*, joyau(-x) *m*, gemme *f*, perle *f*; (*CREF: i ddweud pader*) grain *m*; **cyn iached â'r** ~ en bonne santé.

glan (**-nau**) *b* (*ymyl afon, môr neu lyn*) bord *m*, rive *f*; (*uwchben lefel y dŵr*) berge *f*; (*yr arfordir*) côte *f*, littoral *m*; ~ **chwith/dde yr afon Seine** (*ym Mharis*) la rive gauche/droite; **gyda'r lan** près du rivage; **perchennog** ~ **afon** propriétaire *m* riverain; **ar lan y bedd** à côté de la tombe; **ar lan y môr** au bord de la mer, à la plage; **ar y lan** (*tir*) à terre; **mynd i'r lan** (*oddi ar long*) débarquer; **dyn y lan** marin *m* d'eau douce; **y** ~**nau** (*afon, llyn*) le rivage; **gwylwyr y** ~**nau** (*môr*) gendarmerie *f* maritime; **dod i'r lan** (*ffig*) tirer à sa fin, approcher de sa conclusion; **'dydw i ddim nes i'r lan yn datrys y dirgelwch** je ne suis pas plus proche de résoudre le mystère.

glân *ans*
1 (*dillad, llestri, dwylo, tŷ ayb*) propre, net(te); **bod â dwylo** ~ avoir les mains propres; (*ffig*) avoir les mains nettes *neu* la conscience nette; **cadwch e'n lân** ne le salissez pas, tenez-le propre.
2 (*pur*) pur(e), sans tache, immaculé(e); (*diniwed*) innocent(e); **bywyd** ~ une vie vertueuse; **calon lân** un cœur pur.
3 (*glandeg*) beau[bel](belle)(beaux, belles).
4 (*sanctaidd*) saint(e); **Yr Ysbryd G**~ le Saint-Esprit, l'Esprit Saint; **Yr Eglwys Lân Gatholig** la sainte Église catholique; ~ **briodas** les liens *mpl* sacrés du mariage.
5 (*stori, jôc*) qui n'a rien de choquant.
6 (*gwag, dilychwin*): **tudalen o bapur** ~ une feuille blanche; **trwydded yrru lân** *un permis de conduire sans contravention.*
7 (*llwyr*): **mae'r plentyn yma'n niwsans** ~ cet enfant est une vraie peste *neu* un vrai fléau;

♦ **yn lân** *adf*
1 (*glanhau ayb*) proprement, nettement.
2 (*ffig: yn llwyr*) complètement, entièrement, tout à fait; **'rwyf wedi blino'n lân** je suis brisé(e) de fatigue, je n'en peux plus, je suis à bout, je tombe de fatigue; **'rydw i wedi drysu'n lân** je suis tout à fait désorienté(e), je ne sais plus où j'en suis; **mae hi wedi gwirioni'n lân arno** elle est complètement entichée de lui, elle a le béguin* pour lui, elle l'aime à la folie; **mae hi ar goll yn lân** elle est complètement perdue; **colli'ch tymer yn lân** se fâcher, se mettre en colère; **'rwy'n methu'n lân â deall** je n'arrive pas à comprendre; **'rwy'n methu'n lân â gweld pam** je ne vois

pas du tout pourquoi.

gland *g gw.* **chwarren**.

glandeg *ans* beau[bel](belle)(beaux, belles).

glandir (**-oedd**) *g* marge *f*.

glanedol *ans* détersif(détersive), détergent(e).

glanedydd (**-ion**) *g* détersif *m*, détergent *m*.

glanfa (**glanfeydd**) *b* (*llong*) débarcadère *m*, appontement *m*, quai *m*; (*awyren*) piste *f* d'atterrissage.

glanhad *g* (*cyff*) nettoyage *m*; (*aer, dŵr, meddwl, ysbryd*) purification *f*.

glanhaol *ans* de nettoyage, purifiant(e), purificateur(purificatrice); (*cosmetig*) démaquillant.

glanhau *ba* (*ystafell, dillad*) nettoyer; (*llysiau*) laver; (*bwrdd du*) essuyer; (*CREF: puro*) purifier; ~ **eich dannedd** se laver les dents; ~ **eich ewinedd** se nettoyer les ongles; ~**'r ffenestri** faire les vitres; **menyw lanhau** *gw.* **glanhäwraig**;
♦*bg* faire le ménage;
♦*g* (*cyff*) nettoyage *m*; (*yn y tŷ*) ménage *m*.

glanhäwr (**glanhawyr**) *g*
1 (*dyn*) agent *m* de service, agent de nettoyage, nettoyeur *m*; (*MASN*) teinturier *m*; **aeth â'i drowsus at y glanhawyr** il a donné son pantalon à nettoyer *neu* au teinturier.
2 (*dyfais*) appareil *m* de nettoyage, nettoyeur *m*.
3 (*hylif ayb: cyff*) produit *m* d'entretien; (:*i godi staen*) détachant *m*.

glanhäwraig (**glanhawragedd**) *b* nettoyeuse *f*; (*MASN*) teinturière *f*; (*mewn cartref*) femme *f* de ménage; (*mewn swyddfa, ysgol*) femme de service; (*mewn ysbyty*) fille *f* de salle.

glanheuad *g gw.* **glanhad**.

glaniad (**-au**) *g* (*awyren, roced ayb: ar dir*) atterrissage *m*; (:*ar ddŵr*) amerrissage *m*; (:*ar y lleuad*) alunissage *m*; (*teithwyr*) débarquement *m*.

glanio *bg*
1 (*awyren ayb: ar dir*) atterrir, se poser; (:*ar ddŵr*) amerrir; ~ **ar y lleuad** (*roced*) alunir, se poser sur la lune; (*gofodwr*) atterrir sur la lune; **glaniodd yn Heathrow** il est arrivé *neu* il a atterri à Heathrow; **wrth i'r awyren lanio** comme l'avion s'apprêtait à atterrir.
2 (*MOR: llong*) atterrir; (:*teithiwr*) débarquer.
3 (*cyff*) retomber, arriver, atterrir*; ~ **ar ben rhth** tomber sur qch; (*ar ôl neidio*) retomber *neu* atterrir* sur qch; ~ **ar eich traed** (*llyth, ffig*) retomber sur ses pieds;
♦*ba* (*awyren*) poser; (*teithwyr*) débarquer; (*llwyth*) décharger; (*pysgodyn*) prendre.

glanwaith *ans* propre, net(te); **gwraig lanwaith** femme *f* propre;
♦ **yn lanwaith** *adf* proprement, nettement.

glanweithdra *g* propreté *f*, habitude *f* de la propreté, hygiène *f*; ~ **personol** hygiène corporelle.

glas (**gleision**) *ans*
1 (*lliw*) bleu(e); (*gwawr las*) bleuâtre; (*gwyrdd*) vert(e); (*llwyd*) gris(e); **yn las gan oerfel** violet(te) *neu* bleu de froid; **wyneb yn troi'n las** visage *m* cyanosé; **cewch siarad nes bod eich wyneb yn las** vous pouvez toujours parler; **caws** ~ fromage *m* bleu; **tir** ~ prairie *f*; **â llygaid** ~ aux yeux bleus.
2 (*gwelw*) blême, pâle, blafard(e); **troi'n las** pâlir, blêmir.
3 (*ifanc, dibrofiad*) jeune, inexpérimenté(e), naïf(naïve).
4 (*llwyr, trwyadl*): **gwneud eich gorau** ~ **i wneud rhth** faire tout son possible *neu* faire de son mieux pour faire qch; **bod yn hwyr** ~ être grand temps; **'roedd yn hwyr** ~ **inni adael** il était grand temps qu'on parte *subj*.
5 (*oeraidd*): ~ **groeso** accueil glacé *neu* froid.
6 (*arian*): **arian gleision** argent *m* sec, monnaie *f*.
7 (*amrwd: cig*) cru(e), bleu(e);
♦*g* bleu *m*, azur *m*; ~ **y llygad** iris *m*; ~ **y dorlan** (*ADAR*) martin-pêcheur(~s-~s) *m*; ~ **y gors** (*PLANH*) myosotis *m*; **yng nglas y dydd** à l'aube, à l'aurore; **wythnos y** ~ (*prifysgol*) semaine *f* d'accueil d'étudiants; **y** ~* (*yr heddlu*) les flics* *mpl*, la police *f*.

glasaid (**glaseidiau**) *g* verre *m*, pot *m*.

glasbrint (**-iau**) *g* bleu *m* tirage.

glasddu (**-on**) *ans* bleu foncé *inv*;
♦*g* bleu *m* foncé.

glasenw *g gw.* **llysenw**.

glasfyfyriwr (**glasfyfyrwyr**) *g* étudiant *m* de première année (*à l'université*).

glasfyfyrwraig (**glasfyfyrwragedd**) *b* étudiante *f* de première année (*à l'université*).

glasgangen (**glasganghennau**) *b* (*PYSG*) ombre *m*.

glasgoch (**-ion**) *ans* cramoisi(e), violet(te), pourpre, violacé(e).

glasgroen *g* épiderme *m*.

glasiad[1] *g*: ~ **y dydd** (*y wawr*) l'aube *f*.

glasiad[2] *g gw.* **glasaid**.

glasier (**-au**) *g* glacier *m*.

glaslanc (**-iau**) *g* jeune homme *m*, adolescent *m*.

glaslances (**-i**) *b* jeune femme *f*, adolescente *f*.

glaslencyndod *g* adolescence *f*.

glaslun (**-iau**) *g gw.* **glasbrint**.

glaslwyd (**-ion**) *ans* gris-bleu *inv*;
♦*g* gris-bleu *m*.

glaslys *g* (*PLANH*) guède *f*.

glasoed *g* adolescence *f*.

glasog (**-au**) *b* gésier *m*.

glasrew *g* verglas *m*.

glasrewi *bg* faire du verglas.

glaster *g* bleu *m*, couleur *f* bleue.

glastwr *g* lait *m* dilué *neu* coupé.

glastwraidd *ans* (*llyth*) dilué(e), coupé(e); (*ffig*) affaibli(e).

glastwreiddio *ba* (*llyth*) couper, diluer; (*ffig*)

affaiblir.

glasu *bg* devenir bleu(e) *neu* gris(e) *neu* vert(e); (*coed, glaswellt*) verdir, verdoyer; (*gwelwi*) pâlir, blêmir; (*gwawrio*) poindre, se lever;
♦*ba* rendre (qch) bleu(e) *neu* gris(e) *neu* vert(e).

glaswelw (**-on**) *ans* bleu pâle *inv*, blême, blafard(e).

glaswelwi *bg* blêmir.

glaswellt *g* herbe *f*; (*lawnt*) gazon *m*, pelouse *f*; (*tir pori*) herbage *m*; **"ni chaniateir cerdded ar y ~"** "défense de marcher sur le gazon"; **chwarae ar laswellt** (*TENNIS*) jouer sur herbe *neu* sur gazon; **torrwr ~** tondeuse *f* à gazon; **~ y cŵn** (*PLANH*) chiendent *m*.

glaswelltir (**-oedd**) *g* prairie *f*, herbage *m*.

glaswelltyn *g* brin *m* d'herbe.

glaswen[1] *ans b gw.* **glaswyn**.

glaswen[2] (**-au**) *b* (*gwên wawdlyd*) sourire *m* jaune.

glaswenu *bg* rire du bout des lèvres, rire jaune.

glaswyn (**glaswen**) (**glaswynion**) *ans* bleu pâle *inv*;
♦*g* bleu *m* pâle.

glaswyrdd (**glaswerdd**) (**glaswyrddion**) *ans* bleu-vert *inv*;
♦*g* bleu-vert *m*.

Glasynyswr (**Glasynyswyr**) *g* Groenlandais *m*.

Glasynyswraig (**Glasynyswragedd**) *b* Groenlandaise *f*.

glaw (**-ogydd**) *g* pluie *f*; **bwrw ~** pleuvoir; **mae hi'n bwrw ~** il pleut; **mae hi'n bwrw ~ yn drwm** il pleut à verse; **mae golwg ~ arni** le temps est à la pluie; **yn y ~** sous la pluie; **y ~ogydd** la saison des pluies; **~ neu hindda** (*llyth*) par tous les temps, qu'il pleuve *subj* ou qu'il vente *subj*; (*ffig*) quoi qu'il arrive *subj*; **~ asidaidd** pluie acide; **~ mân** pluie fine, bruine *f*, crachin *m*; **~ trwm** pluie battante; **cot law** imperméable *m*, imper* *m*; **cwmwl ~** nuage *m* de pluie; **dillad ~** vêtements *mpl* de pluie, imperméables; **dŵr ~** eau(-x) *f* de pluie; **diferyn o law** goutte *f* de pluie; **storm o law** pluie torrentielle, trombe *f* d'eau.

glawcoma *g* (*MEDD*) glaucome *m*; **bod â ~** avoir un glaucome.

glawfesurydd (**-ion**) *g* pluviomètre *m*.

glawiad (**-au**) *g* averse *f*, trombe *f* d'eau.

glawio *bg* pleuvoir; **mae hi'n ~** il pleut; **mae hi'n ~'n drwm** il pleut à verse.

glawog *ans* pluvieux(pluvieuse).

glawogydd *ll gw.* **glaw**.

gleider (**-au**) *g* (*awyren*) planeur *m*; (*peilot*) pilote *m* de planeur.

gleidiad (**-au**) *g* vol *m* plané.

gleidio *bg* planer.

gleindorch (**-au**) *b* chapelet *m*.

gleisiad, **gleisiedyn** (**gleisiaid**) *g* (*PYSG*) saumoneau(-x) *m*.

gleision[1] *ll* petit-lait(~s-~s) *m*.

gleision[2] *ans gw.* **glas**.

glendid *g* propreté *f*, habitude *f* de la propreté, hygiène *f*; (*prydferthwch*) beauté *f*; (*purdeb*) pureté *f*.

glesni *g* bleu *m*, verdure *f*.

gleuaden (**gleuad**, **gleuod**) *b* bouse *f* de vache.

glew *ans* courageux(courageuse), brave, vaillant(e), intrépide, hardi(e); **bachan ~*** un brave type*; **go lew** *gw.* **go**.

glewder, **glewdra** *g* intrépidité *f*, courage *m*, prouesse *f*.

glewion *ll* guerriers *mpl*, héros *mpl*.

glin (**-iau**) *g,b* genou(-x) *m*; **ar eich ~iau** à genoux; **plygu ~** s'agenouiller, tomber *neu* se mettre à genoux; **suddodd ynddo i fyny at ei liniau** il s'est enfoncé jusqu'aux genoux; **rhoi plentyn dros eich ~** donner une fessée à un enfant; **dysgu rhth ar lin mam** apprendre qch à un âge tendre; **dod â rhn i'w liniau** forcer qn à capituler *neu* à se rendre *neu* à se soumettre; **bydd y wlad ar ei ~iau** ce sera la ruine du pays *gw. hefyd* **pen-glin**.

glingam *ans* aux genoux rentrants.

gliniadur (**-on**) *g* (*CYFRIF*) portable *m*.

gliserin *g gw.* **glyserin**.

gliwcos *g gw.* **glwcos**.

glo *g* charbon *m*; (*DIWYD*) houille *f*; **darn o lo** morceau(-x) *m* de charbon; **yn ddu fel ~** noir comme du charbon; **~ caled** anthracite *m*; **~ mân** menu charbon, charbon fin; **~ meddal**, **~ rhwym** houille grasse; **bwced ~** seau(-x) *m* à charbon; **cwt ~** petite cave *f* à charbon; **diwydiant ~** industrie *f* houillère, charbonnages *mpl*; **dyn ~** charbonnier *m*, marchand *m* de charbon; **pwll ~** houillère *f*, mine *f* de charbon; **tân ~** feu(-x) *m* de cheminée; **y Bwrdd G~** ≈ les Charbonnages.

glôb (**globau**) *g* globe *m*, sphère *f*; (*y byd*) globe terrestre, la Terre *f*.

globwl (**globylau**) *g* gouttelette *f*.

gloddest (**-au**) *g* beuverie *f*, festivités *fpl*, réjouissances *fpl*, ébats *mpl*, bombance *f*, orgie *f*.

gloddesta *bg* s'amuser, se divertir, faire la fête, faire bombance, se réjouir.

gloddestwr (**gloddestwyr**) *g* fêtard* *m*, joyeux convive *m*; **y gloddestwyr** les gens *mpl* de la fête, les fêtards *mpl*.

gloddestwraig (**gloddestwragedd**) *b* fêtarde* *f*, joyeuse convive *f*.

gloes (**-au**) *b gw.* **loes**.

glofa (**glofeydd**) *b* houillère *f*, mine *f* de charbon.

glofaol *ans* minier(minière), de mines, houiller(houillère); **ardal lofaol** région *f* d'industrie minière *neu* houillère.

glòs[1] (**glosau**) *g* (*sglein*) lustre *m*, vernis *m*, brillant *m*, éclat *m*.

glòs[2] (**glosau**) *g* (*esboniad*) glose *f*.

glotis (**-au**) *g* glotte *f*.

glöwr (**glowyr**) *g* mineur *m*, houilleur *m*.
glowty (**glowtai**) *g* étable *f*.
glöyn (**-nod**) *g* (morceau(-x) *m* de) charbon *m*; ~ **byw** papillon *m*.
gloyw (**-on**) *ans* brillant(e), vif(vive); (*metel*) poli(e), luisant(e); **llygaid** ~ yeux *mpl* brillants.
gloywder *g* éclat *m*, brillant *m*.
gloywddu (**-on**) *ans* d'un noir luisant, noir(e) comme du jais.
gloywedd (**-au**) *g* lustre *m*, brillant *m*.
gloywgoch (**-ion**) *ans* d'un rouge brillant.
gloywi *ba* faire briller, rendre (qch) plus brillant(e); (*metel*) faire reluire, polir, brunir, astiquer; ~ **iaith** perfectionner *neu* parfaire la langue; ~**'ch Ffrangeg** se perfectionner en français; **ei** ~ **hi*** (*mynd*) filer*, s'enfuir*, détaler, décamper;
♦*bg* (*llygaid*) s'éclairer, s'allumer; (*edrychiad*) s'éclairer, s'épanouir; (*rhn*) s'égayer, s'animer.
gloywlas (**gloywleision**) *ans* d'un bleu brillant; (*awyr*) bleu(e) et clair(e), azuré(e).
gloywlym (**gloywlem**) (**-ion**) *ans* vif(vive), brillant(e) et vif.
gloyw-wyn (~**-wen**) (~**-**~**ion**) *ans* d'une blancheur brillante.
glud (**-ion**) *g* colle *f*; (*i ddal adar*) glu *f*; **arogli** ~**, synhwyro** ~ inhaler *neu* sniffer de la colle.
gludai *g* gélatine *f*.
gludedd *g* viscosité *f*.
gludio *ba* coller; ~ **rhth i rth** coller qch à qch; ~ **rhth at ei gilydd** recoller qch.
gludiog *ans* gluant(e), collant(e), poisseux(poisseuse), visqueux(visqueuse).
gludiogrwydd *g* viscosité *f*.
gludiol *ans gw.* **gludiog**.
gludydd (**-ion**) *g* adhésif *m*.
glwcos *g* glucose *m*.
glwten *g* gluten *m*.
glwth[1] (**glythau**) *g* (*soffa*) canapé *m*, divan *m*, sofa *m*.
glwth[2] (**glythion**) *g* (*rhywun trachwantus*) glouton *m*, gloutonne *f*, gourmand *m*, gourmande *f*.
glwys *ans* beau[bel](belle)(beaux, belles), charmant(e), gracieux(gracieuse).
glycogen *g* glycogène *m*.
glyn (**-noedd**) *g* vallée *f* encaissée, vallon *m*; (*ag ochrau serth*) gorge *f*.
glynol *ans* adhésif(adhésive), collant(e).
glynu *ba* coller; ~ **poster ar y wal** coller une affiche au mur; ~ **stamp ar lythyr** coller un timbre sur une lettre, timbrer une lettre;
♦*bg*
1 (*cydio'n dynn*) adhérer, être collé(e); **mae'r papur wedi** ~ **at y ford** le papier a collé *neu* s'est collé *neu* est resté collé à la table; **mae'r wyau wedi** ~ **i'r badell ffrio** les œufs ont attaché à la poêle; **mae'r car wedi** ~**'n sownd yn y mwd** la voiture s'est enlisée dans la bouc *neu* s'est embourbée; **'wnaiff y darnau ddim** ~ **at ei gilydd** les morceaux ne veulent pas rester collés *neu* se coller ensemble; ~**'n agos i rn** rester aux côtés de qn, ne pas quitter *neu* laisser qn.
2 (*parhau'n ffyddlon*) tenir, rester; ~ **at eich egwyddorion** rester fidèle à ses principes; **glynodd at ei stori** il a maintenu ce qu'il avait dit; ~ **at y ffeithiau** s'en tenir aux faits; **rhaid** ~ **at y cynllun** il faut se conformer au plan; **glynodd y ffugenw wrtho** le surnom lui est resté
glyserin *g* glycérine *f*.
glythineb *g* gloutonnerie *f*, gourmandise *f*.
Gn *byrf* (= *Gorllewin*) O (= ouest *m*).
Gnosticiaeth *b* gnosticisme *m*.
Gnostig (**-iaid**) *g/b* gnostique *m/f*.
Gnostigaidd *ans* gnostique.
go *adf* (*tra*) plutôt; (*braidd, ychydig*) un peu; (*rhywfaint*) quelque peu; (*eithaf*) assez; (*ychydig*) légèrement; **mae'n o ddeallus** il est plutôt *neu* assez intelligent; **'roedd golwg** ~ **wirion arno** il avait l'air plutôt *neu* assez stupide; ~ **dda!** bravo!, très bien!; ~ **dratia!,** ~ **damia*!** zut alors!, mince!.
▶ **go brin** à peine, ne ... guère, tout juste; ~ **brin y mae'n medru ysgrifennu** il sait à peine écrire, c'est à peine s'il sait écrire, il ne sait guère écrire, il sait tout juste écrire; ~ **brin bod angen imi ddweud ...** je n'ai pas besoin de dire que; ~ **brin y byddai wedi dweud hynny** il n'aurait tout de même pas dit cela; ~ **brin!** (*ddim o gwbl*) certainement pas!; (*ddim yn hollol*) pas précisément!.
▶ **go iawn**
1 (*gwir*) véritable, vrai(e), réel(le); **aur** ~ **iawn** de l'or *m* véritable, du vrai or; **blodau** ~ **iawn** des fleurs *fpl* naturelles; **mewn bywyd** ~ **iawn** dans la réalité, dans la vie réelle; **dyma'r peth** ~ **iawn!, mae hwn yn un** ~ **iawn!** c'est de l'authentique!, c'est du vrai de vrai*!; **nid yw'n crio** ~ **iawn** il fait semblant de pleurer, c'est tout, il ne pleure pas vraiment, ce sont des larmes de crocodile; ~ **iawn?** vraiment?, sans blague*?, vrai de vrai?, c'est vrai?.
2 (*pwysleisiol*): **cael annwyd** ~ **iawn** attraper un sacré* rhume *neu* un rhume carabiné*; **mae yna lanastr** ~ **iawn yma!** ici c'est la pagaïe* complète!; **bwrw glaw** ~ **iawn** pleuvoir à verse *neu* à torrents; **crio** ~ **iawn** pleurer toutes les larmes de son corps *neu* pour de bon; **cafodd gweir** ~ **iawn** il a reçu une bonne râclée.
▶ **go lew** pas mal, passable, assez bon(ne), médiocre; **mae'n ganlyniad** ~ **lew** c'est un assez bon résultat, ce résultat est passable; **sut wyt ti? -** ~ **lew** comment ça va? pas mal *neu* assez bien *neu* comme ci comme ça; **bydd hynny'n costio tipyn** ~ **lew** cela coûtera une jolie somme *neu* une somme coquette.
gobaith (**gobeithion**) *g*

1 (*dyhead, disgwyliad: cyff*) espoir *m*; (*:LLEN, CREF*) espérance *f*; **y tu hwnt i bob ~** sans espoir, désespéré(e); **rhaid byw mewn ~** nous devons vivre d'espoir; **mae hi'n byw yn y ~ o weld ei merch eto** c'est l'espoir de revoir sa fille qui la fait vivre; **yn y ~ o wneud rhth** dans l'espoir de faire qch; **codi gobeithion rhn** susciter *neu* faire naître l'espoir chez qn; **paid â chodi d'obeithion yn ormodol** ne te laisse pas trop d'espoir; **fy ngobaith yw ...** ce que j'espère, c'est que, mon espoir, c'est que. 2 (*posibilrwydd*) chance *f*, espoir *m*; **mae ~ heddwch eto** il y a encore une chance de paix; **mae pob ~ y daw hi** il y a de fortes chances (pour) qu'elle vienne *subj*; **mae ganddo obaith da** (*mewn ras, cystadleuaeth ayb*) il a ses chances; **'does ganddi ddim ~ o ennill** elle n'a aucune chance de gagner; **mae ganddi obaith o lwyddo o hyd** elle garde *neu* conserve toutes ses chances de réussir; **'does dim ~ o hynny** c'est hors de question, n'y comptez pas.

gobeithio *ba* espérer; **~'r gorau** être optimiste; **gobeithiaf eich gweld** j'espère vous voir; **~ y daw hi** j'espère *neu* on espère *neu* nous espérons qu'elle viendra; **gan obeithio clywed gennych** dans l'espoir d'avoir de vos nouvelles;
♦*bg* espérer; **~ yn Nuw** espérer en Dieu, mettre son espoir en Dieu; **paid â ~ am ormod** n'en attends pas trop; **~ am lwyddiant** espérer avoir du succès; **~ am ddyddiau gwell** espérer des jours meilleurs; **rhaid ~ am bethau gwell i ddod** il faut espérer que de meilleurs jours viendront *neu* que ça ira mieux; **ydych chi'n mynd i'r cyngerdd heno? - ydw ~** est-ce que vous allez au concert ce soir? - j'espère que oui; **~ wir** je l'espère, j'espère bien; **~ ddim** j'espère que non; **na, ~!** j'espère bien que non!

gobeithiol *ans* (*rhn*) plein(e) d'espoir, optimiste; (*sefyllfa*) qui promet, prometteur(promettrice); (*dyfodol*) qui se présente bien; (*ymateb*) encourageant(e), qui promet; **'rydym ni'n obeithiol ynglŷn â'r canlyniadau** nous attendons avec confiance les résultats; **'rwy'n obeithiol ...** j'ai bon espoir que; **mi ofynna' i iddo ond 'dydw i ddim yn rhy obeithiol** je lui demanderai mais je n'ai pas tellement d'espoir; **mae'n arwydd ~** c'est bon signe, cela augure bien;
♦ **yn obeithiol** *adf* avec bon espoir, avec optimisme, de façon optimiste.

gobeithlu *g* société *f* de tempérance (*pour la jeunesse*).

goben (-nau) *g* pénultième *f*.

gobennydd (gobenyddiau, gobenyddion) *g* oreiller *m*; (*hir*) traversin *m*; **cas ~** taie *f* d'oreiller.

gobled (-au) *b* gobelet *m*.

goblygiad (-au) *g* implication *f*, conséquence *f*; **bydd yn rhaid astudio holl oblygiadau'r cynllun** il nous faudra étudier toutes les conséquences possibles du projet; **gallai hyn gael ~au difrifol** ceci pourrait avoir des répercussions sérieuses *neu* un retentissement sérieux.

goblygu *ba* (*plygu*) plier; (*lapio*) envelopper; (*awgrymu*) impliquer, suggérer, laisser entendre, laisser supposer.

go-cart (~-certi) *g* kart *m*; (*tegan*) chariot *m* (*que se construisent les enfants*).

go-cartio *bg* faire du karting.

gochel *ba* éviter; **~ gwneud rhth** éviter de faire qch; **gochelwch gwmni drwg!** évitez la mauvaise compagnie!;
♦*bg*: **~ rhag rhn/rhth** prendre garde à qn/qch; **gochelwch rhag cwympo** prenez garde de tomber; **gochelwch rhag cael eich twyllo** prenez garde qu'on ne vous trompe *subj*; **gochelwch rhag y trawstiau isel!** attention aux poutres!

gocheladwy *ans* évitable, facile à éviter.

gochelgar *ans* prudent(e), circonspect(e), méfiant(e); **bod yn ochelgar ynglŷn â gwneud rhth** longuement réfléchir avant de faire qch.

gochelyd *bg gw.* **gochel**.

godidog *ans* splendide, superbe, magnifique, glorieux(glorieuse);
♦ **yn odidog** *adf* splendidement, superbement, magnifiquement.

godidowgrwydd *g* splendeur *f*, magnificence *f*.

godineb *g* adultère *m*; **plentyn ~** enfant *m/f* adultérin(e).

godinebu *bg* violer la foi conjugale, être adultère.

godinebus *ans* adultère.

godinebwr (godinebwyr) *g* adultère *m*.

godinebwraig (godinebwragedd) *b* (femme *f*) adultère *f*.

godrad (-au) *g* traite *f*.

godre (-on, godreuon) *g* bord *m*, bas *m*, pied *m*; (*gwisg*) pan *m*, bas; **wrth odre'r mynydd** au pied de la montagne; **ar odre'r dudalen** en bas de la page; **~on trowsus** bas de pantalon; **~on côt** les pans d'un manteau.

godrefryniau *ll* contreforts *mpl*.

godro *ba*
1 (*llyth*) traire.
2 (*ffig*) dépouiller, exploiter; **~ syniadau rhn** soutirer des idées à qn; **~ rhn yn sych** exploiter qn à fond, épuiser les forces créatrices de qn;
♦*bg* (*llyth*) faire la traite;
♦*g* traite *f*; **stôl odro** tabouret *m* à traire; **peiriant ~** trayeuse *f* mécanique.

godroad (-au) *g gw.* **godrad**.

godrwr (godrwyr) *g* trayeur *m*.

godrwraig (godrwragedd) *b*
1 (*merch*) trayeuse *f*.
2 (*buwch*) laitière *f*; **mae hi'n odrwraig**

dda/wael elle est bonne/mauvaise laitière.

goddaith (**goddeithiau**) *b* feu(-x) *m* de joie, flambée *f*.

goddef *ba*
1 (*dygymod â*) supporter, tolérer, souffrir, endurer, subir; **(ni) alla' i ddim ~ y dyn yna** je ne peux pas souffrir cet homme; **nid yw e'n gallu ~ gweld gwaed** il ne peut pas supporter la vue du sang; **'dyw hi ddim yn gallu ~ bod neb yn chwerthin am ei phen** elle ne supporte pas qu'on se moque *subj* d'elle; **'wna' i ddim ~ y fath ymddygiad** je ne tolérerai *neu* souffrirai pas une telle conduite; ~ **llawdriniaeth/archwiliad** subir une opération/un examen.
2 (*ildio*) concéder; ~ **hawl i rn** concéder un droit à qn;
♦*bg* souffrir.

goddefadwy *ans* tolérable, acceptable.

goddefedig *ans* toléré(e).

goddefedd *g* tolérance *f*, indulgence *f*.

goddefgar *ans* tolérant(e), patient(e), indulgent(e);
♦ **yn oddefgar** *adf* d'une manière tolérante, avec indulgence, patiemment.

goddefgarwch *g* tolérance *f*, indulgence *f*, patience *f*.

goddefiad (**-au**) *g* tolérance *f*, concession *f*.

goddefol *ans* (*y gellir ei oddef*) tolérable, supportable; (*sy'n gadael i rth ddigwydd*) passif(passive), permissif(permissive); **y stad oddefol** (*GRAM*) le passif;
♦ **yn oddefol** *adf* passivement.

goddefoldeb, **goddefolrwydd** *g* passivité *f*, inertie *f*.

goddefus *ans* permissif(permissive).

goddiweddyd *ba* (*dal i fyny â*) rattraper, rejoindre; (*mynd heibio: car*) doubler, dépasser; (*:rhedwr*) dépasser;
♦*bg* (*car*) dépasser, doubler; (*rhedwr*) dépasser; **"dim ~"** "défense de doubler"

goddrych (**-au**) *g* (*GRAM*) sujet *m*.

goddrychedd *g* subjectivité *f*.

goddrychiaeth *b* subjectivisme *m*.

goddrychol *ans* subjectif(subjective);
♦ **yn oddrychol** *adf* subjectivement.

gof (**-aint**) *g* (*sy'n gwneud pedolau*) maréchal-ferrant(maréchaux-~s) *m*; (*sy'n gweithio â haearn*) forgeron *m*; ~ **arian/aur** orfèvre *m*; **gwaith ~ arian/aur** orfèvrerie *f*.

gofal (**-on**) *g*
1 (*pryder, gofid*) souci *m*, inquiétude *f*, anxiété *f*; **yn llawn ~on** accablé(e) de soucis; **'does dim ~ dan haul ganddo** il n'a pas le moindre souci.
2 (*cyfrifoldeb*) soins *mpl*, charge *f*, garde *f*; **dan ofal** (*ar lythyrau*) aux bons soins de, chez; **'rwy'n ei gadael hi dan dy ofal di** je la confie à tes soins, je te la confie; **bod dan ofal rhn** être sous la garde *neu* la surveillance de qn; **mae hi dan ofal doctor Jones** c'est le docteur Jones qui la soigne; **fe'i gadewais yng ngofal ei fam** je l'ai laissé à la garde de sa mère; **cymryd ~ o** (*trefniadau*) s'occuper de, se charger de, veiller à; (*pethau gwerthfawr*) garder; (*gofalu am*) prendre soin de, s'occuper de.
3 (*gofalusrwydd*) attention *f*, soin *m*; **cymryd ~** faire attention; **cymer ofal i beidio cael annwyd** fais attention de *neu* à ne pas t'enrhumer; **fe ddylet ti gymryd mwy o ofal gyda dy waith** tu devrais apporter plus d'attention *neu* plus de soin à ton travail; **fe ddylech chi gymryd mwy o ofal o'ch iechyd** vous devriez faire plus attention à votre santé.
4 (*GWEIN*): **rhoi plentyn dan ofal** retirer un enfant à la garde de ses parents, mettre un enfant à l'assistance publique.
5 (*MEDD*): ~ **dwys** soins *mpl* intensifs; **mae hi dan ei ~** (*beichiog*) elle est enceinte.

gofalaeth (**-au**) *b* (*gwyliadwriaeth*) garde *f*; (*cynhaliaeth*) entretien *m*, maintenance *f*; (*eglwysig*) pastorat *m*.

gofalu *bg*: ~ **am** soigner, s'occuper de; ~ **am yr ardd** entretenir le jardin; ~ **am y tŷ** s'occuper de *neu* tenir la maison; **fe ofala' i am hynny** je vais m'en occuper, je veillerai à cela; **mae'n gallu ~ amdano'i hun** il peut *neu* sait se débrouiller* tout seul; **fe ofala hynny amdano'i hun** cela s'arrangera tout seul;
♦*ba*: **gofala dy fod ti'n cau'r drws** n'oublie pas de fermer la porte; **gofala nad yw'n dy glywed di** fais attention à ce qu'il ne t'entende *subj* pas, prends garde qu'il ne t'entende *subj*.

gofalus *ans*
1 (*gwyliadwrus*) prudent(e), circonspect(e), soigneux(soigneuse); **bydd yn ofalus!** fais attention!; **bydd yn ofalus gyda'r llestri** fais attention à la vaisselle; **'roeddwn i'n ofalus i beidio â'u tramgwyddo** j'étais soucieux(soucieuse) de ne pas les offenser; **(ni) fedrwch chi ddim bod yn rhy ofalus** on n'est jamais trop prudent, prudence est mère de sûreté.
2 (*trylwyr*) consciencieux(consciencieuse), soigneux(soigneuse); (*gwaith*) soigné(e).
3 (*darbodus*) prudent(e), frugal(e)(frugaux, frugales); (*gydag arian*) parcimonieux(parcimonieuse); **mae'n ofalus iawn o'i arian** il regarde à la dépense, il est très regardant;
♦ **yn ofalus** *adf* soigneusement, avec soin, prudemment, avec précaution; **ateb yn ofalus** répondre avec circonspection.

gofalwr (**gofalwyr**) *g* gardien *m*, concierge *m*.

gofalwraig (**gofalwragedd**) *b* gardienne *f*, concierge *f*.

gofannu *ba* forger.

gofer (**-ydd, -oedd**) *g* (*nant*) petit ruisseau(-x) *m*; (*gorlif*) trop-plein *m*.

goferu *bg* (*arllwys*) se verser, couler à flots, ruisseler; (*llifo*) couler; (*gorlifo*) déborder.

goferwi *ba* faire bouillir (qch) à demi, faire cuire (qch) à demi; (*wy, pysgodyn*) faire pocher.

gofid (**-iau**) *g*
1 (*pryder*) souci *m*; **y ~ o orfod chwilio am lety** le souci d'avoir à trouver un logement; **'does dim ~iau ganddo** il est sans souci; **dyna'r lleia' o 'ngofidiau** c'est le cadet *neu* le dernier de mes soucis; **mae hi'n ofid parhaol i'w rhieni** elle est un perpétuel souci pour ses parents; **mae'n ofid mawr inni** cela nous donne beaucoup de soucis.
2 (*tristwch*) peine *f*, chagrin *m*, tristesse *f*, douleur *f*; **y ~ o golli ei ferch** la peine *neu* la douleur qu'il a éprouvée à la mort de sa fille; **er mawr ofid imi** à mon grand chagrin, à ma grande tristesse *neu* douleur; **bu hynny'n ofid mawr iddo** il en a eu beaucoup de peine *neu* de chagrin.

gofidio *bg* se faire du souci, s'inquiéter, s'affliger, se chagriner, s'en faire*; (*cryfach*) se tourmenter, se faire de la bile *neu* du mauvais sang; **paid â ~ amdana' i** ne t'inquiète pas pour moi, ne te fais pas de souci à mon sujet; **mae hi'n ~ am ei hiechyd** sa santé la tracasse; **'rydym yn ~ wrth weld ...** nous sommes peiné(e)s de voir ...;
♦*ba* inquiéter, chagriner, affliger, peiner.

gofidus *ans* inquiétant(e); (*trist*) triste, affligé(e), désolé(e), chagriné(e), chagrin(e), inquiet(inquiète), tourmenté(e); (*sefyllfa*) pénible, triste, affligeant(e), anxieux(anxieuse), angoissé(e); **gan daflu golwg ofidus** jetant un regard anxieux *neu* angoissé;
♦ **yn ofidus** *adf* avec inquiétude, anxieusement, tristement, d'un air affligé *neu* chagrin *neu* chagriné.

gofod (**-au**) *g*
1 (*GWYDD*) espace *m*; **gorsaf ofod** station *f* orbitale *neu* spatiale; **gwennol ofod** navette *f* spatiale; **llong ofod** engin *m* spatial, vaisseau(-x) *m* spatial; **siwt ofod** scaphandre *m* de cosmonaute; **teithiau i'r ~** voyages *mpl* spatiaux *neu* dans l'espace.
2 (*TEIP: rhwng dau air*) espace *m*, blanc *m*.

gofod-deithiwr (**~-deithwyr**) *g gw.* **gofodwr**.

gofod-deithwraig (**~-deithwragedd**) *b gw.* **gofodwraig**.

gofoden (**-nau**) *b* engin *m* spatial, vaisseau(-x) *m* spatial.

gofodi *ba* espacer.

gofodol *ans* spatial(e)(spatiaux, spatiales).

gofodwr (**gofodwyr**) *g* astronaute *m*, cosmonaute *m*.

gofodwraig (**gofodwragedd**) *b* astronaute *f*, cosmonaute *f*.

gofyn *ba*
1 (*cyff*) demander; **~ rhth i rn** demander qch à qn, interroger qn *neu* questionner qn *neu* poser des questions à qn au sujet de qch; **~ cwestiwn** poser une question; **faint maen nhw'n ei ofyn?** ils en demandent *neu* veulent combien?; **maen nhw'n ~ can mil am y tŷ** ils demandent *neu* veulent 100,000 livres pour la maison.
2 (*galw am, disgwyl*) exiger; **tasg sy'n ~ amynedd** une tâche qui exige *neu* nécessite de la patience; **'dydw i ddim yn ~ llawer** je n'en demande pas beaucoup; **mae hynny'n ~ gormod!** c'est trop en demander!.
3 (*anifail*): **mae'r fuwch yn ~ tarw** la vache est en chaleur; **mae'r ddafad yn ~ hwrdd** la brebis est en chaleur.
4 (*CREF*): **~ bendith** dire le bénédicité *neu* les grâces;
♦*bg*
1 (*cyff*) demander; **~ i rn** demander à qn; **ni wn i ddim, ~ i dy fam** je ne sais pas, demande(-le) à ta mère; **~ iddi a yw hi wedi eu gweld nhw** demande-lui si elle les a vu(e)s; **paid â ~ i mi!** va savoir!*, est-ce que je sais moi!*; **~ i rn wneud rhth** demander à qn de faire qch; **~ am wybodaeth ynglŷn â rhth** se renseigner sur qch; **maen nhw'n ~ am drwbwl** ils cherchent les ennuis *neu* les embêtements; **mae hi'n ~ amdani!*** elle le cherche bien!*, elle ne le vole pas!*.
2 (*gwahodd*) inviter; **~ i rn fynd i ginio** inviter qn à déjeuner; **gofynnwyd imi fynd i mewn** on m'a prié(e) d'entrer; **beth am ofyn iddo?** et si on l'invitait?, et si on lui demandait de venir?;
♦*g* (**-ion**)
1 (*galw, angen*) demande *f*; **bodloni'r ~** satisfaire à la demande; **y ~ am waith** la demande pour le travail; **yn ôl y ~** à la demande, selon le besoin; **y mae ~ ...** il est nécessaire de ..., il faut ...; **mae ~ bod yn ofalus wrth groesi'r ffordd** il faut faire attention en traversant la rue.
2 (*amod*) condition *f* requise; **beth yw ~ion y swydd?** quelles sont les conditions requises de l'emploi?; **llenwi'r ~ion** remplir les conditions.
▶ **mynd ar ofyn rhn** demander un service à qn; **mynd ar ofyn rhn am rth** demander qch à qn.

gofyngar *ans* curieux(curieuse), interrogateur(interrogatrice).

gofyniad (**-au**) *g* question *f*.

gofynnod (**gofynodau**) *g* point *m* d'interrogation.

gofynnol *ans*
1 (*angenrheidiol*) nécessaire, essentiel(le); **mae'n ofynnol gwneud ...** il faut faire ..., il est nécessaire de faire ...; **mae'n ofynnol iddo fod yno** il faut qu'il soit *subj* là, il est nécessaire *neu* essentiel qu'il soit *subj* là; **peidio â gwneud mwy nag sy'n ofynnol** ne

faire que le nécessaire.
2 (*a ofynnir*) exigé(e), demandé(e), requis(e); **yr amodau** ~ les conditions *fpl* requises; **yn yr amser** ~ dans les délais prescrits.
3 (*GRAM*): **y modd** ~ l'interrogatif *m*;
♦*g*: **y** ~ (*GRAM*) l'interrogatif *m*.
gofynnwr (**gofynwyr**) *g* demandeur *m*, chercheur *m*.
gofynwraig (**gofynwragedd**) *b* demanderesse *f*, chercheuse *f*.
Gog (**-s**) *g* Gallois *m* du Nord, Galloise *f* du Nord.
gogan (**-au**) *b* satire *f*.
goganu *ba* faire la satire de, écrire un libelle *neu* une satire de.
goganus *ans* satirique;
♦ **yn oganus** *adf* satiriquement.
goganwr (**goganwyr**) *g* écrivain *m* satirique.
goglais *ba* chatouiller, faire des chatouilles à;
♦*g* chatouillement *m*, chatouilles *fpl*; **oes gen ti oglais?** es-tu chatouilleux(chatouilleuse)?
gogledd *g* nord *m*; **arfordir y** ~ la côte nord; **gwynt y** ~ le vent du nord, la bise; **i'r** ~, **tua'r** ~ au nord, vers le nord, en direction du nord; **yn bellach i'r** ~ plus au nord; **i'r** ~ **o'r ffin** au nord de la frontière; **yng ngogledd Cymru** dans le nord du pays de Galles; **G~ Affrica** l'Afrique *f* du Nord; **G~ America** l'Amérique *f* du Nord; **G~ Corea** la Corée *f* du Nord; **G~ Fiet-nam** le Viêt-nam *m* du Nord; **G~ Iwerddon** l'Irlande *f* du Nord; **Môr y G~** la mer du Nord; **Pegwn y G~** le pôle Nord.
Gogledd-Affricanaidd *ans* nord-africain(e).
Gogledd-Affricanes (**~-~au**) *b* Nord-Africaine *f*.
Gogledd-Affricanwr (**~-Affricanwyr**) *g* Nord-Africain *m*.
Gogledd-Americanaidd *ans* nord-américain(e).
Gogledd-Americanes (**~-~au**) *b* Nord-Américaine *f*.
Gogledd-Americanwr (**~-Americanwyr**) *g* Nord-Américain *m*.
gogledd-ddwyrain *g* nord-est *m*.
gogledd-ddwyreiniol *ans* nord-est *inv*.
Gogledd-Fietnamaidd *ans* nord-vietnamien(ne).
Gogledd-Fietnamiad (**~-Fietnamiaid**) *g/b* Nord-Vietnamien *m*, Nord-Vietnamienne *f*.
Gogledd-Goread (**~-Goreaid**) *g/b* Nord-Coréen *m*, Nord-Coréenne *f*.
Gogledd-Goreaidd *ans* nord-coréen(ne).
gogleddol *ans* nord *inv*, du nord, septentrional(e)(septentrionaux, septentrionales).
gogledd-orllewin *g* nord-ouest *m*.
gogledd-orllewinol *ans* nord-ouest *inv*.
gogleddwr (**gogleddwyr**) *g* homme *m* du Nord; ~ **ydyw** il vient du Nord; **gogleddwyr** les gens *mpl* du Nord, les septentrionaux *mpl*.
gogleddwraig (**gogleddwragedd**) *b* femme *f* du Nord.
gogleddwynt (**-oedd**) *g* vent *m* du nord, bise *f*.
gogleisio *ba gw.* **goglais**.
gogleisiol, **gogleisiog** *ans* qui chatouille.
gogoneddiad *g* glorification *f*.
gogoneddu *ba* (*Duw*) glorifier, rendre gloire à; (*rhn*) exalter, célébrer, chanter les louanges de.
gogoneddus *ans* (*sant*) glorieux(glorieuse); (*buddugoliaeth*) glorieux, éclatant(e); (*tywydd, golygfa*) magnifique, splendide, merveilleux(merveilleuse).
gogoniant (**gogoniannau**) *g* gloire *f*, splendeur *f*, magnificence *f*, éclat *m*; **rhoi ~ i Dduw** rendre gloire à Dieu; **yn llawn** ~ couvert(e) de gloire; **Crist yn ei holl ogoniant** le Christ dans toute sa gloire; **a dyna lle 'roedd hi yn ei holl ogoniant** elle était là dans toute sa splendeur; **'roedd ef yn ei ogoniant yn arwain y côr** il était tout à fait à son affaire en tant que chef de chœur.
gogor[1] (**-ion**) *g,b* (*bwyd anifeiliaid*) fourrage *m*.
gogor[2] (**-au**) *g gw.* **gogr**.
gogorfeillion *ll* (*PLANH*) sainfoin *m*.
gogr (**-au**) *g* (*ar gyfer cerrig*) crible *m*; (*ar gyfer siwgr, blawd, tywod, pridd*) tamis *m*, passoire *f*; (*ar gyfer ŷd*) van *m*; **mae fy nghof i fel** ~ ma mémoire est une vraie passoire.
gogru, **gogrwn** *ba* passer (qch) au tamis *neu* au crible.
gogwydd (**-ion**) *g* inclinaison *f*, pente *f*, aspect *m* penché, biais *m*; (*tueddiad*) penchant *m*, tendance *f*, propension *f*; **ar ogwydd** incliné(e), penché(e), en pente, en talus.
gogwyddiad (**-au**) *g* (*cadair, mur ayb*) inclinaison *f*; (*GRAM*) déclinaison *f*; (*tuedd*) penchant *m*, propension *f*, tendance *f*.
gogwyddo *bg* incliner, pencher, être en pente, être incliné(e);
♦*ba* incliner, pencher.
gogyfer *ardd*: ~ **â** (*er mwyn*) pour, à l'intention de; (*yn wynebu*) en face de.
gogynderfynol *ans* de quart de finale; **gêm** *ou* **gornest** *ou* **rownd** ~ quart *m* de finale.
Gogynfeirdd *ll poètes gallois du douzième au quatorzième siècle.*
gong (**-iau**) *b* gong *m*.
gohebiaeth (**-au**) *b* correspondance *f*; (*cyfryngau*) reportage *m*.
gohebol *ans* correspondant(e); **cwrs** ~ cours *m* par correspondance.
gohebu *bg*
1 (*llythyru*) correspondre; **maen nhw'n** ~ ils correspondent, ils s'écrivent.
2 (*cyfryngau*) faire des reportages.
gohebydd (**-ion, gohebwyr**) *g* correspondant *m*, correspondante *f*; (*papur newydd*) journaliste *m/f*, reporter *m*; ~

arbennig envoyé *m* spécial, envoyée *f* spéciale; ~ **tramor** correspondant étranger.

gohiriad (**-au**) *g* ajournement *m*, renvoi *m* *neu* remise *f* à plus tard.

gohirio *ba* renvoyer (qch) à plus tard, remettre, ajourner, reporter, retarder, différer; ~ **gwneud rhth** tarder *neu* différer à faire qch, ne pas faire qch à temps.

goitr (**-au**) *g* goître *m*.

gôl (**goliau**) *b* but *m*; **cadw ~, chwarae yn y ~** être gardien de but; **ennill o 2 ~ i 1** gagner par 2 buts à 1; **aeth y bêl i mewn i'r ~** le ballon est entré dans le but *neu* est allé au fond du filet; ~ **adlam** drop *m*; ~ **gosb** but sur pénalité.

golau[1] (**goleuadau**) *g*

1 (*goleuni: cyff*) lumière *f*, clarté *f*; (*:dydd*) jour *m*; ~ **lleuad** clair *m* de lune; **yng ngolau ...** à la lumière *neu* clarté de ...; **yng ngolau'r lleuad** au clair de la lune; **yng ngolau lamp** à la lueur d'une lampe; **rhwng dau olau** entre chien et loup, dans le crépuscule du soir, à la brune, à la nuit tombante, dans la semi-obscurité; **'rwyt ti yn fy ngolau** tu me fais l'ombre, tu me caches le jour.

2 (*peth sy'n rhoi golau: mewn adeilad, ar beiriant ayb*) lumière *f*; (*:mwy penodol*) lampe *f*; ~ **stryd** réverbère *m*.

3 (*TRAFN: arwyddion ayb*) feu(-x) *m*.

4 (*CAR: blaen*) phare *m*; ~ **ôl** feu(-x) *m* arrière; **goleuadau llawn** feux de route; **gyrru ar oleuadau llawn** rouler en pleins phares; **goleuadau wedi eu gostwng** feux de croisement; **gostwng eich goleuadau** se mettre en code; **gyrru gyda goleuadau wedi'u gostwng** rouler en code.

golau[2] *ans*

1 (*â digon o olau: noson, ystafell*) clair(e); **tra ei bod hi'n olau** pendant qu'il fait encore jour.

2 (*o ran lliw: gwallt*) clair(e), blond(e); (*:croen*) clair; **glas/gwyrdd** ~ bleu/vert clair *inv*; **dyn pryd** ~ homme *m* au teint clair.

3 (*hyddysg*): **mae hi'n olau yn ei Beibl** elle connaît la Bible à fond.

4 (*y gellir ei faddau*): **celwydd** ~ pieux mensonge *m*.

golch (**-ion**) *g* linge *m*, lessive *f*; **gwneud y** ~ faire la lessive, laver le linge; **'rwy'n gwneud ~ mawr dros y penwythnos** je lave un gros tas de linge le weekend, le weekend je fais la grande lessive; **yn y** ~ (*yn y fasged*) au sale; (*yn y peiriant golchi*) à la lessive; **rho dy grys yn y** ~ mets ta chemise au sale; **mae dy ffrog yn y** ~ ta robe est à la lessive; **mae'r lliw wedi rhedeg yn y** ~ cela a déteint à la lessive *neu* au lavage.

golchad *g gw.* **golchiad**.

golchadwy *ans* lavable.

golchbren (**-ni**) *g* agitateur *m*.

golchdrwyth (**-au**) *g* lotion *f*.

golchdy (**golchdai**) *g* (*masnachol*) blanchisserie *f*; (*gwesty, tŷ*) laverie *f*.

golchfa (**golchfeydd**) *b*

1 laverie *f*.

2 *gw.* **golchiad**.

3 *gw.* **curfa**.

golchffon (**golchffyn**) *b* agitateur *m*.

golchi *ba*

1 (*glanhau: llyth, ffig*) laver; **~'ch dwylo** se laver les mains; **~'ch dwylo o rth** se laver les mains de qch; **~'ch dwylo o rn** se désintéresser de qn; **~ 'ch gwallt** se laver la tête, se faire un shampooing; **~'ch wyneb** se laver le visage, se débarbouiller; **~ wyneb plentyn** laver le visage d'un enfant, débarbouiller un enfant; **~ rhth mewn dŵr twym** nettoyer qch à l'eau chaude; **fe aeth y staen wrth ei olchi** la tache s'en est allée *neu* a disparu au lavage; **golchodd y baw oddi ar ei ddwylo** il s'est lavé les mains pour en enlever la saleté; **golchodd y llawr yn lân** elle a bien nettoyé *neu* lavé le plancher; **golchodd y glaw e'n lân** la pluie l'a lavé; **golchodd y glaw y car yn lân o fwd** la pluie a fait partir toute la boue de la voiture; **cael eich ~'n lân o bob pechod** être lavé(e) de tout péché; **~'r dillad** faire la lessive; **diwrnod** ~ jour *m* de lessive; **peiriant** ~ machine *f* à laver, lave-linge *m inv*; **powdr** ~ lessive *f* en poudre, détersif *m*, détergent *m*; **twb** ~ baquet *m*, bassine *f*; **~'ch dillad brwnt** *ou* **budron yng ngŵydd pawb** laver son linge sale en public; **~'r llestri** faire la vaisselle; **dŵr ~ llestri** eau(-x) *f* de vaisselle; (*te gwan*) lavasse *f*; **dysgl** *ou* **powlen ~ llestri** bassine, cuvette *f*; **hylif ~ llestri** produit *m* pour la vaisselle; **peiriant ~ llestri** lave-vaisselle *m inv*, machine à laver la vaisselle.

2 (*gan afon, môr: llifo dros*) baigner; **~ rhth i'r lan** rejeter qch; **~ rhth i ffwrdd** emporter qch, entraîner qch; **cael eich ~ allan i'r môr** être emporté(e) par la mer, être entraîné(e) vers le large;

♦*bg* (*tonnau ayb*): **~ yn erbyn** (*creigiau*) baigner; (*cwch*) clapoter contre.

golchiad (**-au**) *g* lavage *m*; **rhoi ~ i rth** laver qch.

golchion *ll* eaux *fpl* sales *neu* grasses; (*dŵr sebonllyd*) eau(-x) *f* savonneuse; (*dŵr golchi llestri*) eau de vaisselle; (*bwyd moch*) pâtée *f*.

golchwr (**golchwyr**) *g* laveur *m*.

golchwraig (**golchwragedd**) *b* laveuse *f*.

golchydd (**-ion**) *g* (*dyn*) laveur *m* de linge; (*glanedydd*) détergent *m*.

golchyddes (**-au**) *b* laveuse *f* de linge, blanchisseuse *f*.

gold *g* (*PLANH*): ~ **Mair** souci *m*; ~ **y gors** souci d'eau.

goledd(f) *g* inclinaison *f*, aspect *m* penché, pente *f*, biais *m*; **ar oleddf** en pente, incliné(e), penché(e).

goleddfair (**goleddfeiriau**) *g* (*GRAM*) qualificatif *m*.
goleddfu, **goleddu** *bg* pencher, être incliné(e), ne pas être droit(e), être en pente;
♦*ba* (*GRAM*) qualifier.
goleuant (**goleuannau**) *g* éclairage *m*.
goleudy (**goleudai**) *g* phare *m*.
goleuddydd *g* le grand jour, le plein jour.
goleuedig *ans* éclairé(e); **yn yr oes oleuedig hon** dans notre siècle de lumières, à notre époque éclairée.
goleuedd (**-au**) *g* luminosité *f*.
goleufa (**goleufâu**) *b* phare *m*, signal(signaux) *m* lumineux.
goleulas *ans* bleu pâle *inv*;
♦*g* bleu *m* pâle.
goleuleuad *g* clair *m* de lune.
goleulong (**-au**) *b* bateau-phare(~x-~s) *m*, bateau-feu(~x-~x) *m*.
goleuni *g*
1 (*golau*) lumière *f*; **~'r lleuad** clair *m* de lune; **yng ngoleuni'r lleuad** au clair de la lune; **yng ngoleuni cannwyll** à la lueur d'une chandelle; **yng ngoleuni'r ffeithiau hyn** à la lumière de ces faits; **sefyll yng ngoleuni rhn** cacher le jour à qn; **taflu ~ ar rth** (*ffig*) éclairer qch, jeter de la lumière sur qch, jeter un jour nouveau sur qch; **dod â rhth i'r ~** mettre qch au jour, révéler qch; **dod i'r ~** se révéler, se faire jour; **~ a chysgod** (*FFOT*) clair-obscur(~s-~s) *m*; **~'r Gogledd/De** l'aurore *f* boréale/australe.
2 (*eglurhad*) éclaircissements *mpl*.
goleuo *ba*
1 (*cynnau*) allumer.
2 (*llenwi â golau*) éclairer; **fe wna'r lamp yma oleuo'r ffordd i chi** cette lampe de poche vous éclairera le chemin.
3 (*gwneud yn olau: gwallt, lliw*) éclaircir.
4 (*egluro i*) éclairer; **~ rhn ynghylch rhth** éclairer qn sur qch.
5 (*mynd*): **ei ~ hi*** ficher le camp*, détaler, filer;
♦*bg* (*wyneb rhn*) s'éclairer; (*cannwyll, lamp*) s'allumer; (*tywydd, awyr, dydd*) s'éclaircir;
♦*g*: **(Oes) y G~** le Siècle des lumières.
goleuol *ans* lumineux(lumineuse); (*lliw gwallt*) éclaircissant(e).
goleusensitif *ans* photosensible.
goleusensitifedd *g* photosensibilité *f*.
golfan (**-od**) *b* (*ADAR*) moineau(-x) *m*, passereau(-x) *m*.
golff *g* golf *m*; **chwarae ~** faire du golf, jouer au golf; **clwb ~** (*lle*) club *m* de golf; **cwrs ~, maes ~** (terrain *m* de) golf; **ffon ~** club *neu* crosse *f neu* canne *f* de golf; **pêl ~** balle *f* de golf; **~ giamocs** minigolf *m*.
golffio *bg* faire du golf, jouer au golf.
golffiwr (**golffwyr**) *g* joueur *m* de golf, golfeur *m*.
golffwraig (**golffwragedd**) *b* joueuse *f* de golf, golfeuse *f*.
gôl-geidwad (**gôl-geidwaid**) *g* gardien *m* de but, goal* *m*.
goliwog (**-iaid**) *g* poupée *f* (*nègre de chiffon aux cheveux hérissés*).
golosg *g* (*siarcol*) charbon *m* de bois.
golosged *g* amadou *m*.
golosgi *ba* carboniser.
golud (**-oedd**) *g* richesse *f*; **~ bydol** biens *mpl* matériels.
goludog *ans* riche;
♦*g* (**-ion**): **y ~ion** les riches *mpl*.
golwg[1] (**golygon**) *g*
1 (*un o'r synhwyrau*) vue *f*; **bod â ~ gwael/da** avoir une mauvaise/bonne vue; **colli'ch ~** devenir aveugle, perdre la vue; **adennill eich ~** recouvrer la vue; **hir eich ~** presbyte; **byr eich ~** myope.
2 (*yr hyn sydd i'w weld*) vue *f*; **'roedd y plant yn dal i fod yn y ~** on voyait encore les enfants, les enfants étaient encore visibles; **mae'r diwedd yn y ~** la fin est en vue, on entrevoit la fin; **dod i'r ~** apparaître; (*ffig*) se faire jour, se révéler; **peidiwch â cholli ~ ar y plant** ne perdez pas les enfants de vue, surveillez les enfants; **ni fydd byth yn ei gadael hi o'i olwg** il la garde toujours sous les yeux; **ewch o 'ngolwg i!** hors de ma vue!; **nid oes ~ ohono** *ou* **arno yn unman** on n'arrive pas à le retrouver, il n'y a aucune trace de lui.
3 (*llygaid*): **golygon** yeux *mpl*; **codi'ch golygon** lever les yeux, regarder en haut, relever la tête; **gosod eich golygon ar rth** viser qch; **gosod eich golygon yn rhy uchel** viser trop haut.
4 (*cipolwg, trem*): **cael ~ ar rth** regarder qch, jeter un regard *neu* un coup d'œil à qch; **cael ~ arall ar rth** examiner qch de plus près; **gad imi gael ~ arno** fais voir, laisse-moi regarder.
5 (*barn*) opinion *f*, avis *m*, vues *fpl*; **'does gen i fawr o olwg arno** je n'ai pas bonne opinion de lui, j'ai mauvaise opinion *neu* une piètre opinion de lui; **yng ngolwg ei fam mae'n berffaith** sa mère pense qu'il est parfait; **yn fy ngolwg i 'does dim pwrpas ei wneud** à mon avis ce n'est pas la peine de la faire.
6 (*parch*) respect *m*; **'roedd ganddo olwg uchel arni** il la respectait beaucoup.
▶ **mewn golwg**: **beth sydd ganddi mewn ~?** qu'est-ce qu'elle se propose *neu* envisage ?; **beth sydd gennych mewn ~?** quels sont vos projets?, à quoi pensez-vous?, que suggérez-vous?, qu'envisagez-vous?.
▶ **o fewn golwg** en vue, devant; **cyrhaeddodd o fewn ~ i'r môr** il est arrivé devant *neu* en vue de la mer; **mae'n byw o fewn ~ i'r môr** de chez lui il voit *neu* aperçoit la mer; **o fewn ~ i'r tŷ** devant la maison; **o fewn ~ miloedd o bobl** devant des milliers de gens, sous les yeux de milliers de gens; **pawb o fewn ~** tous

ceux qu'on pouvait voir.
▶ **o'r golwg** hors de vue; **aros o'r** ~ se cacher, ne pas se montrer; **wedi eich cuddio o'r** ~ caché(e) aux regards; **mae hi o'r** ~ on ne la voit pas, elle n'est pas visible, elle n'est pas à portée de vue.
▶ **gyda golwg ar**
1 (*gan anelu at*) en vue de; **gyda** ~ **ar wneud rhth** en vue de faire qch, afin de faire qch, dans l'intention de faire qch.
2 (*ynghylch*) quant à, en *neu* pour ce qui concerne, pour ce qui regarde; **gyda** ~ **ar y golled, nid yw o bwys** en ce qui concerne la perte, cela n'a pas d'importance.

golwg[2] (**golygon**) *b*
1 (*ymddangosiad allanol: cyff*) aspect *m*, air *m*, allure *f*; (:*ar wyneb rhn*) regard *m*; **'roedd** ~ **gas ar ei wyneb** il avait un regard méchant; **'roedd rhyw olwg drist arno** il avait l'air plutôt triste, son allure avait quelque chose de triste; **'roedd** ~ **bell yn ei lygaid** il avait l'air absent; **nid wyf yn hoffi'r olwg arno** je n'aime pas son allure *neu* son air, il a une tête qui ne me revient pas*; **'dydw' i ddim yn hoffi** ~ **hwn o gwbl** ça ne me plaît pas du tout, ça ne me dit rien qui vaille; **adnabod rhn wrth ei olwg** connaître qn de vue; **yn ôl ei olwg** à le voir, à voir sa tête*; **ar un olwg** d'un point de vue.
2 (*ymddangosiad blêr neu chwerthinllyd*): **mae'n rhaid bod** ~ **arna' i!** je dois avoir une de ces allures!*, je dois avoir l'air de Dieu sait quoi!*; **onid oes** ~ **arni yn yr het yna!** elle a l'air d'un épouvantail avec ce chapeau!, elle a une de ces allures* avec ce chapeau!; **mae** ~ **arnat ti!** tu es dans un bel état!; **mae** ~ **ar y lle 'ma!** il y a un désordre monstre par ici!; **dyna olwg sydd ar dy lofft!** quelle pagaille* il y a dans ta chambre!; **mae** ~ **ar y cwcer 'ma** (*budr*) cette cuisinière est vraiment sale *neu* dégoûtante.
▶ **ar yr olwg gyntaf** à première vue, au premier abord; **fe'i cyfieithodd ar yr olwg gyntaf** il l'a traduit à livre ouvert; **chwaraeodd y darn cerddoriaeth ar yr olwg gyntaf** il a déchiffré le morceau de musique.
▶ **yn ôl pob golwg, i bob golwg** selon toute apparence.

golwr (**golwyr**) *g* gardien *m* de but, goal* *m*.

golwyth (**-on**) *g* côtelette *f*; ~ **cig mochyn** côtelette de porc.

golygfa (**golygfeydd**) *b*
1 (*yr hyn sydd i'w weld*) vue *f*, panorama *m*, spectacle *m*; **mae'n cuddio'r olygfa** ça bouche la vue, on ne peut pas voir; **mae gen i olygfa dda ohono o fy ffenest** de ma fenêtre je le vois bien; **fe gewch olygfa well fel hyn** vous verrez mieux comme ça; **ystafell gyda** ~ **o'r môr** chambre avec vue sur la mer; ~ **dda o'r môr** une belle vue de la mer; ~ **dros y dref** une vue générale de la ville; **mae yna olygfa wych o'r fan hyn** d'ici la vue *neu* le panorama est splendide; **yr olygfa o ben y bryn** la vue *neu* le panorama d'en haut de la colline; **taith i weld y golygfeydd** une excursion pour admirer les belles vues *neu* beaux sites; **mae'n un o olygfeydd mawr y byd** c'est un des plus beaux paysages du monde; **mae'n un o olygfeydd Paris** c'est l'une des attractions touristiques de Paris, c'est l'une des choses à voir à Paris, c'est un des beaux sites de Paris; **mae'n olygfa drist** c'est triste à voir, ça fait pitié; **nid yw'n olygfa bleserus** ça n'est guère joli à voir.
2 (*THEATR ayb*) scène *f*; ~ **allan o ffilm** scène *neu* séquence *f* tirée d'un film; **mae'r olygfa wedi ei gosod yn Rhufain** la scène est à Rome, l'action se déroule à Rome; **dychmygwch yr olygfa** représentez-vous la scène.

golygol *ans* oculaire.

golygu *ba*
1 (*o ran ystyr: gair ayb*) vouloir dire, signifier; (:*rhn*) vouloir dire; **beth mae hyn yn ei olygu?** qu'est-ce que cela signifie *neu* veut dire?; **'dydy'r enw yna'n** ~ **dim i mi** ce nom ne me dit rien; **beth wyt ti'n ei olygu wrth hynny?** que veux-tu dire par là?; **fe ddywedodd hi hynny fel petai hi'n ei olygu** elle a dit cela d'un air sérieux *neu* sans avoir l'air de plaisanter; **mae bob amser yn** ~ **yr hyn mae'n ei ddweud** quand il dit quelque chose, c'est qu'il le pense.
2 (*o ran gwerth*) compter; **'dydy arian ddim yn** ~ **llawer i mi** l'argent compte peu pour moi; **ni allaf ddweud faint mae hyn yn ei olygu imi** je ne saurais te dire à quel point cela m'a touché!; **onid ydy hi'n** ~ **dim i ti?** elle n'est donc rien pour toi?.
3 (*arwyddocáu*) signifier, entraîner; **mae hyn yn** ~ **mwy o ddiweithdra** ça signifie qu'il y aura une augmentation du chômage; **bydd yn** ~ **llawer o gostau** cela entraînera beaucoup de dépenses.
4 (*bwriadu*) avoir l'intention de, se proposer, compter, vouloir; **'roedd hi'n** ~ **mynd i'w weld** elle avait l'intention d'aller le voir; **beth wyt ti'n** ~ **ei wneud nawr?** que comptes-tu faire maintenant?; **'roedd hi'n** ~ **llwyddo** elle avait bien l'intention de réussir, elle se proposait de réussir.
5 (*bod yn olygydd ar rth: cylchgrawn*) diriger; (:*papur newydd*) être le rédacteur *neu* la rédactrice en chef de; (:*erthygl*) mettre (qch) au point, préparer; (:*ffilm*) monter; (:*tâp*) mettre (qch) au point, couper et recoller; (:*geiriadur*) rédiger, assurer la rédaction de; (:*rhaglen radio neu deledu*) réaliser; (:*testun, awdur*) éditer, donner une édition de.

golygus *ans* beau[bel](belle)(beaux, belles).

golygwedd (**-au**) *b* aspect *m*; (*PENS*) élévation *f*.

golygydd (**-ion**) *g* (*papur newydd*) rédacteur *m*

en chef, rédactrice *f* en chef; (*cylchgrawn*) directeur *m*, directrice *f*; (*testun*) éditeur *m*, éditrice *f*; (*cyfres*) directeur de la publication, directrice de la publication; (*geiriadur*) rédacteur, rédactrice; (*rhaglen deledu neu radio*) réalisateur *m*, réalisatrice *f*; ~ **chwaraeon** rédacteur sportif, rédactrice sportive.

golygyddiaeth *b* rédaction *f*, direction *f*; **dan olygyddiaeth ...** sous la direction de ..., rédigé(e) *neu* dirigé(e) *neu* édité(e) *neu* réalisé(e) par ...

golygyddol *ans* de la rédaction, du rédacteur; **erthygl olygyddol** éditorial(éditoriaux) *m*, article *m* de tête; **staff** ~ la rédaction *f*; ♦*g* (**-ion**) éditorial(éditoriaux) *m*, article *m* de tête.

gollwng *bg* (*colli hylif ayb: bwced, piben*) fuir; (*dod allan: nwy, hylif ayb*) fuir, s'échapper; (*gadael i ddŵr ddod i mewn: esgidiau*) prendre l'eau; (*:llong*) faire eau; **mae'r to'n** ~ le toit fuit, il y a des fuites dans le toit;
♦*ba*
1 (*gadael i rth gwympo: ar ddamwain*) laisser tomber; (*:o fwriad*) lâcher; ~ **angor** jeter l'ancre; ~ **rhth i lawr** laisser descendre qch.
2 (*rhyddhau: carcharor*) libérer, relâcher, mettre (qn) en liberté, élargir; (*:ci ayb*) lâcher; **fe ollyngasant y cŵn arno** ils ont lâché les chiens après *neu* sur lui; ~ **eich gafael (yn rhth** *ou* **ar rth)** lâcher prise (de qch); ~ **y brêc llaw** desserrer le frein à main; ~ **y gath o'r cwd** (*ffig*) vendre la mèche, révéler un secret.
3 (*colli*) verser, répandre; ~ **dagrau** verser des larmes; ~ **gwaed** saigner, verser du sang, se faire saigner, tirer du sang; ~ **nwy** laisser échapper du gaz; ~ **stêm** laisser échapper de la vapeur; ~ **tidau** (*glafoerion*) baver.
▶ **gollwng dŵr** (*bwced, pibell, potel*) fuir; (*llong*) faire eau; (*esgidiau*) prendre l'eau.
▶ **gollwng rhth dros gof** oublier qch.

gollyngdod (**-au**) *g* (*o gaethiwed*) libération *f*, élargissement *m*; (*rhyddhad o boen*) soulagement *m*; (*maddeuant pechodau*) absolution *f*, remise *f* des péchés; **bu marw'n ollyngdod iddo** pour lui la mort a été une délivrance.

gollyngiad *g* (CREF) dispense *f*; (*rhyddhad*) libération *f*, élargissement *m*.

gomedd *ba* (*gwrthod*) nier, refuser; (*hepgor*) omettre de.

gomeddiad (**-au**) *g* (*gwrthodiad*) refus *m*; (*hepgoriad*) omission *f*.

Gomorrah *prb* Gomorrhe.

G On *byrf* (= *Gogledd-Orllewin*) NO (= nord-ouest *m*).

gondola (**gondolâu**) *b* gondole *f*.

gonest *ans* honnête, probe, intègre; (*gweithred*) honnête, loyal(e)(loyaux, loyales); (*barn*) sincère, franc(he); (*wyneb*) franc, ouvert(e); (*elw*) honnêtement acquis(e) *neu* gagné(e); **maen nhw'n bobl onest** ce sont de braves *neu* d'honnêtes gens; **bydd yn onest nawr!** allons, sois franc!; (*yn wrthrychol*) sois objectif(objective)!; **'dwyt ti ddim wedi bod yn onest â mi** tu n'as pas été franc avec moi; **a bod yn onest** à vrai dire, franchement; **ennill arian** ~ gagner honnêtement son pain; **diwrnod** ~ **o waith** une bonne journée de travail;
♦ **yn onest** *adf* honnêtement; **fe elli di ddweud yn onest** tu peux dire en toute sincérité, tu peux dire franchement *neu* carrément; **rho dy farn yn onest amdano** dis-moi sincèrement ce que tu en penses.

gonestrwydd *g* honnêteté *f*, probité *f*, intégrité *f*, loyauté *f*, sincérité *f*, bonne foi *f*.

gor- *rhagdd* sur-, super-, grand-, trop.

gôr *g* pus *m*.

goraeddfed *ans* trop mûr(e).

goractio *bg* en faire trop;
♦*g* cabotinage *m*.

goractiwr (**goractwyr**) *g* cabotin *m*.

goractwraig (**goractwragedd**) *b* cabotine *f*.

goramcanu *ba* surestimer.

goraml *ans* trop abondant(e), surabondant(e).

goramlder, **goramledd** *g* surabondance *f*.

goramser *g* heures *fpl* supplémentaires; **cyflog** ~ rémunération *f* pour heures supplémentaires.

gorau *ans* (gradd eithaf 'da'. Wrth gyfieithu dylid cyfeirio at y gwahanol ystyron sydd dan 'da')
1 (*cyff*): **y ...** ~ le meilleur(la meilleure) ...; **gall y cynlluniau** ~ **fynd o chwith** les meilleurs projets peuvent échouer; **y peth** ~ **yw ei fod am ddim** le mieux, c'est que c'est gratuit; **y peth** ~ **i'w wneud yw peidio â dweud dim** le mieux, c'est de ne rien dire; **dyna sydd/fyddai orau** c'est pour le mieux, cela vaut/vaudrait mieux.
2 (*defnydd enwol*): **y** ~ (*dyn, merch, peth*) le meilleur *m*, la meilleure *f*; (*peth haniaethol*) le mieux *m*; **y goreuon** les meilleur(e)s; **gwneud eich** ~ **glas, gwneud y** ~ **a ellwch** faire de son mieux, faire tout son possible; **dyna'r** ~ **fedra' i ei wneud** je ne peux pas faire mieux; **cael y** ~ **allan o rth/rn** tirer le maximum de qch/qn; **cael y** ~ **o'r fargen** l'emporter, avoir le dessus; **mae hi am gael y** ~ **o'r ddau fyd** elle veut gagner sur les deux tableaux, elle veut tout avoir; **y** ~ **sydd ar gael** ce qu'il y a de mieux; **cael y** ~ **ar** triompher de, vaincre; **gwneud y** ~ **o rth** s'accommoder de qch du mieux que l'on peut; **gwneud y** ~ **o'r gwaethaf** faire contre mauvaise fortune bon cœur; **gwneud y** ~ **o'ch cyfle** profiter au maximum des occasions qui se présentent; **gobeithio'r** ~ être optimiste; **mae hyd yn oed y** ~ **ohonom yn gallu gwneud camgymeriad weithiau** tout le monde peut se tromper des fois.

▶ **ar eich gorau: edrych ar eich** ~ être resplendissant(e); (*menyw*) être en beauté; **mae hi'n edrych ar ei** ~ **yn gwisgo coch** c'est le rouge qui l'avantage le plus; **bod ar eich** ~ être en train *neu* en pleine forme*; **mae'r blodau ar eu** ~ **nawr** les fleurs sont de toute beauté en ce moment; **dyma Shakespeare ar ei orau** voilà du meilleur Shakespeare; **hyd yn oed ar ei** ~ **does dim amynedd ganddi** elle n'est jamais particulièrement patiente.
▶ **rhoi'r gorau i** abandonner, renoncer à; **peidiwch â rhoi'r** ~ **iddi!** tenez bon!, patientez!; **rhoi'r** ~ **i ysmygu** renoncer au tabac, cesser de fumer.
▶ **o'r gorau** d'accord!, parfait!, entendu!, O.K.!; **o'r** ~**, o'r** ~**!** (*peidiwch â ffysian*) ça va, ça va!; **ydych chi wedi deall hyd yn hyn? o'r** ~**, awn ymlaen** avez-vous compris jusqu'à maintenant? d'accord *neu* bon, continuons;
♦ **(yn) orau** *adf* le mieux; **dyna'r het sy'n gweddu orau iddi** voilà le chapeau qui lui va le mieux; **ef a ŵyr orau** il sait mieux que personne, c'est lui le mieux placé pour en juger, il est le meilleur juge en la matière; **fe'm helpodd orau y gallai** il m'a aidé de son mieux *neu* du mieux qu'il a pu.
gorawen (-au) *b* allégresse *f*, exultation *f*, joie *f*, ravissement *m*, extase *f*.
gorawenu *bg* exulter, s'extasier, être ravi(e).
gorawenus *ans* joyeux(joyeuse), ravi(e), allègre, extatique, extasié(e);
♦ **yn orawenus** *adf* joyeusement, allègrement.
gorawydd *g* excès *m* de zèle, empressement *m* excessif.
gorawyddus *ans* trop zélé(e), trop empressé(e); **'doedd hi ddim yn orawyddus i adael** elle n'avait pas une envie folle de partir, elle n'était pas trop pressée de partir;
♦ **yn orawyddus** *adf* avec trop de zèle *neu* d'empressement.
gorbarod *ans* trop prêt(e).
gorbendant *ans* trop énergique, trop confiant(e).
gorbenion *ll* frais *mpl* généraux.
gorberffaith *ans* (GRAM) plus-que-parfait;
♦*g*: **y** ~ le plus-que-parfait.
gorboblog *ans* surpeuplé(e).
gorboblogaeth *b* surpopulation *f*, surpeuplement *m*.
gorboblogi *ba* surpeupler.
gorboethi *ba* surchauffer;
♦*bg* (*injan, brêcs ayb*) chauffer.
gorbrisio *ba* vendre (qch) trop cher, demander un prix excessif pour, surestimer.
gorbryderus *ans* trop anxieux(anxieuse); **bod yn orbryderus** être d'une anxiété maladive.
gorbwysau, **gorbwysedd** *g* obésité *f*.
gorbwysleisio *ba* accorder trop d'importance à, exagérer.
gorbwyso *ba* l'emporter sur.
gorbysgota *ba* surexploiter;
♦*bg* surexploiter les fonds de pêche.
gorchest (-ion) *b*
1 (*camp*) exploit *m*, prouesse *f*; **'roedd yn dipyn o orchest i'w gael i siarad** cela a été un tour de force *neu* un exploit de réussir à le faire parler.
2 (*campwaith*) chef-d'œuvre(~s-~) *m*.
gorchestol *ans* magistral(e)(magistraux, magistrales), excellent(e), admirable, parfait(e).
gorchestu *bg* se vanter.
gorchestwaith (**gorchestweithiau**) *g* chef-d'œuvre(~s-~) *m*.
gorchfygedig *ans* défait(e), vaincu(e).
gorchfygiad (-au) *g* défaite *f*.
gorchfygol *ans* vainqueur *inv*, victorieux(victorieuse), triomphant(e).
gorchfygu *ba* vaincre, battre; (*byddin*) défaire, mettre (qn) en déroute; (*cynlluniau, ymdrechion*) faire échouer; (*llywodraeth*) faire subir une défaite à, mettre (qn) en minorité; (*mesur seneddol ayb*) rejeter;
♦*bg*: **fe orchfygwn ni!** nous vaincrons!, nous triompherons!, on les aura!
gorchfygwr (**gorchfygwyr**) *g* conquérant *m*, vainqueur *m*; **Gwilym Orchfygwr** Guillaume le Conquérant.
gorchmynnol *ans* impératif(impérative); **y modd** ~ le mode impératif.
gorchudd (-ion, -iau) *g* couverture *f*; (*clawr*) couvercle *m*; (*dros gelfi, teipiadur ayb*) housse *f*; (*dros gerbyd*) bâche *f*; ~ **gwely** dessus-de-lit *m inv*; **dan orchudd tywyllwch** sous le voile de la nuit.
gorchuddiedig *ans* couvert(e), enveloppé(e), recouvert(e).
gorchuddio *ba* couvrir, recouvrir; **mae eira'n** ~**'r ddaear** la neige recouvre le sol; **daear wedi ei** ~ **gan ddail** sol *m* couvert *neu* recouvert de feuilles; **gorchuddiodd y papur ag ysgrifen** il a couvert la page d'écriture; ~**'ch wyneb â'ch dwylo** se couvrir le visage des mains; ~ **rhn â gorchudd** envelopper qn d'une couverture; ~ **rhth rhag y glaw** mettre qch à l'abri de la pluie, abriter qch de la pluie; **gorchuddid y lleuad gan y cymylau** les nuages voilaient la lune.
gorchwyddo *bg* s'enfler, se gonfler, bouffir, bomber, faire ventre;
♦*ba* gonfler, enfler.
gorchwyl (-ion) *g,b* tâche *f*, besogne *f*, travail(travaux) *m*; (*ysgol*) devoir *m*; ~ **anodd** une lourde tâche; **mae'n dipyn o orchwyl** ce n'est pas une petite affaire, c'est toute une entreprise.
gorchymyn *ba* ordonner;
♦*bg*: ~ **i rn wneud rhth** ordonner à qn de faire qch, donner à qn l'ordre de faire qch; **gorchmynnwyd iddo fod yn dawel** on lui ordonna de se taire; ~ **i rn ddod i mewn/fynd allan** ordonner à qn d'entrer/de sortir;

♦*g* (**gorchmynion**) ordre *m*; **y Deg G~** (*BEIBL*) les dix commandements *mpl*, le décalogue; **mae e'n hoffi rhoi gorchmynion** il aime commander les gens, il aime donner des ordres à droite et à gauche.
gordal, **gordaliad** (**gordaliadau**) *g* surcharge *f*.
gordalu *ba* surpayer, trop payer.
gordeimladrwydd *g* hypersensibilité *f*, pathos *m*.
gordeimladwy *ans* trop sensible, hypersensible, trop susceptible;
♦ **yn ordeimladwy** *adf* trop sensiblement, de façon hypersensible.
gordew *ans* obèse.
gordewdra *g* obésité *f*.
gordo (**-eau**) *g* surplomb *m*.
gordreth (**-i**) *b* surtaxe *f*; **talu** ~ être dans les tranches supérieures d'imposition.
gordwf *g* accroissement *m* excessif.
gordwymo *ba, bg gw.* **gorboethi**.
gordyfiant *g* hypertrophie *f*.
gordyfu *bg* trop grandir.
gordd (**gyrdd**) *b* marteau(-x) *m* de forgeron, maillet *m*; **bod dan yr ordd** être vendu(e) aux enchères; (*ffig*) être vivement critiqué(e).
gorddadwy *ans* malléable.
gorddefnyddio *ba* trop se servir de, abuser de.
gordderch (**-adon**) *b* concubine *f*.
gordderchwraig (**gordderchwragedd**) *b* concubine *f*.
gorddibyniaeth *b* (*MEDD*) dépendance *f*.
gorddor (**-au**) *b* porte *f* coupée, portillon *m*.
gorddos *g,b* dose *f* excessive *neu* massive *neu* trop forte, surdose *f*.
gorddrafft (**-iau**) *g* découvert *m*; **bod â** ~ être à découvert.
gorddrws (**gorddrysau**) *g* battant *m* d'une porte.
gor-ddweud *ba, bg* exagérer.
gorddyledus *ans* arriéré(e), impayé(e).
goregnïol *ans* trop énergique, trop acharné(e);
♦ **yn oregnïol** *adf* trop énergiquement.
goreiddgar *ans gw.* **gorawyddus**.
goreiriog *ans* verbeux(verbeuse).
goreiriogrwydd *g* verbosité *f*.
gorelw (**-au**) *g* bénéfices *mpl* exceptionnels.
goresgyn *ba* (*rhn, gelyn*) vaincre, battre, défaire; (*gwlad*) envahir, conquérir, subjuguer; (*teimladau, temtasiwn*) surmonter, vaincre; (*anhawster*) venir à bout de, franchir, surmonter; (*dicter, amheuon, atgasedd*) surmonter, maîtriser, dominer; (*gwrthwynebiad*) surmonter, triompher de, l'emporter sur.
goresgyniad (**-au**) *g* conquête *f*, invasion *f*, envahissement *m*.
goresgynnol *ans* victorieux(victorieuse), vainqueur *inv*, triomphant(e).
goresgynnwr (**goresgynwyr**) *g* envahisseur *m*, conquérant *m*.
goreugwyr *ll*: **y** ~ les grands *mpl*, les aristocrates *mpl/fpl*, les meilleurs hommes *mpl*.
goreuro *ba* dorer.
goreuydd (**-ion**) *g* optimiste *m/f*.
gorfanadl *b* (*PLANH*) orobanche *f*.
gorfant (**gorfannau**) *g* (*CORFF*) mâchoire *f* inférieure.
gorfanwl *ans* trop précis(e), trop détaillé(e), trop pointilleux(pointilleuse);
♦ **yn orfanwl** *adf* trop précisément.
gorfentrus *ans* imprudent(e), trop osé(e);
♦ **yn orfentrus** *adf* trop imprudemment, de façon trop osée.
gorferwi *ba* faire bouillir (qch) trop;
♦*bg* déborder.
gorflinder *g* épuisement *m*, fatigue *f* extrême.
gorflinedig *ans* épuisé(e), fatigué(e), exténué(e).
gorflino *ba* épuiser, exténuer;
♦*bg* s'épuiser, s'exténuer.
gorfod *ba* falloir que + *subj*, devoir + *inf*, être obligé(e) *neu* forcé(e) de + *inf*; **'rwy'n** ~ **mynd** je dois partir, il faut que je parte; **pam wyt ti bob amser yn** ~ **bod mor anghwrtais?** pourquoi faut-il toujours que tu sois si grossier(grossière)?; **os ydych chi'n** ~ **mynd, yna ewch ar unwaith** s'il faut vraiment que vous partiez, partez tout de suite.
gorfodaeth *b* obligation *f*; (*cryfach*) contrainte *f*, force *f*, coercition *f*; **gwneud rhth dan orfodaeth** faire qch sous la contrainte; **bod dan orfodaeth i wneud** être tenu(e) de faire, être dans l'obligation de faire, être obligé(e) *neu* contraint(e) de faire; **'dydw i ddim dan unrhyw orfodaeth i'w wneud** rien ne m'oblige à le faire; **dim** ~ **i brynu** (*mewn hysbyseb*) aucune obligation d'achat; (*mewn siop*) entrée libre.
gorfodeb (**-au**) *b* ordre *m*, recommandation *f* formelle; (*CYFR*) injonction *f*.
gorfodi *ba* contraindre, obliger, forcer; ~ **rhn i wneud rhth** contraindre *neu* obliger *neu* forcer qn à faire qch; **cael eich** ~ **i wneud rhth** être contraint(e) *neu* obligé(e) *neu* forcé(e) de faire qch.
gorfodog (**-ion**) *g* conscrit *m*.
gorfodol *ans* obligatoire, forcé(e), de rigueur; **addysg orfodol** instruction *f* obligatoire; **ei gwneud hi'n orfodol i rn wneud rhth** imposer à qn l'obligation de faire qch.
gorfoledd *g* joie *f*, réjouissance *f*, jubilation *f*, liesse *f*.
gorfoleddu *bg* se réjouir, être ravi(e), exulter, triompher, s'extasier.
gorfoleddus *ans* joyeux(joyeuse), triomphant(e), extasié(e), extatique, en liesse, exultant(e).
gorfwyta *bg* trop manger; **'rwyf wedi** ~ j'ai trop mangé.
gorfychan *ans* infime, infinitésimal(e)(infinitésimaux,

infinitésimales).

gorffen *ba* finir, terminer, achever, conclure, mettre fin à; ~ **gwneud rhth** achever *neu* finir de faire qch; ~ **dy ginio** finis *neu* mange ton déjeuner; **'rwyf ar frys i orffen y gwaith yma** je suis pressé(e) de finir *neu* de terminer *neu* d'achever ce travail; ~ **llyfr** (*darllen*) finir de lire un livre; (*ysgrifennu*) finir *neu* terminer *neu* achever un livre;
♦*bg* finir, s'achever, se terminer, prendre fin, arriver au terme; (*rhedwr, ceffyl*) arriver, terminer; **'roedd y cyfarfod yn** ~ la réunion tirait à sa fin; **mae'r haf yn** ~ l'été tire à sa fin; **gorffennais trwy ddweud ...** j'ai terminé en disant *neu* par dire que; **i orffen hoffwn ...** pour conclure *neu* en conclusion *neu* en dernier lieu je voudrais ...; **mae'r llyfr yn** ~ **gyda'r arwr yn marw** le livre se termine par la mort du héros; **'rwyf wedi** ~ **gyda'r papur newydd** je n'ai plus besoin du journal; **mae hi wedi** ~ **gyda gwleidyddiaeth unwaith ac am byth** elle a dit une fois pour toutes adieu à la politique; ~ **gyda rhn** (*cariad*) rompre avec qn; **aros nes bydda' i wedi** ~ **gyda thi!*** attends un peu que je t'aie *subj* réglé ton compte!*;
♦*g* fin *f*, conclusion *f*, terme *m*.

gorffenedig *ans* (*wedi ei orffen*) fini(e), achevé(e), terminé(e), conclu(e); (*perffaith*) parfait(e); (*pren*) poli(e); (*perfformiad*) accompli(e).

gorffeniad (-**au**) *g* achèvement *m*, fin *f*, conclusion *f*, terme *m*; (*pren, car ayb*) finition *f*, poli *m*, brunissure *f*.

Gorffennaf *g* juillet *m* *gw. hefyd* **Mai**.

gorffennol *g*
1 (*yr oes o'r blaen*) passé *m*; **yn y** ~ dans le temps, dans le passé, autrefois; **fel yn y** ~ comme par le passé; **mae hi'n byw yn y** ~ elle vit dans le passé; **mae hynna'n perthyn i'r** ~ cela ne se fait plus, cela n'existe plus, c'est du passé, c'est de l'histoire ancienne; **arwyr y** ~ les héros *mpl* d'autrefois.
2 (*GRAM*) passé *m*; **y** ~ **perffaith** le parfait; **y** ~ **amherfaith** l'imparfait *m*; **y** ~ **syml, y** ~ **hanesyddol** le passé simple *neu* défini, le prétérit;
♦*ans* terminal(e)(terminaux, terminales), final(e)(finals/finaux, finales), dernier(dernière); **yn yr amser** ~ (*GRAM*) au passé.

gorffennu *ba* polir, brunir.

gorffennwr (**gorffenwyr**) *g* polisseur *m*, brunisseur *m*.

gorffenwraig (**gorffenwragedd**) *b* polisseuse *f*, brunisseuse *f*.

gorffwyll *ans* fou[fol](folle)(fous, folles), insensé(e), démentiel(le), furibond(e); (*MEDD*) aliéné(e), dément(e); **mynd yn orffwyll** perdre la raison, devenir fou;
♦ **yn orffwyll** *adf* comme un fou, follement, de façon insensée; **ymddwyn yn orffwyll** faire des insanités; **gweiddi'n orffwyll** crier comme un forcené.

gorffwylledd *g* folie *f*, démence *f*, insanité *f*; (*MEDD*) aliénation *f* mentale.

gorffwyllo *bg* être furieux(furieuse), devenir fou(folle).

gorffwylltra *g gw.* **gorffwylledd**.

gorffwys *bg* (*cael seibiant, dadflino*) se reposer; ~ **ar** (*pwyso ar*) reposer sur;
♦*ba* reposer;
♦*g* repos *m*; **dydd o orffwys** un jour de repos; **bod ag angen** ~ avoir besoin de repos *neu* de se reposer; **cael** ~ se reposer; **cael noson dda o orffwys** passer une bonne nuit.

gorffwysfa (**gorffwysfeydd**) *b* lieu(-x) *m* de repos.

gorffwysiad *g* repos *m*.

gorffwyso *bg* se reposer.

gorganmol *ba* flatter.

gorganmoliaeth *b* flatterie *f*.

gorglawdd (**gorgloddiau**) *g* digue *f*.

gorgyflogaeth *b* sureffectifs *mpl*, effectifs *mpl* pléthoriques.

gorgyflogi *bg* embaucher trop d'effectifs.

gorgyfnod (-**au**) *g* (*DAEAR*) ère *f*.

gorgyffwrdd *bg* se recouvrir partiellement; (*dannedd*) se chevaucher; (*teils*) se chevaucher, s'imbriquer les uns dans les autres; **mae ein gwaith yn** ~ son travail et le mien se chevauchent, son travail empiète sur le mien; **mae ein gwyliau yn** ~ nos vacances se chevauchent *neu* coïncident en partie.

gorgymhleth *ans* trop compliqué(e);
♦ **yn orgymhleth** de façon trop compliquée.

gorhelaeth *ans* trop abondant(e), surabondant(e);
♦ **yn orhelaeth** *adf* trop abondamment.

gorhendaid (**gorhendeidiau**) *g* arrière-arrière-grand-père(~-~-~s-~s) *m*.

gorhennain (**gorhenneiniau**) *b* arrière-arrière-grand-mère(~-~-~s-~s) *f*.

gorhoff *ans*: ~ **o rth** fou[fol](folle)(fous, folles) de qch, friand(e) de qch, engoué(e) de qch, entiché(e) de qch; **nid wyf yn orhoff o fresych** je n'aime pas trop les choux.

gorhoffter *g* engouement *m*, infatuation *f*.

gori[1] *bg* (*iâr*) couver; **fel iâr yn** ~ comme une poule couveuse.

gori[2] *bg* (*casglu: briw, clwyf*) suppurer.

goriad (-**au**) *g* clé *f*, clef *f* *gw. hefyd* **allwedd**.

gorifyny *g* ascension *f*, montée *f*.

gorila (-**od**) *g* gorille *m*.

goriwaered *g* descente *f*, pente *f*; **mae'r llwybr ar y** ~ le chemin descend; **mae'r hen ŵr yn mynd ar y** ~ **ers dyddiau** le vieillard est sur le déclin depuis des jours.

gorlanw (-**au**) *g* marée *f* haute.

gorlawn *ans* trop plein(e); (*ystafell*) bondé(e), comble; (*tŷ, tref*) surpeuplé(e); (*dosbarth*) surchargé(e), pléthorique; (*silff*) surchargé,

encombré(e); **mae'r cwpan yn orlawn** la tasse est pleine à ras bords *neu* à déborder; **mae'r ystafell yn orlawn** la pièce est pleine à craquer; **ystafell orlawn o gelfi** une pièce encombrée de meubles; **bod yn orlawn o rth** surabonder de qch.
gorlawnder *g* surabondance *f*, pléthore *f*.
gorlenwi *ba* remplir (qch) à ras bords *neu* à déborder; (*ystafell*) remplir (qch) à craquer; ♦*bg* déborder, regorger.
gorlethol *ans* accablant(e), oppressif(oppressive), étouffant(e); ♦ **yn orlethol** *adf* de façon accablante *neu* oppressive *neu* étouffante.
gorlethu *ba* accabler, oppresser.
gorlif (**-ogydd**) *g* trop-plein *m*; (*cronfa ddwr*) déversoir *m*, dégorgeoir *m*; (*llifogydd*) inondation *f*.
gorlifo *bg* (*afon*) déborder, être en crue; **gorlifodd y dorf i mewn i'r stryd** la foule a envahi la rue *neu* s'est répandue dans la rue; ♦*ba* (*caeau, tref*) inonder, submerger.
gorliwio *ba* exagérer, colorer; (*stori*) amplifier; ♦*bg* exagérer.
gorludded *g* épuisement *m*, fatigue *f* extrême.
gorlwytho *ba* surcharger.
gorllewin *g* ouest *m*; **arfordir y** ~ la côte ouest; **gwynt y** ~ le vent d'ouest; **o'r** ~ de l'ouest; **i'r** ~ à l'ouest; **tua'r** ~ vers l'ouest, en direction de l'ouest; **yng ngorllewin Cymru** dans l'ouest du pays de Galles; **G~ Affrica** l'Afrique *f* occidentale; **G~ Berlin** Berlin-Ouest; **G~ yr Almaen** l'Allemagne *f* de l'Ouest; **India'r G~** les Antilles *fpl*; **y G~ Pell, y G~ Gwyllt** le Far West, l'Ouest américain.
gorllewineiddio *ba* occidentaliser.
gorllewinol *ans* occidental(e)(occidentaux, occidentales); (*safle*) à l'ouest, au couchant; **yr arfordir** ~ la côte ouest *neu* occidentale.
gorllewinwr (**gorllewinwyr**) *g* occidental(occidentaux) *m*.
gorllewinwraig (**gorllewinwragedd**) *b* occidentale *f*.
gorllyd *ans*
1 (*briw*) purulent(e).
2 (*iâr*): **iâr orllyd** poule *f* couveuse.
3 (*wy*): **wy** ~ œuf *m* pourri.
gormes, **gormesiad** (**-au**) *g* oppression *f*, tyrannie *f*.
gormesol *ans* (*llywodraeth*) tyrannique; (*cyfraith, treth*) oppressif(oppressive); (*pryder*) accablant(e); (*gwres*) accablant, étouffant(e); (*tywydd*) lourd(e); ♦ **yn ormesol** *adf* tyranniquement, d'une manière oppressive *neu* accablante.
gormesu *ba* (GWLEID, MIL) opprimer, tyranniser; (*gwres, pryder*) oppresser, accabler.
gormeswr (**gormeswyr**) *g* oppresseur *m*, tyran *m*.
gormesydd (**-ion**) *g gw.* **gormeswr**.
gormod (**-ion**) *g* excès *m*, trop; ~ **o fenyn** trop de beurre; **mae hi wedi bwyta** ~ elle a trop mangé; **mae can punt yn ormod** cent livres, c'est trop; **'roedd y plentyn yn ormod i'w rieni** l'enfant était trop fatigant pour ses parents; **'roedd y gwaith yna'n ormod iddi** ce travail-là était excessif *neu* trop fatigant *neu* trop difficile pour elle; ~ **o bwdin dagiff gi** jeu qui trop dure ne vaut rien; ♦*adf* trop, excessivement.
gormodedd *g* excès *m*, surabondance *f*, pléthore *f*, excédent *m*; (*manylion*) luxe *m*, surabondance; **yfed i ormodedd** boire à l'excès *neu* avec excès, faire des excès de boisson.
gormodiaith *b* hyperbole *f*, exagération *f*.
gormodol *ans* excessif(excessive), démesuré(e), sans mesure; (*gwariant*) immodéré(e); (*clod*) outré(e); ♦ **yn ormodol** *adf* excessivement, avec excès, plus que de raison; **'doedd hi ddim yn poeni'n ormodol** elle ne s'inquiétait pas outre mesure; **yfed yn ormodol** boire à l'excès; (*enw*) abus *m* de la boisson.
gor-nai (~**-neiaint**) *g* petit-neveu(~s-~x) *m*.
gornest (**-au**) *b* (*brwydr*) bataille *f*, combat *m*; (CHWAR) lutte *f*; (*paffio, reslo*) lutte, combat, rencontre *f*; (*cystadleuaeth*) concours *m*; ~ **gwpan** match *m* de coupe.
gor-nith (~**-**~**od**) *b* petite-nièce(~s-~s) *f*.
goroesi *ba* survivre à; ♦*bg* (*parhau'n fyw*) survivre; (*bod ar ôl*) subsister; **dim ond un llyfr sydd wedi** ~ il ne reste *neu* il ne subsiste plus qu'un livre.
goroesiad (**-au**) *g* survie *f*, survivance *f*.
goroeswr (**goroeswyr**) *g* survivant *m*.
goroeswraig (**goroeswragedd**) *b* survivante *f*.
gorofal *g* souci *m* excessif, précaution *f* excessive.
gorofalus *ans* trop soucieux(soucieuse).
gorohïan *bg* exulter, se réjouir.
goror (**-au**) *g,b* frontière *f*, limite *f*; **y** ~**au** les confins *mpl*, les bornes *fpl*, les limites; (*tir ffiniol*) marche *f*; **Gororau Cymru** la marche galloise.
gor-redeg *ba* (*mynd y tu hwnt i*) dépasser; (*gorweithio: ceffyl*) éreinter; ♦*bg* (*colli drosodd*) déborder.
gorsaf (**-oedd**) *b*
1 (TRAFN: *cyff*) gare *f*; ~ **fysiau** gare routière; ~ **reilffordd** gare (de chemin de fer); (*lai, neu danddaearol*) station *f*; **daeth y trên i mewn i'r orsaf** le train est entré en gare; (*trên tanddaearol*) la rame est entrée dans la station.
2 (*canolfan i bwrpas arbennig*) station *f*, poste *m*; ~ **betrol** station-service(~s-~(s)) *f*, station *neu* poste d'essence; ~ **bleidleisio** bureau(-x) *m* de vote; ~ **bŵer,** ~ **drydan** centrale *f* électrique; ~ **dân** caserne *f* de pompiers; ~ **heddlu** poste *neu*

commissariat *m* de police, gendarmerie *f*.
3 (*RADIO, TELEDU*) station *f*; ~ **radio** station de radio, poste *m* émetteur.
4 (*MIL*) base *f*, poste *m*.

gorsaf-feistr (~-~**i**) *g* chef *m* de gare.

gorsafu *ba* (*MIL*) stationner, poster.

gorsedd (-**au**) *b* trône *m*; **G~ Beirdd Ynys Prydain, G~ y Beirdd, yr Orsedd** l'Assemblée *f* des bardes (*gallois, bretons, corniques*).

gorseddfainc (**gorseddfeinciau**) *f* trône *m*.

gorseddiad (-**au**) *g* intronisation *f*.

gorseddu *ba* placer (qn) sur le trône, introniser; (*sefydlu*) installer.

gorselog *ans* trop zélé(e), trop empressé(e);
♦ **yn orselog** *adf* de façon trop zélée, avec trop de zèle *neu* d'empressement.

gorsensitif *ans* trop susceptible, hypersensible;
♦ **yn orsensitif** *adf* de façon hypersensible.

gorsensitifrwydd *g* hypersensibilité *f*.

gorstocio *ba* approvisionner (qch) excessivement.

gor-syml *ans* trop simple;
♦ **yn or-syml** *adf* trop simplement.

gorsymleiddio *ba* simplifier (qch) à l'excès.

gorthrech *g* tyrannie *f*, oppression *f*, contrainte *f*, coercition *f*.

gorthrechu *ba* opprimer, tyranniser, contraindre, accabler.

gorthrwm *g gw.* **gormes**.

gorthrymder (-**au**) *g gw.* **gormes**.

gorthrymedig *ans* opprimé(e).

gorthrymu *ba* opprimer, tyranniser.

gorthrymus *ans* tyrannique, oppressif(oppressive); (*poen*) accablant(e); (*gwres*) étouffant(e);
♦ **yn orthrymus** *adf* tyranniquement, oppressivement, de façon accablante *neu* étouffante.

gorthrymwr (**gorthrymwyr**) *g gw.* **gormeswr**.

gorthwr (**gorthyrau**) *g* donjon *m*.

goruchaf *ans* suprême; **y G~** (*CREF*) le Très-Haut.

goruchafiaeth (-**au**) *b* suprématie *f*, ascendant *m*; (*buddugoliaeth*) triomphe *m*, victoire *f*.

goruchafu *bg* dominer, prédominer; ~ **ar** dominer, prédominer sur.

goruchel *ans* sublime, haut(e), élevé(e), surélevé(e), noble.

goruchwyliaeth (-**au**) *b* surveillance *f*, contrôle *m*, direction *f*.

goruchwylio *ba* surveiller, avoir l'œil sur; (*trefnu*) diriger; (*gwaith*) surveiller, diriger, superviser; (*arholiad*) surveiller.

goruchwyliwr (**goruchwylwyr**) *g* surveillant *m*, directeur *m*, administrateur *m*; (*arholiad*) surveillant.

goruchwylwraig (**goruchwylwragedd**) *b* surveillante *f*, directrice *f*, administratrice *f*; (*arholiad*) surveillante.

goruwch *ardd* au-dessus de, en haut de, en contre-haut de.

goruwchnaturiol *ans* surnaturel(le);
♦ **yn oruwchnaturiol** *adf* de manière surnaturelle;
♦*g*: **y** ~ le surnaturel.

goruwchystafell *b*: **yr oruwchystafell** le cénacle.

gorwedd *bg*
1 (*rhn, anifail: gweithred*) s'allonger, s'étendre, se coucher; (:*cyflwr*) être allongé(e) *neu* étendu(e) *neu* couché(e); **dos i orwedd ar y gwely** va t'allonger *neu* t'étendre sur le lit; **peidiwch â ~ ar y tywod** ne vous allongez pas *neu* ne vous couchez pas sur le sable; **'roedd hi'n ~ ar y llawr** (*gorffwys*) elle était allongée *neu* étendue *neu* couchée par terre; (*methu symud*) elle était étendue *neu* elle gisait par terre; **gorweddais yn y gwely tan ddeg o'r gloch** je suis resté(e) *neu* j'ai traîné au lit jusqu'à dix heures; **gorweddai yn y gwely yn darllen** il lisait au lit; ~ **yn ôl** (*mewn cadair, ar wely*) se renverser en arrière; ~ **yn llonydd!** ne bouge pas!, reste tranquille!; **gorweddai'n llonydd/farw** il était étendu immobile/mort; **gorweddai ei gorff ar lawr** son corps gisait sur le sol; **mae hi'n ~ yn y fynwent** elle repose dans le cimetière, elle est enterrée au cimetière, elle gît au cimetière; **gorweddai'r corff yn y bedd** le corps reposait *neu* gisait dans la tombe; **yma y ~ ...** ici repose ..., ci-gît ....
2 (*peth*) être, se trouver; **gorweddai'r llyfr ar agor ar y bwrdd** le livre était ouvert sur la table; **mae'r llong yn ~ yn yr harbwr** le navire est au port *neu* a mouillé dans le port; **'roedd yr arian yn ~ yn y banc** l'argent était en dépôt à la banque; **gorweddai trwch o eira ar lawr** il y avait une épaisse couche de neige sur le sol; **gorweddai'r castell mewn adfeilion** le château était en ruines; ~ **o gwmpas** (*arian, dillad ayb*) traîner; **paid â gadael dy deganau'n ~ ar lawr** ne laisse pas traîner tes jouets.
3 (*lle: tir, môr ayb*) s'étendre; **gorweddai'r dyffryn o'n blaenau** la vallée s'étendait devant nous;
♦*g*: **bod ar eich ~** être étendu(e) *neu* allongé(e) *neu* couché(e)

gorweddfa (**gorweddfeydd**) *b* lieu(-x) *m* de repos; (*y meirw*) dernière demeure *f*.

gorweddfan (-**nau**) *b* lit *m*, couche *f*, lieu(-x) *m* de repos.

gorweddiad (-**au**) *g* position *f*.

gorweddian *bg* (*ar gadair neu soffa*) se prélasser, se renverser (en arrière); (*yn ddiog*) être allongé(e) (paresseusement); ~ **yn y gwely** traîner au lit, faire la grasse matinée.

gorweddle (-**oedd**) *g gw.* **gorweddfa**.

gorweddog *ans* alité(e), cloué(e) au lit; (*yn

barhaus) grabataire.
gorweddol *ans* couché(e), étendu(e), à plat.
gorweiddiog *ans gw.* **gorweddog**.
gorweithgar *ans* trop zélé(e);
♦ **yn orweithgar** *adf* avec trop de zèle.
gorweithio *ba* surmener, surcharger (qn) de travail; ~**'ch staff** exiger trop de travail de son personnel, surmener son personnel;
♦*bg* se surmener, être surmené(e), être surchargé(e) de travail.
gorwel (**-ion**) *g* horizon *m*; **ar y** ~ à l'horizon; **rhn â** ~**ion cul** qn de vues étroites; **lledu'ch** ~**ion** élargir ses horizons.
gorwerthu *ba* vendre trop de.
gor-wneud *ba* exagérer; (*COG*) faire trop cuire.
gorwych *ans* somptueux(somptueuse), splendide, magnifique, fastueux(fastueuse), superbe;
♦ **yn orwych** *adf* superbement, magnifiquement, somptueusement, splendidement, fastueusement.
gorwychder *g* splendeur *f*, faste *m*.
gorwyniad (**gorwyniaid**) *g* (*PYSG*) ablette *f*.
gorwyr (**-ion**) *g* arrière-petit-fils(~-~s-~) *m*.
gorwyres (**-au**) *b* arrière-petite-fille(~-~s-~s) *f*.
goryfed *bg* boire (l'alcool) excessivement.
gorymadrodd (**-ion**) *g* pléonasme *m*.
gorymdaith (**gorymdeithiau**) *b* cortège *m*, défilé *m*; (*CREF*) procession *f*; **cerdded mewn** ~ défiler, aller en cortège *neu* en procession.
gorymdeithio *bg* défiler, aller en cortège *neu* en procession.
gorymdeithiwr (**gorymdeithwyr**) *g* participant *m* à un défilé *neu* à une procession.
gorymdeithwraig (**gorymdeithwragedd**) *b* participante *f* à un défilé *neu* à une procession.
gorynys (**-oedd**) *b* péninsule *f*.
gorynysol *ans* péninsulaire.
goryrru *bg* conduire trop vite, excéder la limitation de vitesse; **'rydych chi'n** ~**!** vous allez trop vite!, vous faites un excès de vitesse!
gosber (**-au**) *g* vêpres *fpl*, office *m* du soir (*de l'Église anglicane*).
gosgeiddig *ans* gracieux(gracieuse), élégant(e); (*prydferth*) beau[bel](belle)(beaux, belles); (*siapus*) bien proportionné(e), bien fait(e);
♦ **yn osgeiddig** *adf* gracieusement, élégamment, avec élégance, avec grâce.
gosgordd (**-ion**) *b* suite *f*, escorte *f*, cortège *m*.
gosgorddlu (**-oedd**) *g* escorte *f*, gardes *mpl* du corps.
goslef (**-au**) *b* intonation *f*, ton *m*.
gosod *ba*
1 (*rhoi, dodi*) mettre, poser, placer; ~ **parsel ar y bwrdd** mettre *neu* poser un paquet sur la table; ~ **gwylwyr** poster des sentinelles; ~ **pethau o gwmpas ystafell** disposer *neu* placer des objets dans une pièce; ~ **boeler** installer une chaudière; ~ **eich ffydd yn rhn/rhth** placer sa confiance en qn/qch; ~ **rhth ar waith** mettre qch en marche; ~ **rhth i lawr** poser qch, déposer qch; ~ **rhn i lawr** déposer qn, laisser qn; ~ **rhth i'r naill ochr** mettre qch de côté.
2 (*pennu, trefnu: amser ar gloc ayb*) régler; (:*larwm*) mettre; ~ **eich oriawr yn ôl y radio** régler sa montre sur la radio; **'rwyf wedi** ~ **y cloc i ganu am 6 o'r gloch** j'ai mis le réveil à *neu* pour 6 heures.
3 (*trefnu yn gelfydd: blodau*) ranger; (:*CERDD*) arranger.
4 (*rhoi rhth i rn ei wneud: gwaith*) donner; (:*problem*) poser; (:*arholiad*) composer les questions de, choisir les questions de; ~ **rhth i rn ei wneud** donner à qn la tâche de faire qch; ~ **llyfr i'w ddarllen** (*YSGOL*) mettre un livre au programme; **nid yw gwaith Camus wedi ei osod eleni** Camus n'est pas au programme cette année; **llyfr** ~ livre *m* au programme; **darn** ~ (*mewn eisteddfod ayb*) morceau(-x) *m* de concours.
5 (*rhentu*) louer, mettre (qch) en location; **ar osod** à louer.
6 (*plannu, hau: gardd*) planter.
7 (*cyflwyno'n glir*): ~ **rhth allan** présenter qch, exposer qch.
8 (*codi: pabell*) dresser.
9 (*hulio*): ~ **y bwrdd i ginio** mettre la table *neu* le couvert pour le déjeuner.
10 (*mewn cefndir arbennig*): **mae'r stori wedi ei** ~ **yn y ganrif ddiwethaf** l'histoire est située *neu* placée dans le siècle dernier, l'histoire se déroule au siècle dernier.
gosodedig *ans* mis(e), situé(e), placé(e), installé(e), posé(e).
gosodiad (**-au**) *g* (*honiad*) affirmation *f*, assertion *f*; (*CERDD*) adaptation *f*, arrangement *m*; (*darn o farddoniaeth*) mise *f* en musique; (*carpedi, teils ayb*) pose *f*.
gosodwr (**gosodwyr**) *g* monteur *m*; (*carpedi ayb*) poseur *m*; (*trydan, nwy, boeler*) installateur *m*.
gosodwraig (**gosodwragedd**) *b* monteuse *f*; (*carpedi ayb*) poseuse *f*; (*trydan, nwy, boeler*) installatrice *f*.
gosteg (**-ion**) *g,b* arrêt *m*, calme *m*, silence *m*, pause *f*; (*ar ôl storm*) accalmie *f*, bonace *f*; ~**ion** (*cyn priodas*) bans *mpl* de mariage.
gostegu *ba* faire taire, calmer, apaiser;
♦*bg* se calmer, s'apaiser; (*gwynt*) tomber, se calmer.
gostwng *ba* baisser, abaisser; (*hwyl, baner*) abaisser, amener; (*pris, llais*) baisser; (*lleihau*) réduire, diminuer; (*byrhau*) raccourcir; (*hem ar ddilledyn*) lâcher; (*gwanhau*) affaiblir; (*gwres, tymheredd*) faire descendre, abaisser, baisser; ~ **rhn ar raff** faire descendre qn au

bout d'une corde; ~ **rhth ar raff** descendre qch au bout d'une corde; ~ **dy lais!** baisse la voix!, parle moins fort!;
♦*bg* baisser; (*pris, pwysedd, gwerth*) baisser, diminuer; (*nifer*) diminuer, décroître, s'amoindrir.

gostyngedig *ans* humble, modeste;
♦ **yn ostyngedig** *adf* humblement, modestement.

gostyngeiddrwydd *g* humilité *f*.

gostyngiad (-**au**) *g* réduction *f*; (*lleihad*) diminution *f*, amoindrissement *m*; (*mewn hyd*) raccourcissement *m*; (*mewn lled*) diminution; (*mewn cyflymder*) ralentissement *m*; (*mewn niferoedd*) diminution, décroissance *f*; (*costau*) réduction, compression *f*; (*pris, cyflog*) diminution, réduction, baisse *f*; (*tymheredd*) baisse; ~ **pris am arian parod** escompte *m* au comptant; ~ **trethi** dégrèvement *m* d'impôts, détaxe *f*.

gostyngol *ans* réduit(e); **prynu rhth am bris** ~ (*tocyn ayb*) acheter qch à prix réduit; (*nwyddau mewn siop*) acheter qch au rabais *neu* en solde.

Goth (-**iaid**) *g/b* Goth *m*.

Gothig *ans* gothique.

gowt *g* (MEDD) goutte *f*.

gradell (-**au, gredyll**) *b* tôle *f*, plaque *f* (*pour cuire des galettes*); **teisen radell** galette *f*.

gradd (-**au**) *b*
1 (DAEAR, MATH, METEO) degré *m*; **ongl o 90** ~ angle *m* de 90 degrés; **10** ~ **lledred** 10 degrés de latitude; **'roedd hi'n 30** ~ **canradd** il faisait 30 degrés Celsius.
2 (*prifysgol*) diplôme *m* universitaire, licence *f*; (*doethuriaeth*) doctorat *m*; ~ **gyntaf** licence *f*; ~ **feistr** maîtrise *f*; ~ **yn y celfyddydau/yn y gwyddorau** licence ès lettres/ès sciences; ~ **mewn hanes** licence d'histoire; ~ **ddosbarth cyntaf** licence avec mention très bien; ~ **ail ddosbarth** licence avec mention bien; ~ **trydydd dosbarth** licence avec mention passable; **'rwyf wedi cael fy ngradd** j'ai eu mon diplôme; **gwneud cwrs** ~ faire une licence.
3 (YSGOL: *marc*) note *f*; **cael** ~ **A** avoir plus de 16 sur 20; **pa raddau sydd eu hangen i astudio meddygaeth?** quel est le niveau requis pour faire des études en médecine?.
4 (*lefel*): ~ **IV piano** niveau(-x) *m* 4 de piano.
5 (GRAM) degré *m*; **y radd gysefin** le positif *m*; **y radd gymharol** le comparitif *m*; **y radd eithaf** le superlatif *m*.
▶ **i (ryw) raddau** à un certain degré, jusqu'à un certain point, dans une certaine mesure; **i raddau helaeth** largement, dans une grande mesure; **i'r fath raddau** à un tel point.

graddedig *ans* gradué(e), progressif(progressive); (*rhn: wedi graddio*) licencié(e), diplômé(e).

graddedigaeth *b* graduation *f*.

graddedigion *ll* (*prifysgol*) licenciés *mpl*, licenciées *fpl*, diplômés *mpl*, diplômées *fpl*.

graddeg (-**au**) *b* échelle *f*; (MATH, FFIS) gradient *m*.

graddfa (**graddfeydd**) *b*
1 (*i fesur neu gymharu: cyff*) graduation *f*, échelle *f* graduée; (:*rhifau*) série *f*; (:*cyflogau*) échelle, barème *m*.
2 (*map ayb*) échelle *f*; **wedi ei lunio ar raddfa o** rapporté(e) à l'échelle de; **ar raddfa o 1cm i 10 km** à une échelle de 1cm pour 10 km; **wrth raddfa** à l'échelle; **nid yw'r map wedi ei lunio wrth raddfa** les distances ne sont pas respectées sur la carte.
3 (*ffig: cyff*) échelle *f*; (:*maint*) importance *f*; **ar raddfa fawr** sur une grande échelle, en grand; **ar raddfa fechan** sur une petite échelle, en petit; **ar raddfa genedlaethol** à l'échelle nationale; **digwyddiad ar y raddfa hon** un évènement de cette importance.
4 (CERDD) gamme *f*.

graddiad (-**au**) *g* gradation *f*, progression *f*, échelonnement *m*.

graddiant (**graddiannau**) *g* gradation *f*; (MATH, FFIS) gradient *m*.

graddio *ba* (*trefnu fesul gradd*) graduer; (*didoli*) classer;
♦*bg* (*prifysgol*) obtenir sa licence *neu* son diplôme; **mae wedi** ~ **yn y gyfraith** il a eu son diplôme de droit; **seremoni raddio** cérémonie *f* de remise des diplômes.

graddliwio *ba* (CELF) ombrer, nuancer.

graddluniad (-**au**) *g* dessin *m* à l'échelle.

graddnodi *ba* graduer.

graddol *ans* graduel(le), progressif(progressive);
♦ **yn raddol** *adf* graduellement, petit à petit, peu à peu.

graddoliad *g* gradation *f*, progression *f*, échelonnement *m*.

graean *g* gravier *m*; (*llai*) gravillons *mpl*; (*ar draeth*) galets *mpl*.

graeanog *ans* (*traeth*) couvert(e) de galets; (*ffordd*) graveleux(graveleuse); (*gwely afon*) pierreux(pierreuse), caillouteux(caillouteuse).

graeanu *ba*: ~**'r ffordd** sabler la route, répandre du gravier sur la route.

graeanwst *g* (MEDD) lithiase *f* urinaire.

graen *g*
1 (*ar ddeunydd: pren*) fibre *f*; (:*lledr*) grain *m*; **gyda'r** ~ dans le sens de la fibre; **mynd yn erbyn y** ~**, mynd yn groes i'r** ~ (*ffig*) aller à l'encontre de sa nature; **'rwy'n fodlon ei wneud ond mae'n mynd yn erbyn y** ~ je le ferai, mais à contrecœur.
2 (*llewyrch*) lustre *m*, brillant *m*, éclat *m*; **mae** ~ **ar ei waith** son travail est de qualité supérieure.
3 (*cyflwr*) état *m*, condition *f*; **mae** ~ **da arno** (*rhn*) il est en forme, il est en bonne

condition physique; (*peth*) il est en bon état.
graenio *ba* (*pren*) veiner; (*lledr, papur*) grainer.
graenus *ans* excellent(e), de bonne qualité, de qualité supérieure; (*rhn*) en forme; (*perfformiad*) accompli(e); (*arddull*) poli(e), châtié(e).
grafel *g* gravier *m*, gravillons *mpl*.
graff (**-iau**) *g* graphique *m*; **papur** ~ papier *m* quadrillé; (*mewn milimetrau*) papier millimétré; **llunio** ~ **rhth** tracer le graphique *neu* la courbe de qch.
graffeg *b* art *m* graphique.
graffigwaith *g gw.* **graffeg**.
graffit *g* graphite *m*, mine *f* de plomb, plombagine *f*.
graffiti *g* graffiti *mpl*.
grafftio *ba* (*MEDD*) greffer.
gram (**-au**) *g* gramme *m*.
gramadeg (**-au**) *b,g* grammaire *f*; **llyfr** ~ livre *m* de grammaire.
gramadegol *ans* grammatical(e)(grammaticaux, grammaticales); **mae hynny'n ramadegol anghywir** cela n'est pas grammatical.
gramadegydd (**gramadegwyr**) *g* grammairien *m*, grammairienne *f*.
gramoffon (**-au**) *g* phonographe *m*.
Granada *prb* (*tref yn Sbaen*) Grenade.
granar (**-au**) *g* grenier *m*.
grant (**-iau**) *g* (*gan y llywodraeth*) subvention *f*; (*:i fyfyrwyr*) bourse *f*; **maen nhw wedi cael** ~ **gan y llywodraeth** ils ont reçu une subvention gouvernementale; **mae grant o fil o bunnoedd gan y myfyriwr** l'étudiant a une bourse de 1000 livres.
gras (**-au**) *g* grâce *f*; ~ **Duw** la grâce de Dieu; **mae eisiau** ~**!** il faut de la patience *neu* de la tolérance!
graslon *ans* gracieux(gracieuse), bienveillant(e); (*gweithred*) courtois(e), plein(e) de bonne grâce; (*CREF*) miséricordieux(miséricordieuse);
♦ **yn raslon** *adf* gracieusement, avec grâce; (*CREF*) miséricordieusement.
graslonrwydd *g* bienveillance *f*; (*CREF*) miséricorde *f*, clémence *f*.
grasol, **grasusol** *ans gw.* **graslon**.
grât (**gratiau**) *g,b* cheminée *f*, âtre *m*, foyer *m*.
gratin (**-au**) *g* grille *f*, grillage *m*.
gratio *ba* râper; **caws wedi'i ratio** fromage *m* râpé; ~ **caws dros rth** parsemer qch de fromage râpé.
gratiwr (**gratwyr**) *g* râpe *f*; ~ **caws** râpe à fromage.
gratur, **gratyr** (**-on**) *g gw.* **gratiwr**.
grawn *ll* (*ŷd ayb*) grains *mpl*, céréales *fpl*; (*wyau pysgod*) œufs *mpl* de poisson; (*aeron*) baies *fpl*.
grawnafal (**-au**) *g* grenade *f*.
grawnfwyd (**-ydd**) *g* céréale *f*.
grawnffrwyth (**-au**) *g* pamplemousse *m*.
grawnwinen (**grawnwin**) *b* (grain *m* de) raisin *m*; **grawnwin** raisins; **cynhaeaf grawnwin** vendange *f*; **sudd grawnwin** jus *m* de raisin.
Grawys *g*: **y** ~ (*CREF*) le Carême; **yn ystod y** ~ pendant le Carême, en Carême; **cadw'r** ~ observer le carême, faire carême.
gre (**-oedd**) *b* (*o geffylau, o gesyg*) troupe *f*, troupeau(-x) *m*; (*fferm fridio*) haras *m*; **caseg re** jument *f* poulinière.
Greal *g*: **y** ~ **Sanctaidd** le Saint-Graal.
greddf (**-au**) *b* instinct *m*.
greddfol *ans* instinctif(instinctive);
♦ **yn reddfol** *adf* instinctivement, d'instinct.
Greenwich *prb*: **Amser Safonol** ~ heure *f* de Greenwich.
grefi *g* (*COG*) sauce *f* au jus de viande.
gregaredd *g* grégarisme *m*.
grenâd (**grenadau**) *g* grenade *f*.
Grenada *prb* (*ynys*) la Grenade *f*; **yng Ngrenada** à la Grenade.
Grenadaidd *ans* grenadin(e).
Grenadiad (**Grenadiaid**) *g/b* Grenadin *m*, Grenadine *f*.
gresyn *g* dommage *m*; ~ **na fydd yn gallu bod yno** il est dommage *neu* quel dommage qu'il ne puisse *subj* y être.
gresyndod *g* misère *f*, détresse *f*.
gresynu *bg*: ~ **at rth** déplorer qch, regretter qch vivement; ~ **at y ffaith ...** déplorer le fait que + *subj*, regretter vivement que + *subj*.
gresynus *ans* misérable, malheureux(malheureuse);
♦ **yn resynus** *adf* misérablement.
grêt* *ans gw.* **gwych**.
greyenyn (**graean**) *g* gravillon *m*.
grid (**-iau**) *g*
1 (*gratin*) grille *f*, grillage *m*; ~ **gwartheg** grille (*au sol qui empêche le passage du bétail*).
2 (*ar fap*) grille *f*.
3 (*TRYD*): **y G**~ **Cenedlaethol** le réseau national d'électricité.
gridyll (**-au**) *g,b* (*COG*) plaque *f* en fonte (*pour cuire*); (*rhan o ffwrn*) plaque chauffante.
gridyllio, **gridyllu** *ba* (*COG*) faire griller.
griddfan *bg* gémir, pousser un gémissement *neu* des gémissements, geindre;
♦*g* (**-nau**) gémissement *m*, plainte *f*.
griddfannus *ans* gémissant(e);
♦ **yn riddfannus** *adf* en gémissant.
grifft (**-oedd**) *g*: ~ **llyffant** frai *m* de grenouilles.
gril (**-iau**) *g* (*teclyn*) gril *m*; (*bwyd*) grillade *f*; (*tŷ bwyta*) rôtisserie *f*, grill *m*; **rhoi rhth i frownio dan y** ~ faire dorer qch au gril.
grilio *ba* (*COG*) faire griller.
grillian *bg* (*adar*) pépier, gazouiller.
grîn (**-s**) *g* (*CHWAR*) pelouse *f*, gazon *m*; ~ **bowls** terrain *m* gazonné (*pour le jeu de boules*).

gris (**-iau**) *g* marche *f*; **'gwyliwch y ~'** 'attention à la marche'; **y ~iau** l'escalier *m*; **mynd heibio i rn ar y ~iau** rencontrer qn dans l'escalier; **i fyny'r ~iau** en haut; **i lawr y ~iau** en bas; **mynd i fyny'r ~iau** monter l'escalier; **mynd i lawr y ~iau** descendre l'escalier.
grisial *g* cristal(cristaux) *m*.
grisialaidd *ans* cristallin(e); (*clir*) limpide, clair(e) *neu* pur(e) comme le cristal; ♦ **yn risialaidd** *adf* de façon limpide.
grisialeg *b* cristallographie *f*.
grisialu *ba* (*hylif*) cristalliser; ♦*bg* (*caledu'n grisial*) se cristalliser.
grit (**-iau**) *g gw.* **grut**.
griwel (**-au**) *g* gruau(-x) *m*.
gro *ll* gravier *m*, gravillons *mpl*; (*cerrig*) cailloux *mpl*; (*ar draeth*) galets *mpl*.
Groeg *prb*: **(Gwlad)** ~ la Grèce *f*; **yng Ngwlad** ~ en Grèce; ♦*b,g* (*iaith*) grec *m*; **hen Roeg** grec classique; ~ **cyfoes** grec moderne; ♦*ans* grec(que).
Groegaidd *ans* grec(que).
Groeges (**-au**) *b* Grecque *f*.
Groegwr (**Groegwyr**) *g* Grec *m*.
Groegydd (**-ion**) *g* helléniste *m/f*.
gronell (**-au**) *b* œufs *mpl* de poisson.
gronyn (**-nau**) *g* particule *f*, parcelle *f*; (*halen, tywod ayb*) grain *m*; (*FFIS*) particule; (*synnwyr*) grain, brin *m*; (*gwirionedd*) ombre *f*, miette *f*; **nid wy'n hidio'r un ~ amdano** ça ne me dit rien du tout; **nid oes ronyn o wahaniaeth gennyf** ça m'est tout à fait égal; **ni ŵyr hi'r ~ lleiaf amdano** elle ne sait absolument rien à son sujet.
gronyniad (**-au**) *g* granulation *f*, grenage *m*.
gronynnog *ans* granuleux(granuleuse), granulaire.
gros *ans* (*ECON, MASN*) brut(e).
groser (**-iaid**) *g* épicier *m*, épicière *f*; **yn siop y ~** à l'épicerie, chez l'épicier.
grôt (**grotiau**) *g* *ancienne petite pièce de quatre pence.*
grotésg *ans* grotesque, saugrenu(e); ♦ **yn (g)rotésg** *adf* grotesquement.
groto (**-au**) *g* grotte *f*.
growt *g* enduit *m* de jointoiement.
growtio *ba* mastiquer.
gröyn (**gro**) *g* sablon *m*, gravillon *m*.
grual (**-au**) *g* gruau(-x) *m*.
grud *g gw.* **grut**.
grudio *ba*: ~ **ffordd** sabler une route, gravillonner une route; **lorri ~** camion *m* de sablage.
grudd (**-iau**) *b* joue *f*.
grug *g* bruyère *f*.
grugiar (**grugieir**) *b* (*ADAR*) grouse *f*, lagopède *m*.
gruglys *ll* camarines *fpl*.
grugog *ans* couvert(e) de bruyères.
grut *g* (*tywod*) sable *m*, sablon *m*; (*graean*) gravillon *m*.
grutiog *ans* graveleux(graveleuse), de gravier.
grwgnach *bg* grogner, grommeler, ronchonner, rouspéter*, se plaindre, bougonner.
grwgnachlyd *ans* grognon(ne), grincheux(grincheuse), bougon(ne); ♦ **yn rwgnachlyd** *adf* en grommelant, d'un ton bougon.
grwgnachwr (**grwgnachwyr**) *g* ronchon *m*, grognon *m*.
grwgnachwraig (**grwgnachwragedd**) *b* ronchonne *f*, grognonne *f*.
grŵn *g* (*lleisiau, pryfed*) bourdonnement *m*; (*awyren, peiriant ayb*) vrombissement *m*; (*cath*) ronronnement *m*, ronron *m*; (*radio*) ronflement *m*.
grwnan *bg* (*pryf*) bourdonner; (*rhn*) fredonner, chantonner; (*awyren, peiriant*) vrombir; (*radio*) ronfler; (*cath*) ronronner, faire ronron.
grwndi *g*: **canu ~** ronronner.
grwndwal (**-au**) *g* fondement *m*, base *f*.
grŵp (**grwpiau**) *g* groupe *m*; ~ **bychan** groupuscule *m*; ~ **gwaed** groupe sanguin; ~ **oedran** groupe *neu* tranche *f* d'âge; ~ **pop/roc** groupe de pop/rock; ~ **ymgynghorol** comité *m* consultatif; **ffurfio ~** se grouper; (*CERDD, er mwyn trafod*) former un groupe; **sefyll mewn grwpiau** se tenir par groupes.
grŵp-gapten (**~-gapteiniaid**) *g* (*AWYR*) colonel *m* de l'armée de l'air.
grwpio *bg* se grouper, former un groupe; ♦*ba* grouper, rassembler, réunir.
grym (**-oedd**) *g* force *f*, forces, violence *f*; (*gallu*) pouvoir *m*, capacité *f*; (*awdurdod*) pouvoir, autorité *f*; (*nerth*) vigueur *f*, puissance *f*; ~ **disgyrchiant** pesanteur *f*; ~ **ewyllys** volonté *f*, fermeté *f*; ~ **yr heddlu** l'autorité *neu* le pouvoir de la police; **defnyddio ~** employer la force; **nid oes ganddynt rym gwleidyddol** ils n'ont aucune autorité politique.
grymial *bg* murmurer, marmotter.
grymus *ans* puissant(e), fort(e), vigoureux(vigoureuse); (*dadl, rhesymau*) solide, sérieux(sérieuse); **rhoddodd berfformiad ~** il a donné une représentation puissante *neu* émouvante; ♦ **yn rymus** *adf* avec force, avec vigueur, fortement, puissamment, vigoureusement.
grymuso *ba* fortifier, rendre fort(e), renforcer.
grymuster, **grymustra** *g* pouvoir *m*, force *f*, puissance *f*, vigueur *f*.
Guatemala *prb gw.* **Gwatemala**.
Guinea Gyhydeddol *prb gw.* **Gini Gyhydeddol**.
Guto Ffowc *prg* Guy Fawkes; **noson ~ ~** la nuit des feux-de-joie, le 5 novembre (*anniversaire de la Conspiration des Poudres*).
Guyana *prb gw.* **Gaiana**.
gw. *byrf*(= *gweler*) voir.

gwacáu *ba* vider; (*pwll*) vider, vidanger; ♦*bg* se vider, se décharger.

gwacsaw *ans* frivole, léger(légère), superficiel(le), sans valeur, insignifiant(e); ♦ **yn wacsaw** *adf* frivolement.

gwacter *g* vide *m*; (*pleserau*) vanité *f*; ~ **bywyd** le vide de l'existence.

gwactod (**-au**) *g* vide *m*; (*FFIS*) vacuum *m*, vide.

gwachul *ans* (*rhn*) maigre, émacié(e), décharné(e); (*wyneb*) creux(creuse); (*gwan*) faible, débile, frêle.

gwadadwy *ans* démentissable, contestable, déniable.

gwadiad (**-au**) *g* dénégation *f*, démenti *m*, rejet *m*, reniement *m*, désaveu(-x) *m*.

gwadn (**-au**) *g,b* (*esgid, hosan*) semelle *f*; (*troed*) plante *f*; **o wadn y troed hyd y corun** de la tête aux pieds.

gwadnu *ba* ressemeler; **ei** ~ **hi** (*ffig*) prendre ses jambes à son cou, filer, décamper, détaler.

gwadu *ba* nier, refuser d'admettre; (*awdurdod rhn*) rejeter; (*diarddel*) renier; **'does dim ~'r peth** c'est indéniable; **'dydw i ddim yn ~ gwirionedd y peth** je ne nie pas que ce soit *subj* vrai; ~ **du yn wyn** se refuser à l'évidence, nier l'évidence.

gwadwr (**gwadwyr**) *g* celui qui nie.

gwadwraig (**gwadwragedd**) *b* celle qui nie.

gwadd[1] (**-od**) *b* (*twrch daear*) taupe *f*; **pridd y wadd** taupinière *f*.

gwadd[2] *ans* (*rhn*) invité(e); **ein gŵr ~ heno yw** notre invité ce soir est; ♦*ba gw.* **gwahodd**.

gwadden *b* (**gwaddod**) *gw.* **gwadd**[1].

gwaddod[1] (**-ion**) *g* lie *f*, dépôt *m*; (*CEM*) précipité *m*.

gwaddod[2] *ll gw.* **gwadd**[1].

gwaddodi *ba* (*CEM*) précipiter; ♦*bg* (se) précipiter.

gwaddol (**-ion**) *g* dot *f*, dotation *f*.

gwaddoledig *ans* doté(e).

gwaddoli *ba* doter.

gwaddoliad (**-au**) *g* dotation *f*.

gwaddotwr (**gwaddotwyr**) *g* taupier *m*, preneur *m* de taupes.

gwae (**-au**) *g,b* malheur *m*; ~ **fi!** pauvre de moi!; ~ **ti, paid â mynd yno!** n'y vas pas pour l'amour de Dieu!

gwaed *g*
1 (*CORFF, MEDD*) sang *m*; **banc** ~ banque *f* du sang; **grŵp** ~ groupe *m* sanguin; **pwysedd** ~ tension *f* artérielle; **cymryd pwysedd ~ rhn** prendre la tension de qn; **bod â phwysedd ~ uchel/isel** faire de l'hypertension/l'hypotension; **trallwysiad** ~ transfusion *f* sanguine *neu* de sang; **rhuthrodd y ~ i'w wyneb** le sang lui est monté au visage; **hyd at waed** jusqu'au sang.
2 (*ffig*): **mae'n gwneud i'm ~ ferwi** cela me fait bouillir; **bod â ~ rhn ar eich dwylo** avoir la mort de qn sur la conscience, avoir du sang sur les mains; **bod am waed rhn*** vouloir la peau de qn*; **mewn ~ oer** de sang-froid; **mae fel cael ~ o garreg** c'est comme si on tirait de l'huile d'un mur; **mae ~ yn dewach na dŵr** la voix du sang est la plus forte.
3 (*llinach*) sang *m*; **mae hi o waed Eidalaidd** elle est de sang italien; **mae yn ei waed** il a cela dans le sang; **perthynas o** *ou* **trwy waed** parent *m* par le sang, parente *f* par le sang.

gwaed-gynnes *ans* (*anifail*) à sang chaud.

gwaedlif (**-au**) *g* hémorragie *f*; ~ **ar yr ymennydd** hémorragie cérébrale; ~ **mewnol** hémorragie interne; ~ **o'r trwyn** hémorragie nasale.

gwaedlyd *ans* sanglant(e), taché(e) de sang, ensanglanté(e); (*yn gwaedu*) saignant(e); (*lliw*) rouge sang; **gyda dwylo** ~ les mains couvertes de sang *neu* ensanglantées; **trwyn** ~ un nez en sang; **brwydr waedlyd** une bataille sanglante *neu* sanguinaire.

gwaedoer *ans* (*anifail*) à sang froid.

gwaedoliaeth *b* race *f*.

gwaedu *bg* saigner, perdre du sang; ~ **i farwolaeth** perdre tout son sang; ~ **fel mochyn** saigner copieusement; **mae ei thrwyn yn** ~ elle saigne du nez; **mae fy nghalon yn ~ drosto** (*eironig*) il me fend le cœur, il va me faire pleurer;
♦*ba* (*MEDD*) saigner, faire une saignée à; (*CAR: brêcs, rheiddiadur*) purger.

gwaedd (**-au**) *b* cri *m*, hurlement *m*; **rhoi** ~ pousser un cri; **clywodd waedd am help** il a entendu crier au secours.

gwael *ans*
1 (*o safon isel, tila: cyff*) médiocre, piètre; (:*ymdrech*) insuffisant(e); (:*golau*) faible; (:*golwg*) faible, mauvais(e); (:*pridd*) pauvre, peu productif(productive); (:*cardiau*) médiocre; **mae ei glyw yn wael** il est dur d'oreille; **mae gennyf gof** ~ je n'ai pas une bonne mémoire; **'roedd hi'n noson wael** ce n'était pas une soirée réussie, la soirée n'était pas une réussite; (*o ran tywydd*) il faisait mauvais temps ce soir-là; **mae'n un ~ am deithio** il supporte mal les voyages; **mae'n un ~ am golli** il est mauvais perdant.
2 (*cas*): **tro** ~ vilain tour *m*.
3 (*o ran iechyd*) malade; **teimlo'n wael** être souffrant(e) *neu* malade; **mae ei iechyd yn wael** il est en mauvaise santé;
♦ **yn wael** *adf* mal.

gwaelder *g* pauvreté *f*, misère *f*; (*ansawdd gwael*) médiocrité *f*, mauvaise qualité *f*.

gwaeledd *g* (*salwch*) maladie *f*; (*cyflwr isel*) misère *f*, médiocrité *f*.

gwaelod *g* (**-ion**) fond *m*, bas *m*; (*mynydd, wal*) pied *m*; **ar y** ~ en bas; **ar waelod y dudalen** en bas de la page; **o waelod fy nghalon** du fond de mon cœur; **~ion** (*mewn* *gwin*) dépôt *m*, lie *f*; **bod yn y ~ion** (*yn anhapus*) avoir le cafard*.

gwaelodi *bg* (*CEM*) se déposer;
♦*ba* déposer.

gwaelodol *ans* fondamental(e)(fondamentaux, fondamentales), de base; (*creigiau*) sédimentaire.

gwaelu *bg* tomber malade.

gwäell, gwäellen (**gwëyll**) *b* *gw.* **gweillen**.

gwaered *g* descente *f*, pente *f*; **wyneb i waered, pen i waered** sens dessus dessous, à l'envers; **troi rhywle wyneb i waered** mettre sens dessus dessous quelque part.

gwaeth *ans* (gradd gymharol 'drwg', 'gwael'. Wrth gyfieithu dylid cyfeirio at y gwahanol ystyron sydd dan 'drwg', 'gwael')
1 (*cyff*) pire, plus mauvais(e); **mae'n waeth na thi!** il est pire que toi!; **gallasai fod yn waeth** cela aurait pu être pire; **ni allasai pethau fod dim ~** ça ne pourrait pas aller plus mal; **mae pethau ~ wedi digwydd** on a vu pire; **gwneud rhth yn waeth** aggraver qch, envenimer qch; **gwneud pethau'n waeth i chi'ch hun** aggraver son cas; **ac i wneud pethau'n waeth ...** et, pour comble de malheur ...; **mynd o ddrwg i waeth** empirer, aller de mal en pis, aller de pis en pis; (*ymddygiad*) se conduire de mal en pis; **mae busnes yn waeth nag erioed** les affaires vont plus mal que jamais; **nid yw hi ddim ~ ar ôl cwympo** elle ne s'est pas ressentie de sa chute; **nid wyf i ddim ~** je ne m'en porte pas plus mal; **ni fyddwch chi ddim ~ â gofyn** il n'y a pas de mal à demander; **'does waeth gen i** cela m'est égal, ça ne me fait rien; **'ta waeth** (*dim ots*) n'importe, peu importe, ça ne fait rien; (*beth bynnag*) de toute façon, quand même.
2 (*defnydd enwol*) pire *m*; **mae ~ i ddod** on n'a pas vu le pire.
▶ **(ni) waeth i: (ni) waeth imi fynd** je ferais aussi bien de m'en aller; **(ni) waeth iti ddweud y cwbl** tu ferais aussi bien de tout dire; **(ni) waeth inni fynd ddim** autant vaut *neu* vaudrait y aller, autant vaut *neu* vaudrait que nous y allions *subj*; **(ni) waeth iti heb â** cela ne sert à rien de; **(ni) waeth beth** (*dim ots beth, beth bynnag*) *gw.* **beth, ots**.
▶ **(ni) waeth p'un** (*dim ots pa un, p'un bynnag*) *gw.* **un, ots**.
▶ **(ni) waeth pryd** (*dim ots pryd, pryd bynnag*) *gw.* **ots, pryd** *gw.* **1**.
▶ **(ni) waeth pwy** (*dim ots pwy, pwy bynnag*) *gw.* **pwy, ots**;
♦ **yn waeth** *adf* pire, pis, plus mal; **mae'n bwrw eira'n waeth nag erioed** il neige pire *neu* pis que jamais; **teimlo'n waeth** se sentir plus mal; **mae'n brifo'n waeth nag erioed** ça fait plus mal que jamais; **gallet ti wneud yn waeth** tu pourrais faire pire *neu* pis; **fe wnaeth yn waeth na thi** il a fait plus mal que toi.

gwaethaf *ans* (gradd eithaf 'drwg', 'gwael'. Wrth gyfieithu dylid cyfeirio at y gwahanol ystyron sydd dan 'drwg', 'gwael')
1 (*cyff*): **y ... ~** le pire(la pire) ..., le plus mauvais(la plus mauvaise) ...; **dyna oedd fy nghamgymeriad ~** cela a été mon erreur la plus grave; **y peth ~ a wnaethost** la pire chose que tu aies *subj* fait; **y peth ~ am y ffilm yw ...** ce qu'il y a de pire dans le film, c'est ...; **y gaeaf ~ ers 10 mlynedd** l'hiver le plus rude depuis 10 ans; **y ddamwain waethaf** l'accident le plus grave; **cyrhaeddodd ar yr adeg waethaf bosibl** il n'aurait pas pu arriver à un plus mauvais moment, il n'aurait pas pu plus mal tomber; **dyna'r peth ~ am ...** ça c'est l'inconvénient de ....
2 (*defnydd enwol*): **y ~** (*dyn, merch, peth*) le pire *m*, la pire *f*; (*peth haniaethol*) le pire *m*, le pis *m*; **y ~ a all ddigwydd** le pire qui puisse *subj* arriver; **ofni'r ~** craindre le pire; **mae'r ~ eto i ddod** il faut s'attendre au pire; **os daw hi i'r ~** en mettant les choses au pis, même en envisageant le pire; **a'r ~ yw ...** et le pire, c'est que; **mae'n dod â'r ~ allan ynddo** ça réveille en lui les pires instincts; **hi gafodd y ~ ohoni** c'est elle qui s'en est le plus mal sortie; **cael y ~ o'r fargen** être le perdant(la perdante), avoir la mauvaise part; **bod ar ei waethaf** (*storm, gaeaf*) être à son paroxysme, avoir atteint son point culminant, battre son plein; (*sefyllfa, amodau, perthynas*) n'avoir jamais été aussi mauvais(e), ne pas pouvoir aller plus mal.
▶ **er gwaethaf** *gw.* **er**.
▶ **gwaetha'r modd** malheureusement, tant pis, le pis est ...;
♦*adf* le plus mal; **pwy sy'n canu waethaf?** qui chante le plus mal?

gwaethafydd (**-ion**) *g* pessimiste *m/f*.

gwaethygiad (**-au**) *g* aggravation *f*, détérioration *f*.

gwaethygu *ba* aggraver, empirer;
♦*bg* empirer, se détériorer, s'aggraver; (*perthynas*) se détériorer, se gâter; **mae'n ~** (*ymddygiad, cof*) il ne s'améliore *neu* s'arrange pas; (*iechyd*) il va de plus en plus mal, son état ne fait que s'aggraver *neu* s'empirer, il file un mauvais coton.

gwag (**gweigion**) *ans* vide; (*ystafell*) inoccupé(e), vide; (*lorri*) vide, sans chargement; (*llong*) lège; (*swydd*) vacant(e); (*sedd*) libre, disponible; (*tref*) vide, désert(e); **ar stumog wag** à jeun; **mae fy stumog yn wag** j'ai le ventre *neu* l'estomac creux; **mwyaf trwst llestri gweigion** les grands diseurs ne sont pas les grands faiseurs; **addewidion ~** promesses *fpl* en l'air; **bygythiadau ~** menaces *fpl* vaines; **geiriau ~** paroles *fpl* creuses; **siarad ~** verbiage *m*.

gwagedd (**-au**) *g* vanité *f*, frivolité *f*; **ffair wagedd** foire *f* aux vanités.
gwagen (**-ni**) *b gw.* **wagen**.
gwagio *ba* (*gwydryn, blwch*) vider; (*pwll*) vider, vidanger; (*dadlwytho*) décharger; ♦*bg* (*adeilad, tanc*) se vider; (*dŵr*) se déverser, s'écouler.
gwaglaw: **yn waglaw** *adf* les mains vides.
gwagle (**-oedd**) *g* espace *m*, vide *m*; **syllu i mewn i'r** ~ regarder dans l'espace *neu* dans le vide.
gwagnod (**-au**) *g* zéro *m*.
gwagr (**-au**) *g gw.* **gogr**.
gwag-siarad *bg* papoter;
♦*g* bavardage *m*, papotage *m*.
gwag-swmera *bg* flâner, traîner, lambiner*.
gwagu *ba, bg gw.* **gwagio**.
gwahadden (**gwahaddod**) *b gw.* **gwadd**[1].
gwahân *g*: **ar wahân** (*naill ochr*) à part, de côté, à l'écart; (*heb fod gyda'i gilydd*) séparément, à part; (*fesul un*) séparément, un(e) par un(e), un(e) à la fois; (*gwahanol*) distinct(e), à part; **maen nhw'n byw ar wahân nawr** ils sont séparés maintenant; **'roedd yr ysgolion ymhell ar wahân** les écoles étaient éloignées l'une de l'autre *neu* à une grande distance l'une de l'autre.
▶ **ar wahân i**
1 (*heb fod gyda*) à l'écart de; **safai ar wahân i'r lleill** elle se tenait à l'écart des autres.
2 (*ac eithrio*) à part, en dehors de, outre que, hormis que; **ar wahân i hynny** à part cela, cela mis à part; **ar wahân i'r trafferthion hyn** en dehors de *neu* à part ces difficultés, ces difficultés mises à part.
gwahanadwy *ans* séparable.
gwahanedig *ans* séparé(e), divisé(e), désuni(e).
gwahanfa (**-oedd, gwahanfeydd**) *b* (DAEAR) ligne *f* de partage des eaux.
gwahanfur (**-iau**) *g* cloison *f*.
gwahanglaf (**gwahangleifion**) *g* lépreux *m*, lépreuse *f*.
gwahanglwyf *g* lèpre *f*.
gwahanglwyfus *ans* lépreux(lépreuse).
gwahaniad (**-au**) *g* séparation *f*, ségrégation *f*.
gwahaniaeth (**-au**) *g* différence *f*, divergence *f*; (*mewn oedran, taldra, gwerth, pwysau ayb*) écart *m*, différence; **mae hynny'n gwneud byd o wahaniaeth** voilà qui change tout, cela change tout; **mae hynny'n gwneud** ~ **mawr i mi** c'est très important pour moi, cela compte beaucoup pour moi; **pa wahaniaeth yw hi os ...?** qu'est-ce que cela peut faire que ...? + *subj*, quelle importance cela a-t-il si ...? + *indic*; **'does dim** ~ c'est égal, peu importe, cela ne change rien, ça ne fait rien; **'does dim** ~ **gen i** cela m'est égal, ça ne me fait rien.
gwahaniaethiad *g* (*cyff*) différenciation *f*; (*yn erbyn rhn*) discrimination *f*.
gwahaniaethol *ans* (*cyff*) différentiel(le); (*yn erbyn rhn*) discriminatoire.
gwahaniaethu *bg*
1 (*bod yn wahanol*) différer, être différent(e), se distinguer, être distinct(e), varier.
2 (*gweld neu wneud gwahaniaeth*) faire la différence *neu* la distinction; **nid wyf i ddim yn gallu** ~ **rhwng coch a gwyrdd** je ne fais pas la différence entre le rouge et le vert; **mae'n anodd** ~ **rhwng yr efeilliaid** on ne peut distinguer les jumeaux l'un de l'autre; **mae'n rhaid** ~ **rhwng ystyron y gair hwn** il faut différencier entre les sens de ce mot; ~ **yn erbyn rhn** établir une discrimination contre qn.
gwahaniaethydd (**-ion**) *g* (*prisiau, cyflogau ayb*) écart *m*.
gwahanol *ans*
1 (*annhebyg*) différent(e), autre; **yn hollol wahanol i** totalement différent de, tout autre que; **gwisgo ffrog wahanol bob dydd** porter chaque jour une robe différente; **gwneud rhth** ~ faire qch de nouveau; **ffordd hollol wahanol o wneud** une tout autre manière de faire; **mae hynny'n fater hollol wahanol** ça c'est une autre affaire, c'est tout autre chose; **yn wahanol i'w chwaer, mae e'n hoffi darllen** à la différence de sa sœur, il aime lire; **mae arni eisiau bod yn wahanol** elle veut se singulariser *neu* se distinguer.
2 (*amrywiol*) différent(e), divers(e), plusieurs; **mewn gwledydd** ~ dans différents *neu* divers pays; **ar adegau** ~ en diverses occasions;
♦ **yn wahanol** *adf* différemment, d'une manière différente, autrement; **'rwy'n ei wneud yn wahanol i ti** je le fais différemment de toi *neu* autrement que toi, je ne fais pas ça comme toi.
gwahanu *ba* séparer; (*didoli*) séparer, trier; (*gosod bwlch rhwng*) espacer; (*rhannu*) diviser;
♦*bg* se séparer; **maen nhw wedi** ~ ils se sont séparés.
gwahardd *ba* défendre, interdire, prohiber; ~ **rhn rhag gwneud rhth** défendre à qn de faire qch, interdire à qn de faire qch; **'rwy'n dy wahardd di!** je te l'interdis!; ~ **rhn dros dro** (*disgybl, myfyriwr*) renvoyer *neu* expulser *neu* exclure qn temporairement;
♦*bg*: ~ **i rn wneud rhth** défendre à qn de faire qch, interdire à qn de faire qch; **gwaherddir i'r disgyblion wneud hyn** il est interdit aux élèves de faire cela.
gwaharddedig *ans* défendu(e), interdit(e); **y ffrwyth** ~ le fruit défendu.
gwaharddiad (**-au**) *g* prohibition *f*, interdiction *f*, défense *f*.
gwahodd *ba* inviter; ~ **rhn i swper** inviter qn à dîner; ~ **rhn i wneud rhth** inviter qn à faire qch; ~ **rhn i mewn/fyny/lawr** inviter qn à entrer/monter/descendre.

gwahoddedigion *ll* invités *mpl*, invitées *fpl*, hôtes *mpl/fpl*.

gwahoddiad (**-au**) *g* invitation *f*; **ar wahoddiad rhn** à *neu* sur l'invitation de qn; **trwy wahoddiad yn unig** sur invitation seulement.

gwahoddwr (**gwahoddwyr**) *g* hôte *m*.

gwahoddwraig (**gwahoddwragedd**) *b* hôtesse *f*.

gwain (**gweiniau**) *b* (*cleddyf*) fourreau(-x) *m*; (*dagr*) gaine *f*; (*CORFF*) vagin *m*.

gwair (**gweiriau**) *g*
1 (*mewn cae: cnwd*) foin *m*; (*:porfa*) herbage *m*, pâturage *m*; **lladd ~, torri ~** (*AMAETH*) faner, faire les foins; **peiriant lladd** *ou* **torri ~** faucheuse *f*.
2 (*glaswellt: cyff*) herbe *f*; (*:lawnt*) gazon *m*, pelouse *f*; **torri'r ~** tondre le gazon; **peiriant torri ~** tondeuse *f*.

gwaith[1] *g*
1 (*llafur*) travail(travaux) *m*; **~ adeiladu** travaux de construction; **~ ar y ffordd** travaux d'entretien *neu* de réfection de la route; **~ cartref** devoir *m*; **~ maes** (*ARCHAEOL, DAEAR ayb*) recherches *fpl neu* enquête *f* sur le terrain; (*CYMDEITH*) travail avec des cas sociaux; **o waith llaw** fait(e) à la main; **~ da!** bien travaillé(e)!, bravo!; **mae hwn yn waith da** c'est du bon travail; **gwneud ~ da** faire du bon travail; **ceisio gwneud tipyn o waith** essayer de travailler un peu; **mynd at waith** se mettre au travail; **~ dyn ydyw** c'est un travail d'homme; **mae'n waith hawdd** ce n'est pas difficile à faire; **mae'n waith sychedig** ça donne soif; **gwneud diwrnod cyfan o waith** faire sa journée; **tynnu ~ yn fy mhen** me faire travailler.
2 (*swydd*) travail *m*, emploi *m*; **chwilio am waith** chercher du travail *neu* de l'emploi; **bod allan o waith** chômer, être en *neu* au chômage, être sans emploi; **colli'ch ~** être licencié(e), perdre son travail; **diwrnod rhydd o'r ~** un jour de congé; **mae gen i amser rhydd o'r ~** j'ai du temps libre.
3 (*gydag amser penodol: i ddangos hyd gorchwyl neu daith*): **mae ~ dwy awr arall i'w wneud ar y llyfr yma** il me faudra encore deux heures de travail sur ce livre, il faudra compter encore deux heures de travail sur ce livre; **dim ond ~ deg munud yw hi i'r ysgol** il ne faut que dix minutes pour aller à l'école, l'école n'est qu'à dix minutes d'ici.
4 (*trafferth*): **cael gwneud rhth** avoir de la difficulté à faire qch, avoir du mal à faire qch; **cael ~ mynd i fyny'r grisiau** monter l'escalier avec difficulté.

gwaith[2] (**gweithiau**) *g* (*cynnyrch*) ouvrage *m*, œuvre *f*; (*CELF, CERDD*) ouvrage, œuvre; **~ Duw** les œuvres de Dieu; **~ oes** l'œuvre de sa vie; **gweithiau cyfan Corneille** les œuvres complètes de Corneille, l'œuvre de Corneille; **~ ar Molière** un ouvrage sur Molière; **cafodd y ~ ei gomisiynu** l'œuvre a été commandée.

gwaith[3] (**gweithfeydd**) *g* (*DIWYD*) usine *f*, installations *fpl*; **~ glo** mine *f* de charbon; **y gweithfeydd glo** les houillères *fpl*, les mines de charbon; **~ metel, ~ haearn, ~ dur** usine sidérurgique; **y gweithfeydd dur** les aciéries *fpl*.

gwaith[4] (**gweithiau**) *b* fois *f*; **nifer o weithiau** maintes fois, bien des fois, très souvent, plusieurs fois, à plusieurs reprises; **cannoedd o weithiau*** vingt fois, trente-six fois, cent fois; **5 ~ 4 yw 20** 5 fois 4 font 20; **mae hwn bedair ~ yn fwy** celui-ci fait quatre fois plus grand; **mae'n werth chwe ~ cymaint** ça vaut six fois plus *gw. hefyd* **unwaith, dwywaith**.

gwaith[5] *cys* parce que; **aeth i'r gwely'n gynnar 'waith 'roedd wedi blino** il s'est couché de bonne heure parce qu'il était fatigué.

gwal (**-iau, gwelydd**) *b gw.* **wal**.

gwâl (**gwalau**) *b* (*anifail*) tanière *f*, repaire *m*; (*gwely*) lit *m*.

gwala *b* quantité *f* suffisante, assez; **cael eich ~** avoir largement assez.

gwalch (**gweilch**) *g*
1 (*ADAR*) faucon *m*; **~ y pysgod** orfraie *f*; **~ glas** faucon pèlerin.
2 (*dihiryn*) coquin *m*, vaurien *m*, polisson *m*, fripon *m*.

Gwalchafed *prg* Galaad.

Gwalchmai *prg* Gauvain.

gwalchwyfyn (**-od**) *g* (*PRYF*) sphingidé *m*.

gwalchyddiaeth *b* fauconnerie *f*.

gwaled (**-au**) *b gw.* **waled**.

Gwalia *prb* (*Cymru*) le pays de Galles.

gwall (**-au**) *g* erreur *f*, faute *f*; **'roedd nifer o wallau yn ei waith cartref** il y avait plusieurs erreurs dans ses devoirs.

gwallgof *ans*
1 (*ynfyd, wedi drysu: MEDD*) aliéné(e), fou[fol](folle)(fous, folles); (*:ffig*) fou; **mynd yn wallgof** perdre la raison, devenir fou; **bod yn hollol wallgof** être fou à lier *neu* à enfermer; **gyrru rhn yn wallgof** rendre qn fou; **'roedd hynny'n beth ~ i'w wneud** il fallait être fou pour faire cela; **mae hi'n wallgof i feddwl am y peth!** elle est folle d'y songer!; **wyt ti'n wallgof?** ça ne va pas?*; **mae'n rhaid dy fod ti'n wallgof!** ça ne va pas, non!*.
2 (*dig*) enragé(e), furieux(furieuse), fou(folle) de rage; **bod yn wallgof â rhn** être furieux contre qn; **mynd yn wallgof gyda rhn** s'emporter contre qn; **mae hi'n fy ngwneud yn wallgof!** ce qu'elle peut m'agacer *neu* m'énerver!.
3 (*gwirion: cynllun ayb*) insensé(e); **am syniad ~!** c'est une idée insensée!

gwallgofdy (**gwallgofdai**) *g* asile *m* d'aliénés, maison *f* de fous.

gwallgofddyn (**gwallgofiaid**) *g* fou *m*, aliéné *m*.

gwallgofi *bg* perdre la raison, devenir fou(folle);
♦*ba* rendre (qn) fou(folle).

gwallgofrwydd *g* folie *f*, démence *f*; (*MEDD*) aliénation *f* mentale; **mae'n wallgofrwydd pur i wneud hynny** c'est de la pure folie *neu* de la démence de faire cela.

gwallgofwraig (**gwallgofwragedd**) *b* folle *f*, aliénée *f*.

gwall-neges (~-~**euon**) *b* (*CYFRIF*) message *m* d'erreur.

gwallt (**-iau**) *g* cheveux *mpl*, chevelure *f*; ~ **gosod** perruque *f*, postiche *m*; **blewyn o wallt** un cheveu; **llond pen o wallt** une belle chevelure; **mae ganddi wallt du** elle a les cheveux noirs; **merch â** ~ **hir** une fille aux cheveux longs; **mae ei** ~ **bob amser yn daclus** elle est toujours bien coiffée; **bod â'ch** ~ **yn eich dannedd** être mal peigné(e), être ébouriffé(e); **digon i godi** ~ **eich pen** qui fait dresser les cheveux sur la tête; **colli'ch** ~ perdre ses cheveux; **golchi'ch** ~ se laver les cheveux *neu* la tête; **gwneud eich** ~ se coiffer; **cael gwneud** *ou* **trin eich** ~ se faire coiffer; **cael torri eich** ~ se faire couper les cheveux; **hoffwn gael torri fy ngwallt** je voudrais une coupe; **brws** ~ brosse *f* à cheveux; **cyrlyrs** ~ bigoudis *mpl*; **chwistrell wallt** laque *f* en aérosol *neu* en bombe; **dyn trin** ~ coiffeur *m*; **dynes trin** ~ coiffeuse *f*; **set wallt** mise *f* en plis; **siop trin** ~ salon *m* de coiffure; **sychwr** ~ séchoir *m* à cheveux, sèche-cheveux *m inv*; **triniwr** ~ coiffeur *m*; ~ **y forwyn** (*PLANH*) capillaire *m*; (*cymylau*) ciel *m* moutonné.

gwalltog *ans* (*pen*) chevelu(e); (*rhn*) hirsute; **pob copa walltog** tout le monde sans exception.

gwallus *ans* (*â nam*) défectueux(défectueuse), mal fait(e); (*anghywir*) inexact(e), erroné(e), faux(fausse), incorrect(e), impropre;
♦ **yn wallus** *adf* avec inexactitude, inexactement, incorrectement.

gwallusrwydd *g* inexactitude *f*, imprécision *f*, manque *m* de précision.

gwamal *ans* inconstant(e), volage, frivole, léger(légère), superficiel(le).

gwamalrwydd *g* frivolité *f*, inconstance *f*.

gwamalu *bg* (*simsanu*) vaciller, hésiter; (*bod yn wamal*) être frivole.

gwan (**gweinion**) *ans*
1 (*cyff: rhn*) faible, débile, frêle; (*adeilad, defnydd*) faible, fragile, peu solide, peu résistant(e), qui manque de solidité; (*yn foesol*) faible, mou[mol](molle)(mous, molles); (*llywodraeth*) faible, impuissant(e); (*esgus, dadl*) faible, réfutable, peu convaincant(e); (*coffi, te*) léger(légère), faible; **mae ei iechyd yn wan** il a une santé fragile *neu* délicate; **mae ganddo galon wan** il est cardiaque, il a le cœur faible *neu* malade; **mae gen i frest wan** j'ai les poumons fragiles, je suis faible des bronches; **mewn llais** ~ d'une voix fluette *neu* faible; ~ **gan newyn** affaibli(e) par la faim; ~ **gan ofn** les jambes molles de peur; **man** ~ point *m* faible.
2 (*defnydd enwol*): **y** ~ (*hefyd:* **y gweiniaid**) les faibles *mpl*.

gwanc *g* (*am arian, pŵer*) avidité *f*, cupidité *f*; ~ **am fwyd** appétit *m*, gourmandise *f*, gloutonnerie *f*.

gwancus *ans* avide, rapace, cupide; (*am fwyd*) vorace, glouton(ne), goulu(e);
♦ **yn wancus** *adf* avidement, cupidement, voracement, gloutonnement.

gwanedig *ans* (*hylif*) coupé(e) *neu* étendu(e) d'eau, dilué(e); (*ffig*) dilué, édulcoré(e).

gwanedu *ba* (*hylif*) diluer, couper (qch) d'eau.

gwangalon *ans* pusillanime, timide, timoré(e);
♦ **yn wangalon** *adf* timidement, avec pusillanimité.

gwangalondid *g* pusillanimité *f*, timidité *f*.

gwangalonni *bg* perdre courage, se décourager.

gwanhad *g* affaiblissement *m*, atténuation *f*, diminution *f*.

gwanhaol *ans* affaiblissant(e).

gwanhau *ba* affaiblir, miner, saper; (*calon*) fatiguer; (*gwlad, llywodraeth*) saper, affaiblir, rendre (qch) vulnérable; (*dadl*) affaiblir, enlever du poids *neu* de la force à; (*coffi ayb*) couper, diluer; (*ECON*) affaiblir, faire baisser;
♦*bg* (*iechyd*) s'affaiblir, faiblir; (*penderfyniad*) faiblir; (*ildio*) se laisser fléchir; (*llais*) faiblir, baisser; (*dylanwad*) baisser, diminuer.

gwaniad (**-au**) *g* coup *m* de couteau *neu* de poignard.

gwanllyd, **gwannaidd** *ans* faible, frêle, débile, fragile, délicat(e); (*llais*) fluet(te), faible;
♦ **yn wanllyd, yn wannaidd** *adf* faiblement, débilement.

gwanobaith *g* désespoir *m*.

gwanobeithio *bg* (se) désespérer.

gwant (**-au**) *g* césure *f*.

gwantan *ans* faible, débile, frêle;
♦ **yn wantan** *adf* faiblement, débilement, frêlement.

gwanu *ba* percer, transpercer.

gwanwyn (**-au**) *g* printemps *m*; **yn y** ~ au printemps; **mae hi'n teimlo fel** ~ il fait un temps printanier; **mae'r** ~ **ar ei ffordd** on sent venir le printemps.

gwanwynol *ans* printanier(printanière), vernal(e)(vernaux, vernales).

gwanychiad (**-au**) *g* affaiblissement *m*.

gwanychu *ba, bg gw.* **gwanhau**.

gwar (**-rau**) *g,b* nuque *f*.

gwâr *ans* civilisé(e), cultivé(e); (*addfwyn*) doux(douce), aimable.

gwaradwydd (**-iadau**) *g* scandale *m*, ignominie *f*, déshonneur *m*, honte *f*.

gwaradwyddo *ba* couvrir (qn) de honte, faire la honte de, déshonorer.

gwaradwyddus *ans* honteux(honteuse), scandaleux(scandaleuse), déshonorant(e), ignominieux(ignominieuse);
♦ **yn waradwyddus** *adf* honteusement, scandaleusement.

gwarafun *ba*
1 (*bod yn amharod i wneud rhth neu i rn gael rhth*): ~ **gwneud rhth** faire qch à contrecœur, rechigner à faire qch; ~ **rhoi rhth** donner qch à contrecœur *neu* à regret, accorder qch en rechignant; **'rwy'n ~ talu cymaint i barcio'r car** cela me fait mal au cœur de payer autant pour stationner la voiture; ~ **rhth i rn** en vouloir à qn de qch; **ydych chi'n ~ imi fy llwyddiant?** m'en voulez-vous de ma réussite?; **mae hyd yn oed yn ~ iddi'r bwyd y mae'n ei fwyta** il lui mesure jusqu'à sa nourriture, il lésine même sur sa nourriture.
2 (*gwahardd*) défendre, interdire, prohiber.

gwaraidd *ans* civilisé(e), cultivé(e), poli(e), courtois(e); (*addfwyn*) doux(douce), aimable.

gwarant (-**au**) *b* garantie *f*, bon *m*, assurance *f*, caution *f*; (CYFR: *gwŷs*) mandat *m*.

gwarantedig *ans* garanti(e), assuré(e).

gwarantu *ba* garantir, assurer; **mae'n ~ na wnaiff digwydd eto** il garantit *neu* certifie que cela ne se reproduira pas; **'fedrwn ni ddim ~ cael tywydd braf** nous ne pouvons pas garantir le beau temps; **'fedra i ddim ~ ei ymddygiad da** je ne peux pas me porter garant(e) de sa bonne conduite.

gwarantydd (**gwarantwyr**) *g* garant *m*, garante *f*, caution *f*.

gwarchae *bg*: ~ **ar** assiéger, assaillir;
♦*g* (**-au, -oedd**) siège *m*, blocus *m*.

gwarchaeedig *ans* assailli(e), assiégé(e).

gwarcheidiol *ans* tutélaire, protecteur(protectrice), gardien(ne); **angel ~** ange *m* gardien;
♦ **yn warcheidiol** *adf* de façon tutélaire *neu* protectrice.

gwarcheidwad (**gwarcheidwaid**) *g* gardien *m*, gardienne *f*, protecteur *m*, protectrice *f*.

gwarchod *ba* (*rhag ymosodiad*) garder, protéger; (*rhag lladron*) surveiller; **'roedd y ci yn ~ y tŷ** le chien gardait la maison; ~ **babi/plant** garder un bébé/des enfants, faire du baby-sitting; ~ **pawb!** mon dieu!;
♦*bg* (*edrych ar ôl babi neu blant*) faire du baby-sitting;
♦*g* (*babi*) baby-sitting *m*; **G~ Cymdogol** surveillance *f* par les gens du quartier.

gwarchodaeth (**-au**) *b* (*gofal*) garde *f*; (*natur ayb*) préservation *f*; **rhoddwyd ~ y plant i'r gŵr ar ôl yr ysgariad** après le divorce le mari a reçu la garde des enfants; ~ **natur** défense *f* de l'environnement.

gwarchodfa (**gwarchodfeydd**) *b* (*natur*) réserve *f*; (*ar gyfer carcharorion*) salle *f* de police.

gwarchodfilwr (**gwarchodfilwyr**) *g* garde *m*, soldat *m* de la garde royale.

gwarchodliw *g* camouflage *m*.

gwarchodlu (**-oedd**) *g* garde *f*, garnison *f*, régiment *m* de la garde royale.

gwarchodwr (**gwarchodwyr**) *g* gardien *m*, protecteur *m*; ~ **personol** garde *m* du corps; ~ **plant** gardien d'enfants, celui qui garde les enfants.

gwarchodwraig (**gwarchodwragedd**) *b* gardienne *f*, protectrice *f*; (*un sy'n gofalu am ferched ifanc dibriod*) chaperonne *f*; ~ **plant** gardienne d'enfants, celle qui garde les bébés *neu* enfants.

gwared *g* débarras *m*, délivrance *f*; **cael ~ o** *ou* **ar rth** se débarrasser de qch, se défaire de qch; **cael ~ o ddyledion** liquider *neu* régler les dettes *gw. hefyd* **gwaredu**.

gwarediad *g* délivrance *f*, rédemption *f*.

gwaredigaeth (-**au**) *b* débarras *m*, délivrance *f*; **dyna waredigaeth!** bon débarras!, quel soulagement!

gwaredigol *ans* rédempteur(rédemptrice).

gwaredu *ba* (*clirio, rhyddhau*) débarrasser; (*rhyddhau, achub*) délivrer; **"gwared ni rhag drwg"** (BEIBL) "délivrez-nous du mal"; **Duw a'n gwaredo ni!** Dieu nous soit *subj* en aide!, Dieu nous garde!;
♦*bg*: ~ **at rth,** ~ **rhag rhth** (*synnu at*) être choqué(e) de qch, s'étonner de qch, être scandalisé(e) par qch, se scandaliser de qch.

gwaredwr (**gwaredwyr**) *g* sauveur *m*, libérateur *m*; **y G~** (*Crist*) le Sauveur.

gwareiddiad (-**au**) *g* civilisation *f*.

gwareiddiedig *ans* civilisé(e).

gwareiddio *ba* civiliser.

gwargaled *ans* opiniâtre, entêté(e), obstiné(e), têtu(e);
♦ **yn wargaled** *adf* obstinément, avec entêtement.

gwargaledwch *g* obstination *f*, entêtement *m*, opiniâtreté *f*.

gwargam *ans gw.* **gwargrwm**.

gwargamu *bg gw.* **gwargrymu**.

gwarg(r)ed *g* (*gormodedd*) surplus *m*, excédent *m*; (*gweddillion*) restes *mpl*.

gwargrwm (**gwargrom**) (**gwargrymion**) *ans* (*rhn*) penché(e), courbé(e); (*cefn*) voûté(e); (*crwbi*) bossu(e).

gwargrymu *bg* avoir le dos voûté *neu* rond, être voûté(e).

gwariant (**gwariannau**) *g* dépense *f*; ~ **cyhoeddus** dépenses publiques; **cyfyngu eich ~** limiter ses dépenses.

gwarineb *g* politesse *f*, courtoisie *f*, civilité *f*.

gwario *ba*
1 (*arian*) dépenser; ~ **llawer ar fwyd/deithio** dépenser beaucoup en nourriture/voyages; ~ **llawer ar y plant** dépenser beaucoup *neu* faire de grosses dépenses pour les enfants; ~ **ffortiwn ar gar newydd** dépenser une somme

folle *neu* une fortune pour une nouvelle voiture; **heb wario ceiniog** sans dépenser un sou, sans bourse délier.
2 (*amser*) passer.
gwariwr (**gwarwyr**) *g* dépensier *m*.
gwarro *bg gw.* **gwargrymu**.
gwarrog[1] (**gwarogau**) *g* (*dyrnod*) coup *m* de poing.
gwarrog[2] *ans gw.* **gwargrwm**.
gwarsyth *ans gw.* **gwargaled**.
gwarth *g* honte *f*, déshonneur *m*, disgrâce *f*, défaveur *f*, opprobre *m*; **dod â ~ ar rn** déshonorer qn; **mae'n warth ar y genedl** cela est une honte pour la nation, cela déshonore la nation.
gwarthaf *g* sommet *m*, cime *f*, faîte *m*, haut *m*; **dod ar warthaf** tomber sur, surprendre; **mae'r gaeaf ar ein ~** ce sera bientôt l'hiver.
gwartheg *ll* bovins *mpl*, bétail *m*, bestiaux *mpl*.
gwarthnod (**-au**) *g* stigmate *m*.
gwarthnodi *ba* stigmatiser.
gwarthol (**-ion**) *b* étrier *m*; **rhoi'ch traed yn y ~ion** chausser les étriers.
gwarthrudd *g gw.* **gwarth**.
gwarthruddo *ba gw.* **gwaradwyddo**.
gwarthus *ans* honteux(honteuse), scandaleux(scandaleuse), déshonorant(e), abominable;
♦ **yn warthus** *adf* honteusement, scandaleusement, abominablement.
gwarwraig (**gwarwragedd**) *b* dépensière *f*.
gwas (**gweision**) *g* (*mewn tŷ*) domestique *m*; **cadw ~** avoir un domestique; **staff mawr o weision** une nombreuse domesticité; **~ fferm** ouvrier *m* agricole, valet *m* de ferme; **~ personol** valet de chambre; **~ sifil** fonctionnaire *m/f*; **~ troed** valet de pied; **'ngwas i, was** mon gars*; **yr hen was** (*y Diafol*) le Diable; **~ y neidr** (*PRYF*) libellule *f*.
gwasaidd *ans* servile, obséquieux(obséquieuse), rampant(e);
♦ **yn wasaidd** *adf* servilement, obséquieusement.
gwasanaeth (**-au**) *g*
1 (*y gwaith a wneir dros rn*) service *m*; **~ ystafell** (*mewn gwesty*) service des chambres; **at eich ~** (*mewn siop, gwesty ayb*) à votre service *neu* disposition; **mae'r ~ yn wael iawn yma** le service est très mauvais ici.
2 (*gwaith cynnal a chadw: car*) révision *f*; (:*peiriant yn y tŷ*) entretien *m*, service après-vente.
3 (*CREF: Catholig*) service *m*, office *m*; (:*Protestannaidd*) service, culte *m*.
4 (*adran o'r Llywodraeth*): **y G~ Iechyd (Gwladol)** les services *mpl* de santé; **Gwasanaethau Cymdeithasol** services sociaux; **y G~ Sifil** la fonction publique.
5 (*darpariaeth i'r gymdeithas*): **~ cymunedol** travail(travaux) *m* d'intérêt public; **~ meddygol** service *m* médical; **~ milwrol** service militaire *neu* national; **gwneud eich ~ milwrol** faire son service militaire; **mae'r ~ trenau yn ddifrifol yma** le service de chemin de fer ici est atroce; **llecyn ~au** (*ar draffordd*) aire *f* de services.
gwasanaethferch (**-ed**) *b* domestique *f*, bonne *f*; (*mewn gwesty*) femme *f* de chambre; (*mewn siop*) serveuse *f*.
gwasanaethgar *ans* (*rhn*) obligeant(e), serviable, complaisant(e);
♦ **yn wasanaethgar** *adf* obligeamment.
gwasanaethgarwch *g* obligeance *f*, complaisance *f*.
gwasanaethu *ba*
1 (*gweithio i neu dros*) servir, être au service de; **~'ch gwlad yn dda** bien servir son pays, bien mériter de la patrie; **mae wedi ~'r cwmni yn dda** il a bien servi la compagnie, il a rendu de grands services à la compagnie; **~ dau feistr** servir deux maîtres à la fois.
2 (*TRAFN*) desservir; **mae'r bws yn ~ tri phentref** le car dessert trois villages.
3 (*nwy, trydan*) alimenter; **mae'r pwerdy'n ~ ardal eang** la centrale alimente une zone étendue.
4 (*CREF*): **~'r offeren** servir la messe;
♦*bg* servir; **~ yn y fyddin** servir dans l'armée.
gwasanaethwr (**gwasananaethwyr**) *g* domestique *m*, valet *m* de chambre; (*mewn siop*) serveur *m*.
gwasarn (**-au**) *g* (*gwellt i orwedd arno*) litière *f*.
gwaseidd-dra *g* servilité *f*.
gwasg[1] (**gweisg**) *b* (*argraffu: peiriant*) presse *f*; (:*cyhoeddwyr*) maison *f* d'édition; **y wasg** la presse.
gwasg[2] (**gweisg**) *b* (*ar gyfer grawnwin, afalau ayb*) pressoir *m*.
gwasg[3] (**gweisg**) *g,b* (*canol y corff*) taille *f*; **mesur 60 cm o gwmpas eich ~** faire 60 cm de tour de taille.
gwasgar *g* dispersion *f*; **ar wasgar** (*llyfrau ayb*) éparpillé(e)s, dispersé(e)s; (*poblogaeth*) dispersé, disséminé(e); **y Cymry ar wasgar** les Gallois expatriés.
gwasgaredig *ans* (*llyfrau ayb*) éparpillé(e)s, dispersé(e)s; (*poblogaeth*) disséminé(e); (*prin*) clairsemé(e); **mae'r tai yn wasgaredig iawn** les maisons sont très dispersées; **cawodydd ~** averses *fpl* intermittentes.
gwasgariad (**-au**) *g* dispersion *f*, éparpillement *m*.
gwasgarog *ans* (*araith ayb*) incohérent(e), décousu(e), prolixe, diffus(e).
gwasgaru *ba* (*briwsion, papurau*) éparpiller; (*hadau*) semer (qch) à la volée; (*tywod, halen*) répandre; (*milwyr*) disposer, échelonner; (*germau*) disséminer, propager; (*newyddion*) propager, faire circuler, communiquer; (*gwybodaeth*) répandre,

disséminer, propager, diffuser; (*ofn, panig*) répandre, semer;
♦*bg* (*cymylau, pobl*) se disperser; **gwasgarodd y plant wrth i'r athro gyrraedd** les enfants se sont dispersés à l'arrivée du professeur.

gwasgedd (-au) *g* (*pwysau*) compression *f*, pression *f*; ~ **aer** pression atmosphérique; ~ **uchel** hautes pressions.

gwasgeddu *ba* pressuriser.

gwasgfa (**gwasgfeydd**) *b* pression *f*, compression *f*; (*mewn torf*) cohue *f*, bousculade *f*; (*ECON*) restrictions *fpl* de crédit; (*MEDD: pwl*) accès *m*, attaque *f*; (:*llewyg*) évanouissement *m*; **cael** ~ s'évanouir.

gwasgiad (-au) *g* (*cofleidiad*): **rhoi** ~ **i rn** serrer qn dans les bras.

gwasgod (-au) *b* gilet *m*.

gwasgu *ba* (*botwm, switsh*) appuyer sur; (*llaw*) serrer, presser; (*sbwng, clwtyn, cadach, lliain*) presser, tordre, comprimer; (*dillad gwlyb*) essorer; (*ffrwythau, blodau*) presser; ~ **sudd lemwn** exprimer le jus d'un citron; ~**'ch bys mewn drws** se pincer le doigt dans une porte; ~**'ch trwyn yn erbyn ffenest** coller son nez à une fenêtre; ~ **clawr y gist i'w chau** faire pression sur le couvercle du coffre pour le fermer *neu* pour qu'il ferme *subj*; ~ **rhth gan rn** (*arian ayb*) soutirer *neu* arracher *neu* extorquer qch de qn; **mae'r llywodraeth yn** ~ **mwy o arian allan o'r trethdalwyr** le gouvernement obtient *neu* tire plus d'argent des contribuables;
♦*bg* (*esgid*) serrer; (*baich*) faire pression, peser; (*dyledion, trafferthion*) peser; (*â'r llaw ayb*) appuyer; ~ **i mewn** (*rhn*) trouver une petite place; (*car ayb*) rentrer tout juste, avoir juste la place; **gwasgodd heibio imi** il s'est glissé à côté de moi.
▶ **gwasgu ar** (*llyth*) appuyer sur, peser sur; (*ffig: ar y meddwl*) peser à; (:*cymell*) presser; ~ **ar rn i wneud rhth** presser qn de faire qch, pousser qn à faire qch, insister pour que qn fasse *subj* qch; **'doedd dim angen** ~ **llawer arno** il n'y a guère eu besoin d'insister, il ne s'est guère fait prier

gwasgwr (**gwasgwyr**) *g* pressoir *m*; ~ **lemon** presse-citron *m*.

Gwasgwyn *prb* Gascogne *f*.

gwasod *ans* en chaleur, en rut.

gwastad *ans* (*gwlad, tirwedd, arwyneb*) plat(e), plan(e), uni(e), à niveau, horizontal(e)(horizontaux, horizontales); (*cyson*) régulier(régulière), constant(e); **to** ~ toit *m* plat *neu* en terrasse; **tir** ~ terrain *m* plat *neu* plan; **rhaid i'r silff fod yn hollol wastad** il faut que l'étagère soit *subj* absolument horizontale; **dyn** ~ homme *m* pondéré *neu* bien équilibré;
♦ **yn wastad** *adf* uniment; (*anadlu*) régulièrement; (*bob amser*) toujours; **mae'n wastad yn ufudd yn yr ysgol** il est toujours sage à l'école;
♦*g* niveau(-x) *m*, plan *m*; **gorwedd ar wastad eich cefn** être étendu(e) à plat.

gwastadedd (-au) *g* plaine *f*; **ar y** ~ dans la plaine.

gwastadol *ans* perpétuel(le), constant(e), continuel(le);
♦ **yn wastadol** *adf* continuellement, sans cesse, perpétuellement, toujours, constamment.

gwastadrwydd *g* (*tir*) caractère *m* uni, nature *f* unie, égalité *f*; (*cysondeb cymeriad*) constance *f*, équilibre *m*, régularité *f*, pondération *f*.

gwastatáu *ba* niveler, aplanir; (*adeilad, tref ayb*) raser.

gwastatir (-oedd) *g* plaine *f*; **ar y** ~ dans la plaine.

gwastraff (-ion) *g*
1 (*adnoddau, amser, egni, bwyd, arian*) gaspillage *m*, gâchage *m*, perte *f*; **mae'n wastraff arian gwneud hynny** on gaspille de l'argent en faisant cela, on perd de l'argent à faire cela; **'roedd y car yma'n wastraff arian** cela ne valait vraiment pas la peine d'acheter cette voiture, on a vraiment fichu de l'argent en l'air* en achetant cette voiture; **mae'n wastraff ymdrech** c'est un effort inutile *neu* perdu; **mae'n wastraff amser!** c'est une perte de temps!, c'est du temps perdu!; **mae'n wastraff amser ac egni** c'est peine perdue; **mae'n wastraff anadl** c'est perdre sa salive, c'est dépenser sa salive pour rien; **dyna wastraff!** quel gaspillage!.
2 (*cartref, diwydiant*) ordures *fpl*, déchets *mpl*; ~ **diwydiannol/ymbelydrol/niwclear** déchets industriels/radioactifs/nucléaires.

gwastrafflyd *ans gw.* **gwastraffus**.

gwastraffu *ba* (*bwyd, ynni, adnoddau*) gaspiller; (*amser*) perdre; (*cyfle*) perdre, laisser passer; ~ **arian** gaspiller de l'argent, ficher de l'argent en l'air*; ~ **arian ar rth** gaspiller de l'argent pour qch; **'does dim yn cael ei wastraffu yma** il n'y a aucun gaspillage *neu* gâchage ici, rien ne se perd ici; **bu inni wastraffu diwrnod cyfan yn gwneud y gwaith** nous avons perdu toute une journée à faire ce travail; ~**'ch anadl** dépenser sa salive pour rien, perdre son temps.

gwastraffus *ans* peu économique, peu rentable; (*rhn: cyff*) gaspilleur(gaspilleuse); (:*gydag arian*) dispendieux(dispendieuse); **mae'n wastraffus iawn gyda'i arian** il gaspille son argent, il jette l'argent par les fenêtres;
♦ **yn wastraffus** *adf* (*gwario*) largement, avec prodigalité; **prynu'n wastraffus** faire du gaspillage en achetant, acheter bêtement; **defnyddio rhth yn wastraffus** ne pas utiliser qch au mieux, gaspiller qch.

gwastraffwr (**gwastraffwyr**) *g* dépensier *m*, panier *m* percé.
gwastraffwraig (**gwastraffwragedd**) *b* dépensière *f*, panier *m* percé.
gwastrawd (**gwastrodion**) *g* (*ceffylau*) valet *m* d'écurie, palefrenier *m*.
gwastrodaeth, **gwastrodi** *ba* (*ceffyl*) panser; (*rhn: disgyblu*) discipliner.
Gwatemala *prb* le Guatemala *m*; **yn** ~ au Guatemala.
Gwatemalaidd *ans* guatémaltèque.
Gwatemaliad (**Gwatemaliaid**) *g/b* Guatémaltèque *m/f*.
gwatwar *ba* railler, se moquer de; (*dynwared*) imiter, singer;
♦*bg* se moquer;
♦*g* moquerie *f*, raillerie *f*.
gwatwareg *b* sarcasme *m*, raillerie *f*, satire *f*.
gwatwariaeth *b* ironie *f*.
gwatwarus *ans* (*rhn, gwên, llais*) moqueur(moqueuse), railleur(railleuse), narquois(e);
♦ **yn watwarus** *adf* (*dweud*) d'un ton moqueur *neu* railleur *neu* narquois, par moquerie *neu* dérision; (*gwenu*) d'une façon moqueuse *neu* narquoise.
gwatwarwr (**gwatwarwyr**) *g gw.* **gwawdiwr**.
gwatwarwraig (**gwatwarwragedd**) *b gw.* **gwawdwraig**.
gwau *ba* tricoter; (*gwehyddu*) filer; (*pryf copyn*) tisser;
♦*bg* tricoter; ~ **trwy'i gilydd** s'entrelacer, s'entrecroiser; (*themâu*) se mêler, s'entremêler;
♦*g* tricot *m*, tricotage *m*; **ble mae fy ngwau?** où est mon tricot?
gwaudd (**gweuddau**) *b* belle-fille(~s-~s) *f*, bru *f*.
gwaun (**gweunydd**) *b* lande *f*, pré *m*, prairie *f*.
gwawd (**-iau**) *g* mépris *m*, dédain *m*.
gwawdio *ba* mépriser, dédaigner, se moquer de, ridiculiser, railler, tourner (qn) en ridicule;
♦*bg* se moquer.
gwawdiwr (**gwawdwyr**) *g* moqueur *m*, railleur *m*.
gwawdlyd *ans* railleur(railleuse), moqueur(moqueuse), goguenard(e), méprisant(e), dédaigneux(dédaigneuse), narquois(e);
♦ **yn wawdlyd** *adf* par moquerie *neu* dérision, d'une façon moqueuse *neu* narquoise.
gwawdwraig (**gwawdwragedd**) *b* moqueuse *f*, railleuse *f*.
gwawl *g* lumière *f*, éclairage *m*.
gwawn *g* (*gwe pryf copyn*) fils *mpl* de la Vierge; (*defnydd ysgafn*) étoffe *f* translucide *neu* très légère.
gwawr[1] (**-iau**) *b* aube *f*, point *m* du jour, aurore *f*; **ar doriad** ~ à l'aube, au point du jour; **Merched y Wawr** *association f de Galloises*.
gwawr[2] *b* (*awgrym o liw*) teinte *f*, nuance *f*, ton *m*; **â** ~ **las** teint(e) de bleu; **bod â** ~ **gochlyd yn eich gwallt** avoir les cheveux qui tirent sur *neu* vers le roux.
gwawrgan (**-euon**) *b* aubade *f*.
gwawriad (**-au**) *g* aube *f*; (*syniad, gobaith*) naissance *f*.
gwawrio *bg*
1 (*llyth*) poindre, se lever; **gwawriodd diwrnod newydd** c'était l'aube d'un nouveau jour; **gwawriodd yn fore braf a chlir** l'aube parut, lumineuse et claire.
2 (*ffig: cyfnod newydd*) naître, se faire jour; (:*gobaith*) luire; (:*syniad, dealltwriaeth*) se révéler, venir à l'esprit; ~ **ar rn** venir à (l'esprit de) qn tout d'un coup; **fe wawriodd syniad arni** une idée lui est venue à l'esprit; **fe wawriodd arno ei fod ar goll** il s'est rendu compte qu'il s'était perdu.
gwayw (**gwewyr**) *g* douleur *f* lancinante, souffrance *f*; (*meddyliol*) peine *f*.
gwaywfwyall (**gwaywfwyeill**) *b* hallebarde *f*.
gwaywffon (**gwaywffyn**) *b* lance *f*.
gwden (**-ni**) *b* brin *m* d'osier; **coch yr wden** chèvre *f* faisandée; ~ **y coed** (PLANH) liseron *m*.
gwdihŵ (**-od**) *g* (ADAR) hibou(-x) *m*, chouette *f*, chat-huant(~s-~s) *m*.
gwddf (**gyddfau**) *g*
1 (CORFF) cou *m*; (*llwnc*) gorge *f*, gosier *m*; **corn** ~ gorge, gosier; **gwthio rhth i lawr corn** ~ **rhn** (*ffig*) faire avaler qch à qn; **taflu eich breichiau o gwmpas** ~ **rhn** sauter *neu* se jeter au cou de qn; **mae ganddo wddf tost, mae ganddo ddolur** ~ il a mal à la gorge, il a une angine; **maen nhw bob amser yng ngyddfau ei gilydd** ils sont toujours à se battre.
2 (*ceffyl, asyn*) encolure *f*.
3 (*ar ddilledyn: gyddflin*) encolure *f*; (:*coler*) col *m*; ~ **uchel** col montant; **ffrog â** ~ **isel** robe *f* décolletée.
4 (*ar botel*) col *m*.
gwddw, **gwddwg** (**gyddfau**) *g gw.* **gwddf**.
gwe (**-oedd**) *b* (*pryf copyn*) toile *f*; (*defnydd*) tissu *m*; (*ar droed hwyaden ayb*) palmure *f*; **y We Fyd-eang** (CYFRIF) World Wide Web *m*, le Web; **safle ar y We** un site Web.
gwead (**-au**) *g* tricotage *m*, tissage *m*, tressage *m*, entrelacement *m*; (*adeiladwaith*) structure *f*, composition *f*; **mae hoffter o chwaraeon yn ei wead** son intérêt pour le sport est inné.
gweadedd (**-au**) *g* contexture *f*, texture *f*, structure *f*.
gwedd[1] (**-au**) *b* (*ymddangosiad*) apparence *f*, aspect *m*, air *m*; (*golwg*) expression *f*, regard *m*; (*lliw croen*) teint *m*; **pryd a** ~ apparence; **ar un wedd** d'un point de vue; **ar ei newydd wedd** sous sa forme nouvelle, sous son aspect nouveau.

gwedd[2] (**-oedd**) *b* (*iau*) joug *m*; (*anifeiliaid tynnu*) attelage *m*; **ceffyl** ~ shire *m*.

gweddaidd *ans* convenable, honnête, correct(e), décent(e), comme il faut, bienséant(e);
♦ **yn weddaidd** *adf* convenablement, comme il faut, honnêtement, correctement.

gweddeidd-dra *g* décence *f*, bienséance *f*, correction *f*.

gwedder (**gweddrod**) *g* bélier *m* châtré.

gweddi (**gweddïau**) *b* prière *f*; **bod ar eich gliniau mewn** ~ prier à genoux; **dweud eich** ~ faire sa prière; **dweud** ~ **dros rn** faire *neu* dire une prière pour qn; **llyfr** ~ (*Catholig*) livre *m* de messe; (*Protestannaidd*) rituel *m*; **y Llyfr G~** *le rituel de l'Église anglicane*; **cyfarfod** ~ réunion *f* de prière.

gweddill (**-ion**) *g* reste *m*, restant *m*; (*pobl*) autres *mpl/fpl*; (*arian*) reste, restant; ~**ion** (*corff*) restes *mpl*; **am weddill yr wythnos** pendant le reste *neu* le restant de la semaine; ~ **y merched** les filles qui restent, les autres filles; ~ **y gacen, y gacen sy'n weddill** le reste du gâteau, ce qui reste du gâteau; **cadw hanner yr arian a gwario'r** ~ garder la moitié de l'argent et dépenser le reste *neu* le restant; ~ **yr arian i gyd** tout ce qui reste de l'argent, tout l'argent qui reste; **am y** ~ quant au reste.

gweddïo *bg* prier; ~ **ar Dduw** prier Dieu; ~ **dros rn** prier pour qn; **gweddïais am faddeuant** je priai Dieu de me pardonner; ~ **am dywydd braf** faire des prières pour qu'il fasse *subj* beau.

gweddïwr (**gweddïwyr**) *g* suppliant *m*.

gweddïwraig (**gweddiwragedd**) *b* suppliante *f*.

gweddnewid *ba* transformer, métamorphoser, transfigurer.

gweddnewidiad (**-au**) *g* transfiguration *f*, transformation *f*.

gweddol *ans* passable, acceptable, assez bon(ne), moyen(ne), pas mal; **mewn cyflwr** ~ en assez bon état; **sut mae?** - ~ ça va? - pas mal *neu* comme ci comme ça;
♦*adf* assez, moyennement, relativement; ~ **hawdd** assez facile; **bywyd** ~ **dawel** une vie plutôt tranquille; **bod yn weddol siwr ...** être presque sûr(e) que ..., avoir bien l'impression que ...;
♦ **yn weddol** *adf*: **yn weddol (dda)** passablement; **mae hi'n chwarae'n weddol** elle joue passablement, elle ne joue pas mal.

gweddu *bg*: ~ **i** convenir à, aller à; (*dillad, lliw ayb*) aller à; **mae'n** ~ **iddi i'r dim** cela lui va à merveille; **nid oedd yr adeilad yn** ~ **i'r fath gyngerdd** le bâtiment n'était pas fait pour un tel concert, le bâtiment ne se prêtait guère à un tel concert; ~ **i'ch gilydd** être fait(e)s l'un(e) pour l'autre, être très bien assorti(e)s.

gweddus *ans* convenable, bienséant(e), décent(e), correct(e), comme il faut;
♦ **yn weddus** *adf* décemment, correctement, comme il faut.

gwedduster, **gweddustra** *g* décence *f*, bienséance *f*; (*rhn*) pudeur *f*, modestie *f*.

gweddw (**-on**) *ans* veuf(veuve); **gŵr** ~ veuf *m*; **gwraig weddw** veuve *f*;
♦*b* veuve *f*.

gweddwdod *g* veuvage *m*.

gwefan (**-nau**) *b* site *m* Web.

gwefl (**-au**) *b* (*anifail*) babine *f*; (*dyn, merch*) lèvre *f*.

gweflog *ans* lippu(e).

gwefr (**-au**) *g,b* frisson *m*, sensation *f*, émotion *f*; **aeth** ~ **trwyddi wrth deimlo ei law yn ei chyffwrdd** un frisson l'a traversée *neu* elle s'est sentie électrisée quand il lui a touché la main; **cael** ~ **o wneud rhth** se procurer des sensations fortes en faisant qch; **y wefr o lwyddo** l'ivresse *f* *neu* l'exaltation *f* de la victoire.

gwefreiddio *ba* électriser, transporter, galvaniser; **cael eich** ~ être aux anges*.

gwefreiddiol *ans* palpitant(e), saisissant(e), électrisant(e), galvanisant(e), emballant(e);
♦ **yn wefreiddiol** *adf* de façon saisissante *neu* palpitante *neu* galvanisante.

gwefrio, **gwefru** *ba* (*batri*) charger.

gwefus (**-au**) *b* lèvre *f*.

gwefusol *ans* labial(e)(labiaux, labiales).

gwegi *g* vanité *f*, frivolité *f*.

gwegian *bg* chanceler, vaciller, tituber; (*siglo o'r naill ochr i'r llall*) se balancer, osciller.

gwegil (**-(i)au**) *g* nuque *f*.

gwegio *bg gw.* **gwegian**.

gweglyd *ans* chancelant(e), branlant(e), instable, peu solide.

gwehelyth *g,b* famille *f*, lignée *f*.

gwehilion *ll* détritus *mpl*, ordures *fpl*; (*pobl*) racaille *f*, canaille *f*; ~ **cymdeithas** les marginaux *mpl*, la lie de la population.

gwehydd (**-ion**) *g* tisserand *m*, tisserande *f*.

gwehyddes (**gweyddesau**) *b* tisserande *f*.

gwehyddu *ba, bg* tisser, filer;
♦*g* tissage *m*.

gweiddi *ba* crier, hurler; **"na", gwaeddodd** "non", cria-t-il;
♦*bg* crier, s'écrier, pousser des cris; **paid â** ~ **fel 'na** ne crie pas comme ça; ~ **chwerthin** éclater de rire; ~ **am help** appeler *neu* crier au secours; **gwaeddodd ar Mari i ddod** il a appelé Marie en criant *neu* à grands cris; ~ **ar rn** (*dwrdio*) crier après* qn, engueuler* qn.

gweilgi *b* mer *f*, océan *m*.

gweili *ans* (*gwag*) vide, inoccupé(e); (*ychwanegol*) disponible, supplémentaire, de plus; **tudalen weili** page *f* blanche; **olwyn weili** volant *m*.

gweillen (**gweill**) *b* (*i weu*) aiguille *f* à tricoter; (*ar gyfer cig*) broche *f*; (*ar gyfer cebabs*) brochette *f*; (*ar gyfer bwyd Tsieineaidd*) baguette *f*.

► **ar y gweill** en chantier, en cours; **mae ganddi ddau beth ar y gweill ar hyn o bryd** elle a deux projets en chantier actuellement; **mae gennyf sawl llyfr ar y gweill** je suis en train d'écrire plusieurs livres.

gweinell (**-au**) *b* écrou *m*.

gweini *ba* servir;
♦*bg* (*wrth y bwrdd*) servir à table; **oes rhn yn ~ arnoch chi?** (*mewn siop, bwyty*) est-ce qu'on vous sert?, est-ce qu'on s'occupe de vous?; **oes rhn yn ~ wrth y ford yma?** est-ce que qn fait le service de cette table?, est-ce qu'on s'occupe du service à cette table?

gweinidog (**-ion**) *g*
1 (*CREF*) pasteur *m*, ministre *m* (du culte).
2 (*GWLEID*) ministre *m*; **Prif Weinidog** Premier ministre; ~ **iechyd** ministre de la Santé.

gweinidogaeth (**-au**) *b*
1 (*CREF*) ministère *m*; **y weinidogaeth** le saint ministère; **mynd i'r weinidogaeth** devenir pasteur *neu* ministre, se faire pasteur *neu* ministre.
2 (*GWLEID*) ministère *m*.

gweinidogaethu *bg* officier, desservir une paroisse; ~ **mewn priodas** célébrer un mariage.

gweinidoges (**-au**) *b* femme *f* ministre.

gweinidogol *ans* ministériel(le);
♦ **yn weinidogol** *adf* de façon ministérielle.

gweinio *ba* rengainer.

gweinydd (**-ion**) *g* (*gwas*) domestique *m*; (*mewn bwyty*) garçon *m*, serveur *m*; (*mewn garej*) pompiste *m*.

gweinyddes (**-au**) *b* (*mewn ysbyty*) infirmière *f*; (*mewn bwyty*) serveuse *f*; ~ **feithrin** puéricultrice *f*.

gweinyddiad (**-au**) *g* administration *f*, gestion *f*, direction *f*.

gweinyddiaeth (**-au**) *b* administration *f*, gestion *f*, direction *f*; (*GWLEID*) gouvernement *m*, ministère *m*; **y Weinyddiaeth Amddiffyn** le Ministère de la Défence.

gweinyddol *ans* administratif(administrative);
♦ **yn weinyddol** *adf* administrativement.

gweinyddu *ba* gérer, administrer; **~'r gyfraith** appliquer la loi; ~ **bedydd** célébrer un baptême;
♦*bg*: ~ **mewn priodas** officier à un mariage.

gweinyddwr (**gweinyddwyr**) *g* administrateur *m*.

gweinyddwraig (**gweinyddwragedd**) *b* administratrice *f*.

gweirglodd (**-iau**) *b* pré *m*, prairie *f*.

gweiriog *ans* herbu(e), herbeux(herbeuse).

gweiryn (**gwair**) *g* brin *m* d'herbe *neu* de foin.

gweitied*, **gweitio*** *bg* attendre; ~ **am rn/rth** attendre qn/qch; **gweitia di!** attends un peu!

gweithdrefn (**-au**) *b* (*CYFRIF*) procédure *f*.

gweithdy (**gweithdai**) *g* atelier *m*; ~ **drama** atelier de théâtre.

gweithfaol *ans* industriel(le), de l'industrie.

gweithgar *ans* industrieux(industrieuse), travailleur(travailleuse); (*disgybl, myfyriwr*) appliqué(e), assidu(e), zélé(e);
♦ **yn weithgar** *adf* industrieusement.

gweithgaredd (**-au**) *g* activité *f*.

gweithgarwch *g* diligence *f*, zèle *m*, activité *f*.

gweithgor (**-au**) *g* comité *m*, commission *f*.

gweithgynhyrchu *ba* fabriquer.

gweithio *bg*
1 (*rhn*) travailler; **~'n galed** travailler dur, travailler comme un forçat *neu* un bœuf; **eich lladd eich hun yn ~** se tuer à la tâche; ~ **i reol** (*DIWYD: streic*) faire la grève du zèle; ~ **ar eich mathemateg** travailler ses maths; ~ **dros yr achos** lutter pour la cause.
2 (*rhth: peirianwaith, car, peiriant ayb*) marcher; (:*cyffur, moddion*) agir, faire son effet, opérer; (:*burum*) fermenter; (:*trefniant*) marcher; **nid yw'r lifft yn ~** l'ascenseur ne marche pas *neu* est en panne; **mae'n ~ ar drydan** ça marche à l'électricité; **nid yw fy meddwl yn ~'n dda iawn heddiw** mon cerveau n'a pas l'air de fonctionner aujourd'hui; **mae hynny'n ~'r ddwy ffordd** c'est à double tranchant;
♦*ba*
1 (*rhoi ar waith: rhn*) faire travailler; (:*rhth*) faire marcher, actionner; ~ **rhn yn rhy galed** exiger trop de travail de qn, surmener qn; **~'ch bysedd hyd at yr esgyrn** s'user au travail; **ydych chi'n gallu ~'r peiriant golchi?** savez-vous vous servir de la machine à laver?.
2 (*llunio rhth o fetel, pren, lledr ayb*) travailler, façonner.
3 (*paratoi*): ~ **bwyd** préparer à manger.
► **gweithio allan** (*cynllun, trefniant*) aboutir, réussir, marcher; (*pos, problem*) se résoudre exactement, marcher*; **mae'n ~ allan yn bum punt yr un** ça revient à *neu* ça fait cinq livres chacun(e); **gweithiodd pethau allan yn wael iddo** les choses ont plutôt mal tourné pour lui; **bydd popeth yn ~ allan yn y diwedd** tout finira bien par s'arranger; **nid fel 'na y gweithiodd pethau allan** les choses se sont passées autrement, il en est allé autrement; ~ **rhth allan** (*problem*) résoudre qch; (*ateb*) calculer qch; (*côd*) déchiffrer qch; (*cynllun, syniad*) élaborer qch, mettre qch au point; **bydd yn rhaid imi ei weithio allan** (*cyff*) il faut que j'y réfléchisse *subj*; (*cyfrif*) il faut que je le calcule *subj*; **allwch chi weithio allan ble 'rydym ni?** pouvez-vous découvrir où nous sommes?; **dydw i ddim yn gallu ei weithio allan** cela me dépasse.
► **gweithio'ch ffordd**: **~'ch ffordd trwy'r coleg** travailler pour payer ses études; **~'ch ffordd tuag at rn** s'approcher de qn petit à petit.

gweithiol *ans*: **y dosbarth ~** la classe ouvrière; **cefndir/acen dosbarth ~**

milieu(-x) *m*/accent *m* ouvrier *neu* prolétarien.

gweithiwr (**gweithwyr**) *g* (*DIWYD, AMAETH*) ouvrier *m*; (*GWLEID*) travailleur *m*; (*mewn swyddfa*) employé *m* de bureau; ~ **cymdeithasol** assistant *m* social; ~ **ymchwil** chercheur *m*; ~ **di-grefft** ouvrier non-spécialisé, manœuvre *m*; ~ **amser llawn** employé à plein temps; ~ **rhan amser** employé à temps partiel; **mae'n weithiwr da** il travaille bien; **mae'n weithiwr cyflym** (*llyth*) il travaille vite; (*ffig*) il ne perd pas de temps; **y gweithwyr** la main-d'œuvre(~s-~), les travailleurs, les ouvriers; **y rheolwyr a'r gweithwyr** le patronat et les travailleurs *neu* les ouvriers; **holl weithwyr y diwydiant hwn** tous ceux qui travaillent dans cette industrie.

gweithle (**-oedd**) *g* lieu(-x) *m* de travail, atelier *m*.

gweithred (**-oedd**) *b*
1 acte *m*, action *f*; ~ **gan Dduw** désastre *m* naturel; ~ **o ffydd** acte de foi.
2 (*CYFR*): ~ **tŷ** titre *m* constitutif de propriété; ~ **newid enw** acte *m* unilatéral de changement de nom.

gweithrediad (**-au**) *g* action *f*; (*peiriant*) opération *f*, marche *f*, fonctionnement *m*.

gweithrediadol *ans* fonctionnel(le).

gweithrediant *g* opération *f*, activité *f*, fonctionnement *m*.

gweithredol *ans* actif(active), agissant(e); **cyflwr** ~ (*GRAM*) voix *f* active, actif *m*; **yn y cyflwr** ~ à l'actif.

gweithredu *bg* agir, prendre des mesures; **rhaid iddo weithredu ar unwaith** il doit agir immédiatement, il doit prendre des mesures immédiates; ~ **ar ran rhn** agir au nom de qn, représenter qn; ~ **ar egwyddor** agir par principe; ~ **fel prifathro** faire office de directeur;
♦*ba*: ~ **cynllun** réaliser un plan, mettre un plan à exécution;
♦*g* action *f*; ~ **uniongyrchol/diwydiannol** action directe/revendicative.

gweithredwr (**gweithredwyr**) *g* personne *f* qui commet une action; (*ar beiriant*) opérateur *m*; (*GWEIN, DIWYD*) cadre *m*; **prif weithredwr** cadre supérieur; ~ **gwleidyddol** activiste *m*.

gweithredwraig (**gweithredwragedd**) *b* (*ar beiriant*) opératrice *f*; (*GWEIN, DIWYD*) cadre *m* femme; ~ **wleidyddol** activiste *f*.

gweithredydd (**-ion**) *g* (*MASN*) agent *m*, agente *f*, représentant *m*, représentante *f*; (*ar beiriant*) opérateur *m*, opératrice *f*; (*ffôn*) téléphoniste *m/f*, standardiste *m/f*.

gweithwraig (**gweithwragedd**) *b* (*DIWYD, AMAETH*) ouvrière *f*; (*GWLEID*) travailleuse *f*; (*mewn swyddfa*) employée *f* de bureau; ~ **ymchwil** chercheuse *f*; ~ **gymdeithasol** assistante *f* sociale *gw. hefyd* **gweithiwr**.

gweladwy *ans* visible; ~ **i'r llygad** visible à l'œil nu; **nid oedd yn weladwy o'r tŷ** on ne pouvait pas l'apercevoir de la maison;
♦ **yn weladwy** *adf* visiblement.

gweld *ba*
1 (*cyff*) voir; **mae'n gallu fy ngweld** il me voit; ~ **rhn yn croesi'r ffordd** voir qn traverser la rue; **'doedd neb i'w weld yn unman** on ne voyait personne, il n'y avait pas un chat*, il n'y avait pas âme qui vive *subj*; ~ **rhth â'ch llygaid eich hun** voir qch de ses propres yeux; **gweler tudalen 5** voir à la page 5; **mae am weld y byd** il veut voyager; ~ **sêr** (*ar ôl cael eich taro*) voir trente-six chandelles; **mae'n rhaid dy fod ti'n** ~ **pethau*** tu dois avoir des visions *neu* des hallucinations; **ni feddyliais i byth y byddwn yn** ~ **y dydd ...** je n'aurais jamais cru qu'un jour ...; **ni welwn byth mo'i debyg eto** nous ne reverrons jamais son pareil; **'roedd yn gallu** ~ **hynna'n dod!*** il le sentait venir, il s'y attendait; **byddaf yn falch o weld diwedd y gwaith hwn!** je serai heureux(heureuse) de voir la fin de ce travail *neu* d'être débarrassé(e) de ce travail!.
2 (*deall*) voir, comprendre, saisir; ~ **y jôc** comprendre *neu* saisir la plaisanterie; **nid yw'n** ~ **y pwynt** il n'a pas saisi de quoi il s'agit; **wyt ti'n** ~ **beth sy gen i?** (*yn fy meddwl*) vois-tu *neu* tu vois ce que je veux dire?; **ni welaf sut y medraf wneud hynny** je ne vois pas comment je pourrai le faire.
3 (*sylwi, darganfod*) voir, remarquer, apprendre, découvrir; **gwelais yn y papur newydd ei fod wedi priodi** j'ai vu *neu* j'ai lu dans le journal qu'il s'est marié; **'rwy'n** ~ **dy fod wedi prynu ffrog newydd** je vois *neu* je remarque que tu as acheté une nouvelle robe; **nid wyf yn** ~ **dim o'i le ynddo** je n'y trouve rien à redire; ~ **bai ar** trouver à redire à, condamner, blâmer, critiquer; ~ **gwerth rhn/rhth** estimer *neu* apprécier qn/qch à sa valeur; **nid wyf yn deall beth mae yn ei weld ynddi** je ne sais pas ce qu'il lui trouve de bien, je ne sais pas ce qui l'attire en elle.
4 (*ymweld â, cyfarfod â, siarad â*) voir, consulter; **mynd i weld rhn** aller voir qn; **'rwy'n mynd i weld y doctor fory** je vais consulter le médecin demain, je vais chez le docteur demain, je vois le docteur demain; **mae'r prifathro am dy weld** le directeur veut te voir, le directeur te demande; **ni fedraf eich** ~ **heddiw** je ne peux pas vous voir *neu* recevoir aujourd'hui.
5 (*profi, gwybod*) voir; **mae'r gôt yma wedi** ~ **dyddiau gwell** ce manteau a connu des jours meilleurs.
6 (*sicrhau*): **fe wela' i y caiff y llyfr** je ferai le nécessaire pour que le livre lui parvienne *subj*, je me charge de lui faire parvenir le livre.
7 (*teimlo*): ~ **eisiau** *ou* **colled rhn** regretter

l'absence de qn; **'rydym ni i gyd yn ~ eich eisiau yn fawr** nous regrettons beaucoup votre absence, vous nous manquez beaucoup; **~ eisiau eich gilydd** se manquer l'un(e) à l'autre; **ei ~ hi'n chwith ar ôl rhn/rhth** regretter qn/qch; **byddwn yn ei ~ hi'n chwith ar ôl iddo fynd** on le regrettera après son départ; **wyt ti'n ei ~ hi'n chwith ar fy ôl?** est-ce que je te manque?.
8 (*mewn ymadroddion*): **wela' i di/chi!** au revoir!, à bientôt!, salut!, à la revoyure!; **wela' i di/chi nes ymlaen!** à tout à l'heure!; **wela' i di/chi rywbryd!** à un de ces jours!, à un de ces quatre (matins)*!; **fe welwn ni chi cyn bo hir!** à bientôt!; **fe welwn ni chi ddydd Sadwrn/yr wythnos nesaf** à samedi/à la semaine prochaine; **~ cefn rhn** être débarrassé(e) de qn; **~ golau coch** voir rouge; **~ golau dydd** (*geni*) venir au monde; (*ymddangos*) paraître;
♦*bg*
1 (*â'r llygaid*) voir; **~ fel cath** avoir une vue perçante, avoir des yeux de lynx; **gallwch weld am filltiroedd** ≈ on y voit à des kilomètres; **~ i mewn i** voir à l'intérieur de; **gadewch imi weld** montrez-moi, faites voir.
2 (*deall*): **hyd y gwela' i** à ce que je vois, pour autant que je puisse *subj* en juger; **'rwy'n ~!** entendu!, d'accord!, je vois!, ah bon!; **weli di/welwch chi** (*wrth egluro*) tu comprends/vous comprenez, tu vois/vous voyez; **'fedra' i ddim dod, welwch chi** (*ar ddiwedd cymal i bwysleisio*) je ne peux pas venir, voyons *neu* voyez-vous.
3 (*ystyried*): **dewch inni gael ~** voyons un peu, voyons voir; **ga' i fynd allan? - (mi) ga' i weld** est-ce que je peux sortir? - on va voir *neu* on verra.
► **gweld trwy**
1 (*llyth*) voir à travers.
2 (*ffig*) ne pas se laisser tromper *neu* duper par, pénétrer les intentions de, voir dans le jeu de, voir clair dans; **gwelais drwyddo ar unwaith** j'ai tout de suite compris où il voulait en venir, j'ai tout de suite deviné ses intentions, je l'ai vu venir tout de suite.
► **gweld ynglŷn â** (*delio â*) s'occuper de; **daeth i weld ynglŷn â phrynu'r car** il est venu voir s'il pouvait acheter la voiture; **daeth i weld ynglŷn â'r peiriant golchi** il est venu au sujet de la machine à laver.
► **gweld yn dda**
1 (*llyth*) avoir une bonne vue.
2 (*ffig*): **~ yn dda wneud rhth** trouver *neu* juger bon de faire qch; **os gweli di'n dda** s'il te plaît; **os gwelwch yn dda** s'il vous plaît.
gweled *ba, bg gw.* **gweld**.
gwelededd *g* visibilité *f*.
gwelediad (**-au**) *g* (*amgyffrediad, gweledigaeth*) vision *f*, pénétration *f*, perspicacité *f*, perception *f*; **dyn pell ei weledïad** un homme qui voit loin.
gweledig *ans* vu(e), visible;
♦ **yn weledig** *adf* à vue d'œil, visiblement.
gweledigaeth (**-au**) *b* vision *f*; (*rhagweledïad*) vision, prévoyance *f*; (*mewn breuddwyd*) vision, apparition *f*.
gweledol *ans* visuel(le); **cymorth ~** support *m* visuel; **celfyddydau ~** arts *mpl* plastiques.
gweledydd (**-ion**) *g* visionnaire *m/f*, voyant *m*, voyante *f*.
gwelw *ans* pâle, blême, blafard(e);
♦ **yn welw** *adf* pâlement, sans éclat.
gwelwder, **gwelwedd** *g* pâleur *f*.
gwelwi *bg* pâlir, devenir blême.
gwelwlas *ans* bleu pâle *inv*.
gwelwlwyd *ans* pâle, blême, blafard(e).
gwely (**-au**) *g*
1 (*dodrefnyn*) lit *m*; **~ angau** lit de mort; **~au bync** lits superposés; **~ cwpwrdd** lit clos; **~ cystudd** lit de malade; **~ dwbl** grand lit, lit de deux personnes, lit conjugal; **~ gwersyll** lit de camp; **~ morwr** hamac *m*; **~ pedwar postyn** lit à baldaquin; **~ plu** lit de plumes; **~ plŷg** lit pliant; **~ priodas** lit conjugal; **~ sengl** lit d'une personne; **~ soffa** canapé-lit(~s-~s) *m*; **bod yn y ~** être couché(e); (*oherwydd salwch*) être alité(e), garder le lit; **codi** *ou* **dod o'r ~** se lever; **cysgu mewn ~au ar wahân** faire lit à part; **gwneud y ~** faire le lit; **mynd i'r ~** aller se coucher; **mynd i'r ~ gyda rhn*** coucher avec qn*; **rhoi rhn yn y ~** coucher qn; **amser ~** heure *f* du coucher; **dillad ~** couvertures *fpl* et draps *mpl* de lits; **ystafell wely** chambre *f* à coucher; **ystafell â dau wely** chambre à deux lits.
2 (GARDD): **~ llysiau** planche *f*; **~ blodau** parterre *m*, massif *m*; (*stribed*) plate-bande(~s-~s) *f*; (*crwn*) corbeille *f*.
3 (*gwaelod: môr*) fond *m*; (*afon*) lit *m*.
4 (*argraffu: y wasg*): **rhoi'r papur yn ei wely** boucler un journal.
► **gwely a brecwast** (*llety*) chambre *f* d'hôte; **cynnig ~ a brecwast** offrir des chambres avec petit déjeuner; **~ a brecwast a chinio nos** demi-pension *f*; **aros mewn lleoedd ~ a brecwast** prendre pension chez des particuliers *neu* chez l'habitant.
gwell[1] *ans* (gradd gymharol 'da'. Wrth gyfieithu dylid cyfeirio at y gwahanol ystyron sydd dan 'da')
1 (*cyff*) meilleur(e), mieux, supérieur(e); **mae'r siop yma yn well na honna** ce magasin-ci est meilleur que celui-là; **nid wyt ti ddim ~ na lleidr** tu es voleur ni plus ni moins; **'rwyf yn well o lawer nawr** (MEDD) je vais *neu* je me porte bien mieux maintenant; **sut ydych chi? - yn llawer ~** comment allez-vous? - bien mieux; **mae'n well o'i adnabod** il gagne à être connu; **ni allai hynny fod yn well!** ça ne pourrait pas mieux tomber *neu* se trouver!; **gobeithio am bethau ~**

espérer mieux; **gweld dyddiau** ~ connaître des jours meilleurs; **mae'r dillad yma wedi gweld dyddiau** ~ ces vêtements ne sont plus de la première fraîcheur, ces vêtements sont râpés *neu* usés; ~ **fyth** encore mieux; **er** ~ **neu er gwaeth** pour le meilleur ou pour le pire.

2 (*syniad da*): ~ **iti ei wneud** il vaut mieux que tu le fasses *subj*; (*rhaid*) il faut que tu le fasses *subj*; **byddai'n well aros adref** il vaudrait mieux rester à la maison; **byddai'n well inni fynd** il nous vaudrait mieux aller; **oni fyddai'n well ichi siarad gydag ef?** ne vaudrait-il pas mieux que vous lui parliez? *subj*; ~ **hwyr na hwyrach** mieux vaut tard que jamais.

▶ **gwell gan**: **bod yn well gan** (*ffafrio*) aimer mieux, préférer; **mae'n well gen i de na choffi** j'aime mieux le thé que le café; **mae'n well ganddo fynd yn y trên na mewn car** il préfère prendre le train que d'aller en voiture;

♦ **yn well** *adf* mieux; **mae'n gweithio'n well na thi** il travaille mieux que toi; **mae'n nofio'n well nag y mae'n rhedeg** il nage mieux qu'il ne court.

gwell[2] *ll* supérieurs *mpl*; **fy ngwell** mes supérieurs; **mynd o flaen eich** ~ comparaître devant le tribunal; **bu o flaen ei well** il a été traîné devant le tribunal.

gwella *ba* améliorer; (*gwybodaeth*) améliorer, augmenter, accroître; (*dyfais*) perfectionner; (*claf, clefyd*) guérir; ~ **golwg rhn** embellir *neu* avantager qn; **mae am wella ei Saesneg** il veut se perfectionner en anglais;

♦*bg* s'améliorer; (*o salwch*) guérir; **mae'r gwin yma'n** ~ **wrth heneiddio** ce vin se bonifie *neu* s'améliore en vieillissant; **mae'n** ~ **o'i ddefnyddio** il s'améliore à l'usage; **mae'r claf yn** ~ l'état du malade s'améliore; **mae ei waith yn** ~ son travail s'améliore; **mae busnes yn** ~ les affaires reprennent; **mae pethau'n** ~ les choses vont mieux, la situation s'améliore; **mae'r tywydd yn** ~ le temps s'améliore *neu* s'arrange; **wedi** ~ (*cyff*) amélioré(e), meilleur(e), mieux; (*o ran iechyd*) guéri(e).

gwellaif, **gwellau** (**gwelleifiau**) *g* cisaille *f*.

gwelleifio *ba* tondre.

gwelleifiwr (**gwelleifwyr**) *g* tondeur *m*.

gwelleifwraig (**gwelleifwragedd**) *b* tondeuse *f*.

gwellhad *g* amélioration *f*; (*o salwch*) rétablissement *m*, guérison *f*; **dymuno** ~ **buan i rn** souhaiter à qn un prompt rétablissement.

gwellhaol *ans* (*triniaeth, moddion, ffisig*) curatif(curative).

gwelliant (**gwelliannau**) *g* amélioration *f*; (*mewn gwaith ysgol*) progrès *m*; (*cywiriad*) correction *f*, amendement *m*, modification *f*, rectification *f*; **mae yna dipyn o welliant** (*cyff*) il y a un mieux *neu* du mieux; **gwneud gwelliannau ar y tŷ** apporter des améliorations à la maison, faire des travaux d'aménagement dans la maison; ~ **gwallau** (*mewn llyfr*) errata *m*.

gwellt[1] *g*

1 (AMAETH) paille *f*; **to** ~ toit *m* de paille *neu* de chaume; **tŷ to** ~ chaumière *f*; **het wellt** chapeau(-x) *m* de paille; **matras wellt** paillasse *f*; **dyn** ~ (*ffig*) homme *m* de paille, homme de carton; **mynd i'r** ~ (*ffig*) échouer; **aeth y cynllun i'r** ~ le projet n'a rien donné *neu* n'a rien abouti.

2 *gw.* **glaswellt**.

gwellt[2] *ll gw.* **gwelltyn**.

gwelltglas *g gw.* **glaswellt**.

gwelltog *ans* herbeux(herbeuse), herbu(e).

gwelltyn (**gwellt**) *g* brin *m*; (*i yfed trwyddo*) paille *f*.

gwen *ans b gw.* **gwyn**.

gwên (**gwenau**) *b* sourire *m*; **rhoi** ~ **i rn** faire *neu* adresser un sourire à qn, sourire à qn; **bod yn wên o glust i glust** être tout(e) souriant(e), sourire largement, être tout sourire.

gwenci (**gwencïod**) *b* hermine *f*.

gwên-deg *ans* plausible, convaincant(e), insincère, flatteur(flatteuse).

gwendid (**-au**) *g* faiblesse *f*, fragilité *f*, mollesse *f*, impuissance *f*; **mae hynny'n un o'i wendidau** c'est là un de ses points faibles; ~ **y lleuad** décroissement *m* de la lune; **taro dyn yn ei wendid** donner un coup bas à qn.

Gwener *b*

1 (*planed*): **(y blaned)** ~ Vénus *f*.

2 (*duwies*) Vénus.

3: **(dydd)** ~ vendredi *m*; **dydd** ~ **y trydydd ar ddeg** le vendredi treize; **Dydd** ~ **y Groglith** Vendredi saint *gw. hefyd* **Llun**.

gwenerol *ans* vénérien(ne); **salwch** ~ maladie *f* vénérienne.

gwenfflam *ans* brûlant(e), en feu, en flammes, embrasé(e); **llygaid, edrychiad** flamboyant(e), qui jette des éclairs; (*tymer*) furibond(e).

Gwenhwyfar *prb* Guenièvre.

gweniaith *b* flatterie *f*.

gwenieithio *ba* flatter.

gwenieithiwr (**gwenieithwyr**) *g* flatteur *m*, flagorneur *m*.

gwenieithus *ans* flatteur(flatteuse);

♦ **yn wenieithus** *adf* flatteusement.

gwenieithwraig (**gwenieithwragedd**) *b* flatteuse *f*, flagorneuse *f*.

gwenith *ll* blé *m*, froment *m*; **blawd** ~ farine *f* de blé *neu* de froment.

gwenithen (**gwenith**) *b* grain *m* de blé.

gwenithfaen *g* granit *m*.

gwennol (**gwenoliaid**) *b*

1 (ADAR) hirondelle *f*; ~ **ddu** martinet *m*; ~ **y bondo** hirondelle de fenêtre; ~ **y glennydd** hirondelle de rivage; ~ **y môr** hirondelle de mer, sterne *f*; **un wennol ni wna wanwyn** une hirondelle ne fait pas le printemps.

2 (*ar wŷdd*) navette *f*.
3 (*badminton*) volant *m*.
4 (*TRAFN*) navette *f*; ~ **ofod** navette spatiale.

gwenscod (-**au**) *b gw.* **wensgod**.

gwenu *bg* sourire; ~'**n drist** avoir un sourire triste, sourire tristement *neu* d'un air triste; **dal i wenu** garder le sourire; ... **meddai dan wenu** ... dit-il en souriant; ~ **ar rn** faire *neu* adresser un sourire à qn, sourire à qn; **gwenodd ar fy ymdrechion** il a souri de mes efforts; ~ **fel giât**, ~ **o glust i glust** sourire largement, être tout sourire, être tout(e) souriant(e); **mae'r haul yn** ~ le soleil brille.

gwenwisg (-**oedd**) *b* surplis *m*.

gwenwyn (-**au**) *g*
1 (*llyth*) poison *m*; (*neidr*) venin *m*; **cymryd** ~ s'empoisonner; ~ **bwyd** intoxication *f* alimentaire; **marw o wenwyn** mourir empoisonné(e).
2 (*ffig: cenfigen*) envie *f*, jalousie *f*, dépit *m*; **mae ganddi wenwyn iddo** elle est jalouse *neu* envieuse de lui, elle le jalouse.
3 (*ffig: hwyl ddrwg*) mauvaise humeur *f*, maussaderie *f*.

gwenwyniad (-**au**) *g* empoisonnement *m*, intoxication *f*.

gwenwynig *ans* toxique; (*neidr*) venimeux(venimeuse); (*planhigyn*) vénéneux(vénéneuse); (*nwyon*) toxique; (*diod*) empoisonné(e); **mynd yn wenwynig** (*clwyf*) s'envenimer.

gwenwynllyd *ans* (*maleisus*) malveillant(e), rancunier(rancunière); (*tafod*) venimeux(venimeuse); (*si*) envenimé(e), pernicieux(pernicieuse), virulent(e); (*sbeitlyd*) malveillant, rancunier; (*cenfigennus*) envieux(envieuse), jaloux(jalouse); (*blin*) grincheux(grincheuse); ♦ **yn wenwynllyd** *adf* de façon venimeuse; (*yn flin*) de mauvaise humeur.

gwenwyno *ba* empoisonner, intoxiquer; (*grwgnach*) grogner, grommeler; **bys wedi'i wenwyno** un doigt infecté *neu* envenimé; **mae'n** ~ **eu perthynas** (*ffig*) cela empoisonne *neu* gâche *neu* gâte *neu* envenime leurs rapports.

gwenwynol *ans gw.* **gwenwynig**.

gwenwynwr (**gwenwynwyr**) *g* empoisonneur *m*.

gwenwynwraig (**gwenwynwragedd**) *b* empoisonneuse *f*.

gwenynen (**gwenyn**) *b* abeille *f*; ~ **feirch** guêpe *f*; ~ **ormes** faux bourdon *m*, abeille mâle; **cwch gwenyn** ruche *f*; **cadw gwenyn** apiculture *f*; **fel gwenyn o gwmpas pot mêl** comme des mouches sur un pot de confiture.

gwenynfa (**gwenynfeydd**) *b* rucher *m*.

gwenynwr (**gwenynwyr**) *g* apiculteur *m*.

gwenynwraig (**gwenynwragedd**) *b* apicultrice *f*.

gwenynyddiaeth *b* apiculture *f*.

gweog *ans* (*defnydd*) tissé(e), textile; (*troed*) palmé(e); **aderyn â thraed** ~ palmipède *m*.

gwep (-**iau**) *b* (*wyneb*) figure *f*, visage *m*; (*gwg*) grimace *f*; **tynnu** ~ (*gwepio*) faire la grimace, se renfrogner, grimacer.

gwepio *bg* grimacer, faire la grimace, se renfrogner.

gwêr *g* suif *m*; **cannwyll wêr** chandelle *f*.

gwerdd *ans b gw.* **gwyrdd**.

gwerddon (-**au**) *b* oasis *f*.

gwerin *b* (*pobl ddirodres*) gens *mpl* ordinaires, gens sans façons, gens peu prétentieux; (*gwyddbwyll*) pions *mpl*; **y werin** la paysannerie, les paysans *mpl*, les campagnards *mpl*;
♦*ans* folklorique; **amgueddfa werin** musée *m* folklorique; **cân werin** chanson *f* folklorique; **canwr** ~ chanteur *m* de chansons folkloriques; **cantores werin** chanteuse *f* de chansons folkloriques; **dawns werin** danse *f* folklorique; **llên** ~ folklore *m*.

gwerinaidd *ans gw.* **gwerinol**.

gwerin-bobl *b*: **y werin-bobl** (*pobl ddirodres*) les gens *mpl* ordinaires; (*gwladwyr*) les campagnards *mpl*, les paysans *mpl*, la paysannerie.

gwerineiddio *ba* démocratiser, rendre populaire, populariser, vulgariser.

gwerineiddiwch *g* (*gwladaidd*) rusticité *f*; (*dirodres*) simplicité *f*, absence *f* de formalité, naturel *m*.

gweriniaeth (-**au**) *b* république *f*; **G~ Iwerddon** *gw.* **Iwerddon**.

gweriniaethol *ans* républicain(e).

gweriniaethwr (**gweriniaethwyr**) *g* républicain *m*.

gweriniaethwraig (**gweriniaethwragedd**) *b* républicaine *f*.

gwerinlywodraeth (-**au**) *b* république *f*.

gwerinol *ans* (*cyffredin*) ordinaire, populaire; (*gwladaidd*) rustique, campagnard(e), paysan(ne); (*dirodres*) peu prétentieux(prétentieuse), sans façons, humble.

gwerinoldeb *g gw.* **gwerineiddiwch**.

gwerinos *ll* (*dif*) cohue *f*, populace *f*.

gwerinwr (**gwerinwyr**) *g* (*dyn cyffredin*) homme *m* du peuple, homme sans façons; (*gwladwr*) campagnard *m*, paysan *m*; (*HAN: nad yw'n fonheddwr*) roturier *m*; (*gwyddbwyll*) pion *m*.

gwerinwraig (**gwerinwragedd**) *b* (*gwraig gyffredin*) femme *f* du peuple, femme sans façons; (*gwladwraig*) campagnarde *f*, paysanne *f*; (*HAN: nad yw'n wraig fonheddig*) roturière *f*.

gwern[1] (-**i**, **gwernydd**) *b* (*cors*) marais *m*, marécage *m*.

gwern[2] *ll gw.* **gwernen**.

gwernen (**gwern**) *b* (*PLANH*) aulne *m*.

gwerniar (**gwernieir**) *b* (*ADAR*) outarde *f*.

gwers (**-i**) *b* (*cyff*) leçon *f*; (*mewn ysgol*) leçon, cours *m*; ~ **Gymraeg** une leçon *neu* un cours de gallois; ~ **nofio** leçon de natation; ~ **yrru** leçon de conduite; **cael** *ou* **cymryd** ~**i ...** prendre des leçons de ..., suivre un cours de ...; **rhoi** ~**i ...** donner des leçons de ...; **mae'r** ~**i yn dechrau am hanner awr wedi naw** la classe commence à neuf heures et demie; **boed hynny'n wers iti!** que cela te serve *subj* de leçon!.
▶ **gwers rydd** (*LLEN*) vers *m* libre; **mae gennyf wers rydd** (*YSGOL*) j'ai une heure de libre.

gwerseb (**-au**) *b* maxime *f*.

gwerslyfr (**-au**) *g* manuel *m neu* livre *m* scolaire.

gwersyll (**-oedd**) *g* camp *m*; ~ **gwyliau** camp de vacances; (*i blant yn unig*) colonie *f neu* camp de vacances; ~ **carcharorion rhyfel** camp de prisonniers/prisonnières; ~ **ffoaduriaid** camp de réfugiés; ~ **yr Urdd** *camp pour la jeunesse galloise.*

gwersylla *bg* camper, faire du camping; **mynd i wersylla** partir camper.

gwersyllfa (**gwersyllfeydd**) *b* campement *m*; (*MIL*) cantonnement *m*.

gwersyllu *bg gw.* **gwersylla**.

gwersyllwr (**gwersyllwyr**) *g* campeur *m*.

gwersyllwraig (**gwersyllwragedd**) *b* campeuse *f*.

gwerth[1] (**-oedd**) *g* valeur *f*; **beth yw ei werth?** (*mewn arian*) ça vaut combien?; **prynais werth 50 ceiniog o felysion** j'ai acheté pour 50 pence de bonbons; ~ **£200 o nwyddau** marchandises *fpl* d'une valeur de 200 livres; **codi (mewn)** ~ prendre de la valeur; **colli (mewn)** ~ se déprécier, perdre de sa valeur; **cynnydd mewn** ~ hausse *f neu* augmentation *f* de valeur; **cael** ~ **eich arian** en avoir pour son argent; **rhoi** ~ **ar rth** (*prisio*) évaluer *neu* estimer qch; (*ystyried yn werthfawr*) estimer, priser, apprécier.
▶ **ar werth** à vendre, en vente.

gwerth[2] *ans*: **bod yn werth**
1 (*yn ariannol*) valoir; **mae'r darlun yn werth £200** le tableau vaut 200 livres; **mae hi'n werth (ei) miloedd** sa fortune s'élève à plusieurs milliers; **mae hi'n werth y byd i mi** (*ffig*) elle m'est très chère.
2 (*yn haniaethol*): **mae'n werth yr ymdrech** ça mérite qu'on fasse *subj* l'effort, cela vaut la peine; **nid yw'n werth yr ymdrech na'r amser** c'est une perte d'effort et de temps; **'roedd yn sicr yn werth y drafferth** ça valait bien le dérangement, ça valait la peine qu'on se dérange *subj*; **rhth sy'n werth ei wneud** qch qui en vaut la peine; **mae'n werth ei gael** ça vaut la peine d'en avoir un; **nid yw'n werth ei gael** ça ne vaut rien*; **mae hynny'n werth ei wybod** c'est bon à savoir; **mae'n werth ei ystyried** ça mérite réflexion; **nid yw bywyd yn werth ei fyw** la vie ne vaut pas la peine d'être vécue; **mae'n werth astudio'r ddrama** on gagne à étudier la pièce, c'est une pièce qui mérite d'être étudiée; **byddai'n werth iti fynd i'w weld** tu gagnerais à aller le voir; **nid yw'n werth imi aros amdani** je perds mon temps à l'attendre.
▶ **gwerth chweil** très valable, très intéressant(e), très bon(ne), qui vaut le coup.

gwerthadwy *ans* vendable, commercialisable.

gwerthfawr *ans* de grande valeur, de grand prix, précieux(précieuse).

gwerthfawrogi *ba*
1 (*adnabod gwerth*) apprécier; **teimlai nad oedd neb yn ei werthfawrogi** il ne se sentait pas apprécié à sa juste valeur, il avait le sentiment que personne ne l'appréciait à sa juste valeur.
2 (*bod yn ddiolchgar am*) être reconnaissant(e) de; **'rwy'n** ~**'ch caredigrwydd** je vous suis très reconnaissant(e) de votre gentillesse; **byddem yn** ~ **ateb buan** (*mewn llythyr*) nous vous serions obligés *neu* nous vous saurions gré de bien vouloir répondre dans les plus brefs délais.

gwerthfawrogiad (**-au**) *g* évaluation *f*, estimation *f*; (*LLEN, CERDD*) critique *f*.

gwerthfawrogol *ans* appréciatif(appréciative);
♦ **yn werthfawrogol** *adf* appréciativement.

gwerthiant (**gwerthiannau**) *g* vente *f*.

gwerthostyngiad (**-au**) *g* dévaluation *f*.

gwerthu *ba* vendre; **i'w werthu** à vendre; ~ **rhth am £10** vendre qch 10 livres; ~ **rhth i rn** vendre qch à qn; **fe'i gwerthais iddo am 20 ffranc** je le lui ai vendu 20F; **'rwyf yn eu** ~ **am 3 ffranc y dwsin** je les vends 3F la douzaine; **ydych chi'n** ~ **llaeth?** avez-vous du lait?; **'rydym yn ei chael hi'n anodd** ~ **ein stoc o ...** nous avons du mal à écouler notre stock de ...; ~ **syniad** faire accepter une idée;
♦*bg* se vendre; **mae'r afalau yma'n** ~ **am 50 ceiniog y pwys** ces pommes se vendent 50 pence la livre; **dylai dy gar werthu am £4000** ta voiture devrait réaliser *neu* se vendre 4000 livres; **mae'n** ~**'n dda** cela se vend bien.
▶ **gwerthu allan** (*MASN*) vendre tout son stock; **maen nhw wedi** ~ **allan** ils n'en ont plus; **'rydym wedi** ~ **allan o fara** on n'a plus de pain; **mae'r eitem yma wedi ei werthu allan** cet article est epuisé.

gwerthusiad (**-au**) *g* évaluation *f*.

gwerthuso *ba* évaluer, apprécier, déterminer le montant *neu* la valeur *neu* le prix de; (*effeithiolrwydd, defnyddioldeb*) mesurer; (*dadl*) peser, évaluer, apprécier.

gwerthwr (**gwerthwyr**) *g* (*mewn siop*) vendeur *m*, marchand *m*; **mae'n werthwr da** il sait vendre; ~ **papurau newydd** vendeur de journaux; ~ **tai ac eiddo** agent *m* immobilier; ~ **winwns,** ~ **nionod** marchand d'oignons.

gwerthwraig (**gwerthwragedd**) *b* (*mewn siop*) vendeuse *f*, marchande *f gw. hefyd* **gwerthwr**.
gwerthyd (**-au, -oedd**) *b* (*ar droell*) fuseau(-x) *m*; (*ar beiriant*) broche *f*; (*ar olwyn*) axe *m*.
gweryd (**-au**) *g* terre *f*, humus *m*; (*ffig*) tombe *f*.
gweryr(i)ad (**-au**) *g* hennissement *m*.
gweryrog *ans* hennissant(e).
gweryru *bg* hennir.
gwestai[1] (**gwesteion**) *g* (*y sawl a wahoddir i'r tŷ*) invité *m*, invitée *f*, hôte *m/f*; (*mewn gwesty: yr un sy'n aros*) client *m*, cliente *f*.
gwestai[2] *ll gw.* **gwesty**.
gwesty (**-au, gwestai**) *g* hôtel *m*; (*bach*) hostellerie *f*; (*llai*) auberge *f*, pension *f*.
gwestyaeth *b* direction *f* d'hôtel.
gwestywr (**gwestywyr**) *g* patron *m* d'un hôtel.
gwestywraig (**gwestywragedd**) *b* patronne *f* d'un hôtel.
gweu *ba, bg gw.* **gwau**.
gweundir (**-oedd**) *g* lande *f*; (*corsiog*) terrain *m* tourbeux.
gweuwaith *g* tricot *m*, tricotage *m*.
gweuwr (**gweuwyr**) *g* tricoteur *m*.
gweuwraig (**gweuwragedd**) *b* tricoteuse *f*.
gwewyr *g,ll* douleur *f*, souffrances *fpl*; ~ **angau** affres *fpl neu* angoisses *fpl* de la mort; ~ **cydwybod** remords *m* de conscience; ~ **esgor,** ~ **geni** douleurs de l'accouchement; ~ **meddwl** angoisse, anxiété *f*; **mewn** ~ souffrant(e), anxieux(anxieuse), angoissé(e) *gw. hefyd* **gwayw**.
gwewyrlys *g* (*PLANH*) anis *m*.
gwëydd (**gwehyddion**) *g* tisserand *m*.
gwëyddes (**-au**) *b* tisserande *f*.
gweyllen (**gwëyll**) *b gw.* **gweillen**.
gwg (**gygau, gygon**) *g* froncement *m* de sourcils, air *m* de mauvaise humeur, mine *f* renfrognée; **dweud rhth â** ~ dire qch en se renfrognant *neu* d'un air renfrogné.
gwgu *bg* froncer les sourcils, se renfrogner, faire la grimace; ~ **ar rn** regarder qn en fronçant les sourcils, regarder qn de travers, jeter un regard mauvais à qn; ~ **ar blentyn** faire les gros yeux à un enfant; **gwgodd pan glywodd y newyddion** l'information lui a fait froncer les sourcils.
gwialen (**gwiail**) *b*
1 (*ffon*) baguette *f*, canne *f*, verge *f*; ~ **bysgota** canne à pêche; **pysgota â** ~ pêcher à la ligne; ~ **ddewinio** baguette divinatoire *neu* de sourcier; ~ **fedw** verge, fouet *m*.
2 (*i wneud basgedi ayb*): **gwiail** osier *m*; **basged wiail** corbeille *f* d'osier *neu* en osier; **cadair wiail** chaise *f* d'osier *neu* en osier.
3 (*pidyn*) pénis *m*, verge *f*.
gwialennod (**gwialenodau**) *b* coup *m* de fouet.
gwialenodio *ba* frapper (qn) d'un grand coup de fouet, fouetter (qn) violemment, cingler, flageller.
gwiallen (**gweill**) *b gw.* **gweillen**.
gwib[1] (**-iau**) *b* mouvement *m* précipité; **ar wib** à toute vitesse, au pas de course, en un clin d'œil; **mynd allan ar wib** sortir comme un éclair; **cymryd** ~ prendre son élan.
gwib[2] *ans*: **seren wib** étoile *f* filante.
gwibdaith (**gwibdeithiau**) *b* excursion *f*, balade* *f*; (*mewn car, ar feic*) randonnée *f*, balade*, promenade *f*.
gwiber (**-od**) *b* vipère *f*.
gwibfaen (**gwibfeini**) *g* météorite *m,f*.
gwibgart (**-iau**) *g gw.* **go-cart**.
gwibio *bg* se précipiter, s'élancer; (*meddwl*) errer, vagabonder, vaguer; (*CHWAR*) sprinter; ~ **i mewn/allan** entrer/sortir avec légèreté *neu* comme un éclair *neu* en trombe; **gwibiodd y dydd heibio** on n'a pas senti la journée passer; **gwibiodd heibio imi** il m'a dépassé en courant à toute vitesse; **gwibiodd y syniad trwy ei feddwl ...** l'idée lui est venue tout d'un coup que.
gwibiog, **gwibiol** *ans* errant(e), vagabond(e).
gwibiwr (**gwibwyr**) *g* sprinter *m*.
gwibwraig (**gwibwragedd**) *b* sprinteuse *f*.
gwich (**-iau**) *b* (*sialc, olwyn, drws*) grincement *m*, crissement *m*; (*esgid*) craquement *m*; (*llygoden*) petit cri *m* aigu, couinement *m*; (*baban*) vagissement *m*; (*rhn*) petit cri aigu.
gwichiad[1] (**gwichiaid**) *g* (*molwsg*) bigorneau(-x) *m*.
gwichiad[2] (**-au**) *g gw.* **gwich**.
gwichian *bg* (*sialc, olwyn, drws*) grincer, crisser; (*esgid*) craquer; (*llygoden*) couiner, pousser un petit cri aigu, pousser de petits cris aigus; (*baban*) vagir; (*rhn*) glapir; (*:brest*) siffler; (*brêc*) grincer, hurler; (*teiars*) crisser; ~ **mewn braw** pousser un petit cri de peur, glapir de peur; ~ **mewn poen** pousser un cri de douleur; ~ **fel mochyn** crier comme un cochon qu'on égorge;
♦*ba*: ~ **rhth** dire qch d'une voix rauque.
gwichio *bg gw.* **gwichian**.
gwichiog, **gwichlyd** *ans* grinçant(e); (*llais*) aigu(aiguë); (*brest*) qui siffle; **esgidiau** ~ chaussures *fpl* qui crient *neu* qui craquent.
gwidman (**-od**) *g* veuf *m*.
gwidw (**gwidŵod**) *b* veuve *f*.
gwiddoni *bg* grouiller de mites, être miteux(miteuse).
gwiddonog *ans* miteux(miteuse).
gwiddonyn (**gwiddon**) *g* mite *f*.
gwif (**-iau, -ion**) *g* pince *f* à levier.
gwifr (**-au**) *b gw.* **gwifren**.
gwifrad (**-au**) *g* installation *f* électrique.
gwifren (**gwifrau**) *b* fil *m* métallique *neu* de fer; (*TRYD*) fil électrique; ~ **bigog** fil de fer barbelé; **gwifrau ffôn** fils téléphoniques; ~ **gaws** fil à couper; **torrwr gwifrau** cisaille *f*, pince *f* coupante.

gwifro *ba* (*TRYD*) faire l'installation électrique de; (*cau i mewn â gwifrau*) grillager.
gwig (**-oedd**) *b* bois *m gw. hefyd* **coedwig**.
gwinglyd, **gwingllyd** *ans* remuant(e), agité(e);
♦ **yn winglyd** *adf* de façon agitée.
gwingo *bg* (*rhn: bod yn aflonydd*) remuer, gigoter*, se trémousser; (*:mewn embaras*) se tortiller, ne plus savoir où se mettre, se tordre; (*mwydyn, neidr*) se tortiller; ~ **mewn poen** grimacer de douleur, se tordre de douleur; ~ **rhag rhth** reculer devant qch; ~ **yn erbyn y symbylau** regimber contre les aiguillons; **heb wingo** sans sourciller, sans regimber, sans broncher.
Gwilym *prg* Guillaume; ~ **Goncwerwr** Guillaume le Conquérant.
gwim(b)led (**-i**) *b* (*TECH*) vrille *f*.
gwin (**-oedd**) *g* vin *m*; ~ **gwyn/coch/rhosliw** vin blanc/rouge/rosé; ~ **afalau** cidre *m*; ~ **egr** vinaigre *m*; ~ **ysgawen** vin de sureau; **blaswr** ~ dégustateur *m* de vins; **blaswraig** ~ dégustatrice *f* de vins; **casgen win** fût *m*, tonneau(-x) *m* à vin; **gwaddod** ~, **gwaelodion** ~ lie *f* de vin; **gweinydd** ~ sommelier *m*; **gweinyddes** ~ sommelière *f*; **gwerthwr** ~ marchand *m* de vin, négociant *m* en vins; **gwerthwraig** ~ marchande *f* de vin, négociante *f* en vins; **gwydryn** ~ verre *m* à vin; **gwydraid o win** un verre de vin; **potel win** une bouteille à vin; **potelaid o win** une bouteille de vin; **potelu** ~ mettre du vin en bouteilles; **rhestr winoedd** carte *f* des vins.
gwina *bg* picoler*.
gwinau *ans* (*ceffyl*) alezan(e), bai(e); (*gwallt*) auburn *inv*, châtain *inv*.
gwinc (**-od**) *b* (*ADAR*) pinson *m*.
gwindy (**gwindai**) *g* auberge *f*.
gwineuddu *ans* brun(e), marron *inv*.
gwineugoch *ans* vermeil(le).
gwineulwyd *ans* rougeâtre.
gwinllan (**-nau, -noedd**) *b* vignoble *m*.
gwinllannwr (**gwinllanwyr**) *g* viticulteur *m*, vigneron *m*.
gwinllanwraig (**gwinllanwragedd**) *b* viticultrice *f*, vigneronne *f*.
gwinronyn (**gwinrawn, grawnwin**) *g* raisin *m*.
gwinwasg (**gwinweisg**) *b* pressoir *m* à vin.
gwinwryf (**-oedd**) *g* pressoir *m* à vin.
gwinwydden (**gwinwydd**) *b* vigne *f*.
gwinydd (**-ion**) *g* négociant *m* en vins, négociante *f* en vins, marchand *m* de vin, marchande *f* de vin.
gwir *g* vérité *f*; **y** ~ **yw ...** la vérité, c'est que; **y** ~ **a saif** la vérité se fera jour; **y** ~, **yr holl wir, a dim ond y** ~ toute la vérité, rien que la vérité; **y** ~ **a'r gau** le vrai et le faux; **dweud y** ~ dire la vérité; **wynebu'r** ~ faire face à la vérité; **a dweud y** ~ à vrai dire;
♦*ans* vrai(e), véritable; (*cywir*) fidèle, exact(e), véridique; **dod yn wir** se réaliser; **trodd allan i fod yn wir** cela s'est avéré être la vérité; **yr unig wir Dduw** le seul vrai Dieu, le seul Dieu véritable; ~ **gariad** le grand amour; (*rhn*) bien-aimé *m*, bien-aimée *f*; **y G~ Anrhydeddus** le très honorable; **y G~ Barchedig** le très Révérend;
♦ **yn wir** *adf* à vrai dire, en effet, vraiment; **teimlaf, yn wir, gwn, ei fod yn iawn** je sens, et même je sais qu'il a raison; **ydy'n wir, mae hi wedi blino** oui, en effet elle est fatiguée; **wyt ti'n dod? - ydw'n wir!** tu viens? - mais certainement! *neu* mais bien sûr!; **bod yn wir ddiolchgar** être infiniment reconnaissant(e); **diolch yn fawr yn wir** merci mille fois; **felly'n wir?, do fe'n wir?** vraiment?; **pwy ydyw? - pwy yn wir?** qui est-il? - ah, là est la question!
gwireb (**-au**) *b* truisme *m*, maxime *f*.
gwireddiad (**-au**) *g* réalisation *f*.
gwireddu *ba* réaliser; **gwireddwyd fy mreuddwyd** mon rêve s'est réalisé.
gwirfodd *g* bonne volonté *f*, bon vouloir *m*, bienveillance *f*; **o wirfodd** de plein gré, volontairement; **aeth o'i wirfodd** il est parti de son plein gré *neu* de lui-même *neu* de son propre chef.
gwirfoddol *ans* volontaire; (*di-dâl*) bénévole; **corff** ~, **cymdeithas wirfoddol** organisation *f* bénévole; **gwasanaeth** ~ **tramor** coopération *f* technique à l'étranger; **gwaith** ~ travail(travaux) *m* bénévole, bénévolat *m*; **gwneud gwaith** ~ **yn yr ysbyty** travailler bénévolement *neu* comme bénévole à l'hôpital; **gweithiwr** ~ bénévole *m*; **gweithwraig wirfoddol** bénévole *f*;
♦ **yn wirfoddol** *adf* bénévolement, volontairement, de son plein gré, spontanément.
gwirfoddoldeb *g gw.* **gwirfoddolrwydd**.
gwirfoddoli *ba* donner *neu* offrir (qch) de son plein gré *neu* spontanément;
♦*bg*: ~ **i wneud rhth** se proposer pour faire qch, se porter volontaire pour faire qch.
gwirfoddolrwydd *g* spontanéité *f*, esprit *m* bénévole.
gwirfoddolwr (**gwirfoddolwyr**) *g* volontaire *m*, bénévole *m*.
gwirfoddolwraig (**gwirfoddolwragedd**) *b* volontaire *f*, bénévole *f*.
gwirgroen *g* derme *m*.
gwiriad (**-au**) *g* vérification *f*, contrôle *m*.
gwirio *ba* (*archwilio safon ayb*) vérifier; (*tocynnau, pasbort*) contrôler.
gwirion *ans* (*hurt, dwl*) idiot(e), stupide, bête, imbécile; (*diniwed*) naïf(naïve), innocent(e); **gan y** ~ **y ceir y gwir** ce sont les innocents qui disent la vérité;
♦ **yn wirion** *adf* stupidement, bêtement, idiotement, imbécilement.
gwiriondeb *g* (*diniweidrwydd*) innocence *f*, naïveté *f*, candeur *f*; (*ffolineb*) bêtise *f*, sottise *f*, stupidité *f*, niaiserie *f*,

imbécillité *f*, idiotie *f*.
gwirionedd (**-au**) *g* vérité *f*, réalité *f*; **mae rhywfaint o wirionedd yn hynny** il y a du vrai là-dedans; **mewn** ~ à vrai dire, à dire vrai, en réalité, en fait.
gwirioneddol *ans* vrai(e), réel(le), véritable; **beth yw'r sefyllfa wirioneddol?** quelle est la situation réelle?, quelle est en réalité la situation?;
♦ **yn wirioneddol** *adf* vraiment, réellement, véritablement; **mae'n wirioneddol sâl** il est vraiment malade.
gwirionen (**gwirioniaid**) *b* (*merch ddiniwed*) innocente *f*, idiote *f*, nigaude *f*; (*merch ffôl*) imbécile *f*, niaise *f*.
gwirioni *bg*: ~ **ar** (*rn*) aimer (qn) à la folie, être fou(folle) de, raffoler de, être obsédé(e) par, être entiché(e) de, avoir le béguin* pour; (*syniad*) avoir la tête pleine de.
gwirionyn (**gwirioniaid**) *g* imbécile *m*, idiot *m*, nigaud *m*, niais *m*.
gwiriwr (**gwirwyr**) *g* vérificateur *m*, contrôleur *m*.
gwirod (**-ydd**) *g,b* alcool *m*, spiritueux *m*.
gwirodlyn (**-nau**) *g* liqueur *f*; **siocledi** ~ chocolats *mpl* à la liqueur.
gwirwraig (**gwirwragedd**) *b* vérificatrice *f*, contrôleuse *f*.
gwisg (**-oedd**) *b* (*cyff*) vêtement *m*, habillement *m*; (*THEATR*) costume *m*; (*dull o wisgo*) tenue *f*, mise *f*; (*ffrog*) robe *f*; ~ **briodas** robe de mariée; ~ **ffansi** travesti *m*, déguisement *m*; **mewn** ~ **ffansi** déguisé(e); ~ **genedlaethol** costume national.
gwisgadwy *ans* mettable, portable.
gwisgi *ans* vif(vive), animé(e), alerte;
♦ **yn wisgi** *adf* vivement, alertement.
gwisgiad *g* tenue *f*, mise *f*.
gwisgo *ba*
1 (*dillad ayb: bod â hwy amdanoch*) porter; (:*eu rhoi amdanoch*) mettre; ~ **het** porter *neu* mettre un chapeau; ~ **het ddu** être coiffé(e) de noir; **nid oes bron neb yn** ~ **het bellach** les chapeaux ne se portent plus guère aujourd'hui; **beth wyt ti'n mynd i'w wisgo?** qu'est-ce que tu vas mettre?; **'does gen i ddim byd i'w wisgo** je n'ai rien à me mettre; ~ **esgidiau** se chausser; **'roedd hi'n** ~ **coch** elle était en rouge; ~ **du** s'habiller en noir; **hi sy'n** ~**'r trowsus yn y teulu yna** (*ffig*) c'est elle qui porte la culotte* *neu* qui commande dans cette famille; ~ **barf** porter une barbe; ~**'ch gwallt yn hir** avoir les cheveux longs; ~**'r goron** être sur le trône.
2 (*rhoi dillad am rn*) habiller; **fe hoffai wisgo'i phlant yn syml** elle habillait ses enfants simplement *neu* de façon simple.
3 (*defnyddio*): ~ **colur** se maquiller; ~ **minlliw** mettre du rouge à lèvres; ~ **persawr** se parfumer, mettre du parfum.
4 (*treulio*) user; ~ **rhth yn dwll** faire des trous à qch;
♦*bg*
1 (*rhoi dillad amdanoch*) s'habiller, se vêtir; ~ **fel menyw** s'habiller en femme; ~**'n chwaethus** s'habiller avec goût; ~ **i fyny** (*yn dwt, yn drwsiadus*) s'habiller *neu* se mettre en grande toilette; (*dif*) s'endimancher; (*mewn gwisg ffansi*) se déguiser, se costumer; ~ **fel môr-leidr** se costumer en pirate.
2 (*treulio*) s'user; ~**'n dwll** se trouer; **'roedd y carped wedi** ~**'n denau** le tapis était usé jusqu'à la corde, le tapis était complètement râpé; **mae'r trowsus yma wedi** ~ **yn y pen-glin** ce pantalon est usé au genou.
3 (*parhau*) faire de l'usage, résister à l'usure; **bydd y gôt yma'n** ~**'n dda** ce manteau durera *neu* fera des années; **mae'r trowsus yma wedi** ~**'n dda** ce pantalon a bien résisté à l'usure *neu* a fait beaucoup d'usage.
gwiw *ans* digne, convenable, correct(e); **ni wiw inni fod yn hwyr** nous n'osons pas être en retard;
♦ **yn wiw** *adf* dignement, convenablement, comme il faut.
gwiwer (**-od**) *b* écureuil *m*; ~ **goch/lwyd** écureuil rouge/gris.
gwlad (**gwledydd**) *b*
1 (*darn o dir: â ffiniau pendant*) pays *m*; (:*mamwlad*) patrie *f*; (:*ardal*) pays, région *f*, district *m*, coin *m*; **gwledydd y byd** les pays du monde; **G**~ **yr Addewid** la Terre Promise; **G**~ **yr Iâ** l'Islande *f*; **yng Ngwlad yr Iâ** en Islande; ~ **hud a lledrith,** ~ **y rhyfeddodau** le pays des merveilles; ~ **y tylwyth teg** le royaume des fées; **mynd i wlad dramor** aller à l'étranger; **marw dros eich** ~ mourir pour la patrie; **llond** ~ **o rth** beaucoup de qch, une grande quantité de qch, énormément de qch.
2 (*mewn cyferbyniad â'r dref*): **y wlad, cefn** ~ la campagne *f*; **yn y wlad** à la campagne; **gŵr o'r wlad** campagnard *m*, paysan *m*; **gwraig o'r wlad** campagnarde *f*, paysanne *f*; **mae'r wlad yn brydferth iawn yn y gogledd** les paysages sont très beaux dans le nord; **canu** ~ la musique country.
gwladaidd *ans* rustique, campagnard(e);
♦ **yn wladaidd** *adf* rustiquement.
gwladeiddrwydd *g* rusticité *f*.
gwladfa (**-oedd**) *b* colonie *f*; **y Wladfa** *la colonie galloise en Patagonie.*
gwladgarol *ans* patriotique; (*rhn*) patriote;
♦ **yn wladgarol** *adf* patriotiquement.
gwladgarwch *g* patriotisme *m*.
gwladgarwr (**gwladgarwyr**) *g* patriote *m*.
gwladgarwraig (**gwladgarwragedd**) *b* patriote *f*.
gwladlywydd (**-ion**) *g* homme *m* d'État.
gwladol *ans* d'État, civil(e), étatique, national(e)(nationaux, nationales); **cynilion** ~ épargne *f* nationale; **diwydiant** ~ industrie *f* nationalisée; **Eglwys Wladol**

Église *f* officielle; **Ysgrifennydd G~** ministre *m*, secrétaire *m* d'État.
gwladoli *ba* nationaliser, étatiser.
gwladweiniaeth *b* habileté *f* politique, diplomatie *f*.
gwladweinydd (**gwladweinwyr**) *g* homme *m* d'État.
gwladwr (**gwladwyr**) *g* paysan *m*, campagnard *m*; (*dif*) rustre *m*.
gwladwraig (**gwladwragedd**) *b* paysanne *f*, campagnarde *f*.
gwladwriaeth (**-au**) *b* État *m*; **y Wladwriaeth** l'État; **G~ Les** État-providence *m*.
gwladwriaethol *ans* de l'État, étatique, politique, national(e)(nationaux, nationales).
gwladychfa (**-oedd**) *b* colonie *f*.
gwladychiad (**-au**) *g* colonisation *f*.
gwladychol *ans* colonial(e)(coloniaux, coloniales), colonialiste.
gwladychu *ba* coloniser;
♦*g* colonisation *f*.
gwladychwr (**gwladychwyr**) *g* colon *m*, colonisateur *m*.
gwladychwraig (**gwladychwragedd**) *b* colon *m*, colonisatrice *f*.
gwlân (**gwlanoedd**) *g* laine *f*; **gwisgo ~** porter de la laine *neu* des lainages; **pellen o wlân** une pelote de laine; **~ cotwm** ouate *f* (de coton); **~ pur** pure laine; **ffatri wlân** lainerie *f*; **siop wlân** magasin *m* de laines;
♦*ans* de laine; **sanau ~** chaussettes *fpl* de laine.
gwlana *bg* (*synfyfyrio*) rêvasser, être dans les nuages.
gwlanblu *ll* duvet *m*.
gwlanen (**-ni**) *b* flanelle *f*; (*i ymolchi*) gant *m* de toilette; **~ o ddyn, ~ o ferch** une vraie chiffe molle.
gwlanennaidd *ans* mou(molle) comme une chiffe;
♦ **yn wlanennaidd** *adf* mollement, comme une chiffe.
gwlaniach *g* duvet *m*.
gwlanog *ans* laineux(laineuse), de laine; **eirinen wlanog** pêche *f*.
gwlanolew *g* lanoline *f*.
gwlatgar *ans gw.* **gwladgarol**.
gwleb *ans b gw.* **gwlyb**.
gwledig *ans* rural(e)(ruraux, rurales), champêtre, rustique, campagnard(e).
gwledd (**-oedd**) *b* festin *m*, banquet *m*; **'roedd yn wledd i'r llygaid** c'était un régal pour les yeux.
gwledda *bg* banqueter, festoyer; **~ ar** se régaler de.
gwleddwr (**gwleddwyr**) *g* convive *m*.
gwleddwraig (**gwleddwragedd**) *b* convive *f*.
gwléi *ebych* je pense, j'imagine; (*gobeithio wir*) je l'espère, j'espère bien.
gwleidydd (**-ion**) *g* homme *m* politique, femme *f* politique; (*dif*) politicien *m*, politicienne *f*.
gwleidyddiaeth *b* politique *f*; **trafod ~, sôn am wleidyddiaeth** parler politique; **~ leol/ryngwladol** politique locale/internationale.
gwleidyddol *ans* politique; **mae'n ddyn ~ iawn** il a la politique dans le sang; **~ gywir** politiquement correct(e);
♦ **yn wleidyddol** *adf* politiquement, du point de vue politique.
gwlff (**gylffau**) *g* golfe *m*; **G~ Persia** le golfe Persique; **gwledydd y G~** les États *mpl* du Golfe; **rhyfel y G~** la guerre du Golfe.
gwlith (**-oedd**) *g* rosée *f*; **rhif y ~** (*ffig*) innombrable, sans nombre, un nombre incalculable de.
gwlithbwynt (**-iau**) *g* point *m* de rosée.
gwlithen (**-ni, gwlithod**) *b* (*PRYF*) limace *f*; (*MEDD*) orgelet *m*
gwlithlaw (**-ogydd**) *g* bruine *f*, crachin *m*.
gwlithlawio *bg* bruiner, crachiner.
gwlitho *ba* humecter (qch) de rosée, arroser, mouiller;
♦*bg*: **mae hi'n ~** il tombe de la rosée.
gwlithog *ans* couvert(e) *neu* humide *neu* humecté(e) de rosée.
gwlithyn (**gwlithos**) *g* goutte *f* de rosée.
gwlyb (**gwleb**) (**gwlybion**) *ans*
1 (*wedi gwlychu: cyff*) mouillé(e); (*:yn socian*) trempé(e); **~ sopen, ~ domen** trempé jusqu'aux os; **bod yn wlyb at y croen** être trempé jusqu'aux os; **mae fy nhrowsus yn wlyb diferol** mon pantalon est complètement trempé; **bochau'n wlyb gan ddagrau** joues *fpl* baignées de larmes.
2 (*heb sychu: plastr, sment, clai ayb*) humide; (*inc, paent ayb*) frais(fraîche); **mae'r paent yn wlyb** la peinture est fraîche; **"paent ~"** (*arwydd*) "attention à la peinture".
3 (*tywydd, hinsawdd ayb*) humide, pluvieux(pluvieuse); **mae hi'n wlyb** il pleut, le temps est pluvieux; **mae hi'n mynd i fod yn wlyb** le temps est à la pluie, il va pleuvoir; **diwrnod ~** un jour de pluie, un jour pluvieux; **ar ddyddiau ~** (par) les jours de pluie; **ar dywydd ~** quand le temps est pluvieux, par temps humide *neu* pluvieux; **mae'r ffordd yn llithrig pan mae hi'n wlyb** la chaussée est glissante par temps de pluie; **mae'n ardal wlyb iawn** c'est une région très humide *neu* pluvieuse.
gwlybaniaeth *g* humidité *f*; (*ar wydr*) buée *f*.
gwlybni, gwlybrwydd *g* humidité *f*.
gwlybwr (**gwlybyron**) *g* liquide *m*, fluide *m*.
gwlybyrol *ans* (*CEM*) déliquescent(e).
gwlych *g* trempage *m*; (*grefi*) jus *m* de viande, roux *m*; **rhoi rhth yng ngwlych** mettre qch à tremper.
gwlychu *bg* se mouiller;
♦*ba* (se) mouiller; **~'ch esgidiau/trowsus** mouiller ses souliers/sa culotte; **~'ch**

gwefusau/traed se mouiller les lèvres/les pieds.
▶ **gwlychu'r gwely** (*berf*) mouiller le lit; (*enw*) incontinence *f* nocturne.

gwlyddyn (**gwlydd**) *g* (*coes planhigyn*) fane *f*, chaume *m*, tige *f*; **gwlydd tatws** chaumes *neu* fanes de pommes de terre; **gwlydd y dom** (PLANH) mouron *m* des oiseaux.

gwm (**gymiau**) *g* gomme *f*, colle *f*; ~ **cnoi** chewing-gum *m*.

gwn[1] (**gynnau**) *g* revolver *m*, pistolet *m*; (*reiffl*) fusil *m*; (*canon*) canon *m*; ~ **aer**, ~ **slygs*** fusil à air comprimé; ~ **clec**, ~ **clatsh** pistolet à bouchon; ~ **dŵr** pistolet à eau; ~ **lastig** lance-pierre *m*; **y gynnau mawr** les gros canons, l'artillerie *f* lourde; **mae ganddo wn** il est armé, il a un revolver; **'roedd y lleidr yn cario** ~ le voleur avait une arme à feu; **tanio** ~ tirer *neu* décharger une arme à feu; **tynnu** ~ **ar rn** braquer une arme sur qn.

gwn[2] *be gw.* **gwybod**.

gŵn (**gynau**) *g* (*prifysgol*) toge *f*; (*négligée*) déshabillé *m*; ~ **gwisgo** robe *f* de chambre, peignoir *m*; ~ **nos** chemise *f* de nuit (de femme).

gwndwn *g gw.* **gwyndwn**.

gwneud *ba*
1 (*cyflawni: cyff*) faire; (:*camgymeriad*) faire, commettre; (*taliadau*) faire, effectuer; **wyt ti'n** ~ **rhywbeth heno?** es-tu pris(e) ce soir?, est-ce que tu fais quelque chose ce soir?; **'does dim i'w wneud yma** il n'y a rien à faire ici; **'dwyt ti'n** ~ **dim byd ond cwyno** tu ne fais que de te plaindre.
2 (*cynhyrchu*) produire, faire, fabriquer; (:*model*) faire, façonner; **gwnaethpwyd yn Ffrainc** fabriqué(e) en France.
3 (*traddodi: araith ayb*) faire, prononcer.
4 (*ffurfio*): **mae 3 a 3 yn** ~ **6** 3 et 3 font *neu* égalent 6; **pa faint mae hynny'n ei wneud?** combien cela fait-il?, combien ça fait en tout?; **faint wnaiff hi?*** (*faint o'r gloch yw hi?*) il est quelle heure?; **fe wnei di wraig dda i rn** tu seras une bonne épouse pour qn.
5 (*wrth deithio*): ~ **70 milltir yr awr** ≈ rouler à 110 km à l'heure, ≈ faire du 110 km à l'heure; ~ **amser da** faire une bonne moyenne.
6 (*ennill: cyflog*) se faire, gagner, toucher; (:*elw*) réaliser.
7 (*astudio*) faire, étudier.
8 (CORFF): ~ **dŵr** uriner; ~ **eich busnes** faire ses besoins.
9 (*peri newid mewn cyflwr*): ~ **rhn yn ...** + *ans* rendre qn ...; ~ **rhn yn sâl** rendre qn malade; **eich** ~ **eich hun yn sâl** se rendre malade; ~ **rhn yn faer** faire de qn un maire.
10 (*twyllo*) escroquer, avoir; **cael eich** ~ se faire avoir *neu* rouler; **cafodd hi ei** ~ on l'a eue *neu* roulée, elle a été eue *neu* roulée, elle s'est fait avoir *neu* rouler.
▶ **ei gwneud hi**: **ei** ~ **hi'n iawn gyda rhn** s'entendre bien avec qn; **maen nhw'n ei** ~ **hi'n dda** (*llwyddo'n ariannol*) ils gagnent une bonne petite somme; **ei** ~ **hi'n amhosibl i rn wneud rhth** mettre qn dans l'impossibilité de faire qch; **ei** ~ **hi'n hawdd i rn** mâcher le travail à qn; **ei** ~ **hi am ...** (*mynd i*) aller vers ..., partir pour ...; **dyna ti wedi ei** ~ **hi!** cette fois c'est trop!, voilà que tu as tout gâché!, il ne manquait plus que ça!.
▶ **a wnelo**: **nid oes a wnelo hyn ddim â mi** cela n'a rien à voir avec moi, cela ne me regarde pas; **ni waeth ichi ei brynu, (er) a wnelo punt** vous feriez aussi bien de l'acheter, vu que ça ne coûte qu'une livre;
♦*bg*
1 (*cyff*) faire; ~ **yn dda** réussir; **sut wnest ti yn yr arholiad?** (*a lwyddaist?*) est-ce que tu as réussi l'examen?; ~ **amdanoch eich hun** (*eich lladd eich hun*) se suicider; **mae hi'n hawdd** ~ **gyda hi** elle est facile à vivre, elle est commode *neu* accommodante.
2 (*gorfodi*) faire, forcer, obliger; ~ **i rn wneud rhth** faire faire qch à qn, obliger *neu* forcer qn à faire qch; ~ **i rn ddisgwyl** faire attendre qn.
3 (*peri, achosi*): **gwnaeth y jôc imi chwerthin** la blague m'a fait rire; **mae'r llun yn** ~ **imi edrych yn dew** la photo me grossit;
♦*be gyn* (cofier: yn aml nid oes cyfieithiad uniongyrchol yn Ffrangeg).
1 (*i gyfleu gweithred yn y gorffennol*): **mi wnes i chwerthin** j'ai ri; **mi wnaeth hi syrthio** elle est tombée; **wnes i eich deall yn iawn?** vous ai-je bien compris?, est-ce que je vous ai bien compris?; **pam na wnaethoch chi ganu?** pourquoi n'avez-vous pas chanté?, pourquoi est-ce que vous n'avez pas chanté?.
2 (*i gyfleu gweithred yn y dyfodol*): **mi wna' i dy helpu** je t'aiderai; (*dyfodol agos*) je vais t'aider.
3 (*i fynegi parodrwydd/amharodrwydd i wneud rhth*): **wnewch chi aros amdanaf fi? - gwnawn** est-ce que vous m'attendrez? - oui; **gymeri di rth i'w yfed? - gwnaf** veux-tu qch à boire? - oui; **wnei di ddweud wrthi? - na wnaf** tu vas lui dire? - non; **wnei di fy mhriodi? - gwnaf/na wnaf** veux-tu m'épouser? - oui/non; **wnaiff hi ddim cytuno** elle ne veut pas donner son accord.
4 (*i roi pwyslais ar y ferf*): **mynd wnaethon nhw** ce qu'ils ont fait, c'est partir.
5 (*i roi pwyslais ar orchymyn*): **bydd ddistaw, wnei di!** tais-toi!; **arhoswch funud, wnewch chi!** attendez un peu!.
6 (*i gyfeirio'n ôl at ferf arall*): **penderfynais fynd, a dyna a wnes i** je me suis décidé à m'en aller, et c'est bien ce que j'ai fait.
7 (*i fynegi gallu i wneud rhth*): **wnaiff y car ddim cychwyn** la voiture ne veut pas démarrer; **wnaiff y darnau ddim glynu at ei gilydd** les morceaux ne veulent pas se coller

ensemble;
♦*ans* faux(fausse), artificiel(le), factice, fabriqué(e).
gwneuthur *ba gw.* **gwneud**.
gwneuthuredig *ans* fait(e), fabriqué(e); (*ffug*) factice, faux(fausse).
gwneuthuriad (**-au**) *g* marque *f*, fabrication *f*, construction *f*.
gwneuthurwr (**gwneuthurwyr**) *g* fabricant *m*.
gwneuthurwraig (**gwneuthurwragedd**) *b* fabricante *f*.
gwnïad (**gwniadau**) *g* couture *f*.
gwniadur (**-iau, -on**) *g* dé *m* à coudre.
gwniadwaith *g* couture *f*, travaux *mpl* d'aiguille, confection *f* de robes.
gwniadwraig (**gwniadwragedd**) *b* couturière *f*.
gwniadyddes (**-au**) *b* couturière *f*.
gwniadyddiaeth *b* confection *f* de robes, couture *f*.
gwniedydd (**-ion**) *g* couturier *m*.
gwnïo *ba* coudre; ~ **botwm yn ôl ar** recoudre un bouton à;
♦*bg* coudre, faire de la couture;
♦*g* couture *f*; **nwyddau** ~ mercerie *f*; **peiriant** ~ machine *f* à coudre.
gwobr (**-au, gwobrwyon**) *b*
1 (*mewn ras ayb*) prix *m*; **ennill y wobr gyntaf** remporter le premier prix; ~ **gysur** prix de consolation.
2 (*am wasanaeth*) récompense *f*.
gwobrwyo *ba*
1 (*am ennill ras ayb*) décerner *neu* attribuer *neu* adjuger un prix à; **gwobrwywyd hi** elle a reçu un prix, on lui a décerné un prix.
2 (*am wasanaeth*) récompenser;
♦*g* distribution *f* des prix.
gwobrwywr (**gwobrwywyr**) *g* celui qui décerne un prix *neu* une récompense.
gwobrwywraig (**gwobrwywragedd**) *b* celle qui décerne un prix *neu* une récompense.
gŵr (**gwŷr**) *g*
1 (*dyn*) homme *m*; ~ **bonheddig** monsieur(messieurs) *m*, homme bien élevé, gentleman(~s, gentlemen) *m*; ~ **mawr** un grand, un homme important; ~ **priod** homme marié; ~ **y tŷ** l'homme de la maison; **hen ŵr** vieillard *m*; **y G~ drwg** le Diable; **fel un** ~ unanimement, à l'unanimité; **gwŷr gwyddbwyll** pièces *fpl* (de jeu d'échecs); **gwŷr llên** hommes de lettres; **gwŷr meirch** cavalerie *f*; **gwŷr traed** infanterie *f*; **gwŷr y De** (*cyff*) les hommes du sud; (*de Ffrainc*) les méridionaux mpl; (*de Cymru*) les habitants *mpl neu* natifs *mpl* du Glamorgan; **gwŷr y wasg** journalistes *mpl*.
2 (*i wraig*) mari *m*; ~ **a gwraig** mari et femme *f*; **byw fel** ~ **a gwraig** vivre maritalement *neu* en ménage; **y** ~ **a'r wraig** les conjoints *mpl*, les époux *mpl*; **darpar ŵr** fiancé *m*.
gwrach (**-od**) *b* vieille mégère *f*, vieille femme *f* (laide); (*dewines*) vieille sorcière *f*.
gwrachen (**-nod, gwrachod**) *b* (*PYSG*) daurade *f*; ~ **ludw** (*PRYF*) cloporte *m*.
gwraidd[1] (**gwreiddiau**) *g gw.* **gwreiddyn**.
gwraidd[2] *ll gw.* **gwreiddyn**.
g'wraidd *ans* viril(e), hardi(e);
♦ **yn 'wraidd** *adf* virilement, hardiment.
gwraig (**gwragedd**) *b*
1 (*dynes*) femme *F*; ~ **briod** femme mariée; ~ **fonheddig** dame *f*; ~ **tŷ** ménagère *f*.
2 (*i ŵr*) femme *f*, épouse *f*; **darpar wraig** fiancée *f*; ~ **y ffermwr** la fermière; **cymryd** ~ se marier *gw. hefyd* **gŵr**.
gwrandawiad (**-au**) *g*
1 (*cyff*) audition *f*; **rhoi** ~ **i rn** laisser parler qn, entendre qn; **gwrthod rhoi** ~ **i rn** refuser d'entendre qn.
2 (*actio*) audition *f*.
3 (*CYFR*): ~ **llys** audience *f*; **condemnio rhn heb wrandawiad** condamner qn sans entendre sa défense *neu* sans l'entendre.
gwrandäwr (**gwrandawyr**) *g* auditeur *m*; **y gwrandawyr** l'auditoire *m*, le public *m*; **mae'n wrandäwr da** il sait écouter avec patience et sympathie.
gwrandaw-wraig (~**-wragedd**) *b* auditrice *f*.
gwrando *bg* écouter; ~ **ar rn/rth** écouter qn/qch; ~ **arna' i** écoute-moi; **nid yw hi byth yn** ~ **ar yr hyn 'rwy'n ei ddweud!** elle n'écoute jamais ce que je dis!; ~ **ar y radio** écouter la radio; **"'rydych yn** ~ **ar Radio Cymru"** "vous êtes à l'écoute de Radio Cymru"; **gwrthod** ~ **ar reswm** ne pas vouloir entendre raison.
▶ **gwrando am** guetter; ~ **am lais** guetter une voix; ~ **am sŵn traed** guetter un bruit de pas.
gwrcath (**-od**) *g* matou *m*.
gwrcatha *bg* miauler, crier comme un chat.
gwrci (**gwrcïod**) *g* matou *m*.
gwrda (**gwyrda**) *g* maître *m* (de la maison).
gwregys (**-au**) *g* ceinture *f*; ~ **diogelwch** ceinture de sécurité; **gwisgo'ch** ~ **diogelwch** attacher sa ceinture.
gwregysu *ba* ceindre; **eich** ~**'ch hun** (*gwisgo gwregys diogelwch*) attacher sa ceinture.
gwrêng *g* (*unigolyn*) roturier *m*; (*dosbarth*) paysannerie *f*; **bonedd a** ~ la noblesse et la roture.
gwreica *bg* (*chwilio am wraig*) chercher une femme; (*priodi*) épouser.
gwreicty (**gwreictai**) *g* harem *m*.
gwreichionen (**gwreichion**) *b* étincelle *f*.
gwreichioni *bg* jeter des étincelles, scintiller.
gwreichionllyd *ans* qui jette des étincelles.
gwreichionyn (**gwreichion**) *g* étincelle *f*; (*ffig*) lueur *f*; ~ **o obaith** une lueur d'espoir.
gwreiddair (**gwreiddeiriau**) *g* mot *m* souche.
gwreiddiau *ll gw.* **gwreiddyn, gwraidd**[1].
gwreiddio *bg* prendre racine, s'enraciner; **wedi ei wreiddio'n ddwfn** bien enraciné(e);
♦*ba* enraciner.

gwreiddiol *ans*
1 (*cyntaf*) originel(le), original(e)(originaux, originales), premier(première), originaire; **pechod ~** péché *m* originel; **yn y fersiwn (g)wreiddiol** en version *f* originale.
2 (*newydd*) original(e)(originaux, originales), novateur(novatrice), nouveau[nouvel](nouvelle)(nouveaux, nouvelles); **mae ganddo feddwl ~** c'est un esprit novateur *neu* original;
♦ **yn wreiddiol** *adf*
1 (*yn y lle cyntaf*) à l'origine, originellement; **yn wreiddiol, un o Baris yw hi** d'origine, elle est parisienne, elle est d'origine parisienne.
2 (*mewn dull newydd*) d'une manière originale;
♦*g* original(originaux) *m*; **darllen rhth yn y ~** lire qch dans le texte original.
gwreiddioldeb *g* originalité *f*.
gwreiddyn (**gwraidd, gwreiddiau**) *g* (PLANH) racine *f*; (*tarddiad*) origine *f*, cause *f*; **tynnu rhth o'r gwraidd** déraciner qch, extirper qch; **mae ei wreiddiau yn dal i fod yn y gogledd** il est resté nordiste de cœur *neu* d'esprit; **'does dim gwreiddiau ganddo** c'est un déraciné; **gwraidd y mater** l'essentiel *m* de l'affaire; **cyrraedd at wraidd y broblem** trouver la cause *neu* aller au fond du problème; **o'r gwraidd** entièrement, totalement; **yn y gwraidd** fondamentalement, au fond; **wrth wraidd ...** à l'origine de ..., à la racine de ...; **dyna sydd wrth wraidd ...** cela est à l'origine de ...; **beth sydd wrth wraidd ei benderfyniad?** quelle est la raison fondamentale de sa décision?
gwreigan *b* petite femme *f*; **hen wreigan fach** une petite vieille *f*.
gwreigdda *b* bonne femme *f*.
gwreinen *b* teigne *f*.
gwreinyn *g* teigne *f*.
gwres *g*
1 (*poethder: cyff*) chaleur *f*; (:*tân, fflamau, haul*) chaleur, ardeur *f*; **trawiad ~** insolation *f*, coup *m* de chaleur; **gwrthiannol i wres** (*rhth*) résistant(e) à la chaleur; **ni allaf ddioddef y ~** je ne supporte pas la chaleur; **yng ngwres canol dydd** au plus chaud de la journée; **yng ngwres y funud** (*ffig*) dans le feu de l'action.
2 (COG: *mewn ffwrn*) température *f*; (:*ar gwcer*) feu(-x) *m*; **ar wres isel** à feu doux; **gostwng y ~ a gadael i rth fudferwi** réduire la chaleur et laisser qch frémir; **dysgl dal ~** plat *m* allant au four.
3 (*mewn adeilad ayb*) chauffage *m*; **~ canolog** chauffage central; **'doedd dim ~ yn yr ysgol heddiw** nous avons été sans chauffage *m* aujourd'hui à l'école; **troi'r ~ ymlaen** mettre le chauffage.
4 (MEDD) fièvre *f*, température *f*; **bod â gwres** avoir de la fièvre.
gwresfesurydd (**-ion**) *g* thermomètre *m*.
gwresog *ans* chaleureux(chaleureuse), chaud(e); (*rhn*) fervent(e), ardent(e); **rhoi croeso ~ i rn** faire un accueil chaleureux à qn;
♦ **yn wresog** *adf* chaleureusement.
gwresogi *ba* chauffer.
gwresogydd (**-ion**) *g* (*cyff*) appareil *m* de chauffage; (*rheiddiadur*) radiateur *m*; (*i dwymo dŵr*) chauffe-eau *m inv*; (*mewn car*) chauffage *m*.
gwrhyd (**-au**) *g gw.* **gwryd**.
gwrhydri *g* courage *m*, bravoure *f*, vaillance *f*.
gwrid *g* rougeur *f*; (*yn yr awyr*) lueur *f*, rouge *m*, rougeoiement *m*; **~ y wawr** les rougeurs de l'aube.
gwrido *bg* rougir, devenir rouge; **~ gan gywilydd** rougir de honte; **~ at eich clustiau** rougir jusqu'aux oreilles.
gwridog *ans* aux joues roses *neu* vermeilles, rubicond(e); (*gwin*) rosé.
gwrit (**-iau**) *g* (CYFR) acte *m* judiciaire; **cyflwyno ~ i rn** assigner qn.
gwritgoch *ans* coloré(e), rougeâtre, rougeaud(e).
gwrnerth *g* (PLANH) véronique *f*.
gwrogaeth *b* hommage *m*, vassalité *f*, vasselage *m*; **talu ~ i** rendre hommage à.
gwrogi *bg*: **~ i rn** rendre hommage à.
gwrol *ans* courageux(courageuse), brave, vaillant(e), valeureux(valeureuse);
♦ **yn wrol** *adf* courageusement, vaillamment, valeureusement.
gwroldeb *g* courage *m*, vaillance *f*, bravoure *f*.
gwroli *bg* prendre du courage.
gwron (**-iaid**) *g* héros *m*.
gwroniaeth *b* héroïsme *m*.
gwrtaith (**gwrteithiau**) *g* (*fferm*) fumier *m*; (*artiffisial*) engrais *m*; (*hylifol*) purin *m*, lisier *m*.
gwrteithiad (**-au**) *g* couche *f* d'engrais.
gwrteithio *ba* fumer, répandre des engrais sur.
gwrth- *rhagdd* contre-, contra-, anti-.
gwrthateb (**-ion**) *g* réplique *f*, répartie *f*, riposte *f*.
gwrthatomig *ans* antiatomique.
gwrthatyniad (**-au**) *g* attraction *f* rivale, spectacle *m* rival.
gwrthban (**-au**) *g* couverture *f* de lit.
gwrthblaid (**gwrthbleidiau**) *b* parti *m* de l'opposition.
gwrthbrawf (**gwrthbrofion**) *g* réfutation *f*.
gwrthbrofadwy *ans* réfutable.
gwrthbrofi *ba* réfuter, démentir, établir *neu* démontrer la fausseté de.
gwrthbwynt (**-iau**) *g* contrepoint *m*.
gwrthbwyntiol *ans* en contrepoint, contrapuntique.
gwrthbwys (**-au**) *g* contrepoids *m*.
gwrthbwyso *ba* contrebalancer, faire contrepoids à, compenser.

gwrthchwyldro (**-eon**) *g* contre-révolution *f*.
gwrthdan *ans* qui résiste au feu, ignifuge.
gwrthdaro *bg*: ~ **(â rhth)** (*llyth*) entrer en collision (avec qch), se heurter (à qch); (*ffig*) se heurter (à qch), entrer en conflit *neu* contradiction (avec qch), être incompatible (avec qch);
♦*g* conflit *m*, discorde *f*, dissension *f*, désaccord *m*.
gwrthderfysgaeth *b* antiterrorisme *m*.
gwrthdoriad (**-au**) *g* réfraction *f*, réfringence *f*.
gwrthdorri *ba* réfracter.
gwrthdorrol *ans* réfractif(réfractive), réfringent(e).
gwrthdrawiad (**-au**) *g* collision *f*, heurt *m*, choc *m*; (*anghytundeb*) discorde *f*, dissension *f*, désaccord *m*; **mynd i wrthdrawiad â char** entrer en collision avec une voiture.
gwrthdro *ans* inversé(e), interverti(e).
gwrthdroad (**-au**) *g* inversion *f*, renversement *m*.
gwrthdroi *ba* renvoyer, faire retourner, renverser.
gwrthdynnu *ba* distraire, détourner.
gwrthdyst (**-ion**) *g* témoin *m* hostile.
gwrthdystiad (**-au**) *g* manifestation *f*, protestation *f*, manif* *f*.
gwrthdystio *bg* protester, manifester, élever une protestation.
gwrthdystiwr (**gwrthdystwyr**) *g* manifestant *m*, protestataire *m*.
gwrthdystwraig (**gwrthdystwragedd**) *b* manifestante *f*, protestataire *f*.
gwrthddadl (**-euon**) *b* réfutation *f*, objection *f*, argument *m* contraire.
gwrthddadlau *bg*: ~ **yn erbyn rhth** élever une objection contre qch, trouver à redire à qch, réfuter qch.
gwrthddalen (**-nau, -ni**) *b* talon *m*, souche *f*.
gwrthddiwygiad (**-au**) *g* contre-réforme *f*.
gwrth-ddweud *ba* contredire, démentir, réfuter.
gwrth-ddŵr *ans* hydrofuge, imperméable.
gwrthddywediad (**-au**) *g* contradiction *f*, démenti *m*, réfutation *f*.
gwrthedd *g* résistivité *f*.
gwrthergyd (**-ion**) *g,b* contrecoup *m*.
gwrthfiotig (**-au**) *g* antibiotique *m*.
gwrthfwled *ans* (*siaced*) pare-balles *inv*; (*cerbyd*) blindé(e).
gwrthfflam *ans* ignifuge.
gwrthganser *ans* anticancéreux(anticancéreuse).
gwrthgefn *g*: **yn eich** ~ derrière son dos, à son insu.
gwrthgenhedlu *g* contraception *f*.
gwrthgiliad (**-au**) *g* récidive *f*, sécession *f*.
gwrthgilio *bg* se séparer, récidiver.
gwrthgiliwr (**gwrthgilwyr**) *g* apostat *m*, renégat *m*, relaps *m*.
gwrthgilwraig (**gwrthgilwragedd**) *b* apostate *f*, renégate *f*, relapse *f*.
gwrthglawdd (**gwrthgloddiau**) *g* rempart *m*.
gwrthglocwedd *ans* dans le sens inverse des aiguilles d'une montre.
gwrthgorffyn (**-nau**) *g* anticorps *m*.
gwrthgrych *ans* infroissable.
gwrthgydiol *ans* antiadhésif(antiadhésive); (*sosban*) qui n'attache pas.
gwrthgyferbyniad (**-au**) *g* contraste *m*; (*gwrthwyneb*) opposé *m*, contraire *m*; **mewn** ~ **â** par opposition à, par contraste avec.
gwrthgyferbyniol *ans* opposé(e), contraire, inverse.
gwrthgyferbynnu *ba* mettre (qch) en contraste, contraster;
♦*bg* contraster.
gwrthgyffur (**-iau**) *g* (*MEDD*) antidote *m*.
gwrthgymdeithasol *ans* peu liant(e), antisocial(e)(antisociaux, antisociales), farouche.
gwrthgynllwyn (**-ion**) *g* contre-ruse *f*.
gwrth-hawliad (**~-~au**) *g* (*CYFR*) demande *f* reconventionnelle.
gwrth-heintus *ans* antiseptique.
gwrth-histamin (**~-~au**) *g* antihistaminique *m*.
gwrthiannol *ans* résistant(e).
gwrthiant (**gwrthiannau**) *g* résistance *f*.
gwrth-Iddewiaeth *b* antisémitisme *m*.
gwrth-Iddewig *ans* antisémite.
gwrthlam (**-au**) *g* rebondissement *m*, contrecoup *m*.
gwrthlamu *bg* rebondir, reculer.
gwrthlaw *b* (*TENNIS*) revers *m*.
gwrth-law *ans* imperméable.
gwrth-lithr *ans* antidérapant(e).
gwrthlogarithm (**-au**) *g* antilogarithme *m*.
gwrthnaid (**gwrthneidiau**) *b gw.* **gwrthlam**.
gwrthnaws[1] *ans* répugnant(e), dégoûtant(e), antipathique.
gwrthnaws[2], **gwrthnawsedd** *g* antipathie *f*, aversion *f*, dégoût *m*, répugnance *f*.
gwrthneidio *bg gw.* **gwrthlamu**.
gwrthnysig *ans* obstiné(e), têtu(e), entêté(e), opiniâtre, réfractaire;
♦ **yn wrthnysig** *adf* obstinément, opiniâtrement.
gwrthnysigrwydd *g* obstination *f*, entêtement *m*, opinâtreté *f*.
gwrthod *ba* (*gwahoddiad*) refuser, décliner; (*cais*) refuser, rejeter, repousser; ~ **rhth i rn** refuser qch à qn; ~ **gwneud rhth** refuser de faire qch, se refuser à faire qch; **'rwy'n** ~ **yn llwyr ei wneud** je me refuse catégoriquement à le faire; **cael eich** ~ essuyer un refus; **fe wrthodwyd iddynt ganiatâd i fynd yno** on leur a refusé *neu* ils se sont vu refuser la permission d'y aller; **gwrthododd ei briodi** elle a rejeté son offre de mariage;

♦*bg* refuser.
gwrthodedig *ans* rejeté(e), repoussé(e), refusé(e).
gwrthodiad (**-au**) *g* refus *m*, rejet *m*.
gwrthol *g*: **yn ôl a ~** de long en large; **mynd yn ôl a ~** aller et venir.
gwrthrewydd (**-ion**) *g* antigel *m*.
gwrthrwd *ans* antirouille *inv*.
gwrthrych (**-au**) *g* objet *m*, chose *f*; (*GRAM*) complément *m* d'objet; ~ **dirmyg** objet de risée; ~ **eich serchiadau** l'objet aimé; ~ **uniongyrchol/anuniongyrchol** complément d'objet direct/indirect.
gwrthrychedd *g* objectivité *f*, impartialité *f*.
gwrthrychol *ans* objectif(objective), impartial(e)(impartiaux, impartiales); (*GRAM*) accusatif(accusative);
♦ **yn wrthrychol** *adf* objectivement, impartialement.
gwrthrycholdeb *g gw.* **gwrthrychedd**.
gwrthryfel (**-oedd**) *g* rébellion *f*, révolte *f*, insurrection *f*; (*MIL, MOR*) mutinerie *f*.
gwrthryfela *bg* se révolter, se rebeller, s'insurger; (*MIL, MOR, plentyn*) se mutiner.
gwrthryfelgar *ans* rebelle; (*plentyn*) indocile, insoumis(e), mutin(e), rebelle; (*MIL, MOR*) mutiné(e);
♦ **yn wrthryfelgar** *adf* en rebelle, de façon mutine *neu* insoumise.
gwrthryfelgarwch *g* mutinerie *f*, indocilité *f*, rébellion *f*.
gwrthryfelwr (**gwrthryfelwyr**) *g* rebelle *m*, insurgé *m*, révolté *m*; (*MIL, MOR*) mutiné *m*, mutin *m*.
gwrthryfelwraig (**gwrthryfelwragedd**) *b* rebelle *f*, insurgée *f*, révoltée *f*; (*MIL, MOR*) mutinée *f*, mutine *f*.
gwrthsafiad (**-au**) *g* résistance *f*; **y G~** (*GWLEID*) la Résistance.
gwrthsafwr (**gwrthsafwyr**) *g* résistant *m*.
gwrthsafwraig (**gwrthsafwragedd**) *b* résistante *f*.
gwrthsaim *ans* imperméable à la graisse; **papur ~** papier *m* sulfurisé.
gwrthsain *ans* (*ystafell*) insonorisé(e); (*defnydd*) insonorisant.
gwrth-sefydliad *ans* anticonformiste.
gwrthsefyll *ba* (*gwres, tywydd ayb*) résister à; (*gwrthwynebu*) s'opposer à, offrir de la résistance à.
gwrth-Semitaidd *ans* antisémite.
gwrth-Semitiaeth *b* antisémitisme *m*.
gwrth-Semitig *ans* antisémite.
gwrthsoddi *ba* (*twll*) fraiser; (*sgriw*) noyer.
gwrth-staen *ans* antitache *inv*.
gwrthsymudiad (**-au**) *g* mouvement *m* contraire.
gwrthun *ans* offensant(e), choquant(e), repoussant(e), répugnant(e); (*amhleserus*) déplaisant(e), détestable, odieux(odieuse); (*hyll*) difforme, estropié(e); (*chwerthinllyd*) absurde, ridicule, grotesque;
♦ **yn wrthun** *adf* détestablement, odieusement, absurdement, grotesquement, ridiculement.
gwrthuni *g* caractère *m* détestable *neu* répugnant; (*nam*) difformité *f*, laideur *f*; (*hurtrwydd*) absurdité *f*, ridicule *m*, grotesque *m*.
gwrthuno *ba* (*andwyo*) gâter, gâcher; (*anffurfio*) déformer, défigurer, estropier; (*gwneud yn chwerthinllyd*) rendre (qch) ridicule.
gwrthweithio *ba, bg* (*hefyd:* ~ **yn erbyn**) contrecarrer, neutraliser, contrebalancer, réagir contre.
gwrthweithiol *ans* neutralisant(e).
gwrthwenwyn *g* antidote *m*, contrepoison *m*.
gwrthwenwynol *ans* antivénéneux(antivénéneuse).
gwrthwyfyn *ans* antimite.
gwrthwyneb *g* opposé *m*, contraire *m*, inverse *m*; **i'r ~** au contraire; **'rwyt ti bob amser yn dweud y ~ i'r hyn a ddyweda' i** tu prends le contre-pied de tout ce que je dis.
gwrthwynebiad (**-au**) *g* opposition *f*, objection *f*; **nid oes gennyf wrthwynebiad** je n'ai rien à dire contre, je n'ai rien à y redire, je n'ai pas d'objections.
gwrthwynebiaeth *b* antagonisme *m*, hostilité *f*.
gwrthwynebol *ans* opposé(e), hostile;
♦ **yn wrthwynebol** *adf* hostilement.
gwrthwynebrwydd *g* répugnance *f*.
gwrthwynebu *ba* (*dadl, barn*) s'opposer à, combattre; (*dymuniadau*) s'opposer à, faire opposition à; (*cynllun, penderfyniad*) s'opposer à, objecter à, mettre opposition à, contrecarrer, contrarier; (*mewn dadl*) parler contre;
♦*bg* élever une objection; **mae hi'n ~ inni aros** elle s'oppose à ce que nous restions *subj*.
gwrthwynebus *ans* hostile, opposé(e); (*annymunol*) répugnant(e), écœurant(e);
♦ **yn wrthwynebus** *adf* hostilement.
gwrthwynebydd (**gwrthwynebwyr**) *g* opposant *m*, opposante *f*, adversaire *m/f*; (*mewn dadl*) antagoniste *m/f*; ~ **cydwybodol** objecteur *m* de conscience.
gwrthymosod *bg*: ~ **ar** contre-attaquer.
gwrthymosodiad (**-au**) *g* contre-attaque *f*.
gwrthyriad (**-au**) *g* (*FFIS*) répulsion *f*.
gwrthyrrol *ans* (*FFIS*) répulsif(répulsive).
gwrwst *b* crampe *f*.
gwrych (**-oedd**) *g* haie *f*.
gwrychyn (**gwrych**) *g* poil *m*; **'roedd y ci yn codi ei wrychyn** le chien se hérissait (de colère); **codi ~ rhn** (*ffig*) mettre qn en colère, irriter qn, courroucer qn.
gwryd (**-oedd**) *g* (*MOR: mesur*) brasse *f*.
gwrym (**-iau**) *g* (*gwnïad*) ourlet *m*, couture *f*; (*codiad*) nodosité *f*, rugosité *f*; (*ôl taro ar*

groen) marque *f* (de coup); (*ar y ffordd, i arafu ceir*) ralentisseur *m*, gendarme *m* couché.
gwrymio *bg* devenir noueux(noueuse) *neu* rugueux(rugueuse), se rider.
gwrymiog *ans* ridé(e), plissé(e), ondulé(e), rugueux(rugueuse); (*llaw, croen*) noueux(noueuse); **haearn** ~ tôle *f* ondulée; **pren** ~ bois *m* noueux *neu* rugueux.
gwrysgen (**gwrysg**) *b* tige *f*; (*ffrwyth*) queue *f*; (*bresych*) trognon *m*; **gwrysg tato** fanes *fpl* *neu* chaumes *mpl* de pommes de terre.
gwryw *ans* mâle; **cath wryw** matou *m*; **arth wryw** ours *m*;
♦*g* (**-od**) mâle *m*.
gwrywaeth *b* masculinité *f*.
gwrywaidd *ans* masculin(e), mâle; (*menyw*) masculin, hommasse;
♦*g*: **y** ~ (*GRAM*) le masculin.
gwrywgydiaeth *b* homosexualité *f*.
gwrywgydiol *ans* homosexuel(le).
gwrywgydiwr (**gwrywgydwyr**) *g* homosexuel *m*.
gwrywol *ans* mâle, masculin(e).
gwsberen (**gwsberys**) *b* (*ffrwyth*) groseille *f* à maquereau; **llwyn gwsberys, coeden gwsberys** groseillier *m* à maquereau.
gwter (**-i, -ydd**) *g* (*ar do*) gouttière *f*; (*yn y stryd*) caniveau(-x) *m*.
gwth (**-iau**) *g* poussée *f*; (*mewn tyrfa*) bousculade *f*; **mewn** ~ **o oedran** à un âge avancé.
gwthiad (**-au**) *g* poussée *f*, bousculade *f*.
gwthio *ba*
1 (*llyth*) pousser; **peidiwch â'm** ~**!** ne me poussez pas!, ne me bousculez pas!; ~ **rhn yn erbyn wal** pousser *neu* presser qn contre un mur; ~ **rhn i lawr y grisiau** pousser et faire tomber qn dans l'escalier; ~ **rhn i mewn/allan** faire entrer/sortir qn en le poussant *neu* d'une poussée; ~ **rhn allan o'r car** pousser qn hors de la voiture; ~ **rhn o'r ffordd** bousculer qn en passant, écarter qn en poussant, pousser qn à l'écart; ~**'ch ffordd trwy'r dorf** se frayer *neu* s'ouvrir un chemin dans la foule; ~ **drws i'w agor/i'w gau** ouvrir/fermer une porte en poussant *neu* d'une poussée, pousser une porte pour l'ouvrir/la fermer; ~ **rhth i mewn** enfoncer qch.
2 (*ffig: ymgeisydd*) appuyer, soutenir; (*:barn*) mettre (qch) en avant, imposer; (*:cynllun*) préconiser, recommander, prôner; (*:nwydd*) pousser la vente de, faire de la réclame pour; ~ **cyffuriau** revendre de la drogue; **'roedd yn** ~ **cyffuriau ar y myfyrwyr** il ravitaillait les étudiants en drogue, il revendait de la drogue aux étudiants; **eich** ~**'ch hun yn galed** se mener la vie dure; **mae'n ei wthio'i hun yn rhy galed** il exige trop de lui-même; ~**'ch pig i mewn i rth** fourrer son nez dans qch, s'ingérer dans qch, s'immiscer dans qch; ~ **rhth i lawr corn gwddf rhn** faire avaler qch à qn.
3 (*gwasgu: botwm*) appuyer sur, presser sur.
4 (*gwasgu ar*): ~ **rhn i wneud rhth** pousser qn à faire qch, insister pour que qn fasse *subj* qch;
♦*bg* pousser; ~ **yn erbyn rhth** s'appuyer contre qch; ~ **heibio i rn** bousculer qn.
gwthiwr (**gwthwyr**) *g* arriviste *m*; ~ **cyffuriau** revendeur *m* de drogue.
gwthwraig (**gwthwragedd**) *b* arriviste *f*; ~ **cyffuriau** revendeuse *f* de drogue.
gwyach (**-od**) *b* (*ADAR*) grèbe *m*; ~ **fawr gopog** grèbe huppé.
gwybedyn (**gwybed**) *g* mouche *f* (domestique); **gwybed mân** moucherons *mpl*.
gwybod[1] *ba* savoir; ~ **eich meddwl** savoir ce qu'on veut; ~ **rhth ar eich cof** savoir qch par cœur; ~ **pob peth** (*rhywiol*) savoir comment les enfants viennent au monde, savoir comment on fait les enfants; **nid oes dim pwynt ei wadu, 'rwy'n** ~ **y cyfan** ce n'est pas la peine de le nier, je sais tout; **mae hi'n** ~ **yr ateb i bopeth** elle s'y connaît, elle sait tout; (*dif*) c'est une je-sais-tout*; ~ **y gwahaniaeth rhwng** connaître la différence entre; **mae hynny'n werth ei wybod** ça vaut la peine de le savoir, c'est bon à savoir; **dim i mi ei wybod** pas que je sache *subj*, pas à ma connaissance; **peidio â** ~ **rhth** ignorer qch; **ni wyddwn i mo hynny** j'ignorais cela; **gwyddys ...** on sait que; **wyddost ti beth 'rwy'n ei feddwl?** tu vois ce que je veux dire?; **mae hi am fynd i'r ddawns - ni wn i ddim beth am hynny!** elle veut aller au bal - c'est à voir!; ~ **beth yw beth** connaître son affaire, s'y connaître, en connaître un bon bout*; **ni wn i ddim ble i ddechrau** je ne sais pas par où commencer; **'rwy'n** ~ **pam mae arno eisiau dod** je sais pourquoi il veut venir; **ys gwn i pam** je me demande bien pourquoi; ~ **sut i wneud rhth** savoir faire qch; **am a wn i** pour ce que j'en sais, autant que je sache *subj*; **mae'n wir, am a wn i** il est vrai, je suppose;
♦*bg* savoir; **ble mae dy frawd? - ni wn i ddim** où est ton frère? - je ne sais pas *neu* je n'en sais rien; **pwy a ŵyr?** qui sait?; **sut y dylwn i wybod?** comment veux-tu que je le sache *subj*?; **mam sy'n** ~ **orau!** maman a toujours raison!; ~ **yn well** savoir davantage; **dylet ti fod wedi** ~ **yn well** tu aurais dû réfléchir; **dylai wybod yn well** il devrait avoir un peu plus de bon sens.
▶ **gwybod am** savoir, être au courant de; **wyt ti'n** ~ **am Pierre a Marianne?** tu es au courant pour Pierre et Marianne?; **'dydw i ddim yn ei adnabod, ond 'rwy'n** ~ **amdano** je ne le connais pas mais j'ai entendu parler de lui; **mae'n** ~ **am beth y mae'n sôn** il sait de quoi il parle, il connaît son sujet; **ni wn i**

ddim llawer am y peth je ne sais pas grand-chose là-dessus; ~ **llawer am rth/rn** en savoir long sur qch/qn; **hoffwn i wybod mwy amdano** je voudrais en savoir davantage *neu* plus long là-dessus; **fe ŵyr popeth sydd i'w wybod am arddio** il s'y connaît *neu* il est très fort *neu* il est très calé* en jardinage; **ni wn i ddim am y peth** je n'en sais rien, je ne suis pas au courant.

gwybod[2] (**-au**) *g* étude *f*, connaissance *f*; (*gwybodaeth*) information *f*; **Bwrdd y Gwybodau Celtaidd** Centre *m* d'Études Celtiques; **rhoi** ~ **am rth i rn** faire savoir qch à qn, prévenir *neu* informer qn de qch, porter qch à la connaissance de qn; **rhoddaf wybod i chi** je vous le ferai savoir, je vous préviendrai; **pryd gellwch chi roi** ~ **imi?** quand pourrez-vous me le dire *neu* me prévenir?; **rhowch wybod os medra' i fod o gymorth** si je peux me rendre utile, dites-le-moi.

gwybodaeth (-au) *b*
1 (*dysg*) connaissance *f*, savoir *m*; **mae fy ngwybodaeth o Ffrangeg yn elfennol** mes connaissances de français sont élémentaires; **mae ganddi wybodaeth drylwyr o wleidyddiaeth** elle possède la politique à fond.
2 (*ffeithiau ayb*) information *f*, renseignement *m*; **gofyn am wybodaeth** demander des renseignements.

gwybodus *ans* bien informé(e), expert(e); ♦*g*: **y** ~**ion** les gens *mpl* bien informés.

gwybyddus *ans* connu(e), reconnu(e); **mae'n wybyddus ...** il est (bien) connu que, tout le monde sait bien que, il est de notoriété publique que; **yn wybyddus i bawb** au su de tout le monde.

gwych *ans* brillant(e), splendide, superbe, magnifique, excellent(e), formidable*, chouette*;
♦ **yn wych** *adf* brillamment, splendidement, superbement, magnifiquement, de façon excellente, formidablement*; **gwnaeth yn wych yn ei arholiad** il a brillamment réussi son examen.

gwychder *g* splendeur *f*, magnificence *f*, éclat *m*.

gwydn *ans* solide, résistant(e); (*cig*) dur(e), coriace; (*rhn: yn gorfforol*) robuste, résistant; (*yn feddyliol*) solide, endurant(e); **dyn** ~ un dur, un costaud;
♦ **yn wydn** *adf* solidement, de façon résistante.

gwydnwch *g* dureté *f*, solidité *f*; (*cymeriad*) force *f*, résistance *f*.

gwydr (**-au**) *g*
1 (*deunydd*) verre *m*; ~ **annrylliadwy** verre Securit©; ~ **ffenestr** verre à vitre; **paen o wydr** carreau(-x) *m*, vitre *f*; **darn o wydr wedi torri** éclat *m* de verre; **'roedd darnau o wydr ar y ffordd** il y avait des éclats de verre sur la route; **cadw rhth dan wydr** garder qch sous verre *neu* sous globe.
2 (*cynhwysydd*) verre *m*; ~ **yfed** verre; **llond** ~ plein verre; ~ **gwin** un verre à vin.
3 (*drych*) miroir *m*, glace *f*.
4 (*ysbienddrych*): ~**au** jumelles *fpl*;
♦*ans* en verre; **cwpwrdd** ~ vitrine *f*; **drws** ~ porte *f* vitrée; **llygad** ~ œil(yeux) *m* de verre; **tŷ** ~ serre *f*; **effaith tŷ** ~ l'effet *m* de serre.

gwydraid (**gwydreidiau**) *g* plein verre *m*.

gwydraidd *ans* semblable au verre, vitreux(vitreuse).

gwydrfaen *g* obsidienne *f*.

gwydriad[1] (**-au**) *g* vitrage *m*, vernissage *m*.

gwydriad[2] (**-au**) *g gw.* **gwydraid**.

gwydro *ba* (*drws, ffenestr*) vitrer; (*llun*) mettre (qch) sous verre; (*crochenwaith*) vernisser; (*teils*) vitrifier, vernisser.

gwydrog *ans*: **papur** ~ papier *m* de verre.

gwydru *ba gw.* **gwydro**.

gwydrwr (**gwydrwyr**) *g* vitrier *m*.

gwydryn (**gwydrau**) *g* verre *m*; ~ **o win** un verre de vin; ~ **gwin** un verre à vin.

gŵydd[1] (**gwyddau**) *b* (*ADAR*) oie *f*; **croen** ~ chair *f* de poule; **gwyddau bach** (*PLANH*) chatons *mpl*.

gŵydd[2] *g*: **yng ngŵydd ...** (yn fy ngŵydd, yn dy ŵydd, yn ei ŵydd, yn ei gŵydd, yn ein gŵydd, yn eich gŵydd, yn eu gŵydd) en présence de ..., devant ...; (*CYFR*) par-devant ...; **yn fy ngŵydd** en ma présence, devant moi.

gwŷdd[1] (**gwyddion**) *g* (*aradr*) charrue *f*; (*ffrâm wehyddu*) métier *m* à tisser.

gwŷdd[2] *ll* (*coedwig*) bois *m*, forêt *f*.

gwyddbwyll *b* échecs *mpl*; **bwrdd** ~ échiquier *m*; **dynion** ~ pièces *fpl* de jeu d'échecs; **chwarae** ~ jouer aux échecs; **chwaraewr** ~ joueur *m* d'échecs; **chwaraewraig** ~ joueuse *f* d'échecs.

Gwyddel (**-od**) *g* Irlandais *m*.

Gwyddeleg *b,g* irlandais *m*, gaélique *m* d'Irlande;
♦*ans* irlandais(e), gaélique.

Gwyddeles (**-au**) *b* Irlandaise *f*.

Gwyddelig *ans* irlandais(e), d'Irlande.

gwyddfid *g* chèvrefeuille *m*.

gwyddoniadur (**-on**) *g* encyclopédie *f*.

gwyddoniaeth *b* science *f*; **'rwy'n astudio** ~ **yn yr ysgol** j'étudie les sciences au collège; ~ **gymhwysol/naturiol** sciences appliquées/naturelles.

gwyddonol *ans* scientifique; (*offer*) de précision;
♦ **yn wyddonol** *adf* scientifiquement.

gwyddonydd (**gwyddonwyr**) *g* scientifique *m/f*, savant *m*; **mae fy mab yn wyddonydd** mon fils est un scientifique; **un o'n prif wyddonwyr** l'un de nos plus grands savants.

gwyddor (**-au**) *b*
1 (*corff o wybodaeth*): **y** ~**au** les sciences *fpl*; ~ **yr amgylchedd** sciences de

l'environnement; ~ **cartref,** ~ **tŷ** arts *mpl* ménagers.
2 (*abiéc*): **yr wyddor** l'alphabet *m*; **yn nhrefn yr wyddor** par ordre alphabétique, dans l'ordre alphabétique.
gwyddys *be gw.* **gwybod**.
gwyfyn (**-od**) *g* papillon *m* de nuit, phalène *m,f*; (*mewn dillad*) mite *f*.
gŵyl (**gwyliau**) *b* fête *f*; **dydd** ~ jour *m* de fête; ~ **y banc** jour férié; ~ **y Bara Croyw** la Pâque *f*; ~ **D(d)ewi** la Saint-David; ~ **ddiolchgarwch** fête de la moisson; ~ **ffilmiau** festival(-s) *m* du film; **G~ Gerdd Dant** festival du musique gallois et de l'harpe; ~ **yr holl Eneidiau** le jour des Morts; ~ **y Geni** la Nativité; ~ **yr Holl Saint** la Toussaint; ~ **Sant Steffan** le lendemain de Noël; ~ **y Sulgwyn** (les fêtes de) la Pentecôte.
▶ **gwyliau** vacances *fpl*; (*diwrnod adref o'r gwaith*) jour *m* de congé; **cymryd gwyliau** prendre des vacances *neu* un congé; **ar wyliau** en vacances, en congé; **mynd ar eich gwyliau** aller en vacances; **gwyliau haf** grandes vacances; **gwyliau hunanarlwyol** vacances en location; **gwyliau Nadolig/Pasg** vacances de Noël/de Pâques; **gwyliau pecyn** vacances organisées; **gwyliau ysgol** vacances scolaires.
gwylaidd *ans* modeste, effacé(e), réservé(e), timide, farouche;
♦ **yn wylaidd** *adf* timidement, avec timidité, modestement, farouchement.
gwylan (**-od**) *b* (*ADAR*) mouette *f*, goéland *m*; ~ **benddu** mouette rieuse; ~ **lwyd** *ou* **wen** goéland cendré; ~ **y penwaig** goéland argenté.
gwylder, **gwyleidd-dra** *g* modestie *f*, timidité *f*, réserve *f*.
gwylfa (**gwylfâu**) *b* (*gwyliadwriaeth*) surveillance *f*; (*tŵr gwylio*) tour *m* de guet.
gwyliadwriaeth *b* vigilance *f*, surveillance *f*, garde *f*; **bod ar eich** ~ veiller, être sur le qui-vive, être en état d'alerte.
gwyliadwrus *ans* vigilant(e), sur le qui-vive, attentif(attentive), éveillé(e); (*gofalus*) prudent(e), circonspect(e);
♦ **yn wyliadwrus** *adf* de façon vigilante, avec vigilance; (*yn ofalus*) prudemment, avec prudence, attentivement, avec circonspection.
gwyliadwrusrwydd *g* vigilance *f*.
gwyliau *ll gw.* **gŵyl**.
gwyliedydd (**-ion**) *g* gardien *m*, sentinelle *f*, factionnaire *m*, veilleur *m*, vigie *f*.
gwylio *ba*
1 (*edrych ar: cyff*) regarder, observer; (:*ysbïo ar*) surveiller, observer, épier; (:*datblygiadau*) surveiller, suivre (qch) de près; ~ **rhn yn gwneud rhth** regarder qn faire qch; **gwylia fi** regarde-moi, regarde ce que je fais, observe-moi; **mae rhn yn ein** ~ **ni** on nous observe *neu* surveille *neu* épie; (*heddlu*) on nous surveille; ~ **symudiadau rhn** surveiller *neu* épier les allées et venues de qn.
2 (*gofalu am*) garder, surveiller; (*milwr*) monter la garde devant.
3 (*bod yn ofalus o*) faire attention à; **gwylia'r gyllell yna!** fais attention avec ce couteau!; **gwyliwch eich pen!** attention *neu* gare à votre tête!.
4 (*aros gyda: claf, corff marw*) veiller;
♦*bg*
1 (*edrych*) regarder, observer.
2 (*bod ar wyliadwriaeth*) faire le guet.
3 (*bod yn ofalus*) faire attention; **gwylia!, gwyliwch!** attention!; **gwyliwch rhag ichi ei dorri** faites attention à ne pas le casser; **gwylia rhag iti gwympo** fais attention où tu mets tes pieds.
4 (*aros gyda claf, corff marw*) veiller; ~ **wrth wely rhn** veiller au chevet de qn.
gwyliwr (**gwylwyr**) *g* (*cyff*) observateur *m*, observatrice *f*; (*MIL*) gardien *m*, sentinelle *f*, factionnaire *m*; (*mewn theatr ayb*) spectateur *m*, spectatrice *f*; (*teledu*) téléspectateur *m*, téléspectatrice *f*; ~ **y glannau** garde-côte *m*; **gwylwyr y glannau** (*y sefydliad*) la gendarmerie maritime.
gwylmabsant (**gwyliau mabsant**) *b* jour *m* de fête.
gwylmabsanta *bg* fêter.
gwylnos (**-au**) *b* veille *f*; (*dros gorff*) veillée *f*; (*CREF*) vigile *f*.
gwylog (**-od**) *b* (*ADAR*) guillemot *m*.
gwylwraig (**gwylwragedd**) *b* (*cyff*) observatrice *f gw. hefyd* **gwyliwr**.
gwyll *g* crépuscule *m*; **y** ~ (*y tywyllwch*) l'obscurité *f*, les ténèbres *fpl*, le noir.
gwylliad (**gwylliaid**) *g* bandit *m*.
gwyllt (**-ion**) *ans*
1 (*yn ei gynefin*) sauvage; **anifail** ~ bête *f* sauvage; (*peryglus*) bête féroce; **hwyaden wyllt** canard *m* sauvage; **blodau** ~ fleurs *fpl* des champs, fleurs sauvages.
2 (*ffig: noson, parti, chwerthin, dicter*) fou[fol](folle)(fous, folles); (:*dychymyg*) débordant(e), délirant(e); (:*golwg*) farouche; (:*cynhyrfus*) comme fou; (:*dig*) effaré(e), furieux(furieuse), furibond(e); **cael ieuenctid** ~ faire les quatre cent coups dans sa jeunesse, avoir quelques années folles quand on est jeune; **hau hadau ~ion** jeter sa gourme; **criw o blant** ~ toute une bande de casse-cou* *inv*; **'roedd golwg wyllt ar ei gwallt** elle avait les cheveux en bataille; **'roedd golwg wyllt yn ei lygaid** il avait une lueur sauvage *neu* farouche dans les yeux; **bod mewn tymer wyllt** être fou de rage, être furieux; **bod yn wyllt eich tymer** être coléreux(coléreuse), être colérique; **aeth y ci'n wyllt pan welodd ei feistr** le chien est devenu comme fou quand il a vu son maître; **aeth y gynulleidfa'n wyllt pan ymddangosodd**

la folie a gagné le public quand il est apparu; **'roedd yn wyllt gan orfoledd** elle ne se tenait plus de joie; **tân** ~ feu(-x) *m* d'artifice.
3 (*garw: gwynt ayb*) violent(e), furieux(furieuse), de tempête; (*:môr*) déchaîné(e), gros(se), en furie, furibond(e); **tywydd** ~ gros temps *m*; **'roedd hi'n noson wyllt** le vent faisait rage cette nuit-là.
4 (*heb ei drin: tir ayb*) sauvage;
♦ **yn wyllt** *adf* (*siarad ayb*) d'une manière farouche, d'un air effaré, étourdiment, follement; (*gwynt yn chwythu*) férocement; **parablu'n wyllt** parler à tort et à travers; **syllu'n wyllt** regarder d'un air effaré; **mae'r blodyn yn tyfu'n wyllt yma** la fleur pousse à l'état sauvage ici;
♦*g*: **y** ~ la nature.
gwylltineb *g* (*gwlad*) aspect *m* sauvage; (*pobl*) sauvagerie *f*; (*gwynt, môr*) fureur *f*, furie *f*, violence *f*.
gwylltio, **gwylltu** *bg* s'emporter, se mettre en colère, entrer en fureur, se mettre en rage, sortir de ses gonds;
♦*ba* mettre (qn) en rage *neu* en fureur, rendre (qn) furieux(furieuse), irriter, agacer; **mae'n fy ngwylltio i feddwl ...** ça me rend furieux de penser que + *subj*.
gwymon *g* algue *f*.
gwyn (**gwen**) (**gwynion**) *ans*
1 (*cyff*) blanc(he); **mor wyn â'r eira** blanc comme neige; **bod yn wyn gan ofn** être blanc *neu* blême *neu* pâle de peur, blanc comme un linge; **troi'n wyn** (*rhn: gan ofn neu ddicter*) blêmir, pâlir, blanchir; (*gwallt*) blanchir; (*peth*) devenir blanc, blanchir; **mae'r sebon hwn yn golchi'n wynnach na** ~ ce détergent lave encore plus blanc; **rhn â gwallt** ~ qn aux cheveux blancs; **cig** ~ viande blanche; **papur** ~ (*GWLEID*) avant-projet *m* de loi, livre *m* blanc; **priodas wen** mariage *m* en blanc; **saws** ~ (*COG*) béchamel *f*, sauce *f* blanche; **stondin eliffant** ~ étalage *m* d'objets superflus; **y Tŷ G**~ la Maison Blanche; **o fore** ~ **tan nos** toute la journée; ~ **y gwêl y fran ei chyw** un enfant chéri est toujours sans défaut.
2 (*bendigedig*) béni(e); ~ **dy fyd!** quel bonheur!, tu es fortuné(e)!, tu as de la chance *neu* veine!, veinard(e)!; ~ **eu byd y rhai pur o galon** bienheureux *neu* heureux ceux qui ont le cœur pur; **man** ~ **man draw** tout paraît beau, vu de loin.
3 (*dan eira*): **Nadolig** ~ un Noël enneigé *neu* sous la neige.
4 (*llys-rieni*): **tad** ~ beau-père(~x-~s) *m*; **mam wen** belle-mère(~s-~s) *f*;
♦*g* blanc *m*; ~ **y llygad** le blanc de l'œil; ~ **wy** blanc d'œuf; **gweld eich** ~ **ar rth** avoir envie de qch.
gwŷn (**gwyniau**) *g,b* (*poen*) douleur *f*; (*dicter*) rage *f*, fureur *f*; (*nwyd*) passion *f*.
gwynad *ans* en colère, irrité(e), fâché(e), furieux(furieuse); **'roeddwn i'n wynad pan glywais y newyddion** j'étais furieux quand j'ai entendu les nouvelles.
gwynder, **gwyndra** *g* blancheur *f*, blanc *m*, couleur *f* blanche, pâleur *f*, aspect *m* blême.
gwyndwn *g* terre *f* inculte.
gwynegon *g* rhumatisme *m*.
gwynegu *bg* être douloureux(douloureuse); ~ **drosoch** (*ar ôl ymarfer corff*) être courbaturé(e); (*oherwydd salwch*) avoir mal partout.
gwynfa (**-oedd**) *b* paradis *m*; **Coll G**~ le Paradis Perdu.
gwynfyd (**-au**) *g* félicité *f*, bonheur *m* suprême *neu* absolu; (*CREF*) béatitude *f*; **y Gwynfydau** les béatitudes.
gwynfydedig *ans* (*bron â bod yn sant*) bienheureux(bienheureuse).
gwynfydu *bg* délirer, divaguer, déraisonner, s'emporter, tempêter.
gwyngalch *g* lait *m* *neu* blanc *m* de chaux.
gwyngalchiad (**-au**) *g* couche *f* de blanc de chaux.
gwyngalchog *ans* blanchi(e) de chaux.
gwyngalchu *ba* blanchir (qch) à la chaux, chauler.
gwyniad (**gwyniaid**) *g* (*PYSG*): ~ **y môr** merlan *m*; ~ **haf** (*eog ifanc*) tacon *m*; ~ **Llyn Tegid** omble-chevalier *m*.
gwynias *ans* chauffé(e) à blanc, incandescent(e).
gwyniasedd *g* incandescence *f*.
gwyniasu *bg* devenir incandescent(e).
gwyniedyn (**gwyniaid**) *g* (*PYSG*) tacon *m*.
gwynio *bg* faire (du) mal, être douloureux(douloureuse).
gwynlas (**gwynleision**) *ans* bleu pâle *inv*, blême.
gwynlasu *bg* blêmir, devenir blême.
gwynllwyd (**-ion**) *ans* grisonnant(e).
gwynnu *bg, ba* blanchir.
gwynt (**-oedd**) *g*
1 (*METEO*) vent *m*; ~ **cryf** grand vent, vent violent *neu* fort; ~ **cyffredin,** ~ **mynychaf** vent dominant; ~ **cyson** (vent) alizé *m*; ~ **o'r môr** brise *f* de mer *neu* de large; **'roedd y** ~ **yn y dwyrain** le vent venait de l'est *neu* était à l'est; **hwylio i mewn i'r** ~ avancer contre le vent; **yng nghysgod y** ~ à l'abri du vent; **codi'n wynt** faire du vent; **mae'r** ~ **yn codi/gostegu** le vent se lève/tombe; **melin wynt** moulin *m* à vent; **mynd fel y** ~ aller *neu* filer comme le vent; ~ **teg ar dy ôl!** bon débarras!*; **mynd â'ch pen yn y** ~ aller la tête en l'air.
2 (*anadliad*) haleine *f*, souffle *m*, respiration *f*; **dweud rhth ar un** ~ dire qch tout d'un trait; **dweud rhth dan eich** ~ dire qch tout bas; **dal dy wynt!*** attends une minute!; **bod allan o wynt** être au bout de souffle, perdre le souffle, perdre haleine; **cael**

eich ~ atoch, cael eich ail wynt reprendre son souffle, reprendre haleine; **bod â'ch ~ yn eich dwrn** être hors d'haleine, être haletant(e), haleter.
3 (*MEDD*) vents *mpl*, gaz *mpl*; **mae ~ ar y babi** le bébé a des vents; **torri ~** lâcher un vent, avoir des gaz, rôter; **toriad ~** rôt *m*, renvoi *m*; **codi ~** avoir un renvoi; **codi ~ babi** faire faire son rôt à un bébé.
4 (*aroglau*) odeur *f*; **'does dim ~ 'da'r moddion** le médicament est inodore *neu* n'a pas d'odeur *neu* ne sent rien; **mae ~ neis/cas gydag ef** ça sent bon/mauvais; **'roedd yna wynt llosgi yn yr ystafell** il y avait une odeur de brûlé dans la pièce, la pièce sentait le brûlé.
5 (*drewdod*) mauvaise odeur *f*, relent *m*; **dyna wynt sy'n fan hyn!** que ça sent mauvais ici!, ça pue ici!
gwyntglos *ans* qui protège du vent, qui ne laisse pas passer le vent.
gwynto *ba* sentir, renifler; **'roeddwn i'n gallu ~ rhth yn llosgi** je sentais que qch brûlait; **gwyntodd y cig i weld a oedd yn ffres** il a senti *neu* reniflé la viande pour voir si elle était encore bonne; **gwyntodd y ci y gwningen** le chien a flairé *neu* éventé le lapin; ♦*bg* (*drewi*) puer, empester; **mae'r sanau 'ma'n ~!** ces chaussettes puent!; **mae'r ystafell yma'n ~!** cette pièce sent mauvais!, cette pièce pue!; **mae ei anadl yn ~'n ddrwg** il a mauvaise haleine.
gwyntog *ans* (*lle*) battu(e) *neu* balayé(e) par les vents, venteux(venteuse), exposé(e) au vent, éventé(e); (*dydd, tywydd*) de grand vent; **mae hi'n wyntog heddiw** il fait *neu* il y a du vent aujourd'hui, le vent souffle aujourd'hui.
gwyntyll (**-au**) *b* éventail *m*; (*peiriannol*) ventilateur *m*; (*amaethyddol*) vanneuse *f*, tarare *m*; **~ drydan** ventilateur électrique.
gwyntylliad (**-au**) *g* ventilation *f*; (*grawn*) vannage *m*.
gwyntyllu *ba* (*awyru*) ventiler; (*grawn*) vanner; (*ffig: mater*) livrer (qch) à la discussion; (:*cwyn*) étaler (qch) au grand jour.
gwynwy *g* (*hefyd:* **~ ŵy**) blanc *m* d'œuf.
gŵyr[1] *ans* courbé(e), oblique, de biais; **ar ŵyr** obliquement, de biais, de côté, de travers.
gŵyr[2] *be gw.* **gwybod**.
gwŷr *ll gw.* **gŵr**.
gwyran[1] (**gwyrain**) *g,b* (*ADAR*) bernache *f*; (*cragen*) anatife *m*, balane *f*.
gwyran[2] (**gwyrain**) *g* (*PLANH*) sainfoin *m*.
gwyrdraws *ans* (*ystyfnig*) pervers(e), obstiné(e), têtu(e), entêté(e), contrariant(e); (*cam*) oblique, de biais, de côté; **ar wyrdraws** de biais, de côté.
gwyrdro (**-eon**) *g* perversion *f*; (*ffeithiau*) déformation *f*, travestissement *m*; **~ rhywiol** perversion sexuelle.
gwyrdroad (**-au**) *g* (*rhywiol*) perversion *f*, dépravation *f*, déformation *f*; (*FFIS*) réfraction *f*.
gwyrdroëdig *ans* déviant(e), perverti(e), dépravé(e).
gwyrdroi *ba* (*ffeithiau*) fausser, travestir; (*geiriau rhn*) dénaturer, déformer; (*gwir*) travestir; (*yn rhywiol*) pervertir, dépraver.
gwyrdd (**gwerdd**) (**gwyrddion**) *ans* vert(e); **golau ~** feu(-x) *m* vert; **llysiau ~** légumes *mpl* verts; **y Blaid Werdd** le Parti écologiste; ♦*g* vert *m*; **wedi'ch gwisgo mewn ~** habillé(e) de *neu* en vert.
gwyrddfaen (**gwyrddfeini**) *g* émeraude *f*.
gwyrddfelyn (**gwyrddfelen**) (**gwyrddfelynion**) *ans* vert jaunâtre *inv*, vert pâle *inv*.
gwyrddio *ba* verdir; ♦*bg* verdir; (*planhigyn*) germer, pousser.
gwyrddlas (**gwyrddleision**) *ans* glauque, bleu vert *inv*; (*planhigyn ayb*) verdoyant(e).
gwyrddlesni, gwyrddni *g* couleur *f* verte, vert *m*; (*y wlad*) verdure *f*; (*coed, ffrwythau*) verdeur *f*.
gwyrddu *ba, bg gw.* **gwyrddio**.
gwyrf *ans* frais(fraîche), pur(e); **menyn ~** beurre *m* non salé.
gwyrgam *ans* de biais, de côté, courbé(e); (*anonest*) malhonnête, déloyal(e)(déloyaux, déloyales).
gwyriad (**-au**) *g* déviation *f*, divergence *f*.
gwyrni *g* perversité *f*.
gwyro *bg* se courber, s'incliner, se pencher; **~ o'r gwir** dévier *neu* s'écarter de la vérité; ♦*ba* faire courber *neu* pencher *neu* incliner; (*golau*) réfracter.
gwyrth (**-iau**) *b* miracle *m*, prodige *m*, merveille *f*; **trwy ryw (ryfedd) wyrth** par miracle; **mae'n wyrth ...** c'est miracle que + *subj*; **bydd yn wyrth os ...** ce sera un miracle si ...
gwyrthiol *ans* miraculeux(miraculeuse), prodigieux(prodigieuse), merveilleux(merveilleuse); ♦ **yn wyrthiol** *adf* miraculeusement, par miracle.
gwyryf (**-on**) *b/g* fille *f* vierge, garçon *m* vierge; **bod yn wyryf** être vierge.
gwyryfdod *g* virginité *f*.
gwyryfol *ans* vierge, virginal(e)(virginaux, virginales).
gwŷs (**gwysion**) *b* sommation *f*, injonction *f*; (*CYFR*) assignation *f*, citation *f*; **codi ~ yn erbyn rhn** faire assigner qn.
gwysiad (**-au**) *g gw.* **gwŷs**.
gwysio *ba* citer, assigner, appeler (qn) en justice.
gwystl (**-on**) *g* gage *m*; (*rhn*) otage *m*; **cymryd rhn yn wystl** prendre qn en otage.
gwystlo *ba* engager, mettre (qch) en gage.
gwystlydd (**-ion**) *g* prêteur *m* sur gages, prêteuse *f* sur gages.

gwystno *bg* (*croen*) se ratatiner, se rider, se flétrir; (*afal*) se ratatiner; (*deilen*) se flétrir, se racornir.

gwytnwch *g gw.* **gwydnwch**.

gwythi *ll* tendons *mpl*, nerfs *mpl* (*surtout dans la viande cuite*); **cwlwm** ~ crampe *f*.

gwythïen (**gwythiennau**) veine *f*; (*mewn deilen*) nervure *f*; (*mewn carreg*) veine; (*mwyn*) filon *m*; **bod â gwaed Ffrengig yn eich gwythiennau** avoir du sang français dans les veines.

gwyw, **gwywedig** *ans* flétri(e), fané(e), desséché(e).

gwywo *bg* (*planhigyn, blodyn*) se flétrir, se faner, s'étioler, dépérir; (*rhn: o salwch*) s'atrophier; (:*o henaint*) se ratatiner; (*prydferthwch*) se faner; (*gobaith, cariad, brwdfrydedd*) s'évanouir.

gyd *g*: **i** ~ *gw.* **cyd**[1].

gyda *ardd*

1 (*yng nghwmni*) avec; **bod** ~ **rhn** être avec qn, accompagner qn; **mynd** ~ aller avec, accompagner; (*cariadon*) sortir avec; (*gweddu i*) aller avec; **byw** ~ **rhn** (*yn eich tŷ chi*) habiter avec qn; (*yn eu tŷ nhw*) habiter chez qn; **aros** ~ **ffrindiau** passer quelque temps chez des amis; **fe fydda' i** ~ **chi mewn munud** je suis à vous dans un instant; **gadawodd hi'r plentyn** ~**'i mam** elle a laissé l'enfant avec sa mère *neu* à la garde de sa mère; **cymysgwch y gwyrdd** ~**'r glas** mélangez le vert et le bleu *neu* le vert avec le bleu; **bydd yn onest** ~ **mi** dis-moi les choses franchement; ~ **lwc** avec de la chance.

2 (*ansoddeiriol*) à; **y dyn** ~ **barf** le barbu, l'homme *m* à la barbe; **y bachgen** ~ **llygaid glas** le garçon aux yeux bleus; **y teithwyr** ~ **thocynnau** les voyageurs *mpl* en possession de *neu* munis de billets; **y tŷ** ~ **drws coch** la maison à la porte rouge; **ystafell** ~ **golygfa dros y môr** une chambre avec vue sur la mer *neu* qui a vue sur la mer.

3 (*adferfol*): ~**'m holl galon** de tout mon cœur; **fe wna' i** ~ **phleser** je le ferai avec plaisir; **croesawu rhn** ~ **breichiau agored** accueillir qn à bras ouverts; **fe lwyddais** ~ **llawer o drafferth** j'ai réussi avec beaucoup d'efforts; ~ **llawer o ofal** avec un soin infini; **meddai** ~ **gwên** dit-il en souriant; **troi ymaith** ~ **dagrau yn eich llygaid** se détourner, les larmes aux yeux; **fe'i gwelais** ~**'m llygaid fy hun** je l'ai vu(e) de mes propres yeux.

4 (*gan ddefnyddio*) avec, à l'aide de; **cerdded** ~ **ffon** marcher avec une *neu* à l'aide d'une canne.

5 (*ochr yn ochr â, yn gyfochrog â*) le long de; ~ **glan yr afon** le long de la rivière.

6 (*ymhlith*) parmi; **mae** ~**'r mwyaf cyfoethog yn y pentref** il est un des plus riches du village.

7 (*i gyfleu amser, cydamseroldeb*): ~**'r hwyr** le soir; **codi** ~**'r wawr** se lever avec le jour; ~**'r gaeaf yn agosáu** à l'approche de l'hiver, l'hiver approchant; ~ **hyn** (*yn fuan*) bientôt; ~ **hynny** bientôt après; (*ar hynny*) sur ce; ~ **hynny caeodd y drws** sur ce *neu* là-dessus il a fermé la porte.

8 (*o achos*): **nid wyf i ddim yn gallu ei weld** ~ **chymaint o bobl yno** il y a tellement de monde que je ne peux pas le voir; ~ **chymaint yn mynd ymlaen 'roedd hi'n anodd ...** il se passait tellement de choses qu'il était difficile de ....

9 (*dan*): **bod yn y gwely** ~**'r frech goch** être retenu(e) au lit par la rougeole.

10 (*gan*): **bod** ~ **chi** avoir, posséder; **oes** ~ **thi frawd neu chwaer?** as-tu un frère ou une sœur?; **mae** ~ **fi ddau frawd** j'ai deux frères; **mae** ~ **hi lygaid glas/drwyn mawr** elle a les yeux bleus/un grand nez; **oes gwaith cartref** ~ **thi heno?** as-tu des devoirs ce soir?; **mae** ~ **ni ddigon o arian** nous avons assez d'argent; **'does** ~ **nhw ddim amser i wneud hynny** ils n'ont pas le temps de faire cela; **mae** ~ **fi syniad** j'ai une idée; **mae ei chamera** ~ **hi'n barod** elle a son appareil tout prêt; **bydd popeth 'da fi'n barod** je veillerai à ce que tout soit *subj* prêt; **oes 'da ti rywbeth i'w ddarllen?** as-tu quelque chose à lire?; **'does 'da hi ddim i'w wneud** elle n'a rien à faire; **'does** ~ **hi ddim i'w wneud â'r peth** elle n'y est pour rien.

11 (*o ran, ynglŷn â*): **y trafferth** ~ **Siân yw ...** ce qu'il y a avec Jeanne, c'est que; **mae'n arferiad** ~ **fi** c'est une habitude chez moi; **mae'n dda** ~ **phlant** il sait bien s'occuper des enfants; **beth wyt ti'n ei wneud** ~**'r gyllell yna?** qu'est-ce que tu fais avec ce couteau?; **beth sy'n bod** ~ **thi?** qu'est-ce que tu as?, qu'est-ce qui te prend?.

▶ **gyda'ch gilydd, gyda'i gilydd, gyda'n gilydd** *gw.* **gilydd**;

♦*cys*

1 (*cyn gynted â*) dès que; **rhowch wybod imi gydag y byddwch wedi gorffen** prévenez-moi dès que vous aurez fini; **cyrhaeddodd ei brawd gydag iddi ddarfod ei gwaith** son frère est arrivé dès qu'elle eut achevé son travail.

2 (*cyhyd â*) tant que; **mi arhosaf** ~ **bod gwaith ar gael** je resterai tant qu'il y aura du travail.

3 (*ar yr un pryd â*): ~ **fy mod yn cyrraedd/mynd** au moment de mon arrivée/départ; ~ **ei bod hi'n gadael y tŷ, gwelodd y lleidr** comme *neu* au moment où *neu* alors qu'elle quittait la maison, elle a vu le voleur.

gydag *ardd, cys gw.* **gyda**.

gydol *g,b gw.* **cydol**.

gyddfdlws (**-au**) *g* médaillon *m*.

gyddfdorch (**-au**) *b* collier *m*; (*hir*) sautoir *m*.

gyddfgam *ans* qui a le cou de travers;

♦*g* (ADAR) torcol *m*.
gyddfol *ans* guttural(e)(gutturaux, gutturales);
♦ **yn yddfol** *adf* de façon gutturale.
gyferbyn *adf, ardd gw.* **cyferbyn**.
gylfin (**-od**) *g* bec *m*.
gylfinbraff *g* (ADAR) gros-bec *m*.
gylfingroes *g* (ADAR) bec-croisé(~s-~s) *m*.
gylfinir (**-od, -iaid**) *g* (ADAR) courlis *m*.
gym (**-iau**) *g gw.* **gwm**.
gymnasiwm (**gymnasia**) *g* gymnase *m*, salle *f* de gymnastique.
gymnasteg *b* gymnastique *f*; **gwneud** ~ faire de la gymnastique.
gymnastwr (**gymnastwyr**) *g* gymnaste *m*.
gymnastwraig (**gymnastwragedd**) *b* gymnaste *f*.
gynaecoleg *b* gynécologie *f*.
gynaecolegydd (**gynaecolegwyr**) *g* gynécologue *m/f*.
gynnau[1] *adf* (*yn gynharach*) il y a un instant *neu* un moment; **fe'i gwelais hi** ~ je l'ai vue il y a un instant *neu* un moment, je viens de la voir; ~ **fach** tout à l'heure.
gynnau[2] *ll gw.* **gwn**[1].
gynnwr (**gynwyr**) *g* artilleur *m*, canonnier *m*.
gynt *adf gw.* **cynt**.
gynwal (**-au**) *g* plat-bord(~s-~s) *m*.
gypswm *g* gypse *m*.
gyr (**-roedd**) *g* troupeau(-x) *m*.
gyredig *ans* (*pobl, anifail*) chassé(e), poussé(e); (*car, trên*) conduit(e); (*motor*) propulsé(e); (CYFRIF) contrôlé(e); **peiriant** ~ **gan drydan** machine *f* fonctionnant à l'électricité; **trên** ~ **gan ager** locomotive *f* à vapeur.
gyrfa (**-oedd**) *b* carrière *f*; **mae'n dilyn** ~ **yn y gyfraith** il fait carrière dans le droit; **mae'n gwneud** ~ **iddo'i hun mewn meddygaeth** il est en train de faire carrière dans la médecine; **swyddog** ~**oedd** conseiller *m* d'orientation professionnelle, conseillère *f* d'orientation professionnelle; **swyddfa** ~**oedd** centre *m* d'orientation professionnelle; ~ **chwist** tournament *m* de whist.
gyrfäwr (**gyrfawyr**) *g* homme *m* qui se consacre à sa vie professionnelle.
gyrfäwraig (**gyrfawragedd**) *b* femme *f* qui se consacre à sa vie professionnelle.
gyriant (**gyriannau**) *g* (TECH) traction *f*, transmission *f*, propulsion *f*; (CYFRIF) lecteur *m* de disquette; ~ **blaen/ôl** traction avant/arrière; **cerbyd** ~ **pedair olwyn** véhicule *m* à quatre roues; ~ **cadwyn** transmission par chaîne.
gyriedydd (**-ion**) *g gw.* **gyrrwr**.
gyrosgop (**-au**) *g* gyroscope *m*.
gyrosgopig *ans* gyroscopique.
gyrru *ba*
1 (TRAFN: *cerbyd, car*) conduire; (:*car rasio*) piloter; ~ **ceir rasio** être pilote de course; ~ **lorri** (*fel bywoliaeth*) être camionneur/camionneuse *neu* routier; ~ **rhn mewn car** emmener *neu* emporter qn en voiture; ~ **rhn adref (mewn car)** ramener qn en voiture, reconduire qn chez lui *neu* chez elle.
2 (*anfon*) envoyer; ~ **rhth trwy'r post** envoyer *neu* expédier qch par la poste; ~ **llythyr at rn** envoyer *neu* expédier une lettre à qn; ~**'ch dymuniadau gorau** adresser *neu* envoyer ses bons vœux; ~ **gair i ddweud ...** faire savoir *neu* dire que; ~ **roced i'r gofod** lancer *neu* envoyer une fusée dans l'espace; **gyrrwyd cwmwl o fwg i'r awyr gan y ffrwydrad** l'explosion a projeté un nuage de fumée en l'air; ~ **rhn i wneud rhth** envoyer qn faire qch; ~ **rhn i'r gwely** envoyer qn se coucher; ~ **rhn adref** renvoyer qn chez lui, dire à qn de rentrer chez lui; (*am gamymddwyn*) renvoyer qn chez lui; (*o dramor*) rapatrier qn; ~ **gweithwyr adref** (DIWYD) mettre des employés en chômage technique; ~**'ch plant i ysgol breswyl** mettre ses enfants en pension.
3 (*gorfodi i fynd, erlid*) chasser; (*anifeiliaid*) chasser, pousser (qch) devant soi; **gyrrodd y ci y defaid i'r gorlan** le chien a fait rentrer les moutons à l'enclos; ~ **rhth ymaith** chasser qch; ~ **rhn o'r wlad** chasser qn du pays.
4 (*gwthio: hoelen ayb*) enfoncer; (*ffig*) pousser; ~ **rhn i wneud rhth** pousser qn à faire qch; ~ **rhn yn wallgof** rendre qn fou(folle); ~ **rhn i anobaith** réduire qn au désespoir; ~ **rhn i gysgu** endormir qn; ~ **rhn yn galed** surcharger qn de travail, surmener qn.
5 (*gwneud i rth weithio*) marcher, faire marcher; **mae'n cael ei yrru gan drydan** ça marche à l'électricité.
6 (*llunio*): ~ **haearn** forger le fer; **haearn** ~ fer *m* forgé;
♦*bg*
1 (*mewn car*) aller en voiture; ~ **ymaith** partir en voiture; ~ **i'r dref** aller en ville en voiture; **wyt ti'n gallu** ~**?** sais-tu conduire?; ~ **ar gyflymder o 40 cilometr yr awr** conduire *neu* rouler à 40 km/h; ~ **ar y chwith/dde** rouler *neu* conduire à gauche/droite, tenir la gauche/droite; **'rwyf wedi bod yn** ~ **drwy'r dydd** j'ai fait de la route *neu* j'ai roulé toute la journée.
2 (*hyrddio: gwynt, glaw ayb*): **'roedd y glaw yn** ~ **yn erbyn y ffenestr** la pluie fouettait les vitres.
▶ **gyrru am**: ~ **am y doctor** faire venir *neu* appeler le médecin; ~ **am help** envoyer chercher de l'aide, se faire envoyer des secours; ~ **am rth trwy'r post** commander qch par correspondance.
gyrrwr (**gyrwyr**) *g*
1 (TRAFN: *car*) conducteur *m*, conductrice *f*; (:*tacsi, bws*) chauffeur *m*, conducteur,

conductrice; (:*car rasio*) pilote *m*; (:*trên*) mécanicien *m*, conducteur, conductrice; (:*cert*) charretier *m*, charretière *f*; (:*lorri*) routier *m*; **gyrwyr ceir** automobilistes *mpl*; **bod yn yrrwr da** conduire bien; **mae'n yrrwr gofalus iawn** il conduit très prudemment; **sedd y** ~ la place *neu* le siège du conducteur; **eistedd yn sedd y** ~ être au volant; ~ **lorri** camionneur *m*, camionneuse *f*, conducteur *m*/conductrice *f* de poids lourds, routier *m*.
2 (*anfonwr*) expéditeur *m*, expéditrice *f*, envoyeur *m*, envoyeuse *f*.

gyrwraig (**gyrwragedd**) *b* (*cyff*) conductrice *f* *gw. hefyd* **gyrrwr**.

gyrwynt (**-oedd**) *g* tornade *f*.

gysblys *g* (PLANH) filipendule *f*.

gystlys *g* (PLANH) tanaisie *f*

H

ha *ebych*: ~ ~ (*chwerthin*) hi hi.
hac (**-iau**) *b* entaille *f*, taillade *f*, coupure *f*.
hacio[1] *ba* hacher, tailler, taillader; ~ **rhth yn ddarnau** tailler qch en pièces.
hacio[2] *bg* (CYFRIF) être pirate informatique;
♦*g* piratage *m* informatique.
haciwr (**hacwyr**) *g* (CYFRIF) pirate *m* informatique.
haclif (**-iau**) *b* scie *f* à métaux.
hacni *g*: **cerbyd** ~ taxi *m*.
had *ll* graines *fpl*, semence *f*; (*sberm*) semence, sperme *m*; (*disgynyddion*) progéniture *f* *gw.* *hefyd* **hedyn**.
hadlestr (**-i**) *g* (PLANH) péricarpe *m*.
hadlif *g* (MEDD) blennorragie *f*, blennorrhée *f*.
hadog[1] (**-au**) *g* (PYSG) églefin *m*.
hadog[2] *ans* en graine.
hadol *ans* séminal(e)(séminaux, séminales).
hadred *g* (MEDD) blennorragie *f*, blennorrhée *f*.
hadu *bg* monter en graine;
♦*ba* (*hau*) semer.
hadwr (**hadwyr**) *g* (*gwerthwr hadau*) grainetier *m*; (*un sy'n hau*) semeur *m*, semeuse *f*; (*peiriant*) semoir *m*.
hadyd *g*: **ŷd** ~ blé *m* de semence; **taten** ~ pomme *f* de terre de semence.
haearn (**heyrn**) *g* fer *m*; ~ **bwrw** fonte *f*; ~ **gwrymiog** tôle *f* ondulée; ~ **gyr** *ou* **gyrru** fer forgé; ~ **sodro** fer à souder; ~ **smwddio** fer à repasser; **hen heyrn** ferraille *f*; **mae ganddo lawer o heyrn yn y tân** il a beaucoup d'affaires sur les bras; **rhaid taro'r** ~ **tra bo'n boeth** il faut battre le fer pendant qu'il est chaud; **siop heyrn** quincaillerie *f*; **Oes yr H**~ l'âge *m* de fer;
♦*ans* de fer, en fer; **y Llen H**~ le rideau de fer.
haearnaidd *ans* rigide, inflexible, sévère; **dyn** ~ un homme de fer;
♦ **yn** ~ *adf*: **rheoli rhth yn** ~ gouverner qch d'une main de fer.
haearnllyd *ans* ferrugineux(ferrugineuse).
haearnol *ans* de fer, en fer.
haearnwr (**haearnwyr**) *g* quincailleur *m*; **siop** ~ quincaillerie *f*.
haeddedigaeth (**-au**) *b* mérite *m*, dû *m*, ce qu'on mérite; (*gwobr*) récompense *f* méritée; (*cosb*) châtiment *m* mérité.
haeddedigol *ans* méritoire;
♦ **yn** ~ *adf* méritoirement.
haeddiannol *ans* (*rhn*) méritant(e); (*achos*) méritoire, louable;
♦ **yn** ~ *adf* à bon droit, à juste titre, méritoirement.
haeddiant (**haeddiannau**) *g* dû *m*, ce qu'on mérite; (*gwobr*) récompense *f* méritée; (*cosb*) châtiment *m* mérité; **yn ôl ei** ~ selon ses mérites.
haeddu *ba* mériter, être digne de; **mae'n** ~ **ennill** il mérite de gagner; **mae'n** ~ **gwell** il mérite mieux que ça; **mae'n** ~ **cael ei dalu'n well** il mérite d'être mieux payé; **fe gafodd hi yr hyn y mae'n ei** ~ elle n'a eu que ce qu'elle méritait; **mae'n syniad sy'n** ~ **cael ei ystyried** l'idée mérite réflexion.
hael *ans* généreux(généreuse); (*maint*) ample; **mae'r cogydd wedi bod braidd yn rhy** ~ **gyda'r halen yn y tatws** le chef a eu la main un peu lourde en salant les pommes de terre; ~ **Hywel ar bwrs y wlad** il est prodigue de l'argent de la bourse commune;
♦ **yn** ~ *adf* généreusement, avec générosité.
haelder *g* *gw.* **haelioni**.
haelfrydedd *g* magnanimité *f*, générosité *f*, libéralité *f*.
haelfrydig *ans* généreux(généreuse), magnanime, libéral(e)(libéraux, libérales).
haelioni *g* générosité *f*, libéralité *f*.
haelionus *ans* *gw.* **hael**.
haelionusrwydd *g* *gw.* **haelioni**.
haelsen (**haels**) *b* balle *f*, grain *m* de plomb.
haematoleg *b* hématologie *f*.
haemoffilia *g* hémophilie *f*.
haemoglobin *g* hémoglobine *f*.
haen (**-au**) *b* couche *f*; (DAEAR) strate *f*; ~ **oson** couche d'ozone.
haenell (**-au**) *b* (*o fetel*) plaque *f*.
haenellu *ba* (*â metel*) plaquer.
haenen (**-nau**) *b* couche *f*, pellicule *f*; (*o niwl*) voile *m*.
haeniad (**-au**) *g* stratification *f*.
haenog *ans* laminé(e); **crwst** ~ pâte *f* feuilletée.
haenu *ba* stratifier.
haeriad (**-au**) *g* affirmation *f*, assertion *f*, allégation *f*.
haerllug *ans* impudent(e), effronté(e), insolent(e);
♦ **yn** ~ *adf* impudemment, insolemment, effrontément.
haerllugrwydd *g* impudence *f*, effronterie *f*, insolence *f*.
haeru *ba* affirmer, soutenir.
haf (**-au**) *g* été *m*; **yr** ~ l'été; (*tywydd, gwres, gweithgareddau*) d'été, estival(e)(estivaux, estivales); **yn yr** ~ en été; **yn ystod** ~ **1999** pendant l'été de 1999; **tŷ** ~ maison *f* d'été; **dillad** ~ vêtements *mpl* d'été, tenue *f* estivale *neu* d'été; **gwyliau** ~ grandes vacances; **ysgol** ~ université *f* d'été; ~ **bach Mihangel** été indien, été de la Saint-Martin; **treulio'r** ~ estiver; **ymwelwyr** ~ estivants *mpl*.
hafaidd *ans* d'été, estival(e)(estivaux, estivales).
hafal *ans* égal(e)(égaux, égales); **bod yn** ~ **i**

être égal à; **heb ei** ~ sans pair, sans pareil, sans égal, inégalé(e), incomparable.
hafaledd *g* égalité *f*.
hafaliad (**-au**) *g* (*MATH*) équation *f*; ~ **dwyradd** équation du second degré; ~ **cydamserol** équations équivalentes; ~ **syml** équation du premier degré.
hafalochrog *ans* équilatéral(e)(équilatéraux, équilatérales).
hafalu *ba* (*MATH*) mettre (qch) en équation (avec); (*gwneud yn hafal â*) égaler, égaliser; **nod** ~ (*MATH*) signe *m* d'égalité *neu* d'équivalence.
hafan (**-au**) *b* havre *m*, abri *m*, refuge *m*; (*harbwr*) port *m*; (*marina*) marina *f*.
Hafana *prb* La Havane *f*.
hafdy (**hafdai**) *g* (*yn yr ardd*) pavillon *m* dans un jardin; (*trigfan*) résidence *f* d'été.
hafddydd (**-iau**) *g* jour *m* d'été.
hafn (**-au**) *b* gorge *f*, défilé *m*, ravin *m*; **yr H~ Fawr** le Grand Cañon *m*.
hafod (**-ydd**) *b* ferme *f* d'été.
hafog *g* ravages *mpl*, dégâts *mpl*; **creu** ~ **(yn)** ravager, causer des ravages (dans).
hafol *ans* d'été, estival(e)(estivaux, estivales).
hafota *bg* estiver.
hafoty (**hafotai**) *g* ferme *f* d'été.
hafu *bg*: **mae hi'n** ~ c'est l'été qui s'annonce.
haffiaid (**haffieidiau**) *g* poignée *f*.
haffio *ba* empoigner, saisir, s'emparer brusquement de; (*bwyd, diod*) avaler (qch) à la hâte.
hafflaid (**haffleidiau**) *g* brassée *f*.
hafflau *g*: **llond fy** ~ brassée *f*; **'roedd llond ei** ~ **o ddillad ganddi** elle avait les bras pleins de vêtements; **syrthio i** ~ **rhn** tomber dans les griffes de qn.
hagis (**-au**) *g* haggis *m* (*plat national écossais*).
hagr *ans* (*hyll: rhn, ymddangosiad*) laid(e), vilain(e); (*sefyllfa, rhyfel*) qui n'est pas beau(belle) à voir; (*cryfach*) horrible; **mor** ~ **â phechod** laid comme un pou *neu* un singe, laid à faire peur; **trwy deg neu** ~ par tous les moyens, par n'importe quel moyen.
hagredd *g* laideur *f*.
hagru *ba* défigurer, enlaidir.
hagrwch *g* laideur *f*.
hangar (**-au**) *g,b* (*i awyrennau*) hangar *m*.
hanger (**-i**) *g,b* (*i ddal dillad*) cintre *m*, portemanteau(-x) *m*.
hai *ebych gw.* **hei**.
haia* *ebych* (*i gyfarch*) salut*.
haid (**heidiau**) *b* (*gwenyn, locustiaid, pryfed*) essaim *m*; (*morgrug*) fourmillement *m*, grouillement *m*; (*ADAR*) vol *m*, volée *f*; (*llygod, ymwelwyr, gelynion ayb*) horde *f*; (*pobl*) horde, foule *f*, troupeau(-x) *m*, nuée *f*, troupe *f*.
haidd *g* orge *f,m*; ~ **perlog** orge perlé.
haig (**heigiau**) *b* banc *m* de poissons.
haint (**heintiau**) *g,b* infection *f*, contagion *f*, contamination *f*, maladie *f*, affection *f*; (*llewyg*) évanouissement *m*, défaillance *f*; **cael** ~ (*llewygu*) s'évanouir; ~ **y nodau** peste *f* bubonique; ~ **digwydd** épilepsie *f*; ~ **dofednod** peste aviaire.
Haiti *prb* Haïti *f*; **yn** ~ à Haïti.
Haitïad (**Haitïaid**) *g/b* Haïtien *m*, Haïtienne *f*.
Haitïaidd *ans* haïtien(ne).
hala *ba*
1 (*gwario: arian*) dépenser; **mae hi'n** ~ **llawer o arian ar ddillad** elle dépense beaucoup en vêtements; **mae hi'n** ~ **llawer o arian ar ei thŷ** elle dépense beaucoup *neu* elle fait de grosses dépenses pour sa maison; **halais i ffortiwn ar gyweirio'r car** j'ai dépensé une somme folle *neu* une fortune pour faire réparer la voiture; **heb** ~**'r un geiniog** sans dépenser un sou, sans rien débourser.
2 (*amser*) passer; ~ **amser i wneud rhth** passer *neu* consacrer *neu* employer du temps à faire qch; **mae'n** ~**'i amser yn gwylio'r teledu** il passe *neu* consacre son temps à regarder la télévision.
3 (*anfon*) envoyer; ~ **rhth trwy'r post** envoyer qch, expédier qch par la poste.
4 (*gwneud*) rendre; **mae'r sŵn yn fy** ~ **i'n wyllt** le bruit me rend fou; ~ **rhn i gysgu** endormir qn; ~ **ofn ar rn** effrayer qn, faire peur à qn.
hald *g* (*ysgytwad*) secousse *f*, saccade *f*, à-coup *m*, cahot *m*; (*trot*) petit-trot *m*; **mi alwaf heibio ar fy** ~ je passerai à un moment ou un autre, je passerai à l'improviste.
haldiad *g* bonne chasse *f*, abondance *f*; (*llond basged*) plein panier *m*.
haldian *ba* secouer, bringuebaler*, faire cahoter, pousser;
♦*bg* (*loncian*) faire du jogging, jogger; (*cerbyd*) cahoter, cheminer, aller son petit bonhomme de chemin.
haleliwia *b, ebych* alléluia *m*.
halen (**-au**) *g* sel *m*; ~ **cegin/bwrdd** sel de cuisine/de table; **mae gormod o** ~ **yn y cawl** la soupe est trop salée; **nid yw'n hoffi gormod o** ~ **yn ei fwyd** il n'aime pas manger salé; **rhoi** ~ **ar y briw** (*ffig*) retourner le couteau dans la plaie; **mae e'n werth ei** ~ (*ffig*) il est valable; **nid yw'n werth ei** ~ (*ffig*) il ne vaut pas grand-chose; ~ **y ddaear** (*ffig*) le sel de la terre.
halenaidd, **halenog** *ans* salin(e).
halenu *ba* saler.
halian *ba gw.* **halio**.
halibalŵ *b,g* esclandre *m*, raffut* *m*.
halibwt (**halibytiaid**) *g* (*PYSG*) flétan *m*.
halier (**-s**) *g* (*mewn pwll glo*) traîneur *m*; (*cariwr*) camionneur *m*.
halio *ba* traîner, tirer; (*rhaff, angor*) haler; (*cwch*) lofer, haler.
haliwr (**halwyr**) *g gw.* **halier**.

halo (**-au**) *g* auréole *f*, nimbe *m*.
halog, **halogedig** *ans* pollué(e); (*CREF*) profané(e), souillé(e), sali(e).
halogedd *g* saleté *f*.
halogen (**-au**) halogène *m*.
halogi *ba* souiller, salir, profaner; (*llygru*) polluer, contaminer, corrompre.
halogiad *g* pollution *f*, contamination *f*, souillure *f*; (*CREF*) profanation *f*.
halogrwydd *g* souillure *f*.
halogwr (**halogwyr**) *g* celui/celle qui pollue *neu* contamine *neu* souille *neu* profane, corrupteur *m*, corruptrice *f*; (*CREF*) profaneur *m*, profanatrice *f*.
halwyn *g gw.* **halen**.
halwynedd *g* salinité *f*.
hallt *ans* salé(e), de sel; **dagrau** ~ larmes *fpl* amères; **beirniadaeth** ~ critique *f* cinglante; ♦ **yn** ~ *adf*: **wylo'n** ~ pleurer toutes les larmes de son corps; **talu'n** ~ payer cher, payer excessivement; **ei dweud hi'n** ~ **wrth rn** réprimander qn, passer un savon à qn*, enguirlander qn*, tirer les oreilles à qn.
halltedd, **halltineb** *g* (*môr*) salinité *f*; (*bwyd*) goût *m* salé.
halltu *ba* saler.
ham (**-iau**) *b* jambon *m*; ~ **a wyau** œufs *mpl* au jambon; **brechdan** ~ sandwich au jambon.
hambwrdd (**hambyrddau**) *g* plateau(-x) *m*; **lliain** ~ napperon *m*.
Hambwrg *prb* Hambourg *m*.
hambygio *ba* maltraiter, tripoter, malmener.
hambyrgyr (**-s**) *g,b* hamburger *m*.
hamdden *b* (*hefyd:* **amser** ~**, oriau** ~) loisir *m*, temps *m* libre; **'roedd gen i'r** ~ **i arddio** j'avais le loisir de faire du jardin; **bywyd o** ~ une vie pleine de loisirs, une vie d'oisiveté; **does dim llawer o** ~ **ganddi** elle n'a pas souvent de temps libre; **yn ystod fy munudau** ~ à mes moments de loisir, pendant mes loisirs, à mes heures perdues; **diddordeb amser** ~ passe-temps *m inv*; **beth wyt ti'n ei wneud yn dy amser** ~**?** qu'est-ce que tu fais pendant ton temps libre?
hamddena *bg* prendre son temps; (*cerdded yn araf*) flâner; (*dadflino*) se reposer, se délasser, se décontracter, se relaxer.
hamddenol *ans* lent(e), mesuré(e), tranquille; (*rhn*) placide, calme, pondéré(e); (*taith*) lent(e), peu fatigant(e), fait(e) sans se presser; (*swydd*) qui ne demande pas beaucoup d'efforts, peu fatigant; ♦ **yn** ~ *adf* lentement; **aeth yn** ~ **tuag at y drws** il se dirigea vers la porte sans se presser; **gweithio'n** ~ travailler sans se dépenser *neu* sans faire de gros efforts *neu* sans se fouler*.
hamog (**-au**) *g* hamac *m*.
hamper (**-i**) *b* panier *m* d'osier, manne *f*; (*ar gyfer pysgod*) bourriche *f*; ~ **o fwyd** un panier garni de nourriture; ~ **bicnic** panier à pique-nique.
hances (**-i**) *b* mouchoir *m*; (*ffansi*) pochette *f*; (*i'r gwddf*) foulard *m*.
handicap (**-au**) *g* (*CHWAR*) handicap *m*; (*anfantais*) handicap, désavantage *m*; **mae** ~ **arni** elle est handicapée.
handicapio *ba* handicaper, désavantager.
handlen (**-ni**) *b* (*car, peiriant*) manivelle *f*; (*basged, bwced*) anse *f*; (*drws, drôr, ces*) poignée *f*; (*pwmp, berfa, stretsier*) bras *m*; (*brwsh, rhaw, cyllell*) manche *m*; (*sosban, padell*) queue *f*.
hanedig *ans*: ~ **o** issu(e) de, d'origine; **bod yn** ~ **o** être tiré(e) de.
hanercall, **hanercof** *ans* idiot(e), imbécile, faible d'esprit.
hanercrwn (**hanercron**) (**hanercrynion**) *ans* demi-circulaire, semi-circulaire, en demi-cercle, hémisphérique.
hanergrwn (**hanergron**) (**hanergrynion**) *ans gw.* **hanercrwn**.
hanergylch (**-au**) *g* demi-cercle *m*.
haneriad (**-au**) *g* division *f* en deux
hanerob (**-au**) *b* flèche *f* de lard.
hanerog *ans* fait(e) *neu* achevé(e) à moitié, moitié-moitié, partiel(le), en partie.
hanerpan *ans* idiot(e), imbécile, faible d'esprit.
hanertonol *ans* chromatique.
haneru *ba*: ~ **rhth** (*rhannu*) partager qch *neu* diviser qch en deux moitiés égales; (*lleihau*) réduire qch *neu* diminuer qch de moitié.
hanerwr (**hanerwyr**) *g* (*CHWAR*) demi *m*.
hanerydd (**-ion**) *g* (*MATH*) bissectrice *f*.
hanes (**-ion**) *g*
1 (*astudiaeth*) histoire *f*; **'rwy'n astudio** ~ je fais des études d'histoire; **creu** ~ être historique; **caiff ei gofio mewn** ~ (*rhn*) il entrera dans l'histoire; (*digwyddiad*) ce sera historique.
2 (*stori*) histoire *f*; (*chwedl*) conte *m*, légende *f*; (*adroddiad*) récit *m*; **mae hynny'n hen** ~ c'est de l'histoire ancienne; **mae'n** ~ **hir** c'est toute une histoire, c'est une longue histoire; **nid dyna'r** ~ **i gyd** mais ce n'est pas tout; **mae** ~ **iddo** il a un passé chargé; (*lleidr*) il a tout un casier; **beth yw** ~ **Dafydd?** et David, qu'est-il devenu?; **ni wn i ddim o'i** ~ j'ignore ce qu'il est devenu; ~ **fy nhaith i Awstralia** le récit de mon voyage en Australie.
hanesydd (**-ion**) *g* historien *m*, historienne *f*.
hanesyddiaeth *b* historiographie *f*.
hanesyddol *ans* historique; **y cefndir** ~ le contexte historique; **lle o ddiddordeb** ~ monument *m neu* site *m* historique; ♦ **yn** ~ *adf* du point de vue historique, historiquement; (*yn y gorffennol*) dans *neu* par le passé.
hanesyn (**hanesion**) *g* anecdote *f*.
hanfod *bg* descendre, être issu(e) (de); ♦*g* essence *f*; **yn ei** ~ dans son essence,

essentiellement, au fond.

hanfodol *ans* (*sylfaenol*) essentiel(le), fondamental(e)(fondamentaux, fondamentales); (*angenrheidiol*) essentiel, indispensable, nécessaire, impératif(impérative); **mae'n ~ gweithredu ar unwaith** il est indispensable *neu* essentiel d'agir tout de suite, il faut absolument agir tout de suite; **mae'n ~ ...** il est indispensable que ... + *subj*;
♦ **yn ~** *adf* essentiellement, fondamentalement, au fond, par essence; (*yn bennaf*) essentiellement, avant tout, principalement.

haniad (**-au**) *g* origine *f*.

haniaeth (**-au**) *b* abstraction *f*, idée *f* abstraite.

haniaethol *ans* abstrait(e);
♦ **yn ~** *adf* dans l'abstrait, en théorie, par abstraction.

haniaethu *ba* abstraire.

hanner (**hanerau, haneri**) *g*
1 moitié *f*; **gadael gwaith ar ei ~** laisser un travail à moitié fait, laisser inachevée une tâche; **mae hi'n ~ awr wedi deg** il est dix heures et demie; **~ a ~** moitié-moitié; **~ awr** une demi-heure; **awr a ~** une heure et demie; **bob ~ awr** toutes les demi-heures, de demi-heure en demi-heure; **~ cylch** demi-cercle *m*; **rhn o ~ gwaed** métis *m*, métisse *f*; **~ brawd** demi-frère *m*; **~ brîf** ronde *f*; **~ chwaer** demi-sœur *f*; **~ call** à moitié fou(folle); **~ colon** point-virgule *m*; **~ coron** une demi-couronne; **~ cant** cinquante; **~ diwrnod** demi-journée *f*; **~ dydd** midi *m*; **~ nos** minuit *m*; **~ dwsin** une demi-douzaine; **~ gwag** moitié vide; **~ pris** (*mynediad*) demi-place *f*, demi-tarif *m*; (*prynu rhth*) à moitié prix; **~ lleuad** demi-lune *f*; **bod ar ~ cyflog** être à demi-salaire, être à *neu* en demi-traitement; **~ tymor** (*gwyliau*) congé *m* de demi-trimestre, petites vacances *fpl*; **~ amser** (*CHWAR*) mi-temps *f*; **maen nhw'n gweithio ~ yr amser** ils travaillent à mi-temps *neu* à la demi-journée; **swydd ~ amser** un poste à mi-temps; **~ ffordd** à mi-chemin; **~ munud!** une petite minute!, un moment!; **ar ~ y ffordd** à mi-chemin; **~ ffordd i fyny'r rhiw** à mi-côte; **~ y ffordd i fyny'r goes** à mi-jambe; **~ y ffordd drwy Awst** à la mi-août.
2 (*defnydd adferfol*) à moitié, à demi; **~ cysgu** à moitié endormi(e); **nid yw'r gwaith ddim wedi ~ ei orffen** le travail n'est qu'à moitié fait; **~ crio ~ chwerthin** moitié riant moitié pleurant; **'rydw i'n ~ meddwl ...** je serais tenté de penser ...; **mae gen i ~ awydd ei wneud** je suis tenté de le faire; **'dydw i ddim ond yn ~ deall** je ne comprends qu'à moitié; **mae'n ~ amau ...** il soupçonne presque que ...; **'rwy'n ~ ofni bod ...** j'ai un peu peur *neu* j'ai quelque crainte que + *ne* + *subj*; **wedi ~ cau** à demi fermé(e), à moitié fermé; **wedi'ch ~ gwisgo** à demi vêtu(e); **wedi'ch ~ boddi** quasi noyé(e); **bod ~ ar agor** (*llygad, ceg*) être entrouvert(e); (*ffenestr*) être entrebâillé(e), être entrouvert(e); **bod ar ~ llwgu** être à demi mort(e) de faim, être affamé(e); **~ Cymraes ~ Ffrances** moitié Galloise moitié Française; **'dydw i ddim ond yn ennill ~ cymaint â chi** je ne gagne que moitié autant que vous; **~ cymaint eto** moitié plus; **~ dall** à moitié aveugle; **~ lliain ~ cotwm** mi-fil mi-coton; **~ llawn** à moitié plein(e); **~ noeth** à demi nu(e), à moitié nu(e); **~ pan** idiot(e), imbécile, faible d'esprit.

hannercall, **hanercof** *ans gw.* **hanercall.**

hannercrwn (**hannercron**) (**hannercrynion**) *ans gw.* **hanercrwn.**

Hanofer *prb* le Hanovre *m*; **yn ~** au Hanovre.

Hanoferaidd *ans* hanovrien(ne).

hanu *bg* (*o deulu*) descendre; (*o le*) être originaire de; **~ o** être issu(e) de.

hap (**-iau**) *b* hasard *m*; **trwy ~ a damwain** tout à fait par hasard, par pur hasard; (*yn ffodus*) par pure chance, par un coup de chance; **mynd ar ~ wnes i** je suis allé(e) à tout hasard; **digwyddiad ~ a damwain** découverte *f* fortuite *neu* faite au hasard.

hapbrynu *bg* (*arian*) spéculer; (*ar y farchnad stoc*) spéculer *neu* jouer à la Bourse.

hapchwarae *bg* jouer (sur *neu* avec), jouer (aux jeux de hasard), parier, miser;
♦*g* (**-on**) jeu(x) *m* de hasard.

hapio *bg* se passer, arriver.

hapnod (**-au**) *g* (*CERDD*) accident *m*.

haprif (**-au**) *g* nombre prélevé *m* au hasard.

hapsampl (**-au**) *b* échantillon *m* prélevé au hasard.

hapus *ans* heureux(heureuse), content(e); **mor ~ â'r gôg** gai(e) comme un pinson; **priodas ~** un mariage heureux *neu* réussi; **nid yw'n ~ ynglŷn â'r cynllun** il n'est pas très heureux *neu* content de ce projet; **nid wyf yn ~ yn ei gadael hi ar ei phen ei hun** je ne suis pas tranquille de la laisser seule; **bydd hi'n ~ iawn i'w wneud** elle le fera volontiers, elle sera contente *neu* heureuse de le faire; **'roeddwn i'n ~ i fod o help** j'étais heureux *neu* content de pouvoir aider; **'rwyf yn ddigon ~ i aros yma ar fy mhen fy hun** cela ne m'ennuie pas de rester ici tout seul; **'rwyf yn ~ fan hyn yn gwylio'r teledu** je suis très bien ici à regarder la télé; **mae'r plant yn ~ yn chwarae yn y tywod** les enfants sont heureux *neu* contents de jouer dans le sable; **diwedd ~** fin *f* heureuse; **mae'r ffilm yn gorffen yn ~** le film se termine bien; **gwên ~** sourire *m* béat; **penblwydd ~!** bon *neu* joyeux anniversaire!;
♦ **yn ~** *adf* (*chwarae, cerdded, siarad*) tranquillement; (*dweud, gwenu*) joyeusement;

byw'n ~ vivre heureux; **gwenodd hi'n** ~ elle eut un sourire épanoui *neu* de contentement.
hapusrwydd *g* bonheur *m*, félicité *f*, contentement *m*, joie *f*.
harbwr (**harbyrau**) *g* port *m*.
hardd (**heirddion**) *ans* beau[bel](belle)(beaux, belles); (*celfi, adeilad*) beau, élégant(e); **gwirioneddol** ~ de toute beauté; **mynd yn harddach** s'embellir;
♦ **yn** ~ *adf* admirablement, élégamment, joliment.
harddu *ba* embellir, orner, parer; **eich** ~**'ch hun** se faire une beauté.
harddwch *g* beauté *f*; **difetha** ~ **rhth** déparer qch.
harddwych *ans* somptueux(somptueuse), splendide, magnifique, superbe, fastueux(fastueuse);
♦ **yn** ~ *adf* somptueusement, splendidement, magnifiquement, fastueusement, superbement.
harddwychder *g* somptuosité *f*, splendeur *f*, magnificence *f*, faste *m*.
haricot (**-au**) *g* haricot *m* blanc.
harîm (**harimau**) *g* harem *m*.
harin(g) *ba gw.* **haru**[1].
harmoni (**harmonïau**) *g* harmonie *f*; (*ffig*) harmonie, accord *m*.
harmonïaidd *ans* harmonieux(harmonieuse), mélodieux(mélodieuse);
♦ **yn** ~ *adf* harmonieusement, mélodieusement.
harmonig *g* (CERDD) harmonie *f*;
♦*ans* harmonique.
harmoniwm (**harmonia**) *g* harmonium *m*.
harnais (**harneisiau**) *g* harnais *m*, harnachement *m*; **marw yn yr** ~ mourir debout *neu* à la tâche.
harneisio *ba* harnacher; ~ **ceffyl i gert** atteler un cheval à une charrette.
harpsicord (**-iau**) *g,b* clavecin *m*.
harpsicordydd (**-ion**) *g* claveciniste *m/f*.
Harri *prg* Henri.
harti *ans* (*pryd bwyd*) solide; (*llawen*) jovial(e)(joviaux, joviales);
♦ **yn** ~ *adf* (*bwyta*) de bon cœur.
haru[1] *ba* (*goddef*) supporter, tolérer, souffrir; **alla' i mo'i** ~ je ne peux pas le supporter *neu* souffrir.
haru[2] *be ddiffyg*: **beth** ~ **ti?** qu'est-ce qui t'est arrivé?, qu'as-tu fait?; **be'** ~ **nhw, yn gwneud y fath beth?** à quoi pensaient-ils, à agir de la sorte?, où est-ce qu'ils avaient la tête, à agir de la sorte?
hashish *g* haschisch *m*.
hast *b* hâte *f*; **ar** ~ à la hâte.
hastio, **hastu** *bg* se dépêcher, se hâter.
hat (**-iau**) *b gw.* **het**.
hatling (**-au**) *b* (*darn arian*) denier *m*, obole *m*.
hatsh (**-ys**) *b* (*agorfa weini*) passe-plats *m inv*.
hau *ba* semer; (*cae*) ensemencer; **oni heuir ni fedir** pas de moisson sans semailles.
haul (**heuliau**) *g* soleil; **mae'r** ~ **yn disgleirio** il fait du soleil, le soleil brille; **yn yr** ~ au soleil; **yn llygad yr** ~ en plein soleil; **tyrd allan o'r** ~ ne reste pas au soleil; **mae'r** ~ **yn fy llygaid** j'ai le soleil dans les yeux; ~ **llwynog** soleil traître; **popeth dan** ~ tout ce qui est possible d'imaginer; **dim byd dan** ~ rien au monde; **llosg** ~ coup *m* de soleil; **blodyn** ~ tournesol *m*; **sbectol** ~ lunettes *fpl* de soleil; **het** ~ chapeau(-x) *m* de soleil; **lliw** ~ bronzage *m*; **cael lliw** ~ se faire bronzer; **daw (eto)** ~ **ar fryn** les choses vont s'améliorer.
Hawäi *prb* Hawaï *f*; **yn** ~ à Hawaï.
Hawäiad (**Hawäiaid**) *g/b* Hawaïen *m*, Hawaïenne *f*.
Hawäiaidd *ans* hawaïen(ne).
hawc (**-iau**) *g* (*i gario brics*) oiseau(-x) *m*, hotte *f*.
hawdd *ans* facile, aisé(e); (*rhn*) facile, accommodant(e); ~ **fel baw** facile comme tout *neu* comme bonjour; **mae'n** ~ **gweld ...** on voit bien que ..., cela se voit que ...; **mae'n** ~ **imi wneud hynny** il m'est facile de faire cela; **mae'n** ~ **gweld pam** il est facile de comprendre pourquoi; **haws dweud na gwneud!** c'est vite dit!, c'est plus facile à dire qu'à faire!; **mae'n** ~ **gweithio gyda hi** il est agréable de travailler avec elle; **mae'n** ~ **dod ymlaen gydag ef** il est facile à vivre; **byw mewn amgylchiadau** ~ vivre dans l'aisance; **ni fûm i ddim haws** cela ne m'a rien valu, cela ne m'a servi de rien; **be' ydw i'n haws o fynd rŵan** à quoi me sert de partir maintenant; **ni fyddwch ddim haws** vous n'en serez pas mieux;
♦ **yn** ~ *adf* facilement, aisément, à l'aise, sans difficulté; (*heb amheuaeth*) sans aucun doute; **mae'n bum milltir i'r dref yn** ~ cela fait facilement cinq miles à la ville; **gallai hi'n** ~ **newid ei meddwl** elle pourrait bien changer d'avis; **digon** ~ **i chi ddweud "gweithiwch yn galetach"** c'est bien *neu* beau *neu* joli *neu* facile de dire "travaillez plus dur"
hawddamor *ebych* mes salutations *fpl*, mes compliments *mpl*, salut (à vous).
hawddfyd *g* prospérité *f*, aisance *f*.
hawddgar *ans* aimable, charmant(e), ravissant(e), séduisant(e);
♦ **yn** ~ *adf* aimablement.
hawddgarwch *g* amabilité *f*, beauté *f*, charme *m*.
hawl (**-iau**) *b* droit *m*; **bod â'r** ~ **i (gael) rhth** avoir droit à qch; **bod â'r** ~ **i wneud rhth** avoir le droit de faire qch, être en droit de faire qch; **nid oes gen ti** ~ **i aros yma** tu n'as pas le droit de rester ici; **pa** ~ **sydd gen ti i ddweud hynny?** de quel droit dis-tu cela?; **nid oes** ~ **ganddo i'r arian** il n'a pas droit à cet argent; **mae hi o fewn ei** ~**iau** elle est dans son bon droit; **'rwyf yn gwybod fy** ~**iau** je

sais quels sont mes droits; ~**iau dynol** droits de l'homme; ~**iau merched** droits de la femme; **Mudiad Hawliau i Ferched** mouvement *m* pour les droits de la femme.
hawlfraint (**hawlfreintiau**) *b* droit *m* d'auteur.
hawliad (**-au**) *g* demande *f*; (*am well cyflog*) revendication *f*, réclamation *f*.
hawlio *ba* exiger, réclamer; (*cyflog uwch*) revendiquer, réclamer; **mae'n** ~ **ufudd-dod** il exige qu'on lui obéisse *subj*; ~ **costau** réclamer les frais.
hawliwr (**hawlwyr**) *g* (*CYFR*) demandeur *m*, demanderesse *f*; (*gorsedd*) prétendant *m*, prétendante *f*.
hawl-len (~-~**ni**) *b* autorisation *f* écrite, permis *m*.
hawlydd (**hawlwyr**) *g gw.* **hawliwr**.
hawlysgrif (**-au**) *b gw.* **hawlfraint**.
haws *ans* (*gradd gymharol 'hawdd'*) *gw.* **hawdd**.
hawster, **hawstra** *g* facilité *f*.
hawyr *ebych*: ~ **bach!** mon Dieu!
head *g* semailles *fpl*, ensemencement *m*.
heb *ardd* (hebof fi, hebot ti, hebddo ef, hebddi hi, hebom ni, heboch chi, hebddynt hwy/hebddyn nhw) sans; ~ **ddillad** sans vêtements; **aeth hebddo** il est parti sans lui; ~ **unrhyw arian** sans argent, sans un rond*; ~ **amheuaeth** sans doute; ~ **unrhyw amheuaeth** sans aucun doute; **nid** ~ **drafferth** non sans difficulté; **mynd** ~ **rth** se passer de qch; ~ **yn wybod i neb** sans que personne le sache *subj*, à l'insu de tout le monde; **'roedd hi** ~ **ei weld** elle ne l'avait pas vu; **mwy na** ~ le plus souvent, à tout prendre, dans l'ensemble, plus ou moins; ~ **ei ail** inégalé(e), sans égal, qui n'a pas son égal, incomparable; ~ **ei fai**, ~ **ei eni** personne n'est parfait, la perfection n'est pas de ce monde; **ni chewch chi mohono** ~ **ichi dalu** vous ne l'aurez pas sans que *neu* à moins que vous payiez *subj*; **aelodau** ~ **dalu eu haelodaeth** les membres qui n'ont pas payé leur cotisation; **gwledydd** ~ **fod yn aelodau o'r Undeb Ewropeaidd** les pays qui ne sont pas membres de la CE.
▶ **heb i** sans que + *subj*; ~ **i neb wybod** sans que personne le sache *subj*, à l'insu de tout le monde.
hebddi, **hebddo**, **hebddynt** *ardd gw.* **heb**.
heblaw *ardd* en plus de, en dehors de, outre; **eraill** ~ **ni** d'autres que nous; ~ **am rth** à l'exception de qch, excepté qch; **'roedd pump ohonynt yno** ~ **Siôn** ils étaient cinq sans compter Jean; **ni fyddai neb** ~ **hi yn gwneud hynny** personne d'autre qu'elle ne ferait cela; **pwy oedd yno** ~ **Gwen** qui était là, sinon Gwen; **pwy** ~ **nhw?** qui à part eux?, qui hormis eux?
heboca *bg* chasser au faucon.
heboch, **hebof** *ardd gw.* **heb**.
hebog (**-au**) *g* (*ADAR*) faucon *m*.
hebogaidd *ans* comme un faucon; **llygaid** ~ un regard d'aigle, des yeux de lynx.
heboglys *g* (*PLANH*) épervière *f*.
hebogydd *g* fauconnier *m*.
hebogyddiaeth *b* fauconnerie *f*.
hebom, **hebot** *ardd gw.* **heb**.
Hebraeg *b,g* hébreu *m*;
♦*ans* hébraïque.
Hebread (**Hebreaid**) *g/b* Hébreu *m*, Israélite *m/f*; **yr Hebreaid** les Hébreux *mpl*.
Hebreaidd *ans* hébraïque.
Hebrëig *ans* hébreu, hébraïque.
Hebrëwr (**Hebrëwyr**) *g gw.* **Hebread**.
hebrwng *ba* escorter, accompagner; (*arwain*) conduire, mener.
heclo *ba* interrompre (qn) grossièrement, interpeller;
♦*bg* chahuter;
♦*g* chahut *m* (*pour interrompre un orateur*).
heclwr (**heclwyr**) *g* chahuteur *m* (*qui interrompt un orateur*).
hecsadegol *ans* hexadécimal(e)(hexadécimaux, hexadécimales);
♦*g* (**-ion**) hexadécimal(hexadécimaux) *m*.
hecsagon (**-au**) *g* hexagone *m*.
hecsagonal *ans* hexagonal(e)(hexagonaux, hexagonales).
hectar (**-au**) *g,b* hectare *m*.
hectig *ans* (*MEDD*) hectique; (*prysur*) mouvementé(e), chargé(e) *gw. hefyd* **prysur**.
hectogram (**-au**) *g* hectogramme *m*.
hectolitr (**-au**) *g* hectolitre *m*.
hecyn (**haciau**) *g* petite entaille *f*, encoche *f*, coche *f*.
hedeg *bg*
1 voler *gw. hefyd* **hedfan**.
2 (*planhigyn*) monter en graine.
hedegog *ans* volant(e).
hedfa (**hedfeydd**) *b* vol *m*.
hedfan *bg*
1 (*cyff*) voler; (*rhn: mewn awyren*) aller *neu* voyager en avion; **nid wyf yn hoffi** ~ je n'aime pas l'avion; **mae bob amser yn** ~ il voyage toujours en avion; ~ **dros Caerdydd** survoler Cardiff, voler au-dessus de Cardiff; ~ **dros y môr** survoler la mer; ~ **ymaith**, ~ **i ffwrdd**, ~ **bant** (*aderyn, awyren*) s'envoler; (*teithiwr*) partir en avion, s'envoler (pour); **hedfanodd aderyn i mewn trwy'r ffenest** un oiseau est entré par la fenêtre.
2 (*ffig: amser*) passer vite, filer*.
3 (*gwreichion*) jaillir, voler;
♦*ba* (*awyren*) piloter; (*rhn*) emmener (qn) par avion; (*nwyddau*) transporter (qch) par avion; ~ **barcud**, ~ **barcutan papur** faire voler un cerf-volant.
hedfanaeth *b* aviation *f*.
hedfaniad *g gw.* **ehediad**[1].
hedfanwr (**hedfanwyr**) *g* aviateur *m*.
hedfanwraig (**hedfanwragedd**) *b* aviatrice *f*.

hediad (**-au**) *g* vol *m*; **fel** ~ **brân** à vol d'oiseau, en ligne droite.
hedion *ll* (*AMAETH: grawn*) balle *f*; (*gwellt*) menue paille *f*.
hedlam (**-au**) *g* saut *m* avec élan.
hedonistaidd *ans* hédoniste, hédonistique; ♦ **yn** ~ de façon hédoniste.
hedonistiaeth *b* hédonisme *m*.
hedonydd (**-ion**) *g* hédoniste *m/f*.
hedwr (**hedwyr**) *g gw.* **hedfanwr**.
hedydd (**-ion**) *g* alouette *f*.
hedyn (**hadau**) *g* graine *f*; (*mewn afal, grawnwin*) pépin *m*; **hadau** graines, semence *f*; **hau** ~ **o amheuaeth ym meddwl rhn** semer le doute dans l'esprit de qn.
hedd *g* paix *f*, tranquillité *f*, calme *m*; ~ **cydwybod** tranquillité *f* d'esprit.
heddferch (**-ed**) *b* femme *f* policier, femme agent (de police).
heddgeidwad (**heddgeidwaid**) *g* agent *m* de police, gardien *m* de la paix, policier *m*; (*yn y wlad*) gendarme *m*, garde *m* champêtre; **mynd yn** ~ entrer dans la police.
heddiw *adf* aujourd'hui; **pa ddydd yw hi** ~**?** quel jour est-on?, quel jour est-ce aujourd'hui?; **beth yw'r dyddiad** ~**?** quelle est la date aujourd'hui?; **dydd Mawrth yw hi** ~ aujourd'hui c'est *neu* on est mardi; **wythnos i** ~ (*yn ôl*) il y a huit jours aujourd'hui; (*ymhen wythnos*) aujourd'hui en huit; **mae hi'n wlyb iawn** ~ il pleut beaucoup aujourd'hui; **mae wedi bwrw glaw trwy'r dydd** ~ il a plu toute la journée aujourd'hui; **papur** ~ le journal d'aujourd'hui; **plant** ~ les enfants d'aujourd'hui; **hyd** ~ toujours; ~**'r bore** ce matin.
heddlu (**-oedd**) *g* police *f*; (*tu allan i'r trefi*) gendarmerie *f*; **yr** ~ la police *f*, les gendarmes *mpl*, les forces *fpl* de l'ordre; **ymuno â'r** ~ entrer dans la police, se faire policier *neu* gendarme; **mae'n aelod o'r** ~ il est dans la police *neu* de la police, il est policier, il est gendarme; **galwyd ar ragor o** ~ on a fait venir des renforts de police; **mae'r** ~ **ar ei warthaf** la police est sur sa piste *neu* à ses trousses, les gendarmes sont sur sa piste; **car** ~ voiture *f* de police; **ci** ~ chien *m* policier; **pencadlys yr** ~ administration *f* centrale, siège *m* central; **swyddfa'r** ~ commissariat *m* de police, poste *m* de police, gendarmerie *f*
heddwas (**heddweision**) *g* agent *m* de police, gardien *m* de la paix, policier *m*; (*yn y wlad*) gendarme *m*, garde *m* champêtre.
heddwch *g* (*nid rhyfel*) paix *f*; (*llonydd*) tranquillité *f*, calme *m*; **cysgu mewn** ~ dormir tranquille; **nid yw'n rhoi dim** ~ **iddyn nhw** il ne les laisse pas en paix; **unrhyw beth am** ~ n'importe quoi pour avoir la paix; **cadw'r** ~ ne pas troubler l'ordre public; (*heddlu*) veiller à l'ordre public; (*ffig*) maintenir le calme *neu* la paix; **ymgyrch** ~ campagne *f* pour la paix; **Mudiad H**~ mouvement *m* pour la paix *neu* pour le désarmement nucléaire.
heddychiaeth *b* pacifisme *m*.
heddychlon, **heddychol** *ans* paisible, tranquille, calme; (*rhn*) pacifique, paisible; ♦ **yn** ~ *adf* paisiblement, tranquillement, calmement, pacifiquement.
heddychu *ba* calmer, apaiser, pacifier.
heddychwr (**heddychwyr**) *g* pacifiste *m*, conciliateur *m*.
heddychwraig (**heddychwragedd**) *b* pacifiste *f*, conciliatrice *f*.
heddynad (**-on**) *g* juge *m* de paix, magistrat *m*.
hefo *ardd gw.* **gyda**.
hefyd *adf*
1 (*cyff*) aussi, également; **daeth ei brawd** ~ son frère est venu aussi *neu* également.
2 (*yn ogystal*) de plus, en outre, en plus, également; **rhaid imi** ~ **egluro ...** de plus *neu* en outre je dois expliquer que, je dois également expliquer que.
heffer (**heffrod**) *b* génisse *f*.
hegemoni (**-ïau**) *g* hégémonie *f*.
hegl (**-au**) *b* jambe *f*; (*anifail*) patte *f*; **fe aeth nerth ei** ~**au** il a pris ses jambes à son cou, il a détalé à toutes jambes.
heglog *ans* (*rhn*) aux longues jambes; (*anifail*) aux pattes longues, haut(e) sur pattes.
heglu *ba*: **ei** ~ **hi** (*ffoi*) partir en courant, se sauver, s'enfuir, détaler, filer, ficher le camp.
hei *ebych* hé, holà.
heibiad (**-au**) *g* (*ffordd*) route *f* *neu* bretelle *f* de contournement; (*MEDD*) pontage *m*.
heibio *adf*
1 (*pasio*): **mynd** ~ passer; **aeth** ~ **(i)'r eglwys** il est passé devant l'église; **mae hi'n mynd** ~ **bob dydd** elle passe (devant *neu* à côté) tous les jours; **rhuthrodd** ~ **imi** il est passé devant moi *neu* il m'a dépassé(e) à toute allure; **mae amser yn mynd** ~ le temps passe; **daw hi** ~ **unrhyw funud** elle sera là *neu* passera dans un instant; **aeth y car** ~**'r bws** la voiture a doublé l'autobus; **dweud rhth wrth fynd** ~ remarquer en passant; **yn y blynyddoedd a aeth** ~ autrefois, au temps jadis, pendant les années passées; **yr wythnos a aeth** ~ la semaine dernière *neu* passée.
2 (*o'r neilltu*): **rhoi rhth** ~ mettre qch de côté.
3 (*ymhellach*) au-delà de, plus loin que: **ychydig** ~ **(i)'r ysgol** un peu plus loin que l'école, juste après l'école, au-delà de l'école.
heic (**-iau**) *b* randonnée *f*; (*taith hir flinderus*) longue marche *f*; **mynd am** ~ faire une randonnée.
heicio *bg* faire de la randonnée.
heiciwr (**heicwyr**) *g* randonneur *m*.
heicwraig (**heicwragedd**) *b* randonneuse *f*.
heidio *bg* affluer, se presser; (*morgrug, chwain*

ayb) grouiller, fourmiller, pulluler; ~ **at/o amgylch** affluer vers/autour de, se presser vers/autour de; ~ **i weld** se presser pour voir.

heidiog, **heidiol** *ans* (*anifeiliaid*) grégaire.

heidden *b* grain *m* d'orge.

heigiad (**-au**) *g* infestation *f*.

heigiannu *ba* infester;
♦*bg* être infesté(e) (de).

heigio *ba* (*pysgod*) se mettre en bancs, se rassembler en bancs.

heini *ans* agile, leste, preste; (*meddwl*) vif(vive), prompt(e); (*iach*) en forme; **rhaid bod yn eithaf** ~ **i ddringo dros y wal yma** il faut être assez agile *neu* leste pour passer par-dessus ce mur; **mae'r cloc yn** ~ l'horloge avance.
▶ **cadw'n heini**
1 (*berf: cyff*) se maintenir en forme; (:*mewn dosbarth*) faire de la culture physique, faire de la gymnastique.
2 (*enw*) culture *f* physique, gymnastique *f* d'entretien.
3 (*ansoddair*) de gymnastique; **mynd i ddosbarth cadw'n** ~ faire de la culture physique, faire de la gymnastique;
♦ **yn** ~ *adf* agilement, lestement, prestement.

heintiad (**-au**) *g* infection *f*, contagion *f*, contamination *f*.

heintiedig *ans* contaminé(e), infecté(e).

heintio *ba* infecter, contaminer; ~ **rhn â salwch** transmettre *neu* communiquer une maladie à qn; **wedi ei** ~ **â'r gwahanglwyf** atteint(e) de la lèpre, ayant contracté la lèpre, lépreux(lépreuse).

heintrydd *ans* immunisé(e) (contre).

heintryddid *g* immunité *f* (contre).

heintus *ans* (*salwch*) infectieux(infectieuse); (*rhn, syniad*) contagieux(contagieuse); (*brwdfrydedd, chwerthin*) contagieux, communicatif(communicative); **mynd yn** ~ (*briw ayb*) s'infecter;
♦ **yn** ~ *adf* de façon infectieuse, de façon contagieuse.

hel *ba*
1 (*casglu: pobl*) rassembler, grouper, réunir; (:*pethau*) ramasser, rassembler, regrouper; (:*blodau*) cueillir, ramasser; (:*fel hobi: stampiau*) collectionner, faire collection de; ~ **arian at achos da** faire une collecte pour une bonne cause.
2 (*anfon ymaith*) renvoyer, chasser; **mae wedi cael ei** ~ **adref** on l'a renvoyé chez lui; **cafodd ei** ~ **o'i waith** il a été renvoyé de son travail.
3 (*mewn ymadroddion*): ~ **achau** (faire) la généalogie; ~ **clecs** *ou* **straeon** bavarder, papoter; ~ **esgusodion** trouver *neu* inventer des excuses; ~ **llwch** prendre la poussière; (*ffig*) tomber dans l'oubli; ~ **meddyliau** broyer du noir, être mélancolique; ~ **merched** courir les femmes, être un coureur de jupons; ~ **eich pac** plier bagages; ~ **eich bysedd ar hyd rhth** tripoter qch; ~ **tafarnau**, ~ **diod** courir les bistro(t)s *neu* cabarets;
♦*bg*
1 (*ymgasglu: pobl*) s'assembler, se rassembler, se réunir, se grouper; (*pethau*) s'accumuler, s'amasser.
2 (*casglu arian*): ~ **at achos da** faire une collecte pour une bonne cause.
▶ **hel am**: **mae hi'n** ~ **am law** la pluie menace; **'rwyt ti'n** ~ **am annwyd** tu as les premiers symptômes de la rhume.

hela[1] *ba* chasser, faire la chasse à; ~ **llwynogod** chasser les renards;
♦*bg* aller à la chasse, faire la chasse à courre;
♦*g* chasse *f*; ~ **llwynogod** la chasse au renard; **ci** ~ chien *m* de chasse, chien courant, chien de meute.

hela[2] *ba gw.* **hala**.

helaeth *ans* vaste, large, ample, étendu(e), grand(e), gros(se); (*ymchwil*) approfondi(e); (*difrod, newidiadau*) considérable, important(e), de grande envergure; (*defnydd*) large, répandu(e), fréquent(e); **swm** ~ **o arian** une grosse somme d'argent; **nifer** ~ beaucoup, un grand nombre; **rhan** ~ **o fy arian** une bonne partie de mon argent; **i raddau** ~ en grande mesure, largement;
♦ **yn** ~ *adf* largement, considérablement, grandement.

helaethder, **helaethdra** *g* ampleur *f*, grandes dimensions *fpl*, grandeur *f*, grosseur *f*, importance *f*, abondance *f*, profusion *f*.

helaethfawr *ans gw.* **helaeth**.

helaethiad (**-au**) *g* agrandissement *m*, extension *f*, augmentation *f*, amplification *f*, élargissement *m*, accroissement *m*; (*estyniad: amser*) prolongement *m*.

helaethrwydd *g* abondance *f*, importance *f*, ampleur *f*, étendue *f*.

helaethu *ba* (*tŷ, ffatri*) agrandir; (*ymchwil*) porter *neu* pousser plus loin; (*cynyddu*) étendre, augmenter, amplifier, élargir, accroître; (*ychwanegu at wybodaeth*) élargir, accroître; (*dweud rhagor*) s'étendre (sur qch); ~ **geirfa** enrichir *neu* élargir son vocabulaire.

helaethwych *ans* ample et beau, somptueux(somptueuse), fastueux(fastueuse), de luxe, luxueux(luxueuse);
♦ **yn** ~ *adf* somptueusement, fastueusement, luxueusement.

helbul (**-on**) *g* ennui *m*, difficulté *f*, problème *m*, souci *m*; (GWLEID) conflit *m*, troubles *mpl*; (*adfyd*) adversité *f*, affliction *f*, désarroi *m*, détresse *f*; **mynd i** ~ avoir des ennuis *neu* difficultés, se faire des ennuis.

helbulus *ans* (*gofidus*) affligé(e), peiné(e), en désarroi, angoissé(e), inquiet(inquiète); **cyfnod** ~ une époque agitée *neu* mouvementée *neu* de troubles *neu* troublée;

teulu ~ une famille en difficulté.

helcyd *ba* (*hela*) chasser; (*llusgo*) traîner; ♦*g* (*trafferth*) ennui *m*, difficulté *f*, peine *f*; **nid yw'n werth yr** ~ ça ne vaut pas la peine.

heldir (**-oedd**) *g* terrain *m* de chasse.

heldrin (**-oedd**) *g,b* (*halibalŵ*) embêtement *m*, agitation *f*, tapage *m*, brouhaha *m*, vacarme *m*, émoi *m*; **yr** ~ **fawr** (*y Rhyfel Byd*) la tourmente *f*.

Heledd *prb*: **Ynysoedd** ~ les îles *fpl* Hébrides.

Helen *prb* Hélène.

Helenaidd *ans* (*Groegaidd*) hellénique.

helfa (**helfeydd**) *b* (*ar droed*) chasse *f* à courre; (*ar geffyl*) chasse; ~ **lwynogod** chasse au renard; ~ **bysgod** pêche *f*, prise *f* (de poissons); **cefais** ~ **dda o hen lyfrau** j'ai fait bonne chasse de vieux bouquins; ~ **drysor** chasse au trésor.

helfarch (**helfeirch**) *g* cheval *m* de chasse.

helgi (**helgwn**) *g* braque *m*, chien *m* courant, chien de meute; **yr helgwn** la meute.

helgig (**-oedd**) *g* (*COG*) gibier *m*; (*cig carw*) venaison *f*.

helgorn (**helgyrn**) *g* cor *m* *neu* trompe *f* de chasse.

heli *g* (*dŵr hallt*) eau(-x) *f* salée; (*COG*) saumure *f*; (*y môr*) mer *f*, océan *m*; (*dŵr y môr*) eau de mer.

helïaidd *ans* salin(e), saumâtre.

helical *ans* hélicoïdal(e).

helicopter (**helicoptrau**) *g* *gw.* **hofrennydd**.

helics (**-au**) *g* (*troell*) hélice *f*; (*malwen*) hélix *m*.

heligog (**-od, -iaid**) *g* (*ADAR*) guillemot *m*.

heliwm *g* hélium *m*.

heliwr (**helwyr**) *g* chasseur *m*; (*casglwr*) collectionneur *m*.

helm[1] (**-au**) *b* (*helmed*) casque *m*.

helm[2] (**-ydd**) *b* (*tas gron*) meule *f*.

helm[3] (**-au, -ydd**) *b* (*tŷ gwair*) hangar *m* ouvert.

helmed (**-au, -i**) *b* casque *f*.

helmu *ba* mettre (qch) en meule.

helô *ebych* bonjour; (*gyda'r nos*) bonsoir; (*ar y ffôn*) allô.

helogan *b* céleri *m*; **coesyn** ~ une côte de céleri; **clwstwr o** ~ un pied de céleri.

help *g* aide *f*, secours *m*, assistance *f*; ~! (*mewn perygl*) au secours!, à l'aide; (*mewn siom*) mince!; **diolch am eich** ~ merci de votre aide; **gyda** ~ **ei rieni** avec l'aide de ses parents; **fe'i gwnaeth heb** ~ elle l'a fait toute seule; **galw am** ~ appeler *neu* crier au secours, appeler à l'aide; **mynd i roi** ~ **i rn** aller au secours de qn, prêter secours *neu* assistance à qn; **dod i roi** ~ **i rn** venir à l'aide de qn *neu* en aide à qn; **bod o** ~ **i rn** rendre service à qn, être utile à qn; **a fedra' i fod o** ~**?** puis-je faire quelque chose pour vous?, puis-je vous être utile?; **'roedd hi'n falch o fod o** ~ elle était contente d'avoir pu rendre service; **mae hi'n gryn** ~ **iddo** elle lui est d'un grand secours, elle l'aide beaucoup; **nid wyt ti'n fawr o** ~! (*eironig*) tu es d'un précieux secours!; **nid oes gen i mo'r** ~ je n'y peux rien *neu* ce n'est pas de ma faute; **nid oes ganddi mo'r** ~ **ei bod hi'n fyddar** ce n'est pas de sa faute si elle est sourde; ~ **llaw** un coup *m* de main; **nid yw hynny'n llawer o** ~ cela ne sert pas à grand-chose, cela n'arrange pas grand-chose.

helpu *ba* aider, secourir; ~ **rhn i wneud rhth** aider qn à faire qch; **gadewch imi eich** ~ **gyda'ch ces dillad** laissez-moi vous aider à porter votre valise; **(ni) wnaiff hynny mo dy** ~ **di** cela ne te servira à rien; **Duw a'm helpo i!** Dieu m'en garde!, Dieu me pardonne!; **Duw a'ch helpo!** Dieu vous garde!; **gwnaiff yr arian hwn** ~ **achos da** cet argent contribuera à une bonne cause; **'alla' i eich** ~**?** (*mewn siop*) puis-je vous aider?, vous désirez?; ~**'ch gilydd** s'entraider; (*gweini*) servir; **helpwch eich hun!** servez-vous!; **fe'i helpodd ei hun i datws** il s'est servi de pommes de terre; **helpa dy hun i win** sers-toi en vin, prends du vin.

helpwr (**helpwyr**) *g* aide *m*, assistant *m*, auxiliaire *m*.

helpwraig (**helpwragedd**) *b* aide *f*, assistante *f*, auxiliaire *f*.

helwraig[1] (**helwragedd**) *b* (*sy'n hela*) chasseuse *f*.

helwraig[2] (**helwragedd**) *b* (*casglwraig*) collectionneuse *f*.

helwriaeth *b* chasse *f*, proie *f*, gibier *m*; (*cig carw*) venaison *f*.

helygen (**helyg**) *b* saule *m*; (*pren*) bois *m* de saule; ~ **wylofus** saule pleureur.

helyglys *g* (*PLANH*) épilobe *m*.

helynt (**-ion**) *g,b* ennui *m*, difficulté *f*, problème *m*; (*ffwdan*) agitation *f*, tapage *m*; (*GWLEID*) troubles *mpl*, conflits *mpl*; **bod mewn** ~ avoir des ennuis, être en difficulté; **mynd i** ~ s'attirer des ennuis; **creu** ~ faire des histoires; **beth yw'r** ~**?** qu'est-ce qu'il y a?, qu'est-ce qui ne va pas?; **'rwyf yn cael tipyn o** ~ **gyda'r car** j'ai des problèmes *neu* des ennuis de voiture; ~**ion gwladol** affaires *fpl* d'État; ~**ion teuluol** ennuis domestiques *neu* de famille; ~**ion ariannol** soucis *mpl* d'argent; **mae'n cael tipyn o** ~ **gyda'i gefn** il a mal au dos, son dos le fait souffrir; **mae llawer o** ~ **yn Ne America** il y a des troubles étendus *neu* il y a beaucoup d'agitation *neu* la situation est très tendue en Amérique du Sud; **llawer o** ~ **ynghylch dim** beaucoup d'agitation *neu* de bruit pour rien.

helyntus *ans* troublé(e), agité(e).

helltni *g* (*dŵr*) salinité *f*; (*bwyd*) goût *m* salé.

hem (**-iau**) *b* ourlet *m*.

hem... *rhagdd* (*hemoffilia ayb*) *gw.* **haem...**

hemio *ba* ourler;

♦*bg* faire un ourlet.

hemisffer (**-au**) *g* hémisphère *m*; ~ **y gogledd** l'hémisphère nord *neu* boréal; ~ **y de** l'hémisphère sud *neu* austral.

hen *ans*

1 (*oedrannus*) vieux[vieil](vieille)(vieux, vieilles), âgé(e); ~ **ŵr** un vieil homme, un vieillard, un vieux*; ~ **wraig** une vieille dame, une vieille*; ~ **ferch** une vieille demoiselle, une vieille fille, une fille *f* célibataire; ~ **lanc** un célibataire *m* endurci; **mae e fel** ~ **fenyw, mae fel** ~ **wreigan** il a des manies de petite vieille; ~ **ŵr truenus** un pauvre vieillard, un pauvre vieux; ~ **bobl** personnes *fpl* âgées, vieux, vieillards, vieilles gens *fpl*; **cartref** ~ **bobl** hospice *m neu* asile *m* de personnes âgées; (*preifat*) maison *f* de retraite; **mae'n** ~ **o'i oed** *ou* **oedran** (*aeddfed*) il est mûr pour son âge, il est précoce; **mynd yn** ~, **tyfu'n** ~ vieillir, se faire vieux; **pa mor** ~ **wyt ti?** quel âge as-tu?; **mae'n ddigon** ~ **i fynd i'r dref ar ei ben ei hunan** il est assez grand pour aller en ville tout seul; **maen nhw'n ddigon** ~ **i bleidleisio** ils sont en âge de *neu* d'âge à voter; **'rwyt yn ddigon** ~ **i wybod yn well!** à ton âge, tu devrais avoir plus de bon sens!; **rhy** ~ **i'r fath yna o degan** trop âgé pour ce genre de jouet; **ni wyddwn i ei fod mor** ~ **â hynny** je ne savais pas qu'il avait cet âge-là; **pan fyddi di'n hŷn** quand tu seras plus grand; **pe bawn yn hŷn** si j'étais plus âgé; **'rwyf yn hŷn na thi** je suis plus âgé que toi; **mae hi ddwy flynedd yn hŷn nag ef** elle a deux ans de plus que lui; **pe bawn i bum mlynedd yn hŷn** si j'avais cinq ans de plus; **ef yw'r hynaf** il est *neu* c'est lui le plus âgé, il est l'aîné; **fy merch hynaf** ma fille aînée; **y genhedlaeth hŷn** la génération antérieure; **hi yw'r hynaf** c'est elle la plus âgée, elle est l'aînée.

2 (*heb fod yn newydd*) vieux[vieil](vieille)(vieux, vieilles), ancien(ne); ~ **dŷ** une vieille maison, une maison ancienne; ~ **win** vin *m* vieux; ~ **ffrindiau** de vieux amis, des amis de longue date; ~ **geriach** choses *fpl* sans valeur, camelote* *f*, pacotille *f*; ~ **ddywediad** dicton *m*, proverbe *m*, adage *m*.

3 (*heb fod yn ffres: bara*) rassis(e); (*caws*) desséché(e).

4 (*ystrydebol: jôc*) éculé(e), réchauffé(e).

5 (*annwyl ayb*): **mae'n** ~ **foi iawn** c'est un bon vieux, c'est un brave type*; **yr** ~ **ddyn, yr** ~ **foi** (*gŵr*) le patron*; (*tad*) le *neu* mon paternel*, le *neu* mon vieux*; (*y pennaeth*) le patron; **yr** ~ **fenyw** *ou* **ddynes** *ou* **wraig** (*gwraig*) la patronne*, ma bourgeoise*; (*mam*) la *neu* ma maternelle*, la *neu* ma vieille*; **yr** ~ **goes** la vieille*, le vieux; **yr** ~ **ddyddiau dedwydd** le bon vieux temps.

6 (*annymunol*): ~ **gythraul bach** *ou* **genau bach** un petit diable, un petit monstre, un petit salaud*.

7 (*cynt, cyn-*) ancien(ne); **fy** ~ **ysgol** mon ancienne école; **yn yr** ~ **ddyddiau** dans le temps, autrefois, jadis; ~ **filwr** vétéran *m*; **yr** ~ **amser** le temps jadis, autrefois, le passé *m*; **yr** ~ **oesoedd** l'antiquité *f*; **yr H~ Destament** l'Ancien Testament *m*.

8 (*aelodau o'r teulu*): ~ **daid** *ou* **dad-cu** arrière-grand-père(~-~s-~s) *m*; ~ **nain** *ou* **fam-gu** arrière-grand-mère(~-~s-~s) *f*; ~ **ewythr** grand-oncle(~s-~s) *m*; ~ **fodryb** grand-tante(~s-~s) *f*.

9 (*mewn ymadroddion*): ~ **dro** dommage *m*; **dyna** ~ **dro!** quel dommage!, c'est bien dommage; ~ **bryd** grand temps *m*; **mae'n** ~ **bryd iti fynd i'r gwely** il est grand temps que tu te couches *subj*; **fe fydd yna** ~ **chwarae diawl!** ça va faire du joli!; ~ **geg** bavard *m*, bavarde *f*; ~ **law** expert *m*; **mae'n** ~ **law yn y maes** il est expert en la matière, il s'y connaît, il n'en est pas à son coup d'essai; ~ **nodiant** notation *f* figurée sur la portée, notation ordinaire; **unrhyw** ~ **beth** n'importe quoi; **yr un** ~ **stori** c'est toujours la même histoire; **yr** ~ **wlad** la mère patrie; (*Cymru*) la patrie, le pays de Galles; **"H~ Wlad fy Nhadau"** "Patrie de mes aïeux"; **yr H~ Gorff** (*CREF*) l'Église *f* presbytérienne galloise;

♦*adf*: **'rwyf wedi** ~ **flino ar y glaw yma** j'en ai assez de cette pluie, j'en ai marre* de cette pluie; **'rwyf wedi cael** ~ **ddigon** j'en ai marre*, j'en ai ras le bol*; **mae wedi** ~ **orffen** il a fini depuis bien longtemps, il y a bien longtemps qu'il a fini; **'rwyf wedi** ~ **arfer â gwneud hynny** je suis bien habitué(e) à faire cela, je fais ça depuis bien longtemps.

henadur (**-iaid**) *g* (*dinesig*) alderman *m*, conseiller *m* municipal, conseillère *f* municipale; (*eglwysig*) membre *m* du conseil d'un temple presbytérien; **henaduriaid** (*hynafgwyr*) anciens *mpl*.

Henaduriad (**Henaduriaid**) *g/b* presbytérien *m*, presbytérienne.

henaduriaeth *b* presbytère *m* (*conseil régional de l'Église presbytérienne*).

henaidd *ans* assez vieux(vieille); (*henffasiwn*) vieillot(te), vieilli(e), suranné(e), désuet(désuète), d'autrefois, démodé(e), vieux jeu *inv*; **mae'r ffrog yna'n rhy** ~ **i ti** cette robe fait trop vieux pour toi; **plentyn** ~ enfant mûr pour son âge, enfant précoce.

henaint *g* vieillesse *f*; **yn ei** ~ sur ses vieux jours, dans sa vieillesse.

henc *g* boiterie *f*, claudication *f*.

hencian *bg* boiter, claudiquer.

hendad, hendaid (**hendadau, hendeidiau**) *g* (*cyndad*) ancêtre *m*, aïeul(aïeux) *m*.

hendraul *ans* usé(e), râpé(e), élimé(e).

hendref (**-i**) *b* ferme *f* d'hiver.

hendrefa, hendrefu *bg* passer l'hiver,

hiverner.
hendrwm (**hendrom**) (**hendrymion**) *ans* moisi(e); **aroglau** ~ odeur *m* de renfermé *neu* de moisi.
henebyn (**henebion**) *g* monument *m* historique.
heneiddiad *g* vieillissement *m*, sénilité *f*.
heneiddio *bg* vieillir, se faire vieux(vieille); **mae wedi** ~ il a vieilli, il s'est fait vieux, il a pris de l'âge.
heneiddiol *ans* vieillissant(e), sénile, qui se fait vieux, qui fait paraître plus vieux(vieille).
henffasiwn *ans* ancien(ne); (*ar ôl yr enw*) d'autrefois; (*dillad, celfi*) à l'ancienne mode, d'autrefois; (*o gyfnod arall*) démodé(e), passé(e) de mode, suranné(e); (*rhn*) vieux jeu *inv*; **efallai fy mod yn ~, ond ...** vous allez me dire que je suis vieux jeu, mais..., je suis peut-être vieux jeu, mais ...; **mewn ffordd** ~ à la manière ancienne;
♦ **yn** ~ *adf* à l'ancienne, de façon démodée *neu* surannée.
henffel *ans* précoce, perspicace, astucieux(astucieuse), malin(maligne); **pentyn** ~ enfant *m* précoce, enfant mûr pour son âge;
♦ **yn** ~ *adf* astucieusement, avec perspicacité.
henffych *ebych* salut à vous!, je vous salue!; **H~ well Fair!** (*CREF*) Je vous salue Marie, Avé Maria.
hengall, **hengraff** *ans gw.* **henffel**
heniaith *b*: **yr** ~ le gallois *m*.
henllydan *g* (*PLANH*) plantain *m*.
henna *g* henné *m*; **lliwio rhth â** ~ passer qch au henné.
heno *adf* (*min nos*) ce soir; (*yn ystod y nos*) cette nuit.
henoed *g* (*henaint*) vieillesse *f*; **yr** ~ (*pobl*) les personnes *fpl* âgées *neu* vieux, les vieillards *mpl*, les vieilles gens *fpl*.
henuriad (**henaduriaid**) *g gw.* **henadur**.
henwlad *b* patrie *f*; **yr** ~ (*Cymru*) le pays de Galles.
henwr (**henwyr**) *g* vieillard *m*, vieil homme *m*, vieux* *m*.
heol (**-ydd**) *b* route *f*; (*fach*) chemin *m*; (*mewn tref*) rue *f*; ~ **fawr, prif** ~ route nationale, grand-route(~-~s) *f*; (*mewn tref*) grand-rue *f*; ~ **wledig** route de campagne, petite route, route départementale, chemin creux; **mae'n byw dros yr** ~ il habite en face de chez nous; **mae yna siop gig yr ochr arall i'r** ~ il y a une boucherie juste en face; **gobeithio y bydd y car yn ôl ar yr** ~ **cyn hir** j'espère que la voiture sera bientôt en état de rouler; **ni ddylai'r car fod ar yr** ~ **fel y mae** on ne devrait pas laisser circuler une voiture dans cet état; **'roeddem ni ar yr** ~ **tan ddeg y nos** nous étions sur la route jusqu'à dix heures du soir; **maen nhw ar yr** ~ **ers y bore yma** ils voyagent depuis ce matin; **ai dyma'r** ~ **i Gaerdydd?, ai dyma** ~ **Caerdydd?** c'est bien la route de Cardiff?; ~ **yr eglwys** (*mewn tref*) rue de l'église; **'rydych chi ar yr** ~ **iawn** vous êtes sur la bonne route; **ar yr** ~ **i Abertawe** en route pour *neu* à Swansea.
heolan (**-au**) *b* petit chemin *m*, petite route *f*; (*mewn tref*) impasse *f*, ruelle *f*, allée *f*.
hepatitis *g* (*MEDD*) hépatite *f*.
hepgor *ba* omettre, négliger; (*mynd heb*) se passer de; ~ **unrhyw gyfeiriad at rth** passer qch sous silence.
hepgoradwy *ans* qui peut être omis(e).
hepian *bg*: ~ (**cysgu**) sommeiller, somnoler, s'assoupir, être assoupi(e).
heptagon (**-au**) *g* heptagone *m*.
her (**-iau**) *b* défi *m*; **rhoi** ~ lancer un défi; **derbyn** ~ (*ffig*) relever un défi; **yr** ~ **a geir gan syniadau newydd** la stimulation qu'offrent de nouvelles idées; **'roedd y swydd newydd yn dipyn o** ~ **iddo** le nouveau poste constituait pour lui un défi *neu* une gageure; ~ **unawd** solo *m*.
herc (**-iau**) *b* saut *m*, sautillement *m*; (*cloffni*) claudication *f*, boiterie *f*; ~ **a cham a naid** (*CHWAR*) triple saut.
hercian *bg* (*cerdded yn gloff*) boiter, claudiquer.
herciog *ans* boiteux(boiteuse); (*siarad*) hésitant(e), trébuchant(e);
♦ **yn** ~ *adf*: **cerdded yn** ~ boiter, clopiner; **siarad yn** ~ parler de façon hésitante *neu* entrecoupée.
herclif (**-iau**) *b* scie *f* à chantourner.
herclyd *ans* (*cloff*) boiteux(boiteuse); (*taith, ffordd*) cahoteux(cahoteuse); (*symudiad*) saccadé(e), cahotant(e).
hercyd *ba* (*mynd i nôl*) aller chercher; (*dod â rhth*) apporter; (*estyn*) passer.
heresi (**heresïau**) *b* hérésie *f*.
heretic (**-iaid**) *g* hérétique *m/f*.
hereticaidd *ans* hérétique;
♦ **yn** ~ *adf* de façon hérétique.
herfa *b* élan *m*.
herfeiddio *ba* (*herio*) défier, braver, mettre (qn) au défi; (*beiddio*) oser.
herfeiddiol *ans* (*beiddgar*) audacieux(audacieuse), téméraire, hardi(e); (*heriol*) provocant(e); (*rhn*) rebelle, intraitable, au défi;
♦ **yn** ~ *adf* d'un air *neu* d'un ton provocant *neu* de défi, audacieusement, avec audace.
hergwd *g* poussée *f*, bousculade *f*; **rhoi** ~ **i rn** pousser qn, bousculer qn; **rhoddodd** ~ **iddo i lawr y grisiau** il l'a poussé et l'a fait tomber dans l'escalier; **rhoesant** ~ **iddo allan o'r car** ils l'ont poussé hors da la voiture.
hergydio *ba* pousser, bousculer; ~ **rhn allan o'r ffordd** écarter qn en poussant, pousser qn à l'écart.

herian *ba, bg* taquiner; **dim ond ~ yr oeddwn i** je ne faisais que taquiner; **nid oedd ond ~** ce n'était qu'un canular.
herio *ba* défier, braver; **~ rhn i wneud rhth** défier qn de faire qch, mettre qn au défi de faire qch; **~ rhn i ornest** provoquer qn en duel; **~ awdurdod rhn i wneud** contester à qn le droit de faire.
heriog, **heriol** *ans* provocant(e), provocateur(provocatrice), au défi; (*gwaith, llyfr*) stimulant(e);
♦ **yn ~** *adf* de façon provocante.
heriwr (**herwyr**) *g* provocateur *m*, provocatrice *f*; (*CHWAR*) challenger *m*.
herllyd *ans gw.* **heriog**.
hernia *g* (*MEDD*) hernie *f*.
Herod *prg* Hérode.
herodraeth *b* héraldique *f*, blason *m*.
herodrol *ans* héraldique.
heroin *g* héroïne *f*.
herpes *g* (*MEDD*) herpès *m*.
hers (**-iau**) *b* corbillard *m*.
herts *g* hertz *m*.
herw *g* raid *m*, incursion *f*, pillage *m*, saccage *m*; **ar ~** (*crwydrol*) vagabond(e); (*alltud*) proscrit(e), mis(e) au ban de la société.
herwa *bg* piller, faire une incursion *neu* un raid; (*crwydro*) vagabonder.
herwfilwr (**herwfilwyr**) *g* guérillero *m*.
herwgipiad (**-au**) *g* détournement *m*.
herwgipio *ba* détourner (*par la force*).
herwgipiwr (**herwgipwyr**) *g* (*awyren*) pirate *m* de l'air; (*trên, bws*) terroriste *m/f*; (*plant ayb*) kidnappeur *m*, kidnappeuse *f*.
herwgydiad (**-au**) *g* enlèvement *m*, kidnapping *m*.
herwgydio *ba* kidnapper, enlever.
herwgydiwr (**herwgydwyr**) *g* ravisseur *m*, ravisseuse *f*, kidnappeur *m*, kidnappeuse *f*.
herwhela *bg* (*potsio*) braconner.
herwheliwr (**herwhelwyr**) *g* (*potsiwr*) braconnier *m*.
herwlong (**-au**) *b* navire *m* de pirates.
herwr (**herwyr**) *g* hors-la-loi *m/f inv*, vagabondier *m*, bandit *m*, maraudeur *m*, voleur *m*, rodeur *m*.
herwriaeth *b* bannissement *m*, vagabondage *m*, exil *m*.
herwydd *ardd* selon, suivant; **o'r ~** alors, pour cette raison, par là, partant; **yn ôl yr ~** proportionnellement, en proportion *gw. hefyd* **oherwydd**.
hesb *ans b gw.* **hysb**.
hesben (**-nau**) *b* (*ar ddrws*) moraillon *m*.
hesbin (**-od**) *b* (*ANIF*) brebis *f* d'un an.
hesbinwch (**hesbinychod**) *b* (*ANIF*) jeune truie *f*.
hesbio *bg* (*afon, ffynnon*) se dessécher, se tarir; (*buwch*) tarir.
hesbwrn (**hesbyrniaid**) *g* (*ANIF*) agneau(-x) *m* d'un an.
hesgen (**hesg**) *b* jonc *m*.
hesian *g* toile *f* de jute.
het (-**iau**) *b* chapeau(-x) *m*; **~ Banama** panama *m*; **~ galed, ~ fowler, ~ gron galed** chapeau melon; **~ silc, ~ beltoper** haut-de-forme(~s-~) *m*; **~ wellt** chapeau de paille; **gwisgo ~** mettre *neu* coiffer son chapeau, se coiffer (d'un chapeau); (*dyn*) se couvrir; **codi'ch ~, tynnu'ch ~** enlever son chapeau; (*dyn*) se découvrir; **cadw'ch ~** garder son chapeau; (*dyn*) rester couvert; **tynnu'ch ~ i rn** (*ffig*) tirer son chapeau à qn; **mae'r ~ 'na yn gweddu'n dda iddi** ce chapeau la coiffe bien; **cadw rhth dan eich ~*** garder qch pour soi; **cadw fe dan dy ~!*** motus!; **'rwyt ti'n siarad trwy dy ~!** tu dis n'importe quoi!, tu dis des bêtises!; **mae'n gwisgo dwy ~** (*ffig*) il a deux rôles; **siop ~iau** (*i fenywod*) boutique *f* de modiste; (*i ddynion*) chapellerie *f*; **bod fel ~** être bête *neu* idiot(e) *neu* sot(te); **paid â siarad fel ~** ne sois pas bête *neu* idiot, ne parle pas comme un idiot; **taw, yr hen ~ wirion!** tais-toi, espèce d'imbécile!
hetar (-**s**) *g* (*hefyd:* **~ smwddio**) fer *m* à repasser.
heterogenaidd, **heterogenus** *ans* hétérogène.
hetiwr (**hetwyr**) *g* chapelier *m*.
hetwraig (**hetwragedd**) *b* modiste *f*, marchande *f* de modes.
heth *b* (*gaeaf*) hiver *m* rigoureux; (*oerni*) froid *m* rigoureux.
Hethiad (**Hethiaid**) *g/b* Hittite *m/f*.
heu *ba gw.* **hau**.
heuad *g* semailles *fpl*, semis *m*, ensemencement *m*.
heuldes *g* chaleur *f* du soleil.
heuldro *g* solstice *m*.
heul-len (**~-~ni**) *b* (*parasol*) ombrelle *f*, parasol *m*; (*i'r llygaid*) visière *f*; (*mewn car*) pare-soleil *m inv*.
heulog *ans* (*llecyn*) ensoleillé(e), exposé(e) au soleil; **diwrnod ~** journée *f* de soleil; **mae'n ddiwrnod ~** il fait du soleil; **cyfnodau ~** (*METEO*) éclaircies *fpl*.
heulol *ans* solaire; **panel ~** panneau(-x) *m* solaire.
heulwen *b* lumière *f* du soleil; **wyth awr o ~** huit heures d'ensoleillement *m*.
heuwr (**heuwyr**) *g* semeur *m*.
heuwraig (**heuwragedd**) *b* semeuse *f*.
hewl (**-ydd**) *b gw.* **heol**.
heyren *ll gw.* **haearn**.
hi *rhag syml*
1 (*goddrych: merch*) elle; (*:peth, anifail ayb*) il, elle, ce; **mae ~'n fach** elle est petite; (*peth, anifail ayb*) il est petit, elle est petite, c'est petit; **mae ~ wedi diflannu** elle a disparu; (*peth, anifail ayb*) il *neu* elle a disparu; **ble mae'r gyllell? - mae ~ ar y**

bwrdd où est le couteau? - il est sur la table; **ble mae dy esgid? - mae ~ yn y cwpwrdd** où est ta chaussure? - elle est dans l'armoire; **mae ~'n gweithio** (*pwysleisiol*) elle, elle travaille; ~ **sy'n gywir** c'est elle qui a raison.
2 (*gwrthrych: merch*) la; (*:peth, anifail ayb*) le, la; **gwelaf** ~ je la vois; (*peth, anifail ayb*) je le *neu* la vois; **dacw** ~ (*merch*) la voilà; (*peth, anifail ayb*) le *neu* la voilà; **mae hi'n ei hysgwyd** ~ elle la secoue; (*peth, anifail ayb*) elle le *neu* la secoue; **'roedd yr het ar y gadair - rhoddais ~ ar y bwrdd** le chapeau était sur la chaise - je l'ai mis sur la table; **'roedd y fodrwy ar y gadair - rhoddais ~ ar y bwrdd** la bague était sur la chaise - je l'ai mise sur la table.
3 (*ar ôl arddodiad neu gysylltair*) elle; **hebddi** ~ sans elle; **'rwyf yn meddwl amdani** ~ je pense à elle; **rhoddais anrheg iddi** ~ je lui ai offert un cadeau; **dacw'r ford ond 'does dim byd arni ~/oddi tani** ~ voilà la table mais il n'y a rien dessus/en dessous; **a** ~ et elle.
4 (*ar ei ben ei hun*) elle; **pwy? - ~** qui? - elle.
5 (*i ategu 'ei'*): **ei chamera** ~ son appareil photo (à elle).
6 (*amhersonol*): **mae ~'n bwrw glaw** il pleut; **mae ~'n braf** il fait beau; **mae ~'n hwyr** il est tard; **mae ~'n ddau o'r gloch** il est deux heures; **mae ~'n bryd i mi fynd** il est temps de partir, il est temps que je m'en aille *subj*; **mae ~'n ddydd Llun heddiw** c'est lundi aujourd'hui; **mae ~'n anodd deall!** c'est difficile à comprendre!; **mae'n anodd dweud os/a ...** il est difficile de dire si ....
7 (*mewn ymadroddion*): **mae'r cyngor dani ~ eto** on critique le conseil une fois de plus; **'rwyt ti'n bell ohoni** ~ tu n'y es pas; **ynddi** ~ (*yn y ffasiwn*) dans le vent; **'roeddwn i yn ei chanol** ~ j'étais débordé(e) *neu* très occupé(e); **gweithio ei hochr** ~ travailler d'arrache-pied; **yfed ei hochr** ~ boire à longs traits.
▶ **ei ... hi** (*gyda berf*): **ei chael** ~ (*dioddef*) souffrir, en voir de rudes *neu* de dures*; **ei chael ~'n anodd gwneud rhth** le trouver difficile de faire qch; **fe'i cei di ~!** tu l'attraperas!; **'roedd yr athro'n ei dweud ~'n ofnadwy wrth y disgyblion** le professeur tançait vertement les élèves; **'roedd Einstein wedi'i gweld** ~ Einstein avait bien compris; **ei gwadnu** *ou* **heglu** *ou* **gwân** *ou* **goleuo** *ou* **bachu** ~ détaler, filer, ficher le camp; **'roedd y dringwr yn ei mentro ~'n fawr** l'alpiniste prenait un grand risque; **ei morio** ~ pérorer, chanter avec brio; **ei throi** ~ partir.
hic (**-iau**) *g* entaille *f*, encoche *f*, coche *f*.
hicio *ba* entailler, cocher, encocher, faire une entaille (dans).
hicyn (**hiciau**) *g gw.* **hic**.
hidio *ba* faire attention à, prendre garde à, tenir compte de; **peidio â ~ dim** ne faire cas de, ne tenir aucun compte de; **nid yw'n ~ dim am neb** il se soucie peu de tout le monde, il se moque de tout le monde, il se fiche* de tout le monde; **nid yw'n ~ am beth ddywed pobl** il/elle se moque de qu'en dira-t-on; **nid yw hi'n ~ 'run blewyn** *ou* **botwm corn amdano/amdani** elle s'en fiche* comme de l'an quarante *neu* de sa première chemise; **hidia befo!** ne t'inquiète pas!, ne t'en fais pas!; **hidiwch befo!** ne vous en faites pas!, ne vous inquiétez pas!, ça ne fait rien!, peu importe!, consolez-vous!
hidl (**-au**) *b* filtre *m*; (COG) passoire *f*; **wylo'n** ~ pleurer à chaudes larmes.
hidlad (**-au**) *g* filtration *f*.
hidlen (**-ni**) *b* filtre *m*; (COG) passoire *f*.
hidlif (**-oedd**) *g* filtrat *m*.
hidlo *ba* filtrer, passer, distiller;
♦*bg* s'infiltrer, dégoutter, couler goutte à goutte.
hidlwr (**hidlwyr**) *g* filtre *m*; (COG) passoire *f*.
hidlydd (**-ion**) *g* filtre *m*; (COG) passoire *f*.
hierarchaeth (**-au**) *b* hiérarchie *f*.
hierarchaidd *ans* hiérarchique;
♦ **yn** ~ *adf* hiérarchiquement.
hieroglyffaidd *ans* hiéroglyphique.
hieroglyffigau *ll* écriture *fpl* hiéroglyphiques, hiéroglyphes *mpl*.
hiffyn (**hiffoedd**) *g* (*pluen eira*) flocon *m* de neige; (*lluwch*) congère *f* de neige, amoncellement *m* de neige.
hil (**-ion**) *b*
1 (*cyff*) race *f*; **yr ~ ddynol** la race *neu* l'espèce *f* humaine, l'humanité *f*.
2 (*disgynyddion*) progéniture *f*; (*llinach*) lignée *f*; **mae'n lleidr o ~ gerdd** c'est un voleur né, c'est un voleur qui tient de sa famille.
hilgasaol *ans* raciste.
hiliaeth *b* racisme *m*.
hilio *ba* faire naître, donner naissance à, propager, engendrer;
♦*bg* se multiplier, proliférer, se propager, se reproduire.
hiliog *ans* fécond(e), prolifique, abondant(e);
♦ **yn** ~ *adf* de façon prolifique.
hiliogaeth *b* progéniture *f*, descendants *mpl*, race *f*, lignée *f*.
hiliol *ans* racial(e)(raciaux, raciales), ethnique; (*hilgasaol*) raciste; **lleiafrifoedd** ~ minorités raciales;
♦ **yn** ~ *adf* ethniquement; (*yn hilgasaol*) de façon raciste.
hiliwr (**hilwyr**) *g* raciste *m*.
hil-laddiad *g* génocide *m*.
hilwraig (**hilwragedd**) *b* raciste *f*.
hilydd (**-ion**) *g* raciste *m/f*.
Himalaia *prg*: **Mynyddoedd** ~ l'Himalaya *m*; **yn yr** ~ dans l'Himalaya.
hin *b* temps *m*
hindreulio *ba* (*pren*) éroder; **creigiau wedi ~**

rochers *mpl* exposés aux intempéries, rochers érodés par le temps.
Hindw *g/b* Hindou *m*, Hindoue *f*.
Hindŵaeth *b* hindouisme *m*.
Hindŵaidd *ans* hindou(e).
hindda *b* beau temps *m*; **boed law neu** ~ qu'il pleuve ou qu'il vente.
hinddanu *bg* s'éclaircir, se lever, faire beau temps.
hiniog (**-au**) *b gw.* **rhiniog**; **croesi'r** ~ franchir le seuil; **ar yr** ~ au seuil.
hinon *b* beau temps *m*.
hinoni *bg* s'éclaircir, se lever, faire beau temps.
hinsawdd (**hinsoddau**) *b* climat *m*.
hinsoddeg *b* climatologie *f*.
hinsoddi *ba* acclimater;
♦*bg* s'acclimater.
hinsoddol *ans* climatique;
♦ **yn** ~ *adf* climatiquement.
hipi (**-s**) *g/b* hippie *m/f*.
hipïaidd *ans* hippie.
hipopotamws (**hipopotamysau**) *g* hippopotame *m*.
hir *ans*
1 (*cyff*) long(ue); **tyfu'n hirach** *ou* **hwy** s'allonger; (*gwallt*) pousser, devenir plus longs.
2 (*hefyd:* **amser** ~) longtemps; **cymerodd hi amser** ~ **i gyrraedd** elle a mis longtemps pour *neu* à arriver; **aeth amser** ~ **heibio cyn i hyn ddigwydd** ceci n'est arrivé que longtemps après, il a fallu attendre longtemps pour que cela arrive *subj*; **mae'r moddion yn cymryd amser** ~ **i weithio** le médicament met du temps à agir; **dyna amser** ~ **fuost ti!** il t'en a fallu du temps!, tu y as mis le temps!; **ni fyddaf yn dy weld ti eto am amser** ~ je ne te reverrai pas de si tôt; **ni fydd yn gwneud hynny eto am amser** ~**!** il ne recommencera pas de si tôt!; **amser** ~ **(iawn) yn ôl** il y a (bien) longtemps; **ni fydda' i yma'n** ~ je ne serai pas ici pour longtemps; **ni wnaeth hi ddim byw yn** ~ **wedi hynny** elle n'a pas longtemps survécu à ça; **ni fydda' i'n byw yn** ~ je n'en ai plus pour longtemps à vivre; **pa mor** ~ **yw'r gwyliau?** les vacances durent combien de temps?; **oes raid aros yn hwy?** faut-il encore attendre?; **a fyddi di'n** ~**?** tu en as pour longtemps?; **a fyddwch chi'n** ~**?** vous en avez pour longtemps?; **peidiwch â bod yn** ~ dépêchez-vous, ne prenez pas trop de temps; **ni fydda' i ddim yn** ~ je n'en ai pas pour longtemps, je me dépêche; **pa mor** ~ **fyddwch chi?** ça va vous demander combien de temps?; **cyhyd ag sydd raid** aussi longtemps qu'il est/sera nécessaire *neu* qu'il le faut/faudra.
3 (*ymadroddion*): **gwneud wyneb** ~ faire une *neu* la grimace; **mae ganddo wyneb** ~ (*ffig*) il a la mine longue *neu* allongée, il a mauvaise mine; **edrych yn** ~ **ar rn** regarder longuement qn; **naid** ~ (CHWAR) saut *m* en longueur; **yn y tymor** ~, **yn y pen draw** à la longue; **cyn bo** ~ (+ *dyfodol*) avant peu, dans peu de temps, bientôt après; (+ *gorffennol*) peu de temps après;
♦*g*: **ymhen yr** ~ **a'r hwyr** enfin, à la fin.
hiraeth *g* (*am rn, am yr hen ddyddiau*) nostalgie *f*, regret *m*; (*am gartref*) mal *m* du pays.
hiraethlon *ans* nostalgique;
♦ **yn** ~ *adf* nostalgiquement.
hiraethu *bg*: ~ **am** regretter, languir après; ~ **am gartref** avoir la nostalgie de chez soi, avoir le mal du pays; ~ **am rth** désirer ardemment qch, regretter qch; **'rwy'n** ~ **am dy weld di** j'ai très envie de te voir, je te regrette beaucoup, tu me manques beaucoup.
hiraethus *ans* nostalgique;
♦ **yn** ~ *adf* nostalgiquement, avec nostalgie.
hirbarhad *g* persévérance *f*.
hirbarhau *bg* persévérer.
hirbell *ans* lointain(e), éloigné(e); **'roeddem yn gallu ei weld o** ~ on le voyait de loin.
hirben *ans* perspicace, astucieux(astucieuse), judicieux(judicieuse);
♦ **yn** ~ perspicacement, astucieusement, judicieusment.
hirfain (**hirfeinion**) *ans* élancé(e).
hirfaith (**hirfeithion**) *ans* très long(ue), prolongé(e), qui traîne en longueur.
hirfys (**-edd**) *g* médius *m*.
hirglust *ans* aux oreilles longues.
hirgrwn (**hirgron**) (**hirgrynon**) *ans* ovale.
hirgul (**-ion**) *ans* oblong(ue).
hirgylch (**-au**) *g* ellipse *f*.
hirheglog *ans* aux jambes longues.
hirheglyn (**-nod**) *g* tipule *f*.
hirhoedledd *g* longévité *f*.
hirhoedlog *ans* d'une grande longévité *f*; (*syniad*) durable; (*rhagfarn*) tenace, qui a la vie dure.
hirlwm *g* fin *f* de l'hiver.
hirllaes *ans* très long(ue); (*gwallt, gwisg*) flottant(e).
hirnod (**-au**) *g* accent *m* circonflexe.
hirnos (**-au**) *b* nuit *f* longue.
hirsefydlog *ans* de longue date.
hirsgwar *ans* oblong(ue).
hirwyntog *ans* (*rhn*) intarissable, prolixe; (*araith*) interminable;
♦ **yn** ~ *adf* interminablement, prolixement, intarissablement, à n'en plus finir.
hirymarhous *ans* très patient(e), d'une patience à toute épreuve.
hirymaros *ba* supporter, endurer, tolérer.
hisiad (**-au**) *g* sifflement *m*.
hisian *bg* siffler.
hislen (**hislod**) *b* (PRYF) mélophage *m*.
histamin (**-au**) *g* histamine *f*.
histoleg *b* histologie *f*.
histrionig *ans* théâtral(e)(théâtraux,

théâtrales); (*dif*) histrionique, de cabotin.

hitio[1] *ba gw.* **taro**; ~**'r botel** caresser la bouteille.

hitio[2] *ba gw.* **hidio**.

Hitleraidd *ans* hitlérien(ne).

Hitleriad (**Hitleriaid**) *g/b* hitlérien *m*, hitlérienne *f*.

Hitleriaeth *b* hitlérisme *m*.

hithau *rhag cysylltiol*
1 (*goddrych*): **mae ~'n mynd ar y trên** (*hefyd*) elle aussi, elle prend le train; (*ar y llaw arall*) elle, elle prend le train; **'dydy ~ ddim yn ei glywed** (*chwaith*) elle ne l'entend pas non plus; (*ar y llaw arall*) elle, elle ne l'entend pas.
2 (*gwrthrych*): **mi welais i ~ yn y sinema** (*hefyd*) je l'ai vue, elle aussi au cinéma; (*ar y llaw arall*) elle, je l'ai vue au cinéma.
3 (*ar ôl arddodiad*): **o'i blaen** ~ (*hefyd*) devant elle aussi; (*ar y llaw arall*) devant elle.
4 (*i ategu 'ei'*): **'roedd ei chôt ~ ar y gadair** (*hefyd*) son manteau à elle était aussi sur la chaise; (*ar y llaw arall*) son manteau à elle était sur la chaise.
▶ **a hithau** (*hefyd*) elle aussi; **ei brawd a ~** son frère et elle; **'rwyf fi'n gweithio a ~'n cysgu!** (*gwrthgyferbyniol*) moi, je travaille et elle, elle dort!; **digwyddodd y ddamwain a ~ ar ei gwyliau** (*tra, pan*) l'accident est arrivé pendant qu'elle était en vacances.
▶ **na hithau** (*chwaith*) ni elle non plus.

HIV *byrf* (= *human immunodeficiency virus*) (virus *m*) VIH *m* (*virus de l'immuno-déficience humaine*); ~**-positif** séropositif(séropositive); ~**-negyddol** séronégatif(séronégative).

hiwmor *g* humour *m*; **nid oes ganddi ~ o gwbl** elle n'a pas le sens de l'humour; ~ **y sefyllfa** le comique de la situation; **llawn** ~ plein(e) d'humour, drôle.

HMS *byrf* (= *Hyfforddiant Mewn Swydd*) formation *f* continue.

hobaid (**hobeidiau**) *b* picotin *m*.

hobi (**hobïau**) *g* passe-temps *m inv*, hobby *m*.

hoced (**-ion**) *b* tromperie *f*, duperie *f*, supercherie *f*, abus *m* de confiance, fraude *f*, tricherie *f*.

hocedu *ba* tromper, abuser, duper, frauder; (*mewn gêm*) tricher.

hocedwr (**hocedwyr**) *g* trompeur *m*, tricheur *m*, imposteur *m*, fourbe *m*, chevalier *m* d'industrie.

hocedwraig (**hocedwragedd**) *b* trompeuse *f*, tricheuse *f*.

hoci *g* le hockey *m*; ~ **iâ** hockey *m* sur glace; **gêm o** ~ match de hockey; **chwarae** ~ jouer au hockey; **chwaraewr** ~ hockeyeur *m*; **chwaraewraig** ~ hockeyeuse *f*; **ffon** ~ crosse *f* de hockey; **ffon** ~ **iâ** bâton *m* de hockey.

hocsed (**-au, -i**) *b* (*casgen fawr*) barrique *f*; ~ **o fachgen** un beau brin de garçon.

hocysen (**hocys**) *b* (*PLANH*) mauve *f*; ~ **y gors** guimauve *f*.

hoe *b* repos *m*; **cael** ~ se reposer; **cymerais ~ fach am hanner awr** je me suis reposé(e) pendant une demi-heure.

hoeden (**-nod**) *b* friponne *f*, espiègle *f*, coquette *f*.

hoedennaidd *ans* coquet(te), provocant(e).

hoedl (**-au**) *b* vie *f*; **ffoi am eich** ~ chercher son salut dans la fuite, s'enfuir pour sauver sa peau.

hoelbren (**-nau**) *g* cheville *f* en bois, goujon *m*.

hoelen (**hoelion**) *b*
1 (*cyff*) clou *m*; **taro ~ â morthwyl** taper sur un clou avec un marteau; **taro'r ~ ar ei phen** (*ffig*) mettre le doigt dessus, faire mouche; **dyna ~ yn ei arch** c'est le pousser davantage vers le précipice; **cyn farwed â** ~ tout ce qu'il y a de plus mort; **hongian eich het ar yr** ~ se faire accueillir *neu* accepter (*chez sa bonne amie*); **hoelion wyth** les grands prédicateurs célèbres.
2 (*PRYF*): ~ **ddaear** iule *m*, larve *f* de taupin.

hoelio *ba* clouer, fixer; ~ **sylw** (*craffu*) fixer l'attention (sur); (*tynnu sylw*) attirer les yeux *neu* les regards (de).

hoen *b* vivacité *f*, entrain *m*, allant *m*, vigueur *f*, énergie *f*, brio *m*, animation *f*.

hoenus *ans* vif(vive), plein(e) d'entrain, plein(e) d'allant, joyeux(joyeuse), gai(e), animé(e).

hoenusrwydd *g* vivacité *f*, entrain *m*, allant *m*.

hoetian, hoetio *bg*: ~ **ar ôl merched** courir les femmes.

hoewal *b gw.* **hoywal**.

hof (**-iau**) *b* houe *f*, binette *f*.

hofel (**hoflau**) *b* taudis *m*, masure *f*.

hofio *ba* biner, sarcler.

hofran *bg* voltiger, planer; (*o gwmpas*) rôder, tourner autour de, voltiger autour de; (*rhwng dau feddwl*) hésiter, vaciller entre; ~ **uwchben** planer au-dessus de.

hofrenfad (**-au**) *g* aéroglisseur *m*.

hofrennydd (**hofrenyddion**) *g* hélicoptère *m*; **gorsaf** ~ héligare *f*.

hoff *ans*
1 (*annwyl*) cher(chère); **fy mhlentyn** ~ mon cher enfant.
2 (*ffefryn*) favori(te), préféré(e); (*o fwyd*) friand(e); **fy ~ lyfr** mon livre favori *neu* préféré.
▶ **hoff o**: **bod yn ~ o** (*rn*) aimer, affectionner qn; (*rth*) aimer, être amateur de; **mae hi'n ~ o gerddoriaeth** elle aime la musique, elle est amateur de musique; **mae'n ~ o bethau melys** il est friand de sucreries, il aime les sucreries.

hoffi *ba*
1 (*bod yn dda gennych*) aimer (bien); (*rhn*

agos) aimer, affectionner; **'rwy'n ei ~** je l'aime bien; **nid wyf yn ei ~ hi** je ne l'aime pas beaucoup, elle me déplaît; **'rwy' wedi dod i'w ~** il m'est devenu sympathique, maintenant je l'aime bien; **nid wyf yn ~ ei olwg** son allure ne me dit rien; **'rwy'n ~'r ffrog yma** j'aime bien cette robe, cette robe me plaît; **p'un wyt ti'n ei hoffi orau?** lequel(laquelle) aimes-tu le mieux?, lequel(laquelle) préfères-tu?; **a wyt ti'n ~ 'r syniad?** est-ce que cette idée te dit quelque chose?; **mae'n ~ i bobl fod yn brydlon** il aime que les gens soient *subj* à l'heure, il aime les gens exacts; **ni fydd dy fam yn ei ~** cela ne plaira pas à ta mère, ta mère n'en sera pas contente; **~ ai peidio** que cela plaise *subj* ou non; **sut wyt ti'n ~ dy stêc?** comment aimes-tu ton bifteck?.
2 (*dymuno*) aimer bien, vouloir, souhaiter; **hoffwn i fynd i'r sinema** je voudrais bien *neu* j'aimerais bien aller au cinéma; **hoffwn i fod wedi bod yno** j'aurais bien aimé être là; **meddyliais i am ofyn ond nid oeddwn yn ~ gwneud hynny** j'ai bien pensé à demander mais je n'ai pas osé; **a hoffet ti rywbeth i'w yfed?** veux-tu quelque chose à boire?; **hoffwn iti siarad gydag ef** je voudrais que tu lui parles *subj*; **a hoffech imi fynd i'w 'mofyn?** voulez-vous que j'aille *subj* le chercher?; **a hoffech chi fynd i Rufain?** aimeriez-vous aller à Rome?, est-ce que cela vous plairait d'aller à Rome?, est-ce que cela vous dirait qch d'aller à Rome?; **pryd hoffech chi gael cinio?** à quelle heure voulez-vous le déjeuner?; **os hoffech, gallem fynd i'r theatr** si ça vous chantait, on pourrait aller au théâtre.

hoffter *g* (*o rn*) sympathie *f*, affection *f* (pour), goût *m*, penchant *m* (pour); **mae gen i ~ ohono** je le tiens en affection, j'ai de la sympathie pour lui, je l'affectionne; **mae gen i ~ o fwyd Ffrainc** j'aime bien la cuisine française, j'ai un penchant *neu* un goût pour la cuisine française.

hoffus *ans* aimable, sympathique;
♦ **yn ~** *adf* aimablement, sympathiquement.

hoffusrwydd *g* amabilité *f*.

hogalen (**-nau**) *b gw.* **hogfaen**.

hogan, **hogen** (**-nod, gennod**) *b* fille *f*, jeune *neu* petite fille; **~ fach** une petite fille, une fillette; **~ ddrwg!** petite vilaine! *f*; **bydd yn ~ dda!** sois sage! *gw. hefyd* **geneth**.

hogfaen (**hogfeini**) *g* pierre *f* à aiguiser.

hogi *ba* aiguiser, affûter, affiler.

hogsied *g gw.* **hocsed**.

hogwr (**hogwyr**) *g* (*cyllyll*) affiloir *m*, fusil *m*, aiguisoir *m* à couteaux; (*pensil*) taille-crayon(~-~s) *m*.

hogyn (**hogiau**) *g* garçon *m*; (*mab*) fils *m*, garçon *m*; **~ ifanc** jeune *m*, jeune homme *m*, gars* *m*; **~ bach** petit garçon *m*, garçonnet *m*; **mae wedi mynd allan efo'r hogia'** il est sorti avec les copains *neu* les gars*; **dewch ymlaen hogia'!** allez les gars!* *gw. hefyd* **bachgen**.

hongiad (**-au**) *g* suspension *f*.

hongian *ba*: **~ (rhth) (ar)** suspendre (qch) (à); (*llenni, darlun*) accrocher (qch) (à); (*llun: mewn oriel*) exposer; (*drws*) monter; (*dillad*) pendre (qch) (à); (*papur wal*) poser, tendre; (*COG: dofednod*) faire faisander;
♦*bg* pendre, être accroché(e) *neu* suspendu(e) à qch; **'roedd ei gwallt yn ~ i lawr ei chefn** ses cheveux tombaient sur ses épaules *neu* lui tombaient dans le dos; **darlun yn ~ ar y wal** un tableau accroché au mur; **~ allan o'r ffenest** (*rhn*) se pencher par la fenêtre; (*rhth*) pendre à la fenêtre; **gadael i rth ~** laisser pendre qch; **gadewais i'r rhaff ~ dros ochr y cwch** j'ai laissé pendre le cordage par-dessus bord.

hoi *ebych* hé!, ohé!

hôl *ba gw.* **nôl**.

Holand *prb* la Hollande *f*.

Holandaidd *ans* hollandais(e).

Holandiad (**Holandiaid**) *g/b* Hollandais *m*, Hollandaise *f*.

holgar *ans* curieux(curieuse);
♦ **yn ~** *adf* avec curiosité.

holi *ba*: **~ rhn am rth** interroger qn *neu* questionner qn *neu* poser des questions à qn au sujet de qch;
♦*bg* demander, se renseigner, s'informer; **~ am rn/rth** demander des nouvelles de qn/qch, s'informer *neu* s'enquérir de qn/qch; **~ ynglŷn â rhth** se renseigner *neu* se documenter sur qch, examiner qch; **mi af i ~** je vais demander; **holwch yn y swyddfa** demandez au bureau, renseignez-vous au bureau; **~ a stilio** fouiller, fureter, interroger continuellement.

holiad (**-au**) *g* interrogation *f*.

holiadol *ans* interrogatif(interrogative).

holiadur (**-on**) *g* questionnaire *m*.

holiedydd (**-ion**) *g gw.* **holwr**.

holmio *bg* se balader.

holnod (**-au**) *b* point *m* d'interrogation.

hologram (**-au**) *g* hologramme *m*.

holwr (**holwyr**) *g* interrogateur *m*, examinateur *m*.

holwraig (**holwragedd**) *b* interrogatrice *f*, examinatrice *f*.

holwyddoreg (**-au**) *b* catéchisme *m*.

holwyddori *ba* (*CREF*) catéchiser; (*dysgu*) instruire; (*arholi*) interroger, questionner.

holl *ans*: **yr ~ ...** tout le ..., toute la ..., tous les ..., toutes les ..., le ... entier, la ... entière; **yr ~ wlad** tout le pays, le pays tout entier; **yr ~ fyd** le monde entier; **ei ~ fywyd** toute sa vie; **yr ~ ddydd** toute la journée; **yr ~ amser** tout le temps; **mae'r ~ bobl yma'n aros** tout ce monde attend, tous ces gens attendent, toutes ces personnes attendent; **mae wedi**

gorffen ei ~ waith il a fini tout son travail; ~ **bwynt y peth oedd i geisio osgoi hynny** tout l'intérêt de la chose était d'éviter cela; **gyda'm ~ galon** de tout mon cœur; **mae'r ~ beth yn broblem** c'est tout un problème, c'est toute une affaire; **(Gŵyl) yr H~ Saint** le jour de la Toussaint; **Gŵyl yr H~ Eneidiau** le jour *neu* la fête des Morts.

hollalluog *ans* tout-puissant(~e-~e)(~-~s, ~es-~es), omnipotent(e); **Duw H~** Dieu tout-puissant; **yr H~** le Tout-Puissant *m*; ♦ **yn ~** *adf* de façon toute-puissante *neu* omnipotente.

hollalluowgrwydd *g* omnipotence *f*, toute-puissance *f*.

hollbresennol *ans* omniprésent(e); ♦ **yn ~** *adf* de façon omniprésente.

hollbresenoldeb *g* ubiquité *f*.

hollbwerus *ans* tout-puissant(~e-~e)(~-~s, ~es-~es).

hollbwysig *ans* très important(e), de la plus haute importance.

hollbwysigrwydd *g* la plus haute importance *f*.

holldduwiaeth *b* panthéisme *m*.

hollfyd *g* univers *m*.

hollfydol *ans* universel(le), mondial(e)(mondiaux, mondiales).

hollgyfoethog *ans* (*hollalluog*) tout-puissant(~e-~e), omnipotent(e).

holliach *ans* sain(e), bien portant(e), en bonne santé, solide, sain et sauf(saine et sauve).

hollol *ans* total(e)(totaux, totales); **colled ~** pure perte *f*; **methiant ~** un échec *m* total; **camgymeriad ~** une erreur *f* totale; **llwyddiant ~** une réussite *f* totale; ♦ **(yn) ~** *adf* totalement, complètement, entièrement, exactement; **peth ~ wahanol** une chose tout à fait *neu* entièrement *neu* totalement différente; **mae'r botel yn ~ wag** la bouteille est complètement vide; **'rwy'n cytuno'n ~** je suis entièrement *neu* tout à fait de votre avis; **nid wyf yn gwybod yn ~** je ne sais pas bien *neu* trop; **nid wyf yn deall yn ~ beth mae'n ei feddwl** je ne vois pas tout à fait *neu* pas trop ce qu'il veut dire; **nid dyna'n ~ beth 'roedd arnaf ei eisiau** ce n'était pas exactement ce que je voulais; **mae hynny'n ~ wahanol** c'est une tout autre affaire; **'roedd hi'n ~ gywir** elle avait bien raison *neu* tout à fait raison; **mae fy oriawr yn ~ gywir** ma montre a l'heure exacte; **~ newydd** tout (à fait) neuf(neuve); **mae'r llyfr yn ~ newydd** le livre est tout neuf; **mae'r car yn ~ newydd** la voiture est toute neuve; **'roedd hi'n ~ hapus** elle était tout heureuse *neu* toute contente; **mae'r merched yn ~ fodlon** les femmes sont toutes contentes; **mae arno gywilydd ~** il est tout honteux; **mae ar y merched gywilydd ~** les femmes sont toutes honteuses; **mae'n ~ wych!** c'est vraiment splendide!; **maen nhw'n ~ yr un fath** ils sont exactement *neu* précisément pareils; **nid ydynt yn gwybod yn ~** ils ne savent pas au juste; **dyna'n ~ beth feddyliais i** c'est exactement ce que j'ai pensé; **yn ~!** exactement!, justement!, précisément!

hollt (**-au**) *b* (*agoriad*) fente *f*; (*mewn pren neu graig*) fissure *f*, crevasse *f*, fente; (*ffig: anghytundeb*) désaccord *m*, division *f*.

hollti *ba*
1 (*llyth*) fendre, couper, faire une fente dans; **~'r atom** fissionner l'atome; **~ rhth yn agored** ouvrir qch en le coupant en deux *neu* en fendant *neu* d'un coup de hache; **holltodd asgwrn ei ben wrth gwympo** il s'est fendu le crâne en tombant; **holltodd y môr y llong yn ei hanner** la mer brisa le bateau en deux; **holltodd ef yn ddau** il l'a fendu en deux.
2 (*ffig: rhannu*) diviser, créer une scission *neu* un schisme dans; **~ blew** couper les cheveux en quatre, chercher la petite bête, chinoiser; **fe wnaeth y penderfyniad ~'r blaid** la décision a divisé le parti, la décision a provoqué une scission *neu* un schisme dans le parti; **'roedd y pleidleiswyr wedi eu ~ i lawr y canol** l'électorat était divisé *neu* coupé en deux; ♦*bg* se fendre, se casser, se déchirer; (*ffig*) se diviser, se désunir, se scinder; **mae fy mhen i'n ~** j'ai atrocement mal à la tête.

holltog *ans* crevassé(e), lézardé(e), fissuré(e).

holltwr (**holltwyr**) *g* fendeur *m*.

hollwybodaeth *b* omniscience *f*.

hollwybodus *ans* omniscient(e); **mae ef mor ~** (*dif*) c'est un monsieur je-sais-tout*; ♦ **yn ~** *adf* de façon omnisciente.

hollysol *ans* omnivore.

hollysydd (**-ion**) *g* omnivore *m*.

homeopath (**-iaid**) *g* homéopathe *m*.

homeopatheg, **homeopathi** *g* homéopathie *f*.

homeopathig *ans* homéopathique.

Homer *prg* Homère.

Homeraidd *ans* homérique.

homili (**homilïau**) *b* (*CREF*) homélie *f*; (*ffig*) sermon *m*, homélie.

homogenaidd *ans* homogène; ♦ **yn ~** *adf* de façon homogène.

homogenedd *g* homogénéité *f*.

homogenus *ans* homogène; ♦ **yn ~** *adf* de façon homogène.

hon (**hyn**) *ans dang*: **y(r) ... ~** (cofier: yn Ffrangeg mae'r rhain yn dod o flaen yr enw ac yn cytuno â'r enw hwnnw) ce *m*, cet *m*, cette *f*; (*pwysleisiol*) ce ...-ci, cet ...-ci, cette ...-ci; **y(r) ... hyn** ces *m/fpl*; (*pwysleisiol*) ces ...-ci; **y ffeil ~** ce classeur(-ci) *m*; **y storm ~** cet orage(-ci) *m*; **y wisg ~** cet habit(-ci) *m*; **yr wythnos ~** cette semaine(-ci) *f*; **y ffeiliau hyn** ces classeurs(-ci); **y stormydd hyn** ces orages(-ci); **y gwisgoedd hyn** ces habits(-ci);

yr wythnosau hyn ces semaines(-ci);
♦*rhag dang* (**y rhain**)
1 (*cyff*) ceci; (*gydag être*) ce, ceci; **beth yw ~?** qu'est-ce que c'est (que ceci)?; **pwy yw ~?** qui est-ce?; **pwy sydd biau ~?** à qui est *neu* appartient ceci?; **'dydy ~ ddim yn gweithio** ceci ne marche pas.
2 (*mwy penodol*) (cofier: yn Ffrangeg mae'r rhain yn cytuno â'r enw y cyfeirir ato) celui-ci *m*, celle-ci *f*, ceux-ci *mpl*, celles-ci *fpl*; **pa un sy'n well gen ti? - ~** lequel préfères-tu? - celui-ci, laquelle préfères-tu? - celle-ci; **mae'n well gen i ~ na honna** je préfère celui-ci *neu* celle-ci à celui-là *neu* celle-là; **faint yw ~?** combien coûte celui-ci *neu* celle-ci?; **~ yw'r ferch y soniais wrthyt amdani** voici la jeune fille dont *neu* de qui je t'ai parlé; **mae ~ yn dalach na thi** celle-ci est plus grande que toi; **mae'n well gennym ni'r rhain na'r rhai yna** nous préférons ceux-ci *neu* celles-ci à ceux-là *neu* celles-là; **y rhain yw'r merched y soniais wrthyt amdanynt** voici les jeunes filles dont *neu* de qui je t'ai parlé.
▶ **hon a hon**: **mae ~ a ~ yn dweud** il y a certaines qui disent; **Mrs ~ a ~** Madame Unetelle.

hôn (**honau**) *g* pierre *f* à aiguiser.

honc (**-iau**) *b* chancellement *m*, titubation *f*; (*cloffni*) boiterie *f*; **cerdded â ~** marcher en se dandinant *neu* en boitant *neu* titubant.

honcian, **honcio** *bg* (*yn feddw*) chanceler, tituber, vaciller; (*yn gloff*) boiter; (*fel hwyaden*) se dandiner.

Hondwraidd *ans* hondurien(ne).

Hondwras *prb* le Honduras *m*; **yn ~** au Honduras.

Hondwriad (**Hondwriaid**) *g/b* Hondurien *m*, Hondurienne *f*.

honedig *ans* réputé(e), allégué(e), prétendu(e), présumé(e), soi-disant *inv*

honiad (**-au**) *g* allégation *f*, affirmation *f*, assertion *f*.

honna (**y rheina**) *rhag dang*
1 (*cyff*) cela, ça, ce; **beth yw ~?** qu'est-ce que c'est que ça?; **pwy yw ~?** qui est-ce?; **pwy sydd biau ~?** à qui est *neu* appartient cela?; **'dydy ~ ddim yn gweithio** cela ne marche pas.
2 (*mwy penodol*) (cofier: yn Ffrangeg mae'r rhain yn cytuno â'r enw y cyfeirir ato) celui-là *m*, celle-là *f*, ceux-là *mpl*, celles-là *fpl*; **pa un sy'n well gen ti? - ~** lequel préfères-tu? - celui-là, laquelle préfères-tu? - celle-là; **mae'n well gen i hon na ~** je préfère celui-ci *neu* celle-ci à celui-là *neu* celle-là; **faint yw ~?** combien coûte celui-là *neu* celle-là?; **~ yw'r ferch y soniais wrthyt amdani** voilà la jeune fille dont *neu* de qui je t'ai parlé; **mae'n well gennym ni'r rhain na'r rheina** nous préférons ceux-ci *neu* celles-ci à ceux-là *neu* celles-là; **y rheina yw'r merched y soniais wrthyt amdanynt** voilà les jeunes filles dont *neu* de qui je t'ai parlé.

honni *ba* affirmer, soutenir, alléguer, déclarer, prétendre; **~ bod yn sâl** prétexter *neu* alléguer une maladie; **honnir ei fod wedi dweud ...** il aurait dit que ..., on prétend qu'il a dit que ...; **mae'n ~ ei fod yn 18 mlwydd oed** il se donne 18 ans, il prétend avoir 18 ans; **mae hi'n ~ ei bod hi'n gwybod popeth amdano** elle déclare *neu* prétend tout savoir sur ce sujet; **nid wyf yn ~ fy mod i'n arbenigwr ar y mater** je ne prétends pas être expert en la matière.

honno (**hynny**) *ans dang*: **y(r) ... ~** (cofier: yn Ffrangeg mae'r rhain yn dod o flaen yr enw ac yn cytuno â'r enw hwnnw) ce *m*, cet *m*, cette *f*; (*pwysleisiol*) ce ...-là, cet ...-là, cette ...-là; **y(r) ... hynny** ces *m/fpl*; (*pwysleisiol*) ces ...-là; **y ffeil ~** ce classeur(-là) *m*; **y storm ~** cet orage(-là) *m*; **y wisg ~** cet habit(-là) *m*; **yr wythnos ~** cette semaine(-là) *f*; **y ffeiliau hynny** ces classeurs(-là); **y stormydd hynny** ces orages(-là); **y gwisgoedd hynny** ces habits(-là); **yr wythnosau hynny** ces semaines(-là);
♦*rhag dang* (**y rheini, y rheiny, y rhai hynny**) (cofier: yn Ffrangeg mae'r rhain yn cytuno â'r enw y cyfeirir ato) celui-là *m*, celle-là *f*, ceux-là *mpl*, celles-là *fpl*; **y rhai hynny sydd wedi cyrraedd** ceux qui sont arrivés, celles qui sont arrivées; **mae'n well gen i ~** je préfère celui-là *neu* celle-là; **pa un? - ~ a welsom ddoe** lequel? - celui que nous avons vu hier, laquelle? - celle que nous avons vue hier; **mae'r rheini'n well** ceux-là sont meilleurs, celles-là sont meilleures.

honorariwm (**honoraria**) *g* honoraires *mpl*.

honos (**-iaid**) *g* (*PYSG*) lingue *f*, julienne *f*, lotte *f*, morue *f* longue.

hop (**-iau**) *g* bond *m*.

hopian *bg* sauter à cloche-pied.

hopran (**-au**) *b* entonnoir *m*; (*ffig*) bouche *f*; **ti a dy hen ~ fawr!*** tu ne pouvais pas la fermer!*; **cau dy ~!** ferme ta gueule!*.

hop(y)sen (**hop(y)s**) *b* houblon *m*; **mor feddw â'r ~** soûl(e) comme un cochon.

Horas *prg* Horace.

hormon (**-au**) *g* hormone *f*.

horob (**-au**) *b* flèche *f* de lard.

hors (**-au**) *b* (*~ ddillad*) séchoir *m* à linge.

hosan (**-au, sanau**) *b* chaussette *f*; (*fer*) socquette *f*; (*hir*) bas *m*; **sanau neilon** bas nylon; **bod yn nhraed eich sanau** être sans chaussures; **~ Nadolig** ≈ sabot *m* de Noël; **mae ganddo ~ fach** (*ffig*) il a un petit magot.

hosanna *g, ebych* hosanna *m*; **~ i'r goruchaf** hosanna au plus haut des cieux.

hosanwr (**hosanwyr**) *g* bonnetier *m*.

hosanwraig (**hosanwragedd**) *b* bonnetière *f*.

hosbis (**-au**) *b* hôpital *m* pour les grands

malades.

hosio *ba* (*halio*) hisser, monter.

hostel (-**i**) *g* (*myfyrwyr, gweithwyr*) foyer *m*; ~ **ieuenctid** auberge *f* de jeunesse.

hotel (-**au**) *g gw.* **gwesty**.

howld (-**iau**) *b* (*llong*) cale *f*.

hoyw *ans* vif(vive), plein(e) d'entrain, plein d'allant, alerte, gai(e), joyeux(joyeuse); (*gwrywgydiol*) homosexuel(le), gai(e); ♦ **yn** ~ *adf* vivement, alertement, gaiement.

hoywal *b* (*hofel*) taudis *m*, masure *f*; (*cwt anifeiliaid*) hangar *m*.

hoywder, **hoywdeb** *g* vivacité *f*, entrain *m*, allant *m*, pétulance *f*, vie *f*, animation *f*, vigueur *f*, gaieté *f*, gaîté *f*; (*gwrywgydiaeth*) homosexualité *f*.

hoywi *ba* égayer, animer.

hual (-**au**) *g* fer *m*, chaîne *f*; (*ffig*) entrave *f*.

hualog *ans* enchaîné(e), aux fers.

hualu *ba* enchaîner, lier, mettre (qn/qch) aux fers; (*ffig*) entraver.

huawdl *ans* éloquent(e), qui a le don de la parole; **bod yn** ~ avoir la langue bien pendue, être doué(e) d'une belle faconde; ♦ **yn** ~ *adf* éloquemment, avec éloquence.

huawdledd *g gw.* **huodledd**.

hucan (-**nau**) *b* (ADAR) goéland *m*, mouette *f*.

huchen (-**nau**) *b* pellicule *f*.

hud (-**ion**) *g* magie *f*, enchantement *m*; (*atyniad*) charme *m*, enchantement; **gwlad** ~ **a lledrith** le pays *m* des merveilles; ♦*ans* magique, enchanté(e); (*ffig*) surnaturel(le), merveilleux(merveilleuse), prodigieux(prodigieuse); **llusern** ~ lanterne *f* magique; **swyn** ~ sort *m*, sortilège *m*; **ffon** ~ baguette *f* (magique); **dweud y gair** ~ prononcer la formule magique.

hudlath (-**au**) *b* baguette *f* magique.

hudlusern (-**nau**) *b* lanterne *f* magique.

hudo *ba* charmer, enchanter, ensorceler; (*denu*) attirer, séduire.

hudol *ans* enchanteur(enchanteresse), charmant(e), ensorcelant(e), envoûtant(e).

hudoles (-**au**) *b* enchanteresse *f*, sorcière *f*, magicienne *f*, envoûteuse *f*.

hudoliaeth (-**au**) *b* magie *f*, enchantement *m*, ensorcellement *m*, ravissement *m*.

hudolus *ans* attrayant(e), séduisant(e), charmant(e), enchanteur(enchanteresse), envoûtant(e); ♦ **yn** ~ *adf* avec charme, de façon séduisante *neu* charmante etc.

hudolwr (**hudolwyr**) *g* (*cyfareddwr*) enchanteur *m*, envoûteur *m*; (*dewin*) magicien *m*, sorcier *m*.

hudrithiol *ans* hallucinogène; **cyffur** ~ hallucinogène *m*.

hudwr (**hudwyr**) *g* séducteur *m*.

hudwraig (**hudwragedd**) *b* séductrice *f*.

huddygl *g* suie *f*.

huddyglyd *ans* couvert(e) de suie, noir(e) de suie.

hufen (-**nau**) *g* crème *f*; ~ **chwip**, ~ **chwisg** crème fouettée; ~ **dwbl** crème fraîche épaisse; ~ **fanila** crème à la vanille; ~ **haul** crème solaire; ~ **salad** sauce *f* mayonnaise; ~ **sengl** crème (fraîche) liquide; ~ **tolch** crème en grumeaux; **codi'r** ~ **oddi ar y llaeth** écrémer le lait; ~ **cymdeithas** (*ffig*) la crème *neu* la fine fleur *f* de la société; **caws** ~ fromage *m* à la crème, fromage blanc *neu* frais; **jwg** ~ pot *m* à crème; **cawl** ~ **tomato** velouté *m* de tomates, crème de tomates; ~ **iâ** glace *f*, crème glacée; ~ **iâ mefus/siocled/fanila** glace à la fraise/au chocolat/à la vanille; **peiriant** ~ **iâ** sorbetière *f*; (**lliw**) ~ crème *inv*; **wedi ei wneud â** ~ à la crème.

hufenfa (**hufenfeydd**) *b* laiterie *f*, coopérative *f* laitière; (*siop fach*) crémerie *f*.

hufennog *ans* crémeux(crémeuse); ♦ **yn** ~ *adf* de façon crémeuse.

hufennu *ba* (*llaeth*) écrémer; (*ffig*) prélever, écrémer; ~**'r siwgr a'r menyn** travailler le beurre en crème avec le sucre.

hugain *rhifol, ans gw.* **ugain**.

hugan (-**au**) *b* grande cape *f*; (*bugail*) houppelande *f*; (*ffig*) manteau(-x) *m*, voile *m*; **H~ Fach Goch** le Petit Chaperon *m* rouge.

hulbo, **hulbost** *g* imbécile *m*.

hulio *ba*: ~ **bwrdd** mettre la table, mettre le couvert; ~ **gwely** préparer le lit, faire le lit.

hulpen (**hulpod**) *b* imbécile *f*.

hun[1], **hunan** (-**au**) *b* (*cwsg*) sommeil *m*; (*ffig*) mort *f*; **cerdded trwy'ch** ~ être somnambule; **siarad trwy'ch** ~ parler en dormant *neu* dans son sommeil.

hun[2] (**hunain**) *rhag*

1 (*atblygol*): **(fi) fy** ~ me; **(ti) dy** ~ te; **(ef) ei** ~**, (hi) ei** ~ se; **(ni) ein hunain** nous; **(chi) eich** ~ vous; (*amhersonol*) se; **(chi) eich hunain** vous; **(hwy** *ou* **nhw) eu hunain** se; **'rwy'n fy nghasáu fy** ~ je me déteste; **dywedodd wrtho'i** ~ **...** il s'est dit que; **eich helpu eich** ~ (*i fwyd*) se servir; **helpa dy** ~ sers-toi; **helpwch eich hunain** servez-vous.

2 (*pwysleisiol*): **(fi) fy** ~ moi-même; **(ti) dy** ~ toi-même; **(ef) ei** ~ lui-même; **(hi) ei** ~ elle-même; **(ni) ein hunain** nous-mêmes; **(chi) eich** ~ (*unigol*) vous-même; (*amhersonol*) soi-même; (*lluosog*) vous-mêmes; **(chi) eich hunain** vous-mêmes; **(hwy** *ou* **nhw) eu hunain** (*gwrywaidd*) eux-mêmes; (*benywaidd*) elles-mêmes; **ef ei** ~ **a ddywedodd hynny** c'est lui-même qui l'a dit, il l'a dit lui-même; **'rwyt ti dy** ~ **wedi dweud wrthyf fi** tu me l'as dit toi-même; **siaredais gydag ef fy** ~ je lui ai parlé moi-même; **gwelais y frenhines ei** ~ j'ai vu la reine elle-même *neu* en personne.

3 (*ar ôl arddodiad*): **(fi) fy** ~ moi; **(ti) dy** ~ toi; **(ef) ei** ~ lui; **(hi) ei** ~ elle; **(ni) ein hunain** nous; **(chi) eich** ~ vous; (*amhersonol*)

soi; **(chi) eich hunain** vous; **(hwy** *ou* **nhw) eu hunain** (*gwrywaidd*) eux; (*benywaidd*) elles; **gofynnodd imi am lun ohonof fi fy** ~ il m'a demandé une photo de moi.
4 (*i bwysleisio perchnogaeth, perthynas*): **ei gar ei** ~, **ei char ei** ~ sa propre voiture; **ei frawd ei** ~, **ei brawd ei** ~ son propre frère; **ei blant ei** ~, **ei phlant ei** ~ ses propres enfants; **â'm llygaid fy** ~ de mes propres yeux.
5 (*mewn ymadroddion*): **bod ar eich pen eich** ~ être tout(e) seul(e); **dod atoch eich** ~ revenir à soi, reprendre connaissance; (*gwella*) se rétablir; **'rwyf am weld drosof fy** ~ je veux voir moi-même; **nid yw fel ef ei** ~ **heno** il n'est pas dans son état normal *neu* dans son assiette ce soir.

hunan *g*: **yr** ~ (*ATHRON*) le moi *m inv*;
♦*rhag* (**hunain**) *gw.* **hun**².

hunanaberth (**hunanebyrth**) *g* abnégation *f*, dévouement *m*.

hunanaberthol *ans* qui se sacrifie, qui se dévoue.

hunanaberthu *bg* se sacrifier, se dévouer.

hunanadnabyddiaeth *b* connaissance *f* de soi.

hunanaddoliad *g* adulation *f* de soi-même.

hunanamddiffyniad *g* autodéfense *f*.

hunanamheuaeth *b* doute *m* de soi-même.

hunanarlwyol *ans*: **fflat** ~ appartement *m* indépendant (*avec cuisine*); **gwyliau** ~ vacances *fpl* en location.

hunan-barch *g* respect *m* de soi, dignité *f* personnelle.

hunanbwysig *ans* vaniteux(vaniteuse), suffisant(e), m'as-tu-vu* *inv*;
♦ **yn** ~ *adf* vaniteusement.

hunanbwysigrwydd *g* vanité *f*, suffisance *f*.

hunandosturi *g* apitoiement *m* sur soi-même *neu* sur son sort.

hunandosturiol, **hunandosturus** *ans* apitoyé(e) sur soi-même;
♦ **yn** ~ *adf* en s'apitoyant sur soi-même.

hunan-dwyll *g* aveuglement *m*.

hunan-dyb *g,b* vanité *f*, suffisance *f*.

hunandybiol, **hunandybus** *ans* vaniteux(vaniteuse), suffisant(e);
♦ **yn** ~ *adf* vaniteusement, avec suffisance.

hunanddibynnol *ans* indépendant(e), autosuffisant(e);
♦ **yn** ~ *adf* indépendamment.

hunanddigonedd *g* contentement *m* de soi, autosuffisance *f*.

hunanddigonol *ans* content(e) de soi, suffisant(e);
♦ **yn** ~ *adf* avec suffisance.

hunanddigonoldeb, **hunanddigonolrwydd** *g* contentement *m* de soi, suffisance *f*.

hunanddisgyblaeth *b* autodiscipline *f*.

hunanddyrchafydd (**hunanddyrchafwyr**) *g* (*dif*) carriériste *m/f*.

hunanddysgedig *ans* autodidacte.

hunanfeddiannol *ans* assuré(e), maître de soi;
♦ **yn** ~ *adf* avec aplomb, avec sang-froid.

hunanfeddiant *g* assurance *f*, sang-froid *m*, aplomb *m*.

hunanfeirniadaeth (**-au**) *b* autocritique *f*.

hunanfeirniadol *ans* qui se critique; (*GWLEID, CREF*) qui fait son autocritique.

hunanfeistrolaeth *b* maîtrise *f* de soi.

hunanfodlhaus *ans* (*rhn*) content(e) de soi, suffisant(e); (*gwên*) suffisant, de satisfaction;
♦ **yn** ~ *adf* avec suffisance.

hunanganolog *ans* égocentrique.

hunanganologrwydd *g* égocentrisme *m*.

hunangar *ans* égoïste;
♦ **yn** ~ *adf* de façon égoïste, égoïstement.

hunangariad, **hunangarwch** *g* égoïsme *m*, narcissisme *m*, amour *m* de soi-même.

hunangofiannol *ans* autobiographique.

hunangofiant (**hunangofiannau**) *g* autobiographie *f*.

hunangyfiawn *ans* pharisaïque, satisfait(e) de soi;
♦ **yn** ~ *adf* de façon pharisaïque.

hunangyfiawnder *g* pharisaïsme *m*.

hunangyflogedig *ans* indépendant(e), qui travaille à son propre compte.

hunangynhaliol *ans* qui subvient à ses propres besoins.

hunanhyder *g* confiance *f* en soi, aplomb *m*, assurance *f*.

hunanhyderus *ans* sûr(e) de soi, plein(e) d'assurance, confiant(e);
♦ **yn** ~ *adf* de façon assurée *neu* confiante, assurément, avec aplomb, avec assurance.

hunaniaeth (**-au**) *b* (*pwy ydych*) identité *f*, individualité *f*; (*myfiaeth*) égotisme *m*.

hunanladdiad (**-au**) *g* suicide *m*.

hunanleiddiad (**hunanleiddiaid**) *g* suicidé *m*, suicidée *f*.

hunan-les *g* intérêt *m* personnel.

hunanlywodraeth *b* maîtrise *f* de soi, sang-froid *m*, aplomb *m*; (*GWLEID*) autonomie *f*.

hunanlywodraethol *ans* (*GWLEID*) autonome.

hunanol *ans* égoïste; (*cymhelliad*) intéressé(e);
♦ **yn** ~ *adf* de façon égoïste, en égoïste, de façon intéressée.

hunanoldeb *g* égoïsme *m*.

hunanreolaeth *b* maîtrise *f* de soi, sang-froid *m*, aplomb *m*; (*GWLEID*) autonomie *f*.

hunanwasanaeth *g* libre-service(~s-~s) *m*.

hunanymroddgar *ans* qui se sacrifie, qui a l'esprit de sacrifice;
♦ **yn** ~ *adf* avec abnégation.

hunanymwadiad (**-au**) *g* abnégation *f*, sacrifice *m* de soi.

hunanymwybodol *ans* timide, intimidé(e), mal à l'aise; **bod yn** ~ **ynglŷn â rhth** être gêné(e) *neu* intimidé(e) par qch;
♦ **yn** ~ *adf* gauchement, timidement.

hunanymwybyddiaeth *b*

(*hunanadnabyddiaeth*) conscience *f* de soi; (*swildod*) gêne *f*, timidité *f*, gaucherie *f*.
hunanysgogaeth *b* automation *f*.
hunell (**-au**) *b* (*cyntun, cwsg bach*) petit somme *m*; (*yn y prynhawn*) sieste *f*.
hunglwyf (**-au**) *g* coma *m*; (*clefyd*) maladie *f* du sommeil.
hunllef (**-au**) *b* cauchemar *m*; **fel** ~ de cauchemar, cauchemardesque.
hunllefus *ans* cauchemardesque, de cauchemar;
♦ **yn** ~ *adf* de façon cauchemardesque.
huno *bg* (*cysgu*) dormir; (*ffig: marw*) mourir, décéder.
huodledd *g* éloquence *f*, faconde *f*.
hur (**-iau**) *g* location *f*; (*tâl, cyflog*) salaire *m*, paye *f*, paie *f*.
hurbryniant *g* achat *m* à crédit.
hurbrynu *ba* acheter (qch) à crédit.
hurbwrcas *g* achat *m* à crédit.
hurbwrcasu *ba* acheter (qch) à credit.
hurfilwr (**hurfilwyr**) *g* mercenaire *m*.
hurio *ba* (*car ayb*) louer; (*rhn*) engager, embaucher; **car wedi ei** ~ voiture *f* louée *neu* de location.
huriwr (**huriwyr**) *g* qn qui loue.
hurt *ans*
1 (*ffôl*) fou[fol](folle)(fous, folles), imbécile, stupide, idiot(e), bête; **paid â bod yn** ~ ne sois pas bête *neu* stupide *neu* idiot(e), ne fais pas l'idiot; **dweud pethau** ~ dire des bêtises *neu* idioties *neu* imbécillités.
2 (*syfrdan*) stupéfait(e), stupéfié(e), abasourdi(e);
♦ **yn** ~ (*yn ffôl*) stupidement, bêtement, imbécilement; (*yn syfrdan*) de façon stupéfaite, avec stupéfaction.
hurten (**-nod**) *b* idiote *f*, imbécile *f*, crétine *f*.
hurtio *ba* étourdir, stupéfier, abasourdir;
♦*bg* (*drysu, mynd yn hurt*) devenir fou(folle).
hurtiol *ans* étourdissant(e), stupéfiant(e);
♦ **yn** ~ *adf* de façon étourdissante, de façon stupéfiante.
hurtni, **hurtrwydd** *g* (*gwiriondeb*) stupidité *f*, sottise *f*, bêtise *f*, imbécillité *f*; (*syfrdandod*) stupéfaction *f*, abasourdissement *m*.
hurtyn (**-nod**) *g* idiot *m*, imbécile *m*, crétin *m*.
hust *ebych* chut!
Huwcyn *prg*: ~ **cwsg** sommeil *m*, marchand *m* de sable.
hwb (**hybiau**) *g,b* poussée *f*; **rhoi** ~ **i rn/rth** (*llyth*) pousser qn/qch; (*ffig: help llaw*) donner un coup de main à qn/qch; **rho** ~ **(d)da iddo!** pousse-le un bon coup!
hwbwb *g* brouhaha *m*, vacarme *m*, boucan* *m*.
hwch (**hychod**) *b* truie *f*; **yr hen** ~**!** (*annymunol neu fudr*) souillon! *f*; **mae'n gwrando fel** ~ **yn yr haidd** tendre *neu* dresser l'oreille, écouter attentivement; **fe aeth yr** ~ **trwy'r siop** il/elle a fait faillite, l'entreprise a fermé ses portes.
hwde *be* tiens; **gwell un** ~ **na dau addo** un tiens vaut mieux que deux tu l'auras.
hwdiwch *be* tenez.
hwi[1] *g* berceuse *f*; ~ **fy mabi** dors mon bébé.
hwian *ba* bercer.
hwiangerdd (**-i**) *b* berceuse *f*.
hwlc (**hylcau**) *g* épave *f*.
hwligan (**-iaid**) *g* vandale *m*, voyou *m*, loubard* *m*; ~ **pêl-droed** hooligan *m*
hwliganiaeth *b* vandalisme *m*.
hwmerws (**hwmeri**) *g* humérus *m*.
hwmws *g* humus *m*.
hwn (**hyn**) *ans dang*: **y(r) ...** ~ (cofier: yn Ffrangeg mae'r rhain yn dod o flaen yr enw ac yn cytuno â'r enw hwnnw) ce *m*, cet *m*, cette *f*; (*pwysleisiol*) ce ...-ci, cet ...-ci, cette ...-ci; **y(r) ... hyn** ces *m/fpl*; (*pwysleisiol*) ces ...-ci; **y llyfr** ~ ce livre(-ci) *m*; **yr asgwrn** ~ cet os(-ci) *m*; **y dyn** ~ cet homme(-ci) *m*; **y tŷ** ~ cette maison(-ci) *f*; **y llyfrau hyn** ces livres(-ci); **yr esgyrn hyn** ces os(-ci); **y dynion hyn** ces hommes(-ci); **y tai hyn** ces maisons(-ci);
♦*rhag dang* (**y rhain**)
1 (*cyff*) ceci; (*gydag être*) ce, ceci; **beth yw** ~**?** qu'est-ce que c'est (que ceci)?; **pwy yw** ~**?** qui est-ce?; **pwy sydd biau** ~**?** à qui est *neu* appartient ceci?; **'dydy** ~ **ddim yn gweithio** ceci ne marche pas.
2 (*mwy penodol*) (cofier: yn Ffrangeg mae'r rhain yn cytuno â'r enw y cyfeirir ato) celui-ci *m*, celle-ci *f*, ceux-ci *mpl*, celles-ci *fpl*; **pa un sy'n well gen ti?** - ~ lequel préfères-tu? - celui-ci, laquelle préfères-tu? - celle-ci; **mae'n well gen i** ~ **na hwnna** je préfère celui-ci *neu* celle-ci à celui-là *neu* celle-là; **faint yw** ~**?** combien coûte celui-ci *neu* celle-ci?; ~ **yw'r bachgen y soniais wrthyt amdano** voici le garçon dont *neu* de qui *neu* duquel je t'ai parlé; **mae** ~ **yn dalach na thi** celui-ci est plus grand que toi; **mae'n well gennym ni'r rhain na'r rhai yna** nous préférons ceux-ci *neu* celles-ci à ceux-là *neu* celles-là; **y rhain yw'r bechgyn y soniais wrthyt amdanynt** voici les garçons dont *neu* de qui *neu* desquels je t'ai parlé.
▶ **hwn a hwn**: **mae** ~ **a** ~ **yn dweud** quelqu'un dit; **Mr** ~ **a** ~ Monsieur Untel.
Hwngaraidd *ans* hongrois(e).
Hwngareg *b,g* le hongrois *m*;
♦*ans* hongrois(e).
Hwngari *prb* la Hongrie *f*; **yn** ~ en Hongrie.
Hwngariad *g/b* Hongrois *m*, Hongroise *f*.
hwnna (**y rheina**) *rhag dang*
1 (*cyff*) cela, ça; (*gydag être*) cela, ça, ce; **beth yw** ~**?** qu'est-ce que c'est que cela *neu* ça?; **pwy yw** ~**?** qui est-ce?; **pwy sydd biau** ~**?** à qui est *neu* appartient cela?; **'dydy** ~ **ddim yn gweithio** cela ne marche pas.
2 (*mwy penodol*) (cofier: yn Ffrangeg mae'r rhain yn cytuno â'r enw y cyfeirir ato)

celui-là *m*, celle-là *f*, ceux-là *mpl*, celles-là *fpl*; **pa un sy'n well gen ti? - ~** lequel préfères-tu? - celui-là, laquelle préfères-tu? - celle-là; **mae'n well gen i hwn na ~** je préfère celui-ci *neu* celle-ci à celui-là *neu* celle-là; **faint yw ~?** combien coûte celui-là *neu* celle-là?; **~ yw'r bachgen y soniais wrthyt amdano** voilà le garçon dont *neu* de qui *neu* duquel je t'ai parlé; **mae'n well gennym ni'r rhain na'r rheina** nous préférons ceux-ci *neu* celles-ci à ceux-là *neu* celles-là; **y rheina yw'r bechgyn y soniais wrthyt amdanynt** voici les garçons dont *neu* de qui *neu* desquels je t'ai parlé.

hwnnw (**hynny**) *ans dang*: **y(r) ... ~** (cofier: yn Ffrangeg mae'r rhain yn dod o flaen yr enw ac yn cytuno â'r enw hwnnw) ce *m*, cet *m*, cette *f*; (*pwysleisiol*) ce ...-là, cet ...-là, cette ...-là; **y(r) ... hynny** ces *m/fpl*; (*pwysleisiol*) ces ...-là; **y llyfr ~** ce livre(-là) *m*; **yr asgwrn ~** cet os(-là) *m*; **y dyn ~** cet homme(-là) *m*; **y tŷ ~** cette maison(-là) *f*; **y llyfrau hynny** ces livres(-là); **yr esgyrn hynny** ces os(-là); **y dynion hynny** ces hommes(-là); **y tai hynny** ces maisons(-là); **y rhai hynny** ceux-là *mpl*, celles-là *fpl*;
♦*rhag dang* (**y rheini, y rheiny**) (cofier: yn Ffrangeg mae'r rhain yn cytuno â'r enw y cyfeirir ato) celui-là *m*, celle-là *f*, ceux-là *mpl*, celles-là *fpl*; **y rhai hynny sydd wedi cyrraedd** ceux qui sont arrivés, celles qui sont arrivées; **mae'n well gen i ~** je préfère celui-là *neu* celle-là; **pa un? - ~ a welsom ddoe** lequel? - celui que nous avons vu hier, laquelle? - celle que nous avons vue hier; **mae'r rheini'n well** ceux-là sont meilleurs, celles-là sont meilleures.

hwnt *adf* là-bas; **~ ac yma** çà et là, par-ci par-là *gw.* *hefyd* **tu**.

Hwntw (**-s**) *g* Gallois *m* du Sud.

hwp *g gw.* **hwb**.

hŵp (**hwpau**) *g,b* (*tegan; mewn pais*) cerceau(-x) *m*.

hwp(i)o *ba* (*gwthio*) pousser; (*pwyso ar, gwasgu*) appuyer sur, presser sur; (*gwthio i mewn neu rhwng*) enfoncer dans *neu* entre; **hwpodd e' fi lawr y staer** il m'a poussé(e) et m'a fait tomber dans l'escalier; **~ rhth mas o'r ffordd** écarter qch en poussant, pousser qch à l'écart; **hwpodd e' ei fys yn ei llygaid hi** il lui a mis le doigt dans l'œil; **hwpais i 'mhen drwy'r ffenest** j'ai mis *neu* passé la tête par la fenêtre; **~'ch ffordd trwy'r dorf** se frayer *neu* s'ouvrir un chemin dans la foule; **hwpodd e' heibio imi** il a réussi à passer *neu* il m'a dépassé en me bousculant; **mae hi bob amser yn ~'i phig i mewn heb eisiau** elle se mêle toujours de *neu* elle intervient toujours dans ce qui ne la regarde pas.

hŵr** (**hwrod**) *b gw.* **hwren**.

hwrdd[1] (**hyrddod**) *g* (*ANIF*) bélier *m*; **yr H~** (*ASTROL*) Bélier; **bod wedi'ch geni dan arwydd yr H~** être du Bélier.

hwrdd[2] (**hyrddiau**) *g* poussée *f*, coup *m*; **~ o wynt** rafale *f* (de vent); **~ o besychu** quinte *f* de toux; **~ o chwerthin** un fou rire; **~ o wylo** crise *f* de larmes; **~ o dymer ddrwg** un mouvement *neu* accès de colère; **o ~ i ~** peu à peu; **ar hyrddiau** par à-coups.

hwrdda *bg* servir (une brebis).

hwre *be gw.* **hwde**.

hwrê *ebych* hourra *m*; (*hwyl fawr*) au revoir; **~ i Dylan** vive Dylan, bravo Dylan.

hwren** (**hwrod**) *b* putain** *f*, pute** *f*, prostituée *f*.

hwrgi** (**hwrgwn**) *g* coureur *m* de filles, débauché *m*.

hwrian**, **hwrio**** *bg* courir la gueuse*, se débaucher, courir les filles.

hwrli-bwrli *g* brouhaha *m*, tohu-bohu *m*, agitation *f*.

hwsmon (**hwsmyn**) *g* (*ffermwr*) fermier *m*, cultivateur *m*, agriculteur *m*; (*beili*) régisseur *m*, intendant *m*.

hwsmonaeth *b* agriculture *f*; (*ffig*) économie *f*, gestion *f*; (*dif: llanast*) gâchis *m*.

hwter (**-i, -ydd**) *g* (*corn*) klaxon© *m*.

hwtian, **hwtio** *bg* huer, pousser des huées; (*hisian*) siffler;
♦*ba* siffler, huer.

hwy[1] *rhag syml*
1 (*goddrych: dynion*) ils; (*:merched*) elles; (*:pethau, anifeiliaid ayb*) ils, elles; **maent ~** *ou* **maen nhw wedi diflannu** (*dynion*) ils ont disparu; (*merched*) elles ont disparu; (*pethau, anifeiliaid ayb*) ils *neu* elles ont disparu; **ble mae'r llyfrau? - maent ~ ar y bwrdd** où sont les livres? - ils sont sur la table; **ble mae'r platiau? - maent ~ yn y cwpwrdd** où sont les assiettes? - elles sont dans l'armoire; **maent ~'n gweithio** (*pwysleisiol: dynion*) eux, ils travaillent; (*:merched*) elles, elles travaillent; **~ sy'n gywir** ce sont eux *neu* elles qui ont raison; **maen nhw'n dweud ei bod hi'n bwrw eira** (*amhenodol*) on dit qu'il neige.
2 (*gwrthrych*) les; **gwelais ~** je les ai vu(e)s; **mae hi'n eu casáu ~** elle les déteste.
3 (*ar ôl arddodiad neu gysylltair*) eux *mpl*, elles *fpl*; **gyda ~** avec eux *neu* elles; **'rwyf yn meddwl amdanynt ~** je pense à eux *neu* à elles; **rhoddais anrheg iddynt ~** je leur ai offert un cadeau; **dacw'r byrddau ond 'does dim byd arnynt ~/oddi tanynt ~** voilà les tables, mais il n'y a rien dessus/en dessous; **a ~** et eux *neu* elles.
4 (*ar ei ben ei hun*) eux *mpl*, elles *fpl*; **pwy? - ~** qui? - eux *neu* elles.
5 (*i ategu 'eu'*): **eu llyfrau ~** leurs livres (à eux *neu* elles).

hwy[2] *ans* (*gradd gymharol 'hir'*) *gw.* **hir**.

hwyaden (**hwyaid**) *b* canard *m*; (*benyw*) cane *f*; **ceiliog ~** canard; **cyw ~** caneton *m*, canardeau(-x) *m*; ~ **wyllt** canard sauvage; ~ **wedi'i rhostio** canard rôti; **pwll hwyaid** mare *f* aux canards, canardière *f*; ~ **fach hyll** vilain petit canard; **cymryd at rth fel** ~ **at ddŵr** être comme un poisson dans l'eau, comme si on l'avait fait toute sa vie; **mae fel dŵr** *ou* **glaw oddi ar gefn** ~ c'est comme si on chantait, c'est comme de l'eau sur le dos d'un canard.

hwyaf *ans* (*gradd eithaf 'hir'*) *gw.* **hir**.

hwyfell (**-aid, -od**) *b* (PYSG) saumon *m* femelle.

hwyhau *ba* allonger, rallonger, prolonger; ♦*bg* se prolonger, s'allonger.

hwyl[1] (**-iau**) *b* (*ar long*) voile *f*; (*asgell: ar felin wynt*) aile *f*.

hwyl[2] (**iau**) *b*

1 (*sbort*) amusement *m*; **cael** ~ s'amuser; **cefais lawer o** ~ je me suis bien *neu* beaucoup amusé(e); **mae llawer o** ~ **i'w chael gydag ef** il est très drôle, on s'amuse bien avec lui; **dyna** ~! ce que c'est drôle *neu* amusant!; **am** ~, **o ran** ~ pour rire, par plaisanterie, en plaisantant; **fe'i gwnaeth o ran** ~, **dyna'r cwbl** il ne l'a fait que pour s'amuser, ça a été pour rire qu'il l'a fait; **'dydw i ddim yn gwneud hyn o ran** ~ je ne fais pas cela pour m'amuser *neu* pour mon plaisir; **nid yw'n llawer o** ~ **i mi** ce n'est pas très amusant, cela ne m'amuse pas beaucoup; **difetha** ~ **rhn** jouer les trouble-fête, être rabat-joie, gâter *neu* gâcher l'amusement de qn; **gwneud** ~ **am ben rhn** rire *neu* se moquer de qn.

2 (*tymer*) humeur *f*, disposition *f*; **bod mewn** ~ **dda/ddrwg** être de bonne/mauvaise humeur, être de bon *neu* mauvais poil*; **bod mewn** ~**iau drwg iawn** être d'une humeur massacrante *neu* exécrable; **'rwyf yn yr** ~ **i ddawnsio** je danserais volontiers, j'ai envie de danser; **'dydw i ddim yn yr** ~ ça ne me dit rien; **'dydw i ddim mewn** ~**iau i wrando** je ne suis pas d'humeur à écouter; **mae'n dibynnu ar ei** ~**iau** cela dépend de son humeur; **mae e' yn un o'i** ~**iau** il est encore mal luné.

3 (*i ffarwelio: hefyd:* ~ **iti!**, ~ **ichi!**, ~ **fawr!**) au revoir!, salut!*, ciao!*.

4 (*brwdfrydedd*) ferveur *f*, entrain *m*, élan *m*, enthousiasme *m*; **o dipyn i beth aeth y pregethwr i** ~ petit à petit le prédicateur s'est enthousiasmé.

5 (*llwyddiant*) réussite *f*; **fe gafodd hi** ~ **ar y dasg** elle a bien réussi sa tâche; **cafodd dipyn o** ~ **ar ei waith** il a fait des progrès dans son travail; **sut** ~ **gefaist ti arni?** ça a bien marché*?, comment ça c'est passé?; **pob** ~! bonne chance!

hwylbren (**-nau**) *g* mât *m*; ~**nau'r llong** la mâture du navire.

hwylfyrddio *bg* faire de la planche à voile; ♦*g* planche *f* à voile.

hwylio[1] *bg* (*cwch*) aller en bateau; (CHWAR) faire de la voile; ~ **i mewn i'r harbwr** entrer dans le port; **hwyliodd y cwch i lawr yr afon** le bateau a descendu la rivière; **hwyliodd y llong i fyny'r afon** le vaisseau a remonté le fleuve; **mae'r llong yn** ~ **am 3 o'r gloch** le navire prend la mer *neu* part à 3 heures; ~ **i ffwrdd** *ou* **ymaith** partir en bateau; ~ **yn ôl** revenir en bateau; ~ **o gwmpas y byd** faire le tour du monde en bateau; **fe hwyliasant i Awstralia** ils sont partis pour l'Australie en bateau; **hwyliasant i mewn i Gaergybi** ils sont entrés dans le port de Holyhead; **'rwyf yn** ~ **am 4 o'r gloch** je pars à 4 heures, le bateau part à 4 heures; **'rydym ni'n** ~ **bob penwythnos** nous faisons du bateau *neu* de la voile tous les week-ends; **diwrnod o** ~ une journée de voile *neu* en bateau; **mae'n hoff o** ~ **yn ei oriau hamdden** son passe-temps favori est la voile; **cwch** ~ bateau(-x) *m* à voiles, voilier *m*; **llong** ~ grand voilier, navire *m* à voiles; **dyddiad** ~ date *f* de départ d'un bateau; ~**'n agos at y gwynt** (*ffig*) jouer un jeu dangereux;

♦*ba* (*cwch*) piloter, manœuvrer, commander; **mae'n** ~ **ei gwch ei hun** il pilote son yacht lui-même; ~**'r moroedd** parcourir les mers; ♦*g* (CHWAR) voile *f*.

hwylio[2] *ba* (*paratoi, hulio*) préparer; ~ **bwrdd** mettre la table, mettre le couvert; ~ **bwyd/te/swper** préparer à manger, préparer un repas/le goûter/le dîner;

♦*bg* (*ymbaratoi*) se préparer, s'apprêter; ~ **i briodi** faire les préparatifs des noces; ~ **i fynd i'r capel** se préparer *neu* s'apprêter à aller à l'office.

hwyliog *ans* (*rhn*) cordial(e)(cordiaux, cordiales), de bonne humeur, plein(e) d'humour; (*noson ayb*) amusant(e), plein d'entrain; (*anerchiad*) éloquent(e); (*pregeth*) fervent(e);

♦ **yn** ~ *adf* cordialement, éloquemment, avec ferveur.

hwyliwr (**hwylwyr**) *g* navigateur *m*, yacht(s)man(yacht(s)men) *m*.

hwylus *ans*

1 (*cyfleus*) commode, pratique; **os yw'n** ~ si vous n'y voyez pas d'inconvénient, si cela ne vous dérange pas; **pa bryd fyddai'n amser** ~ **i ti?** quelle heure te conviendrait?; **nid yw'n amser** ~ **iawn** le moment n'est pas très bien choisi; **mae'n dŷ** ~ **iawn** c'est une maison facile à tenir.

2 (*iach*) en bonne santé, en forme, bien; **nid wyf yn teimlo'n** ~ je ne me sens pas bien, je ne suis pas dans mon assiette;

♦ **yn** ~ *adf* commodément.

hwyluso *ba* faciliter.

hwylusrwydd *g* commodité *f*.

hwylustod *g* commodité *f*, convenance *f*; (*gwasanaeth cyhoeddus*) service *m* public; **er** ~ par souci de commodité; **priodas er** ~ mariage *m* de convenance.

hwylwraig (**hwylwragedd**) *b* navigatrice *f*.
hwynt *rhag syml gw.* **hwy**[1].
hwynt-hwy *rhag dwbl gw.* **hwy**[1].
hwyr *g* soir *m*; **mynd allan yn yr** ~ sortir le soir; **gyda'r** ~ le soir; ~ **a bore** soir et matin; **min yr** ~ la tombée *f* de la nuit, le crépuscule *m* du soir; **ymhen yr hir a'r** ~ enfin, après longtemps;
♦*ans* en retard, attardé(e), tardif(tardive); **mae'r trên yn** ~ le train a du retard; **y trên** ~ le train du soir; **mae'r bws ddeng munud yn** ~ l'autobus a dix minutes de retard; **'rydych yn** ~ vous êtes en retard; **yn** ~ **neu'n hwyrach** tôt ou tard;
♦ **yn** ~ *adf*
1 (*gwrthwyneb i ỳn brydlon'*) en retard; **cyrraedd yn** ~ arriver en retard; **mae'n** ~ **glas imi fynd** il est grand temps que je parte *subj.*
2 (*gwrthwyneb i ỳn fore'*): **yn** ~ **yn y dydd** tard dans la journée; **yn** ~ **yn y nos** tard dans la nuit.
hwyrach[1] *adf* (*efallai*) peut-être; ~ **y daw** peut-être viendra-t-il, il viendra peut-être, peut-être qu'il viendra.
hwyrach[2] *ans* (*gradd gymharol 'hwyr'*) *gw.* **hwyr**.
hwyrder *g* retard *m*.
hwyrdrwm *ans* léthargique, apathique, somnolent(e);
♦ **yn** ~ *adf* léthargiquement, apathiquement.
hwyrddydd (**-iau**) *g* soir *m*.
hwyrddyfodiad (**hwyrddyfodiaid**) *g/b* retardataire *m/f*.
hwyrfrydig *ans* (*anfodlon*) peu enthousiaste, peu disposé(e); (*araf*) lent(e), long(ue);
♦ **yn** ~ *adf* à contrecœur, lentement, à regret.
hwyrfrydigrwydd *g* réticence *f*, répugnance *f*, lenteur *f*, manque *m* d'empressement, retard *m*.
hwyrgan (**-au**) *b* sérénade *f*; (*CERDD*) nocturne *m*.
hwyrgloch *b* couvre-feu(~-~x) *m*.
hwyrhau *bg* se faire tard; **mae hi'n** ~ il se fait tard.
hwyrnos (**-au**) *b* soir *m*, soirée *f*.
hwyrol *ans* vespéral(e)(vespéraux, vespérales), du soir; ~ **weddi** office *m* du soir.
hwythau *rhag cysylltiol*
1 (*goddrych*): **maent** ~**'n** *ou* **maen nhwythau'n mynd ar y trên** (*hefyd: gwrywaidd*) eux aussi, ils prennent le train; (:*benywaidd*) elles aussi, elles prennent le train; (*ar y llaw arall: gwrywaidd*) eux, ils prennent le train; (:*benywaidd*) elles, elles prennent le train; **nid ydynt** ~ *ou* **'dydyn nhwythau ddim yn ei glywed** (*chwaith*) ils ne l'entendent pas non plus, elles ne l'entendent pas non plus; (*ar y llaw arall*) eux, ils ne l'entendent pas, elles, elles ne l'entendent pas.
2 (*gwrthrych*): **mi welais i** ~ **yn y sinema** (*hefyd*) je les ai vus eux aussi au cinéma, je les ai vues elles aussi au cinéma; (*ar y llaw arall*) eux, je les ai vus au cinéma, elles, je les ai vues au cinéma.
3 (*ar ôl arddodiad*): **o'u blaen** ~ (*hefyd*) devant eux *neu* elles aussi; (*ar y llaw arall*) devant eux *neu* elles.
4 (*i ategu 'eu'*): **'roedd eu cotiau** ~ **ar y gadair** (*hefyd*) leurs manteaux à eux *neu* à elles étaient aussi sur la chaise; (*ar y llaw arall*) leurs manteaux à eux *neu* à elles étaient sur la chaise.
▶ **a hwythau** (*hefyd*) eux *neu* elles aussi; **eu mam a** ~ leur mère et eux *neu* elles; **'rwyf fi'n gweithio a** ~**'n cysgu!** (*gwrthgyferbyniol*) moi, je travaille et eux, ils dorment *neu* et elles, elles dorment!; **digwyddodd y ddamwain a** ~ **ar eu gwyliau** (*tra, pan*) l'accident est arrivé pendant qu'ils *neu* elles étaient en vacances.
▶ **na hwythau** (*chwaith*) ni eux *neu* elles non plus.
hy *ans* effronté(e), insolent(e), impertinent(e), impudent(e); (*heb fod yn swil*) assuré(e); **bod yn ddigon** ~ **i wneud** avoir l'audace de faire, oser faire; **os ca' i fod mor** ~ **â dweud** si je peux me permettre de faire remarquer; **bod yn** ~ **ar rn** être insolent envers qn;
♦ **yn** ~ effrontément, impertinemment, insolemment, impudemment, avec audace, avec impertinence, avec insolence.
h.y. *byrf* (= *hynny yw*) c.-à-d. (*c'est-à-dire*).
hyacinth, **hyasinth** (**-au**) *g*
1 (*PLANH: mewn pot, gardd*) jacinthe *f*; (:*gwyllt: clychau'r gog*) jacinthe des bois, jacinthe sauvage.
2 (*maen gwerthfawr*): **maen** ~ hyacinthe *f*.
hybarch *ans* vénérable.
hyblyg *ans* flexible, souple, élastique; (*rhn*) maniable, flexible, souple; (*ystafell, adeilad*) polyvalent(e); (*amserlen*) flexible, aménageable; **mae f'oriau gwaith yn** ~ j'ai des horaires souples *neu* élastiques;
♦ **yn** ~ *adf* flexiblement, souplement, élastiquement, de façon maniable.
hyblygrwydd *g* flexibilité *f*, souplesse *f*, élasticité *f*, maniabilité *f*, polyvalence *f*.
hybrid *ans* hybride;
♦*g* hybride *m*.
hybu *ba* promouvoir, développer, favoriser, encourager;
♦*bg* (*gwella*) se porter mieux, aller mieux, guérir, se remettre, récupérer; (*masnach*) aller mieux, être florissant(e).
hyd[1] *ardd* (*tan*) jusqu'à; ~ **angau,** ~ **y bedd** jusqu'à la mort, jusqu'à sa dernière heure *neu* son dernier jour; ~ **byth** pour toujours, à tout jamais; ~ **yn dragywydd** à jamais, éternellement; ~ **y diwedd** jusqu'au bout, jusqu'à la fin; ~ **y dydd hwn,** ~ **heddiw** jusqu'à ce jour, jusqu'à aujourd'hui; ~ **pa**

bryd? jusqu'à quand?; ~ **yr eithaf** jusqu'au bout;
♦*cys*: ~ **y**
1 (*mor bell â*): ~ **y gwêl llygad** à perte de vue.
2 (*am, i'r graddau*): ~ **y galla' i** dans la mesure du possible, autant qu'il m'est possible; ~ **y gwelaf i** pour autant que je puisse *subj* voir; ~ **y gwn i** autant que je sache *subj*.
3 (*nes*) jusqu'à ce que + *subj*.
▶ **hyd at** jusqu'à; **mae** ~ **at 500 o bobl yn cyrraedd bob dydd** près de 500 personnes arrivent tous les jours; **mae'r gwesty'n dal** ~ **at fil o bobl** l'hôtel peut accueillir jusqu'à 100 personnes; **gostyngiadau o** ~ **at 50%** des réductions qui peuvent atteindre 50%; **'rwy'n gweithio** ~ **at 12 awr y diwrnod** je travaille jusqu'à 12 heures par jour; ~ **at ei bennau gliniau** jusqu'à ses genoux; **trafod/ailadrodd rhth** ~ **at syrffed** discuter/répéter qch à n'en plus finir; **clywed rhth** ~ **at syrffed** entendre qch des centaines de fois.
▶ **hyd nes** (*yn y dyfodol*) jusqu'à ce que + *subj*, en attendant que + *subj*; (*yn y gorffennol*) avant que + *subj gw. hefyd* **nes**.
▶ **hyd oni** jusqu'à ce que + *subj*; **ni wnaf ddim** ~ **oni chaf eich llythyr** je ne ferai rien avant d'avoir reçu votre lettre; ~ **oni welai'r traeth** jusqu'à ce qu'il vît *subj* la plage.
▶ **hyd yn hyn, hyd yma** jusqu'ici, jusqu'à maintenant, jusqu'à présent, encore, toujours; **nid yw hi wedi cyrraedd** ~ **yn hyn** elle n'est pas encore arriveé, elle n'est toujours pas arriveé; **y gorau** ~ **yn hyn** le meilleur(la meilleure) jusqu'ici *neu* jusqu'à présent.
▶ **hyd yn oed**: ~ **yn oed ar ddydd Sul** même le(s) dimanche(s); **'roedd** ~ **yn oed y plant yn dawel** les enfants mêmes étaient tranquilles, même les enfants étaient tranquilles; **mae wedi anghofio fy enw** ~ **yn oed** il a oublié jusqu'à mon nom, il a même oublié mon nom; ~ **yn oed yn well** encore mieux; ~ **yn oed llai o arian** encore moins d'argent; **heb** ~ **yn oed edrych** sans même *neu* sans seulement regarder; **nid yw** ~ **yn oed yn gallu darllen** il ne sait même pas lire; ~ **yn oed os** *ou* **pe bai** même si + *indic*, quand même + *cond*, alors même que + *cond*; ~ **yn oed os wyt ti'n dost** même si tu es malade; ~ **yn oed pe bai'n dod ei hunan ni fyddwn i ddim yn mynd** il viendrait lui-même que je n'irais pas; ~ **yn oed wedyn** (*y pryd hynny*) même alors, même à ce moment-là; (*er hynny*) quand même, pourtant, cependant; ~ **yn oed wedyn 'roedd wedi synnu** il a quand même *neu* malgré tout été surpris, cependant *neu* pourtant il a été surpris; **ie, ond** ~ **yn oed wedyn ...** oui, mais quand même ....
▶ **o hyd**
1 (*bob amser*) toujours; **mae hi o** ~ **yn cyrraedd yn hwyr** elle arrive toujours en retard.
2 (*yn dal i fod, byth*) toujours, encore; **mae hi yna o** ~ elle est toujours *neu* encore là.
3 (*yn ddi-baid*) sans cesse, incessamment, constamment, continuellement; **o** ~ **ac o** ~ maintes et maintes fois, à plusieurs reprises.

hyd[2] (**-au, -oedd, -ion**) *g*
1 (*o'i gyferbynnu â lled*) longueur *f*; **ystafell chwe metr o** ~ une salle de six mètres de long *neu* longue de six mètres *neu* d'une longueur de six mètres; **cadw rhn o** ~ **braich** tenir qn à distance; **mae e'r un** ~ **a'r un lled** (*ffig: yr un fath*) c'est du pareil au même, c'est bonnet blanc et blanc bonnet; **cawn weld** ~ **a lled y golled** on verra toute l'importance de la perte.
2 (*parhad: o ran amser*) durée *f*; (*:llyfr, ffilm ayb*) longueur *f*; **'dydw i heb dy weld di ers** ~**oedd** il y a un siècle que je ne te vois plus, il y a une éternité *neu* un bon bout de temps que je ne t'ai pas vu; **siaradodd hi am** ~**oedd, am allan o** ~**ion** elle a parlé pendant une éternité *neu* un temps fou; **pa** ~ **bynnag yw'r llyfr** quelle que soit *subj* la longueur du livre; **pa** ~ **bynnag y bo'r llyfrau** quelque *neu* si longs que soient les livres.
▶ **ar hyd** le long de; **ar** ~ **y nos** pendant toute la nuit; **y bore ar ei** ~ toute la matinée; **syrthiodd hi ar ei** ~ **ar lawr** elle est tombée par terre de tout son long; **paid â hel dy fachau ar** ~ **y llyfr 'na** ne touche pas à ce livre-là; **ar** ~ **ac ar draws, ar** ~ **ac ar led** de tous côtés, dans toutes les directions, partout.
▶ **cael hyd i, dod o hyd i** trouver, retrouver, découvrir, tomber sur.

hydawdd *ans* soluble.

hydawddlif (**-oedd**) *g* solvant *m*, dissolvant *m*.

hydeiml *ans* palpable, sensible, tangible;
♦ **yn** ~ *adf* palpablement, sensiblement, tangiblement.

hydeimledd *g* (*natur hydeiml*) tangibilité *f*, sensibilité *f*; (*natur deimladwy, emosiynol*) sensibilité, émotivité *f*, impressionnabilité *f*, susceptibilité *f*.

hyder *g*
1 (*cyff*) confiance *f*; **bod â** ~ **yn rhn/rhth** avoir confiance en qn/qch, faire confiance à qn/qch.
2 (*hunanhyder*) confiance *f* en soi, assurance *f*, aplomb *m*; **'does ganddi ddim** ~ elle manque d'assurance.

hyderu *bg* avoir confiance, se fier; (*gobeithio'n fawr*) espérer; **hyderaf eich bod yn iach** j'espère que vous êtes en bonne santé.

hyderus *ans* assuré(e), sûr(e) (de soi), persuadé(e), confiant(e); **'rwy'n** ~ **y bydd yn ennill** je suis sûr(e) *neu* persuadé(e) qu'il gagnera;

♦ **yn** ∼ *adf* avec confiance.
hydion *ll gw.* **hyd**[2].
hydoddedd *g* solubilité *f*.
hydoddi *ba* dissoudre.
hydoddiant *g* solution *f*.
hydoedd *ll gw.* **hyd**[2].
hydradu *ba* hydrater.
hydraidd *ans* poreux(poreuse), perméable, pénétrable.
hydrant *g* prise *f* d'eau; ∼ **tân** bouche *f* d'incendie.
hydraul *ans* (*brethyn ayb*) usé(e); (*bwyd*) facile à digérer, digestible.
hydred (**-au, -ion**) *g* longitude *f*.
hydredol *ans* longitudinal(e)(longitudinaux, longitudinales);
♦ **yn** ∼ *adf* longitudinalement.
hydref (**-au**) *g*
1 (*tymor*) automne *m*; **yn yr** ∼ en automne.
2: (**mis**) **H**∼ octobre *m gw. hefyd* **Mai**.
hydrefol *ans* d'automne, automnal(e)(automnaux, automnales).
hydreiddedd *g* porosité *f*.
hydrin *ans* (*rhn*) accommodant(e), facile, souple, traitable; (*anifail*) docile; (*metel*) malléable; (*peiriant*) maniable;
♦ **yn** ∼ *adf* de façon accommodante, traitablement, souplement, docilement.
hydrinedd *g* (*rhn*) nature *f* accomodante; (*metel*) malléabilité *f*; (*anifail*) docilité *f*.
hydrocarbon (**-au**) *g* hydrocarbure *m*.
hydroceffalws *g* hydrocéphalie *f*.
hydroclorig *ans* chlorhydrique.
hydrocsid *g* hydroxyde *m*, hydrate *m*.
hydro-drydanol *ans* hydro-électrique; **pŵer** ∼-∼ énergie *f* hydro-électrique.
hydrodynameg *b* hydrodynamique *f*.
hydroffobia *g* hydrophobie *f*.
hydroffoil (**-au**) *g* hydrofoil *m*.
hydrogen *g* hydrogène *m*; **bom** ∼ bombe *f* à hydrogène.
hydroleg *b* hydrologie *f*.
hydrolig *ans* hydraulique;
♦ **yn** ∼ *adf* hydrauliquement.
hydrolysis *g* hydrolyse *f*.
hydrolysu *ba* hydrolyser.
hydromedr (**-au**) *g* hydromètre *m*.
hydroponeg *b* culture *f* hydroponique.
hydroseffalws *g* (*MEDD: dŵr ar yr ymennydd*) hydrocépahlie *f*.
hydrosffer (**-au**) *g* hydrosphère *f*.
hydrostateg *b* hydrostatique *f*.
hydrostatig *ans* hydrostatique;
♦ **yn** ∼ *adf* hydrostatiquement.
hydrotherapi *g* hydrothérapie *f*.
hydrus *ans* hydrique, hydraté(e), aqueux(aqueuse).
hydwf *ans* luxuriant(e), exubérant(e), riche, fertile; (*tal*) de haute taille.
hydwyll *ans* crédule, facile à duper;
♦ **yn** ∼ *adf* crédulement.
hydwylledd *g* crédulité *f*.
hydwyth *ans* élastique, souple;
♦ **yn** ∼ *adf* élastiquement, souplement, flexiblement.
hydwythedd *g* souplesse *f*, élasticité *f*, ressort *m*, flexibilité *f*.
hydd (**-od**) *g* cerf *m*.
hyddysg *ans* versé(e), érudit(e), savant(e), bien informé(e), expert(e); **mae'n** ∼ **mewn materion cyfoes** il a une connaissance approfondie dans le domaine des actualités;
♦ **yn** ∼ *adf* de façon érudite *neu* experte, savamment, expertement.
hyddysgrwydd *g* connaissance *f* parfaite, érudition *f*.
hyena (**-id, hyenâu**) *g,b* hyène *f*.
hyf *ans gw.* **hy**.
hyfder, hyfdra *g* impudence *f*, effronterie *f*, hardiesse *f*, insolence *f*, audace *f*.
hyfedr *ans* habile, adroit(e), expert(e), compétent(e);
♦ **yn** ∼ *adf* habilement, adroitement, avec dextérité, avec adresse.
hyfedredd *g* habileté *f*, adresse *f*, dextérité *f*, compétence *f*.
hyfriw *ans* fragile.
hyfryd *ans* charmant(e), agréable, joli(e); (*tywydd*) beau[bel](belle)(beaux, belles); (*gwyliau*) bon(ne), excellent(e), formidable*; (*syniad*) agréable, charmant(e); (*aroglau*) bon, agréable; (*bwyd*) bon, délicieux(délicieuse), appetissant(e), savoureux(savoureuse), exquis(e); **mae hi'n** ∼ elle est charmante; **mae ganddi bersonoliaeth** ∼ elle a vraiment bon caractère; **cawson nhw amser** ∼ ils se sont bien amusés, ils ont passé un moment excellent *neu* très agréable; **mae wedi bod yn** ∼ **eich gweld chi** j'ai été ravi(e) *neu* vraiment content(e) de vous voir, ça m'a fait vraiment plaisir de vous voir;
♦ **yn** ∼ *adf* agréablement, joliment, d'une façon exquise *neu* ravissante *neu* charmante.
hyfrydlais *g* mélodie *f*;
♦*ans* mélodieux(mélodieuse).
hyfrydwch *g* plaisir *m*, joie *f*, délice *m*, délices *fpl*.
hyfwyn *ans* cordial(e)(cordiaux, cordiales), affable, aimable.
hyfyw *ans* viable, rentable;
♦ **yn** ∼ *adf* rentablement.
hyfywdra *g* viabilité *f*, rentabilité *f*.
hyfflam *ans* inflammable.
hyfforddai (**hyfforddeion**) *g* stagiaire *m/f*.
hyfforddedig *ans* compétent(e), qualifié(e), diplômé(e), expert(e).
hyfforddi *ba* instruire, former; (*CHWAR*) entraîner, préparer; (*anifail*) dresser; (*llais*) travailler; ∼ **rhn i wneud rhth** enseigner à *neu* apprendre à qn de faire qch, instruire qn à faire qch; **mae'n** ∼ **rhywun i gymryd ei le** il forme son successeur; ∼ **rhn mewn crefft**

apprendre un métier à qn, préparer qn à un métier; **cafodd ei** ~ **yn Llundain** il a reçu sa formation à Londres; **nid yw hi wedi ei** ~ **ar gyfer y swydd hon** elle n'a pas la formation voulue pour ce poste, elle n'est pas qualifiée pour ce poste; **dim ond pobl wedi'n** ~ **y maent yn eu cyflogi** ils n'emploient que du personnel qualifié; **canolfan** ~ centre *m* de formation; **coleg** ~ (*cyff*) école *f* spécialisée *neu* professionnelle; (*athrawon cynradd*) école normale *neu* primaire; (*athrawon uwchradd*) centre pédagogique régional de formation des maîtres; **tystysgrif** ~ **athrawon** diplôme *m* habilitant à enseigner; **cynllun** ~ programme *m* de formation *neu* d'entraînement.

hyfforddiant *g* instruction *f*, enseignement *m*, formation *f*; **gwersyll** ~ camp *m* d'entraînement; ~ **mewn swydd** formation continue; **'rwyf wedi cael** ~ **fel ysgrifenyddes** j'ai suivi des cours de secrétariat; **ni chafodd unrhyw** ~ il n'a reçu aucune formation professionnelle; **mae angen rhywun â** ~ **ar gyfer y gwaith** il y a besoin de quelqu'un qui soit *subj* qualifié pour ce poste *neu* qui ait *subj* la compétence voulue *neu* les titres voulus pour ce poste.

hyfforddwr (**hyfforddwyr**) *g* entraîneur *m*, maître *m*, professeur *m*; (*sgio*) moniteur *m*; (*ceffyl rasio*) dresseur *m*.

hyfforddwraig (**hyfforddwragedd**) *b* entraîneuse *f*, professeur *m*; (*sgio*) monitrice *f*; (*ceffyl rasio*) dresseuse *f*.

hygar *ans* aimable, gentil(le).

hygaredd, **hygarwch** *g* amabilité *f*, gentillesse *f*, charme *m*.

hyglod *ans* célèbre, renommé(e), en renom, illustre.

hyglwyf *ans* vulnérable;
♦ **yn** ~ vulnérablement.

hyglyw *ans* (*sŵn*) audible, perceptible; (*geiriau*) intelligible, distinct(e);
♦ **yn** ~ perceptiblement.

hygoel *ans* crédible, plausible;
♦ **yn** ~ *adf* plausiblement.

hygoeledd *g* crédibilité *f*.

hygoelus *ans* crédule, naïf(naïve);
♦ **yn** ~ *adf* crédulement, naïvement.

hygoelusrwydd *g* crédulité *f*, naïveté *f*.

hygred *ans* crédible, plausible;
♦ **yn** ~ *adf* plausiblement, de manière crédible.

hygrededd *g* crédibilité *f*.

hygyrch *ans* accessible, d'accès facile;
♦ **yn** ~ *adf* de façon accessible.

hygyrchedd *g* accessibilité *f*.

hyhi *rhag dwbl gw.* **hi**.

hylan *ans* hygiénique;
♦ **yn** ~ *adf* hygiéniquement.

hylaw *ans* medrus, adroit(e), habile; (*hawdd ei ddefnyddio, cyfleus*) commode, facile à utiliser, maniable; **mae'n** ~ **iawn** il est très adroit de ses mains, il sait se servir de ses mains;
♦ **yn** ~ *adf* adroitement, habilement.

hylawrwydd *g* (*medrusrwydd*) adresse *f*, dextérité *f* manuelle; (*cyfleuster*) commodité *f*.

hylendid *g* hygiène *f*.

hylenydd *g* hygiéniste *m/f*; (*deintyddol*) assistant *m* dentaire, assistante *f* dentaire.

hylif (-**au**) *g* liquide *m*, fluide *m*;
♦*ans* liquide, fluide.

hylifiant (**hylifiannau**) *g* liquéfaction *f*.

hylifol *ans* liquide, fluide.

hylifrwydd *g* fluidité *f*, liquidité *f*.

hylifydd (-**ion**) *g* (COG) mixer *m*, mixeur *m*.

hylithr *ans* glissant(e).

hylithredd *g* état *m* glissant.

hylô *ebych gw.* **helô**.

hylosg *ans* combustible.

hylosgedd *g* combustibilité *f*.

hylosgiad *g* combustion *f*.

hylwydd *ans* qui a réussi, qui a du succès, prospère, réussi(e).

hyll *ans* laid(e), vilain(e); (*cryfach*) hideux(hideuse), affreux(affreuse), horrible, atroce; (*ymddygiad*) vilain, particulièrement déplaisant(e), répugnant(e); (*edrychiad*) menaçant(e), atroce; **mor** ~ **â phechod,** ~ **fel pechod** laid comme un pou *neu* un singe; **mae'n olygfa** ~ ce n'est pas beau à voir; **mae blacmel yn air** ~ chantage est un bien vilain mot; **hwyaden fach** ~ vilain petit canard;
♦ **yn** ~ *adf* hideusement, atrocement, laidement; **edrych yn** ~ **ar rn** regarder qn d'un sale œil.

hylltod *g* grand nombre *m*, nombre énorme; ~ **o bethau** un tas *m* de choses, énormément de choses.

hylltra *g* laideur *f*.

hyllu *ba* gâter, gâcher, défigurer, déparer.

hymen (-**au**) *g* hymen *m*.

hymian, **hymio** *ba, bg* fredonner.

hymn (-**au**) *b gw.* **emyn**.

hyn *ans dang*: **y(r) ...** ~ ces *m/fpl*; (*pwysleisiol*) ces ...-ci *gw. hefyd* **hwn, hon**;
♦*rhag dang* (*cyff*) ceci, cela, ça; (*gydag être*) ce, ceci, cela, ça; **beth yw** ~**?** qu'est-ce que c'est que ceci?; **y fan** ~ ici; **'roedden ni'n sôn am** ~ **a'r llall** nous parlions de choses et d'autres; **mae wedi dod i** ~ **felly!** nous en sommes donc là!; **yn** ~ **o beth** à cet égard, quant à cela; **'rwyf yn anghytuno yn** ~ **o beth** je ne suis pas d'accord là-dessus; **ar** ~ **o bryd** en ce moment même, à l'heure qu'il est, actuellement; **cyn** ~ avant, auparavant; **dylech fod wedi ei wneud cyn** ~ vous devriez l'avoir déjà fait; **er** ~ **oll, er** ~ **i gyd** néanmoins, toutefois, quand même, et pourtant, cependant, malgré tout; **mae hi am fynd er** ~ **i gyd** elle veut aller quand même

neu malgré tout, et pourtant elle veut aller; **erbyn** ~ à l'heure qu'il est; **dylai fod wedi cyrraedd erbyn** ~ il devrait être déjà arrivé; **erbyn** ~ **'roedd hi'n amlwg ...** déjà à ce moment-là il était évident que ...; **fel** ~ ainsi, de cette façon, comme ceci, comme ça; **fel** ~ **yr oedd hi** voici comment les choses se sont passées; **o** ~ **i ddiwedd y mis** d'ici à la fin du mois; **o** ~ **ymlaen** dès maintenant, dorénavant, désormais, à partir de maintenant; **am** ~ **o dro** pour cette seule fois; ~ **a** ~ **o amser** une certaine période de temps; ~ **a** ~ **o arian** une certaine somme d'argent; **dim ond** ~ **a** ~ **y gellir ei wneud** il y a une limite à ce qu'on peut faire; **bob** ~ **a** ~ de temps à autre, de temps en temps.

▶ **yr hyn** (*mewn cymal perthynol: goddrych*) ce qui; (*:gwrthrych*) ce que; **yr** ~ **sy'n bwysig yw ...** ce qui est important, c'est ...; **dyna'r** ~ **a ddigwyddodd** voilà ce qui s'est passé; **yr** ~ **yr hoffwn ei wybod yw ...** ce que je voudrais savoir, c'est ...; **dydy'r** ~ **a wnest ti ddim yn ddoniol** ce que tu as fait n'est pas amusant.

hŷn *ans* (*gradd gymharol 'hen', Wrth gyfieithu dylid cyfeirio at y gwahanol ystyron sydd dan 'hen'.*) plus vieux[vieil](vieille)(vieux, vieilles), plus agé(e); **pe bawn i'n** ~ si j'étais plus agé(e); **fy mrawd** ~ mon frère ainé; **fy chwaer** ~ ma sœur ainée.

hynaf *ans* (gradd eithaf 'hen'. Wrth gyfieithu dylid cyfeirio at y gwahanol ystyron sydd dan 'hen'.)
1: **y(r) ...** ~ le plus vieux[le plus vieil](la plus vieille)(les plus vieux, les plus vieilles), le plus âgé(la plus âgée).
2 (*defnydd enwol*): **yr** ~ le plus âgé, la plus âgée; (*brawd*) l'aîné; (*chwaer*) l'aînée.

hynafaidd *ans* archaïque, archaïsant(e), vieilli(e);
♦ **yn** ~ de façon archaïque *neu* archaïsante.

hynafedd *g* ancienneté *f*.

hynafgwr (**hynafgwyr**) *g* ancien *m*.

hynafiad (**hynafiaid**) *g* ancêtre *m*; **hynafiaid** (*cyndadau*) ancêtres, aieux *mpl*.

hynafiaeth (**-au**) *b* antiquité *f*; (*CELF*) objets *mpl* d'art antiques, antiquités; (*mewn swydd*) priorité *f* d'âge; ~**au** (*adeiladau*) monuments *mpl* antiques.

hynafiaethol *ans* d'antiquaire, ancien(ne); (*casgliad*) d'antiquités.

hynafiaethydd (**hynafiaethwyr**) *g* collectionneur *m* d'antiquités, collectionneuse *f* d'antiquités, antiquaire *m/f*.

hynafol *ans* archaïque, vieux[vieil](vieille)(vieux, vieilles); (*byd, darlun*) antique; (*dogfen, arferiad*) ancien(ne);
♦ **yn** ~ *adf* de façon archaïque.

hynafolyn (**hynafolion**) *g* objet *m* d'art ancien; (*celfi*) meuble *m* ancien.

hynawf *ans* capable de flotter, flottable.

hynaws *ans* gentil(le), bon(ne), aimable, cordial(e)(cordiaux, cordiales), affable, avenant(e); **'roedden nhw'n bobl** ~ c'étaient de braves gens;
♦ **yn** ~ *adf* aimablement, cordialement, affablement.

hynawsedd *g* amabilité *f*, cordialité *f*, gentillesse *f*.

hynna *rhag dang* (*cyff*) cela, ça; (*gydag être*) ce, cela, ça; **mae** ~**'n hawdd iawn** cela est très facile, c'est très facile (ça); **wyt ti'n hoffi** ~**?** tu aimes ça *neu* cela? *gw. hefyd* **hynny**.

hynny *ans dang*: **y(r) ...** ~ ces *m/fpl*; (*pwysleisiol*) ces ...-là *gw. hefyd* **hwnnw, honno**;
♦*rhag dang* (*cyff*) cela, ça; (*gydag être*) ce, cela, ça; **byddai** ~**'n berffaith!** ce *neu* cela serait parfait!; **'dydi** ~ **ddim yn bosib** cela n'est pas possible; **nid yw mor gyfoethog â** ~**!** il n'est pas si riche que ça!; **cymerwch** ~ **a ellwch chi** prenez-en autant que vous pouvez; **gwneud** ~ **a ellwch** faire de son mieux, faire tout son possible; **mae** ~ **oherwydd ei salwch** cela est à cause de sa maladie; **'roedd pawb yn cytuno ar** ~ tout le monde était d'accord là-dessus; ~ **yw** c'est-à-dire; **am** ~**, gan** ~ donc, par conséquent; **ar** ~ sur quoi, après quoi, et sur ce, et là-dessus; **ar ben** ~**, at** ~ de plus, en outre, d'ailleurs, du reste; **ar ôl** ~ après (cela), là-dessus, ensuite; **yr wythnos ar ôl** ~ la semaine suivante *neu* d'après; **cyn** ~ avant (cela), auparavant; **er** ~ malgré cela, en dépit de cela, néanmoins, quand même, tout de même, pourtant; **erbyn** ~ (*yn y dyfodol*) d'ici là; **erbyn** ~ **'roeddwn yn gwybod ...** à ce moment-là je savais déjà que; **ers** ~ depuis; **hyd** ~ jusqu'alors, jusque-là; **o achos** ~ pour cette raison, par conséquent; **o ran** ~ quant à cela, en fait.

hynod *ans* remarquable, marquant(e); (*anghyffredin*) singulier(singulière), rare, exceptionnel(le); (*rhyfedd*) étrange, bizarre, extraordinaire, surprenant(e);
♦ **yn** ~ *adf* exceptionnellement, extraordinairement; **'rydych chi'n** ~ **o garedig** vous êtes extraordinairement *neu* exceptionnellement gentil.

hynodbeth (**-au**) *g* curiosité *f*.

hynodi *ba* distinguer, caractériser.

hynodion *ll* singularités *fpl*, bizarreries *fpl*.

hynodrwydd *g* particularité *f*, trait *m* distinctif; (*odrwydd*) bizarrerie *f*, singularité *f*; **mae rhyw** ~ **yno na fedraf ei ddiffinio** il y a là quelque chose d'étrange *neu* de bizarre que je ne n'arrive pas à définir.

hynodwedd (**-au**) *b* particularité *f*, caractéristique *f*.

hynodyn (**hynodion**) *g* particularité *f*, trait *m* distinctif, singularité *f*.

hynt (**-iau**) *b* chemin *m*, voie *f*; ~ **yr afon** le cours *neu* le lit de la rivière; **aeth ar ei** ~ il

s'est remis en route, il est reparti; ~ **a helynt** la fortune; **holi** ~ **a helynt rhn** demander des nouvelles de qn; **mae'n cael rhyw** ~**iau** il est d'humeur changeante *neu* variable.
hypnoteiddio *ba* hypnotiser; ~ **rhn i wneud rhth** faire faire qch à qn sous hypnose.
hypnotiaeth *b* hypnotisme *m*.
hypnotydd (-**ion**) *g* hypnotiseur *m*, hypnotiseuse *f*.
hypodermig *ans* (*dan y croen: pigiad*) hypodermique; (*haint*) sous-cutané(e).
hypotenws (**hypotenysau**) *g* hypoténuse *f*.
hypothermia *g* hypothermie *f*.
hyrdi-gyrdi (~-~**s**) *g,b* orgue *m* de Barbarie, vielle *f*; (*ffig*) bruit *m* peu mélodieux, cacophonie *f*, bourdon *m* monotone.
hyrddiant (**hyrddiannau**) *g* impulsion *f*.
hyrddio *ba* jeter *neu* lancer (qch) avec violence; (*taro'n galed*) heurter, percuter, choquer.
hyrddiog *ans* (*gwynt*) variable, changeant(e).
hyrddyn (-**od**) *g* (PYSG) mulet *m*.
hyrwyddiad (-**au**) *g* promotion *f*.
hyrwyddo *ba* faciliter, promouvoir.
hyrwyddwr (**hyrwyddwyr**) *g* organisateur *m*, promoteur *m*, personne *f* qui accorde son patronage.
hyrwyddwraig (**hyrwyddwragedd**) *b* organisatrice *f*, promotrice *f*, personne *f* qui accorde son patronage.
hysb (**hesb**) *ans* (*ffynnon*) tari(e), à sec; **buwch hesb** vache *f* sèche.
hysbio *bg* (*buwch*) tarir, se sécher.
hysbyddu *ba gw.* **disbyddu**.
hysbys *ans* connu(e) de tous, évident(e), manifeste, patent(e); **dyn** *ou* **gŵr** ~ sorcier *m*, devin *m*; **gwraig** ~ sorcière *f*; **mae'n** ~ **i bawb ...** tout le monde sait que ...; **fel y mae'n** ~ **i bawb** comme tout le monde le sait; **gwnaeth hynny'n** ~ **i bawb** elle l'a fait au vu et au su de tout le monde; **fe'i gwnaeth heb ei bod yn** ~ **i neb** il l'a fait à l'insu de tout le monde; ~ **y dengys y dyn o ba radd y bo'i wreiddyn** bon sang ne peut mentir.
hys-bys* *g* pub* *f*.
hysbyseb (-**ion**) *b* réclame *f*, annonce *f*, publicité *f*; (TELEDU) spot *m* publicitaire; ~**ion** publicité; **mân** ~**ion** petites annonces; **gwelais** ~ **am dy gar yn y papur** j'ai vu une réclame *neu* une publicité pour ta voiture dans le journal; **gwnaeth baned o goffi yn ystod yr** ~**ion** il a fait une tasse de café pendant que passait la publicité; **nid yw'n** ~ **dda i'w gwmni** il ne constitue pas une bonne réclame pour sa compagnie.
hysbysebiaeth *b* publicité *f*, réclame *f*.
hysbysebol *ans* publicitaire.
hysbysebu *ba* faire de la publicité *neu* de la réclame pour; **'rwyf wedi gweld** ~**'r tegan yna ar y teledu** j'ai vu une publicité pour ce jouet à la télévision; ~ **car ar werth** (*mewn papur newydd*) mettre *neu* insérer une annonce pour vendre une voiture; **gwelodd ei** ~ **mewn ffenestr siop** il a vu une annonce là-dessus dans une vitrine;
♦*bg* faire de la publicité *neu* de la réclame; **mae** ~**'n talu** la publicité paie; ~ **i gael rhth** faire paraître une annonce pour trouver qch; **ymgyrch** ~ campagne *m* publicitaire; **swyddog** ~ publicitaire *m/f*;
♦*g* publicité *f*.
hysbysebwr (**hysbysebwyr**) *g* annonceur *m* publicitaire.
hysbysfwrdd (**hysbysfyrddau**) *g* panneau(-x) *m* d'affichage.
hysbysiad (-**au**) *g* annonce *f*, avis *m*; (*yn cael ei ddosbarthu'n breifat am enedigaeth, briodas neu farwolaeth*) faire-part *m inv*; (*rhybudd*) avis, notification *f*; ~ **terfynol** dernier avertissement *m*.
hysbysiaeth *b* renseignements *mpl*, information *f*.
hysbysrwydd *g* renseignements *mpl*, informations *fpl*.
hysbysu *ba* informer, avertir, aviser, renseigner; **'rwyf yn ysgrifennu i'ch** ~ **...** je vous écris pour vous avertir *neu* signaler *neu* informer que ...
hysbyswr (**hysbyswyr**) *g* informateur *m*; (*dif*) dénonciateur *m*, délateur *m*.
hysbyswraig (**hysbyswragedd**) *b* informatrice *f*; (*dif*) dénonciatrice *f*, délatrice *f*.
hysgi (-**s**) chien *m* esquimau(~s ~x).
hysian, **hysio** *ba* inciter; ~ **ci ar rn** lâcher *neu* lancer un chien contre qn.
hysterectomi (**hysterectomïau**) *g* (MEDD) hystérectomie *f*.
hysteria *g* hystérie *f*; ~ **torfol** hystérie collective.
hysterig *ans* hystérique, convulsif(convulsive); **mae hi'n** ~ elle est très nerveuse *neu* surexcitée; **mynd yn** ~ avoir une violente crise de nerfs; **chwerthiniad** ~ fou rire *m*, rire convulsif;
♦ **yn** ~ *adf* hystériquement, convulsivement; **chwerthin yn** ~ rire convulsivement, être saisi(e) d'un rire convulsif.
hytrach *ans*: **yn** ~
1 (*yn lle*) plutôt; **aeth ar y bws yn** ~ **nag ar y trên** il a pris l'autobus plutôt que le train.
2 (*yn fwy cywir*) plus exactement, plutôt; **mae'n dost, neu yn** ~ **mae'n dweud ei fod yn dost** il est malade, ou plutôt il déclare qu'il est malade; **nid ar fy ngwyliau ydw i ond yn** ~ **allan o waith** je ne suis pas en vacances, mais bien plutôt au chômage.
hytraws *g* diamètre *m*; **ar** ~ de travers, de biais, en biais, oblique;
♦*adf* obliquement, de travers, de biais, en biais, obliquement.
hytrawst (-**iau**) *g* poutre *f*; (*llai*) poutrelle *f*.

hywaith *ans* adroit(e), habile; (*gweithgar*) industrieux(industrieuse), travailleur(travailleuse); (*dof, hawdd*) docile, maniable, traitable;
♦ **yn** ~ *adf* adroitement, industrieusement, docilement.

hywedd *ans* dressé(e), discipliné(e), docile, maniable;
♦ **yn** ~ *adf* docilement.

hyweddu *ba* (*ceffyl*) dresser; (*llew, teigr*) apprivoiser, dompter

I

i[1] *ardd* (imi/i mi, iti/i ti, iddo, iddi, inni/i ni, ichi/i chi, iddynt hwy/iddyn nhw).
1 (*lle, cyfeiriad*) à, en, dans, pour; **mynd ~ Baris/~ Ffrainc/~ Gymru/~'r Unol Daleithiau** aller à Paris/en France/au pays de Galles/aux États-Unis; **ar y ffordd ~ Baris** en allant à Paris, sur la route de Paris, en route à Paris; **mynd ~'r dref/~'r ysgol/~ dŷ Gwilym** aller en ville/à l'école/chez Guillaume; **mynd ~'r carchar** aller en prison; **mynd ~'r coleg** (*fel myfyriwr*) entrer à l'université; **mynd ~'r tŷ/ystafell** (*i mewn i*) entrer dans la maison/pièce; **~'r dde/chwith** à droite/gauche; **~'r gogledd/de** au nord/sud; **~'r dwyrain/gorllewin** à l'est/l'ouest; **mae'n dod ~'r un peth** ça revient à la même chose *neu* au même, c'est bonnet blanc et blanc bonnet; **~ gythraul â gwaith!** au diable le travail!.
2 (*cyflwyno gwrthrych anuniongyrchol*) à; **rhoi rhth ~ rn** donner qch à qn; **rhoddais hi iddi** *ou* **iddo** je la lui ai donnée; **rhowch ef imi!** donnez-le-moi!; **y wraig y gwerthais y llyfr iddi** la dame à qui *neu* à laquelle j'ai vendu le livre; **~ ti mae e!** c'est pour toi!; **nid yw hwnna yn perthyn iddyn nhw** cela ne leur appartient pas; **mae hynny'n help mawr imi** cela m'est très utile; **mae wedi gofyn imi ddod** il m'a demandé de venir.
3 (*dangos meddiant, perthynas*): **mae'n frawd ~ Bryn** c'est le frère de Bryn; **mae'n ffrind imi** c'est un ami à moi, c'est un de mes amis; **ar yr ochr arall ~'r dref** de l'autre côté de la ville.
4 (*mynegi cyfwerthedd, cyfrannedd ayb*): **3 pherson ~ bob bwrdd** 3 personnes par table; **200 o bobl ~'r cilometr sgwâr** 200 personnes au kilomètre carré; **maent wedi ennill o 5 (gôl) ~ 3** ils ont gagné par 5 (buts) à 3.
5 (*amser*): **ugain munud ~ dri** trois heures moins vingt; **chwarter ~ bump** cinq heures moins le quart; **brysia, mae hi'n ddeng munud ~!** dépêche-toi, il est moins dix!.
6 (*canlyniad*): **wedi rhewi ~ farwolaeth** mort(e) de froid; **curo rhn ~ farwolaeth** battre qn à mort.
7 (*hyd at*) jusqu'à; **cyfrif o un ~ ddeg** compter de un jusqu'à dix; **mae'r cyfan yn dod ~ 15 punt** ça fait 15 livres en tout, ça s'élève à 15 livres; **mae'n gywir ~'r centimetr** c'est exact à un centimètre près; **5 mlynedd yn ôl ~'r diwrnod** il y a 5 ans jour pour jour; **'roedd yno tua 15 ~ 20 o bobl** il y avait (de) 15 à 20 personnes, il y avait entre 15 et 20 personnes; **o ddydd ~ ddydd** de jour en jour; **o ddrwg ~ waeth** de mal en pis; **o'r dechrau ~'r diwedd** du début (jusqu'à) la fin.
8 (*o'i gymharu â*): **mae hi'n denau iawn ~'r hyn yr oedd hi 2 flynedd yn ôl** elle est très mince par rapport à *neu* en comparaison de ce qu'elle était il y a 2 ans.
9 (*bod wedi*): **trueni iddi fynd** dommage qu'elle soit *subj* partie; **'rwy'n siwr iddo ddweud wrthyf ...** je suis sûr(e) qu'il m'a dit que ...; **gwn ~'r car dorri i lawr** je sais que la voiture est tombée en panne.
10 (*o flaen berfenw: er mwyn*) pour, afin de; **gweithio ~ ennill arian** travailler pour gagner de l'argent *neu* afin de gagner de l'argent; **lwc iddi lwyddo** heureusement qu'elle a réussi.
11 (*o flaen berfenw: ar ôl enw, ansoddair*): **mae gen i lawer ~'w wneud** j'ai beaucoup à faire; **y cyntaf/gyntaf ~ gwyno** le premier/la première à se plaindre; **mae'n ddigon hen ~ ddeall** il est assez grand pour comprendre; **mae hi'n rhy falch ~ ymddiheuro** elle est trop fière pour s'excuser.
12 (*mewn ymadroddion*): **~ bob golwg** à ce qu'il paraît, selon toute apparence; **~ bob pwrpas** à toutes fins utiles; **~'r diben hwn** à cet effet, dans ce but; **~ ryw raddau** dans une certaine mesure; **y ffŵl gwirion iti!** quel(le) idiot(e)/imbécile/sot(te) que tu es!; **yr hen gybydd iddo!** quel radin (qu'il est)!.
▶ **bod i (fod i)** devoir; **'dwyt ti ddim ~ (fod ~) wneud hynna** tu ne devrais pas faire ça, il ne t'est pas permis de faire cela; **'doedden nhw ddim ~ fod i wybod** elles n'étaient pas censées savoir *gw. hefyd* **bod**[1].

i[2] *rhag syml gw. hefyd* **fi, mi, myfi**
1 (*goddrych*) je; **'rwyf ~'n gweithio** je travaille; (*pwysleisiol*) moi, je travaille; **'rwyf ~'n brysur** je suis occupé(e).
2 (*gwrthrych*) me; **mae'n fy nghasáu ~** il me déteste.
3 (*ar ôl arddodiad*) moi; **hebof ~** sans moi; **rhyngof ~ a hi** entre moi et elle; **'rwyt yn meddwl amdanaf ~** tu penses à moi; **dywedaist wrthyf ~ ...** tu m'as dit que.
4 (*i ategu 'fy'*): **fy nghar ~** ma voiture (à moi).

'i *rhag blaen clwm gw.* **ei**[1].

ia* *adf gw.* **ie**.

iâ *g* glace *f*; **~ du** verglas *m*; **cap ~** calotte *f* glaciaire; **cloch ~** glaçon *m* (naturel); **fflochen ~** banquise *f*; **maes ~** banquise, champ *m* de glace; **mynydd ~** iceberg *m*; **Oes yr I~** Période *f* glaciaire; **picas ~** piolet *m*; **mae ~ yn gorchuddio'r llyn** le lac a gelé, le lac est pris de glace; **bod yn oer fel ~** (*tywydd*) faire un froid glacial *neu* sibérien; (*rhth*) être glacial(e)(glacials *neu* glaciaux, glaciales), être froid(e) comme de la glace; (*rhn*) être glacé(e) jusqu'aux os; **mae hi fel ~ yn yr ystafell yma** cette pièce est une vraie *neu* véritable glacière, on gèle dans cette pièce; **mae fy nwylo yn oer fel** ~ j'ai les mains glacées; **bwced** ~ seau(-x) *m* à glace *neu* à champagne; **cafn** ~ bac *m* à glaçons *neu* à glace; **cist** ~ glacière *f*; **ciwb** ~ glaçon *m*, cube *m* de glace; **hoci** ~ hockey *m* sur glace; **llawr** ~, **rinc** ~ patinoire *f*; **faint o** ~ **gymerwch chi yn eich diod?** combien de glaçons est-ce que vous voulez *neu* est-ce que je vous mets?.

▶ **Gwlad yr Iâ, Ynys yr Iâ** l'Islande *f*; **yng Ngwlad yr I**~ en Islande; **un o Wlad yr I**~ Islandais *m*, Islandaise *f*; **iaith Gwlad yr I**~ islandais *m*.

iacinth (**-au**) *g gw.* **hyacinth**.

iach *ans*

1 (*o ran iechyd: rhn*) sain(e), bien portant(e), en bonne santé; (:*anifail, planhigyn*) en bonne santé; (:*ffig: agwedd*) sain; **bod cyn iached â'r glain** être en parfait état; **gwneud rhn/rhth yn iachach** assainir qn/qch; **mynd yn iachach** s'assainir.

2 (*o ran golwg, ansawdd ayb: lliw, croen*) sain(e); (:*archwaeth*) robuste, bon(ne).

3 (*llesol: awyr, hinsawdd*) salutaire, salubre; (:*bwyd, bwydlen*) sain(e); (:*ymarfer*) bon(ne) pour la santé, salutaire; **yn yr awyr** ~ en plein air; **mynd allan i'r awyr** ~ sortir à l'air libre; **bwydydd** ~ aliments *mpl* naturels; **siop sy'n gwerthu bwydydd** ~ magasin *m* de produits diététiques.

4 (*llwyddiannus: economi*) sain(e), prospère, florissant(e).

5 (*mewn ymadroddion*): **yn** ~**!** au revoir!, adieu!, salut!; **mae'n** ~ **ei chroen** elle n'est pas blessée, elle est indemne, elle est saine et sauve;

♦ **yn** ~ *adf* sainement; **canu'n** ~ **i** faire ses adieux à, dire adieu à, dire au revoir à.

iachâd *g* guérison *f*; **nid oedd** ~ **i fod iddo** il n'était pas guérissable *neu* curable.

iachadwy *ans* guérissable, curable.

iachaol *ans* (*sydd yn iacháu*) qui guérit; (*dwylo*) de guérisseur; (*eli*) cicatrisant(e); (*meddyginiaeth*) curatif(curative).

iacháu *ba* guérir; (*CREF*) sauver; **un sy'n** ~ guérisseur *m*, guérisseuse *f*; **y gellir ei** ~ guérissable, curable; **na ellir ei** ~ inguérissable, incurable.

iachawdwr (**iachawdwyr**) *g* sauveur *m*; **yr I**~ (*CREF*) le Sauveur.

iachawdwriaeth *b* salut *m*; **Byddin yr I**~ l'Armée *f* du Salut; **band Byddin yr I**~ fanfare *f* de l'Armée du Salut; **mae'r gwaith wedi bod yn** ~ **i mi** (*ffig*) le travail m'a sauvé(e), j'ai trouvé mon salut dans le travail; **wel yr** ~ **fawr!** (*ebych*) grand ciel!, grands dieux!

iachäwr (**iachawyr**) *g* guérisseur *m*.

iachawraig (**iachawragedd**) *b* guérisseuse *f*.

iachlendid *g* hygiène *f*, assainissement *m*; (*tŷ*) installations *fpl* sanitaires; (*tref*) système *m* sanitaire.

iachus *ans* sain(e); (*hinsawdd*) tonifiant(e), tonique, salubre; (*awel ayb*) tonique, rafraîchissant(e); (*ymarfer*) salutaire, bon(ne) pour la santé; **bwydydd** ~ aliments *mpl* naturels;

♦ **yn** ~ *adf* sainement; **chwerthin yn** ~ avoir le bon rire.

iachuso *ba* tonifier.

iachusol *ans* sain(e); (*hinsawdd*) tonique, tonifiant(e), salubre; (*ymarfer*) salutaire, bon(ne) pour la santé; **grym** ~ (*awyr iach ayb*) tonicité *f*;

♦ **yn** ~ *adf* sainement, salubrement, salutairement.

iachusrwydd *g* (*iechyd da*) bonne santé *f*; (*bwyd, awyr, hinsawdd*) salubrité *f*, caractère *m* sain, nature *f* saine.

iad (**-au**) *b* (*corun y pen*) sommet *m* de la tête, crâne *m*; (*penglog*) crâne; **caead yr** ~ fontanelle *f*.

iäen (**-nau**) *b* (*rhewlif*) glacier *m*; (*talp o iâ*) glaçon *m*.

Iago *prg* Jacques.

iaith (**ieithoedd**) *b*

1 (*a ddefnyddir gan genedl*) langue *f*; **yr** ~ **Gymraeg** la langue galloise, le gallois *m*; **yr** ~ **fain** l'anglais *m*; ~ **gyntaf** (*mamiaith*) langue maternelle *neu* naturelle; **ail** ~ langue seconde, deuxième langue; ~ **dramor,** ~ **estron** langue étrangère; ~ **fodern** langue vivante; ~ **frodorol** langue vernaculaire, dialecte *m*; ~ **gysefin** langue primitive; ~ **lafar** langue parlée, parler *m*; ~ **swyddogol** langue officielle; ~ **wneud** langue artificielle; ~ **ysgrifenedig** langue écrite; **mae hi'n astudio ieithoedd** elle fait des (études de) langues, elle est linguiste; **labordy** ~ laboratoire *m* de langues.

2 (*mynegiant categori neu ddosbarth o bobl*) langage *m*, parler *m*; ~ **adar** le langage des oiseaux; ~ **fabïaidd** langage enfantin *neu* de bébé; ~ **fathemategol** le langage des mathématiques; ~ **flodeuog** langage fleuri *neu* orné; ~ **ffigurol** langage figuré *neu* métaphorique; ~ **ffurfiol dogfennau** le langage conventionnel des documents; ~ **goeth** langage *neu* style *m* élégant; ~ **gyffredin** langage simple *neu* ordinaire *neu* commun; ~ **lenyddol** langage littéraire; ~ **plentyn** le langage de l'enfant, le parler de l'enfant, la façon dont l'enfant se sert du langage; ~ **pob dydd** langage de tous les jours, langage familier; **mae lleferydd yn un agwedd ar** ~ la parole est l'un des aspects du langage; **nid ydym yn siarad yr un** ~ (*ffig*) on ne parle pas le même langage.

3 (*geiriau annerbyniol*): ~ **anweddus** gros mots *mpl*, grossièretés *fpl*; ~ **fudr,** ~ **front** langage ordurier *neu* grossier *neu* obscène; **ni ddylet ddefnyddio'r** ~ **yna gyda dy fam!** on ne parle pas comme ça à sa mère!; **gwylia dy ~!** surveille ton langage!

iam (**-au**) *g* (*PLANH*) igname *f*; (*taten felys*) patate *f* douce.

iambig *ans* iambique;
♦*g,b* (**-ion**) iambe *m*, vers *m* iambique.

Ianc (**-s**) *g* Yankee *m/f*, Amerloque* *m/f*, Ricain* *m*, Ricaine* *f*.

Iancaidd *ans gw.* **Iancïaidd**.

Ianci (**-s**) *g gw.* **Ianc**.

Iancïaidd *ans* yankee, ricain(e)*.

iâr (**ieir**) *b*
1 (*aderyn fferm*) poule *f*; **~ fatri** poule de batterie; **ieir maes** poulets *mpl* fermiers *neu* de ferme; **cyw ~** poulet *m*; **cwt ieir** poulailler *m*.
2 (*aderyn benyw*) oiseau(-x) *m* femelle, femelle *f*; **~ ffesant** faisane *f*; **ceiliog ~** coq *m*, mâle *m*.
3 (*math arbennig o aderyn*): **~ ddŵr, ~ fach yr hesg** poule *f* d'eau; **~ goch y mynydd** grouse *f*, lagopède *m* d'Écosse; **~ y gors** foulque *f*.
4 (*PRYF*): **~ fach goch** coccinelle *f*, bête *f* à bon Dieu; **~ fach yr haf** papillon *m*.
5 (*mewn ymadroddion*): **bod fel ~ ar y glaw** avoir l'air penaud, avoir l'oreille basse; **bod fel ~ dan badell** être triste, avoir l'air triste; **bod fel ~ yn crafu** faire du surplace*, n'arriver à rien, perdre son temps; **bod fel ~ yn gori** être rêveur(rêveuse), être distrait(e), être lent(e) à se déplacer; **ymadael fel ~ i ddodwy** partir à la dérobée, partir furtivement.
▶ **iâr glwc** poule *f* couveuse; **edrych fel ~ glwc** faire une tête d'enterrement; **teimlo fel ~ glwc** avoir le cafard*, avoir des idées noires.

iard (**-iau, ierdydd**) *b*
1 (*fferm, tŷ, ysgol, carchar*) cour *f*; **~ gefn** cour de derrière; **~ yr ysgol** la cour de récréation.
2 (*dan do: mewn ysgol, mewn carchar, mewn cwfaint*) préau(-x) *m*.
3 (*ADEIL, MASN: safle gwaith*) chantier *m*; (*:lle cadw*) dépôt *m*; (*lle i gadw anifeiliaid*) parc *m*; **~ goed** chantier *neu* dépôt de bois; **~ lo** dépôt de charbon; **~ longau** chantier de construction navale.

iarll (**ieirll**) *g* comte *m*.

iarllaeth (**-au**) *b* titre *m* de comte; (*y diriogaeth*) comté *m*.

iarlles (**-au**) *b* comtesse *f*.

ias (**-au**) *b*
1 (*oerni*) frisson *m*; (*ofn, pleser*) frisson, tressaillement *m*; **mae ~ ynddi** il fait un peu froid, il fait assez frais; **tynnu'r ~ oddi ar** (*ystafell*) réchauffer (qch) un peu; (*gwin*) chambrer; (*dŵr*) dégourdir; **'roedd ~ yn ei hedrychiad** il y avait quelque froideur dans son regard; **teimlo ~ oer** frissonner, avoir un frisson; **rhoi ~ i rn** faire frissonner qn; **fe gododd hwnna ~ arna' i** cela m'a donné le frisson, cela m'a donné froid dans le dos; **'rwyt yn codi ~ arna' i!** tu me donnes des frissons partout!.
2 (*berw, berwad*) ébullition *f*.

iasbis (**-au**) *g* jaspe *m*.

iasoer *ans* qui donne le frisson, à vous figer, à vous tourner le sang *neu* les sangs;
♦ **yn ~** *adf* de façon à vous donner le frisson.

iasol *ans* glacial(e)(glacials *neu* glaciaux, glaciales); (*profiad, ffilm ayb*) qui donne le frisson;
♦ **yn ~** *adf* de façon glaciale, de façon à vous donner le frisson.

iasu *ba* (*lledferwi, berwi'n araf*) faire cuire (qch) à feu doux; (*dŵr*) laisser frémir; (*cawl*) laisser mijoter *neu* mitonner.

iau[1] (**ieuau, ieuoedd**) *g,b* (*dros war anifail*) joug *m*.

iau[2] (**ieuau**) *g* (*CORFF, COG: afu*) foie *m*.

iau[3] *ans* (gradd gymharol 'ieuanc'. Wrth gyfieithu dylid cyfeirio at y gwahanol ystyron sydd dan 'ifanc'.) plus jeune; **pe bawn i'n ~** si j'étais plus jeune; **'rwyf i 3 blynedd yn ~ na hi** je suis plus jeune qu'elle de 3 ans, elle a 3 ans de moins que moi, je suis son cadet *neu* sa cadette de 3 ans; **y genhedlaeth ~** la jeune génération, la génération montante; **mynd yn ~, edrych yn ~** rajeunir; **edrych yn ~ na ...** faire plus jeune que ...; **mae hi'n edrych yn ~ na 40 mlwydd oed** on ne lui donnerait pas 40 ans, elle ne fait pas (ses) 40 ans; **brawd ~** cadet *m*, frère *m* cadet; **chwaer ~** cadette *f*, sœur *f* cadette.

Iau *g*
1 (*duw*) Jupiter *m*.
2 (*planed*): **(y blaned) ~** Jupiter *m*.
3 (*dydd*): **(dydd) ~** jeudi *m*; **dydd ~ Cablyd** jeudi saint; **dydd ~'r Dyrchafael** jour *m* *neu* fête *f* de l'Ascension *gw. hefyd* **Llun**.

iawn[1] *adf* très, bien, fort; **da ~** très bien; **nid wyf yn teimlo'n dda ~ heddiw** je ne me sens pas très bien *neu* pas très d'aplomb *neu* pas dans mon assiette* aujourd'hui; **'rwy'n hapus ~** je suis très *neu* bien *neu* fort heureux(heureuse); **'roedd yn sychedig/oer ~** il avait très soif/froid; **bod yn ofalus ~** faire très *neu* bien attention.

iawn[2] *ans*
1 (*teg, cyfiawn*) juste, équitable.
2 (*moesol gywir*) bien *inv*, conforme au devoir *neu* à la morale; **nid yw hi'n ~ i ddweud celwydd** ce n'est pas bien de mentir; **gwneud yr hyn sy'n ~** faire ce qui est conforme au devoir *neu* à la morale, faire ce qu'il faut; **a fyddai'n beth ~ dweud wrthi hi?** est-ce qu'on ferait bien de lui dire?; **gwneud y peth ~ â rhn** bien agir envers qn, agir honorablement envers qn.
3 (*gwir, cywir*) juste, exact(e), conforme à la

vérité, bon(ne); **bod yn** ~ (*rhn*) avoir raison; (*ateb*) être juste *neu* exact *neu* correct(e); **'rwyt yn berffaith** ~ tu as parfaitement raison, tu as cent fois raison; **'roeddet ti'n** ~ **i wrthod** tu as bien fait *neu* tu as eu raison de refuser; **mae hynna'n** ~ c'est ça*, c'est juste *neu* correct; **ydy hynny'n** ~**?** (*yn wir*) c'est vrai?, vraiment?; **yr ateb** ~ la bonne réponse; **yr amser** ~ l'heure *f* exacte *neu* juste; **ydy'r cloc yn** ~**?** est-ce que la pendule est à l'heure?; **cefais fy symiau i gyd yn** ~ **yn yr ysgol** j'ai réussi toutes mes additions en classe; **cael eich ffeithiau'n** ~ être sûr(e) de ce qu'on avance; **ar y trywydd** ~ (*ffig*) sur la bonne voie; **yr ateb** ~ la bonne réponse, la réponse qu'il faut, la réponse requise, la réponse correcte; **pa un yw'r ffordd** ~ **i'r orsaf?** quelle est la bonne voie pour aller à la gare?.

4 (*addas: cyff*) convenable; (*:gorau*) meilleur(e); **nid oedd hi'n gwisgo'r dillad** ~ elle ne portait pas les vêtements appropriés *neu* convenables *neu* qui convenaient; **'rwyt ti wedi dod ar yr adeg** ~ tu es bien tombé(e), tu es venu(e) au meilleur moment; **gwneud rhth ar yr adeg** ~ faire qch au bon moment *neu* au moment voulu; **y gair** ~ le mot juste; **y dyn** ~ **ar gyfer y swydd** l'homme qu'il faut pour le poste, l'homme de la situation; **fo ydi'r dyn** ~ **iddi hi** c'est l'homme de sa vie; **mae'n union y maint** ~ c'est exactement la taille qu'il faut; **ni wn beth yw'r peth** ~ **i'w wneud** je ne sais pas ce qu'il vaut mieux faire; **fe wnawn yr hyn sy'n** ~ **ar gyfer y bobl** nous ferons ce qui est dans l'intérêt du peuple; **adnabod y bobl** ~ avoir des relations utiles, connaître les gens bien placés.

5 (*mewn cyflwr da: rhn*) en bonne santé, bien portant(e); (*:rhth*) en bon état, qui marche *neu* fonctionne bien; **bod yn hollol** ~ (*ar ôl salwch*) se porter comme un charme; **bod yn** ~ (*ar ôl cwymp, codwm*) être indemne; (*yn eich meddwl*) avoir toute sa raison; **bod yn eich** ~ **bwyll** être sain d'esprit, avoir l'esprit sain; **sut ydych chi?** ~**, diolch** ça va? oui, ça va bien merci, comment allez-vous? très bien, merci; **beth am y peiriant golchi? ydi, mae'n** ~ et la machine à laver? oui, ça marche; **mae'n hen hogyn*** *ou* **fachan*** ~ (*ffig*) c'est un chic type*, c'est un type* bien;

♦ **yn** ~ *adf*

1 (*yn gywir*) bien, juste, correctement; **ateb yn** ~ répondre correctement; **dyfalu'n** ~ deviner juste; **os cofiaf yn** ~ **...** si je m'en souviens bien ...; **gadewch inni ei wneud yn** ~ **y tro yma!** essayons d'y arriver cette fois-ci!.

2 (*yn dda*) bien, comme il faut, d'une manière satisfaisante; **os aiff popeth yn** ~ si tout va bien.

▶ **iawn!** (*o'r gorau*) d'accord!, entendu!, convenu!, d'acc*!.

▶ **y ffordd iawn** la bonne route; (*dull*) la bonne façon; **ai dyma'r ffordd** ~ **i Baris?** est-ce bien la route de Paris?, est-ce la bonne route pour Paris?; **ar y ffordd** ~ sur le bon chemin; **gwneud rhth y ffordd** ~ s'y prendre bien, faire qch comme il faut *neu* de la façon correcte; **dyna'r ffordd** ~ **i edrych ar bethau** c'est bien ainsi qu'il faut envisager les choses *neu* les faits.

▶ **go iawn** *gw.* **go**;

♦*g* (*am bechod, am drosedd*) expiation *f*; (*am gamgymeriad*) réparation *f*; (*iawndal*) compensation *f*, dédommagement *m*, indemnité *f*.

▶ **gwneud iawn am** (*pechod, trosedd*) expier; (*camgymeriad*) réparer, racheter; **gwneud** ~ **am gamgyfrif** compenser une erreur *neu* un mauvais calcul.

iawndal (**-iadau**) *g* compensation *f*, dédommagement *m*, indemnité *f*; **talu** ~ **i rn am rth** indemniser qn de qch, dédommager qn de qch; **dyfarnu** ~ **i** accorder des dommages *neu* indemnités *neu* dommages-intérêts à.

iawnder (**-au**) *g* droit *m*; ~**au dinesig,** ~**au sifil** droits civiques; ~**au dynol** les droits de l'homme; ~**au merched** les droits de la femme; **mudiad** ~**au dynol/merched** mouvement *m* pour les droits de l'homme/de la femme.

iawndwf *g* maturité *f*; **dod i'w** ~ atteindre sa maturité.

iawnongl (**-au**) *b* angle *m* droit; **ar** ~ **i rth** perpendiculaire à qch, à angle droit avec qch.

iawnonglog *ans* à angle droit, perpendiculaire;

♦ **yn** ~ *adf* perpendiculairement, à ongle droit.

Iberaidd *ans* ibérique, ibère.

Iberia *prb* l'Ibérie *f*; **yn** ~ en Ibérie.

Iberiad (**Iberiaid**) *g/b* Ibère *m/f*.

ibis (**-au, -iaid**) *g* ibis *m*.

icon (**-au**) *g* icône *f*.

ichi *ardd gw.* **i**[1].

id *g* (*SEIC*) ça *m*; **yr** ~**, yr ego a'r uwch-ego** le ça, le moi, et le surmoi.

idealaeth *b* idéalisme *m*.

idealaidd *ans* idéaliste;

♦ **yn** ~ *adf* de façon idéaliste.

idealiad (**-au**) *g* idéalisation *f*.

idealistaeth *b* idéalisme *m*.

idealistaidd *ans* idéaliste;

♦ **yn** ~ *adf* de façon idéaliste.

idealistig *ans gw.* **idealistaidd**.

idealydd (**-ion**) *g* idéaliste *m/f*.

idealyddiaeth *b gw.* **idealaeth**.

ideoleg (**-au**) *b* idéologie *f*.

ideolegol *ans* idéologique;

♦ **yn** ~ *adf* idéologiquement.

ideolegydd (**-ion**) *g* idéologue *m/f*.

idiom (**-au**) *g,b* (*dywediad, priod-ddull*)

idiotisme *m*, locution *f*, expression *f* *neu* tournure *f* idiomatique.
idiomatig *ans* idiomatique, de la langue courante *neu* populaire; **siarad Ffrangeg ~** parler un français idiomatique;
♦ **yn ~** *adf* de façon idiomatique.
Iddew (**-on**) *g* Juif *m*.
Iddewes (**-au**) *b* Juive *f*.
Iddewig *ans* juif(juive).
Iddewiaeth *b* judaïsme *m*.
iddi, iddo, iddynt *ardd gw.* **i**[1].
ie *adf*
1 (*ar ôl cwestiwn neu osodiad cadarnhaol*) oui; **ai'ch chwaer yw hi?** ~ elle est votre sœur *neu* c'est votre sœur? oui; **~, wrth gwrs, ~'n wir** mais oui, certes oui, bien sûr que oui; **~, wir?** c'est vrai?; **atebais 'ie'** j'ai répondu que oui.
2 (*ar ôl cwestiwn neu osodiad negyddol*) si; **nid eich brawd yw ef? ~, wrth gwrs!** ce n'est pas votre frère? (mais) si! *neu* si fait!; **atebais 'ie'** j'ai répondu que si.
iechyd *g* santé *f*; **~ cyhoeddus/deintiol/meddwl** santé publique/dentaire/mentale; **canolfan ~** centre *m* médico-social; **swyddog ~** inspecteur *m*/inspectrice *f* de la santé publique; **ymwelydd ~** infirmière *f* visiteuse; **yswiriant ~** assurance *f* maladie; **y Gwasanaeth I~ Gwladol** ≈ la Sécurité *f* sociale; **clinig y Gwasanaeth I~ Gwladol** clinique *f* conventionnée; **meddyg y Gwasanaeth I~ Gwladol** médecin *m* conventionné; **Gweinidog I~** ministre *m* de la Santé; **y Weinyddiaeth I~** le ministère de la Santé; **adennill ~** recouvrer la santé, se remettre; **mae ei ~ yn dda** il jouit d'une bonne santé; **~ da!** à votre santé!; **~ yw clywed Cymraeg da** ça fait du bien *neu* c'est réconfortant d'entendre parler un gallois correct.
iechydaeth *b* (*carthffosiaeth ayb: mewn tŷ*) installations *fpl* sanitaires; (*:mewn tref*) système *m* sanitaire; (*gwyddor*) hygiène *f* publique.
iechydeg *b* hygiène *f*.
iechydfa (**iechydfeydd**) *b* sanatorium *m*.
iechydol *ans* sanitaire, hygiénique.
iechydwriaeth *b gw.* **iachawdwriaeth**.
ieir *ll gw.* **iâr**.
ieirll *ll gw.* **iarll**.
ieitheg *b* (*gwyddor iaith*) philologie *f*.
ieithegol *ans* philologique;
♦ **yn ~** *adf* philologiquement.
ieithegydd (**ieithegwyr**) *g* philologue *m/f*.
ieithol *ans* linguistique.
ieithwedd (**-au**) *b* (*priod-ddull, idiom*) idiotisme *m*, locution *f*, expression *f* *neu* tournure *f* idiomatique; (*dull ymadrodd*) phraséologie *f*; (*geiriad*) style *m*, langage *m*.
ieithydd (**-ion**) *g* linguiste *m/f*.
ieithyddiaeth *b* linguistique *f*; **gradd mewn ~** licence *f* de linguistique; **llyfr ~** livre *m* de linguistique; **athro ~** professeur *m* de linguistique; **myfyriwr ~** étudiant *m* en linguistique.
ieithyddol *ans* linguistique;
♦ **yn ~** *adf* linguistiquement.
ien (**-iau**) *b* yen *m*.
ierdydd *ll gw.* **iard**.
Iesu *prg* Jésus; **~ Grist** Jésus-Christ.
iet (**-iau**) *b* (*cae*) barrière *f*; (*gardd*) porte *f*, portail *m*; (*o haearn*) grille *f*.
ieti (**ietïaid, ietïod**) *g* yéti *m*.
ieuaf *ans gw.* **ieuengaf**.
Ieuan *prg* Jean; **~ frenin Lloegr** (le roi) Jean sans Terre, Jean d'Angleterre.
ieuanc (**ieuainc**) *ans gw.* **ifanc**.
ieuau *ll*
1 *gw.* **iau**[1].
2 *gw.* **iau**[2].
ieuengach *ans gw.* **iau**[3].
ieuengaf *ans* (gradd eithaf 'ieuanc'. Wrth gyfieithu dylid cyfeirio at y gwahanol ystyron sydd dan 'ifanc'.)
1 le(la) plus jeune; **brawd ~** frère *m* cadet; **chwaer ~** sœur *f* cadette; **aelod ~ y teulu** le cadet *m*/la cadette *f* de la famille; **Mr. Davies yr ~** le jeune M. Davies, M. Davies fils.
2 (*defnydd enwol*): **yr ~** le plus jeune, la plus jeune; (*aelod o deulu*) le cadet *m*, la cadette *f*.
ieuenctid *g*
1 (*bore oes*) jeunesse *f*; **~ cynnar** la première *neu* prime jeunesse; **yn nyddiau fy ~** dans ma jeunesse, lorsque j'étais jeune, au temps de ma jeunesse; **yn ~ y dydd** (*ffig*) de bon matin, au jour naissant.
2 (*pobl ifainc*) jeunes gens *mpl*, jeunesse *f*, jeunes *m/fpl*; **arweinydd grŵp ~** animateur *m*/animatrice *f* de groupes de jeunes; **clwb ~** foyer *m* *neu* centre *m* de jeunes; **hostel ~** auberge *f* de jeunesse; **llys ~** tribunal(tribunaux) *m* pour enfants; **mudiad ~ Hitler** les jeunesses hitlériennes.
ieuo *ba* (*ych*) accoupler, unir, mettre (qch) au joug, atteler; (*pâr priod*) accoupler, unir.
ifanc (**ifainc**) *ans*
1 (*o ran oed*) jeune; **bachgen ~** jeune garçon *m*, jeune *m*; **merch ~** (*ddibriod*) jeune fille *f*, demoiselle *f*; **gwraig ~** (*briod*) jeune femme *f*; **y bobl ifainc** les jeunes *m/fpl*, les jeunes gens *mpl*, la jeunesse *f*; **y genhedlaeth ~, y to ~** la jeune génération, la génération montante; **troseddwr/troseddwraig ~** jeune délinquant *m*/délinquante *f*; **priodi'n ~** se marier jeune; **nid wyf mor ~ ag yr oeddwn i** je n'ai plus (mes) vingt ans; **dim ond unwaith yr ydym ni'n ~** jeunesse n'a qu'un temps; **nid yw'r noswaith ond yn ~** (*ffig*) la nuit ne fait que commencer, on a toute la nuit devant nous*.

2 (*o ran golwg, agwedd, ffordd*) jeune, juvénile; **mae golwg rhy ~ ar y dillad 'ma i mi** ces vêtements sont trop jeunes *neu* font trop jeune pour moi; **bod â golwg ~ arnoch** avoir l'air jeune, faire jeune; **mae'n ~ o'i oedran** il est jeune pour son âge, il paraît *neu* fait plus jeune que son âge; **â chalon ~** jeune de cœur.
3 (*newydd, ffres*): **gwin ~** vin *m* nouveau; (*anaeddfed*) vin vert; **gwaed ~** sang *m* jeune *neu* nouveau *gw. hefyd* **iau, ieuengaf**;
♦*ll*: **yr ifainc** les jeunes *m/fpl*, les jeunes gens *mpl*, la jeunesse *f*; **ar gyfer yr hen a'r ifainc** pour les jeunes comme les vieux, pour jeunes et vieux, pour les jeunes et les moins jeunes; **troseddau'r ifainc** l'enfance *f* délinquante, la jeunesse délinquante.

Ifan *prg* Jean; **Gŵyl ~** la Saint-Jean.

ifori *g* ivoire *m*;
♦*ans* d'ivoire, en ivoire; (*o ran lliw*) ivoire *inv*; **tŵr ~** tour *f* d'ivoire; **y Traeth I~** la Côte d'Ivoire *f*.

ig (**-ion, -iau**) *b*: **yr ~** le hoquet *m*; **mae'r ~ arna' i** j'ai le hoquet

igam-ogam *ans* (*llinell, llwybr*) en zigzag; (*ffordd*) en lacets; (*patrwm*) à zigzags;
♦*adf* en zigzag; **mynd ~-~** (*ffordd*) zigzaguer, faire des zigzags; (*rhn, cerbyd*) zigzaguer, avancer en zigzag; **mynd i fyny/i lawr ~-~** monter/descendre en zigzag; **cerdded/rhedeg ~-~** marcher/courir en zigzaguant.

igam-ogamu *bg* (*ffordd*) zigzaguer, faire des zigzags; (*rhn, cerbyd*) zigzaguer, avancer en zigzag.

igian, igio *bg* hoqueter, avoir le hoquet; **~ crio** sangloter.

iglw (**-s, iglŵau**) *g* igloo *m neu* iglou *m*.

igneaidd *ans* igné(e).

ing (**-oedd**) *g* (*meddyliol*) angoisse *f*, anxiété *f*; (*corfforol*) supplice *m*; (*cyfyngder*) détresse *f*; **bod mewn ~** (*yn feddyliol*) être angoissé(e), être dans l'angoisse; (*yn gorfforol*) être au supplice, souffrir le martyre; **~ marwolaeth** agonie *f*, les affres *fpl* de la mort.

ingol *ans* (*sefyllfa*) angoissant(e); (*dioddefaint, gwaedd*) déchirant(e); (*poen*) atroce;
♦ **yn ~** *adf* de façon angoissante *neu* angoissée, atrocement.

ildfrydedd *g* défaitisme *m*.

ildfrydol *ans* défaitiste;
♦ **yn ~** *adf* de façon défaitiste.

ildfrydwr (**ildfrydwyr**) *g* défaitiste *m*.

ildfrydwraig (**ildfrydwragedd**) *b* défaitiste *f*.

ildiad *g* (*MIL*) reddition *f*, capitulation *f*; (*hawliau, rhyddid*) renonciation *f*, abdication *f*; (*gobeithion*) abandon *m*; (*arfau*) remise *f*; (*eiddo lladrad, dogfennau*) restitution *f*; (*prydles*) cession *f*; (*polisi yswiriant*) rachat *m*; **gwerth ~** (*yswiriant*) valeur *f* de rachat.

ildio *ba*
1 (*MIL: dinas, tir ayb*) livrer, céder.
2 (*trosglwyddo: arfau*) rendre, remettre; (*:eiddo lladrad, dogfennau*) remettre, restituer.
3 (*ymwadu â, rhoi'r gorau i: hawliau, rhyddid*) renoncer à, abdiquer, céder, abandonner; (*:prydles*) céder; (*:polisi yswiriant*) racheter; (*:gobeithion*) abandonner; **~'r ffordd i rn** laisser *neu* céder la priorité à qn;
♦*bg*
1 (*MIL: milwr, byddin*) se rendre; (*:gwlad*) capituler.
2 (*eich rhoi'ch hun yn nwylo rhn*) se livrer à; **~ i'r heddlu** se livrer à la police.
3 (*ymostwng*) céder; **~ i rn** (*mewn gêm*) céder à qn; **os yw'n mynd i ~ ar y pwynt yma ...** s'il admet *neu* concède ce point ..., s'il cède sur ce point ....
4 (*rhoi'r gorau iddi*) renoncer, abandonner; **'rwy'n ~!** (*mewn gêm, cwis ayb*) je donne ma langue au chat*!, j'y renonce!, j'abandonne!, je laisse tomber!; **peidiwch ag ~!** tenez bon!; **~ i anobaith** (*ffig*) s'abandonner *neu* se livrer au désespoir.
5 (*TRAFN: ar arwydd ffordd*): **"ildiwch"** "cédez le passage"

ill *rhag*: **~ dau/dwy** les deux, tous/toutes les deux, l'un/l'une et l'autre; **~ tri/tair** les trois, tous/toutes les trois.

imbill (**-ion**) *b* vrille *f*.

imi *ardd gw.* **i**[1].

imiwn *ans* (*MEDD*) immunisé(e); **adwaith/system ~** réaction *f*/système *m* immunitaire.

imiwnedd *g* immunité *f*; **~ diplomatig** immunité diplomatique.

imiwneiddiad (**-au**) *g* immunisation *f*.

imiwneiddio *ba* immuniser; **~ rhn rhag** immuniser qn contre.

imp (**-iau**) *g* (*blaguryn, eginyn*) pousse *f*, scion *m*, rejeton *m*; (*a impir o blanhigyn arall*) greffe *f*, greffon *m*, scion *m*.

imperialaeth *b* impérialisme *m*.

imperialaidd *ans* impérial(e)(impériaux, impériales); (*urddasol*) majestueux(majestueuse); (*fel imperialydd*) impérialiste;
♦ **yn ~** *adf* majestueusement, de façon impérialiste.

imperialydd (**-ion**) *g* impérialiste *m/f*.

impetigo *g* impétigo *m*; (*ar blant*) gourme *f*.

impiad (**-au**) *g* greffe *f*.

impio *ba* (*AMAETH, MEDD*) greffer;
♦*g*: **~ calonnau** la greffe *f* des cœurs.

impiwr (**impwyr**) *g* greffeur *m*.

impyn (**impiau**) *g gw.* **imp**.

imwnedd *g gw.* **imiwnedd**.

imwneiddiad (**-au**) *g gw.* **imiwneiddiad**.

imwneiddio *ba gw.* **imiwneiddio**.

inc (**-iau**) *g* encre *f*; **ysgrifennu mewn ~** écrire à l'encre; **~ annileadwy** encre indélébile; ~

anweledig encre sympathique; ~ **India** encre de Chine; **blot** ~, **staen** ~ tache *f* d'encre, pâté *m*; **pad** ~ tampon *m* encreur; **pen** ~ stylo *m*; **pot** ~ encrier *m*; **potel** ~ bouteille *f* d'encre; **rwber** ~ gomme *f* à encre; **stand** ~ (grand) encrier de bureau.

incio *ba* repasser (qch) à l'encre.

incil, **incl** (**inclau**) *g* ruban *m*; ~ **mesur** mètre *m* à ruban, centimètre *m*; ~ **glud** scotch *m*, ruban adhésif.

inclein, **inclên** (**-s**) *g* (*RHEIL*) plan *m* incliné, rampe *f*.

incwm (**incymau**) *g* revenu *m*; ~ **blynyddol** revenu annuel; **polisi** ~ politique *f* des revenus; **treth** ~ impôt *m* sur le revenu; **arolygwr treth** ~ inspecteur *m* des contributions directes; **ffurflen dreth** ~ déclaration *f* des revenus, feuille *f* d'impôts.

indemneb (**-au**) *b* lettre *f* de garantie.

indemniad (**-au**) *g* garantie *f* d'indemnité.

indemnio *ba* assurer, garantir.

indentio *ba* (*minfylchu*) denteler; (*TEIP*) renfoncer.

indentur (**-iau**) *g* (*CYFR: dogfen ffurfiol*) contrat *m* synallagmatique; ~ **prentisiaeth** contrat d'apprentissage.

India *prb*: **(yr)** ~ l'Inde *f*, les Indes *fpl*; **yn** ~ en Inde, dans l'Inde, aux Indes; **Cefnfor yr** ~ l'océan *m* Indien; **eliffant yr** ~ éléphant *m* d'Asie; **Ymerodraeth yr** ~ l'Empire *m* des Indes; **y tiriogaethau Ffrengig yn yr** ~ les établissements français dans l'Inde; **te o'r** ~ thé *m* indien, thé de l'Inde; **~'r Dwyrain** les Indes orientales; **yn ~'r Dwyrain** aux Indes orientales; **~'r Gorllewin** les Antilles *fpl*; **yn ~'r Gorllewin** aux Antilles; **o ~'r Gorllewin** (*ansoddeiriol*) antillais(e); **un o ~'r Gorllewin** Antillais *m*, Antillaise *f*.

india-corn *g* maïs *m*.

Indiad (**Indiaid**) *g/b* Indien *m*, Indienne *f*; ~ **America** (*un o'r brodorion gwreiddiol*) Indien *m* d'Amérique, Indienne *f* d'Amérique, Amérindien *m*, Amérindienne *f*; ~ **Coch** Peau-Rouge(~x-~s) *m/f*.

Indiaidd *ans* indien(ne), de l'Inde, des Indes; (*America*) amérindien(ne); (*India'r Gorllewin*) antillais(e).

india-roc *g* sucre *m* d'orge.

indiarybyr *g* caoutchouc *m*; **mae hwn yn galed fel** ~ c'est dur comme du caoutchouc;
♦*ans* en *neu* de caoutchouc.

indigo *ans* indigo *inv*;
♦*g* indigo *m*.

inditiad (**-au**) *g* (*CYFR: cyhuddiad ffurfiol*) acte *m* d'accusation; (*:cyhuddo*) mise *f* en accusation.

inditio *ba* (*CYFR: cyhuddo'n ffurfiol*) accuser, mettre (qn) en accusation.

Indo-Ewropead *g/b* Indo-Européen *m*, Indo-Européenne *f*.

Indo-Ewropeaidd *ans* indo-européen(ne).

Indo-Ewropeg *b,g* indo-européen *m*.

Indonesaidd *ans* indonésien(ne).

Indoneseg *b,g* indonésien *m*;
♦*ans* indonésien(ne).

Indonesia *prb* l'Indonésie *f*; **yn** ~ en Indonésie.

Indonesiad (**Indonesiaid**) *g/b* Indonésien *m*, Indonésienne *f*.

Indo-Tsieina *prb* l'Indochine *f*; **yn** ~-~ en Indochine.

Indo-Tsieinead (**Indo-Tsieineaid**) *g/b* Indochinois *m*, Indochinoise *f*.

Indo-Tsieineaidd *ans* indochinois(e).

indrawn *g* maïs *m*.

inertia *g* (*FFIS*) inertie *f*.

ingot (**-au, -iau**) *g* lingot *m*.

injan (**-s**) *b* (*car, awyren*) moteur *m*; (*llong*) machine *f*; **â dwy** ~ à deux machines, bimoteur; ~ **dân** voiture *f* de pompiers; ~ **drên** locomotive *f*; ~ **ddyrnu** batteuse *f*; ~ **ffordd** rouleau(-x) *m* compresseur; ~ **hogi** affiloir *m*, aiguisoir *m*; ~ **naddu** machine à découper; ~ **naddu llechi** machine à tailler l'ardoise; ~ **stêm** locomotive à vapeur; ~ **torri gwair** (*gardd*) tondeuse *f* à gazon; ~ **wair** (*AMAETH*) faucheuse *f*; ~ **wnïo** machine à coudre.

innau *rhag cysylltiol gw.* **minnau**.

inset (**-iau**) *g* (*ar fap, mewn testun*) encadré *m*; (*mewn cylchgrawn, papur newydd: tudalennau ychwanegol*) encart *m*.

insiwrans *g gw.* **yswiriant**.

insiwrio *ba gw.* **yswirio**.

inswleiddio *ba* (*rhag sŵn*) insonoriser; (*rhag oerni, gwres*) isoler; (*tanc dŵr poeth*) calorifuger; (*TRYD*) isoler.

inswlin *g* insuline *f*; **triniaeth** ~ traitement *m* à l'insuline; **chwistrelliad o** ~ piqûre *f* d'insuline.

integredig *ans* intégré(e), incorporé(e); **ysgol** ~ *établissement scolaire où se pratique la déségrégation raciale.*

integreiddiad *g* intégration *f*, incorporation *f*; ~ **hiliol** déségrégation *f* raciale.

integreiddio *ba* (*pobl, pethau, syniadau*) intégrer, incorporer; (*cyfannu, cwblhau*) compléter;
♦*bg* (*ymdoddi i gymdeithas*) s'intégrer;
♦*g gw.* **integreiddiad**.

integrol *ans*
1 (*rhan*) intégrant(e), constituant(e); **bod yn rhan** ~ **o rth** faire partie intégrante de qch.
2 (*cyfan*) intégral(e)(intégraux, intégrales); **tâl** ~ paiement *m* intégral.
3 (*MATH: rhif*) intégral(e)(intégraux, intégrales); **calcwlws** ~ calcul *m* intégral.

integru *ba, bg, g gw.* **integreiddio**.

integryn (**-nau**) *g* (*MATH*) intégrale *f*; ~ **amhendant/pendant** intégrale indéfinie/définie.

intercom (**-au, -s**) *g* interphone *m*.

intrinsig *ans* intrinsèque;
♦ **yn** ~ *adf* intrinsèquement.
Ioan *prg* Jean; ~ **Fedyddiwr** saint Jean-Baptiste.
iod (-**au**) *b* (*llythyren*) yod *m*; (*ffig: mymryn, gronyn*) brin *m*, grain *m*, iota *m* *gw. hefyd* **iot**[2].
ïodin *g* iode *m*.
iodl (-**au**) *b* (*cân, galwad*) tyrolienne *f*.
iodlo *bg* iodler *neu* jodler, faire des tyroliennes.
iodlwr (**iodlwyr**) *g* chanteur *m* tyrolien.
iodlwraig (**iodlwragedd**) *b* chanteuse *f* tyrolienne.
ioga *g,b* yoga *m*.
iogwrt (-**s**) *g* yaourt *m* *neu* yogourt *m*; ~ **plaen** yaourt nature; ~ **ffrwythau** yaourt aux fruits; **offer gwneud** ~ yaourtière *f*.
io-io (-**s**) *g* yo-yo *m inv*.
iolyn *g* (*ffŵl*) cornichon* *m*, nouille* *f*, cloche* *f*.
ïon (-**au**) *g* ion *m*.
Iôn *g gw.* **Iôr**.
Ionawr *g* janvier *m*; **y cyntaf o** ~ (*Dydd Calan*) le jour de l'an *gw. hefyd* **Mai**.
ionc, **ioncyn** (**ioncs**) *g* imbécile *m/f*, crétin *m*, crétine *f*, cornichon* *m*, gourde* *f*.
ïoneiddiad (-**au**) *g* ionisation *f*.
ïoneiddio *ba* ioniser.
Ionia *prb*: **Môr** ~ la mer *f* Ionienne.
ïonig *ans* ionique.
ïonosffer (-**au**) *g* ionosphère *f*.
Iôr *g*: **yr** ~ (*yr Arglwydd Dduw*) le Seigneur *m* Dieu
Iorddonaidd *ans* jordanien(ne).
Iorddonen *prb*
1: **(Gwlad)** ~ la Jordanie *f*; **yn** ~ en Jordanie.
2 (*yr afon*): **yr** ~ le Jourdain *m*.
Iorddoniad (**Iorddoniaid**) *g/b* Jordanien *m*, Jordanienne *f*.
iorwg *g* lierre *m*; **mae'n glynu fel** ~ il colle comme une sangsue.
iot[1] (-**iau**) *b* (*cwch hwylio*) yacht *m*.
iot[2] *g* (*mymryn, gronyn*): **yr un** ~ pas un iota, pas un grain; **nid yw'n hidio'r un** ~ il s'en fiche* complètement *neu* comme de l'an quarante; **'does yr un** ~ **o wirionedd yn ...** il n'y a pas une once *neu* un brin *neu* un grain de vérité dans ...
iota (**iotâu**) *b* (*llythyren*) iota *m*; (*ffig: mymryn, gronyn*) brin *m*, grain *m*, iota *gw. hefyd* **iot**[2].
iotio *bg* (*hwylio*) faire de la navigation de plaisance, faire du yachting.
ir *ans* succulent(e); (*gwyrdd, glas*) vert(e), verdoyant(e); (*ffres*) frais(fraîche).
Irac *prb* l'Irak *m* *neu* l'Iraq *m*; **yn** ~ en Irak *neu* Iraq.
Iracaidd *ans* irakien(ne) *neu* iraquien(ne).
Iraciad (**Iraciaid**) *g/b* Irakien *m* *neu* Iraquien *m*, Irakienne *f* *neu* Iraquienne *f*.
iraid (**ireidiau**) *g* lubrifiant *m*, graisse *f*; (*eli*) onguent *m*, pommade *f*, crème *f*.
iraidd *ans gw.* **ir**.
Iran *prb* l'Iran *m*; **yn** ~ en Iran.
Iranaidd *ans* iranien(ne).
Iraniad (**Iraniaid**) *g/b* Iranien *m*, Iranienne *f*.
irder *g* succulence *f*; (*glesni*) verdure *f*; (*ffresni*) fraîcheur *f*.
ireidiad (-**au**) *g* (*peiriant*) graissage *m*, lubrification *f*; (*cig*) arrosage *m*, arrosement *m*.
ireidio *ba* (*peiriant*) graisser, lubrifier; (*cig*) arroser.
ireidd-dra *g gw.* **irder**.
ireiddio *ba* rafraîchir;
♦*bg* (*dod yn ir*) devenir succulent(e).
iriad (-**au**) *g* (*car ayb*) graissage *m*, lubrification *f*.
iridiwm *g* (CEM) iridium *m*.
iris (-**au**) *g* (*llygad*) iris *m*.
irlanc (-**iau**) *g* (*glaslanc*) adolescent *m*, tout jeune homme *m*, gringalet *m*.
irlas *ans* vert(e), verdoyant(e).
irlesni *g* verdure *f*.
iro *ba* lubrifier; (*car*) graisser; (*cig*) arroser; ~ **blonegen,** ~ **tin hwch dew** porter de l'eau à la rivière; ~ **llaw rhn** graisser la patte* à qn.
irwr (**irwyr**) *g* graisseur *m*.
iryn (-**nau**) *g* crème *f*; ~ **diflan** crème de jour.
is *ardd* (*dan*) sous, au-dessous de, en dessous de, en contrebas de;
♦*ans* (gradd gymharol 'isel'. Wrth gyfieithu dylid cyfeirio at y gwahanol ystyron sydd dan 'isel'.) plus bas(se), inférieur(e); **y dosbarthiadau** ~ (*yn gymdeithasol*) les classes *fpl* inférieures;
♦ **yn** ~ *adf* plus bas; **yn** ~ **i lawr yr allt** plus bas sur la colline; **plygu'n** ~ s'incliner plus profondément, saluer bien plus bas; **troi'r radio'n** ~ baisser la radio; **siaradwch yn** ~ ne parlez pas si fort!, parlez plus doucement!
is- *rhagdd* sous-, sub...; (*dirprwy*) vice-, adjoint(e).
isadain (**isadenydd**) *b* aileron *m*.
isadeiledd (-**au**) *g* infrastructure *f*.
isadran (-**nau**) *b* (*ysgol, prifysgol*) sous-section *f*; (*cytundeb ayb*) subdivision *f*, article *m*.
isaf *ans* (gradd eithaf 'isel', Wrth gyfieithu dylid cyfeirio at y gwahanol ystyron sydd dan 'isel'.) **1** le plus bas(la plus basse), le moins élevé(la moins élevée), inférieur(e); **dillad** ~ (*cyff*) sous-vêtements *mpl*; (*merched*) lingerie *f*, dessous *mpl*; **gên** ~ mâchoire *f* inférieure; **rhan** ~ partie *f* inférieure; **sgert** ~ jupon *m*. **2** (*defnydd enwol*) le plus bas, la plus basse, le moins élevé, la moins élevée.
isafbwynt (-**iau**) *g* point *m* le plus bas; **mae'r prisiau wedi cyrraedd** ~ **newydd** les prix n'ont jamais été aussi bas; **mae'r bunt wedi disgyn i'w hisafbwynt** la livre a atteint son niveau le

plus bas.
isafiad (**isafiaid**) *g/b* inférieur *m*, inférieure *f*.
isafon (**-ydd**) *b* affluent *m*.
isafswm (**isafsymiau**) *g* minimum *m*; ~ **cyflog** salaire *m* minimum, salaire minimal.
isafu *ba* minimiser, réduire (qch) au minimum.
isalaw (**-on**) *b* basse *f*.
Isalmaen *prb*: **yr** ~ *gw.* **Iseldiroedd**.
Isalmaeneg *b,g, ans gw.* **Iseldireg**.
Isalmaenes (**-au**) *b gw.* **Iseldirwraig**.
Isalmaenig *ans gw.* **Iseldiraidd**.
Isalmaenwr (**Isalmaenwyr**) *g gw.* **Iseldirwr**.
isardal (**-oedd**) *b* sous-région *f*.
isbartner (**-iaid**) *g* associé *m* adjoint.
isbartneres (**-au**) *b* associée *f* adjointe.
is-bennaeth (**~-benaethiaid**) *g* adjoint *m*, adjointe *f*.
isbennawd (**isbenawdau**) *g* sous-titre *m*.
isblot (**-iau**) *g* intrigue *f* secondaire.
isbridd (**-oedd**) *g* sous-sol *m*.
isbrisiad (**-au**) *g* dépréciation *f*, dévalorisation *f*; (*nwyddau*) moins-value *f*.
isbrisio *ba* déprécier, dévaloriser.
is-bwyllgor (**~-~au**) *g* sous-comité *m*; (*mawr*) sous-commission *f*.
isdafodol *ans* sublingual(e)(sublinguaux, sublinguales).
is-deitl (**~-~au**) *g* sous-titre *m*.
is-deitlo *ba* sous-titrer; **ffilm wedi ei his-deitlo** film *m* sous-titré;
♦*g* sous-titrage *m*.
is-denant (**~-~iaid**) *g* sous-locataire *m/f*.
isdrofannol *ans* subtropical(e)(subtropicaux, subtropicales).
isdrothwyol *ans* subliminal(e)(subliminaux, subliminales).
isdyfiant *g* sous-bois *m inv*.
isddaearol *ans* souterrain(e).
isddatblygedig *ans* (*CORFF*) qui n'est pas complètement développé(e) *neu* formé(e); (*ECON*) sous-développé(e).
is-ddeddf (**~-~au**) *b* (*CYFR*) arrêté *m* municipal.
isddeiliad (**isddeiliaid**) *g/b* sous-locataire *m/f*.
is-ddeon (**~-~iaid**) *g* sous-diacre *m*.
isddillad *ll* sous-vêtements *mpl*.
isddiwylliant (**isddiwylliannau**) *g* subculture *f*.
isddosbarth (**-iadau**) *g* sous-classe *f*.
is-ddynol *ans* pas tout à fait humain(e), moins qu'humain.
isel *ans*
1 (*agos i'r llawr: cangen, cadair, cwmwl ayb*) bas(se); (:*mur*) bas, peu élevé(e); **mae'r haul yn ~ yn yr awyr** le soleil est bas dans le ciel *neu* sur l'horizon; **mae'r niwl yn ~** le brouillard est à basse altitude; **tir ~** basses terres *fpl*; **mae'r dref ar dir ~** la ville est bâtie dans une dépression.
2 (*bron yn wag, bron â dod i ben: cronfa*) bas(se); (:*batri*) faible; **mae'r stoc yn ~ iawn** les stocks sont presque épuisés.
3 (*bach iawn: cyflog, cyfradd*) bas(se), faible; (:*pris*) bas, modéré(e), modique; (:*cyflymder*) petit(e), faible, réduit(e); (:*pwysedd, tymheredd*) bas; (:*golau*) faible, bas; **ar gyflog ~, ~ eich cyflog** mal payé(e), peu rémunéré(e); **pobl ~ eu hincwm** les gens aux faibles revenus; **ar rent ~** à loyer modéré; **ar wres ~** (*COG*) à feu doux.
4 (*gwael: ansawdd*) mauvais(e), inférieur(e); (:*marc, safon*) mauvais, bas(se), faible; (:*gweledEdd*) limité(e), mauvais; (:*deallusrwydd*) faible; (:*barn*) mauvais, piètre; **pobl ~ eu gallu** les gens de faible intelligence; **bod â barn ~ o rn** ne pas avoir bonne opinion de qn, avoir une piètre opinion de qn.
5 (*agos i'r gwaelod: o ran safle*) bas(se), inférieur(e); (:*cyntefig*) peu évolué(e); **o dras ~** de basse origine *f neu* extraction *f*.
6 (*di-chwaeth*) grossier(grossière); **~ eich meddwl** (*mochaidd*) d'esprit vulgaire.
7 (*digalon*) abattu(e), découragé(e), déprimé(e), démoralisé(e); **'roeddwn i'n teimlo'n ~ ofnadwy** j'étais très déprimé, j'avais le moral à zéro*, j'avais le moral très bas, je n'avais pas du tout le moral, mon moral était on ne peut plus bas; **~ eich bryd, ~ eich ysbryd** déprimé, démoralisé, mélancolique.
8 (*tawel: sŵn, llais*) bas(se); **murmur ~** murmure *m* sourd *neu* étouffé; **mewn llais ~** à voix basse.
9 (*dwfn: nodyn*) bas(se); (:*llais*) bas, profond(e); **dyn â llais ~** homme *m* à la voix basse; **mae'r gân yn rhy ~ i mi** le ton de cette chanson est trop bas pour moi.
10 (*CAR*): **mewn gêr ~** en première ou seconde vitesse;
♦ **yn ~** *adf*
1 (*yn agos i'r llawr*) bas; **hedfan yn ~** voler à basse altitude; **moesymgrymu'n ~** saluer *neu* s'incliner bien bas; **eistedd yn ~ mewn cadair** être assis(e) bien bas dans un fauteuil; **ni fyddwn i ddim yn ymostwng mor ~ â gwneud hynna!** (*ffig*) je ne m'abaisserais pas jusqu'à faire cela!.
2 (*yn dawel*) doucement, tout bas; **murmur yn ~** chuchoter le plus bas possible.
3 (*mewn llais dwfn*) bas *gw. hefyd* **is, isaf**.
isel-ael *ans* terre à terre, peu intellectuel(le); (*llyfr, ffilm*) sans prétentions intellectuelles.
iselder (**-au**) *g*
1 (*diffyg uchder: adeilad, wal*) manque *m* de hauteur, faible hauteur *f*; (:*tir*) faible élévation *f*; **'roedd yn rhaid imi blygu oherwydd ~ yr ystafell** la maison était si basse de plafond que j'ai dû me baisser.
2 (*bychander: prisiau, cyflog*) modicité *f*; (:*tymheredd*) faible élévation *f*, peu *m* d'élévation.
3 (*digalondid: ysbryd*) découragement *m*;

(:*meddyliol*) dépression *f*, état *m* dépressif.
iselderau *ll* (*dŵr, twll*) profondeurs *fpl*; **~'r môr** les profondeurs océaniques; **o ~'r ddaear** des profondeurs *neu* des entrailles *fpl* de la terre.
iseldir (**-oedd**) *g* plaine *f*, terrain *m* à basse altitude; **ar yr ~** dans la plaine.
Iseldiraidd *ans* néerlandais(e).
Iseldireg *b,g* néerlandais *m*;
♦*ans* néerlandais(e).
Iseldiroedd *prll*: **yr ~** les Pays-Bas *mpl*; **yn yr ~** aux Pays-Bas.
Iseldirol *ans* néerlandais(e).
Iseldirwr (**Iseldirwyr**) *g* Néerlandais *m*.
Iseldirwraig (**Iseldirwragedd**) *b* Néerlandaise *f*.
iseldra *g* (*digalondid: ysbryd*) découragement *m*, abattement *m*; (:*meddyliol*) dépression *f*, état *m* dépressif, mélancolie *f*.
iselfryd, **iselfrydig** *ans* (*gostyngedig*) humble;
♦ **yn ~** *adf* humblement.
iselhad *g* (*moesol*) dégradation *f*, avilissement *m*; (*darostyngiad*) humiliation *f*, mortification *f*.
iselhau *ba* (*darostwng*) abaisser, avilir, humilier, mortifier; (*gostwng*) baisser, abaisser; (*cymeriad, gweithredoedd rhn*) rabaisser, ravaler; **eich ~ eich hunan** s'abaisser, s'humilier.
iselradd *ans* inférieur(e).
iselu *ba gw.* **iselhau**.
iselwr (**iselwyr**) *g* vassal(vassaux) *m*.
isetholiad (**-au**) *g* élection *f* législative partielle.
isfeidon (**-au**) *b* (*CERDD*) sixte *f*.
isferf (**-au**) *b* verbe *m* auxiliaire.
isfwydo *ba* sous-alimenter;
♦*g* sous-alimentation *f*.
isfyd (**-oedd**) *g*: **yr ~** les enfers *mpl*; (*byd lladron ayb*) le milieu *m*, la pègre *f*.
isffordd (**isffyrdd**) *b* passage *m* souterrain.
is-gadeirydd (**~-~ion**) *g* vice-président *m*, vice-présidente *f*.
is-gadfridog (**~-~ion**) *g* général(généraux) *m* de corps d'armée.
is-ganghellor (**~-gangellorion**) *g* président *m*/présidente *f* d'université.
is-gapten (**~-gapteiniaid**) *g* (*byddin*) lieutenant *m*; (*llynges*) lieutenant de vaisseau; (*llong fasnach: mêt*) second *m*; (*CHWAR*) capitaine *m* en second, capitaine adjoint.
is-gasgliad (**~-~au**) *g* sous-ensemble *m*.
is-gil *adf*: **reidio ~-~** (*ar geffyl*) monter en croupe; (*ar feic modur*) monter sur le siège arrière; **teithiwr ~-~** passager *m* de derrière.
is-glarinét (**isglarinetau**) *g* clarinette *f* basse.
isgoch *ans* infrarouge;
♦*g* infrarouge *m*.
is-gontract (**~-~au**) *g* contrat *m* de sous-traitance.
is-gontractio *ba* sous-traiter.
is-gontractiwr (**~-gontractwyr**) *g* sous-traitant *m*.
is-gorp(o)ral (**~-~iaid**) *g* (*gwŷr traed*) caporal(caporaux) *m*; (*gwŷr meirch*) brigadier *m*.
isgroenol *ans* sous-cutané(e);
♦ **yn ~** *adf* sous l'épiderme, sous la peau.
is-grŵp (**~-grwpiau**) *g* sous-groupe *m*.
is-gwmni (**~-gwmnïau**) *g* filiale *f*.
isgyfandir (**-oedd**) *g* sous-continent *m*; **I~ yr India** le sous-continent indien.
is-gymal (**~-~au**) *g* proposition *f* subordonnée.
isgynnyrch (**isgynhyrchion**) *g* sous-produit *m*, dérivé *m*; (*ffig*) conséquence *f* indirecte, effet *m* secondaire.
is-gyrnol (**~-~iaid**) *g* lieutenant-colonel(~s-~s) *m*.
is-haen (**~-~au**) *b* (*DAEAR, IEITH, cyff*) substrat *m*; (*AMAETH*) sous-sol *m*; (*ffig*) fond *m*.
is-iarll (**~-ieirll**) *g* vicomte *m*.
is-iarllaeth (**~-~au**) *b* vicomté *f*.
is-iarlles (**~-~au**) *b* vicomtesse *f*.
îsl (**-au, -s**) *g* chevalet *m*.
islais (**isleisiau**) *g*: **mewn ~** à mi-voix, à voix basse; **~ o feirniadaeth** (*ffig*) des critiques *fpl* sous-jacentes.
Islam *g,b* l'Islam *m*.
Islamaidd *ans* islamique.
Islandaidd *ans* islandais(e).
Islandeg *b,g* islandais *m*;
♦*ans* islandais(e)
Islandiad (**Islandiaid**) *g/b* Islandais *m*, Islandaise *f*.
Islandig *ans* islandais(e).
islaw *ardd* au-dessous de, sous, en contrebas de;
♦*adf* en bas, en dessous, en contrebas; **y trigolion ~** les locataires *mpl* d'en dessous *neu* du dessous; **maen nhw'n byw ~** ils habitent en dessous.
islawr (**isloriau**) *g* sous-sol *m*.
islen (**-ni**) *b* assise *f* de feutre.
islif (**-oedd**) *g* (*cyff*) courant *m* profond; (*yn y môr*) courant sous-marin; (*ffig*) courant sous-jacent.
is-lywydd (**~-~ion**) *g* vice-président *m*, vice-présidente *f*; (*CERDD*) sous-dominante *f*.
isnodiad (**-au**) *g* indice *m*.
isnormal *ans* (*rhn*) arriéré(e); (*tymheredd*) au-dessous de la normale.
isobar (**-rau**) *g* isobare *f*.
isod *adf* au-dessous, ci-dessous, plus bas; **gweler ~** (*ar ddogfen*) voir plus bas, voir ci-dessous.
is-orsaf (**~-~oedd**) *b* sous-station *f*.
is-oruchwyliwr (**~-oruchwylwyr**) *g* surveillant *m* adjoint.
is-oruchwylwraig (**~-oruchwylwragedd**) *b*

surveillante *f* adjointe.
isosgeles *ans* isocèle.
isosod *ba* sous-louer;
♦*g* sous-location *f*.
isotop (**-au**) *g* isotope *m*.
isotherm (**-au**) *g* isotherme *f*.
isradd *ans* (*safle, statws*) subalterne, subordonné(e), inférieur(e);
♦*g* (**-au**) (*MATH*) racine *f*; ~ **digidol** racine numérique; **ail** ~ racine carrée; **trydydd** ~ racine cubique;
♦*g/b* (**-iaid**) inférieur *m*, inférieure *f*.
israddedig *ans* étudiant(e), estudiantin(e); **myfyriwr/myfyrwraig** ~ étudiant *m*/étudiante *f* (*qui prépare la licence*);
♦*g/b* (**-ion**) étudiant *m*/étudiante *f* (*qui prépare la licence*).
israddio *ba* (*lleihau*) réduire, diminuer; (*iselhau*) baisser; (*bychanu*) avilir, humilier, ravaler; (*diraddio: rhn*) rétrograder; (*:gwesty*) déclasser.
israddol *ans* inférieur(e); **teimlo'n** ~ **i rn** éprouver un sentiment d'infériorité par rapport à qn; **gwneud i rn deimlo'n** ~ donner un sentiment d'infériorité à qn.
israddoldeb (**-au**) *g* infériorité *f*.
Israel *prb* Israël *m*; **yn** ~ en Israël.
Israelaidd *ans* israélien(ne).
Israeliad (**Israeliaid**) *g/b* Israélien *m*, Israélienne *f*; (*BEIBL*) Israélite *m/f*.
isranbarth (**-au**) *g* sous-région *f*.
israniad (**-au**) *g* subdivision *f*.
isrannu *ba* subdiviser;
♦*bg* se subdiviser.
isreolwaith (**isreolweithiau**) *g* (*CYFRIF*) sous-programme *m*.
isrif (**-au**) *g* (*lleiafswm*) minimum *m*; ~ **cyflog** salaire *m* minimum *neu* minimal.
isrifol *ans* minimal(e)(minimaux, minimales).
isrywogaeth (**-au**) *b* sous-espèce *f*.
is-safonol *ans* (*nwyddau*) de qualité inférieure; (*perfformiad*) médiocre; (*tŷ*) inférieur(e) aux normes exigées; (*IEITH*) non conforme à la langue correcte.
is-sgert (~-~**i**, ~-~**iau**) *b* jupon *m*.
is-sonig *ans* subsonique.
is-swyddog (~-~**ion**) *g* sous-lieutenant *m*, sous-officier *m*.
ist! *ebych* chut!, silence!
is-urdd (~-~**au**) *b* sous-ordre *m*.
isymwybod *g* subconscient *m*; **yn yr** ~ au subconscient.
isymwybodol *ans* subconscient(e);
♦ **yn** ~ *adf* inconsciemment, de manière subconsciente.
isymwybyddiaeth *b* subconscience *f*.
is-ysgrifennydd (~-**ysgrifenyddion**) *g* sous-secrétaire *m*; **I**~-~ **Gwladol** sous-secrétaire d'État.
italaidd *ans* italique.
italeiddiad *g* (*TEIP*) italique *m*.
italeiddio *ba* mettre *neu* imprimer (qch) en italique; **wedi ei** ~ en italique.
italig *ans* italique.
item (**-au**) *b gw.* **eitem**.
iti *ardd gw.* **i**[1].
ithfaen *g* (*gwenithfaen*) granit *m*;
♦*ans* de granit.
Iwerddon *prb*: **(yr)** ~ l'Irlande *f*; **yn** ~ en Irlande; **Gogledd** ~ l'Irlande du Nord; **yng Ngogledd** ~ en Irlande du Nord; **Gweriniaeth** ~ la République *f* d'Irlande; **môr** ~ la mer d'Irlande; **yng Ngweriniaeth** ~ dans la République d'Irlande.
Iwerydd *prg*: **yr** ~ (*yr Atlantig*) l'Atlantique *m*; **Môr** ~ l'océan *m* Atlantique.
iwffo (**-s**) *g* ovni *m*.
iwffoleg *b* ufologie *f*.
iwffoniwm (**iwffonia, iwffoniymau**) *g* saxhorn *m*.
iwfforia *g* euphorie *f*.
Iwgoslafaidd *ans* yougoslave.
Iwgoslafia *prb* la Yougoslavie *f*; **yn** ~ en Yougoslavie.
Iwgoslafiad (**Iwgoslafiaid**) *g/b* Yougoslave *m/f*.
Iŵl Cesar *prg* Jules César.
iwnifform (**-au**) *b* uniforme *m*; (*gwisg ysgol*) uniforme scolaire; **mewn** ~ en uniforme.
iwrch (**iyrchod**) *g* chevreuil *m* (*mâle*).
iws *g* usage *m gw. hefyd* **defnydd**.
iwsio *ba gw.* **defnyddio**.
iwtilitaraidd *ans* (*ymarferol*) utilitaire; (*ATHRON*) utilitariste;
♦ **yn** ~ *adf* de façon utilitaire *neu* utilitariste.
iwtilitariad (**iwtilitariaid**) *g/b* utilitariste *m/f*.
iwtilitariaeth *b* utilitarisme *m*.
iwtiliti *g*: **ystafell** ~ ≈ buanderie *f* (*pièce servant à ranger les appareils ménagers etc*); **dodrefn** ~ meubles *mpl* fonctionnels; (*HAN*) meubles de série (*fabriqués pendant la deuxième guerre mondiale*).
iwtopaidd *ans* utopique.
iwtopia (**iwtopiâu**) *b* utopie *f*.
iwtopydd (**-ion, iwtopwyr**) *g* utopiste *m/f*.
iyrches (**-au, -od**) *b* chevreuil *m* femelle, chevrette *f*.
iyrchyn (**iyrchod**) *g* chevrotin *m*

J

jac (**-iau**) *g* (*ar gyfer codi rhth trwm*) cric *m*; (*CARDIAU*) valet *m*; ~ **y baglau** tipule *f*; ~ **codi baw** tractopelle *f*; ~ **yn y bocs** diable *m* à ressort; **J~ yr Undeb** *le drapeau du Royaume Uni*; **J~ a'i Wagen** (*ASTRON*) la Grande Ourse *f*; ~ **ffa** choucas *m*; ~ **y jwmper** sauterelle *f*; ~ **lantarn** feu(-x) *m* follet; ~ **noethlymun** safran *m* cultivé *neu* officinal; **pob un wan** ~ tout le monde (sans exception).
jac-(y-)do (**~(y-)~s, jacdoeau**) *g* choucas *m*.
jacal (**-iaid**) *g* (*ANIF*) chacal(-s) *m*.
jacio *ba* soulever (qch) avec un cric.
jacpot (**-iau**) *g* gros lot *m*.
jacwsi (**-s**) *g* jacuzzi *m*, bain *m* bouillonnant.
jâd *g* (*arenfaen*) jade *m*; **gwyrdd** ~ vert *m* jade.
jadan, **jaden** (**-nod**) *b* garce** *f*, salope** *f*; (*cenawes*) friponne *f*.
Jafa *prb* Java *f*; **yn** ~ à Java.
Jafaidd, **Jafanaidd** *ans* javanais(e).
Jafaneg *b,g* (*iaith*) javanais *m*;
♦*ans* javanais(e).
Jafaniad (**Jafaniaid**) *g/b* Javanais *m*, Javanaise *f*.
jagwar (**-od, -iaid**) *g* jaguar *m*.
jam (**-iau**) *g* confiture *f*; **pot** ~ pot *m* à confiture.
Jamaica *prb* la Jamaïque *f*; **yn** ~ à la Jamaïque.
Jamaicad (**Jamaicaid**) *g/b* Jamaïquain *m*, Jamaïquaine *f*.
Jamaicaidd *ans* jamaïquain(e).
jamborî (**jamborïau**) *g* (*i sgowtiaid*) jamboree *m*; (*parti mawr*) grande fête *f*.
jamio *bg* (*peiriant, drôr*) se coincer, se bloquer; (*switsh*) s'enrayer; (*ffordd*) être embouteillé(e); (*CERDD: cyfansoddi ar y pryd*) improviser, faire un bœuf*; (*gwneud jam*) faire de la confiture;
♦*ba* coincer; (*gwthio, stwffio*) entasser.
janglo* *bg* bavarder;
♦*ba* (*agoriadau ayb*) faire cliqueter; (*potiau, clychau ayb*) faire tinter.
Japan *prb* le Japon *m*; **yn** ~ au Japon.
Japanaeg *b,g* japonais *m*;
♦*ans* japonais(e).
Japanead (**Japaneaid**) *g/b* Japonais *m*, Japonaise *f*.
Japaneaidd *ans* japonais(e).
jar (**-iau**) *b* pot *m*, bocal(bocaux) *m*.
jardinière (**-s**) *b* jardinière *f*.
jarff (**-od**) *g* crâneur *m*.
jarffio *bg* faire le crâneur, se donner des airs, crâner.
jargon (**-au**) *b,g* jargon *m*.
jariaid (**jarieidiau**) *b* potée *f*.
jàs *g* jazz *m*.
jasaidd *ans* bariolé(e), tapageur(tapageuse).
jasband (**-iau**) *g* orchestre *m* de jazz, groupe *m* de jazz, jazz-band *m*.
jasio *ba*: ~ **rhth i fyny** animer qch, égayer qch.
jasmin *g* jasmin *m*.
jazz *g* jazz *m*.
Jehofa *g* Jéhova; **tyst** ~ témoin *m* de Jéhova.
jêl (**-s**) *b gw.* **carchar**.
jeli (**-s, jelïau**) *g* gelée *f*; **crynu fel** ~ trembler comme une feuille.
jerbil (**-iaid, -od**) *g* gerbille *f*.
Jeremiah *prg* Jérémie.
jerian, **jerio** *ba* secouer, choquer;
♦*bg* cahoter.
jersi (**-s**) *b* tricot *m*.
Jersey *prb*: **Ynys** ~ Jersey *f*; **yn** ~ à Jersey; **buwch** ~ vache *f* de race jersiaise.
Jerwsalem *prb* Jérusalem; **yn** ~ à Jerusalem.
jest* *adf*
1 *gw.* **bron**[2].
2 (*dim ond*) *gw.* **dim**.
Jeswit (**-iaid**) *g* jesuite *m*.
Jeswitaidd *ans* jésuite, jésuitique.
Jeswitiaeth *b* jésuitisme *m*.
jet (**-iau**) *b* (*awyren*) avion *m* à réaction, jet *m*; (*mewn injan car*) gicleur *m*; (*ffrwd*) jet; **peiriant** ~ moteur *m* à réaction.
jetlif *g* courant-jet *m*, jet-stream *m*.
jetludded *g* décalage *m* horaire.
jetluddedig *ans* fatigué(e) par le décalage horaire.
jetset *b* jet-set *m/f*.
jetsetiwr (**jetsetwyr**) *g* membre *m* du jet-set.
jib[1] (**-s**) *g* grimace *f*; **tynnu ~s** faire des grimaces.
jib[2] *b* (*hwyl ar long*) foc *m*.
jibidêrs *ll*: **yn rhacs** ~ en lambeaux.
ji-binc (**~-~od**) *b* (*ADAR*) pinson *m*.
jibio *bg* regimber, rechigner.
jibiog[1] *ans* (*â golwg sur*) à la mine revêche, rechigné(e).
jibiog[2] *ans* (*ceffyl: amharod*) quinteux(quinteuse).
jibo *bg gw.* **jibio**.
jig (**-iau, -s**) *b* (*dawns*) gigue *m*; (*TECH*) gabarit *m*.
jig-so (**~-~s**) *g* puzzle *m*, jeu *m* de patience.
jilifflŵar *g* (*PLANH*) giroflée *f*.
jimo *ba* bichonner;
♦*bg* se bichonner, se pomponner.
jin *g* gin *m*.
jingoaidd, **jingoistaidd** *ans* chauvin(e), cocardier(cocardière), patriotard(e);
♦ **yn** ~ *adf* de façon chauvine *neu* cocardière *neu* patriotarde.
jingoistiaeth *b* chauvinisme *m*.
jingoydd (**-ion**) *g* chauvin *m*, cocardier *m*, patriotard *m*.
jingoyddes (**-au**) *b* chauvine *f*, cocardière *f*,

patriotarde *f*.
jinseng *g* ginseng *m*.
jîns *ll* (blue-)jean *m*; **pâr o** ~ un jean.
jîp (**-s**) *g* jeep *f*.
jiraff (**-od**) *g* girafe *f*.
jiw* *ebych*: ~ (~)**!** oh là là!
jiwbilî (**-s, jiwbilîau**) *b* jubilé *m*; ~ **arian** jubilé du vingt-cinquième anniversaire.
jiwcbocs (**-ys**) *g* juke-box(~-~es) *m*.
jiwdo *g* (*CHWAR*) judo *m*; **gwneud** ~ faire du judo.
jiwt *g* (*PLANH*) jute *m*.
job, **joban** (**jobsys**) *b* boulot *m*, job *m* *gw. hefyd* **gwaith**[1].
jobiwr (**jobwyr**) *g* (*deliwr arian yn y Gyfnewidfa Stoc*) négociant *m* en titres.
jobyn (**jobs**) *gw.* **job, gwaith**[1].
jôc (**-s**) *b* (*stori ddoniol*) plaisanterie *f*, blague *f*; (*cast, tric*) tour *m*, farce *f*; **mae hynna'n** ~**!** ce que c'est drôle!; **a'r** ~ **yw fod** et le plus drôle *neu* marrant c'est que ...
jocan *bg*;
♦*bg* plaisanter, blaguer; **'chi'n** ~**!** vous voulez rire!, sans blague!; **dim ond** ~ **oeddwn i!** ce n'était qu'une plaisanterie!, c'était pour rire!
jocer (**-iaid**) *g* (*CARDIAU*) joker *m*.
joci (**-s**) *g* jockey *m*.
jocio *bg* plaisanter, blaguer; **dim ond** ~ **oeddwn i!** ce n'était qu'une plaisanterie!, c'était pour rire!
jociwr (**jocwyr**) *g* blagueur *m*, blagueuse *f*, plaisantin *m*, farceur *m*.
jocôs *ans* (*bodlon ar eich byd*) décontracté(e), insouciant(e), content(e);
♦ **yn** ~ *adf* insouciamment.
jocstrap (**-iau**) *g* slip *m* de sport.
joch (**-iau**) *b,g* lampée *f*.
jochio *bg* jaillir, gicler.
joe (**-au**) *b* chique *f*.
jogio *bg gw.* **loncian**.
joli-hoet (~-~**iau**) *b* fête *f*.
jolihoetio *bg* faire la fête, faire la noce, faire la nouba*, faire bamboche*.
jolihoetiwr (**jolihoetwyr**) *g* fêtard *m*, noceur *m*, bambocheur *m*.
jolhoetwraig (**jolihoetwragedd**) *b* fêtarde *f*, noceuse *f*, bambocheuse *f*.
jolpen (**-nod**) *b* gourde *f*.
jolpyn (**jolpod**) *g* ballot *m*.
Jonah *prg* Jonas.
Josuah *prg* Josué.
Josiah *prg* Josias.
joule (**-au**) *g* joule *m*.
jw-jitsw *g* jiu-jitsu *m*; **gwneud** ~-~ faire du jiu-jitsu.
Judah *prg* Juda.
Judas *prg*: ~ **(Iscariot)** Judas (Iscariote).
jwdo *g* (*CHWAR*) judo *m*; **gwneud** ~ faire du judo.
jwg (**jygiau**) *b,g* pot *m*, cruche *f*, cruchon *m*; ~ **o win** carafe *f*, carafon *m*.
jwnta (**jwntâu**) *b* junte *f*.
jygaid (**jygeidiau**) *g,b* carafe *f*, potée *f*.
jygarnot (**-iaid**) *g* mastodonte *m*.
jyglo *bg* jongler.
jyglwr (**jyglwyr**) *g* jongleur *m*, jongleuse *f*.
jyngl (**-au**) *b* jungle *f*.
jymbo-jet (~-~**iau**, ~-~**s**) *b* avion *m* gros porteur à réaction.
jymper (**-s, -i**) *b* pull(-over) *m*.
jyrian *ba, bg gw.* **jerian**.
jyst* *adf*
1 *gw.* **bron**[2].
1 (*dim ond*) *gw.* **dim**

K

Kantaidd *ans* kantien(ne); **athroniaeth** ~ philosophie *f* kantienne.
Kantiad (**Kantiaid**) *g/b* Kantien *m*, Kantienne *f*.
Kantiaeth *b* kantisme *m*.
Kazakhstan *prb gw.* **Casacstan**.
Kenya *prb gw.* **Cenia**.
kcal *byrf*(= *cilocalori*) kilocalorie *f*.
kg *byrf*(= *kilogram*) kg (= kilogramme *m*).
kilo (**-s**) *g gw.* **cilo**.
kilogram (**-au**) *g gw.* **cilogram**.
kilometr (**-au**) *g gw.* **cilometr**.
kilometrig *ans gw.* **cilometrig**.
kilowat (**-au**) *g gw.* **cilowat**.
km *byrf*(= *kilometr*) *gw.* **cilometr**.
Korea *prb gw.* **Corea**.
Ku Klux Klan *g* Ku Klux Klan *m*.
Kurdistan *prb gw.* **Cwrdistan**.
Kuwait *prb gw.* **Coweit**

L

l *byrf* (= *litr*) l (= litre *m*).
la *g* (*CERDD*) la *m*.
lab[1] (**-iau**) *g,b* (*labordy*) labo *m*.
lab[2] (**-iau**) *g,b* claque *f*, taloche *f*; (*ar draws wyneb*) gifle *f*; (*ar gefn*) grande tape *f*.
label (**-i**) *g,b* étiquette *f*; (*ar ges*) étiquette à bagages; (*cwmni recordiau*) marque *f*, label *m*; **casét ar ~ Sain** cassette *f* (sortie chez) Sain.
labelu *ba* étiqueter; **~ rhn yn rhth** (*ffig*) étiqueter qn comme qch, qualifier qn de qch; ♦*g* étiquetage *m*.
labio *ba* donner une claque *neu* une taloche à; (*wyneb*) gifler; **~ cefn rhn** donner une grande tape dans le dos de qn.
labordy (**labordai**) *g* laboratoire *m*; **~ cemeg/iaith** laboratoire de chimie/langues; **cynorthwy-ydd ~** assistant *m* de laboratoire, assistante *f* de laboratoire, laborantin *m*, laborantine *f*; **offer ~** équipement *m* de laboratoire.
labrador (**-s, -iaid**) *g* (*ci*) labrador *m*.
Labrador *prb* (*DAEAR*) Labrador *m*; **yn ~** au Labrador.
labro *bg* faire du travail manuel.
labrwr (**-s, labrwyr**) *g* manœuvre *m*; (*cloddiwr*) terrassier *m*.
labyrinth (**-au**) *g,b* labyrinthe *m*, dédale *m*.
lacr (**-au**) *g* laque *f*.
lacro *ba* (*pren*) laquer; (*gwallt*) mettre de la laque sur.
lactig *ans*: **asid ~** acide *m* lactique.
lactos *g* lactose *m*.
ladi (**-s**) *b* dame *f*; **~ wen** spectre *m*, fantôme *m*; **~s bach** (*PLANH*) phlox *m inv*.
la-di-da *ans* snob *m inv*, bêcheur(bêcheuse)*, prétentieux(prétentieuse); (*merch*) pimbêche; (*llais*) maniéré(e), affecté(e), apprêté(e); ♦ **yn ~-~-~** *adf* prétentieusement, de façon maniérée *neu* affectée *neu* apprêtée.
lafa (**lafâu**) *g* lave *f*; **llif ~** coulée *f* de lave.
lafant *g* lavande *f*; **dŵr ~** eau(-x) *f* de lavande.
lafwr *g* feuilles *fpl* d'algues de mer; **bara ~** *mets m traditionnel et propre au pays de Galles à base d'algues comestibles.*
lager (**-s**) *g* bière *f* blonde.
lagŵn (**lagwnau**) *g,b* lagune *f*; (*cwrel*) lagon *m*.
lama[1] (**-od**) *g* (*CREF*) lama *m*.
lama[2] (**-od**) *g* (*ANIF*) lama *m*.
lamina (**laminâu**) *g,b* laminé *m*.
laminaidd *ans* laminaire.
laminiad (**-au**) *g* (*gweithred*) laminage *m*; (*cynnyrch: metel*) laminé *m*; (*:plastig*) stratifié *m*.
laminiadu *ba* laminer.
laminiedig *ans* (*metel*) laminé(e); (*plastig*) stratifié(e); (*pren*) contreplaqué(e); (*gwydr*) feuilleté(e); (*cerdyn, clawr*) plastifié(e).
lamp (**-au**) *b* lampe *f*; **~ baraffîn** lampe à pétrole; **~ erchwyn gwely** lampe de chevet; **~ fach** (*CAR*) feu(-x) *m* de position; **~ fawr** (*CAR*) phare *m*; **~ fwrdd** lampe de table, lampe décorative; **~ hirgoes** lampadaire *m*; **~ sbot** spot *m*; **~ stryd** réverbère *m*; **yng ngolau ~** à la lumière d'une lampe.
lamplen (**-ni**) *b* abat-jour *m inv*.
lamprai (**lampreiod**) *b* lamproie *f*.
lan *adf*
1 (*ar lefel uwch*) haut, en haut, au-dessus, en contrehaut; **~ (yn) fan'na** là-haut; **~ yn yr awyr** (là-haut) dans le ciel; **~ yn y mynyddoedd** dans les montagnes; **maen nhw'n byw 2 lawr ~** ils habitent au deuxième étage; (*o'r fan hon*) ils habitent 2 étages au-dessus; **ychydig bach yn uwch ~** un peu plus haut; **dal rhth ~ yn uchel** tenir qch bien haut; **hanner (y) ffordd ~** (*rhiw*) à mi-côte, à mi-chemin; (*coeden, staer*) à mi-hauteur; **'roedd y tymheredd ~ yn y 40au** la température dépassait quarante degrés.
2 (*tuag at safle uwch*) en haut; **mynd ~, dod ~** monter; **taflu rhth ~** jeter *neu* lancer qch en l'air; **dwylo ~!** haut les mains!; **fe'i gwelais i hi ar fy ffordd ~** je l'ai vue *neu* rencontrée en montant; **yr holl ffordd ~** jusqu'en haut, jusqu'au sommet.
3 (*dangos cyfeiriad*): **mynd ~ i'r gogledd** aller au nord.
4 (*wedi codi*): **mae pris llysiau ~ eto** le prix des légumes a encore augmenté.
5 (*wedi ei osod neu ei godi*): **mae'r canlyniadau ~** les résultats sont affichés; **mae'r baneri ~** les drapeaux sont hissés.
6 (*i safle o eistedd neu sefyll*): **eistedd ~** se redresser; **dodi rhth i sefyll ~** mettre qch debout;
♦*ardd*
1 (*mewn rhan uwch o*) en haut de; **bod ~ coeden/ysgol** être dans un arbre/sur une échelle; **~ lofft, ~ y staer** en haut, à l'étage; **y bobl yn y fflat ~ y staer** les gens du dessus.
2 (*tuag at safle uwch*): **mynd ~ lofft** monter l'escalier; **rhedeg ~ y rhiw** monter la colline en courant; **mynd ~ clogwyn** escalader une falaise *neu* un à-pic; **dringo ~ coeden** grimper dans *neu* sur un arbre.
3 (*yn dangos cyfeiriad*): **~ yr afon** en amont; **mynd ~ yr afon** aller vers l'amont, remonter la rivière; **maen nhw'n byw ~ y stryd** ils habitent plus haut *neu* plus loin dans la rue; **cerddais ~ ac i lawr y stryd** j'ai fait les cent pas dans la rue, j'ai arpenté la rue.
landar, lander (**landeri, landerydd**) *g,b* gouttière *f*.

landin (**-s**) *b,g* (*pen grisiau*) palier *m*.
lanolin *g* lanoline *f*.
landrofer (**-i, -s**) *g* Land Rover© *f*.
lansiad (**-au**) *g* lancement *m*.
lansio[1] *ba* (*cwch*) mettre (qch) à l'eau; (*llong newydd, roced*) lancer; (*cynllun*) mettre (qch) en action; **cerbyd** ~ fusée *f* de lancement; **cyfle** ~, **cyfnod** ~ créneau(-x) *m* de lancement; **safle** ~ aire *f* *neu* base *f* de lancement;
♦*g* lancement *m*.
lansio[2] *ba* (*MEDD*) percer, inciser, ouvrir.
lantarn (**lanterni, lanternau**) *b* lanterne *f*; ~ **bapur** lanterne vénitienne, lampion *m*; **jac** ~ feu(-x) *m* follet.
Laos *prb* le Laos *m*; **yn** ~ au Laos.
Laosaidd *ans* laotien(ne).
Laoseg *b,g* laotien *m*;
♦*ans* laotien(ne).
Laosiad (**Laosiaid**) *g/b* Laotien *m*, Laotienne *f*.
lap[1] (**-iau**) *b* (*CHWAR*) tour *m* (de piste); **rhedeg** ~ faire un tour de piste.
lap[2] *b* bavardage *m*, babil *m*; **cau dy** ~**!, gad dy** ~! tais-toi!, ta gueule*!, la ferme*!
lap[3] *b*: **teisen** ~ gâteau(-x) *m* aux raisins secs.
Lapaidd *ans* lapon(e).
lapan *bg* bavarder, babiller.
Lapdir *prg*: **y** ~ la Laponie *f*; **yn y** ~ en Laponie.
Lapeg *b,g* lapon *m*;
♦*ans* lapon(e).
Lapiad (**Lapiaid**) *g/b* Lapon *m*, Lapone *f*.
lapio *ba* (*parsel*) emballer, empaqueter; ~ **rhn/rhth mewn rhth** envelopper qn/qch dans qch; ~ **plentyn yn ei wely** border un(e) enfant pour la nuit;
♦*bg*: ~ **amdanoch eich hunan** s'emmitoufler, s'habiller chaudement, bien se couvrir; **lapiwch amdanoch yn gynnes!** couvrez-vous bien!; **papur** ~ papier *m* cadeau.
lapswchan* *bg* se bécoter*.
lard *g* saindoux *m*.
lardio *ba* (*ireidio*) arroser; (*curo*) battre, cogner;
♦*bg* (*llafurio*) faire des efforts, peiner.
larfa (**-od, larfâu**) *g* larve *f*.
largo *g* (*CERDD*) largo *m*.
larts *ans* (*balch, hunanfodlon*) arrogant(e), hautain(e), vaniteux(vaniteuse);
♦ **yn** ~ *adf* vaniteusement, avec arrogance *neu* hauteur, arrogamment, hautainement.
'laru* *bg*: ~ **(ar)** s'ennuyer (de), en avoir assez (de), se lasser (de), en avoir marre* (de), en avoir ras le bol* *f* (de).
larwm (**larymau**) *g,b* alarme *f*; ~ **tân** avertisseur *m* d'incendie; ~ **lladron** sonnerie *f* d'alarme; **cloc** ~ réveil *m* (matin).
laryncs (**-au**) *g* larynx *m*.
lasagne *g* lasagnes *fpl*.
Lasarus *prg* Lazare.
lasen (**lasiau**) *b* *gw.* **lasyn**.
laser (**-au, -i**) *g* laser *m*; **argraffydd** ~ imprimante *f* laser; **pelydr** ~ rayon *m* laser.
lasio, laso *ba*: ~**'ch esgidiau** lacer ses souliers.
last (**-iau, lestys**) *b* (*pren troed*) forme *f*.
lastig *ans, g* *gw.* **elastig**.
lasŵ (**-s, -au**) *g,b* lasso *m*.
laswio *ba* prendre (qch) au lasso.
lasyn (**lasys, lasiau**) *g* lacet *m* de soulier.
latecs *g* latex *m*.
laterit (**-au**) *g* (*DAEAR*) latérite *f*.
Latfia *prb* la Lettonie *f*; **yn** ~ en Lettonie.
Latfiad (**Latfiaid**) *g/b* Letton *m*, Lettonne *f*.
Latfiaidd *ans* letton(ne).
Latfieg *b,g* letton *m*;
♦*ans* letton(ne).
latis (**-au**) *g* treillis *m*; (*ffens*) treillage *m*.
latsen (**lats**) *b* latte *f*.
lawnsio *ba* *gw.* **lansio**[1].
Lawnslod *prg* Lancelot.
lawnt (**-iau, -ydd**) *b* pelouse *f*, gazon *m*; **tennis** ~ tennis *m* sur gazon.
lawr[1] *adf*: **i** ~
1 (*ar lefel is*) en bas, en contrebas; **i** ~ **yn y fan yma** ici en bas; **i** ~ **yn y fan yna** là-bas, au fond; **'roedd y bleinds i** ~ les stores étaient baissés.
2 (*tuag at safle is*) vers le bas; **mynd i** ~**, dod i** ~ descendre; **rhedeg i** ~ descendre en courant; **plygu i** ~ se courber, se baisser; **i** ~ **â'r bradwyr!** à bas les traîtres!.
3 (*â'r wyneb i waered*) vers le bas, dessous; **yr ochr esmwyth i** ~ le côté lisse dessous; **â'ch wyneb i** ~ le visage face au sol; (*mewn dŵr*) le visage dans l'eau.
4 (*dangos cyfeiriad*): **mynd i** ~ **i Lundain** aller à Londres; **mynd i** ~ **i'r dref** descendre *neu* aller en ville; **daeth i** ~ **o'r Alban ddoe** il est arrivé de l'Écosse hier.
5 (*wedi gostwng*): **mae prisiau i** ~ les prix ont baissés; **mae'r bunt i** ~ **2 sent yn erbyn y ddoler** la livre a baissé de 2 cents par rapport au dollar.
6 (*yn ysgrifenedig*): **taro rhth i** ~ (*ar bapur*) noter qch.
7 (*fel blaendal*): **talu pumpunt i** ~ verser 5 livres d'arrhes;
♦*ardd*
1 (*mewn rhan is o*): **i** ~ **y grisiau** *ou* **staer** (*cyff*) en bas; (*ar y llawr*) au rez-de-chaussée; (*llawr is*) à l'étage inférieur; **y bobl yn y fflat i** ~ **y grisiau** *ou* **staer** les gens (de l'appartement) du dessous.
2 (*tuag at safle is*): **mynd i** ~ **y grisiau** *ou* **staer** descendre l'escalier; **rhedeg i** ~ **yr allt** descendre la colline en courant; **disgynnai ei gwallt i** ~ **ei chefn** ses cheveux lui tombaient dans le dos.
3 (*dangos cyfeiriad*): **i** ~ **yr afon** en aval; **mynd i** ~ **yr afon** descendre le courant; **maen nhw'n byw i** ~ **y stryd** ils habitent plus bas

neu loin dans la rue; **cerdded i ~ y stryd** descendre la rue (à pied).
lawr[2] *g gw.* **lafwr**.
lecsiwn (**lecsiynau**) *g,b* élection *f gw. hefyd* **etholiad**.
lecsiyna *bg* faire campagne électorale; ♦*g* campagne *f* électorale.
ledi (-s) *b* dame *f*.
ledio *ba* (*emyn*) annoncer; **~'r ffordd** montrer le chemin.
ledled *adf* partout dans; **~ y wlad** partout dans le pays; **~ y byd** dans le monde entier, partout dans le monde; **~ Ewrop** à travers *neu* dans toute l'Europe, partout en Europe.
lefain *g* levain *m*.
Lefant *g,b*: **y ~** le Levant; **yn y ~** au Levant.
Lefantaidd *ans* levantin(e).
Lefantiad (**Lefantiaid**) *g/b* Levantin *m*, Levantine *f*.
lefeinio *ba* faire lever.
lefeinllyd *ans* à *neu* au levain.
lefel *ans* plan(e), plat(e), uni(e), à niveau; **croesfan ~** passage *m* à niveau; **llwyaid ~** cuillerée *f* rase; **'roedd y ddau gar yn ~** les deux voitures étaient à la même hauteur; ♦*b* (**-au**) niveau(-x) *m*; (*graddfa*) échelon *m*; (*erfyn mesur*) niveau à bulle; **bod ar yr un ~ â rhn** être au même niveau que qn; **dod i lawr at ~ rhn** se mettre au niveau de qn; **mae'r gegin ar yr un ~ â'r ardd** la cuisine est de plain-pied avec le jardin; **L~ A** ≈ baccalauréat *m*.
lefelu *ba* niveler, aplanir; ♦*bg* (*tir*) s'aplanir.
lefelwr (**lefelwyr**) *g* niveleur *m*.
lefelwraig (**lefelwragedd**) *b* niveleuse *f*.
Lefiathan *prg* Léviathan.
lefren (**lefrod**) *b* (ANIF) levraut *m*; (*merch ifanc*) jeune fille *f*.
lefryn (**lefrod**) *g* (*bachgen ifanc*) gars *m*, jeune homme *m*.
lefftenant (**-iaid**) *g* (*yn y fyddin*) lieutenant *m*; (*yn y llynges*) lieutenant de vaisseau.
legad (**-au**) *g* légat *m*.
Leghorn *prb* Livourne.
legins *ll* (*tywydd gwlyb*) jambières *fpl* imperméables; (*trowsus merch*) caleçon *m*.
leicio *ba gw.* **hoffi**.
leilac *ans, g gw.* **lelog**.
leim (**-iau**) *g,b* citron *m* vert, lime *f*; **sudd ~** jus *m* de citron vert; **lager a ~** bière *f* blonde au sirop de citron vert; **coeden ~** limettier *m*.
lein (**-iau, -s**) *b* ligne *f*; (*rhaff*) corde *f*; (*gwifren*) fil *m*; **~ ddillad** corde à linge; **~ fach** (RHEIL) ligne (de chemin de fer) à voie étroite; **daliwch y ~** (*ffôn*) ne quittez pas *gw. hefyd* **llinell**.
leinar, **leiner** (**-s**) *b* (*llong*) paquebot *m* (de ligne), liner *m*.
leinin (**-au**) *g* doublure *f*; (*brêcs*) garniture *f*.
leinio *ba* (*dillad*) doubler; (*brêcs*) garnir; (TECH) revêtir; (*curo*) battre, cogner; **~'r ffordd** faire la haie (*des deux côtés d'une route*); **'roedd coed yn ~'r ffordd** des arbres poussaient le long de la route; **~'ch pocedi*** se remplir les poches; ♦*bg* (RYGBI) se mettre en deux lignes parallèles pour la touche.
leino *g* lino *m*.
leisens (**-au**) *b* permis *m*.
leitmotif (**-au**) *g,b* leitmotiv *m*.
lelog *ans* lilas *inv*; ♦*g* (*lliw*) lilas *m*; (PLANH) lilas; **coeden ~** lilas.
lembo* (**-s**) *g* nigaud *m*, gourde *f*, cloche* *f*, nouille* *f*.
lemboaidd *ans* bête, stupide, imbécile; ♦ **yn ~** *adf* bêtement, stupidement.
leming (**-iaid**) *g* lemming *m*.
lemon (**-au**) *g* citron *m*; (*lliw*) citron; **ceuled ~** crème *f* de citron; **coeden ~** citronnier *m*; **gwasgell ~** presse-citron *m*; **sudd ~** (*i'w yfed*) citron pressé; (*ar gyfer coginio ayb*) jus *m* de citron; **te ~** thé *m* au citron.
lemonêd *g* limonade *f*.
lempan, **lempen** *b* claque *f*, taloche *f*, coup *m* de poing.
lemwn (**-au**) *g gw.* **lemon**.
lemwr (**lemyriaid**) *g* maki *m*, lémur *m*.
Lenin *prg* Lénine.
Leninaidd *ans* léniniste.
Leniniaeth *b* léninisme *m*.
lens (**-ys, -iau**) *b* lentille *f*; (*llygad*) cristallin *m*; (*sbectol*) verre *m*; (*camera*) objectif *m*; **~ys cyffwrdd** verres de contact.
Leonardo da Vinci *prg* Léonard de Vinci.
leotard (**-au**) *g,b* justaucorps *m*.
les[1] (**-au, -i**) *b* (CYFR) bail(baux) *m*; **~ tymor hir** bail à long terme; **99 mlynedd o ~** bail de 99 ans; **cymryd tŷ ar ~** prendre une maison à bail.
les[2] (**-ys**) *b* (*defnydd*) dentelle *f*; **ffrog ag ymyl ~ iddi** robe *f* bordée de dentelle; **darn o ~** de la dentelle; **~ aur** (MIL) galon *m*; **llenni wedi eu gwneud o ~** rideaux de *neu* en dentelle; **gwneuthurwr ~** dentellier *m*; **gwneuthurwraig ~** dentellière *f*; **gwneuthuriad ~** fabrication *f* de la dentelle.
lesbiad (**lesbiaid**) *b* lesbienne *f*.
lesbiaeth *b* lesbianisme *m*.
lesbiaidd *ans* lesbien(ne).
lesddeiliad (**lesddeiliaid**) *g/b* preneur *m* de bail, preneuse *f* de bail, locataire *m/f*.
Lesotho *prb* le Lésotho *m*; **yn ~** au Lésotho.
lest (**-iau, lestys**) *b gw.* **last**.
letrig *g, ans gw.* **trydan**.
letysen (**letys**) *b* laitue *f*, salade *f*.
lewcemia *g* leucémie *f*.
Lewis *prg* Louis; **~ Fawr** Louis le Grand.
Libanaidd *ans* libanais(e).
Libaniad (**Libaniaid**) *g/b* Libanais *m*,

Libanaise *f*.
Libanus *prg* le Liban *m*; **yn** ~ au Liban.
libart (**-iau**) *g* (*i gadw anifail*) enclos *m*; (*buarth*) cour *f*; (*iard gefn*) cour de derrière, arrière-cour(~-~s) *f*.
Liberia *prb* le Libéria *m*; **yn** ~ au Libéria.
Liberiad (**Liberiaid**) *g/b* Libérien *m*, Libérienne *f*.
Liberiaidd *ans* libérien(ne).
Libia *prb* la Libye *f*; **yn** ~ en Libye.
Libiad (**Libiaid**) *g/b* Libyen *m*, Libyenne *f*.
Libiaidd *ans* libyen(ne).
libido *g,b* libido *f*.
lib-lab *adf*: **siarad yn** ~-~ parler incessamment.
libreto (**-s**) *g* livret *m*, libretto(-s, libretti) *m*.
libretydd (**-ion, libretwyr**) *g* librettiste *m/f*.
licar, **licer** (**-s**) *g gw.* **gwirod**.
licio *ba gw.* **hoffi**.
licris *g* réglisse *m,f*; **ffon** ~ bâton *m* de réglisse.
lîd (**lidiau**) *b* (TRYD) fil *m*.
Liechtenstein *prb* le Liechtenstein *m*; **yn** ~ au Liechtenstein.
lifer (**-i, -s, lifrau**) *g,b* levier *m*; (*bach: ar beiriant*) manette *f*.
lifrai (**lifreion**) *g* livrée *f*.
lifft (**-iau**) *g,b*
1 (*mewn adeilad*) ascenseur *m*; ~ **nwyddau** monte-charge *m inv*.
2 (*pàs*): **rhoi** ~ **i rn** emmener *neu* prendre qn en voiture, offrir une place à qn; **alla' i roi** ~ **ichi?** est-ce que je peux vous déposer quelque part?
lifftenant (**-iaid**) *g gw.* **lefftenant**.
lîg (**ligau**) *b* (*mesur: milltir Ffrengig*) lieue *f*.
lignid *g* lignite *m*.
ling-di-long *adf gw.* **linc-di-lonc**.
lili (**-s, lilïau**) *b* (PLANH) lis *m neu* lys *m*; ~**'r dyffrynnoedd,** ~**'r maes,** ~ **Mai** muguet *m*; ~ **wen fach** perce-neige(~-~(s)) *m,f*; ~**'r dŵr** nénuphar *m*; **yn wyn fel y** ~ blanc(he) comme (la) neige, d'une blancheur de lis, blanc comme un lis.
limpin (**-nau**) *g* (*pin haearn*) goupille *f*; **colli'ch** ~ se déchaîner, devenir fou furieux(folle furieuse).
limrig (**-au**) *g,b* limerick *m* (*poème humoristique en cinq vers*).
limwsîn (**-s, limwsinau**) *g,b* limousine *f*.
linc (**-iau**) *g* (*mewn cadwyn*) maillon *m*, chaînon *m*, anneau(-x) *m*; (RADIO, TELEDU) liaison *f*; **rhaglen** ~ émission *f* duplex.
linc-di-lonc, **lincyn-loncyn** *adf* (*yn hamddenol*) tranquillement, paisiblement, sans se presser, lentement; (*yn herciog*) clopin-clopant*; **cerdded** ~-~ (*yn hamddenol*) marcher à pas lents, marcher d'un pas tranquille, aller pas à pas; (*yn herciog*) marcher clopin-clopant*.
lindysen (**lindys**) *b* chenille *f*.
lindysyn (**lindys**) *g* chenille *f*.
lingri *g* lingerie *f*.
liniment (**-au**) *g* liniment *m*.
linoliwm *g* linoléum *m*.
linoteip *g* linotype *f*.
lint *g* tissu *m* ouaté (*pour pansement*); **darn bach o** ~ un petit pansement *m* ouaté.
lintel, **linter** (**-i, -au**) *g,b* linteau(-x) *m*.
liposugnad, **liposugnedd** *g* liposuccion *f*.
lipstic* (**-s**) *g* (*minlliw*) rouge *m* à lèvres.
lisb *g,b* zézaiement *m*; **siarad â** ~ zézayer.
lisbian, **lisbio** *bg* zézayer.
Lisbon *prb* Lisbonne.
listio *ba* (MIL) enrôler, recruter;
♦*bg* s'engager, s'enrôler; **ail-**~ se rengager;
♦*g* engagement *m*.
litani (**litanïau**) *b* litanie *f*.
litmws *g*: **papur** ~ papier *m* de tournesol.
litr (**-au**) *g* litre *m*.
litwrgi (**litwrgïau**) *g,b* liturgie *f*.
litwrgïaidd *ans* liturgique;
♦ **yn** ~ *adf* liturgiquement.
lithiwm *g* (CEM) lithium *m*.
lithograffeg *b* lithographie *f*.
Lithwanaidd *ans* lituanien(ne).
Lithwaneg *b,g* lituanien *m*;
♦*ans* lituanien(ne).
Lithwania *prb* la Lituanie *f*; **yn** ~ en Lituanie.
Lithwaniad (**Lithwaniaid**) *g/b* Lituanien *m*, Lituanienne *f*.
liwdo *g,b* jeu(-x) *m* des petits chevaux.
liwt (**-iau**) *b* (CERDD) luth *m*; **ar eich** ~ **eich hun** (*gweithiwr ayb*) indépendant(e); (*gwneud rhth*) indépendamment, de sa propre initiative, de ses propres moyens; **mae hi'n gweithio ar ei** ~ **ei hun** elle travaille indépendamment, c'est une travailleuse indépendante; **llwyddodd y ferch ar ei** ~ **ei hun** la jeune fille s'est débrouillée toute seule.
lob[1] (**-iau**) *g* (*ynfytyn*) balourd *m*, imbécile *m*.
lob[2] (**-iau**) *g,b* (TENNIS) lob *m*.
lobi (**lobïau**) *b* (*cyntedd*) hall *m*; (*coridor*) couloir *m*; (GWLEID*: grŵp dylanwadu*) lobby *m*, groupe *m* de pression.
lobio *ba* (*carreg ayb*) lancer, envoyer (qch) en l'air, balancer*; (*pêl*) lober; ~ **pêl** (TENNIS) faire un lob.
lobïo *ba* (GWLEID) faire pression sur;
♦*bg* faire pression;
♦*g* lobbying *m*, pressions *fpl*.
lobïwr (**lobïwyr**) *g* (GWLEID) membre *m* d'un groupe de pression, lobbyiste *m*.
lobïwraig (**lobiwragedd**) *b* (GWLEID) membre *m* d'un groupe de pression, lobbyiste *f*.
lobsgows *g* ragoût *m*, bouillon *m* de viande et de légumes.
loc (**-iau**) *g,b* écluse *f*.
loced (**-i**) *b* médaillon *m*.
locer (**-i**) *g* casier *m*.
lociwr (**locwyr**) *g* éclusier *m*.
locomotif (**-au**) *g,b* locomotive *f*.

locsen (**locs, locsys**) *b gw.* **locsyn**.

locsyn (**locs, locsys**) *g* (*barf*) barbe *f*; **dyn â ~ coch** un homme à la barbe rousse; **gwisgo ~** porter la barbe, être barbu(e); **locsys clustiau** pattes *fpl*, favoris *mpl*.

locust (**-iaid**) *g* locuste *f*, sauterelle *f*.

locwm (**locymiaid**) *g* (*MEDD*) suppléant *m neu* remplaçant *m* (de médecin), suppléante *f neu* remplaçante *f* (de médecin).

locwraig (**locwragedd**) *b* éclusière *f*.

locws (**loci**) *g* lieu(-x) *m*, point *m*; (*MATH*) lieu géometrique.

lodes (**-i**) *b* (jeune) fille *f*, fillette *f*, demoiselle *f*; **mae hi wedi cael ~ fach** elle a eu une petite fille; **y ~ fach druan** pauvre petite *f*.

loes (**-au**) *b* (*corfforol*) douleur *f*, mal(maux) *m*; (*meddyliol*) peine *f*, souffrance *f*; **cael ~** avoir mal, souffrir; **peri ~ i rn** faire mal à qn; **mae hyn yn rhoi ~ imi** ceci me fait mal; **mae fy nghoes yn rhoi ~** j'ai mal à la jambe, ma jambe me fait mal; **rhoi ~ i rn** (*yn feddyliol*) faire de la peine à qn, peiner qn, affliger qn.

loess *g* (*DAEAR*) lœss *m*.

loetran *bg* s'attarder, traîner en route; (*cicio'ch sodlau*) traîner, musarder, flâner; (*gyda bwriad drwg*) rôder; **~ gyda bwriad** commettre un délit d'intention;
♦*g* flânerie *f*; **~ gyda bwriad** délit *m* d'intention.

loetrwr (**loetrwyr**) *g* flâneur *m*; (*amheus*) rôdeur *m*.

loetrwraig (**loetrwragedd**) *b* flâneuse *f*; (*amheus*) rôdeuse *f*.

lòg[1] (**-iau**) *g*: **llyfr ~** (*MOR*) livre *m neu* journal(journaux) *m* de bord; (*AWYR*) carnet *m* de vol; (*gyrrwr lorri*) carnet de route; (*digwyddiadau, cludiant nwyddau*) registre *m*; (*car*) ≈ carte *f* grise; **cadw'r llyfr ~** tenir le livre de bord *neu* le carnet de vol *neu* le carnet de route *neu* le registre.

lòg[2] (**-iau**) *g* (*MATH*) log *m*; **tablau ~** tables *fpl* de logarithmes.

lòg*[3] (**-iau**) *g*: **~ o ddyn nobl** un gros gaillard; **~iau o afalau** des pommes énormes; **dweud ~iau o gelwyddau** dire des mensonges gros comme une maison.

logarithm (**-au**) *g* logarithme *m*.

logia (**-s, logiâu**) *g,b* loggia *f*.

logio *ba* enregistrer;
♦*bg*: **~ i mewn/allan** (*CYFRIF*) ouvrir/clore une session, entrer dans le système/sortir du système.

logisteg *b* logistique *f*

logo (**-s**) *g* logo *m*.

loj* (**-iau**) *g,b* (*tŷ ar dir y sgweier*) maison *f* du gardien; (*ystafell y porthor*) loge *f*.

lojer* (**-s**) *g/b* (*sy'n talu am wely yn unig*) locataire *m/f*; (*sy'n talu am wely a phrydau bwyd*) pensionnaire *m/f*.

lojin* *g* logement *m*, hébergement *m*; (*ystafell*) chambre *f*; (*fflat fach*) logement; **tŷ ~** pension *f*.

lojo* *bg* vivre en meublé, habiter dans une chambre meublée; **~ gyda rhn** être logé(e) chez qn, être en pension chez qn.

lol *b* absurdités *fpl*, idioties *fpl*, sottises *fpl*, inepties *fpl*, enfantillages *mpl*, âneries *fpl*; **siarad ~** dire des absurdités *neu* des inepties; **taw â'th ~** ne dis pas d'idioties!; **~ yw dweud ...** il est absurde de dire que, c'est idiot de dire que; **~ yw hynny!** c'est absurde!; **o twt ~!** oh! ne dis pas d'absurdités!; **dim ~!** pas d'histoires*!; **'rwyf wedi cael digon o'r ~ 'ma!** j'en ai assez de ces histoires!; **~ botes maip!** taratata!

lolfa (**lolfeydd**) *b* salon *m*, salle *f* de séjour; **~'r actorion** foyer *m* des acteurs *neu* des artistes.

lolian *bg* (*dweud pethau gwirion*) plaisanter, dire *neu* débiter des absurdités, dire des idioties; (*tynnu coes*) plaisanter; (*ymddwyn yn wirion*) faire l'imbécile; **mae'r plant wrthi'n ~** les enfants sont en train de faire les imbéciles.

lolipop (**-s**) *g* sucette *f*; **~ rhew** sucette glacée; **dyn/dynes ~** contractuel *m*/contractuelle *f* qui fait traverser la rue aux écoliers (*en arrêtant la circulation à l'aide d'un panneau en forme de sucette*).

lolyn (**-nod**) *g* plaisantin *m*; **mae'n fwy o ~ nag a feddyliais** il est (encore) plus idiot que je ne pensais; **edrych yn dipyn o ~ o flaen pawb** se rendre ridicule devant tout le monde.

lôm (**lomau**) *g,b* terreau(-x) *m*.

Lombardi *prb* Lombardie *f*; **yn ~** en Lombardie.

lôn (**lonydd**) *b* (*cyff*) route *f*; (*yn y wlad*) chemin *m* rural, petite route; (*mewn tref*) ruelle *f*; (*trwy'r goedwig*) sentier *m*; (*ar draffordd*) voie *f*; **~ bengaead** (*stryd*) impasse *f*, cul-de-sac(~s-~-~) *m*; (*ar arwydd*) "voie sans issue"; **~ bost** grand-route *f*; **~ goed** avenue *f*; **ffordd 3 ~** route à 3 voies; **dilyn y ~ ar y dde** (*ceir*) emprunter la voie de droite, rouler sur la file de droite; **bod yn y ~ anghywir** être dans *neu* sur la mauvaise file; **arhoswch yn eich ~** ne changez pas de file; **ewch i'ch ~** mettez-vous dans la bonne file; **i lawr y ~ goch!** (*corn gwddf: llwncdestun*) à la vôtre!

loncian *bg* faire du jogging, jogger; **siwt ~** jogging *m*; **esgidiau ~** chaussures *fpl* de jogging, joggeurs *mpl*.

lonciwr (**loncwyr**) *g* joggeur *m*.

loncwraig (**loncwragedd**) *b* joggeuse *f*.

londrét (**londreti**) *b* laverie *f* automatique.

londri (**londrïau**) *b* blanchisserie *f*; (*dillad golchi*) linge *m*.

lordio *ba*: **ei ~ hi** vivre en grand seigneur, mener la grande vie; **ei ~ hi dros rn** traiter qn avec arrogance *neu* de haut, prendre des airs supérieurs avec qn.

lorri (**lorïau**) *b* camion *m*; (*mwy*) poids *m* lourd; ~ **laeth,** ~ **lefrith** camionnette *f* de laitier; ~ **ludw** camion des éboueurs; ~ **wartheg** fourgon *m* à bestiaux; **fe gwympodd oddi ar gefn** ~ (*ffig*) c'est tombé du ciel, c'est de la marchandise récupérée.

lòs *b* fille *f*; (*fach*) fillette *f*.

losen, **losinen** (**losin, losins**) *b* bonbon *m*; (*MEDD: tabled*) pastille *f*; **losin** sucreries *fpl*, confiseries *fpl*; **siop losin** confiserie *f*.

lot[1] (**-iau**) *b* (*mewn ocsiwn*) lot *m*.

lot*[2] *b* (*llawer*) beaucoup, un grand nombre *m*; ~ **o** beaucoup de, un grand nombre de, de nombreux(nombreuses); ♦*adf* beaucoup *gw. hefyd* **llawer**.

Lot *prg* Loth.

loteri (**loterïau**) *b* loterie *f*; **y L~ Genedlaethol** la Loterie Nationale.

lotment (**-s**) *g,b* jardin *m* ouvrier *neu* municipal.

lotri (**lotrïau**) *b gw.* **loteri**.

Luc *prg* Luc.

lwans *g gw.* **lwfans**.

lwc *b* chance *f*; ~ **dda** bonheur *m*; **pob** ~**!** bonne chance!, bon courage!; ~ **mwnci,** ~ **mul** coup *m* de veine; **trwy** ~**, wrth** ~ par bonheur, heureusement; **gyda** ~ avec un peu de chance; **gwell** ~ **y tro nesaf** ça ira mieux la prochaine fois; **dyna** ~**!** quelle chance!, quel coup de veine!; **unrhyw** ~**?** alors, ça a marché?; **mentro'ch** ~ tenter sa chance; ~ **imi gyrraedd** quelle chance *neu* quelle coup de veine que je sois *subj* arrivé(e) à temps, heuresement que je suis arrivé(e) à temps.

Lwcsembwrg *prb* le Luxembourg *m*; **yn** ~ au Luxembourg.

Lwcsembwrgaidd *ans* luxembourgeois(e).

Lwcsembwrgiad (**Lwcsembwrgiaid**) *g/b* Luxembourgeois *m*, Luxembourgeoise *f*.

lwcus *ans* (*rhn*) qui a de la chance, favorisé(e) par la chance *neu* la fortune, chanceux(chanceuse), fortuné(e), heureux(heureuse); (*dydd*) de chance; (*cynnig*) heureux; (*rhif*) qui porte bonheur; **bod yn** ~ avoir de la chance; **on'd wyt ti'n** ~**!, cenau** ~**!** (*dyn*) veinard *m*!; **on'd wyt ti'n** ~**!** (*merch*) veinarde *f*!; **mae'n** ~ **ei fod yn fyw** il a de la chance *neu* du bonheur de s'en sortir vivant; **ni wyddost ti ba mor** ~ **wyt ti** tu ne connais pas ton bonheur; ~ **fy mod wedi cyrraedd mewn pryd** heureusement que je suis arrivé(e) à temps;
♦ **yn** ~ *adf* heureusement, par chance.

lwdo *g gw.* **liwdo**.

lwfans (**-iau, -au**) *g*
1 (*arian a roddir: cyff*) pension *f*, rente *f*; (*GWEIN*) allocation *f*; (*:ar gyfer llety, bwyd ayb*) indemnité *f*; (*:gan ŵr i'w gyn-wraig*) pension alimentaire; **rhoi** ~ **i rn** verser une pension à qn; ~ **ceisio gwaith** allocation de chômage; ~ **teulu** allocations familiales; ~ **adloniant,** ~ **croesawu** indemnité *neu* prime *f* de représentation; ~ **cynnal** indemnité de subsistance; ~ **dillad** indemnité vestimentaire; ~ **milltiroedd** ≈ indemnité kilométrique; ~ **teithio** indemnité de transport.
2 (*arian nad oes raid ei dalu: trethiant*) abattement *m* fiscal, somme *f* déductible du revenu imposable; ~**au personol** abattements sur l'impôt; ~ **rhywun dibriod** abattement (fiscal) pour personnes seules.

lwfer (**-au**) *g* (*mewn to*) lucarne *f*; (*ar ffenestr*) persienne *f*, jalousie *f*; (*simnai*) cheminée *f*; **drws** ~ porte *f* à claire-voie.

lwfio *ba* (*rhoi arian*) accorder, allouer; ~ **20 punt yr wythnos i rn** allouer *neu* accorder à qn 20 livres par semaine; ~ **ar gyfer rhth** (*cymryd rhth i ystyriaeth*) tenir compte de qch; ~ **ar gyfer tywydd gwael** tenir compte du mauvais temps éventuel.

lwgen, **lwgwn** (**lwgws**) *b* (*abwyd*) arénicole *f*.

lwmp, **lwmpyn** (**lympiau**) *g* morceau(-x) *m*; (*mewn uwd, saws ayb*) grumeau(-x) *m*; (*ar ôl codwm, ergyd*) bosse *f*; (*chwydd*) grosseur *f*; **mynd yn lympiau** (*saws ayb*) faire des grumeaux; **bod â** ~ **yn eich gwddf** avoir la gorge serrée, avoir une boule dans la gorge.

lwrecs *g* lurex *m*.

lwsérn *g* (*PLANH*) luzerne *f*.

Lwsiffer *prg* Lucifer.

lwtsh *g* (*bwyd ceffyl*) mash *m*; (*bwyd moch, ieir*) pâtée *f*; (*bwyd babi*) bouillie *f*; **tatws** ~ purée *f* de pommes de terre.

Lwtheraidd *ans* luthérien(ne).

lwyn (**-au**) *b* (*CORFF: dynol*) reins *mpl*; (*COG*) filet *m*, longe *f*; **cryd y** ~**au** (*MEDD*) lumbago *m*; **lliain** ~**au** (*dilledyn*) pagne *m*.

lymberjac (**-s**) *g* bûcheron *m*.

lymff *g* lymphe *f*; **chwarren** ~ ganglion *m* lymphatique.

lyncs (**-od**) *g* lynx *m inv*.

lynsio *ba* lyncher.

lyra (**lyrâu**) *b* lyre *f*.

lysti *ans* vigoureux(vigoureuse), robuste, gaillard(e);
♦ **yn** ~ *adf* vigoureusement, robustement, gaillardement

LL

llabed (**-au, -i**) *b* (*ar ddilledyn*) revers *m*; (*ar glust*) lobe *m*; (*ar boced, amlen*) rabat *m*; (*cynffon côt*) queue *f*, basque *f*.
llabeden (**-nau**) *b* lobule *m*.
llabi (**llabïod**) *g* (*llabwst*) gros gaillard *m*, lourdaud *m*.
llabwst (**llabystiau**) *g* gros gaillard *m*, butor *m*, loubard* *m*, rustre *m*, lourdaud *m*, malotru *m*.
llabyddiad (**-au**) *g* lapidation *f*.
llabyddio *ba* lapider, bombarder (qn) de pierres; ~ **rhn i farwolaeth** lapider qn à mort, tuer qn à coups de pierre.
llac[1] *ans* (*rhaff*) lâche, mal tendu(e); (*cwlwm, carrai*) desserré(e); (*botwm, edau*) décousu(e); (*hoelen, handlen*) branlant(e); (*sgriw*) desserré, qui a du jeu; (*croen*) flasque, mou[mol](molle)(mous, molles); (*dillad*) vague, ample, lâche, large, flottant(e); (*rhesymu*) vague, flou(e), imprécis(e); (*cyfieithiad*) approximatif(approximative), assez libre; (*ymddygiad, disgyblaeth*) relâché(e); (*rhn*) négligent(e); **daliwch hi'n ~!** (*rhaff*) laissez du mou!; **bod yn ~ yn y gwaith** négliger son travail, se relâcher au travail; **mae'r botwm yn ~** le bouton va se découdre; **mae'r trowsus yma yn rhy ~ yn y canol** ce pantalon est trop large à la taille; **mae'n ~ ei afael** tout lui glisse des mains *neu* des doigts; ~ **ei afael a gyll!** espèce d'empoté!;
♦ **yn ~** *adf* (*clymu*) sans serrer; (*cyfieithu*) approximativement, librement; (*gosod*) pas solidement; (*ffitio*) approximativement; **hongiai'r rhaff yn ~** la corde n'était pas bien tendue; **hongiai ei ddillad yn ~** il flottait dans ses vêtements.
llac[2] (**-iau**) *g* (*pwll*) petit étang *m*, mare *f*; (*bwlch*) lacune *f*.
llaca *g* (*baw*) boue *f*, bourbe *f*; (*afon*) vase *f*.
llacio *ba* (*rhaff*) relâcher, détendre; (*sgriw, cwlwm, dilledyn*) desserrer; (*datod: botwm*) défaire; (*:gwregys, gwasg*) lâcher; (*safonau*) abaisser; (*cyflymder*) ralentir; (*pwysau*) diminuer, réduire; **~'ch gafael ar rth** relâcher qch, desserrer *neu* lâcher prise sur qch;
♦*bg* (*botwm, edau*) se défaire; (*sgriw*) se desserrer; (*rhaff*) se détendre; (*peswch*) se dégager; (*storm*) diminuer de force; (*masnach*) ralentir, diminuer; (*ymdrech, pwysau*) diminuer, se relâcher;
♦*g* relâchement *m*, desserrement *m*; (*safonau*) abaissement *m*; (*cyflymder*) ralentissement *m*, diminution *f*.
llacrwydd *g* (*rhn*) négligence *f*, laisser-aller *m*; (*rhaff*) manque *m* de tension, relâchement *m*; (*cwlwm*) desserrement *m*; (*dillad*) ampleur *f*, flou *m*; (*mewn cyfieithiad*) imprécision *f*; (*safonau, moesau*) relâchement; ~ **meddwl** manque de rigueur *neu* de précision.
llacs *ll gw.* **llaca**.
llacsog *ans* (*ffordd*) boueux(boueuse), bourbeux(bourbeuse); (*afon*) vaseux(vaseuse), boueux; (*dilledyn, esgid, llaw*) couvert(e) de boue.
llach (**-iau**) *b* coup *m* de fouet; **dedfrydu rhn i 10 ~** condamner qn à 10 coups de fouet; ~ **tafod** une remarque cinglante; **bod dan y lach** être rudement critiqué(e), être censuré(e), être réprouvé(e) durement.
llachar *ans* éblouissant(e), brillant(e), vif(vive), clair(e), radieux(radieuse); (*haul*) éclatant(e), rayonnant(e); (*llygaid*) brillant, étincelant(e), d'une couleur vive *neu* éclatante;
♦ **yn ~** *adf* de manière éblouissante *neu* brillante; **'roedd yr haul yn tywynnu'n ~** le soleil brillait fort.
llacharedd (**-au**) *g* éclat *m*, intensité *f*, éblouissement *m*; ~ **y golau** l'éclat aveuglant de la lumière.
llachiad (**-au**) *g* flagellation *f*, coup *m* de fouet.
llachio *ba* frapper (qch) d'un grand coup de fouet, fouetter violemment, cingler, flageller.
Lladin *b,g* latin *m*;
♦*ans* latin(e); **America Ladin** Amérique *f* latine.
Lladinaidd *ans* latin(e).
Lladin-Americanaidd *ans* latino-américain(e), d'Amérique latine.
Lladin-Americanes (**~-~au**) *b* Latino-Américaine *f*.
Lladin-Americanwr (**~-Americanwyr**) *g* Latino-Américain *m*.
Lladineiddio *ba* traduire (qch) en latin.
lladmerydd (**-ion**) *g* interprète *m/f*.
lladrad (**-au**) *g* vol *m*; ~ **ag arfau** (*ysbeiliad arfog*) vol à main armée, vol avec violence; ~ **pen ffordd** vol de grand chemin, brigandage *m*.
lladradaidd *ans* (*cerddediad*) furtif(furtive); (*cyhoeddiad, gweithgaredd*) clandestin(e);
♦ **yn ~** *adf* furtivement, clandestinement.
lladrata *ba*: ~ **rhth (oddi ar rn)** voler qch (à qn), dérober qch (à qn); ~ **gwaith llenyddol** plagier *neu* démarquer une œuvre;
♦*bg* voler; ~ **o dŷ/o gar** cambrioler une maison/une voiture; ~ **o siop** dévaliser un magasin; ~ **o berllan** piller un verger.
lladratwr (**lladratwyr**) *g* voleur *m*.
lladron *ll gw.* **lleidr**.
lladronach *ll* voleurs *mpl*, voleuses *fpl*.
lladrones (**-au**) *b* voleuse *f gw. hefyd* **lleidr**.
lladroni *ba* piller, voler, chaparder*;
♦*bg* se livrer au chapardage*;
♦*g* chapardage* *m*.

lladronllyd *ans* voleur(voleuse), de voleur.
lladd *ba* tuer; (*llofruddio*) assassiner; (*saethu*) abattre; (*teimlad, gobaith*) détruire; (*sŵn*) étouffer, amortir; **cael eich** ~ être tué(e); (*mewn brwydr*) tomber; ~ **amser** tuer le temps, faire passer le temps; ~ **gwair** (*AMAETH*) faire les foins;
♦*bg* tuer; **"na ladd"** "tu ne tueras point"; ~ **ar rn** critiquer qn;
♦*g* tuerie *f*, carnage *m*.
lladd-dy (~**-dai**) *g* abattoir *m*.
lladdedig (**-ion**) *ans* tué(e).
lladdedigaeth (**-au**) *b* carnage *m*, massacre *m*, tuerie *f*; (*anifeiliaid*) abattage *m*.
lladdfa (**lladdfeydd**) *b* carnage *m*, massacre *m*, tuerie *f*; (*anifeiliaid*) abattage *m*; (*gwaith blinderus*) corvée *f*, travail(travaux) *m* épuisant *neu* exténuant *neu* tuant *neu* crevant; **bydd teithio yn y gwres yn** ~ voyager dans la chaleur sera épuisant; **mae'r gwaith yma'n** ~ ce travail me tue, ce travail me crève*.
lladdiad (**-au**) *g* assassinat *m*.
lladdwr (**lladdwyr**) *g* tueur *m*; (*llofrudd*) assassin *m*, meurtrier *m*.
lladdwraig (**lladdwragedd**) *b* tueuse *f*; (*llofruddes*) assassin *m*, meurtrière *f*.
llaes *ans* (*gwisg: hir*) flottant(e), long(ue); (*:yn llusgo*) traînant(e); (*:rhydd, llac*) flottant, lâche, large; (*gwallt*) flottant, abondant(e), long; **treiglad** ~ (*GRAM*) spirantisation *f*; **siarad ag acen laes** *ou* **â goslef laes** parler d'une voix traînante; **ymddiheuriadau** ~ excuses *fpl* profuses *neu* multiples;
♦ **yn** ~ *adf* de façon traînante; **hongiai ei gwallt/gwisg yn** ~ ses cheveux flottaient/sa robe flottait; **ymddiheuro'n** ~ se confondre en excuses.
llaesiad (**-au**) *g* relaxation *f*, détente *f*, relâchement *m*, desserrement *m*.
llaesod *b* (*AMAETH, MEDD*) litière *f*; ~ **i gathod** litière pour chats.
llaesu *ba* (*gafael ayb*) lâcher, relâcher, détendre, desserrer, relaxer; (*dilledyn: ymestyn*) rallonger; (*poen*) diminuer, soulager, alléger; ~ **dwylo** relâcher, paresser;
♦*bg* (*poen*) diminuer; (*storm*) s'apaiser, diminuer de force.
llaeth (**-au**) *g* lait *m*; ~ **anwedd** lait condensé et non sucré; ~ **caws,** ~ **wedi ceulo** lait caillé; ~ **coconyt** lait de coco; ~ **cyddwys** lait concentré; ~ **dihufen,** ~ **glas,** ~ **sgim** lait écrémé; ~ **enwyn** babeurre *m*, lait de beurre; ~ **hanner sgim** lait demi-écrémé; ~ **heb ei drin,** ~ **yn syth o'r fuwch** lait cru; ~ **hir oes** lait UHT (ultra-haute température), lait à longue conservation; ~ **mwnci** gnôle *f*; ~ **wedi'i guro** (*ysgytlaeth*) milk-shake *m*, lait frappé; ~ **y fam,** ~ **y fron** lait maternel; ~ **y blaidd,** ~ **yr ysgyfarnog** (*PLANH*) euphorbe *f*; ~ **y gaseg** (*PLANH*) chèvrefeuille *m*; **bwced** ~ seau(-x) *m* à lait; **can** ~ boîte *f* à lait, pot *m* à lait; **carton** ~ carton *m* à lait; **cynhyrchion** ~ produits *mpl* laitiers; **dyn (y)** ~ laitier *m*; **ffermio** ~ industrie *f* laitière; **jwg** ~ petit pot à lait; **lorri laeth, fan laeth, car** ~ voiture *f* *neu* camionnette *f* du laitier; **potel laeth** bouteille *f* à lait; **powdr** ~, ~ **sych** lait en poudre; **pwdin** ~ entremets *m* au lait; **sosban laeth** petite casserole *f* pour le lait; **stên laeth** bidon *m* à lait; **y trên** ~ le tout premier train.
llaetha *bg* produire du lait.
llaethdy (**llaethdai**) *g* laiterie *f*.
llaethferch (**-ed**) *b* trayeuse *f*.
llaethfwyd (**-ydd**) *g* régime *m* lacté.
llaethiad (**-au**) *g* lactation *f*.
llaethig *ans* lactique.
llaethlo (**-i**) *g* veau(-x) *m* de lait.
llaethlys *g* (*PLANH*) euphorbe *f*.
llaethog *ans* lacté(e); **coffi/te** ~ café *m*/thé *m* au lait; **diod laethog** une boisson à base de lait; **y Llwybr Ll**~ la Voie lactée.
llaethogrwydd *g* (*lliw*) couleur *f* laiteuse; (*blas*) goût *m* laiteux.
llaethwr (**llaethwyr**) *g* laitier *m*.
llaethwraig (**llaethwragedd**) *b* laitière *f*; ~ **dda** (*buwch*) bonne laitière.
llaethyddiaeth *b* industrie *f* laitière.
llaethygen (**llaethyg**) *b* (*letysen*) laitue *f*.
llaethysgallen (**llaethysgall**) *b* (*PLANH*) épurge *f*.
llafar *g* parler *m*, langage *m*; **ar lafar** parlé(e); ~ **gwlad** langage parlé;
♦*ans* parlé(e), oral(e)(oraux, orales), verbal(e)(verbaux, verbales); **arholiad** ~ examen *m* oral; **iaith lafar** langage *m* familier *neu* parlé; **carreg lafar** (*carreg ateb*) écho *m*, rappel *m*; **gwrthwynebiad** ~ objection *f* franche;
♦ **ar lafar** *adf* oralement, de vive voix.
llafareg *b*: **gwersi** ~ leçons *fpl* d'élocution.
llafareiddio *ba* exprimer (qch) en langage parlé;
♦*bg* s'exprimer en langage parlé.
llafarganu *bg, ba* psalmodier.
llafariad (**llafariaid**) *b* voyelle *f*.
llafarog *ans* vocalique.
llafn (**-au**) *g* (*cyllell, cleddyf*) lame *f*; (*llanc*) jeune homme(jeunes gens) *m*, adolescent *m*; (*wyneb deilen*) limbe *m*.
llafnes (**-i, -au**) *b* un beau brin *m* de fille.
llafniad (**-au**) *g* laminage *m*.
llafnog *ans* à lames.
llafrwynen (**llafrwyn**) *b* (*PLANH*) jonc *m*, papyrus *m*.
llafur (**-iau**) *g*
1 (*gwaith*) travail(travaux) *m*, labeur *m*; ~ **cariad** travail fait par plaisir; ~ **oes** le travail de toute une vie; **maes** ~ (*YSGOL*) programme *m*; ~ **cariad** travail gratuit; ~ **caled** réclusion *f* avec travail disciplinaire; **y**

Blaid Lafur le parti *m* travailliste; **pleidleisio dros Lafur** voter travailliste; **y mudiad** ~ le mouvement ouvrier *neu* travailliste; **undeb** ~ syndicat *m*; **undebwr/undebwraig** ~ syndicaliste *m/f*; **Cyngres yr Undebau Ll**~ *la confédération des syndicats (britanniques).*
2 (*ŷd*) blé *m*, blés; **cae** ~ champ *m* de blé; **torri** ~ moissonner, faire la moisson.
llafurfawr *ans* laborieux(laborieuse);
♦ **yn** ~ *adf* laborieusement.
llafurio *bg* (*gweithio'n galed*) travailler dur, peiner; ~ **ymlaen** (*symud yn llafurus*) avancer *neu* monter péniblement, avancer *neu* monter avec peine.
llafurlu (**-oedd**) *g* main-d'œuvre(~s-~) *f*, personnel *m*, ouvriers *mpl*.
llafurus *ans* (*anodd, beichus*) laborieux(laborieuse); (*rhn: diwyd*) travailleur(travailleuse), assidu(e), appliqué(e);
♦ **yn** ~ *adf* laborieusement; (*yn ddiwyd*) assidûment, avec application.
llafurwaith *g* travail *m*, labeur *m*, industrie *f*.
llafurwr (**llafurwyr**) *g* (*gweithiwr*) ouvrier *m*, travailleur *m*; (*gwas fferm*) ouvrier agricole; (*ar y ffordd, ar safle adeiladu*) manœuvre *m* *gw. hefyd* **labrwr**.
Llafurwr (**Llafurwyr**) *g* (*GWLEID*) travailliste *m*.
Llafurwraig (**Llafurwragedd**) *b* (*GWLEID*) travailliste *f*.
llai[1] *ans* (gradd gymharol 'bach', Wrth gyfieithu dylid cyfeirio at y gwahanol ystyron sydd dan 'bach'.)
1 plus petit(e); **mae hi'n** ~ **na'i chwaer** elle est plus petite que sa sœur; **mynd yn** ~ (*lleihau*) diminuer; (*tref*) décroître; **gwneud rhth yn** ~ (*lleihau rhth*) réduire qch, diminuer qch.
2 (*llai pwysig*) moindre; **mae'n felltith lai** c'est un moindre mal; **o bwysigrwydd** ~ de moindre importance.
3 (*defnydd enwol*) moins *m*; **mae angen** ~ **na hynny arnat ti** il t'en faut moins que cela; ~ **fyth** encore moins; ~ **a** ~ (*lleilai*) de moins en moins; **ni allwn i lai na sylwi ...** je ne pouvais pas m'empêcher de remarquer que.
▶ **llai o** moins de; ~ **o fara** moins de pain; **bod â** ~ **o rth na rhn** avoir moins de qch que qn; **llawer** ~ **o arian** beaucoup moins d'argent; **ychydig** ~ **o waith** un peu moins de travail; **o lai o bwys** de moindre importance, de moins d'importance; ~ **o sŵn!** moins de bruit!; **nid yw'n meddwl dim** ~ **ohonof** je ne suis pas descendu(e) dans son estime pour autant;
♦ **(yn)** ~ *adf* moins; **gofidio** ~ s'inquiéter moins.
llaib (**lleibiau**) *g* petite gorgée *f*.
llaid *g* bourbe *f*, boue *f*; (*mewn afon*) vase *f*.
llain (**lleiniau**) *b*
1 (*tir*): ~ **o dir** parcelle *f* de terrain; ~ **feddal** (*ar ffordd*) accotement *m* non stabilisé; ~ **griced** terrain *m* de cricket; ~ **galed** (*ar draffordd*) accotement (stabilisé); ~ **lanio** (*maes awyr*) piste *f* d'atterrissage; ~ **las** ceinture *f* verte.
2 (*PYSG, cig*) filet *m*; ~ **gefn** échine *f*.
llais (**lleisiau**) *g* voix *f*; ~ **dwfn** une voix basse; ~ **soprano/tenor** voix de soprano/ténor; ~ **swynol** une belle voix; **cwmpas y** ~ étendue *f* de la voix; **dyn dwfn ei lais** un homme d'une voix grave; **mewn** ~ **isel** à voix basse, à mi-voix; **mewn** ~ **uchel** à haute voix; **colli'ch** ~ (*oherwydd salwch*) perdre la voix; (*oherwydd ofn*) perdre la parole, avoir une extinction de voix; **codi'ch** ~ élever la voix; ~! (*mewn cyfarfod*) parlez plus haut!; **gostwng eich** ~ baisser la voix; **cadw dy lais i lawr** ne parle pas si fort; **mae hi'n hoffi sŵn ei** ~ **ei hun** elle aime s'écouter parler; **mae ei lais wedi torri** sa voix a mué; **cael gwersi hyfforddi'r** ~ (*cwrs canu*) avoir des cours de chant; **gwrthod ag un** ~ refuser tout d'une voix, refuser tout à l'unanimité.
llaisbost *g gw.* **lleisbost**.
llaith *ans* humide; (*croen*) moite.
llall (**lleill**) *rhag*: **y** ~ l'autre *m/f*, les autres *mpl/fpl*; **y naill a'r** ~ l'un(e) et l'autre; **y naill ar ôl y** ~ l'un(e) après l'autre; **y naill neu'r** ~ l'un(e) ou l'autre; **mae'r naill yn caru'r** ~ ils s'aiment l'un l'autre; **hyn a'r** ~ **ac arall** et patati* et patata* *gw. hefyd* **naill**.
llam (**-au**) *g* saut *m*, bond *m*; ~ **llyffant** saute-mouton *m inv*; **gwneud** ~ **llyffant dros rn** sauter à saute-mouton par-dessus qn; **gwneud** ~ **llyffant dros rth** franchir qch à saute-mouton; ~ **nerfus** sursaut *m*; ~ **y cariadon** le saut des amoureux; **carreg lam** pierre *f* de gué.
llamfa (**llamfeydd**) *b* (*camfa*) échalier *m*; (*CHWAR*) haie *f*, obstacle *m*.
llamhidydd (**llamidyddion**) *g* (*PYSG*) marsouin *m*.
llamprai (**llampreiod**) *g* (*PYSG*) lamproie *f*.
llamsachus *ans* qui gambade, qui fait des cabrioles;
♦ **yn** ~ *adf* en gambadant.
llamu *bg* sauter, bondir; (*calon*) faire un bond; (*gan nerfusrwydd*) sursauter, tressauter; ~ **fel cawr** avancer à pas de géant; ~ **dros yr afon** traverser la rivière d'un bond;
♦*g* bondissement *m*.
llamwr (**llamwyr**) *g* (*neidiwr*) sauteur *m*.
llamwraig (**llamwragedd**) *b* (*neidwraig*) sauteuse *f*.
llan (**-nau**) *b* (*eglwys*) église *f*; (*plwyf*) paroisse *f*; (*pentref*) village *m*.
llanast(r) *g* désordre *m*, fouillis *m*; **dyna lanastr mae'r plant wedi ei wneud!** quel désordre *neu* gâchis les enfants ont fait!; **dyna lanast sydd yn dy 'stafell!** quel fouillis il y a dans ta chambre!; **cliriwch y** ~ **yma ar**

unwaith! rangez-moi ce fouillis tout de suite!; **mae ~ ofnadwy yn y gegin** la cuisine est dans un désordre épouvantable; **gwneud ~ o rth** (*difetha*) gâcher qch; **gwnaeth lanastr o'i drowsus newydd** il a sali *neu* tout taché son pantalon neuf; **mae'r ci wedi gwneud ~ o'r ardd** le chien a saccagé le jardin.

llanc (-**iau**) *g* jeune homme(jeunes gens) *m*, adolescent *m*, garçon *m*, gars* *m*; **dewch ymlaen lanciau!** allez les gars*!; **hen lanc (rhonc)** célibataire *m* (endurci); ~ **mawr** (*sy'n ei frolio ei hun*) jeune vaniteux *m*, faraud *m*.

llancaidd *ans* adolescent(e), comme adolescent.

llances (-**i**) *b* jeune fille *f*, fille *f*, adolescente *f*, demoiselle *f*.

llancesig (-**au**) *b* fillette *f*.

llancio *bg* faire le vaniteux, faire le faraud, faire le fanfaron*.

llannerch (**llanerchau, llennyrch**) *b* (*llecyn agored mewn coedwig*) clairière *f*.

llanw[1] (-**au**) *g*

1 (*llyth: môr*) marée *f*; ~ **uchel** marée haute; ~ **isel** marée basse; ~ **a thrai** le flux et le reflux; **mae'r ~'n troi** la mer est étale; **mae'r ~'n troi am ddau o'r gloch** la marée commence à monter *neu* descendre à deux heures; **marc pen ~** ligne *f* de la marée haute; **ton y ~** raz-de-marée *m inv*.

2 (*ffig: mewnlifiad*) afflux *m*, flot *m*; (*:barn ayb*) courant *m*; **mynd gyda'r ~** suivre le courant; **mynd yn erbyn y ~** aller à contre-courant.

llanw[2] *ba* (*llenwi*) remplir; (*twll*) boucher; (*dannedd*) plomber; ~ **bwlch** combler un vide, boucher un trou; **gair ~** (GRAM) explétif *m*; **athro ~** remplaçant *m*, suppléant *m*; **athrawes lanw** remplaçante *f*, suppléante *f* *gw. hefyd* **llenwi**.

llanwydd (-**ion**) *g* reboucheur *m*, mastic *m*.

llaprau *ll* (*carpiau*) lambeaux *mpl*, loques *fpl*, haillons *mpl*; **yn ~** (*yn ddarnau*) en lambeaux, en morceaux, tout(e) déchiré(e).

llaprog *ans* loqueteux(loqueteuse), en lambeaux, en loques.

llaprwth *g* rustre *m*, butor *m*, loubard* *m*.

llariaidd *ans* (*addfwyn*) doux(douce), aimable, affable;

♦ **yn ~** *adf* doucement, aimablement, affablement.

llarieidd-dra *g* douceur *f*.

llarieiddio *ba* apaiser, calmer, adoucir, atténuer, modérer;

♦*g* apaisement *m*, adoucissement *m*, modération *f*.

llarieiddiol *ans* apaisant(e), calmant(e), lénitif(lénitive), adoucissant(e);

♦ **yn ~** *adf* de façon calmante *neu* lénitive.

llarp (-**iau**) *g* (*cerpyn, rhecsyn*) lambeau(-x) *m*; **yn ~iau** en lambeaux, déchiqueté(e); **torri rhth yn ~iau** couper qch en lanières; ~ **o lanc** un grand gaillard *m*

llarpio *ba* (*rhwygo*) mettre (qch) en lambeaux, déchiqueter, déchirer, lacérer; (*llowcio: bwyd*) dévorer, engloutir.

llarpiog *ans* (*dillad*) en lambeaux, en loques, déchiqueté(e); (*rhn*) en haillons, déguenillé(e), loqueteux(loqueteuse), dépenaillé(e).

llarwydden (**llarwydd**) *b* (PLANH) mélèze *m*.

llaswyr (-**au**) *g* (*paderau*) chapelet *m*; (*llyfr Salmau*) psautier *m*.

llatai (**llateion**) *g* (*negesydd serch*) messager *m* d'amour.

llateies (-**au**) *b* (*negesydd serch*) messagère *f* d'amour.

llath *b* yard *m* (= 91,4 cm), ≈ mètre *m*; **ddeg ~ oddi wrthym** (à quelque) dix mètres de nous.

llathaid (**llatheidiau**) *b* (*hyd llath*) yard *m*; **llatheidiau o rth** (*ffig*) ≈ des mètres et des mètres de qch; **ci ~** corgi *m*, teckel *m*.

llathen (-**ni**) *b* yard *m* (= 91,4 cm), ≈ mètre *m*; **prynu defnydd fesul ~** acheter l'étoffe au yard *neu* au mètre; **nid yw'n llawn ~** il n'a pas toute sa tête; ~ **o'r un brethyn ydyn nhw** ils sont du même genre *neu* acabit, c'est bonnet blanc et blanc bonnet.

llathraid, **llathraidd** *ans* (*disglair*) luisant(e), brillant(e); (*llyfn*) lisse;

♦ **yn ~** *adf* brillamment.

llathredd *g* (*sglein*) brillant *m*, éclat *m*, poli *m*, lustre *m*.

llathru *ba* polir, cirer, faire briller; (*llawr, dodrefn*) astiquer; (*â farnais*) vernir;

♦*g* astiquage *m*, cirage *m*.

llathrudd *g* enlèvement *m*, rapt *m*, kidnapping *m*.

llathruddo *ba* (CYFR) enlever, kidnapper.

llathruddwr (**llathruddwyr**) *g* (CYFR) ravisseur *m*, kidnappeur *m*.

llathruddwraig (**llathruddwragedd**) *b* (CYFR) ravisseuse *f*, kidnappeuse *f*.

llathrydd (-**ion**) *g* (*rhn*) polisseur *m*, polisseuse *f*; (*peiriant*) polissoir *m*, cireuse *f*.

llau *ll gw.* **lleuen**.

llaw[1] (**dwylo**) *b*

1 (CORFF) main *f*; **dal rhth yn eich ~** tenir qch à la main; **rho dy law imi** donne-moi la main; **cymryd ~ rhn** prendre la main de qn; **gafael yn rhth â dwy law** prendre qch à deux mains; **codi ~ ar rn** (*i gyfarch*) saluer qn de la main; (*wrth gyfarfod*) faire bonjour de la main à qn; (*wrth ffarwelio*) faire au revoir de la main à qn; (*i dynnu sylw rhn*) faire signe de la main à qn; **curo dwylo** applaudir, battre les mains; **dwylo i fyny!** (*o flaen dryll*) haut les mains!; (*yn y dosbarth*) levez la main!; **mae'n dda iawn â'i ddwylo** il est très adroit de ses mains; **mae'n anobeithiol â'i ddwylo** il ne sait strictement rien faire de ses mains

neu de ses dix doigts; **bag** ~ sac *m* à main; **llond** ~ poignée *f*; **cael y** ~ **drechaf** prendre le dessus; **"gwnaed â** ~**"** "fait(e) à la main"; **o law i law** de main en main; **daeth eich llythyr i law ddoe** votre lettre m'est parvenue hier; **cymerodd y cyntaf a ddaeth at law** il a pris le premier(la première) qui lui est tombé(e) sous la main.
2 (*dawn, medr*): **bod â** ~ **dda at rth** être doué(e) pour qch; **cadw'ch** ~ **i mewn** garder la main, s'entretenir la main; **troi eich** ~ **at rth** entreprendre qch; **gall droi ei** ~ **at unrhyw beth** elle sait tout faire.
3 (*cymorth*): **help** ~ coup *m* de main; **rhoi help** ~ **i rn** donner un coup de main à qn, prêter la main à qn.
4 (*gofal*): **bod dan law meddyg** être sous traitement médical; **bod mewn dwylo da** être en bonnes mains; **rhoi rhth yn nwylo rhn** mettre qch entre les mains de qn.
5 (*ochr, cyfeiriad*) côté *m*; **ar y** ~ **dde/chwith** du côté droit/gauche; **ar y naill law ... ar y** ~ **arall** d'une part ... d'autre part; **ar y** ~ **arall** (*i'r gwrthwyneb*) par contre.
6 (*ysgrifen*) écriture *f*.
7 (CARDIAU) main *f*, jeu(-x) *m*.
8 (*mewn ymadroddion*): **gyda** ~ à propos, au fait, pendant qu'on y pense; **maes o law** tout à l'heure, bientôt; **rhag** ~ dorénavant, désormais, à l'avenir.
▶ **law yn llaw**: **gadael law yn** ~ **gyda rhn** (*llyth*) partir avec qn la main dans la main; **mynd law yn** ~ **â rhth** (*ffig*) aller de pair avec qch.
▶ **bod â llond eich dwylo, bod â'ch dwylo'n llawn** (*llyth*) avoir les mains pleines *neu* occupées *neu* prises; (*ffig*) avoir assez *neu* beaucoup *neu* fort à faire, avoir beaucoup sur les bras, avoir du pain sur la planche.
▶ **mewn llaw** (*ar y gweill: gwaith ayb*) en cours; **mae gen i ganpunt mewn** ~ (*ar gael*) j'ai cent livres de disponible; (*ar ôl*) il me reste cent livres.
▶ **wrth law** à portée de la main, sous la main; **bod â rhth wrth law** avoir qch à votre disposition.

llaw[2] (**-iau**) *g/b*: **hen law** expert *m*, experte *f*; **bod yn** ~**iau â rhn** s'entendre bien avec qn; **maen nhw'n** ~**iau** ils s'entendent bien.

llawaid (**llaweidiau**) *b* poignée *f*; (*o gardiau ayb*) main *f*, jeu(-x) *m*; **mae ganddo lawaid dda** il a une belle main.

llawagored *ans* (*hael*) généreux(généreuse); ♦ **yn** ~ *adf* généreusement, avec générosité.

llawcio *ba gw.* **llowcio**.

llawchwith *ans* (*rhn*) gaucher(gauchère); (*car*) conduit(e) à gauche; (*siswrn*) pour gaucher; **dyn** ~ gaucher *m*; **merch lawchwith** gauchère *f*.

llawchwithrwydd *g* habitude *f* de se servir de la main gauche.

llawdrin *ba* manipuler, manœuvrer.

llawdriniad (**-au**) *g* manipulation *f*.

llawdriniaeth (**-au**) *b* (MEDD) opération *f*, intervention *f* chirurgicale; **cael** ~ **(ar)** se faire opérer (de); **cael** ~ **ar y galon** se faire opérer du cœur.

llawdryfer (**-au**) *b* (*arf tridaint*) trident *m*.

llawdde, **llawddeheu** *ans* (*deheuig, dethau*) adroit(e), habile; **dyn** ~ droitier *m*; **merch lawdde** *ou* **lawddeheu** droitière *f*.

llawddeheurwydd *g* habitude *f* de se servir de la main droite.

llawddewin (**-iaid**) *g* chiromancien *m*.

llawddewines (**-au**) *b* chiromancienne *f*.

llawddewiniaeth *b* chiromancie *f*.

llawddryll (**-iau**) *g* revolver *m*, pistolet *m*; (CHWAR) pistolet de starter.

llawen *ans* content(e), heureux(heureuse), gai(e); (*newyddion*) heureux; (*achlysur*) joyeux(joyeuse); **Nadolig Ll**~**!** Joyeux Noël!; **noson lawen** *veillée f folklorique*;
♦ **yn** ~ *adf* (*chwerthin, ayb*) gaîment, joyeusement, avec joie; (*â pharodrwydd*) avec plaisir, volontiers, de bon cœur.

llawen-chwedl *b* (*newyddion da*) heureuses *neu* bonnes nouvelles *fpl*.

llawenhau, **llawenychu** *ba* réjouir, rendre heureux(heureuse), ravir, enchanter;
♦*bg* se réjouir, être ravi(e), être enchanté(e), s'égayer;
♦*g* réjouissance *f*, jubilation *f*; (*gorfoleddu*) réjouissances, fête *f*.

llawenydd *g* joie *f*, réjouissance *f*, jubilation *f*, contentement *m*, liesse *f*; **er** ~ **mawr imi** à ma grande joie.

llawer (**-oedd**) *g*: ~ **(o)** beaucoup *m* (de), un grand nombre *m* (de); **daeth** ~ plusieurs personnes sont venues; **mae** ~ **yn cytuno â ni** beaucoup sont de notre avis; **nid oes ganddo lawer i'w ddweud** il n'a pas grand-chose à dire; **fe ddywedodd** ~ **un ...** plus d'un(e) a dit que, plusieurs ont dit que; ~ **gwaith**, ~ **o weithiau**, ~ **tro** bien des fois; ~ **o bapurau** beaucoup de papiers, un grand nombre de papiers, de nombreux papiers; ~ **ohonyn nhw** un grand nombre d'entre eux, beaucoup *neu* plusieurs d'entre eux; ~ **o bobl** beaucoup de gens *neu* de monde, bien des gens *neu* du monde; **mae'n byw yma ers** ~ **o flynyddoedd** *ou* **ers blynyddoedd lawer** il habite ici depuis bien des années *neu* depuis bien longtemps; ~ **o ddiolch** merci beaucoup *neu* bien, merci mille fois;
♦*adf* beaucoup; **mae hi wedi newid** ~ **ers ...** elle a beaucoup changé depuis ...; ~ **hapusach, hapusach o lawer** beaucoup plus content(e).

llaweredd *g* abondance *f*, profusion *f*, grand nombre *m*.

llawes (**llewys**) *b* manche *f*; (*record*) pochette *f*; ~ **goes dafad** manche à gigot;

band ~ poignet *m*; **bwrdd** ~ jeannette *f*; **twll** ~ emmanchure *f*; **â llewys hir/byr** à manches longues/courtes; **yn llewys eich crys** en manches de chemise; **heb lawes** sans manches; ~ **goch** (*buwch, caseg*) vagin *m*.

llawfaeth *ans* élevé(e) à la main.

llawfeddyg (**-on**) *g* chirurgien *m*; **bod yn** ~ être chirurgien.

llawfeddygaeth *b* chirurgie *f*; ~ **gosmetig** chirurgie esthétique.

llawfeddygol *ans* chirurgical(e)(chirurgicaux, chirurgicales); **offer** ~ instruments *mpl* chirurgicaux *neu* de chirurgie.

llaw-fer *b* sténographie *f*; **ysgrifennu rhth mewn** ~-~ prendre qch en sténo, sténographier qch.

llawfom (**-iau**) *g,b* (*MIL*) grenade *f* à main.

llawforwyn (**llawforynion**) *b* femme *f* de chambre.

llawfwyell (**llawfwyeill**) *b* hache *f*.

llawffon (**llawffyn**) *b* canne *f*.

llawgaead *ans* (*cybyddlyd*) avare, avaricieux(avaricieuse), pingre, ladre, mesquin(e), chiche;
♦ **yn** ~ *adf* mesquinement, chichement.

llawio *ba* toucher à; (*trafod*) manipuler, manier.

llawlaw: **lawlaw** *adf* la main dans la main; **ymladd lawlaw** combattre corps à corps.

llawlif (**-iau**) *b* scie *f* à main.

llawlyfr (**-au**) *g* (*llyfr cyfarwyddiadau*) manuel *m*.

llawn *ans*
1 (*wedi ei lenwi*) plein(e), rempli(e); ~ **hyd yr ymylon** plein à ras bord; (~ ..., ~ *o* ...) plein de ...; **pocedi yn** ~ **arian** des poches pleines d'argent; ~ **gobaith** plein *neu* rempli d'espoir; ~ **anobaith** en proie au désespoir, plongé(e) dans le désespoir; ~ **dicter** en colère; **bod yn** ~ **bywyd** être plein de vie, déborder d'entrain; **bod yn** ~ **hunanbwysigrwydd** être imbu(e) *neu* pénétré(e) de sa propre importance; ~ **o syniadau** plein d'idées; **bod yn** ~ **ohonoch eich hun** être imbu de soi-même, être plein de soi; **'roedd y papurau'n** ~ **o'r digwyddiad** les journaux ne parlaient que de l'évènement.
2 (*dan ei sang: gwesty, ystafell, neuadd, theatr*) complet(complète), plein(e); (*bws, trên*) complet; ~ **dop** bondé(e); **chwarae mewn theatr lawn** jouer à bureaux fermés; **tŷ yn** ~ **pobl** une maison pleine de monde.
3 (*wedi cael digon o fwyd*): **'rwy'n** ~**!** je n'en peux plus!, je suis repu(e)!, j'ai assez mangé!, je suis rassasié(e)!; **gweithio ar stumog lawn** travailler après avoir mangé, travailler le ventre plein.
4 (*prysur*): **bywyd** ~ une vie bien remplie; **diwrnod** ~ une journée chargée.
5 (*crwn: wyneb*) plein(e), rond(e), joufflu(e); (*hwyl*) plein, gonflé(e).
6 (*cyflawn*): **enw** ~ nom *m* et prénoms *mpl*; **lleuad lawn** pleine lune *f*; **sgôr lawn** (*CERDD*) grande partition *f*; **haeddu marciau** ~ mériter vingt sur vingt; **talu'r pris** ~ payer plein tarif; ~ **amser** (*gwaith, gweithiwr*) à plein temps; (*gweithio*) à temps plein, à plein temps;
♦ **(yn)** ~ *adf*
1 (*yn gyflawn*): **ysgrifennu rhth yn** ~ écrire qch en toutes lettres; **cyhoeddi rhth yn** ~ publier qch intégralement; **talu'n** ~ tout payer.
2 (*yn llwyr*): **mae hi'n** ~ **haeddu'r wobr** elle mérite absolument le prix.
3 (*yr un mor*): **bod lawn cystal â** égaler, équivaloir à, valoir à, être tout aussi bien que; **mae'r ffilm lawn cystal â'r llyfr** le film est tout aussi bon que le livre; **mae hi lawn cynddrwg â'i brawd** (*drygionus*) elle est aussi méchante que son frère.

llawnder, **llawndra** *g* (*nifer, manylion*) abondance *f*, profusion *f*; (*llais, dilledyn*) ampleur *f*; (*cyflawnder*) plénitude *f*, totalité *f*; (*ffurf*) rondeur *f*; (*arddull*) richesse *f*.

llawnfyd *g gw.* **llawnder**.

llawngyflogaeth *b* plein emploi *m*.

llawr (**lloriau**) *g*
1 (*daear*) sol *m*; **rho fe ar y** ~ pose-le par terre *neu* sur le sol; **eistedd ar y** ~ s'asseoir par terre *neu* sur le sol.
2 (*gwaelod: môr, dyffryn ayb*) fond *m*; ~ **gwlad** basses-terres *fpl*.
3 (*mewn ystafell ayb: pren*) plancher *m*, parquet *m*; ~ **carreg** sol *m* dallé; ~ **teils** sol carrelé; **arwynebedd** ~ surface *f* au sol; **clwt** ~**, clwtyn** ~ serpillière *f*; **cwestiwn o'r** ~ (*ffig*) une question de l'auditoire *neu* de l'assemblée; **llyfu'r** ~ (*ffig*) mordre la poussière.
4 (*mewn adeilad aml-lawr*) étage *m*; **ar y** ~ **cyntaf** au premier étage; ~ **isaf** rez-de-chaussée *m inv*; **byw ar yr un** ~ habiter au même étage *neu* sur le même palier; **mae'r adran i lawr** ~ le rayon est en bas *neu* à l'étage en dessous.
5 (*ar gyfer gweithgaredd arbennig*): ~ **dawnsio** piste *f* de danse; ~ **dyrnu** aire *f*; ~ **sglefrio** patinoire *f*; **rheolwr/rheolwraig** ~ (*TELEDU*) régisseur *m*/régisseuse *f* de plateau.

llawr-sgleinydd (**~-~ion**) *g* (*peiriant*) cireuse *f*.

llawryf (**-on**) *g* laurier *m*; **coron lawryf** couronne *f* de lauriers; **deilen lawryf** feuille *f* de laurier.

llawryfog, **llawryfol** *ans* lauréat(e); **bardd** ~ poète *m* lauréat.

llawsafiad (**-au**) *g*: **gwneud** ~ faire l'équilibre.

llawsefyll *bg* faire l'équilibre.

llawysgrif (**-au**) *b* manuscrit *m*; **mewn** ~ écrit(e) à la main.

llawysgrifen *b* écriture *f*.

lle (**-oedd**) *g*

1 (*lleoliad: cyff*) endroit *m*, lieu(-x) *m*; **dyma'r** ~ c'est ici, voici l'endroit; **symud o le i le** se déplacer d'un endroit à l'autre *neu* de lieu en lieu; **nid yw hwn yn** ~ **i blant** cela n'est pas un endroit convenable pour les enfants; **nid yma yw'r** ~ **i ddechrau dadlau!** ce n'est pas un lieu pour discuter!; ~ **bynnag** n'importe où.

2 (*mwy penodol: ardal*) endroit *m*, coin *m*; (:*tref*) endroit, ville *f*; (:*pentref*) endroit, village *m*; (:*adeilad*) endroit, bâtiment *m*, immeuble *m*; (:*tŷ*) maison *f*; (:*fflat*) appartement *m*; **ein** ~ **ni** chez nous; **mae gennych chi le hyfryd yma** c'est joli chez vous; **'roedden ni yn** ~ **Gwynfor** nous étions chez Gwynfor; **mae angen** ~ **mwy arno** (*tŷ*) il lui faut quelque chose de plus grand *neu* une maison plus grande; (*ar gyfer busnes ayb*) il lui faut quelque chose de plus grand *neu* des locaux plus étendus; **mae'r** ~ **'ma ar gychwyn!** quel fouillis il y a ici!; **mae 'na lanast ofnadwy ar hyd y** ~ **'ma!** il y a un désordre monstre par ici!; **cawsom ginio mewn** ~ **bach yn y wlad** nous avons déjeuné dans un petit restaurant de campagne.

3 (*i bwrpas arbennig*): ~ **bwyta,** ~ **bwyd** (*bwyty*) restaurant *m*; (*ffreutur*) cantine *f*; ~ **chwech** toilettes *fpl*; **mynd i'r** ~ **chwech** aller au petit coin; ~ **gwaith** lieu(-x) *m* de travail; ~ **tân** cheminée *f*.

4 (*man priodol neu benodedig*) place *f*; ~ **i bopeth a phopeth yn ei le** une place pour chaque chose et chaque chose à sa place; **rhoi llyfr yn ôl yn ei le** remettre un livre à sa place; **rhoi rhn yn ei le** (*ffig*) remettre qn à sa place, reprendre qn; **gwybod eich** ~ savoir se tenir à sa place; **colli'ch** ~ **mewn llyfr** perdre sa page dans un livre; **teimlo allan o le** se sentir mal à l'aise, se sentir de trop; **rhoi'r byd yn ei le** mettre tout en ordre.

5 (*i eistedd, i sefyll: ar fws, wrth fwrdd, mewn ciw ayb*) place *f*; **cadw** ~ **i rn** garder une place pour qn; **rhoi eich** ~ **i rn** céder la place à qn; ~ **gosod** (*ar fwrdd*) couvert *m*; **gosod** ~ **i rn** mettre un couvert pour qn.

6 (*ar gwrs, ar dîm ayb*) place *f*; **cael** ~ **mewn prifysgol** être admis(e) à l'université.

7 (*mewn trefn, cyfres*): **yn y** ~ **cyntaf** (*yn gyntaf oll*) en premier lieu; (*ar y cychwyn*) pour commencer; **yn yr ail le** en second lieu.

8 (*BETIO*): **betio ar geffyl i ennill** ~ jouer un cheval placé.

9 (*MATH*): **i dri** ~ **degol** jusqu'à la troisième décimale.

10 (*rôl, swyddogaeth*): **nid dy le di yw dwrdio** ce n'est pas à toi de gronder; **cymryd** ~ **rhn/rhth** remplacer qn/qch; **pe bawn i yn dy le di** si j'étais à ta place.

11 (*digon o ofod ar gyfer rhywbeth*) place *f*; **a oes** ~ **?** y a-t-il de la place?; **mae** ~ **i ddeg** il y a de la place pour dix; **'does dim** ~ il n'y a pas de place; **'does dim** ~ **i amheuaeth** (*ffig*) il n'y a pas de doute possible; **cymryd gormod o le** prendre de la place, prendre trop de place; **gwneud** ~ **i rth** faire de la place pour qch; **mae** ~ **i wella arno** (*mae'n dda ond* ...) il y a des progrès à faire; (*mae'n wael*) ça laisse à désirer.

12 (*rheswm, achos, sail*): **mae** ~ **i gredu ...** il y a lieu de croire que.

▶ **lle gwag** (*mewn gwesty*) chambre *f* à louer, chambre disponible; (*swydd ar gael*) vacance *f*, poste *m* vacant; **dim** ~ **gwag** (*mewn gwesty*) complet(complète); (*nid oes swydd ar gael*) pas d'embauche.

▶ **dros y lle** (*llanast*) partout; (*chwerthin*) tout haut; (*gweiddi*) à tue-tête.

▶ **o'i le**

1 (*nad yw yn y lle iawn*) déplacé(e); **dweud rhth o'i le** (*ffig*) dire qch hors de propos.

2 (*nad yw'n gweithio, â rhth yn bod*) qui ne va pas; **beth sydd o'i le?** qu'est-ce qu'il y a?, qu'est-ce qui ne va pas?; **beth sydd o'i le arnat ti?** qu'est-ce que tu as?; **mae rhth o'i le fan hyn** il y a qch qui ne va pas ici; **mae rhth o'i le ar fy mraich** j'ai qch au bras, mon bras me tracasse; **'does dim o'i le** tout va bien; **'does dim o'i le arna' i** je n'ai rien; **'does dim o'i le ar y car** la voiture est en parfait état de marche; **'does dim o'i le arno** (*dyn*) il va très bien, il est en parfaite santé; (*peiriant*) cela marche très bien; (*cyfiethiad ayb*) c'est tout à fait correct; (*cynllun ayb*) c'est tout à fait valable; **'does dim o'i le ar gael benthyg arian** il n'y a pas de mal à emprunter de l'argent.

3 (*o chwith*): **mae'n rhaid bod rhth wedi mynd o'i le** il a dû arriver qch; **ni all dim byd fynd o'i le nawr** tout doit marcher comme sur des roulettes maintenant; **aeth popeth o'i le y diwrnod hwnnw** tout est allé de travers ce jour-là.

▶ **yn lle** (yn fy lle, yn dy le, yn ei le, yn ei lle, yn ein lle, yn eich lle, yn eu lle): **yn** ~ **gwneud** au lieu de faire; **yn** ~ **rhth** au lieu de qch; **yn** ~ **rhn** à la place de qn; **cei fynd yn fy** ~ **i** tu peux y aller à ma place.

▶ **yn y lle iawn**: **bod yn y** ~ **iawn** être à sa place; (*ffig*) être au bon endroit; **chwerthin yn y** ~ **iawn** rire quand il faut, rire au bon endroit;

♦*rhag gof, adf* (*hefyd:* **pa le, ym mha le, ymhle, i ba le, yn** ~) *gw.* **ble.**

lleban (**-od**) *g* (*ffŵl*) rustre *m*, butor *m*, lourdaud *m*, balourd *m*.

llebanaidd *ans* (*ffôl, gwirion*) idiot(e), bête, ridicule.

llecyn (**-nau**) *g* endroit *m*, coin *m*, lieu-dit(~x-~s) *m*.

llech (**-i**) *b* *gw.* **llechen.**

llechau *ll*: **y** ~ (*MEDD*) le rachitisme *m*.

llech-eira *g* (*llosg eira*) engelure *f*.
llechen (**llechi**) *b* (*ar do*) ardoise *f*; **chwarel lechi** ardoisière *f*, carrière *f* d'ardoise; **to llechi** toit *m* en ardoise; **llawr llechi** dalle *f*; **cegin lawr llechi** cuisine *f* dallée; **lliw** ~ ardoise; (*ansoddeiriol*) bleu *neu* gris ardoise *inv*; **darn mawr o lechen** bloc *m* d'ardoise.
llechfaen (**llechfeini**) *g* (*carreg las*) ardoise *f*; (*COG*) plaque *f* en fonte pour cuire *gw. hefyd* **llechen**.
llechfan (**-nau**) *b* gîte *m*, terrier *m*.
llechgi (**llechgwn**) *g* (*rhn llechwraidd*) pleutre *m*, pied-plat(~s-~s) *m*, faux jeton* *m*, tire-au-flanc *m inv*.
llechgïaidd *ans* furtif(furtive);
♦ **yn** ~ *adf* furtivement.
llechian *bg* rôder furtivement.
llechog *ans* (*carreg, glo, craig*) schisteux(schisteuse); (*lliw*) ardoisé(e); (*llawr*) dallé(e), d'ardoises.
llechres (**-i**) *b* (*rhestr*) liste *f*, catalogue *m*, inventaire *m*, registre *m*.
llechu *bg* (*ymguddio*) se cacher, se tapir, se terrer, être caché(e) *neu* tapi(e); (*crwydro'n fygythiol*) rôder; (*cysgodi*) s'abriter; ~ **rhag y glaw** s'abriter de la pluie.
llechwedd (**-au**) *b* (*llethr*) côte *f*, pente *f*, coteau(-x) *m*; **ar lechwedd y mynydd** au flanc du coteau.
llechweddu *bg* (*gwyro*) être incliné(e) *neu* en pente, aller en pente.
llechwr (**llechwyr**) *g* (*diogyn*) tire-au-flanc *m inv*; (*crwydryn bygythiol*) rôdeur *m*.
llechwraidd, llechwrus *ans* furtif(furtive); (*cuddiedig, cudd*) caché(e), dissimulé(e); (*slei*) sournois(e); **bwrw cipolwg** ~ jeter un regard furtif *neu* à la dérobée *neu* par en dessous;
♦ **yn** ~ *adf* (*yn ddistaw bach*) furtivement, à la dérobée, en sous-main; (*yn slei*) sournoisement, en dessous; **cerdded yn** ~ marcher à pas de loup, marcher furtivement.
lled[1] (**-au**) *g* largeur *f*; (*dilledyn*) ampleur *f*; **10 metr o led** 10 mètres de large; **'roedden nhw'n byw led cae oddi wrthym** ils habitaient presque à côté de nous; **ar agor led y pen** grand ouvert(grand ouverte); **agor eich ceg led y pen** ouvrir bien la bouche; **teithio ar hyd a** ~ **y byd** voyager dans le monde entier *neu* aux quatre coins du monde; **adnabod hyd a** ~ **y busnes** connaître l'affaire dans ses moindres détails, connaître l'affaire jusqu'au fond, connaître les tenants et les aboutissants de l'affaire.
► **ar led**
1 (*yn llydan agored*) grand ouvert(grand ouverte); **breichiau ar led** les bras écartés *neu* en croix; **croesawu rhn â'ch breichiau ar led** accueillir qn à bras ouverts.
2 (*ym mhob cyfeiriad*) de tous côtés, dans toutes les directions; **bod ar led, mynd ar led** (*newyddion, sïon*) circuler, courir.
3 (*ar draws*) en largeur, dans la largeur.
lled[2] *adf* (*go, gweddol*) assez, plutôt; **bywyd** ~ **dawel** une vie plutôt *neu* assez tranquille; ~ **dda** (*gwaith*) assez bon(ne), pas mauvais(e), passable; **yn** ~ **dda** assez bien; **canu'n** ~ **dda** chanter passablement.
lled- *rhagdd* quasi-, semi-, demi-.
lledaeniad (**-au**) *g* propagation *f*, diffusion *f*, dissémination *f*.
lledaenu *ba* (*newyddion, gwybodaeth ayb*) répandre, diffuser, propager; **~'r gair** prêcher la bonne parole;
♦*bg gw.* **ymledu**.
lledaenwr (**lledaenwyr**) *g* propagateur *m*.
lledaenwraig (**lledaenwragedd**) *b* propagatrice *f*.
lledamcan (**-ion**) *g* conjecture *f*.
lledamcanu *ba* conjecturer, estimer (qch) approximativement.
lled-anial *ans* semi-aride.
lledanu *ba gw.* **lledu**.
lledawgrymu *ba* insinuer, laisser entendre, sous-entendre.
lled-awtomatig *ans* semi-automatique.
lled-ddargludydd (**~-~ion**) *g* semi-conducteur *m*.
lled-ddiffaith *ans* semi-aride.
lleden (**lledod**) *b* (*PYSG*) carrelet *m*, plie *f*; ~ **chwithig** sole *f*; ~ **lefn** limande-sole(~s-~s) *f*.
lledfarw *ans gw.* **lledfyw**.
lledferwi *bg* cuire à feu doux, mijoter, mitonner;
♦*ba* cuire (qch) à feu doux *neu* à demi, faire bouillir (qch) à demi.
lledfyw *ans* à demi mort(e), à moitié mort.
lled-gytuno *bg* être plutôt d'accord.
llediaith (**lledieithoedd**) *b* accent *m* affecté.
lledled: **ledled** *adf* partout dans; **ledled y byd** partout dans le monde, dans le monde entier; **mewn ffatrïoedd ledled Ffrainc** dans des usines partout en France.
llednais *ans* (*addfwyn*) doux(douce), modeste, modéré(e), docile; (*cwrtais*) poli(e), courtois(e), bien élevé(e); (*dymunol*) aimable, affable, avenant(e), débonnaire;
♦ **yn** ~ *adf* doucement, poliment, courtoisement, affablement, aimablement, docilement, de façon avenante
llednant (**llednentydd**) *g* affluent *m*.
lledneisrwydd *g* (*cwrteisi*) politesse *f*, courtoisie *f*; (*addfwynder*) douceur *f*, modestie *f*, docilité *f*; (*hoffusrwydd*) affabilité *f*, amabilité *f*.
llednoeth *ans* à demi nu(e).
lledol *g* (*rhan ôl*) arrière *m*; **plismon ar ledol rhn** (*ar drywydd*) policier *m* qui file qn.
lledorwedd *bg* être allongé(e), se prélasser.
lledr (**-au**) *g* cuir *m*; ~ **bwff** peau(-x) *f* de chamois;

♦*ans* en cuir; **esgidiau** ~ chaussures *fpl* en cuir.
lledred (**-au, -ion**) *g* latitude *f*.
lledrith (**-iau, -ion**) *g* (*rhith*) illusion *f*, spectre *m*, apparition *f*; (*yn yr anialwch ayb*) mirage *m*; **hud a** ~ magie *f* et fantaisie *f*.
lledrithio *ba* simuler, feindre, créer l'illusion de.
lledrithiog, **lledrithiol** *ans* illusoire, irréel(le), spectral(e)(spectraux, spectrales);
♦ **yn** ~ *adf* illusoirement, irréellement.
lledryw, **lledrywiog** *ans* dégénéré(e).
lledu *ba* (*gofod, ffordd, afon*) élargir, agrandir; (*clod, bri*) accroître; (*rhwydau*) étendre, étaler; (*bysedd, coesau*) écarter; (*adenydd, cynffon*) déployer; ~ **cynffon** (*paun*) faire la roue; ~**'ch gorwelion** élargir ses horizons; ~ **ffordd** élargir une route;
♦*bg* s'élargir, s'agrandir, s'étaler, s'étendre; (*dŵr*) se répandre *gw. hefyd* **ymledu**;
♦*g* élargissement *m*, agrandissement *m*.
lledwastadedd (**-au**) *g* pénéplaine *f*.
lledwyr *ans* oblique; **ar ledwyr** en biais, obliquement, de travers.
lledwyro *bg* s'incliner.
lled-ymreolaethol *ans* semi-autonome.
lled-ymwybodol *ans* à demi conscient(e).
lleddf *ans* (*CERDD: llais*) plaintif(plaintive), mélancolique; **y cywair** ~ ton *m* mineur; **yn y cywair** ~ en mineur;
♦ **yn** ~ *adf* plaintivement, d'un ton plaintif.
lleddfdra *g* ton *m* plaintif, mélancolie *f*.
lleddfol *ans* (*MEDD*) calmant(e), lénitif(lénitive); (*llais, sŵn*) calmant, apaisant(e); (*presenoldeb rhn*) rassurant(e), réconfortant(e); (*ymlaciol*) relaxant(e);
♦ **yn** ~ *adf* de façon calmante.
lleddfolyn (**lleddfolion**) *g* calmant *m*, sédatif *m*.
lleddfu *ba* calmer, apaiser, tranquilliser; (*sŵn*) baisser, modérer, réduire; (*poen, amheuon*) modérer, réduire, atténuer, soulager; (*ffig*) rassurer;
♦*bg* (*storm, gwynt*) se modérer, s'apaiser, se calmer;
♦*g* apaisement *m*, soulagement *m*.
llef (**-au**) *b,g* cri *m*; ~ **o orfoledd** cri de joie.
llefain *bg* pleurer; (*gweiddi*) hurler, pousser un cri *neu* des cris, s'écrier; ~ **am rth** (*i gael rhth*) pleurer pour avoir qch; **mynd i gysgu dan lefain** s'endormir à force de pleurer; **mi rodda' i reswm iti lefain!** je vais t'apprendre à pleurnicher!; ~ **mewn poen** pousser un cri de douleur; ~ **am drugaredd** demander miséricorde *neu* grâce, implorer la pitié;
♦*g* cris *mpl*, larmes *fpl*, pleurs *mpl*.
llefareg *b gw.* **llafareg**.
llefaru *bg* articuler, prononcer; ~**'n glir** parler clairement, bien articuler;
♦*ba* articuler, prononcer, proférer, dire; **ni lefarodd hi 'run gair** elle n'a pas dit un seul mot, elle n'a pas soufflé un mot;
♦*g* articulation *f*, prononciation *f*.
llefarwr (**llefarwyr**) *g gw.* **llefarydd**.
llefarydd (**-ion**) *g* celui/celle *m/f* qui parle, interlocuteur *m*, interlocutrice *f*; (*dros blaid, dros fudiad ayb*) porte-parole *m inv*; **y Ll**~ (*GWLEID: yn Nhŷ'r Cyffredin*) l'Orateur *m*; (:*yn Ffrainc*) le président de l'Assemblée nationale.
llefelyn (**-od**) *g* (*MEDD*) orgelet *m*, compère-loriot(~s-~s) *m*.
lleferydd *g,b* parole *f*, articulation *f*, élocution *f*; (*ffordd o siarad*) façon *f* de parler, langage *m*; ~ **aneglur** articulation *neu* élocution indistincte; **colli'ch** ~ perdre l'usage de la parole; **diffyg** ~ troubles *mpl* du langage; **nam ar y** ~ défaut *m* d'élocution; **therapi** ~ orthophonie *f*, phoniatrie *f*; **therapydd** ~ orthophoniste *m/f*, phoniatre *m/f*; **ar dafod leferydd** en usage oral.
llefn *ans b gw.* **llyfn**.
llefnyn (**llafnau**) *g* (*llanc*) gaillard *m*.
llefrith *g gw.* **llaeth**.
llefrithen (**llefrithod**) *b* (*MEDD*) orgelet *m*, compère-loriot(~s-~s) *m*.
llegach *ans* faible, frêle, débile, infirme, décrépit(e);
♦ **yn** ~ *adf* faiblement, avec faiblesse.
lleng (**-oedd**) *b* légion *f*.
llengfilwr (**llengfilwyr**) *g* légionnaire *m*; **clefyd y llengfilwyr** maladie *f* du légionnaire, légionellose *f*.
llengol *ans* de la légion.
lleiaf *ans* (*gradd eithaf 'bach'. Wrth gyfieithu dylid cyfeirio at y gwahanol ystyron sydd dan 'bach'.*)
1: **y(r) ...** ~ (*yn gorfforol*) le plus petit(la plus petite) ...; (*heb fod yn gorfforol*) le(la) moindre ...; **y bachgen** ~ le plus petit garçon; **y manylion** ~ les moindres détails; **heb yr ymdrech** ~ sans le moindre effort; **mae'r peth** ~ **yn ei boeni** la moindre chose *neu* la plus petite chose le contrarie; **y pris** ~ le prix minimum; **y nifer** ~ **posibl o deganau** le moins de jouets possible; **fe wnaeth hi'r cyfraniad** ~ **posibl** elle a fait une contribution minimale.
2 (*CERDD*) mineur(e); **yn A leiaf** en la mineur.
3 (*defnydd enwol*): **y** ~ le moins; (*yn gorfforol*) le plus petit, la plus petite; **ti yw'r un a gafodd y** ~ c'est toi qui as reçu le moins; **dyna'r** ~ **y gallwn ei wneud** c'était la moindre des choses; **dyna'r** ~ **o'n pryderon** c'est le cadet *neu* le moins important de nos soucis; **mae'n falch, a dweud y** ~**!** il est content, c'est le moins qu'on puisse *subj* dire!; **ar y** ~ au moins; **10 punt ar y** ~ au moins 10 livres; **o leiaf, man** ~ (tout) au moins, du moins;
♦*adf*

1 (*gyda berf*) le moins; **dyna'r un yr wyf yn ei hoffi leiaf** c'est celui-là que j'aime le moins.
2 (*gydag ansoddair*) le moins(la moins)(les moins); **y bachgen ~ anhapus** le garçon le moins malheureux; **y teuluoedd ~ cyfoethog/pwysig** les familles les moins riches/importantes.

lleiafrif (-**au**) *g* minorité *f*; **bod yn y ~** être en minorité, être minoritaire.

lleiafrifol *ans* minoritaire; **plaid/llywodraeth leiafrifol** parti *m*/gouvernement *m* minoritaire; **iaith leiafrifol** langue *f* minoritaire.

lleiafswm (**lleiafsymiau**) *g* minimum *m*.

lleiafu *ba* minimiser.

lleian (-**od**) *b* religieuse *f*, bonne sœur *f*; **penderfynu bod yn ~** décider d'entrer en religion, décider de prendre le voile.

lleiandy (**lleiandai**) *g* couvent *m*.

lleibio *ba* (*llaeth ayb*) laper; (*gwin, cwrw*) lamper.

lleidiog *ans* (*ffordd, dŵr*) boueux(boueuse), bourbeux(bourbeuse), vaseux(vaseuse); (*dillad, dwylo*) crotté(e), couvert(e) de boue.

lleidr (**lladron**) *g* voleur *m*, bandit *m*; **daliwch y ~!** au voleur!; **~ pen ffordd** voleur *neu* bandit de grand chemin; **~ unfraich** (*peiriant hapchwarae*) machine *f* à sous; **~ y gannwyll** (*PRYF*) tipule *f*, maringouin *m*.

lleiddiad (**lleiddiaid**) *g* tueur *m*, tueuse *f*; (*llofrudd*) assassin *m*, meurtrier *m*, meurtrière *f*.

lleihad *g* diminution *f*, amoindrissement *m*, rapetissement *m*; (*nifer*) diminution, décroissance *f*; (*gwanhad*) affaiblissement *m*; (*cyflymder*) réduction *f*, modération *f*; (*tymheredd*) baisse *f*, modération, abaissement *m*.

lleihaol *ans* décroissant(e), qui s'affaiblit, diminué(e), baissant(e), en baisse, qui se réduit, qui décline, réducteur(réductrice).

lleihau *ba* (*maint*) rapetisser, diminuer; (*nifer*) réduire, diminuer; (*gwerth, pris*) réduire, baisser; (*cyflymder*) réduire, diminuer, modérer;
♦*bg* (*maint*) (se) rapetisser, diminuer; (*nifer*) diminuer, décroître; (*gwerth, pris*) baisser; (*cyflymder*) se réduire.

lleilai *ans* de plus en plus petit(e);
♦ **yn ~, leilai** *adf* de moins en moins.

lleill *rhag gw.* **llall**.

lleiprog (-**ion**) *b* (*PYSG*) lamproie *f*.

lleisbost *g* messagerie *f* vocale.

lleisio *ba* (*geiriau*) énoncer, articuler, prononcer; (*barn, teimladau*) exprimer, formuler, énoncer;
♦*bg*: **~'n dda** (*CERDD*) avoir une belle voix; **maen nhw'n ~'n dda** ils ont de belles voix.

lleisiol *ans* vocal(e)(vocaux, vocales).

lleisiwr (**lleiswyr**) *g* (*canwr*) chanteur *m*.

lleisw *g* urine *f*; (*CEM*) lessive *f*.

lleiswraig (**lleiswragedd**) *b* (*cantores*) chanteuse *f*.

lleisydd (**lleiswyr**) *g*: **~ barn** porte-parole *m inv gw. hefyd* **lleisiwr, lleiswraig**.

lleithder, **lleithdra** *g* humidité *f*; **haen leithder** couche *f* isolante.

lleithedd (-**au**) *g* humidité *f*; (*ar wydr*) buée *f*.

lleithio *ba* humecter.

lleithon *g* laite *f*, laitance *f*.

llem *ans b gw.* **llym**.

llempio *ba* (*gwin, cwrw*) avaler, lamper, boire (qch) avidement; (*bwyd*) bâfrer.

llemprog (-**od**) *b* (*PYSG*) lamproie *f*.

llen (-**ni**) *b* rideau(-x) *m*; (*ffig*) voile *m*; **cau'r ~ni** tirer les rideaux; **polyn ~ni** tringle *f* à rideaux; **~ iâ** plaque *f neu* nappe *f* de glace; **y Ll~ Haearn** (*HAN, GWLEID*) le rideau de fer; **dan lenni'r nos** sous le voile de la nuit.

llên *b* littérature *f*; **Ll~ Cymru** la littérature galloise; **~ gwerin** folklore *m*, contes *mpl* populaires, contes folkloriques; **gŵr ~** homme *m* de lettres, écrivain *m*.

llen-alwad (**~-~au**) *b* (*THEATR*) rappel *m*.

llencyn (**llanciau**) *g* (*llanc*) garçon *m*, gars* *m*, adolescent *m*.

llencyndod *g* adolescence *f*, jeunesse *f*; **yn ystod fy ~** pendant ma jeunesse.

llencynnaidd, **llencynnol** *ans* adolescent(e);
♦ **yn ~** *adf* de façon adolescente.

llenfetel *g* tôle *f*.

llengar *ans* aimant la littérature.

llengarwch *g* amour *m* de la littérature.

llengarwr (**llengarwyr**) *g* amateur *m* de littérature.

llengig (-**oedd**) *g* diaphragme *m*; **'roedd wedi torri ei lengig** il s'est fait une hernie.

llên-ladrad (**~-~au**) *g* plagiat *m*, démarquage *m*.

llên-ladrata *ba* plagier, démarquer.

llên-ladrones (**~-~au**) *b* plagiaire *f*.

llên-leidr (**~-ladron**) *g* plagiaire *m*.

llenor (-**ion**) *g* auteur *m*, homme *m* de lettres, écrivain *m*.

llenora *bg gw.* **llenydda**.

llenores (-**au**) *b* femme *f* auteur, femme de lettres.

llenwad (-**au**) *g*
1 (*dant*) plombage *m*; **mae'r ~ wedi dod allan** mon plombage est parti *neu* a sauté.
2 (*COG: tomato, cyw iâr*) farce *f*; (*mewn pastai, brechdan*) garniture *f*; **siocledi â ~ coffi** chocolats *mpl* fourrés au café.

llenwi *ba* (*ffurflen ayb*) remplir; **~ twll** boucher un trou; **~ rhth at yr ymyl** remplir qch jusqu'au bord, remplir qch à ras bord; **llenwch ef!** (*tanc petrol*) faites le plein!;
♦*bg* se remplir, s'emplir;
♦*g* remplissage *m*.

llenydda *bg* être écrivain *neu* auteur.

llenyddiaeth (-**au**) *b* littérature *f*, belles-lettres *fpl*.

llenyddol *ans* littéraire; **beirniadaeth lenyddol** critique *f* littéraire; **beirniad** ~ critique *m* littéraire; **cyfarfod** ~ réunion *f* littéraire; **cylch** ~ cercle *m* littéraire;
♦ **yn** ~ *adf* littérairement.

lleol *ans* local(e)(locaux, locales), régional(e)(régionaux, régionales), du *neu* de quartier, du coin, du pays; (*arferiad, dywediad, papur, radio, rhagolygon*) local; (*meddyg, siop*) du quartier; (*amser, eglwys*) local; **dyn** ~ **ydyw** il est du pays, il est du coin; **y bobl leol** les gens du pays, les gens du coin; **anesthetig** ~ anesthésie *f* locale; **awdurdod** ~ autorité *f* locale; **awdurdod addysg** ~ office *m* régional de l'enseignement; **galwad (ffôn) leol** communication *f* urbaine; **gwin** ~ vin du pays, vin local; **llywodraeth leol** administration *f* locale; **etholiad llywodraeth leol** élections *fpl* municipales;
♦ **yn** ~ *adf* localement, sur place, dans le secteur; (*mewn mannau*) par endroits.

lleolbwynt (**-iau**) *g* (*MATH, CYFRIF*) origine *f*.

lleoli *ba* localiser; ~ **tref ar fap** repérer *neu* trouver une ville sur une carte; ~**'r boen** localiser la douleur; ~ **amgueddfa mewn adeilad** implanter un musée dans un édifice.

lleoliad (**-au**) *g* emplacement *m*, situation *f*, position *f*; ~ **addas** emplacement convenable; **mae'r tŷ mewn** ~ **braf** la maison est bien située.

llepian *ba* laper.

llercian *bg* (*swatio, ymguddio*) se cacher, se tapir; (*crwydro'n amheus neu'n fygythiol*) rôder; ~ **y tu ôl i rth** se cacher *neu* être tapi(e) derrière qch.

llerciwr (**llercwyr**) *g* (*diogyn*) tire-au-flanc *m inv*, paresseux *m*, oisif *m*; (*crwydryn bygythiol*) rôdeur *m*.

llercyn (**-nod**) *g gw.* **llerciwr**.

lles *g* avantage *m*, bien *m*, bien-être *m*; **gwneud** ~ **i rn** faire du bien *neu* le bien à qn; **gwnaeth y gwyliau les imi** les vacances m'ont fait du bien, les vacances m'ont profité; **er ei les ei hun** pour son bien; **fe'i gwneuthum er dy les di** je l'ai fait pour ton bien; **gwladwriaeth les** État-providence *m*; **o les** qui fait du bien, salutaire.

llesâd *g gw.* **lles**.

llesaol *ans gw.* **llesol**.

llesáu *ba* profiter, servir, faire du bien à, avantager.

llesfawr *ans* salutaire, avantageux(avantageuse);
♦ **yn** ~ *adf* avantageusement, salutairement.

llesg *ans* (*gwan*) faible, frêle, décrépit(e), débile; (*araf*) lent(e); (*difywyd*) mou[mol](molle)(mous, molles), léthargique, apathique, inerte, abattu(e); **hen ŵr** ~ un frêle vieillard, un vieillard décrépit;
♦ **yn** ~ *adf* faiblement, mollement, lentement.

llesgáu *bg* s'affaiblir, faiblir, se languir; (*bod ar lewygu*) défaillir;
♦*g* affaiblissement *m*.

llesgedd *g* faiblesse *f*, débilité *f*, fragilité *f*, mollesse *f*, langueur *f*, décrépitude *f*.

llesiant (**llesiannau**) *g* bien *m*, bienfait *m*, avantage *m*.

llesio *ba gw.* **llesáu**.

llesmair (**llesmeiriau**) *g* évanouissement *m*, défaillance *f*; (*mewn pleser*) ravissement *m*, extase *f*.

llesmeirio *bg* (*llewygu*) s'évanouir, se pâmer; (*mewn pleser*) s'extasier, être ravi(e).

llesmeiriol *ans* charmant(e), ravissant(e);
♦ **yn** ~ *adf* de façon charmante.

llesol *ans* avantageux(avantageuse), salutaire, favorable; ~ **i'r iechyd** bon(ne) pour la santé; **bydd y newid yn** ~ le changement fera du bien *neu* sera salutaire;
♦ **yn** ~ *adf* avantageusement, salutairement, favorablement.

llesoli *ba gw.* **llesáu**.

llestair[1] (**llesteiriau**) *g* encombrement *m*, empêchement *m*, obstruction *f*, obstacle *m*.

llestair[2] *ba gw.* **llesteirio**.

llesteiriant (**llesteiriannau**) *g* frustration *f*.

llesteirio *ba* gêner, encombrer, faire obstacle à, empêcher, arrêter.

llesteiriol *ans* gênant(e), encombrant(e);
♦ **yn** ~ *adf* de façon gênante.

llesteiriwr (**llesteirwyr**) *g* celui qui encombre.

llesteirwraig (**llesteirwragedd**) *b* celle qui encombre.

llestr (**-i**) *g*
1 (*cynhwysydd*) récipient *m*; ~**i gweini** plats *mpl*; **mwyaf trwst,** ~**i gweigion** (*ffig*) les grands diseurs ne sont pas les grands faiseurs; **mynd dros ben** ~**i** (*ffig*) exagérer, aller trop loin, faire un peu trop *gw. hefyd* **llestri**.
2 (*MOR*) vaisseau(-x) *m*, navire *m*, bâtiment *m*.
3 (*CORFF*) vaisseau(-x) *m*; ~ **gwaed** vaisseau sanguin.
4 (*ffig: rhn*) instrument *m*.

llestraid (**llestreidiau**) *g* contenu *m* d'un récipient.

llestri *ll* vaisselle *f*; ~ **pridd** poterie *f*, faïence *f*; ~ **te** service *m* à thé; **golchi'r** ~ faire la vaisselle; **golchwr/golchwraig** ~ laveur *m*/laveuse *f* de vaisselle; (*mewn tŷ bwyta*) plongeur *m*/plongeuse *f*; **lliain sychu** ~ torchon *m* à vaisselle; **peiriant golchi** ~ machine *f* à laver la vaisselle, lave-vaisselle *m inv gw. hefyd* **llestr**.

llesu *ba gw.* **llesáu**.

llesyddiaeth *b* utilitarisme *m*.

lletach *ans* (*gradd gymharol 'llydan'*) *gw.* **llydan**.

lletaf *ans* (*gradd eithaf 'llydan'*) *gw.* **llydan**.

lletben (**-nau**) *g* joue *f*.

lletchwith *ans* (*rhn: yn gorfforol*) gauche, maladroit(e); (*arddull*) gauche, lourd(e), peu élégant(e), peu commode, peu maniable, mal conçu(e); (*anodd*) difficile, malaisé(e); (*swydd, problem, sefyllfa, cwestiwn*) délicat(e), gênant(e), embarrassant(e); (*anghyfleus*) inopportun(e), mal à propos, gênant; (*ymddygiad*) maladroit, gauche; **ar adeg letchwith** au mauvais moment; **siâp** ~ une forme malcommode; **yr oed** ~ l'âge *m* ingrat;
♦ **yn** ~ *adf* gauchement, maladroitement; (*yn anhwylus*) incommodément.

lleted *ans* (*gradd gyfartal 'llydan'*) *gw.* **llydan**.

lletem (**-au**) *b* (*TECH*) cale *f*, coin *m*.

lletemu *ba* caler.

lletraws (**-au**) *g* diagonale *f*; **ar letraws** diagonalement, en biais;
♦*ans* diagonal(e)(diagonaux, diagonales), oblique.

lletro (**-eon**) *g* demi-tour *m*.

lletwad (**-au**) *b* (*llwy fawr*) louche *f*.

llety (**-au**) *g* logement *m*, hébergement *m*; **rhoi ~ i rn** loger *neu* héberger qn; **chwilio am lety** chercher un logement *neu* un gîte.

lletya *ba* loger, héberger;
♦*bg* se loger, être logé(e).

lletyaeth *b* logement *m*, hébergement *m*

lletygar *ans* hospitalier(hospitalière), accueillant(e);
♦ **yn** ~ *adf* de façon accueillante.

lletygarwch *g* hospitalité *f*.

lletÿwr (**lletywyr**) *g*
1 (*sy'n derbyn llety: cyff*) locataire *m*; (:*mewn gwely a brecwast*) pensionnaire *m*.
2 (*sy'n cynnig llety: gwestÿwr*) hôte *m*; (:*pennaeth gwesty*) patron *m*; (:*perchennog llety: tŷ, ystafelloedd ayb*) propriétaire *m*, proprio* *m*, logeur *m*.

lletywraig (**lletywragedd**) *b*
1 (*sy'n derbyn llety: cyff*) locataire *f*; (:*mewn gwely a brecwast*) pensionnaire *f*.
2 (*sy'n cynnig llety: gwestywraig*) hôtesse *f*; (:*pennaeth gwesty*) patronne *f*; (:*perchenoges llety: tŷ, ystafelloedd ayb*) propriétaire *f*, proprio* *f*, logeuse *f*.

llethdod *g* oppression *f*, accablement *m*.

llethol *ans* oppressif(oppressive); (*pryder, dioddef*) accablant(e); (*gwres*) accablant, étouffant(e); (*tywydd*) lourd(e);
♦ **yn** ~ *adf* lourdement, de façon accablante *neu* étouffante.

llethr (**-au**) *b* inclinaison *f*, pente *f*, déclivité *f*, talus *m*, montée *f*; (*ochr mynydd*) coteau(-x) *m*, versant *m*, flanc *m*; **bod hanner ffordd i fyny** ~ être à mi-pente *neu* mi-hauteur *neu* mi-côte d'une montée; **bod hanner ffordd i lawr** ~ être à mi-pente *neu* mi-hauteur *neu* mi-côte d'une descente; **~au'r Wyddfa** les flancs du Snowdon; **ar y ~au sgio** sur les pistes de ski.

llethrog *ans* en pente, incliné(e); (*serth*) raide, abrupt(e), escarpé(e), à pic.

llethu *ba* oppresser, accabler; **cael eich ~ gan alar** être accablé(e) par la douleur; **cael eich ~ gan waith** être débordé(e) *neu* accablé du travail.

lleuad (**-au**) *b,g* lune *f*; ~ **fedi** pleine lune de l'équinox d'automne; ~ **gilgant** croissant *m* de la lune; ~ **lawn** pleine lune; ~ **newydd** nouvelle lune; **nid oedd** ~ c'était une nuit sans lune; **yng ngolau'r** ~ à la clarté de la lune, au clair de la lune; **noson olau leuad** nuit *f* de lune; **dyn yn y** ~ l'homme *m* de la lune.

lleuadol *ans* lunaire.

lleuen (**llau**) *b* pou(-x) *m*; ~ **wely** punaise *f*.

lleufer *g* lumière *f*.

lleugylch (**-au**) *g* (*sant*) auréole *f*, nimbe *m*; (*sêr*) halo *m*.

lleulys *g* otaphisaigre *m*.

lleuog *ans* pouilleux(pouilleuse).

llew (**-od**) *g* lion *m*; **ffau** ~ l'antre *m* du lion; ~ **mynydd** puma *m*, cougar *m*; **y Ll~** (*ASTROL*) Lion; **bod wedi'ch geni dan arwydd y Ll~** être du Lion.

llewa *ba* dévorer.

llewaidd *ans* léonin(e).

llewes (**-au**) *b* lionne *f*.

llewndid *g* abondance *f*, profusion *f*.

llewpart (**-iaid**) *g* léopard *m*.

llewych *g gw.* **llewyrch**.

llewychiant (**llewychiannau**) *g* luminosité *f*.

llewychol *ans* lumineux(lumineuse), rayonnant(e);
♦ **yn** ~ *adf* lumineusement.

llewychu *bg gw.* **llewyrchu**.

llewyg (**-on**) *g* évanouissement *m*, défaillance *f*.

llewygu *bg* s'évanouir, se pâmer; ~ **o newyn** défaillir de faim.

llewyrch *g* éclat *m*, lustre *m*; (*wyneb*) rayonnement *m*; (*llygaid*) brillant *m*; (*llwyddiant*) prospérité *f*; ~ **o obaith** lueur *f* d'espoir, rayon *m* d'espérance.

llewyrchiad (**-au**) *g* éclat *m*, rayonnement *m*.

llewyrchiant *g* illumination *f*, éclairage *m*.

llewyrchu *bg* briller, reluire; (*llwyddo, ffynnu*) prospérer, réussir, fleurir.

llewyrchus *ans* couronné(e) de succès, qui a réussi, florissant(e), prospère; (*golwg*) prospère, de prospérité; **busnes** ~ une affaire prospère, une affaire qui a du succès;
♦ **yn** ~ *adf* avec succès, de manière prospère *neu* florissante.

llewys *ll gw.* **llawes**.

lleyg[1] *ans* laïque.

lleyg[2] (**-ion**) *g gw.* **lleygwr**.

lleygol *ans* laïque.

lleygwr (**lleygwyr**) *g* laïque *m*, laïc *m*; (*ffig*) profane *m*.

lleygwraig (**lleygwragedd**) *b* laïque *f*; (*ffig*) profane *f*.

lli *g gw.* **llif**[2]; **ger y** ~ au bord *m* de la mer.
lliain (**llieiniau**) *g*
1 (*defnydd wedi ei wau o lin*) (toile *f* de) lin *m*; **naddion** ~ charpie *f*.
2 (*darn o'r defnydd hwnnw neu ddefnydd tebyg*): ~ **bwrdd** nappe *f*; **llieiniau'r cartref** linge *m* de maison; **cwpwrdd llieiniau** armoire *f* *neu* placard *m* à linge.
3 (*tywel*) serviette *f*; ~ **sychu** serviette de toilette; (*mawr*) serviette de bain; ~ **sychu dwylo** essuie-mains *m inv*; ~ **sychu gwydrau** essuie-verres *m inv*; ~ **sychu llestri** torchon *m*.
lliaws (**lluosydd**) *g* foule *f*, multitude *f*, multiplicité *f*; ~ **o resymau** une multitude de raisons, de nombreuses raisons.
llibin *ans* (*llipa*) mollasse, mou[mol](molle)(mous, molles), flasque, faible; (*gwan*) faible, frêle, débile; (*lletchwith*) gauche, maladroit(e);
♦ **yn** ~ *adf* mollement, faiblement; (*yn lletchwith*) gauchement, maladroitement;
♦*g* faible *m*, chiffe *f*.
llibindio *ba* (*camdrin*) maltraiter; (*hongian ar: rn*) s'accrocher à.
llibindod *g* mollesse *f*, inertie *f*, apathie *f*.
llibyn *g gw.* **llibin**.
llid *g*
1 (*dicter*) colère *f*, courroux *m*, fureur *f*, indignation *f*, irritation *f*.
2 (*MEDD*) inflammation *f*, irritation *f*; ~ **falfau'r galon** endocardite *f*; ~ **yr afu** hépatite *f*; ~ **yr amrant** conjonctivite *f*; ~ **yr arennau** néphrite *f*; ~ **yr argeg,** ~ **y ffaryncs,** ~ **y llwnc** (*ffaryngitis*) pharyngite *f*, angine *f*; ~ **yr asgwrn** ostéomyélite *f*; ~ **y bledren** cystite *f*; ~ **y bronci** bronchite *f*; ~ **y coluddion** colite *f*; ~ **y cylla** gastrite *f*; ~ **y ffedog** péritonite *f*; ~ **y ffroenau** (*rhinitis*) rhinite *f*; ~ **y gwddf** angine; ~ **y gwythiennau** phlébite *f*; ~ **y pendics** appendicite *f*; ~ **yr ymennydd** méningite *f*, encéphalite *f*; ~ **yr ysgyfaint** pneumonie *f*, fluxion *f* de poitrine; (*pliwrisi*) pleurésie *f*.
llidiart (**llidiardau**) *g,b* (*cyff*) barrière *f*; (*gardd*) porte *f*, portail *m*; (*mawr*) grille *f* (d'entrée); (*isel*) portillon *m*; (*uchel*) porte cochère; (*mewn gorsaf danddaearol*) portillon; (*ar loc*) porte d'écluse; (*stadiwm*) entrée *f*.
llidio *bg* se fâcher, se mettre en colère, s'irriter; (*MEDD*) s'enflammer, s'irriter;
♦*ba* fâcher, agacer, courroucer, irriter, indigner; (*MEDD*) irriter, enflammer.
llidiog *ans* indigné(e), en colère, fâché(e), furieux(furieuse), courroucé(e), irrité(e), agacé(e); (*MEDD*) irrité, enflammé(e);
♦ **yn** ~ *adf* en colère, furieusement, avec mauvaise humeur, de façon irritée.
llidiol *ans* inflammatoire.
llidiowgrwydd *g* colère *f*, indignation *f*, courroux *m*, fureur *f*.
llidus *ans* (*MEDD*) irrité(e), enflammé(e).
llieiniau *ll gw.* **lliain**.
llieiniwr (**llieinwyr**) *g* marchand *m* de toiles.
llieinwisg (**-oedd**) *b* robe *f* de lin *neu* en lin.
llif[1] (**-iau**) *b* (*offeryn torri*) scie *f*; ~ **draws,** ~ **groes,** ~ **ddwylaw** scie de travers; ~ **fetel** scie à métaux; ~ **gron** scie circulaire; **blawd** ~ sciure *f* de bois, son *m*.
llif[2] (**-ogydd**) *g* (*dylif, llifeiriant*) inondation *f*, déluge *m*; (*afon*) courant *m*; (*llythyrau, ceisiadau*) flot *m*; (*CERDD*) déroulement *m*; **afon a** ~ **ynddi** rivière *f* en crue; ~ **o lythyrau** un déluge de lettres; ~ **o dwristiaid** une marée de touristes; **mynd gyda'r** ~ suivre le courant; **mynd yn erbyn y** ~ (*llyth*) remonter le courant; (*ffig*) aller à contre-courant.
llifanu *ba* aiguiser, affûter, affiler;
♦*g* aiguisage *m*, affilage *m*, affûtage *m*.
llifbridd *g* alluvion *f*.
llifdaflen (**-ni**) *b* organigramme *m*, ordinogramme *m*.
llifddol (**-ydd**) *b* prairie *f* souvent inondée.
llifddor (**-au**) *b* vanne *f*.
llifddur (**-au**) *b* lime *f*, râpe *f*.
llifddwfr (**llifddyfroedd**) *g* inondation *f*, déluge *m*.
llifedig[1] *ans* (*lliwiedig, wedi'i liwio*) teint(e).
llifedig[2] *ans* (*wedi'i hogi*) aiguisé(e).
llifedd *g* fluidité *f*.
llifeiriant (**llifeiriaint**) *g* inondation *f*, déluge *m*; ~ **geiriau** torrent *m* de paroles.
llifeirio *bg* couler; (*dagrau*) couler, ruisseler; **gwlad yn** ~ **o laeth a mêl** une terre d'abondance *gw. hefyd* **llifo**[1].
llifeiriol *ans* inondant(e), débordant(e).
llifglawdd (**llifgloddiau**) *g* levée *f*, digue *f*.
llifio *ba* scier; ~ **boncyff yn ddau** scier une bûche en deux; ~ **rhth ymaith** enlever qch à la scie;
♦*g* sciage *m*.
llifion *ll* sciures *fpl*.
llifiwr (**llifwyr**) *g* scieur *m*.
llifo[1] *bg* couler; (*gwaed*) circuler; (*dagrau*) couler, ruisseler; (*gwallt, dillad*) flotter, ondoyer; ~ **i'r môr** (*afon*) se jeter dans la mer; ~ **i mewn** affluer, entrer à flots; **mae'r arian yn** ~ **i mewn** l'argent rentre bien; ~ **o** (*hylif*) s'écouler de, sortir de; ~ **dros rn** (*CERDD*) envahir qn.
llifo[2] *ba* (*lliwio*) teindre;
♦*bg* (*defnydd*) prendre la teinture, se teindre.
llifo[3] *ba* (*hogi, gosod min ar*) aiguiser, affûter (qch) à la meule, meuler.
llifolau (**llifoleuadau**) *g* lumière *f* des projecteurs; (*ar adeilad*) illumination *f*, éclairage *m*; (*mewn gêm*) éclairage aux projecteurs; **gêm o dan lifoleuadau** un match en nocturne.
llifoleuo *ba* illuminer; (*gêm*) éclairer (qch) aux projecteurs;

♦*g* éclairage *m*, illumination *f*.
llifoleuwr (**llifoleuwyr**) *g* projecteur *m*.
llifwaddod (**-ion**) *g* alluvion *f*.
llifwaddodol *ans* (*tir*) alluvial(e)(alluviaux, alluviales).
llifwr (**llifwyr**) *g* teinturier *m*.
llifwraig (**llifwragedd**) *b* teinturière *f*.
llifydd (**-ion**) *g* fluide *m*, liquide *m*.
llifyddol *ans* fluide, liquide.
llifyn (**-nau**) *g* teinture *f*, colorant *m*; ~ **gwallt** teinture pour les cheveux; ~ **cadarn** teinture solide.
llilin *ans* aérodynamique.
llilinio *ba* donner un profil aérodynamique à.
llin *g* lin *m*; **had** ~ graines *fpl* de lin; **olew had** ~ huile *f* de lin.
llinach (**-au**) *b* lignée *f*, ascendance *f*; **mae hi'n falch o'i** ~ elle est fière de son ascendance *neu* de sa lignée.
llinad *g* graines *fpl* de lin; ~ **y dŵr** (*PLANH*) lentille *f* d'eau.
llinaidd *ans* de lin, en lin.
llindag (**-au**) *g* lacet *m*, collet *m*, filet *m*, piège *m*.
llindagu *ba* étrangler, serrer la gorge de; (*protestiadau*) étouffer; **blodau'n cael eu** ~ **gan chwyn** fleurs *fpl* étouffées par les mauvaises herbes;
♦*g* étranglement *m*, serrement *m*.
llindro *g* (*PLANH*) cuscute *f*.
llindysyn (**llindys**) *g* *gw.* **lindysyn**.
llinell (**-au**) *b*
1 (*cyff*) ligne *f*, trait *m*; (*MATH*) ligne; (*ar wyneb, ar ddwylo*) ligne; (*crych*) ride *f*; ~ **ddotiau** ligne pointillée *neu* en pointillé; **torrwch ar hyd y** ~ **ddotiau** détacher suivant le pointillé; ~ **ganol** ligne médiane; ~ **grom** ligne courbe; ~ **gyfuchder** courbe *f* de niveau; ~ **lorwedd** ligne horizontale; ~ **orwel** niveau(-x) *m* de l'œil; ~ **sylfaen** (*tirfesureg*) base *f*; ~ **syth** ligne droite; **tynnu** ~ **o dan rth** souligner qch, tirer *neu* tracer un trait sous qch; **tynnu** ~ **trwy rth** barrer *neu* rayer qch; **rhoi** ~ **goch trwy rth** (*gwaith cartref ayb*) barrer *neu* rayer qch d'un trait rouge.
2 (*terfyn*) limite *f*, frontière *f*; ~ **derfyn** ligne *f* *neu* frontière de démarcation, limites du terrain; ~ **eira** limite des neiges éternelles.
3 (*CHWAR: PÊL-DROED, TENNIS*) ligne *f*; (:*RYGBI*) touche *f*; ~ **fas** (*TENNIS*) ligne de fond; (*pêl-fas*) ligne des bases; ~ **gôl** ligne de but; ~ **ochr** ligne de touche; ~ **ystlys** touche.
4 (*rhes: pobl ochr yn ochr*) rang *m*, rangée *f*; (:*pobl y tu ôl i'w gilydd*) file *f*, queue *f*; (:*coed*) enfilade *f*; (:*ceir*) file.
5 (*ysgrifenedig: cyff*) ligne *f*; (:*mewn pennill, drama*) vers *m*; ~ **newydd** (*mewn arddywediad*) à la ligne; ~**au agoriadol** lignes *neu* paroles *fpl* préliminaires; ~**au cosb** (*yn yr ysgol*) lignes à copier, pensum *m*; **fesul** ~ ligne par ligne; **25** ~ **y tudalen** 25 lignes par page; **y gofod rhwng** ~**au** l'entre-ligne *m*; **darllen rhwng y** ~**au** lire entre les lignes.
6 (*TRAFN*): ~ **wen/felen** ligne blanche/jaune.
7 (*ffôn*): **nid yw'r** ~**au'n gweithio** les lignes sont en dérangement; **mae'r** ~**au ar agor o 9 o'r gloch ymlaen** on peut téléphoner *neu* appeler à partir de 9 heures; ~ **gymorth** service *m* d'assistance (téléphonique).
llinelliad (**-au**) *g* (*llun*) dessin *m* au trait; (*rhes*) alignement *m*.
llinellog *ans* (*papur*) réglé(e), rayé(e); (*map, diagram ayb*) linéaire.
llinellol *ans* linéaire.
llinellu *ba* régler, ligner; (*tynnu llun*) dessiner, tracer.
llinellwr (**llinellwyr**) *g* (*CHWAR: TENNIS*) juge *m* de ligne; (:*RYGBI, PÊL-DROED*) juge de touche.
llinfap (**-iau**) *g* carte *f* faite à main levée.
llinglwm (**llinglymau**) *g* nœud *m* serré.
lliniarol *ans* apaisant(e), calmant(e), rassurant(e), réconfortant(e); (*MEDD*) palliatif(palliative), lénitif(lénitive), relaxant(e);
♦ **yn** ~ *adf* d'une manière apaisante *neu* rassurante.
lliniaru *ba* calmer, apaiser, soulager;
♦*g* apaisement *m*.
lliniarus *ans* *gw.* **lliniarol**.
lliniarydd (**-ion**) *g* palliatif *m*, analgésique *m*, calmant *m*; (*ffig*) baume *m*.
lliniogi *ba* hachurer;
♦*g* hachure *f*.
llinorog *ans* purulent(e), éruptif(éruptive).
llinoryn (**llinorod**) *g* (*MEDD*) bouton *m*, pustule *f*.
llinos[1] (**-od**) *b* (*ADAR*) linotte *f*; ~ **werdd** verdier *m*.
llinos[2] *g*: ~ **y dŵr** (*PLANH*) lentille *f* de l'eau.
llinyn (**-nau**) *g* ficelle *f*; (*ar offeryn*) corde *f*; (*ar byped*) ficelle, fil *m*; (*ar ddilledyn*) cordon *m*; (*ar ffa*) fil; (*o nionod, winwns*) chapelet *m*; (*garlleg*) chaîne *f*; ~ **bogail** cordon ombilical; ~ **mesur** mètre *m* à ruban; (*ffig*) critère *m*; ~ **tynnu** cordon; **y** ~**nau** (*CERDD*) les cordes, les instruments *mpl* à cordes; ~**nau'r llais** cordes vocales; **darn o linyn** un bout de ficelle.
llinynnog *ans* (*ffa, cig*) filandreux(filandreuse).
llinynnol *ans* à cordes; **offeryn** ~ instrument *m* à cordes.
llinynnu *ba* enfiler.
llipa *ans* mou[mol](molle)(mous, molles), mollasse; (*cnawd, croen*) mou, mollasse, avachi(e), informe; (*dilledyn*) flasque; (*rhn*) inerte, apathique, avachi, faible; **teimlo'n** ~ se sentir ramolli(e) *neu* avachi;
♦ **yn** ~ *adf* mollement.
llipryn (**-nod**) *g* faible *m*, chiffe *f* molle, gringalet *m*, échasse *f*, mauviette *f*; (*moesol*) faible, poule *f* mouillée; (*trwsgl*) grand dadais *m* *neu* niais *m*.

lliprynnaidd *ans* (*gwan, meddal*) mou[mol](molle)(mous, molles), mollasse, flasque, veule, faible; (*heglog, hirgoes*) dégingandé(e).

llith[1] (**-iau, -oedd**) *b* (*darlleniad o'r Beibl*) leçon *f*; (*ysgrif faith, llythyr maith*) longue missive *f*, article *m* long.

llith[2] (**-iau**) *g* (*abwyd*) amorce *f*, appât *f*; (*bwyd llo*) pâtée *f*.

llithiad (**-au**) *g* séduction *f*.

llithio[1] *ba* séduire, attirer;
♦*g* séduction *f*.

llithio[2] *ba* (*porthi: llo ayb*) donner de la pâtée à

llithiwr (**llithwyr**) *g* séducteur *m*.

llitho *ba gw.* **llithio**[2].

llithr (**-au**) *g* glissement *m*.

llithren (**-nau**) *b* glissoire *f*; (*mewn cae chwarae*) toboggan *m*.

llithrfa (**llithrfeydd**) *b* glissoire *f*; (MOR: *i lansio llongau*) cale *f* de lancement.

llithr(i)ad (**-au**) *g*
1 (*llyth: cyff*) glissement *m*; (:*tir*) glissement de terrain; (:*cerrig*) éboulement *m*; (:*cerbyd, sgio*) dérapage *m*.
2 (*ffig: camgymeriad*) erreur *f*, bévue *f*, gaffe* *f*; ~ **tafod** lapsus *m*.
3 (CERDD) liaison *f*.

llithrig *ans* (*llawr ayb*) glissant(e); (*rhn*) fuyant(e), insaisissable; (*arddull*) coulant(e), aisé(e); (*tafod*) délié(e), affilé(e); **mynegiant** ~ (*rhugl*) parole *f* facile;
♦ **yn** ~ *adf* avec aisance, facilement.

llithrigfa (**llithrigfeydd**) *b* endroit *m* glissant, glissoire *f*.

llithrigrwydd *g* (*llawr ayb*) nature *f* glissante; (*siarad*) facilité *f neu* aisance *f* (de locution), faconde *f*; (*ysgrifennu*) facilité, aisance.

llithriwl (**-iau**) *b* règle *f* à calcul.

llithro *bg* glisser; (*cerbyd, sgïwr*) déraper; (CAR: *cydiwr, clytsh*) patiner; (*cwlwm*) glisser, coulisser; (*sleifio*) se glisser;
♦*ba* (faire) glisser;
♦*g* glissement *m*.

llithrwadn (**-au**) *g* patin *m*.

llithryn (**-nau**) *g gw.* **llithren**.

llithwraig (**llithwragedd**) *b* séductrice *f*.

lliw (**-iau**) *g*
1 (*cyff*) couleur *f*, teinte *f*; **pa liw ydyw?** de quelle couleur est-ce?, c'est de quelle couleur?; **newid** ~ **rhth** changer la couleur de qch; **atodiad** ~ supplément *m* illustré; **cylchgrawn** ~ revue *f* en couleur; **teledu** ~ télévision *f* en couleur(s).
2 (CELF: *arlliwiau*) coloris *m*; ~**iau pastel** les coloris pastel.
3 (*i liwio dillad ayb*) teinture *f*, colorant *m*; ~ **anniflan,** ~ **safadwy** teinture solide; **colli** ~ se décolorer, déteindre.
4 (*pryd a gwedd*) teint *m*, couleur *f*; **mae** ~ **afiach arni** elle a très mauvaise mine; ~ **haul** bronzage *m*.
5 (*o ran hil*) couleur *f*; **pobl liw** gens *mpl* de couleur.
6 (*mewn ymadroddion*): **liw dydd, liw golau** de jour; **liw nos** de nuit; **teithio liw nos** voyager de nuit *neu* la nuit; **o bob** ~ **a llun** de toutes sortes; **ni welais na** ~ **na llun ohono wedyn** je n'ai eu depuis aucune nouvelle à son sujet.
▶ **lliw glas** (*i olchi*) bleu *m*; (*i liwio*) indigo *m*.

lliwdy (**lliwdai**) *g* teinturerie *f*.

lliwddall *ans* daltonien(ne).

lliwddallineb *g* daltonisme *m*.

lliwgar *ans* coloré(e), vif(vive), éclatant(e); (*personoliaeth*) pittoresque, original(e)(originaux, originales); (*stori*) exagéré(e), coloré, haut(e) en couleur;
♦ **yn** ~ *adf* en couleurs vives, de façon colorée; (*disgrifio ayb*) pittoresquement.

lliwgarwch *g* couleurs *fpl* vives, pittoresque *m*.

lliwiad (**-au**) *g* coloration *f*, coloris *m*.

lliwied *ba gw.* **edliw**.

lliwiedig *ans* coloré(e); (*â phensil liw ayb*) colorié(e); (*llun ayb*) en couleur.

lliwio[1] *ba gw.* **edliw**.

lliwio[2] *ba*
1 (*llyth: cyff*) colorer, donner de la couleur à; (:*defnydd*) teindre; (:*â phaent*) peindre; (:*â phensil liw*) colorier; **cael** ~**'ch gwallt** (*yn ysgafn*) se faire faire un shampooing colorant; (*yn fwy parhaol*) se teindre les cheveux, se faire faire une coloration *neu* une teinture; ~ **rhth yn goch** colorer *neu* colorier qch en rouge; ~ **llun** colorier une image; **llyfr** ~ un album à colorier.
2 (*ffig: ystumio: ffeithiau, geiriau*) colorer; (:*gor-ddweud*) exagérer;
♦*g* (*llun*) coloration *f*, coloriage *m*; (*gwallt*) coloration, teinture *f*; (*dillad*) teinture.

lliwiog *ans gw.* **lliwgar, lliwiedig**.

lliwiwr (**lliw-wyr**) *g* (*defnydd*) teinturier *m*; (*gwallt*) coloriste *m*.

lliwur (**-au**) *g* matière *f* colorante, colorant *m*.

lliwydd (**-ion**) *g* (*defnydd*) teinturier *m*, teinturière *f*; (*gwallt*) coloriste *m/f*.

llnau* *ba gw.* **glanhau**.

llo (**-i**) *g*
1 (ANIF) veau(-x) *m*; **cig** ~ veau; **croen** ~ cuir *m* de veau, vachette *f*.
2 (*rhn hurt*) mufle *m*, balourd *m*, bêta* *m*, grosse bête *f*, cloche* *f*, bêtasse* *f*.

lloaidd *ans* stupide, bête, imbécile;
♦ **yn** ~ *adf* stupidement, bêtement, imbécilement.

llob (**-au**) *g* balourd *m*, imbécile *m*, gros bêta* *m*, grosse bête *f*.

lloc (**-iau**) *g* enclos *m*; (*defaid*) parc *m* à moutons.

llocio *ba* (*anifeiliaid*) parquer.

lloches (**-au**) *b* abri *m*, couvert *m*, refuge *m*; **cymryd** ~ **rhag rhth** se mettre à l'abri *neu* à couvert de qch; **rhoi** ~ **i ddrwgweithredwr**

receler un malfaiteur.

llochesu *ba* abriter, protéger; ~ **rhn rhag** abriter qn de, protéger qn de *neu* contre; ~ **drwgweithredwr** receler un malfaiteur; ♦*bg* s'abriter; ~ **(o) dan rth** se cacher *neu* s'abriter sous qch; ~ **rhag** se cacher de, se mettre à l'abri *neu* à couvert de.

llodig *ans* en chaleur, en rut.

llodrau *ll* (*clos pen-glin*) culotte *f*, haut-de-chausses(~s-~-~) *m*; (*trowsus*) pantalon *m*; ~ **marchogaeth** culotte de cheval.

lloea *bg* vêler, mettre bas.

Lloegr *prb* l'Angleterre *f*; **yn** ~ en Angleterre; ~ **Newydd** la Nouvelle-Angleterre *f*.

lloer (**-au**) *b* lune *f*; **yng ngolau'r** ~ à la clarté de la lune, au clair de la lune *gw. hefyd* **lleuad**.

lloeren (**-ni**) *b* satellite *m*.

lloergan *g* clair *m* de lune; **yn y** ~ au clair de la lune.

lloerig *ans* (*angall*) fou[fol](folle)(fous, folles), insensé(e), enragé(e), fou furieux(folle furieuse), dément(e), dérangé(e); (*syniad, gweithred*) fou, insensé, absurde, extravagant(e), démentiel(le), stupide, idiot(e); (*wedi gwylltio*) fou furieux, fou à lier; ♦ **yn** ~ *adf* follement; (*wedi gwylltio*) furieusement.

lloerigrwydd *g* aliénation *f* mentale, folie *f*, démence *f*.

lloerol *ans* lunaire.

llofnaid (**llofneidiau**) *b* (grand) saut *m*; ~ **â pholyn** saut à la perche.

llofneidio *bg* sauter; ~ **â pholyn** sauter à la perche; ~ **dros rth** sauter qch d'un bond.

llofnod (**-au, -ion**) *g* signature *f*; **rhoi** ~ **ar rth** apposer sa signature à qch.

llofnodi *ba, bg* signer.

llofrudd (**-ion**) *g* meurtrier *m*, meurtrière *f*, assassin *m*.

llofruddiaeth (**-au**) *b* meurtre *m*, assassinat *m*; (CYFR) homicide *m*; **achos** ~ procès *m* en homicide.

llofruddio *ba* assassiner, tuer.

llofruddiog, llofruddiol *ans* meurtrier(meurtrière).

lloffa *ba* glaner; ♦*g* glanage *m*.

lloffion *ll* glanures *fpl*; ~ **o'r wasg** coupures *fpl* de presse; **llyfr** ~ album *m* (de coupures de journaux etc).

llofft (**-ydd**) *b* (*atig*) grenier *m*; (*ystafell wely*) chambre *f* (à coucher); (*mewn eglwys neu neuadd*) galerie *f*; ~ **capel** balcon *m* d'un temple; ~ **stabl** grenier d'une écurie; ~ **wair** grenier à foin; ~ **y gloch** clocher *m*. ▶ **lan llofft** en haut (d'un escalier), à l'étage; **mae hi lan llofft** elle est en haut; **mynd lan llofft** monter (l'escalier); **mynd â rhn lan llofft** faire monter qn; **mynd â rhth lan llofft** monter qch; **y bobl lan llofft** les gens du dessus; **yr ystafell lan llofft** la pièce d'en haut *neu* à l'étage.

lloffwr (**lloffwyr**) *g* glaneur *m*.

lloffwraig (**lloffwragedd**) *b* glaneuse *f*.

llog (**-au**) *g* intérêt *m*, intérêts; **cyfradd** ~ taux *m* d'intérêt; ~ **o 5%** un taux d'intérêt de 5%; ~ **syml** intérêts simples; ~ **ar fuddsoddiad** intérêts d'un placement; **benthyciad ar** ~ prêt *m* à intérêt; **ar log** (*i'w logi*) à louer; **car** ~ (*y gellir ei logi*) voiture *f* de location.

llogell (**-au**) *b* poche *f*.

llogi *ba*
1 (*hurio*) louer; **car wedi ei logi** une voiture louée *neu* de location.
2 (*cyflogi*) engager, embaucher; ♦*g* location *f*.

llogwr (**llogwyr**) *g* loueur *m*.

llogwraig (**llogwragedd**) *b* loueuse *f*.

llong (**-au**) *b* bateau(-x) *m*; (*fawr*) navire *m*, vaisseau(-x) *m*; ~ **danfor** sous-marin *m*; ~ **garthu** dragueur *m*; ~ **hofran** aéroglisseur *m*; ~ **wedi ei dryllio** épave *f*; **asiant** ~**au** agent *m* maritime; **asiantaeth longau** agence *f* maritime; **cwmni** ~**au** compagnie *f* de navigation; **cyflenwr** ~**au** fournisseur *m* d'équipement maritime, shipchandler *m*; **iard longau** chantier *m* naval.

llongdoriad (**-au**) *g* naufrage *m*.

llongddrylliad (**-au**) *g* naufrage *m*.

llongddrylliedig *ans* naufragé(e).

llongddryllio *ba* faire sombrer; **cael eich** ~ faire naufrage; **un a longddrylliwyd** naufragé *m*, naufragée *f*.

llongiadu *ba* (*cludo*) transporter *neu* expédier (qch) par bateau; (*llwytho*) embarquer, charger; ♦*g* embarquement *m*, expédition *f*.

llongiadwr (**llongiadwyr**) *g* expéditeur *m*.

llongwr (**llongwyr**) *g* marin *m*, matelot *m*; **bod yn** ~ **da** avoir le pied marin, ne pas être sujet(te) au mal de mer, être un vrai loup de mer; **het** ~ chapeau(-x) *m* de marin; **gwisg** ~ costume *m* marin.

llongwriaeth *b* matelotage *m*, habileté *f* dans la manœuvre, qualités *fpl* de marin.

llongwrol *ans* marin(e), de marin.

llom *ans b gw.* **llwm**.

llon *ans* gai(e), joyeux(joyeuse), enjoué(e); (*newyddion*) réconfortant(e), réjouissant(e); ♦ **yn** ~ *adf* joyeusement, gaiement.

llond *g*
1 (*llyth*) plein *m*; ~ ... **(o)** (*gyda'r pwyslais ar y cynnwys*) un plein(une pleine) ... (de); (*gyda'r pwyslais ar y cynhwysydd*) un(e) ... plein(e) (de); **bwyta** ~ **bag o fferins** manger un plein sac de bonbons; **'roedd** ~ **bag o fferins ar y bwrdd** il y avait un sac plein de bonbons sur la table; ~ **llwy** cuillerée *f*; ~ **plât** assiettée *f*, pleine assiette *f*, assiette

pleine; ~ **cwpan/potel o** une tasse/bouteille de.
2 (*mewn ymadroddion*): **bod yn ~ eich croen** être bien en chair, être dodu(e) *neu* gras(se); **bod yn ~ eich esgidiau** être imbu(e) de soi-même, être plein(e) de soi; **bod â ~ gwlad o waith i'w wneud** avoir un tas de travail à faire; **'roedd ~ y lle o gwsmeriaid anfodlon** (*swyddfa*) le bureau était bondé de clients mécontents, le bureau était plein à craquer avec des clients mécontents; **mae ~ y lle o siopau esgidiau** (*tref*) la ville regorge de magasins de chaussures.
▶ **llond bol**
1 (*llyth*): **bwyta ~ eich bol** manger à satiété.
2 (*ffig*): **cael ~ bol (ar)** en avoir bien *neu* largement assez (de), en avoir marre* (de); **'roedd o wedi cael ~ bol!** il en avait ras le bol*!, il en avait plein le dos*!.
▶ **llond ceg**
1 (*llyth: o fwyd*) bouchée *f*; (:*o ddiod*) gorgée *f*.
2 (*ffig: gair hir anodd*) mot *m* long d'un kilomètre*; (:*enw hir anodd*) nom *m* à coucher dehors*; **rhoi ~ ceg i rn** (*dweud y drefn*) passer un savon à qn*.
▶ **llond llaw** (*llyth*) poignée *f*; **bod yn ~ llaw i rn** (*ffig*) ne pas laisser de répit à qn; **bod â ~ eich dwylo** (*llyth*) avoir les mains pleines *neu* occupées *neu* prises; (*ffig*) avoir assez *neu* beaucoup *neu* fort à faire, avoir beaucoup sur les bras, avoir du pain sur la planche.

llonder *g* gaieté *f*, joie *f*, bonne humeur *f*, entrain *m*.

llongyfarch *ba* féliciter, complimenter.

llongyfarchiad (**-au, llongyfarchion**) *g*: ~**au** félicitations *fpl*, compliments *mpl*; ~**au ar eich llwyddiant!** (toutes mes *neu* nos) félicitations sur votre succès!; ~**au ar eich dyweddïad!** félicitations à l'occasion de vos fiançailles!

lloniant *g* joie *f*, gaieté *f*, égaiement *m*.

llonni *ba* réjouir, égayer, rendre (qn) heureux(heureuse);
♦*bg* se réjouir, s'égayer.

llonnod (**-au**) *g* (CERDD) dièse *m*.

llonydd *ans* immobile; (*dŵr*) calme, tranquille; (*môr*) étale; **aros yn ~!** reste tranquille!, ne bouge pas!;
♦ **yn ~** *adf* au repos, sans bouger, sans se déplacer.

llonyddu *ba* calmer, apaiser, tranquilliser;
♦*bg* se calmer, s'apaiser, se reposer;
♦*g* apaisement *m*.

llonyddwch *g* immobilité *f*, repos *m*; (*tawelwch*) calme *m*, tranquillité *f*, silence *m*.

llopan (**-au**) *b* pantoufle *f*, chausson *m*, mule *f*.

lloriau *ll gw.* **llawr**.

llorio *ba*
1 (*adeilad, tŷ ayb: â phren*) parqueter; (:*â theils, brics*) carreler.
2 (*bwrw i'r llawr: cyff*) terrasser, jeter (qn) par terre; (:BOCSIO) envoyer (qn) au tapis.
3 (*ffig: trechu*) battre, vaincre; (:*mewn dadl*) réduire (qn) au silence, désarçonner; (:*drysu*) désorienter.

llorp (**-iau**) *b* brancard *m*.

llorrew (**-ogydd**) *g* gelée *f* blanche, frimas *m*.

llorwedd *ans* horizontal(e)(horizontaux, horizontales);
♦ **yn ~** *adf* horizontalement, à l'horizontale;
♦*g* (**-au**) horizontale *f*.

llorwedd-dra *g* horizontale *f*.

llorweddol *ans* horizontal(e)(horizontaux, horizontales); (*yn gorwedd ar y llawr*) prosterné(e);
♦ **yn ~** *adf* horizontalement, à l'horizontale.

llosg *ans*
1 (*ar dân, yn llosgi: tref, coedwig*) en flammes; (:*tân, cannwyll*) allumé(e); (:*glo*) ardent(e); (*ffig: teimlad*) cuisant(e); **mynydd ~** volcan *m*.
2 (*tanbaid: dicter*) violent(e); (:*geiriau*) véhément(e), passionné(e); **pwnc ~** question *f* brûlante;
♦*g* (**-au**) brûlure *f*; **~ cylla** brûlures d'estomac; **~ eira** engelure *f*.

llosgaberth (**llosgebyrth**) *g* holocauste *m*.

llosgach *g* inceste *m*.

llosgachol *ans* incestueux(incestueuse);
♦ **yn ~** *adf* incestueusement.

llosgadwy *ans* combustible.

llosgedig *ans* brûlé(e).

llosgfa (**llosgfeydd**) *b* (*llosg*) brûlure *f*; (MEDD) inflammation *f*.

llosgfaen (**llosgfeini**) *g* soufre *m*.

llosgfynydd (**-oedd**) *g* volcan *m*; **~ marw/byw/cwsg** volcan éteint/en activité/en sommeil.

llosg-garnedd (**~-~au**) *b* agglomérat *m*.

llosgi *ba* brûler; (*adeilad*) incendier, mettre le feu à, faire brûler; (COG: *cig, teisen, tost*) laisser brûler; (:*saws, llaeth*) laisser attacher; **eich ~'ch hunan** se brûler; **~'ch bys** se brûler le doigt; **~ rhth yn ulw** carboniser qch, calciner qch; **~'r gannwyll yn ei deupen** brûler la chandelle par les deux bouts; **~ twll ym mhoced rhn** (*arian*) fondre dans les mains de qn;
♦*bg* (*bwyd*) brûler; (*llaeth*) attacher; (*dolur, briw*) brûler, piquer; **~ i farwolaeth** être brûlé(e) vif(vive), mourir carbonisé(e); **~'n ulw** brûler complètement, être réduit(e) en cendres, être calciné(e); **mae fy llygaid yn ~** j'ai les yeux irrités, j'ai les yeux qui me brûlent *neu* qui me piquent;
♦*g* brûlage *m*.

llosgwr (**llosgwyr**) *g* brûleur *m*; (*nwy*) bec *m*; **~ Bunsen** bec Bunsen.

llosgwrn (**llosgyrnau**) *g* queue *f*.

llosgydd (**-ion**) *g* incinérateur *m*; (*mewn*

amlosgfa) four *m* crématoire.
llostlydan (**-od, llostlydain**) *g* (*afanc*) castor *m*.
llowcio *ba* bâfrer, engloutir, engouffrer, avaler (qch) gloutonnement, avaler (qch) à grosses bouchées; **paid â ~ dy fwyd!** ne mange pas si vite!, mâche ce que tu manges!
llu (**-oedd**) *g*
1 (*nifer fawr*) foule *f*; **~ o ffrindiau** une foule d'amis; **~ o resymau** toute une série de raisons, tout un tas* de raisons; **dewch yn ~!** venez nombreux!.
2 (*byddin*): **~ awyr** armée *f* de l'air, forces *fpl* aériennes; **~oedd arfog** forces armées.
lluaws *g gw.* **lliaws**.
llucheden (**lluched**) *b*
1 *gw.* **mellten**.
2 (*haint, annwyd*) microbe *m*; **mae 'na ryw lucheden yn mynd o gwmpas** il y a un microbe dans l'air *neu* qui se balade.
lluchfa (**lluchfeydd**) *b* (*eira*) congère *f*, amoncellement *m* de neige; (*tafliad*) jet *m*; (*CHWAR*) lancement *m*, lancer *m*.
lluchiad (**-au**) *g* jet *m*; (*CHWAR: pêl ayb*) lancement *m*, lancer *m*; (*:reslo*) mise *f* à terre.
lluchio *ba* lancer, jeter; (*yn gryf*) projeter; (*sbwriel*) jeter; **~ rhth at rth** jeter qch à qch; **~ baw at rn** couvrir qn de boue; **~ rhth yn ôl** renvoyer qch, rejeter qch; **~ rhth allan** jeter qch dehors, mettre qch au rebut, se débarrasser de qch; **~ rhn allan** expulser qn, mettre qn à la porte, renvoyer qn.
lluchiwr (**lluchwyr**) *g* lanceur *m*.
lluchwraig (**lluchwragedd**) *b* lanceuse *f*.
lludlyd *ans* cendreux(cendreuse), cendré(e).
lludw *g*
1 (*ar ôl i rywbeth losgi*) cendre *f*, cendres; **Dydd Mercher y Ll~** mercredi *m* des Cendres.
2 (*sbwriel*) ordures *fpl*, immondices *fpl*; **adran casglu ~** le service de voirie; **bin ~, tun ~** poubelle *f*; **casgliad ~** ramassage *m* des ordures; **dyn ~** éboueur *m*; **lorri ludw** camion *m* des éboueurs; **tomen ludw** décharge *f*, voirie *f*, déchetterie *f*, dépotoir *m*.
lludded *g* lassitude *f*, fatigue *f*, épuisement *m*, abattement *m*.
lluddedig *ans* (*wedi blino*) las(se), fatigué(e), épuisé(e), abattu(e); (*taith*) fatigant(e), épuisant(e), lassant(e); (*trafferthus*) ennuyeux(ennuyeuse), lassant, pénible;
♦ **yn ~** *adf* avec lassitude, péniblement.
lluddedu *bg* se lasser, se fatiguer;
♦*ba* fatiguer, lasser.
lluddiant (**lluddiannau**) *g* empêchement *m*, gêne *f*, entrave *f*, obstacle *m*, inhibition *f*.
lluddias, lluddio *ba* empêcher, arrêter, gêner, entraver, faire obstacle à.
lluddiwr (**lluddwyr**) *g* celui qui empêche *neu* entrave.
lluest (**-au**) *g* (*pabell*) tente *f*; (*caban*) baraque *f*.
lluesteiwr (**lluesteiwyr**) *g* intendant *m*.
lluestfa (**lluestfeydd**) *b* campement *m*.
lluestu *ba, bg* camper, cantonner
lluestwr (**lluestwyr**) *g* campeur *m*.
lluesty (**lluestai**) *g* (*MIL*) caserne *f*, quartier *m*.
llugaeronen (**llugaeron**) *b* canneberge *f*; **twrci â saws llugaeron** dinde *f* aux canneberges.
llugoer *ans* tiède; (*ffig*) tiède, peu enthousiaste;
♦ **yn ~** *adf* tièdement, sans enthousiasme.
lluman (**-au**) *g* drapeau(-x) *m*, bannière *f*, étendard *m*; (*MOR*) pavillon *m*.
llumanog *ans* orné(e) *neu* garni(e) de drapeaux.
llumanu *ba* orner *neu* garnir (qch) de drapeaux.
llumanwr (**llumanwyr**) *g* (*MOR*) porte-étendard *m*; (*CHWAR*) juge *m* de touche.
llun (**-iau**) *g*
1 (*darlun: cyff*) image *f*, illustration *f*; (*:paentiad*) tableau(-x) *m*, peinture *f*, dessin *m*; (*:FFOT*) photographie *f*; (*:ar y teledu*) image; **tynnu ~ rhn** (*â phensil, paent*) faire le portrait de qn; (*â chamera*) photographier qn; **llyfr ~iau** livre *m* d'images; **wrth ei lun ei hun** à son image.
2 (*ffurf*) forme *f*; **ar lun cân** sous forme de chanson; **ar lun gafr/alarch** sous la forme d'une chèvre/d'un cygne; **rhoi rhyw lun ar esgus** donner une sorte d'excuse.
Llun *g*: **(dydd) ~** lundi *m*; **ar ddydd ~** le lundi; **nos Lun** (*min nos*) lundi soir; (*dros nos*) la nuit de lundi à mardi; **ddydd ~ (nesaf)** lundi (prochain *neu* qui vient); **ddydd ~ (diwethaf)** lundi (dernier); **y (dydd) ~ canlynol** le lundi suivant *neu* d'après; **bore/prynhawn ~** lundi matin/après-midi; **bob dydd ~** tous les lundi, chaque lundi; **bob yn ail ddydd ~** un lundi sur deux; **dydd ~ yr 11eg o Ionawr yw hi heddiw** nous sommes aujourd'hui le lundi 11 janvier; **wythnos/bythefnos i ddydd ~** lundi en huit/quinze; **y (dydd) ~ cyn y ~ diwethaf** l'autre lundi; **y (dydd) ~ ar ôl y ~ nesaf** lundi en huit.
Llundain *prb* Londres *f*; **yn ~** à Londres.
Llundeinig *ans* londonien(ne), de Londres.
Llundeiniwr (**Llundeinwyr**) *g* Londonien *m*.
Llundeinwraig (**Llundeinwragedd**) *b* Londonienne *f*.
llungopi (**llungopïau**) *g* photocopie *f*.
llungopïo *ba* photocopier, faire une photocopie de.
llungopïwr (**llungopïwyr**) *g* (*peiriant*) photocopieur *m*, photocopieuse *f*.
Llungwyn *g* lundi *m* de la Pentecôte.
lluniad (**-au**) *g* dessin *m*; **~ wrth raddfa** dessin à l'échelle.
lluniadaeth (**-au**) *b* talent *m* de dessinateur;

(*mewn diwydiant*) art *m* du dessin industriel; (*CELF*) constructivisme *m*.
lluniadu *ba, bg* dessiner.
lluniaeth *g* alimentation *f*, nourriture *f*, rafraîchissements *mpl*, le manger; **"bydd ~ ar gael"** "il y aura un buffet"
lluniaidd *ans* bien fait(e), bien proportionné(e), beau[bel](belle)(beaux, belles), gracieux(gracieuse), élégant(e); **bod yn ~** (*merch*) avoir une jolie silhouette; **merch luniaidd** une femme bien faite *neu* bien tournée; **coes luniaidd** jambe *f* bien galbée;
♦ **yn ~** *adf* gracieusement, élégamment.
lluniant (**lluniannau**) *g* formation *f*, création *f*.
lluniedydd (**-ion**) dessinateur *m*, dessinatrice *f*.
llunieidd-dra *g* beauté *f*, belles proportions *fpl*; (*coesau*) galbe *m*.
llunio *ba* créer, former, fabriquer, construire; (*araith*) formuler, écrire, préparer; (*gwisg*) confectionner; (*cerflun*) façonner, tailler, modeler; **~ llythyr** rédiger *neu* formuler une lettre; **~ A o B** façonner B en A; **rhaid ~'r wadn fel y bo'r troed** il faut tailler la robe selon le corps;
♦*g* formation *f*, construction *f*, création *f*, fabrication *f*.
lluniwr (**llunwyr**) *g* (*arlunydd*) dessinateur *m*; (*dyluniwr*) dessinateur industriel; (*gwneuthurwr*) fabricant *m*; (*creawdwr*) créateur *m*.
llun-recordydd (**~-recordwyr**) *g* vidéoscope *m*.
llunwraig (**llunwragedd**) *b* (*arlunydd*) dessinatrice *f*; (*dylunwraig*) dessinatrice industrielle; (*gwneuthurwraig*) fabricante *f*; (*creawdwraig*) créatrice *f*.
lluosflwydd *ans*: **planhigyn ~** plante *f* vivace.
lluosgell *ans* multicellulaire.
lluosi *ba* (*MATH*) multiplier; **tablau ~** tables *fpl* de multiplication; **symbol ~** signe *m* de multiplication;
♦*bg* faire des multiplications;
♦*g* multiplication *f*.
lluosiad (**-au**) *g* multiplication *f*.
lluosill, **lluosillafog** *ans* polysyllabe, polysyllabique.
lluosog *ans* nombreux(nombreuse), multiple; (*GRAM*) pluriel(le);
♦*g* (**-ion**) (*GRAM*) pluriel *m*; **yn y ~** au pluriel.
lluosogaeth *b* (*CREF*) pluralisme *m*.
lluosogi *ba* multiplier;
♦*bg* se multiplier.
lluosogiad (**-au**) *g* multiplication *f*.
lluosogiaeth *b gw.* **lluosogaeth**.
lluosogrwydd *g* (*nifer fawr*) multitude *f*, multiplicité *f*.
lluosogwr (**lluosogwyr**) *g* multiplicateur *m*.
lluosogydd (**-ion**) *g* duplicateur *m*.
lluosogyddiaeth *g gw.* **lluosrywiaeth**.
lluosol *ans* multiplicatif(multiplicative).
lluosowgrwydd *g gw.* **lluosogrwydd**.
lluosrif (**-au**) *g* (*MATH*) multiplicande *m*.
lluosrifol *ans* (*MATH*) multipliable.
lluosrywiaeth *b* (*ATHRON, GWLEID*) pluralisme *m*.
lluoswerth *ans* à valeurs multiples, polyvalent(e).
lluoswm (**lluosymiau**) *g* (*MATH*) produit *m*.
lluosydd[1] *ll* multitudes *fpl*.
lluosydd[2] (**-ion**) *g* multiplicateur *m*.
llurguniad (**-au**) *g* déformation *f*, mutilation *f*, défiguration *f*.
llurguniedig *ans* déformé(e), mutilé(e), estropié(e), défiguré(e).
llurgunio *ba* déformer, mutiler, estropier, défigurer;
♦*g* mutilation *f*, déformation *f*, défiguration *f*.
llurguniwr (**llurgunwyr**) *g* mutilateur *m*.
llurgunwraig (**llurgunwragedd**) *b* mutilatrice *f*.
llurig (**-au**) *b* cotte *f* de mailles, plastron *m* de cuirasse.
llurigog *ans* vêtu(e) *neu* habillé(e) d'une cotte de mailles.
llurs (**-od**) *b* (*ADAR*) petit pingouin *m*.
llusen (**llus, llusi**) *b* myrtille *f*, bleuet *m*, airelle *f*; **~ y brain** camarine *f*; **~ goch** airelle rouge.
llusern (**-au**) *b* lanterne *f*, lampe *f*; **~ bapur** lanterne vénitienne, lampion *m*.
llusg (**-ion**) *g* résistance *f*, traînée *f*; **car ~** traîneau(-x) *m*; (*i blentyn*) luge *f*.
llusgdal (**-iadau**) *g* remorquage *m*.
llusgfad (**-au**) *g* remorqueur *m*.
llusgiad (**-au**) *g* tiraillement *m*, remorquage *m*, halage *m*; (*wrth hedfan*) traînée *f*; (*dull araf o siarad*) débit *m* traînant, voix *f* traînante; **~ amser** décalage *m* horaire, retard *m*.
llusgo *bg* traîner, haler; (*sgwrs*) traîner, languir; **~ ar y llawr** traîner à terre; **~ ar ôl** rester en arrière, traîner; **~ ymlaen** (*cyfarfod*) se prolonger, s'éterniser;
♦*ba* traîner; **~'ch traed** traîner les pieds; **~ rhn ymaith** emmener qn de force; **~ rhth i mewn i'r sgwrs** (*ffig*) tenir à placer qch dans la conversation, amener qch à tout prix à la conversation.
llusgwr (**llusgwyr**) *g* lambin* *m*, traînard *m*.
llusgwraig (**llusgwragedd**) *b* lambine* *f*, traînarde *f*.
llutrod *g* (*lludw*) cendre *f*, cendres.
lluwch (**-ion**) *g* (*eira*) congère *f*, amoncellement *m* de neige; (*llwch*) poussière *f*, poudre *f*.
lluwchfa (**lluwchfeydd**) *b* congère *f*, amoncellement *m* de neige.
lluwchio *bg* s'amonceler, s'entasser;
♦*g* amoncellement *m*.
lluwchwynt (**-oedd**) *g* tempête *f* de neige, blizzard *m*.
llw (**-on**) *g* (*CYFR*) serment *m*; (*rheg, melltith*) imprécation *f*, juron *m*; **cymryd** *ou* **tyngu ~**

prêter serment; **cymerodd lw i ddial arno** il fit serment *neu* il jura de se venger; **gweinyddu** ~ faire prêter serment; **torri'ch** ~ fausser son serment, se parjurer; **ar lw** sous le serment; **tyst ar lw** témoin *m* assermenté; **ar fy** ~! je vous le jure!

llwch *g* poussière *f*, poudre *f*; ~ **llif** sciure *f* de bois; **blwch** ~ cendrier *m*; **padell lwch** pelle *f* à poussière; **powlen lwch** désert *m* de poussière; **siaced lwch** jaquette *f*; **storm lwch** tourbillon *m* de poussière; **haen drwchus o lwch** épaisse couche *f* de poussière; **bod â** ~ **yn eich llygaid** avoir de la poussière dans l'œil; **llyfu'r** ~ (*ffig*) mordre la poussière; **taflu** ~ **i lygaid rhn** (*ffig*) embrouiller qn, jeter de la poudre aux yeux de qn; **tynnu** ~ essuyer de la poussière, épousseter.

llwdn (**llydnod**) *g* jeune animal(animaux) *m*; (*gŵr ifanc hurt*) mufle *m*.

llwfr *ans* lâche, poltron(ne), peureux(peureuse); (*di-antur*) timoré(e), craintif(craintive);
♦ **yn** ~ *adf* lâchement, craintivement, peureusement;
♦*g* (**llyfriaid, llyfrion**) lâche *m*, poltron *m*.

llwfrdra *g* lâcheté *f*.

llwfrddyn (**-ion**) *g* lâche *m*, poltron *m*.

llwfrgi (**llwfrgwn**) *g gw.* **llwfrddyn**.

llwfrhau *bg* perdre courage, se décourager.

llwg *g*: **y** ~ (*MEDD*) scorbut *m*.

llwglyd *ans* affamé(e); **bod yn** ~ avoir faim, avoir l'estomac creux, se sentir le ventre creux; **bod yn** ~ **iawn** avoir très faim; **mae golwg lwglyd arni** elle a l'air d'avoir faim;
♦ **yn** ~ *adf* voracement, avidement.

llwgr *ans* corrompu(e), dépravé(e); (*anonest*) vénal(e)(vénaux, vénales); (*testun*) corrompu, altéré(e); **cymdeithas lwgr** société *f* corrompue *neu* pourrie;
♦ **yn** ~ *adf* de façon corrompue.

llwgrwobrwy (**-on**) *g* pot-de-vin(~s-~-~) *m*; **derbyn** ~ se laisser corrompre, se laisser acheter, accepter un pot-de-vin.

llwgrwobrwyo *ba* suborner, soudoyer;
♦*g* subornation *f*.

llwgu *bg* avoir faim, être affamé(e); ~ **i farwolaeth** mourir de faim;
♦*ba* priver (qn) de nourriture, affamer;
♦*g* inanition *f*.

llwgwm *g* (*abwyd*) arénicole *f* des pêcheurs, ver *m* des pêcheurs.

llwm (**llom**) (**llymion**) *ans* (*moel: mynydd, tir*) pelé(e); (*:coeden, gwlad*) dénudé(e), dépouillé(e); (*digysgod*) battu(e) par les vents, mal abrité(e); (*gwael: golwg, bywyd*) misérable, minable; (*tlawd*) pauvre; **bod â golwg lom arnoch** avoir l'air misérable *neu* minable; **mewn amgylchiadau** ~ dans le besoin, dans la gêne; **bwthyn digon** ~ une chaumière assez pauvre;
♦ **yn** ~ *adf* misérablement, pauvrement.

llwnc (**llynciau**) *g* (*CORFF*) gorge *f*, gosier *m*; (*llyncu*) avalement *m*, gorgée *f*; **mae** ~ **tost 'da fi** j'ai mal à la gorge, j'ai une angine; **bod â rhth yn sownd yn eich** ~ avoir qch dans le gosier; **ar un** ~ (*yfed*) d'un trait, d'un seul coup; (*bwyta*) d'un seul coup.

llwncdestun (**-au**) *g* toast *m*; **cynnig** ~ **i rn** porter un toast à qn *neu* en l'honneur de qn, boire à la santé *neu* au succès de qn.

llwrw *g*: ~ **eich cefn,** ~ **eich tin** en arrière; ~ **eich pen** la tête la première; ~ **eich ochr** de côté.

llwtra *g* vase *f*, limon *m*, boue *f*, alluvion *f*.

llwy (**-au**) *b* cuiller *f*, cuillère *f*; ~ **bren** cuillère de bois, cuillère en bois; ~ **bwdin,** ~ **ganol** cuillère à dessert; ~ **de** petite cuillère; ~ **ford,** ~ **fwrdd** cuillère de service; ~ **gawl** cuillère à soupe; ~ **halen** cuillère à sel; **llond** ~ **de/bwdin** cuillerée *f* à café/à dessert; **llond** ~ **ford, llond** ~ **fwrdd** cuillerée à soupe; **bwyd** ~ aliment *m* liquide.

llwyaid (**llwyeidiau**) *b* cuillerée *f*.

llwyar (**-au**) *b* truelle *f*; (*GARDD*) déplantoir *m*, pelle *f*.

llwyarn (**llwyerni**) *b gw.* **llwyar**.

llwybr (**-au**) *g* sentier *m*, chemin *m*; (*mewn gardd*) allée *f*; (*hynt*) route *f*; **clirio** ~ **trwy'r coed** ouvrir un sentier *neu* un chemin dans les bois; ~ **ceffyl,** ~ **march** piste *f* cavalière; ~ **cyhoeddus** voie *f* publique; ~ **llygad,** ~ **tarw** raccourci *m*; ~ **natur** sentier écologique; ~ **troed** sentier *neu* piste pour piétons; **Y Ll~ Llaethog** la Voie lactée.

llwybreiddiad (**-au**) *g* direction *f*, acheminement *m*.

llwybreiddio *bg* se diriger, s'acheminer;
♦*ba* acheminer, diriger, expédier, faciliter.

llwybrydd (**-ion**) *g* pionnier *m*, éclaireur *m*; (*anfonwr*) expéditeur *m*.

llwyd (**-ion**) *ans* gris(e); (*pryd a gwedd*) blême, pâle; **awyr lwyd** ciel *m* gris *neu* morne; **Brawd Ll~** (*Ffransisiad*) franciscain *m*; **gwiwer lwyd** écureuil *m* gris, petit-gris(~s-~) *m*; **papur** ~ (papier *m*) kraft *m*, papier d'emballage; **pryf** ~ (*PRYF*) taon *m*; (*ANIF: mochyn daear*) blaireau(-x) *m*;
♦*g*
1 (*lliw*) gris *m*; **gwisgo** ~ s'habiller en gris.
2 (*ADAR*): ~ **y to** moineau(-x) *m*; ~ **y baw,** ~ **y berth,** ~ **y gwrych** (accenteur *m*) mouchet *m*.

llwydaidd *ans* tirant sur le gris, grisâtre; (*gwallt*) grisonnant(e); (*pryd a gwedd*) pâle, blême, blafard(e).

llwyd-ddu *ans* gris foncé *inv*.

llwydlas *ans* gris bleuté *inv*;
♦*g* (*PLANH*) pavot *m* cornu.

llwydni *g*
1 (*lliw llwyd: cyff*) teinte *f* grise; (*:tywydd, awyr*) grisaille *f*.
2 (*ffwng: o achos lleithder*) moisissure *f*; (*:ar*

blanhigion) mildiou *m*.
llwydnos *b* crépuscule *m*, tombée *f* du soir, brune *f*; **yn y** ~ au crépuscule, à la brune.
llwydo *bg* devenir gris(e); (*britho*) grisonner; (*gwelwi*) pâlir, devenir blême, blêmir; (*o achos lleithder*) moisir;
♦*g* grisonnement *m*, blêmissement *m*, moisissure *f*.
llwydolau *ans* grisâtre; **'roedd hi'n** ~ on était entre chien et loup;
♦*g* crépuscule *m*; **yn y** ~ à la brune, à la nuit tombante.
llwydrew *g* (*glasrew, barrug*) gelée *f* blanche, givre *m*.
llwydrewi *bg* se givrer;
♦*g* givrage *m*.
llwydrewog *ans* givré(e).
llwydwyn (**-ion**) *ans* grisâtre.
llwydyn *g* matière *f* grise.
llwydd *g gw.* **llwyddiant**.
llwyddfawr *ans gw.* **llwyddiannus**.
llwyddiannus *ans* (*ymdrech*) couronné(e) de succès, réussi(e), qui a réussi; (*awdur, arlunydd*) à succès; (*ymgeisydd: mewn etholiad*) élu(e); (*:mewn arholiad*) reçu(e); (*canlyniad*) heureux(heureuse); (*busnes*) prospère, florissant(e); **bod yn** ~ **mewn arholiad/cystadleuaeth** réussir à un examen/un concours; **bod yn** ~ **yn eich gyrfa** réussir dans sa carrière;
♦ **yn** ~ *adf* avec succès, de manière prospère *neu* réussie; **gwneud rhth yn** ~ réussir qch.
llwyddiant (**llwyddiannau**) *g* succès *m*, réussite *f*; **cael** ~ **ysgubol** faire fureur, avoir un succès fou; **dymunaf bob** ~ **ichi** je vous souhaite beaucoup de succès.
llwyddo *bg* réussir, avoir du succès; (*bywyd*) réussir; (*yn ariannol*) prospérer; ~ **ym mhopeth** tout réussir; ~ **i wneud rhth** réussir à faire qch; ~ **i wneud yr amhosibl** réussir l'impossible;
♦*g* réussite *f*.
llwyeidio *ba* servir (qch) à la cuillère.
llwyfan (**-nau**) *g,b*
1 (*THEATR ayb*) scène *f*; **ar y** ~ sur scène, en scène; **cefn y** ~ la coulisse *f*, les coulisses; **bod yng nghefn y** ~ être derrière la scène, être dans la coulisse *neu* les coulisses; **i fyny'r** ~ au fond de la scène; **i lawr y** ~**, ar flaen y** ~ sur *neu* vers le devant de la scène; **cyfarwyddiadau** ~ indications *fpl* scéniques; **cyfarwyddwr/cyfarwyddwraig** ~ metteur *m* en scène; **dyn** ~ machiniste *m*; **enw** ~ nom *m* de théâtre; **rheolwr/rheolwraig** ~ régisseur *m*/régisseuse *f*.
2 (*diwydiant olew*): ~ **olew** plate-forme(~s-~s) *f* pétrolière.
llwyfandir (**-oedd**) *g* plateau(-x) *m*.
llwyfanen (**llwyfain**) *b gw.* **llwyfen**.
llwyfannu *ba* monter, mettre (qch) en scène;
♦*bg*: ~**'n dda** exécuter bien sur la scène;
♦*g* montage *m*, mise *f* en scène.
llwyfen (**-ni, llwyf**) *b* (*PLANH*) ormeau(-x) *m*, orme *m*.
llwyn[1] (**-i**) *g* buisson *m*; (*trwchus*) taillis *m*, fourré *m*; ~ **rhosod** rosier *m*.
llwyn[2] (**-au**) *b gw.* **lwyn**.
llwynog (**-od**) *g* renard *m*; (*gŵr cyfrwys*) rusé *m*, malin *m*, fin renard; **cenau** ~ renardeau(-x) *m*; **mynd i hela** ~**od** aller à la chasse au renard; ~ **o ddiwrnod** journée *f* variable.
llwynoges (**-au**) *b* renarde *f*; (*gwraig gyfrwys*) rusée *f*.
llwynogol *ans* de renard, rusé(e).
llwynogyn *g* renardeau(-x) *m*.
llwynwst *b* lumbago *m*.
llwyo *ba* servir (qch) à la cuillère; (*â lletwad*) servir (qch) à la louche.
llwyr *ans* complet(complète), entier(entière), total(e)(totaux, totales), tout(e), absolu(e);
♦ **yn** ~ *adf* entièrement, tout à fait, totalement, absolument, complètement; **mae hi'n** ~ **haeddu'r wobr** elle mérite absolument le prix; **cytuno'n** ~ être tout à fait d'accord.
llwyrdeb, **llwyredd** *g* état *m* complet; (*archwiliad*) minutie *f*; (*buddugoliaeth, dinistr*) nature *f* totale *neu* absolue.
llwyrfryd *g* résolution *f*; **o lwyrfryd fy nghalon** de tout mon cœur.
llwyrni *g gw.* **llwyrdeb**.
llwyrymatal *bg* s'abstenir; ~ **rhag cyffuriau** s'abstenir de la drogue.
llwyrymataliad *g* abstention *f*.
llwyrymataliol *ans* abstinent(e).
llwyrymataliwr (**llwyrymatalwyr**) *g* abstinent *m*.
llwyrymatalwraig (**llwyrymatalwragedd**) *b* abstinente *f*.
llwyrymwrthod *bg* s'abstenir; ~ **â'r ddiod feddwol** s'abstenir complètement (de l'usage) des boissons alcoolisées;
♦*g* abstinence *f*
llwyrymwrthodwr (**llwyrymwrthodwyr**) *g* (*dirwestwr*) abstinent *m*.
llwyrymwrthodwraig (**llwyrymwrthodwragedd**) *b* (*dirwestwraig*) abstinente *f*.
llwytgoch (**-ion**) *ans* brun roux *inv*;
♦*g* brun *m* roux.
llwytu *ans* gris foncé *inv*.
llwyth[1] (**-au**) *g* tribu *f*; **deuddeg** ~ **Israel** les douze tribus d'Israël.
llwyth[2] (**-i**) *g*
1 (*i'w gludo*) charge *f*, chargement *m*; (*ar long*) cargaison *f*; (*baich*) fardeau(-x) *m*, charge; ~ **o lo** un chargement *neu* une charge de charbon; **cario** ~ **trwm** être lourdement chargé(e).
2 (*llawer*): ~ **o** beaucoup de, bien de, un tas de, des masses* de; ~ **o waith** un tas de travail; **bod â** ~ **o arian** rouler sur de l'or;

mae gennym lwythi nous en avons plein*, nous en avons des masses*, nous en avons des tonnes*; ~ **o bobl** plein de monde*, des tas *neu* masses de gens*.
llwytho *ba* charger;
♦*bg* charger, faire le chargement;
♦*g* chargement *m*.
llwythog *ans* chargé(e).
llwythwr (**llwythwyr**) *g* chargeur *m*.
llychlyd *ans* poussiéreux(poussiéreuse), couvert(e) *neu* plein(e) de poussière.
Llychlyn *prb* la Scandinavie *f*; **yn** ~ en Scandinavie.
Llychlynnaidd *ans* nordique, scandinave.
Llychlynnwr (**Llychlynwyr**) *g* Scandinave *m*.
Llychlynwraig (**Llychlynwragedd**) *b* Scandinave *f*.
llychwin *ans* (*llychlyd*) poussiéreux(poussiéreuse); (*wedi baeddu*) sali(e), taché(e).
llychwino *ba* (*baeddu*) salir, tacher.
llychyn *g* grain *m* de poussière; ~ **o faco** bribe *f* de tabac, petite tache *f* de tabac.
llydan (**llydain**) *ans* large; (*dilledyn*) ample, flottant(e); (*cefnfor, anialwch*) immense, vaste; **rhn â'i lygaid yn** ~ **agored** qn aux yeux grand ouverts, qn aux yeux écarquillés;
♦ **yn** ~ *adf* largement; **agor drws yn** ~ ouvrir une porte en grand;
♦*g*: ~ **y ffordd** (*PLANH*) plantain *m*.
llydanddail *ans* feuillu(e).
Llydaw *prb* la Bretagne *f*; **yn** ~ en Bretagne.
Llydawaidd *ans* breton(ne).
Llydaweg *b,g* breton *m*;
♦*ans* breton(ne).
Llydawes (**-au**) *b* Bretonne *f*.
Llydawiad (**Llydawiaid**) *g/b* Breton *m*, Bretonne *f*; (*sy'n medru'r Llydaweg*) Breton bretonnant, Bretonne bretonnante.
Llydawr (**Llydawyr**) *g* Breton *m*.
Llydewig *ans* breton(ne).
llydnu *bg* (*bwrw llwdn, ebol*) mettre bas.
llyfelyn (**llyfelod**) *g* orgelet *m*, compère-loriot(~s-~s) *m*.
llyfn (**llefn**) (**llyfnion**) *ans* lisse, uni(e), égal(e)(égaux, égales); (*ffordd*) à la surface égale *neu* unie; (*môr, llyn*) lisse, plat(e), calme, étale; (*carreg*) lisse, poli(e); (*defnydd*) lisse, soyeux(soyeuse); (*gwallt*) lisse; (*croen*) lisse, satiné(e), doux(douce); (*boch, talcen*) lisse, sans rides; (*moel*) glabre, lisse; (*llais*) doux;
♦ **yn** ~ *adf* uniment, également, régulièrement; **rhedeg yn** ~ (*peiriant*) être régulier(régulière), tourner sans secousses, fonctionner sans à-coups.
llyfndeg *ans* lisse.
llyfnder *g* aspect *m* lisse *neu* égal *neu* poli, douceur *f*; (*ffordd*) surface *f* égale *neu* unie *neu* lisse; (*môr*) calme *m*; (*sŵn*) rythme *m* régulier, douceur, régularité *f*, harmonie *f*, calme.
llyfndew (**-ion**) *ans* (*llond eich croen*) bien en chair, dodu(e), rondelet(te), grassouillet(te).
llyfndra *g gw.* **llyfnder**.
llyfnhau, **llyfnu** *ba* (*defnydd, papur*) lisser, défroisser; (*pren*) rendre lisse, planer, polir; (*plaenio*) raboter; (*lefelu: safle, tir ayb*) niveler, aplanir; (:*ag og*) labourer (qch) à la herse;
♦*g* aplanissement *m*, nivelage *m*; (*AMAETH*) hersage *m*.
llyfr (**-au**) *g* livre *m*, bouquin* *m*; ~ **clwt** *livre d'images imprimé sur toile pour jeunes enfants*; ~ **cyfarwyddyd** *ou* **cyfeirio** ouvrage *m* de référence *neu* à consulter; ~ **cyfeiriadau** répertoire *m neu* carnet *m* d'adresses; ~ **cyfrifon** livre de comptes; ~ **ffôn** annuaire *m*; ~ **gosod** livre au programme; ~ **lloffion** album *m* de coupures de journaux; ~ **nodiadau** carnet *m*, bloc-notes(~s-~) *m*; ~ **offeren** missel *m*; ~ **sieciau** carnet de chèques; ~ **ysgrifennu** cahier *m*; **cadw ~au cwmni** (*cyfrifon*) tenir les livres *neu* les comptes d'une entreprise; **pentan ~au** serre-livres *m inv*; **silff lyfrau** rayon *m* de bibliothèque, rayon à livres; **gwerthwr/gwerthwraig ~au** libraire *m/f*; (*ail law*) bouquiniste *m/f*; **siop lyfrau** librairie *f*; **siop ~au ail-law** boutique *f* de livres d'occasion; **stondin ~au ail-law** étalage *m* de bouquiniste; **tocyn** ~ chèque-cadeau(~s-~x) *m* pour livre.
llyfrbryf (**-ed**) *g* rat *m* de bibliothèque.
llyfrder, **llyfrdra** *g* lâcheté *f*.
llyfrfa (**-oedd**) *b* (*llyfrgell*) bibliothèque *f*; (*siop lyfrau*) librairie *f*.
llyfrgell (**-oedd**) *b* bibliothèque *f*; ~ **deithiol** bibliobus *m*; **Ll~ Genedlaethol Cymru** la Bibliothèque nationale du pays de Galles.
llyfrgellydd (**llyfrgellwyr**) *g* bibliothécaire *m/f*.
llyfrgellyddiaeth *b* bibliothéconomie *f*; **astudio** ~ faire des études de bibliothécaire *neu* de bibliothéconomie.
llyfrifeg *b* comptabilité *f*.
llyfrithen (**llyfrithod**) *b* (*MEDD*) orgelet *m*, compère-loriot(~s-~s) *m*.
llyfrnod (**-au**) *g* marque *f*, signet *m*.
llyfr-rwymiad (**~-~au**) *g* reliure *f*.
llyfr-rwymwr (**~-rwymwyr**) *g* relieur *m*.
llyfr-rwymwraig (**~-rwymwragedd**) *b* relieuse *f*.
llyfrydd (**-ion**) *g* bibliographe *m/f*.
llyfryddiaeth (**-au**) *b* bibliographie *f*.
llyfryddol *ans* bibliographique.
llyfryn (**-nau**) *g* petit livre *m*, brochure *f*; (*hysbysebol*) plaquette *f*.
llyfu *ba* lécher; **~'ch gwefusau** se lécher les lèvres; ~ **rhth yn lân** nettoyer qch à coups de langue; ~ **esgidiau rhn** jouer les lèche-bottes envers qn*; ~ **tin rhn**** lécher le cul à qn**;
♦*g* léchage *m*, lapement *m*.

llyfwr (**llyfwyr**) *g* qn qui lèche; ~ **esgidiau** lèche-bottes *m/f inv*; ~ **tin**** lèche-cul** *m/f inv*.

llyffant (**-od, llyffaint**) *g* grenouille *f*; ~ **dafadennog,** ~ **du** crapaud *m*; **caws** ~ champignon *m*; **naid** ~ saute-mouton *m inv*; **chwarae naid** ~ jouer à saute-mouton.

llyffethair (**llyffetheiriau**) *b* (*ceffyl, caethwas*) entrave *f*; (*carcharor*) fers *mpl*, chaînes *fpl*; (*rhwystr*) entrave.

llyffetheirio *ba* (*ceffyl, caethwas*) entraver; (*carcharor*) enchaîner, lier; ~ **rhn** (*bod yn feichus i*) entraver qn, encombrer qn, être un fardeau pour qn, gêner qn;
♦*g* encombrement *m*.

llyg (**-od**) *g* musaraigne *f*.

llygad (**llygaid**) *g,b*
1 (*CORFF*) œil(yeux) *m*; ~ **croes** (*MEDD*) strabisme *m*; ~ **ddu** (*ar ôl dyrnod*) œil au beurre noir; **blewyn** ~ cil *m*; **dyn a chanddo lygaid glas** homme *m* aux yeux bleus; **â dagrau yn eich llygaid** les larmes aux yeux; **â'ch llygaid yn hanner agored** les yeux à moitié fermés, les paupières mi-closes; **o flaen eich llygaid** sous vos yeux; **ni thynnodd hi mo'i llygaid oddi arno** elle ne l'a pas quitté des yeux; **gwneud** ~ **bach** faire un clin d'œil.
2 (*twll mewn nodwydd: crau*) chas *m*, œil(~s) *m*, trou *m*.
3 (*eginyn*) œil(yeux) *m*.
4 (*ar ffordd*): ~ **cath** cataphote *m*.
5 (*mewn ymadroddion*): ~ **am lygad, dant am ddant** œil pour œil, dent pour dent; **mae ganddi lygad am fargen** elle flaire les bonnes affaires; **bod yn llygaid i gyd** être tout yeux; **agoriad** ~ révélation *f*, surprise *f*; **cadw'ch llygaid yn agored** veiller, être à l'alerte, être attentif(attentive), être vigilant(e), ouvrir l'œil; **cadw'ch llygaid yn agored am garej** essayer de repérer un garage; **mynd i rth â'ch llygaid yn agored** se lancer à qch en pleine connaissance de cause; **bod yn** ~ **eich lle** avoir parfaitement raison, être en plein dans le mille*; **yn** ~ **yr haul** en plein soleil; ~ **y ddrycin** l'œil *m* de la tempête; ~ **y ffynnon** source *f*; ~ **maharen** (*molwsg*) patelle *f*; ~ **y dydd** (*PLANH*) pâquerette *f*, marguerite *f*.
▶ **cadw llygad ar**: **cadw** ~ **ar bethau** avoir l'œil à tout; **cadw'ch** ~ **ar y bêl** fixer la balle; **cadw dy lygad ar y smotyn coch** ne quitte pas le point rouge des yeux; **a wnei di gadw** ~ **ar y plant?** veux-tu surveiller les enfants?.
▶ **llygad barcud**: **â** ~ **barcud** aux yeux de lynx; **cadw** ~ **barcud ar rn** surveiller qn de près, avoir *neu* tenir qn à l'œil*; **cadw** ~ **barcud ar y sefyllfa** suivre de près la situation, avoir l'œil sur la situation.

llygad-dynnu *ba* ensorceler, enchanter, charmer;
♦*g* ensorcellement *m*.

llygad-dyst (~-~**ion**) *g* témoin *m* oculaire *neu* direct.

llygad-ddu *ans* aux yeux noirs.

llygaden (**-nau**) *b* œillet *m*.

llygadlas *ans* aux yeux bleus.

llygadlym (**-ion**) *ans* aux yeux perçants.

llygadog *ans gw.* **llygatgraff**.

llygadol *ans* (*yn perthyn i'r llygaid*) oculaire; (*yn perthyn i'r golwg*) optique.

llygadrwth *ans* aux yeux grand ouverts;
♦ **yn** ~ *adf* aux yeux grand ouverts.

llygadrythu *bg*: ~ **ar rn** dévisager qn, fixer qn du regard, regarder qn fixement.

llygadu *ba* (*edrych ar: cyff*) regarder; (:*yn flysiog*) lorgner, guigner, reluquer*; (:*gan bwyso a mesur*) jauger; ~ **rhn o'r pen i'r traed** (*yn ddirmygus*) toiser qn de haut en bas.

llygadus *ans* observateur(observatrice).

llygatbwl *ans* au regard terne.

llygatgam *ans* qui louche, atteint(e) de strabisme;
♦ **yn** ~ *adf*: **edrych yn** ~ **ar rth** regarder qch du coin de l'œil, lorgner qch.

llygatgoch *ans* aux yeux rouges.

llygatgraff *ans* (*craff, â llygad barcud*) aux yeux de lynx, à qui rien n'échappe, observateur(observatrice), fin(e), perspicace;
♦ **yn** ~ *adf* finement, avec perspicacité.

llygatgroes *ans* qui louche.

llygedyn (**llygadau**) *g* (*golau, haul*) rayon *m*, lueur *f*; ~ **o obaith** lueur d'espoir.

llygeidlon *ans* aux yeux joyeux.

llygeitu *ans* aux yeux noirs.

llygliw *ans* gris(e); (*lliw llygoden*) couleur de souris; **gwallt** ~ cheveux *mpl* châtain clair sans éclat.

llygoden (**llygod**) *b* souris *f*; ~ **fawr,** ~ **Ffrengig** rat *m*; ~ **fechan** souriceau(-x) *m*; **trap llygod** souricière *f*; **twll** ~ trou *m* de souris; **distaw fel** ~ silencieux(silencieuse) comme une souris; **tlawd fel** ~ **eglwys** pauvre comme un rat *neu* comme Job; **gwallt fel cynffonnau llygod** cheveux *mpl* en queues de rat.

llygota *bg* chasser les souris;
♦*g* chasse *f* aux souris.

llygotwraig (**llygotwragedd**) *b* (*cath*) (chat *m*) souricier *m*.

llygradwy *ans* (*corff*) corruptible; (*rhn*) vénal(e)(vénaux, vénales).

llygredig *ans* (*corff*) pourri(e), corrompu(e); (*dŵr ayb*) pollué(e), souillé(e), sale; (*rhn: sy'n derbyn arian ayb*) corrompu; (:*anfoesol*) dépravé(e); (*cymdeithas*) corrompu, pourri; **chwaeth lygredig** goût *m* pervers.

llygredigaeth (**-au**) *b* corruption *f*, pourriture *f*; (*moesol*) dépravation *f*, corruption, pourriture.

llygredd *g* (*yn yr amgylchedd ayb*) pollution *f*; (*budreddi ayb*) altération *f*, contamination *f*; (*anfoesoldeb*) dépravation *f*, pourriture *f*; (*derbyn arian ayb*) corruption *f*; ~ **yr awyr**

pollution de l'air; ~ **sŵn/olew** pollution sonore/par les hydrocarbures.

llygriad (**-au**) *g* (*yr amgylchedd ayb*) pollution *f*; (*twyll ayb*) corruption *f*.

llygrol *ans* (*niweidiol i'r amgylchedd ayb*) polluant(e); (*anfoesol*) corrupteur(corruptrice).

llygru *ba* (*yr amylchedd ayb*) polluer, souiller, salir, contaminer; (*cymdeithas, rhn*) corrompre, dépraver, pervertir; **afon wedi ei ~ gan gemegolion** rivière *f* polluée par des produits chimiques;
♦*g* contamination *f*, pollution *f*.

llygrwr (**llygrwyr**) *g* (*llwgrwobrwywr ayb*) corrupteur *m*.

llygrwraig (**llygrwragedd**) *b* (*llwgrwobrwywraig ayb*) corruptrice *f*.

llynges (**-au**) *b* (MOR) flotte *f*, marine *f*; **y Ll~ Frenhinol** *la marine britannique*, ≈ marine nationale; **canolfan ~** base *f* navale, port *m* de guerre; **gwersyll ~** caserne *f* maritime; **swyddog ~** officier *m* de marine; **ysbyty ~** hôpital *m* maritime; **mae'n aelod o'r ~** il est dans la marine, il est marin; **gwasanaethu yn y ~** servir dans la marine.

llyngesol *ans* naval(e)(navals, navales), de la marine.

llyngeswr (**llyngeswyr**) *g* marin *m*.

llyngesydd (**-ion**) *g* amiral(amiraux) *m*.

llyngyren (**llyngyr**) *b* ténia *m*, ver *m* solitaire, ver intestinal; ~ **ddaear** ver de terre; ~ **datws**, ~ **lysiau** anguillule *f*; **mae llyngyr ar y ci** le chien est infesté de vers.

llym (**llem**) (**llymion**) *ans* (*awch, min*) aigu(aiguë), acéré(e), tranchant(e), affilé(e); (*pigfain*) pointu(e); (*gwynt, oerfel, tywydd*) pénétrant(e), vif(vive), rigoureux(rigoureuse), rude, dur(e), intense, cinglant(e); (*barrug*) fort(e); (*poen*) violent(e), cuisant(e), vif; (*geiriau*) cinglant, mordant(e), sévère; (*tôn llais*) sévère, acerbe; (*tafod*) acéré; (*gweledіad, llygaid*) perçant(e); (*meddwl, deallusrwydd*) vif, pénétrant; (*edrychiad, beirniadaeth*) sévère; (*arddull*) sévère, austère; (*cosb*) dur, difficile; (*rheol, deddf*) strict(e), sévère, rigoureux, rigide; (*cystadleuaeth*) serré(e), acharné(e); (*colled*) sévère, lourd(e); (*profedigaeth*) cruel(le); **bod yn ~ â rhn** être sévère *neu* strict *neu* dur avec qn;
♦ **yn** ~ *adf* durement, sévèrement, grièvement.

llymaid (**llymeidiau**) *g* petite gorgée *f*; **rhoi ~ i rn** donner à boire à qn.

llymarch, **llymarchen** (**llymeirch**) *b* (*wystrysen*) huître *f*.

llymder *g* (*cosb*) sévérité *f*, gravité *f*, rigueur *f*, dureté *f*; (*poen*) intensité *f*; (*tywydd, bywyd*) rigueur, âpreté *f*; (*meddwl, gweledіad*) acuité *f*; (*moelni*) dénuement *m*; (*tlodi*) pauvreté *f*; **byw mewn ~** vivre dans le besoin *neu* la misère *neu* la gêne.

llymdost *ans* sévère, rigoureux(rigoureuse), aigu(aiguë); (*salwch*) grave, sérieux(sérieuse); (*poen*) aigu, vif(vive);
♦ **yn** ~ *adf* sévèrement, rigoureusement.

llymdostedd *g* sévérité *f*, rigueur *f*.

llymdra *g gw.* **llymder**.

llymeitian, **llymeitio** *ba* boire (qch) à petits coups, siroter*;
♦*bg* (*yfed alcohol*) boire, picoler*.

llymeitiwr (**llymeitwyr**) *g* buveur *m*, picoleur* *m*.

llymeitwraig (**llymeitwragedd**) *b* buveuse *f*, picoleuse* *f*.

llymhau *ba* (*tlodi*) appauvrir; (*cryfhau, dwysáu, gwneud yn llymach*) augmenter, intensifier; ~ **cosb** augmenter une pénalité;
♦*g* appauvrissement *m*, augmentation *f*, intensification *f*.

llymion[1] *ans ll gw.* **llwm**.

llymion[2] *ans ll gw.* **llym**.

llymrïen (**llymrïaid**) *b* (PYSG) anguille *f* de sable, lançon *m*, équille *f*.

llymrig *ans* minable, moche*.

llymru *g* bouillie *f* d'avoine.

llyn (**-noedd**) *g* lac *m*; (*pwll*) étang *m*, mare *f*; (*mewn afon*) plan *m* d'eau; ~ **melin** bief *m* de moulin, retenue *f* de moulin; **Ll~ Tegid** le lac de Bala; **Ardal y Llynnoedd** la région des lacs; **'roedd y môr fel ~ llefrith** la mer était d'huile, la mer était comme un lac, la mer était étale.

llynciad (**-au**) *g* avalement *m*; (MEDD) déglutition *f*, gorgée *f*; **ar un ~** (*yfed*) d'un trait, d'un seul coup; (*bwyta*) d'un seul coup.

llyncoes *g* (MILF) éparvin *m*.

llyncu *ba* (*bwyd*) avaler, engloutir, engouffrer, dévorer; (MEDD) déglutir; (*gan y môr neu'r ddaear*) engloutir; **~'ch dagrau** ravaler *neu* refouler ses larmes; ~ **petrol** (*car ayb*) consommer beaucoup d'essence, bouffer* l'essence; **llyncodd y môr hwy** la mer les a englouti(e)s; **cael eich ~ gan y dorf** disparaître *neu* se perdre dans la foule; **cael eich ~ gan y niwl** être enveloppé(e) par la brume; ~ **mul** s'obstiner;
♦*g* engloutissement *m*.

llyncwr (**llyncwyr**) *g* avaleur *m*; ~ **cleddyfau** avaleur de sabres.

llyncwraig (**llyncwragedd**) *b* avaleuse *f*.

llynedd *b*: **y ~** l'an *m* dernier, l'année *f* dernière.

llyn-glwm (**~-glymau**) *g* nœud *m* serré.

llyo *ba gw.* **llyfu**.

Llŷr *prg* Léar.

llys (**-oedd**) *g*
1 (CYFR) cour *f*, tribunal(tribunaux) *m*; ~ **barn** cour de justice, tribunal; ~ **ieuenctid**, ~ **plant** tribunal pour enfants; **y Ll~ Apêl** la Cour d'appel; (*yn Ffrainc*) cour de cassation; **Ll~ y Goron** Cour d'assises; **Y Ll~**

Ewropeaidd dros Iawnderau Dynol Cour européenne des droits de l'homme; **Ll~ Ynadon** tribunal de première instance; **Ll~ Ysgar** *tribunal chargé des affaires matrimoniales*; **Yr Uchel Lys** la Cour suprême; **ymddangos o flaen** ~ comparaître devant un tribunal; **mynd â rhn i'r** ~ poursuivre qn en justice, intenter un procès à *neu* contre qn, traîner qn devant les tribunaux; **bu ef o flaen** ~ **droeon** il est passé plusieurs fois en jugement; **setlo achos y tu allan i'r** ~ régler qch à l'amiable; **clirio'r** ~ évacuer la salle.
2 (*brenhinol*) cour *f*.
llysaidd *ans* (*yn ymwneud â'r llys*) de (la) cour, courtois(e);
♦ **yn** ~ *adf* courtoisement.
llysblentyn (**llysblant**) *g* beau-fils(~x-~) *m*, belle-fille(~s-~s) *f*; **llysblant** beaux-enfants *mpl*.
llyschwaer (**llyschwiorydd**) *b* demi-sœur *f*.
llysdad *g gw.* **llystad**.
llysenw (**-au**) *g* sobriquet *m*; (*ffurf fer enw*) diminutif *m*; (*ffurfiol: awdur, bardd ayb*) pseudonyme *m*.
llysenwi *ba* surnommer, donner un sobriquet à.
llysfab (**llysfeibion**) *g* beau-fils(~x-~) *m*.
llysfam (**-au**) *b* belle-mère(~s-~s) *f* (*seconde femme du père par rapport aux enfants d'un premier lit*); ~ **ddrygionus** (*mewn straeon plant*) marâtre *f*.
llysferch (**-ed**) *b* belle-fille(~s-~s) *f*.
llysfrawd (**llysfrodyr**) *g* demi-frère *m*.
llysfwytäwr (**llysfwytawyr**) *g* végétarien *m*.
llysfwytäwraig (**llysfwytawragedd**) *b* végétarienne *f*.
llysgenhadaeth (**llysgenadaethau**) *b* ambassade *f*; **Ll~ Ffrainc** l'ambassade de France.
llysgenhades (**llysgenadesau**) *b* ambassadrice *f*.
llysgenhadol *ans* d'ambassadeur, diplomatique
llysgennad (**llysgenhadon**) *g* ambassadeur *m*; **Ll~ Ffrainc** l'ambassadeur de France.
llysieuaeth *b* botanique *f*; (*peidio â bwyta cig*) végétarisme *f*.
llysieudy (**llysieudai**) *g* serre *f*.
llysieueg *b* botanique *f*.
llysieuegydd (**-ion**) *g* botaniste *m/f*.
llysieuog, **llysieuol** *ans* végétal(e)(végétaux, végétales), d'herbes.
llysieuwr (**llysieuwyr**) *g* (*un nad yw'n bwyta cig*) végétarien *m*; (*arbenigwr ar blanhigion, ecoleg, ffarmacoleg*) botaniste *m*; (*gwerthwr planhigion meddyginiaethol*) herboriste *m*.
llysieuwraig (**llysieuwragedd**) *b* (*un nad yw'n bwyta cig*) végétarienne *f*; (*arbenigwraig ar blanhigion, ecoleg, ffarmacoleg*) botaniste *f*; (*gwerthwraig planhigion meddyginiaethol*) herboriste *f*.
llysieuyn (**llysiau**) *g*
1 (*planhigyn a dyfir fel bwyd*) légume *m*; **llysiau cynnar** primeurs *fpl*; **cawl llysiau** soupe *f* de *neu* aux légumes; **cyllell lysiau** couteau(-x) *m* à éplucher; **dysgl lysiau** légumier *m*, plat *m* à légumes; **gardd lysiau** jardin *m* potager; **gwely llysiau** carré *m* de légumes; **salad llysiau** salade *f* de légumes, macédoine *f* (de légumes).
2 (*planhigyn a ddefnyddir i roi blas ar fwyd, i wneud moddion ayb*) herbe *f*; **llysiau blas** (*perlysiau*) herbes; (*i goginio*) fines herbes; (*meddygol*) herbes médicinales, herbes simples; **te llysiau** tisane *f*.
llysleiddiad (**llysleiddiaid**) *g* herbicide *m*.
llysleuen (**llyslau**) *b* aphidé *m*, aphidien *m*.
llysnafedd *g* mucus *m*, dépôt *m* visqueux *neu* gluant, substance *f* poisseuse *neu* gluante; (*ôl malwod*) bave *f*; (*o'r trwyn*) mucus, catarrhe *m*; **bwrw** ~ **ar rn** (*ffig*) diffamer qn.
llysnafeddog, **llysnafeddol** *ans* (*anifail, ôl, croen*) visqueux(visqueuse), gluant(e), poisseux(poisseuse); (*rhedlif o'r trwyn*) catarrhal(e)(catarrhaux, catarrhales).
llysol *ans* (*yn ymwneud â'r llys*) de (la) cour, courtois(e); **cariad** ~ amour courtois.
llystad (**-au**) *g* beau-père(~x-~s) *m* (*second mari de la mère par rapport aux enfants d'un premier lit*).
llystyfiant *g* végétation *f*, flore *f*.
llyswenwyn (**-au**) *g* herbicide *m*.
llyswenwynol *ans* herbicide.
llyswr (**llyswyr**) *g* courtisan *m*.
llysyddiaeth *b* végétarisme *m*.
llysysol *ans* herbivore, d'herbivore.
llysysor, **llysysydd** (**-ion**) *g* herbivore *m*.
llysywen (**-nod, llysywod**) *b* (PYSG) anguille *f*; ~ **bendoll** lamproie *f*.
llythreniad (**-au**) *g* inscription *f*; (*llythrennau*) lettres *fpl*.
llythrennedd *g* capacité *f* de savoir lire et écrire, degré *m* d'alphabétisation; ~ **cyfrifiadurol** connaissances *fpl* en informatique, notions *fpl* d'informatique, compétence *f* informatique.
llythrennog *ans* qui sait lire et écrire.
llythrennol *ans* (*cyfieithiad*) littéral(e)(littéraux, littérales), mot pour mot; (*dehongliad*) au pied de la lettre;
♦ **yn** ~ *adf* littéralement, mot à mot, au sens propre, au pied de la lettre; **a siarad yn** ~ à proprement parler.
llythyr (**-au**) *g* lettre *f*; **ysgrifennu** ~ **at rn** écrire une lettre à qn.
llythyrdwll (**llythyrdyllau**) *g* boîte *f* à *neu* aux lettres.
llythyrdy (**llythyrdai**) *g* (bureau(-x) *m* de) poste *f*.
llythyren (**llythrennau**) *b* lettre *f*; **y** ~ **P** la lettre P; ~ **fras** majuscule *f*, capitale *f*.

llythyrgerdyn (**llythyrgardiau**) *g* carte-lettre(~s-~s) *f*.
llythyru *bg* correspondre, envoyer des lettres; ♦*g* correspondance *f*; **ffrind** ~ correspondant *m*, correspondante *f*.
llythyrwr (**llythyrwyr**) *g* correspondant *m*.
llythyrwraig (**llythyrwragedd**) *b* correspondante *f*.
llyw (**-iau**) *g*
1 (*dyfais i lywio: llafn symudol yng nghefn llong neu awyren*) gouvernail *m*; (*:yr olwyn lywio ar long*) barre *f*; (*:y ffon lywio mewn awyren*) manche *f* à balai; (*:mewn car*) volant *m*; **bod wrth y** ~ (*ar long*) tenir la barre; (*mewn awyren*) être aux commandes; (*mewn car*) être au volant; (*ffig: busnes*) diriger, tenir la barre *neu* les rênes.
2 (*ffig: arweinydd*) gouverneur *m*.
llywaeth *ans* apprivoisé(e); (*diniwed*) niais(e), naïf(naïve), timide, simple d'esprit; **oen** ~ agneau(-x) *m* apprivoisé; **dyn** ~ lavette* *f*, poule *f* mouillée*, nouille* *f*; **merch lywaeth** nouille*.
llywanen *b gw.* **llywionen**.
Llywelyn *prg*: ~ **Fawr** Llywelyn le Grand; ~ **ein Llyw Olaf** Llywelyn le dernier prince de Galles.
llywiawdr, **llywiawdwr** (**llywiodron**) *g* gouverneur *m*.
llywio *ba*
1 (*i gyfeiriad arbennig: llong*) gouverner, barrer; (*:car*) conduire; (*:rhn*) guider; (*:sgwrs*) diriger.
2 (*rheoli*) gouverner, administrer, diriger, gérer.
llywionen (**-nau**) *b* toile *f* à vanner; (*tarpolin*) bâche *f* goudronnée.
llywiwr (**llyw-wyr**) *g* (*MOR*) timonier *m*, homme *m* de barre, barreur *m*.
llywodraeth (**-au**) *b* gouvernement *m*; (*system*) régime *m*, gouvernement; **ffurfio** ~ former un gouvernement *neu* un cabinet *neu* un ministère; ~ **leiafrifol** gouvernement minoritaire; ~ **leol** administration *f* locale.
llywodraethiad (**-au**) *g* règne *m*, régime *m*.
llywodraethol *ans* gouvernant(e); **corff** ~ conseil *m* d'administration *neu* de directeurs.
llywodraethu *ba, bg* gouverner; ♦*g* gouvernement *m*.
llywodraethwr (**llywodraethwyr**) *g* gouverneur *m*; (*carchar*) directeur *m*, directrice *f*; ~ **ysgol** membre *m* du conseil d'établissement.
llywydd (**-ion**) *g* président *m*; (*CERDD*) dominante *f*.
llywyddiaeth (**-au**) *b* présidence *f*.
llywyddol *ans* présidentiel(le), du président.
llywyddu *ba* (*cadeirio*) présider; ~ **cyfarfod** présider une réunion

M

M *byrf*(= ***traffordd***) autoroute *f*; **traffordd yr M4** l'autoroute M4.
m *byrf*(= ***metr***) m (= mètre *m*).
'm *rhag blaen clwm gw.* **fy**.
M.A. *byrf* ≈ maîtrise *f* en lettres.
'ma *adf gw.* **yma**.
mab (**meibion**) *g* fils *m*; (***bachgen***) garçon *m*; (***llanc***) jeune *m*, jeune homme *m*; ~ **bedydd** filleul *m*; **M~ Duw** le Fils de Dieu; **M~ y Dyn** le Fils de l'homme; **y ~ afradlon** le fils prodigue; ~ **yng nghyfraith** gendre *m*, beau-fils(~x-~) *m*; ~ **maeth** nourrisson *m*.
mabaidd *ans* filial(e)(filiaux, filiales).
mabiaith *b* langage *m* enfantin, langage de bébé.
Mabinogi *g*: **(Pedair Cainc) y ~** les quatre branches *fpl* du Mabinogi (*des contes du Moyen Âge*).
maboed *g* jeunesse *f*, enfance *f*, bas âge *m*.
mabol *ans gw.* **mabolaidd**.
mabolaeth *b* enfance *f*, adolescence *f*, jeunesse *f*.
mabolaidd *ans* jeune, de jeunesse, juvénile.
mabolgamp (**-au**) *b* sport *m*, jeu(-x) *m*; **~au'r ysgol** réunion *f neu* compétition *f* sportive scolaire.
mabolgampwr (**mabolgampwyr**) *g* athlète *m*; **mae'n fabolgampwr da** il est très sportif, c'est un sportif, il est doué pour le sport.
mabolgampwraig (**mabolgampwragedd**) *b* athlète *f*; **mae'n fabolgampwraig dda** elle est très sportive, c'est une sportive, elle est douée pour le sport.
mabsant (**mabsaint**) *g* saint patron *m*; **gŵyl fabsant** fête *f* patronale.
mabwysiad (**-au**) *g* adoption *f*.
mabwysiadol *ans* adoptif(adoptive).
mabwysiadu *ba* (***plentyn***) adopter; ~ **rhn fel ymgeisydd** (*GWLEID*) choisir qn comme candidat;
♦*g* adoption *f*.
mabwysiedig *ans* adoptif(adoptive).
macai (**maceiod**) *g* larve *f*, asticot *m*.
macaroni *g* macaronis *mpl*; ~ **a chaws** gratin *m* de macaronis.
macarŵn (**-s**) *g* macaron *m*.
macaw (**-iaid**) *g* (*ADAR*) macao *m*.
Macedonaidd *ans* macédonien(ne).
Macedonia *prb* la Macédoine *f*.
Macedoniad (**Macedoniaid**) *g/b* Macédonien *m*, Macédonienne *f*.
Maciafelaeth *b* machiavélisme *m*.
Maciafelaidd *ans* machiavélique;
♦ **yn Faciafelaidd** *adf* de façon machiavélique.
macrel, **macrelyn** (**mecryll**) *g gw.* **macrell**.
macrell (**mecryll**) *b,g* maquereau(-x) *m*.
macrobiotig *ans* macrobiotique.
macrocosm (**-au**) *g* macrocosme *m*.
macsimwm (**macsima**) *g* maximum *m*; ~ **o £5** un maximum de 5 livres, 5 livres au maximum;
♦*ans* maximal(e)(maximaux, maximales).
macsu *bg, ba* brasser;
♦*g* brassage *m*.
macswr (**macswyr**) *g* brasseur *m*.
macwy (**-aid**) *g* (***mewn llys, priodas***) page *m*.
macyn (**-au, -on**) *g* mouchoir *m*.
mach (**meichiau**) *g* caution *f*.
machlud[1], **machludiad** (**-au**) *g* coucher *m* du soleil.
machlud[2], **machludo** *bg* se coucher.
machnïydd (**-ion**) *g* médiateur *m*, médiatrice *f*.
mad *ans* bon(ne), gentil(le);
♦ **yn fad** *adf* gentiment, bien.
Madagascar, **Madagasgar** *prb* Madagascar *m*; **ym ~** à Madagascar.
Madagasgaidd *ans* malgache.
Madagasgiad (**Madagasgiaid**) *g/b* Malgache *m/f*.
madam *b* (***briod***) madame *f*; (***ddibriod***) mademoiselle *f*; (***meistres puteiniaid***) maquerelle *f*; **M~ Cadeirydd** Madame la Présidente; **mae hi'n dipyn o fadam!** c'est une petite pimbêche *neu* mijaurée!
madarchen (**madarch**) *b* champignon *m*.
Madeira *prb* Madère *f*; **ym ~** à Madère; **gwin ~** madère *m*.
madfall (**-od**) *b* lézard *m*; ~ **y dŵr** triton *m*; ~ **symudliw** caméléon *m*.
madfyw *ans* à moitié mort(e), à demi mort(e), plus mort(e) que vif(vive).
Madlen *prb*: **Mair Fadlen** Marie-Madeleine.
madr *g* (*PLANH*) garance *f*.
madredd *g* gangrène *f*, putréfaction *f*, pourriture *f*; (***o friw***) purulence *f*.
madreddog *ans* putride, putrescent(e); (***briw***) purulent(e).
madreddu *bg gw.* **madru**.
madrigal (**-au**) *g* madrigal *m*.
madrondod *g* vertige *m*, étourdissement *m*, stupéfaction *f*, stupeur *f*.
madroni *bg* être pris(e) de vertige;
♦*ba* donner le vertige à.
madru *ba* putréfier, pourrir, décomposer;
♦*bg* se putréfier, se décomposer, (se) pourrir; (***briw***) suppurer;
♦*g* putréfaction *f*, décomposition *f*, suppuration *f*.
madrudd, **madruddyn** (**madruddion**) *g* cartillage *m*; ~ **y cefn** moelle *f* épinière.
maddau *ba* pardonner; ~ **rhth i rn** pardonner qch à qn; ~ **i rn am wneud rhth** pardonner à qn de faire *neu* d'avoir fait qch; **rhaid iti faddau ei anfoesgarwch** pardonne-lui son

impolitesse; **maddeuwch imi!** pardonnez-moi!, excusez-moi!, mes excuses!; **rhaid ~ ac anghofio** on doit pardonner et oublier; **~ dyled i rn** faire grâce à qn d'une dette; **~ i ni ein dyledion** pardonne-nous nos offenses; **'fedra' i ddim ~ i siocled*** j'ai un faible pour le chocolat.

maddeuadwy *ans* pardonnable, excusable; ♦ **yn faddeuadwy** *adf* de façon bien pardonnable *neu* excusable.

maddeuant *g* pardon *m*.

maddeueb (**-au**) *b* indulgence *f* (papale).

maddeugar *ans* indulgent(e), clément(e); ♦ **yn faddeugar** *adf* avec indulgence.

maddeugarwch *g* indulgence *f*, clémence *f*, miséricorde *f*.

maddeuol *ans*
1 *gw.* **maddeuadwy.**
2 *gw.* **maddeugar.**

maddeuwr (**maddeuwyr**) *g* celui qui pardonne.

mae *be gw.* **bod**[1].

maeden (**-nod**) *b* souillon *f*; (*anfoesol*) fille *f*, salope** *f*, garce** *f*; **o'r faeden!** quelle fille!

maeddu *ba* vaincre, battre; (*gwlad, cenedl*) conquérir, subjuguer; (*baeddu, difwyno*) salir, souiller.

maeldy (**maeldai**) *g gw.* **maelfa.**

maelfa (**-oedd**) *b* magasin *m*, boutique *f*.

maelgi (**maelgwn**) *g* (*PYSG*) ange *m* de mer.

maen[1] (**meini**) *g* pierre *f*; (*i goginio*) plaque *f* en fonte pour cuire; **gwaith ~** maçonnerie *f*; **saer ~** maçon *m*; **~ clo** clé *f* de voûte; **~ llifo** meule *f* *neu* pierre à aiguiser; **~ tramgwydd** pierre d'achoppement; **~ melin** meule *f*; **mae'n faen melin am ei wddf** c'est un boulet qu'il traîne avec lui; **~ prawf** critère *m*, pierre de touche; **~ hir** menhir *m*; **~ llog** pierre *f* centrale (*sur laquelle l'archidruide conduit les cérémonies du Gorsedd*); **mynd â'r ~ i'r wal** réussir à faire qch, faire accepter un projet.

maen[2] *be* (*maent*) *gw.* **bod**[1].

maenol, **maenor** (**-au**) *b* manoir *m*, gentilhommière *f*; (*ystad*) domaine *m* seigneurial; **arglwydd y faenor** châtelain *m*; **arglwyddes y faenor** châtelaine *f*.

maenordy (**maenordai**) *g* manoir *m*, gentilhommière *f*.

maentumio *ba* soutenir, maintenir.

maer (**meiri**) *g* maire *m*.

maeres (**-au**) *b* (*gwraig y maer*) femme *f* du maire; **Madam Faeres** Madame le maire.

maerol *ans* de maire.

maeryddiaeth (**-au**) *b* mandat *m* de maire.

maes (**meysydd**) *g*
1 (*cae*) champ *m*; **gwaith ~** (*DAEAR*) recherches *fpl* sur le terrain, enquête *f* sur le terrain; (*CYMDEITH*) travail *m* avec des cas sociaux; **~ chwarae** terrain *m* de sport, stade *m*; **~ y gad**, **~ y frwydr** champ de bataille; **colli'r ~** perdre la bataille; **~ awyr** aéroport *m*; **~ carafanau** terrain de caravaning; **~ golff** terrain de golf; **~ parcio** parking *m*; **~ parcio aml-lawr** parking à étages; **~ pebyll** terrain de camping; **~ yr Eisteddfod** champ *neu* terrain de l'Eisteddfod.
2 (*gwaith, diddordeb, ayb*) domaine *m*, sphère *f*; **ym ~ llenyddiaeth** dans le domaine de la littérature; **mae hynny y tu allan i'm ~ i** ce n'est pas de mon domaine *neu* de ma compétence *neu* dans mes cordes; **ei ~ arbennig hi yw hanes y Chwyldro Ffrengig** l'histoire de la Révolution Française est sa spécialité; **~ llafur** programme *m*.
3 (*sgwâr: mewn tref, pentref*) place *f*.
4 (*mewn ymadroddion*): **~ o law** bientôt, dans peu de temps, tout à l'heure, sous peu; ♦*adf* (*allan*) *gw.* **mas, tu.**

maeslywydd (**-ion**) *g* maréchal *m*.

maestir (**-oedd**) *g* plaine *f*; **ar y ~** dans la plaine.

maestref (**-i**) *b* faubourg *m*; **y ~i** les faubourgs, la banlieue; **yn y ~i** en banlieue; **~i Paris** la banlieue parisienne, la Zone *f*.

maesu *ba* (*pêl*) attraper; (*chwaraewr*) faire jouer; (*tîm*) présenter.

maeswr (**maeswyr**) *g* (*CHWAR*) homme *m* de champ, défenseur *m*, joueur *m* de champ.

maeth[1] (**-ion**) *g* (*bwyd*) nourriture *f*, aliments *mpl*; (*gwerth maethlon*) nutrition *f*; **mae bara yn llawn ~** le pain est très nourrissant *neu* nutritif.

maeth[2] *ans* (*GWEIN*): **rhieni ~** parents *mpl* adoptifs (*dans une famille de placement*); **tad ~** père *m* adoptif; **mam faeth** mère *f* adoptive; **mab ~** fils *m* adoptif; **merch faeth** fille *f* adoptive.

maetheg *b* nutrition *f*, alimentation *f*.

maethlon *ans* nourrissant(e), nutritif(nutritive); ♦ **yn faethlon** *adf* de façon nourrissante *neu* nutritive.

maethu *ba* nourrir; (*magu*) élever, éduquer.

maethydd (**-ion**) *g* substance *f* nutritive, élément *m* nutritif.

mafonen (**mafon**) *b* framboise *f*; **hufen iâ mafon** glace *f* à la framboise; **jam mafon** confiture *f* de framboise; **llwyn mafon, coeden fafon** framboisier *m*; **~ ddu** mûre *f*.

mafonwydden (**mafonwydd**) *b* framboisier *m*.

maffia *g* maf(f)ia *f*.

mag *g* (*PYSG*) fretin *m*.

magad *b* étreinte *f*; **rhoi ~ i rn** serrer qn dans ses bras.

magan* (**mags**) *b* (*dimai*) sou *m*; **mags** (*pres, arian*) fric* *m*.

Magdalen *prb*: **Mair ~** Marie-Madeleine *f*.

magïen (**magïod**) *b* ver *m* luisant.

magl (**-au**) *b* (*trap*) piège *m*, traquenard *m*, rets *mpl*, filets *mpl*; (*wrth weu; twll rhwyd*) maille *f*.

maglen (**maglau**) *b gw.* **magl**.
maglu *ba* prendre (qch) au piège.
maglwr (**maglwyr**) *g* trappeur *m*, tendeur *m* de pièges; (*yng Nghanada*) coureur *m* de(s) bois.
maglyn (**maglau**) *g* maille *f*.
maglys (**-iau**) *g* lucerne *f*.
magma (**magmâu**) *g* magma *m*.
magnel (**-au**) *b* canon *m*.
magnelaeth *b* artillerie *f*.
magnelfa (**magnelfeydd**) *b* batterie *f*.
magnelwr (**magnelwyr**) *g* artilleur *m*.
magnesiwm *g* magnésium *m*.
magnet (**-au**) *g* aimant *m*.
magnetedd *g* magnétisme *m*.
magneteg *b* étude *f* du magnétisme.
magneteiddio *ba* aimanter, magnétiser.
magnetig *ans* magnétique;
♦ **yn fagnetig** *adf* de façon magnétique.
magneto (**-s, -au**) *g* magnéto *f*.
magnolia (**-s**) *b* magnolia *m*.
mags* *ll gw.* **magan**.
magu *ba* (*plant*) élever; (*anifeiliaid*) élever, faire l'élevage de; (*siglo yn eich breichiau*) bercer dans ses bras; (*dal yn dynn*) serrer dans ses bras, étreindre; ~ **bloneg,** ~ **pwysau,** ~ **bol** prendre du poids; ~ **ceffylau** faire l'élevage des chevaux; ~ **hyder** acquérir de l'assurance, devenir expérimenté(e); ~ **profiad** acquérir de l'expérience; **magodd hi'r plentyn yn dynn** elle a serré l'enfant bien fort dans ses bras;
♦*g* (*cyff*) élevage *m*; (*siglo*) bercement *m* dans les bras; ~ **defaid** élevage *m* de moutons; ~ **pysgod** pisciculture *f*.
magwr (**magwyr**) *g* éleveur *m*; ~ **pysgod** pisciculteur *m*.
magwraeth *b* éducation *f*; **cael** ~ **dda** être bien élevé(e), recevoir une bonne éducation.
magwrfa (**-oedd**) *b* crèche *f*, garderie *f*; (*AMAETH*) pépinière *f*; (*beirdd, arwyr*) pépinière, berceau(-x) *m*.
magwyr (**-ydd**) *b* mur *m*, muraille *f*.
maharen (**meheryn**) *g* bélier *m*; **llygad** ~ patelle *f*, bernicle *f*.
mahogani *g* acajou *m*;
♦*ans* en acajou; **lliw** ~ acajou.
Mahometanaidd *ans* musulman(e), mahométan(e).
Mahometaniad (**Mahometaniaid**) *g/b* Musulman *m*, Musulmane *f*, Mahométan *m*, Mahométane *f*, Islamite *m/f*.
Mahometaniaeth *b* Mahométisme *m*, l'Islam *m*, Islamisme *m*.
mai *cys* que; **dywedodd** ~ **hi a'i gwnaeth** elle a dit que c'est elle qui l'a fait; **mae'n wir** ~ **gartref yr oeddwn** c'est vrai que j'étais chez moi; **'roedd cymaint o'r mwyar wedi cwympo fel** ~ **ychydig iawn oedd ar ôl** tant de mûres étaient tombées qu'il n'y en restait que très peu; **er** ~ **plentyn yw hi** bien qu'elle soit *subj* une enfant; **er** ~ **damwain oedd** bien que ce fût *subj* un accident; **er** ~ **Helen oedd yn gyfrifol** bien que ce fût *subj* Hélène qui en était responsable.
Mai *g* mai *m*; **mis** ~ le mois *m* de mai; **y cyntaf o Fai** le premier mai; **Calan** ~ le premier mai; **ar yr ail o Fai** le deux mai; **ar y degfed o Fai** le dix mai; **ym mis** ~ au mois de mai, en mai; **ganol mis** ~ au milieu du mois de mai, à la mi-mai; **ar ddiwedd mis** ~ à la fin du mois de mai, fin mai; **yn gynnar ym mis** ~ au début de mai; **bob** ~ tous les ans au mois de mai; **mis** ~ **diwethaf/nesaf** mai dernier/prochain.
maidd *g* petit-lait(~s-~s) *m*; ~ **yr iâr** (*COG*) flip *m*.
main (**meinion**) *ans* mince, fin(e); (*defnydd*) léger(légère), mince; (*corff*) mince, svelte; (*braidd yn ddirmygus*) maigre; (*llais*) grêle, fluet(te); (*bysedd*) fin(e), effilé(e); (*gobaith*) ténu(e), faible; (*gwybodaeth, moddion byw*) maigre, insuffisant(e), limité(e), modeste; (*gwynt*) pénétrant(e), vif(vive); **diod fain** petite bière *f*; **yr iaith fain** l'anglais *m*; **mae pethau'n fain arnyn nhw** ils n'ont pas beaucoup de ressources *neu* moyens;
♦ **yn fain** *adf*: **byw'n fain** vivre dans le besoin *neu* dans la gêne;
♦*g*: ~ **y cefn** le creux des reins.
mainc (**meinciau**) *b* banc *m*; (*mewn gweithdy, labordy*) établi *m*; **meinciau** (*un uwchben y llall*) gradin *m*; (*mewn trên, bws*) banquette *f*; **y Fainc** (*CYFR*) la cour *f*, le tribunal *m*; (*barnwyr*) les magistrats *mpl*; **bod ar y Fainc** (*barnwr*) être juge; (*ynad*) être magistrat; (*yn y llys*) siéger au tribunal; **ymddangos o flaen y Fainc** comparaître devant le tribunal; **penderfynodd y Fainc ...** la cour a décrété que; **meinciau ôl** (*GWLEID: yn Nhŷ'r Cyffredin*) banc *m* des députés.
maint (**meintiau**) *g* taille *f*; (*ystafell, adeilad*) grandeur *f*, dimensions *fpl*; (*ffrwyth, gem*) grosseur *f*; (*parsel*) grosseur, dimensions; (*swm*) montant *m*; (*ystad, tir, gwlad*) étendue *f*, superficie *f*; (*problem, anhawster*) ampleur *f*, étendue; (*dillad*) taille; (*esgidiau, menig*) pointure *f*; (*coler crys*) encolure *f*; ~ **y dref** l'importance *f* de la ville; ~ **y fferm** (*yr adeiladau*) les dimensions de la ferme; (*y tir*) l'étendue de la ferme; ~ **y pysgodyn a ddeliais i** la grosseur du poisson que j'ai attrapé; **didoli yn ôl** ~ trier selon la grosseur *neu* le format; **mae tua** ~ **cneuen** c'est de la grosseur d'une noix; **yr un faint** (*nifer*) la même quantité; (*maintioli*) de la même taille; **mae yr un** ~ **ag eliffant** c'est grand comme un éléphant; **mae hi tua'r un** ~ **â mi** elle est à peu près de la même taille que moi; **beth yw dy faint di?** (*dillad*) quelle taille fais-tu?; (*esgidiau, menig*) quelle pointure fais-tu?; (*het*) quel est ton tour de tête?; **'rwy'n**

cymryd ~ 12 je prends du 12 *neu* la taille 12; **beth yw ~ dy ganol?** quel est ton tour de taille?; **beth yw dy faint o gwmpas y pen ôl?** quel est ton tour de hanches?; **'rwy'n cymryd ~ 8 mewn esgidiau** je chausse *neu* je fais du 42; **un** ~ taille unique.
▶ **(pa) faint?** *gw.* **faint**.

maintioli *g* ampleur *f*, stature *f*, taille *f*, calibre *m*, importance *f*.

Maiorca *prb* Majorque *f*.

Maiorcad (**Maiorcaid**) *g/b* Majorquin *m*, Majorquine *f*.

Maiorcaidd *ans* majorquin(e).

maip *ll gw.* **meipen**.

Mair *prb* Marie; **y Forwyn Fair** la Sainte Vierge Marie; **Gŵyl Fair** la fête de l'Annonciation; **Gŵyl Fair y Canhwyllau** la Chandeleur *f*; ~ **Fadlen** *ou* **Magdalen** Marie-Madeleine.

maith (**meithion**) *ans* long(ue), prolongé(e); **amser** ~ longtemps; **amser ~ yn ôl** il y a longtemps; **mae amser ~ ers imi ei weld** ça fait longtemps que je ne l'ai pas vu; **amser ~ yn ôl 'roedd yna dywysoges** il y avait *neu* il était une fois une princesse; **siwrnai faith** un long voyage; **pregeth faith** un sermon prolongé *neu* long.

mâl *ans* moulu(e); **aur** ~ or *m* ouvré

malaen *ans* (*MEDD*) malin(maligne).

malaenedd *g* (*MEDD*) malignité *f*.

malais *g* malice *f*, méchanceté *f*, malveillance *f*.

malaith (**maleithiau**) *g* engelure *f*.

malaria *g* (*MEDD*) malaria *f*, paludisme *m*.

Malawi *prb* le Malawi *m*; **ym** ~ au Malawi.

Malaysia *prb gw.* **Maleisia**.

maldod *g* indulgence *f*, complaisance *f*, gâterie *f*, caresses *fpl*; **rhoi ~ i rn** gâter *neu* dorloter *neu* choyer qn.

maldodi *ba* choyer, dorloter, gâter, caresser.

maldodus *ans* indulgent(e);
♦ **yn faldodus** de façon indulgente, avec indulgence.

Maleisaidd *ans* malais(e).

Maleisia *prb* la Malaisie *f*; **ym** ~ en Malaisie.

Maleisiad (**Maleisiaid**) *g/b* Malais *m*, Malaise *f*.

maleisddrwg, maleisgar, maleisus *ans* malveillant(e), méchant(e), malicieux(malicieuse), malfaisant(e);
♦ **yn faleisus** *adf* méchamment, malicieusement, avec méchanceté, avec malveillance, de façon malfaisante; (*CYFR*) avec préméditation, avec intention criminelle *neu* délictueuse.

maleithiau *ll gw.* **malaith**.

malen *b gw.* **melan**.

Mali *prb* le Mali *m*; **ym** ~ au Mali.

Malïad (**Malïaid**) *g/b* Malien *m*, Malienne *f*.

malio *bg* se soucier; **nid yw'n ~ am ddim ond arian** il n'y a que l'argent qui l'intéresse *subj*; ~ **llawer am rth** tenir beaucoup à qch, être profondément concerné(e) par qch; ~ **llawer am rn** être profondément attaché(e) à qn; **peidio â ~ am** se soucier peu de, se moquer de, se ficher de; **'dydw i ddim yn ~!** ça m'est égal!, je m'en moque!, je m'en fiche!; **'dydw i ddim yn ~ taten beth mae pobl yn ei ddweud!** je me fiche de ce que les gens peuvent dire, je me fiche du qu'en-dira-t-on; **'dydw i ddim yn ~'r naill ffordd na'r llall** l'un ou l'autre, ça m'est égal; **ydych chi'n ~ os cymera' i'r gadair hon? - 'dydw i ddim yn ~ o gwbl** cela ne vous fait rien *neu* ça ne vous ennuie pas que je prenne *subj* cette chaise? - ah, mais non, je vous en prie!; **os nad ydych chi'n ~** si cela ne vous fait rien; **nid wyf yn ~ am oerfel** je ne crains pas le froid; **nid wyf yn ~ byw yn y dre, ond mae'n well gen i'r wlad** vivre en ville ne me déplaît pas, mais je préfère la campagne; **a fyddech chi'n ~ cau'r drws?** cela vous ennuierait de fermer la porte?; **ni fyddwn yn ~ cael paned o de** une tasse de thé ne serait pas de refus, je prendrais bien une tasse de thé.

malpau *ll* affectation *f*, simulation *f*, simagrées *fpl*.

Malta *prb* Malte *f*; **ym** ~ à Malte.

Maltaidd *ans* maltais(e).

Malteg *b,g* maltais *m*;
♦*ans* maltais(e).

Maltiad (**Maltiaid**) *g/b* Maltais *m*, Maltaise *f*.

malu *ba* (*coffi, pupur, blawd*) moudre; (*gwasgu'n galed*) écraser, broyer; (*llysiau*) broyer; (*torri'n ddarnau mân*) casser, briser, fracasser; **'rwyf wedi ~ f'oriawr** j'ai cassé ma montre; **mae wedi ~'r ffenestr** il a cassé *neu* fracassé la fenêtre; ~ **rhth yn ddarnau mân** réduire qch en pièces (par broyage *neu* en le broyant *neu* en l'écrasant); ~ **rhth yn bowdr** pulvériser qch, réduire qch en poudre; ~ **awyr** (*siarad dwli*) dire des bêtises, dire *neu* raconter n'importe quoi; (*clebran am ddim byd*) ne pas cesser de discourir, parler pour ne rien dire; **mae'r ~ awyr yma'n wastraff amser** toutes ces parlottes ne mènent à rien;
♦*bg* (*melin*) moudre; (*torri*) rompre, se casser; (*gwydr ayb*) se briser en mille morceaux, se fracasser; **mae'r cwpan wedi ~'n ddarnau mân** la tasse s'est fracassée; **~'n fân** (*ffig*) être pointilleux(pointilleuse).

maluriad (**-au**) *g* désintégration *f*, désagrégation *f*.

malurio *ba* pulvériser, réduire (qch) en poudre;
♦*bg* tomber en poussière.

malurion *ll* débris *mpl*, fragments *mpl*, morceaux *mpl*.

malwen (**malwod**) *b* (*heb gragen*) limace *f*; (*â chragen*) escargot *m*; **cerdded fel ~** marcher comme un escargot, marcher à un pas de tortue; **cragen ~** coquille *f* d'escargot.

malwenna *bg* flâner, muser, se baguenauder.

malwoden (**malwod**) *b gw.* **malwen**.

malwr (**malwyr**) *g* casseur *m*; (*peiriant*) broyeur *m*, broyeuse *f*; ~ **awyr** hâbleur *m*, hâbleuse *f*.

mall *ans* mauvais(e);
♦*b* (*ar blanhigyn*) *gw.* **malltod**: **y Fall** le Mal *m*, le Diable *m*, Satan *m*; **pwerau'r Fall** les puissances des ténèbres *neu* du Mal.

mallryg *g* ergot *m* de seigle.

malltod *g* (*ar blanhigion*) nielle *f*, rouille *f*, charbon *m*; (*ar flodau, ffrwythau*) brouissure *f*; (*ar goed ffrwythau*) cloque *f*.

mallu *ba* se pourrir.

mam (**-au**) *b*
1 (*cyff*) mère *f*; (*i'w chyfarch*) maman *f*; ~ **fedydd** marraine *f*; ~ **wen** (*llysfam*) belle-mère(~s-~s) *f*; ~ **yng nghyfraith** belle-mère; ~ **fenthyg, dirprwy fam** mère porteuse; ~**-gu** grand-mère(~s-~s) *f*, grand-maman(~s-~s) *f*; **'roedd hi fel** ~ **imi** elle était une vraie mère pour moi; **y Fam Leian, yr Uchel Fam** la Révérende Mère, la Mère supérieure; **y Fam Eglwys** notre Sainte mère l'Église; **cariad** ~ amour maternel; **Mair,** ~ **Duw** Marie, mère de Dieu; **Sul y Fam** la fête des Mères; **bod heb fam** être orphelin(e) de mère, être sans mère.
2 (*croth*) matrice *f*.

mamaeth (**-od**) *b* nurse *f*, bonne *f* d'enfants, nourrice *f*.

mamaethu *ba* nourrir.

mamaidd *ans* maternel(le);
♦ **yn famaidd** *adf* maternellement.

mamal (**-iaid**) *g* mammifère *m*.

mamalaidd *ans* mammifère.

mamedd *g* maternité *f*.

mam-gu (~**-**~**od, mamau cu**) *b* grand-mère(~s-~s) *f*.

mami *b* maman *f*.

mamiaith (**mamieithioedd**) *b* langue *f* maternelle.

mamladdiad (**-au**) *g* (*trosedd*) matricide *m*.

mamleiddiad (**mamleiddiaid**) *g* (*troseddwr*) matricide *m/f*.

mamog (**-iaid**) *b* brebis *f*.

mamol *ans* maternel(le);
♦ **yn famol** *adf* maternellement.

mamolaeth *b* maternité *f*; **absenoldeb** ~ congé *m* de maternité.

mamolyn (**mamoliaid, mamolion**) *g* mammifère *m*.

Mamon *g* Mammon *m*.

mamoth (**-iaid**) *g* mammouth *m*.

mamwlad (**mamwledydd**) *b* mère patrie *f*.

man[1] (**-nau**) *g,b*
1 (*lle*) endroit *m*, lieu *m*; **yn y fan (a'r lle)** sur place; ~ **cychwyn** point *m* de départ; ~ **cyfarfod** lieu de rendez-vous; **gweiddi dros bob** ~ pousser un grand cri, crier tout haut; **'roedd paent dros bob** ~ il y avait de la peinture partout; ~ **gwan** point *m* faible.
2 (*amser*): **yn y** ~ bientôt; **fe fyddwn ni ym Mharis yn y** ~ nous serons bientôt à Paris, nous serons à Paris dans peu de temps *neu* sous peu; **yn y fan** (*ar unwaith*) tout de suite, immédiatement, sur le champ, illico; **nawr ac yn y** ~ de temps en temps; ~ **imi orffen, fe fydda' i'n dod** dès que j'aurai fini, je viendrai.
3 (*ymadroddion*): ~ **gwyn** ~ **draw** on jalouse le sort du voisin; ~ **a** ~ **imi ddweud y cyfan wrthych** je ferais aussi bien de tout vous dire; ~ **a** ~ **ichi adael nawr yn lle aros** vous feriez aussi bien de partir tout de suite plutôt que d'attendre; ~ **a** ~ **(yw Sion) a Sianco** cela revient au même, c'est blanc bonnet et bonnet blanc; **'tawn i byth o'r fan!** ça alors! par exemple!; ~ **lleiaf** au moins, au plus tôt; **fan bellaf, yn y** ~ **pellaf** au maximum, tout au plus, au plus tard; **ar eich** ~ **gorau** au mieux; **dyn yn ei fan** homme *m* adulte.
► **(yn y) fan hyn, (yn y) fan yma, fan'ma** (par) ici.
► **(yn y) fan yna, fan'na,** là.
► **(yn y) fan honno, fan'no, (yn y) fan acw, fan'cw, fan'co, (yn y) fan draw** là-bas.

man[2] (**-nau**) *g* (*smotyn*) macule *f*, tache *f*, moucheture *f*; ~ **geni** tache de vin.

mân *ans* petit(e), tout(e) petit(e), minuscule, menu(e), fin(e); ~ **us** balle *f*, menue paille *f*; ~ **siarad** bavardage *m*; ~ **ddyledion** dettes *fpl* mineures; ~ **bethau** brimborions *mpl*; **rhwyd fân** filet *m* à mailles serrées; **eira** ~ neige *f* poudreuse; ~ **law, glaw** ~ pluie *f* fine, bruine *f*; **tan oriau** ~ **y bore** jusqu'au petit matin, jusqu'aux heures avancées de la nuit; **crib** ~ *ou* **fân** peigne *m* fin; **cerrig** ~ cailloux *mpl*, galets *mpl*, gravier *m*; **print** ~ petits caractères; **yn ddarnau** ~ en menus morceaux; ~ **dreuliau** menus frais *mpl*, menues dépenses *fpl*; **newid** ~ de la menue *neu* petite monnaie *f*; ~ **bleserau bywyd** les menus plaisirs *mpl* de la vie;
♦ **yn fân** *adf*: **cerdded yn fân ac yn fuan** marcher à petits pas rapides, marcher *neu* trotter dru et menu; **coffi wedi ei falu'n fân** café *m* en poudre fine; **cig wedi ei dorri'n fân** viande *f* hachée menu.

Manaw *prb*: **Ynys** ~ l'île *f* de Man.

Manawaidd *ans* mannois(e).

Manaweg *b,g* mannois *m*;
♦*ans* mannois(e).

Manawiad (**Manawiaid**) *g/b* Mannois *m*, Mannoise *f*.

manblu *ll* duvet *m*.

mandad (**-au**) *g* mandat *m*.

mandarin[1] (**-au**) *g* (*math o oren*) mandarine *f*; **coeden fandarinau** mandarinier *m*.

mandarin[2] (**-iaid**) *g* (*dyn*) mandarin *m*; **hwyaden fandarin** canard *m* mandarin.

Mandarin *b,g* (IEITH) mandarin *m*;
♦*ans* mandarinal(e)(mandarinaux, mandarinales).

mandolin (**-au**) *g* mandoline *f*.
mandon *b* (*cen yn y gwallt*) pellicules *fpl*; (*PLANH*) aspérule *f* odorante.
mandra *g* minutie *f*.
mandwll (**mandyllau**) *g* pore *m*.
mandyllog *ans* poreux(poreuse), perméable.
mân-ddarlun (**~-~iau**) *g* miniature *f*.
manecwin (**-iaid, -au, -s**) *b* mannequin *m*.
maneg (**menig**) *b*
1 (*cyff*) gant *m*; ~ **bopty** *ou* **ffwrn** manique *f*, manicle *f*; ~ **rwber** gants en *neu* de caoutchouc; **gwisgo menig** mettre *neu* enfiler des gants; **tynnu'ch menig** enlever *neu* retirer ses gants; **mae'n dy ffitio fel** ~ cela te va comme un gant; **ffatri fenig, siop fenig** ganterie *f*.
2 (*PLANH*): **menig ellyllon, menig y tylwyth teg, menig Mair** digitale *f* pourprée.
3 (*gwain caseg, buwch*) vagin *m*.
manfriw *ans* réduit(e) en poudre, pulvérisé(e).
manganîs *g* (*CEM*) manganèse *m*.
mangl (**-au**) *g* essoreuse *f* à rouleaux; (*i smwddio*) calandre *f*.
mango (**-s, -au**) *g* mangue *f*; **coeden fangos** manguier *m*.
mangoed *ll* broussaille *f*, taillis *m*; (*wedi'u torri*) menu bois *m*, brindilles *fpl*.
mangre (**-oedd**) *b* endroit *m*, lieu *m*.
mania (**maniâu**) *g* manie *f*, penchant *m* morbide.
maniffesto (**-s**) *g* manifeste *m*.
manion *ll* bagatelles *fpl*, vétilles *fpl*, riens *mpl*; (*darnau bach o bapur, ddefnydd*) petits bouts *mpl*; (*newyddion*) fragments *mpl*; (*darnau wedi'u torri*) débris *mpl*; (*manylion*) détails *mpl*; **mae'n poeni am fanion** elle se fait du mauvais sang pour un rien; **mae popeth yn barod ar wahân i fanion** tout est prêt sauf les détails.
mân-ladrad (**~-~au**) *g* larcin *m*.
mân-ladrata *ba, bg* chiper, voler, chaparder.
manlaw *g* pluie *f* fine, bruine *f*.
mân-leidr (**~-ladron**) *g* voleur *m*, chapardeur *m*, chipeur *m*.
manna *g* manne *f*; **'roedd fel ~ o'r nefoedd** ça a été une manne providentielle *neu* céleste.
mannog *ans* (*anifail*) tacheté(e), moucheté(e); (*deunydd*) à pois; (*ffrwyth*) taché(e), tavelé(e).
manor *b gw.* **maenor**.
mans *g* presbytère *m* d'un pasteur presbytérien.
mansh *g* (*clefyd ar gŵn*) gale *f* (du chien).
mansier (**-i**) *g* mangeoire *f*, crèche *f*.
manslyd, mansllyd *ans* galeux(galeuse).
mân-sôn *g* murmure *m*, marmottement *m*, marmonnement *m*.
mantais (**manteision**) *b* avantage *m*; **bod â ~ ar rn** avoir un avantage sur qn; **cymryd ~ ar rth** tirer avantage *neu* profit de qch, bien profiter de qch; **cymryd ~ ar rn** profiter de qn, exploiter qn; **cymerodd fantais o'r cyfle** il a profité de l'occasion; **mae o fantais inni wneud hynny** cela nous arrange *neu* c'est de notre intérêt de le faire.
manteisiaeth *b* opportunisme *m*.
manteisio *bg* profiter; (*elwa*) tirer avantage *neu* profiter (d'une occasion etc); (*ecsbloetio*) exploiter; ~ **ar rth** profiter de qch; **manteisiais ar y cyfle** j'ai profité de l'occasion.
manteisiol *ans* avantageux(avantageuse), intéressant(e); **mae'n fanteisiol imi** j'y trouve mon compte, cela m'arrange;
♦ **yn fanteisiol** *adf* avantageusement.
manteisiwr (**manteiswyr**) *g* profiteur *m*, exploiteur *m*.
mantell (**mentyll**) *b* grande cape *f*, houppelande *f*, manteau(-x) *m*; (*i ferch*) mante *f*; (*lamp nwy*) manchon *m*; ~ **o eira** manteau de neige.
mantellog *ans* couvert(e) d'un manteau, enveloppé(e) d'un manteau.
mantellu *ba* envelopper *neu* recouvrir (qch) d'un manteau.
mantis (**-iaid**) *g* (*PRYF*) mante *f*.
mantol (**-ion**) *b* balance *f*; **bod yn y fantol** être en balance; **troi'r fantol** faire pencher la balance; **y Fantol** (*ASTROL*) la Balance; **bod wedi'ch geni dan arwydd y Fantol** être de la Balance.
mantoledd (**-au**) *g* (*mewn cyfrif banc*) solde *m* d'un compte; **beth yw'r ~?** quelle est la position de mon compte?; ~ **masnach** balance *f* commerciale.
mantolen (**-ni**) *b* bilan *m*.
mantoli *ba* (*pwyso*) peser; (*cydbwyso*) balancer, équilibrer; (*cloriannu, tafoli*) évaluer, jauger, juger la valeur de; ~ **cyfrifon** dresser le bilan;
♦*g* (*sadio*) mise *f* en équilibre, stabilisation *f*; (*cyfrifon*) règlement *m* des comptes, solde *m* des comptes.
manus *ll* menue paille *f*, paille hachée.
mân-werthu *ba* vendre (qch) au détail, détailler;
♦*g* détail *m*.
mân-werthwr (**~-werthwyr**) *g* détaillant *m*, détaillante *f*.
manwl *ans* (*cywir*) exact(e), juste, précis(e); (*gwaith*) méticuleux(méticuleuse), minutieux(minutieuse); **bydd yn fanwl!** sois précis(e) *neu* explicite!;
♦ **yn fanwl** *adf* en détail; **yn fanwl iawn** dans les moindres détails, exactement, précisément, méticuleusement, minutieusement.
manwl-gywir *ans* précis(e), exact(e); (*adroddiad*) détaillé(e); **'roedd yna 10 ohonynt, a bod yn fanwl-gywir** il y en avait 10 pour être exact *neu* précis.
manwlith *g* fine rosée *f*.
mân-wythïen (**~-wythiennau**) *b* capillaire *m*.

manyldeb, **manylder**, **manyldra** *g* minutie *f*, précision *f*.
manylion *ll gw.* **manylyn.**
manylrwydd *g gw.* **manyldeb.**
manylu *bg*: ~ **ar rth** exposer qch en détail, raconter qch en détail, détailler *neu* particulariser *neu* spécifier *neu* préciser qch.
manylwch *g gw.* **manyldeb.**
manylyn (**manylion**) *g* détail *m*; **manylion** (*gwybodaeth*) renseignements *mpl*; (*rhn: enw, cyfeiriad, ayb*) coordonnées *fpl*; ~ **dibwys** vétille *f*, bagatelle *f*, petit rien *m*; **mae'n debyg iddo ym mhob** ~ en tout point *neu* dans le moindre détail il lui ressemble; **mae un** ~ **yn anghywir ganddo** il se trompe sur un point; **mynd i fanylion** entrer dans les détails; **gadewch imi gymryd y manylion i lawr** laissez-moi noter les renseignements nécessaires; **am ragor o fanylion cysyllter â ...** pour plus amples renseignements s'adresser à ...
map (**-iau**) *g* carte *f*; (*cynllun tref, bysiau*) plan *m*; ~ **o Ffrainc** une carte de la France; ~ **o Baris** un plan de Paris; **bydd hyn yn rhoi Tregaron ar y** ~ cela fera connaître Tregaron, cela mettra Tregaron en vedette; **oddi ar y** ~ à l'autre bout du monde, perdu(e); **cyfeiriad** ~ coordonnées *fpl*; ~ **cyfuchlin** carte avec courbes de niveau; ~ **amlinell** tracé *m* des contours d'un pays, carte muette.
mapio *ba* faire *neu* dresser la carte *neu* le plan de; (*ffordd*) tracer.
mapiwr (**mapwyr**) *g* cartographe *m/f*.
marathon (**-au**) *g* marathon *m*; **rhedeg** ~ courir un marathon; **rhedwr** ~ marathonien *m*; **rhedwraig** ~ marathonienne *f*.
marblen (**marblis, marblys**) *b* bille *f*; **chwarae marblis** jouer aux billes.
marc (**-iau**) *g*
1 (*i nodi rhth*) marque *f*, signe *m*; ~ **cwestiwn** point *m* d'interrogation.
2 (*ôl*) tache *f*; **gwneud eich** ~ (*ffig*) se faire un nom, s'imposer; **gadael eich** ~ **ar rth** laisser son empreinte sur qch; **bydd hwnna'n gadael** ~ **ar ddillad** cela laissera une marque sur les habits, cela marquera *neu* tachera les habits.
3 (*mewn ysgol, arholiad*) note *f*, point *m*; ~ **da/gwael** bonne/mauvaise note; ~ **allan o I0** une note sur 10; **mae'n rhaid cael 45 o farciau i basio** il faut avoir 45 points pour être reçu(e); **methu o ddau farc** échouer à 2 points; **cafodd farc da yn Ffrangeg** il a eu une bonne note en français; **cafodd farciau llawn** elle a eu dix sur dix *neu* vingt sur vingt; **mae'n haeddu ~iau llawn** il mérite vingt sur vingt; **~iau llawn iddo am gyflawni cymaint** (*ffig*) on ne peut que le féliciter de tout ce qu'il a accompli.
4 (*arian*) mark *m*.
Marc *prg* Marc.
marced (**-au**) *b gw.* **marchnad.**
marcio *ba* marquer, mettre une marque à *neu* sur; (*staen*) tacher, marquer; (*ysgol: cywiro*) corriger, noter, donner une note à; (*CHWAR*) marquer; ~ **rhth yn gywir/anghywir** marquer qch juste/faux(fausse);
♦*g* (*rhoi nod ar anifail neu frethyn*) marquage *m*; (*cywiro, gwaith*) correction *f*.
marciwr (**marcwyr**) *g* (*mewn ysgol*) correcteur *m*, correctrice *f*; (*CHWAR*) marqueur *m*, marqueuse *f*; (*ysgrifbin ffelt*) marqueur indélébile.
Marcsaidd *ans* marxiste; **â thueddiadau** ~ marxisant(e).
Marcsiaeth *b* marxisme *m*.
Marcsydd (**-ion, Marcswyr**) *g* marxiste *m/f*.
marcwis (**-iaid**) *g* marquis *m*.
march (**meirch**) *g* cheval(chevaux) *m*, étalon *m*; ~ **y dŵr** (*PRYF*) argyronète *f*; ~ **llifio** (*ffrâm*) chevalet *m* (de scieur de bois).
marchalan *g* (*PLANH*) aunée *f*.
marchasyn (**-nod**) *g* âne *m*, baudet *m*, bourriquet *m*.
marchfaen (**marchfeini**) *g* montoir *m*.
marchfieri *ll* (grosses) ronces *fpl*, roncier *m*, roncière *f*.
marchlu (**-oedd**) *g* cavalerie *f*.
marchnad (**-oedd**) *b* marché *m*; ~ **anifeiliaid** marché *neu* foire *f* aux bestiaux; ~ **rydd** marché libre; **dydd** ~ jour *m* de *neu* du marché; **sgwâr y farchnad** place *f* du marché; **ar y farchnad** sur le marché, en vente, dans le commerce; **pris y farchnad** cours *m* du marché; **ymchwil** ~ étude *f* de marché; **y farchnad ddu** le marché noir; **y Farchnad Gyffredin** le Marché commun; **y farchnad dai** le marché immobilier.
marchnadaeth (**-au**) *b* marchandise *f*, commerce *m*.
marchnadfa (**marchnadfeydd**) *b* place *f* du marché; **yn y farchnadfa** au marché.
marchnadol *ans* vendable, commercialisable.
marchnadwerth (**-oedd**) *g* valeur *f* marchande.
marchnadwr (**marchnadwyr**) *g gw.* **marchnatawr.**
marchnata *ba* vendre, lancer (qch) sur le marché;
♦*bg* faire le *neu* du commerce, commercer;
♦*g* commercialisation *f*, marketing *m*.
marchnataol *ans* commercial(e)(commerciaux, commerciales), du commerce.
marchnat(a)wr (**marchnat(a)wyr**) *g* négociant *m*; (*siopwr*) commerçant *m*; **cyfan-farchnatwr** marchand *m* en gros, grossiste *m*; ~ **glo** charbonnier *m*, marchand de charbon; ~ **gwin** marchand de vin, négociant en vin.
marchnerth (**-oedd**) *g* puissance *f* en chevaux;

car â ∼ gwerth deg une dix-chevaux *f*.
marchog (**-ion**) *g* cavalier *m*, écuyer *m*; (*yng ngwyddbwyll*) cavalier; (*fel teitl*) chevalier *m*; **marchogion y Ford Gron** chevaliers de la Table ronde.
marchogaeth *ba, bg* monter à cheval, faire du cheval; **wyt ti'n gallu ∼?** sais-tu monter à cheval?; **mae hi'n ∼ llawer** elle monte beaucoup à cheval, elle fait beaucoup d'équitation; **mae hi'n ∼ ers pan yn blentyn** elle fait du cheval depuis son enfance; **mae hi'n ∼ yn dda** elle monte bien, elle est bonne cavalière; **mae e'n ∼ yn dda** il est bon cavalier, il monte bien;
♦*g* équitation *f*.
marchoges (**-au**) *b* cavalière *f*, amazone *f*; **mae hi'n farchoges dda** elle est bonne cavalière, elle monte bien à cheval.
marchoglu (**-oedd**) *g* cavalerie *f*.
marchogol *ans* équestre.
marchogwr (**marchogwyr**) *g* cavalier *m*; **mae'n farchogwr da** il est bon cavalier, il monte bien à cheval.
marchogyddiaeth *b* chevalerie *f*.
marchol *ans* équin(e).
marchredynen (**marchredyn**) *b* (*PLANH*) polypode *m*.
marchruddygl *g* (*PLANH*) raifort *m*.
marchwellt *ll* grosses herbes *fpl*.
marchwreinyn (**marchwraint**) *g* (*MEDD*) teigne *f*.
marchysgallen (**marchysgall**) *b* (*PLANH*) carline *f* vulgaire, artichaut *m* sauvage.
mardon *b* (*cen yn y gwallt*) pellicules *fpl*.
margarîn *g* margarine *f*.
Mari *prb* Marie; ∼ **Lwyd** *une tradition au pays de Galles où un groupe de chanteurs promène un crâne de cheval orné, d'une porte à l'autre entre Noël et la nuit des Rois.*
marian (**-au**) *g* moraine *f*, alluvions *fpl*.
marina (**-s**) *g* marina *f*.
marinâd (**marinadau**) *g* (*COG*) marinade *f*.
marinadu *ba, bg* (*COG*) mariner.
mariwana *g* marijuana *f*.
marjarîn *g* margarine *f*.
marl *g* marne *m*.
marlad, **marlat** *g* canard *m* mâle, colvert *m*.
marlio *ba* marner.
marmalêd (**-au**) *g*: ∼ **(orenau)** confiture *f* d'oranges, marmelade *f* d'oranges; ∼ **lemwn** confiture de citrons, marmelade de citrons.
marmor *g* marbre *m*; **cerflun o farmor** statue *f* de *neu* en marbre; **diwydiant** ∼ marbrerie *f*; **chwarel farmor** marbrière *f*.
marmot (**-iaid**, **-od**) (*ANIF: llygoden fynydd*) marmotte *f*.
maro (**-au**, **-s**) *g* courge *f*; ∼ **bach** courgette *f*.
marsial (**-iaid**) *g* (*MIL*) maréchal *m*; (*un sy'n cadw trefn mewn cyfarfodydd ayb*) membre *m* du service d'ordre;
♦*ans*: **llys** ∼ cour *f* martiale, conseil *m* de guerre *gw. hefyd* **cwrt-marsial**.
marsiandïaeth *b* marchandise *f*.
marsiandïwr (**marsiandïwyr**) *g* (*marchnatwr*) négociant *m*, marchand *m*.
marsipán *g* pâte *f* d'amandes, massepain *m*; **losin** ∼ bonbon *m* à la pâte d'amandes.
marswpial (**-iaid**, **-od**) *g* marsupial(marsupiaux) *m*.
mart (**-au**) *g* marché *m gw. hefyd* **marchnad**.
martini (**-s**) *g* martini *m*.
Martinique *prb* la Martinique *f*; **ym** ∼ à la *neu* en Martinique.
martsio *bg gw.* **gorymdeithio**.
martsiwr (**martswyr**) *g gw.* **gorymdeithiwr**.
Martha *prb* Marthe; ∼ **drafferthus** Marthe distraite par divers soins
marw *bg* mourir, décéder; (*anifail, planhigyn*) mourir, crever; **bod ar fin** ∼ agoniser, être à l'agonie *neu* à la mort, se mourir, être moribond(e); **bu farw yn drigain oed** il est mort à 60 ans; **cael eich gadael i farw** être abandonné(e) à la mort; **tref wedi** ∼ une ville morte; ∼ **o newyn** mourir de faim; **∼'n naturiol** mourir de causes naturelles; **'roedden nhw'n** ∼ **fel clêr** ils mouraient *neu* tombaient comme des mouches; **bron â** ∼ **o eisiau gwneud rhth** mourir d'envie de faire qch; **'roeddwn i bron â** ∼ **o eisiau chwerthin** j'avais une envie folle de rire; **'rwyf bron â** ∼ **o eisiau paned o de** j'ai une envie folle d'une tasse de thé; **mi chwarddais gymaint nes bron** ∼ j'ai failli mourir de rire; **bu bron imi farw o ofn** j'ai failli mourir de peur; ∼ **allan** (*arferion*) disparaître, s'éteindre;
♦*g*: **y meirw, y meirwon** les morts *mpl*; **gwasanaeth y meirwon** office *m* des morts, office funèbre;
♦*ans* mort(e), décédé(e); **yn fyw neu'n farw** mort ou vif(vive); **cwympo'n farw** tomber raide mort(e); **iaith farw** langue *f* morte; **pêl farw** (*RYGBI*) ballon *m* sorti; **y Môr M∼** la mer Morte; **llawysgrifau'r Môr M∼** manuscrits *mpl* de la mer Morte.
marwaidd *ans* (*heb fywyd*) moribond(e), inanimé(e), sans vie; (*araf*) sans vigueur, léthargique, apathique, lourd(e), lent(e); (*dioglyd*) paresseux(paresseuse);
♦ **yn farwaidd** *adf* lourdement, mollement, lentement, paresseusement, avec lenteur.
marw-anedig *ans* mort-né(∼-∼e)(∼-∼s, ∼-∼es).
marwdon *b* (*cen yn y gwallt*) pellicules *fpl*.
marwdy (**marwdai**) *g* morgue *f*, dépôt *m* mortuaire.
marweidd-dra *g* absence *f* de vie *neu* vitalité, état *m* moribond; (*yn rhannau'r corff*) engourdissement *m*.
marweiddiad (**-au**) *g* mortification *f*.
marweiddio *ba* amortir, engourdir; (*emosiwn*) émousser, étouffer; (*sŵn*) assourdir, feutrer; (*poen*) calmer; (*nerfau*) endormir;

♦*g* amortissement *m*, assourdissement *m*.
marweiddiol *ans* engourdissant(e);
♦ **yn farweiddiol** *adf* de façon engourdissante.
marwgwsg *g* léthargie *f*.
marŵn *ans* (*lliw*) bordeaux *inv*.
marwnad (**-au**) *b* (*LLEN*) élégie *f*; (*cân*) complainte *f*; (*mewn angladd*) chant *m* funèbre.
marwnadol *ans* élégiaque;
♦ **yn farwnadol** *adf* de façon élégiaque.
marwol *ans* mortel(le), fatal(e); (*casineb*) mortel, implacable; (*aneliad*) qui ne rate jamais; (*arf*) meurtrier(meurtrière); **pechod** ~ péché *m* mortel; **y Saith Pechod M~** les sept péchés capitaux;
♦ **yn farwol** *adf* mortellement, fatalement.
marwolaeth (**-au**) *b* mort *f*, décès *m*; **llosgi i farwolaeth** mourir carbonisé(e); **yfodd ei hun i farwolaeth** c'est la boisson qui l'a tué(e), il s'est tué en buvant; **llwgu i farwolaeth** mourir *neu* crever de faim; **rhewi i farwolaeth** mourir de froid; **gwanu rhn i farwolaeth** poignarder qn mortellement; **neidiodd i'w farwolaeth** il a sauté dans le vide et il s'est tué; **dedfrydu rhn i farwolaeth** condamner qn à mort; **rhoi rhn i farwolaeth** mettre qn à mort, exécuter qn; **brwydr hyd at farwolaeth** une lutte à mort; **tystysgrif** ~ acte *m* de décès; **toll** ~ droits *mpl* de succesion; **grant** ~ allocation *f* de décès; ~ **yn y crud** (*MEDD*) mort subite du nourrisson; ~ **yr ymennydd** mort cérébrale; **cosb** ~ peine *f* de mort, peine capitale; **dedfryd o farwolaeth** condamnation *f* à mort, arrêt *m* de mort; **nifer y** ~**au** chiffre *m* des morts; **gwarant** ~ ordre *m* d'exécution.
marwoldeb, **marwoledd** *g* mortalité *f*; **cyfradd** ~ **plant** taux *m* de mortalité infantile.
marwolion *ll* mortels *mpl*, mortelles *fpl*.
marworyn (**marwor**) *g* braise *f*.
marwydos *ll* braises *fpl*, cendres *fpl* chaudes.
mas *adf*
1 (*cyff*) dehors, au-dehors; **mae hi** ~ elle est sortie, elle n'est pas là; **mae hi** ~ **yn yr ardd** elle est dans le jardin; **maen nhw** ~ **yn aml** ils sortent beaucoup, ils ne sont pas souvent chez eux; **mae hi** ~ **yn siopa** elle est partie faire des courses; **mae fy mab** ~ **yn Awstralia** mon fils est en Australie; **maen nhw'n byw** ~ **yn y wlad** ile habitent en pleine campagne; **beth am gael noson** ~ **heno?** et si on sortait ce soir?; **pellach** ~ plus loin; ~ **yn y gofod** loin dans l'espace; **mae'r rheithgor** ~ le jury est en déliberation; **y ffordd** ~ sortie *f*; **ar y ffordd** ~ **o Bordeaux** à la sortie de Bordeaux; **caewch y drws ar y ffordd** ~ fermez la porte en sortant: **mynd** ~, **cerdded** ~, **dod** ~ sortir; **aros** ~ **yn y glaw** rester dehors sous la pluie; **mynd** ~ **trwy'r drws/am y diwrnod** sortir par la porte/pour la journée; **tynnu rhth** ~ retirer *neu* sortir qch.
2 (*gorchymyn*): ~**!** sortez!, dehors!; ~ **â chi!** sortez!, décampez!, filez!; ~ **â thi!** hors d'ici!, sors!, va-t'en!, file!; ~ **â fe!** (*dywed dy feddwl*) vas-y, parle!, dis-le donc!; ~ **o'r ffordd!** écartez-vous!, place! place!.
3 (*wedi ymddangos*): **mae'r haul** ~ il fait du soleil, le soleil brille.
4 (*wedi diffodd*): **mae'r tân wedi mynd** ~ le feu est éteint.
5 (*wedi ei gyhoeddi*): **bydd ei lyfr** ~ **yr wythnos nesaf** son livre sera publié la semaine prochaine.
6 (*CHWAR: cystadleuydd*) éliminé(e); (*:pêl*) sorti(e).
7 (*mewn ymadroddion*): **o hyn** ~ à partir de maintenant, dès maintenant, dorénavant, désormais; **o hynny** ~ (*yn y dyfodol*) à partir de ce moment-là, dorénavant, désormais; (*yn y gorffennol*) à partir de ce moment-là, dès lors, dès ce moment-là, depuis ce moment-là *neu* ce temps-là *neu* cette époque-là; ~ **draw** super, formidablement; **joio*** ~ **draw** s'amuser bien.
▶ **mas o**
1 (*o*): **neidio** ~ **o'r gwely** sauter à bas du lit; **cymryd rhth** ~ **o ddrôr** prendre qch dans un tiroir; **darllen darn** ~ **o lyfr** lire un extrait pris d'un livre; **yfed** ~ **o wydr** boire dans un verre; **darllen** ~ **o'r Beibl** lire dans la Bible.
2 (*i fynegi cyfrannedd*): **deg** ~ **o ddeg** dix sur dix.
3 (*mewn ymadroddion*): ~ **o brint** épuisé(e); ~ **o diwn** (*offeryn*) désaccordé(e); **canu** ~ **o diwn** (*rhn*) chanter faux; ~ **o waith** en *neu* au chômage, sans emploi; ~ **o wynt** à bout de souffle, essoufflé(e), hors d'haleine; ~ **ohoni** (*ffasiwn ayb*) dépassé(e), démodé(e); **teimlo'ch hun** ~ **ohoni** (*yn ddieithr*) se sentir exclu(e) *neu* de trop; **'rwyt ti** ~ **ohoni o 10 cm** (*yn anghywir*) tu t'es trompé(e) de 10 cm, tu as fait une erreur de 10 cm; ~ **o genfigen/chwilfrydedd** par jalousie/curiosité; **bod** ~ **o boced** en être de sa poche;
♦*ans*: **tu fas** *gw.* **tu.**
màs (**masau**) *g* (*FFIS*) masse *f*.
masarnen (**masarn**) *b* (*PLANH*) érable *m*.
masg[1] (**-iau**) *g* masque *m*; ~ **llygaid** masque, loup *m*; ~ **marwolaeth** masque mortuaire.
masg[2] (**-au**) *g* (*twll mewn rhwyd*) maille *f*.
masgara *g* mascara *m*, rimmel© *m*.
masgl (**-au**) *b* (*wyau, cnau*) coquille *f*; (*pys, ffa*) cosse *f*; (*twll mewn rhwyd*) maille *f*.
masglo, **masglu** *ba* (*pys, ffa*) écosser; (*cnau*) décortiquer, écaler.
masgot (**-iaid**) *g* mascotte *f*.
masgynhyrchu *ba* fabriquer (qch) en série;
♦*g* fabrication *f* en série.
masiwn (**masiyniaid**) *g* maçon *m*.
masnach (**-au**) *b* commerce *m*, trafic *m*; **Yr Ysgrifennydd M~** (*GWLEID*) le ministre *m* du commerce; ~ **dramor** commerce extérieur; ~

rydd libre-échange(~s-~s) *m*; **Adran Fasnach a Diwydiant** ≈ Ministère *m* du commerce et de l'industrie; **Bwrdd M~** conseil *m* de commerce; ~ **adwerthol** la vente au détail; ~ **gyffuriau** le trafic de la drogue; ~ **gaethweision** commerce des esclaves; **nod** ~ marque *f* de fabrique.

masnachdy (**masnachdai**) *g* local *m* commercial(locaux commerciaux), magasin *m*.

masnachol *ans* commercial(e)(commerciaux, commerciales), de commerce; **gwerth** ~ valeur *f* marchande *neu* commerciale; **banc** ~ banque *f* commerciale *neu* de commerce; **coleg** ~ école *f* de commerce; **teithiwr** ~ voyageur *m* *neu* représentant *m* de commerce; **y byd** ~ le monde du commerce, le monde commercial;
♦ **yn fasnachol** *adf* commercialement, dans le commerce.

masnachu *bg* faire des affaires, faire le commerce, commercer, trafiquer.

masnachwr (**masnachwyr**) *g* commerçant *m*, négociant *m*, marchand *m*.

masnachwraig (**masnachwragedd**) *b* commerçante *f*, négociante *f*, marchande *f*.

masochistaidd *ans* masochiste;
♦ **yn fasochistaidd** *adf* de façon masochiste.

masochistiaeth *b* masochisme *m*.

masochydd (**-ion**) *g* masochiste *m/f*.

mast (**-iau**) *g* mât *m*; ~ **radio** pylône *m*; ~**iau'r llong** la mâture du navire.

mastectomi *g* mastectomie *f*.

mastitis *g* mastite *f*.

mastyrbiad (**-au**) *g* masturbation *f*.

mastyrbio *bg* se masturber;
♦*ba* masturber;
♦*g* masturbation *f*.

maswedd *g* paillardises *fpl*.

masweddol, **masweddus** *ans* grivois(e), paillard(e), impudique, libertin(e); **jôc fasweddus** grivoiserie *f*, paillardise *f*;
♦ **yn fasweddus** *adf* de façon grivoise, impudiquement.

maswr (**maswyr**) *g* (*RYGBI*): ~ **chwith** ailier *m* gauche; ~ **de** ailier droit.

mat (**-iau**) *g* tapis *m*, carpette *f*; (*gwellt*) natte *f*; (*wrth ddrws*) paillasson *m*, tapis-brosse *m*, essuie-pieds *m inv*; (*mewn car, campfa*) tapis; (*dan blât*) dessous *m* de plat; (*lliain wedi ei frodio*) napperon *m*; (*wrth ochr y bath*) descente *f* de bain; (*wrth erchwyn gwely*) descente de lit.

matador (**-iaid**) *g* matador *m*.

mater (**-ion**) *g*
1 (*busnes, achos*) affaire *f*, question *f*; **y** ~ **dan sylw** l'affaire en question; ~**ion busnes** questions d'affaires; **mae hynny'n fater arall** c'est tout autre chose, ça c'est une autre affaire; **yn y** ~ **hwn** à cet égard; **mae'r** ~ **ar ben** l'affaire est close, c'est une affaire classée; **nid yw'n fater i chwerthin yn ei gylch** il n'y a pas de quoi rire; ~ **bach yw hynny** c'est une question insignifiante, c'est une bagatelle; **nid yw'n fater hawdd** cela n'est pas facile; ~ **o farn yw hynny** cela est une question d'opinion; ~**ion addysg** questions pédagogiques; ~**ion y dydd** questions d'actualité, problèmes *mpl* d'actualité.
2 (*FFIS*) matière *f*.
3 (*problem*): **beth ydi'r** ~**?** qu'est-ce qu'il y a?, qu'y-a-t-il?; **beth ydi'r** ~ **arni hi?** qu'est-ce qu'elle a, qu'est-ce qui lui prend?; **beth ydi'r** ~ **ar dy goes?** qu'est-ce que tu as à la jambe?

materol *ans* matériel(le), physique; **o safbwynt** ~ du point de vue matériel; **eiddo** ~ biens matériels *mpl*, possessions *fpl*;
♦ **yn faterol** *adf* matériellement.

materoliaeth *b* matérialisme *m*.

materolydd (**materolwyr**) *g* matérialiste *m/f*.

matog (**-au**) *b* pioche *f*.

matras (**matresi**) *g,b* matelas *m*; **gorchudd** ~ protège-matelas *m inv*.

matrics (**-au**) *g* matrice *f*.

matryd *bg gw.* **ymddihatru**.

matsh (**-ys**) *g gw.* **gêm**.

matsien (**matsys**) *b* allumette *f*; **bocs o fatsys** boîte *f* d'allumettes; **oes gen ti fatsien?** as-tu une allumette *neu* du feu?; **tanio** ~ gratter *neu* frotter une allumette, faire craquer une allumette; **mae hi fel** ~ (*yn gwylltio'n rhwydd*) elle s'enflamme facilement, elle prend feu facilement.

matsio *ba gw.* **gweddu**;
♦*bg gw.* **cydweddu, cyd-fynd**.

Matterhorn *prg* le (mont) Cervin *m*.

math (**-au**) *g,b*
1 (*cyff*) genre *m*, espèce *f*, sorte *f*; **y** ~ **yma o dŷ** ce genre de *neu* cette espèce de *neu* cette sorte de maison; **tai o bob** ~ des maisons de tous genres *neu* de toutes espèces *neu* de toutes sortes; **y** ~ **yma o beth** ce genre *neu* cette espèce de chose; **pa fath sydd arnoch chi ei eisiau?** vous en voulez de quelle sorte?; **pa fath o ferch yw hi?** quel genre de fille est-elle?; **nid dyna'r** ~ **o ferch ydw i!** ce n'est pas mon genre, mais pour qui me prenez-vous?; **dyna'r** ~ **o ddyn ydw i** c'est comme ça que je suis fait; **pa fath o dwpsyn wyt ti'n meddwl ydw i?** mais tu me prends pour un imbécile!; **pa fath o ymddygiad yw hyn?** qu'est-ce que cette façon de se conduire?; **a'r** ~ **yna o beth** et autres choses du même genre; **'rwyt ti'n deall y** ~ **o beth 'rwy'n ei olygu** tu vois à peu près ce que je veux dire; **nid wyf yn hoffi'r** ~ **yna o siarad** je n'aime pas ce genre de conversation.
2 (*gwneuthuriad*) marque *f*; **pa fath o gar ydyw?** quelle marque de voiture est-ce?.
3 (*brid*) race *f*; **pa fath o gi yw e?** qu'est-ce que c'est comme race de chien?.
4 (*ymadroddion*): **pobl o'u bath** des gens de

cet acabit, de pareilles gens.
▶ **yr un fath** *gw.* **un.**
▶ **rhyw fath o** une sorte de, une espèce de, un genre de; **'roedd rhyw fath o wely ynghanol yr ystafell** il y avait une sorte *neu* une espèce *neu* un genre de lit au milieu de la pièce, il y avait qch qui ressemblait à un lit au milieu de la pièce; **mae'n rhyw fath o fardd** c'est un poète quelconque; **rhyw fath o esgus** un prétexte quelconque.
▶ **y fath**: **ni welais erioed mo'r fath beth** je n'ai jamais rien vu de pareil; **y fath lanast!** quel désordre!; **y fath ddigywilydd-dra!** quelle insolence!; **rhth o'r fath** qch dans ce genre-là; **dim o'r fath beth!** pas le moins du monde!; **ni wna' i ddim o'r fath beth!** je n'en ferai rien!, certainement pas!

mathemateg *b* mathématiques *fpl.*

mathemategol *ans* mathématique; **mae ganddi feddwl** ~ elle a le sens des mathématiques, elle est une matheuse*;
♦ **yn fathemategol** *adf* mathématiquement.

mathemategydd (**mathemategwyr**) *g* mathématicien *m*, mathématicienne *f*.

Mathew *prg* Matthieu.

mathriad *g* piétinement *m*.

mathru *ba* piétiner, fouler (qch) aux pieds; **cafodd ei fathru gan y ceffylau** il a été piétiné par les chevaux;
♦*g* piétinement *m*.

Mauritania *prb gw.* **Mawritania.**

Mauritius *prb* l'île *f* Maurice.

mawl *g* éloge *m*, louange *f*; **cân o fawl** cantique *m*; ~ **fo i Dduw!** Dieu soit *subj* loué!

mawlgan (**-euon**) *b* dithyrambe *m*.

mawn *g* tourbe *f*; **torri** ~ extraire de la tourbe.

mawndir (**-oedd**) *g* tourbière *f*.

mawnen (**-nau**) *b* motte *f* de tourbe.

mawnog (**-ydd**) *b* tourbière *f*.

mawr (**-ion**) *ans*
1 (*cyff*) grand(e), gros(se); (*gwres*) grand, gros, fort(e), intense; (*nerth*) grand, énorme; (*colled*) fort, gros, important; **tyfu'n fawr** grandir; **bachan** ~ un grand *neu* gros gaillard; **celwydd** ~ un gros mensonge; **mae ganddi geg fawr** elle ne sait pas se taire, elle est forte en gueule*; **parsel** ~ un gros paquet; **â gofal** ~ avec grand soin, avec beaucoup de soin; **bod â meddwl** ~ **o rn/rth** avoir une haute opinion de qn/qch; **â phleser** ~ avec grand plaisir, avec beaucoup de plaisir; **ystafell fawr** une grande *neu* vaste pièce; **swm** ~ **o arian** une grosse somme d'argent; **teulu** ~ une famille nombreuse; **pryd** ~ **o fwyd** un repas copieux; **daeth nifer fawr o bobl** les gens sont venus nombreux *neu* en grand nombre: **y Brenin M**~ le Dieu Tout-Puissant; **calon fawr** grand cœur *m*, cœur généreux; **heol** *ou* **ffordd fawr** route *f* principale; (*mewn tref*) grand-rue *f*.
2 (*pwysig, hynod*) grand(e), important(e), marquant(e), remarquable; ~ **eich parch** tenu(e) en haute estime *neu* en respect; **noson fawr** grande soirée *f*; **digwyddiad** ~ un évènement marquant; **diwrnod** ~ jour *m* important.
3 (*hŷn*): **fy mrawd** ~ mon grand frère, mon frère aîné.
4 (*garw, stormus*): **tywydd** ~ temps *m* orageux; **noson fawr** nuit *f* orageuse.
5 (*mewn ymadroddion*): **diolch yn fawr** merci beaucoup; **nefoedd fawr!** grands dieux!, bonté divine!; **'rargol fawr! arswyd** ~**!, mawredd** ~! bon sang!, mon Dieu!; **bod yn rhy fawr i'ch esgidiau** (*hunandybus*) être prétentieux(prétentieuse) *neu* suffisant(e), avoir des prétensions; **ni fydda' i fawr o dro yn ei wneud** je l'aurai fait en un rien de temps; **ni fu hi fawr o dro yn ei wneud** elle n'a pas mis longtemps à le faire; **nid yw fawr o werth** il ne vaut grand-chose; **fawr o beth** ce n'est pas grand-chose;
♦*adf* grandement, énormément; **ni wyddwn i fawr amdanynt** je ne savais pas grand-chose à leur sujet; **ni fyddwch chi fawr callach** vous n'en serez pas plus avancé(s); **'doedd hi fawr gwell ym Mharis** à Paris, ce n'était guère mieux.

mawrddrwg *g*: **y** ~ **bach!** petit coquin! *m*.

mawredd *g* grandeur *m*; (*rhn*) grandeur, éminence *f*, noblesse *f*, splendeur *f*, importance *f*; (*adeilad, golygfa*) splendeur, magnificence *f*; ~ **(mawr)!** mon Dieu!, bon sang!, grands dieux!

mawreddog *ans* grandiose, noble, majestueux(majestueuse); (*arddull*) grandiloquent(e), pompeux(pompeuse); (*adeilad*) magnifique, splendide, impressionnant(e); (*rhn*) magnifique, splendide; (*dif: hunanbwysig*) prétentieux(prétentieuse);
♦ **yn fawreddog** *adf* magnifiquement, splendidement, majestueusement; (*dif*) prétentieusement.

mawrfrydedd *g* magnanimité *f*.

mawrfrydig *ans* magnanime;
♦ **yn fawrfrydig** *adf* magnanimement.

mawrfrydigrwydd *g* magnanimité *f*.

mawrhad *g* glorification *f*, exaltation *f*, louange *f*.

mawrhau *ba* magnifier, glorifier, exalter.

mawrhydi *g* majesté *f*; **Ei Fawrhydi y Brenin** Sa Majesté le Roi; **Eich** ~ Votre Majesté; **llywodraeth ei M**~**, llywodraeth ei Fawrhydi** (*GWLEID*) le gouvernement britannique.

Mawrisaidd *ans* mauricien(ne).

Mawrisiad (**Mawrisiaid**) *g/b* Mauricien *m*, Mauricienne *f*.

Mawrisiws *prb* l'île *f* Maurice.

Mawritanaidd *ans* mauritanien(ne).

Mawritania *prb* la Mauritanie *f*.

Mawritaniad (**Mawritaniaid**) *g/b* Mauritanien *m*, Mauritanienne *f*.
Mawrth *g*
1 (*mis*) mars *m gw. hefyd* **Mai**.
2 (*planed*): **(y blaned)** ~ Mars *m*.
3 (*dydd*): **(dydd)** ~ mardi *m*; **dydd** ~ **Ynyd** le mardi gras *gw. hefyd* **Llun**.
mawrwych *ans* magnifique, splendide, superbe, grandiose;
♦ **yn fawrwych** *adf* splendidement, magnifiquement, superbement, de façon grandiose.
mawrygiad (**-au**) *g gw.* **mawrhad**.
mawrygu *ba* glorifier, rendre gloire à, exalter, célébrer.
mebyd *g* (petite) enfance *f*, bas âge *m*; (*ieuenctid*) jeunesse *f*; **bro fy** ~ ma patrie *f* d'enfance, mon pays *m* natal.
mecaneg *b* mécanique *f*.
mecaneiddiad (**-au**) *g* mécanisation *f*.
mecaneiddio *ba* mécaniser; **diwydiant wedi ei fecaneiddio** industrie *f* mecanisée;
♦*g* mécanisation *f*.
mecanwaith (**mecanweithiau**) *g* mécanisme *m*.
mecanydd (**-ion**) *g* mécanicien *m*.
mecanyddol *ans* mécanique; (*ffig: gweithred, ateb*) machinal(e)(machinaux, machinales), automatique, mécanique; **peiriannydd** ~ ingénieur *m* mécanicien; **peirianneg fecanyddol** génie *m* mécanique;
♦ **yn fecanyddol** *adf* mécaniquement, machinalement.
Mecca *prb* la Mecque.
Mecsicanaidd *ans* mexicain(e).
Mecsicanes (**-au**) *b* Mexicaine *f*.
Mecsicaniad (**Mecsicaniaid**) *g/b* Mexicain *m*, Mexicaine *f*.
Mecsicanwr (**Mecsicanwyr**) *g* Mexicain *m*.
Mecsico *prb* le Mexique *m*; **ym** ~ au Mexique; **dinas** ~ Mexico *m*.
mechni (**mechnïon**) *g* caution *f*.
mechnïaeth *b* (CYFR) mise *f* en liberté sous caution; (*swm o arian*) caution *f*; **ar fechnïaeth** sous caution; **rhyddhau rhn ar fechnïaeth** mettre qn en liberté provisoire sous caution; **gofyn am fechnïaeth** demander la mise en liberté sous caution; **cynnig/gwrthod** ~ accorder/refuser la mise en liberté sous caution; **talu** ~ **rhn** payer la caution de qn, cautionner qn.
mechnïo *ba*: ~ **rhn** (*gwarantu mechnïaeth rhn*) se porter *neu* se rendre garant(e) de qn, cautionner qn.
mechnïwr (**mechniwyr**) *g* (*un sy'n rhoi mechnïaeth*) personne *f* qui se porte *neu* se rend garant(e) *neu* caution de qn.
medal (**-au**) *g,b* médaille *f*; **y Fedal Ryddiaith** la Médaille de prose.
medel (**-au**) *b* (*cynhaeaf*) moisson *f*; (*medelwyr*) moissonneurs *mpl*.
medelu *bg* moissonner.
medelwr (**medelwyr**) *g* (*rhn*) moissonneur *m*, moissonneuse *f*; (*peiriant*) moissonneuse *f*.
Medi *g* septembre *m gw. hefyd* **Mai**.
medi *ba* moissonner, faucher;
♦*bg* moissonner, faire la moisson; **oni heuir ni fedir** pas de moisson sans semailles;
♦*g* moisson *f*.
medlar (**-au**) *g* nèfle *f*; **coeden fedlarau** néflier *m*.
medr[1] (**-au**) *g* (*gallu*) capacité *f*, habileté *f*, dextérité *f*, adresse *f*; (*talent*) savoir-faire *m inv*, talent *m*; **ei fedr fel actor** son talent d'acteur; ~**au ymenyddiol** talents *mpl neu* dons *mpl* intellectuels, compétences *fpl*.
▶ **ar fedr** (*ar fin*): **yr oedd hi ar fedr cwympo** elle allait tomber, elle a failli tomber; **mae hi ar fedr llwyddo** elle est sur le point de réussir.
medr[2] *be gw.* **medru**.
medr[3] (**-au**) *g gw.* **metr**.
medru *ba* savoir, être capable de, pouvoir; **'rwy'n** ~ **nofio** je sais nager; **mae'n** ~**'r Pwyleg** il parle (le) polonais; **medr y sefyllfa newid** la situation peut changer; **sut fedri di ddweud hynny?** comment peux-tu *neu* oses-tu dire ça?; **beth fedrai hynny fod?** qu'est-ce que cela pourrait bien être?; **helpwch fi os medrwch** aidez-moi si vous le pouvez; **mi wnaf eich helpu hynny a fedraf** je vous aiderai de mon mieux; **a fedri di ddod yfory?** peux-tu *neu* pourras-tu venir demain?; **nid wyf yn** ~ **siarad** je ne peux pas parler; **'rwy'n** ~ **dy weld di!** je te vois!; **'roedden nhw'n** ~ **fy nghlywed i'n siarad** ils m'entendaient parler; **wyt ti'n** ~ **ei arogleuo?** tu le sens?; **'roedd hi'n** ~ **eu gweld nhw'n dod** elle les voyait arriver *neu* qui arrivaient; **'rwy'n** ~ **ei chlywed yn gweiddi** je l'entends crier; **nid oeddwn yn** ~ **gadael** il m'était impossible de partir, je ne pouvais pas partir; **mae hi'n** ~ **bod yn gas** elle peut parfois être méchante.
medrus *ans* habile, adroit(e); **disgybl** ~ élève doué(e); **bod yn fedrus mewn ieithoedd** être fort(e) *neu* doué(e) en langues, être doué pour les langues;
♦ **yn fedrus** *adf* habilement, adroitement.
medrusrwydd *g* habileté *f*, dextérité *f*, adresse *f*; (*mewn crefftwaith*) technique *f*, capacités *fpl*, compétences *fpl*; **diffyg** ~ maladresse *f*.
medrydd (**-ion**) *g* calibre *m*, jauge *m*, indicateur *m*; ~ **tanwydd** jauge de carburant; ~ **petrol** jauge d'essence; ~ **teiar** indicateur de pression des pneus.
medryddu *ba gw.* **mesur**.
medd[1] *g* hydromel *m*.
medd[2] *be ddiffyg gw.* **meddaf**.
meddaf *be ddiffyg* (amser presennol: meddaf, meddi, medd, meddwn, meddwch, meddant, amhersonol: meddir) dis-je, dis-tu, dit-il, dit-elle, disons-nous, dites-vous, disent -ils *gw. hefyd* **meddwn, dweud**.

meddai *be ddiffyg gw.* **meddwn**.

meddal *ans* mou[mol](molle)(mous, molles); (*gwely, gobennydd*) doux(douce), moelleux(moelleuse); (*sylwedd*) malléable; (*pren, carreg, pensil*) tendre; (*metel, haearn*) doux, tendre; (*menyn*) mou, ramolli(e); (*lledr, brwsh*) souple, doux; (*lensys llygaid*) souple; (*defnydd, croen*) doux, soyeux(soyeuse), satiné(e), fin(e); (*rhn, cyhyrau*) ramolli, flasque, avachi(e); (*calon*) tendre, compatissant(e); (*bywyd*) doux, facile, tranquille; **mor feddal â menyn** mou comme du beurre; **caws** ~ fromage *m* mou, fromage à pâte molle; **mynd yn fwy** ~ devenir mou(molle)(mous, molles), se ramollir, s'assouplir; **llyfr clawr** ~ livre *m* broché; **diodydd** ~ boissons *fpl* non alcoolisées; **cyffuriau** ~ drogues *fpl* douces; **hufen iâ** ~ glace *f* à l'italienne; **pornograffiaeth** ~ pornographie *f* non explicite, soft porn *m inv*; **tegan** ~ jouet *m* en peluche; **dŵr** ~ eau(-x) *f* douce; **pren** ~ bois *m* tendre; **treiglad** ~ (*GRAM*) lénition *f*;
♦ **yn feddal** *adf* doucement, mollement, tendrement.

meddaldra *g* mollesse *f*, douceur *f*, souplesse *f*.

meddal-galon *ans* (au cœur) tendre, sentimental(e)(sentimentaux, sentimentales), attendri(e);
♦ **yn feddal-galon** *adf* tendrement, sentimentalement, avec attendrissement.

meddalhad *g* amollissement *m*, adoucissement *m*, ramollissement *m*, radoucissement *m*, assouplissement *m*.

meddalhau *ba gw.* **meddalu**.

meddaliad *g gw.* **meddalhad**.

meddalnod (**-au**) *g* (*CERDD*) bémol *m*.

meddalrwydd *g* mollesse *f*, douceur *f*, souplesse *f*.

meddalu *ba* amollir, ramollir, assouplir, adoucir; (*sŵn*) adoucir, attenuer, étouffer, assourdir; (*golau*) adoucir, tamiser;
♦*bg* (*menyn, daear*) devenir mou(molle), se ramollir; (*lledr*) s'assouplir; (*croen*) s'adoucir; **meddalodd ei galon wrth ei gweld** il s'attendrit en la voyant;
♦*g* amollissement *m*, assouplissement *m*, adoucissement *m*

meddalwch *g* mollesse *f*, douceur *f*, moelleux *m*; (*rhth hawdd ei forthwylio*) malléabilité *f*; (*hyblygrwydd*) souplesse *f*, douceur *f*; (*dif: cyhyrau*) avachissement *m*.

meddalwedd *g,b* (*CYFRIF*) logiciel *m*.

meddalydd (**-ion**) *g*: ~ **ffabrig** liquide *m* assouplissant.

meddant *be ddiffyg gw.* **meddaf**.

medd-dod *g gw.* **medd(w)dod**.

meddech, **meddem**, **meddent**, **meddet** *be ddiffyg gw.* **meddwn**.

meddi *be ddiffyg gw.* **meddaf**.

meddiangar *ans gw.* **meddiannol**.

meddianiad (**-au**) *g* possession *f*, occupation *f*.

meddiannaeth *b* occupation *f*; (*CYFR*) prise *f* de possession; **dan feddiannaeth filitaraidd** sous occupation militaire; **y Feddiannaeth** (*HAN*) l'Occupation.

meddiannol *ans* (*hefyd GRAM*) possessif(possessive); **rhagenw** ~ pronom *m* possessif; **bod yn feddiannol ynglŷn â rhth** ne pas vouloir partager qch; **bod yn feddiannol o rn** être possessif(possessive) avec *neu* à l'égard de qn; **mam feddiannol** mère *f* trop possessive; ~ **ar rth** en possession de qch, possédant qch;
♦ **yn feddiannol** *adf* d'une façon possessive.

meddiannu *ba* acquérir, obtenir; (*trwy rym*) saisir, occuper, s'emparer de, s'approprier; (*CYFR*) se saisir de, prendre possession de, occuper (les lieux); **fe feddiannon nhw'r adeilad** ils ont occupé *neu* saisi le bâtiment; ~**'r bêl** (*RYGBI*) s'emparer du ballon; **cael eich** ~ **gan syniad** être obsédé(e) par une idée; **'roedd wedi ei feddiannu gan genfigen** il était obsédé *neu* dévoré par la jalousie, il était en proie à la jalousie; **'roedd wedi ei feddiannu gan y diafol** il était possédé du démon;
♦*g* appropriation *f*.

meddiant (**meddiannau**) *g* possession *f*; **bod â rhth yn eich** ~ avoir qch en sa possession, posséder qch; **cymryd** ~ **o rth** prendre possession de qch, s'approprier qch.

meddid *be ddiffyg gw.* **meddwn**.

meddir *be ddiffyg gw.* **meddaf**.

meddu *bg*: ~ **ar** posséder, avoir, être en possession de.

meddw (**-on**) *ans* ivre, soûl(e); (*ffig*) ivre, enivré(e), gris(e); **bod yn feddw ac allan o reolaeth** (*CYFR*) être en état d'ivrese publique *neu* manifeste; ~ **gaib**, ~ **dwll** ivre mort, soûl comme une grive, complètement bourré(e)* *neu* bituré(e)*; **llais** ~ une voix avinée; **hen ddyn** ~ un vieil ivrogne, un vieux soûlard;
♦ **yn feddw** *adf* en état d'ivresse; **cerdded yn feddw** marcher en titubant *neu* en zigzag.

meddwdod *g* ivresse *f*, ébriété *f*; (*problem, arferiad*) ivrognerie *f*, intoxication *f*, alcoolisme *m*.

meddwi *ba* enivrer, griser, soûler;
♦*bg* s'enivrer, se griser, se soûler; ~ **ar lwyddiant** (*ffig*) s'enivrer *neu* se griser de succès; **bod wedi** ~ *gw.* **meddw**;
♦*g* ivrognerie *f*, alcoolisme *m*.

meddwl[1] *ba*
1 (*credu*) croire, penser, se dire; **(ni) wn i ddim beth i'w feddwl** je ne sais pas quoi penser; **beth ydych chi'n** ~ **y dylwn i ei wneud?** que pensez-vous *neu* que croyez-vous que je doive *subj* faire; **'rwy'n** ~ **ei bod hi'n mynd i fwrw glaw** j'ai l'impression *neu* je crois qu'il va pleuvoir; **mae hi'n** ~ **ei bod hi'n**

gwybod popeth elle croit tout savoir; **mae hi'n ~ ei bod hi'n glyfar** elle se croit *neu* se trouve intelligente; **'roedden nhw wedi ~ y bydden nhw'n llwyddo** ils s'étaient dit qu'ils allaient réussir; **mae'n siŵr eich bod yn ~ fy mod yn anghwrtais iawn** vous devez me trouver très impoli(e); **mae'n ~ ei fod yn arbenigwr** il se prend pour un spécialiste; **"mae'n annheg" meddyliodd hi** "c'est injuste" pensa-t-elle *neu* se dit-elle.
2 (*dychmygu*) penser à, imaginer; **meddylia beth allai fod wedi digwydd!** imagine ce qui aurait pu arriver!, tu penses ce qui aurait pu arriver!; **(ni) alla' i ddim ~ pam/sut/pwy** je ne vois vraiment pas pourquoi/comment/qui, je n'ai aucune idée pourquoi/comment/qui.
3 (*rhoi'ch meddwl ar*) penser à, réfléchir à; **meddylia beth wyt ti'n ei wneud!** pense *neu* réfléchis un peu à ce que tu fais!; **'rwy'n ~ tybed sut i fynd o'i chwmpas hi** je me demande comment il faudrait s'y prendre.
4 (*cofio*) penser à, se souvenir de, se rappeler; **ni alla' i feddwl beth yw ei enw** je n'arrive pas à me rappeler son nom, son nom m'échappe; **a feddyliaist ti ddod â'r dillad nofio?** tu n'as pas oublié d'apporter les maillots de bain?; **a ~ mai dim ond wyth oed yw hi!** et dire qu'elle n'a que huit ans!, quand on pense qu'elle n'a que huit ans!.
5 (*disgwyl*) penser, s'attendre à; **nid oeddwn yn ~ y byddech chi yma** je ne m'attendais pas à vous trouver ici; **nid wy'n ~ y daw hi** je ne pense pas qu'elle vienne *subj neu* qu'elle viendra.
6 (*bwriadu*) avoir l'intention de, avoir en tête de, se proposer de, compter, vouloir; **'roeddwn i wedi ~ dod ddoe** j'avais eu l'intention *neu* je m'étais proposé de venir hier, je voulais venir hier; **mae'n ~ ymddiswyddo** il envisage de démissionner; **nid oedd wedi ~ ei brifo hi** il n'avait pas fait exprès pour la blesser, il ne l'avait pas blessée exprès; **mae'n siwr nad oedd yn ei feddwl** c'est sûr que ce n'était pas intentionnel *neu* délibéré de sa part.
7 (*golygu*) signifier, vouloir dire; **beth mae'r gair yma'n ei feddwl?** que signifie ce mot?, que veut dire ce mot?; **nid yw'r gair yn ~ dim i mi** le mot ne me dit rien; **mae "brwnt" yn ~ rhth gwahanol yn y Gogledd** "brwnt" a un sens différent dans le nord du pays de Galles; **beth wyt ti'n ei feddwl?** qu'est-ce que tu veux dire?, que veux-tu dire?; **nid wyt ti ddim yn ei feddwl** tu n'es pas sérieux(sérieuse); **mae hi'n ei feddwl** elle ne plaisante pas, elle est sérieuse;
♦*bg*
1 (*rhesymu*) penser, raisonner, réfléchir; **~ drosoch eich hun** se faire ses propres opinions, avoir des opinions personnelles; **~ yn uchel** penser tout haut; **~ yn adeiladol** penser positivement; **~ yn nhermau arian** voir les choses du point de vue financier.
2 (*myfyrio*) penser, réfléchir, songer à; **meddyliodd am funud** il a réfléchi un instant; **~ cyn gweithredu** réfléchir avant d'agir; **nid yw'n dweud llawer ond mae hi'n ~ llawer** elle ne dit pas grand-chose mais elle n'en pense pas moins; **ar ôl ~ llawer** après mûre réflexion, après y avoir beaucoup réfléchi; **gadewch imi feddwl** laissez-moi réfléchir; **~ yn galed** *ou* **yn ofalus** bien réfléchir; **erbyn ~ ...** à la réflexion ..., maintenant que j'y pense ....
3 (*dychmygu*) (s')imaginer; **meddyliwch!** imaginez(-vous) un peu!; **mil o bunnoedd, meddylia!** mille livres, t'imagines*!.
4 (*credu*) penser, croire; **ie, 'rwy'n ~** oui, je crois; **pwy a feddyliai!** qui l'aurait dit *neu* cru!.
▶ **eich meddwl eich hun** (*yn bwysig*) être vaniteux(vaniteuse) *neu* suffisant(e).
▶ **meddwl am**
1 (*rhoi'ch meddwl ar*) penser à, songer à; **am beth wyt ti'n ~?** à quoi penses-tu?; **'roeddwn i'n ~ amdanat ti** je pensais à toi; **nid yw'n ~ am ddim ond bwyd** il ne pense qu'à manger; **nid yw hi'n werth ~ am hynny** ça ne vaut pas la peine d'y penser; **mae gennyf ormod o bethau i feddwl amdanynt ar hyn o bryd** j'ai trop de choses en tête en ce moment.
2 (*bod â rhth mewn golwg*) penser à; **mae hi'n ~ am yrfa mewn addysg** elle envisage de faire carrière dans l'enseignement.
3 (*myfyrio, pendroni ynghylch*) réfléchir à; **mae angen amser arnaf i feddwl am y peth** j'ai besoin de temps pour y réfléchir; **rhaid iti feddwl am yr hyn 'rwyt ti am ei wneud** il faut que tu réfléchisses *subj* à ce que tu vas faire; **meddyliaf am y peth** je vais y réfléchir, j'y penserai, j'y songerai; **~ yn ofalus** *ou* **yn galed am** (*gosodiad, gweithgaredd*) bien réfléchir à; (*problem, cwestiwn*) faire le tour de.
4 (*dychmygu*) imaginer; **meddylia am y peth!** imagine un peu!; **meddyliwch amdano'n marw fel'na!** quand on pense qu'il est mort, là, comme ça!.
5 (*ystyried*) considérer; **~ am rn fel brawd/chwaer** considérer qn comme son frère/sa sœur; **~ am deimladau rhn** considérer les sentiments de qn; **meddylia am y gost** rends-toi compte du coût, pense seulement à ce que ça va coûter.
6 (*cofio*) se rappeler; **os meddyliwch chi am unrhyw beth arall** si autre chose vous vient à l'esprit; **mae hynny'n gwneud imi feddwl am ...** cela me fait penser à ..., cela me rappelle ....
7 (*cael syniad*) avoir l'idée de; **hi a feddyliodd am ei wahodd** c'est elle qui a eu l'idée de l'inviter; **ni fyddwn i byth yn ~ am y fath**

beth! ça ne me viendrait jamais à l'idée *neu* à l'esprit!; **'rwyf newydd feddwl am ateb** je viens de trouver une solution.
▶ **meddwl braidd**: **'roeddwn i'n ~ braidd** je m'en doutais bien.
▶ **meddwl dros** (bien) réfléchir à.
▶ **meddwl eto** (*eilwaith*) reconsidérer, réfléchir de nouveau, penser de nouveau à, repenser à; (*newid meddwl*) changer d'avis; **os dyna beth wyt ti'n ei feddwl, yna meddylia eto!** si c'est ça ce que tu penses, alors tu te trompes!; **meddylia eto, nid dyna'r ateb** ce n'est pas ça, recommence; **~ eto am rth** repenser à qch, revoir qch, reconsidérer qch; **meddyliwch am y peth eto** repensez-y; **rhaid ~ eto am hyn** il faut encore y réfléchir.
▶ **meddwl o** penser de; **beth wyt ti'n ei feddwl o'r nofel hon?** que penses-tu de ce roman?; **beth wyt ti'n ei feddwl o'r athro newydd?** comment trouves-tu le nouveau professeur?, que penses-tu du nouveau professeur?; **nid wyf yn ~ llawer o'r syniad** l'idée ne me dit pas grand-chose; **~ y byd o, ~ yn uchel o** avoir une haute opinion de; **mae'n ~ y byd o'i ferch** il a une admiration sans bornes pour sa fille.
▶ **meddwl tybed** se demander (qch); **'roeddem yn ~ tybed a gaem ni ddod gyda chi** nous nous demandions si nous pouvions vous accompagner; **meddylais tybed beth oedd ei chyfeiriad** je me suis demandé quelle était son adresse.
▶ **meddwl ymlaen llaw** bien réfléchir (à l'avance); **mae'n bwysig ~ ymlaen llaw mewn gêm o dennis** au tennis, il est essentiel d'anticiper.
▶ **meddwl yn ôl** se reporter en arrière.

meddwl[2] **(meddyliau)** *g*
1 (*rheswm*) esprit *m*, raison *f*; **mae ei ~ hi'n mynd** elle n'a plus toute sa raison, elle n'a plus tout à fait sa tête; **bod yn iach eich ~** être sain(e) d'esprit.
2 (*tarddle syniadau, teimladau*) esprit *m*; **beth sydd ar dy feddwl?** qu'est-ce qui te préoccupe *neu* te tracasse?; **bod â rhth ar eich ~** avoir l'esprit préoccupé de qch; **mae hynny'n faich oddi ar fy ~** c'est un gros souci de moins, cela m'ôte un poids, cela me soulage beaucoup; **yng nghefn fy ~** au fond de moi; **bod â syniad yng nghefn eich ~** avoir une idée dans la tête; **bod yn esmwyth eich ~** avoir l'esprit tranquille; **bod yn anesmwyth eich ~ ynglŷn â rhth** être inquiet(inquiète) au sujet de qch; **â ~ agored** à l'esprit ouvert, sans préjugés.
3 (*deallusrwydd, deallusyn*) esprit *m*; **mae ~ plentyn ganddo** il a l'esprit d'un enfant; **mae ganddi feddwl neilltuol** elle est d'une très grande intelligence; **mae'n un o feddyliau mawr y byd** c'est un des grands cerveaux *neu* esprits du monde.
4 (*cof*) mémoire *f*, esprit *m*; **aeth ei feddwl yn wag** il a eu un trou de mémoire, il a eu un passage à vide, ça a été le vide complet dans sa tête; **aeth y peth reit allan o'i ~** elle l'a complètement oublié, cela lui est complètement sorti de l'esprit *neu* de la tête.
5 (*barn*) avis *m*, idée *f*; **i'm ~ i** à mon avis; **dweud eich ~** dire ce qu'on a à dire; **newid eich ~** changer d'avis; **mae'n dal o'r un ~** il n'a pas changé d'avis; **bod rhwng dau feddwl ynglŷn â** hésiter quant à *neu* pour ce qui est de, être irrésolu(e) *neu* indécis(e) pour ce qui est de; **gwybod eich ~ eich hun** avoir des idées bien arrêtées *neu* bien à soi, savoir ce que l'on veut; **gwneud eich ~ i fyny** prendre une décision, se décider, se résoudre; **gwneud eich ~ i fyny ynglŷn â** se décider à propos de; **gwneud eich ~ i fyny i wneud rhth** se décider à faire qch; **nid yw'n glir ei feddwl am hynny** il ne sait pas quoi penser lui-même là-dessus; **bod â ~ mawr o rn** avoir une haute opinion de qn, penser beaucoup de bien de qn, estimer beaucoup qn.
6 (*bwriad*) intention *f*; **'roedd yn fy ~ i fynd i'w weld** je pensais aller le voir; **nid oedd dim ymhellach o'i feddwl!** loin de lui cette pensée!; **nid oedd dim ymhellach o fy ~ na mynd i'w weld** loin de moi la pensée d'aller le voir, je n'avais nullement l'intention d'aller le voir; **beth oedd eich ~ chi yn gwneud y fath beth?** à quoi pensiez-vous, quand vous avez fait pareille chose?, où aviez-vous la tête quand vous avez fait pareille chose?.
7 (*sylw*) esprit *m*; **rhoi'ch ~ ar rth** se concentrer sur qch; **fe elli ei wneud os rhoi di dy feddwl arno** tu peux le faire si tu t'y appliques; **cadwch eich ~ ar eich gwaith** ne vous laissez pas distraire; **mynd â ~ rhn oddi ar rth** distraire qn de qch; **gadael i'r ~ grwydro** laisser flotter ses pensées *neu* son attention, laisser son esprit s'égarer; **'roedd fy ~ yn bell** j'avais l'esprit ailleurs.
8 (*myfyrdod*) pensée *f*, réflexion *f*, méditation *f*; **hel meddyliau** faire une rêverie, rêver; **bod ar goll yn eich meddyliau** être absorbé(e) par ses pensées *neu* par la rêverie, être plongé(e) dans une méditation; **mae hi'n cadw ei meddyliau iddi hi ei hun** elle garde ses pensées à elle, elle ne laisse rien deviner *neu* paraître de ses pensées; **darllen meddyliau rhn** lire dans les pensées de qn.

meddwn *be ddiffyg* (amser amherffaith: meddwn, meddet, meddai, meddem, meddech, meddent; amhersonol: meddid) disais-je, disais-tu, disait-il, disait-elle, disions-nous, disiez-vous, disaient-ils, disaient-elles *gw. hefyd* **meddaf, dweud**.

meddwol *ans* enivrant(e), alcoolique; (*ffig*) grisant(e), enivrant; **diod feddwol** boisson *f* alcoolisée; **y fasnach feddwol** le trafic *m* de l'alcool;
♦ **yn feddwol** *adf* de façon enivrante.

meddwyn (**meddwon**) *g* ivrogne *m*, ivrognesse *f*, alcoolique *m/f*, buveur *m*, buveuse *f*, soûlard *m*, soûlarde *f*.
meddyg (**-on**) *g* docteur *m*, médecin *m*; (*menyw*) femme *f* docteur, femme médecin; ~ **teulu** médecin de famille, (médecin) généraliste *m/f*; **pwy yw'ch** ~ **chi?** qui est votre docteur?, qui est votre médecin traitant?; **galw'r** ~ appeler *neu* faire venir le médecin; **bod dan law y** ~ être suivi(e) par le docteur, être entre les mains du docteur.
meddygadwy *ans* remédiable.
meddygaeth *b* (*astudiaeth*) médecine *f*; **astudio** ~ faire sa médecine; **doctor** ~ docteur *m* en médecine.
meddygfa (**meddygfeydd**) *b* cabinet *m* de consultation; **dewch i'r feddygfa yfory** venez à mon cabinet demain, venez à la consultation demain; **pryd mae ei feddygfa?** à quelle heure sont ses consultations?, à quelle heure consulte-t-il?; **oriau'r feddygfa** heures *fpl* de consultation.
meddyginiaeth (**-au**) *b* (*moddion*) médicament *m*; **'rydych chi'n cymryd gormod o feddyginiaeth** vous prenez *neu* vous absorbez trop de médicaments, vous vous droguez trop; **mae'n feddyginiaeth dda yn erbyn annwyd** c'est un remède souverain contre les rhumes; **cymryd** ~ prendre son médicament.
meddyginiaethol *ans* curatif(curative); (*llysiau ayb*) médicinal(e)(médicinaux, médicinales).
meddyginiaethu *ba* traiter, soigner; ♦*g* traitement *m*.
meddyglyn *g* hydromel *m*; (*yn Llydaw*) chouchenn *m*.
meddygol *ans* médical(e)(médicaux, médicales); **gofal** ~ soins *mpl* médicaux; **archwiliad** ~ visite *f* médicale, examen *m* médical; **swyddog** ~ médecin *m* du travail; **swyddog iechyd** ~ directeur *m* de la santé publique; **gyrfa feddygol** une carrière médicale; **ysgol feddygol, coleg** ~ école *f* de médecine, faculté *f* de médecine; **gweithiwr cymdeithasol** ~ assistant *m* social dans un hôpital, assistante *f* sociale dans un hôpital; **myfyriwr** ~ étudiant *m* en médecine, étudiante *f* en médecine; **astudiaethau** ~ études *fpl* de médecine *neu* médicales; **ward feddygol** salle *f* de médecine générale; ♦ **yn feddygol** *adf* médicalement.
meddylddrych (**-au**) *g* idée *f*, conception *f*, image *f* mentale.
meddyleg *b* psychologie *f*.
meddylegwr (**meddylegwyr**) *g* psychologue *m/f*.
meddylfryd *g* mentalité *f*, attitude *f*; **dilyn eich** ~ suivre son inclination *f* *neu* ses penchants *mpl*; **rhannu'r un** ~ être d'accord *neu* du même avis, partager les mêmes attitudes.
meddylgar *ans* (*rhn myfyrgar*) pensif(pensive), méditatif(méditative); (*gofalus o les eraill*) prévenant(e), attentionné(e); (*cymeriad*) sérieux(sérieuse), réfléchi(e); (*llyfr, ymchwil*) profond(e), sérieux, bien réfléchi; (*gweithred*) plein(e) de délicatesse; **bod â golwg feddylgar arnoch** avoir l'air de méditer; **mae'n blentyn** ~ c'est un enfant réfléchi *neu* sérieux; ♦ **yn feddylgar** *adf* pensivement; (*yn ofalus*) avec prévenance, avec de la considération.
meddylgarwch *g* considération *f*, prévenance *f*.
meddyliol *ans* mental(e)(mentaux, mentales), intellectuel(le); **salwch** ~ maladie *f* mentale; **oed** ~ âge *m* mental; **nam** ~ débilité *f* *neu* déficience *f* mentale *neu* intellectuelle; **un â nam** ~ **arno** débile *m* mental, handicapé *m* mental; **un â nam** ~ **arni** débile *f* mentale, handicapée *f* mentale; **gallu** ~ facultés *fpl* intellectuelles; **straen** *ou* **tyndra** ~ tension *f* nerveuse; **mae hi o dan straen** ~ ses nerfs ont été mis à rude épreuve; ♦ **yn feddyliol** *adf* mentalement, en esprit.
meddyliwr (**meddylwyr**) *g* penseur *m*.
meddylwraig (**meddylwragedd**) *b* penseuse *f*.
mefl (**-au**) *g* (*nam*) défaut *m*, imperfection *f*; (*marc*) tache *f*; (*moesol*) souillure *f*; (*gwarth*) honte *f*, déshonneur *m*, disgrâce *f*.
mefusen (**mefus**) *b* fraise *f*; **llwyn mefus** fraisier *m*; **mefus gwyllt** fraises des bois, fraises sauvages; **jam mefus** confiture *f* de fraises; **hufen iâ mefus** glace *f* à la fraise; **tarten** *ou* **teisen fefus** tarte *f* aux fraises; **gwely mefus** fraiseraie *f*.
megabeit (**-iau**) *g* (CYFRIF) mégaoctet *m*.
megaffon (**-au**) *g* porte-voix *m inv*.
megalith (**-au**) *g* mégalithe *m*.
megalomanaidd *ans* mégalomane; ♦ **yn fegalomanaidd** *adf* de façon mégalomane.
megalomania *g* mégalomanie *f*.
megalomaniad (**megalomaniaid**) *g/b* mégalomane *m/f*.
megawat (**-iau**) *b* mégawatt *m*.
megin (**-au**) *b* soufflet *m*; **'roedd yn chwythu fel hen fegin** il soufflait comme un phoque *neu* un bœuf.
megino *ba* souffler (qch) avec un soufflet.
megis *cys* comme, tel que, par exemple; **mae'n cerdded** ~ **mewn breuddwyd** il marche comme s'il rêve *neu* comme qn qui rêve; **llifai'r gwaed** ~ **afon** le sang coulait comme une rivière; **mae hi'n wylo,** ~ **petai wedi torri ei chalon** elle pleure, comme si elle avait le cœur brisé; **mae nifer o bethau y gallet eu gwneud,** ~ **coginio neu arddio** il y a beaucoup d'activités que tu pourrais entreprendre, comme *neu* par exemple faire la cuisine ou le jardinage; **anghenion sylfaenol bywyd** ~ **bwyd a diod** les éléments

indispensables à la vie tels que *neu* comme la nourriture et la boisson.
Mehefin *g* juin *m* *gw.* *hefyd* **Mai**.
meheryn *ll* *gw.* **maharen**.
meic (**-iau**) *g* microphone *m*, micro *m*; **wrth y ~, o flaen y ~** au micro, devant le micro.
meicro... *rhagdd* (*meicrodon ayb*) *gw.* **micro...**
meichiad (**meichiaid**) *g* porcher *m*, porchère *f*.
meichiau (**meichiafon**) *g,ll* *gw.* **mechnïaeth**.
meidon *b* médiante *f*.
meidrol *ans* fini(e), limité(e); (*marwol*) mortel(le); **rhif ~** nombre *m* fini.
meidroldeb *g* nature *f* limitée, caractère *m* fini.
meidrydd (**-ion**) *g* (*mesur*) calibre *m*, jauge *m*, indicateur *m*.
meidryddu *ba* mesurer, jauger;
♦*g* jaugeage *m*, calcul *m*.
meiddio *ba* oser; (*mentro*) se risquer, se hasarder (à faire); **nid wyf yn ~ mynd i mewn i'r pwll nofio** je n'ose pas entrer dans la piscine; **sut meiddiwch chi ddweud y fath beth?** comment osez-vous dire des choses pareilles?; **paid â ~ gwneud hynny!** je te défends d'oser faire cela.
meiddion *ll* lait *m* caillé sucré.
meigryn *g* migraine *f*.
meilart *g* canard *m* (mâle).
meilwng (**meilyngau**) *g* cheville *f*.
meillionen (**meillion**) *b* (PLANH) trèfle *m*.
meillionog *ans* couvert(e) de trèfles.
meim (**-iau**) *g,b* (*symudiadau*) mimique *f*, mime *m*, pantomime *f*; **drama trwy feim** mimodrame *m*, pantomime.
meimio *ba, bg* mimer;
♦*g* mime *m*.
meimiwr (**meimwyr**) *g* mime *m*.
meimwraig (**meimwragedd**) *b* mime *f*.
meinciwr (**meincwyr**) *g* (CYFR) membre *m* de la magistrature, magistrat *m*; **~ blaen** (GWLEID) député *m* membre du gouvernement; (*yn yr wrthblaid*) *député porte-parole dans un domaine spécifique*; **~ ôl** député de base.
meincnod (**-au**) *g* repère *m* de nivellement, point *m* de référence.
meinder *g* sveltesse *f*, minceur *f*.
meindio *ba* (*bod yn ofalus*) faire *neu* prêter attention à, veiller à; **meindia beth wyt ti'n ei wneud!** fais attention à ce que tu fais!; **meindiwch eich pen!** attention *neu* gare à votre tête!; **meindiwch eich iaith** surveillez votre langage; **meindia dy hun!** prends garde!, gare à toi, fais gaffe*!; **meindia na chwympi di!** prends garde de ne pas tomber!; **meindiwch eich busnes!** mêlez-vous de vos affaires!, mêlez-vous de ce qui vous regarde!; **'rwy'n ~ fy musnes fy hun** je ne veux pas me mêler de ce qui ne me regarde pas; **wyt ti'n ~ os dwi'n eistedd fan hyn? - dydw i ddim yn ~ o gwbwl** cela ne te fait rien *neu* ça ne t'ennuie pas que je m'assoie *subj* ici? - mais non, je t'en prie!; **pa un sy'n well gen ti? - dydw i ddim yn ~** lequel est-ce que tu préfères - ça m'est égal; **os nad ydych chi'n ~** si cela ne vous fait rien; **nid yw'n ~'r oerfel** il ne craint pas le froid.
meindwll (**meindyllau**) *g* pore *m*.
meindwr (**meindyrau**) *g* flèche *f*, aiguille *f*; (*ar fosg*) minaret *m*.
meingefn (**-au**) *g* creux *m* des reins; (*llyfr*) dos *m*.
meinhau *bg* devenir svelte *neu* mince, s'amincir; (*teneuo yn un pen*) s'effiler, terminer en pointe;
♦*ba* amincir, effiler.
meini *ll* *gw.* **maen**.
meinllais *g* (*treiddgar*) voix *f* criarde *neu* perçante; (*main*) voix aiguë de soprano;
♦*ans* à la voix criarde, à la voix aiguë.
meintiol *ans* quantitatif(quantitative);
♦ **yn feintiol** *adf* quantitativement.
meintioli[1] *ba* déterminer la quantité de, évaluer (qch) quantitativement, quantifier.
meintioli[2] *g* *gw.* **maintioli**.
meintioliad *g* quantification *f*.
meintoniaeth *b* géométrie *f*.
meinwe (**-oedd**) *b* tissu *m*.
meipen (**maip**) *b* navet *m*; **bod â phen fel ~** (*ar ôl yfed*) avoir une gueule de bois*, avoir mal aux cheveux; (*bod yn dwp*) être obtus(e); **pen ~** imbécile *m/f*.
meirch *ll* *gw.* **march**.
meirioli *bg* dégeler;
♦*g* dégel *m*.
meirw, **meirwon** *ll* *gw.* **marw**.
meistr (**-i**) *g* maître *m*; **nid yw'r ~ adref** Monsieur n'est pas là; **fi yw'r ~ nawr** c'est moi qui commande *neu* qui donne les ordres maintenant; **bod yn feistr arnoch eich hun** être son propre maître; **mae'n feistr ar y delyn** c'est un maître de la harpe; **mae ~ ar Mistar Mostyn** chacun a son maître.
meistres (**-i**) *b* maîtresse *f*; (*cariad*) maîtresse *f*, amante *f*; **~ y gwisgoedd** (THEATR) costumière *f*; **a yw'r feistres gartref?** Madame est-elle là?; **bod yn feistres arnoch eich hun** être sa propre maîtresse, être indépendante.
meistrolaeth *g* maîtrise *f*, domination *f*; **ei ~ o'r Ffrangeg** sa maîtrise du français; **cael ~ ar** (*rn*) avoir le dessus sur, l'emporter sur; (*anifail*) dompter, mater; (*gwlad*) s'assurer la domination de, subjuguer, maîtriser, dominer; (*môr*) s'assurer la maîtrise de.
meistrolgar *ans* magistral(e)(magistraux, magistrales), dominateur(dominatrice), autoritaire, impérieux(impérieuse);
♦ **yn feistrolgar** *adf* magistralement, de main de maître, en maître, avec autorité, impérieusement, d'un ton décisif, sur un ton d'autorité.

meistroli *ba* (*pwnc, medr*) maîtriser; (*anifail, torf*) dompter, mater; (*diffygion*) surmonter; (*anawsterau*) venir à bout de, surmonter; (*sefyllfa*) se rendre maître de, dominer.
meistrolwr (**meistrolwyr**) *g* dompteur *m*.
meitin *g*: **ers** ~ depuis des heures, depuis quelque temps, depuis longtemps.
meitr (**-au**) *g*
1 (*saernïaeth*) onglet *m*.
2 (*esgob*) mitre *f*.
meitro *ba* (*saernïaeth*) assembler qch à *neu* en onglet;
♦*g* assemblage *m* en onglet.
meitrog *ans*
1 (*coed*) assemblé(e) en onglet.
2 (*esgob*) mitré(e).
meithder (**-au**) *g* (*o ran hyd*) longueur *f*; (*o ran amser*) durée *f*, longueur.
meithrin *ba* (*codi, magu*) élever; (*addysgu*) éduquer; (*PLANH*) cultiver, faire pousser; (*cyfeillgarwch, sefyllfa*) encourager, stimuler, favoriser; **ysgol feithrin** école *f* maternelle; (*breifat*) jardin *m* d'enfants; **addysg feithrin** enseignement *m* de la maternelle; **athrawes ysgol feithrin** institutrice *f* de maternelle; (*breifat*) jardinière *f* d'enfants; **gweinyddes feithrin** puéricultrice *f*; **Mudiad Ysgolion M**~ *association f d'écoles maternelles galloises*.
meithrinfa (**-oedd**) *b* (*i ofalu am blant*) crèche *f*, garderie *f*; (*i ofalu am blant ddydd a nos*) pouponnière *f*; (*PLANH*) pépinière *f*.
mêl *g* miel *m*; **bod yn fêl i gyd** être tout sucre *neu* tout miel; **nid yw bywyd yn fêl i gyd** tout n'est pas rose dans la vie; **mis** ~ lune *f* de miel, voyage *m* de noces; **cyfnod y mis** ~ (*GWLEID: ffig*) l'état *m* de grâce; **dil** ~ rayon *m* de miel; (*ar ddefnydd*) nid *m* d'abeille; **bod yn fêl ar fysedd rhn** faire vraiment plaisir à qn, réjouir qn.
mela *bg* butiner le nectar.
'mela *bg* (*ymyrryd*) se mêler de, s'occuper de, s'ingérer dans; ~ **â rhth** (*ymhél â rhth*) toucher à qch; ~ **â merch** tripoter* une fille; **paid â** ~**!** laisse tomber!, bas les pattes!*;
♦*g* ingérence *f*, intrusion *f*.
melan *b* mélancolie *f*, cafard* *m*; **'roedd y felan arni** elle était *neu* se sentait mélancolique; **canu'r felan** chanter du blues.
melancolia *g* (*SEIC*) mélancolie *f*.
melanin *g* mélanine *f*.
melen *ans b gw.* **melyn**.
melfa (**melfeydd**) *b* nectaire *m*.
melfaréd *g* velours *m* côtelé; **trowsus** ~ pantalon *m* en velours côtelé.
melfed (**-au**) *g* velours *m*;
♦*ans*: **ffrog felfed** robe *f* de velours.
melfedaidd *ans* (*defnydd*) velouteux(velouteuse), velouté(e); **mewn llais** ~ d'une voix veloutée
melin (**-au**) *b* moulin *m*; (*DIWYD*) minoterie *f*; ~ **bapur** usine *f* de papeterie; ~ **bupur** moulin à poivre; ~ **ddur** aciérie *f*; ~ **ddŵr** moulin à eau; ~ **eithin** hache-paille *m inv*, coupe-paille *m inv*; ~ **gotwm** filature *f* de coton; ~ **lifio** scierie *f*; ~ **rolio** laminoir *m*; ~ **wlân** lainerie *f*; ~ **wynt** moulin *m* à vent; **gweithiwr mewn** ~ ouvrier *m* d'usine *neu* de fabrique; **maen** ~ meule *f*; **mae hi'n faen** ~ **iddo** elle est un boulet qu'il traîne avec lui; **y cyntaf i'r felin gaiff falu** le premier qui arrive au moulin moudra; **mae'n siarad fel** ~ **(bupur)** c'est un vrai moulin à paroles, c'est une vraie pie; **mynd trwy'r felin** passer par de dures épreuves, en voir de toutes les couleurs; **troi pob dŵr i'ch** ~ **eich hun** faire venir l'eau à son moulin; **saer** ~ constructeur *m* de moulins.
melinydd (**-ion**) *g* meunier *m*; (*mewn diwydiant*) minotier *m*.
melodaidd *ans* mélodieux(mélodieuse);
♦ **yn felodaidd** *adf* mélodieusement.
melodi (**melodïau**) *b* mélodie *f*.
melodrama (**melodramâu**) *g,b* mélodrame *m*; (*dif*) mélo *m*.
melodramatig *ans* mélodramatique;
♦ **yn felodramatig** *adf* d'un air *neu* d'une façon mélodramatique.
melon (**-au**) *g* melon *m*, cantaloup *m*; ~ **dŵr** melon d'eau, pastèque *f*.
melwlith *g* miellée *f*.
melyn (**melen**) (**melynion**) *ans* jaune; (*gwallt*) blond(e); **y tudalennau** ~ les pages *fpl* jaunes de l'annuaire; **troi'n felyn, mynd yn felyn** devenir jaune, jaunir;
♦*g* jaune *m*; ~ **yr eithin** (*ADAR*) bruant *m* jaune; (*PLANH*) tormentille *f*; ~ **wy** jaune d'œuf.
melynder, **melyndra** *g* couleur *f* jaune; (*croen*) teint *m* jaune.
melynddu (**-on**) *ans* (*blew llew*) fauve; (*croen*) basané(e), bistré(e), hâlé(e).
melynfaen *g* soufre *m*.
melyngoch (**-ion**) *ans* orange *inv*, ambré(e); **gwallt** ~ cheveux châtain roux *inv neu* roussâtres;
♦*g* orange *m*.
melyni *g* couleur *f* jaune, jaune *m*; (*croen*) teint *m* jaune; (*MEDD*) jaunisse *f*.
melynllwyd *ans* chamois *inv*.
melynllys *g* (*PLANH*) chélidoine *f*.
melynu *bg* devenir jaune, jaunir; **papur wedi** ~ **gydag amser** papier *m* jauni par le temps;
♦*ba* jaunir;
♦*g* jaunissement *m*.
melynwy (**-au**) *g* jaune *m* d'œuf.
melynwyn (**-ion**) *ans* jaune pâle *m inv*, blanc jaunâtre *m inv*; (*hufen*) crème *inv*.
melynwyrdd (**-ion**) *ans* olive, olivâtre.
melys *ans* (*blas: te, bisgedi*) sucré(e); (:*gwin, seidr, ffrwyth, sudd*) doux(douce); (*aroglau*) agréable, suave; (*sŵn, llais*) doux, harmonieux(harmonieuse),

mélodieux(mélodieuse); (*dial, llwyddiant*) doux; **bod â dant** ~ être friand(e) de sucreries; **'rwy'n hoff iawn o bethau** ~ j'aime les sucreries; **sur a** ~ (*COG*) aigre-doux(~-douces)(~s-~, ~s-douces); **atgofion** ~ doux souvenirs *mpl*; **golwyth** ~ pancréas *m*; ~ **moes mwy** cela a un petit goût de revenez-y; **menyn** ~ sauce *f* béchamel; **gwymon** ~ algue *f* comestible; ♦ **yn felys** *adf*: **arogleuo'n felys, gwynto'n felys** sentir bon; **blasu'n felys** avoir un goût sucré.

melysber *ans* parfumé(e); (*blodyn*) odorant(e), odoriférant(e).

melysfwyd (**-ydd**) *g* sucrerie *f*, confiserie *f*, dessert *m*.

melysion *ll* bonbons *mpl*; **siop felysion** confiserie *f*.

melysol *ans* (*blas*) édulcorant(e).

melyster, **melystra** *g* (*blas*) goût *m* sucré; (*aroglau*) parfum *m*, odeur *f* suave; (*sŵn*) son *m* mélodieux *neu* harmonieux.

melysu *ba* (*coffi, saws*) sucrer; (*tymer rhn*) adoucir;

♦*g* sucrage *m*, adoucissement *m*.

melysydd (**-ion**) *g* (*ar gyfer coffi, bwyd*) édulcorant *m*, sucrage *m*.

melysyn (**melysion**) *g* bonbon *m*.

mellten (**mellt**) *b* éclair *m*, foudre *f*; **'roedd llawer o fellt a tharanau** il y avait beaucoup d'éclairs et du tonnerre; **cael eich taro gan fellten** être frappé(e) par la foudre, être foudroyé(e); **fel** ~ avec la vitesse de l'éclair; **goleuo mellt** faire des éclairs; **dreigiau mellt** éclairs en nappe(s).

melltennu *bg* faire des éclairs; (*llygaid*) lancer des éclairs.

melltigedig *ans* sacré(e), maudit(e), satané(e); **y plentyn** ~**!** maudit enfant!, sacré enfant!; **'roedd hi'n felltigedig o oer** il faisait bigrement* froid;

♦ **yn felltigedig** *adf* sacrément, rudement, drôlement, bigrement*.

melltith (**-ion**) *b* malédiction *f*; (*rheg*) juron *m*, imprécation *f*; (*ffig*) fléau(-x) *m*, mal *m*, malheur *m*, calamité *f*; ~ **arno!** maudit soit-il!; ~ **arnoch!** je vous maudis, maudits soyez-vous!; ~ **fy mywyd** un sort qui m'a poursuivi(e) toute ma vie.

melltithio *ba* maudire; **cael eich** ~ **gan rth** être affligé(e) de qch;

♦*bg* (*rhegi*) jurer, sacrer.

melltithiol *ans* malveillant(e).

memo(randwm) (**memoranda**) *g* note *f* de service; **gwneud** ~ dresser *neu* rédiger une note; **anfonodd femorandwm at y staff** il a fait circuler une note *neu* il a fait passer une circulaire parmi les employés.

memrwn (**memrynau**) *g* parchemin *m*; (*felwm*) vélin *m*, membrane *f*; **tebyg i femrwn** parcheminé(e).

men (**-ni**) *b* (*fan*) fourgon *m*; (*cerbyd*) chariot *m*, charrette *f*; ~ **geffylau** van *m*.

mên *ans*

1 (*cybyddlyd*) avare, mesquin(e), chiche, radin(e), pingre; **bod yn fên gyda'ch arian** être avare de son argent.

2 (*cas*) mesquin, méchant(e); **hen dric** ~ un sale tour, une crasse *f*; **fe fu e'n fên tuag ati** il n'a vraiment pas été sympa avec elle, il a été plutôt rosse avec elle.

3 (*â chywilydd*): **teimlo'n fên am rth** avoir un peu honte de qch, ne pas être très fier(fière) de qch;

♦ **yn fên** *adf* (*yn gybyddlyd*) chichement, mesquinement; (*yn gas*) méchamment.

Menai *prb*: **(afon)** ~ (le détroit *m* du) Menai *m*.

mendio *ba* (*gwella: claf, clefyd*) guérir;

♦*bg* se remettre, se rétablir; **mae hi wedi** ~**'n llwyr** elle est tout à fait rétablie.

menig *ll gw.* **maneg**.

meniw *b gw.* **bwydlen**.

mennu *ba gw.* **menu**.

menopos *g* (*MEDD*) ménopause *f*.

Menorca *prb gw.* **Minorca**.

menter (**mentrau**) *b*

1 (*MASN*) entreprise *f*, initiative *f*, tentative *f*, projet *m*; ~ **busnes** entreprise; **aeth ei fenter busnes i'r wal** son entreprise (en matière de commerce) a échoué, sa tentative commerciale a échoué; ~ **ar y cyd** coentreprise *f*; ~ **iaith** *projet qui encourage l'usage de la langue galloise dans le commerce etc.*

2 (*perygl, risg*) risque *m*, danger *m*, péril *m*; **ar eich** ~ **eich hun** à vos propres risques et périls; **'roedd yn fenter beryglus** c'était une entreprise *neu* aventure *neu* tentative risquée *neu* hasardeuse.

mentro *ba* risquer, exposer, hasarder; (*betio*) parier, miser; ~ **gwneud rhth** (*beiddio*) oser faire qch, hasarder à faire qch; **mentrodd ysgrifennu ati** il s'est permis de lui écrire; **ni fentrais i siarad** je n'ai pas osé parler; **oni fentrwch chi beth nid enillwch chi ddim** qui ne risque rien n'aura rien;

♦*bg* s'aventurer, se risquer; (*betio*) parier; ~ **allan** se risquer à sortir; ~ **i mewn i'r goedwig** s'aventurer *neu* se hasarder dans la forêt; **mi fentra' i y bydd yno iti** je te parie qu'il y sera.

mentrus *ans* (*rhn*) hardi(e), aventureux(aventureuse), entreprenant(e); (*gweithred*) risqué(e), hasardeux(hasardeuse); (*stori, nofel, drama*) osé(e);

♦ **yn fentrus** *adf* aventureusement, hardiment.

mentrwr (**mentrwyr**) *g* entrepreneur *m*; (*anturiwr*) explorateur *m*.

menu *bg*: ~ **ar** avoir un effet *neu* des conséquences sur, modifier; (*dylanwadau ar*) influer sur; (*amharu ar*) atteindre, toucher, nuire à; (*gwaethygu: iechyd, cyflwr*) altérer, détériorer; (*effeithio*) concerner, toucher; (*tarfu, trafferthu*) déranger, troubler, inquiéter; **nid yw'n** ~ **dim arni** cela ne la touche pas du tout; **nid oedd y sŵn yn** ~ **dim arni** le bruit ne la dérangeait pas du tout.

menyn *g* beurre *m*; ~ **fferm** beurre de la ferme; ~ **cartref** beurre (fait à la) maison; **ni thoddai** ~ **ddim yn ei geg** c'est une sainte-nitouche, on lui donnerait le bon Dieu sans confession; **bara** ~ tartine *f* beurrée *neu* de beurre; **ennill eich bara** ~ gagner son pain *neu* sa vie; **dysgl fenyn** beurrier *m*; **cyllell fenyn** couteau(-x) *m* à beurre; **blodyn** ~ bouton *m* d'or, renoncule *f* des champs.

menyw (-**od**) *b* femme *f*, dame *f*; ~ **ifanc** jeune femme; **hen fenyw** une vieille *f*; **cwrso** ~**od** courir des jupons, courir après les femmes; **lle'r fenyw yw yn y cartref** la place d'une femme est au foyer; **nid yw gwaith** ~ **byth ar ben** on n'a jamais fini de faire le ménage, on trouve toujours à faire dans une maison; ~ **brofiadol** une femme d'expérience; ~ **lanhau** femme de ménage.

mêr (**merion**) *g* moelle *f*; (*ffig*) essence *f*, moelle; **rhewi hyd at fêr eich esgyrn** être gelé(e) jusqu'à la moelle des os; **'rwy'n ei deimlo ym** ~ **fy esgyrn** j'en ai le pressentiment, qch me le dit.

merbwll (**merbyllau**) *g* mare *f* stagnante.

mercantilaidd *ans* (*llong*) marchand(e); (*busnes*) commercial(e)(commerciaux, commerciales); (*cenedl*) commerçant(e); (*cwmni*) de commerce, commercial;
♦ **yn fercantilaidd** *adf* commercialement.

mercwri *g* mercure *m*.

merch (-**ed**) *b* fille *f*; ~ **fach** petite fille, fillette *f*; ~ **fedydd** filleule *f*; ~ **ysgol** élève *f*, collégienne *f*, lycéenne *f*; ~ **yng nghyfraith** belle-fille(~s-~s) *f*, bru *f*; **dyma fy** ~ voici ma fille; ~ **ifanc 18 oed** une jeune fille de 18 ans; ~ **ifanc o Ffrainc** une jeune Française; **y ferch fach druan, druan o'r ferch fach** la pauvre petite; ~**ed y Jonesiaid** les filles (des) Jones; **ysgol i ferched** école *f* de filles, lycée *m* de filles; **hen ferch** célibataire *f*, vieille fille*; **mae hi'n hen ferch** elle est célibataire, elle n'est pas mariée; **Mudiad Rhyddid Merched** mouvement *m* de libération de la femme, M.L.F. *m*; **canolfan i ferched** centre *m* d'accueil de femmes; **hawliau** ~**ed** les droits *mpl* de la femme; **Sefydliad y Merched** *association f de femmes*; **Merched y Wawr** *association de Galloises.*

Mercher *g*
1 (*planed*): **(y blaned)** ~ Mercure *m*.
2 (*dydd*): **(dydd)** ~ mercredi *m*; **dydd** ~ **y Lludw** mercredi des Cendres *gw. hefyd* **Llun**.

mercheta *bg* courir les femmes, courir le jupon.

merchetaidd *ans* efféminé(e);
♦ **yn ferchetaidd** *adf* d'une façon efféminée.

merchetwr (**merchetwyr**) *g* coureur *m* de jupons, tombeur *m* de femmes.

merddwr (**merddyfroedd**) *g* eau(-x) *f* stagnante.

merf, **merfaidd** *ans* fade, insipide, sans saveur;
♦ **yn ferfaidd** *adf* fadement, insipidement.

merfdra, **merfeidd-dra** *g* manque *m* de saveur, fadeur *f*, insipidité *f*.

merfog (-**iaid**) *g* (PYSG) brème *f*.

meridian (-**au**) *g* méridien *m*.

merino *g* (*gwlân*) mérinos *m*; **dafad ferino** mérinos.

meritocratiaeth *b* méritocratie *f*.

merlen (**merlod**) *b* poney *m* (femelle); ~ **fynydd** cheval(chevaux) *m* de montagne; ~ **pwll glo** cheval de mine.

merlota *bg* faire une randonnée à cheval;
♦*g* randonnée *f* équestre *neu* à cheval.

merlotwr (**merlotwyr**) *g* randonneur *m* à cheval, équestre *m*.

merlotwraig (**merlotwragedd**) *b* randonneuse *f* à cheval, équestre *f*.

merlyn (**merlod**) *g* poney *m*; ~ **mynydd** cheval(chevaux) *m* de montagne; ~ **pwll glo** cheval de mine.

merllyd *ans* fade, insipide, sans saveur;
♦ **yn ferllyd** *adf* fadement, insipidement, sans saveur.

merllys (-**iau**) *g* (PLANH) asperge *f*.

merthyr (-**on**) *g* martyr *m*, martyre *f*; **bod yn ferthyr** (*ffig*) jouer les martyrs.

merthyrdod (-**au**) *g* (CREF) martyre *m*; (*ffig*) martyre, calvaire *m*, supplices *mpl*.

merthyredig *ans* martyr(e).

merthyres (-**au**) *b* martyre *f*.

merthyru *ba* martyriser.

merwindod *g* engourdissement *m*.

merwino *ba*
1 (*colli teimlad*) engourdir, endormir; (*ffig*) paralyser; **dwylo wedi eu** ~ **gan oerfel** mains *fpl* engourdies par le froid; **mae'n** ~**'r boen** cela endort la douleur.
2 (*mynd ar nerfau*) irriter, agacer, taper sur; ~ **clustiau** (*ffig*) écorcher les oreilles (à qn); **mae'n** ~ **fy nerfau** cela m'agace, cela me met les nerfs en boule*, cela me porte sur les nerfs*, cela me tape sur les nerfs;
♦*bg* picoter, démanger;
♦*g* picotement *m*, démangeaison *f*.

meryswydden (**meryswydd**) *b* (PLANH) néflier *m*; **ffrwyth y feryswydden** nèfle *f*.

merywen (**meryw**) *b* (PLANH) genévrier *m*, genièvre *m*; **aeronen meryw** grain *m* de genièvre.

meseia *g* messie *m*; **y M**~ le Messie.

mesen (**mes**) *b* gland *m*.

mesglyn *g gw.* **masgl**.

mesmeredig *ans* hypnotisé(e); (*ffig*)

fasciné(e), médusé(e).
mesmereiddio *ba* hypnotiser.
Mesopotamia *prb* la Mésopotamie *f*.
mesur[1] *ba* (*llyth*) mesurer; (*bwrw amcan o rth*) jauger; (*ffig*) mesurer, estimer, évaluer, jauger; ~ **uchder rhth** mesurer *neu* jauger *neu* prendre la hauteur de qch; **cael eich ~ ar gyfer ffrog** faire prendre ses mesures pour une robe; **mae'r ystafell yn ~ 5 metr ar draws** la pièce fait *neu* mesure *neu* a 5 mètres de large; **mae'r ystafell yn ~ 4 metr wrth 3** la pièce fait *neu* mesure 4 mètres sur 3; ~ **eich geiriau** peser ses mots; **pwyso a ~ y dadleuon o blaid ac yn erbyn** peser le pour et le contre; **pren ~** règle *f*; **tâp ~** mètre *m* à ruban; (*sy'n plygu*) mètre *m* pliant; **jwg ~** pot *m* gradué; **llinell fesur** (*ffig*) critère *m*.
mesur[2] (**-au**) *g*
1 (*mesuriad*) mesurage *m*, mesure *f*; **rhoi ~ llawn** faire bonne mesure *neu* bon poids; **rhoi ~ byr** voler *neu* rogner sur la quantité *neu* sur le poids; **siwt wedi ei gwneud i fesur** complet *m* fait sur mesure; **i ryw fesur** dans une certaine mesure, jusqu'à un certain degré; **rhyw fesur o lwyddiant** un certain succès.
2 (*BARDD*) mètre *m*.
3 (*CERDD*) mesure *f*; **y ~au agoriadol** les premières mesures.
4 (*CYFR*) projet *m* de loi; **cynnig ~** (*CYFR*) présenter un projet de loi; **aeth y ~ drwy Dŷ'r Cyffredin** (*CYFR*) le projet de loi a été voté par la Chambre des Communes.
mesuradwy *ans* mesurable, sensible, perceptible;
♦ **yn fesuradwy** *adf* de manière mesurable.
mesuredig *ans* mesuré(e).
mesureg *b* mesurage *m*.
mesuriad (**-au**) *g* mesure *f*, dimension *f*; (*dodrefnyn*) encombrement *m* au sol; **cymryd ~au ystafell** prendre les mesures d'une pièce; **beth yw dy fesuriadau di?** quelles sont tes mesures?
mesurol *ans* quantitatif(quantitative), mesuré(e);
♦ **yn fesurol** *adf* quantitativement, de façon mesurée.
mesurwr (**mesurwyr**) *g* mesureur *m*, jaugeur *m*; ~ **tir** arpenteur *m*, géomètre *m*, géomètre-expert(~s-~s) *m*.
mesurydd (**-ion**) *g*: ~ **dŵr/trydan/nwy** compteur *m* d'eau/à gaz/d'électricité.
mesuryn (**-nau**) *g* (*MATH*) ordonnée *f*.
mêt (**-s**) *g* (*ar long*) second *m* (capitaine *m*); (*cyfaill*) copain* *m*, copine* *f*.
metabolaeth *b* métabolisme *m*.
metabolig *ans* métabolique;
♦ **yn fetabolig** *adf* du point de vue métabolique.
metaffiseg *b* métaphysique *f*.
metaffisegol *ans* métaphysique.
metaffisegydd (**metaffisegwyr**) *g* métaphysicien *m*, métaphysicienne *f*.
metamorffig *ans* métamorphique.
metamorffosis (**-au**) *g* métamorphose *f*.
metel (**-au, -oedd**) *g*
1 (*cyff*) métal *m*; **gwaith ~** ferronnerie *f*, travail *m* des métaux; **gweithiwr mewn ~** ferronnier *m*, ouvrier *m* métallurgiste; **sborion ~** ferraille *f*.
2 (*dewrder*) courage *m*, cœur *m*, ardeur *f*; **dangos eich ~** montrer de quoi on est capable.
metelaidd *ans* métallique.
meteleg *b* métallurgie *f*.
metelegol *ans* métallurgique.
metelifferaidd *ans* métallifère.
metelig *ans* métallique.
metelydd (**-ion**) *g* métallurgiste *m*.
metelyddiaeth *b* métallurgie *f*.
meteor (**-au**) *g* météore *m*.
meteorit (**-au**) *g* météorite *f*.
meteoroleg *b* météorologie *f*.
meteorolegydd (**meteorolegwyr**) *g* météorologue *m/f*.
metr (**-au**) *g* mètre *m*; ~ **sgwâr** mètre carré.
metrig *ans* métrique; **system fetrig** système *m* métrique.
metrigeiddio *bg, ba* convertir (qch) au système métrique;
♦*g* conversion *f* au système métrique, adoption *f* du système métrique.
metron (**-au**) *b* (*mewn ysbyty*) infirmière *f* en chef; (*mewn ysgol*) infirmière *f*; (*mewn cartref plant, hen bobl*) directrice *f*.
metronom (**-au**) *g* métronome *m*.
meth (**-ion**) *g* défaut *m*, imperfection *f*, faute *f*.
methadon *g* méthadone *f*.
methan *g* méthane *m*.
methdaliad (**-au**) *g* faillite *f*; (*ffig*) ruine *f*; **mynd i fethdaliad** faire faillite; (*troseddol*) faire banqueroute.
methdalwr (**methdalwyr**) *g* failli *m*, faillie *f*; **llys ~** tribunal(tribunaux) *m* de commerce; **mynd yn fethdalwr** faire faillite; (*yn droseddol*) faire banqueroute; **bod yn fethdalwr** être en faillite; **cael eich gwneud yn fethdalwr** être déclaré(e) *neu* mis(e) en faillite.
methedig *ans* infirme, handicapé(e), invalide; **pobl fethedig** handicapés *mpl*, infirmes *mpl*, invalides *mpl*;
♦ **yn fethedig** *adf* d'une façon infirme *neu* handicapée.
methiannus *ans* (*anabl*) affaibli(e), invalide, décrépit(e); (*aflwyddiannus*) qui ne réussit pas, qui n'a pas réussi, mal réussi(e), sans succès, infructueux(infructueuse)
methiant (**methiannau**) *g* échec *m*, insuccès *m*; (*banc, busnes*) faillite *f*; (*rhn aflwyddiannus*) raté *m*, ratée *f*; (*anallu*)

incapacité *f*, incompétence *f*, impuissance *f*; ~ **academaidd** échec scolaire *neu* universitaire; ~ **mewn arholiad** échec à un examen; **'roedd y cyngerdd yn fethiant** le concert a été un four, le concert a fait un four *neu* a été un fiasco *neu* a fait fiasco; ~ **i ddeall rhth** incapacité *neu* impuissance à comprendre; **bod yn fethiant mewn ieithoedd** être nul(le) en langues, ne pas être doué(e) pour les langues; **mae'n fethiant fel gŵr busnes** il ne vaut rien comme homme d'affaires; ~ **i ymddangos** (*CYFR*) défaut *m* de comparution; ~ **y cynhaeaf** la perte des récoltes.

method (**-au**) *g* (*trefnusrwydd*) ordre *m*; (*dull*) méthode *f*, manière *f*, façon *f*; **diffyg** ~ manque *m* de méthode; **actio** ~ la méthode Stanislavski, jeu(-x) *m* 'Actor Studio'; **actor** ~ adepte *m* de 'l'Actor Studio'; **actores fethod** adepte *f* de 'l'Actor Studio'; **mae** ~ **yn ei wallgofrwydd** sa folie ne manque pas d'une certaine logique.

methodeg, **methodoleg** *b* méthodologie *f*.

Methodist (**-iaid**) *g/b* méthodiste *m/f*.

Methodistaidd *ans* méthodiste.

Methodistiaeth *b* méthodisme *m*.

meths *g* alcool *m* dénaturé, alcool à brûler.

methu *ba* (*arholiad*) échouer (à), être collé(e) *neu* recalé(e) (à); **rhaid troi'n ôl, 'rydym wedi** ~**'r troad yn y ffordd** il faut faire demi-tour, nous avons raté la route latérale; ~ **gweld rhn** ne pas réussir à voir qn, ne pas arriver à voir qn; **methais â'i gweld hi** je n'ai pas réussi *neu* je ne suis pas arrivé(e) à la voir; ~ **cadw at eich gair** manquer à sa parole; ~ **ymddangos** (*CYFR*) faire défaut; **methodd ddod i'r ymarfer** il ne s'est pas montré à la répétition; ~**'n deg â**, ~**'n lân â** échouer lamentablement de, échouer dans sa tentative de; **mae'n** ~ **gweld pam** il ne voit pas pourquoi; **mae'n** ~ **deall** il n'arrive pas à comprendre; ~ **gwneud rhth** être incapable de faire qch, ne pas pouvoir faire qch; (*peidio â gwneud rhth*) manquer de faire qch, négliger de faire qch, omettre de faire qch; ♦*bg* (*mewn arholiad*) échouer, être collé(e) *neu* recalé(e); (*cynlluniau*) échouer, ne pas réussir, ne pas aboutir; (*drama, cyngerdd*) faire *neu* être un four; (*banc, busnes*) faire faillite; (*gwanhau*) faiblir, baisser, s'affaiblir; (*trydan, dŵr*) faire défaut, manquer; (*brêcs*) lâcher; (*peiriant: yn torri i lawr*) tomber en panne, flancher*; (*wrth saethu*) manquer son coup, rater son coup; **mae ei golwg hi'n** ~ sa vue faiblit *neu* baisse.

Methuselah *prg* Mathusalem.

methylen *g* méthylène *m*.

meudwy (**-aid, -od**) *g* ermite *m*, solitaire *m*.

meudwyaidd *ans* érémitique;
♦ **yn feudwyaidd** *adf* comme un ermite.

Meuryn (**-nau**) *g*: **y** ~ *l'arbitre m dans un concours poétique.*

mewian *bg* miauler;
♦*g* miaulement *m*.

mewn *ardd*
1 (*lle*) dans; ~ **bocs** dans une boîte; ~ **bwyty** dans un restaurant; ~ **ysgol** dans une école; **eirin gwlanog** ~ **brandi** des pêches à l'eau de vie.
2 (*amser: o fewn, dros gyfnod o*) en; **darllenais bennod** ~ **10 munud** j'ai lu un chapitre en 10 minutes; **gwnaeth hynny** ~ **5 munud** il l'a fait en 5 minutes, il a mis 5 minutes à le faire; ~ **amrantiad**, ~ **chwinciad**, ~ **dim amser** en un clin d'œil, en un rien de temps, en moins de deux*.
3 (*amser: ymhen, ar ôl*) dans, au bout de; **mi fydda' i'n mynd i'r dref** ~ **10 munud** je vais en ville dans 10 minutes; **bydd yn cyrraedd** ~ **tridiau** il arrivera dans trois jours; **'rwyf am godi** ~ **eiliad/munud** je vais me lever dans un moment/une minute; **daeth hi yn ôl** ~ **5 munud** elle est revenue dans 5 minutes; **mi fydda' i yn ôl** ~ **wythnos** je serai de retour au bout d'une semaine.
4 (*dull, cyfrwng*): ~ **llais mwyn** d'une voix douce; **siarad** ~ **sibrydion** chuchoter, parler en chuchotant; **ysgrifennu rhth** ~ **pensil/inc** écrire qch au crayon/à l'encre.
5 (*cyflwr*): ~ **adfeilion** en ruines; ~ **anobaith** au désespoir; ~ **cyflwr da** en bon état; ~ **dagrau** en larmes; **bod** ~ **tymer dda/ddrwg** être de bonne/mauvaise humeur.
6 (*amgylchiadau, sefyllfa*): ~ **perygl/distawrwydd** en danger/silence; **byw** ~ **tlodi** vivre dans la misère; ~ **tywyllwch** dans l'obscurité; **'rwyt ti** ~ **helynt nawr** tu vas avoir des ennuis; **bod** ~ **grym** être au pouvoir; ~ **bod eisoes** déjà existant(e), qui existe déjà.
7 (*maes arbennig*): **mae hi'n dda** ~ **mathemateg** elle est forte en mathématiques.
8 (*trefn*): ~ **cylch** en cercle.
9 (*mesuriadau*): **mae can centimetr** ~ **metr** il y a cent centimètres dans un mètre.
10 (*cymarebau*): **un car** ~ **deg** une voiture sur dix.
11 (*yn bresennol neu'n gynhenid yn*) chez; **mae'n naturiol** ~ **plant o'r oedran yna** c'est normal chez les enfants de cet âge; **fe'i ceir** ~ **anifeiliaid** on le trouve chez les animaux.
12 (*yn rhan o*): **bod** ~ **tîm/grŵp** faire partie d'une équipe/d'un groupe; **'roeddem ni'n sefyll** ~ **ciw** nous faisions la queue.
13 (*yn gwisgo*) en; ~ **sgert/sandalau** en jupe/sandales; **wedi'ch gwisgo** ~ **du** habillé(e) en noir.
▶ **i mewn** dedans, à l'intérieur; **bod i** ~ (*gartref*) être là, être à la maison; (*yn y swyddfa ayb*) être là; (*trên: wedi cyrraedd*) être arrivé(e) *neu* en gare; (*cynhaeaf: wedi'i gasglu*) être rentré(e); (*llanw*) être haut(e);

(*CHWAR: pêl*) être bon(ne); (:*tîm criced ayb*) être à la batte; **rhaid i'r ceisiadau fod i ~ erbyn diwedd y mis** les candidatures doivent être déposées avant la fin du mois; **rhaid i'r gwaith cartref fod i ~ yfory** le devoir doit être rendu demain; **dod i ~ (i rth), mynd i ~ (i rth)** entrer (dans qch); **dewch i ~!, i ~ â chi!** entrez donc!; **rhedeg i ~** entrer en courant; **symud i ~** (*i dŷ*) emménager; **tyfu i ~ i rth** (*dilledyn*) devenir assez grand(e) pour mettre qch; **i ~ yn** à l'intérieur de; **i ~ yn y cwpwrdd** à l'intérieur du placard.

▶ **o fewn**

1 (*y tu mewn i*): **o fewn ffiniau'r ardd** à l'intérieur du jardin, dans les limites du jardin; **o fewn y dref ei hun** à l'intérieur même de la ville, dans la ville; **o fewn muriau'r dref** à l'intérieur des murs de la ville, dans l'enceinte de la ville; **clywodd lais o'i fewn yn dweud ...** il entendit une voix en lui dire ....

2 (*heb fod y tu hwnt i*): **o fewn clyw** à portée de voix; **o fewn cyrraedd rhn** à portée de qn; **o fewn cyrraedd y magnelau** à portée des canons; **'roedd y llyfr o fewn ei chyrraedd** le livre était à sa portée; **byw o fewn eich incwm** vivre selon ses moyens; **bod o fewn golwg** être en vue; (*ffig*) être proche; **o fewn rheswm** raisonnable.

3 (*pellter: dim pellach na*): **mae'n byw o fewn milltir i'r dref** il habite à moins d'un mil(l)e de la ville.

4 (*amser: yn ystod*): **o fewn awr** en une heure.

5 (*amser: cyn diwedd cyfnod o*): **o fewn wythnos iddo adael** moins d'une semaine après son départ; **deuthum yn ôl o fewn yr wythnos** je suis revenu(e) avant la fin de la semaine; **fe ddaw yn ôl o fewn yr awr** il sera de retour d'ici une heure *neu* dans l'heure qui suit; **dewch yn ôl o fewn awr** revenez dans une heure; **o fewn blwyddyn i nawr** d'ici un an; **"i'w ddefnyddio o fewn tridiau ar ôl ei agor"** "se conserve encore 3 jours après ouverture".

▶ **oddi mewn** *gw.* **oddi**.

▶ **tu mewn** *gw.* **tu**.

mewnanadlu *ba* inhaler; (*wrth ysmygu*) avaler; (*persawr*) aspirer, respirer, humer; ♦*g* inhalation *f*, aspiration *f*.

mewnblyg, **mewnblygol** *ans* introspectif(introspective), replié(e) sur soi-même, introverti(e);
♦ **yn fewnblyg, yn fewnblygol** *adf* introspectivement.

mewnbwn (**mewnbynnau**) *g* (*CYFRIF: data*) données *fpl* à traiter.

mewndir *g* (*heb fod ar lan y môr*) intérieur *m*; **mae'r ~ yn fynyddig** l'intérieur du pays est montagneux.

mewndirol *ans* intérieur(e);
♦ **yn fewndirol** *adf* à l'intérieur du pays.

mewnfa (**mewnfeydd**) *b* (*TECH*) orifice *m* d'entrée, prise *f* (*d'air etc*).

mewnfodol *ans* immanent(e);
♦ **yn fewnfodol** *adf* de façon immanente.

mewnforio *ba* importer; **~ nwyddau** importer des marchandises; **nwyddau wedi'u ~** articles *mpl* d'importation, articles importés, marchandises *fpl* d'importation, marchandises importées; **nwyddau wedi eu ~ o Tsieina** importations en provenance de Chine; **cwmni ~-allforio** société *f* d'import-export;
♦*g* importation *f*.

mewnforiol *ans* importateur(importatrice).

mewnforwr (**mewnforwyr**) *g* importateur *m*.

mewnforwraig (**mewnforwragedd**) *b* importatrice *f*.

mewnforyn (**mewnforion**) *g* importation *f*, article *m* *neu* marchandise *f* d'importation, marchandise importée.

mewnfridio *g* (*mewn anifeiliaid*) croisement *m* d'animaux de même souche, accouplement *m* d'animaux consanguins; (*bodau dynol*) croisement consanguin, consanguinité *f*; **mae llawer o fewnfridio yma** il y a beaucoup d'unions consanguines *neu* de mariages consanguins ici.

mewnfudiad (**-au**) *g* immigration *f*.

mewnfudo *bg* immigrer;
♦*g* immigration *f*.

mewnfudwr (**mewnfudwyr**) *g* (*newydd gyrraedd*) immigrant *m*, immigrante *f*; (*wedi ymsefydlu*) immigré *m*, immigrée *f*.

mewnffrwydrad (**-au**) *g* implosion *f*.

mewngyhyrol *ans* intramusculaire.

mewniad (**-au**) *g* insertion *f*, introduction *f*.

mewnlifiad (**-au**) *g* afflux *m*, flot *m*; (*o ymfudwyr*) immigration *f*; **~ y Saeson i'r ardal** l'afflux des Anglais dans le voisinage.

mewnol *ans* interne, intérieur(e); (*hapusrwydd, heddwch*) intérieur; (*meddyliau, dyheadau*) intime, profond(e); **anafiadau ~** lésions *fpl* internes; **gobaith ~** espoir *m* secret; **argyhoeddiad ~** conviction *f* intime; **ffraeon ~** (*GWLEID*) querelles *fpl* intestines; **poced fewnol** poche *f* intérieure; **gwybodaeth fewnol** des renseignements *mpl* de source;
♦ **yn fewnol** *adf* à l'intérieur, intérieurement, au-dedans.

mewnoli *ba* intérioriser.

mewnoliad (**-au**) *g* intériorisation *f*.

mewnolyn (**mewnolion**) *g* introverti *m*, introvertie *f*.

mewnosod *ba* insérer, introduire, interpoler, intercaler.

mewnosodiad (**-au**) *g* insertion *f*, introduction *f*, interpolation *f*, intercalation *f*.

mewnsaethiad (**-au**) *g* (*pigiad*) piqûre *f*, injection *f*.

mewnsaethu *ba* (*cyffur ayb*) injecter; (*rhoi pigiad i*) injecter, faire une piqûre *neu* une injection à qn;
♦*g* injection *f*.
mewnsyllgar *ans* introspectif(introspective), replié(e) sur soi-même;
♦ **yn fewnsyllgar** *adf* d'une façon introspective.
mewnsylliad (**-au**) *g* introspection *f*.
mewnwadn (**-au**) *g* semelle *f* (intérieure).
mewnwelediad (**-au**) *g* pénétration *f*, perspicacité *f*.
mewnwr (**mewnwyr**) *g* (*RYGBI*) demi *m* de mêlée; (*PÊL-DROED*) intérieur *m*, inter *m*.
mewnwthiad (**-au**) *g* intrusion *f*.
mewnwthio *ba* introduire (qch) de force (dans qch), imposer qch à qch.
mewnwythiennol *ans* intraveineux(intraveineuse);
♦ **yn fewnwythiennol** *adf* par voie intraveineuse.
mg *byrf*(= *miligram*) mg (=milligramme *m*).
mi[1] *rhag syml*
1 (*ar ôl cysylltair*) moi; **ti a ~** toi et moi; **'rwyt ti a ~ yn mynd i'r dref** toi et moi, nous allons en ville; **'does arnat ti na ~ eisiau ei wneud** ni toi ni moi ne voulons le faire; **'rwyt ti'n fwy na ~** tu es plus grand(e) que moi.
2 (*ar ôl arddodiad*) moi; **gyda ~** avec moi; **mae'n byw gyferbyn â ~** il habite en face de chez moi; **rhoddodd y llyfr i ~** il m'a donné le livre; **rhowch ef i ~** donnez-le-moi;
♦*geir rhagferfol* (cofier: nid oes cyfieithiad yn Ffrangeg): **~ welais ei gefnder** j'ai vu son cousin; **~'th goelia' i di** je t'en croirai.
mi[2] *g* (*CERDD*) mi *m*.
miaren (**mieri**) *b* (*prysgwydden bigog*) roncier *m*, roncière *f*; (*llwyn, coeden mwyar duon*) ronce *f* des haies, mûrier *m* sauvage.
miaw *ebych* miaou.
microb (**-au**) *g* microbe *m*.
microbioleg *b* microbiologie *f*.
microbrosesydd (**-ion**) *g* microprocesseur *m*.
microcosm (**-au**) *g* microcosme *m*.
microdon *g* micro-onde *f*; **ffwrn ficrodon, popty ~** (four *m* à) micro-ondes *m*.
microelectroneg *b* microélectronique *f*.
microffon (**-au**) *g* microphone *m*; **wrth y ~, o flaen y ~** au microphone, au micro, devant le microphone.
microgyfrifiadur (**-on**) *g* micro-ordinateur *m*.
micromedr (**-au**) *g* micromètre *m*.
micron (**-au**) *g* micron *m*.
micro-organeb (**~-~au**) *b* micro-organisme *m*.
microsglodyn (**microsglodion**) *g* puce *f* électronique.
microsgop (**-au**) *g* microscope *m*.
microsgopig *ans* microscopique;
♦ **yn ficrosgopig** *adf* au microscope; **yn ficrosgopig fychan** invisible à l'œil nu.
Michael *prg* Michel; **~ Angelo** Michel-Ange.
mig (**-ion**) *b*: **chwarae ~** jouer à cache-cache.
mign (**-oedd, -edd**) *b* marais *m*, marécage *m*, bourbier *m*.
mignen (**-ni**) *b gw.* **mign**.
migno *ba* fouler (qch) aux pieds, piétiner.
migwrn (**migyrnau**) *g* cheville *f*; **'roedd y dŵr lan at ei figwrn** l'eau lui montait jusqu'à la cheville, il avait de l'eau jusqu'à la cheville; **teimlo bod pob ~ ac asgwrn yn gwynegu** avoir mal partout.
Mihangel *prg* Michel; **Gŵyl Fihangel** la Saint-Michel.
mil (**-oedd**) *b* mille *m inv*; **rhyw fil** un millier *m*; **rhai ~oedd** quelques milliers; **~ o ddynion** mille hommes; **tua ~ o bobl** un millier de personnes; **~ o flynyddoedd** mille ans, un millénaire; **tair ~ o bunnoedd** trois mille livres; **~ ac un** mille un; **~ a dau** mille deux; **chwe ~** six mille; **~oedd o filltiroedd** des milliers de milles; **mi gyrhaeddason nhw yn eu ~oedd** ils sont arrivés par milliers; **mae'n un o fil** c'est la crème des hommes *neu* la perle des hommes; **bod â ~ a mwy o bethau i'w gwneud** avoir un tas *neu* des tas de choses à faire, avoir trente-six mille choses à faire.
milain *ans* féroce, violent(e), furieux(furieuse), cruel(le);
♦ **yn filain** *adf* férocement, violemment, furieusement, cruellement.
milddail *b* (*PLANH*) millefeuille *f*.
mileindra *g* sauvagerie *f*, brutalité *f*, férocité *f*, cruauté *f*.
mileinig *ans* féroce, violent(e), brutal(e)(brutaux, brutales); (*ci*) méchant(e), féroce; **bod â thymer fileinig** être très colérique, avoir un caractère de chien;
♦ **yn fileinig** *adf* sauvagement, brutalement, férocement, avec férocité; **taro rhn yn fileinig** frapper qn brutalement.
mileinio *bg* se faire plus féroce *neu* violent(e) *neu* brutal(e)(brutaux, brutales).
mileniwm (**milenia**) *g* millénaire *m*.
milfed *ans* millième;
♦*g/b* millième *m/f*; (*un rhan o fil*) millième *m*.
milfeddyg (**-on**) *g* vétérinaire *m/f*.
milfeddygaeth *b* médecine *f* vétérinaire.
milfeddygol *ans* vétérinaire.
milfiliwn *b* (*mil o filiynau*) milliard *m*.
milflwyddiant (**milflwyddiannau**) *g* millénaire *m*.
milfyw *b* (*PLANH*) scrofulaire *f*, ficaire *f*.
milgi (**milgwn**) *g* lévrier *m*.
miliast (**milieist**) *b* levrette *f*.
miligram (**-au**) *g* milligramme *m*.
mililitr (**-au**) *g* millilitre *m*.
milimetr (**-au**) *g* millimètre *m*.
milisia (**milisiâu**) *g* milice *f*.
militaraidd *ans* militaire;

♦ **yn filitaraidd** *adf* militairement.
militariaeth *b* militarisme *m*.
militarydd (**-ion**) *g* militariste *m/f*.
miliwn (**miliynau**) *b* million *m*; ~ **o ddynion** un million d'hommes.
miliwnydd (**-ion**) *g* millionnaire *m*, milliardaire *m*; ~ **sawl gwaith drosodd** multimillionnaire *m/f*, multimilliardaire *m/f*.
milodfa (**milodfeydd**) *b* ménagerie *f*.
milr(h)ith (**-iau**, **-ion**) *g* embryon *m*.
miltroed *g*, *ans* (*hefyd:* **neidr filtroed**) mille-pattes *m inv*.
milwr (**milwyr**) *g* soldat *m*, militaire *m*; **mae arno eisiau bod yn filwr** il veut se faire soldat, il veut être militaire de carrière, il veut entrer dans l'armée; **hen filwr** (*cynfilwr*) vétéran *m*, ancien combattant *m*.
milwraidd *ans* (typiquement) militaire.
milwriad (**milwriaid**) *g* colonel *m*.
milwriaeth *b* guerre *f*.
milwriaethus *ans* militant(e); **un** ~ militant *m*, militante *f*;
♦ **yn filwriaethus** *adf* de façon militante.
milwrio *bg* militer.
milwrol *ans* militaire; **teulu** ~ (*teulu o filwyr*) famille *f* de militaires; **coleg** ~ école *f* spéciale militaire; **band** ~ musique *f* militaire; **heddlu** ~ police *f* militaire; **hyfforddiant** ~ préparation *f* militaire; **gwasanaeth** ~ service *m* militaire *neu* national;
♦ **yn filwrol** *adf* militairement.
milwydd *g* (PLANH) camomille *f*.
milyn (**milod**) *g* animal(animaux) *m*, bête *f*.
milltir (**-oedd**) *b* mile *m*, mille *m*; **taith can** ~ ≈ un trajet *m neu* voyage *m* de 160km; **30** ~ **i'r galwyn** ≈ 8 litres aux cent km; **100** ~ **yr awr** ≈ 160 kilomètres à l'heure; ~ **sgwâr** mille carré; **bod yn hoff o'ch** ~ **sgwâr** aimer bien son pays *neu* coin *neu* patelin*; **nid oedd dim i'w weld am filltiroedd a ~oedd** il n'y avait rien à voir sur des kilomètres et des kilomètres; **'rwyf i wedi cerdded am filltiroedd** j'ai fait des kilomètres!; **mae'n byw filltiroedd i ffwrdd** il habite à cent lieues d'ici; **carreg filltir** (*llyth*) borne *f* milliaire, borne routière, ≈ borne kilométrique; (*ffig*) jalon *m*, étape *f* importante, évènement marquant *neu* déterminant.
milltiredd *g* distance *f* en milles, parcours *m* en milles, ≈ kilométrage *m*; **beth yw** ~ **y car?** ≈ quel est le kilométrage de la voiture?, ≈ combien de kilomètres a cette voiture?
mimosa *g,b* mimosa *m*.
min (**-ion**) *g* (*ymyl*) bord *m*; (*llafn*) tranchant *m*; (*glan*) bord *m*, rive *f*; (*plât, gwydryn, twll, bedd*) rebord *m*; (*gwefus*) lèvre *f*; (FFISIOL: *codiad*) érection *f*; ~ **y môr** bord de la mer, rivage *m*; ~ **y goedwig** lisière *f neu* orée *f* (de la forêt); ~ **y ffordd** bord *m*, côté *m* de la route; **y coed ar fin y ffordd** les arbres en bordure de la route; ~ **nos** le soir *m*; **gwneud** ~ **ar bensil** tailler un crayon; **gwneud** ~ **ar gyllell** aiguiser un couteau; **bod ar fin gwneud rhth** être sur le point de faire qch, aller faire qch, être à deux doigts de faire qch.
minarét (**-au**) *g* minaret *m*.
minc (**-od**) *g* vison *m*.
minceg *g* bonbon *m*.
mindlws (**mindlos**) (**mindlysion**) *ans* mignard(e), qui a une bouche délicate; (*maldodaidd*) mièvre, affecté(e), maniéré(e), précieux(précieuse);
♦ **yn findlws** *adf* avec affectation, d'une manière affectée, mièvrement, mignardement.
minell (**-au**) *b* (*hogwr pensiliau*) taille-crayon(~-~s) *m*.
Minerfa *prb* Minerve.
minfin *ans* (*yn cusanu*) bouche à bouche, lèvre à lèvre; **dodi dau darn o bren yn finfin** aboutir deux morceaux de bois.
minfwlch *g* bec-de-lièvre(~s-~-~) *m*.
minfylchog *ans* au bec-de-lièvre.
mingam *ans* grimaçant(e).
mingamu *ba* grimacer, faire la grimace.
mingrwn (**mingron**) (**mingrynion**) *ans* à la bouche arrondie;
♦*g* (PYSG): ~ **llwyd** mulet *m*; ~ **coch** rouget *m*.
mingrychu *bg* faire la moue.
mini *b, ans* (*hefyd:* **sgert fini**) mini-jupe *f*.
miniatur (**-au**) *g* miniature *f*.
minim (**-au**) *g* (CERDD) blanche *f*; **saib** ~ demi-pause *f*.
minimalaidd *ans* minimaliste;
♦ **yn finimalaidd** *adf* de façon minimaliste, dans le style minimaliste.
minimaliaeth *b* minimalisme *m*.
minimalydd (**-ion**) *g* minimaliste *m/f*.
minimwm (**minima**) *g* minimum *m*; **lleihau rhth i'r** ~ réduire qch au minimum; ~ **o £50** un minimum de 50 livres;
♦*ans* minimal(e)(minimaux, minimales); **swm** ~ somme minimale.
minio *ba* (*cyllell, siswrn*) aiguiser, affûter, affiler; (*pensil*) tailler;
♦*g* aiguisage *m*, affilage *m*, affûtage *m*.
miniog *ans* (*cyllell*) tranchant(e), bien affilé(e), bien aiguisé(e); (*blaen*) aigu(aiguë), acéré(e); (*dannedd*) aigu; (*nodwydd, hoelen*) pointu(e), acéré; (*pensil*) bien taillé(e); (*llais*) perçant(e), aigu; (*gwynt, oerfel*) pénétrant(e), vif(vive), glacial(e)(glaciaux, glaciales), cinglant(e); (*meddwl*) délié(e), vif, perspicace, pénétrant; **tafod** ~ langue *f* acérée; **golwg finiog** regard *m* pénétrant; **llygaid** ~ yeux *mpl* perçants.
miniwét (**-au**) *g* menuet *m*.
miniwr (**minwyr**) *g* (*hogwr pensiliau*)

taille-crayon(~-~s) *m*.
minlliw (**-iau**) *g* rouge *m* à lèvres; **ffon** ~ bâton *m neu* tube *m* de rouge à lèvres.
minllym (**minllem**) (**minllymion**) *ans gw.* **miniog**.
minnau *rhag cysylltiol*
1 (*goddrych*): **'rwyf finnau'n mynd ar y trên** (*hefyd*) moi aussi, je prends le train; (*ar y llaw arall*) moi, je prends le train; **'dydw innau ddim yn ei glywed** (*chwaith*) je ne l'entends pas non plus; (*ar y llaw arall*) moi, je ne l'entends pas.
2 (*gwrthrych*): **fe'm gwelodd innau yn y sinema** (*hefyd*) il m'a vu(e) moi aussi au cinéma; (*ar y llaw arall*) moi, il m'a vu(e) au cinéma.
3 (*ar ôl arddodiad*): **o'm blaen innau** (*hefyd*) devant moi aussi; (*ar y llaw arall*) devant moi.
4 (*i ategu 'fy'*): **'roedd fy nghôt innau ar y gadair** (*hefyd*) mon manteau à moi était aussi sur la chaise; (*ar y llaw arall*) mon manteau à moi était sur la chaise.
▶ **a minnau** (*hefyd*) moi aussi; **fy mrawd a** ~ mon frère et moi; **mae hi'n cysgu a ~'n gweithio!** (*gwrthgyferbyniol*) elle dort et moi je travaille!; **digwyddodd y ddamwain a** ~ **ar fy ngwyliau** (*tra, pan*) l'accident est arrivé pendant que j'étais en vacances.
▶ **na minnau** (*chwaith*) ni moi non plus.
minor (**-iaid**) *g* (CYFR) mineur *m*, mineure *f*.
Minorca *prb* Minorque *f*; **ym** ~ à Minorque.
Minorcad (**Minorciaid**) *g/b* Minorquin *m*, Minorquine *f*.
mins *g gw.* **briwgig**; ~ **pei** *tartelette f garnie d'une pâte de fruits secs*
mint[1] (**-iau**) *g gw.* **bathdy**.
mint[2] *g* (PLANH) menthe *f*; (*losin*) bonbon *m* à la menthe; ~ **y graig** marjolaine *f*; ~ **poeth** menthe poivrée; **saws** ~ sauce *f* à la menthe.
mintag *b* (MEDD) lampas *m*.
mintai (**minteioedd**) *b* bande *f*, groupe *m*, troupe *f*, compagnie *f*.
mintys *g gw.* **mint**[2].
minws (**minysau**) *g* (MATH) moins *m*; (TRYD) signe *m* moins.
miragl (**-au**) *g* (*hefyd:* **drama firagl**) miracle *m*.
mirain *ans* beau[bel](belle)(beaux, belles), gracieux(gracieuse), charmant(e), délicat(e);
♦ **yn firain** *adf* gracieusement, de façon charmante, délicatement.
mireinder *g* beauté *f*, grâce *f*, charme *m*, délicatesse *f*.
mireinio *ba* perfectionner.
miri *g* réjouissances *fpl*, gaieté *f*, gaîté *f*, joie *f*; (*chwerthin*) hilarité *f*; (*hwyl*) amusement *m*.
mis (**-oedd**) *g* mois *m*; **ym** ~ **Ionawr** au mois de janvier, en janvier; **parhaodd am fisoedd** cela a duré des mois et des mois; **pob** ~ tous les mois; **cael eich talu bob** ~ être payé(e) au mois, être mensualisé(e); **mae arnaf i ddau fis o rent i'r perchennog** je dois deux mois au propriétaire; **beichiog ers chwe** ~ enceinte de six mois; **y** ~ **bach** février *m*; ~ **mêl** voyage *m* de noces, lune *f* de miel; ~ **lleuad** mois lunaire, lunaison *f*; **y** ~ **du** novembre *m*.
misglen (**misgl, misglod**) *b* moule *f*.
misglwyf *g* menstruation *f*, règles *fpl*; **mae'r** ~ **arni** elle a ses règles.
misi *ans* difficile à contenter, exigeant(e), tatillon(ne);
♦ **yn fisi** *adf* de façon exigeante *neu* tatillonne.
mislif *g gw.* **misglwyf**.
misol *ans* mensuel(le); **taliad** ~ mensualité *f*; **cyflog** ~ salaire *m* mensuel, mensualité;
♦ **yn fisol** *adf* au mois, mensuellement.
misolyn (**misolion**) *g* revue *f* mensuelle, publication *f* mensuelle, périodique *m* mensuel.
miss *byrf* mademoiselle *f*, Mlle *f*; (*i ddenu sylw athrawes*) mademoiselle?; **M~ Cymru** Miss pays de Galles.
mitsio *bg* manquer les cours, faire l'école buissonnière.
miw *g gw.* **siw**.
miwsig *g gw.* **cerddoriaeth**.
miwsli *g* (COG) müesli *m*.
miwt (**-iau**) *g* (CERDD) sourdine *f*.
ml *byrf* (= *mililitr*) ml (= millilitre *m*).
mm *byrf* (= *milimetr*) mm (= millimètre *m*).
mo *talf* (mohonof, mohonot, mohono, mohoni, mohonom, mohonoch, mohonynt): **nid twpsyn** ~ **Pierre** ce n'est pas un idiot que Pierre; **ni welais erioed ~'i debyg!** je n'ai jamais rien vu de pareil!; **'doedd ganddi mohono** elle n'en avait rien; **ni chlywsai hi mo hynny** elle n'avait pas entendu cela *gw. hefyd* **dim**.
moca *g*: **coffi** ~ moka *m*.
moch *ll gw.* **mochyn**.
mocha *bg* (*mewn dŵr, mwd*) patouiller, patauger; (*â'r dwylo*) tripoter; ~ **â merch** tripoter* une fille; **hwch focha** truie *f* à cochonner, truie pleine.
mochaidd *ans* sale, infect(e), crasseux(crasseuse), dégoûtant(e), dégueulasse*; (*iaith*) ordurier(ordurière), obscène; **arferiad** ~ une habitude dégoûtante *neu* répugnante; **mae ganddo feddwl** ~ il a l'esprit mal tourné;
♦ **yn fochaidd** *adf* salement; **siarad yn fochaidd** dire des grossièretés *fpl*.
mochwraidd *g* (PLANH) cyclamen *m*, pain *m* de pourceau.
mochyn (**moch**) *g* cochon *m*, porc *m*; (*rhn: dif*) cochon*, sale type* *m*, salaud* *m*; **y** ~**!** (*brwnt, budr*) espèce de cochon*; (*trachwantus*) espèce de goinfre!*; ~ **siofinaidd** sale phallocrate *m*; **byw fel** ~ vivre comme un porc *neu* dans une vraie porcherie; ~ **cwta,** ~ **gini** cochon d'Inde, cobaye *m*; ~ **daear** blaireau(-x) *m*; ~ **y coed**

cloporte *m*; **magu moch** élevage *m* porcin; **diwydiant moch** industrie *f* porcine; **croen** ~ peau(-x) *f* de porc; **twlc** *ou* **cwt** ~ porcherie *f*; **mae dy ystafell fel cwt** ~! ta chambre est une vraie porcherie!; **bwyd moch** pâtée *f* pour les porcs; **gwneud** ~ **o'ch hunan** manger comme un goinfre*, se goinfrer*.

mochyndra *g* saleté *f*, ordure *f*.

mochynnaidd *ans gw.* **mochaidd**.

model (-au) *g*

1 (*PENS, TECH: esiampl*) modèle *m* réduit *neu* en miniature, maquette *f*, exemple *m*; **'roedd yn fodel o barchusrwydd** c'était un modèle de respectabilité; **dangos rhth fel** ~ (*esiampl*) citer *neu* donner qch en exemple, prendre modèle *neu* exemple sur qch.

2 (*CELF, FFOT, ffasiwn*) modèle *m*, mannequin *m*; ~ **gwrywaidd** mannequin (homme).

3 (*MASN*) modèle *m*; **y** ~ **diweddara'** (*mewn dillad*) les derniers modèles; **y** ~ **2 ddrws** (*TRAFN: car*) le modèle *neu* la version *f* (à) 2 portes.

modelu *bg* (*CELF, FFOT*) poser; (*ffasiwn*) être mannequin;

♦*ba* (*gwneud model o*) modeler (qch) (en); **eich** ~**'ch hun ar rn** se modeler sur qn, prendre exemple sur qn;

♦*g* (*CELF*) modelage *m*.

modem (-au) *g* modem *m*.

modern *ans* (*cyfoes*) moderne; (*iaith*) vivant(e); **tŷ â'r holl gyfleusterau** ~ maison *f* tout confort; **yn yr oes fodern hon** dans les temps modernes, à l'époque moderne;

♦ **yn fodern** *adf* en moderne, de façon moderne, dans un style moderne.

modernaidd *ans* moderniste;

♦ **yn fodernaidd** *adf* dans le style moderniste.

modernedd *g* modernité *f*, modernisme *m*.

moderneiddiad (-au) *g* modernisation *f*.

moderneiddio *ba* moderniser;

♦*bg* se moderniser;

♦*g* modernisation *f*.

moderneiddiwch *g* modernité *f*, modernisme *m*.

moderniaeth *b* modernité *f*, modernisme *m*.

modfedd (-i) *b* pouce *m*, = 2,54 cm; **mae wedi tyfu o rai** ~**i ers llynedd** il a grandi de quelques centimètres depuis l'année dernière; **dim ond** ~ **o flaen ei drwyn** en plein *neu* juste devant son nez; **nid oeddwn yn medru gweld** ~ **o'm blaen** je n'y voyais pas à deux pas; **nid oes** ~ **o'r defnydd yn cael ei wastraffu** on ne perd pas un centimètre de tissu; **mae'n adnabod pob** ~ **o'r ardal** il connaît la région comme sa poche *neu* dans ses moindres recoins; **chwilio pob** ~ **o'r 'stafell** chercher partout dans la pièce, passer la pièce au peigne fin; **fesul** ~ pied à pied, peu à peu, petit à petit; **mae'n Ffrancwr bob** ~ **ohono** il est français jusqu'au bout des ongles; **gwrthododd symud** ~ (*llyth*) il n'a pas voulu bouger d'un pouce; (*ffig*) il n'a pas voulu faire la plus petite concession, il n'a pas voulu céder d'un pouce; **'roedd o fewn** ~**i i gael ei ladd gan gar** il a été à deux doigts de se faire écraser, il a failli être écrasé.

modiwl (-au) *g* module *m*.

modiwlaidd *ans* modulaire;

♦ **yn fodiwlaidd** *adf* de façon modulaire.

modrwy (-au) *b*

1 (*cyff*) anneau(-x) *m*; (*â gem; ar goes aderyn*) bague *f*; ~ **esgob** anneau; ~ **briodas** anneau nuptial, alliance *f*, anneau de mariage; ~ **ddiemwnt** bague de diamants; ~ **allweddi** porte-clefs *m inv*.

2 (*o wallt*) boucle *f*.

modrwyo *ba* (*coes aderyn*) baguer; (*tarw, mochyn, arth*) mettre un anneau au nez de.

modrwyog *ans* (*gwallt*) bouclé(e), frisé(e); (*bys*) bagué(e).

modryb (-edd, **modrabedd**) *b* tante *f*; **hen fodryb** grand-tante(~s-~s) *f*; ~ **ofidiau** (*mewn cylchgrawn ayb*) *journaliste m/f responsable du courrier du cœur.*

modur (-on) *g* (*hefyd:* **car** ~) voiture *f*, automobile *f*, auto *f*; **beic** ~ moto* *f*, motocyclette *f*; **cwch** ~ canot *m* automobile; **rasio** ~**on** course *f* automobile; **sioe foduron** exposition *f* d'autos; **y diwydiant** ~**on** l'industrie *f* automobile.

modurdy (**modurdai**) *b* garage *m*.

moduro *bg* aller en auto, faire de l'auto;

♦*ba*: ~ **hanner can milltir** ≈ conduire *neu* faire 80km en auto;

♦*g* promenades *fpl neu* randonnées *fpl* en automobile; **gwyliau** ~ des vacances *fpl* en voiture *neu* en auto; **gohebydd** ~ chroniqueur *m* automobile; **cylchgrawn** ~ revue *f* automobile; **ysgol foduro** auto-école *f*.

modurwr (**modurwyr**) *g* automobiliste *m/f*.

modwl (**modylau**) *g gw.* **modiwl**.

modwlar, modylaidd *ans gw.* **modiwlaidd**.

modyledig *ans* modulé(e).

modylu *ba* moduler;

♦*g* modulation *f*.

modylydd (-ion) *g* modulateur *m*, modulatrice *f*.

modd (-ion, -au) *g*

1 (*ffordd*) manière *f*, façon *f*, mode *m*, moyen *m*; **y** ~ **y gwnaeth hynny** la manière *neu* la façon dont il l'a fait; **yn y fath fodd fel ...** de telle sorte que ...; **yn yr un** ~ **(â)** de la même manière (que), de même que; **mewn rhyw fodd** en quelque sorte; ~ **o dalu** mode de paiement; ~ **i fyw** (*llyth*) moyens *mpl*, ressources *fpl*; **cael** ~ **i fyw** (*ffig*) se réjouir; ~ **o fyw** façon *neu* manière de vivre, mode *m* de vie; **gwaetha'r** ~! hélas!.

2 (*posibilrwydd*): **(a) oes** ~ **imi gael benthyg y llyfr 'na?** me serait-il permis d'emprunter

ce livre-là?; **(a) oes ~ iti fy helpu i?** pourrais-tu *neu* veux-tu m'aider?; **nid oedd ~ yn y byd ei ddeall** on ne pouvait aucunement le comprendre; **'doedd dim ~ dod oddi yno** il était impossible de sortir de là; **os oes ~ yn y byd o'i wneud** si cela peut se faire de quelque façon; **(a) oes ~ cael gair ag ef?** y a-t-il moyen de lui parler?; **mae ~ ei wneud** cela peut se faire; **rhoi'r ~ i rn i wneud rhth** donner à qn le moyen de faire qch. **3** (*GRAM*) mode *m*; **y ~ dibynnol** le (mode) subjonctif; **y ~ mynegol** l'indicatif *m*; **y ~ gorchmynnol** l'impératif *m*; **yn y ~ dibynnol** au subjonctif.

▶ **pa fodd ...?** comment ...?, de quelle façon ...?, de quelle manière ...?.

▶ **fodd bynnag** (*er hynny*) pourtant, cependant, toutefois.

▶ **pa fodd bynnag** de quelque manière *neu* façon que + *subj*; **pa fodd bynnag y gwnewch ef** de quelque manière que vous le fassiez.

moddion *ll* (*ffisig*) médicament *m*; **mae'n cymryd gormod o foddion** il prend *neu* absorbe trop de médicaments, il se drogue trop*; **maen nhw'n foddion da ar gyfer annwyd** c'est un remède souverain contre les rhumes; **cwpwrdd ~** armoire *f* à pharmacie; **~ (gras)** (*gwasanaeth*) l'office *m*.

moddol *ans* modal(e)(modaux, modales); (*berf*) auxiliaire, modal.

moedro *ba, bg gw.* **mwydro**.

moel[1] (**-ion**) *ans* chauve; (*teiar*) lisse; (*carped*) dégarni(e), pelé(e); (*arddull*) plat(e), sec(sèche); (*mynydd, copa*) pelé(e); (*gwlad, coeden*) dénudé(e), dépouillé(e); **mynd yn foel** perdre ses cheveux, devenir chauve, se déplumer*; **darn bach ~** (*pen*) petite tonsure *f*; (*anifail*) place *f* dépourvue de poils; (*carped*) coin *m* dégarni; **gosodiad ~** une simple exposition de faits; **y gwir ~** la vérité pure; **buwch foel** une vache sans cornes; **llong foel** épave *f*.

moel[2] (**-ydd**) *g,b* (*mynydd*) mont *m*, montagne *f*.

moelder, moeledd *g gw.* **moelni**.

moeli *bg* perdre ses cheveux, devenir chauve, se déplumer*;

♦*ba*: **~ clustiau** dresser les oreilles;

♦*g* perte *f* des cheveux.

moelni *g* (*pen rhn*) calvitie *f*; (*teiar*) état *m* lisse, surface *f* lisse; (*mynyddoedd*) nudité *f*; (*arddull*) platitude *f*, pauvreté *f*, sécheresse *f*.

moelyd *bg* (*cadair, car*) se renverser; (*car*) se retourner, capoter; (*cwch*) se renverser, chavirer, capoter; (*trên*) se retourner, verser; (*gwydryn, jwg*) se renverser;

♦*ba* (*cadair, car*) renverser; (*car, awyren*) retourner; (*gwair*) retourner; (*dodrefn, celfi*) chavirer; (*cwch*) chavirer, faire chavirer *neu* faire capoter; (*cwpan, jwg*) renverser.

moelyn (**moelion**) *g* chauve *m*.

moes[1] *be ddiffyg* donne, donnez; **arwerthiant ~ a phryn** vente *f* de charité.

moes[2] (**-au**) *b* moralité *f*, mœurs *fpl*.

moeseg *b* éthique *f*, morale *f*.

moesegol *ans* éthique, moral(e)(moraux, morales);

♦ **yn foesegol** *adf* moralement.

moesegu *bg* moraliser, faire le moraliste, prêcher, faire (de) la morale (à qn);

♦*g* prédication *f*, morale *f*, réflexions *fpl* morales, moralisation *f*; (*dif*) prêchi-prêcha *m inv*.

moesegwr (**moesegwyr**) *g* moraliste *m*.

moesgar *ans* poli(e), bien élevé(e), courtois(e); **bydd yn foesgar!** sois poli(e)!;

♦ **yn foesgar** *adf* poliment, avec politesse.

moesgarwch *g* bonnes manières *fpl*, savoir-vivre *m inv*, politesse *f*.

moesgyfarch *ba* saluer.

moesgyfarchiad (**-au**) *g* salutation *f*.

moesol *ans* moral(e)(moraux, morales), éthique; **bod â dyletswydd foesol i wneud** être moralement obligé(e) de faire, être dans l'obligation morale de faire; **cefnogaeth foesol** soutien *m* moral; **athronydd ~** moraliste *m/f*; **athroniaeth foesol** la morale, l'éthique *f*; **safonau ~** la morale, le niveau moral, les mœurs *fpl*; **mae safonau ~ yn gostwng** la moralité décline, le sens moral se perd, on perd le sens des valeurs;

♦ **yn foesol** *adf* moralement.

moesoldeb (**-au**) *g* moralité *f*, morale *f*.

moesoli *bg* moraliser, faire le moraliste, faire de la morale;

♦*g* prédication *f* morale, réflexions *fpl* morales, moralisation *f*.

moesolwr (**moesolwyr**) *g* moraliste *m*.

moesolwraig (**moesolwragedd**) *b* moraliste *f*.

moeswers (**-i**) *b* morale *f*.

moesymgrymiad (**-au**) *g* (*â'r pen*) inclination *f* de la tête, salut *m*; (*â'r corff*) révérence *f*.

moesymgrymu *bg* (*plygu'r pen*) saluer, incliner la tête; (*plygu'r corff*) saluer bas, faire une révérence (à).

moeth (**-au**) *g* luxe *m*; (*bwyd*) mets *m* délicat, friandise *f*; **rhoi ~au i blentyn** choyer *neu* gâter *neu* dorloter un enfant; **rhoi ~au i gath/i gi** caresser un chat/un chien.

moethi *bg* choyer, dorloter, gâter; **eich ~'ch hun** se dorloter;

♦*g* gâterie *f*, dorlotement *m*.

moethlyd *ans* dorloté(e), gâté(e), choyé(e);

♦ **yn foethlyd** *adf* de façon dorlotée *neu* gâtée.

moethus *ans* luxueux(luxueuse), somptueux(somptueuse), de luxe; **gwesty ~** hôtel *m* de grand luxe *neu* de grand standing;

♦ **yn foethus** *adf* luxueusement; **byw'n**

foethus vivre dans le luxe.
moethusrwydd *g* luxe *m*, somptuosité *f*; **dyna foethusrwydd!** quel luxe!
môf *g, ans* (*lliw: porffor golau*) mauve *m*.
mofyn *ba* (*hefyd:* **ymofyn, moyn**)
1 (*mynd i nôl*) aller chercher; **cer i ~ torth** va chercher du pain *gw. hefyd* **nôl**.
2 (*dymuno*) vouloir, désirer, souhaiter; **mae hi'n ~ pisyn o deisen** elle veut une tranche de gâteau *gw. hefyd* **eisiau**.
mogel *bg gw.* **ymogel**.
mogfa *b* asthme *m*, étouffement *m*, suffocation *f*.
mogi *ba* suffoquer, étouffer;
♦*bg* suffoquer, étouffer; **~ i farwolaeth** mourir asphyxié(e); **brawd ~ yw tagu** c'est blanc bonnet et bonnet blanc;
♦*g* suffocation *f*, étouffement *m*.
Mohammed *prg* Mahomet *m*.
moher *g* mohair *m*.
mohoni, **mohono** (**mohonoch, mohonof, mohonom, mohonot, mohonynt**) *talf gw.* **mo**.
môl *g* chassie *f*.
molawd (**-au**) *g* panégyrique *m*, éloge *m*.
'molchi *bg gw.* **ymolchi**.
mold (**-iau**) *g* moule *m*.
Moldafia *prb gw.* **Moldofa**.
moldin (**-au**) *g* moulage *m*.
moldio *ba* mouler; (*ffurfio ffiguryn*) modeler; (*ffig: cymeriad*) former, façonner;
♦*g* moulage *m*, formation *f*.
moldiwr (**moldwyr**) *g* mouleur *m*, façonneur *m*.
Moldofa *prb* la Moldavie *f*.
Moldofaidd *ans* moldave.
Moldofiad (**Moldofiaid**) *g/b* Moldave *m/f*.
moleciwl (**-au**) *g* molécule *f*.
moleciwlaidd *ans* moléculaire.
molecwl (**molecylau**) *g gw.* **moleciwl**.
molecwlar, **molecylaidd** *ans gw.* **moleciwlaidd**.
molestu *ba* importuner, tracasser; (*gan frifo*) molester, brutaliser; (*yn rhywiol*) attenter à la pudeur de, agresser sexuellement.
molestwr (**molestwyr**) *g* agresseur *m*.
moli, **moliannu** *ba* louer, faire l'éloge de, glorifier, célébrer;
♦*bg* chanter les louanges;
♦*g* glorification *f*, louanges *fpl*, éloges *mpl*.
moliannus *ans* (*rhn*) digne d'éloges; (*achos, gweithred*) digne d'éloges, louable, méritoire; (*llawn moliant*) glorificateur(glorificatrice);
♦ **yn foliannus** *adf* de façon louable *neu* méritoire *etc*, en glorifiant.
moliannwr, **moliannydd** (**molianwyr**) *g* glorificateur *m*, glorificatrice *f*.
moliant (**moliannau**) *g* éloge *m*, louange *f*; **emyn o foliant** cantique *m*; **~ i Dduw!** Dieu soit loué!
molwsg (**molysgiaid**) *g* mollusque *m*.
mollt, **molltyn** (**myllt**) *g* (*ANIF*) bélier *m* châtré.
moment (**-au**) *b* instant *m*, moment *m*; (*FFIS*) moment; **mewn ~** dans un instant *gw. hefyd* **eiliad, munud**.
momentwm (**momenta**) *g* vitesse *f* acquise, élan *m*; (*FFIS*) moment *m*; (*GWLEID*) dynamisme *m*.
Monaco *prb* Monaco *m*; **ym ~** à Monaco.
Mona Lisa *prb* La Joconde.
monarchaidd *ans* monarchique.
monarchiaeth *b* monarchisme *m*.
monarchydd (**-ion**) *g* monarchiste *m/f*.
Monegásg *ans* monégasque;
♦*g/b* (**-iaid**) monégasque *m/f*.
Mongolaidd *ans* mongol(e).
Mongolia *prb* la Mongolie *f*; **ym ~** en Mongolie.
Mongoliad (**Mongoliaid**) *g/b* Mongol *m*, Mongole *f*.
mongŵs (**mongwsiaid**) *g* mangouste *f*.
moni *talf* (= *mohoni*) *gw.* **mo**.
monitor[1] (**-au**) *g* (*CYFRIF, MEDD, TECH*) moniteur *m*, écran *m* de contrôle.
monitor[2] (**-iaid**) *g* (*rhn: mewn ysgol ayb*) chef *m* de classe; (*yn gwrando ar ddarlledu ayb*) rédacteur(rédactrice) *m/f* (*d'un service d'écoute*); (*anifail*) varan *m*.
monitro *ba* surveiller, suivre.
monllyd *ans* boudeur(boudeuse), maussade; **edrych** *ou* **bod yn fonllyd** faire la tête;
♦ **yn fonllyd** *adf* en boudant, d'un ton *neu* d'un air boudeur *neu* maussade.
monni *bg* bouder;
♦*g* bouderie *f*.
mono *talf* (*mohono*) *gw.* **mo**.
monocl (**-au**) *g* (*sbectol un llygad*) monocle *m*.
monocsid (**-au**) *g*: **carbon ~** oxyde *m* de carbone.
monof *talf* (*mohonof*) *gw.* **mo**.
monogami *b* (*unweddogaeth*) monogamie *f*.
monolithig *ans* monolithique.
monopoleiddio *ba* monopoliser, avoir le monopole de; (*ffig: sylw, sgwrs ayb*) monopoliser, accaparer;
♦*g* monopolisation *f*.
monopoli (**monopolïau**) *g* monopole *m*.
monopolydd (**-ion**) *g* monopoliste *m/f*.
monoteip (**-iau**) *g* monotype *m*.
monstrans *g* (*CREF*) ostensoir *m*.
monsŵn (**monsynau**) *g* mousson *f*; **tymor y ~** la mousson d'été.
Montenegro *prb* le Monténégro *m*.
Montreal *prb* Montréal.
Monwysyn (**Monwys, Monwysion**) *g* homme *m* de l'Anglesey
mop (**-iau**) *g* (*llawr*) balai *m* laveur; (*llestri*) lavette *f* à vaisselle; **~ o wallt** tignasse *f*; **~ o gyrls** toison *f* bouclée.
moped (**-au**) *g* vélomoteur *m*.
mopen (**mopins**) *b* boule *f* de neige.
mopio[1] *ba*

1 (*sychu*) essuyer, éponger.
2 (*pledu*): ~ **rhn â pheli eira** lancer des boules de neige à qn;
♦*g* essuyage *m*.

mopio[2] *ba, bg*: **mae Gwen wedi ~('i phen) am y bachgen** Gwen s'est éprise de ce garçon.

mor *adf*
1 (*mewn cymhariaeth rhwng dau beth*): **yr un ~ ... â** aussi ... que; (*ar ôl negydd*) si ... que; **'rwyf i ~ dal â thi** je suis aussi grand(e) que toi; **nid yw ~ ddrud â d'un di!** ce n'est pas du tout si cher que le tien!; **a yw ~ anodd â hynny?** est-ce aussi difficile que ça?, est-ce tellement difficile?; **nid yw ~ dda â hynny** ce n'est pas si bon que cela; **mae hi ddwywaith ~ gyfoethog â fi** elle est deux fois plus riche que moi; **'roedd hanner ~ ddrud** cela coûtait deux fois moins; **dwywaith ~ fawr â** deux fois plus grand(e) que; **ddim ~ dal/denau â ...** pas si grand(e)/maigre que ....
2 (*i'r fath raddau*) aussi, si, tellement; **~ hurt/gyflym** tellement *neu* si stupide/vite; **~ dew/denau** tellement *neu* si gros(se)/maigre; **beth sydd ~ ddoniol?** qu'est-ce qu'il y a de si drôle?; **bydd ~ garedig â fy helpu** sois assez bon(ne) *neu* assez gentil(le) pour m'aider, aie la bonté *neu* la gentillesse de m'aider; **a fyddech ~ garedig ag agor y drws?** auriez-vous l'amabilité *neu* la gentillesse *neu* l'obligeance d'ouvrir la porte?; **~ gynnar** si tôt, tellement tôt, d'aussi bonne heure, de si bonne heure; **'roedd hi ~ lletchwith fel y torrodd y cwpan** elle a été si *neu* tellement maladroite qu'elle a cassé la tasse; **nid yw ~ fach ag a feddyliais** ce n'est pas aussi petit que je le pensais; **nid yw hanner ~ anodd ag yr ydych chi'n ei feddwl** c'est loin d'être aussi difficile que vous le croyez; **nid yw ~ dwp ag y mae'n edrych** il n'est pas aussi *neu* si stupide qu'il en a l'air; **er ~ fawr yw'r bocs ni wnaiff ddal y cyfan** quelque *inv neu* si grande que soit *subj* la boîte, elle ne pourra pas les contenir tous.
3 (*mewn ebychiadau*): **mae hynny ~ wych/erchyll!** c'est tellement *neu* si fantastique/horrible!; **'rwyt ti ~ hardd!** comme tu es beau(belle), tu es si *neu* tellement beau(belle); **'rwyf i ~ flinedig!** je suis si *neu* tellement fatigué(e); **'rwyf ~ falch o dy weld!** que *neu* comme je suis content(e) de te voir!.
▶ **pa mor**: **pa ~ hir yw dy wallt?** quelle est la longueur de tes cheveux?, quelle longueur font tes cheveux?; **pa ~ dal yw hi?** quelle est sa taille?, combien mesure-t-elle?; **pa ~ hen yw hi?** quel âge a-t-elle?; **pa ~ fuan fedrwch chi ddod?** quand pouvez-vous venir?, quel est le plus tôt que vous pourrez *neu* puissiez *subj* venir?; **pa ~ dda yw hi?** dans quelle mesure est-elle douée?; **pa ~ fuan y daw hi?** quand est-ce qu'elle arrivera?; **pa ~ lydan yw'r cwch?** quelle est la largeur du bateau?; **ni waeth ba ~ hir yw'r daith** (*o ran pellter*) quelle que soit *subj* la longueur du voyage; (*o ran amser*) quelle que soit *subj* la durée du voyage; **pa ~ wir yw hynny?** combien de vérité peut-on prêter à cela?, est-ce bien vrai tout ça?; **pa ~ dal bynnag yw hi, ni wnaiff hi ddim cyrraedd** quelque *inv neu* si grande qu'elle soit *subj*, elle n'y atteindra pas.

môr (**moroedd**) *g* mer *f*; **ar y ~** en mer; **glan y ~** rivage *m*, plage *f*, bord *m* de (la) mer; **ar lan y ~** au bord de la mer, sur le rivage; **dros y ~** outre-mer; **o'r tu hwnt i'r ~** d'outre-mer; **nofio yn y ~** nager dans la mer; **mynd ar y ~** prendre la mer; **mynd i'r ~** (*mynd yn forwr*) devenir *neu* se faire marin; **gwasanaeth ar y ~** service *m* à la mer; **edrych allan i'r ~** regarder au large; **galwad y ~** l'appel *m* du large; **M~ Iwerddon** la mer d'Irlande; **M~ Iwerydd** l'Atlantique *m*, l'océan *m* Atlantique; **M~ Adria** la mer Adriatique; **M~ Aegus** la mer Égée; **M~ y Canoldir** la (mer) Méditerranée; **M~ y Caribi** la mer des Antilles *neu* des Caraïbes; **M~ Caspia** la mer Caspienne; **Y M~ Coch** la mer Rouge; **Y M~ Du** la mer Noire; **M~ y Gogledd** la mer du Nord; **M~ Hafren** le canal *m* de Bristol; **M~ Llychlyn** la mer Baltique; **Y M~ Marw** la mer Morte; **Y M~ Tawel** l'océan Pacifique; **Y M~ Udd** la Manche; **sut mae'r ~?** (*ar gyfer hwylio*) comment est la mer?, quel est l'état de la mer?; (*ar gyfer nofio*) est-ce que l'eau est bonne?; **~ garw** mer houleuse; **'roedd y ~ yn arw iawn** la mer était très mauvaise *neu* houleuse, il y avait une très grosse mer; **~ llyfn** *ou* **tawel** mer calme *neu* étale; **awyr y ~** air marin *neu* de la mer; **cân fôr** (*sianti*) chanson *f* de marins; **cragen fôr** coquillage *m*; **salwch ~** mal *m* de mer; **bod yn sâl ar y ~** avoir le mal de mer; **brithyll ~** truite *f* de mer; **dŵr ~** eau(-x) *f* de mer; **llwybr ~** route *f* maritime, voie *f* de mer; **~ o wynebau** (*ffig*) une multitude de visages.

Morafaidd *ans* morave.

Morafia *prb* la Moravie *f*.

Morafiad (**Morafiaid**) *g/b* Morave *m/f*.

moratoriwm (**moratoria**) *g* moratoire *m*, moratorium *m*.

morbid *ans* morbide;
♦ **yn forbid** *adf* morbidement.

morbidrwydd *g* morbidité *f*.

morchwannen (**morchwain**) *b* puce *f* de mer.

mordaith (**mordeithiau**) *b* croisière *f*, voyage *m* par mer, traversée *f*; **mynd ar fordaith** (*pleser*) partir en croisière, faire une croisière; **y fordaith ar draws yr Iwerydd** la traversée de l'Atlantique.

mordeithiwr (**mordeithwyr**) *g* navigateur *m*, voyageur *m* par mer, voyageuse *f* par mer; (*ar fferi*) passager *m*, passagère *f*.

mordir (**-oedd**) *g* rivage *m*, côte *f*.

mordwyad (**-au**) *g* navigation *f*.
mordwyaeth *b* navigation *f*.
mordwyo *bg* voyager par mer, parcourir les mers, naviguer sur la mer;
♦*g* navigation *f*.
mordwyol *ans* (*afon, môr*) navigable; (*bywyd*) nautique, de marin, naval(e).
mordwywr (**mordwywyr**) *g* marin *m*, matelot *m*, navigateur *m*.
môr-ddanhadlen (**~-ddanadl**) *b* marrube *m*; **~-~ ddu** ballote *f*.
môr-ddraenog (**~-od**) *g* oursin *m*.
morddwyd (**-ydd**) *b* cuisse *f*; **asgwrn y forddwyd** fémur *m*.
môr-eryr (**~-~od**) *g* (*ADAR*) orfraie *f*, aigle *m* de mer.
moresg *ll* roseau *m* des sables.
morfa (**morfeydd**) *g* pré *m* salé, marais *m* salant, saline *f*, estuaire *m*.
môr-farch (**~-feirch**) *g* (*PYSG*) hippocampe *m*.
morffin *g* (*MEDD*) morphine *f*.
morfil (**-od**) *g* baleine *f*.
môr-filwr (**~-filwyr**) *g* marin *m*.
môr-filltir (**~-filltiroedd**) *b* mille *m* marin *neu* nautique.
morflaidd (**morfleiddiaid**) *g* (*PYSG*) requin *m*.
môr-fochyn (**~-foch**) *g* (*llamhidydd*) marsouin *m*; (*dolffin*) dauphin *m*.
môr-forwyn (**~-~ion**) *b* sirène *f*.
morfran (**morfrain**) *b* (*ADAR*) cormoran *m*.
morfuwch (**morfuchod**) *b* vache *f* marine.
morffin *g* morphine *f*.
morffoleg *b* morphologie *f*.
morffolegol *ans* morphologique;
♦ **yn forffolegol** *adf* morphologiquement.
morgais (**morgeisi, morgeisiau**) *g* emprunt-logement(~s-~) *m*, hypothèque *f*; **cymryd** *ou* **cael ~** obtenir un emprunt-logement, prendre (une) hypothèque; **ad-dalu ~** rembourser un emprunt-logement, purger une hypothèque; **codi ~ ar rth** hypothéquer qch.
morgath (**-od**) *b* (*PYSG*) raie *f*.
môr-geffyl (**~-~au**) (*PYSG*) hippocampe *m*.
morgeisî (**morgeisïon**) *g/b* (*sy'n cael morgais*) créancier *m* hypothécaire, créancière *f* hypothécaire.
morgeisio *ba* hypothéquer.
morgeisiwr (**morgeiswyr**) *g* (*sy'n rhoi morgais*) débiteur *m* hypothécaire, débitrice *f* hypothécaire.
môr-gelyn *ll* (*PLANH*) panicaut *m* maritime, chardon *m* bleu.
morgi (**morgwn**) *g* (*PYSG: siarc*) requin *m*; (*penci*) chien *m* de mer.
morglawdd (**morgloddiau**) *g* digue *f*.
morgrugyn (**morgrug**) *g* fourmi *f*; **twmpath morgrug** fourmilière *f*.
môr-gyllell (**~-gyllyll**) *b* (*PYSG*) manche *m* de couteau.
môr-herwr (**~-herwyr**) *g* pirate *m*.
môr-hesg *ll* (*PLANH*) roseau *m* des sables.
môr-hwch (**~-hychod**) *b* (*dolffin*) dauphin *m*; (*llamhidydd*) marsouin *m*.
morio *bg* voyager par mer, parcourir les mers, naviguer;
♦*ba*: **ei ~ hi, ~ canu** chanter avec enthousiasme;
♦*g* voyage *m* sur mer, parcours *m* sur mer.
moriog *ans* houleux(houleuse).
môr-ladrad (**~-~au**) *g* piraterie *f*.
morlan (**-nau**) *b* rivage *m*, côte *f*, bord *m* de la mer.
môr-leidr (**~-ladron**) *g* pirate *m*, corsaire *m*, flibustier *m*.
morlew (**môr-lewod**) *g* (*PYSG*) lion *m* de mer, otarie *f*.
morlin (**-au**) *b* littoral(littoraux) *m*.
morlo (**-i**) *g* phoque *m*.
morlun (**-iau**) *g* (*golygfa*) panorama *m* marin; (*CELF*) marine *f*.
môr-lwyau *ll* (*PLANH*) cochléaire *m*, herbe *f* aux cuillers.
môr-lwynog (**~-~od**) *g* (*PYSG*) renard *m* marin.
môr-lyffant (**~-~od**) *g* crapeau(-x) *m* de mer.
morlyn (**-noedd**) *g* lagune *f*; (*cwrel*) lagon *m*.
môr-lysywen (**~-lysywod**) *b* (*PYSG*) congre *m*, anguille *f* de mer.
morlywydd (**-ion**) *g* (*MIL*) contre-amiral(~-amiraux) *m*; (*MOR*) commodore *m*; (*clwb hwylio*) président *m*.
Mormon (**-iaid**) *g/b* Mormon *m*, Mormone *f*.
Mormonaidd *ans* mormon(e).
Mormoniaeth *b* mormonisme *m*.
môr-neidr (**~-nadroedd**) *b* serpent *m* de mer.
môr-nodwydd (**~-~au**) *b* (*PYSG*) aiguille *f* de mer.
Morocaidd *ans* marocain(ne).
Morociad (**Morociaid**) *g/b* Marocain *m*, Marocaine *f*.
Moroco *prb* le Maroc *m*; **ym ~** au Maroc.
morol *ans* maritime, marin(e), de mer; **peirianneg forol** génie *m* maritime; **peiriannwr ~** ingénieur *m* du génie maritime.
moronen (**moron**) *b* carotte *f*.
Morse *prg*: **(côd) ~** morse *m*.
mortais (**morteisiau**) *g,b* mortaise *f*; **clo ~** serrure *f* encastrée.
morter (**-au**) *g* mortier *m*.
morteru *ba* broyer, piler, concasser.
mort(i)wari (**mort(i)warïau**) *g* morgue *f*, dépôt *m* mortuaire.
morthwyl (**-ion**) *g* marteau(-x) *m*; **dril ~** perceuse *f* à percussion, marteau perforateur.
morthwyliadwy *ans* malléable.
morthwylio *ba* frapper (qch) au marteau; **~ rhth i mewn** enfoncer qch; **~ dau beth ynghyd** assembler deux objets au marteau;
♦*g* martelage *m*; (*sŵn*) martèlement *m*.
morwal (**-iau**) *b* brise-lames *m inv*, digue *f*.

môr-warchae (**~-~au**) *g* blocus *m* naval.
môr-wennol (**~-wenoliaid**) *b* hirondelle *f* de mer, sterne *f*.
morwr (**morwyr**) *g* marin *m*, matelot *m*; **het ~** chapeau(-x) *m* de marin; **siwt ~** costume *m* marin.
morwriaeth *b* (*mordwyo*) navigation *f*; (*medrusrwydd*) capacités *fpl* de navigateur, qualités *fpl* de marin.
morwrol *ans* de marin, marin(e).
morwydden (**morwydd**) *b* (*coeden*) mûrier *m*; (*ffrwyth*) mûre *f*.
morwyn (**morwynion, morynion**) *b* (*merch ifanc*) jeune fille *f*, demoiselle *f*; (*gyflogedig*) bonne *f*, domestique *f*; (*mewn gwesty*) femme *f* de chambre; (*gwyryf*) vierge *f*; **~ briodas** demoiselle d'honneur; **y Forwyn Fair** la Vierge Marie; **y Forwyn Sanctaidd** *ou* **Fendigaid** la Sainte Vierge; **y Forwyn** (*ASTROL*) la Vierge; **bod wedi'ch geni dan arwydd y Forwyn** être (de la) Vierge.
morwynaidd *ans gw.* **morwynol**.
morwyndod *g* virginité *f*.
morwynol *ans* vierge, virginal(e)(virginaux, virginales);
♦ **yn forwynol** *adf* virginalement.
moryd (**-au**) *b* estuaire *m*.
moryn (**-nau**) *g* brisant *m*, grande vague *f*, lame *f* de mer.
mosaig (**-au**) *g* mosaïque *f*; **mewn ~** en mosaïque.
Mosambîc *prb* le Mozambique *m*; **ym ~** au Mozambique.
Mosambicaidd *ans* mozambicain(e).
Mosambiciad (**Mosambiciaid**) *g/b* Mozambicain *m*, Mozambicaine *f*.
Moses *prg* Moïse.
mosg (**-iau**) *g* mosquée *f*.
mosgito (**-s**) *g* moustique *m*; **brathiad ~** piqûre *f* de moustique.
Mosgo *prb* Moscou *m*; **ym ~** à Moscou.
mosiwn (**-s**) *g* geste *m*, gesticulation *f*; **mynd trwy'r ~s** faire mine *neu* semblant de faire qch, faire qch machinalement.
Moslem *g gw.* **Mwslim**.
Moslemaidd *ans gw.* **Mwslimaidd**.
MOT *byrf* (*prawf*) contrôle *m* technique des véhicules (*obligatoire 3 ans après l'immatriculation et chaque an suivant*); (*tystysgrif*) certificat *m* de contrôle.
motel (**-au**) *g* motel *m*.
motif (**-au**) *g* motif *m*, mobile *m*; **'does dim ~ ganddo i'w lladd** il l'a tuée sans raison *neu* sans mobile; **beth oedd ~ y llofrudd?** quel était le mobile du meurtrier?, qu'est-ce qui a motivé l'assassin?
motifyddiaeth (**-au**) *b* motivation *f*; **does ganddo ddim ~** il n'est pas assez motivé.
motiff (**-au**) *g* (*CELF, CERDD*) motif *m*.
moto(r)-beic* (**~-~iau**) *g* motocyclette *f*, moto* *f*.
motor (**-au**) *g* (*injan*) moteur *m*; (*car*) voiture *f*, automobile *f*, auto *f*.
mowld (**-iau**) *g* moule *m*.
mowldio *ba* mouler; (*ffig: cymeriad, barn*) former, façonner;
♦*g* moulage *m*, formation *f gw. hefyd* **moldio**.
moyn *ba* (*hefyd:* **ymofyn, mofyn**)
1 (*mynd i nôl*) aller chercher; **cer i ~ torth** va chercher du pain *gw. hefyd* **nôl**.
2 (*dymuno*) vouloir, désirer, souhaiter; **mae hi'n ~ pisyn o deisen** elle veut une tranche de gâteau *gw. hefyd* **eisiau**.
Mr *byrf* M., monsieur *m*.
Mrs *byrf* Mme., Madame *f*.
muchudd *g* jais *m*.
mud *ans* (*yn methu siarad*) muet(te); (*gan syndod*) muet (de), abasourdi(e), réduit(e) au silence; (*distaw*) silencieux(silencieuse);
♦ **yn fud** *adf* en silence, silencieusement.
mudan (**-od**) *g* muet *m*.
mudandod *g* (*MEDD*) mutisme *m*; (*distawrwydd*) silence *m*.
mudanes (**-au**) *b* muette *f*.
mudferwi *bg* (*dŵr*) frémir; (*llysiau*) cuire à feu doux; (*cawl*) cuire à feu doux, mijoter, mitonner; (*casineb, gwrthryfel*) fermenter;
♦*ba* (*dŵr*) laisser frémir; (*cawl, stiw*) faire cuire (qch) à feu doux, mijoter, mitonner;
♦*g* frémissement *m*, bouillottement *m*.
mudiad (**-au**) *g* mouvement *m*; **M~ Rhyddid i Ferched** (*GWLEID*) le mouvement de libération de la femme; **M~ Ysgolion Meithrin** *association d'écoles maternelles galloises*.
mudiant (**mudiannau**) *g* mouvement *m*.
mudlosgi *bg* se consumer; (*casineb, gwrthryfel*) fermenter.
mudo *bg* (*o'r naill dŷ i'r llall*) déménager; (*i wlad arall: adar*) migrer; (*:pobl*) émigrer; **~ i'r wlad** aller habiter (à) la campagne, aller s'installer à la campagne;
♦*g* (*o'r naill dŷ i'r llall*) déménagement *m*; (*i wlad arall*) migration *f*, émigration *f*.
mudol *ans* (*sy'n gallu symud*) mobile.
mudoledd, mudolrwydd *g* mobilité *f*.
mudwr (**mudwyr**) *g* déménageur *m*.
mudydd (**-ion**) *g* (*CERDD*) sourdine *f*.
mul (**-od**) *g* mulet *m*, mule *f*; **styfnig fel ~** têtu(e) comme une mule *neu* un mulet; **oes ~** une éternité *f*; **'dydy hi heb fod yma ers oes ~** il y a une éternité qu'elle n'est pas venue ici; **llyncu ~** (*pwdu*) s'entêter, s'opiniâtrer, bouder, faire la tête, s'abstenir.
mulaidd *ans* (*rhn*) entêté(e), têtu(e), comme un mulet; (*golwg*) buté(e), têtu;
♦ **yn fulaidd** *adf* obstinément, opiniâtrement.
muleiddiwch *g* obstination *f*, opiniâtreté *f*.
mules (**-au**) *b* mule *f*.
mulfran (**mulfrain**) *b* (*ADAR*) cormoran *m*.
mulo *bg* (*pwdu*) bouder, faire la tête.
mulsyn *g* mulet *m*.

mun *b gw.* **bun**.
munud[1] (**-au**) *g,b* minute *f*; (*ffig*) minute, instant *m*, moment *m*; **mae hi'n bum ~ wedi tri** il est trois heures cinq; **am dri o'r gloch i'r funud** à trois heures pile *neu* tapantes; **fe ddaliodd hi'r trên heb funud i'w sbario** une minute de plus et elle aurait manqué le train; **fe'i gwnaf mewn ~** je le ferai dans une minute; **fe'i gwnaf y funud y mae'n cyrraedd** je le ferai dès qu'il arrivera; **gwna fe'r funud yma!** fais-le tout de suite *neu* à la minute; **aeth allan y funud yma** il vient tout juste de sortir; **unrhyw funud** à tout moment, d'une minute *neu* d'un instant à l'autre; **unrhyw funud nawr** d'une minute à l'autre; **'rwyf newydd ei glywed y funud hon** je viens de l'apprendre à la minute *neu* à l'instant; **y funud olaf** à la dernière minute; **gadael pethau tan y funud olaf** tout faire à la dernière minute; **(ni) fydda' i ddim ~** j'en ai pour deux secondes; **arhoswch funud** attendez une minute *neu* une seconde *neu* un instant *neu* un moment; **arhoswch funud!** (*yn ddig*) minute!; **hanner ~!** une petite minute!; **bob ~** tout le temps; **mae rhn yn fy mhoeni bob ~** on me dérange tout le temps *neu* sans cesse.
munud[2] (**-iau**) *g* geste *m*, signe *m*, gesticulation *f*.
munudio *bg* gesticuler, faire des gestes; ♦*ba* mimer, exprimer (qch) par gestes; ♦*g* gesticulation *f*.
munudyn *g* minute *f*, seconde *f*.
mur (**-iau**) *g* mur *m*; (*mewnol*) paroi *f*; (*o gwmpas gardd, cae ayb*) mur (de clôture), murette *f*; (*mawr iawn, o gwmpas castell, dinas ayb*) mur, rempart *m*, muraille *f*; (*ffig: mwg ayb*) mur, muraille; **o fewn ~iau'r dref** dans les murs, dans l'enceinte de la ville; **'roedd ei gefn yn erbyn y ~** il avait le dos au mur, il était acculé au mur; **M~ Mawr Tsieina** la Grande Muraille de Chine; **M~ Berlin** le mur de Berlin.
murddun (**-nod**) *g* ruine *f*.
murio *ba* entourer (qch) d'un mur, construire un mur autour de; (*cau rhth i mewn*) murer, emmurer;
♦*g* construction *f* d'un mur, murage *m*.
muriog *ans* clos(e), clôturé(e), entouré(e) d'un mur *neu* de murs; (*dinas*) fortifié(e); **gardd furiog** jardin clos.
muriol *ans gw.* **murol**.
murlen (**-ni**) *g* affiche *f*; (*addurniadol*) poster *m*.
murlun (**-iau**) *g* peinture *f* murale.
murlysiau *ll* (PLANH) pariétaire *f*.
murmur *bg* murmurer, susurrer; (*nant*) bruire, susurrer, murmurer;
♦*ba* susurrer, murmurer;
♦*g* murmure *m*, susurrement *m*.
murmurog, **murmurol** *ans* murmurant(e).
murmurwr (**murmurwyr**) *g* murmurateur *m*.
murol *ans* mural(e)(muraux, murales).
mursen (**-nod**) *b* mijaurée *f*, pimbêche *f*.
mursendod (**-au**) *g* affectation *f*, préciosité *f*, minauderie *f*.
mursennaidd *ans* affecté(e), maniéré(e), précieux(précieuse), minaudier(minaudière);
♦ **yn fursennaidd** *adf* avec affectation.
mursennu *bg* minauder, faire la mijaurée, se donner des airs, faire des façons *neu* des manières;
♦*g* minauderies *fpl*.
mursennwr (**mursenwyr**) *g* fat *m*, homme *m* minaudier *neu* affecté *neu* maniéré.
murysgrifen (**-iadau**) *b* graffiti *mpl*.
musgrell *ans* faible, frêle, décrépit(e), asthénique; **hen ŵr ~** un frêle vieillard;
♦ **yn fusgrell** *adf* faiblement.
musgrell(n)i *g* faiblesse *f*, décrépitude *f*, asthénie *f*, adynamie *f*.
mwclen (**mwclis**) *b* (*glain*) perle *f*; **mwclis** collier *m*; (*hir*) sautoir *m*.
mwcws *g* (*llysnafedd*) mucus *m*, mucosité *f*; (*o'r trwyn*) morve *f*.
mwd *g* boue *f*, bourbe *f*; (*mewn afon*) vase *f*; **bod yn sownd mewn ~** être embourbé(e), être enfoncé(e) dans la boue.
mwdlyd *ans* (*ffordd, dŵr*) boueux(boueuse), bourbeux(bourbeuse), vaseux(vaseuse); (*dillad, dwylo*) crotté(e), couvert(e) de boue.
mwdwl (**mydylau**) *g* meule *f* de foin; **cau pen y ~** conclure qch, finir qch, arriver à la fin *neu* au terme de qch, mettre fin à qch; **mae'n bryd cau pen y ~** il est temps de mettre fin à cette réunion.
mwff (**myffiau**) *g* manchon *m*.
mwffin (**-au**) *g* muffin *m* (*petit pain rond et plat*).
mwffler (**-s**) *g,b* cache-nez *m inv*.
mwg[1] *g* fumée *f*; **coden fwg** (*ffwng*) vesse-de-loup(~s-~-~) *f*; **gwneud rhth fel y ~** faire qch très vite et facilement.
mwg[2] *ans* (*wedi'i gochi trwy fwg*) fumé(e).
mẁg (**mygiau**) *g* (*cwpan*) grande tasse *f*, chope *f*.
mwgwd (**mygydau**) *g* bandeau(-x) *m*; **chwarae ~ y dall** *ou* **~ yr ieir** jouer à colin-maillard.
mwgyn *g* bouffée* *f*, cigarette *f*, clope* *f*, taffe* *f*; **cael ~** fumer une cigarette *neu* une clope*.
mwng (**myngau**) *g* crinière *f*; **~ o wallt** une épaisse tignasse *f*.
mwngial *bg* marmotter, parler entre les dents; ♦*ba* marmonner, marmotter; **~ geiriau** manger ses mots; **~ ateb** répondre entre ses dents, marmonner une réponse;
♦*g* marmonnement *m*, marmottement *m*.
mwliwn (**myliynau**) *g* meneau(-x) *m*; **ffenest â ~** fenêtre à meneaux.
mwlsyn *g* idiot *m*, imbécile *m*; (*mul*) mulet *m*
mwll *ans* (*gwres*) étouffant(e), suffocant(e);

(*tywydd*) mou[mol](molle)(mous, molles), lourd(e); (*ystafell*) mal aéré(e), qui manque de ventilation *neu* d'air, renfermé(e).
mwmblan *ba, bg gw.* **mwngial**.
mwmi (**mwmïod**) *g* momie *f*.
mwmial, **mwmian** *bg* (*siarad yn aneglur*) marmotter, parler entre les dents; (*pryf*) bourdonner; (*canu tôn yn isel*) fredonner, chantonner;
♦*ba* marmonner, marmotter, manger (les mots);
♦*g* marmottement *m*, marmonnement *m*; (*hymian*) bourdonnement *m*.
mŵn (**mwnau**) *g* minérai *m gw. hefyd* **mwyn**[1].
mwnci (**mwncïod**) *g* singe *m*; (*ffig: plentyn*) galopin *m*, galopine *f*, polisson *m*, polissonne *f*; ~ **benyw** guenon *f*; **cneuen fwnci** cacahouète *f*.
mwncïaidd *ans* simien(ne), simiesque;
♦ **yn fwncïaidd** *adf* de façon simiesque, comme un singe.
mwngrel *g* (chien *m*) bâtard *m*.
mwnwgl (**mynyglau**) *g* cou *m*; ~ **y droed** cou-de-pied(~s-~-~) *m gw. hefyd* **pendramwnwgl**.
mwnwr (**mwnwyr**) *g gw.* **mwynwr**.
Mŵr (**Mwriaid**) *g* Maure *m*.
Mwraidd *ans* mauresque.
mwrdro *ba* (*rhn*) assassiner; (*cân, iaith ayb*) massacrer, estropier;
♦*g* meurtre *m*, assassinat *m*.
mwrdwr *g* meurtre *m*, assassinat *m*; **gweiddi** ~ crier comme un putois *neu* comme si on était écorché.
mwrddrwg *g gw.* **mawrddrwg**.
mwren *b* (*MILF*) l'épizootie *f*.
Mwres (**-au**) *b* Mauresque *f*.
mwrllwch *g* smog *m*; (*niwl*) brouillard *m*.
mwrn *ans* (*tywydd*) lourd(e), étouffant(e), suffocant(e); (*cynnes*) chaud(e).
mwrndra *g* chaleur *f* étouffante, lourdeur *f* (du temps).
mwrno *bg*
1 (*mynd yn drymaidd*) devenir lourd(e) *neu* chaud(e) *neu* étouffant(e).
2 (*galaru*) porter le deuil, être en deuil, prendre le deuil.
mwrthwl (**myrthylau**) *g gw.* **morthwyl**.
mwsel (**-i**) *g* (*safn a thrwyn anifail*) museau(-x) *m*; (*genfa a roir am y trwyn*) muselière *f*; (*blaen gwn*) bouche *f*, gueule *f*.
mwselu *ba* museler.
mwsg *g* musc *m*.
mwsgadel *g* muscat *m*.
mwsgath (**-od**) *b* civette *f*.
mwsged (**-i**) *g,b* mousquet *m*.
mwsgedwr (**mwsgedwyr**) *g* mousquetaire *m*.
mwsglyd *ans* musqué(e).
mwsgych (**-en**) *g* ovibos *m*, bœuf *m* musqué.
Mwslim (**-iaid**) *g/b* Musulman *m*, Musulmane *f*.
Mwslimaidd *ans* musulman(e).
mwslin *g* mousseline *f*; (*yn y gegin*) étamine *f*.
mwsogl (**-au**) *g* mousse *f*.
mwsogli *bg* ramasser de la mousse; **carreg a dreigla ni fwsogla** pierre qui roule n'amasse pas mousse.
mwsoglog, **mwsoglyd** *ans* moussu(e).
mwstard, **mwstart** *g* moutarde *f*; **pot** ~ moutardier *m*, pot *m* à moutarde.
mwstash (**-ys**) *g* moustache *f*, moustaches *fpl*.
mwstasiog *ans* moustachu(e), à moustache(s).
mwstro *bg*
1 (*brysio*) se dépêcher, se presser, se hâter; **mae'n rhaid imi fwstro** il faut que je me dépêche *subj neu* je me presse *subj*; **gwell iti fwstro** tu dois te dépêcher *neu* te presser; **mwstra, wnei di!** allez, remue-toi!*, grouille-toi!*; **mwstrwch!** grouillez-vous!*.
2 (*ymgynnull*) s'assembler, se réunir.
3 (*gwneud twrw*) faire du vacarme *neu* du brouhaha, être agité(e);
♦*ba*: ~ **milwyr** faire l'appel des soldats, passer des soldats en revue;
♦*g* empressement *m*.
mwstwr *g* (*prysurdeb*) affairement *m*, remue-ménage *m inv*, agitation *f*, tumulte *m*; (*twrw*) brouhaha *m*, bruit *m*, vacarme *m*; **dyna fwstwr!** quel cirque!
mwswgl (**mwsoglau**) *g* mousse *f*.
mwtan (**-au**) *g* mutant *m*, mutante *f*.
mwtanaidd *ans* mutant(e).
mwtanu *bg* subir une mutation;
♦*ba* faire subir une mutation à;
♦*g* mutation *f*.
mwy *ans* (gradd gymharol 'mawr'. Wrth gyfieithu dylid cyfeirio at y gwahanol ystyron sydd dan 'mawr'.)
1 (*cyff*) plus grand(e), plus gros(se); (*swm, gwahaniaeth, gwobr, nifer*) plus important(e); **mae Caerdydd yn fwy na Bangor** Cardiff est plus grand que Bangor; **mynd yn fwy** grandir; (*tewychu*) grossir; **dim byd** ~ rien de plus grand.
2 (*defnydd adferfol*) plus, davantage; ~ **cyfeillgar (na)** plus sympathique (que); **rhaid i ti orffwys** ~ tu dois te reposer davantage.
3 (*defnydd enwol*) plus, davantage; **mae'n yfed** ~ **a** ~ il boit de plus en plus, il boit davantage; **dim** ~ **dim llai na ...** ni plus ni moins que ...; ~ **na hanner y dosbarth** plus de la moitié de la classe; **dim** ~ **na phwys** pas plus d'une livre; ~ **na digon** plus que suffisant, amplement, bien suffisant; **'does dim** ~ **o amser gen i** je n'ai plus le temps; **mae'n rhaid inni weld** ~ **arno** il faut que nous le voyions *subj* davantage *neu* plus souvent; **ni ddyweda' i ddim** ~ je n'en dirai pas davantage; **dylech ddarllen** ~ vous devriez lire davantage; **'does gen i ddim** ~ **i'w ddweud** je n'ai rien de plus à ajouter; **ni fedrwch chi**

ddim gofyn am fwy (*ffig*) on ne peut guère en demander plus *neu* davantage; **hoffwn wybod ~ am hyn** je voudrais en savoir plus long, je voudrais en savoir davantage; **bydd gen i fwy i'w ddweud am hynny** je reviendrai sur ce sujet, ce n'est pas tout sur ce sujet.
4 (*ymadroddion*): ~ **na thebyg** probablement; **fwy neu lai** plus ou moins; ~ **na heb** le plus souvent.
▶ **mwy o**
1 (*rhagor o*) plus de, davantage de; **mae arno angen ~ o arian** il lui faut plus d'argent; **a hoffech chi fwy o win?** voudriez-vous encore du vin?, un peu plus de vin?; **'does dim ~ o sglodion** il n'y a plus de frites; **a oes 'na fwy o goffi?** y a-t-il encore du café?, est-ce qu'il reste du café?; **cymerwch fwy o bwdin** reprenez du dessert; **dim ~ o weiddi!** assez de cris!; **dim ~ o hen waith cartref!** plus de maudits devoirs!; **'does gen i ddim ~ o amser i fynd yno** je n'ai plus le temps d'y aller; **'does dim ~ o fara** il n'y a plus de pain; **llawer ~ o amser** beaucoup plus de temps; **ychydig ~ o arian** encore un peu d'argent, un peu d'argent de plus; **ychydig ~ o funudau** quelques minutes de plus, encore quelques minutes; **'does dim ~ o foron** il n'y a plus de carottes; **oes ~ o win?** y a-t-il encore du vin?, est-ce qu'il reste du vin?; **dim ~ o sŵn!** assez de bruit!.
2 (*eraill*) d'autres; **a oes ganddo fwy o blant?** a-t-il d'autres enfants?; **a glywaist ti fwy o newyddion amdani?** as-tu d'autres nouvelles d'elle?.
▶ **ni ... mwy** ne ... plus; **ni wnaf mohono ~** je ne le referai plus; **'dyw hi ddim yn gweithio yma ~** elle ne travaille plus ici; **ni all hi ddim aros ~** elle ne peut pas rester plus longtemps *neu* davantage; **ni weli di mohoni fyth ~** tu ne la reverras jamais plus *neu* plus jamais; **os nad ~** sinon davantage.
▶ **yn fwy** (*yn ychwanegol*) de plus; **unwaith yn fwy** une fois de plus, encore une fois; **dim ond unwaith yn fwy** une dernière fois; **pythefnos yn fwy** quinze jours de plus, quinze jours additionnels *neu* supplémentaires; **'rwy'n ei charu hi'n fwy** je l'aime davantage; **'rwy'n hoffi mefus yn fwy na mafon** j'aime les fraises plus *neu* davantage que les framboises, je préfère les fraises aux framboises.

mwyach *adf*: **ni ... ~** ne ... plus; **ni wnaf mohono ~** je ne le referai plus; **'dyw hi ddim yn gweithio yma ~** elle ne travaille plus ici; **ni all hi ddim aros ~** elle ne peut pas rester plus longtemps *neu* davantage; **ni weli di mohoni fyth ~** tu ne la reverras jamais plus *neu* plus jamais; **'dydw i ddim yn gallu ei glywed ~** je ne l'entends plus; **paid â gwneud hynny ~!** ne recommence pas!; **ni wna' i ddim mo hynny ~** je ne le ferai plus; **nid yw'n byw yma ~** il n'habite plus ici; **ni fedra' i ddim aros ~** je ne peux plus rester, je ne peux pas rester plus longtemps *neu* davantage; **ni welwn ni ddim arno ~** nous ne le reverrons plus jamais *neu* jamais plus *neu* désormais.

mwyaf *ans* (gradd eithaf 'mawr'. Wrth gyfieithu dylid cyfeirio at y gwahanol ystyron sydd dan 'mawr'.)
1 (*cyff*) le plus grand(la plus grande); (*tewaf*) le plus gros(la plus grosse); (*swm, gwahaniaeth, gwobr ayb*) le plus important, la plus importante; (*nifer*) le plus de, la plus grande quantité de, le plus grand nombre de; **y rhan fwyaf (o rth)** la plus grande partie (de qch), la majeure partie (de qch), la meilleure partie (de qch); **mae'r rhan fwyaf yn +** *berfenw* la plupart + *verbe au pluriel*, la majorité + *verbe au pluriel*; **y rhan fwyaf o'r amser** la plupart du temps; **fel y mae ~ cywilydd imi** à ma grande honte; **mwya'r hast, mwya'r rhwystr** hâte-toi lentement, hâtez-vous lentement; **yr ymdrech fwyaf posibl** le maximum d'effort.
2 (*CERDD*) majeur(e); **yn A fwyaf** en la majeur.
3 (*defnydd enwol*) le plus grand, la plus grande; **ef sy'n ennill y ~ (o arian)** c'est lui qui gagne le plus (d'argent); **fi sydd â'r ~ o lyfrau** c'est moi qui ai le plus de livres; **fi sydd â'r ~ o recordiau** c'est moi qui ai le plus (grand nombre) de disques; **gan bwy mae'r un ~/fwyaf?** qui en a le plus grand(la plus grande)?; **gan bwy mae'r ~ o (rth)?** qui en a le plus de (qch)?; **ar y ~** au maximum, tout au plus; **gan (y) ~, gan fwyaf** le plus souvent, pour la plupart; **mwya'n y byd y darllenwch chi, mwya'n y byd y dysgwch chi** plus on lit plus on apprend; **mwya'n y byd y rhowch chi iddo, lleia'n y byd o ddiolch a gewch chi** plus vous lui donnez, moins il vous en remercie; **mwya'n y byd y bydd dyn byw, ~ a wêl a ~ a glyw** on apprend tous les jours; **gwneud y ~ o** tirer le meilleur parti de, profiter de; **gwneud y ~ o'ch amser** profiter de son temps, ne pas perdre son temps, bien employer son temps; **gwneud y ~ o'r haul/cyfle** profiter (au maximum) du soleil/de l'occasion; **gwneud y ~ o'r arian** tirer le meilleur parti de l'argent; **gwnewch y ~ ohono!** profitez-en bien!, tâchez de bien en profiter!; **gwnewch y ~ ohono y gellwch chi** faites-en le plus que vous pourrez; **gwnaeth y ~ o'r stori** il a exploité l'histoire à fond; **mae ar y ~ o halen yn y cawl** il y a un peu trop de sel dans la soupe, la soupe est un peu trop salée; **camgymeriad o'r ~** une erreur des plus grossières;
♦*adf*
1 (*ar ôl berf*) le plus; **hi a siaradodd fwyaf** c'est elle qui a le plus parlé *neu* qui a parlé le plus; **yr hyn sydd arni ei eisiau fwyaf** ce qu'elle désire le plus *neu* par dessus tout *neu* avant tout; **y llyfr yr oedd arno ei eisiau fwyaf**

oll le livre qu'il voulait le plus *neu* entre tous; **yr hyn a wnaeth fy nghythruddo fwyaf i gyd** ce qui m'a contrarié(e) le plus *neu* par-dessus tout; **fe ganodd hi (yn) fwyaf swynol** elle a chanté de la façon la plus charmante *neu* de façon très charmante; **yn fwyaf (oll)** principalement, par dessus tout. 2 (*cyn ansoddair*) le plus; **y plentyn ~ galluog** l'enfant le plus intelligent; **y fenyw fwyaf prydferth** la plus belle femme, la femme la plus belle.

mwyafrif (**-au**) *g* majorité *f*, la plupart *f*; **mae'r ~ o bobl yn** + *berfenw* ... la plupart *neu* la majorité des gens + *verbe au pluriel* ...; **bod yn y ~** être majoritaire *neu* en majorité; **wedi ei (h)ethol â ~ o 10** élu(e) avec une majorité de 10; **yn y ~ o achosion** dans la majorité *neu* la plupart des cas; **mae'r ~ llethol yn credu ...** dans leur immense majorité, ils croient ...

mwyafrifol *ans* majoritaire.

mwyafswm (**mwyafsymiau**) *g* maximum *m*.

mwyafu *ba* maximaliser, maximiser.

mwyalch, **mwyalchen** (**mwyalchod, mwyeilch**) *b* (ADAR) merle *m*; **~ y dŵr** merle d'eau; **~ y graig, ~ y mynydd** merle à plastron.

mwyara *bg* aller cueillir les *neu* des mûres;
♦*g* cueillette *f* des mûres.

mwyaren (**mwyar**) *b* mûre *f*; **llwyn mwyar duon, coeden fwyar duon** mûrier *m*; **~ y brain** myrtille *f*; **~ las** *ou* **y ddaear** mûre des haies; **jam mwyar duon** confiture *f* des mûres; **stiw mwyar duon** compote *f* de mûres.

mwydioni *bg* s'émietter.

mwydionyn (**mwydion**) *g* (*ffrwyth*) pulpe *f*, chair *f*; (*papur*) pâte *f* à papier, pulpe à papier; (*briwsionyn*) miette *f*; **mwydion papur** papier *m* mâché.

mwydo *ba* faire *neu* laisser tremper; (COG) macérer, mariner; **~ dillad** faire tremper le linge sale; **bara wedi ei fwydo mewn llaeth** pain *m* imbibé de lait, pain qui a été trempé dans du lait;
♦*bg* tremper; **rhoi rhth i fwydo** faire tremper qch, mettre qch à tremper;
♦*g* trempage *m*.

mwydro *ba* embrouiller, jeter (qn) dans la perplexité, dérouter, déconcerter; **'rwyt ti wedi fy ~'n lân** tu m'as complètement embrouillé(e), tu m'as totalement embrouillé(e) les idées;
♦*bg* (*siarad lol*) divaguer, parler à tort et à travers, dire n'importe quoi *neu* des bêtises *neu* des extravagances *neu* des absurdités; **paid â ~!** ne dis pas tant de bêtises!;
♦*g* embrouillement *m*.

mwydyn[1] (**mwydion, mwydod**) *g* (*abwydyn, pryf genwair*) ver *m* de terre.

mwydyn[2] (**mwydion**) *g gw.* **mwydionyn**.

mwyedig *ans* (*sain*) amplifié(e); (*llun*) grossi(e).

mwyfwy: **(yn) fwyfwy** *adf* de plus en plus, davantage; **tyfu'n fwyfwy** grandir de plus en plus *neu* davantage.

mwygl *ans* (*mwll: tywydd*) lourd(e), étouffant(e), suffocant(e);
♦ **yn fwygl** *adf* de façon étouffante *neu* suffocante.

mwyglo *bg* devenir lourd(e) *neu* étouffant(e) *neu* suffocant(e).

mwyhad (**-au**) *g* amplification *f*, augmentation *f*, grossissement *m*; (*rhifau*) augmentation, accroissement *m*, multiplication *f*.

mwyhadur (**mwyaduron**) *g* amplificateur *m*, ampli* *m*.

mwyhaol *ans* augmentatif(augmentative), grossissant(e).

mwyhau *bg* grandir, grossir, s'augmenter, s'intensifier; (*sŵn*) s'amplifier, croître, s'élargir; (*busnes, tref ayb*) s'agrandir, se développer, croître;
♦*ba* agrandir, grossir, élargir, augmenter, intensifier, accroître; (*sŵn*) amplifier; (*llun*) grossir, agrandir; (*tŷ*) agrandir;
♦*g* augmentation *f*, intensification *f*, agrandissement *m*, élargissement *m*.

mwyn[1] (**-au**) *g* minéral *m*; **diodydd ~** boissons *fpl* gazeuses; **dŵr ~** eau(-x) *f* minérale.

mwyn[2] *g*: **er ~** *gw.* **er**.

mwyn[3], **mwynaidd** *ans* (*rhn*) doux(douce), aimable, gentil(le), affable; (*llais*) doux; (*tywydd*) doux, tempéré(e), clément(e); (*awel*) doux, faible; **mae hi'n fwyn heddiw** il fait doux aujourd'hui; **cyfnod ~** une période clémente;
♦ **yn fwyn** *adf* doucement, aimablement, gentiment.

mwynder (**-au**) *g* douceur *f*.

mwynderau *ll* délices *fpl*, plaisirs *mpl*.

mwyndoddfa (**mwyndoddfeydd**) *b* fonderie *f*.

mwyndoddi *ba* affiner, fondre;
♦*g* affinage *m*.

mwyneidd-dra *g* douceur *f*; (*caredigrwydd*) bonté *f*, gentillesse *f*.

mwyneiddio *bg* devenir doux(douce) *neu* tempéré(e), s'adoucir, se radoucir;
♦*g* adoucissement *m*, radoucissement *m*.

mwynglawdd (**mwyngloddiau**) *g* mine *f*.

mwyngloddiaeth *b* exploitation *f* minière.

mwyngloddio *ba* exploiter une mine *neu* des mines, extraire un minerai;
♦*g* exploitation *f* minière *neu* de mines, trauvaux *mpl* de mines.

mwyngloddiwr (**mwyngloddwyr**) *g* mineur *m*.

mwynhad *g* plaisir *m*; **cael ~ o wneud rhth** trouver du plaisir à faire qch.

mwynhau *ba* aimer, trouver agréable, prendre plaisir à; (*llyfr, bwyd*) savourer, apprécier, trouver bon, goûter; (*braint, bri*) jouir de; (*llwyddiant*) se réjouir de; **~ gwneud rhth**

trouver du plaisir à faire qch, prendre plaisir à faire qch, aimer faire qch, trouver agréable de faire qch; **mwynheais wneud hynny** cela m'a fait (grand) plaisir de le faire; ~ **rhth yn fawr** se délecter à qch; ~ **bywyd** jouir de la vie, profiter de la vie; ~ **noson/penwythnos/gwyliau** passer une soirée très agréable/un bon weekend/de bonnes vacances; **wnest ti fwynhau'r cyngerdd?** le concert t'a-t-il plu?; ~ **cinio** bien manger *neu* dîner; **mwynhaodd y plant eu bwyd** les enfants ont bien mangé *neu* ont mangé de bon appétit; **eich ~'ch hun** s'amuser, prendre *neu* se donner du bon temps; **a wnaethoch chi eich ~'ch hun ym Mharis?** est-ce que vous vous êtes bien amusé(e)s à Paris?; **mwynhewch eich hun!** amusez-vous bien!; **mwynhewch y penwythnos!** (passez un) bon week-end!; **mae bob amser yn ei fwynhau ei hun yn y wlad** il se plaît toujours à la campagne; ~ **iechyd da** jouir d'une bonne santé;
♦*g* jouissance *f*.
mwyniant (**mwyniannau**) *g* plaisir *m*.
mwynlan *ans* joli(e), aimable, gentil(le), charmant(e), beau[bel](belle)(beaux, belles), avenant(e);
♦ **yn fwynlan** *adf* aimablement, de façon avenante.
mwynlong (**-au**) *b* navire *m* de minerai.
mwynofydd (**-ion**) *g* minéralogiste *m/f*.
mwynol *ans* minéral(e)(minéraux, minérales); **dŵr** ~ eau(-x) *f* minérale.
mwynoleg *b* minéralogie *f*.
mwynwr (**mwynwyr**) *g* mineur *m*.
mwynyddiaeth *b* minéralogie *f*.
mwys *ans* ambigu(ë); **gair** ~ calembour *m*, jeu(-x) *m* de mots;
♦ **yn fwys** *adf* avec ambiguïté, de façon ambiguë, ambigument.
mwythair (**mwytheiriau**) *g* euphémisme *m*.
mwythau *ll* caresse *f*.
mwythlyd *ans gw.* **mwythus**.
mwytho *ba* câliner, caresser, choyer, dorloter, gâter;
♦*g* câlinerie *f*, caresses *fpl*; ~ **hen atgofion** caresser de vieux souvenirs.
mwythus *ans* dorloté(e), gâté(e); (*moethus*) luxueux(luxueuse); (*danteithiol*) délicieux(délicieuse); (*tyner*) délicat(e);
♦ **yn fwythus** *adf* d'une façon dorlotée *neu* gâtée, luxeusement, délicieusement, délicatement.
m.y.a. *byrf* (= *milltir yr awr*) ≈ km/h (= kilomètres *mpl* à l'heure); **gyrru 50** ~ ≈ rouler à 80 km/h.
mycoleg *b* mycologie *f*.
mycolegydd (**mycolegwyr**) *g* mycologiste *m/f*.
myctod *g* asphyxie *f*, étouffement *m*.
mydfaeth (**-od**) *b* sage-femme(~s-~s) *f*.
mydr (**-au**) *g* mètre *m*; **mewn** ~ en vers; ~ **rhydd** vers *m* libre.
mydrol *ans gw.* **mydryddol**.
mydryddiaeth *b* métrique *f*, prosodie *f*.
mydryddol *ans* métrique, prosodique;
♦ **yn fydryddol** *adf* métriquement.
mydryddu, mydru *ba* versifier, mettre en vers;
♦*bg* faire des vers;
♦*g* versification *f*, mise *f* en vers.
mydryddwr (**mydryddwyr**) *g* versificateur *m*.
mydryddwraig (**mydryddwragedd**) *b* versificatrice *f*.
mydylu *ba* mettre en meule;
♦*g* emmeulage *m*, mise *f* en meule (du foin).
myfi *rhag dwbl gw.* **fi**;
♦*g* (**myfïau**): **y** ~ le moi *m*, l'ego *m*.
myfïaeth *b* égoïsme *m*.
myfïol *ans* égoïste, vaniteux(vaniteuse);
♦ **yn fyfïol** *adf* vaniteusement, égoïstement.
myfyrdod (**-au**) *g* méditation *f*, réflexion *f*, contemplation *f*.
myfyrfa (**myfyrfeydd**) *b* cabinet *m* de travail.
myfyrgar *ans* contemplatif(contemplative), méditatif(méditative); (*dyfal*) studieux(studieuse), assidu(e) à l'étude;
♦ **yn fyfyrgar** *adf* de façon méditative; (*yn ddyfal*) studieusement.
myfyrgell (**-oedd**) *b gw.* **myfyrfa**.
myfyrio *bg* (*meddwl*) méditer, réfléchir, se recueillir; (*astudio*) étudier, faire des études;
♦*g* études *fpl*, méditation *f*.
myfyriol *ans* méditatif(méditative), pensif(pensive);
♦ **yn fyfyriol** *adf* pensivement, d'un air méditatif, avec recueillement.
myfyriwr (**myfyrwyr**) *g* étudiant *m*, étudiante *f*; ~ **meddygaeth** étudiant en médecine; **bywyd myfyriwr** vie *f* d'étudiant, vie estudiantine; **neuadd breswyl myfyrwyr** foyer *m* universitaire; **grant** ~ bourse *f*; **undeb myfyrwyr** (*clwb*) club *m* des étudiants; (*GWLEID*) syndicat *m neu* union *f* des étudiants.
myfyrwraig (**myfyrwragedd**) *b* étudiante *f gw. hefyd* **myfyriwr**.
mygdarth (**-au**) *g* encens *m*, émanations *fpl*.
mygdarthu *ba* désinfecter (qch) par fumigation, fumiger; (*mewn eglwys*) encenser;
♦*g* fumigation *f*.
mygedol *ans* honoraire; **derbyn doethuriaeth fygedol** être nommé(e) docteur honoris causa.
mygfa (**mygfeydd**) *b* suffocation *f*, étouffement *m*; (*MEDD*) asthme *m*, asphyxie *f*.
mygio *ba* agresser;
♦*g* agression *f*.
mygiwr (**mygwyr**) *g* agresseur *m*.
myglyd *ans* (*llawn mwg*) enfumé(e); (*tân*) qui fume; (*peth*) sali(e) par la fumée, noirci(e) par la fumée; (*gwres*) suffocant(e), étouffant(e); (*ystafell*) mal aéré(e).
myglys *g* tabac *m*.

mygu *bg, ba*
1 (*tagu*) étouffer, suffoquer; (*ffig: tawelu, gwastrodi*); ~ **pob sôn am rth** réprimer qch.
2 (*COG: cochi*) fumer;
♦*g* suffocation *f*, étouffement *m*.
mygydu *ba* bander les yeux à *neu* de.
mygyn *g gw.* **mwgyn**.
myngial *ba, bg gw.* **mwngial**.
myngog *ans* à crinière.
myngus *ans* indistinct(e);
♦ **yn fyngus** *adf* indistinctement.
myharan, **myharen** *g gw.* **maharen**.
myllio *bg* s'emporter, devenir fou furieux(folle furieuse).
myllni *g* chaleur *f* étouffante, lourdeur *f*.
myllt *ll gw.* **mollt**.
myllu *bg* (*tywydd*) devenir étouffant(e) *neu* suffocant(e) *neu* lourd(e).
mymi (**mymïaid, mymïau**) *g gw.* **mwmi**.
mympwy (**-on**) *g* caprice *m*, fantaisie *f*; (*braidd yn hurt*) lubie *f*; **gwneud rhth yn ôl eich** ~ faire qch à votre gré *neu* comme l'idée vous prend, faire qch sur un caprice; **mae'n ildio i bob un o'i ~on** il lui passe tous ses caprices, il cède à tous ses caprices, il fait ses quatre volontés*; **mae hi'n cael ~on rhyfedd** elle a des lubies bizarres
mympwyol *ans* (*rhn*) capricieux(capricieuse), fantasque; (*peth*) arbitraire;
♦ **yn fympwyol** *adf* capricieusement, arbitrairement.
mymryn (**-nau**) *g* peu *m*; (*llwch, blawd ayb*) grain *m*; (*ffig*) brin *m*, grain, iota *m*; ~ **bach** un brin, un tout petit peu; **'does dim ~ o wirionedd yn hwn** il n'y a pas un grain de vérité là-dedans; **dim ~ o dystiolaeth** pas l'ombre *f* d'une preuve, pas la moindre preuve.
myn[1] *ardd*: ~ **brain!*** sapristi!*; ~ **diain!**, ~ **diaist!** nom de nom!; ~ **diawl!*** nom d'un chien!, nom d'une pipe!, nom d'un petit bonhomme!; ~ **cythraul!***, ~ **uffern!*** nom de Dieu**!
myn[2] (**-nod, -nau**) *g* (*ANIF*) chevreau(-x) *m*, chevrette *f*.
mynach (**-od, mynaich**) *g* moine *m*, religieux *m*.
mynachaeth *b* monachisme *m*.
mynachaidd *ans* monacal(e)(monacaux, monacales).
mynachdy (**mynachdai**) *g* monastère *m*.
mynachlog (**-ydd**) *b* monastère *m*.
mynawyd (**-au**) *g* alêne *f*, poinçon *m*; ~ **y bugail** géranium *m*.
mynd *bg*
1 (*symud, teithio*) aller; ~ **i/o** aller à/de; ~ **i Lundain/Baris** aller à Londres/à Paris; ~ **i Gymru/Iwerddon/Lydaw/Gyprus** aller au pays de Galles/en Irlande/en Bretagne/à Chypre; ~ **i mewn i Baris** entrer dans Paris; ~ **i'r dref/i'r wlad** aller en ville/à la campagne; **aethant adref** ils sont rentrés chez eux, elles sont rentrées chez elles; **es i mewn i'r ystafell** je suis entré(e) dans la pièce; ~ **mewn bws/trên/awyren** voyager en bus/train/avion; **mae'r car yna'n ~ yn gyflym** cette voiture roule très vite; ~ **o gwmpas** circuler, aller çà et là; **mae'n ~ o gwmpas y lle mewn Rolls** il roule *neu* circule en Rolls.
2 (*ar neges arbennig, ar weithgaredd*): ~ **i siopa** aller faire les courses, aller faire des achats; ~ **i nofio** (*yn y môr, yr afon*) aller se baigner; (*yn y pwll*) aller à la piscine.
3 (*mynychu*) fréquenter, aller; ~ **i gaffi** (*yn aml*) fréquenter un café; ~ **i'r gwaith** aller au travail, se rendre au travail.
4 (*gadael*) partir; **mae'n rhaid imi fynd** il faut que je parte *subj neu* que je m'en aille *subj*, il faut que je file* *subj*; **mae'r trên yn ~ am 9 o'r gloch** le train part à 9 heures; **mae yna drên yn ~ bob awr** il y a un train toutes les heures; **dos o'ma!** va-t'en!; **ewch o'ma!** allez-vous-en!; **rhaid** ~ il faut partir.
5 (*marw*) mourir, disparaître; **pan fydda' i wedi** ~ quand je ne serai plus là; **gall hi fynd unrhyw adeg yn ôl y meddyg** d'après le médecin, elle risque de mourir d'un instant à l'autre.
6 (*diflannu*) partir; **mae hanner yr arian yn ~ ar fwyd** la moitié de l'argent part en nourriture; **mae'r arian/gacen wedi ~ i gyd** il ne reste plus d'argent/de gâteau; **gadewais fy meic y tu allan a nawr mae wedi ~!** j'ai laissé mon vélo dehors et il n'est plus là *neu* il a disparu.
7 (*cael ei anfon, drosglwyddo*): **ni all hwn fynd trwy'r post** on ne peut pas l'envoyer par la poste; **rhaid i'r cynigion hyn fynd gerbron y senedd** ces propositions doivent être soumises au parlement.
8 (*bod*): ~ **yn noeth** se promener tout(e) nu(e); **cafodd fynd yn rhydd** il a été libéré *neu* remis en liberté.
9 (*gwanhau*): **mae ei gof yn dechrau** ~ il perd la mémoire; **mae ei feddwl yn dechrau** ~ il perd l'esprit, son esprit faiblit; **mae ei glyw yn dechrau** ~ il devient sourd; **mae fy llais yn dechrau** ~ je n'ai presque plus de voix; **mae'r batri'n dechrau** ~ la pile est presque à plat.
10 (*bod ar ôl*): **dim ond tridiau sydd i fynd cyn y Nadolig** il ne reste plus que trois jours avant Noël.
11 (*gweithio, gweithredu: cerbyd*) rouler; (*peiriant, cloc*) marcher, fonctionner; **cael rhth i fynd** réparer qch, mettre qch en marche; (*cychwyn*) se mettre en marche, démarrer; **dal i fynd** continuer, tenir le coup*; **mae gennym nifer o brosiectau yn ~ ar hyn o bryd** nous avons plusieurs projets en route en ce moment.
12 (*arwain i*) aller, conduire, mener; **mae'r coridor yma'n ~ i'r gegin** ce couloir-ci va *neu*

conduit à la cuisine.
13 (*ymestyn*): **mae gwreiddiau'r planhigyn yn ~ yn ddwfn iawn** les racines de la plante s'enfoncent très profondément; **nid yw canpunt yn ~ yn bell y dyddiau hyn** on ne va pas loin avec cent livres sterling de nos jours; **nid yw coes oen yn ~ yn bell ar gyfer wyth o bobl** un gigot d'agneau n'est pas suffisant pour huit personnes; **mae'r ardd yn ~ cyn belled â'r afon** le jardin va *neu* s'étend jusqu'à la rivière.
14 (*ffitio*) rentrer; **nid yw'n ~ i mewn i'r bocs** ça ne rentre pas dans la boîte; **nid aiff tri i ddau** (*MATH*) trois n'est pas divisible par deux.
15 (*cael ei fynegi/ganu mewn ffordd arbennig*): **nid wyf yn cofio sut mae'r pennill yn ~** je n'arrive pas à me rappeler le poème; **sut mae'r gân yn ~?** quel est l'air de la chanson?; **mae'r gân yn ~ rhywbeth fel hyn ...** la chanson ressemble à peu près à ceci ....
16 (*digwydd*) se passer; **aeth y parti yn dda** la soirée s'est très bien passée; **hyd yn hyn mae'r ymgyrch wedi ~ yn dda** jusqu'ici la campagne a bien marché; **sut mae pethau'n ~?** comment ça va?*; **'roedd y gwaith yn ~ yn dda** le travail marchait bien *neu* était en bonne voie; **aeth y penderfyniad o'u plaid** la décision leur a été favorable; **gadewch inni aros i weld sut mae pethau'n ~** attendons de voir ce qui va se passer; **fel mae pethau'n ~** dans l'état actuel des choses; **ni wn i ddim sut yr aiff pethau** je ne sais pas comment les choses vont tourner.
17 (*cael ei werthu*): **aeth y tŷ am dros £100,000** la maison a été vendue à plus de 100.000 livres; **mae'r carpedi hyn yn ~ yn rhad** ces tapis ne sont pas chers *neu* se vendent bon marché.
18 (*cyfrannu at*) contribuer à, servir à; **bydd yr arian yn ~ i brynu car newydd** l'argent servira à payer une nouvelle voiture.
19 (*cael ei roi: gwobr*) aller; (*:stad, etifeddiaeth, teitl*) passer à; **rhaid i'r rhan fwyaf o'r clod fynd i'r awdur** la plus grande partie du mérite doit revenir à l'auteur; **aeth y swydd i rywun lleol** le poste a été donné à quelqu'un de la région *neu* du coin.
20 (*ffiws, bwlb*) griller.
21 (*cymryd eich tro*): **ti sy'n ~ nesaf** c'est ton tour après, c'est à toi après.
22 (*cael eu dodi*) aller; **mae'r pensiliau'n ~ yn y drôr chwith** les crayons se rangent *neu* se mettent *neu* vont dans le tiroir de gauche.
23 (*teithio*) faire; **'roeddem ni wedi ~ saith cilometr** nous avions déjà fait sept kilomètres; **~ eich ffordd eich hun** (*ffig*) suivre son chemin, agir à son propre gré.
24: **pam est ti a difetha popeth?** pourquoi es-tu allé(e) tout gâcher?; **'rwyt ti wedi ~ a difetha'r cyfan!** tu t'es débrouillé(e) pour tout gâcher!.
▶ **mynd â** (*rhn*) conduire, emmener; (*rhth*) emporter; **~ â rhn allan, ~ â rhn mas** faire sortir qn; **~ â rhn/rhth i lawr** descendre qn/qch; **~ â rhn/rhth i mewn** rentrer qn/qch; **~ â rhn/rhth i fyny, ~ â rhn/rhth lan** faire monter qn/qch; **~ â rhth yn ôl** rapporter qch; **~ â rhn yn ôl** ramener qn; **~ â'r ci am dro** promener le chien; **pwy aeth â hi?** (*pwy enillodd?*) qui est-ce qui a gagné?; **dyna sy'n ~ â hi heddiw** (*yn y ffasiwn*) voilà ce qui est à la mode *neu* dans le vent de nos jours.
▶ **mynd allan** sortir; **~ allan o** quitter; (*môr, llanw*) baisser, descendre; **aeth hi allan o'r ystafell** elle a quitté la pièce; **allan â chi!** allez!, sortez!.
▶ **mynd am**: **~ am dro** se promener, faire un tour *neu* une promenade; **~ am dro o gwmpas** faire le tour de; **~ am ddiod** aller prendre un verre *neu* un pot; **~ am gar newydd** décider d'acheter une voiture neuve; **~ am rn** (*ymosod*) attaquer qn, tomber sur qn; **nid yw'r esgidiau yma'n ~ am fy nhraed!** je n'entre pas dans ces chaussures; **fe aeth hi amdano!** (*mewn dadl, ffrae*) elle l'a vraiment incendié, elle s'en est prise violemment à lui, elle s'est attaquée à lui; **dos amdani!** vas-y!; **mae hi'n ~ am y fedal aur** elle vise la médaille d'or.
▶ **mynd ar** aller sur, monter sur; **~ ar gefn beic** faire du vélo, faire du cyclisme; **~ ar gefn ceffyl** monter à cheval, faire de l'équitation; **~ ar gefn asyn/camel** monter à dos d'âne/de chameau; **~ ar fws** monter dans un car *neu* bus; **~ ar fwrdd llong** s'embarquer; **~ ar daith gyfnewid** faire un échange; **~ ar dân** prendre feu; **~ ar draws** traverser; **~ ar ddeiet** suivre un régime, se mettre au régime; **~ ar goll** se perdre, s'égarer, perdre son chemin; **~ ar nerfau rhn** énerver qn; **~ ar eich ffordd** poursuivre son chemin; **~ ar eich hyd** (*disgyn, cwympo*) tomber de tout son long; **~ ar daith/ar eich gwyliau** partir en voyage/vacances.
▶ **mynd ar ôl** (*dilyn*) suivre; **~ ar ôl merch** (*ceisio cariad*) faire la cour à une fille; **ewch ar ei ôl!** poursuivez-le!; **~ ar ôl gwaith** (*chwilio am*) essayer d'obtenir un emploi, viser un poste; **aeth ar ôl y swydd â'i holl allu** il fait tout son possible pour avoir ce travail.
▶ **mynd at**
1 (*symud tuag at*) aller vers, s'approcher de.
2 (*mynd i weld*): **~ at y meddyg/deintydd** consulter le médecin/dentiste, aller chez le médecin/dentiste.
▶ **mynd ati** (*i wneud*) se mettre à, se prendre à, se jeter à; (*tasg*) s'attaquer à; **sut ydych chi'n ~ ati i ysgrifennu nofel?** comment est-ce que vous vous y prenez pour écrire un roman?; **mae'n gwybod sut i fynd ati** il sait s'y prendre; **aeth ati o ddifrif** il s'y est mis

neu il s'y est attaqué avec acharnement.
▶ **mynd bant** s'en aller, partir.
▶ **mynd dan** (*pasio*) passer au dessous de.
▶ **mynd draw**: ~ **draw i dŷ rhn** passer chez qn, aller *neu* passer voir qn; ~ **draw i America/Ffrainc** aller *neu* partir aux États-Unis/en France, partir pour les États-Unis/pour la France.
▶ **mynd dros**
1 (*llyth*) passer au dessus de; (*mewn awyren*) survoler; (*croesi: pont*) traverser; **aeth y bêl dros (ben) y wal** la balle a passé par-dessus le mur; ~ **dros ddibyn** tomber dans un précipice *neu* du haut d'un rocher.
2 (*archwilio*) examiner, vérifier; **'rydym ni wedi** ~ **dros y manylion dro ar ôl tro** nous avons déjà passé les détails en revue mille fois.
3 (*darn o waith*) revoir, réexaminer; (*gwers, araith*) repasser, revoir; (*ffeithiau*) revoir, récapituler; **aeth dros fy nhraethawd gyda mi** il a regardé ma dissertation avec moi; **dewch inni fynd dros y ffeithiau unwaith eto** reprenons les faits; ~ **dros feiau rhn** passer qn au crible, éplucher les défauts de qn.
4 (*myfyrio*) passer (qch) en revue; ~ **dros rhth yn y meddwl** repasser qch dans son esprit; ~ **dros ddigwyddiadau'r dydd** retracer les évènements de la journée.
5 (*anwybyddu: ffig*): **fe aeth hi dros fy mhen at y prifathro** elle est allée voir le directeur sans me consulter.
6 (*ffig: gorymateb*): ~ **dros ben llestri** exagérer, aller trop loin, faire un peu trop; ~ **dros ben llestri yw hynna** c'est excessif, cela.
▶ **mynd drosodd at** (*llyth*) s'approcher de; ~ **drosodd at y gelyn** changer de parti.
▶ **mynd gyda** accompagner, aller avec; ~ **allan gyda merch** sortir avec une fille; **mae'r tei yma'n** ~ **gyda'r crys** cette cravate va très bien avec la chemise; ~ **gyda'r oes** marcher avec son temps; ~ **gyda'r dorf** suivre la foule; **'rwy'n chwilio am het i fynd gyda fy ffrog newydd** je cherche un chapeau assorti à ma nouvelle robe, je cherche un chapeau qui aille *subj* avec ma nouvelle robe; ~ **gyda'i gilydd** (*lliwiau, pobl*) aller ensemble; (*bod yn gysylltiedig â'i gilydd*) aller de pair; **mae tlodi a throseddu yn aml yn** ~ **gyda'i gilydd** la pauvreté et le crime vont souvent de pair; **maen nhw'n** ~ **gyda'i gilydd ers tri mis** ils sortent ensemble depuis trois mois.
▶ **mynd heb** (*gwneud heb*) se passer de, se priver de, s'abstenir de; ~ **heb fwyd am ddeuddydd** passer deux jours sans rien manger; ~ **heb eich cosbi** rester impuni(e).
▶ **mynd heibio**
1 (*rhn, lle*) passer à côté de *neu* près de, passer devant, longer; **aeth heibio'r tŷ** il est *neu* a passé devant la maison *neu* près de la maison *neu* à côté de la maison; **mae'r ffordd yma'n** ~ **heibio'r fynwent** ce chemin passe à côté du cimetière, ce chemin longe le cimetière.
2 (*amser*) passer, s'écouler; **aeth dwyawr heibio cyn ...** deux heures se sont écoulées avant que + *subj*.
3 (*mewn car*) doubler; **car yn** ~ **heibio car arall** une voiture qui double une autre.
▶ **mynd i**
1 (*le*) aller à; ~ **i'r gwely** aller au lit, (aller) se coucher.
2 (*bod ar fin gwneud rhth*): ~ **i wneud rhth** aller faire qch, être sur le point de faire qch, avoir l'intention de faire qch; **'roeddwn i'n** ~ **i dy ffonio di** j'étais justement sur le point de t'appeler, j'allais justement t'appeler; **mae hi'n** ~ **i lawio** il va pleuvoir.
3 (*ymadroddion*): ~ **i'r afael â** (*rhn*) attaquer, tomber sur; (*tasg, gweithgaredd*) s'attaquer à, s'atteler à; ~ **i gysgu** s'endormir; ~ **i siopa** faire des courses *neu* des achats.
▶ **mynd i fyny** monter; **aethant i fyny'r afon** ils ont monté *neu* remonté la rivière.
▶ **mynd i ffwrdd** (*rhn*) s'en aller, partir.
▶ **mynd i lawr** descendre; ~ **i lawr eto** redescendre; ~ **i lawr i'r traeth** aller à la plage; **mae'r ffordd yn** ~ **i lawr at y môr** la route descend vers la mer; **aeth y bwyd i lawr yn gam** le morceau a été avalé de travers; **aethant i lawr** ils sont descendus; **aethant i lawr yr afon** ils ont descendu la rivière.
▶ **mynd i mewn** entrer; ~ **i mewn i ystafell** entrer dans une pièce; **fe aeth hi i mewn i'r coleg** elle est entrée dans le collège; (*fel myfyrwraig*) elle est entrée au collège; **aeth y ceir i mewn i'w gilydd** les voitures se sont heurtées *neu* sont entrées en collision; **aeth y car i mewn i goeden** la voiture a heurté un arbre.
▶ **mynd lan** *gw.* **mynd i fyny**.
▶ **mynd mas** *gw.* **mynd allan**.
▶ **mynd o amgylch** *ou* **o gwmpas** (*symud, teithio*) se promener, circuler; (*si, hanes newydd*) courir; **mae si yn** ~ **o gwmpas ...** le bruit court que; **mae firws yn** ~ **o gwmpas** il y a un virus qui traîne; **does dim digon o arian i fynd o gwmpas** il n'y a pas assez d'argent pour tout le monde; ~ **o gwmpas eich pethau** s'occuper de ses affaires; **maen nhw'n** ~ **o gwmpas yn griw** ils vont *neu* circulent en *neu* par bande.
▶ **mynd o flaen** (*ar y blaen*) aller au devant de; (*ymddangos o flaen llys, barnwr*) comparaître devant; ~ **o flaen y pwyllgor** passer devant le comité.
▶ **mynd rhwng**: ~ **rhwng dau beth** (*rhwystr*) s'interposer; **mae'r ardal wedi** ~ **rhwng y cŵn a'r brain** ce quartier n'est plus ce qu'il était; **'roedd y tŷ wedi** ~ **rhwng y cŵn a'r brain** la maison était très délabrée.
▶ **mynd trwodd** entrer *neu* pénétrer *neu*

s'introduire (dans), passer (dans).
▶ **mynd trwy** (*llyth*) passer par; (*gwario*) dépenser; ~ **trwy ffortiwn** engloutir une fortune.
▶ **mynd wysg eich cefn** reculer, aller à reculons; (*mewn car*) faire marche arrière.
▶ **mynd ynglŷn â**: ~ **ynglŷn â'ch gwaith** *ou* **pethau** s'occuper de ses affaires.
▶ **mynd ymaith** s'en aller, partir.
▶ **mynd ymlaen**
1 (*symud ymlaen: rhn, cerbyd*) aller, avancer, s'avancer; (*dilyn*) continuer; **ewch ymlaen, ac mi ddilynaf** partez devant, et je vous suis; **ewch ymlaen** (*mewn sgwrs*) continuez; **ewch ymlaen a saethwch!** allez-y, tirez!.
2 (*parhau*) continuer, poursuivre; **aeth ymlaen â'i waith** il a continué (à faire) son travail; **aeth ymlaen â'i stori** il a repris son histoire, il a continué à raconter son histoire; **maen nhw'n** ~ **ymlaen â'r cynllun** ils ont décidé de mettre le projet en route; **ffugiodd y stori wrth fynd yn ei flaen** il a inventé l'histoire au fur et à mesure qu'il la racontait, il a continué en inventant l'histoire en cours de route; **aeth y ffilm ymlaen am ddwy awr** le film a duré deux heures; ~ **ymlaen at fater arall** passer à une autre question; **mae hyn wedi** ~ **ymlaen ers amser hir** cela dure depuis longtemps; **am faint fydd hwn yn** ~ **ymlaen?** combien de temps cela va-t-il durer?.
3 (*ar ôl saib*) repartir, se remettre en route, poursuivre sa course; **cer ymlaen, dos ymlaen!** vas-y!, continue!; **aeth ymlaen i ddweud fod ...** puis il a dit que ..., il a dit ensuite que ....
4 (*digwydd*) se passer, se dérouler; **beth sy'n** ~ **ymlaen fan hyn?** qu'est-ce qui se passe ici?; **tra bo hyn yn** ~ **ymlaen** pendant que cela se passe, au même moment, pendant ce temps; **mae streic yr wythnos nesaf yn** ~ **yn ei blaen** la grève de la semaine prochaine va avoir lieu.
5 (*siarad yn ddiflas*): ~ **ymlaen am rth** parler à n'en plus finir sur qch; (*codi beiau*) faire sans cesse des remarques sur qch; **paid â** ~ **ymlaen am y peth!** arrête!, laisse tomber!, n'insiste pas!; **mae hi'n** ~ **ymlaen ac ymlaen** elle ne cesse pas de parler, c'est un moulin à paroles*; **mae'n** ~ **ymlaen ac ymlaen am y peth** il ne finit pas d'en parler.
▶ **mynd yn** (*troi yn, dod yn*) devenir; ~ **yn ddoctor** devenir médecin; ~ **yn ddrwg** (*llaeth, hufen*) tourner; (*cig*) s'avarier; (*menyn*) rancir; ~ **yn wael** (*rhn*) tomber malade; **aeth hi'n wael gan y ffliw** elle a attrapé la grippe, elle est tombée malade de la grippe; ~ **yn llai** (s')amoindrir, rapetisser, se réduire, se faire plus petit(e), devenir plus petit(e); (*chwydd*) désenfler; (*balŵn, teiar*) se dégonfler; ~ **yn fwy** grandir, grossir, s'augmenter; ~ **yn goch** rougir; ~ **yn wyn** blanchir; ~ **yn ddu** noircir; **mae ei wallt yn** ~ **yn wyn** il commence à avoir les cheveux blancs; ~ **yn wallgof** devenir fou(folle); ~ **yn fethdalwr** faire faillite; ~ **yn enwog** devenir célèbre; ~ **yn hen** vieillir, se faire vieux(vieille); ~ **yn denau** maigrir; ~ **yn dew** grossir; ~ **yn dywyll** commencer à faire nuit, se noircir.
▶ **mynd yn erbyn**
1 (*llyth*): ~ **yn erbyn coeden/wal** heurter un arbre/mur; **aeth car yn erbyn car arall** une voiture est entrée en collision avec une autre.
2 (*bod yn anffafriol*): **aeth y bleidlais/dyfarniad/penderfyniad yn eu herbyn** le vote/le verdict/la décision leur a été défavorable; **mae'r rhyfel yn** ~ **yn eu herbyn** la guerre tourne à leur désavantage.
3 (*gwrthdaro, anghytuno*) être contraire à; ~ **yn erbyn y tueddiad** (*rheolau, egwyddorion*) aller à l'encontre de la tendance, être contraire à la tendance.
4 (*gwrthwynebu*) s'opposer à, aller à l'inverse de; ~ **yn erbyn y llif** aller contre le courant, aller à contre-courant de.
▶ **mynd yn groes i** contrarier; ~ **yn groes i ewyllys rhn** aller contre les désirs de qn, contrarier les désirs de qn; ~ **yn groes i'r graen** aller à l'encontre *neu* à contre-courant de la nature; **fe'i gwnaf, ond mae'n** ~ **yn groes i'r graen** je le ferai, mais de mauvais gré *neu* pas de bon cœur, je le ferai, mais cela va à l'encontre de mes idées.
▶ **mynd yn ôl** (*dychwelyd*) retourner, revenir; (*troi'n ôl*) rebrousser chemin, revenir sur ses pas, faire demi-tour; (*wysg eich cefn*) reculer; (*car*) faire marche arrière; (*beirniadu*) juger d'après, (se) fonder sur, suivre, se régler sur; ~ **yn ôl i'r gwaith** reprendre le travail; ~ **yn ôl i'r ysgol** reprendre les cours, rentrer à l'école; **aethant gartref** ils sont rentrés chez eux; ~ **yn ôl i'r dechrau** recommencer; ~ **yn ôl i gysgu** se rendormir; (*mewn amser*) remonter; **rhaid** ~ **yn ôl 20 mlynedd i ddeall y broblem** pour comprendre le problème il faut remonter 20 ans en arrière *neu* remonter le cours de 20 ans; ~ **yn ôl i addysg** revenir à l'enseignement; **mi af i yn ôl yr hyn a welaf** j'agirai en fonction de ce que je vois; **'rwy'n** ~ **yn ôl yr hyn a glywaf** je me fonde sur ce qu'on me dit *neu* sur ce que j'entends;
♦*g* (*bywyd*) allant *m*, vie *f*, entrain *m*, animation *f*, verve *f*, brio *m*; (*symudiad*) élan *m*; **mae tipyn o fynd yn y car yma** cette voiture est bien rapide; **mae llawer o fynd ar y gwasanaeth 'ma** ce service est très demandé; **rhowch ychydig o fynd ynddi!** activez-vous!, grouillez-vous!; **'roedd** ~ **arbennig ar ei nofel** son roman se vendait bien; **mae'n bregethwr â** ~ **arno** c'est un prédicateur très couru.

myned *bg gw.* **mynd**.

mynedfa (**mynedfeydd**) *b* entrée *f*; (*eglwys gadeiriol*) portail *m*; (*neuadd*) entrée,

vestibule *m*; (*y llwybr i mewn*) passage *m*.
mynediad (**-au**) *g* (*mynd i mewn*) entrée *f*; (*caniatâd i fynd i mewn*) admission *f*, entrée, accès *m*; **"~ am ddim"** "entrée gratuite"; **dim ~** entrée interdite; **~ i ysgol** admission à une école; **cael ~ at rn** trouver accès auprès de qn; **cael ~ i glwb/gymdeithas** être admis(e) dans un club/une société; **caniatáu ~ i rn** admettre qn; **tâl ~** droits *mpl* d'admission; (*i gymdeithas*) droit *m* d'inscription; **mae'r tocyn hwn yn rhoi ~ i 2 berson** ce billet est valable pour 2 personnes; **cerdyn/tocyn ~** carte *f*/billet *m* d'entrée *neu* d'admission.
mynegadwy *ans* exprimable.
mynegai (**mynegeion**) *g* index *m*, table *f* alphabétique; (*ar gardiau: mewn llyfrgell*) catalogue *m*, répertoire *m* alphabétique.
mynegair (**mynegeiriau**) *g* lexique *m*.
mynegbost (**mynegbyst**) *g* poteau(-x) *m* indicateur, panneau(-x) *m* indicateur.
mynegeio *ba* (*rhoi mynegai yn*) indexer, munir (qch) d'un index; (*rhoi gair mewn mynegai*) mettre un mot dans l'index *neu* la table alphabétique; (*gwneud mynegai ar gardiau*) répertorier, cataloguer (alphabétiquement); (*rhoi llyfrau, recordiau mewn catalog*) classer; ♦*g* classement *m*.
mynegfys (**-edd**) *g* (*bys*) index *m*; (*arwydd*) poteau(-x) *m* indicateur.
mynegi *ba* (*barn, ffeithiau*) exprimer, déclarer, affirmer, énoncer, émettre; (*teimladau*) faire voir, manifester, montrer, exprimer; (*amodau*) poser, formuler; (*problem*) énoncer, poser; (*diolch*) présenter, exprimer; (*dymuniad*) exprimer, formuler; (*adrodd, dweud*) raconter, dire; (*dweud wrth rn*) annoncer à; **eich ~'ch hunan** s'exprimer; **(ni) alla' i ddim dod o hyd i'r geiriau i fynegi fy nheimladau** les mots me manquent pour traduire mes sentiments, je suis trop confus(e) pour m'exprimer.
mynegiad (**-au**) *g* expression *f*, formulation *f*, exposition *f*, déclaration *f*, énoncé *m*.
mynegiadaeth *b* expressionnisme *m*.
mynegiadol *ans* (*wyneb ayb*) expressif(expressive), déclaratoire, indicateur(indicatrice).
mynegiant (**mynegiannau**) *g* expression *f*, manifestation *f*.
myneglon *ans* expressif(expressive); ♦ **yn fyneglon** *adf* avec expression, d'une manière expressive.
mynegol *ans* expressif(expressive); **modd ~** (*GRAM*) (mode *m*) indicatif; ♦ **yn fynegol** *adf* avec expression.
mynegolrwydd *g* caractère *m* expressif, expressivité *f*.
mynegrif (**-au**) *g* index *m*.
mynegrifedig *ans* indexé(e), indiciaire.
mynegrifo *ba* indexer.
mynegrifol *ans* indexé(e), indiciaire.
mynegwr, **mynegydd** (**mynegwyr**) *g* annonceur *m*, annonceuse *f*.
mynnu *ba*
1 (*cyff*) insister pour; **~ gwneud rhth** insister pour faire qch, vouloir absolument faire qch, tenir à faire qch; **'rwy'n ~ dy fod di'n dod** je veux absolument que tu viennes *subj*; **mynnodd fy mod yn aros amdani** elle a tenu à ce que je l'attende *subj*, elle a insisté pour que je l'attende *subj*; **~ cael tawelwch** exiger le silence.
2 (*honni*) affirmer, soutenir, maintenir; **mae'n ~ ei fod wedi ei weld o'r blaen** il affirme *neu* soutient *neu* maintient qu'il l'a déjà vu.
3 (*gofyn am*) exiger, demander; **mynnwch eich hawliau!** revendiquez vos droits!; **mynnwch gopi o'r geiriadur hwn** demandez un exemplaire de ce dictionnaire; ♦*bg* insister; **os wyt ti'n ~** si tu insistes, si tu y tiens; **gwnewch fel y mynnoch** faites comme vous voulez *neu* voudrez.
mynor *g* marbre *m*.
mynte*, **mynten***, **myntwn*** *be ddiffyg*: **mynte fe/hi** dit-il/elle, disait-il/elle; **mynten nhw** disent-ils/elles, disaient-ils/elles; **myntwn i** dis-je, disais-je.
mynwent (**-ydd**) *b* cimetière *m*.
mynwes (**-au**) *b* (*rhn*) poitrine *f*, seins *mpl*; (*ffig*) sein, giron *m*; **ym ~ y teulu** au sein de la famille, dans le giron de la famille; **ym ~ yr Eglwys** dans le giron de l'Église.
mynwesol *ans* (*ffrind*) intime, de cœur.
mynwesu *ba* (*syniad*) chérir, embrasser; ♦*g* embrassement *m*.
mynych *ans* fréquent(e), nombreux(nombreuse), répété(e); **mae hi'n ymwelydd ~** c'est une habituée; ♦ **yn fynych** *adf* fréquemment, souvent; **yn y siop y bydd fynychaf** il est dans le magasin le plus souvent.
mynychder (**-au**) *g* fréquence *f*.
mynychu *ba* fréquenter, hanter; ♦*g* fréquentation *f*.
mynychwr (**mynychwyr**) *g* familier *m*, habitué *m*, habituée *f*.
mynydd (**-oedd**) *g* montagne *f*; (*ffig*) montagne, monceau(-x) *m*; **~ iâ** iceberg *m*; **byw yn y ~oedd** habiter la montagne; **~ o waith** un tas *m* de travail à faire, un travail fou *neu* monstre; **gwneud môr a ~ o rth** (se) faire une montagne d'un rien, faire une montagne d'une taupinière; **~ llosg** *ou* **tân** volcan *m*; **M~ yr Olewydd** le mont *m* des Oliviers; **y Mynyddoedd Creigiog** les montagnes *fpl* Rocheuses.
mynydda *bg* faire de l'alpinisme; ♦*g* alpinisme *m*.
mynydd-dir (**~-~oedd**) *g* lande *f*, terre *f* montagneuse *neu* vallonnée, haute terre.
mynyddig, **mynyddog** *ans* montagneux(montagneuse).

mynyddwr (**mynyddwyr**) *g* alpiniste *m*.
mynyddwraig (**mynyddwragedd**) *b* alpiniste *f*.
mynyglog *b* (*MEDD*) angine *f*; (*PLANH*) douce-amère(~s-~s) *f*, vigne *f* de Judée, loque *f*, morelle *f* grimpante.
myopia *g* myopie *f*.
myopig *ans* myope.
myrdd (**-oedd**) *g* myriade *f*.
Myrddin *prg* Merlin (*magicien des légendes celtiques*).
myrddiwn (**myrddiynau**) *g gw.* **myrdd**.
myrndra *g gw.* **mwrndra**.
myrnio *bg gw.* **mwrnio**.
myrr *g* myrrhe *f*.
myrtwydden (**myrtwydd**) *b* myrte *m*.
myrthylu *ba gw.* **morthwylio**.
mysg *g*: **yn ein** ~ parmi nous; **codi o fysg tyrfa** surgir de la foule; **mynd i fysg dieithriaid** aller parmi les étrangers *gw. hefyd* **ymysg**.
mysglyd *ans* musqué(e).
mysgu[1] *ba* (*datod*) défaire.
mysgu[2] *ba gw.* **macsu**.
myswynog (**-ydd**) *b* vache *f* stérile.
mysyglog *ans* moussu(e).
mysyglu *bg gw.* **mwsogli**.
myth (**-au**) *g* mythe *m*.
mytholeg (**-au**) *b* mythologie *f*.
mytholegol *ans* mythologique;
♦ **yn fytholegol** *adf* mythologiquement.
mywionyn (**mywion**) *g* fourmi *f*

N

'n[1] *rhag blaen clwm gw.* **ein**.
'n[2] *geir traethiadol gw.* **yn**[2].
'n[3] *ategydd berfol gw.* **yn**[3].
na[1] *geir negyddol* non.
na[2], **nac** *geir negyddol*
1 (*i ffurfio ateb negyddol*) ne ... pas; **wnei di ddod? - na wnaf** est-ce que tu vas venir? - non; **wyt ti'n dod? - nac ydw** est-ce que tu viens? - non, (je ne viens pas); **oes 'na fara? - nac oes** y a-t-il du pain? - non, il n'y en a pas; **a yw hi'n glawio? - nac ydyw** est-ce qu'il pleut? - non.
2 (*i negyddu gorchymyn*) ne ... pas, ne ... point; **na ladd** tu ne tueras point.
na[3], **nac** *cys negyddol*: **ni(d) ... na(c) ... na(c) ...** ne ... ni ... ni ...; **nid yw ei fam na'i dad yn gofalu amdano** ni sa mère ni son père ne s'occupent de lui; **nid yw'r tŷ yn fawr nac yn fach** la maison n'est ni grande ni petite; **nid oes ganddi na phen nac inc** elle n'a ni stylo ni encre; **'dydw i ddim yn gwybod nac yn malio** je ne le sais pas et ne m'en soucie point; **'dyw hynny nac yma nac acw** ce n'est pas la question, cela n'a rien à voir (avec la question); **'dydw i ddim yn gwybod - na minnau** je ne sais pas - ni moi non plus *neu* moi non plus *neu* ni moi; **nid yw'r naill na'r llall yn gyfoethog** ni l'un(e) ni l'autre n'est riche, aucun(e) n'est riche; **nid yw'r naill na'r llall yn gweithio** ni l'un(e) ni l'autre ne travaille, ils (elles) ne travaillent ni l'un(e) ni l'autre; **'dydw i ddim yn hoffi'r naill na'r llall** je n'aime *neu* je ne les aime ni l'un(e) ni l'autre.
na[4], **nad** *rhag perth*
1 (*goddrych*) qui ne ... pas; **y plant nad ydynt yn sâl** les enfants qui ne sont pas malades; **y bachgen nad aeth i'r ysgol** le garçon qui n'est pas allé à l'école.
2 (*gwrthrych*) que ... ne ... pas; **y ffilm na welais (mohoni)** le film que je n'ai pas vu; **dacw'r dyn nad wyf yn ei hoffi** voilà l'homme que je n'aime pas; **dŵr na ellir ei yfed yw hwn** c'est de l'eau qu'on ne peut pas boire; **enw nad wyf yn ei gofio** un nom dont *neu* duquel je ne me souviens pas.
3 (*i gyfleu meddiant*) dont ... ne ... pas; **y dyn na welais mo'i gar** l'homme dont je n'ai pas vu la voiture.
4 (*gydag arddodiad*) lequel(laquelle)(lesquels, lesquelles) ... ne ... pas; **dyn nad wyf yn ymddiried ynddo** un homme auquel je ne me fie pas; **ofergoel nad ydym yn credu ynddi** une superstition à laquelle nous ne croyons pas; **y dynion nad oeddwn yn siarad â hwy** les hommes auxquels je ne parlais pas; **y bocs na roddais y llyfr ynddo/arno** la boîte dans laquelle/sur laquelle je n'ai pas mis le livre; **cytundeb na soniodd amdano** un contrat dont il n'a pas parlé; **pentref na chlywodd neb amdano** un village que personne ne connaît, un village dont personne n'a entendu parler.
na[5], **nad** *cys* (*o flaen is-gymal*) que ... ne ... pas; **gobeithio nad wyt wedi bod yn aros yn hir** j'espère que tu n'attends pas depuis longtemps; **dywedais nad oeddwn wedi ei gweld** j'ai dit que je ne l'avais pas vue; **'rwy'n credu na ddylet ti ddod** je crois que tu ne devrais pas venir; **fe wyddem nad damwain oedd** nous savions que ce n'était pas fortuit; **dywedwyd nad Mari oedd yn gyfrifol** on a dit que ce n'était pas Marie la responsable; **'rwy'n credu nad i Ganada yr aeth hi** je crois que ce n'est pas au Canada qu'elle est allée.
na[6], **nag** *cys*
1 (*mewn cymariaethau*) que; **mae hi'n dalach na'i mam** elle est plus grande que sa mère; **mae ganddo fwy o arian nag o synnwyr** il a plus d'argent que de bon sens; **fe fyddai'n well ichi gerdded na mynd yn y car** vous feriez mieux d'y aller à pied plutôt qu'en voiture; **fe wnawn unrhyw beth yn hytrach na chytuno i wneud hynna** je ferais tout plutôt que de consentir à faire cela; **'roedd y parti yn well nag yr oeddwn wedi ei ddisgwyl** la soirée était meilleure que je ne l'avais prévue *neu* que je ne m'y attendais; **nid yw'n ddim amgenach na chelwydd** c'est tout simplement un mensonge.
2 (*o flaen rhifau*) de; **mwy/llai na 10** plus/moins de dix; **llai na'r hanner** moins de la moitié; **mwy nag unwaith** plus d'une fois; **mwy na chanpunt** plus de cent livres sterling.
'na *adf gw.* **yna**.
nabl (**-au**) *g* psaltérion *m*.
'nabod *ba gw.* **adnabod**.
nac *geir negyddol gw.* **na**[2].
nac *cys negyddol gw.* **na**[3].
nacâd *g* refus *m*; (*iawnderau, gwirionedd, euogrwydd*) dénégation *f*; (*adroddiad, cyhuddiad*) démenti *m*; (*awdurdod*) répudiation *f*, rejet *m*, reniement *m*.
nacaol *ans* négatif(négative); **rhoi ateb ~** répondre négativement, répondre par la négative, faire une réponse négative.
nacáu, **'cau** *ba* refuser; **~ gwneud rhth** refuser de faire qch; **mae'n 'cau ei wneud** il refuse de le faire.
nace *adf gw.* **nage**.
nacer (**-i**) *g* (*ceffylau*) équarrisseur *m*; **anfon ceffyl at y ~** envoyer un cheval à l'équarrissage.
nad[1] *rhag perth gw.* **na**[4].
nad[2] *cys gw.* **na**[5].
nâd (**nadau**) *b* hurlement *m*; (*babi*) braillement *m*, hurlement; (*gwynt*)

mugissement *m*; (*asyn*) braiment *m*; (*gweiddi*) clameur *f*, vociférations *fpl*, cris *mpl*.

nadir *g* (*ASTRON*) nadir *m*; (*ffig*) point *m* le plus bas.

Nadolig (-au) *g* Noël *m*, la (fête de) Noël; ~ **Llawen!** Joyeux Noël!; **adeg y** ~ à Noël, à (la fête de) Noël; **anrheg** ~ cadeau(-x) *m* de Noël, étrennes *fpl*; **cacen** ~ gâteau(-x) *m* de Noël; **carol** ~ chant *m* *neu* cantique *m* de Noël; **cerdyn** ~ carte *f* de Noël; **coeden** ~ sapin *m* *neu* arbre *m* de Noël; **cyfnod y** ~ période *f* des fêtes de Noël; **parti** ~ fête *f* de Noël; **yn ystod y** ~ pendant (l'époque de) Noël; **fe'i cefais yn fy hosan** ~ je l'ai trouvé à Noël dans mon soulier *neu* dans la cheminée *neu* sous l'arbre de Noël; **beth hoffet ti ar gyfer y** ~**?** que veux-tu pour ton Noël?

Nadoligaidd *ans* de Noël.

nadredd *ll gw.* **neidr**.

nadreddog *ans* infesté(e) de serpents.

nadroedd *ll gw.* **neidr**.

nadu[1] *bg* hurler, pleurer; (*babi*) brailler.

nadu[2] *ba*: ~ **rhth i rn** (*gwrthod*) refuser qch à qn;

♦*bg*: ~ **i rn wneud rhth** (*gwrthod*) défendre à qn de faire qch; (*rhwystro*) empêcher qn de faire qch.

nadd *ans* taillé(e); **carreg** ~ pierre *f* taillée.

naddiad (-au) *g* taille *f*, ciselure *f*, ciselage *m*.

naddion *ll gw.* **naddyn**.

naddo *adf* non; ~**, ni ddaeth hi ddim** non, elle n'est pas venue.

naddu *ba* (*carreg*) tailler (qch) au couteau; (*gwaith coed*) graver, ciseler; ~ **rhth o goed** graver qch dans du bois.

naddwr (**naddwyr**) *g* maçon *m*, sculpteur *m*, graveur *m*.

naddyn (**naddion**) *g* copeau(-x) *m*, éclat *m*.

nafi (-s) *g* terrassier *m*.

nag *cys gw.* **na**[6].

nâg *g* refus *m*.

nage *adf* non; ~**, nid dyna ydy e** non, ce n'est pas ça; **ie ynteu** ~**?** oui ou non?

nagio* *ba* enquiquiner*, reprendre (qn) tout le temps, être toujours après*, harceler; ~ **rhn i wneud rhth** harceler qn jusqu'à ce qu'il fasse *subj* qch;

♦*bg*: **paid â** ~ **cymaint!** arrête (avec) tes histoires!, cesse de m'enquiquiner!

nai (**neiaint**) *g* neveu(-x) *m*.

naid (**neidiau**) *b*

1 (*CHWAR*, *llyth*) saut *m*; ~ **bolyn** saut à la perche; ~ **bynji** saut à l'élastique; ~ **driphlyg** triple saut; ~ **hir** saut en longueur; ~ **llyffant** *ou* **broga** saute-mouton *m inv*; **chwarae** ~ **llyffant** jouer à saute-mouton; **gwneud** ~ **llyffant dros rth** franchir qch à saute-mouton; **gwneud** ~ **llyffant dros rn** sauter par-dessus qn à saute-mouton; ~ **stond** saut à pieds joints; ~ **uchel** saut en hauteur; **herc, cam a** ~ triple saut; **symud â cham a** ~ avancer *neu* progresser à pas de géant, avancer *neu* progresser par bonds; **blwyddyn** ~ année *f* bissextile.

2 (*mewn braw ayb*) sursaut *m*, bond *m*; **deffro â** ~ se réveiller en sursaut; **rhoddodd ei chalon** ~ son cœur a bondi dans sa poitrine.

3 (*RASIO ayb*) obstacle *m*; ~ **dros ddŵr** rivière *f*, brook *m*.

naïf *ans* naïf(naïve), ingénu(e);

♦ **yn** ~ *adf* naïvement, ingénument.

naïfder, **naïfrwydd** *g* naïveté *f*, ingénuité *f*.

naill *rhag*: **y** ~

1 (*yr un*) l'un, l'une; **y** ~ **a'r llall** l'un et l'autre, l'une et l'autre, tous les deux, toutes les deux; **y** ~ **neu'r llall** l'un ou l'autre, l'une ou l'autre; **ni ddaeth y** ~ **na'r llall** ni l'un ni l'autre n'est venu, ils ne sont venus ni l'un ni l'autre; **ni welais y** ~ **na'r llall** je n'ai vu ni l'un ni l'autre; **edrychodd y** ~ **ar y llall** ils se regardèrent l'un l'autre; **mae'r** ~ **yn caru'r llall** ils s'adorent l'un l'autre.

2 (*defnydd ansoddeiriol: yr un*): **mae'r** ~ **ffrog a'r llall yn ddel** les deux robes sont jolies; **daeth y** ~ **fachgen a'r llall** les garçons sont venus tous les deux; **nid yw'r** ~ **blentyn na'r llall yn deallus** ni l'un ni l'autre des deux enfants n'est intelligent, aucun des deux enfants n'est intelligent; **rhoi rhth o'r** ~ **du** *ou* **ochr** écarter qch, mettre qch à part *neu* de côté *neu* à l'écart; **ar y** ~ **du 'roedd siop, ar y llall y swyddfa bost** d'un côté il y avait un magasin, de l'autre la poste.

3 (*defnydd ansoddeiriol: pob*) chaque; **yn y** ~ **law** dans chaque main; **y** ~ **du 'roedd meysydd** de part et d'autre s'étendaient des champs; **y** ~ **ochr i'r stryd** des deux côtés *neu* de chaque côté de la rue.

▶ **naill ai**: ~ **ai ... neu ...** ou ... ou ..., soit *subj* ... soit *subj* ...; **'roeddwn yn ei ddisgwyl** ~ **ai dydd Mawrth neu dydd Mercher** je l'attendais ou mardi ou mercredi, je l'attendais soit mardi soit mercredi; ~ **ai dewch i mewn neu ewch allan** soit entrez soit sortez; **mae hi** ~ **ai'n dweud y gwir neu'n dweud celwydd** ou bien elle dit la vérité ou elle ment.

nain (**neiniau**) *b* grand-mère(~s-~s) *f*; (*iaith plant*) grand-maman(~s-~s)* *f*, mémé *f*, mamie *f*; **hen** ~ arrière-grand-mère(~-~s-~s) *f*, bisaïeule *f*; **teimlo fel hen** ~ se sentir tout vieux(toute vieille); **mae hi'n ddigon hen i fod yn** ~ **iddo!** elle aurait pu être sa grand-mère!, elle est assez âgée pour être sa grand-mère!; **ei** ~ **a'i daid, ei** ~ **a'i thaid** ses grands-parents.

nam (-au) *g* défaut *m*, imperfection *f*, défectuosité *f*, vice *m*; (*ar enw da rhn*) tare *f*, souillure *f*; (*mewn gwydr*) fêlure *f*; **darganfod** ~ **ar rth** trouver à redire à qch; **a** ~ **arno, a** ~ **arni** défectueux(défectueuse); **heb** ~ sans

défaut, parfait(e), impeccable; ~ **(ar y) lleferydd** défaut de prononciation; ~ **meddyliol** déficience *f* mentale.
namyn *ardd* moins; (*ond am*) sauf, excepté, mis à part, hormis; **cant** ~ **un** cent moins un(e).
nan *g*: **bara** ~ pain *m* indien au levain (*plat et rond*).
nani (-**s**) *b* bonne *f* d'enfants, nounou* *f*, nurse *f*.
nant (**nentydd**) *b* ruisseau(-x) *m*, cours *m* d'eau, flot *m* d'eau; ~ **mynydd** torrent *m*.
Naomi *prb* Noémie.
napalm *g* napalm *m*; **bom** ~ bombe *f* au napalm; **bomio â** ~ bombardement *m* au napalm.
napcyn (-**nau**) *g*: ~ **bwrdd** serviette *f* de table; **modrwy** ~ rond *m* de serviette.
napi (-**s**) *g* couche *f*; (*i'w daflu*) couche-culotte(~s-~s) *f*.
Napoleon *prg* Napoléon.
Napoleonaidd *ans* napoléonien(ne).
narcotig *ans* narcotique, stupéfiant(e); ♦*g* (-**s**) narcotique *m*, stupéfiant *m*.
narsisaidd *ans* narcissique; ♦ **yn** ~ *adf* de façon narcissique.
narsisiaeth *b* narcissisme *m*.
narsisistig *ans gw.* **narsisaidd**.
nas *rhag* que ... ne ... pas; **cyfle** ~ **cefais** une occasion que je n'ai pas eue; **peth** ~ **cofiwn** une chose dont *neu* de laquelle je ne me souviens pas; **y dyn** ~ **gwelais** l'homme que je n'ai pas vu.
NATO *byrf* (= *Cyfundrefn Cytundeb Gogledd Iwerydd*) OTAN *f* (= Organisation *f* du traité de l'Atlantique Nord).
Natsi (**Natsïaid**) *g/b* nazi *m*, nazie *f*.
Natsïaeth *b* nazisme *m*.
Natsïaidd *ans* nazi(e).
natur *b*
1 (*hefyd:* **byd** ~) nature *f*; **astudiaethau** ~ histoire *f* naturelle; **bwrdd cadwraeth** ~ direction *f* générale de la protection de la nature et de l'environnement; **cadwraeth** ~ protection *f* de la nature; **damwain** ~ un caprice de la nature; **deddfau** ~ les lois *fpl* de la nature; **gwarchodfa** ~ réserve *f* naturelle; **llwybr** ~ sentier *m* écologique; **un sy'n caru** ~ ami *m* de la nature, amie *f* de la nature; **yn groes i** ~ contre nature.
2 (*ffordd, cymeriad: rhn, anifail*) nature *f*, naturel *m*, tempérament *m*, caractère *m*; **y** ~ **ddynol** la nature humaine; **yn** ~ **pethau, yn nhrefn** ~ dans l'ordre des choses; **o ran** ~, **wrth** ~ de nature, par tempérament; **mae'n gerddor o ran** ~ c'est un musicien né; **mae ganddi** ~ **hyfryd** elle a un naturel *neu* un tempérament *neu* un caractère facile, elle est d'un naturel aimable; **nid yw dwyn yn ei** ~ **hi** il n'est pas de *neu* dans sa nature de voler; **mae'n ail** ~ **iddi** c'est une seconde nature chez elle.
naturiaeth (-**au**) *b* nature *f*.
naturiaethwr (**naturiaethwyr**) *g* naturaliste *m*.
naturiaethwraig (**naturiaethwragedd**) *b* naturaliste *f*.
naturiol *ans* naturel(le); **mae'n** ~ **i ddyn ...** il est dans la nature de l'homme de ...; **mae'n** ~ **ichi gredu ...** il est naturel *neu* normal que vous pensiez *subj* que; **mae'n** ~ **bod arno eisiau ei fam** il est naturel qu'il veuille *subj* *neu* demande *subj* sa mère; **genedigaeth** ~ accouchement *m* (par voies naturelles); ♦ **yn** ~ *adf*: **yn** ~**!** naturellement!, bien sûr!, bien entendu!; **fel sydd yn** ~ comme de raison; **mae hynna'n dod yn** ~ **iddo** il fait cela tout naturellement; **ymddwyn yn** ~ se comporter avec naturel *neu* sans affectation.
naturiolaeth *b* naturalisme *m*.
naturioldeb *g* (*ymddangosiad, ymarweddiad*) naturel *m*; (*symlrwydd*) simplicité *f*.
naturoliaeth *b* naturalisme *m*.
naturus *ans* (*blin, sy'n gwylltio*) colérique, irritable, coléreux(coléreuse); **bod yn** ~ être soupe à lait, être prompt(e) à s'emporter; ♦ **yn** ~ *adf* avec colère.
naturyddol *ans* naturaliste.
naw *rhifol* neuf *m*; **(deialu)** ~ ~ ~ (appeler) police secours; **ar y** ~ extrêmement, très, vraiment; **un ar y** ~ **ydy hi!** (*doniol*) c'est un sacré numéro!;
♦*ans* neuf; **un deg** ~ dix-neuf; ~ **gwaith allan o ddeg** neuf fois sur dix; **llain golff** ~ **twll** un (parcours de) neuf trous; **mae ganddo** ~ **byw cath, mae ganddo** ~ **chwyth cath** il a l'âme chevillée au corps; ~ **wfft iddo!** zut pour lui!, qu'il aille *subj* se faire pendre!; **lleuad y** ~ **nos olau** la lune de la moisson, la lune de septembre;
♦*rhag*: **mae ganddi** ~ elle en a neuf; **gwelais** ~ **ohonynt** j'en ai vu neuf; **mae** ~ **ohonom** on est neuf, nous sommes neuf.
naw deg *ans* quatre-vingt-dix; ~ ~ **un** quatre-vingt-onze;
♦*rhifol* (**nawdegau**) quatre-vingt-dix *m*; (*yng Ngwlad Belg, y Swistir*) nonante *m*; **mae hi yn ei nawdegau** elle est nonagénaire, elle a passé quatre-vingt-dix ans; **(yn) y nawdegau** (dans) les années quatre-vingt-dix.
nawdd *g* protection *f*, patronage *m*, appui *m*, soutien *m*; **dan** ~ **rhn** sous les auspices de qn; **bod o dan** ~ **rhn** être sous la protection *neu* sous l'aile de qn.
nawddogaeth *b* patronage *m*, appui *m*; **o dan** ~ **rhn** sous le patronage de qn, sous les auspices de qn.
nawddoglyd, **nawddogol** *ans* (*rhn*) condescendant(e); (*ymarweddiad, gwên, edrychiad*) condescendant, de condescendance; ♦ **yn** ~ *adf* d'un air *neu* d'un ton condescendant.

nawddsant (**nawddseintiau**) *g* saint *m* patron; **dydd ein** ~ notre fête patronale.
nawddsantes (**-au**) *b* sainte *f* patronne.
nawf *ans* flottant(e), qui flotte.
nawfed *ans* neuvième.
nawnddydd *g* après-midi *m inv,f inv*; ~ **o Ebrill** un après-midi (au mois) d'avril.
nawnlin (**-au**) *b* méridienne *f*.
nawr *adf*
1 (*rŵan, ar hyn o bryd*) en ce moment, maintenant, à présent, actuellement, à l'instant même; **gwnewch e** ~ faites-le tout de suite *neu* immédiatement *neu* sur le champ; ~ **ac yn y man** de temps en temps, de temps à autre, par moments; **dyna i gyd am** ~ ça suffit pour l'instant *neu* pour le moment; ~ **yw'r amser i'w wneud** c'est le moment de le faire; ~ **yw'r amser gorau i fynd i Baris** c'est maintenant le meilleur moment pour aller à Paris; **fe'i gwnaf** ~ je vais le faire dès maintenant *neu* à l'instant; **ni fyddan nhw ddim yn hir** ~ ils ne vont plus tarder.
2 (*felly*) or, alors; ~**, yr adeg honno ...,** ~ **y pryd hwnnw ...** alors *neu* or, à cette époque-là ...; ~**, 'roedd yna dywysoges** or, il y avait une princesse; ~ **'te!** bon!, alors!; ~ **'te, beth sy'n digwydd?** eh bien, qu'est-ce qui se passe?
naws (**-au**) *b* teinte *f*, nuance *f*; (*awyrgylch*) atmosphère *f*, ambiance *f*; **mae** ~ **hydrefol ynddi heno** il y a de l'automne dans l'air ce soir; **mae** ~ **rewllyd ynddi heno** il pourrait bien geler *neu* faire froid ce soir; **mae** ~ **drist i'r gerdd** le poème a une touche *neu* une note de tristesse; **ni wn i** ~ je n'en sais rien; **'fyddi di** ~ **gwell o fynd** cela ne te vaudra rien d'y aller, à quoi bon y aller.
nawsaeredig, **nawsaerog** *ans* climatisé(e).
nawsaeru *ba* climatiser;
♦*g* climatisation *f*.
nawseiddio *ba* tempérer.
nawsio *bg* (*diferu'n araf: dŵr, ayb*) suinter; **mae hi'n** ~ **rhewi** il gèle légèrement.
nawswyllt *ans* passionné(e);
♦ **yn** ~ *adf* passionnément.
Nazi (**-s**) *g/b gw.* **Natsi**.
Nazïaeth *b gw.* **Natsïaeth**.
neb *g*
1 (*negyddol*) personne; **pwy welaist ti? -** ~ qui as-tu vu? - personne; **pwy ddywedodd hynna? -** ~ **call** qui a dit ça? - personne d'intelligent; **tir** ~ no man's land *m inv*.
2 (*cadarnhaol: pob un*): **mae hi'n gallach na** ~ **ohonyn nhw** elle est plus sage qu'eux tous(elles toutes); **ni oedd y tlotaf o** ~ **yn y pentref** c'était nous les plus pauvres de tous les villageois; **mae hi cystal â** ~ **am goginio** elle fait la cuisine aussi bien que n'importe qui; **y** ~ **a garo'r wlad** (*y sawl*) celui qui aime la campagne.
▸ **ni(d) ... neb** ne ... personne; **ni welais i** ~ je n'ai vu(e) personne; **ni welodd** ~ **fi** personne ne m'a vu; **'does** ~ **yn gwybod** personne *neu* nul ne le sait; **'doedd** ~ **o gwmpas** il n'y avait personne; **'does** ~ **byth yn mynd yno** personne n'y va jamais; **nid yw'n** ~ c'est un rien du tout; **'dydyn nhw'n** ~ ce sont des moins que rien; **'roeddwn i'n ei adnabod pan nad oedd yn** ~ je le connaissais quand il était encore inconnu.
Nebuchodonosor *prg* Nabuchodonosor.
necio *ba* (*cyw ayb*) casser le cou à.
necropolis (**-(i)au**) *g* nécropole *f*.
nectarîn (**nectarinau**) *b* nectarine *f*.
nedden (**nedd**) *b* lente *f*.
nef (**-oedd**) *b* ciel(ciels, cieux) *m*, paradis *m*; **mynd i'r** ~**oedd** aller au ciel, aller au *neu* en paradis; **Ein Tad yr Hwn wyt yn y** ~**oedd** Notre Père qui es aux cieux; **bod yn eich seithfed** ~ être au septième ciel *neu* aux anges, nager dans la félicité; **'roedd yn** ~**oedd ar y ddaear iddi** ce fut pour elle le paradis sur terre; ~**oedd (wen)!** zut alors!, mon Dieu!, juste ciel!
nefi *g* marine *f*; **o'r** ~**!**, ~ **blw!**, ~ **wen!** zut alors!; **glas** ~ bleu marine *inv*.
nefoedd *ll gw.* **nef**.
nefol *ans* céleste, du ciel; **Tad** ~ Père *m* céleste.
nefolaidd *ans* (*o'r nef*) céleste, du ciel; (*hyfryd*) divin(e), merveilleux(merveilleuse); **mae'n** ~**!** c'est merveilleux *neu* divin;
♦ **yn** ~ *adf* divinement, d'une façon céleste.
nefoldeb, **nefolder** *g* caractère *m* céleste *neu* divin.
nefolion *ll* corps *mpl* célestes.
neffritis *g* néphrite *f*.
negatif[1] *ans gw.* **negyddol**.
negatif[2] (**-au**) *g* (*FFOT*) négatif *m*, cliché *m*; (*TRYD*) (pôle *m*) négatif.
neges (**-au, -euau, -euon, -i**) *b*
1 (*rhth a gyfathrebir*) message *m*; ~ **ffôn** message téléphonique; **gadael** ~ **i rn** laisser un mot *neu* message pour qn.
2 (*byrdwn, syniad canolog: proffwyd, awdur, gwleidydd ayb*) message *m*.
3 (*pwrpas, busnes*): **beth yw'ch** ~ **chi?** que cherchez-vous?, que voulez-vous?, que venez-vous faire?.
4 (*siopa*) course *f*, commission *f*; **mynd ar** ~ **dros rn** faire une course pour qn; **mynd i nôl** ~**au i rn** faire les courses *neu* les commissions *neu* les emplettes pour qn.
negesa, **negeseua** *bg* faire des *neu* les courses, faire des commissions.
negesydd (**-ion**) *g* messager *m*, messagère *f*; (*mewn swyddfa, gwesty*) commissionnaire *m*, coursier *m*, coursière *f*; (*ar gefn beic modur*) estafette *f* motocycliste; (*bachgen sy'n gwneud negeseuon*) garçon *m* de courses, petit commissionnaire, petit coursier.
negodi *ba* négocier, traiter;

♦*bg*: ~ **â rhn er mwyn cael rhth** négocier avec qn pour obtenir qch.
negodol *ans* (*arian*) négociable; **nad yw'n** ~ non négociable.
negro (**-aid**) *g* noir *m*, nègre *m*.
negroaidd *ans* négroïde.
negroes (**-au**) *b* négresse *f*.
negydd (**-ion**) *g* négatif *m*; (*FFOT*) négatif, cliché *m*.
negyddiaeth *b* négativisme *m*.
negyddol *ans* négatif(négative); **ateb** ~ réponse *f* négative;
♦ **yn** ~ *adf* négativement, d'une façon négative;
♦*g* (*GRAM*): **y** ~ négation *f*; **rhowch y ferf yn y** ~ mettez le verbe à la forme négative.
negyddu *ba* (*GRAM*) mettre (qch) au négatif.
Nehemiah *prg* Néhémie.
neidio *bg*
1 (*llyth: rhn, anifail*) sauter, bondir; ~ **allan/i mewn/i lawr** sortir/entrer/descendre d'un bond; ~ **allan o'r gwely** sauter (à bas) du lit; ~ **allan o'r** *ou* **trwy'r ffenestr** sauter par la fenêtre; ~ **ar draws yr afon** franchir le ruisseau d'un bond, sauter (par-dessus) le ruisseau; ~ **i fyny i'r awyr** faire un bond en l'air; ~ **i fyny ac i lawr** sautiller; **neidiwch i mewn!** (*i'r car*) montez vite!; ~ **o lawenydd** sauter de joie; ~ **trwy gortyn** (*sgipio*) sauter à la corde.
2 (*ffig: mewn braw ayb*) sursauter, tressauter; **fe wnaeth hynna iddi** ~ **allan o'i chroen** cela l'a fait sauter au plafond.
3 (*rhth: trên: oddi ar y cledrau*) dérailler; (*:nodwydd chwaraewr recordiau*) sauter; (*:fflamau*) jaillir, s'élancer (dans la cheminée); (*:prisiau*) monter en flèche.
4 (*mewn ymadroddion*): ~ **i lawr corn gwddf rhn*** s'en prendre à qn; ~ **i'r tywyllwch** faire un saut dans l'inconnu; ~ **i'r casgliad ...** conclure immédiatement que; ~ **o un pwnc i'r llall** sauter (sans transition) d'un sujet à l'autre.
▶ **neidio ar**: ~ **ar fws** sauter dans un autobus; ~ **ar eich traed** sauter sur ses pieds, se lever d'un bond, se lever brusquement; ~ **ar rn** sauter dessus à qn; **neidiodd y ci arno a'i frathu** le chien lui a sauté dessus et l'a mordu; ~ **ar gynnig/ar y cyfle** (*ffig*) sauter sur *neu* saisir une offre/l'occasion, saisir la balle au bond;
♦*ba*: ~**'r ciw** passer devant tout le monde.
neidiol *ans* sauteur(sauteuse).
neidiwr (**neidwyr**) *g* sauteur *m*.
neidr (**nadroedd, nadredd**) *b* serpent *m*; ~ **ddefaid** orvet *m*, serpent de verre; ~ **ddu** (*gwiber*) vipère *f*; ~ **fraith,** ~ **lwyd,** ~ **y domen** couleuvre *f*; ~ **gynffondrwst** crotale *m*, serpent à sonnettes *neu* grelots; **brathiad** ~ morsure *f* de serpent; **swynwr nadroedd** charmeur *m* de serpents; **gweithio fel lladd nadroedd** travailler comme un fou(une folle); ~ **fôr** (*anghenfil*) serpent de mer; ~ **filtroed** (*PRYF*) mille-pattes *m inv*; ~ **gantroed** (*PRYF*) scolopendre *f*, mille-pattes; **gwas y** ~**, gwaell y** ~ (*PRYF*) libellule *f*, demoiselle *f*.
neidraidd *ans* couleuvrin(e), serpentin(e).
neidwraig (**neidwragedd**) *b* sauteuse *f*.
neiedd *g* népotisme *m*.
Neifion *prg* Neptune.
neigarwch *g* népotisme *m*.
Neil *prb gw.* **Nîl**
neilon *g* nylon *m*;
♦*ans* de *neu* en nylon; **hosan** ~ bas *m* de nylon.
neilleb (**-ion**) *b* (*THEATR*) aparté *m*; **dweud rhth fel** ~ dire qch en aparté.
neilltu *g*: **o'r** ~
1 (*ar un ochr*) à part, de côté, à l'écart; **sefyll o'r** ~ se tenir à l'écart; **mynd â rhn o'r** ~ prendre qn à part; **rhoi rhth o'r** ~ réserver qch, mettre qch de côté; **symud rhth o'r** ~ écarter qch.
2 (*yn breifat*) à l'écart, privé(e); **byw o'r** ~ vivre retiré(e) du monde.
neilltuad (**-au**) *g* réservation *f*; (*gwahanu*) séparation *f*.
neilltuaeth *b* (*enciliad*) retrait *m*, séparation *f*; (*CREF*) scission *f*, séparation; (*bod ar wahân*) solitude *f*, isolement *m*, vie *f* solitaire.
neilltuedig *ans* (*wedi ei gadw ar gyfer pwrpas neilltuol*) réservé(e), particulier(particulière), spécial(e)(spéciaux, spéciales); (*allan o'r golwg*) à l'abri des regards, à l'écart; (*tŷ: ar wahân*) séparé(e), à l'écart, écarté(e), retiré(e); (*gardd*) isolé(e); (*bywyd*) retiré, solitaire.
neilltuedd *g* retraite *f*, isolement *m*, solitude *f*, vie *f* à l'écart.
neilltuo *ba* réserver, mettre (qch) en réserve *neu* de côté; (*ystafell*) réserver, retenir; (*clustnodi*) affecter, assigner, réserver.
neilltuol *ans* spécial(e)(spéciaux, spéciales), particulier(particulière); (*eithriadol*) extraordinaire, exceptionnel(le); **oes gennych chi rn** ~ **mewn golwg?** est-ce que vous pensez à qn en particulier?; **dim byd** ~ rien d'exceptionnel *neu* de spécial *neu* de particulier; **beth sy'n** ~ **yn ei gylch?** qu'est-ce qu'il a de spécial *neu* de particulier *neu* d'extraordinaire?; **mae'n ddyn** ~ c'est un homme extraordinaire *neu* exceptionnel;
♦ **yn** ~ *adf* spécialement, surtout.
neilltuoli *ba* distinguer.
neilltuolion *ll* caractéristiques *fpl*, traits *mpl* distincifs *neu* particuliers, particularités *fpl*.
neilltuolrwydd *g* caractéristique *f* spéciale, trait *m* distinctif *neu* particulier, particularité *f*.
neis* *ans*

1 (*hardd, golygus, tlws*) joli(e), beau[bel](belle)(beaux, belles), bien, charmant(e); **dyna ffrog** ~ elle est jolie *neu* belle cette robe; **dyna wyneb** ~ **sydd ganddi** quel joli *neu* charmant visage elle a; **mae hi'n edrych yn** ~ **iawn!** elle est vraiment bien!.
2 (*caredig*) aimable, gentil(le), sympathique, sympa*; **dweud pethau** ~ dire des choses aimables *neu* gentilles, dire des gentillesses.
3 (*dymunol*) agréable, joli(e), bien; **mae Llanelli yn lle** ~ Llanelli est un joli coin *neu* un coin agréable; **cawsom amser** ~ nous nous sommes bien amusé(e)s; **mae'n** ~ **yma** on est bien ici; **bydd hynna'n** ~ **iawn!** ça sera très bien!.
4 (*blasus*) bon(ne), délicieux(délicieuse).
5 (*parchus*) convenable, bien, comme il faut; **mae hi'n ddynes** ~ c'est une femme (très) bien *neu* très comme il faut; **nid oedd y ddrama/ffilm/llyfr yn** ~ **iawn** la pièce/le film/le livre n'était pas très convenable; **wel dyna ffordd** ~ **o siarad!** c'est du joli de parler comme ça!;
♦ **yn** ~ *adf* (*yn hardd*) joliment, bien; (*yn garedig*) aimablement, gentiment; (*yn ddymunol*) agréablement; (*yn flasus*) délicieusement; (*yn barchus*) convenablement, bien.

neisied (**-i**) *b* mouchoir *m gw. hefyd* **hances**.

neithdar *g* nectar *m*.

neithdaren (**-nau**) *b* (*ffrwyth*) nectarine *f*, brugnon *m*; (*coeden*) brugnonier *m*.

neithior (**-au**) *b* (*dathliadau priodas*) noces *fpl*; (*cinio priodas*) repas *m neu* lunch *m* de mariage, festin *m* de noce.

neithiwr *adf* hier soir.

nemor *adf*: **'doedd** ~ **neb yn cytuno ag ef** il n'y avait guère personne qui fût *subj* d'accord avec lui; **'doedd** ~ **(o) wahaniaeth rhyngddynt** il y avait très peu de différence entre eux(elles); **cyn pen** ~ **(o) amser** bientôt, sous peu; ~ **ddim** presque rien; ~ **un** pas un(e); **cystal â** ~ **un** aussi bon(ne) *neu* bien que n'importe qui, aussi bon *neu* bien que n'importe quoi.

nen (**-nau, -noedd**) *b*
1 (*awyr, nefoedd*) ciel(ciels, cieux); **yn y** ~ au ciel, aux cieux; **y lle pertaf o dan y** ~ l'endroit le plus joli sur la terre *neu* du monde; **'does dim byd yn newydd o dan y** ~ il n'y a rien de nouveau sous le soleil.
2 (*nenfwd*) plafond *m*.

nenbren (**-nau**) *g* faîtage *m*, charpente *f* de toiture.

nendwr (**nendyrau**) *g* coupole *f*.

nenfwd (**nenfydau**) *g* plafond *m*.

nenlen (**-ni**) *b* dais *m*.

nenlofft (**-ydd**) *b* grenier *m*.

nentydd *ll gw.* **nant**.

neo-argraffiadaeth *b* néo-impressionnisme *m*.

neo-glasuraeth *b* néoclassicisme *m*.

neo-glasurol *ans* néoclassique.

neon *g* néon *m*;
♦*ans* (*lamp, golau*) au néon; **arwydd** ~ enseigne *f* lumineuse au néon.

Nepal *prb* le Népal *m*; **yn** ~ au Népal.

Nepalaidd *ans* népalais(e).

Nepali (**Nepalïaid**) *g/b* Népalais *m*, Népalaise *f*.

nepell *adf* (*pell*) à quelque distance, loin; ~ **oddi yma** à quelque distance d'ici; **nid** ~ **o, heb fod** ~ **o** pas loin de.

nepotistiaeth *b* népotisme *m*.

nerco *g* nigaud *m*, niais *m*.

nerf (**-au**) *b* nerf *m*; **nwy** ~**au** gaz *m* neurotoxique; **lladd** ~ **dant** dévitaliser une dent; **arbenigwr/arbenigwraig** ~**au** neurologue *m/f*; **mae fy** ~**au'n ddrwg** je suis très nerveux(nerveuse); **mae'n dioddef â'i** ~**au** il a les nerfs fragiles; **byw ar eich** ~**au** vivre sur ses nerfs; **bod yn wael eich** ~**au** être énervé(e), souffrir des nerfs; **mynd ar** ~**au rhn** être énervant(e), être exaspérant(e); **mae'n mynd ar fy** ~**au** il me tape sur les nerfs* *neu* le système*, il m'énerve.

nerfeg *b gw.* **niwroleg**.

nerfegol *ans gw.* **niwrolegol**.

nerfegwr (**nerfegwyr**) *g gw.* **niwrolegydd**.

nerfgell (**-oedd**) *b* neurone *m*.

nerfol *ans* nerveux(nerveuse), neural(e)(neuraux, neurales); **system** ~ système *m* nerveux.

nerfus *ans* (*ar bigau drain*) nerveux(nerveuse), tendu(e); (*ofnus, pryderus*) inquiet(inquiète), troublé(e), agité(e); **teimlo'n** ~ se sentir mal à l'aise; (*cyn perfformiad*) avoir le trac*; **gwneud rhn yn** ~ intimider qn;
♦ **yn** ~ *adf* nerveusement; (*yn ofidus*) avec inquiétude.

nerfusrwydd *g* nervosité *f*, état *m* nerveux, état d'agitation; (*ofn, pryder*) crainte *f*; (*swildod*) timidité *f*.

nerfwst *g* neurasthénie *f*.

Nero *prg* Néron.

'nerob (**-au**) *b* (*hanerob*) flèche *f* de lard.

Neronaidd *ans* néronien(ne).

nerth (**-oedd**) *g* (*rhn, anifail, gelyn, tîm, cenedl, gwynt*) force *f*, forces; (*rhn, anifail*) vigueur *f*, puissance *f*; (*iechyd*) vigueur, forces, robustesse *f*; **adennill eich** ~ reprendre des forces, recouvrer ses forces; **â** ~ **braich ac ysgwydd** avec toutes ses forces; **â** ~ **bôn braich** par la force, à force de bras; **yr oedd yr haul yn ei** ~ le soleil était au plus chaud; **mynd o** ~ **i** ~ se porter de mieux en mieux; ~ **esgyrn eich pen** à tue-tête; ~ **eich traed** à toutes jambes; ~ **ei garnau** (*ceffyl*) au galop.

nerthol *ans* fort(e), vigoureux(vigoureuse), puissant(e); **gwynt** ~ vent *m* fort; **dyn** ~ hercule *m*;
♦ **yn** ~ *adf* avec puissance, avec force, avec vigueur, vigoureusement, puissamment.

nerthu *ba* fortifier, rendre fort, remonter; (*yn foesol*) fortifier, tonifier, enhardir; (*gelyn, cenedl, achos, defnydd, teimlad, effaith, barn, cred*) renforcer; (*hoffter, teimlad, effaith*) augmenter; (*barn, cred*) confirmer.

nes[1] *ans* plus près, plus proche;
♦ **yn** ~ *adf* plus près; **yn** ~ **ac yn** ~ de plus en plus proche; **yn** ~ **ymlaen** plus tard; **mynd yn** ~ **at rn** s'approcher de qn; **mynd yn** ~ ~ s'approcher de plus en plus.

nes[2] *cys*
1 (*mewn brawddeg gadarnhaol*) jusqu'à ce que + *subj*; **arhoswch** ~ **y dof** attendez jusqu'à ce que je vienne *neu* en attendant que je vienne *subj*; **fe fyddwn ar streic** ~ **y byddaf farw** nous serons en grève jusqu'à ce que je meure; **arhoswch yma** ~ **iddo orffen y tŷ** restez ici en attendant qu'il finisse *subj* la maison.
2 (*mewn brawddeg negyddol: pan fo'r un gwrthrych yn y ddau gymal*) avant de + *infin*; (:*pan fo gwrthrych gwahanol yn y ddau gymal*) avant que + *subj*; **peidiwch â gwneud dim** ~ **ichi dderbyn fy ngherdyn** ne faites rien avant d'avoir reçu ma carte, attendez d'avoir reçu ma carte avant de faire quoi que ce soit; **peidiwch â gwneud dim** ~ **y dyweda' i wrthych** ne faites rien avant que je (ne) vous le dise *neu* tant que je ne vous l'aurai pas dit; **peidiwch â dechrau** ~ **y daw hi** ne commencez pas avant qu'elle arrive *neu* avant son arrivée, attendez-la pour commencer; **(ni) ddywedson nhw ddim** ~ **ichi ddod** ils n'ont rien dit avant votre arrivée; **ni ddaw hi ddim** ~ **ichi ei gwahodd hi** elle ne viendra pas avant que vous l'invitiez, elle ne viendra pas tant que vous ne l'inviterez pas.

nesâd (**nesadau**) *g* approche *f*.

nesaf *ans*
1 (*mewn trefn amseryddol: yn y dyfodol*) prochain(e); (*yn y gorffennol*) suivant(e); **y tro** ~ (*yn y dyfodol*) la prochaine fois; (*yn y gorffennol*) la fois suivante; **y tro** ~ **imi ei weld wedyn** la première fois où *neu* que je l'ai revu, quand je l'ai revu; **tan y tro** ~**!** à la prochaine!; **yr adeg yma yr wythnos** ~ d'ici huit jours; **a'r funud** ~ et l'instant d'après; **pwy sydd** ~**?** à qui le tour?, c'est à qui?.
2 (*gerllaw, agosaf*) voisin(e), d'à côté, contigu(contiguë), attenant(e), joignant(e); ~ **at** à côté de; **yr ystafell** ~ la pièce voisine *neu* (d')à côté; **y drws** ~ la maison d'à côté; **y dyn drws** ~ le monsieur d'à côté *neu* qui habite à côté, mon *neu* notre voisin; **y bobl drws** ~ les gens d'à côté, les voisins; **maen nhw'n byw y drws** ~ **i ni** ils habitent à côté de chez nous, ils habitent la maison voisine (de la nôtre); **'rydym ni'n byw y drws** ~ **i'n gilydd** nous habitons porte à porte.
3 (*mewn cyfres*): **ar y dudalen** ~ à la page suivante; **"parhad yn y golofn** ~**"** "voir colonne ci-contre"; **y peth** ~ **i'w wneud yw ...** la première *neu* la prochaine chose à faire maintenant est de ...; **mi dria' i'r maint** ~ je vais essayer la taille au-dessus; **y maint** ~ **i lawr** la taille au-dessous; **y silff** ~ **i'r gwaelod/i'r top** le deuxième rayon (en partant) du bas/du haut.
4 (*tebycaf*): **y** ~ **peth i** le plus proche de, qui ressemble le plus à; **y** ~ **peth i ddim** pratiquement *neu* presque *neu* trois fois rien; **cefais y car am y** ~ **peth i ddim** je ai payé la voiture trois fois rien.
5 (*defnydd enwol: trefn amseryddol*) le suivant(la suivante); **chi yw'r** ~ c'est votre tour, c'est à vous maintenant; **a'r** ~ **os gwelwch chi'n dda!** au suivant!; **a'r** ~ **i siarad yw Siôn** c'est Jean qui parlera ensuite, et maintenant la parole est à Jean; **a'r** ~ **i gyrraedd oedd Wil** c'est Guillame qui est arrivé ensuite *neu* le suivant.
6 (*defnydd enwol: gerllaw, agosaf*): **pwy oedd y** ~ **atat ti?** qui était à côté de toi?;
♦ **(yn)** ~ *adf*: **gwisgo gwlân (yn)** ~ **at y croen** porter de la laine sur la peau *neu* à même la peau; **beth wnawn ni** ~**?** qu'allons-nous faire maintenant?; **pryd gawn ni gyfarfod** ~**?** quand nous reverrons-nous?; **wel, beth** ~**!** et puis quoi encore!

nesaol *ans* prochain(e), qui (s')approche, imminent(e).

nesáu *bg* (*rhn, cerbyd*) (s')approcher, s'avancer; (*dyddiad, achlysur*) approcher, être proche; **mae'n** ~ **at ei drigain** il approche de la soixantaine, il va sur ses 60 ans; **'roedd hi'n** ~ **at hanner dydd** il était près de midi.

nesiad, nesiant *g* approche *f*.

nesnes *adf* de plus en plus près *neu* proche.

nesu *bg gw.* **nesáu**.

net[1] *ans* (*pwysau, pris*) net(te); **elw** ~ bénéfice *m* net; **pris** ~ prix *m* net; **colled** ~ perte *f* sèche.

net[2] (-s) *b* (*hefyd:* **cyrtens** ~*****) voilage *m*, rideau(-x) *m* en filet; (*byrion*) brise-bise *m inv*.

net[3], **nêt** *ans* (*da*) bon(ne), bien, aimable, convenable; (*taclus*) soigné(e); (*iawn*) bien; **'rwy'n gwybod yn** ~ **...** je sais bien que.

netin *g* (*ar gyfer ffens*) treillis *m* métallique; (*ar gyfer llenni*) voile *m*, tulle *m* (pour rideaux).

neu *cys* ou (bien); ~**, fel arall** autrement, à part cela; **gwna fo,** ~ **mi gei di weld!** fais-le, sinon tu vas voir!; **unwaith** ~ **ddwy** une ou deux fois, une fois ou deux.

neuadd (-au) *b* salle *f*; ~ **bentref,** ~ **eglwys** salle paroissiale; ~ **breswyl,** ~ **coleg** pavillon *m* universitaire, foyer *m* d'étudiants; ~**au preswyl** cité *f* universitaire; ~ **y dref,** ~ **y ddinas** la mairie; ~ **ddawnsio** dancing *m*, salle de danse *neu* bal; ~ **fwyta** réfectoire *m*; ~ **goffa** salle (paroissiale) commémorative; ~ **gyngerdd** salle de concert, salle des fêtes; ~

gynnull salle de réunion; ~ **ysgol** grande salle.

newid[1] *bg*

1 (*cyff*) (se) changer, se transformer; ~ **er gwaeth** altérer; **mae hi wedi** ~ **yn ofnadwy** elle a beaucoup changé; **ni fydd hi'n** ~ **byth** elle ne changera jamais; **newidiodd Ulw Ela'n dywysoges** Cendrillon s'est changée en princesse.

2 (*ar daith: trên ayb*) changer; **rhaid ichi** ~ **yn Amwythig** vous devez changer à Shrewsbury.

3 (*CAR: gêr*): ~ **i lawr** rétrograder; ~ **i fyny** monter les vitesses; ~ **i'r trydydd (gêr)** passer en troisième.

4 (*dillad*) se changer; **mae hi wedi mynd i fyny'r grisiau i** ~ elle est montée se changer.

▶ **newid drosodd** changer; **un diwrnod 'rydw i'n golchi'r llestri ac mae hi'n eu sychu, a'r diwrnod wedyn 'rydyn ni'n** ~ **drosodd** un jour je fais la vaisselle et elle l'essuie, et le jour d'après on change; **'dydw i ddim yn hoffi fy rhan i - gad inni** ~ **drosodd!** je n'aime pas mon rôle - échangeons!; ~ **drosodd o ... i** passer de ...à; **mae'r wlad wedi** ~ **drosodd i ynni niwclear** le pays est passé au nucléaire; ♦*ba* (*gwneud newidiadau i, gweddnewid*) changer, modifier, transformer; (*cyfnewid, ffeirio: cyff*) changer de; (:*mewn siop*) échanger; (:*arian tramor*) changer, convertir; ~ **byd** changer de condition; (*priodi*) se marier; ~ **cyfeiriad** changer d'adresse; ~ **dillad** changer de vêtements, se changer; ~ **dy sanau!** change de chaussettes!; ~ **dwylo** (*eiddo*) changer de main *neu* de propriétaire; (*arian*) circuler de main en main; **'doedd dim arian wedi** ~ **dwylo** il n'y a pas eu d'échange d'argent; ~ **enw/sedd** changer de nom/de place; ~ **gêr** changer de vitesse; ~ **golygfa** (*THEATR*) changer le décor; ~ **llaw** (*wrth gario bag*) changer de main; ~ **lle (gyda rhn)** changer de place (avec qn); **ni hoffwn i ddim** ~ **lle gyda thi** je n'aimerais pas être à ta place; ~ **lliw** changer de couleur; ~ **meddwl** changer d'avis; ~ **ochr** changer de côté; (*PÊL-DROED, ffig*) changer de camp; ~ **olwyn** changer une roue; ~ **trên/gorsaf/bws** changer de train/de gare/d'autobus; **rhaid iti** ~ **trên yng Nghaerdydd** tu dois changer de train à Cardiff; **maen nhw wedi** ~ **cotiau gyda'i gilydd** ils ont échangé leurs manteaux; **newidiodd y ddewines ef yn llyffant** la sorcière l'a changé en grenouille; **mae hyn wedi** ~ **fy syniadau** ceci a modifié mes idées; **mae llwyddiant wedi ei** ~ **hi yn llwyr** la réussite l'a complètement transformée; **mae hi wedi** ~ **ei thiwn** elle a changé de ton.

newid[2] (**-iadau**) *g*

1 (*cyff*) changement *m*; (*addasiad*) modification *f*; (*rhoi'n lle rhth arall*) substitution *f*; ~ **cyfeiriad** changement d'adresse; ~ **er gwell** un changement en mieux, une amélioration; ~ **er gwaeth** une altération, un changement en pire *neu* en plus mal; ~ **golygfa** (*THEATR*) changement de décor; ~ **gwaith/swydd** changement de travail/de poste; **y** ~ **oed, y** ~ **oes** (*merched*) la ménopause; ~ **yn y tywydd** changement de temps; **am** ~**, er mwyn** ~ pour changer un peu; **bydd yn** ~ **ichi** cela vous fera un changement, voilà qui vous changera agréablement!; **mae'n hoff o** ~ il aime le changement *neu* la variété; **mae hyn yn** ~ **llwyr** c'est un changement total.

2 (*arian*): ~ **(mân)** (petite) monnaie *f*; **allwch chi roi** ~ **punt imi?** pouvez-vous me faire la monnaie d'une livre?; **cadwch y** ~ gardez la monnaie; **ni chewch chi ddim llawer o** ~ **o ddecpunt heddiw** aujourd'hui il ne reste jamais grand-chose d'un billet de dix livres.

newidfa (**-oedd**) *b* (*cyfnewidfa*) central(centraux) *m* téléphonique.

newidiad (**-au**) *g* changement *m*.

newidiant (**newidiannau**) *g* variabilité *f*.

newidiol *ans* (*PLANH, MATH, TECH*) variable; (*tywydd*) variable, incertain(e), changeant(e), instable; (*hwyl*) variable, instable, changeant, versatile; (*cymeriad*) changeant, inconstant(e), versatile, variable; (*perfformiad*) inégal(e)(inégaux, inégales); ♦ **yn** ~ *adf* variablement.

newidydd (**-ion**) *g* transformateur *m*.

newidyn (**-nau**) *g* variable *f*.

newr... *rhagdd* (*newral, newritis ayb*) *gw.* **niwr...**

newt... *rhagdd* (*newtral, newtron ayb*) *gw.* **niwt...**

newydd[1] *ans*

1 (*cyff*) nouveau[nouvel](nouvelle)(nouveaux, nouvelles); ~ **sbon,** ~ **fflam,** ~ **danlli** tout neuf(toute neuve); **car** ~ une voiture neuve; **mae hyn yn rhth** ~ voici qch de neuf *neu* de singulier *neu* d'original *neu* de nouveau; **ar ei** ~ **wedd** sous sa forme nouvelle.

2 (*defnydd enwol*): **y** ~ (*yr hyn sy'n newydd*) le neuf, le nouveau; **apêl y** ~ l'attrait *m* du neuf; **cwlt y** ~ le culte du nouveau; **o'r** ~ (*eto*) de nouveau, à nouveau, encore une fois, une fois encore.

newydd[2] (**-ion**) *g*

1 (*gwybodaeth, hanes*) nouvelle *f*, nouvelles; **ydych chi wedi clywed y** ~**?** vous connaissez la nouvelle?; **ydych chi wedi clywed y** ~ **am Siôn?** vous savez ce qui est arrivé à Jean?; **oes gennych chi unrhyw** ~ **amdani?** avez-vous de ses nouvelles?; **pan dorrodd y** ~ quand on a su la nouvelle; **torri'r** ~ **am rth** révéler qch, annoncer qch; **ceisiwch dorri'r** ~ **wrtho'n garedig** essayez de le lui annoncer avec ménagement(s); **pa** ~**?** quoi de neuf *neu* de nouveau?; **oes 'na unrhyw** ~**?** y a-t-il du nouveau?; **mae hyn yn** ~ **i mi!** ça, c'est du nouveau!*; **mae gen i** ~**ion iti!** j'ai du nouveau à t'annoncer!; **gadewch i ni gael eich**

~ion surtout donnez-nous de vos nouvelles; **~ion da** de bonnes nouvelles; **~ion drwg, ~ion trist** de tristes nouvelles.
2 (*TELEDU, RADIO ayb*): **~ion** informations *fpl*, actualités *fpl*; **~ion cyllidol/chwaraeon** chronique *f neu* rubrique *f* financière/sportive; **~ion swyddogol** communiqué *m* officiel; **eitem o ~ion** une information; **asiantaeth ~ion** agence *f* de presse; **darllenydd ~ion** speaker *m*, speakerine *f*; **ffilm ~ion** actualités filmées; **golygydd ~ion** rédacteur *m*, rédactrice *f*; **penawdau'r ~ion** titres *mpl* de l'actualité; **taflen ~ion** feuille *f* d'informations; **ystafell ~ion** salle(s) *f* de rédaction; **mi gollais i'r rhaglen ~ion** j'ai raté les informations *neu* le bulletin d'informations *neu* les actualités; **mae streicio yn y ~ion yn ddiweddar** la grève est à l'ordre du jour *gw. hefyd* **papur**.

newydd[3] *ategydd berfol*
1 (*rhan o ferf gyfansawdd*): **bod ~ wneud** venir de faire; **'roedd hi ~ adael** elle venait (juste) de partir; **'rydych chi ~ ei methu hi!** vous venez tout juste de la rater, vous l'avez ratée de justesse *neu* ratée tout juste; **'rwyf ~ fwyta** je sors de table; **~ ddod ydw i** je ne fais qu'arriver, je viens (juste) d'arriver; **~ glywed ydw i** je viens tout juste *neu* seulement de l'apprendre.
2: **mae'r ffenestri ~ eu glanhau** les fênetres viennent d'être nettoyées.
3 (*defnydd ansoddeiriol*): **~ ei baentio, ~ ei phaentio** fraîchement peint(e); **llyfr ~ ei gyhoeddi** livre *m* récemment publié; **"~ ymddangos"** (*llyfr*) "vient de paraître"

newyddair (**newyddeiriau**) *g* néologisme *m*.

newydd-anedig *ans* nouveau-né(e);
♦*g/b* nouveau-né *m*, nouveau-née *f*.

newyddbeth (**-au**) *g* (article *m* de) nouveauté *f*, (article de) fantaisie *f*.

newydd-deb, **newydd-der** *g* (*natur newydd*) nouveauté *f*; (*dieithrwch*) étrangeté *f*; **unwaith mae'r ~-~ wedi pasio** une fois passée la nouveauté.

newydd-ddyfodiad (**~-ddyfodiaid**) *g* nouveau venu(~x ~s) *m*, nouvelle venue(~s ~s) *f*, nouvel arrivé(nouveaux ~s) *m*, nouvelle arrivée(~s ~s) *f*, arrivant *m*, arrivante *f*; **newydd-ddyfodiaid i'r pentref ydyn nhw** ce sont de nouveaux venus dans ce village.

newyddgoeg *ans* trop moderne, nouveau genre.

newyddiadur (**-on**) *g* journal(journaux) *m*.

newyddiaduraeth *b* journalisme *m*.

newyddiadureg *b* (*iaith papur newydd*) style *m* journalistique.

newyddiadurol *ans* journalistique.

newyddiadurwr (**newyddiadurwyr**) *g* journaliste *m*.

newyddiadurwraig (**newyddiadurwragedd**) *b* journaliste *f*.

newyddian (**-od**) *g* novice *m/f*, apprenti *m*, apprentie *f*, débutant *m*, débutante *f*; (*CREF*) néophyte *f*.

newyddiannu *bg* innover.

newyddion *ll gw.* **newydd**[2].

newyddu *bg* innover;
♦*ba* rénover.

newyddwr (**newyddwyr**) *g* innovateur *m*, novateur *m*.

newyddwraig (**newyddwragedd**) *b* innovatrice *f*, novatrice *f*.

newyn *g*
1 (*diffyg bwyd difrifol*) faim *f*, famine *f*, disette *f*; **marw o ~** mourir de faim; **(mynd ar) streic ~** (faire la) grève de la faim.
2 (*ffig: am gyfiawnder ayb*) faim, soif *f*, désir *m* ardent.

newynog *ans* affamé(e); (*esgyrnog*) famélique; **'rwy'n ~** je meurs de faim, j'ai une faim de loup; **bod yn ~** avoir faim, avoir l'estomac creux; **bod yn ~ iawn** avoir très faim, être affamé; **teimlo'n ~** avoir faim, se sentir (le ventre) creux; **mae golwg ~ arnoch** vous avez l'air d'avoir faim;
♦ **yn ~** *adf* voracement, avidement.

newynu *bg* souffrir de la faim, avoir faim, avoir l'estomac creux, manquer de nourriture, être affamé(e); **~ i farwolaeth** mourir de faim.

nhw *rhag syml gw.* **hwy**[1].

nhwythau *rhag cysylltiol gw.* **hwythau**.

ni[1] *rhag syml*
1 (*goddrych*) nous; **'rydym ~'n gweithio** nous travaillons; (*pwysleisiol*) nous, nous travaillons; **'rydym ~'n brysur** nous sommes occupé(e)s; **~ sy'n gywir** c'est nous qui avons raison; **~ Gymry** nous autres Gallois.
2 (*gwrthrych*) nous; **gwelodd ~** il nous a vu(e)s; **mae hi'n ein casáu ~** elle nous déteste.
3 (*ar ôl arddodiad neu gysylltair*) nous; **gyda ~** avec nous; **'rwyf yn meddwl amdanom ~** je pense à nous; **rhoddodd anrheg i ~** il nous a offert un cadeau; **a ~** et nous.
4 (*ar ei ben ei hun*) nous; **pwy? - ~** qui? - nous.
5 (*i ategu 'ein'*): **ein car ~** notre voiture (à nous).

ni[2], **nid** *geir negyddol*
1 (*o flaen berf*) ne ... pas; **ni welais y gŵr** je n'ai pas vu le monsieur; **nid oes gen i arian** je n'ai pas d'argent.
2 (*o flaen elfen anferfol*): **nid fi a'i gwnaeth** ce n'est pas moi qui l'ai fait; **nid ffŵl mo Geraint** ce n'est pas un idiot que Geraint; **nid Ffrancwyr mohonynt** ce ne sont pas des Français; **nid amgen** c'est à dire, à savoir; **nid felly** ce n'est pas ainsi; **nid yn unig** non seulement.
▶ **ni(d) ... byth** ne ... jamais; **nid yw byth yn darllen** il ne lit jamais *gw. hefyd* **byth**.

▶ **ni(d) ... (d)dim** ne ... pas; **nid oes dim bara** il n'y a pas de pain; **ni ddywedais ddim** je n'ai rien dit *gw. hefyd* **dim**.
▶ **ni(d) ... erioed** ne ... jamais; **nid yw erioed wedi bod yn Ffrainc** il n'a jamais été en France *gw. hefyd* **erioed**.
▶ **ni(d) ... mwy** ne ... plus; **nid oes mwy o fara** il n'y a plus de pain; **nid yw'n gyfoethog mwy** *ou* **mwyach** il n'est plus riche *gw. hefyd* **mwy**.
▶ **ni(d) ... neb** ne ... personne; **nid oes neb yma** il n'y a personne ici; **nid oes neb yn dod** personne ne vient *gw. hefyd* **neb**.
▶ **ni(d) ... ond** ne ... que; **nid oes ond plant yma** il n'y a que des enfants *gw. hefyd* **ond**.
▶ **ni(d) ... yr un** ne ... aucun(e); **nid oes ganddo'r un llyfr** il n'a aucun livre *gw. hefyd* **un**.

'nialwch *g* (*trugareddau*) bric-à-brac *m inv*, vieilleries *fpl*; **tafl y** ~ **'na allan!** balance-moi tout ça! *neu* tout ce bazar! *neu* tous ces trucs!* *neu* tous ces machins!*.

nib (**-iau**) *g* (bec *m* de) plume *f*; ~ **ffein** plume fine *neu* à bec fin; ~ **llydan** grosse plume, plume à gros bec.

Nicaia *prb* Nicée; **credo** ~ le symbole de Nicée.

Nicaragwa *prb* le Nicaragua *m*; **yn** ~ au Nicaragua.

Nicaragwad (**Nicaragwaid**) *g/b* Nicaraguayen *m*, Nicaraguayenne *f*.

Nicaragwaidd *ans* nicaraguayen(ne).

nicel *g* nickel *m*; **llwy** ~ une cuiller nickelée, une cuillère nickelée; **arian** ~ argentan *m*, maillechort *m*

nicer (**-s**) *g* culotte *f*, slip *m*.

Niclas *prg* Nicolas.

nico *g* (ADAR) chardonneret *m*.

Nicodemus *prg* Nicodème.

nicotin *g* nicotine *f*; **melyn gan** ~ jauni(e) *neu* taché(e) de nicotine.

nid *geir negyddol gw.* **ni**[2].

nifer (**-oedd**) *g,b*
1 (*swm, casgliad*) nombre *m*, quantité *f*; ~ **dda** un assez grand nombre; ~ **fach,** ~ **fechan** un petit nombre; **mewn** ~ **fechan o achosion** dans un petit nombre de cas; ~ **fawr** un grand nombre; **ychydig o ran** ~ en petit nombre; **'roedden nhw'n wyth o ran** ~ ils étaient (au nombre de) huit; **mwy na'r gelyn o ran** ~ supérieur(e) en nombre à l'ennemi, numériquement supérieur à l'ennemi; **fe all unrhyw** ~ **chwarae** le nombre de joueurs est illimité; **chwyddo'r** ~ **o** grossir le nombre de; **daethpwyd â hi i mewn i ychwanegu at y** ~ on l'a amenée pour grossir l'effectif; **fe ddaethon' nhw yn eu** ~**oedd** ils sont venus en grand nombre, ils sont venus nombreux.
2 (*grŵp*): **un o'n** ~ un(e) des nôtres; **lladdwyd tri o'u** ~ trois d'entre eux *neu* trois des leurs ont été tués.
▶ **nifer o** plusieurs, un certain nombre de, beaucoup de; ~ **o bethau** un certain nombre de choses, plusieurs choses; **ar** ~ **o achlysuron** à plusieurs occasions, à maintes occasions; **'roedd** ~ **o namau ar y peiriant** la machine avait un (certain) nombre de défauts *neu* avait (de) nombreux défauts; ~ **fawr o bethau** (un grand) nombre de choses, (de) nombreuses choses, plusieurs choses; ~ **fawr o fyrddau** une grande quantité de tables; **mae yna** ~ **fawr o bobl yma** il y a beaucoup de monde ici; **mae wedi dweud wrthych** ~**oedd o weithiau** je ne sais pas combien de fois il vous l'a dit.

niferiadol, **niferol** *ans* numérique.

niferus *ans* nombreux(nombreuse); **maen nhw'n** ~ ils sont nombreux *neu* à plusieurs; **teulu** ~ une famille nombreuse; **mewn achosion** ~ dans de nombreux cas, dans beaucoup de cas.

nifwl (**nifylau**) *g* nébuleuse *f*.

Niger *prb* le Niger *m*; **yn** ~ au Niger.

Nigeraidd *ans* (*o wlad Niger*) nigérien(ne).

Nigeres (**-au**) *b* (*o wlad Niger*) Nigérienne *f*.

Nigeria *prb* le Nigeria *m*; **yn** ~ au Nigeria.

Nigeriad (**Nigeriaid**) *g/b* (*o Nigeria*) Nigérian *m*, Nigériane *f*.

Nigeriaidd *ans* (*o Nigeria*) nigérian(e).

Nigerwr (**Nigerwyr**) *g* (*o wlad Niger*) Nigérien *m*.

nihilaidd *ans* nihiliste;
♦ **yn** ~ *adf* de façon nihiliste.

nihiliaeth, **nihilistiaeth** *b* nihilisme *m*.

nihilydd (**-ion**) *g* nihiliste *m/f*.

Nîl *prb* le Nil *m*; **brwydr y** ~ la bataille d'Aboukir.

Ninefeh *prb* Ninive.

ninnau *rhag cysylltiol*
1 (*goddrych*): **'rydyn** ~**'n mynd ar y trên** (*hefyd*) nous aussi, nous prenons le train; (*ar y llaw arall*) nous, nous autres prenons le train; **'dydyn** ~ **ddim yn ei glywed** (*chwaith*) nous ne l'entendons pas non plus; (*ar y llaw arall*) nous, nous ne l'entendons pas; ~ **Gymry** nous autres Gallois.
2 (*gwrthrych*): **fe'n gwelodd** ~ **yn y sinema** (*hefyd*) elle nous a vu(e)s nous aussi au cinéma; (*ar y llaw arall*) nous autres, elle nous a vu(e)s au cinéma.
3 (*ar ôl arddodiad*): **o'n blaen** ~ (*hefyd*) devant nous aussi; (*ar y llaw arall*) devant nous autres.
4 (*i ategu 'ein'*): **'roedd ein cotiau** ~ **ar y gadair** (*hefyd*) nos manteaux à nous (autres) étaient aussi sur la chaise; (*ar y llaw arall*) nos manteaux à nous étaient sur la chaise.
▶ **a ninnau** (*hefyd*) nous aussi; **ein hathro a** ~ notre professeur et nous; **'rwyt ti'n gweithio a** ~**'n cysgu!** (*gwrthgyferbyniol*) tu travailles et nous, nous dormons!; **digwyddodd y ddamwain a** ~ **ar ein gwyliau**

(*tra, pan*) l'accident est arrivé pendant que nous (autres) étions en vacances.

▶ **na ninnau** (*chwaith*) ni nous non plus.

nionyn (**nionod**) *g* (*winwnsyn*) oignon *m*; **y ~ gwirion iti!** espèce d'idiot! *neu* d'andouille!

niper (**-i**) *g* (*teclyn*) pince *f*.

nirfana *g* nirvana *m*.

nis *rhag* ne le/la/les ... pas; **~ credaf** je ne le crois pas; **~ gwelodd** il ne l'a pas vu(e), il ne les a pas vu(e)s.

nitr *g* nitre *m*.

nitrad (**-au**) *g* nitrate *m*, azotate *m*.

nitrig *ans* nitrique, azotique; **asid ~** acide *m* nitrique *neu* azotique; **ocsid ~** oxyde *m* azotique *neu* nitrique, bioxyde *m* d'azote.

nitrogen *g* azote *m*.

nitrus *ans* nitreux(nitreuse), azoteux(azoteuse), d'azote; **asid ~** acide *m* azoteux *neu* nitreux; **ocsid ~** oxyde *m* azoteux *neu* nitreux, protoxyde *m* d'azote.

nith (**-oedd, -od**) *b* nièce *f*; **mae hi'n ~ i mi** c'est ma nièce.

nithio *bg, ba* vanner.

nithiwr (**nithwyr**) *g* (*rhn*) vanneur *m*; (*peiriant*) tarare *m*.

nithwraig (**nithwragedd**) *b* vanneuse *f*.

niwclear *ans* nucléaire, atomique; **adwaith ~, adweithio ~** réaction *f* nucléaire *neu* atomique; **adweithydd ~** réacteur *m* nucléaire, pile *f* atomique; **diarfogi ~** désarmement *m* nucléaire; **ffiseg ~** physique *f* nucléaire *neu* atomique; **ffisegydd ~** physicien *m* atomiste, physicienne *f* atomiste; **gorsaf ~** centrale *f* nucléaire; **gwyddonydd ~** (savant *m*) atomiste *m*; **hollti ~** fission *f* nucléaire *neu* de l'atome; **prawf ~** essai *m* *neu* expérience *f* nucléaire; **pŵer ~, ynni ~** énergie *f* atomique *neu* nucléaire; **ymasiad ~** fusion *f* de l'atome.

niwclëig *ans*: **asid ~** acide *m* nucléique.

niwclëws (**niwclei**) *g* (*ASTRON, FFIS*) noyau(-x) *m*; (*BIOL: cell*) nucléus *m*.

niwed (**niweidiau**) *g* mal *m*, tort *m*, dommage *m*; (*gweladwy*) dégâts *mpl*, dommages; (*i nwyddau*) avarie *f*; (*ffig*) préjudice *m*, détriment *m*, tort; **fe achosodd y ffrwydrad lawer o ~** l'explosion a causé des dommages importants, l'explosion a fait de gros dégâts; **ni chafodd neb ~** il n'y a pas eu de blessés; **ni ddaw dim ~ ichi** il ne vous arrivera rien.

▶ **gwneud niwed** *gw.* **niweidio**; **pa ~ all hynna ei wneud?** quel mal est-ce que cela peut faire?; **gwneud ~ i rn** (*corfforol*) blesser qn, faire du mal à qn; (*moesol, cyfreithiol*) faire du tort à qn, nuire à qn; **ni all hyn ddim gwneud ~ ichi** ça ne peut pas vous faire de mal; **gwneud ~ i rth** endommager qch, causer des dégâts à qch; (*golwg, iechyd*) abîmer qch; (*enw da*) nuire à qch, porter atteinte à qch; **gwnaed llawer o ~ i'r adeilad** le bâtiment a beaucoup souffert; **fe wnaiff hyn ~ i'w hachos** ceci sera très préjudiciable à sa cause.

niweidiadwy *ans* avariable.

niweidio *ba* blesser, faire du mal à; (*moesol, cyfreithiol*) faire du tort à, nuire à; (*nwyddau*) avarier; (*cynhaeaf*) endommager, causer des dégâts à; (*peth, iechyd*) abîmer; (*baeddu: enw da*) salir, souiller, nuire à, porter atteinte à; (*lles, achos*) causer du tort *neu* un dommage à; **~ eich iechyd eich hunan** compromettre sa santé, se détériorer la santé, laisser abîmer sa santé.

niweidiol *ans* (*rhn*) malfaisant(e), nuisible; (*effaith, peth*) nocif(nocive), nuisible, préjudiciable; **~ i iechyd** nuisible *neu* préjudiciable à la santé, mauvais(e) pour la santé;

♦ **yn ~** *adf* nuisiblement.

niweidioldeb *g* nocivité *f*, caractère *m* destructeur, nature *f* destructive.

niweidiwr (**niweidwyr**) *g* vandale *m/f*, saboteur *m*, destructeur *m*, celui qui nuit *neu* qui endommage.

niwl (**-oedd**) *g*

1 (*llyth: cyff*) brouillard *m*; (*:ar y môr*) brume *f*, brouillard de mer; (*:yn y bore*) brume matinale.

2 (*ffig*) brouillard *m*, confusion *f*; **bod yn y ~** être dans le brouillard *neu* dans l'ignorance, s'embrouiller, avoir les idées brouillées *neu* l'esprit brouillé.

niwlach *g* brouillard *m*.

niwlen (**-nau**) *b* brouillard *m*; (*ar y môr*) brume *f*, brouillard de mer; (*ar wydr*) buée *f*; (*persawr, powdr, llwch*) nuage *m*; (*dagrau*) voile *m*; **'roedd ~ o fwg baco yn llenwi'r ystafell** des fumées de tabac emplissaient la pièce.

niwlo *bg* se couvrir de brume, devenir brumeux, s'embrumer; (*sbectol, drych*) (s')embuer; **mae hi'n dechrau ~** le brouillard commence à tomber;

♦*ba* embuer.

niwlog *ans*

1 (*llyth: tywydd*) brumeux(brumeuse); (*:diwrnod*) brumeux, de brume; **mae hi'n ~** il fait du brouillard; **ar ddiwrnod ~** par un jour de brouillard.

2 (*ffig: syniadau*) nébuleux(nébuleuse), flou(e), confus(e), vague, embrouillé(e); (*:atgof*) nébuleux, flou; **dim ond syniad ~ sydd gen i am yr hyn a ddywedodd** j'ai une idée assez vague de ce qu'elle a dit, je ne sais pas (très) bien ce qu'elle a dit;

♦ **yn ~** *adf* confusément, de façon confuse.

niwlogrwydd *g* brume *f*, nébulosité *f*; (*syniadau*) nébulosité, flou *m*, vague *m*, imprécision *f*.

niwmatig *ans* pneumatique; **dril ~** marteau-piqueur(~x-~s) *m*.

niwmonia *g* pneumonie *f*, fluxion *f* de

poitrine.

niwral *ans* neural(e)(neuraux, neurales).

niwritis *g* névrite *f*.

niwrol *ans gw.* **niwral**.

niwroleg *b* neurologie *f*.

niwrolegol *ans* neurologique;
♦ **yn** ~ neurologiquement.

niwrolegydd (**niwrolegwyr**) *g* neurologue *m/f*.

niwron (**-au**) *g* neurone *m*.

niwrosis (**-au**) *g* névrose *f*.

niwrotig *ans* (*rhn*) névrosé(e); (*afiechyd, anhwylder*) névrotique; **mae hi'n eithaf** ~ **ynglŷn â'r holl beth** elle fait une véritable maladie *neu* fait tout un plat* de cette histoire; **mae hi'n** ~ **ynglŷn â cholli pwysau** son désir de maigrir prend des proportions de névrose.

niwsans *g*
1 (*rhth*) ennui *m*, embêtement* *m*; **dyna** ~**!** c'est pénible *neu* énervant!, quelle barbe!*, quelle plaie!*, quelle scie!*.
2 (*rhn*) peste *f*, fléau *m*; **'rwyt ti'n hen** ~**!** qu'est-ce que tu peux être casse-pieds!*, que tu peux être casse-pieds!*; **'rwyt ti'n dipyn o** ~ **ar y funud!** tu m'embêtes* *neu* tu me casses les pieds* en ce moment!; **bod yn** ~ embêter le monde*, être une peste *neu* un fléau *neu* un empoisonneur; **mae'n ddrwg gennyf fod yn** ~ **ichi** je m'excuse de vous déranger; **bod yn** ~ **cyhoeddus** (*CYFR: swn, llygredd*) être une nuisance.

niwtral *ans* neutre; **bod yn** ~ garder la neutralité, rester neutre; **y gwledydd** ~ les pays *neu* les puissances neutres; **polisïau** ~ politique *f* neutraliste *neu* de neutre;
♦*g* (*CAR*) point *m* mort; **rhoi'r gêr yn** ~ mettre l'embrayage au point mort.

niwtraledig *ans* neutralisé(e).

niwtraleiddio *ba* neutraliser.

niwtraliad *g* neutralisation *f*.

niwtraliaeth *b* neutralité *f*; **polisi o** ~ politique *f* neutraliste *neu* de neutralité; ~ **arfog** neutralité armée.

niwtralu *ba gw.* **niwtraleiddio**.

niwtron (**-au**) *g* neutron *m*; **bom** ~ bombe *f* à neutrons.

Noa *prg* Noé; **arch** ~ l'arche *f* de Noé.

Nobel *prg*: **Gwobr** ~ prix *m* Nobel; **enillydd gwobr** ~ lauréat *m* du prix Nobel, lauréate *f* du prix Nobel.

nobl *ans* (*hardd*) beau[bel](belle)(beaux, belles), joli(e); (*ardderchog*) majestueux(majestueuse), grandiose, splendide, imposant(e); (*haelfrydig*) généreux(généreuse), magnanime; (*clên*) brave, bien; **eitha'** ~ (*go fawr o ran maint*) assez grand(e), assez gros(se), assez important(e), assez considérable; (*dyn*) bien bâti; **mae'n blentyn** ~ il est bien en chair cet enfant; **coesau** ~ jambes *fpl* solides; **pysgodyn** ~ un beau poisson, un poisson splendide; **hi yw'r wraig fwyaf** ~ **yn fyw** (*clên*) c'est la meilleure bonne femme du monde; **bachgen** ~ **iawn yw Gwyn** c'est un brave type* que Gwyn, c'est un type* très bien que Gwyn;
♦ **yn** ~ *adf* généreusement, magnanimement.

nobyn (**nobiau**) *g* (*drws, offeryn*) bouton *m*; (*ffon*) pomme *f*; ~ **y drws** poignée *f neu* bouton de porte.

nocer (**-i**) *g* (*drws*) heurtoir *m*, marteau(-x) *m* de porte; ~ **pres** marteau de *neu* en cuivre.

nod[1] (**-au**) *b,g*
1 (*marc, arwydd*) marque *f*, signe *m*, indice *m*; (*ar anifail, ar gorff*) tache *f*, marque; ~ **adnabod** signe d'identification; ~ **amgen** caractéristique *f*, trait *m* particulier; ~ **clust** marque à l'oreille; ~ **gwarant** (*ar aur, arian*) poinçon *m*; ~ **gwlân** marque de laine; ~ **masnach** marque de fabrique, label *m*; ~ **masnach cofrestredig** marque déposée.
2 (*amcan, targed*) but *m*, cible *f*; **cyrraedd y** ~ atteindre *neu* toucher le but; **yn bell o'r** ~ rater la cible, être passé(e) loin de la cible; **gyda hyn fel** ~ dans ce but, à cette fin; **'does ganddi 'run** ~ **mewn bywyd** elle n'a aucun but dans la vie.

nod[2] (**-au**) *g* (*ASTRON*) nœud *m*; (*MEDD*) nodosité *f*, nodule *m*; **haint y** ~**au** la peste bubonique.

nòd (**nodiau**) *g* (*amnaid*) signe *m*, inclination *f* de la tête, signe de tête affirmatif; **rhoddodd** ~ **i mi** il me fit un petit signe de la tête.

nodadwy *ans* notable.

nodedig *ans* (*rhn: clodfawr, enwog*) notable, éminent(e), illustre, célèbre, renommé(e); (*peth, ffaith*) réputé(e), célèbre; **bod yn** ~ **am eich haelioni** être (bien) connu(e) pour sa générosité, avoir une réputation de générosité; **'dyw hi ddim yn** ~ **am ei harddwch** elle n'est pas connue pour sa beauté; **pentref** ~ **am ei harddwch** un village connu *neu* célèbre pour sa beauté; **gwlad** ~ **am ei gwin** un pays célèbre *neu* réputé pour son vin.

nodi *ba*
1 (*gwneud nodyn o*) noter, prendre (qch) en note, prendre note de; ~ **camgymeriad** relever une faute; ~ **sylwadau rhn** noter les remarques de qn; ~ **cyfarfod mewn dyddiadur** noter *neu* inscrire un rendez-vous dans son agenda; **nodwch eu henwau!** prenez note de leurs noms!.
2 (*gosod nod ar, dynodi*) marquer.

nodiad (**-au**) *g* (*cofnod*) note *f*, glose *f*; ~**au'r awdur** notes de l'auteur; ~**au'r cyfieithydd** remarques *fpl neu* notes du traducteur; ~**au darlith** notes de cours; ~**au ar waith llenyddol** commentaire *m* sur un ouvrage littéraire; **rhoi** ~**au ar destun llenyddol** annoter un texte; **gwneud** ~**au, cymryd** ~**au** prendre des notes; **siarad gyda** ~**au** parler en consultant ses notes; **siarad heb** ~**au** parler sans notes *neu* papiers; **llyfr ~au** cahier *m*, carnet *m*, calepin *m*, agenda *m*; **pad ~au** bloc-notes(~s-~) *m*.

nodiant (**nodiannau**) *g* notation *f*; **hen ~** notation musicale

nodio *bg* (*cyff*) faire un signe de (la) tête, incliner la tête; (*i ddweud "ie"*) hocher la tête pour acquiescer, hocher la tête de façon affirmative, faire signe que oui, faire un signe de tête affirmatif; **~ i gytuno** manifester son assentiment par un signe de tête; **~ ar rn** (*cyff*) faire un signe de tête à qn; (*i gyfarch rhn*) saluer qn d'un signe de tête, saluer qn de la tête; **nodiodd imi fynd** de la tête, il me fit signe de m'en aller;
♦*ba*: **~'ch pen** (*cyff*) faire un signe de (la) tête, incliner la tête; (*i ddweud "ie"*) hocher la tête pour acquiescer, hocher la tête de façon affirmative, faire un signe de tête affirmatif; **~'ch pen i gytuno, ~'ch cytundeb** manifester son assentiment par un signe de tête; **~'ch pen ar rn** (*cyff*) faire un signe de tête à qn; (*i gyfarch rhn*) saluer qn d'un signe de tête, saluer qn de la tête; **nodiodd ei ben imi fynd** de la tête, il me fit signe de m'en aller.

nodlyfr (**-au**) *g* carnet *m*, calepin *m*, agenda *m*, cahier *m*.

nodwedd (**-au, -ion**) *b* (*rhn, gwlad, adeilad*) particularité *f*, caractéristique *f*, trait *m* distinctif; **y ~ fwyaf trawiadol** le trait le plus frappant; **un o'i ~ion mwyaf yw** une de ses caractéristiques les plus remarquables est; **erthygl ~** article *m* de fond; **ffilm ~** grand film *m*, long métrage *m*; **rhaglen ~** reportage *m*; **~ion cenedlaethol** caractères *mpl* nationaux.

nodweddiadol *ans* caractéristique, typique; **gyda'i hiwmor ~** avec l'humour qui le caractérise; **mae hynna'n ~ ohono!** ça, c'est typiquement lui!, c'est tout à fait lui!; **mae'n ~ Seisnig!** il est typiquement anglais!, c'est l'Anglais type *neu* typique!;
♦ **yn ~** *adf* typiquement, d'une façon caractéristique *neu* typique.

nodweddrif (**-au**) *g* (*MATH*) caractéristique *f*.

nodweddu *ba* (*ymddygiad, digwyddiad, peth*) caractériser, être caractéristique de.

nodwydd (**-au**) *b*
1 (*GWNÏO*) aiguille *f*; **~ frodio** aiguille à broder; **~ greithio** aiguille à repriser; **crau ~** chas *m*, œil(-s) *m* d'aiguille, trou *m* d'aiguille; **llyfr ~au, cas ~au** porte-aiguilles *m inv*; **rhoi edau mewn ~** enfiler une aiguille; **mae hyn fel chwilio am ~ mewn tas wair** c'est comme si on cherchait une aiguille dans une botte de foin.
2 (*mewn chwaraewr recordiau*) saphir *m*, pointe *f* de lecture; **~ gramoffon** aiguille *f* de phonographe.
3 (*MEDD*): **~ hypodermig** aiguille *f* hypodermique.
4 (*PLANH*): **~ pinwydden** aiguille *f* de pin; **~ y bugail** peigne *m* de Vénus.

nodwyddaid (**nodwyddeidiau**) *b* aiguillée *f*.

nodwyddes (**-au**) *b* couturière *f*; **mae hi'n ~ dda** elle fait bien la couture, elle est bonne couturière.

nodyn[1] (**nodau**) *g* (*CERDD: sain, symbol*) note *f*; (*:piano*) touche *f*; **chwarae ~ anghywir, canu ~ anghywir** faire une fausse note; **rhoi'r ~** donner la note; **dal ~** prolonger une note.

nodyn[2] (**nodion, nodiadau**) *g* note *f*, mot *m*; (*ar destun ayb: troednodyn*) note, glose *f*; **gwneud ~ o rth** prendre qch en note, noter qch; **gwnewch ~ o'i oed** prenez note de son âge; **gwnewch ~ o'i henw hi!** prenez note de son nom!; **~ byr i ddweud wrthyt** un petit mot à la hâte *neu* en vitesse pour te dire; **~ atgoffa** mémento *m*; **~ diogelu** récépissé *m* *neu* attestation *f* d'assurance; **~ diplomataidd/swyddogol** note diplomatique/officielle.

nodd (**-ion**) *g* (*coeden*) sève *f*; (*ffrwyth, cig*) jus *m*.

nodd-dy (**~-dai**) *g* asile *m*.

nodded (**-i, -au**) *b* refuge *m*, abri *m*, asile *m*, protection *f*, sauvegarde *f*; **derbyn ~ gan rn** être sous la protection de qn, être sous l'aile de qn.

noddedig *ans* parrainé(e), patronné(e); **taith gerdded ~** *marche f pour aider une œuvre de charité.*

noddedigion *ll* évacués *mpl*, évacuées *fpl*.

noddfa (**noddfeydd**) *b* (*lloches*) refuge *m*, abri *m*, couvert *m*; **rhaid iddynt gael ~ am y noson** ils doivent trouver un abri pour cette nuit; **cynnig ~ i rn** (*i un sydd ar ffo*) donner l'asile à qn, recueillir qn.

noddi *ba* (*llochesu*) abriter, recueillir, donner l'asile à, donner le couvert à; (*amddiffyn*) protéger; (*cefnogi: gweithgaredd i gasglu arian at achos da*) parrainer, patronner, sponsoriser; (*:artist*) protéger.

noddlyd *ans* (*deilen*) plein(e) de sève; (*ffrwyth*) juteux(juteuse); (*cig*) moelleux(moelleuse), juteux.

noddwr (**noddwyr**) *g* (*cefnogwr: artist ayb*) protecteur *m*; (*:achos da*) patron *m*; (*:sy'n noddi rhn i wneud rhth dros achos da*) donateur *m*; (*i fenthyciad arian*) répondant *m*, garant *m*; (*enwebwr*) parrain *m*; **~ y celfyddydau** protecteur des arts, mécène *m*.

noddwraig (**noddwragedd**) *b* (*cefnogwraig: artist ayb*) protectrice *f*; (*:achos da*) patronne *f*; (*:sy'n noddi rhn i wneud rhth dros achos da*) donatrice *f*; (*i fenthyciad arian*) répondante *f*, garante *f*; (*enwebwraig*) marraine *f*; **~ y celfyddydau** protectrice des arts, mécène *m*.

noe (**-au**) *b* (*padell dylino*) pétrin *m*.

noeth *ans* (*rhn*) tout(e) nu(e); (*coeden, tir*) dénudé(e), dépouillé(e); (*arddull*) sévère, sobre, dépouillé; **yn ~ hyd at ei ganol** nu jusqu'à la ceinture; **craig ~ oedd yma** ce n'était que du roc; **celwydd ~** pur mensonge *m*; **cig ~** chair *f* à vif; **cleddyf ~** une épée dégainée; **datganiad ~ o'r ffeithiau** simple énoncé *m* des faits; **y gwir ~** la vérité même *gw. hefyd* **troednoeth, pennoeth, coesnoeth, bronnoeth, noethlymun**.
noethder *g* nudité *f*.
noethi *ba* mettre (qch) à nu, dénuder, dépouiller; **~ cleddyf** tirer *neu* dégainer une épée.
noethlun (**-iau**) *g* nu *m*; **~ gan Goya** un nu de Goya.
noethlwm (**noethlom**) (**noethlymion**) *ans* (*tirwedd, cefn gwlad*) dénudé(e), morne, désolé(e); (*ystafell*) nu(e), austère; (*tymor*) morne, lugubre, sombre, désolé; (*ffig: bodolaeth*) sombre, désolé; (*:rhagolygon*) triste, morne, lugubre.
noethlymun *ans* tout(e) nu(e), nu comme un ver, à poil*.
noethlymuno *bg* se déshabiller, se dévêtir, se dénuder; (*yn bryfoclyd*) faire du strip-tease; ♦*ba* déshabiller.
noethlymunwr (**noethlymunwyr**) *g* nudiste *m*; (*mewn clwb nos ayb*) strip-teaseur *m*; **gwersyll noethlymunwyr** colonie *f* *neu* camp *m* de nudistes.
noethlymunwraig (**noethlymunwragedd**) *b* nudiste *f*; (*mewn clwb nos ayb*) strip-teaseuse *f*.
noethni *g* nudité *f*; (*ystafell*) dénuement *m*; (*arddull*) sécheresse *f*, pauvreté *f*; (*symlrwydd*) dépouillement *m*.
noethwibiwr (**noethwibwyr**) *g* streaker *m*.
noethwibwraig (**noethwibwragedd**) *b* streakeuse *f*.
noethwr (**noethwyr**) *g gw.* **noethlymunwr**.
nofel (**-au**) *b* roman *m*; **~ arswyd** roman d'épouvante; **~ dditectif** roman policier; **~ wyddonias** roman d'anticipation.
nofelig (**-au**) *b* nouvelle *f*; (*dif*) roman *m* à bon marché, roman à deux sous, petit roman à l'eau de rose.
nofelwraig (**nofelwragedd**) *b* romancière *f*.
nofelydd (**nofelwyr**) *g* romancier *m*.
nofiad (**-au**) *g* baignade *f*.
nofiadwy *ans* traversable à la nage.
nofio *ba* nager; **~ pum cilometr** faire 5 km à la nage; **gall Emyr ~ bedair gwaith hyd y pwll** Emyr peut nager *neu* faire 4 longueurs; **ni fedri di ddim ~ strôc** tu es incapable de faire une brasse; **~'r Sianel** traverser la Manche à la nage;
♦*bg* nager; (*fel mabolgamp*) faire de la natation; **~ ar draws yr afon** traverser la rivière à la nage; **~ ar wyneb y dŵr** flotter; **~ ar y cefn** nager sur le dos, faire le dos crawlé; **~ ar y frest** (*dull broga*) faire la brasse; **~ dan y dŵr** nager sous l'eau; **~ fel ci** nager en chien; **~ glöyn byw** faire le style papillon; **~ tanddwr** faire la plongée sous-marine; **~ yn eich blaen** (*ymlusgo*) nager, faire le crawl; **mynd i ~** (*yn y môr*) aller nager *neu* se baigner; (*mewn pwll nofio*) aller à la piscine; **'roedd y cig yn ~ mewn grefi** (*ffig*) la viande baignait *neu* nageait dans la sauce;
♦*g* natation *f*; (*ar lan y môr ayb*) baignade *f*; **~ ci** nage *f* en chien; **~ tanddwr** plongée *f* sous-marine; **arolygwr ~** maître *m* nageur, surveillant *m* de piscine; **gwers ~** leçon *m* de natation; **cael ras ~ â rhn** faire une course de natation contre qn; **dim ~!** (*rhybudd ar lan afon ayb*) baignade interdite!
nofiol *ans* flottant(e).
nofis (**-iaid**) *g,b gw.* **newyddian**.
nofiwr (**nofwyr**) *g* nageur *m*; **~ tanddwr** plongeur *m*.
noflithro *bg* aller à la dérive, dériver.
nofwraig (**nofwragedd**) *b* nageuse *f*; **~ danddwr** plongeuse *m*.
nogiad (**-au**) *g* refus *m*.
nogio *bg* (*rhn*) regimber, renâcler, répugner, se refuser; **mae'r ceffyl yn ~** le cheval refuse d'avancer *neu* regimbe *neu* se dérobe; **nogiodd y ceffyl wrth y ffens** le cheval a refusé la barrière.
noglyd *ans* (*rhn*) qui regimbe *neu* renâcle *neu* répugne *neu* se refuse; (*ceffyl*) qui refuse d'avancer *neu* qui regimbe *neu* qui se dérobe.
nôl *adf*: **mynd/dod i ~** aller/venir chercher; **dos i'w ~!** (*wrth gi*) rapporte!, va chercher!; **dos i ~ y bin sbwriel** rentre la poubelle; **mynd i ~ dŵr o'r afon** aller puiser de l'eau dans la rivière; **mynd i ~ y dillad oddi ar y lein** rentrer le linge.
nomad (**-iaid**) *g/b* nomade *m/f*.
nomadaidd *ans* nomade; **llwyth ~** tribu *f* nomade.
nomadiaeth *b* nomadisme *m*.
nonsens *g gw.* **lol**.
norm (**-au**) *g* norme *f*.
normal *ans* normal(e)(normaux, normales); **coleg ~** école *f* normale d'instituteurs;
♦ **yn ~** *adf* normalement *gw. hefyd* **arferol, cyffredin, naturiol**.
normaledd *g* normalité *f*.
normaleiddio *ba* normaliser, régulariser.
normalrwydd *g* normalité *f*.
Norman (**-iaid**) *g* Normand *m*.
Normanaidd *ans* normand(e); (*PENS*) roman(e).
Normandi *prb* la Normandie *f*; **yn ~** en Normandie.
Normaneg *b,g* anglo-normand *m*;
♦*ans* anglo-normand(e).
Normanes (**-au**) *prb* Normande *f*.
Norwy *prb* la Norvège *f*; **yn ~** en Norvège.
Norwyad (**Norwyaid**) *g/b* Norvégien *m*,

Norvégienne *f*.
Norwyaidd *ans* norvégien(ne).
Norwyeg *b,g* norvégien *m*.
nos (**-au**) *b*
1 (*cyff*) nuit *f*; **gyda'r** ~ le soir; **wyth o'r gloch y** ~ huit heures du soir; **yn (ystod) y** ~ pendant la nuit; **yn hwyr y** ~ tard dans la nuit; **hyd at berfeddion y** ~ jusqu'à une heure avancée de la nuit; **treulio'r** ~ passer la nuit; **bod ar eich traed drwy'r** ~ **yn siarad** passer la nuit entière à bavarder; ~ **a dydd** nuit et jour; ~ **da!**, ~ **dawch!** (*cyn mynd i gysgu*) bonne nuit!; (*ar ôl ymweld â rhn*) bonsoir!; ~ **Galan** la Saint-Sylvestre; ~ **Galan Gaeaf** la veille de la Toussaint; ~ **Galan Mai** la veille du premier mai; ~ **Ystwyll** la nuit des Rois, la fête des Rois; **dillad** ~ vêtements *mpl* de nuit; **ehediad** ~ (*awyren*) vol *m* de nuit; **hanner** ~ minuit *m*; **hanner awr wedi hanner** ~ minuit et demi; **min** ~ soir *m*, soirée *f*; **dewch i'n gweld ni un min** ~ venez nous voir un de ces soirs; **shifft** ~ (*gweithwyr*) équipe *f* de nuit; **mae hi ar shifft** ~ **yr wythnos hon** elle travaille de nuit cette semaine.
2 (*ffig*): **pan ddechreuodd hi siarad iaith ddieithr, fe aeth yn** ~ **arnaf** quand elle a commencé à parler une langue étrangère, j'ai été réduit(e) à quia; **ar ganol ei araith fe aeth yn** ~ **arno** en pleine allocution il a perdu le fil de son discours.
nosgan (**-au**) *b* sérénade *f*.
nosi *bg* faire nuit; **mae hi'n** ~ la nuit tombe; **mae hi'n** ~**'n gynnar yn y gaeaf** il fait nuit très tôt en hiver.
nosol *ans gw.* **nosweithiol**.
noson (**nosau**) *b*
1 (*cyff: nos*) nuit *f*; (:*gyda'r nos*) soir *m*, soirée *f*; **y** ~ **cynt** la veille au soir; **y** ~ **cyn neithiwr** (*echnos*) avant-hier soir; **y** ~ **cyn y gêm** la veille du match; **cael** ~ **dda o gwsg** bien dormir, passer une bonne nuit, dormir sur les deux oreilles; **mae arna' i angen** ~ **dda o gwsg** j'ai besoin d'une bonne nuit de sommeil; **cael** ~ **wael o gwsg** mal dormir, passer une mauvaise nuit; **'rwyf wedi cael sawl** ~ **wael** j'ai mal dormi plusieurs nuits de suite; **treulio** ~ **heb gwsg** passer une nuit blanche, ne pas fermer l'œil de la nuit; ~ **ar ôl** ~ des nuits durant; ~ **loergan leuad** nuit de lune; ~ **waith** nuit de semaine, nuit ouvrable; **llety** ~ un toit *neu* un gîte pour la nuit.
2 (*o safbwynt rhyw ddigwyddiad neu'i gilydd a gynhelir gyda'r nos*) soir *m*, soirée *f*; ~ **goffi** réunion *f* (*pour recueillir de l'argent pour une œuvre de charité*); ~ **Guto Ffowc** la nuit des feux-de-joie, le cinq novembre (*anniversaire de la Conspiration des Poudres*); ~ **lawen** *veillée f folklorique*; ~ **weu**, ~ **wau** soirée de tricotage; **mynd allan am** ~ sortir le soir, aller passer une soirée; **gadewch inni wneud** ~ **ohoni** autant y passer la soirée *neu* nuit, il est trop tôt pour aller se coucher; **gwneud** ~ **ohoni** (*cael hwyl*) faire la fête.
noswaith (**nosweithiau**) *b* soir *m*, soirée *f*; ~ **dda** bonsoir; **'rwyt ti wedi cael gormod o nosweithiau hwyr** tu t'es couché(e) tard trop souvent.
noswyl (**-iau**) *b* veille *f*; ~ **Nadolig** la veille de Noël; **treulio** ~ veiller; **dathlu** ~ **Nadolig** (*swpera*) réveillonner.
noswylio *bg* (*mynd i'r gwely*) se coucher, aller au lit; (*paratoi ar gyfer y nos*) s'installer *neu* se préparer pour la nuit; (*gorffen eich diwrnod gwaith*) finir (le travail); **faint o'r gloch wyt ti'n** ~**?** (*o'r gwaith*) à quelle heure est-ce que tu finis?
not (**-iau**) *b* (*milltir fôr*) nœud *m*; **gwneud 12** ~ filer 12 nœuds.
notari (**notarïaid**) *g* notaire *m*.
notis* *g gw.* **rhybudd**.
Nova Scotia *prb* la Nouvelle-Écosse *f*, l'Acadie *f*; **yn** ~ ~ en Nouvelle-Écosse, en Acadie.
nudden *b* brume *f*.
nunlle* *adf* (= *yn unlle*) *gw.* **unlle**.
NVQ *byrf* (= *Cymhwyster Galwedigaethol Cenedlaethol*) qualification *f* nationale professionnelle (*obtenue par formation continue ou initiale*).
nwdls *ll* nouilles *fpl*; **cawl** ~ potage *m* au vermicelle; ~ **wyau** nouilles aux œufs.
nwy (**-on**) *g* gaz *m*; **coginio â** ~ faire la cuisine au gaz; **cynnau'r** ~, **goleuo'r** ~ allumer le gaz; **diffodd y** ~ éteindre *neu* fermer *neu* couper le gaz; **dyn** ~***** employé *m* du gaz; **ffwrn** ~, **popty** ~ cuisinière *f* à gaz; (*gwersylla*) réchaud *m* à gaz; **golau** ~ éclairage *m* au gaz; **gwres canolog** ~ chauffage *m* central au gaz; **mwgwd** ~ masque *m* à gaz; **siambr** ~ chambre *f* à gaz; **tân** ~ appareil *m* de chauffage à gaz; **tanc** ~ gazomètre *m*; **taniwr** ~ allume-gaz *m inv*.
nwyd (**-au**) *g* passion *f*.
nwydus *ans* passionné(e);
♦ **yn** ~ *adf* passionnément, avec passion.
nwydwyllt *ans* ardent(e), passionné(e), violent(e);
♦ **yn** ~ *adf* ardemment, passionnément, avec passion, violemment.
nwydd (**-au**) *g* article *m*, marchandise *f*; ~**au** marchandises, articles, produits *mpl*, denrées *fpl*, biens *mpl*; (*llwyth symudol*) fret *m*; ~**au cadwrus** biens de consommation durable; ~**au darfodus** denrées périssables; ~**au haearn** quincaillerie *f*; **gwerthwr** ~**au haearn** quincailler *m*; **siop** ~**au haearn** quincaillerie; ~**au tŷ** articles de ménage; **cerbyd** ~**au** véhicule *m* de fret; **iard** ~**au** dépôt *m* de marchandises; **trên** ~**au** train *m* de marchandises.

nwyf, **nwyfiant** *g* vigueur *f*, énergie *f*, ardeur *f*, vivacité *f*, entrain *m*, enthousiasme *m*, allant *m*, élan *m*.
nwyfus *ans* gaillard(e), alerte, actif(active), vif(vive), plein(e) d'entrain, plein d'allant, pétulant(e), vigoureux(vigoureuse), allègre, gai(e), enjoué(e), animé(e);
♦ **yn** ~ *adf* avec vivacité, gaillardement, allègrement, de façon animée, avec animation.
nwyfusrwydd *g gw.* **nwyf**.
nwyol *ans* gazeux(gazeuse).
nychdod *g* infirmité *f*, débilité *f*, faiblesse *f*.
nychlyd *ans* maladif(maladive), souffreteux(souffreteuse), faible, débile, frêle, languissant(e);
♦ **yn** ~ *adf* maladivement, débilement, frêlement, faiblement.
nychu *bg* se languir;
♦*ba* ennuyer, raser, embêter, harceler; **paid â'm ~ i o hyd!** laisse-moi tranquille!, fiche-moi la paix!*, ne viens pas m'embêter!*.
nyddu *ba* filer;
♦*g* filage *m*; **troell** ~ rouet *m*.
nyddwr (**nyddwyr**) *g* fileur *m*; (*ADAR*) engoulevent *m* d'Europe.
nyddwraig (**nyddwragedd**) *b* fileuse *f*.
nymff (**-au**) *b* nymphe *f*; ~ **y coed** hamadryade *f*; ~ **y dŵr** naïade *f*; ~ **y môr** néréide *f*; ~ **y mynydd** oréade *f*.
nymffomania *g* nymphomanie *f*.
nymffomaniad (**nymffomaniaid**) *b* nymphomane *f*.
nyni *rhag dwbl gw.* **ni**[1].
nyrf *b gw.* **nerf**.
nyrs (**-ys**) *b/g* (*mewn ysbyty: merch*) infirmière *f*; (:*dyn*) infirmier *m*; (*mewn cartref*) garde-malade(~s-~s) *f/m*; ~ **ardal** infirmière visiteuse; (*dyn*) infirmier visiteur; ~ **nos** infirmière de nuit; (*dyn*) infirmier de nuit.
nyrsio *ba* (*MEDD*) soigner; (*siglo*) bercer (qn) dans ses bras; **fe'i nyrsiodd yn ôl i iechyd** elle l'a soigné(e) jusqu'à sa guérison; ~ **annwyd** soigner un rhume;
♦*bg* être infirmier, être infirmière; **mae hi am fynd i** ~ elle va être infirmière;
♦*g* (*galwedigaeth*) profession *f* d'infirmier/d'infirmière; (*gofal*) soins *mpl*; **cartref** ~ (*i bobl oedrannus*) maison *f* de retraite; (*i gleifion*) clinique *f*, maison de santé *neu* de convalescence.
nyrsiwr (**nyrswyr**) *g* infirmier *m gw. hefyd* **nyrs**.
nyten (**nytiau**) *b* écrou *m*; **nytiau a bolltiau** boulonnerie *f*.
nytmeg *g* (noix *f*) muscade *f*; **coeden** ~ muscadier *m*; **gratiwr** ~ râpe *f* à muscade.
nyth (**-od**) *g,b* nid *m*; **chwilio am ~od** chercher les nids; **hel ~od** dénicher les oisillons *neu* les œufs; **gadael y ~, mynd dros y** ~ quitter le nid; **cyw'r** ~ le petit benjamin, le petit dernier; **tynnu ~ cacwn yn eich pen** mettre le feu aux poudres; ~ **cwhwrw** illusion *f*, chimère *f*; **chwilio am ~ cwhwrw** suivre une fausse piste.
nythaid (**nytheidiau**) *g,b* nichée *f*; ~ **o fyrddau** tables *fpl* gigognes.
nythfa (**nythfeydd**) *b* (*i ieir*) pondoir *m*; (*i adar*) nichoir *m*.
nythlwyth (**-au, -i**) *g* (*adar*) couvée *f*, nichée *f*; (*llygod*) nichée.
nythu *bg* (*aderyn*) nicher, faire son nid, se nicher

O

o[1] *ardd* (ohonof fi, ohonot ti, ohono ef, ohoni hi, ohonom ni, ohonoch chi, ohonynt hwy/ohonyn nhw).
1 (*i ddynodi tarddiad, man cychwyn*) de; **un ~ ble ydych chi?** d'où êtes-vous?, d'où venez-vous?; **'rwy'n dod ~ Gymru** je viens du pays de Galles; **~ dŷ i dŷ** de maison en maison; **trên ~ Gaerdydd** train *m* en provenance de Cardiff; **rhaglen yn cael ei darlledu ~ Baris** émission *f* retransmise de *neu* depuis Paris; **mynd ~ Baris i Lyon** aller de *neu* depuis Paris à Lyon.
2 (*i ddynodi pwynt cychwynnol mewn amser, mewn cyflwr*) de; **~ bryd i'w gilydd** de temps en temps, de temps à autre; **~'r dechrau i'r diwedd** du début jusqu'à la fin; **~'r naill ddiwrnod i'r llall** d'un jour à l'autre; **~ ddrwg i waeth** de mal en pis; **~ gam i gam** pas à pas.
3 (*oddi ar*) à partir de; **~'r 13eg o Ionawr** à partir du treize janvier; **~'i blentyndod** dès son enfance; **~ heddiw ymlaen** à partir d'aujourd'hui, dès aujourd'hui, désormais, dorénavant.
4 (*i ddynodi achos neu reswm*) de; **neidio ~ lawenydd** sauter de joie.
5 (*a barnu yn ôl*) d'après, à; **~'r hyn a glywaf** d'après ce que j'entends; **~'r hyn a welaf** à ce que je vois; **~'r ffordd mae'n siarad, fe gredech ...** à l'entendre, on croirait que ..., à l'entendre, c'est à croire que ....
6 (*allan o*) dans; **yfed ~ gwpan** boire dans une tasse; **yfed ~'r botel** (*yn syth allan o*) boire à même la bouteille; **wedi ei gerfio ~ bren** sculpté(e) dans le bois; **dewis rhn ~'r dyrfa** choisir qn dans la foule; **darllen ~'r Beibl** lire dans la Bible.
7 (*allan o: i ddynodi sylwedd*) en, de; **wedi ei wneud ~ aur** fait(e) en or *neu* d'or.
8 (*i ddynodi nifer, maint ayb*) de; **miliwn ~ bunnau** un million de livres; **chwech ~ blant** six enfants; **cwpanaid ~ de** une tasse de thé; **nifer ohonynt** plusieurs d'entre eux *neu* elles; **mae gen i un ohonynt** j'en ai un(e); **metr ~ hyd** un mètre de long *neu* en longueur.
9 (*gan ddefnyddio*) avec; **siarad ~'ch nodiadau** parler avec des notes.
10 (*o ystyried*) pour; **~ Sais, mae'n siarad Ffrangeg yn eithaf da** pour un Anglais, il parle assez bien le français; **mae hi'n dal ~'i hoed** elle est grande pour son âge.
11 (*i bwysleisio ansawdd ayb*): **mwy diddorol ~ lawer** beaucoup *neu* bien plus intéressant(e); **hi yw'r orau ~ bell ffordd** *ou* **~ ddigon** elle est de loin la meilleure; **rhyfeddol ~ hardd** d'une beauté merveilleuse.
12 (*os, pan*): **~ edrych yn ôl, fe welwch yr afon** si *neu* quand on regarde derrière soi, on voit la rivière.
▶ **o fewn** *gw.* **mewn**.
▶ **ohonoch eich hun** de son plein gré, volontairement.
▶ **sydd ohoni, oedd ohoni**: **yn yr amgylchiadau sydd ohoni** dans les circonstances actuelles *neu* présentes; **y byd sydd/oedd ohoni** le monde tel qu'il est/était.
▶ **o'r gloch** *gw.* **cloch**.

o[2] *ebych* ô!, oh!, ah!; (*mewn poen*) aïe!; **~'r annwyl!** oh là là!, oh mon Dieu!; **~, ydy?** ah bon?, tiens, tiens!, vraiment?; **~ na!** mais non!.
▶ **"o, bach"** caresse *f*; **rhoi "~, bach" i** caresser; **oes arnat ti eisiau "~, bach"?** tu veux des caresses?

o[3] *rhag syml gw.* **ef**.

oasis (**-au**) *g* (*gwerddon*) oasis *f*.

Obadiah *prg* Abdias.

obelisg (**-au**) *g* obélisque *m*.

oblegid *ardd* (o'm plegid, o'th blegid, o'i blegid, o'i phlegid, o'n plegid, o'ch plegid, o'u plegid) à cause de, en raison de, vu; **nid aeth ~ y tywydd** il n'est pas allé à cause du temps; **~ ei oed** à cause de *neu* en raison de *neu* vu son âge; **o'm plegid i** à cause de moi; **o'i phlegid hi** à cause d'elle; **o'i blegid ef** à cause de lui; ♦*cys* parce que; **nid aeth ~ ei bod yn glawio** il n'est pas allé parce qu'il pleuvait; **cafodd ei gosbi ~ iddo ddweud celwydd** il a été puni pour avoir menti; **~ ei fod yn gadael** à cause de son départ, parce qu'il part *neu* partait.

oblong *ans* (*hirgul*) oblong(ue); ♦*g* (**-au**) rectangle *m*.

oblygiad (**-au**) *g gw.* **goblygiad**.

obo (**-au**) *g* hautbois *m*.

oböydd (**-ion, obowyr**) *g* hautboïste *m/f*.

obry *adf* (*isod, oddi tanodd, yn y dyfnderoedd*) au-dessous, en bas, en dessous, plus bas, en contrebas.

obsesiwn (**obsesiynau**) *g* obsession *f*, idée *f* fixe; (*ynghylch rhth diflas*) hantise *f*; **mae pêl-droed yn ~ ganddo** le football est son idée fixe, le football tient de l'obsession chez lui; **mae glanweithdra yn ~ ganddi** c'est une obsédée de la propreté, elle a l'obsession de la propreté; **~ ynghylch marwolaeth** obsession *neu* hantise de la mort.

obsesiynol *ans* obsessionnel(le); **bod yn ~ ynghylch rhth** avoir l'obsession de qch; ♦ **yn ~** *adf* de façon obsessionnelle *neu* obsédée.

obsesu *ba* obséder, hanter; **bod â rhth yn eich ~** être obsédé(e) *neu* hanté(e) par qch.

obstetreg *b* obstétrique *f*.

obstetregydd (**-ion, obstetregwyr**) *g* obstétricien *m*, obstétricienne *f*, médecin *m* accoucheur.

obstetrig *ans* (*clinig*) obstétrique; (*techneg*) obstétrical(e)(obstétricaux, obstétricales); (*nyrs*) en obstétrique;
♦ **yn** ~ *adf* de façon obstétricale.

O.C. *byrf*(= *Oed Crist*) ap. J.-C. (= après Jésus-Christ).

ocr *ans* (*pridd*) ocreux(ocreuse); (*lliw*) ocre;
♦*g* (*deunydd*) ocre *f*; (*lliw*) ocre *m*.

ocraidd *ans gw.* **ocr**.

ocsalig *ans* oxalique.

ocsid (-(i)au) *g* (*CEM*) oxyde *m*.

ocsidaidd *ans* oxydé(e).

ocsideiddiad (-au) *g gw.* **ocsidiad**.

ocsideiddiedig *ans gw.* **ocsidaidd**.

ocsideiddio *ba* oxyder;
♦*bg* s'oxyder.

ocsideiddiol *ans* oxydant(e).

ocsidiad (-au) *g* (*CEM*) oxydation *f*, combustion *f*; (*METEL*) calcination *f*.

ocsidiedig *ans gw.* **ocsidaidd**.

ocsidio *ba, bg gw.* **ocsideiddio**.

ocsidiol *ans gw.* **ocsideiddiol**.

ocsidydd (-ion) *g* oxydant *m*.

ocsigen *g* oxygène *m*; **mwgwd** ~ masque *m* à oxygène; **pabell** ~ tente *f* à oxygène; **potel** ~ bouteille *f* d'oxygène; **tanc** ~ ballon *m* d'oxygène.

ocsigenedig *ans* oxygéné(e).

ocsigeneiddiad (-au) *g* oxygénation *f*.

ocsigeneiddio *ba* oxygéner.

ocsigeniad (-au) *g gw.* **ocsigeneiddiad**.

ocsigenu *ba* oxygéner.

ocsiwn (**ocsiynau**) *b* vente *f* aux enchères, vente à la criée; **ystafell** ~ salle *f* des ventes; **rhoi rhth ar** ~ mettre qch dans une vente aux enchères.

ocsiynu *ba* (*gwerthu mewn ocsiwn*) vendre (qch) aux enchères *neu* à la criée.

ocsiynwr (**ocsiynwyr**) *g* (*arwerthwr*) crieur *m*, directeur *m* de la vente; (*sy'n asesu gwerth*) commissaire-priseur(~s-~s) *m*.

octaf (-au) *g* (*CERDD*) octave *f*.

octafo *ans* (*llyfr*) in-octavo.

octagon (-au) *g* octogone *m*; **â siâp** ~ octogonal(e)(octogonaux, octogonales).

octahedron (-au) *g* octaèdre *m*.

octan (-au) *g* (*CEM*) octane *m*.

octopws (**octopysau**) *g* pieuvre *f*, poulpe *m*.

ocwlar *ans gw.* **llygadol**.

ocwlt *ans* occulte;
♦*g*: **yr** ~ (*y goruwchnaturiol*) le surnaturel *m*; **astudio'r** ~ étudier les sciences occultes.

ocwltiaeth *b* occultisme *m*.

och *ebych* (*gwae!*) hélas!, oh!

ochain *bg gw.* **ochneidio**.

ochenaid (**ocheneidiau, ochneidiau**) *b* (*cyff*) soupir *m*; (*anghymeradwyaeth*) grognement *m*; (*poen*) gémissement *m*, plainte *f*; **rhoi** ~ pousser un soupir, soupirer, gémir; ~ **o ryddhad** un soupir de soulagement.

ochneidio *bg* soupirer, pousser un soupir; (*mewn poen*) gémir, pousser un gémissement *neu* des gémissements; (*mewn anghymeradwyaeth*) grogner; (*gwynt*) gémir, mugir; **"pe bai ond yn dod" ochneidiodd hithau** "si seulement il arrivait" dit-elle en soupirant *neu* soupira-t-elle; ~ **am rth** soupirer après *neu* pour qch; ~ **dros rth** se lamenter sur qch; (*o ran hiraeth*) regretter qch.

ochneidiol *ans* soupirant(e); (*mewn poen*) gémissant(e);
♦ **yn** ~ *adf* en gémissant, en soupirant, avec *neu* dans un soupir.

ochneidiwr (**ochneidwyr**) *g* celui qui soupire; (*mewn poen*) celui qui gémit.

ochneidwraig (**ochneidwragedd**) *b* celle qui soupire; (*mewn poen*) celle qui gémit.

ochr (-au) *b*
1 (*rhan: corff dynol*) côté *m*; (*mewn rhai ymadroddion*) côte *f*; (:*corff anifail*) flanc *m*; (:*peth*) côté; (:*llong*) côté, flanc; **wedi ei anafu yn ei** ~ blessé(e) au côté; **'roedd y ffôn wrth ei hochr** elle avait le téléphone à côté d'elle; **'roedd ei rieni wrth ei** ~ ses parents étaient à ses côtés; **aros wrth** ~ **rhn** se tenir à côté de qn; (*ffig*) rester aux côtés de qn, soutenir qn; **cerdded wysg eich** ~ marcher obliquement *neu* en crabe; **eistedd wysg eich** ~ (*ar geffyl*) monter en amazone; **sefyll wysg eich** ~ se tenir de profil; **dal eich** ~**au gan chwerthin** se tenir les côtes de rire; ~ **yn** ~ côte à côte; **mynd** ~ **yn** ~ aller de front *neu* côte à côte, aller l'un(e) à côté de l'autre; **wrth** ~ **y tŷ** à côté de la maison; **gosod y cwpwrdd ar ei** ~ poser le placard sur le côté; ~ **wyddonol y coleg** la section *f* sciences du collège.
2 (*i fynegi cyfeiriad neu leoliad*) côté *m*; **yr** ~ **iawn/anghywir** le bon/mauvais côté; **'roedd ar yr** ~ **anghywir i'r ffordd** il était du mauvais côté de la route; **yr** ~ **iawn/anghywir i fyny** dans le bon/mauvais sens; **"yr** ~ **hon i fyny"** (*ar focs*) "haut"; **ar yr** ~ **chwith/dde** à gauche/droite; **ar yr** ~ **chwith/dde i'r stryd** du côté gauche/droit de la rue; ~ **ddwyreiniol y dref** le côté *neu* la partie est de la ville; **mae hi yr** ~ **draw i'r stryd** elle est de l'autre côté de la rue; **yr** ~ **yma i Gaerdydd** de notre côté de Cardiff; (*rhwng fan'ma a Chaerdydd*) entre ici et Cardiff; **ar y ddwy** ~ des deux côtés, de part et d'autre; **ar bob** ~**, o bob** ~ de tous côtés; **o** ~ **i** ~ d'un côté à l'autre; **camu i'r** ~ (*dawnsio*) faire un pas de côté; **edrych i'r** ~ regarder de côté, regarder obliquement; **symud i'r naill** ~ s'écarter, se pousser *neu* se mettre d'un côté; **mynd â rhn o'r naill** ~ prendre qn à part; **drws** ~ porte *f* latérale, petite porte.
3 (*wyneb: ciwb, record, darn o arian*) face *f*, côté *m*; ~ **allan** (*dilledyn*) l'endroit *m*; ~ **chwith** (*dilledyn*) l'envers *m*; **ysgrifennu ar y**

ddwy ~ (*i bapur*) écrire au recto et au verso, écrire recto verso; **yr** ~ **arall i'r geiniog** (*ffig*) le revers de la médaille.
4 (*ymyl: ffordd, llyn, afon*) bord *m*; (:*coedwig*) lisière *f*, bord, orée *f*; **wrth** ~ **y ffordd** au bord de la route; **parcio'r car wrth** ~ **y palmant** garer la voiture le long du trottoir.
5 (*llethr*) flanc *m*, coteau(-x) *m*, versant *m*.
6 (*agwedd: rhn*) côté *m*; (:*cymeriad*) facette *f*; (:*problem*) aspect *m*; **mae** ~ **gas i'w gymeriad** il a un côté très déplaisant, il a quelque chose de très déplaisant; ~ **orau pethau** le bon côté des choses; **gadewch inni edrych ar yr** ~ **orau!** essayons d'être optimistes!; **mae dwy** ~ **i bob ffrae** dans toute querelle il y a deux points de vue; **gwrando ar y ddwy** ~ **i'r ddadl** entendre le pour et le contre d'une dispute; **gadewch inni ystyried y peth o'i** ~ **ef** considérons l'affaire de son point de vue.
7 (*carfan: cyff*) côté *m*, camp *m*; (:*GWLEID*) parti *m*; (:*CHWAR*) équipe *f*; **dewis** ~**au** tirer *ou* former les camps; **newid** ~ changer de camp; **mae hi ar ein hochr ni** elle est avec nous *neu* de notre camp; **'roedd Duw ar eu hochr nhw** Dieu était avec eux; **mae amser ar ein hochr ni** nous avons le temps pour nous, le temps joue en notre faveur; **ar** ~ **pwy ydych chi?** qui soutenez-vous?, qui défendez-vous?; **mae bai ar y ddwy** ~ les deux côtés *neu* camps ont des torts *neu* sont fautifs; **cymryd** ~ sortir de la neutralité; **cymryd** ~ **rhn** prendre parti pour qn.
8 (*tudalen*) page *f*.
9 (*llinach*) côté *m*; **cefnder ar** ~ **ei dad** un cousin du côté de son père.
10 (*TELEDU*) chaîne *f*; **beth sydd ar yr** ~ **arall?** qu'est-ce qu'il y a sur l'autre chaîne?

ochri *bg*: ~ **â rhn** se ranger du côté de qn, prendre parti pour qn, faire cause commune avec qn; **mae'n** ~ **â ni** il est avec nous *neu* de notre camp; **â phwy ydych chi'n** ~**?** qui soutenez-vous?, qui défendez-vous?

ochrog *ans* ayant des côtés.

ochrol *ans* latéral(e)(latéraux, latérales);
♦ **yn** ~ *adf* latéralement.

ochrwr (**ochrwyr**) *g* partisan *m*, adhérent *m*.

ochrwraig (**ochrwragedd**) *b* partisane *f*, adhérente *f*.

od *ans*
1 (*rhyfedd*) bizarre, étrange, singulier(singulière), curieux(curieuse); (*rhyfeddol*) remarquable; **rhn** ~ personne *f* bizarre, excentrique *m/f*; **peth** ~ curiosité *f*, chose *f* curieuse; **dyna beth** ~**!** bizarre!, étrange!, curieux!; **dyna beth** ~ **...** comme c'est curieux que + *subj*; **mae hi'n dweud pethau** ~ **iawn** elle dit de(s) drôles de choses; **y peth** ~ **yn ei gylch yw ...** ce qui est bizarre à ce sujet c'est ..., le plus curieux de l'affaire c'est ...; **ni welais i mo'i odiach ef** je n'ai jamais vu de plus bizarre que lui.
2 (*MATH*) impair(e).
3 (*heb bartneres: esgid, maneg*) dépareillé(e); (*set*) dépareillé(e);
♦ **yn** ~ *adf* singulièrement, bizarrement, curieusement, étrangement, de façon étrange *neu* bizarre; **yn** ~ **o dda** très très bien, remarquablement bien.

ôd *g* (*eira*) neige *f*.

odi *bg* (*bwrw eira*) neiger; **mae hi'n** ~ il neige, il tombe de la neige.

odiaeth *ans* excellent(e), exquis(e), de choix; **da** ~ très très bon(ne); **gwych** ~ d'une splendeur incomparable;
♦ **yn** ~ *adf* excellemment, exquisément, très bien.

odid *adf*: **nid af yno** ~ **fyth** (*prin*) je n'y vais presque jamais; **ni welwn** ~ **ddim** je ne voyais presque rien; **ni chwrddais ag** ~ **neb** je n'ai guère rencontré qui que ce soit *subj*; ~ **y daw hi** il est peu probable qu'elle vienne *subj*; ~ **na ddaw hi cyn bo hir** à coup sûr elle arrivera bientôt; ~ **na chaf i gyfle rywbryd** sans doute j'en aurai l'occasion un jour ou l'autre; **ond** ~ probablement; (*efallai*) peut-être.

odl (**-au**) *b* rime *f*; **mewn** ~ rimé(e); **patrwm** ~**au** agencement *m* des rimes.

odlaw *g* (*eirlaw*) neige *f* fondue.

odlawio *bg*: **mae hi'n** ~ il tombe de la neige fondue.

odli *ba* faire rimer;
♦*bg* rimer; **patrwm** ~ agencement *m* des rimes.

odliad (**-au**) *g* rime *f*.

odliadur (**-on**) *g* dictionnaire *m* de rimes.

odlyd *ans* neigeux(neigeuse); (*wedi ei orchuddio ag eira*) enneigé(e), couvert(e) de neige; **diwrnod** ~ journée *f* de neige.

odrif (**-au**) *g* chiffre *m* impair, nombre *m* impair.

odrwydd *g* bizarrerie *f*, étrangeté *f*, singularité *f*.

ods *g* (*BETIO*) cote *f*; (*ffig*) chances *fpl*; **beth yw'r** ~**?** quelle est la cote?; ~ **o 5 i 1** une cote de 5 contre 1; **mae'r** ~ **yn ei herbyn** les chances sont contre elle; **mae'r** ~ **o'n plaid** les chances sont pour nous, la chance est de notre côté *gw. hefyd* **ots**.

odyn (**-au**) *b* four *m*.

Odyseia *b*: **yr** ~ l'Odyssée *f*.

oddeutu *ardd* vers, environ, à peu près; ~ **10 o'r gloch** vers 10 heures, sur les 10 heures; **mae hi** ~ **10 o'r gloch** il est à peu près 10 heures, il est environ 10 heures; ~ **5 milltir** environ *neu* à peu près 5 milles, 5 milles environ.

oddf (**-au**) *g* (*PLANH: bwlb*) bulbe *m*, oignon *m*.

oddfog *ans* bulbeux(bulbeuse).

oddi *ardd* de; ~ **draw (i)** de l'autre côté (de); ~ **fry**, ~ **uchod** d'en haut; ~ **isod** d'en bas; **bod** ~ **cartref** ne pas être chez soi, être absent(e) de chez soi; **tynnodd ei gôt** ~

amdano il a enlevé *neu* ôté son pardessus.
▶ **oddi allan** à l'extérieur, au dehors; **dod ~ allan** venir de l'extérieur *neu* de dehors; **~ allan i** à l'extérieur de, au dehors de.
▶ **oddi ar**
1 (*o*): **neidiodd ~ ar y bwrdd** il a sauté de (sur) la table.
2 (*ers*) depuis; **~ ar imi fod yma** depuis que je suis ici; **~ ar hynny** depuis (lors), depuis ce moment-là *neu* ce jour-là *neu* ce temps-là.
▶ **oddi mewn** (*y tu mewn*) dedans, à l'intérieur, intérieurement; **sŵn yn dod ~ mewn** un bruit qui vient de l'intérieur; **~ mewn i'r gyfraith** dans les limites de la légalité *neu* loi; **llais ~ mewn imi** une voix en moi *neu* dans mon for intérieur.
▶ **oddi tan** (*dan*) sous, au-dessous de; **tynnodd bapurau ~ tan y pentwr** elle a sorti des papiers de dessous la pile; **~ tanodd** en dessous, au-dessous, en bas, en contrebas.
▶ **oddi wrth** de, de la part de; **llythyr ~ wrth fy mam** une lettre de ma mère; **dywedwch wrtho ~ wrthyf** dites-lui de ma part; **a barnu ~ wrth yr olwg arni** à en juger par son apparence.
▶ **oddi yma, o'ma** d'ici; **dos o'ma!** hors d'ici!, va-t'en!, file!.
▶ **oddi yna, o'na** de là; **dos o'na!** hors de là!, va-t'en!; (*mewn anghrediniaeth*) sans blague!.
▶ **oddi yno, o'no** de là.

oddieithr, **oddigerth** *ardd* (*ar wahân i*) sauf, excepté, à l'exception de, hormis; (*oni bai*) à moins que ... ne + *subj*, à moins de + *infin.*

oed[1] *g* âge *m*; **faint yw dy ~ di?** quel âge as-tu?; **mae hi'n ddeuddeng mlwydd ~** elle a douze ans, elle est âgée de douze ans; **plentyn pum mlwydd ~** un(e) enfant de cinq ans; **pa ~ wyt ti'n ei feddwl yw hi?** quel âge est-ce que tu lui donnerais?, quel âge a-t-elle selon toi *neu* à ton avis?; **y rhai sydd rhwng 40 a 50 ~** les 40 à 50 ans; **dyn tua 40 ~** un homme d'une quarantaine d'années, un homme dans la quarantaine; **mae hi bron yn drigain ~** elle frise les soixante ans *neu* la soixantaine; **bod yr un ~** être du même âge; **mae gen i ferch yr un ~ â chi** j'ai une fille de votre âge; **ymddangos yn hŷn na'ch ~** paraître *neu* faire plus que son âge; **nid wyt yn dangos dy ~** tu ne fais pas ton âge, on ne te donnerait pas ton âge; **mae hi'n cadw ei hoed yn dda** elle ne fait *neu* paraît pas son âge; **dod i (lawn) ~** (*18 oed*) atteindre sa majorité; **bod dan ~** être mineur(e); **yfed dan ~** consommation *f* d'alcool par les mineurs; **'roedd hi'n arfer yfed dan ~** elle était habituée à consommer de l'alcool quand elle était mineure; **bod yn ganol ~** être d'un certain âge, être entre deux âges; **pan oedd yn ganol ~, ac ef yn ganol ~** pendant qu'il n'était déjà plus jeune; **mynd i ~** vieillir, prendre de l'âge; **wrth fynd i ~** en vieillissant.

oed[2] (**-au**) *g* (*cyfarfod*) rendez-vous *m inv*; (*â chariad*) rendez-vous galant; **cadw ~** aller à un rendez-vous; **gwneud ~ â rhn** prendre rendez-vous avec qn, donner rendez-vous à qn.

oedfa (**-on, oedfeuon**) *b* culte *m*, office *m*; **~'r bore** office du matin.

oedi *ba* (*gohirio*) différer, renvoyer *neu* remettre (qch) à plus tard, ajourner, reporter; (*dedfryd*) suspendre;
♦*bg* (*aros ar ôl*) s'attarder, rester en arrière; (*cymryd eich amser*) prendre son temps; (*ymdroi*) traîner, flâner, lambiner*; **~ cyn gwneud rhth** tarder *neu* différer à faire qch, hésiter avant de faire qch; **peidiwch ag ~!** dépêchez-vous!; **heb ~ ymhellach** sans plus tarder;
♦*g* délai *m*, retard *m*; (*cyn gweithredu*) procrastination *f*; **â chyn lleied o ~ ag y bo modd** dans les plus brefs délais; **heb ~** (*yn ddi-oed*) sans délai.

oediad (**-au**) *g* (*gohiriad*) ajournement *m*, renvoi *m neu* remise *f* à plus tard; (*cyfnod aros*) délai *m*, retard *m*; (*gohirio gweithred*) moratoire *m*, moratorium *m*.

Oedipws *prg* Œdipe; **cymhleth ~** complexe *m* d'Œdipe.

oedolyn (**oedolion**) *g* adulte *m/f*; **(i) oedolion yn unig** (*ffilm, drama*) interdit(e) aux moins de 18 ans; (*llyfr, cyhoeddiad*) réservé(e) aux adultes, pour adultes; **gwersi i oedolion** classes *fpl* pour adultes, classes d'adultes; **addysg i oedolion** (*addysg bellach, barhaus*) enseignement *m* de promotion sociale, éducation *f neu* formation *f* permanente.

oedran (**-nau**) *g* âge *m*; **~ cronolegol/meddyliol** âge chronologique/mental; **~ ysgol** âge scolaire; **cyfyngiad ~** limite *f* d'âge; **grŵp ~** groupe *m neu* tranche *f* d'âge; **yn ei ~ ef** à son âge, à l'âge qu'il a; **dod i ~** (*llawn oed*) atteindre sa majorité; **bod wedi cyrraedd ~ gŵr/gwraig** être majeur/majeure.

oedrannus *ans* vieux[vieil](vieille)(vieux, vieilles), très âgé(e);
♦*ll*: **yr ~** (*yr henoed*) les personnes *fpl* âgées, les vieux *mpl*, les vieilles gens *fpl*, les vieillards *mpl*.

oedwr (**oedwyr**) *g* (*sy'n tin-droi*) traînard* *m*; (*gohiriwr*) celui qui renvoie *neu* remet tout à plus tard, indécis *m*, velléitaire *m*.

oedwraig (**oedwragedd**) *b* (*sy'n tin-droi*) traînarde* *f*; (*sy'n gohirio*) celle qui renvoie *neu* remet tout à plus tard, indécise *f*, velléitaire *f*.

oedd *be gw.* **bod**[1].

oel (**-iau, -ion**) *g gw.* **olew**.

oelcloth *g* toile *f* cirée.

oeledd *g* (*hylif*) aspect *m* huileux, nature *f* huileuse; (*bwyd, coginio*) aspect gras *neu* huileux; (*blas*) goût *m* huileux.

oelio *ba* (*peiriant*) graisser, lubrifier, huiler; **~'r drws** mettre de l'huile sur les gonds.
oeliwr (**oelwyr**) *g* (*gweithiwr*) graisseur *m*.
oelydd (**-ion**) *g* (*iraid*) lubrifiant *m*; (*can*) burette *f* à huile de graissage.
oen (**ŵyn**) *g* agneau(-x) *m*; **~ llywaeth** *ou* **swci** agneau élevé au biberon; **O~ Duw** l'Agneau de Dieu; **derbyn rhth fel ~ bach** prendre qch sans broncher, se laisser faire, ne pas protester; **fel ~ i'r lladdfa** comme un agneau qu'on mène à l'abattoir; **coes o gig ~** gigot *m* d'agneau; **golwyth** *ou* **cytled o gig ~** côtelette *f* d'agneau; **o wlân ~** en laine d'agneau; **cynffonnau ŵyn bach** (*PLANH*) chatons *mpl* de noisetier.
oena *bg gw.* **wyna**.
oenaidd *ans* (*mwyn*) doux(douce) comme un agneau.
oenan *g/b gw.* **oenig, oenyn**.
oenig *b* agnelle *f*.
oenyn *g* petit agneau(-x) *m*, agnelet *m*.
oer *ans* froid(e); (*ffig: digroeso, anghynnes*) froid, peu accueillant(e); (*:yn rhywiol*) frigide; **bod yn ~ fel iâ** *ou* **rhew** (*rhn*) être glacé(e) jusqu'aux os, être gelé(e); (*rhth*) être froid comme de la glace; (*ystafell*) être glacial(e)(glacials/glaciaux, glaciales); **mae hi'n ~** (*tywydd*) il fait froid; **'rwy'n ~** j'ai froid; **mae fy nhraed yn ~** j'ai froid aux pieds; **mynd yn ~** (*tywydd, ystafell*) se refroidir; (*bwyd*) refroidir; **storfa ~** entrepôt *m* frigorifique; **ystafell ~** chambre *f* froide *neu* frigorifique; **ffrynt ~** (*METEO*) front *m* froid; **anifail â gwaed ~** animal(animaux) *m* à sang froid; **rhn a chanddo waed ~** personne *f* insensible *neu* sans pitié *neu* impassible; **gwneud rhth mewn gwaed ~** faire qch de sang-froid; **ias ~** frisson *m*; **teimlodd ryw ias ~ wrth gofio** il a eu un frisson en se rappelant; **rhoi ias ~ i rn** faire frissonner qn, donner des frissons à qn; **y rhyfel ~** la guerre froide.
oeraidd *ans* (*tywydd*) plutôt froid(e), un peu froid, frais(fraîche), frisquet(te)*; (*rhn: anghyfeillgar*) froid, peu accueillant(e); (*:difater*) froid, indifférent(e), impassible; (*gwên, edrychiad*) glacé(e), glacial(e)(glacials/glaciaux, glaciales), froid; **derbyniad ~** accueil *m* froid; **gwneud rhth mewn ffordd ~** faire qch sans s'émouvoir *neu* de sang-froid;
♦ **yn ~** *adf* froidement, avec froideur, d'une manière froide; **ymddwyn yn ~ tuag at rn** se montrer froid avec *neu* envers qn.
oerder *g gw.* **oerni**.
oerfel *g*
1 (*MEDD*) refroidissement *m*, coup *m* de froid; **cael ~** prendre froid *neu* un refroidissement.
2 (*tywydd*) froid *m*.
oerfelgarwch *g* (*croeso ayb*) froideur *f*; (*difrawder*) apathie *f*, indifférence *f*.
oerfelog *ans* frais(fraîche), froid(e), frisquet(te)*.
oergell (**-oedd**) *b* frigidaire *m*, frigo* *m*, réfrigérateur *m*; (*ystafell*) chambre *f* frigorifique.
oeri *ba* refroidir, rafraîchir; (*trwy ei roi yn yr oergell*) mettre (qch) au frigo*; (*gwin*) rafraîchir, mettre (qch) au frais;
♦*bg* se refroidir, se rafraîchir; (*tywydd, ystafell*) se refroidir; (*bwyd*) refroidir; (*gwin*) rafraîchir; (*rhn*) commencer à avoir froid; **mae hi'n dechrau ~** (*tywydd*) il commence à faire frais *neu* à se rafraîchir.
oerias, oeriasol *ans* glacial(e)(glacials/glaciaux, glaciales).
oerlais (**oerleisiau**) *g* hurlement *m*.
oerleisio *bg* hurler.
oerllyd *ans* frais(fraîche); (*ffig*) froid(e), glacial(e)(glacials/glaciaux, glaciales), glacé(e); (*yn rhywiol*) frigide; **teimlo'n ~** être frileux(frileuse) *gw. hefyd* **oeraidd**.
oernad (**-au**) *b* (*rhn, anifail*) hurlement *m*, cri *m* aigu *neu* perçant; (*gwynt*) mugissement *m*, gémissement *m*, plainte *f*; (*cwynfan*) gémissement, plainte.
oernadu *bg* (*rhn, anifail*) hurler, gémir, pousser des gémissements; (*gwynt*) mugir, gémir.
oerni *g*
1 (*tywydd*) froid *m*; **'rwy'n dechrau teimlo'r ~** je commence à avoir froid; **ni fyddaf byth yn teimlo'r ~** je ne crains pas le froid, je ne suis pas frileux(frileuse).
2 (*croeso ayb*) froideur *f*, manque *m* de chaleur; **'roedd rhyw ~ yn y ffordd yr oedd yn edrych arnaf** il y avait une certaine froideur dans sa façon de me regarder.
3 (*rhywiol*) frigidité *f*.
oerwag *ans* morne, désolé(e).
oerwlyb *ans* humide et froid(e).
oerwynt (**-oedd**) *g* vent *m* froid *neu* glacial.
oerydd (**-ion**) *g* agent *m* de refroidissement, fluide *m* caloporteur.
oes[1] (**-oedd, -au**) *b*
1 (*cyfnod bywyd rhn*) vie *f*; **ni welaf mo hynna yn fy ~ i** je ne verrai pas cela de mon vivant; **ar hyd eich ~** toute sa vie, durant toute sa vie; **dedfryd o garchar am ~** condamnation *f* à vie *neu* à perpétuité; **carchariad am ~** prison *f* *neu* réclusion *f* à vie.
2 (*cyfnod hanesyddol*) âge *m*, époque *f*, ère *f*; **O~ y Cerrig** l'âge de (la) pierre; **~ iâ** période *f* glaciaire; **O~ yr Iâ** l'âge des glaciers; **yr O~ Haearn** l'âge de fer; **y Canol Oesoedd** le moyen âge; **yr O~ Atomig** l'ère atomique; **yn ~ y Rhufeiniaid** à l'époque des Romains; **yn ~ yr arth a'r blaidd** dans les temps primitifs.
3 (*cyfnod hir iawn*) éternité *f*; **am ~oedd** pendant une éternité *neu* un temps fou; **nid wyf wedi ei weld ers ~oedd** *ou* **~ mul** *ou* **~**

mochyn *ou* ~ **y pys** il y a *neu* ça fait une éternité que je ne l'ai pas vu, il y a un siècle que je ne le vois plus; **ers O~ Adda** depuis la nuit des temps; **cymryd ~oedd i wneud rhth** mettre un temps fou *neu* infini à faire qch; **yn ~ ~oedd, amen** (*BEIBL*) dans tous les siècles (des siècles), amen.
4 (*cenhedlaeth*) époque *f*; **yn yr ~ hon** à cette époque, actuellement; **yr ~ bresennol** la génération *f* actuelle; **mae'r ~ wedi newid** les temps ont changé; **ffasiynau'r ~** la mode contemporaine, la mode actuelle; **bod ar ôl/o flaen yr ~** être en retard/en avance sur son époque; **yn yr ~ o'r blaen** autrefois, dans le passé; **yn ein hoes ni** à notre époque, de nos jours, actuellement; **o ~ i ~** d'âge en âge, d'un siècle à l'autre, d'une époque à l'autre.
oes[2] *be gw.* **bod**[1].
oesfyr (**oesfer**) *ans* éphémère
oesi *bg* (*byw*) vivre; (*bodoli*) exister.
oesoffagws (**oesoffagysau**) *g* (*CORFF*) œsophage *m*.
oesol *ans* de longue date; (*am oes*) de toute la *neu* une vie; (*ers erioed*) de toujours.
oestrogen *g* œstrogène *m*.
oestrwydden (**oestrwydd**) *b* (*PLANH*) charme *m*.
ofari (**ofarïau**) *g* ovaire *m*.
ofer *ans* (*dibwrpas, diwerth, diffrwyth*) inutile, vain(e), futile, infructueux(infructueuse); (*gwastraffus o arian*) gaspilleur(gaspilleuse); (*bywyd, ymddygiad*) déréglé(e), débauché(e), dissolu(e); (*dyn*) débauché, qui ne vaut pas cher, qui ne vaut rien; (*afradlon*) prodigue, gaspilleur; **addewidion ~** vaines promesses *fpl*; **siarad ~, geiriau ~** paroles *fpl* oiseuses *neu* en l'air; **ofnau ~** craintes *fpl* non justifiées *neu* sans fondement; **pleserau ~** plaisirs *mpl* futiles; **mae'n ~ gobeithio ...** il est inutile d'espérer que;
♦ **yn ~** *adf* en vain, vainement, inutilement; **gwario'n ~** faire du gaspillage en dépensant, dépenser bêtement; **defnyddio rhth yn ~** ne pas utiliser qch au mieux, mal utiliser qch; **mynd yn ~** se perdre inutilement, être gaspillé(e); **siarad yn ~** parler inutilement *neu* futilement, parler pour ne rien dire; **buom yn protestio'n ~** nous avons eu beau protester; **chwiliais amdano, ond yn ~** j'ai eu beau le chercher; **cymryd enw Duw yn ~** blasphémer le nom de Dieu; **caru'n ~, fioled ~ garu** (*PLANH*) pensée *f*.
ofera *bg* (*gwastraffu amser*) perdre le temps; (*segura*) paresser, fainéanter, se laisser aller à la paresse; (*bod yn afradlon*) être prodigue; (*byw'n anfoesol*) mener une vie déréglée *neu* dissipée;
♦*ba* (*arian*) gaspiller.
oferbeth (**-au**) *g* babiole *f*, colifichet *m*.
oferdyfu *bg* trop grandir.
oferddyn (**-ion**) *g gw.* **oferwr**.
oferedd *g* futilité *f*; (*afradlonedd*) dissipation *f*, débauche *f*, prodigalité *f*; (*gwagedd*) frivolité *f*, vanité *f*.
ofergoel (**-ion**) *b* superstition *f*.
ofergoeledd *g* superstition *f*.
ofergoeliaeth *b* superstition *f*.
ofergoelus *ans* superstitieux(superstitieuse);
♦ **yn ~** *adf* superstitieusement.
ofergyflogi *ba* sous-employer;
♦*g* sous-emploi *m*.
oferiaith *b* paroles *fpl* oiseuses *neu* en l'air.
oferôl (**-s**) *g,b* (*gweithio*) salopette *f*, combinaison *f*, bleu *m* de travail, blouse *f*; (*plentyn*) tablier *m*, blouse; (*arlunydd*) blouse, sarrau *m*.
oferwr (**oferwyr**) *g* débauché *m*, play-boy *m*, propre *m* à rien; (*afradlon*) dépensier *m*, panier *m* percé; (*diogyn*) oisif *m*, désœuvré *m*, paresseux *m*, fainéant *m*.
oferwraig (**oferwragedd**) *b* débauchée *f*, propre *f* à rien; (*afradlon*) dépensière *f*; (*diogen*) oisive *f*, désœuvrée *f*, paresseuse *f*, fainéante *f*.
ofidwct (**ofidyctau**) *g* oviducte *m*.
oflyd *ans* (*clwc*) pourri(e).
ofn (**-au**) *g*
1 (*cyff: arswyd*) peur *f*, crainte *f*; (*:dychryn, braw*) terreur *f*, épouvante *f*, effroi *m*; (*:rhag i rth ddigwydd*) crainte, appréhension *f*; **~ aruthrol** peur bleue; **~ ar y llwyfan** trac *m*; **~ Duw** la crainte *neu* le respect de Dieu; **parchedig ~** crainte révérencielle, respect *m*; **diffyg ~** intrépidité *f*; **heb ~** intrépide, courageux(courageuse); **codi ~ ar rn** faire peur à qn; **codi ~ aruthrol ar rn** faire une peur bleue à qn; **rhoddaist ti goblyn o ~ imi!** tu m'as fait une peur bleue!; **yn codi ~ mawr** effrayant(e), affreux(affreuse), redoutable; **crynu gan ~** être tremblant(e) de peur; **bod mewn ~ am eich bywyd** craindre pour sa vie; **byw mewn ~** vivre dans la peur; **ffoi mewn ~** s'enfuir de peur.
2 (*ffobia*): **~ lle agored** agoraphobie *f*; **~ lle cyfyng** claustrophobie *f*; **~ pryfed cop** arachnophobie *f*; **~ uchderau** vertige *m*.
▶ **bod ag ofn**
1 (*yn ofnus*) avoir peur; **bod ag ~ rhn/rhth arnoch** avoir peur de qn/qch, craindre qn/qch; **mae arna' i ei hofn hi** j'ai peur d'elle, je la crains; **mae arno ~ ei tharo** il a peur *neu* il craint de la frapper; **mae arno ~ iddi ei daro** il a peur *neu* il craint qu'elle (ne) le frappe *subj*; **mae gen i** *ou* **mae arna' i ~ cael y canlyniadau** j'appréhende de savoir mes résultats; **'roedd arno ~ drwy'i din*** *ou* **ar ei hyd** il avait vachement la trouille*.
2 (*yn edifeiriol*): **ni wn i ddim, mae arna' i** *ou* **mae gen i ~** je regrette mais je ne sais pas; **mae arna' i ~ na allaf ddod** je regrette que je ne peux pas venir; **mae arna' i ~ nad oes lle ar ôl i chwi** je regrette de vous dire qu'il n'y

a plus de place pour vous; **mae gen i ~ fy mod i'n hwyr** je crois bien être en retard, je suis désolé(e) d'être en retard.
▶ **rhag ofn** *gw.* **rhag.**

ofnadwy *ans* (*sy'n codi ofn*) épouvantable, terrifiant(e), effrayant(e); (*damwain, poen*) affreux(affreuse), terrible, atroce, effroyable; (*siom, gwyliau, adroddiad*) terrible, affreux, épouvantable; (*anawsterau, dyledion*) terrible, énorme; (*tywydd*) atroce, affreux; (*plentyn*) insupportable, terrible, affreux; **sŵn ~** un bruit de tous les diables; **prisiau ~** prix *mpl* formidables; **mae'r tywydd yn ~** il fait un temps de chien*; **dyna ~!** comme c'est affreux!, quelle chose affreuse!; **mae ei Ffrangeg yn ~!** il parle français comme une vache espagnole!; **yr hyn sy'n ~ yw ...** ce qu'il y a de terrible *neu* d'affreux, c'est que; **dyna beth ~!** quelle horreur!; **mi fûm i'n clywed pethau ~ amdanoch chi** on m'a raconté des horreurs sur votre compte; **mae'n beth ~ ond ...** c'est terrible, mais ...; **'rwy'n teimlo'n ~** (*sâl*) je ne me sens pas bien du tout; (*â chywilydd*) j'ai vraiment honte; **'roedd yna nifer ~ o geir/bobl** il y avait énormément de voitures/gens;
♦ **(yn) ~** *adf*
1 (*yn arswydus*) affreusement; **mae hi'n dioddef yn ~** elle souffre affreusement.
2 (*pwysleisiol*): **yn ~ o, yn ... ~** (*yn wir yn*) terriblement, très, vraiment; (*yn rhyfedd o*) drôlement*, rudement*, terriblement, bigrement*; **yn ~ o hyll, yn hyll ~** affreusement laid(e); **yn ~ o beryglus** terriblement *neu* très très dangereux(dangereuse); **yn gyfoethog ~** diablement riche; **mae'n ~ o ddrwg/o ddoniol** il est méchant/drôle comme tout*; **mae'n ddrwg ~ gen i** je regrette infiniment, je suis vraiment désolé(e); **'rwy'n ~ o falch** je suis rudement* content(e); **mae hi'n neis ~** elle est absolument charmante; **mae hi'n ~ o ddigywilydd** elle est très effrontée *neu* insolente, elle a un de ces culots*, elle a un fameux culot*, elle a du culot*; **tŷ mawr ~** une très grande maison; **gardd fach ~** un très petit jardin.

ofnadwyaeth *b* (*braw*) crainte *f*, peur *f*; (*dychryn*) terreur *f*, épouvante *f*, effroi *m*; (*parchus ofn*) crainte révérencielle, respect *m*; **byw mewn ~** vivre dans la terreur.

ofnadwyedd *g* horreur *f*, caractère *m* affreux *neu* effroyable *neu* épouvantable.

ofni *ba* avoir peur de, craindre, redouter, appréhender; **~ Duw** craindre Dieu; **~'r gwaethaf** craindre *neu* redouter le pire; **~ marw** craindre la mort *neu* de mourir, avoir peur de la mort *neu* de mourir; **~ cael eich lladd/llofruddio** avoir la terreur d'être tué(e)/assassiné(e); **mae'n ddyn y dylid ei ~** c'est un homme redoutable; **ofnir ...** on craint (fort) que + *ne* + *subj*; **ie, 'rwy'n ~** je crains que oui; **na, 'rwy'n ~** je crains que non; **'rwy'n ~ na ddaw hi ddim heno** j'ai peur *neu* je crains qu'elle ne vienne *subj* pas ce soir; **'rwy'n ~ bod gen i ormod o waith** je regrette, mais j'ai déjà trop de travail;
♦*bg*: **~ am** *ou* **ynghylch rhn/rhth** craindre pour qn/qch; **~ am eich bywyd** craindre pour sa vie; **'rwy'n ~ am ddyfodol y wlad** l'avenir du pays m'inspire des craintes *neu* inquiétudes; **peidiwch ag ~** ne craignez *neu* redoutez rien, soyez sans crainte.

ofnus *ans* (*ac ofn arnoch*) effrayé(e), apeuré(e), intimidé(e), peureux(peureuse), craintif(craintive); (*swil*) timide, timoré(e); (*gofidus*) inquiet(inquiète), soucieux(soucieuse); (*nerfus*) nerveux(nerveuse);
♦ **yn ~** *adf* timidement, craintivement, peureusement, nerveusement, avec inquiétude.

ofnusrwydd *g* crainte *f*, peur *f*, caractère *m* timoré *neu* craintif *neu* peureux; (*swildod*) timidité *f*; (*nerfusrwydd*) nervosité *f*, crainte, trac *m*; (*gofid*) inquiétude *f*.

ofwl (**ofylau**) *g* ovule *m*.

ofwm (**ofa**) *g* ovule *m*.

ofydd (**-ion**) *g* aède *m*, barde *m*.

Ofydd *prg* Ovide.

ofyliad (**-au**) *g* ovulation *f*.

ofylu *bg* ovuler.

Offa *prg*: **Clawdd ~** le mur d'Offa; **dros Glawdd ~** (*yn Lloegr*) en Angleterre.

offal *g* abats *mpl*.

offeiriad (**offeiriaid**) *g* (*gweinidog eglwys*) prêtre *m*; **~ plwyf** curé *m*; **offeiriaid** (*fel corff*) clergé *m*; **mynd yn ~** devenir *neu* se faire prêtre, prendre la soutane.

offeiriadaeth *b* prêtrise *f*, sacerdoce *m*.

offeiriades (**-au**) *b* prêtresse *f*.

offeiriadol *ans* sacerdotal(e)(sacerdotaux, sacerdotales), de prêtre.

offeiriadu *bg* officier.

offeiriaty (**offeiriatai**) *g* presbytère *m*.

offer *ll* (*tŵls*) outils *mpl*; (*cyfarpar*) équipement *m*, matériel *m*, appareil *m*; **~ achub bywyd** matériel de sauvetage; **~ cartref** appareils ménagers; **~ cegin** ustensiles *mpl*, batterie *f* de cuisine; **~ cludol** appareil portatif; **~ ffatri** outillage *m*; **~ fferm** outils de ferme; **~ garddio** outils *neu* instruments de jardinage; **~ gwersylla** équipement *neu* matériel de camping; **~ gwresogi** appareil de chauffage; **~ labordy** matériel de laboratoire; **~ pysgota** articles *mpl* *neu* matériel de pêche; **~ swyddfa** matériel de bureau; **~ trydanol** appareillage *m* électrique; **gwneuthuriad ~** montage *m* et réglage *m* des machines-outils; **set o ~** panoplie *f* *neu* jeu(-x) *m* d'outils; **sied ~** cabane *f* à outils; **ystafell ~** atelier *m* d'outillage; **gyda digon o ~, gyda'r ~ iawn**

bien outillé(e) *gw. hefyd* **offeryn**.

offeren (**-nau**) *b* messe *f*; **mynd i'r** ~ aller à la messe; **canu** ~ dire *neu* célébrer la messe; **llyfr** ~ missel *m*.

offeru *ba* (*gosod offer yn*) outiller, équiper; ♦*g* outillage *m*, équipement *m*.

offerwaith (**offerweithiau**) *g* instrumentation *f*.

offerwr (**offerwyr**) *g* outilleur *m*.

offeryn (**-nau, offer**) *g* (*CERDD*) instrument *m*; (*ffig*) instrument; (*cyfarpar*) appareil *m*, dispositif *m*, mécanisme *m*; ~ **chwyth** instrument à vent; ~ **taro** instrument à *neu* de percussion; ~ **allweddol** élément *m* clef *neu* primordial; ~ **manylwaith** instrument de précision; ~ **ymdopi** outil *m* de bricoleur; ~**nau cerdd** instruments de musique; ~**nau pres** les cuivres *mpl*; ~**nau tannau** instruments à cordes; **trefnu rhth ar gyfer** ~**nau** orchestrer qch; ~**nau** (*ar fwrdd awyren*) instruments de bord; **bwrdd** ~**nau** tableau(-x) *m* de bord *gw. hefyd* **offer**.

offeryniaeth *b* instrumentation *f*.

offerynnol *ans* instrumental(e)(instrumentaux, instrumentales); **cerddoriaeth** ~ musique *f* instrumentale; **unawdydd** ~ instrumentiste *m/f*.

offerynnwr, **offerynnydd** (**offerynwyr**) *g* instrumentiste *m*.

offerynoliaeth *b* concours *m*, aide *f*; **trwy** ~ **rhn** à l'aide de *neu* avec le concours de qn.

offerynwraig (**offerynwragedd**) *b* instrumentiste *f*.

offrwm (**offrymau**) *g* sacrifice *m*, offrande *f*, oblation *f*.

offrymiad (**-au**) *g gw.* **offrwm**.

offrymu *ba* sacrifier.

offrymwr (**offrymwyr**) *g* sacrificateur *m*.

offrymwraig (**offrymwragedd**) *b* sacrificatrice *f*.

offthalmia *g* ophtalmie *f*.

offthalmoleg *b* ophtalmologie *f*.

offthalmolegol *ans* ophtalmologique.

offthalmolegydd (**-ion**) *g* ophtalmologue *m/f*, ophtalmologiste *m/f*.

offthalmosgop (**-au**) *g* ophtalmoscope *m*.

og (**-au**) *b* (*AMAETH*) herse *f*.

ogam *g* oghamique *m*; ♦*ans* oghamique.

oged (**-au**) *b* herse *f*.

ogedu *ba, bg* (*AMAETH*) herser.

ogfaenen (**ogfaen**) *b* (*PLANH*) fruit *m* d'églantier *neu* de rosier, gratte-cul *m*, cynorrhodon *m*.

ogif (**-au**) *g* ogive *f*.

oglau *g gw.* **aroglau**.

ogleuo *ba, bg gw.* **arogleuo**.

ogof (**-âu, -eydd**) *b* caverne *f*, grotte *f*; **dynion yr** ~**âu** hommes *mpl* des cavernes; **trigolion yr** ~**âu** troglodytes *mpl/fpl*; **llun ar fur** ~ peinture *f* rupestre; **archwilio** ~**âu** faire de la spéléologie; ~ **lladron** repaire *m neu* nid *m* de brigands.

ogofa *bg* faire de la spéléologie.

ogofeg *b* spéléologie *f*.

ogofog *ans* caverneux(caverneuse).

ogofwr (**ogofwyr**) *g* spéléologue *m*.

ogofwraig (**ogofwragedd**) *b* spéléologue *f*.

ogylch *ardd* (o'm cylch, o'th gylch, o'i gylch, o'i chylch, o'n cylch, o'ch cylch, o'u cylch) autour de; **y coed** ~ **y llyn** les arbres qui entourent le lac; **mynd** ~ **eich busnes** s'occuper de ses (propres) affaires; ♦*adf* (*yn y cyffiniau*) dans le voisinage; (*yn agos*) tout près; **amgylch** ~ tout autour.

ogylchu *ba* contourner.

ogystal *ans*: **yn** ~ en plus, en outre, par surcroît; **yn** ~ **â** en sus de, en plus de, aussi bien que; **canu yn** ~ **ag adrodd** chanter et réciter de surcroît.

ongl (**-au**) *b*
1 (*rhwng dwy linell neu ddau blân: MATH*) angle *m*; (*:cornel*) coin *m*; ~ **lem/aflem/sgwâr/atblyg** angle aigu/obtus/droit/rentrant; **ar** ~ **o 35 gradd** formant un angle de 35 degrés; **ar** ~ en biais, oblique, obliquement; **torri rhth ar** ~ couper qch en biseau; **ar** ~ **y stryd** au coin de la rue.
2 (*agwedd*) angle *m*, aspect *m*; **astudio testun o bob** ~ étudier un sujet sous toutes ses faces *neu* sous tous les angles.

onglfaen (**onglfeini**) *g* pierre *f* d'angle.

ongli *bg* faire angle.

onglog *ans* anguleux(anguleuse); (*wyneb*) anguleux, osseux(osseuse), maigre.

onglogrwydd *g* angularité *f*.

onglydd (**-ion**) *g* rapporteur *m*.

oherwydd *ardd* (o'm herwydd, o'th herwydd, o'i herwydd, o'n herwydd, o'ch herwydd, o'u herwydd) à cause de, en raison de, vu; **o'm herwydd** à cause de moi; **o'r herwydd** de ce fait, ainsi; ~ **ei oed** vu son âge, en raison de *neu* à cause de son âge; **nid awn ni ddim allan** ~ **y glaw** nous ne sortirons pas, à cause de la pluie; ♦*cys* parce que; **'rwyf wedi bwyta** ~ **bod arna' i eisiau bwyd** j'ai mangé parce que j'avais faim; **mae'n fwy o syndod** ~ **nad oeddwn yn disgwyl y peth** c'est d'autant plus surprenant que je ne m'y attendais pas; **cafodd ei gosbi** ~ **iddo ddweud celwydd** il a été puni pour avoir menti *neu* parce qu'il avait menti; ~ **ei fod yn gadael** à cause de son départ; **nid yn gymaint** ~ **ei fod wedi ei frifo ond** ~ **ei fod yn ddig** non qu'il fût *subj* offusqué mais parce qu'il était furieux.

ohm (**-au**) *g* (*TRYD*) ohm *m*.

ohmedr (**-au**) *g* (*TRYD*) ohmmètre *m*.

ohoni, ohono, ohonoch, ohonof, ohonom, ohonot, ohonynt *ardd gw.* **o**^{1}.

ôl (**olion**) *g* trace *f*; (*arwydd*) signe *m*,

indication f, indice m; (*marc*) marque f; (*ar gorff, ar anifail*) tache f, marque; (*tystiolaeth*) témoignage m; **olion hen ddiwylliant** traces *neu* vestiges *mpl* d'une ancienne civilisation; **diflannu heb adael olion** disparaître sans laisser de traces; **'does dim ~ ohono** il n'en reste plus trace maintenant; **'doedd dim ~ ohono yn unman** on ne le trouvait nulle part, il n'y avait aucun signe de lui; **'does dim ~ bywyd** il n'y a aucun signe *neu* indice de vie; **~ traed** empreinte f du pied; **~ trais** marques *neu* traces de violence; **~ bysedd** marque *neu* trace de doigts.

▶ **ar ôl** (ar fy ôl/ar f'ôl, ar dy ôl/ar d'ôl, ar ei ôl, ar ei hôl, ar ein hôl/ar ein holau, ar eich ôl/ar eich olau, ar eu holau)

1 (*amser: o flaen enw neu ragenw*) après; **ar ~ swper** après le souper; **ar ~ y dyddiad hwn** passé cette date; **yn fuan ar ~ 8 o'r gloch** peu après 8 heures; **'roedd hi ar ~ 3 o'r gloch** il était plus de 3 heures, il était 3 heures passées; **ar ~ yr hyn sydd wedi digwydd** après ce qui s'est passé; **ar ~ hynny** après, ensuite; **beth sy'n dod ar ~ hynny?** qu'est-ce qui vient ensuite?, et ensuite?; **yr wythnos ar ~ hynny** la semaine d'après *neu* suivante.

2 (*amser: o flaen berfenw, pan fo'r un goddrych yn y ddau gymal*): **ar ~ (i)** après avoir *neu* être + *pp*; **mi af ar ~ imi gael** *ou* **ar ~ cael cyntun** j'irai après avoir fait la sieste; **ar ~ imi fwyta** *ou* **ar ~ bwyta edrychais ar y teledu** après avoir mangé j'ai regardé la télé; **ar ~ iddi godi** *ou* **ar ~ codi aeth allan** après s'être levée elle est sortie; **ar ~ imi ei gweld hi** *ou* **ar ~ ei gweld hi euthum adref** après l'avoir vue je suis rentré(e) chez moi; **ffoniais ar ~ imi gyrraedd/fynd** *ou* **ar ~ cyrraedd/mynd** j'ai téléphoné après mon arrivée/départ.

3 (*amser: o flaen berfenw pan fo goddrych gwahanol yn y ddau gymal*): **ar ~ i** après que *neu* lorsque *neu* quand + *indic*; **'rydym am ddod ar ~ ichi orffen** nous viendrons après que vous aurez fini; **ar ~ i'r cwsmeriaid fynd, caeodd y rheolwr y siop** après que les clients furent partis, le patron a fermé le magasin; **ar ~ iddi agor y ffenestr, chwythodd y gwynt i mewn** après qu'elle eut ouvert la fenêtre, le vent est entré dans la salle; **ar ~ imi ei gweld hi, aeth adref** après que je l'eus vue, elle est rentrée chez elle; **ffoniais ar ~ iddynt gyrraedd/fynd** j'ai téléphoné après leur arrivée/départ.

4 (*y tu ôl (i)*) après, derrière; **caewch y drws ar eich ~!** fermez la porte derrière vous!; **cau'r drws ar ~ rhn** refermer la porte sur qn; **yn bell ar ~** loin derrière.

5 (*ar drywydd*): **rhedeg ar ~ rhth/rhn** courir après qch/qn; **mae'r heddlu ar ei ~** il est recherché par la police, la police est à ses trousses; **beth ydych chi ar ei ~?** qu'est-ce que vous cherchez?.

6 (*i ailadrodd*): **ddydd ar ~ dydd** jour après jour, tous les jours; **dro ar ~ tro** maintes (et maintes) fois, à plusieurs reprises, plus d'une fois; **filltir ar ~ milltir** sur des milles et des milles; **celwydd ar ~ celwydd** mensonge sur mensonge; **daethant allan un ar ~ y llall** ils sont sortis les uns après les autres; **un ar ~ y llall** (*mewn llinell*) à la file.

7 (*dull*): **mae hi'n tynnu ar ~ ei mam** elle tient de sa mère; **enwi plentyn ar ~ rhn** donner à un(e) enfant le nom de qn.

8 (*yn weddill*): **'does dim ohono ar ~** il n'en reste plus rien; **faint o arian sydd gen ti ar ~?** il te reste combien d'argent?; **'roedd ganddi gan ffranc ar ~** elle avait cent francs restants.

9 (*yn hwyr*) en retard; **bod ar ei hôl hi gydag ateb llythyrau** prendre du retard dans sa correspondance; **mae'r trên ar ei hôl hi** le train a du retard; **mae'r trên ddeng munud ar ei hôl hi** le train a un retard de dix minutes; **'rwyt ti ar ei hôl hi gyda'th waith cartref** tu es en retard avec tes devoirs; **mae'r cloc bum munud ar ~** la pendule retarde de cinq minutes.

▶ **yn ôl** (yn fy ôl/yn f'ôl, yn dy ôl/yn d'ôl, yn ei ôl, yn ei hôl, yn ein hôl/yn ein holau, yn eich ôl/yn eich olau, yn eu holau).

1 (*llyth*): **yn ~ ei droed** dans ses pas.

2 (*yn nhyb*): **yn ~ y tad** selon les dires du père, au dire du père; **yn ~ yr hyn a ddywed** d'après ce qu'il dit, à en juger par ce qu'il dit; **yn ~ y sôn** suivant *neu* selon *neu* d'après l'histoire.

3 (*fel*): **mae popeth wedi mynd yn ~ y disgwyl** tout s'est passé comme prévu *neu* sans anicroches; **yn ~ y bwriad** conformément à *neu* selon *neu* suivant l'intention.

4 (*ar ôl bod i ffwrdd*): **bod yn ~** être de retour; **mynd yn ~** retourner; **mynd yn ~ adref** rentrer (chez soi); **dod yn ~** revenir, rentrer; **'dydy hi ddim yn ~ eto** elle n'est pas encore rentrée *neu* revenue; **byddaf yn ~ ymhen 5 munud/6 wythnos** je reviens dans 5 minutes/6 semaines; **byddaf yn ~ erbyn 7 o'r gloch** je serai de retour *neu* je rentrerai pour 7 heures; **cyn gynted ag y byddaf yn ~** dès mon retour.

5 (*i'r man cychwyn*): **euthum i Baris ac yn ~** j'ai fait le voyage de Paris aller et retour, j'ai fait Paris et retour*; **y siwrnai yno ac yn ~** le trajet aller et retour; **gallwch fynd yno ac yn ~ mewn diwrnod** vous pouvez faire l'aller et retour en une journée; **aeth i Gaerdydd ac yna yn ~ i Lundain** il est allé à Cardiff et puis est rentré à Londres; **cerdded yn ~ ac ymlaen** faire les cent pas, marcher de long en large; **mynd yn ~ ac ymlaen rhwng dau le** aller et venir *neu* faire la navette entre deux endroits; **symudiad yn ~ ac ymlaen** va-et-vient m; **rhoi rhth yn ei ~** (*yn ei le*)

remettre *neu* replacer qch; (*i rn*) rendre qch.
6 (*tuag yn ôl*) en arrière, vers *neu* à l'arrière; **camu'n** ~ reculer d'un pas, faire un pas en arrière; **mynd tuag yn** ~ reculer, aller à reculons; **symud yn** ~ s'écarter, reculer; **disgyn** *ou* **cwympo yn** ~ tomber à la renverse; **gwthiais fy nghadair yn** ~ j'ai reculé ma chaise; **edrych yn** ~ regarder derrière soi; (*ffig*) regarder en arrière; **cribo'ch gwallt yn** ~ crêper les cheveux; **safai'r tŷ yn** ~ **o'r ffordd** la maison était en retrait par rapport à la route; **dyddio yn** ~ (*llythyr, siec*) antidater.
7 (*fel ymateb*): **ysgrifennu'n** ~ répondre (par écrit); **gwenu'n** ~ **ar rn** rendre son sourire à qn, répondre à qn par un sourire; **taro rhn yn** ~ rendre son coup à qn.
8 (*unwaith eto*): **mynd yn** ~ **i gysgu** se rendormir.
9 (*yn nes i'r dechrau*): **10 llinell yn** ~ 10 lignes plus haut; **10 tudalen yn** ~ 10 pages plus tôt, 10 pages avant.
10 (*yn y gorffennol*): **wythnos/ddwy flynedd yn** ~ il y a une semaine/deux ans; **faint yn** ~**?** il y a combien de temps de cela?; **ychydig yn** ~ tout à l'heure; **gadawodd chwarter awr yn** ~ il est parti il y a *neu* depuis un quart d'heure, voilà *neu* ça fait un quart d'heure qu'il est parti; **mor bell yn** ~ **â 1920** dès 1920, déjà en 1920; **heb fod mor bell yn** ~ il n'y a pas (si) longtemps, naguère; **yn bell yn** ~ **yn y gorffennol** à une époque reculée (du passé);
♦*ans* arrière; **sedd** ~ (*car*) siège *m* arrière; **olwyn** ~ roue *f* arrière.
► **tu ôl** *gw.* **tu** *gw. hefyd* **mynd, dod**.

olaf *ans*
1: **y(r) ...** ~ le dernier(la dernière) ...; **dydd Llun** ~ **y mis** le dernier lundi du mois; **y chwe thudalen** ~ les six dernières pages; **mae arni wastad eisiau cael y gair** ~ elle veut toujours avoir le dernier mot; **y tro** ~ la dernière fois; **dyna'r tro** ~ **imi ei weld** c'est la dernière fois que je l'ai vu, je ne l'ai pas revu depuis; **am y tro** ~ **ond un** pour l'avant-dernière fois; **ar y funud** ~ à la dernière minute; **y peth** ~ **cyn mynd i'r gwely** juste avant de se coucher; **dyna'r peth** ~ **imi boeni amdano** c'est le dernier *neu* moindre de mes soucis; **hi oedd yr un** ~ **i gyrraedd** elle était la dernière à arriver; **dyna'r un** ~ **i ofyn iddo** c'est la dernière personne à qui demander.
2 (*defnydd enwol*): **yr** ~ le dernier, la dernière;
♦ **yn** ~ *adf* en dernier; **daeth hi'n** ~ elle est arrivée en dernier *neu* la dernière; **ac yn** ~ **...** et en dernier ..., finalement ..., pour terminer ...; **yn** ~ **mi hoffwn i ...** pour terminer *neu* enfin je voudrais (bien) ...

olafiad (**olafiaid**) *g* successeur *m*.

ôl-argraffiadaeth *b* post-impressionnisme *m*.

ôl-daliad (~-~**au**) *g* rappel *m* de salaire *neu* de traitement; (*MIL, MOR*) rappel *neu* arriéré *m* de solde.

ôl-doriad (~-~**au**) *g* apocope *f*.

ôl-dywyn *g* (*machlud*) dernières lueurs *fpl*, derniers reflets *mpl*.

ôl-ddelwedd (~-~**au**) *b* image *f* secondaire.

ôl-ddilynol *ans* consécutif(consécutive), conséquent(e);
♦ **yn** ~ *adf* consécutivement.

ôl-ddodiad (~-**ddodiaid**) *g* suffixe *m*, affixe *m*.

ôl-ddyddio *ba* (*llythyr, siec*) antidater; **codiad cyflog wedi ei** ~-~ **i fis Medi** augmentation *f* avec rappel à compter de septembre.

ôl-ddyled (~-~**ion**) *b* arriéré *m*; (*rhent*) loyer *m* arriéré; **mynd i** ~-~ s'arriérer.

ôl-effaith (~-**effeithiau**) *b* (*digwyddiadau*) suite *f*, répercussion *f*, conséquence *f*; (*triniaeth*) réaction *f*; (*salwch*) séquelle *f*.

ôl-enedigol *ans* post-natal(~-~e)(~-~s, ~-~es).

ôl-esgor (~-~**au**) *g* placenta *m*, délivre *m*, arrière-faix *m*.

olew (**-au, -on**) *g*
1 (*i'w fwyta*) huile *f*; ~ **olewydd** huile d'olive; ~ **blodyn yr haul** huile de tournesol; ~ **iau** *ou* **afu penfras** huile de foie de morue.
2 (*i'w losgi*) mazout *m*, fioul *m*, fuel *m*; **sy'n llosgi** ~ à pétrole, à huile, à mazout; ~ **gwresogi,** ~ **tanwydd** mazout, fioul, fuel; **gwres canolog** ~ chauffage *m* à mazout *neu* à fioul; **lamp** ~ lampe *f* à pétrole *neu* à huile; **stof** ~ poêle *m* à pétrole *neu* à mazout; **tanc** ~ cuve *f* à mazout.
3 (*o bwll*) pétrole *m*; **diwydiant** ~ industrie *f* pétrolière; **dyddodion** ~ gisements *mpl* de pétrole; **ffynnon** ~ puits *m* de pétrole; **llwyfan** ~, **rig** ~ (*ar y tir*) derrick *m* pétrolier; (*ar y môr*) plate-forme(~s-~s) *f* pétrolière; **llygredd** ~ pollution *f* aux hydrocarbures; **maes** ~ gisement *neu* champ *m* pétrolifère; **pennaeth Arabaidd** ~ émir *m* du pétrole; **pibell** ~ oléoduc *m*, pipe-line *m*; **porthladd** ~ port *m* d'arrivée ou de départ pour le pétrole; **purfa** ~ raffinerie *f* de pétrole; **slic** ~ nappe *f* de pétrole, marée *f* noire (très étendue); **tancer** ~ (*lorri*) camion-citerne(~s-~s) *m*; (*llong*) pétrolier *m*, tanker *m*.
4 (*mewn car*) huile *f*; **lefel yr** ~ (*car*) niveau(-x) *m* d'huile; **gwasgedd** ~**, pwysedd** ~ pression *f* d'huile; **gwerthwr** ~ marchand *m* d'huile.
5 (*CELF*): **paent** ~ couleur *f* à l'huile; **llun** ~ peinture *f* à l'huile.

olewaidd *ans* (*hylif*) huileux(huileuse).

olewog *ans* couvert(e) d'huile, graisseux(graisseuse).

olewydden (**olewydd**) *b* olivier *m*; **ffrwyth olewydd** olive *f*; **gwyrdd olewydd** vert olive *inv*; **olew olewydd** huile *f* d'olive; **Mynydd yr Olewydd** le mont des Oliviers.

olewyddlan (**-nau**) *b* olivaie *f*.

ôl-fyddin (~-~**oedd**) *b* arrière-garde *f*.
ôl-fynedfa (~-**fynedfeydd**) *b* accès *m* arrière, entrée *f* arrière.
ôl-fflach (~-~**iau**) *b* flashback *m inv*, retour *m* en arrière.
ôl-gart (~-**geirt**) *g* (*car*) remorque *f*.
ôl-gerbyd (~-~**au**) *g* (*car*) remorque *f*; **tynnu** ~-~ tracter une remorque; **car gydag** ~-~ voiture *f* à remorque.
ôl-gynnydd *g* retardement *m*, retard *m*; (*meddyliol*) arriération *f* mentale.
ôl-gynnyrch (~-**gynhyrchion**) *g* sous-produit *m*, dérivé *m*.
olif (-**au**) *g* olive *f*; **olew** ~ huile *f* d'olive; ♦*ans* (*lliw*) vert olive *inv*.
oligarchaeth (-**au**) *b* oligarchie *f*
olinio *ba* tracer, faire un calque de, calquer.
olinydd (-**ion**) *g* (*rhn*) traceur *m*, traceuse *f*; (*offer*) roulette *f*, traçoir *m*.
olion *ll gw.* **ôl**.
ôl-nodi *ba* ajouter.
ôl-nodyn (~-**nodion**) *g* (*mewn llythyr*) post-scriptum *m inv*; (*mewn llyfr*) postface *f*; **O.N.** P.S.; **hoffwn i ychwanegu** ~-~ **i'r hyn a ddywedasoch chi** je voudrais ajouter un mot à ce que vous avez dit.
ôl-ofal (~-~**on**) *g* (*claf*) postcure *f*; (*carcharor*) surveillance *f* après libération.
ôl-redeg *bg* (*ffig*) s'éloigner, reculer.
ôl-rediad (~-~**au**) *g* recul *m*, régression *f*, retraite *f*; (*economaidd, gwleidyddol*) récession *f*.
ôl-rewlifol *ans* postglaciaire.
ôl-rifyn (~-~**nau**) *g* (*cylchgrawn*) vieux numéro *m*.
olrhain *ba* (*lleoli: rhn*) retrouver, dépister, trouver la trace *neu* piste de; (*dilyn*) suivre, poursuivre; (*chwilio am*) chercher; ~ **eich teulu yn ôl at** faire remonter sa famille à, établir que sa famille remonte à.
olrheiniad (-**au**) *g* recherche *f*, dépistage *m*.
olrheiniadwy *ans* qu'on peut suivre à la trace.
olrheiniwr (**olrheinwyr**) *g* détective *m*, chercheur *m*; ~ **achau** généalogiste *m*.
olrheinwraig (**olrheinwragedd**) *b* détective *m*, chercheuse *f*; ~ **achau** généalogiste *f*.
ôl-stroc *b* mouvement *m* de descente, course *f* descendante.
ôl-sylliad (~-~**au**) *g* rétrospective *f*, examen *m* rétrospectif, coup *m* d'œil rétrospectif.
ôl-syllu *bg* jeter un coup d'œil rétrospectif; ~-~ **ar rth** examiner qch rétrospectivement; **wrth** ~-~ rétrospectivement.
olwr (**olwyr**) *g* arrière *m*.
olwyn (-**ion**) *b*
1 (*cyff*) roue *f*; ~ **dân**, ~ **Gatrin** soleil *m* (*feu d'artifice*); ~ **fach** roulette *f*; ~ **fawr** (*ffair*) grande roue; ~ **ffortiwn** roue de la fortune; ~ **gocos** roue dentée; **adain** ~ rayon *m*; **cadair** ~ fauteuil *m* roulant; **car pedair** ~ une voiture à quatre roues; **gyda thair** ~ à trois roues; **gydag** ~**ion** à roues, muni(e) de roues, roulant(e); **mynd ar** ~**ion, rhedeg ar** ~**ion** marcher sur (des) roues; **rhoi olew ar yr** ~**ion** huiler les rouages; **saer** ~**ion** charron *m*.
2 (*llyw cwch*) (roue *f* de) gouvernail *m*; ~ **yrru** volant *m*; **wrth yr** ~ (*cwch*) au gouvernail; (*car*) au volant; **cymryd yr** ~ (*car*) se mettre au volant, prendre le volant.
3 (*troell: nyddu*) rouet *m*.
4 (*crochennydd*) tour *m* de potier.
olwyndro (-**adau**) *g* roue *f*; **gwneud** ~ (*olwyndrói*) faire la roue.
olwyndrói *bg* faire la roue.
olwynio *ba* (*gwthio: trol, cert ayb*) pousser, rouler;
♦*bg* (*mynd ar olwynion*) aller sur (des) roues; (*troi*) tourner (en rond).
olwynog *ans* à roues, muni(e) de roues.
Olympaidd *ans*
1 (*sy'n ymwneud â duwiau'r Groegiaid gynt*) de l'Olympe, olympien(ne).
2 (*athletwr, medal ayb*) olympique; **y Gemau** ~ les jeux *mpl* Olympiques.
olyniaeth (-**au**) *b* (*cyfres*) succession *f*, série *f*, suite *f*; (*trefn*) ordre *m*, suite; (*cardiau, ffilm*) séquence *f*; (*i'r orsedd*) succession; **mewn** ~ successivement, l'un(e) après l'autre, les un(e)s après les autres, par ordre.
olynol *ans* successif(successive);
♦ **yn** ~ *adf* (*mewn cyfres*) successivement, l'un(e) après l'autre, les un(e)s après les autres.
olynu *ba* (*rhn*) succéder à, prendre la suite de; (*dilyn*) suivre; ~ **rhn i'r orsedd** succéder à qn sur le trône; **cafodd ei** ~ **gan ei fab** son fils lui a succédé; **fe olynodd ei dad fel arweinydd y blaid** il a succédé à son père à la direction du parti, il a pris la suite de son père à la direction du parti.
olynydd (**olynwyr**) *g* successeur *m*; ~ **i'r brenin,** ~ **i'r frenhines**
l'héritier *m*/l'héritière *f* de la couronne; **enwi** ~ nommer *neu* désigner un successeur; **ef fu** ~ **ei dad** ce fut lui qui succéda à son père.
ôl-ysgrif (~-~**au**) *b* (*llythyr*) post-scriptum *m inv*; (*llyfr*) postface *f*.
oll *ans*: **y(r) ...** ~ tout le ..., toute la ..., tous les ..., toutes les ..., le ... entier, la ... entière; **y dynion** ~ tous les hommes; **chwi** ~ vous autres tous; **y gweddill** ~ tous(toutes) les autres; **neb** ~ personne; **yn sydyn** ~ tout à coup, tout d'un coup, soudain, subitement; **gorau** ~**!** tant mieux!; **gorau** ~**, gan ...** d'autant plus que; **yn gyntaf** ~ tout d'abord, premièrement, pour commencer;
♦*g* le tout, l'ensemble *m*, la totalité.
olldduwiaeth *b gw.* **holldduwiaeth**.
ollfwytäol *ans gw.* **hollysol**.
o'ma *adf*= **oddi yma**.
Oman *prb* Oman *m*; **yn** ~ à Oman.

Omanaidd *ans* omanais(e).
Omaniad (**Omaniaid**) *g/b* Omanais *m*, Omanaise *f*.
ombwdsman (**ombwdsmyn**) *g* médiateur *m*.
omled, **omlet** (**-au**) *g,b* omelette *f*; ~ **gaws** omelette au fromage.
O.N. *byrf* (= *ôl-nodyn*) P.S. (= Post Scriptum).
o'na *adf* = **oddi yna**.
oncoleg *b* (*MEDD*) oncologie *f*.
ond *cys*
1 (*cyferbyniol*) mais; **mae hi'n fechan** ~ **yn brydferth** elle est petite mais jolie; **nid canu yr oedd hi** ~ **gweiddi** elle ne chantait pas, elle criait; **mae hi'n braf** ~ **ei bod hi'n oer** il fait beau bien qu'il fasse *subj* froid.
2 (*cyn belled â*) pourvu que + *subj*, à condition que + *subj*, à condition de + *inf*; **fe gei di fynd yno** ~ **iti ddod yn ôl erbyn 10** tu peux y aller à condition de rentrer *neu* pour vu que tu rentres *subj* avant 10 heures; **mi ddof i,** ~ **iddi beidio â glawio** je viendrai pourvu *neu* à condition qu'il ne pleuve *subj* pas.
3 (*yn unig*) seulement, ne ... que; **pe gallwn i** ~ **egluro pam** si je pouvais seulement expliquer pourquoi; **nid yw** ~ **plentyn** ce n'est qu'un(e) enfant; **ni alla' i** ~ **trio** je peux toujours essayer;
♦*ardd* (*ac eithrio*) sauf, excepté, sinon, mis(e) à part; **maen nhw i gyd wedi dod** ~ **hi** ils sont tous venus sauf *neu* excepté *neu* mis à part elle; **'doedd dim yn bod arno,** ~ **ei fod wedi bwyta gormod** il n'avait rien sauf *neu* sinon qu'il avait trop mangé; **neb** ~ **fi** personne d'autre que moi; **pwy allai ei wneud** ~ **ti?** qui pourrait le faire sinon toi?; **unrhyw beth** ~ **hynna!** tout mais pas ça!; **'doedd dim amdani** ~ **talu** il n'y avait plus qu'à payer; **beth arall a allwn i ei wneud** ~ **ei gwahodd?** que pouvais-je faire d'autre que l'inviter?; **y tŷ olaf** ~ **un** l'avant-dernière maison; **y tŷ drws nesaf** ~ **un** la seconde maison à partir d'ici.
▶ **dim ond** *gw.* **dim**.
onest *ans gw.* **gonest**.
oni, **onid** *geir gof* ne ... pas; **oni ddaeth ef?** n'est-il pas venu?; **mae eu tŷ nhw'n hyfryd, onid yw (ef)?** leur maison est belle, n'est-ce pas?; **oni ddewch chi gyda ni?** ne voudrez-vous pas nous accompagner?;
♦*cys* (*os na*) à moins que + *ne* + *subj*, à moins de + *inf*; **onid wyf yn anghywir** à moins que je (ne) me trompe *subj*, si je ne me trompe (pas); **oni chlywir i'r gwrthwyneb** sauf avis contraire, sauf contrordre; **"oni nodir i'r gwrthwyneb"** (*MASN, FFERYLL, GWEIN*) "sauf indication contraire".
▶ **hyd oni, hyd onid** *gw.* **hyd**.
▶ **oni bai**: **oni bai am hynny** autrement; **oni bai am y tywydd, byddem wedi mwynhau'r gwyliau** n'était le temps qu'il a fait, nous aurions passé de bonnes vacances; **oni bai am y rhaff byddwn wedi cwympo** sans la corde, je serais tombé(e); ~ **bai am ein cyfeillgarwch** n'eût été l'amitié que je lui porte; **heb os nac oni bai** sans aucun doute.
▶ **onid e**
1 (*ar ddiwedd gosodiad*): **onid e?** n'est-ce pas?, non?.
2 (*fel arall*): **bydd yn brydlon, onid e, nid arhosaf amdanat** sois prompt(e), sinon *neu* autrement je ne t'attendrai pas.
onics *g* onyx *m*.
onis *cys* si ... ne le/la/les ... pas; ~ **gwelaf hi** si je ne la vois pas.
onnen (**ynn, onn**) *b* (*PLANH*) frêne *m*; **llwyn onn** frênaie *f*.
o'no *adf* = **oddi yno**.
onomatopeia *g* onomatopée *f*.
onomatopëig *ans* onomatopéique;
♦ **yn** ~ *adf* de façon onomatopéique.
ontogenedd (**-au**) *g* ontogenèse *f*, ontogénie *f*.
ontoleg *b* ontologie *f*.
ontolegol *ans* ontologique.
onwydden (**onwydd**) *b gw.* **onnen**.
opal (**-au**) *g* opale *f*.
opera (**operâu**) *b* opéra *m*; **tŷ** ~ (théâtre *m* de l')opéra; **tŷ** ~ **Sydney** l'opéra de Sydney; **canwr/cantores** ~ chanteur *m*/chanteuse *f* d'opéra; **mynychwr** ~**, carwr** ~ amateur *m* d'opéra; ~ **ddigrif** opéra comique; ~ **fawreddog** grand opéra; ~ **ysgafn** opérette *f*; ~ **sebon** feuilleton *m* mélo*, soap-opéra *m*.
operadiad (**-au**) *g* (*peiriant*) fonctionnement *m*, marche *f*.
operatics *ll* opéra *m* d'amateurs.
operatig *ans* d'opéra; **canwr/cantores** ~ chanteur *m*/chanteuse *f* dramatique d'opéra.
opereta (**operetâu**) *b* opérette *f*.
opiniwn (**opiniynau**) *g gw.* **barn, piniwn**[1].
opiniynllyd, **opiniynus** *ans* arrêté(e) dans ses opinions, dogmatique.
opiwm *g* (*cyffur*) opium *m*; **un sy'n gaeth i** ~ opiomane *m/f*; **lle ysmygu** ~ fumerie *f* d'opium.
opsiwn (**opsiynau**) *g* option *f*, choix *m*; **cymryd** ~ **ar rth** (*ECON*) lever une option sur qch.
opsiynol *ans* facultatif(facultative); (*o ddewis*) de choix;
♦ **yn** ~ *adf* facultativement; (*MASN*) en supplément, en option.
opteg *b* optique *f*.
optegol *ans* (*gweledol*) optique, d'optique.
optegydd (**optegwyr**) *g* opticien *m*, opticienne *f*; **mynd at yr** ~ aller chez l'opticien.
optig *ans* optique.
optimeiddio *ba* optimiser.
optimist (**-iaid**) *g/b* optimiste *m/f*.
optimistaidd *ans* optimiste;
♦ **yn** ~ *adf* avec optimisme, d'une manière optimiste.

optimistiaeth *b* optimisme *m*.
optimistig *ans gw.* **optimistaidd**.
optimwm (**optima**) *g* optimum *m*;
♦*ans* optimum, optimal(e)(optimaux, optimales); **maint** ~ taille *f* optimale.
optio* *bg* choisir; ~ **allan** (*cyff*) se désengager, retirer sa participation; (*ysgol, ysbyty ayb*) renoncer au contrôle de l'État; ~ **allan o rth** choisir de ne pas participer à qch.
opws (**opera**) *g* opus *m*.
oracl (**-au**) *g* oracle *m*.
oraclaidd *ans* d'oracle; (*dirgel, annealladwy*) sibyllin(e);
♦ **yn** ~ *adf* en oracle.
oraens (**-ys**) *g gw.* **oren**.
orang-wtang (~-~**iaid**, ~-~**od**) *g* orang-outan(g)(~s-~s) *m*.
oratorio (**-s**) *b* oratorio *m*.
orbit (**-au**) *g gw.* **cylchdro**.
orcid* *g gw.* **tegeirian**.
Orch *prg*: **Ynysoedd** ~ les Orcades *fpl*; **yn Ynysoedd** ~ dans les Orcades.
ordeiniad (**-au**) *g* (*CREF*) ordination *f*.
ordeinio *ba* décréter; (*CREF*) ordonner; **cael eich** ~**'n offeiriad** recevoir l'ordination, être ordonné prêtre.
ordeinyn (**ordeinion**) *g* ordinand *m*.
ordinhad (**-au**) *b* (*GWEIN*) ordonnance *f*, arrêté *m*, décret *m*; **dwyfol** ~ (*CREF*) l'ordre que Dieu a établi.
ordnans (**-au**) *g*
1 (*MIL: gynnau*) (pièces *fpl* d') artillerie *f*; (:*adran sy'n gofalu am arfau'r fyddin*) service *m* du matériel et des dépôts; **ffatri** ~ usine *f* d'artillerie.
2 (*mapio*): **arolwg** ~ service *m* cartographique de l'État; **map** ~ carte *f* d'état-major.
ordor* (**-s**) *b*
1 *gw.* **archeb**.
2 *gw.* **gorchymyn**.
ordro* *ba*
1 *gw.* **archebu**.
2 *gw.* **gorchymyn**.
oregano *g* (*PLANH*) origan *m*.
oren *ans* (*lliw*) orangé(e), orange *inv*; (*diod, blas*) d'orange; (*gwirod*) à l'orange;
♦*b,g* (**-nau**)
1 (*ffrwyth*) orange *f*; **diod** ~ orangeade *f*; **sudd** ~ jus *m* d'orange; **coeden** ~**nau** oranger *m*; **marmalêd** ~**nau** confiture *f* d'oranges.
2 (*lliw*) orange *m*.
orenêd *g* orangeade *f*.
orenfa (**orenfeydd**) *b* orangeraie *f*.
orenwydden (**orenwydd**) *b* oranger *m*.
Orffews *prg* Orphée.
organ[1] (**-au**) *b* (*CERDD*) orgue *m*; ~ **dro** *ou* **faril** orgue de Barbarie; ~ **fawreddog** grandes orgues *fpl*; ~ **geg** harmonica *f*; **llofft** ~ tribune *f* d'orgue; **pibau** ~ tuyaux *mpl neu* jeu *m* d'orgue; **canu'r** ~ jouer de l'orgue; **gwneuthurwr** ~**au** facteur *m* d'orgue.
organ[2] (**-au**) *b,g* (*CORFF*) organe *m*; ~**au'r llais** organes vocaux, appareil *m* vocal; ~**au rhywiol** organes génitaux *neu* sexuels.
organaidd *ans gw.* **organig**.
organdi *g* organdi *m*;
♦*ans* d'organdi, en organdi.
organeb (**-au**) *b* organisme *m*; (*bod organig*) être *m* organisé.
organedd (**-au**) *g gw.* **organeb**.
organig *ans* organique; (*rhan*) fondamental(e)(fondamentaux, fondamentales); **bod** ~ être *m* organisé.
organydd (**-ion**) *g* organiste *m/f*; (*organ faril*) joueur *m*/joueuse *f* d'orgue de Barbarie; ~ **eglwys gadeiriol** titulaire *m/f* des grandes orgues d'une cathédrale.
organyddes (**-au**) *b* organiste *f gw. hefyd* **organydd**.
orgasm (**-au**) *g* orgasme *m*.
orgasmig *ans* orgasmique.
orgraff (**-au**) *b* orthographe *f*.
orgraffyddol *ans* orthographique;
♦ **yn** ~ *adf* orthographiquement.
oriadur (**-on**) *b gw.* **oriawr**.
oriadurwr (**oriadurwyr**) *g* horloger *m*.
oriadurwraig (**oriadurwragedd**) *b* horlogère *f*.
oriau *ll gw.* **awr**.
oriawr (**oriorau**) *b* montre *f*; **yn ôl fy** ~ **i** à ma montre; ~ **arddwrn** montre-bracelet(~s-~s) *f*; ~ **boced** montre de poche; **poced** ~ gousset *m*; **strap** ~ bracelet *m* de montre.
oriel (**-au**) *b*
1 (*balconi: cyff*) galerie *f*; (:*ar gyfer gwylwyr*) tribune *f*; (:*THEATR, SINEMA*) balcon *m*; ~ **gyhoeddus** tribune réservée au public, tribune publique.
2 (*CELF*): ~ **(gelf)** (*gyhoeddus*) musée *m* (d'art); (*breifat*) galerie *f* (d'art); ~ **i arddangos lluniau** musée de peinture.
orig *b* moment *m*, instant *m*.
origami *g* origami *m*.
oriog *ans* (*di-ddal*) versatile, inconstant(e), changeant(e), d'humeur changeante, lunatique; (*mewn tymer ddrwg*) maussade, de mauvaise humeur.
oriogrwydd *g* versatilité *f*, inconstance *f*, tempérament *m* changeant, humeur *f* changeante; (*hwyliau drwg*) humeur maussade.
oriol *ans* (*wrth yr awr*) horaire; (*bob awr*) toutes les heures; **cyfradd** ~ taux *m* horaire;
♦ **yn** ~ *adf* une fois par heure, toutes les heures.
Orïon *g* (*ASTRON, MYTH*) Orion *m*
orlais (**orleisiau**) *g* horloge *f*, pendule *f*.
orleisiwr (**orleiswyr**) *g* horloger *m*.
orlen (**-ni**) *b* feuille *f* de présence.
orlon *g* orlon *m*;

♦*ans* en orlon.
ormolw (**-au**) *g* similor *m*, chrysocale *m*; ♦*ans* en similor, en chrysocale.
orthodeintydd *g* orthodontiste *m/f*.
orthopaedeg *b* orthopédie *f*.
orthopaedig *ans* orthopédique.
orthopaedydd *g* orthopédiste *m/f*.
os *cys* si; **mi af i ~ doi di gyda mi** j'irai si tu m'accompagnes; **mi af ~ yw hi'n braf** j'irai s'il fait beau; **dyna'r tŷ ~ nad wyf yn camgymryd** voilà la maison si je ne me trompe pas; **maen nhw'n dod ddydd Sadwrn ~ na newidian nhw eu meddwl** ils viennent samedi à moins qu'ils ne changent *subj* d'avis; **~ ydw i'n ei hadnabod hi, ni ddaw hi ddim** telle que je la connais, elle ne viendra pas; **wel ~ rhywbeth, mae hwn yn fwy** c'est plutôt celui-ci qui est le plus grand; **~ felly ...** s'il en est ainsi ..., si c'est le cas ..., dans ce cas-là ...; **~ bydd angen** s'il le faut, s'il est nécessaire, au besoin; **heb ~ nac oni bai** indiscutablement, sans aucun doute; **~ gwelwch chi'n dda** s'il vous plaît; **~ gweli di'n dda** s'il te plaît.
osgam (**-au**) *g* (*cyff*) pas *m* de côté; (*CHWAR*) esquive *f*.
osgamu *bg* (*cyff*) faire un pas de côté; (*CHWAR*) esquiver.
osgiliad (**-au**) *g* oscillation *f*.
osgiliadol *ans* oscillatoire.
osgiliadu *bg* osciller; ♦*ba* faire osciller.
osgiliadur (**-on**) *g* oscillateur *m*.
osgled (**-au**) *g* (*ASTRON, FFIS*) amplitude *f*.
osgo (**-au**) *g* (*goleddf*) inclinaison *f*, aspect *m* penché, pente *f*; (*golwg, ymddygiad*) allure *f*, maintien *m*, port *m*; (*tuedd*) penchant *m*; (*agwedd*) attitude *f*, position *f*; **~ milwrol** allure martiale; **~ nobl** maintien noble; **~ fel brenhines** port de reine; **adroddiad ag ~ arbennig iddo** un rapport orienté *neu* tendancieux; **'does dim ~ gwaith ynddo** il a un poil dans la main; **gwneud ~ i wneud rhth** faire mine de faire qch; **gwnaeth ~ i'm taro** il fit mine de me frapper.
▶ **ar osgo** en biais, de biais, incliné(e); (*to, arwyneb*) en pente, incliné; (*llawysgrif*) penché(e), couché(e); (*llinell*) penché, oblique; **tir yn mynd ar ~** terrain *m* qui est en pente *neu* est incliné *neu* va en pente.
osgoi *ba* éviter, esquiver, échapper à; **~ perygl** éviter un danger, échapper à un danger; **~ rhn** éviter qn; **~ cyfrifoldebau** se dérober à *neu* se soustraire à ses responsabilités; **~ trethi** (*yn anghyfreithlon*) frauder le fisc; (*yn gyfreithlon*) se soustraire à l'impôt; **~'r cwestiwn** éluder la question, dévier de la question, prendre la tangente, s'échapper par la tangente; **mae'r car yn ~'r lorri** la voiture fait un écart *neu* une embardée pour éviter le camion; **~ gwneud rhth** ne pas faire qch, éviter de faire qch, s'arranger pour ne pas faire qch; **~ cael eich gweld** éviter qu'on ne vous voie *subj*; **ni all ~ mynd yno bellach** il ne peut plus faire autrement que d'y aller, il ne peut plus se dispenser d'y aller; **~ gwneud gwasanaeth milwrol** se dérober à ses obligations militaires; **rhaid ~ hynna fel y pla** il faut fuir cela comme la peste; **y gellir ei ~** évitable; **symud i ~** (*BOCSIO*) faire un écart; (*cwch, cerbyd*) faire une embardée; (*gyrrwr*) donner un coup de volant; **symudiad i ~** mouvement *m* de côté, détour *m*; **ffordd ~** route *f* *neu* bretelle *f* de contournement; (*dargyfeiriad*) déviation *f*; **ffordd ~ Caerdydd** la route qui contourne Cardiff; **~ tref** (*mewn car*) contourner une ville, éviter une ville.
osgöwr (**osgowyr**) *g* tire-au-flanc *m inv*, embusqué *m*.
osio *ba* (*tueddu*) avoir tendance à; (*gwneud osgo*) faire mine de, faire comme si, esquisser le geste de; (*cynnig*) essayer de, tenter de.
oslef *b gw.* **goslef**.
osmosis *g* osmose *f*.
osmotig *ans* osmotique.
oson *g* ozone *m*; **haen ~** couche *f* d'ozone.
osteopath (**-iaid**) *g/b* (*MEDD*) ostéopathe *m/f*.
osteopatheg *b* (*MEDD*) ostéopathie *f*.
ostler (**-iaid**) *g* garçon *m* d'écurie.
otitis *g* otite *f*.
otoman (**-au**) *g,b* (*soffa*) ottomane *f*; (*defnydd*) ottoman *m*.
Otoman (**-iaid**) *g/b* Ottoman *m*, Ottomane *f*.
Otomanaidd *ans* ottoman(e).
otorhinolaryngoleg *g* oto-rhino-laryngologie *f*.
ots *g*
1 (*gwahaniaeth*) différence *f*; **beth yw'r ~?** qu'importe?, qu'est-ce que cela peut faire?; **beth yw'r ~ gen i?** qu'est-ce que ça peut bien me faire?; **a fyddai ~ gennych chi agor y drws imi?** cela vous ennuyerait d'ouvrir la porte pour moi?; **oes ~ gen ti os do' i mewn?** cela te gêne *neu* dérange si j'entre?; **oes ~ gennych chi am y sŵn?** le bruit vous gêne-t-il?.
2 (*BETIO*) *gw.* **ods**.
▶ **dim ots** cela ne fait rien, ce n'est pas grave, cela n'a pas d'importance; **'does dim ~ am hynny** cela n'a pas d'importance, cela ne fait rien; **pa un sydd arnat ti ei eisiau? - dim ~** lequel(laquelle) veux-tu? - ça m'est égal; **'does dim ~ gen i o gwbl** ça m'est complètement égal, ça ne me fait rien du tout; **'does uffar'* o ~ gen i** je m'en fiche complètement; **'does dim ~ gen i beth wyt ti'n ei wneud** ce que tu fais m'est égal, peu m'importe ce que tu fais, je m'en fiche de ce que tu fais; **'does dim ~ os ...** peu importe que ... + *subj*, peu importe si ..., cela ne fait rien si ...; **dim ~ pwy/ble/sut/pa bryd** peu importe qui/où/comment/quand; **rhaid**

gwneud hynny dim ~ sut cela doit être fait par n'importe quel moyen; **dim ~ am y glaw** peu importe la pluie; **'does dim ~ gen i am y glaw** je ne crains pas la pluie; **dim ~ pa mor hwyr** à n'importe quelle heure, même tard; **dim ~ beth y dywedan nhw** quoi qu'ils disent *subj*; **dim ~ pwy yw hi** qui que ce soit *subj*; **dim ~ pa mor dal yw hi** quelque *neu* si grande qu'elle soit *subj*.

ow *ebych* ô!, oh!, ah!, hélas!; (*mewn poen*) aïe!

Owain *prg* Yvain; ~ **Lawgoch** Yvain de Galles.

owns (**-ys**) *b* once *f* (= 28,35 grammes); (*ffig: o wirionedd ayb*) grain *m*, once, gramme *m*; **'does dim ~ o ddewrder ynddo** il n'a pas pour deux sous de courage.

owtffit (**-iau**) *g,b* (*set o ddillad*) tenue *f*; ~ **sgio** tenue de ski; ~ **newydd ar gyfer y gwanwyn** nouvelle toilette *f* de demi-saison; ~ **Indiaid Coch** panoplie *f* de Peau-Rouge; **welaist ti ei howtffit hi?** as-tu remarqué sa toilette?; (*dif*) as-tu vu son accoutrement *neu* comment elle était accoutrée!

P

pa *ans* (*cyff*) quel(quelle)(quels, quelles); ~ **lyfrau a brynodd hi?** quels livres a-t-elle achetés?, lesquels des livres a-t-elle achetés?; ~ **liw yw'ch car chi?** de quelle couleur est votre voiture?; ~ **newydd?** quoi de neuf?; ~ **hawl sydd ganddo i roi gorchmynion?** de quel droit donne-t-il des ordres?; ~ **ddiwrnod ydy hi heddiw?** on est quel jour aujourd'hui?; ~ **ddyddiad yw hi?** on est le combien?, le combien sommes-nous?, quelle est la date aujourd'hui?; ~ **fath** quelle sorte; ~ **fath ydyn' nhw?** comment sont-ils?, ils sont comment?, de quelle espèce sont-ils?; ~ **ots!** bon, et alors!, et après, qu'est-ce que ça peut faire!; ~ **ddiben poeni?** à quoi bon se soucier?, pourquoi se faire des ennuis?.
▶ **pa beth** *gw.* **beth**.
▶ **pa bryd** *gw.* **pryd**[1].
▶ **pa ... bynnag** *gw.* **bynnag**.
▶ **pa fodd** *gw.* **modd**.
▶ **pa ffordd** *gw.* **ffordd**.
▶ **pa le** *gw.* **ble**.
▶ **pa mor** *gw.* **mor**.
▶ **pa rai** *gw.* **rhai**.
▶ **pa sawl** *gw.* **sawl**[1].
▶ **pa un** *gw.* **un**.

pab (**-au**) *g* pape *m*; **y P~ Pawl** le pape Paul.

pabaeth *b* papauté *f*.

pabaidd *ans* papal(e)(papaux, papales), du Pape.

pabell (**pebyll**) *b* tente *f*; (*pafiliwn*) pavillon *m*; (*tabernacl*) tabernacle *m*; ~ **fawr** (*eisteddfod, syrcas*) chapiteau(-x) *m*; **pegiau** ~ piquets *mpl* de tente; **polyn** ~ montant *m* de tente; **codi** ~ monter *neu* dresser une tente; **cysgu mewn** ~ dormir sous la tente; **maes pebyll** (terrain *m* de) camping *m*.

pabellu *bg* (*gwersylla*) camper, faire du camping; (*codi pabell*) monter *neu* dresser la tente.

pabi (**pabïau**) *g* (*PLANH*) pavot *m*; ~ **gwyllt** coquelicot *m*; **hedyn** ~ graine *f* de pavot; **diwrnod gwerthu'r** ~ (anniversaire *m* de) l'armistice *m*, le onze novembre.

pabol *ans gw.* **pabaidd**.

pabwyryn (**pabwyr**) *g* (*brwynen*) jonc *m*; (*mewn cannwyll*) mèche *f*.

Pabydd (**-ion**) *g* catholique *m/f*; (*dif*) papiste *m/f*.

Pabyddes (**-au**) *b* catholique *f*; (*dif*) papiste *f*.

Pabyddiaeth *b* catholicisme *m*; (*dif*) papisme *m*.

Pabyddol *ans* catholique; **y ffydd Babyddol** le catholicisme *m*; **yr Eglwys Babyddol** l'Église *f* catholique.

pac (**-iau**) *g* (*bwndel*) ballot *m*, paquet *m*, baluchon* *m*; (*caniau cwrw, iogwrt*) pack *m*; (*RYGBI: blaenwyr*) pack *m*; (*sgarmes*) mêlée *f*; ~ **o gardiau** jeu(-x) *m* de cartes; **codi** ~**, hel eich** ~ plier bagage, faire son baluchon, faire sa valise *neu* ses bagages.

paced (**-i**) *g* (*sigaréts, hadau*) paquet *m*; (*nodwyddau, melysion, cawl*) sachet *m*; (*ar ffurf cwdyn papur*) pochette *f*; (*parsel*) paquet, colis *m*; **cawl** ~ soupe *f* en sachet.

pacedu *ba* emballer, conditionner.

pacio *ba* empaqueter, emballer; (*gwlân*) mettre (qch) en balles; (*llenwi: car, ystafell*) remplir, bourrer; (:*meddwl, cof*) bourrer; ~**'ch ces** faire sa valise *neu* ses bagages; ~ **rhth mewn ces** mettre qch dans une valise; ~ **llestr mewn gwellt** envelopper un vase dans de la paille; ~ **rhth mewn bocs** remplir une boîte de qch; ~ **dillad mewn ces** remplir une valise de vêtements; ~**'ch bagiau** (*llyth*) faire ses bagages *neu* valises; (*ffig*) plier bagage, faire son baluchon; ~ **(rhth) yn dynn** (*pridd ayb*) tasser; ~ **pobl yn dynn** entasser des gens; **bod wedi'ch** ~ **fel sardîns mewn tun** être serré(e)(s) comme des sardines; ♦*bg* (*pobl*) se serrer, s'entasser; **mae'r pensiliau'n** ~**'n rhwydd yn y bocs yma** ces crayons tiennent dans cette boîte; **deunydd** ~ emballage *m*.

Pacistan *prb* le Pakistan *m*; **ym Mhacistan** au Pakistan.

Pacistanaidd *ans* pakistanais(e).

Pacistaniad (**Pacistaniaid**) *g/b* Pakistanais *m*, Pakistanaise *f*.

paciwr (**pacwyr**) *g* emballeur *m*.

pacrew *g* banquise *f*, pack *m*.

pacwraig (**pacwragedd**) *b* emballeuse *f*.

pad (**-iau**) *g* bourrelet *m*, coussinet *m*; (*CHWAR: i amddiffyn y goes*) protège-tibia(~-~s) *m*, jambière *f*; (:*i amddiffyn y frest*) plastron *m*; (*ar gyfer misglwyf*) serviette *f* hygiénique; ~ **inc** (*ar gyfer stampio*) tampon *m* encreur; ~ **lansio roced** rampe *f* de lancement; ~ **nodiadau** bloc-notes(~s-~) *m*; ~ **ysgrifennu** bloc *m* de papier à lettres.

padell (**-au, -i**) *b* (*basn*) cuvette *f*, bassine *f*; (*i goginio*) bassine, casserole *f*, poêlon *m*; (*rhostio*) plat *m* à rôtir; (*mwyngloddiwr*) batée *f*; (*clorian*) plateau(-x) *m*, bassin *m*; ~ **ffrio** poêle *f* à frire; ~ **pen-glin** rotule *f* du genou; ~ **i dwymo'r gwely** bassinoire *f*.

padellaid (**padelleidiau**) *b* bassinée *f*.

pader (**-au**) *g* le Notre-Père *m*, patenôtre *f*, pater *m*; **dweud eich** ~ faire sa prière; **dysgu** ~ **i berson** apprendre à un vieux singe à faire la grimace.

padera *bg* faire sa prière.

paderau *ll* chapelet *m*.

padin *g* (*defnydd*) bourre *f*, ouate *f*; (*mewn llyfr, araith*) délayage *m*, remplissage *m*.

padio *ba* (*clustog, dilledyn*) rembourrer; (*celfi,*

dodrefn) capitonner; (*drws*) matelasser, capitonner; (*araith*) délayer; (*ysgwyddau*) rembourrer; (*â wadin*) ouater; **cell wedi'i phadio** cellule *f* matelassée, cabanon *m*; ♦*g* rembourrage *m*.
padl (**-au**) *g* (*canŵ*) pagaie *f*; (*olwyn ddŵr*) aube *f*, palette *f*; (*beic*) pédale *f*.
padlen (**-nau**) *b gw.* **padl**.
padlo *ba* (*canŵ*) pagayer;
♦*bg*
1 (*rhwyfo*) pagayer; ~ **i fyny/lawr yr afon** remonter/descendre la rivière en pagayant (en canoë).
2 (*ymdrochi*) barboter, faire trempette; **pwll** ~ (*cyhoeddus*) pataugeoire *f*; (*pwmpiadwy*) piscine *f* gonflable; **cwch** ~ bateau(-x) *m* à aubes.
padog (**-au**) *g* enclos *m* (*pour chevaux*); (*rasio*) paddock *m*.
Padrig *prg* Patrice.
pae *g gw.* **cyflog**.
paediatreg *b* pédiatrie *f*.
paediatregydd (**paediatregwyr**) *g* pédiatre *m/f*.
paediatrig *ans* (*adran*) de pédiatrie; (*salwch, moddion*) infantile; (*adran*) de pédiatrie.
paedoffilia *g* pédophilie *f*.
paedoffilydd (**-ion**) *g* pédophile *m/f*.
paëla (**-s**) *g* (*COG*) paella *m*.
paen (**-au**) *g* (*gwydr*) vitre *f*, carreau(-x) *m*; **torri'r** ~ casser la vitre *neu* le carreau.
paent (**-iau**) *g* peinture *f*; (*cosmetig, colur*) maquillage *m*, fard *m*; **bocs** ~ boîte *f* de couleurs; ~ **emwlsiwn** peinture mate *neu* à émulsion; ~ **llathr,** ~ **glòs** peinture brillante *neu* laquée; **"~ gwlyb!"** "attention à la peinture!"; ~ **iro** maquillage de théâtre; ~ **poster** gouache *f*; **brwsh** ~ (*arlunydd*) pinceau(-x) *m*; (*wal*) brosse *f*, pinceau; **chwistrell baent** pulvérisateur *m* de peinture; **tynnwr** ~ décapant *m* pour peinture; **pot** ~ pot *m* de peinture; **rholiwr** ~ rouleau(-x) *m* à peinture; **offeryn crafu** ~ racloir *m*; **mae hi'n gwisgo llawer gormod o baent ar ei hwyneb** elle se maquille trop, elle est trop fardée.
paentiad (**-au**) *g* tableau(-x) *m*, toile *f*; **mae eisiau** ~ **ar y ffens 'ma** cette clôture a besoin d'être peinte, cette clôture a besoin d'un petit coup de peinture.
paentio *ba* peindre; (*wal ayb*) couvrir (qch) de peinture; **~'r wal yn wyn** peindre un mur en blanc; **~'ch ewinedd** se vernir les ongles; ♦*bg* (*arlunio*) peindre, faire de la peinture; ~ **dros rth** repeindre qch.
paentiwr (**paentwyr**) *g* (*arlunydd*) peintre *m*; (*tai ayb*) peintre (en bâtiments), peintre décorateur.
pafiliwn (**pafiliynau**) *g* pavillon *m*; (*pabell enfawr*) chapiteau(-x) *m*.
pafin (**-au**) *g gw.* **palmant**.
paflofa (**-s**) *g* (*COG*) gâteau(-x) *m* meringué aux fruits.
paffio *bg*
1 (*bocsio*) faire de la boxe, boxer; **menig** ~ gants *mpl* de boxe; **gornest baffio** un match de boxe; **cylch** ~ ring *m*.
2 (*cyff: ymladd, cwffio*) se battre;
♦*g* (*bocsio*) boxe *f*; (*ymladd, cwffio*) bagarres* *fpl*.
paffiwr (**paffwyr**) *g* boxeur *m*.
pagan (**-iaid**) *g* païen *m*, païenne *f*.
paganaidd *ans* païen(ne).
paganeiddiwch *g* paganisme *m*.
paganiaeth *b* paganisme *m*.
paganllyd *ans* païen(ne).
pagoda (**pagodâu**) *g* pagode *f*.
pang (**-au**) *g* (*MEDD*) accès *m*, attaque *f*; (*calon*) serrement *m*, pincement *m* de cœur; ~ **o gydwybod** remords *mpl* de conscience.
pangfa (**pangfeydd**) *b* serrement *m*, pincement *m* de cœur; (*llewyg*) évanouissement *m*; **pangfeydd cydwybod** remords *mpl* de conscience; **teimlo pangfeydd newyn** commencer à ressentir des tiraillements d'estomac.
pango *bg* s'évanouir.
paham *cys gw.* **pam**.
paid *be gw.* **peidio**.
paill (**peillion**) *g* (*PLANH*) pollen *m*; (*blawd*) farine *f*; **cyfrifiad** ~ taux *m* du pollen.
pair[1] (**peiriau**) *g* (*crochan*) chaudron *m*; (*i doddi pethau*) creuset *m*; ~ **golchi dillad** lessiveuse *f*; **y P~ Dadeni** (*LLEN*) le Chaudron de la Renaissance; **mae popeth yn y ~ unwaith eto** tout a été remis en question.
pair[2] *be gw.* **peri**.
pais (**peisiau**) *b* (*sgert isaf*) jupon *m*; ~ **arfau** blason *m*, armoiries *fpl*; **rhy hwyr codi ~ ar ôl piso**** ça ne sert à rien de pleurer sur ce qui est fait; ~ **ddur** (*arfbais*) cotte *f* de maille.
paith (**peithiau**) *g* plaine *f* herbeuse, pampa *f*; **y P~** (*U.D.A.*) la Grande Prairie, les Prairies; **ci'r** ~ chien *m* de prairie; **blaidd y** ~ coyote *m*.
pâl[1] (**palau**) *b* (*rhaw*) bêche *f*, pelle *f*; (*rhan o rwyf*) plat *m*, pale *f*.
pâl[2] (**palod**) *g* (*ADAR: cornicyll y dŵr*) macareux *m*; ~ **Manaw** puffin *m* des Anglais.
paladr (**pelydr**) *g* (*golau*) rayon *m*, trait *m*; (*goleuadau*) faisceau(-x) *m* lumineux; (*gwaywffon*) lance *f*; ~ **englyn** premier distique *m* d'une stance; ~ **o ddyn** un homme bien bâti *gw. hefyd* **pelydr**.
palalwyfen (**palalwyf**) *b* (*PLANH*) tilleul *m*.
palas (**-au**) *g* palais *m*; ~ **brenhinol** palais royal; ~ **esgob** évêché *m*, palais épiscopal; **mae'r tŷ yma fel ~!** cette maison est un véritable palais!
palasaidd *ans* grandiose, magnifique, superbe, comme un palais;
♦ **yn balasaidd** *adf* magnifiquement, superbement, de façon grandiose.

paldaruo *bg* parler sans arrêt, jacasser.
paleograffeg *b* paléographie *f*.
paleograffig *ans* paléographique.
paleolithig *ans* paléolithique; **yr oes baleolithig** l'âge *m* paléolithique *neu* de la pierre.
paleontoleg *b* paléontologie *f*.
paleontolegydd (**-ion**) *g* paléontologiste *m/f*.
Palesteina *prb* la Palestine *f*; **ym Mhalesteina** en Palestine.
Palesteinaidd *ans* palestinien(ne).
Palesteiniad (**Palesteiniaid**) *g/b* Palestinien *m*, Palestinienne *f*.
palet (**-au**) *g* palette *f*; **cyllell balet** (*CELF*) couteau(-x) *m* à palette.
palf (**-au**) *b* (*anifail*) patte *f*; (*rhan o rwyf*) plat *m*, pale *f*.
palfais (**palfeisiau**) *b* omoplate *f*; (*cig*) épaule *f*.
palfalu *bg* tâtonner, aller à l'aveuglette; (*mewn poced, drôr*) fouiller; ~ **am rth** chercher qch à tâtons *neu* à l'aveuglette; ~ **am eiriau** chercher ses mots;
♦*ba*: ~ **merch** tripoter* *neu* peloter* une fille.
palfod (**-au**) *b* taloche* *f*, claque *f*, tape *f*; (*ar yr wyneb*) gifle *f*.
palfog *ans* palmé(e).
palff *g* (*o ddyn*) mastodonte* *m*, malabar* *m*, colosse *m*.
paliad (**-au**) *g* coup *m* de bêche; (*â rhwyf*) coup de rame *neu* d'aviron.
palis (**-au**) *g* (*pared*) cloison *f*; (*gwahanfur*) lambris *m* en bois, palissade *f*, clôture *f*.
palisâd (**palisadau**) *g* palissade *f*, clôture *f*.
paliso *ba* lambrisser.
palisog *ans* lambrissé(e), boisé(e).
palmant (**palmentydd**) *g* trottoir *m*; (*slabiau cerrig*) dallage *m*; (*addurnedig*) pavement *m*; **arlunydd** ~ artiste *m/f* des rues.
palmantu *ba* (*stryd, iard*) paver; (*iard*) carreler.
palmantwr (**palmantwyr**) *g* paveur *m*.
palmwydden (**palmwydd**) *b* palmier *m*; **calon palmwydd** cœur *m* de palmier.
palu *ba* (*tir*) bêcher, retourner; ~ **tatws** arracher des pommes de terre; ~**'r ardd** creuser *neu* cultiver le jardin; ~ **twll** creuser un trou; **peiriant** ~ excavateur *m*, pelleteuse *f*; ~ **celwyddau** mentir effrontément, mentir comme un arracheur de dents, raconter un tissu de mensonges; **'rwyt ti'n** ~ **celwyddau!** tu mens comme tu respires!, tu mens sans arrêt!
palwr (**palwyr**) *g* (*rhn*) bêcheur *m*; (*peiriant*) excavateur *m*, pelleteuse *f*; ~ **celwyddau** menteur *m*, menteuse *f*.
pall *g* défaut *m*; (*cyflenwad trydan ayb*) panne *f*; (*cyflenwad olew, dŵr*) manque *m*; ~ **ar y cof** trou *m* de mémoire; **heb ball** sans cesse, à n'en plus finir, intarissablement; **'does dim** ~ **arni** elle est intarissable, elle n'arrête pas de parler.
palledigaeth *b* (*methiant*) échec *m*, insuccès *m*.
pallu *bg* (*darfod: iechyd, golwg, clyw*) faiblir, baisser; (*:llais*) s'affaiblir; (*:cyflenwad nwy, trydan, dŵr*) faire défaut, manquer; (*:glaw*) cesser; **mae fy amynedd yn** ~ je suis à bout de patience, ma patience est à bout;
♦*ba*: ~ **gwneud rhth** (*gwrthod, nacáu*) refuser de faire qch, se refuser à faire qch; **mae hi'n** ~ **dweud wrthyf fi** elle ne veut pas me le dire, elle refuse de me le dire.
pallwr (**pallwyr**) *g* délinquant *m*, délinquante *f*, défaillant *m*, défaillante *f*.
pam *cys* pourquoi, pour quelle raison; **dyma** ~! voilà pourquoi!; **ys gwn i** ~ **aeth hi** je me demande pourquoi elle est partie; **mi ddywedais i wrthyt ti** ~ **y gwnes i hynny** je t'ai dit pourquoi *neu* la raison pour laquelle j'ai fait cela; ~ **ddim,** ~ **lai?** pourquoi pas?; ~ **na wnei di ei ffonio hi?** pourquoi ne pas lui téléphoner?; **y rheswm** ~ la raison pour laquelle, les raisons pour lesquelles; **'does dim rheswm** ~ **nad af i yno eto** il n'y a pas de raison (pour) que je n'y aille *subj* pas de nouveau; ~ **yn y byd,** ~ **ar y ddaear?** pourquoi donc?; ~ **na ddywedaist ti'n gynt?** pourquoi ne pas le dire plus tôt?, pourquoi ne le disais-tu plus tôt?, il fallait le dire plus tôt!; ~ **te?,** ~ **felly?** pourquoi cela?
pâm (**pamau**) *g* parterre *m*, plate-bande(~s-~s) *f*.
pamffled (**-i**) *g* brochure *f*; (*llenyddol*) opuscule *m*; (*traethodyn dychanol*) pamphlet *m*; (*taflen blygedig*) dépliant *m*.
pamffledwr (**pamffledwyr**) *g* auteur *m* de brochures *neu* d'opuscules.
pamffledyn (**pamffledi**) *g gw.* **pamffled**.
pampas *ll* pampa *f*.
pan[1] *cys* quand, lorsque; ~ **oeddwn yn blentyn, 'roeddwn i'n arfer mynd yno** alors que je n'étais qu'un enfant j'y allais, (tout) enfant j'y allais; ~ **fydd y tŷ wedi'i orffen, bydd yn un mawr** une fois terminée, la maison sera grande; **nid yw'n hapus ond** ~ **mae'n feddw** il n'est heureux que lorsqu'il est ivre; **bydd hi'n siarad** ~ **fydda' i wedi gorffen** elle parlera après que j'aurai fini; ~ **y'i ganed hi** lors de sa naissance; ~ **briododd** lors de son mariage; **er** ~ **oeddwn i'n ifanc** du temps que j'étais jeune; **mae hi'n galw acw** ~ **fydd hi'n mynd heibio** elle nous fait une petite visite en passant; **y diwrnod** ~ **welais i di** le jour où je t'ai vu(e); **un diwrnod** ~ **oeddwn i'n gweithio** un jour que je travaillais; **yr adeg** ~ **...** alors même que ...; **y funud/yr eiliad** ~ **...** au moment *neu* à l'instant même où ...; **rŵan ydy'r adeg** ~ **mae arna' i ei hangen fwyaf** c'est maintenant que j'ai le plus besoin d'elle; **bydd y tywysog yn dod ar yr wythfed,**

~ **fydd yn agor y ffatri newydd** le prince arrivera le huit pour l'inauguration de la nouvelle usine; **y gwanwyn oedd hi, ~ oedd y coed yn wyrdd** c'était au printemps, à l'époque où les arbres étaient verts; **am hanner nos ~ fo pawb yn cysgu ...** à minuit, l'heure à laquelle *neu* l'heure où tout le monde dort ...; **ddydd Sul, ~ fo pawb yn gorffwyso ...** le dimanche, jour où tout le monde se repose ...; **un dydd ~ oedd yr haul yn tywynnu** un jour que *neu* où le soleil brillait; **mae yna adegau ~ ...** il y a des moments où ...; **ar yr adeg ~ ddylaswn i fod yn yr orsaf** au moment *neu* à l'heure où j'aurais dû être à la gare; **ar ddydd Sadwrn, ~ nad yw'r mwyafrif o bobl yn gweithio** le samedi, jour où la plupart des gens ne travaillent pas; **fe gyrhaeddodd am 8 o'r gloch, ~ mae'r traffig ar ei waethaf** il est arrivé à 8 heures, heure à laquelle la circulation est la plus dense; ~ **oedd y cyfarfod wedi dod i ben, aeth pawb adref** quand *neu* lorsque *neu* après que *neu* dès que la réunion se fut terminée, tout le monde rentra chez lui; ~ **oedd e wedi'i gweld hi, fe aeth ymaith** après l'avoir vue, il s'est esquivé; ~ **oedd e wedi eistedd, fe ddechreuodd siarad** une fois assis, il commença de parler; **fe gewch ofyn cwestiynau ~ fydd e wedi gorffen** vous pourrez poser vos questions quand il aura fini *neu* après qu'il aura fini; ~ **fo'r lleuad yn llawn** à la pleine lune; **fe gerddodd e ~ fyddwn i yn hytrach wedi mynd yn y bws** il est allé à pied tandis que *neu* alors que moi, j'aurais pris le bus; **sut y gellwch chi ddeall ~ na wnewch chi ddim gwrando!** comment pouvez-vous *neu* voulez-vous comprendre si *neu* quand vous n'écoutez pas; **beth yw'r pwynt ymdrechu ~ wn i na alla' i ei wneud?** à quoi sert d'essayer, étant donné que *neu* quand je sais que je ne peux pas le faire?.
▶ **er pan** *gw.* **er**.

pan[2] *ans*: **hanner** ~ idiot(e), imbécile, faible d'esprit.

pan[3] (**-au**) *g* (*powlen toiled*) cuvette *f*; (*padell lwch*) pelle *f* (à poussière).

pan[4] *g* (*brethyn ayb: wedi'i bannu*) foulage *m*.

Panama *prb* le Panama *m*; **het Banama** panama *m*; **ym Mhanama** au Panama.

Panamaidd *ans* panaméen(ne).

Panamiad (**Panamiaid**) *g/b* Panaméen *m*, Panaméenne *f*.

panasen (**pannas**) *b* panais *m*.

pancosen (**pancos**) *b* (*denau*) crêpe *f*; (*dew*) galette *f*; **mor fflat â phancosen** plat(e) comme une galette; **diwrnod pancos** (le) mardi *m* gras.

pancreas (**-au**) *g* pancréas *m*.

panda (**-s, -od**) *g* panda *m*.

Pandora *prb* Pandore.

pandy (**pandai**) *g* moulin *m* à foulon.

'paned (**'paneidiau**) *b* tasse *f*; ~ **o de** une tasse de thé; **gymeri di baned?** (*o de*) tu veux prendre du thé?; (*o goffi*) tu veux prendre du café.

'paneidio *bg* (*h.y. yfed te*) prendre du thé.

panel (**-i**) *g*
1 (*ADEIL: drws, wal*) panneau(-x) *m*; (*:nenfwd*) caisson *m*; ~ **metel** panneau tôlé; ~ **heulol** panneau solaire; **curwr ~i** (*ceir*) tôlier *m*; **pin** ~ pointe *f*.
2 (*cyfarpar rheoli: deialau mewn car, awyren*) tableau(-x) *m* de bord; ~ **rheoli** (*cyfrifiadur*) tableau, pupitre *m* de commande.
3 (*pwyllgor: o arholwyr, o feirniaid mewn llys*) jury *m*.
4 (*RADIO, TELEDU*) invités *mpl*; (*dadl*) invités experts, tribune *f*; (*gêm*) jury *m*; ~ **trafodaeth** réunion-débat(~s-~s) *m*; **gêm banel** (*RADIO*) jeu(-x) *m* (*radiophonique*); (*TELEDU*) jeu (*télévisé par équipes*); **mae ar y** ~ il fait parti *neu* il est membre du jury.
5 (*rhestr*): **bod ar banel meddyg** être inscrit(e) sur le registre d'un médecin.
6 (*gwniadwaith*) pan *m*.

panelog *ans* (*ffens*) en panneaux; (*drws, nenfwd*) lambrissé(e); (*waliau, baddon*) cloisonné(e); **drws** ~ porte *f* à panneaux, porte lambrissée.

panelu *ba* recouvrir (qch) de panneaux *neu* de boiseries, mettre du lambris sur, lambrisser; ♦*g* panneaux *mpl*, lambris *m*, boiseries *fpl*, lambrissage *m*.

panelwr (**panelwyr**) *g* membre *m* d'une tribune ou d'un jury; (*RADIO, TELEDU*) invité *m*, invitée *f*; (*arbenigwr*) expert *m*.

paniar (**panieri**) *g* panier *m* (de bât).

panicio* *bg* (*dychryn, cynhyrfu*) s'affoler, être pris de panique, se paniquer, paniquer*; **peidwch â phanicio!** pas d'affolement!, ne vous affolez pas!; **rhn sy'n ~'n hawdd** une personne qui s'affole facilement, paniquard* *m*, paniquarde* *f*; ♦*ba* affoler; **~'r dyrfa** jeter *neu* semer la panique dans la foule.

panig *g* panique *f*, terreur *f*, affolement *m*; **mewn** ~ affolé(e), pris(e) de panique, paniqué(e)*; **'roedd pawb mewn** ~ ça a été la panique générale*; **sydd yn creu** ~ alarmiste; **yn eich** ~ affolé(e), dans son affolement; **un sy'n creu** ~ semeur *m* de panique, semeuse *f* de panique.

pannas *ll gw.* **panasen**.

pannog *ans* foulé(e), refoulé(e).

pannu *bg*
1 (*dyrnu gwlân, ayb*) fouler, refouler, terrer.
2 (*dyrnu*) cogner, frapper, bourrer (qn) de coups.

pannwl (**panylau**) *g* fossette *f*.

pannwr (**panwyr**) *g* fouleur *m*; (*peiriant*) foulon *m*; (*colbiwr*) cogneur *m*.

panorama (**panoramâu**) *g* panorama *m*.

panoramig *ans* panoramique.
pansen* (**-ni**) *g* (*dif*) poule *f* mouillée*, mauviette *f*.
pant (**-iau**) *g* (*yn y tir*) creux *m*, dépression *f*, dénivellation *f*, cuvette *f*; (*cwm*) vallon *m*; (*mewn pren*) entaille *f*; (*mewn metel*) bosselure *f*; (*gên, boch*) fossette *f*; **i'r ~ y rhed y dŵr** l'argent va où est l'argent; **gyrru rhn o bant i bentan** *ou* **o bant i dalar** envoyer qn de Caïphe à Pilate, balloter qn de l'un à l'autre; **dros bant a bryn** par monts et par vaux, partout *gw. hefyd* **bant**.
pantiad (**-au**) *g* empreinte *f*, impression *f* en creux.
pantio *ba* (*het*) cabosser; (*car*) bosseler, cabosser.
pantiog *ans* (*boch*) creux(creuse), à fossettes; (*llygaid*) cave.
pantle (**-oedd**) *g* cuvette *f*, dépression *f*, dénivellation *f*, creux *m*.
pantomeim (**-iau**) *g* (*Nadolig*) spectacle *m* de Noël (*tiré d'un conte de fée*), revue-féerie(~s-~s) *f* à grand spectacle (*représentée à Noël*); (*ffig, dif*) comédie *f*
pantri (**pantrïau**) *g* (*cwpwrdd*) garde-manger *m inv*, placard *m* à provisions; (*ystafell fwyd: mewn gwesty, plasty*) office *f*.
pantheistaidd *ans* panthéiste.
pantheistiaeth *b* panthéisme *m*.
panther (**-od**) *g* panthère *f*.
panylog *ans* (*boch, gên*) à fossette(s).
panylu *ba* bosseler, bosser, cabosser;
♦*bg* se creuser.
paprica *g* paprika *m*.
papur (**-au**) *g*
1 (*cyff*) papier *m*; **darn o bapur** un bout *neu* un morceau de papier; **dalen o bapur** une feuille *f* de papier; **hen bapurau, ~au diwerth** de la paperasse *f*; **rhoi rhth ar bapur** mettre qch par écrit; **mae'n gynllun da ar bapur** c'est un bon plan sur le papier, c'est un bon projet en théorie; **~ alwminiwm** papier d'aluminium *neu* d'alu*; **~ brown** *ou* **llwyd** papier d'emballage, papier gris; **~ carbon** (papier) carbone *m*; **~ doctor** (*presgripsiwn*) ordonnance *f*; (*ar gyfer aros gartref o'r gwaith*) certificat *m* de maladie; **~ gloyw** *ou* **arian** papier d'argent *neu* d'étain; **~ gwrthsaim** *ou* **menyn** papier parcheminé *neu* sulfurisé; **~ gwydrog** *ou* **swnd** papier de verre; **~ graff** papier quadrillé; (*mewn milimetrau*) papier millimétré; **~ Nadolig addurnedig, ~ lapio anrheg** papier (pour) cadeau; **~ plaen** papier blanc, feuille vierge; **~ pleidleisio** bulletin *m* de vote; **~ printiedig** papier imprimé, feuille imprimée; **~ reis** papier de riz; **~ rhychog** papier ondulé; **~ sidan** papier de soie; **~ sigaréts** papier à cigarettes; **~ sugno** (papier) buvard *m*; **~ toiled** *ou* **tŷ bach** papier hygiénique; **~ tryloyw** cellophane *f*; **~ wal** *ou* **papuro** papier peint, papier à tapisserie; **~ ysgrifennu** papier à lettres; **cadwyn bapur** chaîne *f* de papier; **clip ~** trombone *m*; (*mawr*) pince *f*; **cyllell bapur** coupe-papier *m inv*; **diwydiant ~** industrie *f* papier; **llusern bapur** lampion *m*; **melin bapur** (usine *f* de) papeterie *f*; **mwydion ~** papier mâché; **pwysau ~** presse-papiers *m inv*.
2 (*arian*) billet *m*; **arian ~** billets de banque; **~ decpunt** billet de dix livres; **~ pumpunt** billet de cinq livres; **~ can ffranc** billet de cent francs.
3 (*hefyd:* **~ newydd(ion)**) journal(journaux) *m*; (*wythnosol*) hebdomadaire *m*; **~ bro** journal local; **bachgen sy'n dosbarthu ~au** livreur *m* de journaux; **merch sy'n dosbarthu ~au** livreuse *f* de journaux; **siop bapur (newyddion)** marchand *m* de journaux; **stondin gwerthu ~au newydd** kiosque *m* à journaux; **gwerthwr ~** vendeur *m* de journaux; (*ar y stryd*) crieur *m* de journaux; **gwerthwraig ~** vendeuse *f* de journaux; (*ar y stryd*) crieuse *f* de journaux.
4 (*hefyd:* **~ arholiad**) épreuve *f* écrite; (*wedi'i ateb*) copie *f*; **~ Lladin** épreuve de latin; **fe wnaeth bapur da mewn daearyddiaeth** elle a rendu une bonne copie de géographie.
5 (*ysgolheigaidd*) article *m*, exposé *m*; **rhoi ~ ar, darllen ~ ar** faire une communication *neu* une intervention sur; **~ ymchwil** (*prifysgol*) étude *f*, mémoire *m* (*sur un sujet scientifique ou savant*).
6 (*dogfen*) un papier *m*; **~au** (*dogfennau*) pièces *fpl*, documents *mpl*, papiers; **P~ Gwyn** (*GWLEID*) avant-projet *m* de loi (sur), livre *m* blanc (sur); **gwaith ~** écritures *fpl*, paperasserie *f*; **llawer o waith ~** beaucoup de paperasserie;
♦*ans* en papier; **llyfr clawr ~** livre *m* de poche; **hances bapur** mouchoir en papier; **cwdyn ~** sac *m* en papier; (*bach*) pochette *f*.
papurach *g* paperasse *f*, paperasserie *f*.
papurfrwynen (**papurfrwyn**) *b* papyrus *m inv*.
papuro *ba* tapisser (qch) de papier peint; **~ dros y craciau** recouvrir (qch) de papier; (*ffig*) replâtrer; (*i guddio diffygion*) cacher les défauts; **papur ~** papier *m* peint, papier à tapisserie;
♦*bg* faire la tapisserie.
papurwr (**papurwyr**) *g* tapissier *m*, celui qui tapisse (de papier peint); **mae'n bapurwr da** il tapisse bien, il fait bien la tapisserie.
papuryn (**-nau**) *g* bout *m* de papier.
Papwa *prb* la Papouasie *f*; **ym Mhapwa** en Papouasie.
Papwad (**Papwaid**) *g/b* Papou *m*, Papoue *f*.
Papwaidd *ans* papou(e).
pâr (**parau**) *g* paire *f*; (*gŵr a gwraig*) couple *m*; **mae'r menig 'ma'n bâr** ces gants font la paire; **~ o drowsus** un pantalon; **bob yn bâr, fesul ~** (deux) par deux.

▶ **parau** (*TENNIS*) double *m*; ~ **cymysg** double mixte; ~ **dynion/merched** double messieurs/dames.

para *bg*
1 (*ymestyn o ran amser, dal i fynd*) durer; **mae'n rhy dda i bara** c'est trop beau pour durer *neu* pour que ça dure *subj*; **a wnaiff y tywydd bara tan y penwythnos?** est-ce que le beau temps va durer *neu* tenir jusqu'au weekend?; **ni wnaiff o ddim ~ trwy'r gaeaf!** il ne passera *neu* fera pas l'hiver!, il ne verra pas la fin de l'hiver!.
2 (*bod yn ddigon*): **mae'r arian wedi ~** l'argent a suffi; **dylai'r glo bara mis** le charbon devrait durer *neu* faire un mois; **mae torth yn ~ deuddydd imi** un pain me fait deux jours; **mae ganddo ddigon o arian i bara am oes** l'argent qu'il a lui fera bien *neu* lui conduira bien jusqu'à la fin de ses jours; **mae digon yma i bara am oes imi!** il y en a assez pour (durer) jusqu'à la fin de mes jours!.
3 (*dal i fod o ddefnydd neu mewn cyflwr da: defnydd*) faire de l'usage; (*nwyddau darfodus*) se conserver; **fe bery'r defnydd hwn** ce tissu vous fera de l'usage; **fe bery'r gadair hon am oes** ce fauteuil vous fera toute une vie; **fe bery hwn am byth iti!** ceci te fera toute une vie!.
▶ **para'n hir** durer longtemps; **'ddaru'r wisgi 'na ddim ~'n hir!** ce whisky n'a pas fait long feu* *neu* n'a pas duré longtemps!; **'dydy'r blodau 'ma ddim yn ~'n hir** ces fleurs ne tiennent *neu* durent pas longtemps; **wnaiff hi ddim ~'n hir** (*mewn swydd*) elle ne tiendra pas longtemps; (*cyn marw*) elle n'en a plus pour longtemps; **ni pharhaodd hi'n hir yn y swydd** elle n'est pas restée longtemps dans le poste; **ni pharhaodd hi'n hir ar ôl cael triniaeth** après l'opération elle n'a pas fait long feu* *neu* elle n'a pas traîné*.

parablu *bg* (*siarad*) parler; (*sgwrsio*) causer, bavarder, jacasser, jaser, babiller; **~'n ddi-baid** jacasser, babiller intarissablement, parler *neu* discuter sans s'arrêter, ne pas arrêter de parler; **'roeddwn i wrthi'n ~ am fy nghynlluniau pan ...** j'étais parti à parler de mes projets quand ...; **'rwyt ti'n ~ gormod!** tu parles trop!, tu ne sais pas te taire!, qu'est-ce que tu peux parler!

parablus *ans* bavard(e), loquace, éloquent(e); **mae'n barablus** il a la langue bien pendue;
♦ **yn barablus** *adf* loquacement, éloquemment.

parablwr (**parablwyr**) *g* bavard *m*, jaseur *m*, babillard *m*.

parabola (**parabolâu**) *g* (*MATH*) parabole *f*.

parabolig *ans* parabolique.

paradocs (**-au**) *g* paradoxe *m*.

paradocsaidd *ans* paradoxal(e)(paradoxaux, paradoxales);
♦ **yn baradocsaidd** *adf* paradoxalement.

paradwys *b* paradis *m*; ~ **ar y ddaear** (*ffig*) un paradis terrestre, le paradis sur terre; **aderyn ~** oiseau(-x) *m* de paradis, paradisier *m*; **mynd i baradwys** aller au paradis; **byw mewn ~ ffŵl** se bercer d'un bonheur illusoire, bâtir des châteaux en Espagne.

paradwysaidd *ans* de paradis, paradisiaque;
♦ **yn bardwysaidd** *adf* comme au paradis.

parafeddyg *g* auxiliaire *m* médical, auxiliaire *f* médicale.

paraffernalia *ll* bazar *m*, attirail* *m*.

paraffîn *g* (*CEM*) paraffine *f*; (*olew*) pétrole *m* lampant, kérosène *m*; (*MEDD*) huile *f* de paraffine; **lamp baraffîn** lampe *f* à pétrole; **stôf baraffîn** poêle *f* à pétrole.

parafilwrol *ans* paramilitaire.

paragraff (**-au**) *g* paragraphe *m*, alinéa *m*; (*eitem mewn papur newydd*) entrefilet *m*; **"~ newydd"** "à la ligne", "nouvel alinéa"; **dechrau ~ newydd** aller à la ligne; **rhannu rhth yn baragraffau** diviser qch en paragraphes *neu* en alinéas.

Paragwai *prb* le Paraguay *m*; **ym Mharagwai** au Paraguay.

Paragwaiad (**Paragwaiaid**) *g/b* Paraguayen *m*, Paraguayenne *f*.

Paragwaiaidd *ans* paraguayen(ne).

paralel *ans* parallèle; (*ffig*) analogue, parallèle; **bariau ~** barres *fpl* parallèles;
♦*g* (**-au**) (*DAEAR*) parallèle *m*; (*ffig*) parallèle, comparaison *f*; (*MATH*) (ligne *f*) parallèle *f*.

paralelogram (**-au**) *g* parallélogramme *m*.

parameddyg (**-on**) *g gw.* **parafeddyg**.

paranoia *g* paranoïa *f*; **dioddef o baranoia** être paranoï(a)que.

paranöig *ans* paranoï(a)que, paranoïde;
♦ **yn baranöig** *adf* de façon paranoïque.

paranormal *ans* paranormal(e)(paranormaux, paranormales);
♦ **yn baranormal** *adf* de façon paranormale;
♦*g*: **y ~** le paranormal *m*.

parapet (**-au**) *g* parapet *m*, garde-fou(~-~s) *m*.

paraplegia *g* paraplégie *f*.

paraplegig *ans* paraplégique;
♦*g/b* (**-ion**) paraplégique *m/f*.

parasetamol *g* paracétamol *m*.

parasit (**-au, -iaid**) *g* parasite *m*.

parasitig *ans* parasite; (*afiechyd*) parasitaire.

parasiwt (**-iau**) *g* parachute *m*; **naid barasiwt** saut *m* en parachute.

parasiwtio *bg* faire du parachutisme; ~ **i lawr** descendre en parachute;
♦*g* parachutisme *m*.

parasiwtydd (**-ion**) *g* parachutiste *m/f*.

parateiffoid *ans* (*MEDD*) paratyphique, paratyphoïque;
♦*g* la paratyphoïde *f*.

paratoad (**-au**) *g* préparation *f*; (*paratoadau*) préparatifs *mpl*; **gwneud ~au ar gyfer rhth** prendre ses dispositions pour qch, faire les préparatifs de qch.

paratoawl *ans* (*gwaith*) préparatoire; (*camau*) préliminaire, préalable; **ysgol baratoawl** école primaire privée.

paratoi *ba* préparer; (*pryd bwyd*) préparer, apprêter; (*syrpreis*) préparer, ménager; ~ **rhn am sioc/am newyddion drwg** préparer qn à un choc/à une mauvaise nouvelle; ~**'r ffordd ar gyfer rhth** préparer la voie *neu* le terrain pour qch; **eich** ~**'ch hun** se préparer; ~**'r ffordd ar gyfer trafodaethau** amorcer des négociations;
♦*bg* préparer; (*gwneud trefniadau*) faire des préparatifs pour, prendre des dispositions pour; ~ **ar gyfer arholiad** préparer pour un examen, préparer en vue d'un examen; ~ **ar gyfer triniaeth lawfeddygol** préparer pour une opération; ~ **ar gyfer rhyfel** se préparer à la guerre; ~ **i wneud rhth** s'apprêter à faire qch, se préparer à faire qch; ~ **i ymadael** faire les préparatifs du départ; ~ **ar gyfer unrhyw beth** être prêt(e) *neu* s'attendre à toute éventualité.

parc (**-iau**) *g* jardin *m* public, parc *m*; (*cae, maes*) champ *m*; ~ **cenedlaethol** parc national; ~ **saffari** réserve *f*; **ceidwad** ~ gardien *m* de parc; **mynd am dro i'r** ~ faire une promenade au parc.

parcdir (**-oedd**) *g* parc *m*.

parcio *ba* garer, stationner; ~**'r car** garer la voiture, se garer;
♦*bg* se garer; (*wrth bacio rhwng dau gar arall*) faire un créneau; **'roedd hi wedi** ~ **wrth ymyl yr eglwys** elle s'était garée *neu* parquée près de l'église; **'roedd hi wrthi'n** ~ **pan glywodd hi'r sŵn** elle était en train de se garer quand elle a entendu le bruit; **peidiwch â pharcio yma!** ne stationnez pas ici!; **"~"** (*ar arwydd*) "stationnement" *m*; **"dim ~"** "défense de stationner", "stationnement interdit"; **mae'n anodd** ~ il est très difficile de trouver à se garer; **goleuadau** ~ feux *mpl* de position; **lle** ~ (*man*) place *f* de stationnement; **tocyn am barcio** P-V* *m* (procès-verbal *m*), contravention *f*; **maes** ~ parking *m*, parc *m* de stationnement; **swyddog** ~ gardien *m* de parking, gardien *m* de parc de stationnement; **mesurydd** ~ parcomètre *m*, parcmètre *m*; ~**'n daclus** bien se garer, bien garer la voiture; ~**'n flêr** mal se garer, mal garer la voiture; (*rhwng dau gar*) rater son créneau; **mae pobl yn** ~ **rywsut rywsut** les gens se garent n'importe comment; **mae pobl yn** ~ **ym mhobman** les gens se garent n'importe où; **allwn i ddim dod o hyd i le i barcio** je n'ai pas pu trouver à me garer; **cafodd le i barcio rhwng y ddau gar** il a trouvé une place pour se garer entre les deux voitures;
♦*g* stationnement *m*.

parch *g* respect *m*, considération *f*, estime *f*; **bod â pharch tuag at** avoir du respect pour, respecter; **mae gen i barch mawr tuag ati** j'ai infiniment de respect pour elle; **trin rhn gyda pharch** traiter qn avec respect; **mae hi'n mynnu** ~ elle impose le respect, elle sait se faire respecter; **'does gen ti ddim** ~ **tuag at deimladau pobl eraill** tu n'as aucune considération *neu* aucun respect *neu* aucun égard pour les sentiments d'autrui; **o ran** ~ **tuag at** par respect *neu* égard pour; **gyda phob** ~**, 'rwy'n dal i feddwl ...** sans vouloir vous contredire *neu* sauf votre respect, je crois toujours que ...; **haeddu** ~ être respectable, être digne d'estime; **talu** ~ **i rn** présenter ses respects à qn; (*anrhydeddu*) honorer; **rhaid i ti fod â pharch tuag at hen bobl** il faut que tu aies *subj* du respect à l'égard des personnes âgées; **llawn** ~ respectueux(respectueuse), révérencieux(révérencieuse); **yn eich dillad** ~ tout endimanché(e), en habits du dimanche.

Parch. *byrf gw.* **Parchedig**.

parchedig *ans* respecté(e); ~ **ofn** crainte *f* révérencielle; **Y P~ Daniel Jones** (*Anglicanwr*) le révérend Daniel Jones; (*Pabydd*) l'abbé *neu* le père Daniel Jones; (*Ymneilltuwr*) le pasteur Daniel Jones; **Y Barchedig Fam** la révérende Mère *f*.

parchu *ba*
1 (*dangos parch at*) respecter, avoir du respect pour; ~ **barn rhn** respecter l'opinion de qn; **'dwyt ti ddim yn** ~ **teimladau eraill** tu n'as aucune considération *neu* aucun respect *neu* aucun égard pour les sentiments d'autrui; **nid yw hi'n** ~ **neb** elle n'a de respect pour personne; **nid yw hi ddim yn fy mharchu i o gwbl** elle n'a aucun respect pour moi, elle n'a aucune considération pour moi; **mi alla' i barchu hynna ynot ti** je peux respecter cela en toi.
2 (*anrhydeddu*) honorer.

parchus *ans* (*yn haeddu parch*) respectable, honorable, estimable, respecté(e); (*cymeradwy*) convenable, correct(e); **digon** ~ (*derbyniol*) passable, pas mal*; **bod yn barchus o rn** (*dangos parch tuag at*) être respectueux(respectueuse) envers qn; ~ **tuag at rth** respectueux en ce qui concerne qch, respectueux à l'égard de qch;
♦ **yn barchus** *adf* convenablement, correctement, comme il faut*.

parchuso *bg gw.* **ymbarchuso**.

parchusrwydd *g* respectabilité *f*.

parchwr (**parchwyr**) *g* celui qui respecte; (*CREF*) vénérateur *m*.

pardwn (**pardynau**) *g*
1 (*maddeuant*) pardon *m*; ~**?** (*heb glywed*) pardon?, comment?; **begio'ch** ~**!** pardon!, excusez-moi!.
2 (*CYFR*) grâce *f*; ~ **cyffredinol,** ~ **i bawb** amnistie *f*; **derbyn** ~ **y brenin** obtenir la

grâce du roi.
3 (*CREF*) indulgence *f*.
4 (*gŵyl grefyddol yn Llydaw*) pardon *m*.
pardynwr (**pardynwyr**) *g* (*CREF*) vendeur *m* d'indulgences.
parddu *g* suie *f*; **bod yn ddu fel** ~ être noir(e) comme (du) jais.
pardduo *ba* (*ffig: cymeriad*) calomnier, diffamer, salir, noircir, ternir; (*baeddu*) noircir, salir; ~**'ch wyneb** se noircir le visage.
pared (**parwydydd**) *g* (*mur*) paroi *f*, cloison *f*, cloisonnage *m*, mur *m*; ~ **gwydr** cloison vitrée; **byw am y** ~ **â rhn** être voisin(e) de qn; **llun yn hongian ar y** ~ tableau(-x) *m* accroché au mur.
parêd (**paredau**) *g* (*gorymdaith*) défilé *m*; (*seremoni*) parade *f*, revue *f*; (*ffasiwn*) présentation *f* de collections; **bod ar barêd** (*drilio*) être à l'exercice; (*i gael eich arolygu*) défiler; ~ **o fodelau ffasiynol** défilé *m* de mannequins.
paredio *bg* (*mynd o gwmpas*) se balader*, circuler; (*MIL*) défiler;
♦*ba* (*milwyr*) faire défiler; ~**'ch cyfoeth** faire étalage de sa richesse.
paredlys *g* (*PLANH*) pariétaire *f*.
paredd *g* égalité *f*, parité *f*.
parhad (**-au**) *g* continuation *f*, prolongement *m*, durée *f*; (*ar ôl toriad*) reprise *f*; (*cyfres*) suite *f*.
parhaol *ans*
1 (*sy'n para'n dda*) durable, solide, qui dure bien.
2 (*arhosol*) permanent(e), perpétuel(le);
♦ **yn barhaol** *adf* perpétuellement, en permanence, de façon permanente, à titre définitif.
parhau *bg gw. hefyd* **para**
1 (*mynd ymlaen: sŵn, dadl, streic ayb*) se poursuivre; **mae'r achos yn** ~ le procès se poursuit; **parhaodd yr Eisteddfod tan ddau o'r gloch y bore** l'Eisteddfod s'est prolongé jusqu'à 2 heures du matin.
2 (*dal ati: cyff*) continuer; (:*ar ôl toriad*) reprendre; ~ **i wneud rhth** continuer à *neu* de faire qch; **fe barhaodd i wneud ei waith** il a poursuivi son travail.
3 (*aros*) rester, demeurer; ~**'n ffyddlon** rester *neu* demeurer fidèle; **bydd hi'n** ~**'n Weinidog** elle restera ministre; ~ **mewn swydd** continuer *neu* garder *neu* conserver son poste.
▶ **parhau â** continuer; (*addysg*) poursuivre; (*sgwrs ayb*) reprendre, continuer; (*traddodiad*) perpétuer, continuer; **fe barhaodd hi â'i gwaith** elle a poursuivi son travail;
♦*ba*
1 (*dal ymlaen â*) continuer; ~**'ch gwaith** continuer son travail.
2 (*ailgydio yn: sgwrs ayb*) reprendre, continuer; **i'w barhau** (*cyfres deledu ayb*) à suivre.
parhaus *ans* ininterrompu(e), perpétuel(le); (*poen*) constant(e); (*sŵn, cwyno, achwyn, cwestiynau*) sempiternel(le), continuel(le); **mae'n boendod** ~ il ne cesse pas d'irriter les gens; **cwynion** ~ plaintes *fpl* sempiternelles;
♦ **yn barhaus** *adf* perpétuellement, continuellement, continûment, sans cesse, sans relâche.
parhauster *g* solidité *m*, durabilité *f*.
pario[1] *ba* (*trefnu'n bâr: 'sanau*) appareiller; (*adar*) accoupler, apparier;
♦*bg* (*pobl yn eu trefnu eu hunain fesul dau*) s'arranger deux par deux; (*adar*) s'accoupler, s'apparier.
pario[2] *ba* (*osgoi*) parer, éluder.
pario[3] *ba* (*crafu: tatws*) éplucher.
Parisaidd *ans* parisien(ne).
Parisiad (**Parisiaid**) *g/b* Parisien *m*, Parisienne *f*.
parlwr (**parlyrau**) *g* (*mewn tŷ*) petit salon *m*; (*mewn cwfaint*) parloir *m*.
parlys *g* paralysie *f*; ~ **babanaidd** paralysie infantile; ~ **mud** apoplexie *f*; ~ **môr** la maladie *f* des caissons; **claf o'r** ~ paralytique *m/f*.
parlysetig *ans* paralysé(e), paralytique.
parlysol *ans* paralysant(e);
♦ **yn barlysol** *adf* de façon paralysante.
parlysu *ba* paralyser; (*ffig*) paralyser, pétrifier, méduser; **mae ei goes wedi'i pharlysu** il est paralysé de la jambe; **bod wedi'ch** ~ **gan ofn** être paralysé(e) *neu* transi(e) de peur.
Parma *prb* Parme *f*.
Parnasws *g* le Parnasse *m*.
parod *ans* prêt(e); (*ateb*) prompt(e); (*bwyd: i'r microdon*) tout(e) cuit(e) d'avance, prêt à servir; (:*i'w cludo allan*) plats *mpl* préparés (à emporter); (*cyrtens*) tout(e) fait(e); (*dillad*) de confection, prêt à porter; **bwyd yn barod!** à table!; **pryd** ~ repas *m* à emporter; **eich gwneud eich hun yn barod (i wneud rhth)** se préparer *neu* s'apprêter (à faire qch); **bod yn barod gydag esgus** avoir une excuse toute prête; **'rwy'n barod ar ei gyfer!** je l'attends de pied ferme!; **byddwch yn barod!** tenez-vous prêt(e)(s) *neu* bien!; **dyn** ~ **ei air** homme à la parole prompte; **arian** ~ argent *m* liquide *neu* comptant; **bydd yn barod am newydd drwg!** prépare-toi à une mauvaise nouvelle!; **'rwy'n barod am unrhyw beth a all ddigwydd** j'ai tout prévu, je suis paré(e); **bod yn barod iawn i wneud rhth** être prêt(e) *neu* disposé(e) à faire qch; **yn barod i'w ddefnyddio** prêt(e) à l'emploi; **bod â'r ateb** ~ avoir la réplique prompte; **dillad** ~ **i'w gwisgo** prêt-à-porter(~s-~-~) *m*; **barod? 1 2 3 i ffwrdd â chi!** prêts? 1 2 3 partez!; **mae hi'n wastad yn barod i helpu** elle est toujours serviable *neu* prête à rendre service

2 (*bodlon*) disposé(e); **'rwy'n barod i'w gweld os mynn** je suis tout à fait disposé(e) à la voir si elle le veut; **paid â bod mor barod i feirniadu** ne sois pas si prompt(e) à critiquer; **'rwy'n barod iawn i'ch credu chi** je veux bien vous croire, je suis prêt(e) à vous croire;
♦ **yn barod** *adf*
1 (*yn fodlon*) volontiers, de bon cœur.
2 (*eisoes*) déjà; **'rwyf wedi bwyta'n barod** j'ai déjà mangé.

parodi (**parodïau**) *g,b* parodie *f*.

parodïo *ba* parodier.

parodrwydd *g*
1 (*i helpu*) serviabilité *f*, empressement *m*, bonne volonté *f*; **diolch am eich ~ i'n helpu** merci de votre empressement de nous aider, merci de l'empressement que vous avez montré à nous aider.
2 (*cyflwr parod*) préparation *f*.

parôl *g* (*MIL*) parole *f* d'honneur; (*CYFR*) liberté *f* conditionnelle; **ar barôl** (*MIL*) sur parole; (*CYFR*) en liberté conditionnelle; **rhoi carcharor ar barôl** mettre un prisonnier en liberté conditionnelle, libérer un prisonnier sur parole.

parot (**-iaid**) *g* perroquet *m*.

parsel (**-i**) *g* colis *m*, paquet *m*; (*tir*) parcelle *f*; **bom ~** paquet piégé, colis piégé; **swyddfa barseli** bureau(-x) *m* de messageries; **â phost ~i** par colis postal; **post ~i** service *m* des colis postaux.

parselu *ba* (*pacio, gwneud parsel o*) emballer, empaqueter, faire un paquet de; **a hoffech chi i mi barselu hwn ichi?** (*mewn siop anrhegion*) je vous en fais un paquet-cadeau?

part (**-iau**) *g* (*THEATR*) rôle *m*; (*car, radio ayb*) pièce *f*; **~ sbâr** pièce de rechange; **~ ôl** (*pen ôl*) derrière *m*, arrière-train *m*, postérieur *m* *gw. hefyd* **rhan**.

parti (**partïon**) *g*
1 (*dathliad*) réception *f*; **cael ~** inviter des amis, faire une fête*; (*mwy ffurfiol*) donner une soirée, recevoir; **~ ciniawa** dîner *m* (*par invitation*); **~ penblwydd** fête *f* d'anniversaire; **~ min nos** soirée *f*; **~ preifat** réunion *f* intime; **te-~** (*i blant*) goûter *m* d'enfants; (*i oedolion*) thé *m*; **gwisg ar gyfer ~** belle robe *f*, robe habillée; **~ Nadolig** fête de Noël, réveillon *m*; **~'r flwyddyn newydd** réveillon; **awyrgylch ~** entrain *m*.
2 (*grŵp*) groupe *m*, équipe *f*; (*MIL*) détachement *m*, escouade *f*; (*teithwyr*) groupe, troupe* *f*; (*gweithwyr*) équipe, brigade *f*; **~ blaen** éclaireurs *mpl*; **~ achub** équipe de secours.
3 (*CYFR*) partie *f*; **trydydd ~** tierce personne *f*, tiers *m*.
4 *gw.* **plaid**.

partïaeth *b* esprit *m* de parti, partialité *f*.

partïo *bg* faire la fête; (*Nadolig, y flwyddyn newydd*) réveillonner.

partisan (**-iaid**) *g* partisan *m*, partisane *f*.

partner (**-iaid**) *g* (*busnes*) associé *m*; (*CHWAR: gwaith*) coéquipier *m*, partenaire *m*; (*i ddawnsio*) cavalier *m*; **dyma fy mhartner, John** je vous présente mon ami, Jean; **~ hŷn** associé principal; **~ iau** associé adjoint.

partneres (**-au**) *b* (*busnes*) associée *f*; (*CHWAR: gwaith*) coéquipière *f*, partenaire *f*; (*i ddawnsio*) cavalière *f*.

partneriaeth (**-au**) *b* association *f*; **bod mewn ~** être en association, être associé(e); **~ meddygon** une association de médecins, un cabinet de groupe; **~ gyfyngedig** (*busnes*) société *f* anonyme, société en commandite *f* simple.

parth (**-au**) *g*
1 (*ardal*) région *f*; **~ cerddwyr** zone *f* piétonne; **yn y ~au hyn** dans cette région, dans ce coin*, par ici *gw. hefyd* **rhanbarth**.
2 (*llawr*) plancher *m*, parquet *m*; (*aelwyd*) foyer *m*, cheminée *f*, âtre *m*; **clwtyn ~** torchon *m*, serpillière *f*.

parthed *ardd* quant à, en ce qui concerne, au sujet de, à propos de, concernant.

paru *ba* accoupler, apparier;
♦*bg* s'accoupler, s'apparier.

parwyden (**-nau**) *b*
1 *gw.* **pared**.
2: **~ o gig eidion** poitrine *f* de bœuf.

parwydo *ba* cloisonner.

parwydog *ans* cloisonné(e).

pas *g*: **y ~** (*MEDD*) la coqueluche *f*.

pàs (**-ys**) *b*
1 (*cerdyn, caniatâd: gweithiwr*) coupe-file *m inv*, laissez-passer *m inv*; (*bws ayb*) carte *f* d'abonnement; (*THEATR*) billet *m* de faveur; (*MOR*) lettre *f* de mer; (*MIL*) sauf-conduit *m*.
2 (*RYGBI*) passe *f*.
3 (*mewn arholiad*) moyenne *f*, mention *f* passable; **cael ~ mewn Lladin** être reçu en latin.
4 (*lifft*): **cefais bàs i'r dre mewn car** on m'a offert *neu* proposé une place dans une voiture pour aller en ville.

pasa* *ba* (*bwriadu*) se proposer de, avoir l'intention de, penser, projeter de; **'doeddwn i ddim yn ~ mynd*** je n'avais pas l'intention d'aller, je ne pensais pas aller *gw. hefyd* **bwriadu**.

pasair (**paseiriau**) *g* mot *m* de passe.

pasallwedd (**-i**) *b* passe-partout *m inv*, passe *m*.

pasbort (**-iau**) *g* passeport *m*.

Pasg *g* Pâques *fpl*; **~ hapus!** joyeuses *neu* bonnes Pâques!; **wy ~** œuf *m* de Pâques; **dydd Llun y ~** le lundi de Pâques; **dydd Sul y ~** le dimanche de Pâques; **wythnos y ~** la semaine pascale; **Gŵyl y ~** la fête de Pâques; **y ~ bychan** dimanche *m* de Quasimodo, la Quasimodo *f*; **gwyliau'r ~** les vacances de Pâques.

pasgedig *ans* engraissé(e); (*gŵydd*) gavé(e).
pasiant (**pasiannau**) *g* spectacle *m neu* reconstitution *f* historique.
pasio *ba* (*mynd heibio: car*) doubler, dépasser; (*:rhywun, adeilad*) passer devant, passer à côté de *neu* près de; (*arholiad*) réussir, être reçu(e) à; (*deddf*) adopter; (CHWAR) passer; ~ **dŵr** uriner; ~ **amser** tuer le temps; **pasiwch yr halen, os gwelwch yn dda** faites passer le sel, s'il vous plaît, veuillez me passer le sel; ♦*bg* (*mynd heibio*) passer; (*gorymdaith*) défiler; (*llwyddo*) réussir, être reçu(e) *neu* admis(e); (CHWAR) passer.
past (**-au**) *g* (*cyff*) pâte *f*; (*glud*) colle *f*; (COG) pâté *m*; (*gemwaith*) strass *m*; ~ **dannedd** (pâte) dentifrice *m*; ~ **eog** pâté au saumon.
pasta *g* pâtes *fpl*.
pastai (**pasteiod**) *b* petit pâté *m*, feuilleté *m*; (*tarten: â llenwad sawrus*) tourte *f*; (*:â llenwad melys*) tarte *f*; ~ **afalau** tarte aux pommes, tarte Tatin; ~ **borc** pâté de porc en croûte; ~**'r bugail** hachis *m* Parmentier; ~ **Nadolig** tartelette *f* épicée.
pasteiwr (**pasteiwyr**) *g* pâtissier *m*.
pasteiwraig (**pasteiwragedd**) *b* pâtissière *f*.
pastel (**-i**) *g* pastel *m*;
♦*ans*: **llun** ~ dessin *m* au pastel; **lliw** ~ ton *m* pastel.
pasten (**-ni**) *b* petit pâté *m*, feuilleté *m*.
pasteuredig *ans* pasteurisé(e).
pasteureiddio, **pasteuro** *ba* pasteuriser; **wedi'i basteuro** pasteurisé(e).
pastil (**-iau**) *g* pastille *f*.
pastio *ba* (*gludo*) coller; (*papur wal*) enduire (qch) de colle.
pastwn (**pastynau**) *g* matraque *f*, gourdin *m*, trique *f*, bâton *m*.
pastyniad (**-au**) *g* volée *f* de coups, raclée *f*, correction *f*.
pastynu *ba* matraquer, donner des coups de bâton à.
Patagonaidd *ans* patagon(e, ne).
Patagonia *prb* la Patagonie *f*; **ym Mhatagonia** en Patagonie; **Gwladfa** ~ *la colonie galloise en Patagonie.*
Patagoniad (**Patagoniaid**) *g/b* Patagon *m*, Patagon(n)e *f*.
pate *g* pâté *m*.
patent (**-au**) *g*
1 (*trwydded*) brevet *m* d'invention; (*darganfyddiad*) invention *f* brevetée; **rhoi ~ ar rth** prendre un brevet; ~ **dan ystyriaeth** demande *f* de brevet déposée; **gwneud cais am batent** déposer une demande de brevet; **lledr** ~ (*gloyw*) cuir *m* verni.
2 (*dyfais*) engin *m*, truc* *m*, invention *f* astucieuse.
patentai (**patenteion**) *g* détenteur *m* d'un brevet, détentrice *f* d'un brevet, breveté *m*.
pati (**patïau**) *g* petit pâté *m*; **tun** ~ petit moule *m*.
patio (**-s**) *g* patio *m*.
patriarch (**-iaid**) *g* patriarche *m*.
patriarchaeth (**-au**) *b* patriarcat *m*.
patriarchaidd *ans* patriarcal(e)(patriarcaux, patriarcales);
♦ **yn batriarchaidd** *adf* de façon patriarcale.
patrôl (**-(i)au**) *g* patrouille *f*; **mynd ar batrôl** aller en patrouille, faire une ronde, faire la patrouille; **bod ar batrôl** être de patrouille.
patrolio *bg* patrouiller; (*plismon*) faire sa ronde; **car** ~ voiture *f* de police; **cwch** ~ patrouilleur *m*;
♦*bg* faire la patrouille dans
patroliwr (**patrolwyr**) *g* (MIL) patrouilleur *m*; (*heddlu*) agent *m* de police; (*mewn car*) agent de la sécurité routière.
patrwm (**patrymau**) *g*
1 (*ar ddefnydd*) dessin(s) *m(pl)*, motif *m*; **â phatrwm arno** à motifs.
2 (*gwnïo*) patron *m*; **llyfr patrymau** catalogue *m*, album *m* de modes.
3 (*ffig*) modèle *m*; **ar batrwm, yn ôl** ~ sur le modèle de; **os yw'n dilyn y ~ arferol** si cela se passe selon la formule habituelle; ~ **ymddygiad plant** les types *mpl* de comportement chez les enfants; **gosod ~ i** instituer une marche à suivre pour.
4 (*darn o ddefnydd*) échantillon *m*; **llyfr patrymau** (*defnyddiau, papurau wal*) album *m* d'échantillons.
patrwn (**patrynau**) *g gw.* **patrwm**.
patrymlun (**-iau**) *g* patron *m*, modèle *m*; (*templed*) gabarit *m*.
patrymog *ans* à motifs.
patrymu *ba* modeler; ~ **rhth ar** modeler qch sur.
pathetig *ans* pathétique, pitoyable, émouvant(e); (*truenus*) misérable; (*affwysol*) lamentable, minable, piteux(piteuse);
♦ **yn** ~ pathétiquement, pitoyablement, de façon émouvante, misérablement, piteusement, minablement, lamentablement.
pathew (**-od**) *g* (ANIF) loir *m*.
patholeg *b* pathologie *f*.
patholegol *ans* pathologique;
♦ **yn batholegol** *adf* pathologiquement.
patholegydd (**patholegwyr**) *g* pathologiste *m/f*.
pathos *g* (LLEN) pathétique *m*.
pau (**peuoedd**) *b* pays *m*, patrie *f*; **y bur hoff bau** notre chère patrie.
paun (**peunod**) *g* paon *m gw. hefyd* **peunes**.
pawb *rhag* tout le monde, chacun *m*, chacune *f*; **mae ~ yn** (+ berfenw) tout le monde (+ verbe au singulier); **mae ~ yma** tout le monde est là; ~ **arall** tous les autres; **mae ~ yn adnabod ei gilydd** tout le monde se connaît; **mae ~ yn gwybod hynna** tout le monde sait cela, n'importe qui sait cela; **mae ~ yn hapus** ils sont tous heureux; **rhaid i bawb helpu ei gilydd** il faut s'entraider; **fel y**

gŵyr ~ comme chacun (le) sait; ~ **â'i fys lle bo'i ddolur** à chacun son problème!, à chacun ses problèmes; ~ **yn ei dro!** chacun à son tour!; ~ **at y peth y bo** chacun son goût *neu* ses goûts!; ~ **drosto ei hun, a Duw dros bawb!** chacun pour soi et Dieu pour tous!; **mae gan bawb ei ffrindiau ei hunan** chacun a ses propres amis; **'roedd** ~ **a'i adwaenai yn ei hoffi** tous ceux qui le connaissaient l'aimaient bien.

pawen (**-nau**) *b* (*anifail*) patte *f*.

pawennu *ba* (*anifail*) donner un coup de patte à; ~ **merch** tripoter* *neu* peloter* une jeune fille.

Pawl *prg* Paul.

pe, **ped** *cys* si; **pe bawn i yn dy le di** si j'étais à ta place; **hyd yn oed pe gwyddwn** même si je le savais; **hyd yn oed ped awn** même si j'y allais; **pe bai hi'n braf, fe awn i** s'il faisait beau, j'irais bien; **pe bawn i ond wedi gwybod** si seulement j'avais su; **fel pe** comme si; **mae hi'n ymddwyn fel pe bai hi'n dwp** elle se conduit comme si elle était bête; **pe bai ond am awr** ne serait-ce que pour une heure; **hyd yn oed pe cymerai hyn drwy'r nos** même si cela doit me prendre toute la journée, quand bien même cela devrait me prendre toute la journée; **fel pe trwy ddamwain** comme par hasard.

pebyll *ll gw.* **pabell**.

pec, **pecaid** (**peceidiau**) *g* (*mesur*) picotin *m*.

pecan (**-au**) *g*: **cneuen becan** noix *f* de pécan *neu* pecan; **coeden becan** pacanier *m*.

Pecin *prb* Pékin; **ci** ~ pékinois *m*.

Pecinaidd *ans* pékinois(e).

Peciniad (**Peciniaid**) *g/b* Pékinois *m*, Pékinoise *f*.

pectin *g* pectine *f*.

pecyn (**-nau**) *g* (*paced*) paquet *m*; (*parsel*) colis *m*; (*nodwyddau, melysion*) sachet *m*; (CARDIAU) jeu(-x) *m*; (*bag papur*) pochette *f*; (*nwyddau, cotwm*) balle *f*; (*pedler*) ballot *m*; (*sigaréts*) paquet; **gwyliau** ~ vacances *fpl* organisées; **taith becyn** voyage *m* organisé.

pechadur (**-iaid**) *g* pécheur *m*.

pechadures (**-au**) *b* pécheresse *f*.

pechadurus *ans* (*pleser, dymuniad, syniad*) coupable, impie, scandaleux(scandaleuse), honteux(honteuse); (*tref*) immonde;
♦*ll*: **y** ~ les pécheurs *mpl*, les impies *mpl*.

pechadurusrwydd *g* (*pechodau*) péchés *mpl*; (*natur bechadurus*) caractère *m* coupable *neu* scandaleux, impiété *f*, péché *m*.

pechod (**-au**) *g*
1 (*trosedd*) péché *m*; ~ **yn erbyn Duw** un manquement à la loi de Dieu; **hen fel** ~ vieux comme les chemins, vieux comme Hérode; **hyll fel** ~ laid(e) à faire peur *neu* comme les sept péchés capitaux.
2 (*trueni*): **dyna bechod ynte!** c'est malheureux n'est-ce pas; **mae hynna'n bechod** c'est (bien) dommage; **dyna bechod!** quel dommage!; **mae'n bechod ...** il est dommage que ... + *subj*; **mae'n bechod mawr ...** il est bien dommage que ... + *subj*; **y** ~ **mwya' yw ei fod yn ...** le plus malheureux, c'est qu'il ...; **mae'n bechod dy fod yn methu dod** c'est *neu* il est dommage que tu ne puisses *subj* pas venir; **mae gwneud hynny'n bechod mawr** c'est bien dommage *neu* c'est honteux de faire cela; **bechod!** (*druan bach*) le(la) pauvre!, pauvre de lui(d'elle)!

pechu *bg* (CREF) pécher (contre Dieu);
♦*ba* (*rhn*) fâcher, contrarier, ennuyer; **paid â 'mhechu fi!** ne me contrarie pas!; **ydw i wedi dy bechu di?** je t'ai fâché(e)?; **ni fyddwn i ddim yn meiddio dy bechu di!** je n'oserais même pas te contrarier!

ped *cys gw.* **pe**.

pedagogaidd *ans* pédagogique;
♦ **yn bedagogaidd** *adf* pédagogiquement.

pedagogeg *b* pédagogie *f*.

pedair *ans b, rhifol, rhag gw.* **pedwar**.

pedal (**-au**) *g* pédale *f*; **car** ~**au** voiture *f* à pédales; ~ **cryf** (*piano*) pédale forte, pédale de droite; ~ **chwith** pédale douce, pédale sourde, pédale de gauche; **rhoi'ch troed ar y** ~ (*car*) appuyer sur la pédale; **bin** ~ poubelle *f* à pédale.

pedalo (**-s**) *g* pédalo *m*.

pedalu *bg* (CERDD) mettre la pédale; (*ar gefn beic*) pédaler, aller à bicyclette;
♦*ba*: ~ **beic** appuyer sur les pédales d'un vélo.

pedant (**-iaid**) *g* pédant *m/f*.

pedantaidd *ans gw.* **pedantig**.

pedantiaeth *b* pédantisme *m*.

pedantig *ans* pédant(e), pédantesque;
♦ **yn bedantig** *adf* de façon pédante *neu* pédantesque, avec pédantisme.

pedantri *g gw.* **pedantiaeth**.

pedeiran *b* quart *m*.

pedeirongl *ans* rectangulaire.

pedestal *g* piédestal *m*; **rhoi rhn ar bedestal** mettre qn sur un piédestal.

pedestraidd *ans* (*araith, arddull*) prosaïque, plat(e), banal(e)(banaux, banales), terre à terre *inv*;
♦ **yn bedestraidd** *adf* banalement, platement.

pedestriad (**pedestriaid**) *g* piéton *m*, piétonne *f*; **croesfan i bedestriaid** passage *m* pour piétons, passage clouté.

pedestrig, **pedestrol** *ans* pour piétons, piéton(ne), piétonnier(piétonnière).

pedia... *rhagdd* (*pediatreg ayb*) *gw.* **paedia...**

pedigri *g* race *f*, pedigree *m*; **ci** ~ chien *m* de race, chien qui a un pedigree.

pedler (**-iaid**) *g* (*o ddrws i ddrws*) colporteur *m*; (*ar y stryd*) camelot *m*; (*cyffuriau*) revendeur *m* de drogue, revendeuse *f* de drogue, ravitailleur *n* en drogue, ravitailleuse *f* en drogue; (*ar raddfa

fawr) trafiquant *m* de drogue, trafiquante *f* de drogue.
pedlera *ba*: ~ **rhth** (*nwyddau*) colporter qch; (*cyffuriau*) faire le trafic de qch, trafiquer en qch.
pedlo[1] *ba, bg gw.* **pedalu**.
pedlo[2] *ba gw.* **pedlera**.
pedo... *rhagdd* (*pedoffilia ayb*) *gw.* **paedo...**
pedol (-**au**) *b* fer *m* (à cheval).
pedolffurf *ans* en forme de fer à cheval.
pedoli *ba* ferrer;
♦*g* ferrage *m*, ferrure *f* (des chevaux).
pedolog *ans* ferré(e).
pedolwr (**pedolwyr**) *g* maréchal *m* ferrant.
Pedr *prg* Pierre.
pedrain (**pedreiniau**) *b* croupe *f* (de cheval), arrière-train *m*.
pedrant (**pedrannau**) *g* quadrant *m*, quart *m* de cercle.
pedrochr (-**au**) *b* quadrilatère *m*.
pedrochrol *ans* quadrilatère, quadrilatéral(e)(quadilatéraux, quadrilatérales).
pedrongl (-**au**) *b* quadrilatère *m*, carré *m*.
pedronglog *ans* quadrilatère, quadrilatéral(e)(quadrilatéraux, quadrilatérales), carré(e).
pedrwbl *ans* quadruple.
pedrwplet (-**au**) *g* quadruple *m/f*.
pedryblu *ba, bg* quadrupler.
pedryn (-**nod**) *g* (*ADAR*) pétrel *m* tempête.
pedwar (**pedair**) *rhifol* quatre *inv*; **cerdded ar eich** ~ marcher à quatre pattes; ~ **ar ddeg** quatorze; ~ **ar bymtheg** dix-neuf; ~ **ar hugain** vingt-quatre; ~ **ugain** quatre-vingts; **un a phedwar ugain** quatre-vingt-un; **unfed a phedwar ugain** quatre-vingt-unième;
♦*ans* quatre *inv*; **i bedwar ban (y) byd** aux quatre coins du monde; **gwely** ~ **postyn** lit *m* à baldaquin *neu* à colonnes; **pedair blynedd** quatre ans; **mae hi'n bedair blwydd oed** elle a quatre ans;
♦*rhag*: **mae gen i bedwar/bedair ohonynt** j'en ai quatre.
pedwarawd (-**au**) *g* (*cerddoriaeth glasurol*) quatuor *m*; (*jazz*) quartette *f*.
pedwarcarnol (-**ion**) *g* quadrupède *m*;
♦*ans* quadrupède, à quatre pattes.
pedwar deg *ans* quarante;
♦*rhifol* (**pedwardegau**) quarante; **mae hi yn ei phedwardegau** elle a passé quarante ans; **yn y pedwardegau** dans les années quarante.
pedwaredd *ans gw.* **pedwerydd**.
pedwarplyg *ans* quadruple; (*llyfr*) in-quarto *inv*;
♦ **yn bedwarplyg** *adf* au quadruple.
pedwerydd (**pedwaredd**) *ans*
1 (*cyff*) quatrième; ~ **ar ddeg** quatorzième; ~ **ar bymtheg** dix-neuvième.
2 (*defnydd enwol*): **y** ~ le quatrième; **y** ~ **o Fai** le quatre mai; **Harri'r P**~ Henri Quatre.
pefrio *bg* rayonner; (*diemwnt, llafn, seren*) scintiller, étinceler; (*gwin*) pétiller; **a'ch llygaid yn** ~ aux yeux brillants.
pefriol *ans* brillant(e), étincelant(e); (*diemwnt*) scintillant(e), étincelant; (*diod*) pétillant(e);
♦ **yn befriol** *adf* de façon étincelante *neu* brillante *neu* scintillante.
pefru *bg gw.* **pefrio**.
peg (-**iau**) *g* (*i ddal côt, het*) patère *f*; ~ **dillad** pince *f* à linge; ~ **pabell** piquet *m*; **prynu siwt oddi ar y** ~ acheter un costume de prêt-à-porter *neu* de confection; **cafodd beg wrth golli'i wraig** (*ergyd*) la perte de son épouse a été un rude coup pour lui.
pegan *b*
1 *gw.* **peg**.
2: **mi gafodd hi began** (*ei thwyllo*) elle a été roulée*, on l'a eue, elle a été dupée, on l'a fait marcher.
Pegasws *prg* Pégase.
pegio *ba* cheviller; ~ **dillad ar y lein** accrocher *neu* étendre du linge sur la corde (*à l'aide de pinces*).
pegol (-**ion**) *g* poinçon *m* de menuisier.
pegor (-**iaid**) *g*: **hen begor** un vieux bonhomme *m*.
pegwn (**pegynau**) *g*
1 (*DAEAR, ASTRON*) pôle *m*; **P**~ **y Gogledd/De** pôle *m* Nord/Sud; **o'r naill begwn i'r llall** d'un pôle à l'autre.
2 (*pifod*) pivot *m*.
pegyniad (-**au**) *g* polarisation *f*.
pegynol *ans* polaire.
pegynu *ba* polariser;
♦*bg* se polariser;
♦*g* polarisation *f*.
peidiad (-**au**) *g* cessation *f*, cesse *f*.
peidio *bg*: ~ **(â)**
1 (*i negyddu: cyff*) ne pas; **gofynnais iddo beidio â dod** je lui ai demandé de ne pas venir; **a ffoniaist ti hi? - na, 'roeddwn wedi addo** ~ tu lui as téléphoné? - non, j'avais promis de ne pas le faire; **wyt ti'n dod ai** ~? tu viens ou pas?, tu viens, oui ou non?.
2 (*i fynegi gorchymyn negyddol*) ne ... pas; **paid â chau'r drws** ne ferme pas la porte; **peidiwch â phoeni** ne vous en faites pas, ne vous en inquiétez pas; **peidiwch â bod mor wirion!** ne faites pas l'imbécile!; **paid â dweud dim wrthi** ne lui dis rien; **paid byth â bod yn athrawes** ne deviens jamais professeur; **peidiwch ag ofni neb** ne craignez personne; **ga' i ddweud wrtho? - na, peidiwch!** je peux le lui dire? - non, surtout pas!.
3 (*stopio*) cesser (de), s'arrêter (de); **mae'r glaw wedi** ~**, mae hi wedi** ~ **â bwrw glaw** la pluie a cessé *neu* s'est arrêtée; **rhaid imi beidio â bwyta gymaint o siocled** je dois m'arrêter de manger tant de chocolat; **paid!/peidiwch!** assez!, ça suffit!,

arrête!/arrêtez!

Peilat *prg* Pilate; **Pontius** ~ Ponce Pilate.

peilon (**-au**) *g* pylône *m*.

peilot (**-iaid**) *g* pilote *m*, aviateur *m*; **cynllun** ~ projet *m* expérimental *neu* d'essai, projet-pilote *m*; **fflam beilot** veilleuse *f* (*de cuisinière, de chauffe-eau*).

peillgod (**-au**) *b* sac *m* pollinique.

peilliaid *g* fleur *f* de farine.

peillio *ba* féconder (qch) avec du pollen; ~ **blawd** bluter *neu* sasser *neu* tamiser la farine; ♦*g* pollinisation *f*, fécondation *f*.

peillion *ll* fine farine *f*, fleur *f* de farine.

peilliwr (**peillwyr**) *g* blutoir *m*, bluteau(-x) *m*.

peillrif (**-au**) *g* taux *m* du pollen.

peint (**-iau**) *g* pinte *f*, ≈ demi-litre *m*; ~ **o gwrw** demi *m* de bière; **beth am fynd am beint?** on va prendre un pot*?, on va prendre un demi?, on va prendre un verre?, on va boire un coup*?; **mae'n hoffi ei beint** il aime son verre de bière.

peintiad (**-au**) *g gw.* **paentiad**.

peintio *ba gw.* **paentio**.

peintiwr (**peintwyr**) *g gw.* **paentiwr**.

peipen (**peipiau**) *b* tuyau(-x) *m*, conduite *f*, canalisation *f*; ~ **olew** pipeline *m*, oléoduc *m*; **system beipiau** tuyauterie *f*, canalisations *fpl*.

peipio *ba* transporter (qch) par tuyau *neu* conduite *neu* canalisation; ~ **olew ar draws yr anialwch** transporter du pétrole à travers le désert par pipeline *neu* par oléoduc; ~ **dŵr i mewn i rth** verser *neu* faire passer de l'eau dans qch à l'aide d'un tuyau; ~ **eisin ar gacen** décorer un gâteau de fondant (*à la douille*).

peiraid (**peireidiau**) *g* chaudronnée *f*.

peiran (**-nau**) *g* (*DAEAR*) cirque *m*.

peirianddryll (**-iau**) *g* mitrailleuse *f*; ~ **bach** mitraillette *f*.

peirianddryllio *ba* mitrailler.

peirianneg *b* ingénierie *f*, engineering *m*; **astudio** ~ faire des études d'ingénieur; ~ **sifil** travaux *mpl* publics; ~ **filwrol** génie *m* militaire; **ffatri beirianneg, gwaith** ~ atelier *m* de construction mécanique; **y diwydiant** ~ industries *fpl* d'équipement.

peiriannol *ans* mécanique; (*ffig*) machinal(e)(machinaux, machinales), automatique, mécanique; **dryll** ~ mitrailleuse *f*; **iaith beiriannol** langage *m* machine; **offeryn** ~ machine-outil(~s-~s) *f*.

peiriannydd (**peirianwyr**) *g* (*proffesiynol*) ingénieur *m*; (*menyw*) femme *f* ingénieur; (*masnachwr*) technicien *m*; (*atgyweiriwr*) dépanneur *m*, réparateur *m*; (*un sy'n gweithio peiriant*) machiniste *m/f*, opérateur *m* sur machine, opératrice *f* sur machine; (*RHEIL, MOR*) technicien *m*; ~ **sifil** ingénieur des travaux publics; **y peirianwyr milwrol** le génie *m*.

peiriant (**peiriannau**) *g*
1 (*cyff*) machine *f*; (*h.y. teclyn heb rannau symudol*) appareil *m*; **oes y** ~ siècle *m* de la machine *neu* des machines; ~ **adio** machine à calculer, calculatrice *f*; ~ **ateb** (*ffôn*) répondeur *m* automatique; ~ **ceiniogau** appareil à sous; ~ **cyfieithu** machine à traduire; ~ **domestig** appareil ménager; ~ **golchi** (*dillad*) machine à laver; ~ **golchi llestri** lave-vaisselle *m inv*, machine à laver la vaisselle; ~ **gwau** machine à tricoter; ~ **gwnïo** machine à coudre; ~**-saethwr** mitrailleur *m*; ~**-saethu** mitraillage *m*; **a wnaed gan beiriant** fait(e) à la machine; **gweithiwr** ~ machiniste *m/f*, opérateur *m* sur machine, opératrice *f* sur machine; **gweithdy peiriannau** atelier *m* d'usinage; **rhn sydd fel** ~ automate *m*, machine; **gwneud rhth gyda pheiriant, gwneud rhth ar beiriant** façonner qch à la machine, usiner qch.
2 (*injan*) moteur *m*; (*car*) moteur *m*; (*llong*) machine *f*; (*RHEIL*) locomotive *f*.
3 (*ffig: cyfundrefn*) machine *f*, appareil *m*, organisation *f*.

peirianwaith (**peirianweithiau**) *g* (*peiriannau yn gyffredinol*) machinerie *f*, machines *fpl*; (*rhannau peiriant*) mécanisme *m*, rouages *mpl*; ~ **llywodraeth** (*ffig*) les rouages de l'État.

peirianyddol *ans* mécanique; ♦ **yn beirianyddol** *adf* mécaniquement.

peisgwellt *ll* fétuque *f*.

peiswyn *g* balle *f*; (*gwellt wedi'i dorri*) menue paille *f*.

pêl (**peli**) *b* (*fach*) balle *f*; (*wedi'i llenwi â gwynt*) ballon *m*; (*biliard*) bille *f*, boule *f*; (*croquet, bowlio*) boule; (*COG: cig, pysgod*) boulette *f*; (*tatws*) croquette *f*; ~ **dennis/golff** balle de tennis/de golf; ~ **o dân** globe *m* de feu; **crwn fel** ~ rond(e) comme une boule; ~ **draeth** ballon de plage.

pela (**-on**) *g* (*ADAR*) mésange *f*.

pelawd (**-au**) *b* série *f* de six *neu* huit balles.

pêl-droed *g* (*y gêm*) football *m*; **gêm bêl-droed** match *m* de football; **chwarae** ~-~ jouer au foot* *neu* au football; **cae** ~-~ terrain *m* de football; **tîm** ~-~ équipe *f* de football; **esgidiau** ~-~ chaussures *fpl* de football; **cwpon** ~-~ fiche *f* de pari (*sur les matchs de football*); **cynghrair bêl-droed** championnat *m* de football; (*yn Ffrainc*) Fédération française de football; **hwligan** ~-~ vandale *m* (*qui assiste à un match de football*), hooligan *m*; **hwliganiaeth bêl-droed** vandalisme *m* (*lors d'un match de football*); **beth am gael gêm fach o bêl-droed?** on fait une petite partie de foot*?; ♦*b* (**peli troed**) (*y bêl*) ballon *m* de foot* *neu* de football, balle *f*.

pêl-droediwr (~**-droedwyr**) *g* joueur *m* de football, footballeur *m*.

pêl-droedwraig (~**-droedwragedd**) *b* joueuse *f*

de football.

peled (**-i**) *b* (*papur, bara*) boulette *f*; (*o glai*) pelote *f*; (*gwn*) plomb *m*, grain *m* de plomb; (*MEDD*) pilule *f*, grain *m*, bol *m*.

peledu *ba* bombarder.

pelen (**-ni**) *b* (*pêl: fach*) balle *f*; (*:fawr*) ballon *m*; (*biliard*) bille *f*, boule *f*; (*o edafedd, o glai*) pelote *f*, peloton *m*; (*eira*) boule de neige; (*pilsen*) pilule *f*, grain *m*, bol *m*; (*o ddryll*) balle; (*o wn*) obus *m*; (*o bowdr gwn ayb*) charge *f*; **crwn fel** ~ rond(e) comme une boule *neu* bille; ~ **y llygad** bulbe *m* de l'œil, globe *m* de l'œil.

pelennu *bg* former une boule, s'enrouler, se mettre *neu* se rouler en boule.

pêl-fas *g* (*y gêm*) base-ball *m*; **chwarae** ~-~ jouer au base-ball.

pêl-fasged *g* (*y gêm*) basket(-ball) *m*; **chwarae** ~-~ jouer au basket; **chwaraewr** ~-~ basketteur *m*; **chwaraewraig** ~-~ basketteuse *f*;
♦*b* (*y bêl*) ballon *m* de basket.

pêl-fasgedwr (~**-fasgedwyr**) *g* basketteur *m*

pêl-faswr (~**-faswyr**) *g* baseballeur *m*.

pelferyn (**-nau**) *g* bille *f*; **sy'n gweithio â phelferynnau** (*peirianwaith*) avec roulement *m* à billes.

pelfig *ans* pelvien(ne); **gwregys** ~ ceinture *f* pelvienne.

pelfis (**-au**) *g* (*CORFF*) bassin *m*, pelvis *m*.

pêl-foli *g* (*y gêm*) volley(-ball) *m*; **chwaraewr** ~-~ volleyeur *m*; **chwaraewraig** ~-~ volleyeuse *f*;
♦*b* (*y bêl*) ballon *m* de volley.

pelican (**-od**) *g* (*ADAR*) pélican *m*.

pêl-law *g* (*y gêm*) hand-ball *m*; **chwaraewr** ~-~ hand-balleur *m*; **chwaraewraig** ~-~ hand-balleuse *f*;
♦*b* (*y bêl*) ballon *m* de hand-ball.

pelmet (**-au**) *g* (*pren*) lambrequin *m*; (*defnydd*) cantonnière *f*.

pêl-rwyd *g* (*y gêm*) netball *m*;
♦*b* (*y bêl*) ballon *m* de netball.

pêl-rwydwr (~**-rwydwyr**) *g* joueur *m* de netball.

pêl-rwydwraig (~**-rwydwragedd**) *b* joueuse *f* de netball.

pelten (**peltiau**) *b* gifle *f*; **rhoi** ~ **i rn** gifler qn, donner une gifle à qn.

peltio *ba* (*rhoi pelten i*) donner une gifle à; **dechrau** ~**'ch gilydd** en venir aux mains.

pelwr (**pelwyr**) *g* joueur *m* de ballon, joueuse *f* de ballon.

pelydr[1] (**-au**) *g* rayon *m*; (*golau*) rayon lumineux, trait *m*; ~ **X** rayon X; **llun** ~ **X** radiographie *f*, radio* *f*; **mynd am driniaeth** ~ **X** se faire radiographier, se faire faire une radio*; **tynnu llun** ~ **X o rn** radiographier qn; **archwiliad** ~ **X** examen *m* radioscopique; **triniaeth** ~ **X** radiothérapie *f*.

pelydr[2] (**-au**) *g* (*PLANH*) pariétaire *f*.

pelydr[3] *g gw.* **paladr**.

pelydriad (**-au**) *g* (*gwres*) rayonnement *m*.

pelydrol *ans* radieux(radieuse), rayonnant(e);
♦ **yn belydrol** *adf* de façon radieuse *neu* rayonnante.

pelydru *bg* rayonner, luire; (*FFIS*) irradier;
♦*ba* (*gwres*) émettre, dégager; (*FFIS*) irradier.

pelydrydd (**-ion**) *g* radiateur *m*.

pelydryn (**pelydrau**) *g gw.* **pelydr**[1].

pell *ans* lointain(e), éloigné(e); (*golwg*) perdu dans le vague, distrait(e), absent(e); (*cof*) flou(e); (*perthynas*) éloigné; **pa mor bell yw ...?** combien y a-t-il jusqu'à ...?; **a yw Caerdydd yn bell?** est-ce loin pour aller à Cardiff?; **lle** ~ **o bob man** endroit très isolé *neu* lointain, endroit loin de tout autre endroit; **ym mhen pellaf rhth** à l'extrémité de qch, à l'autre bout de qch; **ar ochr bellaf rhth** de l'autre côté de qch, au-delà de qch; **y Dwyrain P**~ l'Extrême-Orient *m*; **o bell ffordd** de loin, de beaucoup; **ymddygiad** ~ attitude *f* distante *neu* froide; **yn y dyfodol/gorffennol** ~ dans un avenir/un passé lointain; ~ **y bo'r fath syniad!** loin de moi cette idée!;
♦ **yn bell** *adf* loin; **pa mor bell ydych chi arni gyda'r gwaith?** où en êtes-vous du travail?; **mae'r gwaith 'ma'n bell o fod yn foddhaol** ce travail est loin d'être satisfaisant; **cyn belled ag y gwyddost ti** pour autant que tu saches *subj*; **cyn belled ag y gellir** dans la mesure du possible; **cyn belled ag yr ydych chi yn y cwestiwn** en ce qui vous concerne; **mor bell yn ôl ag y gelli ei gofio** d'aussi loin que tu t'en souviennes *subj*; **mor bell yn ôl â 1960** déjà en 1960; **yn bell uwchlaw** loin au-dessus de; **yn bell y tu hwnt** bien au-delà; **mae'ch symiau chi'n bell ohoni** vous avez fait une énorme erreur de calcul; **mae hyn yn bell ar y blaen** ceci est beaucoup *neu* bien mieux.
► **mynd yn bell**
1 (*llyth*): **pa mor bell ydych chi'n mynd?** jusqu'où allez-vous?; **pa mor bell ydyn ni wedi mynd bellach?** où en sommes-nous maintenant?.
2 (*ffig*): **mi awn mor bell â dweud ...** je dirais même que ...; **mae hynna'n mynd yn rhy bell** cela dépasse les bornes, cela c'est exagéré; **'rwyt ti'n mynd yn rhy bell nawr** alors là tu exagères; **mae hi wedi mynd yn rhy bell i dynnu'n ôl nawr** elle est trop engagée pour reculer maintenant; **mor bell ag y mae hynna'n mynd** pour ce qui est de cela; **yn araf bach mae mynd yn bell** qui va doucement va loin;
♦*g* loin; **o bell** de loin; **o bell ac agos** partout; **perthyn o bell** être d'une parenté éloignée; **mae hi'n gyfnither imi, o bell** c'est une cousine éloignée; **gweld rhth o bell** voir qch de loin.

pelled *ans* (*gradd gyfartal 'pell'*): **cyn belled â**

gw. **cyn**[2].

pellen (**-ni**) *b* (*gwlân, llinyn*) pelote *f*, peloton *m*; (*i drwsio sanau*) œuf *m* à repriser, boule *f* à repriser.

pellennig *ans* lointain(e), éloigné(e); (*anghysbell*) isolé(e); **mewn rhannau ~ o Affrica** au fin fond de l'Afrique.

pellennu *bg gw.* **pelennu**.

pellgyrhaeddol *ans* d'une grande portée.

pellhad *g* éloignement *m*.

pellhau *ba* éloigner;

♦*bg* s'éloigner.

pellter (**-au, -oedd**) *g* (*rhwng pethau*) distance *f*, écart *m*; **y ~ rhwng y tai/pentrefi** la distance qui sépare les maisons/les villages; **y ~ rhwng y llinellau/pyst** l'écartement *m* des lignes/des poteaux; **~ y gartref o bobman** l'éloignement *m neu* l'isolement *m* du village; **mae gryn bellter o ..** c'est assez loin de ..., c'est à une certaine distance de ...; **yr un ~ oddi wrth ei gilydd** à égale distance l'un(e) de l'autre; **yn y ~** au loin, dans le lointain; **o bellter** de loin; **cadw tipyn o bellter rhyngoch chi â rhn** garder ses distances de qn, tenir qn à distance *neu* à l'écart; **ar bellter o ganllath** à une distance de cent mètres.

pelltra *g gw.* **pellter**.

pen[1] (**-nau**) *g*

1 (*CORFF*) tête *f*; **cur ~, ~ tost** mal(maux) *m* de tête; (*meigryn*) migraine *f*; (*ffig*) problème *m*; **bod â phen tost, bod â chur yn eich ~** avoir mal à la tête, avoir la migraine; **annwyd yn y ~** rhume *m* de cerveau; **llond ~ o wallt** une belle chevelure *f*; **o'ch ~ i'ch sawdl** de la tête jusqu'aux pieds; **mae Gwyn ben ac ysgwyddau'n uwch na'r lleill** Gwyn dépasse les autres d'une tête; **â'ch ~ i lawr** la tête en bas; **sefyll ar eich ~** faire le poirier; **gallet ti wneud hynny'n sefyll ar dy ben** (*ffig*) c'est simple comme bonjour; **gweiddi nerth eich ~** crier à tue-tête; **rhoi het am eich ~** mettre un chapeau; **'roedd hi dros ei phen a'i chlustiau mewn cariad ag ef** elle était follement amoureuse de lui; **'roedd hi dros ei phen a'i chlustiau mewn dyled** elle était endettée jusqu'au cou, elle était criblée *neu* accablée de dettes.

2 (*ymennydd, meddwl*) tête *f*; **rhifyddeg ~** calcul *m* mental; **cymryd yn eich ~ i wneud rhth** se mettre en tête de faire qch; **beth sy'n mynd ymlaen yn ei phen hi?** qu'est-ce qui lui passe par la tête?; **beth roddodd y syniad yna yn dy ben di?** qu'est-ce qui t'a mis cette idée-là dans la tête?; **mae'r alaw 'ma wedi bod yn mynd drwy 'mhen i drwy'r bore** cet air m'a trotté dans la tête toute la matinée; **elli di wneud hynny yn dy ben?** tu peux faire ça de tête?; **mae wedi mynd i'w phen hi** cela lui est monté à la tête; **mae dau ben yn well nag un** deux avis valent mieux qu'un; **mae wedi colli'i ben yn lân** il a tout à fait perdu la tête *neu* la boule*; **mae o wedi gwirioni'i ben â hi** il est entiché d'elle, il a le béguin* pour elle; **ym mhob ~ mae piniwn** autant d'hommes autant d'avis.

3 (*ceg*) bouche *f*, gueule* *f*; **cau dy ben!*** ferme-la!*, ta gueule!*; **llond ~** (*o fwyd*) bouchée *f*; (*o ddiod*) gorgée *f*; **rhoi llond ~ i rn** (*dweud y drefn*) passer un bon savon à qn*.

4 (*unigolyn: prisiau ayb*): **20F y ~** 20F par tête, 20F par personne; **treth y ~** capitation *f*.

5 (*pennaeth*) chef *m*; **bod yn ben ar rth** être à la tête de qch.

6 (*rhan uchaf, blaen: mynydd*) faîte *m*, sommet *m*, haut *m*; (*:grisiau, tudalen*) haut; (*:gwely*) chevet *m*; (*:bwrdd*) (haut) bout *m*; (*:gorymdaith*) tête *f*; **ym mhen y rhes** en tête du rang; **ym mhen y bwrdd** au haut bout de la table; **eistedd ym mhen y bwrdd** être assis(e) à la place d'honneur.

7 (*rhan bellaf, lle mae rhth yn diweddu*) bout *m*, extrémité *f*; **o'r naill ben i'r llall, o ben bwy'i gilydd** d'un bout à l'autre; **y ~ arall** l'autre bout; **ar bennau'ch bysedd** sur le bout des doigts; **yr ail o'r ~** l'avant-dernier *m*, l'avant-dernière *f*.

8 (*ochr*) côté *m*; **'does dim anhawster yn y ~ yma** de mon côté tout va bien; **~ trymaf y baich** le gros du travail; **newid ~** (*CHWAR*) changer de côté.

9 (*diwedd*) fin *f*, terme *m*; **dyna ben!** c'est fini!; **dod i ben** (*gorffen*) finir, prendre fin, venir à son terme; **mae'r haf yn dod i ben** l'été tire à sa fin; **dod â rhth i ben** (*sgwrs, ysgrif*) achever qch, conclure qch; (*gwaith*) terminer qch; (*cyfathrach*) mettre fin à qch; (*cyfnod o wasanaeth*) accomplir qch; **dod i ben â gwneud rhth** (*llwyddo*) réussir à faire qch, arriver à faire qch; **sut y daeth hi i ben â'i wneud?** comment s'y est-elle prise pour le faire?.

10 (*ar gasgliad, bloryn ayb*) tête *f*; **dod i ben** (*casglu*) mûrir.

11 (*wyneb darn o arian*): **~ ynteu cynffon?** pile ou face?; **ni alla' i ddim gwneud na phen na chynffon o hyn** je n'y comprends rien, pour moi ça n'a ni queue ni tête.

12 (*pennawd*): **'roedd sawl ~ i'r bregeth** le sermon était divisé en plusieurs têtes de chapitre *neu* en plusieurs parties.

13 (*mewn ymadroddion*): **~ bach** crâneur *m*; **~ mawr** (*ar ôl yfed*) gueule *f* de bois*; **~ dafad, ~ meipen, ~ nionyn, ~ rwdan, ~ swejen** andouille *f*, imbécile *m/f*, crétin *m*, crétine *f*; **mae hi'n hen ben** c'est une femme d'une grande intelligence; **â'ch ~ yn y gwynt** la tête dans les nuages; **â'ch ~ yn eich plu** abattu(e), déconfit(e), penaud(e), déprimé(e), mélancolique; **cadw'ch ~**

uwchlaw'r dŵr se maintenir à flot; **tynnu rhth yn eich** ~ attirer qch sur la tête, s'attirer qch; **trio'i dal hi ym mhob** ~ s'occuper à trop de choses; **ar eich** ~ **eich hun** tout(e) seul(e); **ar ei ben ei hun, ar ei phen ei hun** (*unigryw*) unique; **o'ch** ~ **a'ch pastwn eich hun** de sa propre initiative; **tŷ wedi mynd â'i ben iddo** maison *f* délabrée; **codi ben bore** se lever de bon matin; **os aiff hi i'r** ~ en dernier recours; **dros ben** *gw.* **tros**.

▶ **pen blaen** devant *m*; (*car ayb*) avant *m*; (*trên, ciw*) tête *f*; (*llong*) proue *f*.

▶ **pen draw** extrémité *f*; **yn y** ~ **draw** à la fin, à la longue.

▶ **pen ôl** arrière *m*; (CORFF) derrière *m*; (*anifail*) arrière-train *m*.

▶ **am ben**: **chwerthin am ben rhn, gwneud hwyl am ben rhn** se moquer de qn.

▶ **ar ben**

1 (*ar*) sur, en haut de, au sommet de, en tête de, au faîte de; **'roedd hi ar ben y grisiau** elle était en haut de l'escalier; **bod ar ben y dosbarth** être premier(première) de la classe; **bod ar ben y siartiau** être en tête du hit parade; **bod ar ben eich digon** (*cyfoethog*) vivre dans l'aisance, être riche *neu* aisé(e) *neu* bien nanti(e); (*wrth eich bodd*) être très content(e); **rhoi rhn ar ben y ffordd** montrer les ficelles à qn.

2 (*yn ychwanegol*): **ar ben yr hyn sydd ganddo eisoes** en plus de ce qu'il a déjà; **ac ar ben popeth** pour comble, pour couronner le tout; **ar ben hynny** en sus de cela, autre cela.

3 (*wedi gorffen*) fini(e), terminé(e); **bod ar ben** (*gweithred*) être terminé; (*cyfnod, amser*) être écoulé(e); (*adnoddau*) être épuisé(e); (*amynedd*) être à bout; **mae hi ar ben arna' i** je suis cuit(e), je suis fichu(e), c'en est fait de moi.

▶ **ar ei ben**

1 (*yn union*) exactement; **mae'n ddeg o'r gloch ar ei ben** il est dix heures juste *neu* pile.

2 (*yn ddiamwys*) franchement; **gwadu/gwrthod rhth ar ei ben** nier/refuser qch nettement *neu* carrément.

3 (*mewn ymadroddion*): **fe gwympodd hi ar ei phen i lawr y grisiau** elle est tombée la tête la première dans l'escalier; **fe aeth y car ar ei ben i'r dibyn** la voiture s'est jetée dans le précipice; **fe aeth hi ar ei phen i helynt** elle s'est attiré des ennuis tout de suite.

pen[2] *ans*

1 (*prif*) principal(e)(principaux, principales).

2 (*olaf*) dernier(dernière); **tŷ** ~ dernière maison *f*, maison du bout.

pen[3] (**-iau**) *g* (*ysgrifennu*) stylo *m*.

penaethes (**-au**) *b* patronne *f*; (*ysgol*) directrice *f* *gw. hefyd* **pennaeth**.

penagored *ans* (*cwestiwn*) irrésolu(e), non tranché(e), indécis(e); **trafodaeth benagored** discussion ouverte; **cynnig** ~ offre flexible; **gadael rhth yn benagored** ne pas trancher qch, laisser qch en suspens, ne pas arrêter *neu* préciser qch; **gadael trafodaeth yn benagored** ne pas trancher la question, laisser la question en suspens; **gadael y dyddiad/y trefniadau yn benagored** ne pas arrêter *neu* préciser la date/les dispositions.

penarglwyddiaeth *b* souveraineté *f*.

penarglwyddiaethol *ans* souverain(e).

penbaladr *ans* entier(entière); **trwy Gymru benbaladr** partout au pays de Galles.

pen-bawd *g* (ADAR) mésange *f*.

penben: **benben** *adf*: **bod yn benben (â rhn)** être en désaccord complet (avec qn), être à couteaux tirés (avec qn); **mae'r tŷ 'ma'n benben** tout est sens dessus dessous ici; **gyrru pobl yn benben** mettre les gens en désaccord.

pen-blaenor (~-~**iaid**) *g président du conseil d'un temple protestant.*

penbleth *b* (*dryswch*) embêtement* *m*, confusion *f*, perplexité *f*, désorientation *f*; (*amheuaeth*) doute *m*; **mewn** ~ perplexe, d'un air perplexe, confus(e), déconcerté(e), dérouté(e), désorienté(e); **bod mewn** ~ être réduit(e) à quia, ne pas savoir à quel saint se vouer, être perplexe.

penblwydd (**-i**) *g* anniversaire *m*; **cerdyn** ~ carte *f* d'anniversaire; **cacen** *ou* **teisen benblwydd** gâteau(-x) *m* d'anniversaire; **anrheg** ~ cadeau(-x) *m* d'anniversaire; **parti** ~ soirée *f* d'anniversaire, petite fête *f* d'anniversaire; **beth yw dyddiad dy benblwydd?** quelle est la date de ton anniversaire?; ~ **hapus!** bon anniversaire!; **dathlu'ch** ~ fêter son anniversaire; ~ **priodas** anniversaire de mariage; **maen nhw'n dathlu** ~ **eu priodas** ils fêtent l'anniversaire de leur mariage.

penboeth *ans* (*rhn*) exalté(e), impétueux(impétueuse), fanatique, extrémiste;

♦ **yn benboeth** *adf* impétueusement, fanatiquement, de façon extrémiste, sans réfléchir; **rhuthro'n benboeth** foncer tête baissée.

penboethni *g* fanatisme *m*.

penboethyn (**penboethiaid**) *g* extrêmiste, tête *f* brûlée, fanatique *m/f*, extrémiste *m/f*.

penbwl (**penbyliaid**) *g* têtard *m*; **y** ~***!** imbécile! *m*.

pencadlys (**-oedd**) *g* bureau(-x) *m*, siège *m* central *neu* principal; (MIL) quartier *m* général; **mae eu** ~ **nhw yng Nghaerdydd** ils ont leur siège à Cardiff.

pencampwr (**pencampwyr**) *g* champion *m*; ~ **y byd** champion du monde; ~ **sgio** champion de ski.

pencampwraig (**pencampwragedd**) *b* championne *f*.

pencampwriaeth (**-au**) *b* championnat *m*.

pencawna *bg* lanterner, traînasser.
pencerdd (**penceirddiaid**) *g* (*CERDD*) musicien *m* en chef *neu* principal, musicienne *f* en chef *neu* principale; (*BARDD*) poète *m* en chef *neu* principal, poétesse *f* en chef *neu* principale.
penci (**pencwn**) *g* (*PYSG*) chien *m* de mer; **y** ~ **gwirion!** espèce d'imbécile!
pen-cogydd (~-~**ion**) *g* chef *m* cuisinier.
penchwiban *ans* (*anwadal*) frivole, volatile, inconstant(e), volage;
♦ **yn benchwiban** frivolement, de façon frivole *neu* volatile *neu* inconstante.
penchwibandod *g* frivolité *f*, inconstance *f*.
pendant *ans* (*rhn*) assuré(e), ferme, positif(positive), décisif(décisive), inébranlable, certain(e), sûr(e); (*ffaith, prawf*) indéniable, sûr, certain; (*cytundeb, cynllun*) bien déterminé(e), précis(e); (*cyfraniad*) effectif(effective); (*gwelliant*) net(te), sûr, certain, manifeste, réel(le), tangible; (*bwriad, archeb*) ferme; (*trefn*) formel(le); (*ffordd, dull*) assuré(e), positif(positive); **'rwy'n bendant ynghylch hynny!** j'en suis sûr(e) *neu* certain(e); **'rwy'n bendant siŵr** je suis tout à fait certain(e); **mae'n bendant ...** il est certain *neu* sûr que + *indic*; **a yw hi'n bendant bod ...** est-il certain que + *subj*; **'roedd yn bendant ynglŷn â'r pwynt** il a été catégorique *neu* très net sur la question;
♦ **yn bendant** *adf* sans aucun doute, certainement, indéniablement, formellement, de façon certaine, positivement; **yn bendant well** nettement *neu* manifestement meilleur; **yn bendant!** absolument!, bien sûr!; **fe ddywedodd hi'n bendant ...** elle a déclaré catégoriquement *neu* carrément que ...
pendantrwydd *g* décision *f*, fermeté *f*; (*sicrwydd*) certitude *f*.
pendefig (**-ion**) *g* (*tywysog*) prince *m*; (*arglwydd*) aristocrate *m*, noble *m*.
pendefigaeth (**-au**) *b* aristocratie *f*, noblesse *f*.
pendefigaidd *ans* (*llinach*) aristocratique, noble; (*tywysogaidd*) princier(princière); (*golwg, llais*) distingué(e);
♦ **yn bendefigaidd** *adf* de façon princière *neu* aristocratique.
pendefiges (**-au**) *b* (*tywysoges*) princesse *f*; (*arglwyddes*) aristocrate *f*, noble *f*, dame *f* noble.
penderfyniad (**-au**) *g*
1 (*cyff*) décision *f*; **gwneud** ~ prendre une décision; **dod i benderfyniad ynglŷn â rhth** décider de qch.
2 (*casgliad, canlyniad*) conclusion *f*; **dod i'r** ~ **...** conclure que.
3 (*natur benderfynol*) esprit *f* de décision, capacité *f* à prendre des décisions détermination *f*, résolution *f*; **mae llawer o benderfyniad ganddo** il est très décidé *neu* volontaire *neu* résolu, il a de la suite dans les idées.
penderfyniaeth *b* déterminisme *m*.
penderfyniedydd (**-ion**) *g* déterministe *m/f*.
penderfynol *ans* résolu(e), déterminé(e), décidé(e); (*ystyfnig*) têtu(e), obstiné(e), entêté(e), opiniâtre; **bod yn benderfynol o wneud rhth** être résolu(e) *neu* déterminé(e) *neu* bien décidé(e) à faire qch; **bod yn benderfynol bod ...** être déterminé(e) *neu* décidé(e) à ce que + *subj*; **mae'n ddyn** ~ **iawn** il est très décidé *neu* volontaire *neu* résolu, il a de la suite dans les idées;
♦ **yn benderfynol** *adf* résolument, fermement, obstinément.
penderfynoldeb, **penderfynolrwydd** *g* résolution *f*, esprit *m* de décision, attitude *f* tranchée, fermeté *f*, opiniâtreté *f*, obstination *f*.
penderfynu *ba* se décider à; (*pennu*) décider; ~ **gwneud rhth** se décider à faire qch, décider de faire qch, se résoudre à faire qch, résoudre de faire qch; **penderfynais brynu rhai** je me suis décidé(e) à en acheter, j'ai décidé d'en acheter; **penderfynwyd ...** on a décidé que, il a été décidé que; **rhaid iti benderfynu** il te faut prendre une décision, il faut te décider; ~ **o blaid rhth** se décider pour qch *neu* en faveur de qch; ~ **yn erbyn rhth** se décider contre qch; ~ **ar** se décider pour, choisir.
penderfynwr (**penderfynwyr**) *g* arbitre *m*.
penderfynydd (**-ion**) *g* déterminant *m*.
pendew *ans* bête, obtus(e), borné(e), stupide;
♦ **yn bendew** *adf* stupidement, bêtement.
pendics (**-iau**) *g* appendice *m*; **llid y** ~ appendicite *f*; **cael tynnu eich** ~ se faire opérer de l'appendicite.
pendifaddau: **yn bendifaddau** *adf* sans aucun doute, sans le moindre doute, indubitablement, à n'en pas douter.
pendil (**-iau**) *g* pendule *m*; (*cloc*) balancier *m*.
pendist (**-iau**) *g* colonnade *f*.
pendonciwr (**pendoncwyr**) *g* fan* *m/f* de hard rock.
pendramwnwgl *ans*: **mae popeth yn bendramwnwgl** tout est sens dessus dessous; (*ffig*) c'est le monde à l'envers *neu* renversé;
♦ **yn bendramwnwgl** *adf*: **cwympo'n bendramwnwgl** tomber la tête la première.
pendraphen: **yn bendraphen** *adf* à la débandade, désordonné(e).
pendrawst (**-iau**) *g* architrave *f*; (*drws, ffenestr*) encadrement *m*.
pendrist *ans* abattu(e), triste, déprimé(e);
♦ **yn bendrist** *adf* tristement.
pendro *b* vertiges *mpl*, étourdissements *mpl*; **trawiad gan y bendro** un vertige, un étourdissement; **dioddef o'r bendro** être sujet(te) aux vertiges *neu* aux étourdissements; **cael y bendro** être pris(e) de

vertige *neu* d'un étourdissement; **codi'r bendro ar rn** donner le vertige à qn.
pendrondod *g* vertige *m*.
pendroni *bg* (*meddwl, ystyried*) penser, réfléchir (sérieusement), songer; ~ **dros rth** essayer de comprendre; **'rydw i'n dal i bendroni dros ble y mae e' wedi ei guddio** je suis encore à me demander où il a bien pu le cacher.
pendrwm *ans* (*adeiledd*) trop lourd(e) du haut; (*ffig: sefydliad*) mal équilibré(e); (*rhn*) somnolent(e); **teimlo'n bendrwm** avoir envie de dormir; **dechrau teimlo'n bendrwm** s'assoupir.
pendrymu, **pendwmpian** *bg* somnoler, s'assoupir, sommeiller, faire un petit somme.
penddar, **penddaredd** *g* vertiges *mpl*, étourdissements *mpl*.
penddaru *bg* être pris(e) de vertige;
♦*ba* donner le vertige à.
penddelw (**-au**) *b* buste *m*.
penddu *ans* aux cheveux noirs;
♦*g* (PLANH) filage *m*, cotonnière *f*; (ADAR) fauvette *f* à la tête noire; ~**'r brwyn** bruant *m* des roseaux;
♦*b*: **y benddu** (*ar wenith*) charbon *m* du blé.
pendduyn (**-nod**) *g* furoncle *m*; (*ploryn bach du*) point *m* noir, comédon *m*.
penelin (**-oedd**) *g,b* coude *m*; **wrth eich** ~ à ses côtés; **côt wedi mynd yn dwll yn y** ~**oedd** manteau(-x) *m* troué aux coudes.
penelino *ba* coudoyer.
peneuraid *g* (PLANH) bouton *m* d'or.
peneuryn (**-od**) *g* (ADAR) chardonneret *m*.
penfar (**-au**) *g* (*a wisgir gan gi*) muselière *f*.
penfeddal *ans* niais(e), sot(te);
♦ **yn benfeddal** *adf* niaisement, sottement.
penfeddalwch *g* niaiserie *f*, sottise *f*.
penfeddw *ans* étourdi(e), pris(e) de vertige, écervelé(e); **'rwy'n benfeddw** la tête me tourne;
♦ **yn benfeddw** *adf* étourdiment, à l'étourdie.
penfeddwdod *g* vertige *m*, étourdissement *m*.
penfeddwi *bg* être étourdi(e), être pris(e) de vertige;
♦*ba* étourdir, donner le vertige à.
penfoel *ans* chauve.
penfoelni *g* calvitie *f*.
penfras (**penfreisiaid, penfreision**) *g* morue *f*; (*wedi'i goginio*) cabillaud *m*; **olew iau** *ou* **afu** ~ huile *f* de foie de morue.
penfrith (**penfraith**) *ans* aux cheveux grisonnants.
penffast *ans* têtu(e), obstiné(e), opiniâtre.
penffestr (**-au**) *g* licou *m*.
penffrwyn (**-au**) *g* muselière *f*, licou *m*.
pengadarn *ans gw.* **pengaled**.
pengaled *ans* têtu(e), obstiné(e), opiniâtre, entêté(e); (*anifail*) rétif(rétive);
♦ **yn bengaled** *adf* obstinément; (*yn benderfynol*) décidément, volontairement, résolument;
♦*b*: **y bengaled** (PLANH) centaurée *f* noire.
pengaledwch *g* entêtement *m*, obstination *f*, opiniâtreté *f*.
pengam *ans* (*rhn*) qui a l'esprit de travers, pervers(e), entêté(e), opiniâtre, obstiné(e), têtu(e);
♦ **yn bengam** *adf* obstinément, opiniâtrement, sans démordre.
pengamrwydd *g* perversité *f*, obstination *f*, entêtement *m*.
pengernyn *g* (PYSG) grondin *m*.
pen-glin (**pennau gliniau, pen(g)liniau**) *b* genou(-x) *m*; **bod ar eich pennau gliniau** être à genoux; **mynd ar eich pennau gliniau o flaen rhn** tomber *neu* se mettre à genoux devant qn; (*ffig*) supplier qn à genoux; **mae'r trowsus yma wedi mynd yn dwll yn y pennau gliniau** ce pantalon est usé aux genoux; **trowsus** ~-~ culotte *f* courte; **padell** ~-~, **pellen** ~-~ rotule *f*; **'roedd y dŵr at ei phennau gliniau** l'eau lui arrivait *neu* venait jusqu'aux genoux; **cymal y** ~-~ articulation *f* du genou.
penglog (**-au**) *b* crâne *m*; ~ **ac esgyrn** tête *f* de mort; **baner** ~ **ac esgyrn** pavillon *m* à tête de mort.
pengoch *ans* aux cheveux roux;
♦*b* (PLANH) persicaire *f*.
pengorllanw *g* marée *f* haute.
pen-gorn (~**-gyrn**) *g* écouteurs *mpl*.
pengrwn (**pengron**) (**pengrynion**) *ans* à la tête ronde.
pengrych (**pengrech**) *ans* aux cheveux frisés.
pengryf (**pengref**) (**pengryfion**) *ans* têtu(e), obstiné(e), opiniâtre.
Pengryniad (**Pengryniaid**) *g* Tête *f* ronde.
pengwin (**-iaid**) *g* pingouin *m*, manchot *m*.
penhaearn (**-od**) *g* (PYSG) grondin *m*.
penhwyad (**penhwyaid**) *g* brochet *m*.
peniad (**-au**) *g* coup *m* de tête.
penigamp *ans* excellent(e), magnifique, formidable*, admirable, parfait(e); ~! bravo!, très bien!, c'est parfait *neu* formidable*!, c'est on ne peut mieux!;
♦ **yn benigamp** *adf* admirablement, parfaitement, excellemment, on ne peut mieux.
penigan (**-au**) *g* (PLANH) mignardise *f*; ~ **y gerddi** œillet *m*.
penio *bg* faire une tête;
♦*ba* donner un coup de tête à.
peniog *ans* intelligent(e), à l'esprit éveillé(e), astucieux(astucieuse), doué(e); **mae hi'n beniog mewn Ffrangeg** elle est forte en français;
♦ **yn beniog** *adf* astucieusement, intelligemment.
penis (**-au**) *g* (CORFF) pénis *m*.
penisel *ans* abattu(e), triste, démoralisé(e), découragé(e); **teimlo'n benisel** avoir le

cafard*, ne pas avoir le moral;
♦ **yn benisel** *adf* de façon abattue *neu* démoralisée *neu* découragée, tristement.
penisilin *g* pénicilline *f*.
pen-lin (**-iau**) *g gw.* **pen-glin**.
penliniad (**-au**) *g* génuflexion *f*.
penlinio *bg* s'agenouiller, se mettre à genoux.
penllanw (**-au**) *g* hautes eaux *fpl*, marée *f* haute; (*ffig*) sommet *m*, apogée *m*.
penllinyn (**-nau**) *g* indication *f*; (*HEDDLU*) indice *m*; **dod o hyd i benllinyn rhth** découvrir la clef de qch; **cael dau benllinyn ynghyd** se débrouiller, joindre les deux bouts.
penllwyd (**-ion**) *ans* aux cheveux gris;
♦*g* (*PYSG: gleisiad*) jeune saumon *m*
penllwydni *g* cheveux *mpl* gris *neu* grisonnants.
penllywodraeth *b* souveraineté *f*.
penllywydd (**-ion**) *g* souverain *m*.
penllywyddiaeth *b* souveraineté *f*.
pennaeth (**penaethiaid**) *g* (*ar dylwyth ayb*) chef *m*; (*ar gwmni ayb*) patron *m*; (*adran mewn busnes*) chef de service; (*adran mewn siop*) chef de rayon; (*YSGOL: prifathro, prifathrawes*) directeur *m*, directrice *f*; (:*adran mewn ysgol*) chef de section.
pennaf *ans* principal(e)(principaux, principales), en chef;
♦ **yn bennaf** *adf* surtout, par-dessus tout; (*yn gyntaf, bwysicaf, fwyaf*) principalement; (*yn gyffredinol, gan amlaf*) pour la plupart, en général.
pennawd (**penawdau**) *g* titre *m*; (*yn ôl pwnc*) rubrique *f*; (*ar ben llythyr ayb*) en-tête *m*; (*mewn papur newydd*) manchette *f*, titre *m*; **mae hwn yn dod dan y ~ ...** ceci se classe sous la rubrique de, ceci vient au chapitre de; **penawdau'r newyddion** (*RADIO, TELEDU*) les grands titres de l'actualité; **cyrraedd y penawdau** faire les gros titres, être en manchette, défrayer la chronique; **a dyma'r penawdau unwaith eto** et maintenant le rappel des (grands) titres.
pennill (**penillion**) *g* (*barddoniaeth*) strophe *f*, stance *f*; (*cân*) couplet *m*; **canu penillion** *genre m de chant traditionnel et propre au pays de Galles où l'on chante des strophes en contre-chant au thème mélodique principal joué à la harpe.*
pennod (**penodau**) *b* chapitre *m*.
pennoeth *ans* nu-tête *inv*;
♦ **yn bennoeth** *adf* nu-tête, la tête nue.
pennog (**penwaig**) *g* hareng *m*; **~ Mair** pilchard *m*.
pennu *ba* nommer, déterminer, spécifier, préciser, prescrire; (*dyddiad, lle*) fixer.
penodedig *ans* prescrit(e); (*wedi ei benderfynu*) désigné(e), fixe; (*llyfrau*) inscrit(e) au programme; (*wedi eich penodi i swydd*) nommé(e), désigné(e); **ar yr amser ~** à l'heure dite *neu* convenue.
penodi *ba* (*enwi: i swydd*) nommer, désigner; **~ ysgrifenyddes newydd** engager une nouvelle secrétaire.
penodiad (**-au**) *g* (*enwad i swydd*) nomination *f*, désignation *f*; **mae rhai ~au i'w gwneud eto** il y a encore plusieurs postes à pourvoir.
penodol *ans* (*neilltuol*) particulier(particulière); (*arbennig*) spécial(e)(spéciaux, spéciales); (*diffiniedig, arbennig*) défini(e), précis(e); **heb reswm ~** sans raison précise *neu* bien définie; **yn yr achos ~ hwn** dans ce cas particulier; **dim byd ~** rien de particulier *neu* de spécial; **ar adeg benodol** à un moment donné *neu* voulu;
♦ **yn benodol** *adf* en particulier, spécialement, nommément.
penodwr (**penodwyr**) *g* celui qui nomme *neu* désigne (qn) à un emploi.
penogyn *g gw.* **pennog**.
pen-ôl (**penolau**) *g* derrière *m*, fesses *fpl*; (*ceffyl ayb*) arrière-train *m*, croupe *f*.
pen-pali *g* (*ADAR*) mésange *f* bleue.
penrhwym (**-au**) *g* bandeau(-x) *m*; (*ar geffyl*) muselière *f*.
penrhwymo *ba* (*ci*) museler.
penrhydd *ans* en liberté, libre; **mesur ~** (*BARDD*) vers *mpl* libres.
penrhyddid *g* licence *f*, liberté *f*.
penrhyddyn *g* libertin *m*.
penrhyn (**-nau, -ion, -oedd**) *g* cap *m*; (*uchel*) promontoire *m*; **P~ Gobaith Da** le cap de Bonne Espérance.
pensach *b* (*MEDD*) oreillons *mpl*.
pensaer (**penseiri**) *g* architecte *m*.
pensaernïaeth *b* architecture *f*.
pensaernïol *ans* architectural(e)(architecturaux, architecturales);
♦ **yn bensaernïol** *adf* de point de vue de l'architecture.
pensafiad (**-au**) *g* poirier *m*; **gwneud ~** faire le poirier.
pensag *g* (*PLANH*) le houblon *m*.
pensel (**-i**) *g,b gw.* **pensil**.
pensil (**-iau**) *g,b* crayon *m*; **mewn ~** au crayon; **ysgrifennu rhth â phensil** écrire qch au crayon, crayonner qch; **~ aeliau** crayon à sourcils; **~ annileadwy** crayon à copier; **~ led** crayon à mine de plomb *neu* à papier; **~ lliw** crayon de couleur; **~ llygad** eye-liner *m*; **~ sgriw** porte-mine *m inv*; **cas ~iau** trousse *f* d'écolier; **naddwr ~au** taille-crayon(~-~s) *m*.
pensiwn (**pensiynau**) *g* (*gan y wladwriaeth*) pension *f*; (*gan gwmni*) retraite *f*; **~ henoed** pension vieillesse (*de la sécurité sociale*); **~ ymddeol** (pension de) retraite; **cronfa bensiynau** caisse *f* de retraite, fonds *m* vieillesse; **cynllun ~** caisse de retraite; **rhoi ~ i rn** mettre qn à la retraite; **cael eich ~** (*ymddeol*) prendre sa retraite; **swydd â**

phensiwn poste qui donne droit à une pension; **cyfrannu at bensiwn** verser *neu* cotiser pour sa pension de retraite; **cyfraniadau** ~ versements *mpl neu* cotisations *fpl* pour la pension; **oed** ~ âge *m* de la retraite; **ddim am bensiwn*!** jamais de la vie!, pas question, pas pour tout l'or du monde!

pensiynu *ba* mettre (qn) à la retraite, payer une pension à.

pensiynwr (**pensiynwyr**) *g* (*henoed*) retraité *m*; (*sy'n derbyn pensiwn o swydd*) titulaire *m* d'une pension, pensionné *m*.

pensiynwraig (**pensiynwragedd**) *b* (*henoed*) retraitée *f*; (*sy'n derbyn pensiwn o swydd*) titulaire *f* d'une pension, pensionnée *f*.

penswyddog (**-ion**) *g* directeur *m* général.

pensych *ans* à la tête sèche.

pensyfrdan *ans* stupéfait(e), stupéfié(e), hébété(e), tout étourdi(e), abasourdi(e), dérouté(e), ahuri(e);
♦ **yn bensyfrdan** *adf* étourdiment, de façon stupéfaite *neu* hébétée *neu* abasourdie.

pensyfrdandod *g* stupéfaction *f*, confusion *f*, ahurissement *m*; (*y bendro*) vertige *m*.

pensyfrdanol *ans* stupéfiant(e), étourdissant(e), déroutant(e), ahurissant(e);
♦ **yn bensyfrdanol** *adf* de façon stupéfiante.

pensyfrdanu *ba* stupéfier, dérouter, confondre, étourdir.

Pensylfania *prb* la Pennsylvanie *f*; **ym Mhensylfania** en Pennsylvanie.

pensynnu *bg* (*breuddwydio*) songer, rêvasser; (*yn ddigalon*) broyer du noir; (*ar anlwc*) remâcher; (*ar gynllun*) ruminer.

pensyth *ans* perpendiculaire;
♦ **yn bensyth** *adf* perpendiculairement.

pentagon (**-au**) *g* pentagone *m*; **y P~** le Pentagone.

pentan (**-au**) *g*
1 (*lle tân*) coin *m* du feu; (*silff*) plaque *f* de foyer; **straeon** ~ contes *mpl* de coin de feu; **cadw gŵyl bentan** se chauffer les orteils devant le feu; ~ **yn gweiddi 'Parddu'** c'est la Pitié qui se moque de la Charité.
2 (*pont ayb*) contrefort *m*, arc-boutant *m*.

pentatonig *ans* pentatonique.

pentathlon (**-au**) *g* pentathlon *m*.

Pentecost (**-au**) *g*: **y** ~ la Pentecôte *f*.

Pentecostaidd *ans* de la Pentecôte, pentecôtiste.

Pentecostiad (**Pentecostiaid**) *g/b* pentecôtiste *m/f*.

penteulu (**pennau teuluoedd**) *g* chef *m* de famille.

pentewyn (**-ion**) *g* brandon *m*.

pentir (**-oedd**) *g* promontoire *m*.

pentis (**-(i)au**) *g* appentis *m*.

pentref (**-i**) *g* village *m*, patelin* *m*; **neuadd y** ~ salle *f* paroissiale, salle des fêtes.

pentrefan (**-nau**) *g* hameau(-x) *m*.

pentrefol *ans* du village, paroissial(e)(paroissiaux, paroissiales).

pentrefwr (**pentrefwyr**) *g* villageois *m*; **y pentrefwyr** les gens *mpl* du village, les habitants *mpl* du village, les villageois *mpl*.

pentrefwraig (**pentrefwragedd**) *b* villageoise *f*.

pentwr (**pentyrrau**) *g* tas *m*, monceau(-x) *m*, amas *m*, masse *f*, pile *f*; ~ **o bethau i'w gwneud** (*ffig*) un tas* *neu* des masses* de choses à faire; **mae ganddo bentwr o arian** il est bourré de fric*; ~ **o lygaid y dydd** une multitude de pâquerettes; ~ **o bobl** tout un tas* de gens; ~ **o ofidiau** tout un tas* d'ennuis; **'roedd y dillad yn un** ~ **twt** le linge était rangé en une pile bien nette; **gwneud** ~ **o lyfrau** mettre des livres en tas *neu* en pile.

penty (**pentai**) *g* appentis *m*; (*sied*) remise *f*; (*caban*) cabane *f*.

pentyrru *ba* entasser, amonceler, empiler;
♦*bg* s'accumuler; **mae gwaith yn** ~ le travail s'accumule.

penuchel *ans* fier(fière), orgueilleux(orgueilleuse), hautain(e), arrogant(e);
♦ **yn benuchel** *adf* avec hauteur, avec arrogance, orgueilleusement, fièrement.

penwag *ans* écervelé(e), frivole;
♦ **yn benwag** *adf* frivolement, de façon écervelée.

penwan *ans* (*anneallus*) bête, faible, idiot(e), simple d'esprit, imbécile; (*hurt*) écervelé(e), étourdi(e); **teimlo ychydig yn benwan** (*chwil*) être pris(e) de vertige *neu* d'un étourdissement; **mae'n fy ngwneud i'n benwan** (*gwylltio*) il me rend fou(folle); **mynd yn benwan holics** s'emporter, piquer une crise.

penwar (**-au**) *g* (*ar gi*) muselière *f*; (*ar geffyl*) têtière *m*, licou *m*, licol *m*.

penwast *g* licou *m*.

penwendid *g* faiblesse *f*; (*hurtni*) imbécillité *f*; (*y bendro*) vertiges *mpl*, étourdissements *mpl*; (*diffyg gofal*) étourderie *f*.

penwisg (**-oedd**) *b* coiffure *f*; (*les*) coiffe *f*.

penwmbra (**penwmbrâu**) *g* pénombre *f*.

penwn (**penynau**) *g* (*marchog*) oriflamme *f*; (MOR) flamme *f*.

penwyllt *ans* (*o ran gwallt*) à la tête ébouriffée.

penwyn (**penwen**) *ans* aux cheveux blancs; (*aderyn*) à la tête blanche;
♦*g* (ADAR) buse *f*.

penwynni *g* cheveux *mpl* blancs, cheveux *mpl* gris *neu* grisonnants.

penwythnos (**-au**) *g* weekend *m*; **dros y** ~ au cours du weekend.

penyd (**-iau**) *g* pénitence *f*; (*cosb*) peine *f*, punition *f*, pénalité *f*.

penydfa (**-oedd**) *b* (CYFR) pénitencier *m*.

penydiadur (**-on**) *g* pénitentiel *m*.

penydiaeth *b* pénitence *f*.

penydiol *ans* (*CYFR*) pénal(e)(pénaux, pénales), pénitentiaire.
penydiwr (**penydwyr**) *g*
1 (*CREF*) pénitent *m*.
2 (*poenydiwr*) persécuteur *m*, bourreau(-x) *m*.
penyd-wasanaeth *g* travaux *mpl* forcés.
penydwraig (**penydwragedd**) *b*
1 (*CREF*) pénitente *f*.
2 (*poenydwraig*) persécutrice *f*.
penysgafn *ans* pris(e) de vertige, étourdi(e); **mae hi'n teimlo'n benysgafn** la tête lui tourne; **mynd i deimlo'n benysgafn** être pris de vertige, s'étourdir; **gwneud rhn yn benysgafn** donner le vertige à qn;
♦ **yn benysgafn** *adf* avec un sentiment de vertige, étourdiment.
penysgafnder, **penysgafndod**, **penysgafndra** *g* vertige *m*, vertiges *mpl*; **pwl o benysgafnder** un étourdissement, un vertige, étourderie *f*; **daeth ~ drosof yn sydyn** tout d'un coup j'ai été pris(e) par des vertiges.
pepryn (**-nod**) *g* jaseur *m*, babillard *m*.
pepton *g* peptone *f*.
pêr[1] *ans* (*blodyn*) odorant(e); (*ffrwyth*) doux(douce), délicieux(délicieuse); (*awel*) frais(fraîche); (*aroglau*) agréable; (*nodau*) doux(douce), agréable mélodieux(mélodieuse); **pysen bêr** (*PLANH*) pois *m* de senteur; **~-lysiau** fines herbes *fpl*, épices *fpl* mélangées;
♦ **yn bêr** *adf*: **arogleuo'n bêr** sentir bon *neu* parfumé.
pêr[2] *ll gw.* **peren**.
perai *g* (*diod*) poiré *m*.
peraidd *ans* mélodieux(mélodieuse);
♦ **yn beraidd** *adf* mélodieusement *gw. hefyd* **pêr**[1].
peraroglau (**perarogleuon**) *g* parfum *m*, arôme *m*; **potel beraroglau** flacon *m* à parfum; **potelaid o beraroglau** flacon de parfum; **siop berarogleuon** parfumerie *f*.
perarogleuo, **perarogli** *ba* parfumer; (*eneinio*) embaumer;
♦*bg* dégager un doux parfum, embaumer.
peraroglus *ans* aromatique, parfumé(e), odorant(e);
♦ **yn beraroglus** *adf* de façon odorante *neu* aromatique.
perc (**-au**) *g* (*mesur*) ≈ cinq mètres *mpl*.
percoladur (**-on**) *g* (*mewn cegin*) cafetière *f* à pression; (*mewn caffi*) percolateur *m*; (*trydan*) cafetière *f* électrique.
perchen *g*: **pwy sydd yn berchen ar hwn?** à qui appartient ceci?, c'est à qui, ceci?.
▶ **fi sydd yn berchen ar ...** ... est *neu* sont à moi, ... est le mien(la mienne), ... sont les miens(miennes), ... m'appartient *neu* appartiennent.
▶ **ti sydd yn berchen ar ...** ... est *neu* sont à toi, ... est le tien(la tienne), ... sont les tiens(tiennes), ... t'appartient *neu* appartiennent.
▶ **ef/hi sydd yn berchen ar ...** ... est *neu* sont à lui/elle, ... est le sien(la sienne), ... sont les siens(siennes), ... lui appartient *neu* appartiennent.
▶ **ni sydd yn berchen ar ...** ... est *neu* sont à nous, ... est le(la) nôtre, ... sont les nôtres, ... nous appartient *neu* appartiennent.
▶ **chi sydd yn berchen ar ...** ... est *neu* sont à vous, ... est le(la) vôtre, ... sont les vôtres, ... vous appartient *neu* appartiennent.
▶ **nhw sydd yn berchen ar ...** ... est *neu* sont à eux/elles, ... est le(la) leur, ... sont les leurs, ... leur appartient *neu* appartiennent.
perchennog (**perchenogion**) *g* propriétaire *m/f*; **pob ~ set deledu** tous ceux qui ont la télé; **gyrrwr-berchennog** conducteur *m* propriétaire; **pwy yw ~ y car yma?** à qui appartient cette voiture?; **~ preswyl** occupant *m* propriétaire; **~ caffi** patron *m* d'un café.
perchenogaeth (**-au**) *b* possession *f*; **hawliau ~** droits *mpl* propriétaires.
perchenoges (**-au**) *b* propriétaire *f*; (*caffi ayb*) patronne *f gw. hefyd* **perchennog**.
perchenogi *ba* (*peth, cerbyd*) posséder; (*tŷ, cwmni, papur*) être le propriétaire de.
perchentÿaeth *b* possession *f* de son propre logement.
perchentÿwr (**perchentywyr**) *g* propriétaire *m*, possesseur *m* d'une propriété.
perchi *ba* respecter, traiter avec respect.
Peredur *prg* Perceval.
pereidd-dra *g* (*aroglau*) odeur *f* suave.
pereiddio *ba* (*awyr*) embaumer, purifier.
peren (**pêr**) *b* poire *f*; **coeden pêr** poirier *m*; **~ dagu** poire sauvage.
pererin (**-ion**) *g* pèlerin *m*.
pererindod (**-au**) *g,b* pèlerinage *m*; **mynd ar bererindod** faire un pèlerinage.
pererindota *bg* (*un waith*) faire un pèlerinage; (*yn aml*) faire des pèlerinages.
perfagl *b* (*PLANH*) pervenche *f*.
perfedd (**-ion, -au**) *g* boyau(-x) *m*, intestin *m*, entrailles *fpl*; **o berfeddion y ddaear** des entrailles *neu* des profondeurs de la terre; **ym mherfeddion y wlad/y goedwig/y jyngl** au plus profond de la campagne/la forêt/la jungle; **ym mherfeddion y nos** au plus profond de la nuit; **mynd i mewn i berfedd rhth** (*peiriant ayb*) démonter qch.
perfeddwlad (**perfeddwledydd**) *b* intérieur *m* du pays (*au plus profond de la campagne*).
perfeddyn (**perfeddion**) *g* boyau(-x) *m*, intestin *m*.
perffaith *ans*
1 (*delfrydol*) parfait(e); (*cyflawn*) complet(complète), entier(entière); (*defnyddiol, esiampl*) exemplaire, modèle;

mae hynna'n berffaith! c'est parfait!; **'does neb yn berffaith!** personne n'est parfait!, la perfection n'est pas de ce monde!; **mae ei Ffrangeg hi'n berffaith** son français est impeccable; **nid yw ei Saesneg yn berffaith o gwbl!** son anglais est loin d'être parfait! *neu* laisse beaucoup à désirer!; **mae gennyf berffaith hawl i fynd** j'ai absolument le droit d'y aller; **tywydd** ~ un temps splendide *neu* magnifique.
2 (*GRAM*): **yr amser** ~ le passé *m* composé, le parfait *m*; **y dyfodol** ~ futur *m* antérieur;
♦ **yn berffaith** *adf* parfaitement, à la perfection;
♦*g*: **y** ~ (*GRAM*) le passé composé, le parfait *m*.

perffeithder *g* perfection *f*.

perffeithdra *b gw.* **perffeithder**.

perffeithiad (**-au**) *g* perfectionnement *m*.

perffeithiadwy *ans* perfectible.

perffeithiaeth *b* perfectionnisme *m*.

perffeithio *ba* achever, parfaire; (*techneg*) mettre (qch) au point; (*gwella*) perfectionner; (*eich gwella'ch hunan yn*) se perfectionner en; ~**'ch Ffrangeg** se perfectionner en français.

perffeithiol *ans* suprême; **y cyffyrddiad** ~ la dernière touche *f*.

perffeithrwydd *g* perfection *f*; ~ **ei hunan** la perfection même.

perffeithydd (**-ion**) *g* perfectionneur *m*, perfectionniste *m/f*.

perffeithyddol *ans* perfectionniste.

perfformiad (**-au**) *g* (*drama, syrcas*) représentation *f*; (*ffilm, cyngerdd*) séance *f*; (*actor, cerddor*) interprétation *f*; (*acrobat*) numéro *m*; (*ceffyl, tîm, car, athletwr*) performance *f*; (*peiriant*) fonctionnement *m*; ~ **cyntaf** (*drama*) première *f*; ~ **di-baid** spectacle *m* permanent; **ni fydd dim** ~ **heno** il y a relâche ce soir.

perfformio *ba* (*drama ayb*) donner; (*symffoni*) jouer; (*unawd*) exécuter;
♦*bg* (*cwmni ayb*) donner une représentation *neu* des représentations; (*actor*) jouer; (*cantor*) chanter; (*dawnsiwr*) danser; (*acrobat, anifail*) exécuter un numéro; (*peiriant, car*) marcher, fonctionner; ~ **ar y piano** jouer du piano; **morloi sy'n** ~ phoques *mpl* savants.

perfformiwr (**perfformwyr**) *g* artiste *m*; (*actor*) acteur *m*, comédien *m*; (*cerddor*) exécutant *m*.

perfformwraig (**perfformwragedd**) *b* artiste *f*; (*actores*) actrice *f*, comédienne *f*; (*cerddores*) exécutante *f*.

peri *ba* (*achosi*) causer, produire, occasionner; ~ **gwneud rhth** faire faire qch; ~ **gofid i rn** causer du chagrin à qn; ~ **trafferth i rn** créer des ennuis à qn; **'does arna' i ddim eisiau** ~ **trafferth ichi** je ne veux en rien vous déranger.

perifferal *ans* périphérique.

periffrastig *ans* périphrastique;
♦ **yn beriffrastig** *adf* par périphrase.

periglor (**-ion**) *g* prêtre *m*; (*Catholig*) curé *m*.

perigloriaeth *b* (*CREF*) charge *f*.

perimedr (**-au**) *g* périmètre *m*.

peripatetig *ans* ambulant(e); **athro** ~ *professeur qui dessert plusieurs établissements.*

perisgop (**-au**) *g* périscope *m*.

Periw *b* le Pérou *m*; **ym Mheriw** au Pérou.

Periwaidd *ans* péruvien(ne).

Periwiad (**Periwiaid**) *g/b* Péruvien *m*, Péruvienne *f*.

perl (**-au**) *g*
1 perle *f*; **croen** ~ nacre *m*; ~**au dilys/gwneud** perles fines/de culture; **taflu** ~**au o flaen moch** jeter des perles aux pourceaux *neu* cochons; **botwm** ~ bouton de nacre; **plymiwr am berlau** pêcheur *m* de perles, pêcheuse *f* de perles.
2 (*ffig*) joyau(-x) *m*; ~**au doethineb** trésors *mpl* de sagesse; ~ **y casgliad** le joyau de la collection; **gwrando ar y** ~ **ma!** écoute cette perle!

perlaidd *ans* nacré(e).

perlewyg (**-on**) *g* (*llesmair*) transe *f*; (*MEDD*) catalepsie *f*; (*ffig, gorfoledd*) transe, extase *f*.

perlewygol *ans* extatique.

perlewygu *bg* (*CREF: swyngwsg*) entrer en transe; (*MEDD*) tomber en catalepsie; (*ffig*) entrer en transe, tomber en extase; **gwneud i rn berlewygu** faire entrer qn en transe.

perlog *ans* couvert(e) de perles, orné(e) de perles; **y Pyrth P**~ les portes du paradis

perlysiau *ll*
1 fines *fpl* herbes, épices *fpl* mélangées; ~ **cymysg** herbes de Provence.
2 *gw.* **persli**.

perlysiol *ans* épicé(e), relevé(e).

perllan (**-nau**) *b* verger *m*; ~ **afalau** verger de pommiers.

perocsid (**-au**) *g* peroxyde *m*.

perori *bg* faire de la musique; (*adar*) chanter.

peroriaeth *b* musique *f*, mélodie *f*.

perpendicwlar *ans* perpendiculaire; (*rhiw, craig*) à pic;
♦ **yn berpendicwlar** *adf* perpendiculairement;
♦*g* (**-au**) perpendiculaire *f*.

persain *ans* mélodieux(mélodieuse);
♦ **yn bersain** *adf* mélodieusement;
♦*b* (**perseiniau**) euphonie *f*.

persawr (**-au**) *g* senteur *f*, fragrance *f*, bonne odeur *f*, odeur suave, parfum *m*; **potelaid o bersawr** flacon *m* de parfum; **chwistrell bersawr** vaporisateur *m*; ~ **newydd X** un nouveau parfum de X; **aerosol** ~ atomiseur *m*; **siop bersawr** parfumerie *f*.

persawru *ba* parfumer, embaumer.

persawrus *ans* (*blodyn*) odorant(e); (*hances, gwallt, croen*) parfumé(e);

♦ **yn bersawrus** *adf* en dégageant un parfum *neu* une odeur.
persbecs *g* plexiglas© *m*.
persbectif (**-au**) *g* perspective *f*; **mewn** ~ dans son contexte; **gweld rhth yn ei wir berspectif** voir qch dans son contexte *neu* sous son vrai jour.
Perseg *b,g* perse *m*.
perseinedd *g* euphonie *f*.
perseiniol *ans* mélodieux(mélodieuse);
♦ **yn berseiniol** *adf* mélodieusement.
Persia *prb* la Perse *f*; **ym Mhersia** en Perse.
Persiad (**Persiaid**) *g/b* Persan *m*, Persane *f*.
Persiaidd *ans* persan(e).
persio *ba* (*sychu*) dessécher; (*rhostio*) rôtir.
persli *g* persil *m*; **saws** ~ sauce *f* persillée.
person[1] (**-au**) *g* (*hefyd* GRAM) personne *f*; (*rhywun*) quelqu'un *m*; (*unigolyn*) individu *m*; **yn yr ail berson lluosog** à la deuxième personne du pluriel; ~ **pwysig** quelqu'un d'important; **nid wyf yn ei hoffi fel** ~ je ne l'aime pas en tant que personne; **pwy ydy'r** ~ **yma?** quel est cet individu?; **yn ei briod berson** en personne.
person[2] (**-iaid**) *g* (CREF) curé *m*, recteur *m*; (*Protestannaidd*) pasteur *m*.
personadu *ba* se faire passer pour; (CYFR) usurper l'identité de.
personadwr (**personadwyr**) *g* imitateur *m*.
personadwraig (**personadwragedd**) *b* imitatrice *f*.
persondy (**persondai**) *g* presbytère *m*.
personél *g* personnel *m*.
personiad (**-au**) *g* personnification *f*.
personiaeth (**-au**) *b* bénéfice *m*.
personol *ans* personnel(le); (*rhyddid, hawliau*) individuel(le); (*arferion, glendid*) intime; (*cais*) fait(e) en personne; (*cwestiwn*) indiscret(indiscrète); **cynorthwy-ydd** ~ secrétaire *m/f* particulier(particulière); **ei ymddangosiad** ~ son apparence personnelle; **galwad ffôn bersonol** communication *f* avec préavis; (*breifat*) communication privée; **colofn bersonol** (*mewn papur newydd*) annonces *fpl* personnelles; **fel ffafr bersonol i ti** pour te rendre service; **ffrind** ~ ami *m* intime, amie *f* intime; **eich bywyd** ~ votre vie privée *neu* intime; **ychwanegu cyffyrddiad** ~ **i rth** ajouter une note personnelle à qch; **pawb â'i syniadau** ~ à chacun ses propres idées;
♦ **yn bersonol** *adf* personnellement, quant à moi (à toi *etc*), pour ma part (ta part *etc*); **yn bersonol, 'rwy'n credu ...** personnellement *neu* pour ma part, je crois que ...; **paid â chymryd hynna'n bersonol** ne crois pas que tu sois *subj* personnellement visé(e)!; **dod yn bersonol** venir en personne.
personoli *ba* personnifier.
personoliad (**-au**) *g* personnification *f*.
personoliaeth (**-au**) *b* personnalité *f*; **mynegi'ch** ~ exprimer sa personnalité; **mae** ~ **ddymunol/gref ganddo** il a une personnalité sympathique/forte; **mae digon o bersonoliaeth ganddi** elle a beaucoup de personnalité.
personolwr (**personolwyr**) *g* (THEATR) imitateur *m*.
personolwraig (**personolwragedd**) *b* (THEATR) imitatrice *f*.
perswâd *g* persuasion *f*; (*argyhoeddiad*) persuasion, conviction *f*; **dwyn** ~ **ar rn** persuader qn; **gydag ychydig o berswâd, bydd yn siŵr o'n helpu** si nous le persuadons en douceur, il nous aidera; **'does dim angen llawer o berswâd arnaf i beidio â gweithio** il n'en faut pas beaucoup pour me persuader de m'arrêter de travailler.
perswadio *ba* persuader; ~ **rhn o rth** persuader qn de qch; ~ **rhn i wneud rhth** persuader (à) qn de faire qch; **fe'm perswadiwyd i beidio** on m'en a dissuadé(e) *neu* déconseillé(e); **mae'n hawdd ei berswadio** il se laisse facilement persuader *neu* convaincre; **'does dim angen llawer i'w pherswadio hi** il n'en faut pas beaucoup pour la persuader *neu* la convaincre; **'roedd angen llawer o berswadio arno** il a fallu beaucoup de persuasion pour le convaincre; **sy'n gallu** ~**'n hawdd** (*rhn, llais ayb*) persuasif(persuasive).
perswadiol *ans* persuasif(persuasive);
♦ **yn berswadiol** *adf* de manière persuasive.
perswadiwr (**perswadwyr**) *g* conseilleur *m*.
perswadwraig (**perswadwragedd**) *b* conseilleuse *f*.
pert *ans* (*tlws, del*) joli(e); (*hardd*) beau[bel](belle)(beaux, belles); (*golygfa, tirwedd, gardd*) joli, pittoresque, ravissant(e), charmant(e); (*plentyn*) mignon(ne); **mae hi'n hynod o bert** elle est jolie comme tout; **cân bert** jolie (petite) chanson *f*; **rhywun hynod o bert** une personne jolie comme un cœur, une personne à croquer; **merch hynod o bert** une fille belle à croquer; **'doedd hynny ddim yn bert i'w weld!** ce n'était pas beau à voir; **wel, dyna bert!** (*eironig*) c'est du joli!, c'est du propre!;
♦ **yn bert** *adf* joliment, de façon charmante *etc*.
pertrwydd *g* joliesse *f*, gentillesse *f*; (*harddwch*) beauté *f*, charme *m*.
perth (**-i**) *b* (*llwyn*) buisson *m*; (*gwrych*) haie *f*; (*prysglwyn*) taillis *m*, fourré *m*.
perthen (**perthi**) *b* buisson *m*.
perthlys *g* liseron *m*, vrillée *f*.
perthnasedd (**-au**) *g* (*perthnasoldeb, cysylltiad*) pertinence *f*, à-propos *m inv*, rapport *m*; (FFIS) relativité *f*.
perthnaseddol *ans* relativiste;
♦ **yn berthnaseddol** *adf* de façon relativiste.
perthnasiad (**-au**) *g* (*busnes*) affiliation *f*.
perthnasol *ans* (*ffaith*) pertinent(e); (*rheol*) approprié(e); (*gwybodaeth, cwrs*) utile; **bod**

yn berthnasol i rth avoir rapport à qch; **'dydy hynny ddim yn berthnasol** cela n'a aucun rapport; **'dyw'r cwestiwn ddim yn un ~** cette question est hors de propos; **'dydy hynny ddim yn berthnasol i'r cwestiwn** cela n'a rien à voir avec la question, cela est sans aucun rapport avec la question;
♦ **yn berthnasol** *adf* pertinement, à propos.

perthnasolaeth *b* relativisme *m*.

perthnasoldeb *g gw.* **perthnasedd.**

perthnasolrwydd *g* pertinence *f*.

perthyn *bg*
1 (*bod o'r un teulu*) être parent(e); **~ i'w gilydd** être apparenté(e) à; **mae hi'n ~ iddyn nhw** elle est leur parente; **~ o bell** être parent(e) éloigné(e); **~ o agos** être proche parent(e); **~ trwy briodas i** être parent(e) par alliance de.
2 (*bod yn eiddo i*): **~ i** appartenir à, être à; **ydi'r gôt yma'n ~ i ti?** ce manteau est-il à toi?.
3 (*bod â chysylltiad â*): **~ i** avoir rapport à, se rattacher à; **~ i gymdeithas** faire partie *neu* être membre d'une société; **teimlo nad ydych yn ~** se sentir étranger(étrangère); **mae niwmonia yn ~ dan bennawd yr afiechydon difrifol** la pneumonie rentre dans la catégorie des maladies sérieuses *neu* graves; **dogfennau sy'n ~ i'r achos** documents se rapportant à *neu* relatifs à l'affaire.
4 (*bod yn y lle iawn*) être à sa place.
5 (*mynd gyda'i gilydd: pethau*) aller ensemble; **mae'r corcyn yn ~ i'r botel hon** le bouchon va avec cette bouteille, c'est le bouchon de cette bouteille; **nid yw'r menig yma'n ~ i'w gilydd** ces gants ne font pas la paire.

perthynas (**perthnasau**) *b*
1 (*aelod o deulu*) parent *m*, parente *f*; **pa berthynas yw e i chi?** quelle est sa parenté avec vous?, quels sont les liens de parenté entre vous?, quels sont vos liens de parenté avec lui?; **'roedd ganddi nifer o berthnasau** elle avait de nombreux parents.
2 (*cyswllt*): **~ bersonol** rapports *mpl*; **~ fusnes** rapports d'affaires, relations *fpl* d'affaires; **~ ddiplomatig/gyfeillgar/ryngwladol** relations diplomatiques/d'amitié/internationales; **mewn ~ â** par rapport à, relativement à; **mae ganddyn nhw berthynas glòs** ils ont des rapports intimes, ils s'entendent bien; **'roedd ei berthynas â'i fam yn un anodd** ses rapports avec sa mère étaient tendus; **y berthynas rhwng mam a'i phlentyn** les rapports entre la mère et l'enfant.

perthynasol *ans gw.* **perthnasol.**

perthynol *ans* relatif(relative); **rhagenw ~** pronom *m* relatif.

perwig (**-au**) *b* perruque *f*.

perwraidd *g* (*PLANH*) réglisse *m,f*.

perwyl *g* but *m*, objet *m*; **ar berwyl drwg** avec de mauvaises intentions; **i'r ~ hwn** dans ce but, à cet effet, à cette fin; **i'r unig berwyl o** à seule fin de; **llythyr i'r ~ bod ...** une lettre dont la teneur est *neu* était *etc*; **neu eiriau i'r ~** ou quelque chose de ce genre; **llythyr i'r un ~** une lettre dans le même sens.

pery *be gw.* **para, parhau.**

perygl (**-on**) *g* danger *m*, péril *m*, hasard *m*, risque *m*; **bod mewn ~ o** être en danger de; **'doedd hi ddim mewn llawer o berygl** elle ne courait pas grand risque; **heb fod mewn ~** hors de danger; **rhoi rhth/rhn mewn ~** mettre qch/qn en danger; **mae'r ffordd yma'n beryg' bywyd!** cette route est meurtrière; **mewn ~ o gael eich ...** menacé(e) de ...; **'roedden nhw mewn ~ o golli'u swyddi** ils risquaient de perdre leurs postes; **~ tân** risque *m* d'incendie; **"~! dim mynediad"** "danger! défense d'entrer"; **"~! dynion yn gweithio"** "attention travaux"; **dim ~!** (*eironig*) pas question!

peryglu *ba* (*bywyd*) hasarder, mettre (qch/qn) en danger; (*dyfodol, iechyd*) hasarder, compromettre; **~'ch bywyd** risquer sa peau *neu* sa vie.

peryglus *ans* dangereux(dangereuse), périlleux(périlleuse), hasardeux(hasardeuse), risqué(e); (*salwch*) grave;
♦ **yn beryglus** *adf* dangereusement; **yn beryglus o sâl** gravement malade; **'roedd yn beryglus o agos at drychineb** il frôlait la catastrophe.

pes *cys* si ... le/la/les; **hyd yn oed ~ gwyddwn** même si je le savais; **~ gwelswn** si je le/la/les avais vu(e)(s).

peseta (**-s**) *g* peseta *f*.

pesgi *ba* (*mochyn ayb*) engraisser; (*gŵydd ayb*) gaver;
♦*bg* grossir, engraisser.

pesimist (**-iaid**) *g* pessimiste *m/f*.

pesimistaidd *ans* pessimiste; **bod yn bestimistaidd ynghylch rhth** être pessimiste au sujet de qch;
♦ **yn besimistaidd** *adf* avec pessimisme, de façon pessimiste.

pesimistiaeth *b* pessimisme *m*.

pestl (**-au**) *g* pilon *m*.

peswch *g* toux *f*; **pastilau ~** pastilles *fpl* pour la toux; **ffisig ~** sirop *m* pour la toux; **mae ychydig o beswch arni** elle toussote; **mae ~ drwg arni hi** elle tousse beaucoup, elle a une mauvaise toux;
♦*bg gw.* **pesychu.**

pesychiad (**-au**) *g* toussotement *m*; **rhoi ~ i rybuddio** tousser en guise d'avertissement.

pesychlys *g* (*PLANH*) tussilage *m*, pas-d'âne *m*.

pesychu *bg* tousser; **mae hi'n ~ ac yn ~** elle tousse sans arrêt; **~ i rybuddio rhn** tousser *neu* toussoter pour avertir qn; **~ ychydig** toussoter, toussailler;
♦*ba*: **~ rhth i fyny*** (*poeri*) cracher qch en

toussant, expectorer qch.

petaech, **petaem**, **petaent**, **petaet** *cys gw.* **petai**.

petai *cys* (petawn (i), petaet (ti), petai (ef, hi), petaem (ni), petaech (chi), petaent (hwy)) si; **~'n marw** s'il mourait; **petawn i'n marw!** (*eironig*) ma parole!; **fel ~** (*mewn ffordd o siarad*) pour ainsi dire; **'roedd fel ~'n hel esgus** il semblait s'excuser, il avait l'air de s'excuser; **chwarddai fel ~'n feddw** il riait comme s'il était ivre; **~ waeth am hynny** malgré tout, cependant, pourtant; **~ wahaniaeth am hynny** mais c'est sans importance, si peu que cela importe *subj.*

petal (**-au**) *g* pétale *m.*

petalog *ans* à pétales.

petawn *cys gw.* **petai**.

Petrarch *prg* Pétrarque.

Petrarchaidd *ans* pétrarquiste.

petrisen (**petris**) *b* (*ADAR*) perdrix *f*; (*COG*) perdreau(-x) *m.*

petrocemeg *b* pétrochimie *f.*

petrocemegion *ll* produits *mpl* pétrochimiques.

petrocemegol *ans* pétrochimique.

petrocemegydd (**-ion**) *g* pétrochimiste *m/f.*

petrol *g* essence *f*; **~ di-blwm** essence sans plomb; **mae'r car yn drwm ar betrol** la voiture consomme beaucoup; **rhedeg allan o betrol** tomber en panne d'essence; **peiriant ~**, **injan betrol** moteur *m* à essence; **dogn ~** ration *f* d'essence; **can ~** bidon *m* à essence; **cap ~** bouchon *m* de réservoir d'essence; **mesurydd ~** jauge *f* d'essence; **pwmp ~** pompe *f* d'essence; **gorsaf betrol** station-service(~s-~) *f*; **tanc ~** réservoir *m* d'essence.

petroleg *b* pétrologie *f.*

petrolewm, **petroliwm** *g* pétrole *m.*

petrus *ans* hésitant(e), irrésolu(e), indécis(e); ♦ **yn betrus** *adf* avec hésitation, d'une façon irrésolue *neu* indécise; (*siarad, awgrymu*) d'une voix hésitante.

petruso *bg* hésiter; (*gwamalu*) vaciller; **~ ynghylch rhth** hésiter sur *neu* devant qch; **~ gwneud rhth** hésiter à faire qch; **mae hi'n ~ ynghylch pa beth i'w wneud** elle hésite sur ce qu'elle doit faire; **heb betruso o gwbl** sans la moindre hésitation; **heb betruso eiliad** sans une seconde d'hésitation.

petruster *g* hésitation *f*; (*amheuaeth*) doute *m.*

petryal *ans* carré(e), rectangulaire; ♦*g* (**-au**) rectangle *m*, carré *m.*

petwnia (**-s**) *g* pétunia *m.*

peth (**-au**) *g*
1 (*cyff*) chose *f*; **y ~ mae'n gweld ei eisiau fwyaf yw ...** ce qui lui manque le plus, c'est ...; **ble mae'r ~ yna yr oeddet ti'n siarad amdano?** c'est où, cette chose-là *neu* ce machin-là* *neu* ce truc-là* dont tu parlais?; **y ~ yw hyn** voilà de quoi il s'agit; **fel mae ~au** dans l'état actuel des choses; **y ~ nesaf i'w wneud yw ...** ce qu'il y a à faire maintenant, c'est ...; **y ~ gorau fyddai talu amdano** le mieux serait de le payer; **y ~ olaf ar yr agenda** le dernier point à l'ordre du jour; **mae hi'n poeni gormod am bethau** elle se fait trop de soucis; **cymerwch eich amser i feddwl am bethau** prenez votre temps pour y réfléchir; **sut mae ~au? - mae ~au'n reit dda** comment ça va? - ça va assez bien; **mae ~au'n ddrwg** ça ne va pas du tout; **mae ~au'n ddrwg rhyngddyn nhw** ils ne s'entendent pas bien; **disgwyl ~au mawr gan ...** attendre beaucoup de ...; **'roedden ni'n siarad am y naill beth a'r llall** *ou* **y ~ a'r ~** nous parlions de choses et d'autres; **o ystyried pob ~** somme toute, à tout prendre, en fin de compte; **y ~ yw, 'roedd hi eisioes wedi mynd yno** ce qu'il y a, c'est qu'elle y était déjà allée; **dyna beth rhyfedd, ond ...** c'est drôle, mais ...; **yn un ~, nid dydd Llun oedd hi** d'abord, ce n'était pas lundi; **a pheth arall ...** et en plus ...; **y naill beth ar ôl y llall yw hi** les embêtements se succèdent; **dyna'r union beth iti** voilà justement ce qu'il te faut; **yr hen beth bach!** pauvre petit! *m*; **yr hen beth fach!** pauvre petite! *f*; **mi welais Mr. P~ a'r P~** j'ai vu M. Untel; **y ~ diwethaf y dylet ti ei wneud yw ...** ce que tu ne devrais pas faire, c'est ..., la dernière chose à faire serait de ...; **ni fuaswn i ddim yn meddwl gwneud y ffasiwn beth** une telle chose ne me viendrait jamais à l'esprit; **does gen i ddim i'w wneud â'r ~** je n'y suis pour rien.
2 (*mân eiddo*): **~au** affaires *fpl*; **dos i nôl dy bethau** va chercher tes affaires.
3 (*losinen*): **~ da** bonbon *m*, sucrerie *f.*
4 (*diwylliannol*): **y Pethau** la culture galloise.
5 (*rhywfaint*): **oes arnat ti eisiau ~ o'r gacen 'ma?** tu veux de ce gâteau?, tu veux une part de ce gâteau?; **~ pellter draw** à quelque distance; **mae gen i beth arian ar ôl** il me reste un peu d'argent; **mae gen ti beth** tu en as; **cymerwch beth!** prenez-en!; **os doi di o hyd i beth** si tu en trouves; **mae ~ wedi'i yfed** on en a bu; **~ o'r gwaith 'ma** une partie de ce travail; **mae ~ o'r hyn a ddywedaist ti yn wir** certaines choses que tu as dites sont vraies *neu* véridiques.
▶ **(pa) beth** *gw.* **beth**.

petheuach *ll* brimborions *mpl*, objets *mpl* divers, bric-à-brac *m inv*, restes *mpl*, des petites choses qui restent; **'roedd 'na rai ~ yn dal i fod o gwmpas yr ystafell** quelques objets traînaient ça et là dans la pièce.

pethma* *g* truc* *m*, machin* *m*; **'rwy'n teimlo'n ddigon ~ heddiw** je ne suis pas dans mon assiette aujourd'hui, je me sens un peu patraque* aujourd'hui.

peunes (**-od**) *b* paonne *f*; **hen beunes yw hi**

(*dif*) c'est une femme vaniteuse.
peuo *bg* (*chwythu*) haleter, souffler; (*rhuo*) mugir.
peutur *g* étain *m*, potin *m*.
pH *byrf* pH *inv*.
pi, **pia** *b* (ADAR) pie *f*; ~**'r gwinc** pinson *m* des arbres.
piano (-**s**) *g* piano *m*; ~ **cyngerdd** piano à queue; ~ **cyngerdd bychan** piano quart de queue; **gwers biano** leçon *f* de piano; **athro** ~ professeur *m* de piano; **deuawd** ~ morceau(-x) *m* pour quatre mains; **stôl biano** tabouret *m*; **tiwniwr** ~ accordeur *m* de piano; **canu'r** ~ jouer du piano.
pianola (-**s**) *g* piano *m* mécanique.
pianydd (-**ion**) *g* pianiste *m/f*.
piau *be ddiffyg* posséder; **pwy** ~**'r llyfr hwn?** à qui est ce livre?; **pwy** ~**'r goriadau hyn?** à qui sont ces clés?; **ai ti** ~**'r car yna?** elle est à toi cette voiture?, cette voiture, c'est la tienne?; **taw** ~ **hi** mieux vaut se taire; **rhyfel oedd** ~ **hi** la guerre seule comptait, la guerre l'emportait; **sgertiau cwta** ~ **hi** les minijupes sont à la mode; **chi biau'r dewis** c'est à vous de décider.
▶ **fi piau ...** ... est *neu* sont à moi, ... est le mien(la mienne), ... sont les miens(miennes), ... m'appartient *neu* appartiennent.
▶ **ti piau ...** ... est *neu* sont à toi, ... est le tien(la tienne), ... sont les tiens(tiennes), ... t'appartient *neu* appartiennent.
▶ **ef/hi piau ...** ... est *neu* sont à lui/elle, ... est le sien(la sienne), ... sont les siens(siennes), ... lui appartient *neu* appartiennent.
▶ **ni piau ...** ... est *neu* sont à nous, ... est le(la) nôtre, ... sont les nôtres, ... nous appartient *neu* appartiennent.
▶ **chi piau ...** ... est *neu* sont à vous, ... est le(la) vôtre, ... sont les vôtres, ... vous appartient *neu* appartiennent.
▶ **nhw piau ...** ... est *neu* sont à eux/elles, ... est le(la) leur, ... sont les leurs, ... leurs appartient *neu* appartiennent.
pib (-**au**) *b*
1 (*pibell*) tube *m*, tuyau(-x) *m*, conduite *f*; ~ **heddwch** calumet *m* de la paix; **gosod** ~**au dŵr** poser des conduites d'eau *neu* une canalisation d'eau; ~ **olew** pipeline *m*, oléoduc *m*.
2 (*ysmygu: cetyn*) pipe *f*; **mae'n smocio** ~ il fume la pipe.
3 (*offeryn cerdd*) pipeau(-x) *m*, chalumeau(-x) *m*; **organ bib** grandes orgues *fpl*; ~**au Pan** flûte *f* de Pan.
4 (*dolur rhydd*): **y bib** la diarrhée *f*.
pibaid (**pibeidiau**) *b* (pleine) pipe *f*.
pibell (-**au**, -**i**) *b*
1 (*piben*) tube *m*, tuyau(-x) *m*, conduite *f*; ~ **heddwch** calumet *m* de la paix; ~ **olew** oléoduc *m*, pipeline *m*; ~ **nwy** gazoduc *m*; ~ **wacáu** tuyau *neu* pot *m* d'échappement; ~**au**, ~**i** tuyauterie *f*.
2 (*ysmygu*) pipe *f*; **mae'n smocio** ~ il fume la pipe.
pibellaid (**pibelleidiau**) *b* (pleine) pipe *f*.
pibellog *ans* tubulé(e), à tuyau(-x), à tube(s).
piben (-**nau**) *b* tube *m*, tuyau(-x) *m*, conduite *f*; ~ **olew** pipeline *m*, oléoduc *m*; ~ **nwy** gazoduc *m*; ~ **wastraff** (*o'r sinc*) tuyau d'écoulement; (*yn y tir*) tuyau de drainage.
pibgod (-**au**) *g* (*Alban*) cornemuse *f*; (*Llydaw*) biniou(-s) *m*, cornemuse.
pibgorn (**pibgyrn**) *g* flûte *f* à bec.
piblyd *ans* diarrhéique.
pibo *ba* (*bod â dolur rhydd*) avoir la diarrhée, foirer*; **mae hi'n** ~**'r glaw** il pleut à verse, il pleut des cordes, ça flotte, ça tombe.
pibonwyen (**pibonwy**) *b* glaçon *m* naturel.
pibydd (-**ion**) *g*
1 (*rhn*) joueur *m*, joueuse *f* de pipeau *neu* de chalumeaux *neu* de flûte; (*yn yr Alban*) cornemuseur *m*; **y P**~ **Brith** le joueur de flûte de Hamelin.
2 (ADAR) pipit *m*; ~ **y waun** pipit des prés, farlouse *f*.
pica *ans* pointu(e), aigu(aiguë), acéré(e); (*swta*) brusque; (*craff*) fin(e); **tafod** ~ langue bien affilée.
picador (-**iaid**) *g* picador *m*.
Picardaidd *ans* picard(e).
Picardi *prb* la Picardie *f*; **ym Mhicardi** en Picardie.
Picardiad (**Picardiaid**) *g/b* Picard *m*, Picarde *f*.
picarésg *ans* picaresque;
♦ **yn bicarésg** *adf* de façon picaresque, dans le style picaresque.
picas (-**au**) *g,b* pic *m*, pioche *f*.
pice *ll gw.* **picen**.
piced (-**i**) *g* piquet *m* de grève.
picedu *bg* (*streicwyr*) faire partie d'un piquet de grève;
♦*ba* mettre un piquet de grève devant; (*gwrthdystwyr*) former un cordon devant (les portes de).
picedwr (**picedwyr**) *g* (DIWYD) piquet *m* de grève.
picell (-**au**) *b* lance *f*, javelot *m*.
picellu *ba* transpercer (qch) d'un coup de lance *neu* javelot.
picellwr (**picellwyr**) *g* lanceur *m*.
picen (**pice**) *b* petit pain *m*; ~ **ar y maen** galette *f* à la galloise, *petit pain aux raisins (spécialité galloise)*.
picffon (**picffyn**) *b* (bois *m* de) pique *f*, hampe *f* de pique.
picfforch (**picffyrch**) *b* (AMAETH) fourche *f* à foin, fouine *f*.
picil *g* (*trafferth*) ennuis *mpl*; **bod mewn** ~ avoir des ennuis, être dans le pétrin *neu* dans de beaux draps.

picio *bg* passer; ~ **i weld rhn** passer voir qn, faire un saut voir qn; **mi biciodd draw at ei rieni** il s'est rendu chez ses parents; **mae arna' i eisiau** ~ **i'r siop** je veux faire un saut au magasin; **mi biciais ar ei hôl hi** j'ai couru pour la rattraper; **dim ond** ~ **i mewn i ddweud helô ydw i** je suis juste passé dire bonjour.
picl *g* (*COG*) vinaigre *m*, marinade *f*; (*gan gynnwys y llysiau*) pickles *mpl* (*petits légumes macérés dans du vinaigre*); **caws a phicl** fromage *m* et pickles; **nionod** ~, **winwns** ~ oignons au vinaigre.
piclo *ba* conserver (qch) dans la saumure *neu* dans du vinaigre; **'roedd yr hen ŵr wedi ei biclo*** le vieillard buvait comme une éponge.
picnic (**-s**) *g* pique-nique *m*; **cael** ~ pique-niquer; **basged bicnic** panier *m* à pique-nique.
picnicio *bg* pique-niquer.
picniciwr (**picnicwyr**) *g* pique-niqueur *m*.
picnicwraig (**picnicwragedd**) *b* pique-niqueuse *f*.
picolo (**-s, picoli**) *g* piccolo *m*.
Pict (**-iaid**) *g/b* Picte *m/f*.
Pictaidd *ans* picte.
Picteg *b,g* picte *m*.
pictiwr (**-s, pictiyrau**) *g*
1 *gw.* **darlun**.
2 *gw.* **llun**.
3 (*harddwch*): **'roedd hi'n bictiwr yn ei het newydd** elle était ravissante dans son nouveau chapeau; **mae'r goeden yn bictiwr ym mis Mai** cet arbre est magnifique en mai; **'roedd ei hwyneb hi'n bictiwr!** son expression en disait long!, si vous aviez vu sa tête!*.
4 (*ffilm*) film *m*; **gwneud** ~ **o** en faire *neu* tirer un film.
5: ~**s** (*sinema*) cinéma *m*; **mynd i'r** ~**s** aller au cinéma, aller voir un film; **beth sydd yna yn y** ~**s?** qu'est-ce qu'on passe au cinéma?; **mae yna ffilm dda yn y** ~**s yr wythnos nesaf** on donne *neu* on passe un bon film la semaine prochaine.
pictiwrésg *ans* pittoresque;
♦ **yn bictiwrésg** *adf* avec pittoresque.
picws Mali *g miettes fpl de galette d'avoine au babeurre.*
picyn (**-nau**) *g* (*llestr*) (petit) pot *m*; (*chwart*) quart *m* de pinte.
pidyn (**-nau**) *g* (*CORFF*) pénis *m*; ~ **y gog** (*PLANH*) arum *m* d'Italie.
Piedmont *prb* le Piémont *m*; **ym Mhiedmont** au Piémont.
pier (**-i**) *g* jetée *f*; (*glanfa gychod*) appontement *m*, embarcadère *m*.
pifod (**-au**) *g* pivot *m*.
piff (**-iau**) *g* (*aer*) bouffée *f*, souffle *m*; (*mwg*) bouffée; (*chwerthiniad bach*) petit rire *m* bête *neu* nerveux.
piffian *bg*: ~ **chwerthin** rire bêtement *neu* nerveusement.
pig (**-au**) *b,g*
1 (*aderyn, tebot*) bec *m*; **mae'n gwthio'i phig i mewn lle nad yw'n ddim o'i busnes** elle met *neu* fourre son nez dans ce qui ne la regarde pas*; **nid wrth ei big y mae prynu cyffylog** il ne faut pas juger sur les apparences; **cwpan â phig** (*CEM*) vase *m* à bec; **cap â phig** casquette *f*; (*plismon*) képi *m*.
2 *gw.* **pigyn**.
pigan *bg* commencer à pleuvoir
pigdwr (**pigdyrau**) *g* flèche *f*, clocher *m*.
pigddu *ans* au bec noir; **bran bigddu** corneille *f* noire, grand corbeau(-x) *m*.
pigfain *ans* en pointe, pointu(e).
pigfeinio *bg* être pointu(e), terminer en pointe.
pigfelyn (**pigfelen**) *ans* au bec jaune; **aderyn du** ~ merle *m*.
pigiad (**-au**) *g* (*pryf*) piqûre *f*; (*MEDD*) injection *f*, piqûre *f*; ~**au cydwybod** aiguillons *mpl* de la conscience.
pigiadu *ba* faire une piqûre à, faire une injection à.
pigion *ll* morceaux *mpl* choisis.
piglas *ans* pâle, blême, blafard(e).
piglaw *g* fine pluie *f*, bruine *f*.
piglwyd (**-ion**) *ans gw.* **piglas**.
piglym (**piglem**) (**piglymion**) *ans* (*pigfain*) en pointe, pointu(e).
pigmi *ans* pygmée *inv*;
♦*g* (**pigmïaid**) pygmée *m/f*.
pigo *ba*
1 (*bwyta*) becqueter; (*ieir, adar: hadau ayb*) picorer; ~**'ch bwyd** manger du bout des dents.
2 (*crafu: ploryn, croen ayb*) gratter; ~**'ch trwyn** se mettre les doigts dans le nez; ~**'ch ddannedd** se curer les dents.
3 (*cael neu roi pigiad*) piquer; **'rwyf wedi** ~ **fy mys ar ...** je me suis piqué(e) le doigt avec ...; **'roedd ei chydwybod yn ei phigo** (*ffig*) elle n'avait pas la conscience tranquille.
4 (*dewis*) choisir.
5 (*casglu, hel: ffrwythau, blodau*) cueillir.
6 (*ymadroddion*): ~ **beiau yn rhth** critiquer qch, trouver à redire à qch; ~ **pocedi rhn** faire les poches de qn;
♦*bg* (*pryf, danadl poethion*) piquer; ~ **ar rn** harceler qn; **mae hi'n dechrau** ~ **(bwrw glaw)** il commence à pleuvoir.
pigoden (**-nau**) *b* épine *f*; (*draenen wen*) aubépine *f*.
pigodyn (**pigodau**) *g* (*tosyn, ploryn*) bouton *m*, comédon *m*.
pigog *ans* (*planhigyn*) épineux(épineuse); (*anifail*) armé(e) de piquants; (*ffig: rhn*) irrité(e), agacé(e), irritable; (*:sy'n gwylltio'n hawdd*) irascible, coléreux(coléreuse); (*:croendenau*) susceptible, ombrageux(ombrageuse); (*gwifren*) barbelé(e); **weiren bigog** fil *m* de fer barbelé;

♦ **yn bigog** *adf* d'un ton irrité, d'un air irrité *neu* agacé.
pigoglys *g* (*PLANH*) épinards *mpl*.
pigogrwydd *g* (*llidiowgrwydd*) irritabilité *f*, agacement *m*.
pigwn (**pigynau**) *g* cône *m*.
pigwr (**pigwyr**) *g*: ~ **beiau** critique *m*; ~ **pocedi** voleur *m* à la tire, pickpocket *m*.
pigwrn (**pigyrnau**) *g* (*pinacl*) cime *f*, pinacle *m*.
pigyn (**-nau, pigau**) *g* (*pigwn*) cône *m*; (*mynydd*) cime *f*, sommet *m*, pinacle *m*, pic *m*, pointe *f*; (*draenen*) épine *f*; ~ **(yn eich) ochr,** ~ **rhedeg** (*poen*) point *m* de côté; **bod â phigyn yn eich clust** avoir mal à l'oreille; **'rwyf ar bigau'r drain** je suis énervé(e).
ping-pong *g* ping-pong *m*; **chwarae** ~-~ jouer au ping-pong.
pil (**-ion**) *g* (*croen afal, tatws*) pelure *f*, épluchure *f*; (*oren*) écorce *f*, peau(-x) *f*; (*mewn rysáit*) zeste *m*.
pilaff (**-s, -iau**) *g gw.* **pilaw**.
pilastr (**-au**) *g* pilastre *m*.
pilaw (**-s**) *g* pilaf *m*; **reis** ~ riz *m* pilaf.
pilcodyn (**pilcod**) *g* vairon *m*; (*unrhyw bysgodyn bach*) frétin *m*.
pilcota *bg* pêcher les vairons.
pilen (**-nau**) *b* (*haenen*) membrane *f*; (*ar ewinedd*) petites peaux *fpl*, envie *f*; ~ **y glust** tambour *m* *neu* tympan *m* de l'oreille.
piler (**-au, -i**) *g* pilier *m*; (*PENS*) pilotis *m*.
pilio *ba* (*ffrwythau, llysiau*) éplucher, peler; (*pren*) écorcer; (*berdysyn, corgimwch*) décortiquer;
♦*bg* (*paent*) s'écailler; (*croen*) peler.
pilion *ll gw.* **pil**.
pilionen (**-nau**) *b gw.* **pilen**.
pilipala (**pilipalod**) *g* papillon *m*.
piliwn (**piliynau**) *g* siège *m* de passager; **eistedd ar y** ~ monter en croupe.
piliwr (**pilwyr**) *g* éplucheur *m*.
pilsen (**pils**) *b* pilule *f*; **y bilsen** la pilule *f*; **bod ar y bilsen** prendre la pilule; **rhoi siwgr ar y bilsen** dorer la pilule; **bocs pils** boîte *f* à pilules; **rhoi** ~ **i rn** (*ffig*) passer un savon à qn*.
pilsiard (**-s**) *g* pilchard *m*.
piltran, piltro *bg* tripoter.
pilwri (**pilwrïau**) *g* pilori *m*; **rhoi rhn yn y** ~ mettre qn au pilori.
pilyn (**-nau**) *g* vêtement *m*; **bod heb bilyn amdanoch** être tout(e) nu(e).
pill (**-ion**) *g* vers *m*.
pimp* (**-iaid**) *g* (*puteinfeistr*) proxénète *m*, maquereau(-x)** *m*.
pin (**-nau**) *g* épingle *f*; ~ **bawd,** ~ **gwasgu** punaise *f*; ~ **cau** épingle *f* de sûreté *neu* de nourrice; ~ **grenêd** goupille *f* de grenade; ~ **llanw** stylo *m*; ~ **ysgrifennu** plume *f*; **gallasech glywed** ~ **yn cwympo** on aurait entendu voler une mouche; **fel** ~ **mewn papur** propre comme un sou neuf; **mae gen i binnau bach yn fy llaw** j'ai des fourmis dans la main; ~ **mewn coes** (*MEDD*) broche *f*.
pîn *g* (bois *m* de) pin *m*; **cneuen bîn** pigne *f*; **nodwydd bîn** aiguille *f* de pin; **côn** ~ pomme *f* de pin; **afal** ~ ananas *m*.
pinacl (**-au**) *g* pic *m*, cime *f*, faîte *m*; (*PENS*) pinacle *m*; (*ffig*) apogée *m*, sommet *m*.
pinaclog *ans* à pinacles.
pinafal (**-au**) *g* ananas *m*.
pinaffor (**-au**) *g* (*hefyd:* **ffrog binaffor**) robe *f* chasuble.
pinbwyntio *ba* (*problem*) mettre le doigt sur, définir; (*lle*) localiser avec précision.
pinc *ans* rose, rosé(e); **gwin** ~ vin *m* rosé; **troi'n binc** (*petalau, awyr ayb*) rosir; (*gan gywilydd*) rougir;
♦*g* (*lliw*) rose *m*; (*PLANH*) œillet *m*, mignardise *f*; (*pêl snwcer*) bille *f* rose;
♦*g* (**-od**) (*ADAR*) pinson *m*.
pincas (**-au**) *g* pelote *f* à épingles.
pincio *bg* (*ymbincio*) se bichonner, se pomponner; (*car, injan*) cliqueter;
♦*ba* (*gwnïo*) denteler les bords de; **siswrn** ~ ciseaux *mpl* à denteler; ~ **plu** (*aderyn*) lisser *neu* nettoyer les plumes.
pincws (**pincysau**) *g* pelote *f* à épingles.
pincyn *g* brin *m*, petite branche *f*.
pindwll (**pindyllau**) *g* trou *m* d'épingle.
pinio *ba* (*defnydd*) épingler; (*papurau*) attacher *neu* réunir *neu* assembler (qch) avec une épingle; (*â phin bawd*) attacher (qch) avec une punaise, fixer (qch) au mur.
piniwn[1] (**piniynau**) *g* (*barn*) avis *m*, opinion *f*, jugement *m*; **pôl** ~ sondage *m* d'opinion; **pôl** ~ **Gallup** le sondage Gallup; **ym mhob pen mae** ~ autant d'hommes autant d'avis.
piniwn[2] (**piniynau**) *g* (*talcen tŷ*) pignon *m*.
pinsiad (**-au**) *g* (*gwasgiad*) pincement *m*; (*o halen*) pincée *f*; (*baco, snisin*) prise *f*; (*ôl, marc ar y corff*) pinçon *m*; **cymryd rhth gyda phinsiad o halen** ne pas prendre qch pour de l'argent comptant *neu* au pied de la lettre, prendre qch avec yn grain de sel.
pinsio *ba* pincer; **fe binsiodd hi ef ar ei goes** elle lui a pincé la jambe; **pinsiodd hi ei fraich** elle l'a pincé au bras;
♦*bg* serrer; **mae'r esgid yn** ~ ce soulier est étroit, ce soulier me serre.
pinsiwrn (**pinsiyrnau**) *g* tenailles *fpl*.
pinwydden (**pinwydd**) *b* pin *m*.
pinyp* (**-s**) *g,b* pin up *f inv*.
pioden (**pïod**) *b* pie *f*.
pip *g* (*cipolwg*) coup *m* d'œil; **cael** ~ **ar rth/rn** jeter un (petit) coup d'œil à qch/qn.
piped (**-au**) *g* pipette *f*.
pi-pi *g* pipi *m*;
♦*bg* faire pipi.
pipian, pipianu *bg* (*sŵn aderyn*) piauler;
♦*g* piaulement *m*.

pipo *bg* jeter un coup d'oeil, regarder vite, regarder à la dérobée *neu* en cachette *neu* furtivement; ~ **dros ben wal** regarder à la dérobée *neu* furtivement par-dessus un mur, passer la tête par-dessus un mur; **'roedd yn ~ o'r tu ôl i'r y cyrtens** il passait le nez de derrière les rideaux; ~ **allan** se montrer, apparaître; **fe bipodd hi mas i weld beth oedd yn digwydd** elle passa la tête pour voir ce qui se passait.

pirana (**-od**) *g* piranha *m*.

pirwét (**pirwetau**) *g* pirouette *f*; **gwneud ~** faire la pirouette, pirouetter.

Pisa *prb* Pise *f*; **Tŵr Cam** *ou* **Gogwyddol ~** la tour penchée de Pise.

piser (**-au, -i**) *g* (*jwg mawr*) broc *m*, cruche *f*; (*can*) bidon *m*; (*potyn*) pot *m*.

piseraid (**pisereidiau**) *g* cruchée *f*.

pisgwydden (**pisgwydd**) *b* (PLANH) tilleul *m*.

pisiad* (**-au**) *g* pissement *m*; **cael ~** pisser*.

pision* *ll* urine *f*, pisse* *f*, pissat *m*.

piso* *bg* uriner, pisser*; ~ **bwrw (glaw)** pleuvoir comme vache qui pisse*;
♦*g* urine *f*, pisse* *f*, pissat *m*; ~ **gwaed** pissement *m* de sang; ~ **dryw bach yn y môr** une goutte d'eau dans la mer.

pistasio *g*: **cneuen bistasio** pistache *f*; **coeden bistasio** pistachier *m*; **gwyrdd ~** (vert *m*) pistache *m*.

pistol (**-au**) *g* pistolet *m*.

piston (**-au**) *g* piston *m*; **rhoden biston** bielle *f*, tige *f* de piston.

pisty* (**pistai**) *g* pissoir *m*.

pistyll (**-oedd**) *g* (*rhaeadr*) cataracte *f*; (*ffrwd o ddŵr: mewn pentref ayb*) jet *m* d'eau, tuyau(-x) *m* de décharge.

pistyllio, **pistyllu** *bg* gicler, jaillir, se déverser; **'roedd dŵr yn ~ i mewn** l'eau entrait à grands flots; **'roedd y glaw yn ~ i lawr** il pleuvait à verse *neu* à torrents *neu* à flots *neu* à seaux; **'roedd y gwaed yn ~** le sang giclait *neu* ruisselait;
♦*ba*: ~ **glaw** pleuvoir à verse; **'roedd ei choes yn ~ gwaed** sa jambe ruisselait de sang.

pisyn (**-nau, pisiau, pisys**) *g*
1 (*darn*) morceau(-x) *m*; ~ **bach** bout *m*; ~ **5 ffranc** une pièce de 5F; ~ **o gacen** une tranche *f* *neu* part *f* de gâteau; **dod yn bisys** partir en morceaux; **tynnu rhth yn bisys** démonter qch; **torri rhth yn bisys** (*â siswrn, cyllell*) couper qch en morceaux *neu* pièces; (*potyn*) briser qch en mille morceaux.
2 (*rhn hardd*): **mae'n bisyn*** il est beau garçon, il est vachement* beau; **mae hi'n bisyn*** c'est une beauté.

piti *g*
1 (*trugaredd*) pitié *f*, compassion *f*; **bod â phiti dros rn** prendre *neu* avoir pitié de qn, prendre qn en pitié; **teimlo ~ dros rn** avoir pitié de qn, s'apitoyer sur qn; **o ran ~ dros rn** par pitié pour qn.
2 (*trueni*) dommage *m*; **mae'n biti** c'est dommage, c'est bien dommage; **dyna biti!** quel dommage!; **mwya'r ~!** c'est bien dommage!, c'est d'autant plus dommage!; **y ~ yw ...** le plus malheureux, c'est que ...

pitïo *ba* prendre *neu* avoir pitié de, prendre (qn) en pitié, s'apitoyer sur, plaindre; **'rwy'n dy bitïo di!** je te plains!

pitran *bg*: ~ **patran** (*glaw*) crépiter.

pitsa (**-s**) *g* pizza *f*.

pitseria (**-s**) *g* pizzeria *f*.

pitsh *g* poix *f*; **du bitsh** noir(e) comme dans un four.

pitsio[1] *ba*
1: ~ **pabell** dresser une tente; ~ **gwersyll** établir un camp; ~ **i mewn i waith** se mettre au boulot*; ~ **i mewn i bryd o fwyd** s'attaquer à un repas.
2: ~ **nodyn** donner la note; **~'r llais yn uwch/is** hausser/baisser le ton de la voix; **cân wedi'i phitsio yn rhy isel** une chanson chantée d'un ton trop bas.
3 (*taflu*) jeter, lancer;
♦*bg* (*llong: tindaflu*) tanguer; **'roedd y llong yn ~** le navire tanguait.

pitsio[2] *ba* (*gorchuddio â phitsh*) poisser, enduire (qch) de poix.

pitw *ans* piteux(piteuse), dérisoire, insignifiant(e), sans importance;
♦ **yn bitw** *adf* piteusement.

pitwidol *ans* pituitaire; **chwarren bitwidol** hypophyse *f*, glande *f* pituitaire.

piw (**-au**) *g* pis *m*, mamelle *f*.

piwiaid *ll* moucherons *mpl*, moustiques *mpl*.

piwis *ans* maussade; (*plentyn*) de mauvaise humeur;
♦ **yn biwis** *adf* maussadement, avec mauvaise humeur.

piwisrwydd *g* maussaderie *f*, mauvaise humeur *f*.

piwr *ans* (*caredig*) gentil(le), bon(ne), aimable, sympathique, sympa*;
♦ **yn biwr** *adf* gentiment, aimablement, sympathiquement.

piwritan (**-iaid**) *g* puritain *m*.

piwritanaidd *ans* puritain(e);
♦ **yn biwritanaidd** *adf* de façon puritaine.

piwritanes (**-au**) *b* puritaine *f*.

piwritaniaeth *b* puritanisme *m*.

piws *ans* violet(te), violacé(e);
♦*g* violet *m*, violacé *m*.

piwtar, **piwter** *g* étain *m*;
♦*ans* en étain.

pizza *g* pizza *f*.

pizzeria (**-s**) *g* pizzeria *f*.

pla (**plâu**) *g*
1 (*clefyd*) peste *f*; **y P~ Du** la peste bubonique; **y ~ gwyn** la tuberculose *f*; **osgoi rhth fel y ~** fuir qch comme la peste.
2 (*rhn*) plaie *f*, casse-pieds *m/f inv*, empoisonneur *m*, empoisonneuse *f*; (*anifail*)

animal(animaux) *m* nuisible; (*pryf*) insecte *m* nuisible.
plac (**-iau**) *g* plaque *f*.
placard (**-iau**) *g* (*mewn protest*) pancarte *f*; (*ar fur*) affiche *f*.
placardio *ba* (*mur*) placarder; (*slogan, rhybudd*) afficher.
plad (**-iau**) *g* tissu *m* écossais; (*tros yr ysgwydd*) plaid *m*.
pladres (**-i**) *b*: ~ **o wraig nobl** une femme bien balancée, une femme de forte carrure.
pladur (**-iau**) *b* faux *f*.
pladurio *ba, bg* faucher.
pladurwr (**pladurwyr**) *g* faucheur *m*.
plaen[1] *ans* (*amlwg*) clair(e), évident(e), distinct(e); (*llwybr*) clairement tracé(e) *neu* marqué(e); (*ystyr*) clair, lucide; (*ateb*) direct(e), franc(he), sans ambages; (*dillad, bwyd*) modeste, sobre, simple; (*mewn un lliw*) uni(e); **siarad** ~ propos *mpl* sans équivoque; **bod yn hoff o siarad** ~ aimer la franchise *neu* le franc-parler; **mewn geiriau** ~ très clairement; **y gwir** ~ **yw ...** à dire vrai *neu* la vérité ...; **papur** ~ (*heb linellau*) papier uni *neu* non réglé; (*heb bennawd*) papier libre; **pwyth** ~ (*GWNÏO*) maille *f* à l'endroit; **siocled** ~ chocolat *m* à croquer; **anfon rhth mewn amlen blaen** envoyer qch sous pli discret; **merch blaen** une fille quelconque *neu* ordinaire; **plismon mewn dillad** ~ policier *m* en civil;
♦ **yn blaen** *adf* (*yn amlwg*) clairement, manifestement, distinctement; (*yn syml*) simplement; **dweud rhth yn blaen** dire qch carrément *neu* sans détours; **siarad yn blaen** appeler les choses par leur nom; **yn blwmp ac yn blaen** carrément, franchement.
plaen[2] (**-iau**) *g* (*TECH*) rabot *m*.
plaender, **plaendra** *g* (*symlrwydd*) simplicité *f*, sobriété *f*, modestie *f*; (*diffyg harddwch*) manque *m* de beauté.
plaengan *b* plain-chant(~s-~s) *m*.
plaenio *ba* raboter.
plagio *ba* (*yn chwareus*) taquiner; (*yn greulon*) tourmenter; (*yn annifyr*) tracasser.
plagus *ans* (*rhn*) tracassier(tracassière), contrariant(e), pénible;
♦ **yn blagus** *adf* péniblement, de façon tracassière *neu* contrariante.
plaid (**pleidiau**) *b* parti *m*, faction *f*; **P~ Cymru** le Parti du pays de Galles (*le Parti nationaliste gallois*); **y Blaid Geidwadol** le Parti conservateur; **y Blaid Gomiwnyddol** le Parti communiste; **y Blaid Lafur** le Parti travailliste; **y Blaid Ryddfryol** le Parti libéral; **P~ yr Unoliaethwyr** le Parti unioniste; **y Blaid Werdd** le Parti écologiste.
▶ **o blaid** (o'm plaid, o'th blaid, o'i blaid, o'i phlaid, o'n plaid, o'ch plaid, o'u plaid): **bod o blaid rhth** (*cynllun, awgrym*) être partisan(e) de qch; (*ymrwymiad, cytundeb, digwyddiad*) favoriser qch, appuyer qch; **bod o blaid rhn** préférer qn; (*ymgeisydd, disgybl*) montrer une préférence pour; **mae popeth yn gweithio o'i blaid ar hyn o bryd** tout marche en sa faveur en ce moment; **mae pawb o blaid y cynnig** tout le monde approuve la proposition; **nid wyf o blaid gadael iddyn nhw ddod** je ne suis pas d'avis de les laisser venir; **nid wyf o blaid y syniad** je ne suis pas partisan(e) de l'idée; **mae hynny o'i blaid!** (*o fantais*) c'est qch à mettre à son actif, c'est un bon point pour lui; **dangos eich bod o blaid rhn** montrer des préjugés en faveur de qn.
plaleiddiad (**plaleiddiaid**) *g* pesticide *m*.
plan (**-iau**) *g gw.* **cynllun**.
plân (**planau**) *g* (*arwynebedd*) plan *m*; ~ **llorweddol** plan horizontal.
planc (**-iau**) *g* planche *f*; (*COG*) plaque *f* en fonte; **bara** ~ pain *m* cuit sur la plaque.
planced (**-i**) *b gw.* **blanced**.
plancio *ba* planchéier;
♦*g* planchéiage *m*.
plancton *ll* plancton *m*.
planed (**-au**) *b* planète *f*.
planedol *ans* planétaire.
planhigfa (**planigfeydd**) *b* plantation *f*.
planhigyn (**planhigion**) *g* plante *f*; **planhigion** flore *f*.
plannu *ba* (*hadau, planhigion*) planter; (*darn o bren yn y ddaear ayb*) planter, enfoncer; ~ **cae** planter un champ; ~ **cyllell ym mraich rhn** enfoncer un couteau dans le bras de qn;
♦*bg* planter.
plannwr (**planwyr**) *g* planteur *m*.
plant *ll gw.* **plentyn**.
planta *bg* procréer, faire des enfants.
plantos *ll* enfants *mpl*, gosses* *mpl*.
plas (**-au**) *g* (*mewn tref*) hôtel *m* particulier; (*yn y wlad*) château(-x) *m*, manoir *m*, gentilhommière *f*.
plasebo (**-s**) *g* placebo *m*.
plasenta (**plasentâu**) *g* placenta *m*.
plasma (**plasmâu**) *g* plasma *m*; ~ **gwaed** plasma *m* sanguin.
plastig (**-au**) *g* matière *f* plastique, plastique *m*; (*clai i fodelu*) pâte *f* à modeler; **diwydiant** ~ industrie *f* plastique;
♦*ans* plastique; **llwy blastig** cuiller en *neu* de matière plastique; **ffrwydron** ~ plastic *m*.
plastigrwydd *g* plasticité *f*
plastr (**-au**) *g*
1 (*ADEIL, MEDD, CELF*) plâtre *m*; ~ **Paris** plâtre de moulage; **bwrdd** ~ carreau(-x) *m* de plâtre; **cast** ~ (*MEDD*) plâtre; (*cerfluniaeth*) moule *m* en plâtre; **gwaith** ~ plâtres; **pen** ~ buste *m* de *neu* en plâtre; **'roedd ei braich hi mewn** ~ elle avait le bras dans le plâtre, elle avait le bras plâtré.
2 (*elastoplast*) pansement *m* adhésif, sparadrap *m*; **rhoi** ~ **ar friw** mettre un pansement adhésif sur une blessure.

plastrfwrdd *g* placoplâtre *m*.
plastro *ba*
1 (*ADEIL, MEDD*) plâtrer.
2 (*gorchuddio*): ~ **rhth â rhth** couvrir qch de qch; ~ **wal â phosteri** couvrir *neu* tapisser un mur d'affiches.
3 (*taenu'n haen drwchus: menyn, eli, colur ayb*) étaler, mettre une couche épaisse de;
♦*bg*: ~ **dros** (*grac, dwll*) boucher.
plastrwr (**plastrwyr**) *g* plâtrier *m*.
plasty (**plastai**) *g gw.* **plas**.
plât (**platiau**) *g*
1 (*cyff*) assiette *f*, plat *m*; ~ **cinio** grande assiette; **mae arnoch chi eisiau popeth ar blât** (*ffig*) vous voudriez qu'on vous apporte *subj* tout sur un plat d'argent *neu* sur un plateau; **mae gen i lawer ar fy mhlât*** (*ffig*) j'ai du pain sur la planche; **mae ganddi ormod ar ei phlât yn barod** (*ffig*) elle ne sait déjà plus où donner de la tête.
2 (*mewn eglwys*) plateau(-x) *m* de quête.
3 (*ar wal: plac*) plaque *f*.
4 (*FFOT*) plaque *f*.
5 (*ar gyfer ysgythriad*) planche *f*.
6 (*llun mewn llyfr*) gravure *f*, planche *f*, hors-texte *m inv*.
7 (*DAEAR*) plaque *f*.
8 (*dannedd gosod*) dentier *m*.
9 (*ar gar*) plaque *f* minéralogique *neu* d'immatriculation.
plataid (**plateidiau**) *g* assiettée *f*, pleine assiette *f*.
platen (**-nau**) *b* plaquette *f*.
platfform (**-iau**) *g*
1 (*llwyfan: mewn neuadd*) estrade *f*; (*:mewn cyfarfod*) tribune *f*.
2 (*sgaffald ayb*) plate-forme(~s-~s) *f*.
3 (*TRAFN: bws*) plate-forme(~s-~s) *f*; (*:RHEIL*) quai *m*; ~ **2** quai numéro deux; **tocyn** ~ billet *m* de quai.
4 (*GWLEID: rhaglen etholiadol*) plate-forme électorale.
platia(i)d (**plateidiau**) *g gw.* **plataid**.
platinwm *g* platine *m*;
♦*ans* de *neu* en platine, platiné(e); **blonden blatinwm** blonde *f* platinée; **gwallt blond** ~ cheveux *mpl* platinés, cheveux blond platiné *inv*.
platio *ba* (*â metal*) plaquer; (*ag aur*) dorer; (*â nicel*) nickeler; (*ag arian*) argenter; (*â chopor*) cuivrer.
Platon *prg* Platon.
platonaidd *ans* platonique;
♦ **yn blatonaidd** *adf* platoniquement.
Platoniaeth *b* platonisme *m*.
platonig *ans* platonique;
♦ **yn blatonig** *adf* platoniquement.
platŵn (**platwnau**) *g* (*MIL*) section *f*; (*plismyn, diffoddwyr tân*) peloton *m*.
platwydr *g* verre *m* à vitre très épais, verre double *neu* triple; **ffenestr blatwydr** baie *f* vitrée.
platypws (**platypysau**) *g* ornithorynque *m*.
Plawtws *prg* Plaute.
ple (**-on**) *g*
1 (*apêl, erfyniad*) appel *m*, supplication *f*.
2 (*CYFR: datganiad*) argument *m*; (*:amddiffyniad*) défense *f*; **cynnig** ~ **o hunanamddiffyniad** plaider la légitime défense.
3 (*esgus*) excuse *f*.
plectrwm (**plectrymau**) *g* (*CERDD*) médiator *m*.
plediad (**-au**) *g* (*CYFR*) plaidoyer *m*, plaidoirie *f*.
pledio *bg*
1 (*erfyn*) supplier, implorer; ~ **gyda rhn i wneud rhth** supplier qn de faire qch; ~ **am rth** implorer qch.
2 (*dadlau: CYFR, cyff*) plaider; ~ **o blaid rhth** *ou* **dros rth** plaider pour qch, plaider en faveur de qch; ~ **yn erbyn rhth** plaider contre qch; ~**'n euog/ddieuog** plaider coupable/non coupable;
♦*ba*: ~ **achos rhn** plaider la cause de qn; ~ **anwybodaeth** (*cymryd fel esgus*) alléguer *neu* invoquer l'ignorance.
pledren (**-nau, -ni**) *b* vessie *f*.
pledu *ba* bombarder; ~ **cerrig at rn** lapider qn; ~ **rhn â cherrig** assaillir qn à coups de pierres; ~ **rhn â pheli eira** bombarder qn de boules de neige.
plegid *g gw.* **oblegid**.
pleidgar *ans* partisan(e), dévoué(e) à un parti;
♦ **yn bleidgar** de façon partisane.
pleidgarwch *g* esprit *m* de parti, partialité *f*.
pleidio *ba* être pour *neu* en faveur de, être partisan(e) de, soutenir, appuyer, prôner, favoriser, préférer, montrer une préférence pour.
pleidiol *ans* bien disposé(e); **bod yn bleidiol i rn** être bien disposé envers qn; **bod yn bleidiol i rth** être bien disposé en ce qui concerne qch; **a yw hi'n bleidiol i'r cynnig?** est-ce qu'elle approuve la proposition?; ~ **wyf i'm gwlad** je suis patriotique *neu* patriote.
pleidiwr (**pleidwyr**) *g* membre *m* d'un parti, partisan *m*.
pleidlais (**pleidleisiau**) *b* vote *m*, voix *f*; ~ **floc** vote groupé; ~ **o blaid/yn erbyn** vote pour/contre; ~ **o ddiffyg hyder** motion *f* de censure; ~ **o ddiolchgarwch** discours *m* de remerciement; ~ **o hyder yn** vote de confiance à l'égard de; **cael** ~ **ar rth** mettre qch au vote; **cael** ~ **gudd** voter au scrutin secret; **cymryd** ~ **ar** procéder au vote *neu* au scrutin sur; **cynnal** ~ voter; **rhoi'r bleidlais i rn** accorder le droit de vote à qn; **trwy bleidlais** par voie de scrutin; **cyfri'r pleidleisiau** compter les voix *neu* les votes, dépouiller le scrutin; **ennill pleidleisiau** gagner des voix; **pleidleisiau Llafur** les voix travaillistes.
pleidleisio *bg* voter, donner sa voix; ~ **ar rth**

mettre qch au vote; ~ **dros/yn erbyn** voter pour/contre; ~ **i'r Sosialwyr** voter socialiste; **mynd i bleidleisio** (*mewn etholiad*) aller aux urnes; **mae pawb yn ~ ymhen pythefnos** les élections auront lieu dans deux semaines; **yr hawl i bleidleisio** le droit de vote, le suffrage, la franchise;
♦*g* vote *m*, scrutin *m*; ~ **cyfrannol** scrutin proportionnel *neu* à la proportionnelle; ~ **dros restr o enwau** scrutin de leste, scrutin plurinominal; **bwth** ~ isoloir *m*; **papur** ~ bulletin *m* de vote.

pleidleisiwr (**pleidleiswyr**) *g* électeur *m*; **y pleidleiswyr** l'électorat *m*.

pleidleiswraig (**pleidleiswragedd**) *b* électrice *f*.

pleidwraig (**pleidwragedd**) *b* membre *m* d'un parti, partisane *f*.

pleidydd (**-ion**) *g* partisan *m*, partisane *f*.

plencyn (**planciau**) *g* planche *f*.

plentyn (**plant**) *g* enfant *m/f*, gamin* *m*, gamine* *f*, gosse* *m/f*, môme* *m/f*, marmot* *m*; ~ **isnormal**, ~ **araf** enfant arriéré(e); ~ **dan anfantais meddyliol/corfforol** enfant handicapé(e) mentalement/physiquement; ~ **siawns**, ~ **anghyfreithlon** enfant illégitime *neu* naturel(le); **bod yn disgwyl** ~ (*beichiog*) être enceinte; **ymddwyn fel** ~ se comporter comme un enfant, se comporter puérilement; **afiechyd plant** maladie *f* infantile; **chwarae plant ydyw** c'est un jeu d'enfant.

plentyndod *g* enfance *f*, bas âge *m*; **afiechyd** ~ maladie *f* infantile; **bod yn eich ail blentyndod** retomber en enfance; **mae'r ddyfais yn dal yn ei phlentyndod** l'invention est encore à ses débuts.

plentyneiddiwch *g* puérilité *f*.

plentynnaidd *ans* d'enfant; (*dif*) puéril(e); **chwaraeon** ~ jeux *mpl* d'enfants; **ymateb** ~ réaction *f* puérile; **paid â bod mor blentynnaidd** ne fais pas l'enfant;
♦ **yn blentynnaidd** *adf* comme un enfant, puérilement.

pleser (**-au**) *g* plaisir *m*; **â phleser** avec plaisir, volontiers; **mae'n bleser!** je vous en prie!; **mae'n bleser dy weld di!** quel plaisir de te voir!; **mae'n bleser mawr gen i ...** cela me fait grand plaisir de ...; **mae'n bleser gennym eich hysbysu ...** nous avons le plaisir de vous informer que; ~ **yw eich cyfarfod chi** enchanté(e) (de faire votre connaissance); **cael** ~ **mawr o** trouver *neu* prendre beaucoup de plaisir à, se délecter à; **bywyd o bleserau** une vie de plaisirs; **llong bleser** bateau(-x) *m* de plaisance; **porthladd i longau** ~ port *m* de plaisance; **mordaith bleser** croisière *f*.

pleserdaith (**pleserdeithiau**) *b* (*cyff*) excursion *f*; (*car, beic*) randonnée *f*; (*llong*) croisière *f*.

pleserdeithio *bg* (*cyff*) faire une excursion *neu* des excursions; (*car, beic*) faire une randonnée *neu* des randonnées; (*llong*) partir en croisière, faire une croisière.

pleserfad (**-au**) *g* bateau(-x) *m* de plaisance, yacht *m*.

plesergar *ans* hédoniste;
♦ **yn blesergar** *adf* de façon hédoniste.

plesergarwch *g* hédonisme *m*.

pleserlong (**-au**) *b* yacht *m*.

pleserus *ans* agréable, heureux(heureuse), bon(ne), plaisant(e), charmant(e); **treulio amser** ~ passer un bon moment *neu* un moment agréable;
♦ **yn bleserus** *adf* agréablement.

plesio *ba* plaire à, faire plaisir à; (*bodloni*) satisfaire, contenter; **fe wnaiff hyn ei phlesio hi** ça va lui faire plaisir, elle va en être contente; **'does dim modd ei phlesio hi** il n'y a jamais moyen de la contenter *neu* de la satisfaire; **hawdd/anodd eich** ~ facile/difficile à satisfaire; ~ **yw ein dymuniad** nous ne cherchons qu'à satisfaire; **plesiwch eich hunan!** comme vous voulez!;
♦*bg* plaire; **awyddus i blesio** désireux(désireuse) de plaire.

plet, **pleten** (**pletiau**) *b* pli *m*.

pletio *ba* plisser; ~**'ch ceg**, ~**'ch gweflau** faire la moue, se pincer les lèvres.

pletiog *ans* plissé(e).

pleth (**plethi**) *b* natte *f*.

plethdorch (**-au**) *b* couronne *f*; ~ **o lawryf** couronne de lauriers.

plethedig *ans* en nattes, en tresses.

plethen (**plethi**) *b* natte *f*.

plethiad (**-au**) *g* natte *f*, tresse *f*.

plethu *ba* natter; (*cainc o edafedd*) entrelacer; (*basged*) tresser; **gwallt wedi'i blethu** cheveux *mpl* en nattes *neu* nattés *neu* tressés;
♦*g* nattage *m*, tressage *m*.

plethwaith (**plethweithiau**) *g* (*gwrych, clawdd*) clayonnage *m*.

plethwr (**plethwyr**) *g* tisserand *m*.

plicio *ba* (*taten, ffrwyth*) éplucher; (*pluen*) plumer; (*plu: un ar y tro*) arracher; (*CERDD: tannau*) pincer.

Plini(ws) *prg* Pline; ~**'r hynaf** Pline l'Ancien; ~**'r ieuaf** Pline le Jeune.

plîs* *ebych* s'il te plaît, s'il vous plaît.

plisgen (**plisg**) *b* (*ŵy, cneuen*) coquille *f*; (*pys*) cosse *f*; (*haen: o eira, o rew ayb*) couche *f*.

plisgo *ba* (*pys*) écosser; (*ceirch, reis*) décortiquer; (*haidd*) émonder; (*cnau*) écaler;
♦*bg* (*paent*) s'écailler.

plisgyn (**plisg**) *g* (*ŵy, cneuen*) coquille *f*; (*pys*) cosse *f*.

plisman, **plismon** (**plismyn**) *g* agent *m* de police, gardien *m* de la paix, policier *m*; (*yn y wlad*) gendarme *m*; (*benyw*) femme *f* policier, femme agent; **mynd yn blismon** entrer dans la police, se faire policier *neu* gendarme; **plismyn** police *f*, les forces *fpl* de l'ordre, gendarmes; (*cyff*) gendarmerie *f*;

bu'n rhaid galw am fwy o blismyn on a dû faire venir des renforts de police; **car** ~ voiture *f* de police *neu* de la gendarmerie; **ci** ~ chien *m* policier.
plismona *ba* (*cadw'r heddwch yn*) maintenir l'ordre dans; (*patrolio*) surveiller.
plismones (**-au**) *b* femme *f* policier, femme agent.
plith *g*: **yn ein** ~ parmi nous; **yn eich** ~ parmi vous; **yn eu** ~ parmi eux; **mynd i blith** aller parmi; **mynd i'w** ~ aller parmi eux; **dewiswch lyfr o blith y rhain** choisissez un livre d'entre ceux-ci *gw. hefyd* **ymhlith**.
pliwrisi *g* (*MEDD*) pleurésie *f*.
ploc, **plocyn** (**plociau**) *g gw.* **bloc**.
plocfa (**plocfâu**) *b*: ~ **iâ** banquise *f*, pack *m*.
plod *g* tissu *m* écossais; (*dros yr ysgwydd*) plaid *m*.
plonc* *g* (*gwin rhad*) vin *m* ordinaire, pinard* *m*.
plop (**-iau**) *g* floc *m*.
plopian, **plopio** *bg* faire floc.
ploryn (**plorod**) *g* bouton *m*, comédon *m*.
plot (**-iau**) *g*
1 (*tir*) terrain *m*, lotissement *m*; ~ **adeiladu** terrain à bâtir.
2 (*LLEN, THEATR*) intrigue *f*.
3 *gw.* **cynllwyn**.
plotio *ba* (*ffordd*) déterminer; (*graff, llinell*) tracer (qch) point par point; (*darn o dir*) relever.
pluen (**plu**) *b* plume *f*; ~ **eira** flocon *m* de neige; ~ **saeth** barbe *f*; **dyna bluen yn ei het** c'est une réussite dont il peut être fier; **gwely plu** lit *m* de plumes; **pwysau plu** (*BOCSIO*) poids *m* plume.
plufio *ba gw.* **pluo**.
plufyn (**pluf**) *g gw.* **pluen**.
pluo *ba*
1 (*COG: da pluog*) plumer.
2 (*eira*): **mae hi'n** ~ **eira** il tombe de la neige, il neige.
pluog *ans* à plumes; **da** ~ volaille *f*, volailles.
plwc (**plyciau**) *g*
1 (*ysbaid*) quelque temps *m*, moment *m*; **gwneud** ~ **o waith** travailler par à-coups.
2 (*pwl, ymosodiad*) accès *m*; ~ **o besychu** accès *neu* quinte *f* de toux.
3 (*dewrder*) courage *m*, cran* *m*.
4 (*tyniad*): **rhoi** ~ **i rth** tirer doucement sur qch.
▶ **chwythu'ch plwc** s'essouffler; **mae'r ffasiwn yna wedi chwythu ei blwc** cela n'est plus à la mode, cela est démodé, c'est vieux jeu, ça; **'roedd hi wedi chwythu ei phlwc** elle avait tiré ses dernières cartouches.
plwg (**plygiau**) *g*
1 (*sinc, bath*) bonde *f*.
2 (*i stopio rhth rhag gollwng*) tampon *m*, bouchon *m*.
3 (*TRYD: ar ddyfais*) prise *f* de courant; (*:ar switsfwrdd*) fiche *f*; **rhoi'r** ~ **i mewn** brancher la prise.
4 (*injan car*) bougie *f*.
plwm *g* plomb *m*; **trwm fel** ~ comme du plomb;
♦*ans* de *neu* en plomb; (*fertigol*) vertical(e)(verticaux, verticales), d'aplomb; **yn blwm** (*yn y canol*) en plein milieu.
plwmbago *g* (*graffit*) plombagine *f*; (*PLANH*) plumbago *m*.
plws *g* (*MATH: arwydd*) (signe *m*) plus *m*; (*mantais*) atout *m*;
♦*ans* positif(positive).
plwsh *g* peluche *f*;
♦*ans* en peluche.
Plwtarch *prg* Plutarque.
Plwton *prg* Pluton.
plwtoniwm *g* plutonium *m*.
plwyf (**-i**) *g* (*CREF*) paroisse *f*; (*sifil*) commune *f*; **eglwys y** ~ église *f* paroissiale; **neuadd y** ~ salle *f* paroissiale *neu* municipale.
plwyfo *bg* s'adapter, s'établir, avoir droit de cité.
plwyfol *ans* (*CREF*) paroissial(e)(paroissiaux, paroissiales); (*ffig, dif*) de clocher;
♦ **yn blwyfol** *adf* (*ffig, dif*) de façon bornée *neu* insulaire.
plwyfoldeb *g* esprit *m* de clocher.
plwyfolyn (**plwyfolion**) *g* paroissien *m*, paroissienne *f*.
plwyfwas (**plwyfweision**) *g* (*CREF*) bedeau(-x) *m*.
plycio *ba* (*CERDD: tannau*) pincer; (*:tannau gitâr*) pincer les cordes de; (*COG: da pluog*) plumer; **~'ch aeliau** s'épiler les sourcils;
♦*bg* (*gwynio*) lanciner; **mae gennyf ddant sy'n** ~ j'ai une dent qui me fait mal.
plyciog *ans* saccadé(e), spasmodique, intermittent(e), irrégulier(irrégulière);
♦ **yn blyciog** *adf* par à-coups, de façon intermittente *neu* irrégulière.
plyg (**-ion**) *g* pli *m*;
♦*ans* doublé(e), en deux, plié(e).
plygain *g* (*gwawr*) aube *f*, point *m* du jour.
plygedig *ans* plié(e).
plygeiniol *ans* (*cynnar*) matinal(e)(matinaux, matinales);
♦ **yn blygeiniol** *adf* tôt le matin, de bon matin.
plygell (**-au**) *b* chemise *f*, classeur *m*; (*i luniau*) carton *m*; (*i bapurau*) dossier *m*.
plygiad (**-au**) *g* pli *m*.
plygiant (**plygiannau**) *g* (*plyg*) pli *m*, pliure *f*; (*FFIS*) réfraction *f*.
plygio *ba*
1 (*cau: twll*) boucher; (*:rhth sy'n gollwng*) colmater.
2 (*TRYD*) brancher.
3 (*hysbysebu*) donner un coup de pouce (publicitaire) à, faire de la publicité pour;

♦*bg*: ~ **i mewn** (*TRYD*) se brancher.

plygu *ba* plier, replier, rabattre; (*dillad*) plier et ranger; (*corff, cangen*) courber; (*coes, braich*) plier; ~ **(pen-)glin** se mettre à genoux, fléchir le genou; ~ **pen** pencher *neu* courber la tête; ~ **rhth allan o siâp** fausser qch; ~ **rhth yn ei ôl** replier qch, recourber qch;

♦*bg* (*cadair, bwrdd*) se (re)plier, se courber; ~**'n ongl sgwâr** couder; **gwely sy'n** ~ lit *m* pliant; **drws sy'n** ~ porte *f* en accordéon; **sedd sy'n** ~ (*THEATR, trên ayb*) strapontin *m*; ~ **yn ôl** se pencher en arrière; ~ **ymlaen** se pencher en avant; ~ **i lawr** fléchir, se courber; (*ffig*) s'incliner, s'abaisser; ~ **o flaen rhn** s'incliner devant qn, s'abaisser devant qn; ~ **dan rth** s'incliner sous qch.

plygwr (**plygwyr**) *g* (*gweithiwr*) plieur *m*; (*offeryn sy'n plygu papur*) plioir *m*.

plymen (**-nau, -ni**) *b* plomb *m*; ~ **o rew** nappe *f* de glace.

plymer (**-iaid**) *g* plombier *m*.

plymiad (**-au**) *g* plongeon *m*, chute *f*.

plymio[1] *bg* (*ymdaflu i ddŵr*) plonger; (*cwch*) piquer de l'avant; (*cwympo*) tomber; **plymiodd yr awyren i'r ddaear/môr** l'avion s'est écrasé au sol/s'est abîmé dans la mer.

plymio[2] *ba*: ~**'r peiriant golchi** (*cysylltu*) faire le raccordement de la machine à laver; **y gwaith** ~ (travail(travaux) *m* de) plomberie *f*; **system blymio** (*mewn tŷ*) plomberie, tuyauterie *f*.

plymiwr (**plymwyr**) *g* (*i'r môr ayb*) plongeur *m*.

plymwr (**plymwyr**) *g* (*plymer*) plombier *m*.

pnawn (**-iau**) *g gw.* **prynhawn**.

po *geir*: ~ **fwyaf y gweithiwch chi, mwyaf y dysgwch chi** plus on travaille, plus on apprend; ~ **uchaf y dringai, lleiaf yn y byd a welai** plus il montait, moins il voyait; **gorau** ~ **gyntaf** le plus tôt sera le mieux, il serait grand temps, ce ne serait pas trop tôt; **gorau** ~ **leiaf y siaradwch chi amdano** mieux vaut ne pas en parler.

pob[1] *ans*

1 (*yr holl*): ~ **...** chaque ..., tous les ..., toutes les ...; ~ **merch** toutes les filles, chaque fille; ~ **dydd** chaque jour, tous les jours; **mae hi'n gwario** ~ **dimai y mae'n ei hennill** elle dépense tout ce qu'elle gagne; **o bob math** de toute sorte; **o bob ochr** de toutes parts; **o bob oedran** de tout âge; **ym mhob ffordd** (*o bob agwedd*) à tous les égards, en tous points, sous tous les rapports; **fe geisiasom ni bob ffordd** on a essayé par tous les moyens.

2 (*i fynegi hyder, gobaith ayb*): **mae ganddi bob ffydd ynof i** elle a entièrement *neu* pleine confiance en moi; **mae gen i bob rheswm i gredu ...** j'ai de bonnes raisons *neu* de fortes raisons *neu* toutes les raisons de croire que; ~ **lwc!** bonne chance!, bon courage!; **'rydym ni'n dymuno** ~ **llwyddiant iti** nous te souhaitons très bonne chance, tous nos souhaits pour l'avenir.

3 (*i fynegi amlder*): **bob pedwar diwrnod** tous les quatre jours, un jour sur quatre; **bob chwarter awr** tous les quarts d'heure; **unwaith bob wythnos** une fois par semaine.

4 (*i fynegi graddfa: gyda rhifolion ayb*): **bob yn un** un(e) à un(e); **gwerthu rhth bob yn un ac un** vendre qch à l'unité *neu* à la pièce; **bob yn ddau/ddwy** deux par deux; **bob yn dri/dair** trois par trois; **bob yn ail** tour à tour, alternativement; **bob yn ail ddiwrnod** tous les deux jours; **bob yn ail ddydd Llun** un lundi sur deux; **bob yn dipyn** petit à petit.

▶ **pob dim** tout; **mae** ~ **dim wedi newid** tout a changé *gw. hefyd* **popeth**.

▶ **pob man** *gw.* **pobman**.

▶ **pob peth** *gw.* **popeth**.

▶ **pob un** chacun *m*, chacune *f*; **fe fynegodd** ~ **un ei farn** chacun(e) a donné son avis; ~ **un o ...** chacun de ..., chacune de ...; ~ **un ohonom** chacun(e) d'entre nous; ~ **un ohonom yn ddieithriad** chacun(e) de nous sans exception; **fe gafodd** ~ **un ohonyn nhw anrheg** ils ont reçu chacun un cadeau, elles ont reçu chacune un cadeau *gw. hefyd* **pawb**.

pob[2] *ans* cuit(e); **ffa** ~ haricots blancs à la sauce tomate; **caws** ~ rôtie *f neu* toast *m* au fromage; **taten bob** pomme *f* de terre au four.

pobi *ba* faire cuire (qch) au four; **tatws wedi'u** ~ pommes *fpl* de terre au four; **soda** ~ bicarbonate *m* de soude;

♦*bg* faire de la pâtisserie.

pobiad (**-au**) *g* (*coginiad*) cuisson *f*; (*llond popty, ffwrn*) fournée *f*.

pobl (**-oedd**) *b*

1 (*cyff*) gens *mpl*, monde *m*; ~ **ifainc** les jeunes gens, les jeunes *mpl*; **hen bobl** les personnes *fpl* âgées, les vieilles gens, les vieux *mpl*; ~ **ddieithr** (*estroniaid*) étrangers *mpl*; (*ymwelwyr*) visiteurs *mpl*; (*twristiaid*) touristes *mpl*; ~ **ddŵad** immigrés *mpl*, étrangers; ~ **y dref** les habitants *mpl* de la ville, les citadins *mpl*; ~ **y wlad** les gens de la campagne, les campagnards *mpl*; **llawer o bobl** beaucoup de gens *neu* de monde; **dyna lot o bobl!** que de monde!; **dywedodd llawer o bobl ...** plusieurs personnes ont dit que; **mae** ~ **yn dweud ...** on dit que, les gens disent que; **mae** ~ **eraill yn credu ...** il y a d'autres (gens) qui croient *neu* pensent que; **yn nhŷ** ~ **eraill** chez autrui, chez d'autres; **oes 'ma bobl?** il y a quelqu'un?; **bobl annwyl!, bobl y ddaear!** mon Dieu!, Seigneur!, ciel!.

2 (*ar ôl rhif*) personnes *fpl*; **chwech o bobl** six personnes.

3 (*cyhoedd*) public *m*; **llywodraeth gan y bobl** gouvernement *m* par le peuple; **y frenhines a'i phobl** la reine et ses sujets.

4 (*cenedl*) nation *f*, peuple *m*, peuplade *f*; **~oedd y ddaear** les peuples de la Terre; **~ yr Almaen** les Allemands *mpl*; **~ Cymru** les Gallois *mpl*; **~ Ffrainc** les Français *mpl*; **~ Iwerddon** les Irlandais *mpl*.

poblach *b* populace* *f*, canaille* *f*.

poblog *ans* très peuplé(e), à forte densité de population, populeux(populeuse).

poblogaeth (**-au**) *b* population *f*.

poblogaidd *ans*

1 (*y mae llawer o bobl yn ei hoffi: cyff*) populaire; (*:ffasiynol*) à la mode; (*:lle: yn cael ei fynychu'n aml*) très fréquenté(e); **mae hi'n boblogaidd ymhlith ei chydweithwyr** ses collègues l'aiment beaucoup; **mae hi'n boblogaidd gyda'r dynion** elle a du succès auprès des hommes; **'dydw i ddim yn rhy boblogaidd gyda nhw ar hyn o bryd** je ne suis pas très bien vu(e) d'eux(elles) *neu* je n'ai pas la cote* auprès d'eux(elles) en ce moment; **mynd yn boblogaidd** être de plus en plus populaire, acquérir une popularité de plus en plus grande; **dod yn llai ~** être de moins en moins populaire, perdre sa popularité.

2 (*yn perthyn i'r werin, ar gyfer y werin*) populaire; (*darlith ayb*) de vulgarisation.

poblogeiddio *ba* (*cerddoriaeth, ffasiwn ayb*) rendre (qch) populaire; (*gwyddoniaeth, syniadau*) vulgariser.

poblogi *ba* peupler.

poblogrwydd *g* popularité *f*.

pobman *adf* (*hefyd:* **ym mhobman, i bobman**) partout; **'roedd ~ yn dawel** tout était silencieux.

pobun *rhag gw.* **pawb**.

pobydd (**-ion**) *g* boulanger *m*; **siop y ~** boulangerie *f*.

pobyddes (**-au**) *b* boulangère *f*.

poced (**-i**) *b*

1 (*mewn dilledyn ayb*) poche *f*; **arian ~** argent *m* de poche; **cyllell boced** canif *m*; **hances boced, macyn ~** mouchoir *m* de poche; **llond ~** poche pleine; **a'ch dwylo yn eich ~i** les mains dans les poches; **edrych trwy bocedi rhn** faire les poches à qn; **rhoi'ch llaw yn eich ~** (*ffig*) débourser; **leinio'ch ~i** (*ffig*) se remplir les poches; **bod allan o boced** en être de sa poche; **'roeddwn i £10 mewn ~** j'avais fait un bénéfice de dix livres; **'roeddwn i £10 allan o boced** j'avais essuyé une perte de dix livres; **mae ganddi boced fach** (*arian wrth gefn*) elle a un petit magot.

2 (*ffig: darn bach*): **~ awyr** trou *m* d'air; **~ nwy** poche *f* de gaz.

pocedaid (**poceidiau**) *b* poche *f* pleine.

pocedu *ba* empocher, mettre (qch) dans sa poche; (*snwcer*) blouser

pocer[1] (**-i, -au**) *g* (*tân*) tisonnier *m*.

pocer[2] *g* (CARDIAU) poker *m*; **chwarae ~** jouer au poker.

poen (**-au**) *g,b* (*corfforol*) douleur *f*; (*meddyliol*) peine *f*, douleur, angoisse *f*, souffrance *f*; **achosi ~ i rn** (*corfforol*) faire mal à qn; (*meddyliol*) faire de la peine à qn, faire souffrir à qn; **bod mewn ~** souffrir; **mae gen i boen yn fy mol** j'ai mal au ventre *neu* à l'estomac; **ar boen eich bywyd** sous peine de mort; **mae hi'n boen** elle est casse-pieds*; **mae hi'n boen i'w rhieni** elle cause du souci à ses parents.

poendod (**-au**) *g* supplice *m*, ennui *m*, tourment *m*, embêtement* *m*; (*rhn*) peste *f*, fléau *m*; **dioddef ~** souffrir le martyre; **mae hi'n boendod!** elle m'embête*!; **dyna boendod!** quelle barbe!; **y ~ o orfod dod o hyd i arian** le souci d'avoir à trouver l'argent; **'roedd hi'n boendod i'w rhieni** elle était un perpetuel souci pour ses parents.

poenedigaeth (**-au**) *b* supplice *m*, torture *f*, tourment *m*.

poeni *ba*

1 (*peri dioddefaint i*) faire de la peine à, faire souffrir.

2 (*achosi gofid i*) inquiéter, tracasser; **beth sy'n dy boeni di?** qu'est-ce qui ne va pas?; **mae'n fy mhoeni y gall hi gredu'r fath beth** cela m'inquiète qu'elle puisse *subj* croire une telle chose; **yr hyn sy'n fy mhoeni yw ei fod ...** ce qui m'inquiète *neu* ce qui est inquiétant, c'est qu'il ....

3 (*ymyrryd â*) déranger, embêter; **mae'n ddrwg gen i eich ~, ond ...** excusez-moi de vous déranger, mais ....

4 (*pryfocio: cyff*) harceler; (*:yn chwareus*) taquiner; (*:yn greulon*) tourmenter qn; ♦*bg*: **~ (am)** se faire du souci (au sujet de *neu* pour), s'inquiéter (au sujet de *neu* pour), s'en faire* (pour); **peidiwch â phoeni amdani hi** ne vous inquiétez pas pour elle, ne vous en faites pas* pour elle; **'dydw i ddim yn gweld pam y dylwn i boeni!** je ne vois pas pourquoi je m'en ferais*!; **'rwy'n ~'n ofnadwy ynglŷn â'r peth!** j'en suis fou(folle) d'inquiétude!; **mae'n ~ ynglŷn â'i iechyd** sa santé le tracasse, il a des ennuis de santé.

poenus *ans* (*briw*) douloureux(douloureuse); (*gorchwyl*) pénible; **mae fy mraich yn boenus** mon bras me fait mal; **'rwy'n boenus drosof** (*ar ôl ymarfer*) je suis courbaturé(e); (*o salwch*) j'ai mal partout; **mae'n boenus i'w weld** il fait peine à voir; **~ eich meddwl** inquiet(inquiète), angoissé(e);
♦ **yn boenus** *adf* (*brifo*) douloureusement; (*cerdded*) péniblement; **bod yn boenus o denau** être terriblement mince*.

poenusrwydd *g* douleur *f*.

poenwr (**poenwyr**) *g* (*sy'n poeni eraill*) tracassier *m*; (*sy'n poeni am bethau*) inquiet *m*.

poenwraig (**poenwragedd**) *b* (*sy'n poeni eraill*) tracassière *f*; (*sy'n poeni am bethau*)

inquiète *f*.
poenydio *ba* torturer, tourmenter.
poenydiwr (**poenydwyr**) *g* persécuteur *m*; (*corfforol*) tortionnaire *m*, bourreau(-x) *m*.
poenydwraig (**poenydwragedd**) *b* persécutrice *f*; (*corfforol*) tortionnaire *f*.
poer (**-ion**) *g* salive *f*, crachat *m*; (*anifail*) bave *f*.
poergarthu *bg* expectorer, cracher.
poeri *bg* cracher; ~ **ar rn** cracher sur qn; **"dim ~!"** "défense de cracher!";
♦*ba* cracher;
♦*g* crachement *m* *gw. hefyd* **poer**.
poerlestr (**-i**) *g* crachoir *m*.
poerol *ans* salivaire.
poerwr (**poerwyr**) *g* cracheur *m*.
poerwraig (**poerwragedd**) *b* cracheuse *f*.
poeryn *g* crachat *m*.
poetsh *g* gâchis *m*.
poetshlyd *ans* en désordre; (*gwaith*) bâclé(e), bousillé(e)*.
poetsio *bg* faire un gâchis, bâcler *neu* bousiller* le travail.
poetsiwr (**poetswyr**) *g* bousilleur* *m*.
poetswraig (**poetswragedd**) *b* bousilleuse* *f*.
poeth *ans* chaud(e); (*haul*) brûlant(e); (*cyrri, sbeis*) fort(e), épicé(e); (*dadl, brwydr*) acharné(e), chaleureux(chaleureuse); **'rwy'n boeth** j'ai chaud; **mae'r coffi'n boeth** le café est chaud; **mae hi'n boeth** (*tywydd*) il fait chaud; **mae hi'n boeth yn y car 'ma** il fait chaud dans cette voiture; **yn y tywydd** ~ pendant les chaleurs; **ni all hi ddioddef pethau** ~ elle ne supporte pas le chaud; **yn boeth y bo hi!** que le diable l'emporte!; **ci** ~ hot-dog *m*; **dŵr** ~ eau *f* chaude; (*llosg cylla*) brûlures *fpl* d'estomac; **potel ddŵr poeth** bouillotte *f*; **mae mewn dŵr** ~ (*ffig: mewn trafferthion*) il a de gros ennuis, il est dans de vilains draps; **cael eich hun mewn dŵr** ~ (*ffig*) être *neu* se mettre dans le pétrin; **ystafell boeth** salle *f* surchauffée; **danadl ~ion** (*PLANH*) orties *fpl*;
♦ **yn boeth** *adf* chaudement, chaleureusement, avec chaleur.
poethder *g* chaleur *f*; (*teimlad*) ardeur *f*.
poethdon (**-nau**) *b* vague *f* de chaleur.
poethi *ba* chauffer;
♦*bg* chauffer; (*ystafell*) se réchauffer; (*dadl*) s'échauffer.
poethlyd *ans* suffocant(e), étouffant(e).
poethofannu *ba* forger.
poethwr (**poethwyr**) *g* (appareil *m* de) chauffage *m*; ~ **dŵr** chauffe-bain *m*, chauffe-eau *m inv*; ~ **platiau** chauffe-assiettes *m inv*; ~ **traed** chauffe-pieds *m inv*.
poethwy *g* (*ADAR*) petit pingouin *m*.
poethwynt (**-oedd**) *g* vent *m* brûlant, simoun *m*.
pogrom (**-au**) *g* pogrom *m*.
pôl[1] (**polau**) *g* (*TRYD*) pôle *m*.
pôl[2] (**polau**) *g*: ~ **(piniwn)** (*arolwg barn*) sondage *m* d'opinion; ~ **Gallup** le sondage Gallup.
polaredd (**-au**) *g* polarité *f*.
polareiddiad (**-au**) *g* polarisation *f*.
polareiddio *ba* polariser.
polarimedr (**-au**) *g* polarimètre *m*.
polaru *ba* polariser.
polio(myelitis) *g* (*MEDD*) polio(myélite) *f*.
polioni *ba* empaler.
poli-parot (~-~**iaid**) *g* perroquet *m*.
polîs* *g gw.* **heddlu**.
polish *g* cire *f*, encaustique *f*; (*esgidiau*) cirage *m*; (*sglein*) poli *m*, éclat *m*, brillant *m*, lustre *m*.
polisi (**polisïau**) *g*
1 (*GWLEID, ayb*) politique *f*; **polisïau'r llywodraeth** la politique du gouvernement; **beth yw ~'r cwmni?** quelle est la ligne suivie par la compagnie?; **dilyn ~ o wneud rhth** faire qch systématiquement.
2 (*yswiriant*) police *f* d'assurance; **codi** ~ souscrire à une police d'assurance; **deiliad** ~ assuré *m*, assurée *f*.
polisio *ba* cirer, encaustiquer, astiquer; (*esgidiau*) cirer, brosser.
politicaidd *ans* politique;
♦ **yn boliticaidd** *adf* politiquement.
polo *g* polo *m*; **ffon bolo** maillet *m* de polo; ~ **dŵr** water-polo *m*; **siwmper gwddf** ~ pull *m* à col roulé.
poltergeist (**-iaid**) *g* esprit *m* frappeur.
polyfinyl *g* polyvinyl *m*.
polyffonig *ans* polyphonique.
polygon (**-au**) *g* polygon *m*.
polyhedral *ans* polyédrique, polyèdre.
polyhedron (**-au**) *g* polyèdre *m*.
polymer (**-au**) *g* polymère *m*.
polymorff (**-au**) *g* (*BIOL*) espèce *f* polymorphe; (*CEM*) substance *f* polymorphe.
polymorffedd *g* polymorphisme *m*, polymorphie *f*.
polyn (**polion**) *g* perche *f*; (*fflag, pabell*) mât *m*; ~ **cyrtens** tringle *f*; ~ **lamp** réverbère *m*; ~ **lein** perche pour corde à linge; **mae fel ~ lein*** (*rhn tal a thenau*) c'est une grande perche*; ~ **telegraff** poteau(-x) *m* télégraphique; **naid bolyn** saut *m* à la perche.
Polynesaidd *ans* polynésien(ne).
Polynesia *prb* la Polynésie *f*; **ym Mholynesia** en Polynésie.
polyp[1] (**-au**) *g* (*MEDD*) polype *m*.
polyp[2] (**-iaid**) *g* (*ANIF*) polype *m*.
polystyren *g* polystyrène *m*;
♦*ans*: **sment** ~ colle *f* polystyrène; **sglodion** ~ billes *fpl* (de) polystyrène.
polytechnig *ans* polytechnique; **coleg** ~ école *f* professionnelle d'enseignement technique; (*â statws prifysgol*) Institut *m* Universitaire de Technologie, I.U.T. *m*.

polythen *g* polyéthylène *m*, Polythène© *m*; **bag** ~ sac *m* en plastique, sac polyéthylène.
Pomerania *prb* la Poméranie *f*; **ym Mhomerania** en Poméranie.
pomgranad (**-au**) *g* grenade *f*; **coeden bomgranadau** grenadier *m*.
pomp *g* pompe *f*, éclat *m*, faste *m*.
Pompeii *prb* Pompéi.
Pompi *prg* Pompée.
pompiwn (**pompiynau**) *g gw.* **pwmpen**.
pompon (**-au**) *g* pompon *m*.
pompren (**-nau, -ni**) *b* passerelle *f*.
ponc, **poncen** (**ponciau**) *b* (*bryncyn*) petite colline *f*, tertre *m*, butte *f*; (*mewn chwarel*) galerie *f*.
poncio *bg* former des tertres, onduler.
ponciog *ans* couvert(e) de tertres, ondulé(e), onduleux(onduleuse), accidenté(e).
poncyn (**ponciau**) *g gw.* **ponc, poncen**.
poni (**-s**) *g/b* poney *m*.
ponsio *ba* (*gwneud smonath neu smonach o*) bousiller*, saboter; ~ **gwneud rhth** (*trafferthu*) se donner la peine de faire qch.
ponsiwr (**ponswyr**) *g* bousilleur* *m*.
ponswraig (**ponswragedd**) *b* bousilleuse* *f*.
pont (**-ydd**) *b*
1 (*cyff*) pont *m*; ~ **droi** pont tournant; ~ **grog** pont suspendu; ~ **ysgraffau,** ~ **gychod** pont flottant, pont de bateaux.
2 (*ar long*): ~ **lywio** passerelle *f* de commandement.
3 (*CORFF*): ~ **ysgwydd** clavicule *f*.
4 (*ar fiolin ayb*) chevalet *m*.
pontffordd (**pontffyrdd**) *b* viaduc *m*; (*ceir*) autopont *m*.
pontio *ba*
1 (*llyth: afon*) construire un pont sur.
2 (*ffig*): ~ **gagendor** (*rhwng pobl*) établir un contact; ~ **bwlch** (*mewn gwybodaeth ayb*) combler une lacune; **benthyciad** ~ prêt *m* relais.
pontiog *ans* muni(e) de ponts.
pontiwr (**pontwyr**) *g* constructeur *m* de ponts.
Pontiws Peilat *prg* Ponce Pilate.
pontŵn[1] *g* (*CARDIAU*) vingt-et-un *m*.
pontŵn[2] (**pontwnau**) *g* (*math o fflôt*) ponton *m*.
pop[1] *g* (*diod*) boisson *f* gazeuse.
pop[2] *g* (*sŵn*) pan *m*; **gwneud (sŵn)** ~ faire pan.
pop[3] *g* (*cerddoriaeth boblogaidd*) (musique *f*) pop *m*;
♦*ans* pop.
popeth *g* tout *m*; **mae** ~ **yn barod** tout est prêt; **ydy** ~ **gen ti?** tu as tout ce qu'il te faut?; **ydy** ~ **yn iawn?** tout va bien?; ~ **yn ei dro** chaque chose en son temps; **mae** ~ **yma yn perthyn i mi** tout ce qui est ici m'appartient; **mae hi'n hoffi** ~ **y mae hi'n ei weld** elle aime tout ce qu'elle voit; **mae** ~ **yn mynd ar ei nerfau hi** un rien l'énerve; **amynedd yw** ~ l'essentiel c'est d'avoir de la patience; **nid arian yw** ~ l'argent ne fait pas le bonheur; **nid aur yw** ~ **melyn** tout ce qui brille n'est pas or.
popgorn *g* pop-corn *m inv*.
poplysen (**poplys**) *b* (*PLANH*) peuplier *m*.
popo* (**-s**) *g* (*briw: iaith plentyn*) bobo *m*; **cael** ~ se faire bobo; **cusan bopo** bouton *m* de fièvre.
poptu *g* toutes parts *fpl*; **o boptu** tout autour; **o boptu rhth** autour de qch.
popty (**poptai**) *g* (*ffwrn*) four *m*; (*siop fara*) boulangerie(-pâtisserie) *f*; **yn y** ~ au four; ~ **microdon** four à micro-ondes; **mewn** ~ **poeth/cynnes** à four chaud/doux; **mae hi fel** ~ **yma** c'est une fournaise ici; **maneg bopty** gant *m* isolant; **addas ar gyfer y** ~ (*llestr*) allant au four.
porc *g* porc *m*; **golwyth** ~ côte *f* de porc; **cigydd** ~ charcutier *m*; **pastai borc** pâté *m* en croûte.
porcyn *ans* (*noeth*) nu(e), à poil**;
♦ **yn borcyn** *adf* tout(e) nu(e), à poil**;
♦*g* (**pyrcs**) (*mochyn ifanc*) cochonnet *m*.
porchell (**perchyll**) *g* petit cochon *m*, cochonnet *m*; **bod yn dew fel** ~ être gros(se) comme une barrique.
porfa (**porfeydd**) *b* pâturage *m*, herbage *m*; (*glaswellt*) herbe *f*.
porfáu *ba gw.* **porfelu**.
porfel (**-oedd**) *b* pâturage *m*.
porfela *ba gw.* **porfelu**.
porfelaeth *b* pâturage *m*.
porfeldir (**-oedd**) *g* pâturage *m*.
porfelu *ba* (*rhoi anifail i bori*) (faire) paître, pacager.
porffor *g* violet *m*, pourpre *m*, violacé *m*;
♦*ans* violet(te), pourpre, violacé(e).
pori *bg* (*gwartheg ayb*) paître, brouter, pâturer; **tir** ~ pâturage *m*; ~ **trwy lyfr** (*ffig*) feuilleter un livre;
♦*ba*: ~ **glaswellt** brouter l'herbe.
pornograffi *g gw.* **pornograffiaeth**.
pornograffiaeth *b* pornographie *f*, porno* *m*; ~ **feddal/galed** pornographie douce/dure; **siop bornograffiaeth** boutique *f* pornographique.
pornograffig *ans* pornographique, porno*;
♦ **yn bornograffig** *adf* pornographiquement.
porslen *g* porcelaine *f*; **darn o borslen** une porcelaine;
♦*ans* en porcelaine.
port *g* (*gwin*) porto *m*.
porter (**-iaid**) *g* (*mewn gorsaf*) porteur *m*; (*porthor*) portier *m*, concierge *m*, gardien *m*.
portico (**-au**) *g* portique *m*.
Portiwgal *prb* le Portugal *m*; **ym Mhortiwgal** au Portugal.
Portiwgalaidd *ans* portugais(e).
Portiwgaleg *b,g* le portugais;
♦*ans* portugais(e).

Portiwgales (**-au**) *b* Portugaise *f*.
Portiwgaliad (**Portiwgaliaid**) *g/b* Portugais *m*, Portugaise *f*.
portread (**-au**) *g* portrait *m*; **arlunydd ~au** portraitiste *m/f*.
portreadu *ba* (*arlunydd*) peindre, faire le portrait de; (*llun*) représenter; **portreadodd hi fel ...** il l'a peinte sous les traits de ...
portsh (**-ys**) *g* porche *m*.
porth (**pyrth**) *g* (*drws*) porte *f*; (*cyntedd*) porche *m*; (*i gerbydau fynd drwyddo*) porte cochère; ~ **awyr** aéroport *m*.
porthcwlis (**-au**) *g* herse *f* (*de château fort*).
porthi *ba* nourrir, alimenter, donner à manger à; (*byddin*) ravitailler; (*peiriant ayb*) alimenter; ~ **pregeth** pousser des cris d'enthousiasme (*au cours d'un sermon*).
porthiannus *ans* bien nourri(e); **ceffyl ~** cheval(chevaux) *m* d'un beau poil.
porthiant (**porthiannau**) *g* (*bwyd*) nourriture *f*, aliment *m*, alimentation *f*; (*anifeiliaid*) pâture *f*, fourrage *m*.
porthladd (**-oedd**) *g* port *m*; ~ **llynges** port militaire; ~ **pysgota** port de pêche; ~ **i longau pleser** port de plaisance; **gadael ~** appareiller.
porthmon (**porthmyn**) *g* conducteur *m* de bestiaux.
porthmona *bg* conduire les bestiaux, être conducteur de bestiaux.
porthor (**-ion**) *g* concierge *m*, gardien *m*; (*mewn adeilad cyhoeddus*) portier *m*.
porthordy (**porthordai**) *g* loge *f* (de portier).
porthores (**-au**) *b* concierge *f*, gardienne *f*; (*mewn adeilad cyhoeddus*) portière *f*.
porthwr (**porthwyr**) *g* nourrisseur *m*.
porwr (**porwyr**) *g* herbager *m*.
pos (**-au**) *g* devinette *f*, casse-tête(~-~(s)) *m*; **rhoi ~ i rn** poser une devinette à qn; ~ **croeseiriau** mots *mpl* croisés; ~ **geiriau** rébus *m*.
posel *g boisson f chaude au lait caillé.*
posibiliad (**-au**) *g* possibilité *f*; **mae i'r syniad ei bosibiliadau** c'est une idée à suivre *neu* à approfondir *neu* à voir.
posibilrwydd *g* possibilité *f*; **mae yna bosibilrwydd o lwyddiant** il y a quelques chances de succès; **'does 'na ddim ~ o lwyddiant** il y a peu de chances de succès; **mae 'na bosibilrwydd ...** il se peut que + *subj*, il se pourrait que + *subj*.
posibl *ans* (*cyff*) possible; (*a allai ddigwydd*) éventuel(le); **mae'n bosibl ...** il se peut que + *subj*; **mae'n bosibl eu bod nhw wedi mynd yn barod** il se peut qu'ils soient déjà partis; **mae'n bosibl gwneud hynny** il est possible de le faire, c'est faisable; **mae'n bosibl** (*ateb cadarnhaol*) peut-être bien; **mae'n bosib nad yw** peut-être pas; **'dydy hynna ddim yn bosibl!** ce n'est pas possible!, ce n'est pas vrai!, ça ne se peut pas!; **does bosib'!** c'est impossible *neu* incroyable!; **o bosibl** peut-être; **ie, o bosibl** peut-être bien; **os yw'n bosibl** si possible; **cymaint â phosibl** autant que possible; **cyn gynted â phosibl, mor gyflym â phosibl, mor fuan â phosibl** le plus vite possible, dès que possible, aussitôt que possible; **yr ymgeisydd gorau ~** le meilleur candidat possible, la meilleure candidate possible; **fe wnaeth bopeth ~** il a fait tout ce qu'il pouvait; **gwnaeth bopeth ~ i'w helpu** il a fait tout son possible pour les aider, il a fait de son mieux pour les aider; **un ateb ~ yw ...** une réponse possible *neu* éventuelle est ...; **gall hynny fod yn ateb ~ i'r broblem** cela pourrait être une manière de résoudre le problème; **rhestr o ymgeiswyr ~ ar gyfer y swydd** liste *f* de candidats susceptibles d'être retenus pour ce poste.
posio *bg* poser.
positif *ans* positif(positive); (*cadarnhaol*) affirmatif(affirmative); (*adeiladol: cymorth*) concret(concrète); (*agwedd, beirniadaeth*) positif; (*newid, gwelliant*) tangible; (*cyfraniad*) effectif(effective);
♦ **yn bositif** *adf* de façon constructive, de façon certaine.
positifiaeth *b* positivisme *m*.
posiwr (**poswyr**) *g* poseur *m*.
post[1] (**pyst**) *g* (*polyn*) poteau(-x) *m*; **taro'r ~ i'r pared glywed** faire une allusion, insinuer quelque chose; ~ **haul** pilier *m* solaire.
post[2] *g* (*swyddfa*) poste *f*, bureau(-x) *m* de poste; (*llythyrau*) courrier *m*; **trwy'r ~** par la poste; ~ **dosbarth 1af** tarif *m* normal; ~ **ail ddosbarth** tarif réduit; **rhoi rhth yn y ~** poster qch, mettre qch à la poste; **mae eisioes yn y ~** c'est déjà posté; **fe aeth gyda'r ~ cyntaf y bore 'ma** c'est parti ce matin par le premier courrier; **dal y ~** avoir la levée; **colli'r ~** manquer la levée; **mae'r ~ yn mynd am bump o'r gloch** il y a une levée à 5 heures; **cerdyn ~** carte *f* postale; **côd ~** code *m* postal; **ffordd** *ou* **lôn bost** grand-route *f*.
post[3] *adf* (*hollol*) complètement; **byddar bost** complètement sourd(e), sourd comme un pot*; **dall bost** complètement aveugle; **gwirion bost** complètement idiot(e).
poster (**-i**) *g* (*rhybudd*) affiche *f*; (*fel addurn*) poster *m*; **paent ~** gouache *f*.
postfarc (**-iau**) *g* cachet *m* de la poste; **llythyr gyda phostfarc Ffrengig** lettre *f* timbrée de France.
postfeistr (**-i, -iaid**) *g* receveur *m* des Postes; **P~ Cyffredinol** ministre *m* des Postes et Télécommunications.
postfeistres (**-i**) *b* receveuse *f* des Postes.
postio *ba* (*llythyr*) envoyer (qch) par la poste, mettre (qch) à la poste, poster; ~ **llythyr ymlaen** faire suivre une lettre.
postman, postmon (**postmyn**) *g* facteur *m*.
post-mortem (**~-~au**) *g* autopsie *f*; **cynnal**

(archwiliad) ~-~ faire une autopsie; **gwneud ~-~ ar** faire l'autopsie de, autopsier.
postyn (**pyst**) *g* poteau(-x) *m*, pieu(-x) *m*; (*drws, llidiart, giât*) montant *m*; **bod mor fyddar â phostyn** être sourd(e) comme un pot*.
pot[1] (**-iau**) *g* (*i ddal blodau, jam*) pot *m*; (*crochenwaith*) poterie *f*; (*i goginio*) marmite *f*; ~ **babi** pot; ~ **blodau** pot à fleurs; ~ **coffi** cafetière *f*; ~ **dan y gwely** pot de chambre; ~ **jam** pot à confiture; ~ **pridd** jarre *f*.
pot[2] *g* (*cyffur*) marihuana *f*, marijuana *f*, marie-jeanne* *f*.
potaid (**poteidiau**) *g* potée *f*, plein pot *m*, pleine marmite *f*, pleine cafetière *f*.
potash *g* (carbonate *m* de) potasse *f*.
potasiwm *g* potassium *m*; (*mewn geiriau cyfansawdd*) de potassium.
potel (**-i**) *b* bouteille *f*; (*persawr*) flacon *m*; (*ffisig, moddion*) flacon, fiole *f*; (*â cheg lydan*) bocal(bocaux) *m*; **llond ~ o** (*potelaid o*) une bouteille de; **troi at y botel** se mettre à boire *neu* à picoler*; **mae hi ar y botel** elle lève le coude*; **plentyn wedi'i fagu ar y botel** enfant élevé(e) *neu* nourri(e) au biberon; ~ **babi** biberon *m*; ~ **ddŵr poeth** bouillotte *f*; ~ **inc** bouteille d'encre; ~ **thermos** (bouteille) thermos *m,f*; ~ **win** bouteille à vin; **cwrw ~** bière *f* en canette; **gwin ~** vin *m* en bouteille(s); **tarw ~** insémination *f* bovine artificielle; **agorwr ~i** décapsuleur *m*, ouvre-bouteille(~-~s) *m*; **peiriant golchi ~i** rince-bouteilles *m inv*; **rhestl ~i** porte-bouteilles *m inv*, casier *m* à bouteilles.
potelaid (**poteleidiau**) *b*: ~ **(o)** une bouteille (de).
potelu *ba* (*gwin*) mettre (qch) en bouteille(s); (*ffrwythau*) mettre (qch) en bocal *neu* en conserve;
♦*g* mise *f* en bouteilles.
poten (**-ni**) *b* (*perfeddyn*) intestin *m*, boyau(-x) *m*; (*pwdin gwaed*) boudin *m*; ~ **ludw** (*CORFF*) rate *f*.
potensial *ans* potentiel(le), possible, éventuel(le);
♦*g* potentiel *m*; (*addewid, posibiliadau*) potentialités *fpl*; **mae ganddo botensial** il promet beaucoup, il a de l'avenir.
potes (**-i**) *g* soupe *f*, potage *m*; (*tenau*) bouillon *m* (de viande et de légumes); **llwy botes** cuiller *f* *neu* cuillère *f* à soupe; **lol botes maip!** balivernes!, des bêtises!, c'est de la foutaise**; **cyrraedd fel huddygl i botes** arriver à l'improviste.
potio[1] *ba* (*blodyn ayb*) mettre (qch) en pot; ~ **pêl** (*snwcer*) blouser la bille.
potio[2] *bg* (*yfed*) picoler*
potiwr (**potwyr**) *g* (*yfwr*) picoleur* *m*.
potsh *g* purée *f*.
potsian *bg* (*stwna*) bricoler, tripoter; (*trafferthu*) s'en faire, se déranger.
potsiar (**-s**) *g* braconnier *m*, braconnière *f*.
potsio[1] *ba* (*COG*) faire pocher; **wy wedi'i botsio** œuf *m* poché.
potsio[2] *bg* (*hela heb drwydded*) braconner;
♦*ba* (*da pluog*) braconner, chasser (qch) illégalement; (*pysgod*) braconner, pêcher (qch) illégalement; ~ **eog** braconner du saumon; ~ **rhn o swydd** (*ffig*) débaucher qn.
potwraig (**potwragedd**) *b* picoleuse* *f*.
potyn (**potiau**) *g gw.* **pot**[1].
pothell (**-au, -i**) *b* (*chwysigen: ar groen*) ampoule *f*, cloque *f*; (:*mewn paent*) boursouflure *f*, cloque; (:*mewn metel, gwydr*) soufflure *f*; (:*mewn gwydr*) bulle *f*; **mynd yn bothellau** former des cloques *neu* des ampoules, se couvrir d'ampoules.
pothellog *ans* couvert(e) d'ampoules; (*paent*) boursouflé(e), cloqué(e).
pothellu *bg* se couvrir d'ampoules; (*paent*) se boursoufler; (*metel, gwydr*) former des soufflures;
♦*ba* (*paent*) boursoufler.
powdr (**-au**) *g*
1 (*cyff*) poudre *f*; ~ **golchi** lessive *f* en poudre; **ar ffurf ~** en poudre; **llaeth** *ou* **llefrith ~** lait *m* en poudre; **malu rhth yn bowdr** pulvériser qch, réduire qch en poudre.
2 (*colur*) poudre *f*; ~ **a phaent** maquillage *m*; ~ **gwrido** fard *m* à joues; ~ **wyneb** poudre de riz; **rhoi ~** se mettre de la poudre.
3 (*deunydd ffrwydrol*) poudre *f*; ~ **gwn** poudre à canon; ~ **oel** nitroglycérine *f*.
powdraidd *ans* (*eira*) poudreux(poudreuse); (*carreg*) friable.
powdro *ba* poudrer; **~'ch wyneb** se poudrer le visage.
powdrog *ans* couvert(e) de poudre.
powl (**-iau**) *b gw.* **powlen**.
powlaid (**powleidiau**) *b gw.* **powlennaid**.
powlen (**-ni**) *b* bol *m*, jatte *f*, bassine *f*; (*cardotyn*) sébile *f*; ~ **olchi llestri** cuvette *f* (*pour la vaisselle*); ~ **salad** saladier *m*; ~ **siwgr** sucrier *m*; ~ **wydr** *ou* **risial** coupe *f*; ~ **o bwnsh** un bol *neu* un saladier de punch; ~ **o laeth** *ou* **o lefrith** un bol *neu* une bolée de lait.
powlennaid (**powleneidiau**) *b*: ~ **o** une bolée de, un plein bol de, une assiettée de.
powlio *ba* faire rouler;
♦*bg* rouler; **powliai dagrau i lawr ei gruddiau** les larmes roulaient sur ses joues.
powlten (**powltiau**) *b* verrou *m*.
powltio *ba* verrouiller.
powltis (**-au**) *g* cataplasme *m*; **rhoi ~ ar** mettre un cataplasme à.
powltisio *ba* mettre un cataplasme à.
practis *g*
1 (*ymarfer, hyfforddiant: cyff*) entraînement *m*; (:*ar gyfer cyngerdd*) répétition *f*; **bod allan o bractis*** être

rouillé(e); **mae arna 'i angen mwy o bractis** je manque d'entraînement *gw. hefyd* **ymarfer**.
2 (*meddyg, cyfreithiwr*) cabinet *m*; **sefydlu** ~ **fel doctor/cyfreithiwr** s'établir en tant que médecin/juriste.

practisio* *ba, bg gw.* **ymarfer**.

prae (**-au**) *g* proie *f*.

praff (**preiffion**) *ans* épais(se), gros(se), corpulent(e); **ysgolhaig** ~ érudit *m* solide.

praffter *g* épaisseur *f*, grosseur *f*; (*dysg ayb*) solidité *f*.

pragmataidd *ans* pragmatique;
♦ **yn bragmataidd** *adf* de façon pragmatique.

pragmatiaeth *b* pragmatisme *m*.

praidd (**preiddiau**) *g* troupeau(-x) *m*.

pralin (**-au**) *g* praline *f*.

pram (**-iau**) *g* voiture *f* d'enfant; (*sy'n plygu*) poussette *f*; (*mwy*) landau *m*.

pranc (**-iau**) *g* (*naid fach*) gambade *f*; (*cast*) farce *f*.

prancio *bg* (*oen ayb*) gambader, cabrioler, faire des cabrioles.

pratio *ba* caresser.

prawf (**profion**) *g*
1 (*tystiolaeth: i ddangos bod rhth yn wir*) preuve *f*; **yn brawf o** pour preuve de; **mae gen i brawf mai ef oedd yn gyfrifol** j'ai la preuve que c'était lui le responsable.
2 (*archwiliad safon*) essai *m*, épreuve *f*; ~ **moddion** (*i asesu sefyllfa ariannol*) enquête *f* financière sur les ressources; **rhoi rhth/rhn ar brawf** mettre qch/qn à l'épreuve.
3 (*arholiad bychan*) interrogation *f*; ~ **dawn** test *m* d'aptitude; ~ **deallusrwydd** test *m* d'aptitude intellectuelle; ~ **gwrando a deall** examen *m* de compréhension orale; ~ **gyrru** examen du permis de conduire; ~ **ysgrifenedig/llafar** interrogation écrite/orale.
4 (*archwiliad: meddygol ayb*) test *m*, examen *m*; ~ **gwaed** analyse *f* de sang; ~ **clyw** examen de l'ouïe; ~ **beichiogrwydd** test de grossesse; ~ **llygaid** examen des yeux; ~ **ar anadl** alcootest *m*.
5 (*CYFR*): **bod ar brawf** (*mewn llys*) passer en jugement; (*ar ôl eich cael yn euog*) être en sursis avec mise à l'épreuve; **swyddog** ~ agent *m* de probation; (*ar gyfer pobl ifanc*) délégué *m* à la liberté, déléguée *f* à la liberté.
6 (*i weld a yw rhn yn addas: ar gyfer swydd ayb*): **bod ar brawf** être en période d'essai, être (engagé(e)) à l'essai.
7 (*CHWAR: rygbi, ayb*) match *m* de sélection; (*athletau*) épreuve *f* de sélection; (*cŵn defaid, ceffylau*) concours *m*.

preblan *bg* bavarder, jacasser; (*yn aneglur*) bredouiller; (*baban*) gazouiller.

pregeth (**-au**) *b* sermon *m*, prône *m*; **y Bregeth ar y Mynydd** (*BEIBL*) le Sermon sur la Montagne; **rhoi** ~ (*CREF*) prêcher, faire un sermon; **rhoi** ~ **i rn** (*ceryddu*) faire un sermon à qn, faire un laïus à qn.

pregethu *bg* prêcher, faire un sermon; ~ **i rn** sermonner qn, faire un sermon à qn, faire la morale à qn, faire la leçon à qn;
♦*ba:* ~ **heddwch** prêcher *neu* prôner la paix; ~ **pregeth** faire un sermon;
♦*g* prédication *f*; (*ffig: dirmygus*) prêchi-prêcha* *m inv*.

pregethwr (**pregethwyr**) *g* (*cyff*) prédicateur *m*, prédicant *m*; (*gweinidog Protestannaidd*) ministre *m*, pasteur *m*.

pregethwrol *ans* prêcheur(prêcheuse), moralisateur(moralisatrice);
♦ **yn bregethwrol** *adf* de façon prêcheuse *neu* moralisatrice.

pregowthan *bg* déclamer, parler avec emphase, tempêter, fulminer, divaguer;
♦*g* prêchi-prêcha* *m*.

pregowthwr (**pregowthwyr**) *g* harangueur *m*, énergumène *m*.

preifat[1] (**-iaid**) *g* (*MIL*) (simple) soldat *m*.

preifat[2] *ans*
1 (*nad yw'n gyhoeddus: cyff*) privé(e); (:*angladd*) qui a lieu dans l'intimité; (:*GWEIN, CYFR: gwrandawiad*) à huis clos.
2 (*heb gysylltiad â chwmni ayb: personol*) personnel(le); (:*answyddogol: cytundeb*) officieux(officieuse); **mae hi ar ymweliad** ~ elle est en visite privée; **bywyd** ~ vie *f* privée *neu* intime.
3 (*annibynnol, nad yw dan reolaeth wladol ayb: meddyg, cartref, ysbyty*) privé(e), non conventionné(e); **bod yn feddyg mewn practis** ~ être médecin non conventionné; **bod yn glaf** ~ être patient d'un docteur non conventionné; **ysgol breifat** école *f* privée; **y sector breifat** le secteur privé; **ditectif** ~ détective *m* privé.
4 (*cyfrinachol*) confidentiel(le), de caractère privé, intime.
5 (*ar gyfer unigolyn*): **car** ~ voiture *f* particulière; **gwersi** ~ leçons *fpl* particulières; **disgybl** ~ élève *m* en leçons particulières; **athro** ~ (*addysg lawn*) précepteur *m*; (*ar gyfer un pwnc*) répétiteur *m*.
6 (*cyffredin*): **dinesydd** ~ un simple citoyen, une simple citoyenne;
♦ **yn breifat** *adf* (*nid yn gyhoeddus*) en privé, dans l'intimité; (*yn answyddogol*) à titre personnel, officieusement.

preifatrwydd *g* solitude *f*, intimité *f*, vie *f* privée *neu* intime.

preimin (**-(i)au**) *g* comice *m* agricole.

preimio *ba* (*gwn, pwmp*) amorcer; (*arwynebedd cyn paentio*) apprêter.

prelad (**-iaid**) *g* prélat *m*.

preladiaeth (**-au**) *b* prélature *f*.

preliwd (**-iau**) *g* prélude *m*.

premiwm (**premiymau**) *g* prime *f*; **bond** ~ bon *m* à lots.

pren (**-nau**) *g*
1 (*deunydd*) bois *m*; ~ **haenog**

contreplaqué *m*.
2 (*coeden*) arbre *m*; ~ **afalau** pommier *m*.
▶ **pren mesur** règle *f*;
♦*ans* en bois, de bois; **cerflun** ~ sculpture *f* en bois; **ysgythriad** ~ gravure *f* sur bois; **coes bren** jambe *f* de bois.

prendrig *ans* arboricole.

prennaidd *ans* (*fel pren*) ligneux(ligneuse); (*symudiad*) raide; (*actio*) sans expression; (*personoliaeth, ymateb*) gauche.

prentis (**-iaid**) *g* apprenti *m*, apprentie *f*; ~ **plymer** apprenti plombier.

prentisiaeth (**-au**) *b* apprentissage *m*; **bwrw'ch** ~ **(gyda rhn)** faire son apprentissage *neu* son noviciat (chez qn).

prentisio *ba* mettre (qn) en apprentissage.

prentiswaith (**prentisweithiau**) *g* ouvrage *m* *neu* travail(travaux) *m* d'apprenti.

prep *g* rapporteur *m*, cafard* *m*, mouchard* *m*.

prepian *bg* (*cario straeon*) (tout) raconter, rapporter, moucharder*; (*clepian*) potiner, faire des commérages; (*baban*) babiller, gazouiller;
♦*g* (*cario straeon*) rapportage *m*, mouchardage* *m*; (*baban*) babillage *m*, gazouillement *m*.

prepiwr (**prepwyr**) *g* rapporteur *m*, mouchard* *m*, cafard* *m*, cafardeux *m*.

prepwraig (**prepwragedd**) *b* rapporteuse *f*, moucharde* *f*, cafarde* *f*, cafardeuse *f*.

pres *g*
1 (*metel*) laiton *m*, cuivre *m* (jaune); (*efydd*) bronze *m*; **mae ganddi wyneb o bres** (*ffig*) elle a du toupet *neu* du culot*.
2 (*CERDD*) les cuivres *mpl*; **band** ~ fanfare *f*.
3 (*arian: i'w wario*) argent *m*; (*arian mân, newid mân*) (petite) pièce *f*, pièce de monnaie, monnaie *f*; **mae'n werth** ~ (*peth*) c'est un objet de valeur; **ennill** ~ **da** gagner bien sa vie; **cael gwerth eich** ~ en avoir pour son argent; **cael eich** ~ **yn ôl** être remboursé(e), se faire rembourser; **mae arna' i eisiau 'mhres yn ôl!** remboursez-moi!; **diffyg** ~ manque *m* d'argent; **heb bres** sans argent, fauché(e)*, sans le sou.

prês *g* (*caws, gwin*) pressoir *m*; (*dillad*) armoire *f* à linge.

presant (**-au**) *g* cadeau(-x) *m*; **rhoi rhth yn bresant i rn** faire cadeau de qch à qn; **fe roddodd y llun yn bresant iddi** il lui a offert le tableau *gw. hefyd* **anrheg**.

Presbyteraidd *ans* presbytérien(ne).

Presbyteriad (**Presbyteriaid**) *g/b* presbytérien *m*, presbytérienne *f*.

Presbyteriaeth *b* presbytérianisme *m*.

preseb (**-au**) *g* (*CREF*) crèche *f*; (*cafn bwyd*) mangeoire *f*, ratelier *m*, crèche, auge *f* d'écurie.

presennol *ans*
1 (*heb fod yn absennol*) présent(e); **bod yn bresennol yn** (*cyfarfod, gwers, ayb*) être présent à, assister à; **pwy oedd yn bresennol?** qui était là?; **y bobl sy'n bresennol** les personnes *fpl* présentes, ceux qui sont là, l'assistance *f*; **mae pawb yn bresennol!** (*YSGOL: cofrestru*) tous présents à l'appel!.
2 (*ar hyn o bryd: yn awr*) actuel(le); (:*cyfoes*) actuel, d'aujourd'hui, contemporain(e); **ei wraig bresennol** sa femme actuelle;
♦*g*: **y** ~ (*ar hyn o bryd*) le présent, l'heure *f* actuelle; (*GRAM*) le présent.

presenoldeb *g* présence *f*; **ym mhresenoldeb rhn** en présence de qn; **swyddog** ~ *inspecteur m chargé de faire respecter l'obligation scolaire*; **mae ganddo bresenoldeb da** (*urddas*) il a de la présence.

preserfio *ba* (*ffrwythau ayb*) conserver, mettre (qch) en conserve.

presgripsiwn (**presgripsiynau**) *g* ordonnance *f*.

presio *ba*
1 (*dillad*) repasser.
2 (*i'r fyddin, i'r llynges*) enroler (qn) de force.

preswyl *g* (*annedd*) demeure *f*; (*CYFR*) domicile *m* *gw. hefyd* **ysgol**[1].

preswylfa (**preswylfeydd**) *b* habitation *f*, maison *f* d'habitation, résidence *f*, demeure *f*; (*CYFR*) domicile *m*.

preswylfod (**-au**) *b,g gw.* **preswylfa**.

preswylio *bg*: ~ **(yn)** demeurer (dans), habiter, résider (dans); (*CYFR*) être domicilié(e) (à); ~ **mewn fflat** habiter un appartement; ~ **mewn maestref** habiter un faubourg.

preswyliwr (**preswylwyr**) *g* habitant *m*; (*mewn stryd*) riverain *m*; (*mewn gwesty*) pensionnaire *m*; (*mewn tref*) citadin *m*; (*mewn ysgol breswyl*) interne *m*, pensionnaire.

preswylwraig (**preswylwragedd**) *b* habitante *f*; (*stryd*) riveraine *f*; (*mewn tref*) citadine *f*; (*mewn gwesty*) pensionnaire *f*; (*mewn ysgol breswyl*) interne *f*, pensionnaire.

preswylydd (**-ion**) *g gw.* **preswyliwr, preswylwraig**.

pric (**-iau**) *g* brindille *f*, du petit bois *m*; ~**iau** (*i gynnau tân*) bois d'allumage, petit bois; (*coed tân*) bois à brûler, bois de chauffage; ~ **pwdin** dupe *f* (*qui tire les marrons du feu*); (*testun sbort*) risée *f*.

pricio *ba* piquer; (*balŵn*) crever;
♦*bg*: **mae fy mys i'n** ~ mon doigt me cause des élancements.

pricsiwn *g* risée *f*.

prid *ans* cher(chère);
♦ **yn brid** *adf* cher.

pridwerth *g* (*gwystl*) rançon *f*.

pridd (**-oedd**) *g* sol *m*, terre *f*; **llestri** ~ poterie *f* (*de terre cuite*).

priddell (**-au**) *b gw.* **pridd**.

priddfaen (**priddfeini**) *g* brique *f*; **gwaith** ~ briqueterie *f*;

♦*ans* en brique(s).
priddglai *g* terreau(-x) *m*.
priddin *ans* de terre, en terre.
priddlech (**-i**) *b* (*to*) tuile *f*; (*llawr*) carreau(-x) *m*.
priddlestr (**-i**) *g* assiette *f* en *neu* de terre cuite, assiette en *neu* de faïence.
priddlyd *ans* terreux(terreuse).
priddo *ba* (*claddu*) enterrer; (*tatws, tato*) butter.
priddwal (**-au**) *g* taupinière *f*.
priddyn *g* sol *m*, terre *f*;
♦*ans* de *neu* en terre cuite.
prif *ans* principal(e)(principaux, principales); (*mantais*) de premier ordre; (*arolygwr ayb*) principal, en chef, majeur(e); (*pibell, trawst*) maître(sse); ~ **dref** (GWEIN) chef-lieu(~s-~x) *m*; ~ **gwnstabl** préfet *m* de police; ~ **gwrs** (COG) plat *m* principal, plat de résistance; ~ **reilffordd** grande ligne *f*; ~ **stryd** rue *f* principale, grand-rue *f*; **P~ Weinidog** Premier ministre *m*; **P~ Ysgrifennydd y Cynulliad** Secrétaire *m/f* Général(e), *de l'Assemblée nationale du pays de Galles*.
prifair (**prifeiriau**) *g* entrée *f*, adresse *f*.
prifardd (**prifeirdd**) *g* lauréat *m*, lauréate *f*.
prifathrawes (**-au**) *b* (*ysgol gynradd, ysgol uwchradd*) directrice *f*; (*ysgol uwchradd*) proviseur *m*; (*prifysgol*) doyenne *f*.
prifathro (**prifathrawon**) *g* (*ysgol gynradd, ysgol uwchradd*) directeur *m*; (*ysgol uwchradd*) proviseur *m*; (*prifysgol*) doyen *m*.
prifddinas (**-oedd**) *b* capitale *f*.
prifiant *g* croissance *f*; **bod ar eich** ~ être en pleine croissance.
prifio *bg* (*rhn*) grandir, se développer; (*anifail*) grandir, grossir.
priflys (**-oedd**) *g* cour *f* principale.
priflythyren (**priflythrennau**) *b* majuscule *f*.
prifodl (**-au**) *b* rime *f* principale.
prifolyn (**prifolion**) *g* nombre *m* cardinal.
prifswm (**prifsymiau**) *g* capital(capitaux) *m*.
prifweithwyr *ll* travailleurs *mpl* clés *neu* clefs.
prifwyl (**-iau**) *b*: **y Brifwyl** l'eisteddfod *m* national (*festival culturel gallois*); **P~ yr Urdd** l'eisteddfod national de la jeunesse galloise.
prifysgol (**-ion**) *b* université *f*, faculté *f*; **astudio mewn** ~ faire des études universitaires; **mae hi wedi cael addysg brifysgol** elle a fait des études universitaires; **athro** ~ professeur *m* d'université; **gradd brifysgol** licence *f* universitaire; **llyfrgell** ~ bibliothèque *f* universitaire; **myfyriwr** ~ étudiant *m* d'université; **tref brifysgol** ville *f* universitaire; **ffreutur y brifysgol** restaurant *m* universitaire, restau-U* *m*, RU* *m*; **y Brifysgol Agored** ≈ le Centre national d'enseignement par correspondance.
priffordd (**priffyrdd**) *b* chaussée *f* principale, grand-route *f*, route *f* nationale; **Adran y Priffyrdd** administration *f* des Ponts et Chaussées.
prin *ans* rare; **mynd yn brin** se raréfier; (*ymweliadau*) devenir plus rares; **bod yn brin o rth** manquer de qch; **bod yn brin o arian** être à court d'argent; **'dydw' i ddim yn brin o arian** je ne manque pas d'argent; **mae arian yn brin** l'argent se fait rare; **mae petrol yn brin ar hyn o bryd** il manque de l'essence en ce moment, l'essence manque en ce moment; **mae'r fath un yn brin iawn** une telle personne est rare, on ne rencontre pas souvent une telle personne;
♦*adf* (*heb fod yn aml*) rarement, peu souvent, ne ... guère; ~ **ei fod yn dod o gwbl** il est rare qu'il vienne *subj*; ~ **ei bod hi byth yn mynd yno** elle n'y va presque jamais, elle n'y va guère; ~ **y gallaf ei gredu** j'ai du mal à le croire, je ne peux guère le croire; ~ **fy mod wedi cael amser i siarad â hi** je n'ai guère eu le temps de lui parler; ~ **bod digon ar ôl i lenwi cwpan** il n'en reste guère assez pour remplir une tasse; ~ **'roeddwn i wedi gadael yr ystafell** j'avais à peine quitté la pièce; ~ **ei fod yn gweld** il voit à peine; ~ **ei fod yn medru ysgrifennu** il sait à peine écrire, il sait tout juste écrire.
▶ **go brin** *gw.* **go**.
prinder (**-au**) *g* rareté *f*; (*diffyg*) manque *m*, pénurie *f*, disette *f*; **mae hwn yn werthfawr oherwydd ei brinder** celui-ci a une certaine valeur à cause de sa rareté; ~ **aur** la rareté de l'or; **mae 'na brinder athrawon da** il n'y a plus guère de bons professeurs; **mae** ~ **arian arno** l'argent lui manque; **ar adeg o brinder** en période de pénurie; ~ **bwyd** pénurie *neu* disette de vivres; ~ **tai/olew** crise *f* du logement/du pétrole.
prindra *g gw.* **prinder**.
prinhad *g* raréfaction *f*.
prinhau *bg* se faire rare, se raréfier, devenir (plus) rare.
print (**-iau**) *g*
1 (TEIP) caractères *mpl*; (*testun: ar bapur*) texte *m* imprimé; **mewn** ~ **bach/mawr** en petits/gros caractères; **mae'r llyfr allan o brint** le livre est épuisé; **mae'r llyfr mewn** ~ le livre est disponible; **mae hi am ei gweld ei hun mewn** ~ elle veut se faire imprimer; **ffrog brint** robe *f* imprimée.
2 (FFOT) épreuve *f*; **gwneud** ~ **o negydd** tirer une épreuve d'un cliché.
3 (CELF: *engrafiad ayb*) gravure *f*
printiad (**-au**) *g* impression *f*, tirage *m*.
printiadwy *ans* imprimable.
printiedig *ans* imprimé(e); **papurau** ~, **deunydd** ~ texte *m* imprimé, imprimés *mpl*; **y gair** ~ la chose imprimée, l'écrit *m*.
printio *ba*
1 (*teip, defnydd*) imprimer; **wedi'i brintio yng**

Nghymru imprimé(e) au pays de Galles; **mae wrthi'n cael ei brintio** c'est sous presse.
2 (*llythrennau*) écrire (qch) en caractères d'imprimerie; ~ **rhth mewn llythrennau bras** écrire qch en lettres majuscules.
3 (*FFOT*) tirer;
♦*g* impression *f*; (*FFOT*) tirage *m*; (*ysgrifen*) écriture *f* en caractères d'imprimerie; **gwall** ~ coquille *f*, faute *f* d'impression; **gwasg brintio** presse *f* typographique; **gwaith** ~ (*gwasg*) imprimerie *f*.

printiwr (**printwyr**) *g* imprimeur *m*; **anfonwyd y llyfr at y** ~ le livre *neu* le texte est chez l'imprimeur *neu* sous presse.

priod *ans*
1 (*wedi priodi*) marié(e); **dynes briod** femme *f* mariée; **cwpwl** ~, **pâr** ~ couple *m* marié; **enw** ~ nom *m* de femme mariée.
2 (*yn perthyn i chi'ch hun*) propre, particulier(particulière).
3 (*GRAM*): **enw** ~ nom *m* propre.
4 (*prif*): ~ **waith** travail(travaux) *m* principal;
♦*g* mari *m*, époux *m*;
♦*b* femme *f*, épouse *f*.

priodadwy *ans* mariable, nubile.

priodas (**-au**) *b* mariage *m*, alliance *f*; (*y seremoni a'r dathlu*) noces *fpl*; ~ **arian/aur** noces d'argent/d'or; **'P~ Figaro'** 'les Noces de Figaro'; **y briodas yng Nghana** les Noces de Cana; **diwrnod eu** ~ le jour de leur mariage *neu* de leurs noces; **cael gwahoddiad i briodas** être de noce(s), être invité(e) à la noce; **trwy briodas** par alliance; **modryb trwy briodas** tante par alliance; **addewidion** ~ vœux *mpl* de mariage; **biwro ~au** agence *f* matrimoniale; **brecwast** ~ repas *m* de noce, lunch *m* de mariage; **cynghorydd** ~ conseiller *m* conjugal, conseillère *f* conjugale; **gwas** ~ garçon *m* d'honneur, témoin *m*; **gwisg briodas** robe *f* de mariée; **modrwy briodas** alliance *f*; **morwyn briodas** demoiselle *f* d'honneur; **noson briodas** nuit *f* de noces; **teisen** *ou* **cacen briodas** gâteau(-x) *m* de noces; **trwydded briodas** certificat *m* de publication des bans; **tystysgrif briodas** extrait *m* d'acte de mariage.

priodasfab (**priodasfeibion**) *g gw.* **priodfab**.

priodasferch (**-ed**) *b gw.* **priodferch**.

priodasol *ans* (*bywyd*) matrimonial(e)(matrimoniaux, matrimoniales), conjugal(e)(conjugaux, conjugales).

priod-ddull (**~-~iau**) *g* expression *f* idiomatique, idiotisme *m*.

priodfab (**priodfeibion**) *g* futur mari *m*; **y** ~ **a'r briodferch** les mariés *mpl*.

priodferch (**-ed**) *b* future mariée *f*.

priodi *ba* épouser; ~ **rhn** se marier avec qn, épouser qn; ~ **arian** épouser une fortune; ~ **i mewn i deulu** s'allier à une famille par le mariage; **wnei di fy mhriodi fi?** veux-tu m'épouser?; ~ **yn is na'ch safon** se mésallier; **offeiriad yn** ~ **pâr** prêtre qui marie un couple;
♦*bg*: ~ **(gyda rhn)** se marier (avec qn); **~'n dawel** se marier dans l'intimité; **maen nhw wedi** ~ **ers 20 mlynedd** ils sont mariés depuis 20 ans.

priodol *ans* (*amser*) approprié(e), opportun(e), convenable; (*gair*) approprié, juste, propre, convenable; (*enw*) bien choisi(e), approprié; (*awdurdod, adran*) compétent(e); (*sylwadaeth*) bien venu(e), opportun, juste, pertinent(e); ~ **i** particulier(particulière) à, propre à, approprié à, convenable à; **ni fyddai hi'n briodol imi ddweud dim** ce n'est pas à moi de faire des commentaires; **y lle** ~ le bon endroit;
♦ **yn briodol** *adf* (*gwneud sylw*) pertinemment; (*cynllunio*) convenablement.

priodoldeb, **priodolder** *g* (*addasrwydd*) justesse *f*, opportunité *f*, à-propos *m*.

priodoledd (**-au**) *g* particularité *f*, caractéristique *f*, attribut *m*, propriété *f*.

priodoli *ba* attribuer.

priodoliad (**-au**) *g* attribution *f*.

priodoliaeth (**-au**) *b gw.* **priodoledd**.

priodwedd (**-au**) *b* propriété *f*, particularité *f*, caractéristique *f*.

prior (**-iaid**) *g* prieur *m*.

priordy (**priordai**) *g* prieuré *m*.

pris (**-iau, -oedd**) *g*
1 (*llyth: cost*) prix *m*; **beth yw** ~ **y ffrog 'ma?** combien coûte *neu* vaut cette robe?; **rhoi** ~ **ar rth** fixer le prix de qch; ~ **y farchnad** cours *m* du marché; **rhestr brisiau** tarif *m*; **a thipyn o bris arno** (*drud*) coûteux(coûteuse), cher(chère); **codi mewn** ~ augmenter; **gostwng mewn** ~ baisser; **gostwng** ~ **rhth** réduire le prix de qch, solder qch; **talu** ~ **uchel am rth** payer chèrement qch; ~ **teithio** prix du ticket *neu* du billet.
2 (*ffig: cyff*) prix *m*; (*:gwerth*) prix, valeur *f*; **mae pawb â'i bris** tout homme est corruptible à condition d'y mettre le prix; **ni wnawn i mohono am bris yn y byd** je ne le ferais à aucun prix; **fe'i gwnaf am bris** je le ferai si on y met le prix.

prisfawr *ans* coûteux(coûteuse).

prisiad (**-au**) *g* (*tŷ, darlun*) évaluation *f*, estimation *f*.

prisiant (**prisiannau**) *g gw.* **prisiad**.

prisio *ba*
1 (*gosod pris ar: penderfynu beth fydd y pris*) fixer le prix de; (*:nodi'r pris ar*) marquer le prix de.
2 (*amcangyfrif gwerth ariannol: tŷ*) évaluer, estimer; (*:darlun*) expertiser, évaluer, estimer.
3 (*cymharu prisiau*): **prisiodd y cyfrifiadur mewn sawl siop cyn ei brynu** elle a comparé

le prix de l'ordinateur dans plusieurs magasins avant de l'acheter.
4 (*gwerthfawrogi: cyfeillgarwch*) apprécier, estimer; (:*annibyniaeth*) tenir à; ~ **rhth yn uchel** attacher beaucoup d'importance à qch, tenir beaucoup à qch; ~ **rhth yn rhy uchel/isel** surestimer/sous-estimer qch.

prisiwr (**priswyr**) *g* expert *m* (*en estimations de biens mobiliers*).

prism (**-au**) *g* prisme *m*.

problem (**-au**) *b* problème *m*, difficulté *f*, ennui *m*; (*MATH*) problème; **mae hi'n broblem i'w thad** elle pose de gros problèmes à son père; **mae ganddyn nhw broblemau gyda'r tŷ** ils ont des ennuis avec la maison; **nid fy mhroblem i ydyw** cela ne me concerne pas, cela ne me regarde pas; **'dydy hynny ddim yn broblem iddi** ça ne lui pose pas de problème; **dim** ~! pas de problème!; **beth yw'r broblem?** qu'est-ce qui ne va pas?; **cael** ~ **cael rhth** avoir (du) mal à obtenir qch; **ateb i broblem** solution *f* d'un problème; ~ **tai** crise *f* du logement; ~ **yfed** penchant *m* pour la boisson; ~**au cymdeithasol** problèmes sociaux; **tudalen** ~**au** (*mewn cylchgrawn neu bapur newydd*) courrier *m* du cœur.

problemataidd *ans* problématique;
♦ **yn broblemataidd** *adf* de façon problématique.

proc (**-iau**) *g* poussée *f*, petit coup *m*; (*â bys*) coup de doigt; **rhoi** ~ **i'r tân** tisonner le feu; **mae eisiau** ~ **arno** il a besoin qu'on le pousse *subj neu* secoue *subj*.

procer (**-au**) *g* tisonnier *m*.

prociad (**-au**) *g gw.* **proc**.

procio *ba* (*â phenelin, bys, ffon, ayb*) donner un petit coup à, pousser (qn) doucement; (*tân*) tisonner; ~ **rhn â'ch penelin** donner un coup de coude à qn; ~ **rhn â ffon** donner un coup de canne à qn; ~ **rhn (i wneud rhth)** (*ffig*) pousser *neu* inciter *neu* aiguillonner *neu* stimuler qn (à faire qch); ~ **cof rhn** rafraîchir la mémoire de qn;
♦*bg* (*gwynio*): **mae gen i ddant sy'n** ~ j'ai une dent qui me fait mal.

prociwr (**procwyr**) *g* celui qui pousse *neu* incite *neu* aiguillonne *neu* stimule (*qn à faire qch*), incitateur *m*, excitateur *m*, instigateur *m*.

procsi (**procsïau**) *g* (*GWLEID*) procuration *f*; (*rhn*) mandataire *m/f*; **trwy brocsi** par procuration; **pleidleisio trwy brocsi** voter par procuration.

proctor (**-iaid**) *g* représentant *m* du conseil de discipline (*d'une université*).

procuradur (**-iaid**) *g* (*CYFR*) fondé *m* de pouvoir; (*Rhufeinig*) procurateur *m*.

prodin (**-au**) *g gw.* **protein**.

profadwy *ans* prouvable, démontrable.

profedig *ans* approuvé(e), démontré(e).

profedigaeth (**-au**) *b*
1 (*ar ôl marwolaeth*) deuil *m*; **o achos** ~ en raison de deuil; **mae'n ddrwg gen i am eich** ~ mes sincères condoléances.
2 (*trallod*) épreuve *f*, affliction *f*.
3 (*cystudd*) tribulations *fpl*.

Profens *prb* Provence *f*.

Profensalaidd *ans* provençal(e)(provençaux, provençales), de Provence.

Profensaleg *b,g* provençal *m*, occitan *m*.

Profensaliad (**Profensaliaid**) *g/b* Provençal(Provençaux) *m*, Provençale *f*.

profi *ba*
1 (*dangos bod rhth yn wir*) prouver, démontrer; **ni allent brofi dim** ils n'avaient aucune preuve; **eich** ~ **eich hun(an)** faire ses preuves; ~ **eich dieuogrwydd** prouver son innocence.
2 (*gwybod trwy wneud, deimlo ayb: anlwc, caledi*) connaître, vivre; (:*colled*) essuyer; (:*triniaeth*) subir; (:*anawsterau*) rencontrer; (:*edifeirwch*) éprouver; (:*teimladau*) éprouver, ressentir, prouver.
3 (*archwilio: ewyllys*) homologuer; (:*cynnyrch*) vérifier; (:*cynnyrch, peiriant*) essayer, mettre à l'essai; (:*metel, dŵr*) analyser; (:*gwaed*) faire des analyses de; (:*cyffur*) expérimenter; (:*rhn: cyff*) mettre (qn) à l'épreuve; (:*rhn: SEIC*) tester; (:*deallusrwydd, nerfau*) mettre (qch) à l'épreuve; (:*clyw, llygaid*) examiner, mesurer; **maent wedi** ~**'r metel i weld ei allu i wrthsefyll trydan** ils ont soumis le métal à des essais destinés à vérifier sa résistance à l'électricité.
4 (*blasu: bwyd, diod: cyff*) goûter à; (:*am y tro cyntaf*) goûter de; ~**'r gwin** (*wrth y bwrdd*) goûter le vin; (*mewn cyfarfod profi*) déguster le vin.

profiad (**-au**) *g*
1 (*gallu sy'n ffrwyth ymarfer hir*) pratique *f*, expérience *f*; **'rwy'n gwybod o brofiad** je le sais par expérience; **o 'mhrofiad i** d'après mon expérience personnelle; **nid oes ganddi brofiad o fyw dramor** elle ne sait pas ce que c'est que de vivre à l'étranger; ~ **busnes/dysgu/gyrru** expérience des affaires/de l'enseignement/du volant; **oes ganddi brofiad o'r gwaith?** a-t-elle déjà fait ce genre de travail?; **mae hwn yn ddyn o brofiad** c'est un homme expérimenté *neu* qui a de l'expérience.
2 (*peth sy'n digwydd ichi: cyff*) aventure *f*; (:*teimlad*) sensation *f*; ~ **gwaith** stage *m* en entreprise; **fy mhrofiadau yn Ffrainc** ce que j'ai vu *neu* vécu en France; **ei brofiadau yn y carchar** ce qu'il a éprouvé en prison; **cafodd brofiad pleserus/dychrynllyd** il lui est arrivé une chose *neu* une aventure agréable/effrayante; **mae hi wedi cael** ~**au erchyll** elle en a vu de dures*; **nid oedd yn brofiad y buaset yn hoffi ei gael eto** ce n'est pas une aventure que tu tiendrais à

recommencer; ∼ **anffodus** mésaventure *f*.

profiadol *ans* expérimenté(e), qui a de l'expérience; (*llygad, clust*) exercé(e); ∼ **yn**, ∼ **o ran** expérimenté en *neu* en matière de, qui a de l'expérience en *neu* en matière de.

profiannaeth *b* (*CYFR: oedolion*) sursis *m* avec mise à l'épreuve; (*:plant dan oed*) mise *f* en liberté surveillée.

profiant (**profiannau**) *g* (*CYFR: ewyllys*) homologation *f*.

profiedydd (**-ion**) *g* contrôleur *m*, contrôleuse *f*.

proflen (**-ni**) *b* épreuve *f*; **darllen** ∼**ni** corriger les épreuves; **darllenydd** ∼**ni** correcteur *m* d'épreuves, correctrice *f* d'épreuves.

profocio *ba gw.* **pryfocio**.

profociwr (**profocwyr**) *g gw.* **pryfociwr**.

profoclyd *ans gw.* **pryfoclyd**.

profocwraig (**profocwragedd**) *b gw.* **pryfocwraig**.

profost (**-iaid**) *g* (*prifysgol*) doyen *m*, recteur *m*, principal *m*, doyenne *f*, principale *f*; (*maer*) maire *m*; (*CREF*) doyen.

profwr (**profwyr**) *g* (*bwyd, gwin*) dégustateur *m*; (*cynnyrch*) vérificateur *m*; (*metel, dŵr*) analyste *m*; (*cyffur*) expérimentateur *m*.

profwraig (**profwragedd**) *b* (*bwyd, gwin*) dégustatrice *f*; (*cynnyrch*) vérificatrice *f*; (*metel, dŵr*) analyste *f*; (*cyffur*) expérimentatrice *f*.

proffes (**-au**) *b* (*datganiad*) profession *f*, déclaration *f*; ∼ **ffydd** profession de foi; **gwwneud eich** ∼ (*CREF: mynach, lleian*) faire sa profession, prononcer ses vœux.

proffesedig *ans* déclaré(e), de profession, ouvert(e).

proffesiwn (**proffesiynau**) *g gw.* **galwedigaeth**.

proffesiynol *ans* professionnel(le); (*milwr ayb*) de carrière; (*darn o waith*) de haute qualité; **gweithwyr** ∼ les membres *mpl* des professions libérales; **gofyn am farn broffesiynol** (*cyff*) consulter un professionnel; (*meddyg*) consulter un médecin; (*cyfreithiwr*) consulter un avocat; **troi'n broffesiynol** (*CHWAR*) passer professionnel; **bod ag agwedd broffesiynol tuag at rth** prendre qch très au sérieux; **mae'n cyrraedd safon broffesiynol** c'est d'un niveau de professionnel; **bod â chymwysterau** ∼ être diplômé(e), avoir des titres professionnels;
♦ **yn broffesiynol** *adf* professionnellement; **chwarae'n broffesiynol** jouer en professionnel; **a wyt wedi ei chyfarfod yn broffesiynol?** as-tu jamais eu de rapports de travail avec elle?; **bu'n canu'n broffesiynol** il a été chanteur professionnel; **siarad yn broffesiynol** parler en tant que professionnel.

proffesiynoldeb *g* excellence *f*, haute qualité *f*, professionnalisme *m*.

proffesor (**-iaid**) *g* professeur *m* (*titulaire d'une chaire*).

proffesu *ba* professer, déclarer, affirmer; (*yn gyhoeddus*) professer, faire profession de; **mae'n** ∼ **bod yn grediniwr** il se déclare *neu* il prétend être croyant.

proffeswr (**proffeswyr**) *g*
1 (*athro prifysgol*) professeur *m* (*titulaire d'une chaire*).
2 (*CREF*) croyant *m*.

proffeswriaeth (**-au**) *b* chaire *f* universitaire.

proffeswrol *ans* professoral(e)(professoraux, professorales), de professeur; (*proffesiynol*) professionnel(le);
♦ **yn broffeswrol** *adf* en professeur, d'un ton professoral.

proffid (**-iau**) *g* profit *m*, bénéfice *m*; (*ffig*) profit, avantage *m*; **gwneud** ∼ faire *neu* réaliser un bénéfice.

proffidiol *ans* profitable, rentable, lucratif(lucrative), payant(e); (*ffig*) profitable, avantageux(avantageuse), à but lucratif;
♦ **yn broffidiol** *adf* profitablement.

proffil (**-iau**) *g* profil *m*; (*ffig: o rn*) portrait *m*; (*:o sefyllfa*) esquisse *f*.

proffwyd (**-i**) *g* prophète *m*.

proffwydes (**-au**) *b* prophétesse *f*.

proffwydo *ba* prédire;
♦*bg* (*gwneud proffwydoliaethau*) prophétiser, faire des prophéties.

proffwydol *ans* prophétique;
♦ **yn broffwydol** *adf* prophétiquement.

proffwydoliaeth (**-au**) *b* prophétie *f*, prédiction *f*; **gwneud** ∼**au** prophétiser, faire des prophéties.

proffwydoliaethol *ans* prophétique.

proffwydwr (**proffwydwyr**) *g* prophète *m*.

prognosis (**-au**) *g* pronostic *m*.

project (**-au**) *g* (*cynllun*) projet *m*; (*darn o waith*) dossier *m*; ∼ **adeiladu ffordd** projet de construction d'une route; **bydd y** ∼ **cyfan yn costio ...** l'opération *neu* l'entreprise tout entière coûtera ... *gw. hefyd* **cynllun**.

prolog (**-au**) *g*: ∼ **(i)** (*LLEN*) prologue *m* (de); (*ffig*) prologue (à).

promenâd (**promenadau**) *g* (*ger y môr*) promenade *f*, front *m* (de mer); **ar hyd y** ∼ le long de la promenade.

Promethews *prg* Prométhée.

prôn (**-s**) *g gw.* **corgimwch**.

prop[1] (**-iau**) *g* (*cyff*) support *m*; (*i wal*) étai *m*; (*mewn pwll glo ayb*) étai, poteau(-x) *m*, étançon *m*; (*ar gyfer lein ddillad*) perche *f*; (*ffig*) soutien *m*; (*RYGBI*) pilier *m*.

prop[2] (**-s**) *g* (*THEATR*) accessoire *m*; (*rhn*) accessoiriste *m/f*.

propaganda *g* propagande *f*.

propagandydd (**-ion**) *g* propagandiste *m/f*.

propân *g* propane *m*.

prosbectws (**prosbectysau**) *g* prospectus *m*.

proses (**-au**) *g,b* processus *m*; (*dull penodol*)

procédé *m*, méthode *f*; **y broses o heneiddio** le processus du vieillissement; ~ **naturiol/gemegol** un processus naturel/chimique; **yn y broses o ...** au cours de ...; **bod yn y broses o wneud rhth** être en train de faire qch; **mae'n broses hir/araf** (*ffig*) ça prend du temps, c'est un processus lent.

prosesu *ba* (*DIWYD*) traiter; (*FFOT: ffilm*) développer; (*GWEIN: papurau, ceisiadau*) s'occuper de; (*CYFRIF: data*) traiter; **bwyd wedi ei brosesu** aliment *m* industriel, aliments industriels, plats *mpl* cuisinés industriellement; **caws wedi ei brosesu** fromage *m* fondu en tranches;
♦*g* traitement *m*; (*datblygu*) développement *m*; ~ **bwyd** préparation *f* des aliments.

prosesydd *g*: ~ **bwyd** robot *m* ménager; ~ **geiriau** machine *f* de traitement de texte.

prosiect (**-au**) *g* *gw.* **project**.

prostad (**-au**) *b*: **chwarren brostad** prostate *f*.

protein (**-au**) *g* protéine *f*.

protest (**-iadau**) *g,b* (*gwrthwynebiad*) protestation *f*; (*rali*) manifestation *f*, manif* *f*; **gwneud** ~ protester, élever une protestation, manifester; **cynhelir** ~ **yfory** il y aura une manifestation demain.

Protestannaidd *ans* protestant(e).

Protestant (**Protestaniaid**) *g* protestant *m*, protestante *f*.

protestio *bg* protester, faire des protestations, manifester, faire une manifestation.

protestiwr (**protestwyr**) *g* protestataire *m*; (*mewn cyfarfod protest*) manifestant *m*.

protestwraig (**protestwragedd**) *b* protestataire *f*; (*mewn cyfarfod protest*) manifestante *f*.

protin (**-au**) *g* *gw.* **protein**.

protocol (**-iau**) *g* protocole *m*.

prototeip (**-iau**) *g* prototype *m*.

protractor (**-au**) *g* rapporteur *m*.

prowlian, **prowlio** *bg* rôder.

prowliwr (**prowlwyr**) *g* rôdeur *m*.

prowlwraig (**prowlwragedd**) *b* rôdeuse *f*.

prudd *ans* triste, mélancolique; **gwneud rhn yn brudd** attrister qn; **teimlo'n brudd** se sentir triste, broyer du noir;
♦ **yn brudd** *adf* tristement, mélancoliquement.

pruddaidd *ans* triste, morne, lugubre; (*meddyliau*) sombre; **teimlo'n bruddaidd** se sentir triste, broyer du noir.

prudd-der *g* tristesse *f*, mélancolie *f*.

pruddglwyf *g* *gw.* **prudd-der**.

pruddglwyfus *ans* triste, morne, lugubre, mélancolique; (*meddyliau*) sombre; **teimlo'n bruddglwyfus** se sentir triste, broyer du noir;
♦ **yn bruddglwyfus** *adf* tristement, d'un air triste *neu* lugubre, mélancoliquement.

pruddhaol *ans* déprimant(e), attristant(e);
♦ **yn bruddhaol** *adf* de façon attristante *neu* déprimante.

pruddhau *ba* attrister, déprimer; (*digalonni*) déprimer;
♦*bg* s'attrister.

p'run *rhag* (*pa un*) *gw.* **un**.

Prwsia *prb* la Prusse *f*; **ym Mhrwsia** en Prusse.

Prwsiad (**Prwsiaid**) *g/b* Prussien *m*, Prussienne *f*.

Prwsiaidd *ans* prussien(ne).

pry (**pryfed**) *g* *gw.* **pryf**.

pryd[1] (**-iau**) *g* (*adeg*) moment *m*, époque *f*; ~ **hynny** à cette époque-là; **y** ~ **hwnnw** alors, à ce moment-là; **o'r** ~ **hwnnw ymlaen** à partir de ce moment; **o bryd i'w gilydd** de temps en temps, de temps à autre; **rhyw bryd neu'i gilydd** un jour où l'autre; **rhyw bryd arall** une autre fois; **fe all dorri unrhyw bryd** ça peut se casser d'un moment à l'autre; **tyrd unrhyw bryd** viens n'importe quand; **tri pheth yr un** ~ trois choses à la fois; **yr un** ~ **â** en même temps que; **ond ar yr un** ~**, mae'n rhaid cofio ...** en même temps *neu* cependant, il ne faut pas oublier ...; **ar brydiau** par moments; **ar brydiau ... ar brydiau eraill ...** des fois ... des fois ..., parfois ... parfois ..., à certains moments ... à d'autres moments ...; **mae yna brydiau pan ...** il y a des moments où ...; **rhwng** ~**iau** entre-temps; **marw cyn** ~ mourir avant l'âge; **mewn da bryd** assez tôt; **mae'n bryd mynd i'r gwely** c'est l'heure de se coucher; **mae'n hen bryd inni fynd** il est grand temps que nous partions *subj.*

► **ar y pryd**

1 (*yr adeg honno*) à ce moment-là; **ar y** ~ **roeddwn i'n byw ym Mhwllheli** à ce moment-là j'habitais à Pwllheli.

2 (*yn fyrfyfyr*) à l'improviste; **cyfansoddi ar y** ~ improviser;
♦*rhag gof* (*hefyd:* **pa bryd**) quand; ~ **ydyn ni'n mynd?** quand *neu* à quelle heure est-ce que nous partons?; ~ **mae'r cyngerdd?** c'est quand le concert?; **gofyn iddo pa bryd yr ysgrifennodd y llythyr** demande-lui quand il a écrit la lettre; **tybed** ~ **mae'r ffilm yn cychwyn** je me demande à quelle heure commence le film; **ers** ~ **mae hi yma?** elle est ici depuis quand?.

► **pryd bynnag**

1 (*dim ots pryd*) quand; **dewch** ~ **bynnag y mynnoch** venez quand vous voulez *neu* voudrez; **fe ddaw** ~ **bynnag y bydd yn gyfleus ichi** il viendra quand cela vous arrangera.

2 (*bob tro*) chaque fois que, toutes les fois que; ~ **bynnag y bo hi'n glawio, mae'r to yn gollwng** chaque fois qu'il pleut, le toit laisse entrer l'eau;
♦*cys* (*defnydd tafodieithol*) *gw.* **pan**[1].

pryd[2] (**-au**) *g* (*bwyd*) repas *m*; **cael** ~ prendre un repas, manger; **dewch i gael** ~**!** venez manger!, venez déjeuner *neu* dîner!; ~ **ar**

glud service *m* de repas à domicile; **'roedd hwnna'n bryd bendigedig** on a très bien déjeuné *neu* dîné; **gwnaeth hi bryd o'r gweddillion** elle a déjeuné *neu* dîné des restes.

pryd[3] *g* (*ymddangosiad*): ~ **a gwedd** aspect *m*, air *m*, mine *f*, apparence *f*; **o ran** ~ **a gwedd** d'apparence; **bachgen ifanc** ~ **tywyll** (*tywyll ei wallt*) jeune *m* brun; (*tywyll ei groen*) jeune homme *m* de couleur; **merch bryd tywyll** (*â gwallt tywyll*) brune *f*, brunette *f*; (*dywyll ei chroen*) jeune femme *f* de couleur.

Prydain *b* (*hefyd:* ~ **Fawr, Gwledydd** ~) la Grande-Bretagne *f*; **Ynysoedd** ~ les îles *fpl* Britanniques; **ym Mhrydain (Fawr)** en Grande-Bretagne; **yn Ynysoedd** ~ aux îles Britanniques.

Prydeinaidd *ans gw.* **Prydeinig**.

Prydeindod *g* caractère *m* britannique.

Prydeinig *ans* britannique, de Grande-Bretagne;
♦ **yn Brydeinig** *adf* de façon britannique.

Prydeiniwr (**Prydeinwyr**) *g* Britannique *m*.

Prydeinwraig (**Prydeinwragedd**) *b* Britannique *f*.

pryder (**-on**) *g* anxiété *f*, souci *m*, inquiétude *f*; ~ **mawr** angoisse *f*; **fy mhryder pennaf yw ...** mon plus grand sujet d'inquiétude est ...; **'does ganddi ddim** ~**on** elle n'a pas le moindre souci; **dyna'r lleiaf o 'mhryderon** c'est le moindre *neu* le cadet de mes soucis; **gyda phryder** anxieusement, avec inquiétude.

pryderu *bg*: ~ **(ynghylch, am)** se soucier (de), se faire du souci *neu* s'inquiéter (au sujet de, pour), s'en faire (pour)*; **paid â phryderu amdanaf i** ne t'inquiète pas *neu* ne t'en fais* pas pour moi.

pryderus *ans* inquiet(inquiète), anxieux(anxieuse), angoissé(e), rongé(e) par les soucis; **mae'n bryderus ynghylch yr economi** l'économie le préoccupe *neu* l'inquiète; **'roeddwn i'n bryderus iawn yn ei gylch** je m'inquiétais beaucoup pour lui;
♦ **yn bryderus** *adf* avec inquiétude, anxieusement, de façon angoissée.

prydferth *ans* beau[bel](belle)(beaux, belles), joli(e); **mae hi'n hynod o brydferth** elle est jolie à croquer, elle est ravissante;
♦ **yn brydferth** *adf* joliment *gw. hefyd* **hardd**.

prydferthu *ba* embellir.

prydferthwch *g* beauté *f*.

prydles (**-au, -i**) *b* bail(baux) *m*

prydlesu *ba* louer (qch) à bail.

prydleswr (**prydleswyr**) *g* bailleur *m*.

prydleswraig (**prydleswragedd**) *b* bailleresse *f*.

prydlon *ans* exact(e); (*trên*) à l'heure; (*gweithiwr*) ponctuel(le); **bydd di'n brydlon!** ne sois pas en retard!, sois exact!;
♦ **yn brydlon** *adf* à l'heure, ponctuellement; **yn brydlon am wyth o'r gloch** à huit heures précises, ponctuellement à huit heures.

prydlondeb (**-au**) *g* (*rhn*) exactitude *f*, ponctualité *f*.

prydnawn (**-iau**) *g gw.* **prynhawn**.

prydwedd (**-au**) *b* teint *m*.

prydweddol *ans* beau[bel](belle)(beaux, belles), joli(e);
♦ **yn brydweddol** *adf* joliment.

prydydd (**-ion**) *g* poète *m*.

prydyddes (**-au**) *b* poétesse *f*.

prydyddiaeth *b* poésie *f*.

prydyddol *ans* poétique, de poète.

prydyddu *bg* écrire des poèmes *neu* des poésies.

pryddest (**-au**) *b* poème *m* en vers libres.

pryf (**-ed**) *g* insecte *m*, mouche *f*; ~ **brigyn** phasme *m*; ~ **clustiog** perce-oreille *m*; ~ **cop** *ou* **copyn** araignée *f*; ~ **corff** vrillette *f*, horloge *f* de la mort; ~ **chwythu** mouche à vers *neu* à viande; ~ **ffenestr** mouche domestique; ~ **genwair** ver *m* de terre; ~ **glas** mouche bleue, mouche à viande; ~ **llwyd** taon *m*; (*mochyn daear*) blaireau(-x) *m*; ~ **mawr** (*ysgyfarnog*) lièvre *m*; ~ **pren** ver du bois; ~ **pric** trichoptère *m*; ~ **sidan** ver de soie; ~ **tân** (*cricsyn*) grillon *m*, cri-cri *m inv*; (*chwilen*) luciole *f*, ver luisant; ~ **teiliwr** *ou* **y gannwyll** tipule *f*; ~ **twca** *ou* **lludw** cloporte *m*; ~**ed mân** moucherons *mpl*; **mae'r pren 'ma yn dyllau pryfed** ce bois est vermoulu; **mae o'n dipyn o hen bryf garw** c'est un vieux renard, c'est un roublard*, il est rusé *neu* malin.

pryfedog *ans* (*rhn, dillad*) pouilleux(pouilleuse), infesté(e) *neu* couvert(e) de vermine; (*afiechyd*) vermineux(vermineuse).

pryfeta *bg* chasser les mouches; (*chwilota*) fureter.

pryfetach *ll* vermine *f*.

pryfeteg *b* entomologie *f*.

pryfetegydd (**pryfetegwyr**) *g* entomologiste *m/f*.

pryfetwr (**pryfetwyr**) *g* (ADAR) gobe-mouches *m inv*.

pryfleiddiad (**pryfleiddiaid**) *g* insecticide *m*.

pryfocio *ba* (*herian*) provoquer, taquiner;
♦*g* provocation *f*, taquinerie *f*.

pryfociwr (**pryfocwyr**) *g* (*un sy'n herian, tyrmentiwr*) taquin *m*.

pryfoclyd *ans* provocant(e), provocateur(provocatrice), agaçant(e), contrariant(e); (*yn herian, tyrmentio*) taquin(e); (*merch, gwên*) provocant(e), aguichant(e); (*llyfr: yn peri i rn ystyried*) qui donne à penser, qui vise à provoquer des réactions;
♦ **yn bryfoclyd** *adf* d'un air provocant *neu* provocateur, d'un ton provocant *neu* provocateur, d'une manière apte à provoquer des réactions, d'un air aguichant.

pryfocwraig (**pryfocwragedd**) *b* (*un sy'n*

herian) taquine *f*.
pryfyn (**pryfed**) *g gw.* **pryf**.
prŷn *ans* payé(e), acheté(e); **torth brŷn, bara** ~ pain *m* acheté à la boulangerie.
prynedigaeth *b* (*CREF*) rédemption *f*.
prynedigol *ans* rédempteur(rédemptrice);
♦ **yn brynedigol** *adf* de façon rédemptrice.
prynhawn (**-iau**) *g* après-midi *m inv, f inv*; **yn y** ~ l'après-midi; **am bedwar o'r gloch y** ~ à quatre heures de l'après-midi; **ar brynhawn Sadwrn** le samedi après-midi; ~ **y seithfed o Ebrill** l'après-midi du 7 avril, le 7 avril dans l'après-midi; ~ **da!** (*wrth gyfarfod*) bonjour!; (*wrth ymadael*) au revoir!; **te** ~ thé *m* de cinq heures.
prynhawnol *ans* (de) l'après-midi; **perfformiad** ~ (*THEATR, SINEMA*) matinée *f*.
pryniad (**-au**) *g* achat *m*, acquisition *f*.
pryniant (**pryniannau**) *g gw.* **pryniad**.
prynu *ba*
1 (*cyff*) acheter; (*tocyn, petrol*) prendre; ~ **rhth gan rn** acheter qch à qn; ~ **rhth i rn** acheter qch pour qn; **fe brynodd hufen iâ imi** il m'a payé une glace; ~ **tocyn i'r theatr** louer *neu* retenir *neu* prendre une place de théâtre; ~ **rhth yn rhad** acheter qch bon marché, acheter qch pour une bouchée de pain; ~**'ch ffordd i fusnes** avoir recours à la corruption pour entrer dans une affaire; **pris** ~ prix *m* d'achat.
2 (*gwaredu*) racheter.
prynwr (**prynwyr**) *g*
1 (*cyff*) acheteur *m*, acheteuse *f*; ~ **tŷ** acquéreur *m neu* acheteur d'une maison.
2 (*gwaredwr*) rédempteur *m*.
prynwraig (**prynwragedd**) *b* acheteuse *f*.
prynwriaeth *b* consumérisme *m*.
prysglwyn (**-i**) *g* taillis *m*, fourré *m*, hallier *m*, bocage *m*, bosquet *m*.
prysgoed, **prysgwydd** *ll* (*llwyni*) broussailles *fpl*; (*coed*) arbrisseaux *mpl*; (*bach*) arbustes *mpl*; (*llawer o lwyni*) massif *m* d'arbustes.
prysur *ans* occupé(e), affairé(e); (*egnïol*) énergique; (*bywiog*) actif(active), affairé, diligent(e); (*diwrnod*) chargé(e) de grande activité; (*cyfnod*) de grande activité; (*lle, bywyd*) mouvementé(e), plein(e) de mouvement; (*llinellau teleffon*) occupé; (*stryd*) animé(e); (*tref*) animé, grouillant(e) d'activité; (*o ddifrif*) sérieux(sérieuse); **mae hi'n brysur yn ysgrifennu** elle est en train d'écrire; **bûm i'n brysur trwy'r dydd** j'ai eu à faire toute la journée; **'roedd hi'n brysur wrth ei gwaith** elle était tout entière absorbée dans son travail; **mae hi'n brysur ar y funud** elle est occupée *neu* prise pour l'instant;
♦ **yn brysur** *adf* activement, avec empressement; (*o ddifrif*) sérieusement, pour de bon.
prysurdeb *g* activité *f*, occupation *f*; (*brys*) hâte *f*; (*tref, porthladd*) mouvement *m*.
prysuro *bg*: ~ **(i)** se hâter (de), se dépêcher (de), se presser (de); ~ **i ddweud** s'empresser d'ajouter; ~ **yn eich blaen** continuer à la hâte; ~ **at y cwestiwn nesaf** passer vite à la question suivante; ~**'n ôl** se presser de revenir *neu* de retourner; ~ **i mewn/allan** entrer/sortir d'un air affairé;
♦*ba* précipiter, hâter.
publican (**-od**) *g* (*BEIBL*) publicain *m*.
Puerto Ricaidd *ans* portoricain(e).
Puerto Riciad (~ **Riciaid**) *g/b* Portoricain *m*, Portoricaine *f*.
Puerto Rico *prb* Porto Rico *f*.
pulpud (**-au**) *g* chaire *f*.
pum *ans* cinq; ~ **gwaith** cinq fois; ~ **mlwydd oed** âgé(e) de cinq ans, ayant cinq ans; ~ **can** cinq cents (o flaen rhif arall = cinq cent); ~ **can ffranc ac hugain** cinq cent vingt francs; ~ **can llath** cinq cents mètres.
pumawd (**-au**) *g* quintette *m*.
pumcanfed *ans* cinq centième.
pumcanmil *g* cinq cent mille.
pumcant *b* cinq cents *mpl* (o flaen rhif arall = cinq cent); ~ **ac ugain ffranc** cinq cent vingt francs.
pumdalen *b* (*PLANH*) quintefeuille *f*.
pum deg *ans* cinquante;
♦*rhifol* (**pumdegau**) cinquante; **mae hi yn ei phumdegau** elle a passé cinquante ans; **yn y pumdegau** dans les années cinquante.
pumed *ans*
1 (*cyff*) cinquième.
2 (*defnydd enwol*): **y** ~ le/la cinquième *m/f*.
pumled (**-au**) *g* quintuplés *mpl*, quintuplées *fpl*.
pumlwydd *ans*: ~ **oed** ayant cinq ans, âgé(e) de cinq ans.
Pumllyfr *g*: **y** ~ (*BEIBL*) le Pentateuque.
pumnalen *b* (*PLANH*) *gw.* **pumdalen**.
pumochr (**-au**) *g* pentagone *m*;
♦*ans gw.* **pumochrog**.
pumochrog *ans* pentagonal(e)(pentagonaux, pentagonales).
pumongl (**-au**) *b* pentagone *m*.
pumonglog *ans gw.* **pumochrog**.
pump (**pumau**) *rhifol* cinq; **fesul** ~ par cinq;
♦*ans*: **pum mlynedd** cinq ans; **pum gwaith** cinq fois;
♦*rhag*: **mae gen i bump ohonynt** j'en ai cinq.
pumpunt (**pumpunnoedd**) *b* cinq livres *fpl* (sterling).
pumrhan *ans* en cinq parties.
pumsill, **pumsillafog** *ans* de cinq syllabes.
punt (**punnoedd**) *b* livre *f* (sterling); **papur pumpunt** billet *m* de cinq livres.
pupraidd *ans* poivré(e), piquant(e).
pupren (**-nau, -ni**) *b* grain *m* de poivre.
pupro *ba* poivrer.
pupur (**puprau**) *g*
1 (*sbeis*) poivre *m*; ~ **gwyn/du** poivre

blanc/gris; ~ **a halen** poivre et sel; **pot** ~ poivrière *f*; **bod yn ddrud fel** ~ être hors de prix, coûter les yeux de la tête*.
2 (*llysieuyn*): ~ **coch/gwyrdd** poivron *m* rouge/vert.
pur[1] *adf* (*gweddol, eithaf*) assez, très; ~ **aml** assez fréquent(e); **yn bur aml** assez souvent, relativement souvent; ~ **anaml** assez rare; **yn bur anaml** peu souvent, plutôt rarement; **mae'n bur annhebygol** il est plutôt improbable, il est peu probable; **llyfr** ~ **dda** un livre assez bon.
pur[2] *ans* pur(e); **siwt wlân** ~ complet *m* pure laine;
♦ **yn bur** *adf* purement; (*ar ddiwedd llythyr: ffurfiol*) je vous prie de croire ... à l'assurance de mes salutations distinguées; (*:llai ffurfiol*) bien cordialement.
purdan *g* purgatoire *m*.
purdeb *g* pureté *f*.
purdebaeth *b* purisme *m*.
purdebwr (**purdebwyr**) *g* puriste *m*.
purdebwraig (**purdebwragedd**) *b* puriste *f*.
purddu (**-on**) *ans* noir(e) comme du jais.
puredig *ans* pur(e), purifié(e), affiné(e), raffiné(e).
puredigaeth *b* purification *f*.
pureiddiad (**-au**) *g* purification *f*; (*dŵr, metel*) épuration *f*.
pureiddio *ba gw.* **puro**.
purfa (**purfeydd**) *b* raffinerie *f*; ~ **olew** raffinerie de pétrole.
purgoch (**-ion**) *ans* rouge feu *inv*.
purion *ans* bien; **byddai'n burion peth ...** ce serait une assez bonne idée de ..., ce serait bien *neu* une bonne chose de ...; ~**!** d'accord!, entendu!, soit!;
♦ **yn burion** *adf* passablement, assez, moyennement.
purlan *ans* propre, impeccable.
puro *ba* purifier; (*chwaeth*) affiner; (*olew, siwgr*) raffiner; (*dŵr, metel*) épurer; (*rhn*) purifier.
purol *ans* purifiant(e).
purwyn (**purwen**) (**purwynion**) *ans* blanc(he).
purydd (**-ion**) *g* raffineur *m*; (*ieithyddol*) puriste *m/f*.
putain (**puteiniaid**) *b* prostituée *f*, putain** *f*, pute** *f*; ~ **wryw** prostitué *m*.
puteindra *g gw.* **puteiniaeth**.
puteindy (**puteindai**) *g* maison *f* close, bordel** *m*.
puteinfeistr (**-i**) *g* proxénète *m*, maquereau(-x)** *m*.
puteinfeistres (**-i**) *b* maquerelle** *f*.
puteiniaeth *b* prostitution *f*.
puteinig *ans* dissolu(e), dépravé(e).
puteinio *bg* (*mynd â phutain*) forniquer; (*bod yn butain*) se prostituer;
♦*ba* prostituer; ~**'ch dawn** prostituer *neu* vendre son talent.
puteiniwr (**puteinwyr**) *g* fornicateur *m*, client *m* d'une prostituée.
puteinllyd *ans* dissolu(e), dépravé(e).
pw *ebych* bah!
pwbig *ans*: **blew** ~ poils *mpl* du pubis.
pwbis (**-au**) *g* pubis *m*.
pwced (**-i**) *b gw.* **bwced**.
pwcedaid (**pwcedeidiau**) *b gw.* **bwcedaid**.
pwd *g* bouderie *f*; **bod mewn** ~ bouder, faire la tête.
pwdel (**-i**) *g* flaque *f* (d'eau).
pwdin (**-au**) *g* dessert *m*; ~ **bara menyn** ≈ pudding *m* au pain; ~ **'Dolig** pudding de Noël; ~ **gwaed** boudin *m* noir; ~ **haf** gâteau(-x) *m* aux fruits rouges; ~ **reis** riz *m* au lait; ~ **berwi** pudding; **basn** ~ jatte *f*; **beth sydd yn bwdin?** qu'est-ce qu'il y a comme dessert?; **gormod o bwdin a dagiff gi** à trop manger on est vite rassasié.
pwdl (**-s**) *g* caniche *m*.
pwdlyd *ans* boudeur(boudeuse), maussade; **bod â golwg bwdlyd arnoch** faire la tête; (*gwneud ystumiau*) faire la moue; **bod yn bwdlyd â rhn** bouder qn;
♦ **yn bwdlyd** *adf* en boudant, en faisant la moue, d'un ton boudeur.
pwdr *ans* pourri(e); (*llygredig*) corrompu(e); (*dant*) carié(e), gâté(e); (*diog*) paresseux(paresseuse), fainéant(e);
♦ **yn bwdr** *adf* de façon corrompue; (*yn ddiog*) paresseusement.
pwdren (**pwdrod**) *b* fainéante *f*, paresseuse *f*, une propre à rien.
pwdryn (**pwdrod**) *g* fainéant *m*, paresseux *m*, un propre à rien.
pwdu *bg* bouder, faire la tête; (*wyneb*) faire la moue.
pŵer (**pwerau**) *g* (*gallu*) pouvoir *m*, capacité *f*; (*nerth*) puissance *f*, force *f*, forces; (*awdurdod*) autorité *f*, pouvoir; **pwerau'r Fall, pwerau drygioni** les puissances des ténèbres, les forces du mal; ~ **niwclear** énergie nucléaire; **gorsaf bŵer** centrale *f* électrique; **fe wnaiff hyn bŵer o les i chi** ça vous fera un bien immense.
pwerdy (**pwerdai**) *g* centrale *f* électrique.
pwerus *ans* puissant(e);
♦ **yn bwerus** *adf* avec force, puissamment.
pwff (**pyffiau**) *g* (*gwynt, mwg*) bouffée *f*; (*o'r geg*) souffle *m*; ~-~ (*trên*) teuf-teuf *m*; **cymerodd bwff o'i sigarét** elle a tiré une bouffée de sa cigarette; ~ **powdr** houppe *f*.
pwffian *bg* souffler; (*wedi colli'ch gwynt*) haleter; (*trên*) envoyer *neu* dégager des nuages de fumée; ~ **ar ei bibell** tirer des bouffées de sa pipe;
♦*ba* (*awyr*) souffler; (*mwg*) dégager, envoyer; ~ **bochau allan** gonfler ses joues.
pwffin (**-od, -iaid**) *g* (*ADAR*) macareux *m*; ~ **Manaw** puffin *m* des Anglais.
pwffio *ba, bg gw.* **pwffian**.

pwfflyd *ans* bouffi(e), gonflé(e).
pwl (**pyliau**) *g* accès *m*, attaque *f*; ~ **o beswch** quinte *f* de toux; ~ **o grio** crise *f* de larmes; **cael** ~ **o chwerthin** avoir le fou rire.
pŵl[1] *g* (*CHWAR*) billard *m* américain; **chwarae** ~ jouer au billard américain; **bwrdd** ~ table *f* de billard américain.
pŵl[2] *ans* (*llafn cyllell*) émoussé(e), épointé(e), obtus(e); (*llygaid*) trouble, terne; (*goleuni*) terne, pâle, faible, blafard(e), blême.
pwlff (-**od**) *g gw.* **pwlffyn**.
pwlffen (**pwlffod**) *b* (*gwraig*) femme *f* trapue; (*merch*) fille *f* trapue.
pwlffyn (**pwlffod**) *g* (*dyn*) homme *m* trapu; (*bachgen*) garçon *m* trapu.
pwli (**pwlïau**) *g* poulie *f*.
pwlofer (-**s**) *g* pull *m*, pullover *m*, chandail *m*.
pwls[1] (**pylsau**) *g* légume *m* à gousse; (*sych*) légume sec.
pwls[2] (**pylsau**) *g* pouls *m*; (*mesur curiad y galon*) battement *m*, pulsation *f*, pouls; **cymryd** ~ **rhn** tâter le pouls de qn.
pwlsadu *bg gw.* **pylsadu**.
pwll (**pyllau**) *g*
1 (*dŵr: bach ar ôl glaw*) flaque *f*; (*:addurniadol mewn gardd ayb*) pièce *f* d'eau; (*:mawr*) étang *m*, mare *f*, bassin *m*; ~ **nofio** piscine *f*.
2 (*gwaed ayb*): **gorweddai mewn** ~ **o waed** il était étendu dans une mare de sang.
3 (*glo*): ~ **glo** mine *f* de houille.
4 (*ffig*): **syrthio i bwll anobaith** toucher le fond du désespoir.
5 (*BETIO*): **ennill ar y pyllau pêl-droed** gagner en pariant sur les matchs de football.
pwma (-**od**) *g* puma *m*.
pwmel (-**au**) *g* pommeau(-x) *m*.
pwmis *g* (*hefyd:* **carreg bwmis**) pierre *f* ponce.
pwmp (**pympiau**) *g* pompe *f*; ~ **asthma** pompe à asthme; ~ **beic** pompe à bicyclette; ~ **petrol** pompe d'essence.
pwmpen (-**ni**) *b* citrouille *f*; (*mwy*) potiron *m*; **pastai bwmpen** tarte *f* au potiron.
pwmpio *ba*
1 (*symud: hylif, nwy*) pomper; ~ **rhth allan o rth** pomper *neu* aspirer qch de qch; ~ **dŵr i'r tŷ** amener l'eau jusqu'à la maison au moyen d'une pompe; **mae'r galon yn** ~**'r gwaed** le cœur fait circuler le sang; ~ **arian i mewn i rth** (*ffig*) injecter de plus en plus d'argent dans qch.
2 (*MEDD: gwagio*): ~ **stumog rhn** faire un lavage d'estomac à qn.
3 (*llenwi ag aer: teiar, pêl ayb*) gonfler.
4 (*symud yn ôl a blaen: pedal, handlen*) appuyer sur *neu* actionner (plusieurs fois).
5 (*holi*): ~ **rhn am wybodaeth** essayer de soutirer des informations à qn;
♦*bg* (*peiriant*) pomper; (*calon*) battre fort; (*gwaed*) couler à flots.
pwn (**pynnau**) *g* fardeau(-x) *m*, charge *f*; **ceffyl** ~ cheval(chevaux) *m* de charge.
pwnc (**pynciau**) *g* sujet *m*; (*ADDYSG*) matière *f*; (*thema*) sujet, contenu *m*; ~ **llosg** point *m* délicat, question *f* controversée; **pynciau'r dydd** affaires *fpl* contemporaines.
pwniad (-**au**) *g* (*â phenelin*) coup *m* de coude; (*â dwrn*) coup de poing; (*â ffon*) coup de canne *neu* de bâton; **rhoi** ~ **i rn** donner un coup de coude à qn; **rhoi** ~ **i rn gyda'ch elin** pousser qn du coude.
pwnio *ba* (*â dwrn*) cogner, donner un coup de poing *neu* des coups de poing à; (*â ffon*) donner un coup de canne *neu* des coups de canne à, donner un coup de bâton *neu* des coups de bâton à; (*elin*) pousser (qn) du coude.
pwniwr (**pwnwyr**) *g* cogneur *m*.
pwnsh[1] (-**ys**) *g* (*i roi tyllau mewn tocynnau*) poinçonneuse *f*; (*i dyllu papur*) perforateur *m*; (*gwaith metel*) poinçon *m*, étampe *f*, poinçonneuse, emporte-pièce *m inv*.
pwnsh[2] *g* (*diod*) punch *m*.
Pwnsh *prg* Polichinelle; **sioe** ~ **a Jwdi** ≈ spectacle *m* de guignol.
pwnsio *ba* (*tocyn*) poinçonner, perforer; (*cerdyn*) pointer; ~ **twll yn rhth** faire un trou dans qch.
pwpa (**pwpâu**) *g* chrysalide *f*, pupe *f*.
pwrcas (-**au**) *g* achat *m*, acquisition *f*; **treth ar bwrcas** taxe *f* à l'achat.
pwrcasu *ba* acheter; ~ **rhth gan rn** acheter qch à qn; ~ **rhth i rn** acheter qch pour *neu* à qn.
pwrcaswr (**pwrcaswyr**) *g* acheteur *m*.
pwrcaswraig (**pwrcaswragedd**) *b* acheteuse *f*.
pwrpas (-**au**) *g* (*bwriad*) but *m*, objet *m*, intention *f*; (*defnydd*) usage *m*, utilité *f*; **gyda'r** ~ **o wneud** dans le but *neu* l'intention de faire; **i'r** ~ **hwn** dans ce but; **i bwrpas y cyfarfod hwn** pour les besoins de cette réunion; **i ddim** ~ **o gwbl** en pure perte; **i bwrpas** utilement; **siarad i bwrpas** parler à propos; **o bwrpas** exprès, délibérément; **yn llawn** ~ résolu(e); **gyda phwrpas** résolument.
pwrpasol *ans* (*addas*) convenable, qui convient, qui va bien, propre, approprié(e); (*enw*) bien choisi(e); (*sylw*) bien venu(e), opportun(e), juste; (*penderfyniad*) opportun; (*adeilad*) fonctionnalisé(e); (*bwriadol*) délibéré(e), voulu(e), intentionnel(le); (*penderfynol*) résolu(e);
♦ **yn bwrpasol** *adf* (*yn benderfynol*) résolument, de façon résolue; (*yn fwriadol*) exprès, à dessein, délibérément, intentionnellement; **gwneud rhth yn bwrpasol** faire exprès de faire qch; **ni wnes i mo hynna'n bwrpasol** je n'ai pas fait ça exprès; **baglodd fi'n bwrpasol** il a fait exprès de me faire trébucher.
pwrpasu *ba*: ~ **(gwneud rhth)** avoir l'intention (de faire qch), se proposer (de

faire qch), avoir pour but (de faire qch).

pwrs (**pyrsau**) *g*
1 (*ar gyfer arian*) porte-monnaie *m inv*; (*waled*) portefeuille *m*; ~ **y wlad** Trésor *m* (public); ~ **y bugail** (*PLANH*) bourse-à-pasteur(~s-~-~) *f*.
2 (*buwch: cadair*) mamelle *f*, pis *m*.

pws, **pwsi** *g* (*iaith plentyn: cath*) minet *m*.

pwt[1] (**pytiau**) *g*
1 (*rhth byr: darn bach o bapur, o bren, o bensil*) bout *m*, petit morceau(-x) *m*; (:*araith*) passage *m*; ~ **o gyngor** un petit conseil; ~ **o newyddion** une nouvelle; **anfon** ~ **o lythyr** envoyer un petit mot; ~ **o air i ddiolch i chi (am) ...** juste un mot pour vous remercier (de) ....
2 (*plentyn*) petit *m*, petite *f*; **sut mae,** ~**?** salut mon petit ange, salut mon petit, salut ma petite.
3 (*ergyd fach*) coup *m* de coude, poussée *f*.

pwt[2] (**pytiau**) *g* (*GOLFF*) *gw.* **pyt**.

pwt[3] *ans*: **trwyn** ~ nez *m* retroussé;
♦ **yn bwt** *adf* brusquement, tout d'un coup.

pwten *b*: ~ **(fach)** une toute petite femme.

pwtffalu *bg* (*yn y tywyllwch*) tâtonner; (*mewn poced*) fouiller

pwti *g* mastic *m*.

pwtian, **pwtio** *ba* pousser, pousser (qn) du coude, donner un petit coup de coude à.

pwtyn *g*: ~ **(bach)** un tout petit homme.

pwy *rhag gof*
1 (*goddrychol*) qui, qui est-ce qui; (*gwrthrychol*) qui, qui est-ce que; (*pwysleisiol*) qui donc; (*ar ôl arddodiad*) qui; ~ **wyt ti?** qui es-tu?; ~ **sydd yna?** qui est là?; ~ **yn y byd ddywedodd hynna wrthyt ti?** qui donc t'a dit ça?, qui a bien pu te dire ça?; ~ **a welaist ti?** qui as-tu vu?, qui est-ce que tu as vu?; ~ **biau'r llyfr 'na?** à qui est ce livre?; ~ **mae hi'n ei feddwl ydy hi?** pour qui se prend-elle?; **gyda phwy siaredaist ti?** à qui as-tu parlé?; **ni wn i ddim** ~ **ydy** ~ **yma** je ne connais pas très bien les gens ici; ~ **arall?** qui d'autre?; ~ **goblyn?** qui diable?.
2 (*defnydd tafodieithol*) *gw.* **pa**.
▶ **pwy bynnag**
1 (*dim ots pwy: goddrychol*) qui que ce soit qui + *subj*; (:*gwrthrychol*) qui que ce soit que + *subj*; ~ **bynnag a briodo, ni fydd yn hapus** qui que ce soit qu'il épouse, il ne sera pas heureux, quelle que soit celle qu'il épouse, il ne sera pas heureux; **dewch i mewn** ~ **bynnag y boch chi!** qui que vous soyez, entrez!.
2 (*yr un: goddrychol*) celui(celle) qui; (:*gwrthrychol*) celui(celle) que; (*y rhai: goddrychol*) ceux(celles) qui; (:*gwrthrychol*) ceux(celles) que; **mae** ~ **bynnag a ddywedodd hynna yn hollol hurt!** celui(celle) qui a dit ça est un(e) imbécile!.
3 (*unrhyw un*) quiconque, qui; **gall** ~ **bynnag sy'n dymuno ddod gyda mi** quiconque le désire peut venir avec moi; **cei wahodd** ~ **bynnag a fynni** tu peux inviter qui tu veux *neu* qui que ce soit *subj*.

pwyad (**-au**) *g* coup *m*.

pwygilydd *adf gw.* **gilydd**.

Pwyl *prb*: **Gwlad** ~ la Pologne *f*; **yng Ngwlad** ~ en Pologne.

Pwylaidd *ans* polonais(e).

Pwyleg *b,g* polonais *m*;
♦*ans* polonais(e).

Pwyles (**-au**) *b* Polonaise *f*.

Pwyliad (**Pwyliaid**) *g/b* Polonais *m*, Polonaise *f*.

pwyll *g*
1 (*gofal, gochelgarwch*) prudence *f*, circonspection *f*; ~**!, cymer bwyll!** attention!; **gan bwyll!** (*ara' deg!*) doucement!; **rhaid wrth mwy o bwyll** il faut patienter davantage; **cymryd** ~ (y) aller doucement, ne pas se presser; **cymryd** ~ **cyn gwneud rhth** longuement réfléchir avant de faire qch; **cymerwch bwyll wrth fynd yn eich blaen** avancez lentement.
2 (*rheswm*) raison *f*; **'dydy hi ddim yn ei llawn** *ou* **hiawn bwyll** elle n'a plus sa raison, elle a perdu la raison; **ni fyddai neb yn ei lawn bwyll yn dweud hynna** il faudrait être fou(folle) pour dire ça.

pwyllgor (**-au**) *g* comité *m*; (*llywodraeth*) commission *f*; **bod ar bwyllgor** faire partie d'une commission *neu* d'un comité; **cyfarfod** ~ réunion *f* de comité *neu* de commission; **aelod o bwyllgor** membre *m* d'un comité *neu* d'une commission; ~ **gwaith** (*GWLEID*) comité exécutif.

pwyllgora *bg* assister à un comité, assister à des comités.

pwyllgorddyn (**pwyllgorddynion**) *g gw.* **pwyllgorwr**.

pwyllgorwr (**pwyllgorwyr**) *g* membre *m* d'un comité *neu* d'une commission.

pwyllgorwraig (**pwyllgorwragedd**) *b* membre *m* d'un comité *neu* d'une commission.

pwyllo *bg* (*petruso*) hésiter; (*ystyried*) réfléchir, délibérer, considérer; (*mynd yn araf deg*) (y) aller doucement, ne pas se presser.

pwyllog *ans* (*rhn*) prudent(e), circonspect(e); (*geiriau*) bien pesé(e), mûrement réfléchi(e); (*ymarweddiad*) décidé(e), mesuré(e), posé(e), judicieux(judicieuse);
♦ **yn bwyllog** *adf* prudemment, avec circonspection, judicieusement.

pwylltrais *g* lavage *m* de cerveau, bourrage *m* de crâne*.

pwylltreisio *ba* faire un lavage de cerveau à, bourrer le crâne à*.

pwy'na *g* machin* *m*.

pwynt (**-iau**) *g*
1 (*gwahanu rhifau*) virgule *m*; **7** ~ **5** (*7.5*) sept virgule cinq (*7,5*).
2 (*sgôr*) point *m*; **mynd i fyny ddau bwynt**

augmenter de 2 points; **ar bwyntiau** (*BOCSIO*) aux points; **fesul** ~ point par point.
3 (*ystyr, bwriad*) intérêt *m*, sens *m*; (*perthnasedd*) pertinence *f*; **'rwyt ti wedi colli'r** ~ tu n'as rien compris; **gweld y** ~, **deall y** ~ comprendre de quoi il s'agit, saisir de quoi il s'agit; **dod at y** ~ en venir au fait; **dewch yn ôl at y** ~ revenons à ce qui nous préoccupe, revenons à nos moutons; **'does dim** ~ **aros** cela ne sert à rien de rester; **beth yw** ~ **aros?** à quoi bon rester?; **'dydw i ddim yn gweld** ~ **mewn gwneud hynna** je ne vois aucun intérêt à faire cela; **y** ~ **yw ...** le fait est que; **yr holl bwynt oedd ...** tout l'intérêt était ...; **dyna'r** ~! justement!, c'est ça!; **nid dyna'r** ~ il ne s'agit pas de cela; **cadw at y** ~ rester dans le sujet; **gwneud** ~ **o wneud rhth** ne pas manquer de faire qch; **y** ~**iau i wylio amdanynt** les détails *mpl* qu'il faut prendre en considération; ~ **y ddadl** point *m* essentiel de la discussion; ~ **y jôc** astuce *f*; ~ **y stori hon yw ...** là où je veux en venir avec cette histoire, c'est que.
4 (*dadl*): **gwneud** ~ faire une remarque; **gwneud y** ~ **...** faire remarquer que; **'rwyt ti wedi gwneud dy bwynt** tu as dit ce que tu avais à dire; **'rwy'n derbyn dy bwynt di** je vois où tu veux en venir; **mae gen ti bwynt!** c'est juste!, tu as raison!.
5 (*TRYD*): ~ **trydan** prise *f* de courant.
6 (*man arbennig*) point *m*; ~ **berwi/rhewi** point d'ébullition/de congélation.

pwyntil (**-au**) *g* style *m*, stylet *m*, burin *m*.

pwyntilio *bg* (*TECH*) pointiller.

pwyntio *ba*
1 (*anelu: piben ddŵr, telesgop*) pointer, diriger.
2 (*dangos*) indiquer; ~ **rhn allan** montrer qn du doigt, indiquer qn, désigner qn du doigt; ~**'r ffordd** (*arwyddbost*) indiquer la direction; ~ **rhth allan i rn** signaler *neu* montrer *neu* indiquer qch à qn.
3 (*ADEIL: brics, wal*) jointoyer;
♦*bg* indiquer *neu* montrer (du doigt); **mae'r dystiolaeth yn** ~ **ati hi** (*yr un euog*) tous les témoignages l'accusent; ~ **(tuag) at** (*wedi'i gyfeirio*) être tourné(e) vers; (*bys cloc*) indiquer.

pwyntydd (**-ion**) *g* (*ffon*) baguette *f*; (*ar ddeial*) index *m*, aiguille *f*.

pwyo *ba* (*curo*) cogner; (*mewn pestl*) broyer, concasser, piler.

pwys[1] (**-au, -i**) *g*
1 (*mesur*) livre *f* (= 453,6 grammes); **gwerthu rhth wrth y** ~ vendre qch à la livre.
2 (*corfforol*): ~**au** poids *m*; **colli** ~**au** maigrir, perdre du poids; **ennill** ~**au** grossir, prendre du poids; **mae'n cario gormod o bwysau** (*mae'n rhy drwm*) il est trop gros; **codi** ~**au** (*CHWAR*) haltérophilie *f*; **codwr** ~**au** haltérophile *m/f*.
3 (*BOCSIO*): ~**au** **bantam/canol/plu/pryf/trwm** poids *m* coq/moyen/plume/mouche/lourd.
4 (*ystyr ffigurol*): **tynnu'ch** ~**au** faire sa part du travail, fournir sa part d'effort; **taflu'ch** ~**au** faire l'important(e); **gweithio wrth eich** ~**au** travailler sans se presser; **'rwyt ti'n werth dy bwysau mewn aur** tu vaux ton pesant d'or; **hen ŵr a'i bwys ar ei ffon** vieillard s'appuyant sur sa canne.
4 (*gorfodaeth, gorthrymder*): **rhoi** ~**au ar rn i wneud rhth** faire pression *neu* exercer une pression sur qn pour qu'il fasse *subj* qch; **oherwydd** ~**au gwaith, ni all aros** le travail l'empêche de rester; **gweithredu dan bwysau** agir sous la contrainte, ne pas agir de son plein gré, agir sous force majeure; **mae hi wedi bod dan bwysau mawr yn ddiweddar** elle a été débordée *neu* elle a été sous pression* récemment.
5 (*cyfog*): **codi** ~ **ar rn** faire rendre qn, rendre qn malade, dégoûter qn, écœurer qn; **mae'n codi** ~ **arnaf** je le trouve écœurant.
▶ **ar bwys** (ar fy mhwys, ar dy bwys, ar ei bwys, ar ei phwys, ar ein pwys, ar eich pwys, ar eu pwys).
1 (*gerllaw*) près de; **mae'r ysgol ar bwys yr eglwys** l'école est près de l'église; **ar fy mhwys** à côté de moi, à mes côtés.
2 (*oherwydd*): **ar bwys hynny, rhaid ailystyried** étant donné cela, il faut reconsidérer; **ar bwys ei gyfraniad** en vertu de sa contribution.

pwys[2] *g* (*pwysigrwydd*) importance *f*; **bod o bwys** avoir de l'importance; **bod o bwys mawr** être très important(e), être de grande importance; **maen nhw'n gosod y** ~ **mwyaf ar ...** ils attachent la plus haute importance à ...; **rhywun o bwys** personnage *m* important, haute personnalité *f*; **mae o'r** ~ **mwyaf ...** c'est de la plus haute importance que + *subj*; **peidio â bod o unrhyw bwys** être sans importance, être insignifiant(e); **dim byd o bwys** rien d'important; **ydy'r peth o bwys?** est-ce que c'est important?

pwysedd *g*
1 (*cyff*) pression *f*; ~ **awyr** pression atmosphérique; (*mewn teiar*) pression de gonflage; ~ **dŵr** pression de l'eau.
2 (*MEDD*): ~ **gwaed** tension *f* artérielle; **dioddef o bwysedd gwaed uchel/isel** faire de l'hypertension/l'hypotension; **mesur** ~ **gwaed rhn** prendre la tension de qn; **mae ei phwysedd gwaed wedi codi/disgyn** sa tension a monté/a baissé.

pwysel (**-i**) *g* boisseau(-x) *m*.

pwysfawr *ans* important(e);
♦ **yn bwysfawr** *adf* de façon importante.

pwysi (**pwysïau**) *g* (petit) bouquet *m* de fleurs.

pwysig *ans* important(e); (*elfen*) essentiel(le), primordial(e)(primordiaux, primordiales); **mae'n bwysig ...** il est important que + *subj*;

'dydy hynny ddim yn bwysig ça n'a pas d'importance; **'roedd hi'n ceisio ymddangos yn bwysig** elle se donnait des airs importants; **mae golwg bwysig arno** il a l'air important; **dim byd** ~ rien d'important; **dyn** ~ homme *m* important; **rhywun** ~ quelqu'un d'important.

pwysigrwydd *g* importance *f*; **o'r** ~ **mwyaf** de la plus grande importance.

pwysigyn (**pwysigion**) *g* homme *m* important.

pwyslais (**pwysleisiau**) *g* accentuation *f*, accent *m* d'intensité; **mae'r** ~ **ar gymwysterau** on accorde une importance particulière aux diplômes.

pwysleisio *ba* souligner, appuyer sur, insister sur; (*dilledyn ayb: yn pwysleisio maint rhn*) accentuer; **mae'n rhaid iti bwysleisio'r ffaith ...** tu dois souligner le fait que.

pwysleisiol *ans* énergique, catégorique; (*GRAM*) accentué(e).

pwyso *ba*
1 (*o ran pwysau*) peser; **mae hwnna'n** ~ **6 cilo** ça pèse 6 kilos; **faint wyt ti'n ei bwyso?** combien est-ce que tu pèses?; **eich** ~**'ch hun(an)** se peser; ~ **rhth yn eich llaw** soupeser qch; **'roedd y gangen wedi ei phwyso i lawr gan ffrwythau** la branche ployait *neu* pliait sous le poids des fruits; ~**'ch geiriau** (*ffig*) peser ses mots.
2 (*gorffwys*) appuyer; ~**'ch pen ar ysgwydd rhn** incliner *neu* pencher la tête sur l'épaule de qn.
3 (*gwasgu: botwm ayb*) appuyer sur;
♦*bg* peser; ~ **yn erbyn y wal** (*rhn*) s'appuyer contre le mur; (*â'ch cefn*) s'adosser au mur; (*ysgol, beic ayb*) être appuyé(e) au mur.
▶ **pwyso ar**
1 (*llyth*): ~ **ar eich penelinoedd** s'appuyer *neu* prendre appui sur les coudes.
2 (*ffig*) peser sur; **mae rhywbeth yn** ~ **ar ei feddwl** quelque chose le préoccupe *neu* le tracasse; **'roedd yr euogrwydd yn** ~ **arno** la culpabilité le rongeait *neu* le minait; **mae'r ofn o'i golli yn** ~**'n drwm ar ei meddwl** la peur de le perdre la tourmente; ~ **ar rn** (*dibynnu*) compter sur qn, avoir confiance en qn, se fier à qn, dépendre de qn; ~ **ar rn i wneud rhth** (*perswadio*) faire pression *neu* exercer une pression sur qn pour qu'il fasse *subj* qch.
▶ **pwyso a mesur**: ~ **a mesur rhth** (*ystyried*) peser le pour et le contre de qch; (*cymharu*) mettre qch en balance; **'rwy'n** ~ **a mesur p'un ai i dderbyn ai peidio** je me tâte pour savoir si j'accepte ou non;
♦*g* (*CHWAR*) pesage *m*; **peiriant** ~ balance *f*.

pwysoli *ba* (*MATH*) pondérer.

pwyswr (**pwyswyr**) *g* (*rhn sy'n pwyso*) peseur *m*; (*peiriant: cyff*) balance *f*, bascule *f*; (*:mewn ystafell ymolchi ayb*) pèse-personne *m*.

pwyswraig (**pwyswragedd**) *b* peseuse *f*.

pwysyn (**-nau**) *g* poids *m*; ~ **papur** presse-papiers *m inv*.

pwyth (**-au, -on**) *g* (*gwnïo*) point *m*; (*gwau*) maille *f*; (*llawdriniaeth*) point de suture; ~ **cadwyn/croes/gardas** point de chaînette/de croix/de mousse; ~ **ôl** point arrière; **fe roddodd fy mam bwyth yn y rhwyg** ma mère a fait un point à la déchirure; **rhoi** ~**au mewn clwyf** suturer *neu* recoudre une plaie; **fe gafodd 7 o bwythau** (*MEDD*) on lui a fait 7 points de suture; **tynnu** ~**au** (*MEDD*) se faire retirer ses fils (de suture); **talu'r** ~ **yn ôl i rn** se venger de qn, user de représailles envers *neu* contre *neu* sur qn, exercer de représailles envers *neu* contre *neu* sur qn.

pwytho *ba* coudre; (*lledr*) piquer; (*llyfr*) brocher; (*MEDD*) suturer; (*trwsio: dillad*) recoudre.

pwythwr (**pwythwyr**) *g* (*dillad*) couseur *m*; (*llyfrau*) brocheur *m*; (*lledr*) piqueur *m*.

pwythwraig (**pwythwragedd**) *b* (*dillad*) couseuse *f*; (*llyfrau*) brocheuse *f*; (*lledr*) piqueuse *f*.

pwythyn (**-nau**) *g* ligature *f*, fil *m*; (*MEDD*) suture *f*.

pybyr *ans* loyal(e)(loyaux, loyales), enthousiaste, fervent(e), ardent(e), zélé(e);
♦ **yn bybyr** *adf* loyalement, avec ferveur, ardemment, avec enthousiasme.

pybyrwch *g* enthousiasme *m*, loyalisme *m*, ferveur *f*, zèle *m*.

pycsen (**pycs**) *b* (*lleuen wely*) punaise *f*.

pydew (**-au**) *g* puits *m*.

pydredig *ans* pourri(e), putréfié(e).

pydredd (**-au**) *g* pourriture *f*, putréfaction *f*; (*dannedd*) carie *f*.

pydru *bg* pourrir, tomber en pourriture, se putréfier; **mae hwn wedi** ~ c'est pourri;
♦*ba* (faire) pourrir; (*dant*) carier, gâter.

pyg *g* poix *m*.

pygddu, **pygliw**, **pyglyd** *ans* noir(e), noir comme poix, noir ébène, noir comme du jais.

pyglys *g* (*PLANH*) fenouil *m* de porc.

pygu *ba* enduire (qch) de poix *neu* de brai.

pyjamas (**-ys**) *g* pyjama *m*; **mewn** ~ en pyjama; **côt** ~ veste *f* de pyjama; **trowsus** ~ pantalon *m* de pyjama.

pyliau *ll gw.* **pwl**.

pylni *g* (*cyllell*) état *m* moussé; (*meddwl*) lourdeur *f* d'esprit; (*synhwyrau*) affaiblissement *m*; (*golwg*) faiblesse *f*; (*llygaid*) manque *m* d'éclat; (*metel*) aspect *m* terne.

pylor *g* poussière *f*, poudre *f*.

pyls *g gw.* **pwls**[2].

pylu *bg* (*llygaid*) s'affaiblir; (*golau*) baisser; (*harddwch*) se ternir; (*cof*) s'effacer; (*lliwiau*) devenir terne;
♦*ba* (*cyllell*) émousser; (*lliw, metel*) ternir; (*sŵn*) assourdir; (*pleser*) émousser.

pylydd (**-ion**) *g* interrupteur *m* à gradation de

lumière.
pyllau *ll gw.* **pwll**.
pyllog *ans* (*tir*) plein(e) de flaques; (*metel*) troué(e), piqueté(e); (*wyneb, croen*) grêlé(e), marqué(e); (*â bwledi*) criblé(e); **arwynebedd** ~ surface *f* criblée.
pyllu *ba* (*metel*) trouer, piqueter; (*croen*) grêler, marquer; **'roedd ei wyneb wedi'i byllu gan y frech** son visage était grêlé par la petite vérole; **beic wedi'i byllu gan rwd** une bicyclette piquetée de rouille.
pymtheg (**-au**) *rhifol* quinze *m*; **tua phymtheg** une quinzaine; (*RYGBI*) le quinze du pays de Galles;
♦*ans* quinze; **'rwy'n bymtheg (mlwydd) oed** j'ai quinze ans.
ans quinzième; (*defnydd enwol*) quinzième *m/f*; **y** ~ **o Fai** le quinze mai; **Louis y** ~ Louis XV, Louis quinze.
pymtheng *ans* quinze; ~ **mlwydd oed** âgé(e) de quinze ans, ayant quinze ans; ~ **mlynedd** quinze ans.
pync *ans* punk; **cerddoriaeth bync** le punk rock;
♦*g* (**-s**) punk *m*; **wedi eich gwisgo fel** ~ habillé(e) en punk.
pyncio *bg* chanter; (*ADAR*) chanter, gazouiller.
pyndit (**-iaid**) *g* expert *m*, pontife *m*.
pynfarch (**pynfeirch**) *g* cheval(chevaux) *m* de charge.
pyped (**-au**) *g* marionnette *f*; **sioe bypedau** spectacle *m* de marionnettes.
pypedwr (**pypedwyr**) *g* marionnettiste *m*.
pypedwraig (**pypedwragedd**) *b* marionnettiste *f*.
pyramid (**-iau**) *g* pyramide *f*.
Pyreneaidd *ans* pyrénéen(ne).
Pyreneau *prll*: **y** ~ les Pyrénées *fpl*.
pỳrm (**-iau**) *g*
1 (*toniad parhaol*) (ondulation *f*) permanente *f*; **cael** ~ se faire faire une permanente.
2 (*pyllau pêl-droed*) permutation *f*.
pyrmio *ba* (*gwallt*) faire une permanente à; (*pyllau pêl-droed*) faire *neu* opérer une permutation de, permuter.
pyromania *g* pyromanie *f*.
pyromaniad (**pyromaniaid**) *g/b* pyromane *m/f*.
pyrth *ll gw.* **porth**.
pyrwydden (**pyrwydd**) *b* (*PLANH*) épicéa *m*, épinette *f*.
pysen (**pys**) *b* (petit) pois *m*; **cawl pys** soupe *f* aux pois; **stwnsh pys, pys slwtsh** purée *f* de pois; **ni welais i mohoni ers oes pys** il y a très longtemps que je ne l'ai pas vue; **mi fyddwch yn disgwyl hyd ddydd Sul y pys** vous allez attendre jusqu'à la fin des siècles; ~ **bêr** (*PLANH*) pois de senteur.
pysgodyn (**pysgod**) *g* poisson *m*; ~ **aur** poisson rouge; **pysgod cregyn** crustacés *mpl*; **pysgod a 'sglodion** du poisson frit avec (des) frites; **bridio pysgod** pisciculture *f*; **bridiwr pysgod** pisciculteur *m*; **bridwraig pysgod** piscicultrice *f*; **cyllell bysgod** couteau(-x) *m* à poisson; **fferm bysgod** centre *m* de pisciculture; **gwerthwr pysgod** poissonnier *m*; **gwerthwraig pysgod** poissonnière *f*; **siop bysgod** poissonnerie *f*; **tanc pysgod** aquarium *m*; **nofio fel** ~ nager comme un poisson; **mae hi fel** ~ **allan o ddŵr** elle est complètement dépaysée; **y Pysgod** (*ASTROL*) les Poissons; **bod wedi'ch geni dan arwydd y Pysgod** être (des) Poissons.
pysgota *bg* pêcher, aller à la pêche; **mynd i bysgota am eog** aller à la pêche au saumon;
♦*ba* pêcher; ~ **brithyll** pêcher la truite;
♦*g* pêche *f*; **trwydded bysgota** permis *m* de pêche; **'rwy'n hoffi** ~ j'aime bien la pêche.
pysgotwr (**pysgotwyr**) *g* pêcheur *m*.
pysgotwraig (**pysgotwragedd**) *b* pêcheuse *f*.
pysgoty (**pysgotai**) *g* aquarium *m*.
pysl *g* puzzle *m*.
pyslo *bg* se creuser la cervelle*, se demander, essayer de comprendre;
♦*ba* rendre *neu* laisser (qn) perplexe.
pyst *ll gw.* **postyn, post**[1].
pystodi *bg* fuir *neu* s'enfuir en désordre.
pystylad *bg* (*march, ceffyl*) piaffer.
pyt (**-iau**) *g* (*GOLFF*) putt *m*, coup *m* roulé.
pytaten (**pytatws**) *b gw.* **taten**.
pytiad (**-au**) *g gw.* **pyt**.
pytio *ba, bg* putter.
pytiwr (**pytwyr**) *g* (*ffon*) putter *m*; **mae Gareth yn bytiwr da** Gareth putte bien.
Pythagoras *prg* Pythagore.
pythefnos (**-au**) *b,g* quinze jours *mpl*, quinzaine *f*, deux semaines *fpl*; ~ **i fory** demain en quinze; **bythefnos yn ôl** il y a quinze jours.
pythefnosol *ans* bimensuel(le);
♦ **yn bythefnosol** *adf* (*pob pythefnos*) tous les quinze jours

PH

Pharisead (**Phariseaid**) *g* Pharisien *m*, Pharisienne *f*.
Phariseaidd *ans* pharisaïque.
Pharo (**-aid**) *g* Pharaon *m*; **morgrugyn** ~ fourmi *f* de pharaon.
Philadelphia *prb* Philadelphie *f*; **yn** ~ à Philadelphie.
philharmonig *ans* philharmonique.
Philip *prg* Philippe.
Philipinaidd *ans* philippin(e).
Philipinau *prll*: **Ynysoedd y** ~ les Philippines *fpl*.
Philipines (**-au**) *b* Philippine *f*.
Philipiniad, **Philipino** (**Philipiniaid, Philipinos**) *g/b* Philippin *m*, Philippine *f*.
Philistaidd *ans* (*BEIBL*) philistin(e); **ph**~ (*diddiwylliant*) philistin(e), béotien(ne).
Philistiad (**Philistiaid**) *g/b* Philistin *m*, Philistine *f*; **ph**~ (*rhn diddiwylliant*) philistin *m*, philistine *f*, béotien *m*, béotienne *f*.
Philistiaeth *b* philistinisme *m*.
Phoebe *prb* Phébé.
Phoenicaidd *ans* phénicien(ne).
Phoeniciad (**Phoeniciaid**) *g/b* Phénicien *m*, Phénicienne *f*

Q

Qatar *prb gw.* **Catâr**.
Quebec *prb gw.* **Cwebéc**.
quiche (**-s**) *g* quiche *f*.
Quixote *prg*: **Don** ~ Don Quichotte

R

'r *bannod bendant gw.* **y**[1].
rabad (**-au**) *g* (*gwaith coed*) feuillure *f*.
rabadu *ba* (*gwaith coed*) feuiller.
rabbi (**-niaid**) *g* rabbin *m*; **prif** ~ grand rabbin.
rabbinaidd *ans* rabbinique.
rabscaliwn (**-s**) *g* polisson *m*, fripon *m*.
rac (**-iau**) *b* (*ar gar*) galerie *f*, porte-bagages *m inv*; ~ **boteli** casier *m*; ~ **dost** porte-toasts *m inv*; ~ **ddogfennau,** ~ **ffeiliau** classeur *m*; ~ **fagiau** (*ar dren*) porte-bagages, filet *m*; ~ **feiciau** râtelier *m* à bicyclettes, porte-vélos *m inv*; ~ **gylchgronau** (*mewn siop*) étagère *f*, rayon *m*; ~ **hetiau** porte-chapeaux *m inv*.
raced[1] (**-i**) *b* (CHWAR) raquette *f*.
raced[2] (**-i**) *b* (*twyll*) escroquerie *f*; **'roedd y busnes 'na yn rêl** ~ cette affaire-là était du vol manifeste.
racs *ll gw.* **rhecsyn**.
racŵn (**racwniaid**) *g* raton *m* laveur.
radar *g* radar *m*; (*adlais, sgrin ayb*) radar; **begwn** ~ balise *f* radar; **gweithredydd** ~ radariste *m/f*; **sganiwr** ~ déchiffreur *m* de radar; **synhwyrydd** ~ détecteur *m* radar; **trap** ~ (HEDDLU) piège *m neu* contrôle *m* radar.
radial *ans* radial(e)(radiaux, radiales); **teiar** ~ pneu *m* à carcasse radiale.
radical (**-iaid**) *g/b* radical(radicaux) *m*, radicale *f*.
radicalaidd *ans* radical(e)(radicaux, radicales);
♦ **yn** ~ *adf* radicalement.
radicaliaeth *b* radicalisme *m*.
radics (**-au**) *g* base *f*.
radio (**-s**) *g,b*
1 (*system*) radio *f*; **cab** ~ radio-taxi *m*; **mast** ~ mât *m* d'antenne, pylône *m*; **neges** ~ message *m* radio; **ton** ~ onde *f* hertzienne; **cysylltu â rhn trwy'r** ~ appeler *neu* joindre qn par radio.
2 (*diwydiant*) radio *f*; **cyflwynydd** ~ speaker *m*, speakerine *f*, annonceur *m*, annonceuse *f*; **fan** ~ studio *m* mobile de radiodiffusion *neu* d'enregistrement; **seren** ~ vedette *f* de radio.
3: (**set**) ~ poste *m* de radio, radio *f*; **ar y** ~ à la radio; **gwrando ar y** ~ écouter la radio; **troi'r** ~ **ymlaen** allumer la radio; **diffodd y** ~ éteindre la radio.
radioactif *ans* radioactif(radioactive); **gwastraff** ~ déchets *mpl* radioactifs.
radioactifedd *g* radioactivité *f*.
radiofeddygaeth *b* radiothérapie *f*.
radioffonig *ans* radio, radiophonique.
radiograff (**-au**) *g* radiographie *f*, radio *f*.
radiograffaeth, **radiograffeg** *b* radiographie *f*.
radiograffu *ba* radiographier.
radiograffydd (**-ion**) *g* radiologue *m/f*.
radiogram (**-au**) *g* combiné *m* (avec radio *f* et pick-up *m inv*).
radioleg *b* radiologie *f*.
radiolegydd (**-ion**) *g* radiologue *m/f*.
radio-reolaeth *b* téléguidage *m*.
radio-reoli *ba* téléguider.
radioseryddiaeth *b* radioastronomie *f*.
radiosgopeg *b* radioscopie *f*.
radiotherapi *g* radiothérapie *f*; **cael triniaeth** ~ subir une radiothérapie.
radis(h) (**-ys**) *b* radis *m*.
radiwm *g* radium *m*; **triniaeth** ~ radiumthérapie *f*, curiethérapie *f*.
radiws (**radiysau**) *g* rayon *m*.
radon *g* radon *m*.
rafioli *g* ravioli(s) *mpl*; **un (darn o)** ~ un ravioli.
raflio, **raflo** *ba, bg gw.* **rhaflio**.
raffia *g* raphia *m*; **bag** ~ sac *m* en raphia.
raffl (**-au**) *b* tombola *f*, loterie *f*; **tocyn** ~ billet *m* de tombola *neu* de loterie.
rafflo *ba* mettre (qch) en tombola *neu* en loterie.
rafft (**-iau**) *b* radeau(-x) *m*.
rafftio *bg* faire du rafting;
♦*g* rafting *m*; ~ **dŵr gwyn** rafting en eau vive.
rag *ans*: **wythnos** ~ semaine *f* du carnaval étudiant (*au profit d'institutions caritatives*); **cylchgrawn** ~ *magazine m humoristique publié pendant la semaine du carnaval étudiant.*
raglan *ans* raglan *inv*.
raja (**-s**) *g* rajah *m*, radja *m*.
rali (**ralïau**) *b*
1 (*cyfarfod cyhoeddus: cyff*) rassemblement *m*; (:GWLEID) rassemblement, meeting *m*; ~ **ieuenctid/heddwch** rassemblement de la jeunesse/en faveur de la paix; ~ **etholiadol** meeting de campagne électorale.
2 (*ceir*) rallye *m*; **cystadlu mewn ralïau ceir** faire des rallyes.
3 (TENNIS) échange *m*.
ralïo *bg* faire des rallyes.
Ramadan *b* ramadan *m*.
ramp (**-iau**) *g,b* (*ar ffordd*) rampe *f*; (*mewn garej*) pont *m* de graissage; ~ **hydrolig** pont élévateur.
ransh (**-ys**) *b* ranch(-s, -es) *m*.
ransiwr (**ransiwyr**) *g* (*perchennog*) propriétaire *m* de ranch.
rap[1] (**-iau**) *g* petit coup *m* sec, tape *f*.
rap[2] (**-iau**) *g,b* (CERDD) rap *m*.
rapio *bg* (CERDD) faire du rap.
rapiwr (**rapwyr**) *g* (CERDD) chanteur *m* de rap.
rapwraig (**rapwragedd**) *b* (CERDD) chanteuse *f* de rap.

ras (**-ys**) *b* course *f*; ~ **gan metr** la course sur *neu* de 100 mètres, le 100 mètres; ~ **geffylau** course de chevaux; ~**ys ceffylau** les courses; ~**ys ceir** courses d'automobiles; ~ **feiciau** course cycliste; ~ **ffos a pherth** steeple-chase *m*; ~ **glwydi**, ~ **dros y clwydi** course de haies; ~ **gychod** course d'aviron; ~ **gyfnewid** course de relais; ~ **hwyl** *course à pied pour amateurs, souvent organisée pour collecter des fonds*; ~ **arfau** (*GWLEID*) course aux armements.

rasb (**-iau**) *b* râpe *f*.

rasel, **raser** (**-i**) *b* rasoir *m*; ~ **drydan** rasoir électrique.

rasio *ba*

1 (*cystadlu â*) faire une *neu* la course avec, s'efforcer de dépasser; **mi dy rasia' i di adref!** chiche* que j'arrive le premier(la première) à la maison!; **'roedd Mini yn ~'r Rolls** une Mini faisait la course avec la Rolls, une Mini luttait de vitesse avec la Rolls.

2 (*rhoi rhth mewn ras: ceffyl, ci*) faire courir; (:*colomen*) faire voler (qch) en compétition;

♦*bg* (*cyff*) courir; (*mewn ras*) courir, faire la course; ~**'n erbyn amser** courir contre la montre; ~ **i mewn/allan** entrer/sortir à toute allure; ~ **i lawr y stryd** descendre la rue à toute vitesse; **beic** ~ vélo *m neu* bicyclette *f* de course; **car** ~ voiture *f* de course.

rasiwr (**raswyr**) *g* coureur *m*.

raswraig (**raswragedd**) *b* coureuse *f*.

Rastaffaraidd *ans* rasta.

Rastaffariad (**Rastaffariaid**) *g/b* rasta *m/f*, rastafari *m/f*.

ratl (**-au**) *g*

1 (*offeryn: baban*) hochet *m*; (:*dilynwyr pêl droed*) crécelle *f*.

2 (*sŵn: mewn cerbyd*) bruit *m* de ferraille, fracas *m*; (:*cadwynau, poteli*) cliquetis *m*; **mae 'na ~ yma'n rhywle** j'entends un cliquetis, il y a quelque chose qui cogne.

ratlo *ba* (*cyff*) agiter (qch) avec bruit; (*poteli ayb*) faire s'entrechoquer;

♦*bg* (*cyff*) faire du bruit; (*poteli ayb*) s'entrechoquer; (*cerbyd*) faire un bruit de ferraille; (*peiriant*) cliqueter; (*ffenestr*) trembler, vibrer;

♦*g* (*sŵn: mewn cerbyd*) bruit *m* de ferraille, fracas *m*; (:*cadwynau, poteli*) cliquetis *m*.

re *b* (*CERDD*) ré *m*.

real *ans* (*gwir, go iawn*) véritable, vrai(e), réel(le), authentique; (*blodau*) naturel(le); **mewn termau** ~ dans la réalité, dans la pratique.

realaeth *b* réalisme *m*.

realaidd *ans* réaliste;

♦ **yn** ~ *adf* de façon réaliste.

realiti, realrwydd *g* réalité *f*.

realydd (**-ion**) *g* réaliste *m/f*.

rebel (**-iaid**) *g/b* rebelle *m/f*, insurgé *m*, insurgée *f*, révolté *m*, révoltée *f*.

record (**-iau**) *b*

1 (*CERDD*) disque *m*; **cwpwrdd dal ~iau** casier *m* à disques, discothèque *f*; **chwaraewr ~iau** tourne-disque *m*, électrophone *m*; **rhaglen ~iau** (*RADIO*) programme *m* de disques; **tocyn ~iau** chèque-disque(~s-~) *m*.

2 (*CHWAR*) record *m*; **dal y** ~ (*CHWAR*) détenir le record; ~ **am naid uchel** record du saut en hauteur; ~ **y byd** record du monde.

3: **mae ganddo ~*** (*gyda'r heddlu*) il a un casier judiciaire; **'does gen i ddim ~*** j'ai un casier judiciaire vierge.

▶ **torri record** (*CERDD*) graver un disque; (*CHWAR*) battre un record.

recorder (**-s**) *g* (*CERDD*) flûte *f* à bec.

recordiad (**-au**) *g* enregistrement *m*.

recordio *ba* enregistrer; (*ar dâp*) enregistrer sur bande; (*mewn lòg*) noter; **mae'r rhaglen hon wedi'i** ~ ce programme a été enregistré;

♦*bg* enregistrer; **'dydy'r offeryn ddim yn ~'n dda** cet instrument ne se prête pas bien à l'enregistrement; **peiriant** ~ magnétophone *m*, enregistreur *m*; **pen** ~ (*ar beiriant*) tête *f* d'enregistrement *neu* de lecture, tête combinée; **sesiwn/stiwdio** ~ séance *f*/studio *m* d'enregistrement; **tâp** ~ bande *f neu* ruban *m* magnétique.

recordydd (**-ion**) *g*: ~ **tâp** magnétophone *m*; ~ **casét** magnétophone à cassettes; ~ **fideo** magnétoscope *m*.

recordyr (**-s**) *g gw.* **recorder**.

recriwt (**-iaid**) *g* recrue *f*.

recriwtio *ba* recruter;

♦*g* recrutement *m*; **swyddfa** ~ bureau(-x) *m* de recrutement; **swyddog** ~ recruteur *m*.

rectwm (**rectymau, recta**) *g* (*CORFF*) rectum *m*.

rêf (**-s**) *b* grande boum *f* (*dans un entrepôt etc*).

rêfio *bg* fréquenter les grandes boums (*dans des entrepôts etc*).

reffarî* (**-s**) *g* (*CHWAR: dyfarnwr, dyfarnwraig*) arbitre *m*; (*canolwr*) répondant *m*; (*canolwraig*) répondante *f*; **bod yn ~ i rn** fournir des références *neu* une attestation à qn.

refferendwm (**refferenda**) *g* référendum *m*; **cynnal** ~ organiser un référendum; **cynhelir** ~ un référendum aura lieu.

reffio* *ba* (*dyfarnu*) arbitrer;

♦*bg* servir d'arbitre, être arbitre.

regalia *ll* (*brenin*) insignes *mpl* royaux; **yn gwisgo ei ~ i gyd** dans ses plus beaux atours, en grand tra-la-la*.

reiat (**reiadau**) *b*

1 (*stŵr*) chahut *m*, bruit *m*, tapage *m*, vacarme *m*, remue-ménage *m inv*; **cadw** ~ chahuter, faire du bruit, faire du tapage.

2 (*GWLEID*) émeute *f*.

reiatwr (**reiatwyr**) *g* (*GWLEID*) émeutier *m*.

reiatwraig (**reiatwragedd**) *b* (*GWLEID*)

émeutière *f*.

reid (**-iau**) *b* promenade *f*, tour *m*; ~ **ar feic/mewn car/ar gefn ceffyl** promenade *neu* tour à bicyclette/en voiture/à cheval; ~ **mewn bws** tour *neu* excursion *f* en car; **cael ~ mewn hofrennydd/ar y ceffylau bach** faire un tour en hélicoptère/sur le manège; **mynd am ~ mewn car** faire un tour *neu* une promenade *neu* une balade *f* en voiture, se promener en voiture; **mynd â rhn am ~** (*mewn car ayb*) emmener qn en promenade; **mi ges i ~ gyda hi i'r orsaf yn y car** elle m'a emmené(e) à la gare dans sa voiture; **a gaiff hi ~ ar dy feic di?** est-ce qu'elle peut monter sur ton vélo?; **fe roddodd ~ i'w frawd bach ar ei gefn** il a promené son petit frère sur son dos.

reidio *ba*
1 (*anifail: ceffyl*) monter à; (:*camel, asyn, eliffant*) monter à dos de; **wyt ti erioed wedi ~ ceffyl?** as-tu jamais fait du cheval?; **'dydy hi erioed wedi ~ Shirgar** elle n'a jamais monté Shirgar; **fe reidiodd hi Seren i'r ysgol** elle a pris Seren pour aller à l'école, elle est allée à l'école sur Seren; **fe gaiff Seren Teifi ei ~ gan Glyn Davies** Seren Teifi sera monté par Glyn Davies.
2 (*peiriant: beic, motor-beic ayb*) monter sur; **'roedd yn ~ beic/motor-beic** il était à *neu* en vélo/à *neu* en moto*; **ni fedraf ~ beic/motor-beic** je ne sais pas faire du vélo/conduire une moto*; **mae hi wastad yn ~ beic** elle va partout à *neu* en vélo, elle se déplace toujours à *neu* en vélo; **mae'r cwch yn ~'r tonnau** le bateau vogue sur les vagues;
♦*bg*
1 (*marchogaeth*) monter à cheval, faire du cheval; **a elli di ~?** sais-tu monter à cheval?; **mae hi wedi bod yn ~ ers pan oedd hi'n blentyn** elle fait du cheval depuis son enfance; **mae'n ~'n dda** il monte bien, il est bon cavalier; **mae dewinesau yn ~ ar gefn ysgub** les sorcières chevauchent des balais.
2 (*mynd: ar gefn ceffyl/beic ayb*) aller (à cheval/à *neu* en vélo etc); **heddiw byddwn yn ~ i Langollen** aujourd'hui nous irons jusqu'à Llangollen (à cheval etc); ~ **o gwmpas** se déplacer (à cheval etc), faire un tour (à cheval etc).
▶ **reidio is-gil** *gw.* **is-gil**.

reiffl (**-au, -s**) *b* fusil *m* (à canon rayé); (*i hela*) carabine *f* de chasse.

reion *g* rayonne *f*, soie *f* artificielle; **gwisg ~** robe *f* en rayonne.

reis *g* riz *m*; ~ **pilaw** riz pilaf; **cae ~** rizière *f*; **gwin ~** saké *m*; **papur ~** papier *m* de riz; **pwdin ~** riz au lait; **tyfu ~** riziculture *f*; **tyfwr/tyfwraig ~** producteur *m*/productrice *f* de riz.

reit *adf*
1 (*yn syth*) directement, droit; ~ **o'ch blaen, ~ o dan eich trwyn** directement *neu* droit *neu* juste devant vous; **fe fydd yr haul ~ y tu ôl i chi** vous aurez le soleil juste dans le dos.
2 (*yn union*) tout; ~ **ar y dechrau** dès le début, tout au début; ~ **ar y diwedd** tout à la fin; ~ **yn y canol** au beau milieu, en plein milieu; ~ **fan hyn** ici même; **mi gefais ddyrnod ~ yn fy wyneb** j'ai reçu un coup en pleine figure.
3 (*i gyd, yr holl ffordd*) tout; ~ **rownd y tŷ** tout autour de la maison; **cwympo ~ i'r gwaelod** tomber droit au fond *neu* tout (à fait) au fond; **troi ~ rownd** se retourner totalement; ~ **yn y cefn** (*cwpwrdd, ystafell*) tout au fond; ~ **yn y pen draw** tout au bout; **gwthiwch e ~ i mewn, gwthiwch e ~ i'r pen** enfoncez-le complètement *neu* jusqu'au bout; **mae'n wirion ~** il est extrêmement stupide.
4 (*i raddau, braidd*) plutôt, assez; **'roedd hi'n ~ dywyll yn yr ystafell** il faisait plutôt sombre dans la pièce; **am amser ~ hir** assez longtemps; **'roedd eich gwaith cartref yn ~ dda** votre devoir n'était pas mal *neu* n'était pas mauvais du tout.
5 (*ebychiad*) bon; ~ **'te!**, ~ **'ta!** bon alors!

relái (**relaiau**) *g* (*TRYD*) relais *m*.

remand *g* (*CYFR*): ~ **ailadroddiad** renvoi *m* (à une autre audience); **bod ar ~** (*yn y ddalfa*) être en détention provisoire; (*ar fechnïaeth*) être en liberté sous caution; **canolfan ~** centre *m* de détention (provisoire); **cartref ~** maison *f* d'arrêt.

remandio *ba* (*CYFR*) renvoyer, déférer.

rendrad *g* (*ADEIL*) plâtre *m*, enduit *m*.

rendro *ba* (*ADEIL*) plâtrer, enduire.

renet *g* présure *f*.

rep (**-s**) *g* (*MASN*)
représentant *m*/représentante *f* de commerce.

rêp *g* colza *m*; **hedyn/olew ~** graine *f*/huile *f* de colza.

replica (**-s**) *g* (*paentiad*) réplique *f*; (*dogfen*) fac-similé *m*, copie *f* exacte.

reredos (**-au**) *g* (*gwrthgefn allor*) retable *m*.

resin (**-au**) *g* résine *f*.

resinen (**resins**) *b* *gw.* **rhesinen**.

resipi (**-s, resipïau**) *b* *gw.* **rysáit**

reslo *bg* faire du catch, pratiquer le catch, catcher; (*swmo, gwlad Groeg*) pratiquer la lutte;
♦*g* catch *m*; (*swmo, gwlad Groeg*) lutte *f*.

reslwr (**reslwyr**) *g* catcheur *m*, lutteur *m*.

reslwraig (**reslwragedd**) *b* catcheuse *f*, lutteuse *f*.

retina (**retinâu**) *g* rétine *f*.

retort (**-au**) *g* (*CEM*) cornue *f*.

ribidirês *adf* *gw.* **rhibidirês**.

ribofflafin *g* riboflavine *f*.

ricota *g* (*hefyd:* **caws ~**) ricotta *f*.

ricsio (**-s**) *g,b* pousse-pousse *m inv*.

Richter *prg*: **graddfa ~** échelle *f* de Richter.

ridens *ll gw.* **rhidens**.
Rifiera *g,b*: **y** ~ (*Ffrainc*) la Côte *f* d'Azur; (*yr Eidal*) la Riviera *f*.
rifiw (**-iau**) *b* revue *f*.
rifolfer (**-i**) *g* revolver *m*.
rîff (**riffiau**) *g,b* récif *m*, écueil *m*; ~ **gwrel** récif de corail.
rig (**-iau**) *g,b*: ~ **olew** (*ar y tir*) derrick *m*; (*yn y môr*) plate-forme(~s-~s) *f* pétrolière.
rigin *g* (*cwch*) gréement *m*.
rigio *ba* (*cwch*) gréer, mâter; (*offer*) monter, installer; (*trefnu*) arranger; ~ **etholiad** truquer une élection.
rigmarôl *g* galimatias *m*, charabia* *m*, discours *mpl* incohérents; **mynd trwy'r un ~ eto fyth** recommencer la même comédie.
rihyrsal (**-s**) *b* répétition *f*.
rîl (**riliau**) *b* (*cotwm*) bobine *f*; (*pysgota*) moulinet *m*; (*ffilm*) bande *f*; **rownd y** ~ sans cesse, sans arrêt, continuellement, tout le temps.
rilen (**riliau**) *b* (*cotwm*) bobine *f*; (*pysgota*) moulinet *m*; (*ffilm*) bande *f*.
rîm (**rimiau**) *b* rame *f*.
rinc (**-iau**) *b* (*iâ*) patinoire *f*; (*sglefrolio*) skating *m*.
rinsiad (**-au**) *g* rinçage *m*.
rinsio *ba* rincer; ~**'ch dwylo** se passer les mains à l'eau; ~ **sebon o'ch gwallt** se rincer les cheveux.
risg (**-iau**) *g* risque *m*; **mae'n ~ y mae'n rhaid ei gymryd** c'est un risque à courir; **mae hynna'n ormod o** ~ c'est trop risqué; **nid yw'n werth y** ~ ça ne vaut pas la peine de courir un tel risque.
risgio *ba* (*bywyd, gyrfa, dyfodol*) risquer, aventurer, hasarder; (*ymosodiad, cweryl*) s'exposer au risque de; (*enw da, cynilion*) risquer; **'rwyt ti'n ~ colli popeth** tu risques de tout perdre; **mi wna' i ei** ~ je vais tenter le coup*.
risol (**-s, -au**) *b* (*COG*) croquette *f*.
risoto (**-s**) *g* risotto *m*.
riwbob *g* rhubarbe *f*; **jam** ~ confiture *f* de rhubarbe; **tarten** ~ tarte *f* à la rhubarbe.
riwl (**-iau**) *b* règle *f* graduée; ~ **sy'n plygu** mètre *m* pliant; ~ **gyfrif** règle à calcul.
riwler (**-i**) *b* règle *f*.
riwliedig *ans* réglé(e); **papur** ~ papier *m* réglé.
robin (**-iaid**) *g*: ~ **goch** rouge-gorge(~s-~s) *m*; ~ **y gyrrwr** taon *m*.
robot (**-iaid**) *g* robot *m*.
roc[1] *g* (*hefyd:* **india-**~) sucre *m* d'orge; ~ **Aberystwyth** *bâton de sucre d'orge marqué au nom d'Aberystwyth.*
roc[2] *g* (*CERDD*) rock *m*.
roced (**-i**) *b* fusée *f*; (*MIL*) fusée, roquette *f*; ~ **ofod** fusée interplanétaire; ~ **S.O.S** fusée *neu* signal(signaux) *m* de détresse; ~ **â chriw** fusée habitée; **tanio** ~ lancer une fusée; **llong rocedi** navire *m* lance-fusées *neu* lance-missiles.
rocedfa (**rocedfeydd**) *b* base *f* de lancement de missiles *neu* de fusées.
rocedwr (**rocedwyr**) *g* pilote *m* de fusée.
rocedwraig (**rocedwragedd**) *b* pilote *m* de fusée.
rococo *g* rococo *m*;
♦*ans* rococo *inv*.
rod (**-iau**) *b* (*o bren*) baguette *f*; (*o fetel*) tringle *f*; (*mewn peiriant*) tige *f*; ~ **lenni/risiau** tringle à rideaux/d'escalier; ~ **fesur** tringle.
roden (**-ni, rodiau**) *b gw.* **rhoden**.
rodeo (**-s**) *g* rodéo *m*.
rôg (**rogiaid**) *g* coquin *m*, gredin *m*; (*twyllwr*) escroc *m*.
rogio *ba* escroquer.
rogiwr (**rogwyr**) *g* escroc *m*.
rogyn (**rogiaid**) *g gw.* **rôg**.
rôl[1] (**roliau**) *b gw.* **rhôl**.
rôl[2] (**rolau**) *b* (*rhan*) rôle *m*; ~ **allweddol** rôle primordial; **chwarae** ~ (*berf*) jouer un rôle; (*enw*) jeu(-x) *m* de rôle.
Rolant *prg* Roland; **Cân** ~ la chanson de Roland.
roler (**-i, -s**) *b,g* rouleau(-x) *m*; (*lawnt*) rouleau de jardin; (*metel*) laminoir *m*, cylindre *m* lamineur; (*gwneud papur, defnydd*) calandre *f*; (*inc*) rouleau encreur; (*paentio*) rouleau à peinture; ~ **stêm** rouleau compresseur; ~ **gwallt** bigoudi *m*, rouleau à mise en plis; **rhoi gwallt mewn ~s** se mettre des rouleaux.
roli-poli (**-s**) *g* (*COG*) roulé *m* à la confiture.
Romanaidd *ans* roumain(e).
Romaneg *b,g* roumain *m*;
♦*ans* roumain(e).
Romanésg *ans* roman(e).
Romani *ans* (*sipsi*) bohémien(ne);
♦*g/b* (**-s**) Tsigane *m/f*;
♦*b,g* (*IEITH*) tsigane *m*.
Romania *prb* la Roumanie *f*; **yn** ~ en Roumanie.
Romaniad (**Romaniaid**) *g/b* Roumain *m*, Roumaine *f*.
Románsh *b,g* (*IEITH*) romanche *m*.
Romáwns *ans* roman(e); **yr ieithoedd** ~ les langues *fpl* romanes.
Romeo *prg* Roméo.
rondo (**-au**) *g* rondo *m*, rondeau(-x) *m*.
rosét (**-i, -s**) *b* rosette *f*; (*a wisgir gan gefnogwr, a roddir fel gwobr*) cocarde *f*; (*PENS*) rosace *f*.
rostrwm (**rostrymau**) *g* tribune *f*; (*HAN*) rostres *mpl*.
rota (**rotâu**) *g,b* tableau(-x) *m* de service.
rotor (**-au**) *g* rotor *m*; **llafn** ~ pale *f* de rotor.
Rottweiler *g*: **ci** ~ rottweiler *m*.
rowl (**-iau**) *g,b* rouleau(-x) *m*; (*bleind*) enrouleur *m*; (*lawnt*) rouleau de jardin.
rowlio *ba, bg gw.* **rholian**.

rownd[1] *ans* (*crwn*) rond(e), circulaire;
♦*adf* autour; **roedd 'na wal** ~ il y avait un mur tout autour;
♦*ardd* autour de; ~ **y bwrdd** autour de la table; ~ **y tân** au coin du feu, auprès du feu; **reit** ~ **yr ardd** tout autour du jardin; **y pentrefi** ~ **Aberystwyth** les villages des environs *neu* des alentours d'Aberystwyth; **mynd ar drip** ~ **y byd** faire le tour du monde, voyager autour du monde; **mae Swyddfa'r Post** ~ **y gornel** le bureau de poste est au coin de la rue; (*yn agos*) le bureau de poste est tout près; **dangos rhn** ~ **eglwys gadeiriol** faire visiter une cathédrale à qn; **gweithio** ~ **y cloc** travailler vingt-quatre heures d'affilée, travailler vingt-quatre heures sur vingt-quatre; (*ffig*) travailler sans relâche, travailler d'arrache-pied; ~ **y rîl**, ~ **y bedlan** sans cesse, continuellement, tout le temps.
▶ **edrych rownd** (*mewn siop*) regarder; (*o'ch cwmpas*) regarder autour de soi; (*y tu ôl ichi*) se retourner; **peidiwch ag edrych** ~! ne vous retournez pas!; **edrychais i** ~ **amdanoch chi** j'ai essayé de vous voir, je vous ai cherché; **edrych** ~ **tref/eglwys** visiter *neu* faire le tour d'une ville/église; **edrych** ~ **tŷ** visiter une maison.
▶ **mynd rownd**: **'does dim pont - rhaid inni fynd** ~ il n'y a pas de pont - il faut faire le tour; **mae'r stori'n mynd** ~ **...** le bruit court que, on raconte que, on dit que; **mynd** ~ **cornel** tourner au coin (de la rue); **mynd** ~ **tro** prendre un virage; **aethom** ~ **y caffis yn chwilio am y ferch** nous avons fait le tour *neu* la tournée des cafés à la recherche de la fille.

rownd[2] (**-iau**) *b*
1 (*CHWAR: mewn cystadleuaeth*) partie *f*, manche *f*; (*BOCSIO*) round *m*, reprise *f*; (*GOLFF, CARDIAU*) partie.
2 (*GWLEID ayb: trafodaethau*) série *f*.
3 (*ymweliad rheolaidd*) tournée *f*; **gwneud eich** ~ (*plismon*) faire sa ronde *neu* sa tournée; (*postmon, dyn llaeth*) faire sa tournée; (*meddyg*) faire ses visites; **mae ganddo** ~ **bapur** il distribue des journaux.
4 (*o ddiodydd*) tournée *f*; **talu am** ~ payer une tournée; **dy** ~ **di yw hon!** c'est ta tournée!.
5 (*MIL*): ~ **o getris** cartouche *f*; **tanio** ~ tirer une salve.
6 (*COG*): ~ **o fara** tranche *f*; ~ **o dost** toast *m*, tranche de pain grillé.

rownders *ll sorte de baseball.*

rowndio *ba* (*cornel*) tourner; (*tro*) prendre; (*MOR: penrhyn*) doubler; (*rhif*) arrondir (qch) au chiffre supérieur.

ruban (**-au**) *g gw.* **rhuban**.

rubanog *ans* enrubanné(e).

rŵan *adf* maintenant; (*ar hyn o bryd*) en ce moment, actuellement *gw. hefyd* **nawr**.

Rwanda *prb* le Rwanda *m*; **yn** ~ au Rwanda.

Rwandaidd *ans* rwandais(e).

Rwandiad (**Rwandiaid**) *g/b* Rwandais *m*, Rwandaise *f*.

rwbel *g* (*adfeilion*) décombres *mpl*, débris *mpl*; (*llai*) gravats *mpl*; (*ar gyfer adeiladu ffyrdd ayb*) blocaille *f*, blocage *m*; **dim ond** ~ **oedd ar ôl lle safai'r adeilad** il ne restait du bâtiment qu'un tas de décombres.

rwbela[1] *g* (*MEDD*) rubéole *f*.

rwbela[2] *bg gw.* **rybela**.

rwber (**-i**) *g* caoutchouc *m*; (*dilëwr*) gomme *f*;
♦*ans* de *neu* en caoutchouc; **band** ~ élastique *m*; **coeden** ~ arbre *m* à gomme, hévéa *m*; **stamp** ~ tampon *m*.

rwbl (**-au**) *b* (*arian*) rouble *m*.

rwden (**rwdins**) *b* rutabaga *m*; **pen** ~ (*twpsyn*) idiot *m*, crétin *m*, imbécile *m*.

rwdlan[1] *bg* dire *neu* raconter de bêtises, débiter des sottises.

rwdlan[2] *b* débiteuse *f* de sottises.

rwdl-mi-ri *g,b* sottises *fpl*, bêtises *fpl*, charabia* *m*, âneries *fpl*, niaiseries *fpl*.

rwdlo *bg gw.* **rwdlan**.

rwdlyn *g* débiteur *m* de sottises.

rwlét *g,b* roulette *f*.

Rwmania *prb gw.* **Romania**.

Rwsaidd *ans* russe.

Rwseg *b,g* russe *m*;
♦*ans* russe.

Rwsia *prb* la Russie *f*; **yn** ~ en Russie.

Rwsiad (**Rwsiaid**) *g/b* Russe *m/f*.

rwtsh *g* (*'nialwch*) détritus *m*; (*pethau diwerth*) camelote* *f*, pacotille *f*; (*lol*) idioties *fpl*, sottises *fpl*.

rwtsh-ratsh *ans* (*gwaith ayb*) peu soigné(e), bâclé(e)*;
♦ **yn** ~-~ *adf* n'importe comment, sans soin.

rybela *bg* être apprenti ardoisier.

rybelwr (**rybelwyr**) *g* apprenti *m* ardoisier.

rỳg (**rygiau**) *g,b*
1 (*ar y llawr: cyff*) petit tapis *m*; (:*wrth y gwely*) descente *f* du lit, carpette *f*.
2 (*blanced: cyff*) couverture *f*; (:*tartan*) plaid *m*.

rygbi *g* rugby *m*; ~**'r gynghrair** rugby à treize; ~**'r undeb** rugby à quinze; **chwarae** ~ jouer au rugby; **chwaraewr** ~ rugbyman *m*, joueur *m* de rugby; **chwaraewraig** ~ joueuse *f* de rugby.

rỳm *g* rhum *m*.

rysáit (**ryseitiau**) *b* recette *f*; (*ffig*) recette, secret *m*

RH

rhac (**-iau**) *g gw.* **rhaca**.
rhaca (**-aeau, rhacâu**) *g,b* râteau(-x) *m*.
rhacan (**-au**) *b gw.* **rhaca**.
rhacanu *ba* (*gardd*) ratisser; (*gwair, dail*) râteler.
rhaced (**-i**) *b gw.* **raced**[1].
rhacs *ll gw.* **rhecsyn**.
rhacsio *ba* déchirer.
rhacsiog *ans* (*dillad*) en lambeaux, en loques; (*rhn*) déguenillé(e), en haillons.
rhacsyn (**rhacs**) *g gw.* **rhecsyn**.
rhad[1] *ans* bon marché *inv*, peu cher(chère); (*tocyn: cyff*) à prix réduit; (*:ar drên ayb*) au tarif réduit; **rhywbeth rhatach** quelque chose de meilleur marché *neu* de moins cher; **'roedd yn ∼ fel baw** c'était donné, c'était presque pour rien;
♦ **yn ∼** *adf* à bas prix; **prynu rhth yn ∼** acheter qch bon marché; (*mewn sêl*) acheter qch au rabais.
▶ **rhad ac am ddim** gratuit(e); **mynediad ∼ ac am ddim** entrée *f* gratuite *neu* libre; **cafodd fynediad yn ∼ ac am ddim** il est entré gratuitement *neu* gratis *neu* à l'œil*; **cludiant ∼ ac am ddim** livraison *f* gratuite; **anfon parsel yn ∼ ac am ddim** expédier un colis franco *neu* franco de port.
rhad[2] *g* (*bendith*): **∼ arno!** béni soit-il!, Dieu le bénisse!; **∼ arni!** bénie soit-elle!, Dieu la bénisse!; **∼ arnat ti/arnoch chi!** (*ar ôl tisian*) à tes/vos souhaits!
rhadbost *g* port *m* payé.
rhadffon *g* numéro *m* vert©.
rhadlon *ans* (*graslon*) gracieux(gracieuse), bienveillant(e), cordial(e)(cordiaux, cordiales), affable; (*caredig*) gentil(le), aimable; (*gwên*) chaleureux(chaleureuse);
♦ **yn ∼** *adf* affablement, cordialement, chaleureusement, avec bienveillance.
rhadlondeb, rhadlonder, rhadlonrwydd *g* bienveillance *f*, cordialité *f*, chaleur *f*.
rhadus *ans* économe, économique;
♦ **yn ∼** *adf* économiquement, de façon économe.
rhaeadr (**-au, rhëydr**) *b* cataracte *f*, chute *f* d'eau, cascade *f*.
rhaeadru *bg* tomber en cascade.
rhafl(i)o *ba* (*gwisg*) effilocher, effiler; (*llawes*) user le bord de, effranger; (*trowsus*) user le bas de, effranger; (*rhaff*) user;
♦*bg* (*defnydd, gwisg*) s'effilocher, s'effiler; (*rhaff*) s'user.
rhaflog *ans* (*defnydd*) effiloché(e), effilé(e); (*llawes, trowsus*) effrangé(e), usé(e); (*rhaff*) usé.
rhafnwydden (**rhafnwydd**) *b* nerprun *m*.
rhaff (**-au**) *b* (*cyff*) corde *f*; (*MOR*) cordage *m*; **∼ sgipio** corde à sauter; **∼ o nionod** *ou* **o winwns** un chapelet d'oignons; **clymu ∼ o'ch cwmpas** (*MYNYDDA*) s'encorder; **ar y ∼au** (*BOCSIO*) dans les cordes; **un sy'n gwneud ∼au** cordier *m*; **rhoi digon o raff i rn** (*ffig*) lâcher la bride à qn; **os rhowch ddigon o raff iddi, fe'i crogiff ei hun** si on la laisse faire, elle se passera elle-même la corde au cou.
rhaffaid (**rhaffeidiau**) *b* (*o nionod ayb*) chapelet *m*.
rhaffen (**rhaffau**) *b gw.* **rhaff**.
rhaffgerddwr (**rhaffgerddwyr**) *g* funambule *m*.
rhaffgerddwraig (**rhaffgerddwragedd**) *b* funambule *f*.
rhaffo, rhaffu *ba* (*bocs ayb*) corder; **∼ dringwyr at ei gilydd** encorder des alpinistes; **∼ celwyddau** (*ffig*) mentir effrontément.
rhaffwr (**rhaffwyr**) *g* cordier *m*; **∼ celwyddau** menteur *m* effronté.
rhag *ardd* (rhagof fi, rhagot ti, rhagddo ef, rhagddi hi, rhagom ni, rhagoch chi, rhagddynt hwy/rhagddyn nhw)
1 (*oddi wrth: ar ôl rhai berfau arbennig*): **ffoi ∼ rhth** fuir qch; **ffoi ∼ rhn** échapper à qn, fuir devant qn; **ymatal ∼ gwneud rhth** s'abstenir *neu* s'empêcher *neu* se retenir de faire qch; **ymatal ∼ yfed** s'abstenir de boire, ne pas boire; **ymochel ∼ y glaw** s'abriter de la pluie; **amddiffyn rhn ∼ rhth** défendre qn contre qch; **atal rhn ∼ gwneud rhth** empêcher qn de faire qch.
2 (*fel na*): **mi ffonia' i nhw heno ∼ iddynt boeni** je leur téléphonerai ce soir pour qu'ils ne s'inquiètent *subj* pas; **rhedodd nerth ei draed ∼ iddo fod yn hwyr** il a couru à toutes jambes pour ne pas être en retard *gw. hefyd* **rhag ofn**.
3 (*yn erbyn*) contre; **∼ pob brad** contre toute trahison.
4 (*mewn ymadroddion*): **∼ blaen** tout de suite, immédiatement, à l'instant; **∼ llaw** dorénavant, désormais; **∼ dy gywilydd di, ∼ cywilydd iti** quelle honte!, c'est honteux de ta part!.
▶ **rhag ofn** au cas où; **mi af ag ambarél ∼ ofn** je vais prendre un parapluie au cas où; **∼ ofn iddi fwrw glaw** au cas où il pleuvrait; **ni ddywedodd ddim ∼ ofn ei deffro** il n'a rien dit de peur *neu* de crainte de la réveiller; **llosgodd y llythyrau ∼ ofn iddi eu darllen** il a brûlé les lettres de peur *neu* de crainte qu'elle ne les lise *subj*.
▶ **mynd rhagoch** continuer; **awn rhagom i ryddid!** en avant à la liberté!; **aeth y diwrnod rhagddo** la journée continua; **aeth y salwch rhagddo** la maladie a suivi son cours.
rhag- *rhagdd* pré-.
rhagaeddfed *ans* précoce;
♦ **yn ∼** *adf* précocement.

rhagaeddfedrwydd *g* précocité *f*.
rhagafon (**-ydd**) *b* affluent *m*.
rhaganghenraid (**rhagangenrheidiau**) *g* condition *f* préalable.
rhagair (**rhageiriau**) *g* préface *f*, avant-propos *m inv*.
rhag-amod (**-au**) *g,b* condition *f* nécessaire *neu* requise, condition sine qua non.
rhagarcheb (**-ion**) *b* réservation *f*.
rhagarchebu *ba* (*ystafell ayb*) réserver (qch) à l'avance, retenir (qch) d'avance; (*sedd*) louer (qch) à l'avance *neu* d'avance; (*tocyn*) prendre (qch) à l'avance; **gellir ~ tocynnau** on peut réserver les places (à l'avance).
rhagarchwaeth *g* avant-goût *m*.
rhagarfaeth *b* prédestination *f*.
rhagarfaethu *ba* prédestiner.
rhagarfog *ans* prémuni(e).
rhagargoel (**-ion**) *b* augure *m*, présage *m*.
rhagargoeli *ba* présager, annoncer; ♦*bg* s'annoncer; **mae'n ~'n dda** cela s'annonce bien, cela est de bon augure.
rhagarwain *bg* aller devant, précéder.
rhagarweiniad (**-au**) *g* introduction *f*; (*rhagair*) avant-propos *m inv*; (*cyflwyniad*) présentation *f*.
rhagarweiniol *ans* préliminaire, préalable, d'introduction; **sylwadau ~** préambule *m*.
rhagarwydd (**-ion**) *g* augure *m*, présage *m*, pronostic *m*; (*MEDD*) symptôme *m*, indice *m*.
rhagarwyddo *ba* présager, annoncer, laisser présager.
rhagbaratoad (**-au**) *g* préparatif *m*.
rhagbaratoawl *ans* préparatoire; (*mesurau, cam*) préliminaire, préalable; **ysgol ragbaratoawl** école *f* primaire privée.
rhagbaratoi *ba* préparer.
rhagbrawf (**rhagbrofion**) *g*
1 (*prawf rhagarweiniol: prifysgol*) examen *m* préliminaire; (:*CHWAR, eisteddfod ayb*) épreuve *f* éliminatoire.
2 (*rhagflas*) avant-goût *m*.
rhagbrofi *ba*
1 (*CHWAR, eisteddfod ayb*) faire passer une épreuve éliminatoire (à qn).
2 (*blasu o flaen llaw*) goûter (qch) par avance.
rhagbrynu *ba* acquérir (qch) par préemption.
rhagchwaeth *g* avant-goût *m*.
rhagchwarae (**-on**) *g* prélude *m*, préliminaires *mpl*.
rhagchwiliad (**-au**) *g* reconnaissance *f*.
rhagchwilio *ba* (*MIL*) reconnaître, faire une reconnaissance de.
rhagchwiliwr (**rhagchwilwyr**) *g* (*MIL*) éclaireur *m*.
rhagdraeth (**-au**) *g* préface *f*, introduction *f*, exorde *m*, préambule *m*.
rhagdrefnu *ba* préparer (qch) à l'avance.
rhagdyb (**-ion**) *g,b* présupposition *f*.
rhagdybiaeth (**-au**) *b* présomption *f*, supposition *f*, présupposition *f*; **y ~ yw ...** on présume *neu* suppose que, il est à présumer que; **mae yna ragdybiaeth gref ...** tout laisse à présumer que.
rhagdybied, **rhagdybio** *ba* présupposer; (*tybio*) présumer, supposer.
rhagdybiol *ans* présomptif(présomptive).
rhagdystiolaethu *bg*: **~ i rth** témoigner de qch à l'avance.
rhagddangos *ba* faire pressentir, préfigurer.
rhagddant (**rhagddannedd**) *g* dent *f* incisive.
rhagddarbod *ba* fournir (qch) à l'avance, préparer.
rhagddarpariaeth (**-au**) *b* provision *f*.
rhagddarparu *ba* préparer, fournir (qch) à l'avance.
rhagddi, **rhagddo** *ardd gw.* **rhag**.
rhagddodiad (**rhagddodiaid**) *g* préfixe *m*.
rhagddor (**-au**) *b* avant-porte *f*, porte *f* extérieure.
rhagddrws (**rhagddrysau**) *g* porte *f* extérieure.
rhag-ddweud *ba* prédire; (*tywydd*) prévoir, pronostiquer.
rhagddyddio *ba* (*dogfen*) antidater; (*dod o flaen*) précéder, dater d'avant.
rhagddynt *ardd gw.* **rhag**.
rhagddywededig *ans*: **y ~ ...** ledit(ladite)(lesdits, lesdites) ...
rhagenw (**-au**) *g* pronom *m*; **~ atblygol/cysylltiol/dangosol** pronom réfléchi/conjonctif/démonstratif.
rhagenwol *ans* pronominal(e)(pronominaux, pronominales).
rhagesiampl (**-au**) *b* précédent *m*.
rhagethol *ba* élire (qn) d'avance.
rhagetholiad (**-au**) *g* élection *f* d'avance.
rhagfarn (**-au**) *b* préjugé *m*, prévention *f*; **~ hiliol** préjugés raciaux; **bod â ~ yn erbyn/o blaid** avoir un préjugé contre/en faveur de; **'does gen i ddim ~ yn y mater hwn** je suis sans parti pris dans cette affaire; **creu ~ yn rhn yn erbyn rhn** prévenir qn contre qn.
rhagfarnllyd *ans* (*rhn*) prévenu(e), partial(e)(partiaux, partiales), plein(e) de préjugés; (*safbwynt*) préconçu(e); **mae hi'n ~ iawn** elle est de parti pris, elle est pleine de préjugés;
♦ **yn ~** *adf* avec partialité, d'une manière partiale.
rhagfarnu *ba* préjuger (de qch).
rhagfeddwl (**rhagfeddyliau**) *g* prévoyance *f*; **diffyg ~** imprévoyance *f*.
rhagflaenu *ba* (*dod o flaen*) précéder; (*achub y blaen ar*) devancer.
rhagflaenydd (**-ion**) *g* prédécesseur *m*; (*GRAM*) antécédent *m*.
rhagflas *g* avant-goût *m*.
rhagflasu *ba* goûter (qch) par avance.
rhagfur (**-iau**) *g* (*gwrthglawdd*) rempart *m*.
rhagfwriad (**-au**) *g* préméditation *f*.
rhagfwriadol *ans* prémédité(e);
♦ **yn ~** *adf* de façon préméditée, avec

prémeditation.
rhagfwriadu *ba* préméditer.
rhagfyfyrio *ba* préméditer.
rhagfyned *bg* aller devant, précéder.
rhagfynegi *ba* prédire.
rhagfynegiad (**-au**) *g* prédiction *f*, pronostic *m*.
Rhagfyr *g* décembre *m*; **yn ~ ei ddyddiau, yn ~ ei oes** à la fin de sa vie *gw. hefyd* **Mai**.
rhagfyrhau *ba* faire un raccourci de.
rhagffurfiedig *ans* préfabriqué(e).
rhagffurfio *ba* préfabriquer.
rhag-ganfyddiad *g* perception *f*, intuition *f*.
rhaghysbysiad (**-au**) *g* préavis *m*.
rhaghysbysu *ba*: **~ rhn o rth** annoncer qch à qn, informer qn d'avance de qch, avertir qn d'avance de qch.
rhaglaw (**-iaid**) *g* gouverneur *m*, vice-roi *m*; (*Rhufeinig*) proconsul *m*.
rhaglawiaeth (**-au**) *b* fonctions *fpl* de gouverneur *neu* vice-roi *neu* proconsul.
rhaglen (**-ni**) *b*
1 (*cyff*) programme *m*.
2 (*TELEDU, RADIO*) émission *f*; **~ ddogfen** documentaire *m*; **~ geisiadau** programme *m* des auditeurs; **~ gomedi** comédie *f*; **~ gwis** quiz *m*, jeu-concours(~x-~) *m*; **~ newyddion** bulletin *m* d' informations; (*TELEDU*) actualités *fpl* télévisées; **~ sgwrsio** causerie *f*, tête-à-tête *m inv*, entretien *m*; **~ni plant** émissions d'enfants; **~ni i ysgolion** émissions scolaires; **golygydd ~ni** éditorialiste *m/f*.
3 (*CYFRIF*) programme *m*; **~ ddadfygio** programme de suppression des bogues.
4 (*cynlluniau*): **beth yw ein ~ ar gyfer heddiw?** qu'est-ce qu'il y a au programme aujourd'hui?, qu'est-ce qu'il y a à l'ordre du jour aujourd'hui?; **~ waith** emploi *m* du temps.
5 (*CERDD, THEATR, PÊL-DROED ayb*) programme *m*.
rhaglenedig *ans* programmé(e); **dysgu ~** enseignement *m* programmé.
rhaglennu *ba* programmer.
rhaglennydd (**rhaglenwyr**) *g* programmeur *m*, programmeuse *f*.
rhaglith (**-iau, -oedd**) *b* préface *f*, avant-propos *m inv*.
rhaglithiol *ans* liminaire.
rhaglun (**-iau**) *g* (*ffilm*) film *m* publicitaire, publicité *f* pour un film; (*dyluniad*) dessin *m* d'ornement, modèle *m*; (*astudiaeth*) étude *f*, avant-projet *m*; **~ gwreiddiol** original(originaux) *m*.
rhagluniaeth (**-au**) *b* providence *f*; **Rh~** (*CREF*) la Providence.
rhagluniaethol *ans* providentiel(le); ♦ **yn ~** *adf* providentiellement.
rhaglunio *ba* (*rhagarfaethu: tynged dyn*) prédestiner, prédéterminer; (*dylunio*) dessiner, tracer le plan de.
rhaglunydd (**-ion, rhaglunwyr**) *g* (*PENS, CELF: dylunydd, cynllunydd*) dessinateur *m*, dessinatrice *f*, créateur *m*, créatrice *f*; (*MASN, DIWYD*) concepteur-projeteur(~s-~s) *m*, designer *m*.
rhaglyw (**-iaid**) *g* régent *m*, régente *f*; **y Rh~ Dywysog** le prince *m* régent.
rhaglywiaeth (**-au**) *b* régence *f*.
rhaglywydd (**-ion**) *g* vice-roi *m*.
rhagneuadd (**-au**) *b* antichambre *f*.
rhagnodi *ba* (*moddion*) prescrire.
rhagnodiad (**-au**) *g* ordonnance *f*; **ysgrifennu ~ i rn** rédiger *neu* faire une ordonnance pour qn; **paratoi ~** exécuter une ordonnance.
rhagnodyn (**rhagnodion**) *g gw.* **rhagnodiad**.
rhagobennol *ans* antépénultième.
rhagoch *ardd gw.* **rhag**.
rhagocheliad (**-au**) *g* précaution *f*.
rhagod (**-au**) *g* embuscade *f*, guet-apens(~s-~) *m*; **gosod ~ ar gyfer rhn** tendre une embuscade à qn.
rhagof *ardd gw.* **rhag**.
rhagofal (**-on**) *g* précaution *f*; **gyda ~** par précaution.
rhagofalu *bg* prendre la précaution, prendre ses précautions *neu* mesures.
rhagolwg (**rhagolygon**) *g* perspective *f*; **mae'r rhagolygon yn llwm** l'horizon est sombre *neu* bouché, les perspectives sont fort sombres; **mae rhagolygon y cynhaeaf yn dda** la récolte s'annonce bonne; **rhagolygon y tywydd** les prévisions *fpl* météorologiques, les pronostics *mpl* météorologiques; (*RADIO, TELEDU*) la météo *f*, le bulletin *m* météorologique.
rhagolygu *ba* prévoir, annoncer.
rhagof *ardd gw.* **rhag**.
rhagor *g*
1 (*mwy*) plus, davantage; **mae arni angen ~** il lui en faut plus *neu* davantage; **'does ganddi hi ddim ~** elle n'en a plus *neu* davantage, il ne lui en reste plus *neu* davantage; **rhaid imi weld ~ arni hi** il faut que je la voie *subj* plus souvent; **mae hi am wybod ~ am hynny** elle veut en savoir plus long; **ei araith, y soniwn ragor amdani eto** son discours, sur lequel nous reviendrons; **fe fydd ganddo ragor i'w ddweud am hynna** il reviendra sur ce sujet; **ni ddywedwn ni ddim ~ am y peth** n'en parlons plus; **'does gen i ddim ~ i'w ddweud** je n'ai rien à ajouter; **dim ~** rien de plus, rien davantage.
2 (*rhai eraill*) d'autres; **oes gen ti ragor fel 'na?** en as-tu d'autres comme ceux-là *neu* celles-là?, en as-tu encore comme ceux-là *neu* celles-là?.
▶ **rhagor o**
1 (*mwy o*) plus de, davantage de; **mae arno angen ~ o arian** il lui faut plus *neu* davantage d'argent; **a hoffech chi ragor o win?** voudriez-vous encore du vin?, un peu

plus de vin?; **'does dim ~ o sglodion** il n'y a plus de frites; **a oes 'na ragor o goffi?** y a-t-il encore du café?, est-ce qu'il reste du café?; **cymerwch ragor o bwdin** reprenez du dessert; **dim ~ o weiddi!** assez de cris!; **dim ~ o hen waith cartref!** plus de maudits devoirs!; **'does gen ti ddim ~ o amser** tu n'as plus le temps. **2** (*eraill*) d'autres; **a oes ganddo ragor o blant?** a-t-il d'autres enfants?; **a glywaist ti ragor o newyddion amdani?** as-tu d'autres nouvelles d'elle?.

▶ **ni ... rhagor** ne ... plus; **ni wnaf mohono ~** je ne le referai plus; **'dyw hi ddim yn gweithio yma ~** elle ne travaille plus ici; **ni all hi ddim aros ~** elle ne peut pas rester plus longtemps *neu* davantage; **ni weli di mohoni fyth ~** tu ne la reverras jamais plus *neu* plus jamais.

▶ **yn rhagor** de plus; **unwaith yn ~** une fois de plus, encore une fois; **dim ond unwaith yn ~** une dernière fois; **pythefnos yn ~** quinze jours de plus, quinze jours additionnels *neu* supplémentaires.

rhagorach *ans*: ~ **(na)** supérieur(e) (à), meilleur(e) (que).

rhagoraf *ans* le meilleur(la meilleure)(les meilleurs, les meilleures).

rhagordeiniad (**-au**) *g* prédestination *f*, prédétermination *f*.

rhagordeiniedig *ans* prédestiné(e).

rhagordeinio *ba* prédestiner, prédéterminer.

rhagorfraint (**rhagorfreintiau**) *b* privilège *m*.

rhagori *bg* briller, exceller; **ym mha ffordd mae hi'n ~?** en quoi est-ce qu'elle est supérieure?; **~ ar** surpasser, l'emporter sur; **~ arnoch eich hunan** se surpasser.

rhagoriaeth (**-au**) *b* avantage *m*, supériorité *f*, excellence *f*, vertu *f*, qualité *f* supérieure.

rhagorol *ans* très bien, excellent(e), admirable, génial(e)(géniaux, géniales); **cafodd hi "Rh~" ar ei thraethawd** elle a eu une mention "très bien" pour sa dissertation; **dyna syniad ~!** quelle excellente idée!, quelle idée géniale!; **~!** très bien!, bravo!, c'est génial!, chapeau*!;

♦ **yn ~** *adf* très bien, admirablement, excellemment; **gwneud rhth yn ~** faire qch admirablement *neu* très bien *neu* génialement.

rhagoroldeb *g* excellence *f*, supériorité *f*, qualité *f* supérieure.

rhagosod *ba* préfixer.

rhagosodiad (**-au**) *g* prémisse *f*.

rhagot *ardd gw.* **rhag.**

rhagras (**-ys**) *b* (*CHWAR*) épreuve *f* éliminatoire.

rhagredeg *ba, bg* précéder.

rhagredegydd (**-ion**) *g* avant-coureur *m*, précurseur *m*.

rhagrith (**-ion**) *g* hypocrisie *f*.

rhagrithio *bg* être hypocrite, dissimuler.

rhagrithiol *ans* hypocrite;

♦ **yn ~** *adf* hypocritement.

rhagrithiwr (**rhagrithwyr**) *g* hypocrite *m*.

rhagrithwraig (**rhagrithwragedd**) *b* hypocrite *f*.

rhagrybudd (**-ion**) *g* préavis *m*, avertissement *m*, prémonition *f*.

rhagrybuddio *ba* avertir, prévenir.

rhagrybuddiol *ans* prémonitoire;

♦ **yn ~** *adf* de façon prémonitoire.

rhagweladwy *ans* prévisible; **yn y dyfodol ~** dans un avenir prévisible.

rhagweld *ba* prévoir, présager, pronostiquer.

rhagwelediad *g* prévoyance *f*; **diffyg ~** imprévoyance *f*.

rhagweledigaeth *b gw.* **rhagwelediad**

rhagwth (**-ion**) *g* (*cleddyfaeth*) botte *f*.

rhagwthio *bg* (*cleddyfaeth*) allonger une botte.

rhagwybod *ba* savoir (qch) d'avance, connaître (qch) d'avance, prévoir, pressentir.

rhagwybodaeth *b* prescience *f*.

rhagwybodus *ans* prescient(e);

♦ **yn ~** *adf* de façon presciente.

rhagymadrodd (**-ion**) *g* préface *f*, avant-propos *m inv*; (*i ddarlith*) introduction *f*, exorde *m*, préambule *m*; **fel ~ i'w araith ...** en guise d'introduction à son discours ...

rhagymadroddi *bg*: **~ trwy ddweud** commencer par dire, dire en guise d'introduction, dire en avant-propos.

rhagymadroddol *ans* préliminaire;

♦ **yn ~** *adf* de façon préliminaire.

rhagymwybodol *ans* intuitif(intuitive), conscient(e) d'avance *neu* à l'avance, ayant conscience d'avance *neu* par avance, être prescient(e) de qch; **bod yn ~ o rth** prendre conscience de qch à l'avance, s'apercevoir de qch à l'avance, pressentir qch.

rhagystafell (**-oedd**) *b* antichambre *f*.

rhagystyriaeth (**-au**) *b* considération *f* antérieure.

rhagystyried *ba* considérer (qch) d'avance.

rhai *ans*

1 (*o'u cymharu ag eraill*) certains(certaines); **mae ~ siopau ar gau** certains magasins sont fermés; **mewn ~ rhannau o Ewrop** dans certaines parties de l'Europe; **~ pobl** certains *mpl*, quelques-uns *mpl*; **mae ~ pobl yn dweud ...** certaines personnes disent que, il y a des gens qui disent que, on dit que.

2 (*nifer helaeth*) plusieurs; **nid wyf wedi ei weld ers ~ blynyddoedd** ça fait plusieurs années que je ne l'ai pas vu; **bûm yn aros am rai oriau** j'ai attendu plusieurs heures.

3 (*nifer fach*) quelques; **rai dyddiau yn ôl** il y a quelques jours;

♦*rhag*

1 (*nifer amhenodol*) quelques-uns *mpl*, quelques-unes *fpl*, certains *mpl*, certaines *fpl*; **bydd yr arlunydd yn arddangos ~ o'i weithiau** l'artiste présentera quelques-unes de ses

œuvres; **"mae gen i afalau, a hoffet ti rai?"** "j'ai des pommes, en veux-tu quelques-unes?"; **oes gen ti rai?** tu en as?.
2 (*o'u cymharu ag eraill*): **mae ~ ohonynt yn las** certain(e)s sont bleu(e)s; **mae ~ ohonynt yn dod o Ffrainc** (*pobl*) certains d'entre eux sont des Français; **mae ~ yn cytuno, ac eraill yn anghytuno** certains sont d'accord et d'autres pas *neu* non.
3 (*rhn neu rth penodol*): **maen nhw'n ~ clyfar iawn** ils(elles) sont très intelligent(e)s; **'dydyn nhw ddim yn ~ am gwyno** ils(elles) ne sont pas du genre à se plaindre; **yr un ~ ydynt** ce sont les mêmes.
4 (*dangosol*): **y ~** ceux *mpl*, celles *fpl*; **y ~ sy'n gwrando** ceux(celles) qui écoutent; **y ~ 'rwyt ti'n eu hoffi** ceux(celles) que tu aimes; **y ~ gorau** les meilleur(e)s; **mae'n well gen i'r ~ duon** je préfère les noir(e)s; **mae'r ~ gwyrdd 'ma'n bert** ces vert(e)s-ci sont joli(e)s; **y ~ hyn** ceux-ci *mpl*, celles-ci *fpl*; **y ~ acw** ceux-là *mpl*, celles-là *fpl*; **mae'r ~ hyn yn dda, ond mae'r ~ acw yn well** ceux(celles)-ci sont bon(ne)s, mais ceux(celles)-là sont meilleur(e)s.
5 (*mynegi meddiant*): **fy ~ i** les mien(ne)s; **dy rai di** les tien(ne)s; **ei rai ef, ei ~ hi** les sien(ne)s; **ein ~ ni** les nôtres; **eich ~ chi** les vôtres; **eu ~ nhw** les leurs; **~ fy chwaer** ceux(celles) de ma sœur.
▶ **pa rai?** lesquels?, lesquelles?; **pa rai sydd orau gen ti?** lesquels(lesquelles) préfères-tu?; **pa rai ohonoch chi sydd wedi priodi?** lesquels(lesquelles) d'entre vous sont marié(e)s?; **am ba rai oeddech chi'n siarad?** desquels(desquelles) parliez-vous?; (*pobl*) de qui parliez-vous?; **at ba rai ysgrifennaist ti?** à qui (d'entre eux(elles)) as-tu écrit?; **am ba rai wyt ti'n meddwl ar y funud?** auxquels(auxquelles) est-ce que tu penses en ce moment?; (*pobl*) à qui penses-tu en ce moment?.
▶ **pa rai bynnag**
1 (*dim ots pa rai: goddrychol*) quels(quelles) que soient ceux(celles) qui + *subj*; (:*gwrthrychol*) quels(quelles) que soient ceux(celles) que + *subj*; **pa ~ bynnag sydd ar ôl** quels(quelles) que soient ceux(celles) qui restent; **pa ~ bynnag a ddewisaf** quels(quelles) que soient ceux(celles) que je choisisse; **pa ~ bynnag o'r llyfrau mae'n ei ddewis** quels que soient les livres qu'il choisisse; **pa ~ bynnag o'r crysau a bryni di** quelles que soient les chemises que tu achètes.
2 (*y rhai: goddrychol*) ceux(celles) qui; (:*gwrthrychol*) ceux(celles) que; **pa ~ bynnag sydd orau iddo** ceux(celles) qui lui conviennent le mieux; **cymerwch ba ~ bynnag y mynnwch** prenez ceux(celles) que vous voulez, prenez n'importe lesquels(lesquelles).
▶ **unrhyw rai** (*pethau*) n'importe lesquels(lesquelles); (*pobl*) n'importe qui; **ewch ag unrhyw rai** prenez ceux(celles) que vous voudrez; **gofynnwch i unrhyw rai** demandez à n'importe qui.
rhaib (**rheibiau**) *b*
1 (*gwanc*) rapacité *f*, avidité *f*, cupidité *f*; **~ yr angau** appétit *m neu* faim *f* vorace.
2 (*swyn drwg*) sort *m*, maléfice *m*.
rhaid[1] (**rheidiau**) *g* nécessité *f*, besoin *m*; **cadw dy afraid ar gyfer dy raid** il faut garder une poire pour la soif; **o raid** nécessairement, de nécessité; **mater o raid** cas *m* de force majeure; **wrth raid, os bo ~** au besoin, s'il le faut, s'il en est besoin; **gwneud eich ~** faire ses besoins.
▶ **bod yn rhaid**
1 (*mynegi gorfodaeth, rheidrwydd*) falloir, devoir, être nécessaire; **bydd yn ~ iti gychwyn** il te faudra partir, tu devras partir, il te sera nécessaire de partir; **mae'n ~ ichi gloi'r drws** il faut que vous fermiez *subj* la porte à clé, vous devez fermer la porte à clé; **mae'n ~ imi gael car doed a ddelo!** il me faut une voiture coûte que coûte!; **a oes raid?** est-ce nécessaire?; **gwneud yr hyn sydd raid** faire le nécessaire, faire ce qu'il faut; **mwy nag sydd raid** plus qu'il n'en faut; **peidio â gwneud mwy nag sydd raid** ne faire que le nécessaire; **mae ufudd-dod yn ~** l'obéissance est nécessaire, l'obéissance est une nécessité.
2 (*mynegi angen*) être obligé(e) de, avoir besoin de; **'does dim ~ iti wneud hynna** tu n'as pas besoin de faire cela, tu n'es pas obligé de faire cela; **byddai'n rheitiach iti weithio** tu ferais mieux de travailler.
3 (*mynegi tebygolrwydd*) devoir; **mae'n ~ mai'r doctor sydd yna** ça doit être le médecin; **mae'n ~ ei bod yn glyfar iawn** elle doit être très intelligente; **mae'n ~ fy mod wedi gwneud camgymeriad** j'ai dû me tromper.
rhain *rhag dang*: **y ~** ceux-ci *mpl*, celles-ci *fpl* *gw. hefyd* **hwn, hon**.
rhamant (**-au**) *b* (*chwedl*) roman *m*; (*nofel*) roman d'amour; (*ffilm*) film *m* d'amour; **~ y ddau gariad** le roman d'amour des deux amoureux; **~ hanes Ffrainc** la poésie de l'histoire de France.
rhamantaidd *ans* (*rhn*) romantique, sentimental(e)(sentimentaux, sentimentales); (*antur, cefndir*) romanesque; **y beirdd ~** les poètes *mpl* romantiques; **llenyddiaeth ramantaidd** la littérature romantique;
♦ **yn ~** *adf* (*ysgrifennu*) d'une façon romantique *neu* romanesque; (*caru*) en romantique.
rhamantiaeth *b* romantisme *m*.
rhamantu *ba* romancer;
♦*bg* donner dans le romanesque.
rhamantus *ans* (*rhn*) romantique, sentimental(e)(sentimentaux, sentimentales);

(*antur, cefndir*) romanesque;
♦ **yn** ~ *adf* (*ysgrifennu*) d'une façon romantique *neu* romanesque; (*caru*) en romantique.

rhan (**-nau**) *b*
1 (*darn o gyfanwaith*) partie *f*; **bod yn ~ o** faire partie (intégrante) de; **y ~ fwyaf** (*o bethau cyfrifadwy*) la plupart + *v.pl*; (*o bethau na ellir mo'u cyfrif*) la plus grande partie, la majeure partie; **y ~ amlaf** le plus souvent.
2 (*cyfran, siâr*) part *f*; **ei ~ hi o'r etifeddiaeth** sa part *neu* sa portion *f* de l'héritage; **derbyn ~ o'r elw** avoir part aux bénéfices.
3 (*cyfraniad i weithgaredd, rôl*) rôle *m*; **'roedd ganddynt ryw ran ynddo** ils y étaient pour quelque chose, ils y ont joué un rôle; **cymryd ~ yn** participer à, prendre part à; **'does arna' i ddim eisiau unrhyw ran ynddo** je ne veux pas m'en mêler.
4 (*THEATR, SINEMA ayb*) rôle *m*.
5 (*o gyfres, stori ayb*) partie *f*, épisode *m*; **yn ail ran y rhaglen** dans la deuxième partie de l'émission; **stori gyfres chwe ~** feuilleton *m* à six épisodes.
6 (*dogn, mesur*) mesure *f*; **dwy ran o olew i un ~ o finegr** deux mesures d'huile pour une mesure de vinaigre.
7 (*ardal*) région *f*; **yn y ~nau hyn** dans cette région, dans ces parages.
8 (*CERDD: ar gyfer offeryn, llais*) partie *f*; **~ y piano** la partie du piano.
9 (*TECH: darn o injan ayb*) pièce *f*.
10 (*GRAM*): **~nau ymadrodd** parties *fpl* du discours, catégories *fpl* grammaticales; **prif ~nau** (*berf*) temps *mpl* principaux.
11 (*tynged*) sort *m*; **derbyn yr hyn a ddaw i'ch ~** accepter son sort, se résigner à son sort.
▶ **ar ran** (ar fy rhan, ar dy ran, ar ei ran, ar ei rhan, ar ein rhan, ar eich rhan, ar eu rhan).
1 (*yn lle*) pour, au nom de; **mae hi'n siarad ar ran y rhieni i gyd** elle parle pour *neu* au nom de tous les parents.
2 (*gan*) de la part de; **camgymeriad ar ran rhn/ar fy ~ i** une erreur de la part de qn/de ma part.
▶ **o ran** (o'm rhan i, o'th ran di, o'i ran ef, o'i rhan hi, o'n rhan ni, o'ch rhan chi, o'u rhan hwy/nhw).
1 (*gyda golwg ar*) du point de vue de; **sut mae hi arnom ni o ran amser?** où en sommes-nous du point de vue de l'heure?; **o ran gwaith** question *f* de travail; **mae'n fwy na mi o ran taldra** il est plus grand de taille que moi; **mae Cymru yn wael o ran traffyrdd** le pays de Galles est mal desservi pour ce qui est d'autoroutes; **o'm ~ i** pour ma part, pour ce qui me concerne, quant à moi; **fe ddaeth o'i ran ei hunan** il est venu de son propre gré; **o ran hynny** quant à cela, pour ce qui est de cela; **o ran hwyl** pour rire, par plaisanterie, en plaisantant.
2 (*yn rhannol*) en partie, partiellement.

rhanadwy *ans* divisible.

rhan-amser *ans, adf* (*gwaith, gweithiwr, gweithio*) à temps partiel.

rhanbarth (**-au**) *g* région *f*; (:*arwynebedd llai*) zone *f*, secteur *m*, district *m*; (*o ddinas*) quartier *m*; (*MIL*) territoire *m*.

rhanbarthiaeth *b* régionalisme *m*.

rhanbarthol *ans* régional(e)(régionaux, régionales);
♦ **yn** ~ *adf* à l'échelle régionale.

rhanbartholdeb *g* régionalisme *m*.

rhandal (**-iadau**) *g gw.* **rhandaliad**.

rhandaliad (**-au**) *g* versement *m* partiel, acompte *m*; **talu ~, anfon ~** verser un acompte, faire un versement partiel; **trwy randaliadau** en plusieurs versements, par acomptes.

rhandibŵ *b* réjouissances *fpl*.

rhandir (**-oedd**) *g* parcelle *f* de terre (*louée pour la culture*); (*ardal*) région *f*, district *m*.

rhandy (**rhandai**) *g* (*llety*) logement *m*; (*fflat*) appartement *m*.

rhanedig *ans* (*llyth*) divisé(e), scindé(e); (*ffig: dadleuon, barn*) partagé(e); (:*pâr priod, gwlad*) désuni(e).

rhanfap (**-iau**) *g* (*map*) extrait *m*.

rhan-gân (**~-ganeuon**) *b* chant *m* à plusieurs voix, chant polyphonique.

rhangymeriad (**-au, rhangymeriaid**) *g* (*GRAM*) participe *m*; **~ presennol/gorffennol** participe présent/passé.

rhaniad (**-au**) *g*
1 (*y weithred o rannu: â rhn arall*) partage *m*; (:*dosbarthiad rhth rhwng pobl*) partage, répartition *f*, distribution *f*; (:*gwahaniad*) division *f*, séparation *f*.
2 (*yr hyn sy'n rhannu: mewn bocs*) division *f*, compartiment *m*; (:*mewn ystafell*) cloison *f*; (:*rhwng dosbarthiadau cymdeithasol*) barrière *f*.
3 (*un o'r rhannau: GWEIN*) division *f*; (:*dosbarth*) classe *f*, catégorie *f*, section *f*.
4 (*anghytundeb*) division *f*, désaccord *m*, brouille *f*, scission *f*.
5 (*MATH*) division *f*.

rhanned (**rhanedau**) *b* fraction *f*.

rhannol *ans* partiel(le);
♦ **yn** ~ *adf* en partie, partiellement; **'rwyt ti'n ~ gywir** tu as partiellement raison, tu as raison en partie.

rhannu *ba*
1 (*rhoi cyfran i rn arall, defnyddio gyda rhn arall*) partager; **~ rhth â rhn** partager qch avec qn; **fe rannwn ni'r bwyd** nous nous partagerons les provisions; **penderfynasant rannu'r gwaith rhyngddynt** ils ont décidé de se partager le travail; **plentyn parod i ~** enfant *m* partageur, enfant *f* partageuse.
2 (*bod yn rhan o: llawenydd, tristwch*)

partager, prendre part à, participer à.
3 (*gwahanu'n rhannau: gwaith, amser, arian*) partager; (:*dosbarth, tŷ, ystafell*) diviser; ~ **tŷ yn fflatiau** diviser une maison en appartements; ~ **dosbarth yn dri grŵp** diviser une classe en trois groupes; ~**'ch gwallt** se faire une raie.
4 (*dosbarthu*) répartir, distribuer.
5 (*gwahanu*) séparer.
6 (*bod yn achos anghydfod*) diviser, scinder.
7 (*MATH*) diviser; **rhif y gellir ei rannu â 5** numéro divisible par cinq;
♦*bg* se séparer, se diviser; (*ffordd*) bifurquer; ~ **yn** se diviser en, se séparer en.

rhannwr (**rhanwyr**) *g* celui *m* qui divise *neu* répartit *neu* distribue; (*mewn profiad*) participant *m* (à qch); ~ **ystafell** (*dodrefnyn*) meuble *m* de séparation; (*pared*) cloison *f*.

rhanwraig (**rhanwragedd**) *b* celle *f* qui divise *neu* répartit *neu* distribue; (*mewn profiad*) participante *f* (à qch).

rhannydd (**rhanyddion**) *g* diviseur *m*.

rhannyn (**rhanynnau**) *g* (*MATH*) dividende *m*.

rhanrif (**-au**) *g* fraction *f*.

rhasgl (**-au**) *b* râpe *f*.

rhasglion *ll* copeaux *mpl*.

rhasglu *ba* râper, raboter.

rhastl (**-au**) *b* (*preseb*) mangeoire *f*.

rhathell (**-au**) *b* lime *f*, râpe *f*.

rhathellu *ba* limer, râper.

rhathiad (**-au**) *g* friction *f*, frottement *m*, limage *m*, râpage *m*.

rhathu *ba* (*crafu*) racler; (*llyfnu*) rendre lisse, limer.

rhaw (**-iau, rhofiau**) *b*
1 (*teclyn: i balu*) bêche *f*; (:*i symud pridd, graean ayb*) pelle *f*; ~ **dân,** ~ **lo** pelle à feu; **bwced a** ~ (*ar lan y môr*) seau(-x) *m* et pelle; **gwaith** ~ (*ffig*) gros *m* de travail; **llond** ~ pelletée *f*.
2 (*CARDIAU*) pique *m*.

rhawaid (**rhaweidiau**) *b* pelletée *f*.

rhawd (**-au**) *b* (*hynt*) cours *m*; (*gyrfa*) carrière *f*; **dilyn ei rawd** suivre son cours, prendre son cours naturel; **galw i weld rhn ar eich** ~ passer voir qn en cours de route *neu* chemin faisant.

rhawg *adf*: **ymhen y** ~ à la longue, avec le temps, plus tard, en temps voulu, à un certain moment.

rhawiad (**rhaweidiau**) *b* pelletée *f*.

rhawio *ba* (*glo, pridd, tywod*) pelleter; (*eira*) enlever (qch) à la pelle.

rhawiwr (**rhaw-wyr**) *g* pelleteur *m*.

rhawlech (**-au, -i**) *b* pelle *f*, spatule *f*.

rhawn *g* crin *m* de cheval; ~ **yr ebol** (*PLANH*) chara *m*, charagne *f*; ~ **y gaseg** (*PLANH*) pesse *f* (d'eau), pessereau(-x) *m*.

rhecsyn (**rhacs**) *g*
1 (*darn rhwygedig o frethyn: cyff*) lambeau(-x) *m*, loque *f*, guenille *f*, haillon *m*; (:*i lanhau*) chiffon *m*; **gwisgo rhacs** être vêtu(e) de guenilles *neu* de haillons, être déguenillé(e); **'roedd ei ffrog hi'n rhacs** sa robe était en lambeaux *neu* tombait en loques; **wedi malu'n rhacs** cassé(e) en mille morceaux.
2 (*papur newydd*) torchon* *m*, feuille *f* de chou*.

rhech (**-od**) *b* pet* *m*; **taro** ~**, rhoi** ~ péter*, faire *neu* lâcher un pet*; **fel** ~ (*yn dda i ddim*) tout à fait inutile *neu* nul(le); (*yn wan*) faible.

rhechain, **rhechan, rhechu** *bg* péter*, faire *neu* lâcher un pet*.

rhechwr (**rhechwyr**) *g* péteur* *m*.

rhechwraig (**rhechwragedd**) *b* péteuse* *f*.

rhedeg *ba*
1 (*ras ayb*) courir; ~ **ras** courir dans une épreuve; **mae hi'n** ~ **pum milltir bob dydd** elle fait huit kilomètres de course à pied tous les jours.
2 (*rheoli: busnes, ysgol, gwesty, ffatri*) diriger, gérer; (*cwrs, cystadleuaeth*) organiser.
3 (*car*) posséder; **car rhad i'w redeg** voiture *f* très économique; ~ **car i mewn** roder une voiture; **car yn cael ei redeg i mewn** voiture en rodage.
4 (*dŵr, bath ayb*) faire couler; ~ **dŵr i'r bath** faire couler de l'eau dans la baignoire; **wnei di redeg bath i mi?** veux-tu me faire couler un bain?.
5 (*GRAM: berf*) conjuguer; (*enw, rhagenw, ansoddair*) décliner.
6 (*mynd â*): ~ **dwylo/bysedd/crib drwy rth** passer les mains/les doigts/un peigne sur qch; ~ **rhaff drwy** faire passer une corde dans; ~ **bys i lawr rhestr** suivre *neu* parcourir une liste du doigt;
♦*bg*
1 (*symud yn sydyn*) courir; **rhedodd tuag ataf i'm helpu** elle a couru à ma rencontre pour me secourir; ~ **am eich bywyd** se sauver à toutes jambes; ~ **allan,** ~ **mas** sortir en courant; ~ **ar draws rhth** traverser qch en courant; ~ **dros rhn** écraser qn, passer sur le corps de qn; ~ **draw** (*picio*) passer voir, faire un saut; ~ **i ffwrdd** partir en courant, s'enfuir, se sauver, filer*, détaler*; ~ **i ffwrdd gyda gwraig rhn** partir avec la femme de qn; ~ **i lawr** (*stryd, rhiw*) descendre (qch) en courant *neu* à la hâte; ~ **i mewn** entrer en courant; ~ **o gwmpas** courir ça et là; ~ **trwodd** passer en courant; ~ **a rasio** galoper, aller grand train; **ar redeg** au pas de course, en courant; **nid ar redeg y mae aredig** plus on se hâte, moins on avance.
2 (*llifo: afon, trwyn, tap*) couler; (*inc, lliw*) baver; (*lliw: wrth olchi*) déteindre; (*gwaed, chwys, gwlybaniaeth*) ruisseler; **mae afonydd yn** ~ **i'r mor** les fleuves se jettent *neu* se déversent dans la mer; **gadael tap** *ou* **dŵr yn**

~ laisser un robinet ouvert; ~ **drosodd** (*hylif, dŵr*) déborder; ~ **trwy** (*afon, llwybr, ffordd*) passer à travers, passer par, parcourir, traverser.
3 (*gweithio: car, peiriant*) marcher, fonctionner; ~ **ar drydan/nwy** fonctionner à l'électricité/au gaz; **mae'r car yma'n** ~ **ar ddiesel** cette voiture marche au gas-oil; **mae'r radio'n** ~ **ar fatris** la radio marche sur piles; **gadael yr injan yn** ~ laisser tourner le moteur; **mae'r car yn** ~ **yn dda** la voiture roule *neu* marche bien.
4 (*teithio: trenau ayb*) circuler, faire le service; **mae'r bysus yn** ~ **bob hanner awr** les autobus passent toutes les demi-heures.
5 (*mynd*): ~ **yn hwyr** (*cyfarfod*) dépasser l'heure; **rhedodd ias o ofn i lawr ei gefn** cela lui a donné froid dans le dos; **mae'r thema hon yn** ~ **trwy'i waith** ce thème se retrouve dans son œuvre; **mae'n** ~ **yn y teulu** c'est de famille, c'est inné, c'est héréditaire; ~ **yn wyllt** (*plant*) être déchaîné(e); (*anifeiliaid*) courir en liberté; (*planhigion*) pousser follement; (*gardd*) retourner à l'état sauvage; (*dychymyg*) être déchaîné(e).
6 (*rhwygo: hosan*) filer.
7 (*llithro: cyrtens, drôr*) glisser.
8 (*crawni: briw*) suppurer.
9 (*GRAM: berf*) se conjuguer; (*enw, rhagenw, ansoddair*) se décliner.
▶ **rhedeg ar** (*dilorni*) dénigrer.

rhedegfa (**rhedegfeydd**) *b* (*ras*) course *f*; (*trac*) piste *f*; (*lle rasio ceffylau*) champ *m* de courses, hippodrome *m*.

rhedegog, **rhedegol** *ans* courant(e); **dŵr** ~ eau(-x) *f* courante, eau coulante, eau vive.

rhedegydd (**-ion**) *g* courrier *m*, messager *m*, messagère *f*.

rhedfa (**rhedfeydd**) *b* (*ras*) course *f*; (*trac*) piste *f*; (*AWYR*) piste (d'envol *neu* d'atterrissage); (*lle rasio ceffylau*) champ *m* de courses, hippodrome *m*.

rhedffordd (**rhedffyrdd**) *b* (*AWYR*) piste *f* (d'envol *neu* d'atterrissage).

rhediad (**-au**) *g*
1 (*llif: afon*) courant *m*; (:*gwaed, trydan*) circulation *f*; (:*geiriau*) flot *m*; (:*cerddoriaeth*) déroulement *m*.
2 (*cyfres*) série *f*, suite *f*; (:*CARDIAU*) séquence *f*; (*roulette*) série; ~ **o 2,000 o gopïau** (*TEIP*) un tirage de 2,000 exemplaires.
3 (*disgynfa*) rampe *f*, pente *f*, inclinaison *f*.
4 (*GRAM: berf*) conjugaison *f*; (*enw, ansoddair, rhagenw*) déclinaison *f*.
5 (*CHWAR: criced, pêl-fâs*) point *m*.
6 (*mewn hosan*) échelle *f*, maille *f* filée.

rhediadol *ans* (*GRAM*) conjugué(e); (*enw, rhagenw, ansoddair*) déclinable, décliné(e).

rhedol *ans* courant(e).

rhedwas (**rhedweision**) *g* messager *m*, courrier *m*.

rhedweli (**rhedwelïau**) *b* artère *f*.

rhedwelïol *ans* artériel(le).

rhedwr (**rhedwyr**) *g* (*CHWAR*) coureur *m*; (*negesydd*) messager *m*, courrier *m*; **mae'r car 'ma'n** ~ **da** cette voiture roule bien.

rhedwraig (**rhedwragedd**) *b* coureuse *f*.

rhedynen (**rhedyn**) *b* fougère *f*.

rhedynog *ans* couvert(e) de fougères.

rhefr (**-au**) *g* anus *m*, rectum *m*.

rhefru *bg* tempêter, fulminer, déblatérer.

rheffyn (**-nau**) *g* corde *f*; (*ar long*) cordage *m*; (*ar geffyl*) licou *m*.

rheg (**-au, -feydd**) *b* juron *m*, gros mot *m*.

rhegen (**-nod**) *b*: ~ **yr ŷd** râle *m* des gênets.

rhegi *ba* (*melltithio*) maudire;
♦*bg* jurer, lâcher un juron, dire un gros mot, proférer des jurons;
♦*g* jurons *mpl*.

rheglyd *ans* (*iaith*) grossier(grossière), impie, blasphématoire; (*dyn, merch*) qui jure comme un charretier, mal embouché(e).

rhegwr (**rhegwyr**) *g* homme *m* mal embouché, impie *m*.

rhegwraig (**rhegwragedd**) *b* femme *f* mal embouchée, impie *f*.

rheng (**-oedd**) *b* rang *m*, rangée *f*; **bod yn** ~ **flaen y mudiad** être au premier rang du mouvement; **y** ~**oedd** (*MIL*) les hommes *mpl* de troupe; (*plaid wleidyddol*) les membres *mpl* ordinaires; (*ffig*) la masse *f*; **y** ~**oedd ôl** (*GWLEID*) le gros des députés; **aelod seneddol o'r** ~ **ôl** membre *m* du Parlement sans portefeuille.

rheibes (**-au**) *b* sorcière *f*.

rheibio *ba* jeter un sort à, ensorceler; **bod wedi'ch** ~ être ensorcelé(e).

rheibiwr (**rheibwyr**) *g* sorcier *m*, enchanteur *m*.

rheibus *ans* rapace, vorace, glouton(ne); **anifail** ~ bête *f* de proie;
♦ **yn** ~ *adf* voracement, gloutonnement, rapacement.

rheidiau *ll* choses *fpl* indispensables *neu* nécessaires.

rheidiol *ans* nécessaire.

rheidiolaeth *b* déterminisme *m*.

rheidioldeb *g* nécessité *f*.

rheidiolydd (**-ion**) *g* déterministe *m/f*.

rheidrwydd *g* nécessité *f*; ~ **i wneud rhth** nécessité de faire qch; **mae'n** ~ **arnat** il t'est nécessaire, il te le faut, tu y es obligé(e), il t'incombe (de le faire); **does dim** ~ **arnat i ...** tu n'es pas obligé(e) de ...; **o reidrwydd** nécessairement, par nécessité; **mater o reidrwydd** cas *m* de force majeure; **ddim o reidrwydd!** (*mewn ateb*) pas forcément!, pas nécessairement!, pas obligatoirement!

rheidus *ans* nécessiteux(nécessiteuse), indigent(e), miséreux(miséreuse);
♦ **yn** ~ *adf* de façon miséreuse, dans la misère.

rheidusion *ll* les pauvres *mpl*, les

indigents *mpl*, les miséreux *mpl*, les nécessiteux *mpl*, les nécessiteuses *fpl*.
rheiddiad (**-au**) *g* (*gwres*) rayonnement *m*; (*ymbelydredd*) radiation *f*.
rheiddiadu *ba* rayonner, irradier; (*gwres*) émettre, dégager.
rheiddiadur (**-on**) *g* radiateur *m*; **cap** ~ (*CAR*) bouchon *m* de radiateur.
rheiddiol *ans* radial(e)(radiaux, radiales); (*injan*) moteur *m* en étoile; (*teiar*) pneu *m* à carcasse radiale.
rheilen (**rheiliau**) *b*
1 (*rhan o'r trac: trên, tram*) rail *m*; **mynd oddi ar y rheiliau** (*trên*) dérailler; (*ffig*) s'écarter du droit chemin.
2 (*canllaw: grisiau*) rampe *f*; (*:pont, cei*) garde-fou *m*; (*:balconi*) balustrade *f*.
3 (*rhan o ffens*) barreau(-x) *m*.
4 (*i hongian rhth arni: cyrtens*) tringle *f*; (*lliain, tywel*) porte-serviettes *m inv*.
rheilffordd (**rheilffyrdd**) *b* chemin *m* de fer; (*trac*) voie *f* ferrée; (*lein*) ligne *f* de chemin de fer; ~ **danddaearol** métro *m*; ~ **gebl,** ~ **halio** funiculaire *m*; ~ **uwchddaearol** métro aérien; **y Rheilffyrdd Ffrengig** la S.N.C.F *f* (= Société nationale des chemins de fer français); **amserlen reilffordd** horaire *m* des chemins de fer; **gorsaf reilffordd** gare *f* de chemin de fer; **gweithiwr** ~ cheminot *m*; **rhwydwaith rheilffyrdd** réseau(-x) *m* ferroviaire.
Rhein *prb*: **y** ~ le Rhin *m*.
rheina *rhag dang*: **y** ~ ceux-là *mpl*, celles-là *fpl gw. hefyd* **hwnna, honna**.
rheini *rhag dang*: **y** ~ ceux-là *mpl*, celles-là *fpl gw. hefyd* **hwnnw, honno**.
rheinws *g* prison *f*.
rheiny *rhag dang gw.* **rheini**.
rheiol *ans* splendide, magnifique;
♦ **yn** ~ *adf* splendidement, magnifiquement.
rheithfarn (**-au**) *b* verdict *m*.
rheithgor (**-au**) *g* jury *m*, jurés *mpl*; (*cystadleuaeth ayb*) jury; **bod ar y** ~ faire partie du jury; **mainc y** ~ banc *m* des jurés.
rheithiwr (**rheithwyr**) *g* juré *m*.
rheithor (**-ion, -iaid**) *g* pasteur *m* (*anglican*).
rheithordy (**rheithordai**) *g* presbytère *m* (*anglican*).
rheithwraig (**rheithwragedd**) *b* (femme *f*) jurée *f*.
rhelyw *g*: **y** ~ (*y gweddill: pethau*) le reste *m*; (*:pobl*) les autres *m/fpl*; (*y rhan fwyaf*) la plupart, le plus grand nombre + *v.pl.*
rhemp *b* (*gormodaeth*) excès *m*, déchaînement *m*; **fe aeth meddwdod yn** ~ **yn y dref 'ma** l'ivresse est devenue excessive dans cette ville, l'ivresse sévit dans cette ville; **maen nhw wedi mynd yn** ~ ils se sont déchaînés, elles se sont déchaînées, ils *neu* elles ont dépassé les bornes.
rhempus *ans* excessif(excessive); (*anhrefnus*) en désordre, déréglé(e).
rhenc (**-iau**) *b*
1 (*rhes*) rang *m*, rangée *f*; ~ **o wair** andain *m*.
2 (*MIL: gradd*) grade *m*.
rhent (**-i**) *g* (*tŷ, tir*) loyer *m*; (*fferm*) loyer, fermage *m*; (*teledu*) (prix *m* de) location *f*; (*ffôn*) abonnement *m*; ~ **chwarter** terme *m*; **ar rent** à louer; **ad-daliad** ~ dégrèvement *m* de loyer; **casglwr** ~ receveur *m* de loyers; **byw heb dalu** ~ vivre sans payer de loyer.
rhentu *ba* (*gan rn*) louer, prendre (qch) en location; (*i rn: gosod*) louer (qch à qn), donner (qch) en location (à qn);
♦*bg* être locataire; **nid hi yw'r perchennog,** ~ **mae hi** elle n'est pas propriétaire, mais locataire seulement.
rheol (**-au**) *b* règle *f*, règlement *m*; **mae'n** ~ ... il est de règle que + *subj*; **yn erbyn y** ~**au** contraire à la règle *neu* au règlement; **Rheolau'r Ffordd Fawr** le code *m* de la route; **fel** ~ d'habitude, généralement, normalement.
rheolaeth (**-au**) *b* (*rheolau*) réglementation *f*, régulation *f*; (*awdurdod*) autorité *f*, contrôle *m*, direction *f*; (*ar fusnes*) gestion *f*; (*arnoch eich hun, ar gar, ar beiriant*) maîtrise *f*; (*ar bla*) suppression *f*; **'does ganddi ddim** ~ **ar y plant** elle n'a aucune autorité sur les enfants; **colli** ~ **ar gerbyd/sefyllfa** perdre le contrôle d'un véhicule/d'une situation, ne plus être maître d'un véhicule/d'une situation; **sefyllfa sydd y tu hwnt i'm** ~ **i** une situation indépendante de ma volonté; **mae ei phlant hi allan o reolaeth** ses enfants sont intenables; **cadw ci dan reolaeth** maîtriser un chien, se faire obéir d'un chien; **mae popeth dan reolaeth** on a la situation bien en main; **dan reolaeth o bell** télécommandé(e).
rheolaethol *ans* directorial(e)(directoriaux, directoriales), réglementaire, gestionnaire.
rheolaidd *ans* régulier(régulière), en règle; (*arferol*) habituel(le), normal(e)(normaux, normales); (*darllenwr, gwrandäwr*) fidèle; (*staff*) permanent(e); **ymwelydd** ~ habitué *m*, habituée *f*;
♦ **yn** ~ *adf* à intervalles réguliers, régulièrement.
rheoledig *ans* réglé(e), contrôlé(e), bien ordonné(e); (*economi*) dirigé(e); (*busnes*) géré(e).
rheoleidd-dra *g* régularité *f*.
rheoleiddio *ba* régler, régulariser.
rheoleiddiwr (**rheoleiddwyr**) *g* (*dyn, peiriant*) régulateur *m*.
rheoleiddwraig (**rheoleiddwragedd**) *b* régulatrice *f*.
rheolfa (**rheolfeydd**) *b* contrôle *m*
rheoli *ba* (*gwlad*) gouverner; (*busnes*) diriger, gérer; (*fferm*) exploiter; (*plentyn*) se faire

obéir de; (*teimladau*) maîtriser; (*cwch, cerbyd*) manœuvrer; (*traffig, gwariant*) régler; (*prisiau, enillion, mewnlifiad*) contrôler, réglementer; (*afiechyd*) enrayer; **eich ~'ch hun** se contrôler, se maîtriser; **nid yw'n gallu ~'r plant** il n'a aucune autorité sur les enfants.

rheoliad (**-au**) *g* règlement *m*, réglementation *f*.

rheolus *ans* bien ordonné(e), en ordre, discipliné(e);
♦ **yn ~** *adf* en ordre, d'une façon disciplinée, sans précipitation.

rheolwaith (**rheolweithiau**) *g* routine *f*; (*swyddfa*) travail *m* courant du bureau.

rheolwr (**rheolwyr**) *g* directeur *m*, dirigeant *m*, chef *m*, contrôleur *m*; (*siop*) gérant *m*; (*fferm*) exploitant *m*; (*actor, canwr ayb*) manager *m*; **~ gwerthiant** directeur commercial; **rheolwyr y wlad** les dirigeants *mpl* du pays.

rheolwraig (**rheolwragedd**) *b* directrice *f*, dirigeante *f*; (*siop*) gérante *f*.

rheolydd (**-ion**) *g* régulateur *m*, contrôleur *m*; **~ calon** (*MEDD*) stimulateur *m* cardiaque.

rhes (**-i**) *b* (*streipen*) raie *f*, rayure *f*; (*gwau*) rang *m*; (*o bobl*) rang, rangée *f*; (*llysiau*) rang, rayon *m*; (*tai, coed*) rangée; **'roedden nhw'n eistedd mewn ~/yn y ~ flaen** ils étaient assis en rang/au premier rang; **'rwy'n byw mewn tŷ ~** ma maison est attenante aux maisons voisines; **~ wen** (*yn y gwallt*) raie.

rhesaid (**rheseidiau**) *b* rangée *f*; (*tatws ayb*) rang *m*, rayon *m*.

rhesel (**-i**) *b* (*ar gyfer bwyd i wartheg*) râtelier *m*; (*ar gyfer poteli*) casier *m*; (*dogfennau, ffeiliau*) classeur *m*; (*mewn siop*) étagère *f*, rayon *m*.

rhesen (**rhesi**) *b*: **~ wen** (*yn y gwallt*) raie *f*.

rhesinen (**rhesins**) *b* raisin *m* sec.

rhesog *ans* (*streipiog*) rayé(e), à raies, à rayures; (*rib, melfaréd*) côtelé(e).

rhestl (**-au**) *b gw.* **rhastl.**

rhestr (**-au**) *b* liste *f*, inventaire *m*; **~ aros** liste d'attente; **~ fer** liste des candidats sélectionnés; **~ siopa** liste de courses; **~ termau** glossaire *m*, lexique *m*; **ar ben y ~** en tête *neu* en fin de liste.

rhestrol *ans* ordinal(e)(ordinaux, ordinales).

rhestru *ba* faire *neu* dresser la liste de; (*rhifo*) énumérer; (*dosbarthu*) classer; **nid yw ei enw wedi'i restru** son nom n'est pas inscrit.

rheswm (**rhesymau**) *g*
1 (*eglurhad, achos*) raison *f*; **y ~ fy mod yn hwyr yw ...** la raison pour mon retard *neu* de mon retard, c'est que; **mae arna' i eisiau gwybod y ~ pam** je veux savoir pourquoi; **a dyna'r ~ pam!** et voilà pourquoi!, et en voilà la raison!; **am y ~ syml ...** pour la bonne *neu* simple raison que; **am yr union reswm ...** précisément parce que; **am resymau y gŵyr hi'n unig amdanyn nhw** pour des raisons qu'elle est seule à connaître, pour des raisons connues d'elle seule; **beth yw'r ~ dros ...?** quelle est la raison pour *neu* de ...?; **mwyaf yn y byd o reswm dros wneud rhth** raison de plus pour faire qch; **mae gennyf reswm i gredu ...** j'ai tout lieu *neu* j'ai de bonnes raisons de croire que; **heb unrhyw reswm** sans raison *neu* motif; **mae hi'n ddig ac nid heb reswm** elle est fâchée et à juste titre.
2 (*synnwyr*) raison *f*; **gweld ~, gwrando ar reswm** entendre la raison; **wnei di ddim gwrando ar reswm** on ne peut pas te faire entendre raison; **mae hynna'n sefyll i reswm** cela va sans dire, cela va de soi; **mae'n sefyll i reswm ...** il va sans dire que; **mi wna' i bopeth sydd o fewn ~** je ferai tout ce qui est raisonnablement possible de faire; **'does dim ~ yn y peth** ce n'est pas logique; **dal pen ~ â rhn** s'entretenir avec qn, bavarder avec qn, causer avec qn; **wrth reswm** bien entendu, naturellement.
3 (*pwyll*) raison *f*; **colli'ch ~** perdre la raison.

rhesymeg *b* logique *f*.

rhesymegiad (**-au**) *g* rationalisation *f*.

rhesymegiaeth (**-au**) *b* rationalisme *m*.

rhesymegol *ans* logique;
♦ **yn ~** *adf* logiquement.

rhesymegwr (**rhesymegwyr**) *g* logicien *m*.

rhesymegwraig (**rhesymegwragedd**) *b* logicienne *f*.

rhesymiad (**-au**) *g* raisonnement *m*, dialectique *f*.

rhesymol *ans* (*agwedd*) raisonnable, logique; (*pris*) raisonnable, modéré(e), abordable; (*cynnig*) raisonnable, acceptable; (*canlyniad*) acceptable, passable;
♦ **yn ~** *adf* raisonnablement, logiquement, modérément, passablement.

rhesymoldeb *g* (*cyff*) caractère *m* raisonnable *neu* logique, nature *f* raisonnable *neu* logique; (*prisiau, gofynion*) modération *f*.

rhesymoli *ba* rationaliser; (*MATH*) rendre rationnel(le).

rhesymoliaeth *b* rationalisme *m*.

rhesymolwr (**rhesymolwyr**) *g* rationaliste *m*.

rhesymolwraig (**rhesymolwragedd**) *b* rationaliste *f*.

rhesymu *bg* (*meddwl*) raisonner; **mae'n amhosibl ~ ag e!** il n'y a pas moyen de lui faire entendre raison!;
♦*g* raisonnement *m*.

rhethreg *b* rhétorique *f*, éloquence *f*.

rhethregol *ans* rhétorique; (*arddull*) ampoulé(e), guindé(e); **cwestiwn ~** question *f* rhétorique;
♦ **yn ~** *adf* (*ateb*) en rhétoricien; (*siarad, ysgrifennu*) avec emphase, de façon ampoulée *neu* guindée.

rhethregwr (**rhethregwyr**) *g* rhétoricien *m*.

rhethregwraig (**rhethregwragedd**) *b*

rhétoricienne *f*.

rhew (**-oedd, -ogydd**) *g*
1 (*dŵr wedi rhewi'n naturiol: cyff*) glace *f*; (*:ar y ffordd*): ~ **du** verglas *m*; **bwyell rew** piolet *m*; **cap** ~ calotte *f* glaciaire; **cloch rew** glaçon *m* (naturel); **fflochen** ~ banquise *f*; **maes** ~ banquise, champ *m* de glace; **mynydd** ~ iceberg *m*; **Oes y Rh**~ Période *f* glaciaire; **mae** ~ **yn gorchuddio'r llyn** le lac a gelé, le lac est pris de glace; **bod yn oer fel** ~ (*tywydd*) faire un froid glacial *neu* sibérien; (*rhth*) être glacial(e)(glacials *neu* glaciaux, glaciales), être froid(e) comme de la glace; (*rhn*) être glacé(e) jusqu'aux os; **mae hi fel** ~ **yn yr ystafell yma** cette pièce est une vraie *neu* véritable glacière, on gèle dans cette pièce; **mae fy nwylo yn oer fel** ~ j'ai les mains glacées.
2 (*dŵr wedi'i rewi gan rn*) glace *f*; **bwced** ~, **bwced rew** seau(-x) *m* à glace *neu* à champagne; **cafn** ~ bac *m* à glaçons *neu* à glace; **cist rew** glacière *f*; **ciwb** ~ glaçon *m*, cube *m* de glace; **hoci** ~ hockey *m* sur glace; **llawr** ~, **rinc** ~ patinoire *f*; **faint o rew gymerwch chi yn eich diod?** combien de glaçons est-ce que vous voulez *neu* est-ce que je vous mets?

rhewadur (**-on**) *g* réfrigérateur *m*, frigidaire *m*, frigo* *m*.

rhewbwynt (**-iau**) *g* point *m* de congélation; **dan y** ~ au-dessous de zéro (centigrade).

rheweiddiad (**-au**) *g* réfrigération *f*.

rheweiddio *ba* réfrigérer.

rhewfryn (**-iau**) *g* iceberg *m*.

rhewgaeth *ans* (*llong*) pris(e) dans les glaces; (*harbwr*) fermé(e) par les glaces.

rhewgell (**-oedd**) *b* (*yn y cartref*) congélateur *m*; (*DIWYD*) surgélateur *m*.

rhewgist (**-iau**) *b* congélateur *m*; (*mewn oergell*) freezer *m*.

rhewglai *g* dépôt *m* argileux erratique.

rhewi *ba* (*dŵr ayb*) geler; (*bwydydd: wedi'u rhewi gartref*) aliments *mpl* congelés; (*:MASN*) aliments surgelés; (*asedau*) geler; (*prisiau, cyflogau*) bloquer;
♦*bg* (*tywydd, hylif, llyn ayb*) geler; (*bwyd*) se congeler; (*ffig*) se figer; ~**'n galed** (*tywydd*) geler dur, geler à pierre fendre; **'rydyn ni'n** ~ nous sommes gelé(e)s, on gèle; ~ **i farwolaeth** mourir de froid.

rhewlif (**-au**) *g* glacier *m*.

rhewlifol *ans* (*DAEAR*) glaciaire, glacial(e)(glacials *neu* glaciaux, glaciales).

rhewllyd *ans* (*tywydd, bore*) glacial(e)(glacials *neu* glaciaux, glaciales); (*ffordd*) verglacé(e);
♦ **yn** ~ *adf* glacialement.

rhewydd (**-ion**) *g* réfrigérant *m*; (*rhewgell: yn y cartref*) congélateur *m*; (*:DIWYD*) surgélateur *m*.

rhewyn (**-nau**) *g* (*ffos*) fossé *m*; (*nant*) ruisseau(-x) *m*.

rhewynt (**-oedd**) *g* vent *m* glacial.

rhëydr *ll gw.* **rhaeadr**.

rhiain (**rhianedd**) *b* (*merch ifanc*) jeune fille *f*; ~ **deg** une belle *f*.

rhialtwch *g* réjouissances *fpl*, fête *f*, ébats *mpl*.

rhiant (**rhieni**) *g* parent *m*; (*mam*) mère *f*; (*tad*) père *m*; **rhieni** parents *mpl*; **rhieni-yng-nghyfraith** beaux-parents *mpl*; **cymdeithas rhieni ac athrawon** association *f* des parents d'élèves et des professeurs.

rhibidirês *b* (*o eiriau*) galimatias *m*, discours *mpl* incohérents *neu* verbeux; (*cyfres*) file *f*, ribambelle *f*, kyrielle *f*;
♦ **yn** ~ *adf* (*cerdded*) en file, à la file; **siarad yn** ~ déblatérer*.

rhibin (**-iau**) *g* raie *f*, bande *f*; (*golau, paent, gwaed*) filet *m*; (*o dir*) bande, langue *f*.

rhibyn (**-nau**) *g gw.* **rhibin**.

rhic (**-iau**) *g* encoche *f*, entaille *f*; (*mewn llafn*) ébréchure *f*.

rhicio *ba* (*ffon*) encocher; (*llafn*) ébrécher.

rhicyn (**rhiciau**) *g gw.* **rhic**.

rhidennu *ba* franger.

rhidens *ll* frange *f*, bordure *f*.

rhidyll (**-au, -iau**) *g* (*glo, cerrig, pridd, plastr*) crible *m*, tamis *m*, claie *f*; (*siwgr, blawd*) passoire *f*, tamis, chinois *m*; (*hylif*) passoire; **mae gen i gof fel** ~ ma mémoire est une vraie passoire.

rhidyllio, **rhidyllu** *ba* passer (qch) au crible, cribler, passer (qch) au tamis, tamiser.

rhieingerdd (**-i**) *b* chanson *f* d'amour.

rhieni *ll gw.* **rhiant**.

rhif (**-au**) *g*
1 (*MATH*) nombre *m*; ~ **cyfan/cyflawn/cymhlyg/cysefin** nombre entier/rond/complexe/premier; ~ **rhwydd/afrwydd** nombre pair/impair.
2 (*ysgrifenedig*) chiffre *m*; **tri** ~ **ar ôl y pwynt degol** trois chiffres après la virgule.
3 (*mewn cyfres: tŷ, tudalen, ffôn*) numéro *m*; **byw yn** ~ **7** habiter au (numéro) 7; ~ **ffôn** numéro de téléphone; ~ **car** numéro d'immatriculation *neu* minéralogique; **plât** ~ **car** plaque *f* d'immatriculation *neu* minéralogique; **rhoi** ~ **i** *ou* **ar rth** numéroter qch.

rhifadwy *ans* nombrable, qui peut être compté(e).

rhifedi *g* nombre *m*, quantité *f*.

rhifedig *ans* numéroté(e).

rhifiadur (**-on**) *g* (*MATH*) numérateur *m*; (*offer*) numéroteur *m*.

rhifo *ba* (*cyfrif*) compter, énumérer; (*rhoi rhif ar*) numéroter; **'dydy'r tai ddim wedi'u** ~ les maisons n'ont pas de numéro.

rhifolyn (**rhifolion**) *g* chiffre *m*, nombre *m*; ~ **Rhufeinig** chiffre romain.

rhifydd (**-ion**) *g* compteur *m*; ~ **Geiger** compteur Geiger.

rhifyddeg *b* arithmétique *f*.
rhifyddol *ans* arithmétique;
♦ **yn** ~ *adf* arithmétiquement.
rhifyddwr (**rhifyddwyr**) *g* arithméticien *m*.
rhifyddwraig (**rhifyddwragedd**) *b* arithméticienne *f*.
rhifyn (**-nau**) *g* (*cylchgrawn ayb*) numéro *m*; ~ **mis Mawrth** le numéro de mars.
rhigod (**-au**) *g* pilori *m*.
rhigol (**-au**) *b* (*ôl olwynion, traed ayb*) rigole *f*, ornière *f*; (*cwys*) sillon *m*; (*ar garreg, ar bren, ar gragen*) strie *f*; (*ar goed, ar garreg, ar fetal*) cannelure *f*, rainure *f*, strie; (*drws llithro*) rainure; (*pwli*) cannelure, gorge *f*; (*record*) sillon; ~ **a thafod** rainure et languette; **bod mewn** ~ (*ffig*) s'encroûter, devenir routinier(routinière), être pris(e) dans la routine.
rhigolaeth (**-au**) *b* routine *f*.
rhigolaidd *ans* routinier(routinière), habituel(le), de routine.
rhigoli *ba* canneler, rainer, rainurer, strier.
rhigoliad (**-au**) *g gw.* **rhigol**.
rhigolog *ans* sillonné(e), cannelé(e), strié(e).
rhigwm (**rhigymau**) *g* petite chanson *f*, petit poème *m*, petite poésie *f*; (*i blant*) comptine *f*.
rhigymu *ba* mettre (qch) en vers, versifier; ♦*bg* faire des vers; (*yn wael*) faire de mauvais vers, rimailler.
rhigymwr (**rhigymwyr**) *g* rimailleur *m*, versificateur *m*.
rhigymwraig (**rhigymwragedd**) *b* rimailleuse *f*, versificatrice *f*.
rhingyll (**-iaid**) *g* (*MIL*) sergent *m*; (*HEDDLU*) brigadier *m*; (*marchlu*) maréchal *m* des logis.
rhimyn (**-nau**) *g* (*llain*) bande *f*; (*ymyl*) bord *m*.
rhin (**-iau**) *b* (*rhinwedd*) vertu *f*; (*hanfod*) essence *f*; (*swyn*) enchantement *m*, charme *m*.
rhinc[1] (**-iau**) *b* grincement *m*, craquement *m*; ~ **dannedd** grincement des dents.
rhinc[2] (**-od, -iau**) *b* (*PRYF*): ~ **y tes** courtilière *f*, taupe-grillon(~s-~s) *f*.
rhincian *ba* grincer, craquer; ~ **dannedd** grincer les dents.
rhinflas (**-au**) *g* essence *f*.
rhiniog (**-au**) *g* seuil *m*, pas *m* de la porte; **croesi'r** ~ franchir le seuil; **ar y** ~ au seuil.
rhiniol *ans* enchanteur(enchanteresse), magique, mystérieux(mystérieuse), secret(secrète), envoûtant(e), ensorcelant(e); ♦ **yn** ~ *adf* de façon enchanteresse, magiquement, secrètement.
rhinoseros (**-od, -iaid**) *g* rhinocéros *m*.
rhinwedd (**-au**) *g,b* vertu *f*; **yn** ~ **...** en vertu de ..., en raison de ...; **yn** ~ **eich swydd fel athro** en vertu *neu* en raison du fait que vous êtes professeur.
rhinweddol *ans* vertueux(vertueuse);
♦ **yn** ~ *adf* vertueusement.
rhiplif (**-iau**) *b* scie *f* à refendre.
rhipyn (**-nau**) *g* montée *f*.
rhisgl *ll gw.* **rhisglyn**.
rhisglo *ba* écorcer.
rhisglyn (**rhisgl**) *g* écorce *f*.
Rhisiart *prg* Richard; ~ **Lewgalon** Richard Cœur de Lion.
rhisom (**-au**) *g* rhizome *m*.
rhith (**-iau**) *g*
1 (*ffurf*) forme *f*; **diafol yn** ~ **merch** un démon sous la forme d'une femme, un démon déguisé en femme.
2 (*ysbryd, lledrith*) apparition *f*, spectre *m*, fantôme *m*, illusion *f*; **gweld** ~**iau** avoir des hallucinations, voir des chimères *fpl*.
3 (*yn yr anialwch*) mirage *m*.
rhithawdur (**-on**) *g* nègre *m* littéraire.
rhithdyb (**-iau**) *g,b* illusion *f*; (*SEIC*) fantasme *m*.
rhitheg *b* embryologie *f*.
rhithegol *ans* embryologique.
rhithio *bg* (*ymddangos, ymffurfio*) se former, apparaître, se montrer, se manifester.
rhithiol *ans* illusoire, chimérique, apparent(e); ♦ **yn** ~ *adf* illusoirement, de façon apparente, de façon chimérique.
rhithiwr (**rhithwyr**) *g* dissimulateur *m*, imposteur *m*.
rhithlenor (**-ion**) *g* nègre *m* (littéraire)
rhith-weld *bg* avoir des hallucinations.
rhithweledigaeth (**-au**) *b* hallucination *f*, mirage *m*, chimère *f*.
rhithweledigaethol *ans* (*sy'n gweld rhithiau*) qui hallucine; (*sy'n peri rhithweledigaethau*) hallucinogène.
rhithwraig (**rhithwragedd**) *b* dissimulatrice *f*.
rhithyn *g* (*mymryn*) parcelle *f*, particule *f*; (*gwirionedd, synnwyr*) grain *m*, brin *m*.
rhiw (**-iau**) *b* côte *f*, pente *f*; (*ar i fyny*) montée *f*; (*ar i lawr*) descente *f*, déclivité *f*; **mynd i fyny** ~, **dringo** ~ monter une pente.
rhiwbob *g gw.* **riwbob**.
rhocen, **rhoces** (**-i**) *b* (jeune) fille *f*; ~ **fach** fillette *f*.
rhocian *bg* se dandiner.
rhocos *ll*: **dail** ~ (*PLANH*) mauve *f*.
rhocyn (**-nod**) *g* jeune homme *m*, gars *m*, adolescent *m*.
rhoch *b* grognement *m*; (*wrth farw*) râle *m*, râlement *m*.
rhochiad (**-au**) *g gw.* **rhoch**.
rhochian *bg* (*mochyn*) grogner, pousser un grognement; (*rhn: wrth gysgu*) ronfler; ~ **cysgu** dormir en ronflant.
rhod (**-au**) *b* (*olwyn*) roue *f*; (*cylchdro*) orbite *f*; **mae'r** ~ **yn troi** les saisons passent; **troad y** ~ solstice *m*; **is y** ~ au monde, sur la terre, ici bas.
rhoden (**-ni**) *b*
1 (*gwialen: o bren*) baguette *f*; (:*o fetel*)

tringle *f*; (*:mewn peiriant*) tige *f*; (*:i gosbi*) baguette, canne *f*; (*:arwydd o awdurdod*) verge *f*; ~ **gyrtens/risiau** tringle à rideaux/d'escalier.
2 (*mesur*) perche *f*.
3 (PLANH): ~ **aur** solidage *f*, verge *f* d'or; ~ **felen** cytise *m*, faux ébénier *m*.
Rhodesaidd *ans* rhodésien(ne).
Rhodesia *prb* la Rhodésie *f*; **yn** ~ en Rhodésie.
Rhodesiad (**Rhodesiaid**) *g/b* Rhodésien *m*, Rhodésienne *f*.
rhodfa (**rhodfeydd**) *b* promenade *f*, avenue *f*; (*mewn gardd*) allée *f*; (*yn y wlad*) chemin *m*.
rhodiad *g*
1 (*buchedd*) conduite *f*, mœurs *fpl*, comportement *m*; **dyn o rodiad gweddus** un homme respectable.
2 (*cerddediad*) démarche *f*, allure *f*.
rhodianna *bg* aller faire un tour, se promener; (*yn hamddenol*) flâner.
rhodiannol *ans* ambulant(e).
rhodiennwr (**rhodienwyr**) *g gw.* **rhodiwr**.
rhodienwraig (**rhodienwragedd**) *b gw.* **rhodwraig**.
rhodio *bg* aller faire un tour, se promener; (*yn hamddenol*) flâner; (*cerdded*) marcher.
rhodiwr (**rhodwyr**) *g* promeneur *m*, flâneur *m*.
rhodl (**-au**) *b* godille *f*, pagaie *f*.
rhodle (**-oedd**) *g* promenoir *m*.
rhodli *ba* faire avancer (qch) à la godille; ♦*bg* godiller.
rhodlong (**-au**) *b* bateau(-x) *m* à aubes *neu* à roues.
rhodlwr (**rhodlwyr**) *g* pagayeur *m*.
rhodlwraig (**rhodlwragedd**) *b* pagayeuse *f*.
rhodni (**-s**) *g* vaurien *m*, bon *m* à rien.
rhododendron (**-au**) *b* rhododendron *m*.
Rhodos *prb*: **(Ynys)** ~ (l'île *f* de) Rhodes *f*; **yn** ~ à Rhodes.
rhodres (**-au**) *g* ostentation *f*, affectation *f*, façons *fpl*, esbroufe* *f*; **hel** ~ faire des façons.
rhodresa *bg* se pavaner, plastronner, parader, faire de l'esbroufe*.
rhodresgar *ans* suffisant(e), important(e), prétentieux(prétentieuse), affecté(e), pompeux(pompeuse), crâneur(crâneuse); ♦ **yn** ~ *adf* prétentieusement, pompeusement, avec affectation, avec ostentation, arrogamment.
rhodreswr (**rhodreswyr**) *g* vantard *m*, homme *m* suffisant, crâneur *m*, esbroufeur* *m*.
rhodreswraig (**rhodreswragedd**) *b* vantarde *f*, femme *f* suffisante, crâneuse *f*, esbroufeuse* *f*.
rhodwr (**rhodwyr**) *g* (ADAR) engoulevent *m*.
rhodwraig (**rhodwragedd**) *b* flâneuse *f*, promeneuse *f*.
rhodd (**-ion**) *b* cadeau(-x) *m*, don *m*, donation *f*; **Rh~ Mam** ≈ catéchisme *m*.
rhoddi *ba gw.* **rhoi**.
rhoddiad (**-au**) *g* donation *f*.
rhoddwr (**rhoddwyr**) *g* donateur *m*; (*gwaed ayb*) donneur *m*.
rhoddwraig (**rhoddwragedd**) *b* donatrice *f*; (*gwaed ayb*) donneuse *f*.
rhofiaid (**rhofieidiau**) *b* pelletée *f*.
rhofiau *ll gw.* **rhaw**.
rhofio *ba gw.* **rhawio**.
rhofiwr (**rhofwyr**) *g* pelleteur *m*.
rhoi *ba*
1 (*cyflwyno*) donner; (*anrheg*) faire, offrir; (*teitl*) conférer; (*priodferch*) conduire (qn) à l'autel; ~ **rhth** (*am ddim*) faire cadeau *neu* don de qch; ~ **rhth i rn** donner qch à qn.
2 (*caniatáu*) accorder; (*amser*) donner, accorder, laisser; **rho funud imi** donne-moi une minute.
3 (*gosod, dodi*) mettre, poser, placer; (*trydan, nwy*) installer; ~ **rhth at rth** ajouter qch à qch; ~ **jig-so at ei gilydd** reconstituter un puzzle; ~ **arian ar geffyl** miser sur un cheval; ~ **record i chwarae** mettre un disque; ~ **rhth i gadw** (*o'r neilltu*) mettre qch de côté; (*tacluso*) ranger qch; ~ **rhth y tu allan** mettre qch dehors; ~ **rhth ar werth** mettre qch en vente; ~**'r golau** allumer (la lumière); ~ **golau ar ganwyll** allumer une chandelle.
4 (*gwisgo*): ~ **dillad amdanoch** s'habiller, mettre des vêtements; ~ **esgidiau am eich traed** chausser des souliers, se chausser; ~ **het am eich pen** se coiffer d'un chapeau.
5 (*gwneud yn sydyn*): ~ **gwaedd/ochenaid** pousser un cri/un soupir; ~ **naid** faire un saut, sauter.
6 (*talu*): ~ **arian am rth** payer de l'argent pour qch; **faint roesoch chi amdano?** combien (l')avez-vous payé(e)?.
7 (*ystyried, barnu*): ~ **rhn yn Ffrancwr** prendre qn pour un Français; **mi'i rhoddwn i hi'n ddeugain oed** je lui donnerais la quarantaine.
▶ **rhoi rhth allan** (*dosbarthu*) distribuer qch; ~ **'ch braich allan** (*fel arwydd*) tendre le bras; ~**'ch pen allan drwy'r ffenestr** passer la tête par la fenêtre.
▶ **rhoi rhn drwodd** *ou* **trwodd** (*ar y ffôn*) mettre qn en communication; **rhowch fi drwodd at Mr. Jones** passez-moi M. Jones; ~ **galwad trwodd** passer un appel.
▶ **rhoi heibio** mettre (qch) de côté; (*syniad, gobaith*) renoncer à.
▶ **rhoi i fyny** (*rhoi'r gorau iddi*) abandonner, (y) renoncer; ~**'ch traed i fyny** (*gorffwys*) se reposer, décompresser*.
▶ **rhoi rhth i lawr** (*parsel ayb*) déposer qch, mettre qch par terre; (*ar bapur*) mettre qch par écrit, inscrire qch.
▶ **rhoi rhth o'r neilltu** mettre qch de côté, ranger qch; (*gwin*) mettre qch en cave.
▶ **rhoi rhth yn ei ôl** (*yn ei le*) remettre qch,

replacer qch; ~ **rhth yn ei ôl i rn** rendre qch à qn;
♦*bg* (*sigo: pont ayb*) céder, s'affaisser; (*ymestyn: defnydd ayb*) prêter, se relâcher.
rhôl (**rholiau**) *b* (*papur ayb*) rouleau(-x) *m*; (*bara*) petit pain *m*; (*bleind*) enrouleur *m*; (*cofrestr*) liste *f*; ~ **gaws** sandwich *m* au fromage (*dans un petit pain*); ~ **sosej** ≈ friand *m*.
rholbren (**-ni, -nau**) *g* rouleau(-x) *m* à pâtisserie.
rholer (**-i**) *g,b gw.* **roler**.
rholiad (**-au**) *g* (*pêl ayb*) roulement *m*; (*GYM ayb*) roulade *f*.
rholian, **rholio** *ba* (faire) rouler; (*cortyn*) enrouler; ~ **toes** étendre *neu* abaisser la pâte au rouleau;
♦*bg* rouler.
▶ **rholio drosodd** se retourner; ~ **rhn/rhth drosodd** retourner qn/qch.
▶ **rholio i fyny** se rouler; ~ **rhth i fyny** rouler qch, enrouler qch.
▶ **rholio o gwmpas** rouler ça et là; (*rhn*) se rouler par terre.
rholiwr (**rholwyr**) *g* rouleau(-x) *m*.
rholydd (**-ion**) *g* (*ADAR*) rollier *m*, geai *m* bleu.
rholyn (**rholiau**) *g* rouleau(-x) *m*; (*o arian papur*) liasse *f*; (*o garthion*) étron *m*.
rhombws (**rhombysau**) *g* (*MATH*) losange *m*.
Rhôn *prb*: **y** ~ le Rhône *m*.
rhonc *ans* invétéré(e), fieffé(e); **Tori** ~ conservateur *m*/conservatrice *f* à tout crin *neu* à tous crins.
rhos[1] (**-ydd**) *b* (*DAEAR*) lande *f*.
rhos[2] *ll gw.* **rhosyn**.
rhoséd (**rhosedau, rhosedi**) *g,b gw.* **rhosglwm**.
rhosglwm (**rhosglymau**) *g* rosette *f*; (*a wisgir gan gefnogwr, a roddir fel gwobr*) cocarde *f*.
rhosliw *ans* rose, rosé(e).
rhosmari *g* romarin *m*.
rhosod *ll gw.* **rhosyn**.
rhost *ans* rôti(e); **cig** ~ rôti *m*; **cig eidion** ~ rôti de bœuf, rosbif *m*;
♦*g* (**-iau**) rôti *m*; ~ **llysieuol** rôti végétarien (*souvent à base de noisettes*).
rhostio *ba* (faire) rôtir; **cig eidion wedi ei rostio** rôti *m* de bœuf, rosbif *m*;
♦*bg* rôtir.
rhostir (**-oedd**) *g* lande *f*.
rhostog (**-ion**) *g* (*ADAR*) pluvier *m*.
rhosyn (**-nau, rhosod, rhos**) *g* rose *f*; ~ **gwyllt** églantine *f*; **rhos Mair** romarin *m*; ~ **y mynydd** pivoine *f*; **blaguryn** ~ bouton *m* de rose; **coeden rosod, llwyn** *ou* **pren rhosod** rosier *m*; **gwely rhosod** massif *m* de rosiers; **lliw** ~ rose.
rhosynnaidd *ans* rosé(e), rosacé(e).
rhowler (**-i**) *g,b* rouleau(-x) *m*.
rhu *g* (*llew, arth*) rugissement *m*; (*tarw, buwch*) mugissement *m*, beuglement *m*, meuglement *m*; (*tyrfa*) hurlements *mpl*; (*cerbyd, taran, storm*) grondement *m*.
rhuad (**-au**) *g gw.* **rhu**.
rhuban (**-nau**) *g* ruban *m*; ~ **melfed** ruban de velours; **Rh~ Glas** cordon *m* bleu.
rhubanog *ans* enrubanné(e).
rhuchen (**-ni, -nau**) *b* (*ar lygad*) cataracte *f*.
rhuchio *ba* vanner.
rhuchion *ll* balle *f*, son *m*.
rhudd (**-ion**) *ans gw.* **rhuddgoch**.
rhuddem (**-au**) *b* rubis *m*; **priodas ruddem** noces *fpl* de vermeil.
rhuddfelyn (**rhuddfelen, rhuddfelynion**) *ans* orangé(e), couleur d'orange.
rhuddgoch (**-ion**) *ans* cramoisi(e), rouge;
♦*g* cramoisi *m*, rouge *m*.
rhuddin *g* cœur *m* de bois; (*nerth cymeriad, dycnwch*) trempe *f*, force *f* morale.
rhuddion *ll* son *m* (de blé).
rhuddliw (**-iau**) *g* rouge *m* (à joues).
rhuddlwyd (**-ion**) *ans* feuille-morte(inv), brun-roux(inv).
rhuddo *ba* roussir.
rhuddwernen (**rhuddwern**) *b* cerisier *m* (à grappes).
rhuddygl *g* radis *m*.
Rhufain *prb* Rome.
Rhufeinaidd *ans* romain(e).
Rhufeines (**-au**) *b* Romaine *f*.
Rhufeiniad (**Rhufeiniaid**) *g/b* Romain *m*, Romaine *f*.
Rhufeinig *ans* romain(e); **rhifolyn** ~ chiffre *m* romain.
Rhufeiniwr (**Rhufeinwyr**) *g* Romain *m*.
Rhufeinwraig (**Rhufeinwragedd**) *b* Romaine *f*.
rhufell (**-od**) *b* (*PYSG*) gardon *m*.
rhugl *ans* (*iaith, arddull*) coulant(e), aisé(e); (*siaradwr*) facile;
♦ **yn** ~ *adf* avec aisance *neu* facilité, couramment; **mae hi'n siarad Ffrangeg yn** ~ elle parle couramment le français.
rhuglo *ba* (*crafu: baw ayb*) racler, gratter, enlever (qch) en grattant *neu* en raclant; ~ **rhth trwy'r eira** traîner qch dans la neige;
♦*bg* frotter, gratter; **neidr ruglo** serpent *m* à sonnettes;
♦*g* (*sŵn*) raclement *m*, grattement *m*, frottement *m*.
rhuglon *ll* raclures *fpl*, grattures *fpl*.
rhumen (**-au**) *b* panse *f*, ventre *m*.
rhuo *ba* (*gorchymyn*) hurler; (*cân*) vociférer, beugler;
♦*bg* (*llew, arth*) rugir; (*tarw, buwch*) mugir, beugler, meugler; (*tyrfa*) hurler; (*cerbyd, taran, storm*) gronder; (*gwynt, môr*) mugir; ~ **chwerthin** rire à gorge déployée;
♦*g gw.* **rhu**.
rhuol *ans* rugissant(e), mugissant(e).
rhusgar *ans* rétif(rétive);
♦ **yn** ~ *adf* rétivement.
rhusiad (**-au**) *g* tressaillement *m*, sursaut *m*.
rhusio *ba* jeter la panique parmi, effrayer;

♦*bg* s'effrayer, s'alarmer.
rhuslyd *ans gw.* **rhusgar**.
rhuthr, **rhuthrad** (**-au**) *g* course *f* précipitée; (*tyrfa*) ruée *f*, bousculade *f*; (*anifeiliaid*) débandade *f*; (*ymosodiad*) charge *f*, attaque *f*; ~ **am aur** ruée vers l'or.
rhuthro *ba* (*rhn*) faire presser, faire se dépêcher, précipiter; (*gwaith*) presser, faire *neu* exécuter (qch) à la hâte; (*archeb*) exécuter (qch) d'urgence; (*gyrru ar frys*) transporter *neu* envoyer (qch) d'urgence; (MIL) charger, prendre (qch) d'assaut; ♦*bg* se presser, se dépêcher, aller à toute vitesse, se précipiter; ~ **tuag at** se précipiter *neu* se ruer vers; ~ **ymaith** partir à toute allure, partir précipitamment, filer, détaler; ~ **i mewn/allan** entrer/sortir précipitamment *neu* en trombe.
rhuthrog *ans*: **tarw** ~ taureau(-x) *m* méchant.
rhüwr (**rhuwyr**) *g* braillard *m*.
rhwbel *g gw.* **rwbel**.
rhwbiad (**-au**) *g* frottement *m*; ~ **â chadach** coup *m* de chiffon *neu* de torchon; **rhoi** ~ **i** (*corff*) frictionner; (*ceffyl*) bouchonner.
rhwbian, **rhwbio** *ba* frotter, frictionner; ~ **eli ar** passer un onguent *neu* une crème sur; ~ **eli i mewn** faire pénétrer un onguent; ~ **rhth allan** effacer qch;
♦*bg* frotter.
rhwbiwr (**rhwbwyr**) *g* gomme *f*.
rhwd *g* rouille *f*; **diogel rhag** ~ inoxydable; **triniaeth rhag** ~ traitement *m* antirouille.
rhwdu *ba, bg gw.* **rhydu**.
rhwng *ardd* (rhyngof fi, rhyngot ti, rhyngddo ef, rhyngddi hi, rhyngom ni, rhyngoch chi, rhyngddynt hwy/rhyngddyn nhw) entre; **y ffordd** ~ **y fan 'ma a Chaerdydd** la route d'ici à Cardiff; **nid oedd gennym ond 5 rhyngom** nous n'en avions que 5 en tout (parmi nous); **rhyngot ti a mi a'r pared** entre nous; **mae hi** ~ **dau feddwl** elle est indécise; ~ **dau olau** entre chien et loup, au crépuscule, à la nuit tombante; ~ **popeth** tout compte fait; ~ **y naill beth a'r llall, ni alla' i fynd i'r cinio** avec ceci et cela je ne peux pas aller au dîner; **rhyngddynt eu dau/dwy, codasant y pwysau** à eux/elles deux ils/elles ont soulevé le poids.
rhwnc *g* râle *m*.
rhwto *ba, bg gw.* **rhwbian**.
rhwth *ans* béant(e).
rhwyd (**-au, -i**) *b* filet *m*; ~ **ddiogelwch** filet de protection; (*ffig*) filet de sécurité; ~ **wallt** résille *f*.
rhwyden (**-ni, -nau**) *b* rétine *f*.
rhwydo *ba* prendre (qch) au filet.
rhwydwaith (**rhwydweithiau**) *g* réseau(-x) *m*; ~ **heolydd** réseau *neu* système *m* routier; ~ **rheilffyrdd** réseau ferré *neu* ferroviaire *neu* de chemin de fer; **rhoi rhaglen ar y** ~ (RADIO, TELEDU) diffuser une émission sur l'ensemble du réseau; (CYFRIF) interconnecter un programme.
rhwydweithio *ba* (RADIO, TELEDU) diffuser (qch) sur l'ensemble du réseau; (CYFRIF) interconnecter.
rhwydwr (**rhwydwyr**) *g* pêcheur *m* au filet; (*potsiar*) braconnier *m*.
rhwydd *ans* facile; (*dull*) aisé(e), accommodant(e); (*iaith*) coulant(e); (*siaradwr*) facile; **rhoi** ~ **hynt i rn/rth** donner carte blanche à qn/qch;
♦ **yn** ~ *adf* facilement, sans difficulté, aisément, avec aisance *neu* facilité; **siarad/darllen yn** ~ **iawn** s'exprimer/lire avec aisance *neu* facilité.
rhwydd-deb, **rhwydd-der** *g* facilité *f*; (*llwyddiant, ffyniant*) prospérité *f*, succès *m*.
rhwyddhad *g* action *f* de faciliter.
rhwyddhau *ba* faciliter; ~ **ffordd** débarrasser une route, dégager une route; ~**'r ffordd i ...** (*ffig*) ouvrir la voie à ...
rhwyddineb *g* facilité *f*, aisance *f*.
rhwyddlwyn *g* véronique *f*.
rhwyf (**-au**) *b* rame *f*; (*yn y llynges*) aviron *m*.
rhwyfbinnau *ll* dames *fpl* de nage, tolets *mpl*.
rhwyflong (**-au**) *b* galère *f*.
rhwyfo *ba* (*cwch*) faire aller (qch) à la rame *neu* à l'aviron; (*siglo: breichiau ayb*) agiter, balancer; ~ **cwch ar draws y llyn** traverser le lac à la rame;
♦*bg* ramer; (CHWAR) faire de l'aviron; ~ **mewn ras** faire une course d'aviron; **breichiau'n** ~ des bras qui battent l'air; **cwch** ~ canot *m* (à rames);
♦*bg* ramer, faire du canotage, faire de l'aviron;
♦*g* canotage *m*; (CHWAR) aviron *m*.
rhwyfus *ans* agité(e); (*plentyn*) remuant(e).
rhwyfwr (**rhwyfwyr**) *g* rameur *m*; (*yn y llynges*) nageur *m*.
rhwyfwraig (**rhwyfwragedd**) *b* rameuse *f*; (*yn y llynges*) nageuse *f*.
rhwyg (**-au**) *b,g* déchirure *f*, lacération *f*; (*ffig: mewn plaid*) division *f*, scission *f*, déchirements *mpl*; (*:rhwng ffrindiau*) désaccord *m*; ~ **fu ffarwelio â chartref** ce fut un déchirement de quitter la maison.
rhwygedig *ans* déchiré(e), lacéré(e).
rhwygiad (**-au**) g *gw.* **rhwyg**.
rhwygo *ba* déchirer, lacérer; (GWLEID) scinder, diviser; ~ **rhth yn ddarnau** mettre qch en pièces, lacérer qch; ~ **rhth allan** arracher qch; (*siec*) détacher; ~ **rhth o afael rhn** arracher qch des mains de qn; ~ **rhth oddi ar rth** arracher qch de qch;
♦*bg* se déchirer; (GWLEID) se diviser.
rhwygol *ans* déchirant(e), lacérant(e).
rhwyll (**-au**) *b* treillis *m*, treillage *m*; ~ **botwm** boutonnière *f*; ~ **wartheg** grille *f* (*au sol qui empêche le passage du bétail*).
rhwyllen (**-ni**) *b* gaze *f*.
rhwyllog *ans* treillissé(e), treillagé(e).

rhwyllwaith *g* treillis *m*, treillage *m*.
rhwym[1] *ans* (*ynghlwm*) lié(e); (*coluddion*) constipé(e); **bod yn ~ (o wneud)** (*dan orfodaeth*) être obligé(e) (de faire); **mae hi'n ~ o fethu** elle est sûre d'échouer, son échec est inévitable *neu* assuré.
rhwym[2] (**-au**) *g* lien *m*; **~au teuluol** liens de famille.
rhwymdra *g* constipation *f*.
rhwymedig *ans* (*llyfr*) relié(e); (*dan orfodaeth*) obligé(e) (de faire), tenu(e), engagé(e) (à faire).
rhwymedigaeth (**-au**) *b* obligation *f*, engagement *m*.
rhwymedd *g* constipation *f*.
rhwymiad (**-au**) *g* reliure *f*.
rhwymo *ba* attacher, lier; (*clwyf*) panser; (*llyfr*) relier; **~ rhn i gadw'r heddwch** (CYFR) mettre qn en liberté conditionnelle; **bod wedi'ch ~** (*yn rhwym*) être constipé(e).
rhwymyn (**-nau**) *g* bande *f*; (*sy'n clymu, uno*) lien *m*; (*bandais*) pansement *m*, bandage *m*; **rhoi ~ ar rn/rth** mettre un pansement *neu* un bandage à qn/sur qch.
rhwymynnu *ba* envelopper, emmaillotter; (*anaf*) panser; **~ rhn** mettre un bandage *neu* un pansement à qn.
rhwysg (**-au**) *g,b* pompe *f*, faste *m*, apparat *m*; (*dif*) ostentation *f*, prétention *f*.
rhwysgfawr *ans* majestueux(majestueuse), pompeux(pompeuse); (*dif*) pompeux, prétentieux(prétentieuse), ostentatoire;
♦ **yn ~** *adf* majestueusement, pompeusement; (*dif*) prétentieusement, pompeusement, avec ostentation.
rhwystr (**-au**) *g* (*cyff*) empêchement *m*, gêne *f*; (*mwy pendant, diffiniadwy*) obstruction *f*, obstacle *m*; **ras rwystrau** course *f* d'obstacles; **mwya'r brys, mwya'r ~** hâtez-vous lentement.
rhwystrad (**-au**) *g* prévention *f*, empêchement *m*.
rhwystradwy *ans* évitable.
rhwystredig *ans* frustré(e), insatisfait(e); (*dig*) contrarié(e), énervé(e); (*cynllun*) contrarié, frustré;
♦ **yn ~** *adf* de façon frustrée.
rhwystredigaeth (**-au**) *b* frustration *f*, empêchement *m*.
rhwystredigaethus *ans* frustrant(e), contrariant(e);
♦ **yn ~** *adf* de façon frustrante *neu* contrariante.
rhwystro *ba* (*llif, symudiad*) empêcher, entraver, obstruer, gêner; (*trafnidiaeth*) bloquer, arrêter; (*cynlluniau*) contrarier, faire échouer; **~ rhn rhag gwneud** empêcher qn de faire.
rhwystrol, **rhwystrus** *ans* (*ataliol*) préventif(préventive), frustrant(e), contrariant(e);
♦ **yn ~** *adf* préventivement, de façon frustrante.
rhwystrwr (**rhwystrwyr**) *g* empêcheur *m*.
rhwystrwraig (**rhwystrwragedd**) *b* empêcheuse *f*
rhy *adf* trop; **~ gynnar/hwyr** trop tôt/tard; **bod yn ~ felys** être trop sucré(e); **~ drwm** (*rhn*) trop gros(se); (*rhth*) trop lourd(e); **~ ... i** trop ... pour; **~ dlawd i brynu dillad newydd** trop pauvre pour s'acheter des vêtements neufs; **mynd yn ~ bell** (*ymddwyn, siarad ayb*) dépasser la mesure *neu* les bornes *neu* les limites; **'rwyt ti'n mynd yn ~ bell rŵan!** là, tu vas un peu trop loin!, là, tu dépasses les limites!
rhybarch *ans gw.* **hybarch**.
rhybed (**-i, -ion**) *g* rivet *m*, rivure *f*.
rhybedio, **rhybedu** *ba* river, riveter.
rhybudd (**-ion**) *g* (*cyff*) avertissement *m*; (*ysgrifenedig*) avis *m*, préavis *m*; (*o berygl*) alerte *f*; (METEO) avis; **~ cyrch awyr** alerte aérienne; **~ storm** avis de grand vent; **~ ymadael** (*i denant ayb*) congé *m*; **rhoi ~** (*rhybuddio*) avertir, prévenir, donner l'alerte; (*i gyflogwr*) donner sa démission, démissionner; (*i berchennog llety*) donner un préavis de départ; (*i denant*) donner congé; **ar fyr rybudd** dans un délai très court.
▶ **heb rybudd** (*llyth*) sans avertissement; (*yn sydyn*) subitement, soudainement, à l'improviste; **cyrraedd heb rybudd** arriver à l'improviste *neu* sans prévenir; **cael eich diswyddo heb rybudd** être licencié(e) sans préavis.
rhybuddio *ba* avertir, prévenir, alerter; **~ rhn rhag gwneud rhth** prévenir qn de ne pas faire qch, conseiller qn de ne pas faire qch; **~ rhn ynghylch rhth** (*hysbysu*) notifier qn de qch; **golau ~** avertisseur *m* lumineux; **system rybuddio cynnar** système *m* de première alerte; **triongl ~** (TRAFN) triangle *m* de présignalisation.
rhybuddiol *ans* d'avertissement; (*arwydd*) avertisseur(avertisseuse).
rhybuddiwr (**rhybuddwyr**) *g* avertisseur *m*.
rhych (**-au**) *g,b* (*yn y pridd, tir*) sillon *m*, tranchée *f*; (*yn wyneb ffordd*) ornière *f*; (*ar yr wyneb*) ride *f*; (*rhigol*) rainure *f*; (*mewn colofn, craig*) cannelure *f*, strie *f*.
rhych(i)og *ans* (*wyneb*) ridé(e); (*talcen*) plissé(e); (*colofn, craig*) cannelé(e), strié(e); **haearn ~** tôle *f* ondulée.
rhychu *ba* (*crychu*) plisser, rider; (*rhigoli*) canneler, rainer, rainurer, strier.
rhychwant (**-au**) *g* (*breichiau, dwylo*) envergure *f*; (*pont*) travée *f*; (*bwa*) portée *f*, ouverture *f*; (*amser*) durée *f*; **~ oes, ~ einioes** (durée de) vie *f*.
rhychwantu *ba* enjamber, franchir, traverser; (*ffig*) couvrir, embrasser.
rhyd (**-au, -iau**) *b* gué *m*.

rhydio *ba*: ~ **afon** passer une rivière à gué, guéer une rivière.
rhydle (**-oedd**) *g* gué *m*.
rhydlyd *ans* rouillé(e).
rhydu *ba* rouiller;
♦*bg* se rouiller.
rhydweli (**rhydwelïau**) *b* artère *f*.
rhydwll *ans gw.* **rhydyllog**.
rhydwythiad (**-au**) *g* (*CEM*) réduction *f*.
rhydwytho *ba* (*CEM*) réduire;
♦*bg* se réduire;
♦*g* réduction *f*.
rhydyllog perforé(e), percé(e).
rhydyllu *ba* perforer, percer.
rhydd[1] (**-ion**) *ans* libre; (*anifail*) en liberté; (*wedi dianc*) échappé(e), évadé(e); (*tudalen ayb*) détaché(e); (*sgriw*) desserré(e); (*carreg*) branlant(e); **cic rydd** (*CHWAR*) coup *m* franc; **cysylltiad** ~ (*TRYD*) mauvais contact *m*; **dolur** ~ diarrhée *f*; **ewyllys r(h)ydd** le libre arbitre; **masnach rydd** (*MASN*) libre-échange(~s-~s) *m*; **menter rydd** libre entreprise *f*; **rhoi llaw rydd i rn** donner carte blanche à qn; **Saer Rh~** franc-maçon(~s-~s) *m*; **Saeryddiaeth Rydd** franc-maçonnerie *f*; **gollwng yn** ~ libérer; (*anifail*) lâcher; (*carcharor*) relâcher, libérer, élargir; (*rhn neu rth sy'n sownd*) dégager; **bod yn** ~ **o rth** (*wedi'ch esgusodi*) être dispensé(e) de qch, être exempt(e) de qch;
♦ **yn** ~ *adf* librement, en liberté.
rhydd[2] *be gw.* **rhoi**.
rhydd-ddaliad (**-au**) *g* propriété *f* foncière libre.
rhyddedig *ans* libéré(e), élargi(e).
rhydd-ewyllys *b,g* le libre arbitre *m*.
rhyddfarn (**-au**) *b* acquittement *m*.
rhyddfarniad (**-au**) *g* acquittement *m*.
rhyddfarnu *ba* acquitter.
rhyddfraint (**rhyddfreintiau, rhyddfreiniau**) *b* émancipation *f*, admission *f* au suffrage.
rhyddfreinio *ba* émanciper.
rhyddfrydiaeth *b* libéralisme *m*.
rhyddfrydig *ans* libéral(e)(libéraux, libérales), large d'esprit;
♦ **yn** ~ *adf* libéralement.
rhyddfrydigrwydd *g* libéralité *f*, largeur *f* d'esprit, largeur de vues.
rhyddfrydol *ans* libéral(e)(libéraux, libérales); **Democrat Rh~** libéral-démocrate(libéraux-~s) *m/f*; **y Democratiaid Rh~** le parti libéral-démocrate.
rhyddfrydoli *ba* libéraliser.
Rhyddfrydwr (**Rhyddfrydwyr**) *g* libéral(libéraux) *m*.
Rhyddfrydwraig (**Rhyddfrydwragedd**) *b* libérale *f*.
rhyddhad *g* libération *f*; (*GWLEID*) émancipation *f*; (*claf o'r ysbyty*) renvoi *m*; (*carcharor*) élargissement *m*; (*rhag poen ayb*) soulagement *m*; (*MIL: tref, gwlad*) délivrance *f*; (*nwy ayb*) émission *f*; **Diwinyddiaeth Rh~** théologie *f* de libération.
rhyddhaol *ans* libérateur(libératrice), émancipateur(émancipatrice).
rhyddhau *ba* libérer; (*GWLEID*) émanciper; (*MIL: tref, gwlad*) délivrer; (*anifail*) lâcher; (*carcharor*) relâcher, libérer, élargir; (*claf o'r ysbyty*) renvoyer (qn) chez lui; (*rhn neu rth sy'n sownd*) dégager, détacher; (*ffilm, llyfr ayb*) sortir; (*nwy ayb*) émettre; (*brêc ayb*) déclencher.
rhyddhäwr (**rhyddhawyr**) *g* libérateur *m*, émancipateur *m*.
rhyddhäwraig (**rhyddhawragedd**) *b* libératrice *f*, émancipatrice *f*.
rhyddiaith *b* prose *f*; **mewn** ~ en prose.
rhyddid *g* liberté *f*; ~ **addoliad** liberté du culte, liberté religieuse; ~ **barn,** ~ **llafar,** ~ **mynegiant** liberté d'expression *neu* de parole; ~ **cydwybod** liberté de conscience; ~ **ewyllys** le libre arbitre; ~ **y wasg** liberté de la presse; **Mudiad Rh~ Merched** mouvement *m* de libération de la femme, M.L.F. *m*; **ymladdwr dros ryddid** combattant *m* de la liberté, guérillero *m*, partisan *m*; **ymladdwraig dros ryddid** combattante *f* de la liberté, partisane *f*; **rhoddi** ~ **dinas** *ou* **tref i rn** nommer qn citoyen(citoyenne) d'honneur d'une ville; **mae ganddi ryddid i ddweud ei barn** elle a son franc-parler.
rhyddieithol *ans* prosaïque;
♦ **yn** ~ *adf* prosaïquement.
rhyddni *g* (*dolur rhydd*) diarrhée *f*.
rhyfedd *ans* étrange, bizarre, curieux(curieuse); (*yn achosi syndod*) surprenant(e), étonnant(e); (*rhn*) bizarre, drôle, excentrique; **nid oes ryfedd iddi adael** il n'est pas surprenant qu'elle soit *subj* partie;
♦ **yn** ~ *adf* étrangement, bizarrement, curieusement; **yn** ~**, ni ddywedodd hi'r un gair** chose étrange *neu* curieuse, elle n'a rien dit.
rhyfeddnod (**-au**) *g* point *m* d'exclamation.
rhyfeddod (**-au**) *g* merveille *f*; (*ymdeimlad*) émerveillement *m*; (*syndod*) (grand) étonnement *m*, surprise *f*; **er mawr ryfeddod imi** à ma grande surprise, à mon grand étonnement; **'roedd yn ddigon o ryfeddod!** cela valait la peine d'être vu!; **saith r(h)yfeddod y byd** les sept merveilles du monde; **rhyfeddodau gwynoddol** les miracles de la science.
rhyfeddol *ans* merveilleux(merveilleuse), étonnant(e), incroyable;
♦ **yn** ~ *adf* à merveille; **yn** ~ **o** étonnamment, merveilleusement, incroyablement.
rhyfeddu *bg* s'émerveiller, s'étonner, être surpris(e) *neu* étonné(e); ~ **at rth** s'émerveiller de qch, s'étonner de qch, être surpris *neu* étonné de qch; **mae hi'n hardd**

i'w ryfeddu elle est étonnamment belle, elle est d'une beauté merveilleuse *neu* étonnante.

rhyfel (**-oedd**) *g* guerre *f*; ~ **cartref** guerre civile; **y Rh~ Byd Cyntaf, y Rh~ Mawr** la Grande Guerre, la Première Guerre mondiale; **yr Ail Ryfel Byd** la Deuxième *neu* la Seconde Guerre mondiale; **y Rh~ Oer** la guerre froide; **adeg** ~ temps *m* de guerre; **(ar) adeg** ~ en temps de guerre; **bloedd ryfel** cri *m* de guerre; **cofeb ryfel, cofgolofn ryfel** monument *m* aux morts; **gêm ryfel** jeu(-x) *m* de stratégie militaire; **llong ryfel** navire *m* de guerre; **mynd i ryfel** se mettre en guerre; **y cyfnod rhwng y ddau ryfel** l'entre-deux-guerres *m inv*.

rhyfela *bg* faire la guerre;
♦*g* guerre *f*.

rhyfelgar *ans* belliqueux(belliqueuse), guerrier(guerrière), belliciste; (*gwlad*) belligérant(e);
♦ **yn** ~ *adf* de façon belliqueuse, de manière belligérante.

rhyfelgarwch *g* bellicisme *m*, belligérance *f*.

rhyfelgi (**rhyfelgwn**) *g* belliciste *m/f*.

rhyfelgri (**rhyfelgrïoedd**) *g,b* cri *m* de guerre.

rhyfelgyrch (**-oedd**) *g* campagne *f* militaire; (*mwy penodol*) raid *m*, attaque *f*.

rhyfelwr (**rhyfelwyr**) *g* guerrier *m*.

rhyfelwraig (**rhyfelwragedd**) *b* guerrière *f*.

rhyfelwrol *ans gw.* **rhyfelgar**.

rhyferthwy *g* (*llifeiriant*) torrent *m*; (*storm*) tempête *f*.

rhyfon *ll* groseilles *fpl*.

rhyfyg *g* témérité *f*, imprudence *f*; (*beiddgarwch*) audace *f*, bravade *f*; (*haerllugrwydd*) arrogance *f*, présomption *f*.

rhyfygu *bg* (*mentro*) prendre des risques; (*meiddio*) présumer, être présomptueux(présomptueuse), se permettre; (*dweud pethau cableddus*) blasphémer, tenter le diable *neu* le sort; ~ **gwneud rhth** se permettre de faire qch; **'rydych chi'n** ~ **gormod!** vous présumez trop!, vous prenez bien des libertés!

rhyfygus *ans* téméraire, imprudent(e); (*beiddgar*) audacieux(audacieuse); (*haerllug*) arrogant(e);
♦ **yn** ~ *adf* témérairement, audacieusement, avec audace, par bravade, présomptueusement, avec présomption.

rhyfygwr (**rhyfygwyr**) *g* audacieux *m*, présomptueux *m*, téméraire *m*.

rhyfygwraig (**rhyfygwragedd**) *b* audacieuse *f*, présomptueuse *f*, téméraire *f*.

rhyg *g* seigle *m*; **bara** ~ pain *m* de seigle.

rhygnu *ba*: ~**'ch esgidiau/traed ar y llawr** frotter *neu* traîner ses souliers/pieds par terre; ~ **cadair ar y llawr** traîner une chaise par terre; ~**'r un peth** (*sôn am yr un peth o hyd*) rabâcher la même chose, répéter toujours la même chose; ~ **carreg â hoelen** gratter une pierre avec un clou;
♦*bg* (*crafu*) gratter, racler; (*drws ayb*) grincer; (*llusgo: ffrog*) traîner à terre; ~ **yn rhth** (*rhwbio*) frotter contre qch; ~ **ymlaen** (*parhau gyda bywyd*) faire comme on peut (dans la vie), faire de son mieux (dans la vie); (*siarad yn ddi-baid*) parler sans discontinuer; ~ **byw** vivoter.

rhygnwr (**rhygnwyr**) *g* raseur *m*, casse-pieds *m inv*.

rhygwellt *ll* ivraie *f* (vivace).

rhygyngu *bg* aller au petit galop, aller l'amble.

rhyng- *rhagdd* inter-, entre.

rhyng-adrannol *ans* (*mewn prifysgol*) interdépartemental(e)(interdépartementaux, interdépartementales), entre départements; (*mewn cwmni masnachol*) entre services; (GWLEID) interministériel(le).

rhyngalaethol *ans* intergalactique.

rhyngberthynol *ans* en corrélation, en rapport étroit.

rhyngbriodas (**-au**) *b* (*rhwng teuluoedd a'i gilydd*) alliance *f* entre familles; (*rhwng llwythau a'i gilydd*) alliance entre tribus; (*o fewn yr un teulu*) endogamie *f*.

rhyngbriodi *bg* (*rhwng teuluoedd a'i gilydd*) former des alliances entre familles; (*rhwng llwythau a'i gilydd*) former des alliances entre tribus; (*o fewn yr un teulu*) pratiquer l'endogamie.

rhyngddi *ardd gw.* **rhwng**.

rhyngddibynnol *ans* interdépendant(e);
♦ **yn** ~ *adf* de façon interdépendante.

rhyngddo, **rhyngddynt** *ardd gw.* **rhwng**.

rhyngenwadol *ans* interconfessionnel(le);
♦ **yn** ~ *adf* de façon interconfessionnelle.

rhyng-golegol *ans* entre collèges.

rhyng-gyfandirol *ans* intercontinental(e)(intercontinentaux, intercontinentales).

rhyng-gymunedol *ans* intercommunautaire.

rhynglywodraethol *ans* intergouvernemental(e)(intergouvernementaux, intergouvernementales).

rhyngoch, **rhyngof, rhyngom, rhyngot** *ardd gw.* **rhwng**.

Rhyngrwyd *b*: **y** ~ l'Internet *m*.

rhyngu *ba*: ~ **bodd** plaire à, satisfaire à, contenter.

rhyngweithiad (**-au**) *g* interaction *f*.

rhyngweithio *bg* avoir une action réciproque; (CYFRIF) dialoguer.

rhyngweithiol *ans* interactif(interactive);
♦ **yn** ~ *adf* interactivement.

rhyngwladol *ans* international(e)(internationaux, internationales);
♦ **yn** ~ *adf* mondialement, sur le plan international.

rhyngwyneb (**-au**) *g* (CYFR) interface *f*.

rhyndod *g* frisson *m*, frissonnement *m*.

rhynion *ll* gruau(-x) *m* d'avoine.
rhynllyd *ans* (*yn teimlo'r oerni*) frileux(frileuse); (*yn crynu gan oerfel*) frissonnant(e);
♦ **yn** ~ *adf* frileusement, en frissonnant.
rhynnu *bg* (*crynu gan oerfel*) frissonner; **'rwy'n** ~ (*teimlo'n oer iawn*) je gèle.
rhysedd *g* excès *mpl*, débauche *f*.
rhythen (**rhython**) *b* coque *f*.
rhythiad (**-au**) *g* regard *m* ébahi.
rhythm (**-au**) *g* rythme *m*.
rhythmig *ans* rythmique, rythmé(e); **y dull** ~ (*MEDD*) méthode *f* des températures;
♦ **yn** ~ *adf* avec rythme.
rhythol *ans* béant(e).
rhythu *bg* rester bouche bée, bayer aux corneilles; ~ **ar rth** regarder qch bouche bée.
rhyw[1] (**-iau**) *b* sexe *m*; **y** ~ **deg** le beau sexe; **dynol ryw** la race *f* humaine; **addysg ryw** éducation *f* sexuelle; **gwahaniaethu ar sail** ~ discrimination *f* sexuelle; **rhagfarn ar sail** ~ sexisme *m*.
rhyw[2] *ans*
1 (*amhenodol, anhysbys*) quelconque; **'roedd hi'n gofyn am ryw lyfr neu'i gilydd** elle demandait un livre quelconque; **mewn** ~ **ffurf neu'i gilydd** sous une forme ou une autre, sous une forme quelconque; ~ **actor neu'i gilydd** un certain acteur, je ne sais quel acteur; **'roedd** ~ **wraig yn holi amdanoch** il y avait une dame qui vous demandait; **am ryw reswm** pour une raison ou une autre; ~ **ddiwrnod,** ~ **ddydd** un de ces jours, un jour ou l'autre; ~ **ddiwrnod yr wythnos nesaf** un jour la semaine prochaine; ~ **fath o** *gw.* **math**.
2 (*ychydig*): **bydd hyn yn rhoi rhyw syniad ichi o ...** cela vous donnera une petite idée de ...; ~ **air neu ddau** quelques mots; **i ryw raddau** dans une certaine mesure, jusqu'à un certain point; ~ **gymaint o** un peu de;
♦*adf*: ~ **ddeg o bobl** quelque dix personnes, dix personnes environ, une dizaine de personnes; **'roedd hi'n** ~ **gwyno** elle se plaignait un peu.
rhywbeth *g* quelque chose *m*; ~ **diddorol** quelque chose d'intéressant; ~ **arall** quelque chose d'autre, autre chose; ~ **arall?** (*mewn siop*) et avec ça?; ~ **rywbeth** n'importe quoi;
♦*adf*: **mae hi'n siarad rywbeth yn debyg i'w mam** elle parle un peu comme sa mère.
rhywbryd *adf*
1 (*yn y dyfodol*) un de ces jours, un jour ou l'autre, à un moment donné; **rywbryd cyn mis Ionawr** d'ici janvier.
2 (*yn y gorffennol*): **rywbryd (yn ystod) y llynedd** à un certain moment *neu* à quelque moment au cours de l'année dernière, pendant l'année dernière.
rhywfaint *g* une partie *f*, un peu *m*; (*o bethau cyfrifiadwy*) quelques-uns *mpl*, quelques-unes *fpl*;
♦*adf* quelque peu, un peu, dans une certaine mesure.
rhywfodd *adf* d'une façon ou d'une autre; **a wnaethpwyd rywsut rywfodd** fait(e) sans soin *neu* à la va-vite *neu* n'importe comment.
rhywiaeth *b* sexisme *m*.
rhywiaethol *ans* sexiste;
♦ **yn** ~ *adf* de façon sexiste.
rhywiog *ans* de bonne qualité, de qualité supérieure, excellent(e); (*carreg*) facile à dresser *neu* tailler; (*tir*) bien entretenu, labourable; (*iaith*) bien exprimé(e), vigoureux(vigoureuse);
♦ **yn** ~ *adf* admirablement, on ne peut mieux, très bien, vigoureusement, avec vigueur.
rhywiogaeth (**-au**) *b* espèce *f*.
rhywiogrwydd *g* bonne qualité *f*, excellence *f*.
rhywiol *ans* sexuel(le); (*atyniadol*) sexy *inv*; **anallu** ~ impotence *f*; **apêl rywiol** sex-appeal *m*; **bywyd** ~ vie *f* sexuelle; **cyfathrach rywiol** rapports *mpl* sexuels; **cael cyfathrach rywiol â rhn** avoir des rapports sexuels avec qn; **gweithred rywiol** acte *m* sexuel; **ymosodiad** ~ attentat *m* à la pudeur.
rhywle *adf* quelque part; **yn** ~ **arall** ailleurs, autre part; **yn** ~ **rywle** n'importe où.
rhywogaeth (**-au**) *b* espèce *f*.
rhywogaethol *ans* générique;
♦ **yn** ~ *adf* génériquement.
rhywrai *ll* quelques-uns *mpl*, quelques-unes *fpl*, certains *mpl*, certaines *fpl*.
rhywsut *adf* d'une façon ou d'une autre; (*am ryw reswm*) pour une raison ou une autre; **a wnaethpwyd rywsut rywsut** fait(e) sans soin *neu* à la va-vite *neu* n'importe comment.
rhywun (**rhywrai**) *g*
1 (*amhenodol, nas adwaenir*) quelqu'un; ~ **neu'i gilydd** quelqu'un, je ne sais qui; ~ **rywun** n'importe qui.
2 (*goddrych*) on; **mae** ~ **yn gweiddi arnat ti** on t'appelle; **mae** ~ **wrth y drws** on frappe; **mae** ~ **yn cael digon ar glywed yr un hen beth** on se lasse d'entendre répéter la même chose.
3 (*gwrthrych*) vous; **mae'r fath beth yn gwylltio** ~ une pareille chose vous énerve; **mae'n gwneud lles i rywun** ça vous fait du bien.
4: **mae hi'n** ~ **(o bwys)** elle est quelqu'un d'important

S

Saar *prb*: **y** ~ la Sarre *f*.
Sabath (**-au**) *g* (*Iddewig*) sabbat *m*; (*Cristnogol*) le dimanche *m*, jour *m* du seigneur.
sabl (**-iaid**) *g* zibeline *f*, martre *f*; ♦*ans* de zibeline, de martre; (*brwsh*) en poil de martre.
sabotwr (**sabotwyr**) *g* saboteur *m*.
sabotwraig (**sabotwragedd**) *b* saboteuse *f*.
sabotiaeth *b* sabotage *m* *gw.* *hefyd* **difrodi, tanseilio**.
Saboth (**-au**) *g* *gw.* **Sabath**.
Sabothol *ans* dominical(e)(dominicaux, dominicales), du dimanche; **ysgol** ~ école *f* du dimanche, ≈ le catéchisme *m*.
sabr (**-au**) *g* sabre *m*.
sacarin *g* saccharine *f*.
sacio *ba* (*diswyddo*) mettre (qn) à la porte.
saco* *ba* (*gwthio*) fourrer, enfoncer, planter, mettre, ficher*, flanquer*; (*nodwydd, pin*) piquer, enfoncer; **saca dy fysedd yn dy glustiau** fourre tes doigts dans tes oreilles; **sacodd hi arian yn fy llaw** elle m'a fourré de l'argent dans la main; ~ **pin drwy rth** transpercer qch avec une épingle; **fe sacodd ei phen drwy'r ffenestr** elle a passé la tête par la fenêtre.
sacrament (**-au**) *g,b* sacrement *m*; **derbyn y** ~ communier.
sacramentaidd *ans* sacramentel(le); ♦ **yn** ~ *adf* de façon sacramentelle.
sacramentydd (**-ion**) *g* sacramentaire *m*.
sacristi (**sacristïau**) *g* sacristie *f*.
sacsoffon (**-au**) *g* saxophone *m*.
sacsoffonydd (**-ion**) *g* saxophoniste *m/f*.
Sacson (**-iaid**) *g/b* Saxon *m*, Saxonne *f*.
Sacsonaidd *ans* saxon(ne).
Sacsoni *prb* la Saxe *f*; **yn** ~ en Saxe.
Sacsoniad (**Sacsoniaid**) *g/b* *gw.* **Sacson**.
sach (**-au**) *b* sac *m*; ~ **eistedd** (*bag ffa*) fauteuil *m* poire; ~ **gefn** sac à dos; ~ **gysgu** sac de couchage; ~ **lo** sac à charbon; **ras** ~**au** course *f* en sac; **llond** ~ plein sac, sac plein; **deunydd** ~ toile *f* à sac.
sachaid (**sacheidiau**) *b* plein sac *m*, sac plein; ~ **o lo** sac (plein) de charbon; **cael** ~ (*ffig: cael siom*) être déçu(e).
sachell (**-au**) *b* cartable *m*.
sachlen (**-ni, -nau**) *b* toile *f* à sac.
sachliain (**sachlieiniau**) *g* toile *f* à sac; ~ **a lludw** le sac et la cendre.
sachwisg (**-oedd**) *b* robe *f* sac.
sad *ans* ferme; (*dodrefnyn, ysgol*) solide, stable; (*ffydd, cyfeillgarwch*) ferme, solide; (*rhn*) équilibré(e); ♦ **yn** ~ *adf* fermement, solidement; **dal rhth yn** ~ tenir qch fermement *neu* d'une main ferme.
sadio *bg* (*adeilad*) se tasser; (*rhn*) reprendre son aplomb, se calmer; ♦*ba* (*adeilad, llong ayb*) stabiliser; (*rhth simsan: cyff*) assujettir; (*:â llaw*) maintenir; (*:â lletem*) caler; (*rhn*) calmer.
sadistiaeth *b* sadisme *m*.
sadistig *ans* sadique; ♦ **yn** ~ *adf* sadiquement.
sadiwr (**sadwyr**) *g* (*car, llong, cwch*) stabilisateur *m*; (*AWYR*) empennage *m*.
sadrwydd *g* stabilité *f*, fermeté *f*, solidité *f*, équilibre *m*.
Sadwrn (**Sadyrnau**) *g*
1 (*MYTH, planed*) Saturne *m*.
2: **(dydd)** ~ samedi *m* *gw.* *hefyd* **Llun**.
sadydd[1] (**-ion**) *g* (*rhn sadistig*) sadique *m/f*.
sadydd[2] (**-ion**) *g* (*rhth sy'n sadio*) *gw.* **sadiwr**.
Sadyrnaidd *ans* saturnien(ne).
Sadyrnol *ans* de samedi.
saddurno *ba* marqueter, incruster.
saeds *g* *gw.* **saets**.
saer (**seiri**) *g* (*hefyd:* ~ **coed**) menuisier *m* d'art; (*adeiladydd*) charpentier *m*; ~ **cerbydau** carrosier *m*; ~ **llongau** constructeur *m* de navires; ~ **maen** *ou* **cerrig** maçon *m*, tailleur *m* de pierre; ~ **troliau** charron *m*; **y Seiri Rhyddion** les francs-maçons *mpl*; **gwaith** ~ menuiserie *f*, charpenterie *f*; **gwaith** ~ **maen** maçonnerie *f*; **gweithdy** ~ menuiserie, atelier *m*.
saernïaeth *b* construction *f*, structure *f*, fabrique *f*; **edmygwch y** ~ admirez l'habileté professionnelle *neu* le travail superbe du fabricant.
saernïaidd *ans* bien travaillé(e), habile; ♦ **yn** ~ *adf* habilement.
saernïo *ba* (*adeiladu*) construire; (*gwneud*) façonner, fabriquer.
saernïol *ans* de construction, de structure.
saeryddiaeth *b*: ~ **rydd** franc-maçonnerie *f*.
Saesneg *b,g* anglais *m*; **'rwy'n siarad** ~ je parle anglais; **'rwy'n siarad** ~ **yn dda** je parle bien l'anglais; **siaradwr** ~ anglophone *m/f*; ♦*ans* anglais(e), anglophone.
Saesnes (**-au**) *b* Anglaise *f*.
Saeson *ll* *gw.* **Sais**.
saets *g* sauge *f*; **stwffin** ~ **a winwns** farce *f* à l'oignon et à la sauge; **(gwyrdd) lliw** ~ vert cendré *inv*.
saeth (**-au**) *b* flèche *f*; **gollwng** ~ décocher une flèche; **bwa** ~ arc *m*; **y S**~ **Aur** (*trên*) la Flèche d'Or; **fel** ~ comme une flèche, comme un trait.
saethben *ans* à chevrons.
saethflew *ll* jarres *mpl* (*dans la laine*).
saethiad (**-au**) *g* décochement *m*, trait *m*.
saethnod (**-au**) *g,b* cible *f*.
saethu *ba*

1 (*saeth*) décocher; (*tanio: gwn*) tirer *neu* lâcher un coup de (*revolver ou fusil sur*); ~ **cwestiynau at rn** (*ffig*) bombarder qn de questions.
2 (*taro ag ergyd o wn: cyff*) tirer sur; (:*dienyddio*) fusiller; ~ **rhn** (*cyff*) atteindre qn d'un coup de fusil; (*anafu*) blesser qn d'un coup de fusil; (*lladd*) tuer qn d'un coup de fusil, abattre qn; **cael eich ~ yn eich pen** être atteint(e) *neu* blessé(e) *neu* tué(e) d'une balle dans la tête; ~ **rhn o'i weld** tirer à vue sur qn; ~ **awyren i lawr** abattre un avion; **caf fy ~ am hynna*** je vais me faire incendier pour ça*.
3 (*hela*) chasser (*au tir ou au fusil*).
4 (*CHWAR*) shooter.
5 (*ffilmio*) tourner;
♦*bg*
1 (*gyda gwn, saeth*) tirer; ~ **at rn** tirer sur qn; ~ **i ladd** tirer pour abattre; **oriel ~** stand *m* de tir.
2 (*hela*) chasser; **mynd allan i ~** aller à la chasse.
3 (*CHWAR*) shooter, tirer.
4 (*ffilmio*) tourner.
5 (*symud yn gyflym*): ~ **i mewn/heibio/ar draws** entrer/passer/traverser à toute vitesse; **saethodd y fwled heibio fy nghlustiau** la balle m'a sifflé aux oreilles; ~ **allan,** ~ **i fyny** (*fflam, dŵr*) jaillir; (*roced, pris*) monter en flèche; (*tyfu*) pousser vite; **saethai'r boen i fyny ei choes** la douleur à la jambe la lancinait;
♦*g*
1 (*â gwn*) tir *m*, coups *mpl* de feu; (*di-baid*) fusillade *f*; (*llofruddiaeth*) meurtre *m* avec une arme à feu; (*dienyddiad*) exécution *f*.
2 (*â bwa saeth*) tir *m* à l'arc.
3 (*ffilm*) tournage *m*.

saethwayw (**saethwewyr**) *g* douleur *f* lancinante.

saethwr (**saethwyr**) *g* (*â bwa saeth*) archer *m*; (*â gwn*) tireur *m*; (*CHWAR*) shooteur *m*; **carfan o saethwyr** (*i ddienyddio*) peloton *m* d'exécution; **mae'n ~ da** il est bon tireur; **mae'n ~ di-ffael** il ne manque jamais son coup.

saethwraidd *g* (*PLANH*) marante *f*.

saethwriaeth *b* adresse *f* au tir.

saethydd (**-ion**) *g* (*â bwa saeth*) archer *m*; **y S~** (*ASTROL*) Sagittaire *m*; **bod wedi'ch geni dan arwydd y S~** être Sagittaire.

saethyddiaeth *b* tir *m* à l'arc.

saethyn (**-nau**) *g* projectile *m*.

saf[1] *be gw.* **sefyll**.

saf[2] *g* vigueur *f*, résistance *f*.

safadwy *ans* stable, ferme; (*perthynas*) solide, constant(e); (*siwr*) sûr(e), durable, qui dure;
♦ **yn ~** *adf* durablement, solidement.

safana (**-u**) *g* savane *f*.

safbwynt (**-iau**) *g* position *f*, attitude *f*, point *m* de vue, opinion *f*, avis *m*; ~ **politicaidd** opinions politiques; **rhaid iti wneud dy ~ yn glir (ynglŷn â, ar)** tu dois dire franchement quelle est ta position (sur).

safiad (**-au**) *g* position *f*; (*osgo*) posture *f*; **gwneud ~** (*llyth*) prendre position *neu* place; (*ffig*) adopter une attitude, prendre position.

safio *ba, bg*
1 *gw.* **achub**.
2 *gw.* **cadw**.
3 *gw.* **cynilo**.
4 *gw.* **arbed**.

safle (**-oedd**) *g* (*cyff*) position *f*; (*adeilad, ayb*) emplacement *m*; (*diriaethol, haniaethol*) situation *f*, rang *m*; **yn eich ~** en place, en position; **newid ~ rhth** changer qch de place, déplacer qch; **ym mha ~ mae hi'n chwarae?** (*CHWAR*) à quelle place joue-t-elle?; **gwthio i wella'ch ~** manœuvrer pour se placer avantageusement; **ei ~ o fewn y llywodraeth** son poste *neu* sa fonction dans le gouvernement; **rhowch eich hun yn ei ~ hi** mettez-vous à sa place; **dynes yn ei ~ hi** une femme dans sa situation; ~ **ar y We** un site *m* Web; ~ **adeiladu** chantier *m* (de construction).

safn (**-au**) *b* (*genau*) gueule *f*.

safndrwm *ans* indistinct(e);
♦ **yn ~** *adf* indistinctement.

safnglo (**-eon**) *g* bâillon *m*; **rhoi ~ ar rn** bâillonner qn.

safnrhwth *ans* (*cegagored*) bouche bée *inv*;
♦ **yn ~** *adf* bouche bée.

safnrhythu *bg* (*bod yn gegagored*) rester bouche bée (devant).

Safói *prb gw.* **Safwy**.

safon (**-au**) *b* critère *m*, norme *f*; (*deallusrwydd ayb*) niveau(-x) *m*, degré *m* d'excellence; (*dosbarth*) classe *f*; (*ansawdd*) qualité *f*; **cyrraedd y ~** (*rhn*) être à la hauteur; (*peth*) être de la qualité voulue; **mae ei ~au'n uchel, mae hi'n uchel ei ~** elle cherche l'excellence; **gwaith o ~ (uchel)** travail de haute qualité, travail supérieur; **gwaith o ~ isel** travail inférieur, travail de mauvaise qualité; **mae hwn o ~ uchel, mae hwn yn uchel ei ~** celui-ci a atteint un haut degré d'excellence; **mae hi wedi gosod ~ uchel** elle a établi un modèle difficile à surpasser; ~ **byw uchel/isel** niveau de vie élevé/bas; **ni all hi ddim derbyn eu ~au** (*egwyddorion*) elle ne peut pas accepter leur échelle de valeurs.

safonedig *ans* standardisé(e).

safoni *ba* standardiser.

safonol *ans* (*llyfr*) classique, de base; (*iaith, acen*) standard *inv*, correct(e); (*maint, uchder, dull*) ordinaire, normal(e)(normaux, normales); (*busnes, cynllun, model, maint*) standard.

safonoldeb *g* (*iaith, acen*) correction *f*.

Safwy *prb* la Savoie; **yn ~** en Savoie.

Safwyad (**Safwyaid**) *g/b* Savoyard *m*, Savoyarde *f*.
Safwyaidd *ans* savoyard(e).
saff *ans gw.* **diogel**: **bydd yn y dafarn heno, yn ~ iti** il sera dans le pub ce soir, tu peux en être sûr(e).
saffari (**saffarïau**) *g,b* safari *m*; **mynd ar ~** faire un safari; **parc ~** parc *m* zoologique (*où les animaux vivent en semi-liberté*); **siaced ~** saharienne *f*.
saffir (-**au**) *g* saphir *m*;
♦*ans*: **modrwy ~** bague *f* de saphir; **(lliw) ~** saphir *inv*.
saffrwm *g* (*blodyn*) crocus *m*; (*COG*) safran *m*;
♦*ans*: **lliw ~** safran *inv*.
saga (**sagâu**) *b* (*LLEN*) saga *f*; (*stori*) histoire *f*.
sagrafen (-**nau**) *b* sacrement *m*; **derbyn y ~** communier.
sagrafennol *ans* sacramentel(le).
sang (-**au**) *b* pas *m*; **dan ei ~** (*yn llawn i'r ymylon: ystafell*) bondé(e), plein(e); (*:tref*) encombré(e); **~-di-fang** sens dessus dessous, en désordre, en pagaïe *f*.
sangiad (-**au**) *g* pas *m*, piétinement *m*; (*GRAM*) interpolation *f*; (*LLEN*) parenthèse *f*.
sangu *bg* marcher;
♦*ba* (*yn fwriadol*) piétiner, fouler (qch) aux pieds, écraser; (*yn ddamweiniol*) marcher sur; (*llwybr, ffordd*) parcourir; **~ rhth dan draed** fouler qch aux pieds, piétiner qch; **~ grawnwin** fouler du raisin; **~ teimladau rhn** bafouer les sentiments de qn.
Sahara *prg*: **y ~** le Sahara *m*.
Saharaidd *ans* saharien(ne).
Sahariad (**Sahariaid**) *g/b* Saharien *m*, Saharienne *f*.
saib (**seibiau**) *g* (*hamdden*) repos *m*; (*seibiant byr*) pause *f*, arrêt *m*; (*CERDD*) silence *m*; (*mewn sgwrs*) un petit silence; **cymryd ~** s'arrêter *neu* se reposer un instant; **bod ag angen ~** avoir besoin de repos *neu* de se reposer; **bu ~ hir** il y a eu un long silence.
saig (**seigiau**) *b* plat *m*, mets *m*; **~ llysiau** plat à légumes.
sail (**seiliau**) *b* (*cred, damcaniaeth ayb*) base *f*, fondement *m*; **seiliau** (*ADEIL*) fondations *fpl*; **gosod seiliau** (*llyth*) poser des fondations; (*ffig*) jeter des bases; **gosod rhth ar ~ gadarn** bien établir qch; **'does dim ~ o gwbl i'r stori** c'est une rumeur dénuée de tout fondement; **ar ~ yr hyn y mae'n ei ddweud** d'après ce qu'il dit; **ar ~ rhth** (*o achos*) en raison de qch.
saim (**seimiau**) *g* graisse *f*; (*ar gig*) gras *m*; (*i goginio*) matière *f* grasse; **tynnu'r ~ o rth** dégraisser qch; **papur ~** papier *m* sulfurisé; **coginio rhth mewn sosbennaid o ~** faire cuire qch à la grande friture.
sain (**seiniau**) *b* (*sŵn*) son *m*, bruit *m*; (*tôn*) ton *m*; (*goslef*) timbre *m*; (*offeryn cerdd*) sonorité *f*; (*radio ayb*) tonalité *f*; **i seiniau'r hen emynau** au son des vieux hymnes; **archif ~** phonothèque *f*; **recordiad ~** enregistrement *m* sonore; **effeithiau ~** bruitage *m*; **peiriannydd ~** ingénieur *m* du son; **trac ~** bande *f* sonore; **botwm ~** (*ar radio, teledu*) bouton *m* de réglage du volume; **troi'r ~ i lawr** baisser *neu* diminuer le volume; **troi'r ~ i fyny** augmenter le volume.
saint *ll gw.* **sant**.
Saïr *prb* le Zaïre *m*; **yn ~** au Zaïre.
Saïraidd *ans* zaïrois(e).
Saïriad (**Saïriaid**) *g/b* Zaïrois *m*, Zaïroise *f*.
Sais (**Saeson**) *g* Anglais *m*.
saith *rhifol* sept *m inv*; **mae hi'n byw yn rhif ~** elle habite au (numéro) sept; **mae hi'n ~ o'r gloch y bore** il est sept heures du matin; **mae'n dechrau am ~** il commence à sept heures; **mae'n taro ~** sept heures sonnent; **lladdwyd ~ o'r dynion** sept des hommes ont été tués; **aeth y plant bob yn ~** les enfants sont partis par groupes de sept; **maen nhw'n cael eu gwerthu bob yn ~** cela se vend par (lots *neu* paquets de) sept;
♦*ans* sept *inv*; **~ (mlwydd) oed** (*plentyn, ceffyl*) de sept ans; (*car, tŷ*) vieux(vieille) de sept ans; **mae hi'n ~ (mlwydd) oed** elle a sept ans; **y S~ Cysgadur** les Sept Dormants;
♦*rhag*: **mae yna tua ~** il y en a sept environ, il y a quelque sept; **mae yna ~ ohonom ni** nous sommes sept; **cyrhaeddodd y ~ ohonom ni** nous sommes arrivé(e)s tous(toutes) les sept.
saith deg *ans* soixante-dix;
♦*rhifol* (**saithdegau**) soixante-dix; **mae hi yn ei saithdegau** elle est septuagénaire, elle a passé soixante-dix ans; **yn y saithdegau** dans les années soixante-dix.
saith degfed *ans* soixante-dixième.
sâl *ans*
1 (*nad yw'n iach*) malade; (*sy'n dioddef*) souffrant(e); **bod yn ~** être malade *neu* souffrant; (*chwydu*) vomir, rendre; **mi fûm i'n ~ ar unwaith** j'ai tout rendu *neu* vomi à l'instant; **bod yn swp ~** être malade comme un chien; **mae'n peri imi deimlo'n ~** cela me donne des nausées, cela m'écœure *neu* me donnne le haut-le-cœur *neu* me soulève le cœur; **mynd yn ~** tomber malade; **mae hi'n ~ iawn yn yr ysbyty** elle est à l'hôpital dans un état grave; **'dw i'n ~ efo pryder** je suis malade d'inquiétude.
2 (*o ansawdd wael*) médiocre, minable; (*golau*) faible; (*ymdrech*) insuffisant(e), mauvais(e); (*gwael, tlawd*) pauvre, minable; (*drwg*) mesquin(e), méchant(e); **triniaeth ~** (*o un gan rn arall*) mauvais traitements *mpl*; **'roedd hi'n noson ~** la soirée n'a pas été une réussite; **bod yn ~ am wneud rhth** ne pas être doué(e) pour faire qch; **mae fy mrawd yn deithiwr ~** mon frère supporte mal les

voyages; **hen dric** ~ un mauvais tour; **y salaf o ddynion** le dernier des hommes; **yr hen beth ~ â thi!*** chameau!*;
♦ **yn** ~ *adf* mal; (*gweithio, ysgrifennu*) médiocrement, mal; **trin rhn yn** ~ maltraiter qn; **byw/gwisgo'n** ~ vivre/s'habiller pauvrement *neu* minablement.
salad (**-au**) *g* salade *f*; ~ **ffrwythau** macédoine *f* de fruits; ~ **ham** jambon accompagné de salade; ~ **tomato** salade de tomates; **dresin** ~ mayonnaise *f*; (*olew a finegr*) vinaigrette *f*; **hufen** ~ sauce *f* mayonnaise; **powlen** ~ saladier *m*.
Salamanca *prb* Salamanque *f*.
salami *g* saucisson *m* sec.
saldra *g* (*cyfog*) haut-le-cœur *m inv*, nausée *f* *gw. hefyd* **salwch**.
salifa *g* salive *f*.
salm (**-au**) *b* psaume *m*.
salm-dôn (**~-donau**) *b* psalmodie *f*.
salmonela (**salmonelâu**) *g* salmonelle *f*; (*clefyd*) salmonellose *f*.
salmydd (**-ion**) *g* psalmiste *m*.
salmyddiaeth *b* psalmodie *f*.
Salome *prb* Salomé.
salon (**-au**) *g,b* salon *m*.
Salonica *prb* Salonique *f*.
salter (**-i**) *g,b* (*halen*) salière *f*.
saltring (**-au**) *g* (*CERDD*) psaltérion *m*.
salw *ans* (*rhn, golwg: hyll*) laid(e), vilain(e), disgracieux(disgracieuse); (*arfer*) particulièrement déplaisant(e), répugnant(e); **mae'n olygfa** ~ **iawn** ce n'est pas beau à voir.
salwch *g* maladie *f*; ~ **môr/mynydd/teithio** mal *m* de mer/de montagne/de la route; **mae llawer o** ~ **yn y stryd hon** il y a beaucoup de malades dans cette rue.
salwedd, **salwineb** *g* (*hylltra*) laideur *m*; (*ansawdd wael*) mauvaise qualité *f*, médiocrité *f*.
salwino *bg* s'enlaidir.
Salzburg *prb* Salzbourg *m*.
salŵn (**salwnau**) *g* (*tafarn*) salon *m*, bar *m* (*du Far West américain*); (*car*) berline *f*.
sallwyr (**-au**) *g* psautier *m*.
Samaria *prb*
1 (*gwlad*) la Samarie *f*; **yn** ~ en Samarie.
2 (*tref*) Samarie; **yn** ~ à Samarie.
Samariad (**Samariaid**) *g/b* Samaritain *m*, Samaritaine *f*; **y** ~ **Trugarog** le bon Samaritain; **y Samariaid** (*mudiad*) les Samaritains.
Sambia *prb* la Zambie *f*; **yn** ~ en Zambie.
Sambiad (**Sambiaid**) *g/b* Zambien *m*, Zambienne *f*.
Sambiaidd *ans* zambien(ne).
samon (**-iaid**) *g* saumon *m gw. hefyd* **eog**.
samona *bg* pêcher le saumon.
sampier *g* (*PLANH*) passe-pierre *m*, perce-pierre *f*, christe-marine(~s-~s) *f*.
sampl (**-au**) *g*
1 (*cyff, MASN*) échantillon *m*; **fel** ~ à titre d'échantillon; **gwneud dewis o blith** ~**au** choisir sur échantillons.
2 (*MEDD: o wrin*) échantillon; (*:o waed*) prélèvement *m*; **cymryd** ~ **o waed (gan rn)** faire une prise *neu* un prélèvement de sang (à qn).
sampler (**-i**) *g* marquoir *f*, abécédaire *m*.
samplu *ba* (*bwyd*) goûter; (*gwin*) déguster.
samwn (**-s**) *g* saumon *m gw. hefyd* **eog**.
'sanau *ll gw.* **hosan**.
sancsiwn (**sancsiynau**) *g* sanction *f*; **sancsiynau economaidd** sanctions économiques.
sanctaidd *ans* (*rhn*) saint(e); (*dŵr, bara*) bénit(e); (*daear*) sacré(e); **y Ddinas S**~ la Ville *f* sainte; **y Cymun S**~ la Sainte communion *f*; **y Tad S**~ le Saint-Père *m*; **y Drindod S**~ la Sainte-Trinité *f*.
sancteiddhad, **sancteiddiad** (**-au**) *g* sanctification *f*; (*cysegriad*) consécration *f*.
sancteiddiedig *ans* sanctifié(e); (*cysegru*) consacré(e).
sancteiddio *ba* sanctifier; (*cysegru*) consacrer; **Sancteiddier Dy Enw** Que ton nom soit sanctifié.
sancteiddrwydd *g* (*rhn, ymddygiad*) sainteté *f*; (*llw, lle*) caractère *m* sacré; (*eiddo, priodas*) inviolabilité *f*; **Ei S**~ **y Pab** Sa Sainteté le pape.
sandal (**-au**) *g,b* sandale *f*; ~ **gwadn rhaff** espadrille *f*.
sandio *ba* (*llawr*) poncer; (*pren*) frotter (qch) au papier de verre.
sandiwr (**sandwyr**) *g* (*teclyn*) ponceuse *f*.
San Domingo *prb* Saint-Domingue *m*; **yn** ~ ~ à Saint-Domingue.
sangria *g* sangria *f*.
San Marino *prb* Saint-Marin *m*; **yn** ~ ~ à Saint-Marin.
Sansibar *prb* Zanzibar *m*; **yn** ~ au Zanzibar.
sant (**seintiau, saint**) *g* saint *m*; **Gŵyl yr Holl Saint** la Toussaint *f*; **S**~ **Pedr** Saint Pierre; **Eglwys S**~ **Mihangel** l'église *f* Saint-Michel; **nid yw'n** ~ ce n'est pas un petit saint.
Santa Clôs *prg* le père *m* Noël.
santaidd *ans gw.* **sanctaidd**.
santes (**-au**) *b* sainte *f*; **y S**~ **Fair** Sainte Marie.
Sant Lawrens *prg* (*DAEAR*) le Saint-Laurent *m*.
Saragosa *prb* Saragosse *f*.
Sarasen (**-iaid**) *g/b* Sarrasin *m*, Sarrasine *f*.
Sarasenaidd *ans* sarrasin(e).
sarcastig *ans* sarcastique;
♦ **yn** ~ *adf* d'un ton sarcastique
Sardeg *b,g* le sarde *m*;
♦*ans* sarde.
sardîn (**-s, -au**) *g* sardine *f*.
Sardinaidd *ans* sarde.
Sardineg *b,g, ans gw.* **Sardeg**.

Sardinia *prb* la Sardaigne *f*; **yn** ~ en Sardaigne.
Sardiniad (**Sardiniaid**) *g/b* Sarde *m/f*.
sarff (**seirff**) *b* serpent *m*.
sarffaidd *ans* de serpent; (*bradwrus*) perfide; ♦ **yn** ~ *adf* perfidement.
sarffes (**-au**) *b* (*dif, gwraig*) mégère *f*, femme *f* perfide.
Sargaso *prg*: **y Môr** ~ la Mer des Sargasses.
sarhad (**-au**) *g* insulte *f*; **mae'n** ~ **ar y teulu** cela déshonore la famille.
sarhau *ba* insulter, injurier.
sarhaus *ans* insultant(e), injurieux(injurieuse), offensant(e), désobligeant(e); **iaith** ~ paroles *fpl* injurieuses *neu* insultantes;
♦ **yn** ~ *adf* (*gweithredu*) d'une manière insultante *neu* offensante; (*siarad*) d'une voix insultante *neu* offensante.
sari (**sarïau**) *g,b* sari *m*.
sarjant (**-iaid**) *g gw.* **sarsiant**.
sarn (**-au**) *b* (*heol*) chaussée *f*.
sarnu *ba*
1 (*colli: dŵr ayb*) renverser.
2 *gw.* **sathru**.
3 *gw.* **taflu, gwasgaru**.
4 *gw.* **difetha**.
sarong (**-au**) *g,b* sarong *m*.
sarrug *ans* revêche, maussade, morose; (*swta, garw*) bourru(e), hargneux(hargneuse);
♦ **yn** ~ *adf* (*edrych*) d'un air morose; (*dweud*) d'un ton bourru, hargneusement, avec hargne.
sarsiant (**-iaid**) *g* (*gŵr traed*) sergent *m*; (*artileri, gŵr meirch*) maréchal *m* des logis; (*heddlu*) brigadier *m*; **uwch-**~ sergent-major(~s-~s) *m*.
sarugo *bg* devenir revêche *neu* morose.
sarugrwydd *g* caractère *m* revêche *neu* morose, air *m* revêche *neu* morose, hargne *f*.
sas(h) (**-iau**) *g* (*ar wisg swyddogol*) écharpe *f* (*servant d'insigne*); (*ar ffrog*) large ceinture *f* à nœud; **ffenestr** ~ fenêtre *f* à guillotine.
sasiwn (**sasiynau**) *g,b* association *f* (*de Presbytériens gallois*); **prysur fel beili mewn** ~ très affairé(e).
Satan (**-iaid**) *prg* Satan *m*, Démon *m*.
satanaidd *ans* satanique, démoniaque, diabolique;
♦ **yn** ~ *adf* diaboliquement, d'une manière satanique.
sataniaeth *b* satanisme *m*.
satin *g* satin *m*;
♦*ans* de satin.
satswma (**-s**) *g* satsuma *m*.
sathredig *ans* écrasé(e), foulé(e), piétiné(e); (*iaith, arfer*) vulgaire, commun(e); **llwybr** ~ sentier *m* battu;
♦ **yn** ~ *adf* familièrement, dans le style parlé.
sathru *ba* (*yn bwrpasol*) écraser, piétiner, fouler (qch/qn) aux pieds; (*yn ddamweiniol*) marcher sur; ~ **grawnwin** fouler du raisin;
♦*bg*: ~ **ar** écraser, piétiner, fouler (qch) aux pieds; (*yn ddamweiniol*) marcher sur; ~ **ar deimladau rhn** bafouer *neu* froisser les sentiments de qn.
sathrwr (**sathrwyr**) *g* celui qui piétine.
Saul *prg* Saül.
Savoie, **Savoy** *prb gw.* **Safwy**.
Sawdi, **Sawdïad** (**Sawdïaid**) *g/b* Saoudien *m*, Saoudienne *f*.
Sawdïaidd *ans* saoudien(ne).
Sawdi-Arabia *prb* l'Arabie *f* Saoudite *neu* Séoudite; **yn** ~-~ en Arabie Saoudite.
sawdl (**sodlau**) *g,b*
1 (*ar droed, esgid*) talon *m*; **wrth sodlau rhn** sur les talons de qn, aux trousses de qn; **troi ar eich** ~ tourner les talons; **esgidiau sodlau uchel** chaussures *fpl* à hauts talons, hauts talons* *mpl*; **trwsio** ~ (*esgid, hosan*) remettre *neu* refaire un talon; **cicio'ch sodlau** faire le pied de grue; **o'r corun i'r** ~ de la tête aux pieds; **mae hi wedi mynd ar ei hen sodlau** (*heneiddio*) elle a vieilli.
2 (PLANH): ~ **y crydd** mercuriale *f*; ~ **y fuwch** coucou *m*.
sawercrawt *g* choucroute *f*.
sawl[1] *rhag* (*pwy bynnag*) qui, quiconque, celui *m*, celle *f*, ceux *mpl*, celles *fpl*; **gall y** ~ **a fynn ...** quiconque le désire peut ...; **'roedd y** ~ **a ddywedodd hynna ...** celui *neu* celle qui a dit ça était ..., quiconque a dit cela était ...; **gofynnwch i'r** ~ **a fynnwch** demandez à qui vous voulez; **y** ~ **a gâr fy nghalon i** celui *neu* celle que j'aime de tout mon cœur.
▶ **(pa) sawl** combien; ~ **brawd sydd gen ti?** combien de frères as-tu?; ~ **un oedd yn y cyfarfod y bore 'ma?** combien (de personnes) y avait-il dans la réunion ce matin?; ~ **gwaith?** combien de fois?
sawl[2] *ans* (*llawer*) plusieurs, un bon nombre, maint(e), plus d'un(e); ~ **gwaith** *ou* **tro** plusieurs fois, maintes fois, plus d'une fois; **daeth** ~ **un ohonom at ein gilydd i ...** nous nous sommes mis(es) à plusieurs pour ..., nous avons été nombreux(nombreuses) à ...; **mae** ~ **un yn credu hynny** ils sont nombreux qui y croient, plus d'un y croit.
sawna (**sawnâu**) *g* sauna *m*.
sawr (**-au**) *g* (*aroglau*) odeur *f*; (*blas*) saveur *f*.
sawrio, **sawru** *ba* (*arogleuo, gwynto*) sentir; (*blasu*) savourer;
♦*bg*: **mae hwnna'n** ~ **o winwns** (*arogleuo o*) cela sent l'oignon; (*blasu o*) cela a un goût d'oignons.
sawrus *ans* (*pêr*) odorant(e); (*sy'n codi chwant bwyd*) savoureux(savoureuse); **byrbryd** ~ mets *m* non sucré.
saws (**-iau**) *g* sauce *f*; ~ **mintys** sauce à la menthe; ~ **tomato** sauce tomate; ~ **Caerwrangon** *sauce épicée au soja et au*

vinaigre; **jwg** ~ saucière *f*.
sawyr (**sawrau**) *g gw.* **sawr**.
sba (**-on**) *g,b* station *f* thermale, ville *f* d'eau.
sbachu* *ba* empoigner, saisir, faire main basse sur.
sbaddu *ba gw.* **ysbaddu**.
Sbaen *prb* l'Espagne *f*; **yn** ~ en Espagne.
Sbaenaidd *ans* espagnol(e).
Sbaeneg *b,g* espagnol *m*;
♦*ans* espagnol(e).
Sbaenes (**-au**) *b* Espagnole *f*.
sbaengi (**sbaengwn**) *g* épagneul *m*.
Sbaenwr (**Sbaenwyr**) *g* Espagnol *m*.
sbageti *g* spaghettis *mpl*.
sbaner (**-i**) *g* clé *f* *neu* clef *f* à écrous, clé *neu* clef anglaise.
sbaniel (**-iaid**) *g* épagneul *m*.
sbâr[1] *ans*
1 (*mwy na'r angen*) en trop, dont on n'a pas besoin; **dwy sedd** ~ **i'r opera** deux places *fpl* disponibles à l'opéra; **arian** ~ (*swm bychan*) argent *m* en trop; (*swm sylweddol*) argent disponible; **ychydig o amser** ~ **sydd ganddi** elle a très peu de temps libre; **yn dy amser** ~ pendant tes moments de loisir, pendant ton temps libre, pendant tes moments perdus, à ton temps perdu; **'does ganddo ddim ond ychydig funudau yn** ~ il ne dispose que de quelques minutes; **'roedd ganddi amser yn** ~ elle avait du temps devant elle; **'does gen i ddim yn** ~ j'en ai juste ce qu'il me faut; **mae gen i ddigon a pheth yn** ~ j'en ai plus qu'il ne m'en faut; **â phum munud yn** ~ avec 5 minutes d'avance.
2 (*i'w ddefnyddio pan fydd angen*) de réserve, de rechange; **ystafell wely** ~ chambre *f* d'ami; **gwely** ~ lit *m* d'ami; **teiar** ~ pneu *m* de rechange; **olwyn** ~ roue *f* de secours.
sbâr[2] (**sbarion**) *g* reste *m*, restes *mpl*; (*bwyd*) débris *mpl*.
sbardun (**-au**) *g,b* (*marchog*) éperon *m*; (*CAR: cyflymydd*) accélérateur *m*; (*ffig*) aiguillon *m*, incitation *f*, impulsion *f*.
sbarduno *ba* éperonner; (*ffig*) motiver, inciter.
sbarib (**-iau**) *b* travers *m* de porc.
sbario[1] *ba*
1 (*gwneud heb*) se passer de; **elli di ei** ~**?** peux-tu t'en passer?, tu n'en a pas besoin?.
2 (*bod â'r amser, arian i wneud rhth*): **allwch chi** ~ **pumpunt?** est-ce que vous avez 5 livres?; **'does ganddi ddim ond ychydig funudau i** ~ elle ne dispose que de quelques minutes; **gallaf** ~ **10 munud** je peux vous accorder 10 minutes; **ni alla' i ddim** ~**'r amser i'w wneud** je n'ai pas le temps de le faire; **'roedd ganddi amser i'w** ~ elle avait du temps devant elle; **'does gen i ddim i'w** ~ j'en ai juste ce qu'il me faut; **mae gen i ddigon a pheth i'w** ~ j'en ai plus qu'il ne m'en faut; **gyda phum munud i'w** ~ avec 5 minutes d'avance.
3 (*arbed*): **bydd hynny'n** ~ **imi fynd allan** cela m'évitera la peine de sortir.
sbario[2] *bg* (*BOCSIO*) échanger des coups; ~ **â rhn** (*ymarfer*) s'entraîner à la boxe avec qn.
Sbarta *prb* Sparte *f*.
Sbartaidd *ans* spartiate.
Sbartiad (**Sbartiaid**) *g/b* Spartiate *m/f*.
sbasm (**-au**) *g* (*pwl*) spasme *m*.
sbasmodig *ans* (*MEDD*) spasmodique; (*anghyson*) irrégulier(irrégulière); (*o bryd i'w gilydd*) intermittent(e);
♦ **yn** ~ *adf* irrégulièrement, par à-coups, de façon intermittente *neu* irrégulière.
sbastig *ans* (*rhn*) handicapé(e) moteur; (*symudiad, colon, parlys*) spasmodique; (*dif*) empoté(e);
♦*g* spasmophilique *m/f*, handicapé *m* moteur, handicapée *f* moteur; (*dif*) empoté *m*, empotée *f*.
sbatwla (**sbatwlâu**) *g,b* spatule *f*.
sbec[1] *g,b* (*cipolwg*) coup *m* d'œil; **cael** ~ **ar rth/rn** jeter un (petit) coup d'œil à qch/qn.
sbec[2] *g* (*ar hap*): **ar** ~ à tout hasard.
sbecian *bg* jeter un (petit) coup d'œil furtif (à); **'roedd hi'n** ~ **arnom ni o du ôl i'r llenni** elle nous regardait furtivement *neu* à la dérobée de derrière les rideaux.
sbeciannol *ans* spéculatif(spéculative);
♦ **yn** ~ *adf* de façon spéculative.
sbeciannu *ba* (*arian*) spéculer.
sbeciannwr (**sbecianwyr**) *g* spéculateur *m*.
sbeciant (**sbeciannau**) *g* (*ariannol*) spéculation *f*.
sbecianwraig (**sbecianwragedd**) *b* spéculatrice *f*.
sbectol (**-au, -s**) *b* lunettes *fpl*; ~ **haul** lunettes de soleil; **cas** ~ étui *m* à lunettes.
sbectroffotomedr (**-au**) *g* spectrophotomètre *m*.
sbectromedr (**-au**) *g* spectromètre *m*.
sbectrosgob (**-au**) *g* spectroscope *m*.
sbectrosgopeg *b* spectroscopie *f*.
sbectrwm (**sbectra**) *g* (*FFIS*) spectre *m*; (*ffig*) gamme *f*.
sbecyn (**sbeciau**) *g* (*llwch*) grain *m*; (*baw, mwd, inc*) toute petite tache *f*; (*ar groen, ffrwyth*) tache, tavelure *f*; **mae gen i** ~ **yn fy llygad** j'ai une poussière *neu* une escarbille dans l'œil; **dim ond** ~ **ar y gorwel** rien qu'un point noir à l'horizon.
sbeis (**-ys**) *g* épice *f*; (*ffig*) piment *m*; ~**ys cymysg** épices mélangées; **stori a thipyn o** ~ **yn perthyn iddi** une histoire qui a du piquant *neu* du piment; **rhoi** ~ **yn rhth** épicer qch; (*ffig*) relever qch; **yn cynnwys** ~ épicé(e), relevé(e); (*ffig*) piquant(e), pimenté(e).
sbeisio *ba* épicer, relever; (*stori ayb*) pimenter.
sbeislyd *ans* épicé(e), relevé(e); (*stori ayb*) pimenté(e), piquant(e).
sbeit *g,b* rancune *f*, dépit *m*; **o ran** ~ par dépit *neu* rancune, par pure méchanceté.

sbeitio *ba* vexer, contrarier.
sbeitlyd *ans* (*rhn, sylw*) méchant(e), rancunier(rancunière), malveillant(e), fielleux(fielleuse); (*tafod*) venimeux(venimeuse);
♦ **yn** ~ *adf* méchamment, de façon fielleuse *neu* rancunière *neu* malveillante.
sbel, **sbelen** (**sbeliau**) *b*
1 (*seibiant*) repos *m*; **'rwy'n mynd i gael** ~ je vais me reposer un peu *neu* pendant quelque temps.
2 (*cyfnod*) (courte) période *f*, temps *m*; (*o waith ayb*) tour *m*; ~ **heulog** période ensoleillée; ~ **oer** période de froid; ~ **hir o dywydd oer** une longue période *neu* une longue passe de froid, une série de jours froids; **yn ystod y** ~ **oer** pendant le coup de froid; ~ **arall o dywydd oer** une reprise *neu* une recrudescence du froid; **bydd** ~ **o dywydd gwlyb** le temps se met *neu* va se mettre à la pluie; ~ **o bedair awr** quatre heures de suite *neu* d'arrache-pied, quatre heures tout d'un trait; **cael** ~ **arall o garchar** retâter de la prison; **ar ôl** ~ après un certain temps; **am** ~ **fach** pendant un petit moment; ~ **yn ôl** il y a quelque temps.
sbens(h) (**-ys**) *b* (*twll dan y grisiau*) fourre-tout *m inv*.
sberm (**-au**) *g* sperme *m*.
sbermatosoid (**-au**) *g* spermatozoïde *m*.
sbesiffig *ans* spécifique, précis(e); (*cyfarwyddyd, gosodiad*) explicite, clair(e); (*penodol: achos, rheswm, cynllun, ystyr*) spécifique, particulier(particulière), déterminé(e); **ar adeg** ~ à un moment voulu *neu* donné;
♦ **yn** ~ *adf* spécifiquement.
sbesimen (**-au**) *g* (*carreg, rhywogaeth*) spécimen *m*; (*gwaed, meinwe*) prélèvement *m*; (*wrin*) échantillon *m*; (*ffig*) spécimen, exemple *m*; **copi** ~ spécimen; **tudalen** ~ page *f* spécimen; **llofnod** ~ spécimen de signature.
sbienddrych (**-au**) *g gw.* **ysbienddrych**.
sbigod (**au**) *b* fausset *m*, channelle *f*, robinet *m*.
sbigoglys *g gw.* **ysbigoglys**.
sbin (**-nau**) *g*: ~ **hir/byr** (*ar beiriant golchi*) essorage *m* complet/léger; **rhoi** ~ **ar bêl** donner de l'effet *m* à une balle.
sbinagl (**-au**) *g* (*MEDD*) angine *f*.
sbinio[1] *ba* faire tourner; ~ **dillad** assorer le linge à la machine;
♦*bg* tourner, tournoyer.
sbinio[2] *ba*: ~ **pysgod o rwyd** tirer des poissons d'un filet.
sbïo *bg*
1 (*gwylio*) regarder *gw. hefyd* **edrych**.
2 *gw.* **ysbïo**.
sbïwr (**sbïwyr**) *g gw.* **ysbïwr**.
sbïwraig (**sbïwragedd**) *b gw.* **ysbïwraig**.
sbïwriaeth *b gw.* **ysbïwriaeth**.
sblash* (**-ys**) *b* (*sŵn*) plouf *m*; (*marc*) éclaboussure *f*, tache *f*.
sblasio* *ba* (*rhn, arwynebedd*) éclabousser; ~ **dŵr/asid ar rn** (*yn fwriadol*) jeter de l'eau/de l'acide sur qn;
♦*bg* (*coffi, paent, gwin*) faire des éclaboussures; ~ **yn y dŵr** (*plant ayb*) barboter dans l'eau.
sbleisio *ba* (*rhaff, ffilm*) épisser.
sblint (**-iau**) *g* (*MEDD*) éclisse *f*, attelle *f*; **rhoi rhth mewn** ~ éclisser qch; **bod â'ch braich mewn** ~ avoir le bras éclissé.
sblinter (**-i**) *g* (*gwydr, pren, cragen*) éclat *m*; (*asgwrn*) esquille *f*; (*yn eich bys*) écharde *f*.
sbloet *g* (*miri, rhialtwch*) gaieté *f*, gaîté *f*, hilarité *f*, amusement *m*, réjouissances *fpl*.
sbo* *ebych* je suppose.
sbocsen (**sbôcs**) *b* rayon *m*.
sbodol (**-au**) *b* spatule *f*.
sbon *ans*: **newydd** ~ tout neuf(toute neuve), flambant neuf(neuve); **mae'r car yn newydd** ~ la voiture est tout à fait neuve.
sbonc (**-iau**) *b* bond *m*, saut *m*; (*eilwaith*) rebond *m*; (*ysgytiad*) secousse *f*, saccade *f*; (*MEC*) à-coup *m*; **chwarae** ~ jouer au squash.
sboncen *b* squash *m*; **cwrt** ~ terrain *m* de squash.
sboncio *bg* faire un bond *neu* des bonds, bondir, sauter; (*pêl*) rebondir.
sboncîwr (**sboncwyr**) *g* (*PRYF*): **robin** ~, ~ **y gwair** sauterelle *f*.
sboncyn (**sboncwyr**) *g* (*PRYF*): ~ **y gwair** sauterelle *f*.
sboner* *g* petit ami *m*, fiancé *m*.
sbôr (**sborau**) *g* spore *f*.
sborion *ll*: **ffair** ~ vente *f* vide-grenier.
sbort (**-iau**) *b,g* amusement *m*; (*dif*) moquerie *f*; **cael** ~ **(gyda)** bien s'amuser (avec); **bod yn** ~ être amusant(e) *neu* divertissant(e); **dyna** ~**!** ce que c'est amusant *neu* marrant *neu* rigolo!; **o ran** ~ pour rire; **gwneud** ~ **o rth/rn** *ou* **am ben rhth/rhn** se moquer de qch/qn, se divertir aux dépens de qch/qn; **difetha** ~ **rhn** empêcher qn de s'amuser, gâcher l'amusement de qn; **difetha'r** ~ jouer le trouble-fête.
sbortian *bg* folâtrer, batifoler.
sbortsmon (**sbortsmyn**) *g* sportif *m*.
sbortsmonaeth *b* esprit *m* sportif.
sbot (**-iau**) *g*
1 (*marc bach crwn: baw*) tache *f*, éclaboussure *f*; (*:tosyn, ploryn*) bouton *m*; (*:ar ddeis neu ddomino*) point *m*; **sgert â** ~**iau gwynion** une jupe à pois blancs; ~**iau o law** quelques gouttes *fpl* de pluie; **bod â** ~**iau o flaen eich llygaid** voir des mouches volantes devant les yeux.
2 (*RADIO, TELEDU: mewn sioe ayb*) numéro *m*, spot *m*.
3 (*THEATR*): **golau** ~ rayon *m* de projecteur;

(:*lamp*) projecteur *m* spot; **o dan y golau** ~ sous le feu des projecteurs.
sbotiog *ans gw.* **smotiog.**
sbotolau (**sbotoleuadau**) *g* rayon *m* de projecteur; (*lamp*) projecteur *m* spot.
sbotyn (**sbotiau**) *g gw.* **sbot, smotyn.**
sbrêd (**-s**) *g* canaille *f*, racaille *f*.
sbri *g*: **cael** ~ faire la fête; **mynd ar** ~ (*siopa*) faire des folies; (*yfed*) faire la noce, faire la nouba*; **cael hwyl a** ~ bien s'amuser; **am** ~*, **dyna** ~! ce que c'est amusant *neu* marrant *neu* rigolo!; **gwneud rhth o ran** ~ faire qch pour rire *neu* pour s'amuser; **difetha** ~ **rhn, torri ar** ~ **rhn** empêcher qn de s'amuser, gâcher l'amusement de qn; **difetha'r** ~ jouer le trouble-fête.
sbrigyn (**-nau**) *g* rameau(-x) *m*, brin *m*.
sbring[1] (**-s, -iau**) *g* ressort *m*; (*hydwythedd*) élasticité *f*; **y** ~**s** (*CAR*) la suspension *f*; **ffeil** ~ classeur *m* à ressort; **mae 'na** ~ **yn y matras 'ma** ce matelas est élastique; **mae 'na** ~ **yn y styllen 'na** cette planche est flexible.
sbring[2] *b* (*llanw*) marée *f* de vive eau, marée de syzygie.
sbrint (**-iau**) *b* (*CHWAR*) sprint *m*.
sbrintio *bg* (*CHWAR*) sprinter *gw. hefyd* **gwibio.**
sbrintiwr (**sbrintwyr**) *g* (*CHWAR*) sprinter *m*, sprinteur *m gw. hefyd* **gwibiwr.**
sbrintwraig (**sbrintwragedd**) *b* (*CHWAR*) sprinteuse *f gw. hefyd* **gwibwraig.**
sbrotian *bg* fouiller.
sbrych* (**-od**) *g* saligaud* *m*, salaud* *m*, type* *m* infect, foutriquet *m*; **yr hen** ~ **gwirion iti** espèce d'imbécile *neu* crétin.
sbwng (**sbyngau**) *g* éponge *f*; (*COG: teisen ysgafn*) génoise *f*; ~ **hufen** génoise fourrée à la crème.
sbŵl (**sbwliau**) *g* (*tâp, edau, rhuban, ffilm, camera*) bobine *f*; (*peiriant gwnïo*) canette *f*; (*weiren*) rouleau(-x) *m*.
sbwnj (**-ys**) *g gw.* **sbwng.**
sbwnjo *ba* éponger, essuyer *neu* nettoyer (qch) à l'éponge;
♦*bg*: ~ **ar rn*** vivre aux crochets de qn, parasiter qn.
sbwnjwr* (**-s**) *g* parasite *m*, pique-assiettes *m inv.*
sbwriel *g* (*stryd, ffatri*) déchets *mpl*; (*cartref*) ordures *fpl*, immondices *fpl*; (*gardd*) détritus *mpl*; (*safle adeiladu*) gravats *mpl*, décombres *mpl*; **bin** ~ poubelle *f*, boîte *f* à ordures; **lorri** ~ camion *m* des éboueurs; **tomen** ~ décharge *f* publique; **dyn** ~ éboueur *m*, boueux* *m*.
sbwtnic (**-au**) *g,b* spoutnik *m*.
sbwylio* *ba, bg gw.* **difetha.**
seawns (**-au**) *g* séance *f* (de spiritisme).
sebon (**-au**) *g*
1 (*cyff*) savon *m*; **bar o** ~ pain *m* de savon, savonnette *f*; ~ **eillio** savon à barbe; ~ **golchi** savon blanc; ~ **meddal** savon noir; ~ **sent** savonnette, savon de toilette; **dŵr** ~ eau(-x) *f* de savon, eau savonneuse; **dysgl** ~ porte-savon *m*; **ewyn** ~ mousse *f* de savon; **opera** *ou* **sioe** ~ (*TELEDU, RADIO*) soap-opéra *m*, soap* *m*, feuilleton *m* mélo* *neu* à l'eau de rose.
2 (*ffig*) flatterie *f*, flagornerie *f*; **gwerthu** ~ **i rn** flatter qn, flagorner qn.
sebonaidd *ans* savonneux(savonneuse); (*blas*) de savon.
seboni *ba* savonner; (*ffig*) flatter, flagorner.
sebonllyd *ans*
1 *gw.* **sebonaidd.**
2 (*ymarweddiad*) servile, flatteur(flatteuse), flagorneur(flagorneuse);
♦ **yn** ~ *adf* servilement, flatteusement.
sebonllys *g* (*PLANH*) saponaire *f*.
sebonwr (**sebonwyr**) *g* flatteur *m*, flagorneur *m*.
sebonwraig (**sebonwragedd**) *b* flatteuse *f*, flagorneuse *f*.
sebra (**-od**) *g* zèbre *m*.
sebwm *g* sébum *m*.
secant (**-au, secannau**) *g* sécante *f*.
seciwlar *ans* (*awdurdod, y glerigaeth*) séculier(séculière); (*gwleidyddiaeth, cyfraith, cymdeithas, addysg*) laïque; (*awdur, celfyddyd, cerddoriaeth*) profane; **'rydym yn byw mewn cymdeithas** ~ nous vivons dans une société qui a perdu la foi.
seciwlareiddio *ba* séculariser, laïciser.
seciwlariaeth *b* laïcité *f*.
secondiad (**-au**) *g* affectation *f* provisoire, détachement *m*; **ar** ~ en détachement.
secondio *ba* (*rhyddhau*) détacher, affecter (qn) provisoirement.
secretiad (**-au**) *g* sécrétion *f*.
secretu *ba* (*MEDD, BIOL*) sécréter
secstant (**-au**) *g* sextant *m*.
sect (**-au**) *b* secte *f*.
sectaraidd *ans* sectaire;
♦ **yn** ~ *adf* de façon sectaire.
sector (**-au**) *g,b* secteur *m*; ~ **preifat** *ou* **breifat** secteur privé; ~ **cyhoeddus** *ou* **gyhoeddus** secteur public.
sectydd (**-ion**) *g* sectaire *m/f*.
sectyddiaeth *b* sectarisme *m*.
sectyddol *ans* sectaire;
♦ **yn** ~ *adf* de façon secteur.
secwin (**-au**) *g* paillette *f*.
secwinog *ans* pailleté(e).
secwlar *ans gw.* **seciwlar.**
secwlareiddio *ba gw.* **seciwlareiddio.**
secwlariaeth *b gw.* **seciwlariaeth.**
sech *ans b gw.* **sych.**
sedila (**sedilâu**) *b* (*TEIP*) cédille *f*.
sedisiwn *g* sédition *f*.
sedd (**-au**) *b*
1 (*y gellir eistedd arni*) siège *m*; (*THEATR, SINEMA*) place *f*, fauteuil *m*; (*bws, trên*) banquette *f*; (*beic*) selle *f*; ~ **gefn** *ou* **ôl** siège

de derrière, banquette arrière; **eistedd yn ~ gefn car** être à l'arrière d'une voiture; **mae'n yrrwr ~ gefn** (*ffig*) il est toujours à donner des conseils au conducteur; **~ y gyrrwr** la place du conducteur; **eistedd** *ou* **bod yn ~ y gyrrwr** être au volant; **cefn ~** dossier *m*.
2 (*lle i eistedd*) place *f*; **ewch i'ch ~!** prenez place!; **hoffwn dair ~ ar gyfer ...** (*THEATR*) je voudrais 3 places pour ...; **cadw ~ imi!** garde-moi une place!; **bwcio ~, cadw ~** réserver une place; **sawl ~ sydd yn y neuadd?** quel est le nombre de places assises dans la salle?; **bws 54 ~** un autocar de 54 places; **car dwy ~** une (voiture *f* à) deux places; **awyren dwy ~** un avion biplace *neu* à deux places.
3 (*GWLEID: Senedd*) siège *m*; **cadw/colli ~** être/ne pas être réélu(e); **cymryd eich ~ yn Nhŷ'r Cyffredin** prendre son siège aux Communes, ≈ être validé(e) comme député à l'Assemblée Nationale; **enillodd/collodd y cenedlaetholwyr bum ~** les nationalistes ont gagné/perdu 5 sièges; **enillasant y ~ oddi ar y Blaid Lafur** ils ont pris le siège au parti travailliste *neu* aux socialistes; **mwyafrif o 90 o ~au** une majorité de 90 députés; **~ ddiogel** un siège assuré; **~ ymylol** siège disputé.

sef *cys* c'est-à-dire, à savoir.

sefydledig *ans* établi(e); (*llywodraeth*) au pouvoir; **busnes ~** maison *f* solide; **Eglwys ~** religion *f* d'État, religion officielle.

sefydliad (**-au**) *g* établissement *m*; (*arfer*) institution *f*; (*llywydd, gweinidog*) installation *f*; **~ addysgol** établissement d'enseignement; **y S~** la classe *f* dominante, l'establishment *m*, les pouvoirs *mpl* établis; **gwerthoedd y ~** les valeurs *fpl* traditionnelles.

sefydliadaeth *b* institutionnalisme *m*.

sefydliadol *ans* institutionnel(le);
♦ **yn ~** *adf* de façon institutionnelle.

sefydlog *ans* (*bwrdd, cadair, ysgol*) stable, solide; (*CEM, FFIS*) stable; (*llywodraeth*) stable, durable; (*swydd, gwaith*) stable, permanent(e); (*prisiau: cyff*) fixe, stable; (*:ar y Farchnad Stoc*) ferme; (*perthynas, priodas*) solide; (*cymeriad, argyhoeddiad*) constant(e), ferme; (*rhn: SEIC*) équilibré(e); (*cerbyd, llong*) stationnaire, immobile; (*craen*) fixe; (*gweithiwr*) sédentaire; **'dyw hi ddim yn ferch ~** elle n'est pas très équilibrée, elle est plutôt instable; **heb gartref ~** sans domicile fixe; **mae'r tywydd yn ~** le temps est au beau fixe; **'dyw hi ddim yn byw bywyd ~ iawn** ce n'est pas une femme aux habitudes très régulières.

sefydlogi *ba* stabiliser; (*gyda hoelion ayb*) fixer; (*gyda rhaff*) attacher; (*rhth sy'n symud yn ôl ac ymlaen*) assujettir, immobiliser; (*bwrdd, cadair*) maintenir; (*gyda lletem*) caler;
♦*bg* (*rhn*) se ranger, s'assagir; (*prisiau, marchnad*) se stabiliser;
♦*g* stabilisation *f*.

sefydlogrwydd *g* stabilité *f*, solidité *f*; (*SEIC: rhn*) équilibre *m*; (*cymeriad*) fermeté *f*, fixité *f*.

sefydlogydd (**-ion**) *g* (*cerbyd, llong*) stabilisateur *m*; (*awyren*) empennage *m*.

sefydlu *ba* (*trefi, stadau, llywodraeth, cymdeithas, tribiwnlys*) implanter, constituer; (*gwladwriaeth, busnes, swydd*) créer; (*ffatri*) monter; (*cyfreithiau, arferion, enw da, rhestr, perthynas*) établir; (*grym, awdurdod*) affermir; (*heddwch, trefn*) faire régner; (*amserlen*) adopter; (*arfer*) prendre; (*llywydd, gweinidog*) installer.

sefydlydd (**-ion, sefydlwyr**) *g* fondateur *m*, fondatrice *f*, créateur *m*, créatrice *f*.

sefydlyn[1] (**-nau**) *g* (*ar gyfer lliw gwallt ayb*) fixatif *m*; (*MATH*) invariant *m*.

sefydlyn[2] (**-nau, -noedd**) *g* (*llyn*) mare *f*, flaque *f*, étang *m*, pièce *f* d'eau.

sefyll *bg*
1 (*codi: hefyd:* **~ i fyny**) se lever, se mettre debout, se dresser.
2 (*aros ar eich traed*) être debout, se tenir debout, rester debout; **bod yn rhy wan i ~** être trop faible pour se tenir debout; **sefwch yn syth!** tenez-vous droit!; **~ ar eich traed eich hun** se débrouiller tout(e) seul(e); **buont yn ~ ac yn siarad am hanner awr** ils sont restés là à parler pendant une demi-heure; **safent yn y drws** ils se tenaient dans l'embrasure de la porte; **peidiwch â ~ yn fan'na, gwnewch rywbeth!** ne restez pas là à ne rien faire!; **sefwch fan acw nes ...** mettez-vous là-bas jusqu'à ce que ...+ *subj*; **~ mewn ciw** faire la queue; **saf yn llonydd!** ne bouge pas!; **y wraig sy'n ~ draw yn fan'na** cette femme là-bas; **~ yn ffordd rhn** (*llyth*) barrer le passage à qn; (*ffig*) faire obstacle à qn; **'does dim yn ~ yn dy ffordd di** la voie est libre; **yr unig beth a safai rhyngddo a ... oedd ...** tout ce qui le séparait de ... était ...; **'rydych yn ~ ar fy nhroed** vous me marchez sur le pied; **rhoi rhth i ~ ar** mettre *neu* poser qch sur; **rhoi rhth i ~ ar ei draed** faire tenir qch debout; **fe saif hwn at dy asennau di** (*ffig: bwyd*) cela te fera du bien; **~ ar eich dwylo** (*CHWAR*) faire le poirier; **~ o'r neilltu** s'écarter, se pousser; **sefwch yn ôl!** reculez!, écartez-vous!.
3 (*fel ymgeisydd mewn etholiad*) être candidat(e), se porter candidat.
4 (*bodoli*): **mae'r capel yn dal i ~** le temple existe toujours; **nid oes fawr o'r muriau'n dal i ~** il ne reste plus grand-chose des murs; **saif y bwthyn yn ôl o'r ffordd** la chaumière se trouve *neu* est située *neu* est à l'écart de la route.
5 (*methu mynd*): **mae'r cloc wedi ~** la pendule s'est arrêtée; **'roedd amser fel pe bai wedi ~ yn llonydd** le temps semblait s'être

arrêté.
6 (*aros cyn mynd ymlaen*): ~ **yn stond** s'arrêter net *neu* pile*.
7 (*bod mewn cyflwr arbennig*): **derbyn y cynnig fel y saif** accepter l'offre telle quelle; **gadael i rth** ~ (*hylif*) laisser reposer qch; (*te, coffi*) laisser infuser qch; ~ **yn gadarn** tenir bon *neu* ferme; **mae arna' i eisiau gwybod ym mha le 'rwy'n** ~ (*ffig*) je voudrais savoir où j'en suis.
8 (*aros dros nos*) passer la nuit, rester, loger, coucher.
▶ **sefyll allan** (*silff*) avancer, être en saillie; (*gwythiennau*) ressortir; (*bod yn amlwg*) ressortir, se détacher; **mae hi'n** ~ **allan o fysg y gweddill** (*ffig*) elle surpasse les autres, elle se distingue parmi les autres.
▶ **sefyll dros** (*arolygu*) surveiller, être sur le dos de; (*achos*) défendre; (*plaid, llythrennau*) représenter.
▶ **sefyll yn erbyn** s'opposer fermement à; ~ **yn erbyn rhn** résister à qn;
♦*ba*: ~ **arholiad** passer un examen; ~ **eich tir** tenir bon *neu* ferme.

sefyllfa (**-oedd**) *b* situation *f*; **comedi** ~ comédie *f* de situation; **bod mewn** ~ **i wneud rhth** être en mesure de faire qch, être bien placé(e) pour faire qch; **y** ~ **economaidd** la situation *neu* la conjoncture *f* économique; **mewn** ~ **anodd** dans une situation délicate; **rhaid iti wneud dy** ~**'n glir** tu dois dire franchement quelle est ta position; **beth yw eich** ~? où en êtes-vous?

sefyllian *bg* rester là, traîner, flâner, musarder; **cadw rhn i** ~ faire faire le pied de grue à qn.

sefylliwr (**sefyllwyr**) *g* flâneur *m*, musard *m*.

sêff (**-s, -au**) *b* (*arian*) coffre-fort(~s-~s) *m*; (*bwyd*) garde-manger *m inv*.

segment (**-au**) *g* segment *m*; (*oren*) quartier *m*.

sego *g* sagou *m*; **pwdin** ~ sagou au lait.

segur *ans* oisif(oisive), désœuvré(e); (*di-waith*) en chômage; (*diog*) paresseux(paresseuse); (*bywyd*) oisif; (*peiriant*) au repos; **gwneud rhn yn** ~ (*DIWYD*) réduire qn au chômage; **'roedd y ffatri'n** ~ l'usine était arrêtée;
♦ **yn** ~ *adf* sans travailler; (*yn ddiog*) paresseusement.

segura *bg* paresser; (*injan*) tourner au ralenti.

segurdod *g* oisiveté *f*, désœuvrement *m*; (*diweithdra*) chômage *m*; (*diogi*) paresse *f*; (*peiriant, arfau*) repos *m*; **ar adegau o** ~, **'rydw i'n ...** à mes moments de loisir *neu* à mes moments perdus, je ...

segurswydd (**-i**) *b* sinécure *f*.

segurwr (**segurwyr**) *g* oisif *m*, désœuvré *m*, paresseux *m*.

segurwraig (**segurwragedd**) *b* oisive *f*, désœuvrée *f*, paresseuse *f*.

seguryd *g* oisiveté *f*, désœuvrement *m*; (*diweithdra*) chômage *m*; (*diogi*) paresse *f*.

seguryn (**segurwyr**) *g gw.* **segurwr**.

sengi *bg, ba gw.* **sangu**.

sengl *ans* simple; (*dibriod*) célibataire; **tocyn** ~ un aller simple; **gwely** ~ lit *m* d'une personne; **ystafell** ~ chambre *f* pour une personne; **trac** ~ (*RHEIL*) voie *f* unique; **record** ~ (*CERDD*) 45 tours *m*; **pobl** ~ célibataires *mpl*; **bar pobl** ~ bar *m* pour célibataires;
♦ **yn** ~ *adf* séparément, un(e) à un(e);
♦*g* (**-au**) (*CERDD*) 45 tours *m*; ~**au** (*TENNIS*) simple *m*; ~**au merched** simple dames.

seiadu *bg* se réunir (pour discuter qch).

seianosis *g* cyanose *f*.

seiat (**seiadau**) *b* réunion *f* pieuse, groupe *m* de discussion pieuse; ~ **holi** *réunion réservée aux questions orales.*

seibiant (**seibiannau**) *g* (*hamdden*) loisir *m*, temps *m* libre; (*egwyl, hoe*) répit *m*, rémission *f*; (*gorffwys*) repos *m*; (*CERDD*) pause *f*; (*BARDD*) césure *f*; **mae angen** ~ **arno** il a besoin de repos *neu* de se reposer; **cael** ~ se reposer.

seibiau *ll gw.* **saib**.

seibio *bg* faire une pause, s'arrêter un instant.

seicdreiddiad (**-au**) *g* psychanalyse *f*.

seicdreiddio *ba* psychanalyser.

seicdreiddiol *ans* psychanalytique;
♦ **yn** ~ *adf* de façon psychanalytique.

seicdreiddydd (**seicdreiddwyr**) *g* psychanalyste *m/f*.

seiciaeth *b* psychisme *m*.

seiciatraidd *ans gw.* **seiciatryddol**.

seiciatreg *b* psychiatrie *f*.

seiciatrig *ans gw.* **seiciatryddol**.

seiciatrydd (**-ion**) *g* psychiatre *m/f*.

seiciatryddol *ans* (*ysbyty, triniaeth, meddyginiaeth*) psychiatrique; (*aflwydd*) mental(e)(mentaux, mentales);
♦ **yn** ~ *adf* de façon psychiatrique.

seicig *ans* (*ffenomen, ymchwil: goruwchnaturiol*) métapsychique, psychique; (*telepathig*) télépathe; **dydi hi ddim yn** ~ elle n'est pas télépathe;
♦ **yn** ~ *adf* de façon psychique *neu* télépathique

seiclo *bg, g gw.* **beicio**.

seiclon (**-au**) *g* cyclone *m*.

seicolawdriniaeth *b* psychochirurgie *f*.

seicoleg *b* psychologie *f*.

seicolegol *ans* psychologique;
♦ **yn** ~ *adf* psychologiquement.

seicolegydd (**seicolegwyr**) *g* psychologue *m/f*.

seicomodurol *ans* psychomoteur(psychomotrice);
♦ **yn** ~ *adf* de façon psychomotrice.

seiconiwrosis (**-au**) *g* psychonévrose *f*, psychoneurasthénie *f*.

seicopath (**-iaid**) *g/b* psychopathe *m/f*.

seicopatheg *b* psychopathie *f*.

seicopathig *ans* (*rhn*) psychopathe; (*cyflwr*)

psychopathique;
♦ **yn** ~ *adf* de façon psychopathique.
seicosis (**-au**) *g* psychose *f*.
seicosomatig *ans* psychosomatique;
♦ **yn** ~ *adf* de façon psychosomatique.
seicotherapi *g* psychothérapie *f*.
seicotherapydd (**-ion**) *g* psychothérapeute *m/f*.
seidin (**-s**) *g* (*RHEIL: cilffordd*) voie *f* de garage.
seidr (**-au**) *g* cidre *m*; **afal** ~ pomme *f* à cidre; **finegr** ~ vinaigre *m* de cidre.
seifys *ll* ciboulettes *fpl*, civettes *fpl*.
seigiau *ll gw.* **saig**.
seilam* (**-s**) *g,b* maison *f* de fous, asile *m* d'aliénés.
seiliau *ll gw.* **sail**.
seiliedig *ans* fondé(e), basé(e); **mae ein cymdeithas yn** ~ **ar hyn** notre société est fondée là-dessus.
seilio *ba* (*barn*) fonder, baser, appuyer; **'roedd fy amheuon i wedi eu** ~ **ar y ffaith ...** mes soupçons étaient basés sur le fait que; **mae'r ffilm wedi ei** ~ **ar ddigwyddiadau go iawn** le film est basé sur des faits réels.
seilo (**-s**) *g* (*AMAETH*) silo *m*.
seiloffon (**-au**) *g* xylophone *m*.
seiloffonydd (**-ion**) *g* xylophoniste *m*.
seilwaith *g* bases *fpl*, préparatifs *mpl*.
seimiau *ll gw.* **saim**.
seimio *ba* (*ceir*) graisser, lubrifier; (*cig*) arroser; (*padell*) graisser.
seimlyd, **seimllyd** *ans* graisseux(graisseuse); (*gwallt, bwyd, eli*) gras(se); (*llithrig*) glissant(e); (*dillad, coler*) sale, crasseux(crasseuse); **baw** ~ crasse *f*.
sein[1] (**-i**) *g* (*MATH*) *gw.* **sin**.
sein[2] (**-iau**) *g,b gw.* **arwydd**.
seinamledd (**-au**) *g* (*TELEDU, RADIO*) audiofréquence *f*, fréquence *f* acoustique.
seinber *ans* mélodieux(mélodieuse), harmonieux(harmonieuse);
♦ **yn** ~ *adf* mélodieusement, harmonieusement.
seindon (**-nau**) *b* onde *f* sonore.
seindorf (**seindyrf**) *b* orchestre *m*; (*MIL*) fanfare *f*.
Seine *prb* la Seine *f*.
seineg *b* phonétique *f*.
seinegol *ans* phonétique.
seinfawr *ans* (*CERDD*) sonore, bruyant(e);
♦ **yn** *adf* bruyamment.
seinfawredd *g* sonorité *f*.
seinfforch (**seinffyrch**) *b* (*CERDD*) diapason *m*.
seinglawr (**seingloriau**) *g* (*CERDD: allweddell*) clavier *m*.
seiniau *ll gw.* **sain**.
seinio[1] *bg* (*cloch, llais*) sonner, retentir;
♦*ba* (*ynganu*) prononcer; ~ **rhybudd** (*llyth*) donner l'alarme; (*ffig*) sonner l'alarme; ~ **trwmped** sonner de la trompette; ~ **utgorn** sonner du clairon, claironner; **seiniwn fuddugoliaeth!** déclarons la victoire!
seinio*[2] *ba gw.* **llofnodi**.
seintwar (**-au**) *b* (*CREF*) sanctuaire *m*; (*noddfa, lloches*) asile *m*.
seinyddiaeth *b* phonologie *f*, phonétique *f*.
seinyddol *ans* phonétique;
♦ **yn** ~ *adf* phonétiquement.
seinyddwr (**seinyddwyr**) *g* phonologue *m*.
seinyddwraig (**seinyddwragedd**) *b* phonologue *f*.
Seion *prb* Sion *m*.
seiren (**-au**) *b* sirène *f*.
seirff *ll gw.* **sarff**.
seiri *ll gw.* **saer**.
seismig *ans* (*daeargrynfaol*) sismique;
♦ **yn** ~ *adf* sismiquement.
seismograff (**-au**) *g* sismographe *m*.
seismoleg *b* sismologie *f*.
Seisnig *ans* anglais(e); (*sy'n hoff o bethau Seisnig*) anglophile.
Seisnigaidd *ans* anglicisé(e).
Seisnigeiddio *ba* angliciser.
Seisnigeiddiwch *g* caractère *m* anglicisé; (*edmygedd o bethau Seisnig*) anglomanie *f*.
Seisnigo *ba* angliciser.
seitan *g*: **gwasgu rhth yn** ~ réduire qch en pulpe *neu* purée *neu* marmelade *neu* bouillie.
seithawd (**-au**) *g* septuor *m*.
seithfed *ans*
1 (*cyff*) septième; **dod yn** ~ (*mewn cystadleuaeth, mewn ras*) arriver septième, être septième, se classer septième; **bod yn y** ~ **nef** être au septième ciel *neu* aux anges, nager dans la félicité; **Eglwys Adfent y S**~ **Dydd** Église *f* du septième jour.
2 (*defnydd enwol*): **y** ~ le septième, la septième; **hi oedd y** ~ **i fynd** elle est partie la septième; **Harri'r S**~ Henri Sept; **y** ~ **o Ebrill** le sept avril; **cyrhaeddodd ar y** ~ il est arrivé le sept;
♦ **yn** ~ *adf* en septième place.
seithochr (**-au**) *b* heptagone *m*.
seithochrog, **seithochrol** *ans* heptagonal(e)(heptagonaux, heptagonales).
seithongl (**-au**) *b* heptagone *m*.
seithonglog *ans gw.* **seithochrog**.
seithug *ans* (*ofer, di-les*) futile, vain(e), inutile; (*di-fudd*) infructueux(infructueuse);
♦ **yn** ~ *adf* en vain, vainement, inutilement, futilement.
seithugo *ba* frustrer, faire échouer, contrecarrer.
seithugrwydd *g* futilité *f*, inutilité *f*.
seithwaith *ans* septuple;
♦*adf* au septuple.
sêl[1] *b* (*awydd, eiddgarwch*) zèle *m*, enthousiasme *m*.
sêl[2] (**seliau**) *b* (*argraff*) sceau(-x) *m*; (*ar lythyr*) cachet *m*; (*ar becyn, ar barsel*) plomb *m*; **rhoi** ~ **bendith ar rth** donner son approbation à qch; **cyfarwyddiadau dan** ~

consigne *f* secrète.
sêl[3] (**-s**) *g,b* (*MASN*) soldes *mpl*; **mae'r ~ ymlaen** c'est la saison des soldes; **yn y ~** en solde *gw. hefyd* **arwerthiant**.
Selandiad Newydd (**Selandiaid ~**) *g* Néo-Zélandais *m*, Néo-Zélandaise *f*.
Seland Newydd *prb* la Nouvelle-Zélande *f*; **yn ~ ~** en Nouvelle-Zélande; **o ~ ~** neo-zélandais(e); **rhn o ~ ~** Néo-Zélandais *m*, Néo-Zélandaise *f*.
seld (**-au**) *b* vaisselier *m*; (*cwpwrdd llestri*) buffet *m*; **~ lyfrau** bibliothèque *f*.
seldrem (**-au**) *b* couche *f* de foin.
seler (**-au, -i, -ydd**) *b* cave *f*; **~ lo/win** cave à charbon/à vin.
seleri *g* céleri *m*.
selfais (**selfeisiau**) *g* (*brethyn*) lisière *f*.
seliad (**-au**) *g* (*dogfen*) scellage *m*; (*llythyr*) cachetage *m*; (*paced*) plombage *m*.
seliedig *ans* scellé(e), sous sceau; (*llythyr*) cacheté(e); (*paced*) plombé(e).
selio *ba* (*dogfen*) sceller; (*cau: amlen*) coller; (*:jar*) fermer (qch) hermétiquement; (*:tun*) souder; (*:drws, ystafell*) condamner; (*gwrthod mynediad i: ardal*) interdire l'accès de; (*COG: cig*) saisir; (*ffig: bargen*) conclure; **cwyr ~** cire *f* à cacheter; **~ drws** apposer *neu* mettre les scelles sur une porte.
seliwlit *g* cellulite *f*, peau *f* d'orange.
seliwloid *g* celluloïd *m*.
seliwlos *g* cellulose *f*;
♦*ans* en cellulose, de cellulose, cellulosique.
seliwr (**selwyr**) *g* (*paent*) enduit *m* d'étanchéité; (*i lenwi craciau*) mastic *m*.
selni *g* maladie *f*.
selnod (**-au**) *b* (*ar ddogfen*) sceau(-x) *m*; (*ar lythyr*) cachet *m*; (*ar becyn*) plomb *m*.
seloffen *g* cellophane *f*;
♦*ans* (*papur ayb*) en cellophane, de cellophane.
selog *ans* zélé(e), ardent(e), fervent(e); (*ffyddlon*) fidèle, dévoué(e); (*cyson, rheolaidd*) régulier(régulière);
♦ **yn ~** *adf* avec zèle, fidèlement, ardemment; **maen nhw'n caru'n ~** ils sortent ensemble et c'est du sérieux; **mynd i'r capel** *ou* **eglwys yn ~** aller régulièrement à l'office.
selogion *ll* habitués *mpl*; (*capel, eglwys*) pratiquants *mpl*, fidèles *mpl*.
selotâp, **selotêp** *g* scotch *m*, ruban *m* adhésif.
selotapio, **selotepio** *ba* coller (qch) avec du ruban adhésif *neu* du scotch.
selsig (**-od**) *b* saucisse *f*; (*oer*) saucisson *m*; (*pwdin gwaed*) boudin *m*.
selwloid *g gw.* **seliwloid**.
selwlos *g gw.* **seliwlos**.
sêm (**semau**) *b* (*defnydd, rwber*) couture *f*; (*plastig, metel*) joint *m*; (*wrth asio, weldio*) soudure *f*.
semaffor (**-au**) *g* (*â breichiau*) signaux *mpl* à bras; (*RHEIL*) sémaphore *m*; **rhoi arwyddion trwy ~** communiquer (qch) par signaux à bras.
semanteg *b* sémantique *f*.
semen *g* sperme *m*, semence *f*.
semester (**semestrau**) *g* semestre *m*.
seminaidd *ans* (*CORFF*) séminal(e)(séminaux, séminales).
seminar (**-au**) *g,b* séminaire *m*, séance *f* de travaux pratiques (T.P.).
Semitaidd *ans* (*iaith*) sémitique; (*pobl*) sémite.
Semiteg *b,g* sémitique *m*;
♦*ans* sémitique.
Semitiad (**Semitiaid**) *g/b* Sémite *m/f*.
Semitig *ans gw.* **Semitaidd**.
seml *ans b gw.* **syml**.
semolina *g* semoule *f*; **pwdin ~** semoule au lait.
sen (**-nau**) *b* (*cerydd*) reproche *m*, blâme *m*, censure *f*; (*sarhad*) injure *f*; **bwrw ~ ar rn** blâmer qn, railler qn, persifler qn, se répandre en injures contre qn.
senario (**-s**) *g* scénario *m*.
senedd (**-au**) *b* (*cyff*) parlement *m*; (*yn Ffrainc*) sénat *m*; (*CREF*) synode *m*; **mynd i'r S~, cael eich ethol i'r S~** se faire élire député *neu* sénateur, entrer au Parlement; **~ y brifysgol** conseil *m* de l'université; **y S~ Brydeinig** le Parlement britannique, les Chambres *fpl*; **S~ yr Alban** le Parlement Écossais; **S~ Ewrop** le Parlement Européen.
senedd-dy (**~-dai**) *g* assemblée *f* nationale.
seneddol *ans*
1 (*cyff*) parlementaire; **aelod ~** député *m*, parlementaire *m/f*, membre *m* du Parlement; **etholiad ~** élection *f* législative.
2 (*yn disgrifio'r Senedd Uwch yn Ffrainc, U.D.A.*) sénatorial(e)(sénatoriaux, sénatoriales).
seneddwr (**seneddwyr**) *g*
1 (*cyff*) membre *m* du Parlement, député *m*, parlementaire *m/f*.
2 (*aelod o'r Siambr Uwch yn Ffrainc, U.D.A. ayb*) sénateur *m*.
Senegal *prb* le Sénégal *m*; **yn ~** au Sénégal.
Senegalaidd *ans* sénégalais(e).
Senegaliad (**Senegaliaid**) *g/b* Sénégalais *m*, Sénégalaise *f*.
sengar *ans* sévère;
♦ **yn ~** *adf* sévèrement.
sengarwch *g* sévérité *f*.
sennu *ba* (*edliw*) faire des reproches à, reprocher; (*ceryddu*) blâmer, censurer, critiquer, dénigrer; (*sarhau*) injurer, se répandre en injures contre, proférer des injures contre.
sennwr (**senwyr**) *g* critique *m* sévère, insulteur *m*, dénigreur *m*, contempteur *m*, censeur *m*.
sens *g* (*synnwyr cyffredin*) le bon sens *m*, le sens commun; **'does dim ~ yn y peth!** c'est

stupide ça!, ça ne rime à rien!

sensitif *ans* (*teimladwy*) sensible; (*croendenau*) facilement blessé(e), susceptible, ombrageux(ombrageuse); (*hawdd dylanwadu arnoch*) impressionnable, influençable; (*croen, llygaid*) sensible; (*mater, cwestiwn*) délicat(e); **mae hi'n ~ ynglŷn â'i chlustiau** elle n'aime pas qu'on lui parle de ses oreilles; ♦ **yn ~** *adf* avec sensibilité, d'une manière sensible.

sensitifedd, **sensitifrwydd** *g* sensibilité *f*, impressionnabilité *f*; (*croen tenau*) susceptibilité *f*; (*mater, cwestiwn*) délicatesse *f*.

sensor (**-iaid**) *g* censeur *m*.

sensoriaeth *b* censure *f*.

sensro *ba* censurer.

sent (**-iau**) *g* (*persawr*) parfum *m*.

sentar, **senter** (**-s**) *g* congrégationaliste *m/f*.

sentiment *g* sentiment *m*, sentimentalité *f*.

sentimental *ans* sentimental(e)(sentimentaux, sentimentales); **comedi ~** comédie *f* larmoyante; ♦ **yn ~** *adf* sentimentalement.

sentimentaleiddio *ba* rendre (qch) sentimental(e)(sentimentaux, sentimentales); ♦*bg* faire du sentiment.

sentimentaleiddiwch *g* sentimentalité *f*.

sentimentaliaeth *b* sentimentalisme *m*, sensiblerie *f*.

sepal (**-au**) *g* sépale *m*.

sepia *g* (*lliw*) sépia *f*.

septig *ans* septique; (*clwyf, archoll*) infecté(e); **mynd yn ~** s'infecter; **tanc ~** fosse *f* septique.

sêr *ll gw.* **seren**.

sêr-addoliaeth *b* astrolâtrie *f*.

seraff (**-iaid**) *g* séraphin *m*.

seraffaidd *ans* séraphique; ♦ **yn ~** *adf* d'un air séraphique.

Serbaidd *ans* serbe.

Serbeg *b,g* serbe *m*; ♦*ans* serbe.

Serbia *prb* la Serbie *f*; **yn ~** en Serbie.

Serbiad (**Serbiaid**) *g/b* Serbe *m/f*.

Serbo-Croataidd *ans* serbo-croate.

Serbo-Croateg *b,g* serbo-croate *m*; ♦*ans* serbo-croate.

sêr-bysgodyn (**~-bysgod**) *g* étoile *f* de mer.

serch[1] (**-iadau**) *g* (*cariad*) amour *m*; **~ at eich gwlad** l'amour de sa patrie, le patriotisme *m*; **bod yn glaf gan ~** se languir d'amour; **cân/stori ~** chanson *f*/histoire *f* d'amour.

serch[2] *cys* (*er*) bien que + *subj*, quoique + *subj*, malgré le fait que + *subj*, encore que + *subj*; **'rwy'n mynd yno ~ ei bod hi'n glawio** j'y vais malgré la pluie *neu* bien qu'il pleuve *subj*; **~ nad wyf yn ei hadnabod hi** bien que je ne la connaisse *subj* pas.
▶ **serch hynny** malgré cela, en dépit de cela, néanmoins, quand même, tout de même, pourtant; **mi af i yno ~ hynny** j'irai là quand même *neu* tout de même; **'does arna' i ddim eisiau ei wneud, ond fe'i gwnaf ~ hynny** je le ferai bien que je n'en aie *subj* pas envie.

serchog *ans* (*cariadus*) amoureux(amoureuse), affectueux(affectueuse), tendre, affectionné(e); (*siriol, cyfeillgar*) sympathique, agréable, accueillant(e), avenant(e); **er ~ gof am ...** à la *neu* en mémoire de ..., en souvenir de ...; ♦ **yn ~** *adf* amoureusement, affectueusement, tendrement, avec affection, affectionnément; (*yn gyfeillgar*) aimablement, de façon accueillante *neu* avenante.

serchogrwydd *g* affectuosité *f*, amabilité *f*.

serchu *ba* aimer (qn) d'amour, affectionner, être *neu* tomber amoureux(amoureuse) de

serchus *ans* affectueux(affectueuse), affectionné(e); (*tyner*) tendre; (*dymunol*) agréable, sympathique; **ei ~ ŵr** son aimant mari, son bon mari; ♦ **yn ~** *adf* affectueusement, affectionnément, tendrement, avec amour, avec tendresse *gw. hefyd* **serchog**.

sêr-ddewin (**~-~iaid**) *g* astrologue *m*, mage *m*.

sêr-ddewines (**~-~au**) *b* astrologue *f*.

sêr-ddewiniaeth *b* astrologie *f*.

seremoni (**seremonïau**) *b* cérémonie *f*; **heb ~** sans cérémonies, sans façons; **~ raddio** cérémonie de remise des diplômes.

seremonïaidd, **seremonïol** *ans* cérémoniel(le); (*gwisg*) de cérémonie; ♦ **yn ~** *adf* selon le cérémonial d'usage.

seren (**sêr**) *b* étoile *f*, astre *m*; (*TEIP*) astérisque *m*; (*YSGOL: i ennill pwyntiau*) bon point *m*; (*SINEMA*) vedette *f*, star *f*; **~ y bore/yr hwyr** étoile du matin/du soir; **~ Bethlehem** étoile de Bethléem; (*PLANH*) ornithogale *m*; **~ gynffon, ~ gynffonnog** comète *f*; **~ wib** étoile filante; **gweld sêr** (*cael y bendro*) voir trente-six chandelles; **gwesty/bwyty tair ~** hôtel *m*/restaurant *m* à trois étoiles; **petrol 4 ~** super *m*; **petrol 2 ~** ordinaire *m*; **~ y môr** (*PYSG*) étoile de mer; **sêr (y) llong** le Grand Chariot, la Grande Ourse; **~ wen** (*ar dalcen ceffyl*) étoile blanche.

serenâd (**serenadau**) *b* sérénade *f*.

serenadu *ba* donner *neu* chanter une sérénade à.

serenffrwyth (**-au**) *g* carambole *f*.

serenllys *g* (*PLANH*) stellaire *f*.

serennig (**serenigion**) *b* (*TEIP*) astérisque *m*.

serennog *ans* (*noson, awyr*) étoilé(e), parsemé(e) d'étoiles; (*llygaid*) brillant(e), étincelant(e); ♦ **yn ~** *adf* de façon brillante *neu* étincelante.

serennu *ba* (*addurno â sêr*) étoiler; (*TEIP*) marquer (qch) d'un astérisque; ♦*bg* (*disgleirio*) briller, scintiller; (*llygaid*)

briller, étinceler; (*SINEMA*) être la vedette, jouer le rôle principal.
serfics (**-au**) *g* (*CORFF: gwddf y groth*) col *m* de l'utérus.
serfigol *ans* cervical(e)(cervicaux, cervicales).
serfio *bg* (*TENNIS ayb*) servir; **"Mary Pierce i ~"** "au service Mary Pierce";
♦*ba* (*gweini*) servir.
serio *ba* (*llosgi*) brûler; (*MEDD*) cautériser; (*cnawd*) marquer (qch) au fer rouge; (*ffig*) graver; (*crino: rhew*) flétrir.
seriws *ans gw.* **difrifol**.
serloyw *ans* étoilé(e).
sero (**-au**) *g* zéro *m*.
serog *ans gw.* **serennog**.
serol *ans* astral(e)(astraux, astrales).
serth *ans* (*llethrog*) raide, abrupt(e), escarpé(e); (*clogwyn*) à pic, abrupt; (*gallt, grisiau*) escarpé; (*ffordd*) raide, escarpé;
♦ **yn ~** *adf* abruptement, à pic; **codi'n ~** monter en pente raide; (*prisiau*) monter en flèche.
serthedd *g* (*maswedd*) paillardises *fpl*, grivoiseries *fpl*.
serthni *g* (*ffordd*) raideur *f*, pente *f* raide; (*llethr*) abrupt *m*.
serwm (**serymau**) *g* sérum *m*.
seryddiaeth *b* astronomie *f*.
seryddol *ans* astronomique;
♦ **yn ~** *adf* astronomiquement.
seryddwr (**seryddwyr**) *g* astronome *m*.
seryddwraig (**seryddwragedd**) *b* astronome *f*.
sesbin (**-nau**) *g* chausse-pied *m*.
sesh* (**-ys**) *b* (*sesiwn yfed*) beuverie *f*, noce *f*; **cael ~** prendre une cuite*, faire la noce.
sesiwn (**sesiynau**) *b* (*llys, senedd, cyngor ayb*) séance *f*, session *f*; (*blwyddyn academaidd*) année *f* scolaire *neu* universitaire; **cael ~** (*gweithio gyda'ch gilydd*) travailler ensemble; (*trafodaeth*) avoir une longue discussion; (*cyfeddach, diota*) prendre une cuite*; **~ gyda'r deintydd** une séance chez le dentiste; **llys yn eistedd mewn ~ gyfrinachol** tribunal qui siège en séance secrète *neu* à huis clos.
sesnin *g* assaisonnement *m*, condiment *m*; **ychwanegu ~** assaisonner.
sesno *ba* (*bwyd: cyff*) assaisonner; (:*gyda sbeisys*) épicer, relever; (:*yn boeth*) pimenter; (*pren*) faire sécher, dessécher;
♦*bg* (*pren*) sécher, dessécher.
seston (**-au**) *g,b* (*dyfrgist*) citerne *f*; (*toiled*) chasse *f* d'eau; **gwagio'r ~** tirer la chasse d'eau.
set (**-iau**) *b*
1 (*cyff: allweddi, clybiau golff, cyllyll, sbaneri*) jeu(-x) *m*; (:*cadeiriau, matiau, sosbenni, rhifau, stampiau*) série *f*; (:*llyfrau, ceir bach, breichledau, cylchgronau*) collection *f*; (*llestri ayb*) service *m*; (*teiars*) train *m*; **~ o ddannedd** dentition *f*; **~ o ddannedd gosod** dentier *m*; **mewn ~iau** en jeux complets, en séries complètes; **~ o daclau gwnïo** trousse *f* de couture; **~ o daclau paentio** boîte *f* de peinture; **~ wyddbwyll** jeu d'échecs *neu* de dames.
2 (*TENNIS*) set *m*.
3 (*MATH, ATHRON*) ensemble *m*.
4 (*TRYD*) appareil *m*.
5 (*criw o bobl*) bande *f*.
6 (*SINEMA*) plateau(-x) *m*; (*THEATR*) scène *f*; (*golygfeydd*) décor *m*; **ar y ~** (*THEATR*) en scène; (*SINEMA*) sur le plateau.
7 (*gosodiad gwallt*) mise *f* en plis; **cael ~** se faire faire une mise en plis.
8: **~ radio** poste *m* de radio; **~ deledu** poste de télévision.
sêt (**seti**) *b gw.* **sedd** (*mewn eglwys, capel*) banc *m*; **~ fawr** (*mewn capel*) le banc *m* (des membres) du conseil d'un temple.
setl (**-au**) *b* banc *m* à haut dossier.
setlo *ba* (*sadio*) stabiliser; (*tawelu: stumog, nerfau*) calmer; (:*amheuon*) dissiper; (*datrys: problem*) régler, résoudre; (*talu: bil, cyfrif*) régler; (:*dyled*) rembourser, s'acquitter de; (*gwneud yn gyfforddus*) installer; (*penderfynu*) décider; **dyna'i ~ hi** (*dim problem mwyach*) comme ça, le problème est réglé; (*'rwyf wedi penderfynu*) ça me décide; **ydy hynna wedi ei ~ 'te?** alors, c'est convenu?; **'does dim wedi ei ~** rien n'est décidé; **~ achos heb fynd i'r llys** régler une affaire à l'amiable; **mi'i setla' i hi** je vais lui règler son compte;
♦*bg* (*aderyn, pryf*) se poser; (*llwch*) retomber; (*gweddillion, dail te*) se déposer; (*adeilad*) se tasser; (*teimladau*) s'apaiser, se calmer; (*amodau, sefyllfa*) s'arranger; (*tywydd*) se mettre au beau fixe; **'alla' i ddim ~** je suis incapable de me concentrer; **~ mewn cadair esmwyth** s'installer confortablement dans un fauteuil; **~ mewn swydd newydd** s'habituer *neu* se faire à un nouvel emploi; **~ yn Llundain/Ffrainc** s'installer *neu* se fixer à Londres/en France; **~ mewn gwlad** (*trefedigaethu*) s'établir dans un pays.
▶ **setlo i lawr** s'installer; (*i drefn*) s'adapter; (*ymdawelu*) se calmer; (*ar ôl llencyndod gwyllt*) se ranger; (*sefyllfa*) s'arranger; (*i weithio*) se mettre au travail; (*priodi*) se marier et mener une vie stable; **pan fydd pethau wedi ~ i lawr** quand les choses seront redevenues normales.
sew (**-ion**) *g* (*cawl*) potage *m*.
sewin (**-iaid**) *g* (*PYSG*) truite *f* de mer.
Seysielaidd *ans* seychellois(e).
Seysieliad (**Seysieliaid**) *g/b* Seychellois *m*, Seychelloise *f*.
Seysiels *prll*: **(Ynysoedd) y ~** les îles *fpl* Seychelles; **yn y ~** aux îles Seychelles.
sffêr (**sfferau**) *g* sphère *f*.
sfferaidd *ans* sphérique.
sfferoid (**-au**) *g* sphéroïde *m*.
sfferoidaidd *ans* sphéroïdal(e)(sphéroïdaux,

sphéroïdales).
sfferomedr (**-au**) *g* sphéromètre *m*.
sffincs (**-au**) *g* sphinx *m*.
sgadenyn (**sgadan**) *g* (*PYSG*) hareng *m*.
sgafell (**-au**) *b gw.* **ysgafell**.
sgaffaldiau *ll* échafaudage *m*.
sgaldanu *ba* échauder, ébouillanter; (*diheintio*) stériliser; **eich ~ eich hun(an)** s'échauder, se faire ébouillanter; **~ llaeth** chauffer le lait (*sans le faire bouillir*);
♦*g* stérilisation *f*.
sgaldiad (**-au**) *g* brûlure *f* (*causée par l'eau bouillante*).
sgaldian, **sgaldio** *ba gw.* **sgaldanu**.
sgâm (**sgamiau**) *b* astuce *f*, truc* *m*, combine *f*, complot *m*, roublardise* *f*.
sgamio *bg* comploter, combiner des astuces.
sgamiwr (**sgamwyr**) *g* combinard *m*, finaud *m*, roublard* *m*.
sgamwraig (**sgamwragedd**) *b* combinarde *f*, finaude *f*, roublarde *f*.
sgampi *ll* scampi *mpl*; (*heb friwsion*) langoustine *f*.
sgandal (**-au**) *g,b* scandale *m*.
Sgandinafaidd *ans* scandinave.
Sgandinafia *prb* la Scandinavie *f*; **yn ~** en Scandinavie.
Sgandinafiad (**Sgandinafiaid**) *g/b* Scandinave *m/f*.
sganio *ba* (*TELEDU, radar*) balayer; (*CYFRIF*) scruter;
♦*g* (*radar*) balayage *m*; (*MEDD*) scanographie *f*.
sganiwr (**sganwyr**) *g* (*MEDD*) scanner *m*, tomographe *m*; (*radar*) antenne *f*, scanner *m*; (*lluniau o'r awyr*) déchiffreur *m*; (*FFOT*) projecteur *m*.
sgaprwth *ans* fruste, rude, gauche, maladroit(e), mal dégrossi(e), mal élevé(e);
♦ **yn ~** *adf* gauchement, maladroitement.
sgarff (**-iau**) *g,b* écharpe *f*; (*sgwâr*) foulard *m*.
sgarlad *gw.* **ysgarlad**.
sgarmes (**-au**) *b* (*cyff*) bagarre *f*, accrochage *m*, mêlée *f*, échauffourée *f*; (*MIL*) escarmouche *f*, échauffourée *f*; (*RYGBI*) mêlée.
sgarmesu *bg* avoir un accrochage, se bagarrer*; (*MIL*) s'engager dans une escarmouche.
sgarmeswr (**sgarmeswyr**) *g* (*MIL*) tirailleur *m*.
sgarmesydd (**-ion**) *g* (*awyren*) avion *m* de chasse.
sgarp (**-iau**) *g* escarpement *m*.
sgawt *g*: **mynd am ~** aller fouiner *neu* fureter; (*MIL*) aller en reconnaissance; (*ffig*) faire une reconnaissance.
sgèg (**sgegiau**) *b gw.* **ysgegfa**.
sgegfa (**sgegfeydd**) *b gw.* **ysgegfa**.
sgegiad (**-au**) *g gw.* **ysgegfa**.
sgeintell (**-i, -au**) *b gw.* **ysgeintell**.
sgeintiad *g gw.* **ysgeintiad**.
sgeintio *ba gw.* **ysgeintio**.
sgelet *b* casserole *f* à pieds.
sgêm (**sgemiau**) *b gw.* **sgâm**.
sgemio *bg gw.* **sgamio**.
sgemiwr (**sgemwyr**) *g gw.* **sgamiwr**.
sgemwraig (**sgemwragedd**) *b gw.* **sgamwraig**.
sgeptig (**-iaid**) *g* sceptique *m/f*.
sgeptigaeth *b* scepticisme *m*.
sgeptigaidd, **sgeptigol** *ans* sceptique;
♦ **yn ~** *adf* sceptiquement.
sgerbwd (**sgerbydau**) *g* (*esgyrn*) squelette *m*; (*corff celain anifail*) carcasse *f*, cadavre *m*; (*adeilad, model*) squelette, charpente *f*; **fel ~** squelettique, décharné(e); **dim ond ~ ohono oedd ar ôl** il n'était plus qu'un squelette.
sgerbydaidd *ans* squelettique, décharné(e).
sgert (**-i, -iau**) *b* jupe *f*; **~ fini** mini-jupe *f*.
sgets (**-ys**) *b* (*llun*) croquis *m*, esquisse *f*; (*syniadau, cynlluniau*) aperçu *m*, ébauche *f*; (*THEATR*) sketch *m*, saynète *f*; **~ frysiog** (*llun*) ébauche; **map ~** carte *f* faite à main levée.
sgetsio *bg* faire des croquis;
♦*ba* (*golygfa, adeilad, rhn*) faire un croquis *neu* une esquisse de; (*map*) faire (une carte) à main levée; (*syniadau, nofel, cynllun*) ébaucher, esquisser; **bloc** *ou* **pad** *ou* **llyfr ~** carnet *m neu* bloc *m* à dessins.
sgi (**sgïau**) *g,b* ski *m*.
sgil *g*: **yn ~** à la suite de; **daeth llawer o fanteision yn ~ y datblygiad** il est arrivé beaucoup d'avantages à la suite du développement; **daeth y rhyfel â nifer o newidiadau yn ei ~** la guerre a apporté de nombreux changements dans son sillage.
sgìl (**sgiliau**) *g*
1 (*medr*) habileté *f*, dextérité *f*, adresse *f*, compétence *f*; **sgiliau darllen** compétence en lecture; **sgiliau cyfrifiadurol/rheoli** connaissances *fpl* en informatique/gestion.
2 (*dull cyfrwys o wneud rhth*) astuce *f*, combine *f*, stratagème *m*, roublardise* *f*, truc* *m*.
sgil-effaith (**~-effeithiau**) *b* effet *m* secondaire, résultat *m* secondaire, réaction *f* secondaire; **~-effeithiau** (*digwyddiad*) répercussions *fpl*, suites *fpl*; (*triniaeth*) réaction *f*; (*salwch*) séquelles *fpl*.
sgilgar *ans* (*medrus*) habile, adroit(e); (*cyfrwys, dyfeisgar*) astucieux(astucieuse), combinard(e), finaud(e), roublard(e)*;
♦ **yn ~** *adf* (*yn fedrus*) habilement, adroitement; (*yn gyfrwys*) astucieusement, avec astuce.
sgilgarwch *g* (*medrusrwydd*) habileté *f*, adresse *f*; (*cyfrwystra*) astuce *f*, finesse *f*, ruse *f*.
sgil-gynnyrch (**~-gynhyrchion**) *g* dérivé *m*.
sgim *ans*: **llaeth** *ou* **llefrith ~** lait *m* écrémé.
sgimio *ba* (*llaeth*) écrémer; (*hufen, saim*) enlever; (*cawl*) écumer; **~ saim o rth** dégraisser qch; **llaeth wedi'i ~** lait *m* écrémé; **~'r dŵr/ddaear** (*awyren ayb*) raser l'eau/le

sol;
♦*bg*: ~ **trwy lyfr** parcourir un livre; **gwneud i garreg ~ ar draws y dŵr** faire ricocher une pierre sur l'eau.

sgio, **sgïo** *bg* faire du ski, skier; ~ **i lawr llethr** descendre une pente à skis; **dillad ~** vêtements *mpl* de ski; **esgid ~** chaussure *f* de ski; **ffon ~** bâton *m* de ski; **gwyliau ~** vacances *mpl* aux sports d'hiver; **mynd ar wyliau ~** partir aux sports d'hiver; **hyfforddwr ~** moniteur *m* de ski; **hyfforddwraig ~** monitrice *f* de ski; **lifft ~** télésiège *m*, remonte-pente *m inv*; **llain** *ou* **llethr ~** piste *f* de ski; **naid ~** saut *m* à skis; **neidiwr ~** sauteur *m* à skis; **neidwraig ~** sauteuse *f* à skis; **pentref ~** station *f* de ski; **siwt ~** combinaison *m* de ski; **trowsus ~** fuseau(-x) *m* de ski; **ysgol ~** école *f* de ski;
♦*g* le ski *m*; ~ **dŵr** ski nautique; ~ **traws gwlad** ski de fond.

sgip[1] (**-iau**) *b* (*cortyn sgipio*) corde *f* à sauter.

sgip[2] (**-iau**) *g,b* (*cynhwysydd*) benne *f*.

sgipio *bg* sautiller; (*â chortyn*) sauter à la corde; ~ **i mewn/allan** entrer/sortir en sautillant; **cortyn** *ou* **rhaff ~** corde *f* à sauter;
♦*g* saut *m* à la corde.

sgist (**-au**) *g* (DAEAR) schiste *m*.

sgit (**-iau**) *b* parodie *f*; (THEATR) sketch *m* satirique.

sgitlen (**sgitls**) *b* quille *f*; **gêm o sgitls** partie *f* de quilles; **chwarae sgitls** jouer aux quilles.

sgitsoffrenia *g* schizophrénie *f*.

sgitsoffrenig *ans* schizophrène, schizophrénique;
♦ **yn ~** *adf* de façon schizophrénique;
♦*g/b* (**-ion**) schizophrène *m/f*.

sgiw[1] (**-iau, -ion**) *b* (*sedd*) banc *m* à haut dossier.

sgiw[2] *g*: **ar ~** (*yn gam*) de travers, en *neu* de biais, obliquement; **torri darn o bren ar ~** couper une planche à fausse équerre.

sgiwer (**-au**) *g* (*ar gyfer darn mawr o gig*) broche *f*; (*ar gyfer cebabs*) brochette *f*.

sgïwr (**sgiwyr**) *g* skieur *m*; **cyrchfan sgiwyr** station *f* de ski.

sgïwraig (**sgiwragedd**) *b* skieuse *f*.

sglaffen (**sglaffins**) *b*: ~ **o fwyaren ddu** une mûre *f* énorme.

sglaffio *ba* dévorer, avaler, se goinfrer de.

sglaffiwr (**sglaffwyr**) *g* glouton *m*, avaleur *m*, goinfre *m*.

sglaffwraig (**sglaffwragedd**) *b* gloutonne *f*, avaleuse *f*.

sglefrfwrdd (**sglefrfyrddau**) *g* skate-board *m*.

sglefrfyrddio *bg* faire du skate-board.

sglefriad (**-au**) *g* glissade *f*; (*car*) dérapage *m*.

sglefrio *bg* patiner; (*car: llithro*) déraper, faire un dérapage; ~ **i lawr/ar draws** descendre/traverser en patinant; (*car*) descendre/traverser en dérapant; **mynd i ~** faire du patin *neu* patinage; **esgid ~** patin *m*; **bwrdd ~** planche *f* à roulettes; **rinc ~** patinoire *f*; (*ar gyfer sglerfrolio*) skating *m*;
♦*g* patinage *m*; (*ar olwynion*) patinage *m* (à roulettes); (*car*) dérapage *m*.

sglefriwr (**sglefrwyr**) *g* (*ar iâ*) patineur *m*; (*ar olwynion*) personne *f* qui fait du skating, patineur à roulettes.

sglefrolio *bg* faire du skating, faire du patin à roulettes; **esgid ~** patin *m* à roulettes;
♦*g* skating *m*, patinage *m* à roulettes.

sglefrwraig (**sglefrwragedd**) *b* (*ar iâ*) patineuse *f*; (*ar olwynion*) personne *f* qui fait du skating, patineuse à roulettes.

sglein (**-iau**) *g* (*metel*) éclat *m*; (*esgidiau*) brillant *m*; (*ffig: arddull, gwaith, perfformiad*) élégance *f*; **rhoi ~ ar rth** *gw.* **sgleinio**; **mae angen ~ ar dy esgidiau di** tes chaussures ont besoin d'être cirées; **tynnu ~ oddi ar** (*fetel, esgidiau*) ternir; **â ~ arno** (*arwynebedd, carreg, gwydr*) poli(e); (*llawr, esgidiau*) ciré(e); (*arian, addurniadau*) brillant(e); (*potiau*) vernissé(e); (*papur, ffotograff*) brillant; (*perfformiad*) impeccable.

sgleinio *bg* (*dodrefn*) être reluisant(e); (*arian, addurniadau, gwallt*) briller; (*esgidiau, llawr*) être ciré(e); (*carreg, gwydr*) briller, être poli(e); **dillad wedi mynd i ~ o'u gwisgo'n hir** vêtements lustrés par l'usage;
♦*ba* faire briller; (*car, sosban fetel*) astiquer; (*cerrig, gwydr*) polir; (*esgidiau, llawr, dodrefn*) cirer.

sgleiniwr (**sgleinwyr**) *g* (*peiriant*) polissoir *m*; (*ar gyfer lloriau*) cireuse *f*; ~ **esgidiau** cireur *m* de chaussures.

sglentio *ba*: ~ **cerrig ar wyneb y dŵr** faire ricocher des cailloux sur l'eau.

sglerosis *g* (MEDD): ~ **ymledol** sclérose *f* en plaques.

sglodyn (**sglodion**) *g* (*darn*) fragment *m*; (*o goed*) copeau(-x) *m*, éclat *m*; (*gwydr, carreg*) éclat; (*darn o blat, o wydr wedi torri*) ébréchure *f*; (*darn o ddodrefnyn wedi torri*) écornure *f*; ~ **silicon** plaquette *f* de silicium, puce *f* électronique; ~ **tatws** frite *f*; **pysgod a sglodion** poisson *m* frit avec des frites; **siop pysgod a sglodion** friterie *f*.

sglyfaeth (**-au**) *b gw.* **ysglyfaeth**.

sglyfaethus *ans gw.* **ysglyfaethus**.

sgôl (**sgoliau**) *g,b* (METEO: *hyrddwynt*) rafale *f*, bourrasque *f* de pluie; (*ar y môr*) grain *m*.

sgolastig *ans* (*cynnydd, gwaith*) scolaire; (ATHRON) scolastique;
♦ **yn ~** *adf* scolastiquement.

sgolastigiaeth *b* scolastique *f*.

sgolop (**-iau**) *g* coquille *f* Saint-Jacques; (*cragen*) coquille.

sgolor (**-ion**) *g gw.* **ysgolor**.

sgoloriaeth (**-au**) *b gw.* **ysgoloriaeth**.

sgonsen (**sgons**) *b* scone *m* (*sorte de petit pain au lait*).

sgôr[1] (**sgoriau**) *g,b* (CHWAR) score *m*, les

points *mpl*; (*CARDIAU*) marque *f*; **cadw'r ~** compter les points; (*CARDIAU*) tenir la marque; (*TENNIS*) tenir le score; **'does dim ~ hyd yn hyn** (*PÊL-DROED*) on n'a pas encore marqué de but; **'doedd dim ~ yn y gêm** ils ont fait match nul; **beth yw'r ~?** où en est le jeu *neu* le match?

sgôr[2] (**sgorau**) *b* (*CERDD*) partition *f*; **~ piano** partition de piano; **~ ffilm** musique *f* du film.

sgôr[3] (**sgoriau**) *b* (*ugain*) vingt; **~ o bobl** une vingtaine de personnes.

sgorio[1] *ba* (*gôl, pwynt*) marquer; **~ 70% mewn arholiad** avoir 70 sur 100 à un examen; **bwrdd ~** tableau(-x) *m* (d'affichage); **cerdyn ~** (*saethu*) carton *m*; (*GOLFF*) carte *f* du parcours; (*CARDIAU*) feuille *f* de marque.

sgorio[2] *ba* (*CERDD*) écrire; (*ffilm ayb*) composer la musique de.

sgoriwr (**sgorwyr**) *g* (*gôl*) marqueur *m* de but; (*un sy'n cadw sgôr*) marqueur *m*.

sgorpion (**-au, -iaid**) *g* scorpion *m*; **y S~** (*ASTROL*) Scorpion; **bod wedi'ch geni dan arwydd y S~** être Scorpion.

sgorpionllys *g* (*PLANH*) myosotis *m*, oreille *f* de souris.

Sgotaidd *ans* écossais(e).

Sgoteg *b,g* écossais *m*;
♦*ans* écossais(e).

Sgoten (**Sgotiaid**) *b* Écossaise *f*.

Sgotland *prb* l'Écosse *f*; **yn ~** en Écosse.

Sgotyn (**Sgotiaid**) *g* Écossais *m*.

sgowt (**-iaid**) *g*
1 (*aelod o'r mudiad*) scout *m*, boy-scout(~(s)-~s) *m*; **y ~iaid** (*mudiad*) le scoutisme *m*.
2 (*MIL*) éclaireur *m*.
3 (*CHWAR*) découvreur(découvreuse) *m/f* de nouveaux talents.
4 (*helfa*): **mynd ar ~ am rth** aller chercher qch.

sgowtio *bg* être boy-scout, faire du scoutisme; (*mudiad*) le scoutisme; **~ o gwmpas** faire une reconnaissance; **~ o gwmpas am rth** aller *neu* partir à la recherche de qch, fureter *neu* fouiller partout pour trouver qch.

sgrâd *g* (*ADAR*) grisette *f*.

sgradu *bg gw.* **sgrechian**.

sgrafell (**-i**) *b gw.* **ysgrafell**.

sgrafelliad (**-au**) *g gw.* **ysgrafelliad**.

sgrafellog *ans gw.* **ysgrafellog**.

sgrafellu *ba gw.* **ysgrafellu**.

sgraffiniad (**-au**) *g* écorchure *f*, éraflure *f*; (*ar record*) rayure *f*; (*paent, ayb*) éraflure.

sgraffinio *ba* user (qch) en frottant *neu* par le frottement; (*croen*) écorcher, érafler.

sgraffiniog *ans* abrasif(abrasive);
♦ **yn ~** *adf* de façon abrasive.

sgraffinydd (**-ion**) *g* abrasif *m*

sgrambl *g* bousculade *f*, ruée *f*, curée *f*; (*beiciau modur*) réunion *f* de moto-cross; **bu ~ am seddau** on s'est rué sur les places, ça a été la curée pour une place; **~ wyau** œufs *mpl* brouillés.

sgramblo *bg* (*CHWAR*) faire du moto-cross; **~ am** (*seddau*) se bousculer pour (avoir), se ruer sur; (*swydd*) faire des pieds et des mains pour (avoir);
♦*ba* (*COG, TELEDU*) brouiller; **wyau wedi'u ~** œufs *mpl* brouillés; **offer ~** (*TELEDU*) brouilleur *m*;
♦*g* (*CHWAR*) moto-cross *m*; (*rhuthr*) bousculade *f*, ruée *f*.

sgrapio *ba* jeter; (*car, llong*) envoyer (qch) à la ferraille *neu* à la casse; (*offer*) mettre (qch) au rebut; (*damcaniaeth, project*) laisser tomber, mettre (qch) au rancart*, abandonner.

sgrapo *ba* (*anifail: crafu*) griffer.

sgrapyn (**sgraps**) *g* morceau(-x) *m gw. hefyd* **mymryn**.

sgrech (**-au, -feydd, -iadau**) *b*
1 (*cyff*) hurlement *m*, cri *m* aigu *neu* perçant; **rhoi ~** pousser un hurlement *neu* un cri perçant.
2 (*ADAR*): **~ y coed** geai *m*; **~ y gwair** râle *m* des genêts.

sgrechian *bg* crier, hurler, pousser un cri *neu* des cris; **~ chwerthin** rire bruyamment *neu* aux éclats *neu* aux larmes; **~ mewn poen** hurler de douleur;
♦*g* hurlements *mpl*, cris *mpl* aigus *neu* perçants.

sgrechlyd *ans* hurlant(e), criant(e);
♦ **yn ~** *adf* en hurlant *neu* criant.

sgrechog *b* (*ADAR*) geai *m*.

sgrepan (**-au**) *b gw.* **ysgrepan**.

sgri (**-au**) *g* (*DAEAR*) éboulis *m* (*en montagne*).

sgrialu* *bg*: **~ mynd** (*mynd*) détaler, filer, s'enfuir à toutes jambes.

sgrifennu *ba, bg gw.* **ysgrifennu**.

sgriffinio, **sgriffio** *ba* user (qch) par le frottement *neu* par abrasion; (*croen*) écorcher; **~'ch enw ar garreg** graver son nom sur une pierre.

sgrin, **sgrîn** (**sgriniau**) *b* écran *m*; (*mewn ystafell*) paravent *m*; (*o flaen tân*) écran de cheminée; (*o goed ayb*) rideau(-x) *m*; (*SINEMA, TELEDU*) écran; **ar y ~** (*TELEDU*) à l'écran; (*SINEMA*) au cinéma; **dangos rhth ar y ~** projeter qch; **rhoi nofel ar y ~** porter un roman à l'écran; **~ flaen** (*car*) pare-brise *m inv*.

sgrin-brawf (**~-brofion**) *g* essai *m* à l'écran, essai filmé.

sgriniad (**-au**) *g* (*MEDD*) test *m* de dépistage.

sgrinio *ba* (*cuddio*) masquer, cacher; **~ rhn i ddarganfod canser** (*MEDD*) faire subir à qn un test de dépistage du cancer.

sgript (**-iau**) *g,b* script *m*; (*SINEMA*) scénario *m*; (*RADIO, THEATR, TELEDU*) texte *m*; **merch ~** script-girl *f*; **awdur ~** scénariste *m/f*.

sgriptio *ba* écrire le script de; (*SINEMA*) écrire

le scénario de; **wedi'i** ~ préparé(e) d'avance.
sgriptiwr (**sgriptwyr**) *g* scénariste *m*, dialoguiste *m*.
sgriptwraig (**sgriptwragedd**) *b* scénariste *f*, dialoguiste *f*.
sgriw (-**iau**) *b* vis *f*; **jar â chaead** ~ pot *m* avec couvercle à pas de vis; **mae wedi colli** ~* il lui manque une case*.
sgriwdreifer (-**s**) *g* tournevis *m*.
sgriwio *ba* visser; ~ **rhth ar** visser qch sur; ~ **rhth i** visser qch à; ~ **rhth yn dynn** visser qch à bloc; ~ **rhth at ei gilydd** fixer qch avec une vis *neu* des vis, assembler qch avec une vis *neu* des vis;
♦*bg* se visser.
sgrôl (**sgroliau**) *g,b* (*memrwn*) rouleau(-x) *m*; (*hen lawysgrif*) manuscrit *m*; (PENS) volute *f*.
sgrwbio *ba gw.* **rhwbio, sgwrio**.
sgrwtsh *g* (*sbwriel*) camelote* *f*; (*gwael*) cochonneries *fpl*; (*bwyd*) snacks *mpl* vite prêts (*sans valeur nutritive*).
sgrym (-**iau**) *b* mêlée *f*.
sgrymio *bg* faire une mêlée.
sgubell (-**au**, -**i**) *b gw.* **ysgubell**.
sgubo *ba, bg gw.* **ysgubo**.
sgubor (-**iau**) *b gw.* **ysgubor**.
sgubwr (**sgubwyr**) *g gw.* **ysgubwr**.
sgubwraig (**sgubwragedd**) *b gw.* **ysgubwraig**.
'sgut *ans* (*hoff iawn*) friand(e); **bod yn** ~ **am rth** être friand de qch; ~ **am arian** âpre au gain.
sguthan (-**od**) *b gw.* **ysguthan**.
sgwadron (-**au**) *b* (MIL) escadron *m*; (AWYR, MOR) escadrille *f*; **pennaeth** ~ commandant *m*.
sgwâr *ans* carré(e); **5 metr** ~ (de) 5 mètres carrés; **milltir** ~ mille *m* carré; (*ffig: cynefin*) terrain *m* familier; **rhif** ~ chiffre carré; **gwneud rhth yn** ~ (*pren, ymyl*) équarrir qch, rendre qch carré; **'rydyn ni'n** ~ (*yn ariannol*) nous avons réglé nos comptes;
♦*b* (**sgwariau**)
1 (*siâp*) carré *m*; (*bwrdd gwyddbwyll, croesair, papur graff*) case *f*; (*mewn patrwm, ar ddefnydd*) carreau(-x) *m*; **papur sgwariau** papier *m* quadrillé; **rhannu rhth yn sgwariau** quadriller qch.
2 (*mewn pentref, tref*) place *f*; (*gyda gerddi*) square *m*; ~ **y dref** la grand-place *f*.
3 (MATH) carré *m*.
sgwario *bg* (*pren*) équarrir; ~ **rhif** élever un nombre au carré; ~ **gyda rhn** (*yn ariannol*) régler ses comptes avec qn.
sgwarnog (-**od**) *b gw.* **ysgyfarnog**.
sgwarog *ans* (*patrwm*) à carreaux.
sgwaryn (-**nau**) *g* équerre *f* à dessin.
sgwash (-**ys**) *g*
1 (*diod*) sirop *m*.
2 (CHWAR) *gw.* **sboncen**.
sgwatiwr (**sgwatwyr**) *g* squatter *m*.
sgwatio *bg* faire du squattage; ~ **mewn tŷ** squattériser une maison;
♦*g* squattage *m*.
sgwd (**sgydau**) *g*
1 (DAEAR) chute *f* d'eau, cataracte *f*.
2 (*ysgytwad*) secousse *f*, ébranlement *m*; **mae angen rhoi** ~ **da iddo*** il a besoin d'une bonne secousse.
sgweier (-**iaid**) *g* châtelain *m*, hobereau(-x) *m*.
sgwib (-**iau**) *g* pétard *m*.
sgwl *g* (*rhwyf*) aviron *m* (de couple), rame *f*, godille *f*.
sgŵl* (**sgwliaid**) *g gw.* **sgwlyn**.
sgwlcan *bg* rôder.
sgwlyn* (**sgwliaid**) *g* (*ysgolfeistr*) instituteur *m*, maître *m* d'école.
sgwner (-**i**) *b* (*cwch*) goélette *f*, schooner *m*.
sgwriad (-**au**) *g* nettoyage *m* à la brosse, coup *m* de brosse; **rhoi** ~ **i** (*sosban, sinc*) récurer; (:*bwrdd, llawr*) frotter; (:*metel*) décaper; **rhoi** ~ **i rth gyda dŵr** nettoyer qch à grande eau.
sgwrio *ba* (*sosban, sinc*) récurer; (:*bwrdd, llawr*) frotter; (:*metel*) décaper; (:*gyda dŵr*) nettoyer à grande eau; **brwsh** ~ brosse *f* dure *neu* en chiendent; **powdr** ~ poudre *f* à récurer; **pad** ~ tampon *m* abrasif.
sgwrs[1] (**sgyrsiau**) *b* conversation *f*, discussion *f*; (*anffurfiol*) causerie *f*, causette *f*, petite conversation, brin *m* de conversation *neu* causette; (*mwy ffurfiol*) entretien *m*; (*darlith*) exposé *m*; (*llai academaidd*) causerie; **rhaid imi gael** ~ **â hi** il faut que je lui parle *subj*; **rhoi** ~ **ar** (*darlith*) faire un exposé sur, donner une causerie sur; **mae hi'n mynd i roi** ~ **ar ...** elle va nous parler de ...; **rhoi** ~ **ar y radio** parler à la radio; **testun** ~ sujet *m* de conversation; **beth yw testun eu** ~**?** de quoi parlent-ils?; **mae hi'n un dda am** ~ elle a la conversation facile; **dyn parod ei** ~ homme *m* à la conversation facile.
sgwrs[2] *g*: **top** ~ toupie *f*.
sgwrsio *bg* parler, causer, bavarder; ~ **â rhn am rth** parler *neu* bavarder *neu* causer avec qn de qch, discuter qch avec qn; (*mwy ffurfiol*) s'entretenir de qch avec qn; **rhaglen** ~ (RADIO) entretien *m* radiodiffusé; (TELEDU) entretien télévisé; **fe'u gwelais yn** ~ je les ai vu(e)s en conversation l'un(e) avec l'autre.
sgwrsiwr (**sgwrswyr**) *g* causeur *m*.
sgwrswraig (**sgwrswragedd**) *b* causeuse *f*.
sgwter (-**i**) *g* scooter *m*; (*ar gyfer plentyn*) trottinette *f*.
sgylio *bg* ramer en couple *neu* à couple, godiller;
♦*ba* faire avancer (qch) à couple *neu* à la godille *neu* à la rame.
sgỳnc (**sgyncod**) *g* (ANIF) mouffette *f*; **blew** ~ sconse *m*.
sgyrnygu *bg gw.* **ysgyrnygu**.
sgyrnythu *bg* frissonner, trembler (*de froid*).

sgyrt (**-i**) *b gw.* **sgert**.
sgyrtin (**-au**) *g,b* (*borden wal*) plinthe *f*.
Sgythia *prb* la Scythie *f*.
Shakespearaidd *ans* shakespearien(ne).
shifft (**-iau**) *b,g*
1 (*cyfnod gwaith*) poste *m*, période *f* de travail; **gweithio ~iau** travailler par roulement, se relayer; **'rwy'n gweithio ~ 10 awr** je fais un poste *neu* roulement de 10 heures; **~ dydd/nos** poste de jour/nuit; **gweithio ~ dydd/nos** être (au poste) de jour/nuit.
2 (*y gweithwyr*) poste, équipe *f*, brigade *f*, relais *m*; **~ dydd/nos** équipe de jour/nuit.
shifftio* *bg* (*dod i ben â*) se débrouiller; **fe shifftwn ni** nous en viendrons à bout.
shw-mae* *talf* bonjour; (*gyda'r nos*) bonsoir; (*wrth ffrind*) salut*, ça va?
si (**sïon**) *g* (*gwenynen*) bourdonnement *m*; (*neidr, bwled*) sifflement *m*; (*murmur*) murmure *m*; (*sôn*) bruit *m*, rumeur *f*, propos *mpl*; (*hanesion, straeon*) bavardages *mpl*, racontars *mpl*; **mae 'na ~ ar led ..., mae 'na ~ ym mrig y morwydd ...** on dit que, le bruit court que; **mae ~ ar led ei bod hi'n dod yn ôl** on dit qu'elle va peut-être revenir; **rhoi ~ ar led** faire courir un bruit; **'rwyf wedi clywed ~ ...** j'ai entendu dire que.
siaced (**-i**) *b* (*dyn*) veston *m*; (*côt*) manteau(-x) *m*; (*dynes*) veste *f*; (*plentyn*) paletot *m*; (*TECH: dros foeler*) enveloppe *f*; **~ achub** gilet *m* de sauvetage, ceinture *f* de sauvetage; (*llynges*) brassière *f* de sauvetage; **~ fraith** manteau bariolé; **~ gaeth** camisole *f* de force; **~ giniawa** smoking *m*; **~ lwch** couverture *f*.
siachmat *g* (*gwyddbwyll*) échec *m* et mat.
siâd (**siadau**) *b* (*pen*) crâne *m*; (*corun*) sommet *m* de la tête.
sïad (**-au**) *g* (*gwenynen*) bourdonnement *m*; (*bwled*) sifflement *m*.
siafiad (**-au**) *g* (*eilliad*) rasage *m*, coup *m* de rasoir.
siafins *ll* (*naddion*) copeaux *mpl*; **tân ~** feu(-x) *m* de paille; **siop ~** pagaïe *f*.
siafio *bg* (*eillio*) se raser, se faire la barbe;
♦*ba* raser; **~'ch barf** se raser la barbe; **brwsh ~** blaireau(-x) *m*; **hufen ~** crème *f* à raser; **sebon ~** savon *m* à barbe, bâton *m* de savon à barbe;
♦*g* rasage *m*; **mae ~ yn ddiflas** c'est ennuyeux *neu* embêtant* de se raser.
siafiwr (**siafwyr**) *g* (*eilliwr*) rasoir *m*; **~ trydan** rasoir électrique.
siafo *ba, bg gw.* **siafio**.
siafflach, **siaffrwd** *g* (*sbwriel*) ordures *fpl*; (*pobl ddiwerth*) racaille *f*, canaille *f*.
siafft[1] (**-iau**) *b* (*cert*) brancard *m*.
siafft[2] (**-ydd**) *b* (*pwll glo*) puits *m*; (*lifft*) cage *f*.
siâl (**sialau**) *g* (*defnydd cleiog sy'n hollti'n denau*) argile *f* schisteuse, schiste *m* argileux.
sialc (**-iau**) *g* craie *f*; **darn o ~** morceau(-x) *m* de craie; **ysgrifennu â ~** écrire à la craie; **pwll ~, cloddfa ~** carrière *f* de craie; **~ Ffrengig** craie de tailleur.
sialcio *bg* (*ysgrifennu â sialc*) écrire à la craie; (*llunio patrwm â sialc*) esquisser *neu* tracer à la craie;
♦*ba* (*bagiau teithio*) marquer (qch) à la craie.
sialcog *ans* (*pridd*) crayeux(crayeuse), calcaire; (*dŵr*) calcaire.
sialcogrwydd *g* (*pridd*) nature *f* crayeuse.
sialcyn *g* (*marc sialc*) trait *m* à la craie.
sialens (**-iau**) *b* défi *m*; **rhoi ~** lancer un défi; **cymryd y ~** relever le défi; **~ Jones i'r arweinyddiaeth** la tentative qu'a faite Jones pour s'emparer du pouvoir; **'roedd y swydd yn ~ iddi** elle a pris cette tâche comme un défi.
sialensio *ba* défier; (*CHWAR*) inviter; **~ rhn i wneud rhth** défier qn de faire qch; (*CHWAR*) inviter qn à faire qch.
Siám *prb* le Siam *m*; **yn ~** au Siam.
Siamaidd *ans* siamois(e); **gefeilliaid ~** frères *mpl* siamois, sœurs *fpl* siamoises.
siambr (**-au**) *b* chambre *f*, pièce *f*, salle *f*; **cerddoriaeth ~** musique *f* de chambre; **~ arswyd** chambre d'épouvante; **~ fasnach** chambre de commerce; **~ gwrandawiad** salle d'audience; **S~ Uwch** (*GWLEID*) ≈ sénat *m*; **mynd i'r ~ sorri** bouder.
siambrlen (**-iaid**) *g* chambellan *m*.
siamffer (**siamffrau**) *g* biseau(-x) *m*, chanfrein *m*; (*ar golofn*) cannelure *f*.
siamffro *ba* biseauter, chanfreiner; (*colofn*) canneler.
siami *g* chamois *m*; **lledr ~** peau(-x) *f* de chamois.
Siamiad (**Siamiaid**) *g/b* Siamois *m*, Siamoise *f*.
siampên *g* champagne *m*.
siampl (**-au**) *b gw.* **esiampl**.
siampŵ (**-au**) *g* shampooing *m*; **~ powdr** shampooing en poudre; **~ a set** shampooing et mise en plis; **cael ~ a set** se faire faire un shampooing et mise en plis; **~ gwrthgen** *ou* **gwrthfarwdon** shampooing antipelliculaire.
siampŵ(i)o *ba* (*gwallt rhn*) faire un shampooing à; (*carped*) shampooer.
Siams *prg* Jacques.
Siân *prb* Jeanne; **~ d'Arc** Jeanne la Pucelle, Jeanne d'Arc.
siandelïer (**-au**) *g,b* lustre *m*.
siandi *g* panaché *m*.
siandri (**-s**) *b*: **hen ~** (*hen gar ayb*) bagnole* *f*.
sianel (**-au, -i**) *b* (*dŵr*) chenal(chenaux) *m*; (*rhwng dau benrhyn*) bras *m* de mer; (*ar gyfer dyfrhau*) rigole *f*; (*yn y stryd*) caniveau(-x) *m*; (*rhigol mewn arwynebedd*) rainure *f*; (*PENS*) cannelure *f*; (*TELEDU*) chaîne *f*; **Y S~** la Manche; **Ynysoedd y S~**

les îles *fpl* Anglo-Normandes; **y twnel o dan y S~** le tunnel sous la Manche; ~ **fordwyo** chenal *m*, passe *f*.

sianelu *ba* (*tyrfa*) canaliser; (*ymdrechion, ynni*) canaliser, diriger, orienter.

siani *b*: ~ **flewog** chenille *f*.

siant (**-iau**) *b* (*CERDD*) chant *m* lent, mélopée *f*; (*CREF*) psalmodie *f*; (*protestwyr, tyrfa*) chant scandé.

sianti[1] (**-s, siantïau**) *b* (*cân fôr*) chanson *f* de marins.

sianti[2] *g* baraque *f*, cabane *f*; **tref** ~ (*tref hoflau*) bidonville *m*.

siantio *ba* réciter; (*CREF*) psalmodier; (*protestwyr*) scander;
♦*bg* (*CREF*) psalmodier; (*protestwyr*) scander.

siâp (**siap(i)au**) *g*
1 (*ffurf*) forme *f*; **beth yw ~ y lolfa?** quelle est la forme du salon?; **o bob** ~ de toutes les formes et de toutes les tailles; **o ~ od** d'une forme bizarre; **mae ganddo glustiau o ~ od** ses oreilles ont une drôle de forme; **ar ~ calon/cylch** en forme de cœur/cercle; **dod i** ~ prendre tournure; **'does dim ~ arno** (*rhn, busnes*) il est mal en point; **bwrw rhth i** ~ (*metel ayb*) façonner qch; **dod yn ôl i** ~ retourner à la forme; **colli** ~ (*het, gwisg*) s'avachir; **het wedi colli'i** ~ chapeau(-x) *m* avachi.
2 (*eich corff*) ligne *f*; **cadw'ch** ~ garder la ligne; **mae ~ da arni** elle est bien faite *neu* roulée*, elle a la taille mannequin.

Siapan *prb* le Japon *m*; **yn** ~ au Japon.

Siapan(a)eg *b,g* Japonais *m*;
♦*ans* japonais(e).

Siapanead (**Siapaneaid**) *g/b* Japonais *m*, Japonaise *f*.

Siapan(e)aidd *ans* japonais(e).

siapio *ba* façonner, mouler; **siapa hi!** (*brysia!*) dépêche-toi!, grouille-toi!*;
♦*bg*: **mae pethau'n ~'n dda** tout marche bien; **sut mae hi'n ~?** comment s'en sort-elle?; **mae'n** ~ il fait des progrès.

siapus *ans* bien fait(e), bien proportionné(e), de belles proportions, bien roulé(e), bien tourné(e); (*coesau*) bien galbé(e); **pâr o goesau** ~ une belle paire de jambes;
♦ **yn** ~ *adf* élégamment, admirablement.

siapusrwydd *g* beauté *f* de forme, belles proportions *fpl*; (*coes*) galbe *m*.

siâr (**siarau**) *b*
1 (*rhan*) part *f*; **cael ~ o rth, cael ~ mewn rhth** avoir part à qch, participer à qch; **mae ganddo ~ yn y busnes** il est l'un des associés dans cette affaire; **mae ganddo hanner ~ yn y busnes** il possède la moitié de l'entreprise; **'dyw hi ddim yn gwneud ei** ~ elle ne fait pas sa part d'efforts *neu* de travail; **mae hi wedi cael mwy na'i ~ o anlwc** elle a eu plus que sa part de malchance.
2 (*cyfranddaliad mewn cwmni*) action *f*.

siarad *bg* parler; ~ **â rhn am rth** parler à *neu* avec qn de qch, discuter (de) qch avec qn; (*yn ffurfiol*) s'entretenir avec qn de qch; **pwy sy'n ~?** (*ar y ffôn*) qui est à l'appareil?; ~ **â chi eich hunan** se parler tout(e) seul(e), parler à part soi; ~ **yn blaen** ne pas mâcher ses mots, avoir son franc parler; ~ **yn eich cwsg,** ~ **trwy'ch hun** parler en dormant *neu* dans son sommeil; ~ **yn fain** parler en minaudant *neu* d'un ton affecté; **bu'r gweinidogion yn ~ am ...** les ministres se sont entretenus de ...; **mae'n hawdd iddi hi** ~ elle peut parler; **hawdd y gelli di ~!** tu peux toujours parler, toi!*; ~ **er mwyn** ~ parler pour le plaisir de parler; **ni waeth imi ~ â'r wal** *ou* **gwynt** autant vaut parler à un mur *neu* à un sourd; ~ **ar draws rhn** couper la parole à qn, interrompre qn; ~ **yn isel am rn** dénigrer qn, décrier qn; ~ **trwy'ch trwyn** nasiller, parler d'une voix nasillarde; ~ **yn ddi-baid am rth** ne pas tarir sur qch, être intarissable à propos de qch; ~ **pymtheg (yn) y dwsin** jacasser comme une pie; **mae hi'n ~ gormod** elle parle trop; (*annoeth*) elle ne sait pas se taire; **paid â ~ â mi fel 'na** ne me parle pas sur ce ton!; **o ran ceir, fe ŵyr am beth y mae'n** ~ il s'y connaît quand il parle de voitures; **'dyw hi ddim yn gwybod am beth mae'n** ~ elle ne sait pas de quoi elle parle; **'dyw hi ddim yn ~ â mi mwyach** elle ne m'adresse plus la parole; **eich tro chi yw hi i** ~ la parole est à vous; **daeth y gŵr gwadd ymlaen i** ~ le conférencier a pris la parole; **mae'n ~ fel melin bupur** *ou* **melin glec** c'est un vrai moulin à paroles; ~ **trwy eich het** parler à tort et à travers; **â phwy oeddet ti'n** ~ à qui parlais-tu?; **fe'u gwelais i nhw'n ~ â'i gilydd** je les ai vu(e)s en conversation l'un(e) avec l'autre; **dim ~!** silence!; ~ **di drosot dy hun!** parle pour toi!;
♦*ba* parler; ~ **busnes** parler affaires; ~ **siop** parler boutique; **mae hi'n ~ Ffrangeg** (*cyff*) elle parle français, elle sait parler français; (*fel mamiaith*) elle est francophone; **nid yw hi'n ~ Cymraeg** elle n'est pas galloisante; **mae'n ~ Llydaweg** il est bretonnant; **mae hi'n ~ Saesneg** elle est anglophone; ~ **lol,** ~ **dwli** raconter des bêtises *neu* âneries, raconter des conneries**, dire n'importe quoi;
♦*g* bavardage *m*, conversation *f*, discussion *f*, propos *mpl*; (*sgwrsio*) bavardages; (*dif*) racontars *mpl*; **bod yn destun** ~ défrayer la chronique, faire parler de soi; **mae 'na lawer o ~ wedi bod amdani** il a beaucoup été question d'elle; (*dif*) on a raconté beaucoup d'histoires sur elle; **'rydym ni wedi clywed llawer o ~ am yr ysgol** nous avons beaucoup entendu parler de l'école; **mewn ffordd o** ~ pour ainsi dire; **mân** ~ papotage *m*, menus propos; ~ **gwag** verbiage *m*; **yr holl ~ am yr hyn yr oedd am**

ei wneud! tous ces beaux discours sur ce qu'il allait faire!; **hi wnaeth y** ~ elle a fait tous les frais de la conversation; **'does dim terfyn ar ei** ~ elle n'en finit pas de bavarder.

siarâd (**siaradau**) *g,b* charade *f*.

siaradach *g* papotage *m*, menus propos *mpl*.

siaradus *ans* bavard(e), volubile, loquace; **mae'n** ~ il a la langue bien déliée *neu* bien pendue;
♦ **yn** ~ *adf* loquacement.

siaradusrwydd *g* faconde *f*, loquacité *f*, volubilité *f*.

siaradwr (**siaradwyr**) *g* causeur *m*, causeuse *f*; (*dif*) bavard *m*, bavarde *f*; (*mewn deialog*) interlocuteur *m*, interlocutrice *f*; (*cyhoeddus*) orateur *m*; (*darlithydd*) conférencier *m*, conférencière *f*; **"ein** ~ **gwadd heno yw ..."** "notre invité(e) ce soir est ..."; **mae'n** ~ **da/gwael** il parle bien/mal; **y** ~ **diwethaf** la personne qui a parlé la dernière; ~ **iaith** locuteur *m*, locutrice *f* (*d'une langue*); ~ **Ffrangeg** personne *f* qui parle français; (*â'r Ffrangeg yn famiaith iddo/iddi*) francophone *m/f*; ~ **Cymraeg** galloisant *m*, galloisante *f*; ~ **Llydaweg** bretonnant *m*, bretonnante *f*; ~ **Almaeneg** germanophone *m/f*; ~ **Saesneg** anglophone *m/f*; ~ **Sbaeneg** hispanophone *m/f*; ~ **Portiwgaleg** lusophone *m/f*; ~ **Fflemiseg** flamingant *m*, flamingante *f*; **byd y siaradwyr Ffrangeg** la francophonie *f*; **byd y siaradwyr Saesneg** l'anglophonie *f*; **faint o siaradwyr Cymraeg sydd 'na?** combien y a-t-il qui parlent le gallois *neu* qui sont galloisants?

siaradwraig (**siaradwragedd**) *b* causeuse *f*; (*dif*) bavarde *f*; (*mewn deialog*) interlocutrice *f* *gw. hefyd* **siaradwr**.

siarc (**-od**) *g* requin *m*.

siarcol *g* charbon *m* de bois.

siario *ba* partager *gw. hefyd* **rhannu**.

Siarl *prg* Charles; ~ **Fawr** Charlemagne.

siarlatan (**-iaid**) *g* charlatan *m*.

siarlatanaidd *ans* charlatanesque.

siarlataniaeth *b* charlatanisme *m*, charlatanerie *f*.

Siarlymaen *prg* Charlemagne.

siarog *ans* participant(e); (*â chyfranddaliadau*) muni(e) d'actions;
♦*g/b* (**-ion**) actionnaire *m/f*; **y** ~**ion** l'actionnariat *m*.

siarp *ans*
1 (*miniog: cyllell*) aigu(aiguë), tranchant(e); (*:ymyl*) coupant(e); (*:llafn, siswrn*) bien aiguisé(e); (*:llif*) bien affûté(e); (*:geiriau*) acéré(e); (*blaenllym*) pointu(e); **mae hi'n** ~ **ei thafod** elle a la langue bien affilée.
2 (*sydyn: tro*) brusque, serré(e); (*:symudiad*) brusque; (*:meddwl*) pénétrant(e), vif(vive), éveillé(e).
3 (*egr, asidig: blas, aroglau*) acerbe, aigre, piquant(e), âcre; (*:poen*) aigu(aiguë), vif(vive).
4 (*CERDD*) dièse;
♦ **yn** ~ *adf* (*siarad, troi*) brusquement; (*yn gyflym*) vite, rapidement, avec empressement.

siarpio *bg* se grouiller*, se remuer*, s'empresser, se magner*.

siars (**-iau**) *b* ordre *m*.

siarsio *ba*: ~ **rhn i wneud rhth** ordonner à qn de faire qch, commander à qn de faire qch; ~ **rhn i beidio â gwneud rhth** défendre à qn de faire qch.

siart (**-iau**) *b,g* (*map*) carte *f* marine; (*graff*) graphique *m*, tableau(-x) *m*; (*MEDD*) courbe *f*; ~ **dymheredd** feuille *f* *neu* courbe de température; ~ **far** histogramme *m*; ~ **floc** blocdiagramme *m*; ~ **gylch** diagramme *m* circulaire sectorisé, camembert* *m*; ~ **lif** (*CYFRIF*) organigramme *m*; **y** ~**iau** (*CERDD*) le hit-parade *m*.

siart(i)aeth *b* chartisme *m*.

siartio *ba* (*twf, cynnydd*) faire le graphique *neu* la courbe de; (*DAEAR*) porter (qch) sur la carte.

siartr (**-au**) *b* (*dogfen*) charte *f*; ~ **cymdeithas** statuts *mpl* d'une association; **ehediad** ~ (vol *m* en) charter *m*; **awyren** ~ charter; **trên** ~ train *m* affrété.

siartredig *ans*: **cyfrifydd** ~ expert-comptable(~s-~s) *m*; **tirfesurydd** ~ expert *m* immobilier.

siartro *ba* affréter; **wedi'i** ~ (*awyren, bws*) sous contrat d'affrètement; **awyren wedi'i** ~ charter *m*; **trên wedi'i** ~ train *m* affrété;
♦*g* affrètement *m*.

siartydd (**siartwyr**) *g* chartiste *m*.

siasbi(n) (**siasbïau, siasbinau**) *g* chausse-pied *m*.

siawns *b*
1 (*lwc, hap a damwain*) hasard *m*; **gêm** ~ jeu(-x) *m* de hasard; **ar** ~ au hasard; **mi fentra' i fy** ~ je me hasarderai; **plentyn** ~ enfant *m/f* illégitime.
2 (*gobaith*) chance *f*; **'does ganddo ddim** ~ **dda o ennill** il a peu de chances de réussir *neu* de gagner; ~ **y gwelwn ni chi** il y a des chances que nous vous voyions *subj*; **fe ddaw hi yfory,** ~ elle arrivera demain sans doute *neu* n'est-ce pas.
3 (*cyfle*) occasion *f*; **mi wnaf hynny os ca' i** ~ je le ferai si j'en ai la possibilité *neu* l'occasion.

siawnsri (**siawnsrïau**) *g* chancellerie *f*.

sibed (**-au**) *g,b* potence *f*, gibet *m*.

Siberaidd *ans* sibérien(ne).

Siberia *prb* la Sibérie *f*; **yn** ~ en Sibérie.

Siberiad (**Siberiaid**) *g/b* Sibérien *m*, Sibérienne *f*.

sibolsen (**sibols**) *b* ciboule *f*.

sibolsyn (**sibols**) *g* ciboule *f*.

sibrwd *ba* chuchoter; ~ **rhth yng nghlust rhn**

chuchoter qch à l'oreille de qn;
♦*bg* chuchoter; **rhaid iti** ~ il faudra que tu parles *subj* à voix basse;
♦*g* (**sibrydion**) chuchotement *m*; (*si*) bruit *m*, rumeur *f*; **fe fu llawer o** ~ **yn eu cylch nhw** toutes sortes de rumeurs ont couru sur leur compte; **mae yna sibrydion ei fod am ymddeol yn gynnar** le bruit court qu'il va partir en retraite anticipée *neu* en pré-retraite.

sibwnsyn (**sibwns**) *g* ciboule *f*.

sicl (**-au**) *g* (*arian*) sicle *m*.

sicori *g* (*mewn salad*) endive *f*; (*mewn coffi*) chicorée *f*.

sicr *ans* sûr(e), certain(e); (*marwolaeth, llwyddiant*) inévitable; (*gyrfa, enwogrwydd*) assuré(e); **mae hi'n** ~ **o ddod** il est sûr qu'elle viendra; **nid yw'n** ~ **y daw hi** il n'est pas certain qu'elle vienne *subj*; **mae hi'n** ~ **o fwrw glaw** il va pleuvoir à coup sûr; **mae'n** ~ **y cewch bryd da o fwyd** un bon repas vous est assuré; **mae hi'n** ~ **o lwyddo** elle est sûre de réussir; **bod yn** ~ **o rn** être sûr de qn; **gwneud yn** ~ **o rth** s'assurer de qch; **prynwch docyn er mwyn gwneud yn** ~ prenez un billet pour avoir plus de sûreté; **'rwyf wedi gwneud yn** ~ **y bydd gennym ddigon o de** j'ai veillé à ce qu'il y ait *subj* assez de thé; **wyt ti'n hollol** ~**?** es-tu absolument certain(e)?; **byddaf yn** ~ **o'i wneud** je le ferai sans faute; **'rwy'n** ~ **fy mod wedi'i gweld hi** je suis sûr(e) de l'avoir vue; **'rwy'n** ~ **y gwnaiff hi ein helpu** je suis sûr(e) qu'elle nous aidera; **nid wyf yn** ~ **y gall hi** je ne suis pas sûr(e) qu'elle puisse *subj*; **bod yn** ~ **ohonoch eich hun** être sûr(e) de soi;
♦ **yn** ~ *adf* assurément, sûrement, certainement, à coup sûr; **yn** ~**!** oui!, bien sûr!, assurément!

sicrhad *g* assurance *f*.

sicrhau *ba* assurer, garantir; (*diogelwch*) veuiller sur, garantir; (*cael*) obtenir, s'assurer; (*staff, artistiaid*) engager; (*gyrfa, dyfodol*) assurer; (*â hoelion*) fixer; (*â rhaffau*) attacher; (*cadarnhau*) confirmer; **gallaf eich** ~ je peux vous assurer; **gwnaeth bopeth i** ~ **y byddai hi'n dod** il a tout fait pour qu'elle vienne *subj*, il a tout fait pour assurer qu'elle viendrait.

sicrwydd *g* certitude *f*, assurance *f*; (*barn, dull*) sûreté *f*; **teimlo** ~ **ynglŷn â rhth** ne pas avoir d'inquiétude au sujet de qch; **mewn** ~ ayant la certitude; ~ **swydd** sécurité *f* de l'emploi; **'does dim** ~ **y daw hi** rien n'assure qu'elle vienne *subj*.

sidan (**-au**) *g* soie *f*; **gwneuthurwr** ~ fabricant *m* en soierie; **diwydiant** ~ soierie *f*; **ffatri** ~ soierie;
♦*ans* en soie; **gwisg** ~ robe *f* en soie; **pryf** ~ ver *m* à soie; **papur** ~ papier *m* de soie; **printio sgrin** ~ sérigraphie *f*.

sidanaidd *ans* soyeux(soyeuse).

sidanblu *ll* duvet *m*.

sidanbryf (**-ed**) *g* ver *m* à soie.

sidanwr (**sidanwyr**) *g* fabricant *m* en soierie; (*yn Lyon*) soyeux *m*.

sidydd *g* (*ASTROL*) zodiaque *m*; **arwyddion y S**~ les signes *mpl* du zodiaque.

siec[1] (**-iau**) *g,b* chèque *m*; **llyfr** ~**iau** carnet *m* de chèques; **cerdyn** ~ carte *f* d'identité bancaire; ~ **(g)wag** chèque en blanc; ~ **teithiwr** chèque de voyage; **ysgrifennu** ~ faire un chèque; **newid** ~ toucher un chèque; **gwrthod** ~ refuser un chèque; **mae'r** ~ **wedi'i (g)wrthod** le chèque est sans provision.

siec[2] *ans*: **siaced** ~ veston *m* à carreaux;
♦*g* (**-iau**) carreaux *mpl*, damier *m*.

sied (**-iau**) *b* remise *f*, resserre *f*; (*llai*) cabane *f*, hutte *f*; (*enfawr*) hangar *m*; (*ar gyfer gwartheg*) étable *f*; (*rhan o ffatri*) atelier *m*.

siêd (**siedau**) *g* déshérence *f*, dévolution *f* d'héritage à l'État, bien *m* (tombé) en déshérence; **defaid** ~ moutons *mpl* confisqués.

sief *b gw.* **siafiad**.

siefl (**-au**) *b* pelle *f*.

sieflaid (**siefleidiau**) *b* pelletée *f*.

sieflo *ba* pelleter, enlever (qch) à la pelle.

Sieffre *prg* Geoffroi; ~ **o Fynwy** Geoffroi de Monmouth.

sielo (**-s**) *g* violoncelle *m*.

sieri (**sierïau**) *g* xérès *m*, sherry *m*.

siesbin (**-nau, -s**) *g* chausse-pied *m*.

sietin (**-oedd**) *g* (*gwrych, perth*) haie *f*.

siew (**-s, -iau**) *b gw.* **sioe**.

sifalri *g* chevalerie *f*; (*cwrteisi*) galanterie *f*.

sifil *ans* (*cwrtais*) poli(e); (*cyfraith, rhyfel, priodas*) civil(e); **amddiffyn** ~ défense *f* passive; **gwrthryfela** ~ résistance *f* passive; **peiriannydd** ~ ingénieur *m* des travaux publics; **peirianyddiaeth** ~ travaux *mpl* publics, le génie civil; **hawliau** ~ libertés *fpl* civiques; **mudiad dros hawliau** ~ campagne *f* pour les droits civiques; **gwas** ~ fonctionnaire *m/f*; **gwasanaeth** ~ fonction *f* publique, administration *f*;
♦ **yn** ~ *adf* (*yn gwrtais*) poliment.

sifiliad (**sifiliaid**) *g/b* civil *m*, civile *f*.

sifiliwr (**sifilwyr**) *g* civil *m*.

sifilwraig (**sifilwragedd**) *b* civile *f*.

sifys *ll* ciboulettes *fpl*, civettes *fpl*.

siffon (**-au**) *g* siphon *m*.

siffrwd *bg* bruire;
♦*g* bruissement *m*.

sifft (**-iau**) *b,g gw.* **shifft**.

sigâr (**-s, sigarau**) *b* cigare *m*; **blwch/cas sigarau** boîte *f*/étui *m* à cigares; **taniwr** ~ allume-cigare *m inv*, briquet *m*.

sigarét (**-s, sigaretau, sigareti, sigarennau**) *b* cigarette *f*; **blwch/papur sigareti** boîte *f*/papier *m* à cigarettes; **llwch** ~ cendre *f* de cigarette; **cas sigareti** porte-cigarettes *m inv*; **stwmp** ~ mégot* *m*;

taniwr ~ briquet *m*.
sigiad (**-au**) *g gw.* **ysigiad**.
sigl (**-ion**) *g* (*ysgytwad*) secousse *f*; (*symudiad yn ôl a blaen*) oscillation *f*, balancement *m*, mouvement *m* de va-et-vient; ~ **a swae** (*CERDD*) rock-and-roll *m*; ~ **adenydd** (*si-so*) tapecul* *m*.
siglad (**-au**) *g* (*symudiad yn ôl a blaen*) oscillation *f*, balancement *m*, mouvement *m* de va-et-vient; (*ysgytwad*) secousse *f*; **rhoi ~ i rth** secouer qch; (*clustog, potel*) agiter *neu* secouer qch; **rhoi ~ i rn** secouer qn; **rhoi ~ i blentyn ar siglen** pousser un(e) enfant qui se balance; **cael ~** (*ffig*) être bouleversé(e), être très secoué(e); **cefais eitha' ~*** j'ai eu une de ces émotions*.
sigl-din *g* (*ADAR*) hochequeue *m*.
sigledig *ans* secoué(e), bousculé(e); (*bwrdd, adeilad*) branlant(e), chancelant(e), instable, peu solide; (*sefyllfa, cyflwr ariannol*) chancelant, instable; (*cerddediad*) chancelant, titubant(e), mal assuré(e); **'rwy'n teimlo'n ~** je me sens faible;
♦ **yn ~** *adf* (*cerdded*) d'un pas chancelant, en chancelant, en titubant.
siglen[1] (**-ni, -nydd**) *b* (*cors*) marécage *m*, marais *m*, tourbière *f*.
siglen[2] (**-ni**) *b* (*mewn cae chwarae*) balançoire *f*; **siglo ar ~** se balancer.
siglen[3] (**-nod**) *b* (*ADAR*) hochequeue *m*, branlequeue *m*, bergeronnette *f*; ~ **las** lavandière *f*, bergeronnette des ruisseaux; ~ **fraith** bergeronnette d'Yarell; ~ **felen** bergeronnette flavéole.
siglennog *ans* marécageux(marécageuse), tourbeux(tourbeuse).
sigl-i-gwt *g* (*ADAR*) hochequeue *m*, bergeronnette *f*.
siglo *bg* se balancer; (*pendil*) osciller; (*bwrdd*) trembler; (*rhn*) tanguer, osciller; (*adeilad*) trembler, être ébranlé(e); (*trên, llong*) tanguer; (*dail, glaswellt*) trembler, être agité(e);
♦*ba* balancer; (*plentyn*) bercer; (*crud, cadair, cwch*) balancer; (*ysgwyd, peri bod rhth yn gwegian*) ébranler, bousculer, secouer; **~'ch pen ôl** rouler *neu* balancer les hanches; **gan ~'i gynffon** en remuant la queue; **cadair ~** fauteuil *m* à bascule; **ceffyl ~** cheval(chevaux) *m* à bascule.
siglog *ans gw.* **sigledig**.
signal (**-au**) *g* signal(signaux) *m*; (*RADIO*) indicatif *m* de l'émetteur; ~ **gorsaf** (*RADIO*) indicatif de l'émetteur; **mae'r ~ yn wan** (*TELEDU: sain*) le son est très faible; (*:llun*) l'image est très faible; **bocs ~au** (*RHEIL*) poste *m* d'aiguillage; **anfon ~** communiquer par signaux.
sigo *ba* (*pont ayb*) effondrer, affaisser; **~'ch ffêr/cefn** faire une entorse à la cheville/au dos;
♦*bg* (*plygu dan bwysau: bwrdd, silffoedd ayb*) se courber; (*:pont ayb*) s'effondrer, s'affaisser.
Singapôr *prb* Singapour *m*; **yn ~** à Singapour.
Singaporaidd *ans* singapourien(ne).
Singaporiad (**Singaporiaid**) *g/b* Singapourien *m*, Singapourienne *f*.
Sikh (**-iaid**) *g/b* sikh *m*, sikhe *f*.
sil[1] (**-od**) *g* (*pysgod*) frai *m*.
sil[2] (**-iau**) *g,b* (*silff*) rebord *m*; (*car*) bas *m* de caisse; ~ **ffenestr** rebord de fenêtre.
Silesaidd *ans* silésien(ne).
Silesia *prb* la Silésie *f*; **yn ~** en Silésie.
Silesiad (**Silesiaid**) *g/b* Silésien *m*, Silésienne *f*.
silfa (**silfeydd**) *b* frayère *f*.
silff (**-oedd**) *b* étagère *f*; (*mewn siop*) rayon *m*; (*mewn popty, ffwrn*) plaque *f*; (*ar graig*) rebord *m*; (*ar graig dan y dŵr*) écueil *m*; **~-ben-tân** manteau(-x) *m neu* tablette *f* de cheminée; **ar y ~-ben-tân** sur la cheminée; **set o ~oedd** rayonnage *m*; **cael eich gadael ar y ~** (*ffig*) rester vieille fille, coiffer sainte Catherine; ~ **lyfrau** rayon de bibliothèque.
Sili *prg*: **Ynysoedd ~** les (îles *fpl*) Sorlingues *fpl*; **yn Ynysoedd ~** aux (îles) Sorlingues.
silindr (**-au**) *g* (*cyff*) cylindre *m*; (*teipiadur*) rouleau(-x) *m*; **car chwe ~** une six-cylindres *f*; **ar siâp ~** cylindrique.
silindraidd *ans* cylindrique.
silindrog *ans* à cylindre(s).
silio *bg* (*pysgod*) pondre;
♦*ba* frayer.
Siloam *prb* Siloé *f*.
silod *ll* (*mân bysgod*) frai *m*.
silt *g* limon *m*, vase *f*, alluvions *fpl*.
siltio *bg* (*llaid, tywod*) se déposer; (*afon: â llaid*) s'envaser; (*:â thywod*) s'ensabler;
♦*ba*: ~ **aber â llaid** envaser un estuaire; ~ **afon â thywod** ensabler un fleuve.
silwair *g* fourrage *m* ensilé, ensilage *m*.
silwét (**silwetau**) *g* silhouette *f*.
silwetio *ba* silhouetter.
sill (**-(i)au**) *b* syllabe *f*.
sillaf (**-au**) *b* syllabe *f*.
sillafiaeth *b* orthographe *f*.
sillafog *ans* syllabique;
♦ **yn ~** *adf* syllabiquement.
sillafu *ba* épeler; **sut mae ~ hynna?** comment est-ce que cela s'écrit?;
♦*bg*: **dysgu ~** apprendre l'orthographe; **ni yw hi'n medru ~** elle fait des fautes d'orthographe; **camgymeriad ~** faute *f* d'orthographe;
♦*g* orthographe *f*.
sillafwr (**sillafwyr**) *g*: **mae'n ~ gwael** il est mauvais en orthographe.
sillgoll (**-au**) *b* apostrophe *f*.
Simbabwe *prb* le Zimbabwe *m*; **yn ~** au Zimbabwe.
Simbabwead (**Simbabweaid**) *g/b* Zimbabwéen *m*, Zimbabwéenne *f*.

Simbabweaidd *ans* zimbabwéen(ne).
simbil *ans* chancelant(e), instable.
simdde, **simnai** (**simddeau**, **simneiau**) *b* cheminée *f*; (*ffatri*) tuyau(-x) *m* de cheminée; **glanhäwr** ~ ramoneur *m*.
simpansî (**simpansïaid**) *g* *gw.* **tsimpansî**.
simpil *ans* (*gwan, gwael*) faible, débile, chétif(chétive); (*twp*) imbécile.
simsan *ans* (*adeilad*) instable, branlant(e), chancelant(e), peu solide; (*iechyd, cof, gwybodaeth*) assez mauvais(e); (*esgus, rheswm*) pauvre; **teimlo'n** ~ ne pas tenir sur ses jambes; (*ffig*) ne pas être dans son assiette; **'rwy'n teimlo'n** ~ je me sens un peu chose* *neu* un peu patraque*;
♦ **yn** ~ *adf* (*cerdded*) d'un pas chancelant *neu* mal assuré.
simsanu *bg* chanceler, vaciller; (*ffig: petruso*) faiblir, flancher*, devenir indécis(e), hésiter;
♦*g* vacillement *m*.
sin (**-au**) *g* (*MATH*) sinus *m inv*.
sinach (**-od**) *g* saligaud *m*, sale type* *m*, plouc *m*, rat *m*, pingre *m*.
sinamon *g* cannelle *f*.
sinc[1] *g* zinc *m*;
♦*ans*: **twb** ~ bassine *f*, cuvette *f* (*de zinc*).
sinc[2] (**-iau**) *b* (*mewn cegin*) évier *m*; (*mewn ystafell ymolchi*) lavabo *m*.
sinclyd *ans* marécageux(marécageuse).
Sinderela *prb* Cendrillon.
sinema (**sinemâu**) *b* cinéma *m*, ciné* *m*; **seren** ~ vedette *f* de cinéma, star *f*; **beth sydd i'w weld yn y** ~**?** qu'est-ce qui passe au cinéma?
sinematig *ans* cinématographique.
sinematograffeg *b* technique *f* cinématographique.
sinematograffig *ans* cinématographique.
sinig (**-iaid**) *g/b* cynique *m/f*.
sinigaidd *ans* cynique;
♦ **yn** ~ *adf* cyniquement, avec cynisme.
sinigiaeth *b* cynisme *m*.
sinsir *g* gingembre *m*; **bisgeden** ~ gâteau(-x) *m* sec au gingembre; **torth** ~ pain *m* d'épice.
sinws (**sinysau**) *g* sinus *m inv*; **llid ar y** ~ (*MEDD*) sinusite *f*.
sïo *bg* (*pryf*) bourdonner, vrombir; (*awyren*) vrombir; (*bwled*) siffler; (*saim mewn padell*) grésiller;
♦*g* sifflement *m*.
siobyn (**-nau**) *g* touffe *f*.
sioc (**-iau**) *b* (*cyff*) choc *m*, secousse *f*; (*emosiynol*) choc, bouleversement *m*, secousse; (*TRYD*) décharge *f* électrique; **cael** ~ **drydanol** recevoir une décharge électrique, prendre le jus*; **mi ges i** ~**!** j'ai eu une de ces émotions!*; **cefais y fath** ~ **o glywed ...** cela m'a donné un tel choc *neu* coup d'apprendre que; **fe'i lladdwyd gan y** ~ elle est morte d'émotion; **mewn** ~ (*MEDD*) en état de choc; **rhoi** ~ **i rn** secouer qn; (*cryfach*) bouleverser qn, choquer qn; ~ **laddwr** (*TECH, ayb*) amortisseur *m*.
siocled (**-i**) *g* chocolat *m*; **bar o** ~ une tablette *f* de chocolat; ~ **poeth** chocolat chaud; **cacen** *ou* **teisen** ~ gâteau(-x) *m* au chocolat.
sioe (**-au**) *b* (*AMAETH, CELF, TECH*) exposition *f*, foire *f*; (*AMAETH: cystadleuaeth*) concours *m*; (*THEATR*) spectacle *m*; (*adloniant amrywiol*) show *m*; (*rhodres, rhwysg*) parade *f*; ~ **sebon** (*RADIO, TELEDU*) feuilleton *m*; **Y S**~ **Gychod** le Salon de la Navigation; **'roedd yn ddigon o** ~ c'était un spectacle ravissant, cela valait la peine d'être vu.
siofinaidd *ans* chauvin(e); **mochyn** ~ phallocrate *m*.
siofiniad (**siofiniaid**) *g/b* chauvin *m*, chauvine *f*.
siofiniaeth *b* chauvinisme *m*.
siofinydd (**siofinwyr**) *g* chauvin *m*, chauvine *f*.
siofinyddiaeth *b* chauvinisme *m*.
siol (**-au**) *b* crâne *m*.
sïol *ans* sifflant(e), bourdonnant(e).
siôl (**siolau**) *b* châle *m*.
siom (**-au**) *g,b* déception *f*; ~ **ar yr ochr orau** une agréable surprise *f*.
siomedig *ans* (*sy'n siomi*) décevant(e); (*wedi'ch siomi*) déçu(e), désappointé(e); **gwaith** ~ travail(travaux) *m* médiocre; **ymdrech** ~ effort *m* insuffisant; **'roedd hi'n noson** ~ la soirée n'était pas une réussite;
♦ **yn** ~ *adf* (*sy'n siomi*) médiocrement, mal; (*wedi'ch siomi*) d'un air déçu; (*siarad*) d'un ton déçu; **aeth hi adref yn** ~ déçue, elle est rentrée chez elle.
siomedigaeth (**-au**) *b* déception *f*, désillusion *f*, désappointement *m*; (*profiadau siomedig*) déboires *mpl*; **er mawr** ~ **imi** à ma grande déception.
siomedigaethus, **siomgar** *ans* décevant(e);
♦ **yn** ~ *adf* de façon décevante.
siomi *ba* décevoir, désappointer; (*ar ôl addo*) manquer de parole à, faire faux bond à; **'rwyt ti'n fy** ~**'n fawr, cefais fy** ~ **ynot** tu me déçois vraiment; **'rydych chi wedi fy** ~**'n fawr** vous m'avez beaucoup déçu(e) *neu* désappointé(e).
siomiad (**-au**) *g* déception *f*.
siomiant (**siomiannau**) *g* déception *f*, désillusion *f*, désappointement *m*.
siomwr (**siomwyr**) *g* celui qui déçoit.
siomwraig (**siomwragedd**) *b* celle qui déçoit.
Siôn *prg* Jean; ~ **Corn** le père *m* Noël; ~ **llygad y geiniog** grippe-sou *m*, avare *m*; ~ **bob ochr**, ~ **plesio pawb** lèche-bottes *m inv*, celui qui tâche d'être tout à tous; ~ **a Siân** (*cloc tywydd*) ≈ baromètre *m* à jaquemarts.
sionc *ans* agile, leste; (*rhn hen*) alerte; (*meddwl*) vif(vive), prompt(e); **dyn a'i feddwl yn** ~ un homme à l'esprit vif;
♦ **yn** ~ *adf* agilement, lestement, vivement.
sionci, **sioncio** *ba* égayer, réjouir, animer;

♦*bg* s'animer.

sioncrwydd *g* agilité *f*; (*meddwl*) esprit *m* vif, vivacité *f*.

sioncyn (**sioncod**) *g* (*PRYF*): ~ **y gwair** sauterelle *f*; (*mawr iawn*) cigale *f*.

Sioni *prg*: ~ **Winwns** vendeur *m* d'oignons.

siop (**-au**) *b* magasin *m*; ~ **fach** boutique *f*; **cau'r** ~ fermer le magasin *neu* la boutique; **siarad** ~ parler boutique; **ffenestr** ~ vitrine *f*; ~ **anifeiliaid** animalerie *f*; ~ **bapur (newydd)** magasin de journaux; ~ **bersawr** parfumerie *f*; ~ **bwydydd iach** magasin de produits diététiques; ~ **bysgod** poissonnerie *f*; ~ **y cigydd** boucherie *f*; ~ **cigoedd oer** charcuterie *f*; ~ **cig ceffyl** boucherie chevaline; ~ **dalu a chludo** libre-service(~s-~s) *m* de vente en gros; ~ **deunydd ysgrifennu** papeterie *f*; ~ **faco** bureau(-x) *m* de tabac; ~ **ddillad** magasin de vêtements; ~ **dillad ail-law** friperie *f*; ~ **ddodrefn** magasin d'ameublement; ~ **emau** bijouterie *f*, joaillerie *f*; ~ **esgidiau** magasin de chaussures; ~ **fara** boulangerie *f*; ~ **felysion** confiserie *f*; ~ **fideos** magasin (de) vidéo, vidéoclub *m*; ~ **flodau** boutique de fleurs; ~ **gacennau** pâtisserie *f*; ~ **gadwyn** *ou* **amlgangen** grand magasin, magasin à succursales; ~ **gaws** fromagerie *f*; ~ **y groser** alimentation *f* générale, épicerie *f*; ~ **hen bethau** magasin d'antiquités; ~ **hufen iâ** salon *m* de dégustation de glaces; ~ **hunanwasanaeth** libre-service; ~ **glanhau dillad** pressing *m*; ~ **lestri** magasin de porcelaine; ~ **lyfrau** librairie *f*; ~ **lysiau a ffrwythau** magasin de fruits et de légumes; ~ **nwyddau haearn** quincaillerie *f*, droguerie *f*; ~ **trin gwallt** salon *m* de coiffure; ~ **wystlo** mont-de-piété(~s-~) *m*; ~**!** y a-t-il quelqu'un?; ~ **siafins** pagaïe *f*; ~ **siarad** (lieu(-x) *m* de) parlotte *f*.

siopa *bg* faire ses courses *neu* emplettes; **mynd i** ~ faire les courses; **'roeddwn i'n** ~ **am ffrog** je cherchais une robe; **basged** ~ panier *m* à provisions; **bag** ~ cabas *m*; **canolfan** ~ centre *m* commercial; **treuliais y bore'n** ~ j'ai passé la matinée à courir les magasins *neu* à faire du shopping;
♦*g* (*nwyddau*) achats *mpl*, courses *fpl*, emplettes *fpl*, shopping *m*.

siopio* *bg gw.* **siopa**.

siopladrad (**-au**) *g* vol *m* à l'étalage.

siopladrata *bg* voler à l'étalage.

siopladrones (**-au**) *b* voleuse *f* à l'étalage.

siopleidr (**siopladron**) *g* voleur *m* à l'étalage.

siopwr (**siopwyr**) *g* (*perchennog siop*) commerçant *m*, vendeur *m*; (*un sy'n siopa*) personne *f* qui fait ses courses; (*cwsmer*) client *m*; **siopwyr** (*cwsmeriaid*) clientèle *f*.

siopwraig (**siopwragedd**) *b* (*perchenoges siop*) commerçante *f*, vendeuse *f*; (*un sy'n siopa*) personne *f* qui fait ses courses; (*cwsmer*) cliente *f* (*qui fait ses courses*).

Siôr, **Siors** *prg* Georges.

siort[1] *b gw.* **math**: ~ **orau** très bien, à merveille.

siort[2] *ans gw.* **swta**.

siorts *ll* short *m*; **pâr o** ~ un short.

siortyn (**siorts**) *g* (*diod*) petit verre *m* d'alcool fort; (*cyn pryd o fwyd*) apéritif *m*.

siot[1] (**-iau**) *g,b* coup *m*; (*sŵn*) coup de feu, coup de fusil; (*bwled*) balle *f*; (*peledi plwm, haels*) grains *mpl* de plomb; (*CHWAR: TENNIS, GOLFF, ayb*) coup; (*:PÊL-DROED*) tir *m*; (*:tafliad*) lancer *m*; (*:ymgais*) essai *m*, coup; (*FFOT*) photo *f*; (*SINEMA*) prise *f* de vues; (*chwistrelliad*) piqûre *f*; **fel** ~* (*mynd, ymadael*) comme une flèche; (*cytuno*) sans hésiter; **mae hi'n** ~ **dda** (*gallu saethu*) c'est un bon fusil.

siot[2] *g* galette *f* d'avoine au babeurre.

sip[1] (**-iau**) *g* (*ar ddillad ayb*) fermeture *f* à glissière, fermeture éclair.

sip[2] (**-iau**) *g* (*llymaid: o ddŵr ayb*) petite gorgée *f*.

sipian, **sipio**[1] *ba* (*llymeitian*) boire (qch) à petites gorgées, siroter.

sipio[2] *ba* (*cau sip ar wisg*) fermer la fermeture à glissière (de).

siprys *g* méteil *m*, mouture *f*.

sipsi (**sipsiwn**) *g/b* bohémien *m*, bohémienne *f*; (*o Sbaen*) gitan *m*, gitane *f*; (*o Ganolbarth Ewrop*) Tzigane *m/f*; (*dif*) romanichel *m*, romanichelle *f*; **cerddoriaeth sipsiwn** musique *f* de gitans, musique tzigane.

sir (**-oedd**) *b* comté *m*; (*yn Ffrainc*) département *m*.

sircyn (**-nau**) *g* blouson *m*; (*fest dyn*) tricot *m* de corps; (*fest dynes*) chemise *f* américaine.

sirianen (**sirian**) *b* cerise *f*.

siriol *ans* joyeux(joyeuse), gai(e), egayé(e), souriant(e); (*tân*) réconfortant;
♦ **yn** ~ *adf* joyeusement, gaiement, en souriant, avec le sourire.

sirioldeb *g* gaieté *f*, joie *f*.

sirioli *bg* s'égayer;
♦*ba* égayer.

sirionen (**sirion**) *b* cerise *f*.

sirol *ans* de comté; **arholiad** ~ examen *m* religieux de comté.

sirydd (**-ion**) *g* shériff *m*.

siryddiaeth (**-au**) *b* fonctions *fpl* d'un shériff.

siryf (**-ion**) *g* shérif *m*.

sisial *bg* chuchoter; (*nant*) murmurer, gazouiller, couler en murmurant; ~ **wrth rn** chuchoter à l'oreille de qn;
♦*ba* chuchoter, dire (qch) à voix basse;
♦*g* chuchotement *m*; (*gwynt*) murmure *m*; (*nant*) murmure, gazouillement *m*, gazouillis *m*.

sisialwr (**sisialwyr**) *g* chuchoteur *m*.

sisialwraig (**sisialwragedd**) *b* chuchoteuse *f*.

sisio *bg* siffler; (*wrth siarad*) chuinter.

sisiol *ans* sifflant(e), chuintant(e).
sism (**-au**) *g* schisme *m*.
si-so (**~-~s**) *g,b* tapecul* *m*.
sist (**-iau**) *g* (*arian*) avance *f*.
siswrn (**sisyrnau**) *g* ciseaux *mpl*; **~ pincio** (*GWNÏO*) ciseaux à denteler.
Sisyffos *prg* Sisyphe *m*.
siten (**-ni**) *b*
1 (*ar wely*) drap *m*; **~ ffitiedig** drap-housse *m*.
2 (*tudalen*) feuillet *m*, page *f*.
sitrach *g* bouillie *f*, panade *f*, compote *f*, capilotade *f*.
sitrachog *ans* écrasé(e).
sitrig *ans* citrique.
sitron (**-au**) *g* cédrat *m*.
sitrws *g*: **coeden ~** citrus *m*; **ffrwythau ~** agrumes *mpl*.
sither (**-au**) *g* cithare *f*.
siw *g*: **nid oedd** *ou* **ni chlywid na ~ na miw** on n'entendait pas le moindre bruit; **heb ~ na miw** sans bruit, sans faire le moindre bruit.
Siwan *prb* Jeanne.
siwed *g* graisse *f* de rognon.
siwglo *ba, bg gw.* **jyglo**.
siwglwr (**siwglwyr**) *g gw.* **jyglwr**.
siwgr (**-au**) *g* sucre *m*; (*gair anwes*) chéri *m*, chérie *f*; **powlen ~, basn ~** sucrier *m*; **~ lwmp** sucre en morceaux *neu* tablettes, sucre cassé; **~ câns** sucre *m* de canne; **clefyd ~** diabète *m*.
siwgraidd *ans* sucré(e).
siwgr-almon (**~-~au**) *g* dragée *f*.
siwgro *ba* sucrer.
siwgwr (**siwgrau**) *g gw.* **siwgr**.
siwio *ba* (*CYFR: erlyn*) poursuivre (qn) en justice, entamer une action contre, intenter un procès à.
siwmper (**-i**) *b* pull *m*, pull-over *m*, chandail *m*.
siwr, **siŵr** *ans gw.* **sicr**: **~ o fod** sans doute; **yn ~ i chi** crois m'en bien, croyez-moi.
siwrnai[1] (**siwrneiau, siwrneioedd**) *b* voyage *m*, trajet *m*; **~ dridiau** voyage de 3 jours; **~ bum milltir** trajet de 5 mil(l)es *neu* de 8 kilomètres; **~ seithug** voyage inutile *neu* infructueux.
siwrnai[2] *adf* (*unwaith*): **~ y gwelodd ef hi** une fois qu'il l'eut vue, après l'avoir vue.
siwrneiwr (**siwrneiwyr**) *g* voyageur *m*.
siwrwd *ll* fragments *mpl*, morceaux *mpl*.
siwt (**-iau**) *b* (*dyn*) costume *m*, complet *m*; (*dynes*) tailleur *m*, ensemble *m*; (*gofodwr, plymiwr, peilot ayb*) combinaison *f*; (*CARDIAU*) couleur *f*; **~ nofio** maillot *m* de bain; **~ o ddillad** tenue *f*.
siwtio *ba* convenir à; (*dilledyn, lliw, steil gwallt*) aller à; **maen nhw'n ~'i gilydd** ils sont faits l'un pour l'autre; **mae hynna'n fy ~ i'n iawn** cela me convient *neu* m'arrange parfaitement.
siwtrws *ll* mille morceaux *mpl*, éclats *mpl*.
slab (**-iau**) *g* (*carreg, pren*) bloc *m*; (*ar gyfer pafin*) dalle *f*, plaque *f*.
slac *g* (*mewn rhaff*) mou *m*; **dal y ~ yn dynn** (*ffig*) faire semblant de travailler;
♦*ans gw.* **llac**.
slacio *bg* (*diogi*) paresser, fainéanter;
♦*ba gw.* **llacio**.
slaciwr (**slacwyr**) *g* (*diogyn*) paresseux *m*, fainéant *m*.
slacrwydd *g gw.* **llacrwydd**.
slacs *ll* pantalon *m*.
slaes (**-au**) *b* entaille *f*, taillade *f*; (*â chwip*) coup *m* de fouet; (*â chyllell*) coup de couteau; (*â chleddyf*) coup d'épée; (*TEIP*) oblique *f*.
slaesio *ba* (*wyneb*) balafrer; (*deunydd*) lacérer; (*â chwip*) frapper; **~ â chyllell** donner un coup de couteau à qch; **~'ch ffordd trwy jyngl** se tailler *neu* se frayer un chemin à travers la jungle (à coups de couteau).
slaf (**-iaid**) *g* travailleur *m* exploité, travailleuse *f* exploitée, bête *f* de somme; **gweithio fel ~** travailler sans relâche *neu* comme un forçat; **gweithio fel ~ (ar rth/i wneud rhth)** peiner (sur qch/à faire qch).
slafaidd *ans* (*gwaith*) pénible, fastidieux(fastidieuse), ingrat(e); (*efelychiad, cyfieithiad, ymroddiad*) servile; (*meddylfryd*) d'esclave;
♦ **yn ~** *adf* servilement; **gweithio'n ~** peiner, trimer*, besogner, bosser*.
Slafaidd *ans* slave.
slafdod *g* grosse besogne *f*, corvée *f*, travail *m* fastidieux et ingrat.
Slafiad (**Slafiaid**) *g/b* Slave *m/f*.
slafio *bg* peiner, trimer*, besogner, bosser*, travailler d'arrache-pied.
slafiwr (**slafwyr**) *g* besogneux *m*.
Slafonaidd *ans* slave.
Slafonia *prb* la Slavonie *f*; **yn ~** en Slavonie.
slag *g* (*metel*) scories *fpl*, crasses *fpl*; (*glo*) stériles *mpl*; **twmpath ~** (*metel*) crassier *m*; (*glo*) terril *m*.
slalom (**-au**) *g,b* slalom *m*.
slamio *ba* (*drws*) fermer *neu* refermer (qch) violemment.
slebog* (**-iaid**) *b* (*merch aflêr*) souillon *f*; (*merch anfoesol*) traînée** *f*, salope** *f*.
slec (**-s**) *g* charbonnaille *f*, poussière *f* de charbon; **gwerthu** *ou* **mynd fel ~s** se vendre comme des petits pains.
sled (**-iau**) *g* traîneau(-x) *m*; (*i blentyn*) luge *f*; **mynd ar ~** faire de la luge; **mynd i lawr llethr ar ~** descendre en luge *neu* en traîneau.
sledio *bg* faire de la luge.
slefren (**slefrod**) *b*: **~ fôr** méduse *f*.
slei *ans* (*twyllodrus*) rusé(e), sournois(e);
♦ **yn ~** *adf* sournoisement; **yn ~ bach** en douce*, en cachette, à la dérobée.
sleid (**-iau**) *g,b*
1 (*gwallt*) barrette *f*.

2 (*mewn cae chwarae: llithren*) toboggan *m*.
3 (*tryloywlun*) diapositive *f*.
sleifio *bg* glisser; ~ **i mewn/allan** entre/sortir furtivement; ~ **i ffwrdd** s'esquiver, s'éclipser; **sleifiodd i'r ystafell** elle s'est glissée dans la pièce; **fe sleifiodd hi i'r tŷ** elle s'est introduite subrepticement *neu* à la dérobée dans la maison; ~ **i mewn heb dalu** resquiller.
sleifiwr (**sleifwyr**) *g* (*heb dalu*) resquilleur *m*, resquilleuse *f*.
sleisen (**sleisys**) *b* tranche *f*; (*o lemon, ciwcymber, selsig*) rondelle *f*; ~ **o fara menyn** tartine *f* beurrée; **torri rhth yn sleisys** couper qch en tranches; (*yn grwn*) couper qch en rondelles.
sleisio *ba* couper (qch) en tranches; (*yn grwn*) couper (qch) en rondelles; **bara wedi'i** ~ pain *m* en tranches.
slensio *ba* défier.
slic[1] (**-iau**) *g*: ~ **olew** nappe *f* de pétrole, marée *f* noire.
slic[2] *ans* (*eglurhad*) trop prompt(e); (*esgus, ateb*) facile; (*rhn*) qui a la parole facile;
♦ **yn** ~ *adf* (*ateb*) habilement.
slicrwydd *g* (*eglurhad*) promptitude *f*; (*siarad*) facilité *f*; (*ateb*) habileté *f*.
sling (**-iau**) *b* (*MEDD: i fraich*) écharpe *f*; (*ffon dafl*) fronde *f*, lance-pierres *m inv*.
slip (**-iau**) *g*: ~ **o bapur** bout *m* de papier; ~ **cyflog** bulletin *m* de salaire.
sliper (**-i**) *b* pantoufle *f*.
slob* (**-iaid**) *g* rustaud(-x) *m*, plouc* *m*.
slobran *bg* baver.
Slofacaidd *ans* slovaque.
Slofaceg *b,g* slovaque *m*;
♦*ans* slovaque.
Slofacia *prb* la Slovaquie *f*; **yn** ~ en Slovaquie.
Slofaciad (**Slofaciaid**) *g/b* Slovaque *m/f*.
Slofenaidd *ans* slovène.
Slofeneg *b,g* slovène *m*;
♦*ans* slovène.
Slofenia *prb* la Slovénie *f*; **yn** ~ en Slovénie.
Slofeniad (**Slofeniaid**) *g/b* Slovène *m/f*.
slofi* *ba, bg gw.* **arafu**.
slogan (**-au**) *g,b* slogan *m*.
slorwm (**slorymod**) *g* orvet *m*.
slot (**-iau**) *g* fente *f*; (*rhigol*) rainure *f*; (*mewn amserlen*) heure *f*; (*RADIO, TELEDU*) créneau(-x) *m*; **peiriant** ~ distributeur *m* (automatique); (*hapchwarae*) machine *f* à sous.
slotian *bg* (*yfed*) picoler*; ~ **mewn dŵr/yn y glaw** barboter *neu* patauger dans l'eau/sous la pluie.
slotiwr (**slotwyr**) *g* picoleur* *m*.
slumyn *g gw.* **ystlum**.
slŵp (**slwpiau**) *b* sloop *m*.
slwt**, **slwten**** (**slytiaid**) *b* (*merch anfoesol*) salope** *f*, souillon *f*, garce *f*.
slwtsh *g* (*eira tawdd*) neige *f* fondue.
slycsen (**slycs**) *b* grain *m* de plomb; **gwn slycs** fusil *m neu* carabine *f* à air comprimé.
slym (**-iau**) *g,b* (*ardal*) quartier *m* pauvre; (*tŷ*) taudis *m*.
slywen (**slywod**) *b gw.* **llysywen**.
smach(t) *g* petit goût *m*, soupçon *m*.
s'mae* *talf* (= *sut mae*) bonjour; (*gyda'r nos*) bonsoir; (*wrth ffrind*) salut*, ça va?
smal *ans* (*ffug*) faux(fausse).
smala *ans* amusant(e), drôle;
♦ **yn** ~ *adf* drôlement, en plaisantant.
smaldod *g* plaisanterie *f*, blague* *f*.
smalio *ba* (*cogio*) feindre, simuler; ~ **gwneud rhth** faire semblant de faire qch;
♦*bg* (*cogio*) feindre, faire semblant; (*bod yn ddigrif*) plaisanter, blaguer*, s'amuser.
smart *ans* élégant(e), bien mis(e), chic *inv*, beau[bel](belle)(beaux, belles);
♦ **yn** ~ *adf* élégamment; **'roedd hi wedi'i gwisgo'n** ~ elle était tirée à quatre épingles.
smeltio *ba* (*mwyn*) fondre; (*metel*) extraire (qch) par fusion;
♦*g* fonte *f* par fusion; **gwaith** ~ fonderie *f*.
smeltiwr (**smeltwyr**) *g* fondeur *m*.
sment (**-iau**) *g* (*ADEIL*) ciment *m*; (*ar gyfer teils ayb*) mastic *m*; (*deintyddiaeth*) amalgame *m*.
smic (**-iau**) *g* petit bruit *m*; **heb yr un** ~ sans le moindre bruit.
smicio *ba*: ~ **llygaid** cligner des yeux.
smit *g*: **diwrnod** ~ (*mewn chwarel*) *jour où les intempéries rendent le travail impossible*; **mae hi'n** ~ **siwgr yma** nous n'avons pas de sucre.
smoc (**-iau**) *b* blouse *f*; (*gwisg gwraig feichiog*) robe *f* de grossesse.
smôc (**-s**) *g,b* (*sigarét*) cigarette *f*, clope* *f*; (*cetyn, pib*) pipe *f*; (*mariwana*) joint* *m*, pétard* *m*; **cael** ~ fumer une cigarette *neu* une clope* *neu* une pipe *neu* un joint* *neu* un pétard*.
smocio *bg* fumer; ~**'n drwm** fumer beaucoup; ~ **fel stemar*** fumer comme un pompier*; **cerbyd i rai sy'n** ~ (*RHEIL*) compartiment *m neu* wagon *m* fumeurs; **"dim** ~**"** "défense de fumer"; **gall** ~ **amharu ar eich iechyd** le tabac est nuisible à la santé; **rhoi'r gorau i** ~ arrêter de fumer;
♦*ba* fumer; ~ **sigarét** fumer une cigarette *neu* une clope*; **mae'n** ~ **cetyn** il fume la pipe.
smociwr (**smocwyr**) *g* fumeur *m*; ~ **trwm** grand fumeur; **peswch** ~ toux *f* de fumeur.
smocwaith (**smocweithiau**) *g* smocks *mpl*.
smocwraig (**smocwragedd**) *b* fumeuse *f*; ~ **drom** grande fumeuse.
smonach, **smonath** *b* (*annibendod, llanastr*) désordre *m*, fouillis *m*, gâchis *m*; (*cawlach, stomp*) gâchis; **gwneud** ~ **o rth** gâcher qch, bousiller* qch.
smot (**-iau**) *g gw.* **smotyn**.
smotiog *ans* (*deunydd*) à pois; (*anifail*) tacheté(e), moucheté(e); (*croen, rhn*) boutonneux(boutonneuse); (*aflan*) taché(e),

sali(e); (*ffrwyth*) taché, tavelé(e).
smotyn (**smotiau**) *g*
1 (*marc bach crwn: baw*) tache *f*, éclaboussure *f*; (:*tosyn, ploryn*) bouton *m*; (*ar ddeis neu ddomino*) point *m*; **sgert â smotiau gwynion** une jupe à pois blancs; **smotiau o law** quelques gouttes *fpl* de pluie; **bod â smotiau o flaen eich llygaid** voir des mouches volantes devant les yeux.
2 (*CHWAR*): ~ **(cosb)** point *m* de penalty; **cic o'r** ~ penalty *m*.
smwddio *ba, bg* repasser; **bwrdd** ~ planche *f* à repasser;
♦*g* repassage *m*.
smwt *ans*: **trwyn** ~ nez *m* retroussé; **â thrwyn** ~ au nez retroussé.
smyglo *ba* (*baco, cyffuriau ayb*) passer (qch) en contrebande *neu* en fraude; (*llythyr, rhn, anifail*) faire entrer (qch/qn) clandestinement; ~ **rhth i mewn** faire entrer qch en contrebande *neu* en fraude; ~ **rhth drwy'r dollfa** passer qch en contrebande *neu* sans le déclarer à la douane;
♦*bg* faire de la contrebande;
♦*g* (*nwyddau*) contrebande *f*.
smyglwr (**smyglwyr**) *g* contrebandier *m*.
smyglwraig (**smyglwragedd**) *b* contrebandière *f*.
smygu *ba, bg gw.* **ysmygu**.
snap *g* (*CARDIAU*) ≈ bataille *f*; **chwarae** ~ ≈ jouer à la bataille.
sniffian *bg* renifler; (*yn ddirmygus*) faire la grimace; (*ci*) renifler;
♦*ba* (*ci*) renifler, flairer; (*glud*) respirer; (*cyffur*) aspirer; ~ **persawr** humer un parfum; ~ **snisin** priser du tabac;
♦*g* reniflement *m*.
snisin *g* tabac *m* à priser; **pinsiad o** ~ prise *f* de tabac; **cymryd** ~ priser du tabac; **blwch** ~ tabatière *f*.
snob (**-s, -iaid**) *g* snob *m*, snobinette *f*.
snobyddiaeth *b* snobisme *m*.
snobyddlyd *ans* snob *inv*, prétentieux(prétentieuse), hautain(e);
♦ **yn** ~ *adf* avec hauteur, hautainement.
snobyn (**snobs, snobiaid**) *g gw.* **snob**.
snorcel (**-i**) *g* tuba *m*.
snorcelio *bg* faire de la plongée avec tuba;
♦*g* plongée *f* avec tuba.
snwcer *g* snooker *m* (*variante de billard*).
so *g,b* (*CERDD*) sol *m*.
sob(o)r *ans* (*call, rhesymol, o ddifrif*) sérieux(sérieuse), posé(e), sensé(e); (*amcangyfrif, adroddiad*) modéré(e); (*achlysur*) solennel(le); (*siwt, lliw*) sobre; **bod yn** ~ (*o ran hwyliau*) être plein(e) de gravité; (*heb yfed*) ne pas avoir bu d'alcool; (*heb fod yn feddw*) ne pas être ivre; (*wedi sobri*) être désenivré(e) *neu* dessoûlé(e)*; **nid yw hi byth yn** ~ (*mae'n wastad yn feddw*) elle est toujours ivre; ~ **o beth!** quel malheur!, c'est affreux!; **mae'r plentyn yn** ~ (*o ddrwg*) c'est un enfant insupportable;
♦ **yn** ~ *adf* sérieusement, terriblement; (*siarad*) avec modération; (*ymddwyn*) de façon posée; **'roedd hi'n** ~ **o boeth** la chaleur était atroce *neu* terrible, il faisait terriblement chaud; **mae'n** ~ **o ddrwg gen i** je suis absolument désolé(e), je suis navré(e).
sobredd *g gw.* **sobrwydd**.
sobreiddio *ba, bg gw.* **sobri**.
sobreiddiol *ans* qui vous donne à réfléchir, qui vous rend plus sérieux(sérieuse).
sobri *ba* (*tawelu*) calmer; (*tristáu*) dégriser; (*ar ôl meddwi*) désenivrer, dessoûler*; **sobrodd hynny hi** (*ffig*) ça lui a donné à réfléchir;
♦*bg* (*ymdawelu*) se calmer; (*ymdristáu*) être dégrisé(e); (*ar ôl meddwi*) désenivrer, dessoûler*.
sobrwydd *g* sérieux *m*, modération *f*, sobriété *f*.
socan (**-od**) *b* (*ADAR*): ~ **eira** litorne *f*.
socas (**-au**) *b* guêtre *f*, jambières *fpl*.
soced (**-au, -i**) *g* cavité *f*; (*mewn asgwrn*) cavité articulaire; (*llygad*) orbite *f*; (*dant*) alvéole *f*; (*TRYD: ar gyfer bwlb*) douille *f*; (:*ar gyfer plwg*) prise *f* de courant.
socian *ba* faire *neu* laisser tremper;
♦*bg* tremper; **bod yn wlyb** ~ être trempé(e) jusqu'aux os.
Socrataidd *ans* socratique.
Socrates *prg* Socrate.
Socratig *ans* socratique.
soda *g* (*CEM*) soude *f*; ~ **golchi** cristaux *mpl* de soude; ~ **pobi** bicarbonate *m* de soude; **dŵr** ~ eau(-x) *f* de Seltz; **seiffon** ~ siphon *m* (d'eau gazeuse); **wisgi a** ~ whisky *m* soda.
sodiwm *g* sodium *m*; **golau** ~ lampe *f* à vapeur de sodium.
sodlau *ll gw.* **sawdl**.
sodli, **sodlo** *ba* (*esgidiau*) réparer; (*dilyn*) suivre; (*dilyn rhn amheus*) filer.
Sodom *prb* Sodome *f*.
Sodomaidd *ans* sodomique, sodomitique.
sodomeiddio *ba* sodomiser.
sodomiad (**sodomiaid**) *g* sodomite *m*, pédéraste *m*.
sodomiaeth *b* sodomie *f*, pédérastie *f*.
sod(o)r (**sodrau**) *g* soudure *f*.
sodro *ba*
1 (*asio dau beth metel*) souder; **haearn** ~ fer *m* à souder.
2 (*waldio, taro'n galed: rhn*) flanquer une raclée à, taper sur; (:*rhth*) frapper (qch) d'un grand coup.
3 (*gosod*): ~ **rhth am ben rhth** poser *neu* flanquer* qch sur qch.
soddedig *ans* submergé(e), immergé(e).
soddgrwth (**soddgrythau**) *g* violoncelle *m*; **chwaraewr** ~ violoncelliste *m/f*.
soddi *ba* submerger, faire couler; ~ **rhth yn rhth** immerger qch dans qch;

♦*bg* (*llong*) s'immerger, couler.
soeg *g* drêche *f*.
soeglyd *ans* (*daear*) détrempé(e); (*dillad*) trempé(e); (*bwyd*) lourd(e), mal cuit(e); (*bara*) pâteux(pâteuse).
sofiet (**-au**) *b* (*GWLEID*) soviet *m*; **Undeb y Gweriniaethau S~ Sosialaidd** (*HAN*) Union *f* des républiques socialistes soviétiques, U.R.S.S. *f*, l'Union soviétique.
sofietaidd *ans* soviétique; **Rwsia ~** Russie *f* soviétique; **yr Undeb S~** l'Union *f* soviétique.
sofliar (**soflieir**) *b* (*ADAR*) caille *f*.
soflyn (**sofl**) *g* (*AMAETH*) chaume *m*.
sofran *ans* souverain(e);
♦ **yn ~** *adf* souverainement.
sofraniaeth (**-au**) *b* souveraineté *f*.
sofren (**-ni**) *b* souverain *m*.
soffa (**-s**) *b* sofa *m*, canapé *m*.
soffistigedig *ans* (*rhn, meddwl, chwaeth*) raffiné(e), recherché(e); (*dillad, ystafell*) d'une élégance raffinée *neu* étudiée; (*ffilm, llyfr, trafodaeth*) subtil(e), avancé(e), plein(e) de complexité; (*cân*) plein de recherche; (*peiriant, dull*) sophistiqué(e), hautement perfectionné(e); (*gwin*) élégant(e); **nid yw hi'n ~ iawn** elle est très simple;
♦ **yn ~** *adf* élégamment, de façon raffinée *neu* recherchée, avec raffinement.
soffistigedigrwydd *g* (*arferion, ffordd o fyw*) raffinement *m*, sophistication *f*; (*dillad*) recherche *f*; (*dadl*) subtilité *f*.
Soffocleaidd *ans* sophocléen(ne).
Soffocles *prg* Sophocle.
soffydd (**-ion**) *g* sophiste *m*.
soffyddiaeth (**-au**) *b* sophisme *m*.
soffyddol *ans* sophistique;
♦ **yn ~** *adf* d'une manière sophistique.
soi *g*: **saws ~** sauce *f* soja.
soia *g* soja *m*; **ffeuen ~** haricot *m* de soja.
soled (**-au**) *g* solide *m*.
solet *ans* (*defnydd, adeiladwaith*) solide, ferme; (*rheswm, cymeriad*) solide; (*pêl, blocyn, teiar*) plein(e); (*rhes, llinell*) continu(e), ininterrompu(e); **mewn aur/derw ~** en or/chêne massif; **tanwydd ~** combustible *m* solide; **un rhibyn ~ o goch** une étendue de rouge uni; **ar dir ~** sur la terre ferme; (*ffig*) en terrain sûr; **gweithiwr ~** travailleur *m* sérieux; **mae'n rhn ~** c'est qn sur qui on peut compter; **mae'r ardal yn Llafur ~** la région vote massivement pour les travaillistes; **awr ~** une heure d'affilée; **tridiau ~** trois jours d'affilée; **diwrnod ~ o waith** une journée entière de travail;
♦ **yn ~** *adf* solidement, fermement; (*pleidleisio*) massivement; **wedi rhewi'n ~** complètement gelé(e).
soletrwydd *g* solidité *f*, fermeté *f*.
sol-ffa *b* solfège *m*.
solffeuo *ba, bg* solfier.
Solomon *prg* Salomon; **Ynysoedd ~** les îles *fpl* Salomon.
Somalia *prb* la Somalie *f*; **yn ~** en Somalie.
Somaliad (**Somaliaid**) *g/b* Somalien *m*, Somalienne *f*.
Somalïaidd *ans* somalien(ne).
Somalïeg *b,g* somali *m*;
♦*ans* somali(e).
somatig *ans* somatique; **cell ~** somatocyte *m*.
sombi (**sombïaid**) *g* zombi *m*, zombie *f*; (*ffig*) abruti* *m*, abrutie* *f*.
sôn *bg*: **mi wna' i ~ wrthi** je lui en toucherai un mot, je le lui signalerai; **peidiwch â ~!** (*croeso!*) il n'y a pas de quoi!, de rien!, je vous en prie!; **tewch â ~!** (*syndod*) ça alors!, sans blague!*.
▶ **sôn am** mentionner, parler de, faire mention de; **ni soniodd hi ddim am yr achlysur** elle n'a pas parlé de *neu* fait mention de l'accident; **heb ~ am** sans compter; **dim byd gwerth ~ amdano** rien pour ainsi dire; **'does dim gwerth ~ amdano** cela ne vaut pas la peine d'en parler; **'roedd hi'n ~ am fynd i Iwerddon** elle parlait d'aller en Irlande; **a ~ am ffilmiau, welsoch chi ...?** à propos de films, avez-vous vu ...?; **~ am lwc!** quelle aubaine!*;
♦*g,b* propos *mpl*, dire *m*, dires *mpl*; (*si*) bruit *m*; **yn ôl pob ~** au dire de tous, selon le dire de tous; **mae ~ ei bod hi'n dod yn ôl** le bruit court qu'elle va revenir, il est question qu'elle revienne *subj*, on dit qu'elle va peut-être revenir; **bu ~ amdano** il a beaucoup été question de lui, on a beaucoup parlé de lui, on a raconté beaucoup d'histoires sur lui *neu* à son sujet; **'rwyf wedi clywed llawer o ~ am yr ysgol** j'ai beaucoup entendu parler de l'école; **yr holl ~ yna am beth 'roedd hi'n mynd i'w wneud** tous ces beaux discours sur ce qu'elle allait faire; **creu** *ou* **gwneud ~ amdanoch eich hun** faire parler de soi.
sonata (**-s**) *b* sonate *f*.
soned (**-au**) *b* sonnet *m*.
soneda *bg* écrire des sonnets;
♦*g* composition *f* de sonnets.
sonedwr (**sonedwyr**) *g* compositeur *m* de sonnets.
sonedwraig (**sonedwragedd**) *b* compositrice *f* de sonnets.
soniarus *ans* sonore, fort(e);
♦ **yn ~** *adf* fort, d'une voix sonore.
soniarusrwydd *g* sonorité *f*.
sonig *ans* sonique; **plymiwr ~** sonde *f* à ultra-sons.
sopen*[1] (**-nod**) *b* garce** *f*, traînée** *f*; **y ~ fach!** (*plentyn*) petite coquine *f*!.
sopen[2] (**-nau**) *b* morceau(-x) *m* de pain trempé; (*bwndel*) botte *f*; **bod yn wlyb ~** être trempé(e) jusqu'aux os; **syrthio'n ~ farw** tomber raide mort(e).
soprano *ans* de soprano; **llais ~** soprano *m*;
♦*g/b* (**-s**) soprano *m/f*.

sopyn *g* (*gwair ayb*) botte *f*.
sorbed (**-au**) *g* (*COG*) sorbet *m*; ~ **lemon** sorbet au citron.
soriant *g* (*dicter*) indignation *f*; (*pwd*) bouderie *f*, maussaderie *f*, humeur *f* maussade.
sorllyd *ans* (*pwdlyd*) boudeur(boudeuse), renfrogné(e); (*dig*) irrité(e), maussade;
♦ **yn** ~ *adf* (*yn bwdlyd*) de façon boudeuse, de mauvaise grâce.
sorod *ll* (*DIWYD*) déchets *mpl*; (*ffig*) rebut *m*, lie *f*.
sorri *bg* (*pwdu*) bouder, faire la tête, s'impatienter, s'irriter, être mécontent(e); **mynd i'r siambr** ~ bouder.
sort (**-iau**) *b,g gw.* **math**.
sortio *ba* classer, trier, séparer; ~ **rhth allan** régler qch.
sos (**-ys**) *g gw.* **saws**: ~ **coch** ketchup *m*.
sosban (**-au, sosbenni**) *b* casserole *f*; ~ **frys** *ou* **gloi** cocotte-minute(~s-~) *f*; ~ **stemio** couscoussier *m*; **y S**~ (*ASTRON*) la Grande Ourse.
sosbennaid (**sosbeneidiau**) *b* une pleine casserole *f*.
sosej (**-ys**) *b* saucisse *f*; (*oer*) saucisson *m*; **rholen** ~ friand *m*; **cig** ~ chair *f* à saucisse.
soser (**-i**) *b* soucoupe *f*; (*RADIO*) antenne *f* paraboloïde; (*TELEDU*) antenne parabolique; ~ **hedegog** soucoupe volante, O.V.N.I. *m* (= objet volant non identifié).
sosi *ans* impudent(e);
♦ **yn** ~ *adf* impudemment.
sosialaeth *b* socialisme *m*.
sosialaidd *ans* socialiste;
♦ **yn** ~ *adf* de façon socialiste.
sosialydd (**sosialwyr**) *g* socialiste *m/f*.
Sosin (**-iaid**) *g/b* (*CREF*) unitarien *m*, unitarienne *f*.
Sosinaidd *ans* (*CREF*) unitaire, unitarien(ne).
Sosiniaeth *b* (*CREF*) unitarisme *m*.
sotyn *g*: ~ **meddw** ivrogne *m*.
sothach *g* (*nwyddau rhad*) camelote* *f*, pacotille *f*; (*bwyd diwerth*) nourriture *f* industrielle, cochonneries *fpl*; (*lol*) sottises *fpl*, fadaises *fpl*, bêtises *fpl*, foutaises* *fpl*, absurdités *fpl*; ~ **yw hwn** ça ne vaut rien; **mae'r siop yma'n gwerthu lot o** ~ ce magasin ne vend que de la camelote*; ~ **yw'r nofel/ddrama hon** ce roman/cette pièce ne vaut absolument rien.
sothachlyd *ans* sans valeur, de pacotille; **stwff** ~ camelote* *f*, pacotille *f*
sowldiwr (**sowldwyr**) *g gw.* **milwr**.
sownd *ans* solide, ferme, bien attaché(e), bien fermé(e), bien bloqué(e), bien coincé(e); (*â glud*) collé(e); **'roedd ei throed yn** ~ **yn y fagl** son pied était pris dans le piège; **aeth ei throed yn** ~ **mewn mieri** elle s'est pris le pied dans des ronces; **mynd yn** ~ se bloquer, se coincer; **rhoi rhth yn** ~ **yn rhth** attacher qch à qch; (*â glud*) coller qch à qch; (*â rhaff*) lier qch à qch;
♦ **yn** ~ *adf* solidement, fermement; **cydio'n** ~ **yn rhth** serrer qch très fort; **cau rhth yn** ~ fermer qch solidement; **drws wedi'i gau'n** ~ une porte bien close; **clymu cwlwm yn** ~ serrer un nœud; **clymu cwch yn** ~ amarrer *neu* attacher un bateau; **cysgu'n** ~ dormir profondément, être profondément endormi(e); **sgriwio nyten yn** ~ serrer un écrou à bloc.
soy *g gw.* **soi**.
soya *g gw.* **soia**.
SPAEM *byrf* (= *Swyddfa Prif Arolygydd ei Mawrhydi*) *Service m des Inspecteurs d'Écoles de Sa Majesté.*
Sri Lanca *prb* le Sri Lanka *m*; **yn** ~ au Sri Lanka.
Sri Lancaidd *ans* sri-lankais(e).
Sri Lanciad (~ **Lanciaid**) *g/b* Sri-Lankais *m*, Sri-Lankaise *f*.
stabl (**-au**) *b* écurie *f*; **cap** ~ casquette *f*.
stacato *ans* (*CERDD*) staccato *inv*;
♦ **yn** ~ *adf* staccato.
stad (**-au**) *b*
1 (*cyflwr*) état *m*; (*yn natblygiad rhth*) étape *f*, stade *m*; ~ **meddwl** état d'esprit; ~ **o argyfwng** état d'urgence; **bod mewn** ~ **o anobaith** être en état de désespoir.
2 (*tir*) domaine *m*, propriété *f*; ~ **dai** cité *f*, lotissement *m*; ~ **dai cyngor** quartier *m* de logements sociaux (*loués par la municipalité*); ~ **ddiwydiannol** *ou* **fasnachol** zone *f* industrielle.
3 (*CYFR*) biens *mpl*, succession *f*.
4 (*GRAM*) voix *f*; **y** ~ **weithredol** la voix active, l'actif *m*; **y** ~ **oddefol** la voix passive, le passif *m*.
5: **car** ~ break *m*.
stadiwm (**stadiymau, stadia**) *g* stade *m*.
staen (**-iau**) *g* (*marc*) tache *f*; (*i liwio*) colorant *m*; **codwr** ~ détachant *m*.
staenio *ba* (*marcio*) tacher; (*lliwio*) teindre;
♦*bg* se tacher.
staer (**-au**) *b* (*gris*) marche *f* (d'escalier); (*grisiau*) escalier *m*; **i lawr y** ~ en bas, au rez-de-chaussée, à l'étage inférieur; **mynd i lawr y** ~ descendre l'escalier; **i fyny'r** ~, **lan y** ~ en haut; **mynd i fyny'r** ~ monter l'escalier.
staes (**-iau**) *g* corset *m*.
stafell (**-oedd**) *b gw.* **ystafell**.
staff *g* personnel *m*; ~ **milwrol** état-major(~s-~s) *m*; **bod â gormod o** ~ avoir trop de personnel, être en surnombre; **bod yn brin o** ~ être à court de personnel, manquer de personnel; **cyfarfod** ~ réunion *f* du personnel.
staffio *ba* pourvoir (qch) en personnel.
stâl (**stalau**) *b* stalle *f*.
stalactid (**-au**) *g* stalactite *f*.
stalagmid (**-au**) *g* stalagmite *f*.

Stalin *prg* Staline.
Stalinaidd *ans* stalinien(ne).
Staliniaeth *b* stalinisme *m*.
staliwn, **stalwyn** (**stalwyni**) *g* étalon *m*; **caseg yn gofyn** ~ jument *f* en rut *neu* en chaleur.
stamina *g* résistance *f*, endurance *f*.
stamp (**-iau**) *g* (*post*) timbre *m*, timbre-poste(~s-~) *m*; (*ôl*) empreinte *f*; (*ar ddogfen*) cachet *m*; ~ **rwber** tampon *m*; **amlen â chyfeiriad a** ~ **arni** enveloppe *f* affranchie pour la réponse; **casglu** ~**iau** collectionner les timbres; (*enw*) philatélie *f*; **casglwr** ~**iau** philatéliste *m/f*; **llyfr** ~**iau** album *m* de timbres-poste; **peiriant** ~**iau** distributeur *m* de timbres-poste; **toll** ~, **treth** ~ droit *m* de timbre; **gadael eich** ~ **ar rth** imprimer sa marque sur qch.
stampio *ba* (*amlen*) timbrer; (*dogfen*) tamponner; (*metel*) estamper; ~**'ch troed** frapper *neu* taper du pied; (*ceffyl*) piaffer; ~ **ar y brêc** écraser le frein.
stand (**-iau**) *g,b*
1 (*i ddal rhth*) guéridon *m*, support *m*; (*îsl*) chevalet *m*; ~ **miwsig** pupitre *m* à musique.
2 (CHWAR) tribunes *fpl*; ~ **seindorf** kiosque *m* à musique; ~ **tacsis**, ~ **dacsis** station *f* de taxis; **prif** ~ tribune *f*.
stapl (**-au**) *b* agrafe *f*.
staplo *ba* agrafer;
♦*g* agrafage *m*.
staplwr (**staplwyr**) *g* agrafeuse *f*.
stâr (**staeriau**) *g gw.* **staer**.
starn (**-au**) *b* arrière *m*, poupe *f*.
startsh *g* amidon *m*; (*mewn bwyd*) fécule *f*; **coler** ~ col *m* amidonné *neu* empesé; **llawn** ~ (*bwyd*) féculent(e), riche en féculents.
startshlyd *ans* (*bwyd*) féculent(e); (*dyn, agwedd*) guindé(e), apprêté(e), raide;
♦ **yn** ~ *adf* de façon guindée.
startsio *ba* amidonner.
statig *ans* statique; **trydan** ~ électricité *f* statique;
♦ **yn** ~ *adf* statiquement.
statud (**-au**) *b* loi *f*; (*clwb ayb*) statuts *mpl*; **llyfr** ~**au** code *m*, textes *mpl* de loi.
statudol *ans* réglementaire, statutaire, prévu(e) par un article de loi; (*gŵyl*) légal(e)(légaux, légales).
statws *g* position *f*, situation *f*, état *m*; (CYFR, GWEIN: *swyddogol*) statut *m*; (*bri*) prestige *m*.
status quo *g* statu quo *m inv*.
stêc, **stecen** (**steciau**, **stêcs**) *b* bifteck *m*, steak *m*; ~ **a tsips** steak frites; **pastai stêc ac elwlod** tourte *f* au bœuf et aux rognons.
stecs *g* désordre *m*, pagaïe *f*; (*llaid*) bourbe *f*, boue *f*; **bod yn chwys** ~ ruisseler de sueur, être en nage.
'steddfod* (**-au**) *b gw.* **eisteddfod**.
Steffan *prg* Stéphane, Étienne; **Gŵyl** ~ la Saint-Étienne; **San** ~ (GWLEID) le palais de Westminster.
steil[1] (**-iau**, **-s**) *g,b* style *m*; (*dillad ayb*) mode *f*, genre *m*; (*osgo*) allure *f*, cachet *m*, style; ~ **gwallt** coiffure *f*; **yn y** ~ **ddiweddaraf** à la dernière mode.
steil[2] (**-iau**, **-s**) *g* (*cyfenw*) nom *m* de famille.
steilio *ba*: ~ **gwallt rhn** coiffer qn; ~**'ch gwallt** se coiffer.
steilus *ans* élégant(e), chic *inv*;
♦ **yn** ~ *adf* élégamment, chic.
steilydd (**-ion**) *g* styliste *m*; ~ **gwallt** coiffeur *m*.
steilyddes (**-au**) *b* styliste *f*; ~ **gwallt** coiffeuse *f*.
stejar* (**-s**) *g*: **hen** ~ vétéran *m*, vieux routier *m*.
stelc, **stelcen** (**stelciau**) *b* pause *f*; **cael** ~ tirer au flanc.
stelcian *bg* (*diogi*) tirer au flanc, paresser; (*loetran*) traîner, musarder; (*yn llechwraidd*) rôder furtivement; ~ **yn y gwely** faire la grasse matinée; ~ **i dŷ** entrer furtivement dans une maison.
stelciwr (**stelcwyr**) *g* (*diogyn*) paresseux *m*, tire-au-flanc *m inv*; (*llechwr*) rôdeur *m*.
stelcwraig (**stelcwragedd**) *b* (*ddiog*) paresseuse *f*; (*sy'n llechu*) rôdeuse *f*.
stem (**-iau**) *b*
1 (*cyfnod gwaith*) poste *m*, période *f* de travail; **gweithio** ~**iau** travailler par roulement, se relayer; **'rwy'n gweithio** ~ **10 awr** je fais un poste *neu* roulement de 10 heures; ~ **ddydd/nos** poste équipe de jour/nuit; **gweithio** ~ **ddydd/nos** être (au poste) de jour/nuit.
2 (*y gweithwyr*) poste *m*, équipe *f*, brigade *f*, relais *m*; ~ **ddydd/nos** équipe de jour.
stêm *g* vapeur *f*; (*ar ffenestr ayb*) buée *f*; **yn** ~ **i gyd** embué(e); **haearn smwddio** ~ fer *m* à repasser à vapeur; **injan** ~ locomotive *f* à vapeur.
stemar (**-s**) *b* bateau(-x) *m* à vapeur.
stemio *ba* passer (qch) à la vapeur; (COG) cuire (qch) à la vapeur; ~ **stamp oddi ar amlen** décoller un timbre à la vapeur; ~ **amlen i'w hagor** décacheter une enveloppe à la vapeur;
♦*bg* (*tegell ayb*) fumer; (*ffenestr ayb*) se couvrir de buée; ~ **ar hyd lôn** avancer à toute vapeur le long d'une voie.
stêm-roler (~-~**i**) *g,b* rouleau(-x) *m* compresseur.
stên (**stenau**) *b* cruche *f*; (*mwy*) broc *m*; (*odro*) seau(-x) *m* à lait.
stenaid (**steneidiau**) *b* cruche *f*, carafe *f*; ~ **o laeth** seau(-x) *m* de lait.
stenograffeg *b* sténographie *f*.
stenograffydd (**-ion**) *g* sténographe *m*.
stenograffyddes (**-au**) *b* sténographe *f*.
stensil (**-iau**) *g* patron *m* à jour *neu* à calquer; (*papur*) poncif *m*, pochoir *m*; (TEIP) stencil *m*; (*addurn*) décoration *f* au pochoir;

torri ~ préparer un stencil.
stensilio *ba* (*ysgrifen*) peindre *neu* marquer (qch) au pochoir; (*TEIP*) polycopier.
stent (**-iau**) *g,b* évaluation *f*, saisie *f*, estimation *f* de biens-fonds.
step (**-iau**) *b* (*cam*) marche *f*; (*dawns*) pas *m*; ~**s** (*ysgol fechan*) escabeau(-x) *m*; ~**iau at ddrws** perron *m*.
stepen (**stepiau**) *b* (*bws ayb*) marchepied *m*; ~ **drws** pas *m* de la porte, seuil *m* (de la porte).
stereo (**-s**) *b* (*system*) stéréo *f*; (*peiriant*) chaîne *f* stéréo; ~ **bersonol** baladeur *m*.
stereoffonig *ans* stéréophonique;
♦ **yn** ~ *adf* stéréophoniquement.
stereoteip (**-iau**) *g* stéréotype *m*.
stereoteipio *ba* stéréotyper.
sterics* *ll* violente crise *f* de nerfs; (*chwerthin*) violente crise de rires; **cael** ~, **mynd i** ~ avoir une crise de nerfs; (*chwerthin*) attraper un fou rire.
sterilaidd *ans* stérile;
♦ **yn** ~ *adf* stérilement.
sterileiddiad (**-au**) *g* stérilisation *f*.
sterileiddio *ba* stériliser;
♦*g* stérilisation *f*.
sterileiddiwch *g* stérilité *f*.
sterling *ans* sterling *inv*; **ardal** ~ zone *f* sterling; **punt** ~ livre *f* sterling.
sternwm (**sterna**) *g* sternum *m*.
steroid (**-au**) *g* stéroïde *m*.
stesion (**-s, stesiynau**) *b gw.* **gorsaf**.
stethosgop (**-au**) *g* stéthoscope *m*.
sti* *talf* (= *wyddost ti*) tu sais.
sticer (**-i**) *g* autocollant *m*.
sticil, sticill (**sticlau, sticillau**) *b* (*camfa*) échalier *m*.
sticio* *ba* (*gludio*) coller; ~ **rhth i mewn i** (*gwthio*) piquer *neu* planter *neu* fourrer *neu* enfoncer qch dans;
♦*bg* (*glynu*) coller; (*drws ayb*) se coincer, se bloquer; ~ **allan** dépasser, sortir, être en saillie.
sticlyd* *ans gw.* **gludiog**.
stîd (**stidau**) *b* raclée *f*.
stido *ba*: ~ **rhn** battre qn, donner une raclée à qn; ~ **bwrw (glaw)** pleuvoir à verse, pleuvoir des hallebardes.
stiff *ans* (*cyff*) raide, rigide; (*braich, coes*) raide, ankylosé(e); (*cymal*) ankylosé; (*drws*) dur(e); (*past*) dur, ferme; (*arholiad*) difficile; (*cymeriad rhn*) froid(e), guindé(e), distant(e); **mynd yn** ~ se raidir; (*cymal ayb*) s'ankyloser; **teimlo'n** ~ avoir des courbatures;
♦ **yn** ~ *adf* avec raideur.
stiffio *bg* se raidir; (*cymal*) s'ankyloser.
stiffni, stiffrwydd *g* raideur *f*, rigidité *f*; (*braich ayb*) ankylose *f*; (*drws ayb*) dureté *f*; (*cymeriad rhn*) froideur *f*.
stigma (**stigmâu**) *g* (*PLANH*) stigmate *m*.
stilgar *ans* curieux(curieuse);
♦ **yn** ~ *adf* avec curiosité.
stilio *bg*
1 *gw.* **distyllu**.
2: **holi a** ~ fureter, fourrer le nez partout.
stilo *bg* (*smwddio*) repasser.
stiw (**-iau**) *g* (*cig*) ragoût *m*; (*ffrwythau*) compote *f*.
stiward (**-iaid**) *g* (*AWYR, MOR, RHEIL*) steward *m*; (*ar stad, mewn clwb*) intendant *m*, régisseur *m*; (*mewn coleg*) intendant, économe *m*; (*mewn cyfarfod*) membre *m* du service de l'ordre; (*mewn ras, dawns*) organisateur *m*; **y** ~**iaid** le service de l'ordre.
stiwardes (**-au**) *b* hôtesse *f*.
stiwardiaeth (**-au**) *b* intendance *f*.
stiwardio *bg* (*mewn cyfarfod*) maintenir l'ordre.
stiwdio (**-s**) *g,b* (*arlunydd ayb*) studio *m*, atelier *m*; (*ffilm, radio ayb*) studio.
stiwio *ba* (*cig*) mijoter, braiser, faire cuire (qch) en ragoût *neu* à la casserole; (*ffrwythau*) faire cuire; **stêc i'w** ~ bœuf *m* à braiser; **cig wedi'i** ~ viande *f* cuite en ragoût *neu* à la casserole; **ffrwythau wedi'u** ~ fruits *mpl* cuits *neu* en compote; ~ **te** laisser trop infuser le thé;
♦*bg* (*cig*) mijoter, cuire en ragoût *neu* à la casserole; (*ffrwythau*) cuire; **te wedi** ~ thé *m* trop infusé.
stoc (**-iau**) *g,b*
1 (*da byw*) cheptel *m*, bétail *m*.
2 (*cyflenwad*) réserve *f*, provision *f*; (*mewn siop*) stock *m*; **â** ~ **(d)da** bien approvisionné(e) *neu* fourni(e); **cael** ~ **o rth** s'approvisionner en qch; **cymryd** ~ faire l'inventaire; **mewn** ~ en stock, en magasin; **nad yw mewn** ~ épuisé(e); **rheolaeth (ar)** ~ gestion *f* des stocks.
3: ~**iau** (*byd arian*) valeurs *fpl*, titres *mpl*; ~**iau a chyfrannau** valeurs mobilières, titres; ~**iau'r llywodraeth** fonds *mpl* d'État; **brocer** ~ agent *m* de change; **cyfnewidfa** ~ Bourse *f* des valeurs; **daliwr** ~ actionnaire *m/f*; **y Farchnad** ~ la Bourse *f*, le marché *m* financier.
4 (*COG*) bouillon *m*;
♦*ans* (*nwyddau*) de série; (*dadl, esgus, sylw*) classique, banal(e); **maintioli** ~ taille *f* courante *neu* normalisée; **ymadrodd** ~ cliché *m*; **syniad** ~ idée *f* reçue.
stocio *ba* (*cadw mewn stoc*) stocker; (*cyflenwi*) approvisionner; (*gwerthu*) avoir, vendre.
stociwr (**stocwyr**) *g* stockiste *m*.
stocrestr (**-au**) *b* inventaire *m*.
stocwraig (**stocwragedd**) *b* stockiste *f*.
stof (**-iau**) *b* (*i goginio*) cuisinière *f*; (*i gynhesu*) poêle *m*; (*glo, coed*) fourneau(-x) *m*; (*fechan*) réchaud *m*; ~ **drydan/nwy** cuisinière électrique/à gaz.
stoic (**-iaid**) *g/b* stoïque *m/f*.
stoicaidd *ans* stoïque;
♦ **yn** ~ *adf* stoïquement.

stoiciaeth *b* stoïcisme *m*.
stôl[1] (**stolau**) *b* (*dilledyn*) étole *f*.
stôl[2] (**stolion, stoliau**) *b*
1 (*heb gefn na breichiau*) tabouret *m*; ~ **blygu** pliant *m*; ~ **odro** tabouret à traire; **syrthio rhwng dwy** ~ (*ffig*) se retrouver le bec dans l'eau*.
2 (*cadair*) chaise *f*.
stomp *b* fouillis *m*, gâchis *m*, pagaïe *f*; ~ **maip** (*COG*) purée *f* de rutabagas; **gwneud** ~ **o rth** (*ffig*) saboter qch, bousiller* qch, faire gâchis de qch.
stompio *ba* bâcler, gâcher, saboter; (*tatws ayb*) faire une purée de.
stompiwr (**stompwyr**) *g* incompétent *m*.
stompwraig (**stompwragedd**) *b* incompétente *f*.
stôn (**stonau**) *b* (*pwysau*) = 6.384kg.
stond: **yn** ~ *adf*: **sefyll yn** ~ rester planté(e) comme une borne; (*oherwydd ofn, syndod ayb*) rester cloué(e) sur place; **stopio'n** ~ s'arrêter net.
stondin (**-au**) *b* éventaire *m*; (*mewn stryd, marchnad ayb*) étal *m*, étalage *m*; (*mewn eisteddfod, arddangosfa*) stand *m*; (*mewn ffair*) baraque *f*; ~ **bapurau newydd/flodau** kiosque *m* à journaux/de fleuriste.
stondinwr (**stondinwyr**) *g* (*cyff*) marchand *m* en plein air; (*mewn eisteddfod, arddangosfa*) exposant *m*.
stondinwraig (**stondinwragedd**) *b* (*cyff*) marchande *f* en plein air; (*mewn eisteddfod, arddangosfa*) exposante *f*.
stop (**-iau**) *g* (*cyff: bws, trên*) arrêt *m*; (*arhosiad*) halte *f*; (*awyren*) escale *f*; **rhoi** ~ **ar rth** mettre fin *f* à qch, mettre un terme à qch; **mi ro' i** ~ **ar hynna!** je vais mettre le holà à tout cela!; **mae popeth ar** ~ rien ne marche plus, on ne travaille plus; **'roedd y traffig ar** ~ la circulation était à l'arrêt; **'roedd y gwaith ar** ~ le travail avait cessé *neu* s'était arrêté.
stopfalf (**-iau**) *b* robinet *m* d'arrêt.
stopio *ba* arrêter, mettre fin à, mettre un terme à; (*rhwystro*) empêcher; ~ **rhn rhag gwneud rhth** empêcher qn de faire qch; ♦*bg* s'arrêter; (*glaw, sŵn ayb*) cesser, s'arrêter; (*torri siwrnai: cyff*) faire une courte halte; (*awyren, llong*) faire escale; ~ **gwneud rhth** cesser *neu* s'arrêter de faire qch; ~**'n stond** s'arrêter net; ~ **mewn gwesty** descendre à un hôtel.
stôr (**storau**) *g,b*
1 (*cyff*) réserve *f*, provision *f*, stock *m*; **mae ganddo** ~ **o wybodaeth** il est une mine de renseignements; **mewn** ~ en réserve.
2 (*AMAETH*): **da** *ou* **gwartheg** ~ gros bétail *m*.
storc (**-iaid**) *g* (*ADAR*) cigogne *f*.
stordy (**stordai**) *g* entrepôt *m*, dépôt *m*.
storfa (**storfeydd**) *b* entrepôt *m*, dépôt *m*, réserve *f*; (*siop*) magasin *m*; ~ **baciau** consigne *f*; ~**'r tollau** entrepôt de la douane.
storfan (**-nau**) *g,b* entrepôt *m*, dépôt *m*.
stori (**storïau, straeon**) *b* histoire *f*; (*chwedl*) conte *m*; ~ **fer** nouvelle *f*; ~ **gyfres** feuilleton *m*; **troi'r** ~ changer de sujet; **hel straeon** faire des commérages, bavarder; **llyfr straeon, llyfr storïau** livre *m* d'histoires *neu* de contes; **mae'n** ~ **wir** c'est une histoire vécue *neu* vraie; **cadw at eich** ~ maintenir sa version des faits; **i dorri'r** ~**'n fyr** bref, en un mot; **ond** ~ **arall yw honno** mais ça c'est une autre histoire; **cario straeon** rapporter des histoires; **dweud straeon** raconter des histoires.
storio *ba* emmagasiner, entreposer, mettre (qch) en réserve, stocker; (*gwastraff niwclear ayb*) stocker; (*CYFRIF*) mettre (qch) en mémoire;
♦*g* emmagasinage *m*; (*gwastraff niwclear ayb*) stockage *m*; (*CYFRIF*) mise *f* en mémoire *neu* en réserve.
storïwr (**storïwyr**) *g* conteur *m*, raconteur *m*.
storïwraig (**storiwragedd**) *b* conteuse *f*, raconteuse *f*.
storm (**-ydd**) *b* tempête *f*; ~ **(o) eira** tempête de neige, blizzard *m*; ~ **o fellt a tharanau** orage *m*.
stormus *ans* orageux(orageuse), tempétueux(tempétueuse);
♦ **yn** ~ *adf* orageusement.
stormusrwydd *g* état *m* orageux.
stôr-wresogydd (~-~**ion**) *g* radiateur *m* électrique à accumulation.
storws (**storysau**) *b,g* entrepôt *m*, dépôt *m*.
storyn (**stôrs**) *g* (*porchell, mochyn ifanc*) porcelet *m*.
stowt[1] *ans* (*cydnerth*) solide, robuste, bien bâti(e); (*dewr*) courageux(courageuse); (*ffyrnig*) féroce;
♦ **yn** ~ *adf* solidement; (*yn ddewr*) courageusement; (*yn ffyrnig*) férocement.
stowt[2] *g* (*diod*) stout *m,f*, bière *f* brune.
strach *g,b* difficulté *f*; **cael** ~ avoir des ennuis, être dans l'embarras.
strae *ans* (*anifail*) égaré(e); (*ci*) errant(e); (*cath*) vagabond(e).
straegar, **straellyd** *ans* bavard(e), cancanier(cancanière)*, caqueteur(caqueteuse);
♦ **yn** ~ *adf* de façon bavarde.
straen (**-iau**) *b* (*ar raff ayb*) tension *f*; (*ar drawst*) pression *f*; ~ **gorfforol** effort *m* physique; ~ **feddyliol** tension *f* nerveuse; **dan** ~ (*rhn, perthynas*) tendu(e); **rhoi rhn dan** ~, **rhoi** ~ **ar rn** mettre qn à rude épreuve; **rhoi** ~ **ar rth** (*perthynas*) avoir un effet néfaste sur qch; (*economi*) grever qch; (*amynedd*) mettre qch à rude épreuve; **mae hi wedi bod dan** ~ **arw** ses nerfs ont été mis à rude épreuve.
straenio *ba* (*rhaff ayb*) tendre fortement; ~**'ch cefn** se donner un tour de reins; ~**'ch calon**

se fatiguer le cœur; ~**'ch llais** forcer sa voix.
straeon *ll gw.* **stori**.
straes *ll* racontars *m*, bavardages *mpl*, commérages *mpl*, cancans *mpl*, potins* *mpl*, ragots* *mpl*; (*mewn papur newydd*) échos *mpl*; **hel** ~ **am rn** faire des commérages sur qn.
stranc (**-iau**) *b* mutinerie *f*, accès *m* *neu* crise *f* de colère; (*giamocs*) farces *fpl*.
strancio *bg* piquer une colère, faire des siennes, se rebeller.
stranciog, **stranclyd** *ans* mutin(e), mutiné(e), intraitable;
♦ **yn** ~ *adf* de façon rebelle, en se rebellant, en se rebiffant.
strap (**-iau**) *g,b* (*lledr, defnydd*) courroie *f*, sangle *f*; (*esgid*) lanière *f*; (*watsh*) bracelet *m*; (*bag ysgwydd*) bandoulière *f*; (*ffrog ayb*) bretelle *f*; **heb** ~ sans bretelles; **clymu rhth â** ~, **rhoi** *ou* **dodi** ~ **ar rth** attacher qch avec une sangle *neu* courroie; **teithio ar** ~ voyager debout dans le métro.
strapan, **strapen** *b*: ~ **o ferch** une fille bien balancée.
strapio *ba* attacher (qch) avec une sangle *neu* une courroie; (*MEDD: clwyf*) mettre un pansement *neu* un bandage sur; (:*coes ayb*) bander.
Strasbwrg *prb* Strasbourg *m*.
strategaeth (**-au**) *b* stratégie *f*, stratagème *m*.
strategol *ans* stratégique;
♦ **yn** ~ *adf* stratégiquement.
strategydd (**-ion**) *g* stratège *m*.
stratosffer (**-au**) *g* stratosphère *f*.
stratwm (**strata**) *g* strate *f*, couche *f*.
streic (**-iau**) *b* grève *f*; ~ **annisgwyl** *ou* **sydyn** grève surprise; ~ **eistedd i lawr** grève sur le tas; ~ **gwaith araf** grève perlée; ~ **gefnogol** grève de solidarité; ~ **gweithio i reol** grève du zèle; ~ **newyn** *ou* **lwgu** grève de la faim; ~ **wyllt** grève sauvage; **ar** ~ en grève; **mynd ar** ~ se mettre en grève; **torrwr** ~ briseur *m* de grève; **torwraig** ~ briseuse *f* de grève.
streicio *bg* faire grève, se mettre en grève.
streiciwr (**streicwyr**) *g* gréviste *m*.
streicwraig (**streicwragedd**) *b* gréviste *f*.
streifio *ba*: ~**'ch ffêr** se fouler la cheville.
streipen (**streipiau**) *b* raie *f*, rayure *f*.
streipiog *ans* rayé(e), à rayures.
stremit *g* gâchis *m*.
stremp (**-iau**) *g* éclaboussement *m*, gâchis *m*.
strempio *ba* éclabousser.
stretsier (**-i**) *g,b* brancard *m*; **cludwr** ~ brancardier *m*.
streuliad (**-au**) *g* rinçage *m*.
streulio *ba* rincer.
stribed (**-i**) *g,b* bande *f*; (*gwaith coed*) latte *f*; ~ **cartŵn** bande dessinée; ~ **ffilm** film *m* pour projection fixe; **golau** ~ éclairage *m* au néon; ~ **o straeon/o gelwyddau/o gwynion** kyrielle *f* d'histoires/de mensonges/de plaintes; ~ **o gerrig/o arian** tas *m* de pierres/d'argent.
stribedyn (**stribedi**) *g* bande *f*.
stribyn (**-nau, stribiau**) *g* bande *f*; ~ **cartŵn** bande *f* dessinée.
stric (**-iau**) *g,b* outil *m* à aiguiser.
stricbren (**-nau**) *g* outil *m* à aiguiser.
stricio *bg* (*gwaethygu*): **mae e wedi** ~**'n arw** il a l'air très malingre.
strim-stram-strellach: **yn** ~-~-~ *adf*: **rhuthro'n** ~-~-~ courir comme un dératé *neu* des dératés *neu* à la débandade.
strimio *ba* tailler.
strimiwr (**strimwyr**) *g* taille-bordures *m inv*.
strip (**-iau**) *g* bande *f*.
stripio *ba* déshabiller, dépouiller; (*paent, papur wal*) arracher;
♦*bg* (*tynnu oddi amdanoch*) se déshabiller, se mettre à nu, se mettre à poil*; (*yn bryfoclyd*) faire du strip-tease; **clwb** ~ boîte *f* de strip-tease.
stripiwr (**stripwyr**) *g* strip-teaseur *m*.
stripwraig (**stripwragedd**) *b* strip-teaseuse *f*.
strôc (**strociau**) *b*
1 (*trawiad, cyffyrddiad*) coup *m*; (*â brwsh*) touche *f*; (*â phensil*) trait *m*.
2 (*MEDD*) attaque *f*.
3 (*nofio: symudiad*) mouvement *m* des bras; ~ **pilipala** *ou* **adeiniog** brasse *f* papillon.
4 (*mewn ymadroddion*): ~ **o lwc** un coup de chance; **gwneud** ~ faire un coup de maître; **ni wnaeth hi'r un** ~ **o waith** elle n'a pas fait œuvre de ses dix doigts, elle n'a rien fait.
strocen *b* (*dan olwyn*) sabot *m* d'arrêt, taquet *m* d'arrêt.
strocio *ba*: ~ **olwyn** caler une roue.
strwythur (**-au**) *g* structure *f*.
strwythurol *ans* structural(e)(structuraux, structurales);
♦ **yn** ~ *adf* structuralement.
stryd (**-oedd**) *b* rue *f*; ~ **fawr** grand-rue; ~ **gefn** petite rue; ~ **unffordd** rue à sens unique; **y** ~**oedd cefn** (*tlawd*) les quartiers pauvres; **goleuadau** ~**oedd** éclairage *m* public; **map** ~**oedd** plan *m* des rues.
strydgall, **strydgyfarwydd** *ans* futé(e), réaliste, branché(e); (*plentyn*) conscient(e) des dangers dans les rues.
stryffaglio *bg* avancer à grand-peine, se débattre (pour faire qch).
stryffig *g,b* difficultés *fpl*, pétrin *m*; **bod mewn** ~ être dans de beaux draps, être dans le pétrin*.
studio *ba, bg gw.* **astudio**.
stumiau *ll gw.* **ystum**.
stumog (**-au**) *b*
1 (*CORFF*) estomac *m*; **pwmp** ~ pompe *f* stomacale; **briw ar y** ~ ulcère *m* à l'estomac; **poen yn y** ~ mal *m* *neu* douleur *f* d'estomac; **bod â phoen yn eich** ~ avoir mal à l'estomac *neu* au ventre; **trwy'r** ~ **mae mynd at galon**

dyn pour conquérir un homme, préparez-lui de petits plats.
2 (*dewrder*) cœur *m*, courage *m*; **'does gen i mo'r ∼ i ymladd** je n'ai aucune envie de me battre.
stumogi *ba* (*goddef*) digérer, supporter.
stwc[1] (**styciau**) *g* (*bwced*) seau(-x) *m*.
stwc[2] (**styciau**) *g* (*o ŷd*) moyette *f*; ∼ **o ddyn** homme *m* trapu.
stwco (**-s**) *g* stuc *m*.
stwcyn *g*: ∼ **o ddyn** homme *m* trapu.
stwff* *g* (*cyff*) choses *fpl*, affaires *fpl*, trucs* *mpl*; (*sylwedd*) substance *f*.
stwffin *g* bourre *f*, rembourrage *m*; (*COG*) farce *f*.
stwffio *ba* rembourrer; (*COG*) farcir; (*tacsidermi*) empailler; (*gwthio i mewn*) fourrer; **eich ∼ eich hun** (*bwyta*) se gaver de nourriture; **eich ∼ eich hun i mewn** s'introduire, se glisser, se faufiler (*en forçant son chemin*).
stwffiwr (**stwffwyr**) *g*: ∼ **bwyd** bâfreur* *m*, goinfre *m*, bâfreuse* *f*.
stwffwl (**styffylau**) *g* crampon *m*; (*stapl*) agrafe *f*.
stwmp[1] (**-s, stympiau**) *g* (*sigarét*) mégot* *m*, bout *m*; (*criced*) piquet *m*.
stwmp[2] *g* (*stwnsh: llysiau*) purée *f*; (*:ffrwythau*) compote *f*; **mae'r peth yn ∼ ar fy stumog** ça me hérisse le poil, ça m'écœure, ça me rend malade.
stwn(n)a *bg* (*chwarae â rhth*) bricoler, tripoter; (*loetran*) traînasser, lambiner.
stwnsh *g* purée *f*; (*ffrwythau*) compote *f*; ∼ **tatws** purée de pommes de terre; ∼ **rwdan** purée de rutabagas.
stwnsio *ba* (*COG: llysiau*) faire une purée de; (*ffrwythau*) faire une compote de;
♦*bg* (*siarad lol*) dire des bêtises *neu* idioties, blaguer, raconter des blagues.
stwnsiwr (**stwnswyr**) *g* (*COG*) presse-purée *m inv*; (*lolyn*) blagueur *m*.
stŵr *g* (*llawer o sŵn*) vacarme *m*, tapage *m*, brouhaha *m*; (*sŵn a symud*) remue-ménage *m inv*, affairement *m*; (*helynt*) brouhaha, histoires *fpl*; **creu** ∼ faire toute une histoire.
stwrllyd *ans* chahuteur(chahuteuse), bruyant(e);
♦ **yn** ∼ *adf* bruyamment.
stwrsiwn (**-od**) *g* esturgeon *m*.
stwyrian *bg gw.* **ystwyrian**.
stỳd, **styden** (**stỳds, stydiau**) *b* (*hoelen*) clou *m* à grosse tête; (*ar goler*) bouton *m* de col; (*ar esgid bêl-droed*) crampon *m*; ∼ **glust** petite boucle *f* d'oreille; ∼ **wasgu** bouton-pression(∼s-∼) *m*.
stydi (**stydïau**) *b* bureau(-x) *m* (*particulier*).
stydsen (**stỳds, stydiau**) *b gw.* **stỳd**.
styfnig *ans gw.* **ystyfnig**.
styffylu *ba* cramponner; (*staplo*) agrafer; **peiriant** ∼ agrafeuse *f*.
styllen (**estyll**) *b gw.* **estyllen**.
stỳnt (**styntiau**) *b* (*SINEMA*) cascade *f*; **gwneud styntiau** exécuter des cascades.
styntiwr (**styntwyr**) *g* cascadeur *m*.
styntwraig (**styntwragedd**) *b* cascadeuse *f*.
styrbio* *ba* déranger, gêner.
styrio *bg* se grouiller*; **styria!** grouille-toi!*; **styriwch!** grouillez-vous!*.
styrmant (**-iau**) *g* guimbarde *f*.
su (**-on**) *g,b* bourdonnement *m*.
sucan *g* (*COG*) gruau(-x) *m*.
sucion *ll* eau(-x) *f* savonneuse, lessive *f*.
sudd (**-ion**) *g* (*ffrwythau ayb*) jus *m*, suc *m*; (*PLANH*) sève *f*, suc; ∼ **ffrwyth(au)** jus de fruit; **llawn** ∼ juteux(juteuse).
suddiad (**-au**) *g* submersion *f*; (*llong*) naufrage *m*.
suddlong (**-au**) *b* sous-marin *m*.
suddlongwr (**suddlongwyr**) *g* sous-marinier *m*.
suddlon *ans* (*llawn sudd*) juteux(juteuse), succulent(e); **planhigyn** ∼ plante *f* grasse.
suddlonder *g* teneur *f* en jus.
suddo *ba* (*llong*) couler, faire sombrer, submerger; (*postyn, ewinedd ayb*) enfoncer;
♦*bg* couler, sombrer; (*tir ayb*) s'affaisser; **suddodd i gadair** il s'est enfoncé dans un fauteuil; **suddodd fy nghalon** j'ai complètement perdu courage.
suddwr (**suddwyr**) *g* naufrageur *m*.
suful *ans* (*cwrtais*) poli(e);
♦ **yn** ∼ *adf* (*yn gwrtais*) poliment *gw. hefyd* **sifil**.
sufulo *bg* se ranger, s'adoucir, s'assagir;
♦*ba* assagir
sug (**-ion**) *g* jus *m*, suc *m*; (*PLANH*) sève *f*, suc; ∼**ion y stumog** sucs digestifs *neu* gastriques; ∼ **baco** jus de tabac.
sugnad (**-au**) *g* succion *f*.
sugndraeth (**-au**) *g* sable *m* mouvant.
sugnedydd (**-ion**) *g* (*teclyn*) ventouse *f*.
sugnedd (**-au**) *g* succion *f*.
sugno *ba* sucer; (*llaeth*) téter; (*dŵr, llwch*) aspirer; (*dŵr, inc ayb gan bapur*) absorber, s'imbiber de;
♦*bg* (*baban*) téter; (*pwmp, hwfer*) aspirer; **pwmp** ∼ pompe *f* aspirante.
sugnolyn (**sugnolion**) *g* (*ar octopws ayb*) ventouse *f*.
sugnydd (**-ion**) *g* (*teclyn*) ventouse *f*; ∼ **llwch** aspirateur *m*.
Sul (**-iau**) *g*: **(dydd)** ∼ dimanche *m*; ∼ **y Blodau** le dimanche des Rameaux; ∼ **y Mamau** la fête *f* des mères; ∼ **y Tadau** la fête des pères; ∼ **y Pasg** le dimanche de Pâques; **Ysgol** ∼ école *f* du dimanche, ≈ catéchisme *m*; **papur dydd** ∼ journal(journaux) *m* du dimanche; **bwrw'r** ∼ passer le week-end; **fwrw'r** ∼**, dros y** ∼ pendant le week-end; **fwrw'r** ∼**iau, dros y** ∼**iau** pendant les weekends; ∼**, gŵyl a gwaith** tous les jours, jour après jour, toujours; **o** ∼ **i**

∼ d'une semaine à l'autre; **tan ∼ y Pys** jusqu'à la fin du temps, aux calendes grecques *gw. hefyd* **Llun**.
Sulgwyn *g*: **y ∼** la Pentecôte *f*; **dydd Llun y ∼** le lundi de la Pentecôte.
Sulien *prg* Julien.
suo *bg* bourdonner, murmurer;
♦*ba*: ∼ **plentyn i gysgu** endormir un enfant en le berçant; **cân ∼** berceuse *f*.
suo-gân (**∼-ganeuon**) *b* berceuse *f*.
sur (**-ion**) *ans* (*cyff*) aigre; (*ffrwyth, sudd*) acide; (*llaeth*) tourné(e); **grawnwin ∼ion** raisins *mpl* trop verts; (*ffig*) jalousie *f*, envie *f*; **afal ∼** pomme *f* sauvage; **coeden afalau ∼ion** pommier *m* sauvage; **mynd yn ∼, troi'n ∼** (*llaeth*) tourner; **∼ a melys** (*COG*) aigre-doux(∼-douce)(∼s-∼, ∼s-douces);
♦*g* (*finegr*) vinaigre *m*.
suran *b* (*PLANH*) oseille *f*.
surbwch *ans* revêche, maussade;
♦ **yn ∼** *adf* de façon revêche *neu* maussade.
surder *g* aigreur *f*, acidité *f*.
surdoes *g* levain *m*.
surgeirch *g*: **bara ∼** galette *f* de farine d'avoine.
surllyd *ans*
1 *gw.* **sur**.
2 *gw.* **surbwch**.
surni *g gw.* **surder**.
suro *ba* aigrir; (*llaeth*) faire tourner; (*perthynas*) gâter, empoisonner;
♦*bg* s'aigrir; (*llaeth*) tourner; (*perthynas*) se dégrader, mal tourner.
surop (**-au**) *g* mélasse *f* raffinée.
sut *adf* comment, de quelle façon, de quelle manière; **∼ ydych chi?, ∼ mae hi?** comment allez-vous?; (*wrth gyfarfod*) bonjour; (*wrth gyfarfod am y tro cyntaf*) enchanté(e); **∼ wyt ti?** ça va?; **∼ mae mynd yno?** comment est-ce qu'on y va?; **∼ felly?** comment ça se fait?; **∼ mae'n bod ...?** comment se fait-il que + *subj*?; **∼ ar y ddaear?** comment diable?; **mae ∼ y gwneir hynny yn bwysig** la façon *neu* la manière dont *neu* de laquelle cela se fera est importante;
♦*ans* quel(le); **∼ dywydd yw hi?** quel temps fait-il?; **∼ ddyn yw ef?** quel genre d'homme est-ce?; **∼ gi sydd ganddo?** qu'est-ce qu'il a comme chien?;
♦*g* façon *f*, manière *f*, moyen *m*; **'rwyf wedi trio pob ∼** je m'y suis pris(e) de toutes les façons, j'ai employé tous les expédients *neu* moyens; **mae hi weithiau bob ∼** elle est très versatile *neu* changeante; **'roedd y lle bob ∼** tout était en désordre.
▶ **sut bynnag**
1 (*dim ots sut*) de quelque manière *neu* façon que + *subj*; **∼ bynnag y gwnewch ef** de quelque manière que vous le fassiez; **∼ bynnag y bo, ∼ bynnag am hynny** quoi qu'il en soit.
2 (*beth bynnag, pa un bynnag*) de toute façon, en tout cas, quand même *gw. hefyd* **beth**.
sŵ (**-au**) *g,b* zoo *m*.
swab (**-iau**) *g* (*pad*) tampon *m*; (*sampl*) prélèvement *m*.
Swabia *prb* la Souabe *f*; **yn ∼** en Souabe.
swabiad (**-au**) *g* (*sampl*) prélèvement *m*.
Swabiad (**Swabiaid**) *g/b* Souabe *m/f*.
Swabiaidd *ans* souabe.
swadan, swaden *b* taloche* *f*; **rhoi ∼ i rn** donner *neu* flanquer une taloche* à qn; **rhoi ∼ i bryf** écraser une mouche.
swae *b* régal *m*; **cael ∼** se régaler.
swagar *ans* (*smart*) chic *inv*, élégant(e);
♦ **yn ∼** *adf* chic, élégamment.
swagro *bg* se pavaner, se vanter, fanfaronner, plastronner, crâner.
swagrwr (**swagrwyr**) *g* crâneur *m*, fanfaron *m*.
swalpio *bg* sauter.
swastica (**-s**) *b* swastika *m*; (*y Natsïaid*) croix *f* gammée.
swat *ans*: **ci ∼** chien *m* à l'air battu, chien à la queue basse.
swatio *bg* (*anifail*) se tapir, se ramasser; (*rhn*) s'accroupir; **∼ dan ddillad y gwely** se pelotonner dans son lit; **∼ wrth ochr rhn** se pelotonner *neu* se blottir contre qn.
swbachu *ba, bg gw.* **sybachu**.
swci *ans*: **oen ∼** agneau(-x) *m* (*nourri au biberon*).
swcro *ba* secourir; (*calonogi*) encourager.
swcros *g* saccharose *f*.
swcwr *g* secours *m*; (*calonogrwydd*) encouragement *m*.
swch (**sychau**) *b*
1 (*rhan o aradr*) soc *m*; **∼ eira** chasse-neige *m inv*.
2 (*dif: wyneb*) gueule* *f*.
Swdan *prb*: **y ∼** le Soudan *m*; **yn y ∼** au Soudan.
Swdanaidd *ans* soudanais(e).
Swdaneg *b,g* soudanais *m*;
♦*ans* soudanais(e).
Swdaniad (**Swdaniaid**) *g/b* Soudanais *m*, Soudanaise *f*.
swêd *g* daim *m*, cuir *m* suédé;
♦*ans* (*menig*) de suède; (*esgidiau, cot, bag, sgert*) de daim.
Swedaidd *ans* suédois(e).
Swedeg *b,g* suédois *m*;
♦*ans* suédois(e).
Sweden *prb* la Suède *f*; **yn ∼** en Suède.
Swediad (**Swediaid**) *g,b* Suédois *m*, Suédoise *f*.
swedsen, swejen (**swêds, swêj**) *b* rutabaga *m*; **pen ∼** (*twpsyn*) idiot *m*, crétin* *m*, imbécile *m*.
Sŵes *prb* Suez; **Camlas ∼** le canal *m* de Suez.
swfenîr (**-s, swfeniriau**) *g* souvenir *m*.
swidw (**-od**) *g,b* (*ADAR*) mésange *f*.
swig (**-iau**) *g,b* gorgée *f*.

swigen (**swigod**) *b*
1 (*ar y croen*) ampoule *f*, cloque *f*; (*ar baent*) cloque, boursouflure *f*; (*gwydr*) bulle *f*; **chwythu swigod** faire des bulles; ~ **waed** pinçon *m*; **codi'n swigod** (*croen*) cloquer, former une ampoule; (*mwy ohonynt*) se couvrir d'ampoules; (*paent*) se boursoufler, cloquer; **bath swigod** bain *m* moussant; **gwm swigod** chewing-gum *m*.
2 (*balŵn*) ballon *m*; **chwythu** ~ gonfler un ballon; **rhoi pin mewn** ~ crever un ballon.

swigio *ba* avaler, lamper, descendre, boire (qch) à grands traits;
♦*bg* boire à grands traits.

swigw (**-od**) *g,b* (*ADAR*) mésange *f*.

swil *ans* timide, modeste, réservé(e), gêné(e); (*plentyn, anifail*) farouche; **bod yn** ~ **o wneud rhth** hésiter à faire qch, ne pas oser faire qch;
♦ **yn** ~ *adf* timidement, modestement.

swilder, **swildod** *g* timidité *f*; **bwrw eich** ~ (*mis mêl*) passer sa lune de miel.

swilio *bg* devenir timide.

Swisaidd *ans* suisse; **~-Ffrengig** suisse-romand(e); **~-Almaenaidd** suisse-allemand(e).

Swisiad (**Swisiaid**) *g/b* Suisse *m/f*, Suissesse *f*.

Swis-rôl (**~-~s, ~-roliau**) *b* gâteau(-x) *m* roulé.

Swistir *prg*: **y** ~ la Suisse *f*; **yn y** ~**, i'r** ~ en Suisse.

Swistirol *ans* suisse.

Swistirwr (**Swistirwyr**) *g* Suisse *m*.

Swistirwraig (**Swistirwragedd**) *b* Suisse *f*, Suissesse *f*.

switian, **switio** *bg* gazouiller, pépier;
♦*g* gazouillis *m*, pépiement *m*.

switsfwrdd (**switsfyrddau**) *g* (*TRYD*) tableau(-x) *m* de distribution; (*ffôn*) standard *m*.

swits(h) (**-ys**) *g* (*golau*) interrupteur *m*, commutateur *m*; (*radio ayb*) bouton *m*; **pwyso ar** ~**, troi** ~ actionner un commutateur, appuyer sur un bouton.

switsio *ba*: ~ **rhth ymlaen** allumer qch; (*peiriant, injan*) mettre qch en marche; ~ **rhth i ffwrdd** éteindre qch; (*peiriant, injan*) arrêter qch;
♦*bg* changer.

swltan (**-iaid**) *g* sultan *m*.

swltana (**-s**) *b* raisin *m* sec de Smyrne.

swltanes (**-au**) *b* sultane *f*.

swltaniaeth *b* sultanat *m*.

swllt (**sylltau**) *g* shilling *m*.

swm (**symiau**) *g* somme *f*; ~ **un taliad** paiement *m* unique; ~ **a sylwedd** essentiel *m*, fond *m*; ~ **a sylwedd y peth yw ...** le fin mot de l'histoire, c'est que; ~ **a sylwedd yr hyn a ddywedodd** les grandes lignes de ce qu'il a dit.

Swmatra *prb* Sumatra *f*; **yn** ~ à Sumatra.

Swmatraidd *ans* sumatrien(ne).

Swmatriad (**Swmatriaid**) *g/b* Sumatrien *m*, Sumatrienne *f*.

swmbwl (**symbylau**) *g* aiguillon *m*; ~ **yn y cnawd** une source d'irritation; **gwingo yn erbyn y symbylau** regimber contre les aiguillons.

swmer (**-au**) *g* poutre *f*, traverse *f*.

swmera *bg* fainéanter, traîner, traînasser.

Swmeraidd *ans* sumérien(ne).

Swmeria *prb* la Sumérie *f*.

Swmeriad (**Swmeriaid**) *g/b* Sumérien *m*, Sumérienne *f*.

swmio *ba* (*teimlo maint neu bwysau rhth*) soupeser.

swmp *g* masse *f*, volume *m*; **y** ~ (*y mwyafrif*) la plus grande *neu* grosse partie *f*; ~ **bryniant** achat *m* en gros; ~ **brynu** acheter (qch) en gros; ~ **gludwr** cargo *m*.

swmpo *ba* soupeser; ~ **merch** tripoter* une fille.

swmpus *ans* (*llyth*) épais(se), volumineux(volumineuse); (*ffig*) important(e).

sŵn (**synau**) *g* bruit *m*; (*uchel*) tapage *m*, vacarme *m*, brouhaha *m*; **cadw** ~ faire du bruit *neu* du tapage *neu* du vacarme.

swnan *b* pleurnicharde *f*, pleurnicheuse *f*.

swnd *g gw.* **tywod**.

swnen *b* pleurnicharde *f*, pleurnicheuse *f*.

swnfawr *ans* sonore, bruyant(e);
♦ **yn** ~ *adf* de façon sonore, bruyamment.

swnian *bg* (*cwyno*) pleurnicher, piauler, criailler; ~ **ar rn i gael rhth** être toujours après qn *neu* criailler après qn pour avoir qch.

swnio *bg* sembler être; ~ **fel,** ~ **yn debyg i** ressembler à; **mae'n** ~ **fel pe bai ...** il semblerait que + *subj.*

swnllyd *ans* bruyant(e); (*cwynfanllyd*) pleurnichard(e), pleurnicheur(pleurnicheuse), grognon(ne);
♦ **yn** ~ *adf* bruyamment; (*yn gwynfanllyd*) en pleurnichant, d'un ton pleurnichard *neu* pleurnicheur.

swnt (**-iau**) *g* détroit *m*, bras *m* de mer.

swnyn *g* pleurnichard *m*, pleurnicheur *m*.

swog* (**-s**) *g/b* (*swyddog*) moniteur *m*, monitrice *f*.

sŵoleg *b* zoologie *f*.

sŵolegol *ans* zoologique;
♦ **yn** ~ *adf* zoologiquement.

sŵolegwr (**sŵolegwyr**) *g* zoologiste *m*.

sŵolegwraig (**sŵolegwragedd**) *b* zoologiste *f*.

sŵolegydd (**sŵolegwyr**) *g* zoologiste *m/f*.

swp (**sypiau**) *g* (*pentwr*) tas *m*, monceau(-x) *m*; (*bwndel*) paquet *m*; (*clwstwr: o rawnwin*) grappe *f*; **teimlo'n** ~ **sâl** avoir mal au cœur; **syrthio'n** ~ **ar lawr** s'affaler; **mae hi'n** ~ **o ddyled** elle est accablée de dettes, elle a des dettes par-dessus la tête, elle est dans les dettes jusqu'au cou.

sŵp (**-s**) *g* potage *m*; (*tewach*) soupe *f*.
swper (**-au**) *g* (*prif bryd*) dîner *m*; (*hwyrach*) souper *m*; **cael** ~ dîner, souper; **y S~ Olaf** la Cène *f*; **S~ yr Arglwydd** (*y Cymun*) l'Eucharistie *f*.
swpera *bg* (*prif bryd*) dîner; (*hwyrach*) souper; ~ **ar rth** dîner *neu* souper de qch.
swpyn *g gw.* **swp**.
swrn[1] *g* (*llawer*) beaucoup *m*, bon nombre *m*, une quantité *f*.
swrn[2] (**syrnau**) *g* (*egwyd ceffyl*) fanon *m*.
swrrealaeth *b* surréalisme *m*.
swrrealaidd *ans* surréaliste.
swrrealydd (**-ion**) *g* surréaliste *m/f*.
swrth *ans* (*diynni*) léthargique, indolent(e); (*cysglyd*) somnolent(e), assoupi(e), ensommeillé(e); (*sarrug*) maussade, renfrogné(e); **teimlo'n** ~ avoir sommeil; **tywydd** ~ temps lourd *neu* étouffant;
♦ **yn** ~ *adf* (*yn gysglyd*) de façon somnolente; (*yn sarrug*) de manière renfrognée.
sws* (**-ys**) *g,b* bise *f*, bisou(-s)* *m*; **rhoi** ~ **i rn** faire une *neu* la bise à qn, faire un bisou* à qn; ~ **glec** grosse bise.
swsian*, **swsio*** *ba* embrasser, donner un baiser *neu* une bise à, bécoter*;
♦*bg* s'embrasser, se bécoter*.
swta *ans* (*cyff*) brusque, sec(sèche); (*llais*) cassant(e);
♦ **yn** ~ *adf* avec brusquerie, avec rudesse, sèchement; (*llais*) d'un ton cassant.
swtan (**swtain**) *g* (*PYSG*) merlan *m*.
swtrach *g* drèche *f*, lie *f*.
swydd[1] (**-i**) *b* poste *m*, emploi *m*, situation *f*, fonctions *fpl*; ~ **ran/lawn amser** un emploi à temps partiel/à plein temps; ~ **wag** poste vacant; ~**i ar gael** offres *fpl* d'emploi; ~**i yn eisiau** demandes *fpl* d'emploi; **disgrifiad** ~ description *f* du poste; **manylion** ~ caractéristiques *fpl* du poste; **cychwyn ar eich** ~ entrer en fonctions; **cyflawni'ch** ~, **gwneud eich** ~ remplir ses fonctions; **a yw hyn yn rhan o'ch** ~**?** est-ce que cela entre dans vos fonctions?; **rhoi'r gorau i'ch** ~ se démettre de ses fonctions; **ni wnaiff hi byth yr un** ~ **o waith o gwmpas y tŷ** elle ne fait jamais rien à la maison; **yn un** ~ expressément, exprès.
swydd[2] (**-i**) *b* (*sir*) comté *m*.
swydd-ddisgrifiad (~-~**au**) *g* description *f* de poste.
swyddfa (**swyddfeydd**) *b*
1 (*cyff*) bureau(-x) *m*; ~ **bost** bureau de poste; **S~'r Post** le service *m* des Postes; ~ **docynnau** guichet *m*, bureau de vente des billets; (*THEATR*) bureau de location; ~ **dwristiaeth** syndicat *m* d'initiative; ~ **eiddo coll** bureau des objets trouvés; ~ **gadael bagiau** consigne *f*; ~ **gofrestru** bureau de l'état civil; **priodi mewn** ~ **gofrestru** se marier civilement; ~**'r heddlu** poste *m* *neu* commissariat *m* de police; ~ **hysbysrwydd** bureau de renseignements; **S~ Masnachu Teg** ≈ Direction *f* Générale de la Concurrence, de la Consommation et de la Répression des Fraudes; ~ **maer,** ~ **cyngor lleol** mairie *f*, bureau du conseil municipal; **bloc swyddfeydd** immeuble *m* de bureaux; **gwaith** ~ travail *m* de bureau; **gweithiwr** ~ employé *m* de bureau; **gweithwraig** ~ employée *f* de bureau; **oriau** ~ heures *fpl* de bureau.
2 (*adran o'r llywodraeth*) ministère *m*; **y S~ Gymreig** le ministère des Affaires galloises; **S~'r Alban** le ministère des Affaires écossaises; **y S~ Dramor** le ministère des Affaires étrangères; **y S~ Gartref** le ministère de l'Intérieur.
swyddog (**-ion**) *g* officier *m*; (*plaid wleidyddol, undeb llafur*) représentant *m* permanent; (*cymdeithas, mudiad*) membre *m* du bureau directeur; (*gwasanaeth sifil*) fonctionnaire *m/f*; (*HEDDLU*) agent *m*, femme *f* agent; (*llynges*) officier de marine; (*YSGOL*) *élève m/f de terminale élu*(e) *et chargé*(e) *de certaines fonctions de discipline*; ~ **ar ddyletswydd** officier *m* de permanence; ~ **digomisiwn** sous-officier *m*; ~ **gwarantedig** (*MIL*) adjudant *m*; ~ **prawf** agent de probation; (*ar gyfer pobl ifanc*) délégué *m* à la liberté surveillée.
swyddogaeth (**-au**) *b* fonction *f*.
swyddogaethol *ans* fonctionnel(le);
♦ **yn** ~ *adf* fonctionnellement.
swyddogol *ans* officiel(le); **Derbynnydd S~** administrateur *m* judiciaire, administratrice *f* judiciaire, syndic *m* de faillite;
♦ **yn** ~ *adf* officiellement.
swyn (**-ion**) *g* (*hud a lledrith*) enchantement *m*, sortilège *m*, charme *m*, envoûtement *m*; (*atyniad*) enchantement, envoûtement, fascination *f*, charme; (*i amddiffyn rhag drwg*) talisman *m*; ~ **serch** (*diod*) philtre *m*; **dŵr** ~ (*CREF*) eau *f* bénite.
swynbeth (**-au**) *g* porte-bonheur *m inv*.
swyngwsg *g* hypnose *f*; **mewn** ~ hypnotisé(e).
swyngyfaredd (**-ion**) *b* ensorcellement *m*, enchantement *m*, sorcellerie *f*, envoûtement *m*, charme *m*.
swyngyfareddu *ba* enchanter, ensorceler, envoûter; (*ffig*) charmer, envoûter, ravir, enchanter, captiver.
swyngyfareddwr (**swyngyfareddwyr**) *g* sorcier *m*.
swyngyfareddwraig (**swyngyfareddwragedd**) *b* sorcière *f*.
swyno *ba* (*hud a lledrith*) enchanter, envoûter, ensorceler, charmer; (*ffig*) enchanter, ravir, charmer, envoûter, captiver.
swynog (**-au, -ydd**) *b* (*ANIF*) vache *f* stérile *neu* bréhaigne.
swynogl (**-au**) *b* amulette *f*, charme *m*, fétiche *m*, breloque *f*, talisman *m*.

swynol *ans* charmant(e), ravissant(e), enchanteur(enchanteresse); (*melodaidd*) mélodieux(mélodieuse);
♦ **yn ~** *adf* de façon charmante *neu* ravissante *neu* enchanteresse.
swynwr (**swynwyr**) *g* magicien *m*, enchanteur *m*, sorcier *m*; (*denwr*) charmeur *m*, séducteur *m*.
swynwraig (**swynwragedd**) *b* magicienne *f*, enchanteresse *f*, sorcière *f*; (*denwraig*) charmeuse *f*, séductrice *f*.
sy *be gw.* **sydd**.
syanid *g* cyanure *m*.
sybachog *ans* froissé(e), fripé(e), chiffonné(e).
sybachu *ba* froisser, friper, chiffonner;
♦*bg* se froisser, se friper, se chiffonner.
syber *ans* honnête, bien, décent(e), bienséant(e), convenable, comme il faut, poli(e);
♦ **yn ~** *adf* honnêtement, bien, décemment, convenablement, comme il faut, poliment, avec bienséance.
syberwyd *g* bienséance *f*.
sybwbio *ba gw.* **sybachu**.
sycamorwydden (**sycamorwydd**) *b* (*ffigyswydden*) sycomore *m*; (*marsarnwydden*) faux platane *m*.
sych (**sech**) (**sychion**) *ans* sec(sèche); (*diwrnod*) sans pluie; (*ffynnon, afon ayb*) à sec; (*batri*) à piles sèches; (*gwlad*) aride; (*bara*) rassis(e); (*hiwmor*) pince-sans-rire *inv*; (*dull o siarad*) sec, cassant(e); (*anniddorol*) aride, peu intéressant(e), sec; **ar dir ~** sur la terre ferme; **arian ~ion** espèces *fpl*; **doc ~** cale *f* sèche, bassin *m* de radoub; **pydredd ~** pourriture *f* sèche du bois; **rhew** *ou* **iâ ~** neige *f* carbonique; **mynd yn ~** (*ffynnon ayb*) se tarir; **mae hi'n ~ dan draed** le sol est sec; **cyn syched â sglodyn** *ou* **â'r garthen** tout sec, sec comme de l'amidon;
♦ **yn ~** *adf* sèchement, d'un ton sec, d'un ton cassant; **gadael i'r tegell ferwi'n ~** laisser s'évaporer l'eau de la bouilloire; **pwmpio ffynnon yn ~** épuiser l'eau d'un puits.
sychau *ll gw.* **swch**.
sychdaflu *ba* sécher (*dans un sèche-linge*).
sychdaflwr (**sychdaflwyr**) *g* sèche-linge *m inv*.
sychder (**-au**) *g* sécheresse *f*.
sychdir (**-oedd**) *g* terre *f* aride.
sychdroelli *ba* essorer.
sychdroellwr (**sychdroellwyr**) *g* essoreuse *f*.
sychdwr *g*: **rhwd ~** brume *f gw. hefyd* **sychder**.
sychdduwiol *ans* moralisateur(moralisatrice);
♦ **yn ~** *adf* de façon moralisatrice.
sychdduwioldeb *g* caractère *m* moralisateur.
syched[1] *g* soif *f*; **bod â ~ arnoch** être assoiffé(e), avoir soif; **mae arna' i ~** j'ai soif; **codi ~** donner soif; **torri eich ~** se désaltérer, boire à sa soif, étancher sa soif.
syched[2] *ans* (*gradd gyfartal 'sych'*) *gw.* **sych**.
sychedig *ans* qui a soif; (*cryfach*) assoiffé(e); **bod yn ~** avoir soif.
sychedu *bg*: **~ am** avoir soif de, être assoiffé(e) de.
sychedwr (**sychedwyr**) *g* assoiffé *m*.
sychedwraig (**sychedwragedd**) *b* assoiffée *f*.
sychfonheddig *ans* poli(e) et contraint(e).
sychiad (**-au**) *g* coup *m* de torchon *neu* de chiffon *neu* d'éponge.
sychiant *g* dessiccation *f*, dessèchement *m*.
sychin *b* temps *m* sec; **mae hi'n ~** il fait sec.
sychion *ans ll gw.* **sych**.
sychlanhau *ba* nettoyer (qch) à sec; **siop ~** teinturerie *f*;
♦*g* nettoyage *m* à sec.
sychlanhäwr (**sychlanhawyr**) *g* teinturier *m*.
sychlanhäwraig (**sychlanhawragedd**) *b* teinturière *f*.
sychlyd *ans* sec(sèche); (*swta*) brusque, cassant(e);
♦ **yn ~** *adf* sèchement, avec brusquerie, d'un ton cassant.
sychu *ba* sécher; (*dillad*) faire sécher, essorer; (*â lliain*) essuyer, donner un coup de torchon à; **~ tir** (*draenio*) étancher le terrain; **eich ~'ch hun** s'essuyer, se sécher; **~ eich dwylo** s'essuyer *neu* se sécher les mains; **~'ch trwyn** se moucher; **~'ch llygaid** s'essuyer les yeux; **~'ch dagrau** s'essuyer ses larmes, sécher ses larmes; **mae'r gwynt wedi ~'r ffyrdd** le vent a séché *neu* essuyé *neu* ressuyé les routes; **haul yn ~'r croen** soleil qui dessèche la peau;
♦*bg* se sécher, se dessécher; (*ffynnon*) se tarir; (*buwch: mynd yn hesb*) tarir, se sécher; (*ffordd*) se ressuyer; **~'n sych, ~'n gorn** se sécher absolument *neu* à l'absolu; **taflwr ~** sèche-linge *m inv*; **troellwr ~** essoreuse *f*.
sychwr (**sychwyr**) *g* séchoir *m*; **~ gwallt** sèche-cheveux *m inv*, séchoir à cheveux.
sydyn *ans* soudain(e), subit(e), brusque, imprévu(e);
♦ **yn ~** *adf* soudain, tout à coup, brusquement; (*yn gyflym*) vite, rapidement; **mwyaf ~** soudain, tout à coup.
sydynrwydd *g* soudaineté *f*, brusquerie *f*
sydd *be* (ffurf ar y ferf 'bod'; yn ferf gyflawn neu'n ferf gynorthwyol).
1 (*mewn rhai cwestiynau*): **pwy ~ yna?** qui est là?; **pwy ~ yn canu?** qui chante?; **beth ~ (yn bod)?** qu'est-ce qu'il y a?; **beth ~ ar y bwrdd?** qu'est-ce qu'il y a sur la table?; **beth ~ wedi digwydd?** qu'est-ce qui s'est passé?; **faint o arian ~ yn y pwrs?** combien d'argent y a-t-il dans le porte-monnaie?; **faint o arian ~ gen ti?** combien d'argent as-tu?; **sawl disgybl ~ yn y dosbarth?** combien d'élèves y a-t-il dans la classe?; **sawl un ohonynt ~ yn siarad Ffrangeg?** combien d'entre eux parlent français?.
2 (*mewn brawddegau lle pwysleisir y goddrych*): **Mam ~ yn yr ardd** c'est maman

qui est dans le jardin; **myfi sy'n magu'r baban** c'est moi qui berce le bébé; **yr athro** ~ **yn siarad** c'est le professeur qui parle.
3 (*mewn rhai cymalau perthynol*) qui: **mae ganddi ferch** ~ **yn aml yn sâl** elle a une fille qui est souvent malade; **mae fy modryb** ~ **yn byw yn Llundain wedi priodi** ma tante qui habite à Londres s'est mariée.

syfïen (**syfi**) *b* fraise *f* *gw.* *hefyd* **mefusen**.

syflyd *ba* remuer, faire bouger;
♦*bg* remuer, bouger, se grouiller*.

syfrdan *ans* stupéfait(e), abasourdi(e), stupéfié(e), étonné(e), ébahi(e), ahuri(e);
♦ **yn** ~ *adf* d'un air *neu* ton stupéfait.

syfrdandod *g* stupéfaction *f*, ahurissement *m*, étonnement *m*, abasourdissement *m*.

syfrdanol *ans* étonnant(e), abasourdissant(e), stupéfiant(e), ahurissant(e);
♦ **yn** ~ *adf* de façon stupéfiante *neu* ahurissante.

syfrdanu *ba* stupéfier, abasourdir, ahurir, étonner.

syffilis *g* syphilis *f*.

Sygnau *ll*: **y** ~ les signes *mpl* du zodiaque.

sylfaen (**sylfeini**) *b* (*cred, damcaniaeth ayb*) base *f*, fondement *m*; (*ADEIL*) fondations *fpl*; **gosod y sylfeini** (*llyth*) poser *neu* jeter les fondations; (*ffig*) poser les bases *neu* les fondements; **carreg** ~ première pierre *f*; **colur** ~ fond *m* de teint.

sylfaeniad (**-au**) *g* fondation *f*.

sylfaenol *ans* fondamental(e)(fondamentaux, fondamentales); (*cyflog, geirfa*) de base; **cyfradd** ~ **(treth)** première tranche *f* (d'imposition);
♦ **yn** ~ *adf* fondamentalement, au fond.

sylfaenu *ba* baser, fonder.

sylfaenwraig (**sylfaenesau, sylfaenwragedd**) *b* fondatrice *f*.

sylfaenydd (**sylfaenwyr**) *g* fondateur *m*, fondatrice *f*.

sylfeini *ll* *gw.* **sylfaen**.

sylffad (**-au**) *g* sulfate *m*; ~ **copor** sulfate de cuivre.

sylffwr *g* soufre *m*; ~ **deuocsid** anhydride *m* sulfureux.

sylffwrig *ans* sulfurique; **asid** ~ acide *m* sulfurique.

syltana (**-s**) *b* *gw.* **swltana**.

sylw (**-adau**) *g*
1 (*y weithred o ganolbwyntio*) attention *f*; **ar gyfer** ~ **Mr Jones** (*dogfennau ayb*) à l'attention de M. Jones; **cymryd** ~ **o** faire *neu* prêter attention à; **dal** ~ **rhn** attirer l'attention de qn; **dal** ~ **ar rth** faire *neu* prêter attention à qch, remarquer qch; **ga' i'ch** ~ **chi?** puis-je avoir votre attention?; **fe ddaeth i'm** ~ **i ...** je me suis aperçu(e) que; **dan** ~ en question, en discussion, dont il s'agit; **dod â rhth i** ~ **rhn, dwyn rhth i** ~ **rhn, tynnu** ~ **rhn at rth** porter qch à la connaissance de qn, attirer l'attention de qn sur qch; **osgoi** ~ essayer de passer inaperçu(e), essayer de ne pas se faire remarquer; **tynnu** ~ **atoch eich hun** se faire remarquer, attirer l'attention.
2 (*dywediad, nodyn*) observation *f*, remarque *f*; **gwneud** ~**(adau) ar rth** faire des remarques sur qch.

sylwadaeth *b* observation *f*.

sylwebaeth (**-au**) *b* reportage *m* en direct.

sylwebu *bg* faire un reportage.

sylwebydd (**-ion**) *g* reporter *m/f*.

sylwedydd (**-ion**) *g* observateur *m*, observatrice *f*.

sylwedd (**-au**) *g* (*cyff*) substance *f*; (*CEM, FFIS*) substance, matière *f*; **swm a** ~ (*ffig*) essentiel *m*, fond *m*; **swm a** ~ **y peth yw ...** le fin mot de l'histoire, c'est que; **swm a** ~ **yr hyn a ddywedodd** les grandes lignes de ce qu'il a dit.

sylweddiad (**-au**) *g* (*cynllun*) réalisation *f*; (*ymwybyddiaeth*) prise *f* de conscience, découverte *f* soudaine.

sylweddol *ans* (*mawr*) substantiel(le); (*ffig*) important(e), considérable, sensible;
♦ **yn** ~ *adf* (*gryn dipyn, gryn lawer*) considérablement, sensiblement; (*i raddau helaeth*) en grande partie.

sylweddoli *ba* se rendre compte de, s'apercevoir de; (*cynllun, asedau*) réaliser.

sylweddoliad (**-au**) *g* (*ymwybyddiaeth*) prise *f* de conscience, découverte *f* soudaine; (*breuddwyd*) réalisation *f*.

sylweddu *ba* (*cyllun, asedau*) réaliser;
♦*g* réalisation *f*.

sylwgar *ans* (*craff*) observateur(observatrice), éveillé(e); (*cynulleidfa ayb*) attentif(attentive);
♦ **yn** ~ *adf* (*gwrando ayb*) attentivement, avec attention.

sylwi *bg*: ~ **ar** remarquer, s'apercevoir de, observer; (*dal sylw ar*) prendre note de, faire *neu* prêter attention à.

sylltau *ll* *gw.* **swllt**.

syllu *bg*: ~ **ar** (*edrych*) observer, regarder, contempler; (*rhythu*) regarder (qn) fixement, dévisager; ~ **drwy'r ffenestr** regarder par la fenêtre; ~ **i'r gwyll** scruter l'obscurité.

syllwr (**syllwyr**) *g* observateur *m*.

syllwraig (**syllwragedd**) *b* observatrice *f*.

sym (**-iau, -s,**) *b* calcul *m*.

symbal (**-au**) *g* cymbale *f*.

symbol (**-au**) *g* symbole *m*.

symbolaeth *b* symbolisme *m*.

symbolaidd *ans* symbolique;
♦ **yn** ~ *adf* symboliquement.

symboleiddio *ba* symboliser.

symbylau *ll* *gw.* **swmbwl**.

symbyliad (**-au**) *g* (*anogaeth*) encouragement *m*; (*rheswm dros wneud rhth*) motivation *f*; (*ysgogiad*) stimulation *m*,

aiguillon *m*.
symbylu *ba* (*annog*) encourager; (*ysgogi*) pousser, inciter, aiguillonner, stimuler.
symbylydd (**-ion**) *g* stimulant *m*, aiguillon *m*.
symffoni (**symffonïau**) *b* (*CERDD*) symphonie *f*; **cerddorfa** ~ orchestre *m* symphonique.
symffonig *ans* (*CERDD*) symphonique;
♦ **yn** ~ *adf* symphoniquement.
symiau[1] *ll gw.* **swm**.
symiau[2] *ll gw.* **sym**.
syml (**seml**) *ans* simple; **y gwir** ~ la vérité pure et simple; **llog** ~ intérêts *mpl* simples;
♦ **yn** ~ *adf* simplement, avec simplicité.
syml-ddyn (~-~**ion**) *g* nigaud *m*, niais *m*.
symledd *g gw.* **symlrwydd**.
symleiddiad (**-au**) *g* simplification *f*.
symleiddio *ba* simplifier;
♦*g* simplification *f*.
symlen (**symlod**) *b*
1 (*twpsen*) nigaude *f*, niaise *f*.
symlrwydd *g* simplicité *f*.
symlyn (**-nod**) *g*
1 (*twpsyn*) nigaud *m*, niais *m*.
2 (*PYSG*) goujon *m*.
symol *ans* (*heb fod yn arbennig o dda: ansawdd*) médiocre; (*:o ran iechyd*) malade, souffrant(e); **teimlo'n** ~ se sentir *neu* être tout chose *inv*, ne pas être dans son assiette, se sentir un peu patraque*;
♦ **yn** ~ *adf* médiocrement, mal.
sỳmp (**sympiau**) *g* carter *m*.
symposiwm (**symposia**) *g* symposium *m*.
symptom (**-au**) *g* symptôme *m*.
symptomaidd, **symptomatig**, **symptomol** *ans* symptomatique.
symud *ba* déplacer, bouger, changer (qch) de place; (*coes, braich, gwefusau, ayb*) remuer, mouvoir; (*gwylwyr, tyrfa*) faire circuler; (*rhwystr, sbwriel ayb*) enlever; (*claf, byddin*) transporter; (*lifer, braich*) mouvoir; ~ **rhth yn nes** approcher qch; **ei** ~ **hi*** (*brysio*) se dépêcher, se remuer*, se grouiller*; ~ **tŷ** déménager; **dyn** ~ **dodrefn** déménageur *m*;
♦*bg* (*cyff*) bouger, remuer, se mouvoir, passer; (*mynd ymlaen*) faire des progrès, progresser; (*newid tŷ*) déménager; (*trafnidiaeth*) circuler; (*mewn gwyddbwyll ayb*) jouer; ~ **i mewn** (*i dŷ*) emménager; ~ **tuag at** se diriger vers.
► **symud draw** s'éloigner; ~ **rhth draw** éloigner qch.
► **symud o gwmpas** se déplacer; (*teithio*) voyager; ~ **rhth o gwmpas** déplacer qch.
► **symud ymlaen** avancer; ~ **ymlaen i** *ou* **at** passer à; ~ **bysedd y cloc ymlaen awr** avancer l'horloge d'une heure; ~ **rhn yn ei flaen** faire circuler qn.
► **symud yn ôl** (*i'r un lle*) revenir, retourner; (*wysg eich cefn*) reculer, aller à reculons; ~ **rhn yn ôl** (*rhn mewn tyrfa*) faire reculer qn, repousser qn; ~ **rhth yn ôl** (*cadair*) reculer qch; ~ **rhth yn ei ôl** (*i'w safle gwreiddiol*) remettre qch;
♦*g* (*symudiad*) mouvement *m*; (*newid lle*) déplacement *m*; (*newid tŷ*) déménagement *m*; (*rhwystr, sbwriel ayb*) enlèvement *m*.
symudadwy *ans* mobile.
symudedd *g* mobilité *f*.
symudiad (**-au**) *g* mouvement *m*; (*mewn gwyddbwyll ayb*) coup *m*.
symudliw *ans* chatoyant(e); **sidan** ~ soie *f* changeante; **madfall** ~ caméléon *m*.
symudlun (**-iau**) *g* (*cartŵn*) dessin *m* animé.
symudol *ans* (*cysgod, tir*) mouvant(e); (*y gellir ei symud*) mobile; (*â'r gallu i symud*) moteur(motrice); **sy'n** ~ en mouvement; **cartref** ~ caravane *f*; **ffôn** ~ (téléphone *m*) portable *m*; **grisiau** ~ escalier *m* roulant.
symudoldeb, **symudoledd** *g* mobilité *f*.
symudyn (**symudion**) *g* mobile *m*.
syn *ans* (*sydd yn synnu, wedi synnu*) étonné(e), surpris(e), stupéfait(e), ahuri(e), déconcerté(e), stupéfié(e), abasourdi(e); (*sy'n achosi syndod*) étonnant(e), surprenant(e), stupéfiant(e);
♦ **yn** ~ *adf* avec surprise, d'un air surpris; **gwrandawai'n** ~ elle écoutait, complètement stupéfaite.
synagog (**-au**) *b* synagogue *f*.
synau *ll gw.* **sŵn**.
syncro-mesh (~-~**au**) *g* synchronisation *f*.
syndicet (**-iau**) *g,b* syndicat *m*, coopérative *f*; (*newyddiadurwyr*) agence *f* de presse.
syndod *g* surprise *f*, grand étonnement *m*, stupéfaction *f*; **er mawr** ~ **i mi, er fy mawr** ~ à ma grande surprise, à mon grand étonnement; **y** ~ **yw iddo lwyddo** ce qui est étonnant, c'est qu'il ait *subj* réussi.
syndrom (**-au**) *g* syndrome *m*; ~ **Down** trisomie *f* 21.
synedig *ans gw.* **syn**.
synfeddylgar *ans* pensif(pensive), songeur(songeuse), rêveur(rêveuse);
♦ **yn** ~ *adf* pensivement, rêveusement.
synfyfyrdod (**-au**) *g* rêverie *f*.
synfyfyrio *bg* (*myfyrio*) méditer, songer; (*breuddwydio'n effro*) rêvasser, rêver tout(e) éveillé(e).
synfyfyriol *ans* pensif(pensive), songeur(songeuse), rêveur(rêveuse);
♦ **yn** ~ *adf* pensivement, rêveusement.
synfyfyrion *ll* rêverie *f*.
synhwyrau *ll gw.* **synnwyr**.
synhwyrddoeth, **synhwyrgall** *ans* sensé(e);
♦ **yn** ~ *adf* sensément.
synhwyro *ba* (*teimlo*) sentir, pressentir; (*arogleuo*) sentir; (*ffroeni*) renifler, flairer; **ci** ~ (*HEDDLU ayb*) *chien policier dressé pour la recherche d'explosifs et de stupéfiants.*
synhwyrol *ans* sensé(e), raisonnable;
♦ **yn** ~ *adf* sensément, raisonnablement.
synhwyrus *ans* voluptueux(voluptueuse),

sensuel(le);
♦ **yn** ~ *adf* voluptueusement, sensuellement.
syniad (**-au**) *g* (*cyff*) idée *f*; (*amcan*) notion *f*; (*amgyffrediad*) concept *m*; (*syniadaeth*) conception *f*; ~ **da!** bonne idée!; **mae gen i ryw** ~ **...** j'ai idée *neu* j'ai dans l'idée que; **'does gen i mo'r** ~ **lleiaf** je n'en ai pas la moindre idée.
syniadaeth *b* idéologie *f*.
syniadol *ans* idéologique;
♦ **yn** ~ *adf* d'une manière idéologique.
synied, **synio** *ba* imaginer, concevoir;
♦*bg*: ~ **am rth** (s')imaginer *neu* concevoir *neu* se figurer qch.
synnu *ba* étonner, surprendre, abasourdir, ahurir; (*cryfach*) stupéfier;
♦*bg*: ~ **at** être surpris(e) *neu* étonné(e) de, s'étonner de; **'rwy'n** ~ **atoch chi!** cela me surprend de votre part!; **'rwy'n** ~ **nad yw hi'n mynd yno** je m'étonne qu'elle n'y aille *subj* pas; **ni synnwn i ddim** ça ne m'étonnerait pas.
synnwyr (**synhwyrau**) *g* sens *m*; ~ **cyffredin** bon sens; ~ **digrifwch** sens de l'humour; **yn ôl** ~ **y fawd** à vue de nez; **'does dim** ~ **yn hynny** cela n'a pas de sens, ce n'est pas logique; **mae'n gwneud** ~ c'est logique; **synhwyrau** (*rheswm*) raison *f*; **colli'ch synhwyrau** perdre la raison.
syntheseiddio *ba* synthétiser.
syntheseisydd (**-ion**) *g* synthétiseur *m*.
synthesis (**-au**) *g* synthèse *f*.
synthetig *ans* synthétique;
♦ **yn** ~ *adf* synthétiquement;
♦*g* (**-ion**) matière *f* synthétique; ~**ion** textiles *mpl* artificiels.
synwyroldeb *g* bon sens *m*, logique *f*.
synwyrusrwydd *g* sensualité *f*; (*pleser rhywiol*) volupté *f*.
sypiau *ll gw.* **swp**.
sypio *ba* faire un paquet de;
♦*bg* (*mynd yn swp*) se contracter, se pelotonner, se rapetisser, se courber.
sypyn (**-nau**) *g* paquet *m*; **clymu rhth yn** ~, **gwneud** ~ **o rth** faire un paquet de qch.
sypynnu *ba* faire un paquet de.
syr (**-iaid**) *g* monsieur(messieurs) *m*; **S**~ **Thomas Parry-Williams** sir Thomas Parry-Williams; **o'r gorau,** ~ oui, Monsieur; **Annwyl S**~ (*mewn llythyr*) Monsieur.
syrcas (**-au**) *b* cirque *m*.
syrcyn (**-nau**) *g gw.* **sircyn**.
syrffed (**-au**) *g*
1 (*gormodedd*) excès *m*, pléthore *f*; **mae yna** ~ **o** il y a trop de.
2 (*teimlad*) rassasiement *m*, satiété *f*.
syrffedig *ans* rassasiant(e), excessif(excessive);
♦ **yn** ~ *adf* de façon rassasiante.
syrffedu *ba* (*llyth*) rassasier;
♦*bg*: **wedi** ~ (*llyth*) repu(e), rassasié(e); **'rwyf wedi** ~ (*ffig*) j'en ai marre*, j'en ai plein le dos*, j'en ai ras le bol*.
syrffedus, **syrffetlyd** *ans* (*diflas*) ennuyeux(ennuyeuse);
♦ **yn** ~ *adf* ennuyeusement.
Syria *prb* la Syrie *f*; **yn** ~ en Syrie.
Syriad (**Syriaid**) *g/b* Syrien *m*, Syrienne *f*.
Syriaidd *ans* syrien(ne).
Syrieg *b,g* syriaque *m*;
♦*ans* syriaque.
syrlwyn (**-au**) *g* aloyau *m*; **stecen** ~ bifteck *m* dans l'aloyau.
syrpreis (**-ys**) *g* surprise *f*.
syrth *g* (*offal*) abats *mpl*.
syrthfa (**syrthfeydd**) *b* chute *f*.
syrthiad (**syrthiadau**) *g* chute *f*.
syrthiedig *ans* tombé(e), effondré(e), écroulé(e), affaissé(e), affalé(e).
syrthio *bg* (*rhn, peth*) tomber; (*adeilad*) s'effondrer, s'écrouler; ~ **ar eich bai** reconnaître sa culpabilité, s'avouer coupable; ~ **ar eich hyd,** ~**'n swp** s'affaler, tomber de tout son long, s'étaler, s'affaisser; ~ **drosodd,** ~ **i lawr** tomber par terre; ~ **i gysgu** s'endormir; ~ **mewn cariad â** tomber amoureux(amoureuse) de, s'éprendre de; ~**'n ddarnau** tomber en morceaux; ~**'n ôl** reculer, se retirer; ~**'n ôl ar** se rabattre sur; **bod â rhth i** ~**'n ôl arno** (*arian*) avoir qch en réserve; (*swydd ayb*) avoir une solution de rechange; ~**'n dibyn-dobyn,** ~**'n bendramwnwgl** tomber la tête la première; ~ **rhwng dwy stôl** (*ffig*) se retrouver le bec dans l'eau*.
syrthlyd *ans gw.* **swrth**.
syrthni *g* (*cysgadrwydd*) somnolence *f*; (*diffyg ynni*) léthargie *f*, indolence *f*, apathie *f*, inertie *f*; (*tywydd*) chaleur *f* étouffante.
syst (**-iau**) *g,b* (MEDD) kyste *m*.
system (**-au**) *b* système *m*; (*trefn*) méthode *f*; (CORFF) organisme *m*; ~ **dymheru** climatisation *f*; **y** ~ **fetrig** le système métrique; **dadansoddwr** ~**au** analyste-programmeur(~s-~s) *m*; **dadansoddwraig** ~**au** analyste-programmeuse(~s-~s) *f*.
systematig *ans* systématique; (*trefnus*) méthodique;
♦ **yn** ~ systématiquement; (*yn drefnus*) méthodiquement.
syth *ans* droit(e); (*ffordd*) direct(e); (*gwallt*) raide; (*yn sefyll*) vertical(e)(verticaux, verticales); **cadw wyneb** ~ garder son sérieux; **y darn** ~ (*cae ras ayb*) la ligne droite;
♦ **yn** ~ *adf* tout droit; (*heb betruso*) sans hésiter; **mynd yn** ~ **adref** rentrer directement à la maison; **yn** ~ **(bin)** (*ar unwaith*) tout de suite, directement, aussitôt, immédiatement; **sefyll yn** ~ se tenir tout droit; **edrych yn** ~ **ar rn** regarder qn directement; **dod yn** ~ **at y pwynt** entrer directement dans le vif du sujet.
sythlin (**-iau**) *b* perpendiculaire *f*.
sythu *ba* (*gwneud yn syth*) redresser; (*llun ar y wal ayb*) remettre (qch) d'aplomb; (*tei ayb*)

ajuster;
♦*bg*: **'rwy'n** ~ (*yn oer iawn*) je gèle, je crève de froid*; ~ **gan oerfel** être frigorifié(e)*, être engourdi(e) par le froid.

sythwelediad (-**au**) *g* intuition *f*.
sythweledol *ans* intuitif(intuitive)

T

ta[1] *ebych* (*felly*) alors, dans ce cas; **ewch ~!** allez donc!; **peidiwch ~!** ne faites pas donc!
ta[2] *cys* (*ynteu*) ou; **te ~ coffi?** du thé, ou bien du café?; **heddiw ~ fory ewch chi?** est-ce bien demain que vouz irez?.
▶ **ta beth** (*beth bynnag*) *gw.* **beth**.
▶ **ta p'un** (*pa un bynnag*) *gw.* **un**.
▶ **ta pryd** (*pryd bynnag*) *gw.* **pryd**.
▶ **ta pwy** (*pwy bynnag*) *gw.* **pwy**.
ta[3] *cys*: **~ waeth** (*dim ots*) n'importe, peu importe; (*beth bynnag*) de toute façon, quand même.
tab (**-iau**) *g* (*ar ddillad*) attache *f*; (*label*) étiquette *f*; **rhoi ~ ar** (*ddilledyn*) étiqueter; **"tynnwch y ~ i agor yr amlen"** "tirer la languette pour ouvrir l'enveloppe"
tabernacl (**-au**) *g* tabernacle *m*.
tabl (**-au**) *g* table *f*; **~ tri** (*MATH*) la table de trois; **~au llanw** annuaire *m* des marées.
tablaidd *ans* tabulaire;
♦ **yn dablaidd** *adf* sous forme tabulaire, de façon tabulaire.
tabled (**-i**) *b* (*MEDD*) cachet *m*, comprimé *m*; (*:i'w sugno*) pastille *f*; (*plac coffa*) plaque *f* commémorative; (*o sebon, siocled*) pain *m*; **~ o sebon** savonnette *f*.
tabledig *ans gw.* **tablaidd**.
tablen[1] (**-nau**) *b gw.* **tabl, tabled**.
tablen[2] *b* (*cwrw*) bière *f*.
tablenna *bg* picoler*.
tabler *b* trictrac *m*, jaquet *m*, backgammon *m*.
tabliad (**-au**) *g* disposition *f* en tableaux.
tablo (**-s**) *g* tableau(-x) *m*.
tablog *ans gw.* **tablaidd**.
tablu *ba* (*rhoi rhth mewn tabl*) présenter *neu* mettre (qch) sous forme de tables; (*canlyniadau*) classifier; (*TEIP*) mettre (qch) en colonnes, classifier.
tablwr (**tablwyr**) *g* (*TEIP*) tabulateur *m*; (*ar gyfrifiadur*) tabulatrice *f*.
tabsen (**tabs**) *b* (*PYSG*) limande *f*.
tabŵ (**-au, -s**) *g* tabou *m*.
tabwrdd (**tabyrddau**) *g* tambour *m*.
tabyrddu *bg* tambouriner.
tabyrddwr (**tabyrddwyr**) *g* tambour *m*.
tac (**-iau**) *g* (*hoelen fechan*) braquette *f*, petit clou *m*; (*tuntac*) punaise *f*; (*pwyth gwnïo*) point *m* de bâti; (*MOR*) bord *m*, bordée *f*.
tacio *ba* (*brasbwytho*) bâtir, faufiler; (*hoelio*) clouer;
♦*bg* (*MOR*) faire *neu* courir *neu* tirer un bord.
Tacitus *prg* Tacite.
tacl (**-au**) *g*
1 (*offer*) matériel *m*, équipement *m*; (*pethau*) affaires *fpl*, bric-à-brac *m inv*, objets *mpl* divers; (*i godi pethau*) appareil *m* de levage; **cliria dy daclau o 'ma!** enlève-moi tes affaires d'ici!.
2 (*pobl*): **y ~au drwg!** les coquins! *mpl*, les coquines! *fpl*, les salauds!* *mpl*.
3 (*PÊL-DROED, RYGBI*) plaquage *m*.
tacliad (**-au**) *g* plaquage *m*.
taclo *ba* (*CHWAR*) plaquer; (*problem*) s'attaquer à, aborder.
taclu *ba* (*dodi*) mettre, poser; **~ colur** se maquiller; **~ dillad amdanoch** s'habiller.
taclus *ans* (*ystafell*) bien rangé(e), en bon ordre; (*gwisg, gwaith*) net(te), soigné(e), élégant(e); (*rhn*) méthodique, ordonné(e); (*arferion*) d'ordre; (*trefniadau*) bien ordonné, bien agencé(e); (*cefnog*) dans l'aisance, cossu(e), très aisé(e); **swm ~ o arian** une bonne petite somme, un bon petit magot*;
♦ **yn daclus** *adf* avec soin, soigneusement, méthodiquement; (*ysgrifennu*) proprement; (*gwisgo*) avec soin, soigneusement, de façon soignée, élégamment; **'roedd hi wedi'i gwisgo'n daclus** elle était tirée à quatre épingles.
tacluso *ba* ranger, mettre de l'ordre dans; **eich ~'ch hunan** s'arranger;
♦*bg* faire du rangement, ranger.
taclusrwydd *g* (*trefn*) bon ordre *m*; (*ysgrifen, gwaith ysgol*) propreté *f*; (*rhn*) sens *m* de l'ordre.
taclwr (**taclwyr**) *g* (*RYGBI*) plaqueur *m*; (*hoci*) intercepteur *m*, interceptrice *f*.
tacograff (**-au**) *g* tachygraphe *m*.
tacomedr (**-au**) *g* tachymètre *m*.
tacsi (**-s**) *g* taxi *m*; **gyrrwr ~** chauffeur *m* de taxi; **safle(oedd) ~s** station *f* de taxis.
tacsidermi *g* empaillage *m*, taxidermie *f*.
tacsidermydd (**-ion, tacsidermwyr**) *g* empailleur *m* d'animaux, empailleuse *f* d'animaux.
tact *g* tact *m*.
tacteg (**-au**) *b* tactique *f*.
tactegol *ans* tactique *f*; **camgymeriad ~** erreur *f* de tactique; **pleidlais dactegol** vote *m* tactique;
♦ **yn dactegol** *adf* tactiquement.
Tachwedd *g* novembre *m gw. hefyd* **Mai**.
tad (**-au**) *g* père *m*; **~ yng nghyfraith** beau-père(~x-~s) *m*; **~ bedydd** parrain *m*; **~ maeth** père adoptif; **y T~ X** le Père X; **~ gwyn** beau-père *m*; **Duw Dad** Dieu le Père; **'neno'r T~!** mon Dieu!, Seigneur!; **dos, bendith y T~ iti** va-t'en, pour l'amour de Dieu *neu* du Ciel.
tada *g* papa *m*.
tadaidd *ans gw.* **tadol**.
tad-cu (**~-~od, tadau cu,**) *g* grand-père(~s-~s) *m*; **hen dad-cu** arrière-grand-père(~-~s-~s) *m*.
tadladdiad (**-au**) *g* parricide *m*.
tadleiddiad (**tadleiddiaid**) *g/b* parricide *m/f*.

tadogaeth *b* paternité *f*.
tadogi *ba* (*plentyn*) engendrer, être le père de; (*syniad*) concevoir, inventer; ~ **rhth ar rn** attribuer qch à qn.
tadol *ans* paternel(le);
♦ **yn dadol** *adf* paternellement.
tadolaeth *b* paternité *f*.
taen *b*: **ar daen** (*adenydd*) déployé(e); (*cynffon, baner, hwyliau*) étendu(e); (*lliain, cynfas*) étalé(e); (*carped*) déroulé(e), étendu(e); **rhoi dillad ar daen** étaler le linge.
taenelliad (**-au**) *g* aspersion *f*, arrosage *m*; (*gyda siwgr ayb*) saupoudrage *m*.
taenellu *ba* asperger, arroser; (*gyda siwgr ayb*) saupoudrer.
taenellwr (**taenellwyr**) *g* arroseur *m*; (*siwgr*) saupoudreuse *f*.
taenfa (**taenfâu**) *b* jonchée *f*, couche *f*.
taeniad (**-au**) *g* dissémination *f*, propagation *f*; (*haen*) couche *f*, jonchée *f*.
taenlen (**-ni**) *b* (CYFRIF) tableur *m*.
taenu *ba* étaler, étendre; (*newydd*) répandre, disséminer, faire circuler, communiquer; ~ **menyn ar rth** tartiner qch de beurre; ~ **sïon** faire circuler *neu* propager *neu* colporter des bruits; ~ **lliain bwrdd** étaler une nappe; ~ **nwyddau** étaler des marchandises; ~ **llawr â blodau** joncher un plancher de fleurs *gw.* *hefyd* **lledaenu**;
♦*bg gw.* **ymdaenu**.
taenwr (**taenwyr**) *g* (AMAETH) épandeur *m*, épandeuse *f*; (*cyllell: menyn ayb*) couteau(-x) *m*; (*celwyddau ayb*) colporteur *m*, colporteuse *f*, semeur *m*, semeuse *f*, propogateur *m*, propagatrice *f*.
taeog *ans* servile;
♦*g* (**-ion**) serf *m*; **cymhleth y** ~ complexe *m* d'infériorité.
taeogaeth *b* servilité *f*.
taeogaidd *ans* (*gwasaidd*) servile;
♦ **yn daeogaidd** *adf* servilement.
taeoges (**-au**) *b* serve *f*.
taeogrwydd *g* servilité *f*.
taer *ans* fervent(e), ardent(e); (*erfyniad, angen, galwad*) pressant(e), insistant(e), urgent(e); **mae** ~ **angen help arni** elle a un besoin urgent d'aide;
♦ **yn daer** *adf* ardemment, avec ferveur; **mynnu'n daer ...** insister que.
taerddwys *ans* sérieux(sérieuse), urgent(e);
♦ **yn daerddwys** *adf* sérieusement, avec urgence.
taerineb, **taerni** *g* ardeur *f*, ferveur *f*, insistance *f*, urgence *f*.
taeru *bg* (*honni*) soutenir, jurer; (*mynnu*) insister; ~ **gyda rhn ynghylch rhth** disputer *neu* se quereller avec qn à propos de qch.
taerwr (**taerwyr**) *g* querelleur *m*.
tafarn (**-au**) *b,g* (*hefyd:* **tŷ** ~) pub *m*, bistrot *m*, bar *m*, cabaret *m*, brasserie *f*, débit *m* de boissons; (*mewn pentref*) auberge *f*, taverne *f*; **hel** ~**au** faire la tournée des bars; ~ **win** bar à vin; ~ **datws** friterie *f*.
tafarndy (**tafarndai**) *g gw.* **tafarn**.
tafarnwr (**tafarnwyr**) *g* patron *m neu* gérant *m* de pub.
tafarnwraig (**tafarnwragedd**) *b* patronne *f neu* gérante *f* de pub.
tafell (**-au, -i**) *b* tranche *f*; (*gron*) rondelle *f*; ~ **o fara menyn (a jam)** tartine *f*.
tafellog *ans* en tranches; (*crwn*) en rondelles; **bara** ~ pain *m* en tranches.
tafellu *ba* couper (qch) en tranches; (*yn grwn*) couper (qch) en rondelles.
tafl *b* jet *m*; **ffon dafl** fronde *f*.
tafledigion *ll* projectiles *mpl*.
taflegryn (**taflegrau**) *g* missile *m*.
tafleisiaeth *b* ventriloquerie *f*.
tafleisiwr (**tafleiswyr**) *g* ventriloque *m/f*.
taflen (**-ni**) *b* (*hefyd:* ~ **wybodaeth**) dépliant *m*; (*hefyd:* ~ **hysbysebu**) prospectus *m*; ~ **waith** feuille *f* de travail.
tafl-ffon (~**-ffyn**) *b* fronde *f*.
tafliad (**-au**) *g* jet *m*, lancement *m*, lancée *f*; (CHWAR) lancer *m*; **dafliad carreg o'r orsaf** à deux pas de la gare; **mae** ~ **yn yr olwyn 'ma** cette roue est déjetée.
tafl-lwybr (~**-**~**au**) *g* trajectoire *f*.
taflod (**-au, -ydd**) *b* (*atig: tŷ, stabl*) grenier *m*; ~ **y genau** la voûte *f* du palais.
taflrwyd (**-au**) *b* épervier *m*.
taflu *ba* jeter; (*carreg*) lancer, jeter; (*pêl, gwaywffon*) lancer; (*deis*) jeter; (*sbwriel*) jeter; ~ **ceiniog** jouer à pile ou face; ~**'r ddisgen** lancer le disque; ~ **rhth ymaith** jeter qch; ~ **rhth allan** jeter qch, rejeter qch; ~ **rhn allan** mettre qn à la porte; ~ **rhth i fyny** (*pêl ayb*) lancer qch en l'air; ~ **i fyny** (*chwydu*) vomir; ~ **llun** projeter; ~**'ch pwysau** en imposer hiérarchiquement à qn, faire l'important(e);
♦*bg*: ~ **allan** (*ymwthio allan, bargodi: mur*) fare saillie, être en saillie; (:*olwyn*) se déjeter, être déséquilibré(e), être maléquilibré(e).
tafluniad (**-au**) *g* projection *f*.
taflunio *ba* projeter.
taflunydd (**-ion**) *g* projecteur *m*; ~ **uwch ben** *ou* ~ **dros ysgwydd** rétroprojecteur *m*.
taflwr (**taflwyr**) *g* lanceur *m*.
taflydd (**-ion**) *g gw.* **taflwr**.
tafod (**-au**) *g*
1 (CORFF) langue *f*; **tynnu** ~ **ar rn** tirer la langue à qn; **â'ch** ~ **yn eich boch** ironiquement; **dal eich** ~ se taire, ne pas parler; **rhoi pryd o dafod i rn** semoncer qn, réprimander qn, attraper qn*, passer un savon à qn*; **cael pryd o dafod gan rn** se faire gronder *neu* semoncer *neu* réprimander *neu* attraper par qn.
2 (*iaith*): **ar dafod leferydd** en usage oral.
3 (*ar esgid*) languette *f*.
4 (*tir*) langue *f*.
5 (PLANH): ~ **yr hydd** scolopendre *f*.

tafod-ddrwg *ans* mal embouché(e).
tafodi *ba* gronder, réprimander, attraper.
tafodiaith (**tafodieithoedd**) *b* dialecte *m*, patois *m*; **siarad** ~ patoiser; **siaradwr** ~ patoisant *m*, patoisante *f*.
tafodieitheg *b* dialectologie *f*.
tafodieithegydd (**tafodieithegwyr**) *g* dialectologue *m/f*.
tafodieithol *ans* dialectal(e)(dialectaux, dialectales);
♦ **yn dafodieithiol** *adf* de façon dialectale.
tafodleferydd *g*: **dysgu rhth ar dafodleferydd** apprendre qch par cœur.
tafodrwym *ans* trop timide pour parler, muet(te), taciturne, silencieux(silencieuse).
tafodrydd *ans* volubile, loquace, intarissable; **mae hi'n dafodrydd** elle a la langue bien pendue;
♦ **yn dafodrydd** *adf* avec volubilité, intarissablement.
tafol (**-au, taflau**) *b* balance *f*, bascule *f*.
tafolen (**tafol**) *b* (*PLANH*) patience *f*; **dail tafol** feuilles *fpl* de patience.
tafoli *ba* (*sefyllfa*) évaluer, mesurer, jauger.
tafotgaeth *ans gw.* **tafodrwym**.
tafotrwg *ans* grossier(grossière), au langage grossier, mal embouché(e).
tafotrwm *ans* à la voix pâteuse.
Tafwys *prb* la Tamise *f*.
taffi (**-s**) *g* caramel *m*; **afal** ~ pomme *f* caramélisée.
tag *g*: **eirin duon** ~ prunelles *fpl*.
tagell (**-i, -au, tegyll**) *b* (*pysgodyn*) ouïes *fpl*; (*gên*) double menton *m*; (*ar fuwch*) fanon *m*; (*ar geiliog*) caroncule *f*.
tagellog *ans*: **bod yn dagellog** avoir plein de plis sous le menton; (*buwch*) avoir un fanon *neu* des fanons; (*pysgodyn*) être muni(e) d'ouïes; (*ceiliog*) être caroncule.
tagfa (**tagfeydd**) *g* (*pwl o dagu*) étouffement *m*, suffocation *f*; (*traffig*) embouteillage *m*, bouchon *m*.
tagiant *g* (*ECON*) congestion *f*.
taglys, **tagwydd** *g* liseron *m*, vrillée *f*.
tagwyg *g* vexe *f* cespiteuse.
tagu *ba* étrangler; **coler** ~ (*ci*) collier *m* étrangleur;
♦*bg* (*methu ag anadlu*) étouffer, s'étouffer, s'étrangler; (*pesychu*) tousser; ~ **ar rth** s'étouffer *neu* s'étrangler en avalant qch de travers.
tagwr (**tagwyr**) *g* étrangleur *m*.
tagydd (**-ion**) *g* (*CAR*) starter *m*.
tangiad (**-au**) *g* tangente *f*.
tangiadol *ans* tangentiel(le);
♦ **yn dangiadol** *adf* tangentiellement.
tangnefedd *g,b* paix *f*, tranquillité *f*.
tangnefeddus *ans* paisible, tranquille, pacifique;
♦ **yn dangnefeddus** *adf* paisiblement, tranquillement, pacifiquement.
tangnefeddwr (**tangnefeddwyr**) *g* pacificateur *m*, artisan *m* de la paix.
tangnefeddwraig (**tangnefeddwragedd**) *b* pacificatrice *f*, artisane *f* de la paix.
Tahiti *prb* Tahiti *m*; **yn Nhahiti** à Tahiti.
Tahitïad (**Tahitïaid**) *g/b* Tahitien *m*, Tahitienne *f*.
Tahitïaidd *ans* tahitien(ne).
tai *ll gw.* **tŷ**.
taid (**teidiau**) *g* grand-père(~s-~s) *m*; **hen daid** arrière-grand-père(~-~s-~s) *m*; **mae o fel hen daid** il a l'air d'un croulant* *neu* d'un vieillard.
tail *g* (*gwrtaith, tom*) fumier *m*.
tair *ans b, rhag gw.* **tri**.
taith (**teithiau**) *b* voyage *m*, trajet *m*, itinéraire *m*; ~ **5 awr** un voyage de 5 heures; **mynd ar daith** partir en voyage; **ar daith** (*cwmni theatr, actor*) en tournée; ~ **archaeolegol** expédition *f* archéologique; ~ **gerdded** randonnée *f*; ~ **gerdded noddedig** marche *f* (*pour aider une œuvre de charité*); ~ **gyfnewid** échange *m*; ~ **gyfnewid ysgol** échange scolaire.
Taiwan *prb* le Taiwan *m*; **yn Nhaiwan** à Taiwan.
Taiwanaidd *ans* taiwanais(e).
Taiwaniad (**Taiwaniaid**) *g/b* Taiwanais *m*, Taiwanaise *f*.
tal *ans* grand(e), de grande taille; (*coeden*) grand, haut(e); **pa mor dal ydych chi?** combien mesurez-vous?; **mae hi'n ddwy lath o dal** ≈ elle mesure *neu* fait 1 mètre 80.
tâl[1] (**taliadau**) *g*
1 (*cyff*) paiement *m*, règlement *m*; ~ **mynediad** prix *m* d'entrée; ~ **sefydlog** *ou* ~ **penodedig** *ou* ~ **gosod** prix *m* fixe; **codi** ~ **ar rn am rth** faire payer qch à qn; **codir** ~ **arnoch am gludiant** les frais postaux seront à votre charge.
2 (*cyflog*) salaire *m*, paie *f*.
tâl[2] *be gw.* **talu**.
taladwy *ans* payable; **gwneud siec yn daladwy i rn** établir un chèque à l'ordre de qn.
talai (**taleion**) *g* bénéficiaire *m/f*.
talaith (**taleithiau**) *b* (*cyff*) province *f*; (*yn America*) état *m*; **yn y taleithiau** en province, dans les provinces; **Unol Daleithiau America** les États-Unis d'Amérique; **yn yr Unol Daleithiau** aux États-Unis; **y Taleithiau Unedig** (*Iseldiroedd*) les Provinces-Unies; **yn y Taleithiau Unedig** dans les Provinces-Unies.
talar (**-au**) *b* tournière *f*, fourrière *f*; **cyrraedd pen y dalar** arriver au terme de qch; **curo rhn o bant i dalar** balloter qn de l'un à l'autre, renvoyer qn de Caïphe à Pilate.
talc *g* talc *m*.
talcen (**-nau, -ni**) *g* (*CORFF*) front *m*; ~ **tŷ** pignon *m*; ~ **glo** front de taille; ~ **crwn** (*PENS*) abside *f*; ~ **slip** front fuyant; **bardd** ~ **slip** rimailleur *m*, rimailleuse *f*; **troi rhth ar ei**

dalcen tourner qch à l'envers; **llyncu** *ou* **yfed rhth ar ei dalcen** boire qch d'un seul coup; **taro rhth yn ei dalcen** (*ffig*) expédier une tâche, en finir avec une tâche.

talch (**teilchion**) *g gw.* **teilchion**.

taldra *g* taille *f*, grandeur *f*; (*coed*) hauteur *f*; **mae hi'n 6 throedfedd o daldra** ≈ elle mesure 1 mètre 80; **beth yw dy daldra di?** combien mesures-tu?, tu mesures combien?

taleb (**-au, -ion**) *b* reçu *m*, récépissé *m*; (*am barsel*) accusé *m* de réception.

taleithiau *ll gw.* **talaith**.

taleithiol *ans* provincial(e)(provinciaux, provinciales), de province; (*eisteddfod*) régional(e)(régionaux, régionales).

talent (**-au**) *b* talent *m*, don *m*.

talentog *ans* doué(e), plein(e) de talent, talentueux(talentueuse);

♦ **yn dalentog** *adf* talentueusement.

tâl-feistr (**∼-∼i**) *g* payeur *m*, trésorier-payeur(∼s-∼s) *m*.

talfyredig *ans* abrégé(e).

talfyriad (**-au**) *g* abréviation *f*; (*o nofel*) abrégé *m*, résumé *m*.

talfyrru *ba* abréger.

talfyrrwr (**talfyrwyr**) *g* abréviateur *m*.

talgrwn (**talgron**) (**talgrynion**) *ans* (*MATH*) arrondi(e) au chiffre supérieur.

talgryf (**talgref**) (**talgryfion**) *ans* robuste, vigoureux(vigoureuse), solide; (*digywilydd*) effronté(e), impudent(e), arrogant(e), présomptueux(présomptueuse).

talgrynnu *ba* arrondir (qch) au chiffre supérieur.

talgudyn (**-nau**) *g* mèche *f*, toupet *m*.

tali *g*: **byw** ∼ cohabiter.

taliad (**-au**) *g* paiement *m*; (*bil*) règlement *m*; (*siec*) versement *m*; **blaen-daliad rhannol** acompte *m*, avance *f*; **blaen-daliad cyfan** paiement anticipé; ∼ **gohiriedig** paiement par versements échelonnés; ∼ **misol** mensualité *f*; **yn daliad am** en règlement de; **am daliad o bumpunt** pour *neu* moyennant 5 livres *gw. hefyd* **tâl**[1].

talïaidd *ans* poli(e), décent(e), courtois(e).

talisman (**-au**) *g* talisman *m*.

talismanaidd, **talismanig** *ans* talismanique.

talm *g gw.* **talwm**.

Talmwd *g* Talmud *m*.

Talmwdaidd *ans* talmudique.

talog *ans* (*bywiog*) leste, allègre, enjoué(e), actif(active), vif(vive), plein(e) d'entrain *neu* d'allant *neu* de verve; (*digywilydd*) effronté(e), culotté(e);

♦ **yn dalog** *adf* (*yn fywiog*) lestement, allègrement; (*yn ddigywilydd*) effrontément.

talogrwydd *g* (*bywiogrwydd*) légèreté *f*, enjouement *m*, entrain *m*; (*digywilydd-dra*) effronterie *f*.

talp (**-iau**) *g* gros morceau(-x) *m*; ∼ **o bridd** motte *f* de terre; ∼ **o fara** guignon *m* de pain, michot *m*; ∼ **bren** tronçon *m* de bois; ∼ **o fenyn** motte de beurre; **diolch yn dalpiau!** merci beaucoup!, un très grand merci!

talpiog *ans*: **pridd** ∼ sol *m* plein de mottes.

talsyth *ans* droit(e); (*haerllug*) arrogant(e), fanfaron(ne), bravache;

♦ **yn dalsyth** *adf*: **cerdded yn dalsyth** se pavaner, plastronner.

talsythu *bg* se redresser; (*yn haerllug*) se pavaner, plastronner.

talu *ba*

1 (*cyff: bil, pris, dirwy, trethi, rhent, gweithiwr*) payer; (*:dyledion, bil*) régler, acquitter; (*:morgais*) rembourser; **faint a dalsoch chi amdano?** combien l'avez-vous payé(e)?, vous l'avez payé(e) combien?; **mi delais i £15 am y CD hwn** j'ai payé ce CD 15 livres; ∼ **rhth yn ôl i rn** rembourser qch à qn.

2 (*ymadroddion*); ∼ **sylw i rth** faire attention à qch; **does neb yn** ∼ **sylw imi** personne ne m'écoute; ∼ **diolch i rn** remercier qn, proposer un discours de remerciement à qn; ∼**'ch ffordd** payer sa part; **mae'r busnes yn** ∼**'i ffordd** l'affaire est rentable; **mi dalaf y pwyth yn ôl iddo!** je lui revaudrai le tour qu'il m'a joué!; ∼ **ymweliad** (*â rhn*) aller voir, rendre visite à; (*â lle*) aller voir, visiter;

♦*bg*

1 (*cyff*) payer; **rhaid** ∼ **i fynd i mewn** l'entrée est payante; ∼ **yn y fan a'r lle** payer rubis sur l'ongle; ∼ **i rn am rth** payer qn pour qch; ∼ **am rth i rn** offrir qch à qn; ∼ **dros rn** payer pour qn; **mae'n rhaid i bawb dalu drosto'i hun** chacun doit payer pour soi; **bydd hyn yn** ∼ **drosto'i hun** le coût de ceci sera amorti; ∼ **am rth o'ch poced eich hun** payer *neu* sortir de sa poche; **sy'n** ∼ (*proffidiol*) payant(e), profitable, rentable; **mae'r swydd yn** ∼**'n dda** le travail est bien payé.

2 (*ffig*): ∼**'n ddrud** payer chèrement; **fe gaiff hi dalu'n ddrud am hyn** elle me le payera cher.

3 (*bod o werth*) porter des fruits, s'avérer rentable; **dydy gwneud hynna ddim yn** ∼ on ne gagne rien à faire cela; **ni thâl hi ddim fel 'na** ça ne peut pas continuer comme ça; **nid yw troseddu'n** ∼ le crime ne paye pas; **byddai'n** ∼ **ichi gychwyn ar unwaith** vous avez intérêt à commencer tout de suite; **mae'n** ∼ **bod yn onest** cela rapporte d'être honnête; **nid yw dweud celwydd yn** ∼ cela ne sert à rien de mentir.

talwm *g* période *f*; **ers** ∼ (*amser maith yn ôl*) autrefois, jadis, il y a longtemps; (*ers tro*) depuis longtemps.

talwr (**talwyr**) *g* payeur *m*; ∼ **gwael** mauvais payeur.

talwraig (**talwragedd**) *b* payeuse *f*.

talwrn (**talyrnau**) *g* aire *f*, arène *f*; (*llawr dyrnu*) aire *neu* arène de battage; ∼ **ceiliogod** arène des combats de coqs; ∼ **y beirdd**

concours m poétique.

tamaid (**tameidiau**) *g* morceau(-x) *m*; ~ **bach o rth** un petit morceau de qch, un peu de qch; **yn dameidiau** en morceaux, en miettes; **ennill eich** ~ gagner sa croûte; ~ **i aros pryd** un avant-goût de l'avenir; **hel eich** ~ mendier; **cael** ~ **i'w fwyta** casser une croûte, manger sur le pouce, faire un repas, mettre qch sous la dent.

tamarin (**-iaid**) *g* (*ANIF*) tamarin *m*.

tamarind (**-au**) *g* (*ffrwyth*) tamarin *m*; **coeden damarind** tamarinier *m*.

tambwrîn (**tambwrinau**) *g* tambourin *m*.

tameidiach *g* petits morceaux *mpl*, bribes *fpl*.

tameidiog *ans* décousu(e), fait(e) de bric et de broc, hétéroclite;

♦ **yn dameidiog** *adf* de façon décousue.

tameidyn (**tameidiau**) *g* petit morceau(-x) *m*, casse-croûte *m inv*; **cael** ~ **bach** manger un en-cas, manger quelque chose de léger.

tamp *ans* humide; (*dwylo, croen*) moite.

tampan* *bg* (*bod wedi gwylltio*) être fou(folle) de rage; **'roedd hi'n** ~ **y glaw** il pleuvait à verse, il pleuvait des hallebardes.

tampon (**-au**) *g* tampon *m* hygiénique *neu* périodique.

tamprwydd *g* humidité *f*.

tan[1] *ardd* (tanof fi, tanot ti, tano ef, tani hi, tanom ni, tanoch chi, tanynt hwy/tanyn nhw)
1 (*o dan*) sous, au-dessous de; ~ **y goeden** sous l'arbre; ~ **bymtheg mlwydd oed** âgé(e) de moins de quinze ans.
2 (*yr yn pryd â, gan*) en; **gweithio** ~ **ganu** travailler en chantant; **fe ddaeth hi drwy'r arholiad** ~ **ganu** elle a réussi l'examen haut la main; **gwneud rhth** ~ **un** faire qch en même temps, faire deux choses à la fois.

tan[2] *cys* (*hyd at, nes*) jusqu'à; ~ **rŵan** jusqu'à présent, jusqu'ici; ~ **hynny** jusque-là; **o fore** ~ **nos** du matin au soir, jusqu'au soir; **mi fyddwn ni yma** ~ **ddydd Sul y Pys** nous serons là pendant une éternité.

▶ **tan i** jusqu'à ce que + *subj*, en attendant que + *subj*; **arhoswn** ~ **iddi gyrraedd** attendons jusqu'à ce qu'elle vienne.

tân (**tanau**) *g*
1 (*cyff*) feu(-x) *m*; (*damweiniol*) incendie *m*, sinistre *m*; ~ **trydan** radiateur *m* électrique; ~ **nwy** chauffage *m* au gaz; **ar dân** en feu; **rhoi rhth ar dân** mettre feu à qch; **aeth y tŷ ar dân** la maison a pris feu; ~ **gwyllt** feu d'artifice; **noson y** ~ **gwyllt** nuit *f* de la conspiration des Poudres; **arddangosfa dân gwyllt** feu d'artifice; **help,** ~! au feu!; **oes gennych chi dân os gwelwch yn dda?** avez-vous du feu s'il vous plaît?; **cynnau** ~ allumer un feu; **brigâd dân** régiment *m* de sapeurs-pompiers; **diffoddwr** ~ pompier *m*; **prif reolwr y frigâd dân** capitaine *m* des pompiers; **offer diffodd** ~ extincteur *m*; **drws** ~ porte *f* coupe-feu; **dihangfa dân** escalier *m* de secours; **gorsaf dân** caserne *f* de pompiers; **injan dân** pompe *f* à incendie; **larwm** ~ avertisseur *m* d'incendie; **"os bydd** ~**, torrwch y gwydr"** "en cas de sinistre, casser le verre"; **lle** ~ cheminée *f*; **yswiriant rhag** ~ assurance *f* incendie; **sgrin dân** garde-feu *m inv*; (*addurniadol*) écran *m* de cheminée; **arf** ~ arme *f* à feu; **diogel rhag** ~ ignifuge; **aelwyd o flaen y** ~ foyer *m neu* coin *m* du feu; **coed** ~ bois *m* de chauffage; ~ **siafins** un feu de paille; **mae hi'n dân ar fy nghroen** elle m'irrite *neu* m'agace, elle me tape sur les nerfs*.
2 (*ffig: brwdfrydedd*) zèle *m*, ardeur *f*; **bod ar dân dros rth** (*ffig*) être plein(e) d'ardeur *neu* de zèle pour qch, tenir beaucoup à qch; ~ **arni!** grouille-toi!*, vite!.
3 (*MEDD*): ~ **iddwf,** ~ **lddew** érysipèle *m*.
4 (*PRYF*): ~ **bach diniwed** ver *m* luisant; **pryf** ~ (*cricsyn*) grillon *m*, cri-cri *m inv*; (*chwilen loyw*) luciole *f*, ver *m* luisant.

tanamcangyfrif *ba* sous-estimer, mésestimer.

tanbaid *ans* (*heulwen*) éclatant(e), ardent(e), brûlant(e); (*brwd*) ardent, fougueux(fougueuse), fervent(e), véhément(e);

♦ **yn danbaid** *adf* ardemment, fougueusement, avec ardeur, avec ferveur, avec véhémence, véhémentement.

tanbeidio *bg* flamber, brûler.

tanbeidrwydd *g* (*gwres*) incandescence *f*; (*heulwen*) éclat *m*, chaleur *f*; (*brwdfrydedd*) ferveur *f*, ardeur *f*, fougue *f*.

tân-beiriant (~**-beiriannau**) *g* pompe *f* d'incendie.

tân-belen (~**-**~**nau**) *b* obus *m*.

tanbrisio *ba* sous-estimer la valeur de.

tanc (**-iau**) *g* (*MIL*) char *m* d'assaut, tank *m*; (*pysgod*) aquarium *m*; (*dŵr*) réservoir *m*; (*olew ayb*) cuve *f* à mazout, citerne *f*; (*mewn car*) réservoir de carburant.

tancard (**-iau**) *g* chope *f*.

tancer (**-i**) *g,b* (*llong*) pétrolier *m*, tanker *m*; (*lorri*) camion-citerne(~s-~s) *m*; (*RHEIL*) wagon-citerne(~s-~s) *m*.

tanchwa (**-oedd**) *b* explosion *f*; (*nwy peryglus*) grisou *m*.

tandem (**-au**) *g* tandem *m*.

tandwf *g* broussailles *fpl*, sous-bois *m inv*.

tandwri *g* tandoori *m*.

tanddaearol *ans* souterrain(e); (*ffig: yn anghyfreithlon*) clandestin(e); **trên** ~ métro *m*;

♦ **yn danddaearol** *adf* (*ffig*) clandestinement.

tanddwr *ans* sous-marin(e).

tanerdy (**tanerdai**) *g* tannerie *f*.

tanfaethu *ba* sous-alimenter.

tanfor, **tanforol** *ans* sous-marin(e); **llong danfor** sous-marin *m*.

tanforwr (**tanforwyr**) *g* sous-marinier *m*.

tanffordd (**tanffyrdd**) *b* passage *m* souterrain;

(*ar draffordd*) passage inférieur.
Tangier *prb* Tanger; **yn** ~ à Tanger.
tangloddio *ba* (*tanseilio*) saper, miner.
tango (**-s**) *g,b* tango *m*.
tangyflawni *bg* ne pas obtenir les résultats dont on est capable.
tangyflawnydd (**tangyflawnwyr**) *g* sous-performant *m*.
tangyflogaeth *b* sous-emploi *m*.
taniad (**-au**) *g* (*CAR*) allumage *m*; (*MIL: saethu*) feu(-x) *m*, tir *m*; (*crochenwaith*) cuisson *f*, cuite *f*.
tanin *g* tanin *m*.
tanio *ba* (*rhoi rhth ar dân*) mettre le feu à, enflammer; (*golau, tân nwy*) allumer; (*ffig: dychymyg ayb*) enflammer, exciter, stimuler, échauffer; ~**'r injan** (*car*) mettre le contact; ~ **matsien** allumer *neu* gratter une allumette; ~ **ffwrnais** chauffer une fournaise; ~ **ergyd** tirer un coup de feu; ~ **gwn** décharger *neu* tirer une arme à feu; ~ **roced** tirer *neu* lancer une fusée;
♦*bg* s'enflammer; (*coed, matsien, nwy*) allumer; (*injan: car*) tourner; (*canon*) ouvrir le feu; (*saethwr*) faire feu; **ni wnaeth y gwn danio** le coup n'est pas parti; ~ **ar rn** tirer un coup de feu sur qn, faire feu sur qn.
taniwr (**tanwyr**) *g* (*RHEIL, MOR*) chauffeur *m*; (*dyn tân*) pompier *m*; ~ **sigaréts** briquet *m*; (*mewn car*) allume-cigare *m inv*.
tanjerîn (**-s, tanjerinau**) *b,g* mandarine *f*; ♦*ans* (*lliw*) mandarine *inv*.
tanlinelliad (**-au**) *g* soulignage *m*, soulignement *m*.
tanlinellu *ba* souligner.
tanlwybr (**-au**) *g* passage *m* sous-terrain.
tanlli *ans*: **newydd sbon danlli** tout battant neuf(toute battant neuve).
tanllwyth (**-i**) *g* feu(-x) *m* ardent; ~ **o dân** une belle flambée *f*.
tanllyd *ans* (*poeth*) ardent(e), brûlant(e); (*brwd*) ardent, fougueux(fougueuse); (*CREF*) fervent(e), ardent.
tannau *ll gw.* **tant**.
tannu *ba gw.* **taenu**.
tanod *g* braise *f*.
tanodd *adf* en dessous, au-dessous, en bas, en contrebas.
Tansanïa *prb* la Tanzanie *f*; **yn Nhansanïa** en Tanzanie.
Tansanïad (**Tansanïaid**) *g/b* Tanzanien *m*, Tanzanienne *f*.
Tansanïaidd *ans* tanzanien(ne).
tanseilio *ba* saper, miner.
tans(l)i *g* (*PLANH*) tanaisie *f*.
tant (**tannau**) *g* corde *f*; **taro'r** ~ **cywir** toucher la corde sensible; **fe drawodd dant gyda'r gynulleidfa** cela a trouvé un écho chez l'assistance; **mae'n taro** ~ (*f'atgoffa*) ça me dit quelque chose, ça me rappelle quelque chose.
tantro* *bg* tempêter.
tanwydd *g* (*coed tân*) bois *m* de chauffage; (*cynnud*) combustible *m*; (*CAR*) carburant *m*; **olew** ~ mazout *m*; **pwmp** ~ (*car*) pompe *f* d'alimentation; **tanc** ~ cuve *f* à mazout, citerne *f* à mazout; (*mewn car*) réservoir *m* de carburant.
tanysgrifennwr (**tanysgrifenwyr**) *g* (*yswiriant*) souscripteur *m*.
tanysgrifiad (**-au**) *g* (*i gylchgrawn*) abonnement *m*; (*i yswiriant*) souscription *f*; (*aelodaeth o glwb ayb*) cotisation *f*; (*i gronfa*) don *m*.
tanysgrifio *bg* donner *neu* verser une somme d'argent à; (*i gylchgrawn ayb*) être abonnée à, s'abonner à, se cotiser à; (*i yswiriant ayb*) souscrire à.
tanysgrif(i)wr (**tanysgrifwyr**) *g* abonné *m*; (*yswiriant ayb*) souscripteur *m*.
tanysgrifwraig (**tanysgrifwragedd**) *b* abonnée *f*; (*yswiriant ayb*) souscriptrice *f*.
tap[1] (**-iau**) *g* (*ar sinc ayb*) robinet *m*; **cwrw ar dap** bière *f* en tonneau.
tap[2] (**-iau**) *g* (*trawiad ysgafn*) petite tape *f*, petit coup *m*.
tap[3] (**-au**) *g* (*ar sawdl esgid*) sous-bout *m*, hausse *f*.
tâp (**tapiau**) *g* ruban *m*, bande *f*; (*casét*) cassette *f*; (*ar gyfer parseli, dogfennau*) bolduc *m*; (*MEDD*) sparadrap *m*; (*recordio*) bande; (*CHWAR*) fil *m* d'arrivée; ~ **mesur** mètre *m* à ruban; ~ **ynysu** ruban isolant; ~ **gludiog** scotch *m*, ruban adhésif; ~ **coch** (*biwrocratiaeth*) paperasserie *f* administrative; **torri** ~ (*i agor rhth*) couper un ruban.
tapas *ll*: **bar** ~ bar *m* à tapas.
tapddawns (**-iau**) *b* claquettes *fpl*.
tapddawnsio *bg* faire des claquettes.
tapddawnsiwr (**tapddawnswyr**) *g* danseur *m* de claquettes.
tapddawnswraig (**tapddawnswragedd**) *b* danseuse *f* de claquettes.
taped (**-i**) *g* (*CAR*) poussoir *m* de soupape.
tapestri (**tapestrïau**) *g* tapisserie *f*.
tapio[1] *ba* (*taro'n ysgafn*) tapoter, frapper *neu* taper (qch) doucement; (*casgen*) percer; (*adnoddau, marchnad*) exploiter; ~ **troed** taper du pied; ~ **wrth y drws** frapper légèrement à la porte.
tapio[2] *ba* (*parsel, llythyrau*) attacher *neu* ficeler (qch) avec du ruban; (*â selotêp*) scotcher, coller (qch) avec du scotch; ~ **rhth at ei gilydd** recoller qch avec du scotch.
tapio[3] *ba* (*recordio rhth ar dâp*) enregistrer (qch) sur bande; ~ **sgwrs** capter une conversation; ~ **ffôn rhn** mettre (le téléphone de) qn sur (table d')écoute.
tapioca *g* tapioca *m*.
tapr[1] (**-au**) *g* (*cannwyll*) cierge *m*; (*i danio canhwyllau*) bougie *f* fine.

tapr[2] *g* (*meinhad*) conicité *f*.
tâp-recordiad (~-~**au**) *g* enregistrement *m* sur bande.
tâp-recordio *ba* enregistrer (qch) sur bande.
tâp-recordydd (~-~**ion**) *g* magnétophone *m*.
tapro *ba* fuseler, effiler;
♦*bg* (*meinhau*) s'effiler, finir en pointe *neu* fuseau.
tar *g* goudron *m*; **sigaréts (â chynnwys) isel/uchel mewn** ~ cigarettes *fpl* à faible/moyenne teneur en goudron.
T.A.R. *byrf* (= *Tystysgrif Addysg i Raddedigion*) *diplôme m de spécialisation dans l'enseignement pour les licenciés.*
ta-ra *ebych* au revoir, salut.
taradr (**-au, terydr**) *g* (*ar gyfer pren*) vrille *f*; ~ **y coed** pivert *m*.
taragon *g* (*COG*) estragon *m*; **saws** ~ sauce *f* à l'estragon.
taramasalata *g* tarama *m*.
taran (**-au**) *b* tonnerre *m*; **glaw** ~**au** pluie *f* d'orage; ~**au o gymeradwyaeth** tonnerre d'applaudissments, applaudissements *mpl* enthousiastes; **bod fel gafr ar daranau** être fringant(e) *neu* agité(e), être sur des charbons ardents.
taranfollt (**-au**) *g,b* foudre *f*; (*ffig*) bombe *f*.
taraniad (**-au**) *g* coup *m* de tonnerre.
taranllyd, taranog, taranol *ans* (*tywydd*) orageux(orageuse); (*llais, sŵn*) tonitruant(e), assourdissant(e);
♦ **yn daranllyd** orageusement; (*gweiddi*) de façon tonitruante *neu* assourdissante.
tarantwla (**-od**) *g* tarentule *f*.
taranu *bg* tonner; (*rhuo: siaradwr*) fulminer, pester, tonitruer, parler d'une voix tonitruante; **"Tawelwch!" taranodd yr athro** "(du) silence!" tonna le professeur; ~ **heibio** passer dans un grondement *neu* un bruit de tonnerre.
tarddiad (**-au**) *g* source *f*, origine *f*; (*IEITH*) dérivation *f*.
tarddle (**-oedd**) *g* source *f*.
tarddu *bg*: ~ **o** provenir de, dériver de, être issu(e) de, avoir *neu* trouver son origine dans; (*afon*) avoir sa source dans.
tarfu *ba* (*dychryn, gwasgaru*) disperser, mettre en fuite, chasser; ~**'r colomennod** (*ffig*) jeter un pavé dans la mare;
♦*bg*: ~ **ar** (*aflonyddu ar*) déranger; **mae'n ddrwg gen i darfu arnoch chi** excusez-moi de vous déranger.
targed (**-au**) *g* cible *f*; (*ffig: nod*) objectif *m*, but *m*.
targedu *ba* (*MIL*) viser; (*hysbyseb ayb*) cibler.
tarian (**-au, -nau**) *b* bouclier *m*.
tariff (**-au, -iau**) *g* (*MASN*) tarif *m*; (*treth*) tarif douanier.
tario *bg* rester, demeurer, s'attarder, traînasser.
tarmac *g* (*ar ffordd*) tarmacadam *m*, macadam *m*; (*AWYR*) aire *f* d'cnvol, piste *f* d'envol, aire de stationnement.
tarmacio *ba* goudronner.
taro *ba* frapper, cogner; (*yn ysgafn*) taper, tapoter; (*damwain car ayb*) entrer en collision avec; ~ **i mewn i** s'enfoncer dans; ~ **yn erbyn rhth** heurter qch; ~**'ch pen** se cogner la tête; **fe drawodd y syniad fi ...** l'idée m'est venue que, il m'est venu à l'idée que; ~ **deuddeg** être en plein dans le mille, taper dans le mille; ~**'r hoelen ar ei phen** frapper juste, mettre le doigt dessus; ~ **tant** (*ar y delyn*) pincer les cordes (de la harpe), pincer de la harpe; (*atgoffa rhn o rth*) toucher la corde sensible; **mae'r enw yn** ~ **tant** le nom me dit quelque chose; ~ **gair ar bapur** inscrire un mot rapidement; **mae'n fy nharo i fel rhywun gonest** il me paraît très sincère; ~ **rhn i lawr** renverser qn; ~ **rhth ar silff** (*dodi*) mettre *neu* flanquer *neu* ficher qch sur le rayon;
♦*bg* (*cloc*) sonner; **offeryn** ~ instrument *m* à percussion; ~ **ar rn** rencontrer qn, tomber sur qn; ~ **ar syniad** tomber sur une idée; ~ **draw** *ou* **heibio i weld rhn** passer voir qn; ~ **i mewn i wrth fynd heibio** entrer en passant.
tarot *g* tarot *m*.
tarpolin (**-au**) *g* bâche *f* goudronnée.
Tarragona *prb* Tarragone; **yn Nharragona** à Tarragone.
tarren (**tarenydd**) *b* crête *f*, arête *f*, tertre *m*.
Tarsus *prb* Tarse *f*; **yn Nharsus** à Tarse.
tartan *ans* écossais(e), à carreaux;
♦*g* (**-au**) tartan *m*, (tissu *m*) écossais *m*.
tartar *g* (*ar ddannedd*) tartre *m*.
Tartar (**-iaid**) *g/b* Tatare *m/f*.
tartâr *g*: **saws** ~ sauce *f* tartare.
Tartaraidd *ans* tatar(e).
Tartareg *b,g* tatar *m*;
♦*ans* tatar(e).
Tartaria *prb* la Tartarie *f*; **yn Nhartaria** en Tartarie.
tarten (**-ni, -nau**) *b* (*ffrwythau*) tarte *f*; (*pastai*) tourte *f*; (*â chig*) pâté *m* en croûte; ~ **afal** tarte aux pommes; ~ **riwbob** tarte à la rhubarbe.
tarth (**-au, -oedd**) *g* vapeur *f*; (*niwl*) brume *f*.
tarthog *ans* brumeux(brumeuse).
tarthu *bg* s'évaporer, dégager une vapeur;
♦*ba* exhaler, dégager.
tarw (**teirw**) *g* taureau(-x) *m*; (*anifail gwryw*) mâle *m*; **y T**~ (*ASTROL*) le Taureau; **bod wedi'ch geni dan arwydd y T**~ être du signe du Taureau; ~ **potel** insémination *f* artificielle (bovine); ~ **dur** bulldozer *m*; **ymladd teirw** courses *fpl* de taureaux; **ymladdwr teirw** matador *m*, torero *m*; **ymladdfa deirw** course *f* de taureaux, corrida *f*.
tarwden *b* teigne *f*.
tas (**teisi**) *b*: ~ **wair** meule *f* de foin.
TAS *byrf* (= *Tasg Asesu Safonol*) test *m*

d'aptitiude scolaire (*par tranches d'âge*).
tasel (**-au**) *g* gland *m*, pompon *m*, houppe *f*.
taselog *ans* orné(e) de glandes.
taselu *ba* orner (qch) de glandes.
tasg (**-au**) *b* tâche *f*; (*gwaith cartref*) devoir *m*; **gwaith ar dasg** travail *m* à la pièce; **gweithio ar dasg** travailler à la pièce; **T~ Asesu Safonol** (*TAS*) test *m* d'aptitude scolaire (*par tranches d'âge*).
tasgfeistr (**-i**) *g* chef *m* de corvée.
tasgiad (**-au**) *g* éclaboussure *f*.
tasglu (**-oedd**) *g* groupe *m* de travail, mission *f*.
tasgu *ba* éclabousser; ~ **mwd dros rn** éclabousser qn de boue;
♦*bg* faire des éclaboussures, jaillir, gicler.
tasio *ba* empiler, entasser.
taslo *ba* éblouir; **sy'n** ~ éblouissant(e).
Tasmanaidd *ans* tasmanien(ne).
Tasmania *prb* Tasmanie *f*; **yn Nhasmania** en Tasmanie; **cythraul** ~ (*ANIF*) diable *m* de Tasmanie.
Tasmaniad (**Tasmaniaid**) *g/b* Tasmanien *m*, Tasmanienne *f*.
tasu *ba* entasser, amonceler, empiler; (*AMAETH*) mettre (qch) en meule.
ta-ta *ebych* au revoir, salut.
taten (**tatws, tato**) *ans* pomme *f* de terre, patate* *f*; ~ **bob**, ~ **drwy'i chroen** pomme de terre en robe des champs; ~ **rost** pomme de terre rôtie; ~ **felys** patate; **tatws stwmp** *ou* **stwnsh** purée *f* de pommes de terre, mousseline *f*; **tatws llaeth** pommes de terre au babeurre; **tatws yn y popty** pommes de terre rôties; **tatws wedi'u berwi** pommes de terre à l'eau, pommes de terre bouillies, pommes de terre vapeur; **nid wy'n malio'r un daten bob** je m'en fiche comme de l'an quarante.
tatŵ (**-au, -s**) *g* tatouage *m*.
tatwio *ba* tatouer.
taw[1] *g* silence *m*; **rhoi** ~ **ar rn** faire taire qn, réduire qn au silence; ~ **piau hi** motus et bouche cousue; **'does dim** ~ **arni** elle est intarissable.
taw[2] *be gw.* **tewi**.
taw[3] *cys* (*mai*) que; **dywedodd** ~ **hi a'i gwnaeth** elle a dit que c'est elle qui l'a fait; **mae'n wir** ~ **gartref yr oeddwn** c'est vrai que j'étais chez moi; **'roedd cymaint o'r mwyar wedi cwympo fel** ~ **ychydig iawn oedd ar ôl** tant de mûres étaient tombées qu'il n'y en restait que très peu; **er** ~ **plentyn yw hi** bien qu'elle soit *subj* une enfant; **er** ~ **damwain oedd** bien que ce fût *subj* un accident; **er** ~ **Helen oedd yn gyfrifol** bien que ce fût *subj* Hélène qui en était responsable.
T.A.W. *byrf*(= *Treth ar Werth*) TVA *f* (*taxe à neu sur la valeur ajoutée*).
tawch (**-ion**) *g* vapeur *f*; (*niwlen*) brume *f*, brouillard *m*.
tawchlyd *ans* brumeux(brumeuse).
tawdd *ans* fondu(e).
tawddlestr (**-i**) *g* creuset *m*.
tawedog *ans* silencieux(silencieuse), taciturne; **bod yn dawedog** garder le silence, ne rien dire;
♦ **yn dawedog** *adf* sans rien dire, silencieusement.
tawedogrwydd *g* tactiturnité *f*.
tawel *ans* tranquille, calme, paisible, serein(e); (*distaw*) silencieux(silencieuse); (*nad yw'n brysur*) calme; (*rhn*) réservé(e); (*seremoni, lliw*) discret(discrète); **bydd yn dawel!** tais-toi!; **bod yn dawel, aros yn dawel** garder le silence, se taire, ne rien dire, rester tranquille; **gwneud i rn fod** *ou* **aros yn dawel** faire taire qn, réduire qn au silence; **y Môr T~** le Pacifique, l'océan *m* Pacifique;
♦ **yn dawel** *adf* tranquillement, calmement, paisiblement, discrètement, silencieusement; **yn dawel bach** (*yn gyfrinachol*) en secret, discrètement; **cefais wybod yn dawel bach** on m'a dit en confiance; **fe gaf air bach yn dawel gyda hi (am y peth)** je lui en parlerai discrètement.
tawelu *ba* calmer, apaiser, pacifier, tranquilliser;
♦*bg* se calmer, s'apaiser, se tranquilliser.
tawelwch *g* (*llonyddwch*) tranquillité *f*, calme *m*; (*distawrwydd*) silence *m*; ~ **meddwl** tranquillité d'âme.
tawelydd (**-ion**) *g* (*gwn, car*) silencieux *m*; (*MEDD*) tranquillisant *m*.
tawelyn (**-nau**) *g* (*MEDD*) tranquillisant *m*.
tawlbwrdd (**tawlbyrddau**) *g* échiquier *m*.
tawlod *b gw.* **taflod**.
tawlu *ba gw.* **taflu**.
tawnod (**-au**) *g* (*CERDD: curiad gwag*) silence *m*.
te *g*
1 (*diod, planhigyn*) thé *m*; **bag** ~ sachet *m* de thé; **cwpan** *ou* **dysgl de** tasse *f* à thé; **cwpanaid** *ou* **dysglaid o de** tasse de thé; **egwyl de** pause-thé *f*; **dail** ~ feuilles *fpl* de thé; ~ **deg** pause-café *f*; ~ **dail** tisane *f*, infusion *f*; ~ **lemon** thé au citron; ~ **camomil** infusion de camomille; **cael** ~ prendre le thé.
2 (*pryd diwedd prynhawn*) collation *f*; **~'r prynhawn**, ~ **bach** goûter *m*, collation; **~-parti** thé *m* réception(~s ~); (*parti penblwydd i blant*) fête *f* pour les enfants, goûter d'anniversaire; **cael** ~ (*bwyta amser te*) goûter, prendre le goûter.
'te *ebych*
1 (*onid e*) n'est-ce pas.
2 (*felly*) alors; **nawr** ~ alors;
♦*cys* (*ynteu*) ou.
'tebol *ans* (*atebol, cryf, iach*) bien portant(e), en pleine forme, en bonne santé; ~ **i deithio** en état de voyage.
tebot (**-iau**) *g* théière *f*; **cap** ~

couvre-théière *m*; ~ **olew** burette *f* de graissage; **pig** ~ bec *m* de théière.
tebotaid (**teboteidiau**) *g* une pleine théière *f*.
tebyg *ans*
1 (*i rth/rn arall*) similaire, semblable; **bod yn debyg i** être semblable à, ressembler à; **rhth ~ i hwn ydoedd** c'était quelque chose qui ressemble à ceci; **mae hi'n debyg i'w mam** elle ressemble à sa mère; **mae hi'n debyg iawn iddi** elle lui ressemble beaucoup.
2 (*i'w gilydd*) ressemblant(e); **bod yn debyg (i'w gilydd)** se ressembler.
3 (*o'r fath*) pareil(le); **'does dim byd ~ i hufen iâ!** il n'y a rien de tel que de la glace!.
4 (*tebygol*): **mae'n debyg ...** il est probable que; **nid yw'n debyg o ddod** il y a peu de chances qu'il vienne *subj*; **mwy na thebyg** sans doute.
5 (*ymddangos*): **mae'n debyg** (*ar ddechrau brawddeg*) il semble que + *subj*, il paraît que + *subj*; (*ar ddiwedd ymadrodd*) paraît-il, semble-t-il; **fe lwyddodd hi, mae'n debyg** elle a réussi, semble-t-il.
6 (*defnydd enwol*): **y ~ yw iddo gael ei ladd** il est probable qu'il ait *subj* été tué; ~ **at ei debyg** qui se ressemble s'assemble; **yn ôl pob ~** selon toute probabilité.
tebyglun (**-iau**) *g* portrait-robot(~s-~s) *m*.
tebygol *ans* probable, vraisemblable; **mae hi'n debygol o adael** il est probable qu'elle parte *subj*, elle risque fort de partir, elle va sûrement partir; **mae hi'n debygol o lawio** il y a des chances pour qu'il pleuve *subj*; **mae'n debygol iawn o'i wneud** il est probable qu'il le fasse *subj*; **mae hi'n debygol o fynd** il est probable qu'elle y aille *subj*; **llyfrau sy'n debygol o ddiddori plant** des livres susceptibles d'intéresser les enfants; **y cynllun sydd fwyaf ~ o lwyddo** le projet qui offre le plus de chances de succès; **nid yw hynny'n swnio'n debygol** cela ne semble pas très vraisemblable;
♦ **yn debygol** *adf* probablement, vraisemblablement.
tebygoli *ba gw.* **tebygu**.
tebygolrwydd *g* probabilité *f*.
tebygrwydd *g* ressemblance *f*, similarité *f*.
tebygu *ba* comparer; ~ **rhth i rth** comparer qch à *neu* avec qch;
♦*bg* supposer, croire.
tecáu *ba* orner, embellir.
tecell (**-au, -i**) *g gw.* **tegell**.
tecila *g* tequila *f*.
teclyn (**-nau, taclau**) *g* outil *m*; (*offeryn*) instrument *m*; (*llestr*) ustensile *m*; **taclau** (*pethau*) objets *mpl*, affaires *fpl*, choses *fpl*; (*pobl*) racaille *f*, canaille *f*.
tecstil(i)au *ll* textile *m*; **y diwydiant ~** le secteur *m* textile.
techneg (**-au**) *b* technique *f*.
technegol *ans* technique; **coleg ~** institut *m* d'enseignement technique;
♦ **yn dechnegol** *adf* techniquement.
technegydd (**technegwyr**) *g* technicien *m*, technicienne *f*.
technoleg *b* technologie *f*; ~ **gwybodaeth** informatique *f*.
technolegol *ans* technologique;
♦ **yn dechnolegol** *adf* technologiquement.
technolegydd (**technolegwyr**) *g* technologue *m/f*.
tedi (**-s**) *g*: ~**(-bêr)** ours *m* en peluche, nounours *m*; ~ **boi** *adolescent rebelle des années 50 imitant les idoles du rock-and-roll.*
teflyn (**-nau**) *g* projectile *m*.
teg *ans*
1 (*cyfiawn*) juste, équitable; (*diduedd*) impartial(le)(impartiaux, impartiales); **nid yw hyn yn deg!** ce n'est pas juste!; **credu mewn chwarae ~** croire au fair-play; **gwneud chwarae ~ â rhn/rhth** rendre justice à qn/qch, être équitable vers qn/qch; **mae hi'n garedig, chwarae ~ iddi** soyons justes *neu* faisons lui cette justice, elle est gentille.
2 (*hardd, tywydd*) beau[bel](belle)(beaux, belles); **rhiain deg** une béauté *f*, une belle fille *f*.
3 (*mewn ymadroddion*): **yn araf deg** lentement, doucement; **yn union deg** tout de suite, immédiatement, tout à l'heure, bientôt, exactement; ~ **edrych tuag adref** on n'est vraiment bien que chez soi; **trwy deg neu dwyll** par tous les moyens;
♦ **yn deg** *adf* justement, équitablement; **chwarae'n deg** jouer franc-jeu.
tegan (**-au**) *g* jouet *m*, joujou(-x)* *m*; ~ **meddal** jouet en peluche; **trên ~** petit train *m*, petit train mécanique; **blwch ~au** coffre *m* à jouets; **siop deganau** magasin *m* de jouets.
tegeirian (**-au**) *g* (PLANH) orchidée *f*.
tegell (**-au, -i**) *g* bouilloire *f*.
tegellaid (**tegelleidiau**) *g* une pleine bouilloire *f*.
tegil *g gw.* **tegell**.
tegwch *g*
1 (*cyfiawnder*) justice *f*; **er ~ iddyn nhw** pour être juste envers eux.
2 (*harddwch*) beauté *f*.
tei (**-s**) *g,b* cravate *f*; ~ **bô** nœud *m* papillon.
teiar (**-s**) *g* pneu *m*; ~ **sbâr** pneu de rechange; ~ **fflat** pneu crevé, crevaison *f*; ~ **eira** pneu neige, pneu à clous, pneu clouté.
teid (**-iau**) *g gw.* **llanw**[1].
teidi* *ans*
1 *gw.* **taclus**.
2 *gw.* **gweddus**.
teidiau *ll gw.* **taid**.
teiffoid *g* la typhoïde *f*.
teiffŵn (**teiffwnau**) *g* typhon *m*.
teigr (**-od**) *g* tigre *m*.
teigraidd *ans* de tigre, féroce;

♦ **yn deigraidd** *adf* férocement.
teigres (**-au, -od**) *b* tigresse *f*.
teilchion *ll* morceaux *mpl*, fragments *mpl*;
♦ **yn deilchion** *adf* en morceaux, en mille morceaux.
teilfforch (**teilffyrch**) *b* fourchette *f* à fumier.
teiliwr (**teilwriaid**) *g* tailleur *m*; **o waith** ~ fait(e) sur mesure; **pryf** ~ tipule *f*; ~ **Llundain** (*ADAR*) chardonneret *m*.
teilo *ba*: ~ **cae** fumer un champ, répandre de l'engrais un champ.
teilsen (**teils**) *b* (*ar do*) tuile *f*; (*ar wal, lawr*) carreau(-x) *m*; **to teils** toit *m* en tuiles; **llawr teils** sol *m* carrelé *neu* en carrelage.
teilsio *ba* (*llawr*) carreler.
teilsiwr (**teilswyr**) *g* carreleur *m*.
teilwng *ans* digne; (*rheswm, achos*) louable, méritoire; **bod yn deilwng o** être digne de, mériter;
♦ **yn deilwng** *adf* dignement.
teilwraidd *ans* vestimentaire.
teilwres (**-au**) *b* couturière *f*.
teilwriaeth *b* métier *m* de tailleur, couture *f*.
teilwrio *ba* faire, façonner.
teilyngdod (**-au**) *g* mérite *m*.
teilyngu *ba* mériter, être digne de.
teim *g* thym *m*.
teimlad (**-au**) *g*
1 (*corfforol*) sensation *f*.
2 (*meddyliol*) sentiment *m*, émotion *f*; **brifo ~au rhn** froisser qn; **beth yw'ch ~au chi ynghylch hyn?** quel est votre sentiment sur cette question?; **mae gen i'r ~ ...** j'ai l'impression que; **fy nheimlad i yw ...** j'estime que, il me semble que, je suis d'avis que, je sens que.
teimladol *ans gw.* **teimladwy**.
teimladrwydd *g* sensibilité *f*.
teimladwy *ans* (*rhn*) émotif(émotive), (très) sensible; (*golygfa ayb*) émouvant(e), pathétique; (*llais, araith*) qui fait appel aux sentiments, émouvant, pathétique;
♦ **yn deimladwy** *adf* (*ymddwyn*) émotivement, sensiblement, d'une manière sensible; (*siarad*) avec émotion, de façon émouvante, pathétiquement.
teimlo *ba*
1 (*byseddu, cyffwrdd*) toucher, tâter, palper; ~ **pwls rhn** tâter le pouls à qn.
2 (*synhwyro, clywed*) sentir, ressentir; (*hiraeth, dicter*) ressentir, éprouver; ~ **rheidrwydd i wneud rhth** se sentir obligé(e) de faire qch; **teimlwn wres mawr** j'ai senti *neu* ressenti une grande chaleur; **fe'm teimlwn fy hun yn cochi** je me sentais rougir; **'rwy'n ~ 'mod i'n cael annwyd** je sens que je m'enrhume; ~ **trueni dros rn** avoir pitié de qn;
♦*bg*: **~'n llwglyd/oer** avoir faim/froid; **~'n unig/well** se sentir seul(e)/mieux; **~'n llawn ynni** se sentir plein(e) d'énergie; **nid wyf yn ~'n dda** je ne me sens pas bien; **mae'n ~'n feddal** c'est doux au toucher; **mae'n ~'n arw** *ou* **galed** il est dur au toucher; **mae hi'n ~'n oerach yma** je trouve qu'il fait plus froid ici; **'rwy'n ~ ...** je trouve que; **'rwy'n ~ y dylech chi ei wneud** il me semble que vous devriez le faire; **os teimlwch ar eich calon ddod i'r parti** si cela vous chante de venir à la soirée.
▶ **teimlo fel**
1 (*bod yn debyg i*): **mae'n ~ fel melfed** on dirait du velours, ça ressemble au velours; **'roedd hi'n ~ fel clwtyn** *ou* **cadach** elle se sentait crevée *neu* vidée, elle était comme une chiffe molle.
2 (*bod ag awydd*) avoir envie de.
teimlydd (**-ion**) *g* (*pryf*) antenne *f*; (*octopws*) tentacule *m*.
teip[1] (**-iau**) *g* (*print*) caractère *m*, caractères *mpl*.
teip[2] *g gw.* **math**.
teipgastio *ba* donner toujours les mêmes rôles à; **cael eich ~** être condamné(e) à toujours jouer le même rôle.
teipiadur (**-on**) *g* machine *f* à écrire.
teipiedig *ans* dactylographié(e).
teipio *ba* taper (qch) à la machine; **mae hi'n gallu ~ 60 gair y munud** elle tape 60 mots par minute;
♦*bg* taper à la machine; ~ **mewn llythrennau bras/italaidd** taper en caractères gras/en italiques;
♦*g* dactylographie *f*.
teipograffeg *b* typographie *f*.
teipograffaidd *ans* typographique.
teipograffydd (**teipograffwyr**) *g* typographe *m/f*.
teipoleg *b* typologie *f*.
teipolegol *ans* typologique
teipydd (**-ion**) *g* dactylo *m*; ~ **(l)law fer** sténodactylo *m*; **carfan deipyddion** pool *m* de dactylos.
teipyddes (**-au**) *b* dactylo *f*; ~ **llaw fer** sténodactylo *f*.
teipysgrif (**-au**) *b* texte *m* dactylographié.
teiran *ans* triparti(e).
teirant (**-iaid**) *g* tyran *m*.
teirawr *b* trois heures *fpl*.
teirblwydd *ll* trois ans *mpl*; ~ **oed** âgé(e) de trois ans.
teircainc *ans* à trois cordons, en trois.
teirdalen *ans* à trois feuilles.
teirgwaith *adf* trois fois.
teirieithog (**-ion**) *ans* trilingue.
teirnos *ll* trois nuits *fpl*.
teirongl (**-au**) *b gw.* **triongl**.
teironglog *ans gw.* **trionglog**.
teirsill, **teirsillafog** *ans* trisyllabique, trisyllabe; **gair** ~ trisyllabe *m*.
teirw *ll gw.* **tarw**.
teisen (**-nau**) *b* gâteau(-x) *m*, tarte *f*, tartelette *f*; **siop deisennau** pâtisserie *f*; ~

Berffro sablé *m*; ~ **gaws** tarte au fromage; ~ **gri** galette *f* à la galloise, *petit pain aux raisins (spécialité galloise)*; ~ **sinsir** pain *m* d'épice.
teisennwr (**teisenwyr**) *g* pâtissier *m*.
teisenwraig (**teisenwragedd**) *b* pâtissière *f*.
teisio *ba* empiler, entasser.
teitl (**-au**) *g* titre *m*; **tudalen deitl** page *f* de titre; **rhan deitl** (*THEATR*) rôle *m* principal; **yn dwyn y** ~ intitulé(e).
teitlo *ba* intituler.
teitlog *ans* titré(e).
teits *ll* collant *m*.
teitheb (**-au**) *b* (*pasbort*) passeport *m*; (*fisa*) visa *m*.
teithi *ll* traits *mpl* (de caractère); ~**'r Gymraeg** le génie de la langue galloise.
teithiau *ll gw.* **taith**.
teithio *ba* (*pellter*) parcourir; ~ **20 km** parcourir 20 km, faire un trajet de 20 km; ♦*bg* voyager, aller, se déplacer; **swyddfa deithio** agence *f* de voyage; **swyddog** ~ agent *m* de voyages; **bag** ~ sac *m* de voyage; **pamffledyn** ~ brochure *f* touristique; **siec deithio** chèque *m* de voyage; **salwch** ~ (*mewn car*) mal *m* de la route; (*ar y môr*) mal de mer; (*mewn awyren*) mal de l'air; **ffilm deithio** documentaire *m* de voyage.
teithiol *ans* (*syrcas, arddangosfa*) ambulant(e), itinérant(e); (*athro, athrawes*) qui dessert plusieurs établissements; **gwerthwr** ~ voyageur *m* de commerce, commis-voyageur *m*.
teithiwr (**teithwyr**) *g* voyageur *m*; (*ar drên ayb*) passager *m*; (*MASN*) *gw.* **trafeiliwr**.
teithlong (**-au**) *b* paquebot *m*.
teithlyfr (**-au**) *g* guide *m*, itinéraire *m*.
teithwraig (**teithwragedd**) *b* voyageuse *f*; (*ar drên ayb*) passagère *f*; (*MASN*) *gw.* **trafaelwraig**.
telathrebiaeth (**-au**) *g* télécommunication *f*.
telathrebu *bg* (*anfon*) envoyer un message par télécommunications; (*derbyn*) recevoir un message par télécommunications.
telchyn *g gw.* **teilchion**.
telebrintiwr (**telebrintwyr**) *g* téléscripteur *m*.
telecs (**-au**) *g* télex *m*; **anfon** ~ **at rn** envoyer un télex à qn; **anfon neges drwy delecs** envoyer un message par télex.
telecsio *ba* télexer.
teledeipiadur (**-on**) *g* téléscripteur *m*.
teledestun *g* télétex *m*, vidéotex *m* diffusé.
telediad (**-au**) *g* télédiffusion *f*.
teledu *g* (*cyfrwng*) télévision *f*, télé *f*; (*hefyd:* **set deledu**) téléviseur *m*, poste *m* de télévision, télé; **ar y** ~ à la télévision; **gwylio'r** ~ regarder la télévision; **rhaglen deledu** émission *f* télévisuelle.
teledydd (**-ion**) *g* (*set deledu*) téléviseur *m*, poste *m* de télévision.
teleffon (**-au**) *g* téléphone *m*; **cyfnewidydd** ~ standardiste *m/f*, téléphoniste *m/f*; **cyfnewidfa deleffon** central *m* téléphonique, standard *m*; **galwad deleffon** appel *m* téléphonique, communication *f* téléphonique *gw. hefyd* **ffôn**.
teleffonio *ba* (*rhn*) téléphoner à; (*neges*) téléphoner;
♦*bg* téléphoner *gw. hefyd* **ffonio**.
teleffonydd (**-ion**) *g/b* téléphoniste *m/f*.
telegraff (**-au**) *g* télégraphe *m*; **polyn** ~ poteau(-x) *m* télégraphique; **gwifren delegraff** fil *m* télégraphique.
telegram (**-au**) *g* télégramme *m*.
telepathi *g* télépathie *f*.
telepathig *ans* télépathique;
♦ **yn delepathig** *adf* télépathiquement.
telerau *ll* (*amodau*) conditions *fpl*; **dod i delerau â rhth** faire face à qch; **bod ar delerau da â rhn** bien s'entendre avec qn, être en bons termes avec qn; ~ **talu** (*MASN*) tarifs *mpl*; ~ **talu hawdd** *ou* **ffafriol** facilités *fpl* de paiement.
telesgop (**-au**) *g* télescope *m*.
telesgopig *ans* télescopique; (*ambarél*) à manche télescopique.
telesgopio *ba* télescoper;
♦*bg* se télescoper.
teletestun *g gw.* **teledestun**.
teleweinydd (**-ion**) *g* prompteur *m*.
telgorn (**telgyrn**) *g* hautbois *m*.
telor (**-ion, -iaid**) *g* (*ADAR*) fauvette *f*, pouillot *m*; ~ **yr ardd** fauvette des jardins; ~ **yr hesg** fauvette des roseaux.
telori *bg* gazouiller;
♦*g* (*cân aderyn*) gazouillis *m*, gazouillement *m*.
telpyn *g gw.* **talp**.
telyn (**-nau**) *b* harpe *f*; ~ **fechan** (*lyra*) lyre *f*; **canu'r delyn** jouer de la harpe.
telyneg (**-ion**) *b* poème *m* lyrique, poésie *f* lyrique.
telynegol *ans* lyrique;
♦ **yn delynegol** *adf* avec lyrisme.
telynegu *bg* écrire la poésie lyrique.
telynegwr (**telynegwyr**) *g* poète *m* lyrique.
telynor (**-ion**) *g* harpiste *m*.
telynores (**-au**) *b* harpiste *f*.
teml (**-au**) *b* temple *m*.
temper[1] *g gw.* **tymer**.
temper[2] *g* (*ar fetel*) trempe *f*.
templed (**-i**) *g* patron *m*, modèle *m*.
tempo (**tempi**) *g* tempo *m*; (*ffig: bywyd ayb*) rhythme *m*.
tempro *ba* (*metel*) tremper.
tempru *ba* (*gwres ayb*) tempérer.
temprus[1] *ans* (*haearn*) trempé(e).
temprus[2] *ans* (*tywydd*) tempéré(e).
temtasiwn (**temtasiynau**) *g,b* tentation *f*.
temtio *ba* tenter; ~ **rhn i wneud rhth** tenter qn de faire qch, persuader qn de faire qch, induire qn à faire qch; **mae'n fy nhemtio** c'est

tentant *neu* tentateur *neu* séduisant; **'rwy'n cael fy nhemtio i fynd** je suis tenté(e) d'y aller; ~ **merch** tenter *neu* séduire une jeune fille.

temtiol *ans* tentateur(tentatrice), séduisant(e), alléchant(e);
♦ **yn demtiol** *adf* de façon tentante *neu* tentatrice *neu* alléchante *neu* séduisante.

temtiwr (**temtwyr**) *g* tentateur *m*.

temtwraig (**temtwragedd**) *b* tentatrice *f*.

tenant (**-iaid**) *g* locataire *m/f*.

tenantiaeth (**-au**) *b* (*cyfnod*) (période *f* de) location *f*; (*rhn*) état *m* de locataire.

tenau *ans* (*rhn*) mince, maigre; (*anifail*) maigre; (*llyfr, matres, wal*) peu épais(se); (*gwallt, tyrfa*) clairsemé(e); (*niwl*) léger(légère); (*esgidiau*) léger; (*gwifren, edafedd*) fin(e); (*defnydd, dilledyn*) fin, léger; (*hylif*) fluide, léger; (*cawl, saws*) clair(e); (:*fam*) clairet(te); **gwlad denau ei phoblogaeth** pays *m* peu peuplé; **ffin denau** (*rhwng dau beth*) frontière *f* mince, distinction *f* *neu* différence *f* subtile; **cynulleidfa denau** assemblée peu nombreuse; **'roedd hi'n denau yn y capel** les fidèles étaient rares *neu* peu nombreuses *neu* clairsemés; **cysylltiad** ~ lien *m* ténu;
♦ **yn denau** *adf*: **torri bara'n denau** couper le pain en tranches minces *neu* fines; **hau'n denau** semer clair; **ŷd wedi'i hau'n denau** blé *m* clairsemé.

tendans *g*: **rhoi** ~ **i rn gwael** soigner un malade; **dawnsio** ~ **ar rn** faire les trente-six volontés de qn, être aux petits soins de qn.

tendar *ans* (*cig*) tendre;
♦ **yn dendar** *adf*: **cerdded yn dendar** marcher avec circonspection *neu* à pas de loup.

tendio *ba* s'occuper de; ~ **cleifion** soigner des malades; **tendia'r stepen!** attention à la marche!;
♦*bg*: ~ **ar rn** s'occuper de qn; **tendiwch o'r ffordd!** attention!, faites place!; **tendia syrthio** fais bien attention de ne pas tomber!

tendr (**-au**) *g* (*cynnig*) soumission *f*; **gosod gwaith ar dendr** mettre un contrat en adjudication.

tendro *ba* (*MASN: cynnig am*) faire une soumission pour.

tenement (**-au**) *g* immeuble *m* de rapport.

teneuad *g* amincissement *m*, atténuation *f*.

teneuo *ba* (*saws, cawl*) délayer, allonger; (*gwin*) sophistiquer; (*coed, planhigion*) éclaircir; (*paent*) diluer;
♦*bg* (*rhn*) maigrir.

teneuwch *g* (*rhn, anifail*) maigreur *f*; (*gwasg, wal, papur*) minceur *f*; (*dilledyn*) finesse *f*, légèreté *f*.

teneuwr (**teneuwyr**) *g* celui qui suit un régime (amaigrissant); ~ **paent** diluant *m*.

tenewyn (**-nau**) *g* (*COG*) flanchet *m*.

tennis *g* tennis *m*; ~ **bwrdd** ping-pong *m*, tennis de table; **pêl dennis** balle *f* de tennis; **cwrt** ~ court *m* de tennis; **chwaraewr** ~ joueur *m* de tennis; **chwaraewraig dennis** joueuse *f* de tennis; **raced dennis** raquette *f* de tennis; **esgidiau** ~ chaussures *fpl* de tennis.

tennyn (**tenynnau**) *g* (*ar gyfer ci*) laisse *f*; **ar dennyn** en laisse; **'rwyf ar ben fy nhennyn** je suis à bout de patience.

tenor (**-iaid**) *g* ténor *m*; **llais** ~ voix *f* de ténor.

tensiwn (**tensiynau**) *g* tension *f*.

tent (**-iau, -i**) *b* *gw.* **pabell**.

tentacl (**-au**) *g* tentacule *m*.

te-parti (**~-~s**) *g* thé *m* réception(~s ~); (*parti penblwydd i blant*) fête *f* pour les enfants, goûter d'anniversaire.

teras (**-au**) *g* terrasse *f*; (*CHWAR*) les gradins *mpl*; **tŷ** ~ maison *f* mitoyenne; ~ **o dai** rangée *f* de maisons attenantes les unes aux autres; **mewn** ~ (*mewn rhes*) attenant(e) aux maisons voisines; **gerddi ar ffurf** ~ *ou* **yn derasau** jardin *m* en terrasses.

terfyn (**-au**) *g* (*pen*) bout *m*, extrémité *f*; (*ffin*) frontière *f*; (*diwedd*) fin *f*, terme *m*; **llinell derfyn** (*ras*) limite *f*, ligne *f* d'arrivée; **rhoi** ~ **ar rth** mettre fin à qch; **dod i'r** ~ tirer à la fin.

terfynell (**-au**) *b* (*CYFRIF*) terminal *m*.

terfynfa (**terfynfeydd**) *b* (*maes awyr*) aérogare *f*; (*bws*) gare *f* routière.

terfyniad (**-au**) *g* (*diwedd*) limite *f*, limitation *f*; (*gair ayb*) terminaison *f*; **gosod ~au ar rth** limiter qch; ~ **cyflymder** limitation de vitesse.

terfynol *ans* terminal(e)(terminaux, terminales); (*olaf*) final(e)(finals/finaux, finales); (*na ellir ei newid*) définitif(définitive); (*afiechyd*) dans sa phase terminale;
♦ **yn derfynol** *adf* définitivement.

terfynoldeb *g* caractère *m* définitif.

terfynoli *ba* mettre (qch) au point, mener (qch) à bonne fin.

terfynolrwydd *g* *gw.* **terfynoldeb**.

terfynu *ba* mettre fin à, conclure, mettre un terme à;
♦*bg* se terminer, prendre fin, venir à son terme, tirer à sa fin.

terfysg (**-oedd**) *g* (*helynt*) émeute *f*; (*gyda'r heddlu*) échauffourée *f*; (*cynnwrf*) désordre *m*, tumulte *m*, agitation *f*, perturbation *f*; (*twrw, stŵr*) chahut *m*; (*taranau, storm*) orage *m*; **offer atal** ~ casque *m* et bouclier *m* antiémeutes; **mae** ~ **ynddi hi** il y a de l'orage dans l'air.

terfysgaeth *b* terrorisme *m*.

terfysgaidd, **terfysglyd** *ans* tumultueux(tumultueuse), séditieux(seditieuse); (*tywydd*) orageux(orageuse);
♦ **yn derfysglyd** *adf* tumultueusement.

terfysgu *bg* (*creu cynnwrf*) faire une émeute,

manifester avec violence.
terfysgwr (**terfysgwyr**) *g* (*reiatwr*) émeutier *m*, émeutière *f*, séditieux *m*, séditieuse *f*; (*brawychwr*) terroriste *m/f*, séditieux, séditieuse.
terigo *bg* (*marw*) mourir, crever.
term[1] (**-au**) *g* (*gair*) terme *m*, mot *m*.
term[2] *g*: **mynd ar y** ~ faire la bringue.
termad *g* réprimande *f*; **rhoi** ~ **i rn** passer un savon à qn*.
terminoleg (**-au**) *b* terminologie *f*.
termo *ba* gronder, réprimander, passer un savon à*.
terrig *ans*: ~ **o faw** couvert(e) de boue sèche.
terylen *g* tergal© *m*.
tes *g* (*niwlach*) brume *f*; (*gwres*) chaleur *f*; (*heulwen*) lumière *f* du soleil; ~ **bach Gŵyl Fihangel** été *m* de Saint-Martin.
tesog *ans* (*niwlog*) brumeux(brumeuse); (*cynnes*) chaud(e); (*heulog*) ensoleillé(e).
testament (**-au**) *g* testament *m*; **yr Hen Destament** l'Ancien Testament; **y T**~ **Newydd** le Nouveau Testament.
testosteron *g* testostérone *f*.
testun (**-au**) *g*
1 (*ysgrifenedig*) texte *m*.
2 (*pwnc*) sujet *m*.
testunol *ans* textuel(le);
♦ **yn destunol** *adf* textuellement.
tetanws *g* tétanos *m*.
teth, **tethen** (**tethi, tethau**) *b* (*buwch, dafad, gafr*) trayon *m*, mamelle *f*; (*godro*) trayon; (*gwraig*) mamelon *m*, bout *m* de sein; (*ar botel, dymi*) tétine *f*.
tethog *ans* mammifère;
♦*g*: ~**ion** mammifères *mpl*.
teulu (**-oedd**) *g* famille *f*; **meddyg** ~ médecin *m* de famille, (médecin) généraliste *m/f*; **lwfans** ~ allocations *fpl* familiales; **credyd** ~ complément *m* familial; **gyda'r** ~, **fel** ~ en famille; ~ **mawr** famille nombreuse; **y** ~ **brenhinol** la famille royale.
teuluaeth *b* domesticité *f*.
teuluaidd, **teuluol** *ans* familial(e)(familiaux, familiales); **bywyd** ~ vie *f* de famille; **busnes** ~ entreprise *f* familiale.
tew *ans* gros(se) et gras(se), corpulent(e); (*saws ayb*) épais(se); **wyneb** ~ figure *f* joufflue; **gwraig dew** une femme corpulente, une grosse femme; **tafod dew** voix *f* pâteuse; **mae ganddi glust dew i fiwsig** elle n'a pas d'oreille pour la musique; **rhoi clust dew i rn** gifler qn; ~ **fel mochyn** gras comme un cochon; **yn haenau** ~ en couches *fpl* épaisses; **mae'r stori'n dew** l'affaire est connue; **cae yn dew o flodau** champ *m* parsemé *neu* jonché de fleurs;
♦ **yn dew** *adf*: **tyfai'r glaswellt yn dew** les herbes poussaient dru; **gorweddai'r eira'n dew ar y llawr** il y avait une épaisse couche de neige sur le sol; **taenu menyn yn dew ar fara** tartiner le pain d'une couche épaisse de beurre; **siarad yn dew** parler gras; **torri bara'n dew** couper le pain en tranches épaisses; **syrthiai'r eira'n dew** la neige tombait dru.
tewbanog *b* (PLANH) molène *f*.
tewch *be gw.* **tewi**.
tewder, **tewdra** *g* (*menyn, eira ayb*) épaisseur *f*; (CORFF) corpulence *f*, grosseur *f*.
tewdrwm *ans* épais(se), dense; (*twp*) stupide.
tewdwr *g gw.* **tewder**.
tewfrig *ans* branchu(e).
tewhad *g* épaississement *m*.
tewhau *ba* (*saws ayb*) épaissir;
♦*bg* s'épaissir; (*rhn*) grossir, prendre du poids, prendre de l'embonpoint.
tewi *ba* (*rhoi taw ar*) calmer, apaiser, faire taire; **tewch sôn!** ce n'est pas vrai!, ça alors!, sans blagues!;
♦*bg* se taire, s'apaiser, se calmer; **taw!** chut!, silence!, tais-toi!; **tewch!** chut!, silence!, taisez-vous!
tewsudd (**-ion**) *g* (COG) concentré *m*.
tewychiad *g* condensation *f*.
tewychu *ba* (*rhn*) engraisser; (*saws ayb*) épaissir, condenser;
♦*bg* s'épaissir, se condenser; (*rhn*) grossir, prendre du poids, prendre de l'embonpoint.
tewyn (**-ion**) *g* braise *f*.
teyrn (**-oedd, -edd**) *g* tyran *m*; ~ **bychan** tyranneau(-x) *m*.
teyrnas (**-oedd**) *b* royaume *m*; **y Deyrnas Unedig** *ou* **Gyfunol** le Royaume-Uni *m*; **yn y Deyrnas Unedig** *ou* **Gyfunol** au Royaume-Uni; **deled dy deyrnas** que ton règne vienne *subj*.
teyrnasiad (**-au**) *g* règne *m*.
teyrnasu *bg* régner; ~ **dros rth** régner sur qch; **y wraig a deyrnasai yn y siop** c'était la femme qui trônait dans le magasin.
teyrndlysau *ll* insignes *mpl* de la royauté, joyaux *mpl* de la Couronne.
teyrnfradwr (**teyrnfradwyr**) *g* traître *m*.
teyrnfradwriaeth *b* haute trahison *f*.
teyrngar *ans* loyal(e)(loyaux, loyales), fidèle;
♦ **yn deyrngar** *adf* fidèlement, loyalement.
teyrngarwch *g* loyauté *f*, fidélité *f*.
teyrnged (**-au**) *b* tribut *m*, hommage *m*; **talu** ~ **i** rendre hommage à.
teyrngedol *ans* tributaire.
teyrnladdiad *g* régicide *m*.
teyrnleiddiad (**teyrnleiddiaid**) *g* régicide *m/f*.
teyrnwialen (**teyrnwiail**) *b* sceptre *m*.
T.G. *byrf* (= *Technoleg Gwybodaeth*) informatique *f*.
T.G.A.U. *byrf* (= *Tystysgrif Gyffredinol Addysg Uwchradd*) *certificat m d'études secondaires, passé à 16 ans*; (*yn Ffrainc*) ≈ brevet *m* des collèges.
T.G.Ch. *byrf* (= *Technoleg Gwybodaeth a Chyfathrebu*) technologie *f* de l'information et de la communication, informatique *f*.
ti[1] *rhag syml*

1 (*goddrych*) tu; **'rwyt ~'n gweithio** tu travailles; (*pwysleisiol*) toi, tu travailles; **'rwyt ~'n brysur** tu es occupé(e); ~ **sy'n gywir** c'est toi qui as raison.
2 (*gwrthrych*) te; **gwelaf di** je te vois; **mae hi'n dy gasáu di** elle te déteste.
3 (*ar ôl arddodiad neu gysylltair*) toi; **gyda thi** avec toi; **rhyngot ~ a mi** entre toi et moi; **'rwyf yn meddwl amdanat ~** je pense à toi; **rhoddais anrheg i ~** je t'ai offert un cadeau; **a thi** et toi.
4 (*ar ei ben ei hun*) toi; **pwy? - ~** qui? - toi.
5 (*i ategu 'dy': ar ôl enw*): **dy dŷ di** ta maison (à toi).
▶ **galw '~' ar rn** tutoyer qn; **allwn ni ddweud '~' wrth ein gilydd?** on peut se tutoyer?, on se tutoie?
ti[2] (**tïau**) *g* (*GOLFF*) tee *m*.
ti[3] *g,b* (*CERDD*) si *m*.
tiara (**-s, tiarâu**) *g* diadème *m*.
Tiber *prb*: **afon ~** le Tibre *m*.
Tiberias *prg*: **Llyn ~** le lac de Tibériade.
Tiberiws *prg* Tibère.
Tibet *prb* le Tibet *m*; **yn Nhibet** au Tibet.
Tibetaidd *ans* tibétain(e).
Tibetiad (**Tibetiaid**) *g/b* Tibétain *m*, Tibétaine *f*.
tic (**-iau, -iadau**) *g*
1 (*marc*) coche *f*; **rhoi ~ gyferbyn â rhth** cocher qch.
2 (*cloc*): **~-toc** tic-tac *m*.
tîc *g* (*pren*) teck *m*;
♦*ans* (*dodrefn ayb*) en teck.
ticed (**-i**) *g gw.* **tocyn**[1].
tician *bg* (*cloc*) faire tic-tac.
ticio *ba* (*i farcio*) cocher;
♦*bg* (*cloc*) faire tic-tac.
ticyn *g gw.* **tipyn**.
tîd (**tidau**) *b* chaîne *f*; **gollwng tidau** baver.
tidli-wincs *ll* jeu(-x) *m* de puce.
tidraff (**-au**) *b* grelin *m*, haussière *f*.
Tierra del Fuego *prg,b* la Terre *f* de feu; **yn Nhierra del Fuego** en Terre de feu.
Tigris *prb* le Tigre *m*.
til (**-iau**) *g* caisse *f* enregistreuse; **dyn ~** caissier *m*; **merch ~** caissière *f*.
tila *ans* (*ymgais, esgus*) pauvre, piètre, mesquin(e); (*rhn*) chétif(chétive); (*jôc*) piteux(piteuse); **'roedd golwg dila arno** il faisait piètre figure;
♦ **yn dila** *adf* piètrement, piteusement, chétivement, mesquinement.
tild (**-au**) *g* (*TEIP*) tilde *m*.
tîm (**timau**) *g* équipe *f*; **~ cartref** équipe qui reçoit *neu* qui joue sur son propre terrain; **gwaith ~** travail *m* en équipe; **chwaraeon ~** jeux *mpl* d'équipe.
Timbyctŵ *prb* Tombouctou *m*; **yn Nhimbyctŵ** à Tombouctou.
timio *ba* mettre en équipe;
♦*bg* faire équipe.
Timotheus *prg* Timothée.
tin*[1] (**-au**) *b* derrière *m*, fesses *fpl*, cul** *m*; **~-dros-ben** galipette *f*, saut *m* périlleux; **gwneud ~-dros-ben** faire des galipettes, faire la culbute *neu* un saut périlleux; **~ y nyth** petit dernier *m*, petit culot; **~ trol** arrière *m* de charrette; **~ trowsus** fond *m* de culotte; **ar hyd eich ~** (*o'ch anfodd*) à contre-cœur, de mauvais gré, contre son gré; **dan din*** (*dyn ayb*) sournois(e), rusé(e); (*gweithred*) fait(e) sous main, clandestin(e), sourd(e); **(gwneud rhth) (yn) dan din** (faire qch) sous main *neu* sourdement *neu* en cachette *neu* en secret.
tin[2] (**-iau**) *g gw.* **tun**.
tinboeth** *ans* lascif(lascive), concupiscent(e), excité(e), luxurieux(luxurieuse); **mae hi'n dinboeth** elle a le feu au derrière *neu* aux fesses;
♦ **yn dinboeth** *adf* lascivement, luxurieusement, de façon concupiscente;
♦*b* (*PLANH*) persicaire *f*.
tinbren (**-nau**) *g* layon *m* de charrette.
tinc (**-iau**) *g* tintement *m*; **â thinc gobaith yn eich llais** avec une note d'espoir dans sa voix.
tincer (**-iaid**) *g* (*trwsiwr tegelli*) rétameur *m* ambulant; (*dif: sipsi*) romanichel* *m*; **blin fel ~** irritable, de mauvaise humeur.
tincera *bg* bricoler.
tincial, **tincian** *bg* tinter.
tinchwith *ans* maladroit(e).
tindaflu *bg* lancer *neu* décocher une ruade.
tindin: **yn dindin** *adf* dos à dos.
tindres (**-i**) *b* avaloire *f*.
tindroed *g* (*ADAR*) castagneux *m*, petit grèbe *m*.
tin-droi *bg* traîner, lambiner, hésiter, traînasser.
tin-dros-ben *g* galipette *f*, saut *m* périlleux; **gwneud ~-~-~** faire des galipettes, faire la culbute *neu* un saut périlleux.
tindrwm *ans* lourd(e), pesant(e), difficile à manier.
tinddu *ans* au cul noir, à la queue noire.
tinfain *ans*: **côt dinfain** habit *m* à queue, queue-de-pie(~s-~-~) *f*.
tingoch *ans* au cul rouge, à la queue rouge;
♦*g* (*ADAR*) rouge-queue(~s-~s) *m*.
tinllach (**-od**) *g* (*dif*) gringalet *m*, demi-portion* *f*.
tinllipa *ans* penaud(e);
♦ **yn dinllipa** d'un air penaud.
tinllwm, **tinnoeth** *ans* cul-nu(e).
tinsel *g* guirlandes *fpl* (de Noël) argentées.
tinsigl *g* (*ADAR*) hochequeue *m*, bergeronnette *f*.
tinslip *ans* penaud(e);
♦ **yn dinslip** *adf* d'un air penaud.
tinwen *ans* à la queue blanche;
♦*b* (*ADAR*) cul-blanc(~s-~s) *m*, traquet *m*, motteux *m*.
tip[1] (**-iau**) *g* (*tomen lo ayb*) crassier *m*.

tip[2] (**-s**) *g* (*cildwrn, arian i weinydd ayb*) pourboire *m*.
tip[3] (**-s**) *g* (*awgrym, cyngor*) truc* *m*, conseil *m*; (*ar gyfer betio*) tuyau(-x) *m*.
tiped (**-i**) *g* pèlerine *f*, palatine *f*, écharpe *f* en fourrure.
tîpi (**-ïau**) *g* tipi *m*.
tipian *bg* faire tic-tac.
tipio[1] *ba* (*ar domen ayb*) déverser.
tipio[2] *ba* (*rhoi arian i*) donner un pourboire à.
tipio[3] *ba*: ~ **ceffyl i ennill** prédire qu'un cheval va gagner.
tipyn (**tipiau**) *g*
1 (*ychydig*) un peu; ~ **o laeth** un peu de lait; ~ **bach** un petit peu; **fesul ~, bob yn dipyn, o dipyn i beth** petit à petit, peu à peu; **ymhen ~ bach** sous peu, bientôt.
2 (*braidd yn*) plutôt, assez; **mae hi dipyn yn oer** il fait plutôt froid.
3 (*darn*) morceau(-x) *m*; **yn dipiau** en morceaux.
4 (*cryn nifer*) pas mal de; **mae yna dipyn i'w wneud eto** il reste pas mal de choses à faire encore; **mi welais i dipyn** (*o bobl*) j'ai vu pas mal de monde; (*o bethau*) j'ai vu pas mal de choses.
5 (*diwerth, da i ddim*): **y ~ gŵr yna sydd ganddi** son bon à rien de mari.
6 (*yn wylaidd*): **fy nhipyn sgwrs** ma petite allocution.
tir (**-oedd**) *g* terre *f*; (*pridd*) sol *m*, terre; (*stad*) terres *fpl*, domaines *mpl*; ~ **anial** *ou* **diffaith** terre à l'abandon; (*mewn tref*) terrain *m* vague; ~ **âr** terre cultivée; ~ **brac** *ou* **rhydd** terre meuble; ~ **bras** terre plantureuse *neu* fertile *neu* riche; ~ **comin** terrain communal; ~ **glas** prairie *f*; ~ **gwyllt** terre inculte; ~ **llafur** terre de labour, labours *mpl*; ~ **mawnog** tourbière *f*; ~ **mawr** continent *m*; (*o blith ynysoedd*) grande île *f*; ~ **neb** no man's land *m inv*; ~ **pori** pâturage *m*; ~ **trwm** sol gras *neu* fort, terrain lourd; **torri ~** labourer; **torri ~ newydd** innover, faire œuvre de pionnier; **bod ar dir ansicr** être sur un terrain glissant; **bod ar dir y byw** être bien en vie.
tirddaliadaeth *b* bail(baux) *m*.
tirfeddiannwr (**tirfeddianwyr**) *g* propriétaire *m* foncier *neu* terrien.
tirfesur *ba* faire le levé de.
tirfesurydd (**tirfesurwyr**) *g* arpenteur *m*, géomètre *m*.
tirgryniad (**-au**) *g gw.* **daeargryn**.
tirio *bg* (*llong*) s'échouer.
tiriogaeth (**-au**) *b* territoire *m*.
tiriogaethol *ans* territorial(e)(territoriaux, territoriales).
tiriogaethwyr *ll* (MIL): **y** ~ l'armée *f* territoriale.
tirion *ans* (*caredig*) doux(douce), gentil(le); (*tyner*) tendre, indulgent(e), compatissant(e);
♦ **yn dirion** *adf* doucement, gentiment, tendrement, avec indulgence, avec compassion.
tiriondeb, **tirionder** *g* (*caredigrwydd*) gentillesse *f*, bonté *f*; (*tynerwch*) tendresse *f*, compassion *f*, indulgence *f*.
tirioni *bg* s'adoucir, se radoucir.
tirlithr(i)ad (**-au**) *g* glissement *m* de terrain.
tirlun (**-iau**) *g* (CELF, DAEAR) paysage *m*.
Tir Newydd *prg*: **y** ~ ~ la Terre-Neuve *f*.
tirol *ans* terrien(ne), agreste, agricole.
tirwedd (**-au**) *b* (DAEAR) paysage *m*.
tisiad (**-au**) *g* éternuement *m*.
tisian *bg* éternuer;
♦*g* éternuement *m*.
Titian *prg* Titien.
titw (**-od**) *g* (ADAR) mésange *f*; ~ **Tomos las** mésange bleue.
tithau *rhag cysylltiol*
1 (*goddrych*): **'rwyt ~'n mynd ar y trên** (*hefyd*) toi aussi, tu prends le train; (*ar y llaw arall*) toi, tu prends le train; **'dwyt ~ ddim yn ei glywed** (*chwaith*) tu ne l'entends pas non plus; (*ar y llaw arall*) toi, tu ne l'entends pas.
2 (*gwrthrych*): **mi welais i dithau yn y sinema** (*hefyd*) je t'ai vu(e) toi aussi au cinéma; (*ar y llaw arall*) toi, je t'ai vu(e) au cinéma.
3 (*ar ôl arddodiad*): **o'th flaen dithau** (*hefyd*) devant toi aussi; (*ar y llaw arall*) devant toi.
4 (*i ategu 'dy'*): **'roedd dy gôt dithau ar y gadair** (*hefyd*) ton manteau à toi était aussi sur la chaise; (*ar y llaw arall*) ton manteau à toi était sur la chaise.
▸ **a thithau** (*hefyd*) toi aussi; **dy frawd a thithau** ton frère et toi; **'rwyf fi'n gweithio a thithau'n cysgu!** (*gwrthgyferbyniol*) moi, je travaille, et toi, tu dors!; **digwyddodd y ddamwain a thithau ar dy wyliau** (*tra, pan*) l'accident est arrivé pendant que tu étais en vacances.
▸ **na thithau** (*chwaith*) ni toi non plus.
▸ **dweud 'ti' a 'tithau' wrth rn** tutoyer qn.
tiwb (**-iau**) *g* tube *m*; ~ **prawf** *ou* **profi** éprouvette *f*; **y T~** (*rheilffordd danddaearol Llundain*) le métro *m* londonien, le métro de Londres.
tiwba (**tiwbâu**) *g* tuba *m*.
tiwbaidd *ans* tubulaire.
tiwlip (**-au**) *g* tulipe *f*.
tiwlipwydden (**tiwlipwydd**) *b* tulipier *m*.
tiwmor (**-au**) *g* (MEDD) grosseur *f*, excroissance *f*, tumeur *f*.
tiwn (**-iau**) *b* air *m*, mélodie *f*; **mewn ~** accordé(e); **allan** *ou* **mas o diwn** désaccordé(e), peu mélodieux(mélodieuse); **canu mewn ~** chanter juste; **canu allan** *ou* **mas o diwn** chanter faux; ~ **gron** rondeau(-x) *m*.
tiwna (**-od**) *g* thon *m*; **brechdan diwna** sandwich au thon.
tiwnio *ba* (*offeryn cerdd*) accorder; (*injan*)

régler.
Tiwnis *prb* Tunis; **yn Nhiwnis** à Tunis.
Tiwnisia *prb* la Tunisie *f*; **yn Nhiwnisia** en Tunisie.
Tiwnisiad (**Tiwnisiaid**) *g/b* Tunisien *m*, Tunisienne *f*.
Tiwnisiaidd *ans* tunisien(ne).
tiwniwr (**tiwnwyr**) *g* accordeur *m*.
tiwtor (**-iaid**) *g* (*athro preifat*) professeur *m* particulier, répétiteur *m*; (*mewn prifysgol*) conseiller(conseillère) *m/f* d'éducation.
tiwtora *ba* donner des cours à;
♦*bg* donner des cours;
♦*g* enseignement *m*.
tiwtorial (**-au**) *g* classe *f* de travaux dirigés.
tlawd *ans* pauvre; **cyn dloted â llygoden eglwys** pauvre comme Job.
tlodaidd *ans* minable, miséreux(miséreuse);
♦ **yn dlodaidd** *adf* minablement.
tlodedd *g* pauvreté *f*, misère *f*.
tlodi *ba* appauvrir;
♦*g* pauvreté *f*, misère *f*.
tlodion *ll* pauvres *m/fpl*, miséreux *mpl*, indigents *mpl*.
tlos *ans b gw.* **tlws**.
tloten (**tlodion**) *b* indigente *f*, femme *f* pauvre, miséreuse *f*.
tloty (**tlotai**) *g* asile *m* des pauvres.
tlotyn (**tlodion**) *g* indigent *m*, homme *m* pauvre, miséreux *m*.
tlws (**tlos**) (**tlysion**) *ans* joli(e), beau[bel](belle)(beaux, belles);
♦*g* (**tlysau**) bijou(-x) *m*; (*gwobr*) trophée *f*, médaille *f*; ~ **yr eira** (*PLANH*) perce-neige(~-~(s)) *m,f*.
tlysni *g* joliesse *f*.
tlysog *ans* orné(e) de bijoux, paré(e) de parures.
to (**-eau, -eon**) *g*
1 (*cyff*) toit *m*; **dan do** à l'intérieur; **bod heb do uwch eich pen** être sans abri; **rhoi'r ffidil yn y** ~ y renoncer, abandonner; ~ **gwellt** toit de chaume; **bwthyn** ~ **gwellt** chaumière *f*; **aderyn** ~ moineau(-x) *m*.
2 (*TEIP*): ~ **bach** (*acen grom*) accent *m* circonflexe.
3 (*ffig: cenhedlaeth*) génération *f*; **y** ~ **ifanc** la jeunesse *f*, la jeune *neu* nouvelle génération; **yr hen do** la génération passée.
toc[1] *adf* (*cyn bo hir*) bientôt; (*yn fuan wedyn*) peu après; **tan** ~**!** à bientôt!, à tout à l'heure!
toc[2] (**-iau**) *g* (*o fara*) tranche *f*, morceau(-x) *m*.
tocio *ba* (*gwrych ayb*) tailler; (*cynffon ci*) couper; (*cynffon ceffyl*) anglaiser; **mae'n rhaid** ~ **rhywfaint ar y traethawd** (*hepgor manylion diangen*) il faut élaguer l'exposé; ~ **gwariant** réduire les dépenses.
tocyn[1] (**-nau**) *g* billet *m*; (*bws, metro*) ticket *m*, billet; (*i barcio*) ticket; (*dirwy am barcio*) papillon *m*, PV (= procès-verbal) *m*, contravention *f*; (*derbynneb*) reçu *m*, récépissé *m*, ticket; ~ **un ffordd** aller *m* simple; ~ **dwy ffordd** aller retour *m*; **cownter** ~**nau** guichet *m*; **swyddfa docynnau** bureau(-x) *m* de vente des billets; ~ **llyfr** chèque-cadeau(~s-~x) *m* pour livre; ~ **rhodd** chèque-cadeau; ~ **tymor** carte *f* d'abonnement; ~ **llyfrgell** carte; **cael** ~ **am barcio** attraper une contravention pour stationnement illégal, attraper un PV pour stationnement illégal*; **asiantaeth docynnau** (*THEATR*) agence *f* de spectacles; **casglwr** ~**nau** contrôleur *m*; **casglwraig docynnau** contrôleuse *f*.
tocyn[2] (**-nau**) *g* (*cinio pecyn*) repas *m* froid; ~ **o fara menyn** tartine *f*, guignon *m* de pain, morceau(-x) *m* de pain; ~ **morgrug** fourmilière *f*; **tynnu byrra' 'i docyn** tirer au sort.
tocynfa (**tocynfeydd**) *b* guichet *m*, bureau(-x) *m* de vente des billets.
tocynnwr (**tocynwyr**) *g* (*ar fws*) contrôleur *m*.
tocynwraig (**tocynwragedd**) *b* (*ar fws*) contrôleuse *f*.
toddadwy *ans* (*CEM*) soluble.
toddbwynt (**-iau**) *g* point *m* de fusion.
toddedig *ans* fondu(e); (*halen, siwgr mewn dŵr*) dissous(dissoute).
toddi *ba* faire fondre; (*metel*) fondre; (*halen ayb mewn dŵr*) dissoudre;
♦*bg* fondre; (*meddalu*) s'amollir; (*halen ayb mewn dŵr*) se dissoudre; **ni fyddai menyn yn** ~ **yn ei cheg** elle fait la saint-nitouche.
toddiad *g* fonte *f*, fusion *f*.
toddiannol *ans* (*CEM*) dissolvant(e).
toddiant (**toddiannau**) *g* (*CEM*) solution *f*.
toddion *ll* graisse *f*.
toddwr (**toddwyr**) *g* fondeur *m*.
toddydd (**-ion**) *g* dissolvant *m*; (*dyn*) fondeur *m*.
toëdig *ans* couvert(e) d'un toit, sous un toit.
toën *b* gerbe *f* de chaume.
toes *g* pâte *f*.
toesen (**-ni, -nau**) *b* beignet *m*.
toeslyd *ans* (*bwyd*) bourratif(bourrative), lourd(e).
toga (**togâu**) *b* toge *f*.
Tonga: **Ynysoedd** ~ *prll* le îles *fpl* Tonga.
toi *ba* couvrir d'un toit; (*â gwellt*) couvrir de chaume.
toiled (**-au**) *g* toilettes *fpl*, cabinets *mpl*, waters *mpl*, W.-C. *mpl*; **mynd i'r** ~ aller aux toilettes; **powlen** ~ cuvette *f* des W.-C.; **papur** ~ papier *m* hygiénique; **rholyn papur** ~ rouleau(-x) *m* de papier hygiénique.
toïli (**-au**) *g* cortège *m* funèbre fantôme.
tolac(h) *ba* caresser.
tolachlyd *ans* caressant(e);
♦ **yn dolachlyd** *adf* de façon caressante.
tolc (**-iau**) *g* bosse *f*; (*ar gwpan, ar wydr*) ébréchure *f*; (*ar bren*) écornure *f*; **gwneud** ~

yn rhth cabosser qch, bosseler qch.
tolcio *ba* cabosser, bosseler; (*cwpan, gwydr*) ébrécher; (*dodrefn*) écorner; (*paent*) écailler; ♦*bg* être cabossé(e) *neu* bosselé(e) *neu* ébréché(e) *neu* écorné(e).
tolciog *ans* cabossé(e), bosselé(e); (*cwpan, gwydr*) ébréché(e); (*pren*) écorné(e); (*het*) cabossé.
tolch, **tolchen** (**tolchau, tolchenni**) *b* (*gwaed*) caillot *m*.
tolcheniad (**-au**) *g* thrombose *f*, coagulation *f*, caillement *m*.
tolchennu *bg* (*mewn gwaed*) former des caillots; (*gwaedu allanol*) se coaguler.
Toledo *prb* Tolède *f*; **yn Nholedo** à Tolède.
toliad (**-au**) *g* économie *f*.
tolio *bg* faire des économies, économiser.
tolpyn (**tolpiau**) *g* motte *f* de gazon.
toll (**-au**) *b* (*ar ffordd*) droit *m* de passage, péage *m*; (*porthladd*) douane *f*; **Swyddog Tollau** douanier *m*, douanière *f*; **Tollau ac Ecséis** ≈ la Douane *f*.
tollborth (**tollbyrth**) *g* (barrière *f* de) péage *m*.
tolldal (**-iadau**) *g* droit *m* de douane, péage *m*.
tollfa (**tollfeydd**) *b* poste *m* de douane; (*ar bont, draffordd*) péage *m*; **mynd drwy'r dollfa** passer la douane.
tollti *ba gw.* **tywallt**.
tollty (**tolldai**) *g* bureau(-x) *m* de péage, poste *m* de douane.
tollwr (**tollwyr**) *g* douanier *m*, péager *m*.
tom *b* fumier *m*, crotte *f*; (*gwneuthuredig*) engrais *m*; **gwasgaru** ~ épandre du fumier, fumer un champ; **gwlydd y dom** mouron *m* des oiseaux.
tomato (**-s**) *g* tomate *f*; **cawl** ~**s** soupe *f* à la tomate; **sudd** ~**s** jus *m* de tomates; **saws** ~**s** sauce *f* tomate; **planhigyn** ~**s** pied *m* de tomate.
tombola *g* tombola *f*.
tomen (**-ni, -nydd**) *b* tas *m*, pile *f*; (*lechi, glo*) monceau(-x) *m*, terril *m*, halde *f*; ~ **sbwriel** décharge *f* publique, dépotoir *m*; **ar y domen** (*ffig*) au rancart, au rebut; ~ **dail** tas *m* de fumier; **yn wlyb domen dail** trempé(e) jusqu'aux os.
tomi *ba*: ~ **cae** fumer un champ, épandre du fumier sur un champ.
tomlyd *ans* crotté(e), boueux(boueuse).
Tomos *prg* Thomas.
ton[1] (**-nau**) *b* vague *f*, flot *m*, lame *f*; (*radio*) onde *f*; (*mewn gwallt*) ondulation *f*, cran *m*; (*o droseddau, banig*) vague; ~ **fechan** vaguelette *f*; ~ **wres** vague de chaleur; **mae ganddi donnau yn ei gwallt** elle a les cheveux qui ondulent; ~ **o ddigofaint** bouffée *f* de colère.
ton[2] *g* (AMAETH) terre *f* en jachère, pré *m*, prairie *f*.
tôn (**tonau**) *b*
1 (*alaw*) air *m*, mélodie *f*; **byddar i donau** qui n'a pas d'oreille; ~ **gron** ronde *f*; **yr un hen dôn gron** c'est toujours le même refrain.
2 (*goslef llais*) ton *m*, tonalité *f*; **mewn** ~ **ddigalon** d'un ton mélancolique.
3 (*cyhyrau*) tonus *m*.
tonaidd *ans* tonal(e)(tonaux, tonales).
tonc (**-iau**) *b* tintement *m*; **rhoi** ~ **i rn** (*ffonio*) passer un coup de fil à qn; **cael** ~ **ar y piano** jouer un peu du piano.
toncio *ba, bg* tinter.
toneiddiwch *g* tonalité *f*, tonicité *f*.
tonfedd (**-i**) *b* longueur *f* d'ondes; **nid ydym ni ar yr un donfedd** nous ne sommes pas sur la même longueur d'ondes.
tôn-fyddar *ans* qui n'a pas d'oreille.
toniad (**-au**) *g* ondulation *f*.
tonig *ans* tonique; **sol-ffa** ~ solfège *m* tonique; **dŵr** ~ eau(-x) *f* tonique;
♦*g* (**-au**) remontant *m*, tonique *m*; **bod yn donig i rn** (*ffig*) remonter le moral de qn.
tonnen (**tonenni**) *b* (*cors*) marais *m*, marécage *m*; (*crofen, crawen: ar gig moch*) couenne *f*; (:*ar fara, ar gaws*) croûte *f*.
tonni *bg* onduler.
tonnog *ans* ondoyant(e), onduleux(onduleuse), ondulé(e); **môr** ~ mer *f* houleuse
tonsil (**-iau, -s**) *g* amygdale *f*; **cael tynnu'ch** ~**iau** se faire opérer des amygdales.
tonsilitis *g* amygdalite *f*.
tonydd (**-ion**) *g* (CERDD) tonique *f*.
tonyddiaeth *b* tonalité *f*, tonicité *f*.
top (**-iau**) *g*
1 (*pen uchaf: mynydd*) sommet *m*; (:*tudalen*) haut *m*; (:*rhestr*) commencement *m*, tête *f*.
2 (*caead: bocs, jar*) couvercle *m*; (:*potel*) bouchon *m*.
3 (*tegan*) toupie *f*; **troi fel** ~ tourner comme une toupie.
4 (*dilledyn*) haut *m*; ~ **pyjamas** veste *f*.
▶ **ar dop** (*ar ben, ym mhen*) en haut de; **ar dop y grisiau/tudalen/stryd** en haut de l'escalier/de la page/de la rue.
▶ **llawn dop**: **bod yn llawn dop** (*wedi bwyta*) avoir trop mangé; (*ystafell, trên ayb*) être bondé(e) de monde.
topas *g* topaze *f*.
topi *ba* frapper (qch) de la tête.
topio *ba* (*llenwi: twll ayb*) boucher.
topograffeg *b* topographie *f*.
topograffig *ans* topographique;
♦ **yn dopograffig** *adf* topographiquement.
topyn (**-nau**) *g* (*caead: potel*) bouchon *m*; (*tebot*) bouton *m*.
tor (**-rau**) *b* abdomen *m*, ventre *m*; ~ **y llaw** la paume *f*.
torbwt (**torbytiaid**) *g* turbot *m*.
torcalon *g* crève-cœur *m*.
torcalonnus *ans* déchirant(e), navrant(e), qui fend le cœur, désespéré(e); (*gwaith*) désespérant(e), rebutant(e);

♦ **yn dorcalonnus** *adf* de façon déchirante *neu* navrante *neu* désespérante.
tor-cyfraith *g* désordre *m*, licence *f*, anarchie *f*, manque *m* de respect envers les lois, criminalité *f*.
torch (**-au**) *b* rouleau(-x) *m*; (*o flodau*) couronne *f*; (*o wallt*) boucle *f*; (*o fwg*) volute *f*; **~au o floneg** (*am y gwddf ayb*) bourrelets *mpl* de graisse; **tynnu ~** lutte *f* de traction à la corde, lutte à la jarretière; **gorweddai'r gath yn dorch** le chat était couché en boule; **'roedd y neidr yn dorch am y goeden** le serpent s'était lové autour de l'arbre.
torchi *ba*: **~'ch llewys** retrousser ses manches; **~ rhaff** replier *neu* rouler *neu* enrouler *neu* lover une corde;
♦*bg* se replier, s'enrouler.
torchog *ans* enroulé(e), replié(e), roulé(e), en boule.
tordres (**-i**) *b* sous-ventrière(~-~s) *f*.
toredig *ans* cassé(e), brisé(e), rompu(e); **calon doredig** cœur *m* brisé.
toreithio *bg* abonder.
toreithiog *ans* abondant(e), riche; **awdur ~** auteur *m* prolifique.
toreth *b* abondance *f*; **mae ~ o** il y a une abondance de *neu* beaucoup de *neu* des masses de *neu* énormément de; **~ o bobl** multitude *f* *neu* foule *f* de gens.
torf (**-eydd**) *b* foule *f*, multitude *f*; **y dorf** (*y werin*) la masse, la multitude, les masses populaires, la populace.
torfagl *b* (*PLANH*) euphrasie *f*, eufraise *f*.
torfol *ans* collectif(collective); **y cyfryngau ~** les mass média *mpl*;
♦ **yn dorfol** *adf* collectivement.
torfynyglu *ba* casser le cou à.
torgengl (**-au**) *b* sous-ventrière *f*.
torgest (**-i**) *b* hernie *f*.
torgestog *ans* ayant une hernie.
torgoch (**-iaid**) *g* (*PYSG*) omble *m* chevalier.
torgwmwl (**torgymylau**) *g* grosse averse *f* violente.
torheulo *bg* prendre un bain de soleil, se bronzer.
torheulwr (**torheulwyr**) *g* celui qui prend un bain de soleil.
torheulwraig (**torheulwragedd**) *b* celle qui prend un bain de soleil.
Tori (**Torïaid**) *g* tory *m/f*, conservateur *m*, conservatrice *f*.
toriad (**-au**) *g*
1 (*dillad*) coupe *f*.
2 (*mewn cyflog*) réduction *f*.
3 (*mewn asgwrn*) cassure *f*.
4 (*saib, egwyl*) interruption *f*, arrêt *m*; (*fer*) pause *f*; **heb doriad** sans interruption, sans arrêt.
5 (*cychwyn*): **~ dydd** point *m* du jour; **~ y wawr** aube *f*.
6 (*ymadroddion*): **~ calon** (*ffig*) crève-cœur *m*; **mae'n fardd yn nhoriad ei fogail** c'est un poète né.
Torïaidd *ans* tory, conservateur(conservatrice); **y Blaid Dorïaidd** le parti conservateur.
torlan (**-nau, torlennydd**) *b* rive *f*, berge *f*; **glas y dorlan** martin-pêcheur(~s-~s) *m*.
torllengig *g* (*MEDD*) hernie *f*.
torllwyd (**-ion**) *ans* au ventre gris;
♦*b* (*PLANH*) tanaisie *f*.
torllwyth (**-i**) *b* (*o anifeiliaid*) portée *f*.
tormach *g* (*poendod, baich*) fardeau(-x) *m*; **'rwyt ti'n dormach arna' i** tu es un fardeau pour moi.
tormaen (**tormeini**) *g* saxifrage *f*.
torogen (**torogod**) *b* (*PRYF*) tique *f*.
torogi *bg* concevoir.
torogiad (**-au**) *g* gestation *f*.
torpido (**-s**) *g* (*MIL*) torpille *f*.
tor-priodas (**~-~au**) *g* rupture *f* de mariage.
torraid (**toreidiau**) *g* (*o berchyll*) portée *f*.
torri *ba*
1 (*cyff: gwydr*) casser, briser; (*:bara, papur, brethyn, coed*) couper; **~ ffenestr** casser une vitre; **~ pen rhn** décapiter qn; **~ rhth yn ei hanner** couper qch en deux.
2 (*rhan o'r corff*) se casser; **~'ch coes** se casser la jambe, se fracturer la jambe; **mae hi wedi ~'i choes** elle s'est cassé la jambe; **~'ch bys** se couper le doigt; **cael ~'ch gwallt** se faire couper les cheveux.
3 (*tyllu*): **~ ffos** creuser un fossé; **~ bedd** creuser une fosse; **~ twll** faire *neu* percer un trou.
4 (*mynd yn groes i: gyfraith*) violer, enfreindre, contrefaire; (*:addewid*) rompre; **~'ch gair** manquer à sa parole, revenir sur sa parole, manquer à sa promesse; **~'r Sul** violer le sabbat.
5 (*dofi*): **~ ceffyl** dresser un cheval.
6 (*rhoi diwedd ar*): **~ cyfarfod** disperser une assemblée, mettre fin à une réunion.
7 (*mewn ymadroddion*): **~'r banc** faire sauter la banque; **~ calon rhn** briser le cœur à qn; **~'ch calon** avoir le cœur brisé; **~ cysylltiad â rhn** rompre avec qn; **~ cỳt** faire de l'effet; **~ cytundeb** rompre un accord *neu* un traité; **~ dannedd** faire ses dents; **~'r distawrwydd** rompre le silence; **~'ch enw** signer (son nom); **~ gair â rhn** adresser la parole à qn; **heb dorri gair â neb** sans dire mot à personne; **~ geiriau** (*ynganu*) articuler, prononcer des mots; **~'r garw** faire le plus dur *neu* le plus gros (d'une tâche); **~ gofid** soulager *neu* adoucir *neu* alléger la douleur; **~ gwynt** avoir un renvoi, rôter; **~ newydd i rn** annoncer une nouvelle à qn; **~ poen** soulager *neu* adoucir *neu* alléger la douleur; **~'ch syched** se désaltérer; **~ record** battre un record; **~'r rhew** *ou* **iâ** rompre la glace; ~

swyngyfaredd rompre un charme *neu* un enchantement; ~ **coeden i lawr** abattre un arbre; ~ **drws i lawr** enfoncer une porte;
♦*bg*
1 (*cyff*) se casser, se briser, se rompre; **mae'r gadair wedi** ~ la chaise est cassée; **mae'r drych wedi** ~ le miroir est brisé; **esgidiau wedi** ~ (*wedi gwisgo*) chaussures éculeés; (*wedi malu*) chaussures cassées; **torrodd y ffon yn glec** la canne s'est cassée net *neu* avec un bruit sec.
2 (*llais*) muer.
3 (*tonnau*) se briser, se déferler.
4 (*cracio*): **mae fy nwylo'n** ~ mes mains sont gercées *neu* ont des gerçures.
5 (*iechyd*) s'altérer, se déteriorer; **mae hi wedi ~'n arw** (*heneiddio*) elle a beaucoup vieilli.
6 (*suro*): **mae'r llaeth wedi** ~ le lait s'est caillé.
7 (*methu*): **~'n ariannol** faire faillite.
8 (*mewn ymadroddion*): ~ **ar** (*lladd ar*) critiquer, dénigrer; (*ysbaddu*) châtrer; ~ **ar y gaeaf** (*lleihau*) raccourcir l'hiver; ~ **ar draws** interrompre, couper la parole à; **~'n rhydd** se dégager, s'échapper; ~ **i lawr** (*car*) tomber en panne; (*mewn*) fondre en larmes, éclater en sanglots; (*MEDD*) faire une dépression, souffrir un épuisement nerveux; ~ **i mewn i dŷ** entrer dans une maison par effraction.

torrog *ans* plein(e).

torrwr (**torwyr**) *g* casseur *m*; ~ **beddau** fossoyeur *m*; ~ **ewinedd** coupe-ongles *m inv*; ~ **ceffylau** (*dofwr*) dresseur *m* de chevaux, dresseuse *f* de chevaux.

torsyth *ans* fanfaron(ne), plastronnant(e).

torsythu *bg* plastronner, parader, se pavaner.

torts(h) (**-ys**) *b,g*
1 (*â batri*) *gw.* **fflachlamp**.
2 (*dân*) *gw.* **ffagl**.

torth (**-au**) *b* pain *m*; ~ **gron** *ou* **waelod** pain au ménage, miche *f*; ~ **hir** *ou* **Ffrengig** baguette *f*; ~ **frith** pain aux raisins; ~ **dun** pain cuit au moule, pain anglais; ~ **geirch** biscuit *m* d'avoine, galette *f* d'avoine; **mae hanner ~ yn well na dim** mieux vaut peu que pas du tout.

torthen (**-ni**) *b* caillot *m*.

torthi *bg* (*gwaed*) former des caillots; (*gwaed colledig*) se coaguler.

tor-ymddiriedaeth (**~-~au**) *g* abus *m* de confiance.

tosio* *ba* jeter, lancer; (*chwarae: ceiniog*) jouer à pile ou face; ~ **salad** remuer *neu* retourner la salade; ~ **crempogau**, ~ **ffroes** faire sauter des crêpes; **tosiodd ei phen yn ôl** elle rejeta sa tête en arrière.

tost[1] *ans* (*gwael*) malade, indisposé(e), souffrant(e); (*poenus*) douloureux(douloreuse), qui vous fait mal; **mae fy mhen i'n dost** j'ai mal à la tête; **mae fy mol i'n dost** j'ai mal au ventre;
♦ **yn dost** *adf* grièvement; **wedi ei chlwyfo'n dost** grièvement blessé(e); **teimlo'n dost** ne pas se sentir bien, se sentir malade.

tost[2] *g* (*bara cras*) pain *m* grillé, toast *m*; **darn o dost** toast *m*; ~ **Ffrengig** pain perdu; **rhesel dost** porte-toast *m inv*.

tostedd *ans* (*MEDD: carchar dŵr*) dysurie *f*; **maen** *ou* **carreg** ~ calcul *m*.

tostio *ba* (faire) griller; (*cynnig llwnc testun i*) porter un toast à; ~ **traed** se chauffer les orteils;
♦*bg* griller.

tostiwr (**tostwyr**) *g* grille-pain *m inv*.

tostlym (**tostlem**) (**tostlymion**) *ans* sévère, aigu(aiguë);
♦ **yn dostlym** *adf* sévèrement.

tostrwydd *g* sévérité *f*, gravité *f*.

tosturi, **tosturiaeth** *g,b* compassion *f*, pitié *f*, clémence *f*, miséricorde *f*.

tosturio *bg*: ~ **wrth rn** avoir pitié de qn, compatir à la douleur de qn.

tosturiol *ans* compatissant(e), clément(e), miséricordieux(miséricordieuse);
♦ **yn dosturiol** *adf* de façon compatissante, avec compassion *neu* clémence *neu* miséricorde.

tostyn *g gw.* **tost**[2].

tosyn (**tosau**) *g* bouton *m*.

totalitaraidd *ans* totalitaire;
♦ **yn dotalitaraidd** *ans* de façon totalitaire.

totalitariaeth *b* totalitarisme *m*.

totalitarydd (**totalitarwyr**) *g* totalitaire *m/f*.

totem (**-au**) *g*: **polyn** ~ mât *m* totémique.

towlu *ba gw.* **taflu**.

töwr (**towyr**) *g* couvreur *m* de maisons.

towt (**-iaid**) *g* (*gwerthwr tocynnau*) revendeur *m* de billets, revendeuse *f* de billets; (*rasio ceffylau*) pronostiqueur *m*, pronostiqueuse *f*.

tra[1] *adf* très, extrêmement.

tra[2] *cys*
1 (*yn ystod yr amser*) pendant que; ~ **oeddwn i yn yr ardd** pendant que j'étais dans le jardin; **aeth i gysgu ~ oedd yn darllen** il s'est endormi en lisant.
2 (*cyhyd â*) tant que; **ni wnaiff hynny ddim digwydd ~ byddaf fi yma** cela n'arrivera pas tant que je serai là.
3 (*ond*) alors que; **mae ganddo wallt du,** ~ **mae ei frawd â phen moel** il a les cheveux noirs alors que *neu* tandis que son frère est chauve.

tra-arglwyddiaeth *b* domination *f*, tyrannie *f*.

tra-arglwyddiaethu *bg*: **~-~ ar** dominer, tyranniser.

tra-awdurdodi *bg*: **~-~ ar** dominer, tyranniser.

trabŵd *adf*: **chwys drabŵd** couvert(e) de sueur, tout en nage.

trac (**-iau**) *g* (*llwybr*) chemin *m*, sentier *m*;

(*cledrau*) voie *f* ferrée, rails *mpl*; (*CHWAR*) piste *f*; (*ar record*) plage *f*, morceau(-x) *m*, chanson *f*; (*cyfrifiadur*) piste; (*trywydd*) trace *f*, piste; (*ar danc*) chenille *f*.
tracio *ba* (*dilyn trywydd*) suivre (qn/qch) à la trace, poursuivre.
tractor (**-au**) *g* tracteur *m*.
tracwisg (**-oedd**) *b* survêtement *m*.
trach *ardd*: ~ **eich cefn** à rebords, à reculons.
trachefn *adf* (*eto*) encore une fois, de nouveau, à nouveau; **drachefn a thrachefn** à plusieurs reprises; **dweud rhth** ~ redire, répéter qch; **gwneud rhth** ~ refaire qch.
trachwant (**-au**) *g* (*awydd*) désir *m*, envie *f*, convoitise *f*; (*rhywiol*) luxure *f*, cupidité *f*.
trachwantu *ba* convoiter, désirer.
trachwantus *ans* cupide, luxurieux(luxurieuse), lascif(lascive); ♦ **yn drachwantus** *adf* cupidement, luxurieusement, lascivement.
trachywir *ans* précis(e).
tradwy *adf* dans trois jours, d'ici trois jours.
traddodi *ba* livrer, transmettre, communiquer; ~ **darlith** faire une conférence *neu* un cours; ~ **araith** faire *neu* prononcer une allocution.
traddodiad (**-au**) *g* tradition *f*.
traddodiadol *ans* traditionnel(le); ♦ **yn draddodiadol** *adf* traditionnellement.
traddodwr (**traddodwyr**) *g* livreur *m*, transmetteur *m*; ~ **darlith** conférencier *m*, orateur *m*.
traean (**-au**) *g* tiers *m*; **mae wedi gwneud** ~ **y gwaith** il a fait le tiers du travail.
traed *ll gw.* **troed**.
traen (**-iau**) *g gw.* **draen**.
traeniad (**-au**) *g gw.* **draeniad**.
traenio *ba gw.* **draenio**.
traeth (**-au**) *g* plage *f*; (*glan*) rivage *m*; ~ **byw** sables *mpl* mouvants; ~ **awyr** ciel *m* moutonné.
traethawd (**traethodau**) *g* dissertation *f*; (*byr*) rédaction *f*; (*hir*) mémoire *m*.
traethell (**-au**) *b* grève *f*; (*banc tywod*) banc *m* de sable.
traethiad (**-au**) *g* (*mewn nofel*) narration *f*, récit *m*; (*GRAM*) prédicat *m*.
traethiadol *ans* narratif(narrative); (*GRAM*) prédicatif(prédicative); (*dawn*) de conteur(conteuse).
Traeth Ifori *prg*: **y** ~ ~ la Côte *f* d'Ivoire.
traethu *ba* dire, exprimer; (*adrodd*) raconter; ~**'ch hanes** raconter l'histoire de sa vie; ♦*bg* s'exprimer, pérorer, disserter, faire un long discours.
traethydd (**traethwyr**) *g* narrateur *m*.
trafaelio *bg gw.* **teithio**.
trafaeliwr (**trafaelwyr**) *g* (*MASN*) représentant *m neu* voyageur *m* de commerce, commis-voyageur *m gw. hefyd* **teithiwr**.
trafaelwraig (**trafaelwragedd**) *b* (*MASN*) représentante *f neu* voyageuse *f* de commerce *gw. hefyd* **teithwraig**.
trafaelu, **trafeilio** *bg gw.* **teithio**.
trafel[1] *b* (*taith gron*) tournée *f* ronde; **mynd ar drafel** faire sa tournée.
trafel[2] *b* (*rhan o beiriant naddu*) chariot *m*; **naddu'n agos i'r drafel** friser l'indécence, être un peu osé(e), raconter une plaisanterie osée.
traflwnc (**traflyncau**) *g* (*diod*) gorgée *f*.
traflyncu *ba* avaler; (*llowcio, bwyta'n awchus*) dévorer.
trafnid *g* commerce *m*, trafic *m*.
trafnidiaeth *b* (*marchnata*) commerce *m*; (*ceir*) circulation *f*; (*cludiant*) transport *m*.
trafnidiol *ans* commercial(e)(commerciaux, commerciales), de la circulation.
trafod *ba* (*problem, cynllun, pris*) débattre, discuter; (*sôn am*) débattre, discuter de; (*i gael cytundeb*) négocier; (*trin â'r dwylo*) manier, manipuler; (*rheoli: anifail*) maîtriser.
trafodaeth (**-au**) *b* discussion *f*; (*yn y Senedd*) débats *mpl*; (*i gael cytundeb*) négociation *f*, pourparlers *mpl*; **cychwyn** ~**au â rhn** engager des négociations avec qn; **dan drafodaeth** en discussion, à l'étude; **mae'r peth dan drafodaeth** on en discute.
trafodion *ll* (*cofnodion*) actes *mpl*, travaux *mpl*.
trafodwr (**trafodwyr**) *g* négociateur *m*.
trafodwraig (**trafodwragedd**) *b* négociatrice *f*.
trafferth (**-ion**) *b,g*
1 (*problem, trybini*) difficulté *f*, problème *m*; (*GWLEID*) conflit *m*, trouble *m*; (*MEDD*) troubles *mpl*; **cael** ~**ion** avoir des ennuis, être dans l'embarras *m*; **cael** ~ **gwneud rhth** avoir du mal *neu* de la difficulté à faire qch; **peri** ~ **i rn** déranger qn, gêner qn; **y drafferth yw ...** le problème, c'est que; **beth yw'r drafferth?** qu'est-ce qui ne va pas?, quel est le problème?; **mewn** ~ dans l'embarras, dans de beaux draps, dans une mauvaise passe, dans le pétrin.
2 (*ymdrech*) peine *f*; **mynd i drafferth i wneud rhth** prendre *neu* se donner la peine de faire qch; **peidiwch â mynd i'r drafferth** ne vous en dérangez pas, ne vous en faites pas.
trafferthu *bg* s'en faire, se déranger, se donner la peine, prendre la peine; ♦*ba*: **paid â thrafferthu mynd yno** ce n'est pas la peine d'y aller: **ni wn i ddim pam y trafferthais wneud hynny** je ne sais pas pourquoi je me suis donné la peine de faire cela.
trafferthus *ans* ennuyeux(ennuyeuse), gênant(e); (*sy'n mynd ag amser*) qui prend beaucoup de temps; (*prysur iawn*) très occupé(e), assidu(e), laborieux(laborieuse), fastidieux(fastidieuse); **Martha drafferthus** Marthe distraite par divers soins.
trafferthwch *g gw.* **trafferth**.
traffig *g* circulation *f*; **arafiad** ~

ralentissement *m* de la circulation; **tagfa draffig** embouteillage *m*, bouchon *m*.

traffordd (**traffyrdd**) *b* autoroute *f*.

tragwyddol *ans* éternel(le); (*cwynion*) sempiternel(le);
♦ **yn dragwyddol** *adf* éternellement; (*cwyno*) sempiternellement.

tragwyddoldeb *g* éternité *f*; **hyd dragwyddoldeb, (a diwrnod dros ben)** pour l'éternité, à tout jamais, jusqu'à la fin des siècles.

tragwyddoli *ba* éterniser.

tragywydd *ans gw.* **tragwyddol**.

trangedig *ans* périssable, mortel(le), transitoire.

traha *g gw.* **trahauster**.

trahaus *ans* arrogant(e), hautain(e);
♦ **yn drahaus** *adf* avec arrogance.

trahauster *g* arrogance *f*, hauteur *f*.

trai (**treiau**) *g* reflux *m*, marée *f* descendante, jusant *m*; **llanw a thrai** le flux et le reflux; **mynd ar drai** refluer; **mae hi'n drai ar y claf** le malade est bien bas, la malade ne va pas bien fort; ~ **distyll** marée basse.

trais (**treisiau**) *g* violence *f*, incidents *mpl* violents; (*hefyd:* ~ **rhywiol**) viol *m*.

trallod (**-ion**) *g* tribulation *f*, malheur *m*, affliction *f*, chagrin *m*, calamité *f*, revers *m* de la fortune.

trallodi *ba* affliger, chagriner, perturber.

trallodus *ans* misérable, malheureux(malheureuse), affligé(e); (*tlawd*) dans la misère;
♦ **yn drallodus** *adf* misérablement, dans la misère, malheureusement, dans le malheur.

trallwysiad (**-au**) *g* (*MEDD*) transfusion *f* sanguine.

trallwyso *ba* transfuser.

tram (**-iau**) *g* tramway *m*.

tramffordd (**tramffyrdd**) *b* ligne *f* de tramway.

tramgwydd (**-au**) *g* (*trosedd*) délit *m*, infraction *f*; **maen** ~ pierre *f* d'achoppement.

tramgwyddaeth *b* délinquance *f*.

tramgwyddiad (**-au**) *g* (*trosedd*) délit *m*, infraction *f*; **ail dramgwyddiad,** ~ **newydd** récidive *f*.

tramgwyddo *ba* (*brifo teimladau*) offenser, blesser, froisser, formaliser;
♦*bg* (*torri'r gyfraith*) commettre une infraction; (*ymddwyn yn anystywallt*) déplaire, être déplaisant(e); ~**'n gyson** récidiver.

tramgwyddus *ans* scandaleux(scandaleuse), offensant(e), blessant(e);
♦ **yn dramgwyddus** scandaleusement, de façon offensante *neu* blessante.

tramgwyddwr (**tramgwyddwyr**) *g* coupable *m/f*; (*CYFR*) délinquant *m*, délinquante *f*; ~ **cyson** récidiviste *m/f*.

tramor *ans* étranger(étrangère), de l'étranger, extérieur(e), d'outre-mer; **Y Swyddfa Dramor** le ministère *m* des Affaires étrangères;
♦ **dramor** *adf* à l'étranger, outre-mer; **mynd dramor ar eich gwyliau** aller en vacances à l'étranger.

tramorwr (**tramorwyr**) *g* étranger *m*.

tramorwraig (**tramorwragedd**) *b* étrangère *f*.

tramp[1] (**-s, -iaid**) *g* (*trempyn*) clochard *m*, chemineau(-x) *m*; **mynd ar dramp** faire une randonnée; (*fel ffordd o fyw*) vagabonder, courir le pays.

tramp[2] (**-s, -iau**) *g* (*stemar*) tramp *m*.

trampolîn (**trampolinau**) *g* trampoline *m*; **neidio ar drampolîn** faire du trampoline.

tramwy *ba gw.* **tramwyo**;
♦*g* allées *fpl* et venues *fpl*, circulation *f*; **yr oedd llawer o dramwy ar y ffyrdd** les routes étaient très fréquentées.

tramwyfa (**tramwyfeydd**) *b* couloir *m*; (*ffordd*) route *f*, passage *m*; (*mewn cwch*) traversée *f*.

tramwyo *ba* passer;
♦*bg* voyager, aller et venir.

tramwywr (**tramwywyr**) *g* passant *m*, voyageur *m*, piéton *m*.

tranc *g* (*marwolaeth rhn*) mort *f*, décès *m*; **ar dranc** moribond(e), agonisant(e); **bod ar dranc** agoniser; ~ **y mudiad comiwnyddol** la fin *neu* la ruine du mouvement communiste.

trancedig *ans* (*darfodadwy*) périssable, mortel(le), transitoire; (*marw*) décédé(e), mort(e).

trannoeth *g, adf* le lendemain *m*, jour *m* suivant *neu* d'après; **bore drannoeth** le lendemain *m* matin; ~ **y drin** après la bataille.

transistor (**-au**) *g* transistor *m*.

Transylfania *prb* la Transylvanie; **yn Nhransylfania** en Transylvanie.

trap[1] (**-iau**) *g* (*magl*) piège *m*; ~ **llygod** souricière *f*.

trap[2] (**-iau**) *g* (*cerbyd*) cabriolet *m*, calèche *f*.

trapddor (**-au**) *g,b* trappe *f*.

trapesiwm (**trapesia, trapesiymau**) *g* trapèze *m*.

trapio *ba* (*mewn rhwyd, trwy dric*) prendre (qch) au piège, piéger; (*atal rhag symud*) barrer la route à qn; (*dal: eich bys mewn drws ayb*) coincer.

trapîs (**trapisau**) *g* trapèze *m*.

traphont (**-ydd**) *b* viaduc *m*.

tras (**-au**) *b* lignage *m*, lignée *f*, ascendance *f*, famille *f*, souche *f*, origine *f*.

traserch *g* passion *f*.

trasiedi (**trasiedïau**) *b* tragédie *f*.

trasiedïol *ans* tragique;
♦ **yn drasiedïol** *adf* tragiquement.

trasig *ans* tragique;
♦ **yn drasig** *adf* tragiquement.

traul (**treuliau**) *b*
1 (*ôl treulio*) usure *f*.
2 (*cost*) frais *mpl*; (*yn ariannol*) aux frais de; **cyfrif treuliau** note *f* de frais; **ar draul** aux dépens de *gw. hefyd* **treuliau**.

3 (*bwyd*) digestion *f*; **diffyg** ~ indigestion *f*.

traw *g* (*CERDD*) ton *m*.

trawfforch (**trawffyrch**) *b* (*CERDD*) diapason *m*.

trawgar *ans gw.* **trawiadol**.

trawiad (**-au**) *g* battement *m*, coup *m*; (*MEDD*) crise *f*; (*strôc*) attaque *f* d'apoplexie; ~ **ar y galon** crise *f* cardiaque; **ar drawiad** (*amrant, llygad*) en un clin d'œil, sur le coup, d'un coup.

trawiadol *ans* frappant(e), saisissant(e), impressionnant(e);

♦ **yn drawiadol** *adf* de façon frappante *neu* saisissante *neu* impressionnante.

trawiant (**trawiannau**) *g* (*MATH, FFIS*) incidence *f*.

trawma (**trawmâu**) *g* traumatisme *m*.

trawmatig *ans* traumatisant(e);

♦ **yn drawmatig** *adf* de façon traumatisante.

trawo *ba gw.* **taro**.

traws *g*: **ar draws** (ar fy nhraws, ar dy draws, ar ei draws, ar ei thraws, ar ein traws, ar eich traws, ar eu traws) à travers; **cerdded ar draws y ffordd** traverser la rue; **nofiodd ar draws yr afon** il a traversé la rivière à la nage; **rhedodd ar draws y stryd** il a traversé la route en courant; **ffordd ar draws y goedwig** une route qui traverse la forêt; **torri ar draws rhn** interrompre qn, couper la parole à qn; **dod ar draws rhth** tomber sur qch; **mae'r llyn yn 12 cilometr ar ei draws** le lac fait 12 km de large; **ras ar draws gwlad, rhedeg ar draws gwlad** cross-country *m*; **ar draws popeth, beth yw hanes Gwen?** cela n'a rien à voir avec le sujet, mais que devient Gwen?; **mae popeth ar draws ei gilydd** tout est en désordre *neu* sens dessus dessous; **'roeddwn i bron â thorri ar fy nhraws gan chwerthin** je me tordais de rire, je criais de rire, je m'esclaffais de rire; **torri rhth ar ei hyd ac ar ei draws** couper qch en long et en travers; **gorwedd ar draws y gwely** être couché(e) et étendu(e) en travers du lit.

trawsaceniad (**-au**) *g* (*CERDD*) syncope *f*.

trawsacennu *bg* (*CERDD*) syncoper.

trawsamcan (**-ion**) *g* malentendu *m*.

trawsblaniad (**-au**) *g* (*planhigyn, pobl*) transplantation *f*; (*eginyn*) repiquage *m*, greffe *f*; **cael** ~ **calon** subir une greffe du cœur.

trawsblannu *ba* (*planhigyn, pobl*) transplanter; (*eginyn*) repiquer, greffer; (*MEDD*) greffer.

trawsbren (**-nau, -ni**) *g* barre *f* traversale.

trawsbwyth (**-au**) *g* point *m* de croix.

trawsdoriad (**-au**) *b gw.* **trawstoriad**.

trawsdynnu *ba* détourner, distraire.

trawsddodi *ba* transposer.

trawsddodiad (**-au**) *g* transposition *f*.

trawsfeddiannu *ba* usurper.

trawsfeddiannwr (**trawsfeddianwyr**) *g* usurpateur *m*.

trawsfeddiant (**trawsfeddiannau**) *g* usurpation *f*.

trawsfeddu *ba* usurper, confisquer.

trawsffordd (**trawsffyrdd**) *b gw.* **trosffordd**.

trawsffurfiad (**-au**) *g* métamorphose *f*.

trawsffurfio *ba* métamorphoser;

♦*bg* (*BIOL*) se métamorphoser; ~ **yn rhth** se métamorphoser en qch; (*DAEAR*) se transformer par métamorphisme.

trawsgludiad (**-au**) *g* transportation *f*.

trawsgludo *ba* transporter.

trawsgrifiad (**-au**) *g* transcription *f*.

trawsgrifio *ba* transcrire.

trawsgyweiriad (**-au**) *g* (*CERDD*) transposition *f*, modulation *f*.

trawsgyweirio *ba* (*CERDD*) transposer, moduler.

trawslif (**-iau**) *b* scie *f* de travers.

trawslin (**-iau**) *b* partie *f* transversale;

♦*ans* transversale.

trawslythreniad (**-au**) *g* translittération *f*.

trawslythrennu *ba* translit(t)érer.

trawsnewid *ba* transformer;

♦*g* (**-iadau**) transformation *f*.

trawsnewidiad (**-au**) transformation *f*.

trawsnewidydd (**-ion, trawsnewidwyr**) *g* (*TRYD*) transformateur *m*.

trawsni *g* humeur *f* revêche, méchanceté *f*, perversité *f*.

trawsosod *ba* transposer.

trawsosodiad (**-au**) *g* transposition *f*.

trawsrywiol *ans* transsexuel(le); **rhn** ~ transsexuel *m*, transsexuelle *f*.

traws-sylweddiad *g* transubstantiation *f*.

traws-symud *ba* transposer.

traws-symudiad (~-~**au**) *g* transposition *f*.

trawst (**-iau**) *g* poutre *f*.

trawster *g* violence *f*, oppression *f*, iniquité *f*, tyrannie *f*.

trawstoriad (**-au**) *g* (*BIOL*) coupe *f* transversale; (*o'r boblogaeth*) échantillon *m*.

trawswch (**trawsychau**) *g* moustache *f*.

trawswyro *ba* pervertir.

trawsyriant *g* transmission *f*.

trawsyrru *ba* transmettre.

trawydd (**-ion**) *g* frappeur *m*.

tre (**-fi, -fydd**) *b gw.* **tref**.

trebl (**-au**) *g* soprano *m*; **allwedd y** ~ clef *f* de sol;

♦*ans* de soprano.

treblu *ba* tripler.

trech *ans* plus fort(e); **bod yn drech na rhn** être trop dur(e) pour qn, être supérieur(e) à qn; **fe aeth y gwaith yn drech na fi** le travail a été trop dur pour moi; **aeth cwsg yn drech na mi** j'ai succombé au sommeil; **trechaf** le plus fort, la plus forte, les plus fort(e)s, supérieur(e); **trechaf treisied** la raison du plus fort est toujours la meilleure.

trechedd *g* dominance *f*, supériorité *f*.

trechiad (**-au**) *g* défaite *f*.

trechu *ba* triompher de; (*curo gwrthwynebydd*) l'emporter sur, battre, conquérir, terrasser; (*teimladau*) vaincre, surmonter; (*cynlluniau, ymdrechion*) faire échouer;
♦*bg* être vainqueur, l'emporter, gagner la bataille.

trechwr (**trechwyr**) *g* vainqueur *m*.

tref (**-i, -ydd**) *b* ville *f*; **mynd i'r dref** aller en ville; **canol y dref** centre-ville *m*; **neuadd y dref** mairie *f*, hôtel *m* de ville; ~ **lan môr** station *f* balnéaire; ~ **farchnad** ville commerçante; ~ **hoflau** *ou* **sianti** bidonville *m*; **tua thre(f)** vers la maison; **mynd tua thre(f)** rentrer à la maison *neu* chez soi *gw. hefyd* **adref**.

trefedigaeth (**-au**) *b* colonie *f*; ~**au Ffrengig yn yr India** établissements *mpl* français dans l'Inde.

trefedigaethol *ans* colonial(e)(coloniaux, coloniales).

trefedigaethu *ba* coloniser;
♦*g* colonisation *f*.

trefedigion *ll* colons *mpl*.

trefedigol *ans* colonial(e)(coloniaux, coloniales).

trefgordd (**-au**) *b* commune *f*.

treflan (**-nau**) *b* bourg *m*, bourgade *f*, petite ville *f*, villette *f*; (*yn Ne Affrica*) township *m*, ghetto *m* noir.

trefn *b*
1 (*olyniaeth*) ordre *m*; **mewn** ~ en bon ordre, bien ordonné(e); **nid yw'r cardiau mewn** ~ les cartes sont en désordre; **yn y drefn gywir/anghywir** dans le bon/mauvais ordre; **ym mha drefn?** dans quel ordre?; **yn nhrefn yr wyddor** par ordre alphabétique; **yn nhrefn ymddangosiad** (*actorion*) par ordre d'entrée en scène; **rhoi rhth mewn** ~, **rhoi** ~ **ar rth** classer qch, mettre qch en ordre; **rhoi** ~ **ar eich bywyd** remettre de l'ordre dans sa vie; **gwneud** ~ **ar rn** réduire qn à l'ordre, imposer l'ordre *neu* la discipline à qn; **galw rhn i drefn** rappeler qn à l'ordre; **cadw** ~ (*heddlu, llywodraeth*) maintenir l'ordre; **cadw** ~ **ar ddosbarth** maintenir la discipline en classe; **dweud y drefn wrth rn** gronder qn, réprimander qn, attraper qn, passer un savon à qn*.
2 (*dull*) procédure *f*; **beth yw'r drefn ar gyfer yr wythnos nesaf?** quelle est la procédure pour la semaine prochaine?; **claddu dan yr hen drefn** enterrer selon l'ancienne procédure; **'roedd y siaradwr allan o drefn** (*ffig*) celui qui a parlé était en infraction avec le règlement.
3 (*Rhagluniaeth*): **y Drefn (fawr), T~ Rhagluniaeth** la Providence *f*; **diolch i'r drefn** Dieu merci, heureusement; **plygu** *ou* **bodloni i'r drefn** se résigner à l'inévitable, être stoïque *neu* résigné(e).

trefnedig *ans gw.* **trefnus**.

trefniad (**-au**) *g gw.* **trefniant**.

trefniadaeth *b* organisation *f*, système *m*; (*dull*) procédure *f*, marche *f* à suivre, façon *f* de procéder, modalité *f*.

trefniadaethol *ans* organisationnel(le).

trefniadau *ll* dispositions *fpl*; **gwneud** ~ prendre des dispositions; **'ga' i adael y** ~ **i ti?** est-ce que tu peux t'occuper de l'organisation?

trefniadol *ans* organisationnel(le).

trefniant (**trefniannau**) *g* arrangement *m*, disposition *f*.

trefnol *ans* ordinal(e)(ordinaux, ordinales).

trefnolyn (**trefnolion**) *g* ordinal(ordinaux) *m*.

trefnu *ba*
1 organiser, arranger; ~ **gwneud rhth** s'arranger pour faire qch, prévoir de faire qch; **'rydym wedi** ~ **bod car yn dod i'ch nôl** nous avons prévu qu'une voiture vienne *subj* vous prendre.
2 (*tacluso*) ranger, disposer, mettre qch en ordre, mettre de l'ordre dans qch.

trefnus *ans* (*ystafell*) en (bon) ordre, bien ordonné(e), bien rangé(e), dans l'ordre; (*gwaith, rhn*) méthodique, ordonné(e); (*disgybledig*) discipliné(e);
♦ **yn drefnus** *adf* méthodiquement; **ewch o'r adeilad yn drefnus** quittez les lieux sans précipitation.

trefnusrwydd *g* (*rhn*) habitudes *fpl* d'ordre, méthode *f*, discipline *f*; (*ystafell*) bon ordre *m*.

trefnydd (**-ion**) *g* organisateur *m*, organisatrice *f*.

trefol *ans* urbain(e), citadin(e).

trefoli *ba* urbaniser;
♦*g* urbanisation *f*.

trefoliad (**-au**) *g* urbanisation *f*.

trefolion *ll* citadins *mpl*.

treftadaeth *b* héritage *m*, patrimoine *m*.

treftadol *ans* héréditaire, patrimonial(e)(patrimoniaux, patrimoniales).

trefwr (**trefwyr**) *g* citadin *m*.

trefwraig (**trefwragedd**) *b* citadine *f*.

trengholiad (**-au**) *g gw.* **cwêst**.

trengholydd (**-ion**) *g gw.* **crwner**.

trengi *bg* mourir, périr; (*anifail*) crever; **ar drengi** moribond(e), agonisant(e).

treial (**-on**) *g* (*CYFR: achos*) procès *m*, jugement *m*; (*CHWAR*) épreuves *fpl* éliminatoires; ~**on cŵn defaid** concours *m* de chiens de berger; ~**on bywyd** les épreuves *neu* vicissitudes *fpl neu* tribulations *fpl* de la vie.

treialu *ba* tester.

treiddgar *ans* (*golwg*) pénétrant(e), perçant(e); (*craff*) perspicace;
♦ **yn dreiddgar** *adf* perspicacement, de façon pénétrante.

treiddgarwch *g* (*golwg*) acuïté *f*, pénétration *f*; (*craffter: mewn busnes*) perspicacité *f*, sens *m* des affaires.

treiddiad (**-au**) *g* pénétration *f*.

treiddio *bg*: ~ **i** pénétrer dans, percer, s'infiltrer dans.
treiddiol *ans gw.* **treiddgar**.
treiffl (**-au, -s**) *g* (*COG*) ≈ diplomate *m*.
treigl (**-au**) *g* (*mynd a dod*) circulation *f*, allés *fpl* et venues *fpl*, cours *m*, fil *m*; **gyda threigl amser** au fil des années, après un laps de temps.
treiglad (**-au**) *g* (*cyff*) mutation *f*; ~ **meddal** lénition *f*; ~ **llaes** spirantisation *f*; ~ **trwynol** nasalisation *f*.
treiglo *bg* (*powlio, rowlio*) rouler; (*GRAM*) subir une mutation *neu* allitération;
♦*ba* (*powlio, rowlio*) rouler; (*GRAM*) muter.
treiglwr (**treiglwyr**) *g* mutateur *m*; **mae'n dreiglwr gwael** il sait mal les mutations.
treillio *bg* (*pysgota*) pêcher au chalut.
treill-long (**~-~au**) *b* chalutier *m*.
treinsiwr *g* tranchoir *m*; **mae gennyf ddigon ar fy nhreinsiwr** j'ai du pain sur la planche.
treio *bg* (*llanw*) refluer.
treip *g* (*COG*) tripes *fpl*.
treisgar *ans* violent(e);
♦ **yn dreisgar** *adf* violemment.
treisgarwch *g* violence *f*.
treisiad (**treisiaid**) *b* génisse *f*.
treisiedig *ans* violé(e).
treisigl (**-au**) *g* tricycle *m*.
treisio *ba* violer.
treisiol *ans gw.* **treisgar**.
treisiwr (**treiswyr**) *g* homme *m* violent; (*hefyd:* ~ **rhywiol**) auteur *m* d'un viol, violateur *m*.
trem (**-iau**) *b* vue *f*, aspect *m*, regard *m*.
tremiad (**-au**) *g* regard *m*.
tremio *bg* regarder, observer.
trempyn (**tramps, trampiaid**) *g* clochard *m*, chemineau(-x) *m*.
tremygu *ba gw.* **dirmygu**.
trên (**trenau**) *g,b* train *m*; (*injan*) locomotive *f*; ~ **cyflym** rapide *m*; ~ **stêm** train à vapeur; ~ **tanddaearol** métro *m*; **mynd ar y** ~ voyager par le train *neu* en train; **mynd ar y** ~ **tanddaearol** aller en métro, prendre le métro.
trennydd *g* surlendemain *m*;
♦ **drennydd** *adf* dans deux jours.
tres[1] (**-i, -au**) *b* (*gwallt*) boucle *f* de cheveux; **gwallt mewn** ~ cheveux *mpl* tressés *neu* en tresses.
tres[2] (**-i**) *b* (*tsiaen*) trait *m*; **cicio dros y ~i** ruer dans les brancards.
tresbas, **tresbasiad** (**-au**) *g gw.* **tresmas**.
tresbasu *bg gw.* **tresmasu**.
tresbaswr (**tresbaswyr**) *g gw.* **tresmaswr**.
tresel (**-ydd**) *b gw.* **dresel**.
tresgl *g* (*PLANH*) tormentille *f*.
tresglen (**tresglod**) *b* (*ADAR*) draine *f*, grosse grive *f*; ~ **goch** mauvis *m*.
tresio[1] *ba* (*dargopïo*) décalquer; **papur** ~ papier *m* calque.
tresio[2] *bg*: **mae hi'n** ~ **bwrw (glaw)** (*tywallt y glaw*) il pleut à torrents *neu* des cordes.
tresmas, **tresmasiad** (**-au**) *g* entrée *f* non autorisée, intrusion *f* non autorisée.
tresmasu *bg* s'introduire sans permission; **"dim ~"** "propriété privée", "entrée interdite", "défense d'entrer"
tresmaswr (**tresmaswyr**) *g* intrus *m*, intruse *f*; **"erlynir tresmaswyr"** "interdiction d'entrer sous peine de poursuites"
trestl (**-au**) *g* tréteau(-x) *m*; **bwrdd** ~ table *f* à tréteaux.
trêt (**tretiau**) *g* gâterie *f*, petit plaisir *m*, surprise *f*, cadeau(-x) *m*.
tretio *ba*: ~ **rhn i rth** payer *neu* offrir qch à qn; **eich ~'ch hun** se gâter; **fe'i tretiodd ei hun i gar newydd** il s'est offert *neu* il s'est payé une voiture neuve.
treth (**-i**) *b*
1 (*ar nwyddau ayb*) taxe *f*; (*ar incwm*) impôts *mpl*, contributions *fpl*; ~ **ar werth** taxe à la valeur ajoutée, T.V.A.; **codi** ~ **ar rth/rn** mettre *neu* prélever un impôt *neu* une taxe sur qch, imposer qch/qn; **osgoi talu** ~ évasion *f* fiscale; **cyn/ar ôl** ~ avant/après l'impôt; **casglwr ~i** percepteur *m*; ~ **cyngor** impôts locaux; **disg** ~ **car** vignette *f* automobile; **rhydd o drethi** (*rhn*) exonéré(e), exempt(e) de taxes; (*nwyddau*) hors taxes; **rhyddid rhag** ~ exonération *f* fiscale, exemption *f* d'impôts; **hafan rhag ~i** paradis *m* fiscal; **ad-daliad** ~ ristourne *f* d'impôt, détaxe *f*.
2 (*ffig*): **mae'r ferch yma yn dreth ar f'amynedd** cette fille met ma patience à l'épreuve.
trethadwy *ans* imposable;
♦ **yn drethadwy** *adf* de façon imposable.
trethdalwr (**trethdalwyr**) *g* contribuable *m/f* payant les impôts locaux.
trethiad (**-au**) *g* taxation *f*, impôts *mpl*, imposition *f* de taxes, prélèvement *m* fiscal.
trethiannol *ans gw.* **trethadwy**.
trethiant (**trethiannau**) *g* (*ar nwyddau*) taxation *f*, prélèvement *m*, imposition *f* de taxes; (*ar incwm*) impôts *mpl*, contributions *fpl*; **system drethiant** système *m* fiscal.
trethu *ba* (*nwyddau*) taxer, imposer; (*rhn, incwm, elw*) imposer; (*ffig*) mettre (qn/qch) à l'épreuve.
trethwr (**trethwyr**) *g* percepteur *m*.
treulfawr *ans* dépensier(dépensière), coûteux(coûteuse);
♦ **yn dreulfawr** *adf* de façon dépensière, coûteusement.
treuliad *g* digestion *f*; **diffyg** ~ indigestion *f*.
treuliadol *ans* digestif(digestive).
treuliadwy *ans* digestible; **ansawdd** ~ digestibilité *f*.
treuliau *ll gw.* **traul** (*cloc, watsh*) rouages *mpl*; **oel** ~ lubrifiant *m*.
treulio *ba* (*amser*) passer; (*bwyd*) digérer;

(*dillad*) user;
♦*bg* (*dillad, esgidiau*) s'user.
treuliol *ans gw.* **treuliadol.**
treuliwr (**treulwyr**) *g* consommateur *m*, consommatrice *f*; ~ **gwyliau** vacancier *m*, vacancière *f*.
trewlwch *g gw.* **snisin.**
tri (**tair**) (**trioedd**) *rhifol* trois *m*; ~ **ar ddeg** treize *m*; **bob yn dri, yn drioedd** par trois;
♦*ans* trois; **dwywaith neu dair** deux ou trois fois; ~ **chynnig i Gymro** la troisième fois est (a été, sera) la bonne; ~ **dimensiwn** à trois dimensions; **ffilm dri dimensiwn** film *m* en relief; **pisyn tair** (*ceiniog*) pièce *f* de trois pence; **yn dair oed** âgé(e) de trois ans, ayant trois ans; **bob tair blynedd** triennal(e)(triennaux, triennales);
♦*rhag*: **mae gen i dri ohonynt** j'en ai trois.
triagl *g gw.* **triog.**
triaglaidd, **triaglog** *ans* sirupeux(sirupeuse).
trial *bg gw.* **trio, ceisio.**
triathlon (**-au**) *g* triathlon *m*.
triawd (**-au**) *g* trio *m*.
triban (**-nau**) *g* tercet *m*.
tribiwnlys (**-oedd**) *g* tribunal(tribunaux) *m*.
tric (**-iau**) *g* (*hud*) tour *m*; (*cast*) tour *m*, farce *f*, ruse *f*, canular *m*; (*cardiau*) levée *f*; **chwarae** ~ **ar rn** jouer un tour à qn.
trichanmil *g* trois cent mille *m inv.*
trichant *rhifol* trois cents;
♦*ans* trois cent.
trichonglog *ans* triangulaire.
trichornel *ans*: **het drichornel** tricorne *m*.
tridarn *ans* triparti(e), tripartite; **cwpwrdd** ~ buffet en trois pièces; **set** ~ (*soffa a chadeiriau*) canapé *f* et deux fauteuils, ensemble *m* en trois pièces.
tri deg *ans* trente;
♦*rhifol* (**tridegau**) trente; **mae hi yn ei thridegau** elle a passé trente ans; **(yn) y tridegau** (dans) les années trente.
tridiau *ll* trois jours *mpl*.
tridyblyg *ans* triple.
trigain *rhifol, ans, rhag* soixante; **rhyw drigain** une soixantaine.
trigeinfed *ans* soixantième.
trigfa, **trigfan** (**trigfeydd, trigfannau**) *b* habitation *f*, demeure *f*, domicile *m*, résidence *f*.
trigiad (**-au**) *g* séjour *m*.
trigiannol *ans* résidentiel(le).
trigiannu *bg gw.* **trigo**[1].
trigiannydd (**trigianwyr**) *g* habitant *m*, habitante *f*.
trigo[1] *bg* (*preswylio*) vivre, habiter, demeurer.
trigo[2] *bg* (*terigo, marw*) mourir, crever.
trigolion *ll* (mae gan lawer iawn o ddinasoedd enw arbennig ar eu trigolion) habitants *mpl*; ~ **Aberystwyth** les habitants d'Aberystwyth; ~ **Llundain** Londoniens *mpl*; ~ **Paris** Parisiens *mpl*; ~ **Brwsel** Bruxellois *mpl*; ~ **Madrid** Madrilènes *mpl*; ~ **Efrog Newydd** New-Yorkais *mpl*; ~ **Rhufain** Romains *mpl*; ~ **Brest** Brestois *mpl*.
trigonometreg *b* trigonométrie *f*.
trigonometrig *ans* trigonométrique;
♦ **yn drigonometrig** *adf* trigonométriquement
tril (**-iau**) *g* (*CERDD*) trille *m*.
trilio *ba, bg* (*CERDD*) triller.
triliwn (**triliynau**) *g* trillion *m*.
trilliw *ans* (*baner ayb*) tricolore; (*crib, addurn ayb*) en écaille; **sbectol drilliw** lunettes *fpl* à monture d'écaille; **cath drilliw** chat *m* (roux) tigré, chatte *f* (rousse) tigrée; **glöyn** ~ vanesse *f*; **hufen iâ** ~ tranche *f* napolitaine; ~ **ar ddeg** (*PLANH*) hortensia *m*.
trimiad (**-au**) *g* (*trin gwallt*) légère coupe *f*.
trimio *ba*
1 *gw.* **addurno.**
2 *gw.* **tocio, torri.**
trimis *g* trois mois *mpl*, trimestre *m*.
trimisol *ans* trimestriel(le);
♦ **yn drimisol** *adf* tous les trois mois, trimestriellement.
trin *ba* traiter; (*arfau*) manier; (*MEDD*) soigner; ~ **rhn yn dda** bien traiter qn, bien agir envers qn, bien se conduire envers qn; ~ **rhn yn wael** mal se conduire envers qn, mal agir envers qn, traiter qn fort mal; ~ **rhn â pharch** montrer du respect envers qn; **hel a thrin rhn** gronder qn; ~ **rhth yn ofalus** faire attention à qch, prendre soin de qch; ~ **a thrafod rhth** discuter qch; **dyn anodd ei drin** homme *m* difficile; ~ **ceffyl** panser un cheval; ~ **cerrig** tailler des pierres; ~ **dannedd** soigner les dents; ~ **gardd** faire du jardinage; ~ **gwair** faire les foins; ~ **gwallt** coiffer; **dyn** ~ **gwallt** coiffeur *m*; **gwraig** ~ **gwallt** coiffeuse *f*; **lle** ~ **gwallt** salon *m* de coiffure; ~ **gwlân** préparer la laine; ~ **lledr** corroyer le cuir; ~ **menyn** faire du beurre; **dyn** ~ **traed** pédicure *m*, podologue *m*; **gwraig** ~ **traed** pédicure *f*, podologue *f*; ~ **y tir** cultiver la terre.
trindod (**-au**) *b*: **y Drindod** la Trinité *f*.
trindodol *ans* trinitaire.
tringar *ans* délicat(e), adroit(e), habile, soigneux(soigneuse);
♦ **yn dringar** *adf* délicatement, adroitement, habilement, doucement, soigneusement.
tringarwch *g* délicatesse *f*, habileté *f*, douceur *f*, soin *m*.
triniaeth (**-au**) *b* traitement *m*; (*gofal meddygol*) soin *m*; ~ **lawfeddygol** opération *f*; **cael** ~ **lawfeddygol** subir une opération; **cael** ~ **ar gyfer rhth** suivre un traitement pour qch.
Trinidad a Thobago *prb* la Trinité-et-Tobago *f*; **yn Nhrinidad a Thobago** à Trinité-et-Tobago.
triniwr (**trinwyr**) *g*: ~ **tir** cultivateur *m*; ~ **gwalltiau** coiffeur *m*.
trio *ba* essayer; ~ **gwneud rhth** essayer *neu*

tâcher de faire qch; ~ **drws** essayer d'ouvrir une porte; ~**'ch gorau** faire de son mieux, faire tout son possible.

trioedd *ll*: ~ **y Cymry** *ou* ~**Ynys Prydain** les triades *fpl* galloises.

triog *g* mélasse *f*; ~ **melyn** mélasse raffinée.

trioglaidd, **trioglog** *ans* sirupeux(sirupeuse); ♦ **yn drioglaidd** *adf* de façon sirupeuse.

triongl (**-au**) *g* triangle *m*.

trionglog *ans* triangulaire.

trip (**-iau**) *g* promenade *f*, excursion *f*.

tripled (**-i**) *b* (*CERDD*) triolet *m*; ♦*g/b* (*un plentyn o dri*) triplé *m*, triplée *f*.

triphlyg *ans* triple; **naid driphlyg** triple saut *m*; ♦ **yn driphlyg** *adf* triplement, trois fois.

trisill, **trisillafog** *ans gw.* **teirsill**.

trist *ans* (*rhn*) triste, mélancolique, chagrin(e), malheureux(malheureuse); (*diwrnod, golygfa*) triste, mélancolique, morne; (*sefyllfa: anffodus*) triste, fâcheux(fâcheuse); **bod yn drist ar ôl yfed** avoir le vin triste; ♦ **yn drist** *adf* tristement, malheureusement, mélancoliquement.

tristáu *ba* attrister, rendre triste; (*cryfach*) affliger; ♦*bg* s'attrister, devenir triste.

tristwch, **tristyd** *g* tristesse *f*, mélancolie *f*.

triswllt *g* trois shillings *mpl*.

trithro *ans* (*edau, rhaff*) à trois brins.

trithroed *ans* à trois pieds; **stôl drithroed** tabouret *m* à trois pieds; **ras drithroed** course *f* de pieds liés; ♦*g* (*teclyn crydd*) forme *f*.

triw *ans* fidèle, loyal(e)(loyaux, loyales), dévoué(e); ♦ **yn driw** *adf* fidèlement, loyalement.

triwant *g*: **chwarae** ~ faire l'école buissonnière.

triwantiaeth *b* absentéisme *m*.

tro[1] *be gw.* **troi**.

tro[2] (**-adau**) *g*
1 (*mewn ffordd*) tournant *m*, virage *m*; **mynd rownd** ~ (*car*) prendre un virage.
2 (*mewn rhaff, cynffon*) entortillement *m*; **rhoi** ~ **yng nghorn gwddf rhn** tordre le cou à qn; **mae** ~ **yng nghynffon y stori** l'histoire se termine par un coup de théâtre.

tro[3] (**-eon**) *g*
1 (*symudiad mewn cylch cyfan*) tour *m*; **rhoi** ~ **i rth** tourner qch.
2 (*adeg, amser*) fois *f*; **y** ~ **cyntaf/olaf/nesaf** la première/dernière/prochaine fois; **y** ~ **hwn** cette fois; **un** ~ **'roedd ...** il y avait une fois ...; **mae'n costio punt y** ~ ça coûte une livre à chaque fois, ça coûte une livre le coup; **ambell dro** parfois, quelquefois, des fois, de temps en temps; **bob** ~ chaque fois, toutes les fois, toujours; **dro ar ôl** ~ maintes fois, à plusieurs reprises; **am y** ~ pour le moment, pour l'instant; **ar hyn o dro** en ce moment, actuellement; **ar hynny o dro** cette fois-là, à ce moment-là; **o dro i dro** de temps en temps, de temps à autre; **'rwyf wedi'i wneud droeon** je l'ai fait plusieurs fois.
3 (*taith fer*) tour *m*, promenade *f*; **mynd am dro** faire une promenade *neu* une balade, se promener, faire un tour; **mynd am dro mewn car** faire une promenade en voiture; **mynd â'r ci am dro** promener le chien.
4 (*mewn gêm, ciw, cyfres*) tour *m*; **pawb yn ei dro** chacun(e) *neu* tout le monde à son tour; ~ **pwy yw hi?** (*cyff*) c'est à qui le tour?; (*mewn gêm*) c'est à qui de jouer?; **dy dro di yw hi** c'est ton tour, c'est à toi; (*i chwarae*) c'est à toi de jouer.
5 (*gweithred*): **gwneud** ~ **da â rhn** rendre un service à qn; **gwneud** ~ **gwael â rhn** jouer un mauvais tour à qn; **hen dro!** dommage!; ~ **trwstan** mésaventure *f*, contretemps *m*.
6 (*newid*) changement *m*; **daeth** ~ **ar fyd** les circonstances ont changé; **gwelodd hi sawl** ~ **ar fyd** elle en a vu de toutes les couleurs, elle a vu bien des vicissitudes.
7 (*tröedigaeth*): **cael** ~ se convertir.
8 (*y bendro*): **cael** ~ avoir le tournis, être pris(e) d'un vertige; (*pwl*) avoir une crise *ou* une attaque.
▶ **ar y tro** à la fois; **tri ar y** ~ trois à la fois; **cymerwch un llyfr ar y** ~ prenez les livres un par un, prenez un seul livre à la fois; **gwneud dau beth ar y** ~ faire deux choses à la fois *neu* en même temps; **am wythnosau ar y** ~ pendant des semaines entières.
▶ **dros dro** (*rhth*) temporaire, provisoire; (*gwneud rhth*) temporairement, provisoirement.
▶ **gwneud y tro** aller, suffire; **a wnaiff decpunt y** ~? est-ce que 10 livres suffiront?

troad (**-au**) *g*
1 (*mewn ffordd*) virage *m*, tournant *m*; **ffordd lawn** ~**au** route *f* sinueuse *neu* tortueuse, route qui fait des zigzags.
2 (*llythyr ayb*): **gyda'r** ~ par retour du courrier.
3 (*pan fydd newid yn digwydd*): **ar droad y ganrif** en début *neu* fin de siècle, au tournant du siècle, au début du siècle; ~ **y rhod** solstice *m*.

trobwll (**trobyllau**) *g* tourbillon *m*.

trobwynt (**-iau**) *g* tournant *m*, moment *m* décisif.

trochfa (**trochfeydd**) *b* douche *f*, pluie *f* diluvienne; **cael** ~ prendre une bonne douche; **rhoi** ~ **i rn** tremper qn.

trochi[1] *ba* (*dodi mewn dŵr*) immerger, plonger; (*gwlychu*) tremper, mouiller; (*defaid*) laver; ~ **rhth mewn rhth** plonger qch dans qch; ♦*bg*: **mynd i drochi yn y môr** aller barboter dans la mer, prendre un bain de mer.

trochi[2] *ba* (*baeddu, difwyno*) salir, souiller.

trochiad (**-au**) *g* immersion *f*, plongée *f*.

trochion *ll*: ~ **sebon** eau(-x) *f* savonneuse, mousse *f* de savon; ~ **môr** écume *f* de mer.
trochioni *ba* savonner;
♦*bg* mousser, faire de la mousse; (*môr*) écumer, moutonner.
trochionog *ans* mousseux(mousseuse); (*môr*) écumeux(écumeuse).
Troea *prb* Troie *f*; **yn Nhroea** à Troie.
Troead (**Troeaid**) *g/b* Troyen *m*, Troyenne *f*.
Troeaidd *ans* troyen(ne).
troed (**traed**) *g,b*
1 (*CORFF*) pied *m*; ~ **clwb,** ~ **glwb** pied bot; **cefn** ~ cou-de-pied(~s-~-~) *m*; **ôl** ~ empreinte *f* (de pied), trace *f* (de pas); **dal eich** ~ **yn rhth** se prendre le pied dans qch; **rhoi blaen** ~ **i rn** donner un coup de pied à qn; **chwarae twtsiad traed â rhn** faire du pied à qn; **ni fydd hi byth yn rhoi** ~ **mewn tafarn** elle ne met jamais les pieds dans un pub; **mynd nerth eich traed** se sauver à toutes jambes; **milwyr traed** infanterie *f*.
2 (*anifeiliaid: buwch, ceffyl, mochyn ayb*) pied *m*; (:*cath, ci, cwningen ayb*) patte *f*; ~ **gweog,** ~ **weog** patte palmée.
3 (*offer: fforch, caib, morthwyl, bwyell*) manche *m*.
4 (*dan ddodrefn ayb*) pied *m*.
5 (*rhan isaf, gwaelod*) pied *m*, bas *m*; **ar droed y tudalen** en bas de la page; **mae'r graig yn taflu dros ei thraed** le rocher fait saillie.
6 (*mewn ymadroddion*): **mae rhth ar droed** il se passe qch, il se trame qch; (*drwg*) il y a qch qui ne va pas, il y a anguille sous roche; **cael eich traed tanoch** s'adapter, se redresser, se mettre sur pied; **rhoi'ch** ~ **i lawr** faire acte d'autorité; **rhoi'ch** ~ **ynddi** faire une gaffe, gaffer, mettre les pieds dans le plat; **rhoi'r** ~ **gorau ymlaenaf** se dépêcher, presser le pas; **traed moch** désordre *m*, fouillis *m*; **mae popeth yn mynd yn draed moch** tout va à vau-l'eau; **ysgrifennu fel traed brain** faire des pattes de mouches; **te fel** ~ **stôl** un thé très fort.
▶ **ar eich traed** debout; **bod ar eich traed** être *neu* se tenir debout; **codi ar eich traed** se mettre debout, se lever; **aros ar eich traed** rester debout; (*drwy'r nos*) veiller; **gosod rhth ar ei draed** faire tenir qch debout; (*cwmni*) lancer qch; (*ysgol, sefydliad*) établir, fonder; **mae'r tŷ ar ei draed o hyd** la maison est toujours debout.
▶ **dan draed** sous les pieds; **mae'n wlyb iawn dan draed** c'est très mouillé par terre; **bod dan draed rhn** (*plant ayb*) être dans les jambes de qn; **mynd dan draed rhn** passer sous les pieds de qn, être foulé(e) aux pieds de qn; **sathru rhn/rhth dan draed** fouler qn/qch aux pieds; (*anifail*) piétiner qn/qch.
troedfainc (**troedfeinciau**) *b* marchepied *m*.
troedfedd (**-i**) *b* pied *m* (anglais), ≈ 30cm.
troedffordd (**troedffyrdd**) *b* sentier *m*.
troedgam *ans* au pied bot.
troedgoch (**-iaid**) *g* (*ADAR*) (chevalier *m*) gambette *m*.
troediad (**-au**) *g* marche *f*, piétinement *m*.
troëdig *ans* (*wedi cael troedigaeth*) converti(e); (*ffiaidd, cyfoglyd*) ecœurant(e).
tröedigaeth (**-au**) *b* conversion *f*; **cael** ~ se convertir.
troedio *ba* suivre *neu* parcourir (qch) à pied; ~**'r dŵr** nager sur place; ~**'r llwyfan** monter sur les planches, faire du théâtre; **ei throedio hi** aller à pied;
♦*bg* marcher; ~**'n ysgafn** marcher d'un pas léger; ~**'n ofalus** (*ffig*) être *neu* se montrer prudent(e), y aller doucement, avancer avec précaution.
troediog *ans* agile;
♦ **yn droediog** *adf* agilement.
troedlath (**-au**) *b* pédale *f* (*de machine à coudre etc*).
troedle (**-oedd**) *g* prise *f* de pied.
troedlydan *ans* aux pieds larges.
troednodyn (**troednodion, troednodiadau**) *g* note *f* en bas de page.
troednoeth *ans* aux pieds nus; **bod yn droednoeth** être nu-pieds;
♦ **yn droednoeth** *adf* (*rhedeg, cerdded ayb*) (les) pieds nus.
troedrudd *b* (*PLANH*) géranium *m* (sauvage).
troedsych *ans* à pied sec;
♦ **yn droedsych** *adf* à pied sec.
troedwst *b* (*MEDD*) goutte *f*.
troell (**-au**) *b* (*nyddu*) rouet *m*; ~ **crochennydd** tour *m* de potier; ~ **sbardun** molette *f*.
troellen (**-ni**) *b*: ~ **y corun** torsade *f* *neu* tortillon *m* du sommet de la tête.
troelli *ba* faire tourbillonner, faire tournoyer;
♦*bg* tournoyer, tourbillonner; (*nyddu*) filer; (*ffordd*) serpenter, faire des zigzags, zigzaguer.
troellog *ans* tourbillonnant(e); (*ffordd*) sinueux(sinueuse); (*grisiau*) tournant(e), en spirale;
♦ **yn droellog** *adf* de façon sinueuse, en serpentant, en zigzag.
troell-sychu *ba* essorer.
troell-sychwr (**~-sychwyr**) *g* essoreuse *f*.
troellwr (**troellwyr**) *g* (*recordiau*) disc-jockey *m*; (*ADAR*) engoulevent *m*.
troellwynt (**-oedd**) *g* tornade *f*.
troeog *ans* *gw.* **troellog**.
troeth *g* (*wrin*) urine *f*; (*i drin gwlân*) lessive *f*.
troethbair *ans* diurétique;
♦*g* (**troethbeiriau**) diurétique *m*.
troethfa (**troethfâu, troethfeydd**) *b* urinoir *m*.
troethi *bg* uriner.
troethiad (**-au**) *g* miction *f*.
trofa (**trofâu, trofeydd**) *b* tournant *m*, virage *m*.
trofan (**-nau**) *g* tropique *m*; **yn y** ~**nau** sous

les tropiques; **T~ Capricorn, T~ yr Afr** tropique du Capricorne; **T~ y Cranc** tropique du Cancer.

trofannol *ans* tropical(e)(tropicaux, tropicales).

trofáus *ans* pervers(e); (*anunion*) détourné(e), tortueux(tortueuse);
♦ **yn drofáus** *adf* perversement; (*yn anunion*) de façon détournée.

trofwrdd (**trofyrddau**) *g* (*CERDD*) platine *f*; (*RHEIL*) plaque *f* tournante.

tro-ffriedig *ans* sauté(e).

tro-ffrio *ba* faire sauter.

trogen (**trogod**) *b* (*PRYF*) tique *f*.

trogylch (**-oedd**) *g* (*ar ffordd*) rond-point(~s-~s) *m*.

troi *ba*
1 (*symud rhth mewn cylch*) tourner; (:*yn fecanyddol*) faire tourner; (:*sgriw*) serrer.
2 (*gwrthdroi*) tourner, retourner; **~'r matras** retourner le matelas; **~ rhth â'i wyneb i lawr** mettre qch à l'envers; **~ rhth tu chwith** *ou* **chwithig allan** retourner qch; **~ rhn ar ei ochr/gefn** retourner qn sur le côté/dos; **~'r tudalennau** tourner les pages; **~ stumog** faire vomir *neu* rendre; **mae'n ~ fy stumog** cela me soulève le cœur, cela m'écœure.
3 (*newid*) changer; (*CREF, GWLEID*) convertir; **~ rhth yn rhth** changer qch en qch; **~ rhth yn ddu/yn wyn** noircir/blanchir qch; **~'r stori** changer de sujet; **~'r sgwrs** détourner *neu* faire dévier la conversation.
4 (*newid cyfeiriad*) tourner; **~'ch cefn ar** tourner le dos à; (*ffig: teulu, y digartref ayb*) abandonner; (:*ffrind*) laisser tomber.
5 (*gwneud dolur i aelod o'r corff*) tordre, se tordre; **~'ch ffêr** *ou* **troed** se tordre *neu* se fouler la cheville; **~ braich rhn** tordre le bras à qn.
6 (*cymysgu*) remuer; **~ te** remuer *neu* touiller le thé.
7 (*suro*) faire tourner; **'roedd y sudd lemon wedi ~'r llaeth** le jus de citron a fait tourner le lait.
8 (*trin: pridd*) retourner; (:*gydag aradr*) labourer; **~'r tir** labourer le sol, travailler la terre.
9 (*mynd heibio: amser neu oed arbennig*): **mae hi wedi ~ hanner nos** il est passé minuit, il est plus de minuit; **mae fy chwaer wedi ~'r deugain oed** ma sœur a quarante ans passés, ma sœur a dépassé la quarantaine.
10 (*trosi*) traduire; **~ syniadau yn weithredoedd** traduire des idées en actes.
11 (*dymchwel*) renverser; **~'r drol** renverser la charrette; (*ffig*) tout ficher par terre*.
12 (*mewn ymadroddion*): **~ dalen newydd** changer de conduite; **~'r dŵr i'ch melin eich hun** faire venir l'eau à son moulin; **~'ch trwyn ar rth** faire la fine bouche devant qch; **ei throi hi** (*mynd*) s'en aller, partir; **rhaid imi ei throi hi** il faut que je m'en aille *subj*; **ei throi hi am y gwely** aller se coucher;
♦*bg*
1 (*amdroi*) tourner; (*rhn*) se tourner; (:*reit rownd*) se retourner; **~ at rn** se tourner vers qn; **~ i edrych ar rn** tourner le visage vers qn; **~ gyda phob gwynt** tourner comme une girouette; **mae fy mhen i'n ~** la tête me tourne, j'ai la tête qui tourne.
2 (*newid: dail*) jaunir; **~ yn** (*cyff*) se transformer en; (*sefyllfa*) tourner à; (*sylwedd*) se changer en; **~'n gas** devenir agressif(agressive); **~'n goch/ddu** rougir/noircir.
3 (*newid cyfeiriad*) tourner; (*llong*) virer, changer de bord; (*afon, ffordd*) virer, faire un coude; (*CREF*) se convertir; **mae'r gwynt wedi ~** le vent a tourné; **~ oddi ar ffordd** quitter une route; **~ o'r neilltu** se détourner.
4 (*suro: llaeth*) tourner.
5 (*aredig*) labourer.
6 (*mewn ymadroddion*): **~ a throsi** s'agiter, se tourner et se retourner; **~ a throsi yn eich cwsg** s'agiter dans son sommeil, avoir le sommeil agité; **bu'n ~ a throsi trwy'r nos** il n'a pas arrêté de tourner et se retourner toute la nuit; **~ yn eich carn** essayer de se dédire.
▶ **troi allan**: **mae miloedd wedi ~ allan i'w gweld** des milliers de gens sont venus la/les voir; **mae'r cefnogwyr yn ~ allan bob dydd Sadwrn** les fans sont là tous les samedis; **mae ei draed yn ~ allan** il a les pieds tournés en dehors, il a les pieds en canard; **trodd y car allan o'r maes parcio** la voiture est sortie du parking; **~ rhn allan** (*tenant*) expulser qn, déloger qn; (*milwyr, heddlu*) envoyer qn; **~ rhth allan** (*jeli*) démouler qch; **~'ch traed (at) allan** marcher en canard; **mae'r gwartheg yn cael eu ~ allan yn y gwanwyn** au printemps on sort les vaches.
▶ **troi ar** (*olwyn: echel*) tourner sur; (*ymosod ar*) attaquer; (*codi cyfog ar*) dégoûter; **mae hynna'n ~ arna' i** cela m'écœure, cela me soulève le cœur.
▶ **troi at**: **trodd at ei gŵr** elle s'est tournée vers *neu* à son mari; **rhaid inni droi at bwnc arall** il faut passer à un autre sujet; **mae hi'n troi at law** il se met à pleuvoir; **'does gen i neb i droi ato** je n'ai personne pour m'aider.
▶ **troi drosodd** (*rhn*) se retourner; (*dodrefn*) se renverser; (*car*) se retourner, faire un tonneau; (*llong*) se retourner, chavirer; **~ drosodd a throsodd** (*rhn, rhth*) faire plusieurs tours; (*car*) faire plusieurs tonneaux; **~ rhth drosodd** retourner qch; (*dymchwel*) renverser qch, faire chavirer qch; **~ crempog drosodd** faire sauter une crêpe.
▶ **troi rhth i fyny** (*coler ayb*) remonter qch, relever qch; (*gwres, nwy*) monter qch, mettre qch plus fort; **~'r sain i fyny** augmenter le

volume.

▶ **troi rhth i ffwrdd** (*golau, popty ayb*) éteindre qch; (*gwresogydd, radio, teledu*) éteindre qch, fermer qch; (*tap*) fermer qch; (*cyflenwad: dŵr, trydan, nwy*) couper qch.

▶ **troi rhth i lawr** (*dillad gwely*) rabattre qch, retourner qch; (*coler*) rabattre qch; (*cynnig*) refuser; (*gostwng*) baisser qch; **tro'r radio i lawr!** baisse la radio *neu* le volume!.

▶ **troi i mewn** (*taro heibio*) passer; ∼ **i mewn i weld rhn** passer voir qn; ∼ **i mewn i dramwyfa** entrer *neu* tourner dans une allée; **mae ei draed yn** ∼ **(at) i mewn** il a les pieds tournés en dedans; ∼ **rhth at i mewn** (*ymylon*) rentrer qch; ∼**'ch traed (at) i mewn** tourner les pieds en dedans.

▶ **troi ymaith** se détourner; ∼ **rhn ymaith** (*gwrthod*) renvoyer qn; (*cryfach*) chasser qn; (*gwrthod mynediad i*) ne pas laisser entrer qn; **maent yn** ∼ **cwsmeriaid ymaith** ils refusent des clients.

▶ **troi rhth ymlaen** (*gwres, golau, radio, teledu*) allumer qch; (*peiriant, injan*) mettre qch en marche; ∼**'r dŵr ymlaen** faire couler l'eau; ∼**'r tap ymlaen** ouvrir le robinet.

▶ **troi yn erbyn** se retourner contre; ∼ **rhn yn erbyn** retourner qn contre.

▶ **troi'n ôl** revenir, retourner; (*ar gerdded*) rebrousser chemin; (*mewn car ayb*) faire demi-tour; ∼ **rhn yn ei ôl** faire faire un demi-tour à qn; (*ffoadur*) refouler qn; ∼ **rhth yn ei ôl** (*cloc ayb*) reculer qch, retarder qch.

trol (**-iau**) *b* charrette *f*; **mae hyn wedi troi'r drol** cela a tout dérangé *neu* bouleversé, ça a tout fichu par terre!*; **rhoi'r drol o flaen y ceffyl** mettre la charrue avant les bœufs.

trolaid (**troleidiau**) *g,b* charretée *f*.

troli (**troliau**) *g* chariot *m*; ∼ **cinio** table *f* roulante.

trolibws (**trolibysiau**) *g* trolleybus *m inv*.

trolif (**-oedd**) *g* remous *m*, tourbillon *m*.

trolio *ba* (*cludo*) charrier, transporter; (*gwthio*) pousser.

troliwr (**trolwyr**) *g* charretier *m*; (*ceffyl*) limonier *m*, cheval(chevaux) *m* de brancard.

trom *ans b gw.* **trwm**.

trombôn (**trombonau**) *g* trombone *m*.

trombonydd (**-ion, trombonwyr**) *g* tromboniste *m/f*.

trôns (**tronsiau**) *g* caleçon *m*, slip *m*.

tros *ardd* (trosof fi, trosot ti, trosto ef, trosti hi, trosom ni, trosoch chi, trostynt hwy/trostyn nhw)

1 (*ar draws*) à travers, par dessus; **mae pont** ∼ **yr afon** il y a un pont qui traverse la rivière; **mynd** ∼ **y bont** traverser le pont; **mynd** ∼ **y caeau** aller *neu* prendre à travers champs; **mynd** ∼ **y mynydd** franchir la montagne; **neidio** ∼ **glawdd** sauter par-dessus une murette, franchir une murette d'un bond; **dod** ∼ **y rhiniog** franchir le seuil; ∼ **y ffordd i'n tŷ ni** en face de chez nous; **aeth y car trosto** il a été écrasé par la voiture.

2 (*am ben, yn gorchuddio*) sur, par-dessus; **gwisgai gardigan** ∼ **ei ffrog** elle portait un gilet par-dessus sa robe; **'roedd eira** ∼ **y wlad** la campagne était recouverte de neige, la neige recouvrait la campagne; **'roedd yr eneth yn faw trosti** la fillette était toute couverte *neu* recouverte de boue.

3 (*ar ran: cynrychiolydd, aelod*) pour, de; (*:yn lle*) pour, au nom de; **yr Aelod** ∼ **Geredigion** le député de Ceredigion; **mae hi'n chwarae** ∼ **Gymru** elle représente le pays de Galles; **gweithredu** ∼ **rn** agir au nom de qn; **mae hi'n siarad** ∼ **y rhieni i gyd** elle parle pour *neu* au nom de tous les parents; **mi af i'r cyfarfod trosoch chi** j'irai à la réunion à votre place.

4 (*i lawr dros ymyl rhth*): **syrthiodd y car** ∼ **y clogwyn i'r môr** la voiture est tombée (du haut) de la falaise dans la mer.

5 (*mwy na*) plus de, au-dessus de; ∼ **gant o bobl** plus de cent personnes; **mae hi** ∼ **ei hanner cant** elle a dépassé la cinquantaine, elle a cinquante ans passées.

6 (*yn uwch na*) au-dessus de; **'roedd y dŵr** ∼ **f'esgidiau** j'avais de l'eau jusqu'aux chevilles; **'roedd** ∼ **ei ben a'i glustiau mewn cariad** il était éperdument amoureux.

7 (*yn ystod*): ∼ **y blynyddoedd** au cours *neu* au fil des années; **'rydw i'n gweithio** ∼ **y gwyliau** je travaille pendant les vacances; **aros** ∼ **nos** passer la nuit.

8 (*ledled*): ∼ **y byd i gyd** dans le monde entier; **teithio** ∼ **y byd i gyd** voyager partout dans le monde; ∼ **bob man** partout; **chwerthin** ∼ **bob man** (*ffig*) rire tout haut; **gweiddi** ∼ **bob man** brailler *neu* hurler à tue-tête.

9 (*ynghylch, am*): **gweddio** ∼ **rn** prier pour qn; **mae'n ddrwg gennyf trosoch** je suis désolé(e) pour vous, je vous plains; **mae'n bechod** *ou* **biti trosti** elle est à plaindre, c'est dommage pour elle.

10 (*o blaid*) pour; **pleidleisio** ∼ **rn/rth** voter pour qn/en faveur de qch.

▶ **dros ben**

1 (*yn weddill*) restant(e), qui reste; (*MASN*) en surplus, excédentaire; **mae 'na arian dros ben** il reste de l'argent.

2 (*iawn*) très; **mae'n ddiddorol/ddymunol dros ben** c'est très intéressant/agréable.

trosadwy *ans* convertible;

♦ **yn drosadwy** *adf* convertiblement.

trosben (**-nau**) *g* (*GYM: ar y llawr*) culbute *f*; (*:yn yr awyr*) saut *m* périlleux.

trosbennu *bg* (*GYM: ar y llawr*) faire la culbute; (*:yn yr awyr*) faire un saut *neu* des sauts périlleux.

trosedd (**-au**) *g,b* crime *m*, forfait *m*, contravention *f*; (*llai*) délit *m* mineur, infraction *f* mineure; **ymchwydd** ∼**au** vague *f*

de criminalité.
troseddeg *b* criminologie *f*.
troseddegydd (**troseddegwyr**) *g* criminologue *m/f*, criminologiste *m/f*.
troseddiad (**-au**) *g gw.* **trosedd**.
troseddlu *g* brigade *f* criminelle.
troseddol *ans* criminel(le);
♦ **yn droseddol** *adf* criminellement.
troseddu *bg* commettre un crime; ~ **yn erbyn cyfraith** contrevenir à *neu* enfreindre une loi.
troseddwr (**troseddwyr**) *g* criminel *m*.
troseddwraig (**troseddwragedd**) *b* criminelle *f*.
trosfeddiant *g* (*MASN*) rachat *m*; **cynnig** ~ offre *f* publique d'achat.
trosffordd (**trosffyrdd**) *b* (*pont*) saut-de-mouton(~s-~-~) *m*, pont *m* autoroutier.
trosgl *ans b gw.* **trwsgl**.
trosgludo *ba* transporter.
trosglwyddadwy *ans* transférable, communicable.
trosglwyddiad (**-au**) *g* transfert *m*, transmission *f*, virement *m*.
trosglwyddo *ba* transférer; (*salwch*) transmettre; (*darlledu*) émettre; (*pŵer*) faire passer; (*arian*) virer; ~ **cost galwad ffôn** téléphoner en P.C.V. (= paiement contre vérification);
♦*g* transfert *m*.
trosglwyddydd (**-ion**) *g* (*RADIO, TELEDU*) émetteur *m*.
trosgynnol *ans* transcendantal(e)(transcendantaux, transcendantales); **myfyrdod** ~ méditation *f* transcendantale.
trosi *ba* (*cyfieithu*) traduire, interpréter; (*newid*) convertir, transformer, changer; (*RYGBI*) transformer;
♦*g* conversion *f*; (*arian*) conversion, échange *m*; (*RYGBI*) transformation *f gw. hefyd* **troi**.
trosiad (**-au**) *g* (*cyfieithiad*) traduction *f*; (*RYGBI*) transformation *f*; (*delwedd, cymhariaeth*) métaphore *f*.
trosiadol *ans* métaphorique;
♦ **yn drosiadol** *adf* métaphoriquement.
trosiannol *ans* de chiffre d'affaires.
trosiant (**trosiannau**) *g* (*MASN: arian*) chiffre *m* d'affaires; (*nwyddau*) rotation *f*; (*staff*) renouvellement *m neu* changement *m* de personnel.
troslath (**-au**) *b* traverse *f*.
trosleisio *ba* doubler;
♦*g* doublage *m*.
troslun (**-iau**) *g* décalcomanie *f*; (*ar grys T*) transfert *m*; (*sticer*) autocollant *m*.
trosoch *ardd gw.* **tros**.
trosodd *adf*
1 (*i'r ochr arall*): **aeth hi â mi drosodd at y ffenestr** elle m'a conduit(e) à la fenêtre; **gweler** ~ voir au recto *neu* au dos; **mynd drosodd** traverser (la rue), faire la traversée (de la mer); **mynd drosodd i Ffrainc** aller en France; **mae hi'n dod drosodd yn dda** (*creu argraff dda*) elle fait (une) bonne impression.
2 (*a mwy*): **deng mlwydd oed a throsodd** âgé(e) de dix ans et davantage; ~ **a throsodd** à plusieurs reprises, plus d'une fois, maintes et maintes fois.
3 (*wedi darfod*) fini(e), à son terme; **mae'r perygl drosodd** le danger est passé; **mae'r gwyliau drosodd** les vacances sont terminées; **'roedd y rhyfel drosodd** la guerre venait de finir; **mae popeth** ~ c'est fini.
trosof *ardd gw.* **tros**.
trosol (**-ion**) *g* levier *m*.
trosoledd (**-au**) *g* force *f* (de levier).
trosom *ardd gw.* **tros**.
trososod *ba* substituer.
trososodiad (**-au**) *g* substitution *f*.
trosot, **trosti**, **trosto**, **trostynt** *ardd gw.* **tros**.
troswisg (**-oedd**) *b* blouse *f*; (*a wisgir gan weithwyr yn Ffrainc*) bleus *mpl* de travail *neu* de chauffe.
troswr (**troswyr**) *g* traducteur *m*.
troswraig (**troswragedd**) *b* traductrice *f*.
trot (**-iau, -iadau**) *g* trot *m*; **ar drot** au petit trot; **ar gagl-drot** cahin-caha; **ar drot llawn** au grand trot.
trotian *bg* trotter; **ras drotian** course *f* de trot.
trotiwr (**trotwyr**) *g* trotteur *m*.
trothwy (**-au, -on**) *g* (*rhiniog*) seuil *m*; **bod ar drothwy rhth** être au seuil de qch; **ar drothwy'r flwyddyn newydd** à la veille du nouvel an.
tröwr (**trowyr**) *g* laboureur *m*.
trowsus (**-au**) *g* pantalon *m*; ~ **cwta** short *m*; ~ **llaes** pantalon long; ~ **nofio** maillot *m* de bain; **siwt drowsus** tailleur-pantalon(~s-~s) *m*.
trowynt (**-oedd**) *g gw.* **corwynt**.
truan (**truain**) *ans* pauvre, misérable; **druan ohonof/ohonom!** pauvre de moi/de nous!; **druan â thi!, druan ohonot!** mon pauvre *m*!, ma pauvre *f*!; **druan ohono/ohoni!** le/la pauvre!; **druan ohonynt!** les pauvres!; **Emyr druan!** pauvre Emyr!;
♦*g* (**trueiniaid**) misérable *m*.
truanes (**-au**) *b* misérable *f*.
trueiniaid *ll* misérables *m/fpl*.
trueni *g*
1 (*tosturi*) pitié *f*, miséricorde *f*; **teimlo** ~ **dros rn** avoir pitié de qn.
2 (*gresyn*): **dyna drueni!** quel dommage!; **dyna drueni nad ydych yn gallu dod** quel dommage que vous ne puissiez *subj* pas venir.
truenus *ans*
1 (*mewn cyflwr gwael*) misérable, malheureux(malheureuse); **'roedd golwg druenus arni** elle avait l'air si malheureuse.
2 (*gwael o ran safon*) lamentable, minable;
♦ **yn druenus** *adf* misérablement,

lamentablement, minablement.

truenusrwydd *g* misère *f*, pauvreté *f*.

trugaredd *g,b* (*parodrwydd i faddau*) clémence *f*; (*cydymdeimlad â dioddefaint eraill*) pitié *f*, compassion *f*; (*CREF*) miséricorde *f*; **bod ar drugaredd rhn** être à la merci de qn; **trwy drugaredd** heureusement, par bonheur, Dieu merci.

trugareddau *ll* (*hen bethau*) bric-à-brac *m inv*, bibelots *m*, brimborions *mpl*.

trugarhau *bg*: ~ **wrth rn** avoir *neu* prendre pitié de qn.

trugarog *ans* miséricordieux(miséricordieuse), clément(e);

♦ **yn drugarog** *adf* avec clémence.

trugarowgrwydd *g* bonté *f*, charité *f*, miséricorde *f*, merci *f*.

trum (**-iau**) *b,g* (*crib*) arête *f*, crête *f*; (*copa*) cime *f*, faîte *m*.

trumbren (**-nau**) *g* (*MOR*) quille *f*.

trumiog *ans* sillonné(e) d'arêtes, à dos d'âne.

truth[1] *g* (*gweniaith*) flatterie *f*; (*rhagrith*) hypocrisie *f*, flagornerie *f*.

truth[2] *g* (*araith hir*) laïus *m*; (*llythyr hir*) longue lettre *f*; (*lol*) galimatias *m*, charabia* *m*.

trwbadŵr (**trwbadwriaid**) *g* troubadour *m*.

trwblu *ba gw.* **poeni, tarfu**.

trwblus *ans gw.* **gofidus**.

trwbwl *g gw.* **helynt, trafferth**.

trwcl (**tryclau**) *g* roulette *f*.

trwco *ba* échanger.

trwch (**trychion**) *g* (*tewder*) épaisseur *f*; (*haen*) couche *f*; **mae'r rhew yn 10cm o drwch** la glace a 10cm d'épaisseur; **o drwch blewyn** d'un cheveu, tout juste, de justesse; **dianc o drwch blewyn** s'échapper belle; ~ **o eira** une couche épaisse de neige; **'roedd hi'n bwrw eira'n drwch** la neige tombait dru; **tyfu'n drwch** (*glaswellt*) pousser dru; **gorweddai'r eira'n drwch ar lawr** il y avait une couche épaisse de neige.

trwchus *ans* épais(se);

♦ **yn drwchus** *adf* (*taenu*) en une couche épaisse; (*torri*) en tranches épaisses, en morceaux épais.

trwm (**trom**) (**trymion**) *ans* lourd(e); (*glaw*) gros(se); (*cwsg*) profond(e); (*pregeth*) sérieux(sérieuse); (*yfwr, ysmygwr*) grand(e); **dirwy drom** une grosse *neu* lourde amende *f*; **gwlith** ~ rosée *f* abondante; **niwl** ~ brume *f* épaisse *neu* dense; ~ **eich clyw** dur(e) d'oreille; **buwch yn drom o lo** (*beichiog*) vache *f* pleine;

♦ **yn drwm** *adf* lourdement; (*yfed, ysmygu*) beaucoup; (*cysgu, ochneidio*) profondément; **mae hi'n glawio'n drwm** il pleut à torrents *neu* à verse; **'roedd hi'n bwrw eira'n drwm** la neige tombait dru.

trwmbel (**-i**) *g* tombereau(-x) *m*.

trwmgalon *ans* abattu(e), découragé(e);

♦ **yn drwmgalon** *adf* le cœur gros, de façon abattue.

trwmgwsg *g gw.* **trymgwsg**.

trwmp (**trympiau**) *g* (*CARDIAU*) atout *m*; (*ffig*) carte *f* maîtresse.

trwmped (**-au**) *g* trompette *f*.

trwmpedwr (**trwmpedwyr**) *g* trompette *m*, trompettiste *m*.

trwmpedwraig (**trwmpedwragedd**) *b* trompette *m*, trompettiste *f*.

trwnc[1] *g* (*dŵr*) urine *f*.

trwnc[2] (**trynciau**) *g* (*eliffant*) trompe *f*; (*CORFF*) tronc *m*; (*cist*) malle *f*.

trwoch *ardd gw.* **trwy**.

trwodd *adf*

1 (*o'r naill ben i'r llall*): **rhedodd y dŵr** ~ l'eau est passée à travers; **ewch** ~ **i'r lolfa, os gwelwch yn dda** passez dans le salon, s'il vous plaît; **gadael i rn fynd** ~ laisser passer qn.

2 (*o'r dechrau hyd y diwedd*): **darllen rhth** ~ lire qch jusqu'au bout.

3 (*yn union*): **mae'r trên yn mynd** ~ **i Baris** le train va directement à Paris; **gellwch ddal trên** ~ **i Lundain** on peut attraper un train direct pour Londres.

4 (*drwyddo draw*): **wedi ei leinio** ~ **â lledr** entièrement doublé(e) de cuir.

5 (*ar y ffôn*): **'rwy'n eich rhoi** ~ **iddi** je vous la passe; **dyna chi** ~ vous êtes en ligne.

6 (*TRAFN*): **"dim ffordd ~"** "voie sans issue", "impasse"; **"traffig ~"** "autres directions".

7 (*wedi llwyddo*): **bod** ~ **i'r ail rownd** (*tîm ayb*) être sélectionné(e) pour le deuxième tour.

trwof, **trwom, trwot** *ardd gw.* **trwy**.

trwser (**-i**) *g gw.* **trowsus**.

trwsgl (**trosgl**) *ans* gauche, lourd(e), maladroit(e), peu élégant(e);

♦ **yn drwsgl** *adf* gauchement, maladroitement, lourdement, peu élégamment.

trwsiad *g* (*dull o wisgo*) mise *f*, tenue *f*.

trwsiadus *ans* bien mis(e), bien habillé(e), bien vêtu(e), chic *inv*, élégant(e);

♦ **yn drwsiadus** *adf* élégamment.

trwsio *ba gw.* **atgyweirio**.

trwsiwr (**trwsiwyr**) *g gw.* **atgyweiriwr**.

trwst (**trystau**) *g*

1 (*sŵn*) vacarme *m*, brouhaha *m*; **mwyaf** ~ **llestri gweigion** moins on en sait, plus on parle.

2 (*taran*) (coup *m* de) tonnerre *m*.

trwstan *ans* (*chwithig*) gauche, maladroit(e), malhabile; **tro** ~ mésaventure *f*, contretemps *m*;

♦ **yn drwstan** *adf* gauchement, maladroitement, malhabilement.

trwstaneiddiwch *g* malhabileté *f*, gaucherie *f*, maladresse *f*.

trwy *ardd* (trwof, trwot, trwyddo, trwyddi, trwom, trwoch, trwyddynt)

1 (*lle*) à travers, par; **mae'r nant yn llifo ~'r ardd** le ruisseau traverse le jardin, le ruisseau coule à travers le jardin; **mynd ~ goedwig** traverser une forêt; **mynd ~'r drws** passer par la porte; **edrych ~'r ffenestr** regarder par la fenêtre; **bwrw golwg ~ lyfr** parcourir un livre; **~ Gymru benbaladr** partout au pays de Galles; **fe ddaeth hi ~'r glaw** elle est venue sous la pluie.
2 (*amser*) pendant; **~'r dydd, ~ gydol y dydd** pendant *neu* durant toute la journée, tout le long de la journée; **~ gyda'r nos** pendant toute la soirée; **cysgu ~ gydol y nos** dormir toute la nuit.
3 (*i ddynodi modd*) par, grâce à; **anfon rhth ~'r post** envoyer qch par la poste; **~ deg neu hagr** par tous les moyens; **~ gynilo'i arian gallai ...** à force d'économiser, il pouvait ....
4 (*o achos*) par, à cause de; **~ anwybodaeth** par ignorance; **~ lwc** heureusement.
5 (*gan, oherwydd*) parce que; **~ ei bod hi yno** parce qu'elle *neu* puisqu'elle était là.
6 (*gyda*): **coffi ~ laeth** café *m* au lait; **tatws ~'u crwyn** pommes *fpl* de terre en robe des champs *neu* de chambre (au four).
▶ **trwy'ch hun**: **cerdded ~'ch hun** être somnambule; **siarad ~'ch hun** parler en dormant *neu* dans son sommeil.
▶ **trwy'ch gilydd**: **fe wnawn ein gwaith ~'n gilydd** nous ferons le travail à nous deux (trois, tous etc); **'roedd y pysgod yn gweu ~'i gilydd** les poissons nageaient les uns à travers les autres.
▶ **trwyddo draw, trwyddi draw** entièrement; **adnabod rhth trwyddo draw** (*ardal, tref*) connaître qch à fond *neu* comme sa poche; **'rwy'n ei adnabod trwyddo draw** (*rhn*) je le connais comme si je l'avais fait*; **~'r wlad trwyddi draw** dans tout le pays, partout dans le pays.

trwyadl *ans* (*ymchwil*) minutieux(minutieuse); (*gwybodaeth*) approfondi(e); (*rhn, gwaith*) consciencieux(consciencieuse); (*glanhau*) à fond;
♦ **yn drwyadl** *adf* minutieusement, en profondeur, à fond, de fond en comble.

trwyadledd *g* soin *m* méticuleux.

trwydded (-**au**) *b* autorisation *f*, permis *m*, licence *f*; **~ bysgota** permis de pêche; **~ deithio** passeport *m*; **~ deledu** redevance *f*; **~ fewnforio** licence d'importation; **~ yrru** permis de conduire.

trwyddedig *ans* (*gyrrwr*) muni(e) d'un permis; (*car*) muni de la vignette; **~ i werthu alcohol** patenté(e) pour la vente des spiritueux, ayant une licence de débit de boissons.

trwyddedu *ba* donner une licence *neu* un permis à; (GWEIN) autoriser, patenter.

trwyddew (-**au**) *g* vrille *f*, foreuse *f*.

trwyddi, **trwyddo, trwyddynt** *ardd gw.* **trwy**.

trwyn (-**au**) *g*
1 (CORFF) nez *m*; **~ smwt** nez camus; **bôn y ~, cefn y ~** le dos *m* du nez; **blaen y ~** le bout *m* du nez; **sychu'ch ~** se moucher; **siarad trwy'ch ~** nasiller, parler du nez; **~ yn gwaedu** saignement *m* de nez.
2 (*tarw, mochyn, ci*) museau(-x) *m*.
3 (*esgid, hosan*) bout *m*.
4 (*car*) avant *m*.
5 (DAEAR) cap *m*.
6 (*synnwyr arogleuo*) odorat *m*, nez *m*.
7 (PLANH): **~ y llo** muflier *m*, gueule-de-loup(~s-~-~) *f*.
7 (*mewn ymadroddion*): **hen drwyn** (*snob*) bêcheur* *m*, bêcheuse* *f*, snob *m/f*; **cadw ~ rhn ar y maen** faire travailler qn sans répit; **gwneud ~ sur ar rn** regarder qn d'un air revêche; **talu trwy'ch ~ am rth** payer le prix fort pour qch; **troi ~ ar rth** faire la fine bouche devant qch; **fe'i gwnaeth o dan ei drwyn** il/elle l'a fait à sa barbe *neu* sous son nez.

trwynblymiad (-**au**) *g* descente *f* en piqué.

trwynblymio *bg* descendre en piqué.

trwyn-drwyn *adf* nez à nez.

trwyno *ba* flairer, renifler.

trwynol *ans* nasal(e)(nasaux, nasales); **treiglad ~** nasalisation *f*.

trwynsur *ans* morose, revêche, chagrin(e);
♦ **yn drwynsur** *adf* de façon morose *neu* revêche.

trwythbair *ans gw.* **troethbair**.

trwythiad *g* imprégnation *f*, macération *f*, saturation *f*, imbibition *f*.

trwytho *ba* saturer, imprégner, pénétrer, imbiber, macérer.

trwythwr (**trwythwyr**) *g* macérateur *m*.

trybaeddu *ba* éclabousser, couvrir (qch) de boue.

trybedd (-**au**) *b* trépied *m*; **~ ysgwydd** clavicule *f*.

trybeilig *ans* affreux(affreuse); **da drybeilig** affreusement bon(ne);
♦ **yn drybeilig** affreusement, terriblement.

trybestod *g* tumulte *m*, remue-ménage *m inv*.

trybini *g gw.* **trafferth, helynt**.

tryblith *g* confusion *f*, désordre *m*, gâchis *m*.

trybola (**trybolâu**) *g* bourbe *f*, bauge *f*; **yn drybola o faw** couvert(e) de boue.

tryboli *bg* se vautrer, se rouler.

trỳc (**tryciau**) *g* (*lorri*) camion *m*; (RHEIL) wagon *m* ouvert *neu* de marchandises.

trycaid (**tryceidiau**) *g* chargement *m*.

trychfilyn (**trychfilod**) *g* insecte *m*.

trychiad (-**au**) *g* amputation *f*.

trychineb (-**au**) *g,b* catastrophe *f*, désastre *m*.

trychinebus *ans* catastrophique, désastreux(désastreuse), calamiteux(calamiteuse);
♦ **yn drychinebus** *adf* catastrophiquement, désastreusement, calamiteusement.

trychu *ba* amputer.
trydan *ans* électrique; **blanced drydan** couverture *f* chauffante; **cadair drydan** chaise *f* électrique; **ffwrn drydan, popty** ~ cuisinière *f* électrique; **golau** ~ lumière *f* électrique; **tân** ~ radiateur *m* électrique; ♦*g* électricité *f*; **Bwrdd T**~ agence *f* régionale de distribution de l'électricité; **pall ar y** ~ panne *f* d'électricité.
trydaneiddio *ba* (*RHEIL*) électrifier; (*FFIS*) électriser; (*batri*) charger; (*gwefreiddio*) électriser, galvaniser.
trydaniad (**-au**) *g* (*RHEIL*) électrification *f*; (*FFIS*) électrisation *f*; (*batri*) charge *f*; (*rhn*) électrocution *f*.
trydanladd *ba* (*CYFR*) électrocuter.
trydanladdiad (**-au**) *g* (*CYFR*) électrocution *f*.
trydanol *ans*
1 (*â thrydan, gan drydan*) électrique; **cerrynt** ~ courant *m* électrique; **sioc drydanol** décharge *f* électrique.
2 (*ffig*) électrisant(e), galvanisant(e); **'roedd yr awyrgylch yn drydanol** il y avait de l'électricité dans l'air.
trydanu *ba* (*rhn*) électrocuter *gw. hefyd* **trydaneiddio**.
trydanwr, **trydanydd** (**trydanwyr**) *g* électricien *m*, électricienne *f*.
trydar *bg* pépier, gazouiller;
♦*g* pépiement *m*, gazouillis *m*.
trydedd *ans b gw.* **trydydd**.
trydon *b* (*PLANH*) aigremoine *f*.
trydwll (**trydoll**) *ans* perforé(e).
trydydd (**trydedd**) *ans*
1 (*cyff*) troisième; ~ **ar ddeg** treizième; **y T**~ **Byd** le Tiers-Monde *m*; **gradd drydydd dosbarth** licence *f* sans mention; ~ **person** (*GRAM*) troisième personne *f*; ~ **parti** (*CYFR*) tiers *m*; **yswiriant** ~ **parti** assurance *f* au tiers.
2 (*defnydd enwol*): **y** ~ le troisième *m*, la troisième; **y** ~ **o Fai** le trois mai; **Edward y T**~ Édouard trois;
♦ **yn drydydd** *adf* (*dod, gorffen*) troisième, en troisième position; (*mewn rhestr*) troisièmement;
♦*g* (**-au**) (*CERDD*) tierce *f*.
trydyddol *ans* tertiaire; **addysg drydyddol** enseignement *m* postscolaire.
trydyllog *ans* perforé(e).
trydyllu *ba* perforer.
tryfer (**-i**) *b* harpon *m*.
tryferu *ba* harponner.
tryfesur (**-au**) *g* diamètre *m*.
tryfesurol *ans* diamétral(e)(diamétraux, diamétrales);
♦ **yn dryfesurol** *adf* diamétralement.
tryfrith (**-ion**) *ans* (*brith*) tacheté(e), marqueté(e), moucheté(e), tavelé(e); (*heidiog*) grouillant(e).
tryfritho *ba* tacheter, moucheter, marqueter, taveler.
tryfwl (**tryflau**) *g* masse *f*, tas *m*, pile *f*.
trylenwi *ba* saturer, remplir (qch) jusqu'au bord.
tryloyw *ans* transparent(e);
♦ **yn dryloyw** *adf* de façon transparente.
tryloywder (**-au**) *g* transparence *f*; (*sleid*) diapositive *f*.
tryloywi *ba* clarifier;
♦*bg* se clarifier.
tryloywlun (**-iau**) *g* (*sleid*) diapositive *f*; (*ar gyfer uwchdaflunydd*) transparent *m*.
trylwyr *ans gw.* **trwyadl**.
trylwyredd *g gw.* **trwyadledd**.
trymaidd *ans* (*tywydd*) lourd(e), étouffant(e); (*arddull*) lourd, pesant(e); **mae hi'n drymaidd heddiw** il fait lourd aujourd'hui;
♦ **yn drymaidd** *adf* lourdement.
trymder *g* pesanteur *f*, lourdeur *f*, poids *m*; (*emosiynol*) tristesse *f*, mélancolie *f*; (*tywydd*) lourdeur; (*cwsg*) somnolence *f*, assoupissement *m*, engourdissement *m*; **yn nhrymder y nos** au milieu de *neu* au plus profond de la nuit; **yn nhrymder y gaeaf** au plus fort de l'hiver, au cœur de l'hiver.
trymgwsg *g* sommeil *m* de plomb.
trymhau *ba* alourdir;
♦*bg* s'alourdir.
trymion *ans ll gw.* **trwm**.
trymlwythog *ans* lourdement chargé(e).
trymllyd *ans* (*tywydd*) lourd(e), étouffant(e); **mae hi'n drymllyd heddiw** il fait lourd aujourd'hui;
♦ **yn drymllyd** *adf* lourdement.
trymped (**-au**) *g gw.* **trwmped**.
trympedwr (**trympedwyr**) *g gw.* **trwmpedwr**.
trympedwraig (**trympedwragedd**) *b gw.* **trwmpedwraig**.
trympio *ba* (*CARDIAU*) couper.
trymswrth *ans* indolent(e), paresseux(paresseuse);
♦ **yn drymswrth** *adf* indolemment, paresseusement.
trymsyrthni *g* indolence *f*, paresse *f*.
tryncs *g* maillot *m* de bain.
tryryw *ans* de race (pure).
trysor (**-au**) *g* trésor *m*; **helfa drysor** chasse *f* au trésor.
trysordy (**trysordai**) *g* trésorerie *f*.
trysorfa (**trysorfeydd**) *b gw.* **trysordy**.
trysori *ba* chérir, tenir beaucoup à, garder *neu* conserver (qch) précieusement.
trysorlys *g*: **y T**~ la Trésorerie *f*, ≈ le ministère *m* des Finances; **bil** *ou* **papur T**~ billet *m neu* bon *m* du Trésor.
trysorydd (**-ion**) *g* trésorier *m*, trésorière *f*.
trŷst *g* confiance *f*; **'dyw hi ddim yn drŷst** il ne faut pas se fier à elle.
Trystan *prg* Tristan.
trystfawr *ans* bruyant(e);
♦ **yn drystfawr** *adf* bruyamment.

trystio *ba*: ~ **rhn/rhth** avoir confiance en qn/qch, se fier à qn/qch; ~ **rhth i rn** confier qch à qn.
trystiog *ans* (*swnllyd*) bruyant(e);
♦ **yn drystiog** bruyamment, avec fracas.
trythyll *ans* lascif(lascive), luxurieux(luxurieuse);
♦ **yn drythyll** lascivement, luxurieusement.
trythyllwch *g* lasciveté *f*, luxure *f*.
trywaniad (**-au**) *g* coup *m* de couteau, agression *f* à l'arme blanche.
trywanu *ba* poignarder, donner un coup de couteau à, frapper (qn) d'un coup de poignard *neu* couteau; ~ **rhn i farwolaeth** tuer qn à coups de couteau.
trywanwr (**trywanwyr**) *g* agresseur *m* à l'arme blanche, assassin *m*.
trywel (**-i**) *g,b* (*ADEIL*) truelle *f*; (*GARDD*) déplantoir *m*.
trywsus (**-au**) *g* *gw.* **trowsus**.
trywydd (**-ion**) *g* (*ôl*) trace *f*, piste *f*; **bod ar drywydd rhth** être sur la piste de qch; **ar y ~ iawn** sur la bonne piste.
tsar (**-iaid**) *g* tsar *m*.
Tsiad *prb* Tchad *m*.
Tsiadaidd *ans* tchadien(-ne).
Tsiadiad (**Tsiadiaid**) *g/b* Tchadien *m*, Tchadienne *f*.
tsiaen (**-i**) *b* (*cadwyn*) chaîne *f*; (*toiled*) chasse *f* d'eau.
Tsiec, **Tsiecaidd** *ans* tchèque; **y Weriniaeth Dsiecaidd** la République *f* tchèque.
Tsieceg *b,g* tchèque *m*;
♦*ans* tchèque.
Tsieciad (**Tsieciaid**) *g/b* Tchèque *m/f*.
Tsiecoslofac (**-iaid**) *g/b* Tchécoslovaque *m/f*.
Tsiecoslofacia *prb* la Tchécoslovaquie *f*; **yn ~** en Tchécoslovaquie.
tsieina *g* *gw.* **tsieni**.
Tsieina *prb* la Chine *f*; **yn ~** en Chine.
Tsieinead (**Tsieineaid**) *g/b* Chinois *m*, Chinoise *f*.
Tsieineaidd *ans* chinois(e).
Tsieineeg *b,g* chinois *m*;
♦*ans* chinois(e).
tsieni *g* porcelaine *f*; (*llestri*) vaisselle *f* en porcelaine.
Tsile *prb* le Chili *m*; **yn ~** au Chili.
Tsilead (**Tsileaid**) *g/b* Chilien *m*, Chilienne *f*.
Tsileaidd *ans* chilien(ne).
tsili (**-s**) *g* piment *m* rouge.
tsimpansî (**tsimpansïaid**) *g* chimpanzé *m*.
tsipsen* (**tsips**) *b* frite *f*; **siop jips*** friterie *f*.
tu *g*
1 (*ochr*) côté *m*; **o du ei dad** du côté de son père; **o bob ~** de chaque côté, de tous côtés, de partout; **o'r naill du** des deux côtés.
2 (*plaid*): **mae llawer o bobl o'n ~** beaucoup de gens sont pour *neu* avec nous.
▶ **tu acw, tu arall** autre côté *m*; **maent yn byw y ~ acw** ils habitent de l'autre côté.
▶ **tu allan** dehors *m*, extérieur *m*; ~ **allan yr adeilad** l'extérieur du batîment; **mae'r bocs yn lân ar y ~ allan** la boîte est propre à l'extérieur *neu* au dehors; **mae'n oer y ~ allan** il fait froid dehors; **arhoswch y ~ allan** attendez dehors *neu* à l'extérieur; **ni ellir agor y drws o'r ~ allan** on ne peut pas ouvrir la porte de dehors *neu* de l'extérieur; **y ~ allan i'r drws** à la porte, devant la porte; **y ~ allan i'r dref** hors de la ville; **bod 20km y ~ allan i Baris** être à 20km de Paris; **gwisgo'ch crys y ~ allan i'ch trowsus** porter sa chemise sur son pantalon.
▶ **tu blaen** (*tŷ*) façade *f*; (*siop*) devanture *f*; (*bocs, siwmper*) devant *m*; (*llyfr*) couverture *f*; (*car, cwch*) avant *m*; (*amlen*) recto *m*; (*pen draw: trên*) tête *f*; **ymwthiodd i du blaen y dorf** il s'est faufilé au premier rang de la foule; **mi eisteddaf fi yn y ~ blaen gyda'r gyrrwr** je vais m'asseoir devant, à côté du chauffeur; **'roedd hi'n eistedd y ~ blaen imi** elle était assise devant moi.
▶ **tu cefn** arrière *m*, derrière *m*; **ymosod ar rn o'r ~ cefn** attaquer qn de derrière.
▶ **tu chwith, tu chwithig** envers *m*; **y ~ chwith (allan)** à l'envers; (*menig, sanau*) retourné(e); **'rwyt ti wedi gwisgo dy siwmper y ~ chwith allan** tu as mis ton pull à l'envers; **mae dy sanau y ~ chwith allan** tes chaussettes sont retournées; **chwythodd y gwynt yr ambarél y ~ chwith allan** le vent a retourné le parapluie; **trodd ei bag y ~ chwith allan ond 'doedd dim arian yno** elle a retourné son sac mais il n'y avait pas d'argent dedans.
▶ **tu draw** autre côté *m*; **o'r ~ draw** de l'autre côté; **y ~ draw i'r afon** de l'autre côté de la rivière, au-delà de la rivière.
▶ **tu fas** *gw.* **tu allan**.
▶ **tu hwnt**: **hyd at Gaeredin a thu hwnt** jusqu'à Édimbourg et au-delà; **y ~ hwnt i'r llen** l'au-delà *m*; **y ~ hwnt i'r ffin mae ...** au-delà de la frontière il y a ...; **y ~ hwnt i furiau'r dref** (*yn agos*) de l'autre côté des murs de la ville; (*ymhellach draw*) au-delà des murs de la ville; **y gwledydd y ~ hwnt i'r Iwerydd** les pays d'outre-Atlantique; **y ~ hwnt i bob amheuaeth** hors de doute, indubitable; **profi rhth y ~ hwnt i bob amheuaeth** démontrer *neu* prouver qch de façon indubitable; **rhth sydd y ~ hwnt i bob rheswm** qch qui dépasse toute raison; **mae hyn y ~ hwnt i'm gallu** ceci est au-dessus de mes capacités; **mae hyn y ~ hwnt i'm deall** *ou* **i mi!** cela me dépasse totalement!; **maen nhw y ~ hwnt!** (*yn warthus*) ils sont infréquentables!; **maent wedi bod yn garedig ~ hwnt tuag atom** ils ont été extrêmement gentils envers nous.
▶ **tu mewn** intérieur *m*; (*perfedd: anifail*) entrailles *fpl*; (:*dyn*) intestin *m*, estomac *m*;

ar y ~ **mewn** *ou* **fewn** dedans, au dedans, à l'intérieur; **arhoswch amdanaf y** ~ **mewn** attendez-moi à l'intérieur; **mae'n gynhesach y** ~ **mewn** il fait plus chaud à l'intérieur *neu* dedans; **drws wedi ei gloi o'r** ~ **mewn** une porte fermée à clef de l'intérieur *neu* du dedans; **y** ~ **mewn i** à l'intérieur de, au-dedans de; **bod y** ~ **mewn i'r tŷ** être à l'intérieur de la maison, être dans la maison.
▶ **tu mewn (tu) allan, tu fewn tu fas** à l'envers; (*menig, sanau*) retourné(e) *gw. hefyd* **tu chwith**.
▶ **tu ôl** derrière *m*; **ymosod ar rn o'r** ~ **ôl** attaquer qn de derrière; **eisteddodd y** ~ **ôl imi** elle s'est assise derrière moi; **ymguddiodd y** ~ **ôl i'r drws** il s'est caché derrière la porte; **y** ~ **ôl ymlaen** à l'envers, devant derrière; **mae dy siwmper y** ~ **ôl ymlaen** tu as mis ton pull à l'envers *neu* devant derrière.
▶ **y tu yma** ce côté-ci *m*; **o'r** ~ **yma** de ce côté-ci

tua (*tuag* devant une voyelle) *ardd*
1 (*o gwmpas*) environ; ~ **chant o bobl** une centaine de personnes, environ cent personnes; ~ **2 o'r gloch** vers 2 heures, sur les deux heures; **mae'n cymryd** ~ **deng awr** ça prend à peu près dix heures; **mae'n costio tua chanpunt** ça coûte quelque cent livres; **tuag ugain** une vingtaine; ~ **dwsin** une douzaine; **y** ~**'r tân** l'âtre *m*, la cheminée *f*.
2 (*i gyfeiriad*) vers; **mynd tuag at rn** aller vers qn, aller sur qn.
3 (*o ran teimladau*): **ei deimladau tuag atoch** ses sentiments envers vous *neu* à votre égard; **teimlo'n gyfeillgar tuag at rn** être bien disposé(e) envers qn.
▶ **tua thre(f)** (*adref: tŷ*) vers la maison; (*:gwlad*) vers la patrie; **mynd** ~ **thre(f)** rentrer à la maison *neu* chez soi.

tuchan *bg* ronchonner, râler, grogner; ~ **am rth** rouspéter après *neu* contre qch.

tuchanllyd *ans* ronchon(ne), ronchonneur(ronchonneuse).

tuchanwr (**tuchanwyr**) *g* ronchonneur *m*, ronchonneuse *f*.

tudalen (**-nau**) *g,b* page *f*; ~ **wag** *ou* **weili** feuille *f* blanche; ~ **flaen** (*papur newydd*) la une *f*; **ar y dudalen flaen** à la une; **y Tudalennau Melyn** les pages jaunes©.

tudaleniad (**-au**) *g* pagination *f*.

tudalennu *ba* paginer.

tudfach (**-au**) *g* échasse *f*.

Tudur (**-iaid**) *prg* Tudor; **y** ~**iaid** les Tudor.

tudded (**-au**) *b* taie *f* d'oreiller.

tuedd[1] (**-au**) *g* (*ardal*) région *f*.

tuedd[2] (**-iadau**) *g,b* penchant *m*, tendance *f*, inclination *f*; ~ **i ochri** bias *m*.

tueddbeniad (**-au**) *g* tendance *f*.

tueddbennu *ba* porter, conduire (qn à faire qch);
♦*bg* tendre, avoir tendance (à faire qch).

tueddfryd *g* penchant *m*.

tueddiad (**-au**) *g* penchant *m*, tendance *f*, inclination *f*.

tueddol *ans* enclin(e); **bod yn dueddol o** être enclin(e) à, avoir tendance à.

tueddu *bg*: ~ **i** être enclin(e) à, avoir tendance à, incliner à *neu* vers; **mae'n** ~ **i fod yn sâl yn aml** il est facilement malade; **mae hi'n** ~ **i feichio crio** elle a tendance à tomber en larmes.

tufewnol *ans* intérieur(e), interne.

tulath (**-au**) *b* panne *f*, filière *f*.

tumewnol *ans* intérieur(e), interne.

tun (**-iau**) *g*
1 (*metel*) étain *m*.
2 (*cynhwysydd*) boîte *f* de conserve; **mewn** ~ en boîte, de conserve; **bwyd** ~ conserves *fpl*; ~ **cacen** *ou* **teisen** moule *m* à gâteau; **agorwr** ~, **peth agor** ~ ouvre-boîte(~-~s) *m*;
♦*ans* en étain.

tunelledd (**-au**) *g* tonnage *m*.

tunffoil *g* papier m d'étain.

tunio *ba* mettre (qch) en boîtes *neu* en conserve.

tunnell (**tunelli**) *b* tonne *f*.

tunplat (**-iau**) *g* fer-blanc(~s-~s) *m*.

tunplatio *ba* étamer; ~ **sosban** étamer une casserole.

tuntac (**-s**) *g* punaise *f*.

turio *bg* creuser.

turn (**-iau**) *g* (*TECH*) tour *m*.

turnio *ba*: ~ **coes bwrdd** façonner un pied de table;
♦*g* tournage, travail *m* au tour.

turniwr (**turnwyr**) *g* tourneur *m*.

turs (**-iau**) *g*: **tynnu** ~**iau ar rn** regarder qn d'un air renfrogné.

turtur (**-od**) *b* (*ADAR*) tourterelle *f*.

tusw (**-au**) *g* bouquet *m*.

tuth (**-iau**) *g* trot *m*; **mynd ar duth** trotter, aller au trot.

tuthio *bg* trotter, aller au trot.

tuthiog *ans* trottant(e).

tuthiwr (**tuthwyr**) *g* trotteur *m*.

tuthwraig (**tuthwragedd**) *b* trotteuse *f*.

Twareg *ans* touareg;
♦*g/b* (**-iaid**) Touareg *m/f inv*;
♦*b,g* (*iaith*) touareg *m*.

twb, twba (**tybiau, tŵbau**) *g* cuve *f*; (*i olchi dillad*) baquet *m*; ~ **ymolchi** baignoire *f*.

twbercwlosis *g* tuberculose *f*.

twca (**-od, twceiod**) *g* couteau(-x) *m*.

twf *g* croissance *f*; (*cynnydd*) développement *m*; (*planhigion*) pousse *f*; **yn ei lawn dwf** qui a atteint la taille adulte; **cyfradd** ~ taux *m* de croissance.

twffyn (**tyffiau**) *g* touffe *f*.

twîd *g* tweed *m*;
♦*ans*: **siaced dwîd** veste de *neu* en tweed.

twil *g* sergé *m*.

twlc[1] (**tylc(i)au**) *g* (*cwt: mochyn*) porcherie *f*.

twlc[2] *g* (*â'r pen*) coup *m* de tête.
twlcio *ba* donner un coup de tête à.
tŵls* *ll gw.* **offer**.
twll (**tyllau**) *g* trou *m*; **torri ~, gwneud ~ yn** *ou* **trwy rhth** faire *neu* pratiquer un trou dans qch, faire une perforation dans qch; **~ y clo** trou *m* de la serrure; **~ cwningen** terrier *m*; **~ botwm** boutonnière *f*; **~ yn y galon** communication *f* interventiculaire; **~ o le!** trou paumé!*, bled *m* perdu!*; **~ mewn teiar** crevaison *f*, pneu *m* crevé; **~ llawes** emmanchure *f*; **~ yn y wal** (*banc: dosbarthwr*) distributeur *m* automatique de billets; **~ tan grisiau** fourre-tout *m inv*, placard *m* sous l'escalier; **bod mewn ~** (*ffig*) avoir des ennuis, être dans le pétrin*, être dans de beaux draps, être dans l'embarras; **cael** *ou* **gwneud tyllau yn eich clustiau** se faire percer les oreilles; **ym mhob ~ a chornel** dans tous les coins et les recoins; **~ y llygad** orbite *f* de l'œil; **rhoi ~ clust i rn** gifler qn; **gwisgo rhth yn dwll** user qch totalement; **meddwi'n dwll** se soûler, s'enivrer totalement; **~ tin** anus *m*; **~ dy din di!**** va te faire fiche!*, va te faire cuire un œuf!*, va te faire foutre!**.
twmffat (**-au, twmffedi**) *g* entonnoir *m*; (*ffŵl*) idiot *m*, idiote *f*, imbécile *m/f*.
twmp (**tympiau**) *g* monticule *m*, tertre *m*, monceau(-x) *m*.
twmpath (**-au**) *g* butte *f*; (*llwyth*) tas *m*; **~ dawns** bal *m* folklorique gallois, bal champêtre, soirée *f* de danse paysanne; **~ morgrug** fourmilière *f*.
twmpathog *ans* accidenté(e), montueux(montueuse).
twmplen (**-ni**) *b* boulette *f* de pâte.
twndis (**-iau**) *g* entonnoir *m*.
twndra (**twndrâu**) *g* (*DAEAR*) toundra *f*.
twnel (**-i, -au**) *g* tunnel *m*; **T~ y Sianel** le tunnel sous la Manche.
twnelu *bg* percer un tunnel.
twp *ans* stupide, bête, imbécile, obtus(e), bouché(e); **mi fûm i'n dwp** j'ai fait une bêtise; **~ fel slej*** bête comme ses pieds;
♦ **yn dwp** *adf* stupidement, bêtement, imbécilement.
twpdra *g* stupidité *f*, bêtise *f*.
twpsen (**-nod**) *b* idiote *f*, imbécile *f*; **y dwpsen!** espèce d'idiote!
twpsyn (**-nod, twpsod, twps**) *g* idiot *m*, imbécile *m*; **y ~!** espèce d'idiot!
twr (**tyrrau**) *g* (*pentwr*) tas *m*, monceau(-x) *m*; **~ o bobl** foule *f*.
tŵr (**tyrau**) *g* tour *f*; **~ eglwys** clocher *m*; **~ rheoli** (*AWYR*) tour de contrôle; **~ gwylio** tour de guet; **T~ Eiffel** la tour Eiffel; **T~ Gogwyddol** *ou* **Cam Pisa** la tour penchée de Pise; **T~ Babel** tour de Babel; **T~ Tewdws** (*ASTRON*) la Pléiade *f*.
twrban (**-au**) *g* turban *m*.
Twrc (**Tyrciaid**) *g* Turc *m*, Turque *f*.
Twrcaidd *ans* turc(turque).
twrci (**twrcïod, twrcïaid, tyrcwn**) *g* (*ceiliog*) dindon *m*; (*iâr*) dinde *f*.
Twrci *prb* la Turquie *f*; **yn Nhwrci** en Turquie; **melysyn ~** loukoum *m*.
twrch (**tyrchod**) *g* porc *m* châtré; **~ coed** sanglier *m*; **~ daear** taupe *f*; **cysgu fel ~** dormir comme une souche *neu* un sabot, dormir sur les deux oreilles.
twrio[1] *bg* (*chwilota*) fouiller; **~ merch** tripoter une fille*.
twrio[2] *ba* (*teithio*) faire le tour de; (*castell ayb*) faire la visite de;
♦*bg* faire du tourisme.
twrist (**-iaid**) *g/b* touriste *m/f gw. hefyd* **ymwelydd**.
twristaidd *ans* touristique.
twristiaeth *b* tourisme *m*.
twrn (**tyrnau**) *g gw.* **tro**[3].
twrnai (**twrneiod**) *g* avocat *m*, homme *m* de loi.
twrnamaint (**twrnameintiau**) *g* tournoi *m*.
twrpant *g* térébenthine *f*.
twrw (**tyrfau**) *g* (*sŵn*) brouhaha *m*, vacarme *m*, bruit *m*; (*cynnwrf*) tumulte *m*; **codi ~** faire du chahut, chahuter *gw. hefyd* **tyrfau**.
twt[1] *ans gw.* **taclus**.
twt[2] *ebych*: **~ lol!** ne dites pas d'idioties *neu* d'absurdités!, bah! allons donc!
twtio *ba gw.* **tacluso**.
twtrwydd *g gw.* **taclusrwydd**.
twtsh *g* contact *m*, atouchement *m*.
twtsiad*, **twtsio*** *ba* toucher (à);
♦*bg* se toucher.
twtw (**-au**) *g* (*sgert fale*) tutu *m*.
twyll *g* duplicité *f*, tromperie *f*, supercherie *f*, fraude *f*; **trwy dwyll** en fraude, frauduleusement; **trwy deg neu dwyll** par tous les moyens.
twyllo *ba* tromper, duper; (*yn ariannol*) frauder; **~ rhn o rth** escroquer qch à qn; **ni allwch chi mo 'nhwyllo i !** vous ne me la ferez pas !;
♦*bg* tricher, frauder; (*mewn arholiad*) copier.
twyllodrus *ans* trompeur(trompeuse), frauduleux(frauduleuse), de mauvaise foi;
♦ **yn dwyllodrus** *adf* trompeusement, frauduleusement, en fraude.
twyllresymeg *b* sophistique *f*.
twyllresymiad (**-au**) *g* sophisme *m*.
twyllresymwr (**twyllresymwyr**) *g* sophiste *m*.
twyllwr (**twyllwyr**) *g* trompeur *m*, tricheur *m*; (*ariannol*) escroc *m*.
twyllwraig (**twyllwragedd**) *b* trompeuse *f*, tricheuse *f*; (*ariannol*) escroc *m*.
twym *ans* (*cynnes*) chaud(e); (*poeth*) très chaud; **'rwy'n dwym** j'ai chaud; **mae hi'n dwym** (*tywydd*) il fait chaud; **mae'r tebot yn dwym** la théière est chaude; **cadw rhth yn**

dwym tenir qch au chaud;
♦ **yn dwym** *adf* chaudement.
twymder *ans* chaleur *f*.
twymgalon *ans* affectueux(affectueuse), chaleureux(chaleureuse);
♦ **yn dwymgalon** *adf* affectueusement, chaleureusement.
twymiad (**-au**) *g* chauffage *m*; **yn y** ~ dans l'agitation *neu* l'excitation du moment; **rhoi** ~ **i rth** chauffer qch.
twymo *ba* chauffer, réchauffer; (*peiriant*) faire chauffer; (*mabolgampwr*) s'échauffer;
♦*bg* se réchauffer; **'rwy'n** ~ **wrth y tân** je me réchauffe auprès du feu.
twymol *ans* réchauffant(e).
twymydd (**-ion**) *g* appareil *m* de chauffage; (*rheiddiadur*) radiateur *m*.
twymyn (**-au**) *b* (MEDD) fièvre *f*; **y dwymyn doben** les oreillons *mpl*; **y dwymyn goch** la scarlatine *f*; ~ **y gwair** rhume *m* des foins; ~ **felen** la fièvre jaune; ~ **y chwarennau** mononucléose *f* infectieuse.
twymynol *ans* fiévreux(fiévreuse), fébrile;
♦ **yn dwymynol** *adf* fiévreusement, fébrilement.
twyn (**-i**) *g* dune *f*.
tŷ (**tai**) *g* maison *f*; ~ **ar ei ben ei hun** (*tŷ sengl, fila*) pavillon *m*; ~ **bach** W.-C. *mpl*, petit coin *m*; ~ **bwyta** restaurant *m*; ~ **cyngor** H.L.M. *m,f*, *habitation à loyer modéré (louée par la municipalité)*; ~ **dol** maison de poupée; ~ **fferm** (maison de) ferme *f*; ~ **gamblo** maison de jeu; ~ **golchi** buanderie *f*; ~ **gwydr** serre *f*; ~ **llaeth** laiterie *f*; ~ **pâr** maison jumelée; ~ **rhes** *ou* **teras** maison attenante aux maisons voisines; ~ **tafarn** pub *m*; ~ **to gwellt** chaumière *f*; **tai allan** dépendances *fpl*; **T~'r Cyffredin** la Chambre des communes; **T~'r Arglwyddi** la Chambre des lords; **y T~ Gwyn** la Maison Blanche; **trin** ~ faire le ménage; **(yn) fy nhŷ i** chez moi; **dy dŷ di** chez toi; **ei thŷ hi** chez elle; **mynd i dy dŷ di** aller chez toi; **llond** ~ maisonnée *f*; **swyddfa gwerthu tai** agence *f* immobilière; **ymadael o dŷ** déménager.
tyaid (**tyeidiau**) *g* maisonnée *f*.
tyb (**-iau**) *g,b* opinion *f*, avis *m*; **yn fy nhyb i** à mon avis.
tybaco *g gw.* **baco**.
tybed *adf* je me demande, on se le demande; ~ **a ddaw ef** je me demande s'il va venir; **pam** ~**?** pourquoi alors?; **meddwl** ~ se demander.
tybiaeth (**-au**) *b* supposition *f*, hypothèse *f*.
tybiau *ll gw.* **twb**.
tybied *bg* imaginer, supposer, penser, croire, présumer.
tybiedig *ans* présumé(e), supposé(e), hypothétique; (*honedig*) prétendu(e), soi-disant *inv*.
tybio *bg gw.* **tybied**.
tycio *be ddiffyg* réussir, bien marcher; **'does dim yn** ~ tout est en vain *neu* en pure perte; **'doedd dim yn** ~ rien n'y faisait.
tydi *rhag dwbl gw.* **ti**[1].
'tydi* *talf* (= *onid ydi, onid yw*) n'est-ce pas.
tŷ-ddeiliad (**~-ddeiliaid**) *g* occupant *m*, occupante *f*.
tyddyn (**-nod, -nau**) *g* petite ferme *f*.
tyddynnwr (**tyddynwyr**) *g* petit cultivateur *m*.
tyfadwy *ans* robuste, florissant(e).
tyfiant (**tyfiannau**) *g* (*twf*) croissance *f*; (*planhigion*) pousse *f*; (*llwyni*) broussailles *fpl*, sous-bois *m inv*; (MEDD: *tiwmor*) tumeur *f*, grosseur *f*, excroissance *f*.
tyfol *ans* croissant(e).
tyfu *ba* (*blodau*) cultiver, faire pousser;
♦*bg* grandir; (*planhigyn*) pousser, croître; (*cynyddu*) croître, augmenter, se développer.
tyfwr (**tyfwyr**) *g* cultivateur *m*.
tỳg (**-iau**) *g* (*cwch*) remorqueur *m*.
tynged (**tynghedau**) *b* destin *m*, destinée *f*, sort *m*; **y Tynghedau** (MYTH) les Parques *fpl*.
tyngedfennol *ans* fatidique, fatal(e)(fatals, fatales); (*allweddol*) décisif(décisive), déterminant(e), crucial(e)(cruciaux, cruciales), important(e), critique;
♦ **yn dyngedfennol** *adf* fatalement, fatidiquement.
tynghedig *ans* (*tystiolaeth*) donné(e) sous serment; (*tyst*) assermenté(e).
tynghedu *ba* destiner.
tynghedus *ans* fatal(e), fatidique.
tyngu *bg* jurer; ~ **llw** prêter serment.
tyngwr (**tyngwyr**) *g* jureur *m*; (*rhegwr*) blasphémateur *m*, mal embouché *m*.
tyle (**-au**) *g* (*gallt*) côte *f*; (*bryn*) colline *f*.
tyliniad (**-au**) *g* pétrissage *m*; (MEDD) massage *m*.
tylino *ba* (*toes*) pétrir; (MEDD) masser, pétrir.
tylinwr (**tylinwyr**) *g* masseur *m*.
tylinwraig (**tylinwragedd**) *b* masseuse *f*.
tylwyth (**-au**) *g* famille *f*, les parents *mpl*; **y** ~ **teg** les fées *fpl*; **un o'r** ~ **teg** fée *f*; **gwlad y** ~ **teg** le royaume *m* des fées.
tylwythen (**tylwyth**) *b*: ~ **deg** fée *f*.
tylwythog *ans* aux nombreux parents.
tylwythol *ans* familial(e)(familiaux, familiales).
tylliad (**-au**) *g* forage *m*, alésage *m*.
tyllog *ans* troué(e).
tyllu *ba* trouer, faire *neu* pratiquer un trou dans; (*yn y ddaear*) creuser; ~ **drwy rth** perforer qch, percer qch; **cael ~'ch clustiau** se faire percer les oreilles;
♦*bg* creuser.
tylluan (**-od**) *b* hibou(-x) *m*; ~ **wen** (chouette *f*) effraie *f*; ~ **frech** chat-huant(~s-~s) *m*.
tyllwr (**tyllwyr**) *g* (*am aur*) mineur *m*, chercheur *m* d'or, fouilleur *m*; (*papur*) perforatrice *f*; ~ **y coed** (ADAR) pic *m*.
tymer (**tymherau**) *b* humeur *f*, disposition *f*;

bod mewn ~ **ddrwg** être en colère; **bod mewn** ~ **dda/ddrwg** être de bonne/mauvaise humeur; **colli'ch** ~ se mettre en colère, s'emporter; **cadw'ch** ~ garder son calme, rester calme.
tymestl (**tymhestloedd**) *b* tempête *f*, orage *m*.
tymheraidd *ans* tempéré(e), tiède.
tymheredd (**tymereddau**) *g* température *f*; **siart dymheredd** (*MEDD*) feuille *f* de température.
tymheru *ba* (*metel*) tremper; (*awyru*) tempérer, climatiser.
tymherus *ans* tempéré(e); (*awyredig*) climatisé(e); **hinsawdd dymherus** climat *m* tempéré.
tymhestlog, **tymhestlus** *ans* orageux(orageuse);
♦ **yn dymhestlog** *adf* orageusement.
tymhoraidd, **tymhorol** *ans* (*yn ymwneud â'r tymhorau*) de saison, saisonnier(saisonnière); **gwaith** ~ travail *m* saisonnier;
♦ **yn dymhorol** *adf* selon la saison; (*yn dod ar yr adeg gywir*) à propos; (*mewn pryd*) à propos, opportunément, en temps utile.
tymor (**tymhorau**) *g*
1 (*gwanwyn, haf, hydref, gaeaf*) saison *f*; **bod yn eu** ~ (*llysiau*) être de saison; **bod allan o dymor** ne pas être de saison.
2 (*YSGOL*) trimestre *m*.
3 (*cyfnod*) terme *m*; **yn y** ~ **byr** à court terme; **yn y** ~ **hir** à long terme, à la longue.
tymoroldeb *g* opportunité *f*.
tymp *g* jour *m* *neu* moment *m* de l'accouchement.
tympan (**-au**) *b* tambour *m*.
tymplen (**-nau**, **-ni**) *b* *gw.* **twmplen**.
tyn *ans* *gw.* **tynn**.
tynder (**-au**) *g* *gw.* **tyndra**.
tyndir (**-oedd**) *g* terre *f* en jachère.
tyndra (**tyndrâu**) *g*
1 (*tensiwn*) tension *f*; **mae ychydig o dyndra rhyngddynt** il existe un peu de tension entre eux.
2 (*natur dynn: dillad ayb*) étroitesse *f*.
3 (*MEDD*): ~ **yn eich brest** la poitrine oppressée.
tyndrec (**-iau**) *g* harnachement *m* de cheval de trait.
tyndro (**-eon**) *g* (*TECH*) clé *f* à écrous.
tyner *ans* doux(douce), tendre; (*dolurus*) sensible; (*croen*) tendre, délicat(e); (*blodyn*) délicat, fragile; (*cig*) tendre; (*llais*) tendre, doux(douce), caressant(e); (*cyfarchiad, anwesiad*) tendre; (*tywydd*) doux(douce); **bod â chalon dyner** être sensible;
♦ **yn dyner** *adf* tendrement, doucement.
tyner-galon *ans* au cœur tendre, sensible;
♦ **yn dyner-galon** *adf* sensiblement, tendrement.
tyneru *ba* attendrir, adoucir, radoucir; (*cig*) attendrir;
♦*bg* devenir tendre, s'attendrir, s'adoucir, se radoucir.
tynerwch *g* tendresse *f*, douceur *f*.
tynerydd (**-ion**) *g* (*i dyneru cig*) attendrisseur *m*.
tynfa (**tynfeydd**) *b* *gw.* **atynfa**.
tynfad (**-au**) *g* (*cwch*) remorqueur *m*.
tynhad (**-au**) *g* resserrement *m*.
tynhau *ba* (*rhaff*) tendre; (*sgriw*) resserrer;
♦*bg* se tendre, se resserrer.
tyniad *g* action *f* de tirer *neu* traîner, traction *f*, secousse *f* *gw. hefyd* **plwc**.
tyniadol *ans* de traction.
tynn *ans* (*rhaff*) tendu(e), raide; (*dillad*) étroit(e), serré(e), étriqué(e), très juste; **rhaglen dynn** programme *m* très chargé; **mae f'esgidiau yn rhy dynn** j'ai les chaussures qui me serrent; **mae hi'n dynn arnom ni** (*tlawd*) nos finances sont très justes; **mae fy mrest yn dynn** j'ai du mal à respirer;
♦ **yn dynn** *adf* solidement, très fort; **gafael yn dynn yn rhth** s'agripper à qch, bien tenir qch, s'agripper à qch; **gwasgu rhth yn dynn** serrer qch très fort; **daliwch yn dynn!** accrochez-vous bien!; **cau** *ou* **selio rhth yn dynn** fermer qch hermétiquement.
tynnu *ba*
1 (*llusgo: cyff*) traîner, tirer; (:*cwch*) haler.
2 (*symud: cyff*) tirer (sur); (:*caead*) enlever; ~**'r llenni** (*i'w hagor*) tirer *neu* ouvrir les rideaux; (*i'w cau*) tirer *neu* fermer les rideaux; ~ **rhth i fyny** *ou* **lan** faire monter qch, hisser qch; ~ **prisiau i lawr** abaisser les prix; ~ **rhth oddi wrth ei gilydd** démonter *neu* désassembler qch; ~ **crib trwy'ch gwallt** se passer un peigne dans les cheveux.
3 (*arwain*) conduire, entraîner; ~ **rhn tuag at y drws** entraîner qn vers la porte; ~ **rhn o** sortir qn de.
4 (*symud rhth o rywle: cyff*) tirer, retirer; (:*cleddyf*) dégainer; ~ **arian o'r banc** retirer de l'argent à la banque; ~ **dŵr o ffynnon** puiser de l'eau dans un puits, tirer de l'eau d'un puits; ~ **rhth allan** *ou* **mas** sortir qch, arracher qch; ~ **gwaed** provoquer un saignement; ~ **gwaed o fraich rhn** faire une prise de sang à qn.
5 (*cael gwared ar: colur*) enlever; (*dant*) arracher, extraire; ~ **(perfedd) ffowlyn** vider un poulet; ~ **llwch** épousseter, faire les poussières*.
6 (*diosg: dillad ayb*) enlever, ôter; **tynnodd y bachgen ei ddillad oddi amdano** le garçon a enlevé ses vêtements *neu* s'est déshabillé; **tynnais fy esgidiau/fy het/fy sbectol** j'ai enlevé mes chaussures/mon chapeau/mes lunettes.
7 (*denu*) attirer; ~ **sylw atoch eich hun** tirer l'attention sur soi; ~ **sylw rhn at rth** attirer l'attention de qn sur qch, faire remarquer qch à qn.

8 (*sugno, anadlu: mwg tybaco ayb*) aspirer; ~ **anadl** respirer.
9 (*MATH*) soustraire; **10** ~ **4** 10 moins 4.
10 (*cynaeafu, casglu: ffrwythau ayb*) cueillir; (:*madarch*) ramasser.
11 (*ymestyn*): ~ **bwa** tirer à l'arc; ~ **cyhyr** se claquer un muscle.
12 (*mewn ymadroddion*): ~ **coes rhn** faire marcher qn, taquiner qn; ~ **dŵr o ddannedd rhn** faire venir l'eau à la bouche de qn; ~**'ch pwysau** y mettre du sien, faire sa part; ~ **rhestr** dresser une liste; ~ **wynebau**, ~ **ystumiau** grimacer, faire des grimaces.
▶ **tynnu llun**
1 (*â phensil*) faire un dessin, dessiner; ~ **llun rhth** dessiner qch.
2 (*â chamera*) faire *neu* prendre une photo; ~ **llun rhth** prendre qch en photo, prendre une photo de qch, photographier qch;
♦*bg* (*lle tân, pibell*) tirer; ~ **allan** *ou* **mas** sortir; (*car*) déboîter; ~ **ar rn** faire marcher qn, taquiner qn; ~ **ar ôl rhn** ressembler à qn, tenir de qn; ~ **at un ochr** (*car*) se ranger; **mae hi'n** ~ **at ei thrigain oed** elle frise la soixantaine; ~ **atoch** (*crebachu*) se contracter; ~**'n groes i rn** contrarier qn; ~ **oddi amdanoch** se déshabiller; ~ **yn rhth** tirer qch; ~ **yn eich pibell** tirer sur sa pipe; **mae cryn dynnu i fyny'r rhiw 'ma** cette côte est très raide.

tyno (**-au**) *g* (*ADEIL*) tenon *m*.
tynraff (**-au**) *b,g* cable *m* de remorque.
tynrwyd (**-au, -i**) *b* seine *f*, drège *f*.
tyrban (**-au**) *g* turban *m*.
tyrbin (**-au**) *g* turbine *f*.
tyrbo *g* turbo *m*; **peiriant** ~ moteur *m* turbo.
tyrbo-jet *b* turboréacteur *m*.
Tyrcaidd *ans gw.* **Twrcaidd**.
Tyrceg *b,g* turc *m*;
♦*ans* turc(turque).
Tyrcestan *prb* le Turkestan *m*; **yn Nhyrcestan** au Turkestan.
tyrchod *ll gw.* **twrch**.
tyrchu *bg* creuser; ~ **yn eich pocedi am rth** fouiller dans ses poches pour qch.
tyrchwr (**tyrchwyr**) *g* taupier *m*, preneur *m* de taupes.
tyrd, **tyred**[1] *be gw.* **dod**.
tyred[2] (**-i, -au**) *g* (*tŵr bychan*) tourelle *f*.
tyrfa (**-oedd**) *b* foule *f*, multitude *f*.
tyrfau *ll* (*taranau*) coups *mpl* de foudre.
tyrfedd (**-au**) *g* turbulence *f*.
tyrfol *ans* turbulent(e).
tyrfu *bg* faire du bruit.
Tyriad (**Tyriaid**) *g/b* Tyrien *m*, Tyrienne *f*.
tyrmentio* *ba* tourmenter.
tyrmentiwr* (**tyrmentwyr**) *g* persécuteur *m*.
tyrnsgriw (**-iau**) *g* tournevis *m*.
Tyrol *prg*: **y** ~ le Tyrol *m*; **yn y** ~ au Tyrol.
tyrpant *g* essence *f* de térébenthine *f*.
tyrpeg (**-au**) *g* péage *m*.
tyrru *ba gw.* **pentyrru**;
♦*bg* se rassembler, affluer, s'attrouper.
Tyrus *prb* Tyr *f*; **yn Nhyrus** à Tyr.
tysen (**tatws**) *b gw.* **taten**.
Tysgani *prb* la Toscane *f*; **yn Nhysgani** en Toscane.
tyst (**-ion**) *g* témoin *m*; **bod yn dyst i rth** être témoin de qch; ~ **Jehofa** témoin de Jéhova.
tysteb (**-au**) *b* témoignage *m* d'estime *gw. hefyd* **tystlythyr**.
tystio *bg* temoigner; (*CYFR*) témoigner, déposer; ~ **i rth** temoigner de qch; (*CYFR*) attester qch.
tystiolaeth (**-au**) *b* témoignage *m*; (*prawf*) preuves *fpl*; **rhoi** ~ (*mewn llys*) témoigner; ~ **amgylchiadol** preuve *f* indirecte; ~ **ail-law** évidence *f*.
tystiolaethu *bg gw.* **tystio**.
tystiolaethwr (**tystiolaethwyr**) *g* témoin *m*.
tystlythyr (**-au, -on**) *g* références *fpl*, lettre *f* de recommandation.
tystysgrif (**-au**) *b* certificat *m*; (*cymhwyster*) diplôme *m*; ~ **geni** acte *m* de naissance; ~ **priodas** extrait *m* d'acte de mariage; ~ **marwolaeth** acte de décès; ~ **feddygol** certificat médical; **T~ Gyffredinol Addysg Uwch** (*T.G.A.U.*) *certificat d'études secondaires, passé à 16 ans*; (*yn Ffrainc*) ≈ brevet *m* des collèges.
tywallt *ba* verser; **'roedd hi'n** ~ **y glaw** il pleuvait à verse.
tywalltiad (**-au**) *g* coulée *f*; (*glaw*) pluie *f* torrentielle, déluge *m*; (*ffig*) épanchements *mpl*, effusions *fpl*.
tywalltwr (**tywalltwyr**) *g*: ~ **gwael ydi'r tebot 'ma** cette théière verse mal.
tywarchen (**tyweirch, tywyrch**) *b* motte *f* de gazon.
tywarchu *ba* gazonner.
tywel (**-i, -ion**) *g* serviette *f* (de toilette); ~ **misglwyf** serviette hygiénique *gw. hefyd* **lliain**.
tywod (**-ydd**) *g* sable *m*; **pwll** ~ tas *m* de sable; **castell** ~ château(-x) *m* de sable; ~ **gwyllt** sable mouvant.
tywodfaen (**tywodfeini**) *g* grès *m*.
tywodlyd *ans* sablonneux(sablonneuse).
tywodwlydd *g* (*PLANH*) arénaire *f*, sabline *f*.
tywodyn *g* grain *m* de sable, sablon *m*.
tywydd *g* temps *m*; **rhagolygon y** ~ prévisions *fpl* météorologiques, météo *f*; **dyn y** ~ météorologue *m*; **sut dywydd yw hi?** quel temps fait-il?, il fait quel temps?; ~ **mawr** *ou* **gwael** temps mauvais.
tywyll *ans*
1 (*cyff*) obscur(e), sombre, noir(e); **noson dywyll** une nuit *f* sombre *neu* obscure; **mae hi'n dywyll y tu allan** il fait noir *neu* sombre dehors; ~ **fel bol buwch** *ou* **fel y fagddu** noir comme dans un four.
2 (*croen, lliw, gwallt*) foncé(e); **croen** ~ teint *m* foncé; **dyn croen** ~ homme à la peau

basanée.
3 (*aneglur*) obscur(e).
4 (*dall*) aveugle;
♦*g* (*tywyllwch*) obscurité *f*, noir *m*.
tywylliad *g* obscurcissement *m*.
tywyllu *ba* obscurcir, assombrir;
♦*bg* s'obscurcir, s'assombrir; **mae hi'n dechrau** ~ (*nosi*) il commence à faire nuit.
tywyllwch *g* obscurité *f*, noir *m*; **bod yn y** ~ (*ffig*) être dans le noir.
tywyn (**-nau**) *g* plage *f*.
tywyniad (**-au**) *g* éclat *m* de soleil.
tywynnol *ans* brillant(e), radieux(radieuse).
tywynnu *bg* briller.
tywyrch *ll gw.* **tywarchen.**
tywys *ba* mener, conduire; ~ **ceffyl** conduire un cheval; **ci** ~ chien *m* d'aveugle.
tywysen (**-nau, tywys**) *b* (*o wenith, ŷd*) épi *m*.
tywysennu *bg* monter en épi, épier.
tywysog (**-ion**) *g* prince *m*; ~ **Cymru** le prince de Galles.
tywysogaeth (**-au**) *b* principauté *f*.
tywysogaidd *ans* princier(princière);
♦ **yn dywysogaidd** *adf* princièrement, royalement, en prince.
tywysoges (**-au**) *b* princesse *f*.
tywysu *ba gw.* **tywys.**
tywyswr, **tywysydd** (**tywyswyr, tywysyddion**) *g* guide *m/f*; (*i ymwelwyr*) accompagnateur *m*, accompagnatrice *f*

TH

'th *rhag blaen clwm gw.* **dy.**
Thai[1] (**-aid**) *g/b* Thaïlandais *m*, Thaïlandaise *f*, Thaï *m*, Thaïe *f*.
Thai[2] *b,g* (*iaith*) Thaï *m*.
Thailand *prb* la Thaïlande *f*; **yn** ~ en Thaïlande.
Thailandaidd *ans* thaïlandais(e), thaï(e).
Thailandiad (**Thailandiaid**) *g/b* Thaïlandais *m*, Thaïlandaise *f*.
Thatcheriaeth *b* thatchérisme *m*.
theatr (**-au**) *b* théâtre *f*; ~ **awyr agored** théâtre de verdure; ~ **bypedau** théâtre *neu* spectacle *m* de marionnettes; ~ **deithiol** théâtre ambulant; ~ **ddinesig** théâtre municipal; ~ **fiwsig** music-hall *m*; ~ **genedlaethol** théâtre national; ~ **gymuned** théâtre communautaire; ~ **lawfeddygol** salle *f* d'opération; **cwmni** ~ troupe *f* de théâtre; **mynd i'r** ~ aller au théâtre; **un sy'n mynychu'r** ~ habitué(e) du théâtre.
theatraidd *ans* théâtral(e)(théâtraux, théâtrales);
♦ **yn** ~ *adf* théâtralement.
Thebau *prb* Thèbes *f*.
theist (**-iaid**) *g/b* théiste *m/f*.
theistiaeth *b* théisme *m*.
thema (**themâu**) *b* thème *m*, sujet *m*; (*CERDD*) thème, motif *m*, thématique *f*.
thematig *ans* thématique;
♦ **yn** ~ *adf* de façon thématique.
theocrataidd *ans* théocratique.
theocratiaeth (**-au**) *b* théocratie *f*.
theodolit (**-au**) *g* théodolite *m*.
theorem (**-au**) *b* théorème *m*; ~ **Pythagoras** le théorème de Pythagore.
theori (**theorïau**) *b* théorie *f*; ~ **ginetig** théorie cinétique; **yn ôl y** ~ d'après la théorie; **mewn** ~ en principe, en théorie, théoriquement.
theosoffi *g* théosophie *f*.
theosoffig *ans* théosophique.
theosoffydd (**-ion**) *g* théosophe *m/f*.
therapi (**therapïau**) *g* thérapie *f*; ~ **galwedigaethol** thérapeutique *f* occupationnelle, ergothérapie *f*; ~ **lleferydd** orthophonie *f*.
therapiwteg *b* thérapeutique *f*.
therapiwtig *ans* thérapeutique;
♦ **yn** ~ *adf* de façon thérapeutique.
therapydd (**-ion**) *g* thérapeute *m/f*; ~ **galwedigaethol** ergothérapeute *m/f*; ~ **lleferydd** orthophoniste *m/f*.
therm (**-au**) *g* ≈ 1,055 x 10^8 joules; (*o'r blaen*) thermie *f*.
thermal (**-au**) *g* courant *m* ascendant (*d'origine thermique*), ascendance *f* thermique.
thermocwpl (**thermocyplau**) *g* thermocouple *m*.
thermodrydanol *ans* thermoélectrique.
thermodynameg *b* thermodynamique *f*.
thermodynamig *ans* thermodynamique.
thermol *ans* thermal(e)(thermaux, thermales); (*TRYD, FFIS*) thermique; **baddonau** ~ thermes *mpl*; **ffynnon** ~ source *f* thermale; **uned** ~ **Brydeinig (b.t.u.)** unité *f* calorifique.
thermomedr (**-au**) *g* thermomètre *m*; ~ **mur** thermomètre mural; ~ **meddygol** thermomètre médical; ~ **bath** thermomètre de bain; **mae'r** ~ **yn codi/disgyn** le thermomètre monte/descend.
thermoniwclear *ans* thermonucléaire.
thermopeil (**-iau**) *g* pile *f* thermoélectrique.
thermoplastig *g* thermoplastique *m*;
♦*ans* en thermoplastique.
Thermos® *g,b* thermos *m,f*; **fflasg** ~ bouteille *f* thermos; **rhoi coffi mewn** ~ mettre du café dans une bouteille thermos.
thermostat (**-au**) *g* thermostat *m*.
thesis (**-au, theses**) *g* thèse *f*.
thoracs (**-au**) *g* thorax *m*.
thrombosis (**-au**) *g* thrombose *f*.
throtl (**-au**) *g,b* accélérateur *m*; (*falf ar beiriant*) papillon *m* des gaz; **agor y** ~ accélérer, mettre les gaz; **cau'r** ~ réduire l'arrivée des gaz, ralentir.
thus *g* encens *m*.
thuser (**-au**) *b* encensoir *m*.
thyroid *ans* thyroïde; **chwarren** ~ thyroïde *f*

U

'u *rhag blaen clwm gw.* **eu**.
UAC *byrf*(= *Undeb Amaethwyr Cymru*) syndicat *m* des agriculteurs gallois.
ubain *bg* hurler;
♦*g* hurlement *m*.
UCAC *byrf*(= *Undeb Cenedlaethol Athrawon Cymru*) syndicat *m* national des professeurs gallois.
uchaf *ans* (gradd eithaf 'uchel'. Wrth gyfieithu dylid cyfeirio at y gwahanol ystyron sydd dan 'uchel')
1 (*safle: cyff*) le plus haut(la plus haute), le plus élevé(la plus élevée); (:*pwysicaf*) le plus important(la plus importante); ~ **posibl** maximal(e)(maximaux, maximales); **cyflymdra** ~ (*a ganiateir*) vitesse *f* limite, vitesse maximale autorisée; (*uchaf posibl*) vitesse plafond; **pen** ~ **yn isaf** sens dessus dessous; **tymheredd** ~ température *f* maximale; **y dosbarth** ~ (*CYMDEITH*) l'aristocratie *f*; **y llawr** ~ (*mewn adeilad*) le dernier étage; **y silff** ~ l'étagère *f* du haut.
2 (*defnydd enwol*): **yr** ~ le plus haut *m*, la plus haute *f*, le maximum *m*.
uchafbwynt (**-iau**) *g* apogée *m*, point *m* culminant; (*mwyafswm*) maximum *m*; (*rhywiol*) orgasme *m*; ~ **tymheredd** température *f* maximale.
uchafiaeth (**-au**) *b* suprématie *f*, prédominance *f*; (*SEIC, geneteg*) dominance *f*.
uchafion *ll* (*mannau uchel*) sommets *mpl*, hauteurs *fpl*.
uchafrif (**-oedd**) *g* maximum *m*.
uchafrifol *ans* maximal(e)(maximaux, maximales).
uchafswm (**uchafsymiau**) *g* maximum *m*; ~ **o ddecpunt** un maximum de 10 livres, 10 livres au maximum.
uchafsymiol *ans gw.* **uchafrifol**.
uchafu *ba* maximiser, maximaliser.
uchder (**-au**) *g* hauteur *f*; (*mynydd*) altitude *f*; (*lle uchel*) hauteur, éminence *f*; **20m o** ~ haut(e) de 20m; **bod ag ofn** ~ **arnoch** être sujet(te) au vertige; **mae allforion wedi cyrraedd** ~ **newydd** les exportations ont atteint un nouveau record; ~ **mwyaf** hauteur limite *neu* maximale.
uchdwr *g gw.* **uchder**.
uchedydd (**-ion**) *g* (*ADAR*) alouette *f* des champs.
uchel *ans*
1 (*tal: adeilad, wal ayb*) haut(e).
2 (*ymhell uwchben y ddaear: silff, ffenestr ayb*) haut(e); **'roedd y silff yn rhy** ~ **iddo ei chyrraedd** l'étagère était trop haute, il n'arrivait pas à l'atteindre.
3 (*mawr: rhif*) grand(e), élevé(e); (:*pris, gwres*) élevé; **talu pris** ~ **am rth** payer qch cher; **coginio rhth ar wres** ~ faire cuire qch à feu vif.
4 (*pwysig: cyff*) important(e); (:*tras*) supérieur(e), haut(e); ~ **fradwriaeth** haute trahison *f*; **yr U**~ **Lys** cour *f* suprême; ~ **ŵyl** jour *m* de fête (solennelle).
5 (*da iawn*); **bod â meddwl** ~ **o rn** estimer beaucoup qn, avoir une opinion (très) favorable de qn; **safonau** ~ excellence *f*, niveau(-x) *m* élevé; **dyn** ~ **ei barch** homme *m* respecté *neu* respectable; **plentyn** ~ **ei gyrhaeddiadau** enfant *m/f* qui réussit.
6 (*o ran sain: llais: main*) aigu(aiguë); (:*nodyn*) haut.
7 (*swnllyd: llais, sŵn: cryf*) fort(e); ~ **eich cloch** très vocifère; **mae hi'n** ~ **ei chloch** elle est très vocifère, elle est forte en gueule*;
♦ **yn** ~ *adf* haut; (*hedfan*) à haute altitude, à une altitude élevée; (*siarad*) à voix haute, à haute voix; **darllen rhth yn** ~ lire qch tout haut; **yn** ~ **yn y mynyddoedd** en haut dans les montagnes.
uchel-ael *ans* intellectuel(le);
♦ **yn** ~-~ *adf* intellectuellement.
uchelder (**-au**) *g*
1 (*lle uchel*) hauteur *f*.
2 (*teitl*): **U**~ Altesse *f*; **eich U**~ **Brenhinol** votre Altesse *f*; **ei U**~**, ei H**~ son Altesse.
ucheldir (**-oedd**) *g* haute terre *f*; **yr ucheldiroedd** les hautes terres, la région montagneuse; **Ucheldiroedd yr Alban** les Highlands *fpl*.
ucheldirol *ans* des hautes terres; (*yr Alban*) des Highlands.
ucheldrem *ans* hautain(e), arrogant(e).
ucheldyb *g* morgue *f*, vanité *f*, suffisance *f*, prétention *f*.
uchelfan (**-nau**) *b* haut lieu(-x) *m*; **'roedd hi ar ei huchelfannau** elle était de très bonne humeur, elle était aux anges.
uchelfar *g gw.* **uchelwydd**.
uchelfraint (**uchelfreintiau**) *b* prérogative *f*.
uchelfryd *g* ambition *f*, orgueil *m*; (*mawrfrydedd*) magnanimité *f*.
uchelfrydig *ans* ambitieux(ambitieuse); (*mawrfrydig*) magnanime;
♦ **yn** ~ *adf* ambitieusement, magnanimement.
uchelgais (**uchelgeisiau**) *g* ambition *f*; **beth yw dy** ~ **di?** quelle est ton ambition?
uchelgeisiol *ans* ambitieux(ambitieuse);
♦ **yn** ~ *adf* ambitieusement.
uchelgyhuddiad (**-au**) *g* (*CYFR*) mise *f* en accusation.
uchelgyhuddo *ba* accuser, mettre (qn) en accusation.
uchelion *ll* hauteurs *fpl*, sommets *mpl*.
uchelradd, **uchelryw** *ans* supérieur(e); (*MASN:*

nwyddau, ansawdd) de qualité supérieure.
uchelseinydd (**-ion**) *g* haut-parleur *m*.
uchelwr (**uchelwyr**) *g* aristocrate *m*.
uchelwraig (**uchelwragedd**) *b* aristocrate *f*.
uchelwrol *ans* aristocrate, noble.
uchelwydd *g* (*PLANH*) gui *m*.
uchelwyl (**-iau**) *b* jour *m* de fête solennelle.
uchgapten (**uchgapteiniaid**) *g* commandant *m*.
uchod *adf* au-dessus; **gweler** ~ voir ci-dessus; **y decpunt y cyfeiriwyd atynt** ~ les 10 livres mentionnées ci-dessus.
U.D.A. *byrf*(= *Unol Daleithiau America*) E.U.(A.) *mpl* (= États-Unis *mpl* (d'Amérique)).
udfil (**-od**) *g* hyène *f*.
udiad (**-au**) *g* hurlement *m*.
udo *bg* hurler.
udwr (**udwyr**) *g* hurleur *m*.
U.F.A. *byrf*(= *unrhyw fater arall*) autres sujets *mpl* à l'ordre du jour.
ufudd *ans* obéissant(e), docile, soumis(e); **bod yn** ~ **i rn/rth** obéir à qn/qch;
♦ **yn** ~ *adf* docilement, d'une manière soumise, avec soumission; **eisteddodd yn** ~ il s'est assis docilement; **gwenodd hithau yn** ~ elle a souri d'un air soumis.
ufudd-dod *g* obéissance *f*; (*ymddarostyngiad*) docilité *f*, humilité *f*, soumission *f*.
ufuddhau *bg*: ~ **i** obéir à; (*cyfarwyddiadau, rheolau*) se conformer à.
uffern (**-au**) *b*
1 (*lle: CREF*) enfer *m*; (*:MYTH*) les enfers; **yn** ~ dans l'Enfer, aux enfers; **cyw a fegir yn** ~**, yn** ~ **y mynn fod** chassez le naturel, il reviendra au galop.
2 (*dyn*): **yr** ~ **digywilydd!** le salaud* insolent!.
3 (*ystyr gryfhaol*): ~ **o sefyllfa!** une sacrée situation!; **'does** ~ **o ots gen i** je m'en fiche* complètement.
4 (*ebychiadol*): **o** ~**!***, ~ **dân!*** merde!*;
♦*ans*: **y car** ~ **'ma** cette sacrée voiture, cette putain** de voiture.
uffernol *ans* infernal(e)(infernaux, infernales); (*gwael iawn, ysgytwol*) affreux(affreuse), atroce, épouvantable, diabolique;
♦ **yn** ~ *adf* infernalement, atrocement, épouvantablement; **mae'n** ~ **o hawdd** c'est vachement* facile.
ugain (**ugeiniau**) *rhifol* vingt; **tua** ~ une vingtaine; **dyn ifanc yn ei ugeiniau** un jeune homme d'une vingtaine d'années; **yn ystod yr ugeiniau** au courant des années vingt; **un ar hugain** vingt et un(e); **dau** *ou* **dwy ar hugain** vingt-deux; **deg ar hugain** trente; **rhyw ddeg ar hugain** une trentaine; **un ar ddeg ar hugain** trente et un;
♦*ans* vingt; ~ **mlynedd** vingt ans; **mae hi tua** ~ **mlwydd oed** elle a une vingtaine d'années; ~ **o bobl** vingt personnes; **rhyw** ~ **o bobl** quelque vingt personnes, une vingtaine de personnes;
♦*rhag*: **mae gen i** ~ **(ohonynt)** j'en ai vingt.
Uganda *prb gw.* **Wganda**.
ugeinfed *ans*
1 (*cyff*) vingtième; **yn yr** ~ **ganrif** au vingtième siècle; **o'r** ~ **ganrif** du vingtième siècle.
2 (*defnydd enwol*): **yr** ~ le vingtième; **yr** ~ **o Fai** le vingt mai.
U.G.S.S. *byrf*(= *Undeb y Gweriniaethau Sosialaidd Sofietaidd*) U.R.S.S. *f* (= Union *f* des républiques socialistes soviétiques.
U.H. *byrf*(= *Ustus Heddwch*) juge *m* de paix.
Ukrain *prb gw.* **Wcráin**.
Ulster *prb gw.* **Wlster**.
ulw *g* cendre *f*; **llosgi rhth yn** ~ carboniser qch, réduire qch en cendres; **'roedd y distiau wedi llosgi'n** ~ les poutres avaient été carbonisées *neu* réduites en cendres; **meddwi'n** ~ s'enivrer *neu* se soûler totalement; **chwil** ~ ivre mort(e).
Ulw-Ela *prb* Cendrillon.
un *rhifol* un *m*; **rhif** ~ numéro *m* un; **mae** ~ **a** ~ **yn gwneud dau** un et un font deux; ~ **ar ddeg** onze; ~ **ar bymtheg** seize; ~ **ar hugain** vingt et un;
♦*ans*
1 (*o ran rhif*) un(e); ~ **bachgen** un garçon; ~ **wraig** une femme; **mae hi'n** ~ **o'r gloch** il est une heure; ~ **Ffrances o bob deg** une Française sur dix; ~ **peth sy'n bwysig** il y a une seule chose qui est *neu* soit *subj* importante.
2 (*amhenodol: wrth sôn am amser*): **euthum yno** ~ **bore Sul** j'y suis allé(e) un certain dimanche matin; ~ **diwrnod gwelais ...** un jour j'ai vu ....
3 (*o'r union fath*): **yr** ~ **...** le(la) même ...; **yr** ~ **lle** le même endroit; **i'r** ~ **cyfeiriad** dans la même direction; **ar yr** ~ **pryd** en même temps; **gwneud yr** ~ **peth** faire de même, en faire autant; **yr** ~ **un** le même(la même); **yr** ~ **rhai** les mêmes.
4 (*mewn brawddeg negyddol*): **ni(d) ... yr** ~ **...** ne ... aucun(e) ..., ne ... pas un seul(une seule) ...; **'does gen i'r** ~ **esboniad** je n'ai aucune explication; **nid oes yr** ~ **gair o wirionedd yn hynny** il n'y a pas un seul mot de vérité en cela.
5 (*ystyr gryfhaol: defnydd adferfol*): **mae yr** ~ **mor ddiog â'i frawd** il est (tout) aussi paresseux que son frère; **y mynydd uchaf** ~ la montagne la plus haute; **y gorau** ~ le tout meilleur(la toute meilleure); **y diwethaf** ~**, yr olaf** ~ le tout dernier(la toute dernière).
▶ **yr un fath**: **'rydych chi i gyd yr** ~ **fath!** vous êtes tous les mêmes!; **mae hi'r** ~ **fath ymhobman** c'est partout la même chose; **maent i gyd yn edrych yr** ~ **fath iddo ef** pour lui ils sont tous pareils; **mae hi'r** ~ **fath â'i chwaer** (*yn edrych yn debyg*) elle ressemble à

sa sœur; **maen nhw'n byw'r ~ fath â ci a chath** ils s'accordent comme chien et chat; **mae'r ~ fath â phetaem ni heb gael gwyliau** c'est tout comme si on n'avait pas eu de vacances; **yr ~ fath i tithau!** à toi aussi!, à toi de même!;
♦*rhag*
1 (*amhenodol*) un, une; **mae gen i ~ coch** j'en ai un(e) rouge; **mae gen i ~ ohonynt** j'en ai un(e); **mae ambell ~ ar goll** il y en a qui sont perdu(e)s; **'roedd llawer ~ yn cofio atoch** il y en avait beaucoup qui vous envoyaient leur bon souvenir; **a oes unrhyw ~ yn gyfan?** est-ce qu'il y en a qui sont *neu* soient *subj* intact(e)s?; **mae sawl ~ wedi torri** plusieurs sont cassés.
2 (*penodol*): **yr ~** celui, celle; **yr ~ yma** celui-ci, celle-ci, celui *neu* celle que voici; **yr ~ yna** celui-là, celle-là, celui *neu* celle que voilà; **dyna'r ~ a enillodd** voilà celui(celle) qui a gagné.
3 (*i ddangos meddiant: cyff*): **~ Catrin yw hwn** *ou* **hon** celui-ci(celle-ci) est à Catherine.
4 (*i ddangos meddiant: gyda rhagenw blaen*): **fy ~ i** le mien(la mienne) *gw. hefyd* **fy**; **dy ~ di** le tien(la tienne) *gw. hefyd* **dy**; **ei ~ ef, ei hun hi** le sien(la sienne) *gw. hefyd* **ei**[1]; **ein hun ni** le nôtre(la nôtre) *gw. hefyd* **ein**; **eich ~ chi** le vôtre(la vôtre) *gw. hefyd* **eich**; **eu hun nhw** le leur(la leur) *gw. hefyd* **eu**.
5 (*yn cyfeirio at rn arbennig*): **~ ddewr yw hi** elle est courageuse; **~ anodd ei blesio yw ef** il est difficile; **mae o'n ~ craff** c'est un malin.
6 (*mewn brawddeg negyddol*): **nid oes yr ~ ohonynt ar ôl** il n'en reste pas un seul(une seule), il n'en reste aucun(e); **nid oedd yr ~ ohonom yn deall ei esboniad** aucun(e) de nous n'a compris son explication; **'dydw i ddim yn ~ i** *ou* **am wneud** ce n'est pas mon genre de faire.
7 (*i bwysleisio arwahanrwydd*): **yr ~** (*pob unigolyn*) chacun(e), par personne; (*pob eitem*) chacun(e), (la) pièce; **rhoddais ddau afal yr ~ iddynt** je leur ai donné deux pommes chacun(e); **mae'r tocynnau"n costio decpunt yr ~** les billets coûtent dix livres chacun; **orenau am ugain ceiniog yr ~** des oranges à vingt pence (la) pièce.
▶ **pa un** lequel, laquelle; **am ba ~ oeddech chi'n siarad?** duquel(de laquelle) parliez-vous?; **at ba ~ ysgrifennaist ti?** à qui *neu* auquel(à laquelle) as-tu écrit?; **pa ~ ohonoch chi?** lequel(laquelle) d'entre vous?; **pa ~ ohonoch chi'ch dau ydy'r talaf?** lequel de vous deux est le plus grand?, qui est le plus grand de vous deux?, laquelle de vous deux est la plus grande?, qui est la plus grande de vous deux?; **pa ~ ohonoch chi a all ateb?** lequel(laquelle) d'entre vous peut répondre?; **â pha ~ y mae'n siarad?** à qui d'entre eux(elles) est-ce qu'il parle?; **am ba ~ ydych chi'n siarad?** duquel(de laquelle) parlez-vous?; **dangos imi ba ~ sydd orau** montre-moi celui qui est le meilleur, montre-moi celle qui est la meilleure; **'dydy' hi ddim ots gen i pa ~** ça m'est égal lequel(laquelle).
▶ **pa un bynnag, p'un** *ou* **p'run bynnag**
1 (*dim ots pa un: goddrychol*) quel(quelle) que soit celui(celle) qui + *subj*; (*:gwrthrychol*) quel(quelle) que soit celui(celle) que + *subj*; **pa ~ bynnag sydd ar ôl** quel(quelle) que soit celui(celle) qui reste; **pa ~ bynnag a ddewisaf** quel(quelle) que soit celui(celle) que je choisisse; **pa ~ bynnag o'r llyfrau mae'n ei ddewis** quel que soit le livre qu'il choisisse; **pa ~ bynnag o'r crysau a wisgi di** quelle que soit la chemise que tu portes.
2 (*yr un: goddrychol*) celui(celle) qui; (*:gwrthrychol*) celui(celle) que; **pa ~ bynnag sydd orau iddo** celui(celle) qui lui convient le mieux; **cymerwch ba ~ bynnag y mynnoch** prenez celui(celle) que vous voulez, prenez n'importe lequel(laquelle).
3 (*beth bynnag, sut bynnag*) de toute façon, en tout cas, quand même *gw. hefyd* **beth**.
▶ **pob un** *gw.* **pob**[1].
▶ **un ai**: **~ ai ... neu...** ou ... ou ..., soit *subj* ... soit *subj* ...; **'roeddwn yn ei ddisgwyl ~ ai dydd Mawrth neu dydd Mercher** je l'attendais ou mardi ou mercredi, je l'attendais soit mardi soit mercredi; **~ ai dewch i mewn neu ewch allan** soit entrez soit sortez; **mae hi ~ ai'n dweud y gwir neu'n dweud celwydd** ou bien elle dit la vérité ou elle ment.

unawd (-au) *g,b* solo *m*; **~ chwythbrennau** solo d'instrument à vent; **~ piano** solo de piano; **~ pres** solo d'instrument de cuivre.

unawdwr, unawdydd (**unawdwyr**) *g* soliste *m/f*.

unben (-iaid) *g* dictateur *m*, despote *m*, autocrate *m*.

unbenaethol *ans* autoritaire, dictatorial(e)(dictatoriaux, dictatoriales);
♦ **yn ~** *adf* autoritairement, dictatorialement, en dictateur.

unbennaeth (**unbenaethau**) *b* dictature *f*, despotisme *m*.

unbennes (**unbenesau**) *b* souveraine *f*, dictatrice *f*.

uncorn (**uncyrn**) *g* licorne *f*.

undeb (-au) *g*
1 (*cyfuniad*) union *f*; **mewn ~ mae nerth** l'union fait la force; **yr U~ Sofietaidd** l'Union soviétique; **yr U~ Ewropeaidd** l'Union européenne; **U~ Ariannol Ewropeaidd** Union monétaire européenne; **Jac yr U~** *le drapeau du Royaume-Uni.*
2 (DIWYD): **~ (llafur)** syndicat *m*; **aelod o ~** membre *m* d'un syndicat; **ymaelodi ag ~** se syndiquer, faire partie d'un syndicat; **ffurfio ~** se syndiquer; **sy'n perthyn i ~** syndiqué(e);

~ **myfyrwyr** (*GWLEID*) association *f* d'étudiants, syndicat d'étudiants; (*clwb*) club *m* des étudiants; **cerdyn** ~ carte *f* syndicale; **pencadlys** ~ siège *m* central d'un syndicat.

undebaeth *b*: ~ **lafur** syndicalisme *m*.

undebol *ans* du syndicat, syndical(e)(syndicaux, syndicales); **gweithdy** ~ atelier *m* d'ouvriers syndiqués, entreprise *f* où tous les travailleurs doivent être syndiqués.

undeboli *ba* syndicaliser.

undebwr (**undebwyr**) *g* (*aelod o undeb*) membre *m* d'un syndicat, syndiqué *m*; ~ **gweithredol** syndicaliste *m*; **undebwyr milwriaethus** militants *mpl* syndicaux.

undebwraig (**undebwragedd**) *b* (*aelod o undeb*) membre *m* d'un syndicat, syndiquée *f*; ~ **weithredol** syndicaliste *f*; **undebwragedd milwriaethus** militantes *fpl* syndicales.

undod (-**au**) *g* unité *f*; (*cydsafiad*) solidarité *f*; (*cyfuniad*) union *f*; ~ **ariannol** union monétaire; ~ **economaidd ac ariannol** union économique et monétaire.

Undodaidd *ans* unitarien(ne).

Undodiad (**Undodiaid**) *g/b* unitarien *m*, unitarienne *f*.

Undodiaeth *b* unitarisme *m*.

Undodwr (**Undodwyr**) *g* unitarien *m*.

Undodwraig (**Undodwragedd**) *b* unitarienne *f*.

undonedd *g* monotonie *f*.

undonog *ans* monotone; (*anniddorol*) ennuyeux(ennuyeuse);
♦ **yn** ~ *adf* (*siarad*) sur un ton monocorde; (*gweithredu*) de façon monotone.

undydd *ans* d'une journée; **mewn** ~ **unnos** dans l'espace d'un seul jour et d'une seule nuit, du soir au matin.

undyn *rhag* personne.

unddull *ans* de la même forme, uniforme.

uned (-**au**) *b* unité *f*; (*dodrefnyn*) élément *m*, bloc *m*; (*tîm, carfan*) groupe *m*, unité; ~ **arddangos weledol** écran *m* de visualisation; ~ **brosesu ganolog** (*CYFRIF*) unité centrale; ~ **ddamweiniau ac argyfwng** (*mewn ysbyty*) (services des) urgences *fpl*; ~ **gynhyrchu** atelier *m* de reproduction; ~ **losgiadau** service *m* des grands brûlés; ~ **reoli** (*CYFRIF*) unité de commande; ~ **sinc** bloc-évier(~s-~s) *m*; ~ **waredu sbwriel** broyeur *m* à ordures; **cost** ~ prix *m* unitaire.

unedig *ans* uni(e), unifié(e); (*ymdrechion*) conjugué(e); **y Cenhedloedd U**~ (*aelodau*) les Nations *fpl* unies; (*corff*) l'Organisation *f* des Nations unies, l'O.N.U. *f*; **y Deyrnas U**~ le Royaume-Uni; **yr Emiriadau Arabaidd U**~ les Émirats *mpl* arabes unis.

unedol *ans* unitaire.

unfaint *ans* de la même taille.

unfan *g* même endroit *m*; **aros yn yr** ~ rester immobile, rester là, rester sur place.

unfarn *ans gw.* **unfryd**.

unfath *ans* identique;
♦ **yn** ~ *adf* identiquement.

unfed *ans* unième; ~ **ar ddeg** onzième; **ar yr** ~ **awr ar ddeg** à la toute dernière minute; ~ **ar bymtheg** seizième; ~ **ar hugain** vingt et unième; **yn yr** ~ **ganrif ar hugain** au vingt et unième siècle; ~ **ar ddeg ar hugain** trente et unième.

unfiniog *ans* à un tranchant.

unflwydd *ans* annuel(le); **blodyn** ~ plante *f* annuelle.

unfodd *adf*: **yn yr** ~ de la même façon, de même.

unfraich *ans* manchot(te).

unfryd *ans* unanime;
♦ **yn** ~ *adf* unanimement, à l'unanimité; **yn** ~ **unfarn** d'un commun accord.

unfrydedd *g* unanimité *f*.

unfrydol *ans gw.* **unfryd**.

unffordd *ans* (*ffordd, traffig*) à sens unique; **heol** ~ sens *m* unique, route *f* à sens unique; **tocyn** ~ aller *m* simple.

unffurf *ans* uniforme;
♦ **yn** ~ *adf* uniformément.

unffurfedd (-**au**) *g gw.* **unffurfiaeth**.

unffurfiaeth (-**au**) *b* uniformité *f*.

unffurfwisg (-**oedd**) *b* uniforme *m*.

ungellog *ans* unicellulaire.

unglust *ans* à une seule oreille.

ungoes *ans* unijambiste.

ungorn *ans* à une seule corne.

uniad (-**au**) *g* (*priodas*) union *f*, mariage *m*, alliance *f*; (*cytgord*) harmonie *f*; (*GWLEID*) unifaction *f*; (*TECH*) jointure *f*, joint *m*; ~ **cynffonnog** (*gwaith coed*) assemblage *m* à queue d'aronde.

uniadu *ba* (*gwaith coed*) assembler.

uniaethu *ba*: ~ **rhth â** identifier qch à, assimiler qch à;
♦*bg*: ~ **â** s'identifier avec *neu* à, s'assimiler à.

uniaith *ans* monolingue.

uniawn *ans gw.* **union**.

unieithog *ans* monolingue.

unig *ans*
1 (*dim ond un*) seul(e), unique; ~ **blentyn** enfant *m/f* unique; ~ **fab/ferch** fils *m*/fille *f* unique; **yr** ~ **reswm** la seule et unique raison.
2 (*heb gwmni: rhn*) solitaire, seul(e); **bachgen** ~ garçon *m* solitaire; **teimlo'n** ~ se sentir seul.
3 (*heb bobl, anghysbell: lle*) solitaire, isolé(e); **pentref** ~ village *m* isolé;
♦ **yn** ~ *adf* seulement; **deng munud yn** ~ **a gymer hi imi fynd yno** je ne mettrai que dix minutes pour y aller.

unig-anedig *ans* unique.

unigedd (-**au**) *g* solitude *f*, isolement *m*.

unigol *ans* individuel(le); (*GRAM: ffurf, terfyniad*) du singulier; (*:enw, berf*) au singulier;

♦ **yn unigol** *adf* individuellement;
♦*g* (*GRAM*) singulier *m*; **yn yr** ~ au singulier, du singulier; **rhowch y gair yn yr** ~ mettez le mot au singulier.
unigoliaeth *b* individualisme *m*; (*cymeriad*) individualité *f*.
unigolrwydd *g* individualité *f*.
unigolydd (**unigolwyr**) *g* individualiste *m/f*.
unigolyn (**unigolion**) *g* individu *m*.
unigrwydd *g* solitude *f*, isolement *m*.
unigryw *ans* unique;
♦ **yn** ~ *adf* uniquement.
unigrywiaeth *b* (*gwahanol*) caractère *m* unique; (*arbennig*) caractère exceptionnel.
union *ans* (*cywir*) exact(e), précis(e); (*syth*) droit(e); (*uniongyrchol*) direct(e); (*rhn: gonest*) droit, intègre, probe; (*llinell*) droit, rectiligne; **yr** ~ **beth yr oedd arna' i ei angen** c'est tout juste *neu* justement ce que je désirais;
♦ **yn** ~ *adf*
1 (*yn gywir, yn hollol: cyff*) exactement, parfaitement, précisément; (:*ebychiad i ategu rhth*) exactement!, précisément!, voilà!, c'est ça!; **nid wyf yn deall yn** ~ je ne comprends pas exactement *neu* tout à fait.
2 (*yn syth, yn uniongyrchol*): **mynd yn** ~ **i rywle** aller tout droit *neu* directement à un endroit.
► **yn union deg** bientôt, directement;
♦*g*: **ar eich** ~ tout de suite, immédiatement; **cer i'r gwely ar d'**~! va te coucher tout de suite!
uniondeb, **unionder** *g* (*gonestrwydd*) probité *f*, intégrité *f*, rectitude *f*, droiture *f*; (*sythni: llinell*) rectitude.
uniongred *ans* orthodoxe; **yr Eglwys U**~ les églises *fpl* orthodoxes;
♦ **yn** ~ *adf* de façon orthodoxe.
uniongrededd *g* orthodoxie *f*.
uniongyrchol *ans* direct(e), droit(e);
♦ **yn** ~ *adf* directement, (tout) droit.
unioni *ba* (*cywiro*) rectifier, corriger; (*ffordd*) refaire (qch) en ligne droite; (*cywiro gwyriad*) redresser, remettre (qch) en ligne droite; ~ **cam** redresser un tort, réparer une injustice.
unioniad (**-au**) *g* redressement *m*, rectification *f*.
unionlin *ans* linéaire;
♦ **yn** ~ *adf* de façon linéaire.
unionsgwar *ans* perpendiculaire.
unionsyth *ans* perpendiculaire; (*fertigol*) vertical(e)(verticaux, verticales);
♦ **yn** ~ *adf* (*yn syth: mynd ayb*) directement, en ligne droite, droit; (:*gofyn, dweud*) catégoriquement, carrément; **ffordd sy'n mynd yn** ~ route *f* qui va tout droit *neu* directement; **gofynnais iddi'n** ~ je lui ai demandé de but en blanc *neu* à brûle-pourpoint *neu* carrément.
unllaw *ans* (*rhn*) manchot(te); (*teclyn*) utilisable d'une seule main.
unlle *g*
1 (*mewn brawddeg neu ymadrodd negyddol*): **'does dim golwg ohono yn** ~ **(arall)** on ne le voit nulle part (ailleurs); **nid oes** ~ **i eistedd** il n'y a pas de place pour s'asseoir; **nid aethom i** ~ **diddorol** nous ne sommes allé(e)s nulle part d'intéressant; **heb** ~ **i aros** sans aucun gîte.
2 (*ar ôl cymhariaeth*) ailleurs; **mae hi'n glawio yma yn fwy nag yn** ~ il pleut ici plus qu'ailleurs; **mae mwy yma nag a welais i yn** ~ il y en a davantage ici que je n'ai vu ailleurs *neu* nulle part.
► **yn yr unlle** au même endroit *gw. hefyd* **aderyn**.
unlled *ans* d'une largeur uniforme.
unllef *adf*: **yn** ~ d'une seule voix, unanimement.
unlliw *ans* monochrome, de la même couleur *gw. hefyd* **aderyn**.
unllygeidiog *ans* borgne; (*ffig*) borné(e); **un** ~ borgne *m/f*.
unman *g*
1 (*mewn brawddeg neu ymadrodd negyddol*): **'does dim golwg ohono yn** ~ **(arall)** on ne le voit nulle part (ailleurs); **nid oes** ~ **i eistedd** il n'y a pas de place pour s'asseoir; **nid aethom i** ~ **diddorol** nous ne sommes allé(e)s nulle part d'intéressant; **heb** ~ **i aros** sans aucun gîte.
2 (*ar ôl cymhariaeth*) ailleurs; **mae hi'n glawio yma yn fwy nag yn** ~ il pleut ici plus qu'ailleurs; **mae'r lle 'ma'n well nag** ~ ce lieu est préférable à tout autre; **mae mwy yma nag a welais i yn** ~ il y en a davantage ici que je n'ai vu ailleurs *neu* nulle part.
3 (*dim ots pa le*): **fe wnaiff** ~ **y tro inni gysgu** n'importe quel lit nous suffira; **yn** ~ **arall, fe gostiai'n ddrutach** partout ailleurs, cela vous coûterait plus cher.
4 (*mewn cwestiwn: rhywle*): **a welsoch chi Helen yn** ~**?** avez-vous vu Hélène quelque part?
unmodd *ans* conforme.
unnos *ans* d'un soir; **tŷ** ~ (*HAN*) *une maison construite du soir au matin.*
uno *ba* unir, unifier, fusionner; ~ **rhn mewn priodas** unir qn par les liens du mariage;
♦*bg* s'unir;
♦*g* unification *f*.
unochredd *g* (*adroddiad, cyflwyniad*) partialité *f*; (*bargen*) caractère *m* inéquitable.
unochrog *ans* (*penderfyniad*) unilatéral(e)(unilatéraux, unilatérales); (*barn, stori*) partial(e)(partiaux, partiales); (*annheg*) inégal(e)(inégaux, inégales); (*cam*) de travers, asymétrique, en biais, de biais.
unodl *ans* monorime.
unoed *ans* du même âge.
unol *ans*

1 (*unedig*) uni(e), unifié(e); **U~ Daleithiau America** États-Unis *mpl*; **yn yr U~ Daleithiau** aux États-Unis.
2 (*cydymffurfiol*) conforme;
♦ **yn** ~ *adf* conformément; **yn ~ â ...** conformément à ...

unoldeb, **unolder** *g* unité *f*.

unoli *ba* unifier;
♦*bg* s'unifier.

unoliad (-au) *g* unification *f*.

unoliaeth (-au) *b* unité *f*, identité *f*; (*GWLEID*) unionisme *m*.

unoliaethol *ans* unioniste.

unoliaethwr (**unoliaethwyr**) *g* (*GWLEID*) unioniste *m*.

unoliaethwraig (**unoliaethwragedd**) *b* (*GWLEID*) unioniste *f*.

unplyg *ans* (*diffuant*) probe, sincère, franc(he);
♦ **yn** ~ *adf* sincèrement, franchement.

unplygrwydd *g* (*diffuantrwydd*) probité *f*, sincérité *f*, franchise *f*.

unrhyw *ans*
1 (*mewn brawddeg neu ymadrodd negyddol*): **ni all ddioddef ~ sŵn** il ne supporte pas le moindre bruit, il ne supporte aucun bruit; **nid oes gennych ~ achos cwyno** vous n'avez aucune raison de vous plaindre; **heb ~ rybudd** sans le moindre avertissement.
2 (*mewn cwestiwn*): **a yw hwn o ~ werth?** est-ce que ceci a une valeur quelconque?; **a oes gen ti ~ hen ddillad?** est-ce que tu as quelques vieux vêtements?.
3 (*mewn cymal amodol*): **os oes gennych ~ amheuaeth** si vous avez le moindre doute.
4 (*dim ots pa*) n'importe quel(le), quelconque, tout(e); **dewiswch ~ bwdin** choisissez n'importe quel dessert; **cymerwch ~ lyfr** prenez n'importe quel livre, prenez un livre quelconque; **cymerwch ~ gerdyn** prenez n'importe quelle carte, prenez la carte que vous voulez; **cymerwch ~ ddau o'r rhifau hyn** prenez deux quelconques de ces nombres; **byddaf yn falch o ~ gymorth** j'apprécierai toute aide; **mae ~ blentyn yn gwybod hynny!** chaque enfant sait cela!, tous les enfants savent cela!; **mae'n well nag ~ ffisig** *ou* **foddion** ça vaut mieux que tout médicament, ça vaut mieux que n'importe quel médicament; **yn ~ wlad** dans quelque pays que ce soit *subj*, dans tout pays.
5 (*tebyg*): **bod yn ~ (â)** être le même(la même)(les mêmes) (que).

▶ **unrhyw adeg, unrhyw bryd**
1 (*dim ots pa bryd*) n'importe quand, n'importe quelle heure; **ar ~ adeg o'r dydd/nos** à toute heure du jour/de la nuit, à quelque heure du jour/de la nuit que ce soit *subj*; **dewch ~ bryd** venez à n'importe quelle heure, venez n'importe quand; **ffonia fi ~ adeg** téléphone-moi à n'importe quelle heure.
2 (*unrhyw funud*) à tout moment; **gall gyrraedd ~ bryd** il peut arriver d'un moment à l'autre.

▶ **unrhyw beth**
1 (*mewn brawddeg neu ymadrodd negyddol: dim*) rien; **nid oedd ~ beth i'w wneud** il n'y avait rien à faire; **heb i ~ beth ddigwydd** sans qu'il ne se passe *subj* rien; **heb ~ beth** sans rien, sans quoi que ce soit *subj*.
2 (*mewn cwestiwn*) quelque chose; **a oedd ~ beth yn y bocs?** est-ce qu'il y avait quelque chose dans la boîte?; **wyt ti'n gwneud ~ beth heno?** est-ce que tu fais quelque chose ce soir?, est-ce que tu as quelque chose de prévu pour ce soir?; **oes gen ti ~ beth arall i'w ddweud wrthyf?** est-ce que tu as quelque chose d'autre à me dire?.
3 (*dim ots beth*) n'importe quoi, tout; **dywedwch ~ beth wrtho** racontez-lui n'importe quoi; **fe wna ~ beth y tro** n'importe quoi fera l'affaire; **maent yn bwyta ~ beth** ils mangent de tout.
4 (*mewn siop*): **~ beth arall?** et avec ça?, c'est tout ce qu'il vous faut?, ce sera tout?.

▶ **unrhyw le**
1 (*mewn brawddeg negyddol*): **ni alla' i mo'i gweld hi yn ~ le** je ne la vois nulle part; **nid aethom i ~ le** nous ne sommes allé(e)s nulle part.
2 (*dim ots pa le*) n'importe où, partout; **~ le yn y byd** n'importe où dans le monde, partout dans le monde; **fe wnaiff ~ le'r tro imi** je me contenterai de n'importe où *neu* de n'importe quelle place; **byddwn yn ei adnabod yn ~ le** je le reconnaîtrais entre mille.

▶ **unrhyw un**
1 (*mewn brawddeg neu ymadrodd negyddol*): **ni allaf weld ~ un** je ne vois personne, je ne vois qui que ce soit *subj*; **nid yw'n hoffi ~ un ohonynt** (*pobl*) elle n'aime aucun(e) d'entre eux(elles); (*pethau*) elle n'en aime aucun(e); **heb i ~ un ei holi** sans que personne ne l'interroge *subj*.
2 (*mewn cwestiwn*): **a oes yma ~ un arall y galla' i siarad ag e?** est-ce qu'il y a quelqu'un d'autre à qui je puisse parler?; **a oes ~ un arall heb ei lyfr?** y a-t-il quelqu'un d'autre sans livre?; **a oes ~ un yn gyfan?** est-ce qu'il y en a qui sont *neu* soient *subj* intact(e)s?.
3 (*dim ots pa un*) n'importe qui, quiconque, n'importe lequel(laquelle); **gallai ddigwydd i ~ un** ça pourrait arriver à tout le monde *neu* à n'importe qui; **dewch ag ~ un gyda chi** amenez qui vous voudrez; **byddai ~ un a'i clywodd yn siarad yn cytuno** quiconque l'a entendu parler serait d'accord; **mae ~ un sy'n ei adnabod yn ei charu** quiconque la connaît l'aime; **byddwn yn sgwrsio ag ~ un a fyddai'n gwrando arnaf** je parlais à quiconque voulait m'écouter; **mae hi'n dlysach nag ~ un** elle est plus jolie que n'importe qui *neu* que

qui que ce soit, c'est la plus jolie de toutes; **dyma'r llyfrau/afalau - dewiswch ~ un** voici les livres/pommes - choisissez n'importe lequel/laquelle; **mwynheais ei lyfr diwethaf yn fwy nag ~ un o'i ffilmiau** j'ai apprécié son dernier livre plus qu'aucun de ses films.

unrhywiaeth *b* uniformité *f*, identité *f*, homogénéité *f*.

unrhywiog *ans* identique, homogène.

unrhywiol *ans* unisexuel(le), unisexe.

unsain *ans* identique, à l'unisson;
♦ **yn ~** *adf* à l'unisson.

unseiniol *ans* monotone;
♦ **yn ~** *adf* d'une voix monotone, d'un ton monotone.

unsill, unsillaf, unsillafog *ans* monosyllabique; **gair ~** monosyllabe *m*;
♦ **yn ~** *adf*: **ateb yn ~** répondre monosyllabiquement *neu* en monosyllabes.

unswydd *ans* intentionnel(le), délibéré(e);
♦ **yn ~** *adf* exprès, délibérément; **gwneud rhth yn ~** faire qch exprès; **daeth yn ~ i'ch gweld chi** il est venu exprès pour vous voir *neu* à seule fin de vous voir.

unto *g*: **byw dan yr ~** vivre sous le même toit; **dau dŷ dan ~** deux maisons jumelées.

untrac *ans* (*RHEIL*) à voie unique.

untroed *ans* à un seul pied, unijambiste; (*anifail*) à une seule patte, monopode.

unwaith *adf*
1 (*un waith*) une fois; **~ neu ddwy** une ou deux fois; **fwy nag ~** plus d'une fois; **~ eto** encore une fois, de nouveau, encore un coup, à nouveau; **~ mewn oes** une fois dans la vie; **~ yr wythnos** une fois par semaine, tous les huit jours; **~ ac am byth** une fois pour toutes; **fe ddywedaf wrthych ~ yn unig** je ne vous le dirai qu'une seule fois, je ne vous le dirai pas deux fois; **ni chynigiodd helpu ~** il ne s'est pas une seule fois proposé pour aider; **~ yn y pedwar amser** tous les trente-six du mois.
2 (*o'r blaen, ers talwm*) une fois, autrefois, jadis; **'roeddwn yn ei hadnabod hi ~** je l'ai connue autrefois; **nid wyf mor ifanc ag yr oeddwn ~** je ne suis plus très jeune, je ne suis pas aussi jeune qu'avant; **~, 'roedd ...** il était une fois ....
▶ **ar unwaith**
1 (*yn syth*) tout de suite, immédiatement; **tyrd yma ar ~!** viens ici tout de suite!.
2 (*ar yr un pryd*) à la fois; **peidiwch (i gyd) â siarad ar ~!** ne parlez pas tous en même temps *neu* à la fois!.
▶ **unwaith y ...** une fois que ..., dès que ...; **~ y gwelodd hi'r bachgen, dychwelodd adref** une fois qu'elle eut vu le garçon, elle est rentrée chez elle; **~ y byddwn wedi mynd drwy'r coed, byddwn yn ddiogel** une fois que nous aurons traversé la forêt, nous serons hors de danger.

unwedd *ans* identique, ressemblant(e), conforme;
♦ **yn ~** *adf* de même, identiquement, de la même façon *neu* manière, conformément.

unwreiciaeth *b* monogamie *f*.

urdd (**-au**) *b* (*CREF*) ordre *m*; (*HAN*) guilde *f*; (*cymdeithas*) cercle *m*; **U~ Gobaith Cymru** *mouvement m de la jeunesse galloise*; **~ marchog** titre *m* de chevalier; **yr U~ Oren** l'ordre des Orangistes; **~au sanctaidd** ordres.

urddas *g* dignité *f*, majesté *f*, noblesse *f*.

urddasol *ans* digne, noble, plein(e) de dignité;
♦ **yn ~** *adf* dignement, d'un air digne.

urddasoli *ba* dignifier.

urddedig *ans* honoré(e), dans les ordres; (*CREF*) ordonné(e).

urddiad (**-au**) *g* ordination *f*.

urddo *ba* (*CREF*) ordonner, investir; **~ rhn yn frenin** sacrer qn roi; **~ rhn yn farchog** créer qn chevalier; **~ rhn yn aelod o'r Orsedd** admettre qn membre du cercle des bardes.

urddol *ans* auguste, noble, digne, honorable.

urddwisg (**-oedd**) *b* robe *f* d'office *neu* de cérémonie.

Uruguay *prb gw.* **Wrwgwái**.

us, usion *ll* menue paille *f*, paille hachée.

Usbekistan *prb gw.* **Wsbecistan**.

uslyd *ans* plein(e) de menue paille.

ust *ebych* (*cyff: tawelwch*) chut!; (*i gadw cyfrinach*) motus!

ustus (**-iaid**) *g* (*ynad*) magistrat *m*, juge *m*; **U~ Heddwch** juge de paix.

usuraidd *ans* usuraire;
♦ **yn ~** *adf* de façon usuraire.

usuriaeth *b* usure *f*.

usuriwr (**usurwyr**) *g* usurier *m*.

usurwraig (**usurwragedd**) *b* usurière *f*.

utganiad (**-au**) *g* appel *m* *neu* coup *m* *neu* sonnerie *f* de trompette.

utganu *bg* sonner de la trompette; (*eliffant*) barrir.

utganwr (**utganwyr**) *g* trompettiste *m*, trompette *m*.

utganwraig (**utganwragedd**) *b* trompettiste *f*, trompette *m*.

utgorn (**utgyrn**) *g* trompette *f*.

uwch *ans* (gradd gymharol 'uchel'. Wrth gyfieithu dylid cyfeirio at y gwahanol ystyron sydd dan 'uchel') plus haut(e), (plus) élevé(e); (*sŵn*) plus fort(e); (*mwy academaidd*) avancé(e), supérieur(e); (*prif*) principal(e)(principaux, principales); (*sydd â mwy o ofal neu gyfrifoldeb*) haut; **addysg ~** enseignement *m* supérieur; **mathemateg ~** mathématiques *fpl* abstraites; **llawr ~** l'étage *m* supérieur *neu* au-dessus; **~ ddarlithydd** (*prifysgol*) maître *m* de conférences; **~ olygydd** rédacteur *m* en chef, rédactrice *f* en chef;
♦ **yn ~** *adf* plus haut; **mynd yn ~, codi'n ~** monter;

♦*ardd* au-dessus de *gw. hefyd* **uwchben**.

uwcharolygydd (**-ion**) *g* directeur *m*, directrice *f*; (*heddlu*) ≈ commissaire *m* (de police).

uwchben *adf* au-dessus, en haut; ♦*ardd* (uwch fy mhen, uwch dy ben, uwch ei ben, uwch ei phen, uwch ein pennau, uwch eich pen(nau), uwch eu pennau) au-dessus de; **y bryniau** ~ **Monte Carlo** les collines qui surplombent Monte Carlo; **hedfan** ~ **Ffrainc** survoler la France; ~ **y nodyn** (*CERDD*) trop haut; **bod** ~ **eich digon** être ravi(e), être très content(e), être très satisfait(e).

uwchdaflunydd (**-ion**) *g* rétroprojecteur *m*.

uwchddaearol *ans* au-dessus du sol, à la surface; (*goruwchnaturiol*) surnaturel(le); ♦ **yn** ~ *adf* de manière surnaturelle.

uwchfarchnad (**-oedd**) *b* supermarché *m*.

uwchfeirniad (**uwchfeirniaid**) *g* critique *m/f* des sources.

uwchfeirniadaeth *b* critique *f* des sources.

uwchfioled *ans* ultra-violet(te).

uwchganolbwynt (**-iau**) *g* épicentre *m*.

uwchgapten (**uwchgapteiniaid**) *g* commandant *m*.

uwchgynghrair *g,b*: **yr U**~ (*PÊL-DROED*) ≈ la première division.

uwchlaw *ardd* par-dessus, en haut de; ~ **popeth** par-dessus tout, surtout.

Uwch-Lywodraethwr (**~-Lywodraethwyr**) *g* gouverneur *m* suprême.

uwchnofa (**uwchnofâu**) *b* (*ASTRON*) supernova *f*.

uwchnormal *ans* au-dessus de la normale.

uwchradd, **uwchraddol** *ans* supérieur(e) *gw. hefyd* **ysgol**[1].

uwchraddio *ba* (*CYFRIF: meddalwedd, system*) améliorer; (:*cyfrifiadur*) acheter une nouvelle version de; (:*cof*) augmenter.

uwchraddoldeb *g* supériorité *f*.

uwch-ringyll (**~-~iaid**, **~-~od**) *g* adjudant *m*, sergent-major(~s-~s) *m*.

uwchsain (**uwchseiniau**) *g* ultra(-)sons *mpl*; ♦*ans* à ultra(-)sons; **sgan** ~ échographie *f*; **cael sgan** ~ passer une échographie, se faire faire une échographie.

uwchsonig *ans* supersonique.

uwchsynhwyrol *ans* extrasensoriel(le); ♦ **yn** ~ *adf* de façon extrasensorielle.

uwd *g* porridge *m*, bouillie *f* d'avoine; **'roedd ei stori yn** ~ **o gelwyddau** son récit était un tissu de mensonges; **o'r** ~**!** zut!

V

Valetta *prb* la Valette *f*.

Vanuatu *prb gw.* **Fanwatw**.

Venezia *prb gw.* **Fenis**.

Venezuela *prb gw.* **Feneswela**.

Venus *prg gw.* **Fenws, Gwener**.

Verona *prb* Vérone *f*.

Veronica *prb* Véronique.

Vietnam *prb gw.* **Fietnam**.

Virgil *prg* Virgile

W

'w[1] *rhag blaen clwm gw.* **ei**[1].
'w[2] *rhag blaen clwm gw.* **eu.**
wab (-**iau**) *b gw.* **wad**[2].
wabio *ba gw.* **wado**.
wâc* *b* promende *f*, balade* *f*; **mynd am** ~ faire une promenade, se promener, faire un tour.
waco* *bg* faire une promenade, aller se balader*, faire une balade*.
wad[1] (-**iau**) *b* (*papurau, dogfenni*) paquet *m*, tas *m*, pile *f*; ~ **o arian papur** liasse *f* de billets de banque.
wad[2], **waden** *b* (*ergyd*) claque *f*, gifle *f*, tape *f*, coup *m*.
wadin *g* (*ar gyfer dillad ayb*) ouate *f*; (*ar gyfer llenwi rhth*) rembourrage *m*, capiton *m*.
wado *ba* rouer (qn) de coups, cogner sur, rosser*.
waeth *ans gw.* **gwaeth**.
waffer (-**i, -s**) *b* (*COG*) gaufrette *f*.
waffl[1] (-**au**) *g,b* (*COG*) gaufre *f*.
waffl[2] *g,b* (*malu awyr*) verbiage *m*, blabla* *m*; (*mewn traethawd*) remplissage *m*.
wafflo* *bg* (*siarad*) bavasser*; (*ysgrifennu*) faire de remplissage.
wagen (-**ni**) *b* (*trol, cert*) chariot *m*; (*lorri*) camion *m*; (*trên*) wagon *m*, truc(k) *m*; ~ **nwyddau** wagon de marchandises.
'waith *cys gw.* **gwaith**[5].
wal (-**iau**) *b* mur *m*; (*mewnol*) paroi *f*; (*o gwmpas cae, gardd*) mur de clôture; (*isel*) murette *f*; (*o gwmpas dinas, castell*) mur, muraille *f*; ~ **ddringo** mur d'escalade; **W~ Fawr Tsieina** la Grande Muraille de Chine; **W~ Berlin** le mur de Berlin; **mynd i'r** ~ (*bod yn fethdalwr*) faire faillite; **ni waeth ichi siarad â'r** ~ autant parler à un mur.
walabi (**walabïod, walabïaid**) *g* wallaby(wallabies) *m*.
walbant *g* plaque *f*.
walblad *b* plaque *f* d'assise.
walbon *g* fanon *m* de baleine; (*mewn staes*) baleine *f*.
walden *b* coup *m*, claque *f*, tape *f*.
waldio *ba* (*rhn*) cogner, rouer (qn) de coups, rosser*; (*peth*) taper sur; (*fel cosb*) donner une bonne correction à.
waled (-**i**) *b* portefeuille *m*; (*i ddal dogfennau, papurau ayb*) porte-billet *m inv*.
walrws (**walrysau**) *g* morse *m*.
walts (-**iau**) *b* valse *f*.
waltsio *bg* danser la valse; ~ **i mewn*** entrer d'un pas désinvolte.
Walwnaidd *ans* wallon(ne).
Walwneg *b,g* wallon *m*;
♦*ans* wallon(ne).
Walwnia *prb* la Wallonie; **yn** ~ en Wallonie.
Walwniad (**Walwniaid**) *g/b* Wallon *m*, Wallonne *f*.
wâr *b* marchandises *fpl*.
warant (-**au**) *g gw.* **gwarant**.
warantedig *ans gw.* **gwarantedig**.
waranti *g gw.* **gwarant**.
ward (-**iau**) *b* (*mewn ysbyty*) salle *f*, service *m*, unité *f*; (*GWLEID*) circonscription *f* électorale.
warden (**wardeiniaid**) *g/b* (*sefydliad*) directeur *m*, directrice *f*; (*castell*) gouverneur *m*; (*parc, gwarchodfa natur*) gardien *m*, gardienne *f*; (*hostel ieuenctid*) père *m* aubergiste, mère *f* aubergiste; (*neuadd myfyrwyr*) directeur/directrice de foyer universitaire; ~ **traffig** contractuel *m*, contractuelle *f*.
wardio *bg* prendre garde; **wardia!** fais attention!; **wardiwch!** faites attention!
wardrob (-**au**) *b* (*cwpwrdd dillad*) armoire *f*, penderie *f*, garde-robe *f*; (*THEATR: gwisgoedd*) costumes *mpl*.
warpio *bg* gauchir, se voiler.
Warsaw *prb* Varsovie *f*; **Cytundeb** ~ le pacte *m* de Varsovie.
warws (**warysau**) *g* entrepôt *m*, magasin *m*.
wasier (-**i**) *b* rondelle *f*.
wast *g gw.* **gwastraff**.
wastad: (**yn**) ~ *adf gw.* **gwastad**.
wastio *ba gw.* **gwastraffu**.
wat (-**iau**) *g* (*TRYD*) watt *m*.
watedd (-**au**) *g* (*TRYD*) puissance *f* en watts.
wats(h) (-**ys**) *b* montre *f*; **mae hi'n chwech o'r gloch ar fy** ~ **i** à ma montre il est six heures; **strap** ~ bracelet *m* de montre; **gard** ~ chaîne *f* de montre; ~ **arddwrn** montre-bracelet(~s-~s); **mynd fel** ~ aller comme sur des roulettes.
wbain *bg* hurler, crier.
wbwb *g* brouhaha *m*.
Wcráin *prb*: **yr** ~ l'Ukraine *f*; **yn yr** ~ en Ukraine.
Wcreinaidd *ans* ukrainien(ne).
Wcreineg *b,g* ukrainien *m*;
♦*ans* ukrainien(ne).
Wcreiniad (**Wcreiniaid**) *g/b* Ukrainien *m*, Ukrainienne *f*.
we *ebych* ho!
webin (-**au**) *g* sangles *fpl*.
wech *b,g*: **mae hi wedi** ~ **arno** il est fichu, c'en est fait de lui.
wedi *ardd* (*ar ôl*) après; ~ **swper** après le souper; **yn fuan** ~ **8 o'r gloch** peu après 8 heures; **'roedd hi** ~ **3 o'r gloch** il était plus de 3 heures, il était 3 heures passées; ~ **hynny** puis, ensuite; ~**'r cwbl** après tout;
♦*cys*
1 (*pan fo'r un goddrych yn y ddau gymal*): ~ **(i)** après avoir *neu* être + *pp*; **mi af** ~ **imi gael** *ou* ~ **cael cyntun** j'irai après avoir fait la

sieste; ~ **imi fwyta** *ou* ~ **bwyta edrychais ar y teledu** après avoir mangé, j'ai regardé la télé; ~ **iddo godi** *ou* ~ **codi aeth allan** après s'être levé, il est sorti; ~ **iddi ddarfod** *ou* ~ **darfod ei gwaith, aeth hi adref** après avoir terminé son travail, elle est rentrée chez elle; **ffoniais** ~ **imi gyrraedd** *ou* ~ **cyrraedd** j'ai téléphoné après mon arrivée.
2 (*pan fo goddrych gwahanol yn y ddau gymal*): ~ **i** après que *neu* lorsque *neu* quand + *indic*; **'rydym am ddod** ~ **ichi orffen** nous viendrons après que vous aurez fini; ~ **i'r cwsmeriaid fynd, caeodd y rheolwr y siop** après que les clients furent partis, le patron a fermé le magasin; ~ **iddi agor y ffenestr, chwythodd y gwynt i mewn** après qu'elle eut ouvert la fenêtre, le vent est entré dans la salle; ~ **imi ei gweld hi, aeth adref** après que je l'eus vue, elle est rentrée chez elle; **ffoniais** ~ **iddynt gyrraedd/fynd** j'ai téléphoné après leur arrivée/départ;
♦*ategydd berfol*
1 (*rhan o ferf gyfansawdd*): **mae'r bachgen** ~ **mynd allan** le garçon est sorti; **'rwyf** ~ **bwyta** j'ai mangé; **mae hi** ~ **bod yn gweithio drwy'r dydd** elle a travaillé toute la journée; **byddaf** ~ **golchi'r llestri cyn iti ddod yn ôl** j'aurai fait la vaisselle avant ton retour; **'roedd** ~ **prynu car newydd** il avait acheté une nouvelle voiture; **'roedd** ~ **bod yn pesychu drwy'r nos** il avait toussé toute la nuit; **ni fyddwn** ~ **dweud hynny** je n'aurais pas dit ça.
2 (*rhan o ferf oddefol gyfansawdd*): **mae'r ffenestri** ~ **eu glanhau** les fenêtres ont été nettoyées, on a nettoyé les fenêtres; **'roedd y wraig** ~ **ei hanafu'n ddifrifol** la femme avait été grièvement blessée.
3 (*defnydd ansoddeiriol*) (sylwer: yn Ffrangeg defnyddir rhangymeriad ansoddeiriol gan amlaf yn y cyswllt hwn): **tegan** ~ **torri** jouet *m* cassé; **pobl** ~ **blino ar weld hen ffilmiau** des gens fatigués *neu* lassés de revoir de vieux films; **plant** ~ **bod yn chwarae** des enfants ayant joué, des enfants qui viennent *neu* venaient de jouer; **gwallt** ~ **ei liwio** cheveux *mpl* teints; **bara** ~ **ei dostio** pain *m* grillé; **llaeth** ~ **suro** lait *m* aigre; **gwallt** ~ **britho** cheveux *mpl* gris.

wedyn *adf*
1 (*ar ôl hyn*) plus tard; **mi af i yno** ~ j'y irai plus tard.
2 (*ar ôl hynny*) puis, ensuite; **aeth i Fangor ac** ~ **i Gaernarfon** il est d'abord à Bangor et puis à Caernarfon; **yn syth** ~ tout de suite après.
3 (*canlynol*) d'après, suivant(e); **y diwrnod** ~ le jour suivant.
4 (*hefyd*): **ac** ~ **rhaid ystyried pris y tocyn** et puis il faut aussi tenir en compte du prix du billet.
5 (*ar y llaw arall*): **mae hi'n dda ond** ~ **mae yntau hefyd** elle est bonne mais lui aussi; **'roedden nhw'n addo glaw ond** ~ **maen nhw'n anghywir yn aml** ils ont prévu de la pluie mais ils se trompent souvent; **ond** ~ **os wyt ti'n rhy dawel wnaiff neb sylwi arnot ti** mais d'un autre côté si tu es trop discret personne ne te remarquera.
6 (*mwyach*): **byth** ~ plus jamais; **ni welais mohono byth** ~ je ne l'ai jamais plus revu.

weiar (-s) *b gw.* **weiren**.

weindar (-s) *g* (*watsh*) remontoir *m*.

weindio *ba* (*llinyn ayb*) enrouler; (*cloc, watsh*) remonter; ~**'r edafedd yn bêl** enrouler de la laine pour en faire une pelote; ~ **rhth i fyny/i lawr ar raff** faire monter/descendre qch au bout d'une corde; **'roedd y plentyn (fel petai) wedi'i** ~ l'enfant était remuant(e) *neu* agité(e).

weip (-s) *g* pochette *f* rafraîchissante; (*i faban*) lingette *f* imprégnée.

weipar (-s) *g* (*car*) essuie-glace *m inv*.

weipen (**weips**) *b* raillerie *f*, moquerie *f*, quolibet *m*; **taflu weips at rn** se moquer de qn, se railler de qn, railler qn.

weiren (**weiars**) *b* fil *m* de fer; ~ **drydan** fil électrique; ~ **bigog** barbelé *m*; ~ **deleffon** fil téléphonique; ~ **ddannedd** (*i'w sythu*) appareil *m* dentaire; ~ **gaws** fil à fromage; **tenau fel** ~ **gaws** maigre comme un clou; **teclyn torri** ~ cisaille *f*; **weiar netin** treillis *m* métallique;
♦*ans* en fil de fer; **ffens** ~ grillage *m*; **brwsh weiars** brosse *f* métallique.

weiriad (-au) *g* installation *f* électrique.

weirin *g* (TRYD) installation *f* électrique.

weirio *ba* (*tŷ*) faire l'installation électrique de; ~ **rhth i rth** rattacher qch à qch; ~ **ystafell** sonoriser une pièce; **rhaid ailweirio'r tŷ** il faut refaire l'installation électrique dans la maison.

weithiau *adf* parfois, quelquefois, de temps en temps, de temps à autre, à certains moments, des fois; **'rwy'n mynd i'r sinema** ~ je vais au cinéma de temps en temps, parfois, je vais au cinéma; ~**'n gryf** ~**'n wan** tantôt fort(e) tantôt faible; ~ **mae hi'n cytuno,** ~ **nid yw** tantôt elle est d'accord et tantôt non.

wejen* (**wejis**) *b* petite amie *f*.

wel *ebych* (*syndod*) tiens!, tenez!, eh bien!; (*ansicr*) c'est que ...; (*fel cwestiwn*) et alors?; ~**, o'r diwedd!** mais enfin!; ~ **fel 'roeddwn yn ei ddweud ...** donc, comme je disais ..., je disais donc que ...

weld, **weldiad** (**weldiau, weldiadau**) *g* soudure *f*.

weldio *ba* souder.

weldiwr (**weldwyr**) *g* soudeur *m*.

wele *be ddiffyg* (*dyma*) voici; ~ **fy mab** voici mon fils.

welington (-s) *b* botte *f* de caoutchouc.

wensgod *b* lambris *m*, boiserie *f*; **gwely** ~

lit *m* clos.

wermod *b* (*PLANH*): ~ **lwyd** armoise *f*; ~ **wen** matricaire *f*, pyrèthre *m*.

Wesle *ans* wesleyen(ne);
♦*g/b* (**-aid**) Wesleyen *m*, Wesleyenne *f*.

Weslead (**Wesleaid**) *g/b* Wesleyen *m*, Wesleyenne *f*.

Wesleaidd *ans* wesleyen(ne).

wfwla (**wfwlâu**) *g* (*CORFF*) luette *f*.

wfwlaidd *ans* (*CORFF*) uvulaire.

wffi *ebych* (*cywilydd*) quelle honte!, c'est honteux!; **naw ~ iddo!** qu'il aille *subj* se faire voir*!, qu'il aille se faire pendre, qu'il aille se faire cuire un œuf; ~ **i enwogrwydd!** fi de la célébrité!; ~ **i'ch hen reolau chi!** laissez-moi donc avec vos règlements!

wfftian, **wfftio** *ba* faire fi de, se moquer de, passer outre à; (*confensiynau*) narguer, mépriser, se moquer de.

Wganda *prb* l'Ouganda *m*; **yn** ~ en Ouganda.

Wgandaidd *ans* ougandais(e).

Wgandiad (**Wgandiaid**) *g/b* Ougandais *m*, Ougandaise *f*.

whap* *adf gw.* **chwap**.

whilber (**-i**) *b* (*berfa*) brouette *f*.

whilberaid (**whilbereidiau**) *b* brouette *f* pleine.

whimbil *b gw.* **gwimbled**.

whit-what *ans gw.* **chwit-chwat**.

wic (**-iau**) *g* (*cannwyll*) mèche *f*.

wiced (**-i**) *b* (*CHWAR: criced*) guichet *m*; (*tir rhyngddynt*) terrain *m*.

wicedwr (**wicedwyr**) *g* gardien *m* de guichet.

wicedwraig (**wicedwragedd**) *b* gardienne *f* de guichet.

widw (**-on**) *b* (*gweddw*) veuve *f*.

wifren (**wifrau**) *b gw.* **gwifren, weiren**.

wig (**-iau**) *b* (*perwig, gwallt gosod*) perruque *f*.

wigwam (**-au, -s**) *g,b* wigwam *m*.

winc[1] (**-od**) *b* (*ADAR*) pinson *m*.

winc[2], **winciad** (**winciau, winciadau**) *b,g* clin *m* d'œil; **mewn** ~ (*amrantiad*) en un clin d'œil, en un rien de temps; **ni chysgodd hi'r un ~ drwy'r nos** elle n'a pas fermé l'œil de la nuit.

wincian, **wincio** *bg* faire un clin d'œil (à); (*golau, seren*) clignoter.

winsh (**-ys**) *b* treuil *m*.

winsio *ba* hisser, monter *neu* descendre (qch) au treuil; **fe winsion nhw'r cwch allan o'r dŵr** ils ont hissé le bâteau hors de l'eau.

winwnsyn (**winwns, wynwyn**) *g* oignon *m*; **Sioni Winwns** vendeur *m* d'oignons (ambulant); **cawl wynwyn** soupe *f* à l'oignon.

wisgeren (**wisgers**) *b* poil *m* (*d'une moustache*); **wisgers** (*ar anifail*) moustaches *fpl*; (*ar ddyn: locsyn clust*) favoris *mpl*.

wisgi (**-s**) *g* whisky *m*, scotch *m*; **potel** ~ bouteille *f* à whisky; **potelaid o** ~ bouteille de whisky.

wit-wat *ans gw.* **chwit-chwat**.

wlser (**-au**) *g* ulcère *m*.

wlseriad *g* ulcération *f*.

wlserog *ans* ulcérieux(ulcérieuse).

Wlster *prb* Ulster *m*; **yn** ~ dans l'Ulster.

Wlsteraidd *ans* ulstérien(ne).

Wlsteriad (**Wlsteriaid**) *g/b* Ulstérien *m*, Ulstérienne *f*.

wltimatwm (**wltimata**) *g* ultimatum *m*; **cynnig ~ i rn** adresser un ultimatum à qn.

wltra-fioled *ans* ultraviolet(te).

wltrasonig *ans gw.* **uwchsain**.

wmbilig *ans* ombilical(e)(ombilicaux, ombilicales).

wmbredd, **wmbreth** *g*: **mae peth ~ o ...** il y a une abondance *neu* une profusion de ..., il y a énormément de ...; **mae yna beth ~ o bethau i'w gwneud yma** il y a un tas de choses à faire ici.

Wmbria *prb* l'Ombrie *f*; **yn** ~ en Ombrie.

Wmbriad (**Wmbriaid**) *g/b* Ombrien *m*, Ombrienne *f*.

Wmbriaidd *ans* ombrien(ne).

wnc(w)l *g* (*ewythr*) oncle *m*; (*iaith plentyn*) tonton *m*.

wnionyn (**wnionod**) *g gw.* **nionyn, winwnsyn**.

woblyn *g* mousse *f*.

Wral *prb*: **Mynyddoedd yr** ~ l'Oural *m*, les Monts Ourals; **yn yr** ~ dans l'Oural.

wraniwm *g* uranium *m*.

Wranws *g* (*ASTRON*) Uranus *m*.

wrbaneiddiaeth *b* urbanisation *f*.

wrbaneiddio *ba* urbaniser.

wrbaniaeth *b* (*cynllunio*) urbanisme *m*.

Wrdw *b,g* ourdou *m*.

wreter (**-i**) *g* (*CORFF*) uretère *m*.

wrethra (**wrethrâu**) *g* (*CORFF*) urètre *m*.

wrin *g* urine *f*.

wrn (**yrnau**) *g,b* urne *f*.

wrticaria *g* urticaire *f*.

wrth *ardd* (wrthyf fi, wrthyt ti, wrtho ef, wrthi hi, wrthym ni, wrthych chi, wrthynt hwy/wrthyn nhw)

1 (*gerllaw*) près de; ~ **y drws** près de la porte; **mae rhn ~ y drws** il y a qn à la porte; ~ **law** à proximité, à côté, tout près; **'roedd help ~ law** le secours *m neu* l'aide *f* n'était pas loin; ~ **eich traed** à vos pieds; ~ **f'ochr i** à mes côtés, à côté de moi; **fe aeth hi oddi ~ y drws** elle s'est éloignée de la porte; **eistedd ~ y bwrdd** *ou* **ford** être assis(e) à table, être attablé(e); **fe aeth ef oddi wrthi** il l'a quittée, il l'a laissée là.

2 (*yn ôl*): **mesur pawb ~ eich llathen eich hun** mesurer les autres à son aune; **'rwy'n ei 'nabod hi ~ ei golwg** je la connais de vue.

3 (*tra*) en; ~ **fynd i'r dref** en allant en ville; **cymerwch ofal ~ fynd adref** faites attention en rentrant, faites attention quand *neu* lorsque vous rentrez; **W~ Aros Godot** En Attendant Godot; ~ **ddweud hynny, 'rwy'n ...** quand je dis ça, je ...; ~ **eich hun(an)** tout(e) seul(e).

4 (*ar ôl rhai berfau*): **glynu ~ rth** tenir à qch, s'attacher à qch, rester attaché(e) à qch; **dweud ~ rn** dire à qn; **dywedodd wrthym** il nous a dit; **'roedd y ci'n sownd ~ gadair** le chien était attaché à une chaise.
5 (*tuag at*) envers; **bod yn garedig ~ rn** être gentil(le) envers qn; **bod yn gas ~ rn** être méchant(e) avec qn.
6 (*ar ganol*) être en train de; **maen nhw ~ eu cinio** ils sont en train de dîner; **~ eich gwaith** au travail.
7 (*mewn mesuriadau*): **8 metr ~ 9** 8 mètres sur 9.
8 (*mewn ymadroddion*): **~ gwrs** bien sûr, évidemment, naturellement; **naddo ~ gwrs** certainement pas, bien sûr que non; **~ eich bodd** content(e), ravi(e); **~ reswm** bien entendu, bien sûr, naturellement; **~ lwc** heureusement, par bonheur; **~ raid** en vue du besoin; **bu'n dda imi ~ ei chefnogaeth** j'ai eu de la chance d'avoir son soutien, son soutien m'a été avantageux; **bydd yn rhaid ~ amynedd** il faudra de la patience, on aura besoin de patience, il faudra patienter.
▶ **bod wrthi'n** être occupé(e) à; **'roeddwn wrthi'n darllen** j'étais occupé(e) à lire; **bu'r gweithwyr wrthi am hir** les ouvriers ont travaillé longtemps.
▶ **wrthych eich hun** tout(e) seul(e);
♦*cys* (*gan*) puisque, vu que, du fait que; **nid yw'n mynd heddiw ~ iddo'i weld ddoe** il ne va pas aujourd'hui puisqu'il l'a vu hier; **~ eu bod nhw mor dlawd** puisqu'ils sont/étaient si pauvres; **~ ei bod hi mor hwyr** vu qu'il est si tard.

Wrwgwái *prb* l'Uruguay *m*; **yn ~** en Uruguay.
Wrwgwaiad (**Wrwgwaiaid**) *g/b* Uruguayen *m*, Uruguayenne *f*.
Wrwgwaiaidd *ans* uruguayen(ne).
Wsbecaidd *ans* ouzbek(ouzbèke).
Wsbeceg *b,g* ouzbek *m*;
♦*ans* ouzbek(ouzbèke).
Wsbeciad (**Wsbeciaid**) *g/b* Ouzbek *m*, Ouzbèke *f*.
Wsbecistan *prb* l'Ouzbékistan *m*; **yn ~** en Ouzbékistan.
wstid *g* worsted *m*;
♦*ans* en worsted.
wterws (**wteri**) *g* (*croth*) utérus *m*.
wtopaidd *ans* utopique;
♦ **yn ~** *adf* de façon utopique.
wtopia (**wtopiâu**) *b* utopie *f*.
wtricl (**-au**) *g* utricle *m*.
wy, **ŵy** (**-au**) *g* œuf *m*; **~ wedi'i ferwi** œuf à la coque; **~ wedi'i ffrio** œuf sur le plat; **~ wedi'i ferwi'n galed** œuf dur; **~ wedi'i sgramblo** œuf brouillé; **~ wedi'i botsio** œuf poché; **~ selsig, ~ mewn sosej** œuf dur enrobé de chair à saucisse; **~ addod** pécule *m*, magot* *m*; **~ clwc** œuf pourri; **wyau maes** œufs de poules élevées en plein air; **~ Pasg** œuf de Pâques; **bacwn ac ~** œuf au bacon; **curo wyau** fouetter des œufs; **cwpan ~** coquetier *m*; **gwyn ~, gwynwy ~** blanc *m* d'œuf; **melynwy ~** jaune *m* d'œuf; **plisgyn ~** coquille *f* d'œuf; **cwstard ~** ≈ crème *f* renversée.
wybr, **wybren** (**-au**) *b* ciel *m*, firmament *m*; (*ffig*) cieux *mpl*.
wybrennol *ans* céleste, aérien(ne), éthéré(e).
wybrol *ans* éthéré(e), aérien(ne).
wyddor *b gw.* **gwyddor**.
wyf *be gw.* **bod**[1].
wyfa (**wyfeydd**) *b* ovaire *m*.
wyffurf *ans* ovoïde.
wygell (**-oedd**) *b* ovaire *m*.
wylo *bg* pleurer, verser des larmes; **~'n hidl** pleurer à chaudes larmes, pleurer toutes les larmes de son corps.
wylofain *bg* lamenter, gémir, pousser un gémissement *neu* des gémissements, pleurer, hurler;
♦*g* lamentation *f*, gémissement *m*, plainte *f*, hurlement *m*.
wylofus *ans* (*sŵn*) plaintif(plaintive), lugubre, morne; (*wyneb*) en larmes; (*golwg*) larmoyant(e), éploré(e); **mewn llais ~** avec des larmes dans la voix;
♦ **yn ~** *adf* plaintivement, d'un ton lugubre *neu* morne, d'une manière lugubre *neu* morne.
wylun *ans* ové(e).
wylys (**-iau**) *g* aubergine *f*.
ŵyn *ll gw.* **oen**.
wyna *bg* (*dafad*) agneler, mettre bas; (*ffermwr*) aider les brebis à mettre bas; **tymor ~** saison *f* de l'agnelage.
wyneb (**-au**) *g*
1 (*CORFF*) visage *m*, figure *f*, face *f*, physionomie *f*; **~ bach tlws** petit minois *m* joli; **cadw ~ syth** (*ymatal rhag chwerthin*) garder son sérieux.
2 (*adeilad*) façade *f*, devant *m*, front *m*; (*cloc*) cadran *m*; (*craig*) paroi *f*; (*darn arian*) côté *m* face, face.
3 (*arwyneb: dŵr, y ddaear ayb*) surface *f*; (*:ffordd*) chaussée *f*; **ar yr ~** (*hylif*) à la surface; (*soled*) sur la surface; (*ffig*) en apparence.
4 (*digywilydd-dra*): **bod â'r ~ i ...** avoir le toupet* *neu* le culot* de; **mae ganddo ~!** quel toupet* *neu* culot* qu'il a.
5 (*ystumiau*): **gwneud ~** faire une tête; **gwneud ~au** grimacer, faire des grimaces.
6 (*mewn ymadroddion*): **~ i waered** sens dessus dessous; **~ yn ~** face à face, tête-à-tête; **dod ~ yn ~ â rhn/rhth** se trouver face à face *neu* nez à nez avec qn/qch; **yn ~ yr anawsterau** devant les difficultés.
wyneb-ddalen (**~-~nau**) *b* page *f* de titre.
wynebedd (**-au**) *g* aire *f*, superficie *f*.
wynebgaled *ans* impudent(e), effronté(e), insolent(e);

♦ **yn** ~ *adf* impudemment, effrontément, insolemment.
wynebgaledwch *g* impudence *f*, effronterie *f*, insolence *f*.
wynebgochi *bg* rougir.
wyneblasu *bg* pâlir, blêmir.
wyneblun (-**iau**) *g* frontispice *m*.
wynebol *ans* facial(e)(faciaux, faciales).
wynebu *ba*
1 (*llyth: rhn*) faire face à; (*ffenestr*) donner sur; **'roedd hi'n fy** ~ elle était en face de moi; **'roedd hi'n ~'r wal** elle se tenait face au mur; **yn ~ ei gilydd** l'un(e) devant l'autre, en face l'un(e) de l 'autre *neu* l'un(e) vis-à-vis de l'autre, en vis-à-vis; **trowch i ~'r ffordd yma!** tournez-vous de ce côté; **tŷ'n ~'r de** une maison *f* exposée *neu* orientée au sud; **ystafell yn ~'r mynydd** chambre *f* donnant sur la montagne *neu* face à la montagne.
2 (*ffig*) faire face à; ~ **problem** faire face à un problème, affronter un problème; **y broblem yn ei** ~ le problème devant lequel il se trouve, le problème qui se pose à lui; **~'r ffeithiau** regarder les choses en face, se rendre à l'évidence; **alla' i ddim ~ gwneud hynny** je ne trouve pas *neu* je n'ai pas le courage de le faire; **~'r posibilrwydd** accepter qch comme une possibilité.
wynebwerth *g* (*stamp, cerdyn*) valeur *f*; (*darn arian*) valeur nominale.
wynepdrist *ans* à la figure triste.
wynepgoch *ans* rougeaud(e), rubicond(e), sanguine(e).
wynepnoeth *ans* sans masque, à visage découvert.
wynepryd *g* mine *f*, figure *f*, expression *f* du visage, physionomie *f*, traits *mpl* de visage.
ŵynos *ll* jeunes agneaux *mpl*, agnelets *mpl*.
ŵyr (**wyrion**) *g* petit-fils(~s-~) *m*.
wyrcws (-**au**) *g* hospice *m*; **mi fyddi di wedi fy ngyrru i'r ~!** (*tlodi*) tu me ruines!
wyres (-**au**) *b* petite-fille(~s-~s) *f*
wysg *g*: ~ **eich cefn** en arrière, à rebours; **cerdded ~ eich cefn** aller *neu* marcher à reculons *neu* à rebours; ~ **eich pen** la tête la première.
wystrysen (**wystrys**) *b* huître *f*; **diwydiant wystrys** ostréiculture *f*; **gwely wystrys** banc *m* d'huîtres, huîtrière *f*; **fferm wystrys** huîtrière, parc *m* à huîtres; **cragen** ~ écaille *f* d'huître, coquille *f* d'huître.
wyt *be gw.* **bod**[1].
wyth (-**au**) *rhifol* huit *m*; **mae hi'n ~ o'r gloch** il est huit heures; **hoelion** ~ piliers *mpl*; **rhyw ~ diwrnod** une huitaine de jours;
♦*ans*: ~ **dyn** huit hommes; **mae hi'n ~ oed** elle a huit ans; **cloc ~ niwrnod** huitaine *f*;
♦*rhag*: **gwelais ~ ohonynt** j'en ai vu huit; **mae ganddo** ~ il en a huit.
Wyth *prb*: **Ynys** ~ l'île *f* de Wight; **ar Ynys** ~ à l'île de Wight.
wythawd (-**au**) *g* octave *f* octuor *m*.
wythblyg *ans* (CERDD) in-octavo.
wyth deg *ans* quatre-vingts; ~ **un** quatre-vingt-un;
♦*rhifol* (**wythdegau**) quatre-vingts; **tudalen ~ ~** la page quatre-vingts; **mae hi yn ei hwythdegau** elle est octogénaire, elle a passé quatre-vingt ans; **(yn) yr wythdegau** (dans) les années quatre-vingt.
wyth degfed *ans* quatre-vingtième.
wythfed[1] *ans* huitième; (*defnydd enwol*) huitième *m/f*; **yr ~ o Fai** le huit mai; **Harri'r** ~ Henri huit.
wythfed[2] (-**au**) *g* (CERDD) octave *f*.
wythnos (-**au**) *b* semaine *f*, huit jours *mpl*, huitaine *f*; **ymhen** ~ dans une semaine *neu* une huitaine; **am ~ (i ddod)** pour huit jours; **bu yno am** ~ il fut là pendant huit jours; **dwy waith yr** ~ deux fois par semaine; **yr ~ diwethaf** la semaine dernière; **yr ~ olaf** la dernière semaine; ~ **i heddiw** (d')aujourd'hui en huit; ~ **(yn ôl) i ddoe** il y a eu une semaine hier, cela fait une semaine depuis hier; **ymhen pedair** ~ dans *neu* d'ici quatre semaines; ~ **gwas newydd** état *m* de grâce; **W~ y Pasg** la Semaine Sainte; ~ **rag** semaine du carnaval étudiant (*au profit d'institutions caritatives*).
wythnosol *ans* (*papur*) hebdomadaire;
♦ **yn** ~ *adf* chaque semaine, semaine après semaine, pendant des semaines, à la semaine.
wythnosolyn (**wythnosolion**) *g* (*papur newydd*) (journal(journaux) *m*) hebdomadaire *m*.
wythochr (-**au**) *g* octogone *m*.
wythochrog *ans* octaédrique.
wythongl (-**au**) *b* octogone *m*.
wythonglog *ans* octogonal(e)(octogonaux, octogonales).
wythwr (**wythwyr**) *g* (CHWAR: *rygbi*) numéro *m* huit

Y

y[1], **yr, 'r** *bannod bendant*
1 le *m*, la *f*; (*o flaen llafariad neu h fud*) l', les *pl* (sylwer: à + le = au, à + les = aux, de + le = du, de + les = des): **y bachgen/y ferch/yr inc/y plant** le garçon/la fille/l'encre/les enfants; **yr arwr** le héros; **y cywilydd** la honte; **yr arwres** l'héroïne; **canu'r piano/ffliwt** jouer du piano/de la flûte; **rhowch ef i'r postmon** donnez-le au facteur.
2 (*o flaen y genidol*): **hanes y byd** l'histoire du monde; **sŵn y môr** le bruit de la mer.
3 (*i droi ansoddair yn enw*): **y tlodion** les pauvres; **y da a'r drwg** le bien et le mal.
4 (*mewn teitlau*): **Harri'r Wythfed** Henri huit; **Tachwedd y trydydd** le trois novembre; **yr Aifft** l'Égypte *f*; **yr Alban** l'Écosse *f*.
5 (*i awgrymu'r gorau neu'r pwysicaf*): **y ffordd i golli pwysau** la façon la plus efficace de perdre des kilos.
6 (*fesul*): **80 cilometr yr awr** 80 km à l'heure; **y pen** par tête, par personne; **5 punt yr awr** 5 livres l'heure; **50 ceiniog yr un** 50 pence la pièce.
7 (*o flaen ansoddeiriau dangosol*): **y(r) ... hwn/hon/hyn/yma** *gw.* **hwn, hon, hyn, yma**.

y[2], **yr** *geir rhagferfol*
1 (*o flaen ffurfiau'r ferf 'bod'*) (cofier : nid oes cyfieithiad yn Ffrangeg): **y mae castell yng Nghaernarfon** il y a un château-fort à Caernarfon; **y mae fy nhad yn brysur** mon père est occupé; **yr oedd llawer o bobl yn y siop** il y avait du monde dans le magasin; **yr oeddwn yn canu** je chantais.

y[3], **yr** *cys* (*o flaen is-gymal*) que; **gwn y byddi yno** je sais que tu seras là; **'rwy'n credu y gwnei di fwynhau'r ffilm** je crois que tu apprécieras le film, je crois que tu trouveras bien le film; **er lleied y bo** quelque petit(e) qu'il/elle soit *subj*.

y[4], **yr** *geir perth* (*i gyflwyno cymal sy'n disgrifio enw blaenorol*)
1 (*cymal ac ynddo ragenw blaen + enw*) dont; **dacw'r dyn y gwelais ei gar** voilà l'homme dont j'ai vu la voiture.
2 (*cymal ac ynddo ragenw blaen + berfenw*) que; **dyma'r dyn yr wyf yn ei garu** voici l'homme que j'aime; **y car yr hoffwn ei brynu** la voiture que je voudrais acheter; **enw y byddaf yn ei gofio** un nom dont *neu* duquel je me souviendrai.
3 (*cymal ac ynddo arddodiad + elfen ragenwol*) lequel(laquelle)(lesquels, lesquelles); **y tŷ yr wyf yn byw ynddo** la maison dans laquelle j'habite; **y gadair yr eisteddodd arni** la chaise sur laquelle il s'est assis; **dyn yr wyf yn ymddiried ynddo** un homme auquel je me fie; **dyma'r ferch y soniais amdani** voici la fille dont j'ai parlé; **y dynion yr oeddwn yn siarad â hwy** les hommes auxquels je parlais; **y fyddin y buont yn ymladd yn ei herbyn** l'armée contre laquelle ils se sont battus.
4 (*cymal sy'n cyfleu amser*) où; **y diwrnod y cyrhaeddodd** le jour où il est arrivé.

y.b. *byrf* (= *y bore*) du matin; **am 5 o'r gloch** ~ à 5 heures du matin.

ych[1] *ebych* (*hefyd:* ~ **a fi!**) pouah!, beurk!

ych[2] (**-en**) *g* bœuf *m*; ~ **gwyllt** buffle *m*, bison *m*; **yfed fel** ~ boire comme un trou.

ych[3] *be* (*ydych*) *gw.* **bod**[1].

ychwaith *adf gw.* **chwaith**.

ychwaneg *g*
1 (*mwy*) plus, davantage; **mae arni angen** ~ il lui en faut plus; **'does ganddi hi ddim** ~ elle n'en a plus *neu* davantage, il ne lui en reste plus *neu* davantage; **mae hi am wybod** ~ **am hynny** elle veut en savoir plus long; **ei araith, y soniwn** ~ **amdani eto** son discours, sur lequel nous reviendrons; **fe fydd ganddo** ~ **i'w ddweud am hynna** il reviendra sur ce sujet; **ni ddywedwn ni ddim** ~ **am y peth** n'en parlons plus; **'does gen i ddim** ~ **i'w ddweud** je n'ai rien à ajouter; **dim** ~ rien de plus, rien davantage.
2 (*rhai eraill*) d'autres; **oes gen ti** ~ **fel 'na?** en as-tu d'autres comme ceux-là *neu* celles-là?, en as-tu encore comme ceux-là *neu* celles-là?.
► **ychwaneg o**
1 (*mwy o*) plus de, davantage de; **mae arno angen** ~ **o arian** il lui faut plus d'argent; **a hoffech chi** ~ **o win?** voudriez-vous encore du vin?, un peu plus de vin?; **'does dim** ~ **o sglodion** il n'y a plus de frites; **a oes 'na** ~ **o goffi?** y a-t-il encore du café?, est-ce qu'il reste du café?; **cymerwch** ~ **o bwdin** reprenez du dessert; **'does gen ti ddim** ~ **o amser** tu n'as plus le temps.
2 (*eraill*) d'autres; **a oes ganddo** ~ **o blant?** a-t-il d'autres enfants?; **a glywaist ti** ~ **o newyddion amdani?** as-tu d'autres nouvelles d'elle?

ychwanegiad (**-au**) *g* addition *f*, supplément *m*, ajout *m*.

ychwanegol *ans* supplémentaire, additionnel(le), de plus;
♦ **yn** ~ *adf* de plus, de surcroît; **yn** ~ **at** en plus de; **pythefnos yn** ~ quinze jours de plus, quinze jours additionnels *neu* supplémentaires.

ychwanegu *ba* ajouter; (*MATH*) additionner.

ychwanegyn (**ychwanegion**) *g* additif *m*.

ychydig *g* peu *m*; ~ **(bach) o rth** un (petit) peu de qch; **'does gen i ddim ond** ~ **o lefrith** j'ai peu de lait; ~ **o bobl ddaeth i'r cyfarfod** peu de gens sont venus à la réunion; ~

cyn/ar ôl peu avant/après; **'rwy'n mynd i aros yma am ~** je vais rester ici un peu;
♦*ans*: ~ **fwyd** un peu de nourriture;
♦*adf* (*rhyw gymaint, tamaid bach*): **allwch chi symud yn ôl ~?** pourriez-vous reculer un peu?; **mae ef ~ iau na mi** il est de peu mon cadet.
ŷd (**ydau**) *g* blé *m*, céréale *f*; **creision ~** flocons *mpl* de maïs, cornflakes *mpl*; ~ **meddw** ivraie *f*.
ydfran (**ydfrain**) *b* (ADAR) freux *m*.
ydi *be gw.* **bod**[1].
ydlan (**-nau**) *b* pailler *m*, cour *f* de ferme.
ydw, ydwyf, ydwyt, ydy, ydych, ydym, ydyn, ydynt *be gw.* **bod**[1].
Yemen *prb* le Yémen *m*; **Gweriniaeth Boblogaidd ~** République *f* populaire du Yémen; **yn ~** au Yémen.
Yemenaidd *ans* yéménite.
Yemeniad (**Yemeniaid**) *g/b* Yéménite *m/f*.
yfadwy *ans* (*diogel*) potable; (*derbyniol*) buvable.
yfed *ba* boire; **hoffech chi rth i'w ~?** aimeriez-vous boire qch?; **beth hoffech chi i'w ~?** et à boire?; ~ **a gyrru** conduire en état d'ivresse; **dŵr ~** eau(-x) *f* potable; ~ **llwncdestun** porter un toast à qn, boire à la santé de qn;
♦*bg* boire;
♦*g* (*y ddiod gadarn*) la boisson *f*, l'alcoolisme *m*; ~ **a gyrru** l'alcool au volant.
yfory *adf* demain; **bore/prynhawn/nos ~** demain matin/après-midi/soir; **wythnos i ~** demain en huit; **wythnos yn ôl i ~** il y aura huit jours demain; **y diwrnod ar ôl ~** après demain; **wela' i chi ~!** à demain!; **pa ddiwrnod yw hi ~?** quel jour sera-t-on demain?; **pa ddyddiad fydd hi ~?** quelle sera la date demain?; **yn gynnar ~** demain de bonne heure; **trwy'r dydd ~** toute la journée de demain; **mi wna' i hynna ~ nesa'** je le ferai dès demain.
yfwch[1] *g* (*diod*) boisson *f* (alcoolique), beuverie *f*.
yfwch[2] *be gw.* **yfed**.
yfwr (**yfwyr**) *g* buveur *m*; **mae'n ~** il boit, c'est un buveur.
yfwraig (**yfwragedd**) *b* buveuse *f*.
yfflon *ll* éclats *mpl*; **malu rhth yn ~** faire voler qch en éclats.
yng *ardd gw.* **yn**[1].
yngan *ba* prononcer, proférer, dire, énoncer; **heb ~ gair** sans mot dire.
ynganiad (**-au**) *g* prononciation *f*, diction *f*.
ynganu *ba* prononcer, articuler; **sut mae ~ hynna?** comment est-ce que ça se prononce?
ynghanol *ardd* au milieu de.
ynghau *ans* fermé(e), clos(e).
ynghlwm *ans* attaché(e); (*cwlwm, llinyn, tei*) noué(e); **bod ~ wrth** être lié(e) à qch; (*ffig: bod yn brysur â*) être pris(e) par.
ynghudd *ans* caché(e).
ynghwsg *ans* endormi(e).
ynghyd *adf* ensemble, de pair, l'un(e) avec l'autre; ~ **â** avec.
ynghylch *ardd* (yn fy nghylch, yn dy gylch, yn ei gylch, yn ei chylch, yn ein cylch, yn eich cylch, yn eu cylch) à propos de, au sujet de, en ce qui concerne, pour ce qui est de, à l'égard de; **beth wyt ti'n disgwyl imi ei wneud yn ei gylch?** que veux-tu que j'y fasse *subj*?
ynghynn *ans* allumé(e).
ynghynt *adf* plus tôt.
ynglŷn *ardd*: ~ **â** à propos de, au sujet de, en ce qui concerne, pour ce qui est de.
y.h. *byrf*(= *yr hwyr*): **am 4 o'r gloch ~** à quatre heures de l'après-midi, à seize heures; **am 9 o'r gloch ~** à 9 heures du soir.
ym[1] *ardd gw.* **yn**[1].
ym[2] *ebych* euh.
ym- *rhagdd* (rhoi ystyr atblygol i'r ferf e.e. ymolchi, ymarfer ayb).
yma *adf*
1 (*lle*) ici; ~ **ac acw**, ~ **a thraw** çà et là, par endroits; **nid yw nac ~ nac acw** ce n'est pas la question *neu* le problème; **oddi ~** d'ici; **tyrd ~, dere ~** viens (par) ici; ~! (*presennol: ysgol ayb*) présent(e)!.
2 (*amser*): **hyd ~** jusqu'ici, jusqu'à présent, jusqu'à maintenant.
3 (*dangosol*): **y(r) ... ~** (cofier: yn Ffrangeg mae'r rhain yn dod o flaen yr enw ac yn cytuno â'r enw hwnnw) ce *m*, cet *m*, cette *f*, ces *m/fpl*; (*pwysleisiol*) ce ...-ci, cet ...-ci, cette ...-ci, ces ...-ci; **y llyfr ~** ce livre *m* *neu* ce livre-ci; **y dyn ~** cet homme(-ci) *m*; **y wraig ~** cette femme(-ci) *f*; **y llyfrau ~** ces livres(-ci); **y dynion ~** ces hommes(-ci); **y gwragedd ~** ces femmes(-ci).
ymadael *bg* partir, s'en aller; ~ **â** (*lle*) quitter; ~ **â'r ysgol** terminer sa scolarité.
ymadawedig *ans* défunt(e); (*defnydd enwol*); **yr ~** le défunt *m*, la défunte *f*.
ymadawiad (**-au**) *g* départ *m*.
ymadawol *ans* de séparation, d'adieu, dernier(dernière).
ymadferiad *g* convalescence *f*.
ymadferol *ans* convalescent(e); **claf ~** convalescent *m*, convalescente *f*.
ymadfyw *ans* moribond(e), à moitié mort(e).
ymadfywio *bg* revivre, ressusciter, se ranimer, se raviver.
ymadrodd (**-ion**) *g* expression *f*, locution *f*, tournure *f*; **rhan ~** partie *f* du discours.
ymadroddi *bg* discourir, s'entretenir.
ymadwaith (**ymadweithiau**) *g* interaction *f*.
ymadweithio *bg* avoir une action réciproque.
ymaddasiad (**-au**) *g* adaptation *f*.
ymaddasu *bg* s'adapter; **heb ~** inadapté(e).
ymaelodi *bg* devenir membre; ~ **â** (*grŵp, dosbarth*) s'inscrire à; (*clwb, plaid*) adhérer à, cotiser à, devenir membre de.

ymafael *bg*: ~ **yn** prendre, saisir, se saisir de, s'emparer de.
ymaflwr (**ymaflwyr**) *g*: ~ **codwm** lutteur *m*, catcheur *m*.
ymaflyd *bg*: ~ **yn rhth** saisir qch; ~ **â rhn** lutter (corps à corps) contre qn, être *neu* se trouver aux prises avec qn; ~ **codwm** lutter; (*CHWAR*) faire du catch;
♦*g* lutte *f*; ~ **codwm** (*CHWAR*) catch *m*.
ymagor *bg* s'ouvrir; (*golygfa, tirwedd*) se dérouler.
ymagweddiad (**-au**) *g* comportement *m*.
ymagweddu *bg* se comporter.
ymaith *adf*: **mynd** ~ partir, s'en aller; **mynd â rhth** ~ enlever qch, emporter qch; **mynd â rhn** ~ emmener qn; **cerdded/gyrru** ~ s'éloigner (à pied)/(en voiture); **rhedeg** ~ partir en courant; (*dianc*) s'enfuir, s'évader; **rhaid imi fynd** ~ **am rai dyddiau** je dois m'absenter pendant quelques jours; ~ **â chi!** allez-vous-en!, hors d'ici!; ~ **â thi!** va-t'en!, sauve-toi!, file!*.
ymarbed *bg* se ménager.
ymarfer *ba* exercer; (*canu'r piano ayb*) s'exercer à, travailler; (*THEATR*) répéter; ~ **amynedd** patienter; ~ **pwyll** agir avec prudence *neu* circonspection;
♦*bg* prendre de l'exercice; (*CERDD*) s'exercer; (*CHWAR*) s'entraîner; (*MIL*) manœuvrer, faire des manœuvres; ~ **ar gyfer gêm** s'entraîner pour un match; **trwy** ~ **y mae dysgu** c'est en forgeant qu'on devient forgeron;
♦*b* (**-ion**) exercice *m*; (*drama, côr*) répétition *f*; (*PÊL-DROED ayb*) entraînement *m*; (*MIL*) manœuvre *f*, drill *m*; ~ **corff** exercice physique; (*ADDYSG*) éducation *f* physique et sportive, EPS; ~ **dysgu** stage *m* de formation pédagogique; ~ **gwisgoedd** répétition générale; ~ **saethu** exercices *mpl* de tir; **beic** ~ vélo *m* d'appartement; **esgidiau** ~ chaussures *fpl* de sport; **gêm** ~ match *m* d'entraînement; **dwy awr o** ~ **canu piano** deux heures de travail *neu* d'exercices au piano; **llyfr** ~**ion** cahier *m*.
ymarferiad (**-au**) *g* exercice *m*, pratique *f*; (*MIL*) manœuvre *f*.
ymarferol *ans* pratique;
♦ **yn** ~ *adf* en pratique; **nid yw hyn yn** ~ **bosibl** ce n'est pas pratique.
ymarferoldeb *g* (*cynllun*) aspect *m* pratique; (*rhn*) sens *m* pratique; (*pa mor ymaferol yw rhth*) possibilité *f* de réalisation, faisabilité *f*.
ymarferwr (**ymarferwyr**) *g* praticien *m*, celui qui pratique.
ymarferwraig (**ymarferwragedd**) *b* praticienne *f*, celle qui pratique.
ymarfogi *bg* s'armer.
ymarhous *ans* patient(e), endurant(e);
♦ **yn** ~ *adf* patiemment.
ymarllwys *bg* se déverser.
ymaros *bg* attendre, patienter, endurer;
♦*g* patience *f*, longanimité *f*; **hir yw pob** ~ plus on attend une chose, plus elle se fait attendre.
ymarweddiad (**-au**) *g* comportement *m*.
ymarweddu *bg* se comporter.
ymarweithio *bg* avoir une action réciproque.
ymasiad (**-au**) *g* fusion *f*.
ymatal *bg* s'abstenir, se retenir; ~ **rhag rhth** s'abstenir de qch; (*eich ffrwyno eich hun*) se retenir de qch;
♦*g* retenue *f*, abstention *f*; (*rhag alcohol ayb*) abstinence *f*.
ymataliad (**-au**) *g* retenue *f*, abstention *f*; (*rhag alcohol ayb*) abstinence *f*.
ymataliaeth *b gw.* **ymataliad**.
ymataliol *ans* retenu(e); (*rhag alcohol ayb*) abstinent(e).
ymataliwr (**ymatalwyr**) *g* celui qui sait se retenir; (*rhag alcohol ayb*) abstème *m*.
ymatalwraig (**ymatalwragedd**) *b* celle qui sait se retenir; (*rhag alcohol ayb*) abstème *f*.
ymateb *bg*: ~ **(i)** répondre (à), réagir (à);
♦*g* (**-ion**) réponse *f*, réaction *f*.
ymatebiad (**-au**) *g* réponse *f*, réaction *f*.
ymbalfaliad (**-au**) *g* tâtonnement *m*.
ymbalfalu *bg* tâtonner; ~ **am rth** chercher qch à tâtons.
ymbaratoad (**-au**) *g* préparatifs *mpl*.
ymbaratoi *bg* se préparer; ~ **ar gyfer rhth** se préparer à qch.
ymbarchuso *bg* devenir respectable; (*mynd yn fwyfwy dosbarth canol*) s'embourgeoiser.
ymbarél (**-s, -au, -i**) *g,b gw.* **ambarél**.
ymbatrymu *bg*: ~ **fel** *ou* **yn yr un modd â** (*dilyn*) se conformer à.
ymbelydredd *g* radiation *f*, radioactivité *f*; **salwch** ~ maladie *f* due à une exposition radioactive.
ymbelydrol *ans* radioactif(radioactive);
♦ **yn** ~ *adf* de façon radioactive.
ymbelydru *bg* rayonner.
ymbellhau *bg* s'éloigner.
ymbesgi *bg*: ~ **(ar rth)** s'engraisser (de qch).
ymbil *bg*: ~ **ar rn** implorer qn, supplier qn; ~ **am rth** implorer qch; ~ **ar rn am rth** implorer qn d'accorder qch;
♦*g* (**-iau**) supplication *f*, prière *f*.
ymbilgar *ans* implorant(e), suppliant(e);
♦ **yn** ~ *adf* (*gofyn*) d'un ton implorant *neu* suppliant; **edrych yn** ~ **ar rn** implorer *neu* supplier qn du regard.
ymbilio *bg gw.* **ymbil**.
ymbiliwr (**ymbilwyr**) suppliant *m*.
ymbilwraig (**ymbilwragedd**) *b* suppliante *f*.
ymbincio *bg* se pomponner.
ymblaid (**ymbleidiau**) *b* faction *f*, groupe *m*, parti *m*; (*dif*) clique *f*, coterie *f*.
ymbleidiaeth *b* esprit *m* de parti, partialité *f*; (*dif*) esprit de clique.
ymbleidio *bg* former une faction *neu* un parti etc, se grouper.

ymbleidiol *ans* partisan(e), de parti.
ymbleidiwr (**ymbleidwyr**) *g* partisan *m*.
ymbleidwraig (**ymbleidwragedd**) *b* partisane *f*.
ymbleseru *bg*: ~ **(yn rhth)** se délecter (de qch), se plaire (à qch), se livrer (à qch).
ymblethu *bg* s'entrelacer, s'enlacer, s'entortiller.
ymboeni *bg*: ~ **(ynghylch rhth)** se donner du mal (pour qch).
ymborth *g* nourriture *f*, aliment *m*, alimentation *f*; (*bwyd anifeiliaid*) fourrage *m*.
ymborthi *bg*: ~ **(ar rth)** se nourrir (de qch).
ymborthwr (**ymborthwyr**) *g* mangeur *m*.
ymborthwraig (**ymborthwragedd**) *b* mangeuse *f*.
ymbwyllo *bg* s'assagir, revenir à la raison.
ymchwalu *bg* se désintégrer.
ymchwel *ba, bg gw.* **ymchwelyd**.
ymchweliad (**-au**) *g* retour *m*.
ymchwelyd *ba* (*cerbyd*) renverser; (*cwch*) faire chavirer;
♦*bg* (*cerbyd*) se renverser; (*cwch*) chavirer.
ymchwil *b,g* (*cyff*) recherches *fpl*; (*am rth arbennig*) recherche *f*, quête *f*; **gwaith** ~ recherches.
ymchwilgar *ans* curieux(curieuse), investigateur(investigatrice);
♦ **yn** ~ *adf* avec curiosité.
ymchwiliad (**-au**) *g* (*cyff*) recherche *f*; (*am rth arbennig*) recherche, quête *f*; (*i drosedd*) enquête *f*, investigation *f*; **cynnal** ~ **i rth** enquêter sur qch; **gwneud** ~ **i rth** faire une enquête sur qch.
ymchwilio *bg* (*i drosedd*) faire une enquête; (*myfyriwr, gwneud gwaith manwl*) faire des recherches; ~ **i'r posibiliadau** examiner *neu* étudier les possibilités.
ymchwiliol *ans* de recherches.
ymchwilydd (**ymchwilwyr**) *g* chercheur *m*, chercheuse *f*, investigateur *m*, investigatrice *f*; (*mewn prifysgol*) ≈ chercheur(chercheuse) *m/f* attaché(e) à l'université; (*mewn gwlad ddieithr*) explorateur *m*, exploratrice *f*; ~ **preifat** détective *m* privé.
ymchwydd (**-iadau**) *g* (*môr*) houle *f*, vague *f*, montée *f*; (*MASN*) boom *m*, essor *m*, vague de prospérité; (*prisiau, poblogaeth*) forte augmentation *f*; ~ **mewn cerrynt** (*TRYD*) surtension *f*, survoltage *m*.
ymchwyddo *bg* (*ton*) déferler; (*afon*) grossir; (*balŵn, hwyliau*) (se) gonfler; (*braich ayb*) enfler; ~ **â dicter** s'emplir de rage *neu* d'indignation; ~ **gan falchder** s'enfler d'orgueil.
ymchwyddus *ans* qui enfle; (*hwyliau*) gonflé(e).
ymdaclu *bg* s'orner, se pomponner; ~ **i wneud rhth** (*ymbaratoi*) se préparer à faire qch, s'apprêter à faire qch.
ymdaeniad (**-au**) *g* diffusion *f*, étalement *m*, propagation *f*, extension *f*.
ymdaenu *bg* s'étaler, se diffuser, se propager, s'étendre.
ymdaeru *bg* se disputer, se chamailler*.
ymdaerwr (**ymdaerwyr**) *g* chamailleur* *m*.
ymdaerwraig (**ymdaerwragedd**) *b* chamailleuse* *f*.
ymdaflu *bg* se jeter.
ymdagu *bg* suffoquer.
ymdaith *bg* marcher au pas;
♦*b* (**ymdeithiau**) (*MIL*) marche *f*; (*pellter a deithir*) trajet *m*.
ymdangnefeddu *bg* faire la paix, se réconcilier.
ymdannu *bg* s'étendre, s'étaler.
ymdaro *bg* (*ymladd*) lutter; (*ymdopi*) se débrouiller.
ymdawelu *bg* se calmer.
ymdebygu *bg*: ~ **i** ressembler à.
ymdecáu *bg* s'embellir, s'orner.
ymdeimlad (**-au**) *g* sensation *f*, sentiment *m*.
ymdeimlo *bg*: ~ **â rhth** être conscient(e) de qch, ressentir qch.
ymdeithgan (**-au**) *b* marche *f*.
ymdeithio *bg* marcher au pas, défiler; (*teithio*) voyager, avancer, s'avancer, s'acheminer, se diriger.
ymdeithiwr (**ymdeithwyr**) *g* (*teithiwr*) voyageur *m*; (*MIL*) soldat *m* qui défile; (*mewn protest*) manifestant *m*.
ymdeithwraig (**ymdeithwragedd**) *b* voyageuse *f*; (*mewn protest*) manifestante *f*.
ymdoddi *bg* se fondre, se mélanger, fusionner.
ymdoddiad (**-au**) *g* fusion *f*.
ymdoniad (**-au**) *g* ondulation *f*, ride *f*.
ymdonni *bg* (*dŵr*) se rider; (*ŷd ayb*) onduler.
ymdopi *bg* se débrouiller.
ymdorri *bg* éclater.
ymdrafodaeth (**-au**) *b* discussion *f*, négociation *f*, pourparler *m*.
ymdrafferthu *bg*: ~ **(i wneud rhth)** s'affairer (à faire qch), s'occuper (à faire qch), se donner la peine (de faire qch).
ymdrech (**-ion**) *g,b* tentative *f*, effort *m*; (*brwydr*) lutte *f*; **gwneud** ~ **i wneud rhth** essayer de faire qch; (*cryfach*) faire *neu* fournir un effort pour faire qch, s'efforcer de faire qch, lutter pour faire qch.
ymdrechgar *ans* énergique, vigoureux(vigoureuse);
♦ **yn** ~ *adf* énergiquement, vigoureusement.
ymdrechiad (**-au**) *g* effort *m*.
ymdrechol *ans* ardu(e), énergique, actif(active), vigoureux(vigoureuse).
ymdrechu *bg*: ~ **i** tenter de, s'efforcer de, faire *neu* fournir un effort pour, lutter pour.
ymdrechwr (**ymdrechwyr**) *g* lutteur *m*.
ymdrechwraig (**ymdrechwragedd**) *b* lutteuse *f*.
ymdreiddio *bg*: ~ **i** s'infiltrer dans, pénétrer.
ymdreiglo *bg* se rouler; (*mewn dŵr, mwd*)

patauger, se vautrer.
ymdrin *bg*: ~ **â rhth** traiter de qch, discuter qch, s'entretenir de qch.
ymdriniaeth (**-au**) *b* traitement *m*, discussion *f*, étude *f*.
ymdristáu *bg* s'attrister, devenir triste.
ymdrochfa (**ymdrochfeydd**) *b* baignade *f*.
ymdrochi *bg* se baigner.
ymdrochle (**-oedd**) *g* endroit *m* où on peut se baigner.
ymdrochwr (**ymdrochwyr**) *g* baigneur *m*.
ymdrochwraig (**ymdrochwragedd**) *b* baigneuse *f*.
ymdroelli *bg* tourbillonner, tournoyer; (*nant, ffordd*) serpenter, faire des méandres.
ymdroi *bg* traîner, lambiner*; **heb** ~ sans délai, sans tarder.
ymdrwsio *bg* se parer, s'embellir, s'orner, se pomponner.
ymdrybaeddu, **ymdryboli** *bg* se vautrer, patauger.
ymdwymo *bg* se chauffer, se réchauffer.
ymdynghedu *bg*: ~ **(i wneud rhth)** jurer (de faire qch), faire vœu (de faire qch).
ymdynnu *bg* combattre, lutter.
ymdyrru *bg* affluer; (*at ei gilydd*) s'assembler.
ymddadebru *bg* reprendre connaissance, revenir à soi.
ymddadlau *bg* se disputer, se quereller.
ymddadwreiddio *bg* se déraciner.
ymddangos *bg*
1 (*dod i'r golwg*) apparaître, se montrer.
2 (*bod yn bresennol:* CYFR) comparaître.
3 (*cael ei gyhoeddi*) paraître, sortir, être publié(e).
4 (*SINEMA ayb*): ~ **ar y teledu** passer à la télé.
5 (*bod â golwg, edrych*): ~ **yn** paraître, sembler, avoir l'air; **ymddangosai hi'n flinedig** elle avait l'air fatigué.
► **mae'n ymddangos** il semble que + *subj*, il paraît que + *subj*; **mae'n** ~ **i mi ...** il me semble que + *indic*, il me paraît que + *indic*.
ymddangosiad (**-au**) *g* apparition *f*, parution *f*; **yn nhrefn eu hymddangosiad ar y llwyfan** (*THEATR*) par ordre d'entrée en scène; **i bob** ~, **yn ôl pob** ~ apparemment, en apparence, selon toute apparence.
ymddangosiadol, **ymddangosol** *ans* apparent(e);
♦ **yn** ~ *adf* apparemment, en apparence, selon toute apparence.
ymddarostwng *bg* se soumettre, s'humilier, s'abaisser.
ymddarostyngiad (**-au**) *g* soumission *f*, abaissement *m* de soi, humiliation *f* de soi.
ymddarostyngol *ans* soumis(e), abaissé(e), humilié(e);
♦ **yn** ~ *adf* de façon soumise, avec humilité.
ymddatguddio *bg* se révéler.
ymddatod *bg* se désintégrer, se dissoudre; (*datod*) se défaire.
ymddatodiad (**-au**) *g* désintégration *f*, dissolution *f*.
ymddeol *bg* prendre sa retraite; **wedi** ~ retraité(e), en retraite; **sy'n** ~ (*wedi cyrraedd oed ymddeol*) qui prend sa retraite, qui part à la retraite; (*llywydd ayb*) sortant(e); **oed** ~ âge *m* de la retraite; ~ **yn gynnar** partir en retraite anticipée, prendre la pré-retraite.
ymddeoledig *ans* retraité(e).
ymddeoliad *g* retraite *f*; ~ **cynnar** retraite anticipée, pré-retraite *f*.
ymddial *bg*: ~ **am rth ar rn** se venger de qch sur qn.
ymddialwr (**ymddialwyr**) *g* vengeur *m*.
ymddialwraig (**ymddialwragedd**) *b* vengeresse *f*.
ymddiarfogi *bg* désarmer.
ymddibyniad *g* dépendance *f* (de qch).
ymddibynnol *ans*: ~ **(ar rth)** dépendant(e) (de qch).
ymddibynnu *bg*: ~ **ar rth** dépendre de qch.
ymddiddan *bg* causer, s'entretenir, converser, dialoguer, bavarder;
♦*g* (**-ion**) conversation *f*; (*mewn drama*) dialogue *m*.
ymddiddanol *ans* de la conversation.
ymddiddori *bg*: ~ **(yn)** s'intéresser (à).
ymddieithrio *bg* se détacher, se séparer, s'éloigner.
ymddifrifoli *bg* devenir sérieux(sérieuse).
ymddifyrru *bg*: ~ **(mewn gwneud rhth)** s'amuser *neu* se délecter *neu* se complaire (à faire qch).
ymddihatru *bg* se déshabiller, se dévêtir; ~ **o** (*ffig*) se débarrasser de.
ymddiheuriad (**-au**) *g* excuses *fpl*.
ymddiheuro *bg* s'excuser; ~ **i rn am rth** s'excuser de qch auprès de qn, présenter des excuses à qn pour qch; ~**'n llaes am rth** s'excuser vivement de qch; **'rwy'n** ~ mes excuses!, je m'excuse!
ymddiheurol *ans* (*llythyr ayb*) d'excuse;
♦ **yn** ~ *adf* en s'excusant.
ymddihoeni *bg* languir.
ymddilladu *bg* se vêtir, s'habiller (de qch).
ymddinoethi *bg* se mettre nu(e), se déshabiller, se dévêtir (complètement).
ymddiofrydu *bg* jurer.
ymddiogelu *bg* s'assurer.
ymddiorseddiad (**-au**) *g* abdication *f*.
ymddiorseddu *bg* abdiquer de la couronne.
ymddiosg *bg* se mettre nu(e), se dévêtir, se déshabiller (complètement).
ymddiried *ba*: ~ **rhth i rn** confier qch à qn;
♦*bg*: ~ **yn rhth/rhn** avoir confiance en qch/qn, faire confiance à qch/qn; **y gellir** ~ **ynddo/ynddi/ynddynt** digne de confiance;
♦*g* confiance *f*.
ymddiriedaeth *b* confiance *f*.
ymddiriedol *ans* fiduciaire.
ymddiriedolaeth (**-au**) *b* fidéicommis *m*;

mewn ~ par fidéicommis; **yr Y~ Genedlaethol** ≈ Caisse *f* Nationale des Monuments Historiques et des Sites; **cwmni** ~ société *f* fiduciaire; **cronfa** ~ fonds *m* en fidéicommis, .
ymddiriedolwr (**ymddiriedolwyr**) *g* fidéicommissaire *m*; (*ysgol ayb*) administrateur *m*.
ymddiriedolwraig (**ymddiriedolwragedd**) *b* fidéicommissaire *f*; (*ysgol ayb*) administratrice *f*.
ymddiriedus *ans* confiant(e);
♦ **yn** ~ *adf* avec confiance, de façon confiante.
ymddirwyn *bg* s'enrouler.
ymddisgleirio *bg* rayonner, briller.
ymddiswyddiad (**-au**) *g* démission *f*.
ymddiswyddo *bg* démissionner; **cynnig** ~ donner sa démission.
ymddiwreiddio *bg* se déraciner.
ymddiwyllio *bg* se cultiver.
ymddolennu *bg* faire des méandres, serpenter.
ymddwyn *bg* se conduire, se comporter.
ymddygiad (**-au**) *g* comportement *m*, conduite *f*; ~ **gwael** déportements *mpl*.
ymddynesu *bg*: ~ **(at rth)** approcher *neu* s'approcher (de qch).
ymddyrchafiad (**-au**) *g* montée *f*, ascension *f*.
ymddyrchafu *bg* s'élever, monter en grade.
ymegnïad (**-au**) *g* effort *m*.
ymegnïo *bg* se dépenser, faire des efforts; ~ **i wneud rhth** s'efforcer de faire qch.
ymehangu *bg* s'étendre, s'élargir, se déployer.
ymeirio *bg* se chamailler*, se quereller.
ymelwa *bg*: ~ **ar rth** exploiter qch, profiter de qch.
ymelwad *g* exploitation *f*.
ymennydd (**ymenyddiau**) *g* (*deall*) cerveau(-x) *m*; (*CORFF, COG*) cervelle *f*; (*medr, deallusrwydd*) intelligence *f*, tête *f*, cerveau; **â'r** ~ **wedi marw** (*MEDD*) dans un coma dépassé.
ymenwogi *bg* devenir célèbre.
ymenyddol *ans* (*CORFF*) cérébral(e); (*ffig*) du cerveau.
ymenyn *g gw.* **menyn**.
ymerawdwr (**ymerawdwyr**) *g* empereur *m*.
ymerodraeth (**-au**) *b* empire *m*; **yr Y~ Rufeinig** l'Empire romain; **yr Y~ Lân Rufeinig** le Saint Empire romain germanique.
ymerodraidd *ans* impérial(e)(impériaux, impériales);
♦ **yn** ~ *adf* de façon impériale.
ymerodres (**-au**) *b* impératrice *f*.
ymerodrol *ans* impérial(e)(impériaux, impériales);
♦ **yn** ~ *adf* de façon impériale.
ymerodrydd (**-ion**) *g* impérialiste *m/f*.
ymesgusodi *bg* s'excuser, présenter ses excuses.
ymestyn *ba* tendre, étirer; (*coesau*) allonger;
♦*bg* se dégourdir, s'étirer; (*tiriogaeth ayb*) s'étendre; ~ **am rth** allonger la main pour prendre qch; **mae'r dyddiau'n** ~ les jours rallongent.
ymestyniad (**-au**) *g* extension *f*, étirement *m*.
ymfalchïo *bg*: ~ **yn** se flatter de, s'enorgueillir de, être très fier(fière) de.
ymfodloni *bg*: ~ **(ar rth)** se contenter (de qch).
ymfrasáu *bg*: ~ **(ar rth)** s'engraisser (de qch).
ymfrwydro *bg* lutter, combattre, se battre.
ymfudiad (**-au**) *g* émigration *f*.
ymfudo *bg* émigrer;
♦*g* émigration *f*.
ymfudol *ans* émigré(e); (*aderyn, anifail*) migrateur(migratrice).
ymfudwr (**ymfudwyr**) *g* émigré *m*.
ymfudwraig (**ymfudwragedd**) *b* émigrée *f*.
ymfwrw *bg* se jeter.
ymfyddino *bg* se rassembler.
ymfflamychol *ans* incendiaire;
♦ **yn** ~ *adf* de façon incendiaire.
ymfflamychu *bg* s'embraser, s'enflammer.
ymffrost *g* vantardise *f*; **ei** ~ **oedd ...** ce dont il se vantait, c'était ...
ymffrostgar *ans* vantard(e);
♦ **yn** ~ *adf* de façon vantarde, avec vantardise.
ymffrostio *bg*: ~ **yn** se vanter de.
ymffrostiwr (**ymffrostwyr**) *g* vantard *m*.
ymffrostwraig (**ymffrostwragedd**) *b* vantarde *f*.
ymffurfio *bg* se former, prendre forme.
ymffyrnigo *bg* enrager.
ymgadw *bg*: ~ **rhag** s'abstenir de.
ymganghennu *bg* se ramifier.
ymgais (**ymgeisiau**) *g,b* tentative *f*, effort *m*; ~ **i ladrata/lofruddio** tentative de vol/meurtre; ~ **i'ch lladd eich hun** tentative de suicide; **gwneud** ~ **i ladd rhn** attenter à la vie de qn; ~ **i ladd rhn** attentat *m* à la vie de qn.
ymgaledu *bg* se durcir.
ymgartrefu *bg* s'installer.
ymgasgliad (**-au**) *g* rassemblement *m*.
ymgasglu *bg* se rassembler, se réunir.
ymgecraeth *b* chamailleries* *fpl*.
ymgecru *bg* se disputer, se quereller, se chamailler*.
ymgeisiaeth (**-au**) *b* candidature *f*.
ymgeisio *bg*: ~ **(i wneud rhth)** faire une tentative (de faire qch), tenter *neu* essayer (de faire qch); ~ **am swydd** poser sa candidature à un poste, faire une demande d'emploi.
ymgeisydd (**ymgeiswyr**) *g* candidat *m*, candidate *f*; (*mewn cystadleuaeth*) concurrent *m*, concurrente *f*.
ymgeledd *g* secours *m*, soulagement *m*.
ymgeleddu *ba* soulager, secourir, aider, venir à l'aide de, venir en aide à.

ymgeleddwr (**ymgeleddwyr**) *g* aide *m*, secouriste *m*.
ymgeleddwraig (**ymgeleddwragedd**) *b* aide *f*, secouriste *f*.
ymgilio *bg* reculer.
ymgiprys *bg*: ~ **(am rth)** se bousculer *neu* se disputer (pour avoir qch); ~ **â rhn am rth** (*cystadlu*) rivaliser avec qn pour avoir qch; (*ymladd*) s'arracher qch l'un(e) à l'autre; ♦*g* bousculade *f*, ruée *f*, curée *f* (*pour avoir qch*).
ymgladdu *bg* s'enfouir, s'enterrer.
ymgloddio *bg* se retrancher.
ymglymu *bg* se nouer.
ymglywed *bg*: ~ **â rhth** sentir qch, ressentir qch.
ymgnawdoli *bg* s'incarner.
ymgnawdoliad (**-au**) *g* (*CREF*) incarnation *f*.
ymgodi *bg* (*castell ayb*) s'élever; (*môr, brest*) se soulever.
ymgodymu *bg* lutter, se battre; (*ffig*) se débattre, lutter; (*CHWAR*) catcher, faire du catch; **gornest** ~ rencontre *f* de lutte *neu* de catch.
ymgodymwr (**ymgodymwyr**) *g* lutteur *m*, catcheur *m*.
ymgodymwraig (**ymgodymwragedd**) *b* lutteuse *f*, catcheuse *f*.
ymgofleidio *bg* s'embrasser.
ymgolli *bg*: ~ **yn rhth** être absorbé(e) par qch, être plongé(e) dans qch.
ymgom (**-ion**) *b* conversation *f*, causette* *f*; (*mewn drama*) dialogue *m*.
ymgomio *bg* causer, s'entretenir, dialoguer, converser, bavarder*.
ymgomiwr (**ymgomwyr**) *g* causeur *m*.
ymgomwraig (**ymgomwragedd**) *b* causeuse *f*.
ymgorffori *ba* incorporer; (*cynnwys*) contenir; (*agwedd*) personnifier.
ymgorfforiad (**-au**) *g* incarnation *f*, personnification *f*.
ymgosbi *bg* se punir, se châtier.
ymgrafu *bg* se gratter.
ymgrebachu *bg* se dessécher, se ratatiner, se recroqueviller.
ymgreinio *bg* (*llyth*) se prosterner; (*ffig*) ramper.
ymgripian, **ymgripio** *bg* se traîner, ramper.
ymgroesi *bg* (*CREF*) se signer, faire le signe de la croix.
ymgrogi *bg* se pendre.
ymgropian *bg* se traîner, ramper.
ymgrwydro *bg* errer.
ymgryfhau *bg* se fortifier, devenir plus fort(e).
ymgrymiad (**-au**) *g* révérence *f*, inclination *f* du buste *neu* du corps.
ymgrymu *bg* faire une révérence, s'incliner, se pencher.
ymgrynhoi *bg gw.* **ymgynull**.
ymguddio *bg* se cacher.
ymgurio *bg* dépérir.
ymguro *bg* se battre, lutter.
ymgusanu *bg* s'embrasser l'un(e) l'autre.
ymgydnabod *bg*: ~ **(â rhth)** se familiariser (avec qch).
ymgyfaddasu *bg* s'adapter.
ymgyfamodi *bg*: ~ **â rhn am rth** convenir de qch avec qn.
ymgyfarfod *bg* se réunir, se retrouver, se rejoindre.
ymgyfarfyddiad (**-au**) *g* rencontre *f*, réunion *f*, rendez-vous *m inv*.
ymgyfarwyddo *bg gw.* **ymgynefino**.
ymgyflwyno *bg* se présenter; (*ymgysegru*) se dévouer.
ymgyfodi *bg* s'élever.
ymgyfoethogi *bg* s'enrichir.
ymgyfreithio *bg* plaider; ♦*g* litige *m*.
ymgyfreithiwr (**ymgyfreithwyr**) *g* plaideur *m*.
ymgyfreithwraig (**ymgyfreithwragedd**) *b* plaideuse *f*.
ymgyfuno *bg* s'unir, s'allier (à/avec qch).
ymgyfyngu *bg*: ~ **i** se borner à, se limiter à.
ymgyffelybu *bg* se ressembler (l'un(e) à l'autre).
ymgyffesu *bg* se confesser.
ymgyffroi *bg* s'exciter, s'agiter, s'énerver, se monter la tête*.
ymgyffwrdd *bg* toucher, être en contact, prendre contact, entrer en contact.
ymgynghori *bg* se consulter; ~ **â rhn (ynghylch rhth)** consulter qn (à propos de qch); **ystafell** ~ cabinet *m* de consultation.
ymgynghoriad (**-au**) *g* consultation *f*.
ymgynghorol *ans* consultatif(consultative); **meddyg** ~ médecin *m* consultant; ♦ **yn** ~ *adf* à titre consultatif.
ymgynghorydd (**ymgynghorwyr**) *g* conseiller *m*, conseillère *f*; (*swyddogol, ffurfiol*) consultant *m*, consultante *f* expert-conseil(~s-~s) *m*.
ymgynghreirio *bg* former une alliance, s'allier
ymgymeriad (**-au**) *g* entreprise *f*.
ymgymerwr (**ymgymerwyr**) *g* entrepreneur *m*.
ymgymhwyso *bg* obtenir son diplôme.
ymgymryd *bg*: ~ **â** (*gwaith, tasg*) entreprendre; (*dyletswydd*) se charger de; ~ **â gwneud rhth** s'engager à faire qch.
ymgymysgu *bg* s'entremêler; ~ **â** se mêler à, se mélanger à, s'entremêler.
ymgyndynnu *bg* s'obstiner.
ymgynddeiriogi *bg* enrager, s'emporter.
ymgynefino *bg*: ~ **â** s'habituer à, s'accoutumer à; (*dod yn gyfarwydd â*) se familiariser avec.
ymgynhesu *bg* se chauffer, se réchauffer.
ymgynhyrfu *bg* s'exciter, s'agiter, s'énerver, se monter la tête*.
ymgynnal *bg* s'entretenir.
ymgynnig *bg* s'offrir, se proposer, se présenter.
ymgynnull *bg* se rassembler, s'assembler, se

réunir.

ymgyplysu *bg* s'accoupler.

ymgyrch (**-oedd**) *g,b* campagne *f*, expédition *f*.

ymgyrchu *bg* faire campagne; ~ **dros/yn erbyn** militer pour/contre;
♦*g* campagne *f*; **wedi 10 mlynedd o** ~ au bout de 10 ans de campagne.

ymgyrchwr (**ymgyrchwyr**) *g* militant *m*; (*GWLEID*) candidat *m* en campagne (électorale), membre *m* de l'état-major (*d'un candidat*).

ymgyrchwraig (**ymgyrchwragedd**) *b* militante *f*; (*GWLEID*) candidate *f* en campagne (électorale), membre *m* de l'état-major (*d'un candidat*).

ymgyrraedd *bg*: ~ **at rth** (*dyheu am*) aspirer à faire qch; (*cyrraedd*) atteindre qch.

ymgysegriad (**-au**) *g* engagement *m*, dévotion *f*.

ymgysegru *bg*: ~ **(i)** se dévouer (à), se consacrer (à), consacrer sa vie *neu* son temps (à), s'engager à.

ymgysgodi *bg* s'abriter.

ymgysuro *bg* se consoler.

ymgysylltu *bg* s'associer.

ymgythruddo *bg* enrager, s'emporter.

ymgywilyddio *bg* avoir honte.

ymharddu *bg* se faire une beauté.

ymhél *bg*: ~ **â** (*hobi ayb*) se mêler de, s'occuper un peu de; (*busnesa*) se mêler de, s'occuper de; (*gan gyffwrdd â*) toucher à.

ymhelaethu *bg*: ~ **ar** s'étendre sur.

ymhelcyd *ba* chasser, poursuivre.

ymhell *adf* loin; ~ **i ffwrdd** au loin, dans le lointain; ~ **o** loin de; ~ **ar y blaen** bien en avant *gw. hefyd* **pell**.

ymhellach *adf* (*pellter*) plus loin; (*mwy*) davantage, plus; (*yn ogystal*) de plus, en outre, qui plus est.

ymhen *ardd* dans, au bout de; **fe'th welaf** ~ **tair wythnos** je te reverrai dans trois semaines; ~ **yr wythnos** à la fin de la semaine; **mi fyddaf yn ôl** ~ **wythnos** je serai de retour au bout d'une semaine.

ymherodr (**ymerodron**) *g* empereur *m*.

ymhle *adf* (= *ym mha le*) *gw.* **ble**.

ymhlith *ardd* (yn ein plith, yn eich plith, yn eu plith) parmi, entre; **yn ein plith** parmi nous.

ymhlyg *ans* implicite.

ymhoelyd *bg* se retourner; (*cerbyd*) se renverser; (*cwch*) chavirer.

ymholi *bg*: ~ **(ynghylch)** se renseigner (sur), s'informer (de).

ymholiad (**-au**) *g* demande *f* de renseignements; **swyddfa** ~**au** bureau(-x) *m* de renseignements.

ymholwr (**ymholwyr**) *g* demandeur *m* de renseignements.

ymholwraig (**ymholwragedd**) *b* demandeuse *f* de renseignements.

ymhollti *bg* se scinder, se fendre.

ymhongar *ans* (*llais*) assuré(e); (*personoliaeth*) affirmé(e).

ymhonni *bg* se prétendre; ~**'n artist** se faire passer pour un(e) artiste.

ymhonnwr (**ymhonwyr**) *g* imposteur *m*; (*i'r orsedd*) prétendant *m*.

ymhoywi *bg* s'égayer.

ymhŵedd *bg*: ~ **(ar rn)** supplier (qn), implorer (qn).

ymhyfrydu *bg*: ~ **(yn)** prendre grand plaisir (à), se délecter (de), se complaire (à).

ymiacháu *bg* guérir, se porter mieux.

ymlaciad (**-au**) *g* (*cyhyrau*) relâchement *m*; (*meddwl*) détente *f*, relaxation *f*; (*gorffwys*) détente, délassement *m*, relaxation; (*gafael*) relâchement, desserrement *m*.

ymlaciedig *ans* détendu(e), décontracté(e); (*cyhyr*) relâché(e).

ymlacio *ba* (*cyhyrau*) relâcher;
♦*bg* (*rhn*) se détendre, se décontracter; (*cyhyrau*) se relâcher, se décontracter.

ymlaciol *ans* délassant(e), reposant(e).

ymladd *ba* (*brwydr*) livrer; (~ *achos: cyfreithiwr*) défendre une cause; (*achwynydd, diffynnydd*) être en procès (avec qn);
♦*bg* se battre; (*ffig*) lutter; ~ **â** se battre contre; ~ **yn erbyn** (*rhn*) se battre contre; (*salwch ayb*) combattre, lutter contre; ~ **am eich bywyd** lutter pour la vie; ~ **dros eich gwlad** combattre *neu* se battre pour sa patrie; ~ **mewn etholiad** se présenter à une élection;
♦*g* (**-au**) (*MIL*) combats *mpl*; (*ffrwgwd*) bagarres* *fpl*; **awyren** ~ chasseur *m*; **peilot awyren** ~ pilote *m* de chasse; ~ **teirw** courses *fpl* de taureaux.

ymlâdd *bg* s'épuiser; **wedi** ~ épuisé(e), éreinté(e), complètement fourbu(e).

ymladdfa (**ymladdfâu, ymladdfeydd**) *b* lutte *f*, bataille *f*, combat *m*; ~ **deirw** course *f* de taureaux, corrida *f*.

ymladdgar *ans* agressif(agressive), pugnace;
♦ **yn** ~ *adf* agressivement.

ymladdgarwch *g* agressivité *f*.

ymladdwr (**ymladdwyr**) *g* lutteur *m*, combattant *m*; ~ **teirw** matador *m*, torero *m*.

ymladdwraig (**ymladdwragedd**) *b* lutteuse *f*, combattante *f*.

ymlaen *adf* (yn fy mlaen, yn dy flaen, yn ei flaen, yn ei blaen, yn ein blaenau, yn eich blaen(au), yn eu blaenau)
1 (*symudiad*) en avant; **cerdded** ~ avancer; **symud rhth** ~ avancer qch; **yn syth** ~ tout droit; **anfon** ~ (*llythyr*) faire suivre, réexpédier; **y ffordd** ~ (*ffig*) le chemin à suivre, la clé de l'avenir; ~ **â ni** en avant; ~ **â chi!** allez toujours!, en avant! *gw. hefyd* **mynd**.
2 (*nad yw wedi diffodd*) allumé(e); **mae'r nwy yn dal** ~ le gaz est toujours allumé *gw. hefyd*

troi.
3 (*amser*): **o'r dydd hwnnw** ~ depuis ce jour, à partir de ce jour-là, désormais; **o hyn** ~ dorénavant; **o hynny** ~ à partir de ce moment-là; ~ **llaw** au préalable, à l'avance; **yn nes** ~ plus tard; **yn nes** ~ **heddiw** plus tard dans la journée; **ac felly** ~ et ainsi de suite *gw. hefyd* **edrych**.
4 (*yn cael ei gynnal*): **ydy'r gêm yn dal** ~? est-ce que le match aura toujours lieu?; **beth sydd** ~ **heddiw?** qu'est-ce qui se passe aujourd'hui? *gw. hefyd* **blaen**.
ymlaesu *bg* ralentir, faiblir, s'épuiser, (se) fatiguer.
ymlafnio *bg* (*gwneud ymdrech*) se dépenser, s'évertuer, s'efforcer; (*gweithio'n galed*) travailler dur, peiner, faire de son mieux; ~ **i wneud rhth** s'efforcer de faire qch.
ymlafurio *bg* peiner, travailler, s'évertuer.
ymlanhau *bg* faire sa toilette.
ymlawenhau *bg*: ~ **(ynghylch)** se réjouir (de).
ymledaenu *bg* se répandre, se déployer, s'étendre.
ymlediad (**-au**) *g* extension *f*, développement *m*.
ymledol *ans* (*haint*) qui s'étend; (*newyddion*) qui se propage *neu* se répand.
ymledu *bg* (*mynd ymhellach: haint*) s'étendre; (:*newyddion*) s'étendre, se répandre, se propager; (:*staen*) s'étaler; (*mynd yn fwy: masnach, dylanwad*) se développer, s'étendre; (*poblogaeth, cynhyrchu*) s'accroître.
ymleihau *bg* diminuer, décroître.
ymlenwi *bg* se remplir.
ymlewyrchu *bg* briller.
ymlid *ba* poursuivre, pourchasser;
♦*g* (**-iau**) chasse *f*, poursuite *f*.
ymlidiwr (**ymlidwyr**) *g* poursuivant *m*.
ymlidwraig (**ymlidwragedd**) *b* poursuivante *f*.
ymlithro *bg* glisser.
ymliw[1] (**-iau**) *g* reproche *m*.
ymliw[2], **ymliwio** *ba, bg gw.* **edliw**.
ymloddesta *bg* festoyer.
ymlonni *bg* se dérider, s'égayer.
ymlonyddu *bg* se calmer, s'apaiser.
ymlosgi *bg* (se) brûler.
ymloywi *bg* s'éclairer.
ymluchio *bg* se jeter.
ymluosogi *bg* se multiplier.
ymlusgiad (**ymlusgiaid**) *g* reptile *m*.
ymlusgo *bg* ramper;
♦*g* (*nofio*) crawl *m*.
ymlusgol *ans* reptilien(ne).
ymlwybro *bg* se diriger, s'acheminer.
ymlygriad (**-au**) *g* corruption *f*.
ymlygru *bg* se corrompre.
ymlyniad *g* adhésion *f*, attachement *m*, loyauté *f*, fidélité *f*.
ymlynu *bg*: ~ **wrth** adhérer à.
ymlynwr (**ymlynwyr**) *g* adhérent *m*.
ymlynwraig (**ymlynwragedd**) *b* adhérente *f*.
ymneilltuad *g* retraite *f*, solitude *f*.
ymneilltuaeth *b* non-conformisme *m*.
ymneilltuo *bg* se retirer.
ymneilltuol *ans* (*CREF*) non-conformiste.
ymneilltuwr (**ymneilltuwyr**) *g* (*CREF*) non-conformiste *m*.
ymneilltuwraig (**ymneilltuwragedd**) *b* (*CREF*) non-conformiste *f*.
ymnerthu *bg* se fortifier, devenir plus fort(e) *neu* vigoureux(vigoureuse).
ymnesáu *bg*: ~ **(at)** approcher *neu* s'approcher (de).
ymnoethi *bg* se mettre nu(e), se déshabiller.
ymnyddu *bg* se tortiller, frétiller, se trémousser.
ymnythu *bg* se nicher.
ymochel, **ymochelyd** *bg*
1 (*cysgodi*) s'abriter; ~ **rhag y glaw** s'abriter de la pluie.
2 (*osgoi*): ~ **rhag rhth** éviter qch.
ymofidio *bg* s'affliger, se désoler.
ymofyn *ba* (*hefyd:* **mofyn, moyn**)
1 (*mynd i nôl*) aller chercher; **cer i** ~ **torth** va chercher du pain *gw. hefyd* **nôl**.
2 (*dymuno*) vouloir, désirer, souhaiter; **mae hi'n** ~ **pisyn o deisen** elle veut une tranche de gâteau *gw. hefyd* **eisiau**.
ymofyngar *ans* curieux(curieuse);
♦ **yn** ~ *adf* avec curiosité.
ymofyniad (**-au**) *g* demande *f* de renseignements.
ymofynnol *ans* investigateur(investigatrice), interrogateur(interrogatrice).
ymofynnydd (**ymofynwyr**) *g gw.* **ymholwr, ymholwraig**.
ymogel *bg*: ~ **(rhag rhth)** se méfier (de qch).
ymogoneddu *bg*: ~ **(yn rhth)** se glorifier (de qch).
ymogwyddo *bg* s'incliner.
ymolchfa (**ymolchfeydd**) *b* lavabo *m*.
ymolchi *bg* se laver, faire sa toilette; ~ **cath** chat *m* qui fait sa toilette; **bag** ~ trousse *f* de toilette; **basn** ~ lavabo *m*; **gwlanen** ~ gant *m* de toilette; **ystafell** ~ salle *f* de bains.
ymolchiad (**-au**) *g*: **rhoi** ~ **i rn** laver qn; **cael** ~ faire sa toilette.
ymollwng *bg* (*i gadair ayb*) s'affaisser, s'enfoncer; ~ **i wylo** fondre en larmes.
ymorol *bg*: ~ **am** s'occuper de, se charger de, veiller à.
ymosod *bg*: ~ **ar** (*yn gorfforol*) agresser, attaquer, violenter; (*tasg, problem*) s'attaquer à; (*MIL*) attaquer, assaillir.
ymosodiad (**-au**) *g* (*corfforol*) agression *f*; (*MIL*) offensive *f*, attaque *f*; ~ **ar enw da rhn** attaque contre la réputation de qn; ~ **ar fywyd rhn** attentat *m* contre qn; ~ **a churo**, ~ **a tharo** (*CYFR*) voies *fpl* de fait, coups *mpl* et blessures *fpl*.
ymosodol *ans* agressif(agressive), pugnace; (*arf*) offensif(offensive); (*gwlad*) agresseur;

♦ **yn** ~ *adf* agressivement.
ymosodwr (**ymosodwyr**) *g* agresseur *m*, assaillant *m*.
ymosodwraig (**ymosodwragedd**) *b* assaillante *f*.
ymostegu *bg* (*llonyddu*) se calmer; (*distewi*) se taire.
ymostwng *bg* s'abaisser; (*ildio*) capituler, se soumettre; ~ **i'r drefn** accepter l'inévitable *neu* l'inéluctable, être stoïque.
ymostyngar *ans* soumis(e), humble, stoïque, résigné(e), docile;
♦ **yn** ~ *adf* de façon soumise, humblement, stoïquement, docilement, avec résignation.
ymostyngarwch *g* soumission *f*, docilité *f*, humilité *f*.
ymostyngiad (**-au**) *g* capitulation *f*, soumission *f*.
ymostyngol *ans gw.* **ymostyngar**.
ympryd (**-iau**) *g* jeûne *m*; (*streic lwgu*) grève *f* de la faim.
ymprydio *bg* jeûner; (*mynd ar streic lwgu*) entamer *neu* faire une grève de la faim.
ymprydiwr (**ymprydwyr**) *g* jeûneur *m*.
ymprydwraig (**ymprydwragedd**) *b* jeûneuse *f*.
ymrafael *bg* se disputer, se quereller, se chamailler*;
♦*g* (*ffrae*) querelle *f*, rixe *f*; (*cynnen*) dispute *f*, prise *f* de bec*, chamaillerie* *f*; (*gwrthdaro*) conflit *m*.
ymrafaelgar *ans* querelleur(querelleuse), chamailleur(chamailleuse)*;
♦ **yn** ~ *adf* de façon querelleuse.
ymrafaelio *bg gw.* **ymrafael**.
ymrafaeliwr (**ymrafaelwyr**) *g* querelleur *m*, chamailleur* *m*.
ymrafaelwraig (**ymrafaelwragedd**) *b* querelleuse *f*, chamailleuse* *f*.
ymraniad (**-au**) *g* scission *f*, division *f*, séparation *f*.
ymrannu *bg* se diviser, se scinder, se séparer; (*tyrfa*) s'ouvrir; (*ffordd*) bifurquer.
ymrannwr (**ymranwyr**) *g* séparatiste *m*.
ymranwraig (**ymranwragedd**) *b* séparatiste *f*.
ymremian *bg* chamailler*
ymreolaeth *b* autonomie *f*.
ymreolwr (**ymreolwyr**) *g* partisan *m* de l'autonomie, autonomiste *m*.
ymreolwraig (**ymreolwragedd**) *b* partisane *f* de l'autonomie, autonomiste *f*.
ymrestriad (**-au**) *g* engagement *m*, enrôlement *m*.
ymrestru *bg* s'engager, s'enrôler.
ymresymiad (**-au**) *g* raisonnement *m*.
ymresymu *bg* raisonner.
ymresymwr (**ymresymwyr**) *g* raisonneur *m*.
ymresymwraig (**ymresymwragedd**) *g* raisonneuse *f*.
ymrithiad (**-au**) *g* manifestation *f*, apparition *f*.
ymrithio *bg* se manifester, apparaître.
ymroad *g gw.* **ymroddiad**.
ymroddedig *ans* dévoué(e), assidu(e);
♦ **yn** ~ *adf* assidûment, avec dévouement.
ymroddi *bg gw.* **ymroi**.
ymroddiad *g* dévouement *m*, application *f* engagement *m*, assiduité *f*.
ymroddol *ans gw.* **ymroddedig**.
ymroi *bg*: ~ **(i)** s'adonner (à), se livrer (à); (*tasg, gwaith*) s'appliquer (à), se mettre (à).
ymron *adf* presque *gw. hefyd* **bron**³.
ymrwyfo *bg* se débattre, se démener.
ymrwygo *bg* crever.
ymrwymiad (**-au**) *g* engagement *m*, promesse *f*.
ymrwymo *bg*: ~ **(i)** s'engager (à).
ymryddhau *bg* se libérer, se dégager.
ymryson *bg*: ~ **â** (*brwydro*) lutter avec; (*cystadlu*) rivaliser avec, faire concurrence à, concurrencer;
♦*g* (**-au**) lutte *f*; (*cynnen*) dispute *f*; (*gwrthdaro*) conflit *m*, dissensions *fpl*; (*cystadleuaeth*) concours *m*, compétition *f*; **Y~ y Beirdd** *concours de poètes gallois.*
ymrysongar *ans* en lutte, opposé(e), rival(e)(rivaux, rivales); (*cwerylgar*) querelleur(querelleuse);
♦ **yn** ~ *adf* de façon querelleuse.
ymrysonwr (**ymrysonwyr**) *g* compétiteur *m*, concurrent *m*.
ymrysonwraig (**ymrysonwragedd**) *b* compétitrice *f*, concurrente *f*.
ymsaethu *bg* se lancer, s'élancer.
ymsefydlu *bg* s'installer, se fixer; ~ **mewn gwlad** (*gwladychu*) s'établir dans un pays, coloniser un pays.
ymsefydlwr (**ymsefydlwyr**) *g* colon *m*.
ymseisnigo *bg* s'angliciser.
ymserchu *bg*: ~ **yn rhth** se passionner pour qch.
ymson *bg* monologuer, faire un soliloque;
♦*g* (**-au**) monologue *m*, soliloque *m*.
ymsuddiad, **ymsuddiant** *g* affaissement *m*.
ymsuddo *bg* (*i gadair*) s'affaisser; (*llong*) sombrer, couler à fond.
ymswyno *bg* (*CREF: gwneud arwydd y groes*) se signer.
ymsymud *bg* se mouvoir, se déplacer.
ymsythu *bg* se pavaner.
ymunioni *bg* se redresser.
ymuno *bg*
1 (*ymaelodi*): ~ **(â)** s'inscrire (à); ~ **â'r fyddin** s'engager à l'armée.
2 (*cymryd rhan*): ~ **yn rhth** participer *neu* se mêler à qch.
3 (*cyfarfod*) rejoindre, se joindre (à).
ymwadiad (**-au**) *g* renonciation *f*, renoncement *m*.
ymwadu *bg*: ~ **â rhth** renoncer à qch.
ymwadwr (**ymwadwyr**) *g* renonciateur *m*.
ymwadwraig (**ymwadwragedd**) *b* renonciatrice *f*.

ymwahanu *bg* se séparer.
ymwahanwr (**ymwahanwyr**) *g* séparatiste *m*.
ymwahanwraig (**ymwahanwragedd**) *b* séparatiste *f*.
ymwared, **ymwarediad** *g* délivrance *f*, libération *f*.
ymwasgaru *bg* se disperser.
ymwasgu *bg* s'embrasser.
ymweithiad (**-au**) action *f*; (*FFIS*) réaction *f*; (*gwin ayb*) fermentation *f*.
ymweithio *bg* agir; (*FFIS*) réagir; (*gwin ayb*) fermenter.
ymweithydd (**-ion**) *g* réacteur *m*.
ymweld *bg*: ~ **â** (*rhn*) rendre visite à; (*lle*) visiter; **oriau** ~ heures *fpl* de visite; **cerdyn** ~ carte *f* de visite.
ymweliad (**-au**) *g* visite *f*; (*i aros*) séjour *m*; **ar** ~ **preifat/swyddogol** en visite privée/officielle.
ymwelydd (**ymwelwyr**) *g* visiteur *m*, visiteuse *f*; (*mewn gwesty*) client *m*, cliente *f*; (*ar wyliau*) voyageur *m*, voyageuse *f*, vacancier *m*, vacancière *f*, touriste *m/f*; ~ **iechyd** infirmier(infirmière) *m/f* des services sociaux.
ymwingo *bg* se tordre.
ymwisgo *bg* s'habiller.
ymwneud *bg*: ~ **â** traiter de, concerner; **mae'r llyfr hwn yn** ~ **â cherddoriaeth** ce livre traite de la musique; **mae'r ffilm yn** ~ **â thri gangster** dans ce film il s'agit de trois bandits.
ymwregysu *bg* se ceindre.
ymwresogi *bg* se chauffer, se réchauffer.
ymwroli *bg* prendre courage, s'enhardir.
ymwrthod *bg*: ~ **â rhth** s'abstenir de qch, renoncer à qch, refuser qch.
ymwrthodiad (**-au**) *g* refus *m*, abstention *f*, renonciation *f*; **llwyr** ~ abstention totale.
ymwrthodol *ans* qui ne boit pas d'alcool.
ymwrthodwr (**ymwrthodwyr**) *g* (*dirwestwr*) homme *m* qui ne boit jamais d'alcool.
ymwrthodwraig (**ymwrthodwragedd**) *b* (*dirwestwraig*) femme *f* qui ne boit jamais d'alcool.
ymwthgar *ans* intrus(e), qui se met trop en avant, importun(e), indiscret(indiscrète); (*difr*) arriviste, arrogant(e), interlope;
♦ **yn** ~ *adf* importunément.
ymwthgarwch *g* importunité *f*, indiscrétion *f*.
ymwthiad (**-au**) *g* intrusion *f*.
ymwthio *bg* (*ffig*) être importun(e); ~ **i** (*sgwrs*) s'immiscer dans; ~ **drwy'r dorf** se frayer un chemin à travers la foule; ~ **i mewn i** se glisser en poussant dans.
ymwthiol *ans* importun(e); (*DAEAR*) injecté(e), d'intrusion.
ymwthiwr (**ymwthwyr**) *g* intrus *m*.
ymwthwraig (**ymwthwragedd**) *b* intruse *f*.
ymwybod *g*: **yr** ~ (*SEIC, ATHRON*) le conscient *m*.
ymwybodol *ans* conscient(e); **dod yn** ~ **o rth** prendre conscience de qch; **gwneud pobl yn fwy** ~ **o rth** sensibiliser le public à qch.
ymwybyddiaeth (**-au**) *b* conscience *f*; (*MEDD*) connaissance *f*.
ymwylltio *bg* s'emporter, enrager, devenir fou furieux(folle furieuse).
ymyl (**-on**, **-au**) *g,b* bord *m*, marge *m*; (*ffordd*) bas-côté *m*, accotement *m*; **yn** ~ **rhth**, **wrth** ~ **rhth** tout près de qch, à proximité de qch, avoisinant qch, en marge de qch; **pobl yr** ~**on** les marginaux; **byw ar** ~**on cymdeithas** vivre en marge de la société, être marginal(e)(marginaux, marginales).
ymylol *ans* marginal(e)(marginaux, marginales), périphérique; **sedd** ~ (*GWLEID*) siège *m* disputé;
♦ **yn** ~ *adf* marginalement.
ymylu *ba* border, franger;
♦*bg*: ~ **ar** border, être voisin(e) de, toucher à, approcher de, friser; **mae'n** ~ **ar fod yn anweddus** cela frise l'indécence.
ymylwaith (**ymylweithiau**) *g* frange *f*, lisière *f*.
ymylwe (**-oedd**) *b* lisière *f*.
ymyrgar *ans* importun(e), indiscret(indiscrète);
♦ **yn** ~ *adf* importunément, indiscrètement.
ymyrraeth *bg gw.* **ymyrryd**;
♦*g* (**-au**) (*cyff*) intrusion *f*, intervention *f*; (*ym musnes pobl*) ingérence *f*; (*ar radio, ar deledu ayb*) parasites *mpl*, interférence *f*.
ymyrryd *bg* s'immiscer; ~ **mewn ffrae** s'immiscer dans une dispute; ~ **ym musnes rhn** se mêler *neu* intervenir aux affaires de qn; ~ **â chynlluniau rhn** contrecarrer *neu* entraver les projets de qn; **peidiwch ag** ~**!** mêlez-vous de ce qui vous regarde!; ~ **yn anweddus â rhn** se livrer à des attouchements sur qn, tripoter* qn.
ymysg *ardd* (yn ein mysg, yn eich mysg, yn eu mysg) parmi, entre, au milieu de.
ymysgaroedd *ll* intestins *mpl*, boyaux *mpl*.
ymysgwyd *bg* se remuer, s'activer, se grouiller*.
ymystwyrian, **ymystwyro** *bg* s'étirer et bâiller, se remuer, s'activer, se grouiller*.
yn[1], **yng**, **ym** *ardd* (ynof fi, ynot ti, ynddo ef, ynddi hi, ynom ni, g chi, ynddynt hwy/ynddyn nhw)
1 (*lle: cyff*) dans; ~ **y rhewgell** dans le frigo*; ~ **y tŷ** dans la maison; ~ **nhŷ rhn** chez qn; ~ **yr ardd** dans le jardin, au jardin; ~ **y dref** en ville; ~ **y wlad** à la campagne.
2 (*gydag enwau lleoedd*): ~ **Llundain** à Londres; ~ **Lloegr** en Angleterre; **yng Nghymru** au pays de Galles; ~ **yr Unol Daleithiau** aux États-Unis; **yng Ngheredigion** dans le Cardiganshire.
3 (*amser*) en; ~ **yr haf/yr hydref/y gaeaf** en été/automne/hiver; ~ **y gwanwyn** au printemps; **ym mis Mai** en mai, au mois de

mai; ~ **y bore** le matin; ~ **y prynhawn** l'après-midi, dans l'après-midi; ~ **y chwedegau** dans les années soixante.
4 (*dull, cyfrwng*) en, à; ~ **y ffasiwn** à la mode; ~ **Ffrangeg** en français; ~ **nhrefn yr wyddor** par ordre alphabétique, dans l'ordre alphabétique.
5 (*cyflwr*): **bod** ~ **eich dagrau** être en larmes; **bod** ~ **eich diod** être soûl(e)* *neu* ivre; **bod** ~ **eich dyblau** se tenir les côtes, rire à s'en tenir les côtes.
6 (*amgylchiadau, sefyllfa*): ~ **y tywyllwch** dans l'obscurité; ~ **y cysgod** à l'ombre; ~ **yr haul** au soleil; ~ **y glaw/yr eira** sous la pluie/la neige.
7 (*gwaith*): **mae'n gweithio** ~ **y diwydiant ceir** il travaille dans l'industrie automobile.
8 (*yn rhan o*): **bod** ~ **y tîm/grŵp** faire partie de l'équipe/du groupe; **bod** ~ **y fyddin** être dans l'armée.
9 (*yn bresennol neu'n gynhenid: yn rhn*) en; (:*mewn gwaith llenyddol*) chez; **mae ynddo'r gallu i lwyddo** il est fait pour réussir, il est capable de réussir; **yng ngwaith Molière** chez Molière, dans l'œuvre de Molière.
10 (*yn gwisgo*): ~ **ei slipars** en pantoufles; **'rwyt ti'n edrych yn ddel** ~ **y ffrog yna** tu es jolie avec cette robe; **y bachgen** ~ **y crys glas** le garçon à *neu* avec la chemise bleue.
11 (*o ran*): **dall** ~ **ei lygad chwith** aveugle de l'œil gauche; ~ **hynny o beth mae'n debyg i'w dad** en cela il ressemble à son père.
12 (*i ddynodi rhth yn fras*): **daethant** ~ **eu cannoedd/miloedd** ils sont venus par centaines/milliers; **mae hi** ~ **ei deugeiniau** elle a dépassé la quarantaine.
13 (*ar ôl gradd eithaf ansoddair*) de; **y mynydd uchaf** ~ **Ewrop** la montagne la plus haute d'Europe, la plus haute montagne d'Europe.
14 (*ar ôl rhai berfau*) en, à; **ymddiried** ~ avoir confiance en, faire confiance à; **ymhyfrydu** ~ prendre plaisir à; **credu** ~ **Nuw** croire en Dieu.
15 (*gyda rhagenwau atblygol*): **nid yw'n beth drwg ynddo'i hun** ce n'est pas une mauvaise chose en soi.

yn[2] *geir traethiadol*
1 (*o flaen ansoddair: i ddisgrifio enw neu ragenw*): **mae'r ardd** ~ **fawr** le jardin est grand; **'roeddwn** ~ **drist** j'étais triste; **mi fyddi di'n hapus** tu seras heureux(heureuse).
2 (*o flaen ansoddair: i ddisgrifio berf: h.y. adferfol*): **siarad** ~ **dawel** parler doucement; **cyffwrdd â rhth** ~ **ysgafn** toucher légèrement qch; **dewis** ~ **ofalus** choisir soigneusement *neu* avec soin; **cerdded** ~ **hamddenol** marcher sans se presser; **cysgodd** ~ **dda** il a bien dormi; **gwenodd** ~ **gas** elle a souri d'une manière désagréable.
3 (*o flaen enw: cyff*): **mae Paris** ~ **ddinas hardd** Paris est une belle ville; **mae'n gi ffyddlon** c'est un chien fidèle.
4 (*o flaen enw: galwedigaeth*): **mae hi'n ddeintydd** elle est dentiste, c'est une dentiste; **mae f'ewythr** ~ **forwr** mon oncle est marin.
5 (*ar ôl rhai berfau*): **galw rhn** ~ **ffŵl** traiter qn d'imbécile; **maent am enwi'r babi** ~ **Arthur** ils vont appeler le bébé Arthur; **dewis rhn** ~ **arweinydd** prendre qn pour chef; **ethol rhn** ~ **aelod** élire qn membre; **'rwy'n ei hystyried** ~ **fraint** je le considère comme un honneur.

yn[3] *ategydd berfol* (*o flaen berfenw fel rhan o ferf gyfansawdd*): **mae'r plant** ~ **chwarae** les enfants jouent; **'rwy'n canu** je chante; **mae hi wedi bod** ~ **gweithio drwy'r dydd** elle a travaillé toute la journée; **bydd y trên** ~ **cychwyn am bump o'r gloch** le train partira à cinq heures; **bu'n bwrw eira ddoe** il a neigé hier; **'roeddwn** ~ **gobeithio eich gweld** j'espérais vous voir; **'roedd wedi bod** ~ **pesychu drwy'r nos** il avait toussé toute la nuit; **ni fyddwn** ~ **dweud hynny** je ne dirais pas ça.

yna *adf*
1 (*lle*) là, là-bas; **mae hi** ~ **o hyd** elle est toujours là.
2 (*amser*) puis, ensuite; **aeth i Lundain yn gyntaf ac** ~ **i Baris** il est allé d'abord à Londres, puis *neu* et ensuite à Paris.
3 (*canlyniad*) alors; **os yw'n dy gredu,** ~ **mae'n fwy o ffŵl nag oeddwn yn ei feddwl** s'il te croit, alors il est encore plus idiot que je ne le pensais.
4 (*dangosol*): **y(r) ...** ~ (cofier: yn Ffrangeg mae'r rhain yn dod o flaen yr enw ac yn cytuno â'r enw hwnnw) ce *m*, cet *m*, cette *f*, ces *m/fpl*; (*pwysleisiol*) ce ...-là, cet ...-là, cette ...-là, ces ...-là; **y llyfr** ~ ce livre *m neu* ce livre-là *neu* ce livre que voilà; **y dyn** ~ cet homme(-là) *m*; **y wraig** ~ cette femme(-là) *f*, cette femme que voilà; **y llyfrau** ~ ces livres(-là); **y dynion** ~ ces hommes(-là), ces hommes que voilà; **y gwragedd** ~ ces femmes(-là), ces femmes que voilà.
▶ **mae yna ...** il y a ...; **mae** ~ **gath yn yr ardd** il y a un chat dans le jardin; **mae** ~ **dair ohonynt** il y en a trois *gw. hefyd* **bod**[1].

ynad (-on) *g* magistrat *m*, juge *m*; **Y**~ **Heddwch (Y.H.)** juge de paix; **Llys Ynadon** tribunal(tribunaux) *m* d'instance.

ynadaeth (-au) *b* magistrature *f*.

ynddi, ynddo, ynddynt *ardd gw.* **yn**[1].

ynfyd *ans* fou[fol](folle)(fous, folles); (*gwirion*) idiot(e), bête, stupide, malavisé(e); (*dig*) furieux(furieuse);
♦ **yn** ~ *adf* follement, de façon malavisée, stupidement, bêtement; (*yn ddig*) furieusement, en colère *gw. hefyd* **gwallgof**.

ynfydrwydd *g* folie *f*, démence *f*; (MEDD) aliénation *f* mentale *gw. hefyd* **gwallgofrwydd**.

ynfydu *bg* délirer.
ynfyten (**ynfydion**) *b* idiote *f*, imbécile *f*.
ynfytyn (**ynfydion**) *g* idiot *m*, imbécile *m*.
ynn *ll gw.* **onnen**.
ynni *g* énergie *f*; ~ **niwclear** énergie nucléaire; ~**'r haul** énergie solaire.
yno *adf* là, là-bas, y; **aeth ~ ddydd Gwener** il y est allé vendredi; **mynd ~ ac yn ôl** faire l'aller-retour; ~ **y gwelais i hi** c'est là que je l'ai vue.
ynoch, **ynof, ynom, ynot** *ardd gw.* **yn**[1].
yntau *rhag cysylltiol*
1 (*goddrych*): **mae ~'n mynd ar y trên** (*hefyd*) lui aussi, il prend le train; (*ar y llaw arall*) lui, il prend le train; **'dyw ~ ddim yn ei glywed** (*chwaith*) il ne l'entend pas non plus; (*ar y llaw arall*) lui, il ne l'entend pas.
2 (*gwrthrych*): **mi welais i ~ yn y sinema** (*hefyd*) je l'ai vu lui aussi au cinéma; (*ar y llaw arall*) lui, je l'ai vu au cinéma.
3 (*ar ôl arddodiad*): **o'i flaen ~** (*hefyd*) devant lui aussi; (*ar y llaw arall*) devant lui.
4 (*i ategu 'ei'*): **'roedd ei gôt ~ ar y gadair** (*hefyd*) son manteau à lui était aussi sur la chaise; (*ar y llaw arall*) son manteau à lui était sur la chaise.
▶ **ac yntau** (*hefyd*) lui aussi; **ei frawd ac ~** son frère et lui; **'rwyf fi'n gweithio ac ~'n cysgu!** (*gwrthgyferbyniol*) je travaille et lui, il dort!; **digwyddodd y ddamwain ac ~ ar ei wyliau** (*tra, pan*) l'accident est arrivé pendant qu'il était en vacances.
▶ **nac yntau** (*chwaith*) ni lui non plus.
ynte*, **yntefe*** *ebych* (*onid e*) n'est-ce pas.
ynteu *cys* (*i gyfleu'r dewis arall*): **ai ... ~ ...** est-ce ... ou bien; **ai ti ~ fi sy'n iawn?** est-ce que c'est toi ou bien moi qui a raison?; **te ~ coffi?** du thé, ou bien du café?;
♦*ebych* (*felly*) alors, dans ce cas; **beth wyt ti am imi ei wneud 'te?** bon alors, qu'est-ce que tu veux que je fasse *subj*?
Ynyd *g*: **Dydd Mawrth ~** le Mardi *m* gras.
ynydu *ba* (*i gymdeithas*) initier.
ynys (**-oedd**) *b* île *f*; ~ **anghyfannedd** île déserte; ~ **groesi** (*TRAFN*) refuge *m* pour piétons; **Y~ Afallon** l'île d'Avalon; **Y~ Bŷr** l'île de Caldey; **Y~ Cyprus** Chypre *f*; **Y~ Creta** la Crète *f*; **Y~ Enlli** l'île de Bardsey; **Y~ Manaw** l'île de Man; **Y~ Môn** l'île d'Anglesey; **yr Y~ Las** le Groenland *m*; **un o'r Y~ Las** Groenlandais *m*, Groenlandaise *f*; **Y~ yr Iâ** l'Islande *f*; **un o Y~ yr Iâ** Islandais *m*, Islandaise *f*; **yr Y~ Werdd** l'Irlande *f*; **Y~ Wyth** l'île de Wight; **Ynysoedd Canaria, yr Ynysoedd Dedwydd** les (îles) Canaries *fpl*; **Ynysoedd Erch** les Orcades *fpl*; **Ynysoedd Falkland** les îles Malouines; **Ynysoedd Ffaröe** les îles Féroé *neu* Féroés; **Ynysoedd Heledd** les Hébrides *fpl*; **Ynysoedd y De** l'Océanie *f*, la Polynésie *f*; **Ynysoedd y Sianel** les îles anglo-normandes.
ynysfor (**-oedd**) *g* archipel *m*.
ynysiad (**-au**) *g* isolation *f*; (*rhag sŵn*) insonoration *f*.
ynysig[1] *ans* insulaire;
♦ **yn ~** *adf* de façon insulaire.
ynysig[2] (**-au**) *b* (*ynys fechan*) îlot *m*.
ynysu *ba* isoler; (*rhag sŵn*) insonoriser.
ynyswr (**ynyswyr**) *g* habitant *m* d'une île, insulaire *m*.
ynyswraig (**ynyswragedd**) *b* habitante *f* d'une île, insulaire *f*.
yoga *g* yoga *m*; **gwneud ~** faire du yoga.
yr[1] *bannod bendant gw.* **y**[1].
yr[2] *geir rhagferfol gw.* **y**[2].
yr[3] *cys gw.* **y**[3].
yr[4] *geir perth gw.* **y**[4].
yrhawg *adf* dorénavant, désormais, à l'avenir; **ymhen ~** après quelque temps.
yrŵan *adf gw.* **rŵan, nawr**.
ys *cys* comme; ~ **dywed y Ffrancwr** comme dit le Français; ~ **gwn i** je me (le) demande.
ysbachu *ba gw.* **sbachu**.
ysbaddu *ba* châtrer, castrer.
ysbaid (**ysbeidiau**) *g,b* intervalle *f*, quelque temps *m*; (*yn y gwaith ayb*) pause *f*; **am ~** pendant quelque temps; **cael ~** faire une pause.
ysbail (**ysbeiliau**) *b* butin *m*.
ysbardun (**-au**) *g,b gw.* **sbardun**.
ysbarduno *ba gw.* **sbarduno**.
ysbawd (**ysbodau**) *b* (*cig*) épaule *f*.
ysbeidiol *ans* intermittent(e), occasionnel(le);
♦ **yn ~** *adf* de temps en temps, par intermittence, par intervalles.
ysbeilgar *ans* pillard(e);
♦ **yn ~** *adf* de façon pillarde.
ysbeiliad (**-au**) *g* pillage *m*.
ysbeilio *ba* piller.
ysbeiliwr (**ysbeilwyr**) *g* pilleur *m*.
ysbeilwraig (**ysbeilwragedd**) *b* pilleuse *f*.
ysbienddrych (**-au**) *g* téléscope *m*; ~ **dwbl,** ~ **dau lygad** jumelles *fpl*.
ysbigod (**au**) *b gw.* **sbigod**.
ysbigog *ans* armé(e) de pointes, épineux(épineuse).
ysbigoglys *g* (*PLANH*) épinards *mpl*.
ysbigyn (**ysbigau**) *g* pointe *f*; (*draenen*) épine *f*.
ysbincyn (**ysbincod**) *g* (*ADAR*) pinson *m*.
ysbïo *bg* (*GWLEID, MASN*) espionner, épier, faire de l'espionnage; ~ **ar rn** espionner qn; ~ **ar rth** épier qch *gw. hefyd* **sbïo, edrych**.
ysbïwr (**ysbïwyr**) *g* espion *m*.
ysbïwraig (**ysbïwragedd**) *b* espionne *f*.
ysbïwriaeth *b* espionnage *m*.
ysblander (**-au**) *g* splendeur *f*, magnificence *f*, éclat *m*, somptuosité *f*, faste *m*.
ysbleddach *b* réjouissances *fpl*, joyeux-ébats *mpl*, orgies *fpl*.
ysblennydd *ans* splendide, superbe,

magnifique, somptueux(somptueuse), fastueux(fastueuse);
♦ **yn** ~ *adf* splendidement, superbement, magnifiquement, somptueusement, fastueusement.
ysblent (**ysblennydd**) *b* escarpement *m*, précipice *m*.
ysbodol (**-au**) *b* spatule *f*.
ysbruddach *ans* triste, chagrin(e);
♦*g* tristesse *f*, chagrin *m*.
ysbrychu *ba* tacher (qch) de roux *neu* de rousseur.
ysbryd (**-ion, -oedd**) *g*
1 (*enaid*) esprit *m*, âme *f*; **yr Y~ Glân** le Saint-Esprit *m*.
2 (*hwyliau*) esprit *m*, état *m* d'esprit; **isel eich** ~ abattu(e), triste, découragé(e); **uchel eich** ~ plein(e) d'entrain, de bonne humeur.
3 (*drychiolaeth*) spectre *m*, esprit *m*, fantôme *m*, revenant *m*; ~ **swnllyd** (*poltergeist*) esprit frappeur; **credu mewn ~ion** croire aux fantômes.
ysbrydeg(i)aeth *b* spiritisme *m*.
ysbrydegol *ans* spiritiste.
ysbrydegydd (**ysbrydegwyr**) *g* spiritiste *m/f*.
ysbrydol *ans* spirituel(le);
♦ **yn** ~ *adf* spirituellement.
ysbrydoldeb *g* spiritualité *f*.
ysbrydoledig *ans* (*wedi'i ysbrydoli*) inspiré(e); (*sy'n ysbrydoli*) inspirant(e).
ysbrydoli *ba* inspirer.
ysbrydoliaeth *b* inspiration *f*.
ysbrydolrwydd *g* spiritualité *f*.
ysbwng *g gw.* **sbwng**.
ysbwriel *g gw.* **sbwriel**.
ysbyty (**ysbytai**) *g* hôpital(hôpitaux) *m*; **yn yr** ~ à l'hôpital; ~ **athrofaol** centre *m* hospitalo-universitaire, C.H.U. *m*; ~ **geni** maternité *f*; ~ **meddwl** hôpital psychiatrique.
ysbytywr (**ysbytywyr**) *g* (*HAN*) hospitalier *m*; (*MEDD*) aumônier *m*.
ysfa (**ysfeydd**) *b* (*llyth*) démangeaison *f*; (*ffig*) démangeaison, envie *f* pressante, forte envie, désir *m*.
ysgadenyn (**ysgadan**) *g* (*PYSG*) hareng *m*.
ysgafala *ans* (*dibryder*) sans souci, insouciant(e); (*siriol*) gai(e), joyeux(joyeuse), enjoué(e), spirituel(le);
♦ **yn** ~ *adf* sans souci, gaiement.
ysgafell (**-au**) *b* (*ar bared*) rebord *m*, saillie *f*; (*ar fynydd, clogwyn*) saillie (rocheuse), corniche *f*; (*o graig dan y dŵr*) écueil *m*; ~ **ffenestr** rebord de la fenêtre; ~ **gyfandirol** plate-forme(~s-~s) *f* continentale, plateau(-x) *m* continental; **edrych dan eich** ~ **ar rn** regarder qn en fronçant les sourcils.
ysgafn *ans* léger(légère); (*diod*) non-alcoolisé(e);
♦ **yn** ~ *adf* légèrement; (*teithio*) avec peu de bagages; **trin rhth yn** ~ prendre qch à la légère, faire peu de cas de qch.
ysgafnder, **ysgafndra** *g* légèreté *f*; (*difaterwch*) légèreté, manque *m* de sérieux.
ysgafndroed: **yn** ~ *adf* au pas léger.
ysgafnhau, **ysgafnu** *ba* alléger, réduire; (*poen*) soulager;
♦*bg* se réduire, diminuer; (*tywydd*) s'éclaircir, se lever; (*gwaith*) ralentir, devenir plus calme; (*traffig*) diminuer; (*poen*) se calmer, diminuer.
ysgaffaldiau *ll gw.* **sgaffaldiau**.
ysgallen (**ysgall**) *b* (*PLANH*) chardon *m*.
ysgallog *ans* plein(e) de chardons.
ysgaprwth *ans gw.* **sgaprwth**.
ysgar *ans*: **Llys Y~** *tribunal chargé des affaires matrimoniales.*
ysgaredig *ans* divorcé(e).
ysgariad (**-au**) *g* divorce *m*; **cael** ~ **â rhn** *ou* **oddi wrth rn** divorcer d'avec qn; **wedi cael** ~ divorcé(e); **gŵr wedi cael** ~ divorcé *m*; **gwraig wedi cael** ~ divorcée *f*.
ysgarlad *ans* écarlate;
♦*g* écarlate *f*.
ysgarmes *ayb* (**-au, -oedd**) *b gw.* **sgarmes**.
ysgarthiad (**-au**) *g* excrétion *f*.
ysgarthion *ll* excrément *m*.
ysgarthu *bg* excréter.
ysgaru *ba* divorcer;
♦*bg* divorcer; ~ **â rhn** divorcer d'avec qn.
ysgawen (**ysgaw**) *b* sureau(-x) *m*; **gwin** ~ vin *m* de sureau.
ysgèg (**ysgegiau**) *b gw.* **ysgegfa**.
ysgegfa (**ysgegfeydd**) *b* secousse *f*, cahot *m*, choc *m*.
ysgegiad (**-au**) *g gw.* **ysgegfa**.
ysgegio *ba* secouer, cahoter;
♦*bg* cahoter.
ysgeintell (**-i, -au**) *b* (*ar gyfer lawnt*) arroseur *m*; (*ar gyfer siwgr ayb*) saupoudreuse *f*.
ysgeintiad (**-au**) *g* (*gwasgariad: dŵr ayb*) quelques gouttes *fpl*; (:*tywod*) légère couche *f*; (:*blawd, siwgr*) petite pincée *f*, saupoudrage *m*.
ysgeintio *ba* (*siwgr*) saupoudrer; ~ **rhth â dŵr**, ~ **dŵr ar rth** arroser *neu* asperger qch d'eau; ~ **rhth â siwgr**, ~ **siwgr ar rth** saupoudrer qch de sucre; ~ **tywod ar** *ou* **dros rth** répandre une légère couche de sable sur qch; ~ **tywod/graean ar y ffordd** sabler/cendrer la route.
ysgeintiwr (**ysgeintwyr**) *g gw.* **ysgeintell**.
ysgeler *ans* atroce, mauvais(e), méchant(e), pervers(e);
♦ **yn** ~ *adf* atrocement, méchamment.
ysgelerder (**-au**) *g* atrocité *f*, énormité *f*.
ysgellyn *g gw.* **ysgallen**.
ysgerbwd (**ysgerbydau**) *g gw.* **sgerbwd**.
ysgerbydaidd *ans gw.* **sgerbydaidd**.
ysgethrin *ans* sévère, âpre, terrible.
ysgeuwedd *ans* insouciant(e), indifférent(e);
♦ **yn** ~ *adf* avec indifférence, comme si de

rien n'était.
ysgewyllen (**ysgewyll**) *b*: **ysgewyll Brwsel** choux *mpl* de Bruxelles.
ysgithr (**-au, -edd**) *g* (*eliffant*) défense *f*; (*ci*) croc *m*, dent *f*.
ysgithrog *ans* (*mynydd*) escarpé(e), rocheux(rocheuse); (*anifail*) armé(e) de dents *neu* crocs *neu* défenses.
ysgiw (**-ion**) *b* banc *m* à haut dossier.
ysglyfaeth (**-au**) *b* proie *f*; **'sglyfaeth** (*rhn budr, anweddus*) cochon* *m*, cochonne* *f*, salaud** *m*, salope** *f*.
ysglyfaethu *bg* faire sa proie.
ysglyfaethus *ans* (*aderyn ayb*) rapace; (*cyfoglyd*) sale, écœurant(e), nauséabond(e), dégoûtant(e); **aderyn** ~ oiseau(-x) *m* de proie; **anifail** ~ prédateur *m*;
♦ **yn** ~ *adf* (*yn gyfoglyd*) de façon écœurante.
ysglyfgar *ans* rapace, prédateur(prédatrice);
♦ **yn** ~ rapacement, de façon prédatrice.
ysglyfio *ba* faire sa proie de, saisir, arracher.
ysglyfiol *ans gw.* **ysglyfgar**.
ysgogi *ba* motiver; (*chwilfrydedd ayb*) exciter; (*helynt*) fomenter, provoquer.
ysgogiad (**-au**) *g* motif *m*, mobile *m*, impulsion *f*.
ysgogyn (**-nod**) *g* dandy *m*, freluquet *m*, fat *m*, petit-maître(~s-~s) *m*.
ysgol[1] (**-ion**) *b* (*cyff*) école *f*; (*cyfadran brifysgol*) faculté *f*; (*addysg*) instruction *f*; ~ **breswyl** internat *m*, pensionnat *m*; ~ **breifat**, ~ **fonedd** école privée; ~ **fabanod** classes *fpl* préparatoires entre 5 et 7 ans; ~ **feithrin** école maternelle; ~ **foduro**, ~ **yrru** auto-école *f*; ~ **gydaddysgol** école mixte; ~ **gyfun** (*yng Nghymru*) école publique secondaire; (*yn Ffrainc: 11-15 oed*) collège *m* d'enseignement secondaire, C.E.S. *m*; (:*15-18 oed*) lycée *m*; ~ **gynradd** école primaire; ~ **haf** université *f* d'été, cours *mpl* d'été; ~ **nos** cours du soir; ~ **ramadeg** école publique secondaire (*avec examen d'entrée*); ~ **Sul** école du dimanche, ≈ catéchisme *m*; ~ **uwchradd** (*yn Nghymru*) école (publique) secondaire; (*yn Ffrainc: i ddisgyblion 11-15 oed*) collège; (:*15-18 oed*) lycée; ~ **warchod** centre *m* d'éducation surveillée; **adroddiad** ~ bulletin *m* scolaire; **athro** ~ **gynradd** instituteur *m*; **athrawes** ~ **gynradd** institutrice *f*; **bachgen** ~ écolier *m*, collégien *m*, lycéen *m*; **merch** ~ écolière *f*, collégienne *f*, lycéenne *f*; **plant** ~ écoliers *mpl*, collégiens *mpl*, lycéens *mpl*; **dyddiau** ~ années *fpl* de scolarité *neu* d'école; **iard** ~ cour *f* de récréation; **llyfr** ~ livre *m* scolaire *neu* de classe; **oed** ~ âge *m* scolaire, scolarité *f*; **yn fy nyddiau** ~ du temps où j'allais en classe.
ysgol[2] (**-ion**) *b* échelle *f*; (*fach*) escabeau(-x) *m*; ~ **raff** échelle de corde; ~ **Fair** (*PLANH*) centaurée *f*.
ysgoldy (**ysgoldai**) *g* école *f*, (salle *f* de) classe *f*
ysgolfeistr (**-i**) *g* maître *m* d'école.
ysgolfeistres (**-i**) *b* maîtresse *f* d'école.
ysgolhaig (**ysgolheigion**) *g* érudit *m*, érudite *f*.
ysgolheictod *g* érudition *f*.
ysgolheigaidd *ans* érudit(e), savant(e);
♦ **yn** ~ *adf* de façon érudite.
ysgolor (**-ion**) *g* (*rhn dysgedig*) érudit *m*, érudite *f*; (*deiliad ysgoloriaeth*) boursier *m*, boursière *f*.
ysgoloriaeth (**-au**) *b* bourse *f* d'études.
ysgothi *bg* (*defaid*) avoir la diarrhée;
♦*g* diarrhée *f*.
ysgrafell (**-i, -od**) *b* (*crydd*) grattoir *m*; (*saer maen, paentiwr*) gratte *f*, racle *f*, raclette *f*, décapeuse *f*.
ysgrafelliad (**-au**) *g* coup *m* de râpe, coup de racloir; (*ar y croen*) écorchure *f*, éraflure *f*; (*TECH*) abrasion *f*.
ysgrafellog *ans* abrasif(abrasive), âpre.
ysgrafellu *ba* râper, racler; (*ceffyl*) étriller; (*croen*) écorcher, érafler.
ysgraff (**-au**) *b* péniche *f*, bac *m*, bachot *m*.
ysgraffiniad (**-au**) *g gw.* **sgraffiniad**.
ysgraffinio *ba gw.* **sgraffinio**.
ysgraffiniog *ans gw.* **sgraffiniog**.
ysgraffinydd (**-ion**) *g gw.* **sgraffinydd**.
ysgrech (**-au, -feydd, -iadau**) *b gw.* **sgrech**.
ysgrechian *bg gw.* **sgrechian**.
ysgrepan (**-au**) *b* musette *f*, sac *m* à dos.
ysgreten (**-nod**) *b* (*PYSG*) tanche *f*.
ysgrif (**-au**) *b* (*LLEN*) essai *m*, article *m*.
ysgrifbin (**-nau**) *g* stylo *m*, plume *f*.
ysgrifen *b* écriture *f*; ~ **redeg** *ou* **gysylltiedig** *ou* **sownd** cursive *f*; **mewn** ~ par écrit.
ysgrifenedig *ans* écrit(e).
ysgrifennu *ba* écrire; ~ **llythyr at rn** écrire une lettre à qn; ~ **rhth i lawr** (*cofnodi*) noter qch, coucher qch par écrit; **cas** ~ nécessaire *m* de correspondance; **desg** ~ secrétaire *m*; **papur** ~ papier *m* à lettres;
♦*bg* écrire;
♦*g* écriture *f*; ~ **creadigol** création *f* littéraire; (*yn yr ysgol*) composition *f*; **mewn** ~ **sownd** en cursive.
ysgrifennwr (**ysgrifenwyr**) *g* (*llenor*) auteur *m*, écrivain *m*.
ysgrifennydd (**ysgrifenyddion**) *g* secrétaire *m*; (*MASN*) secrétaire *m/f* général(e); **prif** ~ secrétaire général(e); **Prif Y~ y Cynulliad** *Secrétaire Général(e) de l'Assemblée nationale du pays de Galles*; **Y~ Gwladol dros Addysg** ministre *m* de l'Éducation; **Y~ Gwladol dros Gymru** ministre des affaires galloises; **Y~ Tramor** ministre des Affaires étrangères.
ysgrifenwraig (**ysgrifenwragedd**) *b* (*llenores*) femme *f* auteur, femme écrivain, auteur *m*, écrivain *m*.
ysgrifenyddes (**-au**) *b* secrétaire *f gw. hefyd*

ysgrifennydd.
ysgrifrwym (**-au**) *g* obligation *f*.
ysgryd (**-ion**) *g* frisson *m*, tremblement *m*; **hala ~ trwy rn** faire frissonner qn.
ysgrydio, **ysgrytian** *bg* frissonner, trembler.
ysgrythur (**-au**) *b*
1 (*CREF: Cristnogaeth*) Écriture *f* Sainte; (*:eraill*) écritures saintes.
2 (*addysg grefyddol*) instruction *f* religieuse.
ysgrythurol *ans* biblique, scriptural(e)(scripturaux, scripturales); ♦ **yn ~** *adf* dans le style biblique, d'après l'Écriture sainte.
ysgub (**-au**) *b* (*ŷd*) gerbe *f*; (*brwsh*) balai *m* (de bouleau).
ysgubell (**-au, -i**) *b* balai *m* (de bouleau).
ysgubiad (**-au**) *g* coup *m* de balai.
ysgubion *ll* balayures *fpl*.
ysgubo *ba* (*ystafell, stryd, eira*) balayer; (*simnai*) ramoner; **ysgubodd y sbwriel oddi ar y pafin** il a enlevé les ordures du trottoir d'un coup de balai; **ysgubwyd yr ymdrochwyr ymaith gan don enfawr** les baigneurs ont été emportés par une énorme vague; ♦*bg*: **~ heibio** passer majestueusement *neu* rapidement; **~ trwy** (*pla ayb*) sévir dans, parcourir.
ysgubol *ans* (*ystum*) large, circulaire; (*newid*) radical(e)(radicaux, radicales), fondamental(e)(fondamentaux, fondamentales), de grande portée, de grande envergure; **llwyddiant ~** un succès *m* retentissant *neu* fou; **buddugoliaeth ~** victoire *f* écrasante; **datganiad ~** une généralisation *f* hâtive; ♦ **yn ~** *adf* radicalement, fondamentalement.
ysgubor (**-iau**) *b* grange *f*; **~ ddegwm** grange pour les recettes de la dîme.
ysgubwr (**ysgubwyr**) *g*
1 (*rhn*) balayeur *m*; **~ simneiau** ramoneur *m*.
2 (*peiriant*) balayeuse *f*; **~ carpedi** balai *m* mécanique.
ysgubwraig (**ysgubwragedd**) *b* balayeuse *f*.
ysgutor (**-ion**) *g,b* (*CYFR*) exécuteur *m*, exécutrice *f* testamentaire.
ysguthan (**-od**) *b* (*ADAR*) pigeon *m*, ramier *m*; (*difr: merch*) garce** *f*, salope** *f*; **yr hen ~!** le *neu* la chameau!* *m,f*; **yr ~ fach!** petite friponne! *f*.
ysgwâr (**ysgwariau**) *g gw.* **sgwâr**.
ysgwrio *ba gw.* **sgwrio**.
ysgwyd *ba* secouer, agiter; (*potel*) secouer; (*adeilad*) ébranler, secouer; (*cynffon*) remuer; (*ffig*) bouleverser; **~ llaw â rhn** serrer la main à qn; **~ pen** (*i ddweud na*) dire *neu* faire non de la tête; (*:yn siomedig*) secouer la tête; ♦*bg* trembler.
ysgwydfa *b gw.* **ysgydwad**.
ysgwydd (**-au**) *b*
1 (*CORFF*) épaule *f*; **bag ~** sac *m* à bandoulière; **pont yr ~** (*CORFF*) clavicule *f*; **strap ~** bretelle *f*.
2 (*llain ar draffordd*); **~ galed/feddal** accotement *m* stabilisé/non stabilisé.
ysgwyddo *ba* assumer, endosser, se charger de.
ysgydwad (**-au**) *g* secousse *f*; (*ffig*) choc *m*, heurt *m*; **rhoi ~ i rn** secouer qn; (*ffig*) secouer qn, choquer qn, boulverser qn; **~ llaw** poignée *f* de main.
ysgydwol *ans* choquant(e), bouleversant(e); ♦ **yn ~** *adf* de façon choquante *neu* bouleversante.
ysgyfaint *b* poumon *m*; **canser yr ~** cancer *m* du poumon; **llid (ar) yr ~** pneumonie *f*; (*clefyd ar geffyl*) gourme *f*.
ysgyfarnog (**-od**) *b* lièvre *m*; **codi ~** lever *ou* déloger un lièvre, mettre debout un lièvre; (*ffig*) faire dévier la conversation.
ysgyfeiniol *ans* pulmonaire.
ysgyfeinwst *g* (*MEDD*) tuberculose *f* pulmonaire, phtisie *f*; (*MILF: ar geffyl*) gourme *f*.
ysgymun *ans* (*gwarthus*) exécrable, exécré(e), détesté(e), détestable; (*wedi ei (h)ysgymuno: CREF*) excommunié(e); **'roedd e'n ~** c'était un paria.
ysgymunbeth (**-au**) *g* tabou *m*.
ysgymundod *g* excommunication *f*.
ysgymunedig *ans* excommunié(e).
ysgymuno *ba* (*CREF*) excommunier.
ysgymunwr (**ysgymunwyr**) *g* fulminateur *m* de l'excommunication.
ysgyren (**ysgyrion**) *b* écharde *f*, éclat *m*; **torri'n ysgyrion** (se) fendre en éclats; **mae fy nghar i'n ysgyrion** ma voiture est bonne pour la casse.
ysgyrnygfa (**ysgyrnygfâu, ysgyrnygfeydd**) *b* grognement *m*.
ysgyrnygu *ba*: **~ dannedd** grincer des dents; ♦*bg* (*anifail*) gronder en montrant les dents, grogner férocement.
ysgytiad (**-au**) *g* choc *m*, heurt *m*.
ysgytian, **ysgytio** *ba* (*llyth*) heurter, secouer; (*ffig*) bouleverser, secouer.
ysgytiol *ans gw.* **ysgytwol**.
ysgytlaeth (**-au**) *g* milk-shake *m*.
ysgytwad (**-au**) *g* secousse *f*; (*ffig*) choc *m*, heurt *m*; **rhoi ~ i rn** secouer qn; (*ffig*) choquer qn, bouleverser qn.
ysgytwol *ans* bouleversant(e), choquant(e); ♦ **yn ~** *adf* de façon bouleversante *neu* choquante.
ysgythredig *ans* gravé(e).
ysgythriad (**-au**) *g* (*cyff*) gravure *f*; (*ar gopr, sinc*) gravure à l'eau-forte; (*darlun*) gravure, eau-forte(~x-~s) *f*.
ysgythrol *ans* gravé(e).
ysgythru *ba* (*cyff*) graver; (*ar gopr, sinc*) graver (qch) à l'eau-forte; ♦*bg* graver (à l'eau-forte).
ysgythrwr (**ysgythrwyr**) *g* graveur *m* (à

l'eau-forte).
ysictod *g* contusion *f*, foulure *f*, entorse *f*.
ysig *ans* (*cefn, ffêr ayb*) foulé(e), étiré(e); (*pont ayb*) affaissé(e); (*calon*) brisé(e); (*ysbryd*) abattu(e).
ysigiad (**-au**) *g* entorse *f*, foulure *f*; (*llawr, pont ayb*) affaissement *m*, fléchissement *m*.
ysigo *ba, bg gw.* **sigo**.
yslafan *g* boue *f* verte et gluante.
ysleifio *bg gw.* **sleifio**.
yslotian *bg gw.* **slotian**.
ysmala *ans gw.* **smala**.
ysmaldod *g gw.* **smaldod**.
ysmotyn (**ysmotiau**) *g gw.* **smotyn**.
ysmygu *ba, bg* fumer; **dim** ~ défense de fumer; **ydych chi'n** ~**?** est-ce que vous fumez?; **mae hi wedi rhoi'r gorau i** ~ elle a arrêté de fumer; ~**'n drwm** fumer beaucoup, fumer comme un pompier*; **cerbyd** ~ wagon *m* fumeurs; **ystafell** ~ fumoir *m*.
ysmygwr (**ysmygwyr**) *g* fumeur *m*.
ysmygwraig (**ysmygwragedd**) *b* fumeuse *f*.
ysol *ans* brûlant(e), ardent(e), dévorant(e); **diddordeb** ~ intérêt *m* dévorant;
♦ **yn** ~ *adf* ardemment.
ystabl (**-au**) *b gw.* **stabl**.
ystad (**-au**) *b* (*eiddo*) biens *mpl*; (*tir*) domaine *m*, propriété *f gw. hefyd* **stad**.
ystadegaeth *b* statistique *f*.
ystadegol *ans* statistique; (*gwall*) de statistiques;
♦ **yn** ~ *adf* statistiquement.
ystadegydd (**-ion**) *g* statisticien *m*, statisticienne *f*.
ystadegyn (**ystadegau**) *g* statistique *f*.
ystaden (**-ni, -nau**) *b* (*mesur*) ≈ 201.17 mètres.
ystafell (**-oedd**) *b* (*mewn tŷ*) pièce *f*, salle *f*; (*mewn ysgol ayb*) salle; ~ **arddangos** salle d'exposition; ~ **aros** salle d'attente; ~ **athrawon** salle des professeurs; ~ **bowdro** toilettes *fpl* pour dames; ~ **chwaraeon** salle de jeux; ~ **ddiogel** chambre *f* forte; ~ **ddosbarth** (salle de) classe *f*; ~ **ddwbl** chambre pour deux personnes; ~ **fwyta** salle à manger; ~ **fyw** salle de séjour; ~ **gotiau** vestiaire *m*; ~ **gyffredin** salle commune; ~ **gysgu** (*nifer*) dortoir *m*; ~ **newid** (*CHWAR*) vestiaire; ~ **sengl** chambre pour une personne; ~ **wely** chambre (à coucher); ~ **wely sbâr** chambre d'amis; ~ **wisgo** (*mewn siop*) cabine *f neu* salon *m* d'essayage; ~ **ymolchi** salle de bains; **gwasanaeth** ~ (*mewn gwesty*) service *m* des chambres; **gwin ar dymheredd** ~ vin *m* chambré.
ystafellaid (**ystafelleidiau**) *b* chambrée *f*.
ystafellog *ans* chambré(e), à pièces.
ystanc (**-iau**) *g* pieu(-x) *m*, poteau(-x) *m*; **llosgwyd hi wrth yr** ~ elle est morte sur le bûcher.
ystatud (**-au**) *b gw.* **statud**.
ystatudol *ans gw.* **statudol**.
ystelcian *bg gw.* **stelcian**.
ystên (**ystenau**) *b gw.* **stên**.
ystenaid (**ysteneidiau**) *b gw.* **stenaid**.
ystîd (**ystidau**) *b gw.* **stîd**.
ystido *ba gw.* **stido**.
ystifflog (**-od**) *g* (*môr-gyllell*) seiche *f*; (*môr-lawes*) calmar *m*, encornet *m*.
ystlum (**-od**) *g* chauve-souris(~s-~) *f*.
ystlys (**-au**) *b* (*ANIF, llong*) flanc *m*; (*mynydd*) versant *m*; ~ **o gig eidion** un quartier de bœuf; **llinell** ~ (*CHWAR*) (ligne *f* de) touche *f*; **ar yr** ~ au flanc; **draenen yn** ~ **rhn** une épine dans le pied de qn.
ystlysbost (**ystlysbyst**) *g* jambage *m*, montant *m* de porte.
ystlysol *ans* latéral(e)(latéraux, latérales).
ystlysu *ba* flanquer; (*llwybr, ffordd*) border.
ystlyswedd (**-au**) *b* profil *m*, silhouette *f*.
ystlyswr (**ystlyswyr**) *g* (*CHWAR: PÊL-DROED*) juge *m* de touche; (*:TENNIS*) juge de ligne; (*mewn priodas*) placeur *m*.
ystod (**-au, -ion**) *b* (*amrediad*) gamme *f*; (*AMAETH*) andain *m*; ~ **eang o farn** des opinions très diverses, une gamme d'opinions, un grand choix d'opinions.
▶ **yn ystod** pendant, au cours de.
ystof (**-au**) *g* chaîne *f*.
ystol (**-ion**) *b gw.* **ysgol**^{2}.
ystordy (**ystordai**) *g gw.* **stordy**.
ystorfa (**ystorfeydd**) *b gw.* **storfa**.
ystori (**ystorïau, ystraeon**) *b gw.* **stori**.
ystorm (**-ydd**) *b gw.* **storm**.
ystrad (**-au**) *g* vallée *f*.
ystreuliad (**-au**) *g gw.* **streuliad**.
ystreulio *ba gw.* **streulio**.
ystrodur (**-iau**) *b* bât *m*.
ystrydeb (**-au**) *b* cliché *m*.
ystrydebol *ans* usé(e), rebattu(e), galvaudé(e); **sgwrs** ~ converstaion *f* pleine de clichés.
ystrydebu *bg* débiter des clichés, parler en clichés.
ystryw (**-iau**) *g,b* ruse *f*, astuce *f*, stratagème *m*.
ystrywgall, ystrywgar, ystrywiog, ystrywus *ans* rusé(e), malin(e), astucieux(astucieuse);
♦ **yn** ~ *adf* astucieusement.
ystudfach (**-au**) *g* échasse *f*.
ystum (**-iau**) *b* (*CORFF*) posture *f*; (*model ayb*) pose *f*; (*amnaid*) geste *m*; (*mewn afon*) coude *m*, tournant *m*, méandre *m*; (*yr wyneb*) grimace *f*; **gwneud** ~**iau** grimacer; (*o ran hwyl*) faire des grimaces.
ystumio *ba* déformer.
Ystwyll *g* (l')Épiphanie *f*, la fête *f* des Rois; **Nos** ~ la nuit *f* des Rois.
ystwyrian *bg* bouger (en s'éveillant).
ystwyth *ans* (*plastig ayb*) flexible; (*CORFF*) souple; (*rhn*) agile, leste;
♦ **yn** ~ *adf* flexiblement, souplement, avec souplesse, agilement, lestement.

ystwythder *g* flexibilité *f*; (*CORFF*) souplesse *f*, agilité *f*.
ystwytho *ba* assouplir;
♦*bg* s'assouplir; (*te*) infuser.
ystyfnig *ans* têtu(e), obstiné(e), opiniâtre;
♦ **yn** ~ *adf* obstinément.
ystyfnigo *bg* s'entêter, s'obstiner, s'opiniâtrer.
ystyfnigrwydd *g* entêtement *m*, obstination *f*, opiniâtreté *f*.
ystyr (**-on**) *b* signification *f*, sens *m*; **beth ydi** ~ **peth fel hyn?** que veut dire ceci?; **ar** *ou* **mewn un** ~ **...** dans un certain sens.
ystyriaeth (**-au**) *b* considération *f*; **bod dan** ~ être à l'étude.
ystyried *ba* considérer, prendre (qch) en considération; (*cynnig*) considérer, examiner; (*rhn*) songer à, penser à; (*teimladau, dymuniadau*) considérer, faire attention à; (*arfaethu, bwriadu*) penser à, envisager; ~ **gwneud rhth** envisager de faire qch; **ac** ~ (*a chofio*) étant donné, compte tenu, vu, eu égard à; **ac** ~ **ei bod wedi blino, gwnaeth hi'n dda iawn** étant donné sa fatigue, elle s'en est bien sortie.
ystyriol *ans*: ~ **(o rn)** prévenant(e) (pour *neu* envers qn), plein(e) d'égards (pour *neu* envers qn);
♦ **yn** ~ *adf* de façon prévenante.
ysu *ba* (*difa, llosgi*) consumer;
♦*bg*: ~ **am gael rhth** (*dyheu*) désirer *neu* souhaiter (avoir) qch, avoir très envie de qch.
Ysw *byrf* (= *Yswain*) M. (= Monsieur); **Siôn Roberts,** ~ M. Siôn Roberts.
yswain (**ysweiniaid**) *g* écuyer *m*; (*sgweier*) châtelain *m*, hobereau(-x) *m*, propriétaire *m* terrien.
yswiriant (**yswiriannau**) *g* assurance *f*; ~ **damwain/tân** assurance contre les accidents/contre l'incendie; ~ **teithio** assurance voyage; ~ **cynhwysfawr,** ~ **cyfun** assurance tous risques; ~ **trydydd person** assurance au tiers; **Y**~ **Gwladol** *sécurité sociale britannique*; **tystysgrif** ~ certificat *m* d'assurance.
yswiriedig *ans* assuré(e).
yswirio *ba* assurer.
yswiriwr (**yswirwyr**) *g* assureur *m*.
ysywaeth *adf* malheureusement, hélas.
ytbysen (**ytbys**) *b* vesce *f*.
ytgeirch *ll* avoines *fpl*.
ytgist (**-iau**) *b* coffre *m* à avoine.
ytir (**-oedd**) *g* terre *f* à blé.
yw *be gw.* **bod**[1].
Ywain *prg* Yvain, Eugène.
ywen (**yw**) *b* if *m*.
ywydd *ll* ifs *mpl*

Z

Zaïre *prb gw.* **Saïr**.
Zambia *prb gw.* **Sambia**.
Zanzibar *prb gw.* **Sansibar**.
Zen *b* (*CREF*) Zen *m*.
Zimbabwe *prb gw.* **Simbabwe**.
Zwlw[1] (**Zwlŵaid**) *g/b* Zoulou *m/f*; **Gwlad y** ~ Zoulouland *m*; **yng Ngwlad y** ~ au Zoulouland.
Zwlw[2], **Zwlŵaidd** *ans* zoulou *inv*

Abréviations

abr	abréviation
adj	adjectif
ADMIN	administration
adv	adverbe
AGR	agriculture
ANAT	anatomie
ARCHIT	architecture
art déf	article défini
art indéf	article indéfini
ASTROL	astrologie
ASTRON	astronomie
AUTO	l'automobile
aux	auxiliaire
AVIAT	aviation
BIOL	biologie
BOT	botanique
CHIM	chimie
CINÉ	cinéma
COMM	commerce
cond	conditionnel
conj	conjonction
CONSTR	construction
CULIN	cuisine
dét	déterminant
ÉCON	économie
ÉLEC	électricité, électronique
etc	et cetera
euph	euphémisme
excl	exclamation, interjection
f	(nom) féminin
fam	langue familière
fam!	langue familière emploi vulgaire
fig	emploi figuré
FIN	finance
fut	futur
gén	généralement
GÉO	géographie
GRAM	grammaire
GYM	gymnastique
HIST	histoire
HORT	horticulture
hum	humoristique
impers	impersonnel
IND	industrie
indic	indicatif
infin	infinitif
INFORM	informatique
interrog	interrogatif
inv	invariable
iron	ironique
JUR	droit, juridique
LING	linguistique
litt	au sens propre, littéral
LITT	littérature
m	(nom) masculin
MATH	mathématiques
MÉD	médecine
MÉTÉO	météorologie
m,f	(nom) masculin ou féminin
m/f	(nom) masculin ou féminin, suivant le sexe
MIL	armée, domaine militaire
MIN	mines, minéralogie
MUS	musique
MYTH	mythologie
NAUT	nautisme, navigation
OPT	optique
par ex	par exemple
péj	péjoratif
PHARM	pharmacie
PHILO	philosophie
PHOT	photographie
PHYS	physique
PHYSIOL	physiologie
pl	pluriel
POL	politique
pp	participe passé
pr	nom propre
prép	préposition
pron	pronom
PSYCH	psychologie
qch	quelque chose
qn	quelqu'un
RAIL	chemin de fer
REL	religions, domaine ecclésiastique
rel	relatif
SCOL	enseignement
subj	subjonctif
suj	sujet
TECH	technologie
TÉL	télécommunications
TV	télévision
TYPO	typographie
vb	verbe
vi	verbe intransitive
vr	verbe pronominal
vt	verbe transitive
UNIV	université
ZOOL	zoologie
*	langue familière
**	langue familière emploi vulgaire